Ahrens · Gehrlein · Ringstmeier
Fachanwaltskommentar Insolvenzrecht

Ahrens · Gehrlein · Ringstmeier

Fachanwaltskommentar Insolvenzrecht

Herausgegeben von

Prof. Dr. Martin Ahrens
Professor an der Georg-August-Universität Göttingen

Prof. Dr. Markus Gehrlein
Richter am Bundesgerichtshof, Karlsruhe, Honorarprofessor an der Universität Mannheim

Dr. Andreas Ringstmeier
Rechtsanwalt, Fachanwalt für Insolvenzrecht und für Arbeitsrecht, Köln

2. Aufl. 2014

Luchterhand Verlag 2014

Zitiervorschläge:

A/G/R-*Bearbeiter* § … InsO Rdn …
A/G/R-*Bearbeiter* Anh. I Art. … EuInsVO Rdn …
A/G/R-*Bearbeiter* Anh. II Art. 102 EGInsO § … Rdn …
A/G/R-*Bearbeiter* Anh. III § … InsVV Rdn …
A/G/R-*Bearbeiter* Anh. IV Gesellschaftsrecht Rdn …
A/G/R-*Bearbeiter* Anh. V § … AnfG Rdn …
A/G/R-*Bearbeiter* Anh. VI § … GenG Rdn …
A/G/R-*Bearbeiter* Anh. VII § … StGB Rdn …
A/G/R-*Bearbeiter* Anh. VIII § … SGB III Rdn …
A/G/R-*Bearbeiter* Anh. IX KredReorgG Rdn …
A/G/R-*Bearbeiter* Anh. X § … InsStatG Rdn …

Bibliografische Information der Deutschen Nationalbibliothek

Die Deutsche Nationalbibliothek verzeichnet diese Publikation in der Deutschen Nationalbibliografie; detaillierte bibliografische Daten sind im Internet über http://dnb.d-nb.de abrufbar.

ISBN 978-3-472-08559-1

www.wolterskluwer.de
www.luchterhand-fachverlag.de

Alle Rechte vorbehalten.
© 2014 Wolters Kluwer Deutschland GmbH, Luxemburger Straße 449, 50939 Köln.
Luchterhand – eine Marke von Wolters Kluwer Deutschland GmbH.

Das Werk einschließlich aller seiner Teile ist urheberrechtlich geschützt. Jede Verwertung außerhalb der engen Grenzen des Urheberrechtsgesetzes ist ohne Zustimmung des Verlages unzulässig und strafbar. Das gilt insbesondere für Vervielfältigungen, Übersetzungen, Mikroverfilmungen und die Einspeicherung und Verarbeitung in elektronischen Systemen.

Verlag und Autor übernehmen keine Haftung für inhaltliche oder drucktechnische Fehler.

Umschlagkonzeption: Martina Busch, Grafikdesign, Homburg Kirrberg
Satz: Satz-Offizin Hümmer GmbH, Waldbüttelbrunn
Druck und Weiterverarbeitung: L.E.G.O.S.p.A. – Lavis, Italy

Gedruckt auf säurefreiem, alterungsbeständigem und chlorfreiem Papier.

Vorwort zur 2. Auflage

Der erstmals im Jahre 2012 erschienene Fachanwaltskommentar Insolvenzrecht hat bei Lesern und Benutzern, aber auch in Schrifttum und Rechtsprechung eine erfreuliche Aufnahme gefunden. Dies hat Verlag und Herausgebern Veranlassung gegeben, im Zusammenwirken mit den Autoren, denen auch an dieser Stelle für ihr großes Engagement und die pünktliche Manuskriptabgabe zu danken ist, eine Neuauflage in Angriff zu nehmen. Das Werk ist in allen Teilen aktualisiert und gründlich überarbeitet worden. Die durch das ESUG bedingten vielfältigen Neuerungen und Rechtsentwicklungen wurden verstärkt berücksichtigt. Natürlich wurden auch die im Bereich des Insolvenzrechts bis zum Ablauf der Legislaturperiode verwirklichten gesetzgeberischen Initiativen in die Neuauflage einbezogen. Insbesondere ist auch das Gesetz zur Verkürzung des Restschuldbefreiungsverfahrens und zur Stärkung der Gläubigerrechte vom 15.07.2013 (BGBl I, 2379) erläutert. Die Kommentierung dieser neuen Vorschriften erfolgt jeweils im Anschluss an die bislang geltenden Regelungen.

Der Autorenkreis der Erstauflage ist unverändert geblieben. Hinzugetreten ist Frau Richterin am Amtsgericht Semmelbeck; sie hat dankenswerterweise kurzfristig die Kommentierung der §§ 64a, 64c GenG übernommen. Ferner konnte Herr Richter am Bundesgerichtshof Manfred Born als Autor gewonnen werden, der die im Zusammenhang mit einer Insolvenz bedeutsamen gesellschaftsrechtlichen Vorschriften erläutert.

Göttingen, Landau/Pfalz, Köln, im November 2013

Martin Ahrens   Markus Gehrlein   Andreas Ringstmeier

Vorwort zur 1. Auflage

Die Reihe der Fachanwaltskommentare, in die sich das vorliegende Werk einfügt, zeichnet sich dadurch aus, dass alle bedeutsamen Regelungen eines Rechtsgebietes in einem Band zusammengefasst fundiert kommentiert werden. Diese Darstellungsweise entspricht in besonderer Weise den Bedürfnissen der Praxis, die bei der konkreten Fallbearbeitung gerade im Bereich des Insolvenzrechts oftmals mit weit verzweigten Problemstellungen zu tun hat, die in verschiedensten Gesetzen angesiedelte Vorschriften eines einheitlichen Rechtsgebietes betreffen. Der neue Fachanwaltskommentar Insolvenzrecht will zu den vielfältigen, nicht selten gesetzesübergreifenden insolvenzrechtlichen Fragen sachgerechte und verlässliche Erläuterungen bieten und außerdem, soweit rechtliches Neuland betreten wird, praktikable, über die Austragung juristischer Meinungsverschiedenheiten hinausreichende Lösungsansätze entwickeln. Der leicht verständliche Aufbau wie auch der unter Vermeidung von Weitschweifigkeiten auf das Wesentliche konzentrierte Inhalt der Kommentierungen, die steten Hinweise auf praktische Beispiele und insbesondere die Ausrichtung auf die höchstrichterliche Rechtsprechung verschaffen dem Leser vertiefte Kenntnisse und einen raschen Zugang zu den gewünschten Informationen. Damit soll Rechtsanwendern aus dem Kreis der Richter, Hochschullehrer und Rechtsanwälte, gerade auch Fachanwälten für Insolvenzrecht wie auch Verwaltern in Insolvenzverfahren üblichen Zuschnitts, ein nutzbringendes Arbeitsmittel an die Hand gegeben werden. Das Autorenteam setzt sich aus insolvenzrechtlich versierten, allgemein anerkannten Spezialisten aller juristischen Berufssparten zusammen, Rechtsanwälten und Fachanwälten für Insolvenzrecht, Richtern aller Instanzen sowie Hochschullehrern.

Neben der Insolvenzordnung (InsO) werden kommentiert:
– die Europäische Insolvenzverordnung (EuInsVO) mit Art. 102–110 EGInsO
– die Insolvenzrechtliche Vergütungsverordnung (InsVV)
– das Anfechtungsgesetz (AnfG)
– das Insolvenzstrafrecht (§§ 283–283d StGB)
– die Vorschriften über das Insolvenzgeld (§§ 165–172, 358–362 SGB III)
– das Gesetz zur Reorganisation von Kreditinstituten (KredReorgG)
– das Insolvenzstatistikgesetz (InsStatG).

Die durch das ESUG in Kraft gesetzten Gesetzesänderungen sind vollständig berücksichtigt, so dass der Benutzer den neuesten Stand des Insolvenzrechts vorfindet. Im Übrigen entspricht das Werk durchweg dem Stand des 1. Januar 2012. Die Herausgeber danken den Autoren für die – trotz der mit dem ESUG verbundenen Erschwernisse – ebenso engagierte wie zuverlässige Mitarbeit und dem Verlag für die vorzügliche Betreuung des Werks. Für Anregungen und Kritik jeglicher Art wären alle Mitwirkenden stets dankbar.

Göttingen, Landau/Pfalz, Köln, im Februar 2012

Martin Ahrens	Markus Gehrlein	Andreas Ringstmeier

Autorenverzeichnis

Prof. Dr. Martin Ahrens
Professor an der Universität Göttingen

Dr. Ivo Bach
Akademischer Rat an der Universität Mainz

Manfred Born
Richter am Bundesgerichtshof, Karlsruhe

Dr. Detlev Fischer
Richter am Bundesgerichtshof, Karlsruhe

Prof. Dr. Lucas Flöther
Rechtsanwalt, Fachanwalt für Insolvenzrecht, Halle/Saale, Leipzig und Mannheim, Honorarprofessor an der Universität Halle

Prof. Dr. Markus Gehrlein
Richter am Bundesgerichtshof, Karlsruhe, Honorarprofessor an der Universität Mannheim

Jan Gericke
Richter am Bundesgerichtshof, Karlsruhe

Prof. Dr. Urs Peter Gruber
Professor an der Universität Mainz

Kai Henning
Rechtsanwalt, Fachanwalt für Insolvenzrecht, Dortmund

Prof. Dr. Curt Wolfgang Hergenröder
Professor an der Universität Mainz, stellvertretender Vorsitzender des KArbG Mainz

Dr. Stefan Homann
Rechtsanwalt, Fachanwalt für Bank- und Kapitalmarktrecht, Köln

Markus Kadenbach
Ministerialrat im Sächsischen Staatsministerium der Justiz und für Europa, Dresden

Dr. Thorsten Patric Lind
Rechtsanwalt, Frankfurt am Main

Ingo Nies
Dipl.-Rpfl., Insolvenzgericht Hamburg

Dr. Dietmar Onusseit
Vors. Richter am Oberlandesgericht, Dresden

Prof. Dr. Klaus Pannen
Rechtsanwalt, Fachanwalt für Insolvenzrecht, Hamburg, Lehrbeauftragter an der Universität Kiel

Prof. Dr. Andreas Piekenbrock
Professor an der Universität Heidelberg

Dr. Andreas Ringstmeier
Rechtsanwalt, Fachanwalt für Insolvenzrecht und für Arbeitsrecht, Köln

Dr. Elke Roos
Richterin am Bundessozialgericht, Kassel

Autorenverzeichnis

Volker Sander
Richter am Oberlandesgericht, Dresden

Stefanie Semmelbeck
Richterin, derzeit AG Spandau

Dr. Erik Silcher
Rechtsanwalt, Fachanwalt für Insolvenzrecht und für Verwaltungsrecht, Heilbronn, Stuttgart und Tübingen

Martin Wagner
Diplom-Kaufmann, Rechtsanwalt und Fachanwalt für Insolvenzrecht, Stuttgart

Dr. André Wehner
Rechtsanwalt, Halle/Saale und Mannheim

Alexander Weinland
Richter am Oberlandesgericht, Saarbrücken

Im Einzelnen haben bearbeitet

InsO

§§ 1–10, 35–46	Ahrens
§§ 11–19	Kadenbach
§§ 20–34	Sander
§§ 47–55, 165–173	Homann
§§ 56–62, 66–72, 74–79, 148–164	Lind
§§ 63–65, 73	Nies
§§ 80–102	Piekenbrock
§§ 103–112, 115–119	Flöther/Wehner
§§ 113, 114, 120–128	Hergenröder
§§ 129–147	Gehrlein
§§ 174–206	Wagner
§§ 207–216, 304–314	Henning
§§ 217–269	Silcher
§§ 270–285, 315–334	Ringstmeier
§§ 286–294	Fischer
§§ 295–303a	Weinland
§§ 335–359	Gruber

Anhang 1: EuInsVO

Art. 1–4, 27–47	Gruber
Art. 5–12	Bach
Art. 13–26	Flöther/Wehner

Anhang 2: EGInsO

Art. 102–110	Gruber

Anhang 3: InsVV

§§ 1–20	Nies

Anhang 4: Gesellschaftsrechtliche Haftung der Gesellschafter und Geschäftsführer in der GmbH-Insolvenz — Born

Anhang 5: AnfG

§§ 1–20	Onusseit

Anhang 6: GenG

§§ 66a, 67c	Semmelbeck

Anhang 7: Insolvenzstrafrecht

§§ 283–283d StGB	Gericke

Anhang 8: Insolvenzgeld

§§ 165–172, 358–362 SGB III	Roos

Anhang 9: KredReorgG

§§ 1–23	Pannen

Anhang 10: InsStatG

§§ 1–6	Lind

Inhaltsübersicht

Insolvenzordnung (InsO) 1

Erster Teil: Allgemeine Vorschriften 1

Zweiter Teil Eröffnung des Insolvenzverfahrens. Erfaßtes Vermögen und Verfahrensbeteiligte 221

Erster Abschnitt Eröffnungsvoraussetzungen und Eröffnungsverfahren 221
Zweiter Abschnitt Insolvenzmasse. Einteilung der Gläubiger 468
Dritter Abschnitt Insolvenzverwalter, Organe der Gläubiger 649

Dritter Teil. Wirkungen der Eröffnung des Insolvenzverfahrens 763

Erster Abschnitt. Allgemeine Wirkungen 763
Zweiter Abschnitt Erfüllung der Rechtsgeschäfte. Mitwirkung des Betriebsrats ... 937
Dritter Abschnitt Insolvenzanfechtung 1123

Vierter Teil Verwaltung und Verwertung der Insolvenzmasse 1317

Erster Abschnitt Sicherung der Insolvenzmasse 1317
Zweiter Abschnitt Entscheidung über die Verwertung 1341
Dritter Abschnitt Gegenstände mit Absonderungsrechten 1358

Fünfter Teil Befriedigung der Insolvenzgläubiger. Einstellung des Verfahrens 1391

Erster Abschnitt Feststellung der Forderungen 1391
Zweiter Abschnitt Verteilung 1444
Dritter Abschnitt Einstellung des Verfahrens 1500

Sechster Teil Insolvenzplan 1543

Erster Abschnitt Aufstellung des Plans 1543
Zweiter Abschnitt Annahme und Bestätigung des Plans 1593
Dritter Abschnitt Wirkungen des bestätigten Plans. Überwachung der Planerfüllung 1642

Siebter Teil Eigenverwaltung 1681

Achter Teil Restschuldbefreiung 1759

Neunter Teil Verbraucherinsolvenzverfahren und sonstige Kleinverfahren 1947

Erster Abschnitt Anwendungsbereich 1947
Zweiter Abschnitt Schuldenbereinigungsplan 1963
Dritter Abschnitt Vereinfachtes Insolvenzverfahren 2006

Inhaltsübersicht

Zehnter Teil	Besondere Arten des Insolvenzverfahrens	2025
Erster Abschnitt	Nachlaßinsolvenzverfahren	2025
Zweiter Abschnitt	Insolvenzverfahren über das Gesamtgut einer fortgesetzten Gütergemeinschaft	2057
Dritter Abschnitt	Insolvenzverfahren über das gemeinschaftlich verwaltete Gesamtgut einer Gütergemeinschaft	2062
Elfter Teil	Internationales Insolvenzrecht	2067
Erster Abschnitt	Allgemeine Vorschriften	2067
Zweiter Abschnitt	Ausländisches Insolvenzverfahren	2085
Dritter Abschnitt	Partikularverfahren über das Inlandsvermögen	2105
Zwölfter Teil	Inkrafttreten	2117
Anhang I	Verordnung (EG) Nr. 1346/2000 des Rates über Insolvenzverfahren, mit Kommentierung	2119
Anhang II	Einführungsgesetz zur Insolvenzordnung, mit Kommentierung	2355
Anhang III	Insolvenzrechtliche Vergütungsverordnung, mit Kommentierung	2379
Anhang IV	Gesellschaftsrechtliche Haftung der Gesellschafter und Geschäftsführer in der GmbH-Insolvenz, mit Kommentierung	2449
Anhang V	Gesetz über die Anfechtung von Rechtshandlungen eines Schuldners außerhalb des Insolvenzverfahrens (AnfG), mit Kommentierung	2527
Anhang VI	Genossenschaftsgesetz §§ 66a, 67c, mit Kommentierung	2621
Anhang VII	Insolvenzstrafrecht, §§ 283–283d StGB, mit Kommentierung	2631
Anhang VIII	Insolvenzgeld, §§ 165 ff. [bis 31.03.2012 §§ 183 ff.] und §§ 358 ff. SGB III, mit Kommentierung	2689
Anhang IX	Gesetz zur Reorganisation von Kreditinstituten (Kreditinstitute-Reorganisationsgesetz – KredReorgG), mit Kommentierung	2735
Anhang X	Gesetz über die Insolvenzstatistik (Insolvenzstatistikgesetz – InsStatG), mit Kommentierung	2759

Inhaltsverzeichnis

Vorwort zur 2. Auflage V
Vorwort zur 1. Auflage VII
Autorenverzeichnis IX
Im Einzelnen haben bearbeitet XI
Abkürzungsverzeichnis XXV
Literaturverzeichnis XXXVII

Insolvenzordnung (InsO) 1

Erster Teil: Allgemeine Vorschriften 1

§ 1	Ziele des Insolvenzverfahrens	1
§ 2	Amtsgericht als Insolvenzgericht	20
§ 3	Örtliche Zuständigkeit	30
§ 4	Anwendbarkeit der Zivilprozessordnung	46
§ 4a	Stundung der Kosten des Insolvenzverfahrens	68
§ 4a n.F.	Stundung der Kosten des Insolvenzverfahrens	97
§ 4b	Rückzahlung und Anpassung der gestundeten Beträge	98
§ 4b n.F.	Rückzahlung und Anpassung der gestundeten Beträge	111
§ 4c	Aufhebung der Stundung	113
§ 4c n.F.	Aufhebung der Stundung	129
§ 4d	Rechtsmittel	130
§ 5	Verfahrensgrundsätze	135
§ 5 n.F.	Verfahrensgrundsätze	151
§ 6	Sofortige Beschwerde	152
§ 7	Rechtsbeschwerde	200
§ 8	Zustellungen	200
§ 9	Öffentliche Bekanntmachung	208
§ 10	Anhörung des Schuldners	214

Zweiter Teil Eröffnung des Insolvenzverfahrens. Erfaßtes Vermögen und Verfahrensbeteiligte 221

Erster Abschnitt Eröffnungsvoraussetzungen und Eröffnungsverfahren 221

§ 11	Zulässigkeit des Insolvenzverfahrens	221
§ 12	Juristische Personen des öffentlichen Rechts	230
§ 13	Eröffnungsantrag	234
§ 14	Antrag eines Gläubigers	248
§ 15	Antragsrecht bei juristischen Personen und Gesellschaften ohne Rechtspersönlichkeit	259
§ 15a	Antragspflicht bei juristischen Personen und Gesellschaften ohne Rechtspersönlichkeit	270
§ 15a n.F.	Antragspflicht bei juristischen Personen und Gesellschaften ohne Rechtspersönlichkeit	283
§ 16	Eröffnungsgrund	284
§ 17	Zahlungsunfähigkeit	288
§ 18	Drohende Zahlungsunfähigkeit	295
§ 19	Überschuldung	300

Inhaltsverzeichnis

§ 20	Auskunfts- und Mitwirkungspflicht im Eröffnungsverfahren. Hinweis auf Restschuldbefreiung	313
§ 20 n.F.	Auskunfts- und Mitwirkungspflicht im Eröffnungsverfahren. Hinweis auf Restschuldbefreiung	320
§ 21	Anordnung vorläufiger Maßnahmen	320
§ 22	Rechtsstellung des vorläufigen Insolvenzverwalters	346
§ 22a	Bestellung eines vorläufigen Gläubigerausschusses	394
§ 23	Bekanntmachung der Verfügungsbeschränkungen	400
§ 24	Wirkungen der Verfügungsbeschränkungen	404
§ 25	Aufhebung der Sicherungsmaßnahmen	407
§ 26	Abweisung mangels Masse	411
§ 26a	Vergütung des vorläufigen Insolvenzverwalters	425
§ 26a n.F.	Vergütung des vorläufigen Insolvenzverwalters	428
§ 27	Eröffnungsbeschluß	429
§ 27 n.F.	Eröffnungsbeschluß	438
§ 28	Aufforderungen an die Gläubiger und die Schuldner	439
§ 29	Terminbestimmungen	441
§ 29 n.F.	Terminbestimmungen	444
§ 30	Bekanntmachung des Eröffnungsbeschlusses	444
§ 30 n.F.	Bekanntmachung des Eröffnungsbeschlusses	446
§ 31	Handels-, Genossenschafts-, Partnerschafts- und Vereinsregister	446
§ 32	Grundbuch	448
§ 33	Register für Schiffe und Luftfahrzeuge	454
§ 34	Rechtsmittel	456

Zweiter Abschnitt Insolvenzmasse. Einteilung der Gläubiger ... 468

§ 35	Begriff der Insolvenzmasse	468
§ 35 n.F.	Begriff der Insolvenzmasse	511
§ 36	Unpfändbare Gegenstände	512
§ 37	Gesamtgut bei Gütergemeinschaft	536
§ 38	Begriff der Insolvenzgläubiger	540
§ 39	Nachrangige Insolvenzgläubiger	551
§ 40	Unterhaltsansprüche	563
§ 41	Nicht fällige Forderungen	567
§ 42	Auflösend bedingte Forderungen	570
§ 43	Haftung mehrerer Personen	572
§ 44	Rechte der Gesamtschuldner und Bürgen	578
§ 44a	Gesicherte Darlehen	581
§ 45	Umrechnung von Forderungen	585
§ 46	Wiederkehrende Leistungen	588
§ 47	Aussonderung	591
§ 48	Ersatzaussonderung	616
§ 49	Abgesonderte Befriedigung aus unbeweglichen Gegenständen	620
§ 50	Abgesonderte Befriedigung der Pfandgläubiger	624
§ 51	Sonstige Absonderungsberechtigte	629
§ 52	Ausfall der Absonderungsberechtigten	634
§ 53	Massegläubiger	636
§ 54	Kosten des Insolvenzverfahrens	639
§ 55	Sonstige Masseverbindlichkeiten	641

Dritter Abschnitt Insolvenzverwalter, Organe der Gläubiger 649

§ 56	Bestellung des Insolvenzverwalters	649
§ 56a	Gläubigerbeteiligung bei der Verwalterbestellung	664
§ 57	Wahl eines anderen Insolvenzverwalters	669
§ 58	Aufsicht des Insolvenzgerichts	673
§ 59	Entlassung des Insolvenzverwalters	678
§ 60	Haftung des Insolvenzverwalters	682
§ 61	Nichterfüllung von Masseverbindlichkeiten	699
§ 62	Verjährung	703
§ 63	Vergütung des Insolvenzverwalters	705
§ 64	Festsetzung durch das Gericht	710
§ 65	Verordnungsermächtigung	728
§ 66	Rechnungslegung	728
§ 67	Einsetzung des Gläubigerausschusses	732
§ 68	Wahl anderer Mitglieder	736
§ 69	Aufgaben des Gläubigerausschusses	737
§ 70	Entlassung	740
§ 71	Haftung der Mitglieder des Gläubigerausschusses	742
§ 72	Beschlüsse des Gläubigerausschusses	745
§ 73	Vergütung der Mitglieder des Gläubigerausschusses	746
§ 74	Einberufung der Gläubigerversammlung	748
§ 75	Antrag auf Einberufung	750
§ 76	Beschlüsse der Gläubigerversammlung	752
§ 77	Feststellung des Stimmrechts	755
§ 78	Aufhebung eines Beschlusses der Gläubigerversammlung	758
§ 79	Unterrichtung der Gläubigerversammlung	760

Dritter Teil. Wirkungen der Eröffnung des Insolvenzverfahrens 763

Erster Abschnitt. Allgemeine Wirkungen 763

§ 80	Übergang des Verwaltungs- und Verfügungsrechts	763
§ 81	Verfügungen des Schuldners	778
§ 82	Leistungen an den Schuldner	789
§ 83	Erbschaft. Fortgesetzte Gütergemeinschaft	794
§ 84	Auseinandersetzung einer Gesellschaft oder Gemeinschaft	799
§ 85	Aufnahme von Aktivprozessen	804
§ 86	Aufnahme bestimmter Passivprozesse	822
§ 87	Forderungen der Insolvenzgläubiger	827
§ 88	Vollstreckung vor Verfahrenseröffnung	828
§ 88 n.F.	Vollstreckung vor Verfahrenseröffnung	835
§ 89	Vollstreckungsverbot	836
§ 90	Vollstreckungsverbot bei Masseverbindlichkeiten	850
§ 91	Ausschluß sonstigen Rechtserwerbs	854
§ 92	Gesamtschaden	865
§ 93	Persönliche Haftung der Gesellschafter	872
§ 94	Erhaltung einer Aufrechnungslage	881
§ 95	Eintritt der Aufrechnungslage im Verfahren	889
§ 96	Unzulässigkeit der Aufrechnung	894
§ 97	Auskunfts- und Mitwirkungspflichten des Schuldners	904
§ 98	Durchsetzung der Pflichten des Schuldners	913
§ 99	Postsperre	919

Inhaltsverzeichnis

§ 100	Unterhalt aus der Insolvenzmasse	926
§ 101	Organschaftliche Vertreter. Angestellte	930
§ 102	Einschränkung eines Grundrechts	936

Zweiter Abschnitt Erfüllung der Rechtsgeschäfte. Mitwirkung des Betriebsrats 937

§ 103	Wahlrecht des Insolvenzverwalters	937
§ 104	Fixgeschäfte. Finanzleistungen	957
§ 105	Teilbare Leistungen	966
§ 106	Vormerkung	971
§ 107	Eigentumsvorbehalt	980
§ 108	Fortbestehen bestimmter Schuldverhältnisse	987
§ 109	Schuldner als Mieter oder Pächter	996
§ 110	Schuldner als Vermieter oder Verpächter	1006
§ 111	Veräußerung des Miet- oder Pachtobjektes	1011
§ 112	Kündigungssperre	1014
§ 113	Kündigung eines Dienstverhältnisses	1018
§ 114	Bezüge aus einem Dienstverhältnis	1033
§ 115	Erlöschen von Aufträgen	1040
§ 116	Erlöschen von Geschäftsbesorgungsverträgen	1043
§ 117	Erlöschen von Vollmachten	1047
§ 118	Auflösung von Gesellschaften	1049
§ 119	Unwirksamkeit abweichender Vereinbarungen	1051
§ 120	Kündigung von Betriebsvereinbarungen	1053
§ 121	Betriebsänderungen und Vermittlungsverfahren	1061
§ 122	Gerichtliche Zustimmung zur Durchführung einer Betriebsänderung	1062
§ 123	Umfang des Sozialplans	1072
§ 124	Sozialplan vor Verfahrenseröffnung	1081
§ 125	Interessenausgleich und Kündigungsschutz	1085
§ 126	Beschlussverfahren zum Kündigungsschutz	1096
§ 127	Klage des Arbeitnehmers	1104
§ 128	Betriebsveräußerung	1109

Dritter Abschnitt Insolvenzanfechtung 1123

§ 129	Grundsatz	1123
§ 130	Kongruente Deckung	1177
§ 131	Inkongruente Deckung	1192
§ 132	Unmittelbar nachteilige Rechtshandlungen	1210
§ 133	Vorsätzliche Benachteiligung	1213
§ 134	Unentgeltliche Leistung	1235
§ 135	Gesellschafterdarlehen	1246
§ 136	Stille Gesellschaft	1259
§ 137	Wechsel- und Scheckzahlungen	1262
§ 138	Nahestehende Personen	1264
§ 139	Berechnung der Fristen vor dem Eröffnungsantrag	1269
§ 140	Zeitpunkt der Vornahme einer Rechtshandlung	1272
§ 141	Vollstreckbarer Titel	1281
§ 142	Bargeschäft	1282
§ 143	Rechtsfolgen	1289
§ 144	Ansprüche des Anfechtungsgegners	1300
§ 145	Anfechtung gegen Rechtsnachfolger	1303
§ 146	Verjährung des Anfechtungsanspruchs	1308
§ 147	Rechtshandlungen nach Verfahrenseröffnung	1314

Vierter Teil Verwaltung und Verwertung der Insolvenzmasse ... 1317

Erster Abschnitt Sicherung der Insolvenzmasse ... 1317

§ 148	Übernahme der Insolvenzmasse	1317
§ 149	Wertgegenstände	1324
§ 150	Siegelung	1327
§ 151	Verzeichnis der Massegegenstände	1328
§ 152	Gläubigerverzeichnis	1331
§ 153	Vermögensübersicht	1333
§ 154	Niederlegung in der Geschäftsstelle	1335
§ 155	Handels- und steuerrechtliche Rechnungslegung	1336

Zweiter Abschnitt Entscheidung über die Verwertung ... 1341

§ 156	Berichtstermin	1341
§ 157	Entscheidung über den Fortgang des Verfahrens	1343
§ 158	Maßnahmen vor der Entscheidung	1345
§ 159	Verwertung der Insolvenzmasse	1347
§ 160	Besonders bedeutsame Rechtshandlungen	1349
§ 161	Vorläufige Untersagung der Rechtshandlung	1352
§ 162	Betriebsveräußerung an besonders Interessierte	1353
§ 163	Betriebsveräußerung unter Wert	1355
§ 164	Wirksamkeit der Handlung	1356

Dritter Abschnitt Gegenstände mit Absonderungsrechten ... 1358

§ 165	Verwertung unbeweglicher Gegenstände	1358
§ 166	Verwertung beweglicher Gegenstände	1361
§ 167	Unterrichtung des Gläubigers	1366
§ 168	Mitteilung der Veräußerungsabsicht	1370
§ 169	Schutz des Gläubigers vor einer Verzögerung der Verwertung	1374
§ 170	Verteilung des Erlöses	1376
§ 171	Berechnung des Kostenbeitrags	1381
§ 172	Sonstige Verwendung beweglicher Sachen	1384
§ 173	Verwertung durch den Gläubiger	1388

Fünfter Teil Befriedigung der Insolvenzgläubiger. Einstellung des Verfahrens ... 1391

Erster Abschnitt Feststellung der Forderungen ... 1391

§ 174	Anmeldung der Forderungen	1391
§ 174 n.F.	Anmeldung der Forderungen	1398
§ 175	Tabelle	1398
§ 175 n.F.	Tabelle	1403
§ 176	Verlauf des Prüfungstermins	1404
§ 177	Nachträgliche Anmeldungen	1407
§ 178	Voraussetzungen und Wirkungen der Feststellung	1411
§ 179	Streitige Forderungen	1415
§ 180	Zuständigkeit für die Feststellung	1419
§ 181	Umfang der Feststellung	1423
§ 182	Streitwert	1426
§ 183	Wirkung der Entscheidung	1429

Inhaltsverzeichnis

§ 184	Klage gegen einen Widerspruch des Schuldners	1431
§ 185	Besondere Zuständigkeiten	1438
§ 186	Wiedereinsetzung in den vorigen Stand	1439

Zweiter Abschnitt Verteilung ... 1444

§ 187	Befriedigung der Insolvenzgläubiger	1444
§ 188	Verteilungsverzeichnis	1446
§ 189	Berücksichtigung bestrittener Forderungen	1453
§ 190	Berücksichtigung absonderungsberechtigter Gläubiger	1456
§ 191	Berücksichtigung aufschiebend bedingter Forderungen	1460
§ 192	Nachträgliche Berücksichtigung	1463
§ 193	Änderung des Verteilungsverzeichnisses	1466
§ 194	Einwendungen gegen das Verteilungsverzeichnis	1467
§ 195	Festsetzung des Bruchteils	1470
§ 196	Schlussverteilung	1472
§ 197	Schlusstermin	1475
§ 198	Hinterlegung zurückbehaltener Beträge	1478
§ 199	Überschuss bei Schlussverteilung	1479
§ 200	Aufhebung des Insolvenzverfahrens	1480
§ 201	Rechte der Insolvenzgläubiger nach Verfahrensaufhebung	1483
§ 202	Zuständigkeit bei der Vollstreckung	1488
§ 203	Anordnung der Nachtragsverteilung	1490
§ 204	Rechtsmittel	1495
§ 205	Vollzug der Nachtragsverteilung	1496
§ 206	Ausschluss von Massegläubigern	1497

Dritter Abschnitt Einstellung des Verfahrens ... 1500

§ 207	Einstellung mangels Masse	1500
§ 208	Anzeige der Masseunzulänglichkeit	1506
§ 209	Befriedigung der Massegläubiger	1513
§ 210	Vollstreckungsverbot	1518
§ 210a	Insolvenzplan bei Masseunzulänglichkeit	1522
§ 211	Einstellung nach Anzeige der Masseunzulänglichkeit	1522
§ 212	Einstellung wegen Wegfalls des Eröffnungsgrunds	1526
§ 213	Einstellung mit Zustimmung der Gläubiger	1531
§ 214	Verfahren bei der Einstellung	1537
§ 215	Bekanntmachung und Wirkungen der Einstellung	1539
§ 216	Rechtsmittel	1540

Sechster Teil Insolvenzplan ... 1543

Erster Abschnitt Aufstellung des Plans ... 1543

§ 217	Grundsatz	1543
§ 218	Vorlage des Insolvenzplans	1555
§ 219	Gliederung des Plans	1558
§ 220	Darstellender Teil	1558
§ 221	Gestaltender Teil	1560
§ 222	*Bildung von Gruppen*	1562
§ 223	Rechte der Absonderungsberechtigten	1566
§ 224	Rechte der Insolvenzgläubiger	1569

§ 225	Rechte der nachrangigen Insolvenzgläubiger	1571
§ 225a	Rechte der Anteilsinhaber	1574
§ 226	Gleichbehandlung der Beteiligten	1576
§ 227	Haftung des Schuldners	1578
§ 228	Änderung sachenrechtlicher Verhältnisse	1579
§ 229	Vermögensübersicht. Ergebnis- und Finanzplan	1580
§ 230	Weitere Anlagen	1582
§ 231	Zurückweisung des Plans	1584
§ 232	Stellungnahmen zum Plan	1588
§ 233	Aussetzung von Verwertung und Verteilung	1589
§ 234	Niederlegung des Plans	1591

Zweiter Abschnitt Annahme und Bestätigung des Plans 1593

§ 235	Erörterungs- und Abstimmungstermin	1593
§ 236	Verbindung mit dem Prüfungstermin	1599
§ 237	Stimmrecht der Insolvenzgläubiger	1600
§ 238	Stimmrecht der absonderungsberechtigten Gläubiger	1603
§ 238a	Stimmrecht der Anteilsinhaber	1604
§ 239	Stimmliste	1605
§ 240	Änderung des Plans	1605
§ 241	Gesonderter Abstimmungstermin	1608
§ 242	Schriftliche Abstimmung	1610
§ 243	Abstimmung in Gruppen	1612
§ 244	Erforderliche Mehrheiten	1614
§ 245	Obstruktionsverbot	1616
§ 246	Zustimmung nachrangiger Insolvenzgläubiger	1619
§ 246a	Zustimmung der Anteilsinhaber	1621
§ 247	Zustimmung des Schuldners	1621
§ 248	Gerichtliche Bestätigung	1623
§ 248a	Gerichtliche Bestätigung einer Planberichtigung	1625
§ 249	Bedingter Plan	1626
§ 250	Verstoß gegen Verfahrensvorschriften	1627
§ 251	Minderheitenschutz	1630
§ 252	Bekanntgabe der Entscheidung	1634
§ 253	Rechtsmittel	1635

Dritter Abschnitt Wirkungen des bestätigten Plans. Überwachung der Planerfüllung . 1642

§ 254	Allgemeine Wirkungen des Plans	1642
§ 254a	Rechte an Gegenständen. Sonstige Wirkungen des Plans	1649
§ 254b	Wirkung für alle Beteiligten	1649
§ 255	Wiederauflebensklausel	1650
§ 256	Streitige Forderungen. Ausfallforderungen	1652
§ 257	Vollstreckung aus dem Plan	1654
§ 258	Aufhebung des Insolvenzverfahrens	1656
§ 259	Wirkungen der Aufhebung	1659
§ 259a	Vollstreckungsschutz	1662
§ 259b	Besondere Verjährungsfrist	1663
§ 260	Überwachung der Planerfüllung	1665
§ 261	Aufgaben und Befugnisse des Insolvenzverwalters	1666
§ 262	Anzeigepflicht des Insolvenzverwalters	1667
§ 263	Zustimmungsbedürftige Geschäfte	1668

Inhaltsverzeichnis

§ 264	Kreditrahmen	1670
§ 265	Nachrang von Neugläubigern	1672
§ 266	Berücksichtigung des Nachrangs	1674
§ 267	Bekanntmachung der Überwachung	1675
§ 268	Aufhebung der Überwachung	1677
§ 269	Kosten der Überwachung	1678

Siebter Teil Eigenverwaltung ... 1681

§ 270	Voraussetzungen	1681
§ 270a	Eröffnungsverfahren	1692
§ 270b	Vorbereitung einer Sanierung	1698
§ 270c	Bestellung des Sachwalters	1710
§ 271	Nachträgliche Anordnung	1712
§ 272	Aufhebung der Anordnung	1715
§ 273	Öffentliche Bekanntmachung	1718
§ 274	Rechtsstellung des Sachwalters	1719
§ 275	Mitwirkung des Sachwalters	1724
§ 276	Mitwirkung des Gläubigerausschusses	1726
§ 276a	Mitwirkung der Überwachungsorgane	1728
§ 277	Anordnung der Zustimmungsbedürftigkeit	1731
§ 278	Mittel zur Lebensführung des Schuldners	1735
§ 279	Gegenseitige Verträge	1738
§ 280	Haftung. Insolvenzanfechtung	1740
§ 281	Unterrichtung der Gläubiger	1742
§ 282	Verwertung von Sicherungsgut	1746
§ 283	Befriedigung der Insolvenzgläubiger	1748
§ 284	Insolvenzplan	1751
§ 285	Masseunzulänglichkeit	1755

Achter Teil Restschuldbefreiung ... 1759

§ 286	Grundsatz	1759
§ 287	Antrag des Schuldners	1763
§ 287 n.F.	Antrag des Schuldners	1776
§ 287a n.F.	Entscheidung des Insolvenzgerichts	1778
§ 287b n.F.	Erwerbsobliegenheit des Schuldners	1780
§ 288	Vorschlagsrecht	1780
§ 288 n.F.	Bestimmung des Treuhänders	1782
§ 289	Entscheidung des Insolvenzgerichts	1782
§ 289 n.F.	Einstellung des Insolvenzverfahrens	1789
§ 290	Versagung der Restschuldbefreiung	1790
§ 290 n.F.	Versagung der Restschuldbefreiung	1829
§ 291	Ankündigung der Restschuldbefreiung	1833
§ 291 n.F.	(aufgehoben)	1835
§ 292	Rechtsstellung des Treuhänders	1836
§ 292 n.F.	Rechtsstellung des Treuhänders	1841
§ 293	Vergütung des Treuhänders	1843
§ 294	Gleichbehandlung der Gläubiger	1844
§ 294 n.F.	Gleichbehandlung der Gläubiger	1848
§ 295	Obliegenheiten des Schuldners	1849
§ 295 n.F.	Obliegenheiten des Schuldners	1869
§ 296	Verstoß gegen Obliegenheiten	1870

§ 296 n.F.	Verstoß gegen Obliegenheiten	1882
§ 297	Insolvenzstraftaten	1883
§ 297 n.F.	Insolvenzstraftaten	1888
§ 297a n.F.	Nachträglich bekannt gewordene Versagungsgründe	1888
§ 298	Deckung der Mindestvergütung des Treuhänders	1890
§ 299	Vorzeitige Beendigung	1898
§ 299 n.F.	Vorzeitige Beendigung	1904
§ 300	Entscheidung über die Restschuldbefreiung	1905
§ 300 n.F.	Entscheidung über die Restschuldbefreiung	1910
§ 300a n.F.	Neuerwerb im laufenden Insolvenzverfahren	1917
§ 301	Wirkung der Restschuldbefreiung	1919
§ 302	Ausgenommene Forderungen	1924
§ 302 n.F.	Ausgenommene Forderungen	1932
§ 303	Widerruf der Restschuldbefreiung	1933
§ 303 n.F.	Widerruf der Restschuldbefreiung	1943
§ 303a n.F.	Eintragung in das Schuldnerverzeichnis	1945

Neunter Teil Verbraucherinsolvenzverfahren und sonstige Kleinverfahren 1947

Erster Abschnitt Anwendungsbereich 1947

§ 304	Grundsatz	1947

Zweiter Abschnitt Schuldenbereinigungsplan 1963

§ 305	Eröffnungsantrag des Schuldners	1963
§ 305 n.F.	Eröffnungsantrag des Schuldners	1980
§ 305a	Scheitern der außergerichtlichen Schuldenbereinigung	1982
§ 306	Ruhen des Verfahrens	1984
§ 307	Zustellung an die Gläubiger	1988
§ 308	Annahme des Schuldenbereinigungsplans	1992
§ 309	Ersetzung der Zustimmung	1997
§ 310	Kosten	2004

Dritter Abschnitt Vereinfachtes Insolvenzverfahren 2006

§ 311	Aufnahme des Verfahrens über den Eröffnungsantrag	2006
§ 312	Allgemeine Verfahrensvereinfachungen	2007
§ 312 n.F.	[ab 01.07.2014 aufgehoben]	2012
§ 313	Treuhänder	2013
§ 313 n.F.	[ab 01.07.2014 aufgehoben]	2021
§ 314	Vereinfachte Verteilung	2021
§ 314 n.F.	[ab 01.07.2014 aufgehoben]	2022

Zehnter Teil Besondere Arten des Insolvenzverfahrens 2025

Erster Abschnitt Nachlaßinsolvenzverfahren 2025

§ 315	Örtliche Zuständigkeit	2025
§ 316	Zulässigkeit der Eröffnung	2028
§ 317	Antragsberechtigte	2029
§ 318	Antragsrecht beim Gesamtgut	2032
§ 319	Antragsfrist	2033

Inhaltsverzeichnis

§ 320	Eröffnungsgründe	2034
§ 321	Zwangsvollstreckung nach Erbfall	2037
§ 322	Anfechtbare Rechtshandlungen des Erben	2039
§ 323	Aufwendungen des Erben	2041
§ 324	Masseverbindlichkeiten	2042
§ 325	Nachlaßverbindlichkeiten	2045
§ 326	Ansprüche des Erben	2046
§ 327	Nachrangige Verbindlichkeiten	2048
§ 328	Zurückgewährte Gegenstände	2050
§ 329	Nacherbfolge	2051
§ 330	Erbschaftskauf	2053
§ 331	Gleichzeitige Insolvenz des Erben	2054

Zweiter Abschnitt Insolvenzverfahren über das Gesamtgut einer fortgesetzten Gütergemeinschaft ... 2057

§ 332	Verweisung auf das Nachlaßinsolvenzverfahren	2057

Dritter Abschnitt Insolvenzverfahren über das gemeinschaftlich verwaltete Gesamtgut einer Gütergemeinschaft ... 2062

§ 333	Antragsrecht. Eröffnungsgründe	2062
§ 334	Persönliche Haftung der Ehegatten	2064

Elfter Teil Internationales Insolvenzrecht ... 2067

Erster Abschnitt Allgemeine Vorschriften ... 2067

§ 335	Grundsatz	2067
§ 336	Vertrag über einen unbeweglichen Gegenstand	2075
§ 337	Arbeitsverhältnis	2077
§ 338	Aufrechnung	2078
§ 339	Insolvenzanfechtung	2079
§ 340	Organisierte Märkte. Pensionsgeschäfte	2080
§ 341	Ausübung von Gläubigerrechten	2081
§ 342	Herausgabepflicht. Anrechnung	2082

Zweiter Abschnitt Ausländisches Insolvenzverfahren ... 2085

§ 343	Anerkennung	2085
§ 344	Sicherungsmaßnahmen	2094
§ 345	Öffentliche Bekanntmachung	2094
§ 346	Grundbuch	2095
§ 347	Nachweis der Verwalterbestellung. Unterrichtung des Gerichts	2095
§ 348	Zuständiges Insolvenzgericht. Zusammenarbeit der Insolvenzgerichte	2096
§ 349	Verfügungen über unbewegliche Gegenstände	2097
§ 350	Leistung an den Schuldner	2098
§ 351	Dingliche Rechte	2099
§ 352	Unterbrechung und Aufnahme eines Rechtsstreits	2100
§ 353	Vollstreckbarkeit ausländischer Entscheidungen	2101

Dritter Abschnitt Partikularverfahren über das Inlandsvermögen ... 2105

§ 354	Voraussetzungen des Partikularverfahrens ...	2105
§ 355	Restschuldbefreiung. Insolvenzplan ...	2112
§ 356	Sekundärinsolvenzverfahren ...	2114
§ 357	Zusammenarbeit der Insolvenzverwalter ...	2115
§ 358	Überschuss bei der Schlussverteilung ...	2116

Zwölfter Teil Inkrafttreten ... 2117

§ 359   Verweisung auf das Einführungsgesetz ... 2117

Anhang I   Verordnung (EG) Nr. 1346/2000 des Rates über Insolvenzverfahren, mit Kommentierung ... 2119

Anhang II   Einführungsgesetz zur Insolvenzordnung, mit Kommentierung ... 2355

Anhang III Insolvenzrechtliche Vergütungsverordnung, mit Kommentierung ... 2379

Anhang IV   Gesellschaftsrechtliche Haftung der Gesellschafter und Geschäftsführer in der GmbH-Insolvenz, mit Kommentierung ... 2449

Anhang V   Gesetz über die Anfechtung von Rechtshandlungen eines Schuldners außerhalb des Insolvenzverfahrens (AnfG), mit Kommentierung ... 2527

Anhang VI   Genossenschaftsgesetz §§ 66a, 67c, mit Kommentierung ... 2621

Anhang VII Insolvenzstrafrecht, §§ 283–283d StGB, mit Kommentierung ... 2631

Anhang VIII Insolvenzgeld, §§ 165 ff. [bis 31.03.2012 §§ 183 ff.] und §§ 358 ff. SGB III, mit Kommentierung ... 2689

Anhang IX   Gesetz zur Reorganisation von Kreditinstituten (Kreditinstitute-Reorganisationsgesetz – KredReorgG), mit Kommentierung ... 2735

Anhang X   Gesetz über die Insolvenzstatistik (Insolvenzstatistikgesetz – InsStatG), mit Kommentierung ... 2759

Stichwortverzeichnis ... 2773

Abkürzungsverzeichnis

a.	auch
aA	anderer Ansicht, anderer Auffassung
aaO	am angegebenen Ort
aba	Arbeitsgemeinschaft für betriebliche Altersversorgung eV
AbgG	Gesetz über die Rechtsverhältnisse der Mitglieder des Deutschen Bundestages, Abgeordnetengesetz
ABl	Amtsblatt
abl.	ablehnend
ABlEG	Amtsblatt der Europäischen Gemeinschaften
ABlEU	Amtsblatt der Europäischen Union
Abs.	Absatz
Abschn.	Abschnitt
abw.	abweichend
AcP	Archiv für die civilistische Praxis
aE	am Ende
AEntG	Arbeitnehmer-Entsendegesetz
AEUV	Vertrag über die Arbeitsweise der Europäischen Union
aF	alte Fassung
AfA	Absetzung für Abnutzung
AFG	Arbeitsförderungsgesetz
AFKG	Arbeitsförderungs-Konsolidierungsgesetz
AFRG	Arbeitsförderungs-Reformgesetz
AG	Aktiengesellschaft; Die Aktiengesellschaft (Zeitschrift); Amtsgericht
AGB	Allgemeine Geschäftsbedingungen
AGH	Anwaltsgerichtshof
AgrarR	Agrarrecht (Zeitschrift)
AIB	Allgemeine Versicherungsbedingungen für die Insolvenzsicherung der betrieblichen Altersversorgung
AktG	Aktiengesetz
Alg (II)	Arbeitslosengeld (II)
Alt.	Alternative
aM	anderer Meinung
amtl.	amtlich, -er, -e, -es
ANBA	Amtliche Nachrichten der Bundesagentur für Arbeit
ÄndG	Änderungsgesetz
AnfG	Gesetz betr. die Anfechtung von Rechtshandlungen eines Schuldners außerhalb des Insolvenzverfahrens, Anfechtungsgesetz
AnfR	Anfechtungsrecht
AngKSchG	Gesetz über die Fristen für die Kündigung von Angestellten, Angestelltenkündigungsschutzgesetz
Anh.	Anhang
Anl.	Anlage
Anm.	Anmerkung
AnwBl	Anwaltsblatt
AO	Abgabenordnung
AOK	Allgemeine Ortskrankenkasse
AP	Arbeitsrechtliche Praxis, Nachschlagewerk des Bundesarbeitsgerichts
ArbG	Arbeitsgericht
ArbGG	Arbeitsgerichtsgesetz
AR-Blattei	Arbeitsrecht-Blattei
ArbnErfG	Gesetz über Arbeitnehmererfindungen
ArbPlSchG	Gesetz über den Schutz des Arbeitsplatzes bei Einberufung zum Wehrdienst, Arbeitsplatzschutzgesetz
ArbSG	Gesetz zur Sicherstellung von Arbeitsleistungen zum Zwecke der Verteidigung einschließlich des Schutzes der Zivilbevölkerung, Arbeitssicherstellungsgesetz

Abkürzungsverzeichnis

ArchBürgR	Archiv für bürgerliches Recht
ARGE	Arbeitsgemeinschaft
Art.	Artikel
ASiG	Gesetz über Betriebsärzte, Sicherheitsingenieure und andere Fachkräfte für Arbeitssicherheit, Arbeitssicherheitsgesetz
AT	Allgemeiner Teil
AuA	Arbeit und Arbeitsrecht (Zeitschrift)
AuB	Arbeit und Beruf (Zeitschrift)
Aufl.	Auflage
AÜG	Gesetz zur Regelung der gewerbsmäßigen Arbeitnehmerüberlassung, Arbeitnehmerüberlassungsgesetz
AuR	Arbeit und Recht (Zeitschrift)
ausf.	ausführlich
AVAG	Anerkennungs- und Vollstreckungsausführungsgesetz
AVG	Angestelltenversicherungsgesetz
AVO	Ausführungsverordnung
AWD	Außenwirtschaftsdienst des Betriebs-Beraters
Az	Aktenzeichen
BA	Bundesagentur für Arbeit
BABl	Bundesarbeitsblatt
BAG	Bundesarbeitsgericht
BAGE	Entscheidungen des Bundesarbeitsgerichts
BAnz	Bundesanzeiger
BÄO	Bundesärzteordnung
BauGB	Baugesetzbuch
BauFdgG	Gesetz über die Sicherung der Bauforderungen
BauR	Baurecht (Zeitschrift)
BayObLG	Bayerisches Oberstes Landesgericht
BayObLGZ	Entscheidungen des Bayerischen Obersten Landesgerichts in Zivilsachen
BB	Der Betriebs-Berater (Zeitschrift)
BBiG	Berufsbildungsgesetz
BC	Bankruptcy Code; Bilanzbuchhalter und Controller (Zeitschrift)
Bd	Band
Bde	Bände
BDSG	Bundesdatenschutzgesetz
BEEG	Gesetz zum Elterngeld und zur Elternzeit (Bundeselterngeld- und Elternzeitgesetz)
Begr.	Begründung
Beil.	Beilage
Beiträge	Die Beiträge zur Sozial- und Arbeitslosenversicherung (Zeitschrift)
Bek.	Bekanntmachung
Beschl.	Beschluss
BetrAV	Betriebliche Altersversorgung (Zeitschrift)
BetrAVG	Gesetz zur Verbesserung der betrieblichen Altersversorgung
BetrVG	Betriebsverfassungsgesetz
BeurkG	Beurkundungsgesetz
BewG	Bewertungsgesetz
BewHi	Bewährungshilfe
BFH	Bundesfinanzhof
BFH/NV	Sammlung nicht veröffentlichter Entscheidungen des Bundesfinanzhofs
BFHE	Entscheidungen des Bundesfinanzhofs
BFuP	Zeitschrift »Betriebswirtschaftliche Forschung und Praxis«
BGB	Bürgerliches Gesetzbuch
BGBl	Bundesgesetzblatt
BGB-RGRK	BGB Kommentar, (Hrsg.) von Reichsgerichtsräten und Bundesrichtern
BGE	*Amtl. Sammlung der Entscheidungen des Schweizerischen Bundesgerichts*
BGH	Bundesgerichtshof

BGHSt	Entscheidungen des Bundesgerichtshofs in Strafsachen
BGHZ	Entscheidungen des Bundesgerichtshofs in Zivilsachen
BHO	Bundeshaushaltsordnung
BK-InsR	*Blersch/Goetsch/Haas* (Hrsg.), Berliner Kommentar Insolvenzrecht
BlPMZ	Blätter für Patent-, Muster- und Zeichenwesen
BlSchKG	Blätter für Schuldbetreibung und Konkurs Schweiz
BMAS	Bundesminister(ium) für Arbeit und Soziales
BMF	Bundesminister(ium) für Finanzen
BMJ	Bundesminister(ium) der Justiz
BMWi	Bundesminister(ium) für Wirtschaft und Technologie
BNotO	Bundesnotarordnung
BörsG	Börsengesetz
BR	Bundesrat
BRAGO	Bundesrechtsanwaltsgebührenordnung
BRAO	Bundesrechtsanwaltsordnung
BR-Drucks.	Bundesratsdrucksache
BReg	Bundesregierung
Breith.	Sammlung von Entscheidungen aus dem Sozialrecht Breithaupt
BR-Prot.	Ständige Berichte des Bundesrates (zitiert nach Jahr, Seite)
BRRG	Beamtenrechtsrahmengesetz
BRTV-Bau	Bundesrahmentarifvertrag für das Baugewerbe
BSG	Bundessozialgericht
BSGE	Entscheidungen des Bundessozialgerichts
Bsp	Beispiel
BspKG	Gesetz über Bausparkassen
BStatG	Gesetz über die Statistik für Bundeszwecke
BStBl	Bundessteuerblatt
BT	Bundestag
BT-Drucks.	Bundestagsdrucksache
BtPrax	Betreuungsrechtliche Praxis (Zeitschrift)
Buchst.	Buchstabe
BUrlG	Bundesurlaubsgesetz
BuW	Betrieb und Wirtschaft (Zeitschrift)
BVerfG	Bundesverfassungsgericht
BVerfGE	Entscheidungen des Bundesverfassungsgerichts
BVerfGG	Gesetz über das Bundesverfassungsgericht, Bundesverfassungsgerichtsgesetz
BVerwG	Bundesverwaltungsgericht
BVerwGE	Entscheidungen des Bundesverwaltungsgerichts
BWNotZ	Zeitschrift für das Notariat in Baden-Württemberg
bzgl	bezüglich
bzw	beziehungsweise
ca	circa
cic	culpa in contrahendo
COMI	centre of main interests
DA	Durchführungsanweisungen der Bundesagentur für Arbeit
DAV	Deutscher Anwaltsverein
DB	Der Betrieb (Zeitschrift)
DBW	Die Betriebswirtschaft (Zeitschrift)
ders.	derselbe
dgl	dergleichen
DGO	Deutsche Gemeindeordnung
DGVZ	Deutsche Gerichtsvollzieher-Zeitung
dh	das heißt
dies.	dieselbe(n)
diff.	differenzierend
Diss.	Dissertation
DNotZ	Deutsche Notar-Zeitschrift

Abkürzungsverzeichnis

DOK	Die Ortskrankenkasse (Zeitschrift)
Dok.	Dokumentation
DöKV	Deutsch-österreichischer Konkursvertrag
DöKVAG	Ausführungsgesetz zum Deutsch-österreichischen Konkursvertrag
DR	Deutsches Recht (Zeitschrift)
DRiZ	Deutsche Richterzeitung
Drucks.	Drucksache
DRZ	Deutsche Rechts-Zeitschrift
DStR	Deutsches Steuerrecht (Zeitschrift)
DStZ	Deutsche Steuer-Zeitung
DSWR	Datenverarbeitung, Steuer, Wirtschaft, Recht (Zeitschrift)
DuR	Demokratie und Recht
DÜVO	Datenübermittlungs-Verordnung
DVO	Durchführungsverordnung
DVR	Deutsche Verkehrssteuer-Rundschau
DZWiR	bis 1999 Deutsche Zeitschrift für Wirtschaftsrecht
DZWIR	ab 1999 Deutsche Zeitschrift für Wirtschafts- und Insolvenzrecht
EFG	Entscheidungen der Finanzgerichte
EG	Einführungsgesetz; Europäische Gemeinschaft(en)
EGBGB	Einführungsgesetz zum Bürgerlichen Gesetzbuch
EGGVG	Einführungsgesetz zum Gerichtsverfassungsgesetz
EGHGB	Einführungsgesetz zum Handelsgesetzbuch
EGInsO	Einführungsgesetz zur Insolvenzordnung
EGStGB	Einführungsgesetz zum Strafgesetzbuch
EGVtr	Vertrag zur Gründung der Europäischen Gemeinschaft
EheG	Ehegesetz
Einf.	Einführung
Einl.	Einleitung
einschl.	einschließlich
EInsO	Entwurf einer Insolvenzordnung
EKH	Eigenkapitalhilfeprogramm
ErbbauVO	Verordnung über das Erbbaurecht
ErbStG	Erbschaft- und Schenkungsteuergesetz
ERP	European Recovery Program
ErsK	Die Ersatzkasse (Zeitschrift)
EStG	Einkommensteuergesetz
EStH	Einkommensteuerhandbuch/Einkommensteuerhinweise
EStR	Einkommensteuerrichtlinien
EStRG	Einkommensteuerreformgesetz
ESUG	Gesetz zur weiteren Erleichterung der Sanierung von Unternehmen
etc	et cetera
EU	Europäische Union
EuGH	Europäischer Gerichtshof
EuGHE	Entscheidungen des Europäischen Gerichtshofes
EuGVVO	Europäische Verordnung über die gerichtliche Zuständigkeit und die Anerkennung und Vollstreckung von Entscheidungen in Zivil- und Handelssachen
EuInsÜ	Europäisches Übereinkommen über Insolvenzverfahren
EuInsVO	Europäische Verordnung über Insolvenzverfahren
EuZW	Europäische Zeitschrift für Wirtschaftsrecht
EV	Einführungsverordnung; Einigungsvertrag
eV	eingetragener Verein
evtl	eventuell
EWiR	Entscheidungen zum Wirtschaftsrecht (Zeitschrift)
EWIV	Europäische Wirtschaftliche Interessenvereinigung
EzA	Entscheidungssammlung zum Arbeitsrecht
EzAÜG	*Entscheidungssammlung zum Arbeitnehmerüberlassungsgesetz*
f./ff.	folgende

XXVIII

FamRZ	Zeitschrift für das gesamte Familienrecht
FAZ	Frankfurter Allgemeine Zeitung
FEVS	Fürsorgerechtliche Entscheidungen der Verwaltungs- und Sozialgerichte
FG	Finanzgericht
FGG	Gesetz über die Angelegenheiten der freiwilligen Gerichtsbarkeit
FGO	Finanzgerichtsordnung
FinDAG	Gesetz über die Bundesanstalt für Finanzdienstleistungsaufsicht
FLF	Finanzierung, Leasing, Factoring (Zeitschrift)
FlurbG	Flurbereinigungsgesetz
FMStErgG	Finanzmarktstabilisierungsergänzungsgesetz
FMStG	Finanzmarktstabilisierungsgesetz
Fn	Fußnote
FN-IDW	Fachnachrichten des Instituts der Wirtschaftsprüfer
FR	Finanz-Rundschau (Zeitschrift)
FS	Festschrift
FZV	Verordnung über die Zulassung von Fahrzeugen zum Straßenverkehr
G	Gesetz
GAVI	Gesetz zur Vereinfachung der Aufsicht in Insolvenzverfahren
GBl	Gesetzblatt
GBO	Grundbuchordnung
GbR	Gesellschaft bürgerlichen Rechts
GebrMG	Gebrauchsmustergesetz
gem.	gemäß
GenG	Gesetz betr. die Erwerbs- und Wirtschaftsgenossenschaften, Genossenschaftsgesetz
GeschmMG	Gesetz betr. das Urheberrecht an Mustern und Modellen, Geschmacksmustergesetz
GesO	Gesamtvollstreckungsordnung
GewO	Gewerbeordnung
GewStDV	Gewerbesteuer-Durchführungsverordnung
GewStG	Gewerbesteuergesetz
GG	Grundgesetz
ggf	gegebenenfalls
GK	Gemeinschaftskommentar
GK-AFG	Gemeinschaftskommentar zum Arbeitsförderungsgesetz, Loseblatt
GK-BetrVG	*Kraft/Wiese/Kreutz/Oetker/Raab/Weber/Franzen*, Gemeinschaftskommentar zum Betriebsverfassungsgesetz
GKG	Gerichtskostengesetz
GmbH	Gesellschaft mit beschränkter Haftung
GmbHG	Gesetz betr. die Gesellschaften mit beschränkter Haftung
GmbHR	GmbH-Rundschau (Zeitschrift)
GMBl	Gemeinsames Ministerialblatt
grds	grundsätzlich
Grdz	Grundzüge
GrEStG	Grunderwerbsteuergesetz
GrS	Großer Senat
GrStG	Grundsteuergesetz
GrdstVG	Gesetz über Maßnahmen zur Verbesserung der Agrarstruktur und zur Sicherung land- und forstwirtschaftlicher Betriebe (Grundstückverkehrsgesetz)
GRUR	Gewerblicher Rechtsschutz und Urheberrecht (Zeitschrift)
GS	Gedächtnisschrift
GuG	Grundstücksmarkt und Grundstückswert (Zeitschrift)
GuT	Gewerbemiete und Teileigentum (Zs.)
GVBl	Gesetz- und Verordnungsblatt
GVG	Gerichtsverfassungsgesetz
GVGA	Geschäftsanweisung für Gerichtsvollzieher
GVO	Grundstücksverkehrsordnung

Abkürzungsverzeichnis

HAG	Heimarbeitsgesetz
hans.	hanseatisches
Hdb	Handbuch
HFR	Höchstrichterliche Finanzrechtsprechung
HGB	Handelsgesetzbuch
hM	herrschende Meinung
HöfeO	Höfeordnung
HOLG	Hanseatisches Oberlandesgericht
hrsg/Hrsg	herausgegeben/Herausgeber
Hs	Halbsatz
idF	in der Fassung
idR	in der Regel
IDW	Institut der Wirtschaftsprüfer
iE	im Einzelnen
iErg	im Ergebnis
ieS	im engeren Sinne
IHK	Industrie- und Handelskammer
iHv	in Höhe von
IIR	International Insolvency Review (Zeitschrift)
INF	Die Information über Steuer und Wirtschaft (Zeitschrift)
insb.	insbesondere
InsbürO	Zeitschrift für das Insolvenzbüro
InsO	Insolvenzordnung
InsStatG	Gesetz über die Insolvenzstatistik (Insolvenzstatistikgesetz)
InsVO	Verordnung über Insolvenzverfahren
InsVV	Insolvenzrechtliche Vergütungsverordnung
InVo	Insolvenz & Vollstreckung (Zeitschrift)
InvZulG	Investitionszulagengesetz
IPRax	Praxis des Internationalen Privat- und Verfahrensrechts (Zeitschrift)
IPRG	Gesetz zur Neuregelung des Internationalen Privatrechts
iS	im Sinne
iSd	im Sinne des/der
iSv	im Sinne von
iVm	in Verbindung mit
iwS	im weiteren Sinne
IZPR	Internationales Zivilprozessrecht
JA	Juristische Arbeitsblätter (Zeitschrift)
JFG	Jahrbuch für Entscheidungen in Angelegenheiten der freiwilligen Gerichtsbarkeit und des Grundbuchrechts
Jg	Jahrgang
JMBl	Justizministerialblatt
JR	Juristische Rundschau
JURA	Juristische Ausbildung (Zeitschrift)
JurBüro	Das juristische Büro (Zeitschrift)
JuS	Juristische Schulung (Zeitschrift)
JVEG	Justizvergütungs- und Entschädigungsgesetz
JW	Juristische Wochenschrift
JZ	Juristenzeitung
KAGG	Gesetz über Kapitalanlagegesellschaften
Kap.	Kapitel
KapAEG	Kapitalaufnahmeerleichterungsgesetz
KassArbR	Kasseler Handbuch zum Arbeitsrecht
KfzStG	Kraftfahrzeugsteuergesetz
KG	Kammergericht; Kommanditgesellschaft
KGaA	*Kommanditgesellschaft auf Aktien*
KindRG	Kindschaftsreformgesetz

Abkürzungsverzeichnis

KKZ	Kommunal-Kassen-Zeitschrift
KO	Konkursordnung
Komm.	Kommentar; Kommission
KostO	Kostenordnung
krit.	kritisch
KSchG	Kündigungsschutzgesetz
KS-InsO	Kölner Schrift zur Insolvenzordnung
KStG	Körperschaftsteuergesetz
KStZ	Kommunale Steuer-Zeitschrift
KTS	Zeitschrift für Insolvenzrecht
KuT	Konkurs- und Treuhandwesen (Zeitschrift)
KV	Kostenverzeichnis
KVStG	Kapitalverkehrsteuergesetz
KWG	Gesetz über das Kreditwesen, Kreditwesengesetz
LAG	Landesarbeitsgericht
LAGE	Entscheidungen der Landesarbeitsgerichte
lfd	laufend, -e
LFZG	Lohnfortzahlungsgesetz
LG	Landgericht
lit.	litera
LM	*Lindenmaier/Möhring* Nachschlagewerk des Bundesgerichtshofs
LPartG	Gesetz über die Eingetragene Lebenspartnerschaft
LPK	Lehr- und Praxiskommentar
LS	Leitsatz
LSG	Landessozialgericht
LStDV	Lohnsteuer-Durchführungsverordnung
LuftfzRG	Gesetz über Rechte an Luftfahrzeugen
LuftVG	Luftverkehrsgesetz
LZ	Leipziger Zeitschrift für Deutsches Recht
m.	mit
maW	mit anderen Worten
MDR	Monatszeitschrift für Deutsches Recht
mE	meines Erachtens
MHbeG	Gesetz zur Beschränkung der Haftung Minderjähriger
MinBlFin	Ministerialblatt des Bundesministers der Finanzen
Mio	
MitbestG	Gesetz über die Mitbestimmung der Arbeitnehmer, Mitbestimmungsgesetz
Mitt.	Mitteilungen
MiZi	Allgemeine Verfügung über Mitteilungen in Zivilsachen
MoMiG	Gesetz zur Modernisierung des GmbH-Rechts und zur Bekämpfung von Missbräuchen
MontanMitbestG	Gesetz über die Mitbestimmung der Arbeitnehmer in den Aufsichtsräten und Vorständen der Unternehmen des Bergbaus und der Eisen und Stahl erzeugenden Industrie
Mrd	Milliarde(n)
MuSchG	Gesetz zum Schutz der erwerbstätigen Mutter, Mutterschutzgesetz
mwH	mit weiteren Hinweisen
mwN	mit weiteren Nachweisen
mWv	mit Wirkung vom
Nachw.	Nachweise
NdsRpfl	Niedersächsische Rechtspflege
nF	neue Fassung
NJW	Neue Juristische Wochenschrift
NJW-RR	NJW-Rechtsprechungs-Report
nr	nicht rechtskräftig
Nr	Nummer(n)

XXXI

Abkürzungsverzeichnis

NRW	Nordrhein-Westfalen
NStZ	Neue Zeitschrift für Strafrecht
nv	nicht veröffentlicht
NVwZ	Neue Zeitschrift für Verwaltungsrecht
NWB	Neue Wirtschaftsbriefe
NZA	Neue Zeitschrift für Arbeitsrecht
NZI	Neue Zeitschrift für das Recht der Insolvenz und Sanierung
NZM	Neue Zeitschrift für Mietrecht
NZS	Neue Zeitschrift für Sozialrecht
o.	oben
oÄ	oder Ähnliches
ÖBGBl.	Österreichisches Bundesgesetzblatt
OFD	Oberfinanzdirektion
OGH	Oberster Gerichtshof Österreich
OHG	Offene Handelsgesellschaft
OLG	Oberlandesgericht
OLGE	Entscheidungen der Oberlandesgerichte
OLGZ	Entscheidungen der Oberlandesgerichte in Zivilsachen
OVG	Oberverwaltungsgericht
OWiG	Gesetz über Ordnungswidrigkeiten
PaßG	Paßgesetz
PatG	Patentgesetz
PersV	Personalvertretung
PersVG	Personalvertretungsgesetz
PKH	Prozesskostenhilfe
ppa	per prokura
Prot.	Protokoll
PSVaG	Pensions-Sicherungs-Verein auf Gegenseitigkeit
PublG	Gesetz über die Rechnungslegung von bestimmten Unternehmen und Konzernen
RabelsZ	Rabels Zeitschrift für ausländisches und internationales Privatrecht
RAG	Reichsarbeitsgericht
RAGE	Entscheidungen des Reichsarbeitsgerichts
RAO	Reichsabgabenordnung
rd	rund
RdA	Recht der Arbeit (Zeitschrift)
RdErl	Runderlass
Rdn	Randnummer (in diesem Werk)
RegE	Regierungsentwurf
resp.	respektive
RFH	Reichsfinanzhof
RFHE	Sammlung der Entscheidungen und Gutachten des Reichsfinanzhofs
RG	Reichsgericht
RGBl	Reichsgesetzblatt
RGRK	Reichsgerichtsrätekommentar
RGSt	Entscheidungen des Reichsgerichts in Strafsachen
RGZ	Entscheidungen des Reichsgerichts in Zivilsachen
RIW	Recht der Internationalen Wirtschaft
RKG	Reichsknappschaftsgesetz
RL	Richtlinie
Rn	Randnummer
ROHG	Reichsoberhandelsgericht
Rpfleger	Der Deutsche Rechtspfleger (Zeitschrift)
RPflG	Rechtspflegergesetz
RRG	*Rentenreformgesetz*
RsDE	Beiträge zum Recht der sozialen Dienste und Einrichtungen

Rspr	Rechtsprechung
Rspr-Dienst	Rechtsprechungsdienst der Sozialgerichtsbarkeit
RStBl	Reichssteuerblatt
RVG	Gesetz über die Vergütung der Rechtsanwältinnen und Rechtsanwälte
RTV	Rahmentarifvertrag
RV	Die Rentenversicherung
RVG	Rechtsanwaltsvergütungsgesetz
RVO	Reichsversicherungsordnung
S.	Satz
S	Seite
s.	siehe
SAE	Sammlung arbeitsrechtlicher Entscheidungen
SCEAG	Gesetz zur Ausführung der Verordnung (EG) Nr. 1435/2003 des Rates vom 22. Juli 2003 über das Statut der Europäischen Genossenschaft (SCE)
ScheckG	Scheckgesetz
SchiffsRG	Gesetz über Rechte an eingetragenen Schiffen und Schiffsbauwerken
SchiffsRO	Schiffsregisterordnung
SchKG	Bundesgesetz über Schuldbetreibung und Konkurs Schweiz
SchlHAnz.	Schleswig-Holsteinische Anzeigen
SeemG	Seemannsgesetz
Sen.	Senat
SeuffArch	Seufferts Archiv für Entscheidungen der obersten Gerichte
SG	Sozialgericht
SGb	Die Sozialgerichtsbarkeit (Zeitschrift)
SGB	Sozialgesetzbuch
SGG	Sozialgerichtsgesetz
SKWPG	Gesetz zur Umsetzung des Spar-, Konsolidierungs- und Wachstumsprogramms
sog.	so genannt
SozR	Sozialrecht – Entscheidungssammlung, bearbeitet von den Richtern des BSG, Loseblatt
SozSich	Soziale Sicherheit (Zeitschrift)
Sp.	Spalte
SR	Systematische Sammlung des Bundesrechts Schweiz
st.	ständig, -er, -e, es
StAnpG	Steueranpassungsgesetz
StBerG	Steuerberatungsgesetz
StBGebV	Steuerberatergebührenverordnung
StbJb	Steuerberater-Jahrbuch
StGB	Strafgesetzbuch
StPO	Strafprozessordnung
str.	streitig
StrÄndG	Strafrechtsänderungsgesetz
StrEG	Gesetz über die Entschädigung für Strafverfolgungsmaßnahmen
StRK	Höchstgerichtliche Entscheidungen in Steuersachen (Steuerrechtsprechung in Karteiform)
StuB	Steuern und Bilanzen (Zeitschrift)
StudKomm	Studienkommentar
StuW	Steuer und Wirtschaft (Zeitschrift)
StVollzG	Strafvollzugsgesetz
StWa	Die Steuer-Warte (Zeitschrift)
SVertO	Schifffahrtsrechtliche Verteilungsordnung
SvEV	Sozialversicherungsentgeltverordnung
TEHG	Gesetz über den Handel mit Berechtigungen zur Emission von Treibhausgasen
TVG	Tarifvertragsgesetz
tw	teilweise
TzBfG	Gesetz über Teilzeitarbeit und befristete Arbeitsverträge

Abkürzungsverzeichnis

u.	unten/und
ua	unter anderem
uÄ	und Ähnliches
UBGG	Unternehmensbeteiligungsgesetz
UmwG	Umwandlungsgesetz
UR	Umsatzsteuer-Rundschau
UrhG, UrhRG	Gesetz über Urheberrecht und verwandte Schutzrechte, Urheberrechtsgesetz
Urt.	Urteil
USK	Urteilssammlung für die gesetzliche Krankenversicherung
UStDV	Umsatzsteuer-Durchführungsverordnung
UStG	Umsatzsteuergesetz
usw	und so weiter
uU	unter Umständen
UVMG	Unfallversicherungsmodernisierungsgesetz
UWG	Gesetz gegen den unlauteren Wettbewerb
v.	vom, von
VAG	Gesetz über die Beaufsichtigung der privaten Versicherungsunternehmungen und Bausparkassen, Versicherungsaufsichtsgesetz
Var.	Variante
VerbrKrG	Verbraucherkreditgesetz
VerglO	Vergleichsordnung
VergütVO/VergVO	Vergütungsverordnung
VerlG	Gesetz über das Verlagsrecht
VermBG	Gesetz zur Förderung der Vermögensbildung der Arbeitnehmer
VermG	Gesetz zur Regelung offener Vermögensfragen
VersR	Versicherungsrecht (Zeitschrift)
Vfg.	Verfügung
VG	Verwaltungsgericht
VGH	Verwaltungsgerichtshof
vgl	vergleiche
VglO	Vergleichsordnung
vH	von Hundert
VID	Verband der Insolvenzverwalter Deutschlands
VIZ	Zeitschrift für Vermögens- und Investitionsrecht
VO	Verordnung
VOB	Verdingungsordnung für Bauleistungen
VRG	Vorruhestandsgesetz
VRTV	Vorruhestandstarifvertrag
VStG	Vermögensteuergesetz
VuR	Verbraucher und Recht (Zeitschrift)
VVaG	Versicherungsverein auf Gegenseitigkeit
VVG	Gesetz über den Versicherungsvertrag, Versicherungsvertragsgesetz
VW	Versicherungswirtschaft (Zeitschrift)
VwGO	Verwaltungsgerichtsordnung
VwVfG	Verwaltungsverfahrensgesetz
VwVG	Verwaltungsvollstreckungsgesetz
WahlO	Wahlordnung
WarnRspr	Sammlung zivilrechtlicher Entscheidungen des Reichsgerichts, Warneyer-Rechtsprechung
WEG	Gesetz über das Wohnungseigentum und das Dauerwohnrecht, Wohnungseigentumsgesetz
WG	Wechselgesetz
WiB	Wirtschaftsrechtliche Beratung (Zeitschrift)
WiKG	Gesetz zur Bekämpfung der Wirtschaftskriminalität
WiSt	Wirtschaftswissenschaftliches Studium (Zeitschrift)
WiStG	Gesetz zur Vereinfachung des Wirtschaftsstrafrechts, Wirtschaftsstrafgesetz
wistra	Zeitschrift für Wirtschaft, Steuer und Strafrecht

WM	Wertpapier-Mitteilungen (Zeitschrift)
WPg	Die Wirtschaftsprüfung (Zeitschrift)
WPO	Wirtschaftsprüfungsordnung
WPrax	Wirtschaftsrecht und Praxis (Zeitschrift)
WRV	Weimarer Reichsverfassung
WuB	Entscheidungssammlung zum Wirtschafts- und Bankrecht
WuM	Wohnungswirtschaft und Mietrecht (Zeitschrift)
WuW	Wirtschaft und Wettbewerb (Zeitschrift)
WZG	Warenzeichengesetz
WzS	Wege zur Sozialversicherung (Zeitschrift)
ZAkDR	Zeitschrift der Akademie für Deutsches Recht
ZAP	Zeitschrift für die Anwaltspraxis
zB	zum Beispiel
ZB Reform	Zweitbericht der Kommission für Insolvenzrecht
ZBB	Zeitschrift für Bankrecht und Bankwirtschaft
ZBR	Zeitschrift für Beamtenrecht
ZDG	Gesetz über den Zivildienst der Kriegsdienstverweigerer, Zivildienstgesetz
ZEuP	Zeitschrift für Europäisches Privatrecht
ZEV	Zeitschrift für Erbrecht und Vermögensnachfolge
ZfA	Zeitschrift für Arbeitsrecht
ZfB	Zeitschrift für Betriebswirtschaft
zfbf	Zeitschrift für betriebswirtschaftliche Forschung
ZfG	Zeitschrift für das gesamte Genossenschaftswesen
zfo	Führung und Organisation (Zeitschrift)
ZfS	Zentralblatt für Sozialversicherung, Sozialhilfe und Versorgung
ZfSH	Zeitschrift für Sozialhilfe
ZfZ	Zeitschrift für Zölle und Verbrauchsteuern
ZGR	Zeitschrift für Unternehmens- und Gesellschaftsrecht
ZgS	Zeitschrift für die gesamte Staatswissenschaft
ZHR	Zeitschrift für das gesamte Handelsrecht und Wirtschaftsrecht
Ziff.	Ziffer
ZInsO	Zeitschrift für das gesamte Insolvenzrecht
ZIP	Zeitschrift für Wirtschaftsrecht und Insolvenzpraxis
zit.	zitiert
ZMGR	Zeitschrift für das gesamte Medizinrecht
ZMR	Zeitschrift für Miet- und Raumrecht
ZPO	Zivilprozessordnung
ZRP	Zeitschrift für Rechtspolitik
ZSHG	Zeugenschutzharmonisierungsgesetz
ZStW	Zeitschrift für die gesamte Strafrechtswissenschaft
zT	zum Teil
ZUR	Zeitschrift für Umweltrecht
ZuSEG	Gesetz über die Entschädigung von Zeugen und Sachverständigen
zust.	zustimmend
ZustRG	Gesetz zur Reform des Verfahrens bei Zustellungen im gerichtlichen Verfahren
ZVersWiss	Zeitschrift für die gesamte Versicherungswissenschaft
ZVG	Gesetz über die Zwangsversteigerung und die Zwangsverwaltung, Zwangsversteigerungsgesetz
ZVI	Zeitschrift für Verbraucher- und Privat-Insolvenzrecht
ZwVerwVO	Zwangsverwalterverordnung
zzgl	zuzüglich
ZZP	Zeitschrift für Zivilprozess

Literaturverzeichnis

Andres/Leithaus/*Bearbeiter*	*Andres/Leithaus*, InsO, Kommentar, 2. Aufl. 2011
AnwHb-InsR/*Bearbeiter*	*Runkel* (Hrsg), Anwalts-Handbuch Insolvenzrecht, 2. Aufl. 2008
APS/*Bearbeiter*	*Ascheid/Preis/Schmidt* (Hrsg), Kündigungsrecht, Kommentar, 3. Aufl. 2007
Baumbach/*Bearbeiter*	*Baumbach/Lauterbach/Albers/Hartmann*, Zivilprozessordnung, Kommentar, 71. Aufl. 2013
BK-InsR/*Bearbeiter*	*Blersch/Goetsch/Haas* (Hrsg), Berliner Kommentar zum Insolvenzrecht, Loseblatt
Braun/*Bearbeiter*	*Braun*, Insolvenzordnung, Kommentar, 5. Aufl. 2012
DKK/*Bearbeiter*	*Däubler/Kittner/Klebe* (Hrsg), BetrVG, Kommentar für die Praxis, 13. Aufl. 2012
Duursma/*Bearbeiter*	*Duursma-Kepplinger/Duursma/Chalupsky*, Europäische Insolvenzordnung, Kommentar, 2002
Eicher/Schlegel/*Bearbeiter*	*Eicher/Schlegel* (Hrsg), Sozialgesetzbuch III – Arbeitsförderung, Loseblatt
ErfK/*Bearbeiter*	*Müller-Glöge/Preis/Schmidt* (Hrsg), Erfurter Kommentar zum Arbeitsrecht, 13. Aufl. 2013
Erman/*Bearbeiter*	*Erman/Westermann* (Hrsg), BGB, Handkommentar, 2 Bde, 13. Aufl. 2011
FA-InsR/*Bearbeiter*	*Wimmer/Dauernheim/Wagner/Gietl* (Hrsg), Handbuch des Fachanwalts Insolvenzrecht, 6. Aufl. 2013
Fischer	Strafgesetzbuch mit Nebengesetzen, Kommentar, 60. Aufl. 2013
FS Fischer	Haftung und Insolvenz, Festschrift für Gero Fischer zum 65. Geburtstag, 2008
Fitting	*Fitting/Engels/Schmidt/Trebinger/Linsenmaier*, Betriebsverfassungsgesetz mit Wahlordnung, Handkommentar, 26. Aufl. 2012
FK-InsO/*Bearbeiter*	*Wimmer* (Hrsg), Frankfurter Kommentar zur Insolvenzordnung, 7. Aufl. 2013
Fletcher	Insolvency in Private International Law, 2007
Frege/Keller/Riedel	Insolvenzrecht, 7. Aufl. 2008
Gagel	SGB III, Kommentar, Loseblatt (zit.: Bearbeiter in)
Gaul/Schilken/Becker-Eberhard	Zwangsvollstreckungsrecht, 12. Aufl. 2010
Gebauer/Wiedmann	Zivilrecht unter europäischem Einfluss, 2. Aufl. 2010
Gehrlein	Gehrlein, Das neue GmbH-Recht, 2008
Geimer/Schütze/*Bearbeiter*	*Geimer/Schütze* (Hrsg), Internationaler Rechtsverkehr in Zivil- und Handelssachen, *Loseblatt*
Germelmann/*Bearbeiter*	*Germelmann/Matthes/Prütting*, Kommentar zum Arbeitsgerichtsgesetz, 8. Aufl. 2013
GK-BetrVG/*Bearbeiter*	*Wiese/Kreutz/Oetker/Raab/Weber/Franzen* Gemeinschaftskommentar zum Betriebsverfassungsgesetz, 2 Bde, 9. Aufl. 2010
GK-HGB/*Bearbeiter*	*Ensthaler* (Hrsg), Gemeinschaftskommentar zum Handelsgesetzbuch, 7. Aufl. 2007
Gottwald/*Bearbeiter*	*Gottwald* (Hrsg), Insolvenzrechts-Handbuch, 4. Aufl. 2010
Graf-Schlicker/*Bearbeiter*	*Graf-Schlicker* (Hrsg), Kommentar zur Insolvenzordnung, 3. Auflage 2012
GroßK-GmbHG/*Bearbeiter*	*Ulmer/Habersack/Winter* (Hrsg), GmbHG – Gesetz betreffend die Gesellschaften mit beschränkter Haftung, Großkommentar, 2008
HambK-InsR/*Bearbeiter*	*Schmidt, A.* (Hrsg), Hamburger Kommentar zum Insolvenzrecht, 4. Aufl. 2012
Häsemeyer	Insolvenzrecht, 4. Aufl. 2007
Haß/Gruber/Heiderhoff	EU-Insolvenzordnung, EUInsVO, Kommentar, 2005
Hauck/Helml	Arbeitsgerichtsgesetz, Kommentar, 4. Aufl. 2011

Literaturverzeichnis

Hauck/Noftz	SGB III, Kommentar, Loseblatt (zit.: Bearbeiter in)
Hess	*Hess*, Insolvenzrecht, Großkommentar, 3 Bde., 2. Aufl. 2013
Hess SanHb	*Hess*, Sanierungshandbuch, 6. Aufl. 2013
HK-InsO/*Bearbeiter*	*Kreft* (Hrsg), Heidelberger Kommentar zur Insolvenzordnung, 6. Aufl. 2011
Hk-ZPO/*Bearbeiter*	*Saenger* (Hrsg.) Zivilprozessordnung, Handkommentar, 5. Aufl. 2013
HK-KSchG/*Bearbeiter*	*Dorndorf/Weller/Hauck/Kriebel/Höland/Neef*, Heidelberger Kommentar zum Kündigungsschutzgesetz, 4. Aufl. 2000
Huber	Anfechtungsgesetz, 10. Aufl. 2006
HWFH-ZwVw/*Bearbeiter*	*Haarmeyer/Wutzke/Förster/Hintzen*, Zwangsverwaltung, 5. Aufl. 2011
HWF-InsVV/*Bearbeiter*	*Haarmeyer/Wutzke/Förster*, Insolvenzrechtliche Vergütung (InsVV), Kommentar, 4. Aufl. 2007
HWF-vorlInsV/*Bearbeiter*	*Haarmeyer/Wutzke/Förster*, Handbuch der vorläufigen Insolvenzverwaltung, 2010
HWK/*Bearbeiter*	*Henssler/Willemsen/Kalb* (Hrsg), Arbeitsrecht Kommentar, 5. Aufl. 2012
Jaeger/*Bearbeiter*	*Henckel/Gerhardt* (Hrsg), Insolvenzordnung, Großkommentar, 2004 ff.
Jauernig/*Bearbeiter*	Bürgerliches Gesetzbuch, 15. Aufl. 2013
KDZ/*Bearbeiter*	*Kittner/Däubler/Zwanziger*, Kündigungsschutzrecht, Kommentar, 8. Aufl. 2011
KK-AktG/*Bearbeiter*	*Noack/Zöllner*, Kölner Kommentar zum Aktiengesetz, 3. Aufl. 2004 ff.
Koch/Magnus/Winkler v. Mohrenfels	IPR und Rechtsvergleichung, 4. Aufl. 2010
Kohte/Ahrens/Grote/Busch/Bearbeiter	*Kohte/Ahrens/Grote/Busch*, Verfahrenskostenstundung, Restschuldbefreiung und Verbraucherinsolvenzverfahren, 6. Aufl. 2013
Kolmann	Kooperationsmodelle, 2001
KR/*Bearbeiter*	*Etzel/Bader/Fischermeier/Friedrich/Griebeling/Lipke/Pfeiffer/Rost/Spilger/Treber/Vogt/Weigand/Wolff* Gemeinschaftskommentar zum Kündigungsschutzgesetz und zu sonstigen kündigungsschutzrechtlichen Vorschriften, 10. Aufl. 2013
KS-InsO/*Bearbeiter*	*Arbeitskreis für Insolvenz- und Schiedsgerichtswesen* (Hrsg), Kölner Schrift zur Insolvenzordnung, 3. Aufl. 2009
Kübler/Prütting/Bork/*Bearbeiter*	*Kübler/Prütting/Bork* (Hrsg.), InsO, Kommentar zur Insolvenzordnung, Loseblatt
Lackner/Kühl	Strafgesetzbuch: StGB – Kommentar, 27. Aufl. 2011
LK/*Bearbeiter*	Strafgesetzbuch – Leipziger Kommentar, Großkommentar, 12. Aufl. 2010
LSZ/*Bearbeiter*	Leonhardt/Smid/Zeuner (Hrsg.) Insolvenzordnung (InsO) – Kommentar, 3. Aufl. 2010
Lutter/Hommelhoff/*Bearbeiter*	*Lutter/Hommelhoff* (Hrsg), GmbH-Gesetz, 18. Aufl. 2012
Mohrbutter/Ringstmeier/*Bearbeiter*	*Mohrbutter/Ringstmeier* (Hrsg), Handbuch der Insolvenzverwaltung, 8. Aufl. 2007
MüArbR/*Bearbeiter*	*Richardi/Wlotzke/issmann* (Hrsg), Münchener Handbuch zum Arbeitsrecht, 3. Aufl. 2009
MüKo-BGB/*Bearbeiter*	*Säcker/Rixecker* (Hrsg), Münchener Kommentar zum Bürgerlichen Gesetzbuch, 6. Aufl. 2011
MüKo-InsO/*Bearbeiter*	*Kirchhof/Lwowski/Stürner* (Hrsg), Münchener Kommentar zur Insolvenzordnung, 3 Bde, 2. Aufl. 2007
MüKo-StGB/*Bearbeiter*	*Joecks/Miebach* (Hrsg), Münchener Kommentar zum Strafgesetzbuch, 2010
MüKo-ZPO/*Bearbeiter*	*Rauscher/Wax/Wendel* (Hrsg), Münchener Kommentar zur Zivilprozessordnung, 3. Aufl. 2007

Literaturverzeichnis

Nerlich/Römermann/*Bearbeiter*	*Nerlich/Römermann* (Hrsg), Insolvenzordnung, Kommentar, Loseblatt
Niesel/Brand	SGB III, 6. Aufl. 2012 (zit.: Bearbeiter in)
NK/*Bearbeiter*	Kindhäuser/Neumann/Paeffgen, Kommentar zum Strafgesetzbuch, 4. Aufl. 2013
Obermüller	Insolvenzrecht in der Bankpraxis, 8. Aufl. 2011
Pannen	Europäische Insolvenzverordnung, Kommentar 2007
Palandt/*Bearbeiter*	*Palandt*, Bürgerliches Gesetzbuch, Kurzkommentar, 72. Aufl. 2013
PG/*Bearbeiter*	Prütting/Gehrlein (Hrsg.) ZPO, Kommentar, 5. Aufl. 2013
Plappert	Dingliche Sicherungsrechte in der Insolvenz, 2008
Pohlmann	Befugnisse und Funktionen des vorläufigen Insolvenzverwalters, 1998
PräsK-InsO/*Bearbeiter*	*Haarmeyer/Wutzke/Förster* (Hrsg), PräsenzKommentar zur InsO, online
PWW/*Bearbeiter*	*Prütting/Wegen/Weinreich* (Hrsg), BGB, Kommentar, 8. Aufl. 2013
Rauscher	Europäisches Zivilprozess- und Kollisionsrecht, 2010
Richardi/*Bearbeiter*	*Richardi* (Hrsg), Betriebsverfassungsgesetz, mit Wahlordnungen, Kommentar, 13. Aufl. 2012
Satzger/Schmitt/Widmaier	StPO – Strafgesetzbuch, Kommentar, 2009
Schönke/Schröder/*Bearbeiter*	Schönke/Schröder, Strafgesetzbuch, Kommentar, 28. Aufl. 2010
Schrader/Straube	Insolvenzarbeitsrecht, 2008
Smid InsO	Leonhard/Smid/Zeuner, Insolvenzordnung, Kommentar, 3. Aufl. 2010
Smid Praxishandbuch	*Smid*, Praxishandbuch Insolvenzrecht, 5. Aufl. 2007
Soergel/*Bearbeiter*	*Soergel/Siebert*, Bürgerliches Gesetzbuch mit Einführungsgesetz und Nebengesetzen, 13. Aufl. 1999 ff.
Staudinger/*Bearbeiter*	*Staudinger*, Bürgerliches Gesetzbuch mit Einführungsgesetz und Nebengesetzen, Großkommentar, 15. Aufl. 2011
Stein/Jonas/*Bearbeiter*	Kommentar zur Zivilprozessordnung, 22. Aufl. 2006
Steindorf/Regh	Beck'sches Mandatsbuch Arbeitsrecht in der Insolvenz, 2002
Tipke/Kruse	Abgabenordnung – Finanzgerichtsordnung, Loseblatt
Uhlenbruck/*Bearbeiter*	*Uhlenbruck* (Hrsg), Insolvenzordnung, Kommentar, 13. Aufl. 2010
Virgos/Garcimartín	The European Insolvency Regulation, 2004
von Bar/Mankowski	Internationales Privatrecht, 2003
v. Wulffen	SGB X, Kommentar, 7.Aufl. 2010 (zit.: Bearbeiter in)
Zöller/*Bearbeiter*	*Zöller*, Zivilprozessordnung, Kommentar, 29. Aufl. 2012
Zwanziger	*Zwanziger*, Kommentar zum Arbeitsrecht der Insolvenzordnung, 4. Aufl. 2010

Insolvenzordnung (InsO)

Vom 05.10.1994 (BGBl. I S. 2866), zuletzt geändert durch das Gesetz zur Verkürzung des Restschuldbefreiungsverfahrens und zur Stärkung der Gläubigerrechte vom 15.07.2013 (BGBl. I S. 2379).

Erster Teil: Allgemeine Vorschriften

§ 1 Ziele des Insolvenzverfahrens

Das Insolvenzverfahren dient dazu, die Gläubiger eines Schuldners gemeinschaftlich zu befriedigen, indem das Vermögen des Schuldners verwertet und der Erlös verteilt oder in einem Insolvenzplan eine abweichende Regelung insbesondere zum Erhalt des Unternehmens getroffen wird. Dem redlichen Schuldner wird Gelegenheit gegeben, sich von seinen restlichen Verbindlichkeiten zu befreien.

Übersicht

		Rdn.
A.	Normzweck	1
B.	Ordnung der Ziele	5
I.	Zieldreieck	5
II.	Gleichordnung der Primärziele	8
	1. Gesetzlicher Gleichrang	8
	2. Stellenwert der Gläubigerbefriedigung	9
	3. Bedeutung der Unternehmensreorganisation und Sanierung	12
	4. Gewicht der Restschuldbefreiung	14
	a) Kritik am Ziel der Restschuldbefreiung	14
	b) Legitimation des Verfahrensziels	16
	c) Konzeptionelle Einordnung	19
III.	Anwendung	20
C.	Ziele der Insolvenzordnung	22
I.	Gemeinschaftliche und bestmögliche Gläubigerbefriedigung	22
	1. Gläubigerbefriedigung	22
	2. Gemeinschaftliche Gläubigerbefriedigung	27
	3. Bestmögliche Gläubigerbefriedigung	32
	4. Mittel zur Gläubigerbefriedigung	34
	a) Pluralität der Mittel	34
	b) Liquidation des Schuldnervermögens	36
	c) Übertragende Sanierung	37
	d) Sanierung	38
II.	Unternehmensreorganisation und -sanierung	40
III.	Restschuldbefreiung	42
IV.	Sekundärziele	47
	1. Einordnung	47
	2. Beteiligtenautonomie	48
	a) Allgemein	48
	b) Gläubigerautonomie	50
	c) Schuldnerautonomie	53
	3. Masseanreicherung	55
	4. Zusätzliche Ziele	57
D.	Entwicklung des Insolvenzrechts	58
I.	Bis zur Insolvenzordnung	58
II.	Seit Inkrafttreten der Insolvenzordnung	62
E.	Gegenstand des Insolvenzrechts	68

A. Normzweck

In einer **programmatischen Aussage** sind die zentralen Regelungsziele der Insolvenzordnung an die Spitze des Gesetzes gestellt, mit der die Ordnungsaufgaben des Insolvenzrechts charakterisiert werden. Diesen leitend positionierten Zielbestimmungen kommt eine in die gesamte Kodifikation gerichtete Ausstrahlungskraft zu. Der hohe Abstraktionsgrad und der fast schon formelhafte Charakter von § 1 erschweren es allerdings, den rechtlichen Gehalt der Aufgabenbestimmungen festzustellen. Dennoch darf die einleitende Norm der Insolvenzordnung nicht auf einen Akt symbolischer Gesetzgebung reduziert werden.[1] Zudem handelt es sich um keine singuläre legislatorische Erscheinung, denn der Gesetzgeber hat in § 802a Abs. 1 ZPO einen in mancher Hinsicht vergleichbaren Ansatz gewählt.   1

---

[1] LSZ/*Smid*/*Leonhardt* Rn. 18.

§ 1 InsO   Ziele des Insolvenzverfahrens

2   Die Zielsetzungen stellen weit mehr als nur den Ausdruck eines zweckorientierten Rechtsverständnisses dar, das von § 1 ausgehend die Insolvenzordnung prägt. Ihre funktionstragende Struktur wird auch im Kontrast zu § 1 KO ersichtlich, der die Masse bestimmt und sich auf eine haftungsrechtliche Ausrichtung beschränkt hat.[2] Ein derart einengendes Verständnis in der kodifikatorischen Eingangsnorm ist mit der Insolvenzordnung überwunden. § 1 schafft sowohl einen **methodischen** als auch einen **materiellen Pol** und damit wesentliche Orientierungspunkte für die gesamte Kodifikation. Mehr noch kondensieren und materialisieren die Zielbestimmungen die wesentlichen Ordnungsleistungen der Insolvenzordnung.

3   In einer auf die Vorschriften der Insolvenzordnung gewendeten und damit gleichsam endogenen Ausrichtung der Norm müssen die gesetzlich positivierten Regelungsziele vom Rechtsanwender berücksichtigt werden. Obwohl die Vorschrift nicht dem Konditionalprogramm tradierter Gesetzgebungen folgt, ergeben sich aus ihr wichtige **Auslegungsrichtlinien**, die bei der Normanwendung der insolvenzrechtlichen Vorschriften einzubringen sind.[3] So liegen die Leitgedanken aus § 1 als Deckschicht über der Teleologie der Einzelvorschriften, die damit verstärkt, aber auch gebrochen werden kann. Sich dieser allgemeinen Zielsetzungen zu vergewissern ist schon deswegen bedeutsam, weil im Massenverfahren einer Insolvenz kollidierende Zwecke nicht auf einen dem zweiseitigen Parteiprozess entsprechenden einfachen Interessenantagonismus reduziert werden können. Dies eröffnet den Zugang zu einer mehrschichtigen Teleologie und damit zu einer differenzierteren Abwägung. Dabei müssen auch die unterschiedlichen Ziele (Rdn. 5 ff., 20 f.) zum Ausgleich gebracht werden.

4   Aus dem einigenden Verständniszusammenhang der Aufgabenbestimmungen folgt aber auch eine andere, eher exogene Zielrichtung von § 1. Als gemeinsames Strukturkennzeichen brechen die Zielbestimmungen aus anderen Kontexten stammende, modellgestaltende materiell- und vollstreckungsrechtliche Vorstellungen auf. Grundlegende zivilrechtliche Prägungen werden durch originär **insolvenzrechtliche Leitbilder** ersetzt. An die Stelle des sachen- und vollstreckungsrechtlichen Reihenfolge- und Prioritätsprinzips tritt die gemeinschaftliche Gläubigerbefriedigung. Beim Insolvenzplan und dem gerichtlichen Schuldenbereinigungsplan wird das privatrechtliche Konsensprinzip durch den Mehrheitsgrundsatz abgelöst und die vollstreckungsrechtlich gedachte Liquidation ist durch eine Sanierungsoption überwunden. Schließlich muss sich auch die unbedingte Haftungsverwirklichung einer insolvenzrechtlichen Schuldbefreiung stellen. Geschaffen sind damit insolvenzrechtliche Grundsätze, die den Prinzipienwechsel beim Übergang in eine Insolvenz illustrieren.

B. Ordnung der Ziele

I. Zieldreieck

5   In den **ausdrücklichen Zielbestimmungen** von § 1 werden die wesentlichen Aufgaben der Insolvenzordnung genannt. Angeführt sind drei Zielsetzungen. Als Ausdruck der haftungsrechtlichen Verankerung des Gesetzes ist zunächst die gemeinschaftliche Gläubigerbefriedigung durch Vermögensliquidation und Verteilung des Erlöses erwähnt, § 1 Satz 1 Alt. 1. Ein weiteres zentrales Ziel stellt nach § 1 Satz 1 Alt. 2 die Unternehmensreorganisation sowie -sanierung und damit der Erhalt des unternehmerischen Rechtsträgers dar. Vervollständigt wird das Zielbündel durch die Möglichkeit für den redlichen Schuldner, sich von seinen im Insolvenzverfahren nicht erfüllten Verbindlichkeiten zu befreien, § 1 Satz 2. Beides bezeichnet der BGH als Zweck des Insolvenzrechts, ohne sich auf eine einengende Beschreibung festzulegen.[4] Bei diesen gesetzlich normierten Zielen handelt es sich um **Primärziele**, neben die einige Sekundärziele treten (vgl. Rdn. 47 ff.).

---

2   Kilger/*Karsten Schmidt* 17. Aufl., KO Anm. I A a.

3   Graf-Schlicker/*Kexel* Rn. 1; Karsten Schmidt/*Karsten Schmidt* Rn. 2; Mohrbutter/Ringstmeier/*Mohrbutter* Rn. 4, sprechen von Auslegungshilfen; ähnlich Nerlich/Römermann/*Becker* Rn. 2.

4   BGH 14.11.1996, IX ZR 339/95, BGHZ 134, 79 (84); 16.03.2000, IX ZB 2/00, BGHZ 144, 78 (83); 21.02.2008, IX ZB 62/05, BGHZ 175, 307 Rn. 9 ff.

Zu erklären ist die Normierung gerade dieser insolvenzrechtlichen Ziele aus den strukturellen Schwächen des alten Konkurs-, Vergleichs- und Gesamtvollstreckungsrechts und der sich daran entzündenden Reformdiskussion.[5] Kurz gesagt sollte auf die weithin entwerteten Insolvenzgläubigerrechte, die fehlenden Möglichkeiten zur Unternehmensreorganisation und die konkursrechtliche Ungleichbehandlung natürlicher Personen gegenüber Unternehmen reagiert werden. Ausgedrückt wird der **umfassende Gegenstandsbereich** der Insolvenzordnung, die in einem **einheitlichen Rechtsrahmen** ein Liquidationsverfahren, ein Sanierungs- und Reorganisationsverfahren, ausgenommen das KredReorgG, und die Grundlagen und Keimzellen eines Privatinsolvenzrechts umfasst. Wegen des einheitlichen verfahrensrechtlichen Ausgangspunkts und der übereinstimmenden Ordnungselemente sind die mit den Liquidations-, Sanierungs- und Schuldbefreiungsverfahren verfolgten divergierenden Zielsetzungen akzentuiert.

6

Diese Trias explizit aufgeführter gesetzlicher Ziele lässt sich als **Zieldreieck** interpretieren. Typischerweise stehen je zwei Ziele in einem Spannungsverhältnis, etwa die Gläubigerbefriedigung mit der Unternehmenssanierung[6] oder die Gläubigerbefriedigung und die Restschuldbefreiung. In dieser Zielpluralität erweist sich die veränderte Anlage der Insolvenzordnung, die nicht mehr allein auf die Gläubigerbefriedigung ausgerichtet ist. Damit ist allerdings noch nichts über das Verhältnis der positivierten Ziele zueinander gesagt, denn sie können durchaus unterschiedlich zu gewichten sein. Um im Bild zu bleiben: Es muss sich weder um ein gleichseitiges noch um ein gleichschenkliges Dreieck handeln.

7

II. Gleichordnung der Primärziele

1. Gesetzlicher Gleichrang

Bei den drei ausdrücklich in § 1 aufgeführten Insolvenzzwecken handelt es sich um **gemeinsame Primärziele** der Kodifikation, denn diese Ziele sind für das Grundverständnis des Gesetzgebungswerks ausschlaggebend. Ihre Aufzählung dokumentiert einen Strukturwandel der insolvenzrechtlichen Kodifikation, die zwar in wesentlichen Grundlagen, aber weder ausschließlich noch auch nur stets vorrangig am Ziel der Gläubigerbefriedigung ausgerichtet ist. Infolgedessen wird das Insolvenzverfahren auf konkrete Zielsetzungen festgelegt, zu der neben der Gläubigerbefriedigung ebenso die Unternehmenssanierung wie die Schuldbefreiung gehören.[7] In den Gesetzgebungsmaterialien wird deswegen auch von einem Gleichrang zwischen Liquidation, übertragender Sanierung und Sanierung gesprochen. Der nicht unternehmerisch tätige Schuldner soll damit aber keinesfalls zurückgesetzt werden. Weiter heißt es ausdrücklich, die Struktur des Verfahrens müsse so ausgelegt sein, dass keines der möglichen Verfahrensziele vor dem anderen bevorzugt werde.[8] Im Verhältnis zwischen den in § 1 kodifizierten Zielen existiert folglich **keine** gesetzlich vorgegebene **Hierarchie**.[9] So stellt die Restschuldbefreiung ein gleichberechtigtes Verfahrensziel dar.[10]

8

---

5 Kübler/Prütting/Bork/*Prütting* Rn. 10; FK-InsO/*Schmerbach* Vor §§ 1 ff. Rn. 6 ff.
6 HambK-InsR/*Schmidt* Rn. 26.
7 BGH 16.03.2000, IX ZB 2/00, BGHZ 144, 78 (83); außerdem 27.05.1993, IX ZR 254/92, BGHZ 122, 373 (379); 14.11.1996, IX ZR 339/95, BGHZ 134, 79 (84); s.a. Karsten Schmidt/*Karsten Schmidt* Rn. 3.
8 BT-Drucks. 12/2443, 77 (78).
9 Sehr str. AG München 07.12.1998, 152 AR 220/98, NZI 1999, 32 (33); FK-InsO/*Ahrens* § 286 Rn. 12; Uhlenbruck/*Vallender* Vor § 286 Rn. 21; Mohrbutter/Ringstmeier/*Pape* § 17 Rn. 1; *Bork* Einführung, Rn. 7, 386; *Ahrens* VuR 2000, 8 (9 ff.); *Pape* Rpfleger 1997, 237 (241); *Kohte* FS Remmers, 479 (484 f.); *Gerlinger* ZInsO 2000, 25 (31); a.A. MüKo-InsO/*Stürner* Einl. Rn. 1; MüKo-InsO/*Ganter/Lohmann* Rn. 20, 97 ff.; Jaeger/*Henckel* Rn. 20; HK-InsO/*Kirchhof* 6. Aufl., Rn. 3, 7; PräsK-InsO/*Busch* Rn. 10; *Smid* DZWiR 1997, 309 (312); *Häsemeyer* Insolvenzrecht, Rn. 1.12; Mohrbutter/Ringstmeier/*Mohrbutter* Rn. 6; KS-InsO/*Thomas* 2. Aufl., 1763 Rn. 6 f.; *Kirchhof* ZInsO 2001, 1 (12); *Bruns* KTS 2008, 41 (42).
10 FK-InsO/*Schmerbach* Rn. 13; FK-InsO/*Kohte* § 4a Rn. 2; Karsten Schmidt/*Karsten Schmidt* Rn. 10.

2. Stellenwert der Gläubigerbefriedigung

9 Allerdings wird in den Materialien zur Insolvenzordnung auch vom einheitlichen **Hauptziel** der bestmöglichen Gläubigerbefriedigung gesprochen, welches das gesamte Insolvenzverfahren präge.[11] Zweifellos dient das Insolvenzverfahren ganz wesentlich der Gläubigerbefriedigung.[12] Sein erster Geltungsgrund speist sich aus dem gleichberechtigten Zugriff auf das Schuldnervermögen. Als langvertraute zentrale Aufgabe kann die Gläubigerbefriedigung auf die größte Zustimmung bauen. Legitimiert wird das Insolvenzverfahren zunächst durch die Ordnungsaufgabe eines gleichmäßigen und umfassenden Zugriffs auf das Schuldnervermögen, der zu einer Gläubigerbefriedigung führen soll.

10 Zu weit geht es aber, dieser Zielbestimmung eine die anderen Ziele verdrängende oder gar ausschließende Wirkung beizumessen. Die bestmögliche Gläubigerbefriedigung stellt **keinen singulären Hauptzweck** dar.[13] Dagegen spricht bereits die positive Normierung der anderen Zielsetzungen in § 1. Die Gesetzgebungsmaterialien lassen nicht nur immanent andere Hauptziele zu, sondern kontrastieren ausdrücklich die Gläubigerbefriedigung mit der Unternehmenssanierung und der Schuldbefreiung.[14] Soweit das BVerfG den vorrangigen Zweck der Gläubigerbefriedigung erwähnt hat,[15] betraf seine Entscheidung die Auswahl eines Insolvenzverwalters. Das Verfassungsgericht musste sich nicht mit einer Kollision zwischen den Verfahrenszielen auseinandersetzen, weswegen es umso bemerkenswerter ist, dass es ebenso die zu berücksichtigende Lage des Schuldners ansprach, die sich in der Chance der Restschuldbefreiung konkretisiere.

11 Insolvenzrecht soll **nicht allein** den **Verteilungskonflikt** zwischen den Gläubigern lösen. Es kann deswegen nicht der Hauptzweck der Gläubigerbefriedigung den sonstigen in § 1 normierten Neben- oder Sekundärzwecken gegenübergestellt werden.[16] Auch andere Aufgaben fließen in das insolvenzrechtliche Ordnungsmodell ein. Verfehlt wäre es, dadurch die Befriedigungsaufgabe und -leistung der Insolvenzordnung infrage gestellt zu sehen. Im Kontrast mit der Unternehmenssanierung wird der Abwägungsprozess für zusätzliche Faktoren geöffnet. Der Insolvenzverwalter ist deswegen berechtigt und verpflichtet, über die Aussichten zum Erhalt des Unternehmens zu berichten.[17] So erklärt sich auch die Pflicht, das Unternehmen zunächst fortzuführen, § 22 Abs. 1 Nr. 2. Da die Gläubiger das Entscheidungsrecht behalten, können sie eine in ihrem Interesse liegende Verwertungsentscheidung treffen. Dies ist jedoch keine Konsequenz einer vorrangigen Aufgabenbestimmung, sondern eines gesetzlich neutralen Entscheidungsrahmens.

3. Bedeutung der Unternehmensreorganisation und Sanierung

12 Als Echo der Auseinandersetzung um das Gewicht der Gläubigerbefriedigung ist der **Einfluss des Sanierungsgedankens** umstritten. Gespeist wird dieser Konflikt auch aus den im Lauf des Gesetzgebungsverfahrens gewandelten Vorstellungen, die letztlich einen gewissen Abstand zu den ursprünglichen Sanierungshoffnungen erreicht haben.[18] Teils wird die Unternehmenssanierung als gleichrangiges Ziel,[19] teils als Nebenziel[20] angesehen. Angenommen wird aber auch eine Zwischenstellung, weil sie als Ziel ungeeignet sei, wenn sie in der Mehrzahl der Fälle verfehlt wird.[21] Schließ-

---

11 BT-Drucks. 12/2443, 108; ähnlich BGH 21.04.2005, IX ZR 281/03, BGHZ 163, 32 (35); Mohrbutter/Ringstmeier/*Mohrbutter* Rn. 5.
12 Braun/*Kießner* Rn. 2.
13 HambK-InsR/*Schmidt* Rn. 26.
14 BT-Drucks. 12/2443, 108 f.
15 BVerfG 23.05.2006, 1 BvR 2530/04, NZI 2006, 453 Rn. 34 f.
16 So aber etwa HK-InsO/*Kirchhof* 6. Aufl., Rn. 3, 7; LSZ/*Smid/Leonhardt* Rn. 32, 43.
17 FK-InsO/*Wegener* § 156 Rn. 8; Uhlenbruck/*Uhlenbruck* § 156 Rn. 9.
18 Uhlenbruck/*Pape* Rn. 1.
19 Kübler/Prütting/Bork/*Prütting* Rn. 23.
20 LSZ/*Smid/Leonhardt* Rn. 43; wohl auch *Becker* Insolvenzrecht, Rn. 134.
21 MüKo-InsO/*Ganter/Lohmann* Rn. 85; s.a. *Frind* ZInsO 2010, 1161.

lich wird es auch abgelehnt, in der Sanierung und im Erhalt eines Unternehmens eine Zielsetzung der Insolvenzordnung zu sehen.[22]

In dieser Diskussion kommt die **Doppelnatur** der durch einen Insolvenzplan ermöglichten Sanierung zum Tragen. Einerseits stellt diese Sanierung ein Mittel der Gläubigerbefriedigung dar,[23] denn aus dem Sanierungsertrag sollen die Gläubiger befriedigt werden können. Andererseits führt das Gesetz den Erhalt des Unternehmens durch Insolvenzplan als insolvenzrechtliches Ziel an.[24] Beides darf nicht verwechselt, aber auch nicht gegeneinander ausgespielt werden (vgl. Rdn. 40 f.), bildet doch allein der Unternehmensertrag das Mittel zur Gläubigerbefriedigung. Die originäre Qualität einer insolvenzrechtlich getragen Unternehmensreorganisation wird durch die Zielsetzung der Unternehmenssanierung anerkannt, ohne damit eine Einzelfallentscheidung vorzuschreiben.

4. Gewicht der Restschuldbefreiung

a) Kritik am Ziel der Restschuldbefreiung

Wie aus den Ordnungselementen des Gesetzes abzuleiten ist und übereinstimmend mit der Einordnung der Unternehmenssanierung, ist von einem **gleichrangigen Verfahrensziel** der Restschuldbefreiung auszugehen.[25] Aus der gleichen Quelle, welche die Einwände gegen die Zielsetzung einer Unternehmenssanierung befördert, speisen sich wohl auch die Bedenken gegen das insolvenzrechtliche Ziel einer Restschuldbefreiung. Motiviert werden diese Vorbehalte durch den Konflikt mit der Gläubigerbefriedigung. Angeknüpft wird von der Kritik auch an die Bauelemente des Gesetzes. Weder die unterschiedliche sprachliche Formulierung[26] noch die gesetzliche Reihung, in der die Schuldbefreiung vor der Schuldbefriedigung genannt wird, lassen sich jedoch gegen die Zielsetzung der Restschuldbefreiung anführen. Die differenzierende Terminologie weist aus, dass der Schuldner, der eine Restschuldbefreiung begehrt, mit dem Antragserfordernis und dem langjährigen Verfahren besondere Anforderungen zu erfüllen hat. Mit der Satzstellung wird nicht zuletzt die temporäre Abfolge und damit eine praktische Reihung ausgedrückt,[27] der aber keine normativ bindende Wirkung beizumessen ist.

Ein weiterer Einwand gegenüber einem gleichrangigen Hauptziel wendet sich gegen den **systematischen Zusammenhang** der gesetzlichen Schuldbefreiung. Die Restschuldbefreiung könne kein unmittelbares Ziel des Insolvenzverfahrens bilden, weil sie nicht in diesem, sondern erst in einem anderen Verfahren zu erreichen sei.[28] Mit diesem Ansatz wird die Zielsetzung in § 1 auf das Insolvenzverfahren verengt und andere insolvenzrechtliche Verfahren, wie das Insolvenzplan- oder das Restschuldbefreiungsverfahren, werden aus diesem Deutungszusammenhang herausgelöst.[29] Die restriktive Interpretation begründet eine in der gesetzlichen Aufgabenbestimmung nicht angelegte und mit dem einheitlichen Ordnungsansatz der Insolvenzordnung kollidierende Differenzierung zwischen den insolvenzrechtlichen Verfahren. Ebenso wie in ihrer Umkehrung, nach der die Gläubigerbefriedigung im Restschuldbefreiungsverfahren ausscheiden müsste, erscheint diese Funktionstrennung kaum überzeugend.[30] Gegen die Einschränkung auf ein singuläres Hauptziel der Gläubigerbefriedigung sprechen letztlich auch die methodischen und die materiellen Aufgaben der Zielbestimmungen (vgl. Rdn. 2 f.), die erst aus der Bündelung unterschiedlicher Elemente ihre Aussagekraft gewinnen.

---

22 HK-InsO/*Kirchhof* 6. Aufl., Rn. 3; s.a. Jaeger/*Henckel* Rn. 8.
23 HK-InsO/*Kirchhof* 6. Aufl., Rn. 3; Mohrbutter/Ringstmeier/*Mohrbutter* Rn. 9.
24 Kübler/Prütting/Bork/*Prütting* Rn. 23.
25 FK-InsO/*Kohte* § 4a Rn. 2, spricht sogar von einem grundlegenden Verfahrenszweck; Hess § 1 Rn. 25, von einem wesentlichen Verfahrensziel.
26 Anders Jaeger/*Henckel* Rn. 20.
27 *Ahrens* VuR 2000, 8 (9 ff.).
28 MüKo-InsO/*Ganter/Lohmann* Rn. 98.
29 Gottwald/*Ahrens* § 76 Rn. 22.
30 FK-InsO/*Ahrens* § 286 Rn. 12.

b) Legitimation des Verfahrensziels

16 Die Restschuldbefreiung soll die insolvenzrechtliche **Ungleichbehandlung natürlicher Personen** gegenüber Unternehmen beseitigen oder zumindest begrenzen, indem sie die Nachhaftung nach Ende des Insolvenzverfahrens einschränkt.[31] In dieser Erkenntnis ist ein substanzieller Wechsel angelegt, der bei einem Blick auf den Verfahrensgang deutlich wird. Am Ausgangspunkt der gesetzlichen Schuldbefreiung steht im geltenden Recht ein Insolvenzverfahren, in dem das vorhandene pfändbare Vermögen der natürlichen Person verwertet werden soll. Erst danach und, wie zu ergänzen ist, im Anschluss an ein langjähriges Restschuldbefreiungsverfahren, § 287 Abs. 2 Satz 1, kann die gesetzliche Schuldbefreiung erteilt werden, § 300 Abs. 1. Die Gläubigerbefriedigung im Insolvenzverfahren wird im Umfang der bei Insolvenzeröffnung vorhandenen Masse und verstärkt noch durch die Einbeziehung des Neuerwerbs gem. § 35 Abs. 1 gesichert. Wie die §§ 35 Abs. 1, 38 zum Ausdruck bringen, ist zugleich die Gläubigerbefriedigung auf die im Insolvenzverfahren erwirtschaftete Masse beschränkt. Spätere Entwicklungen berühren nicht mehr die Gläubigerbefriedigung, denn auch die Nachtragsverteilung stellt nach § 203 Abs. 1 gerade auf die Masse des Insolvenzverfahrens ab.

17 Bereits wegen dieser Fixierung der Gläubigerbefriedigung auf das Insolvenzverfahren ist eine **Kollision mit** der erst in einem späteren Stadium möglichen gesetzlichen **Restschuldbefreiung ausgeschlossen**. Letztlich berührt die Restschuldbefreiung nicht die Gläubigerbefriedigung im Verfahren, sondern betrifft einen Forderungsverlust im Anschluss an das Restschuldbefreiungsverfahren. Daran ändern auch die sog. asymmetrischen Verfahren nichts, in denen die Frist der Abtretungserklärung vor Aufhebung des Insolvenzverfahrens abgelaufen ist. Auch in diesen Fallgestaltungen muss die Insolvenzmasse verteilt werden.[32] Insgesamt gesehen wird mit der gesetzlichen Zielsetzung in § 1 Satz 2 die eigenständige insolvenzrechtliche Aufgabenstellung der Restschuldbefreiung anerkannt und betont.

18 Im Übrigen lässt auch das **Normenprogramm** keine teleologische Abwertung der Restschuldbefreiung zu, denn etwa die §§ 20 Abs. 2, 27 Abs. 2 Nr. 4, 89 Abs. 2,[33] 174 Abs. 2 richten das Insolvenzverfahren auf die Restschuldbefreiung aus. Ausdrücklich wird auch in § 4a Abs. 2 Satz 1 die Fürsorgepflicht des Gerichts gegenüber dem Schuldner betont. Gemeint ist damit die natürliche Person, die eine Restschuldbefreiung beantragt. Ausdrücklich hat der BGH die existenzielle Bedeutung der Kostenstundung betont,[34] die aus der Restschuldbefreiung zu erklären ist. Dabei darf die Schuldbefreiung auch nicht in ein Reservat am Verfahrensende abgeschoben werden. In besonderer Weise spiegelt sich die verfahrensrechtliche Integration der Schuldbefreiung im Verbraucherinsolvenzverfahren wider. Im Unterschied zur gesetzlichen Restschuldbefreiung erfolgt sie hier allerdings auf konsensualer Basis. Wie der BGH hervorgehoben hat, ist dieses Verfahren vornehmlich auf eine Schuldenbereinigung hin angelegt.[35] Auch kann ein (flexibler) Nullplan nicht schon deswegen für unzulässig erklärt werden, weil er grds. keine Gläubigerbefriedigung vorsieht.[36] Noch deutlicher ist die Kostenstundung in masselosen Insolvenzverfahren natürlicher Personen nach den §§ 4a ff. orientiert, die nicht mit einer Gläubigerbefriedigung, sondern nur aus der Restschuldbefreiung zu verstehen ist. Letztlich bestätigt und gewährleistet die normative Verankerung der Restschuldbefreiung als Ziel der Insolvenzordnung auch die insolvenzrechtliche Einordnung und die insolvenzrechtlichen Wirkungen und damit gerade auch die Gesamtwirkung der Restschuldbefreiung.[37]

---

31 Gottwald/*Ahrens* § 76 Rn. 4 f.
32 BGH 03.12.2009, IX ZB 247/08, BGHZ 183, 258 LS 3 und Rn. 30, 35 f.; *Ahrens* FS Görg 2010, 1 (4 ff.); ders. ZVI 2011, 273 (274).
33 BGH 27.09.2007, IX ZB 16/06, NZI 2008, 50 Rn. 9; ob das Vollstreckungsverbot ohne Antrag auf Restschuldbefreiung eingreift, ist streitig, vgl. § 89 Rdn. 31.
34 BGH 25.10.2007, IX ZB 149/05, NZI 2008, 47 Rn. 6.
35 BGH 21.02.2008, IX ZB 62/05, NZI 2008, 382 Rn. 7.
36 Vgl. OLG Köln 02.11.1999, 2 W 137/99, NZI 1999, 494 (495 f.); FK-InsO/*Schmerbach* Rn. 12; FK-InsO/*Grote* § 305 Rn. 40 m.w.N.
37 *Ahrens* ZVI 2005, 1 (5 ff.).

c) **Konzeptionelle Einordnung**

Verkürzt wäre es allerdings, in dieser Auseinandersetzung allein einen definitorischen Streit zu sehen, denn in ihr kommen grundlegend abweichende Vorstellungen über die Aufgaben des Insolvenzverfahrens zum Tragen. Auf der einen Seite stehen Überlegungen, die das Insolvenzrecht für natürliche Personen öffnen wollen und eine Entwicklung hin zu einem **Privatinsolvenzrecht** erkennen.[38] Auf der anderen Seite herrscht eine substanzielle Skepsis gegenüber dem Insolvenzverfahren natürlicher Personen und der insolvenzrechtlichen Restschuldbefreiung.[39] Letztlich geht es also um die Frage, wie die modernen Anforderungen an ein Insolvenz- und Schuldbefreiungsverfahren natürlicher Personen in den Kontext der tradierten Bestände des Insolvenzrechts einzubinden sind.[40]

III. Anwendung

Es existiert **keine** für die gesamte Insolvenzordnung **feststehende Rollenverteilung** zwischen vor- und nachrangigen Zielsetzungen aus § 1. Vielmehr ist das Verhältnis zwischen den einzelnen Maximen aus der konkreten Normierung der jeweiligen Institute und den zu lösenden Rechtsfragen zu entwickeln, damit jede Wirklichkeit gewinnt. Nicht beabsichtigt ist, die Gläubigerbefriedigung zu entwerten, doch müssen die in der insolvenzrechtlichen Lehre und Praxis oft vernachlässigten Bausteine der Restschuldbefreiung angemessen gewürdigt werden.

Kollidieren die **Zwecke** miteinander, darf nicht einer vorschnell auf Kosten des anderen realisiert werden. Dabei sind jeder Zielsetzung Grenzen zu ziehen, damit alle zu einer optimalen Wirksamkeit gelangen können.[41] Die notwendige und mögliche Konkordanz erweist sich etwa bei einer verletzten Erwerbsobliegenheit. Verstößt der Schuldner gegen seine Erwerbsobliegenheit aus § 295 Abs. 1 Nr. 1, ohne dass aus einer zumutbaren Tätigkeit pfändbares Einkommen zu erzielen wäre, fehlt es an der erforderlichen konkreten Beeinträchtigung der Gläubiger nach § 296 Abs. 1 Satz 1.[42] Ebenso setzt auch die Aufhebung der Kostenstundung wegen der verletzten Erwerbsobliegenheit eine beeinträchtigte Gläubigerbefriedigung voraus.[43] Grenzen der Restschuldbefreiung resultieren insoweit erst aus einer unzureichenden Gläubigerbefriedigung.

C. Ziele der Insolvenzordnung

I. Gemeinschaftliche und bestmögliche Gläubigerbefriedigung

1. Gläubigerbefriedigung

An erster Stelle nennt die Insolvenzordnung das Ziel der – gemeinschaftlichen – Gläubigerbefriedigung. Auf der methodischen Ebene des Programmsatzes wird damit eine altbekannte und vertraute Aufgabenstellung formuliert. Mit wesentlichen Strukturen ist das Insolvenzverfahren auf eine **Befriedigung** der Gläubiger angelegt. Ziel ist ein leistungsfähiger Rechtsrahmen, der den Gläubigern ermöglicht, ihre Interessen zu realisieren, die vor allem in einer Forderungsbefriedigung bestehen. Der insolvenzbedingte Eingriff in die Gläubigerrechte ist durch die Aufgabe der Gläubigerbefriedigung legitimiert. Erst die normative Auskleidung in den Einzelvorschriften weist aber aus, wieweit sich das Insolvenzrecht dabei von seinen Vorläufern im Konkurs-, Vergleichs- und Gesamtvollstreckungsrecht entfernt hat.

---

38 *Ahrens* ZZP 122 (2009), 133 (136 ff.).
39 Jaeger/*Henckel* Rn. 23; *Gerhardt* in: Leipold (Hrsg.), Insolvenzrecht im Umbruch, 1 (3).
40 Gottwald/*Ahrens* § 76 Rn. 21.
41 Vgl. Mohrbutter/Ringstmeier/*Mohrbutter* Rn. 6; BGH 21.04.2005, IX ZR 281/03, BGHZ 163, 32 (35), betont demgegenüber einseitig die Gläubigerbefriedigung; kritisch deswegen Karsten Schmidt/*Karsten Schmidt* Rn. 2.
42 BGH 22.10.2009, IX ZB 160/09, NZI 2009, 899 Rn. 11; 03.12.2009, IX ZB 139/07, NZI 2010, 114 Rn. 10.
43 BGH 22.04.2010, IX ZB 253/07, ZInsO 2010, 1153 Rn. 8.

§ 1 InsO   Ziele des Insolvenzverfahrens

23 Der Begriff der **Gläubiger** und damit der persönliche Anwendungsbereich wird in § 1 Satz 1 nicht definiert, sondern vorausgesetzt. Gemeint sind vor allem die Insolvenzgläubiger i.S.v. § 38, die sich im Verfahren als forderungsberechtigt erweisen und deswegen an der gemeinschaftlichen Befriedigung teilhaben. Nicht am Verfahren teilnehmende Insolvenzgläubiger unterliegen zwar den daraus folgenden Beschränkungen, können aber nicht die daraus resultierenden Rechte einschließlich der Beteiligung am Verteilungsergebnis geltend machen.[44] Zudem sollen die absonderungsberechtigten Gläubiger befriedigt werden, deren Recht auf vorzugsweise Befriedigung nicht genügt.[45] Eingeschlossen sind auch Gläubiger sonstiger Masseverbindlichkeiten gem. § 55, wie insb. aus § 209 abzuleiten ist.[46] Zu befriedigen sind aber auch die Gläubiger der Verfahrenskosten[47] gem. den §§ 54, 209 Abs. 1 Nr. 1, einschließlich der staatlichen Forderungen aus einer Kostenstundung. Keine Gläubiger i.S.d. § 1 Satz 1 bilden die Aussonderungsberechtigten und die Neugläubiger.

24 Nachhaltig geprägt ist das Ziel der Gläubigerbefriedigung durch eine **vollstreckungsrechtliche Grundausrichtung**, die in den exekutorischen Prägungen und Instituten des Insolvenzrechts zum Tragen kommt.[48] Offensichtlich wird dies in der terminologischen Einordnung des Insolvenzrechts als Gesamt- bzw. Zwangsvollstreckungsrecht.[49] Ausdruck dieses vollstreckungsrechtlichen Denkens sind etwa die Regelungen zum Insolvenzbeschlag und zur Vermögensverwertung. Deutlich treten die vollstreckungsrechtlichen Elemente in § 36 Abs. 1 hervor, wonach unpfändbare Gegenstände nicht zur Insolvenzmasse gehören. Inhaltlich sind die Pfändungsschutzvorschriften auf die Zwangsvollstreckung in die Vermögensrechte natürlicher Personen zugeschnitten. Mangels einer schutzbedürftigen individuellen Existenz passen die Pfändungsschutzvorschriften nicht auf die Insolvenz juristischer Personen und Personenhandelsgesellschaften. Von vollstreckungsrechtlichen Modellen im engeren Sinn weichen dagegen das Antragsrecht des Schuldners aus § 13 Abs. 1 Satz 2 Alt. 2, der bei Einleitung des Verfahrens nicht erforderliche, aber nach § 201 Abs. 2 Satz 1 am Ende geschaffene Titel sowie der Amtsermittlungsgrundsatz des § 5 Abs. 1 ab. Entsprechendes gilt auch für den Insolvenzplan nach den §§ 217 ff., die Eigenverwaltung aus den §§ 270 ff., das Schuldenbereinigungsplanverfahren gem. den §§ 306 ff. und das Restschuldbefreiungsverfahren der §§ 286 ff. In mancher Hinsicht greifen deswegen exekutorische Vorstellungen nicht nur im Recht der Unternehmensinsolvenz zu kurz.

25 Spiegelbildlich zum vollstreckungsrechtlichen Ansatz wird das Ziel der Gläubigerbefriedigung in der **haftungsrechtlichen Vorstellung** des Insolvenzrechts ausgedrückt. Mit den Instrumenten des Insolvenzverfahrens soll die Vermögenshaftung des Schuldners realisiert werden.[50] Obwohl auch eine haftungsrechtliche Konzeption erheblich zum Verständnis des Insolvenzrechts beitragen kann, ermöglicht sie keine ausschließliche und damit keine umfassende und ganzheitliche Interpretation. Korrespondierend zum Verdienst der vollstreckungsrechtlichen Sicht ist auch der Wert einer haftungsrechtlichen Einordnung limitiert. Dafür genügt es nicht, zwischen einer haftungsrechtlichen und der dinglichen Zuordnung zu unterscheiden.[51] Gerade die Insolvenzanfechtung ist eben nicht überzeugend aus einem haftungsrechtlichen Verständnis zu entwickeln (vgl. § 129 Rdn. 3). Sanierungsgedanken und Restschuldbefreiungsziele brechen die haftungsrechtliche Einordnung zusätzlich auf.

26 Gegen ein einseitig exekutorisches Denken wird eine **unternehmensbezogene Interpretation** des Insolvenzrechts als Recht der Abwicklung oder Sanierung von Unternehmensträgern in Stellung ge-

---

44 MüKo-InsO/*Ehricke* § 38 Rn. 8.
45 HK-InsO/*Kirchhof* 6. Aufl., Rn. 4; LSZ/*Smid/Leonhardt* Rn. 39.
46 Jaeger/*Henckel* Rn. 4; HK-InsO/*Kirchhof* 6. Aufl., Rn. 4; a.A. *Becker* Insolvenzrecht, Rn. 130.
47 Vgl. BGH 17.02.2005, IX ZB 214/04, NZI 2005, 399 (401); auch Nerlich/Römermann/*Becker* Rn. 15 f. verweist auf sämtliche Gläubiger der §§ 53–55.
48 PräsK-InsO/*Busch* Rn. 8.
49 BVerfG 23.05.2006, 1 BvR 2530/04, NJW 2006, 2613 Rn. 34; Uhlenbruck/*Pape* Rn. 2; LSZ/*Smid/Leonhardt* Rn. 38; *Baur/Stürner* Rn. 1.5; *Becker* Insolvenzrecht, Rn. 10; s.a. *Häsemeyer* Insolvenzrecht, Rn. 2.01; FK-InsO/*Schmerbach* Rn. 2 f.
50 *Häsemeyer* Insolvenzrecht, Rn. 1.11 f.; *Smid* Handbuch Insolvenzrecht, § 1 Rn. 1.
51 *Häsemeyer* Insolvenzrecht, Rn. 1.15.

bracht.[52] Kennzeichnend dafür steht das Schlagwort vom Konkursrecht als Wirtschaftsrecht.[53] Längst schon hat diese Auffassung in der Zielbestimmung des § 1 Satz 1 und etwa in den §§ 162 f., 217 ff. Ausdruck gefunden. So bildet die unternehmensrechtliche Akzentuierung mit ihrem Reorganisationsgedanken eine wesentliche Dimension zum systematischen Verständnis des Insolvenzrechts. In jüngster Zeit werden diese tradierten Vorstellungen mit der Idee eines Privatinsolvenzrechts konfrontiert.[54] Eingebunden in diesen Rahmen, werden die vollstreckungsrechtlichen Vorstellungen durch die **restschuldbefreiende Ausrichtung** der Insolvenzordnung begrenzt. An die Stelle der Einzelwirkung und dreißigjährigen Titelverjährung nach § 197 Abs. 1 Nr. 3 bis 5 BGB tritt die sechsjährige Dauer des Restschuldbefreiungsverfahrens, § 287 Abs. 2 Satz 1, an dessen Abschluss die gegenüber allen Insolvenzgläubigern wirkende gesetzliche Schuldbefreiung zu erreichen ist, § 301 Abs. 1.

2. Gemeinschaftliche Gläubigerbefriedigung

Verliert der Schuldner die Herrschaft über seine Vermögensbeziehungen, weil die zwangsweise durchgesetzten Forderungen nicht mehr befriedigt werden können, entfällt die Grundlage einer eigenverantwortlichen Steuerung. Die **Bevorrechtigung** einzelner Gläubiger, die aus den Schuldnerhandlungen oder der Individualvollstreckung resultieren und im Prioritätsprinzip verfestigt sind, § 879 Abs. 1 Satz 1 BGB, § 804 Abs. 3 ZPO, ist **nicht** länger **zu legitimieren**.[55] Anerkanntermaßen ist es ungerecht, im Fall der Insolvenz den zufälligen Zeitpunkt einer Pfändung über die vorrangige und möglicherweise vollständige Befriedigung des ersten Gläubigers entscheiden zu lassen und den Ausfall anderer Gläubiger mit ihren Forderungen in Kauf zu nehmen.[56] Einzelzwangsvollstreckung und privatautonome Gläubigerbefriedigung führen gegenüber dem nicht mehr leistungsfähigen Schuldner zu willkürlichen Ergebnissen.[57] Folgerichtig wirkt die Insolvenz auf alle vermögensbezogenen Rechtsverhältnisse ein. 27

An die Stelle einer individuellen Rechtsdurchsetzung tritt daher in der Insolvenz die gemeinschaftliche Befriedigung. Gemeinschaftliche Gläubigerbefriedigung[58] meint die **organisatorische Zusammenfassung** der Gläubigerinteressen.[59] Um ihre Interessen zu realisieren, müssen sich die Insolvenzgläubiger im Verfahren als forderungsberechtigt erweisen und können dann anteilig an der Befriedigung teilhaben. Darin liegt der zutreffende Kern der Parömie *par conditio creditorum* begründet.[60] Notwendige Konsequenz der gemeinschaftlichen Befriedigung ist die **Gesamtwirkung**. Auch wenn sich ein Gläubiger nicht am Verfahren beteiligt, kann er sich dessen Wirkungen nicht entziehen, wie auch § 301 Abs. 1 Satz 2 ausdrückt. Beide Bauelemente drücken wesentliche insolvenzrechtliche Ordnungsleistungen aus. 28

Angestrebt wird dabei eine **höhere Verteilungsgerechtigkeit**.[61] Dazu sind vor allem viele hergebrachte Konkursvorrechte aus § 61 Abs. 1 abgeschafft. Ob in der Sozialplanregelung des § 123 Abs. 2 Satz 1 ein Vorrecht gesehen werden kann,[62] erscheint angesichts der quantitativen Begrenzung durch § 123 Abs. 1 Satz 1 und der insolvenzarbeitsrechtlichen Sonderregeln, etwa in den §§ 113, 122, fraglich. Dennoch verlangt eine gemeinschaftliche Befriedigung nicht notwendig eine gleichmäßige Befriedigung aller Beteiligten.[63] Als Regelvorstellung kommt die gleichmäßige 29

---

52 Kilger/*K. Schmidt* KO Anm. I A a.
53 *Uhlenbruck* FS Einhundert Jahre KO, 1977, 3 (5).
54 *Ahrens* ZZP 122 (2009), 133 (134 ff.).
55 *Baur/Stürner* Insolvenzrecht, 12. Aufl., Rn. 1.2; *Häsemeyer* Insolvenzrecht, Rn. 2.01, 2.23; *Ahrens* ZVI 2005, 1 (6).
56 *Gerhardt* Vollstreckungsrecht, 2. Aufl., 77.
57 *Häsemeyer* Insolvenzrecht, Rn. 2.02.
58 Krit. Nerlich/Römermann/*Becker* Rn. 22.
59 HK-InsO/*Kirchhof* 6. Aufl., Rn. 4.
60 MüKo-InsO/*Ganter/Lohmann* Rn. 52.
61 MüKo-InsO/*Ganter/Lohmann* Rn. 72.
62 So etwa Kübler/Prütting/Bork/*Prütting* Rn. 21.
63 Jaeger/*Henckel* Rn. 6.

Gläubigerbefriedigung einem Verfahrensprinzip nahe. So sind die Gläubiger dann allein nach Maßgabe ihres Rechts gleich zu behandeln.[64] Manche Bevorrechtigungen sind für ein erfolgreiches Insolvenzverfahren erforderlich und daher sachgerecht, wie die der Massegläubiger (vgl. § 209). Unterschiedlich werden die Gläubiger etwa auch bei nachrangigen Forderungen, § 39, bei Aufrechnungen, §§ 94 ff., und bei der Erfüllung von Rechtsgeschäften, §§ 103 ff., behandelt. Unverkennbar herrscht ein fortwährendes Ringen um diese und zusätzliche Bevorrechtigungen, die im Einzelinteresse wünschenswert erscheinen. Besonders kritisch wirken die fortwährenden Begehrlichkeiten öffentlich-rechtlicher Gläubiger, denen der Gesetzgeber, etwa mit den Sonderregelungen in § 54 Abs. 4[65] sowie in § 28e Abs. 1 Satz 2 SGB IV,[66] Rechnung zu tragen versucht hat.

30 Außerdem werden **Verwertungsbefugnisse** begrenzt.[67] An erster Stelle sind dabei das Zwangsvollstreckungsverbot aus den §§ 89, 294 Abs. 1 und die Rückschlagsperre der §§ 88, 312 Abs. 1 Satz 3 zu nennen. Bei rechtsgeschäftlich begründeten Sicherungen herrscht dagegen nicht die gleiche Konsequenz, denn hier kennzeichnen eher vorsichtige Einschränkungen mit dem Verwertungsrecht des Insolvenzverwalters nach § 166, der Kostenbeteiligung des absonderungsberechtigten Gläubigers aus § 171 und durch das Anfechtungsrecht das Bild. Letztlich wirken dadurch privatautonome Entscheidungen weit in das Insolvenzrecht hinein.[68] Fast schon ungewöhnlich weitreichend erscheint die Beschränkung von Sicherungsabtretungen in § 114 Abs. 1, zumal über die vollständige Unzulässigkeit nachgedacht wird.[69]

31 Verstärkt wird die Gleichbehandlung der insolvenzbeteiligten Gläubiger durch einen **kollektiven Prioritätsgedanken**. Insolvenz- und Massegläubiger sind gegenüber den Neugläubigern bevorrechtigt, die ihre Forderungen erst nach Insolvenzeröffnung erwerben und nicht am Insolvenzverfahren beteiligt sind. Nachhaltig wirkt sich dieser Verteilungskonflikt bei langwierigen Verfahren ohne vollständige Abwicklung des Rechtsträgers und insb. im Insolvenzverfahren natürlicher Personen mit anschließender Restschuldbefreiung aus. Jedes erweiterte Nachforderungsrecht der Insolvenzgläubiger aus § 302 greift in die Befriedigungsaussichten der Neugläubiger ein, obwohl diesen während des Restschuldbefreiungsverfahrens nur geringe Zugriffsmöglichkeiten verbleiben.

3. Bestmögliche Gläubigerbefriedigung

32 Das Ziel der bestmöglichen Gläubigerbefriedigung[70] ist nicht ausdrücklich in § 1 Satz 1 angesprochen. Dennoch gehört es zu den tragenden Elementen der Aufgabenbestimmung. Ziel des Insolvenzverfahrens ist nicht irgendeine, sondern gerade die bestmögliche Befriedigung der Gläubiger. Dabei muss diesem Begriff ein **rechtlicher Maßstab** unterlegt werden. Dominierend tritt die vom Gesetzgeber formulierte marktkonforme Orientierung auf.[71] Dennoch greifen allein ökonomische Effizienzbeurteilungen zu kurz. In den Rechtsbegriff der bestmöglichen Gläubigerbefriedigung können deswegen etwa auch nicht marktpreisfähige Zukunftserwartungen und andere Elemente einfließen.

33 Begrenzt wird die optimale Gläubigerbefriedigung zudem, wie oben ausgeführt (vgl. Rdn. 25), durch die anderen insolvenzrechtlichen Ziele. Eine Unternehmenssanierung, die zu einem geringeren Ertrag als eine Liquidation führt, wird vielfach unterbleiben müssen.[72] Es bleibt aber Raum für eigenständige Akzentuierungen. Ein Insolvenzverfahren über das Vermögen einer natürlichen Per-

---

64 LSZ/*Smid/Leonhardt* Rn. 11; Mohrbutter/Ringstmeier/*Mohrbutter* Rn. 5.
65 *Onusseit* ZInsO 2011, 641.
66 BGH 05.11.2009, IX ZR 233/08, NZI 2009, 886.
67 Kübler/Prütting/Bork/*Prütting* Rn. 19 f.
68 *Häsemeyer* Insolvenzrecht, Rn. 2.21 f.
69 *Ahrens* NZI 2011, 425 (428).
70 MüKo-InsO/*Ganter/Lohmann* Rn. 51.
71 BT-Drucks. 12/2443, 77; LSZ/*Smid/Leonhardt* Rn. 5 ff.
72 Jaeger/*Henckel* Rn. 5; HambK-InsR/*Schmidt* Rn. 26.

son darf nicht allein deswegen fortgeführt werden, um zusätzliche Masse aus den pfändbaren Einkünften des Schuldners zu generieren.[73]

4. Mittel zur Gläubigerbefriedigung

a) Pluralität der Mittel

Das Ziel der Gläubigerbefriedigung kann auf **drei** unterschiedlichen **Wegen** mit verschiedenartigen Mitteln erreicht werden.[74] Angelehnt an die konkursrechtliche Vorstellung eines Liquidationsverfahrens aus § 117 Abs. 1 KO spricht § 1 Satz 1 davon, das Vermögen zu verwerten und den Erlös zu verteilen. Wie die Verwertung erfolgt, bleibt offen. Einen Ausdruck der vollstreckungsrechtlichen Kategorisierung stellt die Liquidation des Schuldnervermögens dar. Die Verwertung kann aber auch in Form einer übertragenden Sanierung des Unternehmens durch teilweise oder vollständige Veräußerung an einen anderen Rechtsträger erfolgen. Schließlich kommt auch eine Sanierung des insolventen Unternehmens in Betracht. 34

Als Ausdruck der den Gläubigern zustehenden Autonomie (vgl. Rdn. 50 ff.) bleibt ihnen die **Wahl der Mittel** und des Wegs überlassen, §§ 156 f. Es existiert keine bindende oder auch nur favorisierte gesetzliche Vorentscheidung zwischen den verschiedenen Möglichkeiten, die Gläubigerbefriedigung zu realisieren. Die drei eröffneten Alternativen sind daher grundsätzlich gleichrangig.[75] Allerdings müssen sie sich am Ergebnis messen lassen, denn die bestmögliche Gläubigerbefriedigung (s. Rdn. 32 f.) begründet eine wesentliche Orientierungsmarke. 35

b) Liquidation des Schuldnervermögens

In der Tradition der vollstreckungsrechtlichen Ausrichtung des Insolvenzverfahrens steht die Liquidation des Schuldnervermögens an erster Stelle. Gemeint ist damit eine **Vollabwicklung** des Schuldnervermögens. In der Unternehmensinsolvenz wird das Unternehmen zerschlagen und die einzelnen Gegenstände des Aktivvermögens werden verwertet. Bei der Insolvenz natürlicher Personen sind die pfändbaren Vermögensgegenstände zu verwerten. Allerdings existieren vielfach keine vorhandenen verwertbaren Gegenstände, wie die große Zahl masseloser Insolvenzen belegt. Hier sind die Gläubiger in wesentlichem Umfang auf das als Neuerwerb in die Masse fließende pfändbare Einkommen angewiesen. 36

c) Übertragende Sanierung

Eine weitere Alternative, das Schuldnervermögen zu verwerten, besteht in der übertragenden Sanierung des Unternehmens. Genutzt werden kann dazu die Möglichkeit eines Übertragungsplans. In Betracht kommen sowohl eine teilweise als auch eine vollständige Übertragung des Unternehmens. Möglich ist ein *share deal* oder ein *asset deal*. Als große Belastung werden oftmals die bestehenden Arbeitsverhältnisse mit den daraus resultierenden Zahlungspflichten empfunden. Einer angemessenen Balance zwischen sanierungsfreundlichen und bestandsschützenden arbeitsrechtlichen Regeln kommt deswegen eine herausragende Bedeutung zu. 37

d) Sanierung

Die Unternehmenssanierung stellt ein der Liquidation **gleichwertiges** Mittel zur Gläubigerbefriedigung,[76] aber auch zur Erfüllung der anderen Ziele dar. Im Unterschied zur Liquidation und übertragenden Sanierung bleibt bei der Sanierung der Unternehmensträger identisch. Denkbar sind sowohl eine Sanierung durch einen Insolvenzplan als auch im Rahmen der Eigenverwaltung. Trotz der an- 38

---

73 Dies kann aus der Behandlung asymmetrischer Verfahren abgeleitet werden, BGH 03.12.2009, IX ZB 247/08, BGHZ 183, 258 Rn. 20 ff.
74 Jaeger/*Henckel* Rn. 3; FK-InsO/*Schmerbach* Rn. 11.
75 Rn. Gottwald/*Braun* § 66 Rn. 5.
76 BAG 28.10.2004, 8 AZR 199/04, NZA 2005, 405, 407.

fangs während der Reformdebatte großen Sanierungseuphorie besteht bislang noch eine erhebliche Zurückhaltung gegenüber beiden Instrumenten. Mit den Instrumentarien des ESUG,[77] die insb. auf ein ausgebautes Insolvenzplanverfahren und einen erleichterten Zugang zur Eigenverwaltung zielen, will der Gesetzgeber bestehende Anwendungsdefizite abbauen und die Sanierungschancen erhöhen.

39 Beide Instrumente können als Mittel der **Gläubigerbefriedigung** eingesetzt werden. Auch wenn sich in die Normierung der Institute andere Zielsetzungen einmischen, dienen sie doch der Gläubigerbefriedigung. Aus dem sanierten Unternehmen sollen Beträge erwirtschaftet werden, um die Gläubiger zu befriedigen, §§ 223 ff. bzw. §§ 270 Abs. 1, 283 Abs. 2 Satz 1. Zudem kann der Insolvenzplan auch als Liquidationsplan ausgestaltet sein, in dem die Gläubiger über die Geschwindigkeit einer Unternehmenszerschlagung und die Verteilung des Erlöses bestimmen.[78]

II. Unternehmensreorganisation und -sanierung

40 Mit dem in § 1 Satz 1 Alt. 2 postulierten Erhalt des Unternehmens auf Grundlage eines Insolvenzplans wird ein **eigenständiges Sanierungsziel** der Insolvenzordnung formuliert. Dabei handelt es sich um ein der Gläubigerbefriedigung gleichberechtigtes Primärziel (vgl. Rdn. 8). Der Insolvenzplan eröffnet damit einen alternativen Ansatz zur Insolvenzbewältigung. Bestätigt wird dieses Verständnis durch das ESUG, das die Sanierungsaussichten von Unternehmen erhöhen soll. So stärkt das Schutzschirmverfahren aus § 270b vor allem den Sanierungsgehalt der Eigenverwaltung. Die autonome Sanierungsfunktion entkoppelt die Unternehmensreorganisation zumindest teilweise von dem Ziel der Gläubigerbefriedigung. Insoweit kann dem Insolvenzverfahren auch eine vermögenserhaltende Funktion beigemessen werden.[79] Die darin begründete Spannungslage ist nicht in einer gesetzlich vorgeschriebenen Weise, sondern durch die Entscheidungen der Gläubiger aufzulösen.

41 Kann ein Unternehmen nach Durchführung von Sanierungsmaßnahmen mit hinreichender Wahrscheinlichkeit aus eigener Kraft am Markt bestehen und Einnahmeüberschüsse erwirtschaften, kommt ein **Fortführungsplan** in Betracht.[80] Mit dem Insolvenzplanverfahren ist ein Rechtsrahmen geschaffen, mit dem, ausgehend von einem einheitlich eingeleiteten Verfahren, das schuldnerische Unternehmen erhalten werden kann. Durch den Einsatz insolvenzrechtlicher Mittel, wie den Möglichkeiten zur Kostenreduzierung, dem Mehrheitsprinzip und der Gesamtwirkung, können außerhalb des Insolvenzverfahrens ausgeschlossene Ergebnisse und durch die Einbindung des Schuldners auch sonst im Insolvenzverfahren kaum mögliche Resultate erreicht werden.

III. Restschuldbefreiung

42 Zu den nachhaltigen Weichenstellungen der Insolvenzordnung gehört die Einführung der Restschuldbefreiung. Gemeint ist damit die **gesetzliche Schuldbefreiung** natürlicher Personen. Daneben tritt die auf einem Akkord, d.h. entweder auf einem Schuldenbereinigungsplan nach den §§ 305 Abs. 1 Satz 1, 308 oder einem Insolvenzplan gem. den §§ 217 ff., 254 Abs. 1, beruhende sonstige Schuldbefreiung. Wegen des Konsensprinzips und der mangelnden Gesamtwirkung praktisch bedeutungslos ist die privatrechtliche Schuldbefreiung. Natürlichen Personen wird nach Maßgabe der §§ 286 ff. die Aussicht eröffnet, sich von ihren im Insolvenzverfahren nicht befriedigten Verbindlichkeiten zu befreien.

43 Welchen Stellenwert die gesetzliche Restschuldbefreiung besitzt, ist unschwer daran zu ermessen, dass die meisten der jährlich fast 130.000 Insolvenzverfahren natürlicher Personen mit dem Ziel eingeleitet werden, die Restschuldbefreiung zu erreichen.[81] Damit bildet die Restschuldbefreiung das

---

77 Vom 07.12.2011, BGBl. I, 2582.
78 FK-InsO/*Jaffé* § 217 Rn. 71 f.; MüKo-InsO/*Eidenmüller* Vor §§ 217 bis 269 Rn. 9; Jaeger/*Henckel* Rn. 10, 17.
79 Uhlenbruck/*Luer* Vor § 217 Rn. 2.
80 FK-InsO/*Jaffé* § 217 Rn. 79.
81 *Ahrens* ZVI 2011, 273.

deutliche sichtbare Signal eines **Strukturwandels**, durch den das Insolvenzrecht aus seiner früher einseitigen Ausrichtung auf haftungsrechtliche Vorstellungen gelöst wird. Zu den Bestandteilen des neuen Regelungskanons der Insolvenzordnung gehören programmatische Aussagen und veränderte positivrechtliche Vorschriften, mit denen die Gesamtheit der insolvenzrechtlichen Regelungen aus ihrer umfassenden Fixierung auf die Gläubigerbefriedigung gelöst wird. Als förderungswürdiges Ziel der Insolvenzordnung ist die Restschuldbefreiung in ein System aktivierender und unterstützender Instrumente eingebettet, vgl. §§ 4a ff., 20 Abs. 2, 27 Abs. 2 Nr. 4, 174 Abs. 2.[82]

Im Fixpunkt der Restschuldbefreiung ist zugleich der Kern eines **Privatinsolvenzrechts** zu erkennen. 44
Ausgehend vom modellprägenden Charakter einer Befreiung des Schuldners von seinen im Insolvenzverfahren nicht erfüllten Verbindlichkeiten sind die wesentlichen Elemente eines Insolvenzrechts natürlicher Personen zu entwickeln. Neben der Haftungsverwirklichung und -begrenzung ermöglicht dies eine Abwicklung und veränderte Ausrichtung von Vermögensverhältnissen.[83]

Als signifikantes Kennzeichen, das ein Privatinsolvenzrecht vom Unternehmensinsolvenzrecht unterscheidet, muss ein Insolvenzrecht natürlicher Personen die **Existenzsicherung** des Schuldners und 45
seiner unterhaltsberechtigten Gläubiger gewährleisten. In erster Linie wird sie durch eine sachgerechte Anwendung der Vollstreckungsschutzvorschriften nach § 36 Abs. 1 Satz 2 InsO i.V.m. den §§ 850, 850a, 850c,[84] 850e, 850f Abs. 1, 850g–850k, 851c, 851d ZPO ermöglicht. Bei den Insolvenzen natürlicher Personen findet die Begrenzung der Masse durch die Pfändungsschutzvorschriften aus § 36 Abs. 1 Satz 1 ihren eigentlichen Anwendungsbereich. Langsam setzt sich aber auch die Erkenntnis von der existenziellen Bedeutung der Wohnungssicherung auch im Insolvenzverfahren durch, für die im Wohnraummietrecht mit § 109 Abs. 1 Satz 2 eine angemessene Regelung gefunden ist.[85] Eine entsprechende Lösung für Wohnungsbaugenossenschaften steht noch aus.[86] Zudem muss der Gegenstandsbereich von § 80 sachgerecht begrenzt werden, denn der Übergang des Verwaltungs- und Verfügungsrechts auf den Verwalter betrifft nur das massezugehörige Vermögen und nicht den Kernbereich existenziell gesicherter privatautonomer Lebensgestaltung. Als Ausfluss seiner grundrechtlich geschützten Berufsfreiheit ist der Schuldner schließlich berechtigt, nicht selbständige oder selbständige Erwerbstätigkeiten auszuüben, wie § 35 Abs. 2 anerkennt.

Keine eigenständig ausformulierte positive Voraussetzung der Restschuldbefreiung stellt dagegen die 46
Redlichkeit des Schuldners dar.[87] Redlich ist ein ehrlicher, zuverlässiger und pflichtbewusster Schuldner, doch soll im Restschuldbefreiungsverfahren gerade keine Nähe zu einer Würdigkeitsprüfung hergestellt werden. Im Restschuldbefreiungsverfahren ist von einer Redlichkeitsvermutung auszugehen, nach der jeder Schuldner selbstverständlich als redlich gilt, solange nicht das Gegenteil behauptet und erforderlichenfalls bewiesen ist.[88] Bei einem bestehenden Versagungsgrund kann zwar von einem unredlichen Schuldner gesprochen werden, doch darf nicht umgekehrt aus einer angenommenen Unredlichkeit auf einen Versagungsgrund geschlossen werden.[89] Dies widerspräche der enumerierten Gestaltung der Versagungsgründe.[90]

---

82 Gottwald/*Ahrens* § 76 Rn. 1 f.
83 Gottwald/*Ahrens* § 76 Rn. 29.
84 Zur Anwendbarkeit von § 850b: BGH 03.12.2009, IX ZR 189/08, NZI 2010, 141 Rn. 10 ff., m.Anm. *Asmuß*.
85 FK-InsO/*Wegener* § 109 Rn. 14.
86 BGH 19.03.2009, IX ZR 58/08, BGHZ 180, 185 Rn. 8 ff.; 17.09.2009, IX ZR 63/09, ZVI 2009, 448 Rn. 8.
87 Der BGH setzt deswegen dieses Merkmal auch in Anführungsstriche BGH 18.12.2002, IX ZB 121/02, NJW 2003, 974 (975).
88 BGH 11.09.2003, IX ZB 37/03, BGHZ 156, 139 (147); 21.07.2005, IX ZB 80/04, ZInsO 2005, 926 (927); 12.01.2006, IX ZB 29/04, ZInsO 2006, 265 (266).
89 Vgl. BGH 22.05.2003, IX ZB 456/02, NZI 2003, 449 (450).
90 BFH 19.08.2008, VII R 6/07, NJW 2008, 3807 (3808); MüKo-InsO/*Stephan* § 290 Rn. 3; FK-InsO/*Ahrens* § 290 Rn. 5.

IV. Sekundärziele

1. Einordnung

47 Neben die Primärziele treten einige nicht ausdrücklich formulierte, der Insolvenzordnung aber ebenfalls unterlegte allgemeine Ziele. Sie können als **Sekundärziele** verstanden werden. Zu nennen ist etwa die Beteiligtenautonomie sowie die Masseanreicherung. Als mittelbare Zielsetzungen dienen sie vielfach den in § 1 normierten Insolvenzzwecken, insoweit sind sie vielfach instrumentell zu verstehen, doch können sie auch eigenständige Aufgaben erfüllen. So trägt die Beteiligtenautonomie nicht nur der Gläubigerbefriedigung, der Sanierung oder der Restschuldbefreiung Rechnung, sondern sie sichert auch den Verhältnismäßigkeitsgrundsatz.

2. Beteiligtenautonomie

a) Allgemein

48 Ein geradezu typisches Element des Insolvenzrechts stellt der **Verlust eigenverantwortlicher Entscheidungsmöglichkeiten** dar. Charakteristisch für die Insolvenzgläubiger ist die verfahrensrechtliche Integration mit den daraus resultierenden Restriktionen, ohne die sie nicht am Verfahrensergebnis teilhaben, wie dies etwa in den §§ 38, 89 ausgedrückt wird. Noch weitergehend wird dem Schuldner in § 80 das Verwaltungs- und Verfügungsrecht über sein Vermögen entzogen. Wenn die Gesetzesbegründung als einen Leitgedanken des reformierten Insolvenzrechts die Beteiligtenautonomie herausstellt,[91] legt diese Qualifikation einen wesentlichen Richtungswechsel nahe.

49 Mehrere Grundüberlegungen kennzeichnen das gesetzliche Programm eines **höheren Autonomiegrads der** durch das Insolvenzverfahren unmittelbar **Betroffenen**. Am Ausgangspunkt steht die Vorstellung einer deregulierten und damit flexiblen Insolvenzabwicklung.[92] Wenn die Prozesssteuerung durch den Insolvenzverwalter oder staatliche Instanzen zurückgedrängt werden soll,[93] damit die am marktwirtschaftlichen Handeln Beteiligten über die Ordnung der wirtschaftlichen Verhältnisse entscheiden können, dann müssen diesen die verfahrensbezogenen Steuerungsmöglichkeiten überantwortet werden. Letztlich wird damit ein Ziel minimalinvasiver Eingriffe verfolgt, das sich auch am verfassungsrechtlichen Verhältnismäßigkeitsgebot orientiert. Trotz dieser modelltragenden Bedeutung spielt die Autonomie der Beteiligten in ihrem umfassenden terminologischen und differenzierenden sachlichen Gehalt für die aktuelle Diskussion keine Rolle.[94]

b) Gläubigerautonomie

50 Ganz anders sieht es dagegen bei der Gläubigerautonomie aus, die zu den **prägenden Begriffen** des deutschen Insolvenzrechts gezählt wird.[95] Über die Gläubigerautonomie erfolgt eine breite literarische Vergewisserung,[96] die wichtige Elemente zu einem weitergehenden Verständnis des Autonomiegedankens und seiner insolvenzrechtlichen Einordnung liefert. Zudem motiviert sie aktuelle gesetz-

---

[91] BT-Drucks. 12/2443, 99; *Hänel* Gläubigerautonomie und das Insolvenzplanverfahren, 2000, 68.
[92] BT-Drucks. 12/2443, 78; *Häsemeyer* Insolvenzrecht, Rn. 6.09a; s.a. *Pape* Gläubigerbeteiligung im Insolvenzverfahren, 2000, Rn. 123.
[93] Uhlenbruck/*Pape* Rn. 13; *Balz* ZIP 1988, 273 (293 f.).
[94] Mit der Ausnahme bei HK-InsO/*Flessner* 6. Aufl., Einl. Rn. 8.
[95] *Marotzke* FS Kirchhof 2003, 321 (322).
[96] MüKo-InsO/*Ganter/Lohmann* Rn. 53 ff.; Uhlenbruck/*Pape* Rn. 13; Kübler/Prütting/Bork/*Prütting* Rn. 14; Nerlich/Römermann/*Nerlich* Einl. Rn. 18; HambK-InsR/*Schmidt* Rn. 50 f.; Braun/*Kießner* Einf. Rn. 24 f.; *Hänel* Gläubigerautonomie und das Insolvenzplanverfahren, 65 ff.; Pape/Uhlenbruck/*Voigt-Salus* Insolvenzrecht, Kap. 12 Rn. 11 ff.; Mohrbutter/Ringstmeier/*Mohrbutter* Rn. 29; Gottwald/*Gottwald* Rn. 45; KS-InsO/*Prütting* § 1 Rn. 78 f.; *Häsemeyer* Insolvenzrecht, Rn. 4.05; *Becker* Insolvenzrecht, Rn. 196; *Smid* Handbuch Insolvenzrecht, § 13 Rn. 13 ff.; *Pape/Gundlach/Vortmann* Handbuch, Rn. 70; *Ahrens* Gläubiger- und Schuldnerautonomie im Insolvenzverfahren, in: Annales Universitatis Scientiarum Budapestinensis De Rolando Eötvös Nominate. Sectio Iuridica. Tomus LII, Budapest 2011, S. 121 (125 ff.).

geberische Aktivitäten.[97] Es wäre jedoch verfehlt, der Gläubigerautonomie ein Alleinstellungsmerkmal beizumessen und sie als einzig bedeutsames Element der Beteiligtenautonomie anzuerkennen. Ein derart reduziertes Verständnis widerspräche der begrifflichen Bedeutung, dem Verständnis des Gesetzgebers und wesentlichen insolvenzrechtlichen Instrumenten (vgl. Rdn. 54).

Ob es sich nicht nur um eine formale Kompetenzordnung, sondern um eine **inhaltlich ausgefüllte Autonomie** handelt, ist allerdings in mancher Hinsicht zu bezweifeln. Den Gläubigern mangelt es an einer Autonomie untereinander, weil sie zu einer Zwangsgemeinschaft zusammengeschlossen sind. Interessengegensätze werden außerdem in den Selbstbestimmungsorganen der Gläubiger nicht aufgelöst, sondern im Interesse der Majorität entschieden. Durch einen vorläufigen Gläubigerausschuss soll den Gläubigern stärkerer Einfluss eröffnet werden,[98] denn von einem einstimmigen Vorschlag dieses Ausschusses zur Person des Verwalters darf das Gericht nur ausnahmsweise abweichen, §§ 22a, 56a Abs. 1, 2. Bei Einsetzung des vorläufigen Gläubigerausschusses fehlt jedoch eine organisierte Gläubigerschaft, die einen konsentierten Willen zum Ausdruck bringen könnte. Zudem werden die Interessen Drittbeteiligter, z.B. am Erhalt von Arbeitsplätzen, im Insolvenzverfahren nicht gebündelt und können durch ein Modell der Gläubigerautonomie nicht hinreichend berücksichtigt werden. Im Verhältnis zum Schuldner fehlt es an Autonomie, soweit ihm gegenüber das Insolvenzverfahren einen Teil des staatlichen Vollstreckungsmonopols darstellt.[99] Jedenfalls kann sich dieses Autonomiemodell nicht an privatautonomen Vorstellungen messen. 51

Ihren **stärksten Ausdruck** soll die **Gläubigerautonomie** bei der Festlegung des Verfahrensziels nach § 157 finden. Kaum minder wichtig sollen die im Insolvenzplanrecht eröffneten Gestaltungsmöglichkeiten[100] sowie die Einflussnahme auf die Bestellung[101] bzw. die Befugnis zur Abwahl des Insolvenzverwalters sein. Daneben wird die Autonomie der Gläubiger vor allem durch verstärkte Mitspracherechte bei der Art und Form der Masseverwertung umgesetzt, die wegen der größeren Interessengegensätze als im früheren Recht erforderlich seien.[102] Neben diesen hauptsächlichen Ausprägungen stehen zahlreiche Einzelelemente. So unterliegt etwa das Verfahren über die Versagung der Restschuldbefreiung der Gläubigerautonomie.[103] 52

c) Schuldnerautonomie

Die Selbstverwaltungsrechte und Autonomiefelder der Gläubiger werden an der Schuldnerautonomie gebrochen. Während in den Gesetzgebungsmaterialien die **Rechte und Interessen des Schuldners** im nennenswerten Umfang berücksichtigt wurden,[104] behandelt die aktuelle Diskussion die zur Schuldnerautonomie verstärkten Interessen des Schuldners nur noch ausnahmsweise.[105] Ein Insolvenzrecht natürlicher Personen kann indessen nicht an den aus der Achtung vor der Person des Schuldners, seinen Handlungsfreiheiten und der Sicherung der Existenz resultierenden Freiheitsrechten vorbeigehen. 53

Der **Schuldner** ist nicht nur unterworfener, sondern auch **aktiv gestaltender Beteiligter** des Insolvenzverfahrens, dem deswegen etwa auch das Insolvenzantragsrecht zusteht, § 13 Abs. 1 Satz 2 Alt. 2. Deutlich wird die aktive Rolle insbesondere im Insolvenzplanverfahren, in dem der Schuldner 54

---

97 BT-Drucks. 17/5712, 25; *Hirte/Knof/Mock* DB 2011, 632.
98 BT-Drucks. 17/5712, 25.
99 *Häsemeyer* Insolvenzrecht, Rn. 6.09a.
100 *Häsemeyer* Insolvenzrecht, Rn. 4.05; *Pape/Uhlenbruck/Voigt-Salus* Insolvenzrecht, Kap. 12 Rn. 13.
101 BT-Drucks. 17/5712, 25.
102 MüKo-InsO/*Ganter/Lohmann* Rn. 53 f.
103 BGH 19.05.2011, IX ZB 274/10, ZInsO 2011, 1319 Rn. 11.
104 BT-Drucks. 12/2443, 99.
105 FK-InsO/*Ahrens* § 286 Rn. 20; *Becker* Insolvenzrecht, Rn. 198; *Ahrens* Gläubiger- und Schuldnerautonomie im Insolvenzverfahren, in: Annales Universitatis Scientiarum Budapestinensis De Rolando Eötvös Nominate. Sectio Iuridica. Tomus LII, Budapest 2011, S. 121 (129 ff.); schwächer LSZ/*Smid/Leonhardt* Rn. 25; HambK-InsR/*Schmidt* Rn. 51.

neben dem Insolvenzverwalter über das Initiativrecht verfügt, § 218 Abs. 1 Satz 1. Zu den Autonomiefeldern des Schuldners gehört auch die Eigenverwaltung nach den §§ 270 ff. Sie soll durch die im ESUG maßvoll gelockerten Anforderungen an eine Anordnung[106] vitalisiert werden. Im Verbraucherinsolvenzverfahren muss der Schuldner für den außergerichtlichen Einigungsversuch und im Rahmen des gerichtlichen Verfahrens einen Schuldenbereinigungsplan vorlegen, doch besteht für ihn die Planhoheit.[107] Er kann also auch nach Einwendungen der Gläubiger allein über Änderungen oder Ergänzungen des Plans bestimmen. Ganz im Mittelpunkt steht aber die Möglichkeit einer natürlichen Person, Restschuldbefreiung zu erlangen, bei der es sich nach zutreffendem Verständnis um ein subjektives Recht des Schuldners handelt.[108] Unter den gesetzlichen Voraussetzungen kann er sich dadurch selbst gegen den Widerspruch aller Gläubiger binnen sechs Jahren nach Eröffnung des Insolvenzverfahrens von seinen im Insolvenzverfahren nicht erfüllten Verbindlichkeiten befreien.

3. Masseanreicherung

55 Zu den Funktionsdefiziten des früheren Konkursverfahrens gehörte die hohe Quote masseloser Verfahren. Mit zahlreichen Instrumenten versucht der Gesetzgeber diesem alten Konstruktionsfehler entgegenzuwirken. Ob es sich bei der Masseanreicherung um ein **eigenständiges**, wenn auch sekundäres **Ziel** handelt, mag durchaus bezweifelt werden. Zweifellos stellt die Masseanreicherung ein wesentliches Instrument zu einer verbesserten Gläubigerbefriedigung dar, doch weist die Aufgabenstellung über dieses Profil hinaus. Es sollte zusätzlich die frühere Bevorzugung masseloser Verfahren beendet werden, weil diese Verfahren keine hinreichende Gewähr dafür boten, insolvente Marktteilnehmer aus dem Marktgeschehen auszuschließen.[109]

56 Zahlreiche **Einzelregelungen** setzen diese Zielrichtung um. Einen ersten Ansatzpunkt schafft eine frühzeitige Einleitung des Insolvenzverfahrens, weswegen die Antragspflichten verschärft wurden. In einem durchaus steigerungsfähigen Umfang tragen der entzogenen Verwertungsbefugnisse und die Kostenbeiträge gesicherter Gläubiger zur Masseanreicherung bei.[110] Auch die verschärften Anfechtungsregeln sind aus dieser Intention zu erklären.[111] Die Einbeziehung des Neuerwerbs führt vor allem in den Insolvenzverfahren natürlicher Personen zu zusätzlicher Masse. Dennoch können hier viele masselose Verfahren nur aufgrund der Kostenstundung durchgeführt werden, § 26 Abs. 1 Satz 2. Wichtige Maßnahmen dienen zudem der Verbilligung des Verfahrens, beispielsweise durch die Internetbekanntmachungen, § 9 Abs. 1 Satz 1, oder durch den Ausschluss des Kostenerstattungsanspruchs nach § 310.

4. Zusätzliche Ziele

57 Über die angeführten Zielsetzungen hinaus können noch andere generelle Ziele der Insolvenzordnung benannt werden. Bei diesen Zwecken mag diskutiert werden, ob sie eigenständige Aufgaben erfüllen oder lediglich einen instrumentellen Charakter besitzen. Oft geht es dabei nur um graduelle Unterschiede, weshalb die Differenzierung letztlich dahingestellt bleiben mag. Als ergänzendes Ziel wird etwa die **Marktkonformität** der Insolvenzabwicklung genannt.[112] Sicherlich ermöglichen wichtige insolvenzrechtliche Regeln ein marktgerechtes Verhalten der Akteure, doch bleibt fraglich, ob damit mehr als nur ein unterstützender Charakter verbunden ist. Teilweise wird die **gesteigerte Ver-**

---

106 BT-Drucks. 17/5712, 28.
107 FK-InsO/*Grote* § 307 Rn. 15; Gottwald/*Ahrens* § 83 Rn. 35.
108 FK-InsO/*Ahrens* § 286 Rn. 4; Braun/*Lang* § 286 Rn. 3; HambK-InsR/*Streck* § 291 Rn. 2; Graf-Schlicker/*Kexel* § 286 Rn. 1; MüKo-InsO/*Stephan* § 286 Rn. 58, Rechtsanspruch; *Schmerbach* NZI 2010, 54, Anspruch; Kübler/Prütting/Bork/*Wenzel* § 286 Rn. 93.
109 Gottwald/*Gottwald* Rn. 18.
110 Kübler/Prütting/Bork/*Prütting* Rn. 30 f.
111 MüKo-InsO/*Ganter/Lohmann* Rn. 38 ff.
112 MüKo-InsO/*Ganter/Lohmann* Rn. 43 ff.; Uhlenbruck/*Pape* Rn. 8.

teilungsgerechtigkeit als Verfahrensziel genannt,[113] während sie hier als Bauelement einer gleichmäßigen Gläubigerbefriedigung angesehen wird (vgl. Rdn. 27 ff.). Darüber hinaus können noch andere Ziele benannt werden.[114] Letztlich besitzen solche weiteren Zielsetzungen kaum einen nachhaltigen Einfluss auf übergreifendes Verständnis des Insolvenzrechts.

D. Entwicklung des Insolvenzrechts

I. Bis zur Insolvenzordnung

Die Insolvenzordnung ist ein junger Trieb aus einem alten Stamm. Die Wurzeln des Insolvenzrechts liegen in der **römischen Antike**. Die Vollstreckung erfolgte wohl zunächst als Personal- und später als Realexekution.[115] Unabhängig davon, ob der Schuldner zahlungsunfähig war, geschah die Vermögensvollstreckung stets als Generalexekution. Das Schuldnervermögen wurde als Ganzes zugunsten der Gläubiger beschlagnahmt (*missio in bona*). Vom *magister bonorum* wurde sodann das Vermögen mit der Maßgabe veräußert (*venditio bonorum*), dass der Erwerber (*bonorum emptor*) alle Gläubiger ganz oder anteilig zu befriedigen hatte.[116]

58

Der Schritt zu einem Vollstreckungsverfahren bei Insolvenz des Schuldners wurde dann im Statutarrecht der **oberitalienischen Städte** vollzogen.[117] Hier wurde der Konkurs als Privileg des Handelsstands ausgebildet,[118] von dem aus sich das in den romanischen Rechten herrschende Verständnis des Kaufmannskonkurses entwickelte. Beherrscht wurde dieses Konzept vom prägenden Einfluss der beteiligten Gläubiger.[119] In den **deutschen Partikularrechten** wurden zahllose Vollstreckungsordnungen geschaffen aus denen die verschiedenen Formen der Gant- oder Konkursprozesse hervorgingen.[120] Unter dem Einfluss des spanischen Konkursrechts entstand in vielfältiger territorialer Ausgestaltung dabei auch ein auf eine dominierende Richtermacht ausgerichtetes, mit einer Allzuständigkeit des Konkursgerichts (*vis attractiva concursus*) ausgestattetes und durch zahlreiche Rechtsmittel behindertes Verfahrensmodell.[121] Mit der preußischen Konkursordnung von 1855 wurde eine Abkehr von diesen schwerfälligen Konstrukten vollzogen. Von liberalen Vorstellungen geprägt, gestaltete dieses wegweisende Gesetz insb. die Rollen der Gläubiger und des Konkursverwalters viel freier aus.[122]

59

Unter dem schöpferischen Eindruck der preußischen Konkursordnung entstand die **Reichskonkursordnung** von 1877. Aufgegeben wurde die Universalität im Sinne einer umfassenden Anziehungskraft des Konkurses. Unterschieden wurde zwischen verfahrensbeteiligten Gläubigern sowie Aus- und Absonderungsberechtigten. Außerdem blieb der Gemeinschuldner Eigentümer seines Vermögens und verlor lediglich das Verwaltungs- und Verfügungsrecht.[123] Nicht von der KO übernommen wurde dagegen die strikte Trennung zwischen dem Kaufmannskonkurs und dem Konkurs von Privatpersonen.[124] Obwohl die KO die Konkursfähigkeit von Privatpersonen anerkannte, entwickelte sich das Konkursrecht zu einer immer stärker kaufmännisch geprägten bzw. zu einer unternehmensbezogenen Materie. Einen wesentlichen Faktor dafür bildete das unbeschränkte Nachforderungsrecht der nicht befriedigten Gläubiger nach Beendigung des Konkursverfahrens aus § 164

60

---

113 Uhlenbruck/*Pape* Rn. 4, 12.
114 ZB *Becker* Insolvenzrecht, Rn. 135 ff.
115 *Kaser/Hackl* Römisches Zivilprozessrecht, 2. Aufl., § 56 Abs. 1; *Becker* Insolvenzrecht, Rn. 40 ff.
116 *Kaser/Hackl* Römisches Zivilprozessrecht, 2. Aufl., § 57 Abs. 1, 58 Abs. 1 Satz 2.
117 Gottwald/*Gottwald* Rn. 2.
118 *Hahn* Die gesammten Materialien, Bd. IV, S. 41; *Ranieri* in: Coing, Handbuch der Quellen, III/2, S. 2396; *Jaeger* Lehrbuch des Deutschen Konkursrechts, 8. Aufl. 1932, 11.
119 Gottwald/*Gottwald* Rn. 2.
120 *Becker* Insolvenzrecht, Rn. 42 ff.; *Vollmershausen* Vom Konkursprozess, 2007, S. 53 ff.
121 *Uhlenbruck* FS Einhundert Jahre KO, 1977, 1 (8 ff.); MüKo-InsO/*Stürner* Einl. Rn. 28.
122 *Thieme* FS Einhundert Jahre KO, 1977, 33 (45).
123 *Uhlenbruck* FS Einhundert Jahre KO, 1977, 1 (18).
124 *Hahn* Die gesammten Materialien, Bd. IV S. 42.

Abs. 1 KO, weshalb das Verfahren für natürliche Personen unattraktiv blieb. Mit der Vergleichsordnung zunächst von 1927 und dann aus dem Jahr 1935 sowie der Gesamtvollstreckungsordnung der Jahre 1990 und 1991 wurde die KO durch zwei gegenständlich bzw. örtlich begrenzte Gesetzgebungen ergänzt respektive ersetzt.

61 Geprägt von dem Funktionsverlust des Konkurses setzte nach dem Zweiten Weltkrieg und verstärkt in den 70er Jahren des vergangenen Jahrhunderts eine intensive Diskussion über die **Reform des Konkursrechts** ein. Als Defizite wurden vor allem die vielfältigen Konkursvorrechte, eine in mancher Hinsicht zu weitgehende Entwicklung publizitätsloser Sicherungsrechte und die hohen Massekosten identifiziert. Zudem sollte die Verfahrenstrennung, anfangs in Konkurs- sowie Vergleichsverfahren und später zusätzlich in ein Gesamtvollstreckungsverfahren, überwunden werden.[125] Vom Bundesminister der Justiz wurde deswegen eine Reformkommission eingesetzt, die ihre Ergebnisse in zwei Berichten vorgelegt hat.[126] Im Jahr 1988 folgte ein umfassender Diskussionsentwurf des Bundesministeriums der Justiz. Auf Basis eines Regierungsentwurfs begannen die parlamentarischen Verhandlungen im Jahr 1991.[127] Nach umfassenden Beratungen, in denen etwa das Verbraucherinsolvenzverfahren konzipiert wurde, ist die Insolvenzordnung am 05.10.2010 ausgefertigt und danach im Bundesgesetzblatt verkündet worden.[128] Aufgrund der erforderlichen Umstellung und wegen der befürchteten Belastung der Justiz ist die Kodifikation zum 01.01.1999 in Kraft getreten.

II. Seit Inkrafttreten der Insolvenzordnung

62 Obwohl die Insolvenzordnung als grundlegende Neuordnung viele der konkursrechtlichen Mängel beseitigt hat, besteht doch ein **fortwährender Reformbedarf**. Seit einiger Zeit wird diese Entwicklung mit dem Schlagwort von der Dauerbaustelle Insolvenzordnung gekennzeichnet.[129] So ist dann ein fortwährender Strom kleinerer und größerer Änderungsgesetze zu verzeichnen. Dabei ist auch eine Bereitschaft der Politik zu erkennen, auf Änderungsvorschläge zu reagieren. Angesichts der Dynamik wirtschaftlicher Entwicklungen mit den daraus abzuleitenden Regelungsnotwendigkeiten sowie manchen im Fluss befindlichen insolvenzrechtlicher Ordnungsvorstellungen wird die Novellengesetzgebung nicht abreißen.

63 Eine erste grundlegende Änderung brachte das **Gesetz zur Änderung der Insolvenzordnung** und anderer Gesetze vom 26.10.2001.[130] Neben einigen Korrekturen im sog. Regelinsolvenzverfahren wurden vor allem neue Tragwerke für das Insolvenzrecht natürlicher Personen geschaffen. Als entscheidende Novelle wurde das Kostenstundungsverfahren der §§ 4a ff. eingeführt, das die sonst vielfach unüberwindbare Kostenhürde bei einer angestrebten Restschuldbefreiung abgebaut hat. Obwohl damit ein breiter Zugang zum Insolvenz- und Restschuldbefreiungsverfahren eröffnet wurde, gibt es von fiskalpolitisch motivierter Seite immer wieder Bestrebungen, diese erfolgreiche Novellierung aufzuheben, ohne eine tragfähige Alternative anzubieten.[131] Ergänzend wurde die Dauer des Restschuldbefreiungsverfahrens in § 287 Abs. 2 Satz 1 fixiert und der Zugang zum Verbraucherinsolvenzverfahren nach § 304 konkretisiert.

64 Um zur Vereinheitlichung der Rechtsprechung beizutragen, wurde mit dem Gesetz zur Reform des Zivilprozesses vom 27.07.2001[132] in § 7 die **zulassungsfreie Rechtsbeschwerde** zum BGH einge-

---

125 FK-InsO/*Schmerbach* Vor § 1 ff. Rn. 5 f.
126 Erster Bericht der Kommission für Insolvenzrecht, Köln 1985; Zweiter Bericht der Kommission für Insolvenzrecht, Köln 1986; dazu Jaeger/*Henckel* Einl. Rn. 36 ff.
127 BT-Drucks. 12/2443; außerdem BT-Drucks. 12/3803; BT-Drucks. 12/7302; BT-Drucks. 12/7303; BT-Drucks. 12/8506.
128 BGBl. I, 2866.
129 *Vallender* NJW 2003, 3605; sodann *Kirchhof* ZInsO 2008, 395.
130 BGBl. I, 2710.
131 ZB *Rüntz/Heßler/Wiedemann/Schwörer* ZVI 2006, 185; dagegen etwa *Grote/Müller* ZInsO 2006, 187; *Busch/Mäusezahl* ZVI 2005, 398.
132 BGBl. I, 1887.

führt. Wegen der hohen Belastung des IX. Zivilsenats des BGH durch unzulässige Rechtsbeschwerden wurde diese Regelung durch Art. 2 des Gesetzes zur Änderung des § 522 ZPO vom 21.10.2011 aufgehoben.[133] Das **Gesetz zur Vereinfachung des Insolvenzverfahrens** vom 13.04.2007[134] erleichterte die Zustellungen und ermöglichte öffentliche Bekanntmachungen im Internet, § 8 f. Außerdem wurden insb. die Zulässigkeit des schriftlichen Verfahrens verallgemeinert, § 5 Abs. 2, die Sicherungsmittel erweitert, § 21 Abs. 2 Nr. 5, und eine Sonderregelung zur selbständigen Tätigkeit des Schuldners im Insolvenzverfahren eingeführt, § 35 Abs. 2, 3.

Mit dem **MoMiG**, dem Gesetz zur Modernisierung des GmbH-Rechts und zur Bekämpfung von Missbräuchen vom 23.10.2008,[135] wurde die Insolvenzantragspflicht für Gesellschaften in § 15a vereinheitlicht. Außerdem wurden die sog. Eigenkapitalersatzregeln in § 39 Abs. 1 Nr. 5, Abs. 5 mit verändertem Gehalt in die Insolvenzordnung eingestellt. Zugleich ist eine temporäre Änderung von § 19 Abs. 2 erfolgt.[136]

Das **ESUG**, also das Gesetz zur weiteren Erleichterung der Sanierung von Unternehmen vom 07.12.2011,[137] soll die Sanierungschancen von Unternehmen erhöhen. Einen wichtigen Baustein dafür bildet nach den Vorstellungen des Gesetzgebers der gesteigerte Einfluss der Gläubiger auf die Bestellung des Insolvenzverwalters. Außerdem wird das Insolvenzplanverfahren gestrafft und ausgebaut, der Zugang zur Eigenverwaltung erleichtert und die Zuständigkeit der Insolvenzgerichte konzentriert.[138]

Zusätzliche Änderungen sind bereits jetzt absehbar. Länger schon steht eine **Reform des Verbraucherinsolvenzverfahrens**, bzw. allgemeiner gesprochen des Insolvenzrechts natürlicher Personen, auf der Agenda.[139] Nach den Ankündigungen der Bundesjustizministerin wird noch in der laufenden 17. Legislaturperiode eine Novelle angestrebt. Ziele sind vor allem eine Zustimmungsersetzung beim außergerichtlichen Einigungsversuch, ein verkürztes Restschuldbefreiungsverfahren bei Leistung einer Mindestquote, die Regelung der asymmetrischen Verfahren und einige Änderungen bei den Versagungsgründen der Restschuldbefreiung.[140]

E. Gegenstand des Insolvenzrechts

Insolvenzrecht wird als die amtliche Abwicklung in einer staatlich vorgegebenen, den Interessen sämtlicher Beteiligten angemessenen Ordnung verstanden, wenn Privatautonomie als eigenverantwortliche Steuerung der Vermögens- und Haftungsverhältnisse versagt.[141] Deutlich wird darin die das Privatrecht ergänzende Funktion des Insolvenzrechts. Diese **Ordnungsfunktion** des Insolvenzrechts wird durch eine Rückkoppelung an wirtschaftspolitische Vorstellungen legitimiert.

Neben diese Indienstnahme des Insolvenzrechts für ordnungspolitische Ziele treten andere Zuweisungen. Die Differenzierung in **materielles Insolvenzrecht und Insolvenzverfahrensrecht**, die noch für den Aufbau der KO tragend war,[142] hat als äußerliches Unterscheidungsmerkmal einen weitgehenden Bedeutungsverlust erlitten.[143] Allerdings hallt sie noch in der Zuständigkeitsnorm des § 2 nach. Selbstverständlich existieren materielle und verfahrensbezogene Regeln.[144] Ein moder-

---

133 BGBl. I, 2082; dazu *Buchholz* NZI 2011, 584.
134 BGBl. I, 509.
135 BGBl. I, 2026.
136 FK-InsO/*Schmerbach* § 19 Rn. 42 ff.
137 BGBl. I, 2582.
138 BT-Drucks. 17/5712, 25 ff.
139 Vgl. nur die Literaturübersicht zur Reform der Verbraucherinsolvenz und Restschuldbefreiung seit 2002 bei FK-InsO/*Ahrens* zu § 286.
140 *Ahrens* NZI 2011, 425.
141 *Häsemeyer* Insolvenzrecht, Einl., S. 2.
142 Dazu noch *Hahn* Die gesammten Materialien, S. 43.
143 *Häsemeyer* Insolvenzrecht, Rn. 3.01; s.a. MüKo-InsO/*Ganter*/*Lohmann* Vor §§ 2 bis 10 Rn. 1 ff.
144 Karsten Schmidt/*Karsten Schmidt* Einleitung Rn. 20.

nes Verständnis muss eine **doppelte Aufgabenstellung** des Insolvenzrechts anerkennen. Unter dem einheitlichen Schirm der Insolvenzordnung ist als prominentes Leistungsprogramm das Unternehmensinsolvenzrecht geregelt. Als das insolvenzrechtliche Massenverfahren tritt daneben die Insolvenz natürlicher Personen, die partiell im Verbraucherinsolvenz- und Restschuldbefreiungsverfahren normiert ist. Obwohl die beiden Insolvenzarten der Unternehmens- und Privatinsolvenz durch einen Fundus gemeinsamer Vorstellungen verbunden sind, handelt es sich doch bei der Privatinsolvenz um einen nach den Zielsetzungen, dem Regelungsprogramm und der Ausgestaltung eigenständigen insolvenzrechtlichen Typus.

§ 2 Amtsgericht als Insolvenzgericht

(1) Für das Insolvenzverfahren ist das Amtsgericht, in dessen Bezirk ein Landgericht seinen Sitz hat, als Insolvenzgericht für den Bezirk dieses Landgerichts ausschließlich zuständig.

(2) Die Landesregierungen werden ermächtigt, zur sachdienlichen Förderung oder schnelleren Erledigung der Verfahren durch Rechtsverordnung andere oder zusätzliche Amtsgerichte zu Insolvenzgerichten zu bestimmen und die Bezirke der Insolvenzgerichte abweichend festzulegen. Die Landesregierungen können die Ermächtigung auf die Landesjustizverwaltungen übertragen.

Übersicht	Rdn.		Rdn.
A. **Normzweck**	1	IV. Abweichende Zuständigkeitsbestimmungen, Abs. 2	16
B. **Sachliche Zuständigkeit**	4	C. **Funktionelle Zuständigkeit**	19
I. Amtsgericht als Insolvenzgericht	4	I. Grundsatz	19
II. Insolvenzverfahren	6	II. Zuständigkeit des Richters	21
1. Abgrenzung	6	III. Aufgaben des Rechtspflegers	26
2. Aufgabenfelder	10	IV. Richtervorbehalt und Evokationsrecht	33
III. Vollstreckungsbezogene Zuständigkeitsanordnungen	14	D. **Rechtswegzuständigkeit**	35
		E. **Zuständigkeitsprüfung**	37

A. Normzweck

1 § 2 normiert die **sachliche Zuständigkeit** der Amtsgerichte in Insolvenzsachen. Über die sachliche Zuständigkeit werden die Verfahren nach der Art der Angelegenheit auf die Eingangsgerichte, d.h. auf die Amts- bzw. die Landgerichte verteilt. Ergänzende Zuständigkeitsanordnungen für die Insolvenzgerichte in vollstreckungsrechtlichen Zusammenhängen enthalten die §§ 36 Abs. 4 Satz 1, 3, 89 Abs. 3, 148 Abs. 2 Satz 2. Besondere Regelungen auch der sachlichen Zuständigkeit sind in den §§ 180 Abs. 1, 185, 202 getroffen. Für das Sanierungs- und Reorganisationsverfahren der Kreditinstitute begründet § 2 Abs. 3 Satz 2 KredReorgG eine ausschließliche Zuständigkeit des OLG Frankfurt/M. Die örtliche Zuständigkeit ist in § 3 geregelt. Die funktionelle Zuständigkeit ergibt sich aus den Bestimmungen des RPflG (vgl. Rdn. 19 ff.).

2 Mit der Zuständigkeitsbestimmung werden **sachbezogene** und **gerichtsorganisatorische Zwecke** verfolgt. In einer gewissen Parallele zu § 764 Abs. 1 ZPO werden die hoheitlichen Aufgaben im Insolvenzverfahren dem Amtsgericht als Insolvenzgericht zugewiesen.[1] Für die traditionsreiche, bereits in § 72 Abs. 1 KO geregelte Überweisung an die Amtsgerichte waren ursprünglich zwei Faktoren ausschlaggebend, die Ortsnähe sowie die schnellere und einfachere Bewältigung administrativer Aufgaben durch einen Einzelrichter.[2] Die Ortsnähe spielt in einer mobilen Verkehrs- und Informationsgesellschaft mit elektronischem Datentausch keine bedeutsame Rolle mehr. Auch der für einen Einzelrichter gegenüber einem Kollegialgericht schnelleren Entscheidungsmöglichkeit kommt auf-

---

[1] Jaeger/*Gerhardt* Rn. 32.
[2] *Hahn*, Die gesammten Materialien, Bd. IV, S. 271 f.; Jaeger/*Weber* § 71 Rn. 1; BT-Drucks. 12/2443, 109; außerdem Jaeger/*Gerhardt* Rn. 32.

grund der weitreichenden Übertragung von Zuständigkeiten auf den Rechtspfleger gem. § 3 Nr. 2 Buchst. e i.V.m. § 18 RPflG und dem umfassenden einzelrichterlichen Aufgabenkreis an den Landgerichten, § 348, 348a ZPO, kein größeres Gewicht zu.

Mit der regionalen Verbundenheit kollidiert vor allem das Ziel der **Zuständigkeitskonzentration**. Sie dient der gerichtsorganisatorischen Vereinfachung, indem funktionsfähige Einheiten gebildet und sachgerecht ausgestattet werden können. Die Konzentration ermöglicht den mit Insolvenzsachen befassten Richtern und Rechtspflegern, durch Spezialisierung besondere Sachkunde und Erfahrungen auf dem komplexen Gebiet des Insolvenzrechts mit den daraus resultierenden anspruchsvollen Aufgaben zu gewinnen.[3] Für eine sachliche Zuständigkeit der Amtsgerichte sprechen deswegen heute vor allem der dort existierende Erfahrungsschatz und die Bündelung administrativer bzw. verwaltungsnaher Aufgaben bei der untersten Instanz der Amtsgerichte. Die Zuständigkeitskonzentration aus § 2 Abs. 1 wird an der Befugnis der Landesregierung zur Bestimmung zusätzlicher Amtsgerichte als Insolvenzgerichte gebrochen, die für unterschiedliche Einflüsse geöffnet ist. Im ESUG war demgegenüber eine sachlich angezeigte[4] stärkere Konzentration von Zuständigkeiten geplant,[5] die an den regionalen Interessen einzelner Länder gescheitert ist.

B. Sachliche Zuständigkeit

I. Amtsgericht als Insolvenzgericht

Das Amtsgericht, § 22 GVG, ist für das Insolvenzverfahren sachlich zuständig, also einheitliches Eingangsgericht. Die Unterscheidung zwischen der Art der Insolvenzverfahren nach sog. Regelinsolvenzen und Verbraucherinsolvenzen ist für die besonderen Sachentscheidungsvoraussetzungen, das Geschäftszeichen und den Pensenschlüssel maßgebend, für die sachliche Zuständigkeit dagegen unerheblich. Insolvenzgericht ist die nach dem Geschäftsverteilungsplan des Amtsgerichts, § 21e GVG, für das Insolvenzverfahren zuständige Abteilung des Amtsgerichts.[6] Abhängig von der Art der Aufgaben wird das Insolvenzgericht durch den Richter oder den Rechtspfleger tätig (vgl. Rdn. 19 f.).

Die sachliche Zuständigkeit der Amtsgerichte ist **ausschließlich**. Vereinbarungen der Beteiligten über die sachliche Zuständigkeit sind unwirksam.[7] **Regelmäßig** zuständig ist das Amtsgericht, in dessen Bezirk ein Landgericht seinen Sitz hat. Gegenüber dieser zum Grundsatz erhobenen Gerichtskonzentration stellt § 2 Abs. 2 die Ausnahme dar, wonach die Landesregierungen ermächtigt sind, abweichende Regelungen zu treffen (vgl. Rdn. 16 f.). Eine vollständige Überprüfung des Insolvenzverfahrens in einer zweiten Instanz ist ausgeschlossen. Anfechtbar sind gem. § 6 Abs. 1 allein einzelne Entscheidungen des Insolvenzgerichts, soweit eine sofortige Beschwerde vorgesehen ist.

II. Insolvenzverfahren

1. Abgrenzung

Das Amtsgericht ist für das **Insolvenzverfahren** zuständig. In dieser gesetzlichen Terminologie setzt sich die hergebrachte Unterscheidung zwischen Insolvenzverfahrensrecht und materiellem Insolvenzrecht fort und kann wohl zumeist auch zu sachgerechten Abgrenzungen führen. Das Insolvenzverfahren umfasst die das Verfahren zur Realisierung der subjektiven Rechte der Beteiligten betreffenden Vorschriften einschließlich der staatlichen Zwangsmaßnahmen und der Ordnung des

---

[3] MüKo-InsO/*Ganter/Lohmann* Rn. 2; FK-InsO/*Schmerbach* Rn. 7; Nerlich/Römermann/*Römermann* Rn. 9.
[4] Vgl. nur *Schmerbach* ZInsO 2010, 1670; *ders.* ZInsO 2011, 405; a.A. *Breiter/George/Hingerl/Klöckner/Müller/Nordhausen/Pirkl/Ponzer/Sperling/v. Bullion* ZInsO 2011, 860.
[5] BT-Drucks. 17/5712, 28.
[6] MüKo-InsO/*Ganter/Lohmann* Rn. 4; Jaeger/*Gerhardt* Rn. 32.
[7] Uhlenbruck/*Pape* Rn. 2; Jaeger/*Gerhardt* Rn. 45; Kübler/Prütting/Bork/*Prütting* Rn. 12; Graf-Schlicker/*Kexel* Rn. 2.

Verfahrensablaufs.[8] Es handelt sich um die dem Insolvenzgericht aufgrund der InsO zugewiesenen Entscheidungen und Maßnahmen, die entweder das gemeinsame Verfahren betreffen oder wegen ihres Einflusses auf den Fortgang des Verfahrens im Gesamtrahmen zu treffen sind.[9] Als Zuständigkeit begründendes Merkmal ist der Begriff des Insolvenzverfahrens **funktionsbezogen auszulegen**. Dies ist nicht gleichbedeutend mit einer weiten Auslegung,[10] wird aber oft auf einen umfassenden Anwendungsbereich hinauslaufen. Übereinstimmend mit dem Gegenstandsbereich des Insolvenzverfahrens wird die Bezeichnung als Insolvenzsache verwendet.[11] Obwohl ein weitgehender Konsens über die dem Insolvenzgericht zugewiesenen Aufgaben besteht, bereitet die Abgrenzung im Einzelfall einige Schwierigkeiten, etwa bei der Differenzierung zwischen insolvenzverfahrensrechtlichen und vollstreckungsrechtlichen Angelegenheiten (vgl. Rdn. 14 f.). Insgesamt ist jedoch weniger die sachliche Zuständigkeit als vielmehr die funktionale Zuständigkeit der Rechtspflegeorgane umstritten.

7 Wie das Verfahrensrecht überhaupt, ist auch das Recht des Insolvenzverfahrens dem öffentlichen Recht zuzurechnen. Dennoch sind die besonderen Vorschriften über das Insolvenzverfahren, nicht aber die §§ 2 bis 10,[12] vielfach wegen des marktbezogenen und um Deregulation bemühten Ansatzes dispositiv.[13] Ohne größere praktische Bedeutung bleibt die Auseinandersetzung, ob das Verfahren der **streitigen Gerichtsbarkeit** zuzuordnen oder in die Nähe der freiwilligen Gerichtsbarkeit zu rücken ist. Obwohl manche Typenmischungen zu erkennen sind, spricht doch mehr für eine Zuordnung zur streitigen Gerichtsbarkeit,[14] die jedenfalls mit den vollstreckungsrechtlichen Ausprägungen und der Verweisungsregelung des § 4 übereinstimmt (s.a. § 4 Rdn. 2).

8 **Nicht** zum originären **Aufgabenkreis** der Insolvenzgerichte gehören Verfahren in bürgerlichen Streitigkeiten, die allein anlässlich oder im Verlauf des Insolvenzverfahrens gleich, ob zwischen den Beteiligten, etwa beim Streit über die Massezugehörigkeit, oder zwischen diesen und Dritten, wie bei der Anfechtung, geführt werden. Bei ihnen stehen materiell-rechtliche Fragen im Vordergrund, weswegen die typisch insolvenzrechtliche Färbung fehlt, mit der die Zuständigkeit der Insolvenzgerichte zu begründen ist. Diese privatrechtlichen Verfahren sind vor den dazu nach den allgemeinen zivilprozessualen Regeln berufenen Gerichten zu führen. Zu ihnen gehören Konflikte zwischen dem Schuldner und dem Insolvenzverwalter über die Massezugehörigkeit von Gegenständen, wenn nicht über Vollstreckungshandlungen oder Entscheidungen des Vollstreckungsgerichts gestritten wird (§ 35 Rdn. 169),[15] der Streit über die Zugehörigkeit einer Forderung zur Masse,[16] auch beim Streit über einen Lastschriftwiderruf,[17] Ansprüche des Schuldners gegen Dritte, Rechtsstreitigkeiten über Aussonderungs- und Absonderungsrechte, §§ 47, 49 ff., aber § 165, die Verfolgung von Masseverbindlichkeiten, § 55, die Haftungsansprüche gegen den Insolvenzverwalter, §§ 60 f., die Auseinandersetzung von Gesellschaften bzw. von Gemeinschaften in der Insolvenz ihrer Mitglieder, § 84, die Geltendmachung der persönlichen Haftung von Gesellschaftern nach § 93, die Aufrechnung, §§ 94 ff., die Insolvenzanfechtung sowie die Feststellung zur Tabelle, § 180 Abs. 1 Satz 1. Für eine isolierte Klage zur Feststellung der qualifizierten Deliktseigenschaft gelten die Zuständigkeitsbestimmungen der §§ 180 Abs. 1, 185. Maßgebend ist die Natur des Rechtsverhältnisses, aus dem der Klageanspruch hergeleitet wird. Unerheblich ist deswegen der öffentlich-rechtliche Cha-

---

8 Jaeger/*Gerhardt* Rn. 3; *Häsemeyer* Insolvenzrecht, Rn. 3.02; s.a. Uhlenbruck/*Pape* § 1 Rn. 3.
9 Karsten Schmidt/*Stephan* Rn. 5.
10 Dazu FK-InsO/*Schmerbach* Rn. 8.
11 Jaeger/*Gerhardt* Rn. 33.
12 HK-InsO/*Kirchhof* 6. Aufl., Rn. 1.
13 MüKo-InsO/*Ganter*/*Lohmann* Vor §§ 2 bis 10 Rn. 2.
14 Kübler/Prütting/Bork/*Prütting* § 5 Rn. 4; Jaeger/*Gerhardt* Rn. 13; Uhlenbruck/*Pape* § 1 Rn. 2; a.A. Nerlich/Römermann/*Römermann* Rn. 8; LSZ/*Smid*/*Leonhardt* § 4 Rn. 3, 6 ff.
15 BGH 11.05.2010, IX ZB 268/09, NZI 2010, 584 Rn. 2.
16 BGH 25.10.1984, IX ZR 110/83, BGHZ 92, 339 (340); 10.01.2008, IX ZR 94/06, ZInsO 2008, 204 Rn. 7.
17 BGH 25.09.2008, IX ZA 23/08, NZI 2008, 753 Rn. 5.

rakter eines Schutzgesetzes.[18] Zur Feststellung einer deliktischen Unterhaltspflichtverletzung sind die Familiengerichte zuständig.[19] Allerdings bestimmt § 19a ZPO den allgemeinen Gerichtsstand des Insolvenzverwalters für Klagen, die sich auf die Insolvenzmasse beziehen, nach dem Sitz des Insolvenzgerichts.

Bereits diese Differenzierung weist aus, dass im deutschen Insolvenzrecht keine *vis attractiva concursus* existiert.[20] Infolge dieser Anziehungskraft hatte das Konkursgericht nach vielen partikularen deutschen Rechtsordnungen über alle mit dem Konkurs in Zusammenhang stehenden Verfahren zu entscheiden. Selbst wenn ein großes Insolvenzgericht mit einer umfassenden Zuständigkeit kraft Sachzusammenhangs in einem zivilrechtlichen Insolvenzdezernat eingeführt werden sollte,[21] begründet dies keine den alten Vorstellungen entsprechende Anziehungskraft. Ein qualifizierender Unterschied liegt in den selbständigen, in ihrem Abschluss voneinander unabhängigen Verfahren. 9

2. Aufgabenfelder

Im Bestreben, das Verfahren zu deregulieren, sind viele Maßnahmen den Gläubigern und dem Insolvenzverwalter übertragen worden. Dennoch handelt es sich um ein, wenn auch nicht stets staatlich gelenktes, so doch zumindest staatlich überwachtes Verfahren, bei dem zentrale Entscheidungen in der Hand des Insolvenzgerichts bleiben (Übersicht bei der funktionellen Zuständigkeit Rdn. 21 ff.). Dazu zählen vor allem die Eröffnung des Verfahrens, die Bestellung des Insolvenzverwalters und die Anordnung von Sicherungsmaßnahmen im Eröffnungsverfahren. In diesem frühen Verfahrensstadium werden die Weichen für einen erfolgreichen Verlauf gestellt. An der einflussreichen Stellung des Insolvenzgerichts im **Eröffnungsverfahren** zeigt sich eine deutliche Schwerpunktsetzung, die auch die funktionelle Zuständigkeit des Richters legitimiert (s. Rdn. 21 ff.). Bei den Leitentscheidungen zu Beginn des Verfahrens besitzt das Insolvenzgericht ein hohes und vielfach entscheidendes Gewicht, während ihm im weiteren Verfahrensablauf vor allem eine überwachende Aufgabe zukommt. 10

Mit der **Eröffnung des Verfahrens** wechselt das Profil zu einer primär kontrollierenden Tätigkeit, weswegen nunmehr der Rechtspfleger tätig wird (vgl. Rdn. 26 ff.). Zu den Aufgaben des Gerichts gehört hier die Aufsicht über den Insolvenzverwalter gem. den §§ 58, 59, 66 Abs. 2. Außerdem beaufsichtigt es nach den §§ 67 Abs. 1, 70 Satz 1, 74 Abs. 1 Satz 1, 78 Abs. 1 die Gläubigerorgane. Kontrollaufgaben führt es auch bei Betriebsveräußerungen gem. § 163 Abs. 1 und im Rahmen des Insolvenzplanverfahrens aus, §§ 231, 248, 250 ff. Erst bei den verfahrensabschließenden Entscheidungen kommt dem Insolvenzgericht wieder eine dominierende Funktion zu. Es muss der Schlussverteilung zustimmen, § 196 Abs. 2, und beschließt die Aufhebung des Verfahrens, § 200 Abs. 1. Masselose oder massearme Verfahren stellt das Gericht nach den §§ 207 Abs. 1 Satz 1, 211 Abs. 1 ein. Im Insolvenzplanverfahren bestätigt es den Plan, § 248, hebt das Insolvenzverfahren auf, § 258, und beschließt, die Überwachung des Plans aufzuheben. Unverkennbar handelt es sich im Planverfahren um Aufgaben von hoher Bedeutung, die dennoch in die Kompetenz des Rechtspflegers fallen. Vom Gericht ist auch die Vergütung des Insolvenzverwalters festzusetzen, § 64 Abs. 1. 11

Im **Verbraucherinsolvenz- und Restschuldbefreiungsverfahren** spiegelt sich diese Rollenverteilung wider. Hier besitzt das Insolvenzgericht im gerichtlichen Schuldenbereinigungsplanverfahren und bei den Entscheidungen über die Restschuldbefreiung weitreichende und für die subjektiven Rechte von Schuldnern wie Gläubigern entscheidende Kompetenzen, weswegen zentrale Aufgaben dem 12

---

18 BGH 02.12.2010, IX ZB 271/09, ZInsO 2011, 44 Tz. 5.
19 KG 30.08.2011, 18 WF 93/11, ZInsO 2011, 1843, 1845; OLG Celle 07.05.2012, 10 WF 385/10, NJOZ 2012, 1386; a.A. OLG Rostock 14.01.2011, 10 WF 4/11, FamRZ 2011, 910.
20 Vgl. MüKo-InsO/*Ganter/Lohmann* Rn. 7; FK-InsO/*Schmerbach* Rn. 5; Uhlenbruck/*Pape* Rn. 2; LSZ/*Rechel* Rn. 2.
21 *Schmerbach* ZInsO 2010, 1670.

Richter übertragen sind. Diese Zuständigkeit ist speziell aus der Zukunftswirkung der Entscheidungen über die Insolvenz natürlicher Personen zu erklären. In einer Unternehmensinsolvenz, die mit der Liquidation der Gesellschaft endet, stehen Verteilungsfragen zwischen den Gläubigern im Mittelpunkt, die ihnen mit guten Gründen überlassen werden können. Im Verbraucherinsolvenz- und Restschuldbereinigungsverfahren wird dagegen eine perspektivisch wirkende Schuldenbereinigung versucht. Da zwischen Gläubigern und Schuldnern kein Gleichgewicht herrscht, müssen dem Insolvenzgericht verstärkt Aufgaben übertragen werden. Im Schuldenbereinigungsplanverfahren entscheidet es vor allem über die Zustimmungsersetzung, § 309 Abs. 1 Satz 1, und im Restschuldbefreiungsverfahren über die Ankündigung, Versagung und Erteilung der Restschuldbefreiung sowie die Ernennung des Treuhänders, §§ 289, 291, 296 bis 298, 300.

13 **Nicht** zur sachlichen Zuständigkeit in Insolvenzverfahren gehören Rechtshilfeersuchen auswärtiger Insolvenzgerichte, §§ 156 ff. GVG.[22] Rechtshilfeersuchen an die Amtsgerichte im Bezirk des Insolvenzgerichts sind unzulässig.[23]

III. Vollstreckungsbezogene Zuständigkeitsanordnungen

14 Eine allgemeine Zuständigkeit des Insolvenzgerichts in Zwangsvollstreckungssachen ist nicht normiert. Es existieren jedoch mit den **§§ 36 Abs. 4, 89 Abs. 3, 148 Abs. 2** wesentliche Regeln, welche die Kompetenzen des Insolvenzgerichts weit in das Zwangsvollstreckungsrecht hinein erstrecken. Dabei ist die Zuweisung vollstreckungsrechtlicher Rechtsbehelfe an das Insolvenzgericht nicht abschließend.[24] Die Entwicklung geht hin zu einer umfassenden Entscheidungskompetenz in Zwangsvollstreckungssachen.[25] Ziel ist, die größere Sachnähe des Insolvenzgerichts zu nutzen. Ist der Antrag während des Insolvenzverfahrens eingegangen, entscheidet das Insolvenzgericht auch dann, wenn zwischenzeitlich das Verfahren aufgehoben ist.[26] In der Treuhandperiode nach Ankündigung der Restschuldbefreiung ist dagegen das Vollstreckungsgericht über Entscheidungen in Zwangsvollstreckungssachen zuständig.[27]

15 Ausdrücklich erklärt § 36 Abs. 1 Satz 2, Abs. 4 die **Pfändungsschutzbestimmungen** der §§ 850, 850a, 850c,[28] 850e, 850f Abs. 1, 850g bis 850i, 851c, 851d ZPO für anwendbar. Nach der Ansicht des BGH ist aber auch § 850b ZPO wegen einer Berufsunfähigkeitsrente anwendbar.[29] Über den Umfang der Vollstreckung, die durch eine Vollstreckungshandlung oder eine Entscheidung festgelegt wird, entscheidet das Insolvenzgericht als besonderes Vollstreckungsgericht. Wird über Zulässigkeit der Vollstreckung gestritten, entscheidet das Insolvenzgericht gem. § 36 Abs. 1 Satz 1, Abs. 4 als Vollstreckungsgericht.[30] Ein solcher Fall liegt vor, wenn Schuldner und Insolvenzverwalter darüber streiten, ob ein PKW gem. § 811 Abs. 1 Nr. 12 ZPO unpfändbar ist.[31] Außerdem ist das Insolvenzgericht für Entscheidungen nach § 765a ZPO zuständig.[32] Das Insolvenzgericht entscheidet zudem über Vollstreckungserinnerungen nach § 89 Abs. 3 bei Einwendungen gegen die Zwangsvollstreckung, bei Verstößen gegen die Verbote aus den §§ 89, 90[33] und in entsprechender Anwen-

---

22 LG Dortmund 04.04.2002, 9 T 297/02, NZI 2002, 556; LG Hamburg 01.05.2006, 301 AR 8/06, ZInsO 2006, 665; HK-InsO/*Kirchhof* 6. Aufl., Rn. 11.
23 Uhlenbruck/*Pape* Rn. 2; Braun/*Kießner* Rn. 5.
24 BGH 21.09.2006, IX ZB 11/04, ZInsO 2006, 1049 Rn. 8.
25 HambK-InsR/*Rüther* Rn. 2; weitergehend FK-InsO/*Schmerbach* Rn. 8.
26 AG Göttingen 02.10.2006, 74 IN 351/05, ZInsO 2006, 1063.
27 LG Köln 14.08.2003, 19 Z 92/03, NZI 2003, 669; FK-InsO/*Ahrens* § 294 Rn. 29 m.w.N.
28 BGH 03.11.2011, IX ZR 45/11, NJW 2012, 393 Rn. 12, zu Abs. 4.
29 BGH 03.12.2009, IX ZR 189/08, NZI 2010, 141 Rn. 10.
30 BGH 5.6.12, IX ZB 31/10, NZI 2012, 672 Rn. 6.
31 LG Göttingen 07.03.2013, 10 T 18/13, ZVI 2013, 159.
32 *AG Göttingen 23.11.2000, 74 IK 49/2000,* ZInsO 2001, 275 (276); MüKo-InsO/*Ganter/Lohmann* Rn. 6; Karsten Schmidt/*Stephan* Rn. 6.
33 BGH 15.11.2007, IX ZB 4/06, ZInsO 2008, 39 Rn. 4.

dung aus § 210.³⁴ Schließlich ist dem Insolvenzgericht nach § 148 Abs. 2 Satz 2 die Entscheidung über eine Vollstreckungserinnerung des Verwalters oder Schuldners übertragen.³⁵ Zur funktionalen Zuständigkeit vgl. Rdn. 19 ff.

IV. Abweichende Zuständigkeitsbestimmungen, Abs. 2

In einem Akt zurückgenommener konkurrierender Gesetzgebung gem. Art. 72 Abs. 3, 74 Abs. 1 Nr. 1 GG ermächtigt Abs. 2 Satz 1 die Landesregierungen, durch Rechtsverordnung von der Konzentrationsregel des Abs. 1 abzuweichen. Ohne in die sachliche Zuständigkeit der Amtsgerichte einzugreifen, können die Länder den Zuschnitt der Gerichtsbezirke in Insolvenzsachen ändern, wobei die Varianten kombinierbar sind. Die Zuständigkeit kann einem anderen Amtsgericht übertragen werden, als dem am Sitz des Landgerichts. In einem Akt der **Dekonzentration** können außerdem die Landesregierungen die Insolvenzverfahren mehreren Amtsgerichten in einem Landgerichtsbezirk übertragen. Als **Suprakonzentration** ist ferner zulässig, einem Amtsgericht die Insolvenzsachen für mehrere Landgerichtsbezirke zuzuweisen. Diese Ermächtigung dürfen die Landesregierungen auf die Landesjustizverwaltungen übertragen, Abs. 2 Satz 2. — 16

Eine **abweichende Bestimmung** der sachlichen Zuständigkeit soll nur zulässig sein, wenn dies zur sachdienlichen Förderung oder schnelleren Erledigung der Verfahren erforderlich ist. Auch in Flächenstaaten sollten wegen der erforderlichen Spezialisierung nur sehr zurückhaltend zusätzliche Amtsgerichte bestimmt werden. Bezweifelt wird, ob sich die Regelung des Landes Berlin, wonach sämtliche zwölf Amtsgerichte für die Bearbeitung von Verbraucherinsolvenz- und sonstigen Kleinverfahren zuständig sind, im gesetzlichen Rahmen hält.³⁶ — 17

Eine aktuelle Übersicht über die Insolvenzgerichte ist unter www.insolvenzgerichte.de zu finden.³⁷ — 18

C. Funktionelle Zuständigkeit

I. Grundsatz

Die funktionelle Zuständigkeit, d.h. die Verteilung der Verfahren nach der Art der Tätigkeit auf die verschiedenen Rechtspflegeorgane, ist generell in den §§ 3 Nr. 2 Buchst. e, 18, 19a RPflG geordnet. Als allgemeine Leitlinie ist das Eröffnungsverfahren einschließlich des Eröffnungsbeschlusses und der erstmaligen Bestellung des Insolvenzverwalters wegen der oft komplexen Rechtsfragen und der erforderlichen besonderen Rechtssicherheit, aber auch infolge des nachhaltigen Einflusses auf das weitere Verfahren, dem **Richter vorbehalten**. Gleiches gilt für das gerichtliche Schuldenbereinigungsplanverfahren und die Versagung sowie den Widerruf der Restschuldbefreiung. Die gesetzlich dem Richter vorbehaltenen Geschäfte können nicht auf den Rechtspfleger übertragen werden.³⁸ Berufsanfänger werden oft den besonderen Herausforderungen eines Insolvenzverfahrens nicht gerecht werden können, weswegen ein Richter auf Probe im ersten Jahr nach seiner Ernennung keine Geschäfte in Insolvenzsachen wahrnehmen darf, § 22 Abs. 4 GVG. Eine entsprechende Regelung trifft § 18 Abs. 4 RPflG für den Rechtspfleger. — 19

Mit der Eröffnung des Insolvenzverfahrens tritt eine Zäsur ein. Die im eröffneten Insolvenzverfahren anfallenden insolvenzgerichtlichen Aufgaben gehören deswegen prinzipiell zum Verantwortungsbereich des **Rechtspflegers**.³⁹ Trotz mancher Unterschiede im Detail übernimmt das Insolvenzgericht hierbei vor allem eine begleitende und überwachende Aufgabe, weswegen ihm insoweit gestaltende Eingriffe in die Abwicklungs- oder Reorganisationsentscheidungen grds. untersagt sind, vgl. — 20

---

34 BGH 21.09.2006, IX ZB 11/04, ZInsO 2006, 1049 Rn. 8; MüKo-InsO/*Ganter/Lohmann* Rn. 6.
35 Vgl. BGH 21.09.2006, IX ZB 127/05, ZInsO 2006, 1105 Rn. 3.
36 FK-InsO/*Schmerbach* Rn. 18.
37 Außerdem bei FK-InsO/*Schmerbach* Rn. 68.
38 Karsten Schmidt/*Stephan* Rn. 13.
39 Jaeger/*Gerhardt* Rn. 28.

§§ 158 Abs. 2, 161.⁴⁰ Der Rechtspfleger handelt dabei sachlich unabhängig und weisungsfrei, § 9 RPflG. Es existiert allerdings ein Vorbehalts- und Evokationsrecht des Richters gem. § 18 Abs. 2 RPflG. Bei einem Kompetenzkonflikt entscheidet der Richter, § 7 RPflG.

II. Zuständigkeit des Richters

21 Dem Richter ist das gesamte **Eröffnungsverfahren** bis zur Entscheidung über den Eröffnungsantrag vorbehalten. Er beschließt über die Bestellung eines Sachverständigen, die Anordnung bzw. Aufhebung von Sicherungsmaßnahmen, §§ 21, 25, und beaufsichtigt den Sachverständigen bzw. den vorläufigen Insolvenzverwalter. Auch entscheidet er über die Abweisung mangels Masse, § 26, den Erlass des Eröffnungsbeschlusses, § 27, die Erstbestellung des Insolvenzverwalters, § 27 Abs. 1 (zu anderen Verwalterbestellungen vgl. Rdn. 26), die Anmeldefrist, § 28, und bestimmt den Berichts- sowie den Prüfungstermin. Er trifft auch die Kostenentscheidung nach Rücknahme oder Erledigung des Eröffnungsantrags, § 4 InsO i.V.m. §§ 269 Abs. 3, 91a ZPO.⁴¹ Während des Eröffnungsverfahrens ist die Eigenverwaltung vom Richter, sonst vom Rechtspfleger anzuordnen.⁴² Ebenso ist die Kostenstundung im Eröffnungsverfahren durch den Richter⁴³ und in späteren Verfahrensabschnitten durch den Rechtspfleger zu bewilligen.⁴⁴ Entscheidend ist wann, nicht für welchen Verfahrensabschnitt die Stundung bewilligt wird.

22 Über Gesuche Dritter auf Akteneinsicht ist bei Übertragung durch den Gerichtsvorstand nach § 4 InsO i.V.m. dem entsprechend anzuwendenden § 299 Abs. 2 ZPO vom Richter zu entscheiden.⁴⁵ Zuständig ist der Richter außerdem nach § 18 Abs. 3 RPflG für Anträge auf **Neufestsetzung des Stimmrechts** gem. den §§ 77, 237, 238, falls sich die Entscheidung des Rechtspflegers auf das Abstimmungsergebnis ausgewirkt hat. Auch die **Entscheidung nach § 89 Abs. 3** ist gem. § 20 Nr. 17 Satz 2 RPflG dem Richter vorbehalten.⁴⁶ Dem Richter ist gem. § 4 Abs. 2 Nr. 1 und 2 RPflG die Abnahme des Eides, nicht der eidesstattlichen Versicherung gem. § 98 Abs. 1 Satz 1, 153 Abs. 2⁴⁷ oder die Androhung oder Anordnung **freiheitsentziehender Maßnahmen** einschließlich der zwangsweisen Vorführung nach § 98⁴⁸ vorbehalten. Letztere können im eröffneten Verfahren durch den Rechtspfleger erfolgen. Abweichend von der allgemeinen Zuständigkeitsverteilung entlang der Trennungslinie zwischen Eröffnungsverfahren und eröffneten Verfahren ist der Richter nach der konkursrechtlichen Rechtsprechung des BGH auch für die Bestellung eines **Sonderinsolvenzverwalters** verantwortlich.⁴⁹

23 Im **Restschuldbefreiungsverfahren** entscheidet der Richter gem. § 18 Abs. 1 Nr. 3 RPflG über die Versagung der Restschuldbefreiung nach den §§ 289, 296, 297, 300 sowie den Widerruf der Restschuldbefreiung nach § 303. Zur Versagung nach § 298 vgl. Rdn. 31. Der Richter ist auch für die Ankündigung der Restschuldbefreiung zuständig, falls er einen Versagungsantrag abgewiesen hat.⁵⁰ Entsprechendes gilt für die Erteilung der Restschuldbefreiung nach Abweisung eines Versagungsantrags gem. § 300. Der Richter ist auch für die Verwertung des Restschuldbefreiungsantrags nach Eintritt der Rücknahmefiktion des § 305 Abs. 3 Satz 2 zuständig.⁵¹

---

40 Jaeger/*Gerhardt* Rn. 29.
41 FK-InsO/*Schmerbach* Rn. 28.
42 Uhlenbruck/*Pape* Rn. 3; a.A. LSZ/*Rechel* Rn. 10, stets vom Richter.
43 AG Göttingen 20.02.2002, 74 IK 14/02, NZI 2002, 567.
44 Uhlenbruck/*Mock* § 4a Rn. 21.
45 HambK-InsR/*Rüther* Rn. 9.
46 BGH 05.02.2004, IX ZB 97/03, NZI 2004, 278; 02.06.2005, IX ZB 287/03, NZI 2005, 520; MüKo-InsO/*Ganter/Lohmann* Rn. 20; Graf-Schlicker/*Kexel* Rn. 7.
47 FK-InsO/*Schmerbach* Rn. 38.
48 A.A. Karsten Schmidt/*Stephan* Rn. 14.
49 BGH 17.10.1985, III ZR 105/84, NJW-RR 1986, 412 (413).
50 LG Göttingen 18.03.2002, 10 T 18/02, ZInsO 2002, 682 (683); LG Berlin 14.07.2004, 86 T 565/04, ZInsO 2004, 987 (988); FK-InsO/*Ahrens* § 291 Rn. 13; a.A. AG Göttingen 25.07.2002, 74 IM 23/01, ZInsO 2002, 784 (785); FK-InsO/*Schmerbach* Rn. 23.
51 *Hess* Rn. 23.

Im **Schuldenbereinigungsplanverfahren** ist der Richter gem. § 18 Abs. 1 Nr. 1 Alt. 2 RPflG für das 24
gesamte Verfahren nach den §§ 305–310 zuständig. Dies entspricht seiner Verantwortlichkeit im
Insolvenzeröffnungsverfahren. Der Richter entscheidet über Sicherungsmaßnahmen, § 306 Abs. 2
Satz 1, die Aufforderung an den Schuldner gem. § 307 Abs. 3, binnen einer festgesetzten Frist den
Schuldenbereinigungsplan zu ändern oder zu ergänzen, die Feststellung der Annahme des Schuldenbereinigungsplans durch Beschluss, § 308 Abs. 1 Satz 1, sowie die Zustimmungsersetzung gem.
§ 309 Abs. 1 Satz 1. Außerdem ist er für die Kostenstundung,[52] nicht aber für Entscheidungen
nach § 36 Abs. 1 Satz 2, Abs. 4 (vgl. Rdn. 32) zuständig.

Aufgrund des neu eingefügten § 18 Abs. 1 Nr. 2 RPflG ist der Richter für das Verfahren über einen 25
Insolvenzplan nach den §§ 217–256, 258–269 zuständig. Entscheidungen im Zusammenhang mit
ausländischen Insolvenzverfahren gem. den §§ 344–346 hat nach § 18 Abs. 1 Nr. 4 RPflG der
Richter zu treffen.

III. Aufgaben des Rechtspflegers

Während der Richter für die Erstbestellung des Insolvenzverwalters zuständig ist, entscheidet der 26
Rechtspfleger über etwaige Folgebestellungen. Da hier die für das Verfahren grundlegende Erstbestellung erfolgt ist und die Gläubigerversammlung einen anderen Insolvenzverwalter wählen kann,
§ 57 Abs. 1, fehlen die maßgebenden Gründe für eine Übertragung auf den Richter. Für die Bestellung eines anderen **Insolvenzverwalters** gem. § 57[53] und die Entlassung des Insolvenzverwalters aus
wichtigem Grund, § 59 Abs. 1,[54] ist daher der Rechtspfleger zuständig, doch kann der Richter die
Entscheidung an sich ziehen.[55] Ohne weisungsbefugt zu sein, beaufsichtigt er die Tätigkeit des Insolvenzverwalters.

Der Rechtspfleger überwacht die Tätigkeit der **Gläubigerorgane** und beschließt in wesentlichen An- 27
gelegenheiten. Er entscheidet über die Einsetzung eines Gläubigerausschusses vor der ersten Gläubigerversammlung, § 67 Abs. 1, und die Entlassung von Mitgliedern des Gläubigerausschusses, § 70
Satz 1. Er setzt auch die Vergütung für die Mitglieder des Gläubigerausschusses fest, § 73.[56] Der
Rechtspfleger beruft die weiteren Gläubigerversammlungen ein, § 74 Abs. 1 Satz 1, und leitet die
Versammlungen, §§ 74 Abs. 1 Satz 1, 76 Abs. 1. Auch die Durchführung des Schlusstermins gehört
zur funktionellen Zuständigkeit des Rechtspflegers.[57] Außerdem entscheidet er über Anträge nach
§ 78 Abs. 1, Beschlüsse der Gläubigerversammlung aufzuheben. Zudem ordnet er die Erteilung
von Auskünften und die Vornahme von Mitwirkungshandlungen durch den Schuldner an.[58]

In seine Kompetenz fällt auch, eine **Betriebsstilllegung** zu untersagen, § 158 Abs. 2 Satz 2, und eine 28
Betriebsveräußerung unter den Vorbehalt einer Zustimmung der Gläubigerversammlung zu stellen,
§ 163 Abs. 1. Er fordert nach Eröffnung des Verfahrens nachrangige Gläubiger zur Forderungsanmeldung auf, § 174 Abs. 3, entscheidet über Einwendungen gegen das **Schlussverzeichnis**, § 194,
und erteilt die Zustimmung zur **Schlussverteilung**, § 196 Abs. 2.[59] Der Rechtspfleger **hebt** auch **das**

---

52 AG Göttingen 20.02.2002, 74 IK 14/02, NZI 2002, 567.
53 MüKo-InsO/*Graeber* § 57 Rn. 23; Uhlenbruck/*Uhlenbruck* § 57 Rn. 19 m.w.N.; HambK-InsR/*Rüther* Rn. 10; a.A. HambK-InsR/*Frind* § 59 Rn. 7; FK-InsO/*Schmerbach* Rn. 29.
54 LG Braunschweig 29.04.2008, 6 T 924/07, NZI 2008, 620; FK-InsO/*Jahntz* § 59 Rn. 15; Karsten Schmidt/*Stephan* Rn. 9; Graf-Schlicker/*Mäusezahl* § 59 Rn. 8; a.A. AG Göttingen 21.02.2001, 74 IN 114/01, ZInsO 2003, 289 (290); AG Ludwigshafen 21.12.2011, 3c IK 468/11, ZInsO 2012, 93; HambK-InsR/*Frind* § 59 Rn. 7.
55 Nach LG Braunschweig 29.04.2008, 6 T 924/07, NZI 2008, 620, muss der Rechtspfleger dem Richter die Gelegenheit dazu geben.
56 LSZ/*Rechel* Rn. 16.
57 Graf-Schlicker/*Kexel* § 289 Rn. 7.
58 Uhlenbruck/*Pape* Rn. 3.
59 LSZ/*Rechel* Rn. 16.

Verfahren auf, § 200 Abs. 1, und ordnet eine **Nachtragsverteilung**, § 203,[60] sowie die Einstellung des Verfahrens gem. den §§ 207, 211 ff. an.

29 Das **Insolvenzplanverfahren** gehört aufgrund des neuen § 18 Abs. 1 Nr. 2 RPflG nicht mehr zur Kompetenz des Rechtspflegers. Er bzw. der Urkundsbeamte der Geschäftsstelle ist nur noch für das Klauselverfahren nach § 257 zuständig.

30 Aufgabe des Rechtspflegers ist, die **Vergütung** für den vorläufigen Insolvenzverwalter[61] und für den Insolvenzverwalter festzusetzen.

31 Im **Restschuldbefreiungsverfahren** gehört die Ankündigung der Restschuldbefreiung zur Zuständigkeit des Rechtspflegers, falls kein Versagungsantrag gestellt wurde.[62] Dies schließt auch die Ernennung des Treuhänders ein.[63] Der Rechtspfleger ist ebenfalls für die Verwerfung eines Antrags auf Erteilung der Restschuldbefreiung als unzulässig vor dem Schlusstermin zuständig.[64] Über den Versagungsantrag des Treuhänders nach § 298 entscheidet der Rechtspfleger, weil diese Vorschrift nicht in § 18 Abs. 1 Nr. 3 RPflG aufgeführt ist.[65] Außerdem befindet der Rechtspfleger über die Erteilung der Restschuldbefreiung, sofern nicht die Versagung von einem Insolvenzgläubiger beantragt wurde.[66]

32 Abweichend von der allgemeinen Zuständigkeitsverteilung entlang der Trennungslinie zwischen Eröffnungsverfahren und eröffneten Verfahren ist der Rechtspfleger für die **Entscheidungen nach § 36 Abs. 1 Satz 2** auch im Eröffnungsverfahren zuständig.[67] Wie die sachnahe Regelung des § 20 Nr. 17 RPflG ausweist, gehören derartige Entscheidungen zum Geschäftsbereich des Rechtspflegers beim Insolvenzgericht.

IV. Richtervorbehalt und Evokationsrecht

33 § 18 Abs. 2 Satz 1 RPflG ermächtigt den Richter, sich das Insolvenzverfahren ganz oder teilweise **vorzubehalten**, wenn er dies für geboten erachtet (**Vorbehaltsrecht**). Um eine Konzentration auf wesentliche Entscheidungen zu ermöglichen, muss sich der Richter nicht das gesamte Verfahren vorbehalten. Er kann sich auf bestimmte Verfahrensabschnitte oder auf abgrenzbare Teile, wie bestimmte Entscheidungen, beschränken.[68] Dieses Recht kann jederzeit ausgeübt werden und muss nicht im Eröffnungsbeschluss vorbehalten werden. Der Richter darf sich also das Verfahren auch dann vorbehalten, wenn die Zuständigkeit nach dem Eröffnungsbeschluss kraft Gesetzes auf den Rechtspfleger übergegangen ist.[69] Der Richter wird dieses Recht vor allem bei schwierigen tatsächlichen oder rechtlichen Fragen bzw. einer weitreichenden Bedeutung der Entscheidung ausüben. Of-

---

60 FK-InsO/*Kießner* § 203 Rn. 23; MüKo-InsO/*Hintzen* § 203 Rn. 10; Uhlenbruck/*Uhlenbruck* § 203 Rn. 26.
61 OLG Zweibrücken 23.05.2000, 3 W 58/00, NZI 2000, 314 (315); OLG Köln, 18.08.2000, 2 W 97/00, NZI 2000, 585 (586); a.A. Kübler/Prütting/Bork/*Pape* § 54 Rn. 30; Uhlenbruck/*Pape* Rn. 3; FK-InsO/*Schmerbach* § 21 Rn. 146 m.w.N.
62 FK-InsO/*Ahrens* § 289 Rn. 11; HK-InsO/*Landfermann* 6. Aufl., § 289 Rn. 5; a.A. Kübler/Prütting/Bork/*Wenzel* § 289 Rn. 2.
63 FK-InsO/*Ahrens* § 291 Rn. 9.
64 OLG Köln 14.10.2000, 2 W 198/00, ZInsO 2000, 608 f.; LG Göttingen 14.11.2000, 10 T 142/00, NZI 2001, 220; FK-InsO/*Ahrens* § 289 Rn. 20; MüKo-InsO/*Ganter/Lohmann* Rn. 20; MüKo-InsO/*Stephan* § 289 Rn. 11; HK-InsO/*Kirchhof* 6. Aufl., Rn. 8; a.A. LG Münster 14.09.1999, 5 T 858/99, NZI 2000, 551.
65 FK-InsO/*Schmerbach* Rn. 22; FK-InsO/*Ahrens* § 300 Rn. 20.
66 Uhlenbruck/*Vallender* InsO, § 300 Rn. 12; Gottwald/*Ahrens* § 79 Rn. 9.
67 AG Göttingen 30.06.2000, 74 IK 49/00, NZI 2000, 493 (494); AG Kaiserslautern 22.01.2003, 1 IN 190/02, ZVI 2003, 180 f.; FK-InsO/*Schmerbach* Rn. 48.
68 Uhlenbruck/*Pape* Rn. 6; Karsten Schmidt/*Stephan* Rn. 21.
69 AG Köln 08.02.2000, 72 IK 69/99, NZI 2000, 331; s.a. NZI 2000, 448; MüKo-InsO/*Ganter/Lohmann* Rn. 21; FK-InsO/*Schmerbach* Rn. 36; Graf-Schlicker/*Kexel* Rn. 6.

fen ist, ob der Richter das Recht ausüben darf, um eine abweichende Entscheidung des Rechtspflegers zu verhindern.[70] Dagegen spricht die sachliche Unabhängigkeit und Weisungsfreiheit des Rechtspflegers nach § 9 RPflG. Der richterliche Vorbehalt muss nicht durch Beschluss ausgeübt werden. Selbst eine schriftliche Niederlegung in einem Vermerk ist nur wünschenswert, aber nicht geboten.[71] Die Erklärung des Vorbehalts ist unanfechtbar.

Entfällt der für den Vorbehalt maßgebliche Grund oder hält der Richter ihn aus anderen Gründen nicht mehr für erforderlich, kann er das Verfahren nach § 18 Abs. 2 Satz 2 RPflG auf den Rechtspfleger wieder übertragen. Eine Rückübertragung hindert den Richter nicht, erneut das Verfahren an sich zu ziehen (**Evokationsrecht**[72]), wenn und solange er dies für erforderlich hält, § 18 Abs. 2 Satz 3 RPflG.[73] Eine umgekehrte Übertragung der nach § 18 Abs. 1 RPflG dem Richter vorbehaltenen Aufgaben auf den Rechtspfleger ist unzulässig.[74] 34

D. Rechtswegzuständigkeit

Die Rechtswegzuständigkeit wird durch § 2 nicht berührt. Im Zusammenhang mit einem Insolvenzverfahren geführte Streitigkeiten in **Arbeitssachen** sind deswegen vor den Arbeitsgerichten zu führen. Namentlich gilt dies für Bestandsstreitigkeiten. Ausdrücklich stellen dies die §§ 122 Abs. 1 Satz 1, 126 Abs. 1 Satz 1 klar. Für die Anfechtungsansprüche nach § 143 Abs. 1 gegen einen Arbeitnehmer des Schuldners ist deswegen der Rechtsweg zu den Arbeitsgerichten eröffnet.[75] 35

Für die Verfahren vor den **Verwaltungs-, Sozial- und Finanzgerichten** gilt Entsprechendes.[76] Im Verfahren über die Feststellung einer Forderung zur Tabelle belässt es § 185 ausdrücklich bei der originären Rechtswegzuständigkeit. Nach Ansicht des BGH ist aber für insolvenzrechtliche Anfechtungsklagen gegen den Sozialversicherungsträger der Rechtsweg zu den ordentlichen Gerichten eröffnet.[77] 36

E. Zuständigkeitsprüfung

Das Gericht muss seine **sachliche Zuständigkeit** von Amts wegen prüfen, § 5 Abs. 1 Satz 1. Ist der Antrag auf Eröffnung bei einem sachlich unzuständigen Gericht gestellt, hat dieses den Antragsteller aufgrund der bestehenden Fürsorgepflicht auf die Bedenken hinzuweisen. Auf Antrag verweist das Gericht das Verfahren nach § 4 InsO entsprechend § 281 Abs. 1 Satz 1 ZPO an das zuständige Insolvenzgericht.[78] Gegen die Verwerfung des Eröffnungsantrags als unzulässig kann der Antragsteller gem. § 34 Abs. 1, gegen die Eröffnung bei einem sachlich unzuständigen Gericht der Schuldner nach § 34 Abs. 2 sofortige Beschwerde einlegen. 37

Wird der **funktionell unzuständige** Richter im Aufgabenbereich des Rechtspflegers tätig, berührt dies nach § 8 Abs. 1 RPflG nicht die Wirksamkeit des Geschäfts.[79] Da der Richter das Verfahren an sich ziehen kann, ist eine Anfechtung ausgeschlossen. Wird dagegen der Rechtspfleger im Zuständigkeitsbereich des Richters tätig und überschreitet er damit seine Kompetenz, ist das Geschäft gem. § 8 Abs. 4 RPflG unwirksam. Es wird auch nicht durch eine die Entscheidung billigende Entscheidung des Beschwerdegerichts geheilt.[80] 38

---

70 Ablehnend Karsten Schmidt/*Stephan* Rn. 20; s.a. HambK-InsR/*Rüther* Rn. 12.
71 BGH 21.06.1968, V ZR 33765, BGHZ 50, 258 (261).
72 Zum Begriff Jaeger/*Gerhardt* Rn. 54.
73 Ausf. Uhlenbruck/*Pape* Rn. 6.
74 Jaeger/*Gerhardt* Rn. 53.
75 Gms-OGB 27.09.2010, Gms-OGB 1/09, NZI 2011, 15 Rn. 10 ff.; krit. *Krüger/Wigand* ZInsO 2011, 1441.
76 HK-InsO/*Kirchhof* 6. Aufl., Rn. 6.
77 BGH 24.03.2011, IX ZB 36/09, NJW 2011, 1365 Rn. 8 ff.
78 Kübler/Prütting/Bork/*Prütting* Rn. 15.
79 OLG Köln 28.01.2002, 2 W 273/01 und 2 W 274/01, ZVI 2002, 16 (19); MüKo-InsO/*Ganter/Lohmann* Rn. 23.
80 BGH 02.06.2005, IX ZB 287/03, NZI 2005, 520; FK-InsO/*Schmerbach* Rn. 52.

39 Ist der eingeschlagene **Rechtsweg unzulässig**, verweist das Gericht das Verfahren nach § 17a Abs. 2 GVG an das zuständige Gericht, entweder das Gericht einer anderen Fachgerichtsbarkeit an das Insolvenzgericht oder das Insolvenzgericht an ein anderes Fachgericht.

§ 3 Örtliche Zuständigkeit

(1) Örtlich zuständig ist ausschließlich das Insolvenzgericht, in dessen Bezirk der Schuldner seinen allgemeinen Gerichtsstand hat. Liegt der Mittelpunkt einer selbstständigen wirtschaftlichen Tätigkeit des Schuldners an einem anderen Ort, so ist ausschließlich das Insolvenzgericht zuständig, in dessen Bezirk dieser Ort liegt.

(2) Sind mehrere Gerichte zuständig, so schließt das Gericht, bei dem zuerst die Eröffnung des Insolvenzverfahrens beantragt worden ist, die übrigen aus.

Übersicht

	Rdn.
A. Normzweck	1
B. Zuständigkeit am Mittelpunkt der wirtschaftlichen Tätigkeit, Abs. 1 Satz 2	4
I. Grundlagen	4
II. Selbständige wirtschaftliche Tätigkeit	7
1. Selbständigkeit	7
2. Beginn und Beendigung	12
III. Mittelpunkt der selbständigen Tätigkeit	16
1. Ausgangslage	16
2. Zweigniederlassung	19
3. Konzern	20
C. Allgemeiner Gerichtsstand des Schuldners, Abs. 1 Satz 1	22
I. Natürliche Personen	22
II. Gesellschaften	26
D. Konkurrierende Zuständigkeiten, Abs. 2	29
E. Zuständigkeitsprüfung	31
I. Prüfung	31
II. Verweisung	33
F. Missbräuchliche Zuständigkeitsbegründung	38
G. Internationale Zuständigkeit	41
I. Grundlagen	41
II. Art. 3 EuInsVO	42
1. Anknüpfung	42
2. Gesellschaftsinsolvenz	44
3. Insolvenz natürlicher Personen	46
III. Vereinbarungen mit Drittstaaten	47
IV. Autonomes deutsches Recht	48

A. Normzweck

1 § 3 normiert die örtliche Zuständigkeit des Insolvenzgerichts für die Durchführung des Insolvenzverfahrens. In Abs. 1 werden die Gerichtsstände bestimmt und Abs. 2 stellt eine Prioritätsregel bei mehreren zuständigen Gerichten auf. Diese Regelung trägt der besonderen Gestalt des Insolvenzverfahrens Rechnung, dass dort durchgeführt werden soll, wo der **Mittelpunkt der selbständigen wirtschaftlichen Tätigkeit** des Schuldners liegt. § 3 Abs. 1 Satz 2 begründet deswegen einen ausschließlichen Gerichtsstand am Mittelpunkt dieser selbständigen Tätigkeit. Auf den allgemeinen Gerichtsstand ist nach § 3 Abs. 1 Satz 1 i.V.m. § 4 und den §§ 12 ff. ZPO nur dann abzustellen, wenn der Schuldner keine selbständige Tätigkeit ausübt, sei es, weil er nie selbständig war, sei es, weil er sie aufgegeben hat. Auch Abs. 1 Satz 1 begründet eine ausschließliche Zuständigkeit.[1] Zwischen beiden Gerichtsständen besteht kein Wahlrecht.[2]

2 Zweckmäßig ist das Insolvenzverfahren dort durchzuführen, wo sich die **überwiegende Masse** und die **meisten Gläubiger** befinden.[3] Zudem ist hier der Kontakt zwischen Insolvenzgericht und Schuldner am einfachsten herzustellen. In der Unternehmensinsolvenz wird dies oft, aber nicht notwendig, mit dem Sitz des Unternehmens i.S.v. § 17 Abs. 1 ZPO zusammentreffen, weswegen auf den Mittelpunkt der wirtschaftlichen Tätigkeit abgestellt wird. Bei Großverfahren relativiert sich dieser Vorteil, doch fehlt dort ein verallgemeinerbares anderes insolvenzspezifisches Kriterium. Bei Insolvenzen

---

[1] Uhlenbruck/*Pape* Rn. 3; MüKo-InsO/*Ganter/Lohmann* Rn. 27; Graf-Schlicker/*Kexel* Rn. 4.
[2] Jaeger/*Gerhardt* Rn. 2.
[3] MüKo-InsO/*Ganter/Lohmann* Rn. 2; Karsten Schmidt/*Stephan* Rn. 1.

nicht selbständig Tätiger beschränken sich die wirtschaftlichen Tätigkeiten meist auf den Wohnort, weswegen bei ihnen sachgerecht an den allgemeinen Gerichtsstand am Wohnsitz angeknüpft werden kann.

Die **Zuständigkeitsbestimmung gilt nicht** für die Verfahren in bürgerlichen Streitigkeiten, die nur 3 anlässlich oder im Verlauf des Insolvenzverfahrens vor dem Prozessgericht geführt werden. Hierfür sind die allgemeinen zivilverfahrensrechtlichen Vorschriften einschlägig, u.a. mit dem allgemeinen Gerichtsstand für Passivprozesse des Insolvenzverwalters aus § 19a ZPO, soweit diese die Insolvenzmasse betreffen.[4] Für Nachlassinsolvenzen stellt § 315 eine mit § 3 Abs. 1 übereinstimmende Regelung auf. Eine Entsprechung zu § 3 Abs. 2 fehlt dort. Bei Entscheidungen in ausländischen Insolvenzverfahren nach den §§ 344–346 ergibt sich die Zuständigkeit aus § 348 und bei Partikularinsolvenzverfahren bestimmt sie § 354 Abs. 1. Zur **internationalen Zuständigkeit** vgl. Rdn. 41.

B. Zuständigkeit am Mittelpunkt der wirtschaftlichen Tätigkeit, Abs. 1 Satz 2

I. Grundlagen

Übt der Schuldner eine selbständige wirtschaftliche Tätigkeit aus, ist nach § 3 Abs. 1 Satz 2 der Mit- 4 telpunkt dieser Tätigkeit für den Gerichtsstand maßgeblich. Dieser Gerichtsstand ist gegenüber dem allgemeinen Gerichtsstand nach § 3 Abs. 1 Satz 1 vorrangig.[5] Es handelt sich dabei um einen **ausschließlichen Gerichtsstand**. Abweichende Vereinbarungen sind deswegen unzulässig, § 4 InsO i.V.m. § 40 Abs. 2 Nr. 2 ZPO.[6]

Der Begriff der selbständigen wirtschaftlichen Tätigkeit wird ebenfalls in § 304 Abs. 1 verwendet. 5 In dieser Regelung grenzt die Bezeichnung den Anwendungsbereich des **Verbraucherinsolvenzverfahrens** vom sog. Regelinsolvenzverfahren ab. Vollständig deckungsgleich sind die damit verfolgten Abgrenzungen jedoch nicht. Während bei einer früheren selbständigen Tätigkeit das Regelinsolvenzverfahren nach § 304 Abs. 1 Satz 2 nur dann ausgeschlossen ist, wenn die Vermögensverhältnisse des Schuldners überschaubar sind und gegen ihn keine Forderungen aus Arbeitsverhältnissen bestehen, sieht § 3 Abs. 1 keine vergleichbare Modifikation vor. Eine frühere Selbständigkeit kann im sog. Regelinsolvenzverfahren zu behandeln sein, begründet aber dennoch nicht den Gerichtsstand aus § 3 Abs. 1 Satz 2. Trotz der unterschiedlichen Gegenstände, hier den zwingenden Gerichtsstand am Mittelpunkt der selbständigen wirtschaftlichen Tätigkeit, dort den Anwendungsbereich des sog. Regelinsolvenzverfahrens festzulegen, lassen sich aber doch vergleichbare Aufgabenstellungen feststellen. Ziel ist jeweils, eine der verschiedenartigen wirtschaftlichen Betätigung Selbständiger und Nichtselbständiger angemessene Regelung zu finden. Sachlich stimmt der Differenzierungsmaßstab überein.[7] Außerdem ist es sinnvoll, bei einer ausgeübten Selbständigkeit zwischen dem Gerichtsstand am Mittelpunkt der gegenwärtigen selbständigen wirtschaftlichen Tätigkeit und der anzuwendenden Verfahrensart keine Brüche entstehen zu lassen. In Berlin besitzt die Entscheidung über die Verfahrensart insofern Konsequenzen für die Zuständigkeit, als sog. Regelinsolvenzen beim AG Berlin-Charlottenburg konzentriert sind, Verbraucherinsolvenzverfahren aber bei allen Berliner Amtsgerichten durchgeführt werden.

Eine gewisse Nähe der gesetzlichen Terminologie des § 3 Abs. 1 Satz 2 besteht zum zuständigkeits- 6 begründenden Mittelpunkt der hauptsächlichen Interessen, dem **centre of main interests** (**COMI**) aus Art. 3 Abs. 1 Satz 1 EuInsVO. Allerdings sind auch spürbare Unterschiede festzustellen. Art. 3 Abs. 1 Satz 1 EuInsVO differenziert nicht nach der Selbständigkeit und stellt zudem auf die hauptsächlichen Interessen und nicht die wirtschaftliche Tätigkeit ab. Insb. ist die Vermutungsregelung aus Art. 3 Abs. 1 Satz 2 EuInsVO nicht übertragbar. Zudem ist die Regelung verordnungsautonom

---

[4] MüKo-InsO/*Ganter*/*Lohmann* Rn. 3.
[5] LG Bonn 30.09.2004, 6 T 221/04, nv.
[6] HK-InsO/*Kirchhof* 6. Aufl., Rn. 4.
[7] S.a. HK-InsO/*Kirchhof* 6. Aufl., Rn. 8.

auszulegen.[8] Die spezifisch europäischen Zielsetzungen schließen deswegen eine direkte Übertragung aus. Allerdings kann dem europäischen Recht ein Fundus an Problemstellungen und Lösungsofferten entnommen werden, bspw. zu den objektiven, für Dritte erkennbaren Kriterien.[9]

II. Selbständige wirtschaftliche Tätigkeit

1. Selbständigkeit

7 Selbständig ausgeübt wird eine in persönlicher und wirtschaftlicher Hinsicht **unabhängige Tätigkeit**, in deren Rahmen der Schuldner planmäßig am Markt auftritt.[10] Eine selbständige wirtschaftliche Tätigkeit liegt nur bei einem nachhaltig auf Gewinnerzielung gerichtetem Handeln vor.[11] Ob ein Gewinn tatsächlich erzielt wird, ist angesichts der insolvenzrechtlichen Zielsetzung unerheblich.[12] Wird keine selbständige wirtschaftliche Tätigkeit ausgeübt, ist das Insolvenzverfahren nach § 3 Abs. 1 Satz 1 am allgemeinen Gerichtsstand des Schuldners durchzuführen.

8 Der Gerichtsstand aus § 3 Abs. 1 Satz 2 gilt für **selbständig tätige natürliche Personen**. Abgestellt wird nur auf eine aktuell ausgeübte selbständige Erwerbstätigkeit. Eine frühere Selbständigkeit kann zwar nach § 304 Abs. 1 Satz 2 das Verbraucherinsolvenzverfahren ausschließen, begründet aber nicht den Gerichtsstand aus § 3 Abs. 1 Satz 2. Erforderlich ist ein Handeln im eigenen Namen.[13] Liegt der Mittelpunkt der selbständigen wirtschaftlichen Tätigkeit an einem anderen Ort als der Wohnsitz, ist allein auf den Mittelpunkt der Tätigkeit abzustellen.[14] Der Schuldner kann Gewerbetreibender, Freiberufler[15] oder überhaupt Dienstleister, Betreiber eines privaten Pflegedienstes, Künstler bzw. Landwirt sein. In Betracht kommt auch eine Tätigkeit als Kommissionär.[16] Pächter sein ist keine selbständige Tätigkeit, sondern nur das Mittel, um eine Erwerbstätigkeit auszuüben, etwa als Gastwirt oder Landwirt. Unanwendbar ist § 3 Abs. 1 Satz 2 auf Arbeitnehmer, Arbeitslose, Studierende und Auszubildende, Hausfrauen und -männer, Rentner sowie Häftlinge.

9 Eine selbständige **Nebentätigkeit** ist ausreichend, wenn diese nicht nur eine untergeordnete Rolle im Erwerbsleben des Schuldners spielt.[17] Ein kaufmännisch eingerichteter Gewerbebetrieb wird nicht verlangt.[18] Ein Anhaltspunkt bildet, ob die Nebentätigkeit zu einem nicht ganz unerheblichen Teil zum Lebensunterhalt des Schuldners beiträgt und damit direkt oder indirekt zur Masse führen kann. Zu berücksichtigen ist aber auch, ob verwertbare Sachen existieren und ob auf die selbständige Erwerbstätigkeit bezogene, nicht nur ganz geringfügige Verbindlichkeiten bestehen, z.B. für Schulungen, Warenlieferungen, Mobilfunkverträge, Geschäftsraummiete etc.

10 Der Gerichtsstand aus Abs. 1 Satz 2 besteht außerdem für sämtliche insolvenzfähige **Gesellschaften**. Dies gilt natürlich für die juristischen Personen der AG, der GmbH, der eingetragenen Vereine und der Stiftungen. Erfasst werden aber auch nicht eingetragene Vereine und Personenhandelsgesellschaften wie die OHG und die KG.[19]

---

8 EuGH 02.05.2006, Rs C-341/04, ZInsO 2006, 484 Rn. 31 (Eurofood, Parmalat).
9 EuGH 02.05.2006, Rs C-341/04, ZInsO 2006, 484 Rn. 33 (Eurofood, Parmalat); HambK-InsR/*Rüther* Rn. 13.
10 Jaeger/*Gerhardt* Rn. 20.
11 OLG Düsseldorf 09.08.1999, 19 Sa 65/99, NZI 2000, 601; FK-InsO/*Schmerbach* Rn. 4; HK-InsO/*Kirchhof* 6. Aufl., Rn. 6.
12 OLG Hamm 24.06.1999, 1 Sbd 16/99, ZInsO 1999, 533 (534); OLG Rostock 19.10.2001, 1 UH 3/01, ZInsO 2001, 1064 (1064).
13 Braun/*Kießner* Rn. 5.
14 Uhlenbruck/*Pape* Rn. 4.
15 BGH 06.10.2011, IX ZB 249/10, BeckRS 2011, 23914 Rn. 2.
16 MüKo-InsO/*Ganter/Lohmann* Rn. 9; HK-InsO/*Kirchhof* 6. Aufl., Rn. 7.
17 KG 16.11.2000, 28 AR 136/99, NZI 2001, 156 (157); Karsten Schmidt/*Stephan* Rn. 6.
18 LSZ/*Rechel* Rn. 4.
19 MüKo-InsO/*Ganter/Lohmann* Rn. 9a.

In der Gesellschafterinsolvenz des **persönlich haftenden Gesellschafters** einer OHG teilt dieser nur dann den Gerichtsstand der Gesellschaft, wenn der Gesellschaftssitz den Mittelpunkt seiner selbständigen wirtschaftlichen Tätigkeit darstellt.[20] Für den persönlich haftenden Gesellschafter einer GbR,[21] wie auch anderer Gesellschaften ohne Rechtspersönlichkeit gilt Entsprechendes.[22] Dies kann vor allem dann angenommen werden, wenn der Gesellschafter tatsächlich organschaftliche Geschäftsführungsbefugnisse ausübt.[23] Der Gerichtsstand für Gesellschafter und Gesellschaftsinsolvenz kann daher auseinanderfallen, wenn für den Gesellschafter am Gesellschaftssitz nicht der Mittelpunkt seiner selbständigen wirtschaftlichen Tätigkeit begründet ist.[24] Handelt der Gesellschafter als persönlich haftender Gesellschafter an mehreren Orten für eine oder mehrere Gesellschaften, muss festgestellt werden, wo sich der Mittelpunkt der Tätigkeit befindet. Ist kein Schwerpunkt bestimmbar, tritt der Gerichtsstand an seinem Wohnsitz ein.[25] 11

2. Beginn und Beendigung

Die selbständige wirtschaftliche Tätigkeit muss bereits aufgenommen worden sein.[26] Der **Beginn** setzt eine gewisse organisatorische Verfestigung voraus.[27] Eine Tätigkeit als Gesellschaft i.G. kann dafür genügen. In diesem Fall können auch Verbindlichkeiten aus dem Gründungsstadium der Gesellschaft ausreichen, die auf einer wirtschaftlichen Tätigkeit beruhen.[28] 12

Weitaus mehr Fragen wirft die **Beendigung** der selbständigen wirtschaftlichen Tätigkeit auf. Zwischen natürlichen Personen und Gesellschaften besteht dabei grds. kein Unterschied.[29] Besteht die Betriebseinheit mit Willen des Schuldners fort, ist das Unternehmen selbst dann nicht aufgelöst, wenn der Schuldner krankheitsbedingt nicht arbeiten kann.[30] Im Kontrast zur Bestimmung der Verfahrensart nach § 304 Abs. 1 Satz 2 gilt der Gerichtsstand bei einer früheren selbständigen Tätigkeit nicht fort. Mit der vollständigen Einstellung der selbständigen wirtschaftlichen Tätigkeit entfällt der Gerichtsstand aus § 3 Abs. 1 Satz 2. Dann ist gem. § 3 Abs. 1 Satz 1 die Zuständigkeit am allgemeinen Gerichtsstand begründet, bei einer Gesellschaft an ihrem Sitz (vgl. Rdn. 26 ff.), für eine natürliche Person an ihrem Wohnsitz (vgl. Rdn. 22 ff.). Da eine Nachtragsverteilung kein eigenständiges Insolvenzverfahren einleitet, sondern die frühere Verteilung fortsetzt,[31] ist dafür auch nach einer zwischenzeitlichen Löschung einer Gesellschaft aus dem Register das ursprüngliche Insolvenzgericht zuständig.[32] 13

Vielfach wird es aber auf ein Zwischenstadium ankommen, in dem **Abwicklungsmaßnahmen** vorgenommen werden. Wann in der Abwicklungsperiode noch hinreichende wirtschaftliche Tätigkeiten ausgeübt werden, ist dagegen nicht eindeutig. Die gesellschaftsrechtlichen Kriterien bieten nur einen gewissen Anhaltspunkt, weil eine eigene insolvenzrechtliche Anknüpfung zu bestimmen ist. Zu weit geht es wohl, noch zumindest geringfügige an den Markt gerichtete »werbende« Handlungen zu verlangen,[33] weil lediglich die Kriterien der selbständigen wirtschaftlichen Tätigkeit fortgeschrie- 14

---

20 KG 16.11.1999, 28 AR 136/99, NZI 2001, 156 (157).
21 KG 16.11.1999, 28 AR 136/99, NZI 2001, 156 (157).
22 A.A. Uhlenbruck/*Pape* Rn. 10.
23 MüKo-InsO/*Ganter/Lohmann* Rn. 15; FK-InsO/*Schmerbach* Rn. 10; Graf-Schlicker/*Kexel* Rn. 5; a.A. Jaeger/*Gerhardt* Rn. 30; Uhlenbruck/*Pape* Rn. 10.
24 FK-InsO/*Schmerbach*, Rn. 9.
25 HK-InsO/*Kirchhof* 6. Aufl., Rn. 11; a.A. Uhlenbruck/*Pape* Rn. 10, stets Wohnsitz.
26 FK-InsO/*Schmerbach* Rn. 4.
27 FK-InsO/*Kohte* § 304 Rn. 9.
28 MüKo-InsO/*Ganter/Lohmann* Rn. 7a; Uhlenbruck/*Pape* Rn. 11; HambK-InsR/*Rüther* Rn. 10.
29 A.A. FK-InsO/*Schmerbach* Rn. 11.
30 OLG Schleswig 11.02.2010, 2 W 11/10, NZI 2010, 260 (261 f.).
31 MüKo-InsO/*Hintzen* § 203 Rn. 19.
32 A.A. FK-InsO/*Schmerbach* Rn. 18.
33 BayObLG 25.07.2003, 1Z AR 72/03, NZI 2004, 88 (89); 19.09.2003, 1Z AR 102/03, NZI 2004, 148; OLG Schleswig 04.02.2004, 2 W 14/04, NZI 2004, 264.

ben werden, aber nicht den Besonderheiten des Übergangsstadiums Rechnung getragen wird. Überzeugender ist darauf abzustellen, ob noch äußerlich objektiv erkennbare Abwicklungshandlungen vorgenommen werden oder ausstehen,[34] die auf eine wirtschaftliche Tätigkeit gem. § 3 Abs. 1 Satz 2 schließen lassen. Maßnahmen, die sich auf die spätere Masse auswirken können, sprechen für eine wirtschaftliche Tätigkeit.

15 Entscheidend wird eine **Gesamtwürdigung** sein, denn aus den einzelnen Faktoren muss insgesamt auf eine beendete selbständige Tätigkeit zu schließen sein. Ausreichend sind Handlungen, die auf die Verwertung des Geschäftsbetriebs gerichtet sind. Führt der Schuldner noch Korrespondenz aus, stellt er etwa noch Rechnungen und zieht Außenstände ein, veräußert er Restbestände oder bearbeitet er Nacherfüllungsmaßnahmen, kann darin eine wirtschaftliche Tätigkeit gesehen werden. Die Zuständigkeit nach § 3 Abs. 1 Satz 2 ist dann an dem Ort begründet, an dem diese Tätigkeiten ausgeführt werden.[35] Die Aufgabe der Geschäftsräume genügt deswegen nicht, um von einer beendeten wirtschaftlichen Tätigkeit auszugehen.[36] Unzureichend sind aber rein intern verwaltende Tätigkeiten.[37] Allein die Mitnahme[38] bzw. die Aufbewahrung der Geschäftsunterlagen begründet keine selbständige wirtschaftliche Tätigkeit i.S.v. § 3 Abs. 1 Satz 2.[39] Sonst könnte die Zuständigkeit unschwer beeinflusst werden. Auch die Bestellung eines neuen Geschäftsführers, um ausschließlich das Insolvenzverfahren zu betreiben, genügt nicht.[40] Anhaltspunkte für eine beendete Tätigkeit bilden die Beendigung von Arbeitsverhältnissen, die Aufgabe der Geschäftsräume, die Abmeldung des Gewerbes, die Löschung aus dem Handelsregister und die Auflösung von Geschäftskonten.[41]

III. Mittelpunkt der selbständigen Tätigkeit

1. Ausgangslage

16 Auf den Mittelpunkt der selbständigen wirtschaftlichen Tätigkeit stellt das Gesetz ab, weil der früher in § 71 Abs. 1 KO verwendete Begriff der gewerblichen **Niederlassung** in doppelter Hinsicht unzureichend ist. Im Unterschied zum Anknüpfungspunkt an eine gewerbliche Niederlassung muss die selbständige Tätigkeit nicht notwendig gewerblich sein. Außerdem kann für die Bestimmung des Gerichtsstands zwischen mehreren Niederlassungen zu entscheiden sein.[42]

17 Mit dem Mittelpunkt der wirtschaftlichen Tätigkeit wird auf den Ort abgestellt, an dem **wesentliche Entscheidungen** über die wirtschaftlichen Angelegenheiten gefällt werden.[43] Der Mittelpunkt einer selbständigen wirtschaftlichen Tätigkeit befindet sich dort, wo die tatsächliche Willensbildung erfolgt, also wo die Entscheidungen der Unternehmensleitung **getroffen und umgesetzt** werden.[44] Nach einer Gegenposition kommt es nur auf den Ort der wesentlichen unternehmerischen Entscheidungsbefugnisse, nicht aber der Umsetzung in Geschäftsführungsakte an.[45] Damit werden aber die

---

[34] BGH 06.10.2011, IX ZB 249/10, BeckRS 2011, 23914 Rn. 2; OLG Braunschweig 13.04.2000, 1 W 29/00, NZI 2000, 266 (267); OLG Karlsruhe 16.10.2003, 15 AR 35/03, NZI 2004, 262 (263); LG Bonn 13.01.2012, 6 T 83/11, ZInsO 2012, 938 (940), von einigem Gewicht; MüKo-InsO/*Ganter/Lohmann* Rn. 7b; Jaeger/*Gerhardt* Rn. 11; HK-InsO/*Kirchhof* 6. Aufl., Rn. 8.
[35] LG Hamburg 20.12.1999, 326 T 194/99, ZInsO 2000, 118 (LA).
[36] Anders wohl MüKo-InsO/*Ganter/Lohmann* Rn. 7b.
[37] HK-InsO/*Kirchhof* 6. Aufl., Rn. 8.
[38] OLG Celle 09.10.2003, 2 W 108/03, NZI 2004, 258 (259).
[39] OLG Düsseldorf 09.08.1999, 19 Sa 65/99, NZI 2000, 601; OLG Rostock 19.10.2001, 1 UH 3/01, ZInsO 2001, 1064 (1064); OLG Schleswig 04.02.2004, 2 W 14/04, NZI 2004, 264; FK-InsO/*Schmerbach* Rn. 13; Uhlenbruck/*Pape* Rn. 11; a.A. OLG Karlsruhe 16.10.2003, 15 AR 35/03, NZI 2004, 262; KG 07.06.1999, 28 AR 65/99, NZI 1999, 499, Liquidator.
[40] OLG Rostock 19.10.2001, 1 UH 3/01, ZInsO 2001, 1064 (1064).
[41] HambK-InsR/*Rüther* Rn. 11.
[42] Jaeger/*Gerhardt* Rn. 15.
[43] LSZ/*Rechel* Rn. 6.
[44] OLG Brandenburg 19.06.2002, 1 AR 27/02, NZI 2002, 438; FK-InsO/*Schmerbach* Rn. 5; *Hess* Rn. 58.
[45] Jaeger/*Gerhardt* Rn. 16 f.

wesentlichen zuständigkeitsbegründenden Zwecke von § 3 Abs. 1 verkürzt, soll doch das Insolvenzverfahren dort abgewickelt werden, wo sich die meiste Masse und die meisten Gläubiger befinden.[46] Abzustellen ist auf Entscheidungen, die das operative Geschäft betreffen und im Verkehr nach außen im Vordergrund stehen.[47] Eine Betriebsstätte und die Räume, von denen die Geschäfte nach außen abgewickelt werden, sind nicht notwendig entscheidend,[48] aber eben auch nicht von vornherein unerheblich. Dies ist auch bei einer Trennung von Betriebs- und Verwaltungssitz zu berücksichtigen. Der Mittelpunkt der selbständigen Tätigkeit bestimmt auch dann über den Gerichtsstand, wenn jener im Ausland liegt.[49] Ein dennoch bei einem deutschen Insolvenzgericht gestellter Insolvenzantrag ist unzulässig.[50]

Maßgebend dafür sind die tatsächlichen Verhältnisse, nicht der Anschein.[51] **Anhaltspunkte** liefern, wo sich Geschäftsbücher und Unterlagen der Gesellschaft befinden. Die Eintragung ins Handelsregister begründet eine widerlegliche Vermutung für den Geschäftssitz.[52] Weitere Indizien bilden die Lage der Geschäftsräume, die Zuständigkeit des Finanzamts und auf die Tätigkeit bezogene öffentlich-rechtliche Vorgänge, etwa über die Gewerbeerlaubnis.[53] Durch eine Inhaftierung wird der Mittelpunkt der hauptsächlichen Interessen (COMI) nicht verlagert.[54] **18**

2. Zweigniederlassung

Existieren rechtlich nicht selbständige Zweigniederlassungen, ist am Ort der einzelnen Niederlassung im Unterschied zu § 21 ZPO kein Gerichtsstand begründet. Die Anknüpfung an den Mittelpunkt der selbständigen wirtschaftlichen Tätigkeit schließt ein Insolvenzverfahren an einem von mehreren Niederlassungsorten aus.[55] Das Insolvenzverfahren ist daher am Sitz der **Hauptniederlassung** bzw. der Zentrale zu führen, wo die Entscheidungen der Unternehmensleitung getroffen und umgesetzt werden[56] (vgl. Rdn. 17). Für rechtlich selbständige Zweigniederlassungen ist dagegen ein eigenständiges Insolvenzverfahren am Gerichtsstand nach § 3 Abs. 1 durchzuführen. Dies stellt die Konsequenz des fehlenden Konzerngerichtsstands dar. Allerdings ist nach § 354 Abs. 1 ein Partikularinsolvenzverfahren am Sitz einer unselbständigen Niederlassung zulässig.[57] **19**

3. Konzern

Für jede insolvenzfähige Person oder Personenvereinigung existiert grds. ein eigener Gerichtsstand.[58] Dies gilt auch im Konzern.[59] Ein einheitlicher **Konzerngerichtsstand** kann deswegen nur unter besonderen Umständen angenommen werden.[60] Allein die Mitgliedschaft in einem Unternehmensverbund reicht ohne hinzutretende besonderer Umstände regelmäßig nicht aus, um eine Zuständigkeit **20**

---

46 Ähnlich MüKo-InsO/*Ganter/Lohmann* Rn. 10.
47 OLG Brandenburg 19.06.2002, 1 AR 27/02, NZI 2002, 438; Uhlenbruck/*Pape* Rn. 4; Graf-Schlicker/*Kexel* Rn. 7.
48 HK-InsO/*Kirchhof* 6. Aufl., Rn. 9.
49 Jaeger/*Gerhardt* Rn. 2; HK-InsO/*Kirchhof* 6. Aufl., Rn. 6.
50 AG Münster 23.11.1999, 77 IN 50/99, ZInsO 2000, 49.
51 AG Göttingen 14.06.2007, 74 IN 222/07, ZVI 2007, 311 (312).
52 AG Göttingen 14.06.2007, 74 IN 222/07, ZVI 2007, 311 (312); Jaeger/*Gerhardt* Rn. 22.
53 Uhlenbruck/*Pape* Rn. 4; Braun/*Kießner* Rn. 7.
54 BGH 08.11.2007, IX ZB 41/03, NZI 2008, 121 Rn. 2.
55 Kübler/Prütting/Bork/*Prütting* Rn. 15; Graf-Schlicker/*Kexel* Rn. 8.
56 Enger Jaeger/*Gerhardt* Rn. 23.
57 HK-InsO/*Kirchhof* 6. Aufl., Rn. 11.
58 Jaeger/*Gerhardt* Rn. 34.
59 BGH 22.01.1998, IX ZR 99/97, BGHZ 138, 40 (45), zur KO; OLG Brandenburg, 19.06.2002, 1 AR 27/02, NZI 2002, 438.
60 Uhlenbruck/*Pape* Rn. 1; FK-InsO/*Schmerbach* Rn. 7.

am Sitz der Muttergesellschaft zu begründen.[61] Nicht ausreichend sind auch solche strategischen Entscheidungen, die stets am Sitz der Muttergesellschaft gefällt werden, wie die mit der Eröffnung oder Schließung eines Standorts verbundenen Investitionsentscheidungen, weil dann jedes Konzernunternehmen dem Sitz der Muttergesellschaft zugeordnet wird. Maßgebend muss vielmehr eine darüber hinausgehende Steuerung auch des operativen Geschäfts sein.[62] Dies ist etwa der Fall, wenn das Rechnungswesen und die Zahlungen bzw. die Vertragsgestaltungen durch die Konzernmutter erfolgen.[63] Dabei müssen die Umstände der konkreten Gestaltung und damit des Einzelfalls gewichtet werden. Für die PIN-Group hat das AG Köln seine Zuständigkeit vor allem wegen eines zentralen Lenkungsausschusses bejaht.[64] Beim Arcandor-Konzern hat das AG Essen auf den Ort der Willensbildung und der Leitungsentscheidungen abgestellt.[65]

21 Im Ausgangspunkt sind die Entscheidungen je einzeln für die Konzernunternehmen zu treffen. Eine **Reorganisation und Sanierung** der Konzernunternehmen verlangt allerdings vielfach konzertierte Planungen und Entscheidungen.[66] Ökonomisch mag daher ein Konzerngerichtsstand oft sinnvoll und im Rahmen einer Einzelfallbetrachtung teilweise zu begründen sein. Die klare gesetzliche Entscheidung für einen ausschließlichen Unternehmensgerichtsstand und die durch § 571 Abs. 2 Satz 2 ZPO begrenzte Nachprüfung im Instanzenzug schließen es aus, allein nach praktischen Bedürfnissen vorzugehen. Auch eine Absprache zwischen den Insolvenzgerichten[67] muss sich daran messen lassen. Wegen der internationalen Verflechtungen müssen zudem die Zuständigkeitsfragen bei ausländischen Hauptniederlassungen bzw. Konzernunternehmen berücksichtigt werden. Rechtspolitisch wird deswegen über einen einheitlichen Konzerngerichtsstand diskutiert.[68]

C. Allgemeiner Gerichtsstand des Schuldners, Abs. 1 Satz 1

I. Natürliche Personen

22 Übt der Schuldner keine selbständige Tätigkeit (mehr) aus, ist das Insolvenzgericht am allgemeinen Gerichtsstand des Schuldners nach den §§ 13 bis 16 ZPO zuständig. Der allgemeine Gerichtsstand einer Person wird gem. § 13 ZPO durch ihren **Wohnsitz** bestimmt. Der Begriff des Wohnsitzes ist weder in der InsO noch der ZPO definiert und muss deswegen im Grundsatz aus den allgemeinen Regeln der §§ 7 bis 11 BGB entnommen werden.[69] Ein Wohnsitz setzt neben der objektiven Niederlassung subjektiv einen Domizilwillen des Betroffenen voraus, also den Willen, den Ort der Niederlassung ständig zum Schwerpunkt seiner Lebensverhältnisse zu machen.[70] Bei einer rechtlichen Betreuung nach den §§ 1896 ff. BGB ist auf den Wohnsitz des Betreuten, nicht des Betreuers abzustellen. Ein Wohnsitz kann nach § 7 Abs. 2 gleichzeitig an mehreren Orten bestehen, wenn an beiden Orten dauernd Wohnungen unterhalten werden und beide gleichermaßen den Schwerpunkt der Lebensverhältnisse bilden.[71]

---

61 OLG Brandenburg 19.06.2002, 1 AR 27/02, NZI 2002, 438; s.a. BGH 22.01.1998, IX ZR 99/97, BGHZ 138, 40 (45).
62 OLG Brandenburg 19.06.2002, 1 AR 27/02, NZI 2002, 438 f.; MüKo-InsO/*Ganter/Lohmann* Rn. 14; Uhlenbruck/*Pape* Rn. 13; *Hess* Rn. 9; a.A. Jaeger/*Gerhardt* Rn. 37.
63 FK-InsO/*Schmerbach* Rn. 7.
64 AG Köln 01.02.2008, 73 IN 682/07, NZI 254 (256); krit. HambK-InsR/*Rüther* Rn. 15; s.a. AG Köln 19.02.2008, 73 IE 1/08, NZI 2008, 257; dazu HambK-InsR/*Undritz* Art. 3 EuInsVO Rn. 93.
65 AG Essen 01.09.2009, 166 IN 119/09, NZI 2009, 810 f.
66 *Graeber* NZI 2007, 265.
67 *Ehricke* DZWIR 1999, 353 (361, 363).
68 *Vallender/Deyda* NZI 2009, 825; *Graeber* NZI 2007, 265.
69 RG 09.12.1907, VI 276/07, RGZ 67, 191 (193); BGH 25.03.1987, IVb ARZ 6/87, NJW-RR 1988, 387.
70 BGH 28.03.2006, VIII ZB 100/04, NJW 2006, 1808 Rn. 15; 14.01.2010, IX ZB 76/09, ZInsO 2010, 348 Rn. 4; PG/*Wern* § 13 Rn. 3.
71 AG Köln 18.02.2008, 71 IK 585/07, NZI 2008, 390.

Die polizeiliche An-[72] und Abmeldung stellt einen **Anhaltspunkt** für den ständigen Aufenthaltsort 23
dar, begründet für sich allein jedoch keinen ständigen Aufenthalt.[73] Gleiches gilt für die Begründung
einer Anschrift. Die Unterhaltung einer selbst genutzten, möblierten Wohnung genügt noch nicht,
um einen Wohnsitz zu begründen.[74] Bei einer vorübergehenden Beschäftigung an einem Ort kann
die Begründung eines Wohnsitzes zweifelhaft sein. Ein neuer Wohnsitz wird dann regelmäßig nicht
begründet werden, wenn der Schuldner seine bisherige Wohnung beibehält. Erforderlich ist aber eine
eigene Unterkunft, weswegen eine obdachlose Person keinen Wohnsitz begründen kann.[75] Es genügt
aber eine behelfsmäßige Unterkunft.[76] Ein Besuchsaufenthalt oder eine nur gelegentlich genutzte
Wohnung reichen nicht aus.[77] Für den Eigenantrag des im Zeugenschutz befindlichen Schuldners
wird eine Zuständigkeit des Insolvenzgerichts am gegenwärtigen Wohnsitz angenommen,[78] doch
kann dies nur gelten, wenn damit den Schutzbedürfnissen des Zeugen hinreichend Rechnung getragen wird.

Die Person muss sich an dem Ort ständig niedergelassen haben, weswegen ein **vorübergehender Auf-** 24
enthalt nicht genügt. Für den Studienort wird ganz überwiegend ein ständiger Schwerpunkt der
Lebensverhältnisse verneint,[79] doch stimmt dies vielfach nicht mehr mit der durch eine hohe Arbeitsbelastung am **Studienort** geprägten und selbständigeren Lebenssituation überein. Bei einem vorübergehenden Auslandsstudium wird der Wohnsitz allerdings nicht verlegt.[80] Bei einem Einzug in ein
Frauenhaus kommt es auf die Umstände an. Ein weniger als dreiwöchiger Aufenthalt reicht regelmäßig noch nicht,[81] ebenso wenig ein durch Bedrohung erzwungener Aufenthalt.[82] Wenn jedoch
der Aufenthalt nicht nur vorübergehend sein soll und ein Willensentschluss der Frau erkennbar ist,
den Schwerpunkt ihrer Lebensverhältnisse dorthin zu verlegen, ist dort der Wohnsitz – selbst
bei kürzerem Aufenthalt – begründet.[83] Eine **Strafhaft**,[84] aber auch andere Arten der Inhaftierung,[85]
schaffen keinen Wohnsitz, schon weil es an einem Domizilwillen fehlt. Entsprechendes gilt bei einem
selbst längeren Klinikaufenthalt.[86]

Extraterritoriale Deutsche, die im Ausland nach dem Völkerrecht von der Gerichtsbarkeit des Auf- 25
nahmestaats befreit sind, und im Ausland beschäftigte Angehörige des öffentlichen Dienstes, besitzen keinen Wohnsitz im Inland. Um die Rechtsverfolgung im Inland zu erleichtern, begründet § 15
ZPO einen Gerichtsstand am letzten inländischen Wohnort bzw. am Amtsgericht Berlin-Schöneberg.[87] Für Personen, die weder über einen inländischen noch über einen ausländischen Wohnsitz

---

72 BGH 21.12.1994, XII ARZ 35/94, NJW-RR 1995, 507.
73 BVerfG 22.06.1990, 2 BvR 116/90, NJW 1990, 2193 (2194).
74 BGH 28.03.2006, VIII ZB 100/04, NJW 2006, 1808 Rn. 15.
75 PG/*Wern* § 13 Rn. 5.
76 BGH 14.01.2010, IX ZB 76/09, ZInsO 2010, 348 Rn. 4.
77 AG Köln 18.02.2008, 71 IK 585/07, NZI 2008, 390.
78 LG Hamburg 14.07.2005, 326 T 7/05, NZI 2006, 115; AG Hamburg 07.05.2004, 68c IK 70/04, ZInsO 2004, 561 (562); 16.12.2004, 67c IN 431/04, ZInsO 2005, 276 (279); HK-InsO/*Kirchhof* 6. Aufl., Rn. 4; HambK-InsR/*Rüther* Rn. 18; a.A. LG Hamburg 12.08.2004, 326 T 50/04, ZVI 2005, 82.
79 BVerfG 22.06.1990, 2 BvR 116/90, NJW 1990, 2193 (2194); BVerwG 09.11.1967, VIII C 141/67, NJW 1968, 1059 (1060); Zöller/*Vollkommer* § 13 Rn. 5.
80 OLG Hamm 02.05.2001, 8 WF 27/01, FamRZ 2002, 54, nimmt dies – kaum überzeugend – auch bei einem vierjährigen Auslandsstudium an.
81 BGH 14.12.1994, XII ARZ 33/94, NJW 1995, 1224 (1225).
82 BGH 26.08.1992, XII ARZ 21/92, NJW-RR 1993, 4.
83 OLG Karlsruhe 07.05.2009, 16 WF 61/09, NJW-RR 2009, 1598 (1599); OLG Hamm 07.05.1997, 8 WF 161/97, NJW-RR 1997, 1165; OLG Nürnberg 03.03.1997, 10 WF 49/97 u. 10 WF 50/97, NJW-RR 1997, 1025; PG/*Wern* § 13 Rn. 5.
84 BGH 19.06.1996, XI ARZ 5/96, NJW-RR 1996, 1217.
85 Braun/*Kießner* Rn. 11.
86 Uhlenbruck/*Pape* Rn. 9.
87 BGH 01.03.2006, VIII ZB 28/05, NJW 2006, 1810 Rn. 5; OLG Köln 23.04.2001, 2 W 82/01, NZI 2001, 380 (381).

verfügen,[88] wird der Wohnsitz in § 16 ZPO durch den Aufenthaltsort oder, wenn dieser unbekannt ist, durch den letzten Wohnsitz bestimmt.

II. Gesellschaften

26 Hat eine Gesellschaft ihre wirtschaftliche Tätigkeit eingestellt, bevor der Insolvenzantrag gestellt wurde, gilt für sie gem. § 3 Abs. 1 Satz 1 der allgemeine Gerichtsstand.[89] § 17 Abs. 1 ZPO normiert für Passivprozesse, entsprechend also für einen Gläubigerantrag auf Eröffnung des Insolvenzverfahrens, den allgemeinen Gerichtsstand am Sitz der Gesellschaft. Wegen der einheitlichen Verweisung in § 3 Abs. 1 Satz 1 gilt der allgemeine Gerichtsstand auch für einen Eigenantrag der Gesellschaft. **Erfasst** werden alle insolvenzfähigen juristischen Personen des öffentlichen Rechts und des Privatrechts. Die Regelung gilt aber auch für alle anderen insolvenzfähigen Gesellschaften, wie Personenhandelsgesellschaften, die Vor-AG, die Vor-GmbH, Partnerschaftsgesellschaften, nicht rechtsfähige Vereine, die Außengesellschaft bürgerlichen Rechts,[90] die EWIV und die Partenreederei.

27 Der **Sitz** einer **juristischen Person** des Privatrechts wird durch die Satzung bestimmt, §§ 5 AktG, 4a GmbHG, 57, 81 BGB.[91] Ist die Eintragung der Sitzänderung wie nach § 54 Abs. 3 GmbHG im Handelsregister vorgeschrieben, wird die Sitzänderung erst mit der Eintragung wirksam.[92] Für **Personenhandelsgesellschaften** wird der Sitz im Handelsregister eingetragen. Bei einer Vor-Gesellschaft kann auf den in der Satzung vorgesehenen Sitz abgestellt werden. Bei der nach § 11 Abs. 2 Nr. 1 insolvenzfähigen **Außen-GbR** wird auf eine gesellschaftsvertragliche Festlegung des Sitzes abzustellen sein,[93] sonst auf den Ort, an dem das Gesamthandsvermögen verwaltet wird.[94] Bei **Partnerschaftsgesellschaften** muss der Sitz nach den §§ 3 Abs. 1 Nr. 1, 4 Abs. 1 zum Partnerschaftsregister gemeldet werden.

28 Wurde eine AG, KGaA oder GmbH, etwa nach Abweisung eines Erstantrags, im Handelsregister nach § 141a FGG **gelöscht**, ist das Insolvenzgericht zuständig, in dessen Bezirk zuletzt der Sitz der Gesellschaft war.[95] Ist ein Sitz nicht vorhanden oder nicht eindeutig feststellbar, fingiert § 17 Abs. 1 Satz 2 ZPO als Sitz den Ort, an dem die **Verwaltung** geführt wird.[96] Dies ist der Tätigkeitsort der Geschäftsführung der dazu berufenen Vertretungsorgane, also der Ort, an dem die grundlegenden Entscheidungen der Unternehmensleitung effektiv in Geschäftsführungsakte umgesetzt werden.[97] Ist die Gesellschaft gelöscht und kein Verwaltungssitz feststellbar, ist das Gericht am letzten satzungsmäßig eingetragenen Sitz zuständig.[98]

D. Konkurrierende Zuständigkeiten, Abs. 2

29 Besteht bei mehreren Gerichten ein Insolvenzgerichtsstand, schließt die Zuständigkeit des zuerst mit dem Verfahren befassten Gerichts alle Übrigen aus.[99] Auf die zeitliche Abfolge ist nur bei gleichrangigen Gerichtsständen abzustellen, nicht aber im Verhältnis zwischen dem allgemeinen Gerichts-

---

88 OLG Köln 23.04.2001, 2 W 82/01, NZI 2001, 380 (381).
89 OLG Hamm 14.01.2000, 1Sbd 100/99, NZI 2000, 220 f.; OLG Köln 22.03.2000, 2 W 49/00, NZI 2000, 232; BayObLG 13.08.2003, 1Z 83/03, NZI 2004, 90 (91).
90 Zu deren Rechts- und Parteifähigkeit BGH 29.01.2001, II ZR 331/00, BGHZ 146, 341 (343 ff.).
91 Jaeger/*Gerhardt* Rn. 6.
92 OLG Brandenburg 14.03.2003, 1 AR 49/02, ZInsO 2003, 376.
93 BGH 21.01.2009, Xa ARZ 273/08 Rn. 18.
94 Jaeger/*Gerhardt* Rn. 7; MüKo-InsO/*Ganter/Lohmann* Rn. 19.
95 OLG Koblenz 20.01.1989, 4 SmA 1/89, Rpfleger 1989, 251; Jaeger/*Gerhardt* Rn. 26; MüKo-InsO/*Ganter/Lohmann* Rn. 8; HambK-InsR/*Rüther* Rn. 21.
96 PG/*Wern* § 17 Rn. 9.
97 BGH 21.03.1986, V ZR 10/85, BGHZ 97, 269 (272); 10.03.2009, VIII ZB 105/07, NJW 2009, 1610 Rn. 11.
98 Vgl. Uhlenbruck/*Pape* Rn. 11.
99 Vgl. LG Berlin 14.09.2007, 86 T 424/07, NZI 2008, 43.

stand und dem des Mittelpunkts einer selbständigen wirtschaftlichen Tätigkeit.[100] Eine solche Konkurrenz kann eintreten, wenn der Schuldner an mehreren Orten selbständig wirtschaftlich tätig ist, ohne dass dabei ein Mittelpunkt der Tätigkeit festgestellt werden kann, oder er einen mehrfachen Wohnsitz gem. § 7 Abs. 2 BGB hat. Ausnahmsweise besteht hier ein Wahlrecht gem. § 4 InsO i.V.m. § 35 ZPO. Es gilt das **Prioritätsprinzip**. Der Antrag eines Gläubigers bei einem von mehreren zuständigen Gerichten legt also die Zuständigkeit auch für spätere Insolvenzanträge fest.[101] Zulässig muss der Antrag im Übrigen nicht sein. Abzustellen ist auf den Zeitpunkt, in dem der Antrag beim Gericht eingeht.[102] Dieser Vorrang des Erstgerichts herrscht, solange das Verfahren über den früher eingegangenen Antrag beim ersten Gericht noch nicht erledigt ist.[103] Nicht ausdrücklich in § 3 Abs. 2 geregelt ist, wenn die Zuständigkeit eines weiteren Gerichts erst auf Grund nachträglicher Veränderungen eintritt, etwa einem Wohnsitzwechsel. Hier gilt das Gleiche, wie bei einer von vornherein bestehenden Zuständigkeitskonkurrenz.[104]

In besonderen Situationen kann eine **Entscheidungskonkurrenz** eintreten. Zu einer solchen Situation kann es nicht nur kommen, wenn die Zuständigkeitsregeln vom Zweitgericht unzutreffend angewandt werden. Zulässig sind etwa auch Sicherungsmaßnahmen des Zweitgerichts noch vor Entscheidung über die Zuständigkeit.[105] Sind mehrere Insolvenzgerichte angerufen worden und haben sie Insolvenzanträge gegen denselben Schuldner zugelassen, bleiben die Entscheidungen des unzuständigen Zweitgerichts wirksam, bis sie vom Zweitgericht oder vom übergeordneten Gericht aufgehoben wurden.[106] Eröffnet das unzuständige Zweitgericht rechtskräftig das Verfahren, kann das Erstgericht nicht mehr eröffnen.[107] Hat das unzuständige Zweitgericht das Verfahren mangels Masse bestandskräftig abgewiesen, hindert diese Entscheidung nicht die Eröffnung vor dem Erstgericht. 30

E. Zuständigkeitsprüfung

I. Prüfung

Das Gericht muss seine örtliche Zuständigkeit **von Amts wegen ermitteln**, § 5 Abs. 1 Satz 1,[108] obwohl es sich um das Zulassungsverfahren handelt, in dem grds. noch keine Amtsermittlungspflicht herrscht.[109] Der Antragsteller hat dazu alle die gerichtliche Zuständigkeit begründenden Tatsachen darzulegen. Zulässig sind sämtliche zur Verfügung stehenden Beweismittel einschließlich der Feststellungen eines Sachverständigen.[110] Um Zweifel an der Zuständigkeit auszuschließen und insb. um eine missbräuchliche Zuständigkeitsbegründung zu verhindern, hat der BGH wesentliche Anforderungen an das Insolvenzgericht formuliert. Das Gericht muss die zur Begründung der örtlichen Zuständigkeit eines anderen Insolvenzgerichts vorgetragenen Umstände würdigen und gegebenenfalls von Amts wegen den Sachverhalt weiter aufklären.[111] Das Insolvenzgericht hat sich eine persön- 31

---

100 LG Bonn 30.09.2004, 6 T 221/04, nv.
101 BGH 02.03.2006, IX ZB 192/04, NZI 2006, 364 Rn. 11; MüKo-InsO/*Ganter/Lohmann* Rn. 20.
102 Jaeger/*Gerhardt* Rn. 43; FK-InsO/*Schmerbach* Rn. 25; a.A. OLG Düsseldorf 02.01.2004, 19 Sa 111/03, NZI 2004, 146.
103 BGH 02.03.2006, IX ZB 192/04, NZI 2006, 364 Rn. 11; Graf-Schlicker/*Kexel* Rn. 10.
104 BGH 02.03.2006, IX ZB 192/04, NZI 2006, 364 Rn. 12; Uhlenbruck/*Pape* Rn. 6.
105 LG Berlin 14.09.2007, 86 T 424/07, NZI 2008, 43.
106 MüKo-InsO/*Ganter/Lohmann* Rn. 20, 32a; a.A. Uhlenbruck/*Pape* Rn. 6; FK-InsO/*Schmerbach* Rn. 21; Karsten Schmidt/*Stephan* Rn. 12.
107 MüKo-InsO/*Ganter/Lohmann* Rn. 20; Uhlenbruck/*Pape* Rn. 6; FK-InsO/*Schmerbach* Rn. 23.
108 BGH 13.12.2005, X ARZ 223/05, NZI 2006, 164 Rn. 13; 21.06.2007, IX ZB 51/06, NZI 2008, 121 Rn. 11; OLG Schleswig 04.02.2004, 2 W 14/04, NZI 2004, 264; OLG Frankfurt 14.07.2005, 14 UH 13/05, ZInsO 2005, 822 (823); OLG Karlsruhe 16.10.2003, 15 AR 35/03, NZI 2004, 262 (263); Jaeger/*Gerhardt* Rn. 42; Graf-Schlicker/*Kexel* Rn. 3.
109 BGH 12.12.2002, IX ZB 426/02, BGHZ 153, 205 (208).
110 FK-InsO/*Schmerbach* Rn. 24.
111 BGH 13.12.2005, X ARZ 223/05, NZI 2006, 164 Rn. 13; einschränkend noch die Vorinstanz OLG Karlsruhe 30.05.2005, 15 AR 8/05, NZI 2005, 505 (509); auch Uhlenbruck/*Pape* Rn. 6.

liche Überzeugung zu verschaffen, die dem Beweismaß des § 286 Abs. 1 ZPO entspricht.[112] Bestehen Zweifel an der Zuständigkeit, können es die berechtigten Sicherungsinteressen der Gläubiger gebieten, **Sicherungsmaßnahmen** vor der Entscheidung über die Zulässigkeit anzuordnen, wenn das Gericht die bestehenden Zuständigkeitszweifel erst im weiteren Verfahrensverlauf klären kann und insb. der Schuldner bei der Aufklärung der zuständigkeitsbegründenden Anknüpfungstatsachen nicht mitwirkt.[113]

32 Maßgebender **Zeitpunkt**, in dem die Zuständigkeit beurteilt wird, ist der Eingang des ersten Eröffnungsantrags beim Insolvenzgericht.[114] Unerheblich ist, ob es sich um einen Eigen- oder einen Gläubigerantrag handelt.[115] Nachträgliche zuständigkeitsbeendende Veränderungen einschließlich einer Sitzverlegung sind auch dann unbeachtlich, wenn sie vor Eröffnung des Insolvenzverfahrens eintreten.[116] Allerdings kann eine anfänglich fehlende Zuständigkeit in den Grenzen von Abs. 2 bis zur Entscheidung noch nachträglich begründet werden.[117]

II. Verweisung

33 Ist der Antrag auf Eröffnung bei einem örtlich unzuständigen Gericht gestellt, hat dieses den Antragsteller aufgrund der bestehenden Fürsorgepflicht auf die Bedenken **hinzuweisen**.[118] Um den Verfahrenszweck nicht zu gefährden, wird der Schuldner bei einem Gläubigerantrag grds. nicht angehört[119] und ihm werden die Beschlüsse nicht mitgeteilt.[120] Konkrete Anhaltspunkte für eine Gefährdung sind dafür nicht erforderlich.[121] Nach Rechtskraft des Eröffnungsbeschlusses ist das Insolvenzgericht an seine die Zuständigkeit bejahende Entscheidung gebunden.[122] Nach einer Antragsrücknahme oder einer übereinstimmenden Erledigungserklärung, anders bei einer einseitigen Erledigungserklärung,[123] scheidet eine Verweisung an ein anderes Gericht zur Kostenentscheidung aus.

34 Auf Antrag verweist das Gericht das Verfahren nach § 4 InsO entsprechend § 281 Abs. 1 Satz 1 ZPO an das zuständige, vom Antragsteller konkret zu bezeichnende Insolvenzgericht.[124] Eine formlose Abgabe wird weithin für zulässig gehalten.[125] Da jedoch dafür eine Rechtsgrundlage fehlt, verstößt sie gegen das Gebot des gesetzlichen Richters und ist unzulässig. Der **Verweisungsbeschluss** ist unanfechtbar, § 4 InsO i.V.m. § 281 Abs. 2 ZPO. Grds. ist das Insolvenzgericht, an welches das Insolvenzverfahren verwiesen wurde, gem. § 4 InsO i.V.m. § 281 Abs. 2 Satz 4 ZPO an den Verweisungsbeschluss gebunden.

35 Die **Bindungswirkung entfällt** aber ausnahmsweise dann, wenn der Verweisungsbeschluss objektiv willkürlich erscheint.[126] Als willkürlich werden insb. Verweisungsbeschlüsse angesehen, die auf gro-

---

112 BGH 22.04.2010, IX ZB 217/09, NZI 2010, 680 Rn. 8.
113 BGH 22.03.2007, IX ZB 164/06, NZI 2007, 344 Rn. 10 ff.; 22.04.2010, IX ZB 217/09, NZI 2010, 680 Rn. 5.
114 BGH 02.03.2006, IX ZB 192/04, NZI 2006, 364 Rn. 10; 22.03.2007, IX ZB 164/06, NZI 2007, 344 Rn. 5.
115 MüKo-InsO/*Ganter/Lohmann* Rn. 5; a.A. OLG Düsseldorf 02.01.2004,19 Sa 111/03, NZI 2004, 146.
116 BGH 02.03.2006, IX ZB 192/04, NZI 2006, 364 Rn. 10; Jaeger/*Gerhardt* Rn. 40.
117 AG Köln 01.02.2008, 73 IN 682/07, NZI 254 (255); AG Göttingen 27.11.2009, 74 IN 271/09, ZInsO 2010, 254 (255); Jaeger/*Gerhardt* Rn. 40; MüKo-InsO/*Ganter/Lohmann* Rn. 5; HK-InsO/*Kirchhof* 6. Aufl., Rn. 5; Braun/*Kießner* Rn. 3.
118 Uhlenbruck/*Pape* Rn. 15.
119 BGH 24.07.1996, X ARZ 778/96, NJW 1996, 3013.
120 KG 16.11.2000, 28 AR 136/99, NZI 2001, 156.
121 A.A. OLG Brandenburg 28.12.1998, 1 AR 46/98, DZWIR 1999, 293, m. krit. Anm. *Holzer*.
122 OLG Celle 07.05.2007, 4 AR 27/07, NZI 2007, 465 (466).
123 OLG Frankfurt 14.07.2005, 14 UH 13/05, ZInsO 2005, 822 (823); a.A. HambK-InsR/*Rüther* Rn. 29.
124 Kübler/Prütting/Bork/*Prütting* Rn. 25.
125 FK-InsO/*Schmerbach* Rn. 43; MüKo-InsO/*Ganter/Lohmann* Rn. 30a; s.a. Uhlenbruck/*Pape* Rn. 17.
126 Ausf. dazu PG/*Geisler* § 281 Rn. 42 ff.

ben Rechtsirrtümern,[127] nicht aber bei einer streitigen Rechtsfrage,[128] oder einer offensichtlich unzureichenden Erfassung des Sachverhalts mit den die Zuständigkeit begründenden Umständen beruhen[129] bzw. unter Verletzung des rechtlichen Gehörs ergangen sind.[130] Der Sachverhalt ist unzureichend erfasst, wenn die Voraussetzungen der Zuständigkeit nicht geprüft wurden[131] oder Verdachtsgründen einer missbräuchlichen Zuständigkeitserschleichung nicht nachgegangen wurde.[132] Das rechtliche Gehör ist verletzt, wenn der Verweisungsbeschluss dem Antragsteller oder, nach Zustellung des Insolvenzantrags an den Schuldner, diesem nicht mitgeteilt wurde.[133] Willkürlich und damit nicht bindend ist auch eine nicht begründete Entscheidung.[134] Dies kann auch bei einer missbräuchlichen Zuständigkeitsbegründung der Fall sein (vgl. Rdn. 38 ff.).

Gegen die Verwerfung des Eröffnungsantrags als unzulässig kann der Antragsteller gem. § 34 Abs. 1, gegen die Eröffnung bei einem örtlich unzuständigen Gericht ggf. auch der Schuldner nach § 34 Abs. 2 **sofortige Beschwerde** einlegen. § 4 InsO i.V.m. 571 Abs. 2 Satz 2 ZPO schließt nur die Nachprüfung darüber aus, ob das Untergericht seine Zuständigkeit zu Unrecht bejaht hat.[135] Verneint es seine Zuständigkeit, ist die sofortige Beschwerde eröffnet. Selbst wenn es seine Zuständigkeit bejaht, muss dem Schuldner die sofortige Beschwerde eröffnet sein, falls er zuvor nicht angehört wurde, um ihm damit rechtliches Gehör zu gewähren.[136] 36

Bei einem **positiven Kompetenzkonflikt** erklären sich mehrere Gerichte für zuständig. Dann bestimmt nach § 4 InsO i.V.m. § 36 Abs. 1 Nr. 5 ZPO das im Rechtszug nächsthöhere Gericht die Zuständigkeit. Handelt es sich bei dem nächsthöheren gemeinschaftlichen Gericht um den BGH, wird gem. § 36 Abs. 2 ZPO das zuständige Gericht durch das OLG bestimmt, zu dessen Bezirk das zunächst mit der Sache befasste Gericht gehört. Im Fall eines **negativen Kompetenzkonflikts** erklären sich mehrere Gerichte rechtskräftig für unzuständig. Das örtlich zuständige Gericht kann nach § 4 InsO i.V.m. § 36 Abs. 1 Nr. 1–3,[137] 6 ZPO durch das im Rechtszug zunächst höhere Gericht bestimmt werden.[138] 37

F. Missbräuchliche Zuständigkeitsbegründung

Die Organe insolventer **Gesellschaften** haben teilweise ein Interesse, die Insolvenz bei einem bestimmten Insolvenzgericht zu beantragen, etwa wegen einer bestimmten Judikatur oder, häufiger noch, um der Wahrnehmung der Insolvenzgläubiger zu entgehen. Haftungsansprüche gegen den Geschäftsführer können dann schwerer geltend gemacht werden und Insolvenzanfechtungstatbestände werden nicht so einfach aufgedeckt. Dazu wird der Firmensitz in den gewünschten Zuständigkeitsbereich verlegt.[139] Solche Verlegungen müssen sich zunächst an den **allgemeinen Maßstäben** messen 38

---

127 BGH 15.03.1978, IV ARZ 17/78, BGHZ 71, 69 (72); Uhlenbruck/*Pape* Rn. 16.
128 OLG Frankfurt 07.07.2000, 21 AR 34/00, NZI 2000, 601 (602).
129 OLG Hamm 24.06.1999, 1 Sbd 16/99, ZInsO 1999, 533 (534); KG 16.11.2000, 28 AR 136/99, NZI 2001, 156; OLG Celle 27.09.2011, 4 AR 51/11, ZInsO 2011, 2004; AG Göttingen 27.11.2009, 74 IN 271/09, ZInsO 2010, 254 (255).
130 BGH 15.03.1978, IV ARZ 17/78, BGHZ 71, 69 (72).
131 BGH 13.12.2005, X ARZ 223/05, NZI 2006, 164 Rn. 13.
132 BayObLG 13.08.2003, 1Z 83/03, NZI 2004, 90 (91); 19.09.2003, 1Z AR 102/03, NZI 2004, 148 (149); OLG Celle 09.10.2003, 2 W 108/03, NZI 2004, 258 (260); OLG Schleswig 04.02.2004, 2 W 14/04, NZI 2004, 264.
133 MüKo-InsO/*Ganter/Lohmann* Rn. 28b.
134 BGH 13.12.2005, X ARZ 223/05, NZI 2006, 164 Rn. 13; OLG Frankfurt 07.07.2000, 21 AR 34/00, NZI 2000, 601 (602).
135 MüKo-ZPO/*Lipp* § 571 Rn. 10.
136 Graf-Schlicker/*Kexel* Rn. 15; s.a. OLG Köln 26.01.2000, 2W 11/00, ZIP 2000, 462 (464).
137 Zu § 36 Abs. 1 Nr. 3 ZPO bejahend BGH 09.02.1951, I ARZ 29/51, NJW 1951, 312 (LS); MüKo-InsO/*Ganter/Lohmann* Rn. 36; verneinend HK-InsO/*Kirchhof* 6. Aufl., Rn. 24; FK-InsO/*Schmerbach* Rn. 49.
138 KG 16.11.2000, 28 AR 136/99, NZI 2001, 156.
139 Uhlenbruck/*Pape* Rn. 12; MüKo-InsO/*Ganter/Lohmann* Rn. 40.

lassen. Danach kann eine Zuständigkeitserschleichung vorliegen, wenn der Antragsteller das Gericht über bestimmte zuständigkeitsbegründende Tatsachen vorsätzlich täuscht oder wenn er bestimmte zuständigkeitsbegründende Tatsachen durch ein missbräuchliches Verhalten manipuliert.[140] In der obergerichtlichen Rechtsprechung bestand eine gewisse Tendenz zu einer großzügigen Interpretation des Rechtsmissbrauchseinwands,[141] doch hat der BGH zwischenzeitlich die allgemeinen Prüfungspflichten betont.[142] Allein konkrete und deutliche Umstände, die auf eine missbräuchliche Sitzverlegung schließen lassen,[143] genügen noch nicht.

39 Solange das Unternehmen noch wirtschaftlich tätig ist, kommt es lediglich auf den Mittelpunkt der Tätigkeit an. Diese tatsächliche Anknüpfung schützt zumeist vor einer vorgetäuschten Veränderung.[144] Erst wenn die wirtschaftliche **Tätigkeit** der Gesellschaft **beendet** wurde, liegt eine insolvenzorientierte Zuständigkeitsverlagerung näher. Abzustellen ist dann auf den Sitz der Gesellschaft, § 3 Abs. 1 Satz 1 InsO i.V.m. § 17 Abs. 1 Satz 1 ZPO. Eine rechtsmissbräuchliche, allein für einen Wechsel des Gerichtsstands vorgenommene ordnungsgemäße Sitzverlegung, eine nicht satzungsmäßig beschlossene oder nicht entsprechend den gesetzlichen Regelungen eingetragene Sitzverlegung ist ohnehin unerheblich, beeinflusst also nicht die ursprüngliche Zuständigkeit.[145] Gegen ein rechtsmissbräuchliches Verhalten spricht, wenn nachvollziehbare sonstige Gründe für die Sitzverlegung existieren. Allein eine fehlende werbende Tätigkeit lässt noch nicht auf eine Erschleichung des Gerichtsstands schließen.[146] Es ist in diesem Fall auch keine Vermutung für eine Zuständigkeitserschleichung,[147] sondern allein ein Anhaltspunkt dafür zu begründen.[148] Auf ein rechtsmissbräuchliches Verhalten weisen etwa eine besonders kurze Frist zwischen Sitzverlegung und Insolvenzantrag, insb. eine Verlegung nach Insolvenzreife,[149] der Erwerb der Geschäftsanteile durch einen sog. Firmenbestatter,[150] der allerdings allein noch keinen Rechtsmissbrauch begründet,[151] und die Beibehaltung der bisherigen Geschäftsräume hin.

40 **Natürliche Personen** verlegen manchmal ihren Wohnsitz ins Ausland, um in den Genuss einer unproblematisch zu erlangenden ausländischen Restschuldbefreiung zu gelangen. Dieses mit dem Schlagwort des »Restschuldbefreiungstourismus« bezeichnete, in seiner rechtstatsächlichen Reichweite allerdings unklare Phänomen betrifft aktuell vor allem den Wechsel nach England, um dort schneller und einfacher eine *automatic discharge* zu erreichen. Das Gericht des Eröffnungsstaats muss dann entscheiden, ob die Voraussetzungen des Art. 3 Abs. 1 EuInsVO erfüllt sind (dazu Rdn. 42 ff.). Bejaht das Gericht im Eröffnungsstaat seine Zuständigkeit, ist das Gericht im Anerkennungsstaat regelmäßig hieran gebunden, weil die *ordre public*-Schranke aus Art. 26 EuInsVO grds. nicht anwendbar sein wird.

---

140 OLG Karlsruhe 30.05.2005, 15 AR 8/05, NZI 2005, 505 (507).
141 BayObLG 25.07.2003, 1Z AR 72/03, NZI 2004, 88 (89); OLG Celle 16.12.2003, 2 W 117/03, NZI 2004, 260 (261); OLG Schleswig 04.02.2004, 2 W 14/04, NZI 2004, 264; OLG Stuttgart 27.11.2003, 8 AR 16/03, ZInsO 2004, 750 (752).
142 BGH 13.12.2005, X ARZ 223/05, NZI 2006, 164 Rn. 13.
143 So Jaeger/*Gerhardt* Rn. 41.
144 Vgl. AG Göttingen 14.06.2007, 74 IN 222/07, ZVI 2007, 311 (312 f.).
145 Vgl. BGH 21.06.2007, IX ZB 51/06, NZI 2008, 121 Rn. 9 ff.; OLG Hamm 24.06.1999, 1 Sbd 16/99, ZInsO 1999, 533 (534).
146 BGH 20.03.1996, X ARZ 90/96, BGHZ 132, 195 (197).
147 A.A. FK-InsO/*Schmerbach* Rn. 30; s.a. *Pape* ZIP 2006, 877 (880).
148 MüKo-InsO/*Ganter/Lohmann* Rn. 40.
149 BGH 20.03.1996, X ARZ 90/96, BGHZ 132, 195 (198); Jaeger/*Gerhardt* Rn. 41; krit. gegenüber einer zu kurzen Frist FK-InsO/*Schmerbach* Rn. 30.
150 HK-InsO/*Kirchhof* 6. Aufl., Rn. 20.
151 OLG Karlsruhe 30.50.2005, 15 AR 8/05, NZI 2005, 505 (507).

G. Internationale Zuständigkeit

I. Grundlagen

Die **internationale Zuständigkeit** betrifft die Zuständigkeit in grenzüberschreitenden Insolvenzen. 41
Grenzüberschreitende Bezüge können sich in einem inländischen Insolvenzverfahren mit Gläubigern oder Vermögen im Ausland oder in einem ausländischen Insolvenzverfahren mit inländischen Gläubigern oder Vermögen ergeben. Es herrscht das *lex fori*-Prinzip,[152] wonach von einem deutschen Gericht zunächst die EuInsVO, sodann staatsvertragliche Regelungen mit Drittstaaten und schließlich das autonome deutsche internationale Insolvenzrecht anzuwenden ist. Die internationale Zuständigkeit ist in jedem Verfahrensabschnitt von Amts wegen zu prüfen.[153] Ist die EuInsVO nicht anwendbar und lässt sich der Mittelpunkt der hauptsächlichen Interessen des Schuldners nicht ermitteln, trägt dieser die Beweislast, bei Antragstellung einen Geschäfts- bzw. Wohnsitz im Ausland zu haben.[154] Sehr fraglich ist, ob im Geltungsbereich der EuInsVO eine internationale Verweisung zulässig sein kann.[155] Bedenken bestehen, weil eine internationale Verweisung nicht geregelt ist und deswegen durch eine Verweisung in die Souveränität eines anderen Staats eingegriffen würde.[156]

II. Art. 3 EuInsVO

1. Anknüpfung

Art. 3 EuInsVO regelt die internationale Zuständigkeit der mitgliedschaftlichen Gerichte im europäi- 42
schen Justizraum mit der Ausnahme Dänemarks. Ein **Hauptinsolvenzverfahren** erfasst das gesamte Vermögen des Schuldners unabhängig von seinem Belegenheitsort. Dieses Hauptinsolvenzverfahren kann gem. Art. 3 Abs. 1 EuInsVO nur in dem Staat eröffnet werden, in dem der Schuldner den Mittelpunkt seiner hauptsächlichen Interessen hat, das ***centre of main interests*** (COMI; s. ausf. *Gruber* Anh. I Art. 3 EuInsVO). Der persönliche Anwendungsbereich dieser Regelung erfasst sämtliche Schuldner, unabhängig davon, ob es sich um Gesellschaften, selbständig tätige natürliche Personen oder abhängig Beschäftigte handelt. Als maßgebenden Zeitpunkt für die Feststellung des Mittelpunkts der hauptsächlichen Interessen ist auf die Antragstellung abzustellen.[157] Ist die Tätigkeit eingestellt, ist der Ort maßgebend, an dem sich zuletzt der Mittelpunkt befand.[158] Das Gericht des Eröffnungsstaats ist auch für eine Insolvenzanfechtungsklage gegen einen Anfechtungsgegner zuständig, der seinen satzungsmäßigen Sitz in einem anderen Mitgliedstaat hat.[159] Zum Grundsatz des gegenseitigen Vertrauens gehört, dass das Gericht seine Zuständigkeit nach Art. 3 Abs. 1 EuInsVO überprüft. Gegen die Eröffnungsentscheidung kann der im nationalen Recht des Mitgliedstaates vorgesehene Rechtsbehelf eingelegt werden. Ein Verstoß gegen den Ordre public ist nur ausnahmsweise anzunehmen.[160]

Für ein Partikularinsolvenzverfahren, das als **Sekundärinsolvenzverfahren** neben einem Hauptinsol- 43
venzverfahren in einem anderen Staat durchgeführt wird, sind deutsche Gerichte nach Art. 3 Abs. 2 EuInsVO zuständig, wenn der Schuldner den Mittelpunkt seiner hauptsächlichen Interessen in einem anderen Mitgliedstaat hat und zudem über eine Niederlassung im Inland verfügt.[161] Unabhängig vom Mittelpunkt der hauptsächlichen Interessen ist dafür entscheidend, ob der Schuldner eine inländische Niederlassung hat.[162] Die bloße Existenz einzelner Vermögenswerte oder von Bankkon-

---

152 Mohrbutter/Ringstmeier/*Wenner* § 20 Rn. 46.
153 BGH 17.12.1998, IX ZR 196/97, NZI 1999, 114.
154 AG Köln 19.01.2012, 74 IN 108/10, NZI 2012, 379, 381.
155 So aber AG Hamburg 09.05.2006, 67c IN 122/06, NZI 2006, 486 (487).
156 LSZ/*Rechel* Rn. 28; *Mankowski* NZI 2006, 487.
157 EuGH 17.01.2006, C-1/04, NZI 2006, 153 Rn. 29; *Mankowski* NZI 2005, 368 (369).
158 EuGH 20.10.2011, C-396/09, ZIP 2011, 2153 Rn. 54, Interedil.
159 BGH 19.05.2009, IX ZR 39/06, NJW 2009, 2215 Rn. 16 ff.
160 BAG 25.04.2013, 6 AZR 49/12, NZI 2013, 758 Rn. 44, 51 ff.
161 Mohrbutter/Ringstmeier/*Wenner* § 20 Rn. 64.
162 BGH 08.03.2012, IX ZB 178/11, NZI 2012, 377 Rn. 12 ff.

ten genügt grundsätzlich nicht, um eine Niederlassung anzunehmen.[163] Art. 102 EGInsO normiert **Durchführungsbestimmungen** zur EuInsVO. Art. 102 § 1 Abs. 1 EGInsO regelt die örtliche Zuständigkeit, wenn die Anknüpfungstatsachen nach Art. 3 Abs. 1 EuInsVO und § 3 Abs. 1 InsO auseinanderfallen. Art. 102 § 1 Abs. 3 Satz 2 EGInsO ermächtigt den Landesgesetzgeber, die Zuständigkeit für internationale Insolvenzsachen zu konzentrieren.

2. Gesellschaftsinsolvenz

44 Das Insolvenzgericht muss den Mittelpunkt der hauptsächlichen Interessen von Amts wegen prüfen, ohne an ein übereinstimmendes Vorbringen der Beteiligten des Eröffnungsverfahrens gebunden zu sein.[164] Maßgebend ist der Ort der Hauptverwaltung.[165] Für **Gesellschaften** und juristische Personen stellt Art. 3 Abs. 1 Satz 2 EuInsVO die Vermutung auf, dass sich der Mittelpunkt der hauptsächlichen Interessen am Ort des satzungsmäßigen Sitzes befindet. Die Vermutung tritt jedoch erst ein, wenn die amtswegige Prüfung zu keinem eindeutigen Ergebnis gekommen ist.[166]

45 Die Ermittlung des Mittelpunkts der hauptsächlichen Interessen bereitet insb. bei gesellschaftsrechtlichen Verflechtungen Schwierigkeiten. Als besonders konfliktträchtig haben sich die Konstellationen erwiesen, in denen eine Konzernmutter ihren Sitz in einem anderen Land als die insolvente Tochtergesellschaft hat.[167] Zwei wesentliche Anknüpfungspunkte werden vertreten. Nach der *head-office-functions-* bzw. *mind-of-management-*Theorie wird vorrangig auf den Ort abgestellt, an dem die wesentlichen strategischen und internen Unternehmenslenkungsentscheidungen der Geschäfts-, Betriebs- und Personalleitung getroffen werden.[168] Die ***business-activity-*Theorie** knüpft demgegenüber an objektive, für einen Dritten erkennbare äußerliche Kriterien an,[169] wie die Lage der Geschäftsräume, den Einsatzort von Beschäftigten oder die Belegenheit von Geschäftskonten. Im Rahmen einer Gesamtbetrachtung sind auch alle für Dritte erkennbaren Orte zu berücksichtigen, an denen die Schuldnergesellschaft eine wirtschaftliche Tätigkeit ausübt und an denen sie Vermögenswerte besitzt.[170] Maßgebend ist damit vor allem die Sicht der potenziellen Gläubiger.[171] Diese Konzeption wird im Grundsatz vom EuGH vertreten.[172] Die Vermutungsregel aus Art. 3 Abs. 1 Satz 2 EuInsVO ist daher widerlegt, wenn sich der Ort der Hauptverwaltung einer Gesellschaft aus Sicht eines Dritten nicht am Ort des satzungsmäßigen Sitzes befindet[173] oder falls die Gesellschaft im Gebiet des Mitgliedstaats, in dem sich ihr Sitz befindet, keiner Tätigkeit nachgeht. Ist das Insolvenzverfahren über eine Gesellschaft in einem Mitgliedstaat eröffnet, in dem sich der Mittelpunkt ihrer hauptsächlichen Interessen befindet, darf das Insolvenzverfahren nur dann auf eine zweite Gesellschaft mit Sitz in einem anderen Mitgliedstaat erstreckt werden, wenn sich auch deren Mittelpunkt der hauptsächlichen Interessen im erstgenannten Mitgliedstaat befindet.[174] Dies setzt der Begründung eines einheitlichen Konzerngerichtsstands Grenzen.

---

163 EuGH 20.10.2011, C-396/09, NZI 2011, 990 Rn. 62, Interedil.
164 BGH 21.06.2007, IX ZB 51/06, NZI 2008, 121 Rn. 11.
165 EuGH 20.10.2011, C-396/09, NZI 2011, 990 Rn. 48, Interedil.
166 FK-InsO/*Wenner/Schuster* Art. 3 EuInsVO Rn. 9; *Vallender* KTS 2005, 283 (293 ff.); *Herchen* ZInsO 2004, 825 (827); a.A. HambK-InsR/*Undritz* Art. 3 EuInsVO Rn. 54.
167 FK-InsO/*Wenner/Schuster* Art. 3 EuInsVO Rn. 13.
168 AG München 04.05.2004, 1501 IE 1276/04, m.Anm. *Mankowski*; s.a. Rauscher/*Mäsch* EuZPR/EuIPR, Art. 3 EG-InsVO Rn. 8, 10.
169 Gottwald/*Gottwald/Kolmann* § 130 Rn. 20.
170 EuGH 20.10.2011, C-396/09, ZIP 2011, 2153 Rn. 52, Interedil; BGH 15.11.2010, NotZ 6/10, ZInsO 2011, 2147 (2149); *Beck* ZVI 2011, 355 (359).
171 *Asmuß* in: Ahrens/Lipp/Varga, 51 (63).
172 EuGH 02.05.2006, Rs C-341/04, ZInsO 2006, 484 Rn. 33 (Eurofood, Parmalat); 20.10.2011, C-396/09, ZIP 2011, 2153 Rn. 50, Interedil; *Asmuß* in: Ahrens/Lipp/Varga, 51 (60 f.).
173 EuGH 20.10.2011, C-396/09, ZIP 2011, 2153 Rn. 51, Interedil.
174 EuGH 15.12.2011, C-191/10, NZI 2012, 147 Rn. 29.

3. Insolvenz natürlicher Personen

Bei selbständig tätigen **natürlichen Personen** liegt der Mittelpunkt ihrer hauptsächlichen Interessen regelmäßig am Ort ihrer freiberuflichen, kaufmännischen, landwirtschaftlichen oder gewerblichen Tätigkeit. Bei Freiberuflern ist dies ihr Kanzlei- oder Praxissitz, bei Einzelunternehmern oder Kaufleuten der Ort ihrer gewerblichen Niederlassung.[175] Bei unselbständig tätigen natürlichen Personen ist auf den nicht mit dem Wohnsitz identischen gewöhnlichen Aufenthaltsort abzustellen.[176] Der gewöhnliche Aufenthaltsort ist durch eine gewisse Verstetigung und den Mittelpunkt der Lebensverhältnisse geprägt. Bei Privatpersonen, die in einem anderen Staat, als dem ihres gewöhnlichen Aufenthaltsorts, einer abhängigen Beschäftigung nachgehen, käme auch die Arbeitsstelle als Interessenmittelpunkt in Betracht. Auch abhängig Beschäftigte verwalten jedoch ihre Vermögensinteressen an ihrem Aufenthaltsort, weshalb dieser ihren Interessenmittelpunkt bildet.[177]

46

III. Vereinbarungen mit Drittstaaten

Außerhalb des europäischen Justizraums existieren manche internationalen Übereinkommen, etwa mit der Schweiz,[178] die Aspekte grenzüberschreitender Insolvenzen behandeln. Vielfach wird die zuständigkeitsbestimmende Regelung des Art. 3 EuInsVO auch im Verhältnis zu Drittstaaten angewendet.[179] Nach dieser umfassenden Interpretation von Art. 3 EuInsVO soll diese Vorschrift nur dann nicht anwendbar sein, wenn der Schuldner als Versicherungsunternehmen, Kreditinstitut oder Wertpapierfirma gem. Art. 1 Abs. 2 EuInsVO nicht unter den persönlichen Anwendungsbereich der Verordnung fällt bzw. es sich um eine Nachlassinsolvenz handelt.

47

IV. Autonomes deutsches Recht

§ 335 normiert die Anwendung der *lex fori concursus*. Nach autonomem deutschem Recht besteht in einem Verfahren, für das ein deutsches Gericht die örtliche Zuständigkeit besitzt, auch die internationale Zuständigkeit.[180] Die deutschen Gerichtsstandvorschriften sind deswegen grds. **doppelfunktional**.[181] Die entsprechend anzuwendende Vorschrift des § 3 regelt insoweit auch die internationale Zuständigkeit.[182] Das danach zuständige Gericht führt dann das Verfahren nach autonomem deutschem Recht durch. Ein deutsches Gericht ist daher nicht an einen übereinstimmenden Vortrag der Verfahrensbeteiligten gebunden.[183] Solange sich aus dem Vortrag des Antragstellers nichts anderes ergibt, darf das Gericht des satzungsmäßigen Sitzes zunächst von seiner internationalen Zuständigkeit ausgehen. Stellt dagegen ein Gläubiger einen Insolvenzantrag gegen eine Schuldnergesellschaft mit ausländischem Sitz bei einem deutschen Gericht, muss er substantiiert zur internationalen Zuständigkeit des Gerichts und zum Interessenmittelpunkt der Schuldnerin vortragen. Die Vermutung aus Art. 3 Abs. 1 Satz 2 EuInsVO greift nur ein, wenn die Ermittlungen von Amts wegen zu keinem abweichenden Ergebnis geführt haben.[184] Wenn der Mittelpunkt der selbständigen beruflichen Tätigkeit des Schuldners im Ausland liegt, besteht keine internationale Zuständigkeit deutscher Gerichte.[185]

48

---

175 Gottwald/*Gottwald/Kolmann* § 130 Rn. 18; LSZ/*Rechel* Rn. 26; *Mankowski*, NZI 2005, 368 (370).
176 Uhlenbruck/*Pape* Rn. 3.
177 Rauscher/*Mäsch* EuZPR/EuIPR, Art. 3 EG-InsVO Rn. 13; FK-InsO/*Wenner/Schuster* Art. 3 EuInsVO Rn. 7; *Asmuß* in: Ahrens/Lipp/Varga, 51 (74).
178 Mohrbutter/Ringstmeier/*Wenner* § 20 Rn. 18 ff.; Nerlich/Römermann/*Becker* Rn. 4.
179 FK-InsO/*Wenner/Schuster* § 335 Rn. 8 f.; *Herchen* ZInsO 2003, 742 (745); a.A. AG Köln 18.02.2008, 71 IK 585/07, NZI 2008, 390; MüKo-InsO/*Ganter/Lohmann* Rn. 22; wohl auch OLG Köln 23.04.2001, 2 W 82/01, NZI 2001, 380 (381).
180 BGH 21.11.1996, IX ZR 148/95, BGHZ 134, 116 (117); OLG Köln 23.04.2001, 2 W 82/01, NZI 2001, 380 (381).
181 OLG Köln 23.04.2001, 2 W 82/01, NZI 2001, 380 (381).
182 Nerlich/Römermann/*Becker* Rn. 5.
183 BGH 01.12.2011, IX ZB 232/10, NZI 2012, 151 Rn. 10.
184 BGH 01.12.2011, IX ZB 232/10, NZI 2012, 151 Rn. 12 f.
185 Mohrbutter/Ringstmeier/*Wenner* § 20 Rn. 60.

§ 4 Anwendbarkeit der Zivilprozessordnung

Für das Insolvenzverfahren gelten, soweit dieses Gesetz nichts anderes bestimmt, die Vorschriften der Zivilprozessordnung entsprechend.

Übersicht

		Rdn.			Rdn.
A.	Normzweck	1	VII.	Verfahrensleitung, Verbindung, Aussetzung, Protokoll, Zustellung	31
B.	Regelungstechnik	2	VIII.	Ladung, Termine, Fristen, Wiedereinsetzung, Unterbrechung	37
I.	Grundlagen	2			
II.	Anwendungsfelder	5	IX.	Klageerhebung, Antragsrücknahme, Beweisregeln	40
C.	Anwendbare Bestimmungen der ZPO	9	X.	Akteneinsicht	44
I.	Verfahrensgrundsätze	9		1. Grundlagen	44
	1. Dispositionsgrundsatz	9		2. Verfahrensabschnitte	46
	2. Amtsermittlungsgrundsatz	11		3. Durchführung	50
	3. Sonstige Verfahrensgrundsätze	12	XI.	Urteil, Beweisaufnahme, Verfahren vor den Amtsgerichten	54
II.	Zuständigkeit	15			
III.	Ausschließung und Ablehnung von Gerichtspersonen	17	XII.	Anfechtbarkeit	58
IV.	Parteifähigkeit, Prozessfähigkeit, Parteien und Vertretung	21	XIII.	Vollstreckungsverfahren	59
V.	Prozesskosten und Sicherheitsleistung	22	D.	Andere Gesetze	63
VI.	Prozesskostenhilfe	25			

A. Normzweck

1 § 4 steht in einer inhaltlichen Kontinuität mit § 72 KO. Die Vorschrift dient in einer ersten, unmittelbar zugänglichen regelungstechnischen Dimension dazu, das Normenprogramm der **Insolvenzordnung** zu **entlasten** und den Gesamtbestand zivilprozessualer Normen zugänglich zu machen.[1] Dadurch ist das Verfahrensrecht leistungsfähiger, als bei jeder breiten eigenständigen Kodifikation. Mit einer zweiten, stärker verfahrenskonzeptionellen Dimension wird ein **Näheverhältnis** der insolvenzverfahrensrechtlichen Bestimmungen mit den Vorschriften des streitigen Zivilprozesses hergestellt. Aus der zivilverfahrensrechtlichen Bettung können eine klare Linienführung und eine nachhaltige Stabilität bei der Lösung insolvenzverfahrensrechtlicher Fragen gewonnen werden. Zugleich bildet die flexible Technik einer entsprechenden Anwendung die Kraftquelle eigenständig differenzierter Konzepte.

B. Regelungstechnik

I. Grundlagen

2 Mit der offenen Methode einer entsprechenden Anwendung der zivilprozessualen Bestimmungen kann gleichermaßen den Anziehungs- wie Abstoßungskräften zwischen den beiden verfahrensrechtlichen Kodifikationen Rechnung getragen werden. Ohne eine prinzipielle Aussage über den zivilprozessualen Gehalt zu treffen, wird ein klares Signal für eine grds. **zivilverfahrensrechtliche Einordnung** gesetzt. Wegen des sichtbaren Abstands zu einer grundsätzlichen Einordnung kann der Regelung lediglich ein gewisser Fingerzeig, aber keine endgültige Positionierung in der Auseinandersetzung entnommen werden, ob die Insolvenzordnung der streitigen oder der freiwilligen Gerichtsbarkeit zuzuordnen ist[2] (vgl. dazu § 2 Rdn. 7). Da der Insolvenzordnung allein die zivilprozessualen Vorschriften unterlegt werden, ist ein ergänzender Rückgriff auf das FamFG zumindest grds. ausgeschlossen.[3] Nicht ausdrücklich beantwortet wird damit aber, ob der Regelungskorpus der Insol-

---

[1] HK-InsO/*Kirchhof* 6. Aufl., Rn. 2.
[2] Ähnlich MüKo-InsO/*Ganter/Lohmann* Rn. 2; weitergehend *Bork* Rn. 46.
[3] Jaeger/*Gerhardt* Rn. 2; Kübler/Prütting/Bork/*Prütting* Rn. 4; Braun/*Bußhardt* Rn. 4.

venzordnung selbst dem einen oder dem anderen Modell verpflichtet ist, doch sprechen gute Gründe für eine Zuordnung zur streitigen Gerichtsbarkeit.

Mit der Verweisung in § 4 werden die zivilprozessualen Normen für **subsidiär anwendbar** erklärt, denn die Vorschriften der ZPO dürfen nur herangezogen werden, soweit sich aus der Insolvenzordnung nichts anderes ergibt.[4] Als spezialgesetzliche Regelungen sind die Bestimmungen der Insolvenzordnung vorrangig. Dies gilt vor allem für die in der Insolvenzordnung geregelten allgemeinen Vorschriften der §§ 2, 3, 4a bis 10, aber auch für andere Normen. Darüber hinaus müssen die zivilprozessualen Bestimmungen auch dort zurücktreten, wo sie sich nicht in das insolvenzrechtliche Verfahrenskonzept einfügen. Unvollständige insolvenzrechtliche Regelungen werden deswegen nicht automatisch durch das Zivilverfahrensrecht ergänzt. Die zivilprozessualen Bestimmungen können nur übertragen werden, wenn und soweit dies mit der besonderen Natur des Insolvenzverfahrens zu vereinbaren ist.[5] Festzustellen ist außerdem, ob die zivilprozessualen Regeln **sinngemäß** herangezogen werden können, denn das Insolvenzverfahren kann nicht mit einem zivilprozessualen Erkenntnisverfahren gleichgesetzt werden. Die in § 4 normierte entsprechende Anwendung der Zivilprozessordnung lässt Raum für wertende Differenzierungen, die den bestehenden Kanon des Zivilverfahrensrechts an die Insolvenzordnung anpasst. So schafft die Norm auch das methodische Rüstzeug, um den zivilprozessualen Bestimmungen eine stärker insolvenzrechtliche Kontur zu verleihen.

Mit dem Konzept der **offenen Rechtsfolgenanordnung** schafft der Gesetzgeber ein bewegliches Gelenk zwischen der Insolvenzordnung und der Zivilprozessordnung. Erleichtert wird damit das Auffinden des gesetzlich, eben in der ZPO, geregelten Tatbestands, doch bleibt der wertende Akt der übertragenden Anwendung auf die InsO noch vorzunehmen. In jedem Fall muss also entschieden werden, ob die allgemeinen insolvenzrechtlichen und zivilverfahrensrechtlichen Grundmuster sowie die konkreten Regelungsbedürfnisse und -angebote hinreichend übereinstimmen, um zivilprozessuale Vorschriften zu übertragen. Eine allgemeingültige Aussage dazu existiert nicht. Verkürzt ist es, die zivilprozessualen Regeln dann für anwendbar zu halten, soweit sie nicht spezifisch auf die Zwei-Parteien-Struktur zugeschnitten sind,[6] weil teils auch einseitig ausgerichtete Verfahrenselemente unanwendbar sind, wie überwiegend die Zwangsvollstreckungsregeln, teils auch im Insolvenzverfahren mit einem Rechtsstreit vergleichbare Strukturen existieren. Als nicht subsumtionsfähige Generalklausel muss die Vorschrift über eine Fallgruppenbildung konkretisiert werden, wofür sich wichtige Grundmuster erkennen lassen.

II. Anwendungsfelder

Die äußere Erscheinungsform sowie den Verlauf und damit das Gesicht des Verfahrens prägen die zu **Verfahrensgrundsätzen** verdichteten grundlegenden Entscheidungen des Gesetzgebers. Bei diesen Leitgedanken weisen beide Kodifikationen substanzielle Unterschiede auf. So steht etwa dem zivilverfahrensrechtlichen Beibringungsgrundsatz die insolvenzrechtliche Amtsermittlungspflicht, § 5 Abs. 1, dem zivilprozessualen Mündlichkeitsprinzip das schriftliche Verfahren nach § 5 Abs. 2 Satz 1 und der Publikumsöffentlichkeit im Zivilprozess die Parteiöffentlichkeit der Gläubigerversammlungen gegenüber. Da gerade die zivilverfahrensrechtlichen Grundsätze zumeist nicht ausdrücklich formuliert, s.a. § 128 Abs. 1 ZPO, § 169 Satz 1 GVG, sondern aus den Einzelnormen zu erschließen sind, ist hier eine vorsichtige Kontrastierung geboten. Umso schwieriger wird dies, als die zivilverfahrensrechtlichen Prinzipien nicht in Reinform, sondern mit vielfältigen praktisch gebotenen Durchbrechungen normiert sind, vgl. etwa § 139 ZPO.[7]

---

4 MüKo-InsO/*Ganter/Lohmann* Rn. 5; Kübler/Prütting/Bork/*Prütting* Rn. 3.
5 BGH 11.07.1961, VI ZR 208/60, NJW 1961, 2016.
6 So aber LSZ/*Smid/Leonhardt* Rn. 1.
7 Zu den Konzepten der ZPO von 1879 *Ahrens* Prozessreform und einheitlicher Zivilprozess, S. 641 ff.

§ 4 InsO   Anwendbarkeit der Zivilprozessordnung

6 Ganz im Mittelpunkt steht eine entsprechende Anwendung der ersten beiden Bücher der ZPO. Gerade die **allgemeinen Vorschriften** der §§ 1 bis 252 ZPO werden vielfach anwendbar sein, soweit sie nicht abweichende Verfahrensprinzipien konkretisieren. Bei den Bestimmungen über das zivilprozessuale **Erkenntnisverfahren** in den §§ 253 bis 510c ZPO muss das Rollenmodell des Zivilverfahrens beachtet werden. Der streitige Zwei-Parteien-Prozess der ZPO ist grds. nicht im insolvenzrechtlichen Modell abgebildet, weswegen die entsprechenden zivilprozessualen Bestimmung nicht oder allenfalls sehr behutsam berücksichtigt werden können, vgl. etwa zu Beteiligung Dritter nach den §§ 64 ff. ZPO (vgl. Rdn. 21). Aus dem dritten Buch der ZPO über die Rechtsmittel ist nur der dritte Abschnitt zur Beschwerde anwendbar. Die Bücher vier bis sieben der ZPO sind insgesamt unanwendbar.

7 Bei den Vorschriften über die **Zwangsvollstreckung** des achten Buchs der ZPO ist zu differenzieren (vgl. Rdn. 59 ff.). Als eine auch vollstreckungsrechtlich geprägte Kodifikation trifft die Insolvenzordnung vielfach spezialgesetzliche und damit vorrangige Regelungen gegenüber den allgemeinen Vorschriften, insb. bei den allgemeinen Vollstreckungsvoraussetzungen und den Organen, aber auch bei den Verwertungs- und Verteilungsregeln. Für den Insolvenzbeschlag und die abzuführenden Leistungen im Restschuldbefreiungsverfahren verweist die InsO dagegen ausdrücklich auf Vorschriften zum Pfändungsumfang, §§ 36 Abs. 1, 292 Abs. 1 Satz 3.

8 Dennoch müssen auch **andere** für den Zivilprozess maßgebende verfahrensrechtliche und insb. gerichtsorganisatorische **Regelungen** angewandt werden.[8] Teils ergibt sich dies aus einer ausdrücklichen Geltung der Vorschriften für das Insolvenzverfahren, wie bei den grundrechtsgleichen verfahrensrechtlichen Bestimmungen des Grundgesetzes, den Vorschriften des GVG und des RPflG. Teils folgt die Konsequenz aber auch aus der entsprechenden Anwendung der zivilprozessualen Normen, die sodann auf weiterführende Regelungen verweisen, wie in den §§ 866 Abs. 1, 869 ZPO auf das ZVG. **Unanwendbar** ist die Regelung auf die außerhalb des Insolvenzverfahrens geführten bürgerlich-rechtlichen Streitigkeiten, in denen die ZPO unmittelbar und nicht nur entsprechend gilt.[9]

C. Anwendbare Bestimmungen der ZPO

I. Verfahrensgrundsätze

1. Dispositionsgrundsatz

9 Der den Zivilprozess beherrschende Dispositionsgrundsatz gilt im Insolvenzverfahren nur eingeschränkt.[10] Das Insolvenzverfahren wird allerdings nicht von Amts wegen eingeleitet. Bei der **Einleitung** des Insolvenzverfahrens gilt für die Gläubiger der Dispositionsgrundsatz. Für den Schuldner ist dagegen dieser Grundsatz bei Eröffnungsantrag weithin verdrängt. Organe und Gesellschafter von juristischen Personen und Gesellschaften ohne Rechtspersönlichkeit sind nach § 15a verpflichtet, einen Insolvenzantrag zu stellen. Bei natürlichen Personen existiert keine Antragspflicht, aber nach Ansicht der Rechtsprechung bei einem Mangelfall im Rahmen der gesteigerten Unterhaltspflicht gegenüber minderjährigen Kindern u.U. die Obliegenheit, einen Antrag auf Eröffnung eines Verbraucherinsolvenzverfahren zu stellen.[11] Auch muss der Schuldner grds. einen Eigenantrag stellen, wenn er Restschuldbefreiung erlangen will.[12] Unter diesem Druck geht die verfahrensbezogene Dispositionsfreiheit in zentralen Dimensionen verloren. Gläubiger wie Schuldner sind aber frei darin, **besondere Verfahren** zu beantragen oder Rechte geltend zu machen, §§ 4a Abs. 1 Satz 1, 57 Abs. 1 Satz 1, 78 Abs. 1, 178 Abs. 1, 179 Abs. 1, 184 Abs. 1, 218 Abs. 1 Satz 1, Abs. 2, 270 Abs. 1

---

8 Kübler/Prütting/Bork/*Prütting* Rn. 4.
9 HK-InsO/*Kirchhof* 6. Aufl., Rn. 3.
10 BGH 28.09.2006, IX ZB 108/05, NZI 2007, 45 Rn. 6.
11 BGH 23.02.2005, XII ZR 114/03, NJW 2005, 1279 (1280); 31.10.2007, XII ZR 112/05, NZI 2008, 114 Rn. 23; *OLG Brandenburg* 09.04.2009, 9 UF 202/07, ZInsO 2009, 2019 (2022).
12 BGH 25.09.2003, IX ZB 24/03, NZI 2004, 511; 08.07.2004, IX ZB 203/09, NZI 2004, 593 (594); Ausnahme BGH 17.02.2005, IX ZB 176/03, BGHZ 162, 181 (186).

Satz 1, 272, 287 Abs. 1 Satz 1, 290, 296 Abs. 1 Satz 1, 297 Abs. 1, 300 Abs. 2, 303 Abs. 1, 309 Abs. 1 Satz 1. Im Einfluss auf die Passivmasse kann ebenfalls in gewisser Weise eine Parteidisposition über den Verfahrensgegenstand gesehen werden.[13]

Auch bei der autonomen **Beendigung** des Insolvenzverfahrens sind die Grenzen enger als im Zivilprozess gesteckt. Ist das Insolvenzverfahren eröffnet, können die Beteiligten nur noch in engen Grenzen darüber disponieren.[14] Ab der Eröffnung handelt es sich um ein der Disposition nicht mehr unterworfenes Offizialverfahren.[15] Der Insolvenzantrag kann deswegen nach § 13 Abs. 2 nur bis zur Eröffnung oder rechtskräftigen Abweisung zurückgenommen werden. Ebenso ist zumindest eine Erledigungserklärung auf den Eröffnungszeitpunkt begrenzt.[16] Auf Antrag des Schuldners ist aber das Verfahren unter den Voraussetzungen der §§ 212, 213 ggf. mit Zustimmung der Gläubiger einzustellen. In manchen **besonderen Verfahren**, insb. in der Insolvenz natürlicher Personen im Verfahren über die Kostenstundung bzw. die Restschuldbefreiung[17] und deren Versagung,[18] ist der Antragsteller nach den allgemeinen zivilprozessualen Regeln frei, die Verfahren zu beenden, weil sie als Parteiverfahren ausgestaltet sind (s.a. Rdn. 41). Auch in der Bestätigung des Insolvenzplans, vgl. § 258, wird eine Disposition über den Verfahrensgegenstand gesehen.[19]

10

2. Amtsermittlungsgrundsatz

Wie § 5 Abs. 1 deutlich formuliert, verdrängt der Amtsermittlungsgrundsatz weithin den Beibringungsgrundsatz. **Vollständig** ersetzt er aber doch **nicht** die Anforderungen an die Beteiligten, den Tatsachenstoff und die Beweismittel in das Verfahren einzuführen. Vor Eröffnung des Insolvenzverfahrens in einem auf Antrag des Schuldners eingeleiteten Verfahren greift der Amtsermittlungsgrundsatz erst ein, wenn der Schuldner einen Eröffnungsgrund in hinreichend substantiierter Form dargelegt und die Schwelle vom Eröffnungs- zum Zulassungsverfahren überschritten hat.[20] Er gilt aber bei der sonstigen Prüfung, ob einer der Eröffnungsgründe der §§ 16–19 vorliegt, bei der Feststellung der gerichtlichen Zuständigkeit (vgl. § 3 Rdn. 31) und der Kostendeckung gem. § 26 Abs. 1 Satz 1. Im Schuldenbereinigungsplanverfahren steht § 309 Abs. 2 Satz 2, Abs. 3 dem Amtsermittlungsgrundsatz entgegen.[21] Das Verfahren zur Versagung der Restschuldbefreiung unterliegt erst der Amtsermittlungspflicht, wenn der Antrag zulässig ist und der Antragsteller den Versagungsgrund substantiiert und – soweit erforderlich – glaubhaft gemacht hat.[22] Zudem herrscht der Amtsbetrieb.[23]

11

3. Sonstige Verfahrensgrundsätze

Im Insolvenzverfahren gilt schon länger der Grundsatz einer **fakultativen Mündlichkeit**,[24] die durch die Novelle von § 5 Abs. 2 noch weiter eingeschränkt ist. Die Mündlichkeit kann nach dieser Vorschrift durch ein schriftliches Verfahren ersetzt werden, wenn die Vermögensverhältnisse des Schuldners überschaubar und die Zahl der Gläubiger oder die Höhe der Verbindlichkeiten gering ist. Vor

12

---

13 Vgl. MüKo-InsO/*Stürner* Einl. Rn. 49; KS-InsO/*Prütting* § 1 Rn. 43.
14 BGH 28.09.2006, IX ZB 108/05, NZI 2007, 45 Rn. 6.
15 OLG Celle 25.05.2000, 2 W 43/00, juris; LG Potsdam 11.06.2002, 5 T 164/02, ZInsO 2002, 778 (779); s.a. BGH 20.11.2001, IX ZR 48/01, BGHZ 149, 178 (181).
16 OLG Celle 25.05.2000, 2 W 43/00, juris; LG Potsdam 11.06.2002, 5 T 164/02, ZInsO 2002, 778 (779); FK-InsO/*Schmerbach* § 13 Rn. 153.
17 BGH 17.03.2005, IX ZB 214/04, NZI 2005, 399 (400).
18 BGH 15.07.2010, IX ZB 269/09, ZInsO 2010, 1495 Rn. 4; 12.05.2011, IX ZB 229/10, ZInsO 2011, 1126 Rn. 11.
19 BGH 28.09.2006, IX ZB 108/05, NZI 2007, 45 Rn. 6.
20 BGH 12.12.2002, IX ZB 426/02, BGHZ 152, 205 (208).
21 LG Berlin 31.05.2000, 86 T 287/00, ZInsO 2000, 404.
22 BGH 11.09.2003, IX ZB 37/03, BGHZ 156, 139 (146 f.).
23 Uhlenbruck/*Pape* Rn. 2.
24 KS-InsO/*Prütting* § 1 Rn. 52.

allem bei den Massenverfahren der Verbraucherinsolvenz wird davon in großem Umfang Gebrauch gemacht. Zusätzlich herrscht vielfach eine vorbereitende Schriftlichkeit,[25] etwa nach den §§ 151–153, 174 f., 188, 218 ff., 287 Abs. 2 Satz 1,[26] 305 Abs. 1. Die Schriftelemente schließen zwar noch nicht die **Unmittelbarkeit** aus, doch werden viele Aufgaben dem Insolvenzverwalter und der Gläubigerversammlung übertragen.

13 Für die freigestellten mündlichen Verhandlungen des Insolvenzgerichts gilt grds. der **Öffentlichkeitsgrundsatz** aus § 169 Satz 1 GVG, Art. 6 Abs. 1 EMRK.[27] In den Gläubigerversammlungen wird nicht vor einem erkennenden Gericht verhandelt.[28] Deswegen tritt dort an die Stelle der Publikumsöffentlichkeit die Beteiligtenöffentlichkeit nach § 74 Abs. 1 Satz 2. Das Interesse der Öffentlichkeit an besonderen Verfahren ist nicht zu übersehen. In Verfahren von Publikumsinteresse wird deswegen vielfach eine über § 175 Abs. 2 Satz 1 GVG legitimierte Medienöffentlichkeit für Gläubigerversammlungen bejaht,[29] doch wird damit die in § 74 Abs. 1 Satz 2 angelegte, von berechtigten Gläubigerinteressen getragene Beschränkung im Kern beseitigt.[30] Zudem bleibt die Spannungslinie, warum allein die Medien und nicht auch das sonstige Publikum Zugang erhalten können.

14 Im Zivilprozess wird auch die **Beschleunigung** des Verfahrens zu den Prozessgrundsätzen gezählt.[31] Wegen der besonderen Eilbedürftigkeit des Insolvenzverfahrens wird dieser Grundsatz mit besonderen Mitteln realisiert, z.B. den Höchstfristen der §§ 29 Abs. 1, 168 Abs. 1 Satz 2, 189 Abs. 1, 193, 194, 197 Abs. 2, 214 Abs. 1 Satz 3, 235 Abs. 1 Satz 2, 287 Abs. 1 Satz 2 sowie richterlichen Fristen.[32]

II. Zuständigkeit

15 Die **sachliche Zuständigkeit** der Insolvenzgerichte ist in § 2 eigenständig normiert. Die Wertvorschriften zur Bestimmung der sachlichen Zuständigkeit in den §§ 1–11 ZPO sind auf die unanwendbare Zuständigkeitsregelung in § 23 Nr. 1 GVG bezogen und deswegen obsolet. Die funktionelle Zuständigkeit folgt aus den Vorschriften des RPflG. Die **internationale Zuständigkeit** ist teils in Art. 3 Abs. 1 EuInsVO geregelt, teils resultiert sie aus der entsprechend anzuwenden Regelung über die örtliche Zuständigkeit (vgl. § 3 Rdn. 41).

16 Bei der **örtlichen Zuständigkeit** ergibt sich ein differenziertes Bild. Der Gerichtsstand am Mittelpunkt einer ausgeübten selbständigen wirtschaftlichen Tätigkeit ist in § 3 Abs. 1 Satz 2 speziell normiert. Wenn der Schuldner nicht selbständig wirtschaftlich tätig oder kein Mittelpunkt seiner selbständigen Tätigkeit feststellbar ist, verweist § 3 Abs. 1 auf den allgemeinen Gerichtsstand der §§ 12 bis 19 ZPO. Für Passivklagen gegen den Insolvenzverwalter, die sich auf die Insolvenzmasse beziehen, bestimmt § 19a ZPO einen allgemeinen Gerichtsstand am Ort des Insolvenzgerichts. Die Vorschriften über die besonderen Gerichtsstände der §§ 20 bis 34 ZPO sind unanwendbar. Da die Insolvenzgerichtsstände ausschließlich sind, ist eine Gerichtsstandsvereinbarung i.S.d. §§ 38–40 ZPO unzulässig (vgl. § 3 Rdn. 4). Das Wahlrecht des § 35 ZPO unter mehreren zuständigen Gerichten wird durch § 3 Abs. 2 modifiziert. Anwendbar sind die Vorschriften über die Gerichtsstandsbestimmung der §§ 36, 37 ZPO[33] (vgl. § 3 Rdn. 29) und die Verweisungsregel des § 281 ZPO (vgl. § 3 Rdn. 34).

---

25 MüKo-InsO/*Stürner* Einl. Rn. 55.
26 Vgl. FK-InsO/*Ahrens* § 287 Rn. 53.
27 Jaeger/*Gerhardt* Rn. 5.
28 Jaeger/*Gerhardt* Rn. 3.
29 LG Frankfurt 08.03.1983, 2/9 T 222/83, ZIP 1983, 344; MüKo-InsO/*Ganter/Lohmann* Rn. 8; Jaeger/*Gerhardt* Rn. 3; Uhlenbruck/*Pape* Rn. 40; einschränkend Mohrbutter/Ringstmeier/*Mohrbutter* § 1 Rn. 52.
30 MüKo-InsO/*Ehricke* § 76 Rn. 5; Kübler/Prütting/Bork/*Prütting* § 5 Rn. 57 Fn. 69.
31 Rosenberg/Schwab/Gottwald Zivilprozessrecht § 81.
32 Mohrbutter/Ringstmeier/*Mohrbutter* § 1 Rn. 54.
33 Uhlenbruck/*Pape* Rn. 3; grds. auch HK-InsO/*Kirchhof* 6. Aufl., Rn. 5.

III. Ausschließung und Ablehnung von Gerichtspersonen

Die Vorschriften der §§ 41–49 ZPO über die Ausschließung und Ablehnung der Gerichtspersonen sichern das hohe Gut der Unparteilichkeit des Richters und gewährleisten die verfassungsrechtlich geforderte Zuständigkeit des gesetzlichen Richters, Art. 101 Abs. 1 Satz 2 GG.[34] Im streitigen Parteiprozess besitzt das Prinzip der Unabhängigkeit eine überragende Bedeutung, die sich in den §§ 41 ff. ZPO niedergeschlagen hat. Beiden darin angelegten Grundgedanken, der Neutralität und des gesetzlichen Richters, kommt auch im Insolvenzverfahren eine zentrale Funktion zu, weswegen die §§ 41 ff. ZPO auf den **Insolvenzrichter anzuwenden** sind.[35] Allerdings sind die Maßstäbe des § 42 ZPO an die Besonderheiten des Insolvenzverfahrens anzupassen.[36] Durch den Amtsbetrieb und manche administrativen Tätigkeiten bestehen für den Insolvenzrichter weitergehende Überwachungs- und Betreuungsaufgaben mit entsprechenden Ermessensspielräumen.[37] Speziell die Aufsichtspflicht und das Aufsichtsrecht über den Insolvenzverwalter darf nicht durch das Ablehnungsrecht unterlaufen werden.[38] Jenseits dieser erweiterten richterlichen Aufgaben und Handlungsspielräumen gelten die allgemeinen Leitlinien. 17

Eine **Besorgnis der Befangenheit** i.S.d. § 42 Abs. 2 ZPO besteht, wenn aus Sicht eines objektiv und vernünftig urteilenden Beteiligten die Sorge existiert, der Insolvenzrichter stehe der Sache nicht unvoreingenommen und unparteiisch gegenüber.[39] Ein Richter kann wegen der Besorgnis der Befangenheit abgelehnt werden, wenn sein Ehegatte als Rechtsanwalt in der Kanzlei tätig ist, die den Gegner vor diesem Richter vertritt.[40] Weder lässt sich aus der Mitwirkung an einer für den ablehnenden Beteiligten nachteiligen Entscheidung[41] noch aus einer geäußerten Rechtsansicht bzw. einer kritischen Erörterung der Sach- und Rechtslage die Besorgnis der Befangenheit herleiten.[42] Ausnahmsweise kann dann eine andere Beurteilung angezeigt sein, wenn Anhaltspunkte dafür bestehen, dass ein festgestellter Rechtsfehler auf einer unsachlichen Einstellung des Richters gegenüber dem ablehnenden Beteiligten oder auf Willkür beruht.[43] Spannungen zwischen dem Insolvenzrichter und dem Insolvenzverwalter können die Besorgnis der Befangenheit begründen, wenn auf das Verfahren bezogene konkrete Umstände gegen eine unvoreingenommene Einstellung sprechen.[44] Verkürzt der Insolvenzrichter wirtschaftliche Entscheidungen des Verwalters darauf, dass lediglich der Insolvenzverwalter davon profitiere, weil er eine laufende Vergütung erzielen könne, rechtfertigt diese Äußerung die Besorgnis der Befangenheit.[45] Die Autorenschaft eines Richters und eines vorläufigen Insolvenzverwalters in einem Kommentar begründet keine Besorgnis der Befangenheit.[46] 18

Über die Verweisungsnorm des § 10 RPflG sind die Bestimmungen auf den **Rechtspfleger** entsprechend anzuwenden.[47] Für den Urkundsbeamten der Geschäftsstelle gelten nach § 49 ZPO die Vorschriften über die Ausschließung und die Ablehnung von Gerichtspersonen entsprechend. Auf den **Insolvenzverwalter**, den vorläufigen Insolvenzverwalter, den Sonderinsolvenzverwalter und den Treuhänder sind die §§ 41 ff. unanwendbar, da für sie die §§ 57, 59 eine abschließende Regelung 19

---

34 MüKo-ZPO/*Gehrlein* § 41 Rn. 1.
35 OLG Köln 15.10.2001, 2 W 206/01, ZInsO 2001, 1015 (1016); Jaeger/*Gerhardt* Rn. 9; MüKo-InsO/*Ganter/Lohmann* Rn. 41.
36 OLG Köln 14.07.1987, 2 W 107/87, NJW-RR 1988, 694.
37 MüKo-InsO/*Ganter/Lohmann* Rn. 41.
38 FK-InsO/*Schmerbach* Rn. 33; Jaeger/*Gerhardt* Rn. 11.
39 BGH 20.10.2003, II ZB 31/02, NJW 2004, 163 (164); MüKo-ZPO/*Gehrlein* § 42 Rn. 4.
40 BGH 15.03.2012, V ZB 102/11, ZInsO 2012, 897 Rn. 9.
41 BGH 30.01.1986, X ZR 70/84, NJW-RR 1986, 738.
42 OLG Köln 15.10.2001, 2 W 206/01, ZInsO 2001, 1015 (1016).
43 OLG Köln 15.10.2001, 2 W 206/01, ZInsO 2001, 1015 (1016).
44 OLG Köln 14.07.1987, 2 W 107/87, NJW-RR 1988, 694; OLG Zweibrücken 22.03.2000, 3 W 50/00, NZI 2000, 222 (223); Uhlenbruck/*Pape* Rn. 5; s.a. MüKo-InsO/*Ganter/Lohmann* Rn. 41.
45 OLG Braunschweig 03.02.2012, 1 W 53/10, ZInsO 2012, 899 (900).
46 LG Göttingen 14.07.1999, 71/74 IN 145/99, ZInsO 1999, 480 LS; Uhlenbruck/*Pape* Rn. 5.
47 Uhlenbruck/*Pape* Rn. 8; Karsten Schmidt/*Stephan* Rn. 4; *Hess* Rn. 303.

§ 4 InsO Anwendbarkeit der Zivilprozessordnung

enthalten.[48] Aufsichtsmaßnahmen des Gerichts kann der Insolvenzverwalter nicht durch eine Selbstablehnung unterlaufen. Zum Sachverständigen s. Rdn. 56.

20 Das **Ablehnungsrecht** steht dem Schuldner und den Gläubigern[49] zu. Der Insolvenzverwalter wird teilweise in die Nähe eines Verfahrensbevollmächtigten gerückt, weswegen ihm nur dann ein Ablehnungsrecht zustehen soll, wenn sich die Spannungen mit dem Insolvenzgericht zu Lasten des Schuldners auswirken.[50] Als Partei kraft Amts kommt ihm jedoch eine weitergehende autonome Stellung zu, die ihm auch aus eigener Betroffenheit ein Ablehnungsrecht eröffnet. Ein Ablehnungsrecht gegenüber dem Sonderinsolvenzverwalter existiert auch für ihn nicht.[51] Das Beschwerderecht ist durch § 46 Abs. 2 ZPO eröffnet.[52]

IV. Parteifähigkeit, Prozessfähigkeit, Parteien und Vertretung

21 Die Vorschriften der §§ 50 ff. ZPO über die **Partei- und Prozessfähigkeit** sind auf die Gläubiger und grds. auch auf den Schuldner entsprechend anwendbar.[53] Für den Schuldner wird § 50 ZPO durch die speziellen Regelungen der §§ 11, 12, 316, 332, 333 verdrängt. Für Eigenanträge einer führungslosen Gesellschaft enthält § 15a Abs. 3 eine Sonderregelung, welche die §§ 51, 52 ZPO verdrängt. Bei Gläubigeranträgen regeln die §§ 35 Abs. 1 Satz 2 GmbHG, 78 Abs. 1 Satz 2 AktG, 24 Abs. 1 Satz 2 GenG den Empfang von Willenserklärungen und die Zustellung von Schriftstücken und damit die passive Beteiligungsfähigkeit.[54] Die Regelungen der §§ 59 ff., 64–77 ZPO über die Beteiligung Dritter am Verfahren sind aus dem streitigen Parteiprozess zu erklären und deswegen unanwendbar.[55] Entsprechend anwendbar sind aber die Bestimmungen der §§ 78–90 ZPO über die Vertretung. Im Insolvenzverfahren herrscht kein Anwaltszwang. Dies gilt auch im Beschwerdeverfahren vor dem Landgericht, arg. § 571 Abs. 4 ZPO.[56] Im Rechtsbeschwerdeverfahren besteht dagegen Anwaltszwang. Die Prozessvollmacht umfasst nach § 81 ZPO Maßnahmen der Einzelzwangsvollstreckung, nicht aber das Insolvenzverfahren.[57] Eine im Eröffnungsverfahren erteilte Vollmacht zur anwaltlichen Vertretung im Insolvenzverfahren erlischt nicht nach § 117 Abs. 1 durch die Eröffnung des Verfahrens.[58] Anwaltliche Vollmachten sind nicht mehr von Amts wegen zu prüfen.[59] Dies gilt auch in der Gläubigerversammlung.

V. Prozesskosten und Sicherheitsleistung

22 Die **kostenrechtlichen Vorschriften** der §§ 91 ff. ZPO verwirklichen substanzielle verfahrensbezogene Gerechtigkeitsvorstellungen, die sich im Kern auf das Insolvenzverfahren übertragen lassen, wenn ein Parteienstreit vorliegt.[60] Auf das Eröffnungsverfahren können sie angewendet werden, soweit es als quasistreitiges Verfahren geführt wird, weil sich Gläubiger und Schuldner über die Insol-

---

48 BGH 25.01.2007, IX ZB 240/05, NZI 2007, 284 Rn. 19 ff.; Jaeger/*Gerhardt* Rn. 9; HK-InsO/*Kirchhof* 6. Aufl., Rn. 5.
49 MüKo-ZPO/*Gehrlein* § 42 Rn. 3; a.A. Uhlenbruck/*Pape* Rn. 13.
50 OLG Köln 14.07.1987, 2 W 107/87, NJW-RR 1988, 694; OLG Zweibrücken 22.03.2000, 3 W 50/00, NZI 2000, 222 (223).
51 BGH 25.01.2007, IX ZB 240/05, NZI 2007, 284 Rn. 19 ff., 27.
52 BGH 05.05.2011, IX ZB 246/10, NZI 2011, 486 Rn. 6.
53 OLG Köln 03.01.2000, 2 W 214/99, NZI 2000, 134 (135); Jaeger/*Gerhardt* Rn. 15; Kübler/Prütting/Bork/*Prütting* Rn. 8.
54 Karsten Schmidt/*Stephan* Rn. 11.
55 Kübler/Prütting/Bork/*Prütting* Rn. 8; MüKo-InsO/*Ganter/Lohmann* Rn. 14.
56 MüKo-InsO/*Ganter/Lohmann* § 6 Rn. 42, zumindest Einlegung; a.A. HambK-InsR/*Rüther* Rn. 21.
57 LG Stuttgart 02.10.1956, 1 T 472/56, ZZP 70 (1957), 141 (143); Jaeger/*Gerhardt* Rn. 16; HK-InsO/*Kirchhof* 6. Aufl., Rn. 6; a.A. MüKo-ZPO/*Toussaint* § 81 Rn. 15.
58 BGH 20.01.2011, IX ZB 242/08, ZIP 2011, 1014 Rn. 4.
59 Uhlenbruck/*Pape* Rn. 4.
60 BGH 13.12.2007, IX ZB 32/06, ZInsO 2008, 95 (96); Uhlenbruck/*Pape* Rn. 16; HK-InsO/*Kirchhof* 6. Aufl., Rn. 7.

venzeröffnung streiten.[61] Entsprechend anwendbar sind die §§ 91, 92 ZPO, weshalb der Antragsteller die Kosten trägt, wenn sein Antrag als unzulässig verworfen oder als unbegründet abgewiesen wird.[62] Nimmt der Antragsteller seinen Antrag zurück, sind ihm entsprechend § 269 Abs. 3 Satz 2 ZPO die Kosten aufzuerlegen.[63]

Eine **Erledigungserklärung** kann auch im Insolvenzverfahren entsprechend wirksam sein, wenn etwa die dem Antrag zugrunde liegende Forderung beglichen wird. Zulässig ist eine übereinstimmende Erledigungserklärung von Antragsteller und Schuldner,[64] weshalb die Kosten entsprechend § 91a ZPO zu verteilen sind.[65] Dies gilt auch entsprechend § 91 Abs. 1 Satz 2 ZPO bei einer einseitigen Erledigungserklärung, der vom Schuldner nicht widersprochen wird.[66] Auch auf eine **einseitige Erledigungserklärung** des antragstellenden Gläubigers nach Widerspruch des Schuldners werden die zivilprozessualen Grundsätze entsprechend übertragen und damit in modifizierender Form angewandt.[67] Eine Erledigungserklärung ist auch dann noch zulässig, wenn der Insolvenzantrag mangels Masse abweisungsreif ist.[68] Ein einseitig für erledigt erklärter Antrag ist nur noch auf den Ausspruch gerichtet, dass sich das frühere Eröffnungsbegehren durch ein nachträglich eingetretenes Ereignis erledigt habe. Auf einen solchen Antrag kann das Insolvenzverfahren nicht eröffnet werden.[69] Allerdings finden keine weiteren Ermittlungen mehr dazu statt, ob ein Eröffnungsgrund gegeben war. Grundlage der vom Insolvenzgericht zu treffenden Entscheidung ist vielmehr der Sach- und Streitstand im Zeitpunkt der Erledigungserklärung. Amtsermittlungen sind nicht mehr veranlasst.[70] Die Kostenentscheidung ist nicht entsprechend § 91a ZPO, sondern entsprechend § 91 ZPO zu treffen.

23

Übertragen werden kann auch die Regelung des § 97 ZPO.[71] Außerdem ist auch die Bestimmung des § 99 Abs. 1 ZPO entsprechend anwendbar, wonach allein eine Anfechtung der **Entscheidung im Kostenpunkt**, ohne ein Rechtsmittel in der Hauptsache einzulegen, unzulässig ist.[72] Verhindert werden soll durch diese Regelung, dass im Wege einer Inzidentprüfung der Hauptsache widersprüchliche Entscheidungen ergehen, ein auch im Insolvenzverfahren tragfähiger Gedanke. Herangezogen werden können auch die §§ 103–107 ZPO,[73] doch ist die Vergütung des Insolvenzverwalters nicht zu verzinsen,[74] während die Vorschriften der §§ 108–113 ZPO über die Sicherheitsleistung unanwendbar sind.[75]

24

VI. Prozesskostenhilfe

Die Bestimmungen der §§ 114 ff. ZPO über die Prozesskostenhilfe sind grds. auf das Insolvenzverfahren übertragbar,[76] auch wenn dabei gewisse Einschränkungen bestehen. So können nach den

25

---

61 BGH 11.07.1961, VI ZR 208/60, NJW 1961, 2016.
62 LG Bielefeld 09.12.1999, 23 T 380/99, ZInsO 2000, 118 LS.
63 FK-InsO/*Schmerbach* § 13 Rn. 86; *Hess* Rn. 101.
64 BGH 20.11.2001, IX ZR 48/01, BGHZ 149, 178 (181).
65 BGH 20.11.2001, IX ZR 48/01, BGHZ 149, 178 (181); MüKo-InsO/*Ganter/Lohmann* Rn. 28.
66 BGH 11.11.2004, IX ZB 258/03, ZInsO 2005, 39 (40), ist insoweit durch die neue Fassung von § 91a ZPO überholt; übersehen von AG Köln 26.10.2011, 72 IN 30/11, NZI 2012, 194, 195.
67 BGH 11.11.2004, IX ZB 258/03, ZInsO 2005, 39 (40).
68 AG Köln 26.10.2011, 72 IN 30/11, NZI 2012, 194.
69 BGH 20.11.2001, IX ZR 48/01, BGHZ 149, 178 (181).
70 BGH 25.09.2008, IX ZB 131/07, NZI 2008, 736 Rn. 8.
71 FK-InsO/*Schmerbach* § 6 Rn. 75.
72 OLG Köln 14.04.2000, 2 W 65/00, NZI 2000, 374; 23.04.2001, 2 W 65/01, NZI 2001, 664 LS; OLG Zweibrücken 11.08.2000, 3 W 138/00, NZI 2000, 475; OLG Celle 02.11.2000, 2 W 110/00, NZI 2001, 150; Braun/*Bußhardt* Rn. 11.
73 Uhlenbruck/*Pape* Rn. 16; FK-InsO/*Schmerbach* Rn. 9.
74 BGH 04.12.2003, IX ZB 69/03, ZInsO 2004, 268.
75 Kübler/Prütting/Bork/*Prütting* Rn. 9.
76 ZB BGH 27.09.1990, IX ZR 250/89, NJW 1991, 40 (41).

§§ 26 Abs. 1, 207 Abs. 1 Satz 2 nicht die Gerichtskosten[77] und nach § 298 nicht die Treuhänderkosten erlangt werden. Zu unterscheiden ist, ob Prozesskostenhilfe für den antragstellenden Gläubiger, einen anderen verfahrensbeteiligten Gläubiger, den Schuldner oder den Insolvenzverwalter beansprucht wird. Dem **antragstellenden Gläubiger** kann entsprechend den §§ 114 ff. ZPO Prozesskostenhilfe für das Insolvenzverfahren gewährt werden.[78] Der Insolvenzantrag darf aber nicht mutwillig sein. Ausreichend ist eine plausible Quotenaussicht, etwa aus einer anfechtbaren Rechtshandlung. Eine im Wege der Einzelzwangsvollstreckung durchsetzbare hohe Forderung des Schuldners kann das rechtliche Interesse an einer Insolvenzeröffnung entfallen lassen.[79] Es können jedoch nicht die gleichen Maßstäbe angelegt werden, wie bei einem verfahrensbeteiligten Gläubiger,[80] weil im Bewilligungszeitpunkt eine zu erwartende Quote und eine mögliche Masselosigkeit noch nicht hinreichend sicher beurteilt werden können. Im Eröffnungsverfahren über einen Gläubigerantrag wird dem **Schuldner** Prozesskostenhilfe bewilligt werden können,[81] falls er keinen Eigen- und Restschuldbefreiungsantrag gestellt hat und deswegen die Kostenstundung nicht vorrangig ist. Im eröffneten Insolvenzverfahren ist dies ausgeschlossen.[82] Einer Gesellschaft als **antragstellender Schuldnerin** kann für die Durchführung des Insolvenzverfahrens keine Prozesskostenhilfe gewährt werden.[83] Nach einer echten Freigabe (§ 35 Rdn. 29) kann dem Schuldner für eine erfolgversprechende und nicht mutwillige Klage Prozesskostenhilfe gewährt werden.[84]

26 Für den Insolvenzeröffnungsantrag einer **natürlichen Person** wurde lange diskutiert, ob eine Prozess- oder Insolvenzkostenhilfe bewilligt werden kann bzw. soll.[85] Durch die §§ 4a ff. ist diese Frage vom Gesetzgeber zugunsten einer spezialgesetzlichen Regelung der Kostenstundung entschieden. Die **Kostenstundung** kann allein natürlichen Personen bewilligt werden, die einen Insolvenz- und Restschuldbefreiungsantrag gestellt haben, differenziert dann aber nicht danach, ob ein Verbraucher- oder ein sog. Regelinsolvenzverfahren durchzuführen ist (vgl. § 4a Rdn. 8 ff.). Anderen Personen ist die Kostenstundung verschlossen. Zur Vorbereitung eines Insolvenz- und Restschuldbefreiungsantrags kann dem Schuldner nicht Prozesskostenhilfe, sondern nur Beratungshilfe gewährt werden.[86] Die Kostenstundungsvorschriften verdrängen allerdings die Regeln über die Prozesskostenhilfe nicht vollständig. Insb. ist die Gewährung von Prozesskostenhilfe im Beschwerdeverfahren[87] und im Verfahren über den Widerruf der Restschuldbefreiung gem. § 303[88] zulässig. Soweit sich aus den speziellen Regelungen über die Kostenstundung und den insolvenzrechtlichen Erfordernissen nichts Abweichendes ergibt, können außerdem die Vorschriften über die Prozesskostenhilfe ergänzend herangezogen werden (vgl. § 4a Rdn. 7).

27 Auch auf eine **Verfahrensteilnahme der Insolvenzgläubiger** sind die §§ 114 ff. ZPO über § 4 InsO entsprechend anzuwenden.[89] Dazu muss insb. die Rechtsverfolgung Aussicht auf Erfolg haben und darf nicht mutwillig erscheinen, weswegen der Gläubiger mit einer Quote auf seine Forderung rechnen können muss. Diese Voraussetzungen sind nicht erfüllt, wenn das Vermögen des Schuldners voraussichtlich nicht genügt, um die Verfahrenskosten zu decken. Ein Rechtsanwalt ist dann beizuordnen, wenn sich ein Gläubiger, der die Kosten der Vertretung durch einen Rechtsanwalt aufbringen

---

77 Vgl. BGH 16.03.2000, IX ZB 2/00. NJW 2000, 1869 (1870).
78 Jaeger/*Gerhardt* Rn. 46; Kübler/Prütting/Bork/*Prütting* Rn. 10a; Graf-Schlicker/*Kexel* Rn. 4.
79 LG Hamburg 16.05.2011, 326 T 71/11, BeckRS 2011, 19901.
80 BGH 08.07.2004, IX ZB 565/02, NJW 2004, 3260 (3261).
81 Jaeger/*Gerhardt* Rn. 46.
82 HK-InsO/*Kirchhof* 6. Aufl., Rn. 9.
83 MüKo-InsO/*Ganter/Lohmann* Rn. 17a; s.a. HK-InsO/*Kirchhof* 6. Aufl., Rn. 9.
84 OLG Celle 12.11.2012, 14 W 39/12, NZI 2013, 89.
85 Ausführlich FK-InsO/*Kohte* Vor §§ 4a ff. Rn. 1 ff.
86 BGH 22.03.2007, IX ZB 84/06, NZI 2007, 418 Rn. 4.
87 BGH 24.07.2003, IX ZB 539/02, NJW 2003, 2910 (2911); 22.03.2007, IX ZB 94/06, NZI 2007, 418 Rn. 4.
88 MüKo-InsO/*Ganter/Lohmann* Rn. 18.
89 BGH 08.07.2004, IX ZB 565/02, NJW 2004, 3260 (3261); enger Uhlenbruck/*Pape* Rn. 19.

kann, in der Situation des Gläubigers von einem Rechtsanwalt vertreten ließe.[90] Prozesskostenhilfe kann dann für das Eröffnungsverfahren, aber auch für das eröffnete Verfahren bewilligt werden.[91] In einem Verfahren über die Anmeldung einer bereits titulierten Unterhaltsforderung hat das BVerfG es für verfassungskonform erklärt, im Insolvenzverfahren wegen der richterlichen Aufklärungs-, Kontroll- und Fürsorgepflichten von der auf einen Parteiprozess zugeschnittenen Regelung des § 121 Abs. 2 ZPO abzuweichen und keinen Rechtsanwalt beizuordnen.[92] Im einfach ausgestalteten Verbraucherinsolvenzverfahren wird die Beiordnung eines Anwalts für den Gläubiger abgelehnt.[93]

Ob für eine **titelergänzende Feststellungsklage**, mit der die Qualifikation einer Forderung aus vorsätzlich begangener unerlaubter Handlung festgestellt werden soll,[94] in einem Insolvenz- oder Restschuldbefreiungsverfahren Prozesskostenhilfe bewilligt werden kann,[95] hängt von den künftigen Vollstreckungsaussichten ab. Eine Rechtsverfolgung erscheint mutwillig i.S.v. § 114 Abs. 1 ZPO, wenn jegliche Vollstreckungsaussichten fehlen, weil dann dem Antragsteller kein wirtschaftlicher Nachteil entsteht.[96] Dafür muss der Gegner zumindest auf lange Zeit vermögenslos sein,[97] wofür bereits die vieljährige Verfahrensdauer spricht, während der die Vollstreckungsverbote aus den §§ 89 Abs. 1, 294 Abs. 1 bestehen. Die mehrfache Länge der Verfahrensdauer gegenüber der Frist für die Anspruchsverjährung aus § 195 BGB bildet einen gewichtigen Anhaltspunkt. Vielfach wird der Schuldner zudem nach Erteilung der Restschuldbefreiung vermögenslos sein. Eine Bewilligung von Prozesskostenhilfe kommt deswegen nur in Betracht, wenn der Schuldner einen Vermögenszuwachs, etwa aus einer Erbschaft, oder pfändbare Einkünfte zu erwarten hat, bei denen der Antragsteller nach § 850f Abs. 2 ZPO in den Vorrechtsbereich vollstrecken kann. 28

Einem **Insolvenzverwalter** kann zur Durchsetzung von Ansprüchen zugunsten der Masse Prozesskostenhilfe bewilligt werden,[98] nicht aber für die Durchführung des Insolvenzverfahrens selbst, weil hier die §§ 207, 209 vorrangig sind. Beantragt er Prozesskostenhilfe, um massebezogene Ansprüche zu realisieren, kommt eine Bewilligung nach § 116 Abs. 1 Nr. 1 ZPO in Betracht.[99] Angerechnet werden können nur die nach Abzug der Masseverbindlichkeiten und Verfahrenskosten verbleibenden liquiden Mittel.[100] Bei einer Massezulänglichkeit i.S.v. § 208 ist grds. davon auszugehen, dass die Kosten nicht aufgebracht werden können,[101] wobei die Altmasseverbindlichkeiten einzubeziehen sind.[102] Bei einer Massearmut gem. § 207 InsO ist grds. nicht zu bewilligen,[103] es sei denn, mit dem durchzusetzenden Anfechtungs- oder sonstigen Anspruch kann die Massearmut beseitigt werden.[104] Der Aktivmasse sind dafür auch bestrittene Ansprüche zuzurechnen, wenn für ihre erfolgreiche gerichtliche Geltendmachung eine i.S.v. § 114 ZPO hinreichende Erfolgsaussicht be- 29

---

90 BGH 08.07.2004, IX ZB 565/02, NJW 2004, 3260 (3261).
91 A.A. Karsten Schmidt/*Stephan* Rn. 23.
92 BVerfG 27.10.1988, 1 BvR 1340/88, NJW 1989, 3271.
93 AG Frankfurt/O 10.10.2002, 3.2 IK 75/00, Rpfleger 2003, 144; a.A. Braun/*Bußhardt* Rn. 13.
94 Dazu FK-InsO/*Ahrens* § 302 Rn. 18 ff.
95 Wohl bejahend *Striewe* NZI 2011, 619 (622).
96 Stein/Jonas/*Bork* § 114 Rn. 31.
97 OLG Köln 29.06.1990, 13 W 53/90, MDR 1990, 1020; Stein/Jonas/*Bork* § 114 Rn. 31; Musielak/*Fischer* § 114 Rn. 41; unabsehbare Zeit OLG Düsseldorf 21.11.1997, 22 W 61/97, NJW-RR 1998, 503 (504).
98 BGH 15.01.1998, IX ZB 122/97, NJW 1998, 1229; Uhlenbruck/*Pape* Rn. 24.
99 BGH 14.07.2005, IX ZB 224/04, NZI 2005, 560; MüKo-InsO/*Ganter/Lohmann* Rn. 22.
100 OLG Naumburg 16.06.2010, 5 W 33/10, NZI 2010, 765; *Lang* NZI 2012, 746 (747).
101 BGH 27.09.2007, IX ZB 172/06, NZI 2008, 98 Rn. 4; 12.03.2008, XII ZB 4/08, NZI 2008, 368 Rn. 6.
102 BGH 27.09.2007, IX ZB 172/06, NZI 2008, 98 Rn. 7 ff.; a.A. *Ringstmeier/Hohmann*, ZIP 2005, 284 (285 f.).
103 BGH 16.07.2009, IX ZB 221/08, NZI 2009, 602 Rn. 4; ZInsO 2012 16.07.2009, IX ZB 234/08; OLG Frankfurt 20.02.2012, 13 W 68/11, NZI 2012, 714; OLG Celle 29.06.2012, 9 W 86/12, ZInsO 2012, 1989, 1990.
104 BGH 22.11.2012, IX ZB 62/12, NZI 2013, 79 Rn. 9 ff.

steht.[105] Zu berücksichtigen ist auch die Durchsetzbarkeit der Forderung, wobei eine mangelnde Leistungsfähigkeit des Beklagten mit einem prozentualen Abschlag nach Maßgabe der voraussichtlichen Beitreibbarkeit zu berücksichtigen ist.[106] Zur Verfolgung einer Kleinforderung von € 9,– ist keine Prozesskostenhilfe zu bewilligen.[107] Im Verfahren über die sofortige Beschwerde bzw. Rechtsbeschwerde wegen Versagung der Restschuldbefreiung ist dem Insolvenzverwalter keine Prozesskostenhilfe zu bewilligen, weil er keine Parteistellung hat.[108]

30 Zu prüfen ist, ob den am Gegenstand des Verfahrens wirtschaftlich Beteiligten ein **Kostenvorschuss** zugemutet werden kann. Vorschüsse auf die Prozesskosten sind nur solchen Beteiligten zuzumuten, welche die erforderlichen Mittel unschwer aufbringen können und deren zu erwartender Nutzen bei vernünftiger, auch das Eigeninteresse sowie das Prozesskostenrisiko angemessen berücksichtigender Betrachtungsweise bei einem Erfolg der Rechtsverfolgung durch den Verwalter deutlich größer sein wird.[109] Hierbei sind insb. die im Falle des Obsiegens zu erwartende Quotenverbesserung,[110] das Prozess- und Vollstreckungsrisiko und die Gläubigerstruktur zu berücksichtigen.[111] Zwischen Groß- und Kleingläubigern ist zu differenzieren. Eine pauschale Ausgrenzung, wonach Gläubiger mit einem Anteil von weniger als 5 % der Forderungssumme nicht zu beteiligen sind, kann nicht getroffen werden.[112] Gläubiger bestrittener Forderungen können nicht herangezogen werden.[113] Absonderungsberechtigte sind zu berücksichtigen, soweit der Insolvenzverwalter nicht darlegt, dass sie mit einer weitergehenden Befriedigung ihrer Ansprüche rechnen können.[114] Eine mögliche Quotenverbesserung von 3,5 % bei einer nahezu uneinbringlichen Forderung genügt grds. nicht.[115] Den Gläubigern ist eine Aufbringung der Kosten selbst dann zuzumuten, wenn sie bei einem Prozessverlust aus der Masse keinen Ersatz der von ihnen vorgeschossenen Kosten erhalten.[116] Das gilt auch und gerade im Hinblick auf eine Anfechtungsklage.[117] Banken,[118] der Steuerfiskus[119] und die Sozialversicherungsträger[120] sind wegen der verstärkten Gleichbehandlung der Gläubiger nicht von der Vorschussleistung freigestellt. Arbeitnehmern und der Bundesagentur für Arbeit[121] ist dagegen die Leistung eines Vorschusses nicht zumutbar.[122] Der Insolvenzverwalter – auch der vorläufige Insolvenzverwalter[123] – hat die Bewilligungsvoraussetzungen (Forderungen der Gläubiger nach Art und Höhe) und damit auch die Umstände, weswegen wirtschaftlich beteiligten Gläubigern eine Prozessfinanzierung nicht zumutbar ist, darzulegen und ggf. glaubhaft zu machen.[124] Maßgebend ist, ob ein Prozesskos-

---

105 BGH 22.11.2012, IX ZB 62/12, NZI 2013, 79 Rn. 10.
106 BGH 07.02.2013, IX ZB 48/12, ZInsO 2013, 496 Rn. 6.
107 FG Leipzig 05.12.2011, 1 K 1792/08, ZVI 2012, 200.
108 BGH 16.02.2012, IX ZB 113/11, NZI 2012, 278 Rn. 24.
109 BGH 14.12.2011, XII ZA 22/11, NZI 2012, 192 Rn. 2; 03.05.2012, V ZB 138/11, NZI 2012, 626 Rn. 8; 04.12.2012, II ZA 3/12, NZI 2013, 82 Rn. 2.
110 Um das Fünffache, BGH 23.10.2008, II ZR 211/08, NJW-Spezial 2009, 21; 07.06.2011, II ZA 1/11, ZInsO 2011, 1552 Rn. 3.
111 BGH 28.02.2007, IV ZR 320/04, NZI 2007, 410 Rn. 7; 27.09.2007, IX ZB 172/06, NZI 2008, 98 Rn. 9.
112 OLG München 05.04.2013, 5 U 1051/13, ZInsO 2013, 1091.
113 OLG München 28.06.2010, 5 W 1581/10, ZInsO 2010, 1648 (1649).
114 BGH 03.05.2012, V ZB 138/11, NZI 2012, 626 Rn. 18 f.
115 OLG Celle 14.02.2012, 9 W 22/12, ZVI 2012, 119 (120).
116 BGH 03.05.2012, V ZB 138/11, NZI 2012, 626 Rn. 9.
117 BGH 16.07.2009, IX ZB 221/08, NJW-RR 2009, 602 Rn. 5.
118 BGH 07.06.2011, II ZA 1/11, ZInsO 2011, 1552, Rn. 3.
119 BGH 24.03.1998, XI ZR 4/98, NJW 1998, 1868; 08.02.1999, II ZB 24/98, NJW 1999, 1404; Braun/*Bußhardt* Rn. 16b.
120 KG 25.02.2000, 7 W 602/00, NZI 2000, 221 (222); a.A. OLG München 16.05.2013, 5 W 835/13, ZInsO 2013, 1047.
121 *Lang* NZI 2012, 746 (748).
122 BGH 27.09.1990, IX ZR 250/89, NJW 1990, 40 (41).
123 OLG Braunschweig 04.10.2012, 2 W 164/12, NZI 2013, 91.
124 BGH 04.12.2012, II ZA 3/12, NZI 2013, 82 Rn. 3.

tenvorschuss zumutbar ist, nicht ob die Gläubiger bereit sind, die Prozesskosten aufzubringen.[125] Ggf. muss der Rechtsstreit unterbleiben.[126] Dem Insolvenzverwalter ist auch eine Koordination von 15 Gläubigern zuzumuten.[127] Gegen Anordnungen nach den §§ 21, 22 kann aus dem Kreis der hinzugezogenen weiteren Beteiligten nur den Personen Prozesskostenhilfe gewährt werden, die im Verfahren eigene Rechte verfolgen können, wozu nicht der vorläufige Insolvenzverwalter gehört.[128] Umstritten ist, ob auch Massegläubigern zugemutet werden kann, sich am Kostenvorschuss zu beteiligen.[129] Es besteht kein Vorrang des Erstattungsanspruchs der Staatskasse aus § 120 Abs. 4 ZPO gegenüber den insolvenzrechtlichen Verteilungsregeln.[130]

VII. Verfahrensleitung, Verbindung, Aussetzung, Protokoll, Zustellung

Die Vorschriften der §§ 129–165 ZPO müssen differenziert behandelt werden. § 128 Abs. 1 ZPO ist wegen § 5 Abs. 2 Satz 1 nur auf dem Randgebiet der Restbestände einer fakultativen Mündlichkeit entsprechend anwendbar. Gegenüber § 129a ZPO[131] ist § 305 Abs. 1 Satz 1 InsO zu beachten. § 130a ZPO ist anwendbar.[132] § 133 Abs. 1 kann grds. herangezogen werden, doch wird das Gericht wegen der Eilbedürftigkeit die erforderlichen Abschriften auf Kosten des Antragstellers erstellen.[133] Eine Sonderregelung enthält § 306 Abs. 2 Satz 2, 3 mit der Rücknahmefiktion aus § 305 Abs. 2 Satz 2. Die §§ 136, 138 ZPO sind entsprechend anwendbar.[134] **31**

Auch die Regelung der **materiellen Prozessleitung** ist auf das Insolvenzverfahren zu übertragen. Dabei müssen allerdings der besonderen Struktur und den weitergehenden gerichtlichen Aufklärungs-, Kontroll- und Fürsorgepflichten,[135] gerade auch im Verbraucherinsolvenzverfahren,[136] Rechnung getragen werden.[137] Dafür ist zunächst der Insolvenzantrag nach den mutmaßlichen Interessen des Antragstellers auszulegen. Fehlen nähere Anhaltspunkte, soll der Antrag als Antrag auf Eröffnung eines Regelinsolvenzverfahrens auszulegen sein.[138] Kommt nach den Feststellungen die zunächst vom Insolvenzgericht bestimmte Verfahrensart nicht in Betracht, muss den Beteiligten rechtliches Gehör gewährt werden.[139] Auch die Amtsermittlungspflicht löst das Gericht aus den Fesseln, die durch den Beibringungsgrundsatz in § 139 ZPO begründet sind. Dem ist vielfach durch besondere Hinweispflichten Rechnung zu tragen. Beispielhaft steht dafür die vom BGH formulierte Pflicht, den Schuldner bei Anberaumung des Schlusstermins ausdrücklich darauf hinzuweisen, dass der Gläubiger nur im Schlusstermin einen Versagungsantrag stellen und der Schuldner die geltend gemachten Versagungsgründe nur dort bestreiten kann.[140] § 141 ZPO wird durch § 97 Abs. 3 Satz 1 verdrängt. § 142 ist entsprechend anwendbar.[141] **32**

---

125 BGH 04.12.2012, II ZA 3/12, NZI 2013, 82 Rn. 10.
126 BGH 24.03.1998, XI ZR 4/98, BGHZ 138, 188 (193); 13.09.2012, IX ZA 1/12, ZInsO 2012, 2198 Rn. 6.
127 BGH 04.12.2012, II ZA 3/12, NZI 2013, 82 Rn. 11.
128 BGH 17.01.2008, IX ZB 20/07, ZInsO 208, 203 (204).
129 Braun/*Bußhardt* Rn. 16 ff.
130 BGH 21.09.2006, IX ZB 305/05, NJW-RR 2007, 628 Rn. 8; MüKo-InsO/*Ganter/Lohmann* Rn. 22c.
131 Anwendbar nach Nerlich/Römermann/*Becker* Rn. 19; a.A. MüKo-InsO/*Ganter/Lohmann* Rn. 25.
132 HambK-InsR/*Rüther* Rn. 55.
133 OLG Köln 29.12.1999, 2 W 205/99, NZI 2000, 80 (81); FK-InsO/*Schmerbach* § 14 Rn. 13.
134 MüKo-InsO/*Ganter/Lohmann* Rn. 47.
135 Vgl. BVerfG 27.10.1988, 1 BvR 1340/88, NJW 1989, 3271.
136 BT-Drucks. 14/5680, 12, 21.
137 Vgl. MüKo-InsO/*Ganter/Lohmann* Rn. 47.
138 BGH 24.07.2003, IX ZA 12/03, NZI 2003, 647.
139 LG Hamburg 11.10.2011, 326 T 102/11, NZI 2012, 29.
140 BGH 10.02.2011, IX ZB 237/09, ZInsO 2011, 837 Rn. 12; s.a. BGH 17.02.2005, IX ZB 176/03, BGHZ 162, 181 (186); *Ahrens* FS Ganter, S. 71 ff.
141 LG Köln 05.07.2004, 19 T 81/04, NZI 2004, 671 (672).

§ 4 InsO Anwendbarkeit der Zivilprozessordnung

33 Über das Vermögen eines Schuldners kann auch bei mehreren Gläubigeranträgen nur ein Insolvenzverfahren eröffnet werden.[142] Im Eröffnungsverfahren ist eine **Verbindung** entsprechend § 147 ZPO ausgeschlossen.[143] Mit der Insolvenzeröffnung können mehrere Verfahren entsprechend § 147 ZPO durch unanfechtbaren Beschluss verbunden werden,[144] aber nicht von mehreren Schuldnern.[145] Werden die Verfahren in diesem Zeitpunkt nicht miteinander verbunden, kann nicht von einer automatischen Erledigung der nicht eröffneten Verfahren ausgegangen werden,[146] weil für eine Beendigung eine gerichtliche Handlung oder eine Parteihandlung erforderlich ist. Nach Eröffnung ist eine Verbindung wegen des erreichten unterschiedlichen Verfahrensstands ausgeschlossen.[147]

34 Eine **Aussetzung** des Verfahrens nach den §§ 148, 149 ZPO ist im eilbedürftigen, auf eine rasche Befriedigung der Gläubiger angelegten Insolvenzverfahren weder im Eröffnungsstadium noch im eröffneten Verfahren zulässig.[148] Wegen der gesetzlich in § 287 Abs. 2 Satz 1 fixierten Verfahrensdauer und der darin angelegten Verteilungsentscheidung scheidet eine Aussetzung auch während des Restschuldbefreiungsverfahrens aus.[149] Ebenso steht einer Aussetzung analog § 148 ZPO wegen eines konkreten Normenkontrollverfahrens in einem anderen Verfahren der erwähnte besondere Charakter von Insolvenz und Restschuldbefreiung entgegen.[150] Der Richter verweigert mit der Aussetzung den Beteiligten zunächst eine Entscheidung in der Sache und verzögert die Erledigung des Verfahrens.[151]

35 Eine **Untervertretung** nach § 157 ZPO ist zulässig. Im Schuldenbereinigungsplanverfahren steht dem § 305 Abs. 4 nicht entgegen,[152] denn diese Regelung soll den Wirkungskreis der Schuldnerberatungsstellen erweitern,[153] nicht aber die sonstigen Vertretungsmöglichkeiten beschränken. Entsprechend anwendbar sind außerdem die Vorschriften der §§ 159 ff. ZPO über das Protokoll,[154] auch für die Gläubigerversammlung.[155]

36 Die **Zustellungsvorschriften** der §§ 166–195 ZPO sind mit den sich aus den insolvenzrechtlichen Sonderregeln der §§ 8, 307 Abs. 1 Satz 3 ergebenden Modifikationen anwendbar. Ausdrücklich verweist § 8 Abs. 1 Satz 2 Hs. 2 auf § 184 Abs. 2 Satz 1, 2 und 4 ZPO. Eine öffentliche Zustellung i.S.v. § 185 ZPO entfällt grds. gem. § 8 Abs. 2 und wird durch die öffentliche Bekanntmachung aus § 9 ersetzt.[156] Allein im Fall des § 307 Abs. 1 Satz 3 ist ausnahmsweise eine öffentliche Zustellung von Amts wegen durchzuführen. § 178 Abs. 1 Nr. 1 ZPO gilt entsprechend bei der Zustellung eines Versagungsbeschlusses an einen nicht volljährigen ständigen Mitbewohner,[157] der aber mindestens 14 Jahre alt sein muss.[158]

---

142 OLG Köln 14.06.2000, 2 W 85/00, NZI 2000, 480 (482 f.).
143 Kübler/Prütting/Bork/*Pape* § 13 Rn. 76; a.A. Uhlenbruck/*Uhlenbruck* § 13 Rn. 73.
144 OLG Köln 14.06.2000, 2 W 85/00, NZI 2000, 480 (482 f.); krit. Uhlenbruck/*Uhlenbruck* § 13 Rn. 74.
145 AG Göttingen 06.05.2002, 74 IN 138/02, ZInsO 2002, 498.
146 Kübler/Prütting/Bork/*Pape* § 13 Rn. 78.
147 Nerlich/Römermann/*Becker* Rn. 19; a.A. AG Köln 07.12.2010, 73 IN 484/10, BeckRS 2011, 05603.
148 BGH 27.07.2006, IX ZB 15/06, NZI 2006, 642 Rn. 5; 29.03.2007, IX ZB 141/06, NZI 2007, 408 Rn. 12; MüKo-InsO/*Ganter/Lohmann* Rn. 15; Uhlenbruck/*Pape* Rn. 2; HK-InsO/*Kirchhof* 6. Aufl., Rn. 25; Karsten Schmidt/*Stephan* Rn. 2.; Hess Rn. 46.
149 FK-InsO/*Ahrens* § 286 Rn. 25.
150 *Ahrens* ZInsO 2002, 1010 [1016]; a.A. AG München 15.10.2002, 1507 IK 2235/02.
151 BVerfG 03.02.2003, 1 BvL 11/02, 12/02, 13/02, 16/02 und 17/02, NZI 2003, 162; 14.01.2004, 1 BvL 8/03, NJW 2004, 1233 (1234).
152 FK-InsO/*Schmerbach* Rn. 11.
153 FK-InsO/*Grote* § 305 Rn. 65.
154 Braun/*Bußhardt* Rn. 23; Graf-Schlicker/*Kexel* Rn. 2.
155 Jaeger/*Gerhardt* Rn. 6.
156 HambK-InsR/*Rüther* § 8 Rn. 10.
157 LG Arnsberg 26.10.2009, 6 T 259/09, ZInsO 2010, 1160.
158 PG/*Kessen* § 178 Rn. 5.

VIII. Ladung, Termine, Fristen, Wiedereinsetzung, Unterbrechung

Die Vorschriften über Ladung, Termine und Fristen der §§ 214–229 ZPO können nur mit teilweise gewichtigen, aus ausdrücklichen insolvenzrechtlichen Sonderregelungen bzw. dem eilbedürftigen Charakter des Verfahrens resultierenden Abweichungen entsprechend herangezogen werden. § 217 ZPO ist im Eröffnungsverfahren wegen der gebotenen Schnelligkeit unanwendbar.[159] Im eröffneten Verfahren wird die Bestimmung durch die §§ 28, 29, 75 Abs. 2 überlagert. § 224 Abs. 2 ZPO ist auf die Antragsfrist aus § 287 Abs. 2 Satz 1 entsprechend anwendbar.[160] Bei Verhinderung des Treuhänders – oder Insolvenzverwalters – im Prüftermin ist § 227 Abs. 1 ZPO entsprechend anwendbar.[161] § 227 Abs. 3 Satz 1 ZPO ist kraft der ausdrücklichen Anordnung in § 5 Abs. 3 Satz 2 unanwendbar.

Die aufgrund des Gesetzes zur Einführung einer Rechtsbehelfsbelehrung im Zivilprozess und zur Änderung anderer Vorschriften vom 05.12.2012 zum 01.01.2014 in Kraft tretende Regelung des § 232 ZPO n.F. über die **Rechtsbehelfsbelehrung** im Zivilprozess[162] ist als Ausdruck der besonderen insolvenzgerichtlichen Fürsorgepflicht ab diesem Zeitpunkt entsprechend anzuwenden. Bei der **Wiedereinsetzung in den vorigen Stand** nach den §§ 233–239 ZPO ist zu differenzieren. Bei der Versäumung des **Prüfungstermins** gilt die Sonderregelung des § 186. Wird der Schuldner nicht ordnungsgemäß über den Prüfungstermin belehrt und widerspricht er nicht rechtzeitig der Anmeldung einer Forderung aus vorsätzlich begangener unerlaubter Handlung, soll ihm Wiedereinsetzung gewährt werden können.[163] Die Wiedereinsetzung ist **eröffnet** bei einer schuldlosen Versäumung der Beschwerdefrist aus § 569 Abs. 1 Satz 1 ZPO[164] und der Rechtsbeschwerdefrist entsprechend § 233 Abs. 1 ZPO. **Ausgeschlossen** ist die Wiedereinsetzung in den vorigen Stand in folgenden Fällen: Wenn die Forderungsanmeldung oder der Hinweis auf den Rechtsgrund einer vorsätzlich begangenen unerlaubten Handlung bei der Anmeldung versäumt wurden,[165] wenn die zweiwöchige Frist für den Restschuldbefreiungsantrag aus § 287 Abs. 1 Satz 2 versäumt ist,[166] denn der erforderliche Schutz wird hier durch die Hinweispflicht aus § 20 Abs. 2 vermittelt, bei einem im Schlusstermin oder in der Anhörungsfrist versäumten Antrag auf Versagung der Restschuldbefreiung nach § 290 Abs. 1, weil es sich um keine Notfrist handelt,[167] und bei einer versäumten Frist aus § 296 Abs. 1[168] bzw. aus § 303 Abs. 2.[169]

Beim **Tod des Schuldners** ist § 239 ZPO unanwendbar. Sowohl ein sog. Regelinsolvenzverfahren[170] als auch ein Verbraucherinsolvenzverfahren[171] werden in ein Nachlassinsolvenzverfahren übergeleitet. Ob diese Konsequenz auch beim Tod des Schuldners im Restschuldbefreiungsverfahren eintritt, ist umstritten.[172] Bei der **Unterbrechung** durch ein Insolvenzverfahren nach § 240 ZPO geht es

---

159 FK-InsO/*Schmerbach* Rn. 13.
160 BGH 17.02.2005, IX ZB 176/03, BGHZ 162, 181 (185).
161 AG Hohenschönhausen 08.09.1999, 36 IK 1/99, NZI 2000, 139 (140).
162 BGBl. I, 2418.
163 AG Duisburg 26.07.2008, 62 IN 36/02, NZI 2008, 628 (629).
164 OLG Köln 03.01.2000, 2 W 214/99, NZI 2000, 134 (135); LG Darmstadt 12.04.2013, 5 T 65/13, BeckRS 2013, 08309; MüKo-InsO/*Ganter/Lohmann* Rn. 51.
165 BGH 16.12.2011, IX ZR 24/10, ZInsO 2011, 244 Rn. 20.
166 OLG Köln 04.10.2000, 2 W 198/00, NZI 2000, 587 (590); FK-InsO/*Ahrens* § 287 Rn. 21; MüKo-InsO/*Ganter/Lohmann* Rn. 51; Uhlenbruck/*Vallender* § 287 Rn. 19; Nerlich/Römermann/*Römermann* § 287 Rn. 22; *Renger* VIA 2009, 14; a.A. LG Göttingen 14.11.2000, 10 T 142/00, NZI 2001, 220 (221); LG Dresden 02.01.2008, 5 T 681/07, ZInsO 2008, 48; *Pape* EWiR 2001, 127 (128).
167 Gottwald/*Ahrens* § 77 Rn. 89; Uhlenbruck/*Vallender* § 290 Rn. 7.
168 FK-InsO/*Ahrens* § 296 Rn. 29.
169 FK-InsO/*Ahrens* § 303 Rn. 16.
170 BGH 22.01.2004, IX ZR 39/03, BGHZ 157, 350 (354).
171 BGH 21.02.2008, IX ZB 62/05, NZI 2008, 382 f.; a.A. *Schmerbach* NZI 2008, 353 (354).
172 Bejahend Uhlenbruck/*Vallender* § 299 Rn. 9; *Nöll* Tod des Schuldners in der Insolvenz, Rn. 488 ff., 504 f.; Mohrbutter/Ringstmeier/*Pape* § 17 Rn. 98; *Siegmann* ZEV 2000, 345 (348); Köke/Schmerbach ZVI 2007, 497 (505); verneinend FK-InsO/*Ahrens* § 286 Rn. 49 ff.; *Hess* § 286 Rn. 65; nicht entschieden durch das *obiter dictum* des BGH 17.03.2005, IX ZB 214/04, NZI 2005, 399 (400).

nicht um die entsprechende Anwendung zivilprozessualer Regelungen auf das Insolvenzverfahren, sondern die Konsequenzen eines eröffneten Insolvenzverfahrens für einen Zivilprozess. Die Unterbrechung setzt Rechtshängigkeit voraus.[173] Das Verfahren wird nur berührt, wenn die Insolvenzmasse zumindest mittelbar betroffen ist, was bei dem aus einem Wettbewerbsverstoß folgenden Anspruch auf Drittauskunft nicht der Fall ist.[174] Zwangsvollstreckungsmaßnahmen werden nicht nach § 240 ZPO wegen der Eröffnung des Insolvenzverfahrens unterbrochen.[175] Ein Kündigungsrechtsstreit über ein Arbeitsverhältnis des Schuldners wird durch die Eröffnung eines (Verbraucher-)Insolvenzverfahrens nicht unterbrochen, weil es sich um einen höchstpersönlichen Anspruch handelt.[176] Ein **Ruhen des Verfahrens** nach § 251 ZPO darf nicht angeordnet werden.[177] Im Verbraucherinsolvenzverfahren gilt die Sonderregelung des § 306.

IX. Klageerhebung, Antragsrücknahme, Beweisregeln

40 Die Vorschrift des § 253 ZPO über die **Klageschrift** ist in ihrem Kern unanwendbar, weil Anforderungen an den Insolvenzgrund speziell ausgestaltet sind und das Zulassungsverfahren einseitig geführt wird.[178] Insb. ist § 253 Abs. 1 ZPO nicht übertragbar. Allerdings kann § 253 Abs. 2 Nr. 2 ZPO für die Darlegung des Insolvenzgrunds entsprechend berücksichtigt werden.[179] § 260 ZPO darf allenfalls ausnahmsweise herangezogen werden.[180] Die Regelung der **Rechtshängigkeit** aus § 261 ZPO kann nicht übertragen werden,[181] weil der Gläubigerantrag dem Schuldner im Zulassungsverfahren nicht zugestellt wird und an die Stelle von § 261 Abs. 3 ZPO die Sonderregelung in § 3 tritt.[182] § 263 ZPO ist insoweit entsprechend anwendbar, dass der Antragsteller im Eröffnungsverfahren die geltend gemachte Forderung auswechseln darf.[183]

41 Eine **Rücknahme** von Verfahrenshandlungen der Beteiligten entsprechend § 269 ZPO ist auch im Insolvenzverfahren zulässig.[184] Für den Insolvenzantrag gilt allerdings die besondere zeitliche Grenze aus § 13 Abs. 2, denn der Antrag kann nur bis zur Eröffnung oder rechtskräftigen Abweisung zurückgenommen werden. Nimmt der Antragsteller den Eröffnungsantrag zurück, trägt er entsprechend § 269 Abs. 3 Satz 2 ZPO die Kosten. Auch der Widerspruch gegen eine angemeldete Forderung[185] und der Antrag auf Erteilung der Restschuldbefreiung können zurückgenommen werden.[186] Bei einem Versagungsantrag ist dies bis zum Eintritt der Rechtskraft, also auch noch im Rechtsbeschwerdeverfahren zulässig.[187] Die Rücknahme des Versagungsantrags ist gegenüber demjenigen Gericht zu erklären, bei dem das Verfahren anhängig ist. Mit Rücknahme werden etwaige Versagungsentscheidungen wirkungslos. Ein dies feststellender Beschluss ist bei dem Gericht zu beantragen, dem gegenüber die Rücknahme zu erklären war.[188]

42 Auf eine **gütliche Streitbeilegung** nach § 278 ZPO kann es infolge der vollstreckungsrechtlichen Elemente nicht ankommen. Eine Mediation ist im eröffneten Insolvenzverfahren ausgeschlossen. Es

---

173 BGH 11.12.2008, IX ZB 232/08, NZI 2009, 169 Rn. 8 ff.
174 BGH 01.10.2009, I ZR 94/07, NJW 2010, 2213 Rn. 18 ff.
175 BGH 28.03.2007, VII ZB 25/05, BGHZ 172, 15 Rn. 8 ff.
176 BAG 05.11.2009, 2 AZR 609/08, NJW 2010, 955 Rn. 10.
177 BGH 14.01.2010, IX ZB 72/08, ZIP 2010, 856 (LS); FK-InsO/*Schmerbach* Rn. 16.
178 MüKo-InsO/*Ganter/Lohmann* Rn. 52a.
179 BGH 12.12.2002, IX ZB 426/02, BGHZ 153, 205 (207).
180 Aber AG Köln 18.02.2008, 71 IK 585/07, NZI 2008, 390 (391).
181 A.A. Braun/*Bußhardt* Rn. 26.
182 A.A. HambK-InsR/*Rüther* Rn. 58.
183 BGH 05.02.2004, IX ZB 29/03, NZI 2004, 587 (588).
184 Braun/*Bußhardt* Rn. 10; *Hess* Rn. 14.
185 AG Bremen 04.02.2005, 40 IN 881/02, NZI 2005, 399.
186 BGH 17.03.2005, IX ZB 214/04, NZI 2005, 399 (400).
187 BGH 15.07.2010, IX ZB 269/09, ZInsO 2010, 1495 Rn. 2 ff.; 12.05.2011, IX ZB 229/10, ZInsO 2011, 1126 Rn. 11.
188 BGH 15.07.2010, IX ZB 269/09, ZInsO 2010, 1495 Rn. 5 f.

können aber mediative Techniken etwa im Schuldenbereinigungs- oder Insolvenzplanverfahren eingesetzt werden. Im Einzelfall wird § 280 Abs. 2 ZPO von der insolvenzgerichtlichen Rechtsprechung entsprechend angewendet.[189] Eine **Verweisung bei Unzuständigkeit** entsprechend § 281 ZPO ist statthaft[190] (vgl. § 3 Rdn. 34).

Die **Beweisvorschriften** der §§ 284–287 ZPO sind im Wesentlichen anwendbar.[191] Allerdings werden die Elemente der Parteiautonomie bei Zulassung des Freibeweises in § 284 Satz 2–4 durch den Amtsermittlungsgrundsatz verdrängt. Im Restschuldbefreiungsverfahren muss ein Versagungsgrund zur vollen Überzeugung des Gerichts nach § 286 ZPO bestehen.[192] Deswegen sind auch die §§ 288–290 unanwendbar.[193] Ein Gläubigerantrag auf Eröffnung des Insolvenzverfahrens ist nach § 14 Abs. 1 nur zulässig, wenn der Gläubiger seine Forderung und den Insolvenzgrund glaubhaft macht. Die Glaubhaftmachung ist i.S.v. § 294 ZPO zu verstehen, wonach aufgrund präsenter Beweismittel die Voraussetzungen mit überwiegender Wahrscheinlichkeit erfüllt sein müssen.[194] Auch die in § 290 Abs. 2 verlangte Glaubhaftmachung des Versagungsgrunds ist übereinstimmend mit der zivilprozessualen Regelung des § 294 ZPO zu verstehen.[195] Gleiches gilt im Rahmen der §§ 296 Abs. 1 Satz 3, 303 Abs. 2. Nicht übertragbar sind die §§ 295–297 ZPO.[196] 43

X. Akteneinsicht

1. Grundlagen

Das Akteneinsichtsrecht aus § 299 ZPO ist mit manchen insolvenztypischen Modifikationen anzuwenden. Vorrangig zu berücksichtigen sind insb. die Sonderregeln der §§ 66 Abs. 2, 150 Satz 2, 153, 154, 175 Abs. 1 Satz 2, 188 Satz 2, 234. Zu unterscheiden sind sodann die Rechte von Schuldner und antragstellendem Gläubiger gem. § 299 Abs. 1 ZPO einerseits und von sonstigen verfahrensbeteiligten Gläubigern und anderen Dritten[197] nach § 299 Abs. 2 ZPO andererseits. Während den Beteiligten eines Insolvenzverfahrens i.S.v. § 299 Abs. 1 ZPO ein Akteneinsichtsrecht prinzipiell zusteht, ist das Akteneinsichtsrecht Dritter gem. § 299 Abs. 2 ZPO im Rahmen einer Ermessensentscheidung des Insolvenzgerichts zu gewähren. Der Insolvenzverwalter ist aufgrund seiner Amtsstellung stets einsichtsberechtigt. Außerdem wird nach dem Verfahrensstadium differenziert. Dem Grundrecht des Schuldners auf informationelle Selbstbestimmung kommt für den Interessenschutz eine beachtliche Rolle zu.[198] Wenn aber etwa in ein Angebot über einen Unternehmenskauf Einsicht genommen werden soll, müssen vor allem konkurrierende Gläubigerinteressen ausgeglichen werden, um eine bestmögliche Befriedigung zu ermöglichen. 44

Von Gerichten, Behörden und Sozialversicherungsträgern wird regelmäßig Akteneinsicht im Wege der **Amtshilfe** begehrt. Auf derartige Begehren ist § 299 Abs. 2 ZPO unanwendbar, auch wenn es sich insoweit um Dritte handelt.[199] Eine Akteneinsicht ist zu ermöglichen, wenn dem nicht die Eilbedürftigkeit des Verfahrens entgegensteht. Sonst kommt eine Versendung von Abschriften in Betracht.[200] Für **wissenschaftliche Untersuchungen** kann aus Art. 5 Abs. 3 GG ein Akteneinsichts- 45

---

189 LG Duisburg 28.11.2008, 7 T 231/08, NZI 2009, 911.
190 Uhlenbruck/*Pape* Rn. 15; Graf-Schlicker/*Kexel* Rn. 2.
191 MüKo-InsO/*Ganter/Lohmann* Rn. 56.
192 BGH 11.09.2003, IX ZB 37/03, BGHZ 156, 139 (147).
193 OLG Köln 14.06.2000, 2 W 85/00, NZI 2000, 480 (483); FK-InsO/*Schmerbach* Rn. 17; Uhlenbruck/*Pape* Rn. 2.
194 BGH 05.08.2002, IX ZB 51/02, NZI 2002, 681 (682).
195 BGH 11.09.2003, IX ZB 37/03, BGHZ 139 (142).
196 Kübler/Prütting/Bork/*Prütting* Rn. 17.
197 *Rein* NJW-Spezial 2012, 213.
198 Jaeger/*Gerhardt* Rn. 18; enger HambK-InsR/*Rüther* Rn. 31.
199 MüKo-InsO/*Ganter/Lohmann* Rn. 68; ausf. *Zipperer* NZI 2002, 244; a.A. OLG Brandenburg 05.09.2002, 11 VA 11/02, NZI 2003, 36.
200 MüKo-InsO/*Ganter/Lohmann* Rn. 68.

recht resultieren.[201] Auskünfte zum eröffneten Verfahren müssen vom Insolvenzgericht über die gesetzlichen Bekanntmachungs- und Informationspflichten hinaus nicht erteilt werden.[202]

2. Verfahrensabschnitte

46 Da das **Zulassungsverfahren** einseitig geführt wird, kann dort grds. nur der Antragsteller Akteneinsicht entsprechend § 299 Abs. 1 ZPO erlangen. Bei einem Gläubigerantrag ist im weiteren Verlauf des **Eröffnungsverfahrens** der Schuldner entsprechend § 299 Abs. 1 ZPO einsichtsberechtigt.[203] Als Schuldner sind bei einer führungslosen Gesellschaft die antragspflichtigen Gesellschafter oder Aufsichtsratsmitglieder anzusehen.[204] Andere Gläubiger sind nicht »Partei« i.S.v. § 299 Abs. 1 ZPO, weswegen ihnen die Einsicht nur nach § 299 Abs. 2 ZPO bei Einwilligung der »Parteien« oder einem glaubhaft gemachten rechtlichen Interesse gewährt werden kann.[205] Ein rechtliches Interesse liegt vor, wenn persönliche Rechte des Antragstellers durch den Akteninhalt berührt werden.[206] Dies gilt auch bei Sicherungsmaßnahmen.[207] Ein Akteneinsichtsrecht aus § 299 Abs. 2 ZPO besitzt in diesem Verfahrensstadium auch der vorläufige Insolvenzverwalter.[208] Das Einsichtsrecht des Sachverständigen resultiert aus den §§ 404a Abs. 1, 407a Abs. 4 ZPO.[209]

47 Im **eröffneten Insolvenzverfahren** sind der Antragsteller, der Schuldner und die verfahrensbeteiligten Gläubiger,[210] die ihre Forderungen angemeldet haben, einschließlich der nachrangigen Gläubiger und der Aus- und Absonderungsberechtigten,[211] entsprechend § 299 Abs. 1 ZPO einsichtsberechtigt. Bei bestrittenen Forderungen wird ein vollstreckbarer Titel oder ein Endurteil bzw. der Nachweis einer erhobenen Feststellungsklage gem. den §§ 189 Abs. 1, 179 Abs. 1 verlangt.[212] Da jedoch keine Teilnahme an den Beteiligungsrechten, sondern ein unterstützendes Verfahrensrecht geltend gemacht wird, um die Teilnahme erreichen zu können, genügt die Anmeldung. In den sonstigen Fällen einer bestrittenen Forderung resultiert das Akteneinsichtsrecht aus § 299 Abs. 2 ZPO.[213] Massegläubiger können nach Anzeige der Masseunzulänglichkeit entsprechend § 299 Abs. 1 ZPO,[214] sonst nach § 299 Abs. 2 ZPO Akteneinsicht nehmen.[215] Das Akteneinsichtsrecht aus § 299 Abs. 1 ZPO besteht auch für Mitglieder des Gläubigerausschusses, die keine Insolvenzgläubiger sind.[216] Bei einem Einsichtsrecht aus § 299 Abs. 1 ZPO ist keine ausdrückliche Abwägung mit schutzwürdigen Interessen der Beteiligten vorgesehen, doch lässt dafür die entsprechende Anwendung der Regelung Raum. Ausgehend von einer grds. zulässigen Einsichtnahme kann aber nur in Ausnahmefällen das Recht verweigert werden,[217] etwa bei einem schwebenden Prozess oder kollidierenden Geschäftsinteressen.

---

201 MüKo-InsO/*Ganter/Lohmann* Rn. 66.
202 Uhlenbruck/*Pape* Rn. 30.
203 Uhlenbruck/*Pape* Rn. 26.
204 Karsten Schmidt/*Stephan* Rn. 30; HambK-InsR/*Rüther* Rn. 33.
205 AG Göttingen 24.11.1999, 71 N 57/98, NZI 2000, 89.
206 BGH 05.04.2006, IV AR (VZ) 1/06, NZI 2006, 472 Rn. 15; OLG Hamburg 14.08.2001, 2 VA 6/00, NZI 2002, 99; Jaeger/*Gerhardt* Rn. 24.
207 A.A. Braun/*Bußhardt* Rn. 29, Anspruch.
208 AG Göttingen 26.05.2007, 74 IN 180/07, ZVI 2007, 315, zum vorläufigen »starken« Insolvenzverwalter; Jaeger/*Gerhardt* Rn. 22, vorläufiger Insolvenzverwalter.
209 MüKo-InsO/*Ganter/Lohmann* Rn. 67.
210 OLG Celle 05.01.2004, 2 W 113/03, ZInsO 2004, 204.
211 HK-InsO/*Kirchhof* 6. Aufl., Rn. 14.
212 LG Karlsruhe 04.03.2003, 11 T 42/03, NZI 2003, 327 (328); Braun/*Bußhardt* Rn. 30.
213 *Rein* NJW-Spezial 2011, 661.
214 HambK-InsR/*Rüther* Rn. 34.
215 OLG Frankfurt 18.01.2010, 20 VA 9/09, NZI 2010, 773 (774); *Lackhoff/Vogel* ZInsO 2011, 1974.
216 Karsten Schmidt/*Stephan* Rn. 31.
217 OLG Celle 05.01.2004, 2 W 113/03, ZInsO 2004, 204 (205).

Hat ein Gläubiger seine **Forderung nicht angemeldet**, ist ihm Einsicht entsprechend § 299 Abs. 2 ZPO zu gewähren.[218] Im Rahmen der Ermessensentscheidung des § 299 Abs. 2 ZPO sind die Akten dahingehend zu überprüfen, ob durch die Kenntnisnahme Dritter schutzwürdige Interessen der Verfahrensbeteiligten verletzt werden können. Bei besonderem Beteiligteninteresse können geheimhaltungsbedürftige Aktenteile von der Einsichtnahme ausgenommen werden.[219]

48

Ein **beendetes Insolvenzverfahren** ist abhängig von dem Zeitpunkt zu beurteilen, in dem es beendet wurde.[220] Ist das Verfahren im Eröffnungsstadium, etwa mangels Masse, beendet worden, sind allein der Antragsteller und der Schuldner Beteiligte i.S.v. § 299 Abs. 1 ZPO.[221] Ein anderer Gläubiger kann lediglich entsprechend § 299 Abs. 2 ZPO Einsicht nehmen.[222] Dazu muss er seine Gläubigerstellung glaubhaft machen.[223] Ein rechtliches Interesse kann in pfändbaren Ansprüchen des Schuldners gegen Dritte bestehen, etwa gegen Geschäftsführer und Gesellschafter,[224] nicht aber in eigenen Ansprüchen des Schuldners gegen verfahrensfremde Personen.[225] Unzureichend ist das Interesse an einer Strafverfolgung.[226] Entsprechendes gilt nach einer Rücknahme.[227] Ist das eröffnete Insolvenzverfahren, etwa nach der Schlussverteilung, aufgehoben und damit beendet worden, gelten die dafür formulierten Regeln.

49

3. Durchführung

Das Recht auf Akteneinsicht erstreckt sich nur auf die **Insolvenzakten**, einschließlich des Gutachtens, nicht aber auf die Beiakten und auch nicht auf die Geschäftsbücher des Schuldners.[228] Die Bücher und Geschäftspapiere dürfen nach § 69 Satz 2 nur die Mitglieder des Gläubigerausschusses einsehen. Die Einsicht erstreckt sich grds. auf das Gutachten des Sachverständigen,[229] § 299 Abs. 4 ZPO steht dem nicht entgegen.[230] In einem laufenden Insolvenzverfahren ist eine **Versendung** ausgeschlossen, weil sie fortwährend verfügbar sein müssen.[231] Dann ist eine Übersendung von Abschriften möglich und vielfach geboten,[232] es sei denn, das Insolvenzgericht wird durch den Umfang des einzelnen Gesuchs oder durch zahlreiche Gesuche überlastet.[233] Die Kosten hat der Antragsteller zu tragen. Werden die Akten vom Verwalter geführt, vgl. §§ 174 ff., sind sie zur Einsichtnahme beim Gericht niederzulegen.[234] Insb. nach Abschluss des Insolvenzverfahrens können die Akten an andere Gerichte, Behörden und Sozialversicherungsträger – im Wege der Amtshilfe (vgl. Rdn. 45) – ver-

50

---

218 OLG Frankfurt 23.07.2008, 20 VA 3/08, ZInsO 2009, 740 (742).
219 OLG Frankfurt 23.07.2008, 20 VA 3/08, ZInsO 2009, 740 (742).
220 Vgl. Jaeger/*Gerhardt* Rn. 23; MüKo-InsO/*Ganter/Lohmann* Rn. 60.
221 Uhlenbruck/*Pape* Rn. 28.
222 OLG Dresden 10.12.2002, 6 VA 0004/02, ZVI 2002, 457; OLG Brandenburg 10.08.2001, 11 VA 10/01, NZI 2002, 49; Jaeger/*Gerhardt* Rn. 23.
223 BGH 05.04.2006, IV AR (VZ) 1/06, NZI 2006, 472 Rn. 13 ff.
224 OLG Köln 03.05.1999, 7 VA 6/98, NZI 1999, 502 (503); *Rein* NJW-Spezial 2011, 661.
225 OLG Brandenburg 25.07.2000, 11 VA 7/00, NZI 2000, 485 (486); 10.08.2001, 11 VA 10/01, NZI 2002, 49 (50); s.a. MüKo-InsO/*Ganter/Lohmann* Rn. 65a; krit. Nerlich/Römermann/*Becker* Rn. 24.
226 AG Hamburg 29.11.2001, 67c IN 141/01, NZI 2002, 117; HK-InsO/*Kirchhof* 6. Aufl., Rn. 15.
227 Jaeger/*Gerhardt* Rn. 23.
228 MüKo-InsO/*Ganter/Lohmann* Rn. 73.
229 OLG Hamburg 14.08.2001, 2 VA 6/00, NZI 2002, 99 (100); OLG Celle 05.01.2004, 2 W 113/03, ZInsO 2004, 204 (205); MüKo-InsO/*Ganter/Lohmann* Rn. 74; FK-InsO/*Schmerbach* Rn. 66; Uhlenbruck/*Pape* Rn. 25; Nerlich/Römermann/*Becker* Rn. 24; a.A. AG Potsdam 06.02.2001, 35 IN 55/00, ZInsO 2001, 477 (478).
230 Jaeger/*Gerhardt* Rn. 28.
231 OLG Celle 19.01.2004, 2 W 118/03, ZVI 2004, 109 (111).
232 Jaeger/*Gerhardt* Rn. 35; Uhlenbruck/*Pape* Rn. 33.
233 Vgl. OLG Celle 19.01.2004, 2 W 118/03, ZVI 2004, 109 (111).
234 MüKo-InsO/*Ganter/Lohmann* Rn. 58.

sandt werden,²³⁵ sonst kommt eine Versendung an die Geschäftsstelle des nächstgelegenen Insolvenzgerichts in Betracht.²³⁶

51 Wird das Einsichtsrecht abgelehnt, ist kein **rechtliches Gehör** zu gewähren.²³⁷ Soweit das Einsichtsrecht auf § 299 Abs. 2 ZPO gestützt wird, ist dem Schuldner rechtliches Gehör zu gewähren, weil eine ermessensfehlerfreie Interessenabwägung verlangt, dem Schuldner im Rahmen des Möglichen und Zumutbaren Gelegenheit zu geben, sein Geheimhaltungsinteresse geltend zu machen.²³⁸ Ein Umkehrschluss, wonach dem Schuldner bei einer Akteneinsicht nach § 299 Abs. 1 ZPO kein rechtliches Gehör gewährt werden muss,²³⁹ greift zu kurz. Wenn eine Kollision mit schützenswerten Rechten des Schuldners zumindest denkbar ist, muss ihm infolge seines informationellen Selbstbestimmungsrechts auch hier rechtliches Gehör gewährt werden, es sei denn, es überwiegen von vornherein die Interessen des Gläubigers daran, mögliche zugriffsvereitelnde Maßnahmen des Schuldners zu verhindern.²⁴⁰

52 Die Entscheidung nach § 299 Abs. 1 ZPO trifft grds. das **funktional zuständige Rechtspflegeorgan**, im Eröffnungsverfahren der Richter, im eröffneten Verfahren der Rechtspfleger. Eine Delegation an den Geschäftsstellenbeamten kommt nur in Betracht,²⁴¹ wenn keine schwierige Interessenabwägung zu treffen ist. In Zweifelsfällen legt dieser dem Richter oder dem Rechtspfleger vor. Über die Akteneinsicht nach § 299 Abs. 2 ZPO hat der Vorstand des Gerichts zu entscheiden, doch darf er die Entscheidung an die Insolvenzabteilung delegieren.²⁴²

53 Als **Rechtsbehelf** ist im Fall des § 299 Abs. 1 ZPO gegen die Entscheidung des Richters die sofortige Beschwerde gem. § 4 InsO i.V.m. § 567 Abs. 1 ZPO,²⁴³ gegen die des Rechtspflegers oder des Urkundsbeamten die Erinnerung gegeben.²⁴⁴ Wird über das Einsichtsbegehren eines Dritten entsprechend § 299 Abs. 2 ZPO entschieden, handelt es sich um einen Justizverwaltungsakt nach § 23 EGGVG, der nach den §§ 24, 25 EGGVG bei einem Antrag auf gerichtliche Entscheidung durch das OLG überprüft wird.²⁴⁵

XI. Urteil, Beweisaufnahme, Verfahren vor den Amtsgerichten

54 Im insolvenzrechtlichen Beschlussverfahren sind die **Urteilsvorschriften** im Wesentlichen unanwendbar. Ausnahmsweise können aber doch Einzelregelungen herangezogen werden, wie etwa § 303 ZPO bei einem Zwischenstreit über die Erledigung des Verfahrens.²⁴⁶ Unanwendbar ist § 318 ZPO, denn Beschlüsse des Insolvenzgerichts, die mit der sofortigen Beschwerde angreifbar sind, können, solange sie noch nicht bestandskräftig sind, von Amts wegen geändert werden.²⁴⁷ Im Grundsatz entsprechend anwendbar sind dagegen § 319,²⁴⁸ auch für Eintragungen in die Tabelle,²⁴⁹ §§ 320,

---

235 FK-InsO/*Schmerbach* Rn. 83.
236 AG Göttingen 21.02.2002, 74 IN 1/02, NZI 2002, 266.
237 Uhlenbruck/*Pape* Rn. 34.
238 BGH 18.02.1998, IV AR (VZ) 2/97, ZIP 1998, 961 (962); s.a. OLG Brandenburg 11.08.1997, 2 VA 4/97, ZInsO 1998, 41 (42), zu § 299 Abs. 2 ZPO, aber mit umfassender Aussage.
239 So aber HambK-InsR/*Rüther* Rn. 40.
240 Braun/*Bußhardt* Rn. 34; HK-InsO/*Kirchhof* 6. Aufl., Rn. 13; enger Uhlenbruck/*Pape* Rn. 34.
241 Dazu FK-InsO/*Schmerbach* Rn. 86.
242 OLG Dresden 10.12.2002, 6 VA 0004/02, ZVI 2002, 457.
243 Vgl. OLG Celle 05.01.2004, 2 W 113/03, ZInsO 2004, 204.
244 MüKo-InsO/*Ganter/Lohmann* Rn. 68.
245 OLG Köln 03.05.1999, 7 VA 6/98, NZI 1999, 502; OLG Brandenburg 10.08.2001, 11 VA 10/01, NZI 2002, 49; OLG Dresden 10.12.2002, 6 VA 0004/02, ZVI 2002, 457.
246 AG Hamburg 10.10.2002, 67c IN 377/02, NZI 2003, 104; LG Duisburg 28.11.2008, 7 T 231/08, NZI 2009, 911.
247 BGH 13.07.2006, IX ZB 117/04, NZI 2006, 599.
248 LG Deggendorf 20.02.2002, 1 T 20/02, ZInsO 2002, 336; AG Marburg 28.01.2010, 22 IK 163/07, NZI 2011, 26.
249 LG Göttingen 23.01.2003, 10 T 7/03, NZI 2003, 383; MüKo-InsO/*Nowak* § 175 Rn. 14.

321, 321a ZPO. § 320 ZPO ist auf Endentscheidungen anzuwenden, die als möglicher Gegenstand einer Rechtsbeschwerde einer Sachverhaltsdarstellung nebst rechtlicher Begründung bedürfen und in einem Beschlussverfahren ergehen.[250] Bei einer Gehörsverletzung schafft § 321a ZPO einen besonderen Rechtsbehelf, der im Insolvenz- und Restschuldbefreiungsverfahren entsprechend gilt.[251]

Da auch Beschlüsse der **materiellen Rechtskraft** fähig sind, kann § 322 ZPO grds. herangezogen werden.[252] Auch der Eröffnungsbeschluss bindet,[253] doch soll es sich dabei lediglich um eine Tatbestandswirkung handeln.[254] Dagegen ist die abweisende Entscheidung über einen Kostenstundungsantrag nicht rechtskraftfähig[255] (vgl. § 4a Rdn. 19). Außerdem entfaltet auch die Tabelleneintragung Rechtskraftwirkung, § 178 Abs. 3. Eine Sonderregel enthält § 183. § 329 ZPO ist teilweise anwendbar.[256] Die Vorschriften über das Versäumnisurteil sind dagegen auf ein streitiges Parteiverfahren bezogen und deswegen nicht übertragbar. 55

Die Vorschriften über die **Beweisaufnahme** der §§ 355–484 ZPO können generell herangezogen werden. Allerdings findet die Beweiserhebung im Insolvenzverfahren von Amts wegen statt. Für das Amtsermittlungsverfahren gilt der **Freibeweis**. Das Gericht soll dabei weder an die Vorschriften der ZPO über das Beweisverfahren noch die ausdrücklich genannten Beweismittel gebunden[257] sein (vgl. § 5 Rdn. 26 ff.). Es gelten deswegen die wesentlichen Regeln zum Zeugenbeweis. Die Vorschriften über den Sachverständigenbeweis der §§ 402 ff. ZPO sind nur mit durchaus bedeutsamen Modifikationen anwendbar. Insb. ist dem besonderen Charakter des Eröffnungsverfahrens Rechnung zu tragen. Wegen der Eilbedürftigkeit des Eröffnungsverfahrens kann ein Sachverständiger dort nicht nach den §§ 406 Abs. 1 Satz 1, 42 Abs. 2 ZPO abgelehnt werden.[258] Diese besondere Stellung endet mit Eröffnung des Insolvenzverfahrens, weswegen ein mit der Prüfung der Schlussrechnung beauftragter Sachverständiger abgelehnt werden kann.[259] An die Stelle der §§ 445–484 ZPO treten grds. die §§ 97, 98, 101 InsO, wobei § 98 Abs. 1 Satz 2 auf die entsprechend anzuwendenden §§ 478–480, 483 ZPO verweist. Ein selbständiges Beweisverfahren nach den §§ 485–494a ZPO ist im oder außerhalb des Insolvenzverfahrens ausgeschlossen. 56

Der wesentliche sachliche Gehalt des in den §§ 495–510b ZPO geregelten **Verfahrens vor den Amtsgerichten** ist nicht auf das Insolvenzverfahrens übertragbar. § 495 ZPO ist allerdings entsprechend anzuwenden. § 495a ZPO kollidiert mit der erforderlichen Formalisierung des Insolvenzverfahrens, auch wenn die Bestimmung wegen der Wertgrenze von € 600,– kaum jemals relevant werden dürfte.[260] § 496 ZPO ist grds. entsprechend anwendbar,[261] wird aber durch § 174 Abs. 1 Satz 1 und im Verbraucherinsolvenzverfahren durch § 305 Abs. 1 Satz 1 verdrängt. § 504 ZPO ist aufgrund der Sonderregeln in den §§ 2, 3 nicht anwendbar. Auch § 506 ZPO kann nicht übertragen werden, ebenso wenig wie § 510b ZPO. 57

---

250 BGH 19.06.1975, KVR 2/74, BGHZ 65, 30 (36); 15.04.2010, IX ZB 175/09, NZI 2010, 530 Rn. 7.
251 Vgl. BGH 07.03.2002, IX ZB 11/02, BGHZ 150, 133 (136); AG Göttingen 08.09.2011, 71 IN 138/06, ZVI 2011, 470; AG Frankfurt/O 10.04.2012, 3 IN 709/07, ZInsO 2012, 1687; HambK-InsR/*Rüther* Rn. 59.
252 Vgl. BGH 14.01.1991, II ZR 112/90, BGHZ 113, 216 (218); *Hess* Rn. 13.
253 BGH 14.01.1991, II ZR 112/90, BGHZ 113, 216 (218).
254 MüKo-InsO/*Ganter/Lohmann* Rn. 80b.
255 LG Berlin 16.07.2003, 86 T 792/03, ZInsO 2003, 718.
256 BGH 23.10.1997, IX ZR 249/96, BGHZ 137, 49 (51 f.).
257 So BGH 04.11.1999, III ZR 306/98, BGHZ 143, 122 (124), schon für die Prüfung von Amts wegen; krit. *Rosenberg/Schwab/Gottwald* Zivilprozessrecht, § 77 Rn. 48.
258 AG Göttingen 26.05.2007, 74 IN 180/07, ZVI 2007, 315; Uhlenbruck/*Pape* Rn. 14; MüKo-InsO/*Ganter/Lohmann* Rn. 42; FK-InsO/*Schmerbach* Rn. 28; Uhlenbruck/*Pape* Rn. 14; s.a. BGH 25.01.2007, IX ZB 240/05, NZI 2007, 284 Rn. 19; a.A. Braun/*Bußhardt* Rn. 6; *Graeber* NZI 2002, 345 (346).
259 OLG Köln 06.12.1989, 2 W 173/89, NJW-RR 1990, 383 (384); LG Stendal 30.06.2003, 25 T 237/03, ZInsO 2003, 721.
260 Vgl. Nerlich/Römermann/*Becker* Rn. 22.
261 Jaeger/*Gerhardt* Rn. 17.

XII. Anfechtbarkeit

58 Nach Maßgabe von § 6 sind die Entscheidungen des Insolvenzgerichts entsprechend den §§ 567–577 ZPO anfechtbar. § 64 Abs. 3 Satz 2 verweist auf die Regelung des § 567 Abs. 2 ZPO über den Mindestbeschwerdewert. Die insolvenztypische Regelung des § 7 wurde durch Art. 2 i.V.m. Art. 5 des Gesetzes zur Änderung des § 522 ZPO v. 21.10.2011 aufgehoben.[262] Die Rechtsbeschwerde ist deswegen nur noch entsprechend § 574 Abs. 1 Nr. 2 ZPO bei Zulassung durch das Beschwerdegericht eröffnet. Die Vorschriften der §§ 578–591 ZPO über die **Wiederaufnahme des Verfahrens** sind entsprechend auf unanfechtbare, streitentscheidende Beschlüsse in Insolvenzverfahren anwendbar.[263] Über das Wiederaufnahmegesuch ist im Beschlussverfahren zu entscheiden.[264] Ist die Restschuldbefreiung erteilt, werden die Wiederaufnahmeregeln im Anwendungsbereich des § 303 verdrängt.

XIII. Vollstreckungsverfahren

59 Die Vorschriften über die Einzelzwangsvollstreckung der §§ 704–945 ZPO sind im Rahmen eines Insolvenzverfahrens trotz der Verweisung **überwiegend unanwendbar**. Obwohl das Insolvenzverfahren wesentliche Elemente eines Vollstreckungsverfahrens aufweist, steht es als Universalverfahren im Gegensatz zur Einzelvollstreckung nach den Vorschriften der §§ 704 ff. ZPO. Als auch vollstreckungsrechtlich geprägte Kodifikation (vgl. § 1 Rdn. 24) sind in der Insolvenzordnung weithin Sonderregeln normiert, wofür beispielhaft die Verwertungs- und Verteilungsbestimmung stehen. Aber auch im Rahmen der Gesamtvollstreckung können insolvenzrechtliche Maßnahmen erforderlich werden, die sich ihrer Natur nach wie Einzelzwangsvollstreckungen darstellen.[265] Zur Zuständigkeit des Insolvenzgerichts für vollstreckungsrechtliche Anordnungen vgl. § 2 Rdn. 14 ff. Entsprechend anwendbar sind die §§ 704, 705 ZPO.[266] Die §§ 724 ff. ZPO sind mit den Modifikationen der §§ 201 Abs. 2 Satz 2, 202 entsprechend heranzuziehen. Die §§ 758, 758a ZPO, mit ihren auch den Grundrechtsschutz verwirklichenden Aufgaben, sind im Insolvenzverfahren entsprechend anwendbar.[267] § 764 ZPO wird z.T. durch die Zuständigkeit des Insolvenzgerichts verdrängt (vgl. § 2 Rdn. 14 ff.).

60 Im Insolvenzverfahren natürlicher Personen kann **§ 765a ZPO** entsprechend herangezogen werden. Im Eröffnungsverfahren ist § 765a ZPO schon deswegen zu berücksichtigen, weil noch keine Entscheidung über die Eröffnung getroffen ist. Eine Einstellung des gesamten Eröffnungsverfahrens ist allerdings ausgeschlossen.[268] Als Generalklausel des Schuldnerschutzes kann § 765a ZPO auch nach Insolvenzeröffnung, mit Rücksicht auf die auch im Insolvenzverfahren zu beachtenden Grundrechte, gegen einzelne Verwertungsmaßnahmen Vollstreckungsschutz vermitteln.[269] § 766 ZPO wird in § 148 Abs. 2 Satz 2 InsO für entsprechend anwendbar erklärt[270] und ist auch darüber hinaus heranzuziehen. Letzteres gilt auch für § 767 ZPO.[271] § 779 soll entsprechend anwendbar sein.[272] § 788

---

262 BGBl. I, 2082; dazu *Buchholz*, NZI 2011, 584.
263 BGH 02.02.2006, IX ZB 279/04, NZI 2006, 234 (235); 07.12.2006, IX ZB 257/05, ZInsO 2007, 97; s.a. MünchKommZPO/*Braun* § 578 Rn. 19.
264 BGH 06.05.2004, IX ZB 349/02, NZI 2004, 440, (441); 02.02.2006, IX ZB 279/04, NZI 2006, 234 (235); Kübler/Prütting/Bork/*Prütting* Rn. 23.
265 BGH 16.10.2008, IX ZB 77/08, NJW 2009, 78 Rn. 18.
266 Braun/*Bußhardt* Rn. 40.
267 BGH 17.01.2008 – IX ZB 41/07, NJW-RR 2008, 1271 Rn. 7, 10; FK-InsO/*Schmerbach* Rn. 22; MüKo-InsO/*Ganter/Lohmann* Rn. 32.
268 Karsten Schmidt/*Stephan* Rn. 39.
269 BGH 16.10.2008, IX ZB 77/08, NJW 2009, 78 Rn. 18; AG Göttingen 23.11.2000, 74 IK 49/2000, ZInsO 2001, 275 (276); HK-InsO/*Kirchhof* 6. Aufl., Rn. 19; a.A. Jaeger/*Gerhardt* Rn. 56; LSZ/*Smid/Leonhardt* Rn. 11.
270 BGH 16.10.2008, IX ZB 77/08, NJW 2009, 78 Rn. 18.
271 Vgl. BGH 25.09.2008, IX ZB 205/06, NZI 2008, 737 Rn. 10; HK-InsO/*Kirchhof* 6. Aufl., Rn. 20.
272 AG Göttingen 24.02.2012, 74 IN 249/11, ZVI 2012, 192.

ZPO kann nicht herangezogen werden.[273] Auch § 793 ZPO ist entsprechend zu berücksichtigen.[274] Der Schuldenbereinigungsplan hat nach § 308 Abs. 1 Satz 2 InsO die Wirkungen eines Vergleichs nach § 794 Abs. 1 Nr. 1 ZPO, doch sind die Sonderregelungen der §§ 308–310 InsO zu berücksichtigen. Über § 98 Abs. 1 Satz 1 InsO ist auch auf § 807 ZPO abzustellen.

Nach § 36 Abs. 1 gehören nur pfändbare Gegenstände zur Insolvenzmasse. Damit sind die **Pfändungsschutzvorschriften** im Insolvenzverfahren entsprechend zu berücksichtigen. Diese Bestimmung ist vor allem im Insolvenzverfahren natürlicher Personen von Bedeutung. Heranzuziehen sind die §§ 811–811c, 812 ZPO. Ausdrücklich erklärt § 36 Abs. 1 Satz 2 InsO die §§ 850, 850a, 850c, 850e, 850f Abs. 1, 850g bis 850i, 851c, 851d ZPO für anwendbar. Nach der Ansicht des BGH ist § 850b ZPO wegen einer Berufsunfähigkeitsrente auch im Insolvenzverfahren entsprechend anwendbar.[275] Im Restschuldbefreiungsverfahren verweist § 292 Abs. 1 Satz 3 für den Umfang der Bezügeabtretung auf § 36 Abs. 1 Satz 2 und damit auf die Lohnpfändungsregeln. **61**

Anwendbar sein sollen auch die §§ 883 ff. ZPO.[276] Für die Anordnung der Haft gelten gem. § 98 Abs. 2, 3 Satz 1 InsO die §§ 904–906, 909, 910, 913 ZPO entsprechend. Wie aus der ausdrücklichen Verweisung des § 26 Abs. 2 Satz 2 InsO folgt, können auch die §§ 915–915h ZPO herangezogen werden. Es gilt dann eine fünfjährige Löschungsfrist. Teilweise anwendbar sind auch die §§ 916 ff. ZPO. **62**

D. Andere Gesetze

Die verfahrensbezogenen Garantien der **Verfassung** gelten auch im Insolvenzverfahren. Neben den Geboten eines effektiven Rechtsschutzes und eines fairen Verfahrens ist hier das Erfordernis des gesetzlichen Richters zu nennen.[277] Einen besonderen Stellenwert besitzt das in Art. 103 Abs. 1 GG verankerte prozessuale Urrecht des **rechtlichen Gehörs**,[278] das im Insolvenzverfahren eine eigenständige Einkleidung erhält.[279] Grds. ist auch im Insolvenzverfahren rechtliches Gehör zu gewähren. Konkretisiert wird das Gehörsrecht in den §§ 10, 14 Abs. 2, 15 Abs. 2 Satz 3, 20 Abs. 2, 21 Abs. 3 Satz 1, 70 Satz 3, 98 Abs. 2, 99 Abs. 1 Satz 2, 101 Abs. 1 Satz 2, 173 Abs. 2 Satz 1, 175 Abs. 2, 207 Abs. 2, 214 Abs. 2, 232 Abs. 1, 248 Abs. 2, 272 Abs. 2, 289 Abs. 1 Satz 1, 296 Abs. 2 Satz 1, 298 Abs. 2 Satz 1, 300 Abs. 1, 303 Abs. 3 Satz 1, 307 Abs. 1 Satz 2, 309 Abs. 2 Satz 1, 314 Abs. 2, 317 Abs. 2 Satz 2, Abs. 3, 318 Abs. 2 Satz 2, 332 Abs. 3 Satz 1, 333 Abs. 2 Satz 2 Hs. 2.[280] Der eilbedürftige Charakter und die Schutzbedürfnisse der Gläubiger verlangen häufig eine nachträgliche Anhörung des Schuldners, z.B. § 99 Abs. 1 Satz 3. Auch die öffentliche Zustellung berührt das rechtliche Gehör. In Massenverfahren, in denen der Kreis der Betroffenen groß ist und sich nicht von vornherein überblicken lässt, ist jedoch diese Art der Zustellung verfassungsrechtlich zu billigen.[281] Im Einzelfall ist sogar nach § 10 eine Gehörsversagung möglich. **63**

Verfahrens- und gerichtsorganisatorische Regelungen anderer Gesetze gelten auch für das Insolvenzverfahren und das Insolvenzgericht, soweit sich aus der Insolvenzordnung nichts anderes ergibt. Anwendbar sind deswegen die **gerichtsverfassungsrechtlichen Vorschriften**. Heranzuziehen sind etwa die Regelungen der Rechtshilfe.[282] Zur Öffentlichkeit vgl. Rdn. 13. Selbstverständlich anzuwenden sind die Bestimmungen der §§ 22, 23 GKG über den Kostenschuldner.[283] **64**

---

273 MüKo-InsO/*Ganter/Lohmann* Rn. 29; HambK-InsR/*Rüther* Rn. 62.
274 BGH 05.02.2004, IX ZB 97/03, NZI 2004, 278.
275 BGH 03.12.2009, IX ZR 189/08, NZI 2010, 141 Rn. 10.
276 FK-InsO/*Schmerbach* Rn. 22.
277 Uhlenbruck/*Pape* Rn. 41.
278 BVerfG 09.07.1980, 2 BvR 701/80, NJW 1980, 2698; 30.04.2003, 1 PBvU 1/02, NJW 2003, 1924 (1926).
279 KS-InsO/*Prütting* § 1 Rn. 21 ff.
280 Vgl. HK-InsO/*Kirchhof* 6. Aufl., Rn. 22; Uhlenbruck/*Pape* Rn. 41.
281 BVerfG 02.12.1987, 1 BvR 1291/85, BVerfGE 77, 275 (285).
282 OLG Köln 06.09.1999, 2 W 163/99, NZI 1999, 459.
283 FK-InsO/*Schmerbach* § 13 Rn. 79.

65 Im Insolvenzverfahren natürlicher Personen ist für Forderungen aus **Sozialleistungsverhältnissen** der Pfändungsschutz aus § 54 SGB I entsprechend zu berücksichtigen.[284] Leistungen der Sozialhilfe sind nach § 17 Abs. 1 Satz 2 SGB XII unpfändbar. Eine entsprechende ausdrückliche Regelung im SGB II fehlt, weswegen fraglich ist, ob die danach gewährten Leistungen vom Insolvenzbeschlag ausgenommen sind. Ein entsprechender Schutz gilt auch bei der Abtretung der gleichgestellten Bezüge nach § 287 Abs. 2 Satz 1.[285]

§ 4a Stundung der Kosten des Insolvenzverfahrens

(1) Ist der Schuldner eine natürliche Person und hat er einen Antrag auf Restschuldbefreiung gestellt, so werden ihm auf Antrag die Kosten des Insolvenzverfahrens bis zur Erteilung der Restschuldbefreiung gestundet, soweit sein Vermögen voraussichtlich nicht ausreichen wird, um diese Kosten zu decken. Die Stundung nach Satz 1 umfasst auch die Kosten des Verfahrens über den Schuldenbereinigungsplan und des Verfahrens zur Restschuldbefreiung. Der Schuldner hat dem Antrag eine Erklärung beizufügen, ob einer der Versagungsgründe des § 290 Abs. 1 Nr. 1 und 3 vorliegt. Liegt ein solcher Grund vor, ist eine Stundung ausgeschlossen.

(2) Werden dem Schuldner die Verfahrenskosten gestundet, so wird ihm auf Antrag ein zur Vertretung bereiter Rechtsanwalt seiner Wahl beigeordnet, wenn die Vertretung durch einen Rechtsanwalt trotz der dem Gericht obliegenden Fürsorge erforderlich erscheint. § 121 Abs. 3 bis 5 der Zivilprozessordnung gilt entsprechend.

(3) Die Stundung bewirkt, dass
1. die Bundes- oder Landeskasse
   a) die rückständigen und die entstehenden Gerichtskosten,
   b) die auf sie übergegangenen Ansprüche des beigeordneten Rechtsanwalts nur nach den Bestimmungen, die das Gericht trifft, gegen den Schuldner geltend machen kann;
2. der beigeordnete Rechtsanwalt Ansprüche auf Vergütung gegen den Schuldner nicht geltend machen kann.

Die Stundung erfolgt für jeden Verfahrensabschnitt besonders. Bis zur Entscheidung über die Stundung treten die in Satz 1 genannten Wirkungen einstweilig ein. § 4b Abs. 2 gilt entsprechend.

Übersicht

	Rdn.
A. Normzweck	1
B. Verhältnis zur Prozesskostenhilfe	5
C. Persönlicher Anwendungsbereich	8
D. Sachlicher Anwendungsbereich	12
E. Voraussetzungen der Kostenstundung im Eröffnungsverfahren	15
I. Antrag auf Kostenstundung	15
II. Restschuldbefreiungsantrag	21
III. Vergleichsberechnung	24
1. Grundlagen	24
2. Verfahrenskosten	25
3. Vermögen	31
a) Bestandteile	31
b) Quantifizierung	36
c) Prozesskostenvorschuss	38
IV. Kein Ausschluss gem. § 4a Abs. 1 Satz 3 und 4	44
1. Erklärung über § 290 Abs. 1 Nr. 1 und 3	44
2. Erweiternde Anwendung von § 4a Abs. 1 Satz 4	49
F. Verfahren	55
I. Zulässigkeit	55
II. Begründetheit	57
III. Entscheidung	67
G. Wirkungen	70
I. Reichweite	70
II. Kostenrechtliche Folgen	72
1. Einstweilige Wirkungen	72
2. Dauerhafte Wirkungen	77
3. Stundungsende	81
H. Beiordnung eines Rechtsanwalts	85

---

[284] FK-InsO/*Kohte* § 312 Rn. 45 ff.
[285] FK-InsO/*Ahrens* § 287 Rn. 110 ff.

A. Normzweck

Ein zentrales Anliegen des Gesetzgebers der Insolvenzordnung ist, mittellosen Personen den **Zugang zum** Insolvenz- und **Restschuldbefreiungsverfahren** unter zumutbaren Bedingungen zu ermöglichen.[1] Das Restschuldbefreiungsverfahren wird nur durchgeführt, wenn das Insolvenzverfahren zumindest eröffnet ist. Auf diese Weise werden wesentliche Ordnungsleistungen des Insolvenzverfahrens für die Restschuldbefreiung fruchtbar gemacht.[2] Von einer großen Zahl mittelloser Personen können allerdings nicht einmal die Kosten des Insolvenzverfahrens aus ihrem Einkommen und Vermögen gedeckt werden. Dann müsste der Eröffnungsantrag nach § 26 Abs. 1 Satz 1 mangels Masse abgewiesen werden und eine Restschuldbefreiung wäre gem. § 289 Abs. 3 Satz 1 ausgeschlossen. Gerade den ärmsten Personen, die am meisten einer Restschuldbefreiung bedürfen, wäre der Weg in ein Entschuldungsverfahren versperrt. Deswegen ist in den §§ 4a–4d das Institut der Verfahrenskostenstundung geschaffen, das mittellosen Personen die Chance auf einen wirtschaftlichen Neubeginn eröffnen soll.[3] § 4a enthält die Grundlagenbestimmung über die subjektiven und objektiven Voraussetzungen, Abs. 1, und Wirkungen der Kostenstundung, Abs. 3, einschließlich der Beiordnung eines Rechtsanwalts der Kostenstundung, Abs. 2.

Zutreffend spricht der BGH von einer **existenziellen Bedeutung** der Kostenstundung.[4] Diese Bemerkung zielt nicht allein auf eine finanzielle Entlastung des Schuldners durch die Kostenstundung, sondern gleichermaßen darauf, ihm eine Perspektive für das Entschuldungsverfahren zu eröffnen. Die Kostenstundung soll natürlichen Personen einen Zutritt zur Restschuldbefreiung eröffnen, § 26 Abs. 1 Satz 2, und damit zugleich das Entschuldungsverfahren mit Leben erfüllen. Dieses Ziel wird insbes. dann verfehlt, wenn der Schuldner im Zeitpunkt der Restschuldbefreiung Kostenansprüchen ausgesetzt wäre, die ihn erneut in ein Insolvenzverfahren treiben.[5] Durch die regelmäßig vierjährige Nachhaftung für die Kosten gem. § 4b Abs. 1 InsO i.V.m. § 115 Abs. 2 ZPO nach Erteilung der Restschuldbefreiung wird allerdings die dem Schuldner erteilte Restschuldbefreiung erheblich belastet und zumindest partiell entwertet.[6]

Verfassungsrechtlich erfüllt die Kostenstundung eine mehrfache Aufgabenstellung. Auf einer ersten Stufe gebieten Art. 3 Abs. 1 GG und das in Art. 20 Abs. 3 GG niedergelegte Rechtsstaatsprinzip, die Situation von Bemittelten und Unbemittelten im Bereich des Entschuldungsverfahrens weitgehend anzugleichen.[7] Außerdem trägt die Verfahrenskostenstundung dazu bei, die insolvenzrechtliche Ungleichbehandlung natürlicher Personen gegenüber Unternehmen zu begrenzen, indem sie den Weg in die Restschuldbefreiung erleichtert und so die Nachhaftung nach Ende des Insolvenzverfahrens einschränkt. Letztlich bildet sie auch einen Bestandteil der Rechtsschutzgewährleistung, indem sie einen umfassenden und effektiven Rechtsschutz in Insolvenzsachen ermöglicht.[8]

Das gesetzliche Institut der Kostenstundung aus den §§ 4a–4d beruht auf verschiedenartigen Grundlagen, die **terminologisch** nur unvollständig erfasst sind. Zutreffend bezeichnet der Ausdruck die Wirkungen gegenüber dem Schuldner. Stundet das Gericht die Kosten, werden die Kostenforderungen gegenüber dem Schuldner zwar nicht erlassen,[9] aber sie sind für die Stundungsdauer nicht fällig.[10] Begrifflich eher verdeckt wird das bestehende Forderungsrecht gegenüber der Insolvenzmasse, § 53, und den Leistungen während der Treuhandperiode nach § 292 Abs. 1 Satz 2. Aus der Insti-

---

1 BGH 25.09.2003, IX ZB 459/02, NJW 2003, 3780; Graf-Schlicker/*Kexel* Rn. 2.
2 Gottwald/*Ahrens* § 85 Rn. 1.
3 BGH 07.02.2013, IX ZB 245/11, NZI 2013, 351 Rn. 24.
4 BGH 25.10.2007, IX ZB 149/05, NZI 2008, 47 Rn. 6.
5 BGH 07.02.2013, IX ZB 245/11, NZI 2013, 351 Rn. 25.
6 Jaeger/*Eckardt* Rn. 13.
7 Vgl. die st. Rspr des BVerfG zur Prozesskostenhilfe, BVerfG NJW 1997, 2103 (2104); 04.02.2004, 1 BvR 596/03, NJW 2004, 1789.
8 Zur Prozesskostenhilfe Stein/Jonas/*Bork* vor § 114 Rn. 7 f.
9 FK-InsO/*Kohte* Rn. 27.
10 Jaeger/*Eckardt* Rn. 59.

tutsbezeichnung lässt sich diese Konsequenz nicht ersehen, insoweit erweist sie sich eher als unzutreffend. Zur **Neufassung** von § 4a Abs. 1 Satz 3 durch das Gesetz zur Verkürzung des Restschuldbefreiungsverfahrens und zur Stärkung der Gläubigerrechte vom 15.07.2013, BGBl. I S. 2379, siehe unten im Anschluss an die Kommentierung von § 4a.

B. Verhältnis zur Prozesskostenhilfe

5 Bereits während der Reformphase bis zum Inkrafttreten der Insolvenzordnung wurde deswegen intensiv und z.T. kontrovers über eine **Prozess- bzw. Insolvenzkostenhilfe** diskutiert, diese aber zunächst nicht verwirklicht.[11] Gesetzgeberischer Handlungsbedarf entstand, nach dem die prognostizierten Zahlen für das Verbraucherinsolvenz- und Restschuldbefreiungsverfahren bei Weitem nicht erreicht wurden und zudem der BGH eine Rechtsfortbildung durch die höchstrichterliche Rechtsprechung ausschloss.[12] Mit dem Gesetz zur Änderung der Insolvenzordnung und anderer Gesetze vom 26.10.2001[13] wurde deswegen die Verfahrenskostenstundung in den §§ 4a–4d eingeführt. In den seither vergangenen Jahren hat sich das Stundungsverfahren allgemein etabliert[14] und die ihm zugeschriebenen Aufgaben erfüllt. Deswegen hat sich der 1. Deutsche Privatinsolvenztag einstimmig für eine Stundungsregelung für mittellose Personen ausgesprochen. Soweit Kritik geäußert wird, ist sie vor allem fiskalpolitisch motiviert,[15] doch konnten bislang weder die angeblichen Haushaltsbelastungen bestätigt,[16] noch ein tragfähiges Alternativmodell entwickelt werden. Für die Insolvenzgläubiger resultieren aus der Kostenstundung entgegen abweichenden Annahmen keine zusätzlichen Belastungen, weil die vorrangige Erfüllung der gestundeten Kosten der auch sonst geltenden Befriedigungsreihenfolge des § 53 entspricht.[17]

6 Bei den Vorschriften über die Kostenstundung handelt es sich um ein am Konzept der Prozesskostenhilfebestimmungen der §§ 114 ff. ZPO orientiertes, aber doch weithin **eigenständiges Institut**.[18] Die Stundungsregeln stellen weder einen Ausschnitt der Prozesskostenhilfe noch Nebenbestimmungen dazu dar. Wesentliche Kennzeichen der autonomen Regelung bilden die insolvenzbezogene Qualifikation der Erfolgsaussichten anhand der Restschuldbefreiungsmöglichkeit[19] sowie die am Maßstab der Kostendeckung ausgerichtete Bedürftigkeitsprüfung. Außerdem werden bei vorhandenem Vermögen oder pfändbarem Einkommen des Schuldners die Verfahrenskosten unmittelbar vom Insolvenzverwalter oder Treuhänder an die Staatskasse abgeführt, was Verwaltungsaufwand erspart.[20] Im Anwendungsbereich der Stundungsregeln ist ein Prozesskostenhilfeantrag unzulässig. Auch darüber hinaus sind die Prozesskostenhilfevorschriften subsidiär.[21] Dieser Befund schließt es aber nicht aus, einzelne Bestimmungen der §§ 114 ff. ZPO ergänzend heranzuziehen.

7 Wegen des begrenzten Regelungshaushalts der Verfahrenskostenstundung existiert ein sichtbarer **Ergänzungsbedarf**. Zum Teil verweisen deswegen die Stundungsvorschriften explizit auf das Prozesskostenhilferecht, vgl. §§ 4a Abs. 2 Satz 2, 4b Abs. 1 Satz 2, Abs. 2 Satz 3. Soweit sich nicht aus den ausdrücklichen Bestimmungen der §§ 4a–4d etwas anderes ergibt und die insolvenztypischen Eigenheiten keine abweichende Behandlung verlangen, können auch darüber hinaus die Normen und anerkannten Lösungsangebote aus dem Bereich der Prozesskostenhilfe ergänzend herangezogen wer-

---

11 FK-InsO/*Kohte* Vor §§ 4a ff. Rn. 1 ff.; Jaeger/*Eckardt* Rn. 3 ff.; Uhlenbruck/*Mock* Rn. 1; *Graf-Schlicker* FS Uhlenbruck 2000, 573 ff.
12 BGH 16.03.2000, IX ZB 2/00, BGHZ 144, 78 (84 ff.).
13 BGBl. I, 2710.
14 FK-InsO/*Kohte* Vor §§ 4a ff. Rn. 11, 13 ff.; *Ahrens* NZI 2011, 425 (428).
15 *Wiedemann* ZVI 2004, 645 (648 ff.); *Rüntz/Heßler/Wiedemann/Schwörer* ZVI 2006, 185.
16 Krit. etwa *Busch/Mäusezahl* ZVI 2005, 398; *Grote/Müller* ZInsO 2006, 187.
17 A.A. Kübler/Prütting/Bork/*Prütting/Wenzel* Rn. 8.
18 BGH 25.09.2003, IX ZB 459/02, NJW 2003, 3780.
19 Jaeger/*Eckardt* Rn. 7.
20 Karsten Schmidt/*Stephan* Rn. 1.
21 Jaeger/*Eckardt* Rn. 15, 17.

den.[22] Allerdings besteht bspw. weder ein Formularzwang, wie nach § 117 ZPO (vgl. Rdn. 20), noch darf die Kostenstundung bei einer ratenweise möglichen Leistung versagt werden (vgl. Rdn. 36). Auch die Kostenstundung, darin ebenfalls der Prozesskostenhilfe vergleichbar,[23] kann aber als eine spezielle **Sozialleistung** im Bereich des Insolvenzverfahrens verstanden werden. Allerdings ergeben sich z.T. andere Probleme als im Prozesskostenhilferecht, weil etwa die Stundungsbewilligung nach § 4a Abs. 1 Satz 1 anhand insolvenzrechtlicher Maßstäbe erfolgt. Bei einer Stundungsverlängerung wird dagegen über § 4b Abs. 1 Satz 2 auf die in § 115 Abs. 1 ZPO verankerten sozialrechtlichen Kriterien abgestellt.

C. Persönlicher Anwendungsbereich

Aus der Aufgabenstellung der Kostenstundung lassen sich konkrete verfahrensrechtliche Konsequenzen ableiten. Kostenstundung darf allein **natürlichen Personen** als Schuldner gewährt werden,[24] da nur sie Restschuldbefreiung erlangen können. Mit dem Instrument der Verfahrenskostenstundung soll dem Schuldner der wirtschaftliche Neuanfang erleichtert werden. Die Stundung der Verfahrenskosten ist nicht auf den Bereich des Verbraucherinsolvenzverfahrens beschränkt. Folgerichtig können alle Personen, denen die Restschuldbefreiung eröffnet ist,[25] aber auch nur diese Personen, Kostenstundung erlangen.[26] Kostenstundung kann aber natürlichen Personen als persönlich haftenden Gesellschaftern bewilligt werden. Juristischen Personen und Gesellschaften mit Rechtspersönlichkeit sind bereits deswegen von der Kostenstundung ausgeschlossen. Weder sind sie insoweit sozialleistungsberechtigt[27] noch vermag eine Unternehmensreorganisation dem verfassungsrechtlich auch von der Achtung vor der Person[28] getragenen Ziel der Entschuldung natürlicher Personen gleichgestellt werden. Auch für verselbständigte Vermögensmassen mit den Verfahrensarten der §§ 315 ff. und insb. bei einer Nachlassinsolvenz kann keine Kostenstundung bewilligt werden, anders für den Erben selbst.[29] Insolvenzgläubigern kann keine Kostenstundung, wohl aber Prozesskostenhilfe gewährt werden.[30]

8

Jeder natürlichen **Person** kann grds. unabhängig von der Art ihrer wirtschaftlichen Tätigkeit Kostenstundung bewilligt werden. Sind die sonstigen Voraussetzungen erfüllt, kann ebenso einem Selbständigen, sei es einem Gewerbetreibenden, Freiberufler oder überhaupt Dienstleister, Künstler bzw. Landwirt, wie einer arbeitnehmerähnlich Person und einem nicht selbständig Erwerbstätigen, also einem Arbeitnehmer, Kostenstundung gewährt werden. Dem persönlich haftenden Gesellschafter können in einem Insolvenzverfahren über sein eigenes Vermögen die Kosten gestundet werden. Die Staatsangehörigkeit des Antragstellers ist bedeutungslos. Maßgebend ist, ob ein Insolvenzverfahren vor deutschen Gerichten geführt wird. Für eine Ungleichbehandlung existieren keine Anknüpfungspunkte.[31]

9

Auch **nicht erwerbstätigen Personen**, also Schülern, Auszubildenden, Studierenden, Hausfrauen (oder -männern), Arbeitslosen, Sozialleistungsempfängern oder Rentnern können die Verfahrenskosten gestundet werden. Gleiches gilt für Geschäftsunfähige bzw. beschränkt Geschäftsfähige, doch müssen sie im Verfahren wirksam vertreten werden. Da Strafgefangene und andere Häftlinge prin-

10

---

22 Nerlich/Römermann/*Becker* Rn. 3.
23 Dazu BVerfG 03.07.1973, 1 BvR 153/69, NJW 1974, 229 (230); BGH 26.10.1989, III ZR 147/88, BGHZ 109, 163 (168); 20.12.2006, XII ZB 118/03, NJW 2007, 844 Rn. 21; 30.09.2009, XII ZB 135/07, NJW 2009, 3658 Rn. 9.
24 FK-InsO/*Kohte* Rn. 6; Jaeger/*Eckardt* Rn. 18.
25 Dazu FK-InsO/*Ahrens* § 286 Rn. 43 ff.
26 MüKo-InsO/*Ganter/Lohmann* Rn. 3; Uhlenbruck/*Mock* Rn. 6.
27 Vgl. BVerfG 03.07.1973, 1 BvR 153/69, NJW 1974, 229 (230).
28 FK-InsO/*Ahrens* § 286 Rn. 3.
29 Jaeger/*Eckardt* Rn. 18; Uhlenbruck/*Mock* Rn. 6; Nerlich/Römermann/*Becker* Rn. 8.
30 BGH 08.07.2004, IX ZB 565/02, NJW 2004, 3260 f.
31 Zur Parallele bei der Prozesskostenhilfe Stein/Jonas/*Bork* § 114 Rn. 10.

zipiell die Restschuldbefreiung erlangen können,[32] ist ihnen grds. auch nicht die Kostenstundung verschlossen. Zu prüfen ist allerdings, ob diese Personen gegen die Erwerbsobliegenheit aus § 4c Nr. 4 verstoßen.

11 Da es unerheblich ist, ob und wie sich der Schuldner wirtschaftlich betätigt, solange er nicht gegen seine Erwerbsobliegenheit verstößt, kann die Kostenstundung sowohl in einem **Verbraucher-** als auch in einem sog. **Regelinsolvenzverfahren** bewilligt werden.[33] Entscheidend ist der Zugang zur Restschuldbefreiung, nicht die Art des Insolvenzverfahrens. Wer ein Verbraucherinsolvenzverfahren zu absolvieren hat, kann stets die Kostenstundung erreichen. Damit ist jedoch der persönliche Anwendungsbereich nicht abschließend bestimmt, denn es können auch die Kosten der natürlichen Personen gestundet werden, die ein Regelinsolvenzverfahren zu absolvieren haben. Wie sich bereits aus der Stellung der Stundungsregeln bei den allgemeinen Vorschriften ergibt, handelt es sich um keine spezifisch auf den Verbraucherschuldner zugeschnittene Regelung.[34]

D. Sachlicher Anwendungsbereich

12 Kostenstundung kann dem Schuldner von der **ersten bis zur letzten Phase** des gerichtlichen Verfahrens bis zur Entschuldung gewährt werden, wenn das Verfahren ab dem 01.12.2001 eröffnet wurde, Art. 103a EGInsO.[35] Gestundet werden die Kosten jeweils für Verfahrensabschnitte (dazu Rdn. 70 f.). Da dem Schuldner Zugang zur Restschuldbefreiung eröffnet werden soll, ist für das Insolvenzverfahren als notwendiger Voraussetzung der Restschuldbefreiung eine Kostenstundung möglich. Wie § 4a Abs. 1 Satz 2 präzisiert, betrifft dies auch das gerichtliche Schuldenbereinigungsplanverfahren. Über die Stadien des Insolvenzeröffnungsverfahrens und des eröffneten Insolvenzverfahrens können die Kosten nach § 4a Abs. 1 Satz 1 bis hin zur Erteilung der Restschuldbefreiung gestundet werden. § 4a Abs. 1 Satz 2 spricht dabei vom Verfahren zur Restschuldbefreiung und meint damit alle Verfahrensabschnitte auf dem Weg bis zur erteilten Restschuldbefreiung. Nach § 4b kann die Stundung im Anschluss an die Restschuldbefreiung für weitere vier Jahre verlängert werden.[36]

13 Das **Insolvenzplanverfahren** bildet keinen selbständigen Verfahrensabschnitt, sondern einen Teil des Insolvenzverfahrens. Mit der Kostenstundung für das Insolvenzverfahren ist auch das Insolvenzplanverfahren abgedeckt, das nach Aufhebung von § 312 Abs. 2 künftig auch im Bereich des Verbraucherinsolvenzverfahrens grds. anwendbar ist. Die Stundungsvorschriften dürfen aber nicht so ausgelegt werden, dass die vorhandene Masse unter den sonstigen Masse- und Insolvenzgläubigern verteilt wird, die Verfahrenskosten aber ganz oder teilweise von der Staatskasse zu tragen sind.[37] Vor Aufhebung des Insolvenzverfahrens muss der Verwalter vielmehr nach § 258 Abs. 2 die unstreitigen Masseansprüche einschließlich der Verfahrenskosten berichtigen. Bei dieser Regelung dürfte es sich zumindest im Hinblick auf die Kostenstundung um zwingendes Recht handeln. Anschließend ist eine Stundung dafür nicht mehr zulässig.[38]

14 **Keine Kostenstundung** kann dem Schuldner für das außergerichtliche Schuldenbereinigungsplanverfahren bewilligt werden. Dafür ist dem Schuldner ggf. Beratungshilfe zu gewähren.[39] Dies gilt jedenfalls dann, wenn die geeigneten Stellen keine zeitnahe Beratung ermöglichen können,[40] wofür regelmäßig der Nachweis von zwei überlasteten örtlichen Stellen genügt. Da die Stundung bis zur Erteilung der Restschuldbefreiung gewährt werden kann, fällt ein Widerrufsverfahren nach § 303

---

32 BGH 01.07.2010, IX ZB 148/09, NZI 2010, 911 Rn. 10.
33 Nerlich/Römermann/*Becker* Rn. 6; HK-InsO/*Kirchhof* 6. Aufl., Rn. 5, Braun/*Buck* Rn. 2.
34 FK-InsO/*Kohte* Rn. 2.
35 BGH 23.07.2004, IX ZA 9/04, NZI 2004, 635.
36 MüKo-InsO/*Ganter/Lohmann* Rn. 4.
37 BGH 05.05.2011, IX ZB 136/09, NZI 2011, 683 Rn. 12.
38 BGH 05.05.2011, IX ZB 136/09, NZI 2011, 683 Rn. 11.
39 BGH 22.03.2007, IX ZB 94/06, NZI 2007, 418 Rn. 4.
40 AG Köln 02.07.1999, 364 UR II 2210/98, Rpfleger 1999, 497; Uhlenbruck/*Mock* Rn. 4.

nicht mehr in den Anwendungsbereich, doch kann dann Prozesskostenhilfe bewilligt werden.[41] Für ein zulässiges Zweitinsolvenzverfahren kann keine Kostenstundung gewährt werden.[42] Im **Rechtsbehelfsverfahren** sind die §§ 4a ff. unanwendbar,[43] abgesehen von der Sonderregelung in § 309 Abs. 2 Satz 4, da es sich dabei nicht mehr um die Kosten des Insolvenzverfahrens als solchen handelt.[44] Allerdings ist dem Schuldner unter den gesetzlichen Voraussetzungen Prozesskostenhilfe zu bewilligen.[45] Ein Anfechtungsprozess stellt einen bürgerlich-rechtlichen Rechtsstreit dar, für den nicht die auf das Insolvenzverfahren bezogenen Stundungsregeln, sondern die Vorschriften über die Prozesskostenhilfe gelten.[46]

E. Voraussetzungen der Kostenstundung im Eröffnungsverfahren

I. Antrag auf Kostenstundung

Eine Stundung der Verfahrenskosten wird dem Schuldner gem. § 4a Abs. 1 Satz 1 auf Antrag bewilligt, womit ein **eigener Stundungsantrag** gemeint ist.[47] Da der Antrag als Prozesshandlung auszulegen ist, muss der Schuldner die Stundung nicht ausdrücklich beantragen. Es gilt der Auslegungsgrundsatz, wonach im Zweifel dasjenige gewollt ist, was nach den Maßstäben der Rechtsordnung vernünftig ist und der recht verstandenen Interessenlage entspricht.[48] Antragsberechtigt ist allein der Schuldner, nicht ein Gläubiger.[49] Auch für Unterhaltsgläubiger, die in besonderer Weise vom Insolvenzverfahren profitieren können, ist keine Ausnahme gerechtfertigt. Die Kosten dürfen deswegen auch nicht von Amts wegen gestundet werden.[50] Da die Kostenstundung vor allem mit der Erwerbsobliegenheit aus § 4c Nr. 4 verbunden ist, muss dem Schuldner selbst überlassen bleiben, ob er den Antrag stellt. Dies entspricht der Rechtslage bei der Restschuldbefreiung, die gleichfalls einen eigenen Antrag voraussetzt. Der Stundungsantrag unterliegt keinem Anwaltszwang.[51] Unter der Bedingung der internationalen und örtlichen Zuständigkeit stehende Insolvenz-, Restschuldbefreiungs- und Kostenstundungsanträge sind zulässig.[52]

15

Solange der Schuldner Kostenstundung erlangen kann, er aber keine Stundung beantragt hat, besteht eine **gerichtliche Hinweispflicht** auf das Antragsrecht. Hat ein Gläubiger die Eröffnung des Insolvenzverfahrens beantragt, ist der Schuldner vom Gericht auf die Möglichkeit eines Restschuldbefreiungsantrags und die dabei bestehende Notwendigkeit eines eigenen Eröffnungsantrags hinzuweisen. In diesem Rahmen, aber auch bei einem Eigenantrag, ist der Schuldner vom Gericht aufgrund der in § 4a Abs. 2 Satz 1 positivierten Fürsorgepflicht auf die Möglichkeit der Kostenstundung hinzuweisen.[53] Die Hinweispflicht besteht auch im Restschuldbefreiungsverfahren, wenn eine Versagung nach § 298 droht.[54]

16

---

41 MüKo-InsO/*Ganter/Lohmann* § 4 Rn. 18.
42 AG Göttingen 29.12.2011, 74 IN 224/11, NZI 2012, 198, 199.
43 Uhlenbruck/*Mock* Rn. 37; FK-InsO/*Kohte* Rn. 55.
44 BGH 04.07.2002, IX ZB 221/02, NZI 2002, 574 (575); Jaeger/*Eckardt* Rn. 74.
45 BGH 04.07.2002, IX ZB 221/02, NZI 2002, 574; 24.07.2003 – IX ZB 539/02, NJW 2003, 2910, 2911; 22.03.2007, IX ZB 94/06, NZI 2007, 418 Rn. 4.
46 A.A. HambK-InsR/*Nies* Rn. 20.
47 Kübler/Prütting/Bork/*Prütting/Wenzel* Rn. 20.
48 BGH 19.01.2001, V ZR 437/99, BGHZ 146, 298 (310); 08.10.1991, XI ZB 6/91, NJW 1992, 243; 09.02.1993, XI ZB 2/93, NJW 1993, 1925; 10.03.1994, IX ZR 152/93, NJW 1994, 1537 (1538); 14.11.2002, I ZR 199/00, NJW 2003, 665 (666); 09.02.2012, IX ZB 86/10, ZInsO 2012, 545 Rn. 11.
49 MüKo-InsO/*Ganter/Lohmann* Rn. 6.
50 Nerlich/Römermann/*Becker* Rn. 10.
51 Jaeger/*Eckardt* Rn. 45.
52 09.02.2012, IX ZB 86/10, ZInsO 2012, 545 Rn. 13.
53 Gottwald/*Ahrens* § 85 Rn. 3; HK-*Kirchhof* 6. Aufl., § 26 Rn. 21; Uhlenbruck/*Mock* Rn. 16; Kübler/Prütting/Bork/*Prütting/Wenzel* Rn. 24; Frege/Keller/Riedel Insolvenzrecht, Rn. 104.
54 Vgl. BGH 22.10.2009, IX ZB 43/07, NZI 2010, 28 Rn. 7; FK-InsO/*Kohte* Rn. 38.

§ 4a InsO Stundung der Kosten des Insolvenzverfahrens

17 Für die Kostenstundung existiert **keine Antragsfrist**.[55] Wie aus den insoweit anwendbaren prozesskostenhilferechtlichen Grundsätzen folgt, ist eine rückwirkende Bewilligung ausgeschlossen, weswegen der Antrag vor einer rechtskräftigen Entscheidung über den betreffenden Verfahrensabschnitt gestellt sein muss.[56] Den Restschuldbefreiungsantrag muss der Schuldner bei einem Insolvenzeröffnungsantrag eines Gläubigers nach § 305 Abs. 3 Satz 3 i.V.m. § 306 Abs. 3 Satz 3 in einer gesetzlichen Frist von drei Monaten,[57] sonst gem. § 287 Abs. 1 Satz 2 in der gesetzlichen Frist von zwei Wochen nach dem Hinweis stellen. Nach Ablauf dieser Frist sind ein Restschuldbefreiungs- und damit auch ein Stundungsantrag unzulässig. Um das Verfahren zu konzentrieren, kann darüber hinaus eine richterliche Frist für den Stundungsantrag sinnvoll sein. Allerdings ist der Schuldner berechtigt, einen Wiederholungsantrag zu stellen.

18 Die Kostenstundung kann für **mehrere Verfahrensabschnitte** gemeinsam beantragt werden,[58] ist aber für jeden Abschnitt unabhängig zu bewilligen.[59] Beschränkt der Schuldner nicht seinen Antrag, begehrt er Kostenstundung für alle Verfahrensabschnitte.[60] Der Stundungsantrag ist nicht deswegen unzulässig, weil die Kosten die Verbindlichkeiten des Schuldners übersteigen,[61] denn es existiert keine betragsmäßige Untergrenze. Der Stundungsantrag kann zurückgenommen werden.

19 Nach Abweisung eines ersten Stundungsantrags ist ein **wiederholter Stundungsantrag** zulässig,[62] denn eine abweisende Entscheidung über den Stundungsantrag erwächst nicht in materielle Rechtskraft.[63] Im Verfahren über die Bewilligung von Prozesskostenhilfe hat der BGH die materielle Rechtskraft einer Versagungsentscheidung verneint, weil die Entscheidung weder in einem Parteienstreit ergeht noch ein Präklusionsbedürfnis besteht.[64] Diese Argumente lassen sich uneingeschränkt auf das Stundungsverfahren übertragen. Auch wenn der Erstantrag wegen fehlender Unterlagen abgewiesen wurde, ist ein Zweitantrag zulässig.[65] Die Grenze stellt ein rechtsmissbräuchliches Verhalten dar.[66] Solange der Schuldner die zeitlichen Grenzen des Insolvenz- und Restschuldbefreiungsverfahrens einhält, kann er mit neuem Vorbringen einen wiederholten Antrag begründen.[67]

20 Für den Stundungsantrag besteht **kein Formularzwang**.[68] Der Schuldner muss keine vom Insolvenzgericht ausgegebenen Formulare verwenden.[69] § 117 ZPO ist insoweit unanwendbar.[70] Das Formularerfordernis aus § 305 Abs. 5 Satz 2 gilt für den Antrag auf Eröffnung des Insolvenzverfahrens, besteht aber nicht für die Kostenstundung. Es genügt ein Stundungsantrag, in dem die Einkommens- und Vermögensverhältnisse formlos dargestellt werden[71] (dazu Rdn. 55 ff.). Der Antrag kann schriftlich, elektronisch, § 130a ZPO, aber auch mündlich vor der Geschäftsstelle des Insolvenzgerichts oder eines anderen Amtsgerichts gestellt werden, § 129a ZPO. § 117 Abs. 1 Satz 1

---

55 Jaeger/*Eckardt* Rn. 47; Uhlenbruck/*Mock* Rn. 15.
56 MüKo-InsO/*Ganter/Lohmann* Rn. 33.
57 FK-InsO/*Ahrens* § 287 Rn. 17.
58 Jaeger/*Eckardt* Rn. 42.
59 FK-InsO/*Kohte* Rn. 30.
60 Kübler/Prütting/Bork/*Prütting/Wenzel* Rn. 44; HambK-InsR/*Nies* Rn. 18.
61 LG Dresden 11.10.2005, 5 T 518/05, ZVI 2005, 553; Braun/*Buck* Rn. 9; a.A. die Vorinstanz AG Dresden 27.04.2005, 531 IK 907/05, ZVI 2005, 384.
62 Jaeger/*Eckardt* Rn. 40.
63 LG Berlin 16.07.2003, 86 T 792/03, ZInsO 2003, 718.
64 BGH 03.03.2004, IV ZB 43/03, NJW 2004, 1805 (1806).
65 LG Berlin 16.07.2003, 86 T 792/03, ZInsO 2003, 718.
66 BGH 16.12.2008, VIII ZB 78/06, MDR 2009, 401.
67 MüKo-InsO/*Ganter/Lohmann* Rn. 42; HK-InsO/*Kirchhof* 6. Aufl., Rn. 27.
68 FK-InsO/*Kohte* Rn. 50; Jaeger/*Eckardt* Rn. 46; *Grote*, ZInsO 2002, 179 (181).
69 BGH 24.07.2003, IX ZB 539/02, NZI 2003, 556 (557), m. Anm. *Ahrens*.
70 BGH 04.07.2002, IX ZB 221/02, NJW 2002, 2793 (2794); 24.07.2003, IX ZB 539/02, NZI 2003, 556 (557), m. Anm. *Ahrens*.
71 BGH 24.07.2003, IX ZB 539/02, NZI 2003, 556 (557); Graf-Schlicker/*Kexel* Rn. 8.

Hs. 1 ZPO ist nicht entsprechend anwendbar. Der Antrag ist **nicht höchstpersönlich**.[72] Den Schuldner trifft zwar die Erwerbsobliegenheit aus § 4c Nr. 4, doch rechtfertigt dies keine andere Beurteilung, weil eine Verletzung lediglich zur Aufhebung der Bewilligung führt,[73] den Schuldner also nicht stärker belastet, als ohne Kostenstundung. Wie bei einem Prozesskostenhilfeantrag auch,[74] kann sich der Schuldner bei der Antragstellung vertreten lassen. Er muss nur den Antrag und die Erklärung über seine persönlichen und wirtschaftlichen Verhältnisse verantworten. Ein Anwaltszwang besteht nicht.

II. Restschuldbefreiungsantrag

Der Antrag auf Kostenstundung ist nur **zulässig**, wenn der Schuldner außerdem einen eigenen zulässigen Restschuldbefreiungsantrag stellt. Damit müssen die Sachentscheidungsvoraussetzungen für eine Restschuldbefreiung erfüllt sein. Der Schuldner wird durch die gestundeten Kosten unterstützt, wenn er sich entschulden will und einen wirtschaftlichen Neubeginn versucht. Zugleich erweist sich daran, dass der Gesetzgeber die Restschuldbefreiung als zentrales und damit förderungswürdiges Ziel der Insolvenz natürlicher Personen versteht. Die Kostenstundung darf auch nicht für Senioren abgelehnt werden, bei denen nicht mehr zu erwarten ist, dass sie durch ihre Erwerbstätigkeit zur Gläubigerbefriedigung beitragen, denn auch diese Personen haben ein subjektives Recht auf Befreiung von ihren Verbindlichkeiten. Selbst wenn nicht abzusehen ist, ob die Erteilung der Restschuldbefreiung erlebt wird, ist die Kostenstundung nicht missbräuchlich. Erst bei weiteren besonderen Umständen, wie bei einem krankheitsbedingten baldigen Lebensende, kann dies anders zu bewerten sein, doch wird ein solcher Mensch andere Sorgen haben, als ein Insolvenzverfahren. Voraussetzung für den Restschuldbefreiungsantrag ist ein eigener **Insolvenzantrag** des Schuldners.[75] Wird der Insolvenzantrag des Schuldners wegen unterlassener Auskunftserteilung als unbegründet abgewiesen, ist regelmäßig auch ein Stundungsantrag unbegründet.[76] Regelmäßig werden **drei Anträge** gestellt, der Insolvenzantrag, der Restschuldbefreiungsantrag und der Stundungsantrag,[77] ggf. auch vier, wenn zusätzlich die Beiordnung eines Rechtsanwalts beantragt wird, § 4a Abs. 2 Satz 1.

21

Hat der Schuldner keinen Restschuldbefreiungsantrag gestellt, besteht nach § 20 Abs. 2 eine **gerichtliche Hinweispflicht** auf das Recht, Restschuldbefreiung beantragen zu können. Als gesetzliche Ausgangsfrist verlangt § 287 Abs. 1 Satz 2, den Restschuldbefreiungsantrag binnen zwei Wochen nach dem Hinweis zu stellen, doch existieren gerade in einem Insolvenzverfahren über einen Gläubigerantrag zahlreiche Differenzierungen.[78] Wird das Restschuldbefreiungsverfahren vor der Entscheidung über die Kostenstundung, etwa durch Rücknahme der Antrags auf Erteilung der Rechtsschuldbefreiung, beendet, ist der Stundungsantrag als unzulässig zu verwerfen.[79] Zusätzlich muss der Schuldner seine pfändbaren Forderungen auf Bezüge i.S.v. § 287 Abs. 2 Satz 1 abtreten.

22

Der Kostenstundungsantrag kann **vor, mit oder nach** dem **Restschuldbefreiungsantrag** gestellt werden. Verfahrensrechtlich muss bei einem Stundungsantrag die Restschuldbefreiung nicht notwendig bereits beantragt sein.[80] Wird der Antrag auf Kostenstundung vor dem auf Restschuldbefreiung gestellt, eine praktisch seltene Konstellation, fehlt zwar eine Sachentscheidungsvoraussetzung für die

23

---

72 A.A. ohne Begründung HambK-InsR/*Nies* Rn. 9.
73 Worauf MüKo-InsO/*Ganter/Lohmann* Rn. 6, verweisen.
74 Stein/Jonas/*Bork* § 117 Rn. 12.
75 BGH 08.07.2004, IX ZB 209/03, NZI 2004, 593 f.; FK-InsO/*Ahrens* § 287 Rn. 8; Ausnahme: das Gericht hat den Schuldner nicht ausreichend auf die Antragserfordernisse hingewiesen und das Insolvenzverfahren auf Gläubigerantrag eröffnet, BGH 17.02.2005, IX ZB 176/03, BGHZ 162, 181 (186).
76 AG Göttingen 06.12.2001, 74 IN 246/01, NZI 2002, 219 (220).
77 Jaeger/*Eckardt* Rn. 41; Uhlenbruck/*Mock* Rn. 15.
78 Einzelheiten bei FK-InsO/*Ahrens* § 287 Rn. 13 ff.
79 Nerlich/Römermann/*Becker* Rn. 19.
80 Jaeger/*Eckardt* Rn. 43.

Kostenstundung, doch hat diese Voraussetzung erst im Entscheidungszeitpunkt vorzuliegen.[81] Es genügt, wenn ein zulässiger Restschuldbefreiungsantrag bis zur Stundungsentscheidung nachgeholt wird. Fehlt ein Restschuldbefreiungsantrag, wird das Gericht regelmäßig nochmals überprüfen müssen, ob es eine ausreichende Belehrung über die Restschuldbefreiung erteilt hat. Ist ein Insolvenzverfahren bereits beantragt, weist das Insolvenzgericht den Schuldner auf die Antragspflichten und Antragsfristen hin und entscheidet erst nach Ablauf der Frist für den Restschuldbefreiungsantrag. Ist kein Insolvenzverfahren eingeleitet, kann das Insolvenzgericht den Antrag als unzulässig verwerfen, doch sollte es zuvor den Schuldner auf die Antragserfordernisse hinweisen. Üblich ist ein Stundungsantrag zusammen mit dem Insolvenz- und Restschuldbefreiungsantrag, doch kann der Antrag auch nach dem Restschuldbefreiungsantrag gestellt werden.

III. Vergleichsberechnung

1. Grundlagen

24 Die Kosten des Verfahrens werden dem Antragsteller gestundet, sofern auch die sonstigen Voraussetzungen erfüllt sind, wenn sein Vermögen voraussichtlich nicht ausreicht, um die Verfahrenskosten insgesamt zu decken. Erforderlich ist dafür eine in zwei Schritten durchzuführende **Differenzberechnung** zwischen Verfahrenskosten und voraussichtlichem Vermögen. Übersteigen die Kosten das Vermögen, sind sie zu stunden. Die Kostenstundung muss bereits bei einer partiellen Deckungslücke gewährt werden.[82] Sachlich entspricht die Vergleichsberechnung im Wesentlichen dem Ansatz aus § 26 Abs. 1.[83] Allerdings sind die Kosten der Treuhandperiode zu berücksichtigen, ohne dass hierfür der Vergleichsmaßstab des § 26 Abs. 1 unmittelbar passt, da insoweit nicht auf die Masse abgestellt werden kann, doch lassen sich auch dafür die Grundgedanken aus § 26 Abs. 1 adaptieren. Wie aus § 26 Abs. 1 Satz 2 zu ersehen, ist die Kostenstundung subsidiär und unterbleibt, wenn die Kosten entweder aus dem Vermögen des Schuldners oder durch den Vorschuss eines Dritten gedeckt sind.[84] Die Kosten können sogar dann gestundet werden, wenn die Vermögenslosigkeit vom Schuldner herbeigeführt wurde, denn ein Rückgriff auf die von der Rechtsprechung zur Prozesskostenhilfe entwickelten Grundsätze zur herbeigeführten Vermögenslosigkeit ist nicht zulässig.[85] Es gilt der engere Maßstab aus § 290 Abs. 1 Nr. 4 (Rdn. 51).

2. Verfahrenskosten

25 Das Insolvenzgericht muss von Amts wegen die voraussichtliche Höhe der Verfahrenskosten berechnen. Anzusetzen sind die Kosten für den **einzelnen Verfahrensabschnitt**.[86] Mit dieser Beschränkung auf die abschnittsweisen Kosten wird ein deutlicher Kontrast zu § 26 Abs. 1 Satz 1 hergestellt, für den die voraussichtlichen Gesamtkosten des Insolvenzverfahrens maßgebend sind,[87] doch resultiert diese Konsequenz aus der gem. § 4 Abs. 3 Satz 2 abschnittsbezogen zu bewilligenden Kostenstundung. Selbst wenn die Kosten der ersten Verfahrensabschnitte gedeckt sind, muss dies nicht für alle Abschnitte gelten, weswegen insoweit die Kosten gestundet werden können. Für seine Kostenprognose muss das Insolvenzgericht die Kosten nicht genau berechnen, denn es genügt eine **summarische Schätzung** der Kosten.[88]

---

81 AA. Nerlich/Römermann/*Becker* Rn. 17; Kübler/Prütting/Bork/*Prütting/Wenzel* Rn. 19; Graf-Schlicker/*Kexel* Rn. 5; LSZ/*Smid/Leonhardt* Rn. 3.
82 Jaeger/*Eckardt* Rn. 20.
83 FK-InsO/*Kohte* Rn. 8; *Grote* ZInsO 2002, 179 (180).
84 FK-InsO/*Kohte* Rn. 8.
85 BGH 21.09.2006, IX ZB 24/06, NZI 2006, 712 Rn. 11.
86 BGH 24.07.2003, IX ZB 539/02, NZI 2003, 556 (557), m.Anm. *Ahrens*; 25.09.2003, IX ZB 459/02, NJW 2003, 3780 (3781).
87 HK-InsO/*Kirchhof* 6. Aufl., § 26 Rn. 11.
88 MüKo-InsO/*Ganter/Lohmann* Rn. 10; FK-InsO/*Kohte* Rn. 9; HK-InsO/*Kirchhof* 6. Aufl., Rn. 10.

Zu kalkulieren sind die im Gerichtskostengesetz geregelten Gerichtskosten und Auslagen des Verfahrens. Außerdem sind die Vergütungen und Auslagen des vorläufigen Insolvenzverwalters, des Insolvenzverwalters und des Treuhänders einzubeziehen. Im **Eröffnungsverfahren** sind die Gerichtsgebühr aus § 3 Abs. 2 i.V.m. KV Nr. 2310 bzw. 2311 zzgl. der Auslagen etwa für Zustellungen oder öffentliche Bekanntmachungen nach KV Nr. 9002, 9004 sowie die Vergütung des vorläufigen Insolvenzverwalters insb. gem. § 11 InsVV einschließlich seiner Kosten nach den §§ 7, 8 InsVV anzusetzen. Wird ein Sachverständiger beauftragt, sind auch dessen Gebühren nach den §§ 8, 9 JVEG i.V.m. KV Nr. 9005 zu berücksichtigen. Im **Schuldenbereinigungsplanverfahren** entstehen keine Gerichtskosten, aber Kosten für Zustellungen. 26

Für das **eröffnete Verfahren** sind die Kosten nach § 54 anzusetzen.[89] Dazu gehören die Gebühren aus § 3 Abs. 2 i.V.m. KV Nr. 2320 zzgl. der Auslagen nach KV Nr. 9002, 9004 nebst der Vergütung und Kosten des Insolvenzverwalters bzw. Treuhänders im Verbraucherinsolvenzverfahren nach den §§ 2, 7, 8 und 10, 13 InsVV. In Betracht kommen kann im Einzelfall auch ein Reisekostenvorschuss für den mittellosen Schuldner zu einem Anhörungstermin gem. KV Nr. 9008, wenn der Ortswechsel nicht der Behinderung des Verfahrens dient.[90] Dem Grunde nach erforderliche und in der Höhe sachgerechte Aufwendungen des Insolvenzverwalters für die Beauftragung eines Steuerberaters sind gem. § 4 Abs. 2 InsVV als erstattungsfähige Auslagen zu behandeln.[91] Ggf. zu berücksichtigen ist auch die Vergütung für die Mitglieder eines Gläubigerausschusses, § 73 Abs. 2. 27

Im Verlauf der **Treuhandperiode** des Restschuldbefreiungsverfahrens entstehen keine zusätzlichen Gerichtsgebühren. Zu beachten ist aber die Treuhändervergütung nach § 293.[92] Im Versagungsverfahren nach den §§ 296, 297, 300 entsteht zwar die Gebühr nach KV Nr. 2350. Sie ist jedoch nicht zu berücksichtigen, denn wenn die Restschuldbefreiung versagt wird, entfällt die Stundung und wenn keine Versagung erfolgt, muss der antragstellende Gläubiger die Kosten tragen. Die Vergütung des Treuhänders ergibt sich aus § 14 InsVV. 28

Die Gebühren werden gem. § 58 GKG nach dem **Wert der Insolvenzmasse** bei Beendigung des Verfahrens erhoben.[93] Dieser Anknüpfungspunkt ist auf die Kostenstundung mit der Maßgabe zu übertragen, dass an die Stelle des beendeten Verfahrens der beendete Verfahrensabschnitt tritt. 29

Unberücksichtigt bleiben die sonstigen Masseverbindlichkeiten aus § 55. Wie auch zu § 26 Abs. 1 Satz 1 ganz überwiegend und zutreffend angenommen wird,[94] müssen die sonstigen Masseverbindlichkeiten bei der Kostendeckung außer Betracht bleiben.[95] Der dafür maßgebende Grund, das Insolvenzverfahren leichter und schneller zu eröffnen, lässt sich auch auf die Kostenstundung übertragen. 30

3. Vermögen

a) Bestandteile

Das Vermögen des Schuldners ist übereinstimmend mit den Vorschriften der §§ 35–37 über die **Insolvenzmasse** zu bestimmen.[96] Maßgebend ist auf die unter Berücksichtigung etwa von Aussonderungsansprüchen zu bestimmende Sollmasse (vgl. § 26 Rdn. 6). Über den einzubeziehenden Neuerwerb wird auch das Einkommen berücksichtigt. Abzustellen ist dabei u.a. auf die nach § 36 Abs. 1 31

---

89 BGH 24.07.2003, IX ZB 539/02, NZI 2003, 556 (557); FK-InsO/*Kohte* Rn. 9.
90 Uhlenbruck/*Mock* Rn. 26; MüKo-InsO/*Ganter/Lohmann* Rn. 25; offengelassen von AG Potsdam 23.03.2006, 35 IK 876/05, ZInsO 2006, 1176.
91 BGH 22.07.2004, IX ZB 161/03, NJW 2004, 2976 (2978).
92 Jaeger/*Eckardt* Rn. 73.
93 BGH 17.06.2003, IX ZB 476/02, NZI 2004, 30 (31).
94 FK-InsO/*Schmerbach* § 26 Rn. 10 f., m.w.N.; HambK-InsR/*Schröder* § 26 Rn. 23.
95 FK-InsO/*Kohte* Rn. 9.
96 BGH 24.07.2003, IX ZB 539/02, NZI 2003, 556 (557); MüKo-InsO/*Ganter/Lohmann* Rn. 11; *Homann* ZVI 2012, 285 (286).

pfändbaren Forderungen und sonstigen pfändbaren Vermögensgegenstände. Insoweit ist der Maßstab aus § 115 Abs. 1 ZPO nicht übernommen,[97] anders in § 4b Abs. 1 Satz 2 für die Stundungsverlängerung. Diese Regelung ist auch nicht entsprechend anwendbar. Erzielbare Verwertungserlöse sind zu berücksichtigen.[98] Insb. ist kurzfristig verwertbares Grundvermögen einzubeziehen.[99] Ausländisches Vermögen ist grds. zu berücksichtigen,[100] doch ist eine schnelle Verwertbarkeit zu beachten. **Unpfändbare Gegenstände** bleiben unberücksichtigt. Ein nach den §§ 851c, 851d ZPO geschützter privater Altersvorsorgevertrag kann deswegen nicht einbezogen werden.[101]

32 Die **Einkünfte des Ehegatten** können nicht insgesamt den Einkünften des Schuldners hinzugerechnet werden.[102] Eine unterhaltsberechtigte Person mit eigenen Einkünften kann allerdings entsprechend § 850c Abs. 4 ZPO von Amts wegen unberücksichtigt gelassen werden, da der nach dieser Vorschrift erforderliche Antrag im Kostenstundungsverfahren nicht gestellt werden kann. Als regelmäßig unpfändbare Einkünfte dürfen weder das steuerrechtliche Kindergeld i.S.v. § 76 EStG[103] noch das sozialrechtliche Kindergeld gem. § 54 Abs. 5 SGB I einbezogen werden. Auch Wohngeld muss gem. § 54 Abs. 3 Nr. 2a SGB I unberücksichtigt bleiben. Die Liquidation eines Unternehmens zur Kostendeckung darf nicht verlangt werden, da hierüber nach § 157 die Gläubigerversammlung entscheidet.[104]

33 Einzubeziehen ist der alsbald realisierbare **Neuerwerb**.[105] Entsprechend dem Zweck der Kostenstundung, in einem summarischen Verfahren eine zeitnahe Entscheidung zu ermöglichen, ist die absehbare Entwicklungsperspektive des Vermögens zu berücksichtigen. Dies modifiziert den Vermögensbegriff aus § 4a gegenüber dem Massebegriff des § 35 Abs. 1. Ob ein kurzfristiger Vermögenserwerb möglich ist, muss im Einzelfall beurteilt werden. Angelehnt an § 306 Abs. 1 Satz 2 wird eine mehr als dreimonatige Dauer regelmäßig gegen eine zeitnahe Realisierungsmöglichkeit sprechen. Auch Forderungen gegen Dritte können einbezogen werden, wenn diese kurzfristig zu realisieren sind.[106] Bleiben ernsthafte Zweifel, sind sie nicht einzuberechnen.[107] Für das pfändbare künftige Arbeitseinkommen[108] bestehen allerdings besondere Schranken. Zukünftig fällig werdendes Arbeitseinkommen kann deswegen nicht, wie dies z.T. im Rahmen von § 26 Abs. 1 Satz 1 erfolgt,[109] für das nächste Jahr berechnet werden.[110] Zu berücksichtigen ist auch das fiktive Einkommen gem. § 850h ZPO, denn die Erwerbsobliegenheit aus § 4c Nr. 4 gilt erst ab Bewilligung der Kostenstundung. Eine vorrangige Sicherungsabtretung des Arbeitseinkommens ist zu berücksichtigen, soweit diese nach § 114 wirksam ist. Regelmäßig ist dafür die Fälligkeit des Anspruchs maßgebend.[111] Dies gilt dann aber nicht, wenn der Schuldner die lediglich von seinem Handeln abhängige Fälligkeit nicht herbeiführt, wie bei einem Steuererstattungsanspruch möglich.[112]

34 **Erbrechtliche Ansprüche** sind ebenfalls nur zu berücksichtigen, wenn sie alsbald verwirklicht werden können. Ob ein solcher Anspruch im Stundungsverfahren berücksichtigt werden kann, ist ab-

---

97 FK-InsO/*Kohte* Rn. 7.
98 BGH 10.02.2011, IX ZB 35/10, WM 2011, 505 Rn. 2.
99 LG Kleve 02.02.2011, 4 T 6/11, NZI 2011, 332.
100 AG Koblenz 24.10.2002, 21 IN 277/02, MDR 2003, 176.
101 Vgl. LG Frankenthal 23.03.2010, 1 T 8/10, NZI 2010, 532.
102 LG Bochum 12.08.2002, 10 T 42/02, ZInsO 2002, 1038.
103 LG Bochum 12.08.2002, 10 T 42/02, ZInsO 2002, 1038.
104 AG Dresden 16.04.2002, 531 IN 137/02, ZBl 2002, 119 (120).
105 BGH 24.07.2003, IX ZB 539/02, NZI 2003, 556 (557); FK-InsO/*Kohte* Rn. 10; Uhlenbruck/*Mock* Rn. 9.
106 Graf-Schlicker/*Kexel* Rn. 26.
107 Jaeger/*Eckardt* Rn. 33.
108 Ausf. FK-InsO/*Ahrens* § 287 Rn. 56, zur parallelen Regelung in § 287 Abs. 2 Satz 1.
109 LG Kaiserslautern 28.05.2001, 1 T 33/01, ZInsO 2011, 618.
110 FK-InsO/*Kohte* Rn. 10.
111 BGH 25.10.2007, IX ZB 14/07, NZI 2008, 46 Rn. 8; 08.06.2010, IX ZB 156/08, NZI 2010, 614 Rn. 11.
112 BGH 08.06.2010, IX ZB 156/08, NZI 2010, 614 Rn. 11.

hängig vom bestehenden raschen Entscheidungsbedarf zu beantworten. Ein Pflichtteilsanspruch kann zwar bereits vor der vertraglichen Anerkennung oder Rechtshängigkeit gem. § 852 ZPO als in seiner zwangsweisen Verwertbarkeit aufschiebend bedingter Anspruch gepfändet werden.[113] Eine Stundung ist deswegen aber nur dann ausgeschlossen, wenn der Anspruch auch kurzfristig realisiert werden kann.[114] Bei einem Vermächtnis kann es entsprechend dem Gedanken aus § 162 Abs. 1 BGB nicht darauf ankommen, wann es angenommen wird, doch muss ebenfalls beachtet werden, wie der Anspruch durchsetzbar ist.

Dabei kann der Schuldner gehalten sein, kurzfristige Möglichkeiten zur **Verbesserung der Vermögenslage** auszunutzen. Dazu kann es etwa gehören, durch einen Wechsel der Steuerklasse sein liquides Vermögen zu erhöhen.[115] Um einen Wertungswiderspruch mit § 4c Nr. 4 auszuschließen, ist auf die gleichen Grundsätze abzustellen, die auch für die Erwerbsobliegenheit gelten. Dagegen ist der Schuldner **nicht** verpflichtet, **Rücklagen** für die zu erwartenden Kosten eines Insolvenzverfahrens zu bilden.[116] Rein praktisch wäre eine Rücklagenbildung kaum realisierbar, da gegen die meisten Schuldner vor dem Insolvenzantrag Zwangsvollstreckungsmaßnahmen durchgeführt werden und die Gläubiger im Wege der Einzelzwangsvollstreckung auf die Rücklage zugreifen könnten.[117] Auch während des außergerichtlichen Einigungsversuchs sind deswegen keine Rücklagen zu bilden.[118] Pfändbare Einkünfte werden ohnehin regelmäßig nicht zur Verfügung stehen. 35

b) Quantifizierung

Die Verfahrenskosten für den jeweiligen Verfahrensabschnitt müssen vom Schuldner in einer **Einmalzahlung** erbracht werden können. Selbst wenn der Schuldner die Kosten während der voraussichtlichen Dauer des Bewilligungszeitraums in Raten erbringen kann, sind ihm die Kosten zu stunden.[119] § 4a Abs. 1 Satz 1 verweist nicht auf die Vorschriften der Prozesskostenhilfe über Ratenzahlung. Beim Arbeitseinkommen ist allerdings darauf abzustellen, ob der Schuldner die Kosten in einer Einmalzahlung aus der Vergütung für den laufenden Monat oder den kommenden Monat erbringen könnte. 36

Reichen diese Einkünfte nicht aus, um die Kosten in einer Einmalleistung zu decken, muss das Insolvenzgericht nicht prüfen, wie sich der **pfändbare Teil des Arbeitseinkommens** des Schuldners voraussichtlich entwickeln und welcher Betrag bei der zu schätzenden Dauer des jeweiligen Verfahrensabschnitts in die Masse fließen wird. Eine solche, oftmals komplizierte Prüfung wird das Verfahren verzögern, Rechtsmittel im Eröffnungsverfahren herausfordern und dem Anliegen des Gesetzgebers zuwiderlaufen, mittellosen Personen den Zugang zu dem Verfahren unter zumutbaren Bedingungen zu eröffnen.[120] Die Kosten sind schon dann in vollem Umfang zu stunden, wenn sie wenigstens teilweise nicht aufgebracht werden können. Eine auf einen Teil der Kosten beschränkte Stundung ist prinzipiell unzulässig.[121] 37

---

113 BGH 02.12.2010, IX ZB 184/09, NJW 2011, 1448 Rn. 8.
114 Weiter Braun/*Buck* Rn. 10.
115 BGH 08.06.2010, IX ZB 156/08, NZI 2010, 614 Rn. 11; Jaeger/*Eckardt* Rn. 26; Kübler/Prütting/Bork/ Prütting/*Wenzel* Rn. 33a.
116 BGH 21.09.2006, IX ZB 24/06, NZI 2006, 712 Rn. 11; 25.10.2007, IX ZB 14/07, NZI 2008, 46 Rn. 7; 08.06.2010, IX ZB 156/08, NZI 2010, 614 Rn. 9.
117 Vgl. BGH 21.09.2006, IX ZB 24/06, NZI 2006, 712 Rn. 10.
118 Uhlenbruck/*Mock* Rn. 8; a.A. Jaeger/*Eckardt* Rn. 27; HK-InsO/*Kirchhof* 6. Aufl., Rn. 18.
119 BGH 25.09.2003, IX ZB 459/02, NJW 2003, 3780; 25.01.2007, IX ZB 6/06, NZI 2007, 298 Rn. 10; 21.09.2006, IX ZB 24/06, NZI 2006, 712 Rn. 10; 20.10.2011, IX ZB 128/11, BeckRS 2011, 27179 Rn. 8; FK-InsO/*Kohte* Rn. 10; a.A. Jaeger/*Eckardt* Rn. 25.
120 BGH 25.09.2003, IX ZB 459/02, NJW 2003, 3780; 18.05.2006, IX ZB 205/05, ZInsO 2006, 773 Rn. 11; Uhlenbruck/*Mock* Rn. 10.
121 BGH 18.05.2006, IX ZB 205/05, ZInsO 2006, 773 Rn. 10, 12.

c) Prozesskostenvorschuss

38 Gegenüber dem eherechtlichen Anspruch aus § 1360a Abs. 4 BGB auf einen Prozesskostenvorschuss ist die Stundung der Verfahrenskosten subsidiär.[122] Besteht ein uneingeschränkter Anspruch auf einen Vorschuss, sind die Kosten des Insolvenzverfahrens voraussichtlich gedeckt. Diese Konsequenz resultiert freilich nicht aus § 26 Abs. 1 Satz 1, weil Unterhaltsansprüche nicht zur Insolvenzmasse gehören, sondern aus § 26 Abs. 1 Satz 2.[123] **Voraussetzungen** des Prozesskostenvorschusses sind neben der durch die fehlende Kostendeckung belegten Bedürftigkeit des Schuldners, dass sich der Anspruch gegen den Ehegatten richtet, dieser leistungsfähig und ihm der alsbald realisierbare Prozesskostenvorschuss zumutbar ist.[124] Außerdem muss der Rechtsstreit eine persönliche Angelegenheit des Partners betreffen und die Leistungspflicht der Billigkeit entsprechen.[125]

39 Die Leistungspflicht existiert gem. § 1360a Abs. 4 BGB für **Ehegatten**,[126] nach § 1361 Abs. 4 BGB bei Getrenntlebenden[127] und gem. § 5 LPartG für die Verpflichtungen zwischen Lebenspartnern. Sie besteht nicht für den geschiedenen Ehegatten[128] oder den Partner einer nichtehelichen Lebensgemeinschaft.[129] Der Prozesskostenvorschuss gehört zu den allgemeinen, vom Güterstand unabhängigen Ehewirkungen. Eine Verpflichtung der Kinder gegenüber ihren Eltern existiert nicht.[130] Umgekehrt können aber Eltern ihren minderjährigen Kindern in höchstpersönlichen Angelegenheiten analog § 1360a Abs. 4 BGB zur Zahlung eines Prozesskostenvorschusses verpflichtet sein.[131] Entsprechendes gilt bei volljährigen unverheirateten Kindern, die noch in der Ausbildung sind oder noch keine von den Eltern unabhängige Lebensstellung erreicht haben.[132]

40 Die **Leistungsfähigkeit** des Ehegatten fehlt bereits dann, wenn dessen angemessener, nicht nur notwendiger Unterhalt durch den Vorschuss gefährdet ist.[133] Auch der Ehegatte muss den Kostenvorschuss in einer **Einmalzahlung** erbringen können. Es widerspricht der unterhaltsrechtlichen Billigkeit, den Unterhaltsverpflichteten in stärkerem Maße in Anspruch zu nehmen, als bei einem eigenen Verfahren, für das nur eine mögliche Einmalzahlung den Anspruch auf Kostenstundung entfallen lässt.[134] Die Verfahrenskosten sind deswegen zu stunden, wenn der Ehepartner grundsätzlich unterhaltspflichtig ist, aber nur Raten zahlen könnte.

41 Die **eherechtliche Billigkeit** entfällt, wenn der Schuldner in einer verfestigten Lebensgemeinschaft mit einer anderen Partnerin lebt.[135] Der finanziell leistungsfähige Ehegatte hat den Vorschuss im Rahmen der Billigkeit auch für ein Verfahren zur Verfügung zu stellen, das eine persönliche Angelegenheit des Partners betrifft.[136] Erforderlich ist eine spezifisch insolvenzrechtliche Perspektive. Das Verfahren muss mit den aus der **Ehe** erwachsenen persönlichen oder wirtschaftlichen Bindungen und Beziehungen in **Zusammenhang** stehen.[137] Nach der nicht unbedenklichen Rechtsprechung des XII.

---

122 BGH 24.07.2003, IX ZB 539/02, NZI 2003, 556 (557), m.Anm. *Ahrens*; 25.01.2007, IX ZB 6/06, NZI 2007, 298 Rn. 7; *Harder* VIA 2013, 17.
123 *Ahrens* NZI 2003, 558.
124 *Bayer* Stundungsmodell der Insolvenzordnung, 2005, S. 52 ff.
125 BGH 24.07.2003, IX ZB 539/02, NZI 2003, 556 (558), m.Anm. *Ahrens*.
126 HK-InsO/*Kirchhof* 6. Aufl., Rn. 20; *Grote* ZInsO, 2002, 179 (180).
127 OLG Saarbrücken 20.08.2009, 6 WF 84/09, NJW-RR 2010, 870.
128 BGH 09.11.1983, IVb ZR 14/83, NJW 1984, 291; 15.11.1989, IV b ZR 95/88, NJW-RR 1990, 194 (195).
129 FK-InsO/*Kohte* Rn. 12.
130 LG Duisburg 01.09.2003, 7 T 180/03, NZI 2003, 616 f.; Graf-Schlicker/*Kexel* Rn. 37; s.a. HK-InsO/*Kirchhof* 6. Aufl., Rn. 20.
131 BGH 04.08.2004, XII ZA 6/04, NJW-RR 2004, 1662 f.
132 BGH 23.03.2005, XII ZB 13/05, NJW 2005, 1722 f.
133 FK-InsO/*Kohte* Rn. 13.
134 BGH 25.01.2007, IX ZB 6/06, NZI 2007, 298 Rn. 7.
135 AG Duisburg 14.08.2008, 64 IK 75/08, ZVI 2008, 477.
136 Jaeger/*Eckardt* Rn. 29.
137 BGH 24.07.2003, IX ZB 539/02, NZI 2003, 556 (558), m.Anm. *Ahrens*; *Hess* Rn. 164 ff.

Zivilsenats des BGH ist ein Rechtsstreit über Ansprüche genügend, die ihre Wurzeln in der Lebensgemeinschaft der Ehegatten haben, selbst wenn es sich um eine frühere Ehe handelt.[138] Ein Zusammenhang mit einer ehelichen Lebensgemeinschaft bleibt wegen des Billigkeitserfordernisses unverzichtbar.[139] Demzufolge besteht keine Vorschusspflicht, wenn die Insolvenz des Antragstellers im Wesentlichen auf außerehelichen Schulden oder solchen Verbindlichkeiten beruht, die weder zum Aufbau oder zur Erhaltung einer wirtschaftlichen Existenz der Eheleute eingegangen wurden noch aus sonstigen Gründen mit der gemeinsamen Lebensführung verbunden sind.[140] Die instanzgerichtliche Rechtsprechung hat dies – wohl unzutreffend – verneint, wenn der Unterhaltspflichtige eine Anwaltskanzlei betreibt und die Verbindlichkeiten der Schuldnerin aus einem von ihr eröffneten und betriebenen Gaststättengewerbe resultieren.[141]

42 Der Prozesskostenhilfeanspruch muss zudem **alsbald realisierbar** sein.[142] Ziel ist, dem Schuldner einen Zugang zum eilbedürftigen Insolvenz- und Restschuldbefreiungsverfahren zu eröffnen.[143] Im summarischen und schnell zu entscheidenden Stundungsverfahren muss deswegen rasch Klarheit darüber erreicht werden können, ob der Unterhaltsverpflichtete leisten wird. Durchsetzungsschwierigkeiten dürfen nicht zu Lasten des Schuldners und seiner Aussicht auf Restschuldbefreiung gehen.[144]

43 Liegen die Anspruchsvoraussetzungen des Prozesskostenvorschusses aus § 1360a BGB vor, weigert sich der Ehepartner aber, den geschuldeten Vorschuss zu leisten, hat der Schuldner den Anspruch **gerichtlich durchzusetzen**. Erst wenn ein ordnungsgemäß beim Familiengericht gestellter und vollständig begründeter Antrag auf Erlass einer einstweiligen Anordnung erfolglos bleibt, kann der Anspruch auf den Prozesskostenvorschuss als uneinbringlich behandelt werden.[145] Fehlen dem Schuldner Informationen über die Leistungsfähigkeit des Ehegatten, was jedenfalls bei einem Getrenntleben oft zutrifft, wird regelmäßig kein einstweiliger Rechtsschutz zu erlangen sein. Zum früheren Recht hat die obergerichtliche Judikatur vertreten, dass ein Auskunftsanspruch als Vorwegnahme der Hauptsache nicht im Wege des einstweiligen Rechtsschutzes durchgesetzt werden kann.[146] An dieser Situation hat sich auch unter dem neuen Recht des § 246 Abs. 1 FamFG nichts Grundsätzliches geändert. Folgerichtig sind die Kosten auch zu stunden, wenn der Ehegatte die Leistung verweigert und der Schuldner aus nachvollziehbaren Gründen keine Kenntnis über die Leistungsfähigkeit des möglicherweise unterhaltspflichtigen Ehegatten besitzt.[147]

IV. Kein Ausschluss gem. § 4a Abs. 1 Satz 3 und 4

1. Erklärung über § 290 Abs. 1 Nr. 1 und 3

44 Die Kostenstundung ist nur zulässig, wenn der Schuldner eine **Erklärung gem. § 4a Abs. 1 Satz 3** darüber abgibt, ob einer der Versagungsgründe aus § 290 Abs. 1 Nr. 1 und 3 vorliegt.[148] Nach der gesetzlichen Formulierung hat der Schuldner die Erklärung seinem Stundungsantrag beizufügen. Es

---

138 BGH 25.11.2009, XII ZB 46/09, NJW 2010, 372.
139 A.A. LG Duisburg 28.09.2012, 7 T 130/12, ZInsO 2013, 1532 Rn. 7.
140 BGH 24.07.2003, IX ZB 539/02, NZI 2003, 556 (557), m.Anm. *Ahrens*; FK-InsO/*Kohte* Rn. 12; Grote ZInsO, 2002, 179 (180); *Harder* VIA 2013, 17 (18).
141 LG Gera 22.11.2004, 5 T 556/05, ZVI 2005, 487 (488 f.).
142 BGH 10.07.2008, VII ZB 25/08, NJW-RR 2008, 1531 Rn. 8; ähnlich bei der Prozesskostenhilfe BAG 05.04.2006, 3 AZB 61/04, NZA 2006, 694 Rn. 10.
143 FK-InsO/*Kohte* Rn. 13.
144 Jaeger/*Eckardt* Rn. 31.
145 BGH 25.01.2007, IX ZB 6/06, NZI 2007, 298 Rn. 7; enger Jaeger/*Eckardt* Rn. 31.
146 OLG Stuttgart 27.05.1980, 18 WF 169/80 U, FamRZ 1980, 1138; OLG Hamm 19.11.1991, 26 W 15/91, NJW-RR 1992, 640.
147 AG Dresden 18.09.2007, 531 IK 1781/07, ZVI 2008, 120; s.a. Uhlenbruck/*Mock* Rn. 13; HK-InsO/*Kirchhof* 6. Aufl., Rn. 20.
148 HK-InsO/*Kirchhof* 6. Aufl., Rn. 7.

genügt aber, wenn der Schuldner die Erklärung bis zur Entscheidung über die Kostenstundung nachreicht. Fehlt die Erklärung, muss das Gericht den Schuldner unter Fristsetzung auf die Voraussetzung hinweisen. Äußert sich der Schuldner dennoch nicht über die Versagungsgründe, ist sein Stundungsantrag zu verwerfen. Die Erklärung muss vollständig und wahrheitsgemäß erfolgen. Eine Glaubhaftmachung wird nicht verlangt.[149] Die Erklärung ist deswegen auch ohne eidesstattliche Versicherung wirksam. Unerheblich ist, ob ein Gläubiger einen Versagungsantrag angekündigt hat.[150]

45 Der **Umfang der Erklärungspflicht** ist auf die beiden Versagungsgründe aus § 290 Abs. 1 Nr. 1 und 3 beschränkt. Mit dieser Regelung wird die nach § 114 Abs. 1 Satz 1 ZPO erforderliche Erfolgsaussicht in ein typisch insolvenzrechtliches Merkmal übersetzt.[151] Da die Kostenstundung den Zugang zur Restschuldbefreiung eröffnen soll, droht sie ihren Zweck zu verfehlen, wenn die Restschuldbefreiung voraussichtlich versagt werden kann. Die Erfolgsaussichten sind insoweit für das Verfahren insgesamt und nicht bezogen auf einzelne Verfahrensabschnitte zu prüfen.[152] Allerdings ist die Prüfung an den summarischen und beschleunigten Charakter des Stundungsverfahrens anzupassen[153] und eine zeitaufwendige Amtsermittlung möglicher Versagungsgründe auszuschließen. Deswegen beschränkt die gesetzliche Regelung die Erklärungspflicht auf die beiden urkundlich dokumentierten Tatbestände aus § 290 Abs. 1 Nr. 1 und 3 und nimmt davon die sonstigen Versagungsgründe aus § 290 Abs. 1 mit ihren größeren Wertungsspielräumen aus. Da die erweiternde Auslegung (vgl. Rdn. 49 ff.) auf § 4a Abs. 1 Satz 4 beschränkt bleibt, kann sie nicht auf die Erklärungspflicht aus Satz 3 erstreckt werden. Über die anderen Versagungsgründe des § 290 Abs. 1 muss sich der Schuldner ebenso wenig erklären,[154] wie über die sonstigen Ausschlussgründe einer Restschuldbefreiung.

46 An den Schuldner sind bei der Kostenstundung **keine weitergehenden Anforderungen** zu stellen als im Restschuldbefreiungsverfahren. Nur wenn die Restschuldbefreiung nach § 290 Abs. 1 Nr. 1 und 3 versagt werden kann, ist auch die Kostenstundung ausgeschlossen. Zu berücksichtigen sind dabei die Konkretisierungen, die diese Tatbestände zwischenzeitlich erfahren haben. Eine Verurteilung wegen einer **Insolvenzstraftat** nach § 290 Abs. 1 Nr. 1 ist deswegen höchstens im Rahmen der registerrechtlichen Tilgungsfristen zu berücksichtigen.[155] Bei einer Gesamtstrafenbildung ist auf die maßgebende Tilgungsfrist für die isoliert betrachtete Insolvenzstraftat abzustellen.[156] Über den Strafregisterauszug kann sich das Gericht einfach über die wichtigsten Fakten informieren. Solange tatsächliche oder rechtliche Zweifel an dem Versagungstatbestand bestehen, darf eine unzutreffende Erklärung dem Schuldner nicht angelastet werden.[157]

47 Auch eine **Erteilung der Restschuldbefreiung oder eine Versagung** nach den §§ 296, 297 in den letzten zehn Jahren sind unschwer feststellbar. Offen ist, ob der Schuldner auch die weitergehenden Anforderungen beachten muss, die von der Rechtsprechung im Rahmen der analog § 290 Abs. 1 Nr. 3 InsO entwickelten dreijährigen Sperrfrist formuliert worden sind.[158] Da sich diese Anforderungen nicht aus dem Gesetzestext ablesen lassen und von dem auch beim Schuldner anzulegenden einfachen Prüfungsmaßstab abweichen, muss sich der Schuldner über diese Gestaltungen nicht erklären. Auch ein umfassender gerichtlicher Hinweis vermag dies nicht zu ändern.

---

149 Jaeger/*Eckardt* Rn. 38; Kübler/Prütting/Bork/*Prütting*/*Wenzel* Rn. 23; Uhlenbruck/*Mock* Rn. 24.
150 Uhlenbruck/*Mock* Rn. 30.
151 FK-InsO/*Kohte* Rn. 16.
152 FK-InsO/*Kohte* Rn. 32.
153 Uhlenbruck/*Mock* Rn. 30; *Hess* Rn. 38.
154 HambK-InsR/*Nies* Rn. 15.
155 *Pape* ZVI 2002, 225 (227); HambK-InsR/*Nies* Rn. 15; vgl. BGH 18.12.2002, IX ZB 121/02, NJW 2003, 974 (975); 18.02.2010, IX ZB 180/09, NZI 2010, 349 Rn. 8.
156 Vgl. BGH 18.02.2010, IX ZB 180/09, NZI 2010, 349 Rn. 8.
157 Jaeger/*Eckardt* Rn. 39.
158 Dazu *Ahrens* ZVI 2011, 273 (278).

Die **Rechtsfolge** bestimmt § 4a Abs. 1 Satz 4. Liegt ein Versagungsgrund nach § 290 Abs. 1 Nr. 1 **48** oder 3 vor, ist die Kostenstundung ausgeschlossen. Unerheblich ist, ob ein Versagungsantrag zu erwarten, angekündigt oder gestellt ist. Eine umfassende Amtsermittlungspflicht besteht nicht, denn im Rahmen des Stundungsverfahrens wird lediglich eine summarische Prüfung verlangt.[159] Neben der positiven wie negativen Erklärung des Schuldners darf das Insolvenzgericht alle ihm dienstlich bekannt gewordenen Umstände berücksichtigen.[160] Verstößt der Schuldner gegen seine Verpflichtung zur **wahrheitsgemäßen Erklärung** und stellt das Gericht dies vor der Bewilligung fest, lehnt es die Stundung ab. Sind die Kosten gestundet und stellt das Gericht eine vorsätzliche oder grob fahrlässige Pflichtverletzung anschließend fest, hebt es die Stundung nach § 4c Nr. 1 auf.

2. Erweiternde Anwendung von § 4a Abs. 1 Satz 4

Die höchstrichterliche Rechtsprechung geht davon aus, dass § 4a Abs. 1 Satz 3 und 4 **keine ab-** **49** **schließende Regelung** trifft. Sie lässt sich von der Vorstellung leiten, eine Kostenstundung muss auch in anderen, als den gesetzlich bestimmten Fällen ausgeschlossen sein, in denen der Schuldner die Restschuldbefreiung zweifelsfrei nicht erreichen kann.[161] Obwohl sich diese Ansicht an die Grundvorstellung der Kostenstundung anlehnt, ist sie nicht unproblematisch. Wie der BGH selbst zum Ausdruck bringt, wollte der Gesetzgeber die Entscheidung über die Stundung an leicht feststellbare und für den Schuldner offensichtliche Tatsachen knüpfen.[162] Deswegen hat er sich bewusst und in Kenntnis der Fallgestaltungen i.S.d. Rechtsklarheit für eine restriktive Regelung entschieden. Eingehend setzen sich die Gesetzgebungsmaterialien mit den Versagungsgründen aus § 290 Abs. 1 Nr. 2, 4–6 auseinander und lehnen mit differenzierten Argumenten eine Übertragung ab.[163]

Die gegen die erweiternde Auslegung bestehenden **Bedenken**[164] können daher nur dann teilweise zu- **50** rückgestellt werden, wenn das Insolvenzgericht die Redlichkeitsvermutung beachtet, also mangels gegenteiliger konkreter Anhaltspunkte davon ausgeht, dass der Schuldner redlich ist und wahrheitsgemäße sowie vollständige Angaben gemacht hat.[165] Außerdem muss für eine abgelehnte Stundung eine **zweifelsfrei feststehende Sachlage** existieren[166] (vgl. Rdn. 66). Es genügt nicht, wenn ein Versagungsgrund wahrscheinlich ist.[167] Auf die Erklärungspflicht aus § 4a Abs. 1 Satz 3 kann diese erweiternde Auslegung nicht übertragen werden, weil dem Schuldner dafür eine erkennbare klare Grundlage fehlt.

Im Rahmen der erweiternden Auslegung von § 4a Abs. 1 Satz 4 berücksichtigen der BGH, die In- **51** stanzgerichte und ein Teil der Lehre **sämtliche Versagungsgründe** aus § 290 Abs. 1.[168] Damit entfalten zweifelsfrei vorliegende Versagungsgründe eine Vorwirkung, unabhängig davon, ob ein Versagungsantrag durch einen Gläubiger angekündigt oder gestellt ist.[169] Die Kostenstundung ist

---

159 HK-InsO/*Kirchhof* 6. Aufl., Rn. 8.
160 MüKo-InsO/*Ganter/Lohmann* Rn. 37.
161 BGH 16.12.2004, IX ZB 72/03, NZI 2005, 232 f.; 21.09.2006, IX ZB 24/06, NZI 2006, 712 Rn. 8; 19.05.2011, IX ZB 142/11, ZInsO 2011, 1223; außerdem etwa LG Düsseldorf 17.02.2012, 25 T76/12, BeckRS 2012, 05069: MüKo-InsO/*Ganter/Lohmann* Rn. 16; Jaeger/*Eckardt* Rn. 37.
162 BGH 16.12.2004, IX ZB 72/03, NZI 2005, 232.
163 BT-Drucks. 14/5680, 20.
164 Graf-Schlicker/*Kexel* Rn. 17; *Ahrens* ZVI 2003, 268; *Pape* ZInsO 2004, 647 (649).
165 BGH 27.01.2005, IX ZB 270/03, NZI 2005, 273 (274); 03.02.2005, IX ZB 37/04, ZInsO 2005, 264; 07.04.2011, IX ZB 254/09, ZInsO 2011, 931 Rn. 9.
166 Graf-Schlicker/*Kexel* Rn. 17; s.a. *Pape*, ZInsO 2005, 617 (618 f.).
167 LG Düsseldorf 17.02.2012, 25 T76/12, BeckRS 2012, 05069.
168 BGH 21.09.2006, IX ZB 24/06, NZI 2006, 712 Rn. 7 f.; 07.10.2010, IX ZB 259/09, NZI 2010, 948 Rn. 13; zu § 290 Abs. 1 Nr. 4; LG Stralsund 18.06.2009, 2 T 369/07, ZVI 2009, 384 (385); Uhlenbruck/*Mock* Rn. 31; *Fischer/Hempler* ZInsO 2005, 351.
169 FK-InsO/*Ahrens* § 290 Rn. 11.

nach der Rechtsprechung ausgeschlossen, wenn der Schuldner plausibel einen Versagungsgrund einräumt, etwa i.S.v. § 290 Abs. 1 Nr. 2 vorsätzlich unrichtige oder unvollständige schriftliche Angaben über seine wirtschaftlichen Verhältnisse gemacht zu haben, um einen Kredit zu erhalten.[170] Unterlassene Angaben rechtfertigen es nicht, die Kostenstundung abzulehnen.[171] Ausgeschlossen soll die Kostenstundung auch sein, wenn der Schuldner, wie in § 290 Abs. 1 Nr. 4 gefordert, die Befriedigung der Insolvenzgläubiger vorsätzlich oder grob fahrlässig beeinträchtigt hat, weil er unangemessene Verbindlichkeiten begründet, Vermögen verschwendet oder ohne Aussicht auf eine Besserung seiner wirtschaftlichen Lage die Eröffnung des Insolvenzverfahrens verzögert hat.[172] Ein Rückgriff auf die von der Rechtsprechung zur Prozesskostenhilfe entwickelten allgemeinen Grundsätze zur herbeigeführten Vermögenslosigkeit ist jedoch nicht zulässig.[173] Bei § 290 Abs. 1 Nr. 5 differenziert die Rechtsprechung. Verletzt der Schuldner seine Bereitschaftspflicht, weil er sich bspw. ins Ausland absetzt, oder handelt er dem Behinderungsverbot aus § 97 Abs. 3 Satz 2 zuwider, indem er Unterlagen beiseiteschafft bzw. vernichtet, oder Auskünfte über Umstände verweigert, die für eine spätere Anfechtung von Bedeutung sein können, darf ihm die Stundung versagt werden.[174] Ganz geringfügige Pflichtverletzungen sind jedoch unbeachtlich.[175] Erklärt sich der Schuldner unzureichend über seine wirtschaftlichen Verhältnisse, ist die Stundung ggf. nicht nach § 4a Abs. 1 Satz 4 ausgeschlossen, sondern nach einem entsprechenden Hinweis gem. § 4a Abs. 1 Satz 1 unzulässig.[176] Auch wenn Auskünfte im Eröffnungsverfahren verweigert werden, soll die Stundung ausgeschlossen sein.[177] Vom Schuldner ist zwar keine Erklärung über die Fallgestaltungen zu verlangen, in denen die analog § 290 Abs. 1 Nr. 3 entwickelte dreijährige Sperrfrist eingreift. Da innerhalb der Sperrfrist ein Folgeverfahren unzulässig sein soll, wird bei diesen Fallgestaltungen ein Ausschlussgrund angenommen.[178] Da der Versagungstatbestand zweifelsfrei feststehen muss, wird der Ausschluss von der Kostenstundung verfahrensrechtlich über die Beweisanforderungen gesteuert. Der Versagungsgrund des § 290 Abs. 1 Nr. 6 soll erfüllt sein, wenn im Gläubigerverzeichnis die Opfer einer Straftat nicht angegeben werden.[179] Solange diese ihre Forderungen nicht geltend gemacht haben, ist dies wegen der mangelnden Vorhersehbarkeit jedoch abzulehnen.

52 Eine Stundung der Verfahrenskosten kann danach auch ausgeschlossen sein, wenn die Restschuldbefreiung aus anderen Gründen, als einer möglichen Versagung, offensichtlich nicht zu erreichen ist.[180] Unerreichbar ist die Restschuldbefreiung, wenn entweder der Insolvenz- oder der **Restschuldbefreiungsantrag unzulässig** sind.[181] Sie soll auch dann unerreichbar sein, wenn die wesentlichen am Verfahren teilnehmenden **Forderungen aus vorsätzlich begangener unerlaubter Handlung** nach § 302 Nr. 1 von der Restschuldbefreiung ausgenommen sind.[182] Wann dies der Fall ist, hängt vor allem von der Quote, aber auch von der absoluten Höhe der einer Schuldbefreiung unterliegenden

---

170 BGH 16.12.2004, IX ZB 72/03, NZI 2005, 232 f.
171 LG Koblenz 09.10.2012, 2 T 568/12, ZVI 2013, 247.
172 BGH 21.09.2006, IX ZB 24/06, NZI 2006, 712 Rn. 8.
173 BGH 21.09.2006, IX ZB 24/06, NZI 2006, 712 Rn. 11.
174 BGH 16.12.2004, IX ZB 72/03, NZI 2005, 232 (233).
175 BGH 19.05.2011, IX ZB 142/11, ZInsO 2011, 1223.
176 BGH 16.12.2004, IX ZB 72/03, NZI 2005, 232 (233).
177 LG Bielefeld 08.06.2010, 23 T 348/10, NZI 2010, 824.
178 BGH 06.10.2011, IX ZB 114/11, NZI 2011, 948 Rn. 2 f.; *Hess* Rn. 196 ff.
179 LG Memmingen 28.01.2013, 43 T 106/13, ZInsO 2013, 614.
180 BGH 16.12.2004, IX ZB 72/03, NZI 2005, 232 (233); 21.09.2006, IX ZB 24/06, NZI 2006, 712 Rn. 10; Kübler/Prütting/Bork/*Prütting/Wenzel* Rn. 38a.
181 BGH 16.12.2004, IX ZB 72/03, NZI 2005, 232 (233); 21.09.2006, IX ZB 24/06, NZI 2006, 712 Rn. 10; AG Köln 19.09.2002, 71 IN 292/02, NZI 2002, 618 (619); MüKo-InsO/*Ganter/Lohmann* Rn. 19; Uhlenbruck/*Mock* Rn. 32.
182 BGH 16.12.2004, IX ZB 72/03, NZI 2005, 232 (233); 21.09.2006, IX ZB 24/06, NZI 2006, 712 Rn. 10; LG Düsseldorf 05.10.2012, 25 T 466/12, ZInsO 2012, 2305; Uhlenbruck/*Mock* Rn. 32.

Verbindlichkeiten ab. Regelmäßig müssen zumindest ca. 90 % der Verbindlichkeiten aus vorsätzlich begangener unerlaubter Handlung stammen.[183]

Die Kostenstundung soll außerdem ausgeschlossen sein, wenn ein **Aufhebungsgrund gem.** § **4c** vorliegt,[184] doch ist zumindest § 4c Nr. 4 vor der Stundung unanwendbar. Da vor der Stundung keine Erwerbsobliegenheit existiert, die nach der gesetzlichen Regelung einer Kostenstundung erst mit der Stundungsentscheidung entsteht, kann die Stundung bei einer unterlassenen Erwerbstätigkeit nicht abgelehnt werden. Dafür besteht auch kein Anlass, weil der Schuldner mit der Stundung seiner Obliegenheit nachkommen kann. Wegen einer bloß möglichen Strafhaft darf die Kostenstundung nicht abgelehnt werden.[185]

53

Über diese Fallgestaltungen hinaus, darf die erweiternde Auslegung **nicht** auf **sonstige Fälle** übertragen werden.[186] Unerheblich ist, ob der Schuldner vor dem Stundungsantrag keine angemessene Erwerbstätigkeit ausgeübt hat.[187] Insb. darf die Kostenstundung nicht wegen einer herbeigeführten Vermögenslosigkeit ausgeschlossen werden, wie dies bei der Prozesskostenhilfe geschieht.[188] Ein zu geringes Einkommen, um davon die laufenden Lebenshaltungs- und Wohnungskosten zu bezahlen, ist schon deshalb unerheblich, weil die Aufnahme neuer Schulden keinen Versagungsgrund darstellt.[189] Auch ein möglicher Arbeitsplatzverlust wegen einer Inhaftierung genügt nicht.[190] Reichen die Angaben des Schuldners aus, um über den Stundungsantrag zu entscheiden, darf ihm nicht schon deswegen ein Verstoß gegen die Auskunfts- und Mitwirkungspflichten vorgeworfen werden, weil er eine gerichtliche Anordnung zu einer ergänzenden Stellungnahme nicht befolgt.[191] Zum Teil wird auch angenommen, dass § 290 Abs. 1 Nr. 6 keinen tauglichen Anknüpfungspunkt bietet,[192] was jedenfalls solange zutrifft, wie der Schuldner nach § 305 Abs. 3 Satz 1 aufgefordert ist, seine Erklärungen zu korrigieren. Die Kostenstundung ist auch nicht ausgeschlossen, wenn der Schuldner in Unkenntnis der tatsächlichen Forderungshöhe oder bei einer bestrittenen Forderung den Wert mit € 0,– ansetzt.[193] Eine Genehmigung von Lastschriften durch den Schuldner beeinträchtigt keine Gläubigerbelange, wenn die Forderung aus dem unpfändbaren Vermögen erfüllt wird.[194] Auch eine sonstige Lastschriftgenehmigung schließt die Kostenstundung nicht aus.[195] Eine mögliche Versagung nach den §§ 295, 296 darf nicht berücksichtigt werden.[196] Vor Beginn der Treuhandperiode bestehen die Obliegenheiten noch nicht. Nach Eintritt in die Treuhandphase enthalten die §§ 4b, 4c Sonderregeln.

54

---

183 AG Marburg 19.06.2002, 23 IK 1/01, ZVI 2002, 275: 100 %; AG Siegen 24.09.2002, 25 IN 203/01, NZI 2003, 43: 94,7 %; AG München 16.01.2003, 1502 IN 1870/02, ZVI 2003, 369 (370): 87,3 %, deswegen und wegen der verbleibenden Forderungshöhe von mehr als € 2,7 Mio. sehr problematisch; LG Düsseldorf 04.07.2007, 25 T 395/07, NZI 2008, 253: 76,8 %; s.a. AG Göttingen 02.05.2008, 74 IN 400/07, ZVI 2008, 339 (340); viel zu weit AG Düsseldorf 08.08.2012, 513 IK 115/12, ZInsO 2012, 837: 45 %; Braun/*Buck* Rn. 7: 95 %; außerdem *Homann* ZVI 2012, 285 (287).
184 Graf-Schlicker/*Kexel* Rn. 19.
185 LG Koblenz 25.07.2012, 2 T 392/12, ZVI 2012, 412, 413.
186 FK-InsO/*Kohte* Rn. 22.
187 BT-Drucks. 14/5680, 12.
188 BGH 21.09.2006, IX ZB 24/06, NZI 2006, 712 Rn. 11; a.A. Braun/*Buck* Rn. 10.
189 Vgl. LG Düsseldorf 17.02.2012, 25 T 76/12, BeckRS 2012, 05069.
190 LG Koblenz 25.07.2012, 2 T 392/12, ZVI 2012, 412.
191 BGH 12.06.2008, IX ZB 205/07, ZInsO 2008, 860 Rn. 5.
192 Braun/*Buck* Rn. 22.
193 BGH 12.06.2008, IX ZB 205/07, ZInsO 2008, 860 Rn. 8.
194 Vgl. BGH 20.07.2010, IX ZR 37/09, BGHZ 186, 242 Rn. 13 ff.
195 LG Hamburg 07.07.2008, 326 T 16/08, NZI 2008, 570 (571); Uhlenbruck/*Mock* Rn. 31.
196 A.A. Braun/*Buck* Rn. 21.

F. Verfahren

I. Zulässigkeit

55 Ein zulässiger Antrag erfordert hinreichende Angaben zu den wirtschaftlichen Verhältnissen sowie die Abgabe der Erklärung nach § 4a Abs. 1 Satz 3. Der Schuldner muss dazu in **substantiierter, nachvollziehbarer Weise** darlegen, dass sein Vermögen voraussichtlich nicht ausreicht, um die Verfahrenskosten zu decken.[197] Die Bezugnahme auf ein zeitnah erstelltes Sachverständigengutachten kann ausreichen, wenn darin die mangelnde Kostendeckung attestiert wird.[198] Bei der Differenzberechnung ist auf den Verfahrensabschnitt abzustellen, für den der Schuldner Kostenstundung beantragt. Für das Eröffnungsverfahren müssen die dort entstehenden Kosten, im eröffneten Insolvenzverfahren die Kosten nach § 54 gedeckt sein. Auf dieser Verfahrensstufe ist ebenso wenig, wie beim Eröffnungsantrag,[199] eine Schlüssigkeit im technischen Sinn zu verlangen.[200]

56 Entspricht der Stundungsantrag nicht den Zulässigkeitsvoraussetzungen, muss das Insolvenzgericht im Rahmen seiner Fürsorgepflicht den Schuldner konkret auf die Mängel hinweisen. Die umfassende Auskunftspflicht des Schuldners setzt jedoch erst ein, wenn er einen zulässigen Antrag eingereicht hat. Im Rahmen der Zulässigkeitsprüfung besteht noch **keine Amtsermittlungspflicht** des Gerichts.[201]

II. Begründetheit

57 Liegt ein zulässiger Antrag vor, der den Mindestanforderungen genügt, kann er dennoch nur Erfolg haben, wenn der Schuldner gegenüber dem Insolvenzgericht alle erforderlichen Angaben macht, damit das Gericht zu beurteilen vermag, ob aus seinem Vermögen voraussichtlich nicht die anfallenden Kosten gedeckt werden können.[202] Im Rahmen der Begründetheitsprüfung besteht eine **modifizierte**, an den summarischen Charakter des Stundungsverfahrens[203] angepasste **Amtsermittlungspflicht**. Dies gilt auch für eine Stundungsentscheidung während des Zulassungsverfahrens, obwohl in diesem Abschnitt des Insolvenzverfahrens keine Amtsermittlungspflicht existiert. Das Stundungsverfahren folgt insoweit eigenen Maßstäben. Da die Kostenstundung auch der Verfahrensvereinfachung und -beschleunigung dient, ist die Entscheidung an leicht feststellbare und für den Schuldner offensichtliche Tatsachen zu knüpfen.[204] Komplizierte Prüfungen mit tatsächlichen Unsicherheiten, die geeignet sind, gerade das Eröffnungsverfahren zu verzögern und Rechtsmittel herauszufordern, sollen möglichst unterbleiben.[205]

58 Dabei sind die Anforderungen aus § 4a Abs. 1 Satz 1 an die Auskünfte des Schuldners regelmäßig an den **Maßstäben des § 20 Abs. 1 Satz 1** auszurichten. Dazu hat der Schuldner seine Einkommens- und Vermögensverhältnisse formlos darzustellen. Verlangt werden auch ein Verzeichnis seiner Gläubiger und Schuldner sowie eine geordnete Übersicht der Vermögensgegenstände.[206] Deckungsgleich sind die Anforderungen jedoch nicht.[207] Es darf nicht das Anliegen des Gesetzgebers vereitelt werden,

---

197 FK-InsO/*Kohte* Rn. 51.
198 BGH 04.11.2004, IX ZB 70/03, NZI 2005, 45 (46).
199 Dazu BGH 12.12.2002, IX ZB 426/02, BGHZ 153, 205 (207).
200 BGH 27.01.2005, IX ZB 270/03, NZI 2005, 273; 03.02.2005, IX ZB 37/04, ZInsO 2005, 264; Kübler/Prütting/Bork/*Prütting/Wenzel* Rn. 22b; MüKo-InsO/*Ganter/Lohmann* Rn. 35; Graf-Schlicker/*Kexel* Rn. 10.
201 BGH 27.01.2005, IX ZB 270/03, NZI 2005, 273.
202 BGH 27.01.2005, IX ZB 270/03, NZI 2005, 273.
203 FK-InsO/*Kohte* Rn. 19.
204 BGH 21.09.2006, IX ZB 24/06, NZI 2006, 712 Rn. 7.
205 Karsten Schmidt/*Stephan* Rn. 1.
206 BGH 24.07.2003, IX ZB 539/02, NJW 2003, 2910, 2911; Uhlenbruck/*Mock* Rn. 18.
207 BGH 27.01.2005, IX ZB 270/03, NZI 2005, 273 (274); 03.02.2005, IX ZB 37/04, ZInsO 2005, 264; *Ahrens* NZI 2003, 558 (559).

durch die Gewährung der Verfahrenskostenstundung mittellosen Personen den raschen und unkomplizierten Zugang zu dem Insolvenzverfahren unter zumutbaren Bedingungen zu ermöglichen.

Auch Angaben, die für eine Verfahrenseröffnung noch zu ergänzen sind, können bereits für die Gewährung der Verfahrenskostenstundung genügen.[208] Im Kostenstundungsverfahren darf **nicht** die **Prüfung des Insolvenz(Hauptsache)verfahrens** vorweggenommen werden. Der Stundungsantrag für das Eröffnungsverfahren muss deswegen nicht die Anforderungen an einen begründeten Eröffnungsantrag erfüllen. Im Verbraucherinsolvenzverfahren gehen die Anforderungen nicht über den Maßstab aus § 305 Abs. 1 Nr. 3 hinaus,[209] doch können sie wegen der reduzierten Erfordernisse dahinter zurückbleiben. Das gesteigerte Beschleunigungsgebot im Stundungsverfahren weist einen weiteren zentralen Unterschied aus. Fehlen dem Schuldner erforderliche Informationen, etwa weil Unterlagen beschlagnahmt sind oder die Gläubiger ihre Mitwirkungsverpflichtung nach § 306 Abs. 2 Satz 2 nicht erfüllt haben, ist die Prüfungspflicht des Insolvenzgerichts beschränkt. Im Stundungsverfahren sind nur das kurzfristig realisierbare Vermögen und die präsenten Informationen zu berücksichtigen.[210] 59

Der Schuldner ist insoweit zur **Auskunft** verpflichtet, wie die Angaben benötigt werden, um zu beurteilen, ob aus dem Vermögen des Schuldners die Verfahrenskosten gedeckt werden können.[211] Ein selbständiger Schuldner muss im Eröffnungsverfahren und im eröffneten Verfahren Auskunft über seine gesamten Einnahmen erteilen. Nach einer Negativerklärung des Verwalters gem. § 35 Abs. 2 Satz 1 oder in der Treuhandperiode des Restschuldbefreiungsverfahrens kann sich der Schuldner auf die zur Bestimmung einer hypothetischen angemessenen abhängigen Beschäftigung maßgebenden Umstände beschränken.[212] Mangels gegenteiliger konkreter Anhaltspunkte ist davon auszugehen, dass der Schuldner redlich ist und wahrheitsgemäße sowie vollständige Angaben gemacht hat.[213] Die Prüfung erfolgt nur summarisch. Freiwillige Leistungen Dritter werden nur ausnahmsweise erfolgen, weswegen der Schuldner nicht von sich aus dazu vortragen muss. Ein verheirateter Schuldner hat über die Voraussetzungen des Prozesskostenvorschusses Auskunft zu erteilen,[214] wobei ein stufenweiser Vortrag genügt.[215] Er muss zunächst erklären, ob die Verbindlichkeiten zum Aufbau oder zur Erhaltung einer wirtschaftlichen Existenz der Eheleute eingegangen wurden oder aus sonstigen Gründen mit der gemeinsamen Lebensführung verbunden sind. Ist dies der Fall, muss er sich zu Einkünften und Vermögen des Ehegatten äußern.[216] 60

Dazu gehört ggf. auch ein **Einkommensnachweis für den Ehepartner**,[217] es sei denn, er ist nicht durchsetzbar oder scheidet offensichtlich aus. Eine automatische, für jeden verheirateten Schuldner geltende Vorlagepflicht existiert nicht.[218] Erklärt der Schuldner in sich stimmig und widerspruchsfrei, dass der Ehegatte nicht leistungsfähig ist, hat das Gericht hiervon auszugehen. Im Prozesskostenhilfeverfahren muss der Schuldner allerdings die betreffenden Einkommensnachweise vorlegen, wie sich aus § 117 Abs. 2 Satz 1 ZPO ergibt.[219] Da im Stundungsverfahren kein entsprechender Formu- 61

---

208 BGH 27.01.2005, IX ZB 270/03, NZI 2005, 273 (274); 03.02.2005, IX ZB 37/04, ZInsO 2005, 264.
209 Jaeger/*Eckardt* Rn. 54.
210 *Ahrens* NZI 2003, 558 (559).
211 BGH 24.07.2003, IX ZB 539/02, NJW 2003, 2910 (2911); 07.04.2011, IX ZB 254/09, ZInsO 2011, 931 Rn. 8.
212 *Ahrens* NZI 2013, 405 (406).
213 BGH 27.01.2005, IX ZB 270/03, NZI 2005, 273 (274); 03.02.2005, IX ZB 37/04, ZInsO 2005, 264; 07.04.2011, IX ZB 254/09, ZInsO 2011, 931 Rn. 9.
214 HK-InsO/*Kirchhof* 6. Aufl., Rn. 23.
215 Jaeger/*Eckardt* Rn. 32.
216 BGH 24.07.2003, IX ZB 539/02, NZI 2003, 556 (558), m.Anm. *Ahrens*; MüKo-InsO/*Ganter/Lohmann* Rn. 13.
217 LG Bochum 03.02.2003, 10 T 112/02, ZVI 2003, 130 (131).
218 A.A. Kübler/Prütting/Bork/*Prütting/Wenzel* Rn. 22c.
219 BGH 09.10.2003, IX ZA 8/03, ZVI 2003, 600 (601).

larzwang existiert,[220] können die Beweisanforderungen nur in einer an das kursorische Stundungsverfahren angepassten Form übertragen werden. Frühere Angaben sind zu korrigieren, wenn sich die Verhältnisse wesentlich geändert haben, § 4b Abs. 2 Satz 2. Wenn auf Grund eines in sich stimmigen Stundungsantrags objektiv keine Zweifel an der fehlenden Leistungsfähigkeit bestehen, hat das Insolvenzgericht nicht deren Ursachen zu untersuchen.[221]

62 Bei einem lückenhaften oder widersprüchlichen Antrag ist das Insolvenzgericht zur **Nachfrage** berechtigt und verpflichtet.[222] Dies kann im Rahmen einer **Anhörung** erfolgen. Soll der Stundungsantrag abgewiesen werden und droht damit auch eine Abweisung des Insolvenzantrags mangels Masse, ist der Schuldner anzuhören.[223] Die Gläubiger sind nicht anzuhören.[224] Das Insolvenzgericht hat zwar bei der Frage, ob vor der Entscheidung über das Stundungsgesuch weitere Umstände aufzuklären sind, einen nur begrenzt überprüfbaren Beurteilungsspielraum. Die Kostenstundung darf aber nicht durch übersteigerte Informationsauflagen erschwert werden.[225] Wie bei den Ergänzungsaufforderungen nach § 305 Abs. 3 Satz 1 hat der BGH auch bei der Kostenstundung wiederholt zu weitgehende Auskunftsbegehren korrigiert. Für die Stundungsentscheidung sind nicht die Ursachen der Insolvenz aufzuklären,[226] weshalb Fragen nach dem Grund einer Verschuldung oder einer Darlehensaufnahme unzulässig sind.[227] Ein Sachverständiger besitzt kein weitergehendes Auskunftsrecht als das Gericht. Beim Umfang der Aufklärungspflicht besitzt das Insolvenzgericht einen im Wege der Rechtsbeschwerde nur begrenzt überprüfbaren Beurteilungsspielraum, es sei denn, der zulässige Rahmen ist grundsätzlich verkannt.[228]

63 Unzureichende oder **unvollständige Angaben** muss das Insolvenzgericht konkret bezeichnen. Zugleich hat es dem Schuldner aufzugeben, binnen einer angemessenen Frist seine Darlegungen und Nachweise zu ergänzen. Erst wenn der Schuldner die gebotenen Hinweise unbeachtet lässt, darf der Stundungsantrag zurückgewiesen werden.[229] Kann aufgrund der Angaben des Schuldners über den Stundungsantrag entschieden werden, verstößt er nicht schon deswegen gegen seine Verpflichtungen, weil er eine gerichtliche Anordnung zu einer ergänzenden Stellungnahme nicht befolgt.[230]

64 An den **Grad der Überzeugungsbildung** ist vom Gericht ein nach den einzelnen Voraussetzungen differenzierter Maßstab anzulegen. Aufgrund der **Differenzberechnung** ist eine Kostenstundung bereits dann zu gewähren, wenn das Vermögen voraussichtlich nicht ausreicht, um die Verfahrenskosten zu decken. Das ist der Fall, wenn die fehlende Leistungsfähigkeit wahrscheinlicher als ein ausreichendes Vermögen ist.[231] Eine bloß theoretische Möglichkeit der Kostenunterdeckung genügt nicht.[232] Es ist Aufgabe des Gerichts, die Verfahrenskosten zu bemessen.[233] Der Schuldner muss

---

220 BGH 04.07.2002, IX ZB 221/02, NJW 2002, 2793 (2794); 24.07.2003, IX ZB 539/02, NZI 2003, 556 (557), m.Anm. *Ahrens*.
221 BGH 27.01.2005, IX ZB 270/03, NZI 2005, 273 (274); 03.02.2005, IX ZB 37/04, ZInsO 2005, 264; 07.04.2011, IX ZB 254/09, ZInsO 2011, 931 Rn. 9; Braun/*Buck* Rn. 10.
222 BGH 27.01.2005, IX ZB 270/03, NZI 2005, 273 (274); 07.04.2011, IX ZB 254/09, ZInsO 2011, 931 Rn. 9.
223 Kübler/Prütting/Bork/*Pape* § 26 Rn. 11; Nerlich/Römermann/*Mönning* § 26 Rn. 45.
224 FK-InsO/*Kohte* Rn. 52.
225 BGH 27.01.2005, IX ZB 270/03, NZI 2005, 273 (274); 07.04.2011, IX ZB 254/09, ZInsO 2011, 931 Rn. 8.
226 BGH 27.01.2005, IX ZB 270/03, NZI 2005, 273 (274); Kübler/Prütting/Bork/*Prütting/Wenzel* Rn. 31.
227 BGH 07.04.2011, IX ZB 254/09, ZInsO 2011, 931 Rn. 9; Braun/*Buck* Rn. 5; *Pape*/Pape ZInsO 2012, 1 (2).
228 BGH 27.01.2005, IX ZB 270/03, NZI 2005, 273 (274).
229 BGH 24.07.2003, IX ZB 539/02, NJW 2003, 2910 (2911).
230 BGH 03.02.2005, IX ZB 37/04, ZInsO 2005, 264; 12.06.2008, IX ZB 205/07, ZInsO 2008, 860 Rn. 5.
231 *BGH 18.05.2006, IX ZB 205/05, ZInsO 2006, 773 Rn. 12.*
232 LG Dessau-Roßlau 03.04.2012, 1 T 78/12, BeckRS 2012, 11996.
233 Jaeger/*Eckardt* Rn. 55; FK-InsO/*Kohte* Rn. 52.

dazu nicht vortragen. Bei Berechnungsschwierigkeiten sind die voraussichtlichen Kosten großzügig zu schätzen.[234] Können die Kosten aus dem vorhandenen Vermögen nicht gedeckt werden, sind weitergehende Angaben zu einzelnen Forderungen entbehrlich, die allein den Schuldensaldo erhöhen.[235] Dieses Beweismaß entspricht der überwiegenden Wahrscheinlichkeit im Rahmen der Glaubhaftmachung nach § 294 ZPO und ist niedriger als die Anforderungen aus § 286 ZPO.[236]

Herangezogen werden können überhaupt nur die präsenten **Beweismittel** i.S.v. § 294 Abs. 2 ZPO, doch ist hier eine weitergehende Beschränkung entsprechend § 118 Abs. 2 Satz 2, 3 ZPO geboten. Danach dürfen Zeugen und Sachverständige nicht vernommen werden, es sei denn, auf andere Weise kann eine hinreichende Erfolgsaussicht der beabsichtigten Rechtsverfolgung nicht geklärt werden. Wegen der insolvenzrechtlich modifizierten Prüfung der Erfolgsaussichten, die auf die Ausschlussgründe nach § 4a Abs. 1 Satz 3, 4 beschränkt ist, und der gesetzgeberischen Zielsetzung einer einfachen Kontrolle, müssen die Vernehmungen von Zeugen und Sachverständigen ausscheiden.[237] Das schriftliche Sachverständigengutachten darf aber verwendet werden. 65

Die **Ausschlussgründe** aus § 4a Abs. 1 Satz 4 und vor allem die im Rahmen der erweiternden Auslegung zu berücksichtigenden Versagungsgründe aus § 290 Abs. 1 müssen hingegen **zweifelsfrei feststehen**.[238] Dies folgt aus der Redlichkeitsvermutung zugunsten des Schuldners. Wenn im Versagungsverfahren jeder Schuldner selbstverständlich als redlich gilt, solange nicht das Gegenteil behauptet und erforderlichenfalls bewiesen ist,[239] dürfen im Stundungsverfahren keine anderen Maßstäbe angelegt werden.[240] Aufwändige Aufklärungsversuche des Insolvenzgerichts haben regelmäßig zu unterbleiben.[241] Es besteht insoweit keine Amtsermittlungspflicht des Insolvenzgerichts, welches die Ausschlussgründe nur kursorisch prüft.[242] Neben der Erklärung des Schuldners sind die dem Gericht aus dienstlicher Quelle bekannten Versagungsgründe zu berücksichtigen.[243] 66

III. Entscheidung

Die Entscheidung ergeht durch **Beschluss**, bei dem das Gericht keinen Ermessensspielraum besitzt. Wegen der möglichen Rechtsmittel ist der Beschluss zu begründen. Ein unzulässiger Antrag ist zu verwerfen, ein unbegründeter abzuweisen. Die Entscheidung ergeht sachlich unabhängig vom Eröffnungsbeschluss. Als Folge kann aber der Eröffnungsantrag mangels Masse nach § 26 Abs. 1 Satz 1 abzuweisen oder das Verfahren nach § 207 Abs. 1 Satz 1 einzustellen sein, worauf das Gericht zuvor hinweisen muss. Der Insolvenzantrag eines Gläubigers kann nicht ohne gleichzeitige Entscheidung über einen Eröffnungs- und Stundungsantrag des Schuldners abgewiesen werden.[244] Liegen die gesetzlichen Voraussetzungen vor, hat das Gericht die Kosten zu stunden.[245] Die Entscheidung hat für jeden Verfahrensabschnitt gesondert zu erfolgen. Umfasst der Antrag mehrere Verfahrensabschnitte, darf das Gericht zunächst nur über den Antrag für den aktuellen Abschnitt entscheiden. Die Ent- 67

---

234 HK-InsO/*Kirchhof* 6. Aufl., Rn. 16.
235 BGH 12.06.2008, IX ZB 205/07, ZInsO 2008, 860 Rn. 6; FK-InsO/*Kohte* Rn. 51.
236 BGH 18.05.2006, IX ZB 205/05, ZInsO 2006, 773 Rn. 12.
237 FK-InsO/*Kohte* Rn. 19.
238 BGH 21.09.2006, IX ZB 24/06, NZI 2006, 712 Rn. 8; 15.11.2007, IX ZB 74/07, ZInsO 2008, 111 Rn. 18; 07.10.2010, IX ZB 259/09, NZI 2010, 948 Rn. 13; s.a. BGH 07.04.2011, IX ZB 254/09, ZInsO 2011, 931 Rn. 6.
239 BGH 11.09.2003, IX ZB 37/03, BGHZ 156, 139 (147); 21.07.2005, IX ZB 80/04, ZInsO 2005, 926 (927); 12.01.2006, IX ZB 29/04, ZInsO 2006, 265 (266).
240 Vgl. BGH 27.01.2005, IX ZB 270/03, NZI 2005, 273 (274); 03.02.2005, IX ZB 37/04, ZInsO 2005, 264; 07.04.2011, IX ZB 254/09, ZInsO 2011, 931 Rn. 9.
241 BGH 21.09.2006, IX ZB 24/06, NZI 2006, 712 Rn. 11.
242 MüKo-InsO/*Ganter/Lohmann* Rn. 37; Uhlenbruck/*Mock* Rn. 30; HK-InsO/*Kirchhof* 6. Aufl., Rn. 8.
243 MüKo-InsO/*Ganter/Lohmann* Rn. 37; HK-InsO/*Kirchhof* Rn. 8.
244 BGH 09.02.2012, IX ZB 86/10, ZInsO 2012, 545 Rn. 8.
245 FK-InsO/*Kohte* Rn. 26.

§ 4a InsO Stundung der Kosten des Insolvenzverfahrens

scheidung über die späteren Abschnitte ist dann zurückgestellt.[246] Die Entscheidung darf aber auch zusammenfassend für mehrere Abschnitte ergehen.[247] Eine vorläufige[248] oder bedingte Bewilligung ist unzulässig. Eine teilweise Stundung ist unzulässig,[249] weil das Gesetz von einer Gesamtstundung ausgeht, wenn das Vermögen nur zu einer teilweisen Kostendeckung reicht.

68 Das Gericht muss in **angemessener Zeit** entscheiden.[250] Auch wenn durch eine verzögerte Entscheidung über den Antrag wegen der einstweilen Stundungswirkung für den Schuldner kein Nachteil eintritt,[251] darf die Entscheidung nicht aufgeschoben werden.[252] Die Entscheidung für einen noch nicht begonnenen Verfahrensabschnitt darf bis zu diesem Zeitpunkt aufgeschoben werden.[253] Prognosefehler können im Rahmen von § 4b korrigiert werden. Um den Beteiligten Rechtssicherheit zu gewähren, muss die Entscheidung grds. zu Beginn des aktuellen Verfahrensabschnitts erfolgen, denn hiervon hängt etwa auch die Einstellung mangels Masse ab, § 4a Abs. 1 Satz 2. Zu Beginn des eröffneten Insolvenzverfahrens muss grds. über die Kostenstundung für diesen Verfahrensabschnitt entschieden werden. Über einen Antrag muss entschieden sein, bevor die den Verfahrensabschnitt abschließende Entscheidung ergeht.[254] Über den Stundungsantrag ist ausdrücklich zu beschließen. Eine konkludente Zurückweisung ist schon wegen der einstweiligen Stundungswirkung des Antrags und der gebotenen Rechtssicherheit nicht statthaft.[255]

69 Die **Zuständigkeit** für die Stundungsentscheidung richtet sich nach der funktionalen Zuständigkeit für das Insolvenzverfahren. Im Schuldenbereinigungsplanverfahren, im Eröffnungsverfahren und im Verfahren über die Versagung oder den Widerruf der Restschuldbefreiung entscheidet der Richter, mit der Eröffnung geht die Zuständigkeit auf den Rechtspfleger über.[256] Der Richter kann aber nach § 18 Abs. 2 Satz 1 RPflG die Zuständigkeit an sich ziehen. Gegen eine abgelehnte oder aufgehobene Stundung bzw. die abgelehnte Beiordnung eines Anwalts steht dem Schuldner nach § 4d Abs. 1 die **sofortige Beschwerde** zu. Die Statthaftigkeit einer sofortigen Beschwerde der Staatskasse richtet sich nach § 4d Abs. 2.

G. Wirkungen

I. Reichweite

70 Die Prüfung und die Stundungsentscheidung erfolgen nach § 4a Abs. 3 Satz 1 für jeden **Verfahrensabschnitt** separat. Wegen der kostenrechtlichen Funktion der Stundung ist auch der Begriff des Verfahrensabschnitts vor allem kostenrechtlich zu verstehen. Jeder Teil des Insolvenzverfahrens, der besondere Kosten verursacht und für den bei der ursprünglichen Stundung noch nicht sämtliche einer Restschuldbefreiung möglicherweise entgegenstehenden Umstände geprüft werden konnten, ist als gesonderter Abschnitt zu verstehen.[257] Regelmäßig werden übereinstimmende Entscheidungen erge-

---

246 MüKo-InsO/*Ganter/Lohmann* Rn. 41; a.A. *Lissner* ZVI 2012, 441 (443).
247 Enger AG Neumünster 11.08.2006, 13 T 56/06, ZInsO 2006, 1007 (1008), nicht für die Treuhandperiode vor Eröffnung des Insolvenzverfahrens.
248 HK-InsO/*Kirchhof* 6. Aufl., Rn. 29.
249 BGH 18.05.2006, IX ZB 205/05, ZInsO 2006, 773 Rn. 10; 25.10.2007, IX ZB 14/07, NZI 2008, 46 Rn. 10; Kübler/Prütting/Bork/*Prütting/Wenzel* Rn. 28; a.A. Nerlich/Römermann/*Becker* Rn. 70.
250 BGH 07.10.2010, IX ZB 259/09, NZI 2010, 948 Rn. 9.
251 BGH 25.10.2007, IX ZB 149/05, NZI 2008, 47 Rn. 7.
252 HambK-InsR/*Nies* Rn. 17.
253 Etwas weiter MüKo-InsO/*Ganter/Lohmann* Rn. 41; Uhlenbruck/*Mock* Rn. 21.
254 BGH 07.10.2010, IX ZB 259/09, NZI 2010, 948 Rn. 9.
255 BGH 25.10.2007, IX ZB 149/05, NZI 2008, 47 Rn. 6.
256 BGH 25.10.2007, IX ZB 149/05, NZI 2008, 47 Rn. 7; Uhlenbruck/*Mock* Rn. 21; Nerlich/Römermann/*Becker* Rn. 15; Braun/*Buck* Rn. 27.
257 BGH 25.09.2003, IX ZB 459/02, NJW 2003, 3780 (3781); MüKo-InsO/*Ganter/Lohmann* Rn. 30; LSZ/*Smid/Leonhardt* Rn. 14.

hen, es sei denn, das Vermögen des Schuldners deckt die Kosten des bzw. der ersten, aber nicht mehr die der nachfolgenden Abschnitte.

Im sog. **Regelinsolvenzverfahren** sind als Abschnitte das Eröffnungsverfahren und das eröffnete Insolvenzverfahren zu unterscheiden, weil sie besondere Gebühren auslösen, § 3 Abs. 2 GKG i.V.m. KV Nr. 2310 bzw. 2311 sowie KV Nr. 2320 respektive 2330.[258] Im **Verbraucherinsolvenzverfahren** bilden das gerichtliche Schuldenbereinigungsverfahren, § 4a Abs. 1 Satz 2, das Eröffnungsverfahren und das eröffnete vereinfachte Insolvenzverfahren besondere Abschnitte.[259] Auch das **Restschuldbefreiungsverfahren** stellt bis zur Erteilung der gesetzlichen Schuldbefreiung einen besonderen Abschnitt dar, § 4a Abs. 1 Satz 2.[260] Etwas anderes gilt für das Widerrufsverfahren nach § 303, für das Prozesskostenhilfe zu gewähren ist.[261] Eine Nachtragsverteilung gehört kostenrechtlich nicht zum eröffneten Insolvenzverfahren.[262] 71

II. Kostenrechtliche Folgen

1. Einstweilige Wirkungen

Als erste Konsequenz bewirkt bereits der Eingang des Antrags eine gesetzlich begründete **vorläufige Stundung** der Verfahrenskosten, § 4a Abs. 3 Satz 3. Da die Stundung vom Zeitpunkt ihrer Bewilligung an wirkt, besteht für zuvor erbrachte Leistungen grds. kein Ersatzanspruch.[263] Deswegen verlagert § 4a Abs. 3 Satz 3 den maßgebenden Zeitpunkt auf die Antragstellung vor. Nicht erforderlich ist ein zulässiger Antrag.[264] Die vorläufige Stundungswirkung soll auch dann eintreten können, wenn die Sachentscheidungsvoraussetzungen erst nachträglich erfüllt werden. Selbst bei einem offensichtlich und zweifelsfrei unzulässigen Antrag tritt die einstweilige Stundungswirkung ein,[265] um Rechtssicherheit zu gewährleisten. Eine andere Frage ist, ob das Gericht dann die Stundung aussetzen kann (vgl. Rdn. 74). 72

Als **Rechtsfolge** der vorläufigen Stundung dürfen keine Vorschüsse auf die Gebühren oder Auslagen verlangt werden. Solange das Gericht noch nicht über den Stundungsantrag entschieden hat, darf es außerdem weder den Insolvenzantrag mangels Masse abweisen, § 26 Abs. 1 Satz 2 Hs. 2, noch das Verfahren einstellen, § 207, oder die Restschuldbefreiung versagen, § 298.[266] Da es sich aber nur um eine vorläufige Wirkung handelt, darf das Verfahren nicht gestützt auf die einstweilige Kostendeckung eröffnet werden.[267] Die vorläufige Wirkung gilt für jeden Verfahrensabschnitt, für den die Stundung beantragt ist. 73

Ändern sich die persönlichen oder wirtschaftlichen Verhältnisse des Schuldners seit der Antragstellung, kann das Gericht nach § 4a Abs. 3 Satz 4 i.V.m. § 4b Abs. 2 die **vorläufige Stundung aussetzen**.[268] Hierzu wird es aber nur dann Anlass geben, wenn die geänderten Verhältnisse einfach zu beurteilen sind, insgesamt aber vom Gericht noch keine endgültige Entscheidung getroffen werden kann. Da die vorläufige Stundung eine gesetzlich begründete, unabhängig von den persönlichen und wirtschaftlichen Verhältnissen des Schuldners eintretende Folge bildet, wird das Gericht allein bei verbesserten Verhältnissen des Schuldners zu einer Änderungsentscheidung veranlasst sein. Die Entscheidung kann in Gestalt einer einstweiligen Anordnung ergehen.[269] 74

---

258 BGH 25.09.2003, IX ZB 459/02, NJW 2003, 3780 (3781).
259 BGH 25.09.2003, IX ZB 459/02, NJW 2003, 3780 (3781); FK-InsO/*Kohte* Rn. 31.
260 Jaeger/*Eckardt* Rn. 72 f.; Uhlenbruck/*Mock* Rn. 26.
261 MüKo-InsO/*Ganter/Lohmann* § 4 Rn. 18; Nerlich/Römermann/*Becker* Rn. 64.
262 A.A. Nerlich/Römermann/*Becker* Rn. 63.
263 MüKo-InsO/*Ganter/Lohmann* Rn. 31.
264 A.A. Nerlich/Römermann/*Becker* Rn. 36.
265 A.A. Jaeger/*Eckardt* Rn. 49.
266 MüKo-InsO/*Ganter/Lohmann* Rn. 31; HK-InsO/*Kirchhof* 6. Aufl., Rn. 43.
267 BGH 18.05.2006, IX ZB 205/05, ZInsO 2006, 773 Rn. 46.
268 Jaeger/*Eckardt* Rn. 50.
269 MüKo-InsO/*Ganter/Lohmann* Rn. 31.

§ 4a InsO Stundung der Kosten des Insolvenzverfahrens

75 Aus der Verweisungssystematik nicht ohne Weiteres zu beantworten ist, ob das Gericht die Stundung auch bei einem offensichtlich unzulässigen oder unbegründeten Antrag aussetzen kann. Dies hängt davon ab, ob § 4a Abs. 3 Satz 4 eine Rechtsgrund- oder eine Rechtsfolgenverweisung beinhaltet. Wenn bereits veränderte Verhältnisse eine Änderung rechtfertigen, dann müssen anscheinend erst recht die einstweiligen Stundungswirkungen für einen eindeutig erfolglosen Antrag aufgehoben werden können. Dies setzt eine Rechtsfolgenverweisung voraus. Dennoch erscheint nach der Systematik der Regelung eine **Rechtsgrundverweisung** überzeugender. Kann das Gericht in diesen Fällen eine hinreichende Überzeugung für eine Abänderungsentscheidung gewinnen, so ist es zudem ohne großen Mehraufwand in der Lage, die Endentscheidung über die Kostenstundung zu treffen. Zudem kann mit einer einstweiligen Änderungsentscheidung die endgültige Entscheidung nicht erspart werden.

76 Die einstweilige Stundung geht mit einer bewilligenden Entscheidung in eine dauerhafte Stundung über. Bei einer negativen Entscheidung, sei es durch Verwerfung, sei es durch Abweisung des Antrags, **endet** die vorübergehende Stundung. Die Wirkung endet mit Bekanntgabe der Entscheidung, nicht erst mit Eintritt der Rechtskraft. Im Beschwerdeverfahren erfolgt keine vorläufige Stundung.[270]

2. Dauerhafte Wirkungen

77 Stundet das Gericht die Kosten, besteht **keine Fälligkeit** der Kostenforderungen während der Stundungsdauer gegenüber dem Schuldner.[271] Der Schuldner bleibt Kostenschuldner. Vorschüsse werden nicht mehr verlangt. Eine Ratenzahlungsanordnung für die Dauer des Insolvenzverfahrens ist unzulässig, weil die Verfahrenskosten vorrangig zu befriedigen sind.[272] Damit ist die **Durchführung des Verfahrens** bis zu einer gegenläufigen Entscheidung kostenrechtlich gesichert. Bereits entstandene Kosten werden allerdings nicht gestundet. Das Gericht darf nicht den Insolvenzantrag mangels Masse abweisen, § 26 Abs. 1 Satz 2 Halbs. 2,[273] das Verfahren einstellen, § 207, und die Restschuldbefreiung gem. § 298 versagen.[274] Dies und die sonstigen Folgen der Stundung gelten, bis das Gericht seine Entscheidung nach § 4b Abs. 2 Satz 1 ändert, die Stundung gem. § 4c aufhebt oder die Restschuldbefreiung erteilt wird. Die Kostenstundung verändert weder die Qualität als Verfahrenskosten noch die **Befriedigungsreihenfolge** nach den §§ 53 f., 209 Abs. 1, 292 Abs. 1 Satz 2, 3. Die Verfahrenskosten sind an erster Stelle aus der Masse zu begleichen,[275] denn es soll damit mittellosen natürlichen Personen der Zugang zur Restschuldbefreiung eröffnet werden, nicht aber für die Insolvenzgläubiger eine bessere Befriedigungsmöglichkeit auf Kosten der Staatskasse verschafft werden. Gerichtskosten und Verwaltervergütung sind mit gleicher Quote zu befriedigen.[276] Die Befriedigungsreihenfolge gilt auch, wenn die Masseunzulänglichkeit nicht angezeigt ist.[277] Auch im Insolvenzplanverfahren darf die Befriedigungsreihenfolge mit einer vorrangigen Erfüllung der Verfahrenskosten nicht zu Lasten der Staatskasse verändert werden.[278]

78 Gestundet werden die Kosten für den Verfahrensabschnitt unabhängig davon, welche Kosten dort anfallen. Eine auf einen Teil der Verfahrenskosten beschränkte Stundung ist generell ausgeschlossen.[279] Rückständige und entstehende **Gerichtskosten** und Auslagen sowie die übergegangen An-

---

270 Jaeger/*Eckardt* Rn. 53.
271 Jaeger/*Eckardt* Rn. 59.
272 LG Duisburg 29.07.2011, 7 T 97/11, NZI 2011, 949, 950.
273 AG Göttingen 20.02.2002, 74 IK 14/02, NZI 2002, 567; FK-InsO/*Kohte* Rn. 26.
274 Kübler/Prütting/Bork/*Prütting/Wenzel* Rn. 13.
275 BGH 19.11.2009, IX ZB 261/08, NZI 2010, 188 Rn. 19; 14.10.2010, IX ZB 224/08, NZI 2011, 60 Rn. 7; dazu *Huep/Webel* NZI 2011, 389.
276 BGH 07.02.2013, IX ZB 175/11, BeckRS 2013, 04215 Rn. 3.
277 *BGH 19.11.2009, IX ZB 261/08, NZI 2010, 188 Rn. 14.*
278 BGH 05.05.2011, IX ZB 136/09, NZI 2011, 683 Rn. 12.
279 BGH 18.05.2006, IX ZB 205/05, ZVI 2006, 285 Rn. 10 f.

sprüche des beigeordneten Rechtsanwalts können nur noch nach den gerichtlich festgesetzten Bestimmungen geltend gemacht werden, § 4a Abs. 3 Satz 1 Nr. 1. Gestundet werden die Kosten bis zur Erteilung der Restschuldbefreiung, § 300, also nicht nur bis zur Ankündigung.[280] Dem vorläufigen Insolvenzverwalter, dem **Insolvenzverwalter** bzw. dem Treuhänder, dem Sachwalter und den Mitgliedern des Gläubigerausschusses stehen Sekundäransprüche auf Bezahlung ihrer **Vergütung** und Auslagen gem. den §§ 21 Abs. 2 Nr. 1, 63 Abs. 2,[281] 73 Abs. 2, 274 Abs. 1, 293 Abs. 2, 313 Abs. 1 Satz 3 gegen die Staatskasse zu. Vorausgesetzt ist eine tatsächliche Bewilligung der Kostenstundung für den jeweiligen Verfahrensabschnitt.[282] Nur wenn die Kostenstundung aufgehoben wird, besteht auch ohne Kostenstundung für die Vergütungsansprüche des vorläufigen Insolvenzverwalters oder vorläufigen Treuhänders eine sekundäre Haftung der Staatskasse analog § 63 Abs. 2, falls die Masse zur Befriedigung der Ansprüche nicht ausreicht.[283] Reicht die Masse zur Befriedigung der Vergütungsansprüche und Auslagenerstattungen des (vorläufigen) Insolvenzverwalters nicht aus, sind die Ansprüche nur in Höhe der Mindestvergütung festzusetzen, soweit sie der Masse nicht entnommen werden können.[284] Die an den vorläufigen Insolvenzverwalter, den Insolvenzverwalter, die Mitglieder des Gläubigerausschusses oder die Treuhänder auf der Grundlage der InsVV zu zahlende Beträge sind in KV Nr. 9017 zusammengefasst und können gem. § 23 Abs. 1 Satz 2 GKG gegenüber dem Schuldner geltend gemacht werden.

Ein beigeordneter **Rechtsanwalt** darf gem. § 4a Abs. 3 Satz 1 Nr. 2 seine Vergütungsansprüche nicht mehr gegen den Schuldner geltend machen. Er erhält gem. den §§ 12, 45 RVG einen Sekundäranspruch gegen die Staatskasse, soweit eine Befriedigung aus der Masse nicht möglich ist.[285] Mit Befriedigung seiner Ansprüche durch die Staatskasse geht der Anspruch entsprechend § 59 Abs. 1 Satz 1 RVG auf diese über. 79

Als Masseverbindlichkeiten sind die gestundeten Verfahrenskosten **vorrangig** zu **befriedigen**. Bei der Beendigung des Insolvenzverfahrens muss der Insolvenzverwalter bzw. der Treuhänder die Kosten des Insolvenzverfahrens, zu denen auch die gestundeten Kosten gehören, gem. § 53 aus der Insolvenzmasse vorweg erfüllen. In der Treuhandperiode des Restschuldbefreiungsverfahrens muss der Treuhänder aus den empfangenen Leistungen zunächst die gestundeten Verfahrenskosten abzüglich der Kosten für einen beigeordneten Rechtsanwalt berichtigen. Soll die Restschuldbefreiung vorzeitigt erteilt werden, weil die Insolvenzgläubiger befriedigt sind, müssen auch die gestundeten Verfahrenskosten befriedigt sein.[286] 80

3. Stundungsende

Die Stundung endet nach § 4a Abs. 1 Satz 1 mit **Erteilung der Restschuldbefreiung** gem. den §§ 299, 300. Dies gilt auch, wenn allein die Kosten einzelner Verfahrensabschnitte gestundet sind, da sonst das Ziel einer Entschuldung gefährdet wäre. Wird die Restschuldbefreiung erteilt, erfolgt die Rückzahlung gem. § 4b. Soll die Restschuldbefreiung vorzeitig erteilt werden, weil alle Forderungen befriedigt sind, müssen auch die gestundeten Kosten erfüllt sein.[287] Damit endet auch die Beiordnung des Rechtsanwalts, der später entstandene Kosten nicht mehr gegenüber der Staatskasse geltend machen kann. 81

---

280 Nerlich/Römermann/*Becker* Rn. 50.
281 LG Erfurt 02.05.2012, 1 T 447/11, ZInsO 2012, 947.
282 BGH 07.02.2013, IX ZB 75/12, NZI 2013, 305 Rn. 12.
283 BGH 15.11.2007, IX ZB 74/07, ZInsO 2008, 111 Rn. 8.
284 BGH 07.02.2013, IX ZB 245/11, NZI 2013, 352 Rn. 13 ff.
285 BT-Drucks. 14/5680, 20.
286 BGH 17.02.2005, IX ZB 214/04, NZI 2005, 399 (401), m.Anm. *Ahrens*; FK-InsO/*Ahrens* § 299 Rn. 13; MüKo-InsO/*Ehricke* § 299 Rn. 4a; a.A.HK-InsO/*Landfermann* § 299 Rn. 6; LSZ/*Kiesbye* § 299 Rn. 8; *Erdmann* ZInsO 2007, 873.
287 BGH 17.02.2005, IX ZB 214/04, NZI 2005, 399 (401).

§ 4a InsO Stundung der Kosten des Insolvenzverfahrens

82 Ausnahmsweise kann in den Fällen der **asymmetrischen Verfahren**[288] die Restschuldbefreiung vor Aufhebung des Insolvenzverfahrens zu erteilen sein.[289] In diesen Fällen käme es zu einem Wertungswiderspruch, wenn mit Erteilung der Restschuldbefreiung die Kostenstundung für das Insolvenzverfahren endet. Dann wären die anschließend im Insolvenzverfahren entstehenden Kosten nicht mehr gedeckt, obwohl sie doch notwendige Konsequenz des Wegs zur Restschuldbefreiung sind. Die Umkehrung der Verhältnisse bei den asymmetrischen Verfahren muss auch für die Kostenstundung gelten, die Stundung darf also nicht mit der Restschulbefreiung, sondern erst mit der Aufhebung des Insolvenzverfahrens enden. Folgerichtig bleiben dann auch die Kosten aus bereits abgeschlossenen Verfahrensabschnitten gestundet, wie dem Eröffnungsverfahren, um eine einheitliche Entscheidung zu ermöglichen. Die Kosten können aber auch dann gem. § 4a erstmals gestundet werden, wenn sich erst nach Erteilung der Restschuldbefreiung herausstellt, dass aus der Masse die Verfahrenskosten nicht gedeckt werden können.[290]

83 Die Stundungswirkung endet auch, wenn der Schuldner den **Stundungsantrag zurücknimmt**. Außerdem kann die Stundung aufgehoben werden, falls das Ziel der **Restschuldbefreiung unerreichbar** ist. Ausdrücklich ordnet § 4c Nr. 4 diese Konsequenz an, wenn die Restschuldbefreiung versagt oder widerrufen wird. Außerdem kann die Stundung in den anderen Fällen des § 4c aufgehoben werden. Dies gilt aber auch, wenn der Insolvenzantrag zurückgenommen oder für erledigt erklärt bzw. der Restschuldbefreiungsantrag zurückgenommen wird. Verstirbt der Schuldner und endet dadurch das Insolvenzverfahren, kann auch das Stundungsverfahren entsprechend § 4c beendet werden. Für die noch offenen Gerichtskosten kann der Erbe nicht in Anspruch genommen werden.[291] Zudem endet die Stundung, wenn der Schuldner die gestundeten Kostenforderungen befriedigt hat.[292] Für die anschließende Zeit ist eine Entscheidung gem. § 4b Abs. 1 zu treffen.

84 Endet die Stundung, werden die **Kosten fällig**. Dann muss der Schuldner die gestundeten Kosten an die Staatskasse zahlen.

H. Beiordnung eines Rechtsanwalts

85 Werden die Kosten des Verfahrens gestundet, kann das Insolvenzgericht dem Schuldner nach § 4a Abs. 2 Satz 1 einen Rechtsanwalt beiordnen. Die Beiordnung erfolgt als zusätzliche Anordnung im Fall einer Kostenstundung für den betreffenden Verfahrensabschnitt. Dafür bestehen drei Voraussetzungen. Der Schuldner muss die Beiordnung beantragen, die Kosten müssen gestundet und die Beiordnung muss erforderlich sein. Bei der Entscheidung sind die grundrechtlichen Anforderungen eines fairen Verfahrens zu beachten.[293] Der **Antrag** ist wie für die Stundung formlos zulässig. Da die Beiordnung eines Rechtsanwalts die **Stundung der Verfahrenskosten** voraussetzt, ist diese vor einer Stundung – also auch während der einstweiligen Stundung gem. § 4a Abs. 3 Satz 3 – ausgeschlossen, etwa zur Vorbereitung des Stundungsantrags.[294] Im Rahmen einer teleologischen Extension ist die Beiordnung auch dann zu bewilligen, wenn die Masse zwar die sonstigen Verfahrenskosten, nicht aber die der Beiordnung eines Anwalts deckt.[295]

---

288 Dazu *Ahrens* FS Görg, 2010, 1 ff.
289 BGH 03.12.2009, IX ZB 247/08, BGHZ 183, 258 Rn. 14.
290 *Hesse* Rpfleger 2011, 364.
291 OLG Jena 17.10.2011, 9 W 452/11.
292 Nerlich/Römermann/*Becker* Rn. 56.
293 AG Mannheim 31.07.2003, IN 524/02, NZI 2004, 46.
294 BGH 24.07.2003, IX ZA 12/03, NZI 2003, 647 (648); 22.03.2007, IX ZB 94/06, NZI 2007, 418 Rn. 3; LG Mannheim 25.01.2010, 4 T 212/09, NZI 2010, 866; MüKo-InsO/*Ganter/Lohmann* Rn. 21; Uhlenbruck/*Mock* Rn. 33.
295 Vgl. Nerlich/Römermann/*Becker* Rn. 100; a.A. Jaeger/*Eckardt* Rn. 87.

Aufgrund der besonderen Verhältnisse des Insolvenzverfahrens ist die **Erforderlichkeit** einer Beiord- 86
nung unter strengeren Voraussetzungen zu bejahen, als im Prozesskostenhilfeverfahren.[296] Regelmäßig soll der Schuldner im Insolvenzverfahren seine Rechte selber wahrnehmen. Ausdrücklich betont § 4a Abs. 2 Satz 1 die dem Gericht obliegende Fürsorgeplicht, die im Insolvenzverfahren natürlicher Personen und insb. im Verbraucherinsolvenzverfahren aktiv ausgeübt werden muss. Die Fürsorgepflicht kann die Notwendigkeit einer Beiordnung entfallen lassen. Als Ausdruck dieser gerichtlichen Pflicht ist sicherzustellen, dass der Schuldner nicht aus Unkenntnis seine Rechte und insb. die Chance zur Restschuldbefreiung verliert.[297] Das Gericht muss deswegen auf die gesetzlichen Möglichkeiten, § 20 Abs. 2, und Risiken, §§ 175 Abs. 2, 290 Abs. 1,[298] hinweisen und weiter noch den unkundigen Schuldner auch beraten.[299] Ein Rechtsanwalt wird daher regelmäßig nur für einzelne Verfahrensabschnitte beigeordnet.

Keinen Grund zur Beiordnung eines Anwalts bilden unzureichende Sprachkenntnisse, doch werden 87
sie regelmäßig zu einer verstärkten Fürsorge Anlass geben, denn der Anwalt ist Rechtsbeistand, nicht Dolmetscher.[300] Ein Dolmetscher kann aber gem. § 185 GVG hinzugezogen werden.[301] Da im Insolvenzverfahren kein streitiger Parteiprozess geführt wird, rechtfertigt die anwaltliche Vertretung des Gläubigers allein noch nicht die Beiordnung.[302] Sie kann aber einen Anhaltspunkt geben.

Zu berücksichtigen sind alle **Umstände des Einzelfalls**.[303] Abzustellen ist vor allem auf die Person des 88
Schuldners, den Umfang der Insolvenzsache, die Schwierigkeiten der Sach- und Rechtslage sowie die Fürsorgemöglichkeiten des zuständigen Insolvenzgerichts.[304] Es müssen im konkreten Fall spezifische Schwierigkeiten auftreten, die gerade mit Hilfe eines Anwalts zu bewältigen sind.[305] Die Beiordnung eines Rechtsanwalts kommt bspw. in Betracht, wenn das Insolvenzverfahren **quasi-streitige Züge** annimmt, etwa im Versagungsverfahren[306] oder bei einem Widerspruch gegen die Anmeldung einer Forderung aus vorsätzlich begangener unerlaubter Handlung.[307] Hier bestehen Grenzen der gerichtlichen Beratungspflicht, weil das Insolvenzgericht seine Neutralität wahren muss, weswegen die Beiordnung eines Anwalts angezeigt ist. Eine weitere Fallgruppe bilden auch besondere Mitwirkungshandlungen des Schuldners.[308]

Rechtliche Schwierigkeiten können sich auch aus der **Art der Verbindlichkeiten** ergeben. Dies gilt 89
etwa, wenn es um Bestand oder Höhe von Gläubigerforderungen geht oder die Wirksamkeit von Entgeltabtretungen streitig ist.[309] Auch bei der Freigabe einer vormals massezugehörigen Eigentumswohnung, die zu besonderen Rechtsfragen führt, ist ein Anwalt beigeordnet worden.[310] Bei möglichen Verpflichtungen aus Verbraucherkreditgeschäften kommt es darauf an, ob Wirksamkeitszweifel bestehen. Verbindlichkeiten aus einer selbständigen Tätigkeit bieten ohne zusätzliche Schwierigkeiten noch keinen hinreichenden Anhaltspunkt für eine notwendige Stundung, wohl aber die Folgen einer Negativerklärung aus § 35 Abs. 2. Stundung ist aber gewährt worden, wenn finanzielle Bewährungs-

---

296 LG Koblenz 13.02.2002, 2 T 87/02216, NZI 2002, 215; LG Bochum 27.12.2002, 10 T 24/02, NZI 2003, 164 (165 f.); HK-InsO/*Kirchhof* 6. Aufl., Rn. 39.
297 BGH 17.02.2005, IX ZB 176/03, BGHZ 162, 181 (186).
298 BGH 10.02.2011, IX ZB 237/09, ZInsO 2011, 837 Rn. 12; *Ahrens* FS Ganter, 71 ff.
299 HK-InsO/*Kirchhof* 6. Aufl., Rn. 39.
300 Offengelassen von BGH 18.12.2002, IX ZA 22/02, ZInsO 2002, 124 (125); a.A. *Hess* Rn. 264.
301 LG Bochum 27.12.2002, 10 T 24/02, NZI 2003, 164 (166).
302 BGH 05.12.2002, IX ZA 20/02, NZI 2003, 270; 18.12.2002, IX ZA 22/02, ZInsO 2002, 124 (125).
303 Nerlich/Römermann/*Becker* Rn. 102.
304 BGH 05.12.2002, IX ZA 20/02, NZI 2003, 270; 18.12.2002, IX ZA 22/02, ZInsO 2002, 124 (125).
305 LG Koblenz 13.02.2002, 2 T 87/02216, NZI 2002, 215.
306 LG Göttingen 14.01.2003, 10 T 71/02, NZI 2003, 454; Nerlich/Römermann/*Becker* Rn. 90; Uhlenbruck/*Mock* Rn. 35.
307 BGH 18.09.2003, IX ZB 44/03, NZI 2004, 39 (40); MüKo-InsO/*Ganter/Lohmann* Rn. 22.
308 FK-InsO/*Kohte* Rn. 46.
309 LG Göttingen 14.01.2003, 10 T 71/02, NZI 2003, 454; Graf-Schlicker/*Kexel* Rn. 52.
310 AG Darmstadt 27.10.2009, 9 IK 188/09, VIA 2010, 24.

§ 4a InsO Stundung der Kosten des Insolvenzverfahrens

auflagen zu erfüllen sind, eine berufliche Untersagungsverfügung angegriffen werden soll und eine Eigenverwaltung angestrebt wird.[311] Das Risiko einer möglichen Strafverfolgung kann die Verpflichtung zur Beiordnung eines Anwalts begründen.[312] Da vom Schuldner im Insolvenzverfahren auch solche Umstände anzugeben sind, die für eine Insolvenzanfechtung bedeutsam werden können,[313] ist ihm wegen der dabei bestehenden besonderen Schwierigkeiten ein Anwalt beizuordnen.[314] Eine besondere Schwierigkeit ergibt sich nicht allein aus der Zahl der Gläubiger oder der Höhe der Forderungssumme.[315] Auch eine eingeleitete Zwangsvollstreckung ist noch nicht ausreichend.[316]

90 Je geringer die **Fähigkeiten** und je niedriger das Bildungsniveau **des Schuldners**, desto eher wird für das formalisierte und differenzierte Verständnismöglichkeiten voraussetzende Insolvenzverfahren eine anwaltliche Beiordnung erfolgen können. Eine körperliche Behinderung rechtfertigt jedoch noch keine Beiordnung eines Anwalts. Eine Betreuung spricht eher dagegen, einen Anwalt beiordnen zu müssen.[317]

91 Zu unterscheiden sind die verschiedenen Anforderungen der jeweiligen **Verfahrensabschnitte**. Schwierigkeiten bei außergerichtlichen Schuldenbereinigungsverfahren betreffen nicht das gerichtliche Verfahren, weswegen eine Beiordnung ausgeschlossen ist.[318] Im gerichtlichen Schuldenbereinigungsplanverfahren kommt eine Beiordnung in Betracht, wenn der Schuldner gem. § 307 den Plan ergänzen oder überarbeiten muss bzw. Fragen der Zustimmungsersetzung nach § 309 zu klären sind.[319] Da der Schuldner im eröffneten Verfahren keine besondere Einwirkungsmöglichkeit besitzt, ist ihm hierfür regelmäßig kein Anwalt beizuordnen.[320] Für ein Versagungsverfahren nach den §§ 290, 296 Abs. 1 oder 2, 314 Abs. 3 Satz 2 mit komplexeren Anforderungen wird ein Anwalt beizuordnen sein.[321] Meldet ein Gläubiger eine Forderung aus vorsätzlich begangener unerlaubter Handlung an, muss das Insolvenzgericht den Schuldner nach § 175 Abs. 2 auf die Rechtsfolgen des § 302 und die Möglichkeit eines Widerspruchs hinweisen. Die Beiordnung eines Anwalts ist deswegen nur dann geboten, wenn der Schuldner aufgrund seiner persönlichen Fähigkeiten nicht über die Zweckmäßigkeit eines Widerspruchs entscheiden kann.[322] Im Regelinsolvenzverfahren ist der Schuldner zur Vorlage eines Plans befugt, doch kann er dafür keinen Ersatz aus der Masse beanspruchen.[323] Folgerichtig kann er auch keine staatliche Vorfinanzierung über die Kostenstundung erreichen.[324]

92 Für die Beiordnung gelten gem. § 4a Abs. 2 Satz 2 die Regelungen in § 121 Abs. 3–5 ZPO entsprechend. Beizuordnen ist ein **vertretungsbereiter Rechtsanwalt**. Seine Aufgaben ergeben sich aus der Reichweite der Beiordnung.[325] Der Vergütungsanspruch richtet sich gem. § 45 RVG gegen die Staatskasse. Eine Beschränkung auf die Mindestgebühr ist nicht berechtigt.[326] Die Beiordnung endet mit dem Ende der Kostenstundung für den betreffenden Verfahrensabschnitt.

---

311 LG Bonn 02.09.2009, 6 T 239/09, ZVI 2009, 444 (445).
312 AG Mannheim 31.07.2003, IN 524/02, NZI 2004, 46.
313 BGH 11.02.2010, IX ZB 126/08, NZI 2010, 264 Rn. 6; krit. *Wedekind* VIA 2010, 35 (36); BGH 23.09.2010, IX ZB 16/10, NZI 2010, 999 Rn. 5; FK-InsO/*Ahrens* § 290 Rn. 56.
314 AG Mannheim 31.07.2003, IN 524/02, NZI 2004, 46.
315 LG Koblenz 13.02.2002, 2 T 87/02216, NZI 2002, 215; LG Bochum 30.12.2002, 10 T 64/02, NZI 2003, 167; LG Göttingen 14.01.2003, 10 T 71/02, NZI 2003, 454.
316 LG Koblenz 13.02.2002, 2 T 87/02216, NZI 2002, 215.
317 LG Bochum 27.12.2002, 10 T 24/02, NZI 2003, 164 (166).
318 BGH 22.03.2007, IX ZB 94/06, NZI 2007, 418 Rn. 4.
319 Karsten Schmidt/*Stephan* Rn. 33.
320 AG Göttingen 30.05.2002, 74 IN 93/02, NZI 2002, 449.
321 AG Göttingen 30.05.2002, 74 IN 93/02, NZI 2002, 449; Graf-Schlicker/*Kexel* Rn. 52.
322 HK-InsO/*Kirchhof* 6. Aufl., Rn. 40.
323 BGH 06.12.2007, IX ZR 113/06, NJW 2008, 659 Rn. 21.
324 *LG Bochum 30.12.2002, 10 T 64/02, NZI 2003, 167 (168).*
325 Nerlich/Römermann/*Becker* Rn. 104 f.
326 LG Bückeburg 30.05.2012, 4 T 97/11, ZInsO 2012, 1283 (1284).

§ 4a n.F. Stundung der Kosten des Insolvenzverfahrens
[Tritt zum 01.07.2014 in Kraft]

(1) ... ³Der Schuldner hat dem Antrag eine Erklärung beizufügen, ob ein Versagungsgrund des § 290 Abs. 1 Nr. 1 vorliegt ...

Übersicht	Rdn.		Rdn.
A. Normzweck	1	C. Erweiternde Anwendung	3
B. Anwendungsbereich	2	D. Inkrafttreten, Übergangsrecht	7

A. Normzweck

Die Regelung stellt eine **Folgeänderung** zur Aufhebung von § 290 Abs. 1 Nr. 3 dar.[1] Nach neuem Recht ist der Versagungsgrund aus § 290 Abs. 1 Nr. 3 aufgehoben und durch die Zulassungsentscheidung des § 287a ersetzt. Folgerichtig musste auch der bisherige Verweis in Abs. 1 Satz 3 auf § 290 Abs. 1 gestrichen werden.   1

B. Anwendungsbereich

Eine Versagung der Kostenstundung kommt nach der positiven Gesetzesfassung nur noch in Betracht, wenn der Schuldner gem. **§ 290 Abs. 1 Nr. 1** rechtskräftig wegen einer Straftat nach den §§ 283–283c StGB verurteilt worden ist.   2

C. Erweiternde Anwendung

Zu dem bis zum 31.12.2013 geltenden Recht geht die Praxis davon aus, dass § 4a Abs. 1 Satz 3 und 4 **keine abschließende Regelung** beinhaltet (§ 4a Rdn. 49 ff.). Ob sich diese Ansicht auch zum neuen Recht halten lässt, erscheint sehr fraglich. Allerdings hat der Gesetzgeber in den Materialien hierzu nicht ausdrücklich Stellung bezogen, weswegen die Diskussion wieder aufleben wird.   3

Entscheidende Gründe sprechen **gegen eine uneingeschränkte Fortsetzung** der bisherigen Judikatur. In Kenntnis der Rechtsprechungslage hat der Gesetzgeber die Novelle verabschiedet, ohne die höchstrichterliche Rechtsprechung zu kodifizieren, obwohl er dies doch in vielen anderen Bereichen und gerade auch im Bereich der Kostenstundung, wie mit den §§ 4a Nr. 4, 300a, getan hat. Ausdrücklich stellt jetzt auch der Wortlaut im Singular nur noch auf einen Versagungsgrund ab. Zudem dokumentiert die Novelle des § 287a, dass der Gesetzgeber einer erweiternden Anwendung – hier von § 290 Abs. 1 Nr. 3 – grds. ablehnend gegenübersteht. Vor allem aber sprechen systematische und teleologische Erwägungen gegen eine erweiternde Auslegung. Da künftig bereits spätestens mit Eröffnung des Insolvenzverfahrens eine Unzulässigkeit der Restschuldbefreiung nach § 287a festzustellen ist, kommt in diesen Fällen ohnehin keine Kostenstundung in Betracht. Soweit die Restschuldbefreiung nicht zu erreichen ist, muss auch eine Kostenstundung ausgeschlossen sein.   4

Raum für eine erweiternde Auslegung bleibt daher nur, falls das Restschuldbefreiungsverfahren zulässig ist. Zudem darf es sich um **keinen** durch die gesetzgeberische Entscheidung über § 287a **gesperrten Bereich** handeln. Die Kostenstundung darf deswegen nicht versagt werden, soweit früher die Stundung abgelehnt und deswegen das Insolvenzverfahren mangels Masse abgewiesen, ein Restschuldbefreiungsverfahren als unzulässig verworfen oder der Antrag auf Erteilung der Restschuldbefreiung zurückgenommen wurde. Weder die Rücknahmefiktion aus § 305 Abs. 3 Satz 2 noch die Versagung gem. § 298 rechtfertigen es, die Stundung der Verfahrenskosten abzulehnen. Auch eine entsprechende Anwendung von § 290 Abs. 1 Nr. 7 i.V.m. § 287b ist ausgeschlossen, weil diese Erwerbsobliegenheit erst ab Eröffnung des Insolvenzverfahrens greift, die speziellere Erwerbsobliegenheit aus § 4c Nr. 4 aber bereits ab erstmaliger Bewilligung der Kostenstundung und damit regelmäßig bereits im Eröffnungsverfahren besteht.   5

---

1 BT-Drucks. 17/11268 S. 20.

§ 4b InsO Rückzahlung und Anpassung der gestundeten Beträge

6 Als **belastbare Gründe** für eine erweiternde Auslegung bleiben nur die auf selbständigen Erwägungen beruhenden Versagungstatbestände aus § 290 Nr. 4–6. Diese stellen auf besondere vorinsolvenzliche oder insolvenzverfahrensrechtliche Pflichtverletzungen im neuen Insolvenzverfahren ab, die nicht durch § 287a abgedeckt sind.

D. Inkrafttreten, Übergangsrecht

7 Nach Art. 9 des Gesetzes zur Verkürzung des Restschuldbefreiungsverfahrens und zur Stärkung der Gläubigerrechte tritt die Regelung am **01.07.2014** in Kraft.

8 Gem. Art. 103h Satz 1 EGInsO gilt die neue Regelung für Insolvenzverfahren, die ab dem 01.07.2014 beantragt worden sind. Dies gilt auch dann, wenn die Kostenstundung in einem vor dem 01.07.2014 beantragten Insolvenzverfahren erst nach diesem Zeitpunkt beantragt wird.

§ 4b Rückzahlung und Anpassung der gestundeten Beträge

(1) Ist der Schuldner nach Erteilung der Restschuldbefreiung nicht in der Lage, den gestundeten Betrag aus seinem Einkommen und seinem Vermögen zu zahlen, so kann das Gericht die Stundung verlängern und die zu zahlenden Monatsraten festsetzen. § 115 Abs. 1 und 2 sowie § 120 Abs. 2 der Zivilprozessordnung geltend entsprechend.

(2) Das Gericht kann die Entscheidung über die Stundung und die Monatsraten jederzeit ändern, soweit sich die für sie maßgebenden persönlichen oder wirtschaftlichen Verhältnisse wesentlich geändert haben. Der Schuldner ist verpflichtet, dem Gericht eine wesentliche Änderung dieser Verhältnisse unverzüglich anzuzeigen. § 120 Abs. 4 Satz 1 und 2 der Zivilprozessordnung gilt entsprechend. Eine Änderung zum Nachteil des Schuldners ist ausgeschlossen, wenn seit der Beendigung des Verfahrens vier Jahre vergangen sind.

Übersicht

	Rdn.		Rdn.
A. Normzweck	1	V. Wirkungen	28
B. Verlängerte Stundung und Ratenzahlung, Abs. 1	4	C. Veränderte Verhältnisse, Abs. 2	31
I. Nachhaftung	4	I. Grundlagen	31
II. Sachlicher Anwendungsbereich	7	II. Sachlicher Anwendungsbereich	32
III. Voraussetzungen	10	III. Veränderte Verhältnisse	33
1. Antrag	10	1. Grundsatz	33
2. Wirtschaftliche Anforderungen	12	2. Verbesserung	35
a) Grundlagen	12	3. Verschlechterung	38
b) Einkommen	13	4. Wesentlichkeit	39
c) Abzüge vom Einkommen	19	IV. Anzeigepflicht	42
d) Vermögen	23	V. Auskunftsverlangen, Abs. 2 Satz 3	44
IV. Verfahren	26	VI. Verfahren	46
		VII. Wirkungen	47

A. Normzweck

1 Die Ausgangsnorm der Kostenstundung aus § 4a Abs. 1 Satz 1 verankert ein starres Verfahrensresultat. Die Kosten werden danach bis zur Erteilung der Restschuldbefreiung gestundet. Nicht länger, aber auch nicht kürzer. Mit der Restschuldbefreiung werden die gestundeten, aber nicht aus der Masse bzw. durch Leistungen nach § 292 Abs. 1 Satz 2 erfüllten Kosten fällig, vgl. § 23 GKG. Diese statische Einheitsfolge modifiziert und flexibilisiert § 4b. In den **Veränderungen der Stundungswirkung** bei einem ordnungsgemäßen Verfahrensablauf ist ein allerdings sehr allgemeiner einheitlicher Grundgedanke[1] der Regelung zu erkennen. In dieser Vorschrift werden zwei unterschiedliche Aus-

---

1 Den Jaeger/*Eckardt* Rn. 1, vermisst.

prägungen verbunden. Demgegenüber fasst § 4c im weiten Sinn fehlerhafte Beurteilungsgrundlagen und nicht zielkonforme Verfahrensverläufe zusammen.

§ 4b Abs. 1 ermöglicht eine **Verlängerung der Stundung** nach dem Ende des Insolvenz- und Restschuldbefreiungsverfahrens. Die Kosten können damit für weitere vier Jahre gestundet werden. Die Regelung schützt die erteilte Restschuldbefreiung davor, durch die Kostenlast sogleich wieder entwertet zu werden.[2] Zugleich lässt die Vorschrift eine Ratenzahlungsanordnung zu. Außerdem begrenzt diese Regelung auch die Nachhaftung des Schuldners, denn nach Ablauf der vierjährigen Höchstfrist erlöschen die noch nicht erfüllten Kostenforderungen. 2

§ 4b Abs. 2 zieht die Konsequenz aus dem Dauercharakter der Kostenstundung. Die Regelung ermöglicht eine **Anpassung** der Kostenstundung **an veränderte Verhältnisse**. Insoweit bildet sie eine gesetzlich normierte *clausula rebus sic stantibus*. Zugleich legt sie eine Erheblichkeitsgrenze und damit einen Schwellenwert fest, denn nur wesentliche Veränderungen der persönlichen oder wirtschaftlichen Verhältnisse ermöglichen es, die Stundungsentscheidung zu ändern. Zur **Neufassung** von § 4b Abs. 1 Satz 2, Abs. 2 Satz 3 durch das Gesetz zur Änderung des Prozesskostenhilfe- und Beratungshilferechts vom 31.08.2013, BGBl. I S. 3533, siehe unten im Anschluss an die Kommentierung von § 4b. 3

B. Verlängerte Stundung und Ratenzahlung, Abs. 1

I. Nachhaftung

Im Stundungsmodell angelegt sind gegenüber der sonstigen insolvenzrechtlichen Konzeption nachhaltig **veränderte Regelungen zur Kostentragung**.[3] Mit Erteilung der Restschuldbefreiung werden die ausstehenden Kosten fällig (Rdn. 7), doch kann das Gericht auf Antrag (Rdn. 10) eine weitere Stundung und eine Zahlung von bis zu 48 Monatsraten anordnen (Rdn. 28 f.). Unter der Konkursordnung wurde, obwohl in den Einzelheiten streitig, eine auf die Masse einschließlich der an den Schuldner ausgekehrten Bestandteile beschränkte Kostenhaftung angenommen.[4] Mit der Insolvenzordnung wurde dieser Ansatz fortgeschrieben.[5] Über diese massebezogene und damit haftungsrechtlich limitierte Kostenträgerschaft greifen die Stundungsregeln substanziell hinaus, weil hier durch Sanierungsoption und Restschuldbefreiung zusätzliche Realisierungsmöglichkeiten existieren. Geschaffen ist ein originärer und damit von den genannten Begrenzungen befreiter Leistungsanspruch gegen den Schuldner. In kostenrechtlicher Gestalt ist damit eine umfassende Nachhaftung für eine singuläre Gruppe von Masseverbindlichkeiten geschaffen. 4

Legitimationsgrundlage und wirtschaftliche **Basis dieses Zahlungsanspruchs** bildet die Restschuldbefreiung. Gleichsam als Wegezoll für den mit staatlichen Mitteln eröffneten Zugang zur Restschuldbefreiung haftet der Schuldner nach Verfahrensende für die Kostenforderungen. Da die Restschuldbefreiung dem Schuldner einen Neuanfang ermöglichen und jenen in den Markt reintegrieren soll, besteht hierfür eine aussichtsreiche Perspektive. Der Preis erweist sich allerdings als hoch. Belastend wirkt sich bereits die lange Verfahrensdauer aus. Beginnend mit dem außergerichtlichen Schuldenbereinigungsplan, über das Eröffnungsverfahren und der sechsjährigen Frist aus § 287, bis hin zur vierjährigen Nachhaftung, ist der Schuldner regelmäßig elf oder mehr Jahre durch das Insolvenzverfahren gebunden. Zudem konkurrieren die Kostenforderungen nach Verfahrensende mit den anderen insb. gem. § 302 von der Restschuldbefreiung ausgenommenen Forderungen und den infolge des Insolvenzbeschlags und der Forderungsabtretung noch nicht befriedigten Neuforderungen.[6] 5

---

2 Jaeger/*Eckardt* Rn. 2; MüKo-InsO/*Ganter/Lohmann* Rn. 2; FK-InsO/*Kohte* Rn. 1; HK-InsO/*Kirchhof* 6. Aufl., Rn. 2; Kübler/Prütting/Bork/*Prütting/Wenzel* Rn. 1; Nerlich/Römermann/*Becker* Rn. 1, Graf-Schlicker/*Kexel* Rn. 1.
3 FK-InsO/*Kohte* Rn. 2 ff.
4 Jaeger/*Lent* KO, 8. Aufl., § 57 Anm. 5; Kuhn/*Uhlenbruck* KO, 11. Aufl., § 57 Rn. 11 ff.
5 MüKo-InsO/*Hefermehl* § 53 Rn. 32, 34.
6 Übersicht bei FK-InsO/*Ahrens* § 301 Rn. 26 ff.

6 Ein unbelasteter Neuanfang wird so nicht ermöglicht. Der **Ausgleich** zwischen den fiskalischen Interessen und dem gesetzlich anerkannten Ziel der Restschuldbefreiung ist **nicht gelungen**.[7] Unter den bestehenden haushaltspolitischen Restriktionen ist jedoch auf absehbare Zeit keine Verbesserung zu erwarten.

II. Sachlicher Anwendungsbereich

7 Sind bei Abschluss des Insolvenz- und Restschuldbefreiungsverfahrens nicht die gesamten Kosten getilgt, wird der noch ausstehende Betrag **fällig**. Als Masseverbindlichkeiten, § 53, werden die Verfahrenskosten nicht von der Restschuldbefreiung erfasst.[8] Entweder müssen die Kostenforderungen vom Schuldner gegenüber der Staatskasse beglichen werden oder sie werden ihm erneut, ggf. unter Anordnung von Ratenzahlungen, gestundet bzw. erlassen. Letzteres kommt allerdings gem. § 4b Abs. 1 Satz 2 InsO i.V.m. § 115 Abs. 2 ZPO erst nach Ablauf von 48 Monaten in Betracht.

8 Zulässig ist eine verlängerte Stundung nach dem ausdrücklichen Normtext von § 4b Abs. 1 Satz 1 bei **Erteilung der Restschuldbefreiung** gem. § 300 an den Schuldner.[9] Eine Stundungsverlängerung kommt grds. nur in Betracht, wenn die sechsjährige Frist der Abtretungserklärung nach Eröffnung des Insolvenzverfahrens gem. § 287 Abs. 2 Satz 1 abgelaufen ist. Regelmäßig wird die Restschuldbefreiung erst nach Aufhebung des Insolvenzverfahrens erteilt. Ausnahmsweise kann in den Gestaltungen der asymmetrischen Verfahren[10] die Restschuldbefreiung vor Aufhebung des Insolvenzverfahrens zu erteilen sein.[11] In diesen Fällen endet die Stundung gem. § 4a Abs. 1 Satz 1 einheitlich erst mit einer der Restschuldbefreiung nachfolgenden Beendigung des Insolvenzverfahrens[12] (vgl. § 4a Rdn. 82). Wird die **Restschuldbefreiung vorzeitig erteilt**, weil alle Forderungen befriedigt sind, müssen auch die gestundeten Kosten erfüllt sein. Der BGH hat dies noch nicht ausdrücklich entschieden.[13] Könnte aber die vorzeitige Restschuldbefreiung ohne gleichzeitige Befriedigung der gestundeten Kosten erreicht werden, erhielte der Fiskus im Unterschied zu den anderen Gläubigern keinen vollständigen Ausgleich seiner Forderungen. Zudem wären die Befriedigungsaussichten für die Kostenforderungen gegenüber einem regulären Restschuldbefreiungsverfahren sogar noch verschlechtert. Sie bestünden nicht mehr für die sechsjährige Abtretungsdauer und die vierjährige Periode aus § 4b InsO, sondern allein für die verkürzte Verfahrensdauer mit der anschließenden vierjährigen Frist des § 4b InsO.[14] Eine Stundungsverlängerung bliebe gegenstandslos. Einer erteilten Restschuldbefreiung steht ein angenommener Schuldenbereinigungsplan gleich, der ebenfalls zur Entschuldung einer natürlichen Person führt.[15]

9 **Unzulässig** ist eine verlängerte Stundung, wenn die Restschuldbefreiung nach den §§ 290, 296, 297, 298 versagt wurde. Neben dem Wortlaut des § 4b Abs. 1 Satz 1 bestätigt dies auch § 4c Nr. 5. Systematisch ist eine Verlängerung ausgeschlossen, wenn die Stundung nach § 4c aufgehoben wurde. Dies gilt aber ebenso, falls das Ziel der Restschuldbefreiung unerreichbar ist, der Insolvenzantrag zurückgenommen oder für erledigt erklärt bzw. der Restschuldbefreiungsantrag zurückgenommen wird.[16] Nach Bestätigung eines Insolvenzplans ist eine nach § 4b Abs. 1 verlängerte Stundung ausgeschlossen.[17] Auch eine analoge Anwendung, wenn der Schuldner gegenüber den Insolvenzgläubi-

---

7 FK-InsO/*Kohte* Rn. 4; krit. auch Jaeger/*Eckardt* Rn. 4 f.
8 FK-InsO/*Ahrens* § 301 Rn. 7.
9 BGH 05.05.2011, IX ZB 136/09, NZI 2011, 683 Rn. 11.
10 Dazu *Ahrens* FS Görg, 2010, 1 ff.
11 BGH 03.12.2009, IX ZB 247/08, BGHZ 183, 258 Rn. 14.
12 Vgl. Jaeger/*Eckardt* Rn. 15.
13 Vgl. BGH 17.02.2005, IX ZB 214/04, NZI 2005, 399 (401).
14 FK-InsO/Ahrens § 299 Rn. 13; MüKo-InsO/*Ehricke* § 299 Rn. 17; a.a. *AG Essen* VuR 2012, 196, m.Anm. *Kohte*; FK-InsO/*Kohte* § 4b Rn. 9; HK-InsO/*Landfermann* § 299 Rn. 8.
15 FK-InsO/*Kohte* Rn. 9; HambK-InsR/*Nies* Rn. 5; a.a. jetzt auch MüKo-InsO/*Ganter/Lohmann* Rn. 3.
16 Nerlich/Römermann/*Becker* Rn. 4.
17 BGH 05.05.2011, IX ZB 136/09, NZI 2011, 683 Rn. 11; MüKo-InsO/*Ganter/Lohmann* Rn. 3; HK-InsO/*Kirchhof* 6. Aufl., Rn. 3.

gern von seinen Verbindlichkeiten frei wird, ist nach der höchstrichterlichen Rechtsprechung wegen der abschließenden Regelung des § 258 Abs. 2 ausgeschlossen.[18]

III. Voraussetzungen

1. Antrag

Die Stundung darf nur auf einen **eigenen Antrag** des Schuldners verlängert werden.[19] Eine Verlängerung von Amts wegen ist unzulässig. Dies folgt zwar nicht schon aus dem Wortlaut von § 4b. Zu erklären ist diese Anforderung aber, weil die Stundungsverlängerung keinen Teil der ursprünglichen Stundungsfolgen darstellt, sondern mit der jetzt erst einsetzenden, eigenständig ausgestalteten Ratenzahlungsanordnung ein originäres Verfahren bildet. Zudem dürfen dem Schuldner die belastenden Auskunfts- und Verhaltensanforderungen nicht ohne seinen Willen aufgedrängt werden.[20] Da der Antrag als Prozesshandlung auszulegen ist, muss der Schuldner die Stundung zweifelsfrei, aber nicht ausdrücklich beantragen. Auch hier gilt der Auslegungsgrundsatz, wonach im Zweifel dasjenige gewollt ist, was nach den Maßstäben der Rechtsordnung vernünftig ist und der recht verstandenen Interessenlage entspricht.[21] Der Antrag ist formlos zulässig und kann deswegen auch zur Niederschrift in der Geschäftsstelle des Amtsgerichts gestellt werden.[22] Wie bei § 4a, besteht auch für die Stundungsverlängerung kein an § 117 ZPO angelehnter Vordruckzwang.[23] 10

Es existiert **keine Antragsfrist**.[24] Der Antrag kann vor, bei oder nach Erteilung der Restschuldbefreiung gestellt werden. Um einen effektiven Rechtsschutz zu gewähren, ist die Antragstellung nicht auf die Phase nach der rechtskräftigen Erteilung beschränkt. Ein bereits mit dem Stundungsantrag für das Insolvenzverfahren verbundener Verlängerungsantrag ist aber unzulässig, weil ihm zu diesem Zeitpunkt noch das Rechtsschutzbedürfnis fehlt. Er ist deswegen so auszulegen, dass er unter einer zulässigen Rechtsbedingung für den Fall und den Zeitpunkt einer rechtskräftigen Erteilung der Restschuldbefreiung als gestellt gilt. Ein Verlängerungsantrag ist auch nicht deswegen ausgeschlossen, weil die Restschuldbefreiung erteilt ist und die Kosten bereits fällig sind. Beantragt der Schuldner keine Stundungsverlängerung, muss ihn das Insolvenzgericht im Rahmen seiner Fürsorgepflicht auf das Antragserfordernis **hinweisen**.[25] 11

2. Wirtschaftliche Anforderungen

a) Grundlagen

Bis zum Ende des Restschuldbefreiungsverfahrens besitzt der Schuldner **kaum** nennenswerte Möglichkeiten, **neues Vermögen** zu erwerben, vor allem weil er die pfändbaren Bezügeforderungen gem. § 287 Abs. 2 Satz 1 abgetreten hat. Dennoch kann ein Vermögenserwerb des Schuldners aus einer anderen Quelle, etwa einer erfolgreichen Selbständigkeit oder einem Erbfall nicht ausgeschlossen werden. § 4b Abs. 1 Satz 1 eröffnet deswegen eine sachgerechte Lösung. Da nicht länger über eine Kostendeckung für das Verfahren zu entscheiden ist, greift nicht mehr die Differenzberechnung aus § 4a Abs. 1 (vgl. § 4a Rdn. 24). Abzustellen ist allein auf das Einkommen und das Vermögen des Schuldners. Für dessen Berechnung verweist § 4b Abs. 1 Satz 2 auf das Prozesskostenhilferecht und 12

---

18 Karsten Schmidt/*Stephan* Rn. 3; kritisch FK-InsO/*Kohte* Rn. 11.
19 BGH 05.05.2011, IX ZB 136/09, NZI 2011, 683 Rn. 10; Jaeger/*Eckardt* Rn. 23; MüKo-InsO/*Ganter*/*Lohmann* Rn. 7; Braun/*Buck* Rn. 4; Graf-Schlicker/*Kexel* Rn. 2; abw. FK-InsO/*Kohte* Rn. 7; HK-InsO/*Kirchhof* 6. Aufl., Rn. 8.
20 BGH 05.05.2011, IX ZB 136/09, NZI 2011, 683 Rn. 10; Jaeger/*Eckardt* Rn. 23.
21 BGH 19.01.2001, V ZR 437/99, BGHZ 146, 298 (310); 08.10.1991, XI ZB 6/91, NJW 1992, 243; 09.02.1993, XI ZB 2/93, NJW 1993, 1925; 10.03.1994, IX ZR 152/93, NJW 1994, 1537 (1538); 14.11.2002, I ZR 199/00, NJW 2003, 665 (666).
22 Jaeger/*Eckardt* Rn. 24.
23 FK-InsO/*Kohte* Rn. 7.
24 Jaeger/*Eckardt* Rn. 25; Nerlich/Römermann/*Becker* Rn. 6; Braun/*Buck* Rn. 4.
25 Graf-Schlicker/*Kexel* Rn. 2.

§ 4b InsO Rückzahlung und Anpassung der gestundeten Beträge

eine entsprechende Anwendung von § 115 Abs. 1, 2 ZPO. Die im Bereich des Prozesskostenhilferechts aufgestellten Grundsätze sind aus diesem Grund entsprechend heranzuziehen. Die Stundung ist zu verlängern, wenn der Schuldner die insgesamt geschuldeten Kosten nicht mit einer Einmalzahlung aus seinem Einkommen und Vermögen zu leisten vermag.[26] Kann der Schuldner einen Teil der Kosten tragen, ist dies bei der Stundungsregelung zu berücksichtigen,[27] was die Verlängerung der Stundung nach § 4b Abs. 1 von der Bewilligung gem. § 4a Abs. 1 Satz 1 unterscheidet.

b) Einkommen

13 Die Einkommensbemessung erfolgt bei der Stundungsbewilligung nach anderen Kriterien als im Rahmen der erstmaligen Stundung. Bei der Stundung nach § 4a Abs. 1 Satz 1 ist das Einkommen anhand der vollstreckungsrechtlichen, gem. den §§ 35 Abs. 1, 36 Abs. 1 auch im Insolvenzverfahren geltenden Maßstäbe zu bestimmen. Für eine Verlängerung der Stundung sind wegen der Verweisung in § 4b Abs. 1 Satz 2 InsO auf § 115 Abs. 1 ZPO die entsprechend heranzuziehenden sozialrechtlichen Kriterien anzuwenden, denn der Einkommensbegriff des § 115 Abs. 1 Satz 2 ZPO knüpft an den **sozialhilferechtlichen Einkommensbegriff** an.[28] Zu ermitteln ist zunächst das Bruttoeinkommen, von dem die Abzüge nach § 115 Abs. 1 ZPO vorzunehmen sind.[29] Zum Einkommen zählen gem. § 115 Abs. 1 Satz 2 ZPO alle **Einkünfte in Geld** oder **Geldeswert**. Als maßgebend für die Abgrenzung zwischen Einkommen und Vermögen wird die Zweckbestimmung angesehen. Ein zum alsbaldigen Verbrauch bestimmter Geldbetrag gehört zum Einkommen.[30]

14 Einkünfte sind sämtliche Einnahmen des Schuldners unabhängig von der Quelle oder ihrer rechtlichen Natur. Unerheblich ist das Familieneinkommen soweit dies nicht durch § 115 Abs. 1 Satz 3 Nr. 2 ZPO erfasst wird.[31] Gepfändete Einkünfte stehen nicht als Einkommen zur Verfügung.[32] Zum Teil wird nur der Einsatz des Einkommens im Rahmen des Zumutbaren verlangt,[33] doch ist diese Beschränkung so dem Gesetz nicht zu entnehmen. Erfasst werden die Einkommen aus **nicht selbständiger bzw. selbständiger Tätigkeit**.[34] Abzustellen ist auf das monatliche Einkommen.[35] Urlaubs- und Weihnachtsgeld sind auf das Jahr,[36] Prämien und Abfindungen[37] auf den Zeitraum umzurechnen, für den sie gezahlt werden. Steuerrückerstattungen sind auf den Zeitraum der steuerlichen Leistungspflicht umzurechnen.[38] Abweichend von § 850a Nr. 1 ZPO werden Überstundenvergütungen dem Einkommen hinzugerechnet.[39] Aufwandsentschädigungen können, anders als nach § 850 Nr. 3 ZPO, insoweit als Einkommen angesehen werden, wie sie häusliche Kosten ersparen.[40] Einzubeziehen sind auch Sachleistungen mit Geldwert.[41]

---

26 Jaeger/*Eckardt* Rn. 3; MüKo-InsO/*Ganter/Lohmann* Rn. 4; Kübler/Prütting/Bork/*Prütting/Wenzel* Rn. 2; Graf-Schlicker/*Kexel* Rn. 3.
27 HK-InsO/*Kirchhof* 6. Aufl., Rn. 4.
28 BGH 30.09.2009, XII ZB 135/07, NJW 2009, 3658 Rn. 9.
29 FK-InsO/*Kohte* Rn. 5.
30 PG/*Völker/Zempel* § 115 Rn. 5.
31 BAG 05.04.2006, 3 AZB 61/04, NZA 2006, 694 Rn. 6; Jaeger/*Eckardt* Rn. 18; HambK-InsR/*Nies* Rn. 2.
32 Stein/Jonas/*Bork* § 115 ZPO Rn. 7; MüKo-ZPO/*Motzer* § 115 Rn. 7.
33 Kübler/Prütting/Bork/*Prütting/Wenzel* Rn. 3.
34 Jaeger/*Eckardt* Rn. 18.
35 Kübler/Prütting/Bork/*Prütting/Wenzel* Rn. 9; Graf-Schlicker/*Kexel* Rn. 4.
36 OLG Karlsruhe 08.03.2004, 5 WF 26/04, FamRZ 2004, 1651; Kübler/Prütting/Bork/*Prütting/Wenzel* Rn. 9.
37 LAG Rheinland-Pfalz 06.03.1995, 4 Ta 14/95, NZA 1995, 863; OLG Karlsruhe 17.12.2001, 16 WF 137/01, FamRZ 2002, 1196; s.a. MüKo-ZPO/*Motzer* § 115 Rn. 11.
38 MüKo-ZPO/*Motzer* § 115 Rn. 9.
39 PG/*Völker/Zempel* § 115 Rn. 9.
40 OLG Karlsruhe 24.09.2003, 18 WF 161/02, FamRZ 2004, 645; Musielak/*Fischer* § 115 Rn. 3.
41 Uhlenbruck/*Pape* Rn. 7.

Die Arbeitskraft des Schuldners gehört weder zu seinem Einkommen noch Vermögen. **Fiktives Ein-** 15
kommen ist im Sozialrecht grds. nicht zu berücksichtigen, denn regelmäßig wird auf einen tatsächlichen und nicht nur fiktiven Mittelzufluss abgestellt. Allerdings stellen die §§ 31 SGB II, 39 SGB XII auf eine mögliche Erwerbstätigkeit ab. Diesen Gedanken hat der BGH für den Bereich der Prozesskostenhilfe bei einem rechtsmissbräuchlichen Verhalten des Antragstellers aufgegriffen und modifiziert.[42] Bei der Kostenstundung muss demgegenüber fiktives Einkommen unberücksichtigt bleiben,[43] doch kann bei einem Verstoß gegen die Erwerbsobliegenheit die Stundung gem. § 4c Nr. 4 aufgehoben werden.

Sozialleistungen mit Lohnersatzfunktion sind als Einkommen anzurechnen. Umstritten ist, ob Sozi- 16
alhilfe als Einkommen anzurechnen ist. § 82 Abs. 1 SGB XII nimmt die Sozialhilfe von dem zu berücksichtigenden Einkommen aus, doch verweist § 4b Abs. 1 Satz 2 über § 115 Abs. 1 ZPO gerade nicht auf § 82 Abs. 1 SGB XII. Allerdings soll nach § 2 Abs. 1 SGB XII der Bezug von Sozialhilfe die anderen Träger von Sozialleistungen nicht entlasten. Zudem sollen mit der Sozialhilfe die Kosten des Lebensunterhalts gesichert und nicht Prozesse bezahlt werden.[44] Leistungen nach dem SGB II sind jedenfalls dann zu berücksichtigen, wenn der Antragsteller daneben über weitere Einkünfte verfügt, die zusammen zu einem anrechnungsfähigen Einkommen führen.[45] Anders als nach § 850a Nr. 8 ZPO wird Blindengeld dem Einkommen zugerechnet,[46] doch gilt hier gem. § 115 Abs. 1 Satz 3 Nr. 4 ZPO die Bedarfsdeckungsvermutung des § 1610a BGB.

Kindergeld ist grds. in voller Höhe als Einkommen bei dem Elternteil anzurechnen, dem es gezahlt 17
wird.[47] Ebenso sind **Unterhaltsleistungen** Einkommen.[48]

Bei **selbständig erwerbstätigen Personen** ist grds. der festgestellte Gewinn zugrunde zu legen.[49] We- 18
gen der steuerlichen Abzüge ergibt sich dieser Betrag nicht aus dem Steuerbescheid. Einkünfte aus Vermietung und Verpachtung sowie Zinseinkünfte aus dem Schonvermögen sind zwar zu berücksichtigen,[50] doch werden derartige Einnahmen nach Abschluss des Insolvenzverfahrens nur ganz ausnahmsweise erzielt werden, etwa aufgrund einer Erbschaft.

c) Abzüge vom Einkommen

Von diesem Einkommen sind die zur Existenzsicherung erforderlichen Ausgaben gem. § 115 Abs. 1 19
Satz 3 ZPO abzuziehen. Hierzu gehören nach § 115 Abs. 1 Satz 3 Nr. 1 Buchst. a ZPO die in
§ 82 Abs. 2 SGB XII bezeichneten Beträge. Abzusetzen sind danach gem. § 82 Abs. 2 Nr. 1 und 2 SGB XII die auf das Einkommen gezahlten Steuern und die Pflichtbeiträge zur Sozialversicherung. Weiter sind nach § 82 Abs. 2 Nr. 3 SGB XII die gesetzlich vorgeschriebenen oder die angemessenen freiwilligen Versicherungsbeiträge abzuziehen. Dies schließt die Kfz-Haftpflichtversicherungsprämien für ein vom Antragsteller benötigtes Kfz[51] sowie geförderte Altersvorsorgebeträge[52] ein. Außerdem sind gem. § 82 Abs. 2 Nr. 4 SGB XII die mit der Erzielung des Einkommens verbundenen Ausgaben, also die Werbungskosten zu berücksichtigen. Hierfür kann ein Pauschbetrag von € 0,30 je

---

42 BGH 30.09.2009, XII ZB 135/07, NJW 2009, 3658 Rn. 11.
43 A.A. Uhlenbruck/*Pape* Rn. 8.
44 OLG Düsseldorf 12.07.1993, 3 W 289/93, JurBüro 1994, 480; Stein/Jonas/*Bork* § 115 Rn. 28; Zöller/
   Geimer § 115 Rn. 18; PG/*Völker/Zempel* § 115 Rn. 8; a.a. BVerfG 26.04.1988, 1 BvL 84/86, NJW 1988,
   2231; Musielak/*Fischer* § 115 Rn. 4.
45 BGH 08.01.2008, VIII ZB 18/06, NJW-RR 2008, 595 Rn. 7.
46 PG/*Völker/Zempel* § 115 Rn. 8.
47 OLG München 07.10.1998, 12 WF 1216/98, FamRZ 1999, 598; Stein/Jonas/*Bork* § 115 Rn. 21; MüKo-
   ZPO/*Motzer* § 115 Rn. 18.
48 OLG München 07.10.1998, 12 WF 1216/98, FamRZ 1999, 598; Zöller/*Geimer* § 115 Rn. 9.
49 PG/*Völker/Zempel* § 115 Rn. 11.
50 Musielak/*Fischer* § 115 Rn. 3.
51 ArbG Regensburg 14.10.1993, 6 Ca 3059/93, JurBüro 1994, 479.
52 Zöller/*Geimer* § 115 Rn. 24.

gefahrenen Kilometer angesetzt werden.[53] Möglich ist auch eine monatliche Pauschale von € 5,20 je Entfernungskilometer, zuzüglich der konkret nachgewiesenen Anschaffungskosten.[54] Schließlich sind gem. § 82 Abs. 2 Nr. 5 SGB XII Arbeitsförderungsgeld und die Erhöhungsbeträge des Arbeitsentgelts gem. § 43 Satz 4 SGB IX abzusetzen.

20 **Weitere Freibeträge** ergeben sich aus § 115 Abs. 1 Nr. 1 Buchst. b) und Nr. 2 Buchst. a) i.V.m. der Prozesskostenhilfebekanntmachung.[55] Abzugsfähig ist gem. § 115 Abs. 1 Satz 3 Nr. 1 Buchst. b ZPO ein Freibetrag für Erwerbsfähige. Dieser beträgt derzeit 201 €.[56] Nach § 115 Abs. 1 Satz 3 Nr. 2 Buchst. a ZPO sind für den Schuldner und seinen Ehegatten oder Lebenspartner 442 €[57] zu berücksichtigen bzw. das Einkommen des Unterhaltsberechtigten vermindert den Freibetrag.[58] Für jede unterhaltsberechtigte Person sind nach § 115 Abs. 1 Satz 3 Nr. 2 Buchst. b ZPO abhängig vom Alter Freibeträge anzusetzen. Sie betragen für Erwachsene 354 €, für Jugendliche vom Beginn des 15. bis zur Vollendung des 18. Lebensjahres 338 €, für Kinder vom Beginn des siebten bis zur Vollendung des 14. Lebensjahres 296 € und für Kinder bis zur Vollendung des sechsten Lebensjahres 257 €.[59] Außerdem müssen gem. § 115 Abs. 1 Satz 3 Nr. 3 ZPO die tatsächlichen Kosten für Unterkunft und Heizung abgezogen werden, die nicht in einem auffälligen Missverhältnis zu den Lebensverhältnissen des Schuldners stehen. Nebenkosten für Wasser und Strom können daneben nicht noch zusätzlich berücksichtigt werden, weil sie bereits im Freibetrag nach § 115 Abs. 1 Satz 3 Nr. 2 Buchst. a ZPO enthalten sind.[60]

21 Schließlich sind nach § 115 Abs. 1 Satz 3 Nr. 4 ZPO angemessene **besondere Belastungen** abzuziehen. Da die Regelung auf eine entsprechende Anwendung von § 1610a BGB verweist, müssen Mehrbedarfe bei Körper- oder Gesundheitsschäden nicht konkret nachgewiesen werden.[61] Dies gilt allerdings nicht für die bereits von den Freibeträgen abgedeckten Kosten insb. für Ernährung, Unterkunft, Kleidung, Körperpflege, Hausrat, Bedürfnisse des täglichen Lebens, Fernseh- und Rundfunkgebühren sowie Telefon.[62] Begrenzte Darlehensverpflichtungen für unbedingt notwendige Anschaffungen können berücksichtigt werden.[63] Die im Prozesskostenhilferecht bestehende Restriktion, wonach die Verpflichtung vor Verfahrensbeginn begründet sein muss,[64] lässt sich nicht auf die Kostenstundung übertragen, da derartige Verbindlichkeiten als Insolvenzforderungen von der Restschuldbefreiung erfasst sind.

22 Zu berücksichtigen sind außerdem die **besonderen Verhältnisse des Insolvenzverfahrens**. Die vom Schuldner zu erfüllenden Verpflichtungen aus einem Schuldenbereinigungsplan sind als besondere Belastungen zu beachten, da dessen Erfolgsaussichten nicht durch die Kostenstundung gefährdet werden dürfen.[65] Wegen der langen Verfahrensdauer können Neuverpflichtungen im beschränkten Rahmen berücksichtigungsfähig sein. Offen ist das Verhältnis zu den nicht von der Restschuldbefreiung erfassten titulierten Verbindlichkeiten aus § 302. Soweit diese Forderungen vollstreckt werden, sind sie vorrangig.

---

53 Str. OLG Karlsruhe, 06.04.2009, 5 WF 192/07, FamRZ 2009, 1424 Rn.; a.a. MüKo-ZPO/*Motzer* § 115 Rn. 28.
54 BGH 08.08.2012, XII ZB 291/11, NJW-RR 2012, 1282 Rn. 11; PG/*Völker/Zempel* § 115 Rn. 20.
55 Vom 09.01.2013, BGBl. I, 81.
56 Nr. 1 Prozesskostenhilfebekanntmachung.
57 Nr. 2 Prozesskostenhilfebekanntmachung.
58 MüKo-ZPO/*Motzer* § 115 Rn. 32; Musielak/*Fischer* § 115 Rn. 19.
59 Nr. 3 Prozesskostenhilfebekanntmachung.
60 BGH 08.01.2008, VIII ZB 18/06, NJW-RR 2008, 595 Rn. 8.
61 MüKo-ZPO/*Motzer* § 115 Rn. 40; Musielak/*Fischer* § 115 Rn. 28.
62 PG/*Völker/Zempel* § 115 Rn. 28.
63 Stein/Jonas/*Bork* § 115 Rn. 57 f., 70.
64 Musielak/*Fischer* § 115 Rn. 29.
65 FK-InsO/*Kohte* Rn. 10; Kübler/Prütting/Bork/*Prütting/Wenzel* Rn. 10a; Uhlenbruck/*Pape* Rn. 8.

d) Vermögen

§ 4b Abs. 1 Satz 1 verlangt vom Schuldner, sein Vermögen zur Kostentilgung einzusetzen. Regelmäßig wird das Vermögen im Insolvenzverfahren verwertet und verteilt sein, doch kann der Schuldner etwa von Todes wegen neues Vermögen erworben haben. Im Unterschied zur Einkommensbestimmung verweist § 4b Abs. 1 nicht ausdrücklich auf die **Vermögensbemessung nach § 115 Abs. 3 ZPO**. Dennoch wird die Regelung entsprechend anzuwenden sein,[66] um systematisch konsequente Ergebnisse zu ermöglichen. Zur Vermögensbestimmung ist nach § 115 Abs. 3 ZPO die Vorschrift des § 90 SGB XII entsprechend anzuwenden. Da allein eine entsprechende Anwendung möglich ist, kann das Insolvenzgericht eine sachgerechte abweichende Entscheidung über den Vermögenseinsatz treffen.[67] Auch beim Vermögensbegriff gelten aber nicht die in die Massebestimmung nach den §§ 35 Abs. 1, 36 Abs. 1 eingegangenen einzelzwangsvollstreckungsrechtlichen Regeln.[68]   23

Einzusetzen ist nach § 90 Abs. 1 SGB XII generell das gesamte pfänd- und **verwertbare Vermögen**. Dazu gehören das Eigentum an beweglichen und unbeweglichen Sachen sowie Forderungen. Dazu zählen Bargeld, Versicherungsansprüche, Kontoforderungen, Immaterialgüterrechte etc. Vermögensbestandteil ist auch der Prozesskostenvorschuss gem. § 1360a Abs. 4 BGB gegen den Ehegatten[69] (vgl. § 4a Rdn. 38 f.). Auch der Vermögenserwerb von Todes wegen ist einzubeziehen und zwar im gesamten Umfang, denn der Halbteilungsgrundsatz aus § 295 Abs. 1 Nr. 2 gilt hier nicht.[70] Eine Vermögensverschwendung kann im Rahmen eines Rechtsmissbrauchsgedankens berücksichtigt werden.[71]   24

Ausgenommen davon sind die in § 90 Abs. 2 SGB XII aufgezählten Fallgruppen. Nicht zu verwerten ist gem. Nr. 1 das aus öffentlichen Mitteln zum Aufbau oder zur Sicherung einer Lebensgrundlage oder zur Gründung eines Hausstands stammende Vermögen sowie nach Nr. 2 die Kapitalbeträge und Erträge aus einer staatlich geförderten Altersversorgung gem. § 10a EStG und Abschn. XI EStG. Ausgenommen ist gem. Nr. 3 und 8 Vermögen zur Beschaffung eines Hausgrundstücks bzw. ein zu eigenen Wohnzwecken bestimmten angemessenen Hausanwesens. Erfasst werden auch der angemessene Hausrat, Nr. 4, sowie Gegenstände zur Aufnahme oder Fortsetzung der Berufsausbildung oder Erwerbstätigkeit, Nr. 5. Geschützt sind nach Nr. 9 auch kleinere Barbeträge von derzeit bis zu € 2.600,– zzgl. € 256,– für jede vom Schuldner überwiegend unterhaltene Person.[72]   25

IV. Verfahren

Das Insolvenzgericht hat das einzusetzende Einkommen und Vermögen des Schuldners möglichst genau zu ermitteln.[73] Hier gilt nicht mehr das besondere Beschleunigungsgebot der Kostenstundung. Der Schuldner muss seine Einkommens- und Vermögensverhältnisse substantiiert und nachvollziehbar darlegen.[74] Auf Mängel ist er vom Gericht hinzuweisen. Eine Anhörung der Insolvenzgläubiger ist ausgeschlossen, weil die Restschuldbefreiung erteilt ist. Eine Anhörung der Staatskasse ist nicht erforderlich.[75]   26

---

66 LG Dresden 28.12.2009, 5 T 534/09, ZVI 2010, 67; FK-InsO/*Kohte* Rn. 6, Redaktionsfehler; MüKo-InsO/*Ganter/Lohmann* Rn. 4; Uhlenbruck/*Pape* Rn. 11; Braun/*Buck* Rn. 3.
67 Kübler/Prütting/Bork/*Prütting/Wenzel* Rn. 16.
68 Vgl. FK-InsO/*Kohte* Rn. 6.
69 MüKo-InsO/*Ganter/Lohmann* Rn. 4.
70 Kübler/Prütting/Bork/*Prütting/Wenzel* Rn. 15; HK-InsO/*Kirchhof* 6. Aufl., Rn. 5; HambK-InsR/*Nies* Rn. 2.
71 HK-InsO/*Kirchhof* 6. Aufl., Rn. 5.
72 PG/*Völker/Zempel* § 115 Rn. 59.
73 Uhlenbruck/*Pape* Rn. 6.
74 LSZ/*Smid/Leonhardt* Rn. 4.
75 Jaeger/*Eckardt* Rn. 28.

27 Über den Verlängerungsantrag hat der Rechtspfleger zu entscheiden. Dabei handelt es sich trotz der Formulierung »kann« um eine gebundene Entscheidung.[76] Liegen die Voraussetzungen vor, muss die Stundung verlängert werden. Die Rechtsbehelfe richten sich nach § 4d.[77]

V. Wirkungen

28 Die Antragstellung bewirkt analog § 4a Abs. 3 Satz 3 eine **einstweilige Stundung**.[78] Verlängert das Gericht die Stundung, sind die zu zahlenden **Monatsraten** nach § 4b Abs. 1 Satz 2 InsO i.V.m. der entsprechend anzuwendenden Regelung des § 115 Abs. 2 ZPO festzusetzen. Die Entscheidung ergeht über die gesamten ausstehenden Kostenforderungen.[79] Das Gericht bestimmt die Höhe des Zahlungsbetrags und die Anzahl der Raten. Der festzusetzende Monatsbetrag ergibt sich aus der Tabelle des § 115 Abs. 2 ZPO. Um absehbaren Veränderungen des Einkommens Rechnung zu tragen, können die Raten in unterschiedlicher Höhe festgesetzt werden. Diese Monatsraten sind vom Schuldner zu leisten. Da die insolvenzrechtlichen Wirkungen beendet sind, werden die Raten nicht automatisch von seinem Einkommen einbehalten.

29 Die **Anzahl** der Monatsraten kann das Gericht auf höchstens 48 festsetzen. Da die Kosten endgültig feststehen, muss das Gericht die Zahl der Monatsraten beziffern. Die Zählung beginnt mit Erlass der Entscheidung[80], nicht der Erteilung der Restschuldbefreiung. Einzuberechnen sind dabei auch die sog. Nullraten.[81] Hat der Schuldner die gerichtlich festgesetzten Raten erbracht, genügen diese aber nicht, um die gestundeten Kosten zu decken, erlischt nach 48 Monaten die noch nicht erfüllte Leistungspflicht.[82] Dafür ist keine erneute gerichtliche Entscheidung erforderlich. Zulässig ist aber ein deklaratorischer Beschluss. Die Verlängerung der Kostenstundung darf nicht befristet werden.[83]

30 Wegen der Verweisung in § 4b Abs. 1 Satz 2 auf die entsprechend anzuwendende Regelung des § 120 Abs. 2 ZPO sind die Zahlungen grds. an die **Landeskasse** zu leisten.[84] Obwohl § 20 Nr. 4 Buchst. c RPflG unanwendbar ist, wird der Zahlungseingang vom Rechtspfleger überwacht.[85]

C. Veränderte Verhältnisse, Abs. 2

I. Grundlagen

31 Mit der Kostenstundung wird eine dauerhafte Zukunftsregelung bewirkt, die auf einer Prognoseentscheidung basiert.[86] Um substanziell veränderten persönlichen oder wirtschaftlichen Verhältnissen Rechnung tragen zu können, ermöglicht § 4b Abs. 2 jederzeit eine Änderung der Stundungsentscheidung durch das Gericht. Diese Regelung stimmt mit § 120 Abs. 4 Satz 1 Halbs. 1 ZPO überein. Ohne an die Erstentscheidung nach § 4 InsO i.V.m. § 318 ZPO gebunden zu sein, kann das Gericht eine Abänderungsentscheidung treffen.[87] Voraussetzung ist eine bewilligte Kostenstun-

---

[76] Jaeger/*Eckardt* Rn. 29; Nerlich/Römermann/*Becker* Rn. 15; HK-InsO/*Kirchhof* 6. Aufl., Rn. 9; Graf-Schlicker/*Kexel* Rn. 6.
[77] Jaeger/*Eckardt* Rn. 37.
[78] Jaeger/*Eckardt* Rn. 26; a.a. Nerlich/Römermann/*Becker* Rn. 7.
[79] Jaeger/*Eckardt* Rn. 31.
[80] Zum Prozesskostenhilferecht PG/*Völker/Zempel* § 120 Rn. 6.
[81] FK-InsO/*Kohte* Rn. 26; Jaeger/*Eckardt* Rn. 33; Uhlenbruck/*Pape* Rn. 5; Karsten Schmidt/*Stephan* Rn. 12; a.A. Kübler/Prütting/Bork/*Prütting/Wenzel* Rn. 14; zur Prozesskostenhilfe PG/*Völker/Zempel* § 115 Rn. 31.
[82] Uhlenbruck/*Pape* Rn. 4; Kübler/Prütting/Bork/*Prütting/Wenzel* Rn. 13; HK-InsO/*Kirchhof* 6. Aufl., Rn. 10.
[83] LG Trier 07.07.2010, 6 T 65/10, ZVI 2010, 381.
[84] Braun/*Buck* Rn. 6.
[85] HK-InsO/*Kirchhof* 6. Aufl., Rn. 9.
[86] FK-InsO/*Kohte* Rn. 12; Jaeger/*Eckardt* Rn. 6.
[87] MüKo-ZPO/*Motzer* § 120 Rn. 13.

dung. Wurde der Stundungsantrag abgelehnt, kann nicht im Änderungsverfahren die Stundung bewilligt werden.[88] Der Schuldner kann aber seinen Stundungsantrag wiederholen (vgl. § 4a Rdn. 17). Das Wesentlichkeitskriterium entlastet die Gerichte und bietet dem Schuldner Rechtssicherheit. Es schließt aus, bereits bei geringfügigen Veränderungen die Stundungswirkung zum Nachteil des Schuldners zu verändern. Eine vorübergehende Verbesserung kann deswegen ggf. unberücksichtigt bleiben. Dagegen sind schlechtere Verhältnisse schon dann zu berücksichtigen, wenn andere Tabellenbeträge anzusetzen sind.[89] Da die maßgebenden Umstände dem Gericht zumeist unbekannt sein werden, konstituiert § 4b Abs. 2 Satz 2 eine Anzeigepflicht.

II. Sachlicher Anwendungsbereich

Die gerichtliche Änderungsbefugnis besteht während der gesamten Dauer der Kostenstundung. Wie aus der Verweisung in § 4a Abs. 3 Satz 4 folgt, darf das Gericht bereits die gesetzlich begründete einstweilige Stundungswirkung nach der Antragstellung vor der Entscheidung über die Kostenstundung ändern.[90] Hierbei handelt es sich um eine Rechtsgrundverweisung (vgl. § 4a Rdn. 75), weswegen die einstweilige Stundungswirkung nur bei veränderten persönlichen oder wirtschaftlichen Verhältnissen geändert werden darf. Abgeändert werden darf vor allem die gerichtliche Vorentscheidung. Dies gilt zunächst für die Kostenstundung nach § 4a Abs. 1 Satz 1. Wie aus der systematischen Stellung folgt, kann aber auch die Verlängerungsentscheidung nach § 4b Abs. 1 Satz 1 geändert werden. Zulässig ist eine mehrfache Änderung. Geändert werden kann sowohl eine Entscheidung nach § 4a Abs. 1 Satz 1 als auch nach 4b Abs. 1 Satz 1 und 4b Abs. 2 Satz 1.[91] 32

III. Veränderte Verhältnisse

1. Grundsatz

Erforderlich ist eine **wesentliche nachträgliche**[92] **Änderung** der persönlichen oder wirtschaftlichen Verhältnisse. Persönliche Verhältnisse können sich etwa durch Krankheit, Alter oder Pflegebedürftigkeit verändern.[93] Haben diese Voraussetzungen von Beginn an nicht vorgelegen, ist die Stundungsentscheidung unter den Voraussetzungen von § 4c Nr. 2 aufzuheben. Der Maßstab entspricht dem aus § 120 Abs. 4 Satz 1 Halbs. 1 ZPO, auf dessen entsprechende Anwendung § 4b Abs. 2 Satz 3 verweist. Zu vergleichen sind die früheren und gegenwärtigen Verhältnisse, nicht die aufgrund der gegenwärtigen Verhältnisse anzuordnenden Raten mit den früheren. Sonst könnten sich fehlerhafte Berechnungen zu Lasten des Schuldners auswirken, obwohl doch nur veränderte Verhältnisse maßgebend sind.[94] Die Änderung muss bereits eingetreten sein.[95] Eine bevorstehende Änderung genügt nicht.[96] Zu den veränderten Verhältnissen gehören auch geänderte rechtliche Beurteilungen.[97] 33

Eine halbseitige zeitliche Grenze in Gestalt einer **Ausschlussfrist** bestimmt § 4b Abs. 2 Satz 4. Danach ist eine Veränderung zum Nachteil des Schuldners ausgeschlossen, wenn seit Beendigung des Verfahrens vier Jahre vergangen sind. Wie sich aus dem terminologischen Unterschied zu § 4b Abs. 2 Satz 1 ergibt, ist damit nicht die Erteilung der Restschuldbefreiung, sondern die Beendigung des jeweiligen Verfahrensabschnitts, also auch des Insolvenzverfahrens gemeint, für das die 34

---

88 Jaeger/*Eckardt* Rn. 39.
89 Vgl. MüKo-InsO/*Ganter/Lohmann* Rn. 9.
90 HK-InsO/*Kirchhof* 6. Aufl., Rn. 14.
91 Nerlich/Römermann/*Becker* Rn. 27.
92 Jaeger/*Eckardt* Rn. 43.
93 Nerlich/Römermann/*Becker* Rn. 38.
94 Zöller/*Geimer* § 120 Rn. 19a.
95 MüKo-InsO/*Ganter/Lohmann* Rn. 11.
96 HK-InsO/*Kirchhof* 6. Aufl., Rn. 16.
97 FK-InsO/*Kohte* Rn. 13, nicht zulasten des Schuldners.

Kostenstundung bewilligt worden ist.[98] Normiert ist damit ein Vertrauensschutztatbestand. Veränderungen zum Vorteil des Schuldners sind zeitlich unbegrenzt zu beachten.

2. Verbesserung

35 Die wirtschaftlichen Verhältnisse des Schuldners haben sich verbessert, wenn das Einkommen gesteigert ist, Vermögen erworben wurde oder Belastungen entfallen sind. **Einkommensverbesserungen** können bei einem gesteigerten Verdienst oder einem Wechsel aus der Arbeitslosigkeit in ein Beschäftigungsverhältnis eintreten. Eine Abfindung für einen Arbeitsplatzverlust ist anzurechnen,[99] bezogen auf den Zeitraum, für den sie gezahlt wird. Beachtlich ist grds. ein neu erworbener Unterhaltsanspruch.[100] Erhöhte Rentenbezüge sind auch dann zu berücksichtigen, wenn sie gestiegene Lebenshaltungskosten kompensieren sollen.[101] Preissteigerungen sind über die veränderten Abzugsbeträge und die Wesentlichkeitsgrenze zu berücksichtigen. Selbstverständlich ist ein **Vermögenserwerb** ebenfalls zu berücksichtigen, etwa aus einer Erbschaft. Auch die Zahlung eines Zugewinnausgleichs stellt einen berücksichtigungsfähigen Vermögenserwerb dar.[102] **Reduzierte Belastungen** liegen etwa bei weggefallenen Unterhaltsverpflichtungen vor.[103]

36 Zu berücksichtigen ist die **Befriedigungskonkurrenz** insb. mit den aus dem Insolvenzverfahren stammenden bzw. nicht von der Restschuldbefreiung erfassten Verbindlichkeiten. Führen die verbesserten wirtschaftlichen Verhältnisse im Rahmen eines flexiblen Schuldenbereinigungsplans zu veränderten Zahlungspflichten, sind diese Leistungen vorrangig zu berücksichtigen, weil die Erfolgsaussichten des Plans auch insoweit nicht durch die Kostenstundung gefährdet werden dürfen.[104] Ebenso sind die nicht von der Restschuldbefreiung erfassten titulierten Verbindlichkeiten aus § 302 vorrangig, soweit sie vollstreckt werden. Von dem Einkommenszuwachs bzw. Vermögenserwerb darf der Schuldner auch notwendige Anschaffungen tätigen,[105] die nicht durch seinen Freibetrag abgedeckt sind, etwa einen für die Berufstätigkeit erforderlichen angemessenen, d.h. gebrauchten Pkw erwerben.

37 **Keine Verbesserung** der wirtschaftlichen Verhältnisse tritt ein, wenn der Schuldner aufgrund einer Eheschließung einen Taschengeldanspruch gegen den Ehegatten in Höhe von € 166,60 erwirbt.[106] Steigen die sozialhilferechtlichen Leistungen aufgrund erhöhter Eckregelsätze, führt dies grds. wegen der dann ebenfalls erhöhten Abzüge gem. § 115 Abs. 1 Satz 3 Nr. Buchst. b, Nr. 2 ZPO zu keinen Veränderungen.

3. Verschlechterung

38 Die wirtschaftlichen Verhältnisse verschlechtern sich bei einem Einkommens- oder Vermögensverlust bzw. zusätzlichen Verbindlichkeiten. Eine **Einkommensverschlechterung** kann etwa bei einem Arbeitsplatzverlust eintreten. Abzustellen ist bei § 4b Abs. 2 Satz 1 allein auf den Verlust des Arbeitsplatzes. Unerheblich ist die Vorwerfbarkeit.[107] Verstößt der Schuldner dadurch aber gegen seine Erwerbsobliegenheit, kann nach § 4c Nr. 4 die Kostenstundung aufgehoben werden. Auch eine Inhaf-

---

98 Nerlich/Römermann/*Becker* Rn. 49; HambK-InsR/*Nies* Rn. 3; *Hülsmann* ZVI 2006, 198 (200); Karsten Schmidt/*Stephan* Rn. 19; s.a. MüKo-InsO/*Ganter/Lohmann* Rn. 10; a.A. HK-InsO/*Kirchhof* 6. Aufl., Rn. 19.
99 LAG Rheinland-Pfalz 06.03.1995, 4 Ta 14/95, NZA 1995, 863.
100 OLG Bamberg 23.05.1995, 2 W 7/95, NJW-RR 1996, 69.
101 A.A. Uhlenbruck/*Pape* Rn. 15.
102 Uhlenbruck/*Pape* Rn. 15; PG/*Völker/Zempel* § 120 Rn. 23.
103 Uhlenbruck/*Pape* Rn. 15.
104 Kübler/Prütting/Bork/*Prütting/Wenzel* Rn. 10a; Uhlenbruck/*Pape* Rn. 8.
105 PG/*Völker/Zempel* § 120 Rn. 21; Zöller/*Geimer* § 120 ZPO Rn. 25.
106 OLG Rostock 01.08.2008, 10 WF 31/08, FamRZ 2008, 2291.
107 Stein/Jonas/*Bork* § 120 ZPO Rn. 17.

tierung kann insoweit die Verhältnisse verschlechtern.[108] Neue Verbindlichkeiten können etwa aus Unterhaltsverpflichtungen bei einer Eheschließung oder der Geburt eines Kindes eintreten.[109] Gesteigerte Miet- und Heizungskosten können verschlechterte Verhältnisse begründen. Auch ein erhöhter sozialhilferechtlicher Eckregelsatz kann zu reduzierten Leistungsmöglichkeiten führen,[110] doch setzt dies wegen der Verweisung in § 4b Abs. 2 Satz 3 auf den entsprechend anzuwendenden § 120 Abs. 4 Satz 1 Halbs. 2 ZPO einen Antrag voraus.[111]

4. Wesentlichkeit

Der offene Rechtsbegriff der wesentlichen Veränderung entzieht sich einer generalisierenden Beurteilung.[112] Jedenfalls muss die eingetretene Änderung zu einer Ratenanpassung von einer gewissen Dauer führen.[113] Zwischen dem Grad der verbesserten oder der verschlechterten Lebensverhältnisse ist zu unterscheiden.[114] 39

Eine **Verbesserung** ist nur zu berücksichtigen, wenn sie geeignet ist, den Lebensstandard nachhaltig zu verbessern.[115] Bei geringfügigen Erhöhungen eines niedrigen Einkommens sollte großzügig verfahren werden.[116] Für das Prozesskostenhilferecht ist umstritten, ob für ein verändertes Arbeitseinkommen eine feste Grenze von 10 % zugrunde gelegt werden kann. Trotz der Praktikabilitätserwägungen spricht die gebotene differenzierende Behandlung im Bereich der Kostenstundung gegen eine fixe Grenzziehung,[117] doch kann eine Steigerung in dieser Höhe ein Indiz bilden.[118] Verlangt wird ein strengerer Maßstab mit weitergehenden Änderungen. 40

Bereits eine geringfügige **Verschlechterung** führt zu einer Veränderung. Diese unterschiedliche Behandlung ist etwa auch in § 4b Abs. 2 Satz 4 angelegt. Der Schuldner hat einen Anspruch darauf, nicht schlechter als regelmäßig gesetzlich vorgesehen behandelt zu werden. Deswegen genügt bereits die Änderung der Ratenhöhe um eine Stufe.[119] 41

IV. Anzeigepflicht

Ausdruck der aktiven Verantwortlichkeit des Schuldners für seine Lebensführung ist die in § 4b Abs. 2 Satz 2 begründete Anzeigepflicht. Da diese Anforderung im fremden Interesse besteht, handelt es sich nicht nur um eine Obliegenheit, sondern eine Pflicht. Der Schuldner ist verpflichtet, dem Gericht **wesentliche Veränderungen** seiner Verhältnisse unverzüglich anzuzeigen.[120] Grds. besteht die Verpflichtung sowohl bei verbesserten als auch verschlechterten Verhältnissen. Die Informationspflicht wird allerdings regelmäßig auf verbesserte Verhältnisse teleologisch zu reduzieren sein. Zeigt der Schuldner verschlechterte Lebensverhältnisse nicht an und unterlässt er es damit, eine höhere staatliche Einstandspflicht zu reklamieren, darf ihm dies nicht zum Nachteil gereichen. Im Prozesskostenhilferecht fehlt eine vergleichbare Anzeigepflicht.[121] Nicht wesentliche Veränderungen 42

---

108 Uhlenbruck/*Pape* Rn. 16.
109 Uhlenbruck/*Pape* Rn. 16.
110 Zöller/*Geimer* § 120 ZPO Rn. 32.
111 Stein/Jonas/*Bork* § 120 ZPO Rn. 19a; Musielak/*Fischer* § 120 Rn. 19.
112 Jaeger/*Eckardt* Rn. 44.
113 PG/*Völker/Zempel* § 120 Rn. 17.
114 FK-InsO/*Kohte* Rn. 14; a.a. Jaeger/*Eckardt* Rn. 44.
115 FK-InsO/*Kohte* Rn. 14; Kübler/Prütting/Bork/*Prütting/Wenzel* Rn. 23.
116 MüKo-ZPO/*Motzer* § 120 Rn. 18; Zöller/*Geimer* § 120 ZPO Rn. 22.
117 Stein/Jonas/*Bork* § 120 ZPO Rn. 19; Zöller/*Geimer* § 120 ZPO Rn. 21; a.A. HK-InsO/*Kirchhof* 6. Aufl., Rn. 18; PG/*Völker/Zempel* § 120 Rn. 20; Musielak/*Fischer* § 120 ZPO Rn. 18.
118 Kübler/Prütting/Bork/*Prütting/Wenzel* Rn. 23; Karsten Schmidt/*Stephan* Rn. 18.
119 Kübler/Prütting/Bork/*Prütting/Wenzel* Rn. 23; HambK-InsR/*Nies* Rn. 5; MüKo-ZPO/*Motzer* § 120 Rn. 14; Zöller/*Geimer* § 120 ZPO Rn. 31.
120 LSZ/*Smid/Leonhardt* Rn. 9; Graf-Schlicker/*Kexel* Rn. 10; a.A. HK-InsO/*Kirchhof* 6. Aufl., Rn. 20, jede nicht offensichtlich unbedeutende Änderung.
121 FK-InsO/*Kohte* Rn. 18.

muss der Schuldner nicht anzeigen. Auf diese Pflicht ist der Schuldner wegen der weitreichenden Konsequenzen hinzuweisen.[122] Es gelten grds. die gleichen Erwägungen, die für die Hinweispflicht auf die Versagungsmöglichkeit nach § 290 bestehen.[123]

43 Die Verpflichtung ist **unverzüglich**, d.h. ohne schuldhaftes Zögern zu erfüllen. Als Maßstab kann auf die Judikatur zu § 295 Abs. 1 Nr. 3 abgestellt werden. Dort ist der BGH von einer höchstens zweiwöchigen Frist für die Anzeige eines Wohnsitzwechsels ausgegangen.[124] Bei komplexeren Fragen, etwa Schwierigkeiten bei der Bestimmung einer Leistungspflicht, ist von einer entsprechend längerer Frist auszugehen.

V. Auskunftsverlangen, Abs. 2 Satz 3

44 Auf Verlangen des Gerichts hat der Schuldner über jede Veränderung seiner Verhältnisse Auskunft zu erteilen, § 4b Abs. 2 Satz 3 InsO i.V.m. der entsprechend anzuwendenden Regelung des § 120 Abs. 4 Satz 2 ZPO. Zweckmäßig ist eine Fristsetzung.[125] Dieses **Auskunftsverlangen** darf das Gericht stellen, wenn Anhaltspunkte für veränderte, also verbesserte oder verschlechterte Verhältnisse vorliegen. Derartige Anhaltspunkte stellen jedoch keine Voraussetzung für ein Auskunftsbegehren dar.[126] Das Gericht ist deswegen befugt, regelmäßig eine Auskunft zu verlangen. Es kann Fragen an den Schuldner stellen, die vom Insolvenzverwalter oder Treuhänder angeregt werden und ebenso dem Schuldner aufgeben, die Antworten direkt an den Treuhänder oder Insolvenzverwalter weiterzuleiten.[127]

Während des Restschuldbefreiungsverfahrens steht dieses Auskunftsrecht neben den Verfahrensobliegenheiten aus § 296 Abs. 2 Satz 2. Während jedoch die Auskunft nach § 296 Abs. 2 Satz 2 nur in einem auf Gläubigerantrag eingeleiteten Versagungsverfahren zu erteilen ist,[128] kann das Verlangen nach § 4b Abs. 2 Satz 3 InsO i.V.m. § 120 Abs. 4 Satz 2 ZPO davon unabhängig gestellt werden. Das Auskunftsverlangen ist hinreichend zu konkretisieren.[129] Wegen der für den Schuldner damit verbundenen Belastungen, wird eine routinemäßige Nachfrage im jährlichen Abstand zulässig und ausreichend sein.[130] Eine neben seine allgemeinen Verpflichtungen tretende kostenrechtliche Auskunftspflicht des Treuhänders besteht nicht.[131]

45 Fordert das Gericht den Schuldner zur Auskunft auf, muss sich dieser entsprechend § 120 Abs. 4 Satz 2 ZPO über **jede** und nicht nur die wesentlichen **Änderungen** erklären.[132] Der Schuldner muss auf alle Fragen antworten, die für die Beurteilung der Kostenstundung maßgebend sind. Erteilt der Schuldner keine Auskunft, kann die Stundung nach § 4c Nr. 1 Alt. 2 aufgehoben werden. Auf diese Konsequenz ist der Schuldner hinzuweisen.

VI. Verfahren

46 Die Entscheidung über die veränderten Verhältnisse muss regelmäßig **von Amts wegen** erfolgen.[133] Ausnahmsweise ist ein erhöhter sozialhilferechtlicher Eckregelsatz nach § 4b Abs. 2 Satz 3 i.V.m.

---

122 Vgl. HambK-InsR/*Nies* Rn. 4.
123 Dazu BGH 10.02.2011, IX ZB 237/09, ZInsO 2011, 837 Rn. 12; s.a. BGH 17.02.2005, IX ZB 176/03, BGHZ 162, 181 (186); *Ahrens* FS Ganter, S. 71 ff.
124 BGH 11.02.2010, IX ZA 46/09, NZI 2010, 489 Rn. 2.
125 HK-InsO/*Kirchhof* 6. Aufl., Rn. 21.
126 BGH 05.11.2009, IX ZB 91/09, ZInsO 2009, 2405 Rn. 5; FK-InsO/*Kohte* Rn. 19; MüKo-ZPO/*Motzer* § 120 Rn. 19.
127 BGH 14.02.2013, IX ZB 13/11, BeckRS 2013, 04214 Rn. 2.
128 BGH 19.05.2011, IX ZB 274/10 NZI 2011, 640, Rn. 10 ff.
129 FK-InsO/*Kohte* Rn. 20; Jaeger/*Eckardt* Rn. 54.
130 Jaeger/*Eckardt* Rn. 52; HambK-InsR/*Nies* Rn. 4.
131 Uhlenbruck/*Pape* Rn. 19.
132 Jaeger/*Eckardt* Rn. 56; Kübler/Prütting/Bork/*Prütting/Wenzel* Rn. 27; Graf-Schlicker/*Kexel* Rn. 10.
133 Jaeger/*Eckardt* Rn. 47; Kübler/Prütting/Bork/*Prütting/Wenzel* Rn. 25.

§ 120 Abs. 4 Satz 1 Hs. 2 ZPO nur auf Antrag zu berücksichtigen. Eine Amtsermittlungspflicht besteht aber nur bei Anhaltspunkten für eine Änderung.[134] Im Verfahren ist der Schuldner anzuhören.[135] **Zuständig** ist das für den betreffenden Verfahrensabschnitt gem. § 18 RPflG berufene Rechtspflegeorgan, also ab der Verfahrenseröffnung grds. der Rechtspfleger.[136] Nach Erteilung der Restschuldbefreiung ist stets der Rechtspfleger zuständig. Der Rechtspfleger darf eine vom Richter erlassene Stundungsbewilligung ändern.[137] Die Entscheidung ist wegen der Möglichkeit zur sofortigen Beschwerde zu begründen. Die Rechtsbehelfe richten sich nach § 4d.[138]

VII. Wirkungen

Die Änderung kann allein für die **Zukunft** angeordnet werden. Zulässig ist eine Aufhebung der Ratenzahlungsverpflichtung unter Fortbestand der Stundung im Übrigen oder eine teilweise Änderung der Bewilligung durch höhere oder niedrigere Raten. Eine **Aufhebung der Stundung** ist dagegen unzulässig, denn für diese Folge ist ausschließlich das an strengere Voraussetzungen geknüpfte Verfahren nach § 4c statthaft.[139] Das Gericht kann auch eine vorübergehende Änderung festsetzen, etwa bei einem vorübergehenden Mehrverdienst.

47

§ 4b n.F. Rückzahlung und Anpassung der gestundeten Beträge
[Tritt zum 01.01.2014 in Kraft]

(1) ... § 115 Abs. 1 bis 3 sowie § 120 Abs. 2 der Zivilprozessordnung gelten entsprechend.

(2) ... § 120a Abs. 1 Satz 2 und 3 der Zivilprozessordnung gilt entsprechend.

...

Übersicht

	Rdn.			Rdn.
A. Normzweck	1		C. Änderung der Bewilligung, § 4b Abs. 2 Satz 3	7
B. Einsatz von Vermögen und Einkommen, § 4b Abs. 1 Satz 2	3		D. Inkrafttreten, Übergangsrecht	8

A. Normzweck

Mit der Gesetzesänderung wird das Recht der Kostenstundung an die **veränderte Rechtslage bei der Prozesskostenhilfe** angepasst. Mit dem Gesetz zur Änderung des Prozesskostenhilfe- und Beratungshilferechts vom 31.08.2013, BGBl. I S. 3533, sind strukturelle Änderungen der §§ 114 ff. ZPO erfolgt, die weit über die novellierte Fassung des § 4b in das Recht der Kostenstundung ausstrahlen. Entscheidendes Ziel des Gesetzes ist, die finanzielle Belastung der Länder durch die Ausgaben für Prozess- und Verfahrenskostenhilfe zu reduzieren.[1] Wesentliches Mittel ist dazu eine **verstärkte Belastung der Schuldner** durch Absenkung der Freibeträge und die neue Berechnung der Raten.[2]

1

Jedenfalls für die vierjährige Nachhaftungsperiode nach Erteilung der Restschuldbefreiung verschlechtert sich die Situation für den Schuldner erheblich. Werden die Änderungen in den Zusammenhang mit den überwiegend benachteiligenden Änderungen durch das Gesetz zur Verkürzung

2

---

134 HK-InsO/*Kirchhof* 6. Aufl., Rn. 21; weitergehend Nerlich/Römermann/*Becker* Rn. 45.
135 FK-InsO/*Kohte* Rn. 21; Jaeger/*Eckardt* Rn. 60; Graf-Schlicker/*Kexel* Rn. 9.
136 MüKo-InsO/*Ganter/Lohmann* Rn. 12.
137 Jaeger/*Eckardt* Rn. 59; Nerlich/Römermann/*Becker* Rn. 44.
138 Jaeger/*Eckardt* Rn. 71; Nerlich/Römermann/*Becker* Rn. 52.
139 AG Neumünster 11.08.2006, 13 T 56/06, ZInsO 2006, 1007 (1008); FK-InsO/*Kohte* Rn. 22; Jaeger/*Eckardt* Rn. 67; HK-InsO/*Kirchhof* 6. Aufl., Rn. 11; Nerlich/Römermann/*Becker* Rn. 24; Graf-Schlicker/*Kexel* Rn. 14; a.a. Kübler/Prütting/Bork/*Prütting/Wenzel* Rn. 21.
1 BT-Drucks. 17/11472, S. 24.
2 BT-Drucks. 17/11472, S. 1.

§ 4b n.F. InsO — Rückzahlung und Anpassung der gestundeten Beträge

des Restschuldbefreiungsverfahrens und zur Stärkung der Gläubigerrechte gestellt, zeigt sich, wie wenig die aktuelle Rechtspolitik das Konzept der Restschuldbefreiung positiv gestalten kann. Die erweiterte Kostenhaftung und die ergänzte Bereichsausnahme nach § 302 Nr. 1 n.F. entwerten die Restschuldbefreiung zum nicht geringen Teil. Wegen dieses verstärkten Zugriffs auf den Schuldner sollten allerdings die früheren Überlegungen zur Abschaffung der Kostenstundung[3] endgültig vom Tisch sein.

B. Einsatz von Vermögen und Einkommen, § 4b Abs. 1 Satz 2

3 Die Verweisung in § 4b Abs. 1 Satz 2 auf die entsprechend anzuwendenden Vorschriften von § 115 Abs. 1 bis 3 ZPO sowie § 120 Abs. 2 ZPO schafft zunächst eine **neue Bezugnahme auf § 115 Abs. 3 ZPO**. Damit wird zunächst ein Redaktionsversehen korrigiert. Bislang verwies die Vorschrift nicht ausdrücklich auf § 115 Abs. 3 ZPO, doch wurde die Regelung dennoch ganz überwiegend entsprechend herangezogen (§ 4b Rdn. 23), wofür der Weg über § 4 eröffnet war. Künftig ist zur Vermögensbestimmung über die ausdrückliche Verweisung auf § 115 Abs. 3 ZPO die Vorschrift des § 90 SGB XII kraft Gesetzes entsprechend anzuwenden.

4 Wie bislang, verweist § 4b Abs. 1 Satz 2 auf eine entsprechende Anwendung von **§ 115 Abs. 1 und 2 ZPO**. Wenn auch die äußerliche Anknüpfung unverändert ist, ist damit durch die Novellierung dieser Regelungen eine sachlich weitreichende Modifikation verbunden. Durch die in § 115 Abs. 1 ZPO eingefügte neue Nr. 4, wodurch die bisherige Bestimmung in Nr. 4 zu Nr. 5 wird, erfolgt eine Angleichung an die sozialhilferechtlichen Bestimmungen. Vom Einkommen sind danach auch **Mehrbedarfe** nach § 21 SGB II und § 30 SGB XII abzusetzen.

5 Besonders einschneidend wirken sich die **Änderungen bei der Ratenhöhe** in § 115 Abs. 2 ZPO aus. Die bisherige Tabelle für das einzusetzende Einkommen wird aufgehoben und in § 115 Abs. 2 Satz 1 ZPO n.F. durch eine einheitliche **50 %-Quote** vom einzusetzenden Einkommen ersetzt. Dadurch wird die vom Schuldner zu entrichtende Ratenhöhe grds. in doppelter Hinsicht gesteigert. Anstelle der bisherigen Beträge, die sich nach der Tabelle bis zu einem einzusetzenden Einkommen von 750 € auf einen festen Betrag beliefen, ist nunmehr stets die Hälfte des einzusetzenden Einkommens abzuführen. In den meisten Konstellationen ist damit eine höhere Zahlung verbunden. Außerdem sind nicht mehr Tabellenschritte, sondern es ist ein kontinuierlich steigender Betrag vorgesehen, der in den Zwischenbereichen die Belastung steigert.

6 Zusätzlich werden die **Mindest- und Höchstbeträge der Raten** verändert und dadurch weitere Einnahmen für die Staatskasse generiert. Die bisherige Mindestrate von 15 € wird in § 115 Abs. 2 Satz 2 ZPO n.F. auf 10 € herabgesetzt. Außerdem gilt nach § 115 Abs. 2 Satz 3 ZPO n.F. eine neue Obergrenze. Bei einem einzusetzenden Einkommen von mehr als 600 € sind 300 € zuzüglich des gesamten Betrags zu leisten, der 600 € übersteigt.

C. Änderung der Bewilligung, § 4b Abs. 2 Satz 3

7 Novelliert ist auch die Vorschrift des § 4b Abs. 2 Satz 3, die anstelle der Verweisung auf die aufgehobene Bestimmung des § 120 Abs. 4 Satz 1 und 2 ZPO auf die Neuregelung des **§ 120a Abs. 1 Satz 2 und 3 ZPO** verweist. Eine sachliche Änderung ist damit nicht verbunden. Zu beachten ist, dass nicht auf § 115 Abs. 1 Satz 1 ZPO n.F. verwiesen wird, der künftig eine prozesskostenhilferechtliche Sollvorschrift zur Änderung der Bewilligung enthält. Für die Kostenstundung bleibt es bei der Kannregelung des § 4b Abs. 2 Satz 1.

D. Inkrafttreten, Übergangsrecht

8 Nach Art. 20 tritt das Gesetz zur Änderung des Prozesskostenhilfe- und Beratungshilferechts am **01.01.2014** in Kraft.

---

3 BT-Drucks. 16/7416.

Nach § 40 EGZPO gelten die neuen Prozesskostenhilfevorschriften für alle **Verfahrensabschnitte**, in   9
denen ab dem 01.01.2014 Prozesskostenhilfe beantragt wird. Eine eigenständige insolvenzrechtliche
Übergangsvorschrift fehlt. Deswegen ist die neue zivilprozessuale Regelung entsprechend auf die ab
dem 01.01.2014 beantragte Kostenstundung anzuwenden.

Ist dem Schuldner bereits **Kostenstundung** für einzelne Abschnitte **gewährt** und begehrt er nunmehr   10
eine neue Stundung, etwa nach Erteilung der Restschuldbefreiung, ist das neue Recht anzuwenden.
Der Antrag nach Abs. 1 ist zwar erst nach Erteilung der Restschuldbefreiung zulässig, doch kann er
auch zuvor unter der zulässigen Rechtsbedingung einer Restschuldbefreiung gestellt werden (§ 4b
Rdn. 11). Das Insolvenzgericht ist zwar wegen des eilbedürftigen Verfahrens zur schnellen Entscheidung über die Restschuldbefreiung verpflichtet, doch kann es im Rahmen seines pflichtgemäßen
Ermessens durchaus Einfluss auf den Zeitpunkt der Erteilung der Restschuldbefreiung nehmen. Beginnen einzelne Verfahrensabschnitte erst nach dem 01.01.2014, kann auf den dann gestellten Stundungsantrag ein anderes Recht als auf die frühere Kostenstundung anzuwenden sein.

§ 4c Aufhebung der Stundung

Das Gericht kann die Stundung aufheben, wenn
1. der Schuldner vorsätzlich oder grob fahrlässig unrichtige Angaben über Umstände gemacht hat, die für die Eröffnung des Insolvenzverfahrens oder der Stundung maßgebend sind, oder eine vom Gericht verlangte Erklärung über seine Verhältnisse nicht abgegeben hat;
2. die persönlichen oder wirtschaftlichen Voraussetzungen für die Stundung nicht vorgelegen haben; in diesem Fall ist die Aufhebung ausgeschlossen, wenn seit der Beendigung des Verfahrens vier Jahre vergangen sind;
3. der Schuldner länger als drei Monate mit der Zahlung einer Monatsrate oder mit der Zahlung eines sonstigen Betrages schuldhaft in Rückstand ist;
4. der Schuldner keine angemessene Erwerbstätigkeit ausübt und, wenn er ohne Beschäftigung ist, sich nicht um eine solche bemüht oder eine zumutbare Tätigkeit ablehnt; § 296 Abs. 2 Satz 2 und 3 gilt entsprechend;
5. die Restschuldbefreiung versagt oder widerrufen wird.

Übersicht	Rdn.		Rdn.
A. Normzweck	1	1. Grundlagen	31
B. Anwendungsbereich	4	2. Anwendungsbereich	32
C. Aufhebungsgründe	7	3. Umfang der Erwerbsobliegenheit . .	34
I. Unrichtige oder unterlassene Angaben, Nr. 1	7	a) Anforderungsprofil	34
		b) Nicht selbständige Erwerbstätigkeit	35
1. Zwei Tatbestandsalternativen	7		
2. Unrichtige Angaben, Alt. 1	8	aa) Angemessene Erwerbstätigkeit	35
a) Angaben	8		
b) Eröffnung des Insolvenzverfahrens	10	bb) Bemühungen um Erwerbstätigkeit	39
c) Kostenstundungsverfahren . . .	12	cc) Nichtablehnung zumutbarer Arbeit	40
d) Unrichtigkeit, Kausalität, qualifiziertes Verschulden	13	c) Selbständige Erwerbstätigkeit .	42
3. Unterlassene Erklärungen, Alt. 2 . .	18	4. Verweisung auf § 296	43
		V. Versagung oder Widerruf der Restschuldbefreiung, Nr. 5	46
II. Fehlende persönliche oder wirtschaftliche Voraussetzungen, Nr. 2	21		
III. Zahlungsrückstand, Nr. 3	25	D. Verfahren	48
IV. Verstoß gegen die Erwerbsobliegenheit, Nr. 4	31	E. Wirkungen	53

§ 4c InsO Aufhebung der Stundung

A. Normzweck

1 § 4c regelt abschließend, wann eine bewilligte Stundung zum Nachteil des Schuldners aufgehoben werden kann.[1] Das Gesetz normiert damit einen nicht erweiterungsfähigen *numerus clausus* der Aufhebungsgründe. Auszugehen ist damit von der Regel einer bestandskräftigen Kostenstundung, die nur **ausnahmsweise** in den gesetzlich bestimmten Fällen **aufgehoben** werden kann.[2] Die Kostenstundung soll den Zugang natürlicher Personen zur Restschuldbefreiung erleichtern bzw. überhaupt erst eröffnen[3] und so die gesetzliche Schuldbefreiung aktualisieren. Eine erteilte Stundung darf deswegen nicht vorschnell aufgehoben werden, denn die Folgen nähern sich in der Rechtswirklichkeit denen einer versagten Restschuldbefreiung an. Letztlich darf die Aufhebung der Kostenstundung nicht zu einer Versagung der Restschuldbefreiung in kleiner Münze geraten. Diese gesetzliche Zielsetzung erfordert es, die Aufhebungsregel **eng auszulegen**.[4] Dem Schuldner wird so ein verantwortungsvoller Bestandsschutz gewährt.[5]

2 In Gestalt der Aufhebungsgründe aus § 4c wird eine **nachgelagerte Überprüfung** der Kostenstundung eröffnet.[6] Die Kostenstundung soll nur einem bedürftigen Schuldner eröffnet sein. Im Bewilligungsverfahren, d.h. bei Verfahrensbeginn, bestehen aber nur beschränkte Möglichkeiten, um die Voraussetzungen der Kostenstundung zu überprüfen. Das daraus resultierende Prognoserisiko darf nicht zu Lasten der bedürftigen Partei gehen, doch soll auch die Staatskasse vor unberechtigten Zahlungen geschützt werden. Aufgehoben werden kann die Kostenstundung, weil die Bewilligung auf unrichtigen Voraussetzungen beruht hat, Nr. 1 Alt. 1, Nr. 2, die Grundlage der Bewilligung entfallen ist, Nr. 5, oder der Schuldner die an ihn während der Stundung gerichteten Anforderungen nicht erfüllt, Nr. 1 Alt. 2, Nr. 3 und Nr. 4. Als gemeinsames Kennzeichen können die Aufhebungsgründe dem Schuldner zugerechnet werden, denn sie entstammen seinem Risikobereich.

3 Zwischen den Stundungsregeln und den Vorschriften zur **Restschuldbefreiung** besteht vielfach eine **Wertungskonkordanz**. Ein Kostenstundungsrecht, das den Zugang zur Restschuldbefreiung ermöglichen soll, muss den Anforderungen des Restschuldbefreiungsverfahrens entsprechen, soweit es keine abweichenden Ziele verfolgt. Deswegen verweist § 4c Nr. 4 Hs. 2 ausdrücklich auf § 296 Abs. 2 Satz 2 und 3 und § 4c Nr. 5 stellt auf die Versagung oder den Widerruf der Restschuldbefreiung ab. Auch die sonstigen Voraussetzungen, etwa der unrichtigen Angaben und des qualifizierten Verschuldens nach § 4 Nr. 1 Alt. 1 oder der Erwerbsobliegenheit gem. § 4c Nr. 4,[7] sind nach den Grundsätzen der §§ 290, 295 zu interpretieren. Die Kostenstundung soll deswegen aufgehoben werden können, wenn die Restschuldbefreiung nicht zu erreichen ist. Zur **Neufassung** von § 4c Nr. 4 durch das Gesetz zur Änderung des Prozesskostenhilfe- und Beratungshilferechts vom 31.08.2013, BGBl. I S. 3533, siehe unten im Anschluss an die Kommentierung von § 4c.

B. Anwendungsbereich

4 Die Vorschrift ermöglicht, die Stundungswirkung zu beseitigen. Sie eröffnet damit einen *actus contrarius* gegenüber einer **gerichtlich angeordneten Kostenstundung** unabhängig davon, ob die Stundung gem. § 4a Abs. 1 Satz 1 erstmals bewilligt oder diese gem. § 4b Abs. 1 Satz 1 verlängert wurde. Hat der Schuldner einen Stundungs- oder Verlängerungsantrag gestellt, über den noch nicht entschieden wurde, tritt eine gesetzlich begründete einstweilige Stundung ein (vgl. § 4a Rdn. 72 ff.,

---

[1] BGH 08.01.2009, IX ZB 167/08, NZI 2009, 188 Rn. 10; MüKo-InsO/*Ganter/Lohmann* Rn. 2; HK-InsO/*Kirchhof* 6. Aufl., Rn. 3; Graf-Schlicker/*Kexel* Rn. 1; Braun/*Buck* Rn. 1; LSZ/*Smid/Leonhardt* Rn. 3; a.A. Jaeger/*Eckardt* Rn. 72 ff.; Nerlich/Römermann/*Becker* Rn. 43 ff.
[2] Karsten Schmidt/*Stephan* Rn. 2.
[3] BGH 22.10.2009, IX ZB 160/09, NZI 2009, 899 Rn. 13.
[4] So zur Parallelvorschrift des § 124 ZPO im Prozesskostenhilferecht Stein/Jonas/*Bork* § 124 ZPO Rn. 1.
[5] Jaeger/*Eckardt* Rn. 1.
[6] BGH 22.10.2009, IX ZB 160/09, NZI 2009, 899 Rn. 13.
[7] BGH 22.10.2009, IX ZB 160/09, NZI 2009, 899 Rn. 13.

§ 4b Rdn. 28). Hier ist eine Entscheidung über den Stundungs- bzw. Verlängerungsantrag vorrangig, weswegen eine Aufhebung ausscheiden muss.[8]

Ausgeschlossen ist eine Aufhebung sobald sämtliche gestundeten Forderungen erfüllt oder gem. § 5 Abs. 1, 3 GKG verjährt sind.[9] Ebenso kann die Stundung nach Ablauf der vierjährigen Frist aus § 4b Abs. 1 Satz 2 InsO i.V.m. § 115 Abs. 2 ZPO nicht mehr aufgehoben werden.

Neben einer Aufhebung der Stundungsbewilligung insb. nach § 4c Nr. 2 ist eine Änderung der Entscheidung über die Kostenstundung oder die Monatsraten gem. § 4b Abs. 2 Satz 1 zulässig.[10] Die **Konkurrenz** zwischen beiden Regeln ist danach aufzulösen, ob im Zeitpunkt der Entscheidung die dafür erforderlichen Voraussetzungen bestanden. Lagen die persönlichen und wirtschaftlichen Voraussetzungen nicht vor, kann der Bewilligungsbeschluss gem. § 4c Nr. 2 aufgehoben werden. Haben diese Anforderungen dagegen zunächst bestanden, sind sie aber nachträglich entfallen, kann die Entscheidung nach § 4b Abs. 2 Satz 1 geändert werden.

C. Aufhebungsgründe

I. Unrichtige oder unterlassene Angaben, Nr. 1

1. Zwei Tatbestandsalternativen

§ 4c Nr. 1 nennt zwei Tatbestandsalternativen. In zwei Fallgruppen können gem. § 4c Nr. 1 Alt. 1 vorsätzlich oder grob fahrlässig unrichtige Angaben zur Aufhebung der Kostenstundung führen. Die Angaben müssen sich entweder auf Umstände beziehen, die für die Eröffnung des Insolvenzverfahrens oder für die Kostenstundung maßgebend sind. § 4c Nr. 1 Alt. 2 verlangt demgegenüber eine vom Schuldner nicht abgegebene Erklärung über seine Verhältnisse. Äußerlich stellt § 4c Nr. 1 Alt. 1 auf ein **aktives Tun** und § 4c Nr. 1 Alt. 2 auf ein **Unterlassen** ab. Systematisch nähern sich beide Alternativen weitgehend an, denn eine unterlassene Erklärung kann in einer unvollständigen Mitteilung enthalten sein, die zu einer unrichtigen Angabe führt. Wegen der identischen Rechtsfolgen besitzt die Differenzierung für die Praxis keine große Bedeutung. Ein Unterschied besteht aber doch, weil die zweite Alternative eine gerichtliche Aufforderung voraussetzt. Die Aufhebung nach § 4c Nr. 1 ist in jeder Lage des Verfahrens nach Bewilligung der Kostenstundung möglich.

2. Unrichtige Angaben, Alt. 1

a) Angaben

Der **Begriff** der Angaben entspricht prinzipiell dem aus § 290 Abs. 1 Nr. 2 und Nr. 6, doch existiert ein wesentlicher Unterschied. Während die Versagungsgründe allein auf schriftlich getätigten Angaben abstellen, sieht § 4c Nr. 1 keine derartige Einschränkung vor. Der Tatbestand wird deswegen ebenso von mündlichen wie schriftlichen Mitteilungen des Schuldners erfüllt. Angaben sind Erklärungen über das Vorliegen oder Nichtvorliegen eines Sachverhalts.[11] Einschränkend sind verfahrensbezogene Äußerungen des Schuldners gegenüber dem Insolvenzgericht zu verlangen. Außerhalb des Verfahrens getätigte Erklärungen, etwa bei Abschluss eines Rechtsgeschäfts oder der Erfüllung einer öffentlich-rechtlichen Verpflichtung, erfüllen nicht die Voraussetzungen von § 4c Nr. 1.

Erforderlich sind **eigene Angaben** des Schuldners oder von ihm zu verantwortende **Erklärungen eines Dritten**. Im Kern können hierauf die Ausführungen zu § 290 Abs. 1 übertragen werden.[12]

---

8 LG Koblenz 02.07.2008, 2 T 444/08, ZVI 2008, 473; Jaeger/*Eckardt* Rn. 6; Braun/*Buck* Rn. 1; Nerlich/Römermann/*Becker* Rn. 4.
9 MüKo-InsO/*Ganter/Lohmann* Rn. 20.
10 Nerlich/Römermann/*Becker* Rn. 3.
11 Vgl. FK-InsO/*Ahrens* § 290 Rn. 19; Uhlenbruck/*Vallender* § 290 Rn. 29.
12 FK-InsO/*Ahrens* § 290 Rn. 21.

Der Schuldner hat daher auch dann schriftlich unrichtige Angaben gemacht, wenn er die entsprechenden Angaben nicht selbst formuliert, sondern durch einen Dritten abfassen lässt. Unrichtige Angaben, die mit Wissen und Billigung des Schuldners weitergeleitet werden, erfüllen danach den Tatbestand.[13]

b) Eröffnung des Insolvenzverfahrens

10 In einer ersten Fallgruppe müssen sich die Angaben auf die für die Eröffnung des Insolvenzverfahrens maßgebenden Umstände beziehen. Zunächst betrifft dies den **Insolvenzgrund** der (drohenden) Zahlungsunfähigkeit,[14] wenn bspw. die Zahlungsunfähigkeit aufgrund fälschlich behaupteter Forderungen vorgetäuscht wurde.[15] Erfasst werden außerdem Angaben zur **Zulässigkeit** eines Insolvenzverfahrens, etwa von zuständigkeitsbegründenden Tatsachen, um die Zuständigkeit zu erschleichen.[16] Es genügen Falschangaben zur internationalen Zuständigkeit.[17] Außerdem sind die Umstände zu berücksichtigen, welche für die **Kostendeckungsprognose** gem. § 26 Abs. 1 Satz 1 maßgebend sind. Dazu sind vor allem die gegen den Schuldner gerichteten Forderungen und sämtliche Gläubiger anzugeben. Es genügt, wenn die unrichtige Angabe in einem Verzeichnis nach § 305 Abs. 1 Nr. 3 enthalten ist.[18] Insoweit stimmen die Anforderungen mit denen aus § 290 Abs. 1 Nr. 6 überein. Um die Kostendeckung prognostizieren zu können, sind außerdem die Einkommens- und Vermögensverhältnisse anzugeben, wie dies auch im Vermögensverzeichnis nach § 305 Abs. 1 Nr. 3 verlangt wird. Dabei auftretende Fehler können auch zu einer Aufhebung nach § 4c Nr. 2 führen. Zudem kann in allen Fällen grds. die Stundung nach § 4c Nr. 5 i.V.m. § 290 Abs. 1 Nr. 5 und 6 aufgehoben werden.

11 Im Rahmen von § 4c Nr. 1 ist dagegen **unerheblich**, wenn der Schuldner die während des Insolvenzverfahrens bestehenden Mitteilungspflichten verletzt. Während des Schuldenbereinigungsverfahrens ruht das Insolvenzeröffnungsverfahren, § 306 Abs. 1 Satz 1. Falschangaben zur Bestimmung der Verfahrensart (Verbraucher- bzw. Regelinsolvenzverfahren) sowie im Schuldenbereinigungsverfahren rechtfertigen es als solche noch nicht, die Kostenstundung aufzuheben,[19] anders aber, wenn das Schuldenbereinigungsverfahren scheitert und die Angaben für die Eröffnung maßgebend sind.[20] Nach dem Wortlaut und der Zielsetzung von § 4c Nr. 1 muss ein Verstoß gegen die Anforderungen aus §§ 295 Abs. 1 Nr. 3, 296 Abs. 2 Satz 2 unberücksichtigt bleiben, weil sie sich auf das Restschuldbefreiungsverfahren nach Aufhebung des Insolvenzverfahrens beziehen. Bedeutungslos sind außerdem falsche Angaben, die sich auf die Abgrenzung zwischen dem Regel- und Verbraucherinsolvenzverfahren nach § 304 beziehen. Sie betreffen allein die Frage, wie das Verfahren, d.h. in welcher Verfahrensart, nicht aber, ob es durchzuführen ist.[21]

c) Kostenstundungsverfahren

12 Als zweite Fallgruppe nennt § 4c Nr. 1 Alt. 1 unrichtige Angaben im Kostenstundungsverfahren. Erfasst werden grds. **alle Falschangaben** des Schuldners im Stundungsverfahren. In erster Linie sind damit die für eine Erfolgsaussicht des Restschuldbefreiungsverfahrens maßgebenden Erklärungen über die Versagungsgründe nach § 290 Abs. 1 Nr. 1 und 3 gemeint.[22] Fraglich erscheint, ob dies

---

13 Vgl. BGH 11.09.2003, IX ZB 37/03, BGHZ 156, 139 (144).
14 FK-InsO/*Kohte* Rn. 7; Jaeger/*Eckardt* Rn. 12.
15 Kübler/Prütting/Bork/*Prütting/Wenzel* Rn. 5.
16 Uhlenbruck/*Mock* Rn. 3; HK-InsO/*Kirchhof* 6. Aufl., Rn. 6; Kübler/Prütting/Bork/*Prütting/Wenzel* Rn. 5; HambK-InsR/*Nies* Rn. 2.
17 Karsten Schmidt/*Stephan* Rn. 8.
18 LG Göttingen 30.11.2006, 10 T 120/06, ZInsO 2007, 276.
19 Uhlenbruck/*Mock* Rn. 3; Kübler/Prütting/Bork/*Prütting/Wenzel* Rn. 7.
20 Jaeger/*Eckardt* Rn. 13.
21 FK-InsO/*Kohte* Rn. 8; Kübler/Prütting/Bork/*Prütting/Wenzel* Rn. 5.
22 FK-InsO/*Kohte* Rn. 9.

aufgrund der mangelnden Erkennbarkeit auch für die auf alle Versagungsgründe erweiterte Anwendung von § 4a Abs. 1 Satz 3 und 4 gilt (vgl. § 4a Rdn. 49 ff.), doch wird die Rechtsprechung voraussichtlich diese Konsequenz ziehen. Ein gewisser Wertungsbruch besteht, weil die erste Tatbestandsalternative von § 4c Nr. 1 keine gerichtliche Aufforderung verlangt, wie die zweite tatbestandliche Variante,[23] doch kann dies im Rahmen der subjektiven Anforderungen ausbalanciert werden. Unrichtige Angaben über die persönlichen und wirtschaftlichen Verhältnisse des Schuldners rechtfertigen es ebenfalls, die Kostenstundung aufzuheben.[24] Der spezielle Tatbestand in Nr. 2 ermöglicht zwar, die Kostenstundung aufzuheben, wenn die persönlichen oder wirtschaftlichen Voraussetzungen der Stundung nicht vorgelegen haben. Wegen seiner abweichenden subjektiven und zeitlichen Voraussetzungen sperrt er aber nicht den Aufhebungsgrund aus Nr. 1 Alt. 1.

d) Unrichtigkeit, Kausalität, qualifiziertes Verschulden

Der Schuldner muss unrichtige Angaben gemacht haben. **Unrichtig** ist eine Angabe, wenn sie von der Wirklichkeit abweicht.[25] Im Unterschied zu den Versagungsregeln in § 290 Abs. 1 Nr. 2 und Nr. 6 stellt § 4c Nr. 1 Alt. 1 nur auf unrichtige und nicht nur auf unvollständige Angaben ab. **Unvollständig** sind Angaben, die im Rahmen einer den Anschein der Vollständigkeit erweckenden Erklärung als solches zwar richtig sind, durch Weglassen wesentlicher Umstände aber ein falsches Gesamtbild vermitteln.[26] Funktional steht der so erweckte unzutreffende Eindruck einer falschen Angabe gleich. Auch unvollständige Angaben können deswegen eine Aufhebung der Kostenstundung rechtfertigen.[27] Zutreffend wird freilich eine qualifizierte Unvollständigkeit verlangt,[28] denn fehlende Details werden regelmäßig noch keinen unzutreffenden Gesamteindruck hervorrufen. Der Schuldner macht unrichtige Angaben über Umstände, die für die Eröffnung des Insolvenzverfahrens von Bedeutung sind, wenn er ein bereits laufendes Insolvenz- oder Restschuldbefreiungsverfahren verschweigt.[29] 13

Berichtigt der Schuldner seine unzutreffenden Angaben, bevor das Gericht den Fehler erkannt oder den Schuldner zur Erklärung aufgefordert hat, erfolgt eine **Heilung**.[30] Jedenfalls soweit es um Umstände geht, die eine Versagung der Restschuldbefreiung rechtfertigen,[31] müssen im Kostenstundungsverfahren die gleichen zeitlichen Grenzen gelten.[32] Die Berichtigungs- und Änderungsbefugnis des Schuldners im Verbraucherinsolvenzverfahren aus den §§ 305 Abs. 3 Satz 1, 307 Abs. 3 Satz 1 schließt nicht nur eine Versagung der Restschuldbefreiung aus.[33] Sie steht auch einer Aufhebung der Kostenstundung nach § 4c Nr. 1 Alt. 1 entgegen. 14

---

23 Uhlenbruck/*Mock* Rn. 10.
24 Vgl. MüKo-InsO/*Ganter/Lohmann* Rn. 3.
25 BGH 20.06.1986, 1 StR 184/86, BGHSt 34, 111 (115).
26 OLG Köln 14.02.2001, 2 W 249/00, NZI 2001, 205 (206); LG Potsdam 29.04.2005, 5 T 90/04, ZInsO 2005, 664 (665); MüKo-InsO/*Stephan* § 290 Rn. 34; Uhlenbruck/*Vallender* § 290 Rn. 32a; LSZ/*Kiesbye* § 290 Rn. 15.
27 BGH 08.01.2009, IX ZB 167/08, NZI 2009, 188 Rn. 7; 20.01.2011, IX ZA 40/10, BeckRS 2011, 02578; FK-InsO/*Kohte* Rn. 6; HK-InsO/*Kirchhof* 6. Aufl., Rn. 8; Uhlenbruck/*Mock* Rn. 7; Nerlich/Römermann/*Becker* § 4b Rn. 47; a.A. Kübler/Prütting/Bork/*Prütting/Wenzel* Rn. 8.
28 FK-InsO/*Kohte* Rn. 6.
29 AG Göttingen 25.04.2008, 74 IN 32/08, ZVI 2008, 341.
30 Jaeger/*Eckardt* Rn. 16.
31 Dazu FK-InsO/*Ahrens* § 290 Rn. 55.
32 Nach Karsten Schmidt/*Stephan* Rn. 10, ist eine Berichtigung sogar noch im Beschwerdeverfahren über die Aufhebung zulässig.
33 BGH 17.03.2005, IX ZB 260/03, NZI 2005, 461; 18.02.2010, IX ZB 211/09, NZI 2010, 350 Rn. 7; 16.12.2010, IX ZB 63/09, NZI 2011, 114 Rn. 6; *Ahrens*, ZVI 2011, 65 (66 f.); *ders.*, ZVI 2011, 273 (280 f., 284 f.).

15 Zusätzlich müssen die unrichtigen Angaben für die Kostenstundung **kausal** gewesen sein,[34] d.h. aufgrund der wirklichen Umstände hätte die Kostenstundung nicht oder nur mit höheren Raten bewilligt werden dürfen. Ausdrücklich formuliert § 4c Nr. 1 Alt. 1 deswegen, die Erklärungen des Schuldners müssen für die Kostenstundung maßgebend gewesen sein. Sonst tritt eine Sanktionswirkung ein, die mit der Zielsetzung der Kostenstundung und der Aufhebungsregeln nicht zu vereinbaren ist. Auch bei unzutreffenden Angaben über die für eine Eröffnung des Insolvenzverfahrens maßgebenden Umstände ist Kausalität erforderlich.[35] Dies betrifft sowohl unrichtige Angaben zum Insolvenzgrund als auch über zuständigkeitsbegründende Tatsachen und zur Kostendeckungsprognose. Es fehlt an einem Rechtswidrigkeitszusammenhang, wenn das Insolvenzverfahren aufgrund der wahren Angaben in gleicher Weise hätte eröffnet werden müssen.[36]

16 Subjektiv verlangt § 4c Nr. 1 Alt. 1 ein qualifiziertes Verschulden, denn der Schuldner muss **vorsätzlich** oder **grob fahrlässig** unrichtige Angaben gemacht haben. Dazu kann auf die zu § 290 Abs. 1 Nr. 2, 4–6 entwickelten Maßstäbe abgestellt werden.[37] Vorsatz bedeutet auch nach § 4c Nr. 1 Wissen und Wollen der objektiven Tatbestandselemente. Grob fahrlässig handelt der Schuldner, wenn ihm ein besonders schwerer Verstoß gegen die objektiv erforderliche Sorgfalt zur Last fällt. Ganz naheliegende Überlegungen dürfen nicht angestellt sein oder müssen beiseitegeschoben worden sein und dasjenige muss unbeachtet geblieben sein, was im gegebenen Fall sich jedem aufgedrängt hätte. Bei der groben Fahrlässigkeit handelt es sich um ein auch subjektiv schlechthin unentschuldbares Verhalten.[38] Zumindest grobe Fahrlässigkeit liegt vor, wenn ein vom Verfahrensbevollmächtigten ausgefülltes Formular ungelesen unterschrieben wird.[39] Ein Vertreterhandeln kann dem Schuldner zugerechnet werden.[40]

17 Wegen der **subjektiven Ausrichtung** sind die speziellen insolvenzrechtlichen Umstände zu beachten. Zu berücksichtigen sein kann deswegen, ob der Schuldner den Überblick über seine wirtschaftlichen Verhältnisse verloren hat[41] oder ob die Anforderungen für ihn mangels Rechtskenntnissen oder aus anderen Gründen unverständlich sind. Der Schuldner muss zwar gegen ihn gerichtete Forderungen angeben, deren Bestehen er bestreitet,[42] und kann ggf. einen Erinnerungswert von € 0,– ansetzen.[43] Dabei dürfen aber weder die Anforderungen an die materiell-rechtliche noch die insolvenzrechtliche Beurteilung überspannt werden, denn Rechtskenntnisse sind vom Schuldner nicht zu verlangen.

3. Unterlassene Erklärungen, Alt. 2

18 Die Kostenstundung kann außerdem aufgehoben werden, wenn der Schuldner eine vom Gericht verlangte Erklärung über seine Verhältnisse nicht abgibt. Erforderlich ist ein **gerichtliches Auskunftsverlangen**.[44] Allein ein Verstoß gegen die gesetzliche Erklärungspflicht nach § 4b Abs. 2 Satz 2 genügt dafür nicht. Die Kostenstundung darf nach § 4c Nr. 1 Alt. 2 nur aufgehoben werden, nachdem das Gericht den Schuldner zur Erklärung aufgefordert hat.[45] Beachtlich ist allein ein Auskunftsver-

---

34 BGH 08.01.2009, IX ZB 167/08, NZI 2009, 188 Rn. 9 f.; FK-InsO/*Kohte* Rn. 5; Rn. Jaeger/*Eckardt* Rn. 17; a.A. Kübler/Prütting/Bork/*Prütting*/*Wenzel* Rn. 10; MüKo-InsO/*Ganter*/*Lohmann* Rn. 7; Nerlich/Römermann/*Becker* Rn. 18; HK-InsO/*Kirchhof* Rn. 12, bis zur 5. Aufl.
35 Jaeger/*Eckardt* Rn. 17; Graf-Schlicker/*Kexel* Rn. 4; HambK-InsR/*Nies* Rn. 2.
36 Vgl. Jaeger/*Eckardt* Rn. 17.
37 Dazu FK-InsO/*Ahrens* § 290 Rn. 28.
38 BGH 09.02.2006, IX ZB 218/04, ZInsO 2006, 370 Rn. 10; 27.09.2007, IX ZB 243/06, ZInsO 2007, 1150 Rn. 9; 11.05.2010, IX ZB 167/09, NZI 2010, 655.
39 BGH 11.05.2010, IX ZB 167/09, NZI 2010, 655.
40 AA Jaeger/*Eckardt* Rn. 22.
41 Jaeger/*Eckardt* Rn. 21; HK-InsO/*Kirchhof* 6. Aufl., Rn. 11; Uhlenbruck/*Mock* Rn. 10.
42 BGH 08.10.2009, IX ZB 257/08, NZI 2009, 856 Rn. 4, m.Anm. *Schmerbach*.
43 *BGH 12.06.2008, IX ZB 205/07, ZInsO 2008, 860 Rn. 6.*
44 Kübler/Prütting/Bork/*Prütting*/*Wenzel* Rn. 18.
45 LG München I 31.05.2006, 14 T 9496/06, ZVI 2006, 505.

langen nach der Stundung.⁴⁶ Erforderlich ist ein hinreichend konkretisiertes Verlangen,⁴⁷ doch ist eine Begründung nicht erforderlich.⁴⁸ Da dem Gericht die Verhältnisse des Schuldners unbekannt sind, dürfen keine überspannten Anforderungen gestellt werden. Beachtlich ist allein ein den gesetzlichen Anforderungen genügendes Auskunftsverlangen. Auskunft darf allein über die persönlichen und wirtschaftlichen Verhältnisse des Schuldners verlangt werden und dann auch nur, soweit sie für die Kostenstundung maßgebend sind (vgl. § 4a Rdn. 62 f.). Um ein schuldhaftes Handeln des Zahlungsverpflichteten i.S.v. § 4c Nr. 3 ermitteln zu können, darf das Gericht nach den Ursachen eines Zahlungsrückstands fragen. Um den Schuldner nicht unangemessen zu belasten, wird ihn das Gericht im jährlichen Abstand nach seinen Verhältnissen fragen dürfen, sofern kein Hinweis auf eine Änderung vorliegt. Erforderlich ist ein **Zugang** des Auskunftsverlangens. Eine öffentliche Bekanntmachung genügt nicht, wenn die zustellungsfähige Adresse dem Gericht bekannt ist.⁴⁹

Für die Antwort hat das Gericht dem Schuldner eine **Frist** zu setzen.⁵⁰ Da der Schuldner die erforderlichen Unterlagen ggf. erst beschaffen muss, erscheint eine zwei- bis dreiwöchige Frist angemessen.⁵¹ Eine schuldhafte Verspätung rechtfertigt grds. nicht die Aufhebung, wenn die Erklärung bei der Entscheidung vorlag.⁵² Über die Folgen einer unterlassenen Auskunftserteilung muss das Gericht den Schuldner belehren,⁵³ denn der Schuldner darf nicht durch Rechtsunkenntnis die Chance auf die Restschuldbefreiung ermöglichende Kostenstundung verlieren.⁵⁴ Die Überlegungen, mit denen die **Hinweispflicht** auf die Folgen einer versagten Restschuldbefreiung begründet wird,⁵⁵ können entsprechend herangezogen werden. Es muss daher auf die Folgen einer versäumten Erklärung hingewiesen werden.⁵⁶ Gibt der Schuldner die angeforderte **Erklärung** schuldhaft **verspätet**, sachlich aber zutreffend und vollständig ab, darf keine Aufhebung erfolgen, denn das Aufhebungsverfahren stellt keine Sanktion dar.⁵⁷ 19

Wie aus der einleitenden Formulierung von § 4c Nr. 1 folgt, muss der Schuldner die Erklärung **vorsätzlich oder grob fahrlässig** (dazu Rdn. 16) unterlassen haben, wozu Feststellungen erforderlich sind.⁵⁸ Hat das Insolvenzgericht den Schuldner rechtmäßig und verständlich zur Auskunft aufgefordert, wird eine unterlassene Antwort regelmäßig grob fahrlässig sein.⁵⁹ Erreicht allerdings eine Aufforderung zur Erklärung den Schuldner nicht, weil dieser einen Wohnsitzwechsel nicht angezeigt hat, er jedoch glaubhaft versichert, von einer Mitteilung der Anschriftenänderung ausgegangen zu sein, kann das qualifizierte Verschulden fehlen.⁶⁰ Die Aufhebung nach § 4c Nr. 2 Alt. 2 ist in jeder Lage des Verfahrens nach Bewilligung der Kostenstundung möglich. 20

II. Fehlende persönliche oder wirtschaftliche Voraussetzungen, Nr. 2

Lagen die persönlichen oder wirtschaftlichen Voraussetzungen bei der Kostenstundung nicht vor, kann das Gericht die Stundung nach § 4c Nr. 2 aufheben. Sachlich ist diese Regelung mit § 124 21

---

46 HK-InsO/*Kirchhof* 6. Aufl., Rn. 9.
47 LG München I 31.05.2006, 14 T 9496/06, ZVI 2006, 505; LG Mühlhausen 12.03.2012, 2 T 40/12, BeckRS 2012, 23411 = VIA 2013, 14 m.Anm. *Heicke*.
48 Uhlenbruck/*Mock* Rn. 6.
49 LG Darmstadt 12.04.2013, 5 T 65/13, BeckRS 2013, 08309.
50 Jaeger/*Eckardt* Rn. 26.
51 AA Kübler/Prütting/Bork/*Prütting/Wenzel* Rn. 20; Uhlenbruck/*Mock* Rn. 6, Wochenfrist.
52 LG Göttingen 01.09.2011, 10 T 71/11, NZI 2011, 909; MüKo-InsO/*Ganter/Lohmann* Rn. 5; Jaeger/*Eckardt* Rn. 27; HK-InsO/*Kirchhof* 6. Aufl., Rn. 10.
53 LG München I 31.05.2006, 14 T 9496/06, ZVI 2006, 505.
54 Vgl. BGH 17.02.2005, IX ZB 176/03, BGHZ 162, 181 (186).
55 BGH 10.02.2011, IX ZB 237/09, ZInsO 2011, 837 Rn. 13.
56 LG Mühlhausen 12.03.2012, 2 T 40/12, BeckRS 2012, 23411.
57 Karsten Schmidt/*Stephan* Rn. 13; HK-InsO/*Kirchhof* 6. Aufl., Rn. 10.
58 LG Mühlhausen 12.03.2012, 2 T 40/12, BeckRS 2012, 23411.
59 Uhlenbruck/*Mock* Rn. 11.
60 LG Dessau-Roßlau 22.03.2012, 1 T 68/12, BeckRS 2012, 09660.

Nr. 3 ZPO vergleichbar. Mit der Regelung soll eine auf **anfänglich fehlerhaften tatsächlichen Grundlagen** beruhende Entscheidung korrigiert werden können.[61] Ob die persönlichen oder wirtschaftlichen Voraussetzungen für die Stundung nicht vorgelegen haben, ist für den Zeitpunkt der letzten Tatsachenentscheidung über die Stundung zu bestimmen.[62] Eine spätere Änderung der Verhältnisse kann eine Aufhebung der Kostenstundung lediglich unter den Voraussetzungen von § 4c Nr. 1 Alt. 2 rechtfertigen.

22 Eine **rechtliche Fehlentscheidung** darf das Gericht nicht über § 4c Nr. 2 korrigieren. Hat der Schuldner seine persönlichen und wirtschaftlichen Verhältnisse zutreffend mitgeteilt, das Insolvenzgericht daraus aber einen unzutreffenden Schluss gezogen, darf es seine Entscheidung nicht aufheben. Durch die fehlende Rechtskraftwirkung der Stundungsbewilligung (vgl. § 4a Rdn. 19) soll neues Vorbringen des Schuldners ermöglicht werden.[63] Fehler, die aus der Risikosphäre des Gerichts stammen, sollen auf diesem Weg nicht korrigiert werden können.[64]

23 Unverzichtbar ist eine **Kausalität**, denn es dürfen die persönlichen oder wirtschaftlichen Voraussetzungen für die Stundung nicht vorgelegen haben. Eine unzutreffende tatsächliche Annahme, die ohne Konsequenz für die Stundung geblieben ist, rechtfertigt es nicht, die Stundungsentscheidung aufzuheben. Wegen dieses Bezugs auf objektiv unzutreffende Entscheidungsgrundlagen ist **kein Verschulden** des Schuldners erforderlich.[65] Es wird weder ein vorsätzliches noch auch nur fahrlässiges Handeln von ihm verlangt.[66]

24 Sind seit der Beendigung des Verfahrens vier Jahre vergangen, ist nach § 4c Nr. 2 Hs. 2 eine **Aufhebung ausgeschlossen**. Diese Ausschlussfrist trägt dem Umstand Rechnung, dass dem Schuldner kein Verschulden vorzuwerfen sein muss und mit dem Zeitablauf die Verhältnisse immer schwieriger aufzuklären sind. Normiert ist damit ein Vertrauensschutztatbestand. Zeitlich anzuknüpfen ist an die Beendigung des Verfahrens. Gemeint ist die Beendigung des einzelnen Verfahrensabschnitts.[67] Zudem liefen wegen der verschiedenen kostenrechtlichen Verfahrensabschnitte zu viele Fristen.

III. Zahlungsrückstand, Nr. 3

25 Die Stundung kann nach § 4c Nr. 3 aufgehoben werden, wenn der Schuldner länger als drei Monate mit der Zahlung einer Monatsrate oder mit der Zahlung eines sonstigen Betrags schuldhaft im Rückstand ist. Voraussetzung des Aufhebungsgrunds ist die Verpflichtung des Schuldners zur **ratenweisen Rückzahlung** der gestundeten Kosten. Die Regelung erfasst nicht die an den Treuhänder abzuführenden pfändbaren Beträge.[68] **Ausgeschlossen** ist die Aufhebung nach § 4c Nr. 3 nach Begleichung des Rückstands[69] respektive vor Erteilung der Restschuldbefreiung bzw. danach, soweit der Schuldner keine Monatsrate zu zahlen hat. Die Regelung entspricht § 124 Nr. 4 ZPO.

26 Als **Umfang des Zahlungsrückstands** nennt das Gesetz zwei Zahlungsgrößen, der Schuldner muss entweder mit einem Monatsbetrag oder mit einem sonstigen Betrag in Rückstand geraten sein. Der Grundfall einer Monatsrate ist einfach zu bemessen. Bei monatlichen Zahlungen muss entweder eine Monatsrate oder es müssen Teilrückstände im Umfang einer Monatsrate rückständig sein.[70] Al-

---

61 FK-InsO/*Kohte* Rn. 17.
62 BGH 25.10.2007, IX ZB 14/07, NZI 2008, 46 Rn. 8.
63 BGH 03.03.2004, IV ZB 43/03, NJW 2004, 1805 (1806).
64 FK-InsO/*Kohte* Rn. 18; Jaeger/*Eckardt* Rn. 35; Graf-Schlicker/*Kexel* Rn. 6; HK-InsO/*Kirchhof* 6. Aufl., Rn. 19; a.A. *Bayer* Stundungsmodell der Insolvenzordnung, S. 123; MüKo-InsO/*Ganter/Lohmann* Rn. 8.
65 MüKo-InsO/*Ganter/Lohmann* Rn. 8.
66 Uhlenbruck/*Mock* Rn. 12.
67 Karsten Schmidt/*Stephan* Rn. 13; Kübler/Prütting/Bork/*Prütting/Wenzel* Rn. 26; a.A. Jaeger/*Eckardt* Rn. 39; FK-InsO/*Kohte* Rn. 20; a.A. Uhlenbruck/*Mock* Rn. 15.
68 LG Göttingen 27.05.2010, 10 T 48/10, NZI 2010, 579 (580); a.A. LG Berlin 10.07.2007, 86 T 296/07, ZInsO 2007, 824.
69 Karsten Schmidt/*Stephan* Rn. 25.
70 MüKo-InsO/*Ganter/Lohmann* Rn. 9; a.A. Jaeger/*Eckardt* Rn. 44.

lerdings ist bei geringfügigen Raten das Verhältnismäßigkeitsprinzip besonders zu beachten. Dies kann im Rahmen der Ermessensausübung geschehen.[71] Den Tatbestand von § 4c Nr. 3 erfüllt auch der Rückstand mit einem sonstigen Betrag. Gemeint sind damit nicht monatlich zu zahlende Beträge.[72] Ein Grenzwert existiert nicht, doch rechtfertigen geringfügige Summen auch hier nicht die Aufhebung. Die Größenordnung des Einmalbetrags kann dafür einen Maßstab bilden.

Der Zahlungsrückstand muss seit **mindestens drei Monaten** bestehen. Eine volle Monatsrate muss deswegen seit zumindest drei Monaten ausstehen.[73] Dies gilt auch, wenn Teilbeträge rückständig sind.[74] Zu beachten ist allerdings die entsprechend anzuwendende Tilgungsbestimmung aus § 366 Abs. 2 BGB,[75] wonach eine Zahlung zunächst auf die ältere Schuld verrechnet wird. Die Zinsen auf die nicht rechtzeitig geleistete Monatsrate können als sonstiger Betrag zu berücksichtigen sein. Auch der sonstige Betrag muss seit zumindest drei Monaten ausstehen. Eine **Mahnung** oder Zahlungserinnerung ist nicht erforderlich, wird aber gerade bei rückständigen Kleinbeträgen sinnvoll sein. Eine erfolgte Mahnung ist im Rahmen der Ermessensentscheidung zu berücksichtigen. 27

Ausdrücklich verlangt das Gesetz einen **schuldhaften Rückstand** mit der Zahlungspflicht. Erforderlich ist ein Verschulden i.S.v. § 276 Abs. 1 Alt. 1 BGB. Bei einem fehlenden Verschulden darf die Stundung nicht aufgehoben werden. Der Gesetzgeber der Insolvenzordnung hat diese Voraussetzung i.S.d. ganz überwiegend zu § 124 Nr. 4 ZPO vertretenen Ansicht[76] eingeführt. Ein Verzug gem. § 286 Abs. 1, 4 BGB genügt also nicht. Wichtigste Fallgruppe ist die fehlende wirtschaftliche Leistungsfähigkeit durch Arbeitslosigkeit,[77] Krankheit oder zusätzliche Unterhaltspflichten.[78] 28

Dabei ist das Gericht **nicht** an die Feststellungen und Bewertungen des ursprünglichen Bewilligungsbeschlusses **gebunden**. Wie allgemein bei der Kostenstundung erwachsen auch bei der Verschuldensprüfung die der früheren Anordnung zugrunde liegenden tatsächlichen Feststellungen nicht in Rechtskraft. Das Gericht darf die Bewilligung also nicht allein mit der Begründung aufheben, der Bedürftige habe keine nachträgliche Änderung der Verhältnisse dargetan.[79] Stellt sich im Verfahren heraus, dass die Raten zu hoch angesetzt sind, scheidet eine Aufhebung aus und die Ratenhöhe ist, ggf. auch rückwirkend, neu festzusetzen.[80] 29

Stellt das Gericht eine konkrete Frage zu den Ursachen des Zahlungsrückstands, besteht für den Schuldner eine **verfahrensrechtliche Last**, darauf zu antworten. Unterlässt er eine Antwort, mag zwar ein Verschulden i.S.d. § 4c Nr. 3 nicht erweislich sein. Der Schuldner verletzt dann aber seine Auskunftspflicht gem. § 4c Nr. 1 Alt. 2, weswegen danach eine Aufhebung möglich ist. 30

IV. Verstoß gegen die Erwerbsobliegenheit, Nr. 4

1. Grundlagen

§ 4c Nr. 4 bestimmt eine nach dem Muster des § 295 Abs. 1 Nr. 1 geformte eigenständige Erwerbsobliegenheit. Werden dem Schuldner die Verfahrenskosten gestundet, soll er durch eigene Anstrengungen zur schnellstmöglichen Begleichung der Kosten beitragen. An die kostenrechtliche Erwerbsobliegenheit dürfen **keine weitergehenden Anforderungen** als an die Obliegenheit im Restschuldbefreiungsverfahren gestellt werden. Die Kostenstundung bildet daher das Mittel mit dem das 31

---

71 Jaeger/*Eckardt* Rn. 43.
72 MüKo-InsO/*Ganter/Lohmann* Rn. 9.
73 Jaeger/*Eckardt* Rn. 44.
74 AA Nerlich/Römermann/*Becker* Rn. 25.
75 HK-InsO/*Kirchhof* 6. Aufl., Rn. 17; Uhlenbruck/*Mock* Rn. 17.
76 BGH 09.01.1997, IX ZR 61/94, NJW 1997, 1077, m.w.N.
77 BGH 09.01.1997, IX ZR 61/94, NJW 1997, 1077 f., zu § 124 Nr. 4 ZPO.
78 Vgl. *Ahrens* Der mittellose Geldschuldner, S. 228 ff.
79 BGH 09.01.1997, IX ZR 61/94, NJW 1997, 1077 f., zu § 124 Nr. 4 ZPO.
80 FK-InsO/*Kohte* Rn. 23 f.; Kübler/Prütting/Bork/*Prütting/Wenzel* Rn. 30.

Ziel der Restschuldbefreiung ermöglicht werden soll. Es käme daher zu einem Wertungswiderspruch, wenn das Mittel an weitergehende Voraussetzungen als das Ziel geknüpft wäre.[81]

2. Anwendungsbereich

32 Die Erwerbsobliegenheit besteht allein bei einer **bewilligten Stundung**. Sie beginnt erst mit dem Zeitpunkt der Stundungsbewilligung.[82] Die Obliegenheit setzt also nicht bereits mit der Antragsstellung und damit während des Bewilligungsverfahrens ein. Erst recht darf die Kostenstundung nicht versagt werden, weil der Schuldner vor der Antragsstellung keine angemessene Erwerbstätigkeit ausgeübt hat. § 4c Nr. 4 verlagert auch nicht allgemein die Obliegenheit aus § 295 Abs. 1 Nr. 1 auf das Insolvenz- bzw. Insolvenzeröffnungsverfahren vor. Die Erwerbsobliegenheit besteht allein bei einer Kostenstundung und wirkt zugunsten der Staatskasse. Andere Gläubiger ziehen aus ihr allenfalls mittelbar einen Vorteil, weil die vorrangig zu befriedigenden Kostenforderungen früher getilgt sein können. Während der Treuhandphase des Restschuldbefreiungsverfahrens konkurriert die Obliegenheit mit der aus § 295 Abs. 1 Nr. 1, Abs. 2, doch wird die Konkurrenz über die Verteilungsregel aus § 292 Abs. 1 Satz 2 Hs. 2 gelöst.

33 Die Obliegenheit erlischt mit dem abschließenden **Ende** der Kostenstundung. Hat der Schuldner die Kostenforderungen vollständig beglichen, endet die Erwerbsobliegenheit aus § 4c Nr. 4 unabhängig davon, ob dies vor oder nach Ankündigung bzw. nach Erteilung der Restschuldbefreiung erfolgt ist. Konnte der Schuldner die gestundeten Kosten in der vierjährigen Frist aus § 4b Abs. 1 Satz 2 i.V.m. dem entsprechend anzuwendenden § 115 Abs. 2 ZPO nicht vollständig tilgen, erlöschen die Kostenforderungen. Damit findet auch die Erwerbsobliegenheit ein Ende.[83] Zwischen dem Ende der bewilligten Kostenstundung und ihrer Verlängerung gem. § 4b Abs. 1 Satz 1 kann allerdings eine geringfügige gesetzliche Lücke eintreten. Stellt der Schuldner nicht rechtzeitig einen Verlängerungsantrag, können mit Erteilung der Restschuldbefreiung die Stundungswirkung und so die Erwerbsobliegenheit entfallen. Kündigt der Schuldner in dieser Zwischenphase sein Arbeitsverhältnis, verstößt er bei einer formalen Auslegung nicht gegen die Erwerbsobliegenheit. Nach Sinn und Zweck der Regelung ist allerdings von einem Schuldner zu verlangen, dem die Kosten gestundet waren und der eine Verlängerung beantragen wird, dass er auch in der Zwischenzeit die Erwerbsobliegenheit erfüllt.

3. Umfang der Erwerbsobliegenheit

a) Anforderungsprofil

34 § 4c Nr. 4 stellt übereinstimmend mit § 295 Abs. 1 Nr. 1 **gestufte Anforderungen** auf. Dem Schuldner obliegt es zunächst, eine angemessene Erwerbstätigkeit auszuüben. Außerdem muss er sich um eine solche Erwerbstätigkeit bemühen und darf, als dritte Anforderung, keine zumutbare Tätigkeit ablehnen. Bei der Ausgestaltung dieser Erfordernisse können die Maßstäbe aus § 295 Abs. 1 Nr. 1 herangezogen werden.[84] Auf den ersten Blick wird damit nur eine **nicht selbständige Tätigkeit** des Schuldners erfasst. Ein derartig enges Verständnis ist jedoch nicht mit der grundrechtlich durch Art. 12 Abs. 1 GG geschützten Berufsfreiheit des Schuldners zu vereinbaren. Der Schuldner erfüllt seine Obliegenheit auch, wenn er eine den Kriterien des § 295 Abs. 2 genügende **selbständige Tätigkeit** ausübt.[85] Er kann auch zwischen beiden Erwerbsformen wechseln.

---

81 BGH 22.10.2009, IX ZB 160/09, NZI 2009, 899 Rn. 13; 13.09.2012, IX ZB 191/11, NZI 2012, 852 Rn. 6; *Kohte* VuR 2011, 101.
82 BGH 22.10.2009, IX ZB 160/09, NZI 2009, 899 Rn. 10.
83 HK-InsO/*Kirchhof* 6. Aufl., Rn. 22.
84 Dazu ausf. FK-InsO/*Ahrens* § 295 Rn. 14 ff.
85 Jaeger/*Eckardt* Rn. 52; Kübler/Prütting/Bork/*Prütting/Wenzel* Rn. 34 f.; Nerlich/Römermann/*Becker* Rn. 29.

b) **Nicht selbständige Erwerbstätigkeit**

aa) **Angemessene Erwerbstätigkeit**

Als wichtigste Anforderung aus § 4c Nr. 4 muss der Schuldner eine angemessene Erwerbstätigkeit 35
ausüben. Der unbestimmte Rechtsbegriff einer angemessenen Erwerbstätigkeit schafft eine doppelte Bindung an die bestehenden **Lebensverhältnisse** sowie die bestmögliche Gläubigerbefriedigung.[86] Dabei werden die Lebensverhältnisse des Schuldners durch seine berufliche Ausbildung und die bisherige Berufstätigkeit, aber auch seine beruflichen Entwicklungschancen geprägt. Von einer Schuldnerin, die eine Schule für Lernbehinderte nach der 6. Klasse abgebrochen und keine weitere schulische und berufliche Ausbildung aufzuweisen hat sowie in einer Obdachlosensiedlung lebt, kann kein Einkommenserwerb erwartet werden.[87] Zusätzlich werden sie durch seine persönlichen Verhältnisse bestimmt. Dies betrifft etwa den Gesundheitszustand auch bei einer psychischen Erkrankung,[88] der eine Erwerbstätigkeit teilweise oder, wie bei einer Erwerbsunfähigkeit bzw. Therapie, vollständig ausschließen kann, und das Lebensalter des Schuldners, weshalb mit Erreichen der Altersgrenzen aus den §§ 35 ff. SGB VI keine weitere Erwerbstätigkeit zu verlangen ist.[89] Von einer ungelernten, der deutschen Sprache nur unzureichend mächtigen Person, ist höchstens eine Aushilfstätigkeit zu erwarten.[90] Weitere Auslegungshinweise sind aus der Interpretation des § 1574 Abs. 2 Halbs. 1 BGB zu gewinnen.[91] Übt der Schuldner eine nicht selbständige Erwerbstätigkeit aus, besteht eine **Vermutung** dafür, dass die von ihm verrichtete Tätigkeit angemessen ist.[92]

Eine **Straf- oder sonstige Haft** setzt einer Erwerbstätigkeit Grenzen, steht aber einer Restschuldbe- 36
freiung[93] und deswegen auch einer Kostenstundung nicht prinzipiell entgegen. Zu unterscheiden ist der Verlust der Erwerbstätigkeit durch die Straftat und die Ausübung einer Erwerbstätigkeit während der Haft. Verliert der Schuldner wegen einer Inhaftierung seine Arbeit,[94] kann die Kostenstundung nur dann aufgehoben werden, wenn er aus der Erwerbstätigkeit pfändbare Einkünfte erzielt hätte.[95] Da der Schuldner auch während seiner Inhaftierung pfändbare Einkünfte erwerben kann, besteht für ihn auch während der Haftdauer eine Erwerbsobliegenheit.

Eine sachlich unberechtigte **Wahl der Steuerklasse** berechtigt, die Kostenstundung aufzuheben.[96] 37
Die Wahl ist sachlich berechtigt bei Übernahme der dem gesetzlichen Regelfall des § 38b Abs. 1 Nr. 4 EStG entsprechenden Steuerklasse IV für verheiratete, nicht dauernd getrennt lebende, unbeschränkt einkommensteuerpflichtige Ehegatten.[97] Wählt der Schuldner nachträglich eine ungünstige Steuerklasse oder behält er diese für das folgende Kalenderjahr bei, ist der Nachweis einer Gläubigerbenachteiligung nicht erforderlich. Es genügt, wenn für die Wahl oder Beibehaltung der Steuerklasse objektiv kein sachlich rechtfertigender Grund gegeben ist.[98]

Eine angemessene Erwerbstätigkeit, aus welcher der Schuldner pfändbare Einkünfte bezieht, darf 38
nicht ohne Weiteres **beendet** werden. Hat der Arbeitgeber das Arbeitsverhältnis beendet, liegt aller-

---

86 Vgl. MüKo-InsO/*Ehricke* § 295 Rn. 15 ff.; Gottwald/*Ahrens* § 78 Rn. 19.
87 BGH 02.12.2010, IX ZB 160/10, ZInsO 2011, 147 Rn. 5.
88 BGH 22.04.2010, IX ZB 253/07, ZInsO 2010, 1153 Rn. 9.
89 Vgl. FK-InsO/*Ahrens* § 295 Rn. 15.
90 BGH 22.10.2009, IX ZB 160/09, NZI 2009, 899 Rn. 15.
91 Uhlenbruck/*Mock* Rn. 18; HambK-InsR/*Nies* Rn. 6; außerdem Kübler/Prütting/Bork/*Wenzel* § 295 Rn. 3; Braun/*Lang* § 295 Rn. 5; LSZ/*Kiesbye* § 295 Rn. 4; Mohrbutter/Ringstmeier/*Pape* § 17 Rn. 134; *Ahrens* ZInsO 1999, 632 (634).
92 BGH 19.05.2011, IX ZB 224/09, NZI 2011, 596 Rn. 22 m.Anm. *Ahrens*.
93 BGH 01.07.2010, IX ZB 148/09 NZI 2010, 911 Rn. 12.
94 Zu den Anforderungen BAG 25.11.2010, 2 AZR 984/08 NJW 2011, 1896 Rn. 25; 24.03.2011, 2 AZR 790/09, NJW 2011, 2825 Rn. 23.
95 Vgl. BGH 01.07.2010, IX ZB 148/09 NZI 2010, 911 Rn. 10.
96 BGH 03.07.2008, IX ZB 65/07, NZI 2008, 624 Rn. 5, zu Nr. 5.
97 Vgl. AG Duisburg 29.01.2002, 62 IN 53/00, NZI 2002, 328.
98 BGH 05.03.2009, IX ZB 2/07, NZI 2009, 326 Rn. 2; s.a. 04.10.2005, VII ZB 26/05, NZI 2006, 114 (115).

dings regelmäßig kein Verstoß gegen die Erwerbsobliegenheit des Schuldners vor. Besteht der allgemeine Kündigungsschutz und muss folglich die ordentliche Kündigung des Arbeitgebers nach § 1 Abs. 2 KSchG sozial gerechtfertigt sein, fehlt es bei einer Kündigung aus dringenden betrieblichen Erfordernissen stets und bei einer personenbedingten Kündigung regelmäßig an einem zurechenbaren Verhalten des Schuldners und damit an einer Obliegenheitsverletzung.[99] Schließt der Schuldner einen Aufhebungsvertrag, so liegt jedenfalls dann keine Obliegenheitsverletzung vor, wenn er beachtliche Gründe für seine Entscheidung anführen kann. Eine Eigenkündigung des Schuldners führt zu keiner Obliegenheitsverletzung, wenn dafür anerkennenswerte Motive vorliegen, bspw. gesundheitliche Gründe.[100]

bb) Bemühungen um Erwerbstätigkeit

39 Genügt die Erwerbstätigkeit des Schuldners nicht den Anforderungen oder ist er beschäftigungslos, muss er sich um eine angemessene Erwerbstätigkeit bemühen. Allerdings setzt dieser Maßstab der vom Schuldner geforderten inhaltlichen Flexibilität und räumlichen Mobilität engere Grenzen, als die Aufnahme einer zumutbaren Beschäftigung. Ist der Schuldner bislang nur teilzeitbeschäftigt, muss er zusätzlich eine andere Erwerbstätigkeit bzw. eine Vollzeitbeschäftigung übernehmen.[101] An den Umfang seiner Bemühungen werden **erhebliche Anforderungen** gestellt. Dabei gelten allerdings nicht die strengeren familien- oder sozialrechtlichen Maßstäbe.[102] Als Richtgröße ist von zwei bis drei ernsthaften Bewerbungen je Woche auszugehen (zu Eingliederungsvereinbarungen Rdn. 45), sofern entsprechende Stellen angeboten werden.[103] Berücksichtigt werden müssen stets die Umstände des Einzelfalls, weswegen der BGH sechs Bewerbungen in sechs Wochen genügen ließ.[104] Rechtschreibfehler in Bewerbungen lassen bei einer mangelnden Sprachfähigkeit, etwa eines Migranten, nicht auf eine fehlende Ernsthaftigkeit der Bewerbungen schließen.[105] Auf bloß theoretische, tatsächlich aber unrealistische Möglichkeiten, einen angemessenen Arbeitsplatz zu erlangen, darf ein Schuldner nicht verwiesen werden.[106]

cc) Nichtablehnung zumutbarer Arbeit

40 Findet ein beschäftigungsloser Schuldner keine angemessene Arbeit, schreibt ihm § 4c Nr. 4 in der dritten Tatbestandsalternative vor, dass er keine zumutbare Erwerbstätigkeit ablehnen darf. Die Erwerbsobliegenheit des Schuldners entfällt, wenn ihm aufgrund der Umstände des Einzelfalls die Aufnahme einer beruflichen Tätigkeit **nicht zugemutet** werden kann.[107] Zur Konkretisierung der zumutbaren Tätigkeit kann vor allem auf die in anderen einfachgesetzlichen Regelungen, insb. im Sozialrecht, ausgebildeten Fallgruppen abgestellt werden.[108] Über die Zumutbarkeit einer Beschäftigung bestimmen auch das Lebensalter und der Gesundheitszustand des Schuldners, weshalb für einen älteren Schuldner eine körperlich belastende Arbeit unzumutbar sein kann.[109] Mit Erreichen der Regelaltersgrenze kann eine Erwerbstätigkeit nicht mehr verlangt werden.[110]

---

99 Vgl. LSZ/*Kiesbye* § 295 Rn. 6.
100 Uhlenbruck/*Mock* Rn. 19; außerdem FK-InsO/*Ahrens* § 295 Rn. 24 ff.; Nerlich/*Römermann* § 295 Rn. 11; Uhlenbruck/*Vallender* § 295 Rn. 18; Kübler/Prütting/Bork/*Wenzel* § 295 Rn. 6a.
101 Vgl. FK-InsO/*Ahrens* § 295 Rn. 30 ff.
102 BGH 13.09.2012, IX ZB 191/11, NZI 2012, 852 Rn. 7.
103 BGH 13.09.2012, IX ZB 191/11, NZI 2012, 852 Rn. 8.
104 Vgl. BGH 19.05.2011, IX ZB 224/09, NZI 2011, 596 Rn. 17.
105 LG Hannover 03.08.3009, 11 T 24/09, ZVI 2009, 382.
106 BGH 22.10.2009, IX ZB 160/09, NZI 2009, 899 Rn. 15; 02.12.2010, IX ZB 160/10, ZInsO 2011, 147 Rn. 7.
107 Vgl. BGH 03.12.2009 – IX ZB 139/07 NZI 2010, 114 Rn. 9.
108 Vgl. MüKo-InsO/*Ehricke* § 295 Rn. 44.
109 Vgl. Uhlenbruck/*Vallender* § 295 Rn. 26.
110 Zur familienrechtlichen Parallele BGH 12.01.2011, XII ZR 83/08, NJW 2011, 670 Rn. 20 ff.

Unzumutbar kann eine berufliche Tätigkeit auch wegen der **Betreuung minderjähriger Kinder** 41
sein.[111] Nach § 1570 BGB besteht keine Erwerbsobliegenheit für mindestens drei Jahre nach der Geburt, doch kann sich die Dauer vor allem aus Billigkeitsgründen verlängern. Zu unterscheiden sind also der Basisunterhalt gem. § 1570 Abs. 1 Satz 1 BGB und der Billigkeitsunterhalt aus § 1570 Abs. 1 Satz 2 und 3, Abs. 2 BGB. Familienrechtlich maßgebend sind immer die individuellen Umstände.[112] Zu berücksichtigen sind kindbezogene und elternbezogene Gründe, wobei die kindbezogenen Gründe das stärkste Gewicht besitzen und vorrangig zu prüfen sind. Neben dem Alter des Kindes wird es daher insb. auf die Betreuungsmöglichkeit ankommen, wobei der Vorrang der persönlichen Betreuung gegenüber anderen Betreuungsmöglichkeiten aufgegeben wurde.[113]

c) Selbständige Erwerbstätigkeit

Als Ausdruck seiner grundrechtlich geschützten Berufsfreiheit bleibt dem Schuldner die Wahl zwischen selbständiger und nicht selbständiger Erwerbstätigkeit überlassen (vgl. Rdn. 34). Er kann deswegen auch die Erwerbsformen wechseln oder kombinieren. Entscheidet sich der Schuldner für eine selbständige Tätigkeit, muss er nach § 295 Abs. 2 Zahlungen in der Höhe erbringen, als wenn er ein **angemessenes Dienstverhältnis** eingegangen wäre. Die Zahlungshöhe des Schuldners ist nicht nach dem wirtschaftlichen Erfolg seines Unternehmens, sondern nach dem hypothetischen Einkommen aus einem angemessenen, nicht notwendig der selbständigen Tätigkeit entsprechenden abhängigen Dienstverhältnis festzusetzen. Damit entkoppelt die Regelung den Umfang der zu erbringenden Leistungen vom wirtschaftlichen Erfolg der selbständigen Tätigkeit.[114] Zur Erfüllung seiner Erwerbsobliegenheit muss der Schuldner nach der Rechtsprechung zu § 295 Abs. 2 zumindest jährliche Leistungen erbringen.[115] Aus dieser Bezugsgröße sind die monatlichen Ratenzahlungen des Schuldners zu bemessen. Wechselt der Schuldner zwischen einer selbständigen und einer abhängigen Erwerbstätigkeit, können die im Rahmen des Dienstverhältnisses erworbenen Einkünfte als Maßstab herangezogen werden. 42

4. Verweisung auf § 296

Ausdrücklich erklärt § 4c Nr. 4 die Bestimmungen des **§ 296 Abs. 2 Satz 2 und 3** für entsprechend anwendbar. Damit wird ein weiterer selbständiger Aufhebungsgrund geschaffen.[116] Der Schuldner hat danach über die Erfüllung seiner Obliegenheiten Auskunft zu erteilen und, wenn die Staatskasse dies beantragt, die Richtigkeit dieser Auskunft an Eides statt zu versichern. Gibt er die Auskunft[117] oder die eidesstattliche Versicherung ohne hinreichende Entschuldigung nicht innerhalb der ihm zu setzenden Frist ab oder erscheint er trotz ordnungsgemäßer Ladung ohne hinreichende Entschuldigung nicht zu einem Termin, den das Gericht für die Erteilung der Auskunft oder die eidesstattliche Versicherung anberaumt hat, so ist die Kostenstundung aufzuheben.[118] Um feststellen zu können, ob der Schuldner einer angemessenen Erwerbstätigkeit nachgeht, muss er darlegen, wie viele Stunden er tatsächlich arbeitet und welchen Verdienst er dabei erzielt. Die Vorlage eines Arbeitsvertrags mit flexiblen Arbeitszeiten von 0 bis 40 Stunden genügt dafür nicht.[119] 43

---

111 Vgl. BGH 03.12.2009, IX ZB 139/07 NZI 2010, 114 Rn. 9.
112 BGH 01.06.2011, XII ZR 45/09, NJW 2011, 2430 Rn. 18.
113 Vgl. BGH 30.03.2011, XII ZR 3/09, NJW 2011, 1583 Rn. 23 f.
114 BGH 19.05.2011, IX ZB 224/09, NZI 2011, 596 Rn. 6 m.Anm. *Ahrens*.
115 BGH 19.07.2012, IX ZB 188/09 NZI 2012, 718 Rn. 14; AG Göttingen 25.01.2013, 74 IN 148/09, BeckRS 2013, 04752; kritisch FK-InsO/*Ahrens* § 295 Rn. 79 m.w.N.
116 BGH 08.01.2009, IX ZB 95/08, ZVI 2009, 209 Rn. 2; LG Hamburg 20.12.2012, 326 T 148/12, ZVI 2013, 165.
117 BGH 05.06.2008, IX ZA 7/08, NZI 2008, 507 Rn. 3.
118 Ausf. FK-InsO/*Ahrens* § 296 Rn. 40 ff.
119 BGH 08.01.2009, IX ZB 95/08, ZVI 2009, 209.

44 Obwohl § 4c Nr. 4 Hs. 2 nicht auf § 296 Abs. 1 verweist, ist die Regelung entsprechend anzuwenden,[120] denn an die kostenrechtliche Obliegenheit dürfen grds. keine strengeren Anforderungen als an die Obliegenheit im Restschuldbefreiungsverfahren gestellt werden. Wie die Versagung der Restschuldbefreiung wegen Verletzung der Erwerbsobliegenheit setzt auch die Aufhebung der Stundung gem. § 4c Nr. 4 eine **beeinträchtigte Gläubigerbefriedigung** voraus.[121] Durch die Obliegenheitsverletzung muss der Schuldner die Befriedigung der Gläubiger konkret messbar beeinträchtigt haben.[122] Offen ist, ob auch die Aufhebung der Kostenstundung entsprechend § 296 Abs. 2 Satz 2 und 3 einen zumindest statthaften Antrag auf Versagung der Restschuldbefreiung verlangt, wie dies im Restschuldbefreiungsverfahren gefordert wird.[123] Gegen ein Antragserfordernis spricht das amtswegige Verfahren aus § 4c,[124] für einen zumindest statthaften Versagungsantrag die Parallele zum Restschuldbefreiungsverfahren. Sachgerecht wird zu differenzieren sein. Vor Erteilung der Restschuldbefreiung ist ein entsprechender Versagungsantrag erforderlich, danach nicht mehr, zumal dann die Kontrolle allein in der Hand des Gerichts liegt.

45 Da die Voraussetzungen von § 4c Nr. 4 an die Regelungen über die Erwerbsobliegenheit im Restschuldbefreiungsverfahren anzugleichen sind, ist auch das **Verschuldenserfordernis** aus § 296 Abs. 1 Satz 1 Hs. 2 entsprechend anzuwenden.[125] Wegen der in § 296 Abs. 1 Satz 1 Hs. 2 angeordneten Beweislastumkehr muss sich der Schuldner für sein fehlendes Verschulden entlasten. Verlangt eine Eingliederungsvereinbarung monatlich vier Bewerbungen, kann ein Verschulden bezüglich der insolvenzrechtlich geforderten weitergehenden Bemühungen fehlen.[126] Erkennt der selbständige Schuldner in der Treuhandperiode, dass er nicht die Beträge einer angemessenen nichtselbständigen Erwerbstätigkeit erwirtschaftet, muss er seine selbständige Tätigkeit zunächst nicht aufgeben. Um den Verschuldensvorwurf zu entkräften, muss er sich aber entsprechend einem erwerbslosen Schuldner nachweisbar um eine angemessene Erwerbstätigkeit bemühen.[127]

V. Versagung oder Widerruf der Restschuldbefreiung, Nr. 5

46 Die Kostenstundung soll den Zugang zur Restschuldbefreiung erleichtern und ermöglichen. Diese **Zielsetzung** ist jedoch nicht mehr zu verwirklichen, wenn dem Schuldner die Restschuldbefreiung versagt wird. In diesem Fall ermöglicht § 4c Nr. 5, die Stundung aufzuheben. Zugleich soll der Schuldner mit dem kostenrechtlichen Hebel zur Erfüllung seiner Obliegenheiten angehalten werden. Deswegen rechtfertigt es nicht nur die Versagung, sondern auch der Widerruf der Restschuldbefreiung, die Kostenstundung aufzuheben. Letztlich dient der Aufhebungsgrund auch der verfahrensrechtlichen Balance. Im summarischen Bewilligungsverfahren soll keine umfassende Prüfung möglicher Versagungsgründe erfolgen, weswegen § 4c Nr. 5 eine Nachkontrolle dieser unsicheren Entscheidungsgrundlagen ermöglicht.[128]

47 **Aufhebungsgrund** ist eine Versagung oder ein Widerruf der Restschuldbefreiung nach den §§ 290, 295 i.V.m. 296 Abs. 1, 296 Abs. 2 Satz 2, 3, 297, 298, 303, 314 Abs. 3 Satz 2. Dabei ist zu unterscheiden. Wird die Restschuldbefreiung durch eine insolvenzgerichtliche Entscheidung versagt oder

---

120 BGH 22.10.2009, IX ZB 160/09, NZI 2009, 899 Rn. 12; 02.12.2010, IX ZB 160/10, ZInsO 2011, 147 Rn. 7.
121 BGH 22.10.2009, IX ZB 160/09, NZI 2009, 899 Rn. 10; 22.04.2010, IX ZB 253/07, ZInsO 2010, 1153 Rn. 8; 02.12.2010, IX ZB 160/10, ZInsO 2011, 147 Rn. 7; *Stephan* VIA 2010, 3 (4).
122 St. Rspr. vgl. BGH 24.06.2010, IX ZB 283/09, ZInsO 2010, 1456 Rn. 4; außerdem FK-InsO/*Ahrens* § 296 Rn. 13 ff.
123 BGH 19.05.2011, IX ZB 274/10, NZI 2011, 640 Rn. 13, m.Anm. *Ahrens* LMK 2011, 321488; 19.07.2012, IX ZB 215/11, ZInsO 2012, 1580 Rn. 4.
124 Vgl. Karsten Schmidt/*Stephan* Rn. 27.
125 MüKo-InsO/*Ganter/Lohmann* Rn. 12; Jaeger/*Eckardt* Rn. 54; FK-InsO/*Kohte* Rn. 27; Graf-Schlicker/*Kexel* Rn. 9.
126 *BGH 13.09.2012, IX ZB 191/11, NZI 2012, 852 Rn. 9.*
127 BGH 07.05.2009, IX ZB 133/07, NZI 2009, 482 Rn. 5.
128 FK-InsO/*Kohte* Rn. 30; *Ahrens* ZVI 2003, 268.

widerrufen, schlägt dies unmittelbar auf die Kostenstundung durch, die aufzuheben ist. Nach der – durchaus nicht bedenkenfreien[129] – Rechtsprechung des BGH kann die Stundung aber auch ohne eine gerichtliche Versagungsentscheidung aufgehoben werden. Liegen Umstände vor, unter denen die Stundung abgelehnt werden kann, darf auch eine bereits gewährte Stundung vorzeitig aufgehoben werden.[130] Die Ausschlussgründe aus § 4a Abs. 1 Satz 4 und die im Rahmen der erweiternden Auslegung zu berücksichtigenden Versagungsgründe aus § 290 Abs. 1 schließen eine Stundung aber nur aus, wenn sie zweifelsfrei feststehen.[131] Diese Anforderungen sind auch im Aufhebungsverfahren zu berücksichtigen. Auf der Linie der BGH-Rechtsprechung liegt es, wenn der Schuldner seine Obliegenheiten aus § 295 verletzt und ohne Versagungsantrag die Kostenstundung aufgehoben wird.[132] Die Stundung kann aufgehoben werden, wenn der Schuldner über längere Zeit seinen Verdienst nicht mitteilt.[133] Ein Wohnsitzwechsel ist binnen zwei Wochen anzuzeigen, sonst ist eine Aufhebung möglich.[134]

D. Verfahren

Die **funktionale Zuständigkeit** für das Aufhebungsverfahren ist nach den allgemeinen Regeln zu bestimmen. Entscheidend ist danach, wann und nicht für welchen Verfahrensabschnitt die Stundung aufgehoben wird, § 3 Nr. 2 Buchst. e, § 18 Abs. 1 RPflG. Im Eröffnungsverfahren ist demgemäß der Richter und in den späteren Verfahrensabschnitten der Rechtspfleger zuständig.[135] Eine der funktionalen Zuständigkeit für das Versagungsverfahren, § 18 Abs. 1 Nr. 2 RPflG folgende Aufhebungszuständigkeit des Richters ist jedenfalls dann erforderlich, wenn keine gerichtliche Versagungs- oder Widerrufsentscheidung vorliegt. In diesem Fall ist eine komplexe Rechtsprüfung erforderlich, die dem Richter vorbehalten bleiben muss. Wenn die Kostenstundung aufgehoben wird, ist zudem regelmäßig mit einem Versagungsverfahren nach § 298 zu rechnen. Der Richter kann sich außerdem das Verfahren nach § 18 Abs. 2 Satz 1 RPflG vorbehalten. 48

Im Aufhebungsverfahren hat das Gericht die maßgebenden Umstände **von Amts wegen**, d.h. ohne Antrag aufzuklären.[136] Eine Amtsermittlungspflicht besteht nicht.[137] Hinweisen der Staatskasse, des Treuhänders oder der Gläubiger hat das Insolvenzgericht nachzugehen.[138] Dem Insolvenzgericht obliegt es jedoch nicht, den Schuldner allgemein zu überwachen,[139] widerspräche dies doch der Redlichkeitsvermutung[140] zugunsten des Schuldners. Der Schuldner, nicht die Staatskasse, ist zu der möglichen Aufhebung **anzuhören**.[141] Das Gericht muss sein Verlangen konkret bezeichnen. Der Schuldner muss wissen, welche Auskünfte bzw. Zahlungen von ihm verlangt werden. Auf die Folgen 49

---

129 Jaeger/*Eckardt* Rn. 65; Graf-Schlicker/*Kexel* Rn. 11; Braun/*Buck* Rn. 9.
130 BGH 15.11.2007, IX ZB 74/07, ZInsO 2008, 111 Rn. 18; 03.07.2008, IX ZB 65/07, NZI 2008, 624 Rn. 3; 25.06.2009, IX ZA 10/09, NZI 2009, 615 Rn. 6; a.A. MüKo-InsO/*Ganter/Lohmann* Rn. 15.
131 BGH 21.09.2006, IX ZB 24/06, NZI 2006, 712 Rn. 8; 07.10.2010, IX ZB 259/09, NZI 2010, 948 Rn. 13; LG Dessau-Roßlau, 22.11.2012, 1 T 265/12, BeckRS 2013, 09077; s.a. BGH, 07.04.2011, IX ZB 254/09, ZInsO 2011, 931 Rn. 6.
132 LG Göttingen 27.05.2010, 10 T 48/10, NZI 2010, 579 f.
133 LG Göttingen 12.08.2008, 10 T 90/08, NZI 2008, 626 (627).
134 AG Göttingen 07.11.2009, 71 IK 255/08, NZI 2010, 115 (116).
135 MüKo-InsO/*Ganter/Lohmann* Rn. 18; Jaeger/*Eckardt* Rn. 84; HambK-InsR/*Nies* Rn. 9; a.A. FK-InsO/*Kohte* Rn. 34; HK-InsO/*Kirchhof* 6. Aufl., Rn. 27: Rechtspfleger.
136 Kübler/Prütting/Bork/*Prütting/Wenzel* Rn. 2.
137 LSZ/*Smid/Leonhardt* Rn. 2.
138 Jaeger/*Eckardt* Rn. 82; Graf-Schlicker/*Kexel* Rn. 2.
139 FK-InsO/*Kohte* Rn. 32; MüKo-InsO/*Ganter/Lohmann* Rn. 18; HK-InsO/*Kirchhof* 6. Aufl., Rn. 25; HambK-InsR/*Nies* Rn. 8; Braun/*Buck* Rn. 8, zur Erwerbstätigkeit; weiter Graf-Schlicker/*Kexel* Rn. 2.
140 Dazu BGH 27.01.2005, IX ZB 270/03, NZI 2005, 273 (274); 03.02.2005, IX ZB 37/04, ZInsO 2005, 264; 07.04.2011, IX ZB 254/09, ZInsO 2011, 931 Rn. 9.
141 LG Darmstadt 12.04.2013, 5 T 65/13, BeckRS 2013, 08309; MüKo-InsO/*Ganter/Lohmann* Rn. 19; Jaeger/*Eckardt* Rn. 85; Uhlenbruck/*Mock* Rn. 22; HK-InsO/*Kirchhof* 6. Aufl., Rn. 27.

einer unterlassenen Auskunftserteilung bzw. sonstigen Handlung ist der Schuldner **hinzuweisen**,[142] denn der Schuldner darf nicht durch Rechtsunkenntnis die Kostenstundung verlieren.[143]

50 Liegen die Voraussetzungen eines Aufhebungsgrunds vor, kann das Insolvenzgericht die Kostenstundung aufheben. Vom Insolvenzgericht ist demzufolge eine **Ermessensentscheidung** zu treffen.[144] Beurteilungsfehler und selbst Obliegenheitsverletzungen des Schuldners führen nicht zwangsläufig zu einer Aufhebung. Erforderlich ist damit eine Ermessensabwägung aus der ersichtlich wird, dass und in welcher Weise das Ermessen ausgeübt wurde.[145] Das Gericht kann sich dabei von Fallgruppen leiten lassen, doch muss es stets auch die Umstände des Einzelfalls berücksichtigen.

51 Die **Fallgruppen** können an den Versagungsgründen orientiert werden. Bei unrichtigen oder unterlassenen Angaben i.S.v. **Nr. 1** sind u.a. das Gewicht der Angaben, der Grad des Verschuldens,[146] die Genauigkeit eines gerichtlichen Auskunftsverlangens, die jeweilige Risikosphäre, der Vertrauensschutz des Schuldners und die möglichen wirtschaftlichen Folgen der Entscheidung[147] zu berücksichtigen. Fehlen gem. **Nr. 2** die persönlichen oder wirtschaftlichen Voraussetzungen einer Kostenstundung, ist im Rahmen einer Verhältnismäßigkeitsprüfung zu bestimmen, welche Bedeutung den Anforderungen beizumessen ist. Eine veränderte Ratenhöhe wird regelmäßig nur eine Teilaufhebung rechtfertigen. Bei einem Zahlungsrückstand nach **Nr. 3** sind insb. die Höhe des Rückstands, eine gerichtliche Zahlungsaufforderung und der Verschuldensgrad zu berücksichtigen. Bei einer verletzten Erwerbsobliegenheit i.S.d. **Nr. 4** sind vor allem die bestehenden Erwerbsaussichten und die Höhe eines möglichen Verdienstes einzubeziehen. Ist die Restschuldbefreiung durch das Insolvenzgericht versagt oder widerrufen worden, wird regelmäßig das Ermessen im Rahmen von **Nr. 5** auf Null reduziert sein. In den übrigen Konstellationen ist der Grad der Pflicht- oder Obliegenheitsverletzung zu berücksichtigen

52 Die **Entscheidung** ergeht durch einen zu begründenden Beschluss, da sie gem. § 4d mit der sofortigen Beschwerde anfechtbar ist. Das Insolvenzgericht kann die Kostenstundung insgesamt aufheben. Zulässig ist aber auch eine Teilaufhebung, wenn etwa die persönlichen oder wirtschaftlichen Verhältnisse nach § 4c Nr. 2 eine höhere Ratenzahlung erfordern.[148] Auch andere vermittelnde Lösungen sind zulässig, etwa durch Übergangsregelungen.[149] Gegen die Entscheidung ist die sofortige Beschwerde gem. § 4d eröffnet. Im Beschwerdeverfahren kann der Schuldner die erforderlichen Angaben nachholen.[150]

E. Wirkungen

53 Hebt das Gericht die Kostenstundung auf, **entfallen deren Wirkungen** nach § 4a Abs. 3. Nebenentscheidungen, wie die Beiordnung eines Anwalts, werden von der Aufhebung ohne Weiteres mit erfasst.[151] Etwas anderes gilt nur bei einer Aufhebung wegen zu niedriger Raten nach § 4c Nr. 1 oder 2. Dann ist als **Teilaufhebung** die Bewilligung nur insoweit aufzuheben, wie keine höheren Zahlungen oder Raten angeordnet werden.[152] Ob diese Konsequenz *ex tunc* oder *ex nunc* eintritt, hat der BGH bislang offenge-

---

142 LG München I 31.05.2006, 14 T 9496/06, ZVI 2006, 505.
143 Vgl. BGH 17.02.2005, IX ZB 176/03, BGHZ 162, 181 (186).
144 LG Dessau-Roßlau 22.03.2012, 1 T 68/12, BeckRS 2012, 09660; LG Mühlhausen 12.03.2012, 2 T 40/12, BeckRS 2012, 23411.
145 LG Mühlhausen 12.10.2007, 2 T 256/07, VuR 2009, 30 (31); LG Stuttgart 27.03.2013, 19 T 30/13, VIA 2013, 78.
146 Jaeger/*Eckardt* Rn. 79.
147 LG Darmstadt 12.04.2013, 5 T 65/13, BeckRS 2013, 08309.
148 Jaeger/*Eckardt* Rn. 88; a.A. HK-InsO/*Kirchhof* 6. Aufl., Rn. 27.
149 Nerlich/Römermann/*Becker* Rn. 10; Graf-Schlicker/*Kexel* Rn. 13.
150 LG Darmstadt 12.04.2013, 5 T 65/13, BeckRS 2013, 08309, zu § 4c Nr. 1; LG Hamburg 20.12.2012, *326 T 148/12*, BeckRS 2013, 07649, zu § 4c Nr. 4.
151 Jaeger/*Eckardt* Rn. 5.
152 Jaeger/*Eckardt* Rn. 88; Karsten Schmidt/*Stephan* Rn. 36; a.A. HK-InsO/*Kirchhof* 6. Aufl., Rn. 27.

lassen.[153] Überzeugender erscheint, dass die Wirkungen allein **für die Zukunft** eintreten.[154] Die Aufhebung umfasst sämtliche Verfahrensabschnitte. Die dem Schuldner gestundeten Kosten werden damit in voller Höhe fällig. Im Eröffnungsverfahren wird dann in aller Regel eine Abweisung mangels Masse, § 26 Abs. 1 Satz 1, im eröffneten Verfahren eine Einstellung mangels Masse gem. § 207 die Folge sein.[155] Für die Vergütungsansprüche des vorläufigen Insolvenzverwalters oder vorläufigen Treuhänders gilt eine sekundäre Haftung der Staatskasse analog § 63 Abs. 2, falls die Masse zur Befriedigung der Ansprüche nicht ausreicht.[156] Wird die Kostenstundung in der Treuhandperiode aufgehoben, werden die Treuhänderkosten fällig. Zahlt der Schuldner nicht dessen Kosten, hat dies regelmäßig einen Versagungsantrag des Treuhänders nach § 298 zur Folge. Das anwaltliche Mandat erlischt nicht automatisch, wenn die Stundung aufgehoben wird.[157] Nach Erteilung der Restschuldbefreiung und einer gem. § 4b verlängerten Stundung führt die Aufhebung zur Fälligkeit der ausstehenden Kostenforderung.

§ 4c n.F. Aufhebung der Stundung
[Tritt zum 01.07.2014 in Kraft]

...

4. Schuldner keine angemessene Erwerbstätigkeit ausübt und, wenn er ohne Beschäftigung ist, sich nicht um eine solche bemüht oder eine zumutbare Tätigkeit ablehnt und dadurch die Befriedigung der Insolvenzgläubiger beeinträchtigt; dies gilt nicht, wenn den Schuldner kein Verschulden trifft; § 296 Abs. 2 Satz 2 und 3 gilt entsprechend ...

Übersicht	Rdn.		Rdn.
A. Normzweck	1	C. Inkrafttreten, Übergangsrecht	4
B. Beeinträchtigte Gläubigerbefriedigung und fehlendes Verschulden	2		

A. Normzweck

Ziel der Neuregelung ist, die bislang im positiven Gesetzesrecht **fehlende Verweisung auf § 296 Abs. 1 Satz 1 Hs. 1 Alt. 2, Hs. 2 zu kompensieren**. Anstelle einer Verweisungsregelung hat der Gesetzgeber eine ausdrückliche, aber sachlich identische Regelung in den Normtext aufgenommen, wonach die verletzte Erwerbsobliegenheit die Befriedigung der Insolvenzgläubiger beeinträchtigt haben muss. Fehlendes Verschulden entlastet zudem den Schuldner. 1

B. Beeinträchtigte Gläubigerbefriedigung und fehlendes Verschulden

Übereinstimmend mit den Anforderungen aus § 296 Abs. 1 Satz 1 Hs. 1 Alt. 2, Hs. 2 verlangt nunmehr die gesetzliche Regelung eine beeinträchtigte Gläubigerbefriedigung. Zudem kann sich der Schuldner mit fehlendem Verschulden entlasten. Darüber hinaus ist bislang auch schon § 296 Abs. 2, 3 entsprechend anwendbar. Abgesehen von dem nicht geforderten Versagungsantrag eines Insolvenzgläubigers und den besonderen Anhörungsregeln, wird damit das **Verfahrensmodell des § 296 vollständig übernommen**. Es gelten damit die Ausführungen zu § 296 (§ 296 Rdn. 19 f., 21 ff.). 2

Mit dieser Novelle ist **keine sachliche Veränderung** gegenüber der bisherigen höchstrichterlichen Judikatur und der in der Literatur überwiegend vertretenen Auffassung verbunden (Rdn. 44 f.).[1] Auch 3

---

153 BGH 07.10.2010, IX ZB 259/09, NZI 2010, 948 Rn. 17.
154 MüKo-InsO/*Ganter/Lohmann* Rn. 17; Jaeger/*Eckardt* Rn. 95; HK-InsO/*Kirchhof* 6. Aufl., Rn. 28; Graf-Schlicker/*Kexel* Rn. 16.
155 Uhlenbruck/*Mock* Rn. 1; Kübler/Prütting/Bork/*Prütting/Wenzel* Rn. 42; *Schmittmann* VIA 2011, 57.
156 BGH 15.11.2007, IX ZB 74/07, ZInsO 2008, 111 Rn. 8.
157 FK-InsO/*Kohte* Rn. 39; Nerlich/Römermann/*Becker* Rn. 6.
 1 BT-Drucks. 17/11268 S. 20.

bislang wurden die Regelungen bereits entsprechend herangezogen. Infolgedessen ist primär eine redaktionelle Klarstellung erfolgt.

C. Inkrafttreten, Übergangsrecht

4 Zum Inkrafttreten und zum Übergangsrecht gilt das zu § 4a n.F. (Rdn. 7 f.) Ausgeführte.

§ 4d Rechtsmittel

(1) Gegen die Ablehnung der Stundung oder deren Aufhebung sowie gegen die Ablehnung der Beiordnung eines Rechtsanwalts steht dem Schuldner die sofortige Beschwerde zu.

(2) Wird die Stundung bewilligt, so steht der Staatskasse die sofortige Beschwerde zu. Diese kann nur darauf gestützt werden, dass nach den persönlichen oder wirtschaftlichen Verhältnissen des Schuldners die Stundung hätte abgelehnt werden müssen.

Übersicht	Rdn.		Rdn.
A. Normzweck	1	D. Sofortige Beschwerde der Staatskasse	14
B. Anwendungsbereich	4	I. Kostenstundung trotz fehlender persönlicher oder wirtschaftlicher Voraussetzungen	14
C. Sofortige Beschwerde des Schuldners	7		
I. Ablehnung der Stundung	7		
II. Aufhebung der Stundung	10	II. Erweiternde Auslegung	17
III. Ablehnung der Beiordnung eines Rechtsanwalts	11	E. Verfahren	19
		F. Sonstige Rechtsbehelfe	21
IV. Sonstige Fälle	12		

A. Normzweck

1 § 4d **eröffnet** die **sofortige Beschwerde** gegen die in der Vorschrift benannten Entscheidungen aus dem Kostenstundungsverfahren. In erster Linie schützt die Regelung die **Interessen des Schuldners** an einer Bewilligung der Kostenstundung. Für den mittellosen Schuldner besitzt die Verfahrenskostenstundung typischerweise eine existenzielle Bedeutung, weil sie für ihn den Zugang zur Restschuldbefreiung steuert, die einen wirtschaftlichen Neubeginn ermöglichen soll. Eine abgelehnte oder aufgehobene Kostenstundung bzw. eine abgelehnte Beiordnung eines Rechtsanwalts führt deswegen zu einem schwerwiegenden Eingriff in die Rechte des Schuldners, der eine effektive gerichtliche Kontrolle erfordert.[1] Um den erforderlichen Rechtsschutz zu gewährleisten, ist eine Überprüfungsmöglichkeit im Rechtsmittelverfahren geboten. Verstärkt wird die Bedeutung des Rechtsmittelverfahrens noch durch die Rechtsprechung zur dreijährigen Verfahrenssperre analog § 290 Abs. 1 Nr. 3.[2] Eine abgelehnte oder aufgehobene Kostenstundung wird regelmäßig zur Abweisung des Insolvenzantrags mangels Masse respektive zu einem Versagungsantrag des Treuhänders nach § 298 führen, an die von der Rechtsprechung die dreijährige Sperre geknüpft wird.[3] Vereinzelt wird sogar eine Sperre bei einer Antragswiederholung nach Aufhebung der Kostenstundung angenommen.[4] Über die finanziellen Konsequenzen hinaus strahlt eine negative Stundungsentscheidung damit sogar normativ auf den Zugang zur Restschuldbefreiung aus. Ein Rechtsschutz durch ein Rechtsmittelverfahren ist hier zwingend geboten.

---

1 BGH 25.10.2007, IX ZB 149/05, NZI 2008, 47 Rn. 6; MüKo-InsO/*Ganter/Lohmann* Rn. 2; FK-InsO/*Kohte* Rn. 1.
2 Umfassend FK-InsO/*Ahrens* § 290 Rn. 37 ff.
3 Zur Abweisung des Erstantrags mangels Masse BGH 11.02.2010, IX ZA 45/09, NZI 2010, 263 Rn. 7; 09.03.2010, IX ZA 7/10, NZI 2010, 445 Rn. 6; zu § 298 LG Lübeck 14.03.2011, 7 T 595/10, NZI 2011, 412; a.A. LG Kiel 26.08.2010, 13 T 109/10, ZInsO 2011, 494 m.Anm. *Schmerbach* VIA 2011, 15; AG Göttingen 19.04.2011, 74 IK 88/11, NZI 2011, 545.
4 AG Hamburg 04.01.2010, 67g IN 454/09, InsVZ 2010, 64; *Pape/Pape* Insbüro 2010, 162 (164).

Geschützt werden sollen aber auch die **fiskalischen Interessen**. Verhindert werden können soll eine auf falschen persönlichen oder wirtschaftlichen Grundlagen beruhende Stundungsentscheidung, weswegen der Staatskasse insoweit ein Beschwerderecht eröffnet wird. Spezifisch insolvenzrechtliche Fragen, wie das Vorliegen eines Versagungsantrags, liegen dagegen außerhalb der Kompetenzen der Staatskasse. Folgerichtig erstreckt sich ihr Beschwerderecht nicht auf die Kontrolle dieser Aspekte. **Interessen Dritter** werden durch die Kostenstundung nur mittelbar berührt, wenn zunächst die Kosten des Verfahrens zu berichtigen sind, §§ 53, 292 Abs. 1 Satz 2. Diese begrenzte Auswirkung trägt jedoch noch kein Beschwerderecht. Deswegen und um unnötige Verfahrensverzögerungen zu verhindern, sind Dritte nicht zur sofortigen Beschwerde berechtigt (vgl. Rdn. 4).

Ein Rechtsmittel gegen die Entscheidung des Insolvenzgerichts unterliegt der Rechtsmittelbeschränkung aus § 6 Abs. 1 und ist nur dann statthaft, wenn die sofortige Beschwerde **gesetzlich eröffnet** ist. Aus dieser gesetzlichen Anforderung wird mit § 4d die Konsequenz gezogen und die sofortige Beschwerde in Kostenstundungssachen zugelassen. Durch die Einführung der Kostenstundung und des Beschwerderechts aus § 4d ist die zuvor geführte Diskussion über ein Beschwerderecht des Schuldners gegen eine Ablehnung der Prozesskostenhilfe[5] weitgehend obsolet.

B. Anwendungsbereich

§ 4d eröffnet kein allgemeines Beschwerderecht in Kostenstundungssachen, sondern lässt die sofortige Beschwerde in vier gesetzlich bestimmten Fallgruppen zu. Dazu bestimmt § 4d den **persönlichen und sachlichen Anwendungsbereich** des Beschwerderechts. Primär ist die sofortige Beschwerde für den **Schuldner** eröffnet. Er ist beschwerdeberechtigt, wenn die Kostenstundung abgelehnt oder aufgehoben wird bzw. die Beiordnung eines Rechtsanwalts abgelehnt wird. Sekundär ist auch die **Staatskasse** beschwerdeberechtigt, wenn die Stundung nach den persönlichen oder wirtschaftlichen Verhältnissen des Schuldners hätte abgelehnt werden müssen. **Anderen Personen**, wie dem Insolvenzverwalter bzw. Treuhänder oder einem Rechtsanwalt, steht kein Beschwerderecht zu (vgl. Rdn. 2).[6]

Unerheblich ist, in welchem **Verfahrensabschnitt** die Entscheidung ergeht. Das Beschwerderecht sowohl des Schuldners als auch der Staatskasse ist gegen jeden Kostenstundungsbeschluss eröffnet. Ergehen mehrere Entscheidungen, ist in jedem Einzelfall die sofortige Beschwerde zulässig. Die Rechtsmittelzulassung differenziert auch nicht nach der **funktionellen Zuständigkeit**. Unberücksichtigt bleibt, ob die Entscheidung durch den Richter oder den Rechtspfleger erlassen wurde.[7]

Zu den zentralen Diskussionsfeldern des § 4d gehört, ob und ggf. in welchem Umfang eine **erweiternde Anwendung** von § 4d zulässig ist.[8] Um die Belastung der Gerichte zu reduzieren, hat der Gesetzgeber den Anwendungsbereich des Beschwerderechts begrenzt. Anders als nach § 127 Abs. 2 Satz 2 ZPO kann nicht jede dem Schuldner nachteilige Entscheidung mit der sofortigen Beschwerde angefochten werden. Dennoch bleibt eine an der Teleologie von § 4d ausgerichtete erweiterte Auslegung zulässig. Soweit einer ablehnenden insolvenzgerichtlichen Entscheidung über den positivierten Anwendungsbereich von § 4d Abs. 1 eine existenzielle Bedeutung für den Schuldner beizumessen ist, muss die sofortige Beschwerde eröffnet sein. Für eine erweiternde Auslegung zugunsten der Staatskasse oder eines Beschwerderechts des beigeordneten Rechtsanwalts[9] bleibt demgegenüber wegen der insoweit enger gefassten Teleologie kein Raum.

---

5 BGH 16.03.2000, IX ZB 2/00, BGHZ 144, 78 (81 ff.); OLG Köln 23.03.1999, 2 W 65/99, NJW-RR 1999, 996 (997); OLG Frankfurt 10.08.1999, 26 W 102/99, NZI 1999, 453; OLG Karlsruhe 29.12.1999, 11 W 177/99, NZI 2000, 76; *Ahrens* ZInsO 1999, 190; *Uhlenbruck* NZI 1999, 175 (176); *Prütting* NZI 2000, 145 (147).
6 Jaeger/*Eckardt* Rn. 23; FK-InsO/*Kohte* Rn. 5.
7 MüKo-InsO/*Ganter/Lohmann* Rn. 3; HK-InsO/*Kirchhof* 6. Aufl., Rn. 4.
8 Grds. bejahend Nerlich/Römermann/*Becker* Rn. 8 f.; Jaeger/*Eckardt* Rn. 14; grds. verneinend Kübler/Prütting/Bork/*Prütting/Wenzel* Rn. 2.
9 FK-InsO/*Kohte* Rn. 5.

C. Sofortige Beschwerde des Schuldners

I. Ablehnung der Stundung

7 Ganz im Mittelpunkt steht das Beschwerderecht des Schuldners gegen eine Ablehnung der Kostenstundung nach § 4a Abs. 1. Abgelehnt werden kann allein die Kostenstundung in einem auf Antrag des Schuldners eingeleiteten Verfahren.[10] Die Beschwerdebefugnis besteht sowohl bei einem **vollständig** als auch einem **teilweise abgelehnten Antrag**.[11] Verlangt wird vom BGH eine ausdrückliche Ablehnung der Stundung,[12] doch soll damit der Entscheidungszwang der Gerichte betont und nicht der Rechtsschutz des Schuldners begrenzt werden (vgl. Rdn. 13). Die Beschwerde ist statthaft, falls das Gericht eine Ratenzahlungsanordnung getroffen hat.[13] Unerheblich ist, für welchen Verfahrensabschnitt die Stundung begehrt wurde oder ob der Richter oder ein Rechtspfleger die Stundung abgelehnt hat.[14] Auf die Ablehnungsgründe kommt es nicht an, anders als beim Beschwerderecht der Staatskasse nach § 4d Abs. 2 Satz 2.

8 Der Antrag kann als **unzulässig** verworfen sein, z.B. wenn kein Restschuldbefreiungsantrag gestellt wurde. Er kann aber auch als **unbegründet** abgelehnt worden sein, etwa weil der Schuldner eine verlangte Auskunft nicht erteilt hat oder die persönlichen bzw. wirtschaftlichen Voraussetzungen einer Stundung nicht vorliegen. Eine besonders wichtige Fallgruppe bildet die Ablehnung der Kostenstundung, weil das Gericht einen Grund zur Versagung der Restschuldbefreiung bejaht.

9 **Nicht** unter den Begriff einer abgelehnten Kostenstundung und damit nicht unter den direkten Anwendungsbereich von § 4d Abs. 1 Alt. 1 fällt eine abgelehnte Verlängerung der Kostenstundung (dazu Rdn. 12). Kein Beschwerderecht besteht wegen der Wirkung der Stundung nach § 4a Abs. 3 Nr. 1 Buchst. b.[15]

II. Aufhebung der Stundung

10 Für den Schuldner besteht zwischen den Konsequenzen einer abgelehnten und einer aufgehobenen Kostenstundung kein sachlicher Unterschied. In beiden Fällen wird das Insolvenz- bzw. Restschuldbefreiungsverfahren regelmäßig an der Kostenfrage scheitern, sei es wegen einer Abweisung mangels Masse nach § 26 Abs. 1 Satz 1, sei es wegen einer Versagung gem. § 298. Alle **Entscheidungen nach § 4c**, mit denen die Stundung aufgehoben wird, können deswegen gem. § 4d angefochten werden. Ergeht die Entscheidung, mit der die Kostenstundung aufgehoben wird, zusammen mit einem Beschluss über die Versagung der Restschuldbefreiung, wird sich eine Anfechtung durch den Schuldner regelmäßig auf beide Verfahren beziehen. Eine sofortige Beschwerde gegen die Versagung wird typischerweise auch die Stundung und eine sofortige Beschwerde gegen die Aufhebung der Kostenstundung auch die Restschuldbefreiung erfassen.

III. Ablehnung der Beiordnung eines Rechtsanwalts

11 Dem Gericht obliegt zwar im Insolvenzverfahren eine besondere Fürsorgepflicht, § 4a Abs. 2 Satz 1, doch kann diese nicht stets eine anwaltliche Vertretung des Schuldners ersetzen (vgl. § 4a Rdn. 86 ff.). Insb. im Versagungsverfahren kann eine Beiordnung geboten sein.[16] Auch bei mangelnden kognitiven oder sprachlichen Fähigkeiten des Schuldners wird eine anwaltliche Vertretung erforderlich sein (vgl. § 4a Rdn. 90), um dem Schuldner einen angemessenen Zugang zum Recht zu eröffnen. Der abgelehnten Beiordnung eines Rechtsanwalts kann deswegen eine ebenso existenzielle

---

10 Jaeger/*Eckardt* Rn. 8.
11 Jaeger/*Eckardt* Rn. 8; FK-InsO/*Kohte* Rn. 6.
12 BGH 25.10.2007, IX ZB 149/05, NZI 2008, 47 (48).
13 A. A. Kübler/Prütting/Bork/*Prütting/Wenzel* Rn. 2; Uhlenbruck/*Mock* Rn. 4.
14 Jaeger/*Eckardt* Rn. 7; MüKo-InsO/*Ganter/Lohmann* Rn. 3.
15 MüKo-InsO/*Ganter/Lohmann* Rn. 4; Kübler/Prütting/Bork/*Prütting/Wenzel* Rn. 2.
16 LG Göttingen 14.01.2003, 10 T 71/02, NZI 2003, 454; Nerlich/Römermann/*Becker* § 4a Rn. 90.

Bedeutung beigemessen werden, wie einer abgelehnten Kostenstundung,[17] weshalb in diesen Fällen stets der Rechtsmittelzug eröffnet ist. Der Schuldner ist aber auch beschwerdeberechtigt, wenn ein anderer Rechtsanwalt beigeordnet wird, als er beantragt hat.[18]

IV. Sonstige Fälle

Begrifflich kann eine abgelehnte Kostenstundung nicht mit einem **abgelehnten Verlängerungsantrag** i.S.v. § 4b Abs. 1 Satz 1 gleichgesetzt werden. Auch sachlich existiert ein erkennbarer Unterschied, denn die abgelehnte Stundung blockiert zumeist den Zugang zum Restschuldbefreiungsverfahren, während über die Verlängerung der Kostenstundung erst nach Erteilung der Restschuldbefreiung zu entscheiden ist. Gleich wie die Verlängerungsentscheidung ausfällt, dem Schuldner kann die Restschuldbefreiung nicht mehr genommen werden. Beide Ablehnungsentscheidungen können also nicht ohne Weiteres verglichen werden. Dennoch ist in einer erweiternden Auslegung § 4d Abs. 1 Alt. 1 auch auf die abgelehnte Verlängerung zu erstrecken (vgl. Rdn. 6). Dafür sprechen sowohl das Gewicht der Entscheidung für den Schuldner als auch die Parallele zu § 127 Abs. 2 ZPO.[19] Beschwerdeberechtigt ist der Schuldner ebenfalls, wenn eine Ratenzahlungsanordnung erfolgt. Einer Ablehnung der Kostenstundung steht eine zum Nachteil des Schuldners erfolgte Änderung der Stundungsentscheidung gem. § 4b Abs. 2 Satz 1 gleich.[20] Für den gebotenen Schutz des Zugangs zur Restschuldbefreiung ist es bedeutungslos, ob eine partielle Ablehnung unmittelbar auf den Antrag hin oder im Verfahren nach § 4b Abs. 2 erfolgt. Die Auswirkungen für den Schuldner bleiben identisch. 12

Aufgrund des eilbedürftigen Kostenstundungsverfahrens muss das Insolvenzgericht alsbald über einen Stundungsantrag entscheiden. Diese Entscheidungspflicht folgt schon aus § 4 InsO i.V.m. § 300 ZPO. Fraglich ist, ob eine sofortige Beschwerde eröffnet ist, wenn die **Stundungsentscheidung** so lange **verzögert** wird, dass dies einer Ablehnung gleichkommt.[21] Trotz des anzuerkennenden Interesses des Schuldners an einer verlässlichen Grundlage, wird er doch regelmäßig durch die vorläufige Stundungswirkung aus § 4a Abs. 3 Satz 3 hinreichend geschützt. Etwas anderes kann allerdings etwa dann gelten, wenn das Gericht erkennbar nicht mehr über den Stundungsantrag entscheiden will[22] bzw. keine ausdrückliche Entscheidung trifft. 13

D. Sofortige Beschwerde der Staatskasse

I. Kostenstundung trotz fehlender persönlicher oder wirtschaftlicher Voraussetzungen

Die Staatskasse ist grds. nicht am Kostenstundungsverfahren beteiligt. Wird die Kostenstundung **bewilligt**, kann sie in einer § 127 Abs. 3 Satz 2 ZPO nachgebildeten Regelung sofortige Beschwerde einlegen, sofern die persönlichen oder wirtschaftlichen Voraussetzungen einer Stundung nicht vorgelegen haben. Als Bewilligung ist auch die Erstreckung der Kostenstundung auf weitere Verfahrensabschnitte anzusehen.[23] Verlangt wird eine Bewilligung der Kostenstundung, obwohl diese hätte **abgelehnt** werden müssen, § 4d Abs. 2 Satz 2. Eine teilweise Ablehnung genügt. 14

Beschwerdebefugt ist die Staatskasse aber nur, wenn die Anfechtung auf **persönliche oder wirtschaftliche Verhältnisse** des Schuldners (vgl. § 4a Rdn. 31) gestützt wird, die das Insolvenzgericht unzutreffend angenommen hat. Unzutreffende persönliche Verhältnisse liegen bspw. dann vor, wenn das Insolvenzgericht die Unterhaltspflichten falsch beurteilt hat. Die wirtschaftlichen Verhältnisse 15

---

17 Uhlenbruck/*Mock* Rn. 3; Braun/*Bußhardt* Rn. 2; s.a. Jaeger/*Eckardt* Rn. 3.
18 FK-InsO/*Kohte* Rn. 13; Jaeger/*Eckardt* Rn. 12; HK-InsO/*Kirchhof* 6. Aufl., Rn. 3.
19 Jaeger/*Eckardt* Rn. 14; Nerlich/Römermann/*Becker* Rn. 8; i.E. auch HK-InsO/*Kirchhof* 6. Aufl., Rn. 3.
20 Nerlich/Römermann/*Becker* Rn. 9; Graf-Schlicker/*Kexel* Rn. 2; a.A. Jaeger/*Eckardt* Rn. 13; MüKo-InsO/*Ganter/Lohmann* Rn. 4; Kübler/Prütting/Bork/*Prütting/Wenzel* Rn. 2; Uhlenbruck/*Mock* Rn. 4.
21 FK-InsO/*Kohte* Rn. 7.
22 Jaeger/*Eckardt* Rn. 16.
23 Jaeger/*Eckardt* Rn. 18.

treffen nicht zu, falls Vermögensgegenstände übersehen worden sind. Gerügt werden können sollen auch erkennbar unvollständige und lückenhafte Feststellungen.[24] Der Schuldner ist aber nicht gehalten, zur Finanzierung der Verfahrenskosten einen Kredit aufzunehmen. Im Zweifel wird der Schuldner bei Angabe des Verwendungszwecks ohnehin kein Darlehen erhalten.[25] Zudem kann von ihm nicht erwartet werden, die angestrebte Restschuldbefreiung mit neuen Schulden zu finanzieren. Eine Verwertung von Vermögensgegenständen kann nur bei pfändbaren Gegenständen verlangt werden, deren Veräußerung keinen Anfechtungstatbestand begründet.

16 **Kein Beschwerderecht** der Staatskasse besteht wegen der vom Insolvenzgericht angesetzten Höhe der Kosten.[26] Beruft sich die Staatskasse auf andere Gründe, etwa einen fehlenden Eröffnungsgrund,[27] einen Versagungstatbestand, die unzulässige Beiordnung eines Anwalts oder eine unterlassene Aufhebung,[28] ist ihre sofortige Beschwerde als unzulässig zu verwerfen.

II. Erweiternde Auslegung

17 Soweit dem Schuldner in einer erweiternden Auslegung ein Beschwerderecht gegen eine abgelehnte **Verlängerung** der Kostenstundung zusteht, muss grds. eine entsprechende Erweiterung auch für die Staatskasse gelten. Es kommt daher auch für sie ein Beschwerderecht bei einer verlängerten Kostenstundung in Betracht.[29] Allerdings darf auf diese Weise nicht die Frist für die Beschwerde gegen eine bewilligte Kostenstundung unterlaufen werden, doch wird dies mangels Zustellung nur selten problematisch sein. Eine Beschwerde gegen eine verlängerte Kostenstundung ist aber nur dann zulässig, wenn sich die persönlichen oder wirtschaftlichen Verhältnisse des Schuldners nach Ablauf der Beschwerdefrist gegen die Bewilligungsentscheidung geändert haben und dies nicht vom Insolvenzgericht berücksichtigt wurde.

18 Nach dem Wortlaut des Gesetzes in § 4d Abs. 2 Satz 2 kann die sofortige Beschwerde der Staatskasse nur auf bestimmte **Beschwerdegründe** gestützt werden. Die Kostenstundung hätte also nach den persönlichen und wirtschaftlichen Verhältnissen des Schuldners abgelehnt werden müssen. Unzureichend wäre danach, wenn die Staatskasse lediglich eine **höhere Ratenzahlung** anstrebt. In diesen Fällen besteht zwar ein geringeres Rechtsschutzbedürfnis als bei einer angestrebten Ablehnung der Kostenstundung. Bei der maßgebenden Wertung der unzutreffend angenommenen persönlichen oder wirtschaftlichen Verhältnisse besteht aber kein Unterschied. Es genügt, wenn die Staatskasse eine höhere Ratenzahlung begehrt.[30]

E. Verfahren

19 Beschwerdeberechtigt sind allein der Schuldner und die Staatskasse, nicht andere Personen. Das Verfahren der sofortigen Beschwerde ist in § 6 InsO i.V.m. den **§§ 567 ff. ZPO** geregelt. Die Beschwerde ist in einer zweiwöchigen Notfrist durch Einreichung einer Beschwerdeschrift einzulegen, § 4 InsO i.V.m. § 569 Abs. 1, 2 ZPO. Die Frist gilt auch für die Staatskasse, doch fehlt es hier regelmäßig an einer den Fristenlauf begründenden Zustellung oder Mitteilung.[31] Für die Rechtsbeschwerde gelten die allgemeinen Vorschriften der §§ 574 ff. ZPO. Die Sonderregelung des § 7 InsO ist durch Gesetz vom 21.10.2011 aufgehoben.[32] Damit richtet sich jetzt auch die Zulässigkeit

---

24 LG Duisburg 20.09.2005, 7 T 197/05, NZI 2005, 688; Kübler/Prütting/Bork/*Prütting*/*Wenzel* Rn. 4; Graf-Schlicker/*Kexel* Rn. 4.
25 Uhlenbruck/*Mock* Rn. 6.
26 LG Berlin 11.12.2002, 86 T 739/02, ZInsO 2003, 130.
27 HK-InsO/*Kirchhof* 6. Aufl., Rn. 7.
28 MüKo-InsO/*Ganter*/*Lohmann* Rn. 6; Jaeger/*Eckardt* Rn. 19; Kübler/Prütting/Bork/*Prütting*/*Wenzel* Rn. 4.
29 MüKo-InsO/*Ganter*/*Lohmann* Rn. 5; HK-InsO/*Kirchhof* 6. Aufl., Rn. 6.
30 AA FK-InsO/*Kohte* Rn. 16.
31 Jaeger/*Eckardt* Rn. 27.
32 BGBl. I 2011, 2082.

des Rechtsbeschwerdeverfahrens nach den zivilprozessualen Regelungen. Für das Beschwerdeverfahren kann dem Schuldner auf Antrag Prozesskostenhilfe, nicht jedoch Kostenstundung gewährt werden.[33] Bei einem erfolglosen Beschwerdeverfahren wird die Gebühr aus KV Nr. 2361 in Höhe von € 50,– erhoben.

Die sofortige Beschwerde des Schuldners **bewirkt** keine vorübergehende Kostenstundung, auch nicht bei der Beschwerde gegen eine aufgehobene Stundung.[34] Das Gericht kann aber eine einstweilige Anordnung erlassen, in der die vorübergehende Stundungswirkung, § 4 InsO i.V.m. § 570 Abs. 2 ZPO,[35] bzw. eine aufschiebende Wirkung der sofortigen Beschwerde, § 4 InsO i.V.m. § 570 Abs. 3 ZPO,[36] angeordnet wird. 20

F. Sonstige Rechtsbehelfe

Trifft der Rechtspfleger eine Entscheidung, gegen die keine sofortige Beschwerde eröffnet ist, etwa weil eine Ratenzahlung angeordnet wird, ist hiergegen die **Erinnerung** nach § 11 Abs. 2 RPflG eröffnet.[37] Dies gilt für die Rechtsbehelfe des Schuldners,[38] nicht aber wegen der weitergehenden Rechtsmittelbeschränkung für die der Staatskasse, die insoweit keine Rechtsbehelfsbefugnis besitzt.[39] Ein fälschlich als sofortige Beschwerde bezeichneter Rechtsbehelf kann in eine Erinnerung umzudeuten sein. Ausnahmsweise kann eine **Gegenvorstellung** zur Korrektur einer greifbaren Gesetzeswidrigkeit zulässig sein.[40] 21

§ 5 Verfahrensgrundsätze

(1) Das Insolvenzgericht hat von Amts wegen alle Umstände zu ermitteln, die für das Insolvenzverfahren von Bedeutung sind. Es kann zu diesem Zweck insbesondere Zeugen und Sachverständige vernehmen.

(2) Sind die Vermögensverhältnisse des Schuldners überschaubar und die Zahl der Gläubiger oder die Höhe der Verbindlichkeiten gering, kann das Insolvenzgericht anordnen, dass das Verfahren oder einzelne Teile schriftlich durchgeführt werden. Es kann diese Anordnung jederzeit aufheben oder abändern. Die Anordnung, ihre Aufhebung oder Abänderung sind öffentlich bekannt zu machen.

(3) Die Entscheidungen des Gerichts können ohne mündliche Verhandlung ergehen. Findet eine mündliche Verhandlung statt, so ist § 227 Abs. 3 Satz 1 der Zivilprozessordnung nicht anzuwenden.

(4) Tabellen und Verzeichnisse können maschinell hergestellt und bearbeitet werden. Die Landesregierungen werden ermächtigt, durch Rechtsverordnung nähere Bestimmungen über die Führung der Tabellen und Verzeichnisse, ihre elektronische Einreichung sowie die elektronische Einreichung der dazugehörigen Dokumente und deren Aufbewahrung zu treffen. Dabei können sie auch Vorgaben für die Datenformate der elektronischen Einreichung machen. Die Landesregierungen können die Ermächtigung auf die Landesjustizverwaltungen übertragen.

---

33 BGH 04.07.2002, IX ZB 221/02, NJW 2002, 2793 (2794); 24.07.2003, IX ZB 539/02, NZI 2003, 556 (557); 24.07.2003, IX ZA 12/03, NZI 2003, 647 (648).
34 Nerlich/Römermann/*Becker* Rn. 11.
35 Uhlenbruck/*Mock* Rn. 9.
36 Jaeger/*Eckardt* Rn. 24; Nerlich/Römermann/*Becker* Rn. 2 f.; HambK-InsR/*Nies* Rn. 4.
37 LG Hannover 06.02.2012, 20 T 62/11, ZVI 2012, 279 (280).
38 HK-InsO/*Kirchhof* 6. Aufl., Rn. 5.
39 Jaeger/*Eckardt* Rn. 38; HK-InsO/*Kirchhof* 6. Aufl., Rn. 6; aber FK-InsO/*Kohte* Rn. 22.
40 FK-InsO/*Kohte* Rn. 18.

§ 5 InsO Verfahrensgrundsätze

Übersicht

	Rdn.		Rdn.
A. **Normzweck**	1	2. Aufklärungsmittel	28
B. **Amtsermittlungspflicht, Abs. 1**	4	3. Durchführung der Aufklärung	33
I. Grundsatz	4	V. Aufklärungsergebnis	34
II. Aufklärungsbedürfnis	9	C. **Optionales schriftliches Verfahren, Abs. 2**	35
III. Verfahrensabschnitte	13	I. Voraussetzungen Abs. 2 Satz 1	35
1. Zulassungsverfahren	13	II. Entscheidung	43
2. Eröffnungsverfahren	16	III. Folgen	47
3. Eröffnetes Verfahren	17	IV. Änderung und Bekanntmachung, Abs. 2 Satz 2	48
4. Verbraucherinsolvenzverfahren	19	V. Bekanntmachung, Abs. 2 Satz 3	49
5. Restschuldbefreiungsverfahren	21	D. **Freigestellte mündliche Verhandlung, Abs. 3**	50
6. Rechtsbehelfsverfahren	22	E. **Elektronische Datenverarbeitung, Abs. 4**	53
7. Kostenstundungsverfahren	23		
8. Vergütungsfestsetzungsverfahren	24		
9. Ausgenommene Bereiche	25		
IV. Aufklärungsverfahren	26		
1. Freibeweis	26		

A. Normzweck

1 § 5 prägt zwei Ordnungselemente des Insolvenzverfahrens aus. Im Vordergrund steht, wie bereits die Stellung in Abs. 1 signalisiert, die verfahrensrechtliche Ausrichtung auf den **Amtsermittlungsgrundsatz** (Untersuchungsgrundsatz). Das Gericht ermittelt danach von Amts wegen die Tatsachen und erhebt die geeignet erscheinenden Beweise. Dieser Gegenentwurf zum zivilverfahrensrechtlichen Beibringungsgrundsatz (Verhandlungsgrundsatz) ist schon durch die unterschiedlichen Verfahrenslagen veranlasst. Während der Prozessstoff im streitigen Zivilprozess durch die konträren Parteirollen und den Interessenantagonismus überwiegend sachgerecht entfaltet werden kann, moderat modifiziert etwa durch § 139 ZPO, fehlt im insolvenzrechtlichen Gesamtverfahren eine entsprechende dipolare Interessenstruktur. Im Amtsermittlungsgrundsatz werden deswegen die beiden in einem Spannungsverhältnis stehenden Zielsetzungen einer materiellen Richtigkeit bei der Gläubigerbefriedigung[1] und der Verfahrensbeschleunigung[2] autonom koordiniert.

2 Mit dem zweiten Ordnungsmuster wird eine eigene insolvenzrechtliche **Balance** zwischen **schriftlichen und mündlichen Verfahrensformen** gesucht. Der Unterschied zum Zivilprozessrecht fällt hierbei allerdings nicht ganz so schroff aus. Zum einen hat das rechtspolitisch aufgeladene verfahrensstrukturierende Mündlichkeitsprinzip[3] auch im Zivilverfahren bereits viel an Terrain verloren, vgl. insb. §§ 128 Abs. 2, 3, 495a ZPO. Zum anderen substituiert die InsO die Mündlichkeit nicht vollständig, sondern führt sie mit vorsichtig gestaltender Hand auf ein differenzierendes Maß zurück. In diesem Punkt hält das Gesetz einen deutlichen Abstand zu einem prinzipiengeleiteten Modell. Im Interesse einer schnellen und vereinfachten Verfahrensdurchführung wird nur noch eine **fakultative Mündlichkeit**[4] verlangt.

3 In einfachen Insolvenzsachen kann nach Abs. 2 an die Stelle des mündlichen ein **schriftliches Verfahren** treten. Bemerkenswert ist dabei die gesetzliche Entwicklung. Diese zunächst nur in § 312 Abs. 2 a.F. für das Verbraucherinsolvenzverfahren vorgesehene Regelung ist durch das Gesetz zur Vereinfachung des Insolvenzverfahrens vom 13.04.2007[5] in die allgemeinen Vorschriften überführt worden. Zur **Neufassung** von § 5 Abs. 2 durch das Gesetz zur Verkürzung des Restschuldbefreiungsverfahrens und zur Stärkung der Gläubigerrechte vom 15.07.2013, BGBl. I, 2379, siehe unten im Anschluss an die Kommentierung von § 5. Zusätzlich können nach Abs. 3 die gerichtlichen

---

1 MüKo-InsO/*Ganter/Lohmann* Rn. 4; HK-InsO/*Kirchhof* 6. Aufl., Rn. 2.
2 Jaeger/*Gerhardt* Rn. 2; HK-InsO/*Kirchhof* 6. Aufl., Rn. 2.
3 *Ahrens* Prozessreform und einheitlicher Zivilprozess, S. 641 ff.
4 KS-InsO/*Prütting* § 1 Rn. 52.
5 BGBl. I, 509.

Entscheidungen ohne mündliche Verhandlung ergehen. In den weiteren Kontext der Aufgabenstellung, wie der Verfahrensstoff gesammelt werden soll, fügt sich auch Abs. 4 zu den Tabellen und Verzeichnissen ein. Zu den **sonstigen Verfahrensgrundsätzen** vgl. § 4 Rdn. 9.

B. Amtsermittlungspflicht, Abs. 1

I. Grundsatz

Das Amtsermittlungsprinzip bezeichnet die **gerichtlich geleitete Stoffermittlung**. Das Gericht stellt von Amts wegen die für das Insolvenzverfahren maßgebenden Tatsachen fest, indem es alle maßgebenden Umstände erforscht und ggf. Beweis erhebt. Erfasst werden damit sämtliche Tatsachen, die sich auf verfahrensleitende Maßnahmen des Gerichts beziehen, doch geht der Umfang der Ermittlungspflicht darüber hinaus, wie die umfassende gesetzliche Formulierung belegt. Selbstverständlich muss das Gericht auch im Interesse des Schuldners ermitteln, ihn etwa im Rahmen eines Versagungsverfahrens entlastenden Umständen nachgehen. Im Unterschied zum Verhandlungsgrundsatz müssen weder die tatsächlichen Entscheidungsgrundlagen durch die Beteiligten in das Verfahren eingeführt noch von ihnen Beweisanträge gestellt werden. 4

Strikt von dieser Herrschaft über den Tatsachenstoff ist der sog. **Amtsbetrieb** zu trennen.[6] Der Amtsbetrieb bezeichnet die den äußeren Verfahrensgang betreffenden gerichtlichen Aufgaben bei Terminsbestimmungen, Ladungen, Zustellungen, Bekanntmachungen und Eintragungen.[7] Er steht in keinem Zusammenhang damit, wie die entscheidungserheblichen Tatsachen in das Verfahren eingeführt werden. 5

Der Inhalt dieser gerichtlichen Aufgabe nach § 5 Abs. 1 geht im Ansatz über den in § 75 KO geregelten Amtsermittlungsgrundsatz hinaus. Während unter der Geltung der Konkursordnung die Amtsermittlung in das Ermessen des Gerichts gestellt war,[8] begründet § 5 Abs. 1 eine **Amtsermittlungspflicht**. Letztlich werden die Unterschiede gering bleiben. Umfang und Art der Ermittlung stehen im pflichtgemäßen Ermessen des Gerichts. Erachtet das Gericht einzelne tatsächliche Umstände als erheblich, muss es ermitteln.[9] Dennoch besteht auch nach der neuen Regelung keine grenzenlose Ermittlungspflicht, denn sie müsste mit dem eilbedürftigen und oft summarischen Charakter des Insolvenzverfahrens kollidieren. Je bedeutsamer die Tatsachen für das Verfahren sind, desto intensiver wird regelmäßig zu ermitteln sein. Je zeitaufwendiger eine Ermittlung ist, desto eher kann umgekehrt davon Abstand genommen werden. 6

Es handelt sich dabei um eine **Amtspflicht** i.S.d. § 839 BGB.[10] Die Ermittlungspflicht besteht unabhängig von der funktionellen Zuständigkeit, gilt also sowohl für den Richter als auch den Rechtspfleger. Erleichtert wird die Ermittlungsaufgabe durch gesetzliche Auskunfts- und Mitwirkungspflichten, die helfen, den Amtsermittlungsgrundsatz auszugestalten.[11] 7

Der **Anwendungsbereich** der Amtsermittlungspflicht ist auf alle **für das Insolvenzverfahren** bedeutsamen Umstände beschränkt. Tatsachen, die allein außerhalb des Insolvenzverfahrens von Bedeutung sind, darf das Gericht nicht ermitteln. Die Pflicht besteht zwar in aller Regel für das gesamte gerichtliche Verfahren, doch unterliegen nicht sämtliche Verfahrensteile der Amtsermittlungspflicht. 8

---

6 *Hahn* Die gesamten Materialien, Bd. II/1, S. 137; *Ahrens* Prozessreform und einheitlicher Zivilprozess, S. 23; a.A. Uhlenbruck/*Pape* Rn. 1; MüKo-InsO/*Ganter/Lohmann* Rn. 12a: Amtsermittlung als Ausfluss des Amtsbetriebs.
7 KS-InsO/*Prütting* § 1 Rn. 49.
8 Kilger/*K. Schmidt* § 75 KO Rn. 3.
9 Jaeger/*Gerhardt* Rn. 2.
10 FK-InsO/*Schmerbach* Rn. 2; HK-InsO/*Kirchhof* 6. Aufl., Rn. 4.
11 KS-InsO/*Prütting* § 1 Rn. 48.

II. Aufklärungsbedürfnis

9 Amtliche Ermittlungen sind bei Umständen **zulässig**, die für das Insolvenzverfahren von Bedeutung sind und nicht zur Überzeugung des Gerichts feststehen.[12] Umstände, die für das Insolvenzverfahren bedeutungslos sind, wie die Ursachen einer Verschuldung, darf das Insolvenzgericht nicht aufklären. Soweit Umstände, wie die Verwaltung und Verwertung des Schuldnervermögens, nicht zur Kompetenz des Insolvenzgerichts gehören, entfällt die Berechtigung für Amtsermittlungsmaßnahmen. Im Geltungsbereich des Amtsermittlungsgrundsatzes können die Beteiligten auch nicht bestimmte Tatsachen unstreitig stellen.[13] Die Vorschriften über Geständnisse der §§ 288 ff. ZPO sind unanwendbar.[14] Trotzdem kann einem Geständnis indizielle Wirkung beizumessen sein.[15] Über offenkundige Tatsachen, § 291 ZPO, sind keine Ermittlungen anzustellen.

10 Bei allen **antragsabhängigen Entscheidungen**, §§ 78 Abs. 1, 173 Abs. 1, 212, 213, 270 Abs. 2, 270a Abs. 1, 270b, 277, 290, 296 – 298, 303, setzt die Ermittlungstätigkeit einen zulässigen Antrag voraus. Eine Ermittlungspflicht ist außerdem ausgeschlossen, soweit ein Aspekt insolvenzrechtlich dem **Beibringungsgrundsatz** unterstellt ist. Typischerweise trifft dies auf einzelne Umstände im Rahmen eines Antragsverfahrens, etwa nach den §§ 4a, 13, 270, 290, 296, 297, 298, 303, 309,[16] bzw. eines Initiativrechts zu, § 176.[17] Die strenge Gestalt des zivilverfahrensrechtlichen Beibringungsgrundsatzes wird aber auch in diesen Fällen insb. durch die insolvenzgerichtliche Fürsorgepflicht gemildert. Hier wird das Gericht teils ausdrücklich auf eine Ergänzungsaufforderung verwiesen, § 305 Abs. 3 Satz 1, 307 Abs. 3 Satz 1, teils besteht der begrenzte Ermittlungsumfang auch bei einem zulässigen, aber unsubstantiierten Antrag.[18]

11 Die Ermittlungen müssen **erforderlich** sein. Der Verfahrensstand muss Anlass zu Ermittlungen geben, wobei das Gericht einen gewissen Beurteilungsspielraum besitzt. Ermittlungen ins Blaue hinein sind nicht anzustellen.[19] Ob ein Umstand maßgeblich ist, muss differenziert beurteilt werden. Für alle unmittelbar bedeutsamen Tatsachen herrscht eine Ermittlungspflicht. Bei Hilfstatsachen und mittelbar beachtlichen Umständen existiert ein abhängig von der Aussagekraft der Tatsachen gestufter Beurteilungsspielraum.[20]

12 **Welche Ermittlungen** das Insolvenzgericht anstellt, steht in seinem pflichtgemäßen Ermessen.[21] Seine Ermittlungspflicht wird auch durch den Grad der vorhandenen Erkenntnisse bestimmt. Je geringer diese sind, desto zurückhaltender darf ermittelt werden.[22] Dies gilt sowohl für die Art als auch den Umfang der Ermittlungspflicht. Dabei muss das Insolvenzgericht den **Verhältnismäßigkeitsgrundsatz** beachten. Es darf also nur ermitteln, wenn die Maßnahme geeignet, angemessen und erforderlich ist. Bei seiner Wahrheitssuche muss es sowohl die verursachten Kosten als auch den Eilbedarf des Insolvenzverfahrens beachten. Die Beauftragung eines Sachverständigen kann in einem Verbraucherinsolvenzverfahren ohne Kostenstundung unverhältnismäßig sein. Obwohl eine gesetzlich angeordnete **Anhörung** der Verfahrensbeteiligten, §§ 10, 15 Abs. 2 Satz 3, 289 Abs. 1 Satz 1, 296 Abs. 2 Satz 1, 298 Abs. 2 Satz 1, 303 Abs. 3 Satz 1, primär deren rechtliches Gehör verwirklich soll, dient sie auch als Aufklärungsmittel.

---

12 BGH 01.12.2011, IX ZB 232/10, NZI 2012, 151 Rn. 11.
13 BGH 28.09.2006, IX ZB 108/05, NZI 2007, 45 Rn. 6; 21.06.2007, IX ZB 51/06, NZI 2008, 121 Rn. 11.
14 OLG Köln 14.06.2000, 2 W 85/00, NZI 2000, 480 (483).
15 *Rosenberg/Schwab/Gottwald* § 112 Rn. 37.
16 HK-InsO/*Kirchhof* 6. Aufl., Rn. 6.
17 Uhlenbruck/*Pape* Rn. 1; weitergehend Nerlich/Römermann/*Becker* Rn. 1.
18 HK-InsO/*Kirchhof* 6. Aufl., Rn. 8.
19 BGH 01.12.2011, IX ZB 232/10, NZI 2012, 151 Rn. 11.
20 Einheitlich Beurteilungsspielraum MüKo-InsO/*Ganter/Lohmann* Rn. 20; generell Ermessen Jaeger/ *Gerhardt* Rn. 2.
21 MüKo-InsO/*Ganter/Lohmann* Rn. 21.
22 vgl. Jaeger/*Gerhardt* Rn. 3.

III. Verfahrensabschnitte

1. Zulassungsverfahren

Die Amtsermittlungspflicht besteht im Insolvenzverfahren. Da es sich um ein Antragsverfahren handelt, § 13 Abs. 1 Satz 1, es also nicht von Amts wegen eingeleitet wird, ist jede Form der Tatsachenermittlung unzulässig, bevor ein **Insolvenzantrag** gestellt wird. Für die durch eine unzulässige Amtsermittlung entstandenen Kosten und etwaigen Schäden beim Schuldner wird nach § 839 BGB i.v.m. Art. 34 GG gehaftet.[23]

Im Zulassungsverfahren soll nach einer verallgemeinernden Formulierung noch keine Amtsermittlungspflicht bestehen, die erst mit einem zulässigen Eröffnungsantrag einsetze.[24] Zutreffend wird jedoch bei der Prüfung der **Zulässigkeitsvoraussetzungen** differenziert. Im Zivilprozess hat das Gericht das Vorliegen der Sachentscheidungsvoraussetzungen von Amts wegen zu prüfen, d.h. etwaige Zweifel amtlich aufzuklären.[25] Eine Untersuchung von Amts wegen findet in allgemeinen Zivilsachen dagegen nicht statt, denn das Gericht verlangt von der beweisbelasteten Partei den erforderlichen Nachweis.[26] Im Allgemeinen sind diese Maßstäbe auch auf das Insolvenzverfahren zu übertragen, weswegen etwa die Rechts- und Parteifähigkeit des antragstellenden Gläubigers zwar von Amts wegen geprüft wird, aber nicht von Amts wegen zu ermitteln ist.[27] Der Grundsatz wird allerdings nicht vollständig eingehalten. Wegen der einseitigen Struktur des Zulassungsverfahrens gilt bei einigen für eine ordnungsgemäße Durchführung des Insolvenzverfahrens überragend wichtigen Voraussetzungen eine umfassende Amtsermittlungspflicht. Ein dogmatisch belastbares Differenzierungsmerkmal fehlt indessen. Die Amtsermittlungspflicht besteht etwa bei der Prüfung der Insolvenzfähigkeit[28], der örtlichen Zuständigkeit[29] und der internationalen Zuständigkeit.[30] Die Ermittlungspflicht über die – auch internationale – Zuständigkeit soll erst einsetzen, wenn der Antragsteller alle zuständigkeitsbegründenden Umstände angegeben hat.[31] Bei einem Gläubigerantrag besteht die Amtsermittlungspflicht, wenn der Schuldner bzw. ein Vertretungsorgan unerreichbar ist.[32] Vor einer Verweisung muss das Insolvenzgericht deswegen alle aus dem Schuldnerantrag ersichtlichen Anhaltspunkte einer eigenen Zuständigkeit ausgeschlossen haben.[33]

Bei den besonderen Verfahrensvoraussetzungen, also insb. den **Eröffnungsvoraussetzungen**, wird dagegen die im Allgemeinen herrschende Amtsermittlungspflicht durch spezielle gesetzliche Regelungen modifiziert. Stellt ein Gläubiger einen Eröffnungsantrag, muss er ein rechtliches Interesse an der Eröffnung des Insolvenzverfahrens haben und seine Forderung sowie den Eröffnungsgrund glaubhaft machen, § 14 Abs. 1. Während das rechtliche Interesse von Amts wegen zu prüfen ist,[34] gilt für das Bestehen der Forderung und den Eröffnungsgrund[35] der Beibringungsgrundsatz mit einem reduzierten Beweismaß. Dennoch soll die Anordnung eines Sachverständigengutachtens nicht jeder

---

23 S.a. FK-InsO/*Schmerbach* Rn. 5.
24 BGH 12.12.2002, IX ZB 426/02, BGHZ 153, 205 (207); 14.07.2011, IX ZB 207/10, ZInsO 2011, 1499 Rn. 7; MüKo-InsO/*Ganter/Lohmann* Rn. 13; a.A. Nerlich/Römermann/*Becker* Rn. 5: ab Antragstellung.
25 BGH 04.11.1999, III ZR 306/98, BGHZ 143, 122 (124).
26 *Rosenberg/Schwab/Gottwald* § 93 Rn. 35.
27 OLG Zweibrücken 20.10.2000, 3 W 171/00, NZI 2001, 32 (33).
28 MüKo-InsO/*Ganter/Lohmann* Rn. 13.
29 BGH 13.12.2005, X ARZ 223/05, NZI 2006, 164 Rn. 13; 21.06.2007, IX ZB 51/06, NZI 2008, 121 Rn. 11; OLG Schleswig 04.02.2004, 2 W 14/04, NZI 2004, 264; OLG Frankfurt 14.07.2005, 14 UH 13/05, ZInsO 2005, 822 (823); OLG Karlsruhe 16.10.2003, 15 AR 35/03, NZI 2004, 262 (263); HambK-InsR/*Rüther* Rn. 6.
30 BGH 01.12.2011, IX ZB 232/10, NZI 2012, 151 Rn. 12; 19.07.2012, IX ZB 6/12, NZI 2012, 823 Rn. 10.
31 BGH 01.12.2011, IX ZB 232/10, NZI 2012, 151 Rn. 12; 19.07.2012, IX ZB 6/12, NZI 2012, 823 Rn. 10.
32 BGH 13.04.2006, IX ZB 118/04, NZI 2006, 405 Rn. 6 ff.
33 OLG Schleswig 11.02.2010, 2 W 11/10, NZI 2010, 260 (261).
34 FK-InsO/*Schmerbach* § 14 Rn. 52; a.A. MüKo-InsO/*Schmahl/Vuia* § 14 Rn. 19: rechtliches Interesse liegt i.d.R. vor.
35 BGH 01.12.2011, IX ZB 232/10, NZI 2012, 151 Rn. 11.

rechtlichen Grundlage entbehren.[36] Für die Zulässigkeit eines Eröffnungsantrags des Schuldners ist es erforderlich, aber auch genügend, dass er Tatsachen mitteilt, welche die wesentlichen Merkmale eines Insolvenzgrundes erkennen lassen. Weder ist eine Schlüssigkeit erforderlich noch muss der Eröffnungsgrund vom Schuldner glaubhaft gemacht werden.[37]

2. Eröffnungsverfahren

16 Wird die Schwelle vom Zulassungs- zum Eröffnungsverfahren überschritten, setzt die Amtsermittlungspflicht uneingeschränkt ein.[38] Das Gericht muss deswegen von Amts wegen feststellen, ob ein Eröffnungsgrund vorliegt und eine die Kosten deckende Masse vorhanden ist. Es ist nicht danach zu unterscheiden, ob es sich um einen Gläubigerantrag, einen Schuldnerantrag bei bestehender Antragspflicht oder einen Schuldnerantrag ohne Antragspflicht handelt. Kommt der Schuldner seinen Mitwirkungspflichten im Eröffnungsverfahren nicht nach, muss das Insolvenzgericht aufgrund seiner Amtsermittlungspflicht die Auskunft des Schuldners zwangsweise durchsetzen. Es ist nicht zulässig, den Antrag des Schuldners wegen seiner fehlenden Mitwirkung zurückzuweisen.[39] Ebenso besteht für die Anordnung von Sicherungsmaßnahmen eine Amtsermittlungspflicht.[40] Die Amtsermittlungspflicht besteht grds. auch im Eröffnungsverfahren der §§ 270a, 270b.[41] Nach Rücknahme des Eröffnungsantrags finden keine Amtsermittlungen zum Umfang der Masse statt, die nach § 4 InsO i.v.m. § 287 ZPO zu schätzen ist.[42]

3. Eröffnetes Verfahren

17 Im Interesse der Gläubigerbefriedigung darf das Gericht massezugehöriges freies Vermögen ermitteln.[43] Untersucht werden können auch Umstände, die im Interesse der Gläubiger und des Insolvenzverwalters die Verwaltung und Verwertung der **Masse** betreffen.[44] Es besteht die Amtsermittlungspflicht, wenn das Gericht von Tatsachen Kenntnis erlangt, die eine Entlassung des **Insolvenzverwalters** bzw. des Treuhänders aus wichtigem Grund rechtfertigen, §§ 59 Abs. 1 Satz 2 Alt. 1, 292 Abs. 3 Satz 2.[45] Leitend dafür ist die Aufsicht des Insolvenzgerichts über den Verwalter. Soweit die Verfahrensabwicklung nicht der gerichtlichen Aufsicht unterliegt, scheiden Amtsermittlungsmaßnahmen aus. Entsprechendes gilt bei der Entlassung eines Mitglieds des Gläubigerausschusses nach § 70 Abs. 1 Satz 2 Alt. 1.[46] Weiter gilt die Amtsermittlungspflicht grds. auch bei der Aufhebung oder Einstellung des Insolvenzverfahrens.[47] Das Gericht hat jedoch nicht zu ermitteln, ob die Forderung eines nicht zustimmenden Gläubigers besteht, § 213 Abs. 1 Satz 2,[48] denn die Forderungsfeststellung gehört zum Verantwortungskreis der Gläubiger.

18 Bei der Entscheidung über einen **Insolvenzplan** müssen Gläubigerrechte und Amtsermittlungspflicht ausbalanciert werden. Weder herrscht die Amtsermittlungspflicht allgemein bei der Zurückweisung, Genehmigung und Überwachung eines Insolvenzplans[49] noch kann sie von vornherein ausgeschlossen werden.[50] Zu bejahen ist sie im Fall der Planzurückweisung nach § 231 Abs. 1 Nr. 2

---

36 BGH 14.07.2011, IX ZB 207/10, ZInsO 2011, 1499 Rn. 7.
37 BGH 12.12.2002, IX ZB 426/02, BGHZ 153, 205 (207).
38 BGH 04.11.1999, III ZR 306/98, BGHZ 143, 122 (125).
39 LG Göttingen 24.04.2002, 10 T 11/02, NJW-RR 2002, 1134.
40 MüKo-InsO/*Ganter/Lohmann* Rn. 14.
41 Differenzierend *Smid* ZInsO 2013, 209 ff.
42 BGH 09.06.2005, IX ZB 284/03, NZI 2005, 558 (559).
43 MüKo-InsO/*Ganter/Lohmann* Rn. 15e.
44 Jaeger/*Gerhardt* Rn. 6 f.; MüKo-InsO/*Ganter/Lohmann* Rn. 16.
45 Jaeger/*Gerhardt* 9 Rn. 7; Uhlenbruck/*Uhlenbruck* 9 Rn. 16.
46 Jaeger/*Gerhardt* § 70 Rn. 10.
47 MüKo-InsO/*Ganter/Lohmann* Rn. 14.
48 Jaeger/*Gerhardt* Rn. 11.
49 So HK-InsO/*Kirchhof* 6. Aufl., Rn. 5.
50 So Braun/*Bußhardt* Rn. 9; Kübler/Prütting/Bork/*Otte* § 245 Rn. 66.

und 3[51] sowie eines Verstoßes gegen das Obstruktionsverbot gem. § 245.[52] Bei einem Versagungsantrag nach § 251 setzt sie erst nach einem zulässigen und glaubhaft gemachten Antrag ein. Im Fall der Anordnung und Aufhebung der **Eigenverwaltung** kann teilweise die Amtsermittlungspflicht existieren,[53] soweit sich nicht aus der Antragsabhängigkeit des Verfahrens etwas Anderes ergibt.

4. Verbraucherinsolvenzverfahren

Wie aus den typisierenden Anforderungen des § 304 abzuleiten ist, besteht bei der Entscheidung über den persönlichen Anwendungsbereich und damit die **Verfahrensart** im Rahmen eines Schuldnerantrags nur eine eingeschränkte Amtsermittlungspflicht. Dabei muss der Schuldner Gelegenheit erhalten, zumindest hilfsweise ein Regelinsolvenzverfahren zu beantragen.[54] Der enge gesetzliche Prüfungsrahmen bestimmt auch bei einem Gläubigerantrag über den Umfang der Amtsermittlungen.[55]

19

Bei einem Eigenantrag muss der Schuldner die Verfahrensvoraussetzungen nachweisen und dazu die erforderlichen **Unterlagen** beibringen und die geforderten Erklärungen abgeben, § 305 Abs. 3 Satz 1, wodurch die Amtsermittlungspflicht ebenfalls limitiert wird.[56] Das Gericht besitzt lediglich eine auf die Vollständigkeit der Unterlagen beschränkte Prüfungskompetenz.[57] Eine inhaltliche Prüfung hat das Gericht dagegen grds. nicht vorzunehmen.[58] Diese Begrenzung ist durch die neue Fassung von § 305 Abs. 3 Satz 1 akzentuiert, wonach das Gericht den Schuldner nur zu einer Ergänzung auffordern darf, wenn die amtlichen Formulare nicht vollständig ausgefüllt sind. Jenseits dieser Grenze sind Amtsermittlungsmaßnahmen unzulässig. Auch wenn das Verfahren nach § 306 Abs. 1 Satz 1 ruht, hat das Insolvenzgericht den gestellten Insolvenzantrag auf seine Zulässigkeit hin zu untersuchen und ggf. auf eine Ergänzung der unvollständigen Angaben hinzuwirken.[59] Im Zustimmungsersetzungsverfahren über einen Schuldenbereinigungsplan gilt der Amtsermittlungsgrundsatz nicht, § 309 Abs. 2 Satz 2, Abs. 3.[60]

20

5. Restschuldbefreiungsverfahren

Die Restschuldbefreiung darf nur auf Antrag eines Gläubigers versagt oder widerrufen werden. Ohne einen **Gläubigerantrag** kann das Vorliegen eines Versagungsgrunds nicht von Amts wegen geprüft[61] und die Restschuldbefreiung nicht versagt werden.[62] Auch die Versagung wegen einer verletzten Verfahrensobliegenheit gem. § 296 Abs. 2 Satz 3 setzt zumindest einen statthaften Gläubigerantrag voraus, der die Amtsermittlungspflicht eröffnet.[63] Erst wenn ein zulässiger[64] und, bei einem Bestreiten durch den Schuldner, glaubhaft gemachter Versagungsantrag gestellt ist, setzt die Amts-

21

---

51 Uhlenbruck/*Pape* Rn. 3; MüKo-InsO/*Ganter/Lohmann* Rn. 15c.
52 Uhlenbruck/*Pape* Rn. 3.
53 HK-InsO/*Kirchhof* 6. Aufl., Rn. 5.
54 vgl. BGH 12.02.2009, IX ZB 215/08, NZI 2009, 384 Rn. 6 f.; Gottwald/*Ahrens* § 81 Rn. 28; FK-InsO/*Kohte* § 304 Rn. 54.
55 Weiter Uhlenbruck/*Pape* Rn. 8; MüKo-InsO/*Ganter/Lohmann* Rn. 13, 15b; HambK-InsR/*Rüther* Rn. 4.
56 MüKo-InsO/*Ganter/Lohmann* Rn. 15b.
57 Gottwald/*Ahrens* § 83 Rn. 27; FK-InsO/*Grote* § 305 Rn. 51; Uhlenbruck/*Vallender* § 305 Rn. 141; HambK-InsR/*Streck* § 305 Rn. 28.
58 BGH 22.10.2009, IX ZB 195/08, NZI 2009, 900 Rn. 8.
59 BGH 22.04.2004, IX ZB 64/03, ZVI 2004, 281 (282).
60 LG Berlin 31.05.2000, 86 T 287/00, ZInsO 2000, 404; FK-InsO/*Schmerbach* Rn. 2; a.A. HK-InsO/*Kirchhof* 6. Aufl., Rn. 5.
61 BGH 19.05.2011, IX ZB 274/10, NZI 2011, 640 Rn. 11, m.Anm. *Ahrens* LMK 2011, 321488.
62 BGH 20.03.2003, IX ZB 388/02, NJW 2003, 2167 (2169), zu § 290; 19.05.2011, IX ZB 274/10, NZI 2011, 640 Rn. 6.
63 BGH 19.05.2011, IX ZB 274/10, NZI 2011, 640 Rn. 13; 19.07.2012, IX ZB 215/11, ZInsO 2012, 1580 Rn. 4; s.a. *Ahrens*, VuR 2013, 332 f.
64 BGH 19.05.2011, IX ZB 274/10; NZI 2011, 640 Rn. 13; 01.12.2011, IX ZB 112/11, NZI 2012, 87 Rn. 4.

ermittlungspflicht ein.[65] Art und Umfang der Ermittlungen richten sich zwar nach dem pflichtgemäßen Ermessen des Insolvenzgerichts und nach den jeweiligen Behauptungen und Beweisanregungen der Verfahrensbeteiligten. Wegen der einschneidenden Bedeutung einer versagten Restschuldbefreiung für den Schuldner muss das Insolvenzgericht einen angebotenen Zeugenbeweis grds. auch dann erheben, wenn er im Widerspruch zum schriftsätzlichen Vorbringen steht.[66]

6. Rechtsbehelfsverfahren

22 Die Amtsermittlungspflicht gilt auch im Verfahren über die sofortige Beschwerde, §§ 6, 4 InsO i.v.m. §§ 567 ff. ZPO.[67] Das Beschwerdegericht kann deswegen verpflichtet sein, eigene Feststellungen zum Insolvenzgrund und zur Massearmut zu treffen.[68] Die Zulässigkeit einer Rechtsbeschwerde ist von Amts wegen zu prüfen, § 577 Abs. 1 ZPO.[69]

7. Kostenstundungsverfahren

23 Im Kostenstundungsverfahren gilt die Amtsermittlungspflicht nur eingeschränkt (vgl. § 4a Rdn. 26). Der Schuldner muss seine Einkommens- und Vermögensverhältnisse substantiiert und nachvollziehbar darlegen.[70] Bei einem lückenhaften oder widersprüchlichen Antrag ist das Insolvenzgericht zur **Nachfrage** berechtigt und verpflichtet.[71] Sodann hat das Insolvenzgericht das einzusetzende Einkommen und Vermögen des Schuldners möglichst genau zu ermitteln.[72] Die Kostenstundung darf aber nicht durch übersteigerte Informationsauflagen erschwert werden.[73] Die Ausschlussgründe aus § 4a Abs. 1 Satz 4 und vor allem die im Rahmen der erweiternden Auslegung zu berücksichtigenden Versagungsgründe aus § 290 Abs. 1 müssen zweifelsfrei feststehen (vgl. § 4a Rdn. 66),[74] wie aus der Redlichkeitsvermutung zugunsten des Schuldners folgt. Aufwändige Aufklärungsversuche des Insolvenzgerichts müssen regelmäßig unterbleiben.[75] Insoweit herrscht keine Amtsermittlungspflicht des Insolvenzgerichts, welches die Ausschlussgründe nur kursorisch prüft.[76] Wegen veränderter Verhältnisse nach § 4b Abs. 2 besteht die Amtsermittlungspflicht nur bei Anhaltspunkten für eine Veränderung.[77]

8. Vergütungsfestsetzungsverfahren

24 Die Amtsermittlungspflicht gilt schließlich auch in einem auf Antrag des Insolvenzverwalters eingeleiteten Verfahren über die Festsetzung der Vergütung.[78] Zur Prüfung der Schlussrechnung kann grds. ein Sachverständiger hinzugezogen werden. Aus verfassungs- und gerichtsverfassungsrecht-

---

[65] BGH 11.09.2003, IX ZB 37/03, BGHZ 156, 139 (146 f.); 11.04.2013, IX ZB 170/11, NZI 2013, 648 Rn. 10; FK-InsO/*Ahrens* § 290 Rn. 99; Uhlenbruck/*Vallender* § 290 Rn. 13a; MüKo-InsO/*Stephan* § 290 Rn. 81; LSZ/*Kiesbye* § 290 Rn. 8.
[66] BGH 11.04.2013, IX ZB 170/11, NZI 2013, 648 Rn. 10.
[67] HambK-InsR/*Rüther* Rn. 7a.
[68] BGH 13.04.2006, IX ZB 118/04, NZI 2006, 405 Rn. 6.
[69] MüKo-ZPO/*Lipp* § 577 Rn. 6.
[70] LSZ/*Smid*/*Leonhardt* § 4b Rn. 4.
[71] BGH 27.01.2005, IX ZB 270/03, NZI 2005, 273 (274); 07.04.2011, IX ZB 254/09, ZInsO 2011, 931 Rn. 9.
[72] Uhlenbruck/*Pape* § 4b Rn. 6.
[73] BGH 27.01.2005, IX ZB 270/03, NZI 2005, 273 (274); 07.04.2011, IX ZB 254/09, ZInsO 2011, 931 Rn. 8.
[74] BGH 21.09.2006, IX ZB 24/06, NZI 2006, 712 Rn. 8; 07.10.2010, IX ZB 259/09, NZI 2010, 948 Rn. 13; s.a. BGH 07.04.2011, IX ZB 254/09, ZInsO 2011, 931 Rn. 7.
[75] BGH 21.09.2006, IX ZB 24/06, NZI 2006, 712 Rn. 11.
[76] Rn. Uhlenbruck/*Mock* § 4a Rn. 30; HK-InsO/*Kirchhof* 6. Aufl., § 4a Rn. 8.
[77] HK-InsO/*Kirchhof* 6. Aufl., § 4b Rn. 21; weitergehend Nerlich/Römermann/*Becker* § 4b Rn. 45.
[78] BGH 16.10.2008, IX ZB 247/06, NZI 2009, 57 Rn. 15.

lichen Erwägungen besteht bei Verbraucherinsolvenzverfahren ein stark reduziertes Entschließungsermessen, weswegen dort vielfach die Hinzuziehung eines Sachverständigen unzulässig ist.[79]

9. Ausgenommene Bereiche

Nicht zum Aufgabenbereich des Insolvenzgerichts gehört, die angemeldeten Forderungen zu prüfen und festzustellen. Dies ist nach den §§ 174 ff. grds. den Beteiligten überantwortet.[80] Will der Insolvenzverwalter sein Erfüllungswahlrecht ausüben oder einen Rechtsstreit außerhalb des Insolvenzverfahrens führen, darf der Sachverhalt, wegen der darin angelegten Aufgabenverteilung, nicht vom Insolvenzgericht amtlich aufgeklärt werden.[81] Es gehört deswegen auch nicht zu den Aufgaben des Insolvenzgerichts, die Begründetheit eines Anfechtungsanspruchs zu prüfen und der Entscheidung im Anfechtungsprozess vorzugreifen.[82] Wegen § 1 Abs. 1 IFG trifft dies aber nicht auf Anfechtungsansprüche gegenüber öffentlich-rechtlichen Körperschaften zu.

IV. Aufklärungsverfahren

1. Freibeweis

Für das Amtsermittlungsverfahren gilt der Freibeweis.[83] Das Gericht soll dabei weder an die Vorschriften der ZPO über das **Beweisverfahren** noch die ausdrücklich genannten **Beweismittel** gebunden sein.[84] Auf die Beweismittel trifft dieses weite Verständnis zu. Zur Aufklärung der maßgebenden Umstände kann sich das Gericht grds. aller zulässigen Beweismittel bedienen. Das Gericht kann insb. Zeugen und Sachverständige vernehmen, doch werden diese beiden Beweismittel in § 5 Abs. 1 Satz 2 nur exemplarisch genannt.[85]

Auf die Vorschriften über das **Beweisverfahren** wird nicht ausdrücklich verwiesen,[86] weswegen sie nur über die Verweisung des § 4 InsO gelten, mit einer insb. durch die Prinzipien des Freibeweises modifizierten Wirkung.[87] Ein Beweisantritt ist auch beim Zeugenbeweis nicht erforderlich.[88] Vor der Anordnung von Amtsermittlungsmaßnahmen wird der Schuldner regelmäßig nicht gehört, doch kann er zum Ermittlungsergebnis anzuhören sein.[89] Die dreitägige Ladungsfrist des § 217 ZPO ist im Eröffnungsverfahren wegen der gebotenen Schnelligkeit unanwendbar (vgl. § 4 Rdn. 37), doch wird bei Nichterscheinen eines Zeugen vielfach ein Ordnungsgeld ausscheiden. Die Beschränkungen des § 273 Abs. 2 ZPO[90] gelten deswegen nicht. Aus diesem Grund werden die zivilverfahrensrechtlichen Anforderungen der §§ 355 ff. ZPO zu berücksichtigen sein, sofern ihnen ein auch für das Amtsermittlungsverfahren bedeutsamer Ordnungswert und damit Gerechtigkeitsgehalt innewohnt. Amtsermittlungen werden regelmäßig durch gerichtliche Verfügung angeordnet. Ein Beweisbeschluss i.S.d. § 358 ZPO ist nicht erforderlich.[91] Jedenfalls für ein Sachverständigengutachten ist ein exakt bestimmtes Beweisthema erforderlich und Zeugen sollten über den

---

79 Enger *Madaus* NZI 2012, 119, 121 ff.
80 Jaeger/*Gerhardt* Rn. 11.
81 AA MüKo-InsO/*Ganter/Lohmann* Rn. 16.
82 Uhlenbruck/*Pape* Rn. 22; MüKo-InsO/*Ganter/Lohmann* Rn. 17; a.A. Jaeger/*Gerhardt* Rn. 9; HambK-InsR/*Rüther* Rn. 27.
83 Nerlich/Römermann/*Becker* Rn. 18; Graf-Schlicker/*Kexel* Rn. 6.
84 So BGH 04.11.1999, III ZR 306/98, BGHZ 143, 122 (124), schon für die Prüfung von Amts wegen; krit. *Rosenberg/Schwab/Gottwald* § 77 Rn. 48.
85 AG Duisburg 14.11.2001, 60 IN 107/00, NZI 2002, 502 (503); Kübler/Prütting/Bork/*Prütting* Rn. 47.
86 Jaeger/*Gerhardt* Rn. 18, formuliert dies für Zeugen und Sachverständige anders.
87 Enger Nerlich/Römermann/*Becker* Rn. 10; Jaeger/*Gerhardt* Rn. 13, soweit sich das Insolvenzgericht des Strengbeweises bedient, sei es an die entsprechenden zivilprozessualen Regeln gebunden.
88 Nerlich/Römermann/*Becker* Rn. 6.
89 Uhlenbruck/*Pape* Rn. 6.
90 BVerfG 29.12.1993, 2 BvR 65/93, NJW 1994, 1210 (1211).
91 Uhlenbruck/*Pape* Rn. 5; HambK-InsR/*Rüther* Rn. 12.

Gegenstand ihrer Vernehmung informiert werden. Die Beweisaufnahme ist grds. i.S.d. § 357 ZPO parteiöffentlich,[92] weswegen der Schuldner anwesend sein darf.[93] Bei der Vernehmung eines Sachverständigen kann aber der Gläubiger über einzelne Punkte ausgeschlossen werden, soweit dies etwa zum Geheimnis- oder Konkurrenzschutz geboten ist. Eine Vereidigung darf nur durch den Richter erfolgen, § 4 Abs. 2 Nr. 1 RPflG.

2. Aufklärungsmittel

28 **Zeugen** sind etwa gegenwärtige oder frühere Angestellte bzw. organschaftliche Vertreter des Schuldners, aber selbstverständlich auch andere Dritte. Der Insolvenzverwalter, vorläufige Insolvenzverwalter und Treuhänder ist kein Zeuge. Seine Auskunftspflicht resultiert aus § 58 Abs. 1 Satz 2 i.v.m. den §§ 21 Abs. 2 Nr. 1, 292 Abs. 3 Satz 2.[94] Für die Zeugenvernehmung gelten grds. die zum Schutz des Zeugen aufgestellten Verfahrensregeln der §§ 373 ff. ZPO entsprechend. Der Zeuge ist nach § 377 Abs. 2 Nr. 2 ZPO über das Beweisthema zu informieren.[95] Anwendbar sind die §§ 380, 383, 385, 386 ZPO.[96] Soweit die Masse betroffen ist, kann der Insolvenzverwalter, bzw. der vorläufige »starke« oder gerichtlich dazu ermächtigte Insolvenzverwalter,[97] den Träger einer Schweigepflicht (Rechtsanwalt, Steuerberater) gem. § 383 Abs. 1 Nr. 6 ZPO davon entbinden.[98] Insoweit steht auch das Bankgeheimnis einer Aussage nicht entgegen.[99] § 384 ZPO wird durch die §§ 101 Abs. 1 Satz 2, 97 Abs. 1 Satz 2 modifiziert.[100] § 390 ZPO ist entsprechend anwendbar.[101] Regelmäßig ist eine zuzustellende Ladung erforderlich, um ggf. Ordnungsmittel anordnen zu können. Rechtshilfeersuchen sind nach den §§ 156 ff. GVG zulässig, doch ist vor allem im Eröffnungsverfahren der dadurch eintretende Zeitverlust zu beachten.[102]

29 Für den **Sachverständigen** gelten prinzipiell die §§ 402 ff. ZPO.[103] Soweit er als späterer (vorläufiger) Insolvenzverwalter in Betracht kommt, muss er die dafür bestehenden Qualifikationskriterien erfüllen, § 56.[104] Im Eröffnungsverfahren besitzt der Sachverständige nur die in diesen zivilverfahrensrechtlichen Vorschriften normierten Rechte.[105] Mag sich auch die Aufgabe des Sachverständigen von der in Zivilsachen unterscheiden, für seine Rechtsstellung gilt dies grds. nicht.[106] Weitergehende Rechte können ihm nur im Rahmen der sich aus den §§ 21, 22 ergebenden Beschränkungen übertragen oder müssen vom Gericht selbst ausgeübt werden.[107] Er kann deswegen nicht Auskunftspersonen von ihrer Verschwiegenheitspflicht befreien.[108] Zwangsmaßnahmen sind dem Sachverständigen nicht gestattet.[109] Er darf deswegen nicht ermächtigt werden, die Wohn- oder Geschäftsräume des Schuldners zu betreten, um Nachforschungen anzustellen.[110] Behindert der Schuldner die Arbeit

---

92 Nerlich/Römermann/*Becker* Rn. 11.
93 HK-InsO/*Kirchhof* 6. Aufl., Rn. 18.
94 MüKo-InsO/*Ganter/Lohmann* Rn. 26.
95 vgl. HK-InsO/*Kirchhof* 6. Aufl., Rn. 18.
96 MüKo-InsO/*Ganter/Lohmann* Rn. 25 f.
97 FK-InsO/*Schmerbach* Rn. 16; Uhlenbruck/*Pape* Rn. 20.
98 BGH 30.11.1989, III ZR 112/88, BGHZ 109, 260 (270).
99 AG Duisburg, 27.09.2000, 60 IN 27/00, NZI 2000, 606.
100 FK-InsO/*Schmerbach* § 4 Rn. 19.
101 LG Köln 05.07.2004, 19 T 81/04, NZI 2004, 671 (672).
102 vgl. FK-InsO/*Schmerbach* Rn. 29.
103 BGH 19.07.2012, IX ZB 6/12, NZI 2012, 823 Rn. 11.
104 Uhlenbruck/*Pape* Rn. 11.
105 BGH 04.03.2004, IX ZB 133/03, BGHZ 158, 212 (217); 19.07.2012, IX ZB 6/12, NZI 2012, 823 Rn. 11; HambK-InsR/*Rüther* Rn. 15.
106 Uhlenbruck/*Pape* Rn. 13.
107 HK-InsO/*Kirchhof* 6. Aufl., Rn. 13.
108 LG Göttingen 22.10.2002, 10 T 57/02, NZI 2003, 38, m.Anm. *Vallender*; HambK-InsR/*Rüther* Rn. 15; a.A. FK-InsO/*Schmerbach* Rn. 16; Uhlenbruck/*Pape* Rn. 15.
109 Jaeger/*Gerhardt* Rn. 16; Braun/*Bußhardt* Rn. 20; a.A. Graf-Schlicker/*Kexel* Rn. 8.
110 BGH 04.03.2004, IX ZB 133/03, BGHZ 158, 212 (217).

des Sachverständigen, besteht regelmäßig Anlass, einen vorläufigen Insolvenzverwalter einzusetzen.[111]

Der Sachverständige kann im Eröffnungsverfahren wegen dessen überragender Eilbedürftigkeit und der Amtsermittlung nicht nach den §§ 406 Abs. 1 Satz 1, 42 Abs. 2 ZPO **abgelehnt** werden.[112] Seine besondere Stellung endet mit Eröffnung des Insolvenzverfahrens, weswegen ein mit der Prüfung der Schlussrechnung beauftragter Sachverständiger abgelehnt werden darf.[113] Das Ablehnungsrecht steht auch dem Insolvenzverwalter zu.[114] Die Vorschriften der §§ 416, 421, 422, 424 ZPO können entsprechend angewendet werden.[115] Nach dem Gedanken aus § 56 Abs. 1 Nr. 2 schließt eine Beratung des Schuldners in allgemeiner Form vor dem Eröffnungsantrag über Verlauf und Folgen des Insolvenzverfahrens nicht die erforderliche Unabhängigkeit aus. Eine Bestellung kommt grds. in jedem Verfahrensabschnitt in Betracht. Bei Unternehmensinsolvenzen wird das Gericht das Vorliegen eines Eröffnungsgrunds i.S.d. §§ 16 ff. regelmäßig durch ein Sachverständigengutachten ermitteln lassen.[116] Zum Verbraucherinsolvenzverfahren vgl. Rdn. 19. Der Inhalt des Gutachtens wird durch den gerichtlichen Auftrag bestimmt. Die Tätigkeitsverpflichtung ist höchstpersönlich, doch schließt dies nicht den Einsatz von Hilfspersonen aus.[117] Die Vergütung erfolgt nach dem JVEG. 30

Der **Schuldner** hat die Stellung einer Partei, doch ist insoweit die auf ein kontradiktorisches Verfahren zugeschnittene **Parteivernehmung** unzulässig.[118] An ihre Stelle tritt die Auskunfts- und Mitwirkungspflicht der §§ 20 Abs. 1, 97, 98, 101 Abs. 1 Satz 1. Diese Aufklärungsmöglichkeiten können auch zwangsweise durchgesetzt werden.[119] Zulässig ist eine eidesstattliche Versicherung, § 98 Abs. 1 Satz 1. § 98 Abs. 1 Satz 2 verweist auf die entsprechend anzuwendenden §§ 478–480, 483 ZPO. Die Auskunftspflicht gilt für den Schuldner selbst, für seine gegenwärtigen und die nicht länger als vor zwei Jahren ausgeschiedenen organschaftlichen Vertreter, für Liquidatoren und für Notgeschäftsführer.[120] Die Auskunftspflicht erstreckt sich auf die für das Insolvenzverfahren bedeutsamen Umstände, selbst bei strafbaren Handlungen, § 97 Abs. 1 Satz 2, 3, nicht aber auf sonstige Fragen. Ist der Schuldner eine natürliche Person, die Kostenstundung- und/oder Restschuldbefreiung beantragt hat, droht bei einer Verletzung dieser insolvenzrechtlichen Verpflichtungen eine Versagung bzw. Aufhebung der Kostenstundung, § 4a Abs. 1 Satz 3, 4 in erweiternder Anwendung, §§ 4c Nr. 5, 290 Abs. 1 Nr. 5. § 295 und insb. dessen Nr. 3 normiert Obliegenheiten, die als solche noch keine Amtsermittlungspflicht des Gerichts begründen, sondern nur Versagungsgründe auf Gläubigerantrag eröffnen (vgl. Rdn. 21). **Insolvenzgläubigern** wird auch wegen des Aussageverweigerungsrechts eine Parteistellung zuerkannt.[121] § 453 Abs. 2 ZPO ist entsprechend anwendbar. 31

---

111 BGH 04.03.2004, IX ZB 133/03, BGHZ 158, 212 (217).
112 AG Göttingen 26.05.2007, 74 IN 180/07, ZVI 2007, 315; Uhlenbruck/*Pape* § 4 Rn. 14; MüKo-InsO/*Ganter/Lohmann* § 4 Rn. 42; FK-InsO/*Schmerbach* § 22 Rn. 128; Uhlenbruck/*Pape* § 4 Rn. 14; s.a. BGH 25.01.2007, IX ZB 240/05, NZI 2007, 284 Rn. 19; a.A. Braun/*Bußhardt* § 4 Rn. 6; *Graeber* NZI 2002, 345 (346).
113 OLG Köln 06.12.1989, 2 W 173/89, NJW-RR 1990, 383 (384); LG Stendal 30.06.2003, 25 T 237/03, ZInsO 2003, 721.
114 OLG Köln 06.12.1989, 2 W 173/89, NJW-RR 1990, 383 (384); LG Stendal 30.06.2003, 25 T 237/03, ZInsO 2003, 721.
115 AG Mönchengladbach 06.02.2002, 32 IN 11/02, ZInsO 2003, 42 f.
116 FK-InsO/*Schmerbach* Rn. 17.
117 HambK-InsR/*Rüther* Rn. 17.
118 Kübler/Prütting/Bork/*Prütting* Rn. 48; MüKo-InsO/*Ganter/Lohmann* Rn. 40; Graf-Schlicker/*Kexel* Rn. 9.
119 FK-InsO/*Schmerbach* Rn. 2; *Hess* Rn. 10.
120 FK-InsO/*Schmerbach* Rn. 10.
121 OLG Düsseldorf 13.08.1964, 3 W 208/64, NJW 1964, 2357; Jaeger/*Gerhardt* Rn. 27.

32 Andere Aufklärungsmittel sind:
- die Augenscheinseinnahme, §§ 371 ff. ZPO,[122]
- der Urkundenbeweis, §§ 415 ff. ZPO, etwa durch Vorlage von Pfändungsprotokollen oder eidesstattlichen Versicherungen, Einsicht in geschäftliche Unterlagen,[123]
- Entgegennahme einer eidesstattlichen Versicherung, behördliche Auskünfte, mündliche oder schriftliche[124] Auskünfte dazu bereiter Privatpersonen,
- Akteneinsicht auch in staatsanwaltlich beschlagnahmte Unterlagen,[125]
- Registerauszüge sowie Gutachten von Berufsvertretungen, wie Handelskammern.[126]
Dritte sollen entsprechend § 142 ZPO zur Vorlage von Urkunden verpflichtet sein.[127] Wie aus den Beschränkungen in § 98 sowie der §§ 758 f. ZPO folgt, dürfen keine Zwangsmaßnahmen gegen nicht verfahrensbeteiligte Dritte angeordnet werden.[128]

3. Durchführung der Aufklärung

33 Die Entscheidung über die Durchführung oder Unterlassung von Amtsermittlungen ist unanfechtbar.[129] Dies gilt auch, wenn sie von einem Rechtspfleger gefällt wurde.[130] Ausgenommen von dieser Rechtsmittelbeschränkung sind objektiv willkürliche Maßnahmen, für die jede Rechtsgrundlage fehlt, wie die Ermächtigung eines Gutachters, die Wohn- und Geschäftsräume des Schuldners zu betreten.[131] Die Anordnungen können aber jederzeit – auch formlos – durch das Insolvenzgericht aufgehoben werden. Für die Amtsermittlungen fallen lediglich Auslagen nach KV Nr. 9000 ff. an. Vom Antragsteller kann ein Kostenvorschuss verlangt werden, § 17 Abs. 3 GKG. Die Ermittlungen dürfen davon aber nicht abhängig gemacht werden.[132] Die anfallenden Kosten gehören aus zu den gem. § 54 Nr. 1 der Masse zu berichtigenden Kosten des Insolvenzverfahrens, die bei Masseunzulänglichkeit vorrangig zu befriedigen sind, § 209 Abs. 1 Nr. 1.[133] Sind mehrere Insolvenzanträge gestellt, können in den Insolvenzverfahren die gleichen Amtsermittlungsmaßnahmen durchgeführt und ggf. die Kosten gleichmäßig verteilt werden.[134] Eine gesamtschuldnerische Haftung gem. § 31 Abs. 1 GKG scheidet aus, weil es sich um verschiedene Verfahren handelt.[135] Wird ein Verfahren eröffnet, sind die Kosten regelmäßig in diesem Verfahren aus der Masse zu befriedigen.

V. Aufklärungsergebnis

34 Das Insolvenzgericht muss sich eine persönliche Überzeugung verschaffen, die dem **Beweismaß** des § 286 ZPO entspricht.[136] Bleiben beim Gericht Zweifel am Bestehen der Tatsache, nachdem alle erschließbaren Erkenntnisquellen erschöpft sind, geht dies zu Lasten der betroffenen Partei.[137] Die Entscheidung ist dann aufgrund der objektiven Beweislast zu treffen.

---

122 Nerlich/Römermann/*Becker* Rn. 7.
123 HambK-InsR/*Rüther* Rn. 21.
124 AG Duisburg 14.11.2001, 60 IN 107/00, NZI 2002, 502 (503).
125 Uhlenbruck/*Pape* § 4 Rn. 21.
126 MüKo-InsO/*Ganter/Lohmann* Rn. 48.
127 FK-InsO/*Schmerbach* Rn. 18; *Pape* ZInsO 2001, 1074 (1075).
128 A.A. AG Gelsenkirchen 29.08.1997, 5 N 93/97, ZIP 1997, 2092; MüKo-InsO/*Ganter/Lohmann* Rn. 14.
129 BGH 02.07.1998, IX ZB 33/98, NZI 1998, 42; 16.10.2003, IX ZB 133/03, NZI 2004, 29.
130 HK-InsO/*Kirchhof* 6. Aufl., Rn. 22; a.A. Jaeger/*Gerhardt* Rn. 4.
131 BGH 04.03.2004, IX ZB 133/03, NJW 2004, 2015 (2017).
132 FK-InsO/*Schmerbach* Rn. 23; Jaeger/*Gerhardt* Rn. 21.
133 FK-InsO/*Schmerbach* Rn. 23.
134 Uhlenbruck/*Pape* Rn. 8.
135 So aber HambK-InsR/*Rüther* Rn. 18.
136 BGH 22.04.2010, IX ZB 217/09, NZI 2010, 680 Rn. 8.
137 BGH 04.11.1999, III ZR 306/98, BGHZ 143, 122 (124).

C. Optionales schriftliches Verfahren, Abs. 2

I. Voraussetzungen Abs. 2 Satz 1

In einfachen Insolvenzverfahren ermöglicht Abs. 2, vom Grundsatz des mündlichen Verfahrens abzuweichen. Vorbild für diese Vorschrift war die frühere Regelung des § 312 Abs. 2, die mit Einführung von § 5 Abs. 2 aufgehoben wurde. Zwei Zulässigkeitsvoraussetzungen bestimmen über die Anordnung des schriftlichen Verfahrens. Die Vermögensverhältnisse des Schuldners müssen überschaubar und die Zahl der Gläubiger oder die Höhe der Verbindlichkeiten gering sein, § 5 Abs. 2 Satz 1. Infolgedessen liegt der hauptsächliche **Anwendungsbereich** der Vorschrift immer noch im Verbraucherinsolvenzverfahren, doch ist das freigestellte schriftliche Verfahren nicht darauf beschränkt. Es kommt auch bei einer aktuell ausgeübten selbständigen wirtschaftlichen Tätigkeit des Schuldners oder bei einer früheren Selbständigkeit des Schuldners mit gegen ihn bestehenden Forderungen aus Arbeitsverhältnissen in Betracht, die ein Regelinsolvenzverfahren verlangen.[138] Sein Anwendungsbereich erstreckt sich auf alle Verfahrensarten, wie die Einordnung bei den allgemeinen Vorschriften deutlich belegt. Dies gilt auch im Insolvenzverfahren. § 235 steht dem nicht entgegen. Eingeschlossen ist vor allem, aber nicht ausschließlich, das Kostenstundungs- und Restschuldbefreiungsverfahren. 35

Angeordnet werden darf ein schriftliches Verfahren nur bei **überschaubaren Vermögensverhältnissen**. Begrifflich stimmt diese Voraussetzung mit der Formulierung des § 304 Abs. 1 Satz 2 überein. Zusätzlich legt auch die Gesetzgebungsgeschichte, die bei § 312 Abs. 2 ihren Ausgangspunkt hatte, eine übereinstimmende Interpretation nahe. Dennoch sind die möglichen Parallelen begrenzt. § 304 Abs. 1 Satz 2 ist allein auf ehemals Selbständige bezogen und wird zudem durch § 304 Abs. 2 konkretisiert. Danach sind die Vermögensverhältnisse i.S.d. § 304 Abs. 1 Satz 2 nur dann überschaubar, wenn der Schuldner weniger als zwanzig Gläubiger hat. Demgegenüber benennt § 5 Abs. 1 Satz 2 die Gläubigerzahl als ein mögliches selbständiges Zulassungskriterium.[139] Letztlich besitzen die Vorschriften auch eine unterschiedliche Teleologie. Während § 304 Abs. 1 Satz 2 darauf abstellt, ob die Verschuldungsstruktur der eines Selbständigen entspricht, um die Verfahrensart zu bestimmen,[140] knüpft § 5 Abs. 1 Satz 2 an die Komplexität der Insolvenz an, um die mündliche respektive schriftliche Verfahrensform festzulegen. Der rechtliche Gehalt der überschaubaren Vermögensverhältnisse in § 5 Abs. 1 Satz 2 kann deswegen nicht deckungsgleich mit § 304 Abs. 1 Satz 2 sein.[141] 36

Es ist deswegen einzelfallbezogen zu bestimmen, ob eine objektiv existierende **unübersichtliche Vermögensstruktur** einem schriftlichen Verfahren entgegensteht. Maßgebend ist dafür, ob Gläubiger und Schuldner im schriftlichen Verfahren besonderen Schwierigkeiten ausgesetzt sind, weswegen das Verfahren besondere mündliche Verhandlungen erfordert. Dies kann etwa der Fall sein, wenn zahlreiche Widersprüche gegen die Forderungsfeststellung zu erwarten sind[142] oder die komplexe Erörterung von Forderungen aus vorsätzlich begangenen unerlaubten Handlungen zu erwarten ist.[143] Die Vermögensstruktur ist vielleicht auch bei Grundstücksveräußerungen, Erbschaftsansprüchen und Auslandsvermögen unübersichtlich. 37

Für eine **übersichtliche Vermögenslage** genügt es, wenn sich aus den bisherigen Ermittlungen ein hinlänglicher Überblick über das Vermögen, das Einkommen und die Verbindlichkeiten des Schuldners ergibt. Anfechtungsansprüche, Sicherungsrechte oder Gesellschaftsanteile berühren dagegen nicht unmittelbar die Verhandlungssituation der Gläubiger und führen deswegen als solche noch nicht zu unübersichtlichen Vermögensverhältnissen. Auch fehlende Unterlagen[144] sind regelmäßig 38

---

138 FK-InsO/*Schmerbach* Rn. 33.
139 FK-InsO/*Schmerbach* Rn. 35.
140 BGH 22.09.2005, IX ZB 55/04, NZI 2005, 676 (677); 12.02.2009, IX ZB 215/08, NZI 2009, 384 Rn. 5.
141 Abw. Nerlich/Römermann/*Becker* Rn. 37.
142 Kübler/Prütting/Bork/*Prütting* Rn. 52.
143 MüKo-InsO/*Ganter/Lohmann* Rn. 64c.
144 vgl. dazu BGH 24.07.2003, IX ZA 12/03, NZI 2003, 647.

unerheblich. Ursprünglich unübersichtliche Unterlagen werden bei der Vorbereitung eines Verbraucherinsolvenzverfahrens oft schon geordnet sein. Insgesamt gilt aber, je mehr derartige Fragen aufgeworfen werden, desto eher werden die Vermögensverhältnisse unübersichtlich sein.

39 Zusätzlich muss die Zahl der Gläubiger oder die Höhe der Verbindlichkeiten gering sein. Die Zulässigkeit des schriftlichen Verfahrens ist damit an eine zusätzliche Voraussetzung mit zwei **alternativen Elementen** geknüpft. Es genügt daher, wenn eine Variante erfüllt ist, also entweder die Zahl der Gläubiger oder die Höhe der Verbindlichkeiten gering ist. Unschädlich ist also, wenn eine Alternative einen hohen Umfang aufweist, also etwa wenige Gläubiger hohe Forderungssummen haben.

40 Mit der Anknüpfung an die **geringe Zahl der Gläubiger** hat sich der Gesetzgeber ausdrücklich gegen eine starre, numerisch festgelegte Grenze entschieden, wie sie in § 304 Abs. 2 formuliert ist. Diese offene Formulierung schafft eine hinreichende Flexibilität für die Ermessensentscheidung des Insolvenzgerichts. Obwohl § 304 Abs. 2 die überschaubaren Vermögensverhältnisse definiert und damit keine unmittelbare Aussage darüber trifft, wann die Zahl der Gläubiger gering ist, kann dieser Regelung aber doch ein gewisser Anhaltspunkt entnommen werden.[145] Bei einer Größenordnung von mehr als zwanzig Gläubigern (nach anderer Ansicht weniger als zehn Gläubiger[146]) spricht manches gegen eine geringe Gläubigerzahl. Dennoch gilt es zu beachten, dass es keinen festen Schwellenwert gibt.[147]

41 Alternativ stellt das Gesetz auf die **geringe Höhe der Verbindlichkeiten** ab. Maßgebend ist damit allein der Umfang, nicht die Anzahl der Verbindlichkeiten. Unerheblich sind daher zahlreiche Verbindlichkeiten, solange sie nur einen geringen Umfang haben. Auch für die Höhe der Verbindlichkeiten hat der Gesetzgeber keine feste Grenze vorgesehen, weswegen jedenfalls Orientierungsgrößen von € 10.000[148] bzw. € 25.000[149] ausscheiden müssen, die normativ nicht verankert sind und sachlich kaum begründbar erscheinen. Allerdings wird ein sechsstelliger Gesamtbetrag regelmäßig gegen eine geringe Forderungshöhe sprechen. Bei 38 Gläubigern und mehr als € 200.000 Schulden kommt die Anordnung eines schriftlichen Verfahrens nicht in Betracht.[150]

42 Bei den beiden Zulässigkeitsvoraussetzungen der überschaubaren Vermögensverhältnisse und der geringen Gläubigerzahl oder Höhe der Verbindlichkeiten besitzt das Insolvenzgericht einen erheblichen **Beurteilungsspielraum**. Trotz der differenzierenden Kriterien ist es nicht ausgeschlossen, die Anforderungen auch im Zusammenhang zu interpretieren, also bei einer gewissen Forderungshöhe und Gläubigerzahl,[151] aber insgesamt sehr überschaubaren Verhältnissen die Anforderungen zu bejahen.

II. Entscheidung

43 Ein fester **Beurteilungszeitpunkt** ist im Unterschied zu § 304 Abs. 2 nicht vorgesehen und auch nicht sinnvoll. Das Gericht hat jederzeit die Möglichkeit, ein schriftliches Verfahren anzuordnen. Regelmäßig wird es die Entscheidung bereits im Eröffnungsverfahren treffen, doch ist eine Anordnung auch zu einem späteren Zeitpunkt zulässig. Dies folgt auch aus dem Gedanken des § 5 Abs. 2 Satz 2, der eine flexible Entscheidung eröffnet. Kurz vor dem Ende des Insolvenzverfahrens wird allerdings ein Übergang kaum mehr in Betracht zu ziehen sein.

---

145 MüKo-InsO/*Ganter/Lohmann* Rn. 64b; Uhlenbruck/*Pape* Rn. 28; Graf-Schlicker/*Kexel* Rn. 16.
146 LSZ/*Smid/Leonhardt* Rn. 27.
147 FK-InsO/*Schmerbach* Rn. 36.
148 HambK-InsR/*Rüther* Rn. 34; krit. FK-InsO/*Schmerbach* Rn. 37.
149 MüKo-InsO/*Ganter/Lohmann* Rn. 64b; Uhlenbruck/*Pape* Rn. 28; dagegen nach Graf-Schlicker/*Kexel* Rn. 16: mehr als € 25.000.
150 vgl. BGH 20.03.2003, IX ZB 388/02, NJW 2003, 2167 (2169), zu § 312 Abs. 2 a.F.
151 vgl. Graf-Schlicker/*Kexel* Rn. 16.

Liegen die Zulässigkeitsvoraussetzungen vor, kann das Insolvenzgericht ein schriftliches Verfahren anordnen. Die Zweckmäßigkeit des schriftlichen Verfahrens steht im **Ermessen** des Gerichts.[152] Es kann auch von einem zulässigen schriftlichen Verfahren absehen. Ausdrücklich ermöglicht § 5 Abs. 2 Satz 1, lediglich einzelne Verfahrensteile schriftlich durchzuführen. Ordnet das Gericht ein schriftliches Verfahren allein für das Insolvenzverfahren an, muss die Auslegung ergeben, ob davon auch das Kostenstundungs- und Restschuldbefreiungsverfahren erfasst wird. Davon kann im Allgemeinen ausgegangen werden. Im Beschwerdeverfahren kann das Beschwerdegericht in seine Abwägung einbeziehen, dass bei Anordnung des schriftlichen Verfahrens Beschwerdeführer und Gegner entsprechend § 571 Abs. 4 Satz 2 ZPO ihre Erklärungen zu Protokoll der Geschäftsstelle abgeben können (vgl. § 6 Rdn. 75). Sind dagegen die Voraussetzungen etwa wegen unübersichtlicher Vermögensverhältnisse nicht erfüllt, darf das schriftliche Verfahren nicht angeordnet werden.

44

Grenzen können sich aber aus der **funktionellen Zuständigkeit** (vgl. § 2 Rdn. 19 ff.) ergeben. Die Befugnis zur Anordnung eines schriftlichen Verfahrens resultiert aus der funktionalen Zuständigkeit. Im Eröffnungsverfahren ist der Richter und nach der Eröffnung der Rechtspfleger zuständig. Weiter hat der Richter über Anträge auf Versagung der Restschuldbefreiung zu entscheiden. Außerdem kann der Richter nach § 18 Abs. 2 Satz 1 RPflG das Verfahren an sich ziehen. Ergeht die Anordnung im Rahmen der funktionalen Zuständigkeit, gilt sie grds. auch für einen nachfolgenden Abschnitt, für den ein anderes Rechtspflegeorgan zuständig ist, etwa wenn der Richter das zunächst vom Rechtspfleger geführte Verfahren an sich zieht. Das Verfahren über die Versagung der Restschuldbefreiung unterliegt der Zuständigkeit des Richters, § 18 Abs. 1 Nr. 2 RPflG, weswegen der Rechtspfleger insoweit keine Anordnung erlassen kann.

45

Die Anordnung des schriftlichen Verfahrens hat wegen der damit verbundenen Rechtsfolgen durch **Beschluss** zu ergehen. Die Rechtsprechung verlangt dazu eine ausdrückliche Anordnung.[153] Die Entscheidung ist den Beteiligten mitzuteilen (zur öffentlichen Bekanntmachung s. Rdn. 49). Der Beschluss ist nicht mit der sofortigen Beschwerde anfechtbar.[154] Teilweise wird eine Anfechtung sogar dann ausgeschlossen, wenn sie zusammen mit dem Eröffnungsbeschluss ergeht.[155] Zumindest die Zulässigkeitsvoraussetzungen sind aber im Rahmen der sofortigen Beschwerde gegen die Eröffnungsentscheidung überprüfbar. Gegen eine Anordnung durch den Rechtspfleger ist die Erinnerung eröffnet.[156]

46

III. Folgen

Die Kommunikation zwischen dem Gericht und den Beteiligten erfolgt **schriftlich**. Termine für die Gläubigerversammlungen finden nicht statt. Die Forderungsprüfung und die sonstigen in den Gläubigerversammlungen vorgesehenen Abstimmungen und Entscheidungen müssen schriftlich erfolgen.[157] Die in den §§ 29, 75, 160 Abs. 1 Satz 2, 176, 197, 235 vorgesehenen Termine können entfallen.[158] Dies gilt auch für die Neuwahl eines Insolvenzverwalters nach § 57 Satz 1, wenn sie in der ersten Frist zur Stellungnahme im schriftlichen Verfahren beantragt ist.[159] Unberührt davon bleibt das Recht der Beteiligten, nach § 75 die Einberufung einer Gläubigerversammlung zu verlangen.[160] Regelmäßig sind Anhörungsfristen zu bestimmen. So muss in der Frist zur Schlussanhörung den Gläubigern Gelegenheit gegeben werden, Anträge auf Versagung der Restschuldbefreiung zu stellen. Für die Anhörung sowie die Versagungsanträge einschließlich Glaubhaftmachung ist eine Frist zu

47

---

152 Nerlich/Römermann/*Becker* Rn. 36.
153 BGH 09.03.2006, IX ZB 17/05, NZI 2006, 481 Rn. 10.
154 BGH 20.03.2003, IX ZB 388/02, NJW 2003, 2167 (2169), zu § 312 Abs. 2 a.F.
155 HK-InsO/*Kirchhof* 6. Aufl., Rn. 29.
156 Graf-Schlicker/*Kexel* Rn. 18.
157 HK-InsO/*Kirchhof* 6. Aufl., Rn. 30.
158 Karsten Schmidt/*Stephan* Rn. 27.
159 BGH 16.05.2013, IX ZB 198/11, NZI 2013, 644; *Ahrens* EWIR 2013.
160 MüKo-InsO/*Ganter/Lohmann* Rn. 64c.

setzen. Der Versagungsantrag ist in diesem Fall schriftlich oder zu Protokoll der Geschäftsstelle eines jeden Amtsgerichts zu stellen, §§ 129a Abs. 1, 496 ZPO. Für den schriftlichen Antrag gelten die Regeln über bestimmende Schriftsätze der §§ 4 InsO, 130 ZPO einschließlich des grds. bestehenden Unterschrifterfordernisses.[161]

IV. Änderung und Bekanntmachung, Abs. 2 Satz 2

48 Mit dem schriftlichen Verfahren ist ein flexibles Instrument der Verfahrensvereinfachung und Beschleunigung geschaffen. Als Zeichen dieser Beweglichkeit kann nicht nur in jeder Verfahrenslage zum schriftlichen Verfahren übergegangen werden, sondern auch die Anordnung jederzeit **aufgehoben oder abgeändert** werden. Aufhebung meint die Rückkehr zum regulären mündlichen Verfahren. Die Anordnung wird abgeändert, wenn sie auf einzelne Verfahrensarten oder -teile beschränkt wird. Die Entscheidung erfolgt im Rahmen des Ermessens. Außer einer zuvor erfolgten Anordnung des schriftlichen Verfahrens existieren keine weiteren Zulässigkeitsvoraussetzungen. Selbst wenn das Gericht seine Entscheidung aufgehoben hat, kann es erneut ein schriftliches Verfahren anordnen. Die Aufhebung oder Änderung hat durch das aktuell zuständige Rechtspflegeorgan zu erfolgen. Im eröffneten Verfahren kann ein Rechtspfleger auch eine richterliche Anordnung aufheben oder ändern.

V. Bekanntmachung, Abs. 2 Satz 3

49 Die Anordnung, Aufhebung oder Änderung des schriftlichen Verfahrens ist nach § 5 Abs. 2 Satz 3 **öffentlich bekannt zu machen**. Die öffentliche Bekanntmachung erfolgt gem. § 9 Abs. 1 Satz 1 regelmäßig durch Veröffentlichung im Internet.

D. Freigestellte mündliche Verhandlung, Abs. 3

50 Um das Insolvenzverfahren zu beschleunigen, können die Entscheidungen des Insolvenzgerichts ohne mündliche Verhandlung ergehen.[162] Ob dies Ausdruck eines vollstreckungsrechtlichen Verständnisses[163] oder einer verfahrensökonomischen Sicht ist, mag offen bleiben. Der **Anwendungsbereich** dieser Vorschrift erstreckt sich auf alle Verfahrensabschnitte und alle Verfahren, einschließlich der Kostenstundung und der Restschuldbefreiung. Die Durchführung einer mündlichen Verhandlung steht damit im **Ermessen** des Insolvenzgerichts. Es kann also auch entsprechend § 128 Abs. 1 ZPO eine mündliche Verhandlung anordnen.[164] Die Entscheidungen des Insolvenzgerichts erfolgen in Beschlussform oder als Verfügung. Die nicht auf eine mündliche Verhandlung ergehenden Entscheidungen sind nach § 329 ZPO den Beteiligten mitzuteilen. Setzen sie eine Frist in Gang, wie die Frist zur sofortigen Beschwerde, müssen sie zugestellt werden.

51 Wird eine **mündliche Verhandlung** durchgeführt, erklärt § 5 Abs. 3 Satz 2 die Bestimmung des § 227 Abs. 3 Satz 1 ZPO für unanwendbar. Auch in der Zeit vom 1. Juli bis 31. August ist ein Termin nicht allein deswegen auf Antrag zu verlegen.

52 **Unanwendbar** ist die Vorschrift auf die Gläubigerversammlungen der §§ 29, 160 Abs. 1 Satz 2, 176, 197, 235.[165] Bei ihnen handelt es sich nicht um mündliche Verhandlungen vor dem erkennenden Gericht, sondern Veranstaltungen der Gläubigerorganisation. Von diesen Terminen kann das Gericht durch Anordnung des schriftlichen Verfahrens absehen, Ausnahme § 75. Sind die Beteiligten zu hören, §§ 10, 14 Abs. 2, 15 Abs. 2 Satz 3, 21 Abs. 3 Satz 1, 59 Abs. 1 Satz 3, 70 Satz 3 Halbs. 1, 98 Abs. 2, 99 Abs. 1 Satz 2, 173 Abs. 2 Satz 1, 207 Abs. 2, 214 Abs. 2 Satz 1, 248 Abs. 2, 272 Abs. 2 Satz 2, 289 Abs. 1 Satz 1, 296 Abs. 2 Satz 1, 298 Abs. 2 Satz 1, 303 Abs. 3 Satz 1, 309 Abs. 2 Satz 1, 314 Abs. 2, 317 Abs. 2 Satz 2, 318 Abs. 2 Satz 2, 333 Abs. 2 Satz 2 Halbs. 2,

---

161 FK-InsO/*Ahrens* § 290 Rn. 89.
162 Kübler/Prütting/Bork/*Prütting* Rn. 11.
163 MüKo-InsO/*Ganter/Lohmann* Rn. 65.
164 Nerlich/Römermann/*Becker* Rn. 34.
165 HK-InsO/*Kirchhof* 6. Aufl., Rn. 23.

wird ihnen dadurch regelmäßig rechtliches Gehör gewährt. Dies kann auch schriftlich geschehen. Selbst wenn die Anhörung in einem Termin vorgesehen ist, § 289 Abs. 1 Satz 1, steht dies der Anordnung eines schriftlichen Verfahrens nach Abs. 2 Satz 1 mit einer schriftlichen Anhörung nicht entgegen.

E. Elektronische Datenverarbeitung, Abs. 4

Abs. 4 Satz 1 ermöglicht, **Tabellen und Verzeichnisse** maschinell zu führen und zu bearbeiten. Erfasst werden das Verzeichnis der Massegegenstände, § 151, das Gläubigerverzeichnis, § 152, die Vermögensübersicht, § 153, die Tabelle, § 175, das Verteilungsverzeichnis, § 188, und die Stimmliste, § 239. Die Verzeichnisse und Tabellen werden dabei nur beispielhaft erwähnt, weshalb auch andere gerichtliche Schriftstücke und Unterlagen elektronisch gespeichert und bearbeitet werden können.[166] Im Verbraucherinsolvenzverfahren müssen vom Schuldner die nach § 305 Abs. 5 eingeführten Vordrucke verwendet werden, die sodann elektronisch bearbeitet werden können. 53

Die Landesregierungen sind nach § 5 Abs. 4 Satz 2 bis 4 ermächtigt, die Einzelheiten der elektronischen Speicherung und Verarbeitung der Tabellen und Verzeichnisse durch Rechtsverordnung auszugestalten. Sie können die Ermächtigung auf die Landesjustizverwaltungen übertragen. 54

§ 5 n.F. Verfahrensgrundsätze
[Tritt zum 01.07.2014 in Kraft]

(2) Sind die Vermögensverhältnisse des Schuldners überschaubar und ist die Zahl der Gläubiger oder die Höhe der Verbindlichkeiten gering, wird das Verfahren schriftlich durchgeführt. Das Insolvenzgericht kann anordnen, dass das Verfahren oder einzelne seiner Teile mündlich durchgeführt werden, wenn dies zur Förderung des Verfahrensablaufs angezeigt ist. Es kann diese Anordnung jederzeit aufheben oder ändern. Die Anordnung, ihre Aufhebung oder Abänderung sind öffentlich bekannt zu machen.

Übersicht	Rdn.		Rdn.
A. Normzweck	1	C. Inkrafttreten, Übergangsrecht	6
B. Schriftliches Verfahren als Regel	2		

A. Normzweck

Ziel der Neuregelung ist eine **Vereinfachung des Verfahrens**. Verbraucherinsolvenz- und Regelinsolvenzverfahren, in denen die Vermögensverhältnisse des Schuldners überschaubar und die Zahl der Gläubiger oder die Höhe der Verbindlichkeiten gering sind, sollen künftig im Regelfall schriftlich durchgeführt werden.[1] Die Novelle erschöpft sich trotz des umfassenderen Regelungstextes darin, aus der gerichtlichen Entscheidungsmöglichkeit einen gesetzlichen Regelfall zu machen. Die übrigen Elemente der Vorschrift bleiben unverändert. 1

B. Schriftliches Verfahren als Regel

In mehreren Schritten hat der Gesetzgeber das **Grundmodell** des mündlichen Verfahrens für Insolvenzen mit überschaubaren Vermögensverhältnissen **in ein Schriftverfahren umgewandelt**. Nach der ursprünglichen Regelung des § 5 Abs. 1 Satz 1 konnten die Entscheidungen des Insolvenzgerichts ohne mündliche Verhandlung ergehen. Im Gesetz zur Vereinfachung des Insolvenzverfahrens vom 13.04.2007[2] hat der Gesetzgeber zunächst eine Ermessensvorschrift geschaffen, die den Gerichten Verfahren mit überschaubaren Vermögensverhältnissen die Möglichkeit eröffnete, das 2

---
166 HK-InsO/*Kirchhof* 6. Aufl., Rn. 33.
1 BT-Drucks. 17/11268 S. 20.
2 BGBl. I S. 509.

Verfahren oder einzelne Teile schriftlich durchzuführen. Erforderlich war dazu eine richterliche Anordnung, die gerade in Verbraucherinsolvenzverfahren regelmäßig erfolgte. Nach der Novelle wird das Verfahren kraft Gesetzes schriftlich durchgeführt, doch kann das Gericht anordnen, das Verfahren oder einzelne Teil mündlich durchzuführen.[3] Damit ist künftig in den Verfahren mit überschaubaren Vermögensverhältnissen vom Typus eines Schriftverfahrens auszugehen. Einer besonderen Anordnung bedarf es dazu nicht mehr.

3 **Überschaubare Vermögensverhältnisse** des Schuldners liegen bei einer geringen **Zahl der Gläubiger** oder einer geringen Höhe der Verbindlichkeiten vor. An diesen wirtschaftlichen Voraussetzungen hat die Novelle damit nichts geändert. Zutreffend stellen die Gesetzesmaterialien darauf ab, dass der Grenzwert aus § 304 Abs. 2 von weniger als 20 Gläubigern zwar ein Indiz, aber keine feste Schranke bildet.[4] Insoweit kann auf die bisherige Anwendung verwiesen werden (§ 5 Rdn. 36 ff.).

4 Auf die umstrittene Frage, wann eine **geringe Höhe der Verbindlichkeiten** vorliegt (§ 5 Rdn. 41), sind die Gesetzgebungsmaterialien dagegen nicht eingegangen. Insofern wird es bei den bislang schon vertretenen Positionen bleiben. Es genügt, wenn alternativ eine geringe Gläubigerzahl oder eine geringe Höhe der Verbindlichkeiten vorliegen.

5 Im Rahmen seines pflichtgemäßen Ermessens kann das Insolvenzgericht auch unter den Voraussetzungen des § 5 Abs. 2 Satz 1 eine **mündliche Durchführung** des Verfahrens oder einzelner seiner Teile anordnen, wenn dies zur Förderung des Verfahrensablaufs angezeigt ist.[5] Das Insolvenzgericht kann seine Anordnung jederzeit aufheben oder ändern und damit zum Schriftverfahren zurückkehren. Durch die Umkehrung des Regel-Ausnahme-Verhältnisses in § 5 Abs. 2 Satz 1 InsO wird insbesondere in Verbraucherinsolvenzverfahren künftig nur noch im Ausnahmefall eine Anordnung des Insolvenzgerichts notwendig sein. Für eine mündliche Durchführung kann etwa ein Erörterungsbedarf im Rahmen eines Versagungsverfahrens sprechen. Insolvenzgericht sind sowohl der Insolvenzrichter als auch der Rechtspfleger. Der Rechtspfleger ist befugt, die Anordnung des Richters zu ändern.

C. Inkrafttreten, Übergangsrecht

6 Zum Inkrafttreten und zum Übergangsrecht gilt das zu § 4a n.F. (Rdn. 7 f.) Ausgeführte.

§ 6 Sofortige Beschwerde

(1) Die Entscheidungen des Insolvenzgerichts unterliegen nur in den Fällen einem Rechtsmittel, in denen dieses Gesetz die sofortige Beschwerde vorsieht. Die sofortige Beschwerde ist bei dem Insolvenzgericht einzulegen.

(2) Die Beschwerdefrist beginnt mit der Verkündung der Entscheidung oder, wenn diese nicht verkündet wird, mit deren Zustellung.

(3) Die Entscheidung über die Beschwerde wird erst mit der Rechtskraft wirksam. Das Beschwerdegericht kann jedoch die sofortige Wirksamkeit der Entscheidung anordnen.

Übersicht

	Rdn.		Rdn.
A. Normzweck	1	2. Funktionelle Zuständigkeit	15
B. Statthaftigkeit der sofortigen Beschwerde	7	III. Einzelfälle	16
I. Enumerationsprinzip	7	1. Gesetzliche Zulassung der sofortigen Beschwerde	16
II. Anwendungsbereich	10	2. Nicht beschwerdefähige Entscheidungen	18
1. Entscheidung in Insolvenzsachen	10		

---

3 *Grote/Pape* ZInsO 2013, 1433 (1438).
4 BT-Drucks. 17/11268 S. 21.
5 BT-Drucks. 17/11268 S. 21.

		Rdn.
IV.	Durchbrechung der Rechtsmittelsperre	28
V.	Anschlussbeschwerde	31
C.	**Sonstige Sachentscheidungsvoraussetzungen**	34
I.	Grundlagen	34
II.	Verfahrenshandlungsvoraussetzungen	35
III.	Beschwerdefrist	36
	1. Fristbeginn, Abs. 2	36
	2. Wiedereinsetzung in den vorigen Stand	40
IV.	Einlegung	43
	1. Einlegungsgericht, Abs. 1 Satz 2	43
	2. Form	48
	a) Beschwerdeschrift	48
	b) Erklärung zu Protokoll der Geschäftsstelle	52
V.	Beschwerdeberechtigung	53
VI.	Beschwer	56
VII.	Beschwerde gegen Kostenentscheidungen	61
D.	**Beschwerdeverfahren**	63
I.	Begründung	63
II.	Abhilfe	64
III.	Verfahren des Beschwerdegerichts	69
IV.	Wirkungen der sofortigen Beschwerde	76
V.	Entscheidung	79
	1. Zulässigkeits- und Begründetheitsprüfung	79
	2. Zurückverweisung	81
	3. Begründetheit	84
	4. Beschluss	85
VI.	Wirkung der Entscheidung	89
E.	**Rechtsbeschwerde**	93
I.	Statthaftigkeit	93

		Rdn.
	1. Gesetzeslage	93
	2. Anwendungsbereich	95
	3. Zulassung	98
	a) Beschluss des Beschwerdegerichts	98
	b) Entscheidung über die Zulassung	102
	4. Zulassungsgründe	104
	a) Grundsätzliche Bedeutung der Rechtssache	104
	b) Fortbildung des Rechts	112
	c) Sicherung einer einheitlichen Rechtsprechung	115
	5. Bindungswirkung	119
	6. Anschlussrechtsbeschwerde	121
II.	Sonstige Sachentscheidungsvoraussetzungen	122
	1. Allgemeine Voraussetzungen	122
	2. Einlegung der Rechtsbeschwerde	123
	3. Begründung der Rechtsbeschwerde	129
	4. Beschwerdebefugnis und Beschwer	133
	5. Wirkung	136
III.	Verfahren	137
	1. Zulässigkeitsprüfung	137
	2. Begründetheitsprüfung	141
	3. Einstweilige Anordnung	146
IV.	Entscheidung	149
F.	**Sonstige Rechtsbehelfe**	154
I.	Erinnerung gegen die Entscheidung des Rechtspflegers	154
II.	Gehörsrüge, § 321a ZPO	158
III.	Sonstige außerordentliche Rechtsbehelfe	159

A. Normzweck

§ 6 Abs. 1 Satz 1 normiert eine umfassende **Rechtsmittelbeschränkung**. Da das Insolvenzgericht 1 nicht im Urteilsverfahren entscheidet, stellt die sofortige Beschwerde das regelmäßige Rechtsmittel gegen die Entscheidungen des Gerichts dar.[1] Dominierende Funktion der Bestimmung ist der Rechtsmittelausschluss, denn die Rechtsschutzgewährleistung wird nicht in § 6 begründet,[2] sondern mit den einzelnen Vorschriften, die einen Zugang zur sofortigen Beschwerde eröffnen. Prinzipiell ist damit die sofortige Beschwerde nicht statthaft, sondern nur in den enumerierten Fällen und damit lediglich punktuell eröffnet.

Sachlich dient die Regelung in erster Linie einem **zügigen**, nicht durch zahlreiche Rechtsmittel gehinderten **Verlauf des Insolvenzverfahrens**.[3] Wegen der weitreichenden Eingriffe, vor allem in die Rechte des Schuldners, aber auch der Gläubiger, bedarf es aber eines ausbalancierten Rechtsschutzsystems. Die Feinjustierung dazu übernehmen die Rechtsmittelzulassungen bei den einzelnen insolvenzrechtlichen Sachvorschriften. Den enumerierten Zulassungen liegt ein manchmal zufällig wirkendes, jedenfalls nicht vollständig überzeugendes Konzept zugrunde. Gerade im Insolvenzver-

---

[1] Jaeger/*Gerhardt* Rn. 1; Nerlich/Römermann/*Becker* Rn. 4.
[2] So aber HK-InsO/*Kirchhof* 6. Aufl., Rn. 2.
[3] BGH 07.04.2011, IX ZB 170/10, NZI 2011, 442 Rn. 8.

fahren natürlicher Personen müssen die Zulassungsmaßstäbe reflektiert werden. Einerseits besteht dort regelmäßig nicht der Eilbedarf, der bei der Sanierung eines Unternehmens herrscht. Andererseits muss das gesetzliche Ziel auch der Restschuldbefreiung angemessen geschützt werden. Sichtbar wird das Zulassungsdefizit bei der Rücknahmefiktion des § 305 Abs. 3 Satz 2, bei der sich die Rechtsprechung überaus schwer tut, ein Beschwerderecht zu eröffnen.[4]

3 Unverkennbar muss sich das insolvenzrechtliche Rechtsmittelsystem auch einem fiskalpolitisch motivierten Spardiktat beugen, dessen Folge ein spürbares **Rechtsschutzdefizit** ist. Deutlich wird dies bei den jüngsten Änderungen im Bereich der Rechtsbeschwerde. Durch den bislang in § 7 geregelten eigenständigen Zugang zur Rechtsbeschwerde sollte die höchstrichterliche Klärung grundsätzlicher Rechtsfragen ermöglicht werden.[5] Mit der überraschenden und nicht von der Fachöffentlichkeit diskutierten Aufhebung von § 7 im Gesetz zur Änderung von § 522 ZPO vom 21.10.2011[6] soll der zuständige Insolvenzsenat des BGH entlastet werden. Wenn damit lediglich die Belastung durch unzulässige Rechtsbeschwerden eingedämmt werden sollte, hätte auch ein vereinfachtes Verwerfungsrecht genügt. Auf Kosten eines schwer nachvollziehbar verringerten Rechtsschutzes werden Haushaltseinsparungen angestrebt. Zum Übergangsrecht Rdn. 94.

4 Die **fortwährenden** insolvenzrechtlichen **Novellen**, genannt seien hier nur das MoMiG, das ESUG und die bevorstehende Reform des Privatinsolvenzrechts, werfen jedoch immer wieder Grundsatzfragen auf, deren Klärung nunmehr auf Jahre verzögert wird.[7] Die Rechtsbeschwerde in Insolvenzsachen wird damit insgesamt dem Zulassungssystem des § 574 Abs. 1 Nr. 2 ZPO unterstellt, obwohl dessen Regelung nach der aussagekräftigen Gesetzesbegründung auf regelmäßig weniger bedeutsame Nebenentscheidungen zielt.[8] Das daraus resultierende Nadelöhr ist in Insolvenzsachen schlicht verfehlt. Besonders drastisch wirkt sich die Aufhebung im Bereich des Privatinsolvenzrechts aus, wenn die geplante Vollübertragung der funktionellen Zuständigkeit auf den Rechtspfleger Gesetz werden sollte.[9] Selbst Entscheidungen mit den weitestgehenden Konsequenzen, wie die Versagung der Restschuldbefreiung, könnten dann regelmäßig nur einmal im Beschwerdeverfahren durch einen Richter getroffen werden.

5 Ergänzend bestimmt § 6 Abs. 1 Satz 2, Abs. 2, 3 einige **Verfahrensregeln** zur Einlegung, zum Beginn der Beschwerdefrist und zur Wirkung der sofortigen Beschwerde. Einigen spezifischen Anforderungen des Insolvenzverfahrens wird damit besonders Rechnung getragen. Die Grundstruktur des Rechtsmittelverfahrens folgt über die Verweisung des § 4 InsO auf die §§ 567 ff. ZPO einschl. der §§ 574 ff. ZPO über die Rechtsbeschwerde den allgemeinen zivilrechtlichen Regeln.

6 Für die Beteiligten sind die Rechtsmittelvorschriften nicht ohne weiteres zu erkennen. Statthaftigkeit, Beschwerdefrist und Einlegungsort der sofortigen Beschwerde werfen zahlreiche Fragen auf. Dennoch ist eine Rechtsbehelfsbelehrung nach der höchstrichterlichen Rechtsprechung nicht erforderlich.[10] Der Grundsatz des fairen Verfahrens und die **insolvenzgerichtliche Fürsorgepflicht** gebieten es aber, einen Verfahrensbeteiligten nicht zu benachteiligen, der mangels hinreichender Mittel keinen anwaltlichen Rechtsrat einholen kann. Er kann sich in zumutbarer Weise die erforderlichen Kenntnisse verschaffen, indem er sich bei dem Ausgangsgericht nach den Rechtsmittelmöglichkeiten und -erfordernissen erkundigt.[11] Die Geschäftsstellen der Spruchkörper und die Rechtsantrags-

---

4 BGH 16.10.2003, IX ZB 599/02, NJW 2004, 67 (68); 07.04.2005, IX ZB 195/03, NZI 2005, 403; 07.04.2005, IX ZB 63/03, NZI 2005, 414; 07.04.2005, IX ZB 123/03, ZInsO 2005, 537; krit. Gottwald/ *Ahrens* § 83 Rn. 30 f.; Kübler/Prütting/Bork/*Pape* § 34 Rn. 53 ff.
5 BT-Drucks. 14/4722, 69 rechte Sp.
6 BGBl. I, 2082.
7 Vgl. *Zimmer* ZInsO 2011, 1689 (1696); krit. auch Kübler/Prütting/Bork/*Prütting* § 7 Rn. 6.
8 BT-Drucks. 14/4722, 116 linke Sp.
9 Vgl. *Ahrens* NZI 21/2011, XII; *Jacobi* ZInsO 2011, 2177 (2178).
10 BGH 16.10.2003, IX ZB 36/03, NZI 2004, 85.
11 BGH 21.01.2010, IX ZB 164/09, ZInsO 2010, 631 Rn. 12.

stellen der AG oder LG haben hierauf zu antworten. Bei einem juristischen Laien darf nicht davon ausgegangen werden, er könne die einschlägigen gesetzlichen Vorschriften selbst finden.[12]

B. Statthaftigkeit der sofortigen Beschwerde

I. Enumerationsprinzip

§ 6 Abs. 1 Satz 1 limitiert die Anfechtungsmöglichkeiten durch eine sofortige Beschwerde auf die ausdrücklich geregelten Fälle mit einer **doppelten Restriktion**. Statthaft ist das Rechtsmittel allein im sachlichen Anwendungsbereich der enumerierten Vorschriften, die eine sofortige Beschwerde zulassen. Zudem ist das Beschwerderecht lediglich den dort bestimmten Beteiligten eröffnet. Typischerweise konkretisieren die insolvenzrechtlichen Rechtsmittelzulassungen auch den persönlichen Anwendungsbereich und bestimmen damit über die Beschwerdeberechtigung. 7

Vielfach ergehen im **Zusammenhang** mit anfechtbaren Entscheidungen weitere, an sich unanfechtbare Entscheidungen. So kann zugleich mit der Eröffnung des Insolvenzverfahrens die Anordnung der Eigenverwaltung abgelehnt[13] oder eine Amtsermittlungsmaßnahme getroffen werden. Ob allein die gesetzlich benannten Entscheidungen isoliert oder auch die damit in einem äußerlich einheitlichen Beschluss zusammengefassten Entscheidungen insgesamt anfechtbar sind, muss sorgfältig abgewogen werden. Jedenfalls spricht der besondere Beschleunigungsbedarf nicht unmittelbar gegen eine Anfechtbarkeit dieser Begleitentscheidungen, weil das Verfahren ohnehin in der Rechtsmittelinstanz geführt wird, obwohl möglicherweise manche sofortige Beschwerden eingelegt werden könnten, nur um die Zusammenhangsentscheidung anzufechten. 8

Mit der gesetzlich vorgesehenen Unanfechtbarkeit einer gerichtlichen Maßnahme wird auch über den gesetzlichen Richter bestimmt. Deswegen ist regelmäßig eine **Anfechtung** der Begleitentscheidungen **ausgeschlossen**.[14] Lehnt das Gericht die Anordnung der Eigenverwaltung ab, kann dieser Beschluss nicht zusammen mit dem Eröffnungsbeschluss angefochten werden.[15] Einwendungen gegen den Eröffnungsbeschluss können nicht mit der sofortigen Beschwerde gegen die Anordnung einer Postsperre geltend gemacht werden.[16] Mit der Anfechtung einer Zwangsgeldanordnung kann der Insolvenzverwalter nicht die inzidente Prüfung der Aufsichtsmaßnahme erreichen.[17] 9

II. Anwendungsbereich

1. Entscheidung in Insolvenzsachen

Die Rechtsmittelbeschränkung erfasst allein **Entscheidungen des Insolvenzgerichts**. Gemeint sind damit die insolvenzrechtlichen Entscheidungen,[18] denn nur in diesen Sachen rechtfertigt der erhöhte Eilbedarf die Restriktion. Hilft das Insolvenzgericht einer sofortigen Beschwerde nicht ab, ist gegen den Nichtabhilfebeschluss keine sofortige Beschwerde eröffnet, weil noch eine richterliche Prüfung in der Beschwerdeinstanz erfolgt.[19] Andere insolvenzgerichtliche, aber nicht insolvenzrechtliche Entscheidungen sind vom Rechtsmittelausschluss grds. nicht betroffen. Konsequenz ist ein zweispuriger Rechtsmittelzugang.[20] Vorbereitende oder verfahrensleitende Maßnahmen, wie ein Gutachtenauf- 10

---

12 BGH 21.01.2010, IX ZB 164/09, ZInsO 2010, 631 Rn. 14.
13 HK-InsO/*Kirchhof* 6. Aufl., Rn. 5.
14 FK-InsO/*Schmerbach* Rn. 24; MüKo-InsO/*Ganter/Lohmann* Rn. 8, 13; HK-InsO/*Kirchhof* 6. Aufl., Rn. 5; a.A. *Haarmeyer/Wutzke/Förster* Handbuch zur InsO, 2. Aufl., Kap. 3 Rn. 203, für Sicherungsmaßnahmen.
15 BGH 11.01.2007, IX ZB 10/05, NZI 2007, 240 Rn. 8.
16 OLG Köln 13.06.2000, 2 W 86/00, ZInsO 2000, 616.
17 BGH 07.04.2011, IX ZB 170/10, NZI 2011, 442 Rn. 8.
18 HK-InsO/*Kirchhof* 6. Aufl., Rn. 11.
19 BGH 16.12.2008, IX ZA 46/08 NJW-RR 2009, 718 Rn. 8.
20 MüKo-InsO/*Ganter/Lohmann* Rn. 4b.

trag zur Feststellung der Zahlungsunfähigkeit[21] oder Niederschriften im Prüftermin, stellen keine Entscheidungen dar.[22] Entscheidungen anderer Organe und Beteiligter werden nicht durch § 6 berührt.[23]

11 Auch im Insolvenzverfahren ist regelmäßig eine selbständige Anfechtung der **Kostenentscheidung** selbst dann ausgeschlossen, § 4 InsO i.V.m. § 99 ZPO, wenn gegen die Entscheidung in der Hauptsache die sofortige Beschwerde statthaft ist.[24] Auf die Erledigung des Insolvenzeröffnungsantrags kann dies so nicht übertragen werden. Bei einer übereinstimmenden Erledigungserklärung ist nur noch eine Kostenentscheidung zu treffen. Diese kann gem. § 4 InsO i.V.m. § 91a Abs. 2 ZPO nach den allgemeinen zivilprozessualen Regeln angefochten werden.[25] Erfolgt eine einseitige Erledigungserklärung, ist § 91a ZPO weder unmittelbar noch entsprechend anwendbar. Der durch die Erledigungserklärung geänderte Eröffnungsantrag bleibt anhängig und muss beschieden werden. Gegen die Entscheidung in der Hauptsache ist die Beschwerde nach den §§ 6, 34 eröffnet.[26] Bei einer Rücknahme ist die Kostenentscheidung nach § 4 InsO i.V.m. § 269 V ZPO anfechtbar, wenn der Wert der Hauptsache 600 € und die Beschwer 200 € übersteigen und noch kein rechtskräftiger Kostenfestsetzungsbeschluss ergangen ist.[27]

12 Ergeht eine Entscheidung lediglich aus Anlass des Insolvenzverfahrens, gegen die nach **anderen gesetzlichen Bestimmungen** und hier insb. nach den über § 4 anwendbaren zivilprozessualen Vorschriften die sofortige Beschwerde eröffnet ist, wird das Beschwerderecht nicht ausgeschlossen.[28] Wird einem Ablehnungsgesuch nicht stattgegeben, ist deswegen nach § 46 Abs. 2 ZPO die sofortige Beschwerde zulässig.[29] Kostenentscheidungen gem. den §§ 91, 91a, 269 Abs. 3 ZPO sind mit den dagegen vorgesehenen Rechtsbehelfen anzufechten.[30] Zur Erledigung vgl. Rdn. 11. Prozesskostenhilfeentscheidungen, die in Insolvenzsachen getroffen werden, sind nach § 127 Abs. 2, 3 ZPO anfechtbar.[31] Lehnt das Gericht ein Akteneinsichtsrecht ab, soll dem Gläubiger dagegen die sofortige Beschwerde nach § 567 ZPO zustehen.[32]

13 Besteht eine **vollstreckungsbezogene Zuständigkeit** des Insolvenzgerichts, ergehen seine Entscheidungen also als besonderes Vollstreckungsgericht, richtet sich der Rechtsmittelzug nach den allgemeinen vollstreckungsrechtlichen Vorschriften.[33] Bei einer Entscheidung nach § 36 Abs. 1 Satz 2 ist die sofortige Beschwerde aus § 793 ZPO gegeben (vgl. § 2 Rdn. 14).[34] Da die Zuweisung vollstreckungsrechtlicher Rechtsbehelfe an das Insolvenzgericht nicht abschließend ist, kommen auch andere Rechtsbehelfe in Betracht.[35] Ergehen Entscheidungen mit Auswirkungen auf das Insolvenzverfahren im Urteilsverfahren, etwa über Insolvenzanfechtungsansprüche, unterliegen sie den allgemeinen zivilverfahrensrechtlichen Rechtsmittelvorschriften.

---

21 BGH 02.07.1998, IX ZB 33/98, NZI 1998, 42; OLG Brandenburg 25.04.2000, 8 W 51/00, NZI 2001, 42; Kübler/Prütting/Bork/*Prütting* Rn. 8.
22 Uhlenbruck/*Pape* Rn. 6; Graf-Schlicker/*Kexel* Rn. 3; Braun/*Bußhardt* Rn. 5.
23 Nerlich/Römermann/*Becker* Rn. 2.
24 BGH 13.07.2006, IX ZB 27/04, ZVI 2007, 68 (69); FK-InsO/*Schmerbach* Rn. 39.
25 BGH 25.09.2008, IX ZB 131/07, NZI 2008, 736 Rn. 7.
26 BGH 25.09.2008, IX ZB 131/07, NZI 2008, 736 Rn. 7.
27 PG/*Geisler* § 269 Rn. 26.
28 BGH 29.09.2011, IX ZA 74/11, BeckRS 2011, 24834 Rn. 5; MüKo-InsO/*Ganter/Lohmann* Rn. 6; Jaeger/*Gerhardt* Rn. 9; Uhlenbruck/*Pape* Rn. 7.
29 BGH 05.05.2011, IX ZB 246/10, NZI 2011, 486 Rn. 6.
30 LG Memmingen 08.03.2000, 4 T 452/00, NZI 2000, 278; FK-InsO/*Schmerbach* Rn. 4, 80.
31 BGH 16.03.2000, IX ZB 2/00, BGHZ 144, 78 (80 f.).
32 OLG Celle 05.01.2004, 2 W 113/03, ZInsO 2004, 204.
33 BGH 05.02.2004, IX ZB 97/03, NZI 2004, 278; Graf-Schlicker/*Kexel* Rn. 1.
34 *BGH 12.01.2006, IX ZB 239/04, NZI 2006, 246 Rn. 5.*
35 BGH 21.09.2006, IX ZB 11/04, ZInsO 2006, 1049 Rn. 8; LG Potsdam 19.04.2012, 2 T 14/12, ZInsO 2012, 1233 (1234).

Bei einer **Untätigkeit** des Gerichts ergeht sachlich keine Entscheidung, weswegen kein Anfechtungsrecht eröffnet ist.[36] Eine sofortige Beschwerde ist daher auch dann ausgeschlossen, wenn eine Stundungsentscheidung so lange verzögert wird, dass dies einer Ablehnung gleichkommt (vgl. § 4d Rdn. 13). Gleiches gilt, wenn ein gewählter Insolvenzverwalter nicht bestellt wird.[37] Läuft in einem sog. asymmetrischen Verfahren die Frist der Abtretungserklärung nach § 287 Abs. 2 Satz 1 vor Aufhebung des Insolvenzverfahrens ab, ist zwar ein Termin zur Entscheidung über die Restschuldbefreiung zu bestimmen, doch kann die unterlassene Terminsbestimmung nicht angefochten werden.[38]

14

2. Funktionelle Zuständigkeit

Die sofortige Beschwerde ist gegen jede der gesetzlich aufgezählten Entscheidungen eröffnet, unabhängig von der funktionellen Zuständigkeit. Sie ist danach sowohl statthaft, wenn sie von einem Richter, als auch wenn sie von einem Rechtspfleger gefällt wurde. Gegen andere Entscheidungen des Rechtspflegers, die nach § 11 Abs. 2 RPflG anfechtbar sind, schließt das Enumerationsprinzip ein Rechtsmittel nicht aus, mit dem eine richterliche Kontrolle eröffnet wird (vgl. Rdn. 156).[39]

15

III. Einzelfälle

1. Gesetzliche Zulassung der sofortigen Beschwerde

In folgenden Fällen lässt die Insolvenzordnung eine sofortige Beschwerde zu:

16

– § 4d Abs. 1 für den Schuldner gegen eine abgelehnte oder aufgehobene Stundung bzw. die abgelehnte Beiordnung eines Rechtsanwalts für eine sofortige Beschwerde des Schuldners (§ 4d Rdn. 7 ff.).
– § 4d Abs. 2 für die Staatskasse gegen die bewilligte Stundung wegen der persönlichen und wirtschaftlichen Verhältnisse (§ 4d Rdn. 14).
– § 20 Abs. 1 Satz 2 i.V.m. 98 Abs. 3 Satz 3 gegen die angeordnete Haft oder die abgelehnte Aufhebung des Haftbefehls, mit dem die Auskunfts- und Mitwirkungspflichten des Schuldners im Eröffnungsverfahren durchgesetzt werden sollen.
– § 21 Abs. 1 Satz 2 für den Schuldner gegen die Anordnung von Sicherungsmaßnahmen (§ 21 Rdn. 72 ff.).
– § 21 Abs. 2 Nr. 1a i.V.m. § 70 Satz 3 Halbs. 2 für das entlassene Mitglied des vorläufigen Gläubigerausschusses gegen die Entlassung (§ 21 Rdn. 75).
– § 21 Abs. 2 Nr. 4 i.V.m. § 99 Abs. 3 Satz 1 für den Schuldner bei einer vorläufigen Postsperre (§ 21 Rdn. 72 ff.).
– § 21 Abs. 3 Satz 3 i.V.m. § 98 Abs. 3 Satz 3 gegen die angeordnete Haft oder die abgelehnte Aufhebung des Haftbefehls.
– § 22 Abs. 3 Satz 3 i.V.m. § 98 Abs. 3 Satz 3 gegen die angeordnete Haft oder die abgelehnte Aufhebung des Haftbefehls.
– § 26a Abs. 2 Satz 1 für den vorläufigen Insolvenzverwalter und den Schuldner gegen die Festsetzung der Vergütung (§ 26 Rdn. 11 f.).
– § 34 Abs. 1 für den Antragssteller, wenn die Eröffnung des Insolvenzverfahrens abgelehnt wird und für den Schuldner, wenn die Abweisung mangels Masse erfolgt (§ 34 Rdn. 10 ff.). Dies gilt auch, wenn der auf Eröffnung des Verbraucherinsolvenzverfahrens gerichtete Antrag abgewiesen wird, weil die Voraussetzungen eines Regelinsolvenzverfahrens vorlägen bzw. nach Eröffnung des Verbraucherinsolvenzverfahrens das Verfahren in ein Regelinsolvenzverfahren übergeleitet

---

36 Jaeger/*Gerhardt* Rn. 17; FK-InsO/*Schmerbach* Rn. 91; Kübler/Prütting/Bork/*Prütting* Rn. 9; Uhlenbruck/*Pape* Rn. 4.
37 MüKo-InsO/*Ganter/Lohmann* Rn. 14.
38 BGH 22.04.2010, IX ZB 196/09, NZI 2010, 577 Rn. 6.
39 Jaeger/*Gerhardt* Rn. 16; Nerlich/Römermann/*Becker* Rn. 29; Graf-Schlicker/*Kexel* Rn. 21.

§ 6 InsO Sofortige Beschwerde

wird.[40] Nach Eröffnung des Verbraucherinsolvenzverfahrens auf Eigenantrag des Schuldners steht einem Insolvenzgläubiger kein Beschwerderecht zu.[41]

- § 34 Abs. 2 für den Schuldner bei Eröffnung des Insolvenzverfahrens (§ 34 Rdn. 23 ff.).
- § 57 Satz 4 für jeden Insolvenzgläubiger, wenn ein gewählter Insolvenzverwalter nicht bestellt wird (§ 57 Rdn. 11). Die sofortige Beschwerde ist auch statthaft, wenn das Insolvenzgericht die von Gläubigern nach § 57 angestrebte Wahl von vornherein behindert.[42]
- § 58 Abs. 2 Satz 3 für den Verwalter gegen die Anordnung eines Zwangsgelds (§ 58 Rdn. 12). Die Beschwerde ist nur gegen die Festsetzung des Zwangsgelds, nicht die zugrundeliegende Aufsichtsmaßnahme zulässig. Aufsichtsrechtliche Anordnungen können nur durch eine Erinnerung nach § 11 Abs. 2 RpflG angefochten werden.[43]
- § 58 Abs. 3 i.V.m. Abs. 2 Satz 3 für den entlassenen Verwalter gegen die Anordnung eines Zwangsgelds.
- § 59 Abs. 2 für den Verwalter gegen die Entlassung sowie für den Verwalter, für den Gläubigerausschuss und für jeden Insolvenzgläubiger, wenn die Gläubigerversammlung den Antrag gestellt hat, gegen eine abgelehnte Entlassung (§ 59 Rdn. 13).
- § 64 Abs. 3 für den Verwalter, für den Schuldner und für jeden Insolvenzgläubiger, ausnahmsweise auch den Massegläubigern,[44] gegen die festgesetzte Verwaltervergütung (§ 64 Rdn. 27 ff.) auch eines früheren vorläufigen, abgewählten oder entlassenen Insolvenzverwalters.[45] Statthaft ist die sofortige Beschwerde auch gegen die Anordnung, die festgesetzte Vergütung nicht der Masse zu entnehmen.[46]
- § 70 Satz 3 Halbs. 2 für das entlassene Mitglied des Gläubigerausschusses gegen die Entlassung (§ 70 Rdn. 5).
- § 73 Abs. 2 i.V.m. § 64 Abs. 3 für den Verwalter, für den Schuldner und für jeden Insolvenzgläubiger[47] gegen die festgesetzte Vergütung der Mitglieder des Gläubigerausschusses (§ 74 Rdn. 11).
- § 75 Abs. 3 für den Antragsteller gegen die abgelehnte Einberufung der Gläubigerversammlung (§ 75 Rdn. 8). Dies gilt auch, wenn die Ablehnung darauf gestützt wird, dass nach Schätzung des Gerichts das erforderliche Quorum verfehlt wird.[48]
- § 78 Abs. 2 Satz 2 für jeden absonderungsberechtigten Gläubiger und für jeden nicht nachrangigen Gläubiger gegen die Aufhebung eines Beschlusses der Gläubigerversammlung (§ 78 Rdn. 6).
- § 78 Abs. 2 Satz 3 für den Antragsteller gegen die abgelehnte Aufhebung eines Beschlusses der Gläubigerversammlung (§ 78 Rdn. 6).
- § 98 Abs. 3 Satz 3 gegen die angeordnete Haft oder die abgelehnte Aufhebung des Haftbefehls (§ 98 Rdn. 23).
- § 99 Abs. 3 Satz 1 für den Schuldner bei einer Postsperre (§ 99 Rdn. 16).
- § 101 Abs. 1 Satz 1 i.V.m. § 98 Abs. 3 Satz 3 für die Mitglieder des Vertretungs- oder Aufsichtsorgans und die vertretungsberechtigten persönlich haftenden Gesellschafter des Schuldners gegen die angeordnete Haft oder die abgelehnte Aufhebung des Haftbefehls sowie i.V.m. § 99 Abs. 3 Satz 1 bei einer vorläufigen Postsperre.
- § 101 Abs. 1 Satz 2 i.V.m. § 98 Abs. 3 Satz 3 für die Personen i.S.d. § 101 Abs. 1 Satz 1, die in den vergangenen zwei Jahren ausgeschieden sind, sowie ggf. am Schuldner beteiligte Personen.
- § 153 Abs. 2 Satz 2 i.V.m. 98 Abs. 3 Satz 3 gegen die angeordnete Haft oder die abgelehnte Aufhebung des Haftbefehls.

---

40 BGH 25.04.2013, IX ZB 179/10, NZI 2013, 540 Rn. 10 f.
41 BGH 25.04.2013, IX ZB 179/10, NZI 2013, 540 Rn. 14.
42 BGH 16.05.2013, IX ZB 198/11, NZI 2013, 644 Rn. 7.
43 BGH 07.04.2011, IX ZB 170/10, NZI 2011, 442 Rn. 6.
44 BGH 20.12.2012, IX ZB 19/10, ZInsO 2013, 238 Rn. 13.
45 BGH 27.09.2012, IX ZB 276/11, ZInsO 2012, 2099 Rn. 3.
46 BGH 14.04.2011, IX ZB 18/10, ZInsO 2011, 1566 Rn. 2.
47 FK-InsO/*Schmitt* § 73 Rn. 20.
48 BGH 21.12.2006, IX ZB 138/06, NZI 2007, 723.

- § 194 Abs. 2 Satz 2 für den Gläubiger, wenn seine Einwendungen gegen das Verteilungsverzeichnis zurückgewiesen werden (§ 194 Rdn. 8).
- § 194 Abs. 3 Satz 2 für den Verwalter und die Insolvenzgläubiger gegen die Berichtigung des Verteilungsverzeichnisses (§ 194 Rdn. 9).
- § 197 Abs. 3 i.V.m. § 194 Abs. 2 Satz 2, Abs. 3 Satz 2 bei Einwendungen gegen das Schlussverzeichnis.
- § 204 Abs. 1 Satz 2 für den Antragsteller gegen eine abgelehnte Nachtragsverteilung (§ 204 Rdn. 2).
- § 204 Abs. 2 Satz 2 für den Schuldner gegen eine Nachtragsverteilung (§ 204 Rdn. 3).
- § 211 Abs. 3 Satz 2 i.V.m. § 204 Abs. 1 Satz 2 für den Antragsteller gegen eine abgelehnte Nachtragsverteilung sowie i.V.m. § 204 Abs. 2 Satz 2 für den Schuldner gegen eine Nachtragsverteilung (s.a. § 211 Rdn. 18).
- § 216 Abs. 1 für jeden Insolvenzgläubiger bei einer Einstellung nach den §§ 207, 212, 213 und für den Schuldner bei einer Einstellung nach § 207 (§ 216 Rdn. 4).
- § 216 Abs. 2 für den Schuldner, wenn eine Einstellung nach den §§ 212, 213 abgelehnt wird (§ 216 Rdn. 3).
- § 231 Abs. 3 für den Vorlegenden gegen die Zurückweisung des Plans (§ 231 Rdn. 18).
- § 248a Abs. 4 Satz 1 für die Gläubiger und Anteilseigner, deren Rechte vom Plan betroffen sind, sowie dem Verwalter gegen die bestätigte oder versagte Planberichtigung (§ 248 Rdn. 4).
- § 253 Abs. 1 für die Gläubiger, den Schuldner und, wenn der Schuldner keine natürliche Person ist, den am Schuldner beteiligten Personen gegen die erfolgte oder versagte Bestätigung des Plans (§ 253 Rdn. 5 ff.). Abs. 4 regelt ein besonderes Zurückweisungsverfahren (§ 253 Rdn. 24 ff.).[49]
- § 270a Abs. 1 Satz 2 i.V.m. §§ 274 Abs. 1, 58 Abs. 2 Satz 3 für den vorläufigen Sachwalter gegen die Anordnung eines Zwangsgelds, i.V.m. § 58 Abs. 3 i.V.m. Abs. 2 Satz 3 für den entlassenen vorläufigen Sachwalter gegen die Anordnung eines Zwangsgelds, i.V.m. § 59 Abs. 2 für den vorläufigen Sachwalter gegen die Entlassung sowie für den vorläufigen Sachwalter, für den Gläubigerausschuss und für jeden Insolvenzgläubiger, wenn die Gläubigerversammlung den Antrag gestellt hat, gegen eine abgelehnte Entlassung sowie i.V.m. § 64 Abs. 3 für den vorläufigen Sachwalter, für den Schuldner und für jeden Insolvenzgläubiger gegen die festgesetzte Vergütung des vorläufigen Sachwalters .
- § 272 Abs. 2 Satz 3 dem antragstellenden Gläubiger sowie dem Schuldner gegen die Entscheidung über die Aufhebung der Eigenverwaltung.
- § 274 Abs. 1 i.V.m. § 57 Satz 4 für jeden Insolvenzgläubiger, wenn ein gewählter Sachwalter nicht bestellt wird, i.V.m. § 58 Abs. 2 Satz 3 für den Sachwalter gegen die Anordnung eines Zwangsgelds, i.V.m. § 58 Abs. 3 i.V.m. Abs. 2 Satz 3 für den entlassenen Sachwalter gegen die Anordnung eines Zwangsgelds, i.V.m. § 59 Abs. 2 für den Sachwalter gegen die Entlassung sowie für den Sachwalter, für den Gläubigerausschuss und für jeden Insolvenzgläubiger, wenn die Gläubigerversammlung den Antrag gestellt hat, gegen eine abgelehnte Entlassung sowie i.V.m. § 64 Abs. 3 für den Sachwalter, für den Schuldner und für jeden Insolvenzgläubiger gegen die festgesetzte Verwaltervergütung.
- § 274 Abs. 2 i.V.m. §§ 22 Abs. 3 Satz 3, 98 Abs. 3 Satz 3 gegen die angeordnete Haft oder die abgelehnte Aufhebung des Haftbefehls.
- § 281 Abs. 1 Satz 1 i.V.m. §§ 153 Abs. 2 Satz 2, 98 Abs. 3 Satz 3 gegen die angeordnete Haft oder die abgelehnte Aufhebung des Haftbefehls.
- § 289 Abs. 2 Satz 1 für den Schuldner gegen die Versagung der Restschuldbefreiung und für jeden Gläubiger, der im Schlusstermin erfolglos die Versagung der Restschuldbefreiung beantragt hat (§ 289 Rdn. 9 ff.).
- § 292 Abs. 3 Satz 2 i.V.m. § 58 Abs. 2 Satz 3 für den Treuhänder gegen die Anordnung eines Zwangsgelds, i.V.m. § 58 Abs. 3 i.V.m. Abs. 2 Satz 3 für den entlassenen Treuhänder gegen die Anordnung eines Zwangsgelds, i.V.m. § 59 Abs. 2 für den Treuhänder gegen die Entlassung

---

[49] *Fischer* NZI 2013, 513.

sowie für den Treuhänder, für den Gläubigerausschuss und für jeden Insolvenzgläubiger gegen eine abgelehnte Entlassung.
- § 293 Abs. 2 i.V.m. § 64 Abs. 3 für den Treuhänder, für den Schuldner und für jeden Insolvenzgläubiger gegen die festgesetzte Treuhändervergütung.
- § 296 Abs. 3 Satz 1 für den Antragsteller gegen die abgelehnte Versagung und für den Schuldner gegen die versagte Restschuldbefreiung (§ 296 Rdn. 35 ff.).
- § 297 Abs. 2 i.V.m. § 296 Abs. 3 Satz 1 für den Antragsteller gegen die abgelehnte Versagung und für den Schuldner gegen die versagte Restschuldbefreiung (§ 297 Rdn. 15).
- § 298 Abs. 3 i.V.m. § 296 Abs. 3 Satz 1 für den Treuhänder gegen die abgelehnte Versagung und für den Schuldner gegen die versagte Restschuldbefreiung (§ 298 Rdn. 27 f.).
- § 300 Abs. 3 Satz 2 für den Schuldner gegen die versagte Restschuldbefreiung und für den Antragsteller gegen die abgelehnte Versagung (§ 300 Rdn. 20 ff.).
- § 303 Abs. 3 Satz 2 für den Antragsteller gegen den abgelehnten Widerruf und für den Schuldner gegen die widerrufene Restschuldbefreiung (§ 303 Rdn. 29).
- § 309 Abs. 2 Satz 3 im Zustimmungsersetzungsverfahren für den Schuldner und den Gläubiger, dessen Zustimmung ersetzt werden soll (§ 309 Rdn. 26).
- § 313 Abs. 1 Satz 3 i.V.m. § 57 Satz 4 für jeden Insolvenzgläubiger, wenn ein gewählter Treuhänder nicht bestellt wird, i.V.m. § 58 Abs. 2 Satz 3 für den Treuhänder gegen die Anordnung eines Zwangsgelds, i.V.m. § 58 Abs. 3 i.V.m. Abs. 2 Satz 3 für den entlassenen Treuhänder gegen die Anordnung eines Zwangsgelds, i.V.m. § 59 Abs. 2 für den Treuhänder gegen die Entlassung sowie für den Treuhänder, für den Gläubigerausschuss und für jeden Insolvenzgläubiger, wenn die Gläubigerversammlung den Antrag gestellt hat, gegen eine abgelehnte Entlassung sowie i.V.m. § 64 Abs. 3 für den Treuhänder, für den Schuldner und für jeden Insolvenzgläubiger gegen die festgesetzte Treuhändervergütung.
- § 344 Abs. 2 für den vorläufigen Verwalter gegen die Anordnung von Sicherungsmaßnahmen (§ 344 Rdn. 4).
- § 345 Abs. 3 Satz 3 für den ausländischen Verwalter gegen die abgelehnte öffentliche Bekanntmachung.
- § 346 Abs. 2 Satz 2 für den ausländischen Verwalter gegen die Entscheidung über die Grundbucheintragung.
- Art. 102 § 3 Abs. 1 Satz 2 EGInsO für den ausländischen Verwalter gegen die Eröffnung des inländischen Insolvenzverfahrens (Anh. II Art. 102 § 3 EGInsO Rdn. 5).
- Art. 102 § 4 Abs. 1 Satz 3 EGInsO für jeden Insolvenzgläubiger gegen die Einstellung des Insolvenzverfahrens (Anh. II Art. 102 § 4 EGInsO Rdn. 4).
- Art. 102 § 7 EGInsO gegen die Entscheidungen des Insolvenzgerichts nach Art. 102 §§ 5, 6 EGInsO (Anh. II Art. 102 § 7 EGInsO Rdn. 1 ff.).

17 Im **arbeitsgerichtlichen Verfahren** über die Zustimmung zur Durchführung einer Betriebsänderung normiert § 122 Abs. 3 unter Ausschluss der sofortigen Beschwerde die Statthaftigkeit der Rechtsbeschwerde zum BAG. Auf diese Regelung verweist § 126 Abs. 2 Satz 2 für das Beschlussverfahren zum Kündigungsschutz.

2. Nicht beschwerdefähige Entscheidungen

18 Als Spiegelung des gesetzlichen Zulassungssystems ist ohne eine positivierte Öffnungsklausel eine sofortige Beschwerde in Insolvenzsachen nicht statthaft. Unzulässig ist daher die sofortige Beschwerde gegen folgende Entscheidungen – **allgemein**: Unanfechtbar ist die Anordnung,[50] Aufhebung[51] oder Unterlassung von Amtsermittlungsmaßnahmen nach § 5 Abs. 1 (vgl. § 5 Rdn. 33),[52] die Bestellung

---

50 *BGH 02.07.1998, IX ZB 33/98*, NZI 1998, 42; 16.10.2003, IX ZB 133/03, NZI 2004, 29.
51 BGH 20.09.2007, IX ZB 37/07 NZI 2008, 100 Rn. 7.
52 Jaeger/*Gerhardt* Rn. 17; Uhlenbruck/*Pape* Rn. 6.

eines Sachverständigen,[53] das Ersuchen um Eintragung des Insolvenzvermerks im Grundbuch[54] und die Anordnung des schriftlichen Verfahrens (vgl. § 5 Rdn. 46).[55]

Eröffnungsverfahren: Gegen richterliche Anordnungen, die eine Entscheidung über den Insolvenzantrag lediglich vorbereiten sollen, ist im Allgemeinen kein Rechtsmittel eröffnet.[56] Hat das Insolvenzgericht einen Insolvenzantrag ausdrücklich zugelassen, ist diese Bewertung keine eigenständige Zwischenentscheidung und nicht gesondert mit Rechtsmitteln anfechtbar.[57] Die Bejahung der örtlichen Zuständigkeit ist nicht anfechtbar, § 571 Abs. 2 Satz 2 ZPO, ebenso wenig die Anordnung eines Sachverständigengutachtens zur Ermittlung des Mittelpunkts der wirtschaftlichen Interessen.[58] Die Anordnung von Sicherungsmaßnahmen nach § 21 Abs. 1,[59] wie das Verbot des Forderungseinzugs durch einen absonderungsberechtigten Gläubiger,[60] die Bestellung[61] und die Auswahl[62] eines vorläufigen Insolvenzverwalters gem. § 21 Abs. 2 Nr. 1, die Anordnung eines Sachverständigengutachtens,[63] die Untersagung von Maßnahmen der Zwangsvollstreckung gem. § 21 Abs. 2 Nr. 3,[64] ist für andere Personen, als den Schuldner, nicht anfechtbar. Unanfechtbar sind die Ablehnung[65] oder Aufhebung von Sicherungsmaßnahmen[66], die Anordnung von Maßnahmen nach den §§ 270a, 270b sowie die abgelehnte Ermächtigung zur Begründung von Masseverbindlichkeiten nach § 270a.[67] Gegen die Anforderung eines Massekostenvorschusses nach § 26 Abs. 1 Satz 2 findet keine sofortige Beschwerde statt.[68] Dem Schuldner steht kein Beschwerderecht zu, wenn das Verfahren auf seinen Antrag eröffnet wurde.[69] Dies gilt auch, wenn zusätzlich ein Fremdantrag gestellt ist.[70] Anders ist die Sachlage aber, wenn der Schuldner geltend macht, der Eröffnungsgrund sei entfallen. Ist der Insolvenzantrag mangels Masse abgewiesen und ein allgemeines Verfügungsverbot aufgehoben worden, ist der vorläufige Insolvenzverwalter auch dann nicht beschwerdeberechtigt, wenn seine Vergütungsansprüche noch nicht erfüllt sind.[71] Wird der Eröffnungsbeschluss aufgehoben, ist der Insolvenzverwalter dagegen nicht beschwerdeberechtigt.[72] Weder die Anordnung noch die Ablehnung der Eigenverwaltung ist mit der sofortigen Beschwerde anfechtbar.[73]

Eröffnetes Verfahren: Bei der Bestellung des Insolvenzverwalters ist zu differenzieren. Die Aufnahme in die Vorauswahlliste ist als Justizverwaltungsakt nach § 23 EGGVG überprüfbar.[74] Die Auswahlentscheidung ist kein Akt rechtsprechender Gewalt, unterliegt aber dennoch der Grundrechtsbindung. Sie kann mit den insolvenzrechtlichen Rechtsbehelfen überprüft werden, die nicht den

---

53 OLG Brandenburg 25.04.2000, 8 W 51/00, NZI 2001, 42; OLG Köln 01.12.2000, 2 W 231/00, NZI 2001, 598 f.
54 Jaeger/*Gerhardt* Rn. 18.
55 BGH 20.03.2003, IX ZB 388/02, NJW 2003, 2167 (2169), zu § 312 Abs. 2 a.F.
56 BGH 04.03.2004, IX ZB 133/03, BGHZ 158, 212 (214); 19.07.2012, IX ZB 6/12, NZI 2012, 823 Rn. 6.
57 BGH 13.06.2006, IX ZB 214/05, NZI 2006, 590 Rn. 6.
58 BGH 19.07.2012, IX ZB 6/12, NZI 2012, 823 Rn. 8.
59 BayObLG 06.08.2001, 4Z BR 7/01, NZI 2001, 592 (593); Uhlenbruck/*Pape* Rn. 6.
60 LG Berlin 21.04.1999, 81 T 264/99, NZI 1999, 416 (417).
61 OLG Brandenburg 21.12.2000, 8 W 252/00, ZIP 2001, 207.
62 OLG Frankfurt 17.12.2008, ZInsO 2009, 142 (244).
63 BGH 14.07.2011, IX ZB 207/10, ZInsO 2011, 1499 Rn. 6.
64 OLG Brandenburg 21.12.2000, 8 W 252/00, ZIP 2001, 207.
65 LG München I 30.12.2002, 14 T 22353/02, NZI 2003, 215 (216); Uhlenbruck/*Pape* Rn. 6.
66 HK-InsO/*Kirchhof* 6. Aufl., Rn. 6.
67 *BGH 07.02.2013, IX ZB 43/12, NZI 2013, 342 Rn. 6, m.Anm. Vallender und Anm. Weissinger.*
68 LG Göttingen 07.06.2000, 10 T 48/00, NZI 2000, 438.
69 BGH 18.01.2007 IX ZB 170/06, NJW-RR 2007, 765 Rn. 7; 26.01.2012, IX ZB 213/11, NZI 2012, 274.
70 BGH 09.02.2012, IX ZB 248/11, NZI 2012, 318 Rn. 5 f.
71 BGH 26.10.2006, IX ZB 163/05, NZI 2007, 99 (100).
72 BGH 08.03.2007, IX ZB 163/06, NZI 2007, 349 Rn. 6.
73 BGH 11.01.2007, IX ZB 10/05, NZI 2007, 240 Rn. 8.
74 BVerfG 03.08.2004, 1 BvR 135/00 und 1086/01, NJW 2004, 2725 (2727).

§ 6 InsO Sofortige Beschwerde

Mitbewerbern eröffnet sind.[75] Gegen die Ablehnung seiner Anregung auf Entlassung des Insolvenzverwalters ist der Schuldner nicht beschwerdeberechtigt.[76] Kein Beschwerderecht besitzen der Insolvenzverwalter gegen den Beschluss über die Wahl eines neuen Verwalters[77] und die Insolvenzgläubiger gegen die Bestellung eines neuen Insolvenzverwalters.[78] Versagt das Insolvenzgericht einem gewählten Insolvenzverwalter die Bestellung, soll nur derjenige Insolvenzgläubiger beschwerdeberechtigt sein, der für die Abwahl des bisherigen Verwalters gestimmt hat.[79] Dem neuen Verwalter steht gegen die Festsetzung der Vergütung für den vorigen Verwalter kein Beschwerderecht zu.[80]

21 Unzulässig ist die Beschwerde des Insolvenzverwalters gegen die Bestellung eines **Sonderverwalters**,[81] auch wenn der Wirkungskreis des Sonderverwalters im Hinblick auf seine bisherige Untersuchungstätigkeit eine weitere Konkretisierung benötigt[82] oder diesem die Kassenführung übertragen wurde.[83] Gegen die Ablehnung seines Antrags, mit dem die Einsetzung eines Sonderinsolvenzverwalters beantragt wird, ist der Insolvenzgläubiger nicht beschwerdeberechtigt.[84]

22 **Maßnahmen** des Insolvenzverwalters können nicht mit der sofortigen Beschwerde angefochten werden.[85] Wird die Erteilung einer Weisung an den Insolvenzverwalter abgelehnt, ist dagegen kein Rechtsmittel eröffnet.[86] Aufsichtsanordnungen des Insolvenzgerichts kann der Insolvenzverwalter nicht mit der sofortigen Beschwerde angreifen.[87] Die Androhung eines weiteren Zwangsgelds gegen den Verwalter ist nicht beschwerdefähig,[88] auch nicht die Anordnung, eine eidesstattliche Versicherung abzugeben.[89] Eine Haftanordnung gegen den Insolvenzverwalter ist unzulässig, eine sofortige Beschwerde des Sonderinsolvenzverwalters nicht statthaft.[90] Beantragt der Insolvenzverwalter die Entnahme eines Gebührenvorschusses, die das Insolvenzgericht versagt, ist dagegen keine sofortige Beschwerde eröffnet.[91] Die Staatskasse ist gegen die Erhöhung der Mindestvergütung nach § 64 Abs. 3 nicht beschwerdebefugt[92] und zwar auch dann nicht, wenn der Sonderinsolvenzverwalter einen Gesamtschaden geltend machen sollte.[93]

23 Lehnt das Insolvenzgericht die Einberufung einer **Gläubigerversammlung** ab, so sind gegen diese Entscheidung nur diejenigen Antragsteller beschwerdebefugt, die einzeln oder gemeinsam mit anderen das Einberufungsquorum erfüllen.[94] Eine sofortige Beschwerde gegen die Einberufung[95] bzw. die

---

75 BVerfG 23.05.2006, 1 BvR 2530/04, NJW 2006, 2613 Rn. 24, 31.
76 BGH 02.03.2006, IX ZB 225/04, NZI 2006, 474 Rn. 9.
77 BGH 17.07.2003, IX ZB 530/02, NZI 2003, 607 (608); 07.10.2004, IX ZB 128/03, NZI 2005, 32.
78 BGH 08.01.2009, IX ZB 161/07, NZI 2009, 246 Rn. 3.
79 Nerlich/Römermann/*Delhaes* § 57 Rn. 12; a.A. MüKo-InsO/*Ganter/Lohmann* Rn. 26.
80 AG Göttingen 25.02.2009, 74 IN 222/07, ZInsO 2009, 688, ausweislich des Leitsatzes.
81 BGH 25.01.2007, IX ZB 240/05; NZI 2007, 284 Rn. 20 ff.; 01.02.2007, IX ZB 45/05, NZI 2007, 237 Rn. 7 ff.
82 BGH 17.12.2009, IX ZB 179/08, ZInsO 2010, 186 Rn. 6.
83 BGH 17.12.2009, IX ZB 178/08, NZI 2010, 301 Rn. 6.
84 BGH 05.02.2009, IX ZB 187/08, NZI 2009, 238 Rn. 4; s.a. 02.03.2006, IX ZB 225/04, NZI 2006, 474 Rn. 12.
85 MüKo-InsO/*Ganter/Lohmann* Rn. 18.
86 BGH 13.06.2006, IX ZB 136/05, NZI 2006, 593.
87 BGH 07.04.2011, IX ZB 170/10, NZI 2011, 442 Rn. 6; a.A. LG Mönchengladbach 19.03.2008, 5 T 425/07, ZInsO 2009, 1356.
88 BGH 07.04.2011, IX ZB 170/10, NZI 2011, 442 Rn. 13.
89 BGH 17.12.2009, IX ZB 177/08 NZI 2010, 159 Rn. 7.
90 BGH 17.12.2009, IX ZB 175/08, NZI 2010, 146 Rn. 5.
91 BGH 01.10.2002, IX ZB 53/02, NJW 2003, 210.
92 AG Nürnberg 06.02.2004, 8012 IN 215/02, ZVI 2004, 314 (315).
93 *BGH 30.09.2010, IX ZB 280/09, ZInsO 2010, 2088 Rn. 5.*
94 BGH 10.03.2011, IX ZB 212/09, NZI 2011, 284 Rn. 8.
95 OLG Köln 30.07.2001, 2 W 143/01, ZInsO 2001, 1112 (1113).

Vertagung der Gläubigerversammlung (Berichts- und Prüfungstermin) ist unzulässig,[96] doch kommt eine Erinnerung gem. § 11 Abs. 2 RPflG in Betracht. Wird der Antrag auf Vertagung einer Gläubigerversammlung abgelehnt, ist eine sofortige Beschwerde ausgeschlossen.[97] Die Feststellung des Stimmrechts ist nicht mit der sofortigen Beschwerde anfechtbar.[98] Auf nichtige Beschlüsse der Gläubigerversammlung ist § 78 Abs. 2 nicht entsprechend anwendbar,[99] auch nicht bei nachträglicher Geltendmachung eines Stimmverbots.[100] Entscheidungen des Gläubigerausschusses sind nicht beschwerdefähig.[101] Gegen eine Anordnung zur Aufenthaltsbestimmung nach § 97 Abs. 3 steht dem Schuldner kein Beschwerderecht zu,[102] anders bei daraufhin eingeleiteten **Zwangsmaßnahmen**. Gegen die Anordnung der zwangsweisen Vorführung ist kein Rechtsmittel vorgesehen[103] auch nicht gegen die Androhung der Verhaftung.[104] Eine Verzeichnisbeschwerde, mit der die Richtigkeit der **Tabelle**, etwa wegen eines Forderungsgrundes aus vorsätzlich begangenen unerlaubten Handlungen, angegriffen wird, ist nicht statthaft.[105]

Lehnt das Gericht die **Einstellung** des Verfahrens ab, steht dem Insolvenzverwalter dagegen kein Beschwerderecht zu.[106] Auch gegen die Einstellung des Insolvenzverfahrens nach § 211 ist die sofortige Beschwerde nicht statthaft.[107] Wird die Bestätigung eines Insolvenzplans versagt, steht dem Insolvenzverwalter dagegen kein Beschwerderecht zu.[108] Ordnet das Gericht die **Eigenverwaltung** an oder lehnt es die Anordnung ab, kann dieser Beschluss weder isoliert noch zusammen mit dem Eröffnungsbeschluss angefochten werden.[109] **24**

Verbraucherinsolvenzverfahren: Ob gegen die Bestimmung der Verfahrensart als Verbraucherinsolvenz- oder Regelinsolvenzverfahren ein Beschwerderecht besteht, ist umstritten.[110] Hierbei ist zu differenzieren. Wird ein eröffnetes Verbraucherinsolvenzverfahren in ein Regelinsolvenzverfahren übergeleitet, ist der Schuldner hiergegen beschwerdeberechtigt.[111] Gleiches muss auch bei der Überleitung aus einem Regelinsolvenz- in ein Verbraucherinsolvenzverfahren gelten. Gegen ein auf Eigenantrag des Schuldners eröffnetes Verbraucherinsolvenzverfahren ist ein Gläubiger nicht beschwerdeberechtigt, wenn er eine Eröffnung als Regelinsolvenzverfahren begehrt.[112] Die Beschwerde ist mangels Beschwer unzulässig, wenn der Schuldner ausschließlich die Eröffnung des Verbraucherinsolvenzverfahrens beantragt und dieser Antrag verworfen wird.[113] Teilt das Insolvenzgericht dem Schuldner deklaratorisch – auch im Beschlusswege – mit, dass sein Insolvenzantrag nach § 305 Abs. 3 Satz 2 als zurückgenommen gilt, ist dagegen nach der Rechtsprechung bei erfüllbaren und nicht willkürlichen Anforderungen kein Beschwerderecht eröffnet.[114] Werden in einer gerichtlichen **25**

---

96 BGH 12.01.2012, IX ZB 217/11, BeckRS 2012, 02999 Rn. 2; LG Göttingen 21.08.2000, 10 T 68/00, ZIP 2000, 1945 (1946).
97 BGH 05.04.2006, IX ZB 144/05, NZI 2006, 404 Rn. 4.
98 BGH 23.10.2008, IX ZB 235/06, NZI 2009, 106 Rn. 8; Uhlenbruck/*Pape* Rn. 6.
99 BGH 21.07.2011, IX ZB 128/10, NZI 2011, 713 Rn. 5.
100 BGH 20.05.2010, IX ZB 223/07, ZInsO 2011, 1225 Rn. 8.
101 HK-InsO/*Kirchhof* 6. Aufl., Rn. 7.
102 LG Göttingen 21.08.2000, 10 T 105/99, ZInsO 2001, 44 (45).
103 LG Düsseldorf 28.08.2003, 25 T 515/03 und 586/03, NZI 2004, 96 (97).
104 LG Hamburg 01.07.1999, 326 T 112/99, NZI 2000, 236 LS.
105 BGH 17.01.2008, IX ZR 220/06, NZI 2008, 250 Rn. 9.
106 BGH 26.04.2007, IX ZB 221/04, NZI 2007, 406 Rn. 4.
107 BGH 25.01.2007, IX ZB 234/05, ZInsO 2007, 263 Rn. 6.
108 BGH 05.02.2009, IX ZB 230/07, NZI 2009, 230 Rn. 7.
109 BGH 11.01.2007, IX ZB 10/05, NZI 2007, 240 Rn. 7.
110 Bejahend OLG Schleswig 01.02.2000, 1 W 53/99, NZI 2000, 164; OLG Köln 11.09.2000, 2 W 244/99, NZI 2000, 542; FK-InsO/*Kohte/Busch* § 304 Rn. 53; verneinend LG Göttingen 30.01.2002, 10 T 7/02, NZI 2002, 322; MüKo-InsO/*Ganter/Lohmann* Rn. 6a.
111 BGH 25.04.2013, IX ZB 179/10, NZI 2013, 540 Rn. 7.
112 BGH 25.04.2013, IX ZB 179/10, NZI 2013, 540 Rn. 15.
113 BGH 12.02.2009, IX ZB 215/08, NZI 2009, 384 Rn. 11.
114 BGH 16.10.2003, IX ZB 599/02, NJW 2004, 67 (68); 07.04.2005, IX ZB 195/03, NZI 2005, 403;

Aufforderung mehrere Punkte beanstandet, soll die Beschwerde nicht eröffnet sein, wenn der Schuldner erfüllbare Anforderungen innerhalb der Frist tw. nicht erfüllt.[115] Zu den unerfüllbaren Anforderungen vgl. Rdn. 30.

26 Sieht das Gericht nach § 306 Abs. 1 Satz 3 davon ab, ein **Schuldenbereinigungsplanverfahren** durchzuführen, ist hiergegen keine sofortige Beschwerde statthaft.[116] Gegen die einem Schuldner vom Insolvenzgericht gem. § 307 Abs. 3 Satz 1 gewährte Möglichkeit, einen vorgelegten Schuldenbereinigungsplan binnen einer bestimmten Frist zu ändern und zu ergänzen, ist keine sofortige Beschwerde eröffnet.[117] Umstritten ist, ob gegen die Weigerung des Insolvenzgerichts, dem Schuldner Gelegenheit zur Änderung des Schuldenbereinigungsplans zu geben, die sofortige Beschwerde statthaft ist.[118] Der Beschluss nach § 308 Abs. 1 Satz 1, mit dem die Annahme eines Schuldenbereinigungsplans festgestellt wird, ist nicht beschwerdefähig.[119] Gegen die Bestellung des Treuhänders ist nach § 313 Abs. 1 Satz 1, 3 i.V.m. § 56 keine sofortige Beschwerde statthaft.[120]

27 **Restschuldbefreiungsverfahren**: Beantragt ein Gläubiger erst nach dem Schlusstermin, die Restschuldbefreiung zu versagen, ist nach dem klaren gesetzlichen Wortlaut des § 289 Abs. 2 Satz 1 gegen die Verwerfung dieses Antrags keine sofortige Beschwerde statthaft.[121] Eine Rechtsmittelbelehrung bei Versagung der Restschuldbefreiung hat der BGH bislang nicht verlangt. Die Beschwerdefrist von zwei Wochen beginnt auch dann zu laufen, wenn eine etwa erforderliche Rechtsmittelbelehrung fehlt.[122] Gegen die Erteilung der Restschuldbefreiung steht dem Treuhänder keine sofortige Beschwerde nach § 300 Abs. 3 Satz 2 zu.[123]

IV. Durchbrechung der Rechtsmittelsperre

28 Als Folge des rechtsstaatlichen Gebots, effektiven Rechtsschutz zu gewähren, lässt die Rechtsprechung auch außerhalb der gesetzlich bestimmten Fälle die sofortige Beschwerde zu. Die wichtigste Fallgruppe stellen **objektiv willkürliche Maßnahmen** dar, denen es an jeder rechtlichen Grundlage fehlt. Das Enumerationsprinzip des § 6 Abs. 1 Satz 1 beschränkt die Anfechtungsmöglichkeiten auf die in der Insolvenzordnung ausdrücklich vorgesehenen Fälle. Liegt die gerichtliche Maßnahme dagegen von vornherein außerhalb der Befugnisse, die dem Insolvenzgericht von Gesetzes wegen verliehen sind, fehlt es an einer insolvenzrechtlichen Regelung, auf die sich das Enumerationsprinzip beziehen könnte. Dem von einer derartigen Maßnahme Betroffenen ist daher die sofortige Beschwerde eröffnet.[124]

29 Ein Rechtsmittel ist namentlich dann eröffnet, wenn eine gesetzesfremde Maßnahme in den **grundrechtlich geschützten Bereich** des Schuldners eingreift.[125] Ein solcher Fall liegt vor, wenn ein Sach-

---

07.04.2005, IX ZB 63/03, NZI 2005, 414; 07.04.2005, IX ZB 123/03, ZInsO 2005, 537; 10.02.2011, IX ZB 43/08, BeckRS 2011, 04092 Rn. 2; ebenso Kübler/Prütting/Bork/*Prütting* Rn. 16c; krit. Gottwald/*Ahrens* § 83 Rn. 30 f.; Kübler/Prütting/Bork/*Pape* § 34 Rn. 53 ff.; Braun/*Bußhardt* Rn. 8.
115 BGH 22.10.2009, IX ZB 195/08, NZI 2009, 900 Rn. 5.
116 BGH 26.01.2012, IX ZA 96/11, BeckRS 2012, 03582 Rn. 2; LG Berlin 21.01.2003, 86 T 2/03, ZVI 2003, 77.
117 OLG Köln 29.08.2001, 2 W 104/01, NZI 2001, 593 (594).
118 Bejahend OLG Celle 24.10.2001, 2 W 111/01, NZI 2002, 213 f.; verneinend LG Duisburg 20.09.2000; 24 T 121/00, NZI 2001, 102; FK-InsO/*Schmerbach* Rn. 27.
119 Rn.HK-InsO/*Kirchhof* 6. Aufl., Rn. 9.
120 LG Münster 02.05.2002, 5 T 426/02, NZI 2002, 445.
121 LG München I 10.08.2000, 14 T 12104/00, ZInsO 2000, 519 LS; FK-InsO/*Schmerbach* Rn. 27.
122 BGH 17.02.2011, IX ZB 260/09, BeckRS 2011, 05061 Rn. 3.
123 AG Göttingen 06.01.2009, 74 IN 270/02, NZI 2009, 257 (258).
124 BGH 04.03.2004, IX ZB 133/03, BGHZ 158, 212 (215 f.); 24.09.2009, IX ZB 38/08, NZI 2009, 766 Rn. 9; 19.07.2012, IX ZB 6/12, NZI 2012, 823 Rn. 7.
125 BGH 20.05.2010, IX ZB 223/07, ZInsO 2011, 1225 Rn. 8; 14.07.2011, IX ZB 207/10, ZInsO 2011, 1499 Rn. 7.

verständiger zum Betreten der Wohn- und Geschäftsräume des Schuldners ermächtigt wird.[126] Auch bei Zwangsmaßnahmen gegen Dritte, die am Eröffnungsverfahren nicht beteiligt sind, ist danach die sofortige Beschwerde eröffnet.[127]

Auch in **sonstigen Fällen** kommt eine sofortige Beschwerde in Betracht. Offen gelassen hat der BGH bislang, ob eine sofortige Beschwerde analog § 34 Abs. 1 statthaft ist, wenn die gerichtliche Aufforderung im Hinblick auf die beizubringenden Unterlagen und Erklärungen nicht erfüllbar ist oder vom Insolvenzgericht willkürliche Anforderungen gestellt werden,[128] was zu bejahen ist.[129] Dem steht gleich, wenn das Insolvenzgericht in nicht verständlicher Weise eine Ergänzungsaufforderung stellt.[130] Gesetzeswidrige, aber erfüllbare Auflagen sollen allerdings kein Beschwerderecht begründen.[131] Erfüllt der Schuldner eine gerichtliche Anforderung, hier einen Schuldenbereinigungsplan vorzulegen, und stellt das Gericht dennoch die Rücknahme des Eröffnungsantrags fest, ist dagegen analog § 34 die sofortige Beschwerde eröffnet.[132] 30

V. Anschlussbeschwerde

Die Teleologie der Rechtsmittelbeschränkung, einen zügigen Verfahrensverlauf zu gewährleisten, steht einer Anschlussbeschwerde nicht entgegen, die deswegen nach § 4 InsO i.V.m. § 567 Abs. 3 ZPO **statthaft** ist.[133] Durch die Anschlussbeschwerde wird das Recht des Beschwerdegegners gewahrt, sich nicht nur gegen die Beschwerde zu verteidigen, sondern selbst einen Angriff zu führen. Sie ermöglicht dem Anschließenden, den vom Beschwerdeführer bestimmten Umfang des Rechtsmittelverfahrens auszuweiten, um etwa eine durch das erstinstanzliche Urteil begründete Beschwer zu beseitigen. Wichtigster Grund des Anschließungsrechts ist, dass der Anschlussbeschwerdeführer die Sache auf sich beruhen lassen wollte, seine Erwartung aber durch die Beschwerde des Gegners enttäuscht wurde und dann die eigene Beschwerdefrist abgelaufen ist. 31

Die Anschließung eröffnet dem Anschließenden einen Zugang zur Rechtsmittelinstanz noch nach **Ablauf der Beschwerdefrist**[134] und wenn er auf die Beschwerde **verzichtet** hat, § 567 Abs. 3 Satz 1 ZPO. Dies muss auch nach Rücknahme der eigenen Beschwerde des sich später Anschließenden zulässig sein. Eine eigene Beschwer ist allerdings nicht erforderlich.[135] Die damit mögliche Erweiterung des Gegenstands spielt jedoch im Insolvenzverfahren keine Rolle. Nach § 567 Abs. 3 Satz 2 ZPO ist die Anschlussbeschwerde stets vom Hauptrechtsmittel abhängig und damit unselbständig.[136] Mit Rücknahme oder Verwerfung der Hauptbeschwerde als unzulässig wird das Anschlussrechtsmittel wirkungslos. Solange das Untergericht die Hauptbeschwerde noch nicht dem Beschwerdegericht vorgelegt hat, § 572 Abs. 1 Satz 1 ZPO, kann es der Anschlussbeschwerde abhelfen.[137] 32

Das Anschließungsrecht unterliegt im Insolvenzrecht **besonderen Zulässigkeitsvoraussetzungen**. Die zivilprozessuale Anschlussbeschwerde ist auch ein Resultat des Zwei-Parteien-Modells. Im Insolvenzverfahren kommt sie deswegen ebenfalls nur bei einer Gegnerschaft zwischen Beschwerdeführer und Anschließenden in Betracht. Ein Insolvenzgläubiger kann sich deswegen nicht der Beschwerde eines anderen Insolvenzgläubigers anschließen. Grenzen setzt auch das Enumerationsprinzip. Die Anschließung ist lediglich dann statthaft, wenn der Gegenstand überhaupt beschwerdefähig ist, 33

---

126 BGH 04.03.2004, IX ZB 133/03, BGHZ 158, 212 (216).
127 BGH 24.09.2009, IX ZB 38/08, NZI 2009, 766 Rn. 9.
128 BGH 16.10.2003, IX ZB 599/02, NJW 2004, 67 (68); 07.04.2005, IX ZB 195/03, NZI 2005, 403.
129 Kübler/Prütting/Bork/*Pape* § 34 Rn. 53 ff.; HambK-InsR/*Rüther* Rn. 7.
130 LG Bonn 08.09.2010, 6 T 218/10, NZI 2010, 863 (864).
131 BGH 22.10.2009, IX ZB 195/08, NZI 2009, 900 Rn. 10.
132 LG Berlin 11.01.2011, 85 T 7/11, ZVI 2011, 293 (294); a.A. *Sternal* NZI 2012, 589.
133 MüKo-InsO/*Ganter/Lohmann* Rn. 4i; Uhlenbruck/*Pape* Rn. 5; Karsten Schmidt/*Stephan* Rn. 7.
134 Stein/Jonas/*Jacobs* § 567 Rn. 44.
135 MüKo-ZPO/*Lipp* § 567 Rn. 42.
136 Stein/Jonas/*Jacobs* § 567 Rn. 42; MüKo-ZPO/*Lipp* § 567 Rn. 41.
137 Musielak/*Ball* § 567 Rn. 24.

also eine Hauptbeschwerde eingelegt werden könnte.[138] Dabei gilt die Einlegungszuständigkeit des § 6 Abs. 1 Satz 2 auch für die Anschlussbeschwerde, die daher in erster Linie beim Insolvenzgericht einzulegen ist. Da das Insolvenzgericht einer Anschlussbeschwerde nach Vorlage der Hauptbeschwerde beim Beschwerdegericht nicht mehr abhelfen kann, ist die Anschlussbeschwerde ab diesem Zeitpunkt beim Beschwerdegericht einzulegen.

C. Sonstige Sachentscheidungsvoraussetzungen

I. Grundlagen

34 Wie allgemein im Rechtsmittelrecht sind Zulässigkeit und Begründetheit der sofortigen Beschwerde gesondert zu prüfen. Die **Zulässigkeitsprüfung** umfasst die allgemeinen Sachentscheidungsvoraussetzungen, also insb. die Prozess- bzw. Verfahrenshandlungsvoraussetzungen. Außerdem müssen die Zulässigkeitsvoraussetzungen der sofortigen Beschwerde erfüllt sein. Dazu gehören die Statthaftigkeit der sofortigen Beschwerde (vgl. Rdn. 7 ff.), die Beschwerdeberechtigung, Form und Frist der Beschwerde und die Beschwer. Wie aus § 567 Abs. 3 Satz 1 ZPO abzuleiten ist, darf der Beschwerdeführer nicht auf die Beschwerde verzichtet haben.[139] Soweit § 6 dazu keine Sonderregeln normiert, wie etwa für die Einlegung der sofortigen Beschwerde beim Insolvenzgericht gem. § 6 Abs. 1 Satz 2, richtet sich das Beschwerdeverfahren nach den §§ 567 ff. ZPO.

II. Verfahrenshandlungsvoraussetzungen

35 Korrespondierend mit der allgemeinen verfahrensrechtlichen Anforderung der Prozessfähigkeit muss der Beschwerdeführer die Beteiligtenfähigkeit besitzen, § 4 InsO i.V.m. § 50 ZPO. Zu berücksichtigen sind dabei die insolvenzspezifischen Besonderheiten, etwa für den Schuldner aus den §§ 11, 12, 316, 332, 333 (vgl. § 4 Rdn. 21). Erfüllt sein müssen auch die Postulationsfähigkeit. Vor allem bei Verbänden müssen die organschaftlichen und sonstigen Vertretungsregeln beachtet werden. Der nach Gesellschaftsrecht berufene gesetzliche Vertreter der Schuldnerin kann für diese auch dann Beschwerde gegen die Eröffnung des Insolvenzverfahrens einlegen, wenn der nach § 37 KWG bestellte Abwickler den Insolvenzantrag gestellt hat.[140] Den Gesellschaftern einer Gesellschaft bürgerlichen Rechts steht neben der Schuldnerin selbst kein eigenes Beschwerderecht zu.[141] Für führungslose Gesellschaften gilt auch für die Ausübung des Beschwerderechts § 15a Abs. 1 Satz 2.

III. Beschwerdefrist

1. Fristbeginn, Abs. 2

36 Die Beschwerdefrist ist eine Notfrist und beträgt **zwei Wochen**, § 4 InsO i.V.m. § 569 Abs. 1 Satz 1 ZPO. Als gesetzliche Frist kann die Frist weder durch das Insolvenz- noch das Beschwerdegericht verlängert werden. Soweit die Entscheidung bereits existent ist, kann die Beschwerde bereits vor der Zustellung bzw. vor der öffentlichen Bekanntmachung eingelegt werden.[142] Regelmäßig muss die Entscheidung dazu den internen Geschäftsbereich des Insolvenzgerichts verlassen haben, also etwa zur Poststelle gegeben worden sein.[143] Die Frist beginnt mit der **Verkündung der Entscheidung**, sonst mit der Zustellung, § 6 Abs. 2. Diese Vorschrift bestimmt lediglich über den Fristbeginn und lässt nicht auch die Zustellung entbehrlich werden,[144] denn die zuverlässige Unterrichtung über die anfechtbare Entscheidung bildet einen zusätzlichen selbständigen Grund für das Zustellungserfordernis. Ist zweifelhaft, ob ein fristgebundener Schriftsatz rechtzeitig bei Gericht eingegangen ist,

---

138 HK-InsO/*Kirchhof* 6. Aufl., Rn. 14; MüKo-InsO/*Ganter/Lohmann* Rn. 52.
139 HK-InsO/*Kirchhof* 6. Aufl., Rn. 22; MüKo-ZPO/*Lipp* § 567 Rn. 33.
140 BGH 13.06.2006, IX ZB 262/05, NZI 2006, 594.
141 BGH 06.07.2006, IX ZA 5/06, ZInsO 2006, 822.
142 FK-InsO/*Schmerbach* Rn. 40.
143 MüKo-InsO/*Ganter/Lohmann* Rn. 39.
144 A.A. FK-InsO/*Schmerbach* § 8 Rn. 17.

so muss das Gericht hierüber Beweis erheben. Lässt sich der rechtzeitige Eingang nicht zur vollen Überzeugung des Gerichts feststellen, gehen verbleibende Zweifel zulasten desjenigen, der sich auf die Fristwahrung beruft.[145]

Typischerweise beginnt die Beschwerdefrist mit **Zustellung** der insolvenzgerichtlichen Entscheidung nach den §§ 8, 9, weil das Insolvenzgericht zumeist gem. § 5 Abs. 3 Satz 1 ohne mündliche Verhandlung entscheidet und die Beschlüsse deswegen nicht verkündet werden müssen. Die Zustellung erfolgt von Amts wegen und kann durch Aufgabe des Schriftstücks unter der Anschrift des Zustellungsadressaten zur Post bewirkt werden, § 8 Abs. 1 Satz 1 und 2. Soll die Zustellung im Inland bewirkt werden, gilt das Schriftstück drei Tage nach Aufgabe zur Post als zugestellt, § 8 Abs. 1 Satz 3. Für jeden Zustellungsempfänger läuft dann eine gesondert zu berechnende Frist. 37

Bei einer **öffentlichen Bekanntmachung** gilt die Zustellung zwei Tage nach der Veröffentlichung als bewirkt, § 9 Abs. 1 Satz 3. Die Beschwerdefrist läuft ab dem dritten Tag.[146] Damit beginnt für jeden Verfahrensbeteiligten die Frist gleichzeitig. Wird die Entscheidung indessen nachweislich an einzelne Beteiligte formgerecht zugestellt, reicht aufgrund des Beschleunigungszwecks die je frühere Zustellung aus, um den Lauf der Rechtsmittelfristen in Gang zu setzen. Die spätere persönliche Zustellung hat keinen Einfluss auf den Lauf der Frist.[147] Nach § 9 Abs. 3 genügt auch dann allein die öffentliche Bekanntmachung zum Nachweis der Zustellung an den Schuldner, wenn neben ihr, etwa nach § 64 Abs. 2, eine besondere Zustellung an einen Verfahrensbeteiligten persönlich gesetzlich vorgeschrieben ist.[148] Unterbleibt eine gesetzlich vorgeschriebene Einzelzustellung, so ist dies bei ordnungsgemäßer öffentlicher Bekanntmachung für die Berechnung der Rechtsmittelfrist grds. ohne Bedeutung.[149] 38

Zustellungsmängel werden nach § 189 ZPO durch den tatsächlichen Zugang der Entscheidung geheilt.[150] Bei einer unterbliebenen, unwirksamen oder nicht nachweisbaren Zustellung eines verkündeten Beschlusses beginnt die Beschwerdefrist spätestens mit Ablauf von fünf Monaten nach Verkündung des Beschlusses, § 569 Abs. 1 Satz 2 ZPO. Auf nicht verkündete Beschlüsse wird diese Regelung mit der Maßgabe entsprechend angewendet, dass die Frist mit dem Erlass[151] bzw. der Bekanntgabe an die Parteien[152] beginnt, es sei denn eine Bekanntgabe ist nicht erweislich.[153] Jedenfalls bei einer öffentlichen Bekanntmachung beginnt die Beschwerdefrist nicht schon fünf Monate nach Erlass der Entscheidung, wenn die öffentliche Bekanntmachung fehlerhaft ist und deswegen keine Zustellungswirkung begründet.[154] Ein nicht dem Beschwerdeführer zugestellter und nicht öffentlich bekannt gemachter Beschluss setzt die Beschwerdefrist nicht in Gang.[155] 39

2. Wiedereinsetzung in den vorigen Stand

Ist die Beschwerdefrist schuldlos versäumt worden, ist dem Beschwerdeführer auf Antrag (Ausnahme § 236 Abs. 2 Satz 2 ZPO) **Wiedereinsetzung in den vorigen Stand** zu gewähren, § 233 ZPO. Mehrere Konstellationen sind dabei besonders hervorzuheben. Es bestand bislang keine Ver- 40

---

145 BGH 08.03.2012, IX ZB 70/10, ZInsO 2012, 751 Rn. 10; 11.04.2013, IX ZB 170/11, NZI 2013, 648 Rn. 15.
146 FK-InsO/*Schmerbach* Rn. 41; Uhlenbruck/*Pape* Rn. 14; Nerlich/Römermann/*Becker* Rn. 43.
147 BGH 20.03.2003, IX ZB 140/02 NZI 2004, 341 f.; 12.07.2012, IX ZB 42/10, BeckRS 2012, 18031 Rn. 6; OLG Köln 03.01.2000, 2 W 270/99, NZI 2000, 169 (170); Nerlich/Römermann/*Becker* § 9 Rn. 25; MüKo-InsO/*Ganter/Lohmann* Rn. 38; Graf-Schlicker/*Kexel* Rn. 4; a.A. Jaeger/*Gerhardt* Rn. 32.
148 BGH 04.12.2003, IX ZB 249/02, NZI 2004, 277 (278).
149 BayObLG 17.12.2001, 4Z BR 35/01, NZI 2002, 155.
150 HambK-InsR/*Rüther* Rn. 24.
151 OLG Koblenz 03.01.2003, 3 W 775/02, NJW-RR 2003, 1079 (1080); PG/*Lohmann* § 569 Rn. 3.
152 MüKo-ZPO/*Lipp* § 569 Rn. 5.
153 Zöller/*Heßler* § 569 Rn. 4.
154 BGH 10.11.2011, IX ZB 165/10, NZI 2011, 974 Rn. 14.
155 BGH 17.11.2011, IX ZB 85/11, NZI 2011, 978 Rn. 7 ff.

pflichtung des Insolvenzgerichts, zusammen mit seiner Entscheidung eine Rechtsbehelfsbelehrung zu erteilen.[156] Wenn sie unzutreffend erteilt wird, ist nach Ansicht des BGH nicht diese Frist nach dem Grundsatz der Meistbegünstigung anzuwenden, sondern dem Beschwerdeführer Wiedereinsetzung zu bewilligen.[157] Nach § 232 ZPO ist eine Rechtsbehelfsbelehrung ab dem 01.01.2014 vorgeschrieben. Ist sie unterblieben oder fehlerhaft, wird nach § 233 ZPO ein fehlendes Verschulden vermutet. Richtet ein Verfahrensbeteiligter ein Auskunftsersuchen über die Rechtsbehelfsvoraussetzungen an das Insolvenz- oder Beschwerdegericht, muss dieses unverzüglich antworten, sonst ist Wiedereinsetzung in den vorigen Stand zu gewähren.[158]

41 Die **Empfangszuständigkeit** des § 6 Abs. 1 Satz 2 (vgl. Rdn. 43 ff.) für die sofortige Beschwerde strahlt auch auf das Nebenverfahren der Wiedereinsetzung aus. Über den Wiedereinsetzungsantrag entscheidet nach § 237 ZPO grds. das Beschwerdegericht. Im Licht des neuen § 6 Abs. 1 Satz 2 ist das Beschwerdegericht dennoch regelmäßig nicht für den Empfang des Wiedereinsetzungsgesuchs zuständig, denn die Form des Wiedereinsetzungsantrags richtet sich gem. § 236 Abs. 1 ZPO nach den für die versäumte Prozesshandlung maßgebenden Vorschriften. Der Nebenantrag auf Wiedereinsetzung ist danach zusammen mit der sofortigen Beschwerde beim Insolvenzgericht einzulegen.[159] Infolgedessen können, aber nicht müssen, die Einlegungs- und die Entscheidungszuständigkeit auseinanderfallen.[160]

42 Das **Insolvenzgericht** darf nur dann über das Wiedereinsetzungsgesuch entscheiden, wenn es den Wiedereinsetzungsantrag für zulässig und begründet hält, ihm also stattgeben will.[161] Hält das Insolvenzgericht den Wiedereinsetzungsantrag für unzulässig oder unbegründet und sieht es damit die sofortige Beschwerde als unzulässig an, ist ihm eine Sachentscheidung verwehrt.[162] Hat allerdings das Insolvenzgericht die sofortige Beschwerde bereits dem Beschwerdegericht vorgelegt, bevor der Wiedereinsetzungsantrag gestellt wurde, ist nunmehr für den Empfang des Wiedereinsetzungsgesuchs das Beschwerdegericht zuständig.[163] Ggf. ist nach § 236 Abs. 2 Satz 2 ZPO die Wiedereinsetzung von Amts wegen zu gewähren.

IV. Einlegung

1. Einlegungsgericht, Abs. 1 Satz 2

43 Mit einer vom Rechtsausschuss bei der Beratung des ESUG formulierten Bestimmung ist in § 6 Abs. 1 Satz 2 eine **insolvenzrechtliche Sonderregelung** über die Einlegung der sofortigen Beschwerde eingefügt. Abweichend von § 569 Abs. 1 Satz 1 Alt. 2 ZPO ist in einer an § 64 Abs. 1 FamFG angelehnten Regelung die sofortige Beschwerde allein beim Insolvenzgericht und nicht beim Beschwerdegericht einzulegen. Ziel soll sein, das Verfahren zu beschleunigen. Durch die Einlegung der Beschwerde beim Insolvenzgericht soll der Insolvenzrichter sofort prüfen können, ob er der sofortigen Beschwerde abhelfen will. Helfe er der sofortigen Beschwerde ab, trete Erledigung ein, wodurch das Verfahren verkürzt und das Beschwerdegericht entlastet werden soll.[164]

44 Nach ihrer systematischen Stellung und ihrer Teleologie gilt die Bestimmung des Einlegungsgerichts allein für **Beschwerden in Insolvenzsachen**. Unselbständige Verfahren, wie die Anschlussbeschwerde

---

156 BGH 16.10.2003, IX ZB 36/03, NZI 2004, 85.
157 BGH 16.10.2003, IX ZB 36/03, NZI 2004, 85; LG Duisburg 19.12.2012, 7 T 175/12, BeckRS 2013, 14272; HK-InsO/*Kirchhof* 6. Aufl., Rn. 19.
158 BGH 21.01.2010, IX ZB 164/09, ZInsO 2010, 631 Rn. 12.
159 OLG Bamberg 22.08.2011, 2 UF 154/11, NJW-RR 2011, 1509, zu § 64 Abs. 1 FamFG.
160 MüKo-ZPO/*Gehrlein* § 237 Rn. 2.
161 BGH 21.01.2010, IX ZB 164/09, ZInsO 2010, 631 Rn. 9.
162 OLG Koblenz 15.05.2002, 14 W 295/02, NJW-RR 2002, 1219 (1220); FK-InsO/*Schmerbach* Rn. 50; Musielak/*Grandel* § 237 Rn. 1.
163 OLG Stuttgart 03.07.2008, 8 W 222/08, FamRZ 2008, 2133.
164 BT-Drucks. 17/7511, 45.

und die Wiedereinsetzung in den vorigen Stand, folgen der insolvenzrechtlichen Zuständigkeit. Ist dagegen die sofortige Beschwerde nach anderen gesetzlichen Vorschriften statthaft, bleibt es bei der Regelung des § 569 Abs. 1 Satz 1 ZPO, wonach die sofortige Beschwerde sowohl beim Untergericht (*iudex a quo*) als auch beim Beschwerdegericht eingelegt werden kann (*iudex ad quem*).

Normiert ist eine ausschließliche Empfangszuständigkeit des **Insolvenzgerichts**. Insolvenzgericht ist das für das Insolvenzverfahren zuständige Gericht. Obwohl die gesetzliche Formulierung auf das Insolvenzgericht abstellt, wird keine Einlegung bei diesem Spruchkörper verlangt. Weder der Beschleunigungsgedanke noch andere Aufgaben von § 6 Abs. 1 Satz 2 verlangen eine solch einengende Interpretation. Es genügt, wenn übereinstimmend mit allgemeinen zivilprozessualen Grundsätzen die sofortige Beschwerde beim zuständigen Amtsgericht eingelegt wird. Nicht ausgeschlossen ist die Abgabe der Erklärung zu Protokoll der Geschäftsstelle eines anderen Amtsgerichts gem. § 129a ZPO, die ebenfalls fristwahrend ist.[165] Wird die sofortige Beschwerde nicht nur bei einem anderen Amtsgericht zu Protokoll erklärt, sondern dort eingelegt, ist § 129a ZPO entsprechend anzuwenden. Zur Anbringung des Wiedereinlegungsgesuchs vgl. Rdn. 42. 45

Offen ist, ob die Einlegungszuständigkeit auch dann besteht, wenn ein Verfahren bereits **beim Beschwerdegericht anhängig** ist. Hier wird zu differenzieren sein. Wird ein unselbständiges Begehren erhoben, etwa in Gestalt einer Anschlussbeschwerde, ist das Beschwerdegericht empfangszuständig. Gleiches gilt, wenn Wiedereinsetzung in den vorigen Stand beantragt wird.[166] Ist das Verfahren bereits in der Beschwerdeinstanz anhängig, führt eine Einlegung beim Untergericht nicht nur zu keiner Beschleunigung, sondern zu einer Verzögerung. Das Beschwerdegericht muss auch dann Einlegungsgericht sein, wenn die Beschwerden aus sachlichen Gründen nicht unterschiedlich behandelt werden dürfen. Hat das Insolvenzgericht die Bestellung eines gewählten Insolvenzverwalters versagt und ist die sofortige Beschwerde eines Insolvenzgläubigers bereits beim Beschwerdegericht anhängig, ist dieses für die Beschwerde eines anderen Insolvenzgläubigers zumindest auch empfangszuständig. Sind die Verfahren dagegen unabhängig voneinander zu führen, bleibt das Insolvenzgericht Eingangsgericht. 46

Wird die sofortige Beschwerde **beim Beschwerdegericht**, also einem unzuständigen Gericht eingelegt, erfolgt keine bindende Verweisung entsprechend § 281 ZPO. Diese zivilverfahrensrechtliche Vorschrift erlaubt nur die Verweisung bei einer fehlenden örtlichen und/oder sachlichen Zuständigkeit.[167] Allerdings scheint die Bestimmung des Einlegungsgerichts eine gewisse Nähe zur sachlichen Zuständigkeit aufzuweisen, mit der die Verteilung der Rechtsschutzgesuche auf die verschiedenen Arten der erstinstanzlichen Gerichte und damit die Zuständigkeit der Amts- oder Landgerichte normiert wird. Um eine solche Zuständigkeitsbestimmung geht es jedoch nicht. Vielmehr handelt es sich um eine Verteilung der Rechtspflegefunktion im Rahmen des Beschwerdeverfahrens, weshalb eine Abgabe zu erfolgen hat.[168] Dem entspricht auch die Rechtsprechung des BGH zur vergleichbaren Vorschrift des § 64 Abs. 1 FamFG. Das angerufene Beschwerdegericht hat danach die Beschwerdeschrift im ordentlichen Geschäftsgang an das AG weiterzuleiten, wenn ohne weiteres die Unzuständigkeit des angerufenen Gerichts erkennbar und damit regelmäßig die Bestimmung des zuständigen Gerichts möglich ist. Das Beschwerdegericht wird seine Unzuständigkeit regelmäßig ohne weiteres erkennen können, wenn der Rechtsmittelführer mit der Beschwerde eine Ausfertigung der angefochtenen Entscheidung einreicht.[169] Da das Verfahren an das Insolvenzgericht abzugeben ist, muss der Beschwerdeführer nicht anwaltlich vertreten sein. Die Beschwerdefrist ist erst mit Eingang beim Erstgericht gewahrt. Wird die sofortige Beschwerde aufgrund einer unzutreffenden Rechtsmittelbeschwerde beim Beschwerdegericht eingelegt, ist eine Wiedereinsetzung in den vorigen Stand zu gewähren.[170] 47

---

165 Nerlich/Römermann/*Becker* Rn. 49, zum früheren Recht.
166 OLG Dresden 03.11.2010, 23 UF 500/10, MDR 2011, 566; a.A. OLG Bremen 14.04.2011, 4 UF 163/10, FamRZ 2011, 1741, beide zu § 64 Abs. 1 FamFG.
167 OLG Brandenburg 05.01.2000, 8 Sch 6/99, NJW-RR 2001, 645.
168 Vgl. MüKo-ZPO/*Prütting* § 281 Rn. 10.
169 BGH 17.08.2011, XII ZB 50/11, NJW 2011, 3240 Rn. 22, 25.
170 LG Duisburg 19.12.2012, 7 T 175/12, BeckRS 2013, 14272.

2. Form

a) Beschwerdeschrift

48 Regelmäßig wird nach § 4 InsO i.V.m. § 569 Abs. 2 Satz 1 ZPO die sofortige Beschwerde durch eine Beschwerdeschrift eingelegt. Als **Mindestinhalt** muss die angefochtene Entscheidung bezeichnet und erklärt werden, dass die Beschwerde gegen die Entscheidung eingelegt wird. Fehler in der Beschwerdeschrift sind unschädlich, wenn eine Auslegung nach den Maßstäben der Rechtsordnung vernünftig ist und der recht verstandenen Interessenlage entspricht.[171] Wegen der geringen Formstrenge reicht es dabei aus, wenn die Schrift bei großzügiger Auslegung die angefochtene Entscheidung und das Anliegen der Überprüfung derselben durch die höhere Instanz hinreichend klar erkennen lässt.[172] Eine unzutreffende Angabe des Geschäftszeichens ist unschädlich, wenn verlässlich festgestellt werden kann, welches Verfahren gemeint ist. Um das Beschwerdeverfahren identifizieren und die Statthaftigkeit der Beschwerde prüfen zu können, muss außerdem der Beschwerdeführer erkennbar sei.

49 Der **Rechtsmittelführer** muss erkennbar sein. Dies bedeutet jedoch nicht, dass die erforderliche Klarheit über die Person des Beschwerdeführers ausschließlich durch dessen ausdrückliche Bezeichnung zu erzielen ist. Sie kann auch durch Auslegung der Beschwerdeschrift und der etwa sonst vorliegenden Unterlagen gewonnen werden.[173] Der Rechtsmittelgegner, an dessen Bezeichnung ohnehin geringere Anforderungen zu stellen sind,[174] muss im nicht auf Parteirollen bezogenen Insolvenzverfahren grds. nicht benannt werden. Etwas anderes gilt in streitig ausgestalteten Verfahrensabschnitten, wie dem Verfahren über die Versagung der Restschuldbefreiung. **Nicht erforderlich** ist ein Beschwerdeantrag.[175] Eine Beschwerdebegründung (vgl. dazu Rdn. 63) soll erfolgen, § 571 Abs. 1 ZPO, und erscheint regelmäßig sinnvoll. Sie ist aber keine Zulässigkeitsvoraussetzung.[176]

50 Eine Beschwerdeschrift muss bereits begrifflich in **Schriftform** erfolgen. Anwendbar sind damit die Vorschriften der §§ 130, 130a ZPO über bestimmende Schriften. Die Beschwerdeschrift kann daher postalisch, telegraphisch, als Fax, als Telefax mit eingescannter Unterschrift[177] und als elektronisches Dokument mit qualifizierter elektronischer Signatur übermittelt werden. Reicht eine anwaltlich nicht vertretene Partei eine nicht unterschriebene Beschwerdeschrift ein, ist dies unschädlich, wenn nach den Umständen von einer Beschwerdeeinlegung ausgegangen werden kann.[178] Bei einer anwaltlich vertretenen Partei ist zwar regelmäßig die Unterschrift des Anwalts erforderlich, aber auch hier sind bei einer fehlenden Unterschrift die begleitenden Umstände zu berücksichtigen. Auch in diesen Fällen muss entscheidend sein, ob von einer Beschwerdeeinlegung ausgegangen werden kann.[179]

51 Bei der **anwaltlichen Vertretung** ist zwischen den verschiedenen Abschnitten des Beschwerdeverfahrens zu unterscheiden. Da die Beschwerde beim Insolvenzgericht einzulegen ist, vor dem kein Anwaltszwang herrscht, ist dafür keine anwaltliche Vertretung erforderlich.[180] Dies gilt nach § 78 Abs. 3 ZPO nicht nur, wenn die Beschwerde zu Protokoll der Geschäftsstelle erklärt, sondern auch wenn sie schriftsätzlich eingelegt wird. Für die Einlegung der Beschwerde und das Abhilfeverfahren besteht deswegen kein Anwaltszwang. Zum Anwaltszwang im Beschwerdeverfahren s. Rdn. 75.

---

171 St. Rspr. zur Auslegung von Prozesshandlungen vgl. nur BGH 19.01.2001, V ZR 437/99, BGHZ 146, 298 (310); 14.11.2002, I ZR 199/00 NJW 2003, 665 (666).
172 BGH 23.10.2003, IX ZB 369/02, NZI 2004, 166.
173 BGH 22.09.2009, VI ZB 76/08, NJW-RR 2010, 277 Rn. 5.
174 BGH 22.09.2009, VI ZB 76/08, NJW-RR 2010, 277 Rn. 5; 11.05.2010, VIII ZB 93/09, NJW-RR 2011, 281 Rn. 11; enger Stein/Jonas/*Jacobs* § 569 Rn. 13.
175 BGH 10.05.1984, BLw 2/83, BGHZ 91, 154 (160); MüKo-ZPO/*Lipp* § 569 Rn. 12; Stein/Jonas/*Jacobs* § 569 Rn. 14.
176 PG/*Lohmann* § 569 Rn. 7; Uhlenbruck/*Pape* Rn. 613.
177 GmS 05.04.2000, Gms-OGB 1/98, BGHZ 144, 160 (164 f.).
178 BGH 04.10.1984, VII ZR 342/83, BGHZ 91, 251 (255).
179 Nerlich/Römermann/*Becker* Rn. 55; strenger MüKo-InsO/*Ganter/Lohmann* Rn. 40.
180 BGH 20.06.2000, X ZB 11/00 NJW 2000, 3356 (3357).

b) Erklärung zu Protokoll der Geschäftsstelle

Die Beschwerdeschrift kann nach § 4 InsO i.V.m. § 569 Abs. 3 Nr. 1 ZPO auch zu Protokoll der Geschäftsstelle eingelegt werden,[181] denn das Insolvenzverfahren ist erstinstanzlich nicht als Anwaltsprozess zu führen. Zulässig bleibt die **Abgabe zu Protokoll** der Geschäftsstelle **eines anderen Amtsgerichts** nach § 4 InsO i.V.m. § 129a ZPO. Nach früherem Recht konnte die Beschwerde zur Geschäftsstelle eines beliebigen Amtsgerichts abgegeben werden,[182] woran sich auch nach neuem Recht nichts ändert. Bereits begrifflich steht § 6 Abs. 1 Satz 2 dem nicht entgegen. Während § 6 Abs. 1 Satz 2 sowie § 569 Abs. 3 ZPO auf die Einlegung und damit auch die Wirkung der Prozesshandlung abstellen, wird nach § 129a ZPO die Erklärung lediglich zu Protokoll abgegeben. Möglich soll auch eine Erklärung zum richterlichen Sitzungsprotokoll sein.[183] Die Wirkung der Prozesshandlung tritt nach § 129a Abs. 2 Satz 2 ZPO erst ein, wenn das Protokoll beim Insolvenzgericht eingeht. Eingelegt ist die Beschwerde erst, wenn sie beim Insolvenzgericht eingeht.[184] Die Zielsetzung von § 129a ZPO, den Verfahrensbeteiligten die Erklärung zu erleichtern, kollidiert daher nicht mit dem Beschleunigungszweck von Abs. 1 Satz 2. Unberührt von § 6 Abs. 1 Satz 2, der allein die Einlegung der Beschwerde betrifft, bleibt auch die schriftliche Erklärung nach § 571 Abs. 4 Satz 2, die vor jedem Amtsgericht abgegeben werden kann.

V. Beschwerdeberechtigung

Die **persönliche Berechtigung**, eine Beschwerde einzulegen, ist in mehrfacher Hinsicht zu konkretisieren. Zunächst bestimmen die Vorschriften, welche die Beschwerde für zulässig erklären, den zur Einlegung einer Beschwerde berechtigten Personenkreis (vgl. Rdn. 7). Diese Aufzählung ist abschließend.[185] Entsprechend der allgemeinen und konkreten Zielsetzung der Beschwerdevorschriften müssen diese Personen aber weiter eingegrenzt werden.

Ist als **Schuldnerin** eine Gesellschaft beschwerdeberechtigt, so sind die allgemein Vertretungsberechtigten und die in § 15 genannten Personen befugt, im Namen der Gesellschaft zu handeln.[186] Bei einer KG ist der Komplementär beschwerdeberechtigt.[187] Beim Insolvenzverfahren über das Vermögen einer Gesellschaft bürgerlichen Rechts kann jeder Gesellschafter im Namen der Gesellschaft Rechtsmittel einlegen.[188]

Als **Insolvenzgläubiger** sind die verfahrensbeteiligten Insolvenzgläubiger beschwerdebefugt, die ihre Forderungen angemeldet haben. Sie unterliegen den Bindungen des Insolvenzverfahrens und können die Verfahrensrechte gelten machen. Nur wenn rechtskräftig festgestellt wird, dass dem vermeintlichen Gläubiger die zunächst angemeldete Forderung nicht zusteht, entfällt dessen Beschwerdeberechtigung.[189] Allerdings ist auch ein von der Abstimmung ausgeschlossener Gläubiger nicht berechtigt, Beschlüsse des Gerichts über den Gegenstand der Abstimmung anzufechten, etwa die Bestellung eines gewählten Verwalters.[190] Nicht beschwerdeberechtigt sind Gläubigerversammlung und Gläubigerausschuss.[191]

---

181 FK-InsO/*Schmerbach* Rn. 36.
182 MüKo-InsO/*Ganter/Lohmann* Rn. 40.
183 Stein/Jonas/*Jacobs* § 569 Rn. 16.
184 Vgl. Musielak/*Ball* § 569 Rn. 8.
185 FK-InsO/*Schmerbach* Rn. 12.
186 Uhlenbruck/*Pape* Rn. 12; HK-InsO/*Kirchhof* 6. Aufl., Rn. 24.
187 Braun/*Bußhardt* Rn. 12.
188 BGH 06.07.2006, IX ZA 5/06, ZInsO 2006, 822 Rn. 1; 21.06.2007, IX ZB 51/06, NZI 2008, 121 Rn. 2.
189 BGH 07.12.2006, IX ZB 1/04, NZI 2007, 241 Rn. 7.
190 Jaeger/*Gerhardt* Rn. 29.
191 Uhlenbruck/*Pape* Rn. 12.

VI. Beschwer

56 Die sofortige Beschwerde ist, wie jedes andere Rechtsmittel, nur dann zulässig, wenn der Beschwerdeführer beschwert ist.[192] Nach allgemeinen zivilverfahrensrechtlichen Regeln genügt eine **formelle Beschwer**, die für den Beschwerdeführer besteht, wenn die Entscheidung hinter einem von ihm gestellten Antrag zu seinem Nachteil zurückbleibt, dem Begehren also nicht voll entsprochen worden ist.[193] Da für andere Verfahrensbeteiligte diese Bestimmung nicht passt, wird bei ihnen auf eine **materielle** Beschwer abgestellt. Für einen Beklagten liegt die Beschwer in dem Betrag oder in dem Wert seiner Verurteilung.[194] Sie liegt vor, wenn die Rechtsposition des Beschwerdeführers beeinträchtigt ist.[195] Allein die Begründung einer Entscheidung kann nicht angefochten werden.[196]

57 Diese Grundsätze sind auf **Entscheidungen über Eröffnungsanträge** zu übertragen. Ist ein Gläubigerantrag auf Eröffnung des Insolvenzverfahrens als unzulässig verworfen worden, fehlt das Rechtsschutzinteresse, wenn der Gläubiger nur die Abweisung des Antrags als unbegründet erreichen will.[197] Beantragt der Schuldner, das Insolvenzverfahren zu eröffnen, ist er bei einer Eröffnung, insb. bei einem Sinneswandel oder Irrtum über die Eröffnungsvoraussetzungen, regelmäßig nicht formell beschwert.[198] Nach der Judikatur des BGH gilt dies auch, wenn der Schuldner eine die Kosten des Verfahrens nicht deckende Masse rügt.[199] Sinn und Zweck dieses Kriteriums zur Bestimmung des Rechtsschutzbedürfnisses können es aber gebieten, die sofortige Beschwerde des antragstellenden Schuldners im Einzelfall als zulässig anzusehen, obwohl er durch die Eröffnungsentscheidung nur materiell beschwert ist.[200] Hat der Schuldner einen Insolvenzantrag gestellt, aber vor Erlass des Eröffnungsbeschlusses wieder zurückgenommen, kann er nach der höchstrichterlichen Rechtsprechung durch eine nachfolgende Eröffnungsentscheidung sogar formell beschwert sein.[201] Beantragt ein Schuldner ausschließlich die Eröffnung des Verbraucherinsolvenzverfahrens, ist er nach Ansicht der Rechtsprechung nicht beschwert, wenn das Insolvenzgericht von einer Überführung in das Regelinsolvenzverfahren abgesehen hat,[202] obwohl abweichend vom Antrag das Verfahren nicht eröffnet wird.

58 Trotz vorhandener Beschwer kann ausnahmsweise das **Rechtsschutzinteresse** für ein Beschwerdeverfahren **fehlen**, wenn bereits im Zeitpunkt der Einlegung der Beschwerde mit Sicherheit feststeht, dass der beschwerdeführende Gläubiger keine auch nur teilweise Befriedigung seiner Forderung erwarten kann.[203] In einem Insolvenzverfahren natürlicher Personen sind insb. bei einem Restschuldbefreiungsantrag auch die zukünftigen Leistungen des Schuldners zu berücksichtigen.[204]

59 Die Beschwer muss grds. im **Zeitpunkt** der Beschwerdeentscheidung vorliegen. Entfällt sie durch eine verfahrensrechtliche Überholung, wird die sofortige Beschwerde regelmäßig unzulässig.[205] Auch in diesen Überholungsfällen wird das Rechtsschutzinteresse verneint.[206] Die sofortige Be-

---

192 MüKo-ZPO/*Lipp* § 567 Rn. 32.
193 BGH 02.02.1999, VI ZR 25/98, BGHZ 140, 335 (338); 18.01.2007, IX ZB 170/06, NJW-RR 2007, 765 Rn. 6.
194 BGH 18.01.2007, IX ZB 170/06, NJW-RR 2007, 765 Rn. 6.
195 FK-InsO/*Schmerbach* Rn. 15; PG/*Lohmann* § 567 Rn. 13.
196 Jaeger/*Gerhardt* Rn. 30.
197 LG Düsseldorf 25.09.2012, 25 T 490/12, NZI 2013, 94.
198 BGH 18.01.2007 IX ZB 170/06, NJW-RR 2007, 765 Rn. 7, 14; 26.04.2007, IX ZB 8/06, ZInsO 2007, 663 Rn. 3; FK-InsO/*Schmerbach* § 34 Rn. 20 ff., auch zu den Ausnahmen.
199 BGH 26.04.2007, IX ZB 8/06, ZInsO 2007, 663 Rn. 1; 17.07.2008, IX ZB 225/07, NZI 2008, 557 Rn. 5 ff.; a.A. Jaeger/*Schilken* § 34 Rn. 26.
200 BGH 18.01.2007, IX ZB 170/06, NJW-RR 2007, 765 Rn. 10.
201 BGH 18.01.2007, IX ZB 170/06, NJW-RR 2007, 765 Rn. 11.
202 BGH 25.09.2008, IX ZB 233/07, ZInsO 2008, 1324 Rn. 9; 12.02.2009, IX ZB 215/08, NZI 2009, 384 Rn. 11.
203 BGH 02.02.2006, IX ZB 78/04, NZI 2006, 250 Rn. 8; 07.12.2006, IX ZB 1/04, NZI 2007, 241 Rn. 4.
204 *BGH 02.02.2006, IX ZB 78/04, NZI 2006, 250 Rn. 9;* FK-InsO/*Schmerbach* Rn. 17.
205 BGH 15.10.2009, VII ZB 1/09, NZI 2010, 118 Rn. 10; PG/*Lohmann* § 567 Rn. 13.
206 Graf-Schlicker/*Kexel* Rn. 7.

schwerde ist deswegen grds. unzulässig, wenn das Insolvenzverfahren vor der Beschwerdeentscheidung aufgehoben oder eingestellt wird.[207] Wird die Anordnung einer Sicherungsmaßnahme aufgehoben[208] oder das Insolvenzverfahren eröffnet,[209] gilt dies ebenfalls. Eine Ausnahme besteht für die Eröffnungsentscheidung, bei der allerdings der Eröffnungsgrund im Zeitpunkt der Eröffnungsentscheidung vorliegen muss.[210] Auch bei einer Abweisung mangels Masse ist auf den Zeitpunkt der insolvenzgerichtlichen Entscheidung abzustellen, weswegen eine spätere Befriedigung der Forderung des Gläubigers unerheblich bleibt.[211] Betrifft der Gegenstand des Beschwerdeverfahrens eine von dem Fortbestand des Insolvenzverfahrens unabhängige Frage, wie Einwendungen gegen das Verteilungsverzeichnis, die Vergütung des Insolvenzverwalters oder ein Zwangsgeld, kann die Beschwer noch nach dem Verfahrensende bestehen.[212]

Ausnahmsweise zulässig sein kann trotz verfahrensmäßiger Überholung ein in der ZPO als Rechtsschutzform so nicht vorgesehener **Fortsetzungsantrag**.[213] Dafür kann ein Bedürfnis bestehen, wenn das gerichtliche Verfahren dazu dient, einer Wiederholungsgefahr zu begegnen oder eine fortwirkende Beeinträchtigung durch einen an sich beendeten Eingriff zu beseitigen.[214] Ebenso kommt er bei tiefgreifenden Grundrechtseingriffen in Betracht, insb. bei Eingriffen, die unter Richtervorbehalt stehen und nach dem typischen Verfahrensablauf auf eine Zeitspanne beschränkt sind, in welcher der Betroffene die gerichtliche Entscheidung in der von der Prozessordnung vorgegebenen Instanz kaum erlangen kann.[215] 60

VII. Beschwerde gegen Kostenentscheidungen

Die sofortige Beschwerde gegen eine Kostenentscheidung ist nur statthaft, wenn der **Wert des Beschwerdegegenstands** (Beschwerdewert) € 200 übersteigt, § 567 Abs. 2 ZPO,[216] s.a. §§ 66 Abs. 2, 68 Abs. 1 GKG, § 99 ZPO. Ausnahmsweise wird damit für die sofortige Beschwerde nicht nur eine Beschwer, sondern auch ein Beschwerdewert verlangt.[217] Der Beschwerdewert ist nach der Differenz zwischen der in der angefochtenen Entscheidung festgesetzten und der vom Beschwerdeführer angestrebten Kostenlast, also dem beantragten Betrag zu berechnen.[218] Der Beschwerdeantrag kann den Wert des Beschwerdegegenstands im Verhältnis zur Beschwer verringern, wenn nur die Beseitigung eines Teils der erlittenen Beschwer verlangt wird, nicht aber den Wert des Beschwerdegegenstands über die Beschwer hinaus erhöhen. Ein in der Beschwerdeinstanz erweitertes Festsetzungsbegehren ist dabei nicht zu berücksichtigen.[219] Hilft das Beschwerdegericht der sofortigen Beschwerde nach § 572 Abs. 1 Satz 1 ZPO tw. ab, so ist auch hier für die Zulässigkeit der sofortigen Beschwerde auf den Zeitpunkt der Beschwerdeentscheidung abzustellen. Regelmäßig wird die sofortige Beschwerde unzulässig, falls sie daraufhin nicht mehr den Beschwerdewert erreicht.[220] 61

---

207 HK-InsO/*Kirchhof* 6. Aufl., Rn. 26.
208 BGH 12.10.2006, IX ZB 34/05, NZI 2007, 34 Rn. 5.
209 BGH 11.01.2007, IX ZB 271/04, NZI 2007, 231 Rn. 9; 17.01.2008, IX ZB 41/07, NJW-RR 2008, 1271 Rn. 3.
210 BGH 27.07.2006, IX ZB 204/04, BGHZ 169, 17 Rn. 8 ff.; 27.03.2008, IX ZB 144/07, NZI 2008, 391 Rn. 6.
211 BGH 02.12.2010, IX ZB 121/10, NZI 2011, 106 Rn. 3.
212 Jaeger/*Gerhardt* Rn. 3; FK-InsO/*Schmerbach* Rn. 18; HambK-InsO/*Rüther* Rn. 18.
213 HambK-InsR/*Rüther* Rn. 18.
214 BGH 12.10.2006, IX ZB 34/05, NZI 2007, 34 Rn. 8.
215 BGH 04.03.2004, IX ZB 133/03, BGHZ 158, 212 (216 f.).
216 PG/*Lohmann* § 567 Rn. 11.
217 MüKo-ZPO/*Lipp* § 567 Rn. 38; Zöller/*Heßler* § 567 Rn. 39.
218 BGH 19.04.2012, IX ZB 162/10, ZInsO 2012, 972 Rn. 10; PG/*Lohmann* § 567 Rn. 12; Zöller/*Heßler* § 567 Rn. 39.
219 BGH 19.03.2009, IX ZB 152/08, NJW-RR 2009, 853 Rn. 5; 19.04.2012, IX ZB 162/10, NZI 2012, 619 Rn. 10.
220 MüKo-ZPO/*Lipp* § 567 Rn. 39; Musielak/*Ball* § 567 Rn. 21.

62 Die **Wertfestsetzung** kann nach § 63 Abs. 3 GKG von Amts wegen geändert werden, wenn das Verfahren wegen der Hauptsache oder wegen der Entscheidung über den Streitwert, den Kostenansatz oder die Kostenfestsetzung in der Rechtsmittelinstanz anhängig ist. Die Sachverständigenvergütung kann gem. § 4 Abs. 3 JVEG nur durch den Berechtigten und die Staatskasse angefochten werden.[221]

D. Beschwerdeverfahren

I. Begründung

63 Die Beschwerde soll nach § 571 Abs. 1 ZPO begründet werden. Die Begründung ist erwünscht, aber nicht vorgeschrieben und stellt deswegen auch keine Zulässigkeitsvoraussetzung dar.[222] Die Beschwerde kann genauso auf **neue Angriffs- und Verteidigungsmittel**, § 571 Abs. 2 Satz 1 ZPO, gestützt werden. Konnte der Schuldner im Verfahren über einen Versagungsantrag vor dem Insolvenzgericht seinen Vortrag nachholen, etwa weil er nicht hinreichend über die Konsequenzen eines Fernbleibens im Schlusstermin belehrt wurde, gilt dies auch für das Beschwerdeverfahren.[223] Es besteht aber keine Pflicht, eine Frist zu setzen.[224] Wird eine Beschwerde ohne Begründung eingelegt, muss der Insolvenzrichter sich entweder beim Beschwerdeführer erkundigen, ob eine Begründung erfolgen soll oder regelmäßig eine zweiwöchige Frist abwarten.[225] Während der Beschwerdefrist ist dies ohnehin unschädlich. Wird eine Begründung angekündigt, ist eine angemessene Zeit abzuwarten.[226] Es genügt, wenn der Beschwerdeführer eine Begründung innerhalb der nächsten zwei Wochen ankündigt.[227] Sonst ist dem Beschwerdeführer eine Frist von zumindest zwei Wochen zu setzen.[228] Die angemessene Länge der Frist wird durch die Schwierigkeit der Sache, den Umfang der Akten und die Eilbedürftigkeit des Verfahrens bestimmt.[229] Ohne angemessene Frist(setzung) verletzt das Insolvenzgericht den Anspruch des Beschwerdeführers auf rechtliches Gehör.

II. Abhilfe

64 Die in § 4 InsO i.V.m. § 572 Abs. 1 Satz 1 ZPO bestimmte allgemeine Abhilfebefugnis des Insolvenzgerichts verlangt vom Ausgangsgericht, seine Entscheidung nochmals zu überprüfen und ggf. der Beschwerde abzuhelfen.[230] Sie zielt auf eine Selbstkontrolle des Gerichts, ein verkürztes Verfahren und eine Entlastung des Beschwerdegerichts.[231] Der **verpflichtende Charakter** des Abhilfeverfahrens wird durch die Neuregelung des § 6 Abs. 1 Satz 2 betont und verstärkt. Dennoch stellt ein ordnungsgemäß durchgeführtes Abhilfeverfahren keine Voraussetzung des Verfahrens vor dem Beschwerdegericht dar.[232] Die Abhilfepflicht besteht sowohl für den Richter als auch den Rechtspfleger.[233] Hilft ein Rechtspfleger nicht ab, muss er die Entscheidung dem Beschwerdegericht vorlegen.

65 Im Abhilfeverfahren gelten die **allgemeinen Vorschriften** mit einigen sachbezogenen Modifikationen, etwa beim Verfahrensgegenstand. Wird mit der sofortigen Beschwerde erstmals ein Hilfsantrag

---

221 FK-InsO/*Schmerbach* Rn. 82.
222 PG/*Lohmann* § 571 Rn. 2.
223 BGH 20.07.2011, IX ZB 53/11, BeckRS 2011, 20362 Rn. 5.
224 BGH 30.06.2011, IX ZB 29/11, BeckRS 2011, 19489 Rn. 2.
225 HK-InsO/*Kirchhof* 6. Aufl., Rn. 33; vgl. BVerfG 21.04.1982, 2 BvR 873/81, NJW 1982, 1691; a.A. Zöller/*Heßler* § 572 Rn. 8.
226 BGH 24.09.2009, IX ZB 285/08, BeckRS 2009, 27899 Rn. 2; 14.10.2010, IX ZB 44/09, NZI 2010, 998 Rn. 3.
227 LG Dessau-Roßlau, 15.03.2012, 2 IN 401/05, BeckRS 2012, 09661.
228 Zöller/*Heßler* § 572 Rn. 8; HambK-InsR/*Rüther* Rn. 21; offengelassen von BGH 14.10.2010, IX ZB 44/09, NZI 2010, 998 Rn. 3; FK-InsO/*Schmerbach* Rn. 46, und Uhlenbruck/*Pape* Rn. 13, nicht mehr als zwei Wochen.
229 BGH 24.09.2009, IX ZB 285/08, BeckRS 2009, 27899 Rn. 2.
230 MüKo-ZPO/*Lipp* § 572 Rn. 5.
231 PG/*Lohmann* § 572 Rn. 1.
232 Graf-Schlicker/*Kexel* Rn. 11.
233 MüKo-InsO/*Ganter*/*Lohmann* Rn. 45; Stein/Jonas/*Jacobs* § 572 Rn. 11.

gestellt, der nicht Gegenstand des erstinstanzlichen Verfahrens war, darf das Insolvenzgericht nicht über diesen Antrag entscheiden. Die Entscheidung bleibt dem Beschwerdegericht vorbehalten.[234] Hilft das Insolvenzgericht der sofortigen Beschwerde ab, muss es auch über die Kosten entscheiden.[235]

Nach der gesetzlichen Formulierung ist einer **begründeten Beschwerde** abzuhelfen. Lange war deswegen umstritten, ob die Zulässigkeit der Beschwerde eine Voraussetzung der Abhilfe ist oder ob das Untergericht einer nicht statthaften[236] bzw. unzulässigen Beschwerde abhelfen kann.[237] In Insolvenzsachen können jedenfalls Beschlüsse, die mit der sofortigen Beschwerde anfechtbar sind, innerhalb der laufenden Beschwerdefrist grds. auch von Amts wegen geändert werden.[238] Ob eine sofortige Beschwerde zulässig wäre, ist unerheblich. 66

Neues Vorbringen ist zu berücksichtigen.[239] Selbst eine Beweisaufnahme kann erforderlich sein. Hat das Insolvenzgericht bislang kein rechtliches Gehör gewährt, muss es dies nachholen.[240] Will das Insolvenzgericht abhelfen, muss es zuvor den anderen Beteiligten rechtliches Gehör gewähren.[241] Der Abhilfebeschluss ist dem Beschwerdeführer mitzuteilen, anderen erstmals beschwerten Beteiligten zuzustellen.[242] Er kann für andere nunmehr erstmals beschwerte Beteiligten ein **Beschwerderecht** eröffnen,[243] soweit diese nach den insolvenzrechtlichen Bestimmungen beschwerdebefugt sind. Dann muss der Beschluss begründet werden. Auch ein durch die Entscheidung erstmals beschwerter Dritter kann die sofortige Beschwerde einlegen.[244] 67

Hilft das Insolvenzgericht der sofortigen Beschwerde **nicht ab**, legt es die Beschwerde unverzüglich dem Beschwerdegericht vor. Wird tw. abgeholfen, muss die Beschwerde im Übrigen dem Beschwerdegericht vorgelegt werden.[245] Die Vorlagepflicht besteht auch bei einer nicht statthaften oder sonst unzulässigen sofortigen Beschwerde.[246] Obwohl dies nicht ausdrücklich gesetzlich bestimmt ist, ergeht die Entscheidung durch einen nicht selbständig anfechtbaren Beschluss,[247] der jedenfalls bei neuem Vortrag in der sofortigen Beschwerde zu begründen ist.[248] Im Rahmen einer Nichtabhilfeentscheidung kann das Insolvenzgericht seine Ausführungen ergänzen.[249] Der Beschluss ist den Beteiligten mitzuteilen. Mit neuem Vorbringen des Beschwerdeführers muss sich die Nichtabhilfeentscheidung auseinandersetzen. Sie ist zu begründen, soweit die Ausgangsentscheidung nicht begründet war oder neues Vorbringen erfolgt ist.[250] 68

---

234 BGH 21.12.2006, IX ZB 81/06, NZI 2007, 166 Rn. 19 f.; FK-InsO/*Schmerbach* Rn. 53; PG/*Lohmann* § 572 Rn. 2.
235 MüKo-InsO/*Ganter/Lohmann* Rn. 48; FK-InsO/*Schmerbach* Rn. 75.
236 Insoweit abl. Thomas/Putzo/*Reichold* § 572 Rn. 2, 7.
237 OLG Frankfurt 29.08.2002, 26 W 102/02, NJW-RR 2003, 140 (141); MüKo-ZPO/*Lipp* § 572 Rn. 7; Musielak/*Ball* § 572 Rn. 4; Zöller/*Heßler* § 572 Rn. 14.
238 BGH 13.07.2006, IX ZB 117/04, NZI 2006, 599 Rn. 7; PG/*Lohmann* § 572 Rn. 3.
239 Nerlich/Römermann/*Becker* Rn. 60; Stein/Jonas/*Jacobs* § 572 Rn. 10.
240 LG München I 20.07.2001, 14 T 10 316/01, ZInsO 2001, 813 (814 f.).
241 PG/*Lohmann* § 572 Rn. 2; MüKo-ZPO/*Lipp* § 572 Rn. 8.
242 MüKo-ZPO/*Lipp* § 572 Rn. 10; Musielak/*Ball* § 572 Rn. 6; HambK-InsR/*Rüther* Rn. 25.
243 AG Göttingen 13.11.2002, 74 IK 38/00, ZInsO 2002, 1150 (1151); Jaeger/*Gerhardt* Rn. 37; FK-InsO/*Schmerbach* Rn. 56; Nerlich/Römermann/*Becker* Rn. 61.
244 BGH NZI 2005, 619 (620); FK-InsO/*Schmerbach* Rn. 56.
245 Stein/Jonas/*Jacobs* § 572 Rn. 12.
246 MüKo-ZPO/*Lipp* § 572 Rn. 12; Stein/Jonas/*Jacobs* § 572 Rn. 16.
247 BGH 16.12.2008, IX ZA 46/08, NJW-RR 2009, 718 Rn. 8; Graf-Schlicker/*Kexel* Rn. 11; Uhlenbruck/*Pape* Rn. 15; nach FK-InsO/*Schmerbach* Rn. 50, 57, auch als Vermerk; einschränkend auch Braun/*Bußhardt* Rn. 32.
248 PG/*Lohmann* § 572 Rn. 4; Musielak/*Ball* § 572 Rn. 6; diff. MüKo-ZPO/*Lipp* § 572 Rn. 14; Zöller/*Heßler* § 572 Rn. 10 f.
249 FK-InsO/*Schmerbach* Rn. 58.
250 OLG Celle 23.07.2001, 2 W 71/01, NZI 2001, 599 (601).

III. Verfahren des Beschwerdegerichts

69 Beschwerdegericht ist das Landgericht, § 72 GVG. Die Beschwerdeinstanz ist eine vollwertige **zweite Tatsacheninstanz**.[251] Das Beschwerdegericht hat die Möglichkeit, aber auch die Verpflichtung, neue Tatsachen und Beweise uneingeschränkt zu berücksichtigen, unabhängig davon, ob diese vor oder nach der erstinstanzlichen Entscheidung entstanden sind.[252] Auch schuldhaft bislang nicht vorgebrachte Umstände sind zu beachten. Nach § 572 Abs. 2 Satz 1 ZPO muss das Beschwerdegericht von Amts wegen prüfen, ob die sofortige Beschwerde statthaft und in der vorgeschriebenen Frist und Form eingelegt ist. Darüber hinaus gilt die Amtsermittlungspflicht auch im Verfahren über die sofortige Beschwerde, §§ 6, 4 InsO i.V.m. §§ 567 ff. ZPO.[253] Ebenso wenig wie § 296 ZPO im Insolvenzverfahren angewendet werden darf (vgl. § 4 Rdn. 43), kann auf die § 296 Abs. 1 ZPO nachgebildete Präklusionsregel des § 571 Abs. 3 Satz 2 ZPO abgestellt werden.

70 Ist der Anspruch auf Gewährung **rechtlichen Gehörs** vom Insolvenzgericht verletzt, muss das Gehör im Beschwerdeverfahren nachgeholt werden. Wird der Anspruch auf effektiven Rechtsschutz verletzt, muss das Beschwerdegericht das Verfahren an das Insolvenzgericht zurückverweisen. Berücksichtigt das Beschwerdegericht neue Umstände, ist hierzu dem Beschwerdeführer, wenn die Entscheidung aufrechterhalten bleiben soll, sonst dem Gegner Gehör zu gewähren.[254]

71 Im Beschwerdeverfahren gilt das prozessuale **Verbot der Schlechterstellung** (*reformatio in peius*) und zwar auch, wenn die Entscheidung aufgehoben und die Sache zurückverwiesen wird.[255] Durch das Verschlechterungsverbot ist das Beschwerdegericht nicht gehindert, bei Feststellung der angemessenen Vergütung im Einzelfall Zu- und Abschläge anders zu bemessen als das Insolvenzgericht, soweit es den Vergütungssatz insgesamt nicht zum Nachteil des Beschwerdeführers ändert.[256] Wird der Antrag in der sofortigen Beschwerde erweitert bzw. ein Hilfsantrag gestellt, muss das Beschwerdegericht darüber entscheiden.[257]

72 Das Beschwerdegericht kann nach der insoweit anwendbaren allgemeinen Regelung des § 5 Abs. 3 ohne mündliche Verhandlung ergehen. Nicht zweifelsfrei ist, ob auch ein **schriftliches Verfahren** nach § 5 Abs. 2 angeordnet werden kann, weil diese Befugnis in § 5 Abs. 2 dem Insolvenzgericht zugewiesen ist. Es ist jedoch auch im Beschwerdeverfahren zulässig, zumal § 571 Abs. 4 ZPO die Anordnung einer schriftlichen Erklärung zulässt. Vom Untergericht unzureichend gewährtes rechtliches Gehör ist nachzuholen.

73 Maßgebender **Zeitpunkt**, in dem die Sach- und Rechtslage beurteilt wird, ist regelmäßig der Erlass der Beschwerdeentscheidung. Wurde ein Antrag auf Eröffnung des Insolvenzverfahrens abgewiesen, ist auf die Sach- und Rechtslage im Zeitpunkt der Entscheidung des Beschwerdegerichts abzustellen. Liegen die Eröffnungsvoraussetzungen in diesem Zeitpunkt, sei es auch erstmals, vor, ist das Insolvenzverfahren zu eröffnen.[258]

74 Stellt das anzuwendende Recht jedoch auf einen **anderen Termin** ab, ist dieser maßgeblich.[259] Hat das Insolvenzgericht das Insolvenzverfahren eröffnet, muss der Eröffnungsgrund im Zeitpunkt der

---

251 BGH 10.07.2008, V ZB 130/07, BGHZ 177, 218 Rn. 14; 21.12.2006, IX ZB 81/06, NZI 2007, 166 Rn. 20.
252 BGH 27.03.2008, IX ZB 144/07, NZI 2008, 391 Rn. 6; 05.02.2009, IX ZB 245/08, ZInsO 2009, 432 Rn. 2.
253 FK-InsO/*Schmerbach* Rn. 63; HambK-InsR/*Rüther* § 5 Rn. 7a.
254 FK-InsO/*Schmerbach* Rn. 68.
255 BGH 06.05.2004, IX ZB 349/02, BGHZ 159, 122 (124); Jaeger/*Gerhardt* Rn. 44; FK-InsO/*Schmerbach* Rn. 51, 73; Uhlenbruck/*Pape* Rn. 20.
256 BGH 28.09.2006, IX ZB 108/05, NZI 2007, 45 Rn. 4.
257 *BGH 21.12.2006, IX ZB 81/06, NZI 2007, 166 Rn. 19 f.*
258 BGH 27.03.2008, IX ZB 144/07, NZI 2008, 391 Rn. 6.
259 PG/*Lohmann* § 571 Rn. 4.

Eröffnungsentscheidung vorgelegen haben.[260] Lagen die Eröffnungsvoraussetzungen zu diesem Termin nicht vor, ist ein dennoch ergangener Eröffnungsbeschluss aufzuheben. Eine Neubescheidung durch das Beschwerdegericht auf Grundlage späterer Tatsachen ist unzulässig.[261] Ein Antrag auf Versagung der Restschuldbefreiung muss im Schlusstermin oder in der Frist der Schlussanhörung gestellt und begründet werden. Ein Nachschieben von Gründen ist unzulässig.[262] Im Rechtsmittelverfahren darf weder ein neuer Sachverhalt noch ein neuer Versagungsgrund vorgetragen werden, selbst wenn der Versagungsgrund erst nach dem Termin oder der Frist bekannt wurde.[263]

Im Beschwerdeverfahren vor dem Landgericht herrscht gem. § 571 Abs. 4 ZPO **kein Anwaltszwang**. Bestimmt das Landgericht eine schriftliche Erklärung, kann diese nach § 571 Abs. 4 Satz 2 ZPO zu Protokoll der Geschäftsstelle abgegeben werden, weil nach § 569 Abs. 3 Nr. 1 ZPO bereits die Beschwerde zu Protokoll der Geschäftsstelle eingelegt werden konnte, d.h. im ersten Rechtszug kein Anwaltszwang bestand.[264] Selbst wenn das Landgericht eine mündliche Verhandlung anordnet, ist wegen der insoweit einheitlichen Verfahrensgestaltung keine anwaltliche Vertretung erforderlich.[265] Da für den Beschwerdeführer kein Anwaltszwang besteht, gilt dies auch für den Gegner.[266] 75

IV. Wirkungen der sofortigen Beschwerde

Die sofortige Beschwerde hat keine aufschiebende Wirkung, § 4 InsO i.V.m. § 570 Abs. 1 ZPO. Entgegen § 570 Abs. 1 ZPO tritt auch bei einer sofortigen Beschwerde gegen den Vollzug eines Haftbefehls keine aufschiebende Wirkung ein.[267] Insolvenzgericht und Beschwerdegericht können aber nach § 570 Abs. 2, 3 ZPO die Vollziehung der angefochtenen Entscheidung aussetzen.[268] Beim Eröffnungsbeschluss ist allerdings zu differenzieren. Er kann zwar außer Vollzug gesetzt werden, doch bleiben davon die kraft Gesetzes eintretenden Folgen der §§ 80, 89, 90 unberührt. Wird der Eröffnungsbeschluss außer Vollzug gesetzt, darf der Verwalter das Vermögen des Schuldners nicht länger verwalten und verwerten.[269] 76

Eine **einstweilige Anordnung**, mit der insb. die Vollziehung der angefochtenen Entscheidung ausgesetzt werden kann, darf nach § 570 Abs. 3 ZPO allein das Beschwerdegericht treffen. Bislang war diese Zuständigkeitsnorm unproblematisch, weil die sofortige Beschwerde auch beim Rechtsmittelgericht eingelegt werden konnte. Da nach der neuen Regelung des § 6 Abs. 1 Satz 2 die sofortige Beschwerde beim Insolvenzgericht einzulegen ist, fallen nunmehr Eingangszuständigkeit und Entscheidungskompetenz auseinander. Um einerseits die gesetzlich bezweckte Stärkung des Abhilfeverfahrens zu ermöglichen und andererseits den erforderlichen Rechtsschutz nicht auszuhöhlen, kann auch das Insolvenzgericht eine solche einstweilige Anordnung treffen. Die in § 4 normierte entsprechende Anwendung von § 570 Abs. 3 ZPO lässt dafür genügend Raum. 77

Einstweilige Anordnungen dürfen aber nur insoweit erlassen werden, wie sie die **Vollziehung der angefochtenen Entscheidung** betreffen. Durch die Anordnungsbefugnis soll verhindert werden, dass die angegriffene, noch nicht rechtskräftige Entscheidung Wirkungen entfaltet, die durch eine 78

---

260 BGH 27.07.2006, IX ZB 204/04, BGHZ 169, 17 Rn. 8 ff.; 27.03.2008, IX ZB 144/07, NZI 2008, 391 Rn. 6.
261 BGH 27.07.2006, IX ZB 204/04, BGHZ 169, 17 Rn. 20 ff.
262 BGH 25.10.2007, IX ZB 187/03 NZI 2008, 48 Rn. 3.
263 BGH 23.10.2008, IX ZB 53/08, NZI 2009, 64 Rn. 11.
264 MüKo-ZPO/*Lipp* § 571 Rn. 22; Stein/Jonas/*Jacobs* § 571 Rn. 14.
265 Jaeger/*Gerhardt* Rn. 31; FK-InsO/*Schmerbach* Rn. 36; Uhlenbruck/*Pape* Rn. 18; a.A. Nerlich/Römermann/*Becker* Rn. 52; Braun/*Bußhardt* Rn. 28; Stein/Jonas/*Jacobs* § 571 Rn. 14.
266 PG/*Lohmann* § 571 Rn. 7.
267 LG Göttingen 17.12.2004, 10 T 133/04, NZI 2005, 339; Ahrens NZI 2005, 299 (302 ff.); FK-InsO/*Schmerbach* Rn. 48; HK-InsO/*Kirchhof* 6. Aufl., Rn. 32; Karsten Schmidt/*Stephan* Rn. 14; MüKo-ZPO/*Lipp* § 570 Rn. 3; s.a. Stein/Jonas/*Jacobs* § 570 Rn. 3.
268 MüKo-InsO/*Ganter/Lohmann* Rn. 51.
269 Jaeger/*Gerhardt* Rn. 33; Kübler/Prütting/Bork/*Prütting* Rn. 25.

vom Rechtsmittelgericht später zu treffende ersetzende Sachentscheidung nicht mehr beseitigt werden könnte. Damit korrespondiert die zeitliche Begrenzung der angeordneten Maßnahmen, die mit der Entscheidung über die Beschwerde außer Kraft treten.[270] Wird die Entscheidung über die Eröffnung des Insolvenzverfahrens angefochten, kann das Rechtsmittelgericht keinen Rechtsschutz durch die erstmalige Anordnung von Sicherungsmaßnahmen gewähren.[271]

V. Entscheidung

1. Zulässigkeits- und Begründetheitsprüfung

79 Das Beschwerdegericht hat regelmäßig die **Zulässigkeit** vor der Begründetheit zu prüfen.[272] Ist die sofortige Beschwerde unzulässig, darf das Beschwerdegericht nicht sachlich über sie entscheiden.[273] In Gestalt rechtlicher Hinweise ausgedrückte Hilfserwägungen sind aber zulässig.[274] Um das Verfahren zu beschleunigen und das Beschwerdegericht zu entlasten, kann die sofortige Beschwerde nach § 571 Abs. 2 Satz 2 ZPO nicht darauf gestützt werden, dass das Insolvenzgericht seine Zuständigkeit unzutreffend bejaht hat. Die sofortige Beschwerde ist – insoweit – als unzulässig zu verwerfen.[275] Etwas anderes gilt nur für die internationale Zuständigkeit.[276]

80 Steht dagegen die **Unzulässigkeit** der sofortigen Beschwerde nicht fest, während die **Unbegründetheit** zur vollen Überzeugung des Beschwerdegerichts vorliegt, kann nach der ganz überwiegenden Ansicht unabhängig von der Zulässigkeit der sofortigen Beschwerde eine Sachentscheidung über sie ergehen. Einschränkend wird allerdings verlangt, dass die Zurückweisung der sofortigen Beschwerde keine weitergehenden Folgen als ihre Verwerfung hat und auch im Übrigen keine Interessen der Beteiligten der Entscheidung entgegenstehen.[277] Sobald die Zulässigkeit eine grundsätzliche Frage aufwerfen kann, für die eine Zulassung der Rechtsbeschwerde nach § 574 Abs. 2 Nr. 1 ZPO in Betracht kommt, darf die Prüfung nicht dahingestellt bleiben.

2. Zurückverweisung

81 Ist die angefochtene Entscheidung aufzuheben, steht es nach § 572 Abs. 3 ZPO im Ermessen des Insolvenzgerichts, ob es der sofortigen Beschwerde abhilft und eine eigene Sachentscheidung trifft oder die Sache an das Insolvenzgericht zurückverweist.[278] Eine Zurückverweisung ist dann sinnvoll, wenn noch **weitere Ermittlungen** erforderlich sind.[279] Gerade dann wird der Ausgang des Verfahrens offen sein, weswegen auch die Kostenentscheidung dem Insolvenzgericht übertragen werden muss.[280] Im Berufungsverfahren wird allerdings die Zurückverweisungsbefugnis des Rechtsmittelgerichts durch § 538 ZPO beschränkt. Vom BGH ist bislang aber offen gelassen, ob und ggf. inwieweit der Grundgedanke dieser Regelung auf § 572 Abs. 3 ZPO übertragen werden kann.[281] Eine

---

270 BGH 01.12.2005, IX ZB 208/05, NJW-RR 2006, 332 Rn. 6 f.
271 BGH 01.12.2005, IX ZB 208/05, NJW-RR 2006, 332 Rn. 9; a.A. FK-InsO/*Schmerbach* Rn. 49.
272 BGH 30.03.2006, IX ZB 171/04, NZI 2006, 606 Rn. 4; MüKo-ZPO/*Lipp* § 572 Rn. 23; PG/*Lohmann* § 572 Rn. 8.
273 BGH 21.12.2006, IX ZB 81/06, NZI 2007, 166 Rn. 6.
274 FK-InsO/*Schmerbach* Rn. 50.
275 PG/*Lohmann* § 571 Rn. 5.
276 FK-InsO/*Schmerbach* Rn. 64.
277 BGH 30.03.2006, IX ZB 171/04, NZI 2006, 606 Rn. 4; 17.02.2011 – IX ZB 268/08; NZI 2011, 263 Rn. 6; FK-InsO/*Schmerbach* Rn. 50; HK-InsO/*Kirchhof* 6. Aufl., Rn. 34; PG/*Lohmann* § 572 Rn. 8; MüKo-ZPO/*Lipp* § 572 Rn. 23; Musielak/*Ball* § 572 Rn. 11; Zöller/*Heßler* § 572 Rn. 20; Thomas/Putzo/*Reichold* § 572 Rn. 13.
278 FK-InsO/*Schmerbach* Rn. 70; Musielak/*Ball* § 572 Rn. 16.
279 OLG Köln 28.03.2001, 2 W 60/01, NZI 2001, 323.
280 Vgl. OLG Köln 03.01.2000, 2 W 270/99, NZI 2000, 169 (171).
281 BGH 02.06.2005, IX ZB 287/03, NZI 2005, 520.

eigene Sachentscheidung hat das Beschwerdegericht regelmäßig dann zu treffen, wenn die Sache entscheidungsreif ist[282] oder die Entscheidungsreife einfach herbeigeführt werden kann.[283]

Selbst bei **gravierenden Verfahrensmängeln** besteht nach Ansicht des BGH kein Zwang, die Sache zurückzuverweisen,[284] doch wird vielfach eine Zurückverweisung sinnvoll sein.[285] Rechtliches Gehör kann in der Beschwerdeinstanz nachgeholt werden, doch darf dadurch der effektive Rechtsschutz des Beschwerdeführers nicht verkürzt werden. Hat ein funktionell unzuständiger Rechtspfleger entschieden, ist die Entscheidung auch dann aufzuheben und die Sache zurückzuverweisen, wenn die Entscheidung sachlich zutreffend erging.[286] Es fehlt dann an einer wirksamen Erstentscheidung.[287] 82

Hebt das Beschwerdegericht einen mit der sofortigen Beschwerde angefochtenen Beschluss auf und verweist die Sache zur erneuten Entscheidung an das Ausgangsgericht zurück, ist dieses analog § 563 Abs. 2 ZPO an die vom Beschwerdegericht vertretene **Rechtsansicht gebunden**, soweit sie der Aufhebung zugrunde lag.[288] Die Bindung gilt außerdem für alle Gerichte im weiteren Rechtsmittelzug und damit auch für eine zweite Entscheidung des Beschwerdegerichts sowie das Rechtsbeschwerdegericht.[289] Mittelbar gilt diese Bindungswirkung also für ein zweites Beschwerde- und ein sich etwa anschließendes Rechtsbeschwerdeverfahren. Entscheidet das Ausgangsgericht entsprechend, ist seine Entscheidung insoweit rechtmäßig.[290] 83

3. Begründetheit

Das Beschwerdegericht ist nicht darauf beschränkt, die angefochtene Entscheidung rechtlich nachzuprüfen, sondern kann als vollwertige zweite Tatsacheninstanz eine eigene Ermessensentscheidung treffen.[291] Ermessensentscheidungen des Insolvenzgerichts können in vollem Umfang überprüft werden, denn das Beschwerdegericht besitzt eine eigene Ermessenskompetenz.[292] Das Gericht darf nicht über das Begehren des Beschwerdeführers hinausgehen.[293] Wird die sofortige Beschwerde durch den **Rechtspfleger verworfen** oder **zurückgewiesen**, ist diese Entscheidung wegen der Inanspruchnahme von dem Beschwerdegericht vorbehaltenen richterlichen Befugnissen nach § 8 Abs. 4 Satz 1 RPflG unwirksam. Die gleichwohl existente und daher anfechtbare Entscheidung ist auf die sofortige Beschwerde des Schuldners im Rechtsmittelverfahren vom LG als zuständigem Beschwerdegericht aufzuheben.[294] 84

4. Beschluss

Das Beschwerdegericht entscheidet durch den **Einzelrichter**, § 568 Satz 1 ZPO, es sei denn die Sache weist besondere Schwierigkeiten tatsächlicher oder rechtlicher Art auf bzw. besitzt grundsätzliche Bedeutung, § 568 Satz 2 Nr. 1 und 2 ZPO. Soll die Rechtsbeschwerde zugelassen werden, 85

---

282 BGH 11.07.1985, VII ZB 6/85, BGHZ 95, 246 (249); MüKo-ZPO/*Lipp* § 572 Rn. 31.
283 Musielak/*Ball* § 572 Rn. 16.
284 BGH 11.07.1985, VII ZB 6/85, BGHZ 95, 246 (249).
285 FK-InsO/*Schmerbach* Rn. 70; MüKo-ZPO/*Lipp* § 572 Rn. 32.
286 BGH 02.06.2005, IX ZB 287/03, NZI 2005, 520.
287 PG/*Lohmann* § 572 Rn. 11.
288 BGH 19.04.2007, IX ZB 176/06, BeckRS 2007, 09174 Rn. 7; FK-InsO/*Schmerbach* Rn. 70; HK-InsO/*Kirchhof* 6. Aufl., Rn. 34.
289 BGH 19.04.2007, IX ZB 176/06, BeckRS 2007, 09174 Rn. 7, 9.
290 BGH 12.02.2009, IX ZB 215/08, NZI 2009, 384 Rn. 9.
291 BGH 17.09.2009, IX ZB 62/08, NZI 2009, 864 Rn. 3; 19.01.2012, IX ZB 21/11, ZInsO 2012, 551 Rn. 5; 19.04.2012, IX ZB 162/10, ZInsO 2012, 972 Rn. 16; 19.04.2012, IX ZB 19/11, BeckRS 2012, 09740 Rn. 17.
292 Jaeger/*Gerhardt* Rn. 42; Uhlenbruck/*Pape* Rn. 18.
293 BGH 28.09.2006, IX ZB 108/05, NZI 2007, 45 Rn. 13.
294 BGH 16.12.2008, IX ZA 46/08, NJW-RR 2009, 718 Rn. 7.

ist zwingend die Kammer zuständig.[295] Die Beschwerdeentscheidung ergeht als Beschluss, § 572 Abs. 4 ZPO, unabhängig davon, ob eine mündliche Verhandlung stattgefunden hat.[296] Auch eine Zurückverweisung erfolgt durch Beschluss.

86 Lässt das Beschwerdegericht die Rechtsbeschwerde gegen die Entscheidung zu (vgl. dazu Rdn. 98 ff.), muss der Beschluss wegen der generellen Bindung des Rechtsbeschwerdegerichts an den festgestellten Sachverhalt eine **Sachverhaltsdarstellung** enthalten.[297] Außerdem muss der Beschluss nach § 4 InsO i.V.m. §§ 576 Abs. 3, 547 Nr. 6 ZPO eine **Begründung** umfassen.[298] Da die Rechtsbeschwerde seit der Aufhebung von § 7 gerichtlich zugelassen sein muss, sind fehlende Gründe bei einer zugelassenen Rechtsbeschwerde kaum vorstellbar. In den als Streitverfahren geführten Verfahren über die Versagung der Restschuldbefreiung nach den §§ 289 f., 295 ff. sind im Rubrum sämtliche Beteiligten aufzuführen. Außerdem müssen sich aus den Entscheidungsgründen die zu den einzelnen Versagungsgründen widerstreitenden Beteiligten ergeben.[299] Ergeht der Beschluss aufgrund einer mündlichen Verhandlung, muss er gem. § 329 Abs. 1 Satz 1 ZPO verkündet werden. Er ist den Beteiligten zuzustellen, wenn in ihm die Rechtsbeschwerde zugelassen wird oder er einen Vollstreckungstitel bildet, § 329 Abs. 3 ZPO. Sonst ist er den Beteiligten mitzuteilen.

87 Trifft das Beschwerdegericht die abschließende Entscheidung, muss es über die **Kosten** nach den §§ 91 ff., 97 ZPO entscheiden, falls ein Beschwerdegegner vorhanden ist.[300] Die Kosten eines erfolglos eingelegten Rechtsmittels fallen gem. § 97 Abs. 1 ZPO dem Beschwerdeführer zur Last. Existiert kein Beschwerdegegner, scheidet eine Kostenerstattung durch die Staatskasse aus. Der erfolgreiche Beschwerdeführer muss seine Kosten selbst tragen.[301] Verweist das Beschwerdegericht die Entscheidung an das Insolvenzgericht zurück, hat dieses über die Kosten zu entscheiden, denn der Erfolg des Rechtsmittels steht hier noch nicht fest.[302] Ist die sofortige Beschwerde unzulässig, kann eine fehlerhafte Kostenentscheidung des Beschwerdegerichts nicht korrigiert werden.[303]

88 Der Wert der **Gerichtsgebühren** ergibt sich aus den §§ 47, 58 GKG. Von einer Kostenerhebung kann abgesehen werden, soweit die Kosten bei richtiger Behandlung der Sache nicht entstanden wären, § 21 GKG. Im Beschwerdeverfahren über einen Eröffnungsbeschluss entsteht nach KV Nr. 2360 eine Gebühr, in anderen Beschwerdeverfahren die Gebühr aus KV Nr. 2361 von regelmäßig € 50. Der Gegenstandswert der **Anwaltsgebühren** ist nach § 28 RVG zu berechnen, die Höhe ergibt sich aus § 18 Abs. 1 Nr. 3 RVG i.V.m. VV Nr. 3500 ff.

VI. Wirkung der Entscheidung

89 Entscheidungen des Insolvenzgerichts werden grds. mit der Verkündung, nicht verkündete Entscheidungen mit der Zustellung oder der Mitteilung wirksam.[304] Wegen der weitreichenden Wirkungen einer Insolvenzeröffnung gilt dafür eine Sonderregelung. Nach § 27 Abs. 2 Nr. 3 muss der Eröffnungsbeschluss die Stunde der Eröffnung angeben, sonst gilt gem. § 27 Abs. 3 die Mittagsstunde des Tags, an dem der Beschluss erlassen wurde, als Eröffnungsstunde. Von diesen Wirksamkeits-

---

295 BGH 13.03.2003, IX ZB 134/02, BGHZ 154, 200 (202); 04.07.2007, VII ZB 28/07, NJW-RR 2007, 1654 Rn. 9; 28.06.2012, IX ZB 298/11, ZInsO 2012, 1439 Rn. 3.
296 PG/*Lohmann* § 572 Rn. 10.
297 BGH 07.04.2005, IX ZB 63/03 NZI 2005, 414 (415), m.w.N.
298 BGH 19.04.2012, IX ZB 129/10, BeckRS 2012, 10717 Rn. 4; 26.04.2012, IX ZB 33/11, BeckRS 2012, 10922.
299 OLG Celle 23.07.2001, 2 W 71/01, NZI 2001, 599 (600).
300 FK-InsO/*Schmerbach* Rn. 75.
301 OLG Köln 02.05.2001, 2 W 56/01, NZI 2005, 304 (305); MüKo-InsO/*Ganter/Lohmann* Rn. 83; a.A. LG Essen 09.11.1999, 2 T 73/99, ZInsO 2000, 47 (48).
302 PG/*Lohmann* § 572 Rn. 11; das Beschwerdegericht kann die Kostenentscheidung übertragen MüKo-InsO/*Ganter/Lohmann* Rn. 83.
303 HK-InsO/*Kirchhof* 6. Aufl., Rn. 37.
304 Jaeger/*Gerhardt* Rn. 48; MüKo-InsO/*Ganter/Lohmann* Rn. 74.

bestimmungen weicht § 6 Abs. 3 Satz 1 für die **Beschwerdeentscheidung** ab. Um einen mehrfachen Wechsel zwischen den Entscheidungsfolgen vom Insolvenzgericht zum Beschwerdegericht und sodann vom Landgericht zum BGH zu vermeiden, wird die Beschwerdeentscheidung regelmäßig erst mit Eintritt der Rechtskraft, § 705 ZPO, wirksam.[305]

Um eine situationsgerechte Rechtsfolgenbestimmung zu ermöglichen, kann das Beschwerdegericht die **sofortige Wirksamkeit** seiner Entscheidung anordnen, § 6 Abs. 3 Satz 2. Dies kann etwa geboten sein, wenn das Insolvenzverfahren erst vom Beschwerdegericht eröffnet wird.[306] Die Anordnung darf nur zusammen mit der Beschwerdeentscheidung ergehen und ist zusammen mit dieser anfechtbar.[307] 90

Das Beschwerdegericht ist grds. analog § 563 Abs. 2 ZPO an seine Entscheidung gebunden, anders wenn es nach Aufhebung und Zurückverweisung erneut mit der Sache befasst ist. Auch wenn zwischenzeitlich erstmals eine von der Beschwerdeentscheidung abweichende höchstrichterliche Entscheidung ergeht, entfällt die Bindungswirkung.[308] Die **formelle Rechtskraft** einer Beschwerdeentscheidung, gegen die keine Rechtsbeschwerde gem. § 574 Abs. 2 Nr. 1 ZPO zugelassen worden ist, tritt mit Erlass der Entscheidung ein. Dies ist der Fall, wenn sie aus dem inneren Geschäftsbetrieb herausgegeben ist.[309] Sonst tritt sie mit Ablauf der Rechtsbeschwerdefrist, § 705 ZPO, oder dem Rechtsmittelverzicht aller am Beschwerdeverfahren Beteiligten ein.[310] 91

Materiell rechtskräftig werden Beschlüsse, die anfechtbar sind und bürgerlich-rechtliche Beziehungen der Verfahrensbeteiligten regeln. Dies gilt etwa für Vergütungs- und Ersatzansprüche des Insolvenzverwalters, §§ 63, 64, und der Mitglieder des Gläubigerausschusses.[311] Die Verfahrenseröffnung entfaltet zwar keine materielle Rechtskraftwirkung, bindet also nicht in einem Anfechtungsprozess, aber Tatbestandswirkung.[312] 92

E. Rechtsbeschwerde

I. Statthaftigkeit

1. Gesetzeslage

Die Statthaftigkeit der Rechtsbeschwerde ist manchen gesetzlichen Veränderungen ausgesetzt. Bei Inkrafttreten der InsO regelte § 7 die weitere Beschwerde. Durch Art. 12 Nr. 2 des ZPO-RG vom 27.07.2001[313] wurde § 7 mit Wirkung zum 01.01.2002 neu gefasst und die Rechtsbeschwerde gegen die Beschwerdeentscheidung gesetzlich zugelassen. Bereits im Referentenentwurf eines Gesetzes zur Änderung der Insolvenzordnung, des Kreditwesengesetzes und anderer Gesetze vom 26.09.2004 war eine Ergänzung von § 7 vorgesehen, wonach die Rechtsbeschwerde vom Beschwerdegericht zugelassen worden sein muss, doch wurde diese Regelung nicht verabschiedet. Mit der jüngsten Entwicklung ist § 7 im **Gesetz zur Änderung von § 522 ZPO** vom 21.10.2011[314] aufgehoben worden. Die Rechtsbeschwerde ist deswegen nur noch gem. § 574 Abs. 1 Nr. 2 ZPO statthaft, wenn sie das Beschwerdegericht in der Beschwerdeentscheidung zugelassen hat. 93

Art. 103f EGInsO enthält eine **Überleitungsbestimmung**. Danach bleibt die Rechtsbeschwerde für alle Beschwerdeentscheidungen gem. der bisherigen Regelung des § 7 zulassungsfrei, bei denen die 94

---

305 FK-InsO/*Schmerbach* Rn. 77; Jaeger/*Gerhardt* Rn. 49.
306 Jaeger/*Gerhardt* Rn. 51; Uhlenbruck/*Pape* Rn. 19.
307 Uhlenbruck/*Pape* Rn. 19.
308 BGH 22.11.2012, VII ZB 42/11, NJW 2013, 1310 Rn. 22.
309 MüKo-ZPO/*Götz* § 705 Rn. 16, 5.
310 HambK-InsR/*Rüther* Rn. 32.
311 MüKo-InsO/*Ganter/Lohmann* § 4 Rn. 80a; HK-InsO/*Kirchhof* 6. Aufl., Rn. 40.
312 Jaeger/*Gerhardt* Rn. 54; MüKo-InsO/*Ganter/Lohmann* § 4 Rn. 80b.
313 BGBl. I, 1887.
314 BGBl. I, 2082.

Frist für die Rechtsbeschwerde des § 575 ZPO am 27.10.2011 noch nicht abgelaufen ist. Obwohl der Wortlaut der Übergangsregelung weiter reicht, ist das neue Recht sachgerecht auf alle Beschwerdeentscheidungen anzuwenden, die d.h. ab dem 27.10.2011, erlassen werden.[315] In diesen Altverfahren sind noch einige Zeit Rechtsbeschwerden ohne gerichtliche Zulassung statthaft. Die Beschwerdeentscheidung ist existent, sobald sie den internen Geschäftsbereich des Insolvenzgerichts verlassen hat und etwa zur Poststelle gegeben wurde.

2. Anwendungsbereich

95 In **Insolvenzsachen** ist die Rechtsbeschwerde nur dann statthaft, wenn das Rechtsmittel der sofortigen Beschwerde eröffnet war.[316] In der Rechtsbeschwerdeinstanz ist die Zulässigkeit der sofortigen Beschwerde von Amts wegen vorab zu prüfen.[317] Hat das Beschwerdegericht eine sachliche Entscheidung getroffen und sei es durch Zurückweisung, obwohl die sofortige Beschwerde unzulässig war, ist diese Entscheidung auf eine zulässige Rechtsbeschwerde hin aufzuheben und die sofortige Beschwerde als unzulässig zu verwerfen.[318]

96 Auch die Rechtsbeschwerde unterliegt daher denn aus dem **Enumerationsprinzip** des § 6 Abs. 1 Satz 1 resultierenden Restriktionen. Danach muss für den Rechtsbeschwerdeführer das Rechtsmittel der sofortigen Beschwerde eröffnet gewesen sein. Dies gilt sowohl, wenn der Erstbeschwerdeführer die Rechtsbeschwerde erhebt, als auch, wenn die Rechtsbeschwerde von einem anderen Verfahrensbeteiligten eingelegt wird, der sich durch die Beschwerdeentscheidung erstmals beschwert sieht. Die Rechtsbeschwerde ist daher nur dann statthaft, wenn gegen eine entsprechende erstinstanzliche Entscheidung die sofortige Beschwerde eröffnet gewesen wäre.[319] Damit muss nicht nur der sachliche, sondern auch der persönliche Anwendungsbereich erfüllt sein.[320] Unschädlich ist, wenn das Beschwerdegericht die sofortige Beschwerde als unzulässig verworfen hat,[321] doch wird dann nur ausnahmsweise eine Rechtsbeschwerde zugelassen sein.

97 Die Rechtsfrage muss nicht das Insolvenzrecht betreffen. Ergeht eine Entscheidung lediglich aus Anlass des Insolvenzverfahrens, gegen die nach **anderen gesetzlichen Bestimmungen** und hier insb. nach den über § 4 anwendbaren zivilprozessualen Vorschriften die sofortige Beschwerde eröffnet ist, unterliegt die Rechtsbeschwerde den dafür geltenden Bestimmungen. Es kommt dann ebenfalls eine Zulassungsbeschwerde in Betracht. Eine Rechtsbeschwerde zum BGH gegen den Kostenansatz findet nach § 66 Abs. 3 Satz 3 GKG nicht statt.[322]

3. Zulassung

a) Beschluss des Beschwerdegerichts

98 Die Rechtsbeschwerde muss nach § 574 Abs. 1 Nr. 2 ZPO im Beschluss des **Beschwerdegerichts** zugelassen sein. Nur gegen Beschwerdeentscheidungen des Landgerichts ist die Rechtsbeschwerde statthaft. Gegen eine Entscheidung des Insolvenzgerichts findet keine Rechtsbeschwerde statt. Eine Sprungrechtsbeschwerde ist ausgeschlossen. Auch gegen eine insolvenzgerichtliche Abhilfeentscheidung ist keine Rechtsbeschwerde zulässig.[323] Will ein **Einzelrichter** die Rechtsbeschwerde zu-

---

315 BGH 20.12.2011, IX ZB 294/11, ZInsO 2012, 218 Rn. 5; 10.05.2012, IX ZB 295/11, ZInsO 2012, 1085 Rn. 7 ff.; 10.05.2012, IX ZB 296/11, ZInsO 2012, 1185 Rn. 7 f.
316 BGH 16.03.2000, IX ZB 2/00, BGHZ 144, 78 (82); 14.12.2005, IX ZB 54/04, NZI 2006, 239 Rn. 4; 14.07.2011, IX ZB 207/10, ZInsO 2011, 1499 Rn. 5.
317 BGH 21.07.2011, IX ZB 128/10, NZI 2011, 713 Rn. 5.
318 BGH 21.12.2006, IX ZB 81/06, NZI 2007, 166 Rn. 6.
319 BGH 14.12.2005, IX ZB 54/04, NZI 2006, 239 Rn. 4; 24.03.2011, IX ZB 67/10, ZInsO 2011, 777 Rn. 5; s.a. Nerlich/Römermann/*Becker* § 7 Rn. 11.
320 BGH 08.03.2007, IX ZB 163/06, NZI 2007, 349 Rn. 6.
321 BGH 10.11.2011, IX ZB 165/10, NZI 2011, 974 Rn. 5.
322 BGH 01.10.2002, IX ZB 271/02, NJW 2003, 70.
323 BGH 16.12.2008, IX ZA 46/08, NJW-RR 2009, 718 Rn. 5.

lassen, darf er nach § 568 Abs. 2 Nr. 2 ZPO nicht selbst entscheiden, sondern muss das Verfahren der Kammer übertragen.[324] Eine durch den Einzelrichter erfolgte Zulassung ist wirksam, die Entscheidung jedoch aufzuheben.[325] Bejaht der Einzelrichter mit der Zulassungsentscheidung zugleich die grundsätzliche Bedeutung der Rechtssache, ist seine Entscheidung objektiv willkürlich und verstößt gegen das Verfassungsgebot des **gesetzlichen Richters** aus Art. 101 Abs. 1 Satz 2 GG.[326] Unerheblich ist aber letztlich, nach welcher der beiden Alternativen des § 574 Abs. 2 ZPO die Rechtsbeschwerde zugelassen werden soll.[327] Das Gebot des gesetzlichen Richters wird auch dann verletzt, wenn trotz eines Zulassungsgrunds keine Zulassung erfolgt. Jedenfalls bei einem offensichtlichen Verstoß ist die Verfassungsbeschwerde eröffnet.

Die Rechtsbeschwerde muss grds. **im anzufechtenden Beschluss** ausdrücklich zugelassen sein.[328] 99
Fehlen Ausführungen über die Zulassung der Rechtsbeschwerde, ist die Rechtsbeschwerde nicht statthaft und der Rechtsweg erschöpft. Das gilt unabhängig davon, weswegen die Rechtsbeschwerde nicht zugelassen wurde. Die Rechtsbeschwerde ist auch dann nicht eröffnet, wenn das Beschwerdegericht sich über sie keine Gedanken gemacht hat, weil es die grundsätzliche Bedeutung der Sache oder die Abweichung von einer Entscheidung des BGH nicht erkannt hat oder rechtsirrig davon ausgegangen ist, die Rechtsbeschwerde sei kraft Gesetzes statthaft.[329] Die Zulassung kann im Tenor oder in den Gründen erfolgen.[330] Die Zulassung kann auf einen tatsächlich oder rechtlich selbständigen Teil des Streitstoffs beschränkt werden. Eine uneingeschränkte Zulassung im Tenor kann in den Entscheidungsgründen wirksam beschränkt werden.[331] Wird die Zulassung unzulässig in einer gesonderten Entscheidung getroffen, ist das Rechtsbeschwerdegericht daran nicht gebunden.[332] Eine nachträgliche Zulassung ergänzt nicht den Beschluss i.S.d. § 321 ZPO, indem sie eine unterbliebene Entscheidung nachholt, sondern widerspricht und ändert entgegen § 318 ZPO die bereits getroffene Entscheidung.[333] Dies gilt auch dann, wenn das Beschwerdegericht keine Vorstellungen über die Zulassung der Rechtsbeschwerde hatte, weil es die grundsätzliche Bedeutung der Sache oder die Abweichung von einer Entscheidung des BGH nicht erkannt hat.[334] Die nachträgliche Zulassung ist auch dann unwirksam, wenn das Beschwerdegericht rechtsirrig davon ausgegangen ist, die Rechtsbeschwerde sei schon nach dem Gesetz zulässig.[335]

Als **Ausnahme** kann eine im Beschluss übersehene Zulassung der Rechtsbeschwerde entsprechend 100
§ 319 ZPO durch einen Berichtigungsbeschluss nachgeholt werden. Vom BGH wird dazu verlangt, dass das Beschwerdegericht das Rechtsmittel in dem Beschluss zulassen wollte und der entsprechende Ausspruch nur versehentlich unterblieben ist. Dafür muss sich das Versehen aus dem Zusammenhang der Entscheidung selbst oder mindestens aus den Vorgängen bei der Beschlussfassung

---

324 BGH 22.11.2011, VIIII ZB 81/11, NJW-RR 2012, 125 Rn. 9; Kübler/Prütting/Bork/*Prütting* § 7 Rn. 7.
325 BGH 22.11.2011, VIIII ZB 81/11, NJW-RR 2012, 125 Rn. 8 f.; 28.06.2012, IX ZB 298/11, ZInsO 2012, 1439 Rn. 3; 25.10.2012, IX ZB 263/11, NZA-RR 2013, 147 Rn. 5; 07.05.2013, IX ZB 51/12, WM 2013, 1516 Rn. 5.
326 BGH 25.10.2012, IX ZB 263/11, NZA-RR 2013, 147 Rn. 5.
327 BGH 13.03.2003, IX ZB 134/02, BGHZ 154, 200 (202); 04.07.2007, VII ZB 28/07, NJW-RR 2007, 1654 Rn. 9.
328 BGH 12.03.2009, IX ZB 193/08, NJW-RR 2009, 1349 Rn. 5; 10.05.2012, IX ZB 295/11, ZInsO 2012, 1085 Rn. 15.
329 BGH 10.05.2012, IX ZB 295/11, ZInsO 2012, 1085 Rn. 15.
330 BGH 19.05.2004, IXa ZB 182/03, NJW 2004, 2529; Stein/Jonas/*Jacobs* § 574 Rn. 19.
331 BGH 10.02.2011, VII ZR 71/10, NJW 2011, 1227 Rn. 11; 22.11.2012, VII ZA 16/12, BeckRS 2012, 25403 Rn. 1.
332 BGH 14.09.2004, VI ZB 61/03, NJW 2005, 156.
333 BGH 24.11.2003, II ZB 37/02, NJW 2004, 779; 12.03.2009, IX ZB 193/08, NJW-RR 2009, 1349 Rn. 7; PG/*Lohmann* § 574 Rn. 15.
334 BGH 24.11.2003, II ZB 37/02, NJW 2004, 779.
335 BGH 27.09.2012, IX ZB 12/12, BeckRS 2012, 20650.

ergeben, weil nur dann eine offenbare Unrichtigkeit i.S.d. § 319 ZPO vorliegen kann.[336] Ein wesentliches Indiz dafür bildet, ob in der mündlichen Verhandlung bzw. im schriftlichen Verfahren die Zulassung erörtert wurde. Wird hinsichtlich eines Entscheidungsteils eine Rechtsbeschwerde gerade nicht zugelassen, kann dies einen Anhaltspunkt dafür liefern, dass die Rechtsbeschwerde im Übrigen zugelassen werden sollte.[337] Zur Rechtsbeschwerdefrist in diesem Fall s. Rdn. 124. Erwogen wird auch eine ergänzende Zulassung analog § 321a ZPO.[338]

101 **Nachträglich zuzulassen** ist die Rechtsbeschwerde auch dann, wenn die unterlassene Zulassung der Rechtsbeschwerde **Verfahrensgrundrechte** des Beschwerdeführers verletzt.[339] Ein Verstoß gegen das Gebot des gesetzlichen Richters begründet eine solche Verletzung, wenn etwa ein Einzelrichter über die Zulassung der Rechtsbeschwerde entscheidet.[340] Das verfassungsrechtliche Gebot des gesetzlichen Richters ist auch dann verletzt, wenn die Zulassung der Rechtsbeschwerde willkürlich unterblieben ist, weil sich die grundsätzliche Bedeutung der Rechtssache für die Gerichtspraxis förmlich aufgedrängt hat.[341] Die Rechtsbeschwerde ist auf eine befristete Gegenvorstellung analog § 321a ZPO zuzulassen.[342]

b) Entscheidung über die Zulassung

102 Unter den Voraussetzungen von § 574 Abs. 2 ZPO ist die Rechtsbeschwerde durch das Beschwerdegericht **von Amts wegen** zuzulassen, § 574 Abs. 3 Satz 1 ZPO.[343] Wegen der übereinstimmenden Maßstäbe des § 543 Abs. 2 ZPO kann die Judikatur zur Revisionszulassung situationsbezogen übertragen werden.[344] Ein Antrag ist nicht erforderlich, doch kann es für die Beteiligten sinnvoll sein, im Beschwerdeverfahren die Anforderungen an eine Zulassung zu erörtern. Das Beschwerdegericht besitzt bei seiner Entscheidung kein Ermessen.[345] Die Entscheidung über die Nichtzulassung ist unanfechtbar.[346] Eine Nichtzulassungsbeschwerde ist nicht statthaft.[347] Bei einer gesetzlich zugelassenen Rechtsbeschwerde ist der Zulassungsgrund im Zeitpunkt der Rechtsbeschwerdeentscheidung zu prüfen.[348] Bei einer gerichtlich zugelassenen Rechtsbeschwerde ist dagegen auf den Zeitpunkt der Zulassungsentscheidung abzustellen.

102a Bei einer **unterlassenen Zulassung** der Rechtsbeschwerde muss das Beschwerdegericht eine nachvollziehbare Begründung seiner Nichtzulassungsentscheidung geben, wenn die Zulassung des Rechtsmittels nahegelegen hätte.[349] Auf diese Weise soll das BVerfG überprüfen können, ob ein verfahrens-

---

336 BGH 24.11.2003, II ZB 37/02, NJW 2004, 779; 14.09.2004, VI ZB 61/03, NJW 2005, 156; 12.03.2009, IX ZB 193/08, NJW-RR 2009, 1349 Rn. 8; 07.02.2013, IX ZB 85/12, ZVI 2013, 201 Rn. 4; Stein/Jonas/*Jacobs* § 574 Rn. 20.
337 BGH 07.02.2013, IX ZB 85/12, ZVI 2013, 201 Rn. 5.
338 Stein/Jonas/*Jacobs* § 574 Rn. 20.
339 BGH 19.05.2004, IXa ZB 182/03, NJW 2004, 2529 f.; PG/*Lohmann* § 574 Rn. 15.
340 BGH 04.07.2007, VII ZB 28/07, NJW-RR 2007, 1654 Rn. 3, 9.
341 BGH 19.05.2004, IXa ZB 182/03, NJW 2004, 2529 (2530); MüKo-ZPO/*Lipp* § 574 Rn. 16; Musielak/*Ball* § 574 Rn. 7a.
342 BGH 19.05.2004, IXa ZB 182/03, NJW 2004, 2529 f.; 04.07.2007, VII ZB 28/07, NJW-RR 2007, 1654 Rn. 6.
343 MüKo-ZPO/*Lipp* § 574 Rn. 15; Zöller/*Heßler* § 574 Rn. 14; Zimmer ZInsO 2011, 1689 (1692).
344 BT-Drucks. 14/4722, 116; BGH 11.05.2004, XI ZB 39/03, BGHZ 159, 135 (137); 29.09.2005, IX ZB 430/02, NZI 2006, 48 f.
345 *Kirchhof* ZInsO 2012, 16.
346 MüKo-ZPO/*Lipp* § 574 Rn. 16; *Zimmer* ZInsO 2011, 1689 (1692).
347 BGH 10.05.2012, IX ZB 295/11, ZInsO 2012, 1085 Rn. 16; PG/*Lohmann* § 574 Rn. 15; MüKo-ZPO/*Lipp* § 574 Rn. 16.
348 BGH 07.12.2009, II ZR 63/08, NJW-RR 2010, 854 Rn. 7.
349 BVerfG 2. Kammer des Ersten Senats 30.08.2010, 1 BvR 1631/08, NJW 2011, 288 Rn. 45 ff.; 2. Kammer des Ersten Senats 21.03.2012, 1 BvR 2365/11, NJW 2012, 1715 Rn. 19.

rechtlich grds. eröffnetes Rechtsmittel durch das Beschwerdegericht ineffektiv gemacht wurde.[350] Soweit der Mangel nicht aufgrund einer Anhörungsrüge beseitigt ist, kommt ggf. eine Verfassungsbeschwerde in Betracht. Die Entscheidung über die fehlende grundsätzliche Bedeutung der Sache kann vom Einzelrichter gefällt werden.

Im **Prozesskostenhilfeverfahren** kann wegen des beschränkten Prüfungsgegenstands eine Rechtsbeschwerde gegen Entscheidungen über die Prozesskostenhilfe wegen der grundsätzlichen Bedeutung der Rechtssache, der Fortbildung des Rechts oder der Sicherung einer einheitlichen Rechtsprechung nur zugelassen werden, wenn es um Fragen des Verfahrens der Prozesskostenhilfe oder der persönlichen Voraussetzungen ihrer Bewilligung geht.[351] Hängt die Bewilligung der Prozesskostenhilfe allein von der Frage ab, ob die beabsichtigte Rechtsverfolgung hinreichende Aussicht auf Erfolg bietet, kommt eine Rechtsbeschwerde dagegen nicht in Betracht.[352] 103

4. Zulassungsgründe

a) Grundsätzliche Bedeutung der Rechtssache

Besitzt eine Rechtssache eine grundsätzliche Bedeutung, ist nach § 574 Abs. 3 i.V.m. § 574 Abs. 2 Nr. 1 ZPO die Rechtsbeschwerde zuzulassen. Nach der höchstrichterlichen Rechtsprechung ist einer Rechtssache grundsätzliche Bedeutung beizumessen, wenn sie eine **entscheidungserhebliche**, **klärungsbedürftige** und **klärungsfähige Rechtsfrage** aufwirft, die sich in einer unbestimmten Vielzahl weiterer Fälle stellen kann und deshalb das abstrakte Interesse der Allgemeinheit an der einheitlichen Entwicklung und Handhabung des Rechts berührt.[353] 104

Betroffen sein muss eine Rechtsnorm i.S.v. § 12 EGZPO. Zu überprüfen sein muss eine **Rechtsfrage**, bei der es um die Subsumtion eines Lebenssachverhalts unter einen Normtatbestand und die sich daraus ergebenden Rechtsfolgen geht.[354] Rechtsfragen betreffen gleichermaßen konkrete wie unbestimmte Rechtsbegriffe,[355] etwa die Erforderlichkeit der anwaltlichen Vertretung nach § 4a Abs. 2 Satz 1,[356] das rechtliche Interesse i.S.d. § 14 Abs. 1,[357] die Zulässigkeit der Anordnung einer Postsperre[358] sowie den Maßstab für Zu- und Abschläge bei der Vergütung des vorläufigen Insolvenzverwalters.[359] Überprüfbar sind die Voraussetzungen einer Ermessensausübung. Dies gilt jedoch nicht für die Ausübung selbst. Um nicht unmittelbar vom BGH zu überprüfende Tatfragen geht es etwa bei Feststellungen zur wirtschaftlichen Lage des Schuldners,[360] der Bemessung der Zu- und Abschläge bei der Vergütung des vorläufigen Insolvenzverwalters[361] oder ob Beweismittel für eine Glaubhaftmachung ausreichen.[362] 105

---

350 BVerfG 05.12.2001, 2 BvR 527/99, NJW 2002, 2456; 2. Kammer des Ersten Senats 21.03.2012, 1 BvR 2365/11, NJW 2012, 1715 Rn. 19.
351 BGH 12.04.2006, XII ZB 102/04, NJW 2006 2122 Rn. 3; 30.09.2009, XII ZB 135/07, NJW 2009, 3658 Rn. 3; MüKo-ZPO/*Lipp* § 574 Rn. 18; PG/*Lohmann* § 574 Rn. 16.
352 BGH 21.11.2002, V ZB 40/02, NJW 2003, 2126 (2127).
353 BVerfG 1. Kammer des Ersten Senats 04.11.2008, 1 BvR 2587/06, NJW 2009, 572 Rn. 19; 2. Kammer des Ersten Senats 21.03.2012, 1 BvR 2365/11, NJW 2012, 1715 Rn. 21; BGH 04.07.2002, V ZB 16/02, BGHZ 151, 221 (223); 01.10.2002, XI ZR 71/02, BGHZ 152, 182 (190); 27.03.2003, V ZR 291/92, BGHZ 154, 288 (291); 19.12.2002, VII ZR 101/02, NJW 2003, 831.
354 Rn. FK-InsO/*Schmerbach* § 7 Rn. 50; HambK-InsR/*Rüther* § 7 Rn. 7; *Kirchhof* ZInsO 2012, 16.
355 Zu letzteren HK-InsO/*Kirchhof* 6. Aufl., § 7 Rn. 11.
356 HK-InsO/*Kirchhof* 6. Aufl., § 7 Rn. 11.
357 HambK-InsR/*Rüther* § 7 Rn. 7.
358 BGH 11.09.2003, IX ZB 65/03, NZI 2003, 647.
359 BGH 04.07.2002, IX ZB 31/02, NJW 2002, 2945 (2946); 14.02.2008, IX ZB 181/04, NZI 2008, 391 Rn. 3.
360 OLG Celle 29.10.2001, 2 W 114/01, ZInsO 2001, 1106.
361 BGH 01.03.2007, IX ZB 278/05, ZInsO 2007, 370 Rn. 11.
362 HK-InsO/*Kirchhof* 6. Aufl., § 7 Rn. 11.

106 Weiter muss die Rechtsfrage **klärungsfähig** sein. Dazu muss sie in der Rechtsbeschwerdeinstanz überprüfungsfähiges Recht i.S.d. §§ 576 Abs. 3, 560, 545 ZPO betreffen.[363] Nicht notwendig muss es sich um eine insolvenzrechtliche Problematik handeln. Klärungsfähig sind auch Vorfragen aus anderen Rechtsgebieten, insb. verfahrensrechtlicher Natur.[364] Allerdings darf eine Rechtsbeschwerde gegen eine Kostenentscheidung gem. § 91a ZPO nicht aus materiell-rechtlichen Gründen zugelassen werden, denn es ist nicht Zweck einer solchen Kostenentscheidung, Rechtsfragen von grundsätzlicher Bedeutung zu klären oder das Recht fortzubilden, soweit es um Fragen des materiellen Rechts geht.[365] Die Überprüfung eines gesetzgeberischen Konzepts auf seine Verfassungswidrigkeit soll nicht genügen.[366]

107 **Klärungsbedürftig** sind Rechtsfragen, deren Beantwortung zweifelhaft ist oder zu denen unterschiedliche Auffassungen vertreten werden und die noch nicht oder nicht hinreichend höchstrichterlich geklärt sind.[367] Unerheblich ist, ob die Frage in der Vorinstanz gesehen wurde oder ob sie umstritten ist. Zu berücksichtigen ist die in den unteren Instanzen erreichte Klärung, wobei früher auf eine vereinheitlichende obergerichtliche Rechtsprechung abgestellt wurde.[368] Selbstverständlich ist dies auf eine vereinheitlichte landgerichtliche Judikatur zu übertragen, doch wird sie, schon wegen der weitaus höheren Zahl der Gerichte, seltener vorliegen. Auch führt nicht jede Gegenansicht zu einem Klärungsbedarf. Der kann erst bestehen, wenn nicht nur einzelne Instanzgerichte oder Literaturstimmen einer höchstrichterlichen Rechtsprechung widersprechen oder wenn neue Argumente vorgebracht werden, welche die höchstrichterliche Judikatur dazu veranlassen können, ihre Ansicht zu überprüfen.[369] Schließlich entfällt der Klärungsbedarf, wenn einer Rechtsfrage wegen einer Rechtsänderung für die Zukunft keine Bedeutung mehr zukommt.[370]

108 Die Zulassung der Rechtsbeschwerde setzt außerdem voraus, dass die zu klärende Rechtsfrage im konkreten Fall **entscheidungserheblich** ist.[371] Das ist sie nicht, wenn es auf sie zur Entscheidung des Rechtsstreits nicht ankommt.[372] Ist die Entscheidung auf mehrere, sie selbständig tragende Erwägungen gestützt, genügt es nicht, wenn nur eine Erwägung grundsätzliche Bedeutung besitzt, da dann die Rechtsfrage hinweggedacht werden kann.[373] Die Rechtsbeschwerde ist dagegen bei mehreren unselbständigen Erwägungen zuzulassen, von denen nur eine grundsätzliche Bedeutung besitzt.[374] Abstrakte Rechtsfragen ohne konkreten Bezug zur Entscheidung genügen nicht.[375] Die meisten anderen Kriterien werden künftig bedeutungslos sein, weil sie auf eine Prüfung durch das Rechtsbeschwerdegericht bezogen sind, während nunmehr das Beschwerdegericht selbst seine Entscheidung einordnen muss. Führen mehrere Rechtsfehler durch ihr Zusammenwirken zu einer im Ergebnis richtigen Entscheidung, ist eine Zulassung der Rechtsbeschwerde ausgeschlossen.[376]

109 Die Rechtsfrage muss außerdem eine **grundsätzliche Bedeutung** besitzen. Auf die Kategorie der Rechtsfehler, wird es im Rahmen der Zulassungsentscheidung des Beschwerdegerichts nicht mehr ankommen. Bislang wurde unterschiedlich beurteilt, inwieweit die offensichtliche Unrichtigkeit

---

[363] Vgl. BVerfG 1. Kammer des Ersten Senats 04.11.2008, 1 BvR 2587/06, NJW 2009, 572 Rn. 19.
[364] *Schmerbach* ZInsO 2001, 1187 (1190).
[365] BGH 07.10.2008, XI ZB 24/07, NJW-RR 2009, 425 Rn. 9.
[366] BGH 29.06.2004, IX ZB 30/03, NZI 2004, 510.
[367] BVerfG 1. Kammer des Ersten Senats 04.11.2008, 1 BvR 2587/06, NJW 2009, 572 Rn. 19; Nerlich/Römermann/*Becker* § 7 Rn. 33.
[368] BGH 04.07.2002, IX ZB 31/02, NJW 2002, 2945 (2946).
[369] BVerfG 1. Kammer des Ersten Senats 04.11.2008, 1 BvR 2587/06, NJW 2009, 572 Rn. 19; *Schmerbach* ZInsO 2001, 1187 (1190); Uhlenbruck/*Pape* § 7 Rn. 6.
[370] BVerfG 1. Kammer des Ersten Senats 04.11.2008, 1 BvR 2587/06, NJW 2009, 572 Rn. 19.
[371] Nerlich/Römermann/*Becker* § 7 Rn. 32.
[372] BGH 19.12.2002, VII ZR 101/02, NJW 2003, 831.
[373] BGH 29.09.2005, IX ZB 430/02, NZI 2006, 48 f.
[374] MüKo-InsO/*Ganter* 2. Aufl., § 7 Rn. 36a.
[375] BGH 29.06.2004, IX ZB 30/03, NZI 2004, 510.
[376] BGH 12.02.2004, V ZR 247/03, NJW 2004, 1168.

der Entscheidung einen Zulassungsgrund bildet.³⁷⁷ Rechtsfragen, die eine über den Einzelfall hinausreichende Wirkung nicht erkennen lassen, begründen kein öffentliches Interesse an einer Rechtsbeschwerdeentscheidung.³⁷⁸ Die konkrete Anwendung von § 139 ZPO durch Ausübung des gerichtlichen Hinweis- und Fragerechts hängt von den Umständen des Einzelfalls ab und ist einer rechtsgrundsätzlichen Beurteilung entzogen.³⁷⁹ Der Begriff des Einzelfalls ist nicht mit der Einzelentscheidung identisch.³⁸⁰

Wird eine Frage rechtsgrundsätzlicher Bedeutung durch eine nach Erlass der Beschwerdeentscheidung ergangene höchstrichterliche Judikatur **geklärt**, bleibt die Rechtsbeschwerde zur Sicherung einer einheitlichen Rechtsprechung zulässig.³⁸¹ Dies hat der BGH zur gesetzlich zugelassenen Rechtsbeschwerde ausgesprochen. Trotz der anderen Grundlagen wird dies auch bei einer gerichtlich zugelassenen Rechtsbeschwerde gelten können. Betrifft eine Frage auslaufendes Recht, kann eine Rechtsbeschwerdeentscheidung für die Zukunft noch richtungsweisend sein, wenn entweder noch über eine erhebliche Zahl von Fällen nach altem Recht zu entscheiden oder die Frage für das neue Recht weiterhin von Bedeutung ist.³⁸² 110

Über den Einzelfall hinausreichende grundsätzliche Bedeutung kann eine Rechtssache auch dann besitzen, wenn es zwar nicht um die Klärung einer für eine Vielzahl von Fällen bedeutsamen Rechtsfrage geht, aber andere Auswirkungen des Rechtsstreits auf die Allgemeinheit deren Interessen in besonderem Maße berühren und eine Entscheidung des Rechtsbeschwerdegerichts verlangen. Dies kann sich insb. aus dem **tatsächlichen oder wirtschaftlichen Gewicht** der Sache für den Rechtsverkehr ergeben.³⁸³ Früher hat der BGH eine grundsätzliche Bedeutung auch bejaht, wenn sich die angefochtene Entscheidung als objektiv willkürlich darstellt oder Verfahrensgrundrechte verletzt.³⁸⁴ Diese Judikatur hat der BGH inzwischen aufgegeben. Er geht nunmehr davon aus, dass hier eine Rechtsbeschwerde zulässig ist, um eine einheitliche Rechtsprechung zu sichern.³⁸⁵ 111

b) Fortbildung des Rechts

Eine höchstrichterliche Entscheidung ist zur Fortbildung des Rechts nur dann erforderlich, wenn der Einzelfall Veranlassung gibt, Leitsätze für die Auslegung von Gesetzesbestimmungen des materiellen oder formellen Rechts aufzustellen oder Gesetzeslücken auszufüllen.³⁸⁶ Ein solcher Anlass, um **höchstrichterliche Leitsätze** zu entwickeln, besteht bereits dann, wenn es für die rechtliche Beurteilung typischer oder verallgemeinerungsfähiger Lebenssachverhalte an einer richtungsweisenden Orientierungshilfe ganz oder teilweise fehlt.³⁸⁷ Durch eine höchstrichterliche Entscheidung einer noch offenen Rechtsfrage kann verhindert werden, dass bei den Instanzgerichten eine unterschiedliche Rechtsprechung entsteht.³⁸⁸ Dies kann bereits bei Meinungsstreitigkeiten in der Literatur und sogar 112

---

377 Bejahend MüKo-InsO/*Ganter* 2. Aufl., § 7 Rn. 42; abl. BGH 19.12.2002, VII ZR 101/02, NJW 2003, 831.
378 BGH 25.07.2002, V ZR 118/02, NJW 2002, 3180 (3181); 19.12.2002, VII ZR 101/02, NJW 2003, 831.
379 BGH 09.03.2006, IB ZB 209/04, ZVI 2006, 351 (352).
380 HK-InsO/*Kirchhof* 6. Aufl., § 7 Rn. 17.
381 BGH 28.09.2006, IX ZB 230/05, NZI 2007, 40 Rn. 6.
382 BGH 27.03.2003, V ZR 291/02, NJW 2003, 1943 (1944), insoweit nicht in BGHZ 154, 288 (291 f.); 12.02.2009, IX ZB 154/08, BeckRS 2009, 06488.
383 BGH 01.10.2002, XI ZR 71/02, BGHZ 152, 182 (192); 11.05.2004, XI ZB 39/03, BGHZ 159, 135 (137); Nerlich/Römermann/*Becker* § 7 Rn. 42; s.a. Uhlenbruck/*Pape* § 7 Rn. 6.
384 BGH 01.10.2002, XI ZR 71/02, BGHZ 152, 182 (192).
385 BGH 11.05.2004, XI ZB 39/03, BGHZ 159, 135 (140).
386 BT-Drucks. 14/4722, 104; BVerfG 2. Kammer des Ersten Senats 21.03.2012, 1 BvR 2365/11, NJW 2012, 1715 Rn. 21; BGH 04.07.2002, V ZB 16/02, BGHZ 151, 221 (225); 27.03.2003, V ZR 291/92, BGHZ 154, 288 (291) Rn.
387 BGH 04.07.2002, V ZB 16/02, BGHZ 151, 221 (225); 27.03.2003, V ZR 291/92, BGHZ 154, 288 (291).
388 Uhlenbruck/*Pape* § 7 Rn. 7.

einer erstmals auftretenden Rechtsfrage zu bejahen sein.[389] Auch absehbare Meinungsstreitigkeiten sollen vermieden werden.[390]

113 Eine **systematische Abgrenzung** zum Zulassungsgrund der grundsätzlichen Bedeutung einer Rechtssache ist schwierig. Im Einzelfall kann es zu Überschneidungen kommen, denn insgesamt sind die Voraussetzungen der Zulassungsgründe nicht trennscharf ausgebildet.[391] Teilweise wird sogar die Zulassung zur Fortbildung des Rechts als Unterfall der grundsätzlichen Bedeutung einer Rechtssache angesehen.[392] Erforderlich ist jedenfalls eine entscheidungserhebliche, klärungsbedürftige und klärungsfähige Rechtsfrage (vgl. Rdn. 104 ff.).

114 Zu beachten sind aber die der Rechtsfortbildung durch den rechtsstaatlichen Grundsatz der richterlichen Rechts- und Gesetzesbindung gezogenen **Grenzen**.[393] Diese ergeben sich aus dem eindeutigen Sinn und Wortlaut des Gesetzes.[394] Es ist nicht Sache der Gerichte, eine bestehende gesetzliche Regelung eigenmächtig im Wege einer Auslegung *contra legem* zu ändern und eigene rechtspolitische Auffassungen zur Geltung zu bringen.[395] Unzulässig ist eine Rechtsfortbildung bei einer nach Wortlaut, Systematik und Sinn abschließenden Regelung, bei der keine gesetzliche Lücke existiert.[396]

c) Sicherung einer einheitlichen Rechtsprechung

115 Durch diesen Zulassungsgrund sollen nicht schon einfache Rechtsprechungsabweichungen überwunden werden können.[397] Es sollen aber **schwer erträgliche Unterschiede** für die Rechtsprechung im Ganzen vermieden werden. Im Rahmen der gerichtlich zugelassenen Rechtsbeschwerde wird die Fallgruppe der Fehlentscheidungen keine nennenswerte Bedeutung besitzen, weil das Gericht regelmäßig von der Rechtmäßigkeit seiner Entscheidung ausgehen wird.[398] Eine Fehlentscheidung im Einzelfall soll dafür noch nicht genügen, wohl aber, wenn das Gericht von der höchstrichterlichen Rechtsprechung abweicht, diese also nicht berücksichtigt und eine Wiederholungs- oder Nachahmungsgefahr besteht.[399] Erfüllt sein müssen auch die allgemeinen Anforderungen an die Zulassung (vgl. Rdn. 104 ff.), wie die Entscheidungserheblichkeit der Frage im konkreten Verfahren. Fehlen tatsächliche Feststellungen, ist das Rechtsbeschwerdegericht nicht in der Lage, die rechtlichen Ausführungen zu überprüfen. Zur Sicherung einer einheitlichen Rechtsprechung muss dies das Rechtsbeschwerdegericht von Amts wegen überprüfen.[400] Erforderlich ist eine aus sich selbst heraus verständliche Sachverhaltsdarstellung. Wiedergegeben werden müssen der maßgebliche Sachverhalt, der Streitgegenstand und die Anträge der Beteiligten in beiden Instanzen. Sind neue rechtliche Gesichtspunkte aufgetreten, muss sich das Beschwerdegericht im Rahmen seiner rechtlichen Würdigung damit auseinandersetzen.[401]

116 Stimmt die Entscheidung in ihren tragenden Gründen mit der höchstrichterlichen Rechtsprechung überein, liegt der Zulassungsgrund nicht vor. Zur Sicherung einer einheitlichen Rechtsprechung ist

---

389 MüKo-InsO/*Ganter/Lohmann* Rn. 98.
390 HK-InsO/*Kirchhof* 6. Aufl., § 7 Rn. 19.
391 Jaeger/*Gerhardt* § 7 Rn. 6; Kübler/Prütting/Bork/*Prütting* § 7 Rn. 11, 14; Nerlich/Römermann/*Becker* § 7 Rn. 27.
392 BGH 22.10.2009, IX ZB 50/09, WM 2010, 237; PG/*Lohmann* § 574 Rn. 10.
393 BVerfG 19.10.1983, 2 BvR 485/80, 2 BvR 486/80, NJW 1984, 475, Sozialplan im Konkurs; 14.05.1985, 1 BvR 233/81, 1 BvR 341/81, NJW 1985, 2395 (2402).
394 BVerfG 13.05.1980, 1 BvR 103/77, NJW 1980, 2069; 12.11.1997, 1 BvR 479/92, 1 BvR 307/94, NJW 1998, 519 (520).
395 BVerfG 14.05.1985, 1 BvR 233/81, 1 BvR 341/81, NJW 1985, 2395 (2402).
396 BVerfG 19.10.1983, 2 BvR 485/80, 2 BvR 486/80, NJW 1984, 475.
397 BT-Drucks. 14/4722, 104.
398 MüKo-ZPO/*Lipp* § 574 Rn. 15.
399 *BT-Drucks. 14/4722, 104;* PG/*Lohmann* § 574 Rn. 11; Uhlenbruck/*Pape* § 7 Rn. 9.
400 BGH 09.03.2006, IX ZB 17/05, NZI 2006, 481 Rn. 6; 21.07.2011, IX ZB 148/10, NZI 2011, 714 Rn. 6.
401 BGH 21.07.2011, IX ZB 148/10, NZI 2011, 714 Rn. 6 ff.

eine Entscheidung des Rechtsbeschwerdegerichts zunächst in den Fällen einer **Divergenz** geboten.[402] Dazu muss die angefochtene Entscheidung ein und dieselbe Rechtsfrage anders beantworten, als ein höherrangiges Gericht, ein anderer Spruchkörper desselben Gerichts oder ein anderes gleichgeordnetes Gericht.[403] Infolgedessen muss es einen Rechtssatz aufstellen, der von einem die Vergleichsentscheidungen tragenden[404] Rechtssatz abweicht.[405] Die Vergleichsentscheidung muss nicht veröffentlicht sein.[406] Eine unbewusste Abweichung ist für die Fälle der gerichtlich zugelassenen Rechtsbeschwerde unerheblich. Eine abweichende Literaturstelle genügt dafür insb. dann nicht, wenn sie eine fernliegende Ansicht vertritt.[407] Auf der Ebene unter der Rechtssatzabweichung liegt die **Obersatzabweichung**. Sie bezieht sich auf die der Subsumtion zugrundeliegenden verallgemeinerungsfähigen Überlegungen.[408] Sie eröffnet die Rechtsmittelinstanz schon bei einer grundlegenden Abweichung vom Ansatzpunkt der höchstrichterlichen Rechtsprechung.[409]

Eine **Einzelfallentscheidung** genügt im Allgemeinen noch nicht. Eine Entscheidung des Rechtsbeschwerdegerichts ist zur Sicherung einer einheitlichen Rechtsprechung aber dann erforderlich, wenn bei der Auslegung oder Anwendung revisiblen Rechts Fehler über die Einzelfallentscheidung hinaus die **Interessen der Allgemeinheit** nachhaltig berühren.[410] Dies gilt auch bei einer im Einzelfall abweichenden Entscheidung, soweit sie eine besondere Fallgestaltung annimmt.[411] 117

Eine Zulassung ist vorgesehen, wenn **Verfahrensgrundrechte** verletzt werden, namentlich die Grundrechte auf Gewährung rechtlichen Gehörs und auf wirkungsvollen Rechtsschutz sowie das Recht auf ein objektiv willkürfreies Verfahren.[412] Lässt ein Einzelrichter eine Rechtsbeschwerde zu, ist seine Entscheidung objektiv willkürlich und verstößt gegen das Gebot des gesetzlichen Richters.[413] Es erscheint aber kaum vorstellbar, dass ein Gericht wegen eigener Verstöße gegen diese Rechte die Rechtsbeschwerde zulässt. Hier ist allerdings zu erwägen, ob das Verfahren analog § 321a ZPO eröffnet ist.[414] 118

5. Bindungswirkung

Lässt das Beschwerdegericht die Rechtsbeschwerde zu, ist das Rechtsbeschwerdegericht daran gebunden, § 574 Abs. 3 Satz 2 ZPO. Ob ein **Zulassungsgrund** i.S.v. § 574 Abs. 3 Satz 1, Abs. 2 ZPO besteht, darf das Rechtsbeschwerdegericht nicht überprüfen.[415] Die Bindungswirkung der Rechtsmittelzulassung umfasst nur die Bejahung der in § 574 Abs. 3 Satz 1, Abs. 2 ZPO genannten Zulässigkeitsvoraussetzungen.[416] Die Rechtsbeschwerde bleibt statthaft, auch wenn eine Divergenz nachträglich entfallen ist. 119

---

402 BGH 04.07.2002, V ZB 16/02, BGHZ 151, 221 (225).
403 BGH 29.05.2002, V ZB 11/02, BGHZ 151, 42 (45); PG/*Lohmann* § 574 Rn. 12; anders Jaeger/*Gerhardt* § 7 Rn. 10, beliebige Instanz; Kübler/Prütting/Bork/*Prütting* § 7 Rn. 12, auch Divergenz amtsgerichtlicher Entscheidungen.
404 Jaeger/*Gerhardt* § 7 Rn. 10.
405 BGH 29.05.2002, V ZB 11/02, BGHZ 151, 42 (45); 04.07.2002, V ZB 16/02, BGHZ 151, 221 (225 f.).
406 MüKo-InsO/*Ganter* 2. Aufl., § 7 Rn. 50.
407 Jaeger/*Gerhardt* § 7 Rn. 10; Braun/*Bußhardt* § 7 Rn. 30.
408 BGH 27.03.2003, V ZR 291/92, BGHZ 154, 288 (292 ff.); *Nassall* NJW 2012, 113 (114).
409 BGH 08.09.2004, V ZR 260/03, NJW 2005, 154 (155).
410 BGH 04.07.2002, V ZB 16/02, BGHZ 151, 221 (226).
411 AA KG 20.06.2000, 7 W 1570/00, NZI 2001, 379 (380); Jaeger/*Gerhardt* § 7 Rn. 10.
412 BGH 04.07.2002, V ZB 16/02, BGHZ 151, 221 (226); 01.10.2002, XI ZR 71/02, BGHZ 152, 182 (192); 11.05.2004, XI ZB 39/03, BGHZ 159, 135 (140).
413 BGH 22.11.2011, VIIII ZB 81/11, NJW-RR 2012, 125 Rn. 9.
414 So MüKo-ZPO/*Lipp* § 574 Rn. 16.
415 Stein/Jonas/*Jacobs* § 574 Rn. 22.
416 BGH 01.10.2002, IX ZB 271/02, NJW 2003, 70; 08.07.2010, VII ZB 36/08, NJW-RR 2010, 1318 Rn. 8.

120 Keine Bindung des Rechtsbeschwerdegerichts an die Zulassung besteht, wenn das Gesetz eine Anfechtung der Entscheidung ausschließt. Dann bleibt sie unanfechtbar, trotz der grundsätzlichen Bindung des Rechtsbeschwerdegerichts an die Zulassungsentscheidung, auch bei irriger Rechtsmittelzulassung.[417] Die Zulassung des Rechtsmittels kann dagegen nicht dazu führen, dass dadurch ein gesetzlich nicht vorgesehener Instanzenzug eröffnet wird.[418] Die gesetzlich festgelegte Prüfungskompetenz des Rechtsbeschwerdegerichts kann durch die Zulassungsentscheidung nicht erweitert werden, weswegen die örtliche Zuständigkeit des erstinstanzlichen Gerichts im Rahmen eines Rechtsbeschwerdeverfahrens gem. § 576 Abs. 2 ZPO nicht geprüft werden darf.[419] Unerheblich ist, ob das Beschwerdegericht die Rechtsbeschwerde zugelassen hat, um die von ihm vertretene Auffassung zur Zuständigkeit klären zu lassen.[420] Hat das Beschwerdegericht einen unzulässigen Antrag zu Unrecht sachlich beschieden und die Rechtsbeschwerde zugelassen, ist das Begehren in dem Umfang als unzulässig abzulehnen, wie die sofortige Beschwerde zurückgewiesen und der Antrag des Schuldners als unbegründet abgewiesen worden ist.[421]

6. Anschlussrechtsbeschwerde

121 Auch in der Rechtsbeschwerdeinstanz ist ein Anschlussrechtsmittel statthaft. Es gelten grds. die gleichen Erwägungen, wie zur Zulassung der Anschlussbeschwerde (vgl. Rdn. 31). Nach § 574 Abs. 4 Satz 1 ZPO kann sich der Rechtsbeschwerdegegner der Rechtsbeschwerde bis zum Ablauf einer Notfrist von einem Monat anschließen, nachdem die Begründung der Rechtsbeschwerde zugestellt ist. Die Anschlussrechtsbeschwerde ist auch zulässig, wenn der Anschließende auf die Rechtsbeschwerde verzichtet hat, die Rechtsbeschwerdefrist verstrichen ist oder die Rechtsbeschwerde nicht zugelassen[422] wurde. Die Anschlussrechtsbeschwerde ist in der Anschlussschrift – bzw. innerhalb der Anschließungsfrist[423] – zu begründen, § 574 Abs. 4 Satz 2 ZPO. Die Anschließung wird wirkungslos, wenn die Rechtsbeschwerde zurückgenommen oder als unzulässig verworfen wird, § 574 Abs. 4 Satz 3 ZPO.

II. Sonstige Sachentscheidungsvoraussetzungen

1. Allgemeine Voraussetzungen

122 Auch im Rechtsbeschwerdeverfahren müssen die sonstigen Sachentscheidungsvoraussetzungen erfüllt sein. Die Zulassung der Rechtsbeschwerde erweitert nicht die Rechtsschutzmöglichkeiten über die gesetzlichen Zulässigkeitsvoraussetzungen hinaus. Es müssen daher die Verfahrenshandlungsvoraussetzungen erfüllt sein (vgl. Rdn. 35).

2. Einlegung der Rechtsbeschwerde

123 Die Rechtsbeschwerde ist **beim Rechtsbeschwerdegericht** einzulegen, § 4 InsO i.V.m. 575 Abs. 1 Satz 1 ZPO. Eine Einreichung beim Beschwerdegericht ist nicht fristwahrend.[424] Rechtsbeschwerdegericht ist der BGH, § 133 GVG. Eine § 6 Abs. 1 Satz 2 für die sofortige Beschwerde entsprechende Regelung existiert nicht, da das Beschwerdegericht kein Abhilferecht besitzt.[425]

---

417 BGH 12.09.2002, III ZB 43/02, NJW 2002, 3554; 08.07.2010, VII ZB 36/08, NJW-RR 2010, 1318 Rn. 8.
418 BGH 01.10.2002, IX ZB 271/02, NJW 2003, 70; 19.07.2012, IX ZB 6/12, NZI 2012, 823 Rn. 5.
419 BGH 29.01.2009, VII ZB 79/08, NJW 2009, 1974 Rn. 3 f.; PG/*Lohmann* § 574 Rn. 17.
420 BGH 29.01.2009, VII ZB 79/08, NJW 2009, 1974 Rn. 4.
421 BGH 05.06.2012, IX ZB 31/10, NZI 2012, 672 Rn. 9.
422 Vgl. Nerlich/Römermann/*Becker* § 7 Rn. 98.
423 MüKo-ZPO/*Lipp* § 574 Rn. 23.
424 MüKo-InsO/*Ganter/Lohmann* Rn. 104.
425 Zöller/*Heßler* § 575 Rn. 5; Uhlenbruck/*Pape* § 7 Rn. 11; HambK-InsR/*Rüther* § 7 Rn. 12.

Die **Einlegungsfrist** ist als Notfrist ausgestaltet und beträgt einen Monat nach Zustellung der Beschwerdeentscheidung, § 575 Abs. 1 Satz 1 ZPO. Etwas anderes gilt bei einem Berichtigungsbeschluss über die Zulassung (Rdn. 100), wenn erst durch die Berichtigung Kenntnis davon erlangt wird, dass das Rechtsmittel ausdrücklich zugelassen ist.[426] In der Frist ist die Rechtsbeschwerde beim Rechtsbeschwerdegericht einzureichen. Dennoch kann auch vor dem gesetzlich festgelegten Fristbeginn ein Rechtsmittel eingelegt und begründet werden, sobald die Entscheidung existent ist.[427] Versäumt der Rechtsmittelführer aufgrund seiner Mittellosigkeit die Rechtsbeschwerdefrist, so ist ihm, wenn er rechtzeitig Prozesskostenhilfe beantragt und diese bewilligt wird, Wiedereinsetzung in den vorigen Stand zu gewähren.[428] 124

Umstritten sind die Folgen einer **nicht nachweisbaren Zustellung**. Teils wird angenommen, dass keine Frist läuft,[429] teils soll analog den §§ 517, 548, 569 Abs. 1 Satz 2 ZPO eine Frist von fünf Monaten nach Verkündung der Entscheidung laufen.[430] Obwohl bei der letztgenannten Ansicht der Eingriff in die Rechte des Beschwerdeführers nicht unbedenklich ist, sprechen systematische Erwägungen für eine vorsichtige Analogie zu den Fristenregelungen. Allerdings kann dies nur für verkündete Entscheidungen gelten. Bei nicht verkündeten und nicht zugestellten Entscheidungen läuft keine Frist.[431] Als gesetzliche Frist kann die Monatsfrist zur Einlegung der Rechtsbeschwerde nicht verlängert werden, § 224 Abs. 2 ZPO. Da die Rechtsbeschwerdefrist eine Notfrist ist, ist bei einer schuldlosen Versäumung die Wiedereinsetzung in den vorigen Stand gem. § 233 ZPO eröffnet. 125

In der **Rechtsbeschwerdeschrift** muss als Mindestinhalt die angefochtene Entscheidung bezeichnet und erklärt werden, dass die Rechtsbeschwerde gegen die Entscheidung eingelegt wird, § 575 Abs. 1 Satz 2 ZPO.[432] Eine exakte Bezeichnung ist nicht erforderlich, denn eine ungenaue Benennung wird nach den recht verstandenen Interessen des Beschwerdeführers auszulegen sein.[433] Wird gegen die Beschwerdeentscheidung eine Beschwerde eingelegt, zielt ein solches förmliches Rechtsmittel entsprechend allgemeinem Sprachgebrauch auf eine Überprüfung der Entscheidung durch das im Instanzenzug übergeordnete Gericht ab.[434] Die Umdeutung analog § 140 BGB eines nicht statthaften Rechtsbehelfs in eine Rechtsbeschwerde kommt nur in Betracht, wenn die Voraussetzungen dieser Prozesshandlung erfüllt sind. Daran fehlt es, wenn die Rechtsbeschwerde nicht zugelassen ist und der Rechtsbehelf nicht durch einen beim BGH zugelassenen Rechtsanwalt eingelegt wurde.[435] Um die Rechtsbeschwerde zuordnen zu können, muss der Rechtsbeschwerdeführer erkennbar sein. 126

Als bestimmender und bewirkender **Schriftsatz** unterliegt die Rechtsbeschwerdeschrift den Anforderungen der §§ 130, 130a ZPO. Da eine § 569 Abs. 3 ZPO entsprechende Regelung fehlt und keine hinreichende Ortsnähe existiert, kann die Rechtsbeschwerdeschrift nicht zu Protokoll erklärt werden.[436] Wegen der Förmlichkeiten kann im Übrigen auf die Ausführungen zur Beschwerdeschrift verwiesen werden (vgl. Rdn. 48 ff.). Der Rechtsbeschwerdeschrift soll eine Abschrift oder beglaubigte Ausfertigung der angefochtenen Entscheidung beigefügt werden, § 575 Abs. 1 Satz 3 ZPO. Wird diese Ordnungsvorschrift verletzt, treten keine prozessualen Nachteile ein.[437] 127

---

426 BGH 07.02.2013, IX ZB 85/12, ZVI 2013, 201 Rn. 7.
427 BAG 28.02.2008, 3 AZB 56/07, NJW 2008, 1610 Rn. 10.
428 BGH 25.09.2003, III ZB 84/02, NJW 2003, 3782.
429 BAG 28.02.2008, 3 AZB 56/07, NJW 2008, 1610 Rn. 9.
430 MüKo-InsO/*Ganter/Lohmann* Rn. 104; FK-InsO/*Schmerbach* § 6 Rn. 41; HK-InsO/*Kirchhof* 6. Aufl., § 7 Rn. 27; HambK-InsR/*Rüther* § 7 Rn. 13; MüKo-ZPO/*Lipp* § 575 Rn. 6; Musielak/*Ball* § 575 Rn. 2.
431 PG/*Lohmann* § 575 Rn. 2.
432 PG/*Lohmann* § 575 Rn. 3.
433 Vgl. Uhlenbruck/*Pape* § 7 Rn. 12.
434 BGH 21.03.2002, IX ZB 18/02, NJW 2002, 2181.
435 BGH 20.03.2002, XII ZB 27/02, NJW 2002, 1958.
436 MüKo-ZPO/*Lipp* § 575 Rn. 7.
437 PG/*Lohmann* § 575 Rn. 3; Braun/*Bußhardt* § 7 Rn. 42.

128 Für die Einlegung und das Rechtsbeschwerdeverfahren besteht **Anwaltszwang**. Dabei müssen sich die Beteiligten durch einen bei dem BGH zugelassenen Rechtsanwalt vertreten lassen, § 78 Abs. 1 Satz 4 ZPO.[438] In Kostenstundungsverfahren und Verfahren über die Bewilligung von Prozesskostenhilfe sollte nach einer älteren Rechtsprechung des BGH der Bezirksrevisor postulationsfähig sein. Er sei kein Beteiligter, für den der Anwaltszwang gelte.[439] Diese Rechtsprechung ist jedoch durch die Gesetzesnovellen zu § 78 Abs. 2 ZPO überholt.[440] Das Behördenprivileg gilt nur noch bei einer Nichtzulassungsbeschwerde, § 78 Abs. 2 ZPO,[441] und in familiengerichtlichen Verfahren, § 114 Abs. 3 FamFG.[442] Die Rechtsbeschwerdeschrift ist etwaigen Gegnern im Beschwerdeverfahren zuzustellen, § 575 Abs. 4 Satz 2 ZPO.

3. Begründung der Rechtsbeschwerde

129 Anders als die sofortige Beschwerde muss die Rechtsbeschwerde begründet werden, § 575 Abs. 2, 3 ZPO. Unterbleibt die Begründung, ist die Rechtsbeschwerde als unzulässig zu verwerfen, § 577 Abs. 1 ZPO. Die **Begründungsfrist** beträgt einen Monat und beginnt mit der Zustellung der angefochtenen Entscheidung, § 577 Abs. 2 Satz 2 ZPO.[443] Damit verläuft die Begründungsfrist neben der Einlegungsfrist. Im Unterschied zur Einlegungsfrist kann die Frist zur Begründung der Rechtsbeschwerde vom Vorsitzenden mit Einwilligung des Gegners, ggf. aber auch ohne diese verlängert werden, § 575 Abs. 2 Satz 2 i.V.m. § 551 Abs. 2 Satz 5 und 6 ZPO.[444] Ist die Zustellung der angefochtenen Entscheidung nicht nachweisbar, gelten die Ausführungen zur Anwendbarkeit der fünfmonatigen Frist, insoweit aber aus den §§ 520 Abs. 2 Satz 1, 551 Abs. 2 Satz 3 ZPO, entsprechend (vgl. Rdn. 39). Wird die Begründungsfrist schuldlos versäumt, kann dem Beschwerdeführer nach § 233 ZPO Wiedereinsetzung in den vorigen Stand gewährt werden.

130 Als notwendigen Inhalt der Begründung verlangt § 575 Abs. 3 Nr. 1 ZPO einen bestimmten **Antrag**, aus dem sich ergeben muss, inwieweit die Entscheidung des Beschwerdegerichts angefochten und deren Aufhebung beantragt wird.[445] Das Rechtsbeschwerdegericht prüft gem. § 577 Abs. 2 Satz 1 ZPO nur die gestellten Anträge, doch genügt es, wenn sich das Begehren aus der Begründung ergibt.[446] Die Zulässigkeitsvoraussetzungen des § 575 Abs. 3 Nr. 2 ZPO sind nicht darzulegen, weil sie sich allein auf eine kraft Gesetzes statthafte Rechtsbeschwerde beziehen.[447]

131 Weiter verlangt § 575 Abs. 3 Nr. 3 ZPO die Angabe der **Rechtsbeschwerdegründe**. Rügt der Rechtsbeschwerdeführer die Anwendung **materiellen Rechts**, muss er die Umstände bezeichnen, aus denen sich die Rechtsverletzung ergibt, Nr. 3 Buchst. a. Dafür reicht es, eine fehlerhafte Rechtsanwendung darzulegen,[448] einschl. der Entscheidungserheblichkeit, Klärungsfähigkeit und Klärungsbedürftigkeit der Rechtsfrage.[449] Auf neue Tatsachen und Beweise kann die Rechtsbeschwerde insoweit grds. nicht gestützt werden.[450]

---

[438] BGH 21.03.2002, IX ZB 18/02, NJW 2002, 2181; 16.06.2011, IX ZB 166/11, BeckRS 2011, 17609 Rn. 1; Jaeger/*Gerhardt* § 7 Rn. 19; FK-InsO/*Schmerbach* § 7 Rn. 18; Stein/Jonas/*Jacobs* § 575 Rn. 3.
[439] BGH 11.05.2005, XII ZB 242/03, NJW-RR 2005, 1237; HK-InsO/*Kirchhof* 6. Aufl., § 7 Rn. 29.
[440] BGH 07.07.2010, XII ZB 149/10, NJW-RR 2011, 76 Rn. 8 ff.
[441] Musielak/*Weth* § 78 Rn. 22.
[442] BGH 07.07.2010, XII ZB 149/10, NJW-RR 2011, 76 Rn. 8 ff.
[443] Musielak/*Ball* § 575 Rn. 5.
[444] PG/*Lohmann* § 575 Rn. 4; Zöller/*Heßler* § 575 Rn. 9.
[445] FK-InsO/*Schmerbach* § 7 Rn. 22 f.; Uhlenbruck/*Pape* § 7 Rn. 16; Nerlich/Römermann/*Becker* § 7 Rn. 73.
[446] Uhlenbruck/*Pape* § 7 Rn. 61.
[447] PG/*Lohmann* § 575 Rn. 6.
[448] MüKo-ZPO/*Lipp* § 575 Rn. 17.
[449] HK-InsO/*Kirchhof* 6. Aufl., § 7 Rn. 37.
[450] BGH 18.09.2003, IX ZB 40/03, NJW 2004, 71.

Werden dagegen **Verfahrensfehler** geltend gemacht, müssen auch die Tatsachen bezeichnet werden, aus denen sich der Verstoß ergibt, Nr. 3 Buchst. b. Die Rechtsbeschwerde kann aber nach § 576 Abs. 2 ZPO nicht darauf gestützt werden, dass das Insolvenzgericht seine Zuständigkeit – abgesehen von der internationalen Zuständigkeit – zu Unrecht angenommen habe. Liegt ein absoluter Rechtsbeschwerdegrund nach § 547 i.V.m. § 576 Abs. 3 ZPO vor, wird die Ursächlichkeit des Verfahrensfehlers für den Inhalt der Entscheidung unwiderleglich vermutet.[451] Wird eine Verletzung des rechtlichen Gehörs gerügt, muss dargelegt werden, was bei ordnungsgemäß gewährtem rechtlichen Gehör vorgetragen worden wäre, also wie sich der Rechtsbeschwerdeführer verhalten hätte, wenn das Gehör gewährt worden wäre.[452] 132

4. Beschwerdebefugnis und Beschwer

Die Rechtsbeschwerde ist nur statthaft, wenn gem. § 6 Abs. 1 gegen die insolvenzgerichtliche Entscheidung die sofortige Beschwerde nach dem sachlichen und persönlichen Anwendungsbereich eröffnet war.[453] Dies gilt nicht nur, wenn der Erstbeschwerdeführer die Rechtsbeschwerde erhebt, sondern auch, falls diese durch einen anderen Verfahrensbeteiligten eingelegt wird, der eine erstmalige Beschwer rügt.[454] 133

Auch die Rechtsbeschwerde ist, wie jedes andere Rechtsmittel, nur dann zulässig, wenn eine **Beschwer** des Rechtsbeschwerdeführers vorliegt. Es kann insoweit auf die Ausführungen zur sofortigen Beschwerde verwiesen werden (vgl. Rdn. 56). Der (endgültige) Insolvenzverwalter, der erst im Eröffnungsbeschluss bestellt wird, kann durch die Entscheidung des Insolvenzgerichts über den Eröffnungsantrag nie beschwert sein.[455] Eine ihm nachteilige Entscheidung könnte frühestens im Verfahren der sofortigen Beschwerde getroffen werden, doch ist er gegen die Eröffnungsentscheidung nicht beschwerdebefugt. 134

Die Beschwer ist aber nach der **Beschwerdeentscheidung** zu bemessen. Die sofortige Beschwerde eines Gläubigers, mit der geltend gemacht wird, einem Insolvenzplan hätte gem. § 250 von Amts wegen die Bestätigung hätte versagt werden müssen, ist zulässig, wenn der Gläubiger geltend macht, durch den Insolvenzplan in seinen Rechten beeinträchtigt zu werden. Eine Beschwer in Form einer Schlechterstellung durch den Plan gegenüber einem durchgeführten (Regel-)Insolvenzverfahren ist nicht erforderlich.[456] Beschwert ist der Erstbeschwerdeführer, dessen sofortige Beschwerde erfolglos blieb. Es können aber auch die bereits am Beschwerdeverfahren Beteiligten durch eine erfolgreiche sofortige Beschwerde erstmals beschwert werden.[457] Bei einer Rechtsbeschwerde gegen Entscheidungen über Kosten ist ein Mindestbeschwerdewert, wie in § 567 Abs. 2 ZPO, nicht vorgesehen.[458] 135

5. Wirkung

Die Rechtsbeschwerde besitzt wie die sofortige Beschwerde keine aufschiebende Wirkung, § 4 InsO i.V.m. den §§ 575 Abs. 5, 570 Abs. 1 ZPO. Verweist das Beschwerdegericht das Verfahren an das Insolvenzgericht zurück und wird gegen die Beschwerdeentscheidung Rechtsbeschwerde eingelegt, so kann die Beschwerdeentscheidung so lange keine Wirkungen entfalten, wie über die Rechtsbeschwerde noch nicht entschieden ist. Trifft das Insolvenzgericht dennoch eine Sachentscheidung, entbehrt sie jeder gesetzlichen Grundlage und ist nichtig.[459] Entgegen § 570 Abs. 1 ZPO tritt auch 136

---

451 BGH 15.05.2007, X ZR 20/05, NJW 2007, 2702 Rn. 11.
452 BGH 16.10.2003, IX ZB 475/02, ZVI 2004, 24 (25); HK-InsO/*Kirchhof* 6. Aufl., § 7 Rn. 40.
453 BGH 16.03.2000, IX ZB 2/00, BGHZ 144, 78 (81 ff.); 04.03.2004, IX ZB 133/03, BGHZ 158, 212 (214); 14.12.2005, IX ZB 54/04, NZI 2006, 239.
454 BGH 14.12.2005, IX ZB 54/04, NZI 2006, 239.
455 BGH 08.03.2007, IX ZB 163/06, NZI 2007, 349 Rn. 6.
456 BGH 15.07.2010, IX ZB 65/10, NZI 2010, 734 Rn. 26.
457 MüKo-InsO/*Ganter/Lohmann* Rn. 101.
458 BGH 28.10.2004, III ZB 41/04, NJW-RR 2005, 939; HK-InsO/*Kirchhof* 6. Aufl., § 7 Rn. 41.
459 BGH 22.09.2011, IX ZB 133/10, NZI 2011, 861 Rn. 4.

bei einer sofortigen Beschwerde gegen den Vollzug eines Haftbefehls keine aufschiebende Wirkung ein.[460] Zulässig ist aber der Erlass einer einstweiligen Anordnung (dazu Rdn. 147).

III. Verfahren

1. Zulässigkeitsprüfung

137 Einleitend fordert das Rechtsbeschwerdegericht die Akten vom Beschwerdegericht an, § 575 Abs. 5 i.V.m. § 541 Abs. 1 Satz 1 ZPO. Zunächst muss das Rechtsbeschwerdegericht von Amts wegen prüfen, ob die **Rechtsbeschwerde statthaft** und ob sie in der gesetzlichen Form eingelegt und begründet ist, § 577 Abs. 1 ZPO.[461] Eine nicht fristgerecht eingelegte oder begründete Rechtsbeschwerde wird als unzulässig verworfen. Eine allein auf die Unzuständigkeit des erstinstanzlichen Gerichts gestützte Rechtsbeschwerde ist unzulässig, § 576 Abs. 2 ZPO,[462] denn ein Rechtsmittel, das keinen zulässigen Angriff enthält, ist selbst unzulässig.[463] Auch eine Beschwerde gegen eine gewährte Wiedereinsetzung in den vorigen Stand ist nicht zulässig, § 238 Abs. 3 ZPO. Wird die Erstbeschwerde als unzulässig verworfen, ist die Rechtsbeschwerde im Allgemeinen nicht schon von Gesetzes wegen zulässig. In Insolvenzsachen findet die Rechtsbeschwerde sowohl gegen die Verwerfung einer statthaften sofortigen Beschwerde als unzulässig als auch gegen deren Zurückweisung als unbegründet statt.[464]

138 Als ungeschriebene Sachentscheidungsvoraussetzung[465] ist die Rechtsbeschwerde nur eröffnet, wenn zuvor die **sofortige Beschwerde statthaft** war.[466] Dabei ist zwischen der Unstatthaftigkeit und der bloßen Unzulässigkeit der sofortigen Beschwerde zu unterscheiden.[467] War die sofortige Beschwerde unzulässig, weil die angefochtene Entscheidung unanfechtbar war, fehlt es an einem rechtswirksamen Verfahren vor dem Rechtsbeschwerdegericht.[468] Ein gesetzlich nicht vorgesehener Rechtsmittelzug kann auch durch eine Fehlentscheidung des ersten Rechtsmittelgerichts nicht eröffnet werden.[469] Selbst wenn das Beschwerdegericht sachlich über sie entschieden hat, und sei es durch Zurückweisung, ist diese Entscheidung auf eine zulässige Rechtsbeschwerde hin aufzuheben und die sofortige Beschwerde als unzulässig zu verwerfen. Hat das Beschwerdegericht unzutreffend eine unanfechtbare Entscheidung auf die sofortige Beschwerde hin geändert, ist die eingelegte Rechtsbeschwerde auch dann unstatthaft, wenn das Beschwerdegericht sie zugelassen hat.[470] Ist allerdings auch die Rechtsbeschwerde unzulässig, muss sie ohne Rücksicht auf die Zulässigkeit der vorausgegangenen Beschwerde verworfen werden.[471]

139 Die Entscheidung über die **Wiedereinsetzung in den vorigen Stand** kann nur zusammen mit der Hauptsache Entscheidung angefochten werden, sofern diese bereits ergangen ist. Wendet sich der Beschwerdeführer sowohl gegen die Verwerfung der Erstbeschwerde als auch gegen die Ablehnung der Wiedereinsetzung, ist der Rechtsbehelf gegeben, der für die Anfechtung der Entscheidung über die nachgeholte Verfahrenshandlung eröffnet wäre, § 238 Abs. 2 ZPO.[472] Wird die sofortige Be-

---

460 *Ahrens* NZI 2005, 299 (302 ff.).
461 Nerlich/Römermann/*Becker* § 7 Rn. 108.
462 BGH 09.12.2004, IX ZB 24/04, NZI 2005, 184; PG/*Lohmann* § 576 Rn. 3.
463 BGH 09.12.2004, IX ZB 24/04, NZI 2005, 184.
464 BGH 30.03.2006, IX ZB 171/04, NZI 2006, 606 Rn. 5.
465 PG/*Lohmann* § 577 Rn. 3.
466 BGH 04.03.2004, IX ZB 133/03, BGHZ 158, 212 (214); 25.06.2009, IX ZB 161/08, NJW 2009, 3653 Rn. 5.
467 BGH 25.06.2009, IX ZB 161/08, NJW 2009, 3653 Rn. 7.
468 BGH 23.10.2003, IX ZB 369/02, NJW 2004, 1112; 06.05.2004, IX ZB 104/04, NZI 2004, 447; 21.12.2006, IX ZB 81/06, NZI 2007, 166 Rn. 6.
469 BGH 25.06.2009, IX ZB 161/08, NJW 2009, 3653 Rn. 7.
470 BGH 25.06.2009, IX ZB 161/08, NJW 2009, 3653 Rn. 5; 17.11.2009, VIII ZB 44/09, NJW-RR 2010, 494 Rn. 5.
471 BGH 21.12.2006, IX ZB 81/06, NZI 2007, 166 Rn. 6.
472 BGH 19.01.2006, IX ZA 26/05, NZI 2006, 544 Rn. 5; 21.01.2010, IX ZB 164/09, ZInsO 2010, 631 Rn. 7.

schwerde verworfen, ist dies die Rechtsbeschwerde, die demgemäß zugelassen worden sein muss. Ist die Entscheidung über die Wiedereinsetzung von der Hauptsache getrennt und die Wiedereinsetzung abgelehnt worden, wird dem Antragsteller ein sonst eröffnetes Rechtsmittel nicht genommen.[473]

Ein **Antrag**, etwa auf Versagung der Restschuldbefreiung, muss bis zum rechtskräftigen Abschluss des durch ihn eingeleiteten Verfahrens **aufrechterhalten** bleiben. Eine Rücknahme des Antrags ist regelmäßig zulässig, § 13 Abs. 2. Sie muss gegenüber demjenigen Gericht erklärt werden, bei dem das Verfahren anhängig ist. Mit der Rücknahme des (Versagungs-)Antrags sind die Entscheidungen der Vorinstanzen wirkungslos, ohne eine ausdrückliche Aufhebung zu erfordern.[474] Einer anwaltlichen Vertretung bedarf es hierbei nicht.[475] Die Rechtsbeschwerde wird dadurch unzulässig.[476]

2. Begründetheitsprüfung

Die Zulässigkeit der sofortigen Beschwerde ist im Rechtsbeschwerdeverfahren von Amts wegen zu prüfen.[477] Eine statthafte, aber **unzulässige sofortige Beschwerde** führt zur Begründetheit der Rechtsbeschwerde.[478] Dies gilt etwa, wenn die anfechtbare Ausgangsentscheidung in unzulässiger Weise angefochten und dies vom Beschwerdegericht übersehen wurde. Die sofortige Beschwerde kann statthaft, aber unzulässig sein, etwa weil es an der erforderlichen Beschwer fehlt,[479] die sofortige Beschwerde dem Begründungserfordernis nicht genügt[480] oder verfristet ist.[481] Hat das Beschwerdegericht über die unzulässige sofortige Beschwerde sachlich entschieden, ist diese Entscheidung auf eine zulässige Rechtsbeschwerde hin aufzuheben und die sofortige Beschwerde als unzulässig zu verwerfen.[482]

Durch ihre Rechtsbeschwerdeanträge bestimmen die Beteiligten über den **Umfang der Nachprüfung**, § 577 Abs. 2 Satz 1 ZPO.[483] Auch im Rechtsbeschwerdeverfahren gilt das prozessuale Verbot der Schlechterstellung (*reformatio in peius*).[484] Früher, im Rahmen der gesetzlich zugelassenen Rechtsbeschwerde, hat der BGH nur die in der Rechtsbeschwerdebegründung schlüssig und substantiiert dargelegten Zulässigkeitsgründe nach § 575 Abs. 3 Nr. 2 ZPO geprüft.[485] Auf die vom Beschwerdegericht zugelassene Rechtsbeschwerde ist diese Voraussetzung nicht anzuwenden.

Der BGH muss vorgetragene **Rechtsbeschwerdegründe** nach § 575 Abs. 3 Nr. 3 ZPO prüfen. Dabei überprüft das Rechtsbeschwerdegericht die Beschwerdeentscheidung grds. von Amts wegen in vollem Umfang darauf, ob das Verfahrensrecht oder das materielle Recht fehlerhaft angewandt wurde.[486] Der BGH ist nicht an die vom Rechtsbeschwerdeführer geltend gemachten Gründe der Rechtsbeschwerde gebunden, § 577 Abs. 2 Satz 2 ZPO. Eine Ausnahme gilt für die nicht von Amts wegen zu berücksichtigenden Verfahrensfehler. Sie sind nur zu beachten, wenn sie in der Frist zur Begründung der Rechtsbeschwerde oder der Anschlussrechtsbeschwerde gerügt worden sind,

---

473 BGH 21.01.2010, IX ZB 164/09, ZInsO 2010, 631 Rn. 7.
474 BGH 15.07.2010, IX ZB 269/09, NZI 2010, 780 Rn. 4–6; FK-InsO/*Ahrens* § 290 Rn. 78.
475 BGH 12.05.2011, IX ZB 229/10, ZInsO 2011, 1126 Rn. 11.
476 BGH 15.07.2010, IX ZB 269/09, NZI 2010, 780 Rn. 2, 6.
477 BGH 23.10.2003, IX ZB 369/02, NJW 2004, 1112 (1113).
478 PG/*Lohmann* § 577 Rn. 3.
479 BGH 06.05.2004, IX ZB 104/04, NZI 2004, 447.
480 BGH 21.12.2006, IX ZB 81/06, NZI 2007, 166 Rn. 6.
481 BGH 23.10.2003, IX ZB 369/02, NJW 2004, 1112 (1113).
482 BGH 25.06.2009, IX ZB 161/08, NJW 2009, 3653 Rn. 6.
483 MüKo-ZPO/*Lipp* § 577 Rn. 9.
484 BGH 06.05.2004, IX ZB 349/02, BGHZ 159, 122 (124).
485 BGH 29.09.2005, IX ZB 430/02, NZI 2006, 48 (49); 19.11.2009, IX ZB 105/08, NZI 2010, 300 Rn. 5.
486 MüKo-ZPO/*Lipp* § 577 Rn. 10; PG/*Lohmann* § 577 Rn. 6.

§§ 575 Abs. 2, 574 Abs. 4 Satz 2 ZPO.[487] Ein vom Beschwerdegericht ausgeübtes **Ermessen** kann das Rechtsbeschwerdegericht regelmäßig nur darauf überprüfen, ob ein bestehender Ermessensspielraum eingehalten wurde.[488]

144 Das Rechtsbeschwerdegericht ist an die **Tatsachenfeststellungen** des Beschwerdegerichts gebunden, § 557 Abs. 2 Satz 4 i.V.m. § 559 Abs. 1 Satz 1 ZPO.[489] Deswegen muss die Beschwerdeentscheidung eine vollständige Sachverhaltsdarstellung enthalten und den Streitgegenstand sowie die in den Vorinstanzen gestellten Anträge erkennen lassen.[490] Fehlen tatsächliche Feststellungen, ist das Rechtsbeschwerdegericht nicht dazu in der Lage, die Beschwerdeentscheidung rechtlich zu überprüfen.[491] Ein solcher Fehler ist auch ohne Rüge von Amts wegen zu berücksichtigen.[492] Dies gilt auch, wenn infolge des fehlenden Sachverhalts die Statthaftigkeit der Rechtsbeschwerde nicht feststellbar ist.[493] Bereits deswegen ist eine solche Entscheidung aufzuheben und die Sache zurückzuverweisen.[494]

145 Korrigiert werden können diese tatsächlichen Feststellungen ggf. durch einen Tatbestandsberichtigungsantrag.[495] Erst im Rechtsbeschwerdeverfahren **nachgeholtes tatsächliches Vorbringen** kann nicht berücksichtigt werden.[496] Tatsachenfeststellungen des Beschwerdegerichts können gerügt und daraufhin überprüft werden, ob sie auf einer Rechtsverletzung beruhen.[497] Ist das **rechtliche Gehör** verletzt, kann es in der Rechtsbeschwerdeinstanz nicht gewährt werden.[498] Die Entscheidung muss aufgehoben und die Sache zurückverwiesen werden. Im Rechtsbeschwerdeverfahren kann rechtliches Gehör nicht nachgeholt werden, weil das Rechtsbeschwerdegericht keine Möglichkeit hat, neues tatsächliches Vorbringen zu berücksichtigen.[499] Ausnahmsweise sind neue Tatsachen **beachtlich**, soweit sie nicht von Amts wegen zu berücksichtigende Verfahrensfehler betreffen, § 577 Abs. 2 Satz 4 i.V.m. §§ 559 Abs. 1 Satz 2, 551 Abs. 3 Nr. 2 Buchst. b ZPO.

3. Einstweilige Anordnung

146 Das Rechtsbeschwerdegericht,[500] nicht jedoch das Beschwerdegericht, kann vor der Entscheidung eine einstweilige Anordnung erlassen, § 4 InsO i.V.m. §§ 575 Abs. 5, 570 Abs. 3 ZPO, und insb. die Vollziehung der angefochtenen Entscheidung aussetzen, gegen Sicherheitsleistung einstellen oder anordnen, dass die Vollziehung nur gegen Sicherheitsleistung fortzusetzen ist.[501] Die Anordnung kann von Amts wegen erfolgen.

147 **Zulässig** sind allein einstweilige Anordnungen über die Vollziehung der angefochtenen Entscheidung.[502] Ist die Entscheidung über die Eröffnung des Insolvenzverfahrens angefochten, kann das

---

487 MüKo-InsO/*Ganter/Lohmann* Rn. 133.
488 HK-InsO/*Kirchhof* 6. Aufl., § 7 Rn. 52.
489 Musielak/*Ball* § 577 Rn. 3.
490 BGH 13.01.2011, IX ZB 113/10, BeckRS 2011, 02221 Rn. 2; 21.07.2011, IX ZB 148/10, NZI 2011, 714 Rn. 7 ff., zu den Mindestanforderungen bei der Vergütungsfestsetzung.
491 BGH 20.06.2002, IX ZB 56/01, NZI 2002, 575; 07.04.2005, IX ZB 63/03, NZI 2005, 414 (415); 28.04.2008, II ZB 27/07, NJW-RR 2008, 1455 Rn. 4; 14.01.2010, IX ZB 78/09, ZInsO 2010, 345 Rn. 3; Zöller/*Heßler* § 576 Rn. 2.
492 BGH 18.05.2006, IX ZB 205/05, ZInsO 2006, 773; Braun/*Bußhardt* § 7 Rn. 19.
493 BGH 07.04.2005, IX ZB 63/03, NZI 2005, 414 (415).
494 BGH 20.06.2002, IX ZB 56/01, NZI 2002, 575; HK-InsO/*Kirchhof* 6. Aufl., § 7 Rn. 50; PG/*Lohmann* § 577 Rn. 7.
495 BGH 15.04.2010, IX ZB 175/09, NZI 2010, 530 Rn. 7.
496 BGH 29.03.2007, IX ZB 204/05, NZI 2007, 409 Rn. 12.
497 Uhlenbruck/*Pape* § 7 Rn. 24.
498 MüKo-InsO/*Ganter/Lohmann* Rn. 126.
499 OLG Celle 18.06.2001, 2 W 63/01, NZI 2001, 550 (551).
500 PG/*Lohmann* § 575 Rn. 7.
501 MüKo-InsO/*Ganter/Lohmann* Rn. 109.
502 BGH 01.12.2005, IX ZB 208/05, NJW-RR 2006, 332 Rn. 7.

Rechtsbeschwerdegericht nicht erstmals Sicherungsmaßnahmen anordnen.[503] Diese Kompetenz resultiert auch nicht unmittelbar aus § 21 Abs. 2.[504] Das Rechtsbeschwerdegericht ist aber nicht darauf beschränkt, wie in § 570 Abs. 3 Hs. 2 vorgesehen, die Vollziehung der angefochtenen Entscheidung des Beschwerdegerichts auszusetzen. Es kann auch die Vollziehung der Entscheidung der ersten Instanz aussetzen.[505]

Die Vollziehung einer erst- oder zweitinstanzlichen Entscheidung **kann ausgesetzt werden**, wenn durch die (weitere) Vollziehung dem Rechtsbeschwerdeführer größere Nachteile drohen als den anderen Beteiligten im Falle der Aufschiebung der vom Insolvenz- oder Beschwerdegericht beschlossenen Maßnahme.[506] Außerdem muss das Rechtsmittel Aussicht auf Erfolg haben.[507] Eine Erfolgsaussicht besteht, wenn die Rechtslage zumindest zweifelhaft ist und die Rechtsbeschwerde zulässig erscheint.[508] Prinzipiell ist deswegen eine den gesetzlichen Erfordernissen entsprechende Begründung der Rechtsbeschwerde notwendig.[509] Liegen die engen Voraussetzungen einer derartigen Entscheidung vor, kann die Vollziehung bis zur Entscheidung des Beschwerdegerichts ausgesetzt werden.[510] Die Anordnung kann auf einzelne Wirkungen beschränkt werden.[511]

148

IV. Entscheidung

Die Entscheidung ergeht durch **Beschluss**, § 577 Abs. 6 Satz 1 ZPO. Die mündliche Verhandlung ist auch vor dem Rechtsbeschwerdegericht nach § 4 InsO i.V.m. § 128 Abs. 4 ZPO freigestellt.[512] Der Beschluss ist grds. zu begründen. Von einer Begründung kann abgesehen werden, falls das Rechtsbeschwerdegericht die Rüge von Verfahrensmängeln nicht als durchgreifend erachtet, § 577 Abs. 6 Satz 2 i.V.m. § 564 Satz 1 ZPO, oder falls sie nicht geeignet wäre, um Rechtsfragen grundsätzlicher Bedeutung zu klären bzw. zur Fortbildung des Rechts oder zur Sicherung einer einheitlichen Rechtsprechung beizutragen, § 577 Abs. 6 Satz 3 ZPO.[513] Der Beschluss ist zuzustellen, wenn er einen Vollstreckungstitel bildet.[514]

149

Eine **unzulässige Rechtsbeschwerde** wird verworfen. Eine zulässige, aber **unbegründete Rechtsbeschwerde** wird zurückgewiesen und zwar auch dann, wenn die Beschwerdeentscheidung in der Begründung fehlerhaft, aber aus anderen Gründen im Ergebnis richtig war, § 577 Abs. 3 ZPO.[515] Bei einer **begründeten Rechtsbeschwerde** ist die Entscheidung aufzuheben, § 577 Abs. 4, 5 ZPO. Eine Rechtsbeschwerde gegen die auf mehrere Gründe gestützte Versagung der Restschuldbefreiung kann nur Erfolg haben, wenn sämtliche Versagungsgründe mit Erfolg angegriffen werden.[516] Das Rechtsbeschwerdegericht entscheidet selbst, wenn die Sache entscheidungsreif ist, weil dem Beschwerdegericht nur ein Fehler bei der Rechtsanwendung unterlaufen ist, § 577 Abs. 5 ZPO.

150

Bedarf es weiterer tatsächlicher Feststellungen, ist die Sache **zurückzuverweisen**, § 577 Abs. 4 Satz 1 ZPO. In erster Linie erfolgt eine Zurückverweisung an das Beschwerdegericht. Dieses kann dann im

151

---

503 BGH 01.12.2005, IX ZB 208/05, NJW-RR 2006, 332 Rn. 9.
504 BGH 01.12.2005, IX ZB 208/05, NJW-RR 2006, 332 Rn. 9 ff.
505 BGH 21.03.2002, IX ZB 48/02, NJW 2002, 1658; 27.07.2006, IX ZB 204/04, BGHZ 169, 17 Rn. 30.
506 BGH 21.03.2002, IX ZB 48/02, NJW 2002, 1658 f.; 27.07.2006, IX ZB 204/04, BGHZ 169, 17 Rn. 31; PG/*Lohmann* § 575 Rn. 7; Jaeger/*Gerhardt* § 7 Rn. 24.
507 BGH 27.07.2006, IX ZB 204/04, BGHZ 169, 17 Rn. 31.
508 BGH 21.03.2002, IX ZB 48/02, NJW 2002, 1658 f.
509 HK-InsO/*Kirchhof* 6. Aufl., § 7 Rn. 44.
510 BGH 27.07.2006, IX ZB 204/04, BGHZ 169, 17 Rn. 30; PG/*Lohmann* § 575 Rn. 7.
511 MüKo-InsO/*Ganter/Lohmann* Rn. 109.
512 Zöller/*Heßler* § 577 Rn. 3.
513 MüKo-InsO/*Ganter/Lohmann* Rn. 142.
514 Graf-Schlicker/*Kexel* 2. Aufl., Rn. 17.
515 PG/*Lohmann* § 577 Rn. 8.
516 BGH 13.01.2011, IX ZB 163/10, ZInsO 2011, 396 Rn. 7; 19.05.2011, IX ZB 14/10, BeckRS 2011, 14363 Rn. 4.

Rahmen seines pflichtgemäßen Ermessens die Anordnung dem Erstrichter übertragen, 572 Abs. 3 ZPO.[517] Beruhen erst- und zweitinstanzliche Entscheidung auf dem gleichen Fehler und hätte bereits das Beschwerdegericht die Sache bei fehlerfreier Entscheidung an das Erstgericht zurückweisen müssen, kann auch der BGH die Sache an das Insolvenzgericht zurückverweisen.[518] Bei schweren Verfahrensfehlern kann die Sache zurückverwiesen werden. Die Zurückverweisung hängt dann insb. davon ab, ob der effektive Rechtsschutz des Beschwerdeführers beeinträchtigt ist.

152 Wird die Sache zurückverwiesen, ist das Beschwerde- bzw. das Insolvenzgericht bei seiner Entscheidung in dem konkreten Verfahren an die rechtliche Beurteilung des Rechtsbeschwerdegerichts gebunden, die der Aufhebung zugrunde lag, § 577 Abs. 4 Satz 4. Eine **Bindungswirkung** besteht nur hinsichtlich der rechtlichen Würdigung, die der Aufhebung unmittelbar zu Grunde lag, nicht aber insoweit, als das Rechtsmittelgericht die angefochtene Entscheidung (stillschweigend) billigt. Darüber hinaus entfällt die Bindungswirkung auch dann, wenn das Gericht, an das zurückverwiesen wird, neue Tatsachen feststellt und auf der Grundlage eines geänderten maßgeblichen Sachverhalts entscheidet.[519] In anderen Verfahren besteht keine Bindungswirkung.[520] Entscheidet das Rechtsbeschwerdegericht abschließend über die Rechtsbeschwerde, ist dieser Beschluss mit seinem Erlass **formell rechtskräftig**.[521]

153 Wird zurückverwiesen, trifft das Gericht die **Kostenentscheidung**, an das zurückverwiesen wurde,[522] sonst fällt sie der BGH. Der Wert der **Gerichtsgebühren** ergibt sich aus § 58 GKG. Den Gegenstandswert für das Rechtsbeschwerdeverfahren über einen Antrag auf Versagung der Restschuldbefreiung hat der BGH mangels anderweitiger Anhaltspunkte auf 1.200 € bemessen.[523] Im Rechtsbeschwerdeverfahren entsteht die Gebühr aus KV Nr. 2364 von 100 € nur, soweit die Rechtsbeschwerde verworfen oder zurückgewiesen würde. Wird die Rechtsbeschwerde nur teilweise verworfen oder zurückgewiesen, kann das Gericht die Gebühr auf die Hälfte ermäßigen oder ganz niederschlagen. Die **Anwaltsgebühren** ergeben sich aus § 18 Abs. 1 Nr. 3 RVG i.V.m. VV Nr. 3502 ff.

F. Sonstige Rechtsbehelfe

I. Erinnerung gegen die Entscheidung des Rechtspflegers

154 Bei den Rechtsbehelfen gegen Entscheidungen des Rechtspflegers, es darf sich also nicht nur um eine vorbereitende Tätigkeit handeln, muss differenziert werden. Ist nach § 6 Abs. 1 Satz 1 die sofortige Beschwerde gegen die Entscheidung statthaft, unterliegt auch die Entscheidung des Rechtspflegers der sofortigen Beschwerde, § 11 Abs. 1 RPflG.[524] Hilft der Rechtspfleger nicht ab, muss er die Entscheidung dem Beschwerdegericht vorlegen. Im Übrigen gelten die für die sofortige Beschwerde bestehenden Vorschriften.[525] Für die Erinnerung besteht kein Anwaltszwang.[526] Lediglich vorbereitende Tätigkeiten stellen keine Entscheidung dar, wie die Beauftragung eines Gutachters und die Einholung von Auskünften oder verfahrensleitende Maßnahmen, wie die Anberaumung eines Termins.[527]

---

517 BGH 22.07.2004, IX ZB 161/03, BGHZ 160, 176 (185).
518 BGH 22.07.2004, IX ZB 161/03, BGHZ 160, 176 (185); 04.11.2004, IX ZB 70/03, NZI 2005, 45 (46); 09.02.2006, IX ZB 418/02, NZI 2006, 297 Rn. 9; 18.02.2010, IX ZB 180/09, NZI 2010, 349 Rn. 11; FK-InsO/*Schmerbach* § 7 Rn. 72; HK-InsO/*Kirchhof* 6. Aufl., § 7 Rn. 56 Rn.
519 BGH 06.05.2004, IX ZB 349/02, BGHZ 159, 122 (127); HK-InsO/*Kirchhof* 6. Aufl., § 7 Rn. 57; PG/*Lohmann* § 577 Rn. 10.
520 AG Göttingen 28.09.2006, 74 IN 43/06, NZI 2006, 644 (646); FK-InsO/*Schmerbach* § 7 Rn. 75; Uhlenbruck/*Pape* § 7 Rn. 26.
521 MüKo-InsO/*Ganter/Lohmann* Rn. 155.
522 OLG Köln 03.01.2000, 2 W 270/99, NZI 2000, 169 (171); Braun/*Bußhardt* § 7 Rn. 67.
523 BGH 23.01.2003, IX ZB 227/02, ZVI 2003, 91 f.
524 Kübler/Prütting/Bork/*Prütting* Rn. 33.
525 Jaeger/*Gerhardt* Rn. 19; Uhlenbruck/*Pape* Rn. 10.
526 Uhlenbruck/*Pape* Rn. 10.
527 FK-InsO/*Schmerbach* Rn. 91.

Ist die sofortige Beschwerde gegen eine Entscheidung nicht eröffnet, findet die **befristete Erinnerung** an den Insolvenzrichter statt, § 11 Abs. 2 Satz 1 RPflG.[528] Hierfür gilt das Enumerationsprinzip nicht.[529] Für die aufschiebende Wirkung, § 11 Abs. 2 Satz 4 RPflG, kann auf Ausführungen zur aufschiebenden Wirkung der sofortigen Beschwerde verwiesen werden (s. Rdn. 76). Die Frist beträgt nach § 11 RPflG zwei Wochen, § 11 Abs. 2 Satz 1 RPflG i.V.m. § 569 Abs. 1 Satz 1 ZPO. Es handelt sich dabei um eine Notfrist.[530] Der Rechtspfleger kann der Erinnerung abhelfen, § 11 Abs. 2 Satz 2 RPflG. Soweit keine besonderen Rechtmittelvorschriften existieren, wie in § 793 ZPO, entscheidet der Insolvenzrichter abschließend.[531] 155

In zahlreichen **Einzelfällen** kann deswegen die Erinnerung eingelegt werden, etwa gegen die Einberufung bzw. die Vertagung der Gläubigerversammlung,[532] gegen eine Tabellenberichtigung,[533] gegen eine Aufsichtsanordnung des Insolvenzgerichts über den Insolvenzverwalter,[534] wenn die beantragte Entnahme eines Gebührenvorschusses versagt wird[535] und wenn der Insolvenzverwalter die Einstellung des Insolvenzverfahrens anfechten will.[536] 156

Kein Beschwerderecht und **keine Erinnerungsbefugnis** bestehen für den Treuhänder gegen die Erteilung der Restschuldbefreiung, falls er nicht die Versagung der Restschuldbefreiung nach § 298 beantragt hat.[537] Unzulässig ist gem. § 11 Abs. 3 Satz 2 RPflG die Erinnerung gegen Entscheidungen über die Gewährung eines Stimmrechts nach den §§ 77, 237, 238. Hat der Richter das Verfahren nach § 18 Abs. 2 RPflG an sich gezogen, ist die Erinnerung unzulässig.[538] 157

II. Gehörsrüge, § 321a ZPO

Durch den außerordentlichen Rechtsbehelf der Gehörsrüge nach § 321a ZPO erhält das entscheidende Gericht eine Möglichkeit der Selbstkorrektur.[539] Der Rechtsbehelf besteht gegen eine **unanfechtbare Endentscheidung**. Umstritten ist, ob der Rechtsbehelf auch gegeben ist, wenn ein befristeter Rechtsbehelf statthaft ist, der beschwerte Beteiligte aber die Rechtsmittelfrist versäumt hat.[540] Der Anspruch auf rechtliches Gehör der die Rüge erhebenden Partei muss in entscheidungserheblicher Weise verletzt worden sein. Nach der Rechtsprechung des BGH ist der Rechtsbehelf nicht auf andere Verfahrensverstöße entsprechend anwendbar.[541] 158

III. Sonstige außerordentliche Rechtsbehelfe

Eine außerordentliche Beschwerde wegen greifbarer Gesetzeswidrigkeit wird inzwischen prinzipiell verneint.[542] Kann das Gericht seine Entscheidung von Amts wegen ändern, kommt eine Gegenvorstellung in Betracht.[543] Zum Fortsetzungsfeststellungsantrag vgl. Rdn. 60. Für die Verletzung von 159

---

528 Nerlich/Römermann/*Becker* Rn. 13.
529 MüKo-InsO/*Ganter/Lohmann* Rn. 59; Jaeger/*Gerhardt* Rn. 22; HambK-InsR/*Rüther* Rn. 13.
530 Uhlenbruck/*Pape* Rn. 10.
531 FK-InsO/*Schmerbach* Rn. 89; Nerlich/Römermann/*Becker* Rn. 18.
532 OLG Köln 30.07.2001, 2 W 143/01, ZInsO 2001, 1112 (1113).
533 BGH 29.09.2011, IX ZA 74/11, BeckRS 2011, 24834 Rn. 7.
534 BGH 07.04.2011, IX ZB 170/10, NZI 2011, 442 Rn. 6.
535 BGH 01.10.2002, IX ZB 53/02, NJW 2003, 210.
536 BGH 26.04.2007, IX ZB 221/04, NZI 2007, 406 Rn. 4.
537 AG Göttingen 06.01.2009, 74 IN 270/02, NZI 2009, 257 (258).
538 FK-InsO/*Schmerbach* Rn. 29.
539 PG/*Thole* § 321a Rn. 1.
540 Bejahend Zöller/*Vollkommer* § 321a Rn. 5; Thomas/Putzo/*Reichold* § 321a Rn. 2; verneinend PG/*Thole* § 321a Rn. 3.
541 BGH 13.12.2007, I ZR 47/06, NJW 2008, 2126 Rn. 4 f.; Zöller/*Vollkommer* § 321a Rn. 3a; a.A. MüKo-ZPO/*Lipp* Vor §§ 567 ff. Rn. 12 ff.; Stein/Jonas/*Jacobs* § 567 Rn. 19.
542 BGH 07.03.2002, IX ZB 11/02, BGHZ 150, 133 (135); MüKo-ZPO/*Lipp* § 567 Rn. 15; Uhlenbruck/*Pape* Rn. 9; Braun/*Bußhardt* Rn. 46.
543 OLG Celle 04.04.2001, 2 W 36/01, NZI 2001, 306; Jaeger/*Gerhardt* Rn. 27.

§ 8 InsO Zustellungen

Verfahrensgrundrechten ist eine differenzierte Behandlung erforderlich.[544] Ausnahmsweise zugelassen hat der BGH eine sofortige Beschwerde gegen eine dem Gesetz fremde Maßnahme, die in einen grundrechtlich gem. Art. 13 Abs. 2 GG geschützten räumlichen Bereich eingreift.[545] Die Beschwerde ist aber nicht bei dem vom Insolvenzverwalter ausgesprochenen Verbot eröffnet, ein Betriebsgrundstück zu betreten,[546] auch nicht bei einer vorläufigen Postsperre.[547]

§ 7 Rechtsbeschwerde

(Aufgehoben durch Gesetz zur Änderung von § 522 ZPO v. 21.10.2011, BGBl. I, 2082)

§ 8 Zustellungen

(1) Die Zustellungen geschehen von Amts wegen, ohne dass es einer Beglaubigung des zuzustellenden Schriftstücks bedarf. Sie können dadurch bewirkt werden, dass das Schriftstück unter der Anschrift des Zustellungsadressaten zur Post gegeben wird; § 184 Abs. 2 Satz 1, 2 und 4 der Zivilprozessordnung gilt entsprechend. Soll die Zustellung im Inland bewirkt werden, gilt das Schriftstück drei Tage nach Aufgabe zur Post als zugestellt.

(2) An Personen, deren Aufenthalt unbekannt ist, wird nicht zugestellt. Haben sie einen zur Entgegennahme von Zustellungen berechtigten Vertreter, so wird dem Vertreter zugestellt.

(3) Das Insolvenzgericht kann den Insolvenzverwalter beauftragen, die Zustellungen nach Absatz 1 durchzuführen. Zur Durchführung der Zustellung und zur Erfassung in den Akten kann er sich Dritter, insbesondere auch eigenen Personals bedienen. Der Insolvenzverwalter hat die von ihm nach § 184 Abs. 2 Satz 4 der Zivilprozessordnung angefertigten Vermerke unverzüglich zu den Gerichtsakten zu reichen.

Übersicht	Rdn.			Rdn.
A. **Normzweck**	1		2. Postzustellungsurkunde, Empfangsbekenntnis, Einschreiben mit Rückschein	18
B. **Anwendungsbereich**	3			
I. Grundlagen	3			
II. Verbraucherinsolvenzverfahren	4		3. Zustellung durch Aufgabe zur Post	19
III. Zustellungsbedürftige Schriftstücke	6		4. Andere Zustellungsarten	23
IV. Einzelzustellung	11	III.	Unbekannter Aufenthalt des Adressaten, Abs. 2	24
V. Zustellungsadressat	13			
C. **Bewirkung der Zustellung**	16	IV.	Heilung von Zustellungsmängeln	25
I. Zustellung von Amts wegen, Abs. 1 Satz 1	16	D.	**Zustellung durch den Insolvenzverwalter**	26
II. Ausführung der Zustellung	17	E.	**Nicht förmliche Mitteilungen**	28
1. Entscheidung über die Zustellungsart	17			

A. Normzweck

§ 8 dient dem **Rechtsschutz** der Verfahrensbeteiligten, die in einem förmlichen Verfahren über die Verfahrenshandlungen des Gerichts und der anderen Beteiligten unterrichtet werden. Damit wird die Grundlage zur Wahrung des rechtlichen Gehörs gelegt. Zugleich dient die Regelung der **Verfahrensvereinfachung**, indem sie die allgemeinen zivilprozessualen Zustellungsvorschriften der §§ 166 ff. ZPO mit Blick auf besondere insolvenzrechtliche Erfordernisse modifiziert. Abs. 3 dient

---

544 MüKo-ZPO/*Lipp* § 567 Rn. 21 ff.
545 *BGH 04.03.2004, IX ZB 133/03, BGHZ 158, 212 (214 ff.).*
546 BGH 11.01.2007, IX ZB 271/04, NZI 2007, 231 Rn. 13.
547 BGH 12.10.2006, IX ZB 34/05, NZI 2007, 34 Rn. 12; FK-InsO/*Schmerbach* Rn. 22.

einem doppelten Entlastungszweck, zunächst der Gerichte, dann aber auch des Insolvenzverwalters.

Die Vorschrift ist im Zusammenhang mit § 9 zu lesen, denn beide Regelungen verfolgen im Ausgangspunkt die gleiche Zielsetzung (vgl. § 9 Rdn. 1).[1] Während § 8 die individuelle Zustellung an einzelne Verfahrensbeteiligte normiert, betrifft die öffentliche Bekanntmachung nach § 9 gegenüber einer Vielzahl und damit möglicherweise auch unbekannten Anzahl von Verfahrensbeteiligten. 2

B. Anwendungsbereich

I. Grundlagen

Bei förmlichen Unterrichtungen sind mehrere Themenkreise zu trennen. Als Vorfrage ist zunächst zu bestimmen, welche Schriftstücke der Verfahrensbeteiligten **zustellungsbedürftig** sind (s. Rdn. 6 ff.). Als Weiteres muss die **Form** durch Einzelzustellung nach § 8 oder öffentliche Bekanntmachung gem. § 9 festgelegt werden (s. Rdn. 11 f.), wobei insb. der Personenkreis für eine Einzelzustellung abzugrenzen ist. Soweit eine Einzelzustellung erfolgt, bestimmt § 8 über ihre Art und Weise. Dabei ist über die zu wählende **Zustellungsart** mit ihren jeweiligen Konsequenzen zu entscheiden (s. Rdn. 17 ff.). Ergänzend sind dafür die §§ 166 ff. ZPO heranzuziehen. 3

II. Verbraucherinsolvenzverfahren

Im **Schuldenbereinigungsplanverfahren** ist allein § 8 Abs. 1 Satz 1 anwendbar, weshalb eine förmliche Zustellung im Amtsbetrieb erfolgen muss. Die Verfahrenserleichterungen aus § 8 Abs. 1 Satz 2, 3, Abs. 2, 3 sind auf die Zustellung des Schuldenbereinigungsplans sowie der Vermögensübersicht nach § 307 Abs. 1 Satz 3 und die Zustellung möglicher Ergänzungen seitens des Schuldners nach § 307 Abs. 3 Satz 3 nicht übertragbar.[2] Die Zustellung muss an alle Gläubiger erfolgen.[3] Unzulässig ist eine Zustellung durch Aufgabe zur Post nach § 8 Abs. 1 Satz 2, 3,[4] die auch nicht nach § 168 Abs. 1 Satz 2 ZPO erfolgen darf.[5] Bei unbekanntem Aufenthaltsort gilt nicht § 8 Abs. 2, sondern es muss eine öffentliche Zustellung nach § 4 InsO i.V.m. §§ 185 f. ZPO erfolgen.[6] § 9 Abs. 3 ist unanwendbar (vgl. § 9 Rdn. 15). Die Zustellung kann auch nicht nach § 8 Abs. 3 auf einen vorläufigen Treuhänder übertragen werden,[7] da dieser noch nicht bestellt ist. In den anderen Abschnitten des Verbraucherinsolvenzverfahrens ist dagegen § 8 insgesamt anwendbar. 4

Fraglich ist, ob eine **Beglaubigung** im Schuldenbereinigungsplanverfahren entbehrlich ist, wie dies § 8 Abs. 1 Satz 1 Halbs. 2 bestimmt. Ursprünglich stand diese Regelung in § 8 Abs. 1 Satz 3. Sie wurde später ohne sachliche Auseinandersetzung mit den Konsequenzen nach Abs. 1 Satz 1 verschoben. Dies wird wegen der weitreichenden Konsequenzen sowie des erhöhten Sicherheitsbedürfnisses für die Gläubiger und der höheren Formalisierung des Schuldenbereinigungsplanverfahrens grds. zu bejahen sein,[8] doch kann der Schuldner die Erklärungen unterschreiben und damit als Originale einreichen.[9] 5

---

[1] HK-InsO/*Kirchhof* 6. Aufl., § 9 Rn. 2.
[2] HK-InsO/*Landfermann* 6. Aufl., § 307 Rn. 6.
[3] Uhlenbruck/*Vallender* § 307 Rn. 8; einschränkend FK-InsO/*Grote* § 307 Rn. 11.
[4] OLG Frankfurt 01.08.2000, 26 W 71/00, NZI 2000, 536 (537); Uhlenbruck/*Pape* Rn. 3.
[5] Uhlenbruck/*Vallender* § 307 Rn. 5.
[6] AG Saarbrücken 02.07.2001, 61 IK 113/00, ZInsO 2002, 247; Uhlenbruck/*Vallender* § 307 Rn. 4; FK-InsO/*Schmerbach* Rn. 40; a.A. LSZ/*Smid/Leonhardt* Rn. 8.
[7] FK-InsO/*Schmerbach* Rn. 39.
[8] FK-InsO/*Schmerbach* Rn. 42 f.; Nerlich/Römermann/*Becker* Rn. 7; HK-InsO/*Kirchhof* 6. Aufl., Rn. 6.
[9] FK-InsO/*Grote* § 307 Rn. 11; HK-InsO/*Landfermann* 6. Aufl., § 307 Rn. 6.

III. Zustellungsbedürftige Schriftstücke

6 Welche Schriftstücke zustellungsbedürftig sind, ergibt sich aus der Art der schriftlich fixierten Verfahrenshandlungen. § 8 trifft dazu keine Aussage.[10] In erster Linie sind **Verfahrenshandlungen des Gerichts** zuzustellen und hier vor allem Entscheidungen und Ladungen. Einfache Mitteilungen und Ersuchen, wie nach den §§ 31–33, müssen regelmäßig nicht zugestellt werden.[11] **Ladungen** gem. § 4 InsO i.V.m. § 214 ZPO erfolgen regelmäßig schriftlich und dann, wenn sie eine Terminsbestimmung enthalten, § 329 Abs. 2 Satz 2 ZPO, durch förmliche Zustellung. Enthält eine verkündete Entscheidung die Terminsbestimmung, ist eine Ladung nach § 218 ZPO nicht erforderlich. Nicht ausgeschlossen sind telefonische Ladungen, etwa bei kurzfristigen Terminsverlegungen.[12]

7 **Verkündete Entscheidungen** müssen nicht zugestellt werden, es sei denn, sie setzen die Frist zur Einlegung der sofortigen Beschwerde, §§ 329 Abs. 3, 569 Abs. 1 Satz 2 ZPO, oder der Rechtsbeschwerde, § 575 Abs. 1 Satz 1 ZPO, in Gang. § 6 Abs. 2 berührt diese Verpflichtung nicht, da die Regelung nur den Beginn der Anfechtungsfrist und nicht das Zustellungserfordernis behandelt (vgl. § 6 Rdn. 36).[13] Zustellungsbedürftig sind auch die entsprechenden Entscheidungen durch den Rechtspfleger, da dann die Fristen für die sofortige Beschwerde oder die befristete Erinnerung laufen.[14]

8 **Nicht verkündete Entscheidungen** sind ebenfalls regelmäßig nicht zustellungsbedürftig. Die Beteiligten können daher grds. formlos unterrichtet werden. Solche nach § 329 Abs. 1 Satz 1 ZPO nicht verkündeten Entscheidungen bilden den Regelfall, weil das Insolvenzgericht zumeist gem. § 5 Abs. 3 Satz 1 ohne mündliche Verhandlung entscheidet. Es besteht allerdings eine Zustellungspflicht für Entscheidungen, die eine Terminsbestimmung enthalten oder eine Frist in Lauf setzen, § 4 InsO i.V.m. § 329 Abs. 2 Satz 2 ZPO. Geboten ist eine förmliche Zustellung.[15]

9 Gerichtliche Entscheidungen werden der Partei gegenüber, die sie angehen, dann **wirksam**, wenn sie verkündet oder bekannt gemacht worden sind.[16] Nicht zuzustellende Beschlüsse werden mit Verkündung, zuzustellende Beschlüsse mit der Zustellung wirksam.[17] Weder zuzustellende noch zu verkündende Beschlüsse werden mit der Mitteilung wirksam.[18]

10 Einfache **Schriftsätze** der Verfahrensbeteiligten sind nach § 4 InsO i.V.m. § 270 Satz 1 ZPO nicht zustellungsbedürftig. Allerdings kann gesetzlich, wie in § 186 Abs. 2 Satz 1, oder richterlich eine Zustellung angeordnet werden.[19] Ob für einen Gläubigerantrag auf Eröffnung des Insolvenzverfahrens und für sonstige Anträge, etwa nach den §§ 251, 290, 296–298, 303, eine Zustellungspflicht entsprechend § 270 Satz 1 ZPO besteht, muss differenziert beantwortet werden. Im einseitig ausgestalteten Zulassungsverfahren ist der Gläubigerantrag nicht zuzustellen. Etwas anderes könnte nur gelten, wenn für die Zuständigkeitsbegründung nicht auf den Antragseingang (vgl. § 3 Rdn. 29), sondern eine Zustellung abgestellt wird.[20] Auch der Schuldnerantrag wird nicht zugestellt. Allerdings ist der Antrag bei einer schriftlichen Anhörung des Schuldners oder einer Ladung zur An-

---

10 Jaeger/*Gerhardt* Rn. 3; Uhlenbruck/*Pape* Rn. 2; Nerlich/Römermann/*Becker* Rn. 5; HambK-InsR/*Rüther* Rn. 4; Braun/*Bußhardt* Rn. 5.
11 Uhlenbruck/*Pape* Rn. 2.
12 PG/*Milger* § 214 Rn. 3.
13 MüKo-InsO/*Ganter/Lohmann* Rn. 9; Uhlenbruck/*Pape* Rn. 2; Nerlich/Römermann/*Becker* Rn. 5; a.A. keine Zustellungspflicht FK-InsO/*Schmerbach* Rn. 17; Kübler/Prütting/Bork/*Prütting* Rn. 7; Braun/*Kießner* Rn. 6.
14 Nerlich/Römermann/*Becker* Rn. 5.
15 FK-InsO/*Schmerbach* Rn. 18; a.A. MüKo-InsO/*Ganter/Lohmann* Rn. 9.
16 BGH 19.10.2005, VIII ZR 217/04, BGHZ 164, 347 (351).
17 PG/*Völzmann-Stickelbrock* § 329 Rn. 5; a.A. Nerlich/Römermann/*Becker* Rn. 5.
18 PG/*Völzmann-Stickelbrock* § 329 Rn. 5.
19 MüKo-InsO/*Ganter/Lohmann* Rn. 6.
20 So OLG Düsseldorf 02.01.2004, 19 Sa 111/03, NZI 2004, 146; a.A. FK-InsO/*Schmerbach* § 3 Rn. 25.

hörung, § 14 Abs. 2, zuzustellen. Lösen die Anträge ein Verfahren mit streitiger Struktur aus, wie etwa die Anträge auf Versagung der Restschuldbefreiung, müssen sie zugestellt werden.

IV. Einzelzustellung

Im Allgemeinen genügt zur förmlichen Unterrichtung in Insolvenzsachen eine **öffentliche Bekanntmachung**, § 9 Abs. 1 Satz 1, die eine Zustellungsfiktion bewirkt.[21] Dabei ersetzt die öffentliche Bekanntmachung stets die Einzelzustellung, denn gem. § 9 Abs. 3 genügt diese Bekanntmachung auch dann zum Nachweis der Zustellung an alle Beteiligten, wenn daneben eine besondere Zustellung gesetzlich vorgeschrieben ist.[22] Damit wird eine Einzelzustellung jedoch nicht entbehrlich, denn das Gericht ist nicht befugt, vorgeschriebene Zustellungen wegen einer öffentlichen Bekanntmachung zu unterlassen. Wichtig ist die zusätzliche vorgeschriebene Einzelzustellung vor allem wegen des Fristenlaufs, der bereits mit einer früheren Zustellung beginnt.[23]

11

Vorgeschrieben ist die **Zustellung** etwa in den §§ 23 Abs. 1 Satz 2, 25 Abs. 1 i.V.m. 23 Abs. 1 Satz 2, 30 Abs. 2, 64 Abs. 2 Satz 1, 73 Abs. 2 i.V.m. 64 Abs. 2 Satz 1, 186 Abs. 2 Satz 1, 194 Abs. 2 Satz 1, Abs. 3 Satz 1, 204 Satz 1, Abs. 2 Satz 1, 208 Abs. 2 Satz 2, 307 Abs. 1 Satz 1, Abs. 3 Satz 2, 308 Abs. 1 Satz 3, 313 Abs. 1 Satz 3 i.V.m. 64 Abs. 2 Satz 1. Verlangt das Gesetz eine besondere Ladung, wie nach den §§ 177 Abs. 3 Satz 2, 235 Abs. 3 Satz 1, 241 Abs. 2 Satz 1, 296 Abs. 2 Satz 3, muss diese zugestellt werden.[24] Über diese gesetzlich geregelten Fälle hinaus kann ausnahmsweise auch ohne ausdrückliche Normierung eine förmliche Zustellung erforderlich sein. Dies betrifft vor allem die gerichtliche Aufforderung zur Ergänzung der Unterlagen nach § 305 Abs. 3 Satz 1, weil sie die Frist aus § 305 Abs. 3 Satz 2 in Gang setzt.[25]

12

V. Zustellungsadressat

Zuzustellen ist das Schriftstück an die **gesetzlich bestimmten Personen**, vgl. §§ 23 Abs. 1 Satz 2, 30 Abs. 2, 64 Abs. 2 Satz 1, 186 Abs. 2 Satz 1, 194 Abs. 2 Satz 1, 204 Abs. 1 Satz 1, Abs. 2 Satz 1, 208 Abs. 2 Satz 2, 307 Abs. 1 Satz 1, Abs. 3 Satz 2, 308 Abs. 1 Satz 3. Entscheidungen sind außerdem jeder durch sie **beschwerten Person** zuzustellen,[26] wie dem entlassenen Insolvenzverwalter nach § 59 Abs. 2 Satz 1[27] oder dem Schuldner, dessen Antrag auf Restschuldbefreiung verworfen oder versagt wird.[28] Dem Gläubiger wird ein dem Versagungsantrag stattgebender Beschluss regelmäßig formlos übersandt.[29] Auch wenn eine (vorläufige) Postsperre angeordnet ist, sind die den Schuldner betreffenden insolvenzverfahrensrechtlichen Zustellungen ihm gegenüber zu bewirken.[30]

13

Bei **juristischen Personen** ist das Schriftstück dem Vertretungsorgan, bei Gesellschaften ohne Rechtspersönlichkeit jedem persönlich haftenden Gesellschafter zuzustellen.[31] Ist die Gesellschaft führungslos, erfolgt die Zustellung bei einer GmbH an einen Gesellschafter, § 35 Abs. 1 Satz 2 GmbHG, bei

14

---

21 FK-InsO/*Schmerbach* § 9 Rn. 10.
22 MüKo-InsO/*Ganter/Lohmann* Rn. 9; HambK-InsR/*Rüther* Rn. 2.
23 Uhlenbruck/*Pape* Rn. 2.
24 Uhlenbruck/*Pape* Rn. 2; Braun/*Bußhardt* Rn. 5.
25 BayObLG 04.09.2001, 4 Z BR 18/01, ZInsO 2011, 1013 (1014); HambK-InsR/*Rüther* Rn. 4; Braun/*Bußhardt* Rn. 8.
26 FK-InsO/*Schmerbach* Rn. 24; HambK-InsR/*Rüther* Rn. 4a.
27 MüKo-InsO/*Ganter/Lohmann* Rn. 10.
28 FK-InsO/*Ahrens* § 289 Rn. 19; s.a. LG Arnsberg 26.10.2009, 6 T 258/09, ZInsO 2010, 1160.
29 *Schmerbach* VIA 2010, 77 (78).
30 OLG Braunschweig 11.01.2001, 2 U 120/00, ZInsO 2001, 627 (628), nicht das unzutreffend benannte LG Göttingen.
31 FK-InsO/*Schmerbach* Rn. 24.

einer AG oder einer Genossenschaft an ein Aufsichtsratsmitglied, § 78 Abs. 1 Satz 2 AktG, § 24 Abs. 1 Satz 2 GenG.[32]

15 Einem **gewillkürten Vertreter** ist das Schriftstück zuzustellen, wenn er zustellungsbevollmächtigt ist und die Vertretungsmacht nachgewiesen ist, vgl. § 171 ZPO. Dazu ist regelmäßig eine Erklärung des Vertretenen erforderlich oder eine Vollmachtsurkunde vorzulegen. Diese Anforderung besteht auch gegenüber Inkassounternehmen, soweit sie nach den §§ 174 Abs. 1 Satz 3, 305 Abs. 4 Satz 2 vertretungsbefugt sind.[33] Ein Schuldner kann sich nach § 305 Abs. 4 Satz 1 im Verbraucherinsolvenzverfahren von einer geeigneten Person oder dem Angehörigen einer geeigneten Stelle vertreten lassen.

C. Bewirkung der Zustellung

I. Zustellung von Amts wegen, Abs. 1 Satz 1

16 Die Zustellung erfolgt von Amts wegen, § 8 Abs. 1 Satz 1 Halbs. 1, was dem Grundsatz aus § 166 Abs. 2 ZPO entspricht. Auf die Zustellung sind prinzipiell die §§ 166 ff. ZPO anzuwenden, doch ist etwa die Zustellung durch Aufgabe zur Post in erweitertem Umfang zulässig.[34] Die Zustellung wird deswegen nach § 168 Abs. 1 Satz 1 ZPO von der **Geschäftsstelle** ausgeführt, falls nicht der Gerichtsvollzieher oder eine andere Behörde, § 168 Abs. 2 ZPO, oder der Insolvenzverwalter, § 8 Abs. 3, mit der Zustellung beauftragt wird.[35] Abw. von § 169 Abs. 2 Satz 1 ZPO müssen die zuzustellenden Schriftstücke **nicht beglaubigt** werden, ausgenommen im Schuldenbereinigungsplanverfahren nach § 307 Abs. 1 Satz 3, Abs. 3 Satz 3. Bei Entscheidungen wird von der Rechtsprechung des BGH die Zustellung einer Ausfertigung entgegen § 4 InsO i.V.m. §§ 329 Abs. 1 Satz 2, 317 Abs. 4 ZPO nicht verlangt.[36]

II. Ausführung der Zustellung

1. Entscheidung über die Zustellungsart

17 Zustellung ist nach § 166 Abs. 1 ZPO die Bekanntgabe eines Dokuments an eine Person in der in den §§ 166 ff. ZPO bestimmten Form. In diesem Sinn stellt auch die Zustellung durch Aufgabe zur Post eine **förmliche Zustellung** dar.[37] Das Insolvenzgericht entscheidet im Rahmen seines pflichtgemäßen **Ermessens**, ob die Zustellung durch Postzustellungsurkunde oder durch Aufgabe zur Post erfolgen soll.[38] Um das Verfahren zu vereinfachen und zu beschleunigen, wird es regelmäßig die Aufgabe zur Post wählen.[39] Eine formlose Übersendung durch einfachen Brief erfüllt nicht die Zustellungserfordernisse und ist bei nicht beschwerdefähigen Entscheidungen zulässig, die keine Frist in Gang setzen und keine Terminsbestimmung enthalten.[40]

---

[32] FK-InsO/*Schmerbach* Rn. 30; MüKo-InsO/*Ganter/Lohmann* Rn. 10a; HambK-InsR/*Rüther* Rn. 4a; HK-InsO/*Kirchhof* 6. Aufl., Rn. 6; Braun/*Bußhardt* Rn. 25.
[33] OLG Köln 01.12.2000, 2 W 202/00, NZI 2001, 88 (90); FK-InsO/*Schmerbach* Rn. 25; FK-InsO/*Grote* § 307 Rn. 5.
[34] Kübler/Prütting/Bork/*Prütting* Rn. 13.
[35] MüKo-InsO/*Ganter/Lohmann* Rn. 12.
[36] BGH 27.09.2007, IX ZA 8/07, n.v.; HK-InsO/*Kirchhof* 6. Aufl., Rn. 6; Nerlich/Römermann/*Becker* Rn. 7; a.A. MüKo-InsO/*Ganter/Lohmann* Rn. 14.
[37] FK-InsO/*Schmerbach* Rn. 8; a.A. Braun/*Bußhardt* Rn. 12; LSZ/*Smid/Leonhardt* Rn. 4.
[38] BGH 07.02.2008, IX ZB 47/05, ZInsO 2008, 320 Rn. 5.
[39] *BGH 13.02.2003, IX ZB 368/02, NZI 2003, 341; 20.03.2003, IX ZB 140/02, NZI 2004, 341 (342); Schmerbach/Wegener* ZInsO 2006, 400 (401).
[40] FK-InsO/*Schmerbach* Rn. 11.

2. Postzustellungsurkunde, Empfangsbekenntnis, Einschreiben mit Rückschein

Eine Zustellung kann durch die Post nach § 4 InsO i.V.m. §§ 176–182 ZPO und etwa mittels einer **Postzustellungsurkunde** erfolgen, § 4 InsO i.V.m. §§ 168 Abs. 1 Satz 3, 176, 182 ZPO.[41] Gegenüber Anwälten, Notaren und anderen Personen, bei denen aufgrund ihres Berufs von einer erhöhten Zuverlässigkeit ausgegangen werden kann, Körperschaften oder Personen öffentlichen Rechts erfolgt die Zustellung gegen Empfangsbekenntnis, § 174 Abs. 1 ZPO. Entsprechend § 174 Abs. 2, 3 ZPO sind dabei auch Telefax und E-Mail zulässig. Eine Zustellung durch die Post kann nach § 4 InsO i.V.m. § 175 ZPO auch durch **Einschreiben mit Rückschein** erfolgen, wobei der Zustellungsnachweis mit dem Rückschein geführt werden kann, § 175 Satz 2 ZPO. Nicht ausreichend ist ein Einwurfeinschreiben.[42]

18

3. Zustellung durch Aufgabe zur Post

Zulässig ist auch eine Zustellung durch Aufgabe zur Post, vgl. §§ 183, 184 ZPO. Bei ihr ist die Zustellung mit Ablauf der gesetzlich bestimmten Frist bewirkt. Als kostengünstige und schnelle Zustellungsart bildet sie den Regelfall. Eine Zustellung durch die Post ist dagegen erst mit Übergabe an den Empfänger bewirkt.[43] Auch bei Fremdanträgen ist die Zustellung verfahrensleitender Entscheidungen nach § 21 bzw. § 27 durch Aufgabe zur Post zulässig, denn die Zustellungsregeln bestimmen in verfassungskonformer Weise über die Bekanntgabe der Entscheidungen.[44]

19

Post ist jedes mit Zustellungsaufgaben beliehene Postunternehmen, § 33 Abs. 1 PostG.[45] Aufgegeben ist das Schriftstück, sobald es vom Urkundsbeamten der Geschäftsstelle über die Wachtmeisterei zur Post gegeben wird. Dazu kann es einem Postmitarbeiter übergeben oder in einen Briefkasten eingeworfen werden.[46] Dieser Zeitpunkt und die Zustellungsanschrift ist gem. § 8 Abs. 1 Satz 2 Halbs. 2 i.V.m. § 184 Abs. 2 Satz 4 ZPO in den Akten zu vermerken. Der Aktenvermerk kann durch Bezugnahme auf die Zustellungsverfügung des Rechtspflegers und die Anlage des Zustellungsvermerks ergänzt werden.[47] Er darf erst nach Aufgabe zur Post aufgenommen werden.[48] Der Vermerk ersetzt die Zustellungsurkunde.[49] Der förmliche Charakter des Schriftstücks muss deutlich werden. Beim Zustellungsempfänger darf nicht der irrige Eindruck erweckt werden, es handele sich nicht um eine Zustellung, sondern nur um die formlose Übersendung eines Schriftstücks zur Kenntnisnahme.[50]

20

Mit **Fristablauf** gilt die Zustellung als bewirkt,[51] selbst wenn das Schriftstück unzustellbar ist.[52] Analog § 270 Satz 2 ZPO kann der Adressat aber glaubhaft machen, dass er das Dokument nicht erhalten hat.[53] Auf die Zustellungswirkung muss nicht hingewiesen werden, weil § 8 Abs. 1 Satz 2 Halbs. 2 nicht auf § 184 Abs. 2 Satz 3 ZPO verweist. Bei Inlandszustellungen beträgt die Frist drei Tage nach Aufgabe zur Post, § 8 Abs. 1 Satz 3. Diese Frist ist nach § 8 Abs. 1 Satz 2 Halbs. 2

21

---

41 FK-InsO/*Schmerbach* Rn. 5; Nerlich/Römermann/*Becker* Rn. 18.
42 Rn. FK-InsO/*Schmerbach* Rn. 7.
43 Aber MüKo-InsO/*Ganter/Lohmann* Rn. 23.
44 FK-InsO/*Schmerbach* Rn. 22; Nerlich/Römermann/*Becker* Rn. 17; a.A. MüKo-InsO/*Ganter/Lohmann* Rn. 18.
45 Zöller/*Stöber* § 168 Rn. 2; Jaeger/*Gerhardt* Rn. 6; Nerlich/Römermann/*Becker* Rn. 11 ff.; HambK-InsR/*Rüther* Rn. 8.
46 Zöller/*Stöber* § 184 Rn. 7; Rn. Graf-Schlicker/*Kexel* Rn. 3.
47 BGH 21.01.2010, IX ZB 83/06, NZI 2010, 276 Rn. 8.
48 BGH 14.10.1982, III ZB 23/82, NJW 1983, 884.
49 Uhlenbruck/*Pape* Rn. 3.
50 BGH 13.02.2003, IX ZB 368/02, NZI 2003, 341 (342).
51 Nerlich/Römermann/*Becker* Rn. 17; Kübler/Prütting/Bork/*Prütting* Rn. 14; a.A. Jaeger/*Gerhardt* Rn. 8, die Post ist empfangsermächtigt.
52 Nerlich/Römermann/*Becker* Rn. 17; FK-InsO/*Schmerbach* Rn. 10; Rosenberg/Schwab/Gottwald § 74 Rn. 55.
53 Rn. HK-InsO/*Kirchhof* 6. Aufl., Rn. 7.

InsO i.V.m. § 184 Abs. 2 Satz 2 ZPO verlängerbar, doch wird eine Verlängerung nur ausnahmsweise in Betracht kommen.[54] Die Berechnung erfolgt nach § 4 InsO i.V.m. § 222 ZPO und den §§ 187 f. BGB. Fällt das Fristende auf einen Sonnabend, Sonntag oder einen allgemeinen Feiertag, endet die Frist mit Ablauf des nächsten Werktags, § 222 Abs. 2 ZPO.[55]

22 Bei **Auslandszustellungen** gilt eine Frist von zwei Wochen, doch kann das Gericht auch eine längere Frist bestimmen, § 184 Abs. 2 Satz 1, 2 ZPO. Im Europäischen Justizraum erfolgen Auslandszustellungen nach der VO (EG) Nr. 1393/2007 (früher VO (EG) Nr. 1348/2000).[56] Die Zustellung in Deutschland bei einem europäischen Insolvenzverfahren erfolgt gem. Art. 4 Abs. 1, 2 Satz 1 EuInsVO nach dem Recht des Eröffnungsstaats.[57]

4. Andere Zustellungsarten

23 Die Zustellung kann auch durch einen Gerichtsbediensteten, wie einen Gerichtswachtmeister erfolgen.[58] Außerdem kann die Zustellung durch eine in amtlicher Eigenschaft tätige Person an den im Gericht anwesenden Adressaten vorgenommen werden, § 4 InsO i.V.m. § 173 ZPO.[59]

III. Unbekannter Aufenthalt des Adressaten, Abs. 2

24 Ist der Aufenthalt eines Zustellungsadressaten unbekannt, wird das Schriftstück nach § 8 Abs. 2 Satz 1 **nicht zugestellt**. Erforderlich sind ggf. angemessene Amtsermittlungsmaßnahmen,[60] für die zumindest, wie bei einer Forderungspfändung,[61] aktuelle Auskünfte des für den letzten bekannten Wohnort des Adressaten zuständigen Einwohnermelde- und Postamts einzuholen sind. In der Treuhandperiode des Restschuldbefreiungsverfahrens sind bei unbekanntem Aufenthalt des Schuldners wegen der diesem obliegenden Anforderungen aus § 295 Abs. 1 Nr. 3 keine Amtsermittlungsmaßnahmen erforderlich.[62] Entsprechende Pflichten des Schuldners nimmt der BGH auch im Eröffnungsverfahren und im eröffneten Insolvenzverfahren an. Es erfolgt dann eine öffentliche Bekanntmachung gem. § 9. Ist vom Adressaten ein zustellungsbevollmächtigter Vertreter bestimmt und dem Insolvenzgericht bekannt, wird diesem das Schriftstück zugestellt, § 8 Abs. 2 Satz 1.[63] Im Schuldenbereinigungsplanverfahren ist Abs. 2 nach § 307 Abs. 1 Satz 3, Abs. 3 Satz 3 unanwendbar, weswegen bei einem unbekannten Aufenthalt eine öffentliche Zustellung geboten ist (s. Rdn. 4).

IV. Heilung von Zustellungsmängeln

25 Zustellungsmängel können nach § 4 InsO i.V.m. § 189 ZPO geheilt werden und zwar auch dann, wenn dadurch eine Notfrist in Gang gesetzt werden soll.[64] Der Mangel wird geheilt, wenn das Gericht mit Zustellungswillen gehandelt hat und das Schriftstück dem Adressaten oder seinem Vertreter so zugegangen ist, dass vom Inhalt Kenntnis genommen werden konnte.[65] Auch eine öffentliche Zustellung heilt Zustellungsmängel, jedoch nicht mit rückwirkender Kraft.[66] Wird der Mangel nicht geheilt, ist das Schriftstück erneut zuzustellen.

---

54 vgl. MüKo-InsO/*Ganter/Lohmann* Rn. 19.
55 HK-InsO/*Kirchhof* 6. Aufl., Rn. 7; a.A. drei Werktage FK-InsO/*Schmerbach* Rn. 8; HambK-InsR/*Rüther* Rn. 8.
56 *Hess* Europäisches Zivilprozessrecht, § 8 Rn. 8.
57 Nerlich/Römermann/*Becker* Rn. 1.
58 FK-InsO/*Schmerbach* Rn. 5.
59 MüKo-InsO/*Ganter/Lohmann* Rn. 26; Nerlich/Römermann/*Becker* Rn. 23; Uhlenbruck/*Pape* Rn. 4.
60 HK-InsO/*Kirchhof* 6. Aufl., Rn. 9; Uhlenbruck/*Pape* Rn. 5; Nerlich/Römermann/*Becker* Rn. 28.
61 BGH 14.02.2003, IXa ZB 56/03, NJW 2003, 1530 (1531).
62 BGH 16.05.2013, IX ZB 272/11, ZInsO 2013, 1310 Rn. 12.
63 FK-InsO/*Schmerbach* Rn. 28.
64 PG/*Kessen* § 189 Rn. 2.
65 PG/*Kessen* § 189 Rn. 4 f.
66 MüKo-InsO/*Ganter/Lohmann* Rn. 38a; FK-InsO/*Schmerbach* Rn. 32.

D. Zustellung durch den Insolvenzverwalter

Im Rahmen seines pflichtgemäßen Ermessens kann das Insolvenzgericht nach § 8 Abs. 3 **sämtliche** **26** **oder einen Teil** der Zustellungen dem – auch vorläufigen, § 21 Abs. 2 Nr. 1[67] – Insolvenzverwalter bzw. Sachwalter, § 274,[68] oder Treuhänder, §§ 292, 313,[69] übertragen. Davon wird das Gericht gerade bei Insolvenzverfahren mit zahlreichen Beteiligten Gebrauch machen. Einem Sachverständigen darf die Zustellung nicht übertragen werden.[70] Soweit der Rechtspfleger funktionell für das Insolvenzverfahren zuständig ist, kann dieser die Zustellung übertragen.[71] Das Beschwerdegericht ist nicht zu einer Übertragung befugt.[72] Die Übertragung muss nicht durch einen Beschluss erfolgen[73] und ist für den Insolvenzverwalter unanfechtbar.[74] Eine Übertragung auf den vorläufigen Insolvenzverwalter erfolgt aber sinnvollerweise mit dessen Bestellung.[75]

Wird die Zustellung dem Insolvenzverwalter übertragen, muss er diese nach den §§ 8 Abs. 3, 4 InsO **27** i.V.m. §§ 168 ZPO ausführen. Eine formlose Mitteilung genügt nicht.[76] Der Insolvenzverwalter kann **alle** dem Insolvenzgericht eröffneten **Zustellungsformen** verwenden.[77] Das Gericht kann dem Insolvenzverwalter aber bestimmte Zustellungsformen vorschreiben. Zulässig ist auch eine Zustellung durch Aufgabe zur Post, wie aus § 8 Abs. 3 Satz 2, 3 folgt. In diesem Fall muss der Insolvenzverwalter entsprechend § 184 Abs. 2 Satz 4 schriftlich vermerken, wann und unter welcher Anschrift das Schriftstück zur Post gegeben wurde.[78] Diesen Nachweis muss er gem. § 8 Abs. 3 Satz 3 unverzüglich zu den Gerichtsakten reichen. Um die Zustellung durchzuführen und die Vermerke zu erstellen, kann er sich seiner Mitarbeiter bedienen, § 8 Abs. 3 Satz 2. Der **Mehraufwand des Verwalters** ist angemessen zu vergüten, seine Sachkosten können als Auslagen gem. § 4 Abs. 2 InsVV erstattet werden.[79] Für die Gewährung eines Zuschlags für den personellen Mehraufwand hat der BGH zunächst verlangt, dass dieser ins Gewicht fällt.[80] Die Höhe des Zuschlags sollte dabei einzelfallabhängig insb. von der Zahl der Gläubiger und der Höhe der Masse sein, nach der sich die für den Zuschlag maßgebende Regelvergütung bemisst. Er sollte grds. mindestens 100 Zustellungen voraussetzen. Mit der Entscheidung vom 21.03.2013 hat der BGH diese Judikatur geändert. Der Zuschlag für die personellen Mehraufwendungen ist danach für alle Zustellungen unabhängig von einer Zumutbarkeitsgrenze zu gewähren.[81] Der Aufwand ist zu schätzen, wobei der Senat einen Betrag von € 2,70[82]–

---

67 Kübler/Prütting/Bork/*Prütting* Rn. 11; Uhlenbruck/*Pape* Rn. 8.
68 FK-InsO/*Schmerbach* Rn. 35; HambK-InsR/*Rüther* Rn. 17; Braun/*Bußhardt* Rn. 20; Graf-Schlicker/*Kexel* Rn. 5; a.A. *Graeber* ZInsO 2005, 752 (755).
69 BGH 13.03.2008, IX ZB 60/05, NZI 2008, 444 Rn. 30; Uhlenbruck/*Pape* Rn. 8; FK-InsO/*Schmerbach* Rn. 35; HambK-InsR/*Rüther* Rn. 17; einschränkend Kübler/Prütting/Bork/*Prütting* Rn. 11a; a.A. *Graeber* ZInsO 2005, 752 (755).
70 Uhlenbruck/*Pape* Rn. 8.
71 HK-InsO/*Kirchhof* 6. Aufl., Rn. 10.
72 HambK-InsR/*Rüther* Rn. 19; HK-InsO/*Kirchhof* 6. Aufl., Rn. 14; a.A. Nerlich/Römermann/*Becker* Rn. 21.
73 FK-InsO/*Schmerbach* Rn. 33; Uhlenbruck/*Pape* Rn. 8; HambK-InsR/*Rüther* Rn. 14; enger MüKo-InsO/*Ganter/Lohmann* Rn. 32; a.A. Jaeger/*Gerhardt* Rn. 12; LSZ/*Smid/Leonhardt* Rn. 10.
74 Rn.HK-InsO/*Kirchhof* 6. Aufl., Rn. 10; Braun/*Bußhardt* Rn. 17; a.A. Kübler/Prütting/Bork/*Prütting* Rn. 10.
75 HambK-InsR/*Rüther* Rn. 16.
76 HK-InsO/*Kirchhof* 6. Aufl., Rn. 10.
77 Uhlenbruck/*Pape* Rn. 8; HambK-InsR/*Rüther* Rn. 15; Braun/*Bußhardt* Rn. 18.
78 Uhlenbruck/*Pape* Rn. 8.
79 BGH 21.12.2006, IX ZB 129/05, NZI 2008, 444 Rn. 29 ff.; 13.03.2008, IX ZB 60/05, NZI 2008, 444 Rn. 30; 21.03.2013, IX ZB 209/10, NZI 2013, 487 Rn. 15; FK-InsO/*Schmerbach* Rn. 34.
80 BGH 21.12.2006, IX ZB 129/05, NZI 2007, 244 Rn. 17. 08.03.2012, IX ZB 162/11, NZI 2012, 372 Rn. 21.
81 BGH 21.03.2013, IX ZB 209/10, NZI 2013, 487 Rn. 18, 25.
82 BGH 08.03.2012, IX ZB 162/11, ZInsO 2012, 753 Rn. 22 ff.

2,80[83] nicht beanstandet. Der Insolvenzverwalter darf dagegen die Ausführung der Zustellung nicht von der Zahlung eines Zuschlags in Höhe von € 10,-[84] bzw. € 20,– abhängig machen.[85] Die Einschaltung eines Drittunternehmens ist grds. zulässig. Sie hat jedoch zu unterbleiben, wenn es dem Verwalter möglich und zumutbar ist, die Zustellungen selbst durchzuführen, und wenn dies die Masse weniger belastet.[86] Zudem ist die Beauftragung eines Drittunternehmens unverzüglich dem Insolvenzgericht anzuzeigen, wenn die ernstliche Besorgnis besteht, dass der Insolvenzverwalter in seiner Amtsführung befangen ist, etwa weil seine Ehefrau im Vorstand des beauftragten Drittunternehmens ist.[87]

E. Nicht förmliche Mitteilungen

28 Nicht beschwerdefähige Entscheidungen, die keine Frist in Gang setzen und keine Terminsbestimmung enthalten, können übermittelt werden, ohne eine besondere Form einzuhalten.[88] Dies gilt auch für Unterrichtungen, etwa nach den §§ 215 Abs. 1 Satz 2, 258 Abs. 3 Satz 2.[89] Ersuchen um Register- oder Grundbucheintragungen, §§ 31–33, werden formlos übermittelt.[90] Schriftsätze sind regelmäßig formlos mitzuteilen, § 4 InsO i.V.m. § 270 Satz 1 ZPO. Keine Zustellung erfordern Mitteilungen des Insolvenzverwalters nach den §§ 158 Abs. 2 Satz 1, 195 Abs. 2. Um Haftungsrisiken auszuschließen wird er aber eine nachweisbare Form der Unterrichtung wählen, etwa durch Einschreiben.[91]

§ 9 Öffentliche Bekanntmachung

(1) Die öffentliche Bekanntmachung erfolgt durch eine zentrale und länderübergreifende Veröffentlichung im Internet; diese kann auszugsweise geschehen. Dabei ist der Schuldner genau zu bezeichnen, insbesondere sind seine Anschrift und sein Geschäftszweig anzugeben. Die Bekanntmachung gilt als bewirkt, sobald nach dem Tag der Veröffentlichung zwei weitere Tage verstrichen sind.

(2) Das Insolvenzgericht kann weitere Veröffentlichungen veranlassen, soweit dies landesrechtlich bestimmt ist. Das Bundesministerium der Justiz wird ermächtigt, durch Rechtsverordnung mit Zustimmung des Bundesrates die Einzelheiten der zentralen und länderübergreifenden Veröffentlichung im Internet zu regeln. Dabei sind insbesondere Löschungsfristen vorzusehen sowie Vorschriften, die sicherstellen, dass die Veröffentlichungen
1. unversehrt, vollständig und aktuell bleiben,
2. jederzeit ihrem Ursprung nach zugeordnet werden können.

(3) Die öffentliche Bekanntmachung genügt zum Nachweis der Zustellung an alle Beteiligten, auch wenn dieses Gesetz neben ihr eine besondere Zustellung vorschreibt.

---

83 BGH 21.03.2013, IX ZB 209/10, NZI 2013, 487 Rn. 22.
84 BGH 19.01.2012, IX ZB 21/11, ZInsO 2012, 551 Rn. 15.
85 BGH 19.04.2012, IX ZB 19/11, BeckRS 2012, 09740 Rn. 13: 19.04.2012, IX ZB 23/11, ZInsO 2012, 928 Rn. 13.
86 BGH 19.04.2012, IX ZB 18/11, BeckRS 2012, 10948 Rn. 21.
87 BGH 19.01.2012, IX ZB 25/11, NZI 2012, 247 Rn. 13; 19.04.2012, IX ZB 18/11, BeckRS 2012, 10948 Rn. 14; 19.04.2012, IX ZB 23/11, ZInsO 2012, 928 Rn. 14; 26.04.2012, IX ZB 31/11, ZInsO 2012, 1125 Rn. 17.
88 FK-InsO/*Schmerbach* Rn. 11.
89 MüKo-InsO/*Ganter/Lohmann* Rn. 39.
90 Uhlenbruck/*Pape* Rn. 2.
91 HK-InsO/*Kirchhof* 6. Aufl., Rn. 15.

Übersicht

	Rdn.		Rdn.
A. Normzweck	1	IV. Anordnung	12
B. Anwendungsbereich	3	V. Wirksamkeit	13
C. Verfahren	5	D. Wirkungen	15
I. Bekanntmachungsart	5	E. Internationales Verfahrensrecht	18
II. Verordnung zu öffentlichen Bekanntmachungen in Insolvenzverfahren im Internet	6	Anhang: Verordnung zu öffentlichen Bekanntmachungen in Insolvenzverfahren im Internet vom 12.02.2002	19
III. Inhalt der Bekanntmachung	7		

A. Normzweck

§ 9 dient im Grundsatz denselben Zwecken, wie § 8 (vgl. § 8 Rdn. 2).[1] Über den engeren personellen Anwendungsbereich von § 8 hinaus zielt die Regelung nicht ausschließlich, aber auch auf **unbekannte Verfahrensbeteiligte**.[2] Genauer gesagt werden damit Publizitätswirkungen auch gegenüber Personen erreicht, an die keine Einzelzustellung erfolgt.[3] Ausbalanciert werden muss dabei der Rechtsschutz, aber auch Datenschutz der Beteiligten, die über Verfahrenshandlungen unterrichtet werden, mit notwendigen Verfahrensvereinfachungen.[4] Mit der nach Bundesrecht allein vorgesehenen Internetveröffentlichung wird ein schnelles, kostengünstiges und allgemein zugängliches einheitliches Veröffentlichungsmedium gewählt. 1

Über den Kreis der Verfahrensbeteiligten hinaus wird der **allgemeine Verkehr** über das Insolvenzverfahren unterrichtet und so vor möglichen Gefahren geschützt. Zudem sichert die Bestimmung auch den Bestand der **Masse**, weil nicht mehr mit befreiender Wirkung an den Schuldner geleistet werden kann, vgl. § 82.[5] 2

B. Anwendungsbereich

Welche Entscheidungen und sonstigen Verfahrenshandlungen öffentlich bekanntzumachen sind, regelt § 9 nicht. **Gesetzlich vorgeschrieben** wird eine öffentliche Bekanntmachung in zahlreichen insolvenzrechtlichen Bestimmungen. Dies sind die §§ 5 Abs. 2 Satz 3, 23 Abs. 1 Satz 1, 25 Abs. 1 i.V.m. § 23 Abs. 1 Satz 1, 26 Abs. 1 Satz 3, 30 Abs. 1, 34 Abs. 3 Satz 1, 35 Abs. 3 Satz 2, 64 Abs. 2 Satz 1, 73 i.V.m. 64 Abs. 2 Satz 1, 74 Abs. 2, 78 Abs. 2 Satz 1, 177 Abs. 3 Satz 1, 188 Satz 3, 197 Abs. 2, 200 Abs. 2 Satz 1, 208 Abs. 2 Satz 1, 214 Abs. 1 Satz 1, 215 Abs. 1 Satz 1, 235 Abs. 2 Satz 1, 258 Abs. 3 Satz 1, 267, 268 Abs. 2, 273, 274 Abs. 1 i.V.m. 64 Abs. 2 Satz 1, 277 Abs. 3 Satz 1, 289 Abs. 2 Satz 3, Abs. 3, 293 Abs. 2 i.V.m. 64 Abs. 2 Satz 1, 296 Abs. 3 Satz 2, 297 Abs. 2 i.V.m. 296 Abs. 3 Satz 2, 298 Abs. 3 i.V.m. 296 Abs. 3 Satz 2, 300 Abs. 3 Satz 1, 303 Abs. 3 Satz 3, 313 Abs. 1 Satz 3 i.V.m. 64 Abs. 2 Satz 1, 345 Abs. 1 Satz 2 sowie Art. 102 § 5 EGInsO. 3

Über diese ausdrücklich normierten Fälle hinaus kann die öffentliche Bekanntmachung **gerichtlich angeordnet** werden. Die Entscheidung liegt insoweit im pflichtgemäßen Ermessen[6] und muss die Verfahrensvereinfachungen gegen mögliche Rechtsbeeinträchtigungen durch die Publizität, aber auch die unsicherere Information abwägen. Eine öffentliche Bekanntmachung erfolgt etwa dann, wenn der Aufenthalt des Zustellungsadressaten unbekannt ist (vgl. § 8 Rdn. 24). Im Schuldenbereinigungsplanverfahren nach § 307 Abs. 1 Satz 3, Abs. 3 Satz 3 ist allerdings eine öffentliche Bekanntmachung unzulässig. Es erfolgt dann ggf. eine öffentliche Zustellung (vgl. § 8 Rdn. 4).[7] 4

---

1 HambK-InsR/*Rüther* Rn. 1.
2 Nerlich/Römermann/*Becker* Rn. 1; HK-InsO/*Kirchhof* 6. Aufl., Rn. 2.
3 FK-InsO/*Schmerbach* Rn. 1.
4 BVerfG 02.12.1987, 1 BvR 1291/85, NJW 1988, 1255; Nerlich/Römermann/*Becker* Rn. 2.
5 MüKo-InsO/*Ganter/Lohmann* Rn. 5 f.
6 MüKo-InsO/*Ganter/Lohmann* Rn. 8; Braun/*Bußhardt* Rn. 8; HambK-InsR/*Rüther* Rn. 2.
7 AG Saarbrücken 02.07.2001, 61 IK 113/00, ZInsO 2002, 247; Uhlenbruck/*Vallender* § 307 Rn. 4; FK-InsO/*Schmerbach* § 8 Rn. 40; a.A. LSZ/*Smid/Leonhardt* Rn. 8.

§ 9 InsO   Öffentliche Bekanntmachung

Eine öffentliche Bekanntmachung ist auch bei einer großen und ggf. unbekannten Zahl von Beteiligten zweckmäßig.[8]

C. Verfahren

I. Bekanntmachungsart

5   Die Bekanntmachung erfolgt durch Veröffentlichung im **Internet**, § 9 Abs. 1 Satz 1 Halbs. 1, unter www.insolvenzbekanntmachungen.de. Eine Veröffentlichung in den Printmedien erfolgt nach der bundesrechtlichen Regelung nicht mehr. Verfassungsrechtliche Bedenken sind nicht zu teilen.[9] Keine amtlichen Veröffentlichungsmedien stellen private Datenbanken dar, in denen die Angaben auch nach Ablauf der Löschungsfristen der amtlichen Plattform zu eruieren sein können. Landesrechtlich zugelassen werden können nach Abs. 2 Satz 1 weitere Veröffentlichungen, etwa im Amtsblatt in Tageszeitungen oder im Gericht. Von dieser Kompetenz hat jedoch kein Bundesland Gebrauch gemacht.[10] Im Verbraucherinsolvenzverfahren sind weitere Veröffentlichungen ohnehin ausgeschlossen, § 312 Abs. 1 Satz 1 Halbs. 2. Die Bekanntmachungen nach § 9, ausgenommen die nach den §§ 304 ff., sind gem. § 8b Abs. 2 Nr. 11 HGB auch im Unternehmensregister zu veröffentlichen unter www.unternehmensregister.de.

II. Verordnung zu öffentlichen Bekanntmachungen in Insolvenzverfahren im Internet

6   Wichtige Einzelheiten regelt die aufgrund der Ermächtigung in § 9 Abs. 2 Satz 2, 3 erlassene Verordnung zu öffentlichen Bekanntmachungen in Insolvenzverfahren im Internet vom 12.02.2002[11] i.d.F. vom 13.04.2007 (s. Rdn. 19).[12] Zentrales Ziel der VO ist der Schutz personenbezogener Daten, vgl. § 1 Satz 2 der VO. § 2 der VO regelt die Datensicherheit und bestimmt, wie in § 9 Abs. 2 Satz 3 verlangt, dass die Daten während der Veröffentlichung unversehrt, vollständig und aktuell bleiben müssen. § 3 der VO bestimmt eine regelmäßige Löschungsfrist von sechs Monaten. Nach § 4 der VO muss jedermann von den öffentlichen Bekanntmachungen im angemessenen Umfang unentgeltlich Kenntnis nehmen können.

III. Inhalt der Bekanntmachung

7   Eine vollständige Veröffentlichung ist häufig nicht sachgerecht, weil die damit verbundene Publizität schützenswerte Interessen der Beteiligten verletzen kann. § 9 Abs. 1 Satz 1 Halbs. 2 gestattet deswegen die – weithin übliche[13] – **auszugsweise Veröffentlichung**. Maßstab ist eine hinreichende, aber auch angemessene Unterrichtung der betroffenen Verkehrskreise oder Beteiligten.[14] Anzugeben ist stets das Veröffentlichungsdatum.[15] Soweit die öffentliche Bekanntmachung Fristen in Gang setzt, handelt es sich wegen § 9 Abs. 1 Satz 3 um eine unverzichtbare Mindestvoraussetzung. Der Antragsteller des Verfahrens ist nicht anzugeben.[16]

8   Der **Schuldner** muss aber stets genau bezeichnet werden, wobei insb. sein Name, seine Anschrift und sein Geschäftszweig anzugeben sind, vgl. § 9 Abs. 1 Satz 2 (vgl. Rdn. 10). Handelt es sich bei dem Schuldner um eine juristische Person sind auch die organschaftlichen Vertreter zu benennen.[17] Bei einer führungslosen GmbH sind nach dem Gedanken aus § 35 Abs. 1 Satz 2 GmbHG die Gesell-

---

8   MüKo-InsO/*Ganter/Lohmann* Rn. 8.
9   LG Duisburg 16.06.2004, 7 T 139/04, NZI 2005, 43 f.
10 FK-InsO/*Schmerbach* Rn. 17.
11 BGBl. I, 677.
12 BGBl. I, 509.
13 FK-InsO/*Schmerbach* Rn. 18.
14 Uhlenbruck/*Pape* Rn. 4.
15 MüKo-InsO/*Ganter/Lohmann* Rn. 17; Braun/*Bußhardt* Rn. 22.
16 Braun/*Bußhardt* Rn. 11.
17 Kübler/Prütting/Bork/*Prütting* Rn. 14.

schafter, bei einer AG oder einer Genossenschaft nach dem Gedanken aus den § 78 Abs. 1 Satz 2 AktG, § 24 Abs. 1 Satz 2 GenG die Aufsichtsratsmitglieder zu benennen. Zusätzliche Angaben, etwa bei personellen oder sachlichen Änderungen, können angeordnet werden.[18] Zu den Folgen einer unzureichenden Veröffentlichung s. Rdn. 14.

Verfahrenshandlungen des Gerichts müssen hinreichend genau bezeichnet werden, um den Beteiligten eine sachgerechte Rechtsverfolgung zu ermöglichen.[19] Die Angabe eines Aktenzeichens ist zweckmäßig, aber nicht zwingend.[20] Termine sind mit Ort und Zeitpunkt zu bezeichnen. Gerichtliche Entscheidungen sind mit ihrem wesentlichen Inhalt zu veröffentlichen. Mitgeteilt werden muss zumindest der Entscheidungsausspruch.[21] Zu einer ordnungsgemäßen Bekanntmachung der Tagesordnung von Gläubigerversammlungen gem. § 74 Abs. 2 Satz 1 gehört eine wenigstens schlagwortartige Bezeichnung der Tagesordnungspunkte.[22] 9

Zu beachten sind **gesetzliche Sonderregelungen**, die zusätzliche Angaben verlangen. So schreibt insb. § 27 Abs. 2 für den Eröffnungsbeschluss weitere Angaben, etwa zum Schuldner vor. Genannt werden müssen etwa das Geburtsjahr des Schuldners sowie das Registergericht und die Nummer, unter welcher der Schuldner im Handelsregister eingetragen ist.[23] Enthalten sein müssen auch der Name und die Anschrift des Insolvenzverwalters sowie die Eröffnungsstunde. Außerdem ist darauf hinzuweisen, ob der Schuldner Restschuldbefreiung beantragt hat. Diese Angaben werden auch bei anderen Beschlüssen verlangt,[24] doch wird zu differenzieren sein. Präzise Angaben zum Schuldner sind stets zweckmäßig. Name und Anschrift des Insolvenzverwalters sind anzugeben, soweit dieser betroffen sein kann. Wann das Insolvenzverfahren eröffnet wurde und ob ein Restschuldbefreiungsantrag gestellt wurde, ist dagegen bei sonstigen Veröffentlichungen unerheblich. Außerdem handelt es sich bei den Kriterien nach § 27 Abs. 2 nur im Fall des Eröffnungsbeschlusses um Mindestangaben. Zum Mindestinhalt des Eröffnungsbeschlusses gehören außerdem die Aufforderungen nach § 28 und die Terminsbestimmungen gem. § 29.[25] 10

Umgekehrt kann nach den gesetzlichen Vorschriften auch eine öffentliche Bekanntmachung **unzulässig** sein. So sind nach § 64 Abs. 2 Satz 2 Halbs. 1 die festgesetzten Vergütungsbeträge nicht zu veröffentlichen.[26] Gläubiger können aber den Beschluss in der Geschäftsstelle einsehen und sich Abschriften erstellen lassen, § 299 Abs. 1 ZPO. Wird eine Gläubigerversammlung vertagt, ist eine öffentliche Bekanntmachung entbehrlich, § 74 Abs. 2 Satz 2. 11

IV. Anordnung

Die öffentliche Bekanntgabe wird vom **Gericht** angeordnet, also je nach funktioneller Zuständigkeit vom Richter oder Rechtspfleger. Sie erfolgt durch unanfechtbaren Beschluss.[27] Eine Übertragung auf den Insolvenzverwalter nach dem Gedanken aus § 8 Abs. 3 findet nicht statt und erscheint auch nicht sinnvoll. Auch die Veröffentlichung nach § 188 Satz 3 erfolgt auf Grundlage der vom Insolvenzverwalter mitgeteilten Daten durch das Gericht.[28] Die Kosten einer öffentlichen Bekannt- 12

---

18 Uhlenbruck/*Pape* Rn. 4.
19 HK-InsO/*Kirchhof* 6. Aufl., Rn. 6.
20 Anders Graf-Schlicker/*Kexel* Rn. 3.
21 BVerfG 02.12.1987, 1 BvR 1291/85, NJW 1988, 1255 (1256).
22 BGH 20.03.2008, IX ZB 104/07, NZI 2008, 430 Rn. 3.
23 Vgl. Nerlich/Römermann/*Becker* Rn. 12.
24 Kübler/Prütting/Bork/*Prütting* Rn. 14; FK-InsO/*Schmerbach* Rn. 18; HambK-InsR/*Rüther* Rn. 7.
25 Uhlenbruck/*Pape* Rn. 4.
26 Krit. FK-InsO/*Schmitt* § 64 Rn. 8 f.; Nerlich/Römermann/*Becker* Rn. 11.
27 MüKo-InsO/*Ganter/Lohmann* Rn. 9; Uhlenbruck/*Pape* Rn. 7.
28 FK-InsO/*Kießner* § 188 Rn. 18; Graf-Schlicker/*Castrup* § 188 Rn. 4; a.A. FK-InsO/*Schmerbach* Rn. 29; HK-InsO/*Kirchhof* 6. Aufl., Rn. 3; Jaeger/*Gerhardt* Rn. 2; Braun/*Bußhardt* Rn. 14.

machung im Internet belaufen sich gem. KV Nr. 9004 auf 1 €. Die Kosten sind von der Masse zu tragen, soweit sie nicht einer anderen Person auferlegt werden.[29]

V. Wirksamkeit

13 Die Bekanntmachung gilt gem. § 9 Abs. 1 Satz 3 **zwei Tage nach** der **Veröffentlichung** als bewirkt. Nicht eingerechnet wird nach § 4 InsO i.V.m. § 222 Abs. 1 ZPO und § 187 Abs. 1 BGB der Tag der Veröffentlichung.[30] In Einzelfällen sind der Schuldner, der Insolvenzverwalter und die Mitglieder eines Gläubigerausschusses vorab über den Zeitpunkt der Wirksamkeit einer Einstellung, § 215 Abs. 1 Satz 2, oder Aufhebung, § 258 Abs. 3 Satz 2, des Insolvenzverfahrens zu unterrichten.

14 Erfüllt die Bekanntmachung nicht die in den §§ 9 Abs. 1 Satz 2, 27 Abs. 2 bestimmten **Mindestanforderungen**, so ist sie wirkungslos. Sie löst also nicht die Zustellungswirkung des § 9 Abs. 3 aus.[31] Ersichtlich werden müssen die Person des Schuldners, das Insolvenzgericht und der bekanntzumachende Vorgang.[32] Die getroffene Entscheidung ist in der öffentlichen Bekanntmachung zutreffend zu bezeichnen. Sie ist unrichtig, wenn anstelle einer für den vorläufigen Insolvenzverwalter festgesetzten Vergütung die Festsetzung der Vergütung und Auslagen für den Insolvenzverwalter bekannt gemacht wird.[33] Die Veröffentlichung eines anderen Beschlusses, etwa über die Aufhebung des Verfahrens, ersetzt nicht die Veröffentlichung des Vergütungsbeschlusses. Dies gilt selbst dann, wenn im veröffentlichten Beschluss nachrichtlich auf die Vergütungsfestsetzung verwiesen wird.[34] Wird eine Frist in Gang gesetzt, muss auch das Veröffentlichungsdatum ersichtlich sein (s. Rdn. 7). Eine die Mindestanforderungen erfüllende, aber sonst unvollständige Bekanntmachung ist im tatsächlich durchgeführten Umfang wirksam, doch ist dann eine ergänzende oder auch vollständig neue Veröffentlichung erforderlich.[35] Unwirksame Beschlüsse können durch eine öffentliche Bekanntmachung nicht geheilt werden.[36]

D. Wirkungen

15 Mit der Wirksamkeit der öffentlichen Bekanntmachung im Internet zwei Tage nach der Veröffentlichung treten die **Zustellungswirkungen** ein.[37] Die öffentliche Bekanntmachung ersetzt stets die Einzelzustellung[38] unabhängig davon, ob die Einzelzustellung vorgenommen wurde oder ob sie unterblieben ist.[39] Gem. § 9 Abs. 3 genügt die Bekanntmachung auch dann zum Nachweis der Zustellung an alle Beteiligten, wenn daneben eine besondere Zustellung gesetzlich vorgeschrieben ist (vgl. § 8 Rdn. 11). Dennoch darf eine vorgeschriebene Einzelzustellung nicht unterbleiben. Vom Schuldenbereinigungsplanverfahren abgesehen, § 307 Abs. 1 Satz 3, Abs. 3 Satz 3, ist auch eine öffentliche Zustellung nach § 4 InsO i.V.m. §§ 185 ff. ZPO entbehrlich. Veranlasst das Gericht weitere Veröffentlichungen, anders wiederholte Veröffentlichungen etwa nach Veröffentlichungsfehlern, sind diese derzeit mangels landesrechtlicher Grundlage unzulässig und hätten ohnehin nicht die Wirkung aus § 9 Abs. 3.[40]

---

29 HK-InsO/*Kirchhof* 6. Aufl., Rn. 7; Uhlenbruck/*Pape* Rn. 8.
30 LG Göttingen 03.09.2007, 10 T 108/07, ZInsO 2007, 1160; FK-InsO/*Schmerbach* Rn. 31; Kübler/Prütting/Bork/*Prütting* Rn. 16.
31 BGH 10.11.2011, IX ZB 165/10, NZI 2011, 974 Rn. 9.
32 MüKo-InsO/*Ganter/Lohmann* Rn. 17.
33 BGH 10.11.2011, IX ZB 165/10, NZI 2011, 974 Rn. 8, 10.
34 BGH 17.11.2011, IX ZB 83/11, ZInsO 2012, 51 Rn. 9.
35 Uhlenbruck/*Pape* Rn. 4; FK-InsO/*Schmerbach* Rn. 11.
36 FK-InsO/*Schmerbach* Rn. 11; Uhlenbruck/*Pape* Rn. 5.
37 MüKo-InsO/*Ganter/Lohmann* Rn. 23.
38 FK-InsO/*Kießner* § 188 Rn. 23.
39 LG Darmstadt 12.04.2013, 5 T 65/13, BeckRS 2013, 08309.
40 Vgl. BGH 15.12.2005, IX ZR 227/04, NZI 2006, 175 Rn. 18.

Der Wirksamkeitszeitpunkt ist für den **Lauf der Frist** für die sofortige Beschwerde und die befristete Erinnerung maßgebend.[41] Erfolgen sowohl eine öffentliche Bekanntmachung als auch eine Einzelzustellung, ist für den Lauf der Rechtsmittelfrist die je frühere Zustellung maßgebend.[42] Dies gilt auch, wenn in einer Bekanntmachung der Vergütungsfestsetzung, wie gesetzlich in § 64 Abs. 2 Satz 2 Halbs. 1 vorgeschrieben, die festgesetzten Beträge nicht veröffentlicht sind.[43] Kurze Rechtsmittelfristen, wie die aus § 569 Abs. 1 Satz 1 ZPO, werden durch eine öffentliche Bekanntmachung nicht in Gang gesetzt, wenn deren Mindestanforderungen nicht erfüllt sind.[44] Versäumt der Schuldner schuldlos eine durch die öffentliche Bekanntmachung in Gang gesetzte Frist, kommt ggf. eine Wiedereinsetzung in den vorigen Stand gem. § 233 ZPO in Betracht.[45]

16

Weiter entfaltet die öffentliche Bekanntmachung **Publizitätswirkung**, etwa im Rahmen der §§ 81, 82.[46] Für materiell-rechtliche Fragen, etwa nach § 130 Abs. 1 Nr. 2, soll die Bekanntmachung aber nur indizielle Bedeutung besitzen.[47] Unternehmen mit umfangreichem Zahlungsverkehr können sich trotz der Möglichkeit einer Internetrecherche auf ihre Unkenntnis berufen.[48] Es gelten die Grundsätze der **Wissenszurechnung**. Das Wissen eines vertretungsberechtigten Organmitglieds ist als Wissen des Organs anzusehen und damit auch der juristischen Person zuzurechnen. Eine am Rechtsverkehr teilnehmende Organisation muss sicherstellen, dass die ihr ordnungsgemäß zugehenden rechtserheblichen Informationen von ihren Entscheidungsträgern zur Kenntnis genommen werden können.[49]

17

E. Internationales Verfahrensrecht

Unter der Geltung der EuInsVO sind die Eröffnung des Insolvenzverfahrens und ggf. die Bestellung des Verwalters nach Art. 21 EuInsVO i.V.m. Art. 102 § 5 EGInsO öffentlich bekanntzumachen. Im Übrigen sind die Eröffnung eines ausländischen Insolvenzverfahrens und die Bestellung eines ausländischen Insolvenzverwalters gem. § 345 bekanntzumachen.

18

Anhang: Verordnung zu öffentlichen Bekanntmachungen in Insolvenzverfahren im Internet vom 12.02.2002 (BGBl. I S. 677), zuletzt geändert durch Art. 2 des Gesetzes zur Vereinfachung des Insolvenzverfahrens vom 13.04.2007 (BGBl. I S. 509).

Auf Grund des § 9 Abs. 2 Satz 2 in Verbindung mit Satz 3 der Insolvenzordnung vom 5. Oktober 1994 (BGBl. I S. 2866), der durch Artikel 1 Nr. 2 des Gesetzes vom 26. Oktober 2001 (BGBl. I S. 2710) eingefügt worden ist, verordnet das Bundesministerium der Justiz:

19

§ 1 Grundsatz

Öffentliche Bekanntmachungen in Insolvenzverfahren im Internet haben den Anforderungen dieser Verordnung zu entsprechen. Die Veröffentlichung darf nur die personenbezogenen Daten enthalten, die nach der Insolvenzordnung oder nach anderen Gesetzen, die eine öffentliche Bekanntmachung in Insolvenzverfahren vorsehen, bekannt zu machen sind.

---

[41] LG Göttingen 03.09.2007, 10 T 108/07, ZInsO 2007, 1160.
[42] BGH 20.03.2003, IX ZB 140/02, NZI 2004, 341 f.; Uhlenbruck/*Pape* Rn. 5; Braun/*Bußhardt* Rn. 23; Graf-Schlicker/*Kexel* Rn. 5; LSZ/*Smid*/*Leonhardt* Rn. 7; a.A. FK-InsO/*Schmerbach* Rn. 13 f.; Jaeger/*Gerhardt* Rn. 6; Kübler/Prütting/Bork/*Prütting* Rn. 19 f.
[43] BGH 04.12.2003, IX ZB 249/02, NZI 2004, 277 (278); 05.11.2009, IX ZB 173/08, NZI 2010, 159 Rn. 5.
[44] BVerfG 02.12.1987, 1 BvR 1291/85, NJW 1988, 1255 (1256), zur einwöchigen Frist aus § 121 Abs. 2 Satz 1.
[45] LG Darmstadt 12.04.2013, 5 T 65/13, BeckRS 2013, 08309.
[46] FK-InsO/*Schmerbach* Rn. 12.
[47] HK-InsO/*Kirchhof* 6. Aufl., Rn. 9; Braun/*Bußhardt* Rn. 24; anders FK-InsO/*Kießner* § 188 Rn. 21.
[48] BGH 15.04.2010, IX ZR 62/09, NJW 2010, 1806 Rn. 13 f.
[49] BGH 15.12.2005, IX ZR 227/04, NZI 2006, 175 Rn. 13, m.w.N.

§ 2 Datensicherheit, Schutz vor Missbrauch

(1) Durch geeignete technische und organisatorische Maßnahmen ist sicherzustellen, dass die Daten
1. bei der elektronischen Übermittlung von dem Insolvenzgericht oder dem Insolvenzverwalter an die für die Veröffentlichung zuständige Stelle mindestens fortgeschritten elektronisch signiert werden,
2. während der Veröffentlichung unversehrt, vollständig und aktuell bleiben,
3. spätestens nach dem Ablauf von zwei Wochen nach dem ersten Tag der Veröffentlichung nur noch abgerufen werden können, wenn die Abfrage den Sitz des Insolvenzgerichts und mindestens eine der folgenden Angaben enthält:
   a) den Familiennamen,
   b) die Firma,
   c) den Sitz oder Wohnsitz des Schuldners
   d) das Aktenzeichen des Insolvenzgerichts oder
   e) Registernummer und Sitz des Registergerichts.

Die Angaben nach Satz 1 Nr. 3 Buchstabe a bis e können unvollständig sein, sofern sie Unterscheidungskraft besitzen.

(2) Als Ergebnis der Abfrage nach Absatz 1 Satz 2 darf zunächst nur eine Übersicht über die ermittelten Datensätze übermittelt werden, die nur die vollständigen Daten nach Absatz 1 Satz 1 Nr. 3 Buchstabe a bis e enthalten darf. Die übrigen nach der Insolvenzordnung zu veröffentlichenden Daten dürfen erst übermittelt werden, wenn der Nutzer den entsprechenden Datensatz aus der Übersicht ausgewählt hat.

§ 3 Löschungsfristen

(1) Die in einem elektronischen Informations- und Kommunikationssystem erfolgte Veröffentlichung von Daten aus einem Insolvenzverfahren einschließlich des Eröffnungsverfahrens wird spätestens sechs Monate nach der Aufhebung oder der Rechtskraft der Einstellung des Insolvenzverfahrens gelöscht. Wird das Verfahren nicht eröffnet, beginnt die Frist mit der Aufhebung der veröffentlichten Sicherungsmaßnahmen.

(2) Für die Veröffentlichungen im Restschuldbefreiungsverfahren einschließlich des Beschlusses nach § 289 der Insolvenzordnung gilt Absatz 1 Satz 1 mit der Maßgabe, dass die Frist mit Rechtskraft der Entscheidung über die Restschuldbefreiung zu laufen beginnt.

(3) Sonstige Veröffentlichungen nach der Insolvenzordnung werden einen Monat nach dem ersten Tag der Veröffentlichung gelöscht.

§ 4 Einsichtsrecht

Die Insolvenzgerichte haben sicherzustellen, dass jedermann von den öffentlichen Bekanntmachungen in angemessenem Umfang unentgeltlich Kenntnis nehmen kann.

§ 4a Anwendbares Recht

Die §§ 2 bis 4 gelten entsprechend für den Datenabruf über das Unternehmensregister (§ 8b des Handelsgesetzbuches).

§ 5 Inkrafttreten

Diese Verordnung tritt am Tage nach der Verkündung in Kraft.

§ 10 Anhörung des Schuldners

(1) Soweit in diesem Gesetz eine Anhörung des Schuldners vorgeschrieben ist, kann sie unterbleiben, wenn sich der Schuldner im Ausland aufhält und die Anhörung das Verfahren übermäßig verzögern würde oder wenn der Aufenthalt des Schuldners unbekannt ist. In diesem Fall soll ein Vertreter oder Angehöriger des Schuldners gehört werden.

(2) Ist der Schuldner keine natürliche Person, so gilt Absatz 1 entsprechend für die Anhörung von Personen, die zur Vertretung des Schuldners berechtigt oder an ihm beteiligt sind. Ist der Schuldner eine juristische Person und hat diese keinen organschaftlichen Vertreter (Führungslosigkeit), so *können die an ihm beteiligten Personen gehört werden;* Absatz 1 Satz 1 gilt entsprechend.

Übersicht

	Rdn.			Rdn.
A.	Normzweck	1	II. Anhörung eines Vertreters oder Angehörigen, Abs. 1 Satz 2	15
B.	Anwendungsbereich	3		
C.	Anhörung einer natürlichen Person als Schuldner	8	D. Anhörung bei juristischen Personen oder Personenvereinigungen als Schuldner	18
I.	Entbehrlichkeit der Anhörung, Abs. 1 Satz 1	8	I. Vertretungsberechtigte und Beteiligte, Abs. 2 Satz 1	18
	1. Grundsätze	8	II. Führungslosigkeit, Abs. 2 Satz 2	20
	2. Auslandsaufenthalt mit Verfahrensverzögerung, Alt. 1	10	E. Durchführung der Anhörung	22
	3. Unbekannter Aufenthalt	13	F. Konsequenzen einer unterlassenen Anhörung	24

A. Normzweck

Der verfassungsrechtliche Grundsatz des **rechtlichen Gehörs** stellt ein prozessuales Urrecht dar, dem 1
auch im Insolvenzverfahren Geltung zu verschaffen ist.[1] Es bedarf einer **Ausgestaltung** durch den Gesetzgeber, der den Beteiligten nicht jede Gelegenheit nehmen darf, sich zu den entscheidungserheblichen Tatsachen und Rechtsfragen zu äußern.[2] Aufgrund der besonderen insolvenzrechtlichen Verhältnisse eines eilbedürftigen Verfahrens, in dem eine intrinsisch motivierte Beteiligung des Schuldners oft nicht zu erreichen ist, erhält das verfassungsrechtliche Gebot in § 10 eine eigenständige Einkleidung (vgl. § 4 Rdn. 63). Um den ebenfalls grundrechtlich geschützten Forderungsrechten der Gläubiger zu einer angemessen beschleunigten Durchsetzung zu verhelfen, normiert § 10 eine nicht unerhebliche **Begrenzung** der Anhörungspflichten und damit auch des Gehörsrechts.[3] Wegen der zu koordinierenden gegenläufigen Grundrechtspositionen und Interessen ist aber eine verfassungskonforme Ausgestaltung des rechtlichen Gehörs erfolgt.[4]

Die grundsätzliche gesetzgeberische Wertung bedarf einer konkretisierenden Auslegung und **An-** 2
wendung durch die Insolvenzgerichte. Dabei existiert ein Mindestmaß an Verfahrensbeteiligung, das keinesfalls verkürzt werden darf.[5] Der gesetzlich eröffnete Rahmen erleichtert damit den Insolvenzgerichten die Rechtsanwendung, doch enthebt es sie nicht von der Notwendigkeit, die verfassungsrechtlichen Mindeststandards zu beachten und zu realisieren.[6]

B. Anwendungsbereich

Nach dem ausdrücklichen Gegenstand und der Zielsetzung der Regelung konkretisiert § 10 allein die 3
Anhörung des Schuldners. Die Anhörung der Gläubiger oder des Insolvenzverwalters, etwa nach den §§ 70 Satz 3, 173 Abs. 2 Satz 1, 207 Abs. 2, 214 Abs. 2, 248 Abs. 2, 289 Abs. 1 Satz 1, 296 Abs. 2 Satz 1, 300 Abs. 1, 303 Abs. 1 Satz 1, 307 Abs. 1 Satz 1, 309 Abs. 2 Satz 1 regelt die Vorschrift nicht. Eine entsprechende Anwendung der in § 10 formulierten gesetzgeberischen Wertungen ist allein vorsichtig unter Beachtung der jeweiligen Besonderheiten möglich. Gegenüber den Insolvenzgläubigern ist zu beachten, dass ihre Rechte regelmäßig nicht in gleicher Weise betroffen sind, wie die des Schuldners. Abs. 1 Satz 2 ist deswegen grds. unanwendbar. Ist ein Insolvenzverwalter oder Treuhänder nicht erreichbar, wird dies vielfach Anlass für aufsichtsrechtliche Maßnahmen geben.

Wann eine Anhörung des Schuldners erfolgen muss, regelt § 10 nicht. **Gesetzlich vorgeschrieben** 4
wird seine Anhörung in zahlreichen insolvenzrechtlichen Bestimmungen. Dies sind die §§ 14 Abs. 2, 15 Abs. 2 Satz 3, Abs. 3, 21 Abs. 3, 98 Abs. 2, 99 Abs. 1 Satz 2, 3, 101 Abs. 1 Satz 2, 3,

---

1 KS-InsO/*Prütting* § 1 Rn. 21 ff.
2 BVerfG 08.06.1993, 1 BvR 878/90, NJW 1993, 2229.
3 MüKo-InsO/*Ganter/Lohmann* Rn. 2.
4 LSZ/*Smid/Leonhardt* Rn. 2.
5 BVerfG 08.06.1993, 1 BvR 878/90, NJW 1993, 2229.
6 Vgl. Kübler/Prütting/Bork/*Prütting* Rn. 3.

214 Abs. 2, 232 Abs. 1 Nr. 2, 248 Abs. 2, 272 Abs. 2 Satz 2, 296 Abs. 2 Satz 1, 298 Abs. 2 Satz 1, 300 Abs. 1, 303 Abs. 1 Satz 1, 314 Abs. 3 Satz 3, 317 Abs. 2 Satz 2, Abs. 3, 318 Abs. 2 Satz 2, 332 Abs. 1, 3 Satz 1, 333 Abs. 2 Satz 2 Hs. 2.

5 Über diese ausdrücklich normierten Fälle hinaus kann eine Anhörung des Schuldners geboten sein, um sein rechtliches Gehör aus Art. 103 Abs. 1 GG insb. vor gerichtlichen Entscheidungen zu wahren.[7] Die Anhörung stellt dann eine **insolvenzgerichtliche Pflicht** dar und liegt nicht in dessen Ermessen. Die Ausgestaltung erfolgt dann nach den entsprechend anzuwendenden Gedanken des § 10,[8] denn die Vorschrift gilt unmittelbar nur für die gesetzlich vorgeschriebenen Anhörungen.

6 Erforderlich ist eine solche Anhörung vor allem in **quasistreitigen Verfahren**,[9] wie den Verfahren über die Versagung der Restschuldbefreiung. Obwohl § 297 Abs. 2 nicht auf die Anhörungsvorschrift des § 296 Abs. 2 Satz 1 verweist, ist auch hier eine Anhörung des Schuldners erforderlich.[10] Vor einer Abweisung des Insolvenzantrags mangels Masse gem. § 26 ist der Schuldner zu hören.[11] Es kann allerdings genügen, ihm das Abschlussgutachten des Sachverständigen zur Stellungnahme zu übersenden.[12] Ein Gespräch des Sachverständigen mit dem Schuldner genügt nicht, da der Gutachter nicht das Insolvenzgericht ersetzen kann. Um den Sicherungszweck nicht zu gefährden, können Sicherungsmaßnahmen ohne vorherige Anhörung angeordnet werden.[13] Erklärt der antragstellende Gläubiger den Insolvenzantrag für erledigt, ist der Schuldner anzuhören, vgl. § 91a ZPO.[14]

7 Da § 10 der Ausgestaltung des rechtlichen Gehörs dient, ist die Regelung auf Anhörungen des Schuldners zur Durchsetzung seiner insolvenzrechtlichen Pflichten **unanwendbar**. Dies betrifft etwa die Anhörungen nach den §§ 20 Abs. 1 Satz 2, 97, 101.[15] Auf die außerhalb des Insolvenzverfahrens durchgeführten Verfahren in sonstigen Insolvenzsachen ist § 10 nicht anwendbar. Dies betrifft etwa Anfechtungsprozesse oder Streitigkeiten über die Erfüllung gegenseitiger Verträge. In diesen Verfahren gelten die allgemeinen (zivil)verfahrensrechtlichen Regeln über die Gewährung des rechtlichen Gehörs.

C. Anhörung einer natürlichen Person als Schuldner

I. Entbehrlichkeit der Anhörung, Abs. 1 Satz 1

1. Grundsätze

8 § 10 Abs. 1 regelt, ob und ggf. wie bei einer natürlichen Person eine Anhörung durchzuführen ist, wenn die Gewährung des rechtlichen Gehörs besondere verfahrensrechtliche Hindernisse verursacht. Geregelt werden in Abs. 1 Satz 1 **zwei Fallgruppen**, den Aufenthalt des Schuldners im Ausland, bei dem die Anhörung das Verfahren übermäßig verzögern würde, und den unbekannten Aufenthalt. Andere tatsächliche Verhinderungen, wie bei einer schweren Erkrankung des Schuldners, sind gesetzlich nicht geregelt. Bei ihnen bleibt eine Einzelabwägung des Gerichts darüber erforderlich, wie der Schuldner zu hören ist. Es kommt aber eine entsprechende Anwendung von § 10 Abs. 1 in Betracht.[16] Andere verfahrensrechtliche Hindernisse und Verzögerungen, wie bei einer fehlenden Prozessfähigkeit des Schuldners, rechtfertigen es nicht, von der Anhörung abzusehen.[17]

---

7 Nerlich/Römermann/*Becker* Rn. 2; FK-InsO/*Schmerbach* Rn. 1; Braun/*Bußhardt* Rn. 2.
8 MüKo-InsO/*Ganter/Lohmann* Rn. 4; HambK-InsR/*Rüther* Rn. 3.
9 HK-InsO/*Kirchhof* 6. Aufl., Rn. 3.
10 FK-InsO/*Ahrens* § 297 Rn. 11.
11 Jaeger/*Schilken* § 26 Rn. 34 f.; MüKo-InsO/*Ganter/Lohmann* Rn. 4; a.A. FK-InsO/*Schmerbach* § 26 Rn. 70.
12 BGH 15.01.2004, IX ZB 478/02, NZI 2004, 255 f.; Uhlenbruck/*Uhlenbruck* § 26 Rn. 35.
13 FK-InsO/*Schmerbach* Rn. 12; Uhlenbruck/*Pape* Rn. 3.
14 HambK-InsR/*Rüther* Rn. 3.
15 MüKo-InsO/*Ganter/Lohmann* Rn. 5; HambK-InsR/*Rüther* Rn. 5.
16 Uhlenbruck/*Pape* Rn. 7; FK-InsO/*Schmerbach* Rn. 11.
17 Vgl. Nerlich/Römermann/*Becker* Rn. 10.

Ob die Voraussetzungen von § 10 Abs. 1 Satz 1 in einer der beiden Fallgruppen vorliegen, muss zur vollen Überzeugung des Gerichts feststehen. Ist dies der Fall, kann es von einer Anhörung absehen. Die Rechtsfolge, die Anhörung zu unterlassen, steht damit im **Ermessen** des Insolvenzgerichts.[18] Bei einem unbekannten Aufenthaltsort ist das Ermessen des Gerichts regelmäßig auf Null reduziert. Im Fall des Auslandsaufenthalts muss das Gericht abhängig vom Gewicht der Anhörung für den Schuldner und der Dauer einer möglichen Verzögerung entscheiden. Dem Anhörungsinteresse des Schuldners ist bei der gebotenen Abwägung grds. gegenüber der Verfahrensbeschleunigung ein besonderes und oft auch höheres Gewicht einzuräumen.[19] Bei einem Auslandsaufenthalt des Schuldners kann zunächst ein Anhörungsversuch zu unternehmen und erst dann, wenn eine übermäßige Verzögerung droht, die Anhörung zu unterlassen sein. 9

2. Auslandsaufenthalt mit Verfahrensverzögerung, Alt. 1

Erforderlich ist ein **Auslandsaufenthalt**, d.h. ein längerer Aufenthaltswille im Ausland. Eine Auslandsreise lässt den Inlandsaufenthalt unberührt.[20] Selbst ein Aufenthalt des Schuldners im Ausland allein berührt noch nicht die gesetzlichen Anhörungspflichten.[21] Erst wenn durch den Auslandsaufenthalt eine Anhörung das Verfahren übermäßig verzögern würde, kann das Gericht von einer Anhörung absehen. Der Aufenthaltsort kann bekannt sein,[22] denn ein unbekannter Aufenthaltsort auch im Ausland ist nach Alt. 2 zu behandeln. Welche Motive der Schuldner für den Auslandsaufenthalt hat, ob er etwa aus beruflichen bzw. familiären Gründen im Ausland lebt oder ob er sich dem Insolvenzverfahren entziehen will, ist bei der Entscheidung über die Anhörung bedeutungslos. 10

Abzustellen ist auf die voraussichtlich zu erwartende übermäßige **Verfahrensverzögerung**. Dieses Kriterium enthält ein prognostisches und ein wertendes Element. Welche Verfahrensverzögerungen voraussichtlich eintreten werden, muss das Gericht in einem ersten Schritt anhand der konkreten Informationen über den Aufenthaltsort des Schuldners, den Kommunikationsmöglichkeiten mit ihm und ggf. den Rechtshilferegelungen beurteilen.[23] 11

In einem zweiten Schritt muss das Gericht beurteilen, ob dadurch das Verfahren **übermäßig verzögert** wird. Hierfür ist eine Einzelfallbeurteilung erforderlich. Der absolute Verzögerungsbegriff aus § 296 ZPO erscheint dafür ungeeignet.[24] Die vielfach genannten Fristen von zwei Wochen im Eröffnungsverfahren und vier Wochen bis einem Monat im eröffneten Verfahren[25] können nicht mehr als einen ersten Anhaltspunkt geben.[26] Entscheidend ist, mit welcher Sicherheit binnen einer bestimmten Frist mit der Erreichbarkeit des Schuldners gerechnet werden kann. Wenn der im Ausland lebende Schuldner überzeugend angibt, etwa wegen einer persönlichen Angelegenheit nach Deutschland zurückzukehren, kann auch im eröffneten Verfahren eine Frist von sechs Wochen angemessen sein, falls kein besonderer Eilbedarf besteht. 12

3. Unbekannter Aufenthalt

Ist der Aufenthaltsort des Schuldners unbekannt, kann nach der gesetzlichen Regelung seine Anhörung unterbleiben. In Betracht kommt dies etwa bei einem untergetauchten oder mit unbekanntem Aufenthalt in sein Heimatland zurückgekehrten Schuldner.[27] Zur Auslegung kann auf die Maßstäbe 13

---

18 Jaeger/*Gerhardt* Rn. 2; FK-InsO/*Schmerbach* Rn. 9.
19 Jaeger/*Gerhardt* Rn. 2; Kübler/Prütting/Bork/*Prütting* Rn. 7; Graf-Schlicker/*Kexel* Rn. 4.
20 LG Saarbrücken 02.05.1994, 5 T 214/94, Rpfleger 1995, 37 (38); Uhlenbruck/*Pape* Rn. 4.
21 HK-InsO/*Kirchhof* 6. Aufl., Rn. 7; Braun/*Bußhardt* Rn. 9.
22 *Frege/Keller/Riedel* Insolvenzrecht, Rn. 186.
23 Vgl. FK-InsO/*Schmerbach* Rn. 9.
24 MüKo-InsO/*Ganter/Lohmann* Rn. 12; a.A. Kübler/Prütting/Bork/*Prütting* Rn. 6.
25 Uhlenbruck/*Pape* Rn. 4; HK-InsO/*Kirchhof* 6. Aufl., Rn. 7; HambK-InsR/*Rüther* Rn. 7.
26 Nerlich/Römermann/*Becker* Rn. 10.
27 HambK-InsR/*Rüther* Rn. 6.

aus § 185 Abs. 1 Nr. 1 ZPO abgestellt werden.[28] Bei einem bekannten Aufenthaltsort im Ausland gilt Alt. 1 (s. Rdn. 10 ff.).

14 Der Aufenthalt muss **allgemein unbekannt** und darf für das Gericht im Rahmen seiner Amtsermittlungspflicht nicht mit zumutbarem Aufwand zu ermitteln sein.[29] Daran sind hohe Anforderungen zu stellen,[30] doch ist das Maß der Ermittlungstätigkeit an den eilbedürftigen Charakter des Verfahrens anzupassen. Dass die Anhörung das Verfahren verzögert, ist indessen nicht erforderlich.[31] Insb. ist nicht zu verlangen, dass niemand den Aufenthalt kennt.[32] Zu verlangen ist eine Anfrage bei der zuständigen Einwohnermeldebehörde.[33] Erforderlich sein können auch Nachfragen bei der Post oder Gläubigern, wie dem Vermieter. Über vorhandene elektronische Medien, Telefon, E-Mail, ist eine Kontaktaufnahme zu versuchen.[34]

II. Anhörung eines Vertreters oder Angehörigen, Abs. 1 Satz 2

15 Unterbleibt die Anhörung des Schuldners, soll als Ausdruck eines **Verhältnismäßigkeitsgedankens** ein Vertreter oder ein Angehöriger des Schuldners gehört werden. Diese Anhörungspflicht besteht in beiden Fallgruppen von Abs. 1 Satz 1, also sowohl beim Auslandsaufenthalt als auch beim unbekannten Aufenthalt. Eine Anhörung darf aber nicht schon deswegen unterbleiben, weil sie voraussichtlich wenig ertragreich wäre, da damit das Anhörungsergebnis vorweggenommen würde.

16 In erster Linie werden **Vertreter** des Schuldners anzuhören sein und hier vor allem rechtsgeschäftlich Bevollmächtigte i.S.d. § 164 BGB, aber auch gesetzliche Vertreter.[35] In Betracht kommen etwa Zustellungsbevollmächtigte nach den §§ 171 f. ZPO. Es kommt nicht auf eine enge,[36] sondern auf eine sachbezogene Auslegung der Vertretungsbefugnis an.[37] Deswegen kann ggf. auch der Prokurist anzuhören sein, nicht aber der Anwalt aus einem ganz anderen Strafverfahren des Schuldners.

17 Sonst kommen **Angehörige** des Schuldners in Betracht. Der Begriff des Angehörigen ist aus dem familienrechtlichen Umfeld nach eigenen insolvenzrechtlichen Kriterien zu entwickeln.[38] § 383 Abs. 1 Nr. 1–3 ZPO bietet dafür keine geeigneten Anhaltspunkte,[39] denn es geht um Informationsmöglichkeiten und nicht den Schutz vor einer Interessenkollision. Vorrangig ist an den (früheren) Ehepartner oder andere Angehörige zu denken, die mit dem Schuldner in häuslicher Gemeinschaft gelebt haben. Im Übrigen ist der Begriff der Angehörigen auf die Personen zu begrenzen, die Kenntnisse über die wirtschaftlichen Angelegenheiten des Schuldners besitzen.[40] Ein nicht ehelicher Lebenspartner ist ein Angehöriger i.S.d. Norm.[41]

D. Anhörung bei juristischen Personen oder Personenvereinigungen als Schuldner

I. Vertretungsberechtigte und Beteiligte, Abs. 2 Satz 1

18 Ist der Schuldner keine natürliche Person, konkretisiert Abs. 2 in welchen Fällen eine Anhörung unterbleiben kann, indem auf eine entsprechende Anwendung von Abs. 1 verwiesen wird. Die Entbehr-

---

28 HK-InsO/*Kirchhof* 6. Aufl., Rn. 6.
29 BGH 19.12.2001, VIII ZR 282/00, BGHZ 149, 311 (314).
30 OLG Frankfurt 03.12.2008, 19 U 120/08, NJW 2009, 2543 (2544).
31 FK-InsO/*Schmerbach* Rn. 10.
32 PG/*Kessen* § 185 Rn. 3.
33 Kübler/Prütting/Bork/*Prütting* Rn. 8.
34 OLG Frankfurt 03.12.2008, 19 U 120/08, NJW 2009, 2543 (2544).
35 MüKo-InsO/*Ganter/Lohmann* Rn. 17; Nerlich/Römermann/*Becker* Rn. 15; Graf-Schlicker/*Kexel* Rn. 3.
36 So aber Uhlenbruck/*Pape* Rn. 7; HambK-InsR/*Rüther* Rn. 8.
37 Nerlich/Römermann/*Becker* Rn. 15.
38 Jaeger/*Gerhardt* Rn. 3.
39 A.A. HK-InsO/*Kirchhof* 6. Aufl., Rn. 8; LSZ/*Smid/Leonhardt* Rn. 7.
40 MüKo-InsO/*Ganter/Lohmann* Rn. 18.
41 Jaeger/*Gerhardt* Rn. 3; HambK-InsR/*Rüther* Rn. 8.

lichkeit der Anhörung gilt allein für die verhinderte Person, nicht für die anderen Vertreter oder Beteiligten.[42] Für die Ermessensausübung ist auf das zu Abs. 1 Gesagte zu verweisen (s. Rdn. 9). Der **Anwendungsbereich** erstreckt sich auf alle juristischen Personen und gleichgestellte Personenvereinigungen sowie Vermögensmassen i.S.v. § 11 Abs. 1 Satz 1 Alt. 2, Satz 2, Abs. 2.[43]

Welche Personen anzuhören sind, ergibt sich aus den gesetzlichen Regelungen der §§ 15 Abs. 2 Satz 2, Abs. 3, 317 Abs. 2 Satz 2, 318 Abs. 2 Satz 2, 332 Abs. 3 Satz 2. Dabei muss das Gericht regelmäßig alle Mitglieder des Vertretungsorgans, nicht aber der Aufsichtsorgane,[44] alle Gesellschafter bzw. persönlich haftenden Gesellschafter und alle Erben bzw. Nachlassverwalter oder Testamentsvollstrecker eines überschuldeten Nachlasses anhören. Von einer Anhörung kann bei Mitgliedern eines Vertretungsorgans nur insoweit abgesehen werden, wie sie zur gegenseitigen Vertretung berechtigt sind.[45] 19

II. Führungslosigkeit, Abs. 2 Satz 2

Ist eine juristische Person führungslos, können nach § 10 Abs. 2 Satz 2 die an ihr beteiligten Personen gehört werden. Führungslos ist nach dieser Regelung eine Gesellschaft, die **keinen organschaftlichen Vertreter** hat. Vertretungsorgan sind bei der GmbH der Geschäftsführer, § 35 Abs. 1 Satz 1 GmbHG, sowie bei der AG und der eG der Vorstand, § 78 Abs. 1 Satz 1 AktG, § 24 Abs. 1 Satz 1 GenG. Der organschaftliche Vertreter darf rechtlich oder tatsächlich nicht mehr existieren, etwa weil er verstorben ist, sein Amt niedergelegt hat oder abberufen wurde.[46] Die bloße Unerreichbarkeit steht dem nicht gleich.[47] 20

Ob die Gesellschafter einer führungslosen juristischen Person angehört werden, steht im **Ermessen** des Gerichts. Regelmäßig wird das Ermessen dahin zu konkretisieren sein, dass nicht von einer Anhörung insgesamt, sondern bestimmter Gesellschafter abgesehen werden kann.[48] Bei einer begrenzten Gesellschafterzahl wird grds. noch eine Anhörung aller Gesellschafter erforderlich sein. Bei Publikumsgesellschaften kann die Anhörung auf die größten Gesellschafter beschränkt werden. Bei einer AG oder eG können nach dem Gedanken aus § 15a Abs. 3 die Mitglieder des Aufsichtsorgans gehört werden.[49] 21

E. Durchführung der Anhörung

Im Allgemeinen kann die Anhörung **mündlich oder schriftlich** durchgeführt werden.[50] In welcher Form die Anhörung erfolgt, steht grds. im Ermessen des Gerichts, doch ist vielfach eine mündliche Anhörung angezeigt.[51] Es genügt, wenn dem Schuldner Gelegenheit zur Stellungnahme gegeben wird. Ob sich der Schuldner äußert, ist unerheblich.[52] Bei einer mündlichen Anhörung sind die Ladungsfristen zu beachten. Ein Gläubiger hat kein Recht, bei einer mündlichen Anhörung des Schuldners anwesend zu sein,[53] es sei denn, auch er ist anzuhören und die gemeinsame Anhörung dient der Sachverhaltsklärung, vgl. §§ 296 Abs. 1 Satz 2, 300 Abs. 1. Soweit das Gesetz eine Anhörung im 22

---

42 HK-InsO/*Kirchhof* 6. Aufl., Rn. 10.
43 FK-InsO/*Schmerbach* Rn. 13.
44 Uhlenbruck/*Pape* Rn. 8.
45 Uhlenbruck/*Pape* Rn. 8.
46 AG Hamburg 27.11.2008, 67c IN 478/08, NZI 2009, 63; Uhlenbruck/*Pape* Rn. 8a; Graf-Schlicker/*Kexel* Rn. 7.
47 AG Hamburg 27.11.2008, 67c IN 478/08, NZI 2009, 63; FK-InsO/*Schmerbach* Rn. 15; HambK-InsR/*Rüther* Rn. 8.
48 Vgl. HK-InsO/*Kirchhof* 6. Aufl., Rn. 12.
49 HambK-InsR/*Rüther* Rn. 12.
50 MüKo-InsO/*Ganter/Lohmann* Rn. 22; Braun/*Bußhardt* Rn. 6.
51 FK-InsO/*Schmerbach* Rn. 5.
52 Uhlenbruck/*Pape* Rn. 2; HambK-InsR/*Rüther* Rn. 4.
53 MüKo-InsO/*Ganter/Lohmann* Rn. 22.

§ 10 InsO   Anhörung des Schuldners

Termin vorschreibt, wie in § 289 Abs. 1 Satz 1, ist eine mündliche Anhörung erforderlich.[54] Etwas anderes gilt nur dann, wenn ein schriftliches Verfahren nach § 5 Abs. 2 Satz 1 durchgeführt wird.

23 Erfolgt eine **schriftliche Anhörung**, ist dem Schuldner eine angemessene Frist zur Anhörung zu setzen. Diese Frist wird regelmäßig zwei[55] bis vier Wochen betragen und kann unter Beachtung der besonderen Verhältnisse des Insolvenzverfahrens verlängert werden. Die Tatsachen und Rechtsverhältnisse, zu denen der Schuldner angehört werden soll, müssen ihm klar und nachvollziehbar zur Kenntnis gebracht werden.

F. Konsequenzen einer unterlassenen Anhörung

24 Wird das rechtliche Gehör des Schuldners durch eine unterlassene Anhörung verletzt, kann die Gehörsverletzung grds. in der Rechtsmittelinstanz geheilt werden.[56] Allerdings darf dadurch nicht der Anspruch auf effektiven Rechtsschutz verletzt werden. Wird eine Verletzung des rechtlichen Gehörs gerügt, muss dargelegt werden, was bei ordnungsgemäß gewährtem rechtlichen Gehör vorgetragen worden wäre, also wie sich der Rechtsmittelführer verhalten hätte, wenn das Gehör gewährt worden wäre.[57] Ist ein Rechtsmittel nicht eröffnet, kommt ein Verfahren nach § 4 InsO i.V.m. § 321a ZPO in Betracht. Äußerstenfalls ist auch eine Verfassungsbeschwerde statthaft.

---

54 FK-InsO/*Schmerbach* Rn. 6.
55 HambK-InsR/*Rüther* Rn. 4.
56 Nerlich/Römermann/*Becker* Rn. 22.
57 BGH 16.10.2003, IX ZB 475/02, ZVI 2004, 24 (25).

Zweiter Teil Eröffnung des Insolvenzverfahrens. Erfaßtes Vermögen und Verfahrensbeteiligte

Erster Abschnitt Eröffnungsvoraussetzungen und Eröffnungsverfahren

§ 11 Zulässigkeit des Insolvenzverfahrens

(1) Ein Insolvenzverfahren kann über das Vermögen jeder natürlichen und jeder juristischen Person eröffnet werden. Der nicht rechtsfähige Verein steht insoweit einer juristischen Person gleich.

(2) Ein Insolvenzverfahren kann ferner eröffnet werden:
1. über das Vermögen einer Gesellschaft ohne Rechtspersönlichkeit (offene Handelsgesellschaft, Kommanditgesellschaft, Partnerschaftsgesellschaft, Gesellschaft des Bürgerlichen Rechts, Partenreederei, Europäische wirtschaftliche Interessenvereinigung);
2. nach Maßgabe der §§ 315 bis 334 über einen Nachlaß, über das Gesamtgut einer fortgesetzten Gütergemeinschaft oder über das Gesamtgut einer Gütergemeinschaft, das von den Ehegatten gemeinschaftlich verwaltet wird.

(3) Nach Auflösung einer juristischen Person oder einer Gesellschaft ohne Rechtspersönlichkeit ist die Eröffnung eines Insolvenzverfahrens zulässig, solange die Verteilung des Vermögens nicht vollzogen ist.

Übersicht	Rdn.		Rdn.
A. **Normzweck**	1	c) Andere Personenvereinigungen ohne Rechtspersönlichkeit . . .	22
B. **Insolvenzfähigkeit**	2	4. Sondervermögen (Abs. 2 Nr. 2) . .	25
I. Begriffsbestimmung	2	a) Nachlaß	26
II. Beginn und Ende der Insolvenzfähigkeit		b) Gesamtgut einer fortgesetzten Gütergemeinschaft	28
1. Natürliche Personen (Abs. 1 Satz 1)	4	c) Gesamtgut einer Gütergemeinschaft, das von den Ehegatten gemeinschaftlich verwaltet wird	30
2. Juristische Personen (Abs. 1 Satz 1, Abs. 3)	7	d) Andere Sondervermögen	31
3. Personenvereinigungen ohne eigene Rechtspersönlichkeit	14	C. **Fehlen und Wegfall der Insolvenzfähigkeit**	32
a) Nicht rechtsfähiger Verein (Abs. 1 S. 2)	14	D. **Internationale Bezüge**	33
b) Gesellschaften ohne Rechtspersönlichkeit (Abs. 2 Nr. 1, Abs. 3)	15		

A. Normzweck

Die seit Inkrafttreten der InsO unveränderte Vorschrift leitet den Abschnitt ein, der die allgemeinen 1
Bestimmungen über die formellen und materiellen Voraussetzungen für die Eröffnung des Insolvenzverfahrens sowie über das Eröffnungsverfahren einschließlich der prozessualen Anfechtbarkeit der dort ergehenden Entscheidungen enthält (§§ 11 bis 34). Unter der weit gefaßten Überschrift **Zulässigkeit des Insolvenzverfahrens** regelt § 11 nicht die Zulässigkeit dieses Verfahrens im Ganzen, sondern einen Ausschnitt hiervon, die schuldnerseitige Parteifähigkeit im Insolvenzverfahren (**Insolvenzfähigkeit**). Insoweit verdrängt § 11 die allgemeine Verweisung des § 4 auf § 50 ZPO, der wegen der Parteifähigkeit im kontradiktorischen Zivilprozess ausschließlich auf die Rechtsfähigkeit einer Person oder Personenvereinigung abstellt. Notwendig ist die Sonderregelung, weil das Insolvenzverfahren nicht dem Schuldner als Rechtsträger, sondern dem ihm zugeordneten Vermögen gilt (s. Rdn. 2). § 11 faßt vormals verstreute Rechtsvorschriften zur Konkursfähigkeit von Personen und Personenvereinigungen zusammen und ergänzt sie. Ausnahmen von § 11 Abs. 1 Satz 1 bestimmt § 12 in Bezug auf das Vermögen der dort bezeichneten juristischen Personen des öffentlichen Rechts. Schließlich legt § 11 Abs. 3 für juristische Personen und Gesellschaften ohne Rechtspersön-

lichkeit – in Anlehnung an deren allgemeine Parteifähigkeit – den Zeitpunkt fest, in dem die Insolvenzfähigkeit endet.

B. Insolvenzfähigkeit

I. Begriffsbestimmung

2 Die InsO selbst verwendet den verbreiteten Begriff **Insolvenzfähigkeit** weder in § 11 noch an anderer Stelle. In Literatur und Rechtsprechung wird er gemeinhin den in § 11 bezeichneten Personen (Abs. 1 S. 1) und Personenvereinigungen (Abs. 1 S. 2 und Abs. 2 Nr. 1), aber auch den dort aufgeführten Sondervermögen (Abs. 2 Nr. 2) zugeordnet.[1] Exakter Weise beschreibt der Begriff allerdings die Fähigkeit, Gegenstand eines Insolvenzverfahrens sein zu können. Diese Fähigkeit kommt nicht den in § 11 Abs. 1 und 2 Nr. 1 genannten **Rechtsträgern** (Schuldnern), sondern deren Vermögen zu. Grds. ist das einer einzelnen Person oder rechtsfähigen Personenvereinigung zugeordnete Vermögen im Ganzen insolvenzfähig (§ 11 Abs. 1 und 2 Nr. 1 i.V.m. § 35 Abs. 1); man spricht insoweit von **Gesamt- oder Universalinsolvenz**. Dem steht die sog. **Sonder- oder Partikularinsolvenz** gegenüber, die § 11 Abs. 1 Nr. 2 i.V.m. §§ 315 bis 324 für den Nachlass, das Gesamtgut einer fortgesetzten Gütergemeinschaft und das Gesamtgut einer Gütergemeinschaft, das von Ehegatten gemeinschaftlich verwaltet wird, vorsieht. Diese drei Sondervermögen, deren Rechtsträger nur im letztgenannten Fall in § 11 Abs. 2 Nr. 2, im Übrigen in den §§ 315 ff. benannt sind, können Personen oder Personenvereinigungen zugeordnet sein – so etwa der Nachlass einem Erben oder einer Erbengemeinschaft – und auch außerhalb des Insolvenzverfahrens zu reinen Haftungsmassen werden (s. Rdn. 25 ff.).

3 Von der Insolvenzfähigkeit seines Vermögens oder Sondervermögens zu unterscheiden ist die Fähigkeit des Rechtsträgers (Schuldners), im Insolvenzverfahren – ebenso wie im Eröffnungsverfahren – selbst oder durch gewillkürte Vertreter Verfahrenshandlungen vor- und entgegen zu nehmen, die **Prozessfähigkeit**.[2] Diese ist ebenfalls Zulässigkeitsvoraussetzung und bestimmt sich gem. § 4 nach §§ 51 ff. ZPO; im Eröffnungsverfahren bestehen insoweit die für den Eigenantrag einer juristischen Person oder Gesellschaft ohne Rechtspersönlichkeit in § 15 geregelten Besonderheiten (vgl. dort sowie § 13 Rdn. 15 ff.).

II. Beginn und Ende der Insolvenzfähigkeit

1. Natürliche Personen (Abs. 1 Satz 1)

4 Die Insolvenzfähigkeit des Vermögens einer natürlichen Person, mithin eines Menschen, beginnt entsprechend § 1 BGB, sobald dessen Geburt vollendet ist. Fehlende oder eingeschränkte Geschäftsfähigkeit (§§ 104 ff. BGB) steht nicht entgegen, bewirkt aber gem. § 51 ZPO i.V.m. § 4 InsO die Prozessunfähigkeit des Schuldners im Insolvenz- und Eröffnungsverfahren. Dort muss für den nicht voll geschäftsfähigen Schuldner dessen gesetzlicher Vertreter handeln (vgl. § 13 Rdn. 16). Zur Insolvenzfähigkeit ausländischer natürlicher Personen s. Rdn. 33.

5 Die InsO privilegiert natürliche Personen als Schuldner sowohl im Eröffnungs- als auch im Insolvenzverfahren. So unterliegen sie keiner strafbewehrten Antragspflicht (§ 15a). Nur für natürliche Personen besteht die Möglichkeit der Restschuldbefreiung (§§ 286 ff.). Ist ein entsprechender Antrag gestellt und reicht das Vermögen der natürlichen Person voraussichtlich nicht aus, die Kosten des Insolvenzverfahrens zu decken, werden ihr auf Antrag diese Kosten bis zur Erteilung der Restschuldbefreiung gestundet (§ 4a). Erhebliche Verfahrenserleichterungen bestehen nach §§ 304 ff., wenn der Schuldner eine natürliche Person ist, die keine selbständige wirtschaftliche Tätigkeit ausübt oder ausgeübt hat.

---

[1] Vgl. etwa FK-InsO/*Schmerbach* Rn. 6 ff.
[2] Vgl. BGH 07.12.2006, IX ZB 257/05, ZIP 2007, 144 unter II.2.b.

Abgesehen vom postmortalen Persönlichkeitsschutz, verliert der Mensch mit seinem Tod die Rechts- 6
fähigkeit. Daraus folgt, ohne dass § 11 Abs. 3 sich hierzu verhält, der Verlust der Insolvenzfähigkeit.
Ein im Zeitpunkt des Todes anhängiges Eröffnungsverfahren erledigt sich dadurch indessen nicht,
sondern wandelt sich vom Regel- in ein Nachlassinsolvenzverfahren um; eine Unterbrechung tritt
nicht ein.[3] Den Übergang in das Nachlassinsolvenzverfahren hat das Insolvenzgericht durch deklaratorischen Beschluss festzustellen.[4]

2. Juristische Personen (Abs. 1 Satz 1, Abs. 3)

Jede juristische Person des Zivilrechts ist mit ihrem Vermögen insolvenzfähig (wegen der Insolvenz- 7
fähigkeit des Vermögens juristischer Personen des öffentlichen Rechts vgl. § 12 Rdn. 1 ff.). Ob eine
Personenvereinigung die Qualität einer juristischen Person hat, mithin – von höchstpersönlichen
Rechten abgesehen – unbeschränkt rechtsfähig ist, bestimmt sich nach Vorschriften außerhalb
der InsO. Zu nennen sind hier:
– der eingetragene Verein (§§ 21 f., 31 f. BGB), auch in Gestalt des Versicherungsvereins auf Gegenseitigkeit (§ 15 VAG),
– die Stiftung (§ 80 BGB),
– die eingetragene Genossenschaft (§§ 2, 17 Abs. 1 GenG),
– die Aktiengesellschaft (§ 1 Abs. 1 Satz 1 AktG),
– die Kommanditgesellschaft auf Aktien (§ 278 Abs. 1 AktG),
– die Gesellschaft mit beschränkter Haftung (§ 13 Abs. 1 GmbHG), auch in der durch das MoMiG eingeführten Variante der haftungsbeschränkten Unternehmergesellschaft (§ 5a GmbHG).

Die volle Rechtsfähigkeit gewinnt eine juristische Person mit ihrer **Entstehung**. Ausgenommen die 8
Stiftung, die gem. § 80 Abs. 1 BGB durch das Stiftungsgeschäft und die Anerkennung durch die
zuständige Landesbehörde entsteht, ist insoweit auf die **Eintragung** in das einschlägige Register abzustellen (§ 21 BGB; § 13 GenG; § 41 Abs. 1, § 278 Abs. 3 AktG; § 11 Abs. 1 GmbHG). Allerdings finden auf eine Kapitalgesellschaft und eine Genossenschaft im Gründungsstadium – wenn
also der Gesellschaftsvertrag oder die Satzung formgerecht vereinbart ist (**Errichtung**), die Registereintragung betrieben wird und die werdende juristische Person ihre Geschäftstätigkeit aufgenommen
hat – die für die angestrebte Rechtsform geltenden Vorschriften, soweit sie nicht gerade an die Eintragung anknüpfen, entsprechende Anwendung.[5] Dem entsprechend ist das Vermögen einer solchen
Rechtsträgerin, sog. **Vorgesellschaft** bzw. **Vorgenossenschaft**, bereits insolvenzfähig.[6] Dies gilt, da
gem. § 11 Abs. 1 Nr. 1 auch das Vermögen einer GbR insolvenzfähig ist, unabhängig davon, ob
die Vorgesellschaft ein Handelsgewerbe i.S.d. § 1 Abs. 1 HGB betreibt. Auch dem Vermögen eines
sog. **Vorvereins**, der im Rechtsverkehr als (noch) nicht rechtsfähiger Verein i.S.d. § 54 BGB behandelt wird[7] und auf den daher § 11 Abs. 1 Satz 2 Anwendung findet, kommt die Insolvenzfähigkeit
zu. Diese fehlt hingegen dem Vermögen einer der staatlichen Anerkennung noch harrenden
(Vor-)Stiftung,[8] weil der Stifter gem. § 81 Abs. 2 BGB bis zur Anerkennung zum Widerruf des Stiftungsgeschäfts berechtigt ist

Von der Vorgesellschaft zu unterscheiden ist die **Vorgründungsgesellschaft**. Darunter versteht man 9
eine Personenvereinigung, die die Errichtung einer Kapitalgesellschaft oder einer Genossenschaft betreibt, bei der also der Gesellschaftsvertrag oder die Satzung noch nicht wirksam vereinbart ist. Die
Vorgründungsgesellschaft ist als OHG zu qualifizieren, wenn sie die Geschäftstätigkeit aufgenom-

---

3 BGH 22.01.2004, IX ZR 39/03, BGHZ 157, 350.
4 BGH 22.01.2004, IX ZR 39/03, BGHZ 157, 350.
5 BGH 16.03.1992, II ZB 17/91, BGHZ 117, 323 = ZIP 1992, 689 unter III.1.
6 BGH 09.10.2003, IX ZB 34/03, ZIP 2003, 2123.
7 BGH 10.12.1998, IX ZR 156/98, ZIP 1999, 230 unter I.2.a.
8 FK-InsO/*Schmerbach* Rn. 41; MüKo-InsO/*Ott/Vuia* Rn. 15; Uhlenbruck/*Hirte* Rn. 241; *Schmidt* FEV 1998, 81.

§ 11 InsO   Zulässigkeit des Insolvenzverfahrens

men hat und insoweit ein Handelsgewerbe i.S.d. § 1 HGB betreibt.[9] Als solche ist sie gem. § 11 Abs. 2 Nr. 1 mit ihrem Vermögen insolvenzfähig. Auch ohne Betreiben eines Handelsgewerbes wird eine Vorgründungsgesellschaft, dann in der Rechtsform einer GbR, mit ihrem Vermögen insolvenzfähig, sobald sie die Geschäftstätigkeit aufnimmt.

10 Ist der Gesellschaftsvertrag aus Rechtsgründen nichtig oder anfechtbar, ist die insoweit mangelhaft errichtete Gesellschaft im Rechtsverkehr als wirksam entstanden zu behandeln, wenn sie in Vollzug gesetzt worden ist. Eine solche **fehlerhafte Gesellschaft** ist mit ihrem Vermögen insolvenzfähig.[10]

11 Bei **Verschmelzung** oder **Spaltung** entsteht der neue Rechtsträger mit der Eintragung im Handelsregister (§ 19 Abs. 1, § 20 Abs. 1 Nr. 1 und 2; § 131 Abs. 1 Nr. 1 und 2 UmwG). Bis dahin bleibt die übertragende juristische Person, die mit der Eintragung erlischt, mit ihrem Vermögen insolvenzfähig. Bei einem Formwechsel besteht der formwechselnde Rechtsträger in der neuen Rechtsform weiter (§ 202 Abs. 1 Nr. 1 UmwG), sein Vermögen behält die Insolvenzfähigkeit.

12 Die Eröffnung des Insolvenzverfahrens selbst bewirkt die **Auflösung** der juristischen Person (§ 42 Abs. 1 Satz 1 BGB, § 86 BGB; § 42 Nr. 3 VAG; § 262 Abs. 1 Nr. 3 AktG, § 289 Abs. 1 AktG; § 60 Abs. 1 Nr. 4 Hs. 1 GmbHG; §§ 101, 81a Nr. 1 GenG). Für den Fall, dass die Auflösung auf einem anderen Grund beruht, bestimmt § 11 III, dass die Insolvenzfähigkeit fortbesteht, solange die Verteilung des Vermögens nicht vollzogen ist. Anlass hierfür ist der Umstand, dass eine juristische Person erst endet, wenn sie im Register gelöscht und tatsächlich vermögenslos ist.[11] Dementsprechend kann ein Insolvenzverfahren nicht nur während der Liquidation, sondern auch im Zuge einer **Nachtragsliquidation** eröffnet werden. Das gilt selbst dann, wenn die Auflösung darauf beruht, dass ein vorangegangener Eröffnungsantrag mangels Masse abgewiesen worden ist, z.B. § 60 Abs. 1 Nr. 5 GmbHG i.V.m. § 26.[12]

13 Allerdings ist eine im Register gelöschte – anders als eine führungslose (§ 15 Abs. 1 Satz 2 i.V.m. § 10 Abs. 2 Satz 2) – juristische Person mangels Vertretungsorgans gem. § 51 ZPO i.V.m. § 4 nicht prozessfähig. Dieses Verfahrenshindernis zu beseitigen, obliegt dem Antragsteller, der insoweit zunächst mit der Darlegung, es sei beim Schuldner noch verteilbares Vermögen vorhanden, durch das Registergericht einen Nachtragsliquidator bestellen lassen muss (vgl. § 13 Rdn. 16).

3. Personenvereinigungen ohne eigene Rechtspersönlichkeit

a) Nicht rechtsfähiger Verein (Abs. 1 S. 2)

14 In Bezug auf die Insolvenzfähigkeit – wie auch bezüglich der passiven Parteifähigkeit im allgemeinen Zivilprozess (vgl. § 50 Abs. 2 ZPO) – ist der nicht rechtsfähige Verein einer juristischen Person gleichgestellt. Die dahingehende ausdrückliche Bestimmung des § 11 Abs. 1 Satz 2 erscheint auf den ersten Blick entbehrlich, da gem. § 54 Satz 1 BGB auf den nicht rechtsfähigen Verein die Vorschriften über die GbR entsprechende Anwendung finden und diese Gesellschaftsform gem. § 11 Abs. 2 Nr. 1 mit ihrem Vermögen ebenfalls insolvenzfähig ist. Indessen werden in Rechtsprechung und Lehre auf den nicht rechtsfähigen **Idealverein** im Wesentlichen die vereinsrechtlichen statt der gesellschaftsrechtlichen Bestimmungen angewandt.[13] Insb. haften dessen Mitglieder für die Verbindlichkeiten des Vereins nicht persönlich;[14] diese Haftungsbeschränkung greift freilich nicht, wenn der nicht rechtsfähige Verein wirtschaftliche Zwecke i.S.d. § 22 BGB verfolgt. Ferner haften aus Rechtsgeschäften, die im Namen eines nicht rechtsfähigen Vereins einem Dritten gegenüber vorgenommen werden, die Handelnden persönlich (§ 54 Satz 2 BGB); diese Haftung besteht unabhängig davon,

---

9 BGH 26.04.2004, II ZR 120/02, ZIP 2004, 1208 unter II.2.
10 BGH 16.10.2006, II ZB 32/05, ZIP 2006, 2174 = WM 2006, 2254 unter II.2.
11 BGH 29.09.1967, V ZR 40/66, BGHZ 48, 303 unter II.3.b.
12 *BGH 16.12.2004, IX ZB 6/06, NZI 2005, 225.*
13 Palandt/*Heinrichs* § 54 BGB Rn. 1.
14 Vgl. BGH 30.06.2003, II ZR 153/02, WM 2003, 1670 unter 1.

ob die Handelnden Vorstandsmitglieder oder ob sie überhaupt Vereinsmitglieder sind, und auch unabhängig davon, ob sie zur Vertretung des Vereins berechtigt gewesen sind.[15] Wegen der genannten haftungsrechtlichen Besonderheiten ist die ausdrückliche Anordnung der Insolvenzfähigkeit und deren systematische Einordnung vor der in § 11 Abs. 2 Nr. 1 enthaltenen Auflistung der Gesellschaften ohne Rechtspersönlichkeit zweckmäßig. Zurückhaltung ist jedoch geboten, aus der in § 11 Abs. 1 Satz 2 bezüglich der Insolvenzfähigkeit (»insoweit«) vorgenommenen Gleichstellung mit juristischen Personen abzuleiten, dass die sie betreffenden Vorschriften über die Eröffnungsvoraussetzungen und das Eröffnungsverfahren im Allgemein auf den nicht rechtsfähigen Verein entsprechend anwendbar seien (vgl. § 19 Rdn. 6).

b) Gesellschaften ohne Rechtspersönlichkeit (Abs. 2 Nr. 1, Abs. 3)

Insolvenzfähig ist ferner das – vom Vermögen der Gesellschafter zu unterscheidende – Vermögen einer der in § 11 Abs. 2 Nr. 1 bezeichneten Gesellschaften ohne Rechtspersönlichkeit. Das sind:
- die offene Handelsgesellschaft (§ 105 HGB),
- die Kommanditgesellschaft (§ 161 HGB),
- die Partnerschaftsgesellschaft (§ 1 PartGG),
- die Gesellschaft des Bürgerlichen Rechts (§ 705 BGB),
- die Partenreederei (§ 489 HGB),
- die Europäische wirtschaftliche Interessenvereinigung (Verordnung (EWG) Nr. 2137/85 des Rates v. 25.07.1985 über die Schaffung einer Europäischen wirtschaftlichen Interessenvereinigung (EWIV), § 1 EWIV-AG).

15

Bis zum Inkrafttreten der InsO wurden die GbR, die Partenreederei und die Partnerschaftsgesellschaft als nicht insolvenzfähig angesehen.

Die Insolvenzfähigkeit des Vermögens einer Gesellschaft ohne Rechtspersönlichkeit beginnt, wenn die Gesellschafter den **Gesellschaftsvertrag** geschlossen und **Gesellschaftsvermögen** gebildet haben sowie die Gesellschaft die **Geschäftstätigkeit** gegenüber Dritten aufgenommen hat. Insoweit ist die für Handelsgesellschaften vorgeschriebene Eintragung in das Handelsregister, die ohnehin nur bei tatsächlich nicht gegebenem Handelsgewerbe konstitutiv wirkt (§§ 123, 105 Abs. 2 HGB), jedenfalls deshalb entbehrlich, weil gem. § 11 Abs. 2 Nr. 1 auch das Vermögen einer GbR insolvenzfähig ist.

16

Wie bei den juristischen Personen (s. Rdn. 10) hindert die Nichtigkeit oder Anfechtbarkeit des Gesellschaftsvertrages die Insolvenzfähigkeit der insoweit **fehlerhaften Gesellschaft** nicht. Unschädlich ist ferner, wenn die Vertragschließenden darüber irren, dass die von ihnen errichtete Gesellschaft ein bzw. kein Handelsgewerbe i.S.d. § 1 HGB betreibt. Besteht ein vertraglicher Bindungswille, genügt es für die Insolvenzfähigkeit, dass objektiv die gesetzlichen Merkmale einer der in § 11 Abs. 2 Nr. 1 bezeichneten Gesellschaften erfüllt sind, also zumindest eine sog. **faktische Gesellschaft** des Bürgerlichen Rechts errichtet ist.[16] Auch wenn sich die angehenden Gesellschafter im Gesellschaftsvertrag ganz bewusst über die gegebenen bzw. fehlenden Voraussetzungen für ein Handelsgewerbe hinwegsetzen, wird eine derartige **Scheingesellschaft** gem. § 117 Abs. 2 BGB in der verdeckten Gesellschaftsform der GbR mit ihrem Vermögen insolvenzfähig. Ist dagegen ein Gesellschaftsvertrag als solcher nur vorgetäuscht, entsteht keine insolvenzfähige Personenvereinigung.[17]

17

Reine **Innengesellschaften**, die – wie etwa die **Stille Gesellschaft** (§§ 230 ff. HGB) – keine Rechtsbeziehungen zu Dritten begründen, sind nicht insolvenzfähig.[18] Fehlt es dem Vermögen einer neu errichteten Gesellschaft, auch einer solchen in Gestalt der **faktischen Gesellschaft** oder **Scheingesellschaft**, an der Insolvenzfähigkeit, weil sie ihre Geschäftstätigkeit noch nicht aufgenommen hat, ist

18

---

15 BGH 30.06.2003, II ZR 153/02, WM 2003, 1670 unter 2a.
16 Vgl. FK-InsO/*Schmerbach* Rn. 28; a.A. HambK-InsR/*Wehr/Linker* Rn. 24; MüKo-InsO/*Ott/Vuia* Rn. 47.
17 HambK-InsR/*Wehr/Linker* Rn. 25; HK-InsO/*Kirchhof* Rn. 14.
18 AG Köln 06.10.2003, 71 IN 168/03, NZI 2003, 614.

der Beschluss, der die Insolvenzeröffnung über ihr Vermögen anordnet, unter dem Gesichtspunkt des Vertrauensschutzes gleichwohl wirksam (s. Rdn. 32).

19 Eine Gesellschaft ohne Rechtspersönlichkeit endet mit dem Eintritt der Vermögenslosigkeit; war sie in einem Register eingetragen, ist zudem die dortige Löschung erforderlich. Solange verteilungsfähiges Vermögen vorhanden ist, besteht die Insolvenzfähigkeit fort (§ 11 Abs. 3). Insoweit gilt für die Gesellschaft ohne Rechtspersönlichkeit das Gleiche wie für die juristische Person (s. dazu Rdn. 12 f.).

20 Die Insolvenzfähigkeit des Vermögens einer Gesellschaft ohne Rechtspersönlichkeit endet ferner, wenn im Gesellschaftsvertrag vereinbart ist, dass bei Ausscheiden eines Gesellschafters die Gesellschaft unter den verbleibenden Gesellschaftern fortgesetzt wird, und aufgrund dieser Vereinbarung das Gesellschaftsvermögen bei Ausscheiden des vorletzten Gesellschafters dem letzten verbleibenden Gesellschafter anwächst.[19] Gleiches gilt,[20] wenn bei einer zweigliedrigen KG über das Vermögen des Komplementärs oder des Kommanditisten das Insolvenzverfahren eröffnet wird und daher, falls nicht eine abweichende Vereinbarung im Gesellschaftsvertrag getroffen ist, die KG liquidationslos beendet und erloschen ist (§§ 161 Abs. 2, 131 Abs. 3 Nr. 2 HGB, § 738 Abs. 1 Satz 1 BGB). Das dem (letzten) verbleibenden Gesellschafter anwachsende Gesellschaftsvermögen soll nach verbreiteter Auffassung[21] als dessen Sondervermögen entsprechend § 11 Abs. 2 Nr. 2 seine eigenständige Insolvenzfähigkeit behalten. Eine planwidrige Gesetzeslücke, die ein solches außergesetzliches Sonderinsolvenzverfahren ermöglicht, besteht freilich nur in den Fällen, in denen – wie beim Übergang des Gesellschaftsvermögens auf einen Kommanditisten, der nicht gem. § 25 HGB das Handelsgeschäft fortführt[22] – das vormalige Gesellschaftsvermögen als Sondervermögen bestehen bleibt und der neue Rechtsträger nicht oder nur bis zur Höhe seiner Einlage (§ 171 HGB) mit seinem übrigen Vermögen für die Verbindlichkeiten der früheren Gesellschaft haftet. Vereinigt sich hingegen das vormalige Gesellschaftsvermögen, wie bei der Gesamtrechtsnachfolge des letzten verbleibenden Gesellschafters einer OHG oder GbR, mit dessen übrigem Vermögen, fehlt dem vormaligen Gesellschaftsvermögen die Insolvenzfähigkeit und ist ein entsprechender Eröffnungsbeschluss nichtig, soweit nicht ausnahmsweise wegen der Eintragung im Handelsregister der Schein einer noch existenten Gesellschaft besteht und sich das eröffnete Insolvenzverfahren dann gegen den letzten verbleibenden Gesellschafter als lediglich falsch bezeichneten Schuldner richtet.[23]

21 Im Streit über das Fortbestehen der Insolvenzfähigkeit gilt das Vermögen der Gesellschaft als insolvenzfähig.[24]

c) Andere Personenvereinigungen ohne Rechtspersönlichkeit

22 Entgegen dem ersten Anschein und verbreiteter Auffassung lässt sich aus Abs. 2 Nr. 1 nicht ableiten, dass die beschränkte Rechtsfähigkeit einer Personenvereinigung ohne Rechtspersönlichkeit zugleich die Insolvenzfähigkeit ihres Vermögens begründet. So war im Zeitpunkt des Inkrafttretens der InsO am 01.01.1999 die beschränkte Rechtsfähigkeit der Gesellschaft des Bürgerlichen Rechts, deren Vermögen Abs. 2 Nr. 1 ausdrücklich für insolvenzfähig erklärt, noch nicht allgemein anerkannt, sondern hat erst hiernach der BGH[25] die Rechtsfähigkeit der Gesellschaft des Bürgerlichen Rechts aus mehreren rechtlichen Umständen, unter anderem aus der erstmals gesetzlich bestimmten Insolvenzfähigkeit ihres Vermögens, gefolgert. Als Ausnahme vom Grundsatz, dass lediglich das gesamte Vermögen einer natürlichen oder juristischen Person Gegenstand eines Insolvenzverfahrens sein kann, ist Abs. 2 Nr. 1 nicht analogiefähig. Dem entsprechend ist die Gemeinschaft der Wohnungs-

---

19 BGH 07.07.2008, II ZR 37/07, ZIP 2008, 1677 = WM 2008, 1687 unter II.1 für die GbR.
20 Vgl. BGH 15.03.2004, II ZR 247/01, ZIP 2004, 1047 unter I.
21 LG Dresden 07.03.2005, 5 T 889/04, ZIP 2005, 955; AG Hamburg 08.07.2009, 67a IN 220/09, ZInsO 2009, 2404; HambK-InsR/*Wehr/Linker* Rn. 53; MüKo-InsO/*Ott/Vuia* Rn. 71b.
22 Vgl. BGH 15.03.2004, II ZR 247/01, ZIP 2004, 1047 unter I.
23 *BGH 07.07.2008, II ZR 37/07, ZIP 2008, 1677 = WM 2008, 1687* unter II.2.
24 BGH 06.07.2006, IX ZA 5/06, ZInsO 2006, 822.
25 BGH 29.01.2001, II ZR 331/00, BGHZ 146, 341 unter A.I.2.d.

eigentümer (**WEG**) mit ihrem Verwaltungsvermögen auch nach Anerkennung deren beschränkter Rechtsfähigkeit durch den BGH[26] zu keiner Zeit insolvenzfähig gewesen.[27] Der ausdrückliche Ausschluss des Insolvenzverfahrens durch § 11 Abs. 3 WEG in der seit dem 01.07.2007 geltenden Fassung beschreibt lediglich klarstellend die sich bereits aus dem Schweigen des § 11 Abs. 2 Nr. 1 ergebende Rechtslage.

Mangels Analogiefähigkeit des § 11 Abs. 2 Nr. 1 (s. Rdn. 22) ist auch die Insolvenzfähigkeit des Vermögensgegenstandes der (einfachen) **Bruchteilsgemeinschaft** (§§ 741 ff. BGB), selbst wenn dieser – wie vereinzelt vertreten wird[28] – eine beschränkte Rechtsfähigkeit zukommen sollte, zu verneinen.[29] Hingegen ist das Sondervermögen von **Gesamthandsgemeinschaften** – das sind die eheliche Gütergemeinschaft (§§ 1415, 1419 BGB), die Erbengemeinschaft (§ 2032 BGB) und die Miturhebergemeinschaft (§ 8 UrhG) – insolvenzfähig, soweit § 11 Abs. 2 Nr. 2 dies bestimmt. 23

Der Konzern, mithin die Zusammenfassung rechtlich selbständiger Unternehmen unter einheitlicher Leitung (§ 18 AktG), ist als solcher nicht insolvenzfähig.[30] An der jeweils auf die zusammengefassten Gesellschaften bezogenen Insolvenzfähigkeit wird ein Konzerninsolvenzrecht, dessen Schaffung zwischenzeitlich auch politisch diskutiert wird, voraussichtlich festhalten. 24

4. Sondervermögen (Abs. 2 Nr. 2)

Das materielle Recht sieht unter bestimmten Voraussetzungen die Möglichkeit vor, Vermögensmassen (Haftungsmassen) zu bilden, die sich gegenüber dem weiteren Vermögen der jeweiligen Person oder Personenvereinigung verselbständigen. Dazu gehören der Nachlass (§ 1975 BGB), das Gesamtgut einer fortgesetzten Gütergemeinschaft (§§ 1416, 1419, 1483 ff. BGB) und das Gesamtgut einer Gütergemeinschaft, das von den Ehegatten gemeinschaftlich verwaltet wird (§§ 1421, 1450 BGB). Diese drei Vermögensmassen erklärt § 11 Abs. 2 Nr. 2 für eingeschränkt, nämlich nach Maßgabe der §§ 315 bis 334 insolvenzfähig. 25

a) Nachlass

Die – aus der Universalsukzession (§ 1922 BGB) folgende – Haftung des Erben für Verbindlichkeiten des Erblassers beschränkt sich auf das ererbte Vermögen, den Nachlass, wenn eine Nachlassverwaltung angeordnet oder das Nachlassinsolvenzverfahren eröffnet wird (§ 1975 BGB). Dadurch verselbständigt sich der Nachlass zu einem Sondervermögen des Erben als neuer Schuldner, welches vorrangig dazu bestimmt ist, zum Zwecke der Befriedigung der Gläubiger des Erblassers verwertet zu werden. Dem Zugriff der originären Gläubiger des Erben hingegen wird der Nachlass durch die Anordnung der Nachlassverwaltung oder die Eröffnung des Insolvenzverfahrens entzogen; sie müssen sich dann wegen der vom Erben selbst begründeten Verbindlichen (wieder) an dessen sonstiges Vermögen halten. Insoweit ist es möglich, dass über das (Gesamt-)Vermögen des Erben gleichzeitig zwei Insolvenzverfahren eröffnet werden, von denen sich das eine auf den ererbten Nachlass und das andere auf sein übriges Vermögen bezieht. Die Besonderheiten des Nachlassinsolvenzverfahrens gegenüber dem Regelinsolvenzverfahren sind in den §§ 315 ff. geregelt. 26

Anders als die Nachlassverwaltung (§§ 2013 I, 2062 Hs. 2 BGB) wird die Eröffnung des Nachlassinsolvenzverfahrens durch den Eintritt der unbeschränkten Haftung des Erben oder die Teilung des Nachlasses nicht ausgeschlossen, § 316 Abs. 1 und 2. Die Insolvenzfähigkeit des Nachlasses endet mithin erst, wenn keine Nachlassverbindlichkeiten mehr bestehen. Allerdings ist gem. § 319 der An- 27

---

26 BGH 02.06.2005, V ZB 32/05, BGHZ 163, 154.
27 LG Dresden 15.05.2006, 5 T 105/06, ZIP 2006, 1210, *Häublein* ZIP 2005, 1720, 1726; a.A. *Bork* ZInsO 2005, 1067; *Fischer* NZI 2005, 586.
28 BFH 18.05.2004, IX R 49/02, BFHE 206, 168 zur Steuerrechtsfähigkeit.
29 *Bork* ZIP 2001, 545; HK-InsO/*Kirchhof* Rn. 21; MüKo-InsO/*Ott/Vuia* Rn. 63a; Uhlenbruck/*Hirte* Rn. 374; a.A. AG Göttingen 18.10.2000, 74 IN 131/00, ZIP 2001, 580; FK-InsO/*Schmerbach* Rn. 22.
30 FK-InsO/*Schmerbach* Rn. 38; HK-InsO/*Kirchhof* Rn. 8.

trag eines Nachlassgläubigers unzulässig, wenn seit der Annahme der Erbschaft zwei Jahre verstrichen sind.

b) Gesamtgut einer fortgesetzten Gütergemeinschaft

28 Der Ehevertrag, mit dem Gütergemeinschaft vereinbart ist, kann vorsehen, dass diese nach dem Tod eines Ehegatten zwischen dem überlebenden Ehegatten und den gemeinschaftlichen Abkömmlingen fortgesetzt wird. Der Anteil des Verstorbenen am ehelichen Gesamtgut fällt dann nicht in den Nachlass, sondern es entsteht ein Gesamtgut der fortgesetzten Gütergemeinschaft (§ 1483 Abs. 1 Satz 3, § 1485 BGB). Zu diesem gehört neben dem ehelichen Gesamtgut, das ggf. um die Rechte der nicht gemeinschaftlichen Abkömmlinge und der durch letztwillige Verfügung von der fortgesetzten Gütergemeinschaft ausgeschlossenen Abkömmlinge vermindert ist, das Vermögen, das der überlebende Ehegatte aus dem Nachlass des verstorbenen Ehegatten oder nach dem Eintritt der fortgesetzten Gütergemeinschaft erwirbt. Der überlebende Ehegatte wird zum alleinigen Verwalter des Gesamtguts und haftet für die darauf lastenden Verbindlichkeiten – anders als die anteilsberechtigten Abkömmlinge – persönlich (§ 1489 Abs. 1 BGB). Soweit diese persönliche Haftung nur auf dem Eintritt der fortgesetzten Erbengemeinschaft beruht, finden die Vorschriften, die für die die Haftung des Erben für Nachlassverbindlichkeiten gelten, entsprechende Anwendung; durch die Anordnung der Gesamtgutsverwaltung oder die Eröffnung des Gesamtgutsinsolvenzverfahrens wird das Gesamtgut in dem Bestand, den es zur Zeit des Eintritts der fortgesetzten Gütergemeinschaft gehabt hat, zum Sondervermögen (§ 1489 Abs. 2 BGB). Das Gesamtgutsinsolvenzverfahren ist, mit wenigen Abweichungen, wie das Nachlassinsolvenzverfahren ausgestaltet (§ 332).

29 Lehnt der überlebende Ehegatte, wozu er gem. § 1484 Abs. 1 BGB befugt ist, die Fortsetzung der Gütergemeinschaft ab, so gehört der Anteil des verstorbenen Ehegatten am Gesamtgut zum Nachlass und wird der verstorbene Ehegatte nach den allgemeinen Vorschriften beerbt (§ 1484 Abs. 3, § 1482 BGB). Damit endet die Insolvenzfähigkeit des Gesamtguts. Die Auseinandersetzung der fortgesetzten Gütergemeinschaft hingegen lässt, da § 332 Abs. 1 denn für den Nachlass geltenden § 316 Abs. 2 (s. Rdn. 27) für entsprechend anwendbar erklärt, die Insolvenzfähigkeit des Gesamtguts unberührt.

c) Gesamtgut einer Gütergemeinschaft, das von den Ehegatten gemeinschaftlich verwaltet wird

30 Haben Ehegatten, die im Güterstand der Gütergemeinschaft leben, im Ehevertrag nicht geregelt, wer von ihnen das Gesamtgut verwalten soll, so verwalten sie es gemeinschaftlich (§ 1421 Satz 2 BGB). Nur bei gemeinschaftlicher Verwaltung kann das Gesamtgut Gegenstand eines Insolvenzverfahrens sein (§ 333 Abs. 1). Unter dieser Voraussetzung bleibt die Selbständigkeit des Gesamtguts als Haftungsmasse – und damit dessen Insolvenzfähigkeit – auch dann erhalten, wenn über das Vermögen eines Ehegatten das Insolvenzverfahren eröffnet wird (§ 37 Abs. 2). Nach Beendigung der Gütergemeinschaft ist die Eröffnung des Insolvenzverfahrens solange möglich, bis das Vermögen verteilt ist.[31]

d) Andere Sondervermögen

31 Da die Beschränkung des Insolvenzverfahrens auf einen Teil des Vermögens einer Person oder Personenvereinigung die Ausnahme darstellt, ist Abs. 2 Nr. 2 eng auszulegen. Dem entsprechend kann der Vermögensgegenstand einer Bruchteilsgemeinschaft (§§ 741 ff. BGB) nicht Gegenstand eines Insolvenzverfahrens sein (s. Rdn. 23). Zu einem Insolvenzverfahren über ein Sondervermögen des Schuldners kann es wegen der von ihm nach der Verfahrenseröffnung begründeten Verbindlichkeiten aber faktisch kommen, und zwar in Bezug auf die durch Freigabe aus dem Insolvenzbeschlag ausgeschiedenen Vermögensbestandteile, namentlich den gem. § 35 Abs. 2 vom Verwalter freigegebe-

---

31 Vgl. FK-InsO/*Schallenberg/Rafiqpoor* § 333 Rn. 31.

nen Geschäftsbetrieb.[32] In diesem Fall ist entgegen der von einigen Amtsgerichten[33] eingeschlagenen Rechtsprechung ein Eröffnungsantrag des Gläubigers nicht nur zulässig, wenn er zusätzlich glaubhaft macht, dass der Schuldner zwischenzeitlich insolvenzfreies Vermögen erworben hat, sondern es finden die allgemeinen insolvenzrechtlichen Vorschriften über die Zulässigkeit Anwendung.[34] Gleiches gilt für den während der Wohlverhaltensperiode anfallenden Geschäftsbetrieb (§ 295 II), den freien Teil einer Erbschaft (§ 295 Abs. 1 Nr. 2) oder den Motivationsrabatt (§ 292 Abs. 1 Satz 4). Die Eröffnung eines Insolvenzverfahrens entsprechend § 11 Nr. 2 ist ferner möglich, wenn das Vermögen einer Gesellschaft ohne Rechtspersönlichkeit dem letzten verbleibenden Gesellschafter anwächst und dieser nur mit dem vormaligen Gesellschaftsvermögen für die Verbindlichkeiten der früheren Gesellschaft haftet (s. Rdn. 20).

C. Fehlen und Wegfall der Insolvenzfähigkeit

Fehlt dem Vermögen oder Sondervermögen, dem der Eröffnungsantrag (§ 13) gilt, die Insolvenzfähigkeit, ist der Eröffnungsantrag als unzulässig abzuweisen. Der Zulässigkeitsmangel kann aber aus Gründen des Vertrauensschutzes dadurch geheilt sein, dass der Beschluss, mit dem das Gericht das Insolvenzverfahren gleichwohl eröffnet hat, rechtskräftig wird.[35] In diesem Fall hat der Schuldner wegen des mit der Verfahrenseröffnung verbundenen erheblichen Eingriffs in seine Stellung als Rechtsträger die Möglichkeit, entsprechend § 212 die Einstellung des Insolvenzverfahrens zu erwirken.[36] Fällt die Insolvenzfähigkeit während des Eröffnungsverfahrens weg, kann der Antragsteller, um die Zurückweisung als unzulässig mit der Kostenfolge des § 91 Abs. 1 Satz 1 ZPO zu vermeiden, gem. § 91a ZPO i.V.m. § 4 den Eröffnungsantrag in der Hauptsache für erledigt erklären (vgl. § 13 Rdn. 54 ff.). 32

D. Internationale Bezüge

Das Vermögen ausländischer natürlicher Personen ist ebenfalls insolvenzfähig.[37] Dabei kommt es nicht darauf an, ob eine Insolvenzfähigkeit auch nach deren Heimatrecht gegeben ist.[38] Für Angehörige von anderen Mitgliedstaaten der Europäischen Union folgt dies aus Art. 4 Abs. 2 Satz 2 Buchst. a EuInsVO, wonach das Recht des Staates der Verfahrenseröffnung regelt, bei welcher Art von Schuldnern ein Insolvenzverfahren zulässig ist. 33

Die auch als Societas Europaea oder SE bezeichnete **Europäische (Aktien-)Gesellschaft** (Verordnung (EG) Nr. 2157/2001 des Rates v. 08.10.2001 über das Statut der Europäischen Gesellschaft) und die auch als Societas Cooperativa Europaea oder SCE bezeichnete **Europäische Genossenschaft** (Verordnung (EG) Nr. 1435/2003 des Rates v. 22.07.2003 über das Statut der Europäischen Genossenschaft) sind nach unmittelbar geltendem Recht der Europäischen Union juristische Personen. Dem entsprechend ist unabhängig davon, in welchem Mitgliedstaat sie gegründet ist, das Vermögen einer SE oder SCE gem. § 11 Abs. 1 Satz 1 insolvenzfähig. 34

Aufgrund der Niederlassungsfreiheit (Art. 43, 48 EGV) sind Gesellschaften, die nach dem Recht eines anderen Mitgliedstaates der Europäischen Union wirksam gegründet sind und insoweit die Rechts- und Parteifähigkeit erworben haben, unabhängig von dem Ort ihres tatsächlichen Verwal- 35

---

32 BGH 09.06.2011, IX ZB 175/10, ZIP 2011, 1326 = WM 2011, 1344.
33 AG Dresden 19.03.2009, 531 IN 459/09, ZVI 2009, 289; AG Oldenburg, 11.11.2008, 65 IN 30/08, ZVI 2009, 196.
34 BGH 09.06.2011, IX ZB 175/10, ZIP 2011, 1326 = WM 2011, 1344 unter II.2.d.
35 BGH 14.01.1991, II ZR 112/90, BGHZ 113, 216 = ZIP 1991, 233 unter 2.a.
36 Vgl. *Holzer* EWiR 2001, 589 (590); a.A. OLG Hamburg 12.10.1983, 8 U 52/83, ZIP 1984, 348; FK-InsO/ *Schmerbach* Rn. 50.
37 FK-InsO/*Schmerbach* Rn. 51; HK-InsO/*Kirchhof* Rn. 5.
38 Uhlenbruck/*Hirte* Rn. 6.

tungssitzes in derjenigen Rechtsform anzuerkennen, in der sie gegründet wurden.[39] Soweit es sich dabei um Kapitalgesellschaften, also etwa eine englische Limited, handelt, sind sie als juristische Personen in Deutschland insolvenzfähig. Dies folgt aus Art. 4 Abs. 2 Satz 2 Buchst. a EuInsVO i.V.m. § 11 Abs. 1 Satz 1 InsO.[40] Nicht insolvenzfähig sind hingegen ausländische Gesellschaften ohne Rechtspersönlichkeit, denn anders als § 50 ZPO leitet § 11 die Parteifähigkeit nicht allgemein aus der Rechtsfähigkeit ab (s. Rdn. 22). Vielmehr führt diese Vorschrift bestimmte Arten von Personen und Personenvereinigungen auf, die mit ihrem Vermögen insolvenzfähig sind; Personengesellschaften, die nach dem Recht eines anderen Mitgliedstaates der Europäischen Union gegründet sind, befinden sich nicht darunter.

36 Gleichermaßen kann entsprechend § 11 Abs. 3 ein Insolvenzverfahren auch nach der – ebenfalls nach dem Recht des Gründungsstaates zu beurteilenden – Auflösung der ausländischen Gesellschaft eröffnet werden, wenn noch verteilungsfähiges Gesellschaftsvermögen vorhanden ist.[41] In diesem Fall kann sich aber die Frage stellen, wer die aufgelöste ausländische Gesellschaft (Restgesellschaft) im Eröffnungsverfahren gesetzlich vertritt.[42] Setzt die Restgesellschaft ihre laufenden Geschäfte im Inland fort, geschieht dies in der Rechtsform einer GbR oder, wenn sie ein Handelsgewerbe i.S.d. § 1 HGB betreibt, einer OHG.[43]

§ 12 Juristische Personen des öffentlichen Rechts

(1) Unzulässig ist das Insolvenzverfahren über das Vermögen
1. des Bundes oder eines Landes;
2. einer juristischen Person des öffentlichen Rechts, die der Aufsicht eines Landes untersteht, wenn das Landesrecht dies bestimmt.

(2) Hat ein Land nach Absatz 1 Nr. 2 das Insolvenzverfahren über das Vermögen einer juristischen Person für unzulässig erklärt, so können im Falle der Zahlungsunfähigkeit oder der Überschuldung dieser juristischen Person deren Arbeitnehmer von dem Land die Leistungen verlangen, die sie im Falle der Eröffnung eines Insolvenzverfahrens nach den Vorschriften des Dritten Buches Sozialgesetzbuch über das Insolvenzgeld von der Agentur für Arbeit und nach den Vorschriften des Gesetzes zur Verbesserung der betrieblichen Altersversorgung vom Träger der Insolvenzsicherung beanspruchen könnten.

Übersicht	Rdn.			Rdn.
A. Normzweck	1	4.	Juristische Personen des öffentlichen Rechts, die der Aufsicht eines Landes unterstehen (Abs. 1 Nr. 2)	8
B. Teilweiser Ausschluss des Insolvenzverfahrens bei öffentlichen Rechtsträgern (Abs. 1)	3		a) Kommunale Gebietskörperschaften	8
I. Bund und Länder (Abs. 1 Nr. 1)	4		b) Öffentlich-rechtliche Rundfunkanstalten	9
II. Andere juristische Personen des öffentlichen Rechts	5		c) Berufsständische Körperschaften	10
1. Öffentlich-rechtliche Religionsgemeinschaften	5	III.	Politische Parteien, Gewerkschaften	11
2. Gesetzliche Krankenkassen	6	C.	Ausgleichsanspruch der Arbeitnehmer (Abs. 2)	12
3. Juristische Personen des öffentlichen Rechts, die der Aufsicht des Bundes unterstehen	7	D.	Internationale Bezüge	17

---

39 EuGH 05.11.2002, Rs C-208/00, ZIP 2002, 2037; BGH 13.03.2003, VII ZR 370/98, BGHZ 154, 185 = ZIP 2003, 718 unter II.2; 14.03.2005, II ZR 5/03, ZIP 2005, 805 unter 2.
40 AG Nürnberg 01.10.2006, 8034 IN 1326/06, ZIP 2007, 83.
41 LG Duisburg 20.02.2007, 7 T 269/06, ZIP 2007, 926 unter II.2.d.
42 Vgl. dazu OLG Jena 22.08.2007, 6 W 244/07, ZIP 2007, 1709 unter II.1b; *Schulz* NZG 2005, 415.
43 OLG Celle 29.05.2012, 6 U 15/12, NZG 2012, 738 = NJW-RR 2012, 1065 unter 1.a.aa.

A. Normzweck

Als Ausnahme zu § 11 Abs. 1 Satz 1 bezweckt § 12 Abs. 1, die Funktionsfähigkeit des Staates vor Beeinträchtigungen durch insolvenzrechtliche Maßnahmen zu schützen. Des Weiteren ermöglicht die Vorschrift es den Ländern, den ihrer Aufsicht unterstehenden juristischen Personen des öffentlichen Rechts, den gleichen Schutz zu gewähren. Die Bestimmung korrespondiert mit dem Aufrechnungsverbot des § 395 BGB und dem Ausschluss der Einzelzwangsvollstreckung in § 882a ZPO sowie der Ermächtigungsgrundlage in § 15 Nr. 3 EGZPO.

Abs. 2 begründet einen materiell-rechtlichen Ausgleichsanspruch für die Arbeitnehmer einer solchen juristischen Person des öffentlichen Rechts, die durch das Aufsicht führende Land nach Maßgabe des Abs. 1 Nr. 2 ihrer Insolvenzfähigkeit enthoben ist.

B. Teilweiser Ausschluss des Insolvenzverfahrens bei öffentlichen Rechtsträgern (Abs. 1)

Die Statthaftigkeit des Insolvenzverfahrens in Bezug auf juristische Personen des öffentlichen Rechts ist in § 12 nicht abschließend geregelt. Neben den darin erwähnten Bund und Ländern sowie juristischen Personen des öffentlichen Rechts, die der Aufsicht eines Landes unterstehen, gibt es solche, die der Aufsicht des Bundes unterstehen, und solche die von Verfassungs wegen einer staatlichen Aufsicht nicht oder nur eingeschränkt unterliegen. Ein Ausschluss des Insolvenzverfahrens kann sich insoweit aus anderen bundesrechtlichen Vorschriften ergeben.

I. Bund und Länder (Abs. 1 Nr. 1)

Über das Vermögen des Bundes oder eines Landes findet ein Insolvenzverfahren nicht statt. Dies galt bereits, ohne dass die mangelnde Insolvenzfähigkeit ausdrücklich normiert war, vor Inkrafttreten der InsO. Obwohl die in §§ 16 ff. genannten Insolvenzgründe auch bei Bund und Ländern eintreten können (»Staatsbankrott«), wäre die Verwaltungs- und Verfügungsbefugnis eines Insolvenzverwalters (§ 80 Abs. 1) mit den staatsorganisationsrechtlichen Bestimmungen des GG und der Landesverfassungen, namentlich mit dem Demokratieprinzip, unvereinbar. Eine wirtschaftliche Krise des Bundes oder eines Landes zu überwinden, ist Aufgabe der jeweiligen Verfassungsorgane. Der Schutz vor dem Insolvenzverfahren erstreckt sich freilich nicht auf privatrechtliche juristische Personen und Gesellschaften ohne Rechtspersönlichkeit, an denen der Staat als Mitglied oder Gesellschafter beteiligt ist.

II. Andere juristische Personen des öffentlichen Rechts

1. Öffentlich-rechtliche Religionsgemeinschaften

Religionsgemeinschaften, welche den Status einer öffentlich-rechtlichen Körperschaft unmittelbar aus Art. 140 GG i.V.m. Art. 137 Abs. 5 Satz 1 WRV ableiten oder denen er nach Art. 137 Abs. 5 Satz 2 WRV verliehen worden ist, sowie deren Organisationen unterstehen als selbstbestimmte Grundrechtsträger keiner staatlichen Aufsicht (Art. 140 GG i.V.m. Art. 137 Abs. 3 WRV). Aus dem verfassungsrechtlich gewährleisteten kirchlichen **Selbstbestimmungsrecht** folgt zugleich die Unstatthaftigkeit eines Insolvenzverfahrens über das Vermögen einer öffentlich-rechtlichen Religionsgemeinschaft, denn die Verwirklichung des kirchlichen Auftrags wäre nahezu ausgeschlossen, wenn ein Insolvenzverwalter die Verwaltungs- und Verfügungsbefugnis über das Kirchenvermögen erhielte.[1] Soweit öffentlich-rechtliche Religionsgemeinschaften ihre caritativen Aufgaben mittels juristischer Personen oder rechtsfähiger Personenvereinigungen des Privatrechts erfüllen, sind diese nach Maßgabe des § 11 insolvenzfähig.

2. Gesetzliche Krankenkassen

Unabhängig davon, auf welcher föderalen Ebene sie der staatlichen Aufsicht unterstehen, sind Krankenkassen der gesetzlichen Krankenversicherung insolvenzfähig. Für solche unter der Aufsicht eines

---

1 BVerfG 13.12.1983, 2 BvL 13/82 u.a., BVerfGE 66, 1.

Landes folgt dies aus der Neufassung des § 171b Abs. 1 Satz 1 SGB V durch das Gesetz zur Weiterentwicklung der Organisationsstrukturen in der gesetzlichen Krankenversicherung,² wonach § 12 Abs. 1 Nr. 2 auf die Krankenkassen der gesetzlichen Krankenversicherung vom 01.01.2010 an keine Anwendung findet. Allerdings findet die Insolvenzordnung insoweit nur mit den sich aus den weiteren Bestimmungen dieser Vorschrift ergebenden Maßgaben Anwendung. Gleiches gilt für Krankenkassenverbände (§ 171f SGB V).

3. Juristische Personen des öffentlichen Rechts, die der Aufsicht des Bundes unterstehen

7 Auch ohne ausdrücklichen Vorbehalt ist es dem Bund kraft seiner (konkurrierenden) Gesetzgebungszuständigkeit für das Insolvenzrecht nach Art. 72 Abs. 1, Art. 74 Abs. 1 Nr. 1 GG unbenommen, in gesetzlichen Vorschriften außerhalb der InsO das Insolvenzverfahren über das Vermögen juristischer Personen, die seiner Aufsicht unterstehen, auszuschließen. Von dieser Kompetenz hat der Bund bislang freilich nur zurückhaltend Gebrauch gemacht.³

4. Juristische Personen des öffentlichen Rechts, die der Aufsicht eines Landes unterstehen (Abs. 1 Nr. 2)

a) Kommunale Gebietskörperschaften

8 Die **Gemeinden, Gemeindeverbände und Landkreise** sind nicht insolvenzfähig. Dies folgt aus den Gemeinde- und Landkreisordnungen der Länder, die insoweit ohne Ausnahme von der Ermächtigung des § 11 Abs. 1 Nr. 2 Gebrauch gemacht haben.⁴ Diese Befreiung erstreckt sich auch auf rechtlich unselbständige Sondervermögen, wie etwa kommunale Eigenbetriebe. Nicht unter § 12 Nr. 2 fallen hingegen Eigenbetriebe, die in privatrechtlicher Form geführt werden.⁵

b) Öffentlich-rechtliche Rundfunkanstalten

9 In Bezug auf **öffentlich-rechtliche Rundfunkanstalten** der Länder ist das Insolvenzverfahren schon wegen der von Art. 5 Abs. 1 Satz 2 GG gewährleisteten Rundfunkfreiheit nicht statthaft. Die darin eingeschlossene Programmfreiheit i.S. eines Verbots jeder fremden Einflussnahme auf Auswahl, Inhalt und Gestaltung der Programme wäre gefährdet, wenn ein Insolvenzverwalter kraft seiner Verwaltungs- und Verfügungsbefugnisse den finanziellen Rahmen des Programms bestimmen könnte.⁶ Eines Rückgriffs auf das Grundrecht des Art. 5 Abs. 1 Satz 2 GG bedarf es allerdings nur in Bezug auf solche öffentlich-rechtlichen Rundfunkanstalten, bei denen das Landesrecht eine Unzulässigkeit des Insolvenzverfahrens ausnahmsweise nicht vorsieht. Die der ARD angeschlossenen Rundfunkanstalten sind kraft landesrechtlicher Bestimmungen nicht insolvenzfähig (vgl. etwa § 1 Abs. 3 StV-MDR, § 1 Nr. 1.3 StV-SWR, § 1 Abs. 1 Satz 3 WDR-Gesetz).

c) Berufsständische Körperschaften

10 Auf der Grundlage des § 12 Abs. 1 Nr. 2 haben die Länder der ganz überwiegenden Mehrheit der **berufsständischen Körperschaften** (Kammern), welche ihrer Aufsicht unterstehen, die Insolvenzfähigkeit entzogen.⁷ Insoweit unterscheidet sich die Gesetzgebung auf Landesebene von derjenigen des Bundes, der es – trotz entsprechender Kompetenz (s. Rdn. 7) – bislang ausnahmslos unterlassen hat, die seiner Aufsicht unterstehenden Kammern für insolvenzunfähig zu erklären.

---

2 GKV-OrgWG v. 15.12.2008, BGBl. I, 2426.
3 Vgl. *Jaeger/Ehricke* Rn. 14 f.
4 Vgl. die Übersichten bei HK-InsO/*Kirchhof* Rn. 3; MüKo-InsO/*Ott/Vuia* Rn. 23 ff.
5 HK-InsO/*Kirchhof* Rn. 7; MüKo-InsO/*Ott/Vuia* Rn. 16.
6 BVerfG 05.10.1993, 1 BvL 35/81, BVerfGE 89, 144.
7 I.E. vgl. *Rieger* GewArch 2011, 279 (286).

III. Politische Parteien, Gewerkschaften

Politische Parteien sind **Personenvereinigungen eigener Art** (vgl. Art. 2 PartG). Der Umkehrschluss aus der in § 37 PartG angeordneten Nichtanwendbarkeit des § 54 S. 2 BGB ergibt, dass Parteien, so sie sich nicht – wie etwa die CSU, die ein eingetragener Verein ist – durch Satzung eine andere Rechtsform geben, im Rechtsverkehr grds. wie nicht rechtsfähige Vereine zu behandeln sind. Somit kann entsprechend § 11 Abs. 1 Satz 2 und mangels Erwähnung der politischen Parteien in § 12 Abs. 1 über deren Vermögen das Insolvenzverfahren eröffnet werden. Gleiches gilt für die Gewerkschaften, bei denen es sich um nicht rechtsfähige Vereine handelt (Art. 9 Abs. 3 GG). 11

C. Ausgleichsanspruch der Arbeitnehmer (Abs. 2)

Der Ausschluss des Insolvenzverfahrens nach § 12 Abs. 1 Nr. 2 befreit die juristische Person zugleich von den Verpflichtungen nach §§ 358 ff. SGB III und § 10 BetrAVG, das **Insolvenzgeld und die Insolvenzsicherung der betrieblichen Altersversorgung** durch Beiträge bzw. Umlagen mitzufinanzieren (§ 358 Abs. 1 Satz 2 SGB III, § 7 Abs. 2 BetrAVG). Die damit für ihre Arbeitnehmer einhergehende Versagung der Ansprüche auf Insolvenzgeld nach § 183 SGB III und Ersatzleistungen nach §§ 7, 14 BetrAVG kompensiert § 12 Abs. 2. Die Vorschrift begründet einen materiellrechtlichen Anspruch auf entsprechende Leistungen gegen das Land, dessen Recht die Unstatthaftigkeit des Insolvenzverfahrens bestimmt. 12

In den Anwendungsbereich des § 12 Abs. 2 fällt die – bundesweit gegebene (s. Rdn. 8) – Insolvenzunfähigkeit der **kommunalen Gebietskörperschaften**.[8] Gleiches gilt in Bezug auf diejenigen **berufsständischen Körperschaften** (s. Rdn. 10), die kraft landesgesetzlicher Regelung insolvenzunfähig sind.[9] Ob eine weitergehende, verfassungsrechtliche Einstandspflicht des Landes für die Verbindlichkeiten von insolventen Gemeinden, Gemeindeverbänden und Landkreisen im Landesgebiet sowie jenen Kammern besteht, ist zweifelhaft. 13

Soweit **öffentlich-rechtliche Rundfunkanstalten** durch Landesrecht für insolvenzunfähig erklärt sind (s. Rdn. 9), findet § 12 Abs. 2 Anwendung. In Fällen, in denen bzgl. des Ausschlusses der Insolvenzfähigkeit mangels landesrechtlicher Bestimmung unmittelbar auf Art. 5 Abs. 1 Satz 2 rekurriert werden muss, trifft das Land die verfassungsrechtliche Pflicht, die Insolvenz von der seiner Aufsicht unterstehenden öffentlich-rechtlichen Rundfunkanstalt abzuwenden und notfalls für deren Verbindlichkeiten einzustehen.[10] 14

Vom 01.01.2009 an haften die aufsichtführenden Länder nicht mehr nach § 12 Abs. 2 für die Ansprüche der Beschäftigten von **Krankenkassen der gesetzlichen Krankenversicherung** auf Leistungen der Altersvorsorge und auf Insolvenzgeld (§ 171c SGB V). Gleiches gilt für Krankenkassenverbände (§ 171f SGB V). Wegen des bis zum 31.12.2009 geltenden Ausschlusses der Insolvenzfähigkeit von Krankenkassen und deren Verbänden, auf die bis dahin § 12 Abs. 1 Nr. 2 Anwendung fand (s. Rdn. 6), ergeben sich aus § 171d SGB V Sonderregelungen zur Haftung, welche die Bestimmungen des § 12 Abs. 2 verdrängen. 15

Für die der Aufsicht des Bundes unterstehenden öffentlich-rechtlichen Körperschaften gilt § 12 Abs. 2 nur, wenn das Bundesgesetz, mit dem der Ausschluss des Insolvenzverfahrens angeordnet wird, hierauf verweist. Allerdings kann sich eine Einstandspflicht des Bundes aus dem GG ergeben. 16

D. Internationale Bezüge

Das inländische Vermögen eines fremden Staates ist insolvenzfähig. Das Völkerrecht, dessen allgemeine Regeln gem. Art. 25 GG den Bestimmungen der InsO vorgehen, kennt weder ein einheit- 17

---

8 Vgl. *Meier/Arts* NZI 2007, 698 (700 ff.).
9 *Rieger* GewArch 2011, 279 (286 f.).
10 BVerfG 05.10.1993, 1 BvL 35/81, BVerfGE 89, 144.

liches noch ein kodifiziertes Konkursrecht.[11] Daher kann ein fremder Staat die Erfüllung privatrechtlicher Zahlungsverbindlichkeiten nicht erfolgreich mit der Begründung verweigern, er habe wegen eigener Zahlungsunfähigkeit den Staatsnotstand erklärt.[12] Im Zuge der neueren internationalen Schuldenkrise wird freilich die Schaffung europa- oder völkerrechtlicher Instrumentarien zur Bewältigung der Überschuldung von Staaten lebhaft diskutiert.[13]

§ 13 Eröffnungsantrag

(1) Das Insolvenzverfahren wird nur auf schriftlichen Antrag eröffnet. Antragsberechtigt sind die Gläubiger und der Schuldner. Dem Antrag des Schuldners ist ein Verzeichnis der Gläubiger und ihrer Forderungen beizufügen. Wenn der Schuldner einen Geschäftsbetrieb hat, der nicht eingestellt ist, sollen in dem Verzeichnis besonders kenntlich gemacht werden
1. die höchsten Forderungen,
2. die höchsten gesicherten Forderungen,
3. die Forderungen der Finanzverwaltung,
4. die Forderungen der Sozialversicherungsträger sowie
5. die Forderungen aus betrieblicher Altersversorgung.

Der Schuldner hat in diesem Fall auch Angaben zur Bilanzsumme, zu den Umsatzerlösen und zur durchschnittlichen Zahl der Arbeitnehmer des vorangegangenen Geschäftsjahres zu machen. Die Angaben nach Satz 4 sind verpflichtend, wenn
1. der Schuldner Eigenverwaltung beantragt,
2. der Schuldner die Merkmale des § 22a Absatz 1 erfüllt oder
3. die Einsetzung eines vorläufigen Gläubigerausschusses beantragt wurde.

Dem Verzeichnis nach Satz 3 und den Angaben nach den Sätzen 4 und 5 ist die Erklärung beizufügen, dass die enthaltenen Angaben richtig und vollständig sind.

(2) Der Antrag kann zurückgenommen werden, bis das Insolvenzverfahren eröffnet oder der Antrag rechtskräftig abgewiesen ist.

(3) Das Bundesministerium der Justiz wird ermächtigt, durch Rechtsverordnung mit Zustimmung des Bundesrates für die Antragstellung durch den Schuldner ein Formular einzuführen. Soweit nach Satz 1 ein Formular eingeführt ist, muss der Schuldner dieses benutzen. Für Verfahren, die von den Gerichten maschinell bearbeitet, und für solche, die nicht maschinell bearbeitet werden, können unterschiedliche Formulare eingeführt werden.

Übersicht

	Rdn.		Rdn.
A. Normzweck	1	(1) Gesetzliche Vertretung des Gläubigers	19
B. Eröffnungsverfahren	2	(2) Gesetzliche Vertretung des Schuldners	26
I. Antragstellung (Abs. 1)	2	cc) Ausländische Personen	27
1. Zulassungsverfahren	3	d) Postulationsfähigkeit	28
2. Zulässigkeitsvoraussetzungen	5	e) Rechtliches Interesse	29
a) Antragsberechtigung (Abs. 1 Satz 2)	6	f) Form	31
b) Parteifähigkeit	14	aa) Schriftform	31
c) Prozessfähigkeit	15	bb) Formularzwang (Abs. 3)	33
aa) Natürliche Personen	17	g) Bestimmtheit, Mindestinhalt (Abs. 1 Satz 3 bis 7)	34
bb) Juristische Personen und Personenvereinigungen ohne Rechtspersönlichkeit	19	h) Unbedingtheit	40

---
[11] *Ohler* JZ 2005, 590.
[12] BVerfG 08.05.2007, 2 BvM 1/03 u.a., BVerfGE 118, 124.
[13] Vgl. etwa *Paulus* RIW 2009, 11; *Aden* ZRP 2010, 191; *Hornfischer/Skauradszun* KTS 2012, 1.

	Rdn.		Rdn.
i) Zuständigkeit des Insolvenzgerichts	41	II. Rücknahme des Antrags (Abs. 2)	47
3. Verfahrensart	42	III. Erledigung	51
4. Mehrere Antragsteller	43	1. Erledigungserklärung	51
5. Unzulässigkeit des Eröffnungsantrags	45	2. Erledigungsgrund	56
		C. Internationale Bezüge	60

A. Normzweck

Abs. 1 gestaltet das Insolvenzverfahren als – seit dem 01.07.2007 formgebundenes (Art. 1 Nr. 4 Buchst. a InsVereinfG) – **Antragsverfahren** aus und beschränkt das Antragsrecht auf bestimmte Personen, die Gläubiger und den Schuldner. Die durch Art. 1 Nr. 2 Buchst. a i.V.m. Art. 10 ESUG mit Wirkung zum 01.03.2012 angefügten Sätze 3 bis 7 flankieren die im ESUG vorgesehenen Maßnahmen zur Verbesserung des Gläubigerschutzes und der Sanierungschancen, indem sie besondere inhaltliche Anforderungen an den Eröffnungsantrag des Schuldners stellen. § 13 Abs. 2 bestimmt den Zeitpunkt, bis zu dem der Eröffnungsantrag zurückgenommen werden kann. Der mit Wirkung zum 01.07.2007 (Art. 1 Nr. 4 Buchst. b InsVereinfG) eingeführte Abs. 3 des § 13 ermächtigt das Bundesministerium der Justiz, die Formanforderungen durch ein für den Schuldner verbindliches Formular zu verschärfen. Insoweit bestimmt der durch das ESUG mit Wirkung zum 01.03.2012 angefügte Satz 3, dass für die maschinelle und die nicht maschinelle Art der Bearbeitung unterschiedliche Formulare eingeführt werden dürfen. Damit ist der für das Regelinsolvenzverfahren geltende § 13 Abs. 3 inhaltlich dem § 305 Abs. 5 Satz 3 angepasst, der eine entsprechende Verordnungsermächtigung in Bezug auf das Verbraucherinsolvenzverfahren vorsieht. Weitere Regelungen zum Eröffnungsantrag enthalten die §§ 14 bis 15a. 1

B. Eröffnungsverfahren

I. Antragstellung (Abs. 1)

Der Eröffnungsantrag ist **Verfahrenshandlung** (Prozesshandlung) und leitet als solche das Insolvenzeröffnungsverfahren ein. Stellt der Gläubiger den Antrag, handelt es sich – anders als bei dem Insolvenzverfahren selbst – um einen **Parteienstreit**.[1] Im Eröffnungsverfahren hat das Insolvenzgericht die **Zulässigkeit** und **Begründetheit** des Eröffnungsantrags zu prüfen. Dabei hat zunächst auf der Grundlage der Antragsbegründung die Zulässigkeitsprüfung zu erfolgen; dies ergibt sich aus § 14 Abs. 2, wonach der Schuldner (erst und nur dann) gehört werden muss, wenn der Fremdantrag eines Gläubigers zulässig ist. Während die Zulässigkeit des Eröffnungsantrags in den §§ 13 bis 15 (i.V.m. §§ 11 f.) geregelt ist, bestimmt sich dessen Begründetheit nach den §§ 17 bis 19. Trotz Zulässigkeit und Begründetheit wird ein Eröffnungsantrag gem. § 26 Abs. 1 abgewiesen, wenn weder das Vermögen voraussichtlich ausreichen wird, um die Kosten des Insolvenzverfahrens zu decken, noch ein ausreichender Geldbetrag vorgeschossen wird oder die Verfahrenskosten nach § 4a gestundet werden. 2

1. Zulassungsverfahren

Das Zulassungsverfahren ist zwar der einleitende,[2] aber dennoch nur ein unselbständiger Teil des Eröffnungsverfahrens. Hieran ändert sich auch dann nichts, wenn das Insolvenzgericht den Eröffnungsantrag ausdrücklich zulässt. Ein entsprechender Beschluss ist keine eigenständige Zwischenentscheidung, weshalb er weder für das weitere Verfahren bindend noch rechtsmittelfähig ist.[3] Hin- 3

---

[1] BGH 20.11.2001, IX ZR 48/01, BGHZ 149, 178 = ZIP 2002, 87 unter I.2.b.aa.
[2] BGH 22.03.2007, IX ZB 164/06, ZIP 2007, 878 unter II.2.b.aa.1.
[3] BGH 13.06.2006, IX ZB 214/05, ZIP 2006, 1456.

gegen kann der Antragsteller die Abweisung des Eröffnungsantrags als unzulässig mit der sofortigen Beschwerde anfechten (§ 34 Abs. 1 Hs. 2, § 6).

4 Trotz seiner Unselbständigkeit weist das Zulassungsverfahren gegenüber dem übrigen Eröffnungsverfahren Besonderheiten auf. Dazu gehört, dass für die Zulässigkeitsprüfung nicht die Amtsermittlungspflicht nach § 5 Abs. 1 gilt. Diese greift vielmehr erst bei Vorliegen eines zulässigen Eröffnungsantrags ein.[4] Für den Gläubiger findet daher der **Beibringungsgrundsatz** uneingeschränkt Anwendung, er muss gem. § 14 Abs. 1 seine Forderung und den Eröffnungsgrund glaubhaft machen. Dem Umkehrschluss aus dieser Bestimmung lässt sich freilich eine Erleichterung zugunsten des Schuldners entnehmen: Die Zulässigkeit eines Eigenantrags hängt grds. nicht von der Glaubhaftmachung des Eröffnungsgrundes ab.[5] Ausnahmen hiervon statuiert § 15 Abs. 1 Satz 1, Abs. 2 Satz 1 und 3 für den Fall, dass der Eigenantrag einer juristischen Person oder Gesellschaft ohne Rechtspersönlichkeit nicht von allen Personen gestellt wird, die die Antragsberechtigung der Schuldnerin ausüben dürfen (vgl. § 15 Rdn. 30). Das ESUG führt keine weiteren Ausnahmen ein, verlangt aber in dem von ihm angefügten § 13 Abs. 1 Satz 7 als Neuerung im Regelinsolvenzverfahren dem antragstellenden Schuldner eine ausdrückliche Erklärung ab, in welcher er die Richtigkeit und Vollständigkeit eines Teils seines Tatsachenvorbringens zum Eröffnungsgrund, nämlich die ebenfalls neu vorgeschriebene Darstellung der Gläubiger und ihrer Forderungen in einem gesonderten Verzeichnis nach § 13 Abs. 1 Satz 3 und ggf. die ergänzenden Angaben nach § 13 Abs. 1 Satz 4 und 5, versichert.

2. Zulässigkeitsvoraussetzungen

5 Ein Eröffnungsantrag ist zulässig, wenn er von einem **Antragsberechtigten** gestellt ist und die **allgemeinen Verfahrensvoraussetzungen** gegeben sind.[6] Zusätzliche Anforderungen an die Zulässigkeit stellt § 14 Abs. 1 für den Antrag eines Gläubigers. Wegen der Zulässigkeit des Eigenantrags einer juristischen Person oder einer Gesellschaft ohne Rechtspersönlichkeit enthält § 15 ergänzende Bestimmungen.

a) Antragsberechtigung (Abs. 1 Satz 2)

6 Antragsberechtigt sind **Schuldner** und **Gläubiger**. Wer das ist, bestimmt sich nach § 241 Abs. 1 Satz 1 BGB. Eine der in § 11 genannten Personen und Personenvereinigungen ist Schuldner, wenn ein anderer – der Gläubiger – von ihr eine Leistung fordern darf. Diese kann in einem Tun oder Unterlassen bestehen (§ 246 Abs. 1 Satz 2, § 194 Abs. 1 BGB).

7 Ohne praktische Bedeutung ist die streitige, zumindest gesetzessystematisch zu verneinende Frage, ob Gläubiger i.S.d. §§ 13 f. nur derjenige Anspruchsberechtigte nach § 241 Abs. 1 Satz 1 ist, der im Falle der Eröffnung des Insolvenzverfahrens Insolvenzgläubiger i.S.d. § 38 wäre, also einen gegen den Schuldner persönlich gerichteten Vermögensanspruch hat, und wegen dieses Anspruchs nicht ausreichend dinglich gesichert ist.[7] Versteht man – wie hier – den Gläubigerbegriff zivilrechtlich, so folgt dann aus dem in § 14 Abs. 1 statuierten Merkmal des rechtlichen Interesses an der Eröffnung des Insolvenzverfahrens, dass ein Eröffnungsantrag, der nicht auf Teilnahme an einem solchen Verfahren und mindestens anteilige Befriedigung der eigenen Forderung gerichtet ist, unzulässig ist (vgl. § 14 Rdn. 19 ff.). Demnach ist der gem. § 47 Aussonderungsberechtigte zwar Gläubiger i.S.d. § 13 Abs. 1 Satz 2, er hat jedoch kein rechtliches Interesse i.S.d. § 14 I.

8 Künftige Gläubiger sind nicht antragsberechtigt. Daher ist der Pensions-Sicherungs-Verein, der eine Forderung gegen den Gläubiger erst mit der Eröffnung des Insolvenzverfahrens erwirbt (§§ 14, 9

---

4 BGH 12.07.2007, IX ZB 82/04, ZIP 2007, 1868.
5 *BGH 12.07.2007, IX ZB 82/04, ZIP 2007, 1868.*
6 BGH 22.03.2007, IX ZB 164/06, ZIP 2007, 878 unter II.2.b.aa.1.
7 Vgl. HK-InsO/*Kirchhof* Rn. 8.

Abs. 2 Satz 1 BetrAVG), kein Gläubiger i.S.d. § 13.[8] Der Eigenschaft als künftiger Gläubiger kann aber seit dem 01.01.2011 aufgrund der Änderung des § 14 Abs. 1 durch das Haushaltsbegleitgesetz 2011 Bedeutung dadurch zukommen, dass ein solcher aus der künftigen Forderung ein rechtliches Interesse ableitet, seinen auf eine bestehende Forderung gestützten Eröffnungsantrag trotz deren Erfüllung nach Maßgabe des § 14 Abs. 1 Satz 2 und 3 aufrechtzuerhalten (vgl. § 14 Rdn. 11 ff.).

Von der Antragsberechtigung des Schuldners zu unterscheiden ist die Befugnis zur Vertretung eines gem. § 52 ZPO i.V.m. § 4 InsO prozessunfähigen Schuldners im Eröffnungsverfahren, die gesetzliche Vertretung. Diese bestimmt sich grds. – wie für den prozessunfähigen Gläubiger auch – entsprechend § 51 Abs. 1 ZPO (s. Rdn. 15 ff.). Ausnahmen hiervon sind für den Eigenantrag einer juristischen Personen oder Gesellschaft ohne Rechtspersönlichkeit in § 15 (vgl. § 15 Rdn. 3 ff.) geregelt.

Handelt es sich bei dem Schuldner um ein **Unternehmen des Kredit-, Finanzdienstleistungs-, Bausparkassen- oder Versicherungswesens**, das gem. § 4 Abs. 1 Satz 1 FinDAG der Aufsicht der **Bundesanstalt für Finanzdienstleistungsaufsicht (BaFin)** untersteht, wird die Antragsberechtigung des Schuldners und der Gläubiger zugunsten der BaFin verdrängt (§ 46b Abs. 1 Satz 4 KWG, § 3 Abs. 1 BspKG, § 88 Abs. 1 VAG). Ein gleichwohl von dem Schuldner oder einem Gläubiger gestellter Antrag ist unzulässig. Eine Ausnahme besteht, wenn die BaFin für das ihrer Aufsicht unterstehende Unternehmen gem. § 37 Abs. 1 Satz 2 KWG einen **Abwickler** eingesetzt hat. In diesem Fall ist neben den Gläubigern das Unternehmen als Schuldner selbst antragsberechtigt, wobei die Ausübungsbefugnis sowohl bei den Mitgliedern seines Vertretungsorgans bzw. den persönlich haftenden Gesellschaftern (§ 15 Abs. 1 Satz 1) als auch gem. § 37 Abs. 2 KWG bei dem Abwickler liegt (vgl. § 15 Rdn. 27). Die Antragsberechtigung der BaFin ist gem. § 46b Abs. 1 Satz 5 KWG beschränkt, wenn dem Schuldner die Zahlungsunfähigkeit lediglich droht. Insoweit darf der Eröffnungsantrag nur mit dessen Zustimmung und unter der Voraussetzung gestellt werden, dass Maßnahmen nach § 46 oder § 46a KWG nicht Erfolg versprechend erscheinen. Fehlt es daran, ist der Eröffnungsantrag unzulässig.

Der Antrag auf Eröffnung des Insolvenzverfahrens über das Vermögen einer **Krankenkasse der gesetzlichen Krankenversicherung** kann gem. § 171b Abs. 3 Satz 1 SGB V nur von der **Aufsichtsbehörde** gestellt werden. Gleiches gilt für Krankenkassenverbände (§ 171f SGB V). Statt einer Antragstellung soll die Aufsichtsbehörde die Krankenkasse schließen, wenn zugleich die Voraussetzungen für eine Schließung wegen auf Dauer nicht mehr gesicherter Leistungsfähigkeit vorliegen (§ 171b Abs. 3 Satz 2 SGB V). Darüber hinaus ist die Antragsberechtigung der Aufsichtsbehörde gem. § 171b Abs. 3 Satz 2 SGB V auf drei Monate befristet; die Frist beginnt nach der Anzeige des Eröffnungsgrundes durch den dazu verpflichteten Vorstand der Krankenkasse bzw. des Krankenkassenverbandes.

Im Grundsatz findet § 13 Abs. 1 Satz 2 auch in Bezug auf die in § 11 Abs. 2 Nr. 2 bezeichneten **Sondervermögen** Anwendung. Antragsberechtigter Schuldner ist insoweit der jeweilige Rechtsträger, also beim Nachlass der Erbe oder die Erbengemeinschaft, bei dem Gesamtgut einer fortgesetzten Gütergemeinschaft der überlebende Ehegatte – nicht jedoch die anteilsberechtigten Abkömmlinge, da sie gem. § 1489 Abs. 3 BGB nicht persönlich für die Gesamtgutsverbindlichkeiten haften[9] – und bei dem gemeinschaftlich verwalteten Gesamtgut einer Gütergemeinschaft die Ehegatten gemeinschaftlich.

Da der Nachlass und das gemeinschaftlich verwaltete Gesamtgut einer Gütergemeinschaft mehreren Schuldnern zugeordnet sein kann (Erbengemeinschaft) bzw. ist (Ehegatten) und da sich die Ansprüche der Gläubiger auf das Sondervermögen beziehen, treffen die §§ 317 f. und §§ 332 f. ergänzende Bestimmungen über die Berechtigung zum Antrag auf Eröffnung des Insolvenzverfahrens über den Nachlass bzw. das Gesamtgut. Hiernach ist zum Antrag auf Eröffnung des Insolvenzverfahrens über

---

8 HK-InsO/*Kirchhof* § 14 Rn. 7; einschr. HambK-InsR/*Wehr* Rn. 26; FK-InsO/*Schmerbach* Rn. 16.
9 Vgl. FK-InsO/*Schallenberg/Rafiqpoor* § 332 Rn. 36.

einen **Nachlass** jeder Erbe, der Nachlassverwalter sowie ein anderer Nachlasspfleger, der Testamentsvollstrecker, dem die Verwaltung des Nachlasses zusteht, und jeder Nachlassgläubiger berechtigt (§ 317 Abs. 1). Gehört der Nachlass zum Gesamtgut einer Gütergemeinschaft, so kann sowohl der erbende Ehegatte als auch der Ehegatte, der nicht Erbe ist, aber das Gesamtgut allein oder mit seinem Ehegatten gemeinschaftlich verwaltet, die Eröffnung des Insolvenzverfahrens über den Nachlass beantragen (§ 318 Abs. 1). Bei dem **Gesamtgut einer fortgesetzten Gütergemeinschaft** fehlt den anteilsberechtigten Abkömmlingen, da sie nicht Schuldner sind (s. Rdn. 12), die Antragsberechtigung (§ 332 Abs. 3 Satz 1). Auf Schuldnerseite ist dort neben dem überlebenden Ehegatten der Gesamtgutsverwalter antragsberechtigt (§ 332 Abs. 1 i.V.m. § 317 Abs. 1). Insolvenzgläubiger sind gem. § 332 Abs. 2 nur die Gläubiger, deren Forderungen schon zur Zeit des Eintritts der fortgesetzten Gütergemeinschaft als Gesamtgutsverbindlichkeiten bestanden. Daraus folgt, da der Eröffnungsantrag auf Teilnahme am Insolvenzverfahren gerichtet sein muss (s. Rdn. 7), dass nur diese Gläubiger einen zulässigen Eröffnungsantrag stellen können. Berechtigt zum Antrag auf Eröffnung des Insolvenzverfahrens über das **Gesamtgut einer Gütergemeinschaft, das von den Ehegatten gemeinschaftlich verwaltet wird,** ist jeder von diesen sowie jeder Gläubiger, der die Erfüllung einer Verbindlichkeit aus dem Gesamtgut verlangen kann (§ 333 Abs. 1, 2 Satz 1).

b) Parteifähigkeit

14 Soweit nicht eine Sonderantragsberechtigung greift (s. Rdn. 10 ff.), sind Parteien des Eröffnungsverfahrens der Schuldner und der Gläubiger, wenn letzterer die Eröffnung beantragt hat. Im Falle eines Eigenantrags ist ausschließlich der Schuldner Partei. Die Parteifähigkeit des Gläubigers bestimmt sich nach § 50 Abs. 1 ZPO i.V.m. § 4; erforderlich, aber auch ausreichend ist demnach die – zumindest partielle – Rechtsfähigkeit, weshalb über den Wortlaut des § 50 Abs. 2 ZPO hinaus der auch nicht rechtsfähige Verein aktiv parteifähig ist[10] und daher als Gläubiger einen Eröffnungsantrag stellen kann. Die Parteifähigkeit des Schuldners hingegen knüpft an die Insolvenzfähigkeit seines Vermögens an. Sie liegt bei den in § 11 Abs. 1 und Abs. 2 Nr. 1 sowie, betreffend die Sondervermögen des § 11 Abs. 2 Nr. 2, den in §§ 317 Abs. 1, 332 Abs. 1, 333 Abs. 2 bezeichneten Rechtsträgern. Nur gegen diese Personen und Personenvereinigungen kann sich der Eröffnungsantrag eines Gläubigers richten; und ausschließlich sie sind zugelassen, einen Eigenantrag zu stellen. Dementsprechend kann etwa die partiell rechtsfähige[11] Wohnungseigentümergemeinschaft gem. § 50 Abs. 1 ZPO i.V.m. § 4 die Eröffnung des Insolvenzverfahrens zwar als Gläubiger, mangels Insolvenzfähigkeit (vgl. § 11 Rdn. 22) nicht jedoch als Schuldner beantragen.

c) Prozessfähigkeit

15 Als Prozesshandlung kann der Eröffnungsantrag nur von einer Person gestellt werden, die gem. § 52 ZPO i.V.m. § 4 prozessfähig ist, also sich selbständig durch Verträge verpflichten kann. Solches trifft lediglich auf natürliche, unbeschränkt geschäftsfähige Personen zu. Stellt ein Gläubiger den Antrag, muss die Prozessfähigkeit auch in Bezug auf den Schuldner als Antragsgegner gegeben sein.[12]

16 Für die prozessunfähige Partei handelt im Eröffnungsverfahren ihr gesetzlicher Vertreter (§ 51 ZPO i.V.m. § 4) und, falls dieser ebenfalls prozessunfähig ist, dessen gesetzlicher Vertreter usw. Hat ein anderer als der gesetzliche Vertreter den Eröffnungsantrag gestellt, kann dieser durch den (wirklichen) gesetzlichen Vertreter rückwirkend genehmigt werden.[13] Wer gesetzlicher Vertreter einer prozessunfähigen Partei im Eröffnungsverfahren ist, bestimmt sich nach den Vorschriften des materiellen Zivilrechts, soweit nicht die §§ 53 ff. ZPO im Allgemeinen und die § 15 Abs. 1 und 3 im Besonderen etwas anderes vorsehen. Da im Zulassungsverfahren nicht das Amtsermittlungsprinzip

---

10 BGH 02.07.2007, II ZR 111/05, ZIP 2007, 1942 unter C.II.2.a.bb.
11 *Vgl.* BGH 02.06.2005, V ZB 32/05, BGHZ 163, 154.
12 BGH 07.12.2006, IX ZB 257/05, ZIP 2007, 144 unter II.2.b.
13 BGH 27.03.2003, IX ZB 402/02, ZIP 2003, 1007.

nach § 5 Abs. 1, sondern der **Beibringungsgrundsatz** gilt,[14] obliegt es bei Unklarheit über die Person des eigenen oder des gegnerischen gesetzlichen Vertreters dem Antragsteller, den gesetzlichen Vertreter zu ermitteln oder, falls ein solcher verhindert ist oder fehlt, durch das Betreuungs-, das Familien-, das Nachlass- oder das Registergericht bestellen zu lassen. Nur wenn für einen antragstellenden Gläubiger Gefahr im Verzug besteht, muss auf dessen Antrag das Insolvenzgericht dem nicht prozessfähigen Schuldner gem. § 57 ZPO i.V.m. § 4 bis zum Eintritt des gesetzlichen Vertreters einen Prozesspfleger für das Eröffnungsverfahren bestellen.[15]

aa) Natürliche Personen

Für eine minderjährige Partei, die unter elterlicher Sorge steht, handeln grds. deren Eltern gemeinsam (§ 1629 Abs. 1 Satz 2 Hs. 1 BGB). Soweit ein Elternteil die elterliche Sorge allein ausübt oder ihm das Familiengericht gem. § 1628 BGB die Entscheidung in einer einzelnen Angelegenheit oder in einer bestimmten Art von Angelegenheiten übertragen hat, vertritt jener allein (§ 1629 Abs. 1 Satz 3 BGB). Wird dem Minderjährigen nach Maßgabe der §§ 1712 ff. BGB die Beistandschaft des Jugendamtes für die Geltendmachung von Unterhaltsansprüchen zuteil, ist dieses gegenüber dem sorgeberechtigten Elternteil vorrangig zur Vertretung des Minderjährigen befugt, wenn er als Gläubiger den Eröffnungsantrag wegen einer solchen Forderung stellt (§§ 1716, 1915 Abs. 1, 1793 Abs. 1 Satz 1 BGB, § 234 FamFG). Eine nicht unter elterlicher Sorge stehende minderjährige Partei wird durch ihren Vormund vertreten (§§ 1773 ff., 1793 Abs. 1 Satz 1 BGB). Sind die sorgeberechtigten Eltern bzw. der Vormund verhindert, den Minderjährigen im Eröffnungsverfahren zu vertreten, muss für diese Angelegenheit ein Pfleger bestellt werden (§§ 1909 Abs. 1, 1915 Abs. 1, 1793 Abs. 1 Satz 1 BGB). 17

Die gesetzliche Vertretung einer prozessunfähigen Partei, die eine volljährige natürliche Person ist, kann sich aus einer **Vorsorgevollmacht** ergeben (§ 50 Abs. 3 ZPO). Anderenfalls ist für eine solche Partei ein **Betreuer** zu bestellen (§ 1902 BGB). Der gem. §§ 1896 ff. BGB unter Betreuung stehende volljährige Gläubiger oder Schuldner kann, soweit er nicht gem. § 104 Nr. 2 BGB geschäftsunfähig oder nicht gem. § 1903 BGB ein Einwilligungsvorbehalt angeordnet ist, Prozesshandlungen im Eröffnungsverfahren für sich selbst vor- und entgegennehmen. Macht allerdings der Betreuer, zu dessen Aufgabenkreis die Vermögenssorge gehört, von seiner gesetzlichen Vertretungsbefugnis Gebrauch, wird gem. § 53 ZPO i.V.m. § 4 für das Eröffnungsverfahren eine fehlende Prozessfähigkeit des betreuten Antragstellers fingiert. Zweifelt das Insolvenzgericht an der Geschäftsfähigkeit der volljährigen Partei und steht diese nicht unter Betreuung, muss es im Wege des Hinweises nach § 139 ZPO, der im Insolvenzverfahren gem. § 4 entsprechende Anwendung findet,[16] auf die Bestellung eines Betreuers hinwirken. Lehnt das Betreuungsgericht die Bestellung ab, ist das Insolvenzgericht an dessen abweichende Beurteilung der Geschäftsfähigkeit des Schuldners nicht gebunden. 18

bb) Juristische Personen und Personenvereinigungen ohne Rechtspersönlichkeit

(1) Gesetzliche Vertretung des Gläubigers

Der eingetragene **Verein** wird durch den **Vorstand** vertreten (§ 26 Abs. 2 BGB). Ist dieser mehrgliedrig und enthält die Satzung keine Bestimmung darüber, ob die Vorstandsmitglieder zur Einzel- oder Gesamtvertretung berechtigt sind, findet das Mehrheitsprinzip Anwendung.[17] Unter den Voraussetzungen des § 29 BGB hat auf entsprechenden Antrag das Registergericht einen Notvorstand zu bestellen. 19

---

14 BGH 12.07.2007, IX ZB 82/04, ZIP 2007, 1868.
15 Vgl. HambK-InsR/*Wehr* Rn. 14.
16 BGH 09.03.2006, IX ZB 209/04, ZVI 2006, 351.
17 Palandt/*Heinrichs* § 26 BGB Rn. 6.

§ 13 InsO   Eröffnungsantrag

20 Die Vertretung des nicht rechtsfähigen Vereins bestimmt sich nach dessen Satzung.[18] Sieht diese einen Vorstand vor, finden darauf die §§ 26, 29 BGB entsprechende Anwendung.

21 Die **Genossenschaft** wird durch den **Vorstand** vertreten (§§ 24, 25 GenG), gleiches gilt für die **Aktiengesellschaft** (§ 78 AktG). Dabei sind, soweit die Satzung nichts anderes bestimmt, die Vorstandsmitglieder nur gemeinschaftlich zur Vertretung berechtigt. Fehlt ein erforderliches Vorstandsmitglied, hat in dringenden Fällen das Registergericht auf Antrag eines Beteiligten ein Notvorstandsmitglied zu bestellen (§ 29 BGB analog bzw. § 85 AktG). Die **GmbH** wird durch den **Geschäftsführer** (§ 35 GmbHG) vertreten, und zwar ebenfalls durch alle gemeinschaftlich, es sei denn, der Gesellschaftsvertrag bestimmt etwas anderes. Ein »**faktischer**« **Geschäftsführer** – das ist eine Person, die die Geschicke der Gesellschaft durch eigenes Handeln im Außenverhältnis, das die Tätigkeit des rechtlichen Geschäftsführungsorgans nachhaltig prägt, maßgeblich in die Hand genommen hat[19] – ist nicht gesetzlicher Vertreter der GmbH und daher grds. nicht prozesshandlungsbefugt.[20] Für eine juristische Person als Gläubigerin kann daher ein faktisches Organ einen Eröffnungsantrag nicht wirksam stellen. Anderes gilt für den Eigenantrag, wenn eine Antragspflicht nach § 15a Abs. 1 Satz 1 besteht (vgl. § 15 Rdn. 20).

22 Ist die **Europäische (Aktien-)Gesellschaft** (SE) **dualistisch** verfasst (Art. 39 ff. der Verordnung (EG) Nr. 2157/2001 des Rates v. 08.10.2001 über das Statut der Europäischen Gesellschaft i.V.m. §§ 15 ff SEAG), verfügt sie also über ein Leitungsorgan und ein Aufsichtsorgan, ist gem. §§ 76, 78 AktG i.V.m. Art. 9 Abs. 1c ii der Verordnung (EG) Nr. 2157/2001 des Rates v. 08.10.2001 über das Statut der Europäischen Gesellschaft das **Leitungsorgan** vertretungsbefugt. Vertretungsorgan der **monistisch** verfassten SE ist nicht der Verwaltungsrat, sondern sind die **geschäftsführenden Direktoren** (§ 41 Abs. 1 SEAG). Bei der **dualistisch** verfassten **Europäischen Genossenschaft** (SCE) ist das **Leitungsorgan**, bei der **monistisch** verfassten SCE ist das **Verwaltungsorgan** vertretungsberechtigt (Art. 37 Abs. 1 Satz 1 bzw. 42 Abs. 1 Satz 1 Verordnung (EG) Nr. 1435/2003 des Rates vom 22.07.2003 über das Statut der Europäischen Genossenschaft). In allen Fällen erfolgt die Vertretung gemeinschaftlich, soweit die Satzung nichts anderes bestimmt.

23 Zur Vertretung der **OHG** und der **Partnerschaftsgesellschaft** ist jeder **Gesellschafter** bzw. **Partner** ermächtigt, wenn er nicht durch den Gesellschaftsvertrag von der Vertretung ausgeschlossen ist; im Gesellschaftsvertrag kann Gesamtvertretung bestimmt werden (§ 125 HGB, § 7 Abs. 3 PartGG). Gleiches gilt für die **KG** und die **KGaA** in Bezug auf die **persönlich haftenden Gesellschafter** (§ 161 Abs. 2, §§ 170, 125 HGB; § 278 Abs. 1 und 2 AktG). Bei der **GmbH & Co. KG** wird die persönlich haftende GmbH als gesetzliche Vertreterin ihrerseits nach Maßgabe des § 35 GmbHG durch ihre Geschäftsführer vertreten (s. Rdn. 20). Die **Gesellschaft des Bürgerlichen Rechts** und die **Partenreederei** werden durch die **Gesellschafter** bzw. **Mitreeder** gemeinschaftlich vertreten, soweit nicht der zwischen ihnen geschlossene Vertrag etwas anderes bestimmt (§§ 709, 714 BGB; §§ 490, 507 Abs. 1 HGB). Die **EWIV** wird durch jeden ihrer **Geschäftsführer** vertreten, soweit nicht der Gründungsvertrag eine gemeinschaftliche Vertretung vorsieht (Art. 20 der Verordnung (EWG) Nr. 2137/85 des Rates vom 25.07.1985 über die Schaffung einer Europäischen wirtschaftlichen Interessenvereinigung (EWIV).

24 Nach **Auflösung** einer juristischen Person oder Gesellschaft ohne Rechtspersönlichkeit findet regelmäßig die Abwicklung statt. In diesem Stadium werden sie durch die **Liquidatoren** vertreten, wobei diese grds. gemeinschaftlich handeln (vgl. etwa §§ 149 f. HGB).

25 **Juristische Personen des öffentlichen Rechts**, soweit die gem. § 12 insolvenzfähig sind, werden durch ihr **gesetzliches oder satzungsmäßiges Organ** vertreten.

---

18 BGH 02.07.2007, II ZR 111/05, ZIP 2007, 1942 unter C.II.2.a.aa.2.
19 BGH 11.07.2005, II ZR 235/03, ZIP 2005, 1550.
20 BGH 07.12.2006, IX ZB 257/05, ZIP 2007, 144 unter II.2.b.

(2) Gesetzliche Vertretung des Schuldners

Im Eröffnungsverfahren bestimmt sich die gesetzliche Vertretung eines Schuldners, der eine juristische Person oder Personenvereinigung ohne Rechtspersönlichkeit ist, nach § 15 Abs. 1 und 3. Diese Vorschrift gilt ihrem Wortlaut nach für die Antragstellung, findet aber auf die Passivvertretung des Schuldners im Eröffnungsverfahren entsprechende Anwendung.[21] Dies gebietet der Zweck des § 15, die Eröffnung des Insolvenzverfahrens über das Vermögen eines solchen Schuldners im objektiven Gläubigerinteresse zu erleichtern. Ein Eröffnungsantrag des Gläubigers ist somit auch dann zulässig, wenn die Schuldnerin keinen organschaftlichen Vertreter hat, also i.S.d. § 10 Abs. 2 Satz 2 führungslos ist. Die anderslautende Rechtsprechung[22] ist aufgrund der Änderung des § 15 durch das MoMiG seit dem 01.11.2008 gegenstandslos.

cc) Ausländische Personen

Die gesetzliche Vertretung von ausländischen Personen bestimmt sich nach dem dortigen Recht.[23] In Bezug auf Staatenlose gilt das deutsche Recht.

d) Postulationsfähigkeit

Das Eröffnungsverfahren ist Parteiprozess (§§ 79, 78 Abs. 1 ZPO i.V.m. § 4). Die gewillkürte Vertretung bestimmt sich nach §§ 79 ff. ZPO.

e) Rechtliches Interesse

Während für den Eröffnungsantrag des Gläubigers ein rechtliches Interesse durch § 14 Abs. 1 ausdrücklich gefordert ist (vgl. dazu § 14 Rdn. 19 ff.), wird ein solches des Schuldners vom Gesetz stillschweigend vorausgesetzt. Dessen Eröffnungsantrag muss ernsthaft auf Eröffnung gerichtet sein und darf nicht sachfremden Zwecken dienen.[24] Wenngleich die Aussicht auf Restschuldbefreiung alleinige Motivation für die Antragstellung sein kann, so genügt ein ausschließlich darauf gerichteter Antrag nicht.[25]

Ein rechtliches Interesse des Schuldners besteht nicht mehr und ein Eigenantrag ist dementsprechend unzulässig, wenn bereits ein Gläubigerantrag zur Insolvenzeröffnung geführt hat.[26] Hieran ändert nichts, dass – wie sich in Bezug auf das Verbraucherinsolvenzverfahren unmittelbar aus § 305 Abs. 1, § 306 Abs. 3 ergibt und für das Regelinsolvenzverfahren aus dem Wortlaut und der Entstehungsgeschichte der Neufassung des § 287 Abs. 1 folgern lässt[27] – der Eigenantrag Voraussetzung für die Restschuldbefreiung nach § 287 Abs. 1 ist. Hat allerdings das Insolvenzgericht versäumt, den Schuldner auf die Obliegenheit hinzuweisen, einen Eigenantrag zu stellen, ist die (rechtzeitige) Antragstellung zur Erlangung der Restschuldbefreiung entbehrlich; denn der Schuldner soll diese Chance nicht bloß aus Rechtsunkenntnis verlieren.[28]

---

21 *Berger* ZInsO 2009, 1977, 1984; a.A. FK-InsO/*Schmerbach* § 14 Rn. 33.
22 BGH 07.12.2006, IX ZB 257/05, ZIP 2007, 144 unter II.2.b.
23 BGH 23.10.1963, V ZR 146/57, BGHZ 40, 197.
24 BGH 12.12.2002, IX ZB 426/02, BGHZ 153, 205, 207.
25 HK-InsO/*Kirchhof* Rn. 3.
26 BGH 17.02.2005, IX ZB 176/03, BGHZ 162, 181.
27 BGH 25.09.2003, IX ZB 24/03, ZVI 2003, 606.
28 BGH 17.02.2005, IX ZB 176/03, BGHZ 162, 181.

f) Form

aa) Schriftform

31 Der Eröffnungsantrag ist gem. § 13 Abs. 1 Satz 1 schriftlich zu stellen. Entsprechend den für den kontradiktorischen Zivilprozess geltenden Grundsätzen[29] wird ein Eröffnungsantrag, der lediglich per Telefax (Fernkopie) oder als elektronisches Abbild unter Wiedergabe der Unterschrift des Antragstellers gestellt wird, nicht allein deshalb unwirksam, dass der Antragsteller das Original nicht nachreicht. Hat die zuständige Landesregierung oder – im Falle der Subdelegation – die jeweilige Landesjustizverwaltung den elektronischen Rechtsverkehr im Insolvenzverfahren eröffnet, kann der Eröffnungsantrag auch als elektronisches Dokument, versehen mit einer qualifizierten elektronischen Signatur eingereicht werden (§ 130a ZPO i.V.m. § 4).

32 Das Schriftformerfordernis schließt die bis zum Inkrafttreten des InsVereinfG am 01.07.2007 bestehende Möglichkeit aus, den Eröffnungsantrag entsprechend § 129a ZPO zu Protokoll der Geschäftsstelle zu erklären. Insoweit besteht zwischen dem Regel- und dem Verbraucherinsolvenzverfahren kein Unterschied mehr (§ 305 Abs. 1).

bb) Formularzwang (Abs. 3)

33 Während für das Verbraucherinsolvenzverfahren auf der Grundlage des § 305 Abs. 5 ein – noch nicht zwischen maschineller und nicht maschineller gerichtlicher Verfahrensbearbeitung unterscheidender – Vordruck für die darin vorzulegenden Bescheinigungen, Anträge, Verzeichnisse und Pläne mit Wirkung zum 01.03.2002 durch die VbrInsVV eingeführt worden ist, hat das Bundesministerium der Justiz von der durch das InsVereinfG zum 01.07.2007 geschaffenen Ermächtigung, für den Eigenantrag im Regelinsolvenzverfahren ein Formular einzuführen, bislang keinen Gebrauch gemacht. Der gesetzlich vorgesehene Formularzwang soll Verzögerungen des Verfahrens entgegen wirken, welche daraus entstehen, dass der Schuldner zunächst unvollständige Angaben macht und Unterlagen nicht einreicht, die für die Beurteilung der Zulässigkeit des Antrags und die Entscheidung über Sicherungsmaßnahmen erforderlich sind. Das ESUG hat es dem Verordnungsgeber nunmehr entsprechend den gem. § 305 Abs. 5 Satz 3 in Bezug auf das Verbraucherinsolvenzverfahren bereits bestehenden Alternativen ermöglicht, unterschiedliche Antragsformulare für die maschinelle und die nicht maschinelle gerichtliche Verfahrensbearbeitung einzuführen. Ausweislich der Begründung des Regierungsentwurfs[30] ist zu erwarten, dass das Bundesministerium der Justiz zeitnah zumindest ein indifferentes Formular auch im Regelinsolvenzverfahren einführt.

g) Bestimmtheit, Mindestinhalt (Abs. 1 Satz 3 bis 7)

34 Entsprechend § 253 Abs. 2 Nr. 2 ZPO i.V.m. § 4 muss der Schuldner den Eröffnungsgrund in substantiierter, nachvollziehbarer Weise darlegen. Insoweit sind Tatsachen mitzuteilen, welche die wesentlichen Merkmale eines Eröffnungsgrundes i.S.d. §§ 17 ff. erkennen lassen. Schlüssigkeit im rechtstechnischen Sinne ist nicht erforderlich.[31] Hieran hat die Ergänzung des § 13 Abs. 1 um die Sätze 3 bis 7 durch das ESUG, die für ab dem 01.03.2012 gestellte Eröffnungsanträge gilt (Art. 103g EGInsO), nichts geändert. Wohl aber muss nunmehr gem. § 13 Abs. 1 Satz 3, der sich an § 104 KO anlehnt, die Darstellung der Verbindlichkeiten beim Eigenantrag in Gestalt eines gesonderten **Verzeichnisses** erfolgen, in dem die Gläubiger und ihre Forderungen aufgeführt sind. Eine entsprechende Auskunfts- und Mitwirkungspflicht des Schuldners im Insolvenzeröffnungsverfahren besteht seit jeher nach Maßgabe des § 20, wird aber durch das ESUG erstmals ausdrücklich benannt und beim Eigenantrag auf den Zeitpunkt der Antragstellung vorverlagert, um es dem Insolvenzgericht zu erleichtern, die Gläubiger bereits in einem frühen Verfahrensstadium einzubeziehen.

---

29 Vgl. BGH 27.01.2004, VI ZB 30/03, JurBüro 2004, 456.
30 BT-Drucks. 17/5712, 23.
31 BGH 12.07.2007, IX ZB 82/04, ZIP 2007, 1868.

Eine weitergehende Konkretisierung der Angaben zu den Verbindlichkeiten formulieren die Sätze 4 **35** bis 6 des § 13 für den Fall, dass der antragstellende Schuldner einen Geschäftsbetrieb hat, der nicht eingestellt ist (vgl. dazu § 22a Rdn. 12). Allerdings ist die Reihenfolge dieser Bestimmungen redaktionell missglückt. Besser verständlich wäre der Regelungsinhalt, hätte der Gesetzgeber die Muss-Bestimmung des Satzes 5 vor die Soll-Bestimmung des Satzes 4 gesetzt. Mit den genannten Vorschriften ist Folgendes gemeint: Hat der Schuldner einen nicht eingestellten Geschäftsbetrieb, liegt also der Ausschlussgrund des § 22a Abs. 3 Alt. 1 nicht vor, **muss** er Angaben zur Bilanzsumme, zu den Umsatzerlösen und zur durchschnittlichen Zahl der Arbeitnehmer des vorangegangenen Geschäftsjahres machen (Satz 5), damit das Insolvenzgericht prüfen kann, ob gemäß § 22a Abs. 1 ein vorläufiger Gläubigerausschuss einzusetzen ist. Darüber hinaus **soll** ein solcher Schuldner in dem Verzeichnis der Gläubiger und ihrer Forderungen die höchsten Forderungen, die höchsten gesicherten Forderungen, die Forderungen der Finanzverwaltung, die Forderungen der Sozialversicherungsträger sowie die Forderungen aus betrieblicher Altersversorgung besonders kenntlich machen (Satz 4), und zwar zur Erleichterung der Bildung von Gläubigergruppen nach § 67 Abs. 2 durch das Insolvenzgericht für den Fall, dass dieses die Einsetzung eines vorläufigen Gläubigerausschusses nach der Kann-Bestimmung des § 21 Abs. 2 Satz 1 Nr. 1a erwägt. Jene Kenntlichmachung von Forderungen ist jedoch von vornherein verpflichtend, wenn der Schuldner zugleich Eigenverwaltung beantragt, wenn sein laufendes Unternehmen die Größenklasse des § 22a Abs. 1 erreicht oder wenn die Einsetzung eines vorläufigen Gläubigerausschusses beantragt wird (Satz 6). Denn in diesen Fällen ist die Einsetzung eines vorläufigen Gläubigerausschusses obligatorisch oder liegt zumindest nahe.

Um dem Schuldner die erhebliche Bedeutung der Angaben nach § 13 Abs. 1 Satz 3 bis 6 für die vom **36** Insolvenzgericht zu treffenden Entscheidungen vor Augen zu führen, hat er gem. § 13 Abs. 1 Satz 7 die Vollständigkeit und Richtigkeit dieser Angaben zu versichern. Mit der vom Schuldner insoweit abzugebenden ausdrücklichen Erklärung, bei der es sich nicht um eine Versicherung an Eides Statt handelt, hat das ESUG die Zulässigkeitsvoraussetzungen im Regelinsolvenzverfahren denjenigen im Verbraucherinsolvenzverfahren angeglichen (vgl. § 305 Abs. 1 Nr. 3).

Der Eröffnungsantrag muss sich gegen einen bestimmten Schuldner richten, der anhand der Anga- **37** ben in der Antragsschrift individualisierbar ist. Fehlt einer GbR ein unterscheidbarer Name, muss sie durch Angabe der Namen der Gesellschafter bezeichnet werden.[32] Ist in dem Eröffnungsantrag des Gläubigers eine vermögenslose und im Handelsregister gelöschte – mithin gem. § 11 Abs. 3 nicht mehr insolvenzfähige (vgl. § 11 Rdn. 12) – juristische Person oder Gesellschaft ohne Rechtspersönlichkeit als Schuldnerin benannt, kann der Eröffnungsantrag nicht dahin ausgelegt oder umgedeutet werden, dass er sich gegen den Rechtsnachfolger richte.[33]

Bei einem Eigenantrag hat der Schuldner seine aktuelle Anschrift anzugeben.[34] Der Gläubiger, wenn **38** er vergeblich versucht hat, die Anschrift des Schuldners zu ermitteln, kann sich damit behelfen, dass er die Voraussetzungen für eine öffentliche Zustellung gem. § 185 ZPO i.V.m. § 4 darlegt.[35]

Auf einen Mangel der Bestimmtheit, insb. das Fehlen oder die Lückenhaftigkeit der Mindestangaben **39** nach § 13 Abs. 1 Satz 3 bis 6, soweit diese verpflichtend sind, und der Erklärung nach § 13 Abs. 1 Satz 7, muss das Insolvenzgericht den Schuldner hinweisen und ihm Gelegenheit zur Nachbesserung einräumen. Erst nach fruchtlosem Ablauf einer dazu gesetzten Frist ist es berechtigt und verpflichtet, den Eröffnungsantrag als unzulässig abzuweisen.[36] Allerdings bedingt nicht jede Lücke bei den nunmehr durch § 13 Abs. 1 vorgeschriebenen Pflichtangaben für den Eigenantrag dessen Unzulässigkeit. Diese ist in Bezug auf Satz 3 vielmehr – auch der Begründung des Regierungsentwurfs zufolge[37]

---

32 HK-InsO/*Kirchhof* § 11 Rn. 17.
33 BGH 25.09.2008, IX ZB 221/07, WM 2008, 2128.
34 LG Hamburg 14.07.2005, 326 T 7/05, NZI 2006, 115.
35 FK-InsO/*Schmerbach* § 14 Rn. 22.
36 BGH 12.07.2007, IX ZB 82/04, ZIP 2007, 1868.
37 BT-Drucks. 17/5712, 23.

– nur dann gegeben, wenn das Verzeichnis der Gläubiger und ihrer Forderungen überhaupt fehlt.[38] Sind gemäß § 13 Abs. 1 Satz 5 die Angaben zur Bilanzsumme, zu den Umsatzerlösen und zur durchschnittlichen Zahl der Arbeitgeber des vorangegangenen Geschäftsjahres verpflichtend, führt das Fehlen mindestens einer jener Angaben, nicht aber deren Unrichtigkeit zur Unzulässigkeit des Eröffnungsantrags. Sogar das vollständige oder teilweise Fehlen der nach § 13 Abs. 1 Satz 5 erforderlichen Angaben ist unschädlich, wenn das Insolvenzgericht bereits anhand der übrigen Angaben des Schuldners feststellen kann, dass die in § 22a Abs. 1 bestimmten Voraussetzungen für die notwendige Einsetzung eines vorläufigen Gläubigerausschusses nicht vorliegen[39] oder ein Ausschlussgrund nach § 22a Abs. 3 gegeben ist. Alternativ zur Abweisung des Eröffnungsantrags als unzulässig kann das Gericht das (nachträgliche) Einreichen der Pflichtangaben oder der Erklärung nach § 13 Abs. 1 Satz 7 gem. § 20 Abs. 1 Satz 2 i.V.m. § 98 erzwingen. Dazu wird es aber in der Praxis kaum kommen, denn gem. § 13 Abs. 2 kann der Schuldner seinen Eröffnungsantrag zurücknehmen. Indessen besteht beim Eigenantrag von juristischen Personen und Gesellschaften ohne Rechtspersönlichkeit, bei denen eine natürliche Person weder unmittelbar noch mittelbar persönlich haftet, ohnehin ausreichender Druck zur Beachtung des Bestimmtheitserfordernisses, da ein wegen Fehlens von Pflichtangaben unzulässiger Eröffnungsantrag **nicht richtig** i.S.d. § 15a Abs. 4 gestellt ist (vgl. § 15a Rdn. 26).

h) Unbedingtheit

40 Als Prozesshandlung kann der Eröffnungsantrag weder angefochten noch widerrufen und auch nicht befristet werden. Des Weiteren ist der Eröffnungsantrag **bedingungsfeindlich**. Zu seiner Unzulässigkeit führt daher etwa die Bedingung, dem Antragsteller Prozesskostenhilfe für das Eröffnungsverfahren zu bewilligen,[40] die Verfahrenskosten zu stunden, keine oder bestimmte Sicherungsmaßnahmen anzuordnen oder im Fall der Eröffnung die Eigenverwaltung anzuordnen. Allerdings ist der Eröffnungsantrag als Prozesshandlung der Auslegung zugänglich, wobei die Auslegungsregeln des materiellen Rechts Anwendung finden.[41] So kann sich bei wechselseitiger Bezugnahme aus der Zusammenschau mit dem Inhalt eines zugleich eingereichten Prozesskostenhilfegesuchs ergeben, dass ein »für den Fall der Bewilligung von Prozesskostenhilfe« gestellter Eröffnungsantrag als bloßer Entwurf einer Antragsschrift oder als unbedingter Eröffnungsantrag auszulegen ist. Auch mit einem Eröffnungsantrag verbundene Anregungen sind unschädlich.[42]

i) Zuständigkeit des Insolvenzgerichts

41 Zu den allgemeinen Verfahrensvoraussetzungen gehört auch die sachliche (§ 2), örtliche (§ 3 InsO; Art. 102 § 1 EGInsO) und internationale (Art. 3 EuInsVO) Zuständigkeit des Gerichts, bei dem der Eröffnungsantrag eingereicht ist.[43] Die Umstände, die die Zuständigkeit begründen, muss der Eröffnungsantrag erkennen lassen.[44]

3. Verfahrensart

42 Weder der Schuldner noch der Gläubiger müssen im Eröffnungsantrag angeben, ob das Regelinsolvenzverfahren oder das Kleininsolvenzverfahren eröffnet werden soll. Ob der Schuldner Verbraucher i.S.d. § 304 ist, hat das Insolvenzgericht von Amts wegen zu ermitteln.[45] Da das Kleininsolvenzverfahren die Ausnahme darstellt, ist im Zweifel das Regelinsolvenzverfahren zu eröffnen, wenn alle

---

38 *Hirte/Knof/Mock* DB 2011, 632.
39 AG Ludwigshafen 02.10.2012, 3a IN 186/12, ZInsO 2012, 2057.
40 Jaeger/*Gerhardt* Rn. 34; a.A. HambK-InsR/*Wehr/Linker* Rn. 4.
41 AG Hamburg 18.06.2008, 67g IN 37/08, ZIP 2009, 384.
42 HK-InsO/*Kirchhof* Rn. 4.
43 *BGH* 22.03.2007, IX ZB 164/06, ZIP 2007, 878 unter II.2.b.aa.1.
44 HK-InsO/*Kirchhof* Rn. 6.
45 HambK-InsR/*Wehr* Rn. 17; HK-InsO/*Kirchhof* § 14 Rn. 5.

anderen tatsächlichen Voraussetzungen, die zur Beurteilung der Zulässigkeit und Begründetheit des Eröffnungsantrags erforderlich sind, feststehen.[46] Hat sich der Antragsteller allerdings auf eine bestimmte Verfahrensart festgelegt und ergibt die Amtsprüfung, dass die tatsächlichen Voraussetzungen für die andere Verfahrensart gegeben sind, hat das Insolvenzgericht, nachdem es den Antragsteller gem. § 139 ZPO i.V.m. § 4 vergeblich zur Änderung der Verfahrenswahl aufgefordert hat, den Eröffnungsantrag als in der gewählten Verfahrensart unstatthaft abzuweisen.[47] Gegen diesen Beschluss ist für den Antragsteller gem. § 6 Abs. 1, § 34 Abs. 1 Hs. 1 die sofortige Beschwerde eröffnet.

4. Mehrere Antragsteller

Ohne Einfluss auf die Zulässigkeit eines Eröffnungsantrages ist es, wenn in Bezug auf dasselbe Schuldnervermögen bereits ein anderer Antragsteller ein Eröffnungsverfahren eingeleitet hat, insb. fehlt es dem späteren Antragsteller insoweit nicht am rechtlichen Interesse (vgl. § 14 Rdn. 19). Bei mehreren Anträgen, die sich gegen denselben Schuldner richten, werden die Eröffnungsverfahren getrennt geführt. Gleiches gilt, wenn ein Eigenantrag mit einem oder mehreren Gläubigeranträgen zusammentrifft. Eine Verbindung der Verfahren nach § 147 ZPO i.V.m. § 4 erfolgt erst bei Eröffnung des Insolvenzverfahrens oder Abweisung mangels Masse.[48] Da die Beurteilung der Zulässigkeit in Bezug auf mehrere Gläubigeranträge unterschiedlich ausfallen kann, sind in einer Antragsschrift zusammengefasste Eröffnungsanträge entsprechend § 145 ZPO zu trennen, sofern ihnen nicht dieselbe Forderung und eine gemeinschaftliche Berechtigung hieran zugrunde liegen. 43

Ebenfalls getrennt zu behandeln sind Eröffnungsanträge, die sich gegen mehrere Schuldner richten, also etwa gegen beide Ehegatten oder sowohl gegen eine Gesellschaft ohne Rechtspersönlichkeit als auch gegen deren Gesellschafter. Eine Verbindung kommt insoweit auch nicht mit der Eröffnung des Insolvenzverfahrens in Betracht,[49] da ein solches nur eine einzige Vermögensmasse zum Gegenstand haben kann. 44

5. Unzulässigkeit des Eröffnungsantrags

Ein Eröffnungsantrag, der die Zulässigkeitsvoraussetzungen (s. Rdn. 5 ff.) nicht vollständig erfüllt, ist als unzulässig abzuweisen. Dabei sind dem Antragsteller gem. § 91 Abs. 1 Satz 1 ZPO i.V.m. § 4 die Kosten des Eröffnungsverfahrens (vgl. § 14 Rdn. 35) aufzuerlegen. Vor der Abweisung hat freilich das Insolvenzgericht gem. § 139 ZPO i.V.m. § 4 den Antragsteller auf den Zulässigkeitsmangel hinzuweisen und Gelegenheit zu dessen Beseitigung zu geben. Als Rechtsmittel gegen die Abweisung ist für den Antragsteller die sofortige Beschwerde eröffnet (§ 34 Abs. 1). 45

Der Beschluss, mit dem der Eröffnungsantrag als unzulässig abgewiesen wird, ist nicht der materiellen Rechtskraft fähig. So ist der Antragsteller durch die Abweisung nicht gehindert, mit verbesserter Begründung einen neuen Antrag zu stellen.[50] Erst recht entfaltet die Abweisung keine Bindungswirkung gegenüber anderen Antragstellern.[51] Ein unzulässiger (oder unbegründeter) Eröffnungsantrag kann unter weiteren Voraussetzungen (vgl. § 16 Rdn. 14) eine Schadensersatzpflicht des Antragstellers gegenüber dem Schuldner begründen. 46

II. Rücknahme des Antrags (Abs. 2)

Die nach § 13 Abs. 2 zulässige Antragsrücknahme ist, wie die Antragstellung, Verfahrenshandlung. Sie ist ausdrücklich zu erklären; eine Fiktion der Rücknahme des Eigenantrags sieht lediglich § 305 Abs. 3 im Kleininsolvenzverfahren für den Fall vor, dass der Schuldner der gerichtlichen Aufforde- 47

---

46 Vgl. BGH 24.07.2003, IX ZA 12/03, NZI 2003, 647.
47 HK-InsO/*Kirchhof* Rn. 25; § 14 Rn. 5.
48 HambK-InsR/*Wehr* Rn. 18.
49 Vgl. AG Göttingen 06.05.2002, 74 IN 138/02, ZInsO 2002, 498.
50 BGH 19.04.2007, IX ZB 176/06, unter II.5.
51 HK-InsO/*Kirchhof* Rn. 27.

rung zur Vorlage der in § 305 Abs. 1 genannten Erklärungen und Unterlagen nicht binnen Monatsfrist nachkommt. Die Rücknahme beendet das Eröffnungsverfahren; hiernach hat das Insolvenzgericht nur noch über die Kosten zu entscheiden. Der Eröffnungsantrag verliert durch die Rücknahme ebenso seine rechtlichen Wirkungen[52] wie im Eröffnungsverfahren bereits ergangene Entscheidungen.[53] Die Rücknahme bedarf nicht der Einwilligung des Antragsgegners,[54] auch kann sie ohne Rücksicht auf bestehende Sicherungsmaßnahmen nach § 21 erklärt werden. Die Antragspflicht nach § 15 hindert die Rücknahme nicht, sondern lebt mit dieser wieder auf.

48 Gem. § 13 Abs. 2 kann die Rücknahme erklärt werden, bis das Insolvenzverfahren eröffnet oder der Antrag rechtskräftig abgewiesen ist. In der Zeit zwischen Wirksamwerden des Eröffnungsbeschlusses und Eintritt der Rechtskraft ist die Rücknahme des Antrags nicht mehr zulässig.[55] Wird die Eröffnung des Insolvenzverfahrens erst im Beschwerdeverfahren angeordnet, fallen allerdings gem. § 6 Abs. 2 Satz 1 das Wirksamwerden und die Rechtskraft zeitlich zusammen, wenn nicht das Beschwerdegericht gem. § 6 Abs. 3 Satz 2 die sofortige Wirksamkeit anordnet. Eine verspätete Rücknahme kann aber unter Umständen als Antrag auf Einstellung nach § 212 ausgelegt werden.

49 Den Eröffnungsantrag kann grds. nur derjenige zurücknehmen, der ihn gestellt hat. Allerdings kann ein Minderjähriger den von seinen gesetzlichen Vertretern gestellten Eröffnungsantrag zurücknehmen, nachdem er das 18. Lebensjahr vollendet hat. Entsprechendes gilt zugunsten des Betreuten in Bezug auf den Eröffnungsantrag des Betreuers, wenn die Betreuung aufgehoben wird. Umgekehrt kann ein Betreuer den Antrag zurücknehmen, den vor seiner Bestellung der nunmehr Betreute selbst gestellt hat. Besonderheiten bestehen beim Eigenantrag von juristischen Personen und Gesellschaften ohne Rechtspersönlichkeit, wenn dieser nicht von dem Vertretungsorgan, sondern von einem der in § 15 Abs. 1 und 3 bezeichneten Antragsberechtigten gestellt worden ist (vgl. § 15 Rdn. 34).

50 Im Falle der Rücknahme sind gem. § 269 Abs. 3 Satz 2 ZPO i.V.m. § 4 auf Antrag des Gegners dem Antragsteller die Kosten des Eröffnungsverfahrens (vgl. § 14 Rdn. 35) aufzuerlegen. § 269 Abs. 3 Satz 3 ZPO findet schon deshalb keine Anwendung, weil die Rechtshängigkeit des Eröffnungsverfahrens bereits mit der Einreichung des Eröffnungsantrags eintritt.[56] Stattdessen ist der Gläubiger, dessen Antrag vorbehaltlich der in § 14 Abs. 1 Satz 2 genannten Umstände durch Erfüllung seiner Forderung unzulässig wird, gehalten, den Eröffnungsantrag in der Hauptsache für erledigt zu erklären (s. Rdn. 56). Die nach Rücknahme ergehende Kostenentscheidung, die unter den Voraussetzungen des § 269 Abs. 5 ZPO mit der sofortigen Beschwerde anfechtbar ist, umfasst nicht die Vergütung des vorläufigen Insolvenzverwalters.[57] Dessen Vergütungsanspruch, über den bei einem ab dem 01.03.2012 gestellten Eröffnungsantrag nach § 26a zu entscheiden ist (Art. 103g EGInsO), richtet sich nicht gegen die Staatskasse, sondern gegen den Schuldner als Inhaber des verwalteten Vermögens und folgt aus §§ 1835, 1836, 1915, 1987, 2221 BGB analog.[58] Hat der Gläubiger den Eröffnungsantrag zurückgenommen, kann er wegen dieser Verbindlichkeit unter weiteren Voraussetzungen dem Schuldner zum Schadensersatz verpflichtet sein.[59]

III. Erledigung

1. Erledigungserklärung

51 Da das Eröffnungsverfahren, wenn nicht der Schuldner die Eröffnung beantragt, ein Parteienstreit ist, kann der Gläubiger – und nur er – den Eröffnungsantrag entsprechend § 91a ZPO i.V.m. § 4 in

---

[52] HK-InsO/*Kirchhof* Rn. 18.
[53] BGH 07.02.2008, IX ZB 177/07.
[54] HambK-InsR/*Wehr* Rn. 49.
[55] BGH 27.07.2006, IX ZB 12/06, ZVI 2006, 564.
[56] HK-InsO/*Kirchhof* Rn. 19.
[57] BGH 03.12.2009, IX ZB 280/08, ZIP 2010, 89 unter II.1.
[58] BGH 13.12.2007, IX ZR 196/06, BGHZ 175, 48 unter II.2.
[59] BGH 13.12.2007, IX ZR 196/06, BGHZ 175, 48 unter II.2.e.dd.

den gleichen zeitlichen Grenzen, die für die Antragsrücknahme gelten, in der Hauptsache für erledigt erklären.[60] Die Erledigungserklärung, ebenfalls eine Verfahrenshandlung, bewirkt, dass der zugrunde liegende Eröffnungsantrag nicht mehr zur Verfahrenseröffnung führen kann[61] und auch im Übrigen rechtlich bedeutungslos wird. So kann ein in der Hauptsache für erledigt erklärter Eröffnungsantrag in einem späteren Insolvenzverfahren nicht zur Berechnung der Anfechtungsfristen nach § 130 ff. herangezogen werden.[62]

Schließt sich der Schuldner der Erledigungserklärung an, wobei Schweigen nur unter den Voraussetzungen des § 91a Abs. 1 Satz 2 ZPO (i.V.m. § 4) genügt,[63] ist der Eröffnungsantrag bis auf den Kostenpunkt nicht mehr anhängig.[64] Das Insolvenzgericht hat dann nach Maßgabe des § 91a Abs. 1 Satz 1 ZPO ausschließlich über die Kosten des Eröffnungsverfahrens (vgl. § 14 Rdn. 35) zu entscheiden. Wesentliches Kriterium dabei ist, ob der Eröffnungsantrag bis zum Eintritt des angeblich erledigenden Ereignisses zulässig war.[65] Die Kostenentscheidung ist ohne Einfluss darauf, wer im Innenverhältnis der Parteien für die Vergütung des vorläufigen Insolvenzverwalters aufkommen muss (s. Rdn. 50). 52

Bleibt die Erledigungserklärung des Gläubigers einseitig, tritt eine Antragsänderung dergestalt ein, dass sich der Eröffnungsantrag nunmehr auf die Feststellung seiner Erledigung richtet.[66] In diesem Fall muss über die Kostenentscheidung hinaus im Tenor des Beschlusses die begehrte Feststellung getroffen oder der (in der Hauptsache für erledigt erklärte) Eröffnungsantrag abgewiesen werden. Prüfungsmaßstab ist insoweit, ob der Eröffnungsantrag durch ein nachträgliches Ereignis unzulässig geworden ist. Hingegen ist, weil ein in der Hauptsache für erledigt erklärter Eröffnungsantrag nicht mehr zur Eröffnung des Insolvenzverfahrens führen kann und auch sonst keine rechtliche Bedeutung mehr hat, weder bei der übereinstimmenden noch bei der einseitigen Erledigungserklärung zu prüfen, ob der Eröffnungsantrag ehedem begründet war.[67] Auch findet in beiden Fällen keine Beweisaufnahme statt, Grundlage der Entscheidung ist vielmehr der Sach- und Streitstand im Zeitpunkt der Erledigungserklärung.[68] 53

Die bei übereinstimmender Erledigungserklärung ergehende Kostenentscheidung kann nur mit der sofortigen Beschwerde nach § 91a Abs. 2 ZPO angefochten werden.[69] Demgegenüber ist gegen die Entscheidung über die einseitige Erledigungserklärung die sofortige Beschwerde nach § 34 Abs. 2, § 6 für den Schuldner und nach § 34 Abs. 1, § 6 für den Gläubiger eröffnet.[70] Ziel ist dabei die Abweisung des Eröffnungsantrags bzw. die Feststellung seiner Erledigung.[71] 54

Befindet sich der Eröffnungsstreit im Rechtsmittelverfahren, erlangt die darin über den Eröffnungsantrag abgegebene Erledigungserklärung nur Wirksamkeit, wenn das Rechtsmittel zulässig ist.[72] Fehlt es daran, ist das Rechtsmittel als unzulässig zu verwerfen und sind dessen Kosten dem Rechtsmittelführer aufzuerlegen (§ 97 Abs. 1 ZPO i.V.m. § 4). 55

---

60 BGH 11.11.2004, IX ZB 258/03, ZIP 2005, 91 unter II.2.
61 BGH 22.01.2004, IX ZR 39/03, BGHZ 157, 350.
62 BGH 22.01.2004, IX ZR 39/03, BGHZ 157, 350.
63 BGH 11.11.2004, IX ZB 258/03, ZIP 2005, 91 unter II.3.
64 BGH 20.11.2001, IX ZR 48/01, BGHZ 149, 178 = ZIP 2002, 87 unter I.2.b.bb.
65 FK-InsO/*Schmerbach* Rn. 162; MüKo-InsO/*Schmahl* Rn. 141.
66 BGH 20.11.2001, IX ZR 48/01, BGHZ 149, 178 = ZIP 2002, 87 unter I.2.b.bb.
67 BGH 11.11.2004, IX ZB 258/03, ZIP 2005, 91 unter II.3.
68 BGH 25.09.2008, IX ZB 131/07, ZIP 2008, 2285 unter III.2.b.
69 BGH 12.02.2009, IX ZB 215/07, ZIP 2009, 685.
70 BGH 25.09.2008, IX ZB 131/07, ZIP 2008, 2285 unter III.2.b.
71 BGH 25.09.2008, IX ZB 131/07, ZIP 2008, 2285 unter III.3.
72 BGH 15.01.2004, IX ZB 197/03, NZI 2004, 216.

2. Erledigungsgrund

56 Bislang war es unzweifelhaft, dass sich der Eröffnungsantrag des Gläubigers durch die **Erfüllung** seiner Forderung erledigt, wenn der Eröffnungsgrund glaubhaft gemacht ist; durch das Erlöschen der Forderung wurde der Antrag unzulässig. Diese eindeutige Rechtslage ist durch die Sätze 2 und 3, die mit Wirkung zum 01.01.2011 durch das Haushaltsbegleitgesetz 2011 dem Abs. 1 des § 14 angefügt worden sind, unklar geworden (vgl. § 14 Rdn. 11 ff.).

57 Erledigung tritt ein, wenn der Titel, mit dem der Gläubiger seine Forderung glaubhaft gemacht hat (vgl. § 14 Rdn. 6) wegfällt, etwa weil ein vorläufig vollstreckbares Urteil in der Rechtsmittelinstanz kassiert worden ist. Gleiches gilt, wenn das Prozessgericht die Zwangsvollstreckung ohne Sicherheitsleistung einstellt[73] oder wenn die Einstellung gegen Sicherheitsleistung erfolgt und der Schuldner diese erbringt.[74]

58 Erledigend wirkt ferner die Feststellung in dem vom Insolvenzgericht eingeholten Gutachten, dass das Vermögen des Schuldners voraussichtlich nicht ausreichen wird, die Kosten des Verfahrens zu decken, mithin der Gläubiger wegen § 26 die Eröffnung des Insolvenzverfahrens ohne Zahlung eines Vorschusses nicht erreichen kann.[75] Dem steht es gleich, wenn in einem Parallelverfahren der Eröffnungsantrag mangels Masse abgewiesen wird.[76]

59 Der Tod des Schuldners erledigt das Eröffnungsverfahren nicht. Vielmehr wird dieses, nunmehr gerichtet auf Eröffnung eines Nachlassinsolvenzverfahrens (§§ 305 ff.), ohne Unterbrechung fortgesetzt (vgl. § 11 Rdn. 6).

C. Internationale Bezüge

60 Nach Maßgabe der §§ 356 f. kann über das inländische Vermögen eines Schuldners ein **Partikularinsolvenzverfahren** eröffnet werden, wenn die internationale Zuständigkeit eines deutschen Gerichts für die Eröffnung eines Insolvenzverfahrens über dessen gesamtes Vermögen nicht gegeben ist. Antragsberechtigt ist insoweit gem. § 356 Abs. 1 der Gläubiger, nicht jedoch der Schuldner. Zum Antrag auf Eröffnung eines **Sekundärinsolvenzverfahrens**, soweit nicht ein solches gem. Art. 102 § 3 Abs. 1 Satz 1 EGInsO unzulässig ist, ist gem. § 356 Abs. 2 auch der ausländische Insolvenzverwalter berechtigt.

§ 14 Antrag eines Gläubigers

(1) Der Antrag eines Gläubigers ist zulässig, wenn der Gläubiger ein rechtliches Interesse an der Eröffnung des Insolvenzverfahrens hat und seine Forderung und den Eröffnungsgrund glaubhaft macht. War in einem Zeitraum von zwei Jahren vor der Antragstellung bereits ein Antrag auf Eröffnung eines Insolvenzverfahrens über das Vermögen des Schuldners gestellt worden, so wird der Antrag nicht allein dadurch unzulässig, dass die Forderung erfüllt wird. In diesem Fall hat der Gläubiger auch die vorherige Antragstellung glaubhaft zu machen.

(2) Ist der Antrag zulässig, so hat das Insolvenzgericht den Schuldner zu hören.

(3) Wird die Forderung des Gläubigers nach Antragstellung erfüllt, so hat der Schuldner die Kosten des Verfahrens zu tragen, wenn der Antrag als unbegründet abgewiesen wird.

---

73 FK-InsO/*Schmerbach* Rn. 46.
74 BGH 14.01.2010, IX ZB 177/09, ZIP 2010, 291 unter II.2.b.
75 LG Koblenz 23.10.2000, 2 T 235/00, NZI 2001, 44.
76 LG Göttingen 23.03.1992, 6 T 215/91, ZIP 1992, 572.

Übersicht

		Rdn.			Rdn.
A.	Normzweck	1	IV.	Rechtliches Interesse	19
B.	Zulässigkeit des Gläubigerantrags (Abs. 1)	3		1. Teilnahme am Insolvenzverfahren als Antragsziel	20
I.	Darlegung und Glaubhaftmachung der Forderung	4	C.	2. Missbrauch des Antragsrechts	24
II.	Fortbestehen der Zulässigkeit trotz Erfüllung der Forderung (Abs. 1 Satz 2 und Satz 3)	11	D.	Anhörung des Schuldners (Abs. 2)	26
				Kosten des Eröffnungsverfahrens (Abs. 3)	33
III.	Darlegung und Glaubhaftmachung des Eröffnungsgrundes	16	E.	Prozesskostenhilfe für das Eröffnungsverfahren	37
			F.	Internationale Bezüge	39

A. Normzweck

Um den Schuldner vor unberechtigten Eingriffen in die Verfügungsbefugnis über das eigene Vermögen und seine wirtschaftlichen Interessen zu schützen, erlegt § 14 dem antragstellenden Gläubiger die Glaubhaftmachung der von ihm geltend gemachten Forderung und des behaupteten Eröffnungsgrundes auf. Darüber hinaus stellt die Vorschrift klar, dass dem Schuldner im Eröffnungsverfahren rechtliches Gehör zu gewähren ist, dies aber mangels Beschwer erst und nur dann, wenn sich der Eröffnungsantrag des Gläubigers nicht bereits nach dessen eigenem Vorbringen als unzulässig darstellt. **1**

Durch das Haushaltsbegleitgesetz 2011 wurden mit Wirkung zum 01.01.2011 die Sätze 2 und 3 an Abs. 1 sowie der Abs. 3 angefügt. Der Gesetzesbegründung zufolge zielt die Änderung darauf, die Möglichkeit zu schaffen, die wirtschaftliche Tätigkeit insolventer Unternehmen einzuschränken und die Zahlungsfähigkeit des Schuldners möglichst frühzeitig abzuklären. Insb. sollen die Verluste, die Gläubiger durch Insolvenzanfechtungen erleiden, reduziert werden. Der neue Abs. 3 bezweckt, durch Entlastung des Gläubigers vom Kostenrisiko eine frühzeitige Antragstellung zu fördern. **2**

B. Zulässigkeit des Gläubigerantrags (Abs. 1)

§ 14 Abs. 1 knüpft an die allgemeinen Zulässigkeitsvoraussetzungen des § 13 an (vgl. dazu § 13 Rdn. 5 ff.) und bestimmt für den Eröffnungsantrag eines Gläubigers weitergehende Anforderungen. Bezieht sich dieser Antrag auf eines der in § 11 Abs. 2 Nr. 2 aufgeführten Sondervermögen, sind für den Gläubiger zudem die Sondervorschriften der §§ 315 ff. zu beachten, namentlich die Antragsfrist des § 319 und die aus § 325 folgende Beschränkung auf Nachlassverbindlichkeiten sowie die Eingrenzung des Gläubigerkreises in § 332 Abs. 2 und in § 333 Abs. 1. In formeller Hinsicht besteht entsprechend § 253 Abs. 5 ZPO das zusätzliche Erfordernis, die für die Anhörung des Schuldners erforderliche Zahl von Abschriften der Antragsschrift beizufügen. Geschieht dies nicht, kann das Gericht die Abschriften nachfordern oder, was wegen der Eilbedürftigkeit vorzuziehen ist, gegen Berechnung der Schreibauslagen (§ 28 Abs. 1 Satz 2 GKG, Nr. 9000–1 KV) selbst anfertigen.[1] **3**

I. Darlegung und Glaubhaftmachung der Forderung

Der Gläubiger muss zunächst seine Forderung glaubhaft machen. Dies hat gem. § 4 nach Maßgabe des § 294 ZPO, also durch ein präsentes Beweismittel einschließlich der eidesstattlichen Versicherung zu erfolgen.[2] Durch die Notwendigkeit einer – wenn auch vereinfachten – Beweisführung wird inzident die **Schlüssigkeit** des Sachvorbringens über den Grund der Forderung zur Zulässigkeitsvoraussetzung für den Eröffnungsantrag des Gläubigers erhoben. Da es hingegen nicht auf die Höhe der Forderung ankommt, kann genügen, dass der Gläubiger nur einen Teil der Forderung schlüssig darlegt und glaubhaft gemacht hat.[3] Nicht alle Arten von Forderungen rechtfertigen die **4**

---

1 Vgl. FK-InsO/*Schmerbach* Rn. 13; HambK-InsR/*Wehr* Rn. 3.
2 Vgl. BGH 11.09.2003, IX ZB 37/03, BGHZ 156, 139 unter III.1.a.
3 BGH 05.02.2004, IX ZB 29/03, ZIP 2004, 1466 unter II.

Antragstellung, insoweit ergeben sich Beschränkungen durch das weitere gesetzliche Merkmal des rechtlichen Interesses (s. Rdn. 19 ff.).

5 Im Rahmen der Zulässigkeitsprüfung findet die Amtsermittlung nach § 5 Abs. 1 nicht statt.[4] Vielmehr folgt aus dem Erfordernis der Glaubhaftmachung, dass der Gläubiger von vornherein Beweismittel der in den §§ 371, 373, 403, 420 ZPO bezeichneten Arten oder eine Versicherung an Eides statt – also nicht notwendiger Weise einen Titel über die Forderung[5] – beibringen und präsent haben muss.[6] Nicht zugelassen ist allerdings die Vernehmung des Schuldners als Antragsgegner entsprechend § 445 ZPO; die Vorschrift wird verdrängt durch die Bestimmungen in §§ 20 Abs. 1, 97, 98, 101 Abs. 1 Satz 1 und 2, Abs. 2 über die Auskunftspflicht des Schuldners.[7] Für die richterliche Überzeugungsbildung genügt bei der Beweisführung durch Glaubhaftmachung nach § 294 ZPO i.V.m. §§ 14 Abs. 1 Satz 4 InsO, dass eine **überwiegende Wahrscheinlichkeit** für die Richtigkeit der Behauptung besteht.[8]

6 Zur Glaubhaftmachung muss die Forderung des antragstellenden Gläubigers nicht tituliert sein.[9] Ist sie es jedoch, muss der Schuldner Einwendungen gegen die (vorläufige) Vollstreckbarkeit in dem dafür vorgesehenen Verfahren verfolgen;[10] dies gilt auch für vollstreckbare öffentlich-rechtliche Forderungen.[11] Solange die Vollstreckbarkeit nicht auf diese Weise beseitigt ist, braucht das Insolvenzgericht die Einwendungen des Schuldners nicht zu berücksichtigen.[12] Dem entsprechend bildet ein Titel, nachdem die Vollstreckung hieraus gegen Sicherheitsleistung eingestellt worden ist, nur dann keine Grundlage für den Insolvenzantrag mehr, wenn die Sicherheitsleistung seitens des Schuldners tatsächlich erbracht wurde.[13]

7 Da für die Beurteilung der Eröffnungsvoraussetzungen der Zeitpunkt der letzten tatrichterlichen Entscheidung maßgeblich ist, darf der Gläubiger die geltend gemachte Forderung **auswechseln**; das gilt auch, wenn der Schuldner zuvor die Forderung, auf die der Eröffnungsantrag zunächst gestützt war, getilgt hatte.[14] Der Gläubiger ist insoweit nicht gehalten, den ursprünglichen Eröffnungsantrag für erledigt zu erklären und einen neuen Antrag zu stellen. Eine gesetzliche Stütze findet dies nunmehr in § 14 Abs. 1 Satz 2, wonach die Erfüllung der (zunächst) geltend gemachten Forderung nicht per se zur Unzulässigkeit des Eröffnungsantrags führt. Ob das Nachschieben der Forderung einer sorgfältigen und auf Förderung des Verfahrens bedachten Prozessführung entspricht, ist für die Zulässigkeit des Eröffnungsantrags ohne Belang.[15]

8 **Sozialversicherungsbeiträge** sind regelmäßig nur dann schlüssig dargelegt, wenn sie nach Monat und Arbeitgeber aufgeschlüsselt sind.[16] Zu deren Glaubhaftmachung sind die **Leistungsbescheide** oder **Beitragsnachweise** des Arbeitgebers vorzulegen.[17] Sprechen erhebliche Anhaltspunkte gegen die Richtigkeit ihres Inhalts, ist die Vorlage weiterer Beweismittel erforderlich. So kann das Bestehen der noch nicht bestandskräftig festgestellten Forderung insgesamt in Frage gestellt sein, wenn die

---

4 Vgl. BGH 12.12.2002, IX ZB 426/02, BGHZ 153, 205 unter III.1.a.
5 BGH 23.10.2008, IX ZB 7/08, WuM 2009, 144.
6 Vgl. BGH 11.09.2003, IX ZB 37/03, BGHZ 156, 139 unter III.1.a.
7 HK-InsO/*Kirchhof* § 5 Rn. 11.
8 Vgl. BGH 11.09.2003, IX ZB 37/03, BGHZ 156, 139 unter III.1.a.
9 BGH 23.10.2008, IX ZB 7/08, WuM 2009, 144.
10 BGH 29.11.2007, IX ZB 12/07, WM 2008, 227, 228 unter II.2.c.aa.
11 BGH 17.09.2009, IX ZB 26/08, ZInsO 2009, 2072 unter 1.c.
12 BGH 17.09.2009, IX ZB 26/08, ZInsO 2009, 2072 unter 1.c.
13 BGH 14.01.2010, IX ZB 177/09, ZIP 2010, 291 unter II.2.b.
14 BGH 05.02.2004, IX ZB 29/03, ZIP 2004, 1466 unter III.2; 09.02.2012, IX ZB 188/11, ZInsO 2012, 593 unter II.1.a.
15 *BGH 05.02.2004, IX ZB 29/03, ZIP 2004, 1466 unter III.2.*
16 BGH 05.02.2004, IX ZB 29/03, ZIP 2004, 1466 unter II.
17 BGH 05.02.2004, IX ZB 29/03, ZIP 2004, 1466 unter II.

Zahl oder das Gehalt der versicherten Arbeitnehmer reduziert worden ist oder der Arbeitgeber Ansprüche auf Ausgleich nach dem Lohnfortzahlungsgesetz hat.[18]

Handelt es sich um **Steuerschulden**, sind zur Glaubhaftmachung mindestens die **Steuerbescheide** und ggf. die **Steuervoranmeldungen** vorzulegen; der Kontoauszug des Finanzamts ist als interne Verwaltungshilfe zur Glaubhaftmachung ungenügend.[19] Die Vorlage der Bescheide ist lediglich dann entbehrlich, wenn die Steuerfestsetzungen hinreichend bestimmt dargelegt und unstreitig sind.[20]

Soll aus der vom Gläubiger geltend gemachten Forderung allein auch der Eröffnungsgrund abgeleitet werden und ist diese Forderung bestritten, muss sie für die Eröffnung des Insolvenzverfahrens bewiesen sein.[21] Die für die Zulässigkeitsprüfung noch ausreichende Glaubhaftmachung genügt insoweit nicht, weil das Insolvenzgericht im Rahmen der Prüfung der **Begründetheit** die volle Überzeugung vom Bestehen eines Eröffnungsgrundes gewinnen muss (vgl. § 16 Rdn. 9). Ist der Gläubiger in die Begründetheitsstation des Eröffnungsverfahrens vorgedrungen, hilft ihm bei der dortigen Beweisführung freilich der Amtsermittlungsgrundsatz des § 5 Abs. 1.

II. Fortbestehen der Zulässigkeit trotz Erfüllung der Forderung (Abs. 1 Satz 2 und Satz 3)

Die durch das Haushaltsbegleitgesetz 2011 mit Wirkung zum 01.01.2011 dem Abs. 1 des § 14 angefügten Sätze 2 und 3 bestimmen, dass ein Eröffnungsantrag nicht allein durch Erfüllung der Forderung unzulässig wird, wenn in einem Zeitraum von zwei Jahren vor der Antragstellung bereits ein Eröffnungsantrag gestellt worden war und der Gläubiger die vorherige Antragstellung glaubhaft macht. Verfolgt hiernach der Gläubiger trotz Erfüllung seiner Forderung den Eröffnungsantrag weiter, muss er aufgrund der Bestimmungen des neuen Abs. 3 auch nicht die Kostenlast fürchten, wenn der Eröffnungsantrag im Ergebnis als unbegründet abgewiesen wird.

Die – äußerst umstrittene[22] – Änderung verfolgt der Gesetzesbegründung[23] zufolge das Ziel, die wirtschaftliche Tätigkeit insolventer Unternehmen einzuschränken und die Zahlungsfähigkeit des Schuldners möglichst frühzeitig abzuklären. Dies war bislang nicht möglich, weil die Zulässigkeitsvoraussetzungen im Zeitpunkt der Eröffnungsentscheidung gegeben sein müssen und das Erlöschen der geltend gemachten Forderung durch Erfüllung dem Gläubiger gebot, den Eröffnungsantrag in der Hauptsache für erledigt zu erklären, um die Abweisung als unzulässig mit der Kostenfolge des § 91 Abs. 1 Satz 1 ZPO zu vermeiden (vgl. § 13 Rdn. 51 ff.). Um die aus ihrer Sicht gebotene Abhilfe zu schaffen, betrieb bereits seit dem Jahr 2005 die damalige Bundesregierung, zuerst mit dem Referentenentwurf eines Gesetzes zum Pfändungsschutz der Altersvorsorge und zur Anpassung des Rechtes der Insolvenzanfechtung,[24] eine Änderung dahingehend, dass der Eröffnungsantrag nicht allein dadurch unzulässig werde, dass der Schuldner nach Antragstellung die Forderung erfülle. Die gleiche Regelung sah auch noch der im Jahr 2010 eingebrachte Entwurf der dann amtierenden Bundesregierung zum Haushaltsbegleitgesetz 2011 vor. Erst im parlamentarischen Verfahren fand die jetzt geltende Zweijahresschranke Eingang. Damit sollte der Kritik begegnet werden, das Fortbestehen des Antragsrechts trotz Erfüllung der Forderung gefährde bei nur vorübergehend zahlungsunfähigen Unternehmen eine mögliche Sanierung.

Der Gesetzesbegründung[25] ist zu entnehmen, dass das Fortbestehen der Zulässigkeit davon abhängen soll, dass der Gläubiger ein über die getilgte Forderung hinaus reichendes individuelles recht-

---

18 BGH 05.02.2004, IX ZB 29/03, ZIP 2004, 1466 unter II.
19 BGH 13.06.2006, IX ZB 214/05, ZIP 2006, 1456 unter 2.
20 BGH 09.07.2009, IX ZB 86/09, ZInsO 2009, 1533; 12.07.2012, IX ZB 264/11, ZInsO 2012, 1418 unter III.1.
21 BGH 14.12.2005, IX ZB 207/04, ZIP 2006, 247.
22 Vgl. etwa FK-InsO/*Schmerbach* Rn. 172 und die dortigen Nachw.
23 BT-Drucks. 17/3030, 42.
24 ZVI 2005, 330 (333).
25 BT-Drucks. 17/3030, 42.

liches Interesse an der Eröffnung des Insolvenzverfahrens hat. Ein rein altruistisches, auf die Belange anderer Gläubiger abstellendes Handeln soll nicht ausreichen. Im Fokus stehen der Steuerfiskus und die Sozialversicherungsträger, denen gegenüber der Schuldner auch zukünftig gesetzliche Verbindlichkeiten begründen wird und die wegen der Kenntnis vom Vorliegen des Eröffnungsgrundes in der Gefahr stehen, sowohl die gerade erhaltene als auch die zukünftigen Zahlungen des Schuldners aufgrund der Insolvenzanfechtung seitens des Insolvenzverwalters nach Eröffnung des Insolvenzverfahrens wieder herausgeben zu müssen. Diese Gefahr, der sich die genannten Gläubiger wegen der Verpflichtung zur Annahme der Zahlungen nicht entziehen könnten, soll das rechtliche Interesse an der Aufrechterhaltung des Eröffnungsantrags begründen.

14 Die neue Fassung des § 14 Abs. 1 durch das Haushaltsbegleitgesetz 2011 erscheint vor allem aus drei Gründen unglücklich. Erstens macht die Gesetzesbegründung abermals keinen Hehl daraus, dass die mit der InsO eingeführte absolute Gleichbehandlung privater und öffentlich-rechtlicher Gläubiger zugunsten einer Privilegierung der letzteren aufgeweicht werden soll. Zweitens wirft die gesetzliche Festlegung, dass die Erfüllung der Forderung allein den Eröffnungsantrag nicht unzulässig mache, die Frage auf, ob – wie bislang – die Erfüllung der Forderung auch dann zu einer Erledigung des Eröffnungsantrags führt, wenn ein Gläubiger, namentlich der Steuerfiskus und die Sozialversicherungsträger, aufgrund der von ihnen bedauerten »Zwangsgläubigerschaft« ein rechtliches Interesse an der Aufrechterhaltung des Eröffnungsantrags haben. Sollte dies seit dem 01.01.2011 nicht mehr der Fall sein, wäre ein solcher Gläubiger schon aus Kostengründen gehalten, den Eröffnungsantrag in jedem Fall aufrechtzuerhalten. Die gleiche Folgerung ist zu ziehen, wenn man es als Indiz für einen wegen Rechtsmissbrauchs (s. Rdn. 24) unzulässigen »Druckantrag« ansieht, dass der Gläubiger nach der Zahlung den Eröffnungsantrag für erledigt erklärt, obwohl er um das Vorliegen der Voraussetzungen des § 14 Abs. 1 Satz 2 weiß.[26] Drittens lässt das undifferenzierte Abstellen auf einen früheren Eröffnungsantrag nicht erkennen, ob damit nur ein solcher gemeint ist, dessen Zulässigkeit ausschließlich an der nachträglichen Erfüllung der damit geltend gemachten Forderung scheiterte, oder jedweder früherer Eröffnungsantrag innerhalb der Zweijahresgrenze genügt, also etwa auch ein von vornherein unzulässiger oder unbegründeter oder noch anhängiger oder vom Schuldner selbst gestellter Antrag. Insoweit wird eine teleologische Reduktion auf den erstgenannten Fall befürwortet.[27]

15 Die in § 14 Abs. 1 Satz 3 geforderte Glaubhaftmachung der früheren Antragstellung hat i.d.R. durch Vorlage eines Auszugs aus den Verfahrensakten zu erfolgen. Sind gerichtliche Entscheidungen aus diesem Eröffnungsverfahren veröffentlicht oder ist es bei demselben Insolvenzgericht anhängig gewesen, genügt die Benennung des Aktenzeichens,[28] denn unter diesen Umständen sind die maßgeblichen Urkunden i.S.d. § 294 Abs. 2 ZPO präsent. War gar derselbe Richter mit dem früheren Eröffnungsantrag befasst, ist dieser gerichtskundig und bedarf gem. § 291 ZPO keines Beweises.

III. Darlegung und Glaubhaftmachung des Eröffnungsgrundes

16 Der Gläubiger muss ferner die Voraussetzungen eines Eröffnungsgrundes i.S.d. §§ 17, 19 darlegen und diese ebenfalls nach Maßgabe des § 294 ZPO i.V.m. § 4 (s. Rdn. 5) glaubhaft machen. Auf die drohende Zahlungsunfähigkeit des Schuldners kann er sich nicht berufen, da diese gem. § 18 nur bei einem Eigenantrag Eröffnungsgrund ist. Im Anwendungsbereich des § 14 Abs. 1 Satz 2, der es dem Gläubiger unter den dort genannten Voraussetzungen ermöglicht, den Eröffnungsantrag trotz Erfüllung seiner Forderung weiter zu verfolgen (s. Rdn. 11 ff.), gilt das Erfordernis der Glaubhaftmachung des Eröffnungsgrundes ohne Einschränkung.[29]

---

26 So AG Hamburg 27.09.2011, 67c IN 74/11.
27 LG Leipzig 16.01.2012, 8 T 887/11, NZI 2012, 274 unter II; AG Göttingen 26.08.2011, 74 IN 86/11, ZIP 2011, 2312 unter B.I.2.; FK-InsO/*Schmerbach* Rn. 175d.
28 BGH 11.04.2013, IX ZB 256/11, WM 2013, 1033 unter II.2.a.ee; LG Leipzig 16.01.2012, 8 T 887/11, NZI 2012, 274 unter II; FK-InsO/*Schmerbach* Rn. 175e.
29 BGH 11.04.2013, IX ZB 256/11, WM 2013, 1033 unter II.2.a m.w.N., auch zu der u.a. in der Vorauflage vertretenen a.A.

Zur Glaubhaftmachung der Zahlungsunfähigkeit des Schuldners bedarf es keines fruchtlosen Vollstreckungsversuchs.[30] Dem Gläubiger kommt bei der Antragstellung die gesetzliche Vermutung des § 17 Abs. 2 Satz 2 uneingeschränkt zugute, so dass es genügt, andere Umstände darzulegen und glaubhaft zu machen, aus denen sich ergibt, dass der Schuldner seine Zahlungen eingestellt hat (vgl. § 17 Rdn. 19 ff.). Da eine einmal nach außen in Erscheinung getretene Zahlungsunfähigkeit fortwirkt und nur dadurch wieder beseitigt werden kann, dass der Schuldner die Zahlungen an die Gesamtheit der Gläubiger wieder aufgenommen hat (vgl. § 17 Rdn. 26), reicht in den Fällen des § 14 Abs. 1 Satz 2 die Erfüllung der antragsgegenständlichen Forderung durch den Schuldner für sich genommen nicht aus, entsprechende Indizien für seine Zahlungsunfähigkeit, die aus der zwischenzeitlichen Nichterfüllung dieser Forderung selbst abgeleitet sein können (s. Rdn. 10), zu entkräften.[31]

17

Überschuldung ist indiziert – und damit i.S.d. § 14 Abs. 1 glaubhaft gemacht –, wenn sich aus der vom Gläubiger vorgelegten **Handelsbilanz** der Schuldnerin ein nicht durch Eigenkapital gedeckter Fehlbetrag ergibt und der Gläubiger ergänzend darlegt, ob und ggf. in welchem Umfang stille Reserven oder sonstige aus ihr nicht ersichtliche Vermögenswerte vorhanden sind.[32] Auch die Unvollständigkeit oder anderweitige Unrichtigkeit der Handelsbilanz ist taugliches Indiz für die Überschuldung,[33] allerdings muss der Gläubiger die insoweit zugrunde gelegten Umstände, also etwa die unzutreffende Bewertung einer in der Handelsbilanz ausgewiesenen Forderung oder das Bestehen einer dort nicht ausgewiesenen Verbindlichkeit glaubhaft machen. Dass der Bilanzstichtag nicht mit dem für die Beurteilung der Zulässigkeit des Eröffnungsantrags maßgeblichen Zeitpunkt übereinstimmt, beeinträchtigt die Indizwirkung nicht, wenn der Bilanzstichtag erst wenige Monate zurückliegt.[34]

18

IV. Rechtliches Interesse

Dem gesetzlichen Merkmal des rechtlichen Interesses an der Eröffnung des Insolvenzverfahrens kommt nur geringe eigenständige Bedeutung zu. Hat der Gläubiger, wie von § 14 Abs. 1 weiter vorausgesetzt, seine Forderung und den Eröffnungsgrund glaubhaft gemacht, ist ein rechtliches Interesse i.d.R. bereits deshalb zu bejahen.[35] Wenngleich die Eröffnung des Insolvenzverfahrens den Belangen aller Gläubiger dient, knüpft das Antragsrecht doch an das individuelle Befriedigungsinteresse des antragstellenden Gläubigers an; dementsprechend lässt der Eröffnungsantrag eines anderen Gläubigers das rechtliche Interesse unberührt. Ein solches fehlt dem Gläubiger lediglich dann, wenn er im Falle der Eröffnung **nicht am Insolvenzverfahren beteiligt** wäre oder sein Antragsrecht **für verfahrensfremde Zwecke missbraucht**.[36]

19

1. Teilnahme am Insolvenzverfahren als Antragsziel

Das Insolvenzverfahren dient gem. § 1 Satz 1 der gemeinschaftlichen Befriedigung der Gläubiger. Demnach muss der Eröffnungsantrag eines Gläubigers seine mindestens anteilige Befriedigung im Rahmen der Teilnahme an einem Insolvenzverfahren zum Ziel haben; anderweitige schützenswerte Belange eines Gläubigers rechtfertigen für sich genommen nicht den gem. § 80 mit der Eröffnung des Insolvenzverfahrens verbundenen weitreichenden Eingriff in die Rechte des Schuldners.[37]

20

---

30 BGH 05.02.2004, IX ZB 29/03, ZIP 2004, 1466 unter III.3; 12.07.2012, IX ZB 264/11, ZInsO 2012, 1418 unter III.3.
31 BGH 11.04.2013, IX ZB 256/11, WM 2013, 1033 unter II.2.a.dd.
32 BGH 27.04.2009, II ZR 253/07, ZIP 2009, 1220 unter II.1.a; 08.03.2012, IX ZR 102/11, WM 2012, 665 unter 1.b.
33 BGH 28.04.2008, II ZR 51/07, ZInsO 2008, 1019 unter II.
34 BGH 28.04.2008, II ZR 51/07, ZInsO 2008, 1019 unter II.
35 BGH 07.02.2008, IX ZB 137/07, ZIP 2008, 565 unter II.2.a.
36 BGH 07.02.2008, IX ZB 137/07, ZIP 2008, 565 unter II.2.a.
37 BGH 29.11.2007, IX ZB 12/07, ZIP 2008, 281 unter II.2.b.bb.

§ 14 InsO Antrag eines Gläubigers

Die Teilnahme an einem Insolvenzverfahren kann der Gläubiger unter anderem dann nicht erreichen, wenn sein Anspruch keine Insolvenzforderung i.S.d. § 38 oder gem. §§ 47 ff. im Wege der Aussonderung oder Ersatzaussonderung zu verfolgen ist.[38] Ebenso nimmt ein persönlicher, absonderungsberechtigter Gläubiger gem. § 52 Satz 2 nicht an der anteilsmäßigen Befriedigung aus der Insolvenzmasse teil, wenn er durch die Geltendmachung des Absonderungsrechts vollständig befriedigt wird. Daher schließt das Vorhandensein einer unzweifelhaft ausreichenden dinglichen Sicherung das Antragsrecht aus.[39]

21 Für **Neugläubiger** besteht ein rechtliches Interesse an der Eröffnung eines weiteren Insolvenzverfahrens grds. nicht, weil das gesamte pfändbare Vermögen, das der Schuldner nach Eröffnung des Insolvenzverfahrens – etwa durch selbständige Tätigkeit – erworben hat, gem. § 35 Abs. 1, § 36 in die Insolvenzmasse des eröffneten Verfahrens fällt.[40] Anderes gilt, wenn der Insolvenzverwalter gem. § 35 Abs. 2 erklärt hat, dass Vermögen aus einer ausgeübten oder beabsichtigten selbständigen Tätigkeit des Schuldners nicht zur Insolvenzmasse gehört und Ansprüche aus dieser Tätigkeit nicht im eröffneten Insolvenzverfahren geltend gemacht werden können[41] oder wenn sich der Schuldner nach Aufhebung des Insolvenzverfahrens in der Wohlverhaltensperiode befindet. In diesen Fällen bedarf es keiner über die allgemeinen insolvenzrechtlichen Zulässigkeitsvoraussetzungen hinausgehenden Darlegung des Gläubigers, dass der Schuldner Vermögen aus selbständiger Tätigkeit (§ 35 Abs. 2, § 295 Abs. 2), dem freien Teil einer Erbschaft (§ 295 Abs. 1 Nr. 2) oder einen Motivationsrabatt (§ 292 Abs. 1 Satz 4) erlangt hat.[42]

22 Aus den Bestimmungen des § 26 Abs. 1, wonach lediglich die mangelnde Deckung der Verfahrenskosten, nicht jedoch Masseunzulänglichkeit i.S.d. § 208 die Abweisung des Eröffnungsantrags mangels Masse rechtfertigt, ergibt sich, dass eine **fehlende Befriedigungsaussicht** das rechtliche Interesse des Gläubigers unberührt lässt. Dies gilt auch in Bezug auf den Eröffnungsantrag eines **nachrangigen Gläubigers** i.S.d. § 39 Abs. 1 Nr. 5.[43] Ebenso wenig schließt die Vereinbarung eines **Rangrücktritts** i.S.d. § 39 Abs. 2 das Antragsrecht für den daran beteiligten Gläubiger aus.[44] Wenngleich eine mit Rangrücktritt behaftete Forderung gem. § 19 Abs. 2 Satz 2 bei der Überschuldung nicht zu berücksichtigen ist, kann doch ein Eröffnungsgrund gegeben sein. Es erschiene widersprüchlich, dem Inhaber einer solchen Forderung als Gläubiger das Antragsrecht zu verwehren, obwohl ihn unter den Voraussetzungen des § 15a Abs. 3 als Gesellschafter und Notvertreter einer Schuldnergesellschaft, deren Verbindlichkeiten weder unmittelbar noch mittelbar durch die institutionelle Haftung einer natürlichen Person abgesichert sind, gar eine Antragspflicht treffen kann. Eine fehlende Befriedigungsaussicht des Gläubigers lässt allerdings dessen Antragstellung als mutwillig i.S.d. § 114 ZPO (i.V.m. § 4) erscheinen, so dass ihm Prozesskostenhilfe hierfür nicht bewilligt werden kann (s. Rdn. 38).[45]

23 Neue Bedeutung gewinnt das Merkmal des rechtlichen Interesses durch die mit dem Haushaltsbegleitgesetz 2011 vorgenommene Anfügung der Sätze 2 und 3 an § 14 Abs. 1. Sie bestimmen, dass ein Eröffnungsantrag nicht allein durch **Erfüllung der Forderung** unzulässig wird, wenn in einem Zeitraum von zwei Jahren vor der Antragstellung bereits ein Eröffnungsantrag gestellt worden war und der Gläubiger die vorherige Antragstellung glaubhaft macht. Auf der Grundlage der Rechtsprechung, dass der Gläubiger sein rechtliches Interesse aus der erstrebten Teilnahme am Insolvenz-

---

38 HK-InsO/*Kirchhof* Rdn. 25.
39 BGH 29.11.2007, IX ZB 12/07, ZIP 2008, 281 unter II.2.b.bb.
40 BGH 03.07.2008, IX ZB 182/07, ZIP 2008, 1976 unter II.2.a.
41 BGH 09.06.2011, IX ZB 175/10, ZIP 2011, 1326 = WM 2011, 1344.
42 BGH 09.06.2011, IX ZB 175/10, ZIP 2011, 1326 = WM 2011, 1344 unter II.2.d.
43 BGH 23.09.2010, IX ZB 282/09, ZIP 2010, 2055.
44 Vgl. MüKo-InsO/*Schmahl* Rn. 48; *Gundlach/Müller* ZInsO 2011, 84; a.A. *Uhlenbruck* Rn. 51; FK-InsO/*Schmerbach* Rn. 84.
45 BGH 08.07.2004, IX ZB 565/02, ZInsO 2004, 976 unter III.2.

verfahren ableitet,[46] würde die seit dem 01.01.2011 geltende gesetzliche Fiktion der fortbestehenden Zulässigkeit lediglich dann Platz greifen, wenn sie dem befriedigten Gläubiger nicht nur über das Erlöschen der glaubhaft gemachten Forderung, sondern auch über den damit verbunden Wegfall des rechtlichen Interesses hinweg helfen könnte. Letzteres aber soll der Gesetzesbegründung zu den Sätzen 2 und 3 des § 14 Abs. 1 zufolge gerade nicht der Fall sein: Das Initiativrecht des Gläubigers sei zwar nicht nur im eigenen Interesse, sondern auch im Interesse der Gesamtgläubigerschaft gegeben und bleibe daher trotz Erfüllung seiner Forderung bestehen. Hiernach seien jedoch besonders strenge Anforderungen an das Rechtsschutzinteresse und die Glaubhaftmachung des Insolvenzgrundes zu stellen. Ein solchermaßen besonderes rechtliches Interesse könne wohl ausschließlich bei den Finanzbehörden und den Sozialversicherungsträgern gegeben sein, die aufgrund der gesetzlichen Vorgaben nicht die Möglichkeit hätten, die Verbindung zum insolventen Schuldner einseitig zu beenden, und nur durch das Aufrechterhalten des Insolvenzantrags verhindern könnten, dass weitere Forderungen entstehen (s. Rdn. 13). Der BGH[47] hat sich diese Sichtweise zu eigen gemacht und das rechtliche Interesse des antragstellenden Sozialversicherungsträgers an der Fortführung des Verfahrens nach § 14 Abs. 1 Satz 2 für den Fall verneint, dass der Schuldner das Arbeitsverhältnis des beim Antragsteller versicherten Arbeitnehmers gekündigt und die Betriebsstätte geschlossen hat.

2. Missbrauch des Antragsrechts

Ein Eröffnungsantrag ist unter anderem dann rechtsmissbräuchlich, wenn es dem Gläubiger lediglich um die Beendigung eines lästigen Vertragsverhältnisses geht[48] oder er ausschließlich den Zweck verfolgt, einen Konkurrenten aus dem Wettbewerb zu entfernen.[49] Gleiches gilt, wenn der Antragsteller die Ausforschung von Vermögensgegenständen des Schuldners betreibt, um sich im Rahmen der Einzelzwangsvollstreckung Vorteile gegenüber anderen Gläubigern zu verschaffen.[50] Die tatsächlichen Voraussetzungen eines Rechtsmissbrauchs hat der Schuldner zu beweisen.[51]   24

Nicht rechtsmissbräuchlich handelt indessen ein antragstellender Gläubiger, der keine Auskunft über die tatsächlichen Voraussetzungen eines gegen ihn gerichteten Anfechtungsanspruchs gegen sich erteilt, denn zu einer derartigen Auskunft ist der Gläubiger weder gegenüber dem Insolvenzgericht noch gegenüber dem (künftigen) Verwalter verpflichtet.[52] Ferner darf der Gläubiger, der keine ausreichende dingliche Sicherung hat, grds. nicht auf die Einzelzwangsvollstreckung verwiesen werden, da sie gegenüber dem Insolvenzverfahren keinen Vorrang genießt, insb. nicht einen einfacheren und billigeren Weg zur Durchsetzung seiner Forderung darstellt.[53] Dass die Forderung des Gläubigers verhältnismäßig geringfügig ist, begründet ebenfalls keinen Rechtsmissbrauch.[54]   25

C. Anhörung des Schuldners (Abs. 2)

Der Schuldner ist gem. § 14 Abs. 2 zu hören, wenn der Eröffnungsantrag zulässig ist. Daher ist ihm rechtliches Gehör auch dann zu gewähren, wenn der Eröffnungsantrag gem. § 26 Abs. 1 mangels Masse abgewiesen werden soll.[55] Bei einem prozessunfähigen Schuldner, ist die Anhörung an dessen gesetzlichen Vertreter (vgl. § 13 Rdn. 15 ff.) zu richten. Im Falle einer mehrgliedrigen Vertretung genügt die Bekanntgabe des Eröffnungsantrags an ein Mitglied.[56] Anderes gilt gem. § 15 Abs. 2   26

---

46 BGH 29.11.2007, IX ZB 12/07, ZIP 2008, 281 unter II.2.b.bb.
47 12.07.2012, IX ZB 18/12, ZIP 2012, 1674 unter II.2.
48 BGH 29.06.2006, IX ZB 245/05, ZIP 2006, 1452 unter II.3.b.
49 BGH 19.05.2011, IX ZB 214/10, ZIP 2011, 1161 unter II.1.a.
50 BGH 07.02.2008, IX ZB 137/07, ZIP 2008, 565 unter II.2.
51 BGH 29.06.2006, IX ZB 245/05, ZIP 2006, 1452 unter II.3.b.
52 BGH 07.02.2008, IX ZB 137/07, ZIP 2008, 565 unter II.2.b.
53 BGH 05.02.2004, IX ZB 29/03, ZIP 2004, 1466 unter III.3.
54 BGH 07.05.2009, IX ZB 262/08, HFR 2009, 1254.
55 BGH 15.01.2004, IX ZB 478/02, ZIP 2004, 724.
56 HambK-InsR/*Wehr* Rn. 57.

Satz 3 für einen Eigenantrag, der nicht von allen gesetzlichen Vertretern gestellt worden ist. Bei einer führungslosen juristischen Person, also einer solchen ohne organschaftlichen Vertreter, können die an ihr beteiligten Personen gehört werden (§ 10 Abs. 2 Satz 2).

27 Aus der Pflicht, dem Schuldner rechtliches Gehör zu gewähren, folgt, dass das Insolvenzgericht sich um die Ermittlung von dessen Anschrift bemühen muss, wenn der Aufenthalt des Schuldners – und sei es, weil er sich auf der Flucht vor den Gläubigern befindet – unbekannt ist.[57] Nur wenn entsprechende Ermittlungsansätze fehlen oder ausgeschöpft sind, darf es nach § 10 Abs. 1 Satz 1 von der Anhörung des Schuldners absehen.

28 Die **Form der Anhörung** bestimmt das Gericht nach pflichtgemäßem Ermessen, eine mündliche Verhandlung ist nicht vorgeschrieben (§ 5 Abs. 3). Allerdings muss das rechtliche Gehör unmittelbar durch das Gericht gewährt werden, die Übertragung der Anhörung auf einen Sachverständigen ist unzulänglich.[58] Die **Äußerungsfrist** ist nicht gesetzlich bestimmt, sie kann und soll mit Rücksicht auf die Eilbedürftigkeit kurz bemessen werden. Der Schuldner muss lediglich in die Lage versetzt werden, sachgerecht zum Eröffnungsantrag Stellung zu nehmen. Eine Woche ist für eine schriftliche Anhörung ausreichend,[59] im Einzelfall kann auch eine geringere Zahl von Tagen genügen.[60] Die Anhörungsfrist darf aber nicht kürzer bestimmt werden als eine auf den Eröffnungsantrag bezogene Frist zur Vornahme von Prozesshandlungen des Schuldners, so diejenige zur Reaktion auf den möglichst gleichzeitig zu erteilenden Hinweis nach § 20 Abs. 2 auf die Möglichkeit der Restschuldbefreiung und im Kleininsolvenzverfahren diejenige zur Stellung eines Eigenantrags (§ 306 Abs. 3). Das Anhörungsgebot dient hingegen nicht dazu, es dem Schuldner zu ermöglichen, die für die gerichtliche Entscheidung relevanten (außerprozessualen) Tatsachen zu ändern, also etwa die Forderung des Gläubigers zu erfüllen.[61]

29 Eine in Erwartung des Eröffnungsantrags eingereichte **Schutzschrift** des Schuldners hat das Gericht zu berücksichtigen.[62] Sie macht allerdings die Anhörung nach § 19 Abs. 2 nicht entbehrlich, weil der Schuldner beim Einreichen der Schutzschrift den tatsächlichen Inhalt des Eröffnungsantrags noch nicht kannte. Auch hierzu muss er sich äußern können.

30 Den Schuldner trifft keine Pflicht, von seinem Anspruch auf rechtliches Gehör Gebrauch zu machen. Der Fortgang des Eröffnungsverfahrens hängt nicht davon ab, ob er sich äußert.[63] Insb. dient die durch §§ 98, 20 Abs. 2 Satz 2 eröffnete Möglichkeit, die Auskunftspflicht des Schuldners nach § 20 Abs. 1 Satz 1 zwangsweise durchzusetzen, nicht der Verwirklichung des Gehörsanspruchs. Anders als im Zivilprozess hat das Schweigen des Schuldners freilich nicht die Wirkung, dass das Gericht das Sachvorbringen des Gläubigers als zutreffend unterstellen muss. So entlastet das Nichtbestreiten der Zulässigkeitsvoraussetzungen den Gläubiger auch dann nicht von der Pflicht nach § 14 Abs. 1 Satz 1, seine Forderung und den Eröffnungsgrund glaubhaft zu machen, wenn das Gericht den Schuldner entgegen § 14 Abs. 2 vor der Glaubhaftmachung angehört hat. Ebenso wenig ist das Gericht davon entbunden, das Vorliegen des Eröffnungsgrundes von Amts wegen aufzuklären. Erkennt hingegen der Schuldner die geltend gemachte Forderung an und erklärt er zudem, nicht zahlen zu können, ist nicht nur die Forderung glaubhaft gemacht sondern auch, da eine solche Erklärung auf eine Zahlungseinstellung hindeutet,[64] gem. § 17 Abs. 2 Satz 2 der Eröffnungsgrund der Zahlungsunfähigkeit zu vermuten.

---

57 BGH 13.04.2006, IX ZB 118/04, ZIP 2006, 1056 unter II.2.b.bb.
58 HK-InsO/*Kirchhof* Rn. 44.
59 FK-InsO/*Schmerbach* Rn. 154.
60 AG Hamburg 11.02.2005, 67c IN 6/05, ZInsO 2005, 669.
61 BVerfG 30.09.2001, 2 BvR 1338/01, KTS 2002, 679; BGH 09.02.2012, IX ZB 188/11, ZInsO 2012, 593 unter II.1.b.
62 FK-InsO/*Schmerbach* Rn. 161.
63 BGH 13.04.2006, IX ZB 118/04, ZIP 2006, 1056 unter II.2.b.bb.
64 BGH 12.10.2006, IX ZR 228/03, ZIP 2006, 2222 unter II.2.a.

Erhebt der Schuldner Einwendungen gegen den Eröffnungsantrag, hat das Gericht zu prüfen, ob sein Sachvorbringen geeignet ist, das Vorliegen der Zulässigkeitsvoraussetzungen in Zweifel zu ziehen, insb. die Wirkung der präsenten Beweismittel des Gläubigers in Bezug auf seine Forderung und den Eröffnungsgrund zu entkräften. Einwendungen gegen eine titulierte Forderung muss der Schuldner allerdings in dem dafür vorgesehenen Verfahren verfolgen,[65] sie sind vom Insolvenzgericht nicht zu berücksichtigen (s. Rdn. 6). Soweit nicht Anlass besteht, nunmehr den Gläubiger zu den Einwendungen des Schuldners anzuhören, ist entsprechend dem Ergebnis der Überprüfung der Zulässigkeit entweder der Eröffnungsantrag als unzulässig abzuweisen oder die Prüfung der Begründetheit aufzunehmen oder, falls dies bereits geschehen ist, fortzusetzen. Das Sachvorbringen des Schuldners kann ferner Anlass geben, Sicherungsmaßnahmen nach § 21 anzuordnen oder aufzuheben. 31

Ist die Anhörung des Schuldners versäumt worden, liegt ein schwerer Verfahrensmangel vor, der für sich genommen die Aufhebung des Eröffnungsbeschlusses durch das Beschwerdegericht rechtfertigt. Da allerdings das Beschwerdeverfahren eine vollständige zweite Tatsacheninstanz ist, kann die Anhörung dort nachgeholt werden. Dies kommt freilich nicht in Betracht, wenn dem Schuldner als Verbraucher oder Kleinunternehmer i.S.d. § 304 durch die Versagung des rechtlichen Gehörs die Möglichkeit genommen worden ist, gem. § 306 Abs. 3 zwecks Erlangung der Restschuldbefreiung seinerseits einen Eröffnungsantrag zu stellen.[66] 32

D. Kosten des Eröffnungsverfahrens (Abs. 3)

Zu den Kosten des Eröffnungsverfahrens gehören zum einen die **Gerichtskosten**. Insoweit fällt gem. Nr. 2310, 2311 KV eine halbe Gebühr nach § 34 Abs. 1, § 58 GKG, bei einem Gläubigerantrag mindestens jedoch ein Betrag von 150 € an. Diese Gebühr schuldet gem. § 23 Abs. 1 Satz 1 zunächst der Antragsteller, und zwar mit Einreichung des Antrags (§ 6 Abs. 1 Nr. 3 GKG). Zusätzlich schuldet er gem. § 23 Abs. 1 Satz 2 GKG die entstandenen **Auslagen**, wenn der Antrag abgewiesen oder zurückgenommen wird. Zu den Auslagen gehören etwa Zustellungskosten (Nr. 9002 KV) oder die Kosten für ein Gutachten zum Vorliegen eines Insolvenzgrundes (Nr. 9005 KV). Als Gläubiger ist der Antragsteller gem. § 23 Abs. 1 Satz 4 GKG von der Kostenschuldnerschaft befreit, wenn gem. § 14 Abs. 3 der Schuldner die Kosten des Eröffnungsverfahrens zu tragen hat (s. Rdn. 11, 36). Diese Vergünstigung, die durch das Haushaltsbegleitgesetz 2011 eingeführt worden ist, gilt für alle Eröffnungsanträge, die nach dem 31.12.2010 gestellt worden sind oder werden (Art. 103e EGInsO). 33

Nicht zu den Gerichtskosten, für die der Antragsteller nach § 23 Abs. 1 Satz 1 und 2 GKG haftet, gehören die **Kosten der vorläufigen Insolvenzverwaltung**.[67] Der in den § 21 Abs. 2 Satz 1 Nr. 1, § 63 Abs. 1 bestimmte Anspruch des vorläufigen Verwalters auf Vergütung und Auslagenerstattung richtet sich nicht gegen die Staatskasse, sondern gegen Schuldner als Inhaber des verwalteten Vermögens und folgt aus §§ 1835, 1836, 1915, 1987, 2221 BGB analog.[68] Zwar haftet die Staatskasse dafür gem. § 63 Abs. 2 subsidiär, wenn die Verfahrenskosten gem. § 4a gestundet sind. Insoweit greift jedoch § 23 Abs. 1 Satz 3 GKG i.V.m. Nr. 9017 KV ein, wonach für diese Auslagen ausschließlich der Schuldner einzustehen hat. Um dem vorläufigen Insolvenzverwalter gegen den Schuldner zu richtende Vergütungsklage vor den allgemeinen Zivilgerichten zu ersparen, hat der durch das ESUG eingefügte § 26a zunächst bestimmt, dass das Insolvenzgericht die Vergütung und die zu erstattenden Auslagen des vorläufigen Insolvenzverwalters gegen den Schuldner durch Beschluss festsetzt, wenn das Insolvenzverfahren nicht eröffnet wird. Diese Bestimmung hat das Gesetz zur Verkürzung des Restschuldbefreiungsverfahrens und zur Stärkung der Gläubigerrechte dahin modifiziert, dass die Festsetzung zu Lasten des Gläubigers erfolgt, wenn dessen Eröffnungsantrag unbegründet ist, ansonsten zu Lasten des Schuldners. Durch die nunmehr differenzierte Entscheidungsbefugnis des Insolvenzgerichts wird wiederum dem Schuldner erspart, wegen der von ihm 34

---

65 BGH 29.11.2007, IX ZB 12/07, WM 2008, 227, 228 unter II.2.c.aa.
66 MüKo-InsO/*Schmahl* Rn. 132.
67 BGH 03.12.2009, IX ZB 280/08, ZIP 2010, 89 unter II.1.
68 BGH 13.12.2007, IX ZR 196/06, BGHZ 175, 48 unter II.2.

nach §§ 1835, 1836, 1915, 1987, 2221 BGB analog an den vorläufigen Insolvenzverwalter entrichteten Vergütung einen Anspruch auf Schadensersatz gegen den Gläubiger zu verfolgen, wenn dieser schuldhaft einen unbegründeten Eröffnungsantrag gestellt hat.

35 Die in den § 23 Abs. 1 Satz 1 und 2 GKG bestimmte Kostenschuldnerschaft des Antragstellers ist subsidiär, wenn die Kosten durch Entscheidung des Insolvenzgerichts einem anderen auferlegt sind (§ 31 Abs. 2, § 29 Nr. 1 GKG). Darüber hinaus kann sich aus der gerichtlichen Kostenentscheidung eine Erstattungspflicht zwischen Gläubiger und Schuldner ergeben, die sich nicht nur auf verauslagte Gerichtskosten, sondern auch auf die verauslagte Vergütung des anwaltlichen Vertreters im Eröffnungsverfahren (§ 13 Abs. 1, § 28 RVG, Nr. 3313 ff. VV) bezieht. Diese Kostenscheidung ergeht gem. § 269 Abs. 3 Satz 2 ZPO i.V.m. § 4 zu Lasten des Antragstellers, wenn er den Eröffnungsantrag zurücknimmt (vgl. § 13 Rdn. 50). Gleiches gilt gem. § 91 Abs. 1 Satz 1 ZPO i.V.m. § 4, wenn der Antrag als unzulässig abgewiesen wird (vgl. § 13 Rdn. 45). Im Falle der einseitigen oder übereinstimmenden Erledigungserklärung bestimmt sich die Kostenentscheidung nach § 91 Abs. 1 Satz 1 ZPO bzw. § 91a Abs. 1 ZPO i.V.m. § 4 und hängt im Wesentlichen davon ab, ob der Eröffnungsantrag bis zum Eintritt des angeblich erledigenden Ereignisses zulässig war (vgl. § 13 Rdn. 52 f.). Zur Kostentragung bei Abweisung mangels Masse vgl. § 26 Rdn. 26 ff.

36 Wird der Eröffnungsantrag als unbegründet abgewiesen (vgl. § 16 Rdn. 13), hat der Antragsteller die Kosten zu tragen (§ 91 Abs. 1 Satz 1 ZPO i.V.m. § 4). Von diesem Grundsatz weicht der durch das Haushaltsbegleitgesetz 2011 mit Wirkung zum 01.01.2011 eingeführte § 14 Abs. 3 für den Fall ab, dass die Forderung des Gläubigers nach Antragstellung erfüllt wird (s. Rdn. 11 ff.). Gegen diese – freilich nicht einzige (vgl. etwa § 93 ZPO) – Ausnahme vom Grundsatz, dass die in der Hauptsache unterlegene Partei die Kosten zu tragen hat, werden vereinzelt unter dem Gesichtspunkt der willkürlichen Ungleichbehandlung verfassungsrechtliche Bedenken geltend gemacht.[69] Die Bestimmung des § 14 Abs. 3 findet nach Wortlaut und Zweck auf die Abweisung wegen Unzulässigkeit keine Anwendung und kommt insoweit ausschließlich dem beschränkten Kreis derjenigen Gläubiger zugute, die auch nach Begleichung ihrer aktuellen Forderung im Hinblick auf das für sie nicht zu vermeidende Entstehen künftiger Forderungen ein rechtliches Interesse am Aufrechterhalten des Eröffnungsantrags haben (s. Rdn. 23). Alle anderen Gläubiger sind nach Begleichung der von ihnen geltend gemachten Forderung zur Vermeidung der Kostenlast gehalten, ihren Eröffnungsantrag in der Hauptsache für erledigt zu erklären (vgl. § 13 Rdn. 51 ff.), Entbehrlich ist die Bestimmung des § 14 Abs. 3 für jene Gläubiger, die bei entsprechendem rechtlichen Interesse ihren Eröffnungsantrag gem. § 14 Abs. 1 Satz 2 weiterverfolgen können, nicht deshalb, weil im Falle der Feststellung der Unbegründetheit die Möglichkeit, eine Erledigungserklärung abzugeben, auch ihnen offensteht. Denn schließt sich der Schuldner dieser Erklärung nicht an und muss daher das Insolvenzgericht den Eintritt der Erledigung prüfen, kommt es darauf an, ob der Eröffnungsantrag durch ein nachträgliches Ereignis unzulässig geworden ist (vgl. § 13 Rdn. 53 m.w.N.). Unter den gegebenen Umständen müsste daher das Insolvenzgericht den auf Feststellung der Erledigung gerichteten Antrag abweisen und dem Gläubiger die Kosten des Eröffnungsverfahrens auferlegen,

E. Prozesskostenhilfe für das Eröffnungsverfahren

37 Stellt der **Schuldner** den Antrag, wird die allgemeine Verweisung des § 4 auf die §§ 114 ff. ZPO durch die Bestimmungen über die Stundung in §§ 4a ff. verdrängt. Als Antragsgegner kann dem Schuldner hingegen unter den Voraussetzungen der §§ 114 ff. ZPO Prozesskostenhilfe für das Eröffnungsverfahren bewilligt werden. Diese Vorschriften finden ferner im Beschwerdeverfahren Anwendung, und zwar auch auf den antragstellenden Schuldner.[70] Juristische Personen und insolvenzfähige Personenvereinigungen können als Schuldner für das Eröffnungsverfahren keine Prozesskostenhilfe erhalten, da die besonderen Voraussetzungen des § 116 S. 1 Nr. 2 ZPO insoweit nicht erfüllt sein können.

---

69 AG Deggendorf 03.08.2011, IN 102/11, ZInsO 2011, 1801.
70 BGH 24.07.2003, IX ZB 539/02, BGHZ 156, 92.

Auf den **Gläubiger** finden die §§ 114 ff. ZPO gem. § 4 Anwendung. Die hiernach erforderliche hinreichende Erfolgsaussicht bestimmt sich nach den Voraussetzungen des § 14 Abs. 1 Satz 1. Der Prozesskostenhilfe begehrende Gläubiger ist also gehalten, seine Forderung und den Eröffnungsgrund schlüssig darzulegen sowie sich auf ein präsentes Beweismittel i.S.d. § 294 ZPO zu berufen. Trotz des daraus abgeleiteten rechtlichen Interesses (s. Rdn. 19 ff.) ist allerdings der beabsichtigte Eröffnungsantrag mutwillig, wenn der Gläubiger nicht mit einer Quote auf seine Forderung rechnen kann.[71] Er muss daher darlegen, dass Vermögenswerte des Schuldners in einem Umfang vorhanden sind, der über die bloße Deckung der Verfahrenskosten hinausgeht. Das Interesse des Arbeitnehmers an der Zahlung von Insolvenzgeld, die gem. § 183 Abs. 1 Nr. 2 SGB III auch durch Abweisung mangels Masse nach § 26 herbeigeführt werden kann, rechtfertigt für sich genommen eine Ausnahme von diesen Anforderungen nicht, da insoweit ein außerhalb des Insolvenzverfahrens liegendes Ziel angestrebt wird.[72] Die Bewilligung erfolgt für jeden Verfahrensabschnitt des Insolvenzverfahrens, mithin auch für das Eröffnungsverfahren, gesondert.[73] Die Beiordnung eines Rechtsanwalts erfolgt nach § 12 Abs. 2 ZPO i.V.m. § 4 nur, wenn besondere Umstände des angestrebten Eröffnungsverfahrens die Vertretung durch einen Rechtsanwalt erforderlich machen.[74]

38

F. Internationale Bezüge

Nach Maßgabe der §§ 356 f. kann auf Antrag (nur) des Gläubigers über das inländische Vermögen eines Schuldners ein **Partikularinsolvenzverfahren** eröffnet werden, wenn die internationale Zuständigkeit eines deutschen Gerichts für die Eröffnung eines Insolvenzverfahrens über dessen gesamtes Vermögen nicht gegeben ist. Hat jedoch der Schuldner im Inland keine Niederlassung, ist gem. § 356 Abs. 2 Satz 1 der Antrag des Gläubigers nur zulässig, wenn dieser ein besonderes Interesse an der Eröffnung hat, insb., wenn er in einem ausländischen Verfahren voraussichtlich schlechter stehen wird als in einem inländischen Verfahren. Das Vorhandensein eines wesentlichen Vermögensgegenstandes kann ebenfalls ein besonderes Interesse begründen.[75] Dieses Interesse hat der Antragsteller glaubhaft zu machen (§ 354 Abs. 2 Satz 2).

39

§ 15 Antragsrecht bei juristischen Personen und Gesellschaften ohne Rechtspersönlichkeit

(1) Zum Antrag auf Eröffnung eines Insolvenzverfahrens über das Vermögen einer juristischen Person oder einer Gesellschaft ohne Rechtspersönlichkeit ist außer den Gläubigern jedes Mitglied des Vertretungsorgans, bei einer Gesellschaft ohne Rechtspersönlichkeit oder bei einer Kommanditgesellschaft auf Aktien jeder persönlich haftende Gesellschafter, sowie jeder Abwickler berechtigt. Bei einer juristischen Person ist im Fall der Führungslosigkeit auch jeder Gesellschafter, bei einer Aktiengesellschaft oder einer Genossenschaft zudem auch jedes Mitglied des Aufsichtsrats zur Antragstellung berechtigt.

(2) Wird der Antrag nicht von allen Mitgliedern des Vertretungsorgans, allen persönlich haftenden Gesellschaftern, allen Gesellschaftern der juristischen Person, allen Mitgliedern des Aufsichtsrats oder allen Abwicklern gestellt, so ist er zulässig, wenn der Eröffnungsgrund glaubhaft gemacht wird. Zusätzlich ist bei Antragstellung durch Gesellschafter einer juristischen Person oder Mitglieder des Aufsichtsrats auch die Führungslosigkeit glaubhaft zu machen. Das Insolvenzgericht hat die übrigen Mitglieder des Vertretungsorgans, persönlich haftenden Gesellschafter, Gesellschafter der juristischen Person, Mitglieder des Aufsichtsrats oder Abwickler zu hören.

(3) Ist bei einer Gesellschaft ohne Rechtspersönlichkeit kein persönlich haftender Gesellschafter eine natürliche Person, so gelten die Absätze 1 und 2 entsprechend für die organschaftlichen Ver-

---

71 BGH 08.07.2004, IX ZB 565/02, ZInsO 2004, 976 unter III.2.
72 AA HambK-InsR/*Wehr* § 13 Rn. 37.
73 BGH 08.07.2004, IX ZB 565/02, ZInsO 2004, 976 unter III.4.
74 BGH 08.07.2004, IX ZB 565/02, ZInsO 2004, 976 unter III.4.
75 Vgl. LG Stuttgart 30.12.1999, 10 T 326/99, ZIP 2000, 1122.

treter und die Abwickler der zur Vertretung der Gesellschaft ermächtigten Gesellschafter. Entsprechendes gilt, wenn sich die Verbindung von Gesellschaften in dieser Art fortsetzt.

Übersicht

	Rdn.
A. Normzweck	1
B. Gesetzliche Antragsbefugnis	3
I. Bedeutung	3
II. Antragsbefugte Personen	7
1. Vermögen einer juristischen Person oder eines nicht rechtsfähigen Vereins	7
a) Vorhandensein des gesetzlichen Vertretungsorgans	7
aa) Vermögen eines eingetragenen Vereins	8
bb) Vermögen eines nicht rechtsfähigen Vereins	9
cc) Vermögen einer Stiftung	10
dd) Vermögen einer Genossenschaft	11
ee) Vermögen einer Europäischen Genossenschaft (SCE)	12
ff) Vermögen einer Aktiengesellschaft	13
gg) Vermögen einer Europäischen (Aktien-)Gesellschaft (SE)	14
hh) Vermögen einer Kommanditgesellschaft auf Aktien	15
ii) Vermögen einer Gesellschaft mit beschränkter Haftung, Unternehmergesellschaft (haftungsbeschränkt)	16
jj) Vermögen eines Vorvereins, einer Vorgenossenschaft oder Vorgesellschaft	17
kk) Vermögen einer fehlerhaften Gesellschaft	18
ll) Vermögen einer juristischen Person des öffentlichen Rechts	19
b) Vorhandensein eines fehlerhaft bestellten oder faktischen Vertretungsorgans	20
c) Führungslosigkeit (Abs. 1 Satz 2)	21
2. Vermögen einer Gesellschaft ohne Rechtspersönlichkeit	24
a) Natürliche Person als persönlich haftender Gesellschafter	25
b) Keine natürliche Person als persönlich haftender Gesellschafter (Abs. 3)	26
3. Vermögen eines Unternehmens, das der Aufsicht der BaFin unterliegt	27
4. Vermögen einer natürlichen Person	28
5. Sondervermögen gem. § 11 Abs. 2 Nr. 2	29
III. Glaubhaftmachung des Eröffnungsgrundes (Abs. 2 Satz 1)	30
IV. Glaubhaftmachung der Führungslosigkeit (Abs. 2 Satz 2)	31
V. Besondere Anhörungspflicht (Abs. 2 Satz 3)	32
C. Fehlen und Wegfall der Antragsbefugnis	33
D. Befugnis zur Antragsrücknahme	34
E. Internationale Bezüge	35

A. Normzweck

1 Anders als die missverständliche Gesetzesüberschrift mit dem Begriff »Antragsrecht« suggeriert, regelt die Vorschrift für den darin genannten Personenkreis nicht die Berechtigung zum Eröffnungsantrag, die § 13 Abs. 1 Satz 2 behandelt und auch in Bezug auf juristische Personen und Gesellschaften ohne Rechtspersönlichkeit den Gläubigern und dem Schuldner zuweist. Vielmehr stellt § 15 eine Sonderbestimmung zu den §§ 51 ff. ZPO dar, denen infolge der Verweisung in § 4 die für **prozessunfähige Parteien** geltende **Vertretungsbefugnis im Eröffnungsverfahren** im Allgemeinen zu entnehmen ist (vgl. § 13 Rdn. 15 ff.). Insoweit wird vor allem im objektiven Gläubigerinteresse die gesetzliche Vertretungsbefugnis für Schuldner, die juristische Personen oder Gesellschaften ohne Rechtspersönlichkeit sind, durch § 15 Abs. 1 und 3 erweitert.[1] Die Bestimmung der Antragsbefugnisse für den Fall der **Führungslosigkeit** in § 15 Abs. 1 Satz 2 ist durch das MoMiG mit Wirkung zum 01.11.2008 eingeführt worden und bezweckt, eine bis dahin vorhandene gesetzliche Regelungslücke bei – i.d.R. zielgerichtet herbeigeführter – Prozesshandlungsunfähigkeit eines beschränkt haftenden Rechtsträgers zu schließen.

---

[1] Vgl. BGH 20.07.2006, IX ZB 274/05, NZI 2006, 700.

Bei juristischen Personen und Gesellschaften ohne Rechtspersönlichkeit, deren Verbindlichkeiten 2
weder unmittelbar noch mittelbar durch die institutionelle Haftung einer natürlichen Person abgesichert sind, korrespondiert die Antragsbefugnis nach § 15 mit der in § 15a für den Fall der eingetretenen Zahlungsunfähigkeit oder Überschuldung bestimmten **Antragspflicht**. Besondere Zulässigkeitsvoraussetzungen sowie eine Anhörungspflicht sieht § 15 Abs. 2 vor, sofern nicht alle Antragsbefugten den Eröffnungsantrag stellen oder Führungslosigkeit besteht.

B. Gesetzliche Antragsbefugnis

I. Bedeutung

Ausgenommen die antragsberechtigten Gläubiger, deren Erwähnung in § 15 Abs. 1 Satz 1 im Hinblick auf § 13 Abs. 1 Satz 2 ohnehin nur deklaratorische Bedeutung hat, handeln die Personen, die nach Maßgabe des § 15 Abs. 1 und 3 dazu befugt sind, die Eröffnung des Insolvenzverfahrens zu beantragen, bei der Antragstellung nicht im eigenen Namen, sondern für die Schuldnerin. Verfahrensrechte zugunsten der antragsbefugten Personen begründet die Vorschrift nicht.[2] Die gesetzliche Antragsbefugnis nach § 15 Abs. 1 und 3 ist **zwingend**, kann also nicht kraft Satzung oder Gesellschaftsvertrags eingeschränkt oder ausgeschlossen werden. Eine Einschränkung erfährt sie lediglich durch § 18 Abs. 3, der bei Antragstellung wegen drohender Zahlungsunfähigkeit die Antragsbefugnis von der Vertretungsberechtigung im Allgemeinen abhängig macht (vgl. dazu § 18 Rdn. 14 ff.). 3

Da die in § 15 Abs. 1 genannten Personen den Eröffnungsantrag nicht aus eigenem Recht, sondern 4
für die Schuldnerin stellen (s. Rdn. 3), kann der im Bereich der Vermögenssorge tätige **Betreuer** einer solchen Person deren Antragsbefugnis nur in den Fällen wirksam ausüben, in denen diese Antragsbefugnis **nicht in der organschaftlichen Vertretung** der Schuldnerin durch den Betreuten, sondern in dessen **persönlicher Haftung** für die Verbindlichkeiten der Schuldnerin[3] oder im Falle des § 15 Abs. 1 Satz 2 in dessen Gesellschafterstellung gründet. Nur insoweit handelt es sich um eine (eigene) Vermögensangelegenheit des Betreuten i.S.d. § 1896 Abs. 1, § 1901 Abs. 1 BGB, für deren Besorgung das Betreuungsgericht einen Betreuer bestellen kann. Dem entsprechend kann nur der Betreuer des Mitglieds eines nicht rechtsfähigen wirtschaftlichen Vereins (s. Rdn. 9), des persönlich haftenden Gesellschafters einer Kommanditgesellschaft auf Aktien (s. Rdn. 15), des persönlich haftenden Gesellschafters, Partners, Mitreeders oder Mitglieds einer Gesellschaft ohne Rechtspersönlichkeit (s. Rdn. 25) oder, wenn die weiteren Voraussetzungen des § 15 Abs. 1 Satz 2 vorliegen, der Betreuer des Gesellschafters einer GmbH (s. Rdn. 21) die Eröffnung des Insolvenzverfahrens über das Vereins- bzw. Gesellschaftsvermögens beantragen. Gleiches gilt für den **Insolvenzverwalter** über das Vermögen eines Antragsbefugten i.S.d. § 15 Abs. 1.[4] Jener ist aber auch dann zur Ausübung der Antragsbefugnis berechtigt, wenn der persönlich haftende Gesellschafter, dessen Vermögen er verwaltet, keine natürliche Person, sondern eine Gesellschaft ohne Rechtspersönlichkeit oder juristische Person, also etwa die Komplementärin einer GmbH & Co. KG, ist.[5] Die Antragsbefugnis der persönlich haftenden Gesellschafterin ist Bestandteil ihres Vermögensverwaltungsrechts, das gem. § 80 Abs. 1 auf den Insolvenzverwalter übergeht.

Die in § 15 Abs. 1 und 3 bestimmte Antragsbefugnis setzt sich in der Befugnis fort, unabhängig von 5
gesetzlichen oder gesellschaftsvertraglichen Vertretungsregelungen im Namen der juristischen Person oder Gesellschaft ohne Rechtspersönlichkeit Beschwerde gem. § 34 einzulegen.[6] Sie endet für organschaftliche Vertreter freilich mit der Niederlegung des Amtes oder Abberufung aus dem

---

2 BGH 20.07.2006, IX ZB 274/05, NZI 2006, 700.
3 AG Göttingen 20.11.2003, 74 IN 377/03, ZInsO 2003, 1107; HambK-InsR/*Wehr* Rn. 3; MüKo-InsO/*Schmahl* Rn. 14.
4 Vgl. *Römermann* NZI 2010, 241 [243] in Bezug auf die sekundäre Antragspflicht und -befugnis des Gesellschafters einer GmbH.
5 Uhlenbruck/*Hirte* Rn. 14; a.A. AG Dresden 13.06.2003, 532 IN 1487/03, ZIP 2003, 1264; MüKo-InsO/*Schmahl* Rn. 38; HK-InsO/*Kirchhof* Rn. 13.
6 BGH 20.07.2006, IX ZB 274/05, NZI 2006, 700.

§ 15 InsO Antragsrecht bei juristischen Personen und Gesellschaften ohne Rechtspersönlichkeit

Amt, das ihnen die Antragsbefugnis verleiht. Die Wirksamkeit eines zuvor gestellten Eröffnungsantrags bleibt von dem Ausscheiden unberührt.[7]

6 Aus § 15 Abs. 1 und 3 ergibt sich ferner eine **gestufte Antragsbefugnis** bei juristischen Personen und Gesellschaften ohne Rechtspersönlichkeit, deren Verbindlichkeiten weder unmittelbar noch mittelbar durch die institutionelle Haftung einer natürlichen Person abgesichert sind. Für den Fall, dass insoweit ein Vertretungsorgan vorhanden ist, bestimmt § 15 Abs. 1 Satz 1 eine **primäre**, für den Fall der Führungslosigkeit bestimmt § 15 Abs. 1 Satz 2 eine **sekundäre Antragsbefugnis**. Diese ermächtigt zugleich zur **Passivvertretung** im Eröffnungsverfahren,[8] so dass der antragstellende Gläubiger bei einer führungslosen Schuldnerin nicht zunächst für die Bestellung eines Notgeschäftsführers oder Notvorstands (§ 29 BGB analog bzw. § 85 AktG) Sorge tragen muss (vgl. § 13 Rdn. 26).

II. Antragsbefugte Personen

1. Vermögen einer juristischen Person oder eines nicht rechtsfähigen Vereins

a) Vorhandensein des gesetzlichen Vertretungsorgans

7 Ist das gesetzlich vorgesehene Vertretungsorgan der juristischen Person (vgl. dazu § 13 Rdn. 19 ff.) ganz oder teilweise vorhanden, sind gem. § 15 Abs. 1 Satz 1 **primär** dessen Mitglieder – dazu gehören nicht der Prokurist (§§ 48 ff. HGB) und der Handlungsbevollmächtigte (§ 54 HGB) – antragsbefugt, und zwar ungeachtet einer gesetzlichen oder satzungsmäßigen Einschränkung der Vertretungsbefugnis[9] jedes von ihnen **einzeln**. Daraus ergibt sich Folgendes:

aa) Vermögen eines eingetragenen Vereins

8 Antragsbefugt ist jedes **Mitglied des Vorstands** (§ 26 BGB) oder **Notvorstands** (§ 29 BGB), nach Auflösung jeder **Liquidator** (§ 48 BGB), nicht hingegen ein Beirat und die dem Vertretungsorgan nicht angehörenden Vereinsmitglieder.

bb) Vermögen eines nicht rechtsfähigen Vereins

9 Das Vertretungsorgan des nicht rechtsfähigen Vereins bestimmt sich nach dessen Satzung.[10] Ist hiernach nicht ein **Vorstand**, sondern die **Mitgliederversammlung** zur Vertretung berufen, liegt die Antragsbefugnis bei jedem Vereinsmitglied. Da bei einem nicht rechtsfähigen Verein, der wirtschaftliche Zwecke i.S.d. § 22 BGB verfolgt, die Haftungsbeschränkung auf das Vereinsvermögen (vgl. § 11 Rdn. 14) nicht greift,[11] ist anzunehmen, dass bei dieser Art des nicht rechtsfähigen Vereins entsprechend der in § 15 Abs. 1 Satz 1 InsO (i.V.m. § 54 S. 1 BGB) bestimmten Antragsbefugnis für Gesellschaften ohne Rechtspersönlichkeit neben den Mitgliedern des satzungsmäßigen Vertretungsorgans jedes **persönlich haftende Vereinsmitglied** antragsbefugt ist.[12] Keine Antragsbefugnis begründet hingegen die in § 54 S. 2 BGB angeordnete persönliche Haftung des Handelnden aus Rechtsgeschäften, die er im Namen eines nicht rechtsfähigen Vereins einem Dritten gegenüber vorgenommen hat.

---

7 FK-InsO/*Schmerbach* Rn. 22; HK-InsO/*Kirchhof* Rn. 15.
8 Vgl. Baumbach/Hueck/*Zöllner/Noack* § 35 GmbHG Rn. 105a; *Berger* ZInsO 2009, 1977 (1984); a.A. FK-InsO/*Schmerbach* § 14 Rn. 33.
9 Vgl. HK-InsO/*Kirchhof* Rn. 4; MüKo-InsO/*Schmahl* Rn. 10.
10 BGH 02.07.2007, II ZR 111/05, ZIP 2007, 1942 unter C.II.2.a.aa.2.
11 Vgl. BGH 30.06.2003, II ZR 153/02, WM 2003, 1670 unter 1.
12 Vgl. FK-InsO/*Schmerbach* Rn. 12.

cc) Vermögen einer Stiftung

Antragsbefugt ist jedes **Mitglied des Vorstands** (§§ 86, 26 BGB) oder **Notvorstands** (§§ 86, 29 BGB), nach Auflösung jeder **Liquidator** (§§ 88, 48 BGB). Ohne Antragsbefugnis sind der Stifter und die Kuratoriumsmitglieder. 10

dd) Vermögen einer Genossenschaft

Es hat jedes **Mitglied des Vorstands** (§§ 24, 25 GenG) oder **Notvorstands** (§ 29 BGB analog) die Antragsbefugnis. Nach Auflösung trifft dies auf jeden **Liquidator** zu (§ 83 GenG). Nicht antragsbefugt sind, sofern sie nicht zugleich dem Vertretungsorgan angehören, die Genossenschaftsmitglieder. Ob dies auch dann gilt, wenn die Genossenschaftsmitglieder mangels Satzungsausschlusses gem. § 105 GenG unbeschränkt nachschusspflichtig sind, wird bezweifelt.[13] Das aus der Nachschusspflicht folgende Interesse an einer Verfahrenseröffnung vermag jedoch nicht darüber hinweg zu helfen, dass § 15 Abs. 1 in Bezug auf juristische Personen an die gesetzliche Vertretung anknüpft. Eine Antragsbefugnis der Genossenschaftsmitglieder ist daher insgesamt zu verneinen.[14] Wegen der sekundären Antragsbefugnis der Mitglieder des Aufsichtsrats s. Rdn. 21. 11

ee) Vermögen einer Europäischen Genossenschaft (SCE)

Antragsbefugt sind bei der **dualistisch** verfassten SCE mit Sitz in Deutschland die **Mitglieder des Leitungsorgans**. Dies ergibt sich aus der bzgl. »der Auflösung, Liquidation, Zahlungsunfähigkeit, Zahlungseinstellung und ähnlicher Verfahren« geltenden Verweisung des Art. 72 (i.V.m. Art. 37 Abs. 1 Satz 1) der Verordnung (EG) Nr. 1435/2003 des Rates v. 22.07.2003 über das Statut der Europäischen Genossenschaft auf die Rechtsvorschriften, die für eine nach dem Recht des Sitzstaats der SCE gegründete Genossenschaft maßgebend wären, mithin auf § 15 Abs. 1 Satz 1. Wegen der sekundären Antragsbefugnis des Aufsichtsorgans s. Rdn. 23. In Bezug auf die **monistisch** verfasste SCE bestimmt § 18 Abs. 4 Satz 2 SCEAG, dass bei Zahlungsunfähigkeit oder Überschuldung der **Verwaltungsrat** den Insolvenzantrag nach § 15a Abs. 1 zu stellen hat. Daraus folgt wegen der Wechselwirkung dieser Vorschrift mit § 15 (s. Rdn. 21) eine Antragsbefugnis der **Mitglieder des Verwaltungsrats**. 12

ff) Vermögen einer Aktiengesellschaft

Antragsbefugt ist jedes **Mitglied des Vorstands** (§§ 76, 78 AktG) oder **Notvorstands** (§ 85 AktG), nach Auflösung jeder **Abwickler** (§§ 264, 265 AktG). Die Antragsbefugnis fehlt, sofern sie nicht zugleich dem Vertretungsorgan angehören, den Aktionären. Wegen der sekundären Antragsbefugnis der Mitglieder des Aufsichtsrats s. Rdn. 21. 13

gg) Vermögen einer Europäischen (Aktien-)Gesellschaft (SE)

Ist die SE **dualistisch** verfasst (Art. 39 ff. der Verordnung (EG) Nr. 2157/2001 des Rates v. 08.10.2001 über das Statut der Europäischen Gesellschaft i.V.m. §§ 15 ff SEAG), verfügt sie also über ein Leitungsorgan und ein Aufsichtsorgan, ist gem. §§ 76, 78 AktG, § 15 Abs. 1 i.V.m. Art. 63 bzw. 9 Abs. 1c ii der Verordnung (EG) Nr. 2157/2001 des Rates v. 08.10.2001 über das Statut der Europäischen Gesellschaft jedes **Mitglied des Leitungsorgans** antragsbefugt. Wegen der sekundären Antragsbefugnis des Aufsichtsorgans s. Rdn. 23. Vertretungsorgan der **monistisch** verfassten SE ist im Allgemeinen nicht der Verwaltungsrat, sondern sind primär die **geschäftsführenden Direktoren** (§ 41 Abs. 1 SEAG); gleichwohl hat gem. § 22 Abs. 5 Satz 2 SEAG bei Zahlungsunfähigkeit oder Überschuldung der **Verwaltungsrat** den Insolvenzantrag nach § 15a Abs. 1 zu stellen. Diese Bestimmung ist wörtlich zu verstehen, sie meint nicht lediglich eine Pflicht des Verwaltungsrats, durch entsprechende Weisung gegenüber den geschäftsführenden Direktoren für die Antragstellung Sorge zu 14

---

[13] Vgl. *Beuthin/Titze* ZIP 2002, 1116; Jaeger/*Müller* Rn. 4.
[14] HambK-InsR/*Wehr* Rn. 5; HK-InsO/*Kirchhof* Rn. 6; Uhlenbruck/*Hirte* Rn. 2.

tragen, sog. Insolvenzantragsorganisationspflicht.[15] Bei der für die gegenteilige Auffassung angeführten Begründung, für die Annahme einer echten Antragspflicht fehle die gesetzliche Antragsbefugnis, wird verkannt, dass eine solche gerade aus einer Antragspflicht folgen kann (s. Rdn. 20). Dementsprechend ist der Verwaltungsrat aufgrund seiner Antragspflicht nach § 22 Abs. 5 Satz 2 SEAG Sondervertretungsorgan der SE als Schuldnerin im Eröffnungsverfahren, mithin jedes seiner Mitglieder gem. § 15 Abs. 1 Satz 1 antragsbefugt, soweit die Antragspflicht gem. § 15a Abs. 1 reicht.

hh) Vermögen einer Kommanditgesellschaft auf Aktien

15 Es hat jeder **persönlich haftende Gesellschafter** (§ 278 Abs. 2, § 283 Nr. 14 AktG), nach Auflösung jeder **Abwickler** (§§ 290, 278 Abs. 3, § 264 Abs. 3 AktG) die Antragsbefugnis. Sie fehlt den beschränkt haftenden Kommanditaktionären.

ii) Vermögen einer Gesellschaft mit beschränkter Haftung, Unternehmergesellschaft (haftungsbeschränkt)

16 Antragsbefugt ist jeder **Geschäftsführer** (§ 35 GmbHG) oder **Notgeschäftsführer** (§ 29 BGB), nach Auflösung jeder **Liquidator** (§ 66 GmbHG). Zunächst ohne Antragsbefugnis sind, sofern sie nicht zugleich dem Vertretungsorgan angehören, die Gesellschafter, auch der Alleingesellschafter. Wegen deren sekundärer Antragsbefugnis s. Rdn. 21.

jj) Vermögen eines Vorvereins, einer Vorgenossenschaft oder Vorgesellschaft

17 Der Vorverein wird im Rechtsverkehr als nicht rechtsfähiger Verein behandelt, auf die Vorgenossenschaft und die Vorgesellschaft finden die für die angestrebte Rechtsform geltenden Vorschriften entsprechende Anwendung (vgl. § 11 Rdn. 8). Daher ist entsprechend § 15 Abs. 1 Satz 1 jedes **bestellte Mitglied des Vertretungsorgans** (Vorstand, Geschäftsführer) antragsbefugt. Keinen Einfluss auf die Antragsbefugnis hat die unbeschränkte, als Innenhaftung ausgestaltete persönliche Verlustdeckungshaftung der Gesellschafter der Vor-GmbH;[16] diese sind gleichwohl nicht gem. § 15 Abs. 1 Satz 1 antragsbefugt, weil die Vorgenossenschaft und die Vorgesellschaft keine Gesellschaften ohne Rechtspersönlichkeit sind.[17] Den Mitgliedern des Vorstands bzw. Geschäftsführern des Vorvereins, der Vorgenossenschaft oder der Vorgesellschaft steht die Antragsbefugnis jeweils auch als Liquidator zu, wenn wegen Zurückweisung der Registeranmeldung oder Aufgabe der Eintragungsabsicht die juristische Person noch während des Gründungsstadiums aufgelöst wird. Setzt die Vorgesellschaft oder die Vorgenossenschaft ihre Geschäftstätigkeit fort, ohne die Registeranmeldung weiterzuverfolgen, wird sie im Rechtsverkehr als Gesellschaft Bürgerlichen Rechts oder, wenn sie ein Handelsgewerbe i.S.d. § 1 HGB betreibt, als offene Handelsgesellschaft behandelt, so dass nunmehr jeder Gesellschafter persönlich haftet;[18] für Gesellschaften ohne Rechtspersönlichkeit aber sind gem. § 15 Abs. 1 Satz 1 auch die persönlich haftenden Gesellschafter antragsbefugt. Wegen der sekundären Antragsbefugnis der Mitglieder des Aufsichtsrats s. Rdn. 21.

kk) Vermögen einer fehlerhaften Gesellschaft

18 Auf die fehlerhafte Gesellschaft – das ist eine aufgrund Nichtigkeit oder Anfechtbarkeit des Gesellschaftsvertrags mangelhaft errichtete Gesellschaft – finden die für die jeweilige Rechtsform geltenden Vorschriften entsprechende Anwendung, wenn sie in Vollzug gesetzt worden ist (vgl. § 11 Rdn. 10). Daher sind für sie nach Maßgabe der übereinstimmend gewollten Gesellschaftsform die in § 15 Abs. 1 Satz 1 genannten Personen antragsbefugt.[19]

---

15 So aber *Schmidt* NZI 2006, 627 [628 f.].
16 Vgl. BGH 27.01.1997, II ZR 123, 94, BGHZ 134, 333 = ZIP 1997, 679.
17 AA *Jaeger/Müller* Rn. 19 ff.; HambK-InsR/*Wehr* Rn. 5.
18 Vgl. BGH 04.11.2002, II ZR 204/00, BGHZ 152, 290 = ZIP 2002, 2309.
19 HK-InsO/*Kirchhof* Rn. 5.

ll) Vermögen einer juristischen Person des öffentlichen Rechts

Bei juristischen Personen des öffentlichen Rechts, soweit sie gem. § 12 insolvenzfähig sind, ist jedes 19
Mitglied des gesetzlichen oder satzungsmäßigen Vertretungsorgans antragsbefugt. Eine Ausnahme bilden die **Krankenkassen der gesetzlichen Krankenversicherung**. Über deren Vermögen kann das Insolvenzverfahren gem. § 171b Abs. 3 Satz 1 SGB V nur auf Antrag der **Aufsichtsbehörde** eröffnet werden. Gleiches gilt für Krankenkassenverbände (§ 171f SGB V). Das Antragsrecht ist zudem befristet (vgl. § 13 Rdn. 11).

b) Vorhandensein eines fehlerhaft bestellten oder faktischen Vertretungsorgans

Ist der Beschluss über die Bestellung des Vertretungsorgans nichtig und nicht geheilt oder anfechtbar 20
und rechtzeitig angefochten, ist das **fehlerhaft bestellte Organ** zu keiner Zeit vertretungsbefugt und daher grds. auch nicht antragsbefugt.[20] Ein »**faktisches**« Organ ist eine Person, die die Geschicke der Gesellschaft durch eigenes Handeln im Außenverhältnis, das die Tätigkeit des rechtlichen Geschäftsführungsorgans nachhaltig prägt, maßgeblich in die Hand genommen hat;[21] sie ist mangels Bestellung ebenfalls nicht gesetzlicher Vertreter der GmbH, mithin grds. auch nicht antragsbefugt.[22] Besteht hingegen eine gesetzliche Pflicht, die Eröffnung des Insolvenzverfahrens über das Vermögen einer juristischen Person zu beantragen, gilt diese Antragspflicht zum Schutz des Rechtsverkehrs auch für das fehlerhaft bestellte[23] bzw. das faktische Organ[24] und verleiht sie ihnen zugleich die zur wirksamen Antragstellung notwendige (Sonder-)Antragsbefugnis. Daraus folgt, dass das fehlerhaft bestellte oder faktische Organ einen Eröffnungsantrag zwar gem. § 15 Abs. 1 Satz 1 i.V.m. §§ 17, 19, 15a Abs. 1 Satz 1 wegen eingetretener Zahlungsunfähigkeit und Überschuldung, nicht jedoch[25] wegen einer der juristischen Person lediglich drohenden Zahlungsunfähigkeit – der Eröffnungsgrund nach § 18 begründet keine Antragspflicht – wirksam stellen kann.

c) Führungslosigkeit (Abs. 1 Satz 2)

Führungslos ist eine juristische Person nach der Legaldefinition des § 10 Abs. 2 Satz 2, wenn sie kei- 21
nen organschaftlichen Vertreter hat. In diesem Falle ist gem. § 15 Abs. 1 Satz 2 »auch jeder Gesellschafter, bei einer Aktiengesellschaft oder einer Genossenschaft zudem auch jedes Mitglied des Aufsichtsrats« antragsbefugt. Die Vorschrift ist im Hinblick auf das Wort »zudem« redaktionell missglückt, denn unter den juristischen Personen haben nur die GmbH (vgl. § 2 GmbHG) und die KGaA (vgl. § 278 AktG), nicht jedoch die Aktiengesellschaft (vgl. § 28 AktG) oder die Genossenschaft (vgl. § 18 GenG) Gesellschafter. Bereits die Entstehungsgeschichte der Norm, die ursprünglich an die zunächst erwogene Erweiterung der Antragspflicht nach § 64 Abs. 1 GmbHG auf die Gesellschafter der GmbH anknüpfen sollte, deutet darauf hin, dass sich die sekundäre Antragsbefugnis eines jeden Gesellschafters ausschließlich auf die GmbH bezieht.[26] Dass eine solche Beschränkung zwecks Übereinstimmung mit der in § 15a Abs. 3 geregelten sekundären Antragspflicht tatsächlich intendiert war, ist mit hinreichender Deutlichkeit jedenfalls der amtlichen Begründung des Regierungsentwurfs zum MoMiG[27] zu entnehmen. Zutreffender Weise leitet sich somit die sekundäre Antragsbefugnis nach § 15 Abs. 1 Satz 2 aus der **sekundären Antragspflicht** gem. § 15a Abs. 3 ab.[28] Insoweit besteht eine Parallele zum Verhältnis zwischen Antragspflicht und Antragsbefugnis des faktischen oder fehlerhaft bestellten Vertretungsorgans (s. Rdn. 20). Die sekundäre An-

---

20 BGH 07.12.2006, IX ZB 257/05, ZIP 2007, 144 unter II.2.b.
21 BGH 11.07.2005, II ZR 235/03, ZIP 2005, 1550.
22 BGH 07.12.2006, IX ZB 257/05, ZIP 2007, 144 unter II.2.b.
23 *Berger* ZInsO 2009, 1977 [1981]; *Schmahl* NZI 2008, 6 [7].
24 BGH 11.07.2005, II ZR 235/03, ZIP 2005, 1550.
25 HambK-InsR/*Schröder* § 18 Rn. 12; HK-InsO/*Kirchhof* § 18 Rn. 18; a.A. FK-InsO/*Schmerbach* Rn. 19.
26 Vgl. *Schmahl* NZI 2008, 6 [8].
27 BT-Drucks. 16/6140, 55 f.
28 HK-InsO/*Kirchhof* Rn. 6; HambK-InsR/*Wehr* Rn. 10a.

tragspflicht und damit auch die sekundäre Antragsbefugnis sind bei der **GmbH** jedem **Gesellschafter**, bei der **Aktiengesellschaft** und der **Genossenschaft** jedem **Mitglied des Aufsichtsrats** (§§ 95 ff. AktG; §§ 36 ff. GenG) zugeordnet. Hat die Genossenschaft kraft Satzungsbestimmung keinen Aufsichtsrat, sind die Mitglieder der **Generalversammlung** antragsbefugt (§ 9 Abs. 1 Satz 2 und 3 GenG i.V.m. § 15 Abs. 1 Satz 2 InsO).

22 Wie sich aus dem Wort »auch« in § 15 Abs. 1 Satz 2 ableitet, ist mit dem organschaftlichen Vertreter i.S.d. § 10 Abs. 2 Satz 2 ausschließlich das wirksam bestellte Organ gemeint[29] und bleibt daher die aus der gesetzlichen Antragspflicht folgende Antragsbefugnis eines fehlerhaft bestellten oder faktischen Geschäftsführers der GmbH (s. Rdn. 19) von der sekundären Antragsbefugnis der Gesellschafter unberührt.[30] Gleichfalls neben einem fehlerhaft bestellten oder faktischen Vorstand ist bei der Aktiengesellschaft und der Genossenschaft »auch« jedes Mitglied des Aufsichtsrats antragsbefugt.

23 Im Wege einer Analogie (s. Rdn. 17) findet § 15 Abs. 1 Satz 2 Anwendung auf die **fehlerhafte** und die **Vor-GmbH**, die **fehlerhafte** und die **Vor-AG** sowie die **fehlerhafte** und die **Vor-Genossenschaft**, wenn sie führungslos geworden sind. Gleiches gilt gem. §§ 95 ff. AktG i.V.m. Art. 39 Abs. 1, Art. 63, 9 Abs. 1c ii der Verordnung (EG) Nr. 2157/2001 des Rates v. 08.10.2001 über das Statut der Europäischen Gesellschaft für die **dualistisch verfasste Europäische Gesellschaft** und gem. §§ 36 ff. GenG i.V.m. Art. 72, 37 Abs. 1 Satz 1 der Verordnung (EG) Nr. 1435/2003 des Rates v. 22.07.2003 über das Statut der Europäischen Genossenschaft für die **dualistisch verfasste Europäische Genossenschaft**, bei denen die sekundäre Antragsbefugnis jeweils die Mitglieder des **Aufsichtsorgans** trifft. Bei **Verein** und **Stiftung** gibt es hingegen keine sekundäre Antragsbefugnis nach § 15 Abs. 1 Satz 2. Hier muss bei Führungslosigkeit, um die daraus folgende Antrags- und Prozessunfähigkeit im Eröffnungsverfahren zu beseitigen, zunächst durch das Registergericht ein Notvorstand bestellt werden (§§ 29, 86 BGB). Auf juristische Personen des öffentlichen Rechts findet § 15 Abs. 1 Satz 2 ebenfalls keine Anwendung.

2. Vermögen einer Gesellschaft ohne Rechtspersönlichkeit

24 Bei Gesellschaften ohne Rechtspersönlichkeit ist gem. § 15 Abs. 1 Satz 1 jedes Mitglied des Vertretungsorgans **und** jeder persönlich haftende Gesellschafter zur Antragstellung befugt. Die Einzelantragsbefugnis eines persönlich haftenden Gesellschafters wird nicht davon berührt, dass der Gesellschaftsvertrag ihn von der Vertretung ausschließt oder Gesamtvertretung vorsieht.[31]

a) Natürliche Person als persönlich haftender Gesellschafter

25 Bei der **KG** steht gem. §§ 161, 170, 125 HGB die Antragsbefugnis jedem persönlichen haftenden Gesellschafter, nicht jedoch den Kommanditisten zu.[32] Bei der **OHG** und der **GbR** – auch in Gestalt einer **Vorgründungsgesellschaft** (vgl. § 11 Rdn. 9) – ist jeder Gesellschafter, bei der **Partnerschaftsgesellschaft** ist jeder Partner antragsbefugt (§§ 105, 125 HGB, § 7 Abs. 3, § 8 Abs. 1 PartGG). Die Antragsbefugnis bei der **Partenreederei** steht jedem Mitreeder zu (§ 507 Abs. 1 HGB). Der Korrespondentreeder ist nicht Vertretungsorgan der Reederei (vgl. §§ 493 ff. HGB) und daher nur dann antragsbefugt, wenn er zu den Mitreedern gehört.[33] Für die **EWIV** können jedes persönlich haftende Mitglied und jeder Geschäftsführer den Eröffnungsantrag stellen (Art. 24, 20 der Verordnung (EWG) Nr. 2137/85 des Rates v. 25.07.1985 über die Schaffung einer Europäischen wirtschaftlichen Interessenvereinigung (EWIV), § 11 Satz 1 EWIV-AG).

---

29 *Berger* ZInsO 2009, 1977 [1981]; *Römermann* NZI 2010, 241 [242].
30 Vgl. HambK-InsR/*Wehr* Rn. 10b; a.A. FK-InsO/*Schmerbach* Rn. 41.
31 Vgl. HK-InsO/*Kirchhof* Rn. 4; MüKo-InsO/*Schmahl* Rn. 10.
32 Jaeger/*Müller* Rn. 25 f.; HK-InsO/*Kirchhof* Rn. 12.
33 HambK-InsR/*Wehr* Rn. 5.

b) Keine natürliche Person als persönlich haftender Gesellschafter (Abs. 3)

Haften ausschließlich juristische Personen oder Gesellschaften ohne Rechtspersönlichkeit unmittelbar für die Verbindlichkeiten einer Gesellschaft ohne Rechtspersönlichkeit persönlich, ist gem. § 15 Abs. 3 Satz 1 i.V.m. § 15 Abs. 1 Satz 1 jedes Mitglied des Vertretungsorgans oder jeder Abwickler der zur Vertretung dieser Gesellschaft ermächtigten Gesellschafter antragsbefugt. Handelt es sich bei einem oder mehreren der zur Vertretung ermächtigten Gesellschafter um eine GmbH, AG oder Genossenschaft und ist diese i.S.d. § 15 Abs. 1 Satz 2 i.V.m. § 10 Abs. 2 Satz 2 führungslos (s. Rdn. 21 ff.), sind gem. § 15 Abs. 3 die Gesellschafter der GmbH bzw. die Mitglieder des Aufsichtsrats der AG oder Genossenschaft befugt, den Antrag auf Eröffnung des Insolvenzverfahrens über das Vermögen der von der GmbH, AG oder Genossenschaft vertretenen Gesellschaft ohne Rechtspersönlichkeit zu stellen.[34] Stellen auf Ebene der primären oder der sekundären Antragsbefugnis nicht alle Antragsbefugten den Eröffnungsantrag, ist der Eröffnungsgrund, ggf. auch die Führungslosigkeit, glaubhaft zu machen und sind die übrigen Antragsbefugten zu hören (§ 15 Abs. 2 i.V.m. Abs. 3). In demselben Umfang, in dem sich die Verbindung von der Gesellschaften in der vorbeschriebenen Art fortsetzt, verlagert sich gem. § 15 Abs. 3 Satz 2 auch die Antragsbefugnis. **Beispiel:** Die A. GmbH & Co. KG und B. AG & Co. KG bilden eine GbR und sind beide zu deren Vertretung ermächtigt. Die Eröffnung des Insolvenzverfahrens über das Vermögen der GbR können die Geschäftsführer der A.-GmbH sowie die Mitglieder des Vorstands der B. AG beantragen, und zwar jeder von ihnen einzeln. Ist die A. GmbH führungslos, sind deren Gesellschafter, ist die B. AG führungslos sind die Mitglieder deren Aufsichtsrats in Bezug auf das Vermögen der GbR antragsbefugt, und zwar ebenfalls einzeln. Hat die A. GmbH zwei Geschäftsführer und stellt keiner von ihnen den Eröffnungsantrag, während die B. AG führungslos ist und ein Mitglied des Aufsichtsrats die Eröffnung des Insolvenzverfahrens über das Vermögen der GbR beantragt, muss das antragstellende Aufsichtsratsmitglied den Eröffnungsgrund sowie die Führungslosigkeit der B. AG glaubhaft machen und hat das Insolvenzgericht die übrigen Mitglieder des Aufsichtsrats der B. AG sowie die Geschäftsführer der A. GmbH zu hören.

3. Vermögen eines Unternehmens, das der Aufsicht der BaFin unterliegt

Handelt es sich bei dem Schuldner um ein Unternehmen des **Kredit-, Finanzdienstleistungs-, Bausparkassen- oder Versicherungswesens**, das gem. § 4 Abs. 1 Satz 1 FinDAG der Aufsicht der Bundesanstalt für Finanzdienstleistungsaufsicht (BaFin) untersteht, wird die Antragsberechtigung des Schuldners und der Gläubiger zugunsten der BaFin verdrängt (§ 46b Abs. 1 Satz 4 KWG, § 3 Abs. 1 BspKG, § 88 Abs. 1 VAG). Die BaFin stellt den Eröffnungsantrag als Dritter. Schreitet sie gem. § 37 Abs. 1 KWG gegen ein ihrer Aufsicht unterstehendes Unternehmen wegen ungesetzlicher Geschäfte ein und bestellt sie hierfür einen Abwickler, geht die Antragsberechtigung auf die Gläubiger des Unternehmens und dieses selbst als Schuldnerin über. Der Abwickler ist gem. § 37 Abs. 2 KWG i.V.m. § 15 Abs. 1 Satz 1 zur Ausübung der Antragsberechtigung des Unternehmens befugt, und zwar unabhängig davon, ob dieses ausschließlich ungesetzliche oder auch erlaubte Geschäfte betreibt.[35] Die gesetzliche Antragsbefugnis des Abwicklers, die zumindest im Außenverhältnis nicht durch die BaFin eingeschränkt werden kann,[36] besteht nicht an Stelle, sondern neben derjenigen des Vertretungsorgans oder persönlich haftenden Gesellschafters.[37] Eine sekundäre Antragsbefugnis nach § 15 Abs. 1 Satz 2 ist hingegen durch die Bestellung eines Abwicklers gem. § 37 Abs. 2 KWG ausgeschlossen, da insoweit keine Führungslosigkeit i.S.d. § 10 Abs. 2 Satz 2 besteht.

---

34 HambK-InsR/*Wehr* Rn. 8a.
35 BGH 24.07.2003, IX ZB 4/03, ZIP 2003, 1641 unter III.1.
36 Vgl. OLG Hamm 14.11.2006, 15 W 95/06, OLGR 2007, 178.
37 BGH 13.06.2006, IX ZB 262/05, ZIP 2006, 1454.

4. Vermögen einer natürlichen Person

28 In § 15 nicht geregelt ist die Antragsbefugnis eines Schuldners, der natürliche Person ist. Diese handelt gem. § 13 Abs. 1 Satz 2 bei der Antragstellung für sich selbst. Ist die natürliche Person nicht voll geschäftsfähig oder steht sie unter Betreuung, finden die allgemeinen Vorschriften über die gesetzliche Vertretung eines Prozessunfähigen Anwendung (vgl. dazu § 13 Rdn. 17 f.).

5. Sondervermögen gem. § 11 Abs. 2 Nr. 2

29 Für die in § 11 Abs. 2 Nr. 2 bezeichneten Sondervermögen ist eine dem § 15 Abs. 1 Satz 1 vergleichbare Erstreckung der **Antragsbefugnis** auf Schuldnerseite in den §§ 317 f., 332 f. geregelt (vgl. dazu § 13 Rdn. 12 f.). Auch dort ist für den Fall, dass nicht alle von mehreren gleichrangig Antragsbefugten den Eröffnungsantrag stellen, vorgesehen, dass der Eröffnungsgrund glaubhaft zu machen und die übrigen antragsbefugten Schuldner zu hören sind (§ 317 Abs. 2 und 3, § 318 Abs. 2 und 3, § 332 Abs. 1 und 3, § 333 Abs. 2 Satz 2).

III. Glaubhaftmachung des Eröffnungsgrundes (Abs. 2 Satz 1)

30 Wird der Eigenantrag auf Eröffnung des Insolvenzverfahrens über das Vermögen einer juristischen Person oder einer Gesellschaft ohne Rechtspersönlichkeit nicht von allen Personen gestellt, die gleichrangig antragsbefugt sind, muss der Eröffnungsgrund gem. § 15 Abs. 2 Satz 1 glaubhaft gemacht werden. Diese zusätzliche Voraussetzung für die Zulässigkeit eines schuldnerseitigen Eröffnungsantrags soll verhindern, dass der Schuldnerin im Falle der unterschiedlichen Beurteilung des Eröffnungsgrundes durch die für sie antragsbefugten Personen ein Schaden entsteht. Wegen der Glaubhaftmachung des Eröffnungsgrundes gelten die gleichen Anforderungen wie gem. § 14 Abs. 1 Satz 1 für den Eröffnungsantrag des Gläubigers (vgl. dazu § 14 Rdn. 16 ff.).

IV. Glaubhaftmachung der Führungslosigkeit (Abs. 2 Satz 2)

31 Im Falle der Führungslosigkeit hat der Antragsteller die Umstände, aus denen er seine (sekundäre) Antragsbefugnis ableitet, glaubhaft zu machen. Dazu gehört zum einen das Fehlen eines wirksam bestellten organschaftlichen Vertreters, welches etwa durch Vorlage eines Auszugs aus dem Handels- oder Genossenschaftsregister[38] oder eines Urteils, das der Nichtigkeits- oder Anfechtungsklage in Bezug auf die Organbestellung stattgibt, glaubhaft gemacht werden kann. Zum anderen ist die Stellung als Gesellschafter oder als Mitglied des Aufsichtsrats glaubhaft zu machen, was durch Vorlage der zum Register gereichten Liste der Gesellschafter bzw. der Aufsichtsratsmitglieder geschehen kann.[39]

V. Besondere Anhörungspflicht (Abs. 2 Satz 3)

32 Stellen nicht alle gleichrangig Antragsbefugten den Eröffnungsantrag, muss das Insolvenzgericht gem. § 15 Abs. 2 Satz 3 die übrigen Antragsbefugten hören. Die Mitteilung des Eröffnungsantrags darf in diesen Fällen nicht an den Antragsteller selbst erfolgen.[40] Soweit die übrigen Antragsbefugten dem Eröffnungsantrag entgegengetreten, werden sie zu Antragsgegnern,[41] die ggf. den Eröffnungsbeschluss im Namen der Schuldnerin gem. § 34 Abs. 2 mit der sofortigen Beschwerde anfechten können. Gleiches gilt für alle in § 15 Abs. 1 Satz 1 auf Seiten der Schuldnerin genannten Personen, wenn ein gem. § 37 Abs. 2 KWG von der BaFin bestellter Abwickler einen Antrag auf Eröffnung des Insolvenzverfahrens über das Vermögen eines von ihm liquidierten Unternehmens des Kredit-, Finanzdienstleistungs-, Bausparkassen- oder Versicherungswesens stellt (s. Rdn. 27).

---

38 HambK-InsR/*Wehr* Rn. 16a.
39 FK-InsO/*Schmerbach* Rn. 43.
40 HK-InsO/*Kirchhof* Rn. 16.
41 MüKo-InsO/*Schmahl* Rn. 75 ff.

C. Fehlen und Wegfall der Antragsbefugnis

Fehlt dem Antragsteller die Antragsbefugnis, so etwa weil ihm die Glaubhaftmachung der Führungslosigkeit nicht gelungen ist, wird der Eröffnungsantrag als unzulässig abgewiesen. Dabei sind dem nicht antragsbefugten Antragsteller gem. § 89 Abs. 1 Satz 3 ZPO i.V.m. § 4 als vollmachtloser Vertreter die Kosten des Eröffnungsverfahrens aufzuerlegen.[42] Die Kostenlast trifft hingegen die Schuldnerin, wenn die Zulässigkeit des Antrags lediglich an der fehlenden Glaubhaftmachung des Eröffnungsgrundes scheitert oder der Eröffnungsgrund nicht bewiesen ist. Entfällt die Antragsbefugnis des Antragstellers nach der Antragstellung, bspw. durch Amtsniederlegung oder Abberufung aus dem Amt, bleibt die Wirksamkeit des Eröffnungsantrags davon unberührt.[43] Zwar müssen die Zulässigkeitsvoraussetzungen im Zeitpunkt der Eröffnung des Insolvenzverfahrens gegeben sein, jedoch ist die gesetzliche Vertretung der juristischen Person oder Gesellschaft ohne Rechtspersönlichkeit durch eine (andere) antragsbefugte Person über die Bestimmung des § 15 Abs. 1 Satz 1 weitgehend, im Falle der GmbH, AG oder Genossenschaft gem. § 15 Abs. 3 sogar ausnahmslos gewährleistet. 33

D. Befugnis zur Antragsrücknahme

Gem. § 13 Abs. 2 kann der Eröffnungsantrag zurückgenommen werden, bis das Insolvenzverfahren eröffnet oder der Antrag rechtskräftig abgewiesen wird. Hat bei einer juristischen Person oder Gesellschaft ohne Rechtspersönlichkeit nur einer von mehreren gem. § 15 Abs. 1 und 3 primär oder sekundär Antragsbefugten den Eröffnungsantrag gestellt, kann dieser nur von dem Antragsteller zurückgenommen werden.[44] Die übrigen Antragsbefugten, die gem. § 15 Abs. 2 Satz 3 zu hören sind, können dem Eröffnungsantrag dadurch entgegentreten, dass sie das Fehlen eines Eröffnungsgrundes glaubhaft machen oder nach Eröffnung des Insolvenzverfahrens gem. § 34 Abs. 2 sofortige Beschwerde einlegen (s. Rdn. 32). Hingegen ist die Rücknahme durch ein anderes Mitglied des Vertretungsorgans möglich, wenn der Antragsteller das Amt, das ihm die Antragsbefugnis verleiht, wirksam niederlegt oder daraus abberufen wird.[45] Dies gilt freilich nicht für die gem. § 15 Abs. 1 Satz 2 sekundär Antragsbefugten, wenn nach dem Ausscheiden des organschaftlichen Vertreters, der den Eröffnungsantrag gestellt hat, Führungslosigkeit i.S.d. § 10 Abs. 1 Satz 2 eintritt.[46] 34

E. Internationale Bezüge

Gem. Art. 4 Abs. 2 Satz 1 EuInsVO bestimmt sich in deren Anwendungsbereich die Antragsbefugnis bei in Deutschland gestellten Anträgen auf Eröffnung des Insolvenzverfahrens über das Vermögen einer juristischen Person oder Gesellschaft ohne Rechtspersönlichkeit, die nach dem Recht eines anderen Mitgliedstaates der Europäischen Union wirksam gegründet ist und insoweit die Rechts- und Parteifähigkeit erworben hat, nach § 15 Abs. 1. Dem entsprechend ist jedes Mitglied des Vertretungsorgans einer solchen Schuldnerin, bei einer Gesellschaft ohne Rechtspersönlichkeit jeder persönlich haftende Gesellschafter antragsbefugt. Da sich die in § 15 Abs. 1 Satz 2 geregelte Antragsbefugnis bei führungslosen juristischen Personen aus der Antragspflicht nach § 15a Abs. 3 ableitet (s. Rdn. 21) und dort lediglich die (nach deutschem Recht gegründete) Gesellschaft mit beschränkter Haftung, Aktiengesellschaft und Genossenschaft genannt sind, besteht eine sekundäre Antragsbefugnis für nach ausländischem Recht gegründete Gesellschaften nicht.[47] 35

---

42 Jaeger/*Müller* Rn. 65 f.; MüKo-InsO/*Schmahl* Rn. 88 f.
43 FK-InsO/*Schmerbach* Rn. 22; HK-InsO/*Kirchhof* Rn. 15; MüKo-InsO/*Schmahl* Rn. 15.
44 FK-InsO/*Schmerbach* Rn. 28; HK-InsO/*Kirchhof* § 13 Rn. 16; a.A. MüKo-InsO/*Schmahl* Rn. 82; Uhlenbruck/*Hirte* Rn. 6.
45 BGH 10.07.2008, IX ZB 122/07, ZIP 2008, 1596.
46 FK-InsO/*Schmerbach* Rn. 44; HambK-InsR/*Wehr* § 13 Rn. 59b.
47 AA für die Gesellschafter einer juristischen Person FK-InsO/*Schmerbach* Rn. 50; HambK-InsO/*Wehr* Rn. 10a.

§ 15a Antragspflicht bei juristischen Personen und Gesellschaften ohne Rechtspersönlichkeit

(1) Wird eine juristische Person zahlungsunfähig oder überschuldet, haben die Mitglieder des Vertretungsorgans oder die Abwickler ohne schuldhaftes Zögern, spätestens aber drei Wochen nach Eintritt der Zahlungsunfähigkeit oder Überschuldung, einen Eröffnungsantrag zu stellen. Das Gleiche gilt für die organschaftlichen Vertreter der zur Vertretung der Gesellschaft ermächtigten Gesellschafter oder die Abwickler bei einer Gesellschaft ohne Rechtspersönlichkeit, bei der kein persönlich haftender Gesellschafter eine natürliche Person ist; dies gilt nicht, wenn zu den persönlich haftenden Gesellschaftern eine andere Gesellschaft gehört, bei der ein persönlich haftender Gesellschafter eine natürliche Person ist.

(2) Bei einer Gesellschaft im Sinne des Absatzes 1 Satz 2 gilt Absatz 1 sinngemäß, wenn die organschaftlichen Vertreter der zur Vertretung der Gesellschaft ermächtigten Gesellschafter ihrerseits Gesellschaften sind, bei denen kein persönlich haftender Gesellschafter eine natürliche Person ist, oder sich die Verbindung von Gesellschaften in dieser Art fortsetzt.

(3) Im Fall der Führungslosigkeit einer Gesellschaft mit beschränkter Haftung ist auch jeder Gesellschafter, im Fall der Führungslosigkeit einer Aktiengesellschaft oder einer Genossenschaft ist auch jedes Mitglied des Aufsichtsrats zur Stellung des Antrags verpflichtet, es sei denn, diese Person hat von der Zahlungsunfähigkeit und der Überschuldung oder der Führungslosigkeit keine Kenntnis.

(4) Mit Freiheitsstrafe bis zu drei Jahren oder mit Geldstrafe wird bestraft, wer entgegen Absatz 1 Satz 1, auch in Verbindung mit Satz 2 oder Absatz 2 oder Absatz 3, einen Eröffnungsantrag nicht, nicht richtig oder nicht rechtzeitig stellt.

(5) Handelt der Täter in den Fällen des Absatzes 4 fahrlässig, ist die Strafe Freiheitsstrafe bis zu einem Jahr oder Geldstrafe.

Übersicht

	Rdn.
A. Normzweck	1
B. Gesetzliche Antrags- oder Anzeigepflichten	3
I. Antragspflichten nach spezialgesetzlichen Bestimmungen	3
1. Vermögen von juristischen Personen oder Gesellschaften ohne Rechtspersönlichkeit:	4
2. Vermögen von natürlichen Personen:	5
II. Antragspflicht nach § 15a Abs. 1 bis 3	6
1. Vorhandensein des gesetzlichen Vertretungsorgans (Abs. 1 und 2)	6
a) Vermögen von juristischen Personen (Abs. 1 Satz 1)	7
b) Vermögen von Gesellschaften ohne Rechtspersönlichkeit (Abs. 1 Satz 2, Abs. 2)	9
c) Vorhandensein eines fehlerhaft bestellten oder faktischen Vertretungsorgans	12
2. Führungslosigkeit (Abs. 3)	13
III. Gesetzliche Anzeigepflicht	18
1. Unternehmen, die der Aufsicht der BaFin unterliegen	18
2. Gesetzliche Krankenkassen	20
IV. Antragsobliegenheiten	21
C. Antragsfrist	22
D. Antragsinhalt	26
E. Wegfall und Aussetzung der Antragspflicht	27
I. Wegfall	27
II. Aussetzung	30a
F. Verletzung der Antragspflicht	31
I. Strafrechtliche Haftung (Abs. 4 und 5)	32
1. Täter	32
2. Objektiver Tatbestand	33
3. Subjektiver Tatbestand	34
II. Zivilrechtliche Haftung	36
G. Internationale Bezüge	40

A. Normzweck

1   Die Vorschrift ist durch das MoMiG mit Wirkung zum 01.11.2008 eingefügt und durch das ESUG redaktionell geändert worden. In ihr werden für bestimmte juristische Personen und für Gesellschaften ohne Rechtspersönlichkeit, deren Verbindlichkeiten weder unmittelbar noch mittelbar durch die

institutionelle Haftung einer natürlichen Person abgesichert sind, die vormals in den einschlägigen gesellschaftsrechtlichen Bestimmungen enthaltenen Antragspflichten (§ 92 Abs. 2, § 268 Abs. 2 AktG, § 64 Abs. 1 GmbHG, § 99 Abs. 1 GenG, § 130a Abs. 1 und 4, §§ 177a, 172 Abs. 4 Satz 2 HGB, jeweils in der bis zum 31.10.2008 geltenden Fassung) zusammengefasst und für den Fall der Führungslosigkeit erweitert. Die – nunmehr erklärtermaßen insolvenzrechtliche – Antragspflicht und die daran anknüpfende persönliche Haftung des Antragspflichtigen haben zum Ziel, überschuldete und/oder zahlungsfähige Gesellschaften mit einer grds. auf das Gesellschaftsvermögen beschränkten Haftung vom geschäftlichen Verkehr fernzuhalten, die anderenfalls ihre vorhandenen und potenziellen Gläubiger schädigen oder gefährden könnten.[1] Insb. soll der Rechtsverkehr davor bewahrt werden, einer in die Krise geratenen Gesellschaft eine Vorleistung zu gewähren, ohne hierfür einen werthaltigen Gegenanspruch zu erlangen.[2] Zur möglichst lückenlosen Ausgestaltung dieses Schutzes sieht § 15a Abs. 3 für den Fall der Führungslosigkeit einer GmbH, AG oder Genossenschaft eine sekundäre (subsidiäre) Antragspflicht der Gesellschafter bzw. Aufsichtsratsmitglieder vor.

Die Abs. 4 und 5 bedrohen die vorsätzliche und die fahrlässige Verletzung der Antragspflicht nach Abs. 1 bis 3 mit Strafe. Auch insoweit hat das MoMiG Bestimmungen zusammengefasst und erweitert, die bis zu seinem Inkrafttreten auf die Gesetze über Handelsgesellschaften verteilt waren (§ 84 Abs. 1 Nr. 2 und Abs. 2 GmbHG, § 401 Abs. 1 Nr. 2 und Abs. 2 AktG, § 148 Abs. 1 Nr. 2 und Abs. 2 GenG, § 130b HGB, jeweils in der bis zum 31.10.2008 geltenden Fassung). 2

B. Gesetzliche Antrags- oder Anzeigepflichten

I. Antragspflichten nach spezialgesetzlichen Bestimmungen

Um einen einheitlichen Sprachgebrauch innerhalb der InsO herzustellen, hat das ESUG den durch das MoMiG ausschließlich in § 15a Abs. 1 und 4 eingeführten Begriff des Insolvenzantrags durch denjenigen des Eröffnungsantrags ersetzt. Die Antragspflicht nach § 15a Abs. 1 greift nur ein, wenn eine solche – dies hat nunmehr das Gesetz zur Verkürzung des Restschuldbefreiungsverfahrens und zur Stärkung der Gläubigerrechte (leider nur) in Bezug auf Vereine und Stiftungen durch Anfügung eines Abs. 6 an § 15a klargestellt – nicht aus spezialgesetzlichen Bestimmungen folgt. Vom MoMiG unberührt geblieben sind insoweit, betreffend das: 3

1. Vermögen von juristischen Personen oder Gesellschaften ohne Rechtspersönlichkeit:

- § 42 Abs. 2 Satz 1, § 48 Abs. 2 BGB, wonach bei einem eingetragenen **Verein** der **Vorstand**, nach Auflösung die **Liquidatoren**, im Falle der Zahlungsunfähigkeit oder der Überschuldung die Eröffnung des Insolvenzverfahrens zu beantragen haben; Entsprechendes gilt für das satzungsmäßige Vertretungsorgan eines **nicht rechtsfähigen Vereins**, der keine wirtschaftlichen Zwecke i.S.d. § 22 BGB verfolgt (s. § 15 Rdn. 9); 4
- § 86 Abs. 1 Satz 1, § 42 Abs. 2 Satz 1, § 88 Satz 3, § 48 Abs. 2 BGB, wonach bei einer **Stiftung** der **Vorstand**, nach Auflösung die **Liquidatoren**, im Falle der Zahlungsunfähigkeit oder der Überschuldung die Eröffnung des Insolvenzverfahrens zu beantragen haben;
- § 89 Abs. 2, § 42 Abs. 2 Satz 1 BGB, wonach bei **juristischen Personen des öffentlichen Rechts**, die gem. § 12 insolvenzfähig sind, das gesetzliche oder satzungsmäßige **Vertretungsorgan** im Falle der Zahlungsunfähigkeit oder der Überschuldung die Eröffnung des Insolvenzverfahrens zu beantragen hat;
- § 11 Satz 2 EWIVAG, wonach bei einer **EWIV** im Fall des § 15a Abs. 1 Satz 2 die **Geschäftsführer** und die **Abwickler** verpflichtet sind, den Eröffnungsantrag zu stellen;
- § 22 Abs. 5 Satz 2 SEAG, wonach bei der **monistisch** verfassten **Europäischen Gesellschaft** (SE) im Falle der Zahlungsunfähigkeit oder der Überschuldung der **Verwaltungsrat** den Insolvenzantrag nach § 15a Abs. 1 zu stellen hat;

---

1 BGH 10.07.2008, IX ZB 122/07, ZIP 2008, 1596 unter II.2.b.bb.1.
2 BGH 01.02.2010, II ZR 209/08, ZIP 2010, 776 unter III.2.

– § 18 Abs. 4 Satz 2 SCEAG, wonach bei der **monistisch** verfassten **Europäischen Genossenschaft** (SCE) im Falle der Zahlungsunfähigkeit oder der Überschuldung der **Verwaltungsrat** den Insolvenzantrag nach § 15a Abs. 1 zu stellen hat.

2. Vermögen von natürlichen Personen:

5 – §§ 1980, 1985 Abs. 2 BGB, wonach der Erbe und der Nachlassverwalter, wenn sie von der Zahlungsunfähigkeit oder der Überschuldung des Nachlasses Kenntnis erlangen, unverzüglich die Eröffnung des Nachlassinsolvenzverfahrens zu beantragen haben;
– § 1489 Abs. 2, §§ 1980, 1985 Abs. 2 BGB, wonach der überlebende Ehegatte, soweit ihn die persönliche Haftung nur infolge des Eintritts der fortgesetzten Gütergemeinschaft trifft (vgl. § 11 Rdn. 28), und der Gesamtgutsverwalter unverzüglich die Eröffnung des Insolvenzverfahrens über das Gesamtgut zu beantragen haben, wenn sie von der Zahlungsunfähigkeit oder der Überschuldung des Nachlasses Kenntnis erlangen.

II. Antragspflicht nach § 15a Abs. 1 bis 3

1. Vorhandensein des gesetzlichen Vertretungsorgans (Abs. 1 und 2)

6 Die Antragspflicht nach § 15a gilt nur für juristische Personen (Abs. 1 Satz 1) und Gesellschaften ohne Rechtspersönlichkeit, deren Verbindlichkeiten weder unmittelbar (Abs. 1 Satz 2 Hs. 1) noch mittelbar (Abs. 1 Satz 2 Hs. 2) durch die institutionelle Haftung einer natürlichen Person abgesichert sind. Sie ist, wie auch die **Antragsbefugnis** (vgl. dazu § 15 Rdn. 6), **gestuft** ausgestaltet. Für den (gesetzlichen Regel-)Fall, dass ein Vertretungsorgan vorhanden ist, bestimmt § 15 Abs. 1 und Abs. 2 eine **primäre**, für den Fall der Führungslosigkeit bestimmt § 15 Abs. 3 eine **sekundäre** (s. dazu Rdn. 13) **Antragspflicht**.

a) Vermögen von juristischen Personen (Abs. 1 Satz 1)

7 Spiegelbildlich zur Antragsbefugnis nach § 15 sind – **jeweils einzeln**, ohne Rücksicht auf eine organinterne Zuständigkeitsverteilung und auf eine entgegenstehende Weisung durch die Gesellschafter oder den Aufsichtsrat[3] – **primär** antragsverpflichtet:
– bei einer **Genossenschaft** die **Mitglieder des Vorstands** (§§ 24, 25 GenG) oder **Notvorstands** (§ 29 BGB analog), nach Auflösung die **Liquidatoren** (§ 83 GenG);
– bei einer **dualistisch** verfassten **Europäischen Genossenschaft** (SCE) mit Sitz in Deutschland die **Mitglieder des Leitungsorgans** (§§ 24, 25 GenG i.V.m. Art. 72, 37 Abs. 1 Satz 1 der Verordnung (EG) Nr. 1435/2003 des Rates v. 22.07.2003 über das Statut der Europäischen Genossenschaft); wegen der Antragspflicht bei einer **monistisch** verfassten SCE s. Rdn. 4;
– bei einer **Aktiengesellschaft** die **Mitglieder des Vorstands** (§§ 76, 78 AktG) oder **Notvorstands** (§ 85 AktG), nach Auflösung die **Abwickler** (§§ 264, 265 AktG);
– bei einer **dualistisch** verfassten **Europäischen Gesellschaft** (SE) mit Sitz in Deutschland die **Mitglieder des Leitungsorgans** (§§ 76, 78 AktG i.V.m. Art. 39 Abs. 1, Art. 63, 9 Abs. 1c ii der Verordnung (EG) Nr. 2157/2001 des Rates v. 08.10.2001 über das Statut der Europäischen Gesellschaft); wegen der Antragspflicht bei einer **monistisch** verfassten SE s. Rdn. 4;
– bei einer **Gesellschaft mit beschränkter Haftung**, auch in Gestalt einer haftungsbeschränkten Unternehmergesellschaft, die **Geschäftsführer** (§ 35 GmbHG) oder **Notgeschäftsführer** (§ 29 BGB), nach Auflösung die **Liquidatoren** (§ 66 GmbHG);
– bei einer **Kommanditgesellschaft auf Aktien** die persönlich haftenden Gesellschafter (§ 278 Abs. 2, § 283 Nr. 14 AktG), nach Auflösung die **Abwickler** (§ 290 AktG);

---

[3] FK-InsO/*Schmerbach* Rn. 10; MüKo-InsO/*Schmahl* § 15 Rn. 56, 72, 74.

Auf eine in Vollzug gesetzte **fehlerhafte Gesellschaft** sowie **Vorgenossenschaft** und **Vorgesellschaft** 8
finden der höchstrichterlichen Rechtsprechung[4] zufolge die für die angestrebte Rechtsform geltenden Vorschriften analoge Anwendung (vgl. dazu § 11 Rdn. 8 ff.; § 15 Rdn. 17 f.). Dementsprechend sind die bestellten Mitglieder des Vertretungsorgans einer solchen fehlerhaften bzw. im Werden begriffenen juristischen Person entsprechend § 15a Abs. 1 Satz 1 antragsverpflichtet.[5] Dem lässt sich nicht entgegenhalten, wegen der unbeschränkten, als Innenhaftung ausgestalteten persönlichen Verlustdeckungshaftung der Gesellschafter der Vor-GmbH[6] und wegen der Handelndenhaftung nach § 11 Abs. 2 GmbHG könne bei der Vor-GmbH keine Überschuldung eintreten,[7] denn die persönliche Haftung eines Gesellschafters oder Handelnden kann im Überschuldungsstatus (vgl. § 19 Rdn. 25) nur aktiviert werden, wenn sie werthaltig ist[8] und wenn sie nicht erst infolge der Insolvenzeröffnung für die Insolvenzmasse entsteht.[9] Setzt hingegen eine Vorgesellschaft oder Vorgenossenschaft ihre Geschäftstätigkeit fort, ohne die Registeranmeldung weiterzuverfolgen, wird sie im Rechtsverkehr als Gesellschaft des Bürgerlichen Rechts oder, wenn sie ein Handelsgewerbe i.S.d. § 1 HGB betreibt, als offene Handelsgesellschaft behandelt.[10] In diesem Fall besteht eine Antragspflicht nur unter den Voraussetzungen des § 15a Abs. 1 Satz 2 und Abs. 2.

b) Vermögen von Gesellschaften ohne Rechtspersönlichkeit (Abs. 1 Satz 2, Abs. 2)

Bei einer **GmbH & Co. KG** sowie anderen Gesellschaften ohne Rechtspersönlichkeit, deren Ver- 9
bindlichkeiten weder unmittelbar (§ 15 Abs. 1 Satz 2 Hs. 1) noch mittelbar (§ 15 Abs. 1 Satz 2 Hs. 2) durch die institutionelle Haftung einer natürlichen Person abgesichert sind, also etwa einer **AG & Co. KG, Ltd. Co. KG** oder ausschließlich **von juristischen Personen gebildeten GbR**, sind nicht die zur Vertretung einer solchen Gesellschaft ermächtigten Gesellschafter (z.B. die Komplementär-GmbH, -AG oder -Ltd.), sondern deren organschaftliche Vertreter (z.B. Geschäftsführer, Vorstand oder director) oder Abwickler antragsverpflichtet. Bei einer Gesellschaft ohne Rechtspersönlichkeit, zu deren persönlich haftenden Gesellschaftern zwar keine natürliche Person, wenigstens aber eine Gesellschaft ohne Rechtspersönlichkeit mit einer natürlichen Person als persönlich haftender Gesellschafter gehört, wird hingegen durch § 15 Abs. 1 Satz 2 Hs. 2 die in § 15a Abs. 1 Satz 2 Hs. 1 bestimmte Antragspflicht nicht auf diesen verlagert, sondern ausgeschlossen.[11] Die Gegenmeinung[12] verkennt, dass bei einer solchen Gesellschaft ohne Rechtspersönlichkeit die Überschuldung gem. § 19 Abs. 3 Satz 2 schon kein Eröffnungsgrund ist. Der gesetzliche Ausschluss der persönlichen Haftung für eine bestimmte Art von Verbindlichkeiten, wie ihn nunmehr § 8 Abs. 4 PartGG unter den dort genannten Voraussetzungen für Verbindlichkeiten der Partnerschaft aus Schäden wegen fehlerhafter Berufsausübung vorsieht, lässt die institutionelle Haftung der Partner als solche unberührt und begründet daher keine Antragspflicht nach § 15a Abs. 1 Satz 2 Hs. 1.

Träfe nach § 15a Abs. 1 Satz 2 die Antragspflicht eine Gesellschaft, bei der kein persönlich haftender 10
Gesellschafter – die vormals missverständliche Gesetzesfassung »kein Gesellschafter« hat aufgrund entsprechender Ergänzung durch das ESUG eine zu begrüßende Klarstellung erfahren – eine natürliche Person ist, sind gem. § 15 Abs. 2 die organschaftlichen Vertreter oder Abwickler dieser Gesellschaft antragsverpflichtet. In demselben Umfang, in dem sich die Verbindung von der Gesellschaften in der vorbeschriebenen Art fortsetzt, verlagert sich auch die Antragspflicht (§ 15a Abs. 2 Hs. 2). Am Ende der Kette steht somit als antragsverpflichteter organschaftlicher Vertreter oder Abwickler grds.

---

4 BGH 16.03.1992, II ZB 17/91, BGHZ 117, 323 = ZIP 1992, 689 unter III.1; 16.10.2006, II ZB 32/05, ZIP 2006, 2174 = WM 2006, 2254 unter II.2.
5 Vgl. Kübler/Prütting/Bork/*Pape* Rn. 15; MüKo-InsO/*Schmahl* § 11 Rn. 25.
6 Vgl. dazu BGH 27.01.1997, II ZR 123, 94, BGHZ 134, 333 = ZIP 1997, 679.
7 So aber FK-InsO/*Schmerbach* § 15 Rn. 35.
8 HambK-InsR/*Schröder* § 19 Rn. 21 f.
9 HK-InsO/*Kirchhof* § 19 Rn. 18.
10 Vgl. BGH 04.11.2002, II ZR 204/00, BGHZ 152, 290 = ZIP 2002, 2309.
11 HambK-InsR/*Wehr* Rn. 14.
12 HK-InsO/*Kirchhof* Rn. 11.

(zumindest) eine natürliche Person. Die einzige Ausnahme hiervon bildet der Fall der Führungslosigkeit i.S.d. § 10 Abs. 2 Satz 2; insoweit greift aber, wenn es sich bei dem zur Vertretung der Gesellschaft ohne Rechtspersönlichkeit ermächtigten Gesellschafter um eine GmbH, AG oder Genossenschaft handelt, die sekundäre Antragspflicht nach § 15a Abs. 3 (s. Rdn. 13).

11 Ist über das Vermögen des zur Vertretung einer Gesellschaft ohne Rechtspersönlichkeit i.S.d. § 15a Abs. 1 Satz 2 und Abs. 2 ermächtigten Gesellschafters das Insolvenzverfahren eröffnet, tritt an die Stelle eines Abwicklers der **Insolvenzverwalter**. Diesen trifft hiernach die Antragspflicht (s. § 15 Rdn. 4).

c) **Vorhandensein eines fehlerhaft bestellten oder faktischen Vertretungsorgans**

12 Die zum 01.11.2008 bewirkte Einführung einer sekundären Antragspflicht für den Fall der Führungslosigkeit einer GmbH, AG oder Genossenschaft (§ 15a Abs. 3 i.V.m. § 10 Abs. 2 Satz 2) durch das MoMiG bezweckt, bis dahin bestehende Lücken in der Verantwortlichkeit zu schließen. Die Maßnahme zielt hingegen der amtlichen Begründung des Regierungsentwurfs[13] zufolge nicht darauf, Personen von der Antragspflicht zu befreien, für die – wie etwa für den faktischen Geschäftsführer – eine solche nach der damaligen Rechtsprechung[14] bestand. Daher ist an der Antragspflicht des faktischen Organs festzuhalten.[15] Gleiches gilt für diejenige des fehlerhaft bestellten Organs.[16]

2. **Führungslosigkeit (Abs. 3)**

13 Die **sekundäre** Antragspflicht, die mit der sekundären Antragsbefugnis nach § 15 Abs. 1 Satz 2 übereinstimmt (vgl. § 15 Rdn. 21 ff.), trifft bei der **GmbH** jeden **Gesellschafter**, bei der **Aktiengesellschaft** und der **Genossenschaft** jedes **Mitglied des Aufsichtsrats** (§§ 95 ff. AktG; §§ 36 ff. GenG). Hat die Genossenschaft kraft Satzungsbestimmung keinen Aufsichtsrat, sind die Mitglieder der **Generalversammlung** antragsbefugt (§ 9 Abs. 1 Satz 2 und 3 GenG i.V.m. § 15a Abs. 3). Ist eine **fehlerhafte** oder **Vor-Genossenschaft**, fehlerhafte oder **Vor-AG** (s. Rdn. 8), **dualistisch verfasste Europäische Gesellschaft** (§§ 95 ff. AktG i.V.m. Art. 39 Abs. 1, Art. 63, 9 Abs. 1c ii der Verordnung (EG) Nr. 2157/2001 des Rates v. 08.10.2001 über das Statut der Europäischen Gesellschaft) oder **dualistische verfasste Europäische Genossenschaft** (§§ 36 ff. GenG i.V.m. Art. 72, 37 Abs. 1 Satz 1 der Verordnung (EG) Nr. 1435/2003 des Rates v. 22.07.2003 über das Statut der Europäischen Genossenschaft) führungslos geworden, sind die Mitglieder des **Aufsichtsrats** bzw. **Aufsichtsorgans** entsprechend § 15a Abs. 3 antragsverpflichtet. Bei der **fehlerhaften** oder **Vor-GmbH** gilt Gleiches für die **Gesellschafter**.

14 Die Antragspflicht nach § 15a Abs. 3 trifft nach dem Gesetzeswortlaut »auch« die Gesellschafter einer GmbH oder die Mitglieder des Aufsichtsrats einer AG oder Genossenschaft, ggf. (s. Rdn. 13) die Mitglieder der Generalversammlung einer Genossenschaft. Sie steht damit gleichwertig neben derjenigen eines faktischen oder fehlerhaft bestellten Organs (s. Rdn. 12; § 15 Rdn. 22).

15 Die sekundäre Antragspflicht kommt nach den Bestimmungen des – sprachlich unglücklich gefassten – § 15a Abs. 3 Hs. 2 erst und nur dann zum Tragen, wenn der Gesellschafter bzw. das Mitglied des Aufsichtsrats oder der Generalversammlung den zum Antrag verpflichteten Eröffnungsgrund und die Führungslosigkeit kennt (s. dazu Rdn. 23). Ferner können sich diese Personen ihrer sekundären Antragspflicht – das ist mit deren Einführung durch das MoMiG nach der amtlichen Begründung des Regierungsentwurfs sogar ausdrücklich intendiert[17] – dadurch entledigen, dass sie den Zustand der Führungslosigkeit beseitigen, indem sie wieder einen organschaftlichen Vertreter bestellen.

---

13 BT-Drucks. 16/6140, 56.
14 BGH 11.07.2005, II ZR 235/03, ZIP 2005, 1550.
15 HK-InsO/*Kirchhof* Rn. 2; a.A. HambK-InsR/*Wehr* Rn. 14 f.
16 *Berger* ZInsO 2009, 1977 [1981]; *Schmahl* NZI 2008, 6 [7].
17 BT-Drucks. 16/6140, 55.

Die sekundäre Antragspflicht der Gesellschafter oder Aufsichtsratsmitglieder nach § 15a Abs. 3 gilt – gleich der Antragsbefugnis gem. § 15 Abs. 1 Satz 2 (vgl. § 15 Rdn. 26) – auch für solche Gesellschaften mit beschränkter Haftung, Aktiengesellschaften und Genossenschaften, die i.S.d. § 15a Abs. 1 Satz 2 und Abs. 2 zur Vertretung ermächtigte Gesellschafter oder Abwickler einer Gesellschaft ohne Rechtspersönlichkeit sind, für deren Verbindlichkeiten weder unmittelbar noch mittelbar die institutionelle Haftung einer natürlichen Person besteht. **Beispiel**: Ist bei einer GmbH & Co. KG die Komplementär-GmbH führungslos, müssen deren Gesellschafter den Antrag auf Eröffnung des Insolvenzverfahrens über das Vermögen der KG stellen. 16

§ 15a Abs. 3 findet nach dem eindeutigen Wortlaut der Vorschrift keine Anwendung auf die Kommanditgesellschaft auf Aktien. Gleiches gilt in Bezug auf die Europäische Gesellschaft und die Europäische Genossenschaft, wenn sie monistisch verfasst sind, sowie für juristische Personen, die nach dem Recht eines anderen Mitgliedstaates der Europäischen Union gegründet sind, also etwa die englische Limited (s. Rdn. 40). 17

III. Gesetzliche Anzeigepflicht

1. Unternehmen, die der Aufsicht der BaFin unterliegen

Handelt es sich bei dem Schuldner um ein Unternehmen des Kredit-, Finanzdienstleistungs-, Bausparkassen- oder Versicherungswesens, das gem. § 4 Abs. 1 Satz 1 FinDAG der Aufsicht der Bundesanstalt für Finanzdienstleistungsaufsicht (BaFin) untersteht, steht gem. § 46b Abs. 1 Satz 4 KWG, § 3 Abs. 1 BspKG, § 88 Abs. 1 VAG die Antragsberechtigung ausschließlich ihr zu (vgl. § 13 Rdn. 10; § 15 Rdn. 27). An die Stelle der Antragspflicht nach § 15a tritt gem. § 46b Abs. 1 Sätze 1 und 2 KWG die dortige Anzeigepflicht gegenüber der BaFin. Die vorsätzliche oder fahrlässige Verletzung dieser Pflicht ist ebenfalls strafbewehrt (§ 55 KWG). 18

Schreitet die BaFin gem. § 37 Abs. 1 KWG gegen ein ihrer Aufsicht unterstehendes Unternehmen wegen ungesetzlicher Geschäfte ein und bestellt sie hierfür einen Abwickler, geht die Antragsberechtigung auf die Gläubiger des Unternehmens und dieses selbst als Schuldnerin über (vgl. § 15 Rdn. 27). Deren Antragsberechtigung kann nicht nur von dem Abwickler (§ 37 Abs. 2 KWG), sondern auch von den anderen Personen ausgeübt werden, die schuldnerseitig nach Maßgabe des § 15 Abs. 1 Satz 1 zum Antrag auf Eröffnung über das Vermögen einer juristischen Personen oder einer Gesellschaft ohne Rechtspersönlichkeit befugt sind.[18] Daraus folgt, dass nach Anordnung der Abwicklung gem. § 37 Abs. 1 KWG durch die BaFin § 46b KWG keine Anwendung mehr findet, sondern § 15a gilt. 19

2. Gesetzliche Krankenkassen

Auch bei den Krankenkassen der gesetzlichen Krankenversicherung und den Krankenkassenverbänden tritt an die Stelle einer Antragspflicht die Anzeigepflicht des Vorstandes gegenüber der Aufsichtsbehörde (§ 171b Abs. 2 Satz 1, § 171f SGB V).[19] Diese Anzeigepflicht gilt der Zahlungsunfähigkeit, der drohenden Zahlungsunfähigkeit und der Überschuldung; sie ist unverzüglich unter Beifügung aussagefähiger Unterlagen auszuüben. Die Verletzung der Anzeigepflicht ist gem. § 307a SGB V mit Strafe bedroht. 20

IV. Antragsobliegenheiten

Keine Antragspflicht, sondern eine **Antragsobliegenheit** trifft aufgrund der gesteigerten Unterhaltspflicht nach § 1603 Abs. 2 BGB einen nicht leistungsfähigen Unterhaltsschuldner, der durch die Eröffnung des Verbraucherinsolvenzverfahrens den laufenden Unterhalt seiner minderjährigen Kinder und privilegierten volljährigen Kinder dadurch sicherstellen kann, dass er aufgrund der Differenz zwischen den Pfändungsfreigrenzen nach § 850c ZPO und dem notwendigen eigenen Unterhalt 21

---

18 BGH 13.06.2006, IX ZB 262/05, ZIP 2006, 1454.
19 Einzelheiten bei *Pfohl/Sichert/Otto* NZS 2011, 8.

nach § 850d Abs. 1 Satz 2 ZPO seine Unterhaltspflicht erhöht und eine ungeschmälerte Vollstreckbarkeit zugunsten des Unterhaltsberechtigten herbeiführt.[20] Kommt der Unterhaltsschuldner dieser Antragsobliegenheit nicht nach, wird er bei der Bestimmung des Unterhalts so behandelt, als hätte er den Eröffnungsantrag gestellt. Eine solche Antragsobliegenheit besteht hingegen wegen des Unterhaltsanspruchs des geschiedenen oder getrennt lebenden Ehegatten nicht.[21]

C. Antragsfrist

22 Nach Eintritt der Zahlungsunfähigkeit (§ 17) oder Überschuldung (§ 19) ist der Eröffnungsantrag ohne schuldhaftes Zögern, spätestens aber innerhalb von drei Wochen zu stellen. Drohende Zahlungsunfähigkeit (§ 18) löst die Antragsfrist nicht aus. Die Dreiwochenfrist stellt eine Höchstfrist dar, die ausschließlich der Prüfung und Durchführung von außergerichtlichen Sanierungsmaßnahmen dient.[22] Dass Erfolg versprechende Sanierungsverhandlungen bei Ablauf der Frist noch andauern, rechtfertigt das weitere Unterlassen des Eröffnungsantrags nicht.[23] Die Dreiwochenfrist darf nicht ausgenutzt werden, wenn sich die Sanierungsaussichten früher zerschlagen oder eine Sanierung von vornherein nicht in Betracht kommt.[24]

23 Nicht nur nach dem Wortlaut, sondern auch dem Zweck des § 15a Abs. 1 Satz 1 und Abs. 3 zufolge beginnt die Antragsfrist **objektiv** mit dem Eintritt der Zahlungsunfähigkeit oder Überschuldung. Soweit der BGH[25] auf die **Erkennbarkeit** für das **Vertretungsorgan** abstellt, ist damit nicht der Fristbeginn, sondern ausschließlich das – bei objektiver Versäumung der Antragspflicht zu vermutende[26] – **Verschulden** angesprochen,[27] das sowohl für dessen zivil- als auch für die strafrechtliche Haftung vorausgesetzt wird. Wird somit für das Vertretungsorgan erkennbar, dass die Schuldnerin zahlungsunfähig oder überschuldet ist und dass der Eintritt des Eröffnungsgrundes bereits mindestens drei Wochen zurückliegt, hat es wegen der objektiv zu bestimmenden Antragsfrist, keine Möglichkeit mehr, Sanierungsaussichten zu prüfen und ggf. den Insolvenzgrund zu beseitigen;[28] ohne schuldhaftes Zögern i.S.d. § 15a Abs. 1 Satz 1 bedeutet unter diesen Umständen unmittelbar nach Kennenmüssen des Eröffnungsgrundes.

24 Auch für die nach Maßgabe des § 15a Abs. 3 antragspflichtigen **Gesellschafter** oder **Aufsichtsratsmitglieder** beginnt die Antragsfrist objektiv mit dem Eintritt eines Eröffnungsgrundes nach § 17 oder § 19. Die Einschränkung nach § 15a Abs. 3 Hs. 2 betrifft ausschließlich das **Verschulden**. Dieses setzt somit zum einen positive **Kenntnis** vom Eintritt desjenigen zum Antrag verpflichtenden Eröffnungsgrundes voraus, der konkret vorliegt – nicht also, wie der Gesetzeswortlaut vermuten lassen könnte, der Zahlungsunfähigkeit »und« der Überschuldung. Zum anderen trifft die (objektiv) Antragsverpflichteten ein Verschulden nach Maßgabe des § 15a Abs. 3 Hs. 2 nur, wenn sie zudem um die Führungslosigkeit der juristischen Person wissen. Freilich obliegt es den Gesellschaftern oder Aufsichtsratsmitgliedern, die später von dem Insolvenzverwalter, den Gläubigern oder Dritten auf Ausgleich der infolge der Fristversäumung jeweils entstandenen Vermögensnachteile in Anspruch genommen werden (s. Rdn. 34 ff.), ihre Unkenntnis über den Eröffnungsgrund und die Führungslosigkeit zu beweisen (»es sei denn«), wenn diese zwei Umstände für sie erkennbar waren.

25 Eine das Verschulden an der Versäumung der Antragsfrist ausschließende Unkenntnis nach § 15a Abs. 3 Hs. 2 ist nicht gegeben, wenn sich die Gesellschafter oder die Aufsichtsratsmitglieder einer

---

20 BGH 23.02.2005, XII ZR 114/03, BGHZ 162, 234 = NZI 2005, 342.
21 BGH 12.12.2007, XII ZR 23/06, BGHZ 175, 67 = NZI 2008, 193.
22 HambK-InsR/*Wehr* Rn. 17.
23 BGH 12.02.2007, II ZR 308/05, ZIP 2007, 674 unter II.2.a.
24 *Römermann* NZI 2010, 241 [242].
25 BGH 29.11.1999, II ZR 273/98, BGHZ 143, 184 = ZIP 2000, 184 unter II.1.b.
26 BGH 05.02.2007, II ZR 234/05, BGHZ 171, 46 = ZIP 2007, 646 unter II.1.a; 15.03.2011, II ZR 204/09, ZIP 2011, 1007 unter II.2.c.
27 HK-InsO/*Kirchhof* Rn. 6; a.A. HambK-InsR/*Wehr* Rn. 16; FK-InsO/*Schmerbach* Rn. 26.
28 BGH 12.02.2007, II ZR 308/05, ZIP 2007, 674 unter II.2.a.

sich aufdrängenden Erkenntnis bewusst verschließen,[29] sog. **böswillige Unkenntnis**. Entsprechend den Anforderungen an die Kenntnis des Insolvenzgläubigers bei der Deckungsanfechtung nach § 130 Abs. 1 Satz 1 Nr. 1[30] genügt es, dass die Gesellschafter oder Aufsichtsratmitglieder die tatsächlichen Umstände kennen, aus denen bei zutreffender rechtlicher Bewertung die Zahlungsunfähigkeit oder die diese gem. § 17 Abs. 2 Satz 2 vermuten lassende Zahlungseinstellung zweifelsfrei folgt. In diesem Fall können die nach § 15a Abs. 3 Antragspflichtigen sich nicht mit Erfolg darauf berufen, den an sich zwingenden Schluss von den Tatsachen auf den Rechtsbegriff nicht gezogen zu haben. Für die weitergehende Annahme einer die Berufung auf teilweise Unkenntnis ausschließenden Pflicht zur Einholung von Auskünften über den etwaigen Eintritt eines Eröffnungsgrundes, wenn die Führungslosigkeit bekannt ist, bzw. über deren etwaiges Vorliegen, wenn der Eintritt eines Eröffnungsgrundes bekannt ist, fehlt es hingegen – dies wird in der dahingehenden amtlichen Begründung des Regierungsentwurfs zum MoMiG verkannt[31] – bei den Gesellschaftern der GmbH an einer gesetzlichen Grundlage.[32] Für die Mitglieder des Aufsichtsrats einer Genossenschaft oder AG mag anderes gelten.[33]

D. Antragsinhalt

Es genügt nicht, dass ein Eröffnungsantrag gestellt ist. Dieser muss über die mit der Antragspflicht einhergehende Antragsbefugnis nach § 15 hinaus nach Maßgabe des § 13 und der gem. § 4 anwendbaren Vorschriften der ZPO zulässig sein (vgl. dazu § 13 Rdn. 3 ff.). Ein Eröffnungsantrag, der diesen Anforderungen nicht genügt, ist i.S.d. § 15a Abs. 4 »nicht richtig« gestellt.[34] Gleiches gilt, wenn der Eröffnungsantrag unvollständige oder unwahre Angaben enthält, welche die Feststellung der Begründetheit erschweren oder verhindern.[35] 26

E. Wegfall und Aussetzung der Antragspflicht

I. Wegfall

Bis zur Eröffnung des Insolvenzverfahrens oder Ablehnung mangels Masse ist die Antragstellung durch einen Gläubiger ohne Einfluss auf den Fortbestand der Antragspflicht nach § 15a.[36] Die Antragspflicht ruht hingegen, wenn ein anderer der nach § 15a Verpflichteten einen – zulässigen (s. Rdn. 26) – Eröffnungsantrag gestellt hat,[37] jedoch nur solange dieser seinen Antrag nicht zurücknimmt. Verhindert der Antragspflichtige indessen durch wahrheitswidrige Angaben gegenüber dem Insolvenzgericht die Feststellung der Zahlungsunfähigkeit oder der Überschuldung und wird deshalb der Eröffnungsantrag des anderen Verpflichteten als unbegründet abgewiesen, ist jener so zu behandeln, als habe er seit Erkennbarkeit des Eröffnungsgrundes ununterbrochen die Antragspflicht verletzt. 27

Die Antragspflicht erledigt sich durch das Entfallen des Eröffnungsgrundes. Dass aber ein Eröffnungsantrag voraussichtlich gem. § 16 mangels Masse abgewiesen wird, lässt die Antragspflicht unberührt.[38] 28

Legt das Mitglied eines Vertretungsorgans sein Amt nieder oder wird es daraus abberufen, erlöschen dessen Antragspflicht und -befugnis ex nunc. Eine bereits eingetretene persönliche Haftung bleibt 29

---

29 HambK-InsR/*Wehr* Rn. 26; HK-InsO/*Kirchhof* Rn. 18.
30 Vgl. dazu BGH 19.02.2009, IX ZR 62/08, BGHZ 180, 63 = ZIP 2009, 526 unter II.2.a.aa.
31 BT-Drucks. 16/6140, 55.
32 *Römermann* NZI 2010, 241 [244].
33 Vgl. BGH 16.03.2009, II ZR 280/07, ZIP 2009, 860 unter I.2.c.aa.
34 HK-InsO/*Kirchhof* Rn. 8.
35 FK-InsO/*Schmerbach* Rn. 35.
36 BGH 28.10.2008, 5 StR 166/08, BGHSt 53, 24 = ZIP 2008, 2308 unter II.1.d.aa.2.
37 HK-InsO/*Kirchhof* Rn. 9.
38 Kübler/Prütting/Bork/*Pape* Rn. 23; MüKo-InsO/*Schmahl* § 15 Rn. 114.

davon unberührt. In der Zeit vor Einführung der sekundären Antragspflicht bei führungslosen juristischen Personen nach § 15a Abs. 3 durch das MoMiG wurde eine **Amtsniederlegung** oder **Abberufung** in der Krise als unwirksam wegen Rechtsmissbrauchs angesehen, wenn hierdurch die juristische Person handlungsunfähig wurde.[39] Die insoweit angeführte Begründung, bei rechtlicher Anerkennung einer solchen Maßnahme würde der damit verfolgten Absicht Vorschub geleistet, das Vermögen der juristischen Person durch Herbeiführung der Prozessunfähigkeit dem Zugriff der Gläubiger zu entziehen, trägt bei Gesellschaften mit beschränkter Haftung, Aktiengesellschaften und Genossenschaften seit Inkrafttreten des § 15a Abs. 3 am 01.11.2008 nicht mehr. Dem entsprechend kann bei einer Amtsniederlegung oder Abberufung, durch welche die Schuldnerin (allgemein) handlungsunfähig wird, eine Unwirksamkeit wegen Rechtsmissbrauchs nicht weiter angenommen werden.[40] Von der Möglichkeit der Abberufung des Vertretungsorgans zu unterscheiden ist dessen **Entbindung von der Antragspflicht** durch die Gesellschafter bzw. den Aufsichtsrat; ein derartiger Beschluss ist immer unwirksam,[41] weil die gesetzliche Antragspflicht als solche nicht zur Disposition des Schuldners steht.

30 Für die Gesellschafter einer GmbH und die Aufsichtsratsmitglieder einer AG oder Genossenschaft endet die sekundäre Antragspflicht nach § 15a Abs. 3, wenn sie der führungslosen juristischen Person wieder ein Vertretungsorgan bestellen (s. Rdn. 15). Des Weiteren lässt das Ausscheiden eines Gesellschafters oder Aufsichtsratsmitglieds dessen Antragspflicht entfallen.

II. Aussetzung

30a Für den Sonderfall, dass der Eintritt der Zahlungsunfähigkeit oder Überschuldung auf den Auswirkungen der Hochwasserkatastrophe im Mai und Juni 2013 beruht, bestimmt § 1 des Gesetzes über die vorübergehende **Aussetzung** der Insolvenzantragspflicht bei hochwasserbedingter Insolvenz, dass die Antragspflicht ausgesetzt ist, solange die Antragspflichtigen ernsthafte Finanzierungs- oder Sanierungsverhandlungen führen und dadurch begründete Aussichten auf Sanierung bestehen, längstens jedoch bis zum 31.12.2013. § 2 dieses Gesetzes ermächtigt das Bundesministerium der Justiz, durch Rechtsverordnung die Aussetzung der Antragspflicht bis längstens zum 31.03.2014 zu verlängern, wenn dies aufgrund andauernder Finanzierungs- oder Sanierungsverhandlungen oder sonstiger zwingender Umstände geboten erscheint. Die durch Art. 3 des Gesetzes zur Errichtung eines Sondervermögens »Aufbauhilfe« und zur Änderung weiterer Gesetze (Aufbauhilfegesetz) vom 15.07.2013[42] eingeführte Vergünstigung, die gem. Art. 5 Abs. 3 dieses Gesetzes auf den 30.05.2013 zurückwirkt, findet ihr Vorbild in dem vom 12.08.2002 bis 30.06.2003 geltenden Art. 6 des Flutopfersolidaritätsgesetzes vom 19.09.2002[43], der seinerzeit freilich nicht die Aussetzung der Antragspflicht, sondern die Unterbrechung der Antragsfrist bestimmte.

Die Aussetzung der Antragspflicht soll Unternehmen zu Gute kommen, die quasi schicksalhaft durch die Naturgewalt in eine zum Eröffnungsantrag verpflichtende wirtschaftliche Krise geraten sind. Nicht erforderlich ist dabei, dass die geschäftliche und finanzielle Situation zuvor solide war. Vielmehr sind der Begründung des Gesetzentwurfs[44] zufolge bereits bestehende wirtschaftliche Schwierigkeiten unschädlich, wenn diese für sich genommen die Antragspflicht noch nicht begründeten. Die Entlastung von der strafbewehrten Antragspflicht bei katastrophenbedingter Zahlungsunfähigkeit oder Überschuldung findet ihre Rechtfertigung darin, dass aufgrund des Vorhandenseins vielschichtiger Finanzierungsquellen, wie Entschädigungsfonds, Versicherungsleistungen, staatlicher Gewährleistungen und Förderprogrammen bessere Aussichten bestehen, auch außerhalb

---

39 Vgl. etwa OLG Köln 01.02.2008, 2 Wx 3/08, ZIP 2008, 646.
40 *Berger* ZInsO 2009, 1977 [1981 f.]; *Römermann* NZI 2010, 241 [243]; a.A. FK-InsO/*Schmerbach* § 15 Rn. 24.
41 BGH 12.02.2007, II ZR 308/05, ZIP 2007, 674 unter II.2.a.
42 BGBl. I, 2401.
43 BGBl. I, 3651.
44 BT-Drucks. 17/14078, 12

eines Zeitraums von drei Wochen den Eröffnungsgrund noch überwinden zu können, als im Regelfall der wirtschaftlichen Krise, in dem der Schuldner bei seinen Sanierungsbemühungen ausschließlich auf die Mitwirkung seiner Gläubiger oder neuer Kreditgeber angewiesen ist.

Enden die Finanzierungs- oder Sanierungsverhandlungen, ohne dass der Eröffnungsgrund beseitigt ist, oder entfallen noch während der Verhandlungen die begründeten Aussichten auf eine Sanierung, lebt die Antragspflicht wieder auf. Dass insoweit entsprechend § 249 Abs. 1 ZPO i.V.m. § 4 »die volle Frist« des § 15a Abs. 1 Satz 1 von neuem zu laufen beginnt, begründet für den Schuldner keinen weiteren Aufschub von drei Wochen für die Antragstellung, denn die Dreiwochenfrist ist eine Höchstfrist und dient ausschließlich der Prüfung und Durchführung von außergerichtlichen Sanierungsmaßnahmen (s. Rdn. 22). Lediglich in den Fällen, in denen wegen eines hochwasserbedingten Eröffnungsgrundes Erfolg versprechende Finanzierungs- oder Sanierungsverhandlungen über den 31.12.2013 – mit Ablauf dieses Tages endet die Aussetzung gem. § 1 des Gesetzes über die vorübergehende Aussetzung der Insolvenzantragspflicht bei hochwasserbedingter Insolvenz spätestens – hinaus geführt werden, ist der Schuldner längstens bis zum Ablauf des 21.01.2014 zur Antragstellung nicht verpflichtet.

Die in Art. 5 Abs. 3 des Gesetzes zur Errichtung eines Sondervermögens »Aufbauhilfe« und zur Änderung weiterer Gesetze (Aufbauhilfegesetz) vom 15.07.2013[45] angeordnete Rückwirkung der Bestimmungen über die Aussetzung der Antragspflicht auf den 30.05.2013 dient dazu, eine vor der Verkündung dieses Gesetzes am 18.07.2013 bereits eingetretene Strafbarkeit nach § 15a Abs. 4 und 5 zu beseitigen. Solches folgt freilich bereits aus § 2 Abs. 2 und 3 StGB. Von der Rückwirkung möglicherweise unberührt bleibt hingegen eine vor diesem Zeitpunkt begründete, auf Verletzung der Antragspflicht beruhende zivil- oder gesellschaftsrechtliche Haftung, denn ein Schuldverhältnis untersteht nach seinen Voraussetzungen, seinem Inhalt und seinen Wirkungen dem Recht, das zur Zeit seiner Entstehung galt, und ein zwingender Grund, der eine Abweichung von dem aus dem Rechtsstaatsprinzip des Art. 20 Abs. 3 GG abgeleiteten Rückwirkungsverbots zu Lasten der Geschädigten rechtfertigt, ist nicht erkennbar.[46]

F. Verletzung der Antragspflicht

Die schuldhafte Verletzung der Antragspflicht kann sowohl eine strafrechtliche als auch eine zivilrechtliche Haftung zur Folge haben. Die Strafdrohung findet sich in § 15a selbst, während sich die Verpflichtung zum Schadensersatz nach den Vorschriften des BGB und des Gesellschaftsrechts bestimmt.

I. Strafrechtliche Haftung (Abs. 4 und 5)

1. Täter

Die Insolvenzverschleppung – eine dahin lautende amtliche Gesetzesüberschrift fehlt bedauerlicher Weise – nach § 15a Abs. 4 und 5 ist ein echtes **Sonderdelikt**, das ausschließlich von den in § 15a Abs. 1 und 3 bezeichneten organschaftlichen Vertretern bzw. Gesellschaftern einer GmbH oder Mitgliedern des Aufsichtsrats einer AG oder Genossenschaft begangen werden kann. Andere Personen können sich hieran lediglich als Anstifter oder Gehilfen beteiligen (§§ 26 ff. StGB). Auf faktische Organe finden die für bestellte Organe geltenden Strafvorschriften nach ständiger Rechtsprechung[47] unmittelbar Anwendung. Wegen des Analogieverbots im Strafrecht kommt eine weitergehende Ausdehnung des Anwendungsbereichs des § 15a Abs. 4 und 5 nicht in Betracht.[48] Anderes gilt, wenn eine Gesetzesvorschrift die analoge Anwendung des § 15a anordnet. Solches ist etwa der Fall bei den **Mitgliedern des Leitungsorgans und des Aufsichtsorgans** einer **dualistisch verfassten** (§§ 76, 78, 95 ff. AktG, § 15a Abs. 1 bis 3 InsO i.V.m. Art. 39 Abs. 1, 63, 9 Abs. 1c ii der Verordnung

---

45 BGBl. I, 2401.
46 BGH 26.01.2009, II ZR 260/07, BGHZ 179, 249 = ZIP 2009, 615 unter IV.2.b.
47 Vgl. BGH 10.05.2000, 3 StR 101/00, BGHSt 46, 62 = ZIP 2000, 1390 unter 3.b.
48 HK-InsO/*Kirchhof* Rn. 21.

(EG) Nr. 2157/2001 des Rates vom 08.10.2001 über das Statut der Europäischen Gesellschaft) sowie den **Mitgliedern des Verwaltungsrats** einer **monistisch verfassten Europäischen Gesellschaft** (§ 22 Abs. 5 Satz 2 SEAG i.V.m. § 15a Abs. 1 InsO), ferner bei den **Mitgliedern des Leitungsorgans und des Aufsichtsorgans** einer **dualistisch verfassten** (§§ 24, 25, 36 ff. GenG, § 15a Abs. 1 bis 3 InsO i.V.m. Art. 72, 37 Abs. 1 Satz 1 der Verordnung (EG) Nr. 1435/2003 des Rates v. 22.07.2003 über das Statut der Europäischen Genossenschaft) sowie den Mitgliedern des Verwaltungsrats einer **monistisch verfassten Europäischen Genossenschaft** (18 Abs. 4 2 SCEAG i.V.m. § 15a Abs. 1 InsO). An einer gesetzlichen Verweisung auf § 15a fehlt es hingegen bspw. in den §§ 21 ff., 42 BGB, so dass sich Mitglieder des Vereins- oder Stiftungsvorstandes nicht gem. § 15 Abs. 4 und 5 wegen Insolvenzverschleppung strafbar machen können. Dies klarzustellen, darin erschöpft sich die Bedeutung des durch das Gesetz zur Verkürzung des Restschuldbefreiungsverfahrens und zur Stärkung der Gläubigerrechte angefügten Abs. 6.

2. Objektiver Tatbestand

33 Verboten sind die unterlassene, die verspätete und die fehlerhafte Antragstellung bei Eintritt der Zahlungsunfähigkeit oder Überschuldung. Das Vorliegen dieser Eröffnungsgründe bestimmt sich nach § 17 bzw. § 19.[49] Für die fehlerhafte Antragstellung ist entscheidend, ob der Eröffnungsantrag am Maßstab des § 13 und der gem. § 4 anwendbaren Vorschriften der ZPO zulässig war und keine unvollständigen oder unwahren Angaben enthielt, welche die Feststellung der Begründetheit erschwerten oder verhinderten (s. Rdn. 26). Die Verspätung schließlich richtet sich nach der Antragsfrist des § 15a Abs. 1 (s. dazu Rdn. 22 f.).

3. Subjektiver Tatbestand

34 Der von § 15a Abs. 4 vorausgesetzte **Vorsatz** muss sich auf alle tatsächlichen Umstände beziehen, welche die Täterschaft (s. Rdn. 32) und die Tathandlung (s. Rdn. 33) begründen.[50] Zieht freilich der Antragspflichtige aus diesen Umständen unzutreffende rechtliche Schlüsse (s. Rdn. 25) oder kennt er gar die Antragspflicht, die Antragsfrist oder die Zulässigkeitsvoraussetzungen für einen Eröffnungsantrag nicht, liegt ein bloßer Verbotsirrtum i.S.d. § 17 StGB vor.

35 **Fahrlässige Begehung** nach § 15a Abs. 5 setzt voraus, dass die Insolvenzreife für den Antragspflichtigen erkennbar ist.[51] Außerhalb des Strafprozesses wird ein dahingehendes Verschulden bei objektiver Versäumung der Antragspflicht vermutet.[52] Das **Vertretungsorgan** trifft die ständige Pflicht, die wirtschaftliche Lage des Unternehmens zu beobachten und bei Anzeichen für eine Krise eine Überschuldungsprüfung (vgl. dazu § 19 Rdn. 12 ff.) vorzunehmen.[53] Fehlende eigene Sachkunde entlastet das Vertretungsorgan nicht, gegebenenfalls muss es sich fachkundig beraten lassen.[54] Verletzt das Vertretungsorgan diese Pflicht und entgehen ihm deshalb die tatsächlichen Umstände, welche die Antragspflicht begründen, so handelt es i.S.d. § 15a Abs. 5 fahrlässig. Gleiches gilt, wenn das Vertretungsorgan verkennt, dass ein außergerichtlicher Sanierungsversuch nicht oder nicht innerhalb der Antragsfrist Aussicht auf Erfolg bietet, obwohl dies objektiv erkennbar ist. Wegen der in § 15a Abs. 3 vorgenommenen Beschränkung der sekundären Antragspflicht auf Kenntnis von dem Eröffnungsgrund und der Führungslosigkeit (s. Rdn. 24 f.), kommt eine fahrlässige Tatbegehung nach § 15a Abs. 5 durch die Gesellschafter einer GmbH oder die Mitglieder des Aufsichtsrats

---

49 HK-InsO/*Kirchhof* Rn. 22.
50 HK-InsO/*Kirchhof* Rn. 23.
51 BGH 29.11.1999, II ZR 273/98, BGHZ 143, 184 = ZIP 2000, 184 unter II.1.b.
52 BGH 05.02.2007, II ZR 234/05, BGHZ 171, 46 = ZIP 2007, 646 unter II.1.a; 15.03.2011, II ZR 204/09, ZIP 2011, 1007 unter II.2.c; 19.06.2012, II ZR 243/11, ZIP 2012, 1557 unter II.1.a.
53 *BGH 06.06.1994*, II ZR 292/91, BGHZ 126, 181 = ZIP 1994, 1103 unter II.2.d.
54 BGH 06.06.1994, II ZR 292/91, BGHZ 126, 181 = ZIP 1994, 1103 unter II.2.d; 19.06.2012, II ZR 243/11, ZIP 2012, 1557 unter II.1.a.

einer AG oder Genossenschaft nicht in Betracht.[55] Auch tritt die dortige Umkehr der Beweislast hinter die im Strafprozess geltende Unschuldsvermutung zurück.

II. Zivilrechtliche Haftung

§ 15a ist ein Schutzgesetz i.S.d. § 823 Abs. 2 BGB. Gegenüber Gläubigern, deren Forderungen bereits vor dem Zeitpunkt bestanden, in dem der Insolvenzantrag hätte gestellt werden müssen (»**Altgläubiger**«), haftet der Antragspflichtige für die Zeit ab Erkennbarkeit[56] des Eröffnungsgrundes auf den Betrag, um den sich die Insolvenzquote, die sie bei rechtzeitiger Antragstellung erhalten hätten, durch die Verzögerung der Antragstellung verringert.[57] Diesen **Quotenschaden** kann nach Eröffnung des Insolvenzverfahrens ausschließlich der Insolvenzverwalter für die Gesamtheit der Altgläubiger geltend machen, er ist in die Insolvenzmasse zu zahlen. Anders verhält es sich mit dem Schadensersatzanspruch derjenigen Gläubiger, die ihre Forderung gegen die Schuldnerin erst nach Entstehung der Antragspflicht erworben haben. Diese sog. **Neugläubiger** können unter dem Gesichtspunkt des negativen Interesses unmittelbar vom Antragspflichtigen Ersatz für sämtliche Aufwendungen verlangen, die sie im Vertrauen auf die Leistungsfähigkeit der Schuldnerin gemacht haben.[58] Dazu gehören auch Rechtsverfolgungskosten.[59] Ersatz für entgangenen Gewinn (§ 252 BGB) steht einem Neugläubiger hingegen nur insoweit zu, als er darlegen kann, dass er bei Unterlassen des Vertragsschlusses mit der insolvenzreifen Gesellschaft anderweitig einen Gewinn hätte erzielen können.[60] Auf ihren **Vertrauensschaden** müssen sich die Neugläubiger den voraussichtlichen Erlös aus dem Insolvenzverfahren nicht anrechnen lassen, vielmehr können sie den Schadensersatzanspruch in voller Höhe, entsprechend § 255 i.V.m. §§ 273 f. BGB freilich nur Zug um Zug gegen Abtretung der Insolvenzforderung, geltend machen.[61] Der Ersatzanspruch nach § 823 Abs. 2 BGB i.V.m. § 15a InsO verjährt nicht nach § 64 S. 4 (§ 64 Abs. 2 Satz 3 a.F.), § 43 Abs. 4 GmbHG analog sondern nach § 195 BGB.[62] 36

Die in § 183 SGB III bestimmte Pflicht zur Zahlung von **Insolvenzgeld** fällt nicht in den Schutzbereich des § 15a; die Bundesagentur für Arbeit hat aber wegen solcher Zahlungen im Falle der Insolvenzverschleppung einen Schadensersatzanspruch nach § 826 BGB gegen den Antragspflichtigen, wenn eine rechtzeitige Antragstellung dazu geführt hätte, dass das Insolvenzgeld nicht oder in geringerem Umfang hätte gezahlt werden müssen.[63] 37

Die Vorstandsmitglieder und die Liquidatoren eines **Vereins** oder einer **Stiftung**, die ein Verschulden an der Verzögerung des im Falle der Zahlungsunfähigkeit oder der Überschuldung zu stellenden Eröffnungsantrags (s. Rdn. 4) trifft, haften als Gesamtschuldner den Gläubigern für den daraus entstehenden Schaden (§ 86 Satz 1, § 42 Abs. 2, § 88 Satz 3, § 48 Abs. 2 BGB). Sind die vorgenannten Antragspflichtigen unentgeltlich tätig oder erhalten sie für ihre Tätigkeit eine Vergütung, die 720 EUR jährlich nicht übersteigt, können sie von dem Verein bzw. der Stiftung die Befreiung von dieser Verbindlichkeit verlangen, sofern sie nicht den Schaden vorsätzlich oder grob fahrlässig verursacht haben (§ 31a Abs. 2, § 86 Satz 1 BGB). Freilich ist dieses Haftungsprivileg im Falle der Verletzung der Antragspflicht nach § 42 Abs. 2 BGB in Bezug auf den überschuldeten oder zahlungsunfähigen Befreiungsschuldner von nur beschränktem wirtschaftlichen Wert, Ohne dass ihnen die Haftungs- 38

---

55 HK-InsO/*Kirchhof* Rn. 26.
56 BGH 14.05.2007, II ZR 48/06, ZIP 2007, 1265 unter II.2.a.
57 BGH 06.06.1994, II ZR 292/91, BGHZ 126, 181 = ZIP 1994, 1103 unter II.1.
58 BGH 27.04.2009, II ZR 253/07, ZIP 2009, 1220 unter II.2.a; 15.03.2011, II ZR 204/09, ZIP 2011, 1007 unter II.2.d.aa.
59 BGH 27.04.2009, II ZR 253/07, ZIP 2009, 1220 unter III.1.
60 BGH 27.04.2009, II ZR 253/07, ZIP 2009, 1220 unter II.2.b; 15.03.2011, II ZR 204/09, ZIP 2011, 1007 unter II.2.d.aa.
61 BGH 05.02.2007, II ZR 234/05, BGHZ 171, 46 = ZIP 2007, 676 unter III.2.
62 BGH 15.03.2011, II ZR 204/09, ZIP 2011, 1007 unter II.2.a.
63 BGH 13.10.2009, VI ZR 288/08, ZIP 2009, 2439.

erleichterung nach § 31a Abs. 2 BGB überhaupt zu Gute kommt, haften gem. § 89 Abs. 2 BGB im Falle einer verzögerten Antragstellung die Mitglieder des gesetzlichen oder satzungsmäßigen Vertretungsorgans einer **juristischen Person des öffentlichen Rechts**, die gem. § 12 insolvenzfähig ist, deren Gläubigern in entsprechender Anwendung des § 42 Abs. 2 BGB. Der Erbe und der Nachlassverwalter, die die Zahlungsunfähigkeit oder der Überschuldung des **Nachlasses** aufgrund von Fahrlässigkeit nicht kennen oder davon Kenntnis erlangen und hiernach nicht unverzüglich die Eröffnung des Nachlassinsolvenzverfahrens beantragen, haften wegen Verletzung der Antragspflicht den Gläubigern für den daraus entstehenden Schaden (§§ 1980, 1985 Abs. 2 BGB). Entsprechendes gilt gem. § 1489 Abs. 2, §§ 1980, 1985 Abs. 2 BGB für den überlebenden Ehegatten, soweit ihn die persönliche Haftung nur infolge des Eintritts der fortgesetzten Gütergemeinschaft trifft (vgl. § 11 Rdn. 28), und den Gesamtgutsverwalter in Bezug auf die Zahlungsunfähigkeit oder Überschuldung des **Gesamtguts einer fortgesetzten Gütergemeinschaft.**

39 Das Vertretungsorgan einer GmbH, AG, Genossenschaft oder einer OHG oder KG, deren Verbindlichkeiten weder unmittelbar noch mittelbar durch die institutionelle Haftung einer natürlichen Person abgesichert sind, haftet bei schuldhafter Verletzung der Antragspflicht nicht nur auf Schadensersatz, sondern muss des Weiteren gem. § 64 GmbHG, § 93 Abs. 3 Nr. 6 i.V.m. § 92 Abs. 2 AktG, § 34 Abs. 3 Nr. 4 i.V.m. § 99 GenG, §§ 130a Abs. 1 bis 3, 177a HGB der Gesellschaft oder Genossenschaft sämtliche Zahlungen erstatten, die es nach Eintritt der Zahlungsunfähigkeit oder Überschuldung – auch innerhalb offener Antragsfrist[64] und ohne Rücksicht auf eine eigene Feststellung der Insolvenzreife[65] – geleistet hat, soweit nicht die Zahlungen mit der Sorgfalt eines ordentlichen Geschäftsmanns bzw. ordentlichen und gewissenhaften Geschäftsleiters einer AG, Genossenschaft, OHG oder KG vereinbar waren. Diese Ausnahme trifft nach neuerer Rechtsprechung des BGH[66] etwa auf das Abführen der Arbeitnehmeranteile zur Sozialversicherung sowie der Lohn- und Umsatzsteuer zu. Eine Pflichtenkollision, die nach früherer Judikatur das deliktische Verschulden und damit die Schadensersatzpflicht nach § 823 Abs. 2 BGB i.V.m. § 266a StGB bzw. die steuerrechtliche Haftung nach §§ 69, 34 AO ausschloss, besteht nur noch in der Zeit zwischen Eintritt der Insolvenzreife und Ablauf der Antragsfrist, auch dies nur dann, wenn das Vertretungsorgan fristgerecht den Eröffnungsantrag stellt.[67] Eine analoge Anwendung der Haftungsbestimmungen nach § 64 GmbHG etc. auf die Vertretungsorgane von juristischen Personen, für die sich eine Antragspflicht nicht aus § 15a Abs. 1 bis 3, sondern spezialgesetzlichen Vorschriften ergibt (s. dazu Rdn. 3 ff.), etwa auf Vereinsvorstände, kommt nicht in Betracht.[68]

G. Internationale Bezüge

40 Durch die mit dem MoMiG bewirkte Überführung der Antragspflichten aus den Gesetzen über Handelsgesellschaften in die InsO ist der Streit, ob für die internationale Bestimmung der Antragspflicht und der Folgen ihrer Verletzung das Gesellschaftsstatut oder das Insolvenzstatut maßgeblich sind, zugunsten des letzteren entschieden worden.[69] Es kommt demnach für das Bestehen der Antragspflicht nach § 15a Abs. 1 bis 3 sowie der daran anknüpfenden straf- und zivilrechtlichen Haftung nicht darauf an, dass die Schuldnerin nach deutschem Gesellschaftsrecht gegründet worden ist, sondern dass sie ihren Verwaltungssitz in Deutschland hat. Mithin können auch der director einer englischen Limited und die Vertretungsorgane anderer (Schein-)Auslandsgesellschaften gem. § 15a Abs. 1 1 antragsverpflichtet sein. Die sekundäre Antragspflicht nach § 15a Abs. 3 greift insoweit allerdings nicht ein, da sie nur für die dort genannten und solche juristischen Personen gilt, auf die § 15a kraft gesellschaftsrechtlicher Verweisung Anwendung findet (s. dazu Rdn. 13).

---

64 Vgl. BGH 16.03.2009, II ZR 280/07, ZIP 2009, 860 unter I.2.b.
65 BGH 19.06.2012, II ZR 243/11, ZIP 2012, 1557 unter II.1.
66 BGH 14.05.2007, II ZR 48/06, ZIP 2007, 1265.
67 *BGH 29.09.2008, II ZR 162/07, ZIP 2008, 2220.*
68 BGH 08.02.2010, II ZR 54/09, ZIP 2010, 985.
69 FK-InsO/*Schmerbach* Rn. 39.

§ 15a n.F. Antragspflicht bei juristischen Personen und Gesellschaften ohne Rechtspersönlichkeit

[Tritt zum 01.07.2014 in Kraft]

(1) Wird eine juristische Person zahlungsunfähig oder überschuldet, haben die Mitglieder des Vertretungsorgans oder die Abwickler ohne schuldhaftes Zögern, spätestens aber drei Wochen nach Eintritt der Zahlungsunfähigkeit oder Überschuldung, einen Eröffnungsantrag zu stellen. Das Gleiche gilt für die organschaftlichen Vertreter der zur Vertretung der Gesellschaft ermächtigten Gesellschafter oder die Abwickler bei einer Gesellschaft ohne Rechtspersönlichkeit, bei der kein persönlich haftender Gesellschafter eine natürliche Person ist; dies gilt nicht, wenn zu den persönlich haftenden Gesellschaftern eine andere Gesellschaft gehört, bei der ein persönlich haftender Gesellschafter eine natürliche Person ist.

(2) Bei einer Gesellschaft im Sinne des Absatzes 1 Satz 2 gilt Absatz 1 sinngemäß, wenn die organschaftlichen Vertreter der zur Vertretung der Gesellschaft ermächtigten Gesellschafter ihrerseits Gesellschaften sind, bei denen kein persönlich haftender Gesellschafter eine natürliche Person ist, oder sich die Verbindung von Gesellschaften in dieser Art fortsetzt.

(3) Im Fall der Führungslosigkeit einer Gesellschaft mit beschränkter Haftung ist auch jeder Gesellschafter, im Fall der Führungslosigkeit einer Aktiengesellschaft oder einer Genossenschaft ist auch jedes Mitglied des Aufsichtsrats zur Stellung des Antrags verpflichtet, es sei denn, diese Person hat von der Zahlungsunfähigkeit und der Überschuldung oder der Führungslosigkeit keine Kenntnis.

(4) Mit Freiheitsstrafe bis zu drei Jahren oder mit Geldstrafe wird bestraft, wer entgegen Absatz 1 Satz 1, auch in Verbindung mit Satz 2 oder Absatz 2 oder Absatz 3, einen Eröffnungsantrag nicht, nicht richtig oder nicht rechtzeitig stellt.

(5) Handelt der Täter in den Fällen des Absatzes 4 fahrlässig, ist die Strafe Freiheitsstrafe bis zu einem Jahr oder Geldstrafe.

(6) Auf Vereine und Stiftungen, für die § 42 Absatz 2 des Bürgerlichen Gesetzbuchs gilt, sind die Absätze 1 bis 5 nicht anzuwenden.

1 Zu dem durch das Gesetz zur Verkürzung des Restschuldbefreiungsverfahrens und zur Stärkung der Gläubigerrechte mit Wirkung zum 01.07.2014 angefügten Abs. 6 vgl. § 15a Rdn. 3, 32 a.E.

Gesetz über die vorübergehende Aussetzung der Insolvenzantragspflicht bei hochwasserbedingter Insolvenz

§ 1

Beruht der Eintritt einer Zahlungsunfähigkeit oder Überschuldung auf den Auswirkungen der Hochwasserkatastrophe im Mai und Juni 2013, so ist die nach § 15a der Insolvenzordnung bestehende Pflicht zur Stellung eines Insolvenzantrags ausgesetzt, solange die Antragspflichtigen ernsthafte Finanzierungs- oder Sanierungsverhandlungen führen und dadurch begründete Aussichten auf Sanierung bestehen, längstens jedoch bis zum Ablauf des 31. Dezember 2013.

§ 2

Das Bundesministerium der Justiz wird ermächtigt, durch Rechtsverordnung ohne Zustimmung des Bundesrates die Aussetzung der Insolvenzantragspflicht bis höchstens 31. März 2014 zu verlängern, wenn dies aufgrund andauernder Finanzierungs- oder Sanierungsverhandlungen oder sonstiger zwingender Umstände geboten erscheint.

§ 16 InsO Eröffnungsgrund

2   Zu dem durch Art. 3 und 5 Abs. 3 des Gesetzes zur Errichtung eines Sondervermögens »Aufbauhilfe« und zur Änderung weiterer Gesetze (Aufbauhilfegesetz) vom 15.07.2013[1] rückwirkend zum 30.05.2013 in Kraft gesetzten und bis zum 31.03.2014 befristeten Gesetz über die vorübergehende Aussetzung der Insolvenzantragspflicht bei hochwasserbedingter Insolvenz vgl. § 15a Rdn. 30a ff.

§ 16 Eröffnungsgrund

Die Eröffnung des Insolvenzverfahrens setzt voraus, dass ein Eröffnungsgrund gegeben ist.

Übersicht	Rdn.		Rdn.
A. Normzweck	1	C. Fehlen oder Wegfall eines Eröffnungsgrundes	13
B. Bestehen eines Eröffnungsgrundes	2		
I. Anwendungsbereich	2	D. Unberechtigter Eröffnungsantrag	14
II. Zeitpunkt des Bestehens	6	E. Internationale Bezüge	15
III. Gerichtliche Feststellung	9		

A. Normzweck

1   Gesetzessystematisch leitet die seit Inkrafttreten der InsO unveränderte Vorschrift die Bestimmungen über die materiellen Voraussetzungen für die Eröffnung eines Insolvenzverfahrens ein, nachdem in den §§ 11 f. mit der Insolvenzfähigkeit des Vermögens und in den §§ 13 bis 15 mit der Zulässigkeit des Eröffnungsantrags die von der ZPO abweichenden formellen Voraussetzungen hierfür statuiert sind. § 16 regelt klarstellend, dass ein Eröffnungsgrund gegeben sein muss. Die einzelnen Eröffnungsgründe sind in den §§ 17 bis 19 beschrieben: Zahlungsunfähigkeit, drohende Zahlungsunfähigkeit und Überschuldung. Andere Eröffnungsgründe als diese gibt es nicht. Die Begründetheit des Eröffnungsantrags hängt allerdings nicht ausschließlich vom Vorliegen eines Eröffnungsgrundes, sondern gem. § 26 Abs. 1 auch vom Vorhandensein einer die Verfahrenskosten deckenden Insolvenzmasse ab.

B. Bestehen eines Eröffnungsgrundes

I. Anwendungsbereich

2   § 16 findet auf alle in § 11 genannten Vermögen und Sondervermögen sowie in allen Verfahrensarten Anwendung. Abgesehen vom **allgemeinen Eröffnungsgrund** der **Zahlungsunfähigkeit** (§ 17) genügt aber nicht das Bestehen eines beliebigen Eröffnungsgrundes. Vielmehr ist die Eröffnung des Insolvenzverfahrens wegen eines **besonderen Eröffnungsgrundes** an die weiteren Voraussetzungen der §§ 18 f. sowie ergänzender Vorschriften geknüpft.

3   Besondere Eröffnungsgründe sind die drohende Zahlungsunfähigkeit (§ 18) und die Überschuldung (§ 19). Die Besonderheiten der **drohenden Zahlungsunfähigkeit** bestehen darin, dass sie gem. § 18 Abs. 1 nur bei einem Eröffnungsantrag des Schuldners einen Eröffnungsgrund bildet und die Antragstellung gem. § 18 Abs. 3 abweichend von § 15 Abs. 1 eine Vertretungsbefugnis nach allgemeinen gesetzlichen Bestimmungen erfordert. Der Eröffnungsgrund der drohenden Zahlungsunfähigkeit findet aber auf jedes insolvenzfähige Vermögen und grds. auch auf jedes Sondervermögen nach § 11 Abs. 2 Nr. 2 (s. Rdn. 3) sowie in jeder Verfahrensart Anwendung. Demgegenüber rechtfertigt die **Überschuldung** gem. § 19 Abs. 1 und 3 nur die Eröffnung des Insolvenzverfahrens über das Vermögen einer juristischen Person oder einer Gesellschaft ohne Rechtspersönlichkeit, deren Verbindlichkeiten weder unmittelbar noch mittelbar durch die institutionelle Haftung einer natürlichen Person abgesichert sind. Aus diesem Grund scheidet im Anwendungsbereich der Vorschriften über Kleininsolvenzverfahren (§§ 304 ff.) die Überschuldung als Eröffnungsgrund von vornherein aus.

---

1 BGBl. I 2401.

Ergänzende Bestimmungen enthält § 320 für den **Nachlass** und i.V.m. § 332 Abs. 1 für das **Gesamt-** 4
gut einer fortgesetzten Gütergemeinschaft. Insoweit sind Zahlungsunfähigkeit und Überschuldung Eröffnungsgründe; die drohende Zahlungsunfähigkeit ist ebenfalls ein solcher, wenn der Erbe, der Nachlassverwalter oder ein anderer Nachlasspfleger oder ein Testamentsvollstrecker die Eröffnung beantragt. In Bezug auf das **gemeinschaftlich verwaltete Gesamtgut einer Gütergemeinschaft** ist die drohende Zahlungsunfähigkeit nur dann Eröffnungsgrund, wenn der Eröffnungsantrag von beiden Ehegatten gestellt wird (§ 333 Abs. 2 Satz 3).

Handelt es sich bei dem Schuldner um ein **Unternehmen des Kredit-, Finanzdienstleistungs-, Bau-** 5
sparkassen- oder Versicherungswesens, das gem. § 4 Abs. 1 Satz 1 FinDAG der Aufsicht der Bundesanstalt für Finanzdienstleistungsaufsicht (BaFin) untersteht, bestimmen sich die Eröffnungsgründe nach § 46b Abs. 1 Satz 3 KWG (i.V.m. § 3 Abs. 1 BauSparkG) bzw. § 88 Abs. 2 VAG. Soweit dort die Zahlungsunfähigkeit, drohende Zahlungsunfähigkeit und Überschuldung genannt sind, finden die gesetzlichen Definitionen in § 17 Abs. 2 Satz 1, § 18 Abs. 2 und § 19 Abs. 2 sowie die Vermutungsregel des § 17 Abs. 2 Satz 2 Anwendung. Bei einer **Genossenschaft** ist die Überschuldung i.S.d. § 19 nur nach Maßgabe des § 98 GenG Eröffnungsgrund: wenn
- die Mitglieder Nachschüsse bis zu einer Haftungssumme zu leisten haben und die Überschuldung ein Viertel des Gesamtbetrags der Haftsummen aller Genossen übersteigt,
- die Mitglieder keine Nachschüsse zu leisten haben oder
- die Genossenschaft aufgelöst ist.

II. Zeitpunkt des Bestehens

Der Eröffnungsgrund muss im Zeitpunkt der Verfahrenseröffnung bestehen.[1] Daher ist es für die 6
Antragstellung unschädlich, wenn erst hiernach der Eröffnungsgrund eingetreten ist. Umgekehrt ist der Antragsteller zur Vermeidung einer kostenpflichtigen Abweisung gehalten, den Antrag für erledigt zu erklären, wenn der Eröffnungsgrund nach Antragstellung wegfällt.

Da das Beschwerdeverfahren eine vollständige zweite Tatsacheninstanz ist, kommt es für das Beste- 7
hen des Eröffnungsgrundes auf den Zeitpunkt der Beschwerdeentscheidung an, wenn das Insolvenzgericht den Eröffnungsantrag zurückgewiesen hat. Das Beschwerdegericht muss insoweit auf der Grundlage der Amtsermittlungspflicht eigene Feststellungen zum Bestehen eines Eröffnungsgrundes treffen.[2]

Hat das Insolvenzgericht das Insolvenzverfahren eröffnet, beschränkt sich die tatsächliche und recht- 8
liche Prüfung des Beschwerdegerichts gem. § 571 Abs. 2 Satz 1 ZPO i.V.m. § 16 auf die Frage, ob ein Eröffnungsgrund im Zeitpunkt der Verfahrenseröffnung gegeben war.[3] Freilich ist dabei neues Vorbringen, dass sich auf diesen Zeitpunkt bezieht, zu berücksichtigen.[4] War im maßgeblichen Zeitpunkt ein Eröffnungsgrund nicht gegeben, weist das Beschwerdegericht den Eröffnungsantrag unter Aufhebung des Eröffnungsbeschlusses ab. Dies gilt auch dann, wenn der Eröffnungsgrund im Beschwerdeverfahren eingetreten ist; eine Zurückverweisung an das Insolvenzgericht zum Zwecke der erneuten Entscheidung kommt insoweit nicht in Betracht, weil der Schuldner einen Anspruch auf effektiven Rechtsschutz gegen die rechtswidrige Eröffnung des Insolvenzverfahrens über sein Vermögen hat und das kontradiktorische Antragsverfahren mit der (ersten) Eröffnungsentscheidung endet.[5] Bestand der Eröffnungsgrund im Zeitpunkt der Verfahrenseröffnung und entfällt er im Beschwerdeverfahren, bleibt die Beschwerde erfolglos; der Schuldner ist dann gehalten, gem. § 212 beim Insolvenzgericht die Einstellung des Insolvenzverfahrens zu beantragen.

---

1 BGH 27.07.2006, IX ZB 204/04, BGHZ 169, 17 unter II.2.a.
2 BGH 13.04.2006, IX ZB 118/04, ZIP 2006, 1056 unter II.2.a.
3 BGH 27.07.2006, IX ZB 204/04, BGHZ 169,17 unter II.2.a.
4 BGH 02.04.2009, IX ZB 245/08, ZInsO 2009, 872 unter II.2.c.
5 BGH 27.07.2006, IX ZB 204/04, BGHZ 169,17 unter III.2.

III. Gerichtliche Feststellung

9 Während die Zulässigkeit des Gläubigerantrags gem. § 14 Abs. 1 und diejenige des Schuldnerantrags unter den Voraussetzungen des § 15 Abs. 2 Satz 1 eine Glaubhaftmachung des Eröffnungsgrunds erfordert, muss dieser im Rahmen der Prüfung der Begründetheit eines jedweden Eröffnungsantrags gem. § 286 ZPO i.V.m. § 4 zur Überzeugung des Insolvenzgerichts feststehen. Insoweit ist ein für das praktische Leben brauchbarer Grad an Gewissheit erforderlich, aber auch ausreichend.[6] Die Beweisführung zum Bestehen des Eröffnungsgrundes obliegt keinem der Verfahrensbeteiligten, sondern das Insolvenzgericht trifft gem. § 5 Abs. 1 eine Pflicht zur Amtsermittlung. Dabei ist ihm der Schuldner gem. § 20 Abs. 1 Satz 1 zur Auskunft und Mitwirkung verpflichtet. Handelt es sich bei dem Schuldner nicht um eine natürliche Person, sind gem. § 20 Abs. 1 Satz 2 die in § 101 Abs. 1 Satz 1, 2, Abs. 2 Satz genannten Personen mit den dortigen Maßgaben auskunfts- und mitwirkungspflichtig. Das Insolvenzgericht kann ferner amtliche Auskünfte einholen, öffentliche Register einsehen sowie Urkunden, etwa Vollstreckungs- oder Strafverfahrensakten, beiziehen.[7] Gem. § 5 Abs. 1 Satz 2 kann es Zeugen und Sachverständige vernehmen. Verfügt das Insolvenzgericht über ausreichende eigene Sachkunde, ist die Hinzuziehung eines Sachverständigen nicht obligatorisch. Gerade bei Kleininsolvenzverfahren kann die eigenständige richterliche Auswertung der nach § 305 Abs. 1 vorzulegenden Bescheinigungen, Anträge, Verzeichnisse und Pläne ein Fremdgutachten entbehrlich machen. Erachtet das Insolvenzgericht gutachterliche Feststellungen eines Sachverständigen für notwendig, kann es damit den vorläufigen Insolvenzverwalter (§ 22 Abs. 1 Satz 2 Nr. 3 Hs. 2) oder eine andere Person beauftragen. Während eine umfassende Auskunfts- und Mitwirkungspflicht des Schuldners und der in § 101 genannten Personen gegenüber dem vorläufigen Insolvenzverwalter unmittelbar kraft Gesetzes besteht (§ 22 Abs. 3), muss das Insolvenzgericht, wenn es eine andere Person zum Sachverständigen bestellt, den Umfang der Auskunfts- und Mitwirkungspflichten auf der Grundlage von § 20 Abs. 1 ausdrücklich bestimmen.[8]

10 Wenngleich das Insolvenzverfahren der gemeinschaftlichen Befriedigung der Gläubiger dient, ist das Bestehen eines Eröffnungsgrundes nicht vom Vorhandensein einer Gläubigermehrheit abhängig. Vielmehr kann der Eröffnungsgrund aus einer einzigen Forderung des antragstellenden Gläubigers abgeleitet werden. In einem solchen Fall muss aber die Forderung bewiesen sein.[9] Glaubhaftmachung genügt insoweit nicht, weil das Insolvenzgericht im Rahmen der Prüfung der Begründetheit die volle Überzeugung vom Bestehen eines Eröffnungsgrundes gewinnen muss (s. Rdn. 9). Den ihm obliegenden Beweis hat der Gläubiger durch die Vorlage des vollstreckbaren Titels, der auch in einer notariellen Urkunde bestehen kann, geführt.[10] Fehlt es an einem solchen Titel, kann das Insolvenzgericht den Eröffnungsantrag aufgrund der gegen die Forderung erhobenen Einwendungen des Schuldners abweisen, ohne diese einer Schlüssigkeitsprüfung im technischen Sinne zu unterziehen. Dabei ist es unerheblich, ob der Schuldner die Voraussetzungen des Anspruchs bestreitet oder Gegenrechte geltend macht.[11] Es gehört nicht zu den Aufgaben des Insolvenzgerichts, schwierige Fragen rechtlicher oder tatsächlicher Art zu klären; Zweifel gehen zu Lasten des die Eröffnung des Insolvenzverfahrens betreibenden Gläubigers.[12] Das Insolvenzgericht ist aber nicht gehindert, die für die Eröffnung des Insolvenzverfahrens notwendige Überzeugung vom Bestehen der Forderung aus anderen Quellen als einem vollstreckbaren Titel zu gewinnen,[13] so etwa aufgrund eines deklaratorischen Schuldanerkenntnisses.[14]

---

6 BGH 13.04.2006, IX ZB 118/04, ZIP 2006, 1056 unter III.2.
7 HK-InsO/*Kirchhof* Rn. 12.
8 MK-InsO/*Schmahl* Rn. 57 ff.
9 Vgl. BGH 14.12.2005, IX ZB 207/04, ZIP 2006, 247.
10 BGH 29.06.2006, IX ZB 245/05, ZIP 2006, 1452 unter II.3.a.
11 BGH 29.03.2007, IX ZB 141/06 unter II.2.a.
12 *BGH 14.12.2005, IX ZB 207/04, ZIP 2006, 247.*
13 BGH 23.10.2008, IX ZB 7/08, WuM 2009, 144.
14 BGH 12.03.2009, IX ZB 157/08, ZInsO 2009, 767.

Wegen des Amtsermittlungsgrundsatzes (§ 5 I) besteht keine Bindung an den vom Antragsteller geltend gemachten Eröffnungsgrund, vielmehr hat das Insolvenzgericht alle in Betracht kommenden Eröffnungsgründe zu prüfen.[15] Auf die drohende Zahlungsunfähigkeit kann freilich die Eröffnung des Insolvenzverfahrens gem. § 18 Abs. 1 nur gestützt werden, wenn der Schuldner den Eröffnungsantrag gestellt hat. Nicht erforderlich ist es hingegen, dass sich der antragstellende Schuldner (auch) auf die drohende Zahlungsunfähigkeit beruft (vgl. § 18 Rdn. 3). 11

Gegen Entscheidungen des Insolvenzgerichts, bestimmte Ermittlungen anzustellen oder davon abzusehen, insb. eine Beweiserhebung anzuordnen oder abzulehnen, ist ein Rechtsbehelf in der InsO nicht vorgesehen. Derartige Entscheidungen sind daher gem. § 6 Abs. 1 nicht gesondert, sondern gem. § 34 Abs. 1 und 2 nur mittelbar im Rahmen der sofortigen Beschwerde gegen die Eröffnung des Insolvenzverfahrens oder deren Ablehnung anfechtbar.[16] 12

C. Fehlen oder Wegfall eines Eröffnungsgrundes

Fehlt ein Eröffnungsgrund in dem Zeitpunkt, in dem das Gericht über die Eröffnung des Insolvenzverfahrens entscheidet, ist der Eröffnungsantrag als unbegründet abzuweisen. Zugleich sind grds. gem. § 91 Abs. 1 Satz 1 ZPO i.V.m. § 4 dem Antragsteller die Kosten des Eröffnungsverfahrens aufzuerlegen (vgl. § 13 Rdn. 33 ff., 38). Eine Ausnahme bestimmt der durch das Haushaltsbegleitgesetz 2011 mit Wirkung zum 01.01.2011 eingeführte § 14 Abs. 3 für den Fall, dass die Forderung des Gläubigers nach Antragstellung erfüllt wird (vgl. § 14 Rdn. 11 ff.); hiernach hat, wenn der Eröffnungsantrag zulässig ist, der Schuldner die Kosten des Eröffnungsverfahrens zu tragen. Im Übrigen besteht für den Antragsteller bei Wegfall des Eröffnungsgrundes in der Zeit zwischen Antragstellung und gerichtlicher Entscheidung zur Vermeidung der Kostenlast die Möglichkeit, den Eröffnungsantrag in der Hauptsache für erledigt zu erklären (vgl. § 13 Rdn. 51 ff.). Fällt der Eröffnungsgrund im eröffneten Insolvenzverfahren weg, ist dieses auf Antrag des Schuldners einzustellen (§ 212). 13

D. Unberechtigter Eröffnungsantrag

Ein unzulässiger oder mangels Nachweis eines Eröffnungsgrundes unbegründeter Eröffnungsantrag kann einen Schadensersatzanspruch des Schuldners gegen den Antragsteller begründen. Da aber das Betreiben eines gesetzlich geregelten Verfahrens der Rechtspflege bei subjektiver Redlichkeit für sich genommen keinen rechtswidrigen Eingriff in ein geschütztes Rechtsgut des Verfahrensgegners darstellt, bestimmt sich eine solche Haftung ausschließlich nach § 826 BGB[17] und hängt sie mithin davon ab, dass das Einreichen oder Weiterverfolgen des Eröffnungsantrag sittenwidrig ist und mit zumindest bedingtem Schädigungsvorsatz erfolgt. Unter den gleichen Voraussetzungen kann der Schuldner Unterlassung der Antragstellung verlangen.[18] Im Übrigen bietet das Eröffnungsverfahren selbst dem Schuldner einen ausreichenden Schutz. Ein Eröffnungsantrag kann bspw. sittenwidrig sein, wenn der Antragsteller wissentlich unwahr vorträgt. 14

E. Internationale Bezüge

Der Eröffnungsgrund bestimmt sich nach dem Recht des Staates, in dem das Insolvenzverfahren eröffnet wird (Art. 4 Abs. 2 Satz 1 EuInsVO, § 335). Bei der Entscheidung über die Eröffnung eines Sekundärinsolvenzverfahrens muss das Bestehen eines Eröffnungsgrundes gem. Art. 27 EuInsVO, § 356 Abs. 3 nicht geprüft werden. Insoweit ersetzt die Eröffnung des Hauptinsolvenzverfahrens durch ein ausländisches Gericht den Eröffnungsgrund, und zwar auch dann, wenn der ausländische Eröffnungsgrund mit denjenigen nach den §§ 17 bis 19 nicht vergleichbar ist.[19] 15

---

15 HK-InsO/*Kirchhof* Rn. 8.
16 BGH 04.03.2004, IX ZB 133/03, BGHZ 158, 212 = ZIP 2004, 915 unter II.1.
17 BGH 25.03.2003, VI ZR 175/02, BGHZ 154, 269 = ZIP 2003, 962.
18 OLG Koblenz 17.11.2005, 10 W 705/05, ZIP 2006, 1833.
19 HK-InsO/*Stephan* Art. 27 EuInsVO Rn. 7.

§ 17 Zahlungsunfähigkeit

(1) Allgemeiner Eröffnungsgrund ist die Zahlungsunfähigkeit.

(2) Der Schuldner ist zahlungsunfähig, wenn er nicht in der Lage ist, die fälligen Zahlungspflichten zu erfüllen. Zahlungsunfähigkeit ist in der Regel anzunehmen, wenn der Schuldner seine Zahlungen eingestellt hat.

Übersicht

	Rdn.		Rdn.
A. Normzweck	1	3. Mangel an verfügbaren Zahlungsmitteln	16
B. Allgemeiner Eröffnungsgrund (Abs. 1)	2	4. Gerichtliche Feststellung	18
C. Zahlungsunfähigkeit (Abs. 2)	3	III. Zahlungseinstellung (Abs. 2 Satz 2)	19
I. Anwendungsbereich	3	1. Bedeutung	19
II. Definition der Zahlungsunfähigkeit (Abs. 2 Satz 1)	4	2. Definition	21
1. Abgrenzung	4	3. Gerichtliche Feststellung	23
2. Fällige Zahlungspflichten	7	4. Wegfall der Zahlungseinstellung	26
a) Zahlungspflichten	7	D. Internationale Bezüge	27
b) Fälligkeit	12		

A. Normzweck

1 Die Vorschrift ist seit Inkrafttreten der InsO unverändert. In Abs. 1 wird, anknüpfend an § 102 KO und § 1 Abs. 1 Satz 1 GesO, die Zahlungsunfähigkeit des Schuldners zum allgemeinen Eröffnungsgrund erklärt. Abs. 2 enthält die Definition der Zahlungsunfähigkeit und eine Vermutungsregel hierzu.

B. Allgemeiner Eröffnungsgrund (Abs. 1)

2 Der in § 17 bestimmte Eröffnungsgrund ist nach dem dortigen Abs. 1 **allgemein**, weil er für jedes der in § 11 genannten Vermögen und Sondervermögen sowie jede Verfahrensart gilt. Das unterscheidet ihn von den **besonderen Eröffnungsgründen** nach § 18 und § 19 (vgl. § 16 Rdn. 2 f.). Soweit Zahlungsunfähigkeit mit einem oder beiden von diesen sachlich zusammentreffen kann, tritt drohende Zahlungsunfähigkeit ausnahmslos und Überschuldung grundsätzlich vor ihr ein. Die Zahlungsunfähigkeit ist Eröffnungsgrund, wenn sie im Zeitpunkt der gerichtlichen Entscheidung über die Eröffnung des Insolvenzverfahrens gegeben ist (vgl. § 16 Rdn. 6). Bereits ihr Eintritt löst aber die Frist zur Erfüllung der Antragspflichten nach § 15a und spezialgesetzlichen Bestimmungen (vgl. § 15a Rdn. 3 ff.) sowie weitere Rechtsfolgen aus (s. Rdn. 3).

C. Zahlungsunfähigkeit (Abs. 2)

I. Anwendungsbereich

3 Der Definition der Zahlungsunfähigkeit in § 17 Abs. 2 Satz 1 und der hierzu in § 17 Abs. 2 Satz 2 aufgestellten Vermutungsregel sind nicht nur die Voraussetzungen für die Begründetheit des Eröffnungsantrags zu entnehmen. Sie finden auch ohne ausdrückliche Verweisung Anwendung im Rahmen anderer Vorschriften, in denen Rechtsfolgen davon abhängig gemacht sind, dass eine Person zahlungsunfähig ist oder ihre Zahlungen eingestellt hat. So gilt § 17 Abs. 2 in seiner Gesamtheit für die Antragspflicht nach § 15a[1] und nach spezielleren Normen (vgl. dazu § 15a Rdn. 3 ff.), die Insolvenzanfechtung nach den §§ 130 bis 132,[2] die Erstattungspflichten nach § 64 GmbHG,[3]

---

1 BGH 28.10.2008, 5 StR 166/08, BGHSt 53, 24 = ZIP 2008, 2308 unter II.1.d.aa.1.
2 *BGH 20.11.2001, IX ZR 48/01, BGHZ 149, 178 = ZIP 2002, 87 unter II.3; 30.06.2011, IX ZR 134/10, ZIP 2011, 1416 unter II.2.a.*
3 BGH 24.05.2005, IX ZR 123/04, BGHZ 163, 134 = ZIP 2005, 1426 unter II.1.

§ 93 Abs. 3 Nr. 6 i.V.m. § 92 Abs. 2 AktG, § 34 Abs. 3 Nr. 4 i.V.m. § 99 GenG, §§ 130a Abs. 1 bis 3, 177a HGB sowie die Insolvenzstraftaten nach den §§ 283 ff. StGB.[4]

II. Definition der Zahlungsunfähigkeit (Abs. 2 Satz 1)

1. Abgrenzung

Nicht jede Art einer Liquiditätskrise begründet Zahlungsunfähigkeit i.S.d. § 17 Abs. 2 Satz 1. Diese ist vielmehr von **bloßen Zahlungsstockungen** einerseits und **geringfügigen Liquiditätslücken** andererseits abzugrenzen. Zahlungsunfähigkeit ist dementsprechend nach einer **zeitlichen** und einer **quantitativen** Komponente, mithin nach Dauer und Umfang der Liquiditätskrise zu bestimmen. Eine bloße Zahlungsstockung ist anzunehmen, wenn der Zeitraum nicht überschritten wird, den eine kreditwürdige Person benötigt, um sich die fehlenden Zahlungsmittel darlehensweise zu beschaffen; insoweit sind – in Anlehnung an die Antragsfrist des § 15a Abs. 1 – drei Wochen als ausreichend anzusehen.[5] Von einer geringfügigen Liquiditätslücke ist regelmäßig auszugehen, wenn sie weniger als 10 % der fälligen Verbindlichkeiten betrifft.[6] Grds. ist demnach der Schuldner i.S.d. § 17 Abs. 2 Satz 1 nicht in der Lage, die fälligen Zahlungspflichten zu erfüllen, wenn eine **Liquiditätslücke von 10 % oder mehr** besteht, die nicht innerhalb einer **Frist von zwei bis drei Wochen** geschlossen werden kann.[7] Es ist hiernach das Verhältnis zwischen fälligen Zahlungspflichten und liquiden Mitteln zu Beginn der Dreiwochenfrist, sofern es mindestens 100 zu 90 beträgt, mit demjenigen an ihrem Ende zu vergleichen (s. Rdn. 18); hat sich dann der Abstand zwischen fälligen Zahlungspflichten und liquiden Mitteln nicht verringert, besteht Zahlungsunfähigkeit. 4

Trotz einer nicht binnen drei Wochen zu schließenden Liquiditätslücke von mindestens 10 % ist ausnahmsweise nicht von Zahlungsunfähigkeit auszugehen, wenn mit an Sicherheit grenzender Wahrscheinlichkeit zu erwarten ist, dass die Liquiditätslücke zwar erst mehr als drei Wochen später, immerhin aber in absehbarer Zeit vollständig oder fast vollständig beseitigt werden wird und den Gläubigern ein Zuwarten nach den besonderen Umständen des Einzelfalls zuzumuten ist.[8] Im Eröffnungsverfahren, das auf einem Gläubigerantrag beruht, muss sich der Schuldner auf diese Umstände berufen und hat das Insolvenzgericht im Rahmen seiner aus § 5 Abs. 1 folgenden Amtsermittlungspflicht zu prüfen, ob sich ein solcher Ausnahmefall feststellen lässt.[9] Eine derartige Ausnahme kann gegeben sein, wenn sich der Schuldner aussichtsreich um die Verwertung eigener Vermögensgegenstände, etwa eines Grundstückes, bemüht.[10] 5

Beträgt die innerhalb von drei Wochen nicht zu beseitigende Liquiditätslücke des Schuldners weniger als 10 % seiner fälligen Gesamtverbindlichkeiten, ist regelmäßig von Zahlungsfähigkeit auszugehen. Dies gilt dann nicht, wenn bereits absehbar ist, dass sich der Niedergang des Schuldner-Unternehmens fortsetzen wird,[11] insb. die Lücke demnächst mehr als 10 % erreichen wird.[12] Auch insoweit greift die Amtsermittlungspflicht des § 5 Abs. 1 ein.[13] Je näher die konkret festgestellte Unterdeckung dem Schwellenwert von 10 % kommt, desto geringere Anforderungen sind an das Gewicht der besonderen Umstände zu stellen, mit denen die Vermutung entkräftet werden kann. Umgekehrt müssen umso schwerer wiegende Umstände vorliegen, je größer der Abstand der tatsächlichen Unterdeckung von dem Schwellenwert ist.[14] 6

---

4 BGH 19.04.2007, 5 StR 505/06, wistra 2007, 308 unter I.2.
5 BGH 24.05.2005, IX ZR 123/04, BGHZ 163, 134 = ZIP 2005, 1426 unter II.2.
6 BGH 24.05.2005, IX ZR 123/04, BGHZ 163, 134 = ZIP 2005, 1426 unter II.3 und II.4.
7 BGH 24.05.2005, IX ZR 123/04, BGHZ 163, 134 = ZIP 2005, 1426.
8 BGH 24.05.2005, IX ZR 123/04, BGHZ 163, 134 = ZIP 2005, 1426 unter II.4.b.
9 BGH 24.05.2005, IX ZR 123/04, BGHZ 163, 134 = ZIP 2005, 1426 unter II.4.b.
10 BGH 19.07.2007, IX ZB 36/07, BGHZ 173, 286 = ZIP 2007, 1666 unter II.2.d.
11 BGH 24.05.2005, IX ZR 123/04, BGHZ 163, 134 = ZIP 2005, 1426 unter II.4.b.
12 BGH 12.10.2006, IX ZR 228/03, ZIP 2006, 2222 unter III.1.
13 BGH 24.05.2005, IX ZR 123/04, BGHZ 163, 134 = ZIP 2005, 1426 unter II.4.b.
14 BGH 24.05.2005, IX ZR 123/04, BGHZ 163, 134 = ZIP 2005, 1426 unter II.4.b.

2. Fällige Zahlungspflichten

a) Zahlungspflichten

7 Zahlungspflichten i.S.d. § 17 Abs. 2 Satz 1 sind ausschließlich **Geldschulden** i.S.d. Vorschriften des BGB, vgl. etwa § 288 BGB. Dabei steht dem auf Zahlung gerichteten Anspruch des Gläubigers ein solcher auf Hinterlegung von Geld[15] oder Freistellung von einer einem Dritten gegenüber bestehenden Geldschuld gleich.[16]

8 Zwar sind Ansprüche von Gläubigern, die auf **andere Leistungen** als Zahlung, Hinterlegung von Geld oder Freistellung von einer Geldschuld gerichtet sind, nur und erst zu berücksichtigen, wenn aus ihnen – etwa wegen deren Nichterfüllung – Sekundärrechte, namentlich Schadensersatzansprüche, erwachsen, die eine Geldleistung zum Gegenstand haben.[17] Insoweit muss aber, da zwecks Abgrenzung von einer bloßen Zahlungsstockung ein Zeitraum von drei Wochen in Betracht zu nehmen ist (s. Rdn. 4), im Rahmen einer Liquiditätsbilanz (s. Rdn. 18) eine auf diese Frist bezogene Prognose angestellt werden. Gleiches gilt für **bedingte und befristete Zahlungspflichten** des Schuldners. Dementsprechend ist eine Zahlungspflicht des Schuldners auch dann in Ansatz zu bringen, wenn er wegen dieser einen Anspruch auf Freistellung gegen einen Dritten hat; der Freistellungsanspruch des Schuldners kann aber unter weiteren Voraussetzungen bei der Feststellung der ihm zur Verfügung stehenden Zahlungsmittel Berücksichtigung finden (s. Rdn. 16).

9 Da bei der Feststellung des Eröffnungsgrundes auf den Zeitpunkt der gerichtlichen Entscheidung über die Verfahrenseröffnung abzustellen ist (vgl. § 16 Rdn. 6), scheiden Zahlungspflichten aus, die, wie etwa die Kostenschuld aus dem Insolvenzverfahren (§ 54), erst aufgrund der Verfahrenseröffnung entstehen.[18] Ebenfalls unberücksichtigt bleiben Forderungen, deren Gläubiger sich für die Zeit vor Verfahrenseröffnung mit einer späteren oder nachrangigen Befriedigung einverstanden erklärt haben.[19] Umgekehrt sind aus den genannten Gründen Forderungen auf Rückgewähr des kapitalersetzenden Darlehens eines Gesellschafters und gleichgestellte Forderungen einzubeziehen, denn der in § 39 Abs. 1 Nr. 5 angeordnete Nachrang gilt erst mit Verfahrenseröffnung.[20] Dies gilt nicht in Bezug auf Insolvenzverfahren, die vor dem 01.11.2008 eröffnet worden sind (s. Rdn. 10).

10 Forderungen, die mit einer Einwendung oder Einrede behaftet sind, begründen keine Zahlungspflicht i.S.d. § 17 Abs. 2 Satz 1.[21] Wie im allgemeinen Zivilprozess sind allerdings Einreden nur zu beachten, soweit der Schuldner sie erhebt. Dies muss bis zur Entscheidung über die Eröffnung des Insolvenzverfahrens geschehen sein (vgl. § 16 Rdn. 6). Mit Einwendungen behaftet sind auch Ansprüche der Gesellschafter, denen das Auszahlungsverbot des § 30 Abs. 1 Satz 1 GmbHG entgegensteht; sie begründen daher keine Zahlungspflicht i.S.d. § 17 Abs. 2 Satz 1.[22] Soweit ein vor dem Inkrafttreten des MoMiG am 01.11.2008 eröffnetes Insolvenzverfahren in Rede steht, ist die damalige ständige Rechtsprechung des BGH, wonach Ansprüche auf Rückgewähr von Eigenkapitalersatzleistungen entsprechend § 30 Abs. 1 GmbHG gleichfalls einem Auszahlungsverbot unterlagen,[23] gem. Art. 103d EGInsO weiterhin zu beachten.[24] Dementsprechend sind derartige Ansprüche – anders bei ab dem 01.11.2008 eröffneten oder zu eröffnenden Insolvenzverfahren (s. Rdn. 9)

---

15 HambK-InsR/*Schröder* Rn. 5; HK-InsO/*Kirchhof* Rn. 6.
16 HK-InsO/*Kirchhof* Rn. 6.
17 HambK-InsR/*Schröder* Rn. 5; HK-InsO/*Kirchhof* Rn. 6.
18 AG Göttingen 22.08.2002, 71 IN 65/01, ZInsO 2002, 944; FK-InsO/*Schmerbach* Rn. 9; HambK-InsR/ *Schröder* Rn. 5; HK-InsO/*Kirchhof* Rn. 7.
19 BGH 19.07.2007, IX ZB 36/07, BGHZ 173, 286 = ZIP 2007, 1666 unter II.2.b.aa.3.
20 HK-InsO/*Kirchhof* Rn. 7.
21 HambK-InsR/*Schröder* Rn. 11.
22 HambK-InsR/*Schröder* Rn. 12; HK-InsO/*Kirchhof* Rn. 7; Uhlenbruck/*Uhlenbruck* Rn. 7
23 Vgl. etwa BGH 14.03.2005, II ZR 129/03, ZIP 2005, 659 unter II.1.
24 BGH 26.01.2009, II ZR 260/07, BGHZ 179, 249 = ZIP 2009, 615 unter IV.

– im Rahmen der Prüfung der Zahlungsunfähigkeit i.S.d. § 17 Abs. 2 Satz 1 selbst dann nicht zu berücksichtigen, wenn kein Rangrücktritt vereinbart worden ist.[25]

In Bezug auf Forderungen, die der Schuldner bestreitet, wird unter anderem die Auffassung vertreten, diese seien mit einem Bruchteil anzusetzen, dessen Umfang am Maßstab der Wahrscheinlichkeit von Grund und Höhe der Forderung geschätzt werden müsse.[26] Zutreffender Weise[27] kann insoweit jedoch, da der Eröffnungsgrund gem. § 286 ZPO i.V.m. § 4 zur Überzeugung des Insolvenzgerichts feststehen muss, nichts anderes gelten, als für die Forderung des antragstellenden Gläubigers, wenn aus ihr nicht nur die eigene Antragsberechtigung, sondern auch die Zahlungsunfähigkeit abgeleitet werden soll (vgl. dazu § 16 Rdn. 9 f.): Unter dieser Voraussetzung muss die Forderung des antragstellenden Gläubigers bewiesen sein,[28] wozu freilich die Vorlage eines vorläufig vollstreckbaren Titels genügt.[29] 11

b) Fälligkeit

Gem. § 271 Abs. 1 BGB kann, wenn eine Zeit für die Leistung weder bestimmt noch aus den Umständen zu entnehmen ist, der Gläubiger die Leistung sofort verlangen, der Schuldner sie sofort bewirken. Vorrangig ist daher zu prüfen, ob sich aus spezialgesetzlichen Vorschriften oder vertraglicher Vereinbarung eine **kalendermäßige Fälligkeit** ergibt.[30] Fehlt es an einer solchen, begründet der Rechtsprechung des BGH[31] zufolge nicht bereits das in § 271 Abs. 1 Hs. 2 BGB statuierte Recht des Gläubigers, die Leistung verlangen zu können, sondern erst dessen Ausübung, also das Verlangen selbst, i.S.d. § 17 Abs. 2 Satz 1 die Fälligkeit einer Zahlungspflicht. Hiernach gebietet es der Zweck des § 17, in Übereinstimmung mit dem Verständnis der Konkursordnung an dem Erfordernis des »**ernsthaften Einforderns**« als Voraussetzung für die Fälligkeit einer die Zahlungsunfähigkeit begründenden oder zu dieser beitragenden Forderung festzuhalten. Von der Nichtzahlung einer i.S.d. § 271 Abs. 1 BGB fälligen Forderung darf nicht schematisch auf die Zahlungsunfähigkeit gem. § 17 Abs. 2 Satz 1 geschlossen werden. Eine Forderung ist vielmehr i.d.R.i.S. dieser Vorschrift fällig, wenn eine Gläubigerhandlung feststeht, aus der sich der Wille, vom Schuldner Erfüllung zu verlangen, im Allgemeinen ergibt.[32] Die Einschränkung dient lediglich dazu, solche Forderungen auszunehmen, die **rein tatsächlich** – also ohne rechtlichen Bindungswillen oder erkennbare Erklärung – **gestundet** sind.[33] 12

Für ein ernsthaftes Einfordern genügend, aber nicht erforderlich ist die Übersendung einer Rechnung.[34] Ebenso reicht es aus, dass der Schuldner durch Ankündigung der alsbaldigen Begleichung der Forderung die Zahlungsaufforderung des Gläubigers vorwegnimmt.[35] Ferner macht die kalendermäßige Fälligkeit der Forderung die Zahlungsaufforderung des Gläubigers entbehrlich.[36] Es ist nicht zu verlangen, dass ein Gläubiger eine Zahlungsaufforderung regelmäßig oder auch nur ein einziges Mal wiederholt.[37] 13

---

25 HK-InsO/*Kirchhof* Rn. 7; Uhlenbruck/*Uhlenbruck* Rn. 7; a.A. HambK-InsR/*Schröder* Rn. 13; Jaeger/*Müller* Rn. 12.
26 HambK-InsR/*Schröder* Rn. 6; HK-InsO/*Kirchhof* Rn. 7; *Schmidt/Roth* ZInsO 2006, 236 [239 f.].
27 Wie hier FK-InsO/*Schmerbach* Rn. 8.
28 Vgl. BGH 14.12.2005, IX ZB 207/04, ZIP 2006, 247.
29 BGH 29.06.2006, IX ZB 245/05, ZIP 2006, 1452 unter II.3.a.
30 BGH 14.05.2009, IX ZR 63/08, BGHZ 181, 132 = ZIP 2009, 1235 unter II.2.d.bb.
31 BGH 19.07.2007, IX ZB 36/07, BGHZ 173, 286 = ZIP 2007, 1666.
32 BGH 19.07.2007, IX ZB 36/07, BGHZ 173, 286 = ZIP 2007, 1666 unter II.2.b.aa.2; vgl. aber demgegenüber BGH 23.05.2007, 1 StR 88/07, wistra 2007, 312.
33 BGH 19.07.2007, IX ZB 36/07, BGHZ 173, 286 = ZIP 2007, 1666 unter II.2.b.aa.2.
34 BGH 19.07.2007, IX ZB 36/07, BGHZ 173, 286 = ZIP 2007, 1666 unter II.2.b.aa.3.
35 BGH 14.05.2009, IX ZR 63/08, BGHZ 181, 132 = ZIP 2009, 1235 unter II.2.d.aa.
36 BGH 14.05.2009, IX ZR 63/08, BGHZ 181, 132 = ZIP 2009, 1235 unter II.2.d.bb.
37 BGH 19.07.2007, IX ZB 36/07, BGHZ 173, 286 = ZIP 2007, 1666 unter II.2.b.aa.2.

14 Bereits ein bloßes **Stillhalteabkommen** hindert i.S.d. § 17 Abs. 2 Satz 1 die Fälligkeit einer Forderung.[38] Allerdings ist bei der Annahme, ein Gläubiger habe stillschweigend in eine spätere oder nachrangige Befriedigung seiner Forderung eingewilligt, Zurückhaltung geboten.[39] Daher steht es der Zahlungsunfähigkeit nicht entgegen, dass der Schuldner seine fälligen Verbindlichkeiten mangels liquider Mittel nicht mehr oder nur noch mit Verzögerungen begleicht, die Gläubiger aber nicht sofort klagen und vollstrecken, weil sie dies ohnehin für aussichtslos halten oder sie nicht den sofortigen Zusammenbruch des Schuldners verantworten wollen.[40] Solche »erzwungenen Stundungen«, die die Fälligkeit unberührt lassen, treten insb. bei Lohnforderungen in Erscheinung. Werden die Arbeitnehmer darüber informiert, dass das Ausbleiben pünktlicher Lohnzahlungen auf eine ernsthafte finanzielle Krise des Arbeitgebers zurückzuführen ist, werden sie oft aus Sorge, ihren Arbeitsplatz zu verlieren, still halten. Blieben ihre Lohnforderungen bei der Prüfung der Zahlungsunfähigkeit unberücksichtigt, würde nicht selten der richtige Zeitpunkt für die Eröffnung des Insolvenzverfahrens verfehlt.[41]

15 Die Einstellung der Zwangsvollstreckung beseitigt für sich genommen nicht die Fälligkeit einer titulierten – und damit nachgewiesenen (s. Rdn. 11) – Forderung.[42] Ist allerdings die Vollstreckung gegen Sicherheitsleistung eingestellt worden und hat der Schuldner diese tatsächlich erbracht, lässt sich aus einer solchen Forderung der Eröffnungsgrund nicht mehr ableiten.[43] Ebenso können die von einem Vollstreckungsaufschub betroffenen Forderungen mangels Fälligkeit i.S.d. § 17 Abs. 2 Satz 1 in der Liquiditätsbilanz unberücksichtigt bleiben.[44]

3. Mangel an verfügbaren Zahlungsmitteln

16 Fällige Zahlungspflichten können nur mit Geld oder anderen üblichen Zahlungsmitteln erfüllt werden, weshalb grds. nur die **aktuell verfügbaren liquiden Mittel und die kurzfristig verwertbaren Vermögensbestandteile** in die Prüfung der Zahlungsunfähigkeit nach § 17 Abs. 2 Satz 1 einzubeziehen sind.[45] Kurzfristig verwertbar in diesem Sinne bedeutet in Abgrenzung zur Zahlungsstockung (vgl. dazu Rdn. 4), dass der Vermögensbestandteil innerhalb von drei Wochen liquidiert oder beliehen werden können muss.[46] Eine noch bestehende Möglichkeit der Kreditaufnahme ist nur relevant, wenn der Schuldner hierzu bereit ist[47] und die Kreditmittel zur Schuldentilgung zur Verfügung stehen.[48] Zu den kurzfristig verwertbaren Vermögensbestandteilen gehören vor allem fällige und fällig werdende Forderungen, auf welche innerhalb der Dreiwochenfrist Zahlung zu erwarten ist, aber auch etwa Personenkraftwagen[49] und Vorratsvermögen.[50] Auf Freistellung von Geldschulden gerichtete Ansprüche des Schuldners sind in Ansatz zu bringen, wenn der Drittschuldner leistungsfähig und, soweit diese Ansprüche nicht tituliert sind, leistungsbereit ist. Gleiches gilt für Zahlungsansprüche der Schuldner-Gesellschaft gegen die Gesellschafter. Deren akzessorische Haftung nach §§ 128, 171 Abs. 1 HGB bleibt hingegen unberücksichtigt, weil sie Zahlungsansprüche zugunsten des Schuldnervermögens gem. § 171 Abs. 2 HGB, § 93 erst mit Eröffnung des Insolvenzverfahrens begründet.[51]

---

38 BGH 20.12.2007, IX ZR 93/06, ZIP 2008, 420 unter II.2.b.bb.2.
39 Vgl. FK-InsO/*Schmerbach* Rn. 15; Jaeger/*Müller* Rn. 10; Kübler/Prütting/Bork/*Pape* Rn. 6; Uhlenbruck/*Uhlenbruck* Rn. 8.
40 BGH 14.02.2008, IX ZR 38/04, ZIP 2008, 706 unter II.1.a.dd.
41 BGH 14.02.2008, IX ZR 38/04, ZIP 2008, 706 unter II.1.a.dd.
42 HK-InsO/*Kirchhof* Rn. 12.
43 BGH 14.01.2010, IX ZB 177/09, ZIP 2010, 291 unter II.2.b.
44 BGH 08.03.2012, IX ZR 102/11, WM 2012, 665 unter 2.a.
45 BGH 19.07.2007, IX ZB 36/07, BGHZ 173, 286 = ZIP 2007, 1666 unter II.2.c.aa.
46 HK-InsO/*Kirchhof* Rn. 15, 18.
47 HambK-InsR/*Schröder* Rn. 14.
48 HK-InsO/*Kirchhof* Rn. 17.
49 *BGH 19.07.2007, IX ZB 36/07, BGHZ 173, 286 = ZIP 2007, 1666 unter II.2.c.aa.*
50 HambK-InsR/*Schröder* Rn. 14.
51 HambK-InsR/*Schröder* Rn. 25.

Die aufgrund der beantragten Verfahrenseröffnung zu erwartenden Ansprüche aus anfechtbaren Rechtshandlungen dürfen bei der Prüfung des Eröffnungsgrundes unter keinem denkbaren Gesichtspunkt berücksichtigt werden.[52]

Für die Beurteilung der Zahlungsunfähigkeit ist es ohne Bedeutung, aus welchen Quellen die Einnahmen des Schuldners stammen. Es kommt insb. nicht darauf an, ob sich der Schuldner die Zahlungsmittel auf redliche oder unredliche Weise beschafft hat.[53] Deswegen sind sogar aus Straftaten herrührende illegale Einkünfte als liquide Mittel anzusehen.[54] Erst recht gilt solches für in anfechtbarer Weise erworbene Zahlungsmittel.[55]

4. Gerichtliche Feststellung

Um feststellen zu können, ob eine (betriebswirtschaftliche) Zahlungsunfähigkeit i.S.d. § 17 Abs. 2 Satz 1 gegeben ist, muss eine **Liquiditätsbilanz** aufgestellt werden. Dabei sind die im maßgeblichen Zeitpunkt verfügbaren und innerhalb von drei Wochen flüssig zu machenden Mittel in Beziehung zu den an demselben Stichtag fälligen und eingeforderten Verbindlichkeiten zu setzen.[56] Trotz dieser missverständlichen Formulierung sind nicht nur die zu Beginn der Dreiwochenfrist fälligen, sondern auch die bis zu ihrem Ende fällig werdenden Verbindlichkeiten in Ansatz zu bringen.[57] Die für die Vergleichsrechnung notwendige Auswertung der Geschäftsunterlagen des Schuldners sollte grds. durch einen Sachverständigen erfolgen.[58] Da sich das Eröffnungsverfahren regelmäßig über einen längeren Zeitraum als drei Wochen erstreckt, sind prognostische Elemente der Prüfung der Zahlungsunfähigkeit, wie etwa die Möglichkeit einer Kreditaufnahme (s. Rdn. 16), in der Praxis weitgehend gegenstandslos.[59] Wenn drei Wochen nach der Antragstellung 10 % oder ein größerer Bruchteil der Gesamtverbindlichkeiten offen sind (s. Rdn. 4) und der Schuldner keinen Verfügungsbeschränkungen nach § 21 unterliegt, ist anzunehmen, dass er zur Erfüllung der fälligen Zahlungspflichten nicht in der Lage ist.[60]

III. Zahlungseinstellung (Abs. 2 Satz 2)

1. Bedeutung

Hat der Schuldner seine Zahlungen eingestellt, wird gem. § 17 Abs. 2 Satz 2 eine gesetzliche Vermutung für die Zahlungsunfähigkeit begründet; diese ist außerhalb des Eröffnungsverfahrens vom Prozessgegner zu widerlegen.[61] Dazu ist i.d.R. die Aufstellung einer Liquiditätsbilanz erforderlich.[62] Anderweitig ist diese Vermutung praktisch kaum zu widerlegen, weil die entsprechende Beweisführung nur auf ganz außergewöhnliche Umstände, etwa einen Irrtum des Schuldners über den Umfang der ihm zur Verfügung stehenden Zahlungsmittel,[63] gestützt werden kann. Im Eröffnungsverfahren gibt es zwar keine formelle Beweislastverteilung, da das Insolvenzgericht die tatsächlichen Voraussetzungen der Zahlungsunfähigkeit gem. § 5 Abs. 1 von Amts wegen aufklären muss. Indessen geht es zu Lasten des Schuldners als Antragsgegner, wenn die von der festgestellten Zah-

---

52 BGH 19.07.2007, IX ZB 36/07, BGHZ 173, 286 = ZIP 2007, 1666 unter II.2.c.aa.
53 BGH 14.05.2009, IX ZR 63/08, BGHZ 181, 132 = ZIP 2009, 1235 unter II.2.b.
54 HK-InsO/*Kirchhof* Rn. 16; Jaeger/*Müller* Rn. 17; Uhlenbruck/*Uhlenbruck* Rn. 6.
55 BGH 14.05.2009, IX ZR 63/08, BGHZ 181, 132 = ZIP 2009, 1235 unter II.2.b.
56 BGH 14.05.2009, IX ZR 63/08, BGHZ 181, 132 = ZIP 2009, 1235 unter III.
57 *Bork* ZIP 2007, 1749; *Pape* WM 2008, 1949 [1952]; HambK-InsR/*Schröder* Rn. 16; a.A. *Becker/Jansen/Müller* DStR 2009, 1660 [1661].
58 HK-InsO/*Kirchhof* Rn. 24.
59 FK-InsO/*Schmerbach* Rn. 22.
60 HK-InsO/*Kirchhof* Rn. 19.
61 BGH 12.10.2006, IX ZR 228/03, ZIP 2006, 2222 unter II.1.
62 BGH 30.06.2011, IX ZR 134/10, ZIP 2011, 1416 unter III.1.
63 HK-InsO/*Kirchhof* Rn. 46.

lungseinstellung ausgehende Vermutung nach Ausschöpfung der zur Verfügung stehenden Beweismittel nicht widerlegt ist.

20 Im Eröffnungsverfahren kann die Vermutungsregel des § 17 Abs. 2 Satz 2 vor allem dem antragstellenden Gläubiger dazu dienen, die ihm nach § 14 Abs. 1 obliegende Glaubhaftmachung des Eröffnungsgrundes zu bewirken.[64] Darauf beschränkt sich ihre dortige Bedeutung freilich nicht, vielmehr lässt sich aus dem Vorliegen der Zahlungseinstellung auch die für die Feststellung der Begründetheit gem. § 286 ZPO i.V.m. § 4 erforderliche Überzeugung von der Zahlungsunfähigkeit gewinnen.[65] Die Zahlungseinstellung ist somit eine echte Alternative zur betriebswirtschaftlichen Beweisführung mit Hilfe einer Liquiditätsbilanz (s. dazu Rdn. 18), was namentlich dann dem Gläubiger hilft, wenn sich der Schuldner seinen Auskunfts- und Mitwirkungspflichten nach § 20 Abs. 1 Satz 1 durch Flucht entzieht. Auch im Anfechtungsprozess macht das Vorliegen einer Zahlungseinstellung die Aufstellung einer Liquiditätsbilanz entbehrlich.[66]

2. Definition

21 Die Zahlungseinstellung ist dasjenige **äußerliche Verhalten** des Schuldners, in dem sich typischerweise eine Zahlungsunfähigkeit ausdrückt. Es muss sich mindestens für die beteiligten Verkehrskreise der berechtigte Eindruck aufdrängen, dass der Schuldner nicht in der Lage ist, seine fälligen und eingeforderten Zahlungsverpflichtungen zu erfüllen.[67]

22 Die tatsächliche Nichtzahlung eines erheblichen Teils der fälligen Verbindlichkeiten reicht für eine Zahlungseinstellung aus.[68] Das gilt selbst dann, wenn tatsächlich noch geleistete Zahlungen beträchtlich sind, aber im Verhältnis zu den fälligen Gesamtschulden nicht den wesentlichen Teil ausmachen.[69] Die Nichtzahlung gegenüber einem einzigen Gläubiger kann bereits ausreichen, wenn diese Forderung von insgesamt nicht unerheblicher Höhe ist.[70]

3. Gerichtliche Feststellung

23 Das Gericht muss gem. § 5 Abs. 1 im Wege der Amtsermittlung mit Hilfe der zur Verfügung stehenden Beweismittel tatsächliche Umstände feststellen, die aus der Sphäre des Schuldners herrühren und erkennen lassen, dass ein objektiver Mangel an Zahlungsmitteln besteht. Dazu gehören eigene Erklärungen des Schuldners, eine fällige Verbindlichkeit nicht begleichen zu können. Sie deuten auch dann auf eine Zahlungseinstellung hin, wenn sie mit einer Stundungsbitte verbunden werden; diese kann bei entsprechender Dauer der erbetenen Stundung sogar die Nachhaltigkeit der Liquiditätskrise indizieren.[71] Hingegen ist eine Stundungsbitte für sich genommen nicht hinreichend aussagekräftig.[72] Auch dass der Schuldner Zahlungsfristen vollständig ausschöpft oder nur auf Drängen der Gläubiger zahlt, ist unerheblich.[73]

24 Ein erhebliches Beweisanzeichen für das Einstellen der Zahlungen i.S.d. § 17 Abs. 2 Satz 2 bildet die sich über mehrere Zahltage erstreckende Nichterfüllung von wiederkehrenden Zahlungspflichten

---

64 FK-InsO/*Schmerbach* Rn. 39.
65 BGH 13.04.2006, IX ZB 118/04, ZIP 2006, 1056 unter III.2.
66 Vgl. BGH 12.10.2006, IX ZR 228/03, ZIP 2006, 2222 unter III.1.a; 30.06.2011, IX ZR 134/10, ZIP 2011, 1416 unter II.2.a.
67 BGH 21.06.2007, IX ZR 231/04, ZIP 2007, 1469 unter II.3.b.
68 BGH 11.02.2010, IX ZR 104/07, ZIP 2010, 682 unter III.4.c; 30.06.2011, IX ZR 134/10, ZIP 2011, 1416 unter II.2.b.aa.
69 BGH 11.02.2010, IX ZR 104/07, ZIP 2010, 682 unter III.4.c; 30.06.2011, IX ZR 134/10, ZIP 2011, 1416 unter II.2.b.aa.
70 BGH 20.11.2001, IX ZR 48/01, BGHZ 149, 178 = ZIP 2002, 87 unter II.3; 30.06.2011, IX ZR 134/10, ZIP 2011, 1416 unter II.2.b.aa.
71 BGH 12.10.2006, IX ZR 228/03, ZIP 2006, 2222 unter II.2.a.
72 HK-InsO/*Kirchhof* Rn. 32.
73 HK-InsO/*Kirchhof* Rn. 41 f.

aus Dauerschuldverhältnissen, die für die Aufrechterhaltung des Geschäftsbetriebs des Schuldners von tragender Bedeutung sind. Wichtige Erscheinungsformen sind dabei ein mehrmonatiger Rückstand mit Lohnzahlungen[74] und – auch wegen der Strafdrohung des § 266a StGB – Sozialversicherungsbeiträgen,[75] Steuerforderungen,[76] ferner die schleppende Zahlung von Abschlägen auf die Energiekosten sowie von Mieten.[77]

Beweisanzeichen sind des Weiteren der Abschluss von Ratenzahlungsvereinbarungen zu fälligen oder fällig werdenden Forderungen,[78] eine Häufigkeit von Wechsel- und Scheckprotesten und fruchtlose Pfändungen,[79] ebenso mehrere Arreste und Anträge auf Eröffnung des Insolvenzverfahrens.[80] Gleiches gilt bzgl. der Flucht des Schuldners vor seinen Gläubigern sowie der Schließung des Geschäftsbetriebs ohne ordnungsgemäße Abwicklung.[81] Ferner kann die Zahlungseinstellung indiziert sein, wenn der Schuldner auf Zahlungsaufforderungen nicht reagiert und einem angekündigten Vollstreckungsversuch weder entgegentritt noch den Zugang zu seiner Wohnung ermöglicht.[82]   25

4. Wegfall der Zahlungseinstellung

Eine einmal eingetretene Zahlungseinstellung wirkt grds. fort. Sie kann nur dadurch wieder beseitigt werden, dass der Schuldner seine Zahlungen allgemein wieder aufnimmt.[83] Dies hat derjenige zu beweisen, der sich hierauf beruft.[84] Im kontradiktorischen Eröffnungsverfahren, in dem gem. § 5 Abs. 1 der Amtsermittlungsgrundsatz gilt, geht die Nichterweislichkeit der allgemeinen Wiederaufnahme der Zahlungen zu Lasten des Schuldners als Antragsgegners.   26

D. Internationale Bezüge

Es gilt das Universalitätsprinzip. Daher sind im Verfahren über den Antrag auf Eröffnung eines Hauptinsolvenzverfahrens die ausländischen verfügbaren liquiden Mittel und kurzfristig verwertbaren Vermögensbestandteile sowie die dortigen Zahlungspflichten in die Prüfung der Zahlungsunfähigkeit einzubeziehen. Nicht anders verhält es sich bei einem Partikularverfahren über Inlandsvermögen, da sich die Prüfung der Überschuldung und der Zahlungsunfähigkeit an den gleichen rechtlichen Bedingungen ausrichten muss.[85] Für die Entscheidung über die Eröffnung eines Sekundärinsolvenzverfahrens kann der Eröffnungsgrund gem. Art. 27 EuInsVO, § 356 Abs. 3 InsO unterstellt werden (vgl. § 16 Rdn. 15).   27

§ 18 Drohende Zahlungsunfähigkeit

(1) Beantragt der Schuldner die Eröffnung des Insolvenzverfahrens, so ist auch die drohende Zahlungsunfähigkeit Eröffnungsgrund.

(2) Der Schuldner droht zahlungsunfähig zu werden, wenn er voraussichtlich nicht in der Lage sein wird, die bestehenden Zahlungspflichten im Zeitpunkt der Fälligkeit zu erfüllen.

---

74 BGH 15.10.2009, IX ZR 201/98, ZIP 2009, 2306 unter II.2.a.bb.
75 BGH 13.06.2006, IX ZB 238/05, ZIP 2006, 1457 unter II.2; 30.06.2011, IX ZR 134/10, ZIP 2011, 1416 unter II.2.c.aa.
76 BGH 30.06.2011, IX ZR 134/10, ZIP 2011, 1416 unter II.2.c.bb.
77 HK-InsO/*Kirchhof* Rn. 35.
78 BGH 30.06.2011, IX ZR 134/10, ZIP 2011, 1416 unter II.2.c.cc.
79 BGH 30.01.2003, 3 StR 437/02, ZInsO 2003, 529 unter 1.
80 HK-InsO/*Kirchhof* Rn. 38.
81 BGH 13.04.2006, IX ZB 118/04, ZIP 2006, 1056 unter III.2.
82 BGH 12.07.2012, IX ZB 264/11, ZInsO 2012, 1418 unter III.3.
83 BGH 11.02.2010, IX ZR 104/07, ZIP 2010, 682 unter III.4.d.
84 BGH 11.02.2010, IX ZR 104/07, ZIP 2010, 682 unter III.4.d.
85 Vgl. HambK-InsR/*Schröder* Rn. 33; a.A. HK-InsO/*Kirchhof* § 16 Rn. 4.

§ 18 InsO Drohende Zahlungsunfähigkeit

(3) Wird bei einer juristischen Person oder einer Gesellschaft ohne Rechtspersönlichkeit der Antrag nicht von allen Mitgliedern des Vertretungsorgans, allen persönlich haftenden Gesellschaftern oder allen Abwicklern gestellt, so ist Absatz 1 nur anzuwenden, wenn der oder die Antragsteller zur Vertretung der juristischen Person oder der Gesellschaft berechtigt sind.

Übersicht

	Rdn.		Rdn.
A. **Normzweck**	1	2. Fällige und fällig werdende Zahlungspflichten	9
B. **Parteispezifischer Eröffnungsgrund (Abs. 1)**	2	a) Zahlungspflichten	9
C. **Drohende Zahlungsunfähigkeit (Abs. 2)**	7	b) Fälligkeit	10
I. Anwendungsbereich	7	3. Mangel an verfügbaren Zahlungsmitteln	11
II. Definition der drohenden Zahlungsunfähigkeit	8	4. Gerichtliche Feststellung	12
		D. **Vertretungsbefugnis (Abs. 3)**	14
1. Liquiditätsprognose	8	E. **Internationale Bezüge**	17

A. Normzweck

1 Die Vorschrift ist seit Inkrafttreten der InsO unverändert. Abs. 1 eröffnet dem Schuldner, und zwar ihm ausschließlich, die Möglichkeit, einen Eröffnungsantrag bereits dann zu stellen, wenn die Zahlungsunfähigkeit lediglich droht. Eine Antragspflicht nach § 15a für juristische Personen und Gesellschaften ohne Rechtspersönlichkeit, deren Verbindlichkeiten nicht durch die institutionelle Haftung einer natürlichen Person abgesichert sind, besteht insoweit nicht. Dieser Umstand deutet darauf hin, dass die gesetzliche Bestimmung, die keinen Vorläufer in der KO oder GesO hat, weniger dem Schutz der vorhandenen und potenziellen Gläubiger dient, als vielmehr darauf zielt, die Chance auf die Erhaltung von Unternehmen zu verbessern, die in eine wirtschaftliche Krise geraten sind.[1] Bestätigung findet diese Annahme im ESUG, das mit den Bestimmungen der §§ 270a Abs. 2, 270b Abs. 1 für den Schuldner Anreize zur Stellung eines Eröffnungsantrags wegen drohender Zahlungsunfähigkeit setzt. Abs. 2 des § 18 enthält die Definition der drohenden Zahlungsunfähigkeit. Abs. 3 schließt die Anwendung der in § 15 bestimmten Erweiterung der Vertretungsbefugnis auf den Eröffnungsgrund der drohenden Zahlungsunfähigkeit aus.

B. Parteispezifischer Eröffnungsgrund (Abs. 1)

2 Die drohende Zahlungsunfähigkeit ist in Bezug auf alle Vermögen und Sondervermögen Eröffnungsgrund, dies gem. § 18 Abs. 1 jedoch nur, wenn der Schuldner die Eröffnung beantragt. Bei der Entwicklung der wirtschaftlichen Krise eines Unternehmens geht die drohende Zahlungsunfähigkeit dem Eintritt der Zahlungsunfähigkeit (§ 17) voraus und i.d.R. mit einer Überschuldung (§ 19) einher.[2] Da aber die Überschuldung nur bei juristischen Personen und Gesellschaften ohne Rechtspersönlichkeit, deren Verbindlichkeiten nicht durch die institutionelle Haftung einer natürlichen Person abgesichert sind, Eröffnungsgrund ist und darüber hinaus zum Eröffnungsantrag verpflichtet, ist das Antragsrecht nach § 18 vor allem für natürliche Personen vorgesehen.[3]

3 Aus dem Fehlen einer Antragspflicht bei drohender Zahlungsunfähigkeit wird teilweise gefolgert, dass das Insolvenzgericht, das gem. § 5 Abs. 1 von Amts wegen auch das Vorliegen der vom Antragsteller nicht geltend gemachten Eröffnungsgründe zu prüfen hat (vgl. § 16 Rdn. 11), die Insolvenzeröffnung nur dann auf die drohende Zahlungsunfähigkeit stützen dürfe, wenn der Schuldner sich hierauf berufe.[4] Indessen gibt es im Gesetz keinen Anhaltspunkt dafür, dass das Bestehen einer Antragspflicht Auswirkungen auf das nach Antragstellung geltende Verfahrensrecht haben soll. So ist

---

1 FK-InsO/*Schmerbach* Rn. 1.
2 FK-InsO/*Schmerbach* § 19 Rn. 6.
3 HK-InsO/*Kirchhof* Rn. 3.
4 HambK-InsR/*Schröder* Rn. 4; Jaeger/*Müller* § 16 Rn. 9; MüKo-InsO/*Schmahl* § 16 Rn. 32.

der antragstellende Schuldner auch dann gem. § 13 Abs. 2 zur Antragsrücknahme befugt, wenn eine Antragspflicht bestand und nach der Rücknahme wieder aufleben würde. Ferner dient das Insolvenzverfahren gem. § 1 dazu, die Gläubiger eines Schuldners gemeinschaftlich zu befriedigen und dem redlichen Schuldner Gelegenheit zu geben, sich von seinen restlichen Verbindlichkeiten zu befreien. Nur wegen dieser Ziele ist dem Schuldner ein Antragsrecht eingeräumt, nicht jedoch, um ihm die Möglichkeit zu eröffnen, gerichtlich prüfen zu lassen, ob die eigene Zahlungsunfähigkeit eingetreten ist oder (noch) droht. Selbst wenn aber ein entsprechendes Interesse des Schuldners anzuerkennen wäre, bestünde bei einem Eigenantrag kein Bedürfnis, die Entscheidungskompetenz des Insolvenzgerichts auf Antragsabweisung oder Eröffnung wegen Überschuldung oder eingetretener Zahlungsunfähigkeit zu beschränken. Stellt es im Zuge der Prüfung eines wegen der Eröffnungsgründe nach §§ 17, 19 gestellten Schuldnerantrags lediglich die drohende Zahlungsunfähigkeit fest, muss das Insolvenzgericht gem. § 139 ZPO, der gem. § 4 im Insolvenzverfahren entsprechende Anwendung findet,[5] den Schuldner darauf hinweisen und ihm Gelegenheit geben, den Eröffnungsantrag gem. § 13 Abs. 2 zurückzunehmen. Macht der Schuldner von diesem Verfahrensrecht keinen Gebrauch, ist das Insolvenzverfahren wegen des gegebenen Eröffnungsgrundes zu eröffnen oder der Eröffnungsantrag nach Maßgabe des § 26 Abs. 1 mangels Masse abzuweisen.

In Bezug auf den **Nachlass** und das **Gesamtgut einer fortgesetzten Gütergemeinschaft** kann außer 4
dem Schuldner derjenige, dem die Verwaltung des Sondervermögens zusteht, den Eröffnungsantrag wegen drohender Zahlungsunfähigkeit stellen. Diese ist also Eröffnungsgrund nicht nur bei einem Antrag des Erben, sondern auch bei einem solchen des Nachlassverwalters, eines anderen Nachlasspflegers oder eines Testamentsvollstreckers (§ 320 Satz 2). Entsprechendes gilt gem. § 332 Abs. 1 zugunsten des Gesamtgutsverwalters.[6] Bei einer Erbengemeinschaft muss, abweichend von der Ausnahmebestimmung des § 317 Abs. 1 (»jeder Erbe«), der auf drohende Zahlungsunfähigkeit gestützte Eröffnungsantrag, da die Miterben in Bezug auf den Nachlass grds. nur gemeinschaftlich berechtigt sind,[7] gem. § 320 Satz 2 von ihnen allen (»der Erbe«) gestellt werden. Auch beim **Gesamtgut der Gütergemeinschaft** ist die drohende Zahlungsunfähigkeit nur dann Eröffnungsgrund, wenn der Antrag von beiden Ehegatten gestellt wird (§ 333 Abs. 2 Satz 3).

Da der Insolvenzgrund der drohenden Zahlungsunfähigkeit keine Antragspflicht auslöst und primär 5
dazu dient, die Handlungsmöglichkeiten eines am Rande der wirtschaftlichen Krise stehenden Schuldners zu erweitern (s. Rdn. 1), darf die **Bundesanstalt für Finanzdienstleistungsaufsicht (BaFin)**, der gem. § 46b Abs. 1 Satz 4 KWG, § 3 Abs. 1 BspKG, § 88 Abs. 1 VAG die ausschließliche Antragsberechtigung in Bezug auf die Vermögen ihrer Aufsicht unterstehenden **Unternehmen des Kredit-, Finanzdienstleistungs-, Bausparkassen- oder Versicherungswesens** zusteht (vgl. § 13 Rdn. 10), einen Eröffnungsantrag wegen drohender Zahlungsunfähigkeit gem. § 46b Abs. 1 Satz 5 KWG nur mit Zustimmung des Schuldnerunternehmens und unter der Voraussetzung stellen, dass Maßnahmen nach § 46 oder § 46a KWG nicht Erfolg versprechend erscheinen. Fehlt es daran, ist der Eröffnungsantrag unzulässig.

Auch bei den **Krankenkassen der gesetzlichen Krankenversicherung** und den Krankenkassenverbän- 6
den ist die drohende Zahlungsunfähigkeit Insolvenzgrund (§ 171b Abs. 2 Satz 1, § 171f SGB V). Einer Zustimmung der Schuldnerin bedarf die antragsbefugte Aufsichtsbehörde für die Antragstellung nicht.

C. Drohende Zahlungsunfähigkeit (Abs. 2)

I. Anwendungsbereich

Wie die Definition der Zahlungsunfähigkeit in § 17 Abs. 2 (vgl. § 17 Rdn. 3) findet auch diejenige 7
der drohenden Zahlungsunfähigkeit in § 18 Abs. 2 außerhalb des Eröffnungsverfahrens auf Vor-

---

5 BGH 09.03.2006, IX ZB 209/04, ZVI 2006, 351.
6 Vgl. FK-InsO/*Schallenberg/Rafiqpoor* § 320 Rn. 42.
7 HK-InsO/*Kirchhof* Rn. 18.

schriften Anwendung, in denen diese Begriffe verwendet werden. Dazu gehören die auf drohender Zahlungsunfähigkeit gründenden inhaltsgleichen Vermutungsregeln zur Vorsatzanfechtung in § 3 Abs. 1 Satz 2 AnfG und in § 133 Abs. 1 Satz 2,[8] ferner die Straftatbestände der §§ 283, 283d StGB.[9]

II. Definition der drohenden Zahlungsunfähigkeit

1. Liquiditätsprognose

8 Gem. § 18 Abs. 2 droht der Schuldner zahlungsunfähig zu werden, wenn er voraussichtlich nicht in der Lage sein wird, die bestehenden Zahlungspflichten im Zeitpunkt der Fälligkeit zu erfüllen. Während das gesetzliche Merkmal der eingetretenen Zahlungsunfähigkeit auf die gegenwärtige Liquiditätslage abstellt (vgl. § 17 Rdn. 4 f.), gilt also dasjenige der drohenden Zahlungsunfähigkeit der künftigen Liquiditätslage.[10] Der Schuldner **wird** zur Erfüllung der bestehenden Zahlungspflichten im Zeitpunkt der Fälligkeit voraussichtlich nicht in der Lage sein, wenn eine Liquiditätslücke von mindestens 10 % der fälligen Gesamtverbindlichkeiten, die nicht innerhalb von drei Wochen geschlossen werden kann, unter Berücksichtigung der bestehenden, aber erst künftig fällig werdenden Verbindlichkeiten und der im entsprechenden Zeitraum verfügbaren Zahlungsmittel voraussichtlich eintreten wird.[11] Der **Prognosezeitraum** wird somit grds. begrenzt durch das Fälligwerden der letzten gegenwärtig bestehenden Verbindlichkeit. Bei sehr langfristigen Fälligkeiten besteht insoweit jedoch die Gefahr, dass an die Stelle einer Prognose bloße Spekulation tritt. Um dies zu vermeiden, erscheint die Festlegung einer **Höchstfrist** geboten. Die Vorschläge hierzu reichen von einigen Monaten[12] über ein Jahr,[13] das laufende und das folgende Geschäftsjahr[14] bis hin zu drei Jahren.[15] Indessen sollte zur Gewährleistung der Zuverlässigkeit der Prognose die Frist eher kurz gewählt werden.

2. Fällige und fällig werdende Zahlungspflichten

a) Zahlungspflichten

9 Wie bei § 17 Abs. 2 Satz 1 sind mit den Zahlungspflichten i.S.d. § 18 Abs. 2 ausschließlich **Geldschulden** gemeint, die **nicht mit einer Einwendung oder Einrede behaftet** sind und im Zeitpunkt der gerichtlichen Entscheidung über die Verfahrenseröffnung **bereits bestehen** (vgl. dazu § 17 Rdn. 7 ff.). Insoweit besteht eine Forderung bereits, wenn der gesetzliche Tatbestand für die Entstehung verwirklicht ist.[16] Dazu gehören Ansprüche von Gläubigern, die gegenwärtig noch auf **andere Leistungen** als Zahlung, Hinterlegung von Geld oder Freistellung von einer Geldschuld gerichtet sind, aus denen aber innerhalb des Prognosezeitraums (s. dazu Rdn. 8) Sekundärrechte erwachsen, die eine Geldleistung zum Gegenstand haben.[17] Zu berücksichtigen sind ferner künftige Forderungen aus laufenden Dauerschuldverhältnissen, und zwar unabhängig davon, ob sie bereits mit Abschluss des zugrunde liegenden Vertrages betagt, also nur in ihrer Durchsetzung vom Beginn oder vom Ablauf einer bestimmten Frist abhängig sind, oder ob sie erst in Zukunft mit der Inanspruchnahme der jeweiligen Gegenleistung entstehen. Die nach diesen Kriterien vom BGH[18] vorgenommene Abgrenzung, ob derjenige, der eine entsprechende Forderung vor der Verfahrenseröffnung durch Abtretung oder Verpfändung erworben hat, auch bereits eine dem Erwerbsverbot des § 91

---

8 OLG Hamm 13.04.2010, 27 U 133/09, ZInsO 2010, 1004 unter II. 3.b.2.a.aa.
9 BGH 29.04.2010, 3 StR 314/09, BGHSt 55, 107 = ZIP 2010, 1351 unter D.4.
10 HK-InsO/*Kirchhof* Rn. 5.
11 BGH 13.08.2009, IX ZR 159/06, ZIP 2009, 1966 unter II.2.b.aa.
12 Nerlich/Römermann/*Mönning* Rn.34.
13 *Bittmann* wistra 1998, 321 (325).
14 HambK-InsR/*Schröder* Rn.10; Uhlenbruck/*Uhlenbruck* Rn.19.
15 FK-InsO/*Schmerbach* Rn.13.
16 HK-InsO/*Kirchhof* Rn.6.
17 HK-InsO/*Kirchhof* Rn.5.
18 BGH 14.01.2010, IX ZR 78/09, ZIP 2010, 335 unter II.1.c.bb.

Abs. 1 vorgehende, gesicherte Rechtsposition erlangt hat, ist für die Beurteilung einer drohenden Zahlungsunfähigkeit untauglich, da die Parteien des Dauerschuldverhältnisses – anders als jener künftige Gläubiger, wenn die Inanspruchnahme der jeweiligen Gegenleistung zur Entstehung beiträgt[19] – es regelmäßig in der Hand haben, ob die künftige Forderung entsteht. Dadurch wird eine sich von bloßer Spekulation unterscheidende Liquiditätsprognose möglich.

b) Fälligkeit

Fällig i.S.d. § 17 Abs. 2 Satz 1 ist eine Forderung, wenn sich aus spezialgesetzlichen Vorschriften oder vertraglicher Vereinbarung eine **kalendermäßige Fälligkeit** ergibt[20] oder, falls es daran fehlt, wenn der Gläubiger sie ernsthaft einfordert.[21] Vgl. dazu § 17 Rdn. 12 ff. — 10

3. Mangel an verfügbaren Zahlungsmitteln

Fällige Zahlungspflichten können nur mit Geld oder anderen üblichen Zahlungsmitteln erfüllt werden, weshalb in die Prüfung der Zahlungsunfähigkeit nach § 17 Abs. 2 Satz 1 grds. nur die aktuell verfügbaren liquiden Mittel und die kurzfristig – mithin innerhalb von drei Wochen (vgl. § 17 Rdn. 16) – verwertbaren Vermögensbestandteile einzubeziehen sind.[22] In Abgrenzung dazu sind für die Beurteilung der drohenden Zahlungsunfähigkeit auch solche Vermögensbestandteile zu berücksichtigen, die bis zum Ende des Prognosezeitraums (s. dazu Rdn. 8) liquidiert oder beliehen werden können. Insoweit ist freilich die Veräußerbarkeit solcher Gegenstände ohne Belang, die der Schuldner zur Betriebsfortführung benötigt.[23] Ferner dürfen Zahlungsmittel aus einer vom Schuldner angestrebten Umschuldungsvereinbarung nur in Ansatz gebracht werden, wenn die dazu geführten Verhandlungen sichere Erfolgsaussichten bieten.[24] Vgl. zu den Zahlungsmitteln ferner § 17 Rdn. 16 f. — 11

4. Gerichtliche Feststellung

Die prognostische Feststellung der drohenden Zahlungsunfähigkeit ist anhand eines **Liquiditätsplanes** vorzunehmen, der die gesamte Entwicklung der Zahlungspflichten (s. Rdn. 9 f.) und Zahlungsmittel (s. Rdn. 11) innerhalb des Prognosezeitraums (s. Rdn. 8) ausweist.[25] Die tatsächlichen Umstände, auf denen der Liquiditätsplan beruht, liegen teilweise in der Gegenwart (z.B. die bestehenden Zahlungspflichten) und teilweise in der Zukunft (z.B. der Eintritt von Fälligkeiten). Insoweit bringt das gesetzliche Tatbestandsmerkmal der **Voraussichtlichkeit** zum Ausdruck, dass mit Rücksicht auf die Ungewissheit eines jeden zukünftigen Ereignisses nur solche in der Zukunft liegenden tatsächlichen Umstände, deren Eintreffen **überwiegend wahrscheinlich** ist, in die Liquiditätsprognose einbezogen werden dürfen. Demgegenüber müssen die gegenwärtigen tatsächlichen Umstände gem. § 286 ZPO i.V.m. § 4 zur Überzeugung des Insolvenzgerichts feststehen (vgl. § 16 Rdn. 9). — 12

Zwar gibt es zur drohenden Zahlungsunfähigkeit keine dem § 17 Abs. 2 Satz 2 entsprechende Vermutungsregel, wohl aber lässt sie sich in einfach gelagerten Fällen, ohne dass es der Aufstellung eines Liquiditätsplanes bedarf, über Indizien feststellen.[26] So stellt etwa die Rückgabe von Lastschriften ein erhebliches Beweisanzeichen dar.[27] Auf drohende Zahlungsunfähigkeit kann ferner hindeuten, dass dem Schuldner Kredite gekündigt werden. — 13

---

19 BGH 14.01.2010, IX ZR 78/09, ZIP 2010, 335 unter II.1.c.bb.
20 BGH 14.05.2009, IX ZR 63/08, BGHZ 181, 132 = ZIP 2009, 1235 unter II.2.d.bb; 22.11.2012, IX ZR 62/10, ZIP 2013, 79 unter II.2.a.bb.
21 BGH 19.07.2007, IX ZB 36/07, BGHZ 173, 286 = ZIP 2007, 1666.
22 BGH 19.07.2007, IX ZB 36/07, BGHZ 173, 286 = ZIP 2007, 1666 unter II.2.c.aa.
23 HK-InsO/*Kirchhof* Rn.10.
24 Vgl. BGH 22.11.2012, IX ZR 62/10, ZIP 2013, 79 unter II.2.b.aa.
25 HK-InsO/*Kirchhof* Rn.14; Uhlenbruck/*Uhlenbruck* Rn.7 ff.
26 HK-InsO/*Kirchhof* Rn.15.
27 BGH 01.07.2010, IX ZR 70/08, ZInsO 2010, 1598 unter II.1.

D. Vertretungsbefugnis (Abs. 3)

14 Die in Bezug auf das Eröffnungsverfahren durch § 15 Abs. 1 und 3 angeordnete erhebliche Erweiterung der gesetzlichen Vertretungsbefugnis bei juristischen Personen und Gesellschaften ohne Rechtspersönlichkeit schränkt § 18 Abs. 3 dahin ein, dass ein auf den Eröffnungsgrund der drohenden Zahlungsunfähigkeit gestützter Eröffnungsantrag durch den **gesetzlichen Vertreter** gestellt werden muss. Grund hierfür ist, dass das hohe Prognoserisiko (s. Rdn. 12) bei Feststellung dieses Eröffnungsgrundes einerseits und die fehlende Antragspflicht andererseits den weitreichenden gesetzlichen Eingriff in die Satzungs- und (Gesellschafts-)Vertragsfreiheit, den § 15 im objektiven Gläubigerinteresse vornimmt, nicht gebieten.[28]

15 Die in § 18 Abs. 3 für den wegen drohender Zahlungsunfähigkeit gestellten Eigenantrag einer juristischen Person oder Gesellschaft ohne Rechtspersönlichkeit getroffene Regelung der Antragsbefugnis ist inhaltsgleich mit der Regelung der Vertretungsbefugnis in § 51 Abs. 1 ZPO, die aufgrund der Verweisung in § 4 für den als Gläubigerin gestellten Eröffnungsantrag einer solchen Person oder Personenvereinigung entsprechende Anwendung findet (vgl. § 13 Rdn. 15 f.). Vgl. daher wegen der Bestimmung der Antragsbefugnis nach § 18 Abs. 3 für die einzelnen Arten von juristischen Personen und Gesellschaften ohne Rechtspersönlichkeit die Ausführungen bei § 13 Rdn. 19 ff. Besonderheiten ergeben sich, soweit die primäre Antragsbefugnis nach § 15 Abs. 1 Satz 1 und 3 aus der Antragspflicht nach § 15a Abs. 1 und 2 abgeleitet ist. So ist bei der **Europäischen (Aktien-)Gesellschaft (SE)**, wenn sie **monistisch verfasst** ist, im Falle der Antragstellung wegen eines Eröffnungsgrundes nach §§ 17, 19 der Verwaltungsrat gem. § 15 Abs. 1 Satz 1 antragsbefugt (vgl. § 15 Rdn. 14). Den Eröffnungsantrag wegen drohender Zahlungsunfähigkeit können hingegen jeweils mangels Antragspflicht gem. § 18 Abs. 3 nur die **geschäftsführenden Direktoren** stellen (§ 13 Rdn. 22). Aus dem gleichen Grund ist das fehlerhaft bestellte oder faktische Organ einer juristischen Person oder Gesellschaft ohne Rechtspersönlichkeit zwar gem. § 15 Abs. 1 Satz 1 und Abs. 3 wegen (eingetretener) Zahlungsunfähigkeit und Überschuldung, nicht jedoch gem. § 18 Abs. 3 wegen drohender Zahlungsunfähigkeit antragsbefugt (vgl. § 15 Rdn. 20).

16 Sind die antragstellenden Personen zur selbständigen Vertretung der Schuldnerin berechtigt, haben aber nicht alle Mitglieder des Vertretungsorgans, alle persönlich haftenden Gesellschafter oder alle Abwickler den auf drohende Zahlungsunfähigkeit gestützten Eröffnungsantrag gestellt, greift § 15 Abs. 2 ein, wonach der Eröffnungsgrund glaubhaft zu machen ist und die übrigen Vertretungsbefugten zu hören sind.[29] Da diese zugunsten der Schuldnerin bestehende Schutzvorschrift (vgl. § 15 Rdn. 30) sogar bei Bestehen einer Antragspflicht Anwendung findet, muss sie erst recht gelten, wenn der Schuldnerin, wie im Falle der drohenden Zahlungsunfähigkeit, die Antragstellung freigestellt ist. Ebenso ist § 317 Abs. 2 und 3 zu beachten, wenn nicht alle Miterben die Eröffnung des Insolvenzverfahrens über den Nachlass beantragen.[30]

E. Internationale Bezüge

17 Vgl. § 17 Rdn. 27.

§ 19 Überschuldung

(1) Bei einer juristischen Person ist auch die Überschuldung Eröffnungsgrund.

(2) Überschuldung liegt vor, wenn das Vermögen des Schuldners die bestehenden Verbindlichkeiten nicht mehr deckt, es sei denn, die Fortführung des Unternehmens ist nach den Umständen überwiegend wahrscheinlich. Forderungen auf Rückgewähr von Gesellschafterdarlehen oder aus

---

[28] Vgl. HK-InsO/*Kirchhof* Rn.17.
[29] FK-InsO/*Schmerbach* Rn.29; HambK-InsO/*Schröder* Rn.12; HK-InsO/*Kirchhof* Rn.19; Kübler/Prütting/Bork/*Pape* Rn.4.
[30] HK-InsO/*Kirchhof* Rn.19.

Rechtshandlungen, die einem solchen Darlehen wirtschaftlich entsprechen, für die gemäß § 39 Abs. 2 zwischen Gläubiger und Schuldner der Nachrang im Insolvenzverfahren hinter den in § 39 Abs. 1 Nr. 1 bis 5 bezeichneten Forderungen vereinbart worden ist, sind nicht bei den Verbindlichkeiten nach Satz 1 zu berücksichtigen.

(3) Ist bei einer Gesellschaft ohne Rechtspersönlichkeit kein persönlich haftender Gesellschafter eine natürliche Person, so gelten die Absätze 1 und 2 entsprechend. Dies gilt nicht, wenn zu den persönlich haftenden Gesellschaftern eine andere Gesellschaft gehört, bei der ein persönlich haftender Gesellschafter eine natürliche Person ist.

Übersicht	Rdn.			Rdn.
A. Normzweck	1		b) Besondere Bilanzierungsgrundsätze	30
B. Vermögensspezifischer Eröffnungsgrund	2		aa) Immaterielle Vermögensgegenstände	30
I. Juristische Personen (Abs. 1)	3		bb) Sachanlagen	31
II. Gesellschaften ohne Rechtspersönlichkeit, bei denen weder unmittelbar noch mittelbar eine natürliche Person persönlich haftet (Abs. 3)	7		cc) Finanzanlagen	32
			dd) Vorratsvermögen	33
			ee) Forderungen	34
III. Sondervermögen	8		ff) Rechnungsabgrenzungsposten	37
IV. Kreditinstitute etc.	9		3. Passivvermögen	38
V. Gesetzliche Krankenkassen	10		a) Allgemeine Bilanzierungsgrundsätze	38
C. Überschuldung (Abs. 2)	11		b) Besondere Bilanzierungsgrundsätze	39
I. Anwendungsbereich	11		aa) Eigenkapital	39
II. Entwicklung und Stand der Definition	12		bb) Ansprüche auf Rückgewähr von Eigenkapitalersatzleistungen (Abs. 2 Satz 2)	40
1. Modifizierter zweistufiger Überschuldungsbegriff (bis 31.12.1998)	12		cc) Rückstellungen	41
2. Einfacher zweistufiger Überschuldungsbegriff (01.01.1999 bis 17.10.2008)	13		dd) Andere Verbindlichkeiten	42
3. Rückkehr zum modifizierten zweistufigen Überschuldungsbegriff - (ab 18.10.2008)	15		ee) Rechnungsabgrenzungsposten	43
4. Intertemporales Recht	20	D.	Gerichtliche Feststellung der Überschuldung	44
III. Fortführungsprognose	21	E.	Internationale Bezüge	49
IV. Rechnerische Überschuldung	25	F.	Reformtendenzen	51
1. Sonderbilanz	25			
2. Aktivvermögen	26			
a) Allgemeine Bilanzierungsgrundsätze	26			

A. Normzweck

Abs. 1 knüpft an die auf § 207 Abs. 1, § 209 Abs. 1 Satz 2, § 213 KO, § 2 Abs. 1 Satz 3 VglO, § 1 Abs. 1 GesO, § 63 Abs. 1 GmbHG, jeweils in der bis zum 31.12.1998 geltenden Fassung, verstreuten Vorgängerregelungen an und bestimmt einen spezifischen Eröffnungsgrund für das Vermögen einer juristischen Person. Abs. 3, der sein noch auf die OHG und die KG beschränktes Vorbild in § 209 Abs. 1 Satz 3 KO in der bis zum 31.12.1998 geltenden Fassung findet, erweitert den Anwendungsbereich von Abs. 1 auf das Vermögen von solchen Gesellschaften ohne Rechtspersönlichkeit, für deren Verbindlichkeiten weder unmittelbar noch mittelbar eine natürliche Person als persönlich haftender Gesellschafter einzustehen hat. Abs. 2 in seiner aktuell gültigen Fassung enthält in Satz 1 die Definition der Überschuldung und in Satz 2 Bewertungsgrundsätze für die Prüfung der rechnerischen Überschuldung.

B. Vermögensspezifischer Eröffnungsgrund

2 § 19 ermöglicht die Antragstellung sowohl dem Schuldner als auch den Gläubigern. Die Überschuldung ist aber nur bei bestimmten Vermögen und Sondervermögen Eröffnungsgrund. Diese sind zum einen § 19 Abs. 1 und 3, zum anderen spezielleren Vorschriften zu entnehmen.

I. Juristische Personen (Abs. 1)

3 In den persönlichen Anwendungsbereich des Abs. 1 fallen unmittelbar und unbeschränkt:
- der eingetragene Verein (§§ 21 f., 31 f. BGB), auch in Gestalt des Versicherungsvereins auf Gegenseitigkeit (§ 15 VAG),
- die Stiftung (§ 80 BGB),
- die Aktiengesellschaft (§ 1 Abs. 1 Satz 1 AktG),
- die Kommanditgesellschaft auf Aktien (§ 278 Abs. 1 AktG),
- die Gesellschaft mit beschränkter Haftung (§ 13 Abs. 1 GmbHG), auch in der durch das MoMiG eingeführten Variante der haftungsbeschränkten Unternehmergesellschaft (§ 5a GmbHG),
- die Europäische (Aktien-)Gesellschaft (Verordnung (EG) Nr. 2157/2001 des Rates v. 08.10.2001 über das Statut der Europäischen Gesellschaft).

4 Auf die **Vorgesellschaft** (vgl. dazu § 11 Rdn. 8) finden die für die angestrebte Rechtsform geltenden Vorschriften, soweit sie nicht gerade an die Eintragung anknüpfen, entsprechende Anwendung.[1] Über ihr Vermögen kann daher entsprechend § 19 wegen Überschuldung das Insolvenzverfahren eröffnet werden.

5 In Bezug auf die eingetragene **Genossenschaft** (§§ 2, 17 Abs. 1 GenG) ist § 19 Abs. 1 durch § 98 GenG eingeschränkt. Hiernach ist die Überschuldung nur dann Eröffnungsgrund, wenn:
- für die Mitglieder keine Nachschusspflicht besteht,
- diese auf eine bestimmte Haftsumme beschränkt ist und die Überschuldung ein Viertel des Gesamtbetrags der Haftsummen aller Mitglieder übersteigt oder
- die Genossenschaft aufgelöst ist.

Auf die **Vorgenossenschaft** (vgl. § 11 Rdn. 8) findet § 98 GenG entsprechende Anwendung.[2] Gleiches gilt gem. Art. 72 der Verordnung (EG) Nr. 1435/2003 des Rates v. 22.07.2003 über das Statut der **Europäischen Genossenschaft** (SCE) für diese.

6 Aus § 11 Abs. 1 Satz 2 wird gefolgert, dass die Überschuldung auch bei einem **nicht rechtsfähigen Verein** – als solcher wird im Rechtsverkehr auch der **Vorverein** behandelt[3] – Eröffnungsgrund sei.[4] Wie sich indessen aus § 19 Abs. 3 ergibt, steht die gesetzliche Beschränkung des Eröffnungsgrundes der Überschuldung auf bestimmte Personen und Personenvereinigungen in engem Zusammenhang mit dem jeweiligen Fehlen der institutionellen Haftung einer natürlichen Person. In diesem Punkt jedoch unterscheiden sich der eingetragene Verein als juristische Person und der nicht rechtsfähige Verein voneinander. Zwar beschränkt sich die Haftung für Verbindlichkeiten grds. jeweils auf das Vereinsvermögen,[5] neben diesem haften allerdings gem. § 54 Satz 2 BGB die für den nicht rechtsfähigen Verein handelnden Personen persönlich für Rechtsgeschäfte, die im Namen des Vereins gegenüber einem Dritten vorgenommen werden. Somit besteht die für juristische Personen typische Gefahr, dass sich die Befriedigungsaussicht der alten und neuen Gläubiger gegenüber der Vermögenslage bei eingetretener Überschuldung weiter verschlechtert, wenn sie ihren Geschäftsbetrieb fortsetzt, beim nicht rechtsfähigen Verein nicht in gleichem Maße. Erst recht gilt dies, wenn der nicht

---

1 BGH 16.03.1992, II ZB 17/91, BGHZ 117, 323 = ZIP 1992, 689 unter III.1.
2 Vgl. LG Göttingen 06.04.1995, 6 T 233/94, ZIP 1995, 1104.
3 BGH 10.12.1998, IX ZR 156/98, ZIP 1999, 230 unter I.2.a.
4 FK-InsO/*Schmerbach* Rn. 4; HambK-InsR/*Schröder* Rn. 2; HK-InsO/*Kirchhof* Rn. 3, jeweils unter Berufung auf Begr. RegE BT-Drucks. 12/2443, 115.
5 Vgl. BGH 30.06.2003, II ZR 153/02, WM 2003, 1670 unter 1.

rechtsfähige Verein wirtschaftliche Zwecke i.S.d. § 22 BGB verfolgt und deswegen auch die Vereinsmitglieder persönlich haften (vgl. § 11 Rdn. 14).

II. Gesellschaften ohne Rechtspersönlichkeit, bei denen weder unmittelbar noch mittelbar eine natürliche Person persönlich haftet (Abs. 3)

§ 19 Abs. 3 erstreckt den Eröffnungsgrund der Überschuldung auf solche Gesellschaften ohne Rechtspersönlichkeit i.S.d. § 11 Abs. 2 Nr. 1, deren Verbindlichkeiten weder unmittelbar noch mittelbar durch die institutionelle Haftung einer natürlichen Person abgesichert sind (vgl. § 15a Rdn. 9). Allen voran zu nennen ist die GmbH & Co. KG, neuerdings auch die Ltd. & Co. KG. 7

III. Sondervermögen

Die Überschuldung ist auch bei dem Nachlass und dem Gesamtgut einer fortgesetzten Gütergemeinschaft Eröffnungsgrund (§ 320 Satz 1, § 332 Abs. 1). Anderes gilt – das ergibt sich aus § 19 Abs. 1 einerseits und dem Schweigen von § 333 andererseits – für das Gesamtgut einer Gütergemeinschaft, das von beiden Ehegatten gemeinschaftlich verwaltet wird.[6] 8

IV. Kreditinstitute etc.

Für die gem. § 4 Abs. 1 Satz 1 FinDAG von der Bundesanstalt für Finanzdienstleistungsaufsicht (BaFin) beaufsichtigten **Unternehmen des Kredit-, Finanzdienstleistungs-, Bausparkassen- oder Versicherungswesens** ist die Überschuldung ebenfalls Eröffnungsgrund (§ 46b Abs. 1 Satz 3 KWG, § 3 Abs. 1 BspKG, § 88 Abs. 1 VAG). Das kann abw. von § 19 Abs. 1 und 3 auch auf ein Kreditinstitut zutreffen, das von einer natürlichen Person oder einer Gesellschaft ohne Rechtspersönlichkeit, bei der unmittelbar oder mittelbar eine natürliche Person persönlich haftet, betrieben wird. 9

V. Gesetzliche Krankenkassen

Der Insolvenzgrund der Überschuldung findet gem. § 171b SGB V auf die Krankenkassen der gesetzlichen Krankenversicherung Anwendung. Gleiches gilt für die Krankenkassenverbände (§ 171f SGB V). 10

C. Überschuldung (Abs. 2)

I. Anwendungsbereich

Soweit in Rechtsvorschriften außerhalb der §§ 11 bis 34 der Begriff der Überschuldung verwendet wird, gilt ebenfalls die Definition des § 19 II. Zu nennen sind insoweit § 64 Satz 1 GmbHG,[7] § 93 Abs. 3 Nr. 6 i.V.m. § 92 Abs. 2 AktG,[8] § 34 Abs. 3 Nr. 4 i.V.m. § 99 GenG, §§ 130a Abs. 1 bis 3, 177a HGB[9] sowie § 283 StGB.[10] Für Gläubiger liegt die eigentliche Bedeutung des Eröffnungsgrundes der Überschuldung ohnehin nicht in der dadurch auch für sie eröffneten Möglichkeit zur Antragstellung, sondern in der zivil- und gesellschaftsrechtlichen Haftung der nach § 15a Antragspflichtigen (vgl. dazu § 15a Rdn. 36 ff.), da Überschuldung im laufenden Geschäftsbetrieb äußerlich kaum oder zumindest sehr spät in Erscheinung tritt.[11] 11

---

6 Vgl. FK-InsO/*Schallenberg/Rafiqpoor* § 333 Rn. 28; MüKo-InsO/*Schumann* § 333 Rn. 18 ff.
7 BGH 18.10.2010, II ZR 151/09, ZIP 2010, 2400 unter II.1.a.
8 BGH 16.03.2009, II ZR 280/07, ZIP 2009, 860 unter I.2.a.
9 BGH 05.02.2007, II ZR 51/06, ZIP 2007, 1501 unter II.1.b.
10 BGH 11.02.2010, 4 StR 433/09, ZInsO 2010, 520 unter II.2.
11 HK-InsO/*Kirchhof* Rn. 4.

II. Entwicklung und Stand der Definition

1. Modifizierter zweistufiger Überschuldungsbegriff (bis 31.12.1998)

12 KO und GesO enthielten keine Definition der Überschuldung. Zuletzt hatte sich insoweit der sog. **modifizierte zweistufige Überschuldungsbegriff** in der Rechtsprechung[12] durchgesetzt. Hiernach war eine Gesellschaft rechtlich überschuldet, wenn deren Vermögen bei Ansatz von Liquidationswerten unter Einbeziehung der stillen Reserven die bestehenden Verbindlichkeiten nicht deckte (rechnerische Überschuldung) **und** die Finanzkraft der Gesellschaft nach überwiegender Wahrscheinlichkeit mittelfristig nicht zur Fortführung des Unternehmens ausreichte (Fortführungs-, Fortbestehens- oder Überlebensprognose).

2. Einfacher zweistufiger Überschuldungsbegriff (01.01.1999 bis 17.10.2008)

13 In der vom 01.01.1999 bis 17.10.2008 geltenden Fassung lautete § 19 Abs. 2:

»(2) Überschuldung liegt vor, wenn das Vermögen des Schuldners die bestehenden Verbindlichkeiten nicht mehr deckt. Bei der Bewertung des Vermögens des Schuldners ist jedoch die Fortführung des Unternehmens des Schuldners zugrunde zu legen, wenn diese nach den Umständen überwiegend wahrscheinlich ist.«

14 Der vormaligen Annahme, dass eine positive Fortführungsprognose für sich genommen genüge, um eine Überschuldung im insolvenzrechtlichen Sinne auszuschließen, wurde mit dem Inkrafttreten der InsO am 01.01.1999 die rechtliche Grundlage entzogen.[13] Nach der Definition des § 19 Abs. 2 in der von da an bis zum 17.10.2008 geltenden Fassung bewirkte eine positive Fortführungsprognose lediglich, dass das Schuldnervermögen mit (höheren) Fortführungswerten statt mit (niedrigeren) Liquidationswerten in Ansatz zu bringen war. Motivation für diese Abkehr von dem seitens der Rechtsprechung entwickelten modifizierten zweistufigen Überschuldungsbegriff (s. Rdn. 12) hin zum sog. **einfachen zweistufigen Überschuldungsbegriff** war den Gesetzesmaterialien zufolge, dass es sich erheblich zum Nachteil der Gläubiger auswirken kann, wenn eine Gesellschaft, deren Vermögen die Verbindlichkeiten nicht deckt, trotz fehlender persönlicher Haftung ihre Geschäftstätigkeit fortsetzt und die positive Fortführungsprognose nicht eintrifft.[14]

3. Rückkehr zum modifizierten zweistufigen Überschuldungsbegriff (ab 18.10.2008)

15 Zwischen dem 18.10.2008 und dem 31.10.2008 hatte § 19 Abs. 2 folgenden Wortlaut:

»(2) Überschuldung liegt vor, wenn das Vermögen des Schuldners die bestehenden Verbindlichkeiten nicht mehr deckt, es sei denn, die Fortführung des Unternehmens ist nach den Umständen überwiegend wahrscheinlich.«

16 In der seit dem 01.11.2008 geltenden Fassung lautet § 19 Abs. 2:

»(2) Überschuldung liegt vor, wenn das Vermögen des Schuldners die bestehenden Verbindlichkeiten nicht mehr deckt, es sei denn, die Fortführung des Unternehmens ist nach den Umständen überwiegend wahrscheinlich. Forderungen auf Rückgewähr von Gesellschafterdarlehen oder aus Rechtshandlungen, die einem solchen Darlehen wirtschaftlich entsprechen, für die gemäß § 39 Abs. 2 zwischen Gläubiger und Schuldner der Nachrang im Insolvenzverfahren hinter den in § 39 Abs. 1 Nr. 1 bis 5 bezeichneten Forderungen vereinbart worden ist, sind nicht bei den Verbindlichkeiten nach Satz 1 zu berücksichtigen.«

17 Die Kehrtwende gegenüber seinem mit der InsO ursprünglich verfolgten Ansatz vollzog der Gesetzgeber aus Anlass der im Herbst 2008 eingetretenen weltweiten Krise am Finanzmarkt. Durch das

---

12 BGH 13.07.1992, II ZR 269/91, BGHZ 119, 201 = ZIP 1992, 1382 unter III.
13 So ausdrücklich BGH 05.02.2007, II ZR 234/05, BGHZ 171, 46 = ZIP 2007, 676 unter III.1.
14 BT-Drucks. 12/7302, 157.

Finanzmarktstabilisierungsgesetz (FMStG) vom 17.10.2008,[15] dem ein Gesetzgebungsverfahren in beispielloser Kürze vorausging, wurde mit Wirkung zum 18.10.2008 der in der Zeit vor Inkrafttreten der InsO von der Rechtsprechung angewandte **modifizierte zweistufige Überschuldungsbegriff** zur gesetzlichen Definition erhoben.[16] Diese Maßnahme zielte darauf, wie den Gesetzesmaterialien zu entnehmen ist,[17] an sich lebensfähige Unternehmen davon zu entlasten, allein wegen einer vorübergehenden rechnerischen Vermögensunterdeckung einen Eröffnungsantrag stellen zu müssen. Zunächst war die Gesetzesänderung bis zum 31.12.2010 befristet. Durch das Gesetz zur Erleichterung der Sanierung von Unternehmen vom 24.09.2009[18] wurde die Befristung bis zum 31.12.2013 verlängert. Durch das Gesetz zur Einführung einer Rechtsbehelfsbelehrung im Zivilprozess und zur Änderung anderer Vorschriften vom 05.12.2012[19] ist schließlich der modifizierte zweistufige Überschuldungsbegriff entfristet worden.

Die Rückkehr zum **modifizierten zweistufigen Überschuldungsbegriff** durch das FMStG ist im Schrifttum überwiegend ablehnend aufgenommen worden.[20] Kritisiert wurde an der seinerzeit noch befristet ausgestalteten Gesetzesänderung vor allem, dass der Gesetzgeber das Maß des Gläubigerschutzes, noch dazu in einer zentralen Bestimmung des Insolvenzrechts, an den jeweiligen ökonomischen Rahmenbedingungen ausrichte.

18

Der neue Satz 2, der an § 19 Abs. 2 durch das MoMiG mit Wirkung zum 01.11.2008 angefügt worden ist und besondere Bewertungsgrundsätze für einen Gegenstand des Passivvermögens enthält (s. Rdn. 40), ist ohne Einfluss auf den Überschuldungsbegriff als solchen. Diese Bestimmung ist dementsprechend, wie das Finanzmarktstabilisierungsergänzungsgesetz (FMStErgG) vom 07.04.2009[21] klar gestellt hat, von vorne herein unbefristet.

19

4. Intertemporales Recht

Der seit dem 18.10.2008 geltende modifizierte zweistufige Überschuldungsbegriff ist, da der Gesetzgeber beim Finanzmarktstabilisierungsgesetz (FMStG) vom 17.10.2008[22] auf eine den Art. 103d Satz 1 oder Art. 103e EGInsO entsprechende Übergangsregelung verzichtet hat, grds. **rückwirkend** anzuwenden. Eine bis zum 17.10.2008 ausschließlich wegen Überschuldung bestehende **Antragspflicht** nach §§ 92 Abs. 2, 268 Abs. 2 AktG, § 64 Abs. 1 GmbHG, § 99 Abs. 1 GenG, § 130a Abs. 1 und 4, §§ 177a, 172 Abs. 4 Satz 2 HGB, jeweils in der bis zum 31.10.2008 geltenden Fassung, entfiel am 18.10.2008, wenn an diesem Tag eine positive Fortführungsprognose für das Unternehmen bestand. Ebenso ist seit dem 18.10.2008 ein zuvor wegen Überschuldung gestellter Eröffnungsantrag im **Eröffnungsverfahren** nunmehr am Maßstab des modifizierten zweistufigen Überschuldungsbegriffs zu beurteilen. Darüber hinaus ist seither in einem eröffneten **Insolvenzverfahren** dem Schuldner die Möglichkeit gegeben, gem. § 212 die Aufhebung des Insolvenzverfahrens zu beantragen, wenn eine positive Fortführungsprognose besteht und weder eingetretene noch drohende Zahlungsfähigkeit vorliegt.[23] War allerdings das Insolvenzverfahren vor dem 18.10.2008 ausschließlich wegen Überschuldung gem. § 19 Abs. 2 in der bis zum 17.10.2008 geltenden Fassung eröffnet worden und bestand im Zeitpunkt der Eröffnung eine positive Fortführungsprognose, die zwischenzeitlich nicht mehr gegeben ist, kann sich das wegen Verletzung der Antragspflicht auf zivil- oder gesellschaftsrechtliche Haftung in Anspruch genommene Vertretungsorgan nicht mit Erfolg auf die Änderung der gesetzlichen Eröffnungsvoraussetzungen berufen, da ein Schuldverhältnis nach sei-

20

---

15 BGBl. I, 1982.
16 Zweifelnd *Wackerbarth* NZI 2009, 145.
17 BT-Drucks. 16/10600, 12 f.
18 BGBl. I, 3151.
19 BGBl. I, 2418.
20 Vgl. die Nachweise bei FK-InsO/*Schmerbach* Rn. 44.
21 BGBl. I, 725.
22 BGBl. I, 1982.
23 So auch FK-InsO/*Kießner* § 212 Rn. 6.

nen Voraussetzungen, seinem Inhalt und seinen Wirkungen dem Recht untersteht, das zur Zeit seiner Entstehung galt.[24] Anders verhält es sich mit der Strafbarkeit, die rückwirkend entfällt (§ 2 Abs. 3 StGB).

III. Fortführungsprognose

21 Die Voraussetzungen für eine positive Fortführungsprognose (Fortbestehens- oder Überlebensprognose) sind bei beiden Arten der Überschuldungsprüfung gleich, der Unterschied besteht lediglich in den Rechtsfolgen. Während die positive Fortführungsprognose bei dem seit dem 18.10.2008 anzuwendenden modifizierten zweistufigen Überschuldungsbegriff einen **Ausschlussgrund** für eine rechtliche Überschuldung bildet, hat sie bei der einfachen zweistufigen Überschuldungsprüfung, die bis zum 17.10.2008 anzustellen war, die Funktion eines **Bewertungsgrundsatzes**. Insoweit bewirkt die positive Fortbestehensprognose, dass die Vermögensgegenstände des Schuldners mit Fortführungswerten statt mit Liquidationswerten in Ansatz zu bringen sind.

22 Die Fortführung des Unternehmens muss gem. § 19 Abs. 2 nach den Umständen überwiegend wahrscheinlich sein. Aus dem ausdrücklichen Abstellen auf das **Unternehmen** des Schuldners ist zu folgern, dass eine positive Fortbestehensprognose für die Überschuldungsprüfung bei Idealverein und Stiftungen sowie, von Ausnahmefällen abgesehen, bei Nachlass und Gesamtgut einer fortgesetzten Gütergemeinschaft ohne Belang ist.[25]

23 Der Möglichkeit der Fortführung ist diejenige der Stilllegung des Unternehmens gegenüber zu stellen. Beträgt die prognostizierte **Wahrscheinlichkeit** seines Überlebens mehr als 50 %, ist die Fortführung nach den Umständen überwiegend wahrscheinlich.[26] Dies setzt voraus, dass der Schuldner gewillt ist, das Unternehmen fortzuführen, und dass die Vertretungsorgane hierzu ein aussagekräftiges Unternehmenskonzept, bestehend aus einer Ertrags- und Finanzplanung, vorzuweisen haben.[27] Aus dem zu dokumentierenden Konzept muss hervorgehen, dass – so die Begründung des Regierungsentwurfs zum FMStG[28] – die **Finanzkraft** des Unternehmens **mittelfristig** zur Fortführung ausreicht, mithin die Zahlungsfähigkeit durch zu erwartende Überschüsse gesichert erscheint. Drohende operative Verluste sind lediglich dann unschädlich, wenn sie vorübergehender Art sind und in dieser Phase die Zahlungsunfähigkeit durch Kreditaufnahme oder anderweitige Maßnahmen der Liquiditätsbeschaffung gewährleistet werden kann.[29] Hängt die Umsetzung eines vom Schuldner entworfenen Sanierungskonzepts von der Zustimmung eines Gläubigers ab, darf diese nicht bereits verweigert worden sein.[30]

24 Schon wegen der für die Überzeugungsbildung notwendigen Zuverlässigkeit der Fortführungsprognose muss die Zeitspanne, über die sich die mittelfristige Ertrags- und Finanzplanung erstreckt, betriebswirtschaftlich überschaubar sein.[31] Der insoweit zugrunde zu legende **Prognosezeitraum** umfasst nach überwiegender Ansicht das laufende und das darauf folgende Geschäftsjahr, wobei branchen- oder unternehmensspezifische Umstände Abweichungen rechtfertigen können.[32]

---

24 BGH 26.01.2009, II ZR 260/07, BGHZ 179, 249 = ZIP 2009, 615 unter IV.2.b.
25 HK-InsO/*Kirchhof* Rn. 7.
26 HambK-InsR/*Schröder* Rn. 13; HK-InsO/*Kirchhof* Rn. 8; *Wackerbarth* NZI 2009, 145.
27 BGH 09.10.2006, II ZR 303/05, ZIP 2006, 2171.
28 BT-Drucks. 16/10600, 13.
29 HambK-InsR/*Schröder* Rn. 16.
30 BGH 23.02.2004, II ZR 207/01, ZIP 2004, 1049 unter II.1.b.
31 OLG Schleswig 11.02.2010, 5 U 60/09, ZIP 2010, 516 unter II.3.b.cc.
32 FK-InsO/*Schmerbach* Rn. 37; Jaeger/*Müller* Rn. 37; Kübler/Prütting/Bork/*Pape* Rn. 40; MüKO-InsO/*Drukarczyk/Schüler* Rn. 56.

IV. Rechnerische Überschuldung

1. Sonderbilanz

Zur Feststellung der Überschuldung genügt ein entsprechender Ausweis in der **Handelsbilanz** nicht; vielmehr ist die Aufstellung einer **Überschuldungsbilanz** erforderlich, in der die Vermögenswerte der juristischen Person mit ihren aktuellen Verkehrs- oder Liquidationswerten auszuweisen sind.[33] Auf diese Überschuldungsbilanz finden die handelsrechtlichen Ansatz- und Bewertungsvorschriften keine Anwendung,[34] sondern es sind zur Bestimmung der anzusetzenden Vermögenswerte und ihrer Bewertung die Vorschriften der InsO heranzuziehen.

25

2. Aktivvermögen

a) Allgemeine Bilanzierungsgrundsätze

Im Rahmen der einfachen zweistufigen Überschuldungsprüfung, die in der Zeit bis zum 17.10.2008 anzustellen war (s. Rdn. 13), entscheidet das Ergebnis der Fortführungsprognose (s. Rdn. 21 ff.) darüber, ob die (aktiven) Vermögensgegenstände des Schuldners mit Liquidationswerten oder mit Fortführungswerten in Ansatz zu bringen sind (s. Rdn. 14). Im Rahmen der seit dem 18.10.2008 geltenden modifizierten zweistufigen Überschuldungsprüfung (s. Rdn. 12, 15 ff.) ist bei der Bewertung generell der jeweilige Liquidationswert in Ansatz zu bringen.

26

Der **Fortführungswert** eines Vermögensgegenstandes ist in der Annahme einer Gesamtveräußerung und Fortführung des Unternehmens zu ermitteln; er entspricht dem Anteil, der von dem insoweit zu erzielenden Gesamtveräußerungserlös auf den Vermögensgegenstand entfällt.[35] Aus Gründen der Praktikabilität kann der Fortführungswert allerdings auch mit den Wiederbeschaffungskosten veranschlagt werden.[36]

27

Der **Liquidationswert** entspricht dem um die Verwertungskosten und Umsatzsteuer verminderten Preis, der bei einer planmäßigen Verwertung der Wirtschaftsgüter im Falle der Auflösung des Unternehmens zu erzielen ist.[37] Dabei ist von einer Einzelverwertung auszugehen, es sei denn, dass die begründete Erwartung einer Veräußerung des Unternehmens als Einheit oder in größeren Teileinheiten besteht.[38]

28

Es sind ausschließlich solche Vermögensbestandteile zu berücksichtigen, die im Falle einer zeitnahen Eröffnung des Insolvenzverfahrens gem. § 35 zur **Insolvenzmasse** gehörten.[39] Stille Reserven sind aufzudecken.[40] Auf Vermögensgegenstände, die der Aussonderung unterliegen, haben die Gläubiger keinen Zugriff; insoweit kann lediglich eine Anwartschaft aktiviert werden.[41] Hingegen sind Vermögensgegenstände, an denen Absonderungsrechte bestehen, in Ansatz zu bringen; freilich müssen im Gegenzug die gesicherten Verbindlichkeiten passiviert werden.[42]

29

---

33 BGH 27.04.2009, II ZR 253/07, ZIP 2009, 1220 unter II.1.a; 08.03.2012, IX ZR 102/11, WM 2012, 665 unter 1.b.
34 HambK-InsR/*Schröder* Rn. 19; Jaeger/*Müller* Rn. 43.
35 HambK-InsR/*Schröder* Rn. 21; Jaeger/*Müller* Rn. 46.
36 HK-InsO/*Kirchhof* Rn. 14; a.A. FK-InsO/*Schmerbach* Rn. 19.
37 HambK-InsR/*Schröder* Rn. 22; HK-InsO/*Kirchhof* Rn. 15.
38 HK-InsO/*Kirchhof* Rn. 15.
39 HK-InsO/*Kirchhof* Rn. 18; Uhlenbruck/*Uhlenbruck* Rn. 36.
40 BGH 07.03.2005, II ZR 138/03, ZIP 2005, 807 unter II.1.
41 HK-InsO/*Kirchhof* Rn. 22.
42 HK-InsO/*Kirchhof* Rn. 22.

b) Besondere Bilanzierungsgrundsätze

aa) Immaterielle Vermögensgegenstände

30 Selbst geschaffene und entgeltlich erworbene gewerbliche Schutzrechte sowie verwandte Rechte sind zu aktivieren, soweit sie veräußerlich sind.[43] Auch ein Geschäfts- oder Firmenwert sowie Anlaufkosten für neu entwickelte Produkte können in Ansatz gebracht werden, als Liquidationswerte jedoch nur, wenn begründete Aussicht auf Verwertung besteht.[44] Unter Umständen können auch einzelne Bestandteile des Geschäftswertes, etwa der Kundenstamm, aktivierbare Vermögensgegenstände sein.[45]

bb) Sachanlagen

31 Grundstücke und andere Sachanlagen sind nach Maßgabe der allgemeinen Bewertungsgrundsätze zu veranschlagen. Hierbei ist auf stille Reserven zu achten (s. Rdn. 29).

cc) Finanzanlagen

32 Finanzanlagen sind mit ihrem Kurswert anzusetzen. Anteile an der eigenen Gesellschaft oder an einer Komplementärgesellschaft können nur aktiviert werden, sofern nach Fortführungswerten bilanziert werden darf.[46]

dd) Vorratsvermögen

33 Roh-, Hilfs- und Betriebsstoffe sowie unfertige Erzeugnisse und Leistungen haben i.d.R. nur im Falle der Fortführung des Unternehmens einen Wert und können insoweit mit Wiederbeschaffungskosten in Ansatz gebracht werden.[47] Fertige Erzeugnisse und Waren können hingegen unabhängig von der Bewertungsart mit ihren marktüblichen Verkaufspreisen, ggf. unter Abzug von Vertriebskosten, aktiviert werden.[48] Dies gilt freilich nicht, wenn mit einer mangelnden Nachfrage zu rechnen ist, weil Ersatzteillieferungen ungewiss sind.[49]

ee) Forderungen

34 Außenstände dürfen nur dann mit ihrem Nennwert aktiviert werden, wenn sie unbestritten und wirtschaftlich durchsetzbar sind; anderenfalls sind sie nach der Wahrscheinlichkeit der Einziehung zu schätzen.[50] Forderungen aus schwebenden Geschäften können in Ansatz gebracht werden, soweit deren Erfüllung auch unter Berücksichtigung der wirtschaftlichen Krisensituation realistisch erscheint.[51]

35 Ausstehende Einlagen der Gesellschafter sind, soweit werthaltig, zu aktivieren. Im gleichen Umfang sind Ansprüche aus beschlossenen Nachschüssen zu berücksichtigen.[52] Ferner sind Rückgewährsansprüche gegen die Gesellschafter nach §§ 30, 31 GmbHG oder Aktionäre nach § 62 AktG sowie Schadensersatzansprüche wegen Verletzung von Organpflichten nach § 43 GmbHG, § 93 AktG in Ansatz zu bringen.[53] Gleiches gilt für Ansprüche aus harten Patronatserklärungen, wenn sie auf Kapitalausstattung ohne Gegenleistung gerichtet und zugunsten aller Gläubiger abgegeben sind.[54]

---

43 Uhlenbruck/*Uhlenbruck* Rn. 39.
44 HK-InsO/*Kirchhof* Rn. 20.
45 HambK-InsR/*Schröder* Rn. 28.
46 Uhlenbruck/*Uhlenbruck* Rn. 43.
47 Uhlenbruck/*Uhlenbruck* Rn. 44.
48 HambK-InsR/*Schröder* Rn. 31.
49 Uhlenbruck/*Uhlenbruck* Rn. 44.
50 HK-InsO/*Kirchhof* Rn. 19.
51 HambK-InsR/*Schröder* Rn. 32; HK-InsO/*Kirchhof* Rn. 32.
52 Uhlenbruck/*Uhlenbruck* Rn. 41.
53 Uhlenbruck/*Uhlenbruck* Rn. 41.
54 Uhlenbruck/*Uhlenbruck* Rn. 46.

Ansprüche, die erst aufgrund der Eröffnung des Insolvenzverfahrens entstehen, bleiben in der Überschuldungsbilanz außer Betracht.[55] Dementsprechend können Anfechtungsansprüche nach §§ 143, 129 ff., gegen Antragspflichtige nach § 15a gerichtete Schadensersatzansprüche wegen Insolvenzverschleppung nach § 823 Abs. 2 BGB sowie gegen Vertretungsorgane gerichtete Erstattungsansprüche nach § 64 GmbHG, § 93 Abs. 3 Nr. 6 i.V.m. § 92 Abs. 2 AktG, § 34 Abs. 3 Nr. 4 i.V.m. § 99 GenG, § 130a Abs. 1 bis 3, § 177a HGB (vgl. § 15a Rdn. 36 ff.) nicht in Ansatz gebracht werden. Gleiches gilt für die gem. § 93 erst mit Verfahrenseröffnung der Masse zustehenden Ansprüche der Gläubiger gegen die persönlich haftenden Gesellschafter.

ff) Rechnungsabgrenzungsposten

Die Aktivierbarkeit aktiver Rechnungsabgrenzungsposten i.S.d. § 250 Abs. 1 hängt davon ab, dass und ggf. in welchem Umfang die daraus folgenden Ansprüche verwertbar sind.[56]

3. Passivvermögen

a) Allgemeine Bilanzierungsgrundsätze

Auch im Rahmen der bis zum 17.10.2008 geltenden einfachen zweistufigen Überschuldungsprüfung (s. Rdn. 14) hat die Fortführungsprognose nur geringe Bedeutung für die Bilanzierung des Passivvermögens. Bei diesem sind trotz einer überwiegenden Wahrscheinlichkeit des Fortbestehens grds. nur diejenigen Verbindlichkeiten anzusetzen, die im Falle einer zeitnahen Eröffnung des Insolvenzverfahrens **Insolvenzforderungen** i.S.d. § 38 begründeten.[57] Dazu gehören wegen § 45 auch Forderungen, die keine Geldschulden sind. Dass eine Forderung lediglich im Rang des § 39 Abs. 1 steht, schadet für sich genommen nicht, denn es handelt sich um eine vollwertige Schuld.[58] Hingegen bleiben Verbindlichkeiten außer Betracht, die, wie etwa die Forderungen gem. § 39 Abs. 1 Nr. 1 und 2 sowie die Kostenschuld aus dem Insolvenzverfahren (§ 54), erst aufgrund der Verfahrenseröffnung entstehen.[59] Soweit eine Verbindlichkeit passiviert werden muss, ist – von Rückstellungen abgesehen (s. Rdn. 41) – grds. deren Nennwert anzusetzen.

b) Besondere Bilanzierungsgrundsätze

aa) Eigenkapital

Gezeichnetes Kapital, Rücklagen und andere Positionen des Eigenkapitals sind nicht in Ansatz zu bringen,[60] da die Überschuldungsbilanz gerade dazu dient, eine ausreichende Deckung oder eine Überschuldung aufzuzeigen.[61] Anders verhält es sich mit Einlagen des typischen stillen Gesellschafters; weil es sich dabei um Fremdkapital handelt, sind sie, soweit nicht durch Verlustteilnahme aufgezehrt, zu passivieren.[62]

bb) Ansprüche auf Rückgewähr von Eigenkapitalersatzleistungen (Abs. 2 Satz 2)

Gem. § 19 Abs. 2 Satz 2 sind Forderungen auf Rückgewähr von Gesellschafterdarlehen oder Rechtshandlungen, die einem solchen Darlehen wirtschaftlich entsprechen, (nur) dann nicht zu passivieren, wenn für sie gem. § 39 Abs. 2 zwischen Gläubiger und Schuldner der Nachrang im Insolvenzverfahren hinter den in § 39 Abs. 1 Nr. 1 bis 5 bezeichneten Forderungen vereinbart worden ist. Insoweit

---

55 HambK-InsR/*Schröder* Rn. 34; HK-InsO/*Kirchhof* Rn. 18.
56 Uhlenbruck/*Uhlenbruck* Rn. 47.
57 HK-InsO/*Kirchhof* Rn. 23; Uhlenbruck/*Uhlenbruck* Rn. 49; a.A. HambK-InsR/*Schröder* Rn. 39.
58 HK-InsO/*Kirchhof* Rn. 23.
59 AG Göttingen 22.08.2002, 71 IN 65/01, ZInsO 2002, 944; FK-InsO/*Schmerbach* Rn. 26 f.
60 HK-InsO/*Kirchhof* Rn. 24; Uhlenbruck/*Uhlenbruck* Rn. 51.
61 HambK-InsR/*Schröder* Rn. 38.
62 HambK-InsR/*Schröder* Rn. 44.

ist durch das MoMiG mit Wirkung zum 01.11.2008 die neuere Rechtsprechung des BGH[63] in ihrem Kern, dass lediglich ein **Rangrücktritt** die Passivierungspflicht entfallen lässt, kodifiziert worden. Abweichend von dieser Rechtsprechung ist seither allerdings nicht mehr eine Rangrücktrittsvereinbarung des Inhalts erforderlich, dass der Rückgewähranspruch hinter sämtliche Ansprüche der Gesellschaftsgläubiger zurücktritt und somit auf einer Stufe mit dem Anspruch auf Einlagenrückgewähr nach § 199 Satz 2 steht. Auch soweit andere Gläubiger als die Gesellschafter einen Rangrücktritt hinter die in § 39 Abs. 1 Nr. 1 bis 5 bezeichneten Forderungen vereinbaren, sind deren Forderung entsprechend § 19 Abs. 2 Satz 2 in der Überschuldungsbilanz nicht anzusetzen.[64] Anderes gilt freilich, wenn solche Forderungen durch Vermögensgegenstände des Schuldners gesichert sind.[65]

cc) Rückstellungen

41 Für **ungewisse Verbindlichkeiten**, soweit wegen ihrer ernstlich mit einer Inanspruchnahme zu rechnen ist, sind Rückstellungen zu passivieren.[66] Gleiches gilt bzgl. **drohender Verluste**.[67] Eine Komplementär-Gesellschaft muss wegen ihrer **persönlichen Haftung als Gesellschafterin** der KG Rückstellungen bilden, wenn diese überschuldet ist; der Umfang dieser Rückstellungen bestimmt sich nicht nach der Gesamthöhe der Verbindlichkeiten der KG, sondern nach deren ungedecktem Teil.[68]

dd) Andere Verbindlichkeiten

42 Verbindlichkeiten, die durch Dritte gesichert sind, müssen grds. passiviert werden. Einer solchen Verbindlichkeit steht auf Aktivseite ein neutralisierender Vermögenswert gegenüber, wenn der Schuldner gegen den Dritten einen werthaltigen Anspruch auf Freistellung hat.[69] Bei **Eventualverbindlichkeiten**, etwa solchen aus Bürgschaften des Schuldners, bestimmt wiederum die Wahrscheinlichkeit seiner Inanspruchnahme darüber, ob und ggf. in welchem Umfang sie in den Überschuldungsstatus eingehen.[70] Pensionsverpflichtungen sind gem. § 46 mit ihrem Barwert anzusetzen.[71] Ob Verbindlichkeiten aus schwebenden – d.h. zum Stichtag der Überschuldungsbilanz noch von keiner Vertragspartei vollständig erfüllten – Verträgen, zu denen insb. auch Mietverträge gehören können, im Überschuldungsstatus zu passivieren sind, kann von der Fortführungsprognose abhängen.[72]

ee) Rechnungsabgrenzungsposten

43 Passive Rechnungsabgrenzungsposten sind in Ansatz zu bringen, soweit sie Vorleistungscharakter haben.[73]

D. Gerichtliche Feststellung der Überschuldung

44 Für die Überschuldungsprüfung nach § 19 Abs. 2 ist zunächst der **Stichtag** festzulegen. Dieser leitet sich aus der Gesetzesvorschrift ab, die auf eine Überschuldung abstellt und Gegenstand des gerichtlichen Verfahrens ist. Als Eröffnungsgrund i.S.d. §§ 15, 19 Abs. 1 muss die Überschuldung im Zeitpunkt der gerichtlichen Entscheidung über die Eröffnung des Insolvenzverfahrens gegeben sein (vgl. § 16 Rdn. 6). Soweit eine zivil- oder gesellschaftsrechtliche oder eine strafrechtliche Haftung der

---

63 BGH 08.01.2001, II ZR 88/99, BGHZ 146, 264 = ZIP 2001, 235 unter I.2.c.bb.
64 HambK-InsR/*Schröder* Rn. 43.
65 HK-InsO/*Kirchhof* Rn. 26; Kübler/Prütting/Bork/*Pape* Rn. 14.
66 Vgl. AG Hamburg 20.08.2004, 67a IN 346/04, ZInsO 2004, 991; HK-InsO/*Kirchhof* Rn. 24.
67 Uhlenbruck/*Uhlenbruck* Rn. 56.
68 Uhlenbruck/*Uhlenbruck* Rn. 56; a.A. HambK-InsR/*Schröder* Rn. 48.
69 HambK-InsR/*Schröder* Rn. 42.
70 HambK-InsR/*Schröder* Rn. 45.
71 HK-InsO/*Kirchhof* Rn. 25; Uhlenbruck/*Uhlenbruck* Rn. 59.
72 BGH 18.10.2010, II ZR 151/09, ZIP 2010, 1400 unter II.1.b.
73 Uhlenbruck/*Uhlenbruck* Rn. 67.

nach § 15a Antragspflichtigen an die Überschuldung anknüpft (s. Rdn. 11), kommt es auf die Zeitpunkte des Eintritts (vgl. § 15a Rdn. 22 ff.) und der Erkennbarkeit oder, falls Vorsatz vorausgesetzt ist, der Kenntnis an (vgl. § 15a Rdn. 34 ff.). Von der Festlegung des Stichtags zu unterscheiden ist die Bestimmung, welcher Überschuldungsbegriff zeitlich Anwendung findet (s. dazu Rdn. 20).

Bei dem seit dem 18.10.2008 geltenden modifizierten zweistufigen Überschuldungsbegriff ist die **Prüfungsreihenfolge** unerheblich, weil die beiden Elemente rechnerische Überschuldung und Fortführungsprognose gleichwertig nebeneinander stehen. Fehlt eines von beiden, ist eine insolvenzrechtliche Überschuldung nicht gegeben. Anders verhält es sich beim einfachen zweistufigen Überschuldungsbegriff, der bis zum 17.10.2008 galt. Hier nimmt die Fortführungsprognose Einfluss auf die Feststellung der rechnerischen Überschuldung. Ausgehend von der gesetzlichen Systematik empfiehlt es sich, zunächst eine rechnerische Überschuldung anhand von Liquidationswerten zu prüfen, ggf. hiernach die Fortführungsprognose anzustellen und bei positivem Ergebnis die Liquidationswerte in der Überschuldungsbilanz durch Fortführungswerte zu ersetzen.[74] Alternativ zu dieser sog. dreistufigen Prüfung besteht die Möglichkeit, in der ersten Prüfungsstufe die Fortführungsprognose zu treffen und hiernach in Abhängigkeit vom Ausgang dieser Prüfung in der zweiten Prüfungsstufe die Aktiva und Passiva jeweils mit Liquidationswerten oder Fortführungswerten gegenüberzustellen.[75] 45

Soweit die Eröffnung des Insolvenzverfahrens auf die rechnerische Überschuldung nach Liquidationswerten gestützt werden darf, muss hiervon gem. § 286 ZPO i.V.m. § 4 das Insolvenzgericht überzeugt sein (vgl. § 16 Rdn. 9). Eine Überschuldung nach der Handelsbilanz kann zwar eine Überschuldung i.S.d. § 19 nicht begründen (s. Rdn. 25), ist aber ein gewichtiges **Indiz** hierfür.[76] Als solches ist die **bilanzielle Überschuldung** im Eröffnungsverfahren zu einer **Glaubhaftmachung** dieses Eröffnungsgrundes nach § 14 Abs. 1 Satz 1, § 15 Abs. 2 Satz 1 oder § 317 Abs. 2 Satz 1 geeignet, wobei der Antragsteller mit Rücksicht auf den hierbei geltenden Stichtag ergänzend darlegen und glaubhaft machen muss, dass seit dem Bilanzstichtag keine wesentliche Verbesserung der Vermögenslage der Schuldnerin eingetreten ist. 46

Außerhalb des Eröffnungsverfahrens, namentlich im Prozess über die Haftung wegen Insolvenzverschleppung oder im Anfechtungsprozess, trägt der Anspruchsteller die Beweislast für die Überschuldung.[77] Legt er statt einer Überschuldungsbilanz nur eine Handelsbilanz vor, aus der sich ein nicht durch Eigenkapital gedeckter Fehlbetrag ergibt, muss er zumindest die Ansätze der Handelsbilanz dahin überprüfen und erläutern, ob und ggf. in welchem Umfang stille Reserven oder sonstige aus ihr nicht ersichtliche Vermögenswerte vorhanden sind.[78] Hierüber hat sich sodann das in Anspruch genommene Vertretungsorgan im Rahmen der sekundären Darlegungslast zu erklären.[79] 47

Die Beweislast für eine positive Fortführungsprognose trägt im Haftungsprozess das Vertretungsorgan, und zwar sowohl beim modifizierten zweistufigen Überschuldungsbegriff (»es sei denn«), der für die Zeit ab dem 18.10.2008 gilt, als auch im Rahmen der einfachen zweistufigen Überschuldungsprüfung,[80] die für die Zeit bis zum 17.10.2008 anzustellen ist. Im Eröffnungsverfahren bleiben dementsprechend die Folgen einer positiven Fortführungsprognose außer Betracht, wenn sich das Insolvenzgericht vom Vorliegen einer solchen nicht zu überzeugen vermag. 48

---

74 FK-InsO/*Schmerbach* Rn. 12 f.; Kübler/Prütting/Bork/*Pape* Rn. 7; Uhlenbruck/*Uhlenbruck* Rn. 8.
75 HambK-InsR/*Schröder* Rn. 10; MüKo-InsO/*Drukarczyk/Schüler* Rn. 51.
76 BGH 27.04.2009, II ZR 253/07, ZIP 2009, 1220 unter II.1.a.
77 BGH 27.04.2009, II ZR 253/07, ZIP 2009, 1220 unter II.1.a; 08.03.2012, IX ZR 102/11, WM 2012, 665 unter 1.b.
78 BGH 16.03.2009, II ZR 280/07, ZIP 2009, 860 unter I.2.a.
79 BGH 16.03.2009, II ZR 280/07, ZIP 2009, 860 unter I.2.a.
80 BGH 18.10.2010, II ZR 151/09, ZIP 2010, 1400 unter II.1.a.

E. Internationale Bezüge

49 Kapitalgesellschaften und andere juristische Personen, die nach dem Recht eines anderen Mitgliedsstaates der Europäischen Union wirksam gegründet sind und insoweit die Rechts- und Parteifähigkeit erworben haben, sind juristische Personen i.S.d. § 11 Abs. 1 (vgl. § 11 Rdn. 35). Auf sie findet § 19 Abs. 1 und 2 Anwendung, wenn sie ihren Sitz in Deutschland haben.[81]

50 Ebenso wie bei den anderen Eröffnungsgründen (vgl. § 17 Rdn. 27) ist aufgrund des Universalitätsprinzips sowohl bei einem Antrag auf Eröffnung eines Hauptinsolvenzverfahren als auch bei einem solchen auf Eröffnung eines Partikularinsolvenzverfahren das weltweite Vermögen des Schuldners in die Überschuldungsprüfung einzubeziehen.[82] Ein Sekundärinsolvenzverfahrens ist gem. Art. 27 EuInsVO, § 356 Abs. 3 ohne Feststellung des Eröffnungsgrundes zu eröffnen (vgl. § 16 Rdn. 15).

F. Reformtendenzen

51 Der Gesetzgeber hatte zunächst bestimmt, dass die seit dem 18.10.2008 geltende Definition der Überschuldung (gegenwärtig § 19 Abs. 2 Satz 1) zum 01.01.2014 – ursprünglich war insoweit gar der 01.01.2011 vorgesehen – durch die bereits vom 01.01.1999 bis zum 17.10.2008 anzuwendende Begriffsbestimmung (s. dazu Rdn. 13 f.) abgelöst wird (Art. 6 Abs. 3 Finanzmarktstabilisierungsgesetz i.V.m. Art. 1 Abs. 2 Satz 2 Gesetz zur Erleichterung der Sanierung von Unternehmen). Der zum 01.11.2008 angefügte Satz 2 sollte dadurch zu Satz 3 des § 19 Abs. 2 werden (Art. 9 Nr. 4 MoMiG i.V.m. Art. 4 FMStErgG). Die Vorschrift hätte demnach ab dem 01.01.2014 gelautet:

52 »(2) Überschuldung liegt vor, wenn das Vermögen des Schuldners die bestehenden Verbindlichkeiten nicht mehr deckt. Bei der Bewertung des Vermögens des Schuldners ist jedoch die Fortführung des Unternehmens des Schuldners zugrunde zu legen, wenn diese nach den Umständen überwiegend wahrscheinlich ist. Forderungen auf Rückgewähr von Gesellschafterdarlehen oder aus Rechtshandlungen, die einem solchen Darlehen wirtschaftlich entsprechen, für die gemäß § 39 Abs. 2 zwischen Gläubiger und Schuldner der Nachrang im Insolvenzverfahren hinter den in § 39 Abs. 1 Nr. 1 bis 5 bezeichneten Forderungen vereinbart worden ist, sind nicht bei den Verbindlichkeiten nach Satz 1 zu berücksichtigen.«

Zwischenzeitlich hat sich der Gesetzgeber jedoch der Empfehlung aus einem von der Bundesregierung in Auftrag gegebenen Gutachten[83] angeschlossen, die seit dem 18.10.2008 geltende Definition der Überschuldung zu entfristen, und dies wegen der Vorwirkung der für die Zeit ab dem 01.01.2014 vorgesehenen Definition möglichst lange vor Ablauf des Jahres 2013 zu tun. Durch Art. 18 des Gesetzes zur Einführung einer Rechtsbehelfsbelehrung im Zivilprozess und zur Änderung anderer Vorschriften vom 05.12.2012[84] ist der die Befristung anordnende Art. 6 Abs. 3 FMStG aufgehoben worden. Bemerkenswert erscheint daran, dass die Beibehaltung des modifizierten zweistufigen Überschuldungsbegriffs über den 31.12.2013 hinaus nicht Bestandteil des Gesetzentwurfs der Bundesregierung war, sondern erst aufgrund der Beschlussempfehlung des Rechtsausschusses des Bundestags[85] Eingang in das Gesetz gefunden hat. Dem Bericht zu dieser Beschlussempfehlung ist zu entnehmen, dass der Rechtsausschuss der Auffassung gewesen ist, die seit dem 18.10.2008 geltende Definition der Überschuldung habe sich in der Praxis bewährt.[86] Während nunmehr die Stimmen, die den vormaligen Überschuldungsbegriff herbei sehen, sicherlich weitgehend verstummen werden, wird die Diskussion darüber, ob die an die Überschuldung anknüpfende Antragspflicht oder gar die Überschuldung als Eröffnungsgrund gestrichen werden soll, anhalten.[87]

---

81 HambK-InsR/*Schröder* Rn. 2.
82 HambK-InsR/*Schröder* Rn. 51, 53.
83 Vgl. dazu *Bitter/Hommerich/Reiss* ZIP 2012, 1201.
84 BGBl. I, 2418.
85 BT-Drucks. 17/11385, 23.
86 BT-Drucks. 17/11385, 27.
87 Vgl. dazu etwa *Böcker/Poertzgen* GmbHR 2013, 17.

§ 20 Auskunfts- und Mitwirkungspflicht im Eröffnungsverfahren. Hinweis auf Restschuldbefreiung

(1) Ist der Antrag zulässig, so hat der Schuldner dem Insolvenzgericht die Auskünfte zu erteilen, die zur Entscheidung über den Antrag erforderlich sind, und es auch sonst bei der Erfüllung seiner Aufgaben zu unterstützen. Die §§ 97, 98, 101 Abs. 1 Satz 1, 2, Abs. 2 gelten entsprechend.

(2) Ist der Schuldner eine natürliche Person, so soll er darauf hingewiesen werden, dass er nach Maßgabe der §§ 286 bis 303 Restschuldbefreiung erlangen kann.

Übersicht

	Rdn.			Rdn.
A. Allgemeines	1	4.	Anspruchsinhalt	8
I. Entstehungsgeschichte	1		a) Auskunftspflicht	8
II. Normzweck	2		b) Mitwirkungspflicht	14
B. Voraussetzungen	3	II.	Hinweispflicht nach Abs. 2	16
I. Auskunfts- und Mitwirkungspflicht nach Abs. 1	3	**C.**	**Rechtsfolgen einer Verletzung der Auskunfts- und Mitwirkungspflicht**	21
1. Zulässiger Eröffnungsantrag	3	I.	Durchsetzung des Anspruchs	21
2. Berechtigter	4	II.	Nichterfüllungsfolgen	24
3. Verpflichteter	5	III.	Sonstige Rechtsfolgen	25

A. Allgemeines

I. Entstehungsgeschichte

Eine **allgemeine Auskunfts- bzw. Mitwirkungspflicht** kannten weder die Konkursordnung noch die Gesamtvollstreckungsordnung. Die Pflichten nach § 104 KO trafen den Schuldner nur im Fall eines eigenen Antrags.[1] § 3 GesO enthielt eine solche Einschränkung nicht und sah in Abs. 2 Satz 2 obligatorisch die Glaubhaftmachung der Richtigkeit und Vollständigkeit des Vermögensverzeichnisses durch eidesstattliche Versicherung vor. Erstmals mit dem Inkrafttreten der Insolvenzordnung wurde ein allgemeiner Auskunftsanspruch des Insolvenzgerichts im Vorfeld der Entscheidung über die Eröffnung des Verfahrens geschaffen. Abs. 2 wurde eingefügt durch das Gesetz zur Änderung der Insolvenzordnung und anderer Gesetze v. 26.10.2001[2]; Abs. 1 durch das Gesetz zur Vereinfachung des Insolvenzverfahrens v. 13.04.2007[3] um die Mitwirkungspflicht des Schuldners ergänzt.

II. Normzweck

Die in Abs. 1 normierte Auskunfts- und Mitwirkungspflicht soll das Insolvenzgericht in die Lage versetzen, mit Hilfe des Schuldners möglichst schnell eine sichere **Tatsachengrundlage zur Entscheidung über den Insolvenzantrag** zu gewinnen. Wesentliche Tatsachen hat der Schuldner, der einen nicht eingestellten Geschäftsbetrieb hat, nach § 13 Abs. 1 Satz 4 bis 6 bereits mit einem dem Eigenantrag beigefügten Verzeichnis offen zu legen.[4] Die Regelung wird flankiert durch die gegenüber einem vorläufigen Insolvenzverwalter bestehende Auskunfts- und Mitwirkungspflicht nach § 22 Abs. 3 Satz 2, 3. Dieser wird, wenn ihm ein Auftrag nach § 22 Abs. 1 2 Nr. 3 2. Hs. erteilt wurde, regelmäßig allein die Aufklärung des Sachverhalts übernehmen. Die Hinweispflicht nach Abs. 2 soll dem Schuldner ermöglichen, rechtzeitig ein Restschuldbefreiungsverfahren nach §§ 286 bis 303 einzuleiten. Der Regelung korrespondiert § 287 Abs. 1 Satz 2. Eine spezielle Mitwirkungspflicht im Hinblick auf die Besetzung eines vorläufigen Gläubigerausschusses sieht nunmehr § 22a Abs. 4 vor.

---

1 *Kilger/Schmidt* KO, 17. Aufl., § 104 Rn. 1.
2 BGBl. I, 2710.
3 BGBl. I, 509.
4 HK-InsO/*Kirchhof*, Rn. 4.

B. Voraussetzungen

I. Auskunfts- und Mitwirkungspflicht nach Abs. 1

1. Zulässiger Eröffnungsantrag

3 Die **Auskunfts- und Mitwirkungspflicht entsteht** mit dem Einreichen eines nach Maßgabe der §§ 11 bis 15a zulässigen Eröffnungsantrags.[5] Hierfür ist es erforderlich, dass der Antrag ernsthaft auf Eröffnung gerichtet ist, keinen sachfremden Zwecken dient und entsprechend § 4 InsO, § 253 Abs. 2 Nr. 2 ZPO ein Eröffnungsgrund in nachvollziehbarer Form dargelegt wird; erst dann ist das Gericht dem Amtsermittlungsgrundsatz nach § 5 verpflichtet.[6] Weder muss der Schuldner zur Erteilung der Auskunft aufgefordert werden,[7] noch bedarf es der Feststellung der Zulässigkeit des Eröffnungsantrags durch das Gericht.[8] Die Zulässigkeit des Insolvenzantrags, namentlich das Rechtsschutzbedürfnis im Falle des Eigenantrags des Schuldners, ist – auch bei nicht bestehender Antragspflicht – nicht von der Erfüllung der Auskunfts- und Mitwirkungspflicht abhängig.[9] Anders als für die Zulässigkeit von Sicherungsmaßnahmen (§ 21 Rdn. 7) reicht es nicht aus, dass der Eröffnungsantrag mit überwiegender Wahrscheinlichkeit zulässig ist. Ist aufgrund später bekannt werdender Tatsachen von der Unzulässigkeit des Antrags auszugehen, darf das Insolvenzgericht weder weitere Auskunft einfordern noch Zwangsmaßnahmen wegen einer vorhergehenden Verletzung der Auskunftspflicht anordnen.[10]

2. Berechtigter

4 Die Auskunft nach Abs. 1 ist dem **Insolvenzgericht** zu erteilen, nicht dem vorläufigen Insolvenzverwalter, dessen Rechte gegenüber dem Schuldner in § 22 Abs. 3 entsprechend ausgestaltet sind. Der vom Gericht bestellte Sachverständige kann gem. §§ 5 Abs. 2 Satz 1, 4 InsO i.V.m. § 404a Abs. 4 ZPO ermächtigt werden, den Sachverhalt selbst aufzuklären.[11] Soweit teilweise vertreten wird, das Gericht könne dem Sachverständigen den Auskunfts- und Mitwirkungsanspruch »übertragen«,[12] ist dies – mangels gesetzlicher Grundlage – jedenfalls nicht als Übertragung im Rechtssinne aufzufassen. Entsprechend wird angenommen, dass der Schuldner im Hinblick auf eine dem Sachverständigen erteilte Auskunft nicht den Schutz des § 97 Abs. 1 Satz 2 genieße.[13] Anders ist dies aber, wenn das Insolvenzgericht ein konkretes Auskunftsverlangen an den Schuldner richtet und die Erfüllung unmittelbar ggü. dem Sachverständigen verlangt.[14] Für die Erzwingung der Auskunft und Mitwirkung des Schuldners muss der Sachverständige das Gericht einschalten.[15]

---

5 BGH 09.10.2008, IX ZB 212/07, ZInsO 2008, 1278 Rn. 9; 12.12.2002, IX ZB 426/02, BGHZ 153, 205 (207).
6 BGH 12.12.2002, IX ZB 426/02, BGHZ 153, 205 (207); LG Stendal 28.06.2007, 25 T 112/06, NZI 2008, 44 (45).
7 BGH 09.10.2008, IX ZB 212/07, ZInsO 2008, 1278; 17.11.2008, NotZ 130/07, ZInsO 2009, 235 Rn. 36.
8 BGH 09.10.2008, IX ZB 212/08, ZInsO 2008, 1278; MüKo-InsO/*Schmahl* Rn. 25; a.A. Nerlich/Römermann/*Mönning* Rn. 13.
9 BGH 12.12.2002, IX ZB 426/02, BGHZ 153, 205 (207); LG Köln 06.07.2001, 19 T 103/01, NZI 2001, 559; LG Cottbus 16.10.2009, 7 T 121/08, ZInsO 2010, 962 (963); a.A. AG Dresden 13.02.2002, 530 IN 2190/01, ZIP 2002, 862 (862 f.); AG Göttingen 6 12.2002, 74 IN 337/02, ZVI 2003, 28; FK-InsO/*Schmerbach* Rn. 22; *Frind* NZI 2010, 749 (751); nach LG Hamburg 30.06.2010, 326 T 40/10, ZInsO 2010, 1650 (1651) soll der Antrag bei Verletzung der Auskunfts- und Mitwirkungspflicht als unbegründet zurückzuweisen sein.
10 AA MüKo-InsO/*Schmahl* Rn. 25.
11 BGH 04.03.2004, IX ZB 133/03, BGHZ 158, 212 (217).
12 MüKo-InsO/*Schmahl* Rn. 54; Uhlenbruck/*Uhlenbruck* Rn. 19; HambK-InsR/*Schröder* Rn. 7.
13 Thüringer OLG 12.08.2010, 1 Ss 45/10, NJW 2010, 3673; OLG Celle 19.12.2012, 32 Ss 164/12, ZInsO 2013, 731 Rn. 10.
14 *BGH 19.07.2012, IX ZB 6/12, ZInsO 2012, 1472 Rn. 11.*
15 BGH 04.03.2004, IX ZB 133/03, BGHZ 158, 212 (217); 19.07.2012, IX ZB 6/12, ZInsO 2012, 1472 Rn. 11.

3. Verpflichteter

Zur Auskunft verpflichtet ist der **Schuldner** bzw. dessen **gesetzlicher Vertreter**.[16] Bei der Auskunfts- und Mitwirkungspflicht handelt es sich um eine höchstpersönliche Verpflichtung, die eine gewillkürte Stellvertretung – auch eine solche durch einen Rechtsanwalt oder Steuerberater – jedenfalls ohne Zustimmung des Gerichts ausschließt.[17] Kann der Schuldner wegen Sprachschwierigkeiten seine Pflicht nicht erfüllen, ist ihm ein Dolmetscher zur Verfügung zu stellen.[18]

Durch den Verweis in Satz 2 auf § 101 Abs. 1 und 2 wird der Kreis der Verpflichteten bestimmt, wenn es sich bei dem **Schuldner nicht** um eine **natürliche Person** handelt. Nach § 101 Abs. 1 sind bei juristischen Personen die Mitglieder der Vertretungs- und Aufsichtsorgane auskunfts- und mitwirkungspflichtig, bei Personengesellschaften die vertretungsberechtigten persönlich haftenden Gesellschafter (§ 101 Rdn. 3 ff.), und zwar auch dann, wenn sie vor bis zu zwei Jahren vor dem Eröffnungsantrag aus ihrer Stellung ausgeschieden sind (§ 101 Rdn. 9 f.). Die Pflicht trifft auch den faktischen Geschäftsführer (vgl. § 101 Rdn. 4; § 15 Rdn. 20)[19] sowie – nach § 101 Abs. 2 – die Angestellten und früheren Angestellten des Schuldners, wenn diese vor bis zu zwei Jahren vor dem Eröffnungsantrag ausgeschieden sind. Für diese gilt mangels Verweis in § 101 Abs. 2 weder die erweiterte Offenbarungspflicht nach § 97 Abs. 1 Satz 2 noch die Mitwirkungspflicht nach § 97 II.[20]

Die Auskunftspflicht trifft **nicht Dritte** (Steuerberater, Rechtsanwalt, Bank, Finanzamt), die möglicherweise ihrerseits dem Schuldner gegenüber rechenschafts- und/oder auskunftspflichtig sind.[21] Das Gericht kann insoweit nur eine Zeugenvernehmung nach § 5 Abs. 1 Satz 2 durchführen.[22] Der Schuldner ist dann im Rahmen seiner Mitwirkungspflicht gem. Abs. 1 Satz 1 verpflichtet, die Voraussetzungen für die Realisierung solcher Ansprüche zu schaffen (vgl. Rdn. 15).

4. Anspruchsinhalt

a) Auskunftspflicht

Der Schuldner hat die zur Entscheidung über den Insolvenzantrag erforderlichen Auskünfte zu erteilen. Der **Begriff der Auskunft ist weit auszulegen** und umfasst alle rechtlichen, wirtschaftlichen und tatsächlichen Verhältnisse, die für die Entscheidung über den Eröffnungsantrag von Bedeutung sein können. Die Verpflichtung zur Auskunft ist nicht davon abhängig, dass an den Schuldner entsprechende Fragen gerichtet werden. Der Schuldner muss vielmehr die betroffenen Umstände von sich aus, ohne besondere Nachfrage, offen legen, soweit sie von Bedeutung sein können und nicht klar zu Tage liegen.[23] . Hierzu gehören die das Vorliegen des Insolvenzgrundes (§§ 16 bis 19) und die Kostendeckung (§ 26 Abs. 1 Satz 1) betreffenden Umstände; ferner diejenigen Tatsachen, die zur Erfüllung der gesetzlichen Aufgaben des Insolvenzgerichts im Eröffnungsverfahren, wie die Vornahme der Zustellungen nach § 23 Abs. 1 Satz 2, 30 Abs. 2[24] oder die Anordnung von Sicherungsmaßnahmen nach § 21,[25] erforderlich sind. Unmittelbar für die Prüfung der Kostendeckung erforderlich sind auch die möglichen Anfechtungsansprüchen zu Grunde liegenden Tatsachen, insb. soweit es um Vornahme unentgeltlicher Verfügungen (§ 134) geht.[26] Im Schuldenbereinigungsver-

---

16 OLG Köln 06.09.1999, 2 W 163/99, NZI 1999, 459.
17 *Uhlenbruck* KTS 1997, 371 (385 f.); HK-InsO/*Kirchhof*, Rn. 5; allgemein zu höchstpersönlichen Pflichten, MüKo-BGB/*Krüger* § 267 Rn. 4 ff.
18 BGH 24.07.2003, IX ZB 539/02, ZInsO 2003, 800 (802), insoweit nicht abgedruckt in BGHZ 156, 92.
19 *Uhlenbruck* KTS 1997, 371 (390); *Vallender* ZIP 1996, 529 (530).
20 HambK-InsR/*Schröder* Rn. 19.
21 *Huber* ZInsO 2001, 289 (291).
22 HK-InsO/*Kirchhof*, Rn. 8.
23 BGH 17.03.2011, IX ZB 174/08, MDR 2011, 820 Rn. 7; 08.03.2012, IX ZB 70/10, ZInsO 2012, 751 Rn. 13; *Dahl* NJW-Spezial 2011, 405.
24 BGH 09.10.2008, IX ZB 212/07, ZInsO 2008, 1278 Rn. 7.
25 HambK-InsO/*Schröder* Rn. 12.
26 BGH 08.03.2012, IX ZB 70/10, ZInsO 2012, 751 Rn. 14.

fahren beschränkt sich die Auskunftspflicht in dem Zeitraum, in dem das Verfahren nach § 306 ruht, auf die dem Insolvenzgericht in diesem Stadium verbleibenden Aufgaben, insb. die Information für die nach § 306 Abs. 2 weiterhin zulässige Anordnung von Sicherungsmaßnahmen nach § 21.[27]

9 Die Auskunft hat sich – im Falle eines darauf gerichteten Antrags – auf die Feststellung der **Voraussetzungen des § 4a** zu erstrecken.[28] Der verheiratete Schuldner, der die Stundung der Verfahrenskosten nach § 4a anstrebt, hat auch die Einkommens- und Vermögensverhältnisse seines Ehegatten offen zu legen, damit geprüft werden kann, ob die Voraussetzungen für einen Vorschussanspruch gegen den Ehegatten gem. § 1360a Abs. 4 Satz 1 BGB vorliegen.[29]

10 Es genügt eine **formlose Darstellung** der Einkommens- und Vermögensverhältnisse des Schuldners,[30] regelmäßig in Gestalt eines Verzeichnisse über die Gläubiger und Schuldner sowie einer geordneten Übersicht der Vermögensgegenstände.[31] Der Schuldner darf sich nicht darauf beschränken, sein präsentes Wissen wiederzugeben; er muss ggf. diejenigen Vorarbeiten erbringen, die für eine sachdienliche Auskunft erforderlich sind, insb. nach vorhandenen Unterlagen suchen und diese für das Insolvenzgericht zusammenstellen sowie – soweit dies für die Prüfung der Verlässlichkeit der Auskunft erforderlich ist – diese auch aushändigen.[32] Solche Vorarbeiten fallen nunmehr unter die Mitwirkungspflicht (Rdn. 14 ff.).

11 Dass der Schuldner **konkrete Fragen** zu seinen Vermögensverhältnissen stets zutreffend beantworten muss, versteht sich von selbst.[33] Nach den unter Rdn. 8 dargestellten Grundsätzen hat er auch außerhalb einer konkreten Frage stehende Umstände zu offenbaren; insb. hat der Schuldner die Relevanz einer Information nicht selbst zu bewerten.[34] Sind die Angaben aus Sicht des Insolvenzgerichts unvollständig, hat es die Mängel möglichst konkret zu bezeichnen und dem Schuldner aufzugeben, binnen angemessener Frist die Darlegung und Nachweise zu ergänzen.[35] Der Schuldner ist aber auch unabhängig davon verpflichtet, eine bereits erteilte Auskunft von sich aus zu ergänzen oder richtig zu stellen, soweit hierzu auf Grund erkennbar wesentlicher Änderungen Anlass besteht.[36]

12 Nach § 97 Abs. 1 Satz 2, auf den Abs. 1 Satz 2 verweist, muss der Schuldner auch solche Tatsachen offenbaren, die geeignet sind, eine **Verfolgung wegen einer Straftat oder einer Ordnungswidrigkeit** herbeizuführen (§ 97 Rdn. 15 ff.). Soweit Auskunft nach Abs. 1 Satz 2, § 101 Abs. 2 von einem (früheren) Angestellten verlangt wird, gilt dies nicht. Der Schuldner wird zum Ausgleich durch ein umfassendes Verwendungs- und Verwertungsverbot geschützt (§ 97 Abs. 1 Satz 3). Dieses erstreckt sich jedoch nur auf die im Rahmen der Auskunftspflicht mündlich oder schriftlich mitgeteilten Tatsachen. Vorgelegte Belege, die nicht zur Auskunftserteilung, sondern vom Schuldner bereits vor dem Eröffnungsverfahren erstellt worden sind, unterfallen nicht dem Schutz des § 97 Abs. 1 Satz 3.[37] Aufgrund der umfassenden Auskunftspflicht ist das Insolvenzgericht auch nicht gehindert,

---

27 MüKo-InsO/*Schmahl* Rn. 21.
28 BGH 04.11.2004, IX ZB 70/03, ZInsO 2004, 1304 (1305).
29 BGH 24.07.2003, IX ZB 539/02, BGHZ 156, 92 (95 f.).
30 BGH 04.11.2004, IX ZB 70/03, ZInsO 2004, 1304 (1305).
31 BGH 09.10.2008, IX ZB 212/07, ZInsO 2008, 1278 (Rn. 7).
32 BGH 17.02.2005, IX ZB 62/04, BGHZ 162, 187 (194); 19.01.2006, IX ZB 14/03, ZInsO 2006, 264 Rn. 8.
33 BGH 17.03.2011, IX ZB 174/08, MDR 2011, 820 Rn. 7.
34 BGH 17.03.2005, IX ZB 260/03, NZI 2005, 461; AG Duisburg 12.06.2008, 62 IN 298/07, NZI 2008, 697 (698).
35 BGH 04.11.2004, IX ZB 70/03, ZInsO 2004, 1304 (1305); 17.03.2011, IX ZB 174/08, MDR 2011, 820 Rn. 7.
36 BGH 09.10.2008, IX ZB 212/07, ZInsO 2008, 1278 Rn. 11; 17.11.2008, NotZ 130/07, ZInsO 2009, 235 Rn. 36.
37 Thüringer OLG 12.08.2010, 1 Ss 45/10, NJW 2010, 3673; OLG Celle 19.12.2012, 32 Ss 164/12, ZInsO 2013, 731 Rn. 11; MüKo-InsO/*Schmahl* Rn. 51.

Beweise, die in anderen Verfahren einem Verwertungsverbot unterliegen könnten, zu berücksichtigen.[38]

Tatsachen, wegen derer der Schuldner gem. § 203 StGB zur Verschwiegenheit verpflichtet ist (z.B. als Arzt, Rechtsanwalt oder Steuerberater), unterliegen ebenfalls der Auskunftspflicht; ihre Offenbarung ist nicht unbefugt.[39] Die Auskunft kann weder im Hinblick auf die Teilnahme an einem Zeugenschutzprogramm[40] noch wegen eines Zeugnis- oder Auskunftsverweigerungsrechts verweigert werden.[41] Der Schuldner kann sich auch nicht auf den Schutz von Betriebs- oder Geschäftsgeheimnissen (§ 383 Nr. 3 ZPO) berufen.[42] 13

b) Mitwirkungspflicht

Die durch Gesetz v. 13.04.2007[43] in die Vorschrift aufgenommene Mitwirkungspflicht hat die Diskussion darüber, ob und ggf. inwieweit der Schuldner im Rahmen der Auskunftspflicht zur (**aktiven**) **Mitwirkung** verpflichtet ist, beendet.[44] Der Mitwirkungspflicht unterliegen der Schuldner und die in § 101 Abs. 1 genannten Personen. 14

Der Schuldner hat zum einen alles zu **unterlassen**, was dem Zweck des Eröffnungsverfahrens zuwiderläuft und zum anderen die Tätigkeit des Insolvenzgerichts aktiv zu unterstützen (§ 97 Rdn. 18 ff.). Hierzu gehört auch die Vornahme vorbereitender Tätigkeiten, die ihn erst in die Lage versetzen, dem Insolvenzgericht eine sachgerechte Auskunft zu erteilen (vgl. Rdn. 10). Dem Schuldner obliegt es, seine tatsächlichen Möglichkeiten auszuschöpfen, wobei ihm der Einwand eines unverhältnismäßigen zeitlichen und finanziellen Aufwands regelmäßig schon deswegen nicht eröffnet ist, weil etwaige Schwierigkeiten bei der Aufklärung typischerweise auf dem Versäumnis beruhen, die Bücher ordnungsgemäß zu führen oder in den persönlichen Unterlagen eine angemessene Ordnung zu wahren.[45] Soweit erforderlich, hat er Dritte, die zur Aufklärung der Vermögensverhältnisse des Schuldners etwas beitragen können, insb. Kreditinstitut und Steuerberater, auf Nachfrage von ihrer Schweigepflicht zu entbinden, an der Geltendmachung von Auskunftsansprüchen mitzuwirken oder den Zugriff auf im Ausland belegenes Vermögen zu ermöglichen (vgl. § 22 Rdn. 154).[46] Den Schuldner selbst kann das Insolvenzgericht aber nicht veranlassen, durch Honorarzahlung etwaige Zurückbehaltungsrechte eines Steuerberaters zu beseitigen;[47] hierfür bedarf es eines entsprechend ermächtigten vorläufigen Insolvenzverwalters (vgl. § 22 Rdn. 89). Eine spezielle Mitwirkungspflicht des Schuldners regelt § 22a Abs. 4 bei der Einsetzung eines vorläufigen Gläubigerausschusses (§ 22a Rdn. 16). 15

II. Hinweispflicht nach Abs. 2

In den Genuss der **Restschuldbefreiung nach § 286** kann der Schuldner nur kommen, wenn er einen hierauf gerichteten Antrag stellt, der nach § 287 Abs. 1 Satz 1 mit seinem Eröffnungsantrag verbunden werden soll. Macht er dies nicht, muss nach § 287 Abs. 1 Satz 2 der auf Restschuldbefreiung gerichtete Antrag binnen zwei Wochen nach Erteilung des Hinweises nach Abs. 2 nachgeholt wer- 16

---

38 AG Köln 06.11.2008, 71 IN 487/08, NZI 2009, 133 (135).
39 BGH 17.02.2005, IX ZB 176/03, BGHZ 162, 187 (198).
40 LG Hamburg 14.07.2005, 326 T 7/05, NZI 2006, 115 (116); AG Hamburg 16.12.2004, 67c IN 431/04, ZInsO 2005, 276 (276 f.).
41 MüKo-InsO/*Schmahl* Rn. 52.
42 HK-InsO/*Kirchhof*, Rn. 9.
43 BGBl. I, 509.
44 BT-Drucks. 16/3227 S. 15.
45 MüKo-InsO/*Schmahl* Rn. 54 ff.
46 BT-Drucks. 16/3227, S. 15; *Pape* NZI 2007, 425 (429); HK-InsO/*Kirchhof*, Rn. 18.
47 Uhlenbruck/*Uhlenbruck* Rn. 31; *Uhlenbruck* KTS 1997, 371 (383); a.A. LG Mainz 07.07.1995, 8 T 203/95, ZIP-aktuell 1995 Nr. 243; HK-InsO/*Kirchhof* Rn. 18; FK-InsO/*Schmerbach* Rn. 11; *Vallender* ZIP 1996, 529 (531 f.); zurückhaltend auch MüKo-InsO/*Schmahl* Rn. 54.

den, wobei die Frist – unabhängig von dem Hinweis – nicht zu laufen beginnt, so lange ein Eigenantrag nicht gestellt wurde.[48] Der Hinweis dient dazu, den rechtsunkundigen Schuldner über die Möglichkeiten des Restschuldbefreiungsverfahrens zu informieren und – angesichts der an die Erteilung gebundenen Frist – eine baldige Entscheidung darüber herbeizuführen, ob ein solches Verfahren durchgeführt werden soll.[49]

17 Die Hinweispflicht soll nach der Rechtsprechung des BGH auch im **Verbraucherinsolvenzverfahren** bestehen.[50] Dies erscheint nicht sinnvoll, weil die Vorschrift durch § 305 Abs. 1 Nr. 2, Abs. 3 verdrängt wird.[51] Der Antrag bzw. die Negativerklärung ist Voraussetzung für einen wirksamen Eigenantrag und die Frist des § 287 Abs. 1 wird durch § 305 Abs. 3 ersetzt, nach dessen Satz 1 das Insolvenzgericht ausdrücklich zur Abgabe der Erklärung aufzufordern hat (vgl. § 305 Rdn. 37 ff.).[52] Sie gilt daher nur im **Regelinsolvenzverfahren** und entsprechend, wenn der einem Eigenantrag nach § 287 Abs. 1 Satz 1 beigefügte Restschuldbefreiungsantrag unvollständig ist, etwa weil ihm keine Abtretungserklärung nach § 287 Abs. 2 beigefügt wurde.[53] Ist ein Antrag auf Eröffnung eines **Zweitinsolvenzverfahrens** gestellt worden, das sich auf insolvenzfreies Vermögen nach § 35 Abs. 2 Satz 1 bezieht, ist der Hinweis nicht erforderlich.[54]

18 Der **Hinweis** darf sich nicht darauf beschränken, pauschal auf die Möglichkeit der Durchführung eines Restschuldbefreiungsverfahrens oder gar nur die einschlägigen Normen zu verweisen. Es bedarf eines Hinweises auf das **Antragserfordernis**, die **Zwei-Wochen-Frist** und die **Folgen einer Fristversäumung**[55] sowie auf das Erfordernis der Beifügung einer **Abtretungserklärung**.[56] Der fehlerhafte Hinweis setzt die Frist nach § 287 Abs. 1 Satz 2 nicht in Lauf.

19 Eine besondere **Form** für den Hinweis sieht das Gesetz nicht vor, er kann auch mündlich im Anhörungsverfahren erteilt werden; allerdings ist der Zugang und der konkrete Inhalt des Hinweises **aktenkundig zu machen**.[57] Hat der Schuldner einen **Verfahrensbevollmächtigten** bestellt, ist der Hinweis gem. § 4 InsO, §§ 171 f. ZPO diesem zu erteilen.[58]

20 Geht ein **Fremdantrag** ein, hat das Insolvenzgericht nicht nur den – die Frist nach § 287 Abs. 1 Satz 2 nicht auslösenden – Hinweis nach Abs. 2 zu erteilen, sondern zugleich Gelegenheit zu geben, einen – bis zur Verfahrenseröffnung zulässigen – eigenen Antrag zu stellen.[59] Für das Verbraucherinsolvenzverfahren sieht dies § 306 Abs. 3 Satz 1 ausdrücklich vor. Entsprechendes gilt jedoch auch für das Regelinsolvenzverfahren.[60] Die dabei zu setzende richterliche Frist, die vier Wochen regelmäßig nicht überschreiten sollte, dient dazu, dem Schuldner durch die Entscheidung über den Fremdantrag nicht die Möglichkeit eines eigenen Antrags – und damit die Aussicht auf die Restschuldbefreiung – zu nehmen.[61] Der Hinweis ist nicht erforderlich, wenn er dem Schuldner bereits aus Anlass eines noch anhängigen Eröffnungsantrags erteilt wurde.[62] Der Schuldner muss sich innerhalb der ihm gesetzten Frist entscheiden, ob er dem Gläubigerantrag entgegentreten oder sich diesem

---

48 BGH 08.07.2005, IX ZB 209/03, ZInsO 2004, 974 (975).
49 MüKo-InsO/*Schmahl* Rn. 12.
50 BGH 17.02.2005, IX ZB 176/03, BGHZ 162, 181, 184.
51 FK-InsO/*Schmerbach* Rn. 39.
52 BGH .23.10.2008, IX ZB 112/08, ZInsO 2009, 51 Rn. 9.
53 Kübler/Prütting/Bork-*Wenzel* § 287 Rn. 7b.
54 AG Göttingen 29.12.2011, 74 IN 224/11, NZI 2012, 198, 199.
55 LG Berlin 17.06.2003, 86 T 706/03, ZInsO 2003, 964 (LS); AG Hamburg 10.12.2002, 67g IN 250/02, ZInsO 2003, 41 (42).
56 HambK-InsR/*Streck* § 287 Rn. 22.
57 BGH 08.07.2005, IX ZB 209/03, ZInsO 2004, 974 (976).
58 MüKo-InsO/*Schmahl* Rn. 98.
59 BGH 03.07.2008, IX ZB 182/07, ZInsO 2008, 924 Rn. 12, 14.
60 BGH 17.02.2005, IX ZB 176/03, BGHZ 162, 181 (183).
61 BGH 17.02.2005, IX ZB 176/03, BGHZ 162, 181 (186); 03.07.2008, IX ZB 182/07, ZInsO 2008, 924 Rn. 18; 07.05.2009, IX ZB 202/07, ZInsO 2009, 1171 Rn. 6.
62 LG Aachen 30.12.2011, 6 T 132/11, ZVI 2012, 105 f.

mit einem eigenen Antrag anschließen möchte; ein auf Restschuldbefreiung gerichteter Antrag ist daher unzulässig, wenn der Schuldner den vom Gläubiger behaupteten Insolvenzgrund bestreitet und nur hilfsweise für den Fall einen Eigenantrag stellt, dass das Insolvenzgericht zu einem anderen Ergebnis gelangt.[63] Sieht er von einem Eigenantrag ab, gilt für einen erneuten Insolvenz-, Stundungs- und Restschuldbefreiungsantrag analog § 290 Abs. 1 Nr. 3 eine Sperrfrist von drei Jahren, die mit der einen Eigenantrag ausschließenden Verfahrenseröffnung auf Antrag des Gläubigers zu laufen beginnt.[64] Gibt das Insolvenzgericht dem Schuldner vor der Entscheidung über den Gläubigerantrag keine Möglichkeit, den Eigenantrag nachzuschieben, ist – sowohl im Regel- als auch im Verbraucherinsolvenzverfahren – ausnahmsweise auch ein isolierter Restschuldbefreiungsantrag zulässig.[65]

C. Rechtsfolgen einer Verletzung der Auskunfts- und Mitwirkungspflicht

I. Durchsetzung des Anspruchs

Für die Durchsetzung des Anspruchs gilt nach Abs. 1 Satz 2 § 98 entsprechend. Nach dessen Abs. 1 Satz 1 kann das Gericht zur Herbeiführung einer wahrheitsgemäßen Auskunft die Abgabe einer **eidesstattlichen Versicherung** anordnen. Verweigert der Schuldner die Erfüllung seiner Auskunfts- und Mitwirkungspflicht, will er sich der Pflichterfüllung entziehen oder müssen Handlungen des Schuldners vermieden werden, die der Erfüllung der Auskunfts- und Mitwirkungspflicht zuwiderlaufen, ist nach § 98 Abs. 2 Nr. 1 bis 3 die **zwangsweise Vorführung** und – nach Anhörung – die Anordnung von **Haft** möglich (s.i.E. § 98 Rdn. 10 ff.). 21

Der Einsatz des Zwangsmittels muss **verhältnismäßig** sein. Bei einer Verletzung der Aufklärungs- und Mitwirkungspflicht durch einen nicht antragspflichtigen Schuldner ist nicht ohne weiteres das Absehen von Zwangsmaßnahmen und die Ablehnung des Antrags gerechtfertigt.[66] Bei einem nicht kooperativen Schuldner wird häufig begleitend die Anordnung einer Postsperre nach § 21 Abs. 2 Satz 1 Nr. 4 in Betracht kommen (vgl. § 21 Rdn. 39).[67] Diese Maßnahme hat jedoch Sicherungscharakter, ersetzt regelmäßig nicht die Auskunft des Schuldners und ist – im Hinblick auf die mit ihr verbundene Beschränkung der Rechte Dritter – auch nicht als »mildestes Zwangsmittel« anzusehen.[68] Vielmehr wird, wenn der Schuldner Auskunft und Mitwirkung verweigert, die Anordnung der Durchsuchung der Wohn- und Geschäftsräume zu erwägen sein.[69] Ist im Hinblick auf die Deckung des Vergütungsanspruchs die Bestellung eines vorläufigen Insolvenzverwalters vertretbar (vgl. § 21 Rdn. 16), ist diese der Anordnung von Zwangsmitteln vorzuziehen. Der vorläufige Insolvenzverwalter hat dann seinerseits die nach § 22 Abs. 3 zur Verfügung stehenden Mittel, insb. kann er auf der Grundlage des Anordnungsbeschlusses die Durchsuchung der Geschäftsräume des Schuldners betreiben (vgl. § 22 Rdn. 148).[70] 22

Im **Haftbefehl** ist für den Schuldner und außenstehende Dritte eindeutig festzustellen, welche Auskunft bzw. welche Mitwirkung verlangt wird, damit für den Schuldner feststeht, durch welches Verhalten er den Vollzug der Haft abwenden und unter welchen Voraussetzungen der Haftbefehl aufgehoben werden kann.[71] Die Zwangsmaßnahme setzt damit ein konkretisiertes Auskunfts- oder Mitwirkungsbegehren voraus, so dass die Verpflichtung des Schuldners, von sich aus auch sol- 23

---

63 BGH 11.03.2010, IX ZB 110/09, ZInsO 2010, 828 Rn. 9.
64 BGH 11.03.2010, IX ZB 110/09, ZInsO 2010, 344 Rn. 8.
65 BGH 17.02.2005, IX ZB 176/03, BGHZ 162, 181 (186).
66 BGH 12.12.2002, IX ZB 426/02, NZI 2003, 147 (148); LG Cottbus 16.10.2009, 7 T 121/08, ZInsO 2010, 962 (963); a.A. LG Hamburg 07.06.2010, 326 T 56/10, ZInsO 2010, 1651 (1652); *Frind* NZI 2010, 749 (751).
67 *Dahl* NJW-Spezial 2011, 405 (406).
68 So aber *Frind* NZI 2010, 749 (752).
69 FK-InsO/*Schmerbach* Rn. 26.
70 Ausf. FK-InsO/*Schmerbach* Rn. 26 ff.
71 BGH 17.02.2005, IX ZB 62/04, ZInsO 2005, 436 (438).

che Umstände mitzuteilen, nach denen das Insolvenzgericht nicht ausdrücklich fragt, der zwangsweisen Durchsetzung nicht unterliegt.

II. Nichterfüllungsfolgen

24 Verletzt der Schuldner seine Auskunfts- und Mitwirkungspflicht vorsätzlich oder grob fahrlässig, ist im Restschuldbefreiungsverfahren der **Versagungsgrund des § 290 Abs. 1 Nr. 5** erfüllt; diese Norm gilt – abweichend vom Wortlaut – auch für die aus Abs. 1 resultierenden Pflichten im Eröffnungsverfahren;[72] ferner kann gem. § 4c Nr. 1 die **Verfahrenskostenstundung** aufgehoben werden. Steht die Verletzung der Auskunfts- und Mitwirkungspflicht bereits zum Zeitpunkt der Entscheidung über die Stundung der Verfahrenskosten nach § 4a Abs. 1 Satz 1 zweifelsfrei fest, kann bereits die Stundung selbst verweigert werden.[73] Für den nicht antragspflichtigen Schuldner stellt der Verlust der Aussicht auf die Restschuldbefreiung regelmäßig eine scharfe Sanktion dar. Verfehlungen des Verfahrensbevollmächtigten des Schuldners sind diesem jedoch nicht gem. § 85 Abs. 2 ZPO als eigenes Verschulden zuzurechnen.[74]

III. Sonstige Rechtsfolgen

25 Verheimlicht der Schuldner vorsätzlich Vermögenswerte oder behauptet er nicht bestehende Drittrechte, macht er sich gem. § 283 Abs. 1 Nr. 1, 4 StGB strafbar. Dies gilt auch dann, wenn Tatsachen, die im eröffneten Verfahren Anfechtungsansprüche begründen könnten, z.B. unentgeltliche Verfügungen, verschwiegen werden. Hat der Schuldner nach Abs. 1 Satz 2, § 98 Abs. 1 eine falsche eidesstattliche Versicherung abgegeben, begründet dies regelmäßig seine Strafbarkeit gem. §§ 156, 163 StGB. Gegenüber durch eine falsche Auskunft geschädigten Gläubigern kommt eine Haftung gem. § 823 Abs. 2 BGB i.V.m. § 283 StGB oder § 826 BGB in Betracht, die im eröffneten Verfahren gem. § 92 Satz 1 vom Insolvenzverwalter verfolgt werden kann.[75]

§ 20 n.F. Auskunfts- und Mitwirkungspflicht im Eröffnungsverfahren. Hinweis auf Restschuldbefreiung

[Tritt zum 01.07.2014 in Kraft][1]

(1) Ist der Antrag zulässig, so hat der Schuldner dem Insolvenzgericht die Auskünfte zu erteilen, die zur Entscheidung über den Antrag erforderlich sind, und es auch sonst bei der Erfüllung seiner Aufgaben zu unterstützen. Die §§ 97, 98, 101 Abs. 1 Satz 1, 2, Abs 2. gelten entsprechend.

(2) Ist der Schuldner eine natürliche Person, so soll er darauf hingewiesen werden, dass er nach Maßgabe der §§ 286 bis 303a Restschuldbefreiung erlangen kann.[2]

1 Die Neufassung durch das Gesetz zur Verkürzung des Restschuldbefreiungsverfahrens und zur Stärkung der Gläubigerrechte erstreckt die Verweisung in Abs. 2 auf den neuen § 303a.

§ 21 Anordnung vorläufiger Maßnahmen

(1) Das Insolvenzgericht hat alle Maßnahmen zu treffen, die erforderlich erscheinen, um bis zur Entscheidung über den Antrag eine den Gläubigern nachteilige Veränderung in der Vermögenslage des Schuldners zu verhüten. Gegen die Anordnung der Maßnahme steht dem Schuldner die sofortige Beschwerde zu.

---

72 BGH 09.10.2008, IX ZB 212/07, ZInsO 2008, 1278 Rn. 6; krit. *Foerste* EWiR 2009, 25.
73 BGH 21.09.2006, IX ZB 24/06, NZI 2006, 712 Rn. 7.
74 BGH 10.02.2011, IX ZB 250/08, ZInsO 2011, 572 Rn. 8.
75 OLG Köln 28.11.1997, 20 U 60/97, ZIP 1998, 113 (114); MüKo-InsO/*Schmahl* Rn. 73 f.
1 BGBl. I, 2013, 2379.
2 Gesetz vom 15.07.2013, BGBl. I 2379.

(2) Das Gericht kann insbesondere
1. einen vorläufigen Insolvenzverwalter bestellen, für den § 8 Abs. 3 und die §§ 56, 56a, 58 bis 66 entsprechend gelten;
1a. einen vorläufigen Gläubigerausschuss einsetzen, für den § 67 Absatz 2 und die §§ 69 bis 73 entsprechend gelten; zu den Mitgliedern des Gläubigerausschusses können auch Personen bestellt werden, die erst mit Eröffnung des Verfahrens Gläubiger werden;
2. dem Schuldner ein allgemeines Verfügungsverbot auferlegen oder anordnen, daß Verfügungen des Schuldners nur mit Zustimmung des vorläufigen Insolvenzverwalters wirksam sind;
3. Maßnahmen der Zwangsvollstreckung gegen den Schuldner untersagen oder einstweilen einstellen, soweit nicht unbewegliche Gegenstände betroffen sind;
4. eine vorläufige Postsperre anordnen, für die die §§ 99, 101 Abs. 1 Satz 1 entsprechend gelten;
5. anordnen, dass Gegenstände, die im Falle der Eröffnung des Verfahrens von § 166 erfasst würden oder deren Aussonderung verlangt werden könnte, vom Gläubiger nicht verwertet oder eingezogen werden dürfen und dass solche Gegenstände zur Fortführung des Unternehmens des Schuldners eingesetzt werden können, soweit sie hierfür von erheblicher Bedeutung sind; § 169 Satz 2 und 3 gilt entsprechend; ein durch die Nutzung eingetretener Wertverlust ist durch laufende Zahlungen an den Gläubiger auszugleichen. Die Verpflichtung zu Ausgleichszahlungen besteht nur, soweit der durch die Nutzung entstehende Wertverlust die Sicherung des absonderungsberechtigten Gläubigers beeinträchtigt. Zieht der vorläufige Insolvenzverwalter eine zur Sicherung eines Anspruchs abgetretene Forderung anstelle des Gläubigers ein, so gelten die §§ 170, 171 entsprechend.

Die Anordnung von Sicherungsmaßnahmen berührt nicht die Wirksamkeit von Verfügungen über Finanzsicherheiten nach § 1 Abs. 17 des Kreditwesengesetzes und die Wirksamkeit der Verrechnung von Ansprüchen und Leistungen aus Zahlungsaufträgen, Aufträgen zwischen Zahlungsdienstleistern oder zwischengeschalteten Stellen oder Aufträgen zur Übertragung von Wertpapieren, die in Systeme nach § 1 Abs. 16 des Kreditwesengesetzes eingebracht wurden. Dies gilt auch dann, wenn ein solches Rechtsgeschäft des Schuldners am Tag der Anordnung getätigt und verrechnet oder eine Finanzsicherheit bestellt wird und der andere Teil nachweist, dass er die Anordnung weder kannte noch hätte kennen müssen; ist der andere Teil ein Systembetreiber oder Teilnehmer in dem System, bestimmt sich der Tag der Anordnung nach dem Geschäftstag im Sinne des § 1 Absatz 16b des Kreditwesengesetzes.

(3) Reichen andere Maßnahmen nicht aus, so kann das Gericht den Schuldner zwangsweise vorführen und nach Anhörung in Haft nehmen lassen. Ist der Schuldner keine natürliche Person, so gilt entsprechendes für seine organschaftlichen Vertreter. Für die Anordnung von Haft gilt § 98 Abs. 3 entsprechend.

Übersicht

	Rdn.
A. **Allgemeines**	1
I. Normzweck	1
II. Entstehungsgeschichte	2
B. **Voraussetzungen**	3
I. Allgemeine Voraussetzungen für vorläufige Maßnahmen	4
1. Begriff der vorläufigen Maßnahme	4
2. Zulässiger Insolvenzantrag	7
3. Zuständigkeit	8
4. Anhörung des Schuldners	9
5. Verhältnismäßigkeit	10
6. Anordnung	11
II. Einzelne vorläufige Maßnahmen	13
1. Bestellung eines vorläufigen Insolvenzverwalters (Abs. 2 Satz 1 Nr. 1)	14
a) Inhalt der Maßnahme	15
b) Anordnungskriterien	16
c) Entlassung des vorläufigen Verwalters	17
2. Einsetzung eines vorläufigen Gläubigerausschusses (Abs. 2 Satz 1 Nr. 1a)	18
a) Inhalt der Maßnahme	19
b) Anordnungskriterien	22
3. Anordnung von Verfügungsbeschränkungen (Abs. 2 Satz 1 Nr. 2)	24
a) Inhalt der Maßnahme	25
aa) Allgemeines Verfügungsverbot	26
bb) Allgemeiner Zustimmungsvorbehalt	27
b) Anordnungskriterien	28

§ 21 InsO Anordnung vorläufiger Maßnahmen

	Rdn.		Rdn.
4. Einschränkung der Einzelzwangsvollstreckung (Abs. 2 Satz 1 Nr. 3) ...	29	bb) Der Absonderung unterliegende Gegenstände	52
a) Inhalt der Maßnahme	30	b) Anordnungskriterien	56
aa) Gegenstand der Maßnahme	30	7. Sonstige Maßnahmen (Abs. 1) ...	57
bb) Wirkungen des Vollstreckungsverbotes	33	a) Besondere Verfügungsbeschränkungen/Verpflichtungsvorbehalt	58
cc) Zwangsvollstreckung in das unbewegliche Vermögen	37	b) Sonstige Sicherungsmaßnahmen	59
b) Anordnungskriterien	38	c) Sicherungsmaßnahmen gegen Dritte	61
5. Anordnung einer vorläufigen Postsperre (Abs. 2 Satz 1 Nr. 4) ...	39	III. Finanzsicherheiten	63
a) Inhalt der Maßnahme	39	IV. Ultima ratio (Abs. 3)	64
b) Anordnungskriterien	45	V. Kosten	67
6. Anordnungen zum Ab- und Aussonderungsgut (Abs. 2 Satz 1 Nr. 5)	47	**C. Rechtsfolgen**	68
a) Inhalt der Maßnahme	48	I. Wirksamkeit	68
aa) Der Aussonderung unterliegende Gegenstände	50	II. Aufhebung/Änderung der Sicherungsmaßnahmen	70
		D. Rechtsschutz	72

A. Allgemeines

I. Normzweck

1 Die Norm ermächtigt und verpflichtet das Insolvenzgericht, im Eröffnungsverfahren diejenigen Maßnahmen zu ergreifen, die zum Schutz und der Erhaltung der Insolvenzmasse und damit zur Sicherung der Befriedigungsinteressen der Gläubiger im späteren Insolvenzverfahren erforderlich sind. Hierzu zählen nicht nur die späteren Insolvenzgläubiger, sondern auch diejenigen Gläubiger, die im eröffneten Verfahren aus- oder absonderungsberechtigt sind.[1] Maßnahmen können in erster Linie gegen den Schuldner gerichtet werden. Die Wirkungen können aber auch Gläubiger oder Dritte betreffen (vgl. Rdn. 29 ff., 47 ff., 61).[2]

II. Entstehungsgeschichte

2 Vorgängerregelungen fanden sich in § 106 KO, § 12 VerglO sowie § 2 Abs. 3 und § 4 GesO. § 21 differenziert und vereinheitlicht die zuvor geltende Rechtslage.[3] Abs. 1 Satz 2 wurde nachträglich eingefügt,[4] ebenso Abs. 2 Satz 1 Nr. 5[5] und Abs. 2 Satz 2.[6] Abs. 2 Satz 1 Nr. 2 wurde erweitert.[7] Durch das Gesetz zur Umsetzung der geänderten Bankenrichtlinie und der geänderten Kapitaladäquanzrichtlinie vom 19.11.2010[8] wurde Abs. 2 Satz 2 redaktionell geändert und Abs. 2 Satz 3 eingefügt. Durch Gesetz vom 07.12.2011 wurde Abs. 2 Satz 1 Nr. 1 erweitert und Abs. 2 Satz 1 Nr. 1a eingefügt.[9] Die Vorschriften gelten nach Art. 103g EGInsO, Art. 10 Satz 3 ESUG für Insolvenzverfahren, die nach dem 01.03.2012 beantragt wurden.

---

1 BGH 21.01.2010, IX ZR 65/09, BGHZ 184, 101 Rn. 33.
2 Vgl. hierzu aber BGH 24.09.2009, IX ZB 38/08, ZInsO 2009, 2053.
3 IE MüKo-InsO/*Haarmeyer* Rn. 4 f.
4 InsOÄndG v. 26.10.2001 BGBl. I, 2710.
5 InsOVereinfG v. 13.04.2007 BGBl. I, 509.
6 G v. 05.04.2004 BGBl. I, 502.
7 *EGInsOÄndG v.* 19.12.1998 BGBl. I, 3836.
8 BGBl. I, 1592 (1609).
9 BGBl. I, 2582.

B. Voraussetzungen

Die Norm enthält eine Generalklausel für die Anordnung vorläufiger Maßnahmen in Abs. 1, beschreibt einzelne Maßnahmen in Abs. 2 und ermächtigt unter den Voraussetzungen des Abs. 3 als ultima ratio zu Zwangsmaßnahmen gegen den Schuldner. Gem. §§ 304 Abs. 1 Satz 1, 306 Abs. 2 Satz 1 können vorläufige Maßnahmen auch im Verbraucherinsolvenzeröffnungsverfahren angeordnet werden.[10] Im sog. Schutzschirmverfahren gelten für die Anordnung von vorläufigen maßnahmen nach § 270b Abs. 2 Besonderheiten.

I. Allgemeine Voraussetzungen für vorläufige Maßnahmen

1. Begriff der vorläufigen Maßnahme

Vorläufige Maßnahmen sind nach Abs. 1 diejenigen Maßnahmen, die erforderlich sind, um eine nachteilige Veränderung der Vermögenslage des Schuldners bis zur Entscheidung über den Insolvenzantrag zu verhindern. Der damit beschriebene Sicherungszweck soll die **Befriedigungsinteressen der Gläubiger,** aber auch die **Vermögensinteressen des Schuldners** schützen.[11] Der Begriff der vorläufigen Maßnahme ist mit dem ESUG anstelle des früher verwandten Begriffs der Sicherungsmaßnahme eingeführt worden. Eine sachliche Änderung ist damit angesichts des unveränderten Wortlauts von Abs. 1 nicht verbunden; allerdings wird klargestellt, dass – wie nach Abs. 2 Satz 1 Nr. 1a mit der Möglichkeit der Bestellung eines vorläufigen Gläubigerausschusses – der vorbeschriebene Interessenschutz auch durch Partizipation am Eröffnungsverfahren realisiert werden kann (Rdn. 19).[12]

Inhaltlich ist die Anordnung von vorläufigen Maßnahmen **abzugrenzen von bloßen Ermittlungsanordnungen**, die das Gericht in Erfüllung der Amtsermittlungspflicht nach § 5 Abs. 1 trifft, wie z.B. die Einholung eines Sachverständigengutachtens zur Vorbereitung der Entscheidung über die Verfahrenseröffnung. Die Abgrenzung ist insb. für die Frage der Anfechtbarkeit der Anordnung relevant.[13] Zu Recht hat der BGH die Anordnung von Maßnahmen, die die Erstattung des Gutachtens ermöglichen sollen, nicht als solche i.S.d. Abs. 1 angesehen.[14] Ob eine Maßnahme (auch) Sicherungscharakter hat, ist einzelfallbezogen zu prüfen. Aus der Weigerung des Schuldners, dem Sachverständigen den Zugriff auf die für die Ermittlung der Eröffnungsvoraussetzungen notwendigen Unterlagen zu gestatten, wird sich regelmäßig eine die Anordnung von Sicherungsmaßnahmen rechtfertigende Verdunkelungsgefahr ergeben.[15] Unzulässig ist es allerdings, den zur Aufklärung des Sachverhalts bestellten Gutachter mit der Sicherung des Schuldnervermögens zu beauftragen.[16]

Der Sicherungszweck ist auf das Eröffnungsverfahren begrenzt. Die Maßnahmen sollen daher das **Insolvenzverfahren nicht** ohne Not **präjudizieren;**[17] insb. ist die Autonomie der – an den Entscheidungen im Eröffnungsverfahren regelmäßig noch nicht beteiligten – Gläubiger zu wahren (zur Einsetzung eines vorläufigen Gläubigerausschusses vgl. Rdn. 17 ff.).[18]

2. Zulässiger Insolvenzantrag

Die Anordnung von Sicherungsmaßnahmen setzt grds. einen zulässigen Insolvenzantrag voraus (§ 14); sie kommt allerdings auch bereits dann in Betracht, wenn die **Zulässigkeitsvoraussetzun-**

---

[10] BGH 12.07.2007, IX ZB 82/03, VuR 2007, 470 Rn. 8, zum vorläufigen Treuhänder.
[11] BGH 14.12.2000, IX ZB 105/00, BGHZ 146, 165 (172).
[12] *Graf-Schlicker/Graf-Schlicker* § 22a Rn. 9; vgl. auch *Frind* ZIP 2012, 1380.
[13] BGH 19.07.2012, IX ZB 6/12, ZInsO 2012, 1472 Rn. 6.
[14] BGH 04.03.2004, IX ZB 133/93, BGHZ 158, 212 (216 f.); a.A. AG Duisburg 17.05.2004, 62 IN 124/04, NZI 2004, 388 (388 f.).
[15] BGH 04.03.2004, IX ZB 133/93, BGHZ 158, 212 (217).
[16] OLG Nürnberg 20.02.2006, 2 W 267/06, ZInsO 2006, 761 (762 f.).
[17] Vgl. *Jaeger/Gerhardt* Rn. 5.
[18] Vgl. dazu i.E. Mohrbutter/Ringstmeier/*Voigt-Salus/Pape* § 21 Rn. 162 ff.

gen mit überwiegender, auf gesicherter Grundlage beruhender **Wahrscheinlichkeit gegeben** sind und sich das Gericht die letzte Gewissheit – bspw. über seine örtliche und internationale Zuständigkeit – erst im weiteren Verfahren verschaffen kann.[19] Zulässig ist es daher auch, die für die Frage der Anerkennung eines ausländischen Insolvenzverfahrens maßgeblichen Tatsachen zu ermitteln.[20] Ist der Insolvenzantrag (wirksam) zurückgenommen, kommt die Anordnung von Sicherungsmaßnahmen nicht mehr in Betracht (zur Aufhebung bereits angeordneter Sicherungsmaßnahmen vgl. Rdn. 70 f.).[21]

3. Zuständigkeit

8   Über die Anordnung entscheidet nach Abs. 1 Satz 1, § 2 Abs. 1, § 18 Abs. 1 Nr. 1 RPflG das Insolvenzgericht durch den **Insolvenzrichter** oder das an dessen Stelle tretende Landgericht als (Erst-)**Beschwerdegericht**; eine Anordnung durch den BGH als Rechtsbeschwerdegericht entsprechend § 4 InsO, §§ 570 Abs. 3, 575 Abs. 5 ZPO ist nicht möglich.[22]

4. Anhörung des Schuldners

9   Grundsätzlich ist nach Art. 103 Abs. 1 GG vor der Anordnung auch dann **rechtliches Gehör** zu gewähren, wenn der Schuldner schon gem. § 14 Abs. 2 angehört wurde, denn er kann allein auf Grund der Anhörung zum Insolvenzantrag nicht erkennen, ob und ggf. welche ihn belastenden Anordnungen im Eröffnungsverfahren ergehen und dem Gericht die aus seiner Sicht maßgeblichen Tatsachen unterbreiten.[23] Allerdings kann die Anhörung regelmäßig unterbleiben, weil anderenfalls der **Sicherungszweck gefährdet** würde.[24] Die Anhörung ist auch dann entbehrlich, wenn der Schuldner durch die Maßnahme nicht beschwert wird (bspw. bei einer Maßnahme nach Abs. 2 Satz 1 Nr. 3 und Nr. 5).[25] Bei der Anordnung einer **vorläufigen Postsperre** (Abs. 2 Satz 1 Nr. 4) kann nach § 99 Abs. 1 nur unter engen Voraussetzungen von der Anhörung abgesehen werden, die in der Anordnung zu begründen sind (vgl. Rdn. 41). Vor der **Inhaftierung** (Abs. 3) ist stets anzuhören (vgl. Rdn. 65). Weil der Schuldner sich im Beschwerdeverfahren gegenüber dem Insolvenzgericht äußern kann, wird ein Anhörungsmangel regelmäßig im Abhilfeverfahren geheilt (§ 4 InsO, § 572 Abs. 1 ZPO).[26] Die Anhörung von **Gläubigern oder Dritten** ist nicht vorgesehen.

5. Verhältnismäßigkeit

10 Die durch das Insolvenzgericht angeordneten Sicherungsmaßnahmen richten sich, zumindest soweit die Gefahr einer Vermögensverschlechterung vom Schuldner selbst ausgeht, regelmäßig gegen den Schuldner und beeinträchtigen diesen möglicherweise in seinen durch Art. 2 Abs. 1, 2 Satz 2, 10 Abs. 1, 12 Abs. 1, 13 Abs. 1, 14 Abs. 1 GG garantierten Freiheiten. Entsprechend ist der Verhältnismäßigkeitsgrundsatz zu beachten,[27] nach dem die angeordneten Sicherungsmaßnahmen **geeignet** sein müssen, die drohende Vermögensverschlechterung zu verhindern,[28] sie in ihren Wirkungen nicht das zur Erfüllung des Sicherungszwecks (Rdn. 4) **erforderliche Maß** überschreiten[29] und schließlich

---

19 BGH 22.03.2007, IX ZB 164/06, ZInsO 2007, 440 Rn. 9 f.
20 BGH 14.07.2011, IX ZB 207/10, ZInsO 2011, 1499.
21 BGH 10.07.2008, IX ZB 122/07, ZInsO 2008, 922 Rn. 4.
22 BGH 01.12.2005, IX ZB 208/05, ZInsO 2006, 267 Rn. 7 f., 11.
23 Wohl auch Uhlenbruck/*Vallender* Rn. 45; vgl. BVerfG (K) 14.01.2004, 1 BvL 8/03, NJW 2004, 1233 (1234); a.A. OLG Düsseldorf 21.02.1994, 3 W 162/94; HK-InsO/*Kirchhof* Rn. 52.
24 BGH 14.07.2011, IX ZB 57/11, ZInsO 2011, 1742 Rn. 13; 09.02.2012, IX ZB 248/11, ZInsO 2012, 504 Rn. 11.
25 Vgl. HK-InsO/*Kirchhof* Rn. 52.
26 Vgl. BGH 11.09.2003, IX ZR 65/03, NJW-RR 2003, 1691 (1692).
27 *BGH 01.12.2005, IX ZB 208/05, ZInsO 2006, 267 Rn. 11.*
28 BGH 15.03.2012, IX ZR 249/09, ZInsO 2012, 693 Rn. 11.
29 LG Göttingen 12.04.2007, 10 T 10/07, ZInsO 2007, 499 (500).

nicht unverhältnismäßig i.e.S. sein dürfen.[30] Der Grundsatz der Verhältnismäßigkeit muss auch für den Fortbestand einer bereits angeordneten Maßnahme gewahrt sein.[31] Sicherungsmaßnahmen dürfen über die im eröffneten Verfahren geltenden Beschränkungen nicht hinausgehen (eine Ausnahme gilt für die Beschränkung der Rechte aussonderungsberechtigter Gläubiger nach Abs. 2 Satz 1 Nr. 5, vgl. Rdn. 50 f. und bei einer Anordnung nach Abs. 2 Satz 1 Nr. 3, vgl. Rdn. 31).[32]

6. Anordnung

Die Anordnung hat **von Amts wegen** zu erfolgen, wenn eine Gefährdung i.S.d. Abs. 1 vorliegt; an Anträge ist das Gericht nicht gebunden.[33] Liegen eine Gefährdungslage begründende Tatsachen vor, verdichtet sich das Ermessen auf eine Pflicht, Maßnahmen zu ergreifen.[34] Es besteht dann nur noch ein **Auswahlermessen**, dessen Ausübung sich an dem Ergebnis der Verhältnismäßigkeitsprüfung zu orientieren hat.[35] Die Anordnungsvoraussetzungen sind durch das Insolvenzgericht zu prüfen, insb. im Hinblick auf die Verhältnismäßigkeit der Maßnahme (vgl. Rdn. 10). Unzulässig sind daher **Pauschalanordnungen**, die die Reichweite der Maßnahme letztlich in das Ermessen des vorläufigen Insolvenzverwalters stellen.[36]

Das Gericht hat seine in der Form eines **Beschlusses** (§§ 4, 23 Abs. 1 InsO, § 329 ZPO) zu ergehende Anordnung schon im Hinblick auf die Möglichkeit der Anfechtung nach Abs. 1 Satz 2 spätestens im Abhilfeverfahren nach § 4 InsO, § 572 Abs. 1 ZPO zu **begründen**.[37]

II. Einzelne vorläufige Maßnahmen

Die wichtigsten Maßnahmen sind in Abs. 2 beispielhaft aufgeführt. Sie stehen dem Wortlaut der Vorschrift nach zwar selbstständig nebeneinander, sind inhaltlich allerdings sehr eng miteinander verzahnt, insb. die **Bestellung eines vorläufigen Insolvenzverwalters und die Anordnung von Verfügungsbeschränkungen**. Diesbezüglich regeln Abs. 2 Satz 1 Nr. 1 und 2 die **Anordnung**, § 22 Abs. 1 und 2 die je nach angeordneter Verfügungsbeschränkung vermittelte **Rechtsstellung** des vorläufigen Insolvenzverwalters und § 24 die **Wirkungen** angeordneter Verfügungsbeschränkungen, die nach Maßgabe von §§ 23, 25 sowohl bei der Anordnung als auch im Falle der Aufhebung bekannt zu machen sind.

1. Bestellung eines vorläufigen Insolvenzverwalters (Abs. 2 Satz 1 Nr. 1)

Wichtigste Sicherungsmaßnahme ist die Bestellung eines vorläufigen Insolvenzverwalters, dem neben dem Auftrag zur Durchführung von Zustellungen (§ 8 Abs. 3) entweder begleitend zum allgemeinen Verfügungsverbot (Abs. 2 Nr. 2 1. Fall) die Verwaltungs- und Verfügungsbefugnis über das Vermögen des Schuldners übertragen werden kann (§ 22 Abs. 1, **sog. starker vorläufiger Insolvenzverwalter**, vgl. § 22 Rdn. 32 ff.) oder dem gem. § 22 Abs. 2 ein vom Gericht bestimmter Rechte- und Pflichtenkreis übertragen wird,[38] der in seinen Wirkungen hinter der Übertragung der Verwaltungs- und Verfügungsbefugnis zurückbleibt (**sog. schwacher vorläufiger Insolvenzverwalter**, vgl. § 22 Rdn. 86 ff.). Im Verbraucherinsolvenzverfahren kann ein vorläufiger Treuhänder bestellt werden.[39] Ist ein nicht offensichtlich aussichtsloser Antrag auf **Eigenverwaltung** gestellt, sieht

---

30 BGH 01.12.2005, IX ZB 208/05, ZInsO 2006, 267 Rn. 11; 27.03.2003, IX ZB 366/02, ZVI 2003, 289.
31 BGH 22.03.2007, IX ZB 164/06, ZInsO 2007, 440 Rn. 9.
32 BGH 11.01.2007, IX ZB 271/04, ZInsO 2007, 267 Rn. 22; MüKo-InsO/*Haarmeyer* Rn. 15, 44.
33 BGH 01.12.2005, IX ZB 208/05, ZInsO 2006, 267 Rn. 11: »Pflichtgemäßes Ermessen«.
34 BGH 01.12.2005, IX ZB 208/05, ZInsO 2006, 267 Rn. 11.
35 FK-InsO/*Schmerbach* Rn. 32.
36 BGH 03.12.2009, IX ZR 7/09, BGHZ 183, 169 Rn. 22; 18.07.2002, IX ZR 195/01, BGHZ 151, 353 (367); zur Abgrenzung vgl. auch BGH 11.01.2007, IX ZB 271/04, ZInsO 2007, 267 Rn. 19.
37 FK-InsO/*Schmerbach* Rn. 45; Zöller/*Vollkommer* § 329 ZPO Rn. 24.
38 BGH 18.07.2002, IX ZR 195/01, BGHZ 151, 353 (367).
39 BGH 12.07.2007, IX ZB 82/03, VuR 2007, 470 Rn. 8.

§ 270a Abs. 1 Satz 2 die Bestellung eines **vorläufigen Sachwalters** vor, dessen Rechtsstellung sich nicht nach § 22 sondern nach §§ 274, 275 richtet. Im sog. Schutzschirmverfahren ist nach § 270b Abs. 2 Satz 1 ebenfalls ein vorläufiger Sachwalter zu bestellen, wobei das Gericht nach Maßgabe von § 270b Abs. 2 Satz 2 die vom Schuldner vorgeschlagene Person zu bestellen hat. Ist der Antrag wegen drohender Zahlungsunfähigkeit gestellt und die angestrebte Sanierung nicht offensichtlich ohne Erfolgsaussichten, ist der vorläufige Sachwalter nach § 270b Abs. 2 Satz 1 in dem Beschluss über die Bestimmung der Frist zur Vorlage eines Insolvenzplans zu bestellen (vgl. i.E. die Kommentierung zu §§ 270a und 270b). Ein Diskussionsentwurf des BMJ für ein Gesetz zur Erleichterung der Bewältigung von Konzerninsolvenzen sieht vor, dass sich die für gruppenangehörige Schuldner zuständigen Insolvenzgerichte darüber abstimmen, ob im Interesse der Gläubiger lediglich eine Person als vorläufiger Insolvenzverwalter bestellt wird (§ 56b InsOE).

a) Inhalt der Maßnahme

15 Der vorläufige Insolvenzverwalter hat die ihm durch das Insolvenzgericht eingeräumten Befugnisse dafür zu nutzen, den Zweck des Eröffnungsverfahrens zu verwirklichen. Diese Aufgabenbeschreibung ist für den sog. starken vorläufigen Insolvenzverwalter in § 22 Abs. 1 Satz 2 Nr. 1 und 2 konkretisiert, gilt jedoch ebenso für den vorläufigen Insolvenzverwalter, auf den die Verwaltungs- und Verfügungsbefugnis nicht übergegangen ist (vgl. § 22 Rdn. 86). Daneben hat er die Kostendeckung zu prüfen (§ 22 Abs. 1 Satz 2 Nr. 3 1. HS), damit ggf. zeitnah der Eröffnungsantrag gem. § 26 Abs. 1 abgewiesen werden kann (vgl. § 22 Rdn. 82) und – bei entsprechendem Auftrag (§ 22 Abs. 1 Satz 2 Nr. 3 2. HS) – als Sachverständiger tätig zu werden (vgl. § 22 Rdn. 83). Die für den Insolvenzverwalter im eröffneten Verfahren geltenden Vorschriften über die **Bestellung**, **Aufsicht** und **Entlassung** sind ebenso entsprechend anzuwenden (§§ 56, 56a, 58 f., vgl. § 22 Rdn. 5 ff.) wie diejenigen zur Haftung (§§ 60 bis 63, vgl. § 22 Rdn. 19 ff.) und **Vergütung** (§§ 64 bis 66; vgl. § 22 Rdn. 11 ff.).

b) Anordnungskriterien

16 Die Bestellung eines vorläufigen Insolvenzverwalters ohne die **gleichzeitige Anordnung von Verfügungsbeschränkungen** ist die Ausnahme;[40] letztere machen zwar regelmäßig, aber nicht stets die Bestellung eines vorläufigen Insolvenzverwalters notwendig, z.B. bei eingestelltem Geschäftsbetrieb.[41] Bei noch laufendem Geschäftsbetrieb ist die Erforderlichkeit der Bestellung zur **Sicherung der freien Entscheidung der Gläubigerversammlung** nach § 157 Satz 1 grds. zu bejahen. Anordnungskriterien sind darüber hinaus **Umfang des Vermögens und Überschaubarkeit der Vermögensverhältnisse** des Schuldners und dessen Verhalten in Bezug auf die Erfüllung seiner Auskunfts- und Mitwirkungspflichten (**Vertrauenswürdigkeit**) sowie im Vorfeld des Eröffnungsverfahrens (Verdachtsmomente für Verdunkelungshandlungen wie z.B. eine sog. Firmenbestattung).[42] Der vorläufige Insolvenzverwalter muss ferner bestellt werden, wenn die Zwangsvollstreckung in das unbewegliche Vermögen nach § **30d ZVG** unterbunden[43] oder nach Abs. 2 Satz 1 Nr. 4 eine Postsperre angeordnet werden soll (vgl. Rdn. 39). **Zu unterbleiben** hat die Bestellung – auch zur Vermeidung von Amtshaftungsansprüchen – **bei erkennbarer Masseunzulänglichkeit**, wenn diese zu einem vorhersehbaren Ausfall des vorläufigen Verwalters mit seinem Vergütungsanspruch führt.[44] Bestehen diesbezüglich lediglich Zweifel, kann ein vorläufiger Insolvenzverwalter bestellt werden, wobei dieser

---

40 BGH 05.05.2011, IX ZR 144/10, ZInsO 2011, 1463, 48.
41 FK-InsO/*Schmerbach* Rn. 66; s.a. Kübler/Prütting/Bork-*Pape* § 22 Rn. 3 und Nerlich/Römermann/*Mönning* Rn. 158 f.
42 Vgl. BGH 13.12.2007, IX ZB 238/06, EWIR 2008, 181; LG Düsseldorf NZI 2004, 96 (97); LG Berlin 03.07.2002, 86 T 430/02, ZInsO 2002, 837 (838).
43 Kübler/Prütting/Bork-*Pape* Rn. 27.
44 BGH 22.01.2004, IX ZB 123/03, BGHZ 157, 370 (377).

seine Tätigkeit einzustellen hat, wenn er die Kostenarmut erkennt;[45] ggf. ist zunächst isoliert ein Sachverständiger zu bestellen (vgl. § 22 Rdn. 82). Die Bestellung kann auch zur Verfolgung eines **Anspruchs nach § 26 Abs. 4** angezeigt sein. Soweit nach Nr. 1a, § 22a ein vorläufiger Gläubigerausschuss zu bestellen ist, ist dieser vor der Bestellung des vorläufigen Insolvenzverwalters nach § 56a Abs. 1 anzuhören. Das Gericht ist nach Maßgabe von § 56a Abs. 2 Satz 1 an einen Vorschlag zur Person des vorläufigen Insolvenzverwalters gebunden und hat ein nach § 56a Abs. 2 Satz 2 beschlossenes Anforderungsprofil zu berücksichtigen. Soweit mit dem Antrag auf Bestellung eines vorläufigen Gläubigerausschusses bereits ein einstimmiges Votum der benannten Mitglieder des vorläufigen Gläubigerausschusses über die Person des vorläufigen Insolvenzverwalters bzw. über dessen Anforderungsprofil beigefügt wurde und alle weiteren Voraussetzungen für die Einsetzung der benannten Ausschussmitglieder vorliegen, kann die Bestellung des vorläufigen Insolvenzverwalters mit der Einsetzung verbunden werden, wenn keine Anhaltspunkte vorliegen, die für eine spätere Abweichung von diesem Votum sprechen.[46]

c) Entlassung des vorläufigen Verwalters

Die Entlassung des vorläufigen Insolvenzverwalters ist zu unterscheiden von der Aufhebung der Sicherungsmaßnahme. Letztere kommt nur bei der Erledigung des Sicherungszwecks in Betracht und darf nicht zur Umgehung des § 59 angewandt werden (vgl. § 22 Rdn. 9).[47]   17

2. Einsetzung eines vorläufigen Gläubigerausschusses (Abs. 2 Satz 1 Nr. 1a)

Durch Gesetz vom 07.12.2011[48] ist die Möglichkeit geschaffen worden, einen vorläufigen Gläubigerausschuss einzusetzen. Der Gesetzgeber hat damit – im zweiten Anlauf[49] – auf in der Praxis bestehende Unsicherheiten zur Zulässigkeit dieser Maßnahme reagiert.[50]   18

a) Inhalt der Maßnahme

Die Einsetzung eines vorläufigen Gläubigerausschusses ist **keine Sicherungsmaßnahme** im klassischen Sinne (vgl. Rdn. 4); sie soll den Einfluss bzw. die Beteiligung der Gläubiger an den im Eröffnungsverfahren zu treffenden Entscheidungen gewährleisten, insb. im Hinblick auf eine Sanierung und dient damit nicht nur dem Schutz sondern der tatsächlichen Einbindung der Gläubigerinteressen in das Eröffnungsverfahren.[51] Für die Maßnahme gelten kraft Verweisung in Abs. 2 Satz 1   19

---

45 BGH 22.01.2004, IX ZB 123/03, BGHZ 157, 370 (377).
46 *Haarmeyer/Horstkotte* ZInsO 2012, 1440, 1442 f., die allerdings bei einem sog. Profilvorschlag unter Hinweis auf § 56 Abs. 2 Satz 2 davon ausgehen, dass insoweit eine Mehrheitsentscheidung genügt. Da überstimmten Mitgliedern jedoch die Möglichkeit genommen wird, in der Sitzung des vorläufigen Gläubigerausschusses Überzeugungsarbeit zu leisten, ist auch insoweit Einstimmigkeit zu fordern; a.A. AG München 14.06.2012, 1506 IN 1851/12, ZInsO 2012, 1308 (1309); *Frind* ZInsO 2012, 2028 (2032), der zwar zu Recht darauf hinweist, dass noch kein Beschluss nach § 56a Abs. 2 vorliegt. Bei Einstimmigkeit erscheint die Einhaltung der vom Gesetz vorgesehenen Reihenfolge jedoch als unnötige Förmelei. Folgt man der Gegenauffassung, müsste der Antragsteller für die Präsenz der betreffenden Personen an der Gerichtsstelle Sorge tragen, die dann unverzüglich die erste Versammlung abhalten könnten, vgl. *Vallender* EWiR 2012, 495 (496).
47 FK-InsO/*Jahntz* § 59 Rn. 6; a.A. MüKo-InsO/*Graeber* § 59 Rn. 9 zur Entlassung.
48 BGBl. I, 2582; zum zeitl. Anwendungsbereich s. Rdn. 2.
49 Abs. 2 Satz 1 Nr. 6 i.d.F. des Entwurfs eines Gesetzes zur Verbesserung und Vereinfachung der Aufsicht in Insolvenzverfahren (GAVI, ZVI 2007, 577 (580).
50 GesEntwBReg, BT-Drucks. 17/5712, 35.
51 GesEntwBReg, BT-Drucks. 17/5712, 35; Beschlussempfehlung und Bericht des Rechtsschusses, BT-Drucks. 17/7511, 45; *Steinwachs* ZInsO 2011, 410; *Pape* ZInsO 2011, 1033 (1036).; Graf-Schlicker/*Graf-Schlicker* § 22a Rn. 2.

Nr. 1a die Vorschriften für den Gläubigerausschuss im eröffneten Verfahren mit einigen, sich aus der Natur des Eröffnungsverfahrens ergebenden Modifikationen.

20 Die **Zusammensetzung** des vorläufigen Gläubigerausschusses richtet sich nach § 67 Abs. 2, wobei – anders als nach § 67 Abs. 3 – nur Gläubiger als Mitglieder bestellt werden können.[52] Im Hinblick auf eine Beteiligung des Pensionssicherungsvereins oder Kredit- bzw. Kreditausfallversicherer genügt es nach Abs. 2 Satz 1 Nr. 1a 2. Hs., wenn die Gläubigerstellung im Falle der Verfahrenseröffnung (voraussichtlich) bestünde.[53] Angehörige einer im schuldnerischen Unternehmen vertretenen Gewerkschaft können ohne Gläubigerstellung nicht Ausschussmitglied werden.[54] Sachgerecht ist regelmäßig eine ungerade Zahl von Ausschussmitgliedern[55], wobei auch ein nach § 22a Abs. 1 gebildeter Ausschuss nicht zwingend fünf Mitglieder haben muss.[56] Das Insolvenzgericht ist an einen Vorschlag für die potentiellen Mitglieder nicht gebunden, auch wenn dieser von einer nach § 22a Abs. 2 antragsberechtigten Person kommt (vgl. § 22a Rdn. 8).[57] Das Insolvenzgericht soll bei der Auswahl der Mitglieder vielmehr auf eine die unterschiedlichen – ggf. auch divergierenden – Gläubigerinteressen berücksichtigende Repräsentation bedacht sein. Der vorläufige Gläubigerausschuss kann sich weder auflösen noch seine Besetzung kraft eigener Befugnis ändern, weil es mangels einer § 68 vergleichbaren Regelung bei der Anordnungskompetenz des Insolvenzgerichts verbleibt, für dessen Entscheidung über eine **Änderung der Zusammensetzung** § 70 gilt[58], einschließlich der Möglichkeit der sofortigen Beschwerde nach § 70 Abs. 3 § 70 – nicht etwa die allgemeinen Grundsätze zur Aufhebung einer Sicherungsmaßnahme (vgl. Rdn. 71) – gilt entsprechend, wenn das Insolvenzgericht den Ausschuss auflösen will. Für eine **Auflösung** wird nur in eng begrenzten Ausnahmefällen Raum sein[59]; sie wird nicht schon dann in Betracht kommen, wenn die Voraussetzungen des § 22a Abs. 1 irrtümlich angenommen wurden, die Voraussetzungen des § 22a Abs. 3 nachträglich festgestellt werden oder wegfallen. Dem übereinstimmenden Votum des Ausschusses selbst wird das Insolvenzgericht dagegen stets Rechnung zu tragen haben; einem mehrheitlichen Votum zumindest unter den Voraussetzungen des § 22a Abs. 3 bzw. vergleichbaren Gründen. Die Auflösung des vorläufigen Gläubigerausschusses unterliegt entsprechend § 70 Abs. 3 der Überprüfung im Beschwerdeverfahren. Dagegen ist – nach allgemeinen Grundsätzen – **kein Rechtsmittel eröffnet**, wenn das **Insolvenzgericht von der Anordnung absieht** (vgl. Rdn. 72 f.), und zwar auch dann nicht, wenn die Voraussetzungen des § 22a Abs. 1, 2 behauptet werden.[60] Anfechtbar ist dagegen die Einsetzung nach Abs. 1 Satz 2 für den Schuldner, obwohl es sich der Sache nach nicht um eine Sicherungsmaßnahme handelt. Der Schuldner kann seine Beschwerde jedoch nicht isoliert gegen die Auswahl eines Mitglieds des vorläufigen Gläubigerausschusses richten.[61]

---

52 Kritisch dazu *Heeseler/Neu* NZI 2012, 440 (444 f.); die Regelung verteidigt dagegen *Frind* BB 2013, 265 (268).
53 Beschlussempfehlung und Bericht des Rechtsschusses, BT-Drucks. 17/7511, 45 f.
54 FK-InsO/*Schmerbach* Rn. 193 f.; *Frind* ZInsO 2011, 2249 (2250); BB 2013, 265 (268); a.A. *Obermüller* ZInsO 2012, 757 (760 ff.); *Haarmeyer* ZInsO 2012, 2109 (2115).
55 *Frind* ZInsO 2011, 2249 (2251).
56 BGH 05.03.2009, IX ZB 148/08, ZInsO 2009, 716 Rn. 5; Graf-Schlicker/*Graf-Schlicker* § 22a Rn. 16; *Cranshaw* ZInsO 2012, 1151 (1156); *Beth* ZInsO 2012, 1974 (1975); *Frind* ZInsO 2013, 279 (279 f.); vgl. auch *Frind* BB 2013, 265 (267).
57 Graf-Schlicker/*Graf-Schlicker* § 22a Rn. 16.
58 FK-InsO/*Schmerbach* Rn. 193g; enger *Haarmeyer* ZInsO 2013, 1039, der ein Recht zur Erweiterung des Gläubigerausschusses unter Hinweis auf § 68 ablehnt; zur Entlassung eines einzelnen Mitglieds vgl. BGH 29.03.2012, IX ZB 310/11, ZInsO 2012, 826 Rn. 18 ff.
59 Weitergehend: *Frind* ZInsO 2011, 2249 (2251); einschränkend nunmehr in ZIP 2013, 1380 (1386).
60 BGH 07.02.2013, IX ZB 43/12, ZInsO 2013, 460 Rn. 6; *Frind* ZInsO 2013, 279 (286); a.A. *Römermann/ Praß*, ZInsO 2013, 482, 482 ff; *Horstkotte* ZInsO 2012, 1930 (1932).
61 LG Kleve 04.04.2013, 4 T 32/13, ZIP 2013, 992 (993).

Die **Aufgaben** des vorläufigen Gläubigerausschusses ergeben sich aus § 69.[62] §§ 158 Abs. 1, 160 Abs. 1 Satz 1 und § 161 finden sinngemäß Anwendung (vgl. § 22 Rdn. 80).[63] Ferner ist der vorläufige Gläubigerausschuss nach Maßgabe des § 56a in die Bestellung des vorläufigen Insolvenzverwalters einzubinden (Rdn. 23). Ist ein Antrag auf **Eigenverwaltung** gestellt, hat der vorläufige Gläubigerausschuss nach § 270 Abs. 3 über dessen Unterstützung zu entscheiden. Er kann zudem nach § 270b Abs. 3 Nr. 3 die **Aufhebung einer Anordnung nach § 270b Abs. 1** beantragen. Für die **Haftung** wird auf § 71 verwiesen. Es sprechen durchaus gute Gründe dafür, im Eröffnungsverfahren über den Wortlaut des § 71 hinaus auch eine Haftung gegenüber dem Schuldner zu bejahen, weil dieses auch auf den Schutz seiner Interessen gerichtet ist und dem vorläufigen Gläubigerausschuss wichtige Interventionskompetenzen zukommen.[64] Die **Willensbildung** richtet sich nach § 72; für die **Vergütung** der Mitglieder des vorläufigen Gläubigerausschusses wird auf § 73 verwiesen. Ferner müssen die Kosten für die Absicherung des Haftungsrisikos berücksichtigt werden.[65] Beschränkt sich die Tätigkeit auf die Wahrnehmung der Aufgaben gem. §§ 56a Abs. 1, 270 Abs. 3, beträgt die Vergütung pauschal 300 €; für weitere Tätigkeiten nach der Bestellung eines vorläufigen Insolvenzverwalters oder vorläufigen Sachwalters gilt § 17 Abs. 1 InsVV (§ 17 Abs. 2 InsVV). Die Vergütung zählt zu den Kosten des Eröffnungsverfahrens (vgl. Rdn. 67); ebenso die Kosten der Haftpflichtversicherung.[66] Das Amt der Ausschussmitglieder endet mit der Entscheidung über die Verfahrenseröffnung.[67]

21

b) Anordnungskriterien

Da die Maßnahme, keinen Sicherungscharakter hat (vgl. Rdn. 19), ist für die Ausübung des Anordnungsermessens nicht der Sicherungszweck sondern das Beteiligungs- und Mitbestimmungsinteresse der Gläubiger maßgeblich, das gegen die mit der Einsetzung (naturgemäß) verbundene Verzögerung des Eröffnungsverfahrens und die für die künftige Masse verbundenen Kosten abzuwägen ist. Das Ermessen ist nach Maßgabe des § 22a gebunden,[68] wobei die insb. in Abs. 3 dieser Vorschrift zum Ausdruck kommenden Wertungen auch außerhalb des Anwendungsbereichs von § 22a Abs. 1 und 2 zu berücksichtigen sind, allerdings nicht als zwingendes Ausschlusskriterium (vgl. i.E. § 22a Rdn. 11).[69] In einem Verfahren über das Vermögen eines Schuldners, der keinen (noch laufenden) Geschäftsbetrieb unterhält, hat nach der Vorstellung des Gesetzgebers, wie sich aus § 22a Abs. 3 1. Fall ergibt, die Anordnung zu regelmäßig unterbleiben.[70] Leitbild ist vielmehr ein laufender Geschäftsbetrieb von gewisser Größe.[71] Die Einsetzung ist im Hinblick auf die in §§ 270 Abs. 3, 270b Abs. 3 Nr. 3 vorgesehen Beteiligungsrechte bei einem Antrag auf Anordnung der Eigenverwaltung bzw. im Schutzschirmverfahren,[72] zur Mitwirkung bei der Bestellung eines vorläufigen Insolvenzverwalters (§ 56a Abs. 1), aber auch sonst zur Einbindung der Gläubiger in Sanierungsbemühungen zu erwägen. Gleiches gilt, wenn absehbar bereits im Eröffnungsverfahren wesentliche, an

22

---

62 Ausführlich *Frind* BB 2013, 265 (265 f.).
63 Vgl. *Frind* ZIP 2012, 1380, 1382 f., der jedoch nicht von der Möglichkeit der vorläufigen Untersagung einer Rechtshandlung entsprechend § 161 ausgeht, sondern insoweit nur die Möglichkeit von Aufsichtsmaßnahmen sieht.
64 *Frind* ZIP 2012, 1380 (1384); a.A. *Cranshaw* ZInsO 2012, 1151 (1153).
65 *Römermann* NJW 2012, 645 (648); *Frind* ZInsO 2012, 1380 (1386); ZInsO 2012, 2028 (2034); *Beth* ZInsO 2012, 1974 (1976); a.A. *Hirte* ZInsO 2012, 820 (821), der stattdessen die Belastung der Masse mit potentiellen Schadenersatzverpflichtungen der Ausschussmitglieder vorschlägt; vgl. auch BGH 29.03.2012, IX ZB 310/11, ZInsO 2012, 826.
66 *Frind* ZIP 2012, 1380 (1386).
67 *Frind* ZInsO 2011, 2249 (2251).
68 AA *Frind* ZInsO 2012, 2030 (2030, 2032), der sich für eine Regelung les specialis ausspricht.
69 *Haarmeyer/Horstkotte* ZInsO 2012, 1441 (1445); *Frind* ZInsO 2012, 2028 (2030).
70 *Frind* ZInsO 2012, 2028 (2030, 2032).
71 *Frind* ZInsO 2012, 2028 (2032).
72 GesEntwBReg, BT-Drucks. 17/5712, 39 *Frind* ZIP 2012, 1380 (1383 f.) hält die Anordnung im Eigenverwaltungsverfahren für unverzichtbar.

sich dem eröffneten Verfahren vorbehaltene Entscheidungen zu treffen sind, insb. wenn insoweit potentielle Beteiligungsrechte der Gläubiger betroffen sind.

23 Die Einsetzung hat zur Wahrung der Beteiligungsrechte nach § 56a Abs. 1 grds. vor der Bestellung eines vorläufigen Insolvenzverwalters zu erfolgen, es sei denn, dieses Verfahren führt »offensichtlich« zu einer Verschlechterung der Vermögenslage des Schuldners. Wird die Einsetzung eines vorläufigen Gläubigerausschusses beantragt, kann der Antragsteller der Zurückstellung der Einsetzung dadurch begegnen, dass bereits mit dem Antrag ein einstimmiges Votum der benannten Mitglieder über die Person des vorläufigen Insolvenzverwalters oder dessen Anforderungsprofil vorgelegt wird (Rdn. 16). Gerechtfertigt ist dann nur das Absehen von der nach § 56a Abs. 1 gebotenen Anhörung; für das Absehen von der Einsetzung muss eine darüber hinausgehende Gefährdung festgestellt werden. Ist von der Einsetzung insgesamt abgesehen worden, gilt § 56a Abs. 3 entsprechend (§ 56a Rdn. 6).[73] Die (ggf. auch nachträgliche) Einsetzung kann angezeigt sein, wenn bereits im Eröffnungsverfahren Entscheidungen zu treffen sind, die an sich dem eröffneten Verfahren vorbehalten sind und dort der Mitbestimmung der Gläubiger unterliegen. Finden sich – auch nach einer Aufforderung nach § 22a Abs. 4 – keine Gläubiger, um einen vorläufigen Gläubigerausschuss nach Maßgabe des § 67 Abs. 2 zu besetzen (vgl. § 67 Rdn. 5 ff.), muss die Einsetzung unterbleiben. Die im Rahmen der Amtsermittlungspflicht zu unternehmenden (erfolglosen) Anstrengungen zur Bildung des vorläufigen Gläubigerausschusses sollten dokumentiert werden. Zur Änderung der Zusammensetzung des vorläufigen Gläubigerausschusses und zu dessen Zusammensetzung vgl. Rdn. 20.

3. Anordnung von Verfügungsbeschränkungen (Abs. 2 Satz 1 Nr. 2)

24 Die Anordnung von Verfügungsbeschränkungen steht in engem Zusammenhang zur Bestellung eines vorläufigen Insolvenzverwalters; denn in aller Regel muss im Eröffnungsverfahren sichergestellt werden, dass über das betroffene Vermögen weiterhin verfügt werden kann (vgl. Rdn. 16). Damit ist regelmäßige Kehrseite der Verfügungsbeschränkung die Einräumung entsprechender Verfügungsrechte für den vorläufigen Insolvenzverwalter, die im Rahmen des Sicherungszwecks ausgeübt werden dürfen (vgl. Rdn. 15; § 22 Rdn. 47 f.). Bei der Anordnung eines allgemeinen Verfügungsverbots fällt dem vorläufigen Insolvenzverwalter seine Rechtsstellung nach § 22 Abs. 1 Satz 1 automatisch zu. Bei dahinter zurückbleibenden Verfügungsbeschränkungen hat das Insolvenzgericht die Pflichten (und Rechte) des vorläufigen Insolvenzverwalters nach § 22 Abs. 2 Satz 1 i.E. zu bestimmen.[74] Es gilt hier die Faustformel: Der Schuldner darf alles, was ihm nicht verboten, der vorläufige Insolvenzverwalter nur, was ihm erlaubt wurde.

a) Inhalt der Maßnahme

25 Verfügung i.S.d. Abs. 2 Satz 1 Nr. 2 ist jedes Rechtsgeschäft, durch das auf ein dingliches oder obligatorisches Recht unmittelbar eingewirkt, es also übertragen, belastet, aufgehoben oder inhaltlich geändert wird, allgemeiner Verfügungsbegriff (vgl. § 24 Rdn. 4).[75] Umfasst sind auch die Ausübung von Gestaltungsrechten (Kündigung;[76] Rücktritt; Anfechtung; Schadenersatzverlangen nach § 281 Abs. 1, Abs. 4 BGB), Erfüllung (§ 362 BGB), auch durch Genehmigung einer Lastschrift/Zahlung,[77] sowie der Abruf eines Darlehens.[78] Dagegen berührt die Verfügungsbeschränkung nicht die Wirksamkeit der vom Schuldner abgeschlossenen Verpflichtungsgeschäfte (vgl. auch § 22

---

[73] *Ehlers* BB 2013, 259 (262); FK-InsO/*Jahntz*, § 56a Rn. 51; a.A. HambK-InsR/*Frind* § 56a Rn. 29; FK-InsO/*Schmerbach* § 22a Rn. 27, 41; *Frind* ZIP 2012, 1380 (1383).
[74] BGH 18.07.2002, IX ZR 195/01, BGHZ 151, 353 (367).
[75] BGH 10.12.2009, IX ZR 1/09, ZInsO 2010, 33 Rn. 26; 04.05.1987, II ZR 211/86, BGHZ 101, 24 (26); HK-InsO/*Kirchhof* Rn. 17.
[76] BAG 10.10.2002, 2 AZR 532/01, ZIP 2003, 1161 (1162).
[77] BGH 27.10.2007, IX ZR 217/06, BGHZ 174, 84 Rn. 19.
[78] AG Hamburg 29.06.2004, 62 IN 189/04, ZVI 2005, 129 (130).

Rdn. 51).⁷⁹ Zu Handlungen, die auf die Vollendung eines bedingten Rechtserwerbs gerichtet sind vgl. § 24 Rdn. 4 f. Abs. 2 Satz 1 Nr. 2 benennt nur das allgemeine Verfügungsverbot und die Anordnung eines Zustimmungsvorbehalts als Verfügungsbeschränkung. Daneben kommt – allerdings auf der Grundlage von Abs. 1 – die Anordnung besonderer Verfügungsbeschränkungen oder eines Verpflichtungsvorbehalts in Betracht (vgl. Rdn. 58). Unzulässig ist es, den vorläufigen Insolvenzverwalter neben einem Zustimmungsvorbehalt umfassend zu ermächtigen, für den Schuldner zu handeln (vgl. § 22 Rdn. 87).⁸⁰ Geschützt sind nur Gegenstände der künftigen Insolvenzmasse.⁸¹

aa) Allgemeines Verfügungsverbot

26 Das allgemeine Verfügungsverbot ist eine umfassende Verfügungsbeschränkung, die dem Schuldner Verfügung nicht nur untersagt, sondern diese nach §§ 24 Abs. 1, 81 Abs. 1 **absolut (schwebend) unwirksam** bleiben.⁸² Näheres zur **Bekanntmachung** regelt § 23, die **Wirkungen** der Verfügungsbeschränkung § 24;⁸³ bei der **Aufhebung** ist § 25 zu beachten. Ist ein vorläufiger Insolvenzverwalter bestellt, fällt diesem gem. § 22 Abs. 1 Satz 1 die Verwaltungs- und Verfügungsbefugnis über die künftige Insolvenzmasse zu.⁸⁴ Im Rahmen dieser Befugnis begründete Verbindlichkeiten gelten im eröffneten Verfahren als **Masseverbindlichkeiten** (§ 55 Abs. 2 Satz 1). Dies gilt auch für Ansprüche nach § 108 Abs. 3.⁸⁵ Die Anordnung hat damit bei gleichzeitiger Bestellung eines vorläufigen Insolvenzverwalters nach § 22 Abs. 1 über eine bloße Verfügungsbeschränkung hinausgehende Wirkungen (vgl. § 22 Rdn. 33). Sie hat nach **§ 240 Satz 2 ZPO** die Unterbrechung eines die künftige Insolvenzmasse betreffenden Verfahrens zur Folge (vgl. § 22 Rdn. 52 ff.).

bb) Allgemeiner Zustimmungsvorbehalt

27 Die Anordnung bewirkt, dass die Wirksamkeit einer Verfügung von der Zustimmung des vorläufigen Insolvenzverwalters abhängig ist. Die Zustimmung (§ 182 BGB) kann durch (**vorherige**) **Einwilligung (§ 183 BGB)** oder – wenn nicht ein einseitiges empfangsbedürftiges Rechtsgeschäft betroffen ist⁸⁶ – durch (**nachträgliche**) **Genehmigung (§ 184 BGB)** der Verfügung erklärt werden.⁸⁷ Fehlt die Zustimmung, ist die Verfügung nach §§ 24 Abs. 1, 81 Abs. 1 **absolut (schwebend) unwirksam**. Gewillkürte Masseverbindlichkeiten (§ 55 Abs. 2 Satz 1) entstehen durch die Zustimmung nicht, weil Handelnder der Schuldner bleibt.⁸⁸ § 55 Abs. 4 enthält hierzu nunmehr eine (systemwidrige) Ausnahme, soweit Verbindlichkeiten des Schuldners aus dem Steuerschuldverhältnis mit Zustimmung des vorläufigen Insolvenzverwalters begründet werden (vgl. § 55 Rdn. 29 ff.).

b) Anordnungskriterien

28 Unter **Verhältnismäßigkeitsgesichtspunkten** ist stets zu prüfen, ob ein hinreichender Schutz der künftigen Insolvenzmasse bereits durch die Anordnung eines Zustimmungsvorbehalts gewährleistet werden kann.⁸⁹ Berücksichtigt werden muss auch, dass ein allgemeines Verfügungsverbot nach §§ 22 Abs. 1, 55 Abs. 2 Satz 1 die künftige Insolvenzmasse mit gewillkürten **Masseverbindlichkeiten** belastet. Dies kann aber zur Sicherung einer **Betriebsfortführung** erforderlich sein, wenn auf die Begründung von Masseverbindlichkeiten gerichtete Einzelermächtigungen (vgl. § 22 Rdn. 90) un-

---

79 BGH 10.12.2009, IX 1/09, ZInsO 2010, 33 Rn. 26; BGH 21.02.2013, IX ZR 69/12, ZInsO 2013, 572 Rn. 16.
80 BGH 18.07.2002, IX ZR 195/01, BGHZ 151, 353 (365).
81 BGH, 21.02.2013, IX ZR 69/12, ZInsO 2013, 572 Rn. 9.
82 BGH 19.01.2006, IX ZR 232/04, ZInsO 2006, 261 Rn. 15.
83 Zur Abgrenzung zum gutgläubigen Erwerb auch BGH 15.12.2005, IX ZR 227/04, ZInsO 2006, 92 Rn. 9.
84 BGH 18.07.2002, IX ZR 195/01, BGHZ 151, 353 (361): »umfassende Handlungsbefugnis«.
85 BGH 18.07.2002, IX ZR 195/01, BGHZ 151, 353 (357 f.).
86 Palandt/*Ellenberger* § 182 BGB Rn. 5.
87 BGH 30.09.2010, IX ZR 178/09, ZInsO 2010, 2089 Rn. 16.
88 BGH 18.07.2002, IX ZR 195/01, BGHZ 151, 353 (361 f.).
89 BGH 18.07.2002, IX ZR 195/01, BGHZ 151, 353 (364).

geeignet sind.⁹⁰ Unumgänglich wird die Anordnung eines allgemeinen Verfügungsverbotes regelmäßig auch dann sein, wenn der Schuldner selbst nicht bereit oder in der Lage ist, die für die Betriebsfortführung notwendigen Maßnahmen zu ergreifen oder zu befürchten ist, dass er im Rahmen seiner (fortbestehenden) Befugnis, Verpflichtungsgeschäfte abzuschließen, seinen Gläubigern Schaden zufügt. Ist ein Antrag auf **Eigenverwaltung** (§ 270 Abs. 2 Nr. 2) gestellt, soll das Insolvenzgericht nach § 270a Abs. 1 Satz 1 von der Anordnung einer Verfügungsbeschränkung absehen, wenn der Antrag nicht offensichtlich aussichtslos ist. In der Praxis hat sich die **Anordnung eines Zustimmungsvorbehalts als Regelfall** herausgebildet.⁹¹

4. Einschränkung der Einzelzwangsvollstreckung (Abs. 2 Satz 1 Nr. 3)

29 Die im Wege der Einzelzwangsvollstreckung nach Antragstellung zu Lasten der Gläubigergemeinschaft erlangten Vorteile unterliegen zwar regelmäßig nach § 131 Abs. 1 Nr. 1 der Anfechtung;⁹² soll die Einzelzwangsvollstreckung aber unterbunden werden, bedarf es einer ausdrücklichen Anordnung durch das Insolvenzgericht.⁹³ Die Anordnung ergänzt (aber erweitert nicht) die Rückschlagsperre des § 88 und verlagert die Wirkungen der §§ 89 f. vor.⁹⁴ Sie dient dazu, das Schuldnervermögen für ein späteres Insolvenzverfahren zu erhalten⁹⁵ und ein vorzeitiges Auseinanderreißen des Ist-Vermögens zu verhindern.⁹⁶ Nach § 46 Abs. 1 Satz 2 Nr. 4 KWG kann die BaFin bereits vor einem Insolvenzantrag zum Schutz der Masse und zur Ermöglichung einer Sanierung ein Zahlungsverbot (Moratorium) zu Gunsten eines Kreditinstituts anordnen.⁹⁷

a) Inhalt der Maßnahme

aa) Gegenstand der Maßnahme

30 Betroffen ist das zur künftigen sog. **Ist-Insolvenzmasse** gehörende Vermögen,⁹⁸ mithin alle Vermögensgegenstände, über die der Schuldner zum Zeitpunkt der Anordnung der Maßnahme tatsächlich verfügt, unabhängig davon, ob berechtigt oder unberechtigt.⁹⁹ Das Vollstreckungsverbot schützt nicht allgemein die Dispositionsmöglichkeiten des Insolvenzverwalters und der Gläubiger im eröffneten Verfahren,¹⁰⁰ insoweit bedarf es ggf. einer Anordnung nach Abs. 2 Satz 1 Nr. 5, wohl aber die durch einen sofortigen Zusammenbruch des Geschäftsbetriebes drohende Verschlechterung des Schuldnervermögens.¹⁰¹

31 Das Vollstreckungsgebot richtet sich auch gegen **absonderungsberechtigte Gläubiger**¹⁰² und wehrt sogar die Vollstreckung **aussonderungsberechtigter Gläubiger** ab;¹⁰³ weitergehende Einschränkungen können nach Abs. 2 Satz 1 Nr. 5 angeordnet werden (vgl. Rdn. 47 ff.; § 22 Rdn. 65 ff.).¹⁰⁴

---

90 HambK-InsR/*Schröder* Rn. 45; FK-InsO/*Schmerbach* Rn. 61; *Hölzle* ZInsO 2011, 1889 (1890).
91 BGH 18.07.2002, IX ZR 195/01, BGHZ 151, 353 (363); HK-InsO/*Kirchhof* § 22 Rn. 5; für die Zeit nach der Schaffung des § 55 Abs. 4 vgl. auch *Hölzle* ZInsO 2011, 1889 (1890).
92 BGH 22.01.2004, IX ZR 39/03, ZIP 2004, 513 (514).
93 BFH 08.08.2006, VII R 15/06, BFH/NV 2007, 109.
94 LG Mainz 20.02.2002, 8 T 302/01, NZI 2002, 444.
95 Begr. RegE BT-Drucks. 12/2443, 116.
96 BGH 14.12.2000, IX ZB 105/00, BGHZ 146, 165 (173).
97 Zu den Wirkungen: BGH 12.03.2013, XI ZR 227/12, WM 2013, 742 Rn. 17 ff.
98 FK-InsO/*Schmerbach* Rn. 199; HambK-InsR/*Schröder* Rn. 56; vgl. BGH 14.12.2000, IX ZB 105/00, BGHZ 146, 165 (173); 165, 266 Rn. 10.
99 Zum Begriff und zur Abgrenzung zur sog. Soll-Insolvenzmasse Mohrbutter/*Ringstmeier* § 6 Rn. 164; Gundlach/Schirrmeister NZI 2010, 176.
100 Für die Betriebsfortführung: AG Hamburg ZInsO 2007, 1166 (Rn. 19); LG Mainz 20.02.2002, 8 T 302/01, NZI 2002, 444 (445); a.A. AG Köln NJW-RR 1999, 1278.
101 AG Göttingen 14.08.2003, 74 AR 16/03, ZInsO 2003, 770 (772).
102 Begr. RegE BT-Drucks. 12/2443, 116; Uhlenbruck/*Vallender* Rn. 28; Jaeger/*Gerhardt* Rn. 53.
103 BGH 03.12.2009, IX ZR 7/09, BGHZ 183, 169 (Rn. 44).
104 I.E. str., vgl. HambK-InsR/*Schröder* Rn. 58; HK-InsO/*Kirchhof* Rn. 40.

Das den aussonderungsberechtigten Gläubiger belastende Vollstreckungsverbot, das es dem vorläufigen Insolvenzverwalter eröffnet, den Gläubiger auf eine Klärung seiner Rechte im eröffneten Verfahren zu verweisen,[105] räumt diesem allerdings im eröffneten Verfahren nicht mehr geltende Befugnisse ein (vgl. Rdn. 10).[106]

Vom Vollstreckungsverbot erfasst ist **jede Art der Zwangsvollstreckung**, einschließlich der Vollstreckung eines Arrests oder einer einstweiligen Verfügung,[107] die einen Bezug zum **geschützten Vermögen** aufweist.[108] Diese Einschränkung ergibt sich zwar nicht aus dem Wortlaut von Abs. 2 Satz 1 Nr. 3, aber aus dem Zusammenhang mit Abs. 1. Zulässig bleibt daher die auf Abgabe der **eidesstattlichen Versicherung** gerichtete Zwangsvollstreckung nach §§ 899 f. ZPO[109] sowie die Zwangsvollstreckung zur Erwirkung von Handlungen oder Unterlassungen gem. §§ 887 ff. ZPO, soweit ein Vermögensbezug nicht gegeben ist.[110] Zulässig ist auch ein den **Sicherungszweck nicht berührender Vermögenszugriff**.[111] Von Abs. 2 Satz 1 Nr. 3 erfasst ist auch die Vollstreckung nach § 885 ZPO, denn Zwangsvollstreckung in das unbewegliche Vermögen ist nur diejenige nach § 864 ZPO.[112] 32

bb) Wirkungen des Vollstreckungsverbotes

Die einstweilige Einstellung bewirkt ohne weiteres den Stillstand bereits **begonnener Zwangsvollstreckungsmaßnahmen** (§ 775 Nr. 2 ZPO),[113] wobei der Rang einer bereits ausgebrachten Pfändung nicht beseitigt werden kann.[114] Die Untersagung führt zur **Unzulässigkeit der Zwangsvollstreckung** nach § 775 Nr. 1 ZPO. Die Wirksamkeit der Maßnahme hängt nicht von der Zustellung an den Gläubiger ab.[115] Das Verbot ist im Vollstreckungsverfahren von Amts wegen zu berücksichtigen.[116] Eine verbotswidrige Zwangsvollstreckungsmaßnahme ist für den Schuldner bzw. den verfügungsbefugten vorläufigen Insolvenzverwalter nach § 766 ZPO anfechtbar, aber nicht nichtig.[117] Das durch eine **anordnungswidrige Zwangsvollstreckung** entstandene Pfändungspfandrecht muss durch eine nach § 131 Abs. 1 Nr. 1 ohne weiteres eröffnete Anfechtung beseitigt werden.[118] 33

Bei Streit über die Zulässigkeit einer Zwangsvollstreckungsmaßnahme entscheidet analog § 89 Abs. 3 das Insolvenzgericht.[119] 34

---

105 So ausdrücklich BGH 03.12.2009, IX ZR 7/09, BGHZ 183, 169 Rn. 44.
106 Dazu BGH 11.01.2007, ZB 271/04, ZInsO 2007, 267 Rn. 22; Kübler/Prütting/Bork-*Pape* Rn. 40d;.
107 AG Göttingen 14.08.2003, 74 AR 16/03, ZInsO 2003, 770 (772).
108 HK-InsO/*Kirchhof* Rn. 39.
109 LG Würzburg 21.09.1999, 9 T 1939/99, NJW-RR 2000, 781; AG Hainichen 07.08.2002, 1 M 1445/02, JurBüro 2002, 605; a.A. LG Darmstadt 10.07.2003, 5 T 272/03, NJW-RR 2003, 1493; HambK-InsR/*Schröder* Rn. 54; vgl. für § 89 Abs. 1: BGH 24.05.2012, IX ZB 275/10, ZInsO 2012, 1262 Rn. 10 ff.; 17.04.2013, IX ZB 300/11, ZInsO 2013, 984 Rn. 7
110 *App* KKZ 2003, 125 f.; HK-InsO/*Kirchhof* Rn. 39; nicht hinreichend diff. LG Mainz 20.02.2002, 8 T 302/01, NZI 2002, 444 (445).
111 AG Hamburg 25.09.2007, 903a M 1240/07, ZInsO 2007, 1166 Rn. 16 für die Pfändung des Anspruchs gegen den (verfügungsbefugten) vorläufigen Insolvenzverwalter auf die Auszahlung von Anderkontoguthaben nach Verfahrensbeendigung; HK-InsO/*Kirchhof* Rn. 40.
112 AG Köln 29.06.1999, 71 IN 143/99, NJW-RR 1999, 1278; *Hintzen* ZInsO 2001, 575; a.A. AG Mainz 14.02.2001, 201 M 180/01, ZInsO 2001, 574; AG Offenbach 30.11.2004, 61 M 11879/04, DGVZ 2005, 14.
113 Zöller/*Stöber* § 775 ZPO Rn. 5.
114 LG Trier 21.05.2005, 4 T 1/05, NZI 2005, 405; *Gerhardt* ZZP 109 (1996), 415 (424).
115 Kübler/Prütting/Bork-*Pape* Rn. 30.
116 AG Göttingen 14.08.2003, 74 AR 16/03, ZInsO 2003, 770 (772).
117 HK-InsO/*Kirchhof* Rn. 43.
118 Weitergehend *Vallender* ZIP 1997, 1993 (1996 f.); Kübler/Prütting/Bork-*Pape* Rn. 31.
119 AG Hamburg 25.09.2007, 903a M 1240/07, ZInsO 2007, 1166 (Rn. 8); AG Göttingen 14.08.2003, 74 AR 16/03, NZI 2003, 612; a.A. AG Köln 23.06.1999, 73 IK 1/99, NJW-RR 1999, 1351; AG Dresden 06.02.2004, 532 IN 3310/03, ZIP 2004, 778 (779); Zöller/*Stöber* § 766 ZPO Rn. 17.

35 Die durch das **materielle Recht** eröffneten Befriedigungsmöglichkeiten bleiben bestehen. So wird die Wirksamkeit einer Aufrechnung (§ 394 BGB) nicht berührt; insoweit enthalten die §§ 94 bis 96 abschließende, für im Eröffnungsverfahren entstandene Aufrechnungslagen nicht anwendbare Regelungen.[120] Dies gilt entsprechend für andere auf der Grundlage materiellen Rechts entstehende Sicherungs- oder Befriedigungsrechte (Vermieter- oder Pächterpfandrecht, §§ 562, 583 BGB). Ebenso wenig ist der Sicherungszessionar daran gehindert, die Abtretung offen zu legen (vgl. aber Rdn. 53 zu Abs. 2 Satz 1 Nr. 5).[121]

36 Wird durch das Verbot ein absonderungsberechtigter Gläubiger an der Verwertung gehindert, stehen diesem analog § 169 Satz 2 **Zinsen** und analog § 172 **Wertverlustausgleich** zu.[122]

cc) Zwangsvollstreckung in das unbewegliche Vermögen

37 Soweit die Zwangsvollstreckung in das unbewegliche Vermögen (vgl. §§ 864 ff. ZPO) eingeschränkt werden soll, kann der vorläufige Insolvenzverwalter einen Antrag auf einstweilige Einstellung der Zwangsversteigerung nach § 30d Abs. 4 ZVG stellen. Hierfür muss er glaubhaft machen, dass die Maßnahme erforderlich ist, um nachteilige Veränderungen der Vermögenslage des Schuldners zu verhindern. Sie kommt insb. zur Sicherstellung einer Betriebsfortführung im Eröffnungsverfahren in Betracht (vgl. § 30d Abs. 1 Satz 1 Nr. 2 ZVG).[123] Nicht betroffen ist die Eintragung einer Hypothek nach § 866 ZPO.[124] Durch das Verbot belastete Gläubiger haben analog § 30e Abs. 1 Satz 2, Abs. 2 ZVG Anspruch auf Zinsen und Wertverlustausgleich,[125] jedoch nur, wenn sie auf Grund ihrer Rechte an dem Grundstück eine tatsächliche Befriedigungsaussicht haben (§ 30e Abs. 3 ZVG). Nach h.M. soll analog § 30d Abs. 4 ZVG die Einstellung eines Zwangsverwaltungsverfahrens möglich sein, obwohl wegen § 153b ZVG das Bestehen einer Regelungslücke zweifelhaft ist.[126]

b) Anordnungskriterien

38 Der Streit, ob die Anordnung generell erfolgen kann[127] oder nur bei zumindest drohender Zwangsvollstreckung[128] hat praktisch kaum Relevanz, da regelmäßig schon der zulässige Insolvenzantrag ein Vollstreckungsrisiko indiziert. Eine Beschränkung auf Vollstreckungsmaßnahmen einzelner Gläubiger ist möglich,[129] aber regelmäßig nicht sinnvoll.[130] Im Hinblick auf die Wirkungen des Vollstreckungsverbots gegenüber aussonderungsberechtigten Gläubigern (vgl. Rdn. 31) ist unter Verhältnismäßigkeitserwägungen zu prüfen, ob und ggf. inwieweit diese vom Vollstreckungsverbot ausgenommen oder die Maßnahme auf die Sicherung der nach §§ 107 Abs. 2, 112 bestehenden Rechte beschränkt werden kann und muss. Dies wird regelmäßig der Fall sein, wenn der Schuldner den betroffenen Gegenstand unrechtmäßig erlangt hat.[131] Solche Einschränkungen können nachträglich erforderlich werden, wenn der unrechtmäßige Besitz im Eröffnungsverfahren sichtbar wird. Im sog. Schutzschirmverfahren hat das Gericht auf Antrag des Schuldners die Einstellung anzuordnen (§ 270b Abs. 2 Satz 3 HS 2).

---

120 BGH 29.06.2004, IX ZR 195/03, BGHZ 159, 388 (392).
121 BGH 20.02.2003, IX ZR 81/02, BGHZ 154, 72 (77).
122 Begr. RegE BT-Drucks. 12/2443, 116; h.M. vgl. FK-InsO/*Schmerbach* Rn. 212 m.w.N.
123 Kübler/Prütting/Bork-*Pape* Rn. 34.
124 Jaeger/*Gerhardt* Rn. 45.
125 LG Göttingen 27.01.2000, 10 T 1/00, NZI 2000, 186; Jaeger/*Gerhardt* Rn. 46.
126 HK-InsO/*Kirchhof* Rn. 47; Jaeger/*Gerhardt* Rn. 43; HambK-InsR/*Schröder* Rn. 61; a.A. LG Cottbus 20.04.2000, 7 T 548/99, ZInsO 2000, 337 (338); FK-InsO/*Schmerbach* Rn. 215.
127 Uhlenbruck/*Vallender* Rn. 5; MüKo-InsO/*Haarmeyer* Rn. 74.
128 HK-InsO/*Kirchhof* Rn. 36.
129 Begr. RegE BT-Drucks. 12/2443, 116; HK-InsO/*Kirchhof* Rn. 37.
130 MüKo-InsO/*Haarmeyer* Rn. 72.
131 *Kirchhof* ZInsO 2007, 227 (229) für eine Anordnung nach Abs. 2 Satz 1 Nr. 5.

5. Anordnung einer vorläufigen Postsperre (Abs. 2 Satz 1 Nr. 4)

a) Inhalt der Maßnahme

Für die Anordnung einer vorläufigen Postsperre gelten die §§ 99, 101 Abs. 1 Satz 1 entsprechend. **39** Unter den Begriff der **Postsendung** fallen Briefe, Postkarten, Postversandstücke (Zeitungen und Zeitschriften), Telegramme, Fernschreiben sowie Telefaxsendungen (vgl. § 99 Rdn. 10),[132] und zwar auch solche mit verfassungsrechtlich besonders geschütztem Inhalt (zur Verhältnismäßigkeit vgl. Rdn. 46).[133] Sollen **E-Mails** mit erfasst sein, bedarf dies der ausdrücklichen Anordnung, in der die E-Mail-Adresse sowie der Dienstanbieter zu bezeichnen sind.[134] **Nicht** von der Anordnung betroffen ist der **Telefonanschluss**, für den in Ausnahmefällen die Anordnung einer Telefonsperre auf der Grundlage des Abs. 1 angeordnet werden kann.[135] Nach § 99 Abs. 1 Satz 1 kann sich die Anordnung auf bestimmte Postdienstleistungsunternehmen beschränken oder auf alle Postsendungen erstreckt werden. Im ersten Fall sind zwingend die von der Anordnung betroffenen Postdienstleistungsunternehmen zu bezeichnen. Durch die zunehmende Anzahl von Postdienstanbietern ergeben sich für das Insolvenzgericht erhebliche praktische Schwierigkeiten für die wirksame Umsetzung einer solchen Maßnahme.[136] Soll sich die Anordnung nur auf bestimmte Arten von Postsendungen beschränken, sind diese durch nach außen erkennbare Merkmale zu beschreiben.[137]

Die vorläufige Postsperre kann sich gegen den **Schuldner**, – bei juristischen Personen – gegen die **40** (derzeitigen) Mitglieder des **Vertretungs- oder Aufsichtsorgans** (§ 101 Abs. 1 Satz 1 1. Fall) und – bei Personengesellschaften – gegen die **vertretungsberechtigten persönlich haftenden Gesellschafter** richten (§ 101 Abs. 1 Satz 1 2. Fall). § 101 Abs. 1 Satz 2 gilt nicht.

Der Anordnung hat eine **Anhörung** vorauszugehen, wenn diese nicht den Anordnungszweck gefährdet. **41** Unterbleibt die Anhörung, ist dies im Beschluss zu begründen und die Anhörung unverzüglich nachzuholen (§ 99 Abs. 1 Satz 2). Die Anordnung ohne Anhörung ist zulässig, wenn ansonsten die Gefahr besteht, dass die Maßnahme umgangen wird (vgl. Rdn. 9).[138]

Zur **Durchführung der vorläufigen Postsperre** ist ein vorläufiger Insolvenzverwalter nach Abs. 2 **42** Nr. 1 zu bestellen. Der Anordnung eines allgemeinen Verfügungsverbots bedarf es dagegen nicht.[139] Dem vorläufigen Insolvenzverwalter sind die Postsendungen nach § 99 Abs. 1 Satz 1 zuzuleiten. Im **E-Mail- und Telefaxverkehr** sind über den Dienstbetreiber die für eine Umleitung erforderlichen technischen Maßnahmen zu veranlassen. Der vorläufige Insolvenzverwalter ist befugt, die Postsendungen ohne den Schuldner[140] zu öffnen (§ 99 Abs. 2 Satz 1) und hat den Anordnungszweck (vgl. Rdn. 45) nicht berührende Post an den Schuldner weiterzuleiten; im Übrigen darf der Schuldner diese einsehen (§ 99 Abs. 2 Satz 2). An den vorläufigen Insolvenzverwalter können **Zustellungen** nicht mit Wirkung für den Schuldner bewirkt werden.[141]

Soweit für die Umsetzung der Anordnung **Kosten** anfallen, gehören diese nicht zu den Auslagen des **43** Insolvenzverfahrens.[142] Ist nur ein schwacher vorläufiger Insolvenzverwalter bestellt, sollte dieser

---

132 FK-InsO/*App* § 99 Rn. 7.
133 Verteidigerpost: BVerfG NJW 2001, 745 (746); AG Duisburg 03.05.2004, 62 IN 345/03, ZVI 2004, 353 (354).
134 *Münzel/Böhm* ZInsO 1998, 363 (367); FK-InsO/*App* § 99 Rn. 7.
135 Uhlenbruck/*Vallender* Rn. 37.
136 *Frind* NZI 2010, 749 (753).
137 HK-InsO/*Kirchhof* Rn. 13.
138 Mohrbutter/Ringstmeier/*Ernestus* § 4 Rn. 67.
139 HambK-InsR/*Schröder* Rn. 66; a.A. OLG Celle 24.01.2001, 2 W 124/00, NZI 2001, 143 (144 f.).
140 OLG Celle 24.01.2001, 2 W 124/00, NZI 2001, 143 (144).
141 OLG Braunschweig 11.01.2001, 2 U 120/00, DZWIR 2001, 256; FK-InsO/*App* § 99 Rn. 8.
142 *Vallender* NZI 2003, 244 (245).

vom Insolvenzgericht ermächtigt werden, die für die Umsetzung der Anordnung erforderlichen Verbindlichkeiten zu Lasten der künftigen Insolvenzmasse zu begründen (vgl. § 22 Rdn. 90).[143]

44 Die Anordnung **erledigt** sich mit der Eröffnung des Insolvenzverfahrens.[144]

b) Anordnungskriterien

45 Die Anordnung greift in die Rechte des Schuldners aus Art. 10 Abs. 1 GG ein (vgl. § 102).[145] Angesichts dessen kommt diese nur in Betracht, wenn **konkrete Anhaltspunkte** dafür vorliegen, dass durch das Verhalten des Schuldners wesentliche **Belange der Masse gefährdet** sind und diesen bei einer **Abwägung** der beiderseitigen Interessen der Vorrang vor dem Schutz des **Briefgeheimnisses** gebührt.[146] Dies ist regelmäßig anzunehmen, wenn der Schuldner oder dessen Vertreter (§ 101 Abs. 1 Satz 1) die Arbeit eines vorläufigen Insolvenzverwalters behindert, unzureichende Angaben über seine Vermögensverhältnisse macht, seinen Mitwirkungspflichten nicht nachkommt[147] oder auf Grund konkreter Anhaltspunkte von einer Gefahr der Begünstigung eines potentiellen Konkurrenzunternehmens ausgegangen werden muss,[148] wobei die Gefahr einer Vermögensverschiebung unmittelbar nach Stellung des Insolvenzantrags regelmäßig am größten ist.[149] Die vorläufige Postsperre kann ein geeignetes Mittel zur Aufklärung bereits vorgenommener und zur Verhinderung drohender **gläubigerbenachteiligender Rechtshandlungen** sein oder der **Entdeckung versteckter Vermögenswerte** dienen.[150] Die Nichterfüllung der Auskunfts- und Mitwirkungspflicht durch den Schuldner ist dabei beweiskräftiges Indiz für das Vorliegen einer Gefährdungslage nach Abs. 1. Zur Wahrung der Verhältnismäßigkeit nicht erforderlich ist es, zugleich ein allgemeines Verfügungsverbot anzuordnen;[151] die aus der Postsperre erlangten Informationen werden regelmäßig erst zeigen, ob es weiterer vermögenssichernder Maßnahmen bedarf.[152]

46 Die Maßnahme ist unter **Verhältnismäßigkeitserwägungen** auf das notwendige Maß zu beschränken, so dass das Insolvenzgericht prüfen muss, ob eine den Anordnungszweck nicht gefährdende Einschränkung der vorläufigen Postsperre in Betracht kommt, insb. wenn es um den Eingriff in besonders geschützte Vertrauensbeziehungen geht (**Verteidigerpost, Patientendaten**). Anderenfalls wird die Verhältnismäßigkeit durch eine konsequente Anwendung des § 99 Abs. 2 gewahrt, die nach Abs. 2 Satz 1 Nr. 1, § 58 durch das Insolvenzgericht zu beaufsichtigen ist. Auch ist die Notwendigkeit des Fortbestehens der vorläufigen Postsperre zu prüfen. An ihr kann es fehlen, wenn der Schuldner seine unkooperative Haltung aufgibt.[153]

6. Anordnungen zum Ab- und Aussonderungsgut (Abs. 2 Satz 1 Nr. 5)

47 Durch das Gesetz zur Vereinfachung des Insolvenzverfahrens vom 13.04.2007[154] wurde die Möglichkeit der Anordnung des Verwertungs- und Einziehungsstopps für ab- und aussonderungsberechtigte Gläubiger geschaffen. Die Maßnahme ermöglicht, das der Fortführung des Schuldnerunternehmens dienende Vermögen im Eröffnungsverfahren zusammenzuhalten und den vorläufigen

---

143 *Vallender* NZI 2003, 244 (245).
144 OLG Köln 26.01.2000, 2 W 226/99, ZIP 2000, 1221 (1222).
145 BGH 12.10.2006, IX ZB 34/05, ZInsO 2006, 1212 Rn. 9.
146 BGH 11.09.2003, IX ZB 65/03, NJW-RR 2003, 1691 (1692); HK-InsO/*Kirchhof* Rn. 12; FK-InsO/*Schmerbach* Rn. 227.
147 LG Bonn 03.06.2004, 6 T 157/04, ZInsO 2004, 818 (819).
148 OLG Celle 06.11.2000, 2 W 109/00, ZInsO 2000, 684 (LS); LG Deggendorf 14.07.2005, 1 T 89/05, EWiR 2006, 85.
149 LG Göttingen 29.07.1999, 10 T 41/99, DZWIR 1999, 471.
150 LG Bonn 21.07.2009, 6 T 210/09, ZInsO 2009, 2299 (2301).
151 AA OLG Celle 24.01.2001, 2 W 124/00, NZI 2001, 143 (144 f.).
152 HK-InsO/*Kirchhof* Rn. 12.
153 Vgl. BGH 12.10.2006, IX ZB 34/05, ZInsO 2006, 1212 Rn. 9.
154 BGBl. I, 509.

Insolvenzverwalter in die Lage zu versetzen, Massebestandteile zu ermitteln und Verwertungsmöglichkeiten zu prüfen, ohne durch die Pflicht zur Verwertung oder Freigabe von Sicherheiten beeinträchtigt zu sein.[155]

a) Inhalt der Maßnahme

Erfasst sind Gegenstände, die im Falle der Eröffnung des Verfahrens von § 166 erfasst würden, mithin bewegliche Sachen und Forderungen, an denen ein **Absonderungsrecht** bestünde, sowie solche, deren **Aussonderung** (§ 47) verlangt werden könnte, ferner der Aussonderung unterliegende **Immobilien**.[156] Bezugspunkt ist – wie bei einer Maßnahme nach Abs. 2 Satz 1 Nr. 3 – das **Ist-Vermögen** des Schuldners (vgl. Rdn. 30).[157] Die Anordnung betrifft nicht Gegenstände, die bereits endgültig aus dem Schuldnervermögen ausgeschieden sind. Ein Bezug zum Schuldnervermögen wird schon dadurch hergestellt, dass sich der Schuldner und/oder der vorläufige Insolvenzverwalter noch eines Anspruchs an dem betreffenden Gegenstand berühmen.[158] Unter diesem Gesichtspunkt können daher Forderungen erfasst werden, die bereits an den (echten) Factor verkauft und abgetreten sind.[159] Ergeht die Maßnahme nicht, kann ohne ein schuldrechtliches Besitzrecht die Herausgabe der betroffenen Gegenstände nur für den Zeitraum verweigert werden, der für die Prüfung der Rechtsstellung durch den vorläufigen Insolvenzverwalter erforderlich ist, nicht aber mit dem allgemeinen Hinweis, der vorläufige Insolvenzverwalter sei im Hinblick auf seine spätere Verwertungsbefugnis (§ 166) oder sein Wahlrecht gem. § 107 Abs. 2 befugt, die Herausgabe zu verweigern.[160]

48

Mit der Anordnung kann die Verwertung und Einziehung untersagt sowie der Einsatz der Gegenstände zur **Unternehmensfortführung** legitimiert werden, wenn sie für eine solche von erheblicher Bedeutung sind. Die Wirkungen der Maßnahme decken sich teilweise mit denen des Vollstreckungsverbots (vgl. Rdn. 33 ff.).[161] Sie sichert lediglich die »**Nutzung**« des betroffenen Gegenstandes im Eröffnungsverfahren. Ob zulässige Nutzung auch die Verwertung des Gegenstandes durch Verbrauch, Verarbeitung, Verbindung oder Vermischung sein kann, ist fraglich.[162] Richtigerweise dürfte insoweit dem vorläufigen Insolvenzverwalter die Nutzung in dem Umfang eröffnet sein, wie sie auch dem Schuldner aufgrund der zuvor getroffenen Vereinbarungen eröffnet war.[163] Ein von der Norm ausdrücklich legitimierter Fall der Verwertung stellt der Forderungseinzug dar (Abs. 2 Satz 1 Nr. 5 Satz 3; vgl. Rdn. 54).[164] Von einer erheblichen Bedeutung für das Unternehmen des Schuldners kann ausgegangen werden, wenn der Betriebsablauf ohne den Zugriff auf die Gegenstände nachhaltig gestört wäre.[165] Dies setzt die Fortführung des Unternehmens zwingend voraus.[166] Nachdem der Gesetzgeber die Voraussetzungen für die Anordnung eines Verwertungsstopps in Abs. 2 Satz 1 Nr. 5 näher konkretisiert hat, kommt die Anordnung eines solchen auf der Grundlage des Abs. 1 nicht mehr in Betracht (vgl. Rdn. 57).[167] Die Maßnahme verhindert nicht die Herausgabe eines Gegenstands an den Sicherungsnehmer durch den Schuldner.[168]

49

---

155 GesEntwBReg BT-Drucks. 16/3227, 15.
156 *Kirchhof* ZInsO 2007, 227 (239).
157 HambK-InsO/*Schröder* Rn. 69c.
158 BGH 11.02.2010, VII ZR 225/07, ZInsO 2010, 580 Rn. 8; FK-InsO/*Imberger* § 47 Rn. 5.
159 *Kirchhof* ZInsO 2007, 227 (228); a.A. GesEntwBReg BT-Drucks. 16/3227, 16.
160 AA HambK-InsR/*Schröder* Rn. 69c; ausf. § 22 Rdn. 65 ff.
161 BGH 03.12.2009, IX ZR 7/09, BGHZ 183, 169 (Rn. 44); vgl. auch *Ganter* NZI 2007, 549 (550 f.); HambK-InsR/*Schröder* Rn. 69c.
162 Bejahend für den Fall, dass das Sicherungsinteresse nicht beeinträchtigt wird: *Ganter* NZI 2007, 549 (551); HK-InsO/*Kirchhof* Rn. 30; dagegen GesEntwBReg, BT-Drucks. 16/3227, 16; *Foerste* Symposion Insolvenz- und Arbeitsrecht 2007, 81 (111); *Sinz/Hiebert* ZInsO 2011, 798.
163 Vgl. auch HambK-InsR/*Schröder* Rn. 69d.
164 BGH 21.01.2010, IX ZR 65/09, BGHZ 184, 101 (Rn. 28).
165 HK-InsO/*Kirchhof* Rn. 27.
166 BGH 03.12.2009, IX ZR 7/09, BGHZ 183, 169 (Rn. 20).
167 AA HambK-InsR/*Schröder* Rn. 69e.
168 AA *Gundlach/Schirrmeister* NZI 2010, 176 (177).

§ 21 InsO   Anordnung vorläufiger Maßnahmen

aa) Der Aussonderung unterliegende Gegenstände

50 Die Regelung zielt nach den Vorstellungen des Gesetzgebers insb. auf bewegliche Sachen, die dem Schuldner unter **Eigentumsvorbehalt** geliefert wurden, und Gegenstände, an denen der Schuldner ein obligatorisches Recht zur Nutzung hat, wie bei **Miete und Leasing**.[169] In diesen Fallgestaltungen hat der Aussonderungsberechtigte dem Schuldner jeweils das Recht zur Nutzung freiwillig eingeräumt, so dass die Regelung jedenfalls grds. (zu möglichen Ausnahmen s. Rdn. 51) eine zulässige Inhalts- und Schrankenbestimmung gem. Art. 14 Abs. 1 Satz 2 GG darstellt.[170] Vom Wortlaut her erfasst werden hingegen auch solche Gegenstände, die dem jeweiligen Berechtigten unbefugt, z.B. durch verbotene Eigenmacht entzogen wurden, hinsichtlich derer der Zweck des Insolvenzverfahrens die Perpetuierung dieses Zustands nicht jedoch rechtfertigt.[171] Von der Maßnahme nicht erfasst sind etwaige aus der Nutzung der Gegenstände erwachsende Forderungen gegen Dritte.[172]

51 Geklärt ist zwischenzeitlich, dass dem aussonderungsberechtigten Gläubiger – außerhalb des Anwendungsbereichs von §§ 22 Abs. 1, 55 Abs. 2 Satz 1 – die vertraglich oder gesetzlich vorgesehene **Gegenleistung** für die Nutzung nur als **Insolvenzforderung** im eröffneten Verfahren zusteht, ihm allerdings entsprechend § 169 Satz 2 eine **Nutzungsausfallentschädigung** in der Form von Zinsen, beginnend erst drei Monate nach der gerichtlichen Anordnung aus der Masse zu zahlen sowie **Wertverlustausgleich** zu leisten ist,[173] der – anders als beim absonderungsberechtigten Gläubiger – keinen Einschränkungen unterliegt.[174] Der Umfang des Wertverlustausgleichs hängt davon ab, ob für den jeweiligen Zeitraum der Nutzungsausfall zu entschädigen ist.[175] Soweit verfassungsrechtliche Bedenken an dem zumindest teilweise entschädigungslosen Entzug des Gegenstandes für die Zwecke des Insolvenzverfahrens geäußert wurden,[176] folgt der BGH dem jedenfalls für den Fall nicht, in dem es nicht zu einer Kumulierung entschädigungsloser Überlassungszeiträume, etwa i.V.m. § 112 kommt. Von der Rechtsprechung nicht geklärt ist allerdings bislang, welchen **Inhalt** der Anspruch auf Nutzungsentschädigung nach § 169 Satz 2 hat.[177] Insoweit sollte aus der Masse entweder das **vereinbarte Nutzungsentgelt**[178] **oder** – wenn ein solches nicht feststellbar ist – **ein übliches Nutzungsentgelt** entrichtet werden.[179] Etwaige für die Rückholung des Gegenstandes anfallende Kosten bleiben auch bei Anordnung der Maßnahme Insolvenzforderungen.[180] Der vorläufige Insolvenzverwalter sollte den Zustand der Gegenstände nach deren Übernahme dokumentieren, möglichst gemeinsam mit dem Eigentümer.[181]

bb) Der Absonderung unterliegende Gegenstände

52 Unter die Regelung fallen **bewegliche Sachen und Forderungen** (§ 166 Abs. 1, 2; vgl. Rdn. 48). Gegenüber absonderungsberechtigten Gläubigern soll durch die Maßnahme insb. die Nutzung lediglich als Sicherheit dienender Gegenstände gewährleistet werden. Wegen der dem Sicherungsnehmer

---

169 Vgl. GesEntwBReg BT-Drucks. 16/3227, 15 f; BGH 28.06.2012, IX ZR 219/10, ZInsO 2012, 1421.
170 BGH 03.12.2009, IX ZR 7/09, BGHZ 183, 169 (Rn. 43).
171 Vgl. *Kirchhof* ZInsO 2007, 227 (229).
172 *Bork* NZI 2012, 590 (592 f.).
173 BGH 03.12.2009, IX ZR 7/09, BGHZ 183, 169 Rn. 28 ff., 42; 08.03.2012, IX ZR 78/11, ZInsO 2012, 779 Rn. 13 ff.; 28.06.2012, IX ZR 219/10, ZInsO 2012, 1421 Rn. 22; *Wiche-Wendler* ZInsO 2011, 1530 (1532 f.).
174 BGH 08.03.2012, IX ZR 78/11, ZInsO 2012, 779 Rn. 18 f.; *Heublein* ZIP 2009, 11 (11 f.); HK-InsO/*Kirchhof* Rn. 31.
175 BGH 08.03.2012, IX ZR 78/11, ZInsO 2012, 779 Rn. 21 ff.
176 *Ganter* NZI 2007, 549 (553); *Kirchhof* ZInsO 2007, 227 (230); Kübler/Prütting/Bork-*Pape* Rn. 40e f.
177 BGH 03.12.2009, IX ZR 7/09, BGHZ 183, 169 Rn. 31.
178 Vgl. *Ganter* NZI 2007, 549 (555); zur »Vereinbarung« des gesetzlichen Nutzungsentgelds: BGH 28.06.2012, IX ZR 219/10, ZInsO 2012, 1421 Rn. 18.
179 HambK-InsR/*Schröder* Rn. 69e; *Heublein* ZIP 2009, 11 (14).
180 BGH 28.06.2012, IX ZR 219/10, ZInsO 2012, 1421 Rn. 19.
181 BGH 28.06.2012, IX ZR 219/10, ZInsO 2012, 1421 Rn. 25 ff.

zustehenden **Kompensation** gilt das oben unter Rdn. 51 Ausgeführte entsprechend, wobei ein Anspruch auf Wertverlustausgleich nach Abs. 2 Satz 1 Nr. 5 Satz 2 nur besteht, wenn und soweit der Wertverlust die Sicherheit beeinträchtigt.

Das **Verbot des Forderungseinzugs** für den Sicherungszessionar wird relevant, wenn dieser die Abtretung offen gelegt und eine bestehende Einziehungsermächtigung (vgl. § 22 Rdn. 69)[182] des Schuldners widerrufen hat[183] oder dieses droht. Anderenfalls kann der Drittschuldner nach § 407 Abs. 1 BGB mit befreiender Wirkung an den Schuldner oder den vorläufigen Insolvenzverwalter leisten.[184] Das Verbot vermag – jedenfalls dann, wenn es sich nicht um eine revolvierende Sicherheit handelt – regelmäßig eine Betriebsfortführung kaum sicherstellen, weil auch dann, wenn die Forderung vom vorläufigen Insolvenzverwalter eingezogen wird, das Geld auf einem gesonderten Konto zu verwahren ist, um in der Lage zu sein, es später an den Sicherungsnehmer auszukehren (vgl. Rdn. 52; § 22 Rdn. 70).[185] Vielmehr besteht lediglich ein (legitimes) Interesse an der **Prüfung des Absonderungsrechts**. Dies geht auch aus der Begründung der Vorschrift hervor, nach der zudem der Masse die Kostenbeiträge nach § 171 gesichert werden sollen.[186] Es stellt sich die Frage, ob – getreu dem Wortlaut – die Erheblichkeit für die Unternehmensfortführung Anordnungsvoraussetzung ist[187] oder – unter Verweis auf die gesetzgeberischen Motive – diese Erheblichkeit gar nicht festgestellt zu werden braucht.[188] Nach den Vorstellungen des Gesetzgebers korrespondiert dem Einziehungsverbot des Sicherungszessionars ein **Einziehungsrecht** des vorläufigen Insolvenzverwalters (vgl. Rdn. 49).[189] Im Gesetzeswortlaut (Abs. 2 Satz 1 Nr. 5 a.E.) kommt dies allerdings nur unvollkommen zum Ausdruck, so dass empfohlen wird, die Einziehungsbefugnis ausdrücklich in der Anordnung zu regeln.[190] 53

Zieht der vorläufige Insolvenzverwalter die sicherungshalber abgetretenen Forderungen ein, hat der Sicherungsnehmer nach Abs. 2 Satz 1 Nr. 5 Satz 3 einen Anspruch auf **Auskehr des Erlöses unter Abzug des Feststellungs- und Verwertungskostenbeitrags** entsprechend §§ 170, 171, wobei sich das Absonderungsrecht am Erlös fortsetzt, soweit dieser noch unterscheidbar in der Masse vorhanden ist und daher der Anspruch auch bei eingetretener Massekostenarmut fortbesteht.[191] Ob im Falle eines Forderungseinzugs durch den schwachen vorläufigen Insolvenzverwalter, in dem die Umsatzsteuerschuld im eröffneten Verfahren nur Insolvenzforderung ist,[192] dieser entsprechend § 171 Abs. 2 Satz 3 auch die Umsatzsteuer ansetzen darf, ist fraglich. 54

Zieht dagegen der Sicherungsnehmer unter **Verstoß** gegen die Anordnung ein, hat die Zahlung des Drittschuldners nur unter den Voraussetzungen der §§ 24 Abs. 1, 82 befreiende Wirkung.[193] Fehlt diese, kann nochmalige Zahlung vom Drittschuldner sowie nach §§ 170 f. der Feststellungs- und Verwertungskostenbeitrag verlangt werden. Hat die Zahlung befreiende Wirkung oder wird diese genehmigt, besteht nur Anspruch auf die Feststellungskostenpauschale.[194] 55

---

182 Zu deren Fortbestand im Eröffnungsverfahren BGH 21.01.2010, IX ZR 65/09, BGHZ 184, 101 Rn. 20 f.
183 HK-InsO/*Kirchhof* Rn. 28.
184 BGH 21.01.2010, IX ZR 65/09, BGHZ 184, 101 Rn. 16.
185 BGH 21.01.2010, IX ZR 65/09, BGHZ 184, 101 Rn. 33.
186 GesEntwBReg BT-Drucks. 16/3227, 16; HK-InsO/*Kirchhof* Rn. 28.
187 So zu Recht HK-InsO/*Kirchhof*, Rn. 27, der die Unternehmensrelevanz mit dem Prüfungsinteresse begründet.
188 HambK-InsR/*Schröder* Rn. 69h; Kübler/Prütting/Bork-*Pape* Rn. 40y.
189 GesEntwBReg BT-Drucks. 16/3227, 16; HK-InsO/*Kirchhof*, Rn. 29.
190 FK-InsO/*Schmerbach* Rn. 254; HambK-InsR/*Schröder* Rn. 69h.
191 BGH 21.01.2010, IX ZR 65/09, BGHZ 184, 101 Rn. 38 ff.
192 FG Baden-Württemberg 27.05.2009, 1 K 105/06, ZInsO 2009, 1825 Rn. 22.
193 *Ganter* NZI 2007, 549 (552); HK-InsO/*Kirchhof* Rn. 28, der sich allerdings für eine entsprechende Anwendung von § 407 BGB ausspricht.
194 *Ganter* NZI 2007, 549 (552).

b) Anordnungskriterien

56 Von der Anordnung wird in der **Praxis bislang nur selten** Gebrauch gemacht; üblich und besser ist es, mit den Sicherungsnehmern eine Vereinbarung über die weitere Nutzung und Verwertung von Sicherungsgut sowie deren Rechtsfolgen herbeizuführen. Die Regelung wirft nach wie vor eine Reihe **ungeklärte Fragen** auf. Da sie in unmittelbarem Zusammenhang mit der Fortführung des schuldnerischen Unternehmens steht, wird regelmäßig zugleich ein vorläufiger Insolvenzverwalter zu bestellen sein,[195] dem es auch obliegt (§ 60), eine Beeinträchtigung der Sicherungsinteressen durch die Maßnahme zu verhindern.[196] Die Bestellung des vorläufigen Insolvenzverwalters wird regelmäßig auch dazu dienen, dem Gericht den maßgeblichen Sachverhalt zu unterbreiten, denn dieses darf das Verwertungs- und Einziehungsverbot **nicht** etwa **pauschal anordnen**, sondern muss eine **einzelfallbezogene Abwägung** vornehmen.[197] Erforderlich ist die Anordnung nur, wenn dem Schuldner vertragliche Nutzungs- und Verwertungsmöglichkeiten bereits entzogen wurden oder deren Entziehung zumindest droht.[198] Ist allerdings das Besitzrecht des Schuldners vor der Anordnung bereits wirksam beendet worden, bedarf es einer besonderen Abwägung des Gläubigerinteresses mit dem Vermögensbestandserhaltungsinteresse (vgl. § 22 Rdn. 75). Wird mit der Maßnahme in die Rechte aussonderungsberechtigter Gläubiger eingegriffen, ist unter dem Gesichtspunkt des zumindest zeitweisen entschädigungslosen Eingriffs in die Rechte des Gläubigers zu prüfen, ob mit der Maßnahme eine **unbillige Härte** für den Gläubiger verbunden wäre oder ein **widerrechtlicher Zustand perpetuiert** würde.[199]

7. Sonstige Maßnahmen (Abs. 1)

57 Abs. 1 enthält eine **allgemeine Ermächtigung** zur Anordnung der für den Schutz des Schuldnervermögens erforderlichen Maßnahmen. Soweit allerdings der Gesetzgeber im Maßnahmenkatalog des Abs. 2 die Voraussetzungen einer bestimmten Maßnahme i.E. festgelegt hat, können diese nicht dadurch umgangen werden, dass eine ihrem Inhalt nach entsprechende Anordnung auf der Grundlage des Abs. 1 ergeht (für Abs. 2 Satz 1 Nr. 5: vgl. Rdn. 49).

a) Besondere Verfügungsbeschränkungen/Verpflichtungsvorbehalt

58 Mit einer **Kontensperre** kann das Gericht verhindern, dass eine Bank über Guthaben des Schuldners durch Auszahlung oder eine vertraglich vereinbarte Verrechnung verfügt.[200] Die Maßnahme darf sich nicht auf Konten Dritter erstrecken[201] und verhindert auch nicht die Aufrechnung nach §§ 387 ff. BGB,[202] deren Wirkungen nur durch § 96 Abs. 1 Nr. 3 begrenzt werden.[203] Dem Schuldner kann – wenn nicht ohnehin ein allgemeines Verfügungsverbot verhängt wurde – ein **besonderes Verfügungsverbot** hinsichtlich einzelner Gegenstände auferlegt werden,[204] dem allerdings nur die Wirkung einer relativen Veräußerungsbeschränkung zukommt und das daher den gutgläubigen Erwerb eines Dritten nach §§ 136, 135 Abs. 2 BGB nicht ausschließt.[205] Ermächtigt das Insolvenzgericht den vorläufigen Insolvenzverwalter zur gerichtlichen Geltendmachung einer Forderung des

---

195 HK-InsO/*Kirchhof* Rn. 27.
196 HambK-InsR/*Weitzmann* § 60 Rn. 21.
197 BGH 28.06.2012, IX ZR 219/10, ZInsO 2012, 1421 Rn. 18.
198 *Heublein* ZIP 2009, 11.
199 Vgl. dazu *Kirchhof* ZInsO 2007, 227 (230).
200 LG Aachen 06.02.2007, 6 T 19/07 u.a.
201 BGH 24.09.2009, IX ZB 38/08, ZInsO 2009, 2053 Rn. 15; a.A. AG München 20.07.2006, 1507 IN 1932/06, ZVI 2007, 22 (23).
202 BGH 29.06.2004, IX ZR 195/03, BGHZ 159, 388 (391); HK-InsO/*Kirchhof* Rn. 49; Uhlenbruck/*Uhlenbruck* § 24 Rn. 7; FK-InsO/*Schmerbach* Rn. 279.
203 BGH 29.06.2004, IX ZR 195/03, BGHZ 159, 388 (392).
204 BGH 15.03.2012, IX ZR 249/09, ZInsO 2012, 693 Rn. 9.
205 Uhlenbruck/*Uhlenbruck* § 24 Rn. 2; FK-InsO/*Schmerbach* Rn. 71 f.; Palandt/*Ellenberger* § 136 BGB Rn. 6, 9; a.A. *Pohlmann* Rn. 259.

Schuldners, ist im Zweifel anzunehmen, dass mit der Übertragung der Prozessführungsbefugnis die materielle Einziehungsermächtigung sowie ein Verfügungsverbot hinsichtlich dieser Forderung verbunden ist.[206] Angesichts der noch bestehenden Unsicherheiten, ob der vorläufige Insolvenzverwalter stets befugt ist, einen Anspruch gem. § 26 Abs. 4 InsO zu verfolgen (vgl. § 26 Rdn. 50b), sollte das Insolvenzgericht den vorläufigen Insolvenzverwalter im Einzelfall ausdrücklich ermächtigen, Ansprüche gem. § 26 Abs. 4 gerichtlich zu verfolgen (vgl. auch § 22 Rdn. 101). Ebenso kann korrespondierend zu einer Anordnung nach Abs. 2 Satz 1 Nr. 5 dem Schuldner die **Herausgabe von Gegenständen** aus der Insolvenzmasse untersagt werden[207] oder der Abschluss eines Verpflichtungsgeschäfts von der Zustimmung des vorläufigen Insolvenzverwalters abhängig gemacht werden. Dieser kann im Zusammenhang mit einer Anordnung nach Abs. 2 Satz 1 Nr. 5 ermächtigt werden, **sicherungsabgetretene Forderungen** einzuziehen, so man diese Befugnis nicht bereits in der Anordnung selbst sehen will (vgl. Rdn. 53).

b) Sonstige Sicherungsmaßnahmen

Dem vorläufigen Insolvenzverwalter ist es auch ohne besondere Anordnung nach § 22 Abs. 3 Satz 1 gestattet, die Geschäftsräume des Schuldners zu betreten und dort Nachforschungen anzustellen (vgl. § 22 Rdn. 147 ff.). Muss sich die Maßnahme auch auf die Wohnräume des Schuldners erstrecken, bedarf es einer ausdrücklichen **Durchsuchungsanordnung**, deren Vollzug nach § 4 InsO i.V.m. §§ 758 Abs. 1, 883 Abs. 1 ZPO dem Gerichtsvollzieher zu übertragen ist; die Durchsuchung muss von Dritten nach Maßgabe von § 4 InsO, § 758a Abs. 3 Satz 1 ZPO geduldet werden.[208] Unzulässig ist dagegen eine auf die Durchsuchung bei einem Dritten gerichtete Anordnung.[209] Ebenfalls von Abs. 1 nicht gedeckt ist die die Ermächtigung des Sachverständigen zur Durchsuchung (vgl. Rdn. 5).[210] Zulässig ist es, den (schwachen) vorläufigen Insolvenzverwalter zu ermächtigen, **Betretungsverbote** hinsichtlich der Betriebsgrundstücke des Schuldners auszusprechen;[211] der starke vorläufige Insolvenzverwalter ist ohnehin Inhaber des Hausrechts (vgl. § 22 Rdn. 39). Zulässiges Sicherungsmittel ist – wie aus § 150 zu ersehen – auch die **Siegelung** von Gegenständen des Schuldnervermögens, die dem starken vorläufigen Verwalter ohne weiteres, dem schwachen nur mit ausdrücklicher Anordnung möglich ist.[212] Zur Sicherung des Schuldnervermögens können auch – über § 23 hinausgehende – **Bekanntmachungsmaßnahmen** angezeigt sein (vgl. § 23 Rdn. 11). 59

Die Anordnung **aufenthaltsbeschränkender Maßnahmen** kommt als milderes (Sicherungs-)Mittel gegenüber einer Haftanordnung nach Abs. 3 in Betracht (vgl. Rdn. 64).[213] Dient die Maßnahme dagegen der Absicherung der Mitwirkung des Schuldners gegenüber dem Insolvenzgericht (§ 20 Abs. 1) oder einem vorläufigen Insolvenzverwalter (§ 22 Abs. 3), dürfte Rechtsgrundlage weniger Abs. 1, sondern §§ 20 Abs. 1 Satz 2, 22 Abs. 3 Satz 3 jeweils i.V.m. § 97 Abs. 3 Satz 1 sein.[214] Dies hat Bedeutung für die Anfechtbarkeit der Maßnahme, die nach Abs. 1 Satz 2 unmittelbar gegen die Anordnung, nach § 97 Abs. 3 dagegen erst eröffnet ist, wenn diese mit Zwangsmaßnahmen nach § 98 durchgesetzt wird.[215] 60

---

206 BGH 15.03.2012, IX ZR 249/09, ZInsO 2012, 693 Rn. 10.
207 HK-InsO/*Kirchhof* Rn. 27.
208 BGH 17.01.2008, IX ZB 41/07, ZInsO 2008, 268 Rn. 10.
209 BGH 24.09.2009, IX ZB 38/08, ZInsO 2009, 2053 Rn. 14 ff.
210 BGH 04.03.2004, IX ZB 133/03, BGHZ 158, 212 (217).
211 BGH 11.01.2007, ZB 271/04, ZInsO 2007, 267 Rn. 17.
212 Weitergehend LG Baden-Baden 31.01.1993, 1 T 7/83, ZIP 1983, 345 (346); FK-InsO/*Schmerbach* Rn. 285.
213 HambK-InsR/*Schröder* Rn. 73.
214 Vgl. HK-InsO/*Kirchhof* Rn. 24; FK-InsO/*Schmerbach* Rn. 288 f.; Jaeger/*Gerhardt* Rn. 15.
215 LG Göttingen 21.08.2000, 10 T 105/99, ZInsO 2001, 44 (45).

c) Sicherungsmaßnahmen gegen Dritte

61 Sicherungsmaßnahmen können auch in Rechtspositionen Dritter eingreifen. Die Gläubiger des Schuldners belastende Maßnahmen werden in Abs. 2 Nr. 3 und 5 ausdrücklich legitimiert, beschränken sich jedoch darauf, das **Vermögen des Schuldners gegenüber Eingriffen zu schützen**, indem durch Vertrag oder Gesetz eingeräumte Rechte suspendiert werden.[216]

62 Ebenfalls denkbar sind **mittelbare Auswirkungen** auf Dritte, wie sich bei der Durchsuchung gegenüber dem Mitgewahrsamsinhaber (vgl. Rdn. 59) oder für den Absender einer Postsendung bei der Anordnung einer Postsperre ergeben. Darüber hinaus sind **Eingriffe in Rechte Dritter durch Abs. 1 nicht legitimiert**, selbst wenn tatsächliche Anhaltspunkte für die Vornahme von Verdunkelungshandlungen vorliegen.[217]

III. Finanzsicherheiten

63 Sicherungsmaßnahmen im Eröffnungsverfahren dürfen die Verwertungs- und Verfügungsmöglichkeit hinsichtlich Finanzsicherheiten i.S.d. Art. 2 Abs. 1 der Richtlinie 2002/47/EG[218] nach Maßgabe der Art. 4 und 5 der Richtlinie nicht beeinträchtigen (Art. 8 der Richtlinie 2002/47/EG). Diese Vorgabe wurde durch Abs. 2 Satz 2 in innerstaatliches Recht umgesetzt, der für den Begriff der Finanzsicherheit auf § 1 Abs. 17 KWG verweist. Erfasst sind insb. Sicherheiten in Form von Barguthaben und Wertpapieren.[219] Geschützt wird die **Verfügung über** solche **Finanzsicherheiten**, bei denen Sicherungsgeber und Sicherungsnehmer eine Person i.S.d. Art. 1 Abs. 2a) bis d) der Richtlinie 2002/47/EG sind (insb. Zentralbanken und Finanzinstitute) oder – wenn ein Beteiligter juristische Person, Einzelkaufmann oder Personengesellschaft ist [Art. 1 Abs. 2e) der Richtlinie) ist – wenn die Verbindlichkeit aus einem Vertrag oder der Vermittlung eines Vertrages über die Anschaffung oder Veräußerung von Finanzinstrumenten (vgl. Art. 2 Abs. 1e der Richtlinie) oder damit im Zusammenhang stehender Geschäfte herrührt (**1. Fall**). Daneben wird die **Verrechnung von Ansprüchen und Leistungen** aus Überweisungs-, Zahlungs- und Übertragungsverträgen privilegiert (**2. Fall**), allerdings nur, soweit sie ein Zahlungs-, Wertpapierliefer- oder -abrechnungssystem i.S.d. §§ 1 Abs. 16, 24b KWG betreffen. Durch Abs. 3 Satz 2 sollen Zweifel über die Wirksamkeit eines nach Anordnung einer Sicherungsmaßnahme in ein Finanzierungssystem eingebrachten Auftrags oder einer nach dieser Maßnahme bestellten Finanzsicherheit beseitigt werden, wobei für den Tag der Anordnung der Systemgeschäftstag i.S.d. § 16 Abs. 16b KWG maßgeblich ist.[220]

IV. Ultima ratio (Abs. 3)

64 Kann die künftige Insolvenzmasse mit anderen Maßnahmen nicht (hinreichend) gesichert werden, bleibt als letztes Mittel die zwangsweise **Vorführung** und – nach Anhörung – die **Inhaftierung** des Schuldners bzw. dessen – gegenwärtiger, auch faktischer – **organschaftlicher Vertreter**, zu denen – wie bei § 101 Abs. 1 Satz 1 – auch die vertretungsberechtigten persönlich haftenden Gesellschafter einer Personengesellschaft zählen.[221] Die Maßnahme dient – anders als diejenigen nach §§ 20 Abs. 1 Satz 2, 22 Abs. 3 (vgl. Rdn. 60) – der Vermögenssicherung, und kommt vor allem bei der **Gefahr krimineller Vermögensverschiebungen** in Betracht, bei denen andere Sicherungsmaßnahmen leerzulaufen drohen.[222] Das Insolvenzgericht muss die Gefährdung konkret feststellen und auf dieser Tatsachengrundlage eine umfassende **Verhältnismäßigkeitsprüfung** vornehmen. Da die Vermögensverlagerung ins Ausland nicht die einzig denkbare Gefährdung darstellt, ist – wenn Anhaltspunkte für ein kriminelles Verhalten des Schuldners oder seiner Organe vorliegen – zweifelhaft, ob eine Mel-

---

216 HK-InsO/*Kirchhof* Rn. 48.
217 BGH 24.09.2009, IX ZB 38/08, ZInsO 2009, 2053 Rn. 11 ff.
218 ABlEG Nr. L 168, 43.
219 Vgl. i.E. *Obermüller* ZIP 2003, 2338 (2238 f.); *Kieper* ZInsO 2003, 1109 (1117).
220 BT-Drucks. 17/1720, 47.
221 Jaeger/*Gerhardt* Rn. 78.
222 Vgl. HK-InsO/*Kirchhof*, Rn. 25.

deauflage oder die Einziehung des Reisepasses ein hinreichend wirksames **milderes Mittel** darstellt.[223] Bei Eigenanträgen wird die Maßnahme regelmäßig nicht zu rechtfertigen sein.[224]

Für die Anordnung der Maßnahme verweist Abs. 3 Satz 3 auf § 98 Abs. 3, dieser wiederum auf die §§ 904 bis 906, 909, 910 und 913 ZPO (vgl. i.E. die Kommentierung zu § 98 Abs. 3). Nach dem Wortlaut von Abs. 3 Satz 1 muss dem Erlass des Haftbefehls die **Vorführungsanordnung** (§ 98 Abs. 2, vgl. § 98 Rdn. 14) und die **Anhörung** des Schuldners vorausgehen.[225] Die Vorführung und Inhaftierung geschieht durch den **Gerichtsvollzieher** (§ 901 ZPO), der für einen Vollzug der Maßnahme in der Wohnung des Schuldners **keinen Durchsuchungsbeschluss** braucht,[226] allerdings die **Räumlichkeiten Dritter** zur Vollziehung nicht gegen deren Willen betreten darf.[227] Der Haftbefehl kann außer Vollzug gesetzt werden.[228] Das Insolvenzgericht hat das Bestehen der Anordnungsvoraussetzungen **fortlaufend zu überwachen** und den Haftbefehl aufzuheben, sobald diese nicht mehr vorliegen (§ 98 Abs. 3 Satz 2). 65

Die Anordnung unterliegt nach Abs. 3 Satz 3, § 98 Abs. 3 Satz 3 der **sofortigen Beschwerde**, mit der – insoweit anders als nach Abs. 1 Satz 2 (vgl. Rdn. 73) – auch die Ablehnung eines Antrags auf Aufhebung des Haftbefehls geltend gemacht werden kann. Die Verweisung gilt nach dem Wortlaut von Abs. 3 Satz 3 auch für die zwangsweise Vorführung, bei der indes mit der Vollziehung regelmäßig prozessuale Überholung eintritt (vgl. hierzu Rdn. 76). 66

V. Kosten

Die Anordnung von vorläufigen Maßnahmen ist **gerichtskostenfrei**. Ggf. fallen für die Durchführung einer Sicherungsmaßnahme **Auslagen** an, die zu den sonstigen Verfahrenskosten zählen. Dies können Kosten des Gerichtsvollziehers bei der Durchsetzung einer Zwangsmaßnahme nach Abs. 3 sein[229] oder auch die für die Bekanntmachung einer Sicherungsmaßnahme nach § 23 anfallenden Kosten. Ferner bei einer Anordnung einer Maßnahme nach Abs. 2 Satz 1 Nr. 1 Vergütung und Auslagen des vorläufigen Insolvenzverwalters (vgl. § 22 Rdn. 16 f.) bzw. die Vergütung der Mitglieder eines nach Abs. 2 Satz 1 Nr. 1a eingesetzten vorläufigen Gläubigerausschusses. Im Falle der Eröffnung des Verfahrens sind dies Verfahrenskosten i.S.d. § 54 Nr. 2. Wird das Verfahren nicht eröffnet, sind Kosten – ggf. im Wege des Vorwegabzugs nach § 25 Abs. 2 Satz 1 – aus dem Schuldnervermögen zu decken. Der Schuldner hat unter den in § 14 Rdn. 35 dargestellten Grundsätzen ggf. einen Erstattungsanspruch gegen den Antragsteller (vgl. § 13 Rdn. 50; § 25 Rdn. 11).[230] Zu den Kosten der Durchführung einer **vorläufigen Postsperre** vgl. Rdn. 43. 67

C. Rechtsfolgen

I. Wirksamkeit

Der **Anordnungsbeschluss** wird entweder zur dort angegebenen Stunde oder um 12.00 Uhr am Tag des Erlasses wirksam (entsprechend § 27 Abs. 2 Nr. 2, Abs. 3)[231]. Von der Wirksamkeit des Beschlusses[232] zu unterscheiden ist die Wirksamkeit der dort **getroffenen Anordnungen**. So wird Bestellung des vorläufigen Insolvenzverwalters erst mit der Annahme des Amtes wirksam (vgl. § 22 68

---

223 Wohl a.A. HambK-InsR/*Schröder* Rn. 73; Kübler/Prütting/Bork/*Pape* Rn. 46.
224 HK-InsO/*Kirchhof* Rn. 25.
225 Jaeger/*Gerhardt* Rn. 76; nach Uhlenbruck/*Vallender* Rn. 53; HK-InsO/*Kirchhof* Rn. 54 kann in Ausnahmefällen von der Anhörung abgesehen werden.
226 Kübler/Prütting/Bork-*Pape* Rn. 46; FK-InsO/*App* § 98 Rn. 5.
227 LG Göttingen 21.11.2005, 10 T 148/05, ZInsO 2005, 1280 (1281).
228 LG Memmingen 20.01.1983, 4 T 1971/82, KTS 1983, 317.
229 Jaeger/*Gerhardt* Rn. 112.
230 FK-InsO/*Schmerbach* § 13 Rn. 89 ff.
231 BGH 14.12.2000, IX ZR 41/98, NZI 2001, 203; 26.04.2012, IX ZR 136/11, ZInsO 2012, 1123 Rn. 10.
232 BGH 17.02.2004, IX ZR 135/03, ZInsO 2004, 387 (387 f.).

Rdn. 7).²³³ Die öffentliche Bekanntmachung nach § 23, die bei der Bestellung eines vorläufigen Insolvenzverwalters und bei der Anordnung von Verfügungsbeschränkungen nach Abs. 2 Satz 1 Nr. 2 vorzunehmen ist, ist nicht Wirksamkeitsvoraussetzung;²³⁴ eine Leistung an den Schuldner kann aber nach §§ 24 Abs. 1, 82 Satz 2 wirksam sein, wenn diese zwar nach der Anordnung, aber vor der öffentlichen Bekanntmachung erfolgt. An der Wirksamkeit der Anordnung ändert es im Grundsatz nichts, wenn diese verfahrensfehlerhaft ergangen ist; nur bei einem besonders schweren, offenkundigen Fehler, ist sie ausnahmsweise nichtig.²³⁵ Entsprechend werden die in der Anordnung geregelten Rechtsfolgen für das Prozess- oder Vollstreckungsgericht bindend festgelegt.

69 Ein **Rechtsmittel** gegen die Anordnung (vgl. Rdn. 72 ff.) hat **keine aufschiebende Wirkung**, § 4 InsO, § 570 Abs. 1 ZPO.²³⁶ Die Anordnung unzulässiger Maßnahmen macht diese nur anfechtbar, nicht nichtig.²³⁷ Schlechthin unwirksam kann eine Anordnung dann sein, wenn ihr ein besonders schwerer Fehler anhaftet, der bei verständiger Würdigung aller Umstände offenkundig ist.²³⁸ Ergehen kollidierende Sicherungsanordnungen durch mehrere Insolvenzgerichte, gilt nach dem Prioritätsprinzip nur die erste.²³⁹

II. Aufhebung/Änderung der Sicherungsmaßnahmen

70 Mit der Eröffnung des Insolvenzverfahrens erledigt sich die Anordnung von selbst,²⁴⁰ die vorläufigen Maßnahmen werden automatisch durch den Insolvenzbeschlag nach § 80 ersetzt.²⁴¹ Dagegen bedarf es im Falle der Rücknahme, Erledigung oder Abweisung des Insolvenzantrags der ausdrücklichen Aufhebung der Maßnahme.²⁴² Die Aufhebung der einstweiligen Einstellung der Immobiliarzwangsvollstreckung nach § 30d ZVG (vgl. Rdn. 37 f.) regelt § 30f ZVG, der die Voraussetzungen für die Aufhebung i.E. benennt (§ 30f Abs. 1, 2 ZVG), in § 30f Abs. 3 Satz 1 die Anhörung des vorläufigen Insolvenzverwalters und ggf. des Schuldners vorsieht und nach §§ 30f Abs. 3 Satz 2, 30b Abs. 3 – anders als die Aufhebung einer nach Abs. 1 oder Abs. 2 ergangenen Maßnahme (vgl. Rdn. 73) – der Anfechtung mit der sofortigen Beschwerde unterliegt.

71 Ebenso wie im Rahmen der Anordnung (vgl. Rdn. 11) hat das Insolvenzgericht die Maßnahme von Amts wegen nach pflichtgemäßem Ermessen aufzuheben oder zu ändern, wenn die **Anordnungsvoraussetzungen weggefallen** sind oder sich die ergriffenen Maßnahmen als nicht ausreichend oder unzweckmäßig erwiesen haben.²⁴³ Für die Anordnung einer vorläufigen Postsperre und der Haft ergibt sich dies ausdrücklich aus dem Gesetz (§§ 99 Abs. 3, 98 Abs. 3). Die Anordnung ist auch dann aufzuheben, **wenn Umstände bekannt werden, die einer Verfahrenseröffnung entgegenstehen**.²⁴⁴ Das Insolvenzgericht hat die Erforderlichkeit der Aufrechterhaltung der angeordneten

---

233 HK-InsO/*Kirchhof* Rn. 56.
234 BGH 14.12.2000, IX ZR 41/98, NZI 2001, 203 zu § 106 Abs. 1 Satz 3 KO; FK-InsO/*Schmerbach* § 23 Rn. 11.
235 BGH 09.01.2003, IX ZR 85/02, ZIP 2003, 356 (357);15.03.2012, IX ZR 249/09, ZInsO 2012, 693 Rn. 13; zur Unwirksamkeit einer unzulässig Pauschalanordnung: BGH 03.12.2009, IX ZR 7/09, BGHZ 183, 269 Rn. 23; 08.03.2012, IX ZR 78/11, ZInsO 2012, 779 Rn. 10; 28.06.2012, IX ZR 219/10, ZInsO 2012, 1421 Rn. 18.
236 LG Göttingen 17.12.2004, 10 T 133/04, NZI 2005, 339.
237 BGH 18.07.2002, IX ZR 195/01, BGHZ 151, 353 (367 f.); 16.06.2005, IX ZB 264/03, ZInsO 2005, 804 (Rn. 8 f.).
238 BGH 18.07.2002, IX ZR 195/01, BGHZ 151, 353 (368); 07.05.1991, IX ZR 30/90, BGHZ 114, 315 (326).
239 HambK-InsR/*Schröder* Rn. 81.
240 BGH 11.01.2007, IX ZB 271/04, ZInsO 2007, 267 Rn. 9.
241 Uhlenbruck/*Uhlenbruck* § 25 Rn. 2.
242 BGH 20.09.2007, IX ZB 37/07, NZI 2008, 100 Rn. 7.
243 *BGH 07.12.2006, IX ZB 257/05, ZInsO 2007, 97 Rn. 15; 01.12.2005, IX ZB 208/05, ZInsO 2006, 267 Rn. 11.*
244 LG Berlin 17.12.2008, 86 T 735/08, ZInsO 2009, 526.

Maßnahmen – insb. unter dem Blickwinkel der Verhältnismäßigkeit (vgl. Rdn. 10) – ständig zu überwachen; ist ein vorläufiger Insolvenzverwalter bestellt, erfolgt die Aufhebung regelmäßig auf dessen Anregung, jedenfalls aber sollte er vor der Aufhebung angehört werden.[245] Besonderheiten gelten für die Auflösung eines vorläufigen Gläubigerausschusses (vgl. Rdn. 20).

D. Rechtsschutz

Nach Abs. 1 Satz 2 steht (**nur**) **dem Schuldner** gegen die Anordnung einer Maßnahme nach Abs. 2, Abs. 1 die **sofortige Beschwerde** nach § 6 zu, es sei denn nach § 344 Abs. 2 ist der vorläufige Insolvenzverwalter beschwerdeberechtigt. Die Anfechtbarkeit der Haftanordnung richtet sich nach Abs. 3 Satz 3, 98 Abs. 3 Satz 3 (vgl. Rdn. 66). Beschwerdegericht ist das Landgericht. Gegen die Entscheidung des Landgerichts ist nach § 4 InsO, § 574 Abs. 1 Nr. 2 ZPO die **Rechtsbeschwerde** zum BGH statthaft, wenn das Beschwerdegericht diese zugelassen hat. Ordnet das Gericht **außerhalb seiner Befugnisse Maßnahmen** an, stehen den hiervon Beschwerten nach der Rechtsprechung des BGH gem. Art. 19 Abs. 4 GG die beschriebenen Rechtsmittel ebenfalls zur Verfügung; das Enumerationsprinzip des § 6 Abs. 1 gilt insoweit nicht.[246] Dies erscheint zweifelhaft, weil diese Auslegung den in §§ 6 Abs. 1, 21 Abs. 1 Satz 2 zum Ausdruck kommenden Willen des Gesetzgebers missachtet und letztlich nur verdeckt, dass die einfach-rechtliche Ausgestaltung des Rechtsschutzes gegen die Anordnung von Sicherungsmaßnahmen in Teilbereichen die Anforderungen des Art. 19 Abs. 4 GG nicht erfüllt.[247] Jedenfalls eröffnet ist dem durch eine Maßnahme beschwerten Dritten die **Gegenvorstellung** beim Insolvenzgericht, mit der die Aufhebung der Maßnahme nach § 25 angeregt werden kann.[248] Dem Schuldner steht nicht schon ein Rechtsmittel zu, weil das Insolvenzgericht zur Ermittlung der für die Zulässigkeit des Antrags maßgeblichen Tatsachen einen Sachverständigen beauftragt hat.[249] Zu den Rechtsschutzmöglichkeiten im Zusammenhang mit der Einsetzung eines vorläufigen Gläubigerausschusses vgl. Rdn. 20.

Gegenstand der Anfechtung kann nur die **Maßnahme insgesamt** sein, nicht aber deren einzelne Bestandteile, wie die Auswahl eines vorläufigen Insolvenzverwalters oder diesem verliehene Einzelbefugnisse.[250] Ebenso wenig der Anfechtung unterliegt die Unterlassung oder Aufhebung einer Anordnung;[251] für den Gläubiger und den vorläufigen Insolvenzverwalter schon deswegen, weil diese grds. nicht beschwerdeberechtigt sind,[252] für den Schuldner ebenfalls nicht, weil dieser kein subjektives Recht auf den Erlass bestimmter Sicherungsmaßnahmen hat. Erweiterte Anfechtungsmöglichkeiten bestehen bei dem Erlass eines Haftbefehls (vgl. Rdn. 66) und bei der Aufhebung einer einstweiligen Einstellung der Immobiliarzwangsvollstreckung nach § 30d ZVG (vgl. Rdn. 70).

Mangels Beschwer des Schuldners sind **Anordnungen nach Abs. 2 Satz 1 Nr. 3 und Nr. 5 nicht anfechtbar**.[253] Dem von der Maßnahme belasteten Gläubiger steht kein Beschwerderecht zu.[254] Dies ist jedenfalls dann kritisch, wenn durch eine Maßnahme nach Abs. 2 Satz 1 Nr. 3 und Nr. 5 die Rechte aussonderungsberechtigter Gläubiger beschnitten werden.[255] Soweit der BGH zwischenzeitlich festgestellt hat, dass insoweit kein unzulässiger Eingriff in die Rechte des Gläubigers aus Art. 14 Abs. 1 GG vorliegt (vgl. Rdn. 50), schließt dies nicht aus, dass das Insolvenzgericht im Ein-

---

245 Uhlenbruck/*Uhlenbruck* § 25 Rn. 2.
246 BGH 04.03.2003, IX ZB 133/03, BGHZ 158, 212 (215 f.); 24.09.2009, IX ZB 38/08, ZInsO 2009, 2053 Rn. 9; 19.07.2012, IX ZB 6/12, ZInsO 2012, 1472 Rn. 7.
247 Vgl. auch BVerfGE 107, 395 (416 f.).
248 FK-Inso/*Schmerbach* Rn. 53; HambK-InsR/*Schröder* Rn. 83.
249 BGH 14.07.2011, IX ZB 207/10, ZInsO 2011, 1499 Rn. 7.
250 HK-InsO/*Kirchhof* Rn. 58.
251 BGH 26.10.2006, IX ZB 163/05, NZI 2007, 99 Rn. 6; BGH 07.02.2013, IX ZB 43/12, ZInsO 2013, 460 Rn. 6; a.A. Römermann/*Praß*, ZInsO 2013, 482, 482 ff.
252 LG Göttingen 24.06.2004, 10 T 75/04, NZI 2004, 502.
253 HK-InsO/*Kirchhof* Rn. 42; a.A. Kübler/Prütting/Bork-*Pape* Rn. 31.
254 BGH 03.12.2009, IX ZR 7/09, BGHZ 183, 169 Rn. 21.
255 *Ganter* NZI 2007, 549 (551).

zelfall die Bedeutung des Eigentumsgrundrechts verkennt und dem Gläubiger gegen die Maßnahme die **Verfassungsbeschwerde** eröffnet ist, beispielsweise bei einer unzulässigen Pauschalanordnung. Das in Art. 1 Nr. 4a) DiskE-ESUG zunächst vorgesehene Beschwerderecht künftig aus- oder absonderungsberechtigter Gläubiger ist nicht in das Gesetz aufgenommen worden. Im Übrigen hat der Gläubiger nur die Möglichkeit, die Reichweite inzident im Vollstreckungsverfahren prüfen zu lassen;[256] zur Feststellung der Wirksamkeit der Anordnung vgl. Rdn. 68.

75 Gegen die Abberufung von Mitgliedern eines **vorläufigen Gläubigerausschusses** oder dessen Auflösung ist (analog) § 70 Satz 3 die sofortige Beschwerde eröffnet; dies gilt auch für eine Änderung der Zusammensetzung. Gegen die Einsetzung steht dem Schuldner nach Abs. 1 Satz 2 die sofortige Beschwerde zu (vgl. Rdn. 20).

76 Die Beschwer des von der Maßnahme Betroffenen wird auch bei **Erledigung des ursprünglichen Rechtsschutzziels** bejaht, wenn ein in besonderer Weise schutzwürdiges Feststellungsinteresse des Betroffenen besteht, z.B. bei Wiederholungsgefahr oder fortwirkenden Beeinträchtigungen[257] oder in Fällen tiefgreifender Grundrechtseingriffe, insb. bei unter Richtervorbehalt stehenden Eingriffen, hinsichtlich derer Rechtsschutz nach dem typischen Verfahrensablauf regelmäßig nicht erlangt werden kann.[258]

77 Nicht im Rahmen der nach Abs. 1 Satz 2 eröffneten sofortigen Beschwerde kann die **Beseitigung der Folgen** rechtswidriger Anordnungen verfolgt werden; insoweit bestehende materiell-rechtliche Ansprüche sind vor den ordentlichen Gerichten geltend zu machen.[259]

78 **Prozesskostenhilfe** kann nach § 4 InsO, §§ 114 ff. ZPO im Rechtsmittelverfahren nur demjenigen bewilligt werden, der im Verfahren eigene Rechte verfolgt.[260] Die **Gerichtskosten** des Rechtsmittels richten sich nach Nr. 2361 (sofortige Beschwerde) und Nr. 2364 (Rechtsbeschwerde) der Anlage 1 zu § 3 Abs. 2 GKG. Eine **Kostenerstattung** nach § 4 InsO, § 91 Abs. 1 Satz 1 ZPO findet regelmäßig nicht statt, weil die weiteren Beteiligten nicht Gegner des Schuldners sind.[261]

§ 22 Rechtsstellung des vorläufigen Insolvenzverwalters

(1) Wird ein vorläufiger Insolvenzverwalter bestellt und dem Schuldner ein allgemeines Verfügungsverbot auferlegt, so geht die Verwaltungs- und Verfügungsbefugnis über das Vermögen des Schuldners auf den vorläufigen Insolvenzverwalter über. In diesem Fall hat der vorläufige Insolvenzverwalter:
1. das Vermögen des Schuldners zu sichern und zu erhalten;
2. ein Unternehmen, das der Schuldner betreibt, bis zur Entscheidung über die Eröffnung des Insolvenzverfahrens fortzuführen, soweit nicht das Insolvenzgericht einer Stilllegung zustimmt, um eine erhebliche Verminderung des Vermögens zu vermeiden;
3. zu prüfen, ob das Vermögen des Schuldners die Kosten des Verfahrens decken wird; das Gericht kann ihn zusätzlich beauftragen, als Sachverständiger zu prüfen, ob ein Eröffnungsgrund vorliegt und welche Aussichten für eine Fortführung des Unternehmens des Schuldners bestehen.

(2) Wird ein vorläufiger Insolvenzverwalter bestellt, ohne daß dem Schuldner ein allgemeines Verfügungsverbot auferlegt wird, so bestimmt das Gericht die Pflichten des vorläufigen Insolvenzverwalters. Sie dürfen nicht über die Pflichten nach Absatz 1 Satz 2 hinausgehen.

---

256 HK-InsO/*Kirchhof* Rn. 61.
257 BVerfG 30.04.1997, 2 BvR 817/90, 728/92 und 1065/95, BVerfGE 96, 27 (40).
258 BGH 10.12.2006, IX ZB 34/05, ZInsO 2006, 1212 Rn. 7 f.; 24.09.2009, IX ZB 38/08, ZInsO 2009, 2053 Rn. 10; BVerfG 05.12.2001, 2 BvR 527/99, 2 BvR 1337/00, 2 BvR 1777/00, BVerfGE 104, 220 (232 ff.).
259 *BGH 24.09.2009, IX ZB 38/08, ZInsO 2009, 2053 Rn. 18.*
260 BGH 17.01.2008, IX ZB 41/07, ZInsO 2008, 268 Rn. 13, abl. für den vorläufigen Insolvenzverwalter.
261 BGH 10.07.2008, IX ZB 122/07, NZI 2008, 550 Rn. 15.

(3) Der vorläufige Insolvenzverwalter ist berechtigt, die Geschäftsräume des Schuldners zu betreten und dort Nachforschungen anzustellen. Der Schuldner hat dem vorläufigen Insolvenzverwalter Einsicht in seine Bücher und Geschäftspapiere zu gestatten. Er hat ihm alle erforderlichen Auskünfte zu erteilen und ihn bei der Erfüllung seiner Aufgaben zu unterstützen; die §§ 97, 98, 101 Abs. 1 Satz 1, 2, Abs. 2 gelten entsprechend.

Übersicht

	Rdn.
A. Allgemeines	1
I. Normzweck	1
II. Entstehungsgeschichte	3
B. Inhalt	4
I. Rechtsstellung des vorläufigen Insolvenzverwalters im Allgemeinen	4
1. Ausübung eines privaten Amtes/Unabhängigkeit	4
2. Bestellung, § 56	5
3. Aufsicht, § 58	8
4. Entlassung, § 59 und Neuwahl, § 56a III	9
5. Rechnungslegung, § 66	11
a) Befugnisse des vorläufigen Insolvenzverwalters	13
b) Art der Verfahrensbeendigung	14
c) Vermögensumfang und Dauer des Eröffnungsverfahrens	15
6. Vergütung und Auslagenerstattung, §§ 63 bis 65	16
7. Haftung, §§ 60 bis 62	19
a) Haftung entsprechend § 60	20
b) Haftung entsprechend § 61	26
c) Haftung nach allgemeinen Vorschriften	28
d) Verjährung, § 62 InsO	30
II. Rechtsstellung des vorläufigen Insolvenzverwalters bezogen auf das Schuldnervermögen	31
1. Anordnung eines allgemeinen Verfügungsverbots (Abs. 1)	32
a) Befugnisse nach Abs. 1 Satz 1	33
aa) Übergang der Verfügungsbefugnis	36
bb) Übergang der Verwaltungsbefugnis	38
cc) Grenzen	47
dd) Rechtsstellung des Schuldners	51
ee) Auswirkungen auf Gerichtsverfahren	52
b) Aufgaben/Pflichten (Abs. 1 Satz 2)	56
aa) Sicherung und Erhaltung des Schuldnervermögens (Abs. 1 Satz 2 Nr. 1)	57
(1) Vermögenssicherung	58
(2) Vermögenserhaltung	61
(3) Vermögensverwertung	63
(4) Behandlung von Absonderungsrechten und Aussonderungsrechten	65
bb) Unternehmensfortführung (Abs. 1 Satz 2 Nr. 2)	76
cc) Vorbereitung der Eröffnungsentscheidung (Abs. 1 Satz 2 Nr. 3)	81
(1) Prüfung der Verfahrenskostendeckung	82
(2) Zusätzliche Prüfungsaufgaben	83
2. Ohne Anordnung eines allgemeinen Verfügungsverbots (Abs. 2)	86
a) Befugnisse	87
aa) Allgemeiner Zustimmungsvorbehalt	88
bb) Begründung gewillkürter Masseverbindlichkeiten	89
cc) Einziehung von Forderungen	93
dd) Einrichtung eines Treuhandkontos	94
ee) Sonstige Ermächtigungen	98
b) Pflichten	103
III. Einzelfragen	104
1. Bankgeschäfte	104
a) Auskunft	105
b) Lastschriftverkehr	106
aa) Erscheinungsformen und Entwicklung des Lastschriftverkehrs	107
bb) Einzugsermächtigungslastschrift bei vor dem 31.10.2009 begonnenen Zahlungsvorgängen (Art. 229 § 22 Abs. 1 Satz 2 EGBGB)	109
cc) Einzugsermächtigungslastschrift bei nach dem 31.10.2009 begonnenen Zahlungsvorgängen	118
dd) Einzugsermächtigungslastschrift bei ab dem 09.07.2012 begonnenen Zahlungsvorgängen	120
ee) Abbuchungsauftragslastschrift	121
ff) SEPA-Basis-Lastschriftverfahren	122

	Rdn.		Rdn.
gg) SEPA-Firmen-Lastschriftverfahren	123	a) Anspruchsvoraussetzungen	139
c) Überweisungsverkehr	124	b) Höhe des Anspruchs	140
d) Barauszahlungen	126	c) Anspruchsausschluss	141
2. Steuerrecht	127	d) Insolvenzgeldvorfinanzierung	142
a) Allgemeine Stellung des vorläufigen Insolvenzverwalters im Besteuerungsverfahren	127	4. Anfechtung	146
		IV. Befugnisse nach Abs. 3	147
		1. Betreten der Geschäftsräume und Nachforschungsrecht	148
b) Lohnsteuer	131	2. Auskunfts- und Mitwirkungspflicht des Schuldners	153
c) Umsatzsteuer	134		
3. Insolvenzgeld	138		

A. Allgemeines

I. Normzweck

1 Die Vorschrift regelt im Falle der Bestellung eines vorläufigen Insolvenzverwalters nach § 21 Abs. 2 Satz 1 Nr. 1 dessen Pflichten (und Rechte) in Bezug auf das Schuldnervermögen. Entsprechend dient sie der **Verwirklichung des Bestellungszwecks**, nämlich der Sicherung und Erhaltung der künftigen Insolvenzmasse (vgl. § 21 Rdn. 4).[1] Die Übertragung der Kompetenzen nach Abs. 3 dient der Beschaffung der relevanten Informationen für die Wahrnehmung der Aufgaben des vorläufigen Insolvenzverwalters. Die Übertragung von Aufgaben nach Abs. 1 Nr. 3 Hs. 2 dient der **Vorbereitung der Eröffnungsentscheidung**.

2 Von der Rechtsstellung des vorläufigen Insolvenzverwalters in Bezug auf die künftige Insolvenzmasse zu unterscheiden ist dessen Rechtsstellung im Allgemeinen, insb. gegenüber dem Insolvenzgericht. Insoweit gilt § 21 Abs. 2 Satz 1 Nr. 1, der auf §§ 56, 56a (Bestellung), § 58 (Aufsicht), § 59 (Entlassung), § 66 (Rechnungslegung) und §§ 63 bis 65 (Vergütung) sowie (zur Haftung) auf §§ 60 bis 62 verweist und damit die im Wesentlichen die für den Insolvenzverwalter im eröffneten Verfahren geltenden Vorschriften für anwendbar erklärt.

II. Entstehungsgeschichte

3 In der Konkursordnung waren die Befugnisse des Sequesters nicht gesetzlich geregelt, sondern durch die Rechtsprechung i.E. konkretisiert.[2] § 22 enthält über dieses Verständnis weit hinausgehende Regelungen, insb. soweit es den vorläufigen Insolvenzverwalter mit Verwaltungs- und Verfügungsbefugnis nach Abs. 1 angeht (vgl. Rdn. 32 ff.).[3] Abs. 3 Satz 3 wurde durch Art. 1 Nr. 7 des Gesetzes zur Vereinfachung des Insolvenzrechts um die Mitwirkungspflicht des Schuldners ergänzt.[4]

B. Inhalt

I. Rechtsstellung des vorläufigen Insolvenzverwalters im Allgemeinen

1. Ausübung eines privaten Amtes/Unabhängigkeit

4 Ebenso wie der Insolvenzverwalter im eröffneten Verfahren (vgl. hierzu ausf. § 80 Rdn. 2 ff.) übt der vorläufige Insolvenzverwalter nach h.M. ein privates Amt aus, kraft dessen er im eigenen Namen mit Wirkung für und gegen das Schuldnervermögen handelt. Er unterliegt dabei nicht den Weisungen des Insolvenzgerichts oder eines nach § 21 Abs. 2 Satz 1 Nr. 1a eingesetzten vorläufigen Gläubigerausschusses (vgl. Rdn. 8).

---

1 BGH 04.11.2004, IX ZR 22/03, NJW 2005, 675 (677).
2 *Vgl. BGH* 10.07.1997, IX ZR 234/96, ZIP 1997, 1551 (1552) zur Begründung von Masseverbindlichkeiten.
3 Vgl. Kübler/Prütting/Bork/*Pape* Rn. 2.
4 InsOVereinfG v. 13.04.2007 BGBl. I, 509.

2. Bestellung, § 56

Für die Bestellung des vorläufigen Insolvenzverwalters gelten §§ 56, 56a entsprechend. Sie ist dem Richter vorbehalten (§ 18 Abs. 1 Nr. 1 InsO), ist Justizverwaltungsakt und unterliegt der Anfechtung gem. §§ 23 ff. EGGVG.[5] Bei der Auswahl sind einerseits der im Eröffnungsverfahren geltende Sicherungs- und Erhaltungszweck und andererseits die Vorwirkungen für die Bestellung des (endgültigen) Insolvenzverwalters in den Blick zu nehmen.[6] Die – im Hinblick auf diese Vorwirkungen und dem Interesse an dem Bestand der Auswahlentscheidung über das Eröffnungsverfahren hinaus[7] – in § 56a nunmehr vorgesehene Einbindung des vorläufigen Gläubigerausschusses in die Bestellung, verkompliziert das Verfahren, weil nach der Konzeption des Gesetzgebers zunächst der vorläufige Gläubigerausschuss einzusetzen ist (§§ 21 Abs. 2 Satz 1 Nr. 1a, 22a), der dann – vor der Bestellung des vorläufigen Insolvenzverwalters – zu dessen Anforderungsprofil und dessen Person Stellung nehmen kann.[8] Schon im Hinblick auf die mit diesem Verfahren verbundene Verzögerung dürfte regelmäßig eine nachteilige Veränderung der Vermögenslage zu befürchten sein,[9] wobei im Hinblick darauf nur das Anhörungsverfahren, nicht aber – gem. § 22a Abs. 3 3. Fall – die Einsetzung des vorläufigen Gläubigerausschusses unterbleiben darf, es sei denn, das Insolvenzgericht nimmt die Gefahr der nachteiligen Veränderung der Vermögenslage durch die Einsetzung unabhängig von der mit dem Anhörungsverfahren verbundenen Verzögerung an (§ 21 Rdn. 23). Muss das formelle Anhörungsverfahren[10] zur Beschleunigung des Eröffnungsverfahrens unterbleiben, sollte das Insolvenzgericht dennoch eine Möglichkeit wahrnehmen, über die Auswahl im Konsens mit den (potentiellen) Mitgliedern eines (künftigen) vorläufigen Gläubigerausschusses zu entscheiden.

Neben der (allgemeinen und speziellen) Eignung (§ 56 Abs. 1) der für das Amt vorgesehenen Person hat das Insolvenzgericht ein vom vorläufigen Gläubigerausschuss mitgeteiltes Anforderungsprofil zu Grunde zu legen (§ 56a Abs. 2 Satz 2). Das Anforderungsprofil darf den allgemeinen oder speziellen Eignungskriterien, die einer richterlichen Kontrolle unterliegen, nicht widersprechen.[11] Der Vorschlag des vorläufigen Gläubigerausschusses zur Person ist bindend, es sei denn, diese ist ungeeignet (§ 56a Abs. 2 Satz 1).

Die Bestellung wird erst mit der Amtsannahme wirksam (vgl. § 21 Rdn. 68).[12] Soweit der vorläufige Insolvenzverwalter aus rechtlichen oder tatsächlichen Gründen an der Ausübung des Amtes gehindert ist, kann – ebenso wie im eröffneten Verfahren – die Bestellung eines (vorläufigen) Sonderinsolvenzverwalters in Betracht kommen.[13]

3. Aufsicht, § 58

Der vorläufige Insolvenzverwalter untersteht der Aufsicht des Insolvenzgerichts und hat diesem auf Anforderung jederzeit Auskunft oder Bericht zu erstatten (§ 58 Abs. 1). Da dem Insolvenzgericht in Bezug auf die Sicherungsmaßnahmen ein umfassendes Anordnungsrecht zusteht, reicht die Aufsichtsbefugnis entsprechend § 58 weiter als im eröffneten Verfahren. Hinzu kommt, dass das Insolvenzgericht im Eröffnungsverfahren regelmäßig auch die Interessen der Gläubiger wahrzunehmen

---

5 OLG Koblenz 12.05.2005, 12 VA 1/04, ZInsO 2005, 718 (719 f.); OLG Stuttgart 05.12.2005, 19 VA 4/05, ZInsO 2006, 331; a.A. OLG Hamm 14.10.2004, 15 VA 11/04, ZInsO 2005, 101 (101 f.); OLG Celle 01.06.2005, 16 VA 3/05, ZIP 2005, 1288 (1289).
6 Vgl. BVerfGE 116, 1 Rn. 39.
7 *Busch* DZWIR 2004, 353 (358 f.); *Smid* DZWIR 2010, 397 (399); krit. zum Gläubigereinfluss *Pape* ZInsO 2011, 1033 f.
8 Die jetzige Fassung des Gesetzes knüpft – leicht modifiziert – an den Vorschlag von Uhlenbruck (INDat-Report 3/2011, 16 f.) an.
9 *Uhlenbruck* INDat-Report 3/2011,16; *Riggert* NZI 2011, 121 (123); *Urlaub* ZIP 2011, 1040.
10 Hierzu *Frind* ZInsO 2011, 2249 (2256).
11 GesEntwBReg, BT-Drucks. 17/5712, 38.
12 OLG Düsseldorf 26.10.1992, 3 W 383/92, ZIP 1993, 135.
13 Vgl. FK-InsO/*Jahntz* § 56 Rn. 54 ff.

hat, weil diese – wenn nicht ein vorläufiger Gläubigerausschuss eingesetzt ist – am Verfahren noch nicht förmlich beteiligt sind. Danach erstreckt sich die Aufsicht zwar **nicht** auf die **Prüfung der Zweckmäßigkeit** einer jeden Einzelmaßnahme. Allerdings hat das Insolvenzgericht darüber zu wachen, dass sich die Maßnahmen des vorläufigen Insolvenzverwalters im **Rahmen des Sicherungs- und Erhaltungsauftrags** halten (vgl. Rdn. 57 ff.). Art und Weise der Ausübung des Aufsichtsrechts durch das Insolvenzgericht liegt in dessen pflichtgemäßem Ermessen,[14] wobei zu berücksichtigen ist, dass weitere Kontrollorgane, insb. die Gläubigerversammlung regelmäßig noch nicht existieren.[15] Ein **Weisungsrecht** hat das Insolvenzgericht gegenüber dem vorläufigen Insolvenzverwalter nicht,[16] etwaige Pflichtverletzungen können entsprechend § 58 Abs. 2 durch die Festsetzung eines Zwangsgeldes sanktioniert werden. Ultima ratio ist die Entlassung nach § 59; eine Inhaftierung entsprechend § 98 kommt nicht in Betracht.[17]

4. Entlassung, § 59 und Neuwahl, § 56a Abs. 3

9   Entlassen werden kann der vorläufige Insolvenzverwalter ebenso wie im eröffneten Verfahren nur, wenn auch durch Aufsichtsmaßnahmen eine den gesetzlichen Regelungen entsprechende Durchführung des Eröffnungsverfahrens nicht sichergestellt werden kann (Einzelheiten: vgl. § 59 Rdn. 2 ff.). Die Entlassung kann stets auf **fehlende Eignung** und (im Einzelfall zu würdigende) **Pflichtwidrigkeiten** des vorläufigen Verwalters gestützt werden; dagegen rechtfertigen Meinungsverschiedenheiten zwischen vorläufigem Verwalter und Gericht die Entlassung regelmäßig nicht, auch wenn ein gedeihliches Zusammenarbeiten nicht mehr möglich erscheint.[18] Angesichts der Kürze des Eröffnungsverfahrens und der mit einem Verwalterwechsel verbundenen Reibungsverluste und Verzögerungen wird diese Maßnahme nur selten in Betracht kommen. Ihre Voraussetzungen dürfen nicht durch die Aufhebung der Sicherungsmaßnahme umgangen werden (vgl. § 21 Rdn. 17).

10 Nach §§ 21 Abs. 2 Satz 1 Nr. 1a, 56a Abs. 3 ist es einem vorläufigen Gläubigerausschuss eröffnet, in seiner ersten Sitzung einstimmig eine andere Person als vorläufigen Insolvenzverwalter zu bestimmen, wenn das Insolvenzgericht dessen Bestellung ohne Anhörung vorgenommen hat (vgl. Rdn. 5). Diese Befugnis besteht nach dem Wortlaut des Gesetzes nicht, wenn das Insolvenzgericht wegen fehlender Eignung eine andere als die vorgeschlagene Person bestellt. Gegen eine erweiternde Auslegung spricht, dass die Verantwortung für die – nicht nur gläubigerschützenden – Maßnahmen nach § 21 Abs. 1 beim Insolvenzgericht liegt und vor diesem Hintergrund ein Streit über die Eignung des vorläufigen Insolvenzverwalters nicht in das Eröffnungsverfahren verlagert werden soll, zumal die Gründe für die Entscheidung des Insolvenzgerichts den Gläubigern nach § 27 Abs. 2 Nr. 5 erst mit der Entscheidung über den Eröffnungsantrag mitzuteilen sind. Eine erweiternde Auslegung erscheint jedoch – zur Vermeidung einer Umgehung – angezeigt, wenn ein nach § 22a Abs. 1 zwingend vorgesehener vorläufiger Gläubigerausschuss erst nach der Bestellung des vorläufigen Insolvenzverwalters eingesetzt wird und die Anhörung aus diesem Grunde unterblieben ist.[19] Kommt eine einstimmige Entscheidung des vorläufigen Gläubigerausschusses nicht zu Stande, ist die Abwahl des Verwalters erst im eröffneten Verfahren nach Maßgabe des § 57 möglich.

---

14 BGH 17.12.2009, IX ZB 2/09, ZInsO 2010, 185 Rn. 5.
15 FK-InsO/*Schmerbach* § 21 Rn. 82.
16 *Graeber* NZI 2002, 345 (347).
17 BGH 17.12.2009, IX ZB 175/08, ZInsO 2010, 132 Rn. 6.
18 *BGH 19.01.2012*, IX ZB 21/11, ZInsO 2012, 551 Rn. 10; a.A. OLG Zweibrücken 25.09.2000, 3 W 205/00, ZInsO 2000, 611 und der Verf. in der Vorauflage.
19 AA *Frind* ZInsO 2011, 2249 (2258).

5. Rechnungslegung, § 66

Der vorläufige Insolvenzverwalter hat nach Beendigung seines Amts entsprechend § 66 Rechnung zu legen; **Adressat** ist das Insolvenzgericht.[20] Die Rechnungslegungspflicht ist zu trennen von etwaigen handels- und steuerrechtlichen Rechnungslegungspflichten (§§ 238 ff. HGB, 140 ff. AO), für die im eröffneten Verfahren § 155 und im Eröffnungsverfahren die allgemeinen Vorschriften gelten (vgl. Rdn. 42).[21] Entsprechend § 66 Abs. 3, der von der Verweisung in § 21 Abs. 2 Satz 1 Nr. 1 mit erfasst ist, kann das Insolvenzgericht dem vorläufigen Insolvenzverwalter im Einzelfall auch aufgeben, **Zwischenrechnung** zu legen.

Die Rechnungslegungspflicht dient dazu, für die Verfahrensbeteiligten die Tätigkeit des vorläufigen Insolvenzverwalters und deren Ergebnisse zu dokumentieren. Sie knüpft an einen allgemeinen, im Grundsatz von Treu und Glauben verankerten Rechtsgedanken an, dass derjenige, der in einem fremden Rechts- und Interessenkreis tätig wird, rechenschaftspflichtig ist.[22] Maßstab für Inhalt und Umfang der Rechnungslegungspflicht sind die **legitimen Informationsinteressen der Verfahrensbeteiligten**, deren Sachwalter das Insolvenzgericht als Adressat der Rechnungslegungspflicht ist. Diese richten sich nach den dem vorläufigen Insolvenzverwalter eingeräumten Befugnissen, danach, wie das Eröffnungsverfahren endet, und schließlich nach dem Umfang der betroffenen Vermögensmasse und der Dauer des Eröffnungsverfahrens. Ausgangspunkt sind die allgemeinen bürgerlich-rechtlichen Vorschriften über den Umfang der Rechnungslegungspflicht:[23] Nach **§ 259 Abs. 1 BGB** ist derjenige, der über eine mit Einnahmen und Ausgaben verbundene Verwaltung Rechenschaft abzulegen hat, verpflichtet, dem Berechtigten eine geordnete Zusammenstellung der Einnahmen oder Ausgaben enthaltende Rechnung und – wenn üblich – Belege vorzulegen. Besteht die Pflicht zur Herausgabe von Gegenständen oder zur Auskunft über deren Bestand, so ist nach § 260 Abs. 1 BGB ein Bestandsverzeichnis vorzulegen. Daneben sehen §§ 259 Abs. 2, 260 Abs. 2 eine Erklärungspflicht vor, wenn Anhaltspunkte für eine nicht ordnungsgemäße Interessenwahrnehmung vorliegen. IE wird Inhalt und Umfang der Rechenschaftspflicht sehr unterschiedlich beurteilt, in der Praxis wird sich der vorläufige Insolvenzverwalter auf die **Gepflogenheiten des jeweiligen Insolvenzgerichts** einzustellen haben.[24] Da die Rechnungslegungspflicht kein Selbstzweck ist, können sich einzelne Bereiche der Schlussrechnung erübrigen, soweit sie sich bereits aus anderen, vom vorläufigen Insolvenzverwalter zu erstellenden Verzeichnissen oder Berichten ergeben und diese den jeweiligen Verfahrensbeteiligten ebenfalls zugänglich sind.[25] Soweit solche vom (endgültigen) Insolvenzverwalter angefertigt werden, gilt dies jedenfalls dann, wenn dieser mit dem vorläufigen Insolvenzverwalter personenidentisch ist.[26]

a) Befugnisse des vorläufigen Insolvenzverwalters.

Ist dem vorläufigen Insolvenzverwalter die **Verwaltungs- und Verfügungsbefugnis** übertragen, hat er die Ein- und Ausgaben gem. § 259 BGB darzustellen und einen Tätigkeitsbericht zu erstellen (vgl. § 66 Rdn. 6). Ein Verzeichnis zum Bestand des übernommenen Vermögens nach Anordnung der

---

20 BGH 29.03.2007, IX ZB 153/06, ZInsO 2007, 539 Rn. 5; *Uhlenbruck* NZI 1999, 289 (292); FK-InsO/*Schmerbach* § 21 Rn. 163; a.A. für den Fall der Verfahrenseröffnung HK-InsO/*Kirchhof* Rn. 69; Kübler/Prütting/Bork/*Onusseit* § 66 Rn. 7: Gläubigerversammlung.
21 *Uhlenbruck* NZI 1999, 289 (290).
22 BGH 20.10.1953, II ZR 149/52, BGHZ 10, 385; *Uhlenbruck* NZI 1999, 289.
23 HambK-InsR/*Schröder* Rn. 10.
24 *Uhlenbruck* NZI 1999, 289 (290 ff.); FK-InsO/*Schmerbach* § 21 Rn. 173 ff.; *ders.* ZInsO 2000, 637; HambK-InsR/*Schröder* Rn. 9 ff.; vgl. zu den Bestrebungen für ein einheitliches Rechnungslegungssystem den Bericht der Forschungsgruppe »Schlussrechnung« des Rheinland-Pfälzischen Zentrums für Insolvenzrecht und Sanierungspraxis, ZInsO 2011, 1874 ff.
25 Kübler/Prütting/Bork/*Onusseit* § 66 Rn. 6.
26 Kübler/Prütting/Bork/*Onusseit* § 66 Rn. 7a.

vorläufigen Insolvenzverwaltung und bei Beendigung des Amtes ist ebenfalls zu erstellen.[27] Überträgt das Insolvenzgericht dem vorläufigen Insolvenzverwalter **nur einzelne Befugnisse** (z.B. die Verfügung über Konten; Begründung bestimmter Masseverbindlichkeiten; Führung eines Anderkontos),[28] ist die Rechnungslegungslegungspflicht entsprechend eingeschränkt.[29] Ein Bestandsverzeichnis ist nur anzufertigen, wenn und soweit der vorläufige Insolvenzverwalter das Schuldnervermögen in Besitz nimmt. Der **bloß kontrollierende vorläufige Insolvenzverwalter** muss, weil die §§ 259 f. BGB mangels echter Verwaltung nicht eingreifen, nur einen Tätigkeitsbericht erstellen, wenn und soweit entsprechende Informationen nicht bereits anderweitig, z.B. im Gutachten nach Abs. 1 Satz 2 Nr. 3, erfasst wurden.

b) Art der Verfahrensbeendigung

14 Wird das **Insolvenzverfahren eröffnet**, ist ein Bestandsverzeichnis nur anzufertigen, wenn nicht derselbe Verwalter bezogen auf die Masse eine Vermögensübersicht nach § 153 anfertigt.[30] Unzulässig ist es, die Rechnungslegungspflicht mit derjenigen bei Beendigung des (endgültigen) Verwalteramtes zu verbinden.[31] Die Pflicht zur Rechnungslegung besteht auch dann, wenn der Antrag auf Eröffnung des Insolvenzverfahrens gem. § 26 Abs. 1 Satz 1 mangels Masse abgewiesen wird, und zwar unabhängig davon, ob die Vergütung des vorläufigen Insolvenzverwalters gedeckt ist.[32] Dasselbe gilt auch bei der **Abweisung des Insolvenzantrags als unzulässig** und der Rücknahme oder **Erledigung des Insolvenzantrags**.[33] Endet das Amt des vorläufigen Insolvenzverwalters vorzeitig durch **Entlassung**, hat er dem Insolvenzgericht eine Teilschlussrechnung vorzulegen.[34] Diese Verpflichtung besteht indes nur gegenüber dem Insolvenzgericht und nicht gegenüber einem neu bestellten vorläufigen Insolvenzverwalter.[35]

c) Vermögensumfang und Dauer des Eröffnungsverfahrens

15 Schließlich hängen die Informationsinteressen der Verfahrensbeteiligten auch vom Umfang des verwalteten Vermögens und von der Dauer des Eröffnungsverfahrens ab.[36] Das Insolvenzgericht ist nicht befugt, den vorläufigen Insolvenzverwalter von seiner Rechnungslegungspflicht zu befreien. Abgesehen davon, dass eine entsprechende Befugnis gesetzlich nicht vorgesehen ist, kann der Umfang der Rechnungslegung den konkreten Informationsinteressen des Einzelfalls angepasst werden, so dass für einen vollständigen Verzicht auf die Rechnungslegung kein Bedürfnis besteht.[37]

6. Vergütung und Auslagenerstattung, §§ 63 bis 65

16 Für die Vergütung und die Erstattung von Auslagen des vorläufigen Insolvenzverwalters verweist § 21 Abs. 2 Satz 1 Nr. 1 auf §§ 63 bis 65 und die nach § 65 vom Bundesministerium der Justiz er-

---

27 Kübler/Prütting/Bork/*Onusseit* § 66 Rn. 6; FK-InsO/*Schmerbach* § 21 Rn. 175; a.A. Kübler/Prütting/Bork/*Pape* Rn. 52; HambK-InsR/*Schröder* Rn. 10.
28 Zu Ermächtigungen im Zusammenhang mit der Kontoführung: *Stahlschmidt*, NZI 2011, 272, 276; *Büttner*, ZInsO 2012, 2309, 2315 ff.
29 HambK-InsR/*Schröder* Rn. 10.
30 Kübler/Prütting/Bork/*Onusseit* § 66 Rn. 7a.
31 FK-InsO/*Schmerbach* § 21 Rn. 180; Kübler/Prütting/Bork/*Onusseit* § 66 Rn. 7; a.A. Jaeger/*Gerhardt* § 22 Rn. 220 Rn.
32 Kübler/Prütting/Bork/*Onusseit* § 66 Rn. 5.
33 *Uhlenbruck* NZI 1999, 289 (291).
34 BGH 14.04.2005, IX ZB 76/04, ZInsO 2005, 483.
35 BGH 23.09.2010, IX ZR 242/09, ZInsO 2010, 2232 Rn. 8.
36 Jaeger/*Gerhardt* Rn. 220; *Uhlenbruck* NZI 1999, 289 (293).
37 Kübler/Prütting/Bork/*Onusseit* § 66 Rn. 6a; a.A. *Uhlenbruck* NZI 1999, 289 (293); Jaeger/*Gerhardt* Rn. 205 ff.

lassene Insolvenzrechtliche Vergütungsverordnung (InsVV), dort speziell § 11 InsVV[38]. Nach deren Abs. 1 beträgt die **Regelvergütung** 25 % der Regelvergütung im eröffneten Verfahren, von der ausgehend nach Art, Dauer und Umfang der Tätigkeit (§ 11 Abs. 3 InsVV) gem. §§ 10, 3 InsVV Zu- oder Abschläge festzusetzen sind (vgl. i.E. – auch zur Wertermittlung nach § 11 Abs. 1 Satz 2 InsVV – die Kommentierung zu § 11 InsVV). Die **Mindestvergütung** beträgt 1.000,00 €.[39] Als **Auslagen** werden nach §§ 10, 4 InsVV nur besondere Kosten, nicht aber allgemeine Geschäftskosten erstattet. Die Vergütung für die Tätigkeit als Sachverständiger richtet sich nach dem Justizvergütungs- und -entschädigungsgesetz (JVEG), § 11 Abs. 4 InsVV.

Wird das Verfahren eröffnet, gehören die Vergütung und Auslagen des vorläufigen Insolvenzverwalters nach § 54 Nr. 2 zu den **Kosten des Insolvenzverfahrens**. Die Festsetzung der Vergütung und der zu erstattenden Auslagen obliegt dem Insolvenzgericht, dort – nach der Entscheidung über den Eröffnungsantrag – dem Rechtspfleger (§ 64 Abs. 1; §§ 10, 8 InsVV; § 18 RPflG).[40] Der Beschluss ist nach Maßgabe des § 64 Abs. 2 bekannt zu machen und unterliegt nach § 64 Abs. 3 der sofortigen Beschwerde, die dem vorläufigen Verwalter, dem Schuldner, jedem Insolvenzgläubiger, dem endgültigen Insolvenzverwalter[41] und – in entsprechender Anwendung – jedem eröffnet ist, der durch die fehlerhafte Festsetzung der Vergütung in seinen Rechten unmittelbar beeinträchtigt wird.[42] Im Falle der Ablehnung des Eröffnungsantrags stand dem vorläufigen Insolvenzverwalter nach der Rechtsprechung des BGH nur ein materiell-rechtlicher Kostenerstattungsanspruch gegen den Schuldner zu, der vor den ordentlichen Gerichten zu verfolgen war.[43] Nunmehr gilt § 26a (vgl. i.E. die Kommentierung dort). Außerhalb des Anwendungsbereichs von § 63 Abs. 2 trägt der vorläufige Insolvenzverwalter das Risiko der Uneinbringlichkeit seiner Vergütung.[44] 17

Der Vergütungsanspruch unterliegt der regelmäßigen Verjährung (§ 195 BGB), die nach § 199 Abs. 1 Nr. 1 BGB mit dem Schluss des Jahres beginnt, in dem die Tätigkeit erledigt wurde, d.h. mit Rechnungslegung nach §§ 21 Abs. 2 Satz 1 Nr. 1, 66 Abs. 1[45] bzw. mit der Eröffnung des Insolvenzverfahrens.[46] Die Verjährung ist bis zum Abschluss des eröffneten Insolvenzverfahrens in Anlehnung an § 8 Abs. 2 Satz 1 RVG[47] und ferner durch die Stellung des Vergütungsantrags entsprechend § 204 Abs. 1 BGB gehemmt.[48] 18

7. Haftung, §§ 60 bis 62

Für die persönliche Haftung des vorläufigen Insolvenzverwalters gilt § 60 als allgemeine Haftungsnorm. § 61 regelt den speziellen Fall, dass eine zu Lasten der künftigen Insolvenzmasse begründete Verbindlichkeit (vgl. Rdn. 26) nicht voll erfüllt werden kann. Daneben kann eine persönliche Haftung auch nach allgemeinen Vorschriften begründet sein. Soweit dem vorläufigen Insolvenzverwalter nach Abs. 1 Satz 2 Nr. 3 2. HS die Aufgaben eines Sachverständigen übertragen sind, haftet er für diese Tätigkeit nur nach § 839a BGB.[49] Die Abgrenzung der Sachverständigentätigkeit 19

---

38 Zur Teilnichtigkeit von § 11 Abs. 1 Satz 4 InsVV: BGH 15.11.2012, IX ZB 130/10, ZInsO 2013, 100 Rn. 34 ff.; BGH 07.02.2013, IX ZB 286/11, ZInsO 2013, 515 Rn. 10.
39 Vgl. BGH 13.07.2006, IX ZB 104/05, ZInsO 2006, 811 (816).
40 BGH 22.09.2010, IX ZB 195/09, ZInsO 2010, 2103 Rn. 24 f.: HambK-InsR/*Büttner* § 64 Rn. 3; a.A. FK-InsO/*Schmerbach* § 21 Rn. 147 ff.
41 BGH 27.09.2012, IX ZB 276/11, ZInsO 2012, 2099 Rn. 3.
42 BGH 20.12.2012, IX ZB 19/10, ZIP 2013, 226 Rn. 9.
43 BGH 13.12.2007, IX ZR 169/07, BGHZ 175, 48 Rn. 9 f.; a.A. AG Hamburg 17.09.2007, 67c IN 242/07, ZInsO 2007, 1167 (1168).
44 BGH 07.02.2013, IX ZB 245/11, ZInsO 2013, 566 14.
45 BGH 29.03.2007, IX ZB 153/06, ZInsO 2007, 539 5.
46 BGH 22.09.2010, IX ZB 195/09, ZInsO 2010, 2103 27 f.; 20.07.2011, IX ZB 58/11, juris Rn. 2.
47 BGH 22.09.2010, IX ZB 195/09, ZInsO 2010, 2103 Rn. 27 f., 30 ff.; 20.07.2011, IX ZB 58/11, juris Rn. 2.
48 BGH 29.03.2007, IX ZB 153/06, ZInsO 2007, 539 Rn. 16.
49 HambK-InsR/*Schröder* Rn. 219.

von derjenigen als vorläufiger Insolvenzverwalter kann im Einzelfall schwierig sein, ist aufgrund des Haftungsprivilegs nach § 839a Abs. 2, § 839 Abs. 3 BGB aber von wesentlicher Bedeutung (vgl. Rdn. 81 ff.).[50] Bei der Haftung des vorläufigen Insolvenzverwalters ist stets zu berücksichtigen, dass er im Eröffnungsverfahren zunächst einen Überblick über das Schuldnervermögen gewinnen muss und es die konkrete Situation im Einzelfall erfordert, eilbedürftige Entscheidungen auch ohne vollständige Aufklärung der Sachlage zu treffen.[51] Nachfolgend werden die spezifischen, das Eröffnungsverfahren betreffenden Haftungsfragen erörtert. Im Übrigen wird auf die Kommentierung der §§ 60 ff. verwiesen.

a) Haftung entsprechend § 60

20 § 60 betrifft die Haftung wegen der Verletzung »insolvenzspezifischer« Pflichten (zum Begriff vgl. § 60 Rdn. 6 ff.). Wie im eröffneten Verfahren fällt unter § 60 nicht die Verletzung allgemeiner Pflichten, die den vorläufigen Insolvenzverwalter als Vertreter fremder Interessen oder im Rahmen von Vertragsverhandlungen treffen.[52] Der **Begriff der insolvenzspezifischen Pflicht**, der im unmittelbaren Anwendungsbereich des § 60 den Pflichtenkreis des Verwalters im eröffneten Verfahren anspricht, ist im Hinblick auf die Haftung des vorläufigen Insolvenzverwalters **inhaltlich zu modifizieren**. Die Pflichten des vorläufigen Verwalters orientieren sich am Sicherungs- und Erhaltungszweck des § 21 Abs. 1. Aus ihm können sich Pflichten gegenüber Aus- und Absonderungsberechtigten,[53] (künftigen) Massegläubigern, (künftigen) Insolvenzgläubigern und dem Schuldner ergeben.[54] Die Reichweite der Pflichten richtet sich nach dem dem vorläufigen Insolvenzverwalter übertragenen Pflichtenkreis, also ganz entscheidend danach, ob ihm die Verwaltungs- und Verfügungsbefugnis über das Vermögen des Schuldners übertragen (Abs. 1) oder ob ihm nach Abs. 2 nur einzelne Pflichten übertragen wurden.[55] Er muss gegenüber dem Insolvenzgericht auch auf eine Erweiterung seiner Befugnisse oder andere Sicherungsmaßnahmen hinwirken, wenn er erkennt, dass anderenfalls eine Verschlechterung der Masse zu besorgen ist (vgl. Rdn. 103).

21 Pflichten gegenüber **Aus- und Absonderungsberechtigten** ergeben sich insb. im Zusammenhang mit einer Anordnung nach § 21 Abs. 2 Satz 1 Nr. 3 oder Nr. 5. Soweit durch eine solche Maßnahme zur Sicherung und Erhaltung des Schuldnervermögens die Rechte solcher Gläubiger eingeschränkt werden, gerät der vorläufige Insolvenzverwalter im Rahmen der ihm übertragenen Befugnisse in eine insolvenzspezifische Pflichtenstellung. Gleiches gilt, wenn der vorläufige Insolvenzverwalter vom Gericht allgemein zum Forderungseinzug ermächtigt wird (i.E. vgl. Rdn. 93)[56] – oder ein Zustimmungsvorbehalt angeordnet wurde.[57] Der vorläufige Insolvenzverwalter darf die Auskehr vereinnahmter Erlöse dem endgültigen Verwalter überlassen.[58] Verletzt der er dagegen außerhalb einer solchen Anordnung Pflichten aus dem Sicherungsvertrag, vermag dies seine Haftung entsprechend § 60 nicht zu begründen.[59] Zu weitgehend erscheint es, dem vorläufigen Insolvenzverwalter zum Schutz der Rechte eines Absonderungsberechtigten Hinweis- oder Beratungspflichten aufzuerlegen.[60]

22 Gegenüber **künftigen Massegläubigern** gilt zunächst § 61. Begründet der vorläufige Insolvenzverwalter Verbindlichkeiten i.S.d. § 55 Abs. 2 Satz 1 besteht keine insolvenzspezifische Pflicht, diese

---

50 FK-InsO/*Schmerbach* Rn. 129.
51 HK-InsO/*Kirchhof* Rn. 83.
52 BGH 24.01.2008, IX ZR 201/06, ZIP 2008, 608 Rn. 12.
53 BGH 05.05.2011, IX ZR 144/10, ZInsO 2011, 1463 Rn. 29.
54 FK-InsO/*Schmerbach* § 21 Rn. 87.
55 Kübler/Prütting/Bork/*Lüke* § 60 Rn. 63.
56 BGH 21.01.2010, IX ZR 65/09, BGHZ 184, 101 Rn. 33.
57 BGH 05.05.2011, IX ZR 144/10, ZInsO 2011, 1463 Rn. 29.
58 Flöther/Wehner NZI 2010, 554 (555).
59 BGH 15.05.2003, IX ZR 322/01, ZIP 2003, 1303 (1304) zur Haftung des Sequesters; vgl. aber Jaeger/*Gerhardt* Rn. 205, 218.
60 So aber BGH 05.05.2011, IX ZR 144/10, ZInsO 2011, 1463 Rn. 44.

sofort bei Fälligkeit zu erfüllen (vgl. Rdn. 46). Umgekehrt kann sich eine Pflichtverletzung des vorläufigen Insolvenzverwalters i.S.d. § 60 daraus ergeben, dass er bereits im Eröffnungsverfahren künftige Masseverbindlichkeiten erfüllt, und sich später herausstellt, dass das verwaltete Vermögen entsprechend § 208 unzulänglich ist.[61] Auch trifft den vorläufigen Insolvenzverwalter gegenüber den künftigen Massegläubigern die Pflicht, von seinen Befugnissen aus § 25 Abs. 2 Gebrauch zu machen.

Dem vorläufigen Insolvenzverwalter obliegen kraft des Sicherungs- und Erhaltungszwecks auch den **Insolvenzgläubigern** gegenüber bereits im Eröffnungsverfahren insolvenzspezifische Pflichten. Beeinträchtigt er schuldhaft deren Interessen an einer gleichmäßigen Befriedigung im eröffneten Insolvenzverfahren durch sicherungs- bzw. erhaltungszweckwidrige Verwaltungsmaßnahmen, haftet der vorläufige Insolvenzverwalter, wobei § 92 auch bei der Bestellung eines vorläufigen Insolvenzverwalters nach Abs. 1 im Eröffnungsverfahren nicht entsprechend anwendbar ist.[62] Wird das Verfahren aber eröffnet, erfasst § 92 ausdrücklich auch Ansprüche auf Ersatz solcher Schäden, die die Insolvenzgläubiger in der Zeit vor der Verfahrenseröffnung erlitten haben.[63] 23

Für die Haftung **gegenüber dem Schuldner** im Eröffnungsverfahren ist in besonderer Weise von Bedeutung, dass der vorläufige Insolvenzverwalter im Grundsatz die Verwertung des Vermögens dem eröffneten Verfahren vorzubehalten (vgl. Rdn. 63 f.) und ein Unternehmen fortzuführen hat (vgl. Rdn. 76 ff.). Kommt es nicht zur Eröffnung des Verfahrens, haftet der vorläufige Insolvenzverwalter gegenüber dem Schuldner, wenn er diese Pflichten schuldhaft verletzt. Hat das Insolvenzgericht und ggf. der vorläufige Gläubigerausschuss der Stilllegung des Unternehmens nach Abs. 1 Satz 2 Nr. 2 zugestimmt, kommt eine Haftung des vorläufigen Insolvenzverwalters nicht in Betracht, es sei denn, dieser hat einen falschen Sachverhalt unterbreitet (vgl. Rdn. 80). 24

Nach der Änderung der Rechtsprechung des BGH zur Befugnis des vorläufigen Insolvenzverwalters, (pauschal) die Genehmigung von **Buchungen im Lastschriftverfahren** zu verweigern oder die Zustimmung zu einer solchen Genehmigung zu versagen (vgl. Rdn. 113 ff.), ergeben sich in diesem Bereich nicht unerhebliche Haftungsrisiken. In der Zeit vor der Rechtsprechungsänderung durfte der vorläufige Insolvenzverwalter mit Zustimmungsvorbehalt davon ausgehen, seine Zustimmung zur Genehmigung verweigern zu dürfen.[64] Eine Haftung kommt nunmehr gegenüber dem Schuldner in Betracht, wenn der vorläufige Insolvenzverwalter durch den Widerruf schuldhaft dessen Recht zur Verfügung über den pfändungsfreien Teil seines Vermögens einschränkt.[65] Daneben haftet er ggf. gegenüber der Zahlstelle, wenn er eine bereits (konkludent) erteilte Genehmigung schuldhaft nicht erkennt und die Rückabwicklung einer daraufhin zu Unrecht erfolgten Rückbelastung scheitert,[66] wobei sich die Bank, die ihrerseits verpflichtet und regelmäßig auch in der Lage ist, eine bereits erteilte Genehmigung zu prüfen, ein Mitverschulden anrechnen lassen muss. Der vorläufige Insolvenzverwalter ist gut beraten, einen Widerspruch ausdrücklich auf noch nicht genehmigte Lastschriften zu beschränken.[67] Umgekehrt muss der vorläufige Insolvenzverwalter den Eintritt der Genehmigungswirkung verhindern, solange der Lastschriftgläubiger nur einen schuldrechtlichen Anspruch auf die Genehmigung hat und der Eintritt der Genehmigungswirkung zu dessen einseitiger Bevorzugung führen würde.[68] Zweifelhaft ist eine Haftung gegenüber dem Zahlungsempfänger oder dessen Bank. Diesen gegenüber berühmt sich der vorläufige Insolvenzverwalter keiner nicht bestehen- 25

---

61 BGH 06.05.2004, IX ZR 48/03, BGHZ 159, 104 Rn. 48 ff.; 21.10.2010, IX ZR 220/09, ZInsO 2010, 2323 Rn. 12 jeweils für die Haftung im eröffneten Verfahren; HK-InsO/*Kirchhof* Rn. 40; *Büchler* ZInsO 2011, 1240 (1241 f.).
62 Kübler/Prütting/Bork/*Lüke* § 92 Rn. 54 ff.
63 HambK-InsR/*Schröder* Rn. 215.
64 BGH 03.02.2011, IX ZR 231/09, juris Rn. 3.
65 Dazu: BGH 20.07.2010, IX ZR 37/09, DB 2010, 1801 Rn. 23.
66 BGH 28.06.2012, IX ZR 219/10, ZInsO 2012, 1421 Rn. 9 f., auch zur Behandlung von Altfällen.
67 BGH 03.02.2011, IX ZR 231/09, juris Rn. 5.
68 FK-InsO/*Schmerbach* § 21 Rn. 88.

den Rechtsstellung. Im Übrigen dürfte diesen auch regelmäßig ein Rückabwicklungsanspruch gegenüber der Zahlstelle zustehen (vgl. Rdn. 115), weil diese einen Rückgabeanspruch nach dem Lastschriftabkommen bzw. einen Bereicherungsanspruch gegen den Gläubiger nur im Falle des Widerspruchs hat (vgl. Rdn. 112). Der BGH hält im Falle einer auf einen unberechtigten Widerspruch erfolgten Rückbuchung zu Lasten des Gläubigers den Anwendungsbereich des § 826 BGB grds. für eröffnet.[69]

b) Haftung entsprechend § 61

26 Eine Haftung entsprechend § 61 kommt nur in Betracht, wenn und soweit der vorläufige Insolvenzverwalter **Verbindlichkeiten gem. § 55 Abs. 2** begründen kann, sei es, weil dem Schuldner ein allgemeines Verfügungsverbot auferlegt wurde (Abs. 1) oder das Gericht ihn gem. § 21 Abs. 1 Satz 1 ermächtigt hat, bestimmte Verbindlichkeiten zu Lasten der künftigen Masse zu begründen.[70] Er muss sich daher wie der endgültige Insolvenzverwalter durch die Vorlage einer **Liquiditätsplanung/-prognose** gem. § 61 Satz 2 entlasten (vgl. § 61 Rdn. 8 f.), an die allerdings geringere Anforderungen zu stellen sind als nach Verfahrenseröffnung.[71] Vor der Fertigstellung der Liquiditätsplanung hat der vorläufige Insolvenzverwalter die Liquidität anhand der sofort greifbaren Informationen zu schätzen.[72]

27 Besondere Haftungsrisiken ergeben sich für den vorläufigen Insolvenzverwalter nach Abs. 1 bei einer **Betriebsfortführung**. Allein die Pflicht zur Fortsetzung nach Abs. 1 Satz 2 Nr. 2 entlastet ihn nicht.[73] Werden durch die Betriebsfortführung aber nicht erfüllbare Masseverbindlichkeiten begründet, weil das Insolvenzgericht seinem Antrag auf Stilllegung nach § 22 Abs. 1 Satz 2 Nr. 2 nicht zustimmt, kommen Haftungsansprüche nur noch nach § 839 BGB, Art. 34 GG in Betracht.[74]

c) Haftung nach allgemeinen Vorschriften

28 Wie im eröffneten Verfahren auch, kommt eine Haftung des vorläufigen Insolvenzverwalters unter dem Gesichtspunkt der §§ 311 Abs. 3, 280 Abs. 1 BGB oder nach § 826 BGB in Betracht, wenn er **besonderes Vertrauen** gegenüber einem Verhandlungspartner im Hinblick auf die Durchführbarkeit eines Geschäfts in Anspruch nimmt (vgl. § 60 Rdn. 47 f.).[75] Entsprechend sollte sich der sog. schwache vorläufige Insolvenzverwalter (vgl. Rdn. 31) zurückhalten, Befriedigungszusagen gegenüber Lieferanten abzugeben, deren Forderungen später nur solche nach § 38 sind.[76]

29 Daneben haftet der vorläufige Insolvenzverwalter mit Verfügungsbefugnis für die Verletzung der aus der Stellung als Vermögensverwalter nach § 34 Abs. 3 AO oder als Verfügungsberechtigter nach § 35 AO entstehenden Pflichten gem. **§ 69 AO** (vgl. Rdn. 127 f.), **gem. § 321 Abs. 3 SGB III** und gem. **§ 823 Abs. 2 BGB i.V.m. § 266a StGB**.

d) Verjährung, § 62 InsO

30 Der Anspruch unterliegt entsprechend § 62 Satz 1 der **regelmäßigen Verjährungsfrist** von drei Jahren (§ 195 BGB). Für den Beginn der Verjährungsfrist gilt zunächst § 199 BGB (vgl. § 62 Rdn. 2), allerdings mit der Maßgabe, dass die Frist entsprechend § 62 Satz 2 spätestens mit der Rechtskraft der das Eröffnungsverfahren beendenden Entscheidung beginnt.[77]

---

69 BGH, 20.07.2010, IX 37/09, BGHZ 186, 242 Rn. 27; 13.10.2011, IX ZR 115/10, ZIP 2011, 2206 Rn. 9.
70 BGH 18.07.2002, IX ZR 195/01, ZIP 2002, 1625 (1628 f.).
71 Kübler/Prütting/Bork/*Lüke* § 61 Rn. 14.
72 HK-InsO/*Kirchhof* Rn. 81.
73 Kübler/Prütting/Bork/*Lüke* § 60 Rn. 15; HK-InsO/*Kirchhof* Rn. 85.
74 *Kirchhof* ZInsO 1999, 365 (367).
75 BGH 24.05.2005, IX ZR 114/01, NZI 2005, 500 (500 f.).
76 OLG Celle 21.10.2003, 16 U 95/03, NZI 2004, 89 (90); OLG Frankfurt 08.03.2007, 26 U 43/06, ZInsO 2007, 548 (549); Kübler/Prütting/Bork/*Pape* Rn. 50; a.A. HambK-InsR/*Schröder* Rn. 224.
77 FK-InsO/*Schmerbach* § 21 Rn. 104.

II. Rechtsstellung des vorläufigen Insolvenzverwalters bezogen auf das Schuldnervermögen

Die **Rechtsstellung** des vorläufigen Insolvenzverwalters bezogen auf das Schuldnervermögen hängt 31
davon ab, ob und ggf. welche Rechte und Pflichten ihm durch das Insolvenzgericht übertragen wurden. Wird dem Schuldner ein allgemeines Verfügungsverbot nach § 21 Abs. 2 Satz 1 Nr. 2 1. Fall auferlegt, erhält der vorläufige Insolvenzverwalter nach Abs. 1 automatisch Rechte und Pflichten (vgl. Rdn. 33 ff.). Unterbleibt dies, muss das Gericht nach Abs. 2 Satz 1 die Pflichten (und Rechte)[78] des vorläufigen Insolvenzverwalters selbst bestimmen, wobei diese nach Abs. 2 Satz 2 nicht über die Pflichten nach Abs. 1 hinausgehen dürfen (vgl. Rdn. 86 ff.). In welcher Weise das Insolvenzgericht die Stellung des vorläufigen Insolvenzverwalters ausgestaltet, hängt von der Beurteilung der Gefährdungslage vor dem Hintergrund des Sicherungszwecks und der Prüfung der Verhältnismäßigkeit im Rahmen des § 21 Abs. 1 Satz 1 ab (vgl. § 21 Rdn. 16).[79] Die Bestellung eines (sog. starken) vorläufigen Insolvenzverwalters mit Verwaltungs- und Verfügungsbefugnis hat sich nicht zum praktischen Regelfall entwickelt. Dies entspricht den Erfordernissen des Verhältnismäßigkeitsgrundsatzes. In der Anordnungspraxis wird die Stellung des (sog. schwachen) vorläufigen Insolvenzverwalters ohne Verwaltungs- und Verfügungsbefugnis durch weitgehende Einzelermächtigungen derjenigen des sog. starken vorläufigen Insolvenzverwalters angenähert.[80] Entscheidender Unterschied bleibt jedoch, dass ohne Übergang der Verwaltungs- und Verfügungsbefugnis der Schuldner – zumindest rechtlich – der Handelnde bleibt.[81]

1. Anordnung eines allgemeinen Verfügungsverbots (Abs. 1)

Die Rechtsstellung des vorläufigen Insolvenzverwalters bei Anordnung eines allgemeinen Verfügungsverbots ist derjenigen des Insolvenzverwalters im eröffneten Verfahren stark angenähert, 32
weil durch den Übergang der Verwaltungs- und Verfügungsbefugnis auf den vorläufigen Insolvenzverwalter eine die Wirkungen des § 80 im eröffneten Verfahren vorwegnehmende Rechtsstellung geschaffen wird. Dagegen sind die insolvenzspezifischen Gestaltungsmöglichkeiten des vorläufigen Insolvenzverwalter noch eingeschränkt, weil weder das Wahlrecht des Insolvenzverwalter nach § 103 noch die §§ 115 bis 117 im Eröffnungsverfahren Anwendung finden (vgl. Rdn. 40).[82]

a) Befugnisse nach Abs. 1 Satz 1

Mit dem Übergang der Verwaltungs- und Verfügungsbefugnis nach Abs. 1 Satz 1 erhält der vorläu- 33
fige Insolvenzverwalter die **umfassende Handlungsbefugnis** betreffend das Schuldnervermögen.[83] Der Übergang wird bewirkt durch die Bestellung des vorläufigen Insolvenzverwalters (§ 21 Abs. 2 Satz 1 Nr. 1) und die Anordnung eines allgemeinen Verfügungsverbots (§ 21 Abs. 2 Satz 1 Nr. 2 1. Fall). Die dem vorläufigen Insolvenzverwalter zuwachsenden Befugnisse sind nicht lediglich Spiegelbild der dem Schuldner auferlegten Verfügungsbeschränkung, sondern gehen mit dem Übergang der Verwaltungsbefugnis darüber weit hinaus.

Bezugspunkt ist das **Schuldnervermögen**, zu dem auch die mit (angeblichen) Aus- oder Absonde- 34
rungsrechten belasteten Vermögensgegenstände gehören, die sich im Besitz des Schuldners befinden (sog. **Ist-Vermögen**, vgl. § 21 Rdn. 30)[84], nicht aber das nicht der Pfändung unterliegende Vermögen, § 36 Abs. 4 Satz 3 i.V.m. Abs. 1 Satz 1, 2. Der Übergang der Verwaltungs- und Verfügungsbefugnis hat **keinen Einfluss auf die gesellschaftsrechtliche Organisationsstruktur** des Schuldners.[85] Die Organe einer juristischen Person behalten ihre Stellung, können aber nur noch solche Aufgaben

---

[78] Vgl. BGH 18.07.2002, IX ZR 195/01, BGHZ 151, 353 (367).
[79] HK-InsO/*Kirchhof* Rn. 5.
[80] FK-InsO/*Schmerbach* Rn. 5.
[81] BGH 18.07.2002, IX ZR 195/01, BGHZ 151, 353 (361 f.); *Hölzle* ZInsO 2011, 1889 (1890 f.).
[82] BGH 27.10.2007, IX ZR 217/06, BGHZ 174, 84 Rn. 28.
[83] BGH 18.07.2002, IX ZR 195/01, BGHZ 151, 353 (361).
[84] *Pohlmann* Aufgaben und Funktion des vorläufigen Insolvenzverwalters, S. 58 f.
[85] BGH 11.01.2007, IX ZB 271/04, ZIP 2007, 438 Rn. 21.

wahrnehmen, die nicht die künftige Insolvenzmasse betreffen.[86] Der vorläufige Insolvenzverwalter hat entsprechend auch nicht die Befugnis, in die Organstellung einzugreifen, z.B. einen Geschäftsführer abzuberufen.[87] Im Rahmen der ihnen verbleibenden Befugnisse sind die Organe auch weiterhin anmeldepflichtig i.S.d. § 14 HGB.[88]

35 Der **Übergang** erfolgt, wenn der Beschluss über die Anordnung des allgemeinen Verfügungsverbots wirksam ist und der vorläufige Insolvenzverwalter sein Amt angenommen hat; der öffentlichen Bekanntmachung nach § 23 bedarf es nicht (vgl. § 21 Rdn. 68).

aa) Übergang der Verfügungsbefugnis

36 Mit der Befugnis zur **Verfügung** über das Schuldnervermögen soll gewährleistet werden, dass nur der vorläufige Insolvenzverwalter über dieses disponieren – insb. eine dem Sicherungszweck zuwider laufende Verringerung des Vermögens verhindern – kann. Der **Begriff der Verfügung** entspricht dem des allgemeinen Zivilrechts (i.E. vgl. § 21 Rdn. 25; § 24 Rdn. 4). Für die den jeweiligen Verfügungstatbestand auslösende dingliche Einigung oder die die Wirkungen eines dinglichen Rechtsgeschäfts herbeiführende Genehmigung ist nunmehr die Abgabe der Willenserklärung durch den vorläufigen Insolvenzverwalter maßgeblich, weil dieser insoweit uneingeschränkt in die Rechtsstellung des Schuldners vor dem Erlass der Verfügungsbeschränkung einrückt.[89] Gleiches gilt für die eine Rechtsänderung bewirkende Ausübung eines Gestaltungsrechts (Anfechtung, Widerruf, Rücktritt, Kündigung), wobei die Ausübung solcher Rechte – allerdings nur bezogen auf das Innenverhältnis – eingeschränkt ist (vgl. Rdn. 47).[90]

37 Nach wie vor möglich bleibt aber der Zugriff auf das Schuldnervermögen im Wege der **Zwangsvollstreckung** (es sei denn, es ist eine Anordnung nach § 21 Abs. 2 Satz 1 Nr. 3 ergangen, vgl. dazu § 21 Rdn. 29 ff.) sowie ein **sonstiger Rechtserwerb**, weil die §§ 89, 91 im Eröffnungsverfahren nicht gelten.

bb) Übergang der Verwaltungsbefugnis

38 Kraft der Verwaltungsbefugnis nach Abs. 1 Satz 1 tritt der Insolvenzverwalter in die Rechte- und Pflichtenstellung des Schuldners in Bezug auf das von der Maßnahme betroffene Vermögen (vgl. Rdn. 34) ein.

39 (1) Der vorläufige Insolvenzverwalter kann das Schuldnervermögen entsprechend § 148 in Besitz nehmen (zur **Inbesitznahme** vgl. § 148 Rdn. 5 ff.). Ein eigenmächtiges Vorgehen ist ihm dabei nicht gestattet,[91] der Anordnungs- und Bestellungsbeschluss ist – für bewegliche und unbewegliche Sachen[92] – analog §§ 148 Abs. 2, 794 Abs. 1 Nr. 3 ZPO Herausgabetitel gegen den Schuldner[93] oder dessen Ehegatten,[94] nicht aber gegen Dritte, die ihrerseits dem Schuldner zur Herausgabe verpflichtet sind.[95] Dritter in diesem Sinne ist auch ein mit dem Schuldner verbundenes Unternehmen.[96] Mit der Inbesitznahme durch den Insolvenzverwalter erlangt dieser unmittelbaren Fremd-

---

86 BGH 26.01.2006, IX ZR 282/03, ZInsO 2006, 260 Rn. 6.
87 BGH 11.01.2007, IX ZB 271/04, ZIP 2007, 438 Rn. 21.
88 OLG Rostock 17.12.2002, 6 W 52/02, Rpfleger 2003, 444 (445).
89 BGH 27.10.2007, IX ZR 217/06, BGHZ 174, 84 Rn. 28.
90 HambK-InsR/*Schröder* Rn. 29.
91 AG Duisburg 04.08.2004, 62 IN 345/03, ZInsO 2005, 105 (105 f.).
92 Jaeger/*Gerhardt* Rn. 31; a.A. *Pohlmann* Rn. 125.
93 AG Duisburg 04.08.2004, 62 IN 345/03, ZInsO 2005, 105 (106).
94 OLG Frankfurt 19.06.1969, 6 W 132/69, MDR 1969, 852.
95 LG Trier 04.04.2005, 4 T 4/05, ZInsO 2005, 780.
96 HambK-InsR/*Schröder* Rn. 31a; a.A. AG Karlsruhe-Durlach NZI 2007, 296; Uhlenbruck/*Vallender* Rn. 19a.

besitz (§ 854 Abs. 1 BGB), dem Schuldner verbleibt mittelbarer Eigenbesitz, §§ 868, 872 BGB.[97] Mit der Verwaltungsbefugnis erlangt der vorläufige Insolvenzverwalter auch das **Hausrecht** über das Betriebsgrundstück des Schuldners (zur Durchsuchung s. Rdn. 148).[98]

(2) Der vorläufige Insolvenzverwalter tritt an die Stelle des Schuldners innerhalb der bestehenden vertraglichen und gesetzlichen **Schuldverhältnisse**. Ihm stehen dabei nicht mehr und auch keine anderen Rechte zu, als zuvor dem Schuldner.[99] Die besonderen, für die Erfüllung von Rechtsgeschäften im Insolvenzverfahren geltenden Regelungen der §§ 103 ff. gelten nicht (vgl. Rdn. 32). Soweit dieser bestimmte, insb. zur **Fortführung des Schuldnerunternehmens** nicht erforderliche gegenseitige Verträge nicht mehr erfüllt, stehen den Gläubigern die allgemeinen Rechte, insb. aus § 323 BGB zu.[100] Nach § 112 kann aber ein vom Schuldner als **Mieter oder Pächter** eingegangenes Miet- oder Pachtverhältnis bereits nach dem Insolvenzantrag nicht mehr gekündigt werden, es sei denn, es ergibt sich nach dem Eröffnungsantrag ein Grund zur außerordentlichen Kündigung, beispielsweise wegen Zahlungsverzugs mit nach Antragstellung fällig werdender Mieten/Pacht.[101] Es erscheint zweifelhaft, ob der vorläufige Insolvenzverwalter vom Steuerberater des Schuldners die **Herausgabe von Geschäftsunterlagen** ungeachtet etwaiger Zurückbehaltungsrechte verlangen kann[102] (vgl. auch § 20 Rdn. 15 zur Mitwirkungspflicht des Schuldners). Allerdings kann gegenüber dem vorläufigen Insolvenzverwalter nicht eingewandt werden, eine von ihm (zulässig) verlangte Auskunft sei Gegenstand eines **Amtsgeheimnisses** (§ 35 SGB Abs. 1, §§ 67 ff. SGB X; § 30 AO) oder einer nach § 203 Abs. 1 Nr. 3 StGB rechtlich besonders **geschützten Vertrauensbeziehung** (zum vorläufigen Insolvenzverwalter ohne Verfügungsbefugnis vgl. § 20 Rdn. 15).[103]

Der Übergang der Verwaltungsbefugnis bewirkt für sich genommen keine Änderung der Rechtsstellung gegenüber **Sicherungsgläubigern**. Entsprechend stehen, soweit das Insolvenzgericht keine Anordnung nach § 21 Abs. 2 Satz 1 Nr. 3 oder Nr. 5 erlassen hat (vgl. § 21 Rdn. 29 ff., 47 ff.), dem vorläufigen Insolvenzverwalter auch gegenüber absonderungsberechtigten Gläubigern nur die mit dem Schuldner vereinbarten Rechte am Sicherungsgut zu (Einzelheiten Rdn. 61 ff.).[104] Überwiegend wird angenommen, dass der vorläufige Insolvenzverwalter die Herausgabe von Eigentumsvorbehaltsware an den Verkäufer/Eigentümer verweigern darf, weil § 107 Abs. 2 insoweit Vorwirkungen entfalte[105] und der vorläufige Insolvenzverwalter auch die Auskunft über den Bestand der Vorbehaltsware verweigern dürfe.[106] Dies erscheint zumindest nach Einführung des § 21 Abs. 2 Satz 1 Nr. 5 zweifelhaft, weil diese Norm regelt, unter welchen Voraussetzungen in die Rechte aussonderungsberechtigter Gläubiger eingegriffen werden darf und dass dieser Eingriff nur nach ausdrücklicher Anordnung des Insolvenzgerichts zulässig ist (Einzelheiten Rdn. 67 f.).

Der vorläufige Insolvenzverwalter tritt auch in die Stellung des Schuldners als **Arbeitgeber** ein, so dass allein er ein Arbeitsverhältnis – nach allgemeinen Regeln[107] – wirksam kündigen kann.[108] Er hat steuerrechtlich die Pflichten eines **Vermögensverwalters** nach § 34 Abs. 3 AO (vgl. Rdn. 128), muss die **Bücher des Schuldners führen** (§ 238 Abs. 1 Satz 1 HGB) und ihm obliegt hinsichtlich des

---

97 HK-InsO/*Kirchhof* Rn. 10; HambK-InsR/*Schröder* Rn. 31.
98 BGH 11.01.2007, IX ZB 271/04, ZInsO 2007, 267 Rn. 17.
99 BGH 27.10.2007, IX ZR 217/06, BGHZ 174, 84 Rn. 18.
100 Jaeger/*Gerhardt* Rn. 47.
101 BGH 18.07.2002, IX ZR 195/01, BGHZ 151, 353 (371).
102 So aber LG Berlin 03.03.2006, 28 O 92/06, ZIP 2006, 962.
103 Uhlenbruck/*Vallender* Rn. 199; HK-InsO/*Kirchhof* Rn. 42; *Priebe* ZIP 2011, 312 (315 f.).
104 BGH 20.02.2003, IX ZR 81/02, BGHZ 154, 72 Rn. 27.
105 AG Düsseldorf 11.05.2000, 27 C 18049/99, DZWIR 2000, 347 (348); AG Mühldorf 15.07.1999, 2 C 271/99, ZInsO 1999, 481 (LS); Uhlenbruck/*Vallender* Rn. 39; HK-InsO/*Kirchhof* Rn. 17; Jaeger/*Gerhardt* Rn. 116; a.A. *Pohlmann* Rn. 440.
106 AG Düsseldorf 11.05.2000, 27 C 18049/99, DZWIR 2000, 347 (348).
107 BAG 20.01.2005, 2 AZR 134/04, ZIP 2005, 1289 (1290 f.).
108 BAG 30.01.2001, 8 AZR 347/01, ZInsO 2002, 1198 (1201).

dem Beschlag unterliegenden Vermögens die **ordnungsrechtliche Verantwortlichkeit**.[109] Gegen ihn kann jedoch keine Beseitigungsanordnung zur Durchsetzung einer auf einem Verhalten des Schuldners beruhenden öffentlich-rechtlichen Verpflichtung ergehen.[110]

43 (3) Vom vorläufigen Insolvenzverwalter können Verbindlichkeiten begründet werden, die nach § 55 Abs. 2 Satz 1 im eröffneten Verfahren als **Masseverbindlichkeiten** gelten. Soweit der Schuldner dagegen Verbindlichkeiten begründet, handelt es sich um Neuverbindlichkeiten, für die nur sein insolvenzfreies Vermögen haftet (vgl. Rdn. 51).

44 Nimmt der vorläufige Insolvenzverwalter für das von ihm verwaltete Vermögen die Gegenleistung aus **Dauerschuldverhältnissen** in Anspruch, gelten die aus ihnen resultierenden Verbindlichkeiten nach § 55 Abs. 2 Satz 2 im eröffneten Verfahren ebenfalls als Masseverbindlichkeiten.[111] Wird ein Arbeitnehmer nicht beschäftigt, ist der aus § 615 Abs. 1 BGB folgende Vergütungsanspruch nur Insolvenzforderung.[112]

45 **Keine Masseverbindlichkeiten** sind nach § 55 Abs. 3 Satz 1 Ansprüche auf Arbeitsentgelt, wenn diese mit dem Antrag auf Insolvenzgeld gem. § 187 Satz 1 SGB III auf die Bundesagentur für Arbeit übergegangen sind sowie nach § 55 Abs. 3 Satz 3 (von der Abtretung nach § 187 Satz 1 SGB III nicht erfasste) Ansprüche auf Zahlung von Beiträgen zur Gesamtsozialversicherung, soweit diese gem. § 208 Abs. 2 SGB III gegenüber dem Schuldner bestehen bleiben.

46 Der vorläufige Insolvenzverwalter hat die von ihm begründeten (Masse-)Verbindlichkeiten **vor der Aufhebung der Sicherungsmaßnahme** gem. § 25 Abs. 2 zu erfüllen (vgl. § 25 Rdn. 8 ff.). Reicht das (liquide) Schuldnervermögen nicht aus, können die Gläubiger ihre (restlichen) Ansprüche nach Aufhebung der Sicherungsmaßnahme nur aus dem nicht verwerteten Vermögen befriedigen.[113] Das Insolvenzgericht kann mangels gesetzlicher Grundlage den vorläufigen Insolvenzverwalter nicht ermächtigen, Masseverbindlichkeiten zu begründen, die entsprechend § 209 Abs. 1 Nr. 2 einen Befriedigungsvorrang genießen.[114] Endet das Amt des vorläufigen Insolvenzverwalters durch Eröffnung des Insolvenzverfahrens (§ 27), kann der Gläubiger **Erfüllung erst im eröffneten Verfahren** verlangen (§§ 53, 55).

cc) Grenzen

47 Die Befugnisse des vorläufigen Insolvenzverwalters finden ihre Grenzen im **Sicherungszweck** nach § 21 Abs. 1,[115] der in Abs. 1 Satz 2 durch die Benennung einzelner Aufgaben und Pflichten näher konkretisiert wird (vgl. Rdn. 56 ff.). Sicherungszweck und Insolvenzzweck sind nicht deckungsgleich, so dass ersterer auch dadurch verletzt sein kann, dass das Schuldnervermögen vorschnell verwertet wird.[116] Der vorläufige Insolvenzverwalter muss bei der Ausübung der ihm eingeräumten Befugnisse dem Umstand Rechnung tragen, dass eine Entscheidung über die Eröffnung des Insolvenzverfahrens noch nicht ergangen ist und ein schutzwürdiges Interesse des Schuldners am **Erhalt seines Vermögensbestands** besteht; vor einer dieses Interesse berührenden Vermögensverwertung im Vorfeld der Verfahrenseröffnung ist entsprechend regelmäßig die Zustimmung des Schuldners ein-

---

109 BVerwG 23.09.2004, 7 C 22/03, BVerwGE 122, 75 (77 f.).
110 BVerwG 22.07.2004, 7 C 17/03, ZInsO 2004, 917 (919).
111 BGH 18.07.2002, IX ZR 195/01, BGHZ 151, 353 (357 f.).
112 BAG 20.01.2005, 2 AZR 134/04, ZIP 2005, 1289 (1292).
113 MüKo-InsO/*Hefermehl* § 207 Rn. 76; weitergehend: HambK-InsR/*Schröder* § 25 Rn. 8; *Runkel/Schnurbusch* NZI 2007, 49 (56 f.).
114 *Marotzke* ZInsO 2005, 561 (563 f.); a.A. AG Hamburg 20.02.2006, 67g IN 513/05, ZInsO 2006, 218 (219).
115 *Kirchhof* ZInsO 1999, 436 (438).
116 *Pohlmann* Rn. 93 ff.

zuholen, es sei denn, die beabsichtigte Verwertung ist zur Wahrung des – vom Sicherungszweck ebenso gedeckten – Werterhaltungsinteresses der Gläubiger zwingend geboten (vgl. Rdn. 61).[117] Ein **Verstoß** gegen den Sicherungszweck berührt **regelmäßig nicht das rechtliche Können** des vorläufigen Insolvenzverwalters im Außenverhältnis.[118] Dies gilt auch dann, wenn eine Maßnahme – z.B. gem. Abs. 1 2 Nr. 2 – ohne die erforderliche Zustimmung des Insolvenzgerichts oder eines vorläufigen Gläubigerausschusses vorgenommen wird (vgl. Rdn. 80, § 21 Rdn. 21).

Neben der Begrenzung der Befugnisse durch den Sicherungszweck hat der vorläufige Insolvenzverwalter auch die **Dispositionsbefugnis** des Schuldners über sein der Pfändung nicht unterliegendes Vermögen zu wahren. Dies verbietet es ihm, die Genehmigung von Lastschriftbuchungen pauschal zu versagen, ohne dem Schuldner die Entscheidung zu ermöglichen, ob und ggf. welche Lastschriften er aus seinem »Schonvermögen« bedienen möchte (vgl. Rdn. 51, 115).[119] Soweit der vorläufige Insolvenzverwalter über das nicht seiner Rechtsmacht unterliegende Vermögen verfügt, gelten die Grundsätze des Erwerbs vom Nichtberechtigten.[120] 48

Ein allgemeiner Grundsatz, nach dem für besonders weitreichende Maßnahmen des vorläufigen Insolvenzverwalters die **Zustimmung** des Insolvenzgerichts einzuholen wäre, existiert nicht. Ebenso gelten die §§ 158 ff. im Eröffnungsverfahren nicht mit der Maßgabe entsprechend, dass die dort genannten Maßnahmen vom Insolvenzgericht legitimiert werden müssten.[121] Ist ein vorläufiger Gläubigerausschuss eingerichtet, gelten diese Vorschriften allerdings entsprechend (vgl. Rdn. 80; § 21 Rdn. 21). 49

Unwirksam können Rechtshandlungen des vorläufigen Insolvenzverwalters – ebenso wie im eröffneten Verfahren[122] – sein, wenn diese »sicherungszweckwidrig« sind, d.h. wenn der Widerspruch zum Sicherungszweck evident war und sich den beteiligten Personen aufgrund der Umstände des Einzelfalls ohne weiteres begründete Zweifel an der Vereinbarkeit der Handlung mit dem Zweck des Insolvenzeröffnungsverfahrens aufdrängen mussten, ihnen somit der Sache nach zumindest grobe Fahrlässigkeit vorzuwerfen ist.[123] Nach diesen Grundsätzen ist eine dem Sicherungszweck zuwider laufende Verwertung des Schuldnervermögens (vgl. Rdn. 63 f.) regelmäßig wirksam, weil für den Erwerber nicht sichtbar wird, dass der vorläufige Insolvenzverwalter mit einer Verwertungsmaßnahme unzulässig in das Bestanderhaltungsinteresse des Schuldners eingreift, anders bei der Aufgabe von Vermögenswerten durch Schenkung oder die potentielle Quote evident übersteigenden Erfüllung einer künftigen Insolvenzforderung.[124] Eine das Außenverhältnis nicht berührende Überschreitung der Befugnisse durch den vorläufigen Insolvenzverwalter kann aber Anlass für eine Aufsichtsmaßnahme des Insolvenzgerichts (§§ 21 Abs. 2 Satz 1 Nr. 1, 58) sein oder dessen Haftung nach §§ 21 Abs. 2 Satz 1 Nr. 1, 60 begründen.[125] 50

dd) Rechtsstellung des Schuldners

Der Schuldner verliert durch die Anordnung eines **allgemeinen Verfügungsverbots** die Befugnis und – nach Maßgabe von §§ 24 Abs. 1, 81 – auch die Möglichkeit, zu Lasten seines vom Beschlag erfassten Vermögens zu verfügen. Hinsichtlich des der Pfändung nicht unterliegenden Einkommens und Vermögens i.S.d. § 36 Abs. 1 verbleibt ihm die Verfügungsbefugnis (vgl. Rdn. 34). Auch für die Zeit vor dem Inkrafttreten des Gesetzes zur Reform des Kontopfändungsschutzes vom 07.07.2009,[126] 51

---

117 *Pohlmann* Rn. 96.
118 FK-InsO/*Schmerbach* Rn. 86; Jaeger/*Gerhardt* Rn. 23; anders noch zur KO: BGH 11.06.1992, IX ZR 255/91, BGHZ 118, 374; a.A. OLG Naumburg 14.06.2002, 5 W 67/02, OLGR Naumburg 2003, 179.
119 BGH 20.07.2010, IX ZR 37/09, DB 2010, 1814 Rn. 23.
120 BGH 20.07.2010, IX ZR 37/09, DB 2010, 1814 Rn. 26.
121 Uhlenbruck/*Vallender* Rn. 195.
122 Vgl. BGH 20.03.2008 IX ZR 68/06, ZIP 2008, 884 Rn. 7.
123 HambK-InsR/*Schröder* Rn. 21.
124 Jaeger/*Gerhard* Rn. 25.
125 BGH 20.07.2010, IX ZR 37/09, DB 2010, 1801 Rn. 26.
126 BGBl. I, 1707.

mit dessen Art. 3 der Verweis auf § 850l ZPO ausdrücklich in § 36 Abs. 1 Satz 2 aufgenommen wurde, ist das nach § 850k a.F. ZPO der Pfändung nicht unterliegende Kontoguthaben insolvenzfreies Vermögen, und zwar ohne dass es einer Freistellung vom Pfändungsbeschlag durch das Vollstreckungsgericht bedarf.[127] Dies gilt auch für die Freiheit zu entscheiden, welche Lastschriften zu Lasten des pfändungsfreien Vermögens vorgenommen werden.[128] Nach §§ 24 Abs. 1, 82 kann an den Schuldner mit befreiender Wirkung nur noch geleistet werden, wenn der Drittschuldner im Zeitpunkt der Leistung die Verfahrenseröffnung nicht kannte. **Verpflichtungsgeschäfte** kann er demgegenüber noch wirksam eingehen. Allerdings bewirkt der Verlust der Verfügungsbefugnis, dass nur das insolvenzfreie Vermögen für die Erfüllung der Verpflichtung haftet; die Gläubiger sind keine i.S.d. § 38.[129]

ee) Auswirkungen auf Gerichtsverfahren

52 Mit dem Übergang der Verwaltungs- und Verfügungsbefugnis verliert der Schuldner die **aktive und passive Prozessführungsbefugnis**.[130] Vom Schuldner oder dessen Prozessbevollmächtigten vorgenommene Prozesshandlungen sind gem. §§ 24 Abs. 1, 81 Abs. 1 Satz 1 unwirksam.[131]

53 Nach § 240 Satz 2 ZPO führt die Bestellung eines vorläufigen Insolvenzverwalters mit begleitendem Verfügungsverbot zur **Unterbrechung eines rechtshängigen Zivilverfahrens**.[132] Welche Verfahren von der Unterbrechungswirkung erfasst sind, ist nicht i.E. geregelt. Der BGH wägt den Zweck der Unterbrechungswirkung gegen die jeweiligen Verfahrensziele ab.[133] Unterbrochen werden danach **nicht: Prozesskostenhilfeverfahren**,[134] **selbstständige Beweisverfahren, wenn diese noch nicht beendet sind**[135] und **Zwangsvollstreckungsverfahren**, die nur durch eine Anordnung gem. § 21 Abs. 2 Satz 1 Nr. 3 eingeschränkt werden können[136] sowie auf **Erteilung einer Vollstreckungsklausel** gerichtete Verfahren,[137] **aber** das **Kostenfestsetzungsverfahren**.[138] Das Verfahren muss sich auf das vom Beschlag erfasste Vermögen beziehen, so dass Streitigkeiten, die über das insolvenzfreie Vermögen geführt werden ebenso wenig betroffen sind, wie nicht vermögensrechtliche Streitigkeiten.[139] Zur Aufnahme unterbrochener Verfahren vgl. § 24 Rdn. 15 ff.

54 Die für das zivilgerichtliche Verfahren dargestellten Grundsätze gelten in arbeitsgerichtlichen (§ 46 Abs. 2 Satz 1 ArbGG), verwaltungsgerichtlichen (§ 173 VwGO), finanzgerichtlichen (§ 155 FGO) und sozialgerichtlichen Streitigkeiten (§ 202 SGG) entsprechend.

55 **Vor Zustellung** einer Klage, die nach §§ 253 Abs. 1, 261 Abs. 1 ZPO die Rechtshängigkeit begründet, besteht noch kein Prozessrechtsverhältnis. Der Verlust der Prozessführungsbefugnis des Schuldners bewirkt, dass die Zustellung einer von ihm vor dem Wirksamwerden der Verfügungsbeschränkung eingereichten Klage ebenso wie eine an ihn gerichtete Zustellung keine Wirkung mehr entfaltet.

---

127 BGH 20.07.2010, IX ZR 37/09, DB 2010, 1801 Rn. 14, 16.
128 BGH 20.07.2010, IX ZR 37/09, DB 2010, 1801 Rn. 23.
129 HambK-InsR/*Lüdtke* § 38 Rn. 28.
130 BGH 11.12.2008, IX ZB 232/08, ZInsO 2009, 202 Rn. 7.
131 OLG Bamberg 08.02.2006, 4 U 5/06, OLGR Bamberg 2006, 275 (276).
132 BGH 11.12.2008, IX ZB 232/08, ZInsO 2009, 202 Rn. 10; a.A. HK-InsO/*Kirchhof* Rn. 47, der auf die Anhängigkeit abstellt.
133 BGH 11.12.2003, VII ZB 14/03, ZInsO 2004, 85 (86); 29.06.2005, XII ZB 195/04, NZI 2006, 128.
134 BGH 04.05.2006, IX ZA 26/04, NZI 2006, 543 Rn. 1.
135 BGH 11.12.2003, VII ZB 14/03, ZInsO 2004, 85 (86); zur Unterbrechungswirkung in einem beendeten Beweissicherungsverfahren: BGH 23.03.2011, VII ZB 128/09, ZIP 2011, 1024 Rn. 7 ff.
136 BGH 28.03.2007, VII ZB 25/05, BGHZ 172, 16 Rn. 10 f.
137 BGH 12.12.2007, VII ZB 108/07, ZIP 2008, 527 Rn. 7.
138 BGH 29.06.2005, XII ZB 195/04, NZI 2006, 128; 15.05.2012, VIII ZB 79/11, ZInsO 2012, 2216 Rn. 5 ff.
139 *BGH 11.12.2008, IX ZB 232/08, ZInsO 2009, 202 Rn. 18; vgl. auch HK-InsO/Kirchhof Rn. 45; Uhlenbruck/Vallender Rn. 195; zur aktienrechtlichen Beschlussmängelklage: BGH 19.07.2011, II ZR 246/09, ZIP 2011, 1862 Rn. 9 Rn. Rn.*

b) Aufgaben/Pflichten (Abs. 1 Satz 2)

Die Aufgaben bzw. Pflichten des vorläufigen Insolvenzverwalters mit Verwaltungs- und Verfügungsbefugnis werden in Abs. 1 Satz 2 i.E. benannt. Mit der Regelung wird der Sicherungszweck nach § 21 Abs. 1 konkretisiert. 56

aa) Sicherung und Erhaltung des Schuldnervermögens (Abs. 1 Satz 2 Nr. 1)

Der unter Rdn. 33 f. beschriebenen Verfügungs- und Verwaltungsbefugnis korrespondiert die Verpflichtung des vorläufigen Insolvenzverwalters, die ihm einräumten Befugnisse zur Verwirklichung des Sicherungs- und Erhaltungszwecks zu nutzen. 57

(1) Vermögenssicherung

Das (pfändbare) Vermögen des Schuldners ist für die Zwecke eines Insolvenzverfahrens zu **sichern**. Hierzu gehört es in aller Regel, es **in Besitz** zu nehmen, um unbefugte Zugriffe des Schuldners oder Dritter zu verhindern (vgl. Rdn. 39). Einzelne Sachen können bei Bedarf entsprechend § 150 **gesiegelt** werden, so dass der unbefugte Zugriff Dritter nicht nur gem. § 136 Abs. 1, sondern auch gem. § 136 Abs. 2 strafbewehrt ist.[140] Eine wichtige Informationsquelle des vorläufigen Insolvenzverwalters sind die **Geschäftsbücher** des Schuldners, die gem. § 36 Abs. 2 Nr. 1 zur künftigen Insolvenzmasse zählen und damit auch der Verfügungsbefugnis des vorläufigen Insolvenzverwalters unterliegen, häufig jedoch nur ungeordnet und lückenhaft vorzufinden sind (zum Begriff der Geschäftsbücher vgl. § 36). Anhand ihrer sind diejenigen Maßnahmen zu ergreifen, die erforderlich sind, um eine Verringerung des Schuldnervermögens durch begonnene, aber noch nicht abgeschlossene Zahlungsvorgänge zu verhindern (vgl. Rdn. 115) und den Bestand der Forderungen des Schuldners zu ermitteln. Der vorläufige Insolvenzverwalter hat allgemein diejenigen Maßnahmen zu ergreifen, die zur Sicherung und Durchsetzung von **Anfechtungsansprüchen** erforderlich sind, wobei die bloße Feststellung eines solchen Anspruchs zur Sachverständigentätigkeit zählt.[141] 58

Dem Insolvenzverwalter obliegt es, einen **gutgläubigen Erwerb** zu Lasten der Masse zu unterbinden. Er hat sich zu vergewissern, ob und in welchem Umfang das Insolvenzgericht von sich aus Maßnahmen nach §§ 23 Abs. 3, 32 f. ergriffen hat und ggf. seinerseits einen Eintragungsantrag gem. § 32 Abs. 2 Satz 2 zu stellen. Potentiellen Anfechtungsgegnern gegenüber ist durch rechtzeitige Information die Kenntnis i.S.d. § 130 Abs. 1 Satz 1 Nr. 2 zu vermitteln.[142] 59

Der **Umfang des Schuldnervermögens** ist festzustellen. Ob die Inventarisierungspflicht aus § 151 im Eröffnungsverfahren entsprechend gilt, ist umstritten,[143] aber ohne große Relevanz, weil regelmäßig eine den Grundsätzen des § 240 HGB entsprechende Aufstellung anzufertigen ist und der vorläufige Insolvenzverwalter, selbst wenn § 151 Abs. 3 Satz 1 keine entsprechende Anwendung finden sollte, gut beraten ist, das Insolvenzgericht im Einzelfall um eine Befreiung von der Dokumentationspflicht nachzusuchen. Zur Abwicklung des Geldverkehrs ist ein Ander- oder Sonderkonto einzurichten (vgl. § 149 Rdn. 4). 60

(2) Vermögenserhaltung

In Erfüllung der Pflicht zur Vermögenserhaltung soll der vorläufige Insolvenzverwalter diejenigen Maßnahmen ergreifen, die erforderlich sind, das Vermögen des Schuldners vor einer Verschlechterung zu schützen.[144] Betriebsnotwendige Geräte sind – soweit notwendig – zu **reparieren** und zu war- 61

---

[140] *Pohlmann* Rn. 129.
[141] BGH 14.12.2005, IX ZB 268/04, ZInsO 2006, 143 Rn. 20.
[142] BGH 07.10.2010, IX ZR 209/09, ZInsO 2010, 2296 Rn. 26.
[143] Bejahend: Uhlenbruck/*Vallender* Rn. 21; *Pohlmann* Rn. 131; verneinend HK-InsO/*Kirchhof* Rn. 10, HambK-InsR/*Schröder* Rn. 32.
[144] HK-InsO/*Kirchhof* Rn. 12.

ten, sogar wenn sie zur Sicherheit an Dritte übereignet sind.[145] Gebäude und andere Vermögenswerte sind im nötigen und üblichen Umfang – auch zugunsten eines Absonderungsberechtigten – **versichert** zu halten.[146] Von der Vermögenserhaltung zu trennen ist die – im Eröffnungsverfahren dem Grundsatz nach nicht statthafte – Verwertung desselben (zur Abgrenzung i.E. vgl. Rdn. 63 f.).

62 Der vorläufige Insolvenzverwalter darf **Forderungen** einzelner Gläubiger zu Lasten des Schuldnervermögens nur erfüllen, wenn dies im Einzelfall zur Erfüllung der ihm obliegenden Aufgaben, etwa zur Fortführung des Schuldnerunternehmens, im Interesse der Gläubigergesamtheit erforderlich oder wenigstens zweckmäßig erscheint.[147] Dies kann insb. dann der Fall sein, wenn die Aufrechterhaltung eines Mietverhältnisses für die Fortführung des Unternehmens von Interesse ist.[148] Unter denselben Voraussetzungen können auch einzelne Gegenstände freigegeben werden, insb., wenn diese völlig wertlos sind oder der künftigen Masse nachteilige Folgeansprüche drohen.[149] Die Gewährung notwendigen Unterhalts an den Schuldner ist entsprechend § 100 Abs. 2 zulässig.[150]

(3) Vermögensverwertung

63 Der vorläufige Insolvenzverwalter ist **grds. nicht zur Verwertung der Insolvenzmasse befugt**.[151] Von diesem Grundsatz des Verbots der Vermögensverwertung müssen unter Berücksichtigung des Sicherungs- und Erhaltungszwecks **Ausnahmen** zugelassen werden. Für die Abgrenzung kann § 744 Abs. 2 BGB herangezogen werden,[152] wobei es im Hinblick auf die Zwecke eines künftigen Insolvenzverfahrens vor allem auf den wertmäßigen Erhalt des Vermögens ankommt.[153] Eine vom Erhaltungszweck stets gedeckte und damit zulässige Vermögensverwertung liegt vor, wenn anderenfalls die **Verschlechterung** des betreffenden Gegenstands droht oder ein Zuwarten die Verwertungschancen beeinträchtigen würde.[154] Unter diesem Gesichtspunkt ist ein Notverkauf **verderblicher Waren** ohne weiteres zulässig.[155] Forderungen des Schuldners dürfen eingezogen werden, wenn und soweit der drohenden **Verjährung** oder **Uneinbringlichkeit** vorzubeugen ist.[156] Unter diesen Gesichtspunkten kann auch den vorläufigen Insolvenzverwalter die Verpflichtung treffen, **günstige Verwertungschancen** wahrzunehmen.[157]

64 Das schuldnerische **Unternehmen** verkörpert einen von den ihm zugeordneten Einzelgegenständen losgelösten übergeordneten Wert als Sach- und Rechtsgesamtheit, dessen Erhalt im Rahmen einer Unternehmensfortführung die Vermögensverwertung einzelner Gegenstände im Rahmen der Verwaltungstätigkeit des vorläufigen Insolvenzverwalter erfordert und zulässt.[158] Zu der hiernach **erlaubten Verwaltungstätigkeit** gehören alle Maßnahmen, die ein ordentlicher Geschäftsleiter vorzunehmen hat, um das Unternehmen im bisherigen Umfang und Zuschnitt fortzuführen.[159] Von

---

[145] BGH 14.12.2000, IX ZB 105/00, BGHZ 146, 165 (173).
[146] BGH 29.09.1988, IX ZR 39/88, BGHZ 105, 230 (237 f.).
[147] BGH 04.11.2004, IX ZR 22/03, BGHZ 161, 49 (55).
[148] BGH 18.07.2002, IX ZR 195/01, BGHZ 151, 353 (373 f.); 24.01.2008, IX ZR 201/06, ZInsO 2008, 321 Rn. 13) jeweils für den Fall der Anordnung eines Zustimmungsvorbehalts.
[149] BGH 14.12.2000, IX ZB 105/00, BGHZ 146, 165 (173); MüKo-InsO/*Haarmeyer* Rn. 37; Nerlich/Römermann/*Mönning* Rn. 166; *Heinze* ZInsO 2013, 1173 (1174).
[150] FK-InsO/*Schmerbach* Rn. 48; HK-InsO/*Kirchhof* Rn. 11.
[151] BGH 14.12.2000, IX ZB 105/00, BGHZ 146, 165 (172 f.); 20.02.2003, IX ZR 81/02, BGHZ 154, 72 (79); 05.05.2011, IX ZR 144/10, BGHZ 189, 299 Rn. 51; 15.03.2012, IX ZR 249/09, ZInsO 2012, 693 11.
[152] Uhlenbruck/*Vallender* Rn. 36.
[153] Vgl. auch Palandt/*Sprau* § 744 BGB Rn. 3.
[154] BGH 05.05.2011, IX ZR 144/10, ZInsO 2011, 1463 Rn. 51.
[155] BT-Drucks. 12/2443, 117.
[156] BGH 18.12.2003, IX ZB 28/03, NZI 2004, 381 (382); 15.03.2012, IX ZR 249/09, ZInsO 2012, 693 11 .
[157] BGH 05.05.2011, IX ZR 144/10, ZInsO 2011, 1463 Rn. 52.
[158] *Pohlmann* Rn. 238, der dies allerdings als Maßnahme der Vermögenssicherung einordnet.
[159] HK-InsO/*Kirchhof* Rn. 15.

einer (unzulässigen) Verwertung ist demgegenüber auszugehen, wenn das reale Schuldnervermögen unmittelbar zum Zwecke der Gläubigerbefriedigung in Geld umgewandelt wird,[160] d.h. mehr Massebestandteile abgegeben werden, als es der Erhalt des Schuldnervermögens als Ganzes erfordert, oder wenn Massebestandteile veräußert werden, die für die spätere Fortführung des Schuldnervermögens von wesentlicher Bedeutung sind.[161] Dem vorläufigen Insolvenzverwalter ist es daher eröffnet, das Umlaufvermögen des Schuldners für die Fortsetzung der Produktion einzusetzen und durch den Einzug von Forderungen die für die Fortführung des Unternehmens nötige Liquidität zu generieren.[162] Zweifelhaft erscheint, ob eine »**Auslaufproduktion**« oder ein »**geordneter Abverkauf**« zulässig ist; hier kommt es auf die Umstände im Einzelfall an.[163] Dagegen kann auch die – sonst grds. nicht statthafte – Veräußerung von Teilen des Anlagevermögens bis hin zur Teilbetriebsveräußerung zulässig sein, wenn mit einer solchen Maßnahme die Fortsetzung des »Kerngeschäfts« ermöglicht werden soll.[164] Bei solchen Maßnahmen ist jedoch Zurückhaltung geboten, weil diese geeignet sind, das Bestanderhaltungsinteresse des Schuldners nachhaltig zu berühren und das Recht der Gläubiger zu unterlaufen, nach § 157 S. 1 über die Fortführung des Unternehmens zu entscheiden. Zur Vermeidung einer Haftung nach § 60 sollte sich der vorläufige Insolvenzverwalter im Zweifel um die Zustimmung des Schuldners und eines ggf. eingesetzten vorläufigen Gläubigerausschusses zu der jeweiligen Maßnahme bemühen. Zulässig ist die Bestellung von Sicherheiten am Schuldnervermögen und die Aufnahme eines sog Massekredits.[165] Zur Veräußerung des Unternehmens insgesamt vgl. Rdn. 77.

(4) Behandlung von Absonderungsrechten und Aussonderungsrechten

Regelmäßig ist ein großer Teil des Schuldnervermögens zumindest bei unternehmerisch tätigem Schuldner mit (**Sicherungs-)Rechten Dritter** belastet. Da sich die Befugnisse des vorläufigen Insolvenzverwalters auf die Istmasse (vgl. Rdn. 39) beziehen, umfasst die Verwaltungstätigkeit jedenfalls bei einer Unternehmensfortführung grds. auch die Verarbeitung von Rohstoffen, die noch unter **Eigentumsvorbehalt** stehen, den Verkauf der Fertigprodukte, an denen **Sicherungseigentum** begründet wurde, sowie den Einzug sicherungshalber abgetretener Forderungen gegen Abnehmer, zumal dem Insolvenzverwalter im eröffneten Verfahren gem. § 166 Abs. 2 die Befugnis zur Einziehung solcher Forderung zusteht.[166] Für aussonderungsberechtigte Gläubiger wird im Hinblick auf das Wahlrecht nach § 107 Abs. 2 und die Kündigungssperre gem. § 112 angenommen, der vorläufige Insolvenzverwalter dürfe die Herausgabe der von diesen Regelungen betroffenen Gegenständen verweigern.[167] Der BGH hat im Anschluss an die ganz überwiegende Meinung in der Literatur in diesem Zusammenhang ausgeführt, die **Klärung von Fremdrechten** sei dem eröffneten Verfahren vorbehalten.[168] Ob an diesen Grundsätzen im Hinblick auf die Neuregelung des § 21 Abs. 2 Satz 1 Nr. 5 festgehalten werden kann, erscheint sehr fraglich. Diese Regelung dient gerade dazu, einen schonenden Ausgleich der Interessen der an den Gegenständen berechtigten Gläubigern mit den Zielen des Eröffnungsverfahrens herbeizuführen.[169] Dies heißt aber umgekehrt, dass die Rechte dieser Gläubiger nur im Rahmen des vom Insolvenzgericht legitimierten Eingriffs und unter Gewährung der in § 21 Abs. 2 Satz 1 Nr. 5 genannten Kompensationen eingeschränkt werden können und es dem vorläufigen Insolvenzverwalter gerade nicht allgemein eröffnet ist, die Prüfung der Rechte auf das eröffnete Verfahren zu verschieben (vgl. auch § 24 Rdn. 18). Sind entsprechende Anordnun-

---

160 BGH 20.02.2003, IX ZR 81/02, BGHZ 154, 72 (81).
161 BGH 05.05.2011, IX ZR 144/10, BGHZ 189, 299 Rn. 51.
162 BGH 20.02.2003, IX ZR 81/02, BGHZ 154, 72 (81); HK-InsO/*Kirchhof* Rn. 15.
163 Weitergehend: Uhlenbruck/*Vallender* Rn. 36.
164 Uhlenbruck/*Vallender* Rn. 31; a.A. HambK-InsR/*Schröder* Rn. 64.
165 HambK-InsR/*Schröder* Rn. 60.
166 BGH 14.12.2000, IX ZB 105/00, BGHZ 146, 165 (173).
167 HK-InsO/*Kirchhof* Rn. 17; Uhlenbruck/*Vallender* Rn. 39, 41aE.
168 BGH 14.12.2000, IX ZB 105/00, BGHZ 146, 165 (173).
169 BGH 21.01.2010, IX ZR 65/09, BGHZ 184, 101 Rn. 39.

gen daher nicht ergangen, stehen dem vorläufigen Insolvenzverwalter – nach Ablauf einer angemessenen **Prüfungsfrist** – nur die zwischen dem Sicherungsnehmer und dem Schuldner bezogen auf den jeweiligen Gegenstand vereinbarten Rechte zu (vgl. Rdn. 40).[170]

66 Der Umgang mit dem **belasteten Vermögen** des Schuldners ist nur rudimentär geregelt. Durch eine gerichtliche Anordnung nach § 21 Abs. 2 Satz 1 Nr. 3 kann der Dritte an der Zwangsvollstreckung gehindert werden (vgl. § 21 Rdn. 30) und unter den Voraussetzungen des § 21 Abs. 2 Satz 1 Nr. 5 in die Rechte aus- und absonderungsberechtigter Gläubiger eingegriffen werden (vgl. § 21 Rdn. 47). Nicht geregelt ist aber, welche Befugnisse dem vorläufigen Insolvenzverwalter aus einem solchen Eingriff erwachsen. Nach der hier vertretenen Auffassung führt die Anordnung dazu, dass die ursprünglich dem Schuldner vertraglich eingeräumten Befugnisse fortbestehen und entsprechend den in §§ 170 f. und § 172 Abs. 2 enthaltenen Rechtsgedanken die Sicherungsinteressen des Gläubiger zu schützen sind.[171]

67 Es stellt sich die Frage, ob der vorläufige Insolvenzverwalter sicherungshalber abgetretene **Forderungen einziehen** und ggf. die Erlöse im Rahmen der Fortführung des Schuldnerunternehmens nach Abs. 1 Satz 2 Nr. 2 einsetzen darf (und muss). Gerade der zuletzt genannte Gesichtspunkt ist im Falle einer Globalzession ein entscheidendes Kriterium für das Gelingen der Unternehmensfortführung.[172] Dabei sind mehrere Fallgestaltungen denkbar:
– Die Einziehungsermächtigung ist nicht widerrufen (vgl. Rdn. 69).
– Der Sicherungsnehmer hat bereits die Einziehungsermächtigung des Schuldners widerrufen und das Insolvenzgericht hat keine Maßnahme nach § 21 Abs. 2 Satz 1 Nr. 5 angeordnet (vgl. Rdn. 70).
– Die Einziehungsermächtigung ist widerrufen, aber eine Anordnung nach § 21 Abs. 2 Satz 1 Nr. 5 ist ergangen (vgl. Rdn. 71).

68 Die Einziehung der sicherungshalber abgetretenen Forderungen stellt in jeder Fallkonstellation eine **Veräußerung i.S.d. § 48** dar.[173] Ob und ggf. welche Rechte des Sicherungsnehmers an dem Erlös entstehen, hängt davon ab, **ob die Einziehung unberechtigt** war und der Erlös **noch unterscheidbar in der Masse vorhanden** ist, § 48 Satz 2. Verletzt der vorläufige Insolvenzverwalter seine Pflicht, den Erlös vom sonstigen Vermögen des Schuldners zu separieren, macht er sich ggf. schadenersatzpflichtig nach § 60 (vgl. Rdn. 21). Endlich stellt sich die Frage, ob und inwieweit die §§ 170 f. bereits im Eröffnungsverfahren anzuwenden sind.

69 Der BGH vertritt für die Zeit vor dem Inkrafttreten des § 21 Abs. 2 Satz 1 Nr. 5 die Auffassung, dass eine dem Schuldner erteilte **Einziehungsermächtigung** ihre Wirkung nicht ohne weiteres mit dem Eintritt der wirtschaftlichen Krise, dem Insolvenzantrag und der Einsetzung eines vorläufigen Insolvenzverwalters verliert; für die Zeit danach wurde dies ausdrücklich offen gelassen.[174] Allein die Möglichkeit einer Beschränkung des Absonderungsrechts kann indes auf das Schicksal der Einziehungsermächtigung keine Auswirkungen haben. Soweit nichts Abweichendes geregelt ist, besteht das Einziehungsrecht damit bis zum Widerruf der Ermächtigung durch den Sicherungsnehmer fort.[175]

70 Zieht der vorläufige Insolvenzverwalter auf der Grundlage einer **fortbestehenden Einziehungsermächtigung** eine sicherungshalber abgetretene Forderung ein, liegt keine unberechtigte Veräußerung entsprechend § 48 vor. Er soll dem Sicherungsnehmer entsprechend § 170 Abs. 1 Satz 2 die Herausgabe des Erlöses schulden und verpflichtet sein, den Erlös von dem Vermögen des Schuldners

---

170 BGH 20.02.2003, IX ZR 81/02, BGHZ 154, 72 (81).
171 *Ganter* NZI 2007, 549 (551 f.); Kübler/Prütting/Bork/*Pape* § 21 Rn. 40x; HK-InsO/*Kirchhof* Rn. 17.
172 *Ganter* NZI 2010, 551.
173 BGH 21.01.2010, IX ZR 65/09; BGHZ 184, 101 Rn. 8.
174 BGH 06.04.2000, IX ZR 422/98, BGHZ 144, 192 (198 ff.) für die KO; 21.1.10, IX ZR 65/09, BGHZ 184, 101 Rn. 20 für die InsO.
175 HK-InsO/*Kirchhof* Rn. 17; HambK-InsR/*Schröder* Rn. 52; a.A. Jaeger/*Henckel* § 48 Rn. 34; *Gundlach/Frenzel/Jahn* NZI 2010, 336 (337).

getrennt (z.B. auf einem Ander- oder Sonderkonto) zu verwahren.[176] Etwas anderes soll aber im Falle einer **Globalzession** gelten,[177] und zwar im Hinblick auf den Charakter der Globalzession als revolvierende Sicherheit, in deren Rahmen der Sicherungsgeber schon zur Vermeidung einer nachträglichen Übersicherung regelmäßig berechtigt ist, mit dem Erlös aus den eingezogenen Forderungen »zu arbeiten« und es daher auch dem vorläufigen Insolvenzverwalter eröffnet sein soll, diesen für die Fortführung des Betriebs gem. Abs. 1 Satz 2 Nr. 2 zu verwenden.[178] Letzteres trifft nach der hier vertretenen Auffassung zu, allerdings folgt hieraus zugleich, dass es an den Voraussetzungen für eine analoge Anwendung des § 170 in den Fällen der **Singularsukzession** fehlt. Anders als im eröffneten Verfahren liegt – jedenfalls ohne Anordnung gem. § 21 Abs. 2 Satz 1 Nr. 5 – kein insolvenzspezifischer Eingriff in die Rechte des Absonderungsberechtigten vor (vgl. i.E. Rdn. 21).[179] Der vorläufige Insolvenzverwalter handelt vielmehr auf Grund der fortbestehenden Einziehungsermächtigung des Sicherungsnehmers, so dass er im Rahmen der vertraglichen Vereinbarungen auch zur Verfügung über das Eingezogene berechtigt ist.[180]

Ist die **Einziehungsermächtigung** dagegen **widerrufen** und erlässt das Insolvenzgericht **keine Anordnung nach § 21 Abs. 2 Satz 1 Nr. 5**, ist der vorläufige Insolvenzverwalter zum Einzug sicherungshalber abgetretener Forderungen nicht befugt,[181] so dass entsprechend § 48 im eröffneten Verfahren die Herausgabe der Erlöse verlangt werden kann, wenn und soweit diese noch unterscheidbar vorhanden sind (§ 48 Satz 2, vgl. § 48 Rdn. 16 f.). Wird das Verfahren nicht eröffnet, kann der Sicherungsnehmer eine nach § 407 Abs. 1 BGB ihm gegenüber wirksame Leistung genehmigen und vom vorläufigen Verwalter gem. §§ 816 Abs. 2 BGB, 25 Abs. 2 Satz 1 InsO die Herausgabe der eingezogenen Beträge verlangen.[182] 71

Ist die **Einziehungsermächtigung widerrufen**, der vorläufige Insolvenzverwalter jedoch gem. **§ 21 Abs. 2 Satz 1 Nr. 5** zur Einziehung der sicherungshalber abgetretenen Forderungen **ermächtigt**, erfolgt der Forderungseinzug befugt, so dass § 48 keine Anwendung findet. Nach ausdrücklicher gesetzlicher Anordnung gelten die §§ 170 f. entsprechend (vgl. § 21 Rdn. 53 ff., auch zu den Rechtsfolgen). Entsprechend § 170 Abs. 1 Satz 2 ist der Erlös unverzüglich auszukehren oder zumindest unterscheidbar zu verwahren.[183] 72

Hat der Schuldner Gegenstände seines Vermögens einem Dritten zur **Sicherheit übereignet**, gilt Entsprechendes. Soll das nach §§ 166 Abs. 1, 172 Abs. 1 im eröffneten Verfahren bestehende Nutzungs- und Verwertungsrecht des Insolvenzverwalters gesichert werden, bedarf es einer Anordnung nach § 21 Abs. 2 Satz 1 Nr. 5, wenn die vertraglich eingeräumten Rechte des Schuldners entzogen werden.[184] Verwertet der vorläufige Insolvenzverwalter hiernach unberechtigt, greift § 48 ein.[185] Bestehen dagegen die Befugnisse aus der vertraglichen Vereinbarung weiter, kann der vorläufige Insolvenzverwalter in dem hierdurch eröffneten Rahmen über die Gegenstände verfügen. Im Falle einer Anordnung nach § 21 Abs. 1 Satz 2 Nr. 5 gilt dies ebenso, wobei im Falle einer berechtigten Verwertung §§ 170 bis 172 entsprechende Anwendung finden. 73

Die Herausgabe unter **Eigentumsvorbehalt** an den Schuldner gelieferter Gegenstände kann nicht allein unter Hinweis auf eine mögliche Ausübung des Wahlrechtes nach § 107 Abs. 2 verweigert werden (vgl. Rdn. 41).[186] Der vorläufige Insolvenzverwalter muss vielmehr durch eine – unter den 74

---

176 BGH 21.01.2010, IX ZR 65/09, BGHZ 184, 101 Rn. 30 ff.
177 BGH 21.01.2010, IX ZR 65/09, BGHZ 184, 101 Rn. 28.
178 *Ganter* NZI 2010, 551 (553).
179 HambK-InsR/*Büchler* § 48 Rn. 38.
180 BGH 06.04.2006, IX ZR 185/04, ZIP 2006, 1009 Rn. 16, 26.
181 BGH 22.02.2007, IX ZR 2/06, NZI 2007, 338 Rn. 10 ff.
182 BGH 22.02.2007, IX ZR 2/06, NZI 2007, 338 Rn. 14.
183 BGH 21.01.2010, IX ZR 65/09, BGHZ 184, 101 Rn. 28.
184 AA Uhlenbruck/*Vallender* Rn. 41aE.
185 Uhlenbruck/*Vallender* Rn. 41aE.
186 AA Uhlenbruck/*Vallender* Rn. 39.

in Rdn. 60 genannten Voraussetzungen zulässige – vertragsgemäße Erfüllung der Forderung des Vorbehaltsverkäufers sicherstellen, dass dieser nicht vom Vertrag zurücktreten kann (§ 449 Abs. 2 BGB), wenn das Insolvenzgericht keine Anordnung gem. § 21 Abs. 2 Satz 1 Nr. 5 erlässt. Im Falle eines verlängerten Eigentumsvorbehalts erlischt die Weiterveräußerungs- oder Verarbeitungsermächtigung nicht automatisch; der Gläubiger erwirbt vielmehr die vertraglich vereinbarten (Absonderungs-)Rechte, wenn und soweit der vorläufige Insolvenzverwalter von der fortbestehenden Ermächtigung Gebrauch macht. Bei Erlass einer Anordnung nach § 21 Abs. 2 Satz 1 Nr. 5 gilt zu den Rechtsfolgen das unter § 21 Rdn. 51 Ausgeführte.

75   Hinsichtlich **sonstiger Aussonderungsrechte** ist zu differenzieren, ob ein Recht zum Besitz des Schuldners an dem Gegenstand bestand oder nicht. Im ersten Fall besteht das **Besitzrecht** zu Gunsten des vorläufigen Insolvenzverwalters nach Maßgabe der vertraglichen Regelungen fort, wobei die Rechte des mietenden oder pachtenden Schuldners zudem durch die Kündigungssperre gem. § 112 gestärkt werden. Durch die Inanspruchnahme der vertraglichen Rechte erhält der Gläubiger hinsichtlich der Gegenleistung gem. § 55 Abs. 2 Satz 2 einen Anspruch gegen die Masse (vgl. Rdn. 44). Beendet der Gläubiger das Besitzrecht, kann eine Anordnung nach § 21 Abs. 2 Satz 1 Nr. 5 ergehen, durch die die weitere Nutzung des Gegenstandes unter Inkaufnahme der unter § 21 Rdn. 51 beschriebenen Rechtsfolgen sichergestellt werden kann. Besteht – im zweiten Fall – **kein Besitzrecht oder** hat der Gläubiger dieses **bereits vor der Stellung des Insolvenzantrags wirksam beendet**, ist der Gegenstand nach der hier vertretenen Auffassung nach Ablauf einer angemessenen Prüfungsfrist an den Gläubiger herauszugeben (vgl. Rdn. 65). Eine Anordnung nach § 21 Abs. 2 Satz 1 Nr. 5 dürfte dann nur ausnahmsweise verhältnismäßig sein (vgl. § 21 Rdn. 56). Eine zügige Herausgabe liegt auch im Interesse der künftigen Masse und im persönlichen Interesse des vorläufigen Insolvenzverwalters, weil der Gegenstand bis dahin auf Kosten der Masse in Obhut zu nehmen und die Verletzung entsprechender Pflichten nach § 60 haftungsbewehrt ist.

bb) Unternehmensfortführung (Abs. 1 Satz 2 Nr. 2)

76   Nach Abs. 1 Satz 2 Nr. 2 hat der vorläufige Insolvenzverwalter die Pflicht, das Unternehmen des Schuldners bis zur **Entscheidung über den Eröffnungsantrag** fortzuführen. Die Verpflichtung dient zum einen dazu, dass im Hinblick auf die noch ausstehende Entscheidung über die Eröffnung des Verfahrens anzuerkennende **Bestandserhaltungsinteresse** des Schuldners zu wahren und andererseits die freie Entscheidung der **Gläubigerversammlung** nach § 157 im eröffneten Verfahren abzusichern.[187] War der Betrieb schon vor der Bestellung des vorläufigen Insolvenzverwalters eingestellt, besteht keine Pflicht zur Wiederaufnahme.[188]

77   Von der Pflicht zur Fortführung des Unternehmens umfasst sind sämtliche Maßnahmen, die erforderlich sind, um dieses im Rahmen des Sicherungs- und Erhaltungszwecks aufrecht zu erhalten (vgl. Rdn. 58 f.). Die Vorschrift nennt – anders als in §§ 160 ff. – nur den Begriff des Unternehmens und nicht den des Betriebs. **Unternehmen** idS meint die einem wirtschaftlichen Zweck gewidmete rechtlich zusammengefasste Sach- und Rechtsgesamtheit. Der **Betrieb** ist dagegen eine technisch-organisatorische Einheit, innerhalb derer unter Einsatz personeller und sächlicher und immaterieller Mittel arbeitstechnische Zwecke fortgesetzt verfolgt werden,[189] so dass ein Unternehmen auch aus mehreren Betrieben bestehen kann. Entsprechend der Intention des Gesetzgebers wird die **Teilstilllegung** eines Unternehmens (z.B. einer von mehreren Betrieben oder Betriebsteilen) ebenfalls als zustimmungspflichtig angesehen (Begr. RegE zu § 22).[190] Wann von einer zustimmungspflichtigen Stilllegung die Rede ist, kann im Einzelfall zweifelhaft sein. So fällt **nicht bereits jeder Personalabbau oder**

---

[187] BGH 14.12.2000, IX ZB 105/00, BGHZ 146, 165 (172).
[188] HK-InsO/*Kirchhof* Rn. 20; Uhlenbruck/*Vallender* Rn. 24.
[189] Vgl. Kübler/Prütting/Bork/*Onusseit* § 160 Rn. 13.
[190] RWS-Dok. 18, 2. Aufl., S. 182; HambK-InsR/*Schröder* Rn. 64; HK-InsO/*Kirchhof* Rn. 30; a.A. BAG 27.10.2005, 6 AZR 5/05, BAGE 116, 168 Rn. 16; widersprüchlich Uhlenbruck/*Vallender* Rn. 27, 31.

jede Verwertung von Teilen des Anlagevermögens darunter.[191] Entscheidend ist, ob eine Maßnahme auf eine **endgültige Einstellung der unternehmerischen Tätigkeit** gerichtet ist. **Keine Stilllegung** liegt bei einer Veräußerung des Unternehmens oder Teilen hiervon vor, wenngleich ähnlich irreversible Folgen eintreten; hierbei handelt es sich um eine an den in Rdn. 64 dargestellten Voraussetzungen zu messende (nur unter engen Voraussetzungen zulässige) Verwertungsmaßnahme, die im Hinblick auf die Haftung der Erwerber nach §§ 613a BGB, 25 HGB gegenüber einer Verwertung im eröffneten Verfahren regelmäßig nachteilig ist.[192] Wird das Unternehmen nach § 22 Abs. 1 Satz 2 Nr. 2 stillgelegt, ist der **Betriebsrat** nach Maßgabe der §§ 111 ff. BetrVG einzubinden; die Regelungen der §§ 121 f. gelten noch nicht.[193]

Nur die Gefahr einer **erheblichen Verminderung des Vermögens** kann die Stilllegung des Unternehmens legitimieren. Teilweise wird die Schwelle der Erheblichkeit bei einer Verringerung von 25 % angenommen,[194] teilweise bereits bei 10 %.[195] Ob sich eine feste Schwelle für die Feststellung der Erheblichkeit festlegen lässt, erscheint indes zweifelhaft. Einerseits beruht die Einschätzung einer solchen Gefährdung häufig auf einer Abwägung von Chancen und Risiken, die sich nur schwer in konkrete Zahlen fassen lassen (vgl. Rdn. 79) und andererseits kann es bei der Abwägung nicht außer Betracht bleiben, wenn der Schuldner und ggf. auch ein vorläufiger Gläubigerausschuss einer solchen Maßnahme zustimmt, denn letztlich schützt die Norm disponible Interessen. 78

Erforderlich ist eine **Prognose zu den Chancen und Risiken** einer Unternehmensfortführung im Zeitraum bis zur Entscheidung über die Eröffnung des Verfahrens.[196] Ein deutliches **Indiz** für eine erhebliche Vermögensgefährdung liegt vor, wenn das Unternehmen nicht im Ansatz **kostendeckend** betrieben werden kann[197] oder die hierfür notwendige **Liquidität** nicht zur Verfügung steht, mithin Masseunzulänglichkeit droht.[198] Verluste können jedoch hinnehmbar sein, wenn gute Chancen für eine Veräußerung des (lebenden) Unternehmens im eröffneten Verfahren oder Sanierungschancen bestehen.[199] Ist eine Beurteilung aufgrund solcher Indizien nicht möglich, ist die **voraussichtliche Vermögenslage** des Schuldners bei Fortführung des Unternehmens derjenigen gegenüberzustellen, wie sie sich im Zeitpunkt der Eröffnungsentscheidung bei sofortiger Stilllegung des Unternehmens darstellen würde. Zu Recht wird eingewandt, dass eine solche Bewertung aufwändig und mit großen Unsicherheiten behaftet ist,[200] wenn das Problem auch nicht darin besteht, dass die Entscheidung über die Fortsetzung des Unternehmens erst im Berichtstermin getroffen wird,[201] denn dies schließt es insb. angesichts der auf den Zeitpunkt der Verfahrenseröffnung vorzunehmenden Prognose nicht aus, die Chancen einer Unternehmensfortführung zu bewerten. An die Prognose dürfen keine überspannten Anforderungen gestellt werden. Aufgrund der tatsächlichen Entwicklung ändert sich die Situation möglicherweise im Verlauf des Eröffnungsverfahrens. In diesem Fall ist die Überprüfung der ursprünglichen Einschätzung angezeigt. 79

Stellt der vorläufige Insolvenzverwalter eine Vermögensgefährdung fest, hat er das **Insolvenzgericht** unter Darlegung seiner Prognose um die **Zustimmung** zur Stilllegung des Unternehmens zu ersuchen. Dieses hat sich sodann von Amts wegen (§ 5 Abs. 1) – regelmäßig anhand schriftlicher Belege, die der vorläufige Insolvenzverwalter seinem Antrag beigefügt hat – vom Vorliegen der Voraussetzungen für die Stilllegung zu überzeugen und – nach Anhörung des Schuldners – durch Beschluss zu 80

---

191 Uhlenbruck/*Vallender* Rn. 27.
192 Uhlenbruck/*Vallender* Rn. 32; HambK-InsR/*Schröder* Rn. 41; a.A. Jaeger/*Gerhardt* Rn. 89; MüKo/*Haarmeyer* Rn. 81; offen gelassen in BGH 11.04.1988, II ZR 313/87, BGHZ 104, 151 (156).
193 HambK-InsR/*Schröder* Rn. 66.
194 Jaeger/*Gerhardt* Rn. 84; Uhlenbruck/*Vallender* Rn. 26.
195 HK-InsO/*Kirchhof* Rn. 25; Kübler/Prütting/Bork/*Pape* Rn. 58.
196 Uhlenbruck/*Vallender* Rn. 26.
197 AG Aachen 29.03.1999, 19 IN 53/99, NZI 1999, 279.
198 HK-InsO/*Kirchhof* Rn. 24.
199 Uhlenbruck/*Vallender* Rn. 26.
200 HK-InsO/*Kirchhof* Rn. 24.
201 So aber *Haberhauer/Meeh* DStR 1995, 1442; Uhlenbruck/*Vallender* Rn. 26.

entscheiden.²⁰² Wurde ein vorläufiger Gläubigerausschuss eingesetzt, ist entsprechend § 158 Abs. 1 auch dessen Zustimmung erforderlich. Die Zustimmung(en) ist (sind) **nicht Wirksamkeitsvoraussetzung** für etwaige Maßnahmen des vorläufigen Insolvenzverwalters (vgl. Rdn. 47).²⁰³

cc) **Vorbereitung der Eröffnungsentscheidung (Abs. 1 Satz 2 Nr. 3)**

81 Der Wortlaut des Gesetzes differenziert zwischen der Prüfung der **Verfahrenskostendeckung** als Prüfungsaufgabe des Insolvenzverwalters und weiteren, gerichtlich (zusätzlich) beauftragten Prüfungsaufgaben, hinsichtlich derer der vorläufige Insolvenzverwalter als **Sachverständiger** tätig wird.²⁰⁴ Ausdrücklich benannt werden insoweit die Prüfung eines Eröffnungsgrundes und die Aussichten für die Fortführung des Unternehmens des Schuldners. Daneben kann der Sachverständigenauftrag nach § 5 Abs. 1 ergänzt werden. Ungeachtet der Differenzierung ist die Tätigkeit des vorläufigen Insolvenzverwalters und diejenige des Sachverständigen sehr stark miteinander verschränkt.²⁰⁵ So setzt sowohl die Prüfung der Verfahrenskostendeckung wie auch diejenige zum Vorliegen eines Eröffnungsgrundes eine Bewertung des Schuldnervermögens voraus. Insoweit kommt es zu einer vom Gesetz hingenommenen **Doppelvergütung** einer mit beiden Tätigkeiten befassten Person (vgl. Rdn. 83).²⁰⁶

(1) **Prüfung der Verfahrenskostendeckung**

82 Die Prüfung der **Verfahrenskostendeckung** dient der Vorbereitung der Entscheidung des Insolvenzgerichts darüber, ob das Verfahren zur Eröffnung gelangen kann oder – bei fehlender Deckung – der Eröffnungsantrag nach § 26 Abs. 1 Satz 1 abzuweisen ist. Die Frage der Verfahrenskostendeckung ist entsprechend am **Maßstab des § 26 Abs. 1 Satz 1** zu prüfen und zu bejahen, wenn mit dem verwertbaren, d.h. dem in angemessener Zeit in Geld umwandelbaren Vermögen des Schuldners die voraussichtlichen Kosten für das gesamte Insolvenzverfahren (§ 54) beglichen werden können; entsprechende Feststellungen trifft der vorläufige Insolvenzverwalter als »Gutachter kraft Amtes« (vgl. § 26 Rdn. 9).²⁰⁷ Es handelt sich um eine **Prognoseentscheidung**, wobei die überwiegende Wahrscheinlichkeit der Verfahrenskostendeckung genügt.²⁰⁸ Die Prüfungstätigkeit ist originäre Aufgabe des vorläufigen Insolvenzverwalters und daher mit dessen – bei erheblichem Prüfungsaufwand ggf. zu erhöhenden – Vergütung abgedeckt.²⁰⁹ Das Insolvenzgericht kann – insb. bei erheblichen Zweifeln an der Verfahrenskostendeckung – lediglich ganz von der Bestellung eines vorläufigen Insolvenzverwalters absehen und die Prüfung der Verfahrenskostendeckung zum Gegenstand eines isolierten Sachverständigenauftrags nach § 5 Abs. 1 Satz 2 machen.²¹⁰

(2) **Zusätzliche Prüfungsaufgaben**

83 Das Insolvenzgericht kann im Einzelfall den vorläufigen Insolvenzverwalter zugleich als Sachverständigen mit weiteren Prüfungsaufgaben befassen. Die **Tätigkeit des Sachverständigen** ist von derjenigen des vorläufigen Insolvenzverwalters zu trennen, so dass es nicht zulässig ist, dem Sachverstän-

---

202 HK-InsO/*Kirchhof* Rn. 27.
203 BAG 27.10.2005, 6 AZR 5/05, BAGE 116, 168.
204 HK-InsO/*Kirchhof* Rn. 34 f.; Kübler/Prütting/Bork/*Pape* Rn. 61; gegen eine solche Differenzierung: Begr. RegE, RWS-Dok. 18, 2. Aufl., S. 182; Uhlenbruck/*Vallender* Rn. 198; HambK-InsR/*Schröder* Rn. 68.
205 Pohlmann Rn. 196.
206 BVerfG 29.11.2005, 1 BvR 2035/05, ZInsO 2006, 83 (84).
207 BGH 17.06.2003, IX ZB 476/02, ZInsO 2003, 706 (707).
208 OLG Karlsruhe 23.11.2001, 11 W 142/01, ZInsO 2002, 247 (LS); AG Göttingen 09.12.2003, 74 IN 84/01, ZInsO 2003, 1156.
209 HK-InsO/*Kirchhof* Rn. 34; Kübler/Prütting/Bork/*Pape* Rn. 61; a.A. Uhlenbruck/*Vallender* Rn. 201; HambK-InsR/*Schröder* Rn. 68.
210 BGH 22.01.2004, IX ZB 123/03, NZI 2004, 245 (247).

digen Verwaltungs- oder Verfügungsbefugnisse zu übertragen (vgl. § 21 Rdn. 5)[211] oder diesen zu ermächtigen, die Wohnung des Schuldners gegen dessen Willen zu betreten.[212] Relevant wird dies allerdings nur, wenn das Insolvenzgericht nach §§ 5 Abs. 1 Satz 2, 4, §§ 402 ff. ZPO isoliert ein Sachverständiger beauftragt (vgl. § 5 Rdn. 29). Für die Tätigkeit des Sachverständigen gelten gem. § 4 die Regelungen der ZPO (§§ 404 ff. ZPO), insb. § 404a ZPO, nach dem das Insolvenzgericht den Sachverständigen bei seiner Tätigkeit anzuleiten und ihm die notwendigen Weisungen zu erteilen hat. Der vorläufige Insolvenzverwalter hat die Pflichten aus § 407 f. ZPO. Das Insolvenzgericht wird regelmäßig die **schriftliche Begutachtung** nach § 411 ZPO, § 4 InsO anordnen.[213] Der vorläufige Insolvenzverwalter erhält die Sachverständigentätigkeit **gesondert** nach Maßgabe der §§ 8 ff. JVEG **vergütet** (§ 11 Abs. 4 InsVV), und zwar in Form eines Honorars für seine Leistung, das – zumindest für den »starken« vorläufigen Insolvenzverwalter (zum »schwachen« vorläufigen Insolvenzverwalter vgl. Rdn. 103) – gem. § 9 Abs. 2 JVEG auf 65 €/Stunde (netto) festgelegt ist und Auslagen nach § 8 Abs. 1 Nr. 2 bis 4 JVEG i.V.m. §§ 5 bis 7 und § 12 JVEG. In massearmen Verfahren dient die Sachverständigenvergütung zugleich der **Kompensation des Ausfallrisikos** hinsichtlich der Verwaltervergütung (Begr. Rechtsausschuss).[214]

Die Prüfung des **Eröffnungsgrunds** (§ 16) erfordert die Feststellung, ob die Voraussetzungen des § 17 oder § 19 erfüllt sind; im Falle eines Schuldnerantrags ist auch § 18 zu prüfen (vgl. i.E. die Kommentierung zu §§ 17 bis 19). Der vorläufige Insolvenzverwalter hat die mit seiner Amtsstellung verbundenen Erkenntnismöglichkeiten (Abs. 3) auch für seine Sachverständigentätigkeit zu nutzen.[215]

84

Nicht unmittelbar für die Vorbereitung der Eröffnungsentscheidung relevant ist die **Prüfung der Fortführungsaussichten** des Unternehmens des Schuldners. Allerdings gewinnt diese Frage zum einen mittelbar erhebliche Bedeutung für den richtigen **Bewertungsansatz** für das Schuldnervermögen[216] und zum anderen ist ihre Beantwortung zur Erhaltung etwaiger Sanierungschancen – und damit zur Realisierung eines der in § 1 genannten Verfahrensziele – evident wichtig (Begr. Rechtsausschuss).[217] Die Prüfung der Sanierungsaussichten ist keine originäre Aufgabe des vorläufigen Insolvenzverwalters; diese ist im Rahmen der Erfüllung der Pflichten nach § 156 Abs. 1 Satz 2 der Tätigkeit des endgültigen Verwalters vorbehalten und gewinnt im Eröffnungsverfahren nur unter dem Gesichtspunkt der Vermögenssicherung und -erhaltung mittelbar Bedeutung.[218] Die Prüfung hat sowohl unter dem Gesichtspunkt der Sanierungsmöglichkeit des Unternehmens selbst als auch der Möglichkeit einer übertragenden Sanierung zu erfolgen.[219] Die Sanierungsfähigkeit ist zu bejahen, wenn das Unternehmen nach Durchführung entsprechender Maßnahmen voraussichtlich in der Lage sein wird, sich am Markt zu behaupten und Einnahmeüberschüsse zu erwirtschaften.[220]

85

2. Ohne Anordnung eines allgemeinen Verfügungsverbots (Abs. 2)

Ist ein allgemeines Verfügungsverbot nicht angeordnet, muss das Insolvenzgericht die **Pflichten** des vorläufigen Insolvenzverwalters nach Abs. 2 selbst **festlegen**.[221] Das Gesetz spricht etwas ungenau nur von Pflichten, allerdings sind dem vorläufigen Insolvenzverwalter vom Insolvenzgericht in erster

86

---

211 HK-InsO/*Kirchhof* Rn. 8.
212 BGH 04.03.2004, IX ZB 133/03, BGHZ 158, 212 (217).
213 Zum Inhalt des schriftlichen Gutachtens vgl. die Empfehlung des Bundesarbeitskreises Insolvenzgerichte e.V. (BAKinsO e.V.) vom 21.11.2008, NZI 2009, 37.
214 RWS-Dok. 18, 2. Aufl., S. 183; Kübler/Prütting/Bork/*Pape* Rn. 61.
215 Uhlenbruck/*Vallender* Rn. 198.
216 *Pohlmann* Rn. 196.
217 RWS-Dok. 18, 2. Aufl., S. 183.
218 AA Uhlenbruck/*Vallender* Rn. 207.
219 Ausf. Uhlenbruck/*Vallender* Rn. 207a; HambK-InsR/*Schröder* Rn. 74.
220 Braun/*Uhlenbruck* S. 247.
221 BGH 18.07.2002, IX ZR 195/01, BGHZ 151, 353 (367).

Linie konkrete **Befugnisse** zu verleihen, mit denen er zum einen die sich aus der gerichtlichen Anordnung konkret benannten Aufgaben und zum anderen – auch ohne ausdrückliche Erwähnung – den in Abs. 1 Satz 2 konkretisierten Zweck der Sicherungsmaßnahme zu erfüllen hat (vgl. Rdn. 103).[222] Die dem vorläufigen Insolvenzverwalter nach Abs. 2 übertragenen Pflichten dürfen **nicht über** die Pflichten eines vorläufigen Insolvenzverwalters mit begleitendem Verfügungsverbot **nach Abs. 1 Satz 2** hinausgehen (Abs. 2 Satz 2). Dies gilt entsprechend für die ihm eingeräumten Befugnisse.[223]

a) Befugnisse

87 Die Befugnisse des vorläufigen Insolvenzverwalters sind **konkret festzulegen;**[224] eine pauschale Verfügungs- oder Verpflichtungsermächtigung, kraft derer der vorläufige Insolvenzverwalter die Reichweite seiner Befugnisse nach eigenem Ermessen bestimmt, ist unzulässig; ob die Anordnung im Einzelfall auch nichtig ist, hängt davon ab, ob ihr ein besonders schwerer, bei Würdigung aller Umstände offenkundiger Fehler anhaftet.[225] Allerdings muss das Insolvenzgericht nicht regeln, in welcher Weise oder in welchem Umfang der vorläufige Insolvenzverwalter von einer hinreichend konkretisierten Befugnis Gebrauch machen darf.[226] Die allgemeinen Befugnisse nach Abs. 3 müssen in der Anordnung nicht gesondert erwähnt werden.[227] Es gilt hier **die Faustformel: Der Schuldner darf alles was ihm nicht verboten, der vorläufige Insolvenzverwalter nur, was ihm erlaubt wurde.**

aa) Allgemeiner Zustimmungsvorbehalt

88 Die Anordnung eines allgemeinen Zustimmungsvorbehalts bewirkt, dass der Schuldner rechtswirksam nur noch mit der Zustimmung des vorläufigen Insolvenzverwalters über sein Vermögen verfügen kann (vgl. § 21 Rdn. 27). Der Zustimmungsvorbehalt verleiht dem vorläufigen Insolvenzverwalter lediglich die Befugnis, eine **Verringerung des Schuldnervermögens** durch rechtsgeschäftliche Verfügungen – insb. durch die Vornahme von Erfüllungshandlungen – zu **verhindern**.[228] Er dient daher ausschließlich dem Sicherungszweck und führt – ohne ergänzende Ermächtigungen – nicht dazu, dass der vorläufige Insolvenzverwalter ohne Mitwirkung des Schuldners notwendige Maßnahmen zur Erhaltung des Schuldnervermögens ergreifen kann. Insb. zur Realisierung einer **Betriebsfortführung** erweist sich der isolierte Zustimmungsvorbehalt bei einem nicht kooperativen Schuldner daher i.d.R. als untauglich. Der Schuldner kann weiterhin wirksam Verpflichtungsgeschäfte abschließen, wobei hieraus resultierende Verbindlichkeiten solche i.S.d. § 38 sind. Es ist ihm unbenommen, die Gegenleistung aus Dauerschuldverhältnissen in Anspruch zu nehmen; hieraus erwachsen keine Verbindlichkeiten gem. § 55 Abs. 2 Satz 2 (vgl. Rdn. 89). Jedenfalls im Grundsatz unterliegt der vorläufige Insolvenzverwalter bei der Entscheidung, ob die Zustimmung erteilt wird, ausschließlich den der Sicherungsmaßnahme zu Grunde liegenden insolvenzrechtlichen Bindungen, nicht aber den Regelungen der vom Schuldner eingegangenen Verträge.[229] Eine Ausnahme gilt nunmehr für die Zustimmung des vorläufigen Insolvenzverwalters zur Genehmigung einer Belastungsbuchung im Einzugsermächtigungsverfahren (vgl. Rdn. 115).

---

222 BGH 05.05.2011, IX ZR 144/10, ZInsO 2011, 1463 Rn. 49; Uhlenbruck/*Vallender* Rn. 208a; *Hölzle* ZInsO 2011, 1889 (1891ff.).
223 BGH 18.07.2002, IX ZR 195/01, BGHZ 151, 353 (366); 11.01.2007, IX ZB 271/04, NZI 2007, 231 Rn. 22.
224 BGH 05.05.2011, IX ZR 144/10, ZInsO 2011, 1463 Rn. 49.
225 BGH 18.07.2002, IX ZR 195/01, BGHZ 151, 353 (367 f.); vgl. auch § 21 Rdn. 68.
226 BGH 11.01.2007, IX ZB 271/04, NZI 2007, 231 Rn. 19.
227 Uhlenbruck/*Vallender* Rn. 210.
228 *BGH 18.07.2002, IX ZR 195/01, BGHZ 151, 353 (362).*
229 BGH 24.01.2008, IX ZR 401/06, ZInsO 2008, 322 Rn. 13; 02.04.2009, IX ZR 171/07, ZInsO 2009, 869 Rn. 8.

bb) Begründung gewillkürter Masseverbindlichkeiten

Ist dem vorläufigen Insolvenzverwalter die Verwaltungs- und Verfügungsbefugnis nicht übertragen, werden durch seine Rechtshandlungen **grds. keine Verbindlichkeiten entsprechend § 55 Abs. 2** begründet. Er kann keine Verpflichtungen mit Wirkung für und gegen die Masse begründen (§ 55 Abs. 2 Satz 1) oder die Gegenleistung aus Dauerschuldverhältnissen für das von ihm verwaltete Vermögen in Anspruch nehmen (§ 55 Abs. 2 Satz 2), weil »Nutzer« weiterhin der Schuldner ist.[230] Ebenso wenig sind im Eröffnungsverfahren begründete Bereicherungsansprüche, z.B. resultierend aus einer Überzahlung, nach oder entsprechend § 55 Abs. 1 Nr. 3 aus der Masse zu erfüllen.[231] **§ 55 Abs. 4** enthält hierzu nunmehr eine **(systemwidrige) Ausnahme**, soweit Verbindlichkeiten des Schuldners aus dem Steuerschuldverhältnis mit Zustimmung des vorläufigen Insolvenzverwalters begründet werden (vgl. § 55 Rdn. 29 ff.). 89

Das Insolvenzgericht kann nach h.M. den vorläufigen Insolvenzverwalter ermächtigen, **einzelne**, im Voraus genau festgelegte **Verpflichtungen** zu Lasten der späteren Insolvenzmasse zu begründen.[232] Auf diese Weise kann einerseits verhindert werden, dass umfassend die Wirkungen des § 55 Abs. 2 eintreten. Auf der anderen Seite kann für die Zwecke einer Betriebsfortführung das Interesse derjenigen geschützt werden, die ungeachtet des Eröffnungsverfahrens noch (betriebsnotwendige) Leistungen zu Gunsten der Masse erbringen; das insolvenzrechtliche **Gleichbehandlungsgebot** gilt noch nicht.[233] Im Übrigen trägt eine solche Anordnung auch dem Verhältnismäßigkeitsgrundsatz Rechnung, weil für den Schuldner die einschneidenden Wirkungen eines allgemeinen Verfügungsverbots vermieden werden.[234] 90

Bei der Formulierung der Ermächtigung ist Vorsicht geboten, denn diese darf nicht als (unzulässige, regelmäßig aber nur anfechtbare) Pauschalanordnung ergehen (vgl. § 21 Rdn. 68),[235] sondern muss den durch die Ermächtigung eröffneten **Handlungsspielraum** des vorläufigen Insolvenzverwalters konkret **abgrenzen**.[236] Unzulässig ist daher eine Anordnung, nach der dem vorläufigen Insolvenzverwalter die umfassende Befugnis eingeräumt wird, für den Schuldner zu handeln, mit der Auflage, diese Befugnis nur wahrzunehmen, soweit dies zur Erfüllung der Aufgaben notwendig ist.[237] Dagegen ist es zulässig, die Ermächtigung auf bestimmte Arten von Verbindlichkeiten, Verbindlichkeiten bestimmter Gläubiger oder auf ein bestimmtes Projekt zu erstrecken.[238] Mit der Ermächtigung muss ggf. auch sichergestellt werden, dass der vorläufige Insolvenzverwalter die für die Umsetzung einer Sicherungsmaßnahme nach § 21 notwendigen Leistungen Dritter zu Lasten der künftigen Masse in Anspruch nehmen kann (vgl. § 21 Rdn. 43). 91

Wird der vorläufige Insolvenzverwalter wirksam ermächtigt, Verpflichtungen zu begründen, treten die Rechtsfolgen des § 55 Abs. 2 Satz 1 automatisch ein. § 55 Abs. 2 Satz 3 i.d.F. des Entwurfs eines Gesetzes zur Entschuldung mittelloser Personen, zur Stärkung der Gläubigerrechte sowie zur Regelung der Insolvenzfestigkeit von Lizenzen[239] sah dies ausdrücklich vor. Im Anwendungsbereich des § 55 Abs. 2 Satz 2 hat der BGH allerdings entschieden, dass die Verbindlichkeiten aus einem **Mietverhältnis**, innerhalb dessen die vertragliche Nutzung in der Untervermietung der 92

---

230 BGH 18.07.2002, IX ZR 195/01, BGHZ 151, 353 (361 f.).
231 BGH 20.09.2007, IX ZR 91/06, ZInsO 2007, 1228 Rn. 9.
232 BGH 18.07.2002, IX ZR 195/01, BGHZ 151, 353 (367); a.A. *Jaeger/Gerhardt* Rn. 131; Kübler/Prütting/Bork/*Pape* Rn. 92.
233 HK-InsO/*Kirchhof* Rn. 56; HambK-InsR/*Schröder* Rn. 92; a.A. Jaeger/*Gerhardt* Rn. 131.
234 BGH 18.07.2002, IX ZR 195/01, BGHZ 151, 353 (364).
235 BGH 18.07.2002, IX ZR 195/01, BGHZ 151, 353 (367 f.).
236 Kübler/Prütting/Bork/*Pape* Rn. 91; *Kirchhof* ZInsO 2004, 57 (60).
237 BGH 18.07.2002, IX ZR 195/01, BGHZ 151, 353 (365 ff.); vgl. OLG Brandenburg 25.03.2004, 8 U 40/03, ZInsO 2004, 806 (807).
238 Hamburger Leitlinien zum Insolvenzeröffnungsverfahren ZInsO 2004, 24 (25); *Kirchhof* ZInsO 2004, 57 (60).
239 BT-Drucks. 16/7416, 7.

Sache besteht, auch dann keine gewillkürten Masseverbindlichkeiten werden, wenn dem vorläufigen Insolvenzverwalter die Ermächtigung zum Einzug der Forderungen aus dem Untermietverhältnis übertragen wurde.[240] Der Vermieter ist wegen § 112 Nr. 1 daher gezwungen, den Gebrauch der Mietsache einzuräumen, obwohl er seinen Anspruch auf die Gegenleistung nur gem. § 38 verfolgen kann. Nur wegen eines im Eröffnungsverfahren eingetretenen Zahlungsverzugs ist der Vermieter berechtigt, den Mietvertrag zu beenden,[241] wobei ein die sofortige Kündigung rechtfertigender Grund auch darin begründet sein kann, dass der vorläufige Insolvenzverwalter von vornherein erklärt, die Gegenleistung könne nicht zu Lasten der Insolvenzmasse erbracht werden.[242] Soll der vorläufige Insolvenzverwalter auch weiterhin in der Lage sein, die Leistung aus einem Dauerschuldverhältnis für die Masse zu beanspruchen, muss sich die Ermächtigung des Insolvenzgerichts ausdrücklich darauf erstrecken, die Gegenleistung entsprechend § 55 Abs. 2 Satz 2 aus der Insolvenzmasse erbringen zu dürfen.[243] Zulässig und im Einzelfall zur Erhaltung der Sanierungschancen für ein Unternehmen des Schuldners auch erforderlich ist die Ermächtigung zur Aufnahme eines Massekredits sowie dessen Absicherung.[244] Nicht möglich ist dagegen eine »**Vorrang-Ermächtigung**«, nach der die vom vorläufigen Insolvenzverwalter begründete Verbindlichkeit im Falle der – erst im eröffneten Verfahren möglichen – Anzeige der Masseunzulänglichkeit den Rang einer Neumasseverbindlichkeit gem. § 209 Abs. 1 Nr. 2 hat.[245]

cc) Einziehung von Forderungen

93 Das Insolvenzgericht kann dem vorläufigen Insolvenzverwalter die allgemeine Befugnis zum Einzug der Forderungen des Schuldners verleihen.[246] Um mit dieser Befugnis den Sicherungszweck erfüllen zu können, bedarf es regelmäßig eines an die Drittschuldner des Schuldners gerichteten und die Wirkungen des § 82 in das Eröffnungsverfahren vorverlegenden **Zahlungsverbots**, das den Drittschuldnern entsprechend § 23 zuzustellen ist.[247] Diese Anordnung bewirkt indes nicht, dass eine bereits wirksam entzogene Befugnis zur Einziehung sicherungshalber abgetretener Forderungen zu Gunsten des vorläufigen Insolvenzverwalters wieder auflebt (vgl. Rdn. 71 f.).[248] Zur Einziehung von Forderungen auf ein Treuhandkonto vgl. Rdn. 94 ff.

dd) Einrichtung eines Treuhandkontos

94 Im Einzelfall, insb. wenn die Ermächtigung zur Eingehung gewillkürter Masseverbindlichkeiten (vgl. Rdn. 89 ff.) dem jeweiligen Gläubiger aufgrund nicht auszuschließender Masseunzulänglichkeit keine hinreichende Sicherheit bietet,[249] stellt sich die Frage, ob der für die Fortführung eines Unternehmens evident wichtige Schutz des Erfüllungsinteresses derjenigen, die Leistungen zu Gunsten des Unternehmens erbringen – auch zur Vermeidung einer persönlichen Haftung des vorläufigen Insolvenzverwalters –, dadurch geschützt werden kann, dass die mit dem Unternehmen erwirtschafteten Erträge als **geschlossenes Finanzierungssystem** ausschließlich der Befriedigung dieser Gläubiger dienen.[250] Der BGH hat für das Vergleichsverfahren und die Sequestration im Grundsatz anerkannt, dass an den auf ein vom Vermögen des Schuldners getrennten Ander- oder Sonderkonto eingezoge-

---

240 BGH 24.01.2008, IX ZR 401/06, ZInsO 2008, 322 Rn. 9.
241 BGH 24.01.2008, IX ZR 401/06, ZInsO 2008, 322 Rn. 16.
242 BGH 09.03.2005, VIII ZR 394/03, ZIP 2005, 1085 (1086 f.).
243 HK-InsO/*Kirchhof* Rn. 58.
244 Uhlenbruck/*Vallender* Rn. 193c; HambK-InsR/*Schröder* Rn. 97.
245 *Marotzke* ZInsO 2005, 561 (565 f.); a.A. AG Hamburg, 15.11.2004, 67g 390/04, ZInsO 2004, 1270 (1271).
246 BGH 21.01.2010, IX ZR 65/09, BGHZ 184, 101 Rn. 33.
247 BGH 22.02.2007, IX ZR 2/06, NZI 2007, 338 Rn. 13.
248 BGH 22.02.2007, IX ZR 2/06, NZI 2007, 338 Rn. 13.
249 Uhlenbruck/*Vallender* Rn. 194.
250 *Windel* ZIP 2009, 101; *Stapper/Schädlich* ZInsO 2011, 249 (254 ff.) schlagen ein sog. »Anderkontenmodell« vor, dagegen zu Recht: *Ganter* NZI 2012, 433 (438).

nen Erlösen durch die Begründung eines mehrseitigen Treuhandverhältnisses ein Aus- oder Absonderungsrecht für den Anschlusskonkurs begründet werden kann.[251] Dem vorläufigen Insolvenzverwalter obliegt es aber nicht vorrangig, von sich aus für die volle Befriedigung solcher Gläubiger zu sorgen, die während des Eröffnungsverfahrens Leistungen an den Schuldner erbringen, während die Gläubiger aus früheren Leistungen möglicherweise ganz leer ausgehen.[252]

Die **Einzelheiten**, unter denen nach der InsO die Realisierung einer Unternehmensfortführung auf der Basis einer mehrseitigen Treuhandbeziehung zulässig ist, sind **nicht abschließend geklärt**. Das AG Hamburg hielt zunächst die Einrichtung eines Treuhandkontos generell für unzulässig;[253] es lässt nunmehr in eng begrenztem Umfang Ausnahmen zu, nämlich unter der Voraussetzung, dass auf anderem Wege die Fortführung des Unternehmens finanziell nicht abgesichert werden kann und das Insolvenzgericht die Einrichtung eines Treuhandkontos genehmigt.[254] Die h.M. in der Literatur stellt die Einrichtung des Treuhandkontos in das Ermessen des vorläufigen Insolvenzverwalters.[255] Ob und inwieweit diese Maßnahme einer **Ermächtigung durch das Insolvenzgericht** bedarf, ist eine Frage des Einzelfalls. Zunächst hat *Bork*[256] überzeugend aufgezeigt, dass die Einrichtung des **Treuhandkontos** selbst eine Maßnahme des Treuhänders ist, die dieser im Rahmen der Treuhandabrede vornimmt. Ein Ermächtigungserfordernis kann sich nur auf die **Treuhandabrede** selbst beziehen (vgl. Rdn. 96). Diesbezüglich bedarf es der gerichtlichen Ermächtigung nicht, wenn der Schuldner selbst den Treuhandvertrag abschließt.[257] Soll der vorläufige Insolvenzverwalter aus eigener Initiative heraus handeln können, bedarf es nach allgemeinen Regeln einer hierauf gerichteten Ermächtigung, wobei in diesem Fall die Einschaltung eines Dritten als Treuhänder ratsam ist.[258] Hierzu und zur Anwendung von § 181 BGB vgl. Rdn. 96.[259] Nur in diesem Fall muss das Insolvenzgericht erwägen, ob die Fortführung des Unternehmens auch auf anderem Wege abgesichert werden kann. Der vorläufige Insolvenzverwalter hat die Errichtung eines Treuhandkontos am Maßstab der Ziele des Eröffnungsverfahrens stets sorgfältig abzuwägen. Die Maßnahme sollte grds. unterbleiben, wenn absehbar ist, dass sich für die Gläubigergemeinschaft keine Vorteile ergeben. Wenn die Fortführung des Unternehmens nach Abs. 1 Satz 2 Nr. 2 auf andere Weise nicht realisiert werden kann, gelten die unter Rdn. 79 dargestellten Maßstäbe zur Chancen- und Risikoabwägung. 95

Neben der Errichtung des Treuhandkontos, die der Treuhänder selbst im Rahmen der ihm übertragenen Aufgaben besorgt,[260] ist der **Abschluss eines Treuhandvertrags** zwischen dem Treuhänder einerseits und dem Schuldner bzw. dem – insoweit gerichtlich ermächtigten[261] – vorläufigen Insolvenzverwalter andererseits notwendig (vgl. Rdn. 95), in dem zum einen zu regeln ist, in welcher Weise dem Treuhänder die zur Befriedigung der Gläubiger, die Leistungen zu Gunsten der Masse im Eröffnungsverfahren erbringen, die hierfür erforderlichen Mittel aus der Masse zugewandt werden (z.B. Zahlung, [Voraus-]Abtretung von Forderungen) und ggf. welche Rechte diese Gläubiger am Treugut 96

---

251 BGH 12.10.1989, IX ZR 184/88, BGHZ 109, 47 (52 f.); 10.07.1997, IX ZR 234/96, ZIP 1997, 1551 (1553); 24.01.22002, IX ZR 180/99, ZIP 2002, 535 (538).
252 BGH 18.07.2002, IX ZR 195/01, BGHZ 151, 353 (369).
253 AG Hamburg 16.12.2002, 67g IN 419/02, NZI 2003, 153 (154); 15.07.2003, 67g IN 205/03, ZInsO 2003, 816.
254 AG Hamburg 22.04.2004, 67c IN 46/04, ZInsO 2004, 517 (518 f.); 20.02.2006, 67g IN 513/05, ZInsO 2006, 218 (218 f.); HambK-InsR/*Schröder* Rn. 102.
255 Jaeger/*Gerhardt* Rn. 132; *Kirchhof* FS Kreft 2004, 359 (367); *Marotzke* ZInsO 2004, 721 (722); *Werres* ZInsO 2005, 1233 (1239); *Ganter* NZI 2012, 433 (435 f.); Uhlenbruck/*Vallender* Rn. 194.
256 NZI 2005, 530 [531].
257 AA *Windel* ZIP 2009, 101 (105).
258 Vgl. auch *Ganter* NZI 2012, 433 (436); BGH, Beschluss vom 12.07.2012, IX ZR 213/11, ZInsO 2012, 1419 Rn. 10, 12.
259 Krit. zur Einschaltung eines Dritten als Treuhänder *Windel* ZIP 2009, 101 (105); *Werres* ZInsO 2005, 1233 (1240).
260 *Bork* NZI 2005, 530 (531).
261 *Windel* ZIP 2009, 101 (105); a.A. *Ganter* NZI 2012, 433 (435).

erwerben sollen, § 328 BGB.²⁶² Zum anderen ist festzulegen, wie der Treuhänder mit dem Treugut zu verfahren hat, mithin welche Voraussetzungen für die Auszahlung von Treugut erfüllt sein müssen und wie mit einem etwaigen Überschuss zu verfahren ist. Diesbezüglich ist sicherzustellen, dass der Vermögensabfluss aus dem Treugut bei der Bestellung eines Dritten als Treuhänder der Kontrolle des vorläufigen Insolvenzverwalters unterliegt, dieser also nur auf Grund einer einzelfallbezogenen Anweisung über das Treugut verfügen kann.²⁶³ Soweit bereits dem Treuhandvertrag verfügende Wirkung zukommt,²⁶⁴ bedarf bei angeordnetem **Zustimmungsvorbehalt** der Abschluss des Treuhandvertrags durch den Schuldner der Zustimmung des vorläufigen Insolvenzverwalters. Soll dieser zugleich Treuhänder sein, findet **§ 181 BGB** für (zustimmungspflichtige) Verfügungen, insb. die Übertragung des Treuguts, zu Gunsten des Treuhänders dann keine Anwendung, wenn die Zustimmung – wie nach § 182 Abs. 1 BGB möglich – gegenüber dem Schuldner erklärt wird.²⁶⁵ Der hierzu ermächtigte vorläufige Insolvenzverwalter kann wegen § 181 BGB keinen Treuhandvertrag mit sich selbst als Treuhänder abschließen.²⁶⁶ Offen ist, ob das Insolvenzgericht den vorläufigen Insolvenzverwalter von den Beschränkungen des § 181 BGB befreien kann,²⁶⁷ ob nach dem Rechtsgedanken des § 92 Satz 2 grds. ein Sonderinsolvenzverwalter bestellt werden müsste²⁶⁸ oder ob die Zustimmung des Schuldners ausreicht.²⁶⁹

97 Die Einrichtung der Treuhandbeziehung bietet den an der Unternehmensfortführung beteiligten Gläubigern nur dann einen hinreichenden Schutz, wenn diese eine **gesicherte Rechtsposition** am Treugut erhalten. Grds. genügt dabei die Übertragung des Treuguts auf den Treuhänder nicht, denn diese räumt dem jeweiligen Gläubiger noch keine Rechte gegenüber der künftigen Masse ein.²⁷⁰ Zweifelhaft erscheint, das Vorrecht des Gläubigers am Treugut ausschließlich aus dem Sinn und Zweck des Treuhandvertrags herzuleiten.²⁷¹ Mit dem Sicherungszweck nicht vereinbar dürfte es sein, dem Dritten gem. § 328 BGB von vornherein das alleinige Recht zur Geltendmachung seiner Ansprüche gegenüber dem Treuhänder einzuräumen.²⁷² Möglich ist aber die Verpfändung des Auszahlungsanspruchs gegenüber dem Treuhänder an den jeweiligen Gläubiger.²⁷³ Der **Anfechtung** entzogen sind die über das Treuhandkonto abgewickelten Transaktionen nur unter den Voraussetzungen des § 142.²⁷⁴

ee) Sonstige Ermächtigungen

98 Soll der vorläufige Insolvenzverwalter das Vermögen des Schuldners oder Teile hiervon in **Besitz** nehmen – was im Regelfall der Sicherungszweck gebietet –, muss das Insolvenzgericht ihm diese Befugnis verleihen.²⁷⁵ Zulässig ist eine Ermächtigung, **Betretungsverbote** hinsichtlich der Betriebsgrundstücke des Schuldners auszusprechen.²⁷⁶

---

262 *Windel* ZIP 2009, 101 (103 f.); zum Modell einer Doppeltreuhand: *Ganter* NZI 2012, 433 (434 f.).
263 Vgl. auch *Windel* ZIP 2009, 101 (105).
264 Für die generelle Zustimmungspflicht: *Windel* ZIP 2009, 101 (103); a.A. *Bork* NZI 2005, 530 (531).
265 BGHZ 94, 132 (137); *Bork* NZI 2005, 530 (531 f.); a.A. HambK-InsR/*Schröder* Rn. 99; Hamburger Leitlinien zum Insolvenzeröffnungsverfahren, NZI 2004, 133.
266 Ebenso für den starken vorläufigen Insolvenzverwalter: *Werres* ZInsO 2005, 1233 (1239); a.A. *Ganter* NZI 2012, 433 (435, 436) mit dem Argument, der vorläufige Insolvenzverwalter werde nicht in seiner Amtsstellung tätig.
267 HambK-InsR/*Frind* § 56 Rn. 40.
268 *Bork* NZI 2005, 530.
269 *Werres* ZInsO 2005, 1233 (1239).
270 *Canaris* EWiR 1989, 1235 (1236).
271 AA *Werres* ZInsO 2005, 1233 (1241).
272 Hierzu Palandt/*Grüneberg* § 328 BGB Rn. 6.
273 *Marotzke* ZInsO 2005, 561 (567).
274 *Windel* ZIP 2009, 101 (107); a.A. *Mönning/Hage* ZInsO 2005, 1186 (1191).
275 OLG Celle 11.12.2002, 2 W 91/02, ZIP 2003, 87 (88); HK-InsO/*Kirchhof* Rn. 53.
276 BGH 11.01.2007, IX ZB 271/04, NZI 2007, 231 Rn. 18.

Geboten sind regelmäßig Maßnahmen zur Kontrolle des Geldverkehrs, wie die Übertragung der **Kassenführung**, die **Ausübung von Rechten gegenüber Kreditinstituten**, wie z.B. die Einholung von Auskünften, die Befugnis zur Ausübung von Rechten betreffend einzelner Zahlungsvorgänge oder die Wahrnehmung der Rechte des Schuldner innerhalb der Geschäftsverbindung.[277] Dem vorläufigen Insolvenzverwalter wird in diesem Fall allerdings keine Sonderrechtsstellung eingeräumt; er kann die Rechte des Schuldners nur nach Maßgabe der mit dem Kreditinstitut geschlossenen Verträge wahrnehmen.[278] 99

Im Einzelfall, insb. wenn die Mitwirkung des Schuldners nicht hinreichend sicher erscheint, bedarf es auch der Einräumung von **Befugnissen gegenüber Arbeitnehmern** (z.B. die Übertragung des Rechts zur Kündigung) oder einem **Betriebsrat** (z.B. Ermächtigung zum Abschluss und der Kündigung von Betriebsvereinbarungen).[279] 100

Bei der Bestellung eines vorläufigen Insolvenzverwalters nach Abs. 2 ist § 240 Satz 2 ZPO nicht entsprechend anwendbar. Die **Prozessführungsbefugnis** verbleibt beim Schuldner.[280] Soll der vorläufige Insolvenzverwalter im Einzelfall ermächtigt werden, einen Prozess zur Sicherung und Erhaltung des Schuldnervermögens zu führen bedarf es einer hierauf gerichteten Ermächtigung, auf Grund derer er als gewillkürter Prozessstandschafter tätig werden kann.[281] 101

Der vorläufige Insolvenzverwalter ist – insb. bei fehlender, lückenhafter oder ungeordneter Buchführung des Schuldners häufig darauf angewiesen, neben seinem Einsichts- und Auskunftsrecht aus Abs. 3 Satz 2 und 3 (vgl. Rdn. 147 ff.), sich die für die Vermögenssicherung und -erhaltung notwendigen **Informationen bei oder von Dritten zu beschaffen** (z.B. Steuerberater, Rechtsanwalt, Finanzbehörden und Sozialversicherungsträger), die aber Gegenstand eines Amtsgeheimnisses (§ 35 SGB I, §§ 67 ff. SGB X; § 30 AO) oder einer rechtlich besonders geschützten Vertrauensbeziehung (§ 203 Abs. 1 Nr. 3 StGB) sein können. Zulässig und angezeigt ist daher eine Ermächtigung, kraft derer der vorläufige Insolvenzverwalter Auskunftsansprüchen (zu solchen nach dem Gesetz zur Regelung des Zugangs zu Informationen des Bundes [IFG] vgl. Rdn. 155) unter Befreiung von der jeweiligen Verschwiegenheitspflicht geltend machen kann.[282] 102

b) Pflichten

Auch ohne ausdrückliche Erwähnung in Abs. 2 hat sich die Tätigkeit des vorläufigen Insolvenzverwalters ohne Verwaltungs- und Verfügungsbefugnis daran auszurichten, die künftige Insolvenzmasse zu sichern und zu erhalten (vgl. Rdn. 86).[283] Im Grundsatz gilt daher auch für den vorläufigen Insolvenzverwalter ohne Verfügungsbefugnis der Aufgabenkatalog des Abs. 1 Satz 2, und zwar nach Maßgabe der ihm eingeräumten Befugnisse. Genügen diese nicht, um einen Vermögensverlust zu Lasten der Gläubiger zu verhindern, muss er dies dem Insolvenzgericht anzeigen und auf ergänzende Anordnungen hinwirken.[284] Dies gilt nicht nur hinsichtlich der eigenen Befugnisse sondern auch für weitere Anordnungen nach § 21 Abs. 1 Satz 1. Er kann ebenfalls mit der Tätigkeit eines **Sachverständigen** entsprechend Abs. 1 Satz 2 Nr. 3 beauftragt werden (vgl. Rdn. 81 ff.). Sehr kontrovers wird in diesem Zusammenhang diskutiert, ob und ggf. inwieweit die Vergütungsregelung des § 9 Abs. 2 JVEG entsprechende Anwendung findet (vgl. § 11 InsVV Rdn. 49 f.).[285] 103

---

277 HK-InsO/*Kirchhof* Rn. 54.
278 Uhlenbruck/*Vallender* Rn. 208d.
279 Mohrbutter/Ringstmeier/*Ernestus* § 4 Rn. 174.
280 OLG Koblenz 12.05.2005, 5 U 132/05, ZInsO 2005, 777.
281 OLG Köln 21.05.2004, 18 W 24/04, ZIP 2004, 2450 (2451):
282 FK-InsO/*Schmerbach* § 21 Rn. 64; HK-InsO/*Kirchhof* Rn. 41; vgl. auch *Priebe* ZIP 2011, 312 (315 f.); a.A. Uhlenbruck/*Vallender* Rn. 199, der den Erlass eines besonderen Verfügungsverbots für erforderlich hält.
283 BGH 05.05.2011, IX ZR 144/10, ZInsO 2011, 1463 Rn. 49; BGH NJW 2005, 675 (677); Uhlenbruck/*Vallender* Rn. 7; a.A. HambK-InsR/*Schröder* Rn. 105, demgegenüber auch Rn. 113.
284 BGH 05.05.2011, IX ZR 144/10, ZInsO 2011, 1463 Rn. 54.
285 Weitere Nachweise bei HambK-InsR/*Büttner* § 11 InsVV Rn. 153.

III. Einzelfragen

1. Bankgeschäfte

104 Die **Geschäftsverbindung** des Schuldners zu einer Bank besteht grds. auch im Eröffnungsverfahren fort, wenn nicht die Bank von einem möglicherweise bestehenden Kündigungsrecht Gebrauch macht; der im Rahmen der Geschäftsverbindung bestehende allgemeine Bankvertrag endet erst mit der Verfahrenseröffnung.[286] Soweit ein vorläufiger Insolvenzverwalter mit Verfügungsbefugnis bestellt wurde, rückt dieser in die Rechte- und Pflichtenstellung des Schuldners ein.

a) Auskunft

105 Der vorläufige Insolvenzverwalter ist insb. bei schlecht geführten Handelsbüchern häufig auf Auskünfte der Bank des Schuldners angewiesen, insb., um für die Prüfung möglicher Anfechtungsansprüche Einzelheiten zum vorinsolvenzlichen Zahlungsverkehr zu erfahren. Obwohl die Bank dem Schuldner nur einmal zur Auskunft oder Rechnungslegung verpflichtet ist, besteht nach Treu und Glauben die Pflicht, **Kontoauszüge** oder **Saldenmitteilungen** (gegen Entgelt) nochmals zu erstellen und zu übersenden, wenn glaubhaft gemacht wird, dass entsprechende Unterlagen nicht mehr vorliegen und die erneute Auskunft der Bank möglich und zumutbar ist.[287] Unzumutbar ist es der Bank jedoch, Auskünfte zu geben, die Grundlage für die Geltendmachung gegen sie selbst gerichteter **Anfechtungsansprüche** sind oder sein könnten.[288] Der vorläufige Insolvenzverwalter mit Verfügungsbefugnis kann solche Ansprüche selbst verfolgen. Dem nicht verfügungsbefugten vorläufigen Insolvenzverwalter gegenüber ist der Schuldner im Rahmen seiner Mitwirkungspflicht nach Abs. 3 verpflichtet, die Bank von der Verschwiegenheitspflicht zu befreien und die Ansprüche geltend zu machen (vgl. Rdn. 154; § 20 Rdn. 15). Möglich ist auch eine entsprechende Ermächtigung durch das Insolvenzgericht (vgl. Rdn. 102).

b) Lastschriftverkehr

106 Der Schuldner wickelt regelmäßig einen wesentlichen Teil seines Zahlungsverkehrs über das Lastschriftverfahren ab.[289] Der Frage der Insolvenzfestigkeit im Lastschriftverfahren **begonnener Zahlungsvorgänge** kommt daher eine große wirtschaftliche Bedeutung für die an ihm Beteiligten zu.

aa) Erscheinungsformen und Entwicklung des Lastschriftverkehrs

107 Nach Abschn. 1 Nr. 1 des **Abkommens über den Lastschriftverkehr** aus dem Jahr 1964,[290] das nach Abschn. 4 Nr. 1 dieses Abkommens nur Wirkungen zwischen den beteiligten Kreditinstituten erzeugt, wird das Lastschriftverfahren dadurch gekennzeichnet, dass zu Gunsten des Zahlungsempfängers über sein Kreditinstitut (erste Inkassostelle) von dem Konto des Zahlungspflichtigen bei demselben oder einem anderen Kreditinstitut (Zahlstelle) der sich aus der Lastschrift ergebende Betrag eingezogen wird. Dies kann zum einen auf Grund einer dem Zahlungsempfänger von dem Zahlungspflichtigen erteilten schriftlichen Ermächtigung (Einzugsermächtigung) geschehen (Abschn. 1 Nr. 1a [**Einzugsermächtigungslastschrift**]) und zum anderen auf Grund eines der Zahlstelle von dem Zahlungspflichtigen zu Gunsten des Zahlungsempfängers erteilten schriftlichen Auftrags (Abschn. 1 Nr. 1b [**Abbuchungsauftragslastschrift**]). Bei der Lastschrift handelt es sich somit um einen vom Zahlungsempfänger ausgelösten Zahlungsvorgang zur Belastung des Kontos des Zah-

---

286 BGH 05.11.1953, IV ZR 95/53, BGHZ 11, 37 (49).
287 BGH 31.01.2001, IX ZR 183/00, WM 2001, 621 (622).
288 BGH 14.07.1987, IX ZR 57/86, WM 1987, 1127 (1128).
289 Vgl. *Jacoby* ZIP 2010, 1725 (1726) m.w.N.
290 Zuletzt geändert im Jahr 2009, abgedruckt bei Baumbach/Hopt, 2. Teil, V. (10).

lenden, der dieser Belastung zustimmt (vgl. auch § 1 Abs. 4 ZAG). Seit dem 09.07.2012 gilt das Lastschriftabkommen von November 2011.[291]

Für vor dem 31.10.2009 begonnene Zahlungsvorgänge gelten die Regelungen über den Geschäftsbesorgungsvertrag (§§ 675, 670 ff. BGB) und – regelmäßig – die diese Vorschriften ergänzenden Bestimmungen der AGB-Banken und AGB-Sparkassen in der bis Oktober 2009 geltenden Fassung. 107a

Mit dem In-Kraft-Treten des Gesetzes zur **Umsetzung der Verbraucherkreditrichtlinie, des zivilrechtlichen Teils der Zahlungsdiensterichtlinie** sowie zur Neuordnung der Vorschriften über das Widerrufs- und Rückgaberecht vom 29.06.2009 am 31.10.2009[292] wurden mit den §§ 675c ff. BGB Regelungen für den Zahlungsdienstevertrag als Unterfall des Geschäftsbesorgungsvertrags geschaffen. Diese Regelungen gelten für **nach dem 31.10.2009 begonnene Zahlungsvorgänge** in sämtlichen Erscheinungsformen des Lastschriftverfahrens,[293] einschließlich des sog. **SEPA-Lastschriftverfahrens** (Single Euro Payments Area). Im Verhältnis der Bank/Sparkasse zum Kunden gelten (regelmäßig) die Sonderbedingungen für den Lastschriftverkehr in der Fassung von Oktober 2009, die zudem noch zwischen dem SEPA-Basis-Lastschriftverfahren (Abschn. C der Sonderbedingungen) und dem SEPA-Firmen-Lastschriftverfahren (Abschn. D der Sonderbedingungen) unterscheiden. 107b

Mit Wirkung zum 09.07.2012 hat die Kreditwirtschaft ihre Bedingungen für den Lastschriftverkehr geändert.[294] Die aus der insolvenzrechtlichen Perspektive wesentliche Neuerung enthält Nr. 2.2.1 der Bedingungen für Einzugsermächtigungslastschriften, nach der der Zahlende bereits mit der Einzugsmächtigung gegenüber seiner Bank die Einlösung von Lastschriften des Zahlungsempfängers autorisiert (vgl. Rdn. 120a). Nach der VO (EU) Nr. 260/2012 vom 14.03.2012[295] gelten ab dem 01.02.2014 (Art. 6) einheitlich die Anforderungen des SEPA-Lastschriftverfahrens. 107c

Kennzeichnend für das Lastschriftverfahren in allen seinen Erscheinungsformen ist, dass – anders als bei der (direkten) Erfüllung durch Barzahlung – vertragliche Beziehungen nicht nur zwischen dem Gläubiger und dem Schuldner (**Valutaverhältnis**) betroffen sind, sondern daneben auch die Rechtsbeziehung zwischen dem Schuldner und »seiner« Bank (**Deckungsverhältnis**), dem Gläubiger und »seiner« Bank (**Inkassoverhältnis**) sowie das Verhältnis der Banken untereinander (**Interbankenverhältnis**). Keine unmittelbare Rechtsbeziehung besteht – außerhalb einer Garantieübernahme – zwischen dem Schuldner und der Gläubigerbank sowie dem Gläubiger und der Schuldnerbank.[296] Welche Auswirkungen der Verlust der Verfügungsbefugnis bzw. die Anordnung eines allgemeinen Zustimmungsvorbehalts auf die jeweiligen Rechtsbeziehungen hat, hängt von der jeweiligen Variante des Lastschriftverfahrens ab. Hier ist inzwischen manches aber immer noch nicht alles geklärt: 108

bb) Einzugsermächtigungslastschrift bei vor dem 31.10.2009 begonnenen Zahlungsvorgängen (Art. 229 § 22 Abs. 1 Satz 2 EGBGB)

Für die Einzugsermächtigung ist nach der in der Rechtsprechung herrschenden **Genehmigungstheorie** kennzeichnend, dass der Schuldner dem Gläubiger gestattet, das von der Kreditwirtschaft bereitgestellte Lastschrifteinzugsverfahren in der Weise zu nutzen, dass dieser seine Bank (im Inkassoverhältnis) beauftragt, den Geldbetrag einzuziehen, diese als Inkassostelle den Auftrag (im Interbankenverhältnis) an die Schuldnerbank als Zahlstelle weiterleitet und diese – mangels Weisung des Schuldners zunächst unberechtigt – (im Deckungsverhältnis) das Konto des Schuldners belastet, wobei der Aufwendungsersatzanspruch der Zahlstelle gem. § 670 BGB von der **Genehmigung** des 109

---

291 http://bankenverband.de/downloads/072012/lastschriftabkommen-0712.pdf, abgerufen am 14.06.2013.
292 BGBl. I, 2355.
293 Vgl. Art. 229 § 22 I 2 EGBGB.
294 Vgl. dazu *Omlor* NJW 2012, 2150.
295 ABl. L 94/22 vom 30.03.2012.
296 Vgl. Palandt/*Sprau* Einf. v. § 675c Rn. 3 ff.

Schuldners gem. § 684 Satz 2 BGB abhängt.[297] Entsprechend sieht Nr. 7 Abs. 3 AGB-Banken (in der bis Oktober 2009 geltenden Fassung) vor, dass die Autorisierung der Zahlung durch den Kunden durch die Genehmigung der Lastschriftbelastungsbuchung auf seinem Konto erfolgt. Soweit eine Genehmigung nicht schon anderweitig erteilt wurde (vgl. Rdn. 114), gilt die Belastung des Kontos als genehmigt, wenn der Schuldner Einwendungen gegen die im Saldo des nächsten Rechnungsabschlusses enthaltene Belastungsbuchung nicht binnen sechs Wochen nach Zugang des Rechnungsabschlusses geltend macht und auf diese Rechtsfolge bei Erteilung des Rechnungsabschlusses hingewiesen wurde. Widerspricht der Schuldner einer noch nicht genehmigten Belastungsbuchung (rechtzeitig), muss die Zahlstelle ihm den vom Konto abgebuchten Lastschriftbetrag sowie etwaige Entgelte und Zinsen unverzüglich erstatten. Bei Personenidentität zwischen Zahlungspflichtigen und Zahlungsempfänger greift die Empfängerbank auftragsgemäß auf das Konto zu, so dass es einer Genehmigung der Lastschrift nicht bedarf.[298] Die Genehmigung ist ebenso wie der Widerspruch als rechtsgestaltende Erklärung unwiderruflich.[299]

110 Aufgrund dieses – möglicherweise über einen längeren Zeitraum andauernden – **Schwebezustands** stellt sich die Frage, welche Auswirkungen dieser auf die jeweiligen Rechtsverhältnisse hat und welche Befugnisse dem vorläufigen Insolvenzverwalter hieraus erwachsen.

111 (1) Nach wie vor nicht abschließend geklärt ist die Frage, ob der aus dem **Valutaverhältnis** herrührende Anspruch des Gläubigers bereits vor dem Eintritt der Genehmigungswirkung erfüllt ist (§ 362 BGB). Außerhalb der Insolvenz schien in der Rechtsprechung des BGH geklärt, dass die im Deckungsverhältnis erforderliche Genehmigung auch für die Erfüllung im Valutaverhältnis maßgeblich ist.[300] Der IX. Zivilsenat des BGH ist dem gefolgt: Da die Belastung des Schuldnerkontos erst durch die Genehmigung des Schuldners wirksam werde, sei die Forderung des Gläubigers auch nach der Gutschrift auf dessen Konto noch nicht erfüllt; vielmehr wandele sich der auf Zahlung gerichtete Erfüllungsanspruch nach der Gutschrift in einen – ebenfalls schuldrechtlichen – Anspruch auf Genehmigung der Belastungsbuchung um.[301] Dagegen hat der XI. Zivilsenat des BGH in Erwägung gezogen, dass nach dem im Valutaverhältnis anzunehmenden Parteiwillen (§§ 133, 157 BGB) anzunehmen sei, dass die Erfüllungswirkung bereits nach der vorbehaltlosen Gutschrift auf dem Gläubigerkonto eintreten solle, wenn dieser eine fällige und einredefreie Forderung gegenüberstünde.[302] Ob der XI. Zivilsenat des BGH hieran festhalten wird, ist offen,[303] im Ergebnis aber zweifelhaft, denn einerseits steht (nunmehr) fest, dass auch die Annahme der Erfüllungswirkung im Valutaverhältnis nichts an der Widerspruchsmöglichkeit im Deckungsverhältnis und daher an den (noch fehlenden) Voraussetzungen des Aufwendungsersatzanspruchs der Zahlstelle gegen den Schuldner ändert[304] und andererseits steht der vom XI. Zivilsenat des BGH erwogenen Auslegung der Rechtsgedanke des § 364 Abs. 2 BGB entgegen, nach dem ein auf Erfüllung gerichteter Wille des Gläubigers im Zweifel erst dann angenommen werden kann, wenn er eine gesicherte Rechtsposition erlangt hat (vgl. Rdn. 120). Für die Annahme einer auflösend bedingten Erfüllungsvereinbarung[305] ist kein Raum, weil es noch an einer den Zahlungsvorgang autorisierenden Erklärung des Schuldners fehlt.

112 (2) Die Zahlstelle hat im **Interbankenverhältnis** nach Abschn. III Nr. 1 und 2 des Lastschriftabkommens[306] gegenüber der Inkassostelle (Gläubigerbank) das Recht, die Lastschrift binnen sechs Wo-

---

297 BGH 20.07.2010, XI ZR 236/07, ZIP 2010, 1556 Rn. 10; 26.10.2010, XI ZR 562/07, ZInsO 2010, 2393 Rn. 11.
298 BGH 10.05.2011, XI ZR 391/09, ZIP 2011, 1460 Rn. 14.
299 BGH 13.10.2011, IX ZR 115/10, ZIP 2011, 2206 Rn. 21.
300 BGH 10.06.2008, XI ZR 283/07, BGHZ 177, 69 Rn. 15.
301 BGH 25.10.2007, IX ZR 217/06, BGHZ 174, 84 Rn. 13.
302 BGH 10.06.2008, XI ZR 283/07, BGHZ 177, 69 Rn. 22.
303 BGH 20.07.2010, XI ZR 236/07, ZIP 2010, 1556 Rn. 13.
304 *BGH 20.07.2010, XI ZR 236/07, ZIP 2010, 1556 Rn. 13.*
305 Vgl. BGH 20.07.2010, XI ZR 236/07, ZIP 2010, 1556 Rn. 22 ff.
306 Abgedruckt bei *Ebenroth/Boujong/Joost/Strohn* HGB, Rn. II 159.

chen nach Vorlage zurückzugeben und deren Wiedervergütung zu verlangen. In diesem Fall belastet die Inkassostelle (im **Inkassoverhältnis**) nach der Erstattung das Konto des Gläubigers gem. Nr. 7 der mit dem Zahlungsempfänger geschlossenen Inkassovereinbarung für Einzugsermächtigungslastschriften a.F.[307] mit dem Lastschriftbetrag und den Rücklastschriftgebühren.[308] Entsprechend sind Fallgestaltungen denkbar, in denen der Schuldner gegenüber der Zahlstelle die Belastung seines Kontos noch rückgängig machen kann, diese aber ihr Recht gegenüber der Inkassostelle, die Wiedervergütung zu verlangen, bereits verloren hat. Sollte daher die Möglichkeit der Rückabwicklung im Verhältnis der Banken auf Grund des Fristablaufs nicht mehr möglich sein, muss (und kann) die Zahlstelle den Lastschriftbetrag unmittelbar beim Gläubiger gem. § 812 Abs. 1 Satz 1 2. Fall BGB kondizieren[309] und trägt daher dessen Insolvenzrisiko.

(3) Außerhalb der Insolvenz hat der Schuldner gegenüber seiner Bank (im **Deckungsverhältnis**) zwar das Recht, der Belastungsbuchung zu widersprechen; dessen Inanspruchnahme ist aber dadurch sanktioniert, dass er sich gegenüber dem Gläubiger bzw. dessen Bank gem. § 826 BGB schadenersatzpflichtig macht, wenn der Widerspruch nicht auf anerkennenswerten Gründen beruht.[310] Für den Eintritt der Genehmigungswirkung bei der Anordnung von Verfügungsbeschränkungen und der Bestellung eines vorläufigen Insolvenzverwalters und für dessen Befugnis, die Genehmigung der Lastschriftbuchung zu verweigern, gilt Folgendes: 113

– Soweit bereits der **Schuldner** die Belastungsbuchung vor der Anordnung der Verfügungsbeschränkung **ausdrücklich oder konkludent genehmigt** hat, ist der Anspruch aus dem Valutaverhältnis erfüllt und der Anspruch der Zahlstelle gem. § 670 BGB entstanden. Der vorläufige Insolvenzverwalter kann diese Wirkungen nicht mehr verhindern (zur Verrechnungsmöglichkeit der Bank vgl. Rdn. 125).[311] Ob und unter welchen Voraussetzungen eine konkludente Genehmigung des Schuldners angenommen werden kann, ist von einer einzelfallbezogenen Würdigung des objektiven Erklärungswerts seines Verhaltens abhängig; auf die spätere Befolgung eines Widerspruchs des vorläufigen Insolvenzverwalters durch die Zahlstelle kommt es nicht an.[312] Allein das Schweigen auf die zugegangenen Kontoauszüge genügt für die Annahme der stillschweigenden Genehmigung nicht;[313] bei einer widerspruchslosen Fortsetzung des Zahlungsverkehrs auf dem mit der Buchung belasteten Konto kann eine solche angenommen werden, wenn weitere, auf einen Genehmigungswillen hindeutende Umstände hinzutreten, insb., wenn der Kunde seinen Zahlungsverkehr unter Berücksichtigung des Kontostands und den danach möglichen Dispositionen mit der Bank abstimmt oder innerhalb einer laufenden **Geschäftsbeziehung im unternehmerischen Geschäftsverkehr**, in der es für die Zahlstelle erkennbar um regelmäßig wiederkehrende Lastschriften aus einem Dauerschuldverhältnis geht, der Schuldner der Höhe nach vergleichbare Belastungen seines Konto in der Vergangenheit genehmigt hat und der konkreten Belastungen innerhalb einer angemessenen Prüfungsfrist nicht widersprochen hat.[314] Bei regelmäßig wiederkehrenden Lastschriften aus Dauerschuldverhältnissen darf die Zahlstelle eine schlüssige Genehmigung bereits nach Ablauf von zwei Wochen annehmen; dies gilt nicht nur für Sozialversicherungsbeiträge oder andere Zahlungen, die typischerweise auf einer von dem Schuldner selbst abgegebenen Anmeldung beruhen, sondern auch beim Einzug namhafter monatlicher Geschäfts- 114

---

307 Muster abgedruckt bei *Schimansky/Bunte/Lwowski* Anh. 2b) zu §§ 56–59.
308 BGH 10.06.2008, XI ZR 283/07, BGHZ 177, 69 Rn. 14.
309 BGH 11.04.2006, XI ZR 220/05, BGHZ 167, 171 Rn. 14; 20.07.2010, XI ZR 236/07, ZIP 2010, 1556 Rn. 12.
310 BGH 28.05.1979, II ZR 85/78, BGHZ 74, 300 (304 f.); 10.06.2008, XI ZR 283/07, BGHZ 177, 69 Rn. 16.
311 BGH 28.06.2012, IX ZR 219/10, ZInsO 2012, 1421 Rn. 8.
312 BGH 20.07.2010, IX ZR 37/09, DB 2010, 1801 Rn. 11; 26.07.2011, XI ZR 197/10, ZInsO 2011, 1546 Rn. 18 f.
313 BGH 20.07.2010, XI ZR 236/07, ZIP 2010, 1556 Rn. 43.
314 BGH 03.04.2012, XI ZR 39/11, ZInsO 2012, 931 Rn. 23; 01.12.2011, IX ZR 58/11, ZInsO 2012, 135 Rn. 11; 01.03.2011, XI ZR 320/09, ZIP 2011, 826 Rn. 13; 20.07.2010, XI ZR 236/07, ZIP 2010, 1556 Rn. 47; 27.10.2007, IX ZR 217/06, BGHZ 174, 84 Rn. 11.

raummieten oder Leasingraten.[315] Bei einem **Verbraucher** kann die kontoführende Bank dagegen nicht ohne weiteres davon ausgehen, dass die Kontobewegungen zeitnah nachvollzogen und überprüft werden; es muss vielmehr auf Grund konkreter Anhaltspunkte für die Bank erkennbar sein, dass der Kontoinhaber die Überprüfung vorgenommen hat, wobei die Bank i.d.R. dann, wenn der Verbraucher bei monatlichen und im Wesentlichen gleich hohen Lastschriftabbuchungen bereits die Mitteilung von zwei Folgeabbuchungen erhalten hat, davon ausgehen kann, dass hinsichtlich der mindestens zwei Monate zurückliegenden Abbuchung keine Einwände erhoben werden.[316] Für eine Genehmigung durch schlüssiges Verhalten kann es auch sprechen, wenn der Schuldner in Kenntnis der im Einzugsermächtigungsverfahren erfolgten Abbuchungen durch konkrete Einzahlungen oder Überweisungen erst die Kontodeckung herbeiführt, ohne die die kontoführende Bank die Lastschriften nicht ausgeführt und diese hierdurch die Überzeugung gewinnen durfte, die Lastschriftbuchungen würden Bestand haben.[317] Dies gilt nicht nur für die durch die Einzahlung ermöglichten, sondern auch für vorausgegangene Lastschriften.[318] Der Genehmigung steht es nicht gleich, dass der Schuldner im Verhältnis zu seiner Bank einen Abbuchungsauftrag erteilt hat, wenn die Lastschrift nicht im Abbuchungsauftragsverfahren vorgelegt wird.[319] Ist der Schuldner zahlungsunfähig oder hat er gar bereits einen Insolvenzantrag gestellt, darf auch er die Genehmigung von Lastschriften verweigern, um eine gleichmäßige Befriedigung der Gläubiger zu ermöglichen; unter den Voraussetzungen der §§ 92 Abs. 2 Satz 1 AktG, 64 Satz 1 GmbHG sind vertretungsberechtigte Organe hierzu sogar verpflichtet.[320]

115 – **Läuft** dagegen zum Zeitpunkt der Anordnung der Verfügungsbeschränkung und der Bestellung des vorläufigen Insolvenzverwalters **die Widerspruchsfrist des Schuldners noch** und kann von einer bereits erklärten Genehmigung nicht ausgegangen werden, kommt es im Falle der Anordnung eines allgemeinen Verfügungsverbots auf die Genehmigung des vorläufigen Insolvenzverwalters an, der insoweit uneingeschränkt in die vertragliche Stellung des Schuldners im Verhältnis zur Zahlstelle eintritt (vgl. Rdn. 38),[321] mit der Folge, dass die Genehmigungsfiktion nach Nr. 7 Abs. 3 AGB-Banken a.F. zu Lasten der künftigen Insolvenzmasse eintritt, wenn der vorläufige Insolvenzverwalter nicht widerspricht.[322] In der Aufforderung an die Bank, noch nicht genehmigte Lastschriftbuchungen zusammenzustellen, liegt noch keine Genehmigung.[323] Der vorläufige Insolvenzverwalter muss aufpassen, dass nicht sein eigenes Verhalten gegenüber der Bank als konkludente Genehmigung der Belastung gedeutet werden kann, insb., wenn er sich zur Behandlung künftiger Lastschriften gegenüber der Bank erklärt und hierdurch die Erwartung begründet, er werde sich in vergleichbarer Weise äußern, wenn er die Genehmigung für bereits erfolgte Kontobelastungen verweigern will – ohne eine solche Erklärung – das Konto des Schuldners zur Abwicklung von Geschäftsbeziehungen nutzt.[324] Bei der Anordnung eines allgemeinen Zustimmungsvorbehalts ist die Zustimmung zur Genehmigung des Schuldners gem. § 182 Abs. 1 BGB entweder diesem gegenüber oder gegenüber der Bank zu erklären; eine Erklärung gegenüber dem Zahlungsempfänger hat keine Wirkung.[325] Eine Genehmigungs- bzw. Zustimmungsfiktion nach Maßgabe der im Verhältnis zum Schuldner vereinbarten AGB trat nach der älteren Rechtsprechung des IX.

---

315 BGH 27.09.2011, XI ZR 215/10, ZInsO 2011, 1980 Rn. 17; 01.12.2011, IX ZR 58/11, ZInsO 2012, 135 Rn. 15; 28.06.2012, IX ZR 219/10, ZInsO 2012, 1421 Rn. 8.
316 BGH 03.05.2011, XI ZR 152/09, ZInsO 2011, 1308 Rn. 12.
317 BGH 03.04.2012, XI ZR 39/11, ZInsO 2012, 931 Rn. 29 f.; 26.10.2010, XI ZR 562/07, ZInsO 2010, 2393 Rn. 11.
318 BGH 26.07.2011, XI ZR 197/10, ZInsO 2011, 1546 Rn. 15.
319 BGH 13.10.2011, IX ZR 115/10, ZIP 2011, 2206 Rn. 14 ff.
320 BGH 27.10.2007, IX ZR 217/06, BGHZ 174, 84 Rn. 10.
321 BGH 27.10.2007, IX ZR 217/06, BGHZ 174, 84 Rn. 25.
322 BGH 03.04.2012, XI ZR 39/11, ZInsO 2012, 931 Rn. 19; 02.04.2009, IX ZR 171/07, ZInsO 2009, 869 Rn. 8.
323 *BGH 03.04.2012, XI ZR 39/11, ZInsO 2012, 931 Rn. 17.*
324 BGH 27.10.2007, IX ZR 217/06, BGHZ 174, 84 Rn. 34 ff.
325 BGH 30.09.2010, IX ZR 178/09; ZInsO 2010, 2089 Rn. 17 f.

Zivilsenats des BGH bei Fristablauf nicht ohne weiteres ein, weil es innerhalb der Vertragsbeziehung weiterhin auf die Genehmigung des Schuldners ankommt, diese aber ohne die Zustimmung des vorläufigen Insolvenzverwalters – dem gegenüber die vertraglichen Vereinbarungen des Schuldners mit der Zahlstelle keine Wirkung entfalten – nicht mehr wirksam erteilt oder auch nur fingiert werden kann.[326] Ohne erkennbare Änderung des Begründungsansatzes hat sich der IX. Zivilsenat des BGH nunmehr der Rechtsprechung des XI. Zivilsenats angeschlossen; nach ihr entfaltet die Genehmigungsfiktion nach Maßgabe der allgemeinen Geschäftsbedingungen Wirkungen auch gegenüber dem vorläufigen Insolvenzverwalter mit Zustimmungsvorbehalt.[327] Soweit die Zahlstelle im Vertrauen auf die alte Rechtsprechung den Zahlungsempfänger gem. § 812 Abs. 1 Satz 1 2. Fall BGB zu Unrecht auf Rückerstattung des Erlangten in Anspruch genommen haben sollte,[328] steht diesem nunmehr gegen die Zahlungsstelle ein Anspruch aus § 812 Abs. 1 Satz 1 1. Fall BGB zu. Diese kann, soweit ein Auszahlungsanspruch des Schuldners nicht entstanden ist (vgl. Rdn. 117), im Wege der Berichtigung das Debet wieder auf die ursprüngliche Höhe setzen und ihren Darlehensrückzahlungsanspruch in ursprünglicher Höhe im Insolvenzverfahren weiter verfolgen;[329] wurde der Lastschriftbetrag dagegen an den vorläufigen Insolvenzverwalter ausgezahlt, muss sie ihren Bereicherungsanspruch im Insolvenzverfahren verfolgen (vgl. auch § 55 Rdn. 19).[330]

116 Der vorläufige Insolvenzverwalter hat – auch zur Vermeidung seiner persönlichen Haftung – sorgfältig zu prüfen, ob und ggf. in welchem **Umfang er von seiner Widerspruchsbefugnis** Gebrauch macht. Ist der Schuldner eine natürliche Person, muss der vorläufige Insolvenzverwalter prüfen, ob und ggf. in welchem Umfang das der Pfändung nicht unterliegende Vermögen von den Belastungen betroffen ist (vgl. Rdn. 51); er darf gegenüber der Zahlstelle nicht pauschal »sämtlichen noch nicht genehmigten Lastschriften« widersprechen,[331] wenngleich der Widerspruch im Hinblick auf die bereits genehmigten Lastschriften wirkungslos bleibt.[332] Bis zur Pfändungsfreigrenze verbleibt das Recht zur Genehmigung beim Schuldner; bei mehreren die Pfändungsfreigrenzen übersteigenden Belastungen muss der vorläufige Insolvenzverwalter den Schuldner in die Lage versetzen zu entscheiden, welche Lastschriften er bedienen möchte.[333] Jenseits dessen ist der vorläufige Insolvenzverwalter befugt – und vor dem Hintergrund des Sicherungszwecks auch verpflichtet – eine Schmälerung der künftigen Insolvenzmasse durch den Eintritt der Genehmigungswirkung zu verhindern, insb. dann, wenn die durch die Genehmigung bewirkte Deckung im eröffneten Verfahren der Anfechtung (§§ 129 ff.) unterläge.[334]

117 Wenn die Genehmigung nicht erteilt wird, besteht nur bei einem **kreditorisch** geführten Konto ein Auszahlungsanspruch gegen die Bank.; bei einem **debitorisch** geführten Konto richtet sich der Anspruch lediglich auf Korrektur der ungenehmigten Belastungsbuchung.[335] Die zuvor zu Gunsten des Empfängers der Leistung bestehende Buchposition kann nicht analog § 816 Abs. 2 BGB genehmigt werden, um die Voraussetzungen für einen Bereicherungsausgleich zu schaffen.[336] Ob der Wider-

---

326 BGH 02.04.2009, IX ZR 171/07, ZInsO 2009, 869 Rn. 8.
327 BGH 20.07.2010, IX ZR 37/09, DB 2010, 1801 Rn. 25; 30.09.2010, IX ZR 178/09, ZInsO 2010, 2089 Rn. 19.
328 Vgl. zum Bereicherungsausgleich im Falle der Rückbuchung trotz zuvor erteilter konkludenter Genehmigung des Schuldners: BGH 01.03.2011, XI ZR 320/09, ZIP 2011, 826 Rn. 16 f.
329 BGH 28.06.2012, IX ZR 219/10, ZInsO 2012, 1421 Rn. 12 ff.
330 BGH 01.03.2011, XI ZR 320/09, ZIP 2011, 826 Rn. 19.
331 BGH 20.07.2010, IX ZR 37/09, DB 2010, 1801 Rn. 23, 27.
332 BGH 20.07.2010, IX ZR 37/09, DB 2010, 1801 Rn. 11; 01.03.2011, XI ZR 320/09, ZIP 2011, 826 Rn. 18.
333 BGH 20.07.2010, IX ZR 37/09, DB 2010, 1801 Rn. 23.
334 BGH 27.10.2007, IX ZR 217/06, BGHZ 174, 84 (18 f.); 20.07.2010, IX ZR 37/09, DB 2010, 1801 Rn. 24.
335 BGH 05.02.2009, IX ZR 78/07, ZIP 2009, 673 Rn. 13.
336 BGH 07.10.2010, IX ZR 209/09, ZInsO 2010, 2296 Rn. 15.

spruch tatsächlich zu einer für die künftige Insolvenzmasse günstigeren Situation führt, hängt von den Gegebenheiten im Einzelfall ab. Erfolgt die Belastung des Kontos auf Kredit des Schuldners, steht die künftige Insolvenzmasse nur dann schlechter, wenn der Zahlstelle für den Kredit noch Sicherheiten aus dem Vermögen des Schuldners zur Verfügung stehen oder bereits wirksam und unanfechtbar eine Verrechnung des Aufwendungsersatzanspruchs mit späteren Gutschriften vorgenommen wurde. Anderenfalls ist der Aufwendungsersatzanspruch der Zahlstelle einfache Insolvenzforderung, so dass sich ggf. Vorteile ergeben können, wenn der vorläufige Insolvenzverwalter im Falle der Genehmigung die Möglichkeit hat, die dem Gläubiger gewährte Deckung im eröffneten Verfahren gem. § 143 Abs. 1 zurückzufordern.[337] Erteilt der »starke« vorläufige Insolvenzverwalter die Genehmigung, stellt sich die Frage, ob er die so herbeigeführte Erfüllung im Valutaverhältnis im Anfechtungswege noch rückgängig machen kann (vgl. Rdn. 146).

cc) Einzugsermächtigungslastschrift bei nach dem 31.10.2009 begonnenen Zahlungsvorgängen

118 Für das Einzugsermächtigungsverfahren gelten die §§ 675c ff. BGB, die eine von der Genehmigungstheorie abweichende Parteivereinbarung im Deckungsverhältnis ermöglichen, was dazu führen kann, dass es dem vorläufigen Insolvenzverwalter nicht mehr möglich ist eine vor dem Wirksamwerden der Verfügungsbeschränkung erfolgte Kontobelastung rückgängig zu machen.[338] An die Stelle der Genehmigung tritt nach neuem Recht die **Autorisierung** des Zahlungsvorgangs gem. § 675j Abs. 1 BGB, die nach Satz 2 der Vorschrift entweder als Einwilligung oder – soweit im Deckungsverhältnis vereinbart – als Genehmigung erteilt werden kann.

119 Die – regelmäßig geltenden – **Sonderbedingungen für den Lastschriftverkehr** sehen in Abschnitt A 2.1.1, 2.4 vor, dass die Autorisierung nachträglich durch die Genehmigung der Lastschriftbuchung erfolgt, die – ebenso wie nach altem Recht – erteilt ist, wenn der Schuldner Einwendungen gegen die im Saldo des nächsten Rechnungsabschlusses enthaltene Belastungsbuchung nicht binnen sechs Wochen nach Zugang des Rechnungsabschlusses geltend macht und auf diese Rechtsfolge bei Erteilung des Rechnungsabschlusses hingewiesen wurde. Widerspricht der Schuldner einer noch nicht autorisierten Belastungsbuchung (rechtzeitig), muss die Zahlstelle nach § 675u Satz 2 BGB, Abschn. A 2.5.1 der Sonderbedingungen für den Lastschriftverkehr ihm den vom Konto abgebuchten Lastschriftbetrag sowie etwaige Entgelte und Zinsen unverzüglich erstatten. Angesichts dessen ergeben sich ggü. der unter bb) dargestellten Rechtslage keine Änderungen. Bei diesem – auch nach der neuen Rechtslage für zulässig gehaltenen[339] – Verfahren wird der Zahlungsvorgang gegenüber dem Schuldner erst mit der Autorisierung (§ 675j Abs. 1 BGB) wirksam. Bis zu diesem Zeitpunkt hat die Zahlstelle gegen den Schuldner gem. § 675u Satz 1 BGB keinen Aufwendungsersatzanspruch und ist gem. § 675u Satz 2 BGB verpflichtet, den auf dem Konto des Schuldners belasteten Betrag unverzüglich zu erstatten.

dd) Einzugsermächtigungslastschrift bei ab dem 09.07.2012 begonnenen Zahlungsvorgängen

120 Ab dem 09.07.2012 hat die Kreditwirtschaft ihre Lastschriftbedingungen geändert: Die Einzugsermächtigungslastschrift basiert nach Nr. 2.2.1 der Lastschriftbedingungen nunmehr darauf, dass **der Kunde gegenüber seiner Bank die Einlösung von Lastschriften des Zahlungsempfängers autorisiert, (§ 675j Abs. 1 BGB)**. Das Lastschriftmandat enthält damit nicht nur die Ermächtigung des Zahlungsempfängers, die Zahlung vom Konto einzuziehen, sondern darüber hinaus eine Einwilligung nach § 675j Abs. 1 Satz 2 Fall 1 BGB in der Form einer Generalanweisung an den eigenen Zahlungsdienstleister, entsprechende Lastschriften einzulösen.[340] Die Bank vereinbart damit mit dem Schuldner im **Deckungsverhältnis**, dass bereits mit der Einzugsermächtigung ein Zahlungsauftrag (§ 675f Abs. 3 Satz 2 BGB) des Schuldners mittelbar über den Zahlungsempfänger erteilt wird,

---

337 BGH 29.09.2011, IX ZR 202/10, ZInsO 2012, 138.
338 BGH 20.07.2010, XI ZR 236/07, ZIP 2010, 1556 Rn. 15.
339 BGH 20.07.2010, XI ZR 236/07, ZIP 2010, 1556 Rn. 15 m.w.N.
340 *Nobbe* ZIP 2012, 1937 (1941); *Omlor* NJW 2012, 2150 (2151).

die Lastschrift auszuführen.[341] In diesem Zahlungsauftrag liegt dann zugleich die Autorisierung des Zahlungsvorgangs i.S.d. § 675j Abs. 1 BGB, mit der Folge, dass der Aufwendungsersatzanspruch der Zahlstelle mit der Ausführung des Zahlungsvorgangs entsteht und der Schuldner unter den Voraussetzungen des § 675x Abs. 1 Satz 1, 4 BGB binnen acht Wochen ab dem Zeitpunkt der Kontobelastung ein Anspruch auf Erstattung des Zahlungsbetrags zustünde. Dieser Anspruch soll analog § 377 Abs. 1 BGB nicht der Pfändung unterliegen und daher gem. § 36 Abs. 1 Satz 1 nicht zur künftigen Insolvenzmasse zählen, so dass der Anspruch der Verfügungsbefugnis des vorläufigen Insolvenzverwalters entzogen ist.[342] Im Valutaverhältnis ist von einer stillschweigenden Erfüllungsabrede zwischen Gläubiger und Schuldner auszugehen, nach der die Erfüllungswirkung rückwirkend entfällt (§ 159 BGB), wenn es zur Rückbelastung im Einzugsermächtigungsverfahren nach § 675x Abs. 1 BGB kommt.[343] Für eine spätere Deckungsanfechtung ist zu klären, ob für den **Zeitpunkt der Rechtshandlung** gem. § 140 Abs. 3 auf die auf der Einwilligung des Schuldners beruhenden Einlösung der Lastschrift abgestellt werden kann, was angesichts der noch nicht sicheren Rechtsposition des Gläubigers zweifelhaft sein könnte.[344]

ee) **Abbuchungsauftragslastschrift**

Die Abbuchungsauftragslastschrift ist dadurch gekennzeichnet, dass der Schuldner neben der Ermächtigung des Zahlungsempfängers, den Geldbetrag zu Lasten seines Kontos einzuziehen, die Bank unmittelbar anweist, die Abbuchungslastschrift seinem Konto zu belasten und den Lastschriftbetrag an die Inkassostelle zu übermitteln (§ 675n Abs. 1 BGB; Abschn. B 2.1.1 der Sonderbedingungen für den Lastschriftverkehr). Mit dieser Weisung autorisiert der Schuldner im Deckungsverhältnis nach § 675j Abs. 1 Satz 1 BGB den Zahlungsvorgang (Abschn. B 2.2.1 der Sonderbedingungen für den Lastschriftverkehr), so dass der Aufwendungsersatzanspruch der Zahlstelle gegen den Schuldner entsteht. Die Abbuchungsauftragslastschrift ist eingelöst – und damit im Valutaverhältnis Erfüllung eingetreten –, wenn die Belastungsbuchung auf dem Konto des Schuldners nicht spätestens am 2. Bankarbeitstag nach ihrer Vornahme rückgängig gemacht wird (Abschn. B 2.4.2 der Sonderbedingungen für den Lastschriftverkehr). Der nach § 675x Abs. 1 BGB bei autorisierten Zahlungen bestehende Erstattungsanspruch wird durch § 675x Abs. 6 BGB, Abschn. B 2.5 der Sonderbedingungen für den Lastschriftverkehr ausgeschlossen, weil der Schuldner die Zahlstelle unmittelbar zur Zahlung angewiesen hat.[345]

121

ff) **SEPA-Basis-Lastschriftverfahren**

Im SEPA-Basis-Lastschriftverfahren erteilt der Schuldner dem Gläubiger ein SEPA-Lastschriftmandat, mit dem zugleich der Zahlungsvorgang nach § 675j Abs. 1 Satz 1 BGB autorisiert wird, und zwar in der Weise, dass der Gläubiger als Erklärungsbote des Schuldners die Zustimmung in der Form der Einwilligung nach § 675j Abs. 1 Satz 2 1. Fall BGB – mithin einen Zahlungsauftrag – durch die Vorlage des Lastschriftmandats übermittelt.[346] Dies führt dazu, dass der Aufwendungsersatzanspruch der Zahlstelle gegen den Schuldner mit der Ausführung des Zahlungsvorgangs entsteht, der Anspruch im Valutaverhältnis mit vorbehaltloser Gutschrift des Lastschriftbetrags auf dem Konto des Zahlungsempfängers auflösend bedingt durch die Geltendmachung des Rückforderungsanspruchs gem. § 675x Abs. 1 BGB erfüllt ist und der vorläufige Insolvenzverwalter – mangels Zu-

122

---

341 BGH 20.07.2010, XI ZR 236/07, ZIP 2010, 1556 Rn. 37 ff.; a.A. *Jacoby* ZIP 2010, 1725 (1736), der dasselbe Ergebnis im Wege der Auslegung der Einzugsermächtigung erzielt.
342 BGH 20.07.2010, XI ZR 236/07, ZIP 2010, 1556 Rn. 30; *Nobbe* ZIP 2012, 1937 (1942); *Omlor* NJW 2012, 2150 (2151); a.A. *Obermüller/Kuder* ZIP 2010, 349 (352 ff.); *Jacoby* ZIP 2010, 1725 (1735).
343 BGH 20.07.2010, XI ZR 236/07, ZIP 2010, 1556 Rn. 22 ff.; *Nobbe* ZIP 2012, 1937 (1941); *Omlor* NJW 2012, 2150 (2152); a.A. *Jacoby* ZIP 2010, 1725 (1729, 1734): Erfüllung gilt analog § 379 Abs. 3 BGB als nicht erfolgt.
344 BGH 17.09.2009, IX ZR 106/08, BGHZ 182, 264 Rn. 14.
345 *Obermüller/Kuder* ZIP 2010, 349 (350).
346 BGH 20.07.2010, XI ZR 236/07, ZIP 2010, 1556 Rn. 17.

gehörigkeit zur künftigen Insolvenzmasse (vgl. Rdn. 120) – über den Anspruch aus § 675x Abs. 1 BGB nicht verfügen kann.[347] Dieser ist vielmehr darauf beschränkt, nach Maßgabe des Abschn. C 2.2.2, 2.2.3 der Sonderbedingungen für den Lastschriftverkehr das Lastschriftmandat für die Zukunft zu beenden oder einzelne Lastschriften zurückzuweisen. Etwas anderes gilt nur, wenn das Zahlungsmandat nicht wirksam erteilt oder vom Schuldner gegenüber der Zahlstelle gem. Abschn. C Nr. 2.2.2 widerrufen wurde. In diesem Fall steht der künftigen Masse der Anspruch aus § 675u BGB gegenüber der Zahlstelle zu, der innerhalb der Frist des § 676b Abs. 2 BGB geltend zu machen ist.[348]

gg) SEPA-Firmen-Lastschriftverfahren

123 Im Hinblick auf die Autorisierung des Zahlungsvorgangs gilt im SEPA-Firmenlastschriftverfahren das unter ee) Ausgeführte entsprechend. Allerdings ist der Erstattungsanspruch gem. § 675x Abs. 1 BGB nach Abschn. D 2.1.1. der Sonderbedingungen für den Lastschriftverkehr regelmäßig ausgeschlossen. Der Schuldner muss aber gegenüber der Zahlstelle die Autorisierung des Zahlungsvorgangs unverzüglich bestätigen (Abschn. D 2.2.2 der Sonderbedingungen für den Lastschriftverkehr). Macht er dies nicht, darf die Zahlstelle das Konto nicht belasten oder muss – bei bereits erfolgter Belastung – diese spätestens am zweiten Geschäftstag nach ihrer Vornahme rückgängig machen (Abschn. D 2.4.1 der Sonderbedingungen für den Lastschriftverkehr). Die Bestätigung ist eine Verfügung i.S.d. § 21 Abs. 2 Satz 1 Nr. 2, mit der Folge, dass der Schuldner diese nach der Anordnung einer Verfügungsbeschränkung nicht mehr wirksam vornehmen kann.

c) Überweisungsverkehr

124 Im Überweisungsverkehr sind ebenfalls die in Rdn. 108 beschriebenen Rechtsverhältnisse differenziert voneinander zu betrachten. Der wesentliche Unterschied zum Lastschriftverfahren ist der – sich auch insolvenzrechtlich auswirkende – Umstand, dass der **Zahlungsvorgang** nicht vom Empfänger der Zahlung, sondern **vom Zahlenden selbst ausgelöst** wird, und zwar indem er den Zahlungsdienstleister beauftragt/anweist, dem Zahlungsdienstleister des Empfängers der Leistung einen bestimmten Geldbetrag zu übermitteln, damit dieser dessen Konto gutgeschrieben wird.[349] Für vor dem 31.10.2009 begonnene Zahlungsvorgänge gelten die § 676a ff. BGB in der bis zu diesem Zeitpunkt geltenden Fassung, für danach begonnene Zahlungsvorgänge gelten die §§ 675f ff. BGB (Art. 229 § 22 Abs. 1 Satz 2 EGBGB).

125 Der Überweisungsvertrag ist kein Verfügungs-, sondern ein Verpflichtungsgeschäft, mit der Folge, dass der Schuldner auch bei der Anordnung einer Verfügungsbeschränkung wirksam einen Überweisungsvertrag abschließen kann; der vorläufige Insolvenzverwalter hat auch kein Recht zum Widerruf (vgl. Rdn. 51).[350] Im Falle der Anordnung eines allgemeinen Verfügungsverbots kann die Bank nach der Ausführung der Überweisung im Rahmen des (weiterhin wirksamen) Girovertrags ihren Aufwendungsersatzanspruch nicht mehr wirksam saldieren und im Falle der Anordnung eines allgemeinen Zustimmungsvorbehalts hängt die Wirksamkeit der Verrechnung von der Zustimmung des vorläufigen Insolvenzverwalter ab, es sei denn, die Bank ist nach Maßgabe der §§ 24, 82 in ihrem Vertrauen auf die Verfügungsbefugnis des Schuldners geschützt.[351] Erfährt die Bank während der Ausführung des Überweisungsauftrags von der Anordnung der Verfügungsbeschränkung, kommt es darauf an, ob die Überweisung tatsächlich noch gestoppt werden kann.[352]

---

347 BGH 20.07.2010, XI ZR 236/07, ZIP 2010, 1556 Rn. 19 ff.
348 *Obermüller/Kuder* ZIP 2010, 349 (354).
349 Palandt/*Sprau* § 675f BGB Rn. 29.
350 BGH 05.02.2009, IX ZR 78/07; ZIP 2009, 673 Rn. 21.
351 BGH 05.02.2009, IX ZR 78/07; ZIP 2009, 673 Rn. 21; 15.12.2005, IX ZR 227/04. ZIP 2006, 138 Rn. 11.
352 *Obermüller* ZInsO 2010, 593.

d) Barauszahlungen

Barauszahlungen kann die Bank nach Anordnung einer Verfügungsbeschränkung nur noch nach Maßgabe der §§ 24, 82 wirksam vornehmen, sei es aus einem Kontoguthaben[353] oder aus einer dem Schuldner eröffneten Kreditlinie.

2. Steuerrecht

a) Allgemeine Stellung des vorläufigen Insolvenzverwalters im Besteuerungsverfahren

Gem. § 34 Abs. 1 AO haben die gesetzlichen Vertreter natürlicher und juristischer Personen und die Geschäftsführer von nicht rechtsfähigen Personenvereinigungen und Vermögensmassen deren steuerliche Pflichten zu erfüllen. Sie haben insb. dafür zu sorgen, dass die Steuern aus den Mitteln entrichtet werden, die sie verwalten. Steht eine Vermögensverwaltung anderen Personen als den Eigentümern des Vermögens oder deren gesetzlichen Vertretern zu, so haben die **Vermögensverwalter** diese Pflichten, soweit ihre Verwaltung reicht (§ 34 Abs. 3 AO). Dieselben Pflichten treffen einen **Verfügungsberechtigten** nach § 35 AO soweit er sie rechtlich und tatsächlich erfüllen kann.

Der **nicht verfügungsbefugte vorläufige Insolvenzverwalter** ist auch bei Anordnung eines Zustimmungsvorbehalts weder Vermögensverwalter nach § 34 Abs. 3 AO noch i.S.d. § 35 AO verfügungsbefugt, und zwar selbst dann nicht, wenn er die ihm eingeräumten Verwaltungsbefugnisse überschreitet.[354] Dagegen wird der vorläufige Insolvenzverwalter, auf den die **Verwaltungs- und Verfügungsbefugnis** übergegangen ist, als gerichtlich bestellter Verwalter fremden Vermögens tätig und hat als solcher nach § 34 Abs. 3 AO die steuerlichen Pflichten des Vermögenseigentümers zu erfüllen, soweit die Verwaltung reicht.[355] Anzuknüpfen ist insoweit an die ihm objektiv eingeräumte Rechtsmacht, mit der Folge, dass der vorläufige Insolvenzverwalter die Erfüllung der steuerlichen Pflichten nicht mit der Begründung verweigern kann, diese sei zur Verwirklichung des Sicherungs- und Erhaltungszwecks nicht geboten oder hiermit möglicherweise nicht vereinbar.[356]

Der vorläufige Insolvenzverwalter hat im Rahmen seiner Stellung als Vermögensverwalter die Buchführungspflichten nach §§ 140 AO, 238 HGB und die Erklärungspflicht nach § 149 AO i.V.m. dem jeweiligen Steuergesetz, so dass **Jahressteuererklärungen** und **Voranmeldungen** abzugeben sind.[357] Der Erklärungspflicht muss der vorläufige Insolvenzverwalter nach der Rechtsprechung des BFH auch bei Masseamut nachkommen.[358] Gelingt es dem Insolvenzverwalter nicht, das Finanzamt dazu zu bewegen, ihn von der Erklärungspflicht zu befreien und entstehen unvermeidbare Steuerberatungskosten, können diese im Falle der Kostenstundung nach § 4a (ausnahmsweise) als Auslagen behandelt werden, so dass die Kosten nach § 63 Abs. 2 aus der Staatskasse erstattet werden können.[359]

Die **Ansprüche** des Schuldners aus dem Steuerschuldverhältnis (§ 37 AO) können unter den Voraussetzungen der §§ 24 Abs. 1, 82 nur noch durch Leistung an den vorläufige Insolvenzverwalter erfüllt werden. Für die **Verpflichtungen** aus dem Steuerschuldverhältnis gelten die allgemeinen insolvenzrechtlichen Grundsätze, so dass eine Abgrenzung der im eröffneten Verfahren nach § 38 als Insolvenzforderung und der gem. § 55 Abs. 2 aus der Masse zu befriedigenden Verbindlichkeiten erfolgen muss.[360] Mit der Einfügung eines § 55 Abs. 4 durch Art. 3 Nr. 2 des Haushaltsbegleitgesetzes

---

353 BGH 15.12.2005, IX ZR 227/04, ZIP 2006, 138 Rn. 11.
354 BFH 27.05.2009, VII B 156/08, ZIP 2009, 2255 Rn. 11; FG Münster 07.11.2011, 11 V 2705/11 AO, ZInsO 2012, 343 (345); Uhlenbruck/*Maus* Rn. 192b.
355 BFH 15.03.2007, III B 178/05, BFH/NV 2007, 1178 Rn. 12.
356 *Frotscher* Besteuerung in der Insolvenz, 7. Aufl., S. 47; Uhlenbruck/*Maus* Rn. 192f; *Pahlke/König* AO, § 34 Rn. 27; a.A. *Onusseit* KTS 1997, 3 (24 f.).; HambK-InsR/*Schröder* Rn. 138.
357 *Frotscher* Besteuerung in der Insolvenz, S. 49; *Pahlke/König* AO, § 34 Rn. 29.
358 BFH 19.11.2007, VII B 104/07, BFH/NV 2008, 334 Rn. 7; a.A. *Onusseit* ZIP 1995, 1798, 1804 f.
359 BGH 22.07.2004, IX ZB 161/03, BGHZ 160, 176, 184; 14.10.2010, IX ZB 224/08, Rn. 10.
360 Für die Umsatzsteuer: BFH 29.01.2009, 5 R 64/07.

2011 vom 09.12.2010[361] stellen Steuerverbindlichkeiten, die vom Schuldner mit Zustimmung eines vorläufigen Insolvenzverwalters begründet worden sind, gewillkürte Masseverbindlichkeiten dar.[362] Diese Regelung gilt für Insolvenzverfahren, die nach dem 01.01.2011 beantragt wurden (Art. 103 EGInsO).

b) Lohnsteuer

131 Die Verpflichtung zur Abführung der Lohnsteuern – die der Arbeitgeber als Dienstleister des Finanzamts zur Erfüllung der Steuerpflicht des Arbeitnehmers vom Lohn einbehalten und an das Finanzamt abführen muss – besteht auch nach der Bestellung des vorläufigen Insolvenzverwalters fort.[363]

132 Den **verfügungsbefugten vorläufigen Insolvenzverwalter** trifft diese Verpflichtung, wenn und soweit er im Rahmen der Betriebsfortführung Lohn- und Gehaltszahlungen vornimmt. Die Masse haftet bei Nichterfüllung der Pflicht nach § 42d EStG, der vorläufige Insolvenzverwalter gem. §§ 34, 69 AO persönlich.[364] Soweit ein Anspruch gegen den Schuldner gem. § 42d EStG aus einer bereits vor der Anordnung der Verfügungsbeschränkung veranlassten Lohnzahlung besteht, muss (und darf) der vorläufige Insolvenzverwalter diese nicht erfüllen, weil es sich dabei um eine künftige Insolvenzforderung nach § 38 handelt.[365] Etwas anderes gilt, wenn der verfügungsbefugte vorläufige Insolvenzverwalter Zahlungen auf rückständige Löhne vornimmt. Da es für die Entstehung der Lohnsteuerabführungspflicht nach § 38 Abs. 2 Satz 2 EStG auf den Zeitpunkt der Lohnzahlung ankommt, handelt es sich um eine vom vorläufigen Insolvenzverwalter begründete Verpflichtung nach § 55 Abs 2.[366] Die dargestellten Grundsätze gelten entsprechend, wenn der vorläufige Insolvenzverwalter die Verpflichtungen gegenüber den Arbeitnehmern im Wege der Einzelermächtigung begründet und erfüllt hat.

133 Hat der vorläufige Insolvenzverwalter bei der Anordnung eines **Zustimmungsvorbehalts** einer Lohnzahlung des Schuldners zugestimmt, erstreckt sich die Zustimmung im Zweifel zugleich auf die Erfüllung der Abführungspflicht gegenüber dem Finanzamt. Der vorläufige Insolvenzverwalter sollte sich im Hinblick darauf gegenüber dem Finanzamt die Anfechtung der Zahlungen vorbehalten (vgl. Rdn. 148). In nach dem 01.01.2011 beantragten Insolvenzverfahren ist die Abführungspflicht nach § 55 Abs. 4 gewillkürte Masseverbindlichkeit.

c) Umsatzsteuer

134 Der Schuldner behält auch bei der Bestellung eines verfügungsbefugten vorläufigen Insolvenzverwalters seine **Unternehmereigenschaft** i.S.v. § 2 Abs. 1 Satz 1 UStG.[367] Der vorläufige Insolvenzverwalter erbringt mit seiner Verwaltungstätigkeit eine sonstige Leistung nach § 3 Abs. 9 UStG an den Schuldner,[368] wobei nach der Auffassung der Finanzverwaltung bei einem soziierten oder angestellten Verwalter die Umsätze der Kanzlei zuzurechnen sind, selbst wenn dieser ausschließlich als Insolvenzverwalter tätig ist und im eigenen Namen handelt.[369] Die hiervon zuvor abweichende Auffassung der Finanzverwaltung einiger Bundesländer, nach der auch der soziierte Verwalter persönlich als Unternehmer i.S.d. § 2 Abs. 1 Satz 1 UStG tätig wird,[370] ist damit überholt. Die vom vorläufigen Insolvenzverwalter für seine Tätigkeit in Rechnung gestellte Umsatzsteuer unterliegt zu Gunsten der

---

361 BGBl. I, 1885 (1893).
362 Hierzu krit. *Pape* ZInsO 2010, 2155 (2156); *Marotzke* ZInsO 2010, 2163 (2169 ff.).
363 BFH 19.02.2010, VII B 190/09, ZInsO 2010, 1652 Rn. 9.
364 *Waza/Uhländer/Schmittmann* Insolvenzen und Steuern, Rn. 1582 f.
365 BFH 16.05.1975, IV R 101/71, BStBl. II 1975, 621 (622).
366 *Waza/Uhländer/Schmittmann* Insolvenzen und Steuern, Rn. 1585.
367 BFH 15.06.1999, VII R 3/97, BFHE 189, 14 (26 f.) für die Unternehmerstellung im eröffneten Verfahren.
368 *Waza/Uhländer/Schmittmann* Insolvenzen und Steuern, Rn. 1915.
369 BMF-Schreiben v. 28.07.2009, IV B 8, S 7100/08/10003.
370 OFD Karlsruhe 29.02.2008, DStR 2008, 923.

Masse – in den Grenzen des § 15 Abs. 2 UStG – dem Vorsteuerabzug nach § 15 Abs. 1 Satz 1 Nr. 1 UStG.[371]

Ist der Schuldner nach dem Gesamtbild der tatsächlichen Verhältnisse finanziell, wirtschaftlich und organisatorisch in ein anderes Unternehmen (Organträger) eingebunden, ist nach § 2 Abs. 2 Nr. 2 UStG von einer **Organschaft** auszugehen, mit der Folge, dass die Umsätze des Schuldners als Organgesellschaft dem Organträger zuzurechnen sind. Der Übergang der Verwaltungs- und Verfügungsbefugnis auf den vorläufigen Insolvenzverwalter bei der Organgesellschaft nach Abs. 1 Satz 1 bewirkt die Beendigung der Organschaft i.S.d. § 2 Abs. 2 Nr. 2 UStG.[372] Die Organschaft bleibt nach der insoweit geänderten Rechtsprechung des BFH auch dann nicht bestehen, wenn ein vorläufiger Insolvenzverwalter bestellt und zugleich ein Zustimmungsvorbehalt gem. § 21 Abs. 2 Satz 2 Fall 2 angeordnet wird.[373] Mit der Beendigung der Organschaft sind Organgesellschaft und Organträger jeweils für sich Unternehmer nach § 2 Abs. 1 Satz 1 UStG. Für die Zuordnung der Umsätze und den Vorsteuerabzug ist – bezogen auf den Stichtag der Beendigung – im Grundsatz die Ausführung der jeweiligen Leistung maßgeblich.[374] 135

Die **Umsatzsteuerverbindlichkeiten** aus den von einem nach Abs. 1 verfügungsbefugten vorläufigen Insolvenzverwalter oder aus auf der Grundlage einer Einzelermächtigung erbrachten Lieferungen und Leistungen sind nach § 55 Abs. 2 im eröffneten Verfahren aus der Masse zu befriedigen.[375] Ist das Insolvenzverfahren bis zum 01.01.2011 beantragt worden, sind die aus vom Schuldner mit Zustimmung des vorläufigen Insolvenzverwalters erbrachten Lieferungen und Leistungen entstehenden Umsatzsteuerforderungen im eröffneten Verfahren solche i.S.d. § 38. Dies soll nach der Rechtsprechung des BFH nicht gelten, wenn im Rahmen der Istbesteuerung nach § 13 Abs. 1 Nr. 1b UStG das Entgelt für die vor Verfahrenseröffnung ausgeführte Leistung erst nach Eröffnung vereinnahmt wird.[376] Der nicht verfügungsbefugte vorläufige Insolvenzverwalter ist in Insolvenzverfahren, die vor dem 01.01.2011 (Art. 103 EGInsO) beantragt wurden, nicht verpflichtet, der Entrichtung der Umsatzsteuer durch den Schuldner zuzustimmen, wenn dieser eine steuerpflichtige Lieferung oder Leistung tätigt. Von dem Schuldner, der die Umsatzsteuer nur mit Zustimmung des vorläufigen Insolvenzverwalters abführen darf, ist nicht ohne weitere Anhaltspunkte davon auszugehen, dass dieser als Rechnungsaussteller die Absicht hatte, die von ihm ausgewiesene Umsatzsteuer nicht abzuführen.[377] Die umsatzsteuerliche Behandlung im Falle der bei dem Schuldner verbleibenden Verfügungsbefugnis schaffte einen nicht unerheblichen wirtschaftlichen Anreiz – an sich unzulässige (vgl. Rdn. 63 f.) – Verwertungsmaßnahmen in das Eröffnungsverfahren vorzuverlagern. In **Insolvenzverfahren, die nach dem 01.01.2011 beantragt** wurden, gilt dies nach § 55 Abs. 4 nicht mehr: Soweit die Umsatzsteuerpflicht auf einer mit Zustimmung des vorläufigen Insolvenzverwalters aus der Masse erbrachten Lieferung oder Leistung beruht, ist diese im eröffneten Verfahren aus der Masse zu erfüllen (s.i.E. § 55 Rdn. 29 ff.). 136

Der verfügungsbefugte vorläufige **Insolvenzverwalter** ist entsprechend den in Rdn. 128 beschriebenen Grundsätzen verpflichtet, die laufenden Voranmeldungen gem. § 18 Abs. 1 Satz 1 UStG abzugeben; eine Befreiung nach § 18 Abs. 2 Satz 3 UStG lehnt die Finanzverwaltung regelmäßig ab.[378] 137

3. Insolvenzgeld

Der Anspruch der Arbeitnehmer auf Insolvenzgeld nach: §§ 165 ff. SGB III dient zum einen der Sicherung der Entgeltansprüche der Arbeitnehmer, ist aufgrund der Möglichkeit der Vorfinanzierung 138

---

371 BFH 20.02.1986, V R 16/81, BStBl. II 1986, 579.
372 BFH BStBl. II 2008, 586; zur Insolvenz des Organträgers: *Onusseit* ZIP 2006, 1084 (1095).
373 BFH 08.08.2013, V R 18/13, ZInsO 2013, 1874 Rn. 27.
374 Einzelheiten: *Waza/Uhländer/Schmittmann* Insolvenzen und Steuern, Rn. 1943 ff.
375 HambK-InsR/*Schröder* Rn. 139.
376 BFH 29.01.2009, V R 67/07, BFE 224, 24 Rn. 14 f.
377 BFH 28.02.2008, V R 44/06, ZInsO 2008, 620.
378 *Waza/Uhländer/Schmittmann* Insolvenzen und Steuern, Rn. 2041.

nach § 188 SGB III (vgl. Rdn. 142 ff.), zum anderen aber auch ein wichtiges Instrument, die Voraussetzungen für die Fortführung des Schuldners im Eröffnungsverfahren zu schaffen (vgl. ausf. die Kommentierung zu §§ 165 ff. SGB III in Anh. VIII).

a) Anspruchsvoraussetzungen

139 Die Arbeitnehmer des Schuldners bzw. deren Erben (§ 165 Abs. 4 SGB III) haben nach § 165 Abs. 1 Satz 1 SGB III Anspruch auf Insolvenzgeld, wenn sie im Inland beschäftigt waren und bei einem **Insolvenzereignis** für die diesem vorausgehenden drei Monate noch Ansprüche auf Arbeitsentgelt haben. Als Insolvenzereignis gilt (1) die Eröffnung des Insolvenzverfahrens über das Vermögen des Arbeitgebers, (2) die Abweisung des Antrags auf Eröffnung des Insolvenzverfahrens nach § 26 und (3) die vollständige Beendigung der Betriebstätigkeit im Inland, wenn ein Insolvenzantrag nicht gestellt worden ist und die Durchführung eines Insolvenzverfahrens offensichtlich mangels Masse ausscheidet. Nach § 165 Abs. 1 Satz 3 begründet auch ein **ausländisches Insolvenzereignis** einen Anspruch für im Inland beschäftige Arbeitnehmer. Kennt der Arbeitnehmer das Insolvenzereignis nicht, kann dies zu einer Verschiebung des Anspruchszeitraums nach § 165 Abs. 3 SGB III führen.

b) Höhe des Anspruchs

140 Die Höhe des Anspruchs richtet sich gem. § 167 Abs. 1 SGB III nach dem geschuldeten **Nettoarbeitsentgelt**, das auf der Basis sämtlicher aus dem Arbeitsverhältnis folgenden Bezüge zu ermitteln ist (§ 165 Abs. 2 SGB III),[379] begrenzt durch den sich aus der monatlichen **Beitragsbemessungsgrenze** nach § 341 Abs. 4 SGB III i.V.m. der Anlage 2 zum SGB IV bzw. § 275a SGB VI ergebenden Nettobetrag. Unter den Voraussetzungen des § 167 Abs. 2 ist der Auszahlungsbetrag um die fiktive Lohnsteuer zu mindern, wenn der Bezug des Insolvenzgeldes vom Arbeitnehmer nicht einkommensteuerpflichtig ist. Unter die Regelung fallen insb. Gesellschafter einer OHG, die ausnahmsweise auch als Arbeitnehmer der OHG beschäftigt waren und deren Arbeitsentgelt nach § 15 Abs. 1 Nr. 2 EStG als Einkünfte aus Gewerbebetrieb versteuert wird oder Grenzgänger, die von der Steuerpflicht im Inland befreit sind und das empfangene Insolvenzgeld im Ausland nicht versteuern müssen (Insolvenzgeld-DA zu § 167 SGB III Ziff. 1.2).

c) Anspruchsausschluss

141 Der Insolvenzgeldanspruch ist nach § 166 Abs. 1 SGB III ausgeschlossen bzw. empfangene Beträge sind nach Abs. 2 dieser Vorschrift zu erstatten, wenn und soweit der Arbeitnehmer die Ansprüche auf Arbeitsentgelt (1) wegen während oder für die Zeit nach der Beendigung des Arbeitsverhältnisses hat (z.B. **Abfindungsansprüche**), (2) die durch eine schon angefochtene oder im eröffneten Verfahren der **Anfechtung** unterliegende Rechtshandlung (§ 129 ff.) erworben hat oder (3) wegen eines **Leistungsverweigerungsrechts** des Insolvenzverwalters, insb. nach § 146 Abs. 2 nicht durchsetzen kann. Anfechtbare Rechtshandlung kann im Rahmen von § 166 Abs. 1 Nr. 2 SGB III nur ein nach § 132 Abs. 1 oder § 133 Abs. 1 anfechtbarer Vertrag zwischen dem Schuldner und dem Arbeitnehmer sein, durch den Ansprüche auf Arbeitsentgelt begründet werden, nicht aber die – ggf. der Anfechtung nach § 130 Abs. 1 oder § 133 Abs. 1 unterliegende – Lohnzahlung selbst (Insolvenzgeld-DA zu § 166 SGB III Ziff. 2). Soweit der Arbeitnehmer anfechtbar erhaltene Zahlungen an die Masse zurückzahlen muss, lebt – soweit die Voraussetzungen im Übrigen vorliegen – der Anspruch auf Insolvenzgeld wieder auf (Insolvenzgeld-DA zu § 166 SGB III Ziff. 2.3).

d) Insolvenzgeldvorfinanzierung

142 Nach § 170 Abs. 1 und Abs. 2 SGB III kann der Arbeitnehmer seinen Anspruch auf Arbeitsentgelt vor dem Antrag auf Insolvenzgeld **einem Dritten übertragen oder verpfänden**, mit der Folge, dass

---

[379] Uhlenbruck/*Berscheid* Rn. 112.

dieser Inhaber des Anspruchs auf Insolvenzgeld wird oder ein Pfandrecht an diesem Anspruch erwirbt. Nach § 170 Abs. 4 Satz 1 SGB III gilt dies für vor dem Insolvenzereignis zur Vorfinanzierung übertragene oder verpfändete Ansprüche auf Arbeitsentgelt nicht, wenn die Agentur für Arbeit nicht zugestimmt hat. Von einer Übertragung vor dem Insolvenzereignis ist auch dann auszugehen, wenn die Abtretung vor dem Insolvenzereignis erklärt wird, ihre Rechtswirkung – z.B. bedingt durch die Zahlung des Forderungskaufpreises (vgl. Rdn. 143) – erst nach dem Insolvenzereignis eintritt (Insolvenzgeld-DA zu § 170 SGB III Ziff. 3.2). Die Zustimmung kann sowohl als (vorhergehende) Einwilligung als auch als (nachträgliche) Genehmigung erteilt werden (Insolvenzgeld-DA zu § 170 SGB III Ziff. 3.2 V).

Die Insolvenzgeldvorfinanzierung ist ein wichtiges Instrument **zur Sicherung der Unternehmensfortführung** im Eröffnungsverfahren. Da die im Eröffnungsverfahren auf der Grundlage einer Einzelermächtigung des vorläufigen Insolvenzverwalters oder kraft seiner Befugnisse nach Abs. 1 gem. § 55 Abs. 2 Satz 1 zu Lasten der Masse begründeten Ansprüche auf Arbeitsentgelt im Falle der Insolvenzgeldzahlung nach § 55 Abs. 3 Satz 1 von der Bundesagentur für Arbeit im eröffneten Verfahren nur als Insolvenzforderungen nach § 38 verfolgt werden können, ergeben sich Liquiditätsvorteile für die künftige Masse, deren Nutzung im Eröffnungsverfahren häufig zur Realisierung der Unternehmensfortführung notwendig ist. Dies kann in der Weise geschehen, dass sämtliche Arbeitnehmer ihre Ansprüche auf Arbeitsentgelt an ein die Vorfinanzierung übernehmendes Kreditinstitut gegen Entgelt abtreten (sog. **Ankauflösung**) oder dieses den Arbeitnehmern ein Darlehen in Höhe der zu erwartenden Insolvenzgeldansprüche gewährt und sich die Ansprüche der Arbeitnehmer sicherungshalber abtreten oder verpfänden lässt (sog. **Darlehenslösung**).[380] 143

Eine solche kollektive Insolvenzgeldvorfinanzierung unterliegt der **Zustimmungspflicht** der Bundesagentur für Arbeit nach § 170 Abs. 4 Satz 1 SGB III, wobei nach Satz 2 der Vorschrift die Zustimmung nur erteilt werden darf, wenn Tatsachen die Annahme rechtfertigen, dass durch die Vorfinanzierung ein erheblicher Teil der Arbeitsplätze erhalten bleibt, mithin eine Agentur für Arbeit eine positive Prognose für eine Sanierung des Unternehmens feststellen kann (Insolvenzgeld-DA zu § 170 SGB III Ziff. 3.1 I; 3.2 V). Die Grundlagen für eine positive Entscheidung sind der Bundesagentur für Arbeit glaubhaft zu machen, § 294 ZPO (Insolvenzgeld-DA zu § 170 SGB III Ziff. 3.2 VI), wobei die eine nachvollziehbar günstige Prognose für die Unternehmensfortführung attestierende Stellungnahme des vorläufigen Insolvenzverwalters im Rahmen eines Prüfungsauftrags nach Abs. 1 Satz 1 Nr. 3 2. HS ausreicht (hierzu und zu weiteren Mitteln der Glaubhaftmachung: Insolvenzgeld-DA zu § 170 SGB III Ziff. 3.2 VII und XIII). Von dem Erhalt eines erheblichen Teils der Arbeitsplätze kann in Anlehnung an § 112a Abs. 1 Satz 1 Nr. 4 BetrVG ausgegangen werden, deren Umfang 10 % erreicht oder überschreitet, in besonderen Fällen kann auch eine geringere Quote ausreichend sein (Insolvenzgeld-DA zu § 170 SGB III Ziff. 3.2 VIII und IX). Die Bundesagentur für Arbeit stellt für den Antrag auf Zustimmung zur Vorfinanzierung einen bundeseinheitlichen Vordruck zur Verfügung.[381] Die Zustimmung kann nur gegenüber dem vorfinanzierenden Dritten wirksam erklärt werden. 144

§ 170 Abs. 4 Satz 1 SGB schränkt dagegen nicht den einzelnen Arbeitnehmer ein, seinen künftigen Insolvenzgeldanspruch durch die Abtretung oder Verpfändung seiner Arbeitsentgeltansprüche zur Vorfinanzierung zu nutzen, und zwar selbst dann nicht, wenn dies auf Empfehlung des vorläufigen Insolvenzverwalters erfolgt (Insolvenzgeld-DA zu § 170 SGB III Ziff. 3.1). 145

4. Anfechtung

Rechtshandlungen des vorläufigen Insolvenzverwalters sind der Anfechtung im eröffneten Verfahren nicht grds. entzogen. Ob eine Anfechtung möglich ist, richtet sich nach der dem vorläufigen Ver- 146

---

380 Vgl. unten Anhang VI, § 170 SGB III Rn. 3; HambK-InsR/*Schröder* Rn. 128.
381 Abrufbar unter http://www.arbeitsagentur.de/zentraler-Content/Vordrucke/A07-Geldleistung/Publikation/V-Insg2b-Vorfinanzierung.pdf.

walter eingeräumten Rechtsstellung, der der Anfechtung unterliegenden Rechtshandlung und danach, ob der Anfechtungsgegner im Einzelfall auf den Bestand der ihm gewährten Rechtsposition vertrauen durfte (vgl. § 129 Rdn. 58 ff.).[382]

IV. Befugnisse nach Abs. 3

147 Der vorläufige Insolvenzverwalter hat unabhängig von der Ausgestaltung seiner Rechtsstellung nach Abs. 3 besondere Befugnisse gegenüber dem Schuldner,[383] allerdings beschränkt auf den Bereich seiner unternehmerischen Tätigkeit. Satz 1 und Satz 2 regeln eigene Unterrichtungsmöglichkeiten des vorläufigen Insolvenzverwalters, Satz 3 die Auskunfts- und Mitwirkungspflicht des Schuldners. Hierdurch soll dem vorläufigen Insolvenzverwalter die Aufklärung des für die effektive Wahrnehmung des Sicherungs- und Erhaltungsauftrags maßgeblichen Sachverhalts und die Gewinnung der für die Entscheidung über den Insolvenzantrag notwendigen Tatsachengrundlage ermöglicht werden, auch soweit es die Aufgaben als Sachverständiger nach Abs. 1 Satz 2 Nr. 3 betrifft.[384]

1. Betreten der Geschäftsräume und Nachforschungsrecht

148 Der vorläufige Insolvenzverwalter darf die Geschäftsräume des Schuldners betreten. Da diese Befugnis unmittelbar gesetzliche Folge der Bestellung durch das Insolvenzgericht ist, ist der Beschluss nach § 21 Abs. 2 Satz 1 Nr. 1 zugleich **Anordnung nach Art. 13 Abs. 2 Satz GG** und **Vollstreckungstitel** gem. § 794 Abs. 1 Nr. 3 ZPO.[385] Die Vollstreckung richtet sich – weil der Schuldner die Ausübung der Befugnisse zu dulden hat – nach §§ 890 Abs. 1, 892 ZPO, wobei der vorläufige Insolvenzverwalter sein Recht nach § 758 Abs. 3 ZPO mit Hilfe eines **Gerichtsvollziehers**, der wiederum polizeiliche Hilfe in Anspruch nehmen kann, erzwingen kann. Von einer Vollstreckung nach §§ 883 Abs. 1, 758 Abs. 1 ZPO ist nur auszugehen, wenn der vorläufige Insolvenzverwalter zugleich – sei es kraft Verwaltungsbefugnis nach Abs. 1 oder auf Grund einer Anordnung nach Abs. 2 – ermächtigt ist, Unterlagen des Schuldners in Besitz zu nehmen.[386] Ein Betretungsrecht gegenüber Dritten ist von der Ermächtigung nicht gedeckt;[387] **Mitgewahrsamsinhaber** haben die Maßnahme entsprechend § 758a Abs. 3 Satz 1 ZPO zu dulden.[388]

149 Das Unterrichtungsrecht des vorläufigen Insolvenzverwalters wird nicht durch nach § 203 StGB strafbewehrte **Geheimhaltungspflichten** begrenzt; die Offenbarung gegenüber dem vorläufigen Insolvenzverwalter ist nicht unbefugt i.S.d. § 203 Abs. 1 StGB.[389] Auch soweit die Ausübung der dem vorläufigen Insolvenzverwalter verliehenen Befugnisse durch die Verfassung geschützte Vertrauensbeziehungen tangiert, ist ein solcher Eingriff durch die Zwecke des Eröffnungsverfahrens legitimiert.[390] Hat der Schuldner seine Geschäftsräume im Bereich seiner **Wohnung**, darf der vorläufige Insolvenzverwalter auch diese betreten.[391]

150 Die Befugnisse nach Abs. 3 erstrecken sich nicht auf die von den Geschäftsräumen getrennte **Wohnung** des Schuldners. Der nach Abs. 1 verwaltungs- und verfügungsbefugte Insolvenzverwalter hat dieses Recht allerdings aufgrund der hierdurch vermittelten Rechtsstellung;[392] der »schwache« vor-

---

382 BGH 10.01.2013, IX ZR 161/11, ZInsO 2013, 551 17 ff.
383 Begr. RegE, RWS-Dok. 18 S. 182.
384 HK-InsO/*Kirchhof* Rn. 66 f.
385 HK-InsO/*Kirchhof* Rn. 67; a.A. AG Duisburg NZI 2004, 388 (389).
386 BGH 17.01.2008, IX ZB 41/07, ZInsO 2008, 268 Rn. 7; *Lohkemper* ZIP 1995, 1641 (1649); a.A. MüKo-InsO/*Haarmeyer* Rn. 171; Uhlenbruck/*Vallender* Rn. 211 Rn.
387 BGH 24.09.2009, IX ZB 38/08, ZInsO 2009, 2053 Rn. 13.
388 BGH 17.01.2008, IX ZB 41/07, ZInsO 2008, 268 Rn. 10.
389 LG Berlin 16.06.2004, 86 T 524/04, ZInsO 2004, 817 (818).
390 BGH 16.10.2003, IX ZB 133/03, ZInsO 2003, 1099 (1100).
391 Uhlenbruck/*Vallender* Rn. 211; HK-InsO/*Kirchhof* Rn. 67; a.A. Nerlich/Römermann/*Mönning* Rn. 244.
392 HK-InsO/*Kirchhof* Rn. 67; HambK-InsR/*Schröder* Rn. 192.

läufige Insolvenzverwalter dagegen nur, wenn er ermächtigt ist, Gegenstände und/oder Unterlagen in der Wohnung einzusehen oder in Besitz zu nehmen. Der Zutritt zur Wohnung kann gegen den Willen des Schuldners nur mit einer ausdrücklichen **Durchsuchungsanordnung** nach §§ 758 Abs. 1 ZPO, 4 InsO erzwungen werden.[393]

Soweit vertreten wird, das **Betretungsrecht** unterliege keinerlei Einschränkungen quantitativer oder zeitlicher Natur,[394] ist dem nicht zu folgen. Wie bei jeder Ausübung von Zwangsbefugnissen ist der vorläufige Insolvenzverwalter an den Verhältnismäßigkeitsgrundsatz gebunden, so dass er sich – soweit die Erfüllung des Sicherungszwecks nichts anderes gebietet – zumindest am Maßstab des § 758a Abs. 4 ZPO zu orientieren hat. 151

Das Recht zur **Nachforschung** umfasst neben der in Abs. 3 Satz 2 ausdrücklich genannten Einsichtnahme in Bücher und Geschäftspapiere die Besichtigung von Anlage- und Umlaufvermögen einschließlich der Dokumentation desselben durch Anfertigung von Aufzeichnungen, Inventarlisten oder Fotografien.[395] Er kann gem. §§ 890, 892, 758 Abs. 2, 3 ZPO auch den Zugang zu verschlossen gehaltenen Gegenständen und Unterlagen durchsetzen.[396] Das Recht zur Einsichtnahme in Bücher und Geschäftspapiere erstreckt sich auch auf elektronische Aufzeichnungen (§ 239 Abs. 4 HGB), hinsichtlich derer der Schuldner im Rahmen seiner Mitwirkungspflicht nach Abs. 3 Satz 2 die Kenntnisnahme ermöglichen muss. Abs. 3 Satz 2 gewährt – wie Satz 1 auch – lediglich einen Duldungsanspruch, von dem die Anfertigung von Kopien im Rahmen der Einsichtnahme noch gedeckt sein mag, nicht jedoch – vorbehaltlich weiterer Befugnisse nach Abs. 1 oder Abs. 2 – die Mitnahme von Unterlagen oder Datenträgern.[397] 152

2. Auskunfts- und Mitwirkungspflicht des Schuldners

Der Schuldner, sein(e) gesetzliche(n/r) Vertreter sowie die in § 101 Abs. 1, 2 genannten Personen (§ 20 Rdn. 6) sind dem vorläufigen Insolvenzverwalter in gleicher Weise wie dem Insolvenzgericht nach § 20 zur Auskunft und Mitwirkung verpflichtet (Einzelheiten § 20 Rdn. 4 ff.). Die Auskunfts- und Mitwirkungspflicht bezieht sich auch auf die Ermöglichung einer effektiven Wahrnehmung der nach Abs. 3 Satz 1 und Satz 2 bestehenden Befugnisse, so dass der Schuldner die Aktivitäten des vorläufigen Insolvenzverwalters zur Auffindung und Dokumentation des Vermögens aktiv zu unterstützen hat und diese Unterstützung auch der Erzwingung nach Abs. 3 Satz 3 2. Hs., § 98 Abs. 2 unterliegt (vgl. § 20 Rdn. 21). Die vom vorläufigen Insolvenzverwalter kraft seiner Informationsrechte möglichen Einblicke rechtfertigen es, ihm in späteren Verfahren eine substantiierte Darstellung der Vermögensverhältnisse des Schuldners abzuverlangen.[398] 153

Der vorläufige Insolvenzverwalter ist – bei unzureichender Buchführung des Schuldners – häufig auf die **Auskünfte Dritter** angewiesen, insb. eines Kreditinstituts, mit dem der Schuldner eine Geschäftsverbindung unterhält (vgl. Rdn. 105) und des steuerlichen Beraters des Schuldners. Ebenso wie gegenüber dem Insolvenzgericht hat der Schuldner auch den vorläufigen Insolvenzverwalter im Rahmen seiner Mitwirkungspflicht zu unterstützen, damit die jeweiligen Auskünfte erteilt werden (vgl. § 20 Rdn. 15; zur Möglichkeit einer gerichtlichen Ermächtigung vgl. Rdn. 102). 154

Gegenüber Behörden, insb. den Sozialversicherungsträgern, kann der vorläufige Insolvenzverwalter Ansprüche nach dem **Gesetz zur Regelung des Zugangs zu Informationen des Bundes (IFG)**, oder 155

---

393 Uhlenbruck/*Vallender* Rn. 211; weitergehend: MüKo-InsO/*Haarmeyer* Rn. 180; HambK-InsR/*Schröder* Rn. 192.
394 Müko-InsO/*Haarmeyer* Rn. 179.
395 MüKo-InsO/*Haarmeyer* Rn. 181.
396 Uhlenbruck/*Vallender* Rn. 211.
397 AA für den Fall der Entbehrlichkeit: HK-InsO/*Kirchhof* Rn. 68; Uhlenbruck/*Vallender* Rn. 212; MüKo-InsO/*Haarmeyer* Rn. 182.
398 BGH 05.05.2011, IX ZR 144/10, ZInsO 2011, 1463 Rn. 25.

vergleichbaren landesrechtlichen Regelungen, verfolgen.[399] Dies kommt insb. zur Aufklärung etwaiger Anfechtungsansprüche in Betracht, wenn sich entsprechende Informationen der Buchhaltung des Schuldners nicht ohne weiteres entnehmen lassen. Der Anspruch entfällt nicht gem. § 3 Nr. 1g) IFG, weil diese Norm das Gerichtsverfahren als »Institut der Rechtsfindung« gegen negative Beeinflussung, nicht aber den Schutz der Interessen des Informationsverpflichteten in einem solchen Verfahren schützen.[400] Das mit dem IFG eingeführte Prinzip der Aktenöffentlichkeit nimmt es auch angesichts des im Zivilprozess geltenden Beibringungsgrundsatzes und des Ausforschungsverbots ausdrücklich in Kauf, dass Insolvenzanfechtungsansprüche gegenüber der öffentlichen Hand, die sich insoweit auch nicht auf den Schutz eigener Betriebsgeheimnisse berufen kann, unter erleichterten Bedingungen geltend gemacht werden können.[401] Ist der vorläufige Insolvenzverwalter allerdings nicht nach Abs. 1 verfügungsbefugt, bedarf es einer gesonderten Ermächtigung durch das Insolvenzgericht, den Auskunftsanspruch unter Befreiung vom Sozialgeheimnis (§§ 35 SGB I; 67 ff SGB X) geltend zu machen (vgl. Rdn. 102). Für die Durchsetzung des Anspruchs ist der Verwaltungsrechtsweg eröffnet.[402]

§ 22a Bestellung eines vorläufigen Gläubigerausschusses

(1) Das Insolvenzgericht hat einen vorläufigen Gläubigerausschuss nach § 21 Absatz 2 Nummer 1a einzusetzen, wenn der Schuldner im vorangegangenen Geschäftsjahr mindestens zwei der drei nachstehenden Merkmale erfüllt hat:
1. mindestens 4 840 000 Euro Bilanzsumme nach Abzug eines auf der Aktivseite ausgewiesenen Fehlbetrags im Sinne des § 268 Absatz 3 des Handelsgesetzbuchs;
2. mindestens 9 680 000 Euro Umsatzerlöse in den zwölf Monaten vor dem Abschlussstichtag;
3. im Jahresdurchschnitt mindestens fünfzig Arbeitnehmer.

(2) Das Gericht soll auf Antrag des Schuldners, des vorläufigen Insolvenzverwalters oder eines Gläubigers einen vorläufigen Gläubigerausschuss nach § 21 Absatz 2 Nummer 1a einsetzen, wenn Personen benannt werden, die als Mitglieder des vorläufigen Gläubigerausschusses in Betracht kommen und dem Antrag Einverständniserklärungen der benannten Personen beigefügt werden.

(3) Ein vorläufiger Gläubigerausschuss ist nicht einzusetzen, wenn der Geschäftsbetrieb des Schuldners eingestellt ist, die Einsetzung des vorläufigen Gläubigerausschusses im Hinblick auf die zu erwartende Insolvenzmasse unverhältnismäßig ist oder die mit der Einsetzung verbundene Verzögerung zu einer nachteiligen Veränderung der Vermögenslage des Schuldners führt.

(4) Auf Aufforderung des Gerichts hat der Schuldner oder der vorläufige Insolvenzverwalter Personen zu benennen, die als Mitglieder des vorläufigen Gläubigerausschusses in Betracht kommen.

Übersicht

	Rdn.		Rdn.
A. Allgemeines	1	2. Benennung der Ausschussmitglieder	8
I. Entstehungsgeschichte	1	3. Einverständniserklärungen	9
II. Normzweck	2	4. Absehen von der Einsetzung	10
B. Voraussetzungen	3	III. Ausschlussgründe (Abs. 3)	11
I. Einsetzungspflicht (Abs. 1)	4	IV. Einsetzung nach allgemeinen Ermessenserwägungen	15
II. Einsetzung als Regelfall (Abs. 2)	6		
1. Antrag/Antragsberechtigung	7	V. Mitwirkungspflicht (Abs. 4)	16

---

399 OVG Münster 28.07.2008, 8 A 1548/07, ZIP 2008, 1542; OVG Münster 15.06.2011, 8 A 1150/10, ZInsO 2011, 1553 Rn. 20 ff.
400 OVG Rheinland-Pfalz 12.02.2010, 10 A 11156/09, NZI 2010, 357 Rn. 30.
401 OVG Rheinland-Pfalz 12.02.2010, 10 A 11156/09, NZI 2010, 357 Rn. 26, 33.
402 BSG 04.04.2012, B 12 SF 1/10, ZInsO 2012, 1789 8; BVerwG 15.10.2012, 7 B 2/12, ZInsO 2012, 2140 9 ff.; a.A. BFH 10.02.2011, VII B 183/10, ZIP 2011, 883 8; Vorlage beim GemSOGB anhängig unter GmS-OGB 1/12.

A. Allgemeines

I. Entstehungsgeschichte

Die – im Gesetzgebungsverfahren zum ESUG umstrittene[1] – Vorschrift ist durch Gesetz vom 07.12.2011[2] auf der Basis der Beschlussempfehlung des Rechtsausschusses[3] geschaffen worden. Sie gilt nach Art. 103g EGInsO, Art. 10 Satz 3 ESUG für Insolvenzverfahren, die nach dem 01.03.2012 beantragt wurden. Gegenüber dem Gesetzentwurf der Bundesregierung[4] sind auf die Kritik des Bundesrates[5] die Schwellenwerte nach Abs. 1 erheblich angehoben und Abs. 2 eingefügt worden.

1

II. Normzweck

Die Norm knüpft an § 21 Abs. 2 Satz 1 Nr. 1a an. Abs. 1 bis 3 steuern im Wesentlichen – aber nicht abschließend[6] – die Ausübung des Ermessens bei der Einsetzung eines vorläufigen Gläubigerausschusses.[7] Hieraus folgt, dass sich der Inhalt der Maßnahme aus § 21 Abs. 2 Satz 1 Nr. 1a ableitet (vgl. § 21 Rdn. 18 ff.)[8] und systematisch der (zu eng gefasste) Abs. 3 (Rdn. 11) sowie der Abs. 4, der den Schuldner und den vorläufigen Insolvenzverwalter zur Mitwirkung bei der Bildung des vorläufigen Gläubigerausschusses verpflichtet, in jedem Fall bei der Einsetzung eines vorläufigen Gläubigerausschusses nach § 21 Abs. 2 Satz 1 Nr. 1a anzuwenden sind.[9] Entsprechend kann der Schuldner auch die Einsetzung eines Gläubigerausschusses nach Abs. 1 oder 2 anfechten (vgl. § 21 Rdn. 20).[10]

2

B. Voraussetzungen

Abs. 1 regelt die Voraussetzungen, unter denen ein vorläufiger Gläubigerausschuss zwingend einzusetzen ist. Abs. 2 ist dagegen als Sollbestimmung ausgestaltet. Daneben kommt die Einsetzung auch unabhängig von Abs. 1 und 2 als Ermessensentscheidung nach § 21 Abs. 2 Satz 1 Nr. 1a in Betracht (§ 21 Rdn. 21).[11] Sie soll (vgl. Rdn. 11) unterbleiben, wenn die Voraussetzungen des Abs. 3 vorliegen. Die für die Entscheidung über die Einsetzung maßgeblichen Tatsachen sind, wenn ein zulässiger Insolvenzantrag vorliegt, nach § 5 Abs. 1 Satz 1 von Amts wegen zu ermitteln. Eine Beibringungspflicht gilt nur für die Angaben, die bei einem Schuldnerantrag nach § 13 Abs. 1 Satz 3 bis 7 verpflichtend (Rdn. 4) bzw. die mit einem ermessensreduzierenden Antrag nach Abs. 2 zu verbinden sind (vgl. auch Rdn. 8 f.). Im sog. Schutzschirmverfahren nach § 270b gilt § 22a nicht.[12]

3

I. Einsetzungspflicht (Abs. 1)

Die Einsetzung hat zu erfolgen, wenn zwei der drei in Abs. 1 Nr. 1 bis 3 genannten, an die Größe des schuldnerischen Geschäftsbetriebs anknüpfenden Merkmale erfüllt sind. Der Regelung korrespon-

4

---

1 *Pape* ZInsO 2011, 1033 (1037); *Uhlenbruck* INDat-Report 3/2011,16 ff.; *Smid* DZWIR 2010, 397 (399); *Riggert* NZI 2011, 121 ff.; *Steinwachs* ZInsO 2011, 410 ff.
2 BGBl. I, 2582.
3 Beschlussempfehlung und Bericht des Rechtsausschusses, BT-Drucks. 17/7511.
4 BT-Drucks. 17/5712, 5 f., 35 f.
5 Anl. 3 zu BT-Drucks. 17/5712, 51 f.
6 Beschlussempfehlung und Bericht des Rechtsausschusses, BT-Drucks. 17/751, 46.
7 *Obermüller* ZInsO 2012, 18 (19); FK-InsO/*Schmerbach* Rn. 2; NR-*Mönning* Rn. 7; *Landfermann* WM 2012, 821 (824); a.A. *Frind* ZInsO 2012, 2028 (2033): lex specialis. Dagegen spricht, dass die Vorschrift § 21 Abs. 2 Satz 1 Nr. 1a lediglich ergänzt.
8 A.A. FK-InsO/*Schmerbach* Rn. 29; *Obermüller* ZInsO 2012, 2018 (2024).
9 A.A. für Abs. 3: FK-InsO/*Schmerbach* Rn. 31; HambK-InsR/*Frind* Rn. 2, 11; Graf-Schlicker/*Graf-Schlicker* Rn. 10.
10 A.A. *Ehlers* BB 2013, 259.
11 Graf-Schlicker/*Graf-Schlicker* § 22a Rn. 4; FK-InsO/*Schmerbach* Rn. 4.
12 Braun/*Böhm* Rn. 14; *Frind* ZIP 2012, 1380 (1384).

dieren die **Größenmerkmale für Kapitalgesellschaften nach § 267 Abs. 1 Nr. 1 HGB**; die für diese Regelung anzuwendenden Berechnungsgrundsätze gelten entsprechend.[13] Maßgeblich ist **das dem Insolvenzantrag vorangegangene Geschäftsjahr** im handelsrechtlichen Sinn.[14] Dies ergibt sich zwar nicht aus Abs. 1, jedoch aus dem Zusammenhang mit § 13 Abs. 1 Satz 3 bis 7, nach denen dem Insolvenzgericht für die Prüfung der Voraussetzungen des Abs. 1 maßgebliche Tatsachen mit einem Schuldnerantrag mitzuteilen sind. Allerdings muss das Insolvenzgericht ggf. noch weitere Angaben für seine Entscheidung ermitteln und es erscheint nicht sinnvoll, die Mitteilungspflicht des Schuldners von den in Abs. 1 Nr. 1 bis 3 genannten Schwellenwerten abhängig zu machen.[15] Kommt der Schuldner seiner Pflicht nicht nach, ist der Antrag als unzulässig abzuweisen (§ 13 Rdn. 45). Ist ein Gläubigerantrag gestellt worden, muss das Insolvenzgericht von Amts wegen ermitteln. Der Schuldner ist insoweit nach § 20 auskunftspflichtig.[16] Bei einem **Rumpfgeschäftsjahr** werden für die Berechnung die entsprechenden letzten Monate des diesem vorausgegangenen Geschäftsjahres ebenfalls berücksichtigt.[17] Zu Grunde zu legen sind – soweit vorhanden – die in einem bereits vorliegenden Jahresabschluss ausgewiesenen Werte. Bereitet die Feststellung erhebliche Schwierigkeiten, möglicherweise auch, weil das Geschäftsjahr erst soeben abgelaufen ist, genügt die Auswertung der ohne weiteres zur Verfügung stehenden Schätzungsgrundlagen, wobei dem Umstand, dass der Schuldner den letzten **verfügbaren Jahresabschluss** nach den Regeln einer mittleren oder großen Kapitalgesellschaft erstellt hat, eine erhebliche Indizwirkung zukommt.[18] Die Einsetzung muss nachgeholt werden, wenn sich später herausstellt, dass die Voraussetzungen von Abs. 1 erfüllt waren. Dagegen rechtfertigt die nachträgliche Erkenntnis, dass diese irrtümlich angenommen wurden, nicht ohne weiteres die Auflösung eines eingesetzten Gläubigerausschusses (vgl. § 21 Rdn. 20). **§ 267 Abs. 4 HGB gilt nicht entsprechend.**

5 **Bilanzsumme** ist die Summe der nach § 266 Abs. 2 auszuweisenden Bilanzposten unter Abzug eines auf der Aktivseite nach § 268 Abs. 3 HGB ausgewiesenen Fehlbetrags, bei der KGaA etwaiger Verlustanteile nach § 286 Abs. 2 Satz 3 HGB[19] oder bei Personenhandelsgesellschaften nach § 264a Abs. 1 HGB der nicht durch Vermögenseinlagen gedeckte Verlustanteil persönlich haftender Gesellschafter (§ 264c Abs. 2 Satz 5 HGB).[20] **Umsatzerlöse** sind nach § 277 Abs. 1 HGB zu bestimmen. Die **Arbeitnehmereigenschaft** ist nach arbeitsrechtlichen Grundsätzen zu ermitteln; die Berechnungsgrundsätze nach § 267 Abs. 5 HGB finden entsprechende Anwendung,[21] so dass der Durchschnitt aus der Summe der zu den Stichtagen 31. März, 30. Juni, 30. September und 31. Dezember im vorangegangenen Geschäftsjahr beschäftigten Arbeitnehmer geteilt durch 4 maßgeblich ist und die zur Berufsausbildung Beschäftigten unberücksichtigt bleiben. Die für die Anwendung von Abs. 1 maßgeblichen **Merkmale sind abschließend benannt;** § 267 Abs. 3 Satz 2 HGB gilt nicht entsprechend.

II. Einsetzung als Regelfall (Abs. 2)

6 Abs. 2 ist erst auf die Beschlussempfehlung des Rechtsausschusses[22] hin in das Gesetz aufgenommen worden und beschreibt die Voraussetzungen, unter denen ein vorläufiger Gläubigerausschuss vom Insolvenzgericht eingesetzt werden »soll«. Der hinter der Regelung stehende Gedanke ist – ohne dass dies aus den Gesetzgebungsmaterialien hervorginge –, dass die Einsetzung auch außerhalb des Anwendungsbereiches von Abs. 1 von den in der Regelung genannten Personen über einen An-

---

13 K/P/B/*Lüke* Rn. 9 ff.
14 K/P/B/*Lüke* Rn. 11.
15 HambK-InsR/*Frind* Rn. 5 f.
16 Graf-Schlicker/*Graf-Schlicker* § 22a Rn. 6.
17 *Wiedmann* in Ebenroth/Boujong/Joost/Strohn, HGB, § 267 Rn. 7; K/P/B/*Lüke* Rn. 12.
18 Vgl. auch *Obermüller* ZInsO 20012, 18 (19).
19 *Wiedmann* in Ebenroth/Boujong/Joost/Strohn, HGB, § 267 Rn. 4.
20 MüKo-HGB/*Reiner* § 267 Rn. 6.
21 Graf-Schlicker/*Graf-Schlicker* § 22a Rn. 5; K/P/B/*Lüke*, Rn. 13; *Wiedmann* in Ebenroth/Boujong/Joost/Strohn, HGB, § 267 Rn. 8 ff.
22 BT-Drucks. 17/751, 11 (46).

trag steuerbar sein soll (dazu auch Rdn. 8).[23] Die **Einsetzung hat im Regelfall zu erfolgen, es sei denn, die konkreten Umstände lassen den Fall als atypisch erscheinen**, wobei hierüber nach pflichtgemäßem Ermessen zu entscheiden ist.[24]

1. Antrag/Antragsberechtigung

Antragsberechtigt ist der **Schuldner**, ein (bereits ohne Gläubigerbeteiligung bestellter) **vorläufiger Insolvenzverwalter** und **jeder Gläubiger**. Zu letzteren gehören in Anlehnung an § 21 Abs. 2 Satz 1 Nr. 1a 2. Hs. auch Personen, die erst mit der Eröffnung des Verfahrens Gläubiger werden.[25] Zu den Gläubigern zählen potentielle Insolvenzgläubiger, absonderungsberechtigte und aussonderungsberechtigte Gläubiger.[26] Ob ein Antrag nach Abs. 2 vorliegt oder nur eine auf Einsetzung eines vorläufigen Gläubigerausschusses nach § 21 Abs. 2 Satz 1 Nr. 1a gerichtete Anregung, ist durch Auslegung zu ermitteln. Letzteres kann anzunehmen sein, wenn nicht alle für den Antrag nach Abs. 2 erforderlichen Angaben gemacht werden und erkennbar ist, dass dieser Mangel nicht auf einem Versehen beruht. Bestehen Zweifel, muss das Insolvenzgericht gem. §§ 4, 139 ZPO auf eine Ergänzung hinwirken. Um die gleichzeitige Bestellung eines vorläufigen Insolvenzverwalters nach § 21 Abs. 2 Satz 1 Nr. 1 zu ermöglichen bzw. ein Verzicht auf die Anhörung nach § 56a Abs. 3 zu vermeiden, sollte – wenn möglich – über die in Abs. 2 bestimmten Mindesterfordernisse hinaus bereits ein einstimmiges Votum der benannten Mitglieder über die Person des vorläufigen Insolvenzverwalters bzw. dessen Anforderungsprofil vorgelegt werden (vgl. § 21 Rdn. 16) sowie auch die weiteren für die Einsetzung relevanten Umstände, zu denen auch das Nichtvorliegen eines Ausschlussgrundes nach Abs. 3 gehört.[27]

2. Benennung der Ausschussmitglieder

Die in Betracht kommenden **Ausschussmitglieder sind namentlich zu benennen**. Die persönlichen Voraussetzungen nach § 21 Abs. 2 Satz 1 Nr. 1a 2. Hs. (§ 21 Rdn. 20) müssen ebenso wie die **Anforderungen des § 67 Abs. 2** hinsichtlich der Anzahl der benannten Personen und der Zusammensetzung des Ausschusses erfüllt sein.[28] Darüber hinaus sind die **Anschriften** der benannten Personen anzugeben und diejenigen Umstände, aus denen sich die Zuordnung zu einer bestimmten **Gläubigergruppe** ergibt. Erfüllt der Antrag diese Voraussetzungen nicht, sollte das Insolvenzgericht zunächst nachfragen.[29] Um eine angemessene Repräsentation der Gläubigerinteressen zu gewährleisten, sollte je eine Person aus den in § 67 Abs. 2 genannten Gläubigergruppen benannt werden. **Das Insolvenzgericht ist bei der Auswahl der Ausschussmitglieder an den Vorschlag des Antragstellers nicht gebunden** (vgl. § 21 Rdn. 20).[30] Es sollte – insb. wenn eine ungleichmäßige Interessenrepräsentation befürchtet – zusätzlich eine Aufforderung nach Abs. 4 veranlassen bzw. eigene Ermittlungen anstellen.[31] Ferner ist die hinreichende Sachkunde der Mitglieder sicherzustellen, wobei es auf Erfahrungen im Wirtschaftsleben, insb. einschlägige Branchenkenntnisse sowie die Kenntnis der Grundzüge des Insolvenzrechts, insb. des Verfahrensablaufs, abzustellen ist (vgl. auch § 67 Rdn. 6); ggf. sind im Einzelfall weitere Anforderungen zu stellen.[32]

---

23 Musterantrag bei *Haarmeyer* ZInsO 2012, 370.
24 BVerwG 02.07.1992, 5 C 39.90, BVerwGE 90, 275 (278); FK-InsO/*Schmerbach* Rn. 26.
25 *Horstkotte* ZInsO 2012, 1930, 1931; FK-InsO/*Schmerbach* Rn. 20; a.A. *Frind*, ZInsO 2011, 2249 (2253).
26 *Frind* ZInsO 2011, 2249 (2253); FK-InsO/Schmerbach Rn. 20; anders für aussonderungsberechtigte Gläubiger noch die Vorauflage.
27 *Haarmeyer/Horstkotte* ZInsO 2012, 1441 (1447)
28 Für die Benennung von mind. vier Personen: HambK-InsR/*Frind* Rn. 12; für mind. zwei Personen: *Schmidt*, ZInsO 2012, 1107.
29 *Horstkotte* ZInsO 2012, 1930, 1931.
30 *Frind* ZInsO 2011, 2249 (2251); ZInsO 2013, 279 (280 f.); einschränkend *Haarmeyer* ZInsO 2012, 2109 (2113).
31 Zu den Auswahlkriterien: *Frind* ZInsO 2013, 279 (281); BB 2013, 265 (268 ff.).
32 *Heeseler/Neu* NZI 2012, 440 (442); Haarmeyer ZInsO 2012, 2109 (2114); weitergehend wohl *Frind* ZInsO 2013, 279 (283);

3. Einverständniserklärungen

9   Dem Antrag sind die Einverständniserklärungen der benannten Personen beizufügen. Das Einverständnis ist **keine vorweg erklärte Annahme der Bestellung**,[33] so dass das Insolvenzgericht sich bei der vorgeschlagenen Person vergewissern sollte, wenn es Zweifel hat, ob diese die Bestellung annimmt. Die Annahmeerklärung kann allerdings mit der Einverständniserklärung verbunden werden.[34]

4. Absehen von der Einsetzung

10 Unter den Voraussetzungen des Abs. 3 sieht das Insolvenzgericht von der Einsetzung ab (vgl. Rdn. 11 ff.). Ein Absehen ist auch außerhalb des Anwendungsbereichs von Abs. 3 in atypischen Einzelfällen zulässig (vgl. Rdn. 6). Gegen die Einsetzung müssen **gewichtige Gründe** sprechen, die den in Abs. 3 genannten Fallgruppen vergleichbar sind. Bloße **Zweckmäßigkeitserwägungen genügen insoweit nicht**, weil nach der Intention der Regelung die Beurteilung der Zweckmäßigkeit der Einsetzung gerade nicht in den Händen des Insolvenzgerichts liegen soll, wenn deren Voraussetzungen im Übrigen erfüllt sind.[35] Entsprechend **darf die Einsetzung außerhalb der Voraussetzungen des § 56a Abs. 1 auch nicht verzögert werden**, es sei denn, hierdurch werden potentielle Mitwirkungsrechte des vorläufigen Gläubigerausschusses nicht berührt oder das Insolvenzgericht hat begründeten Anlass, das Vorliegen eines Ausschlussgrundes aufzuklären (vgl. Rdn. 11).[36] Die – außerhalb der Vorgaben des § 67 Abs. 2 – liegende Befürchtung des Insolvenzgerichts, die Gläubigerinteressen könnten nicht gleichmäßig repräsentiert sein, rechtfertigt lediglich eigene Ermittlungen zur Bestellung weiterer und/oder anderer Mitglieder.[37] Anders ist dies, wenn der **Antrag missbräuchlich** gestellt wurde, wofür indes greifbare Anhaltspunkte vorliegen müssen. Eine Anhörung des Antragstellers vor der Entscheidung über die Ablehnung ist nicht erforderlich, möglicherweise aber zweckmäßig.[38]

III. Ausschlussgründe (Abs. 3)

11 Die Regelung zu den Fallgruppen, in denen von der Einsetzung abgesehen werden soll, ist nicht geglückt. Nach dem GesEntwBReg bezog sich diese nur auf die Anordnung nach Abs. 1.[39] Die jetzt vorliegende Fassung beruht auf der Beschlussempfehlung des Rechtsausschusses und schließt dem Wortlaut nach nunmehr nicht nur die Einsetzung nach Abs. 2,[40] sondern auch diejenige nach allgemeinen Ermessenserwägungen ein (vgl. Rdn. 1). Die Regelung ist insoweit entgegen ihrem Wortlaut als Soll-Bestimmung anzusehen, weil in ihr – abgesehen von Abs. 3 Fall 2 – lediglich typisierte Ermessenskriterien genannt werden, die zumindest im Einzelfall die Einsetzung nicht von vornherein ausschließen sollten.[41] Das Insolvenzgericht darf und muss bei Zweifeln über das Vorliegen eines Ausschlussgrundes die maßgeblichen Umstände ermitteln und die Entscheidung zunächst zurückstellen.[42] Dies wird nicht selten der Fall sein, weil sich die für die notwendigen Feststellungen maßgeblichen Umstände dem Insolvenzantrag nicht zuverlässig entnehmen lassen.[43]

---

33 *Frind* ZInsO 2011, 2249 (2251).
34 FK-InsO/*Schmerbach* Rn. 61; für eine Beibringungspflicht: K/P/B/*Lüke* Rn. 17.
35 *Commandeur/Schaumann* NZI 2012, 620.
36 *Haarmeyer/Horstkotte* ZInsO 2012, 1441 (1442, 1447).
37 Einschränkend zur Amtsermittlungspflicht: *Haarmeyer* ZInsO 2012, 2109 (2114).
38 *Beth* ZInsO 2012, 1974 (1980).
39 BT-Drucks. 17/5712, 5 (36).
40 *Frind* ZInsO 2011, 2249 (2252).
41 So wohl auch *Beth* ZInsO 2012, 1974; weitergehend *Haarmeyer/Horstkotte* ZInsO 2012, 1441 (1445 ff.); für ein Einsetzungsverbot dagegen *Frind* ZInsO 2012, 2028 (2033), der allerdings § 22a als lex specialis zu § 21 Abs. 2 Satz 1 Nr. 1a ansieht und daher das Einsetzungsverbot nicht auf den Ermessensausschuss bezieht; ferner *Frind* BB 2013, 265
42 *Beth*, ZInsO 2012, 1974 (1978 f.).
43 *Frind* ZInsO 2011, 2249 (2252 f.).

Der **Geschäftsbetrieb ist eingestellt**, wenn die betriebliche Tätigkeit schon so weit zum Erliegen gekommen ist, dass deren Fortsetzung zumindest hinsichtlich wesentlicher Betriebsteile nicht mehr zu erwarten ist (vgl. auch § 22 Rdn. 77). Ein noch bestehender Abwicklungsbedarf steht der Annahme der Einstellung nicht entgegen, auch wenn zu diesem Zweck das operative Geschäft noch fortgesetzt wird.[44] Maßgeblich ist, ob durch bereits vorliegende unternehmerische Entscheidungen, wie der Kündigung wesentlicher Teile der Belegschaft oder der Veräußerung notwendiger Betriebsmittel, vollendete Tatsachen geschaffen wurden. Der Ausschlussgrund ist stets dann erfüllt, wenn der Betrieb zum Zeitpunkt der Entscheidung über die Einsetzung eingestellt ist.[45] 12

Für die Beurteilung der **Unverhältnismäßigkeit** der Einsetzung ist die zu erwartende Insolvenzmasse in den Blick zu nehmen. Die **Prognose** zur verfügbaren Masse bereitet zumindest zu Beginn des Eröffnungsverfahrens Schwierigkeiten, insb. wenn ein Gläubigerantrag mit einem Antrag nach Abs. 2 verbunden wird.[46] Auch für einen Schuldnerantrag sieht § 13 Abs. 1 keine Angaben zu vorhandenen Vermögenswerten vor. Sind die **Größenmerkmale nach Abs. 1 erfüllt**, kann regelmäßig davon ausgegangen werden, dass die zu erwartende Insolvenzmasse die Einsetzung rechtfertigt. Die Unverhältnismäßigkeit ist gegeben, solange eine **Ablehnung des Eröffnungsantrags nach § 26 Abs. 1 Satz 1** im Raum steht oder gar die **Deckung der Kosten des Eröffnungsverfahrens** einschließlich derjenigen des vorläufigen Gläubigerausschusses selbst[47], zweifelhaft ist. Die Kosten des vorläufigen Gläubigerausschusses,[48] d.h. die Mindestvergütung je Mitglied in Höhe von 300 € nebst 35 bis 95 €/h für die Erledigung weiterer Aufgaben (vgl. § 21 Rdn. 21) sowie die Kosten für die Haftpflichtversicherung (§ 21 Rdn. 21) dürfen nur einen geringen Anteil der zu erwartenden Masse darstellen.[49] Von einer bestimmten **Quote** sollte die Einsetzung ungeachtet der unbestreitbaren Vorteile solcher Richtgrößen **nicht abhängig** gemacht werden, weil diese den spezifischen, im Einzelfall festzustellenden (nicht bezifferbaren) Nutzen einer frühzeitigen Gläubigerbeteiligung vollkommen ausblendet.[50] Bevor der Antrag abgelehnt wird, sollte dem Antragsteller Gelegenheit gegeben werden, die potentiellen Mitglieder des Gläubigerausschusses zu einem Gebührenverzicht zu bewegen.[51] 13

Die **nachteilige Veränderung der Vermögenslage** i.S.d. Abs. 3 Fall 3 muss auf der mit der Einsetzung verbundenen Verzögerung des Verfahrens beruhen, wobei die Beteiligung des vorläufigen Gläubigerausschusses nach § 56a Abs. 1 insoweit unberücksichtigt bleibt, denn diese kann unter entsprechenden Voraussetzungen unterbleiben (vgl. § 22 Rdn. 5).[52] Nach der – zutreffenden – Einschätzung des Gesetzgebers führt die Einsetzung im Hinblick auf die Beteiligungsrechte des vorläufigen Gläubigerausschusses unabhängig davon regelmäßig zu einer Verzögerung der Entscheidung über den Eröffnungsantrag; nach dem Wortlaut des Gesetzes ist die **Verzögerung nicht gesondert festzustellen**.[53] Ob diese zu einer nachteiligen Veränderung der Vermögenslage führt, muss das Insolvenzgericht im Rahmen einer **Prognose** feststellen, und zwar **anhand konkreter Umstände**. Es genügt nicht, eine 14

---

44 Graf-Schlicker/*Graf-Schlicker* Rn. 11; *Haarmeyer/Horstkotte* ZInsO 2012, 1441 (1446); weitergehend: *Frind* ZInsO 2012, 2028 (2030, 2033).
45 AA *Frind* ZInsO 2011, 2249 (2253).
46 *Haarmeyer/Horstkotte* ZInsO 2012, 1441 (1447, 1448); ZInsO 2012, 1974 (1977).
47 *Frind* ZInsO 2011, 2249 (2255); *Frind* ZInsO 2012, 2028 (2035); vgl. auch Graf-Schlicker/*Graf-Schlicker* Rn. 12.
48 Dazu im Einzelnen *Beth* ZInsO 2012, 1974 (1974 ff.).
49 Graf-Schlicker/*Graf-Schlicker* Rn. 12;.
50 *Beth* ZInsO 2012, 1974 (1977 f.); AG Ludwigshafen 04.05.2012, 3f IN 103/12, ZInsO 2012,987 (988): 7% bereits zu viel; *Frind* ZInsO 2011, 2249 (2255); ZInsO 2012, 2028 (2035): zwischen 1 und 5 %, jedenfalls nicht bei einer Teilungsmasse von weniger 50.000 €;*Rauscher* ZInsO 2012, 1201 (1203): 10%.
51 *Cranshaw* ZInsO 2012, 1151 (1157); für eine Nachfrageobliegenheit des Insolvenzgerichts: *Beth* ZInsO 2012, 1974, 1976.
52 Vgl. AG München 14.06.2012, 1506 IN 1851/12, ZInsO 2012, 1308 (1309).
53 Vgl. dazu *Haarmeyer/Horstkotte* ZInsO 2012, 1441 (1448).

Vermögensgefährdung mit dem pauschalen Hinweis zu bejahen, die Sicherungswirkungen nach §§ 80 ff. würden verzögert. Da die Einsetzung weder die Bestellung eines vorläufigen Insolvenzverwalters noch die Anordnung anderer **Sicherungsmaßnahmen** ausschließt, müssen solche Maßnahmen **vorrangig** erwogen werden. Ist jedoch der Gefahr einer Vermögensverschlechterung durch die Anordnung von Sicherungsmaßnahmen nicht wirksam zu begegnen, liegt der Ausschlussgrund vor. Auf den **Umfang** der nachteiligen Veränderung kommt es nach dem Wortlaut nicht an. Nur geringfügige Verschlechterungen dürften allerdings hinnehmbar sein.

IV. Einsetzung nach allgemeinen Ermessenserwägungen

15 Die Einsetzung eines vorläufigen Gläubigerausschusses liegt außerhalb der in Abs. 1 und 2 genannten Fallgruppen nach § 21 Abs. 2 Satz 1 Nr. 1a im Ermessen des Insolvenzgerichts. Es kommen insoweit die in § 21 Rdn. 22 f. genannten Anordnungskriterien zur Anwendung.

V. Mitwirkungspflicht (Abs. 4)

16 Der Schuldner und/oder der – bereits bestellte – vorläufige Insolvenzverwalter sind verpflichtet, dem Insolvenzgericht nach entsprechender Aufforderung potentielle Mitglieder eines vorläufigen Gläubigerausschusses zu benennen. Die Aufforderung bedarf **keiner besonderen Form**. Anregungen können zur Beschleunigung des Verfahrens auch ungefragt unterbreitet werden; der (sanierungswillige) Schuldner kann hierdurch einen nicht zu unterschätzenden Einfluss auf das weitere Verfahren nehmen.[54] Das Insolvenzgericht sollte jedoch – insb. bei einer an den Schuldner gerichteten Aufforderung – konkretisieren, welche **Gläubigermerkmale nach § 67 Abs. 2** hinsichtlich der zu benennenden Person(en) erfüllt sein sollen. Das Insolvenzgericht ist **an den Vorschlag nicht gebunden**.[55] Da die in Abs. 4 geregelte Mitwirkungspflicht in unmittelbarem Zusammenhang mit der allgemeinen Mitwirkungspflicht aus § 20 Abs. 1 Satz 1 steht, gilt § 20 Abs. 1 Satz 2 entsprechend.[56] Die Mitwirkungspflicht des vorläufigen Insolvenzverwalters kann nach §§ 21 Abs. 2 Satz 1 Nr. 1, 58 Abs. 2 Satz 1 erzwungen werden.

§ 23 Bekanntmachung der Verfügungsbeschränkungen

(1) Der Beschluß, durch den eine der in § 21 Abs. 2 Nr. 2 vorgesehenen Verfügungsbeschränkungen angeordnet und ein vorläufiger Insolvenzverwalter bestellt wird, ist öffentlich bekanntzumachen. Er ist dem Schuldner, den Personen, die Verpflichtungen gegenüber dem Schuldner haben, und dem vorläufigen Insolvenzverwalter besonders zuzustellen. Die Schuldner des Schuldners sind zugleich aufzufordern, nur noch unter Beachtung des Beschlusses zu leisten.

(2) Ist der Schuldner im Handels-, Genossenschafts-, Partnerschafts- oder Vereinsregister eingetragen, so hat die Geschäftsstelle des Insolvenzgerichts dem Registergericht eine Ausfertigung des Beschlusses zu übermitteln.

(3) Für die Eintragung der Verfügungsbeschränkung im Grundbuch, im Schiffsregister, im Schiffsbauregister und im Register über Pfandrechte an Luftfahrzeugen gelten die §§ 32, 33 entsprechend.

Übersicht	Rdn.		Rdn.
A. Normzweck	1	2. Zustellung (Abs. 1 S. 2)	6
B. Voraussetzungen	2	3. Aufforderung an Drittschuldner	
I. Bekanntmachungsmaßnahmen	4	(Abs. 1 Satz 3)	7
1. Öffentliche Bekanntmachung		4. Mitteilung an Registergerichte	
(Abs. 1 Satz 1)	4	(Abs. 2)	8

---

[54] GesEntwBReg, BT-Drucks. 17/5712, 36.
[55] GesEntwBReg, BT-Drucks. 17/5712, 36.
[56] FK-InsO/*Schmerbach Rn.* 50; a.A. K/P/B/*Lüke Rn.* 27.

	Rdn.			Rdn.
5. Mitteilung an Grundbuchamt, Schiffsbauregister und Register für Pfandrechte an Luftfahrzeugen	9	II.	Bekanntmachung im Ermessen des Insolvenzgerichts	11
6. Weitere Bekanntmachungen	10	C.	**Wirkungen**	12

A. Normzweck

Die Bekanntmachung von Verfügungsbeschränkungen dient der **Information des Geschäftsverkehrs**[1] und der unmittelbar Verfahrensbeteiligten. Sie ist nicht nur die Verlautbarung einer nach § 21 angeordneten Sicherungsmaßnahme, sondern dient ihrerseits dem **Sicherungszweck**, weil die Information die Möglichkeiten des Erwerbs von Rechten am Schuldnervermögen einschränkt, §§ 24 Abs. 1, 82 Satz 2 (vgl. Rdn. 3).[2]

B. Voraussetzungen

Der Bekanntmachung bedarf nicht jede Anordnung von Sicherungsmaßnahmen nach § 21. Vielmehr ist zu unterscheiden: Ist eine **Verfügungsbeschränkung** (§ 21 Abs. 2 Satz 1 Nr. 2) angeordnet **und zugleich ein vorläufiger Insolvenzverwalter** bestellt (§ 21 Abs. 2 Satz 1 Nr. 1), sind sämtliche in der Norm genannten Bekanntmachungsmaßnahmen zu veranlassen (Abs. 1 S. 1); ist dagegen **nur eine Verfügungsbeschränkung** angeordnet, richtet sich der Umfang der Bekanntmachungspflicht nach Abs. 3.[3] Gegenstand der Bekanntmachung ist der Beschluss des Insolvenzgerichts nach § 21 (vgl. § 21 Rdn. 12), jedoch nur der bekanntmachungspflichtige Teil dieser Entscheidung.[4]

Nach § 25 Abs. 1 gilt die Norm für die **Aufhebung einer Verfügungsbeschränkung** entsprechend. Bei der Bestellung eines vorläufigen Sachwalters im sog. Schutzschirmverfahren nach § 270b Abs. 2 Satz 1 gilt die Vorschrift nicht entsprechend, weil mit der Bestellung nicht die Anordnung von Verfügungsbeschränkungen einhergeht, § 270b Abs. 2 Satz 3 (vgl. aber auch Rdn. 11).[5] Gleiches gilt im Grundsatz für das Eigenverwaltungseröffnungsverfahren.[6]

I. Bekanntmachungsmaßnahmen

1. Öffentliche Bekanntmachung (Abs. 1 Satz 1)

Die öffentliche Bekanntmachung erfolgt nach § 9. Nach dessen Abs. 1 ist die **Veröffentlichung im Internet** vorzunehmen, die nach Ablauf von zwei weiteren Tagen die Bekanntmachung bewirkt. Die Veröffentlichung erfolgt auf dem Justizportal des Bundes und der Länder unter www.insolvenzbekanntmachungen.de nach Maßgabe der Verordnung zu öffentlichen Bekanntmachungen in Insolvenzverfahren im Internet (InsoBekV) Soweit **weitere Veröffentlichungsmaßnahmen gem. § 9 Abs. 2** vom Insolvenzgericht veranlasst werden, sind diese nicht geeignet, die (Vermutungs-)Wirkungen der Bekanntmachung nach § 9 Abs. 1 zu erzeugen;[7] vielmehr ist die Kenntnisnahme einer nach § 9 Abs. 2 veranlassten Veröffentlichung im Einzelfall nachzuweisen.[8]

---

1 Begr. RegE, RWS-Dok. 18, S. 184.
2 BGH 15.12.2005, IX ZR 227/04, ZIP 2006, 138 Rn. 9.
3 AG Göttingen 17.05.1999, 74 IN 24/99, NZI 1999, 330 (331).
4 FK-InsO/*Schmerbach* Rn. 10, 17.
5 HambK/*Schröder* Rn. 4; Graf-Schlicker/*Graf-Schlicker* § 270b Rn. 23; *Horstkotte* ZInsO 2012, 1161; *Keller* ZIP 2012, 1895 (1897 ff.); a.A. FK-InsO/*Foltis*, § 270b Rn. 29; *Frind* ZInsO 2012, 1099 (1106); für eine Bekanntmachungsmöglichkeit: FK-InsO/*Schmerbach* Rn. 4a; *Buchalik* ZInsO 2012, 349, (354); *Vallender* GmbHR 2012, 450 (452).
6 Graf-Schlicker/*Graf-Schlicker* § 270a Rn. 2.
7 BGH 15.12.2005, IX ZR 227/04, ZIP 2006, 138 Rn. 18.
8 BGH 15.12.2005, IX ZR 227/04, ZIP 2006, 138 Rn. 19.

5 Die öffentliche Bekanntmachung veranlasst entsprechend § 30 Abs. 1 Satz 1 die **Geschäftsstelle des Insolvenzgerichts**, und zwar auch dann, wenn die Sicherungsmaßnahme vom Landgericht als Beschwerdegericht angeordnet wurde (vgl. § 21 Rdn. 15).[9]

2. Zustellung (Abs. 1 S. 2)

6 Die gesonderte (§ 9 Abs. 3) Zustellung ist nach Maßgabe von § 8 an den Schuldner, den Insolvenzverwalter und die Schuldner des Schuldners (Drittschuldner) zu veranlassen. Mit der Zustellung an den Insolvenzverwalter kann nach § 8 Abs. 3 Satz 1 der Auftrag verbunden werden, die weiteren Zustellungen durchzuführen.[10] Bei einer führungslosen GmbH als Zustellungsempfängerin kann die Zustellung nach § 35 Abs. 1 Satz 2 GmbHG gegenüber einem Gesellschafter vorgenommen werden.[11] Nach § 8 Abs. 2 kann die Zustellung an eine Person, deren Aufenthalt nicht bekannt ist, unterbleiben.

3. Aufforderung an Drittschuldner (Abs. 1 Satz 3)

7 Mit der Zustellung an die Drittschuldner sind diese zugleich aufzufordern, nicht mehr an den Schuldner zu leisten. Die Regelung betrifft allein das Verhältnis zwischen Schuldner und vorläufigem Insolvenzverwalter gegenüber Drittschuldnern in der §§ 80 Abs. 1, 82 sowie §§ 829 Abs. 1 Satz 1 und 2, 835 Abs. 1 ZPO entsprechenden Weise; die Rechtsbeziehungen zwischen dem Schuldner und einem Sicherungszessionar werden nicht berührt, insb. **verschafft** die Anordnung dem vorläufigen Insolvenzverwalter **kein Einziehungsrecht** (vgl. § 22 Rdn. 84).[12] Wird dem vorläufigen Insolvenzverwalter dagegen die Einziehungsbefugnis nach § 21 Abs. 2 Satz 1 Nr. 5 übertragen, hat die Aufforderung an die Drittschuldner ebenfalls zu erfolgen, denn auch in diesem Fall besteht die Gefahr, dass mit befreiender Wirkung an den Schuldner geleistet wird.[13] Entsprechendes gilt, wenn die Einziehungsbefugnis des Schuldners aus der Sicherungsabrede fortbesteht.

4. Mitteilung an Registergerichte (Abs. 2)

8 Bei einem im Handels-, Genossenschafts-, Partnerschafts- oder Vereinsregister eingetragenen Schuldner ist der Beschluss nach Abs. 1 dem Registergericht zur **Eintragung nach § 32 Abs. 1 Satz 2 Nr. 2 HGB, § 102 Abs. 1 Satz 2 Nr. 2 GenG, § 5 Abs. 4 Nr. 4 PRV sowie § 75 Abs. 1 Satz 2 Nr. 2 BGB** zu übermitteln.

5. Mitteilung an Grundbuchamt, Schiffsbauregister und Register für Pfandrechte an Luftfahrzeugen

9 Abs. 3 regelt die Eintragung einer Verfügungsbeschränkung im Grundbuch, im Schiffs- und Schiffsbauregister und im Register für Pfandrechte an Luftfahrzeugen und verweist insoweit auf die §§ 32, 33 (vgl. i.E. die Kommentierung zu §§ 32 f.). Die Vorschrift gilt für die in § 21 Abs. 2 Satz 1 Nr. 2 genannten (allgemeinen) Verfügungsbeschränkungen ebenso wie für solche, die als **besondere Verfügungsbeschränkung** nach § 21 Abs. 1 ergangen sind.[14] Das entsprechend § 32 Abs. 1 Satz 1 vom Insolvenzgericht oder nach § 32 Abs. 2 Satz 2 vom vorläufigen Insolvenzverwalter zu veranlassende Eintragungsersuchen hat im Hinblick auf die Verhinderung eines gutgläubigen Erwerbs nach § 81 Abs. 1 Satz 2 **Sicherungscharakter**, so dass es dem Insolvenzgericht nach § 5 und dem vorläufigen Insolvenzverwalter nach § 22 Abs. 1 Satz 2 Nr. 1 obliegt zu untersuchen, ob unter die Regelung fallende Vermögensgegenstände vorhanden sind (zu den Wirkungen des Verfügungsverbots und den

---

9 FK-InsO/*Schmerbach* Rn. 15.
10 Kübler/Prütting/Bork/*Pape* Rn. 3.
11 *Gehrlein* Der Konzern 2007, 771 (777).
12 *BGH* 22.02.2007, IX ZR 2/06, NZI 2007, 338 Rn. 13.
13 HambK-InsR/*Schröder* Rn. 5.
14 FK-InsO/*Schmerbach* Rn. 27; HK-InsO/*Kirchhof* Rn. 12.

nach § 81 Abs. 1 Satz 2 eröffneten Möglichkeiten eines gutgläubigen Erwerbs vgl. § 24 Rdn. 10). Das Eintragungsersuchen, das nach § 18 Abs. 1 Nr. 1 RPflG vom Richter zu veranlassen ist, hat die Verfügungsbeschränkung konkret zu bezeichnen.[15] Zur Frage, ob die Eintragung des Schuldners nur bei dessen Voreintragung als Allein- oder Miteigentümer oder auch im Falle des Eigentums einer Gesamthandsgemeinschaft, an der der Schuldner beteiligt ist, zu erfolgen hat, vgl. § 32 Rdn. 6.

6. Weitere Bekanntmachungen

Nach XII a Nr. 1 Abs. 1 der Anordnung über **Mitteilungen in Zivilsachen (MiZi)** unterliegen Maßnahmen nach § 21 Abs. 2 Satz 1 Nr. 1 und 2 sowie deren Aufhebung der Mitteilungspflicht. Die Mitteilung ist nach XII a Nr. 1 Abs. 3 MiZi an den Präsidenten des Landgerichts und die Gerichtsvollzieherverteilerstelle zu veranlassen sowie – falls nicht bereits nach Abs. 2 erfolgt – an das Registergericht, wenn und soweit der Schuldner in einem Register eingetragen ist (vgl. Rdn. 9). Nach § 125h Abs. 1 Nr. 1 MarkenG ist die Anordnung einer Verfügungsbeschränkung im **Register für Gemeinschaftsmarken** einzutragen.

II. Bekanntmachung im Ermessen des Insolvenzgerichts

Das Insolvenzgericht kann weitere **Bekanntmachungsmaßnahmen** nach eigenem Ermessen – gem. § 21 Abs. 1 – veranlassen.[16] Dies ist angezeigt, wenn die Wirkung einer Sicherungsmaßnahme von der Kenntnisnahme des Rechtsverkehrs abhängt oder hierdurch verstärkt wird.[17] Dies gilt für die isolierte Anordnung einer Verfügungsbeschränkung nach § 21 Abs. 2 Satz 1 Nr. 2 ebenso wie für die Einstellung der Zwangsvollstreckung, § 21 Abs. 2 Satz 1 Nr. 3[18] und die Einschränkung der Rechte aus- oder absonderungsberechtigter Gläubiger nach § 21 Abs. 2 Satz 1 Nr. 5.[19] Umgekehrt kann die Bekanntmachung anderer Sicherungsmaßnahmen geeignet sein, deren Wirkung zu beeinträchtigen, wie bei der Anordnung einer Postsperre nach § 21 Abs. 2 Satz 1 Nr. 4.[20] Unter diesen Voraussetzungen können auch Sicherungsmaßnahmen im sog. Schutzschirmverfahren nach § 270b Abs. 2 Satz 3 bekannt gemacht werden; die Bekanntmachung der Bestellung des vorläufigen Sachwalters wird im Regelfall nicht erforderlich sein.[21]

C. Wirkungen

Die Bekanntmachung ist keine Voraussetzung für die Wirksamkeit des Anordnungsbeschlusses oder der Sicherungsmaßnahme (vgl. § 21 Rdn. 68). Nach §§ 24 Abs. 1, 82 Satz 2 wird die Möglichkeit, mit befreiender Wirkung an den Schuldner zu leisten eingeschränkt, weil nach der Bekanntmachung gem. Abs. 1 Satz 1 zu Lasten des Drittschuldners vermutet wird, dass dieser von der Verfügungsbeschränkung Kenntnis hatte. Die öffentliche Bekanntmachung vermittelt dagegen nicht die Kenntnis vom Eröffnungsantrag i.S.d. § 130 Abs. 1 Nr. 2.[22]

---

15 FK-InsO/*Schmerbach* Rn. 27.
16 AG Göttingen 17.05.1999, 74 IN 24/99, NZI 1999, 330 (331).
17 HK-InsO/*Kirchhof* Rn. 3.
18 FK-InsO/*Schmerbach* Rn. 1, 4.
19 HambK-InsR/*Schröder* Rn. 5.
20 FK-InsO/*Schmerbach* Rn. 17.
21 Zur Einstellung der Zwangsvollstreckung vgl. *Frind* ZInsO 2013, 279 (287); weitergehend FK-InsO/*Schmerbach* Rn. 4a; Graf-Schlicker/Graf-Schlicker § 270b Rn. 22; *Buchalik* ZInsO 2012, 349, (354); *Vallender* GmbHR 2012, 450 (452).
22 BGH 07.10.2010, IX ZR 209/09, ZIP 2010, 2307 Rn. 19.

§ 24 Wirkungen der Verfügungsbeschränkungen

(1) Bei einem Verstoß gegen eine der in § 21 Abs. 2 Nr. 2 vorgesehenen Verfügungsbeschränkungen gelten die §§ 81, 82 entsprechend.

(2) Ist die Verfügungsbefugnis über das Vermögen des Schuldners auf einen vorläufigen Insolvenzverwalter übergegangen, so gelten für die Aufnahme anhängiger Rechtsstreitigkeiten § 85 Abs. 1 Satz 1 und § 86 entsprechend.

Übersicht	Rdn.		Rdn.
A. Normzweck	1	C. Rechtsfolgen einer unwirksamen Verfügung	13
B. Voraussetzungen des Abs. 1	3	D. Aufnahme anhängiger Rechtsstreitigkeiten (Abs. 2)	16
I. Verfügungen des Schuldners, § 81	6		
II. Leistungen an den Schuldner, § 82	11		

A. Normzweck

1 Mit Abs. 1 werden die – vor dem Inkrafttreten der InsO nach §§ 106 Abs. 1 Satz 3 KO, §§ 12, 59 ff. VerglO durchaus streitig diskutierten – Wirkungen einer Verfügungsbeschränkung im Eröffnungsverfahren (§ 21 Abs. 2 Satz 1 Nr. 2) geregelt, in dem auf die Regelungen zur Wirksamkeit von Verfügungen des Schuldners (§ 81) und Leistungen an den Schuldner (§ 82) im eröffneten Verfahren verwiesen wird.[1]

2 Ebenfalls auf Vorschriften im eröffneten Verfahren verweist Abs. 2 zu der Möglichkeit, einen bei Anordnung eines allgemeinen Verfügungsverbots nach § 240 Satz 2 ZPO unterbrochenen Prozess aufzunehmen. Dabei soll es – da die Norm nicht auf § 85 Abs. 1 Satz 2 verweist – dem Gegner eines Aktivprozesses des Schuldners zumutbar sein, die Aufnahme des Rechtsstreits erst im eröffneten Verfahren erzwingen zu können.[2]

B. Voraussetzungen des Abs. 1

3 Die Vorschrift erfasst nur **Verfügungsbeschränkungen nach § 21 Abs. 2 Satz 1 Nr. 2**, mithin das allgemeine Verfügungsverbot und die Anordnung eines allgemeinen Zustimmungsvorbehalts (vgl. § 21 Rdn. 16 ff.), **nicht** dagegen die Anordnung eines **besonderen Verfügungsverbots**, dem nach §§ 135, 136 BGB nur relative Wirkung zukommt und das nach § 135 Abs. 2 BGB einen gutgläubigen Erwerb nicht ausschließt (vgl. § 21 Rdn. 58). Von der Verfügungsbeschränkung **ausgenommen** sind **Verfügungen über Finanzsicherheiten** und **Verrechnungen** i.S.d. § 21 Abs. 2 Satz 2 (vgl. § 21 Rdn. 63).

4 Der Begriff der **Verfügung** entspricht dem des allgemeinen Zivilrechts. Erfasst ist jedes Rechtsgeschäft, durch das auf ein dingliches oder obligatorisches Recht unmittelbar eingewirkt, es also übertragen, belastet, aufgehoben oder inhaltlich geändert wird (vgl. § 21 Rdn. 25). Eine Verfügung ist auch die Entgegennahme des zur **Erfüllung einer Verbindlichkeit** Geleisteten.[3] Das Verfügungsverbot erfasst die Übertragung von **Schutzrechten**[4] und die Vornahme von **Prozesshandlungen**.[5] Es hindert den Übergang sächlicher Betriebsmittel und damit regelmäßig den Eintritt der Rechtsfolgen des § 613a Abs. 1 Satz 1 BGB.[6]

5 Abs. 1 verweist (nur) auf § 81 und § 82, so dass nur die Wirksamkeit von Verfügungen des Schuldners und an diesen gerichteter Leistungen eingeschränkt wird, wobei anstelle der Verfahrenseröff-

---

1 Begr. RegE, RWS-Dok. 18., S. 185.
2 Begr. RegE, RWS-Dok. 18., S. 185.
3 Uhlenbruck/*Uhlenbruck* Rn. 12.
4 BPatG 06.09.2007, 10 W (pat) 53/06, Rn. 27, nv.
5 OLG Bamberg 08.02.2006, 4 U 5/06, InVo 2006, 184 (185 f.).
6 LAG Niedersachsen 06.10.2008, 9 Sa 1075/07, ZInsO 2009, 49 (50).

nung auf den **Zeitpunkt der Anordnung** der Verfügungsbeschränkung abzustellen ist.[7] Ein **sonstiger Rechtserwerb** i.S.d. § 91 Abs. 1 wird im Eröffnungsverfahren **nicht ausgeschlossen**, so dass weder der Erwerb eines Rechts kraft Gesetzes (z.B. nach § 562 Abs. 1 Satz 1, 774 Abs. 1 Satz 1 BGB), noch – außerhalb einer Anordnung gem. § 21 Abs. 2 Satz 1 Nr. 3 – ein Rechtserwerb im Wege der Zwangsvollstreckung ausgeschlossen ist.[8] § 91 Abs. 1 findet auch keine entsprechende Anwendung.[9] Ebenfalls nicht eingeschränkt ist die Auf- oder Verrechnung eines Drittschuldners; hierfür gelten die § 94 ff. erst im eröffneten Verfahren, so dass eine vor der Eröffnung des Insolvenzverfahrens geschaffene Aufrechnungslage nur den Schranken des § 96 Abs. 1 Nr. 3 unterliegt.[10]

I. Verfügungen des Schuldners, § 81

Unwirksam ist eine Verfügung des Schuldners über einen Gegenstand der künftigen Insolvenzmasse[11] nach der Anordnung der Verfügungsbeschränkung. Die Verfügungsbeschränkung wird zur im Anordnungsbeschluss angegebenen Stunde oder ohne eine solche Angabe um 12.00 Uhr des Erlasstags wirksam (vgl. § 21 Rdn. 68). Ist am selben Tag verfügt worden, muss der Begünstigte die Vermutung des § 81 Abs. 3 Satz 1, nach der die Verfügung nach der Anordnung vorgenommen wurde, widerlegen. 6

Anders als im eröffneten Verfahren, in dem nach § 91 Abs. 1 auch der sonstige Rechtserwerb ausgeschlossen ist, erlangt im Eröffnungsverfahren die Frage besondere Bedeutung, ob ein über den Anordnungszeitpunkt **gestreckter Rechtserwerb** noch zu Lasten der Masse erfolgen kann oder dieser entsprechend § 81 unwirksam ist. Nach der Rechtsprechung des BGH sind Handlungen, die auf die **Vollendung eines bedingten Rechtserwerbs** gerichtet sind, keine Verfügungen i.S.d. § 81.[12] Wird daher der Verfügungstatbestand, wie die **Abtretung einer künftig entstehenden Forderung**, zeitlich vor der Anordnung eines Zustimmungsvorbehalts nach § 21 Abs. 2 Nr. 2 verwirklicht, soll der Rechtserwerb nicht dadurch verhindert werden, dass der Schuldner vor dessen Vollendung nicht mehr allein verfügungsbefugt gewesen ist.[13] Ferner hindert die Verfügungsbeschränkung nicht den Eintritt des Verfügungserfolgs bei einem im Grundbuch einzutragenden Erwerb, wenn die dingliche Einigung erfolgt ist und der Eintragungsantrag gestellt wurde.[14] 7

Die nach § **16 Nr. 6 VOB/B** im Voraus vereinbarte Befugnis des Auftraggebers, mit befreiender Wirkung an den Gläubiger (Subunternehmer) des Auftragnehmers zu leisten, erlischt mit der Anordnung der Verfügungsbeschränkung.[15] Gleiches gilt für die im Kontokorrent nach § 355 HGB vereinbarte antizipierte Verrechnungsabrede (zur Möglichkeit der Aufrechnung vgl. Rdn. 5).[16] 8

Eine Verfügung ist auch dann unwirksam, wenn diese von einem Dritten auf Weisung des Schuldners vorgenommen wird. Hauptanwendungsfall ist die **Banküberweisung** (vgl. § 22 Rdn. 124 f.), bei der die Bank im Auftrag bzw. auf Anweisung des Schuldners über dessen Guthaben oder Kreditmittel verfügt. Die Frage der Unwirksamkeit einer solchen Verfügung stellt sich zum einen im Ver- 9

---

7 HK-InsO/*Kirchhof* Rn. 13.
8 BGH 14.12.2006, IX ZR 102/03, ZInsO 2007, 91 Rn. 8; 26.04.2012, IX ZR 136/11, ZInsO 2012, 1123 Rn. 6.
9 BGH 10.12.2009, IX ZR 1/09, ZIP 2010, 138 Rn. 27.
10 BGH 29.06.2004, IX ZR 195/03, BGHZ 159, 388 (392); Uhlenbruck/*Uhlenbruck* Rn. 7; für die Inanspruchnahme von Vorausleistungen: BGH, 21.02.2013, IX ZR 69/12, ZInsO 2013, 547 Rn. 12 ff.
11 Dazu BGH, 21.02.2013, IX ZR 69/12, ZInsO Rn. 9.
12 BGH 22.10.2009, IX ZR 90/08, ZIP 2009, 2347 Rn. 8 ff.; 10.12.2009, IX ZR 1/09, ZIP 2010, 138 Rn. 26; OLG Köln 30.04.2008, 2 U 106/07, JMBl NW 2009, 8 (10 f.); a.A. OLG Dresden 26.01.2006, 13 U 1924/05, ZInsO 2006, 1057 (1058); OLG Naumburg 23.04.2008, 5 U 19/08, ZInsO 2008, 1022 (1023); HK-InsO/*Kirchhof* Rn. 9; Uhlenbruck/*Uhlenbruck* Rn. 4 ff.; HambK-InsR/*Schröder* Rn. 8;.
13 BGH 10.12.2009, IX ZR 1/09, ZIP 2010, 138 Rn. 25.
14 BGH 26.04.2012, IX ZR 136/11, ZInsO 2012, 1123 Rn. 10 ff.
15 BGH 17.06.1999, IX ZR 176/98, BGHZ 142, 72 (75).
16 BGH 04.05.1979, I ZR 127/77, BGHZ 74, 253 (254).

hältnis zur Bank, die mit der Durchführung der Überweisung eine Leistung i.S.d. § 82 an den Schuldner erbringt[17] und zum anderen im Verhältnis zum Empfänger der Überweisung, der eine Leistung aus dem der Verfügungsbeschränkung unterliegenden Vermögen erhalten hat.[18] Der Empfänger der Überweisung ist der Masse gem. § 816 Abs. 2 BGB zur Erstattung des Geleisteten verpflichtet, entweder weil die unberechtigte Leistung der Bank an den Gläubiger mangels Kenntnis von der Verfügungsbeschränkung gegenüber der Masse wirksam ist oder – falls die Bank die Verfügungsbeschränkung kannte – mit der Inanspruchnahme des Überweisungsempfängers, wenn die Leistung der Bank gem. § 185 Abs. 2 Satz 1 BGB genehmigt wird (vgl. aber auch Rdn. 14). Wird dagegen die Bank auf Rückerstattung in Anspruch genommen, kann diese den Betrag bei dem Überweisungsempfänger kondizieren.[19] Die vorbezeichneten Grundsätze gelten für eine nach Erlass der Verfügungsbeschränkung erteilten Ermächtigung an einen (Verwaltungs-)Treuhänder, eine Zahlung an einen Dritten zu bewirken, entsprechend.[20]

10 Die Möglichkeit eines **gutgläubigen Erwerbs** besteht nur für die unter § 81 Abs. 1 Satz 2 fallenden Vermögensgegenstände.[21] In Bezug auf Grundstücke und Rechten an Grundstücken sind die Voraussetzungen der §§ 892, 893 BGB zu prüfen (vgl. § 81 Rdn. 19 ff.). Soweit streitig ist, von welchem Zeitpunkt an das Grundbuchamt eine Verfügungsbeschränkung zu beachten hat (vgl. § 32 Rdn. 12 ff.), betrifft dies nicht die nach materiellem Recht zu beantwortende Frage, ob ein gutgläubiger Erwerb möglich ist; es wird nur verfahrensrechtlich darüber entschieden, ob der Begünstigte seine insolvenzfeste Rechtsposition geltend machen oder der vorläufige Insolvenzverwalter, soweit dieser die Voraussetzungen eines gutgläubigen Erwerbs für nicht gegeben hält, einen Grundbuchberichtigungsanspruch nach § 894 Abs. 1 verfolgen muss.[22]

II. Leistungen an den Schuldner, § 82

11 (Erfüllungs-)Leistungen an den Schuldner sind nicht per se unwirksam, sondern entsprechend § 82 Satz 1 nur dann, wenn der Dritte die Verfügungsbeschränkung kannte. Kann der Leistende nachweisen, dass vor der öffentlichen Bekanntmachung nach § 23 Abs. 1 Satz 1 geleistet wurde (vgl. § 23 Rdn. 4), wird nach § 82 Satz 2 seine Unkenntnis vermutet. Anderenfalls muss er seine Unkenntnis beweisen.[23]

12 Kein Fall des § 82 liegt bei einer Leistung **an einen Dritten** nach § 362 Abs. 2 BGB vor; entscheidend ist in diesem Fall vielmehr, ob der Schuldner dem Drittschuldner das Recht zur Leistung an den Dritten nach § 81 wirksam eingeräumt hat (vgl. Rdn. 6).[24]

C. Rechtsfolgen einer unwirksamen Verfügung

13 Der Erfolg einer nach Abs. 1 unwirksamen Verfügung tritt nicht ein. Aus dem Vermögen des Schuldners **weggegebene Gegenstände** können vom vorläufigen Insolvenzverwalter gem. § 985 BGB zurückgefordert und/oder nach § 812 Abs. 1 Satz 1 2. Fall BGB kondiziert werden. Eine der künftigen Masse zu Gute gekommene **Gegenleistung** ist entsprechend § 81 Abs. 1 Satz 3 zurückzugewähren, soweit die Masse noch bereichert ist.[25] Zur besonderen Situation bei der Banküberweisung vgl. Rdn. 9. Die Verfügung ist nicht endgültig, sondern nur schwebend unwirksam, so dass der vorläu-

---

17 BGH 15.12.2005, IX ZR 227/04, ZInsO 2006, 92 Rn. 11; HK-InsO/*Kayser* § 82 Rn. 23 ff.
18 BGH 11.01.2007, IX ZR 31/05, BGHZ 170, 276 Rn. 15; HambK-InsR/*Kuleisa* § 81 Rn. 12.
19 BGH 11.04.2006, XI ZR 220/05, BGHZ 167, 171 Rn. 9.
20 BGH 12.07.2012, IX ZR 213/11, ZInsO 2012, 1419 Rn. 14.
21 HK-InsO/*Kirchhof* Rn. 16.
22 HK-InsO/*Kirchhof* § 23 Rn. 12; Uhlenbruck/*Uhlenbruck* § 23 Rn. 7.
23 OLG Dresden 08.08.2007, 13 U 476/07, ZInsO 2008, 509 (510).
24 BGH 17.06.1999, IX ZR 176/98, BGHZ 142, 72 (75); 12.07.2012, IX ZR 210/11, ZInsO 2012, 1417 Rn. 6, 8; a.A. HK-InsO/*Kirchhof* Rn. 19.
25 HK-InsO/*Kirchhof* Rn. 17.

fige Insolvenzverwalter mit Wirkung ex tunc gem. §§ 185 Abs. 2 Satz 1 1. Fall, 184 Abs. 1 BGB genehmigen kann.[26]

Eine an den Schuldner gerichtete **Leistung hat keine Erfüllungswirkung**, § 362 Abs. 1 BGB, so dass der Drittschuldner (nochmals) an die Masse zu leisten hat. Den vorläufigen Insolvenzverwalter trifft nicht die Pflicht, sich zunächst darum zu bemühen, das bereits Geleistete vom Schuldner zu erhalten; wählt er diesen Weg, liegt darin (noch) keine Genehmigung der an den Schuldner bewirkten Leistung, sondern lediglich der Zugriff auf das – nunmehr ebenfalls dem Beschlag unterliegende – Vermögen (zur besonderen Situation bei der Banküberweisung vgl. Rdn. 9).[27] Eine nach §§ 362 Abs. 2, 185 Abs. 2 Satz 1 1. Fall BGB ex tunc die Erfüllungswirkung herbeiführende Genehmigung ist aber in der Entgegennahme des an den Schuldner Geleisteten enthalten. Die dem Drittschuldner nach § 812 Abs. 1 Satz 1 2. Fall BGB gegen den Schuldner zustehende Forderung kann dieser – anders als bei einer im eröffneten Verfahren unwirksam an den Schuldner bewirkten Leistung[28] – später als solche i.S.d. § 38 verfolgen. 14

Mit der **Aufhebung der Verfügungsbeschränkung** nach § 25 Abs. 1 erlangt der Schuldner die Verfügungsbefugnis zurück, mit der Folge, dass zuvor unwirksame Verfügungen gem. § 185 Abs. 2 Satz 1 2. Fall BGB wirksam werden.[29] 15

D. Aufnahme anhängiger Rechtsstreitigkeiten (Abs. 2)

Die Vorschrift betrifft nur die Anordnung eines allgemeinen Verfügungsverbots (§ 21 Abs. 2 Satz 1 Nr. 2 1. Fall) bei gleichzeitiger Bestellung eines vorläufigen Insolvenzverwalters (§§ 21 Abs. 2 Satz 1 Nr. 1, 22 Abs. 1). Diese Maßnahme bewirkt die Unterbrechung anhängiger Prozesse nach Maßgabe von § 240 Satz 2 ZPO (vgl. § 22 Rdn. 52 ff.). 16

Aktivprozesse der Masse können, da § 24 nicht auf § 85 Abs. 1 Satz 2, Abs. 2 verweist, **nur vom vorläufigen Insolvenzverwalter** nach § 85 Abs. 1 Satz 1 aufgenommen werden. Lehnt der vorläufige Insolvenzverwalter die Aufnahme ab, erzeugt diese Erklärung keine Wirkungen für das eröffnete Verfahren.[30] Für die Aufnahme gilt § 250 ZPO (Einzelheiten: § 85 Rdn. 37 ff.). 17

Im Eröffnungsverfahren können die in § 86 genannten **Passivprozesse** von beiden Parteien aufgenommen werden. Die Regelung unterstützt die These, dass aus- und absonderungsberechtigte Gläubiger nicht pauschal auf die Klärung ihrer Rechte im eröffneten Verfahren vertröstet werden dürfen (vgl. § 22 Rdn. 65). Soweit zum Teil die Geltendmachung einer »Einrede der Prüfungsbefugnis« zugestanden wird[31] kann dies jedenfalls nicht dazu führen, dass das Recht des Gläubigers zur Aufnahme des Prozesses im Ergebnis leer läuft. Eine Anordnung nach § 21 Abs. 2 Satz 1 Nr. 5 hindert die Aufnahme eines Prozesses ebenfalls nicht. Der vorläufige Insolvenzverwalter kann die ihm insoweit verliehenen Befugnisse aber im Prozess einwenden. 18

§ 25 Aufhebung der Sicherungsmaßnahmen

(1) Werden die Sicherungsmaßnahmen aufgehoben, so gilt für die Bekanntmachung der Aufhebung einer Verfügungsbeschränkung § 23 entsprechend.

(2) Ist die Verfügungsbefugnis über das Vermögen des Schuldners auf einen vorläufigen Insolvenzverwalter übergegangen, so hat dieser vor der Aufhebung seiner Bestellung aus dem von ihm verwalteten Vermögen die entstandenen Kosten zu berichtigen und die von ihm begründeten Ver-

---

26 OLG Köln 05.11.2008, 2 U 16/08, ZInsO 2009, 390 (392).
27 HK-InsO/*Kirchhof* Rn. 23; MüKo-InsO/*Ott-Vuia* § 82 Rn. 6; a.A. *Hess* Rn. 8.
28 HambK-InsR/*Kuleisa* § 82 Rn. 34.
29 BGH 06.11.2000, II ZR 67/99, ZIP 2001, 28 (29); Uhlenbruck/*Uhlenbruck* Rn. 1; HK-InsO/*Kirchhof* Rn. 11; a.A. AG Hamburg 13.10.2006, 67c IN 343/06, ZInsO 2006, 1118 (1119).
30 Missverständlich *Pohlmann* Rn. 587 f.; HK-InsO/*Kirchhof* Rn. 27.
31 HK-InsO/*Kirchhof* Rn. 29.

bindlichkeiten zu erfüllen. Gleiches gilt für die Verbindlichkeiten aus einem Dauerschuldverhältnis, soweit der vorläufige Insolvenzverwalter für das von ihm verwaltete Vermögen die Gegenleistung in Anspruch genommen hat.

Übersicht

	Rdn.			Rdn.
A. Normzweck	1	I.	Abwicklungsauftrag des vorläufigen Insolvenzverwalters	7
B. Aufhebung von Sicherungsmaßnahmen	3	II.	Verwaltetes Vermögen	10
I. Aufhebung	3	III.	Kosten des Eröffnungsverfahrens	11
II. Aufhebungsverfahren und -wirkungen	4	IV.	Erfüllung der im Eröffnungsverfahren begründeten Verbindlichkeiten	12
III. Bekanntmachung	6			
C. Kostenberichtigung und Erfüllung von Verbindlichkeiten	7			

A. Normzweck

1 Abs. 1 regelt die Verlautbarung der Aufhebung einer Verfügungsbeschränkung, die – wie die Bekanntmachung der Anordnung nach § 23 – der Information des Geschäftsverkehrs und der unmittelbar Verfahrensbeteiligten dient, hier darüber, dass der Schuldner die (volle) Verfügungsbefugnis über sein Vermögen wieder erlangt hat. Die im RegE (§ 29 I) zunächst vorgesehene Regelung zum Anlass der Aufhebung einer Sicherungsmaßnahme wurde als entbehrlich angesehen.[1]

2 Der Aufhebung der Bestellung eines verfügungsbefugten (dazu vgl. Rdn. 7) vorläufigen Insolvenzverwalters nach §§ 21 Abs. 2 Satz 1 Nr. 1, 22 Abs. 1 soll nach Abs. 2 die Berichtigung der Verfahrenskosten und der Verbindlichkeiten nach § 55 Abs. 2 vorausgehen, damit über deren Erfüllung mit dem Rückfall der Verfügungsbefugnis an den Schuldner kein Streit entsteht,[2] sondern die ordnungsgemäße Abwicklung der vorläufigen Verwaltung gewährleistet ist.[3]

B. Aufhebung von Sicherungsmaßnahmen

I. Aufhebung

3 Zur Aufhebung von Sicherungsmaßnahmen nach § 21 vgl. § 21 Rdn. 70 f.

II. Aufhebungsverfahren und -wirkungen

4 Die Aufhebung erfolgt durch Beschluss des Insolvenzgerichts, der nicht der Anfechtung unterliegt, § 6 (vgl. § 21 Rdn. 73). Eine Anhörung des Schuldners oder des vorläufigen Insolvenzverwalters ist nicht zwingend erforderlich, möglicherweise aber zweckmäßig, um den für die Entscheidung maßgeblichen Sachverhalt im Rahmen der Amtsermittlungspflicht (§ 5 Abs. 1 Satz 1) aufzuklären[4] und dem vorläufigen Insolvenzverwalter nach Abs. 2 die Möglichkeit der Kostenberichtigung zu geben (vgl. Rdn. 6 ff.).

5 Die Aufhebung ist ebenso wie die Anordnung einer Sicherungsmaßnahme mit der gerichtlichen Entscheidung (ex nunc) wirksam (vgl. § 21 Rdn. 68).[5] Die von der jeweiligen Sicherungsmaßnahme ausgehenden Rechtswirkungen enden im Grundsatz mit ihrer Aufhebung; soweit einem vorläufigen Insolvenzverwalter jedoch Verwaltungsbefugnisse eingeräumt wurden, können diese auch über die Aufhebung hinaus nachwirken (vgl. Rdn. 9).[6] Rechtshandlungen die der vorläufige Insolvenzverwalter vorgenommen hat oder die ihm gegenüber vorgenommen wurden, bleiben wirksam. Eines Rück-

---

[1] Begr. Rechtsausschuss, RWS-Dok. 18, S. 187.
[2] Begr. RegE, RWS-Dok. 18, S. 186.
[3] Uhlenbruck/*Uhlenbruck* Rn. 1.
[4] FK-InsO/*Schmerbach* Rn. 10.
[5] HK-InsO/*Kirchhof* Rn. 3.
[6] BGH 22.02.2007, IX ZR 2/06, NZI 2007, 338 Rn. 17; *Haarmeyer* ZInsO 2000, 70 (73).

griffs auf § 34 Abs. 3 Satz 3 bedarf es nicht, weil die Aufhebung einer Sicherungsmaßnahme – anders als die Aufhebung des Eröffnungsbeschlusses (vgl. § 34 Rdn. 37) – nur Wirkungen für die Zukunft entfaltet.[7]

III. Bekanntmachung

Bekanntmachung i.S.d. § 25 Abs. 1 ist nicht lediglich die öffentliche Bekanntmachung i.S.d. § 23 Abs. 1 Satz 1, sondern die Vornahme sämtlicher in § 23 vorgesehenen Verlautbarungsmaßnahmen einschließlich der in § 23 Abs. 1 Satz 2 genannten Zustellungen.[8] Abs. 1 verweist gerade nicht nur auf § 23 Abs. 1 Satz 1 und bezieht sich mit dem Begriff der »Bekanntmachung« auf die amtliche Überschrift des § 23, die sämtliche in dieser Norm genannten Verlautbarungen umfasst. Die Bekanntmachung ist von Amts wegen zu veranlassen. 6

C. Kostenberichtigung und Erfüllung von Verbindlichkeiten

I. Abwicklungsauftrag des vorläufigen Insolvenzverwalters

Die Pflicht (und das Recht) zur Berichtigung der Kosten und Erfüllung von Verbindlichkeiten hat nach dem Wortlaut des Gesetzes nur **der nach § 22 Abs. 1 verfügungsbefugte vorläufige Insolvenzverwalter**. Die Regelung soll entsprechend gelten, wenn der **nicht verfügungsbefugte vorläufige Insolvenzverwalter (§ 22 Abs. 2)** im Wege der **Einzelermächtigung** (vgl. § 22 Rdn. 90) gewillkürte Masseverbindlichkeiten begründet hat oder ihm die **Kassenführung** übertragen wurde;[9] ebenso, wenn der vorläufige Insolvenzverwalter sicherungshalber abgetretene **Forderungen eingezogen** und er dem Sicherungsnehmer gem. § 816 Abs. 2 BGB zur Herausgabe der eingezogenen Beträge verpflichtet ist.[10] Entscheidend für die entsprechende Anwendung ist, dass der vorläufige Insolvenzverwalter rechtlich und tatsächlich in der Lage ist, über die zur Berichtigung bzw. Erfüllung erforderlichen Mittel zu verfügen,[11] sei es auch auf Grund einer hierauf gerichteten Einzelermächtigung des Insolvenzgerichts.[12] 7

Die Berichtigung der Kosten und Erfüllung der zu Lasten des verwalteten Vermögens begründeten Verbindlichkeiten hat **vor der Aufhebung der Bestellung** zu erfolgen.[13] Entsprechend bestehen auch bei Wegfall der Anordnungsvoraussetzungen, insb. bei Fortfall bzw. Erreichung des Sicherungszwecks die Befugnisse des vorläufigen Insolvenzverwalters zur Abwicklung des durch die Sicherungsmaßnahme geschaffenen Zustands (Abwicklungszweck) fort, der nach den unter § 22 Rdn. 47 dargestellten Grundsätzen den Sicherungszweck ersetzt.[14] Das Insolvenzgericht kann allerdings im Interesse des Schuldners und unter dem Gesichtspunkt der Verhältnismäßigkeit das allgemeine Verfügungsverbot aufheben und entsprechend § 22 Abs. 2 die Befugnisse des vorläufigen Insolvenzverwalters auf die Verwaltung der für die Kostenberichtigung notwendigen Mittel beschränken.[15] Nach a.A. sollen die Befugnisse des vorläufigen Insolvenzverwalters bezogen auf das von ihm verwaltete Vermögen nach Aufhebung der Verfügungsbeschränkung unmittelbar aus § 25 Abs. 2 folgen, so 8

---

7 AA *Haarmeyer* ZInsO 2000, 70 [75]; FK-InsO/*Schmerbach* Rn. 12; HambK-InsR/*Schröder* Rn. 4.
8 Jaeger/*Gerhardt* Rn. 9; a.A. HK-InsO/*Kirchhof* Rn. 3; HambK-InsR/*Schröder* Rn. 2; Uhlenbruck/*Uhlenbruck* Rn. 22; FK-InsO/*Schmerbach* Rn. 13.
9 BGH 22.02.2007, IX ZR 2/06, NZI 2007, 338 Rn. 16; Uhlenbruck/*Uhlenbruck* Rn. 6; HK-InsO/*Kirchhof* Rn. 10; zweifelnd für den Fall der Übertragung der Kassenführung: HambK-InsO/*Schröder* Rn. 11.
10 BGH 22.02.2007, IX ZR 2/06, NZI 2007, 338 Rn. 15, 17.
11 BGH 22.02.2007, IX ZR 2/06, NZI 2007, 338 Rn. 15, 17.
12 LG Göttingen 16.02.1995, 6 T 84/94, ZIP 1995, 858 (859); HK-InsO/*Kirchhof* Rn. 10.
13 BGH 22.02.2007, IX ZR 2/06, NZI 2007, 338 Rn. 17.
14 HambK-InsR/*Schröder* Rn. 8; FK-InsO/*Schmerbach* Rn. 21.
15 LG Duisburg 28.03.2001, 7/24 T 99/00, ZIP 2001, 1020 (1022); FK-InsO/*Schmerbach* Rn. 30 f.; HambK-InsR/*Schröder* Rn. 6; offen gelassen für den nicht verfügungsbefugten vorläufigen Insolvenzverwalter: BGH 13.12.2007, IX ZR 196/06, BGHZ 175, 48 Rn. 5.

dass es einer ausdrücklichen gerichtlichen Anordnung nicht bedürfe.[16] Die Wahrnehmung des durch den Abwicklungsauftrag geänderten Bestellungszwecks setzt voraus, dass der vorläufige Insolvenzverwalter von der beabsichtigten Aufhebung in Kenntnis gesetzt wird, damit er die Kostenberichtigung vornehmen kann.[17]

9   Ist der vorläufige Insolvenzverwalter noch zur Verfügung in der Lage, kann er auch **nach der Aufhebung der Sicherungsmaßnahmen** noch mit Wirkung für und gegen den Schuldner die Erfüllung seiner Pflichten nachholen.[18]

II. Verwaltetes Vermögen

10 Der Berichtigung bzw. Erfüllung dient **das gesamte der Verwaltungsbefugnis des vorläufigen Insolvenzverwalters unterliegende Vermögen** und nicht nur entsprechend § 207 Abs. 3 Satz 1 die liquiden Mittel.[19] Soweit sich durch Verwertungsmaßnahmen das Abwicklungsverfahren hinzieht, kann und muss eine Einschränkung des Vermögensbeschlags erwogen werden (vgl. Rdn. 8). Entsprechend § 207 Abs. 3 Satz 2 ist der vorläufige Insolvenzverwalter zur Vermögensverwertung nicht verpflichtet, wenn die Kostendeckung nicht gewährleistet ist (vgl. Rdn. 11). Reicht das Vermögen nicht aus, gilt § 209 Abs. 1 entsprechend.[20]

III. Kosten des Eröffnungsverfahrens

11 Abs. 2 meint die **Kosten des Eröffnungsverfahrens**, die zu unterscheiden sind von den Kosten des Insolvenzverfahrens i.S.d. § 54, nach dessen Nr. 2 die Vergütung und die Auslagen des vorläufigen Insolvenzverwalters nur für den Fall der Eröffnung des Verfahrens zu den Kosten des Insolvenzverfahrens gehören (vgl. § 54 Rdn. 14).[21] Die Kosten des Eröffnungsverfahrens umfassen die Gerichtskosten (§ 23 Abs. 1 Satz 1 GKG, Nr. 2310 KV) nebst Auslagen (Nr. 9000 ff.), insb. Veröffentlichungskosten und die Vergütung eines Sachverständigen sowie die Vergütung und die Auslagen des vorläufigen Insolvenzverwalters.[22] Letztere ist nach § 26a Abs. 1 nunmehr durch das Insolvenzgericht festzusetzen.

IV. Erfüllung der im Eröffnungsverfahren begründeten Verbindlichkeiten

12 Der vorläufige Insolvenzverwalter hat die Verbindlichkeiten zu erfüllen, die im Falle der Verfahrenseröffnung nach § 55 Abs. 2 Satz 1 bzw. § 55 Abs. 2 Satz 2 als Masseverbindlichkeit zu befriedigen gewesen wären. Gleiches gilt für die Auskehr von Erlösen aus der Einziehung von Forderungen, die bei Verfahrenseröffnung der Ersatzabsonderung unterlegen hätten und deren Auszahlung der vorläufige Insolvenzverwalter nach § 816 Abs. 2 BGB schuldet.[23] Ist die Forderung zweifelhaft, besteht die Möglichkeit der Hinterlegung nach § 372 Satz 2 BGB.[24]

---

16 Uhlenbruck/*Uhlenbruck* Rn. 14; *Fregel/Keller/Riedel* Insolvenzrecht, 7. Aufl., Rn. 605.
17 Kübler/Prütting/Bork/*Pape* Rn. 9; Uhlenbruck/*Uhlenbruck* Rn. 9 der allerdings von einer Pflicht zur sofortigen Aufhebung im Falle der Rücknahme bzw. Erledigung des Insolvenzantrags und der Aufhebung des Eröffnungsbeschlusses im Beschwerdeverfahren ausgeht.
18 BGH 22.02.2007, IX ZR 2/06, NZI 2007, 338 Rn. 17.
19 Uhlenbruck/*Uhlenbruck* Rn. 16; MüKo-InsO/*Haarmeyer* Rn. 23; a.A. FK-InsO/*Schmerbach* Rn. 25; HambK-InsO/*Schröder* Rn. 8; *Haarmeyer* ZInsO 2000, 70 (75); *Graeber* FS Haarmeyer, 75, 81.
20 FK-InsO/*Schmerbach* Rn. 25; HK-InsO/*Kirchhof* Rn. 8; zur Anfechtbarkeit der Vergütungsvereinnahmung: BGH 15.12.2011, IX ZR 118/11, ZInsO 2012, 241.
21 BGH 13.12.2007, IX ZR 196/06, BGHZ 175, 48 Rn. 10.
22 FK-InsO/*Schmerbach* Rn. 22; Uhlenbruck/*Uhlenbruck* Rn. 18.
23 BGH 22.02.2007, IX ZR 2/06, NZI 2007, 338 Rn. 15.
24 BGH 22.02.2007, IX ZR 2/06, NZI 2007, 338 Rn. 21 f.

§ 26 Abweisung mangels Masse

(1) Das Insolvenzgericht weist den Antrag auf Eröffnung des Insolvenzverfahrens ab, wenn das Vermögen des Schuldners voraussichtlich nicht ausreichen wird, um die Kosten des Verfahrens zu decken. Die Abweisung unterbleibt, wenn ein ausreichender Geldbetrag vorgeschossen wird oder die Kosten nach § 4a gestundet werden. Der Beschluss ist unverzüglich öffentlich bekannt zu machen.

(2) Das Gericht ordnet die Eintragung des Schuldners, bei dem der Eröffnungsantrag mangels Masse abgewiesen worden ist, in das Schuldnerverzeichnis nach § 882b der Zivilprozessordnung an und übermittelt die Anordnung unverzüglich elektronisch dem zentralen Vollstreckungsgericht nach § 882h Abs. 1 der Zivilprozessordnung. § 882c Abs. 3 der Zivilprozessordnung gilt entsprechend.

(3) Wer nach Absatz 1 Satz 2 einen Vorschuß geleistet hat, kann die Erstattung des vorgeschossenen Betrages von jeder Person verlangen, die entgegen den Vorschriften des Insolvenz- oder Gesellschaftsrechts den Antrag auf Eröffnung des Insolvenzverfahrens pflichtwidrig und schuldhaft nicht gestellt hat. Ist streitig, ob die Person pflichtwidrig und schuldhaft gehandelt hat, so trifft sie die Beweislast.

(4) Zur Leistung eines Vorschusses nach Absatz 1 Satz 2 ist jede Person verpflichtet, die entgegen den Vorschriften des Insolvenz- oder Gesellschaftsrechts pflichtwidrig und schuldhaft keinen Antrag auf Eröffnung des Insolvenzverfahrens gestellt hat. Ist streitig, ob die Person pflichtwidrig und schuldhaft gehandelt hat, so trifft sie die Beweislast. Die Zahlung des Vorschusses kann der vorläufige Insolvenzverwalter sowie jede Person verlangen, die einen begründeten Vermögensanspruch gegen den Schuldner hat.

Übersicht

		Rdn.
A.	**Allgemeines**	1
I.	Normzweck	1
II.	Entstehungsgeschichte	3
B.	**Abweisung des Eröffnungsantrags mangels Masse**	5
I.	Voraussetzungen	5
	1. Vermögen des Schuldners	6
	2. Kosten des Verfahrens	12
	3. Prognose	14
	4. Ausnahmen	15
	a) Kostenvorschuss	16
	b) Kostenstundung	19
II.	Verfahren und Entscheidung	20
	1. Anhörung	21
	2. Entscheidung	24
	3. Rechtsmittel	29
III.	Rechtsfolgen	30

		Rdn.
	1. Eintragung im Schuldnerverzeichnis (Abs. 2)	30
	2. Gesellschaftsrecht	35
	a) Auflösung	35
	b) Löschung	37
	3. Sonstige Rechtsfolgen	38
C.	**Erstattungsanspruch des Vorschussleistenden (Abs. 3)**	41
I.	Voraussetzungen	41
	1. Massekostenvorschuss (Abs. 1 Satz 2)	42
	2. Verletzung der Insolvenzantragspflicht	44
	3. Pflichtwidrigkeit/Verschulden	47
II.	Rechtsfolgen	48
D.	**Vorschusspflicht, Abs. 4**	50

A. Allgemeines

I. Normzweck

Die Norm steht in Zusammenhang mit § 27 und regelt die voraussichtliche Deckung der Verfahrenskosten (§ 54) als Eröffnungsvoraussetzung. Kann diese nicht festgestellt werden, ist nach Abs. 1 Satz 1 der Eröffnungsantrag abzuweisen, wenn nicht – nach Abs. 1 Satz 2 – entweder ein die voraussichtlichen Kosten deckender Vorschuss geleistet oder die Verfahrenskosten nach § 4a gestundet wurden. Geschützt werden damit (ausschließlich) die Kostengläubiger nach § 54[1] zu Lasten des Interesses der Insolvenzgläubiger an einer gleichmäßigen Befriedigung (§ 1 Satz 1) und der Ordnungs- 1

---

1 BGH 17.07.2008, IX ZB 225/07, ZInsO 2008, 859 Rn. 13.

funktion des Insolvenzverfahrens.[2] Ein rechtlich schutzwürdiges Interesse des Schuldners oder seiner Organe an einer Abweisung des Antrags mangels Kostendeckung besteht nicht.[3]

2 Abs. 1 Satz 3 und Abs. 2 regeln die Verlautbarung der Abweisungsentscheidung zum Schutz des Rechtsverkehrs und Abs. 3 die Erstattungspflicht antragspflichtiger Organe gegenüber dem nach Abs. 1 Satz 2 vorschießenden Gläubiger als Spezialfall der Organhaftung unter dem Gesichtspunkt der Verletzung der Antragspflicht. Zur Vorschusszahlung können nach Abs. 4 nunmehr auch die für eine verspätete Antragstellung Verantwortlichen auch unmittelbar herangezogen werden.

II. Entstehungsgeschichte

3 Die Regelung ersetzt § 107 Abs. 1 KO und § 4 Abs. 2 GesO und sollte nach den Vorstellungen des Gesetzgebers dazu führen, dass die Anzahl eröffneter Verfahren steigt.[4] Das ursprüngliche Vorhaben, für die Eröffnung die Kostendeckung bis zum Berichtstermin genügen zu lassen (vgl. § 30 Abs. 1 RegE), ist im Gesetzgebungsverfahren aufgegeben worden. Die Anregung des Bundesrats, eine ausdrückliche Regelung über die Kostenfolgen in die Norm aufzunehmen,[5] ist nicht aufgegriffen worden; vgl. aber jetzt § 26a hinsichtlich der Verwaltervergütung.

4 Mit Art. 1 des Gesetzes v. 26.10.2001[6] wurde Abs. 1 Satz 2 als notwendige Folgeregelung des § 4a Abs. 1 Satz 1 geändert, und zwar nach Art. 103a EGInsO für nach dem 01.12.2001 eröffnete Insolvenzverfahren. Die in Abs. 3 Satz 3 enthaltene Regelung für die Verjährung des Schadenersatzanspruchs wurde im Zuge der Vereinheitlichung des Verjährungsrechts gestrichen (Art. 5 Nr. 1 des Gesetzes vom 09.12.2004).[7] Mit Gesetz vom 01.07.2007[8] wurde für nach dem 30.06.2007 ergangene Entscheidungen (§ 103c EGInsO) die Pflicht zur öffentlichen Bekanntmachung nach Abs. 1 Satz 3 geschaffen. Die Änderung des Abs. 3 durch Art. 9 MoMiG vom 23.10.2008[9] trägt dem Umstand Rechnung, dass die Antragspflicht von juristischen Personen und Gesellschaften ohne Rechtspersönlichkeit nunmehr in § 15a geregelt ist. Abs. 4 ist durch Gesetz vom 07.12.2011 geschaffen worden[10] und gilt nach Art. 103g EGInsO, Art. 10 Satz 3 ESUG für Insolvenzverfahren, die nach dem 01.03.2012 beantragt wurden. Abs. 2 wurde durch Gesetz vom 29.07.2009[11] mit Wirkung zum 01.01.2013 geändert.

B. Abweisung des Eröffnungsantrags mangels Masse

I. Voraussetzungen

5 Das Insolvenzgericht hat den Eröffnungsantrag nach Abs. 1 Satz 1 abzuweisen, wenn eine Prognose (vgl. Rdn. 14 ff.) ergibt, dass das Vermögen des Schuldners (vgl. Rdn. 6 ff.) voraussichtlich nicht ausreichen wird, die Kosten des Verfahrens (vgl. Rdn. 12 ff.) zu decken, es sei denn, ein Dritter leistet einen die Kosten deckenden Vorschuss (vgl. Rdn. 16) oder einer natürlichen Person als Schuldner sind die Verfahrenskosten nach § 4a gestundet worden (vgl. Rdn. 19). Die Norm findet auch im **vereinfachten Insolvenzverfahren** nach §§ 311 ff. Anwendung.[12]

---

2 FK-InsO/*Schmerbach* Vor § 1 ff. Rn. 23 ff.
3 BGH 17.07.2008, IX ZB 225/07, ZInsO 2008, 859 Rn. 8 ff.
4 Begr. RegE, RWS-Dok. 18, S. 188.
5 Stellungnahme Bundesrat, RWS-Dok. 18, S. 189.
6 BGBl. I, 2710.
7 BGBl. I, 2710.
8 BGBl. I, 509.
9 BGBl. I, 2026.
10 BGBl. I, 2582.
11 BGBl. I 2258.
12 OLG Köln 23.02.2000, 2 W 21/00, NZI 2000, 217 (218).

1. Vermögen des Schuldners

Das für die Kostendeckung **einzusetzende Vermögen** ist nach Maßgabe der **§§ 35 bis 37** zu bestimmen (vgl. i.E. die Kommentierung dort); einzubeziehen ist daher auch der (voraussichtliche) Neuerwerb des Schuldners nach § 35 I.[13] Bezugspunkt ist das sog. Soll-Vermögen, also dasjenige, was nach Abschluss des Verfahrens voraussichtlich zur Verteilung vorhanden ist; mit Aussonderungsrechten belastetes Vermögen ist daher nicht, der Absonderung unterliegendes Vermögen nur im Hinblick auf die nach § 171 oder nach einer Verwertungsabrede voraussichtlich bei der Masse verbleibenden Erlöses zu berücksichtigen, wobei zu beachten ist, dass im vereinfachten Verfahren gem. § 313 Abs. 3 ein Verwertungsrecht des Treuhänders nicht besteht.[14] Die Stundung der Verfahrenskosten kann nach § 4a im Insolvenzverfahren über das Vermögen einer natürlichen Person nicht im Hinblick auf eine ratenweise Deckung der Verfahrenskosten abgelehnt werden.[15] Etwas missverständlich heißt es daher in einer anderen Entscheidung des BGH, der Deckungsbegriff in § 4a entspreche dem des § 26 und von einer mangelnden Verfahrenskostendeckung sei bereits dann auszugehen, wenn der Schuldner nicht in einer Einmalzahlung die Verfahrenskosten aufbringen könne.[16] Zum Vermögen gehört auch ein Anspruch des Schuldners gegen seinen Ehegatten auf Vorschussleistung gem. § 1360a BGB.[17] Im Insolvenzverfahren über das Vermögen einer **Genossenschaft** kommt eine Entscheidung nach Abs. 1 Satz 1 im Hinblick auf die Nachschusspflicht der Genossen aus § 105 Abs. 1 Satz 1 GenG nicht in Betracht, es sei denn, die Nachschusspflicht wurde in der Satzung ausgeschlossen.[18]

Da das Insolvenzverfahren im Grundsatz auf eine **Vollliquidation** des dem Insolvenzbeschlag unterliegenden Vermögens ausgerichtet ist, §§ 1, 159, ist im Grundsatz das gesamte Vermögen mit seinem voraussichtlichen **Liquidationswert** zu berücksichtigen. Soweit eine Fortführung bzw. Sanierung des Unternehmens überwiegend wahrscheinlich ist, sind **Fortführungswerte** anzusetzen,[19] wobei dies bei fraglicher Kostendeckung nur im Ausnahmefall angenommen werden kann.[20]

Unter dem Gesichtspunkt der Verwertbarkeit des Vermögens müssen von diesem Grundsatz Ausnahmen zugelassen werden, wenn der **Liquidationsaufwand** weder aus der Masse aufgebracht noch vorgeschossen werden kann (zur Berücksichtigung sonstiger Masseverbindlichkeiten als Verfahrenskosten vgl. Rdn. 13).[21] Zwar handelt es sich beim Liquidationsaufwand um Verwertungskosten, die regelmäßig – den Verfahrenskosten im Rang nachgehende – Masseverbindlichkeiten nach § 55 Abs. 1 Nr. 1 darstellen; jedoch muss davon ausgegangen werden, dass die Realisierung des Liquidationswerts nur möglich ist, wenn dieser Aufwand gedeckt ist. Im Übrigen würde im Hinblick auf die Haftung des Insolvenzverwalters nach § 61 ein unlösbarer Interessenkonflikt entstehen, wenn er zur Sicherstellung der Verfahrenskosten Leistungen aus voraussichtlich nicht gedeckten Masseverbindlichkeiten in Anspruch nehmen müsste. Anders ist dies jedoch – zumindest dann, wenn § 55 Abs. 4 noch keine Anwendung findet – für die im Rahmen der Verwertung zu Lasten der Masse anfallende Umsatzsteuer.[22]

---

13 BGH 04.11.2004, IX ZR 70/03, NZI 2005, 45.
14 FK-InsO/*Schmerbach* Rn. 16.
15 BGH 25.09.2003, IX ZB 459/02, NZI 2003, 665 (665 f.).
16 BGH 04.11.2004, IX ZB 70/03, NZI 2005, 45 (45 f.); vgl. auch FK-InsO/*Schmerbach* Rn. 27.
17 LG Düsseldorf 21.05.2002, 25 T 128/02, 25 T 129/02, ZInsO 2002, 588 (589); enger: AG Hamburg 26.04.2002, 67g IN 152/02, ZInsO 2002, 594.
18 Uhlenbruck/*Hirte* Rn. 57.
19 HambK-InsR/*Schröder* Rn. 15.
20 HK-InsO/*Kirchhof* Rn. 6.
21 HK-InsO/*Kirchhof* Rn. 6; BK-InsR/*Goetsch* Rn. 12; Uhlenbruck/*Uhlenbruck* Rn. 13; *Voigt* ZIP 2004, 1531 (1532).
22 BGH 14.10.2010, IX ZB 224/08, ZInsO 2010, 2188 Rn. 8 ff.

9 Das zur Kostendeckung zur Verfügung stehende Vermögen muss »in angemessener Zeit« in Geld umwandelbar sei.[23] Dieser Gesichtspunkt ist in mehrfacher Hinsicht relevant: Der für die Verwertung zu veranschlagende Zeitraum hat im Regelfall unmittelbar Einfluss auf den realisierbaren Liquidationswert.[24] Daneben stellen sich die sehr unterschiedlich beantworteten Fragen, ob der Liquidationserlös erst zum Ende des Insolvenzverfahrens zur Verfügung stehen muss[25] oder bereits etwaige Vorschussansprüche des Insolvenzverwalters nach § 9 Satz 2 InsVV, die regelmäßig nach Ablauf von sechs Monaten verlangt werden können, gedeckt sein müssen und ob für das Verfahren selbst zeitliche Grenzen zu berücksichtigen sind. Die Rechtsprechung hat hieran anknüpfend sehr unterschiedliche Verwertungszeiträume als »angemessen« angesehen; der BGH hat in einem Einzelfall die Annahme eines Verwertungszeitraums von **einem Jahr** unbeanstandet gelassen,[26] überwiegend wird auch ein Verwertungszeitraum von **zwei Jahren und länger** noch nicht als unangemessen angesehen,[27] teilweise wird eine konkrete und dem Eröffnungszeitpunkt zeitnah nachfolgende Masseanreicherung gefordert.[28] Zu Recht wird auf das Erfordernis einer **einzelfallbezogenen**, Zumutbarkeitskriterien berücksichtigenden **Abwägung** hingewiesen, die nicht nur den Verwertungszeitraum, sondern auch den voraussichtlichen Wert des Vermögens, den Verwertungsaufwand und die Realisierungschancen einbezieht.[29] Müsste die Verfahrenskostendeckung ausschließlich oder weitgehend auf den Neuerwerb des Schuldners im Insolvenzverfahren gestützt werden, ist zu berücksichtigen, dass nach § 196 Abs. 1 das Verfahren nicht allein wegen des Neuerwerbs fortgesetzt werden kann.[30]

10 Soweit zu prüfen ist, ob das Schuldnervermögen durch **Prozessführung** angereichert werden kann, ist zu beachten, dass das Insolvenzverfahren nicht an die Stelle eines Erkenntnisverfahrens treten soll und es daher nicht dem Zweck dient, schwierige materielle Rechtsfragen als Voraussetzung einer Insolvenzeröffnung zu klären.[31] Ist danach ernstlich zweifelhaft, ob Vermögensgegenstände zur Insolvenzmasse gehören, können diese Gegenstände im Rahmen der Prüfung nach Abs. 1 Satz 1 nicht als Aktiva der Masse zugerechnet werden.[32] Dabei ist zu berücksichtigen, dass der Insolvenzverwalter bei der Prozessführung regelmäßig auf die Bewilligung von Prozesskostenhilfe, die Unterstützung der am Gegenstand des Rechtsstreits wirtschaftlich Beteiligten i.S.d. § 116 Nr. 1 ZPO oder eine Prozessfinanzierung durch Dritte angewiesen ist und sich hieraus häufig auch jenseits der Prozessrisiken i.e.S. nicht unerhebliche Hürden für die Realisierung einer Forderung ergeben.[33] So ist die Bewilligung von Prozesskostenhilfe nach neuerer Rechtsprechung des BGH ihrerseits von der Massekostendeckung abhängig,[34] so dass sich möglicherweise schon bei geringfügigen Prognoseabweichungen das Risiko ergeben kann, dass auch aussichtsreiche Prozesse nicht mehr geführt werden können. Darüber hinaus muss der Insolvenzverwalter ggf. erhebliche Anstrengungen unternehmen, um eine Finanzierung des Prozesses durch wirtschaftlich beteiligte Gläubiger zu realisieren.[35]

---

23 BGH 17.06.2003, IX ZB 476/02, NZI 2004, 30 (31).
24 HK-InsO/*Kirchhof* Rn. 5.
25 HK-InsO/*Kirchhof* Rn. 5, 9.
26 BGH 17.06.2003, IX ZB 476/02, NZI 2004, 30 (31).
27 AG Göttingen 11.12.2008, 71 IN 85/08, ZInsO 2009, 190 (190 f.); AG Hamburg 20.12.2005, 67c IN 387/05, ZInsO 2006, 51 (52); LG Leipzig 15.05.2002, 12 T 1606/02.
28 OLG Köln 23.02.2000, 2 W 21/00, NZI 2000, 217 (219); 06.10.2000, 2 W 171/00, ZInsO 2000, 606: **Weniger als 7 Monate**.
29 HambK-InsR/*Schröder* Rn. 30; Uhlenbruck/*Uhlenbruck* Rn. 17.
30 *Bähr* jurisPR-InsR 3/2009 Anm. 6.
31 BGH 05.08.2002, IX ZB 51/02, ZIP 2002, 1695 (1696).
32 BGH 05.08.2002, IX ZB 51/02, ZIP 2002, 1695 (1696).
33 Uhlenbruck/*Uhlenbruck* Rn. 14.
34 BGH 16.07.2009, IX ZB 221/08, NZI 2009, 602 Rn. 6; OLG Dresden 25.11.2009, 13 U 1612/09, ZVI 2010, 188 (189); zu weitgehend aber OLG Celle 08.04.2010, 9 W 21/10, ZIP 2010, 1464 m. abl. Anm. *Jacoby* EWiR 2010, 473; a.A. *Heinze* ZVI 2010, 189 (190 f.).
35 BGH 25.11.2010, VII ZB 71/08, ZIP 2011, 98 Rn. 12.

Wird der Antrag von einem antragspflichtigen Organ in unzulässiger Weise verzögert, können darauf 11
beruhende **Haftungsansprüche** gegen die Gesellschaftsorgane nach §§ 64 Abs. 1, 84 Abs. 1 Nr. 2
GmbHG, §§ 130a Abs. 1, 130b, 177a HGB, §§ 92 Abs. 2, 401 Abs. 1 Nr. 2 AktG, §§ 99 Abs. 1,
148 Abs. 1 Nr. 2 GenG oder § 42 Abs. 2 BGB oder Ansprüche aus § 823 Abs. 2 BGB i.V.m. § 15a,
die der Insolvenzverwalter nach § 92 verfolgen kann, zu einer jedenfalls die Verfahrenskosten deckenden Anreicherung der Masse führen.[36] Gerade in den Fällen einer unzureichender Masse ist es wahrscheinlich, dass es bei einem antragspflichtigen Schuldner im Vorfeld des Eröffnungsverfahrens zu
Masseschmälerungen gekommen ist, die im Wege der Organhaftung, unter Anwendung der Kapitalerhaltungsvorschriften, § 135 InsO bzw. § 30 ff. GmbHG i.d.F. vor dem Inkrafttreten des MoMiG[37]
oder im Wege der Insolvenzanfechtung nach §§ 129 ff. zu Gunsten der Masse rückgängig gemacht
werden können und müssen.[38] Ungeachtet dessen ist vor einer auf dieser Annahme beruhenden, zu
optimistischen Einschätzung zu warnen, weil zum einen die unter Rdn. 10 aufgezeigten Schwierigkeiten bei der Verfolgung solcher Ansprüche zu berücksichtigen sind und zum anderen häufig die gegen
Organe und Gesellschafter gerichteten Ansprüche nicht in vollem Umfang werthaltig sind, bzw. die
Werthaltigkeit im Eröffnungsverfahren nicht abschließend beurteilt werden kann.[39] Bei Zweifeln
sollte vorrangig der nach Abs. 4 bestehende Vorschussanspruch verfolgt werden (vgl. Rdn. 50).

2. Kosten des Verfahrens

Der Begriff der Verfahrenskosten ist in § 54 definiert; hierunter fallen die Gerichtskosten (auch für 12
das Eröffnungsverfahren), die Vergütung und Auslagen des vorläufigen Insolvenzverwalters, des
Insolvenzverwalters sowie der Mitglieder des (vorläufigen) Gläubigerausschusses.[40] Die Kostenschät-
zung hat sich an den individuellen Gegebenheiten des Einzelfalls zu orientieren und zu berücksichtigen, dass die Kosten eines Verbraucherinsolvenzverfahrens sowie bei Anordnung der Eigenverwaltung (§§ 270 ff.) regelmäßig niedriger ausfallen als im Regelinsolvenzverfahren.[41]

Die durch die Verwaltung, Verwertung und Verteilung der Insolvenzmasse begründeten Verbindlich- 13
keiten gehören – anders als noch nach § 58 Nr. 2 KO – im Grundsatz nicht zu den Verfahrenskosten,
sondern sind Masseverbindlichkeiten nach § 55 Abs. 1 Nr. 1, die bei der Prüfung der Kostendeckung unberücksichtigt bleiben sollen.[42] Die Deckung der Verfahrenskosten hat im Falle der Masseunzulänglichkeit – auch bei Stundung der Verfahrenskosten – absoluten Vorrang vor der Befriedigung der Masseverbindlichkeiten, so dass der Insolvenzverwalter mit der Kürzung seines Anspruchs
nach § 63 Abs. 2 rechnen muss, wenn er die Befriedigungsreihenfolge des § 209 Abs. 1 nicht einhält.[43] Ungeachtet dessen wird – insb. mit Blick auf das Haftungsrisiko des Insolvenzverwalters –
teilweise angenommen, auch die sog. **unausweichlichen Verwaltungskosten** – also solche, die aus
tatsächlichen oder rechtlichen Gründen zwingend aufgebracht werden müssen[44] – zählten zu den
Verfahrenskosten.[45] Der BGH hat diese Frage bislang offen gelassen,[46] zählt aber im **Ausnahmefall**

---

36 BGH 17.07.2008, IX ZB 225/07, ZInsO 2008, 859 Rn. 10 f.
37 AG Hamburg 23.09.2010, 67g IN 310/10, InsVZ 2010, 421 (422).
38 BGH 17.07.2008, IX ZB 225/07, ZInsO 2008, 859 Rn. 11.
39 *K. Schmidt* NJW 2011, 1255 (1256).
40 BGH 14.10.2010, IX ZB 224/08, ZInsO 2010, 2188 Rn. 9.
41 BGH 11.01.2007, IX ZB 85/05, NZI 2007, 238 Rn. 11; HK-InsO/*Kirchhof* Rn. 11.
42 Begr. RegE, BT-Drucks. 12/2443, 118, 218; BGH 14.10.2010, IX ZB 224/08, ZInsO 2010, 2188 Rn. 12; *Graf-Schlicker* ZIP 2002, 1166, 1174 f.
43 BGH 14.10.2010, IX ZB 224/08, ZInsO 2010, 2188 Rn. 7.
44 BGH 14.10.2010, IX ZB 224/08, ZInsO 2010, 2188 Rn. 10.
45 AG Charlottenburg 30.03.1999, 102 IN 642/99, ZInsO 1999, 597 für sämtliche Verbindlichkeiten, hin- sichtlich derer dem Insolvenzverwalter die Haftung aus § 61 droht; Nerlich/Römermann/*Mönning* Rn. 19 ff.; Braun/*Herzig* Rn. 17 ff.; a.A. LG Berlin ZInsO 2000, 224 (226); Kübler/Prütting/Bork/*Pape* Rn. 9b; HK-InsO/*Kirchhof* Rn. 16; FK-InsO/*Schmerbach* Rn. 10 f.
46 BGH 14.10.2010, IX ZB 224/08, ZInsO 2010, 2188 Rn. 10; 19.11.2009, IX ZR 261/08, NZI 2010, 188 Rn. 27.

Steuerberatungskosten zu den **Auslagen des Insolvenzverwalters nach § 4 Abs. 2 InsVV**, wenn dieser durch hoheitliche Anordnung auch nach Hinweis auf die Unzulänglichkeit der Masse zur Erfüllung steuerrechtlicher Pflichten herangezogen wird, deren Wahrnehmung bei sachgerechter Amtsführung einem Steuerberater übertragen wird;[47] nicht aber, wenn der Insolvenzverwalter hierfür eigene Hilfskräfte einsetzt.[48] Bei der Prüfung der Kostendeckung dürfte dies regelmäßig noch nicht absehbar sein,[49] so dass beruhend auf der Praxis der örtlichen Finanzverwaltung allenfalls ein pauschaler Zuschlag für entsprechende Auslagen erfolgen kann.[50] Vor dem Hintergrund der hieraus resultierenden Schwierigkeiten wird teilweise die Änderung der bestehenden Gesetzeslage für erforderlich gehalten.[51] Von der hier angesprochenen Problematik zu unterscheiden ist der unmittelbar für die Verwertung anfallende **Liquidationsaufwand** (vgl. Rdn. 8).

3. Prognose

14 Für die Prognose hat das Insolvenzgericht im Rahmen seiner Amtsermittlungspflicht nach § 5 alle gebotenen Erkenntnisquellen zu nutzen; es darf sich nicht ohne weiteres auf die Angaben des Schuldners verlassen, sondern muss insb. die Ergebnisse der Prüfung eines vorläufigen Insolvenzverwalters im Rahmen des § 22 Abs. 1 Satz 2 Nr. 3 oder eines Sachverständigengutachtens gem. § 4 InsO, § 286 ZPO würdigen.[52] Von der **fehlenden Kostendeckung** nach Abs. 1 Satz 1 ist auszugehen, wenn diese **überwiegend wahrscheinlich** ist.[53] Die Verfahrenseröffnung kann daher auch unter Inkaufnahme von Risiken erfolgen. Macht der Schuldner zu seinen Vermögensverhältnissen keine Angaben und gibt es auch sonst keine greifbaren Anhaltspunkte für Vermögenswerte, kann das Insolvenzgericht von der fehlenden Kostendeckung ausgehen.[54]

4. Ausnahmen

15 Die Abweisung des Eröffnungsantrags erfolgt nicht, wenn ein die Kosten des Verfahrens deckender Vorschuss geleistet wird oder die Kosten nach § 4a gestundet werden. Für die Vorschusspflicht in einem Sekundärinsolvenzverfahren gilt § 30 EuInsVO.

a) Kostenvorschuss

16 Der Vorschuss ist so zu bemessen, dass er – gemeinsam mit dem zur Kostendeckung zur Verfügung stehenden Vermögen – die **Verfahrenskosten** abdeckt.[55] Die Höhe ist anhand der prognostizierten Verfahrenskosten großzügig zu schätzen. In einem ansonsten weitgehend masselosen Verbraucherinsolvenzverfahren ist von einem Vorschuss von etwa 1.500,00 € auszugehen,[56] in einem Regelinsolvenzverfahren zwischen 3.000,00 und 5.000,00 €.[57] Das Insolvenzgericht hat die Höhe des zu leistenden Vorschusses festzusetzen und dem antragstellenden Gläubiger Gelegenheit zu geben,

---

47 BGH 22.07.2004, IX ZB 161/03; AG Dresden 17.07.2002, 531 IN 981/02, ZInsO 2002, 735; LG Dresden 27.05.2003, 5 T 302/02, 5 T 303/02, ZInsO 2003, 513 (513 f.); Uhlenbruck/*Uhlenbruck* Rn. 11 f., weitergehend: LG Kassel 25.09.2002, 3 T 360/02, ZInsO 2002, 1040 (1041); AG Dresden 06.07.2006, 551 IN 1042/05, ZIP 2006, 1686 (1687); Kübler/Prütting/Bork/*Pape* Rn. 9c; Jaeger/*Schilken* Rn. 24.
48 BGH 13.07.2006, IX ZB 198/05, ZInsO 2006, 817 Rn. 16 ff.
49 HK-InsO/*Kirchhof* Rn. 17.
50 Gerke/*Sietz* NZI 2005, 373 (375); a.A. AG Hamburg 30.09.2004, 67g IN 228/04, NZI 2004, 674; FK-InsO/*Schmerbach* Rn. 12.
51 AK-InsVerw e.V., NZI 2002, 3 (6); Uhlenbruck/*Uhlenbruck* Rn. 12.
52 BGH 15.01.2009, IX ZR 56/08, ZInsO 2009, 433 Rn. 14.
53 BGH 13.04.2006, IX ZB 118/04, NZI 2006, 405 Rn. 15; HK-InsO/*Kirchhof* Rn. 4; FK-InsO/*Schmerbach* Rn. 23; BGH 18.05.2006, IX ZB 205/05, ZInsO 2006, 773 Rn. 12 zu § 4a.
54 AG Göttingen 07.05.2008, 74 IN 391/07, ZVI 2008, 388 (389); a.A. LG Erfurt, 22.01.2001, 7a T 195/00, ZInsO 2001, 473 (474).
55 LG Traunstein 30.03.2000, 4 T 863/00, NZI 2000, 439; Uhlenbruck/*Uhlenbruck* Rn. 22.
56 LG Berlin 17.07.2001, 86 T 388/01, ZInsO 2001, 718 (719).
57 Uhlenbruck/*Uhlenruck* Rn. 22; HambK-InsR/*Schröder* Rn. 35: 2.000,00 € bis 3.000,00 €.

mit dessen Einzahlung die Eröffnung des Verfahrens zu ermöglichen,[58] es sei denn, dieser hat bereits erklärt, den Vorschuss nicht leisten zu wollen.[59] Dem Schuldner kann ebenfalls Gelegenheit gegeben werden, die Entscheidung nach Abs. 1 Satz 1 durch Vorschussleistung abzuwenden.[60] Eine Leistung des Schuldners ist jedoch nur dann als Vorschuss i.S.v. Abs. 1 Satz 2 zu werten, wenn die Mittel **nicht Teil des Vermögens nach §§ 35 bis 37** sind (vgl. Rdn. 6).[61] Die Vorschussleistung durch den künftigen Insolvenzverwalter oder einer Gesellschaft, an der dieser beteiligt ist, ist unzulässig.[62] Im Falle einer Kostenstundung nach § 4a ist die Anforderung eines Kostenvorschusses unzulässig.[63]

Regelmäßig ist der Kostenvorschuss **tatsächlich zu leisten**, um eine Abweisung mangels Masse zu verhindern; das Insolvenzgericht kann im Einzelfall eine **Massekostengarantie** zulassen, wenn diese rechtlich bindend und unbedingt ist.[64] Nicht genügend ist die Absichtserklärung eines Dritten, einen die Kosten deckenden Vorschuss zu leisten.[65] Auch ein nach Abs. 4 eingeforderter Vorschuss kann erst zur Verfahrenseröffnung führen, wenn dieser der Masse tatsächlich zur Verfügung steht (vgl. Rdn. 50b). Die ohne Gegenleistung erfolgte Zusage, einen Massekostenvorschuss zu leisten, bedarf als Schenkungsversprechen gem. § 518 Abs. 1 BGB der notariellen Beurkundung.[66] Der tatsächlich gezahlte Vorschuss darf nicht mit einer über § 26 Abs. 1 hinausgehenden Zweckbestimmung versehen sein.[67] Ein die Verfahrenseröffnung ermöglichender Kostenvorschuss kann auch dann noch geleistet werden, wenn ein Eigenantrag einer GmbH mangels Masse rechtskräftig abgelehnt worden war und die Gesellschaft gem. § 60 Abs. 1 Nr. 5 GmbHG aufgelöst und im Handelsregister gelöscht worden ist, § 11 Abs. 3[68] Im Falle einer Übertragungsanordnung gem. § 48a Abs. 1 KWG ist der übernehmende Rechtsträger unter den Voraussetzungen des § 48l Abs. 4 KWG verpflichtet, den Kostenvorschuss zu leisten.

17

Das Geleistete wird **nicht Teil der Insolvenzmasse**, sondern treuhänderisch gebundenes Sondervermögen, das nur für die Deckung der Verfahrenskosten eingesetzt werden darf.[69] Entsprechend ist es dem Vorschussleistenden zurückzuzahlen, wenn die Verfahrenskosten anderweitig gedeckt sind.[70] Mit der Verwendung des Vorschusses kann er im Rang der aus ihm befriedigten Kostenforderung (§ 54) am Verfahren teilnehmen, und zwar neben einem möglichen Anspruch aus Abs. 3. Diese Grundsätze gelten auch für den nach Abs. 4 geleisteten Vorschuss, wobei gegen den Rückzahlungsanspruch aufgerechnet werden kann, wenn und soweit der Inanspruchgenommene der Masse noch anderweitig verpflichtet ist (s. Rdn. 11).[71]

18

b) Kostenstundung

Die Kostenstundung kann nach Maßgabe der §§ 4a ff. gewährt werden, wenn der **Schuldner eine natürliche Person** ist und einen **Antrag auf Restschuldbefreiung** nach § 287 Abs. 1 Satz 1 gestellt hat. Nach § 4a ist die fehlende Kostendeckung auch Voraussetzung für die Stundung, wobei diese – insoweit anders als nach Abs. 1 Satz 1 – schon dann zu verneinen ist, wenn der Schuldner die Kosten

19

---

58 LG Göttingen 04.12.2007, 10 T 146/07, ZInsO 2007, 1385.
59 AG Göttingen 09.12.2003, 74 IN 84/01, ZInsO 2003, 1156.
60 KG 20.06.2000, 7 W 1570/00, NZI 2001, 379 (380).
61 Uhlenbruck/*Uhlenbruck* Rn. 26.
62 Uhlenbruck/*Uhlenbruck* Rn. 25; HK-InsO/*Kirchhof* Rn. 32.
63 BGH 18.05.2006, IX ZB 205/05, ZInsO 2006, 773 Rn. 12; a.A. LG Heilbronn 15.07.2009, 1 T 277/09, ZInsO 2009, 1780 m. abl. Anm. *Henning*.
64 BGH 05.08.2002, IX ZB 51/02, ZIP 2002, 1695 (1696).
65 BGH 07.07.2005, IX ZB 85/05, NZI 2006, 34 (35).
66 LG Hamburg 13.09.2002, 317 S 34/02, ZVI 2002, 362 (363).
67 BGH 07.07.2005, IX ZB 85/05, NZI 2006, 34 (35).
68 BGH 16.12.2004, IX ZB 6/04, NZI 2005, 225 (226).
69 Uhlenbruck/*Uhlenbruck* Rn. 26; HK-InsO/*Kirchhof* Rn. 34.
70 Kübler/Prütting/Bork/*Pape* Rn. 21.
71 MüKo-InsO/*Haarmeyer*, 3. Aufl., Rn. 62.

nicht als einmalige Zahlung aufbringen kann (vgl. Rdn. 6).[72] Die Stundung kann nicht im Hinblick auf einen möglichen Verfahrenskostenvorschuss verweigert werden.[73] Abzulehnen ist sie, wenn der Schuldner einen – zu seinem Vermögen gehörenden (vgl. Rdn. 6) – Rechtsanspruch auf die Vorschussleistung hat, z.B. gem. § 1360a BGB.[74] Hat der Schuldner einen wirksamen Antrag auf Verfahrenskostenstundung gestellt, ist dieser vor einer Abweisung des Eröffnungsantrags zu prüfen.[75]

II. Verfahren und Entscheidung

20 Die Kostendeckung ist vom Insolvenzgericht bei einem zulässigen Insolvenzantrag von Amts wegen zu untersuchen.[76] Die Entscheidung über den Insolvenzantrag muss – vorbehaltlich der Verfolgung eines Vorschussanspruchs gem. Abs. 4 – ergehen, sobald die Eröffnungsvoraussetzungen beurteilt werden können.[77]

1. Anhörung

21 Dem **Schuldner** ist vor der Entscheidung nach § 14 Abs. 2 **rechtliches Gehör** zu gewähren, es sei denn die Voraussetzungen des § 10 liegen vor.[78] Soweit zum Zeitpunkt der Anhörung noch nicht sämtliche für die Entscheidung über den Antrag relevanten Tatsachen ermittelt waren, ist erneut Gelegenheit zur Stellungnahme zu geben.[79] Hierfür genügt es nach der Rechtsprechung des BGH, dem Schuldner unter Übersendung eines die Kostendeckung beurteilenden Sachverständigengutachtens anzukündigen, dass eine Abweisung des Antrags mangels Masse beabsichtigt ist, falls kein entsprechender Vorschuss eingezahlt wird.[80] Dies kann allerdings nur dann gelten, wenn zum Vorliegen eines Eröffnungsgrunds bereits ausreichend rechtliches Gehör gewährt wurde, denn der Schuldner muss angesichts der ihm nachteiligen Entscheidung nach Abs. 1 Satz 1 auch Gelegenheit haben, die der Beurteilung zum Vorliegen der Eröffnungsvoraussetzungen zu Grunde liegenden Tatsachen zu erschüttern.[81]

22 Dem **antragstellenden Gläubiger** ist vor der Entscheidung ebenfalls rechtliches Gehör zu gewähren. Dies kann in der Weise geschehen, dass ihm ein die Kostendeckung beurteilendes Sachverständigengutachten mit der Aufforderung übersandt wird, einen die voraussichtlichen Verfahrenskosten deckenden Vorschuss (vgl. Rdn. 16 ff.) zu leisten.[82]

23 Ein Anhörungsmangel kann im Abhilfeverfahren nach § 4 InsO, § 572 Abs. 1 ZPO (vgl. § 21 Rdn. 9) oder auch im Beschwerdeverfahren geheilt werden.[83]

2. Entscheidung

24 Die Entscheidung nach Abs. 1 Satz 1 ist nur statthaft, wenn der Antrag – abgesehen von der Massekostendeckung – begründet wäre,[84] d.h. der Insolvenzantrag zulässig ist und ein Insolvenzgrund

---

72 BGH 04.11.2004, IX ZB 70/03, NZI 2005, 45 (45 f.).
73 BGH 18.05.2006, IX ZB 205/05, ZInsO 2006, 773 Rn. 12; a.A. LG Heilbronn 15.07.2009, 1 T 277/09, ZInsO 2009, 1780 m. abl. Anm. *Henning*.
74 AG Koblenz 21.09.2006, 21 IN 213/06, FamRZ 2007, 571.
75 BGH 09.02.2012, IX ZB 86/10, ZInsO 2012, 545 Rn. 9.
76 BGH 02.12.2010, IX ZB 121/10, ZInsO 2011, 92 Rn. 2.
77 BGH 15.03.2012, IX ZR 249/09, ZInsO 2012, 639 Rn. 12.
78 BGH 13.04.2006, IX ZB 118/04, ZIP 2006, 1056 Rn. 10.
79 LG Frankfurt/Oder 14.03.2005, 19 T 30/05, DZWIR 2005, 348; Uhlenbruck/*Uhlenbruck* Rn. 35; a.A. FK-InsO/*Schmerbach* Rn. 70.
80 BGH 15.01.2004, IX ZB 478/02, ZInsO 2004, 274.
81 BGH 13.04.2006, IX ZB 118/04, ZIP 2006, 1056 Rn. 5; Uhlenbruck/*Uhlenbruck* Rn. 36.
82 FK-InsO/*Schmerbach* Rn. 69; Uhlenbruck/*Uhlenbruck* Rn. 34, die allerdings davon ausgehen, dass die Anhörung unterbleiben kann, wenn der Antragsteller bereits erklärt, einen Kostenvorschuss nicht zu leisten.
83 BGH 16.10.2003, IX ZB 475/02, ZVI 2004, 24 (25).
84 BGH 13.04.2006, IX ZB 118/04, ZIP 2006, 1056 Rn. 5.

nach § 16 vorliegt.⁸⁵ Liegen nach der Prognose (vgl. Rdn. 14) im maßgeblichen Zeitpunkt die Voraussetzungen für die Abweisung des Eröffnungsantrags vor, ist die Entscheidung auch dann geboten, wenn dem Schuldner berufsrechtliche Konsequenzen drohen und er einwendet, er könne die dem Eröffnungsantrag zu Grunde liegende, bestandskräftig festgestellte Steuerverbindlichkeit durch einen Verlustrücktrag gem. § 10d EStG zum Erlöschen bringen.⁸⁶

Die Abweisung mangels Masse erfolgt durch **Beschluss des Insolvenzgerichts**, der im Hinblick auf die Anfechtbarkeit (vgl. Rdn. 29) zu **begründen**,⁸⁷ nach § 4 InsO, § 329 Abs. 3 ZPO dem Gläubiger und Schuldner **zuzustellen und** nach Abs. 1 Satz 3, § 9 **unverzüglich öffentlich bekannt** zu machen sowie – im Falle der Auflösung des Schuldners (vgl. Rdn. 35) – nach § 31 Nr. 2 **dem Registergericht zu übermitteln ist**. Die Entscheidung ist nach § 18 Abs. 1 Nr. 1 RPflG dem Richter vorbehalten. 25

Im Abweisungsbeschluss ist entsprechend § 4 InsO, §§ 329, 308 Abs. 2 ZPO über **die Kosten des Eröffnungsverfahrens** (zum Begriff vgl. § 25 Rdn. 11) zu entscheiden, wobei gem. § 4 InsO die §§ 91 ff. ZPO entsprechend anzuwenden sind.⁸⁸ Die Kostengrundentscheidung regelt nach der Rechtsprechung des BGH nur das Verhältnis zwischen dem Schuldner und dem antragstellenden Gläubiger sowie, nach § 29 Nr. 1 GKG, mittelbar deren Verhältnis zum Fiskus, so dass der vorläufige Insolvenzverwalter seine Vergütung und Auslagen nicht auf der Grundlage der Kostenentscheidung gegen den nach ihr kostenpflichtigen Beteiligten festsetzen lassen kann.⁸⁹ § 26a Abs. 1 sieht nunmehr eine gerichtliche Festsetzung vor, die sich im Regelfall gegen den Schuldner richtet. 26

Nach überwiegender Ansicht hat stets der Schuldner die Kosten zu tragen, weil der Antrag nur wegen der mangelnden Kostendeckung der Abweisung unterliegt und der Gläubiger aufgrund dessen nicht i.S.d. § 91 ZPO unterlegen ist.⁹⁰ Nach vorzugswürdiger anderer Ansicht kann der antragstellende Gläubiger der Kostenpflicht nur entgehen, wenn er auf entsprechenden Hinweis (vgl. Rdn. 21) des Insolvenzgerichts seinen **Insolvenzantrag analog § 91a ZPO für erledigt erklärt** (zur Haftung als Zweitschuldner für gerichtliche Auslagen nach § 23 Abs. 1 Satz 2 GKG vgl. Rdn. 28).⁹¹ Die Ansicht, die den Schuldner stets als »Unterlegenen« ansieht, verkennt, dass der Gläubiger sein ursprünglich mit dem Insolvenzantrag verfolgtes Ziel nicht (mehr) erreichen kann. Schließt sich der Schuldner der Erledigungserklärung des Gläubigers an oder widerspricht er ihr nach entsprechendem Hinweis nicht entsprechend § 91a Abs. 1 Satz 2 ZPO, muss das Insolvenzgericht über die Kosten nach § 4 InsO, § 91a ZPO entscheiden⁹² und nach billigem Ermessen berücksichtigen, dass der Antrag nur auf Grund der fehlenden Kostendeckung und damit nur auf Grund eines in der Risikosphäre des Schuldners liegenden Umstands nicht zur Eröffnung führte.⁹³ Widerspricht der Schuldner dagegen der Erledigung, hat das Insolvenzgericht zu prüfen, ob der Insolvenzantrag ursprünglich 27

---

85 HK-InsO/*Kirchhof* Rn. 18.
86 BGH 21.06.2007, IX ZB 193/03, HFR 2008, 638 Rn. 3 f.
87 Zöller/*Vollkommer* § 329 Rn. 24.
88 Kübler/Prütting/Bork/*Pape* Rn. 29.
89 BGH 13.12.2007, IX ZR 196/06, BGHZ 175, 48 Rn. 10; BGH 03.12.2009, IX ZB 280/08, NZI 2010, 98 Rn. 6; a.A. *Uhlenbruck* NZI 2010, 161 (162, 165).
90 LG München I 26.10.2001, 14 T 18429/01, ZInsO 2002, 42 (42 f.); AG Köln 08.06.2000, 71 IN 42/00, NZI 2000, 384; AG Göttingen 09.12.2003, 74 IN 84/01, ZInsO 2003, 1156; FK-InsO/*Schmerbach* Rn. 79; Uhlenbruck/*Uhlenbruck* Rn. 38 MüKo-InsO/*Hefermehl*, 3. Aufl., § 54 Rn. 15a; a.A. LG Münster NZI 2000, 383.
91 HK-InsO/*Kirchhof* Rn. 25; MüKo-InsO/*Ganter* § 4 Rn. 27; Braun/*Herzig* Rn. 38; a.A. Uhlenbruck/*Uhlenbruck* Rn. 38; FK-InsO/*Schmerbach* Rn. 79.
92 BGH 25.09.2008, IX ZB 131/07, ZInsO 2008, 1206 Rn. 7.
93 HK-InsO/*Kirchhof* Rn. 25; MüKo-InsO/*Schmahl* § 13 Rn. 138; MüKo-InsO/*Haarmeyer* Rn. 33; Braun/*Herzig* Rn. 38.

zulässig war und sich infolge eines nachträglich eintretenden Ereignisses erledigt hat,[94] wobei die Feststellung der Masseunzulänglichkeit als ein solches Ereignis anzusehen ist.[95]

28 Nach §§ 29 Nr. 1, 23 Abs. 1 Satz 2, 3 GKG hat der nach der Entscheidung des Insolvenzgerichts kostenpflichtige Schuldner gegenüber dem Fiskus – als Entscheidungsschuldner – die Gerichtskosten und die gerichtlichen Auslagen des Eröffnungsverfahrens einschließlich der Vergütung und Auslagen des vorläufigen Insolvenzverfahrens zu tragen. Der **antragstellende Gläubiger** hat als Zweitschuldner nach §§ 23 Abs. 1 Satz 1, 2, 31 Abs. 2 Satz 1 GKG die Gerichtskosten und die gerichtlichen Auslagen – und zwar einschließlich etwaiger Sachverständigen- oder Veröffentlichungskosten – zu tragen, wenn eine Zwangsvollstreckung in das bewegliche Vermögen des Entscheidungsschuldners erfolglos geblieben ist oder aussichtslos erscheint.[96] Überwiegend wird angenommen, der Gläubiger könnte der Pflicht nach § 23 Abs. 1 Satz 2 GKG, die gerichtlichen Auslagen zu tragen, dadurch entgehen, dass der Eröffnungsantrag für erledigt erklärt wird.[97] Diese – aus dem Blickwinkel des § 23 Abs. 1 Satz 2 GKG zweifellos zutreffende – Sicht setzt indes voraus, dass überhaupt ein Fall der Erledigung angenommen werden kann (vgl. Rdn. 27). Im Falle eines **Schuldnerantrags** trägt der Schuldner nach § 23 Abs. 1 Satz 1 GKG bei der Abweisung mangels Masse die Gerichtskosten, nach § 23 Abs. 1 Satz 2 die Auslagen einschließlich der Vergütung und der Auslagen eines vorläufigen Insolvenzverwalters, § 23 Abs. 1 Satz 3 GKG.

3. Rechtsmittel

29 Gegen die Abweisung steht dem antragstellenden Gläubiger und dem Schuldner nach §§ 34 Abs. 1, 6 Abs. 1 die **sofortige Beschwerde** zu (vgl. § 34 Rdn. 10 ff.). Beschwerdegericht ist das Landgericht. Gegen die Entscheidung des Landgerichts ist nach § 4 InsO, § 574 Abs. 1 Nr. 1 ZPO die **Rechtsbeschwerde** zum BGH statthaft, wenn diese vom Beschwerdegericht zugelassen wird. Die Kostenentscheidung kann gem. § 4 InsO, § 99 Abs. 1 ZPO nicht isoliert angefochten werden.[98] Maßgebend für die Beurteilung der Voraussetzungen des Abs. 1 Satz 1 ist der Zeitpunkt der Entscheidung des Insolvenzgerichts; nachträgliche Änderungen bleiben im Beschwerde- und Rechtsbeschwerdeverfahren unberücksichtigt.[99] Mit der sofortigen Beschwerde kann geltend gemacht werden, dass der angeforderte, aber nicht eingezahlte Vorschuss fehlerhaft berechnet wurde, mithin die Prognose fehlerhaft ist,[100] nicht aber, dass das Insolvenzgericht seiner Prognose eine Einschätzung zur – ihrerseits nicht anfechtbaren – Entscheidung über einen Antrag auf Anordnung der Eigenverwaltung zu Grunde gelegt hat.[101]

III. Rechtsfolgen

1. Eintragung im Schuldnerverzeichnis (Abs. 2)

30 Nach Abs. 2 Satz 1 ist die Eintragung des Schuldners in das **Schuldnerverzeichnis nach § 882b ZPO** anzuordnen. Die Eintragung erfolgt durch das zentrale Vollstreckungsgericht nach § 882b Abs. 1 Nr. 3 ZPO. Die Bestimmung des zentralen Vollstreckungsgerichts obliegt nach § 882h Abs. 1 Satz 1, 3 ZPO den Ländern.[102] Die Anordnung führt ohne die Möglichkeit des Widerspruchs

---

94 BGH 25.09.2008, IX ZB 131/07, ZInsO 2008, 1206 Rn. 8.
95 HK-InsO/*Kirchhof* Rn. 25; MüKo-InsO/*Haarmeyer* Rn. 33; Braun/*Herzig* Rn. 38; a.A. Uhlenbruck/ *Uhlenbruck* Rn. 38.
96 OLG Köln 28.01.2010, ZInsO 2010, 539 (540); LG Göttingen 14.04.2009, 10 T 25/09, ZInsO 2009, 1926 (1927); a.A. AG Göttingen 11.03.2009, 71 IN 128/08, ZInsO 2009, 981.
97 OLG Koblenz 13.02.2007, 14 W 106/07, NZI 2007, 743 (744); OLG Düsseldorf 24.08.2006, I-10 W 57/06, NZI 2006, 708 (708 f.); LG Frankenthal 05.02.2002, 5 T 90/01, NZI 2002, 265.
98 BGH 25.09.2008, IX ZB 131/07, ZInsO 2008, 1206 Rn. 9.
99 BGH 02.12.2010, IX ZB 121/10, ZInsO 2011, 92 Rn. 2.
100 *BGH 15.01.2009, IX 56/08, ZInsO 2009, 433 Rn. 16.*
101 BGH 11.01.2007, IX ZB 85/05, NZI 2007, 238 Rn. 12.
102 Übersicht bei Musielak/*Voit* ZPO, 10. Aufl., § 882b Rn. 4.

nach § 882d Abs. 1 Satz 1 ZPO zur Eintragung; vielmehr steht dem Schuldner gegen die Abweisungsentscheidung selbst die sofortige Beschwerde zu (Rdn. 29). Die Anordnung sollte im Hinblick auf die kreditschädigende Wirkung der Eintragung erst mit der Rechtskraft des Beschlusses vorgenommen werden, zumal eine fehlerhafte Eintragung nach § 839 BGB i.V.m. Art. 34 GG haftungsbewehrt sein kann. Zwingend ist dies nicht, vgl. auch § 882d Abs. 1 Satz 2 ZPO.

In das Schuldnerverzeichnis sind die in § 882b Abs. 2, 3 Nr. 1, Nr. 4 bezeichneten Angaben einzutragen. Nach § 882b Abs. 2 Nr. 1 ZPO die **Bezeichnung des Schuldners,** der – soweit die Entscheidung die Auflösung des Schuldners bewirkt (vgl. Rdn. 35) – der Zusatz i.L. hinzufügen ist,[103] Offenbare Unrichtigkeiten bei der Bezeichnung des Schuldners können nach § 1 Abs. 2 der Schuldnerverzeichnisführungsverordnung (SchuFV)[104] berichtigt werden. **31**

Mit der Eintragung in das Schuldnerverzeichnis wird der **Vermögensverfall** eines **Rechtsanwalts** gem. §§ 7 Nr. 9, 14 Abs. 2 Nr. 7 BRAO,[105] eines **Patentanwalts** (§§ 14 Nr. 9, 21 Abs. 2 Nr. 8 PAO), eines **Steuerberaters** nach § 46 Abs. 2 Nr. 4 StBerG,[106] eines **Wirtschaftsprüfers** (§§ 16 Abs. 1 Nr. 7, 20 Abs. 2 Nr. 5 WPO) vermutet, der zwingend zum Entzug der Zulassung bzw. zur Versagung einer Zulassung führt. Ein **Notar** ist gem. § 50 Abs. 1 Nr. 6 BNotO seines Amtes zu entheben. Nach den Regelungen der Landesarchitektengesetze kann die Eintragung eines **Architekten** in die Architekten- und Stadtplanerliste versagt werden (z.B. Baden-Württemberg [§ 6 Abs. 2 Nr. 2 ArchGBaWü])[107]. Mit der Eintragung ist regelmäßig der Entzug **einer Gewerbeerlaubnis** nach §§ 34b Abs. 4 Nr. 2, 34c Abs. 2 Nr. 2, 34d Abs. 2 Nr. 2, 34e Abs. 2 GewO verbunden (vgl. Rdn. 39).[108] **32**

Der Inhalt des Schuldnerverzeichnisses kann über eine zentrale und länderübergreifende Abfrage im Internet (§ 882h Abs. 1 Satz 2 ZPO) unter den in § 882f Satz 1 ZPO bezeichneten Voraussetzungen eingesehen werden. Die Erteilung von Abdrucken im laufenden Bezug und deren Verwendung ist in § 882g ZPO sowie der Schuldnerverzeichnisabdruckverordnung (SchuVAbdrV)[109] geregelt. **33**

Die **Löschung** aus dem Schuldnerverzeichnis erfolgt nach Ablauf von fünf Jahren seit Erlass der Entscheidung nach Abs. 1 Satz 1 (§ 882e Abs. 1 Satz 2 ZPO). Zum 01.07.2014 wird die Frist auf drei Jahre seit dem Tag der Eintragsanordnung verkürzt.[110] Die **vorzeitige Löschung** kommt nur bei nachträglichem Wegfall der Abweisungsentscheidung selbst in Betracht, weder bei Wegfall der dem Eröffnungsantrag zu Grunde liegenden Forderung[111] noch dann, wenn der Schuldner den nachträglichen Wegfall des Eröffnungsgrundes nachweist.[112] § 882e Abs. 3 ZPO gilt ausdrücklich nicht für Eintragungsanordnungen des Insolvenzgerichts nach Abs. 2 Satz 1.[113] **34**

---

103 *Heyer* ZInsO 2004, 1127 (1128).
104 Vom 01.08.2012, BGBl. I 1654.
105 BGH 12.03.2001, AnwZ (B) 27/00.
106 FG Münster 15.06.2007, 7 K 2101/06, nv.
107 VGH Baden-Württemberg 30.07.2009, 9 S 1008/08, VBlBW 2010, 73 (73 f.); Sachsen (§ 6 Abs. 2 SächsArchG): BVerwG 30.09.2005, 6 B 51/05, GewArch 2006, 77 (78).
108 VG Koblenz 31.01.2010, 3 K 903/09, nv.
109 Vom 26.07.2012, BGBl. I 1658.
110 Art. 3 Nr. 2 des Gesetzes zur Verkürzung des Restschuldbefreiungsverfahrens und zur Stärkung der Gläubigerrechte vom 15.07.2013, BGBl. I 2379.
111 AG Köln 15.08.2003, 71 IK 45/00, NZI 2003, 611; a.A. LG Münster 22.09.1995, 5 T 802/95, ZIP 1995, 1760 (1761).
112 AG Duisburg 10.04.2001, 7 N 105/97, NZI 2001, 437 (438); Uhlenbruck/*Uhlenbruck* Rn. 49; FK-InsO/*Schmerbach* Rn. 98; a.A. Jaeger/*Schilken* Rn. 88; HK-InsO/*Kirchhof* Rn. 38; Graf-Schlicker/*Voß* Rn. 27.
113 Musielak/*Voit* ZPO, 10. Aufl., § 882e Rn. 5.

2. Gesellschaftsrecht

a) Auflösung

35 Die Entscheidung nach Abs. 1 Satz 1 bewirkt die **Auflösung** eines Vereins (§ 42 Abs. 1 Satz 1 2. Fall BGB), einer **Stiftung** (§§ 86 Satz 1, 42 Abs. 1 Satz 1 2. Fall BGB) einer GmbH (§ 60 Abs. 1 Nr. 5 GmbHG), einer **Aktiengesellschaft** (§ 262 Abs. 1 Nr. 4 AktG), einer **Societas Europaea** (Art. 63 VO [EG] 2157/2001, § 262 Abs. 1 Nr. 4 AktG), der **Kommanditgesellschaft auf Aktien** (§ 289 Abs. 2 Nr. 1 AktG), einer **Genossenschaft** (§ 81a Nr. 1 GenG), eines **Versicherungsvereins auf Gegenseitigkeit** (§ 42 Nr. 4 VAG) einer **OHG oder KG, wenn kein Gesellschafter eine natürliche Person** ist (§§ 131 Abs. 2 Satz 1 Nr. 1, 161 Abs. 2 HGB) sowie einer (nach § 12 insolvenzfähigen) **juristischen Person des öffentlichen Rechts** (§§ 89 Abs. 2, 42 Abs. 1 Satz 1 2. Fall BGB); für **Krankenkassen** gilt § 171b SGB V.

36 Eine **Personengesellschaft**, auf die §§ 131 Abs. 2 Satz 1 Nr. 1, 161 Abs. 2 HGB nicht anzuwenden sind, wird dagegen – soweit der Gesellschaftsvertrag nichts anderes vorsieht – **nicht aufgelöst**.[114]

b) Löschung

37 Die Auflösung einer Gesellschaft hat nicht deren **Vollbeendigung** zur Folge. Diese tritt erst mit tatsächlicher Vermögenslosigkeit ein.[115] Die Entscheidung nach Abs. 1 Satz 1 rechtfertigt daher für sich genommen nicht die Löschung des Schuldners im jeweiligen Register nach § 394 Abs. 1 Satz 1 FamFG (früher: § 141a FGG). Ist die Löschung erfolgt, obwohl noch Vermögen vorhanden ist, kann nach § 11 Abs. 3 ein Insolvenzverfahren eröffnet werden, wenn nunmehr die Kosten des Verfahrens gedeckt sind.[116]

3. Sonstige Rechtsfolgen

38 Die Entscheidung ist nach Abs. 1 Satz 1 und nach 2. Teil, 3. Abschn. IX Nr. 2 MiZi **mitzuteilen an** die **Staatsanwaltschaft**, wenn es sich nicht um ein Nachlassinsolvenzverfahren handelt oder das Verfahren eine Privatperson ohne Bezug zu einer gewerblichen Tätigkeit betrifft, und – soweit jeweils betroffen – an das **Registergericht**, die **Träger der gesetzlichen Krankenversicherung**, die **Agentur für Arbeit**, dem **Träger der Rentenversicherung**, der zuständigen **Berufsgenossenschaft** sowie dem **Finanzamt**. Die Datenübertragung ist durch § 13 Abs. 1 Nr. 4 EGGVG legitimiert.

39 Mit der Entscheidung nach Abs. 1 Satz 1 wird die **Anfechtungsfrist** nach § 6 AnfG ausgelöst, wenn der Gläubiger keinen vollstreckbaren Titel hat. Die Gläubiger des Schuldners erhalten bei Bestehen einer Haftpflichtversicherung nach § 115 Abs. 1 Nr. 2 VVG einen **Direktanspruch gegen den Versicherer**. Eine auf Antrag des vorläufigen Insolvenzverwalters angeordnete einstweilige **Einstellung der Zwangsversteigerung** nach § 30d Abs. 4 ZVG ist nach § 30f Abs. 2 ZVG auf Antrag des Gläubigers aufzuheben. Neben den unter Rdn. 32 beschriebenen Wirkungen der Eintragung in das Schuldnerverzeichnis für bestimmte Gewerbezweige endet mit der Entscheidung die gewerberechtliche Privilegierung des Insolvenzverfahrens nach § 12 GewO, so dass – gestützt auf die durch die Entscheidung indizierte fehlende wirtschaftliche Leistungsfähigkeit – eine die **Gewerbeuntersagung** rechtfertigende Unzuverlässigkeit i.S.d. § 35 GewO vorliegen kann.[117] Nach § 6 Nr. 1 der DFB-Spielordnung hat in der Insolvenz eines **Fußballvereins** außerhalb der Lizenzligen die Abweisung mangels Masse den Zwangsabstieg der klassenhöchsten Mannschaft zur Folge.[118]

40 Ist die Abweisung mangels Masse rechtskräftig erfolgt, ist ein **erneuter Eröffnungsantrag** nur zulässig, wenn glaubhaft gemacht wird, dass zwischenzeitlich ausreichendes Schuldnervermögen ermittelt

---

[114] BGH 08.10.1979, II ZR 257/78, BGHZ 75, 178 (179 ff.).
[115] BGH 16.12.2004, IX ZR 6/04, ZInsO 2005, 144.
[116] *BGH 16.12.2004, IX ZR 6/04, ZInsO 2005, 144.*
[117] Uhlenbruck/*Uhlenbruck* Rn. 52; FK-InsO/*Schmerbach* Rn. 112.
[118] FK-InsO/*Schmerbach* Rn. 112.

oder ausreichender Vorschuss nach Abs. 1 Satz 2 geleistet wurde (vgl. Rdn. 16 ff.).[119] Bei der Verfahrenseröffnung auf Grund eines späteren Antrags ist gem. § 139 Abs. 2 Satz 2 für die **Anfechtungsfristen** nach §§ 130 bis 136 sowie die Frist für die Rückschlagsperre nach § 88 auf den nach Abs. 1 Satz 1 abgewiesenen Antrag abzustellen, es sei denn, der Insolvenzgrund ist in der Zeit zwischen beiden Anträgen weggefallen.[120]

C. Erstattungsanspruch des Vorschussleistenden (Abs. 3)

I. Voraussetzungen

Abs. 3 regelt einen Erstattungsanspruch desjenigen, der einen Vorschuss nach Abs. 1 Satz 2 leistet. Die Norm findet nach § 207 Abs. 1 Satz 2 2. Hs. entsprechende Anwendung, wenn ein Kostenvorschuss zur Abwendung der Einstellung des Verfahrens nach § 207 Abs. 1 Satz 1 geleistet wird. 41

1. Massekostenvorschuss (Abs. 1 Satz 2)

Die Ersatzpflicht besteht nur, wenn ein **Kostenvorschuss** i.S.d. Abs. 1 Satz 2 geleistet wurde; nicht genügend ist ein allgemeines Massedarlehen oder ein Prozesskostenvorschuss. Was im konkreten Fall vorliegt, hängt nicht von der Bezeichnung der Beteiligten ab, sondern ist nach objektiven Kriterien zu beurteilen.[121] 42

Der Vorschuss muss **notwendig** gewesen sein.[122] Dies ist schon dann zu bejahen, wenn das Insolvenzgericht auf der Grundlage eines von ihm eingeholten Sachverständigengutachtens die Abweisung mangels Masse den Beteiligten angekündigt hat und der erbetene Vorschuss daraufhin eingezahlt wurde.[123] Es kommt nicht darauf an, ob die Massekostenunterdeckung objektiv gegeben war; selbst bei einer **verfahrensfehlerhaften Prognose** des Insolvenzgerichts trägt nicht der vorschießende Gläubiger, sondern das verpflichtete Organ die damit verbundenen Risiken.[124] 43

2. Verletzung der Insolvenzantragspflicht

Ersatzpflichtig ist nur derjenige, der eine nach dem Gesellschaftsrecht oder Insolvenzrecht bestehende Insolvenzantragspflicht verletzt hat. Die insolvenzrechtliche Antragspflicht bestimmt sich nach dem Inkrafttreten des MoMiG am 01.11.2008 für **Organe juristischer Personen** nach § 15a Abs. 1 Satz 1 und für **organschaftliche Vertreter von Gesellschaften ohne Rechtspersönlichkeit, bei denen keine natürliche Person persönlich haftet**, nach § 15a Abs. 1 Satz 2. Die Regelung fasst die zuvor im jeweiligen gesellschaftsrechtlichen Spezialgesetz geregelten Antragspflichten zusammen (i.E. § 15a Rdn. 1). In den Fällen der Führungslosigkeit ist die erweiterte Antragspflicht nach § 15a Abs. 3 zu beachten; das faktische Organ (§ 15a Rdn. 12) ist ebenfalls antragspflichtig. 44

Die nach § 42 Abs. 2 Satz 1 BGB antragspflichtigen Mitglieder des **Vorstandes eines Vereins** unterliegen ebenso wie der Vorstand einer **Stiftung** (§§ 86 Satz 1, 42 Abs. 2 Satz 1 BGB) und einer (nach § 12 insolvenzfähigen) **juristischen Person des öffentlichen Rechts** (§§ 89 Abs. 2, 42 Abs. 1 Satz 1 2. Fall BGB) einer Antragspflicht.[125] Im Hinblick auf die nach § 1990 BGB eröffnete Dürftigkeitseinrede wird die Antragspflicht des Erben nach § 1980 Abs. 1 Satz 1, des Nachlassverwalters aus §§ 1985 Abs. 2 Satz 2, 1980 Abs. 1 Satz 1 BGB sowie des überlebenden Ehegatten einer Gütergemeinschaft aus §§ 1489 Abs. 2 Satz 1 HS, 1980 Abs. 1 Satz 1 BGB nicht erfasst.[126] 45

---

119 BGH 05.08.2002, IX ZB 51/02, ZIP 2002, 1695 (1696); 16.12.2004, IX ZB 6/04, NZI 2005, 225 (226).
120 BGH 15.11.2007, IX ZR 212/06, ZInsO 2008, 159 Rn. 11.
121 BGH 14.11.2002, IX ZR 40/02, NZI 2003, 324; 15.01.2009, IX ZR 56/08, ZInsO 2009, 433 Rn. 11.
122 OLG Brandenburg 17.01.2002, 8 U 53/01, NZI 2002, 203 (206).
123 BGH 15.01.2009, IX ZR 56/08, ZInsO 2009, 433 Rn. 13.
124 BGH 15.01.2009, IX ZR 56/08, ZInsO 2009, 433 Rn. 15 ff.
125 Uhlenbruck/*Hirte* Rn. 64; HK-InsO/*Kirchhof* Rn. 42; HambK-InsR/*Schröder* Rn. 52.
126 HK-InsO/*Kirchhof* Rn. 42.

46 Juristische Personen, die nach ausländischem Recht gegründet wurden, nach Maßgabe der §§ 3, 4 EuInsVO aber deutschem Insolvenzrecht unterliegen (sog. **Inlandsgesellschaften ausländischer Rechtsform**),[127] mithin auch die in Deutschland wirtschaftende englische Limited (Ltd.), unterliegen nach § 15a der Insolvenzantragspflicht (vgl. § 15a Rdn. 40).[128]

3. Pflichtwidrigkeit/Verschulden

47 Steht die Verletzung der Insolvenzantragspflicht objektiv fest, muss der Antragspflichtige sich nach Abs. 3 Satz 2 entlasten, wenn er meint, nicht pflichtwidrig oder schuldhaft gehandelt zu haben. Hierfür genügt es nicht, dass er auf eine – nicht näher begründete – Auskunft eines Rechtsanwalts oder Steuerberaters vertraut hat.[129]

II. Rechtsfolgen

48 Der Anspruch ist auf **Erstattung des vorgeschossenen Betrags** gerichtet und daher – ähnlich dem Anspruch aus § 64 Abs. 1 GmbHG[130] – ein **Ersatzanspruch eigener Art**,[131] nicht etwa Schadenersatzersatzanspruch.[132] Entsprechend muss der Berechtigte sich nicht etwaige, auf der Durchführung des Insolvenzverfahrens beruhende Vorteile anrechnen lassen. Anrechnen lassen muss sich der Berechtigte nur eine bereits erfolgte Rückerstattung des Vorschusses.[133] Zutreffend wird angenommen, dass entsprechend § 255 BGB die Erstattung nur Zug-um-Zug gegen Abtretung der nach den in Rdn. 18 dargelegten Grundsätzen bestehenden Ansprüche gegen die Masse zu leisten ist.[134]

49 Der Anspruch unterliegt nach Aufhebung des Abs. 3 Satz 3 (vgl. Rdn. 4) der (regelmäßigen) **Verjährungsfrist** von drei Jahren nach § 195 BGB.

D. Vorschusspflicht, Abs. 4

50 Abs. 4 steht in unmittelbarem Zusammenhang mit Abs. 3 und beruht auf der Erkenntnis, dass der dort geregelte Erstattungsanspruch angesichts der Kostenrisiken des Vorschuss leistenden Gläubigers praktisch kaum Bedeutung erlangt hat.[135] Die bislang vorliegenden Stellungnahmen sehen die Vorschrift kritisch.[136] Sie begründet einen unmittelbar auf Einzahlung eines Kostenvorschusses nach Abs. 1 gerichteten Anspruch gegen das antragspflichtige Organ oder den organschaftlichen Vertreter. Der Anspruch soll dem vorläufigen Insolvenzverwalter und jedem potentiellen Insolvenzgläubiger (§ 38) zustehen; er ist auf Einzahlung zur Justizkasse zu richten.[137] Der Insolvenzgläubiger dürfte regelmäßig erst nach einer Vorschussanforderung des Insolvenzgerichts in der Lage sein, den Anspruch geltend zu machen, wobei – insoweit anders als bei dem Erstattungsanspruch nach Abs. 3 (vgl. Rdn. 43) – die Anforderung lediglich ein – vom Anspruchsgegner zu entkräftendes – Indiz für die Erforderlichkeit des Kostenvorschusses ist. Im Übrigen dürfte im Regelfall die Verfolgung

---

127 *Bitter* ZGR 2009, 931 (950).
128 *Poertzgen* NZI 2008, 9 (10); *Bitter* ZGR 2009, 931 (950 f.); FK-InsO/*Schmerbach* § 15a Rn. 40; HambK-InsR/*Wehr* § 15a Rn. 4; a.A. *Hirte* ZInsO 2008, 689 (699).
129 BGH 14.05.2007, II ZR 48/06, ZIP 2007, 1265 Rn. 16 ff.; 20.09.2011, II ZR 234/09, ZIP 2011, 2097 Rn. 16 ff.
130 BGH 08.01.2001, II ZR 88/99, BGHZ 146, 264 (278).
131 HambK-InsR/*Schröder* Rn. 54.
132 So aber HK-InsO/*Kirchhof* Rn. 45; Uhlenbruck/*Hirte* Rn. 66.
133 HambK-InsR/*Schröder* Rn. 54.
134 HK-InsO/*Kirchhof* Rn. 45; Uhlenbruck/*Hirte* Rn. 63.
135 Begr. RegEntw, BT-Drucks. 17/5712, 36 f.; zum zeitlichen Geltungsbereich vgl. Rdn. 4.
136 *Pape* ZInsO 2011, 1033, 1039; *Zimmermann* ZInsO 2012, 396; *Frind* ZInsO 2012, 1357; *Hollinderbäumer* BB 2013, 1223, 1226; *Marotzke* FS Haarmeyer, 149; HambK-InsR/*Schröder* Rn. 55a.
137 *Zimmermann*, ZInsO 2012, 396 (398).

des Anspruchs durch den vorläufigen Insolvenzverwalter angezeigt sein,[138] damit möglichst zeitnah die Voraussetzungen für die Verfahrenseröffnung geschaffen werden können. Die Vorschusspflicht kann de lege lata nicht durch Gerichtsbeschluss festgesetzt werden.[139]

Dem Vorschussanspruch korrespondiert regelmäßig ein auf der Verletzung der Antragspflicht beruhender Anspruch (vgl. Rdn. 11). Ob die Verfahrenseröffnung schon im Hinblick auf den Haftungsanspruch hin erfolgen kann oder zunächst der Anspruch nach Abs. 4 verfolgt werden muss, ist sorgfältig abzuwägen. Im Grundsatz hat die Verfahrenseröffnung Vorrang, es sei denn es bestehen überwiegende Zweifel an der Durchsetzbarkeit und/oder Werthaltigkeit eines nach allgemeinen Vorschriften bestehenden Erstattungsanspruchs.[140] Insoweit ist zu berücksichtigen, dass die Darlegung der verspäteten Antragstellung im masselosen Verfahren für den vorläufigen Insolvenzverwalter leicht möglich sein dürfte, zumal – anders als bei dem Anspruch nach allgemeinen Vorschriften – lediglich dargelegt werden muss, dass die Antragspflicht unmittelbar vor dem tatsächlichen Antrag bestand. Auch haben die typischen Einwände zur Frage der Masseschmälerung oder zu § 64 Satz 2 GmbHG keine Bedeutung. Vielmehr kann das Gericht den vom Insolvenzgericht angeforderten Betrag regelmäßig seiner Schätzung nach § 287 ZPO zu Grunde legen. Schließlich kann die Vorschussklage unter deutlich erleichterten Bedingungen (vgl. demgegenüber Rdn. 10) mit der Inanspruchnahme von Prozesskostenhilfe betrieben werden Dem vorläufigen Insolvenzverwalter ist entsprechend § 116 Nr. 1 ZPO Prozesskostenhilfe für die Durchsetzung des Anspruchs zu bewilligen, und zwar unabhängig davon, in welchem Umfang diesem Verfügungsbefugnis eingeräumt wurde, weil das Gesetz dem vorläufigen Insolvenzverwalter die Prozessführungsbefugnis unabhängig von seinen weiteren Befugnissen zuweist.[141] Bevor diese Streitfrage geklärt ist, kann das Insolvenzgericht den vorläufigen Insolvenzverwalter auch im Einzelfall ermächtigen, den Anspruch gerichtlich zu verfolgen (§ 21 Rdn. 58). Wirtschaftlich beteiligt sind insoweit nur die (künftigen) Kostengläubiger, denen eine Beteiligung an den Prozesskosten indes nicht zuzumuten ist.[142] Schließlich wiegt die Verzögerung des Eröffnungsverfahrens durch eine etwa erforderlich werdende Prozessführung nicht unüberwindbar schwer, wenn die Ansprüche gegen die Organe die einzigen nennenswerten Vermögenswerte darstellen und das Verfahren daher im Schwerpunkt der Haftungsrealisierung dient. 50a

Die Verfahrenseröffnung darf nicht schon im Hinblick auf den noch nicht realisierten Vorschussanspruch erfolgen.[143] Dies folgt schon aus Abs. 1 Satz 2, nach dem das Verfahren nur zur Eröffnung gelangen kann, wenn der Vorschuss geleistet wird (Rdn. 17). Wird der Vorschuss geleistet, gelten die unter Rdn. 18 dargestellten Grundsätze.[144] 50b

§ 26a Vergütung des vorläufigen Insolvenzverwalters

(1) Wird das Insolvenzverfahren nicht eröffnet, setzt das Insolvenzgericht die Vergütung und die zu erstattenden Auslagen des vorläufigen Insolvenzverwalters gegen den Schuldner durch Beschluss fest. Der Beschluss ist dem vorläufigen Verwalter und dem Schuldner besonders zuzustellen.

(2) Gegen den Beschluss steht dem vorläufigen Verwalter und dem Schuldner die sofortige Beschwerde zu. § 567 Absatz 2 der Zivilprozessordnung gilt entsprechend.

---

138 *K. Schmidt* NJW 2011, 1255 (1258); *Römermann* GWR 2011, 375 (376).
139 *Hollinderbäumer* BB 2013, 1223 (1223); a.A. MüKo-InsO/*Haarmeyer*, 3. Aufl., Rn. 67.
140 AA *Zimmermann* ZInsO 2012, 396 (397).
141 AA *Zimmermann* ZInsO 2012, 396 (399).
142 MüKo-InsO/Haarmeyer Rn. 66 ff.
143 *Zimmermann* ZInsO 2012, 396 (398); *Marotzke* FS Haarmeyer, 149, 154 f.; a.A. *Foerste*, ZInsO 2012, 532; *Frind*, ZInsO 2012, 1357 (1362); MüKo-InsO/*Haarmeyer*, 3. Aufl., Rn. 63.
144 *Zimmermann* ZInsO 2012, 396.

§ 26a InsO Vergütung des vorläufigen Insolvenzverwalters

Übersicht

	Rdn.		Rdn.
A. Entstehungsgeschichte/Normzweck	1	II. Anwendungsbereich	6
B. Voraussetzungen	3	III. Festsetzungsverfahren	7
I. Vergütung und Auslagen des vorläufigen Insolvenzverwalters	3	1. Antrag	7
1. Höhe	3	2. Rechtliches Gehör	8
2. Keine Zweitschuldnerhaftung des Antragstellers	4	3. Zuständigkeit	9
3. Keine Kostenerstattungspflicht und -haftung des Antragstellers	5	4. Entscheidung	10
		5. Rechtsmittel	11

A. Entstehungsgeschichte/Normzweck

1 Die Vorschrift ist durch Gesetz vom 07.12.2011[1] auf die Beschlussempfehlung des Rechtsausschusses[2] hin geschaffen worden. Sie gilt nach Art. 103g Satz 1 EGInsO, Art. 10 Satz 3 ESUG für Insolvenzverfahren, die nach dem 01.03.2012 beantragt wurden.[3]

2 Die Regelung begründet die Zuständigkeit des Insolvenzgerichts für die Festsetzung der Vergütung des vorläufigen Insolvenzverwalters im Falle der Nichteröffnung des Verfahrens.[4] Der Gesetzgeber hat damit auf die Rechtsprechung des BGH reagiert, nach der der vorläufige Insolvenzverwalter mangels gesetzlicher Grundlage seinen (materiell-rechtlichen) Vergütungsanspruch gegen den Schuldner vor den Zivilgerichten verfolgen musste.[5] Damit soll auch dem vorläufigen Insolvenzverwalter, der seine Vergütung nicht nach § 25 Abs. 1 Satz 1 unmittelbar aus der von ihm verwalteten Masse decken kann, ein effektives und kostengünstiges Verfahren zur Durchsetzung seines Vergütungsanspruchs bereitstehen (ergänzend Rdn. 6).[6] Durch Art. 1 Nr. 6 des Gesetzes zur Verkürzung des Restschuldbefreiungsverfahrens und zur Stärkung der Gläubigerrechte wurde die Vorschrift mit Wirkung zum 01.07.2014 neu gefasst. Die Festsetzung des Vergütung des vorläufigen Insolvenzverwalters kann nach der Neuregelung auch gegen den antragstellenden Gläubiger erfolgen (§ 26a Rdn. 1).[7]

B. Voraussetzungen

I. Vergütung und Auslagen des vorläufigen Insolvenzverwalters

1. Höhe

3 Die Höhe der Vergütung und der Auslagen eines im Eröffnungsverfahren bestellten vorläufigen Insolvenzverwalters richtet sich nach §§ 21 Abs. 2 Satz 1 Nr. 1, 63 bis 65 (vgl. § 22 Rdn. 16).

2. Keine Zweitschuldnerhaftung des Antragstellers

4 Die Vergütung und die Auslagen gehören zu den sonstigen Kosten des Eröffnungsverfahrens,[8] für die nach § 23 Abs. 1 Satz 3 GKG der Antragsteller nicht als Zweitschuldner haftet. Eine Ausfallhaftung des Staates besteht nicht.[9] Anders ist dies hinsichtlich der Vergütung des Sachverständigen nach

---

1 BGBl. I, 2582.
2 Beschlussempfehlung und Bericht des Rechtsausschusses, BT-Drucks. 17/7511, 11 f. (46).
3 BGH 09.02.2012, IX ZB 79/10, ZInsO 2012, 802 Rn. 3.
4 Beschlussempfehlung und Bericht des Rechtsausschusses, BT-Drucks. 17/7511, 46: »Klarstellung«.
5 BGH 03.12.2009, IX ZB 280/08, ZInsO 2010, 107 Rn. 6 ff.
6 Beschlussempfehlung und Bericht des Rechtsausschusses, BT-Drucks. 17/7511, 46.
7 *BGBl. I, 2379.*
8 MüKo-InsO/*Schmahl* § 13 Rn. 171.
9 BGH 22.01.2004, IX ZB 123/03, BGHZ 157, 370 (371).

dem JVEG.[10] Im Falle der Stundung der Kosten für das Eröffnungsverfahren (§ 4a) werden die Kosten des vorläufigen Insolvenzverwalters von der Staatskasse verauslagt (Nr. 9018 KV GKG).

3. Keine Kostenerstattungspflicht und -haftung des Antragstellers

Bereits vor dem In-Kraft-Treten des § 26a umfasste die Kostenhaftung des Antragstellers bzw. dessen Erstattungspflicht gegenüber dem Schuldner nach einer Kostenentscheidung gem. § 4 InsO, §§ 269 Abs. 3 bzw. 91a ZPO nicht die Vergütung und die Auslagen des vorläufigen Insolvenzverwalters.[11] Auch § 26a Abs. 1 Satz 1 geht nunmehr von einem verfahrensrechtlichen Erstattungsanspruch ausschließlich im Verhältnis des vorläufigen Insolvenzverwalters zum Schuldner aus. Dass (daneben) Raum für eine Festsetzung nach § 4 InsO, §§ 103 f. ZPO gegen den Antragsteller sein soll, ist nicht ersichtlich.[12] Der antragstellende Gläubiger ist dem Schuldner aber ggf. (materiellrechtlich) zum Schadenersatz verpflichtet.[13] Die Rechtslage ändert sich mit In-Kraft-Treten des neuen Abs. 2 Satz 1 am 01.07.2014 (§ 26a n.F.). 5

II. Anwendungsbereich

Die Vorschrift gilt für jeden Fall der **Nichteröffnung des Insolvenzverfahrens**, nicht nur für den Fall der Abweisung nach § 26 Abs. 1. Wird das Verfahren eröffnet, gelten für das Festsetzungsverfahren §§ 21 Abs. 1 Nr. 1, 64 Abs. 1.[14] Der vorläufige Insolvenzverwalter muss das Festsetzungsverfahren nach Abs. 1 Satz 1 auch betreiben, wenn und soweit er seine Vergütung und Auslagen gem. **§ 25 Abs. 2 Satz 1** aus dem von ihm verwalteten Vermögen decken kann (und darf).[15] 6

III. Festsetzungsverfahren

1. Antrag

Die Festsetzung der Vergütung und der Auslagen erfolgt nach §§ 10, 8 Abs. 1 Satz 1 InsVV nur auf **Antrag** des vorläufigen Insolvenzverwalters, der **schriftlich** zu stellen ist und auf einen konkreten Betrag lauten muss.[16] Entsprechend §§ 11 Abs. 1 Satz 1, 10, 8 Abs. 2 ist darzulegen, auf welches Vermögen sich die Tätigkeit im Eröffnungsverfahren erstreckt hat (vgl. § 11 InsVV Rdn. 12 ff.). Auch im Übrigen obliegt es dem Antragsteller, die **Festsetzungsgrundlagen darzulegen** (vgl. § 64 Rdn. 3 ff.).[17] Der **Antrag kann gestellt werden, wenn die Tätigkeit des vorläufigen Insolvenzverwalters im Eröffnungsverfahren mit Ausnahme nachwirkender Aufgaben (§ 25 Abs. 2) abgeschlossen ist.** Nach §§ 10, 8 Abs. 1 Satz 3 soll die Antragstellung mit der Übersendung der Schlussrechnung verbunden werden.[18] Nach dem Wortlaut muss lediglich feststehen, dass das Verfahren nicht zur Eröffnung gelangt. Die Entscheidung über die Verfahrenseröffnung selbst muss noch nicht vorliegen. 7

2. Rechtliches Gehör

Dem Schuldner ist vor der Festsetzung der Vergütung rechtliches Gehör zu gewähren. Die Gründe, die es im eröffneten Verfahren rechtfertigen mögen, von einer Anhörung abzusehen (vgl. § 64 8

---

10 OLG Düsseldorf 07.02.2009, 10 W 123/08, ZIP 2009, 1172 (1173).
11 BGH 13.12.2007, IX ZR 196/06, BGHZ 175, 48 Rn. 14; OLG Celle 08.03.2000, 2 W 23/00, ZInsO 2000, 223 (223 f.); Uhlenbruck/*Uhlenbruck* § 13 Rn. 136; FK-InsO/*Schmerbach* § 13 Rn. 93 ff.; a.A. AG Hamburg 04.05.2004, 67c IN 33/04, ZInsO 2004, 458 (460); HambK-InsR/*Wehr* § 13 Rn. 90 ff.
12 Nerlich/Römermann/*Mönning/Zimmermann* Rn. 5, 8; a.A. *Frind* ZInsO 2011, 2249 (2250); FK-InsO/*Schmerbach* Rn. 4.
13 BGH 13.12.2007, IX ZR 196/06, BGHZ 175, 48 Rn. 38; MüKo-InsO/*Schmahl* § 14 Rn. 140 ff.
14 BGH 22.09.2010, IX ZB 195/09, ZInsO 2010, 2103 Rn. 25.
15 Jaeger/*Gerhardt* § 25 Rn. 11; Uhlenbruck/*Uhlenbruck* § 25 Rn. 18 (für die Zeit vor dem In-Kraft-Treten).
16 Uhlenbruck/*Uhlenbruck* § 64 Rn. 4.
17 BGH 16.06.2005, IX ZB 285/03, NZI 2005, 559, 560.
18 Vgl. zu einem Ausnahmefall: KG 03.04.2001, 7 W 8034/00, NZI 2001, 307 (307 f.).

Rdn. 24),[19] gelten im Festsetzungsverfahren nach Abs. 1 Satz 1 nicht, weil an diesem nur der vorläufige Insolvenzverwalter als Antragsteller und der Schuldner beteiligt sind.

3. Zuständigkeit

9 Zuständig für die Festsetzung ist das Insolvenzgericht. **Funktionell ist der Rechtspfleger zuständig, wenn die Entscheidung über den Eröffnungsantrag bereits vorliegt** (§ 18 Abs. 1 Nr. 1 RPflG), es sei denn, der Richter behält sich nach § 18 Abs. 2 RPflG die Entscheidung vor; ob der Vergütungsantrag selbst vor oder nach der Eröffnungsentscheidung gestellt wird, ist nicht maßgeblich.[20] Soll vor oder mit der Entscheidung über den Eröffnungsantrag die Vergütung festgesetzt werden, ist die Entscheidung dem Richter vorbehalten.

4. Entscheidung

10 Die Entscheidung ergeht nach Abs. 1 Satz 1 durch **Beschluss**, der stets einer **Begründung** bedarf.[21] Die Entscheidung ist dem vorläufigen Insolvenzverwalter und dem Schuldner nach Abs. 1 Satz 2 **zuzustellen** (§ 8); die öffentliche Bekanntmachung ist anders als nach § 64 Abs. 2 Satz 1 nicht erforderlich.

5. Rechtsmittel

11 Gegen die Entscheidung des Insolvenzgerichts ist nach Abs. 2 Satz 1, § 6 die sofortige Beschwerde eröffnet. Beschwerdeberechtigt sind der Schuldner und der vorläufige Insolvenzverwalter, wenn und soweit sie durch die Entscheidung beschwert sind.[22] Ein Beschwerderecht des Gläubigers besteht nach dem klaren Gesetzeswortlaut nicht[23]. Für das Beschwerdeverfahren gelten § 4 InsO, § 567 ff. ZPO. Nach Abs. 2 Satz 2, § 567 Abs. 2 ZPO muss der Beschwerdewert mindestens 200 € betragen.

12 Die Rechtsbeschwerde ist nach § 4 InsO, § 574 Abs. 1 Satz 1 Nr. 2 nur im Falle der Zulassung durch das Beschwerdegericht statthaft. Ergänzend zum Rechtsmittelverfahren vgl. § 64 Rdn. 27 ff.

§ 26a n.F. Vergütung des vorläufigen Insolvenzverwalters

[Tritt zum 01.07.2014 in Kraft][1]

(1) Wird das Insolvenzverfahren nicht eröffnet, setzt das Insolvenzgericht die Vergütung und die zu erstattenden Auslagen des vorläufigen Insolvenzverwalters durch Beschluss fest.

(2) Die Festsetzung erfolgt gegen den Schuldner, es sei denn, der Eröffnungsantrag ist unzulässig oder unbegründet und den antragstellenden Gläubiger trifft ein grobes Verschulden. In diesem Fall sind die Vergütung und die zu erstattenden Auslagen des vorläufigen Insolvenzverwalters ganz oder teilweise dem Gläubiger aufzuerlegen und gegen ihn festzusetzen. Ein grobes Verschulden ist insbesondere dann anzunehmen, wenn der Antrag von vornherein keine Aussicht auf Erfolg hatte und der Gläubiger dies erkennen musste. Der Beschluss ist dem vorläufigen Verwalter und demjenigen, der die Kosten des vorläufigen Insolvenzverfahrens zu tragen hat, zuzustellen. Die Vorschriften der Zivilprozessordnung über die Zwangsvollstreckung aus Kostenfestsetzungsbeschlüssen gelten entsprechend.

---

19 So Kübler/Prütting/Bork/*Eickmann/Prasser* § 8 InsVV Rn. 7; Uhlenbruck/*Mock* § 64 Rn. 7.
20 Vgl. BGH 22.09.2010, IX ZB 195/09, ZInsO 2010, 2103 Rn. 24 f.
21 BGH 11.05.2006, IX ZB 249/04, ZInsO 2006, 1204 Rn. 12.
22 BGH 22.09.2010, IX ZB 195/09, ZInsO 2010, 2103 Rn. 8.
23 AA *Frind* ZInsO 2011, 2249, 2250, der insoweit zu Unrecht meint, ein auf Schadenersatz in Anspruch genommener Gläubiger könne nicht einwenden, die Vergütung sei fehlerhaft festgesetzt.
1 BGBl. I, 2013, 2379.

(3) Gegen den Beschluss steht dem vorläufigen Verwalter und demjenigen, der die Kosten des vorläufigen Insolvenzverwalters zu tragen hat, die sofortige Beschwerde zu. § 567 Absatz 2 der Zivilprozessordnung gilt entsprechend.

Die zu § 26a Rdn. 5 beschriebene Rechtslage ändert sich mit In-Kraft-Treten von Art. 1 Nr. 6 des Gesetzes zur Verkürzung des Restschuldbefreiungsverfahrens und zur Stärkung der Gläubigerrechte. Zwar bleibt es im Grundsatz bei der Haftung des Schuldners für die Vergütung des vorläufigen Insolvenzverwalters. Nach dem neuen Abs. 2 Satz 1 kann die Festsetzung aber ausnahmsweise auch gegen den antragstellenden Gläubiger erfolgen, wenn dieser einen unzulässigen oder unbegründeten Eröffnungsantrag gestellt hat und ihn ein grobes Verschulden trifft, mithin – wie sich aus Abs. 2 Satz 1 der Neuregelung ergibt – der Gläubiger die von vornherein fehlende Erfolgsaussicht des Antrags erkennen musste. Erfolgt die Festsetzung gegen den Gläubiger, besteht keine Haftung des Schuldners mehr.[2] Von einem groben Verschulden ist bei Vorsatz oder grober Fahrlässigkeit des Gläubigers auszugehen. Die Erkennbarkeit muss sich auch auf die für die Beurteilung der Erfolgsaussicht des Antrags verbundenen rechtlichen Bewertungen beziehen. Diese kann sich aus den Umständen ergeben und liegt vor allem dann nahe, wenn mit dem Antrag ein verfahrensfremder Zweck, insbesondere die Schädigung des Schuldners verfolgt wurde. 1

Mit dem neuen Abs. 3 wird die Beschwerdebefugnis auf den antragstellenden Gläubiger erweitert, sofern die Festsetzung gegen ihn erfolgt ist.

§ 27 Eröffnungsbeschluß

(1) Wird das Insolvenzverfahren eröffnet, so ernennt das Insolvenzgericht einen Insolvenzverwalter. Die §§ 270, 313 Abs. 1 bleiben unberührt.

(2) Der Eröffnungsbeschluß enthält:
1. Firma oder Namen und Vornamen, Geburtsjahr, Registergericht und Registernummer, unter der der Schuldner in das Handelsregister eingetragen ist, Geschäftszweig oder Beschäftigung, gewerbliche Niederlassung oder Wohnung des Schuldners;
2. Namen und Anschrift des Insolvenzverwalters;
3. die Stunde der Eröffnung;
4. einen Hinweis, ob der Schuldner einen Antrag auf Restschuldbefreiung gestellt hat;
5. die Gründe, aus denen das Gericht von einem einstimmigen Vorschlag des vorläufigen Gläubigerausschusses zur Person des Verwalters abgewichen ist; dabei ist der Name der vorgeschlagenen Person nicht zu nennen.

(3) Ist die Stunde der Eröffnung nicht angegeben, so gilt als Zeitpunkt der Eröffnung die Mittagsstunde des Tages, an dem der Beschluß erlassen worden ist.

Übersicht	Rdn.
A. **Überblick/Entstehungsgeschichte**	1
B. **Voraussetzungen**	3
I. Zuständigkeit des Insolvenzgerichts	4
II. Insolvenzfähigkeit des Schuldners oder der betroffenen Vermögensmasse	5
III. Zulässiger Antrag (§ 13 Abs. 1 Satz 1)	6
IV. Eröffnungsgrund	7
V. Kostendeckung	8
VI. Anhörung des Schuldners	9
C. **Inhalt**	10
I. Ernennung des Insolvenzverwalters	11
II. Bezeichnung des Schuldners	14
III. Eröffnungszeitpunkt	16
IV. Hinweis auf Restschuldbefreiungsantrag	18
V. Sonstiger Inhalt	19
D. **Entscheidung**	21
I. Zuständigkeit	21
II. Begründung	22
III. Wirksamwerden der Entscheidung	25
IV. Fehler des Eröffnungsbeschlusses	28
V. Korrektur des Eröffnungsbeschlusses	31
VI. Rechtsmittel	32
E. **Rechtsfolgen**	33

---

2 BT-Drs. 17/13535, S. 26.

	Rdn.		Rdn.
I. Insolvenzrechtliche Wirkungen	33	2. Gesellschafter als Schuldner	36
II. Gesellschaftsrecht	35	III. Sonstige Wirkungen	37
1. Gesellschaft als Schuldner	35		

A. Überblick/Entstehungsgeschichte

1 Die Vorschrift regelt mit den §§ 28 f. den **Inhalt** des Eröffnungsbeschlusses. Die **Voraussetzungen** der Verfahrenseröffnung ergeben sich dagegen aus §§ 11 bis 15, 16 bis 19 sowie – mittelbar – aus § 26. Die §§ 30 bis 33 regeln die **Verlautbarung** der Entscheidung. Die Entscheidung **beendet das Eröffnungsverfahren** und löst die im dritten Teil der InsO beschriebenen (§§ 80 ff.) und die sich aus anderen Vorschriften ergebenden (vgl. Rdn. 35 ff.) **Wirkungen der Verfahrenseröffnung** aus.[1]

2 Vergleichbare Regelungen enthielten vor dem Inkrafttreten der InsO §§ 108, 110 KO, §§ 20, 21 VerglO sowie § 5 GesO. Durch Gesetz vom 13.04.2007[2] wurde Abs. 2 Nr. 1 ergänzt und Abs. 2 Nr. 4 hinzugefügt. Abs. 2 Nr. 5 wurde durch Gesetz vom 07.12.2011 eingefügt.[3] Die Vorschrift gilt nach Art. 103g EGInsO, Art. 10 Satz 3 ESUG für Insolvenzverfahren, die nach dem 01.03.2012 beantragt wurden.

B. Voraussetzungen

3 Die Entscheidung über den Insolvenzantrag muss ergehen, sobald die Eröffnungsvoraussetzungen beurteilt werden können.[4] Die Voraussetzungen der Verfahrenseröffnung werden nachfolgend unter Hervorhebung der Besonderheiten in speziellen Verfahrensarten im Zusammenhang unter Verweis auf jeweils einschlägige Norm dargestellt. IE wird auf die jeweilige Kommentierung verwiesen.

I. Zuständigkeit des Insolvenzgerichts

4 – Sachliche Zuständigkeit des Amtsgerichts am Sitz eines Landgerichts (§ 2).
– Örtliche Zuständigkeit (§ 3 sowie § 354 Abs. 3; Art. 102 § 1 Abs. 2 EGInsO [Partikularinsolvenzverfahren]).
– Internationale Zuständigkeit (Art. 102 § 1 Abs. 1 EGInsO, Art. 3 EuInsVO).

II. Insolvenzfähigkeit des Schuldners oder der betroffenen Vermögensmasse

5 – Allgemeine Vorschriften (§§ 11 f.).
– Verbraucherinsolvenzverfahren (§ 304 I).
– Verfahren über besondere Vermögensmassen (§ 315 Satz 1 [Nachlass], § 332 Abs. 1 [Fortgesetzte Gütergemeinschaft]; § 333 Abs. 1 [Gesamtgut einer Gütergemeinschaft]).

III. Zulässiger Antrag (§ 13 Abs. 1 Satz 1)

6 – **Antragsberechtigung** (Grundsatz: § 13 Abs. 1 Satz 2, Gläubiger und Schuldner; §§ 15, 15a Abs. 3; Besonderheiten gelten in Verbraucherinsolvenzverfahren [§ 305 Abs. 1], Insolvenzverfahren über besondere Vermögensmassen [§§ 317 Abs. 1; 318 Abs. 1, 332 Abs. 1, 2, 3; 333 Abs. 1, 2 Satz 1]; Partikularinsolvenzverfahren [§ 336 Abs. 2; Art. 4b, 29 EuInsVO]).
– **Glaubhaftmachung** von Forderung bzw. Eröffnungsgrund (§§ 14 Abs. 1, 15 Abs. 2 Satz 1, Abs. 3 Satz 1; 317 Abs. 2 Satz 1; 318 Abs. 2 Satz 1; 332 Abs. 1; 333 Abs. 2 Satz 2; keine Glaubhaftmachung des Eröffnungsgrunds in Sekundärinsolvenzverfahren: § 356 Abs. 3, Art. 27 Satz 1 EuInsVO).

---

1 Mohrbutter/Ringstmeier/*Mohrbutter* § 6 Rn. 1 f.
2 BGBl. I, 509.
3 BGBl. I, 2582.
4 BGH 09.02.2012, IX ZB 188/11, ZInsO 2012, 593 Rn. 7; 15.03.2012, IX ZR 249/09, ZInsO 2012, 639 Rn. 12; AG Hamburg 31.05.2012, 67c IN 110/12, ZInsO 2012, 1484.

IV. Eröffnungsgrund

- Allgemeiner Eröffnungsgrund der **Zahlungsunfähigkeit** (§ 17 Abs. 1).
- **Drohende Zahlungsunfähigkeit** nur bei Schuldnerantrag (§ 18 Abs. 1).
- **Überschuldung** nur bei juristischen Personen und gleichgestellten Gesellschaften (§ 19 Abs. 1, III), bei Genossenschaften nur unter den Voraussetzungen des § 98 GenG.
- Nachlassinsolvenzverfahren (§ 320 Satz 1, Zahlungsunfähigkeit und Überschuldung; im Fall des § 320 Satz 2 auch die drohende Zahlungsunfähigkeit; Entsprechendes gilt nach § 332 Abs. 1 im Insolvenzverfahren über das Gesamtgut der fortgesetzten Gütergemeinschaft, wobei § 320 Satz 2 nur für den überlebenden Ehegatten und den Gesamtgutverwalter gilt).
- Insolvenzverfahren über das gemeinschaftlich verwaltete Gesamtgut einer Gütergemeinschaft § 333 Abs. 2 Satz 2, Zahlungsunfähigkeit des Gesamtguts; § 333 Abs. 2 Satz 3, wenn der Antrag von beiden Ehegatten gestellt wird auch drohende Zahlungsunfähigkeit.
- Kein Eröffnungsgrund festzustellen für die Eröffnung eines Sekundärinsolvenzverfahrens über inländisches Vermögen (§ 356 Abs. 3, Art. 27 Satz 1 EuInsVO).

V. Kostendeckung

Aus § 26 Abs. 1 ergibt sich, dass das Verfahren nur zur Eröffnung gelangen kann, wenn die voraussichtlichen Verfahrenskosten gedeckt sind.

VI. Anhörung des Schuldners

Nach § 14 Abs. 2 ist dem Schuldner im Falle eines Gläubigerantrags rechtliches Gehör zu gewähren. Unter den Voraussetzungen des § 270a Abs. 2 muss das Gericht dem Schuldner Gelegenheit zur Rücknahme eines wegen drohender Zahlungsunfähigkeit gestellten Eröffnungsantrags geben. Art. 103 Abs. 1 GG gebietet es, dem Schuldner vor der Verfahrenseröffnung Gelegenheit zu geben, sich zu dem Gutachten des Sachverständigen zu äußern.[5] Gelegenheit zur Befriedigung der Forderung des antragstellenden Gläubigers muss ihm nicht gegeben werden.[6]

C. Inhalt

Der Inhalt des Eröffnungsbeschlusses ergibt sich aus Abs. 2. Nach Abs. 1 Satz 1, § 28 f. sind unmittelbar mit der Verfahrenseröffnung weitere Maßnahmen zu veranlassen.

I. Ernennung des Insolvenzverwalters

Nach Abs. 1 Satz 1 hat das Insolvenzgericht **mit der Eröffnung des Verfahrens** einen Insolvenzverwalter zu **ernennen**, der nach Abs. 2 Nr. 2 im Eröffnungsbeschluss mit Namen und Anschrift zu bezeichnen ist. Die **Bestellung** ist nicht bereits mit der Ernennung, sondern erst **mit der Annahme des Amtes** durch den Insolvenzverwalter wirksam (vgl. § 56 Rdn. 26), derer sich das Insolvenzgericht vor der Ernennung vergewissern sollte.[7] Die Amtsannahme des Insolvenzverwalters kann auch konkludent erklärt werden; ein Verzicht auf den Zugang der Annahmeerklärung seitens des Insolvenzgerichts kann angenommen werden, wenn der Insolvenzverwalter seine Bereitschaft dem Gericht zuvor mitgeteilt hat.[8] Vor der Bestellung eines Insolvenzverwalters im Insolvenzverfahren über das Vermögen einer Krankenkasse ist gem. § 171b Abs. 4 Satz 2 SGB V die Aufsichtsbehörde anzuhören.

---

[5] BGH 09.02.2012, IX ZB 248/11, ZInsO 2012, 504 Rn. 11.
[6] BGH 09.02.2012, IX ZB 248/11, ZInsO 2012, 504 Rn. 13.
[7] HK-InsO/*Kirchhof* Rn. 21.
[8] MüKo-InsO/*Schmahl*/Busch, 3. Aufl., § 27 bis § 29 Rn. 30, gehen von einer durch die Verfahrenseröffnung bedingten Annahmeerklärung aus.

12 Für die **Auswahl** des Insolvenzverwalters gilt § 56, nach dessen Abs. 2 Satz 1 ihm eine – gem. § 3 Nr. 2e RPflG durch den Rechtspfleger auszustellende[9] – Bestellungsurkunde zu übergeben ist. Soweit im Eröffnungsverfahren nach § 21 Abs. 2 Satz 1 Nr. 1 ein **vorläufiger Insolvenzverwalter** bestellt oder nach § 5 Abs. 1 Satz 2 – isoliert – ein **Sachverständiger** tätig wurde, ist es regelmäßig sachgerecht, die jeweilige Person auch zum endgültigen Insolvenzverwalter zu bestellen, wenn die weiteren Bestellungsvoraussetzungen nach § 56 (noch) gegeben sind.[10] Entsprechend erzeugt bereits die Bestellung des vorläufigen Insolvenzverwalters oder Sachverständigen Vorwirkungen für die endgültige Verwalterbestellung (vgl. § 22 Rdn. 5). Ist ein vorläufiger Gläubigerausschuss eingesetzt, ist dieser nach § 56a Abs. 2 in die Auswahlentscheidung einzubeziehen. Die Auswahl hat auf der Grundlage der von einem vorläufigen Gläubigerausschuss (mehrheitlich) beschlossenen Anforderungskriterien zu erfolgen (§ 56a Abs. 2 Satz 2), wenn und soweit diese den allgemeinen Eignungskriterien nicht widersprechen. Von einem einstimmigen Votum des vorläufigen Gläubigerausschusses zur Person des Verwalters darf nur unter den Voraussetzungen des § 56a Abs. 2 Satz 1 abgewichen werden, deren Vorliegen nach Abs. 2 Nr. 5 im Eröffnungsbeschluss zu begründen ist (vgl. Rdn. 23). In der auf die Bestellung folgenden (ersten) **Gläubigerversammlung** kann nach § 57 Satz 1 ein anderer Insolvenzverwalter gewählt werden.

13 Ordnet das Insolvenzgericht nach § 270 Abs. 1 Satz 1 die Eigenverwaltung an (vgl. Rdn. 19), ernennt es einen den Schuldner beaufsichtigenden **Sachwalter** (Abs. 1 Satz 2, §§ 270 Abs. 3 Satz 1, 274 Abs. 1, 56 Abs. 1). Wird im Verbraucherinsolvenzverfahren der Schuldenbereinigungsplan nicht angenommen (Abs. 1 Satz 2, §§ 311, 308 Abs. 1 Satz 1), ist mit der Eröffnung des vereinfachten Insolvenzverfahrens gem. §§ 313 Abs. 1, 56 ein **Treuhänder** zu bestimmen. Soll die Bestellung nicht auch das Restschuldbefreiungsverfahren umfassen, muss dies im Eröffnungsbeschluss zum Ausdruck kommen.[11] Zum 01.07.2014 fällt das Schuldenbereinigungsplanverfahren und mit diesem § 313 weg.

II. Bezeichnung des Schuldners

14 Der Schuldner ist für eine **verlässliche Individualisierung** möglichst genau zu bezeichnen,[12] und zwar unmittelbar im Text des vom Richter unterzeichneten Beschlusses.[13] Abs. 2 Nr. 1 beschreibt diesbezüglich die zwingenden Angaben für die Fälle, in denen der Schuldner eine natürliche oder juristische Person bzw. eine Gesellschaft ohne Rechtspersönlichkeit ist, wobei – über den Wortlaut des Gesetzes hinaus – **gesetzliche Vertreter und persönlich haftende Gesellschafter** mit Namen und Anschrift zu benennen sind.[14] Daneben können weitere individualisierende Merkmale aufgeführt werden, wie z.B. ein Aliasname,[15] die frühere Firma oder firmenähnliche Bezeichnungen.[16] Ab dem 01.07.2014 ist nicht nur das Geburtsjahr, sondern das Geburtsdatum des Schuldners anzugeben. Dies dient der sicheren Identifizierung des Schuldners; die Angabe ist bereits jetzt zulässig.[17]

15 In Insolvenzverfahren über **besondere Vermögensmassen**, ist diese zu individualisieren, im Nachlassinsolvenzverfahren durch die genaue Bezeichnung des Erblassers.[18] In **Partikularinsolvenzverfahren** ist das vom Verfahren betroffene Inlandsvermögen zu bezeichnen, handelt es sich um ein Sekundärinsolvenzverfahren, zusätzlich die für die Individualisierung des Hauptinsolvenzverfahrens maßgeb-

---

9 FK-InsO/*Jahntz* § 56 Rn. 30; HambK-InsR/*Frind* § 56 Rn. 39.
10 FK-InsO/*Schmerbach* Rn. 20.
11 BGH 19.04.2012, IX ZB 162/10, ZInsO 2012, 972 Rn. 18.
12 AG Marburg 28.01.2010, 22 IK 163/07, ZInsO 2010, 1806 (1807).
13 BGH 09.01.2003, 9 ZR 85/02, ZInsO 2003, 178 (179).
14 Uhlenbruck/*Uhlenbruck* Rn. 5.
15 AG Marburg 28.01.2010, 22 IK 163/07, ZInsO 2010, 1806 (1807).
16 HambK-InsR/*Schröder* Rn. 10.
17 FK-InsO/*Schmerbach* Rn. 26.
18 FK-InsO/*Schmerbach* Rn. 29; Uhlenbruck/*Uhlenbruck* Rn. 5.

lichen Daten, angesichts der sich auf das Sekundärinsolvenzverfahren erstreckenden Befugnisse des Hauptinsolvenzverwalters, auch dessen Name und Anschrift.

III. Eröffnungszeitpunkt

Als Eröffnungszeitpunkt ist nach Abs. 2 Nr. 3 die **Stunde anzugeben, in der der Eröffnungsbeschluss unterzeichnet wird**.[19] Über den Wortlaut des Gesetzes hinaus sollte die genaue Uhrzeit in den Beschluss aufgenommen werden.[20] Wird diese Angabe unterlassen, gilt als Eröffnungszeitpunkt die Mittagsstunde des Erlasstages, Abs. 3. **Erlasstag** ist der Tag, an dem der Eröffnungsbeschluss unterzeichnet wurde; ob der Beschluss an diesem Tag den inneren Geschäftsgang des Gerichts noch verlassen hat – mithin als solcher wirksam wurde –, ist nicht maßgeblich.[21] Von dem die rechtlichen Wirkungen der Verfahrenseröffnung auslösenden Eröffnungszeitpunkt zu unterscheiden ist entsprechend der Zeitpunkt der Wirksamkeit des Eröffnungsbeschlusses (vgl. Rdn. 25).

16

Die Regelung gilt entsprechend für die **Aufhebung des Verfahrens**, mit der Folge, dass die mit der Aufhebung verbundenen Rechtswirkungen nicht erst mit der öffentlichen Bekanntmachung der Entscheidung eintreten, sondern um 12.00 Uhr des Tages, an dem der Aufhebungsbeschluss erlassen wurde.[22] Daneben kann auch bei der Verfahrensaufhebung entsprechend Abs. 2 Nr. 3 der maßgebliche Zeitpunkt im Beschluss angegeben werden.

17

IV. Hinweis auf Restschuldbefreiungsantrag

Handelt es sich bei dem Schuldner um eine **natürliche Person** (§ 286) ist im Eröffnungsbeschluss anzugeben, ob ein Antrag auf Restschuldbefreiung nach § 287 Abs. 1 Satz 1 gestellt wurde oder nicht. Der Hinweis dient der Information der Gläubiger und soll diese in die Lage versetzen, rechtzeitig zu prüfen, ob ein Antrag auf Versagung der Restschuldbefreiung nach § 290 Abs. 1 gestellt werden soll.[23] Die Vorschrift wird zum 01.07.2014 gestrichen, weil der Gesetzgeber davon ausgeht, dass eine hinreichende Information der Gläubiger über den Restschuldbefreiungsantrag durch die öffentliche Bekanntmachung der Eingangsentscheidung nach § 287a Abs. 1 gewährleistet ist.[24]

18

V. Sonstiger Inhalt

In der Entscheidung ist anzugeben, wenn es sich um eine **besondere Art des Insolvenzverfahrens** (§§ 315 ff.; 332; 333 f.), ein **vereinfachtes Insolvenzverfahren** (§ 311 ff.) oder um ein **Partikularinsolvenzverfahren**[25] handelt. Soweit ein entsprechender Antrag gestellt wurde, hat das Gericht im Eröffnungsbeschluss zu entscheiden, ob die **Eigenverwaltung** angeordnet wird (§ 270 Abs. 1 Satz 1) und dies im Falle der Ablehnung nach § 270 Abs. 4 zu begründen (vgl. Rdn. 24). Die **Angabe des Eröffnungsgrunds** sieht das Gesetz nicht vor. Obwohl dessen Feststellung nicht an der Bindungswirkung der Entscheidung (vgl. Rdn. 25) teilnimmt, ist sie sinnvoll, weil diese in einem späteren Anfechtungsprozess nach der Rechtsprechung des BGH ggf. Folgen für die Beweislast hat.[26]

19

Neben der Eröffnung des Verfahrens und der Ernennung des Insolvenzverwalters sind die in §§ 28, 29 geregelten Maßnahmen zu veranlassen. Das Insolvenzgericht kann die Entscheidung mit **weiteren Anordnungen** verbinden. Solche können Maßnahmen mit Sicherungscharakter sein, die neben dem Vermögensbeschlag angezeigt sind (z.B. **Postsperre**, § 99), die Bestellung eines **vorläufigen Gläubigerausschusses** nach § 67 Abs. 1, wenn bereits vor dem Berichtstermin das Unternehmen

20

---

19 BGH 17.02.2004, IX ZR 135/03, ZInsO 2004, 387 (388).
20 HK-InsO/*Kirchhof* Rn. 23.
21 BGH 17.02.2004, IX ZR 135/03, ZInsO 2004, 387 (388).
22 BGH 15.07.2010, IX ZR 229/07, ZInsO 2010, 1496 Rn. 9.
23 Uhlenbruck/*Uhlenbruck* Rn. 16.
24 BT-Drucks. 17/11268 S. 21.
25 BGH 29.05.2008, IX ZB 102/07, BGHZ 177, 12 Rn. 16.
26 BGH 11.12.1992, IX ZR 237/91, ZIP 1993, 271 (273).

des Schuldners stillgelegt werden soll (§ 158 Abs. 1)[27], **Auflagen an den Schuldner** zur Erfüllung der Mitwirkungspflichten nach § 97 oder der Auftrag an den Insolvenzverwalter zur Durchführung von **Zustellungen**, § 8 Abs. 3 Satz 1.[28] Bei Anordnung der **Eigenverwaltung** kann das Insolvenzgericht auf entsprechenden Antrag nach § 277 Abs. 2 Satz 1 schon im Eröffnungsbeschluss die Zustimmungsbedürftigkeit bestimmter Rechtsgeschäfte anordnen.[29]

D. Entscheidung

I. Zuständigkeit

21 Funktionell zuständig für die Entscheidung ist gem. § 18 Abs. 1 Nr. 1 RPflG der **Richter**. Die Zuständigkeit erstreckt sich auf sämtliche mit der Eröffnungsentscheidung verbundene Anordnungen.[30]

II. Begründung

22 Im Hinblick auf die Möglichkeit der Anfechtung ist der Eröffnungsbeschluss jedenfalls dann zu begründen, wenn absehbar ist, dass der Schuldner die Eröffnungsvoraussetzungen nicht für gegeben hält; unterbleibt die Begründung und legt der Schuldner nach § 34 Abs. 2 sofortige Beschwerde ein, ist diese mit der Vorlage an das Beschwerdegericht nach § 4 InsO, § 572 Abs. 1 Satz 1 2. Hs. ZPO nachzuholen.[31] Nach Art. 102 § 2 EGInsO sind schließlich die die internationale Zuständigkeit des Insolvenzgerichts begründenden Umstände im Eröffnungsbeschluss darzustellen, wenn sich Schuldnervermögen in einem anderen EU-Mitgliedsstaat befindet.

23 Nach Abs. 2 Nr. 5 ist im Eröffnungsbeschluss zu begründen, wenn nach § 56a Abs. 2 Satz 1 bei der Auswahl des Insolvenzverwalters vom einstimmigen Vorschlag des vorläufigen Gläubigerausschusses abgewichen wurde. Zu begründen ist die fehlende Eignung des vorgeschlagenen Verwalters, dessen Name aus Gründen des Persönlichkeitsschutzes nach Abs. 2 Nr. 5 2. Hs. nicht zu nennen ist. Auf die (bessere) Eignung des gewählten Verwalters kommt es nicht an. Die Begründung soll nach der Vorstellung des Gesetzgebers dazu dienen, den Gläubigern die Tatsachengrundlage für eine sachgerechte Ausübung des Wahlrechts nach § 57 Satz 1 in der ersten Gläubigerversammlung zu vermitteln, in der die zunächst als Insolvenzverwalter ins Auge gefasste Person bestellt werden kann.[32] Diesem Anliegen kann die Begründung nur genügen, wenn sich das Insolvenzgericht nicht auf formelhafte Wendungen beschränkt. Die Entscheidung des Insolvenzgerichts unterliegt auch nach der neuen Rechtslage nicht der Anfechtung.

24 Abs. 2 Nr. 5 gilt nach § 270 Abs. 4 Satz 2. Hs. entsprechend, wenn das Insolvenzgericht einen Antrag auf Anordnung der Eigenverwaltung ablehnt.

III. Wirksamwerden der Entscheidung

25 Der Beschluss kann nach § 5 Abs. 3 Satz 1 ohne mündliche Verhandlung ergehen und muss daher nicht nach § 4 InsO, §§ 329 Abs. 1 Satz 1, 310 Abs. 1 ZPO verkündet werden. Unterbleibt hiernach die Verkündung, kann der Beschluss nach allgemeinen Regeln (§ 4 InsO, § 315 Abs. 1 Satz 1 ZPO analog) erst wirksam werden, wenn er unterschrieben wurde; die öffentliche Bekanntmachung nach § 30 Abs. 1 Satz 1 oder die Zustellung nach § 30 Abs. 2 können die fehlende Unterschrift

---

27 Das Amt der Mitglieder eines vorläufigen Gläubigerausschusses im Eröffnungsverfahren endet mit der Verfahrenseröffnung (vgl. § 21 Rdn. 21).
28 Mohrbutter/Ringstmeier/*Mohrbutter* § 6 Rn. 11.
29 Uhlenbruck/*Uhlenbruck* Rn. 7.
30 Mohrbutter/Ringstmeier/*Mohrbutter* § 6 Rn. 4; a.A. FK-InsO/*Schmerbach* § 30 Rn. 3 f.
31 HK-InsO/*Kirchhof* Rn. 29.
32 BT-Drucks. 17/5712, 37.

nicht ersetzen.[33] Die Wirksamkeit tritt ein, **wenn der vollständig unterschriebene Beschluss die Geschäftsstelle des Insolvenzgerichts mit der unmittelbaren Zweckbestimmung verlassen hat, den Beteiligten bekannt gegeben zu werden;**[34] die öffentliche Bekanntmachung nach § 30 Abs. 1 Satz 1 ist nicht Wirksamkeitserfordernis.[35] Für die Bekanntmachung genügt die – auch telefonische – Mitteilung des Beschlussinhalts an einen Beteiligten.[36] Ein nach diesen Maßstäben wirksamer Beschluss beansprucht als hoheitlicher Akt Wirkung gegenüber jedermann.[37]

Wird das Verfahren auf die Beschwerde nach § 34 Abs. 1 durch das **Beschwerdegericht** eröffnet, wird die Entscheidung nach § 6 Abs. 3 Satz 1 erst mit der Rechtskraft der Entscheidung wirksam, es sei denn, das Beschwerdegericht ordnet – was unter dem Gesichtspunkt der Rechtssicherheit ernsthaft zu erwägen ist – nach § 6 Abs. 3 Satz 2 die sofortige Wirksamkeit der Entscheidung an. 26

Von der Wirksamkeit des Eröffnungsbeschlusses zu unterscheiden ist der **Eintritt der Wirkungen** der Verfahrenseröffnung; diesbezüglich kommt es auf den gem. Abs. 2 Nr. 3 bestimmten Zeitpunkt an (vgl. Rdn. 16). Ist der Eröffnungsbeschluss selbst erst später wirksam geworden, treten die mit dem Eröffnungszeitpunkt verbundenen Wirkungen rückwirkend ein (vgl. aber Rdn. 31).[38] 27

IV. Fehler des Eröffnungsbeschlusses

Haftet dem Eröffnungsbeschluss ein Fehler an, begründet dies **regelmäßig nur** dessen **Anfechtbarkeit**; nichtig ist er nur dann, wenn ihm ein offenkundiger, schwerer Fehler anhaftet, insb. dann, wenn es bereits äußerlich an einem für eine richterliche Entscheidung wesentlichen Merkmal fehlt.[39] 28

Die **unzureichende Bezeichnung** des Schuldners (Abs. 2 Nr. 1, vgl. Rdn. 14), wie z.B. die Bezugnahme auf Aktenteile, führt zur Nichtigkeit des Beschlusses, wenn die Person des Schuldners nicht mehr eindeutig bestimmbar ist[40] oder der Schuldner nicht (mehr) existiert.[41] Wirksam ist ein Eröffnungsbeschluss über das Vermögen eines – zumindest nicht offensichtlich – **nicht insolvenzfähigen Schuldners**[42] oder ein unter Verkennung der örtlichen[43] oder funktionellen[44] **Zuständigkeit** ergangener Beschluss. Gleiches gilt, wenn das Gericht den nach Abs. 2 Nr. 4 gebotenen Hinweis nicht in den Beschluss aufnimmt.[45] Ist der Insolvenzantrag mangels **Vertretungsbefugnis** des Handelnden unwirksam, kann dieser Mangel durch Genehmigung rückwirkend geheilt werden;[46] der Eröffnungsbeschluss ist auch ohne Genehmigung nicht unwirksam.[47] 29

Unterbleibt die **Ernennung des Insolvenzverwalters**, ist diese nach h.M. nachholbar.[48] Entsprechendes gilt, wenn ein nicht existierender oder bereits verstorbener Insolvenzverwalter ernannt wird oder der ernannte Insolvenzverwalter die Amtsannahme nicht erklärt. Die Wirkungen des § 80 Abs. 1 treten in diesen Fällen erst mit der nachgeholten Ernennung ein; §§ 81 f., 91 Abs. 1 gelten dagegen 30

---

33 BGH 23.10.1997, IX ZR 249/96, BGHZ 137, 49 (52 f.); 09.01.2003, IX ZR 85/02, ZInsO 2003, 178; Mohrbutter/Ringstmeier/*Mohrbutter* § 6 Rn. 93 f.
34 BGH 13.06.2006, IX ZB 88/05, ZVI 2006. 565 (566).
35 BGH 15.07.2010, IX ZB 229/07, ZInsO 2010, 1496 Rn. 6.
36 BGH 26.05.2011, V ZB 248/10, juris Rn. 15; 05.07.1954, IV ZR 69/54, BGHZ 14, 148 (152).
37 BGH 09.01.2003, XI ZR 85/02, ZInsO 2003, 178.
38 Mohrbutter/Ringstmeier/*Mohrbutter* Rn. 96 f.
39 BGH 09.01.2003, IX ZR 85/02, ZInsO 2003, 178 (179).
40 BGH 17.07.2003, IX ZR 215/02, NZI 2004, 87.
41 BGH 07.07.2008, II ZR 37/07, ZInsO 2008, 973 Rn. 13.
42 BGH 14.01.1991, II ZR 112/90, BGHZ 113, 216 (218).
43 BGH 22.01.2998, IX ZR 99/97, BGHZ 138, 40 (44 f.).
44 HK-InsO/*Kirchhof* Rn. 37.
45 Uhlenbruck/*Uhlenbruck* Rn. 16.
46 BGH 03.04.2003, IX ZB 401/02, ZVI 2003, 224.
47 Uhlenbruck/*Uhlenbruck* Rn. 18.
48 Uhlenbruck/*Uhlenbruck* Rn. 7; HK-InsO/*Kirchhof* Rn. 21; HambK-InsR/*Schröder* Rn. 15 MüKo-InsO/ *Schmahl* Rn. 37; a.A. Nerlich/Römermann/*Mönning* Rn. 12.

bereits mit Verfahrenseröffnung. Eine an den im Eröffnungsbeschluss ausgewiesenen, allerdings nicht wirksam bestellten Insolvenzverwalter gerichtete Leistung eines Drittschuldners befreit diesen in entsprechender Anwendung des § 82,[49] so dass die Masse die Leistung bei dem Scheinverwalter nach § 816 Abs. 2 BGB kondizieren muss.

V. Korrektur des Eröffnungsbeschlusses

31 Der Eröffnungsbeschluss ist gem. § 4 InsO, § 319 ZPO einer **Berichtigung** zugänglich.[50] Außerhalb einer Berichtigung ist das Insolvenzgericht an seine Entscheidung nach § 4 InsO, § 318 ZPO gebunden, so dass es von sich aus den **Beschluss zumindest hinsichtlich des rechtsgestaltenden Inhalts nach Abs. 2 Nr. 1 und 3 nicht ändern** oder gar **aufheben** darf.[51] Die Bindungswirkung erstreckt sich auch auf die Zuordnung zum Regelinsolvenzverfahren.[52] Anders ist dies jedoch hinsichtlich der mit der Eröffnung verbundenen Anordnungen, die – mit Ausnahme der Ernennung des Insolvenzverwalters nach der Annahme des Amtes – modifiziert werden dürfen.[53] Unbenommen bleibt es dem Insolvenzgericht jedoch, etwaige **unterbliebene Anordnungen mit Wirkung für die Zukunft nachzuholen** (vgl. Rdn. 30). Fehlt der Entscheidung eine Wirksamkeitsvoraussetzung, wie die Unterschrift des Richters, kann diese ebenfalls mit Wirkung für die Zukunft nachgeholt werden.[54] In diesem Fall treten die Eröffnungswirkungen entweder mit der (erneuten) Angabe eines Wirksamkeitszeitpunkts nach Abs. 2 Nr. 3, der nach § 30 erneut öffentlich bekannt zu machen und zuzustellen ist[55] oder entsprechend Abs. 3 mit der Nachholung der Unterschrift (vgl. Rdn. 16).

VI. Rechtsmittel

32 Der Eröffnungsbeschluss unterliegt nach § 34 Abs. 2 der **sofortigen Beschwerde** des Schuldners. Diese hat nach § 4 InsO, § 570 Abs. 1 ZPO keine aufschiebende Wirkung, es sei denn die Vollziehung der Entscheidung wird nach § 4 InsO, § 570 Abs. 2 ZPO ausgesetzt.

E. Rechtsfolgen

I. Insolvenzrechtliche Wirkungen

33 Mit der Verfahrenseröffnung **endet das Eröffnungsverfahren** und die dieses betreffenden Anordnungen des Insolvenzgerichts nach § 21 (vgl. § 21 Rdn. 70). An deren Stelle tritt der **Beschlag** des Schuldnervermögens (§ 35 f.) nach Maßgabe der §§ 80 ff. Mit der Verfahrenseröffnung entstehen **Anfechtungsansprüche** nach § 143 Abs. 1.[56] Sie ist nach §§ 94 ff. **maßgeblicher Bezugspunkt für die Zulässigkeit der Aufrechnung** eines Gläubigers und bewirkt die in §§ 103 ff. beschriebenen Änderungen in den den Schuldner betreffenden Rechtsgeschäften. Diese **Wirkungen erstrecken sich** nach Art. 17 Abs. 1 EuInsVO vorbehaltlich der Eröffnung eines Sekundärinsolvenzverfahrens **auch auf andere Mitgliedstaaten**.

34 Verfahrensrechtlich geht mit der Entscheidung über die Verfahrenseröffnung nach § 18 Abs. 1 RPflG die **funktionelle Zuständigkeit auf den Rechtspfleger** über. Dies gilt nicht für die Nachholung einer Entscheidung, die – wie die Ernennung des Insolvenzverwalters – an sich mit der Ver-

---

[49] BGH 16.12.2010, IX ZA 30/10, ZInsO 2011, 281 Rn. 6 für den Fall einer Freigabeerklärung des bestellten Insolvenzverwalters.
[50] BGH 17.07.2003, IX ZR 215/02, NZI 2004, 87, AG Marburg 28.01.2010, 22 IK 163/07, ZInsO 2010, 1806; HK-InsO/*Kirchhof* Rn. 37.
[51] HambK-InsR/*Schröder* Rn. 36; weitergehend: Uhlenbruck/*Uhlenbruck* Rn. 20 f.
[52] BGH 24.03.2011, IX ZB 80/11, ZInsO 2011, 932 Rn. 8.
[53] MüKo-InsO/*Schmahl* §§ 27–29 Rn. 131.
[54] BGH 23.10.1997, IX ZR 249/96, BGHZ 137, 49 (53).
[55] Uhlenbruck/*Uhlenbruck* Rn. 20.
[56] BGH 27.03.2008, IX ZR 210/07, ZInsO 2008, 449 Rn. 10.

fahrenseröffnung zu verbinden gewesen wäre.[57] **Weitere Insolvenzanträge** sind während des eröffneten Verfahrens unzulässig.[58] Nach Eröffnung eines (Haupt-)insolvenzverfahrens ist nach Art. 3 Abs. 2 EuInsVO ein in einem anderen EU-Mitgliedsstaat eröffnetes Insolvenzverfahren als Sekundärinsolvenzverfahren auf das dort belegene Vermögen des Schuldners beschränkt. Ein ungeachtet dessen eröffnetes Hauptinsolvenzverfahren ist zumindest schwebend unwirksam.[59]

II. Gesellschaftsrecht

1. Gesellschaft als Schuldner

Die Verfahrenseröffnung über das Vermögen einer Gesellschaft bewirkt deren **Auflösung: Verein** (§ 42 Abs. 1 Satz 1 1. Fall BGB), **Stiftung** (§§ 86 Satz 1, 42 Abs. 1 Satz 1 1. Fall BGB), **GmbH** (§ 60 Abs. 1 Nr. 4 GmbHG), **Aktiengesellschaft** (§ 262 Abs. 1 Nr. 3 AktG), **Societas Europaea** (Art. 63 VO [EG] 2157/2001, § 262 Abs. 1 Nr. 3 AktG), **Genossenschaft** (§ 101 GenG), **Versicherungsverein auf Gegenseitigkeit** (§ 42 Nr. 3 VAG), (insolvenzfähige) **juristische Person des öffentlichen Rechts** (§§ 89 Abs. 2, 42 Abs. 1 Satz 1 1. Fall BGB), **OHG oder KG** (§§ 131 Abs. 1 Nr. 3, 161 Abs. 2 HGB), **Kommanditgesellschaft auf Aktien** (§§ 289 Abs. 1 AktG, 161 Abs. 2, 131 Abs. 1 Nr. 3 HGB), **Partnerschaftsgesellschaft** (§§ 9 Abs. 1 PartGG, 131 Abs. 1 Nr. 3 HGB) – ohne die Möglichkeit einer abweichenden Bestimmung im Partnerschaftsvertrag[60] –, **BGB-Gesellschaft** (§ 728 Abs. 1 Satz 1 BGB), **Europäische wirtschaftliche Interessenvereinigung** (§§ 1 EWiVAG, 131 Abs. 1 Nr. 3 HGB); **Reederei** (§ 506a Satz 1 HGB). 35

2. Gesellschafter als Schuldner

Von der Insolvenz der Gesellschaft zu unterscheiden ist die Insolvenz des Gesellschafters: Bei der **GmbH** hat die Insolvenz des Gesellschafters keine unmittelbar aus dem Gesetz folgenden Auswirkungen. Bei entsprechender Satzungsbestimmung kann die Insolvenz des Gesellschafters nach § 60 Abs. 2 GmbHG Auflösungsgrund für die Gesellschaft sein oder die Einziehung des Geschäftsanteils nach § 34 GmbHG rechtfertigen.[61] Vorbehaltlich einer anderen Bestimmung im Gesellschaftsvertrag, § 736 Abs. 1 BGB,[62] führt die Insolvenz eines Gesellschafters bei der **BGB-Gesellschaft** nach § 728 Abs. 2 Satz 1 BGB zur Auflösung der Gesellschaft. Bei der **OHG** und **KG** scheidet der betreffende Gesellschafter aus (§§ 131 Abs. 3 Nr. 2, 161 Abs. 2 HGB), ebenso der Partner einer **Partnerschaftsgesellschaft** (§ 9 Abs. 1 PartGG, 131 Abs. 2 Nr. 2 HGB) und das Mitglied einer **Europäischen wirtschaftlichen Interessenvereinigung** (§ 8 EWiV), und zwar auch dann, wenn zugleich über das Vermögen der Gesellschaft das Insolvenzverfahren eröffnet wird.[63] Bei der **Kommanditgesellschaft auf Aktien** führt die Insolvenz des Kommanditaktionärs nach § 289 Abs. 3 Satz 1 AktG nicht zur Auflösung der Gesellschaft. Gleiches gilt für die Reederei bei der Insolvenz eines **Mitreeders** (§ 505 Abs. 2 HGB). 36

III. Sonstige Wirkungen

Mit der Eröffnung des Insolvenzverfahrens wird der **Vermögensverfall** eines **Rechtsanwalts** gem. §§ 7 Nr. 9, 14 Abs. 2 Nr. 7 BRAO,[64] eines **Patentanwalts** (§§ 14 Nr. 9, 21 Abs. 2 Nr. 8 PAO), eines **Steuerberaters** nach § 46 Abs. 2 Nr. 4 StBerG,[65] eines **Wirtschaftsprüfers** (§§ 16 Abs. 1 37

---

57 Mohrbutter/Ringstmeier/*Mohrbutter* § 6 Rn. 100.
58 HK-InsO/*Kirchhof* Rn. 35.
59 BGH 29.05.2008, IX ZB 102/07, BGHZ 177, 12 Rn. 28 ff.
60 MüKo-BGB/*Ulmer* § 9 PartGG Rn. 16.
61 Baumbach/Hueck/*Hueck*/*Fastrich* GmbHG, § 34 Rn. 10.
62 BGH 07.07.2008, II ZR 37/07, ZInsO 2008, 973 Rn. 11.
63 BVerwG 13.07.2011, 8 C 10.10, ZInsO 2011, 1891 Rn. 13.
64 BGH 07.01.2010, AnwZ (B) 79/09, BRAK-Mitteilungen 2010, 77; 18.07.2011, AnwZ (B) 28/10, ZInsO 2011, 2234 Rn. 6 ff.
65 BFH 20.04.2010, VII B 235/09, ZInsO 2010, 1038.

§ 27 n.F. InsO Eröffnungsbeschluß

Nr. 7, 20 Abs. 2 Nr. 5 WPO) vermutet, der zwingend zum Entzug der jeweiligen Zulassung oder zu deren Versagung führt. Ein **Notar** ist gem. § 50 Abs. 1 Nr. 6 BNotO seines Amtes zu entheben. Nach den Regelungen der Landesarchitektengesetze kann die Eintragung eines **Architekten** in die Architekten- und Stadtplanerliste gelöscht werden.[66]

38 Wie im Eröffnungsverfahren (vgl. § 22 Rdn. 52) ist der Schuldner auch im eröffneten Verfahren gem. § 12 GewO vor **gewerberechtlichen Beschränkungen**, die auf die Unzuverlässigkeit wegen ungeordneter Vermögensverhältnisse gestützt werden können, geschützt.[67] Die Erlaubnis zum Betrieb eines **Steuerlagers** nach der Bier-, Branntwein-, Schaumwein-, Tabak- oder Kaffeesteuerverordnung erlischt drei Monate nach der Eröffnung des Insolvenzverfahrens, es sei denn, der Insolvenzverwalter teilt dem Hauptzollamt vor dem Erlöschen der Erlaubnis die Unternehmensfortführung mit. Verfügt der Schuldner über eine **Erlaubnis nach § 32 KWG**, soll diese gem. § 35 Abs. 2a KWG entzogen werden.

39 **Ansprüche nach dem Anfechtungsgesetz** gehen nach § 16 Abs. 1 AnfG auf den Insolvenzverwalter über; ein zum Zeitpunkt der Verfahrenseröffnung anhängiger **Anfechtungsprozess** wird nach § 17 Abs. 1 Satz 1 AnfG unterbrochen. Gläubiger des Schuldners haben nach der Verfahrenseröffnung bei Bestehen einer Haftpflichtversicherung nach § 115 Abs. 1 Nr. 2 VVG einen **Direktanspruch gegen den Versicherer**. Nach § 6 Nr. 1 der DFB-Spielordnung hat die Entscheidung den Zwangsabstieg der klassenhöchsten Mannschaft eines **Fußballvereins** außerhalb der Lizenzligen zur Folge.

§ 27 n.F. Eröffnungsbeschluß

[Tritt zum 01.07.2014 in Kraft][1]

(1) Wird das Insolvenzverfahren eröffnet, so ernennt das Insolvenzgericht einen Insolvenzverwalter. § 270 bleibt unberührt.

(2) Der Eröffnungsbeschluß enthält:
1. Firma oder Namen und Vornamen, Geburtsdatum, Registergericht und Registernummer, unter der der Schuldner in das Handelsregister eingetragen ist, Geschäftszweig oder Beschäftigung, gewerbliche Niederlassung oder Wohnung des Schuldners;
2. Namen und Anschrift des Insolvenzverwalters;
3. die Stunde der Eröffnung;
4. einen Hinweis, ob der Schuldner einen Antrag auf Restschuldbefreiung gestellt hat;[2]
5. die Gründe, aus denen das Gericht von einem einstimmigen Vorschlag des vorläufigen Gläubigerausschusses zur Person des Verwalters abgewichen ist; dabei ist der Name der vorgeschlagenen Person nicht zu nennen.

(3) Ist die Stunde der Eröffnung nicht angegeben, so gilt als Zeitpunkt der Eröffnung die Mittagsstunde des Tages, an dem der Beschluß erlassen worden ist. Zu den Änderungen durch das Gesetz zur Verkürzung des Restschuldbefreiungsverfahrens und zur Stärkung der Gläubigerrechte vom 15.07.2013 vgl. oben Rdn. 13, 14 und 18.

1 Zu den Änderungen durch das Gesetz zur Verkürzung des Restschuldbefreiungsverfahrens und zur Stärkung der Gläubigerrechte vom 15.07.2013 vgl. oben Rdn. 13, 14 und 18.

---

[66] ZB Baden-Württemberg (§ 6 II Nr. 2 ArchG BW); Sachsen (§ 6 II SächsArchG), BVerwG 30.09.2005, 6 B 51/05, GewArch 2006, 77 (78).
[67] Zu den verfahrensrechtlichen Folgen: *Landmann/Rohmer* GewO, 56. EL 2010, § 12 Rn. 14 ff.
  1 BGBl. I, 2013, 2379.
  2 *Nr. 4 entfällt* zum 01.07.2014. Die bisherige Nr. 5 wird dann Nr. 4 (Art. 1 Nr. 7b) bb) und cc) des Gesetzes zur Verkürzung des Restschuldbefreiungsverfahrens und zur Stärkung der Gläubigerrechte, BGBl. I 2379 vom 15.07.2013.

§ 28 Aufforderungen an die Gläubiger und die Schuldner

(1) Im Eröffnungsbeschluß sind die Gläubiger aufzufordern, ihre Forderungen innerhalb einer bestimmten Frist unter Beachtung des § 174 beim Insolvenzverwalter anzumelden. Die Frist ist auf einen Zeitraum von mindestens zwei Wochen und höchstens drei Monaten festzusetzen.

(2) Im Eröffnungsbeschluß sind die Gläubiger aufzufordern, dem Verwalter unverzüglich mitzuteilen, welche Sicherungsrechte sie an beweglichen Sachen oder an Rechten des Schuldners in Anspruch nehmen. Der Gegenstand, an dem das Sicherungsrecht beansprucht wird, die Art und der Entstehungsgrund des Sicherungsrechts sowie die gesicherte Forderung sind zu bezeichnen. Wer die Mitteilung schuldhaft unterläßt oder verzögert, haftet für den daraus entstehenden Schaden.

(3) Im Eröffnungsbeschluß sind die Personen, die Verpflichtungen gegenüber dem Schuldner haben, aufzufordern, nicht mehr an den Schuldner zu leisten, sondern an den Verwalter.

Übersicht	Rdn.		Rdn.
A. Normzweck/Entstehungsgeschichte	1	D. Schadenersatzanspruch gegen Sicherungsgläubiger (Abs. 2 Satz 3)	9
B. Aufforderung zur Forderungsanmeldung (Abs. 1)	3	E. Aufforderung an Schuldner (Abs. 3)	11
C. Aufforderung zur Geltendmachung von Sicherungsrechten (Abs. 2 Satz 1, 2)	7		

A. Normzweck/Entstehungsgeschichte

Die Vorschrift ergänzt § 27 im Hinblick auf die vom Insolvenzgericht mit der Verfahrenseröffnung zu veranlassenden Maßnahmen (zur Entscheidung und dem ihm zu Grunde liegenden Verfahren vgl. § 27 Rdn. 25 ff.). Mit der Aufforderung nach Abs. 1 werden die Gläubiger über die Möglichkeit der Forderungsanmeldung gem. §§ 174 ff. mit dem Ziel der zügigen Feststellung der Schuldenmasse informiert. Die in Abs. 2 Satz 1, 2 geregelte Aufforderung an die Sicherungsgläubiger fördert die Feststellung von Aus- und Absonderungsrechten, dient damit der Bereinigung der Ist-Masse um Fremdrechte und sichert die Wahrnehmung der Rechte des Insolvenzverwalters nach §§ 165 ff. Die hieran anknüpfenden Pflichten der Sicherungsgläubiger werden durch den Schadenersatzanspruch nach Abs. 2 Satz 3 sanktioniert. Die Aufforderung nach Abs. 3 steht in Zusammenhang mit § 82 und hat daher eine Warnfunktion.[1] 1

Vorgängerregelungen enthielten §§ 110, 118, 138 KO sowie § 5 GesO; die zunächst wie in der KO vorgesehene Zuständigkeit des Insolvenzgerichts für die Forderungsanmeldung nach Abs. 1 wurde im Gesetzgebungsverfahren entsprechend § 5 Nr. 3 GesO zur Entlastung der Insolvenzgerichte auf den Insolvenzverwalter verlagert.[2] 2

B. Aufforderung zur Forderungsanmeldung (Abs. 1)

Die Aufforderung richtet sich an **Insolvenzgläubiger** (§§ 38, 52 Satz 1), die innerhalb der nach Abs. 1 Satz 2 bestimmten Frist ihre Forderung nach Maßgabe des § 174 anmelden sollen. Nachrangige Gläubiger (§ 39) erhalten nur auf besondere Aufforderung nach § 174 Abs. 3 Satz 1 die Gelegenheit zur Anmeldung. Massegläubiger (§ 53) und Aussonderungsberechtigte (§ 47) sind von der Aufforderung nicht betroffen. **Adressat** der Anmeldung ist der **Insolvenzverwalter**, im Verbraucherinsolvenzverfahren der **Treuhänder** (§ 313 Abs. 1 Satz 1) und bei Anordnung der Eigenverwaltung der **Sachwalter** (§ 270 Abs. 3 Satz 2). 3

---

[1] Uhlenbruck/*Uhlenbruck* Rn. 7.
[2] Begr. Rechtsausschuss, RWS-Dok. 18, S. 193.

4 Die Anmeldefrist soll nach Abs. 1 Satz 2 **mindestens zwei Wochen** und **höchstens drei Monate** betragen. Angesichts der klaren gesetzlichen Regelung sind **Abweichungen** hiervon **unzulässig**.[3] Wird im Eröffnungsbeschluss eine Frist nach Wochen oder Monaten gesetzt, **beginnt** diese **mit der Bekanntmachung des Eröffnungsbeschlusses** nach §§ 30 Abs. 1 Satz 1, 9 Abs. 1 Satz 3. Die Zustellung an die Gläubiger nach § 30 Abs. 2 hat für den Lauf der Frist nach § 9 Abs. 3 keine Bedeutung. Für die **Fristberechnung** gelten § 4 InsO, § 222 Abs. 1 ZPO, § 188 Abs. 2 BGB. Zulässig und ratsam ist die **Angabe eines Endtermins**.[4] Eine Forderungsanmeldung außerhalb der Frist ist nach Maßgabe des § 177 Abs. 1 zu berücksichtigen.[5] Die verspätete Anmeldung führt zum Verlust von Steuervergütungsansprüchen nach § 51 Abs. 1 Nr. 3 MinöStV.[6]

5 **Unterbleibt die Aufforderung**, berührt dies weder die Wirksamkeit des Eröffnungsbeschlusses noch kann hierauf – mangels Beschwer des Schuldners (§ 34 Abs. 2) – ein Rechtsmittel gestützt werden.[7] Entsprechendes gilt, wenn eine **über drei Monate hinausgehende Frist** zur Forderungsanmeldung gesetzt wird.[8] Bei unterbliebener oder **zu knapp bemessener Anmeldefrist** werden die Rechtsfolgen einer verspäteten Anmeldung nicht ausgelöst.[9] Wird die **Aufforderung nachgeholt**, ist die Mindestfrist auch dann zu beachten, wenn hierdurch die Höchstfrist überschritten wird.

6 **Besondere Unterrichtungspflichten** sind nach Art. 102 § 11 Satz 1 EGInsO für **Gläubiger anderer EU-Mitgliedstaaten** vorgesehen (vgl. auch Art. 40 Abs. 1 EuInsVO). Im Insolvenzverfahren über das Vermögen eines **Versicherungsunternehmens** oder eines **Kreditinstituts** sind die Gläubiger nach Maßgabe der § 88a VAG bzw. § 46f KWG zu unterrichten.

C. Aufforderung zur Geltendmachung von Sicherungsrechten (Abs. 2 Satz 1, 2)

7 Die Aufforderung nach Abs. 2 Satz 1 richtet sich an die Gläubiger, die Sicherungsrechte an beweglichen Sachen oder Rechten des Schuldners beanspruchen. Hierunter fallen **absonderungsberechtigte Gläubiger** nach Maßgabe der §§ 50 f., **aussonderungsberechtigte Gläubiger** (§ 47), **wenn das jeweilige Recht Sicherungscharakter** hat, wie z.B. ein Eigentumsvorbehalt, sowie Gläubiger, die zu ihren Gunsten **Ersatzaus- oder -absonderungsrechte** behaupten.[10] Die Aufforderung muss auf den notwendigen Inhalt der Mitteilung nach Abs. 2 Satz 2, sollte auf die Folgen der Unterlassung nach Abs. 2 Satz 3 hinweisen und kann – wenn auch ohne Bindungswirkung – angeben, innerhalb welcher Frist die Mitteilung erwartet wird.[11]

8 **Adressat** der Mitteilung ist der Insolvenzverwalter, Treuhänder oder Sachwalter (vgl. Rdn. 3). Sie ist unverzüglich, mithin ohne schuldhaftes Zögern (§ 121 Abs. 1 Satz 1 BGB), vorzunehmen und innerhalb einer gesetzten Frist rechtzeitig.[12] Der **Inhalt** der Mitteilung ergibt sich aus Abs. 2 Satz 2; es ist das Sicherungsgut, Art und Entstehungsgrund des Sicherungsrechts sowie die gesicherte Forderung zu bezeichnen.[13] Eine besondere **Form** ist **nicht vorgeschrieben**, wenngleich die Erteilung zumindest in Textform (§ 126b BGB) ratsam ist. Das **Unterlassen der (rechtzeitigen) Mitteilung** begründet die Schadenersatzpflicht nach Abs. 2 Satz 3; darüber hinausgehende Wirkungen hat es nicht.[14]

---

3 AA BK-InsR/*Goetsch* Rn. 7.
4 MüKo-InsO/*Schmahl* Rn. 48; HK-InsO/*Kirchhof* Rn. 4.
5 AG Potsdam 25.08.2006, 35 IK 440/05, ZInsO 2006, 1343.
6 BFH 11.01.2011, VII R 11/10, BFH/NV 2011, 1022.
7 Uhlenbruck/*Uhlenbruck* Rn. 2; HambK-InsR/*Schröder* Rn. 4; a.A. MüKo-InsO/*Schmahl* Rn. 50.
8 HK-InsO/*Kirchhof* Rn. 6.
9 HK-InsO/*Kirchhof* Rn. 6 geht dagegen bei zu knapp bemessener Anmeldefrist von der gesetzlichen Mindestfrist aus.
10 HambK-InsR/*Schröder* Rn. 5; Uhlenbruck/*Uhlenbruck* Rn. 4; MüKo-InsO/*Schmahl* Rn. 60.
11 MüKo-InsO/*Schmahl* Rn. 59; abl. wohl HambK-InsR/*Schröder* Rn. 7.
12 HK-InsO/*Kirchhof* Rn. 9.
13 HK-InsO/*Kirchhof* Rn. 10; HambK-InsR/*Schröder* Rn. 7; weitergehend: MüKo-InsO/*Schmahl* Rn. 62.
14 OLG Nürnberg 17.11.2006, 3 U 1793/06, ZIP 2007, 642; Uhlenbruck/*Uhlenbruck* Rn. 4.

D. Schadenersatzanspruch gegen Sicherungsgläubiger (Abs. 2 Satz 3)

Die Sicherungsgläubiger haben bei schuldhafter **Unterlassung oder Verzögerung der Mitteilung** 9
nach Abs. 2 Satz 3 Schadensersatz zu leisten. Gleiches gilt bei einer inhaltlich fehlerhaften oder unvollständigen Mitteilung.[15] Ein **Verschulden** des Sicherungsgläubigers gem. §§ 276, 278 BGB liegt nicht schon dann vor, wenn dieser die öffentliche Bekanntmachung des die Aufforderung enthaltenden Eröffnungsbeschlusses nach §§ 30 Abs. 1 Satz 1, 9 Abs. 1 nicht zur Kenntnis nimmt.[16] Etwas anderes gilt für Banken und andere institutionelle Gläubiger jedenfalls dann, wenn diese bereits zuvor Kenntnis vom Eröffnungsantrag oder der Bestellung eines vorläufigen Insolvenzverwalters hatten. Als **Schaden** sind die der Masse durch die unterlassene oder verzögerte Mitteilung entstandenen Nachteile nach §§ 249 ff. BGB zu ersetzen. Diese können im Zusammenhang mit der Verwertung des Gegenstands (Wertminderung, höhere Verwertungskosten) entstanden sein. Dass eine schuldhaft verspätete Mitteilung zur Verjährung des Anfechtungsrechts führt[17] wird praktisch nicht mehr vorkommen, nachdem der Beginn der dreijährigen Verjährung nach § 147 Abs. 1, §§ 195, 199 Abs. 1 Nr. 2 BGB von der Kenntnis bzw. grob fahrlässigen Unkenntnis des Anfechtungsrechts abhängt.

Der Insolvenzverwalter darf nicht allein im Hinblick auf eine fehlende Mitteilung vom Nichtbestehen 10
von Fremdrechten ausgehen.[18] Fehlen allerdings zudem in den dem Zugriff des Insolvenzverwalters unterliegenden Unterlagen Hinweise auf diese Fremdrechte, haftet dieser nicht gem. § 60 wegen deren Beeinträchtigung.

E. Aufforderung an Schuldner (Abs. 3)

Die Aufforderung an die Schuldner des Schuldners (Drittschuldner), nur noch an den Insolvenzverwalter 11
zu leisten, weist auf die Wirkungen des § 82 hin und erzeugt ihrerseits keine Rechtswirkungen. Da bei Anordnung der Eigenverwaltung nach § 270 Abs. 1 Satz 1 der Schuldner die Verwaltungs- und Verfügungsbefugnis behält, bedarf es der Aufforderung in diesem Fall nicht, es sei denn, es ist eine Anordnung des Insolvenzgerichts nach §§ 274 Abs. 2 Satz 2, 22 Abs. 3 ergangen, nach der der Forderungseinzug dem Sachwalter übertragen wurde.[19]

§ 29 Terminbestimmungen

(1) Im Eröffnungsbeschluß bestimmt das Insolvenzgericht Termine für:
1. eine Gläubigerversammlung, in der auf der Grundlage eines Berichts des Insolvenzverwalters über den Fortgang des Insolvenzverfahrens beschlossen wird (Berichtstermin); der Termin soll nicht über sechs Wochen und darf nicht über drei Monate hinaus angesetzt werden;
2. eine Gläubigerversammlung, in der die angemeldeten Forderungen geprüft werden (Prüfungstermin); der Zeitraum zwischen dem Ablauf der Anmeldefrist und dem Prüfungstermin soll mindestens eine Woche und höchstens zwei Monate betragen.

(2) Die Termine können verbunden werden.

Übersicht	Rdn.		Rdn.
A. Normzweck/Entstehungsgeschichte	1	III. Terminsverbindung (Abs. 2)	6
B. Terminsbestimmungen	3	IV. Nachholung und Änderung der Terminsbestimmungen	7
I. Berichtstermin (Abs. 1 Nr. 1)	4		
II. Prüfungstermin (Abs. 1 Nr. 2)	5		

---

15 Uhlenbruck/*Uhlenbruck* Rn. 6.
16 Uhlenbruck/*Uhlenbruck* Rn. 6; HambK-InsR/*Schröder* Rn. 9; HK-InsO/*Kirchhof* Rn. 12.
17 Dazu HambK-InsR/*Schröder* Rn. 9.
18 AA Uhlenbruck/*Uhlenbruck* Rn. 6; Kübler/Prütting/Bork/*Pape* Rn. 5.
19 MüKo-InsO/*Schmahl* Rn. 74; Uhlenbruck/*Uhlenbruck* Rn. 7.

§ 29 InsO Terminbestimmungen

A. Normzweck/Entstehungsgeschichte

1 Die Vorschrift ergänzt § 27 im Hinblick auf die mit der Verfahrenseröffnung zu verbindenden Anordnungen (zur Entscheidung und dem ihm zu Grunde liegenden Verfahren vgl. § 27 Rdn. 25 ff.). Sie dient der Information der Gläubiger über den weiteren Ablauf und der Straffung des Insolvenzverfahrens.

2 Die im Gesetzgebungsverfahren in Anlehnung an § 110 Abs. 1 KO erwogene Durchführung einer weiteren, der Wahl des endgültigen Insolvenzverwalters dienenden Gläubigerversammlung wurde im Ergebnis als nicht erforderlich angesehen.[1] Gleiches gilt für die in der Stellungnahme des Bundesrats angeregte Zulassung eines schriftlichen Verfahrens zur Forderungsprüfung,[2] das allerdings seit der Einfügung von § 5 Abs. 2 durch das InsOVereinfG v. 13.04.2007[3] in Insolvenzverfahren geringen Umfangs zulässig ist.

B. Terminsbestimmungen

3 Die Bestimmung von Berichts- und Prüfungstermin mit der Verfahrenseröffnung ist zwingend.[4] Der **Berichtstermin ist regelmäßig die erste Gläubigerversammlung** und damit zugleich diejenige, in der ggf. ein anderer Insolvenzverwalter gewählt wird (§ 57 Satz 1). Ob im Ausnahmefall hierfür eine gesonderte Versammlung vorgezogen wird, entscheidet das Insolvenzgericht unter Abwägung des Interesses an einer autonomen Gläubigerentscheidung (§ 57 Satz 1) gegen das Interesse an der Verfahrensvereinfachung.[5] Jedenfalls hat das Gericht in der ersten Gläubigerversammlung sowohl die **Wahl eines anderen Insolvenzverwalters** als auch die **Wahl eines Gläubigerausschusses** nach § 68 Abs. 1 Satz 1 durch entsprechende Bestimmung in der Tagesordnung zu ermöglichen. Bei der Terminierung ist das Interesse der Gläubiger, von ihrem Recht aus § 57 Satz 1 Gebrauch zu machen, zu berücksichtigen, so dass insbesondere dann, wenn das Gericht eine andere Person zum Insolvenzverwalter bestellt, als den auf Betreiben des vorläufigen Gläubigerausschusses bestellten vorläufigen Insolvenzverwalter, die Frist nicht ausgeschöpft werden darf.[6] Gleiches gilt für die Stellung eines Antrags auf **nachträgliche Anordnung der Eigenverwaltung**, wenn das Insolvenzgericht einen hierauf gerichteten Antrag des Schuldners abgelehnt hat (§ 271). Entsprechend scheidet die Anordnung eines schriftlichen Verfahrens nach § 5 Abs. 2 für die erste Gläubigerversammlung regelmäßig aus. Zulässig ist es auch, den **Prüfungstermin** dem Berichtstermin **vorzuziehen**, wenn dies mit den gesetzlichen Fristen in Einklang zu bringen und zur zeitnahen Klärung der endgültigen Stimmrechte in der Gläubigerversammlung zweckmäßig ist.[7]

I. Berichtstermin (Abs. 1 Nr. 1)

4 Berichtstermin ist nach der Legaldefinition in Abs. 1 Nr. 1 eine **Gläubigerversammlung, in der die Gläubiger** auf der Grundlage eines Berichts des Insolvenzverwalters **über den Fortgang des Insolvenzverfahrens beschließen**. Mit der Terminsbestimmung ist die Gläubigerversammlung i.S.d. § 74 Abs. 1 Satz 1 einberufen, wenn zugleich die Zeit, der Ort und die Tagesordnung angegeben

---

1 Begr. Rechtsausschuss, RWS Dok. 18, S. 196.
2 Stellungnahme BR, RWS-Dok. 18, S. 195.
3 BGBl. I, 509.
4 MüKo-InsO/*Schmahl* Rn. 77.
5 HK-InsO/*Kirchhof* Rn. 3; a.A. HambK-InsR/*Schröder* Rn. 2.
6 Bedenklich daher AG Stendal 01.10.2012, 7 IN 164/12, ZIP 2012, 2030; vgl. auch *Meyer-Löwy/Ströhmann* ZIP 2012, 2432 (2434).
7 Kübler/Prütting/Bork/*Pape* Rn. 8; Uhlenbruck/*Uhlenbruck* Rn. 3; a.A. MüKo-InsO/*Schmahl* Rn. 81; BK-InsR/*Goetsch* Rn. 18; zur vorläufigen Festsetzung eines Stimmrechts: AG Hamburg 13.01.2000, 67e IN 77/99, NZI 2000, 138 (139); FK-InsO/*Schmerbach* Rn. 3.

werden, § 74 Abs. 2 Satz 1;[8] dies ist sinnvoll, aber nicht zwingend.[9] Der Termin soll **innerhalb von sechs Wochen und darf nicht später als drei Monate nach der Verfahrenseröffnung** stattfinden. Er sollte in Absprache mit dem Insolvenzverwalter im Hinblick auf die Vorbereitung des Berichts (§ 156 Abs. 1) und dem für die Durchführung zuständigen Rechtspfleger (§§ 3 Nr. 2e, 18 RPflG) festgesetzt werden.[10] Näheres zum **Ablauf des Berichtstermins** und der in ihm zu treffenden Entscheidungen regeln §§ 156 f. (vgl. auch Rdn. 3). Im vereinfachten Insolvenzverfahren (Verbraucherinsolvenzverfahren oder sonstiges Kleinverfahren, § 304 Abs. 1) unterbleibt die Bestimmung eines Berichtstermins (§ 312 Abs. 1 Satz 2).

II. Prüfungstermin (Abs. 1 Nr. 2)

Der Prüfungstermin ist nach der Legaldefinition in Abs. 1 Nr. 1 **die Gläubigerversammlung in der die angemeldeten Forderungen geprüft werden** (§§ 176 ff.). Die Terminsbestimmung hängt damit mit der nach § 28 Abs. 1 Satz 1 bestimmten **Anmeldefrist** zusammen, wobei der Termin **mindestens eine Woche und höchstens zwei Monate nach deren Ablauf stattfinden soll**. In begründeten Einzelfällen kann von dieser Vorgabe abgewichen werden.[11] Unter den Voraussetzungen des § 5 Abs. 2 Satz 1 kann das Insolvenzgericht ein schriftliches Verfahren anordnen (vgl. Rdn. 2; § 5 Rdn. 3, 35 ff.). Nach § 236 Abs. 1 Satz 2 kann der Prüfungstermin mit einem Erörterungs- und Abstimmungstermin im Insolvenzplanverfahren nach § 235 Abs. 1 Satz 1 verbunden werden. Voraussetzung hierfür ist, dass ein Insolvenzplan bereits bei Verfahrenseröffnung vorliegt und die Stellungnahmen nach § 232 angefordert sind[12] oder gem. § 235 Abs. 1 Satz 3 mit der Terminsbestimmung eingeholt werden.

III. Terminsverbindung (Abs. 2)

Nach Abs. 2 ist die Verbindung der Termine zur Vereinfachung des Verfahrens zulässig, allerdings nur, wenn die zwingenden Fristen eingehalten werden. Muss auf Grund des Verfahrensumfangs die Anmeldefrist nach § 28 Abs. 1 Satz 1 weitgehend ausgeschöpft werden, kommt die Verbindung regelmäßig nicht in Betracht.[13] Gleiches gilt, wenn durch die Verbindung der Termine die Rechte der Gläubigerversammlung aus §§ 57 Satz 1, 68 Abs. 1 Satz 1 unzumutbar eingeschränkt werden (vgl. Rdn. 3).

IV. Nachholung und Änderung der Terminsbestimmungen

Unterbleiben die Terminsbestimmungen, können diese mit Wirkung für die Zukunft nachgeholt werden (vgl. § 27 Rdn. 31). In diesem Fall ist für die Bemessung der Höchstfrist für die Durchführung des Berichtstermins auf die Bekanntmachung des Eröffnungsbeschlusses abzustellen. Überschreitet das Insolvenzgericht die gesetzliche Höchstfrist kann dies nach überwiegender Auffassung nicht mit der Beschwerde (des Schuldners, § 34 Abs. 2) angegriffen werden.[14]

Eine Änderung der Termine kann unter den Voraussetzungen der § 4 InsO, § 227 ZPO erfolgen, in diesem Fall auch über gesetzliche Höchstfristen hinaus.[15]

---

8 AG Duisburg 21.06.2000, 21 IK 43/99, NZI 2000, 607 (608).
9 HK-InsO/*Kirchhof* Rn. 5.
10 Uhlenbruck/*Uhlenbruck* Rn. 2.
11 MüKo-InsO/*Schmahl* Rn. 83; Uhlenbruck/*Uhlenbruck* Rn. 3.
12 MüKo-InsO/*Schmahl* Rn. 85.
13 HK-InsO/*Kirchhof* Rn. 8.
14 HK-InsO/*Kirchhof*, Rn. 7; Uhlenbruck/*Uhlenbruck* Rn. 6; FK-InsO/*Schmerbach* Rn. 15; HambK-InsR/*Schröder* Rn. 5; a.A. MüKo-InsO/*Schmahl* Rn. 88.
15 HK-InsO/*Kirchhof* Rn. 3; FK-InsO/*Schmerbach* Rn. 9.

§ 29 n.F. Terminbestimmungen
[Tritt zum 01.07.2014 in Kraft][1]

(1) Im Eröffnungsbeschluß bestimmt das Insolvenzgericht Termine für:
1. eine Gläubigerversammlung, in der auf der Grundlage eines Berichts des Insolvenzverwalters über den Fortgang des Insolvenzverfahrens beschlossen wird (Berichtstermin); der Termin soll nicht über sechs Wochen und darf nicht über drei Monate hinaus angesetzt werden;
2. eine Gläubigerversammlung, in der die angemeldeten Forderungen geprüft werden (Prüfungstermin); der Zeitraum zwischen dem Ablauf der Anmeldefrist und dem Prüfungstermin soll mindestens eine Woche und höchstens zwei Monate betragen.

(2) Die Termine können verbunden werden. Das Gericht soll auf den Berichtstermin verzichten, wenn die Vermögensverhältnisse des Schuldners überschaubar sind und die Zahl der Gläubiger oder die Höhe der Verbindlichkeiten gering ist.

1 Gegenwärtig unterbleibt die Bestimmung eines Berichtstermins gem. § 312 Abs. 1 Satz 2 nur im vereinfachten Insolvenzverfahren (§ 29 Rdn. 4). Nach Abs. 2 Satz 2 n.F. soll künftig generell auf die Bestimmung des Berichtstermins verzichtet werden, wenn die Vermögensverhältnisse des Schuldners überschaubar sind und die Zahl der Gläubiger oder die Höhe der Verbindlichkeiten gering ist. Der in § 304 Abs. 2 bereits jetzt vorgesehene Grenzwert von weniger als 20 Gläubigern soll ein Indiz für die Handhabung liefern.[2] Dies erscheint problematisch, weil – wie in § 5 Abs. 2 – die geringe Anzahl der Gläubiger ein eigenständiges Kriterium darstellt (vgl. § 5 Rdn. 36 ff.).[3]

§ 30 Bekanntmachung des Eröffnungsbeschlusses

(1) Die Geschäftsstelle des Insolvenzgerichts hat den Eröffnungsbeschluß sofort öffentlich bekanntzumachen. Hat der Schuldner einen Antrag nach § 287 gestellt, ist dies ebenfalls öffentlich bekannt zu machen, sofern kein Hinweis nach § 27 Abs. 2 Nr. 4 erfolgt ist.

(2) Den Gläubigern und Schuldnern des Schuldners und dem Schuldner selbst ist der Beschluß besonders zuzustellen.

Übersicht

	Rdn.		Rdn.
A. Normzweck/Entstehungsgeschichte	1	II. Zustellung	6
B. Bekanntmachungsmaßnahmen	3	III. Sonstige Verlautbarungen	7
I. Öffentliche Bekanntmachung (Abs. 1)	3	C. **Rechtsfolgen**	8

A. Normzweck/Entstehungsgeschichte

1 Abs. 1 dient der Information des Rechts- und Geschäftsverkehrs von der Verfahrenseröffnung. Nach Abs. 2 sind die von den Wirkungen der Verfahrenseröffnung unmittelbar Betroffenen gesondert durch Zustellung zu informieren.

2 Der durch Gesetz vom 26.10.2001[1] aufgehobene Abs. 3 wurde obsolet, nachdem gem. §§ 287 Abs. 1, 20 Abs. 2 die Stellung des Restschuldbefreiungsantrags bereits im Eröffnungsverfahren erfolgen soll. Die in der ursprünglichen Fassung noch vorgesehene auszugsweise Bekanntmachung im Bundesanzeiger entfiel durch Gesetz vom 13.04.2007.[2] Der anstelle dessen neu hinzugefügte

---

1 BGBl. I, 2013, 2379.
2 BT-Drucks. 17/11268 S. 22.
3 FK-InsO/*Schmerbach* § 5 Rn. 35 ff.
1 BGBl. I, 2710.
2 BGBl. I, 509.

Abs. 1 Satz. 2 soll die Gläubiger über einen Restschuldbefreiungsantrag informieren, damit diese sich auf die damit verbundenen Rechtsfolgen einstellen können.

B. Bekanntmachungsmaßnahmen

I. Öffentliche Bekanntmachung (Abs. 1)

Der Eröffnungsbeschluss ist nach Abs. 1 Satz. 1 von der **Geschäftsstelle des Insolvenzgerichts** sofort öffentlich bekannt zu machen. Die Bekanntmachung erfolgt nach § 9. Nach dessen Abs. 1 ist die **Veröffentlichung im Internet** vorzunehmen, die nach Ablauf von zwei weiteren Tagen die Bekanntmachung bewirkt. Die Veröffentlichung erfolgt auf dem Justizportal des Bundes und der Länder unter www.insolvenzbekanntmachungen.de nach Maßgabe der Verordnung zu öffentlichen Bekanntmachungen in Insolvenzverfahren im Internet (InsoBekV).

Gegenstand der öffentlichen Bekanntmachung, die nach § 9 Abs. 1 Satz 1 2. Hs. auszugsweise erfolgen kann, ist der zwingende Inhalt des Eröffnungsbeschlusses nach § 27 Abs. 2 (vgl. § 27 Rdn. 10 ff.) sowie die Anordnungen gem. § 28 f.[3] Enthält der Eröffnungsbeschluss selbst entgegen § 27 Abs. 2 Nr. 4 keinen Hinweis auf einen gestellten Antrag auf Restschuldbefreiung), ist dieser in der öffentlichen Bekanntmachung nachzuholen (Abs. 1 S. 2). Werden der Eröffnungsbeschluss oder die mit ihm verbundenen Anordnungen geändert, ergänzt oder berichtigt, ist dies ebenfalls öffentlich bekannt zu machen.[4]

Die Vorschrift gilt nach Art. 102 § 5 Abs. 1 Satz 3 EGInsO bzw. § 345 Abs. 1 Satz 2 entsprechend, wenn ein Insolvenzverwalter in einem anzuerkennenden ausländischen Insolvenzverfahren oder nach Maßgabe des Art. 21 Abs. 1 Satz 1 EuInsVO die Bekanntmachung im Inland beantragt. Hat der Schuldner im Inland eine Niederlassung, ist nach Art. 102 § 5 Abs. 2 Satz 1 EGInsO die öffentliche Bekanntmachung im Inland von Amts wegen zu veranlassen.

II. Zustellung

Abs. 2 sieht – neben der Bekanntmachung nach Abs. 1 – die Zustellung des Eröffnungsbeschlusses an den Schuldner sowie dessen Gläubiger und Schuldner vor. Für die Vornahme der Zustellungen gilt § 8. Mit den gegenüber den Schuldnern und Drittschuldnern vorzunehmenden Zustellungen beauftragt das Insolvenzgericht üblicherweise den Insolvenzverwalter nach § 8 Abs. 3 Satz 1.[5] Die förmliche Zustellung an den Schuldner und den Antragsteller ist wegen der Wirkungen der öffentlichen Bekanntmachung nach § 9 Abs. 3 im Hinblick auf die Anfechtungsmöglichkeit nach § 34 Abs. 1, 2 zwar nicht zwingend geboten, aber zu Beweiszwecken ratsam. Dem Insolvenzverwalter sollte zur Dokumentation des Bestellungszeitpunkts der Eröffnungsbeschluss gegen Empfangsbekenntnis zugeleitet werden. Zuzustellen ist nach h.M. der vollständige Eröffnungsbeschluss.[6]

III. Sonstige Verlautbarungen

Gehört zur Masse in einem anderen EU-Mitgliedsstaat belegenes Vermögen des Schuldners, ist mit Blick auf § 24 Abs. 2 regelmäßig ein Antrag des Insolvenzverwalters auf öffentliche Bekanntmachung nach Art. 21 EuInsVO angezeigt. Mitteilungspflichten sind im 2. Teil, 3. Abschn. IX Ziff. 3 MiZi vorgesehen. Nach § 9 Abs. 2 können weitere Bekanntmachungsmaßnahmen angeordnet werden, wobei insoweit der Richter zuständig ist.[7] In Insolvenzverfahren über das Vermögen eines dem Anwendungsbereich des KWG unterfallenden Instituts sind nach §§ 46e Abs. 3, 46f

---

3   HK-InsO/*Kirchhof* Rn. 5; FK-InsO/*Schmerbach* Rn. 13.
4   MüKo-InsO/*Schmahl* Rn. 7; HambK-InsR/*Schröder* Rn. 5.
5   HambK-InsR/*Schröder* Rn. 12.
6   Uhlenbruck/*Uhlenbruck* Rn. 6; HK-InsO/*Kirchhof* Rn. 8; a.A. MüKo-InsO/*Schmahl* Rn. 11.
7   Kübler/Prütting/Bork/*Pape* Rn. 15; HK-InsO/*Kirchhof* Rn. 6.

Abs. 1 KWG besondere Verlautbarungspflichten zu beachten; Gleiches gilt im Insolvenzverfahren über das Vermögen eines Versicherungsunternehmens (§§ 88 Abs. 3, 88a Abs. 1 VAG). Weitere Regelungen zur Verlautbarung der Verfahrenseröffnung über öffentliche Bücher und Register enthalten §§ 31 bis 33.

C. Rechtsfolgen

8 Die öffentliche Bekanntmachung ist weder Voraussetzung für die Wirksamkeit des Eröffnungsbeschlusses (vgl. § 27 Rdn. 25) noch wirkt diese für sich genommen auf die materielle Rechtslage ein.[8] Die materiell-rechtlichen Wirkungen der Verfahrenseröffnung ergeben sich vielmehr aus anderen Normen (vgl. § 27 Rdn. 31). Allerdings begründet die öffentliche Bekanntmachung die Vermutung der Kenntnis von der Eröffnung nach § 82 S. 2 bzw. Art. 21, 24 Abs. 2 Satz 2 EuInsVO. Darüber hinaus wird durch die Bekanntmachung möglicherweise die Grundlage für einen gutgläubigen Erwerb nach §§ 81 Abs. 1 Satz 2, 91 Abs. 2 InsO, §§ 892 f. BGB beseitigt, wobei die Kenntnis von der Verfahrenseröffnung in diesem Fall nicht vermutet wird.[9]

9 Der Zeitpunkt der öffentlichen Bekanntmachung des Eröffnungsbeschlusses ist nach h.M. der für den Beginn der Beschwerdefrist nach §§ 34 Abs. 1, 2; 6 Abs. 2, 9 Abs. 3 maßgebliche Zeitpunkt, es sei denn, dem Beschwerdeberechtigten ist die Entscheidung bereits zuvor nach Abs. 2 zugestellt worden.[10]

§ 30 n.F. Bekanntmachung des Eröffnungsbeschlusses
[Tritt zum 01.07.2014 in Kraft]

(1) Die Geschäftsstelle des Insolvenzgerichts hat den Eröffnungsbeschluß sofort öffentlich bekanntzumachen. Hat der Schuldner einen Antrag nach § 287 gestellt, ist dies ebenfalls öffentlich bekannt zu machen, sofern kein Hinweis nach § 27 Abs. 2 Nr. 4 erfolgt ist.[1]

(2) Den Gläubigern und Schuldnern des Schuldners und dem Schuldner selbst ist der Beschluß besonders zuzustellen.

1 Abs. 1 Satz 2 wird zum 01.07.2014 durch Art. 1 Nr. 9 des Gesetzes zur Verkürzung des Restschuldbefreiungsverfahrens und zur Stärkung der Gläubigerrechte vom 15.07.2013 (BGBl. I 2379) aufgehoben. Die Vorschrift entfällt im Hinblick auf den dann in Kraft tretenden § 287a.[2]

§ 31 Handels-, Genossenschafts-, Partnerschafts- und Vereinsregister

Ist der Schuldner im Handels-, Genossenschafts-, Partnerschafts- oder Vereinsregister eingetragen, so hat die Geschäftsstelle des Insolvenzgerichts dem Registergericht zu übermitteln:
1. im Falle der Eröffnung des Insolvenzverfahrens eine Ausfertigung des Eröffnungsbeschlusses;
2. im Falle der Abweisung des Eröffnungsantrags mangels Masse eine Ausfertigung des abweisenden Beschlusses, wenn der Schuldner eine juristische Person oder eine Gesellschaft ohne Rechtspersönlichkeit ist, die durch die Abweisung mangels Masse aufgelöst wird.

---

8 HK-InsO/*Kirchhof* § 9 Rn. 9; MüKo-InsO/*Ganter* § 9 Rn. 28a; a.A. OLG München 13.01.2009, 5 U 2379/08, ZInsO 2009, 341 (342).
9 Uhlenbruck/*Uhlenbruck* Rn. 2; für eine Indizwirkung: MüKo-InsO/*Ganter* § 9 Rn. 28a.
10 BGH 20.03.2003, IX ZB 140/02, ZInsO 2003, 374; Uhlenbruck/*Uhlenbruck* Rn. 5; FK-InsO/*Schmerbach* Rn. 9, § 9 Rn. 13 f.
1 Durch das Gesetz zur Verkürzung des Restschuldbefreiungsverfahrens und zur Stärkung der Gläubigerrechte vom 15.07.2013 wird Satz 2 zum 01.07.2014 aufgehoben.
2 BT-Drucks. 17/11268 S. 22.

Übersicht

	Rdn.		Rdn.
A. Normzweck/Entstehungsgeschichte	1	a) Unmittelbarer Anwendungsbereich	4
B. Voraussetzungen und Inhalt der Übermittlungspflicht	3	b) Anwendung kraft Verweisung	5
I. Übermittlungspflicht	3	3. Verfahren	6
1. Eintragung des Schuldners	3	II. Insolvenzverfahren mit Auslandsbezug	7
2. Gegenstand der Übermittlung	4		

A. Normzweck/Entstehungsgeschichte

Mit der Regelung wird die Tätigkeit der Registergerichte unterstützt, soweit es um die das Insolvenzverfahren bzw. die Entscheidung über den Eröffnungsantrag betreffenden Eintragungen geht, die das Registergericht nach § 32 Abs. 1 Satz 1 HGB, § 102 Abs. 1 Satz 1 GenG, §§ 2 Abs. 2 PartGG, 32 Abs. 1 Satz 1 HGB bzw. § 75 Abs. 1 Satz 1 BGB von Amts wegen vorzunehmen hat. Mit den in den jeweiligen Registern vorzunehmenden Eintragungen wird die Publizität der jeweiligen Entscheidung verstärkt. Übermittlungspflichten gegenüber dem Registergericht für Entscheidungen im Eröffnungsverfahren regeln §§ 23 Abs. 2, 25 Abs. 1. 1

Vergleichbare Vorschriften enthielten § 112 KO, § 6 Abs. 2 Nr. 4 GesO bzw. § 23 Abs. 1 VerglO. Für die in § 112 KO über die Mitteilung an die Registergerichte noch vorgesehene Mitteilung der Verfahrenseröffnung an die Dienstbehörde des Schuldners hat der Gesetzgeber kein Bedürfnis mehr gesehen.[1] 2

B. Voraussetzungen und Inhalt der Übermittlungspflicht

I. Übermittlungspflicht

1. Eintragung des Schuldners

Die Übermittlungspflicht knüpft an die (**tatsächlich bestehende**) **Eintragung** des Schuldners im Handels-, Genossenschafts-, Partnerschafts- oder Vereinsregister an; sie besteht auch gegenüber dem Registergericht bei dem eine Zweigniederlassung des Schuldners nach § 13d ff. HGB eingetragen ist.[2] Die Mitteilung erfolgt auch dann, wenn das Insolvenzverfahren das Vermögen eines **gelöschten Rechtsträgers** betrifft oder dem Registergericht ein **Eintragungsersuchen** vorliegt.[3] 3

2. Gegenstand der Übermittlung

a) Unmittelbarer Anwendungsbereich

Zu übermitteln ist nach **Nr. 1** der **Eröffnungsbeschluss** bzw. nach **Nr. 2** eine **Entscheidung nach § 26 Abs. 1 Satz 1**, wenn es sich bei dem Schuldner um eine juristische Person oder eine Gesellschaft ohne Rechtspersönlichkeit handelt, die in der Folge aufgelöst wird (vgl. § 26 Rdn. 35 f.). Nach dem klaren Wortlaut des Gesetzes ist eine **Ausfertigung** (§ 317 Abs. 2 Satz 1, Abs. 4 ZPO) des jeweiligen Beschlusses zu übermitteln.[4] 4

b) Anwendung kraft Verweisung

Die Vorschrift ist kraft Verweisung anzuwenden, wenn: 5
– der Eröffnungsbeschluss im Beschwerdeverfahren aufgehoben wurde (§§ 34 Abs. 3 Satz 2, 200 Abs. 2 Satz 2),

---

1 Begr. RegE, RWS-Dok. 18, S. 198.
2 HK-InsO/*Kirchhof* Rn. 3; Uhlenbruck/*Uhlenbruck* Rn. 5; diff. MüKo-InsO/*Schmahl* Rn. 25, 66; a.A. Jaeger/*Schilken* Rn. 8.
3 MüKo-InsO/*Schmahl* Rn. 7 f.
4 HambK-InsR/*Schröder* Rn. 2; a.A. Jaeger/*Schilken* Rn. 8; Uhlenbruck/*Uhlenbruck* Rn. 5; HK-InsO/*Kirchhof* Rn. 6: beglaubigte Abschrift.

- das Verfahren gem. § 200 Abs. 1 aufgehoben wurde (§ 200 Abs. 2 Satz 2),
- das Verfahren gem. §§ 207 Abs. 1 Satz 1, 211 Abs. 1, 212 Satz 1 oder § 213 Abs. 1 Satz 1 eingestellt wurde (§§ 2 Abs. 1 Satz 3, 200 Abs. 2 Satz 2),
- das Insolvenzgericht nach § 277 Abs. 1 Satz 1 im Falle der Eigenverwaltung die Zustimmungsbedürftigkeit bestimmter Rechtsgeschäfte angeordnet hat (§ 277 Abs. 3 Satz 2),
- im Insolvenzplan Überwachungsmaßnahmen nach § 267 Abs. 1, 2 anordnet wurden (§ 267 Abs. 3 Satz 1) oder
- das Insolvenzgericht die Überwachungsmaßnahmen nach § 268 Abs. 1 aufgehoben hat (§§ 268 Abs. 2 Satz 2, 267 Abs. 3 Satz 1).

Sie ist entsprechend anzuwenden, wenn die Eigenverwaltung nachträglich angeordnet oder die Anordnung aufgehoben wurde, obwohl dies in § 273 nicht vorgesehen ist.[5]

3. Verfahren

6 **Zuständig** für die Übermittlung ist die Geschäftsstelle des Insolvenzgerichts. Die Übermittlung erfolgt **formlos** und sollte – auch über den in § 34 Abs. 3 Satz 1 ausdrücklich geregelten Fall hinaus – grds. **erst** vorgenommen werden, **wenn** die jeweilige **Entscheidung rechtskräftig** ist.[6]

II. Insolvenzverfahren mit Auslandsbezug

7 Ist in einem **inländischen Insolvenzverfahren** der Schuldner in einem öffentlichen Register oder Grundbuch eines anderen EU-Mitgliedsstaats eingetragen, kann der Insolvenzverwalter nach Art. 22 Abs. 1 EuInsVO die Eintragung der Verfahrenseröffnung beantragen. Ist in dem jeweiligen Mitgliedsstaat die Eintragung obligatorisch, besteht nach Art. 22 Abs. 2 Satz 2 EuInsVO eine Mitwirkungspflicht. Soll die Eintragung eines **Insolvenzverfahrens eines anderen EU-Mitgliedstaats** nach § 22 EuInsVO im Inland erfolgen, ist der Eintragungsantrag nach Art. 102 § 6 Abs. 1 Satz 1 EGInsO an das Insolvenzgericht zu richten, das seinerseits nach Art. 102 § 6 Abs. 1 Satz 2 EGInsO das jeweilige Registergericht um Eintragung ersucht.

8 Für Eintragungsersuchen aus **Staaten, die dem Anwendungsbereich der EuInsVO nicht unterfallen**, enthalten die §§ 343 ff. keine Regelungen, weil § 345 Abs. 1 Satz 2 nicht auf § 31 verweist; insoweit entscheidet das Registergericht unmittelbar über die Eintragung.[7]

§ 32 Grundbuch

(1) Die Eröffnung des Insolvenzverfahrens ist in das Grundbuch einzutragen:
1. bei Grundstücken, als deren Eigentümer der Schuldner eingetragen ist;
2. bei den für den Schuldner eingetragenen Rechten an Grundstücken und an eingetragenen Rechten, wenn nach der Art des Rechts und den Umständen zu befürchten ist, daß ohne die Eintragung die Insolvenzgläubiger benachteiligt würden.

(2) Soweit dem Insolvenzgericht solche Grundstücke oder Rechte bekannt sind, hat es das Grundbuchamt von Amts wegen um die Eintragung zu ersuchen. Die Eintragung kann auch vom Insolvenzverwalter beim Grundbuchamt beantragt werden.

(3) Werden ein Grundstück oder ein Recht, bei denen die Eröffnung des Verfahrens eingetragen worden ist, vom Verwalter freigegeben oder veräußert, so hat das Insolvenzgericht auf Antrag das Grundbuchamt um Löschung der Eintragung zu ersuchen. Die Löschung kann auch vom Verwalter beim Grundbuchamt beantragt werden.

---

5 MüKo-InsO/*Schmahl*/*Busch*, 3. Aufl., Rn. 20.
6 Uhlenbruck/*Uhlenbruck* Rn. 5; HK-InsO/*Kirchhof*, Rn. 6; FK-InsO/*Schmerbach* Rn. 5; diff. MüKo-InsO/*Schmahl*/*Busch*, 3. Aufl., Rn. 24.
7 MüKo-InsO/*Schmahl*/*Busch*, 3. Aufl., Rn. 64 f.

Übersicht

		Rdn.			Rdn.
A.	**Normzweck/Entstehungsgeschichte**	1	**V.**	**Wirkungen der Eintragung**	11
B.	**Voraussetzungen und Inhalt der Eintragungspflicht**	3	**C.**	**Eintragungsersuchen und Eintragungsantrag**	16
I.	Betroffene Rechte	3	I.	Eintragungsersuchen	17
	1. Grundstücke	3	II.	Eintragungsantrag	22
	2. Rechte an Grundstücken und an eingetragenen Rechten	4	**D.**	**Insolvenzverfahren mit Auslandsbezug**	24
II.	Massezugehörigkeit	5	I.	Inländisches Insolvenzverfahren mit im Ausland belegenem Grundbesitz	24
III.	Gegenstand der Eintragung	7	II.	Ausländisches Insolvenzverfahren mit im Inland belegenem Grundbesitz	25
IV.	Inhalt der Eintragung	9			

A. Normzweck/Entstehungsgeschichte

Die Eintragung der Verfahrenseröffnung im Grundbuch dient – insolvenzrechtlich – im Hinblick auf die nach §§ 81 Abs. 1 Satz 1, 91 Abs. 2 fortbestehende Möglichkeit des gutgläubigen Erwerbs nach §§ 892 f. BGB unmittelbar der **Sicherung der Insolvenzmasse** und – grundbuchrechtlich – der Berichtigung des durch den Verlust der Verfügungsbefugnis des Schuldners unrichtig gewordenen Grundbuchs (§ 22 Abs. 1 GBO). Besteht **im Rahmen der Eigenverwaltung** – uneingeschränkt (vgl. Rdn. 8) – die Verfügungsbefugnis des Schuldners nach § 270 Abs. 1 Satz 1 fort, ist die Norm **nicht anzuwenden (§ 270c Satz 3)**. 1

Vergleichbare Vorschriften enthielten §§ 113 f. KO und § 6 Abs. 2 Nr. 4 GesO. 2

B. Voraussetzungen und Inhalt der Eintragungspflicht

I. Betroffene Rechte

1. Grundstücke

Die Eintragungspflicht besteht bei Grundstücken und grundstücksgleichen Rechten wie dem Erbbaurecht, § 11 ErbbauVO, Wohnungs- und Teileigentum, § 1 WEG, Eigentum nach Bruchteilen, § 741 BGB oder selbstständigen Gebäudeeigentum nach Art. 231 § 5 EGBGB.[1] 3

2. Rechte an Grundstücken und an eingetragenen Rechten

Für den Schuldner eingetragene Rechte können **Dienstbarkeiten** i.S.d. 3. Buchs, 4. Abschn. des BGB, eine **Vormerkung**[2] oder auch ein zu Gunsten des Schuldners eingetragener **Nacherbenvermerk** gem. § 51 GBO sein.[3] Voraussetzung für die Eintragungsfähigkeit ist die – abstrakte – Gefahr gutgläubigen Erwerbs eines Dritten zu Lasten der Masse, so dass bei einem **verbrieften Grundpfandrecht** die Eintragung im Hinblick auf §§ 1117 Abs. 1 Satz 1, 1192 Abs. 1 BGB unterbleiben kann, wenn der Insolvenzverwalter im Besitz des Briefs ist.[4] 4

II. Massezugehörigkeit

Der Wortlaut der Vorschrift knüpft an **das zu Gunsten des Schuldners eingetragene Recht** an. Dies greift indes zu kurz, weil der Insolvenzvermerk **auch bei (nur) materieller Berechtigung** des Schuldners einzutragen ist, um einen umfassenden Schutz der Masse zu gewährleisten (zum Eintragungsverfahren vgl. Rdn. 19);[5] **nicht ausreichend ist** jedoch **die bloß wirtschaftliche Berechtigung** des 5

---

[1] OLG München 02.07.2010, 34 Wx 62/10, ZIP 2011, 375; Jaeger/*Schilken* Rn. 6, auch zu weiteren Rechten.
[2] MüKo-InsO/*Schmahl* Rn. 22.
[3] FK-InsO/*Schmerbach* Rn. 4.
[4] MüKo-InsO/*Schmahl* Rn. 22; HambK-InsR/*Schröder* Rn. 14.
[5] MüKo-InsO/*Schmahl* Rn. 12; HK-InsO/*Kirchhof* Rn. 4; a.A. HambK-InsR/*Schröder* Rn. 3.

Schuldners als Treugeber im Rahmen eines echten Treuhandverhältnisses[6] oder **ein lediglich schuldrechtlicher Anspruch auf Rückgewähr nach § 143 Abs. 1**,[7] denn die Eintragung würde eine im Gesetz nicht vorgesehene Sicherung des Rückgewähranspruchs bewirken. Bezugspunkt ist im Hinblick auf den unter Rdn. 1 beschriebenen Sicherungszweck die (Ist-)Insolvenzmasse (vgl. § 21 Rdn. 30). Im Sonderinsolvenzverfahren über das Vermögen einer erloschenen Kommanditgesellschaft (dazu § 11 Rdn. 20) kann die Eintragung entsprechend § 40 GBO im Hinblick auf die Voreintragung der Gesellschaft erfolgen.[8]

6 Die Massezugehörigkeit eines in **Gesamthandseigentum** stehenden Grundstücks oder Rechts in der Insolvenz eines Gesamthänders richtet sich danach, ob – wie bei der Erbengemeinschaft[9] – der Schuldner selbst in gesamthänderischer Verbundenheit mit den weiteren Gesamthändern Eigentümer bzw. Berechtigter ist[10] oder – wie nunmehr für die (**Außen-)GbR** anerkannt – der Verband selbst, losgelöst von den Gesamthändern Zurechnungssubjekt ist.[11] Der vor dieser Entscheidung bestehende Streit über die Möglichkeit der Eintragung eines Insolvenzvermerks[12] schien damit geklärt.[13] Soweit nach wie vor die Möglichkeit der Eintragung eines Insolvenzvermerks gesehen wird,[14] überzeugt dies nicht.[15] Diese Ansicht verkennt, dass der Gesellschafter nicht (mehr) unmittelbar, sondern nur vermittelt über seine gesellschaftsrechtliche Beteiligung an dem Grundstück partizipiert. Hieran ändern auch § 47 Abs. 2 GBO und § 899a Satz 2 BGB nichts, denn der durch § 899a BGB begründete öffentliche Glaube bezieht sich nur auf die gesellschaftsrechtliche Beteiligung der nach § 47 Abs. 2 GBO eingetragenen Personen in Ansehung des eingetragenen Grundbesitzes oder eines Rechts hieran, nicht aber auf deren Eigentum am Gesellschaftsvermögen selbst.[16] Die Eintragung eines Insolvenzvermerks als Verfügungsbeschränkung – wohl analog Abs. 1, § 23 Abs. 3 – wird dennoch für gerechtfertigt gehalten, wenn die Gesellschaft nach § 728 Abs. 2 Satz 1 BGB aufgelöst wird, weil entsprechend § 146 Abs. 3 HGB in diesem Fall der Insolvenzverwalter an die Stelle des Gesellschafters tritt und es im Hinblick auf die – nach Art. 229 § 21 EGBGB auch für Alteintragungen anwendbaren – §§ 899a Satz 1 BGB, 47 Abs. 2 GBO unterbunden werden soll, dass der Schuldner unter Ausnutzung des Rechtsscheins über das im Grundbuch eingetragene Gesellschaftsvermögen verfügt.[17] Dies ändert an der dinglichen Zuordnung des Grundbesitzes zum Verband allerdings nichts.[18]

III. Gegenstand der Eintragung

7 Einzutragen ist nach Abs. 1 die **Eröffnung des Insolvenzverfahrens** nach § 27, durch die der Beschlag des Grundbesitzes oder eingetragenen Rechts nach § 80 Abs. 1 bewirkt wird. Ebenfalls ein-

---

6 HK-InsO/*Kirchhof*, Rn. 4; HambK-InsR/*Schröder* Rn. 3; a.A. Jaeger/*Schilken* Rn. 6; MüKo-InsO/*Schmahl* Rn. 15; FK-InsO/*Schmerbach* Rn. 2.
7 AA Uhlenbruck/*Uhlenbruck* Rn. 5; FK-InsO/*Schmerbach* Rn. 2.
8 KG 28.08.2012, 1 W 72/12, ZInsO 2012, 1849 (1850).
9 BGH 19.05.2011, V ZB 197/10, ZInsO 2011, 1212 Rn. 8; OLG Dresden 25.09.2005, 3 W 1135/05, ZInsO 2005, 1220 (1221).
10 Der Schuldner selbst hat indes keine unmittelbare dingliche Berechtigung an dem Grundstück. Gegenstand der Masse sind vielmehr die Mitwirkungs- und Verfügungsrechte bei der Verwaltung und der Auseinandersetzung des Nachlasses, BGH 19.05.2011, V ZB 197/10, ZInsO 2011, 1212 Rn. 9.
11 BGH 04.12.2008, V ZB 74/08, BGHZ 179, 102 (114); 02.12.2010, V ZB 84/10, ZInsO 2011, 149 Rn. 8.
12 Vgl. Uhlenbruck/*Uhlenbruck* Rn. 7; Jaeger/*Schilken* Rn. 8; MüKo-InsO/*Schmahl* Rn. 19.
13 FK-InsO/*Schmerbach* Rn. 3, 18; HambK-InsR/*Schröder* Rn. 10.
14 OLG München 02.07.2010, 34 Wx 62/10, ZIP 2011, 375; OLG Dresden 05.10.2011, 17 W 828/11, ZIP 2012, 439; HambK-InsR/*Schröder* Rn. 10; *Keller* NZI 2011, 651 (653); MüKo-InsO/*Schmahl/Busch*, 3. Aufl., Rn. 19; wohl auch OLG Celle 25.05.2011, 4 W 39/11, ZIP 2011, 1510 (1511).
15 FK-InsO/*Schmerbach* Rn. 3; Braun/*Herzig* Rn. 10; *Kessler* EWiR 2011, 469 (470).
16 BGH 02.12.2010, V ZB 84/10, ZInsO 2011, 149 Rn. 8; *Heinze* RNotZ 2010, 289 (295 f., 306).
17 *Heinze* RNotZ 2010, 289 (306); *Bestelmeyer* Rpfleger 2010, 169 (180); *Keller* NZI 2011, 650, 652 f.; HK-InsO/*Kirchhof* Rn. 7.
18 BGH 28.04.2011, V ZB 194/10, BGHZ 189, 274 Rn. 12; *Altmeppen* ZIP 2011, 1937 (1939 f.).

zutragen ist nach Abs. 3 Satz 1 die **Aufhebung des Beschlags** bei **Freigabe** (vgl. § 35) oder **Veräußerung** des Gegenstands oder Rechts, und zwar durch Löschung der Eintragung gem. § 46 Abs. 1 GBO. Gleiches gilt, wenn der Beschlag durch **Aufhebung des Eröffnungsbeschlusses** (§§ 34 Abs. 3 Satz 2, 200 Abs. 2 Satz 2), **Aufhebung des Insolvenzverfahrens** (§ 200 Abs. 2 Satz 2) oder **Einstellung des Insolvenzverfahrens** (§§ 215 Abs. 1 Satz 3, 200 Abs. 2 Satz 2) endet.

Im **Eröffnungsverfahren** ist die Anordnung bzw. Aufhebung von Verfügungsbeschränkungen nach §§ 23 Abs. 3, 25 Abs. 1 und von besonderen Verfügungsbeschränkungen (vgl. § 21 Rdn. 58) einzutragen, wenn und soweit diese sich auf ein Grundstück oder eingetragene Rechte beziehen.[19] Ist die **Eigenverwaltung** angeordnet, ist ungeachtet des § 270c Satz 3 einzutragen, wenn hinsichtlich eines Grundstücks oder eines eingetragenen Rechts gem. § 277 Abs. 1 Satz 1 die Zustimmungsbedürftigkeit angeordnet wurde (§ 277 Abs. 3 Satz 3) oder eine solche Anordnung aufgehoben wurde.[20] Entsprechendes gilt bei der Anordnung bzw. Aufhebung der Anordnung der **Überwachung eines Insolvenzplans**, wenn das Recht zur Verfügung über ein Grundstück oder ein eingetragenes Recht beschränkt wird (§§ 267 Abs. 3 Satz 2, 268 Abs. 2 Satz 2).

IV. Inhalt der Eintragung

Die Eintragung muss die **Reichweite und die Art der Verfügungsbeschränkung** knapp und genau **bezeichnen.**[21] In ihr muss zum Ausdruck kommen, wenn der Schuldner nur zum Teil an dem Vermögensgegenstand berechtigt ist, wobei sich dies auch aus dem Zusammenhang der Eintragungen ergeben kann;[22] entsprechend ist sie bei Eigentum nach Bruchteilen der Insolvenzvermerk auf den Miteigentumsanteil des Schuldners,[23] bei Wohn- oder Teileigentum auf das Sondereigentum und den jeweiligen Anteil am Gemeinschaftseigentum zu beschränken und bei der Erbengemeinschaft auf die Mitberechtigung.[24] Für Grundstücke und grundstücksgleiche Rechte wird die Eintragung in **Abteilung II des Grundbuchs** vollzogen, § 10 Abs. 1b GBV, bei eingetragenen Rechten in der dem jeweiligen Recht zugeordneten **Veränderungsspalte**, § 10 Abs. 5 GBV.[25] Bei einem verbrieften Grundpfandrecht ist die Eintragung nach § 57 Abs. 1 Satz 1 GBO auch auf den **Brief** zu erstrecken.[26]

Erledigt sich die jeweilige **Eintragung** durch Aufhebung des Beschlags, wird nach § 46 Abs. 1 GBO ein Löschungsvermerk eingetragen.

V. Wirkungen der Eintragung

Mit der Eintragung des Insolvenzvermerks im Grundbuch wird – **materiell-rechtlich** – die **Möglichkeit**, den Grundbesitz oder das jeweilige Recht zu Lasten der Insolvenzmasse nach Maßgabe der §§ 81 Abs. 1 Satz 2, 91 Abs. 2, §§ 892 f. BGB **gutgläubig zu erwerben, beseitigt**, weil der Erwerber in seinem gutem Glauben an die Verfügungsberechtigung des Eingetragenen nach § 892 Abs. 1 Satz 2 BGB nicht mehr geschützt ist. Die Eintragung besagt indes nichts – auch nicht in der Form einer Vermutung – zur (fortbestehenden) Massezugehörigkeit des Grundstücks oder Rechts oder zur Verfügungsberechtigung des Insolvenzverwalters.[27]

---

19 MüKo-InsO/*Schmahl* Rn. 6.
20 MüKo-InsO/*Schmahl* Rn. 9.
21 MüKo-InsO/*Schmahl* Rn. 59.
22 BGH 19.05.2011, V ZB 197/10, ZInsO 2011, 1212 Rn. 12.
23 HambK-InsR/*Schröder* Rn. 7; Uhlenbruck/*Uhlenbruck* Rn. 8.
24 BGH 19.05.2011, V ZB 197/10, ZInsO 2011, 1212 Rn. 12.
25 Uhlenbruck/*Uhlenbruck* Rn. 16.
26 HK-InsO/*Kirchhof* Rn. 13.
27 BGH 19.05.2011, V ZB 197/10, ZInsO 2011, 1212 Rn. 7; LG Berlin 09.09.2003, 86 T 856/03, Rpfleger 2004, 158 (158 f.); MüKo-InsO/*Schmahl* Rn. 62 f.; MüKo-BGB/*Kohler* § 892 Rn. 64; a.A. OLG Köln 14.07.2010, 2 Wx 86/10, ZInsO 2010, 1646 (1648).

§ 32 InsO Grundbuch

12 Die Eintragung bewirkt **verfahrensrechtlich**, dass nach dem Eingang des Eintragungsersuchens oder -antrags (§§ 17, 45 GBO) der Verfügungsbeschränkung widersprechende Eintragungen ohne Zustimmung des Insolvenzverwalters unzulässig sind – **Grundbuchsperre**.[28] Hinsichtlich der dem Grundbuchamt zum Zeitpunkt des Eingangs bereits vorliegenden Eintragungsanträge ist zu differenzieren:

13 – Ist ein Eintragsantrag (§ 13 Abs. 1 Satz 1 GBO) nur vom Schuldner selbst gestellt worden, kann dieser stets vom Insolvenzverwalter bis zur Vollendung der Eintragung nach § 44 Abs. 1 GBO bzw. § 140 Abs. 1 GBO zurückgenommen werden;[29] ist ein Eintragungsantrag vom Schuldner nach der Verfahrenseröffnung gestellt worden, ist dieser nach § 81 Abs. 1 Satz 2 unwirksam.[30]

14 – Liegen zu Gunsten des Antragstellers die Voraussetzungen des § 878 BGB in Bezug auf einen bereits anhängigen Eintragungsantrag vor (Bindungswirkung nach §§ 873 Abs. 2, 875 Abs. 2 BGB und Eintragungsantrag vor der Verfahrenseröffnung oder dem Wirksamwerden der Verfügungsbeschränkung), hat das Grundbuchamt die Eintragung zu vollziehen (§ 91 Abs. 2).

15 – Kommen dem Antragsteller die Wirkungen des § 878 BGB nicht zu Gute, kann dieser – materiell-rechtlich – unter den Voraussetzungen des § 892 Abs. 1, 2 BGB, § 91 Abs. 2 das Recht gutgläubig erwerben. Streitig ist, ob das Grundbuchamt zu Gunsten des redlichen Antragstellers die Eintragung zu vollziehen hat[31] oder dieser zunächst die Zustimmung des Insolvenzverwalters erstreiten muss.[32] Für die zuletzt genannte Ansicht spricht, dass es nicht Aufgabe des Grundbuchamts sein kann, die Voraussetzungen des gutgläubigen Erwerbs im Eintragungsverfahren zu prüfen.

C. Eintragungsersuchen und Eintragungsantrag

16 Das Insolvenzgericht hat das Grundbuchamt nach Abs. 2 Satz 1 von Amts wegen um Eintragung zu ersuchen. Nach Abs. 2 Satz 2 kann der Insolvenzverwalter einen Eintragungsantrag stellen. Nach Abs. 3 gilt dies ebenso, wenn der Insolvenzbeschlag durch Freigabe oder Veräußerung des Grundstücks oder des betroffenen Rechts endet, wobei in diesem Fall das Insolvenzgericht nur auf Antrag tätig wird. Die Sicherstellung ordnungsgemäßer Eintragungen ist für das Insolvenzgericht nach § 839 Abs. 1 Satz 1 BGB i.V.m. Art. 34 Satz 1 GG und für den Insolvenzverwalter nach § 60 Abs. 1 Satz 1 haftungsbewehrt.[33]

I. Eintragungsersuchen

17 Zuständig für das Eintragungsersuchen ist nach h.M. der **Rechtspfleger**,[34] der es – im Hinblick auf den Sicherungscharakter der Eintragung (vgl. Rdn. 1) regelmäßig **unmittelbar** auf die Aktenvorlage **nach Verfahrenseröffnung** – und nicht erst nach Rechtskraft des Eröffnungsbeschlusses – veranlassen wird;[35] und bei entsprechendem Anlass auch nachzuholen hat.[36] Anders ist dies nach §§ 34 Abs. 3, 200 Abs. 2 Satz 2 im Falle der Löschung des Insolvenzvermerks nach Aufhebung des Eröffnungsbeschlusses im Rechtsmittelverfahren und auch in den Übrigen Fällen der Löschung, die erst nach Rechtskraft der jeweiligen Entscheidung im Grundbuch zu vermerken sind.

---

[28] RG 24.04.1909, V 61/09, RGZ 71, 38 (40 f.); BGH 05.06.2009, V ZR 168/08, NJW 2009, 3155 Rn. 20; 19.05.2011, V ZB 197/10, Rn. 7; Jaeger/*Schilken* Rn. 30; MüKo-InsO/*Schmahl* Rn. 66.
[29] *Raebel* ZInsO 2002, 954 (955); FK-InsO/*Schmerbach* Rn. 15; BeckOK-GBO/*Reetz* § 13 Rn. 123.
[30] Jaeger/*Schilken* Rn. 32.
[31] Uhlenbruck/*Uhlenbruck* Rn. 19; Jaeger/*Schilken* Rn. 33.
[32] OLG Karlsruhe 02.09.1997, 11 Wx 60/97, NJW-RR 1998, 445 (446); MüKo-InsO/*Schmahl* Rn. 69f; HambK-InsR/*Schröder* Rn. 18; offen gelassen von OLG Köln 15.09.2010, 2 Wx 54/10, RNotZ 2011, 41 (43).
[33] HK-InsO/*Kirchhof* Rn. 14, 18.
[34] HK-InsO/*Kirchhof* Rn. 14; HambK-InsR/*Schröder* Rn. 19; FK-InsO/*Schmerbach* Rn. 8; a.A. Kübler/Prütting/Bork/*Holzer* Rn. 17.
[35] FK-InsO/*Schmerbach* Rn. 5.
[36] HK-InsO/*Kirchhof* Rn. 14.

Es ist anhand des Vermögensstatus – der Grundlage für die Entscheidung über die Verfahrenseröffnung wurde (vgl. § 27 Rdn. 8, § 26 Rdn. 6 ff.) – zu ermitteln, hinsichtlich welchen Grundbesitzes bzw. welcher Rechte das Ersuchen zu veranlassen ist. Im Zweifel ist im Rahmen einer sog. Insolvenzanzeige ein allgemeines Ersuchen an die in Betracht kommenden Grundbuchämter zu richten, die dann ihrerseits prüfen, welche Rechte in den dort geführten Grundbüchern für den Schuldner eingetragen sind.[37]

Das Eintragungsersuchen ist ein solches i.S.d. **§ 38 GBO**, mit der Folge, dass Grundlage für die Eintragung das Ersuchen selbst ist und das Grundbuchamt im Hinblick darauf nur zu prüfen hat, ob ein der **Form des § 29 Abs. 3 GBO** entsprechendes Ersuchen **einer sachlich zuständigen Stelle**[38] mit einem **zulässigen Inhalt** vorliegt[39] und der Schuldner voreingetragen ist (§ 39 GBO)[40] oder die Massezugehörigkeit vom Insolvenzgericht nachvollziehbar begründet wurde (vgl. Rdn. 5);[41] nicht zu prüfen ist dagegen, ob das Ersuchen im Übrigen inhaltlich richtig ist.[42] Eine Abschrift des Eintragungsersuchens sollte dem Insolvenzverwalter zugeleitet werden.

Um Löschung des Insolvenzvermerks infolge der Freigabe oder Veräußerung des Grundbesitzes oder eingetragenen Rechts ersucht das Insolvenzgericht das Grundbuchamt nur auf Antrag (Abs. 3 Satz 1). Den Antrag kann jeder stellen, der ein rechtliches Interesse an der Löschung hat.[43]

Vollzieht der beim Grundbuchamt nach § 12c Abs. 2 Nr. 2 GBO zuständige Urkundsbeamte der Geschäftsstelle das Ersuchen nicht oder nicht in der beantragten Weise, entscheidet auf ein entsprechendes Verlangen des Insolvenzgerichts – wenn der Urkundsbeamte nicht abhilft – nach §§ 12c Abs. 4 Satz 1 GBO, 3 Nr. 1h, 4 RPflG der Rechtspfleger.[44] Gegen dessen Entscheidung steht dem Insolvenzgericht die **Beschwerde** nach §§ 12c Abs. 4 Satz 2, 71 Abs. 1 GBO, 11 Abs. 1 RPflG zu. Dem von der Eintragung Betroffenen steht die Beschwerde ungeachtet des § 71 Abs. 2 Satz 1 GBO zu.[45]

II. Eintragungsantrag

Der Insolvenzverwalter hat eigenverantwortlich zu prüfen, ob und inwieweit ein eigener Eintragungsantrag (§ 13 GBO) zu stellen ist, um die Wirkungen der Verfahrenseröffnung im Grundbuch zu verlautbaren. Dies kommt dann in Betracht, wenn der Insolvenzverwalter Anlass hat zu zweifeln, ob das Insolvenzgericht ein Eintragungsersuchen veranlasst hat,[46] insb. dann, wenn nachträglich bekannt wird, dass Grundbesitz oder eingetragene Rechte zur Masse gehören. Die Eintragung bedarf keiner Bewilligung (§ 19 GBO), weil der Insolvenzverwalter die Unrichtigkeit des Grundbuchs durch Vorlage der Ausfertigung des Eröffnungsbeschlusses (§ 415 Abs. 1 ZPO) nachweisen kann, § 22 Abs. 1 Satz 1 GBO.[47]

Neben dem eigenen Antrag kann der Insolvenzverwalter die Löschung des Insolvenzvermerks auch nach allgemeinen Vorschriften (§ 19 GBO) bewilligen.[48]

---

37 FK-InsO/*Schmerbach* Rn. 7; HK-InsO/*Kirchhof* Rn. 16.
38 BGH 13.01.1956, V ZB 49/55, BGHZ 19, 355 (357 f.).
39 BeckOK-GBO/*Zeiser* § 38 Rn. 15.
40 OLG Rostock 11.09.2003, 7 W 54/03, DZWIR 2004, 38 m. zust. Anm. *Keller*.
41 MüKo-InsO/*Schmahl* Rn. 26.
42 HK-InsO/*Kirchhof* Rn. 17.
43 HambK-InsR/*Schröder* Rn. 27.
44 OLG Rostock 08.02.2010, 3 W 12/10, FGPrax 2010, 180 (181); OLG Düsseldorf 06.10.2010, 3 Wx 214/10, ZEV 2011, 45; a.A. *Demharter* GBO, § 12c Rn. 11.
45 BGH 19.05.2011, V ZB 197/10, ZInsO 2011, 1212 Rn. 7; MüKo-InsO/*Schmahl* Rn. 59; BeckOK-GBO/*Kramer* § 71 Rn. 108.
46 LG Zweibrücken 04.05.2000, 4 T 61/00, NZI 2000, 327.
47 LG Zweibrücken 04.05.2000, 4 T 61/00, NZI 2000, 327; vgl. auch BGH 12.07.2012 – V ZB 219/11, BGHZ 194, 60 Rn. 11 ff.
48 HambK-InsR/*Schröder* Rn. 29.

D. Insolvenzverfahren mit Auslandsbezug

I. Inländisches Insolvenzverfahren mit im Ausland belegenem Grundbesitz

24 Der Sicherungszweck gebietet regelmäßig auch die Verlautbarung der Verfahrenseröffnung in einem im Ausland geführten Register, wenn und soweit die Eintragung von Grundbesitz oder Rechten Grundlage für einen gutgläubigen Erwerb zu Lasten der Masse sein können.[49] Im europäischen Ausland ergibt sich aus Art. 22 Abs. 1 EuInsVO ein Anspruch, auf Antrag des Insolvenzverwalters die Verfahrenseröffnung nach Maßgabe des Rechts im registerführenden Staat im dortigen Grundbuch oder vergleichbaren Register einzutragen.

II. Ausländisches Insolvenzverfahren mit im Inland belegenem Grundbesitz

25 Der auf Art. 22 Abs. 1 EuInsVO gestützte Antrag eines Insolvenzverwalters im Verfahren eines anderen EU-Mitgliedsstaats ist nach Art. 102 § 6 Abs. 1 Satz 1 EGInsO an das Insolvenzgericht zu richten, das die Voraussetzungen der Anerkennung (Art. 16 EuInsO), die Wirkungen der Verfahrenseröffnung auf die Verfügungsbefugnis des Schuldners in Bezug auf die im Grundbuch eingetragenen Rechte mit bindender Wirkung für das Grundbuchamt prüft und – soweit der Antrag Erfolg hat – das Grundbuchamt nach den unter Rdn. 17 ff. dargestellten Grundsätzen um Eintragung ersucht.[50] Für Eintragungsersuchen, die ein Insolvenzverfahren eines Staates außerhalb des Anwendungsbereichs der EuInsVO betreffen, gilt § 346.

§ 33 Register für Schiffe und Luftfahrzeuge

Für die Eintragung der Eröffnung des Insolvenzverfahrens in das Schiffsregister, das Schiffsbauregister und das Register für Pfandrechte an Luftfahrzeugen gilt § 32 entsprechend. Dabei treten an die Stelle der Grundstücke die in diese Register eingetragenen Schiffe, Schiffsbauwerke und Luftfahrzeuge, an die Stelle des Grundbuchamts das Registergericht.

Übersicht

	Rdn.			Rdn.
A. Normzweck/Entstehungsgeschichte	1		2. Eintragung	6
B. Eintragung im Schiffs-, Schiffsbau- oder Luftfahrtregister	3	II.	Register für Pfandrechte an Luftfahrzeugen	8
I. Schiffs- und Schiffsbauregister	4		1. Gutgläubiger Erwerb von Pfandrechten an Luftfahrzeugen	8
1. Gutgläubiger Erwerb von Schiffen, Schiffsbauwerken und Schwimmdocks	4		2. Eintragung	9
		III.	Verfahren mit Auslandsbezug	10

A. Normzweck/Entstehungsgeschichte

1 Die Eintragung der Verfahrenseröffnung in den für Schiffe und Luftfahrzeuge geführten Registern verfolgt vor dem Hintergrund der in ähnlicher Weise wie im Liegenschaftsverkehr eröffneten Möglichkeiten des gutgläubigen Erwerbs zu Lasten der Insolvenzmasse (§§ 81 Abs. 1 Satz 2, 92) den Zweck diese zu sichern und das jeweilige Register nach § 18 SchiffsRG, § 31 Abs. 1 SchiffsRegO, §§ 18, 86 Abs. 1 LuftfzRG (vgl. § 32 Rdn. 1) zu berichten.[1]

2 Vorgängerregelungen enthielten für die Eintragung in das Schiffs- bzw. Schiffsbauregister §§ 113 f. KO.

---

49 HK-InsO/*Kirchhof* Rn. 15.
50 MüKo-InsO/*Schmahl* Rn. 36, 46 ff.
1 MüKo-InsO/*Schmahl* Rn. 99.

B. Eintragung im Schiffs-, Schiffsbau- oder Luftfahrtregister

Für die Eintragung eines Insolvenzvermerks im Schiffs-, Schiffsbau- oder Luftfahrtregister verweist die Vorschrift auf § 32. Auf die dortige Kommentierung wird unter Hinweis auf die nachstehenden Besonderheiten Bezug genommen.

I. Schiffs- und Schiffsbauregister

1. Gutgläubiger Erwerb von Schiffen, Schiffsbauwerken und Schwimmdocks

An einem in Deutschland geführten (See- oder Binnen-)Schiffsregister eingetragenen **Schiff** (§ 1 SchiffsRG), einer **Schiffshypothek** (§ 8 Abs. 1 SchiffsRG) oder einem **Nießbrauch** (§ 9 Abs. 1 SchiffsRG) kann im Vertrauen auf die Berechtigung des Eingetragenen (§ 15 Abs. 1, 2 SchiffsRG) nach Maßgabe der §§ 16, 17 SchiffsRG gutgläubig Eigentum erworben werden, obwohl – insoweit abw. vom Liegenschaftsrecht – die Eintragung im Schiffsregister bei der Übertragung eines **Seeschiffes** nach § 2 Abs. 1 SchiffsRG nur registerberichtigende Wirkung hat.[2] Für die Übertragung eines **Binnenschiffs** ist dagegen nach § 3 Abs. 1 SchiffsRG neben der Einigung über den Eigentumsübergang auch die Eintragung im Register erforderlich. Mit der Eintragung im jeweiligen Register ist der Eigentümer an die jeweilige Einordnung als See- oder Binnenschiff gegenüber dem Rechtsverkehr gebunden.[3] Für **nicht eingetragene Schiffe** gelten die Regeln für den Erwerb beweglicher Sachen, so dass diese mit der Verfahrenseröffnung nach § 81 Abs. 1 Satz 1 nicht mehr gutgläubig zu Lasten der Masse erworben werden können.[4]

Ein **Schiffsbauwerk** ist ein auf einer Schiffswerft in Bau befindliches Schiff (§ 76 Abs. 1 SchiffsRG), auf das die Regelungen über den gutgläubigen Erwerb von Schiffen nach § 77 Satz. 2 SchiffsRG entsprechend gelten. Gleiches gilt nach § 81a Satz. 1, 2 SchiffsRG für im Bau befindliche oder fertiggestellte **Schwimmdocks**.

2. Eintragung

Für die Eintragung gelten die Regelungen der SchiffsRegO, wobei getrennte Register für Seeschiffe, für Binnenschiffe (§ 3 SchiffsRegO, **Schiffsregister**), sowie für Schiffsbauwerke geführt werden (§ 65 SchiffsRegO, **Schiffsbauregister**). Das Register führende Amtsgericht wird durch Landesrecht bestimmt (§ 1 Abs. 1, 2 SchiffsRegO).

Obwohl nach §§ 11, 16 SchiffsRegO die persönlich haftenden Gesellschafter einer oHG, KG oder KGaA mit einzutragen sind, erscheint es zweifelhaft, ob im Insolvenzverfahren des jeweiligen Gesellschafters die Eintragung eines Insolvenzvermerks hinsichtlich eines zu Gunsten der Gesellschaft eingetragenen Rechts möglich ist (vgl. § 32 Rdn. 6)[5]. Das Eintragungsersuchen des Insolvenzgerichts muss nach § 37 Abs. 3 SchiffsRegO im Original unterschrieben und gesiegelt oder gestempelt werden. Der Eintragungsantrag des Insolvenzverwalters kann formlos gestellt werden;[6] seine Berechtigung und die durch den Verlust der Verfügungsbefugnis des Schuldners bewirkte Unrichtigkeit des Registers ist durch eine beglaubigte Abschrift des Eröffnungsbeschlusses nachzuweisen (§ 37 Abs. 1 SchiffsRegO).

---

2 BGH 25.06.1990, II ZR 178/89, BGHZ 112, 4 (6).
3 BGH 25.06.1990, II ZR 178/89, BGHZ 112, 4 (8).
4 HK-InsO/*Kirchhof* Rn. 4.
5 So aber MüKo-InsO/*Schmahl* Rn. 95.
6 MüKo-InsO/*Schmahl* Rn. 99.

II. Register für Pfandrechte an Luftfahrzeugen

1. Gutgläubiger Erwerb von Pfandrechten an Luftfahrzeugen

8   Zur Sicherung einer Forderung kann ein in der Luftfahrtrolle eingetragenes **Luftfahrzeug** mit einem **Registerpfandrecht** belastet werden (§ 1 LuftfzRG), das mit der Einigung über die Bestellung zwischen dem Eigentümer und dem Gläubiger und der Eintragung in das Register für Luftfahrzeuge entsteht (§§ 5 Abs. 1, 81 Abs. 1 Satz 2 LuftfzG). Das Pfandrecht kann auf **Ersatzteillager** im In- und Ausland erstreckt werden (§ 68 Abs. 1 LuftfzRG). Das Bestehen des im Register eingetragenen Rechts wird nach § 15 Abs. 1 LuftfzRG vermutet; dasselbe gilt für das Nichtbestehen im Falle der Löschung (§ 15 Abs. 2 LuftfzRG). Ein Registerpfandrecht oder ein Recht hieran kann im Vertrauen auf den Bestand bzw. Nichtbestand der im Register ausgewiesenen Rechte und des Eigentums an dem Luftfahrzeug nach §§ 16, 17 LuftfzRG gutgläubig erworben werden. Das **Luftfahrzeug selbst unterliegt den Vorschriften über bewegliche Sachen** und kann nach der Eröffnung des Insolvenzverfahrens nicht mehr gutgläubig erworben werden.[7]

2. Eintragung

9   Das Register für Pfandrechte an Luftfahrzeugen wird gem. § 78 LuftfzRG bei dem für den Sitz des Luftfahrtbundesamts zuständigen **Amtsgericht (Braunschweig)** geführt. Für den Eintragungsantrag gelten die §§ 79 f. LuftfzRG. Die Eintragung ist zur Sicherung der Masse unverzüglich zu betreiben.[8]

III. Verfahren mit Auslandsbezug

10   Für Insolvenzverfahren mit Auslandsbezug gelten die Ausführungen zu § 32 Rdn. 24 f. entsprechend.

§ 34 Rechtsmittel

(1) Wird die Eröffnung des Insolvenzverfahrens abgelehnt, so steht dem Antragsteller und, wenn die Abweisung des Antrags nach § 26 erfolgt, dem Schuldner die sofortige Beschwerde zu.

(2) Wird das Insolvenzverfahren eröffnet, so steht dem Schuldner die sofortige Beschwerde zu.

(3) Sobald eine Entscheidung, die den Eröffnungsbeschluß aufhebt, Rechtskraft erlangt hat, ist die Aufhebung des Verfahrens öffentlich bekanntzumachen. § 200 Abs. 2 Satz 2 gilt entsprechend. Die Wirkungen der Rechtshandlungen, die vom Insolvenzverwalter oder ihm gegenüber vorgenommen worden sind, werden durch die Aufhebung nicht berührt.

Übersicht

	Rdn.
A. Normzweck/Entstehungsgeschichte	1
B. Rechtsmittelverfahren	3
I. Sofortige Beschwerde gegen die Eröffnungsentscheidung	3
1. Anwendbare Vorschriften	3
2. Gegenstand des Rechtsmittelverfahrens/Erledigung	4
3. Tatsachengrundlage im Beschwerdeverfahren	6
4. Verfahren und Entscheidung	7
5. Sofortige Beschwerde gegen die Ablehnung der Verfahrenseröffnung (Abs. 1)	10
a) Statthaftigkeit	10
b) Beschwerdeberechtigung	12
c) Beschwer/Rechtsschutzbedürfnis	15
d) Begründetheit der sofortigen Beschwerde	17
e) Inhalt einer stattgebenden Entscheidung des Beschwerdegerichts	20
f) Rechtsmittel	22

---

[7] HambK-InsR/*Schröder* Rn. 5.
[8] HK-InsO/*Kirchhof* Rn. 6.

	Rdn.		Rdn.
6. Sofortige Beschwerde gegen die Eröffnung des Insolvenzverfahrens (Abs. 2)	23	f) Rechtsmittel	33
		II. Rechtsbeschwerde	34
		III. Kosten/Gebühren	35
a) Statthaftigkeit	23	C. **Aufhebung des Eröffnungsbeschlusses (Abs. 3)**	37
b) Beschwerdeberechtigung	25		
c) Beschwer/Rechtsschutzbedürfnis	26	I. Wirkungen	37
		1. Verpflichtungsgeschäfte	39
d) Begründetheit der sofortigen Beschwerde	28	2. Einseitige Willenserklärungen	40
		3. Verfügungen	42
		4. Prozesshandlungen	43
e) Inhalt einer stattgebenden Entscheidung des Beschwerdegerichts	31	II. Verlautbarung	44

A. Normzweck/Entstehungsgeschichte

Nach § 6 Abs. 1 unterliegen Entscheidungen des Insolvenzgerichts nur dann der sofortige Beschwerde, wenn dies im Gesetz ausdrücklich vorgesehen ist. Die Norm regelt im Hinblick auf die weitreichenden Wirkungen der Entscheidung über den Eröffnungsantrag die Möglichkeiten der Anfechtung, und zwar Abs. 1 für den Fall der Ablehnung der Verfahrenseröffnung und Abs. 2 für den Fall der Eröffnung des Insolvenzverfahrens, sowie Abs. 3 – anknüpfend an Abs. 2 – die Folgen der Aufhebung des Eröffnungsbeschlusses im Rechtsmittelverfahren, wobei Satz 1 und Satz 2 deren Verlautbarung und Satz 3 zum Schutz des Rechtsverkehrs die Wirksamkeit der vom vorläufigen Insolvenzverwalter vorgenommenen Rechtshandlungen anordnet. 1

Die Vorschrift knüpft an § 109 KO an, der allerdings ein Rechtsmittel des Schuldners bei Abweisung der Verfahrenseröffnung mangels Masse nicht vorsah. Die Norm ist durch Art. 1 Nr. 11 InsVerfVereinfG v. 13.04.2007[1] in Abs. 3 als Folgeänderung von § 200 Abs. 2 geändert worden. 2

B. Rechtsmittelverfahren

I. Sofortige Beschwerde gegen die Eröffnungsentscheidung

1. Anwendbare Vorschriften

Für das Beschwerdeverfahren gelten die §§ 6, 4 InsO, §§ 567 ff. ZPO. Ist der Eröffnungsantrag von einer Bundes- oder Landesfinanzbehörde gestellt worden, hat diese Abschn. 58 Abs. 4 VollStrA bei der Ablehnung des Antrags zu beachten. 3

2. Gegenstand des Rechtsmittelverfahrens/Erledigung

Gegenstand des Rechtsmittelverfahrens ist die Entscheidung über den Eröffnungsantrag, wobei im Grundsatz zwischen der die Eröffnung ablehnenden Entscheidung (Abs. 1) und der das Verfahren eröffnenden Entscheidung (Abs. 2) zu differenzieren ist. Die Entscheidung über den Eröffnungsantrag lässt sich im Verfahren nach § 34 nicht erzwingen.[2] 4

Erklärt der Antragsteller den Eröffnungsantrag einseitig für **erledigt**, steht im Falle der Erledigungsfeststellung dem Schuldner nach Abs. 2 die sofortige Beschwerde zu; weist das Insolvenzgericht dagegen den Antrag ab, kann der Antragsteller nach Abs. 1 vorgehen.[3] Schließt sich der Schuldner der Erledigungserklärung des Antragstellers an, kann der jeweils beschwerte Beteiligte gegen die Kostenentscheidung nach § 4 InsO, § 91a Abs. 1 Satz 1 ZPO mit der sofortigen Beschwerde nach 5

---

1 BGBl. I, 509.
2 BGH 08.07.2010, IX ZB 45/10, ZInsO 2010, 1662 Rn. 3.
3 BGH 25.07.2008, IX ZB 131/07, ZInsO 2008, 1206 Rn. 8.

§ 4 InsO, § 91a Abs. 2 ZPO vorgehen.[4] Zur Erledigungserklärung bei fehlender Kostendeckung vgl. § 26 Rdn. 26 f. Stellt das Insolvenzgericht in einer Zwischenentscheidung i.S.d. § 4 InsO, § 303 ZPO die Unzulässigkeit der Erledigungserklärung fest, ist hiergegen entsprechend Abs. 1, § 4 InsO, § 280 Abs. 2 Satz 1 ZPO die sofortige Beschwerde eröffnet.[5] Eine mit der (Sach-)Entscheidung verbundene **Kostenentscheidung** kann gem. § 4 InsO, § 99 Abs. 1 ZPO **nicht isoliert** angefochten werden.[6] Zur Erledigung während des Beschwerdefahrens vgl. Rdn. 9.

3. Tatsachengrundlage im Beschwerdeverfahren

6 Der Entscheidung über das Rechtsmittel ist der Streitstoff zum Zeitpunkt der Entscheidung über die sofortige Beschwerde zu Grunde zu legen, denn die sofortige Beschwerde kann gem. § 4 InsO, § 571 Abs. 2 Satz 1 ZPO auf neue Angriffs- und Verteidigungsmittel gestützt werden.[7] Ein erst im Beschwerdeverfahren gestellter Antrag auf Ersetzung der Zustimmung nach § 309 Abs. 1 Satz 1 ist daher zu berücksichtigen.[8] Von der Frage des – zivilverfahrensrechtlich – der Entscheidung des Rechtsmittelgerichts zu Grunde zu legenden Streitstoffs zu unterscheiden ist die nach Maßgabe des Insolvenzrechts zu beantwortende Frage, welche Relevanz nach der Entscheidung des Insolvenzgerichts neu hinzutretende Tatsachen haben und ob diese zu einer Änderung der Entscheidung führen können.[9] Hier ist nach dem Gegenstand des Beschwerdeverfahrens zu differenzieren (vgl. Rdn. 19, 30).

4. Verfahren und Entscheidung

7 Die sofortige Beschwerde hat nach § 4 InsO, § 570 Abs. 1 ZPO **keine aufschiebende Wirkung**. Das Insolvenzgericht kann im Ausnahmefall die Vollziehung des Eröffnungsbeschlusses gem. § 4 InsO, § 570 Abs. 2 ZPO aussetzen, wobei dessen Wirkungen hiervon nicht berührt werden.[10] Entsprechende Anordnungen können nach § 4 InsO, §§ 570 Abs. 3, 575 Abs. 5 ZPO auch im Rechtsmittelverfahren ergehen.[11]

8 Das Insolvenzgericht entscheidet gem. § 4 InsO, § 572 Abs. 1 Satz 1 ZPO über die **Abhilfe**. Soweit der Eröffnungsbeschluss selbst nicht begründet wurde, ist dies mit der Vorlage an das Beschwerdegericht nachzuholen.[12] Ist die Beschwerde unzulässig, wird sie gem. § 4 InsO, § 572 Abs. 2 Satz 2 ZPO verworfen; ist sie unbegründet, wird sie zurückgewiesen. Vor einer stattgebenden Entscheidung – auch im Abhilfeverfahren – ist dem Beschwerdegegner **rechtliches Gehör** zu gewähren;[13] im Beschwerdeverfahren nach Abs. 2 ist vor der Aufhebung des Eröffnungsbeschlusses neben dem Antragsteller im Rahmen der Amtsermittlungspflicht (§ 5 Abs. 1 Satz 1) auch der Insolvenzverwalter anzuhören, wenngleich diesem gegen eine stattgebende Entscheidung des Beschwerdegerichts die Rechtsbeschwerde nach § 7 nicht zusteht (vgl. Rdn. 33). Ggf. ist auch dem Beschwerdeführer rechtliches Gehör zu gewähren, insb. dann, wenn das Beschwerdegericht die sofortige Beschwerde für begründet hält, im Ergebnis aber – aus anderen Gründen – dem mit dem Rechtsmittel verfolgten Ziel nicht entspricht (vgl. Rdn. 21). Zum Inhalt einer stattgebenden Entscheidung vgl. Rdn. 20, 31.

9 Für die **Kostenentscheidung** gelten die §§ 91 ff. ZPO. Die Kosten eines erfolglosen Rechtsmittels trägt nach § 4 InsO, § 97 Abs. 1 ZPO der Beschwerdeführer, wobei die Kostenlast den Schuldner

---

4 BGH 25.07.2008, IX ZB 131/07, ZInsO 2008, 1206 Rn. 7.
5 Vgl. LG Duisburg 28.11.2008, 7 T 231/08, NZI 2009, 911 (912); FK-InsO/*Schmerbach* Rn. 7.
6 BGH 25.09.2008, IX ZB 131/07, ZInsO 2008, 1206 Rn. 9.
7 BGH 27.07.2006, IX ZB 204/04, BGHZ 169, 17 Rn. 19.
8 LG Göttingen 13.03.2009, 10 T 18/09, NZI 2009, 330 (330 f.).
9 BGH 27.07.2006, IX ZB 204/04, BGHZ 169, 17 Rn. 10.
10 FK-InsO/*Schmerbach* Rn. 43.
11 BGH 27.07.2006, IX ZB 204/04, BGHZ 169, 17 Rn. 30 f.
12 FK-InsO/*Schmerbach* Rn. 44.
13 HK-InsO/*Kirchhof* Rn. 27.

persönlich, nicht die Masse trifft.[14] Hat die Beschwerde nur auf Grund erst im Beschwerdeverfahren mitgeteilter oder herbeigeführter Tatsachen Erfolg, **sind** die Kosten nach § 4 InsO, § 97 Abs. 2 ZPO ganz oder teilweise dem Beschwerdeführer aufzuerlegen. Hat die Beschwerde des Schuldners im Falle eines Eigenantrags Erfolg und kommt eine Kostenentscheidung nach § 4 InsO, § 97 Abs. 2 ZPO nicht in Betracht, bedarf es keiner Kostenentscheidung; unzulässig ist insb. eine solche zu Lasten der Staatskasse.[15] Im Falle eines Fremdantrags sind dem Antragsteller die Kosten eines erfolgreichen Rechtsmittels des Schuldners nach allgemeinen Grundsätzen aufzuerlegen. Erledigt sich das Beschwerdeverfahren durch die Rücknahme des Eröffnungsantrags ist über die Kosten nach § 4 InsO, § 91a ZPO zu entscheiden.

5. Sofortige Beschwerde gegen die Ablehnung der Verfahrenseröffnung (Abs. 1)

a) Statthaftigkeit

Die sofortige Beschwerde nach Abs. 1 ist gegen sämtliche zur Ablehnung der Verfahrenseröffnung führende Entscheidungen des Insolvenzgerichts eröffnet, unabhängig davon, ob diese auf die Unzulässigkeit oder die Unbegründetheit des Insolvenzantrags gestützt ist oder nach § 26 Abs. 1 erfolgt.[16] Der Ablehnung der Verfahrenseröffnung steht es gleich, wenn das Verfahren nicht in der beantragten Verfahrensart eröffnet wird.[17] Einem Gläubiger steht das Beschwerderecht jedoch nicht zu, wenn auf Antrag des Schuldners ein Verbraucherinsolvenzverfahren eröffnet wurde und er erfolglos die Überleitung in ein Regelinsolvenzverfahren beantragt hat.[18]   10

Die Norm gilt über die Verweisung in § 304 Abs. 1 Satz 1 auch im Verbraucherinsolvenzverfahren, wobei das Rechtsmittel weder gegen die Aufforderung des Insolvenzgerichts nach § 305 Abs. 3 Satz 1 noch gegen eine den Eintritt der Rücknahmewirkungen gem. § 305 Abs. 3 Satz 2 feststellende Mitteilung oder einen Beschluss des Insolvenzgerichts eröffnet ist,[19] und zwar auch dann, wenn die Verfügung des Insolvenzgerichts mit § 305 Abs. 3 nicht in Einklang steht.[20] Analog Abs. 1 ist die sofortige Beschwerde jedoch dann statthaft, wenn das Insolvenzgericht schlechthin unerfüllbare Anforderungen an den Schuldner stellt oder diese gegen das Willkürverbot verstoßen.[21]   11

b) Beschwerdeberechtigung

Beschwerdeberechtigt ist stets der Antragsteller, gleich ob es sich um einen Gläubiger- oder Schuldnerantrag handelt. Wird die Verfahrenseröffnung nach § 26 Abs. 1 abgelehnt, kann der Schuldner auch im Falle eines Gläubigerantrags sofortige Beschwerde einlegen. Im zuletzt genannten Fall steht das Beschwerderecht analog § 9 Abs. 5 BetrAVG auch dem Pensionssicherungsverein zu, weil dieser nach § 7 Abs. 1 Satz 4 Nr. 1 BetrAVG bei einer Entscheidung nach § 26 Abs. 1 in gleicher Weise zur Leistung verpflichtet ist, wie bei einer Verfahrenseröffnung (vgl. Rdn. 25).[22]   12

Für eine juristische Person oder Gesellschaft ohne Rechtspersönlichkeit als Schuldner steht das Beschwerderecht den in § 15 genannten Personen zu, die es im Namen der Gesellschaft ausüben kön-   13

---

14 OLG Celle 12.03.2001, 2 W 28/01, ZIP 2001, 619 (621); Graf-Schlicker/*Kexel* Rn. 38.
15 OLG Köln 02.05.2001, 2 W 56/01, ZInsO 2001, 469 (470).
16 Graf-Schlicker/*Kexel* Rn. 5.
17 BGH 25.09.2008, IX ZB 233/07, ZInsO 2008, 1324 Rn. 8; OLG Köln 11.09.2000, 2 W 244/99, ZInsO 2000, 612 (613).
18 BGH 25.04.2013, IX ZB 179/10, ZInsO 2013, 1100, Rn. 14.
19 BGH 22.10.2009, IX ZB 195/08, ZInsO 2009, 2262 Rn. 4.
20 BGH 22.10.2009, IX ZB 195/08, ZInsO 2009, 2262 Rn. 10.
21 BGH 22.10.2009, IX ZB 195/08, ZInsO 2009, 2262 Rn. 10; LG Bonn 08.09.2010, 6 T 218/10, NZI 2010, 863 (864); weitergehend LG Berlin 10.10.2007, 86 T 367/07, ZInsO 2007, 1356; Uhlenbruck/*Pape* Rn. 5.
22 LG Duisburg 27.04.2006, 7 T 116/06, ZIP 2006, 1507; *Gareis* ZInsO 2007, 23 (25 f.); Graf-Schlicker/*Kexel* Rn. 11.

nen.[23] Soweit teilweise vertreten wird, nur demjenigen, der den Eröffnungsantrag gestellt habe, stehe das Beschwerderecht zu,[24] wird nicht berücksichtigt, dass auch angesichts der Individualisierung des Antragsrechts nach § 15 dieses im Namen der Gesellschaft ausgeübt wird und – anders als bei der Antragsrücknahme – keine verfahrensrechtlichen Gründe ersichtlich sind, es dem nicht antragstellenden Organ zu verweigern, die Entscheidung über den Eröffnungsantrag einer rechtlichen Prüfung zu unterziehen, zumal der Insolvenzantrag des einen Organs im Hinblick auf § 15a auch Wirkungen gegenüber weiteren der Antragspflicht unterliegenden Organe erzeugt.[25] Das ehemalige Organ einer juristischen Person kann diese im Rechtsmittelverfahren auch dann nicht mehr vertreten, wenn es den Antrag – noch amtierend – selbst gestellt hat.[26]

14 Ist im Falle der Führungslosigkeit die Antragsberechtigung des Gesellschafters einer juristischen Person bzw. des Aufsichtsratsmitglieds einer AG oder Genossenschaft nach § 15 Abs. 1 Satz 2 gegeben, besteht korrespondierend dazu auch ein Beschwerderecht.[27] In diesem Fall ist die Führungslosigkeit – oder deren Fortbestehen – analog § 15 Abs. 2 Satz 2 im Beschwerdeverfahren glaubhaft zu machen.

c) Beschwer/Rechtsschutzbedürfnis

15 Der antragstellende Beschwerdeführer ist beschwert, wenn das Insolvenzverfahren nicht seinem Antrag entsprechend eröffnet wird, **formelle Beschwer**,[28] und zwar bereits dann, wenn es nicht in der beantragten Verfahrensart eröffnet wurde.[29] Beantragt der Schuldner ausschließlich die Eröffnung eines Verbraucherinsolvenzverfahrens, wird er nicht dadurch beschwert, dass das Insolvenzgericht das Verfahren nicht als Regelinsolvenzverfahren eröffnet.[30] Bei einer Abweisung des Antrags nach § 26 Abs. 1 wird der Schuldner – insoweit ist für den nicht antragstellenden Schuldner die **materielle Beschwer** maßgeblich[31] – durch die Eintragung in das Schuldnerverzeichnis nach § 26 Abs. 2 Satz 1 und die weiteren die Schuldnerin belastenden Folgen dieser Entscheidung beschwert (vgl. § 26 Rdn. 30 ff.).[32]

16 Gelangt das Verfahren auf Grund eines anderen Antrags zur Eröffnung, fehlt dem Antragsteller das Rechtsschutzbedürfnis für das Rechtsmittel, weil sein Rechtsschutzziel auf andere Weise erreicht wurde.[33]

d) Begründetheit der sofortigen Beschwerde

17 Die sofortige Beschwerde des **Antragstellers** gegen die Ablehnung der Verfahrenseröffnung ist begründet, wenn der Insolvenzantrag – ggf. in der gewählten Verfahrensart[34] – zulässig ist, ein Eröffnungsgrund vorliegt und die Verfahrenskosten gedeckt (§ 26 Abs. 1 Satz 1) oder die Voraussetzungen des § 26 Abs. 1 Satz 2 gegeben sind (vgl. § 27 Rdn. 3 ff.). Die Verfolgung eines Anspruchs nach § 26 Abs. 4 kann im Beschwerdeverfahren nicht erzwungen werden.

---

23 BGH 20.07.2006, IX ZB 274/05, NZI 2006, 700 Rn. 2; 21.06.2007, IX ZB 51/06, NZI 2008, 121 Rn. 2 für eine Beschwerde nach Abs. 2; HambK-InsR/*Schröder* Rn. 4.
24 HK-InsO/*Kirchhof* Rn. 3; MüKo-InsO/*Schmahl* Rn. 39; Graf-Schlicker/*Kexel* Rn. 8.
25 FK-InsO/*Schmerbach* Rn. 12; Kübler/Prütting/Bork/*Pape* Rn. 42; Uhlenbruck/*Hirte* § 15a Rn. 12.
26 BGH 20.07.2006, IX ZB 274/05, NZI 2006, 700 Rn. 2.
27 FK-InsO/*Schmerbach* Rn. 13; Kübler/Prütting/Bork/*Pape* Rn. 42; a.A. Horstkotte ZInsO 2009, 209 (213).
28 BGH 18.01.2007, IX ZB 170/06 ZInsO 2007, 206 Rn. 6 ff.; 17.07.2008, IX ZB 225/07, ZInsO 2008, 859 Rn. 4.
29 HK-InsO/*Kirchhof* Rn. 4.
30 BGH 25.09.2008, IX ZB 233/07, ZInsO 2008, 1324 Rn. 8.
31 BGH 18.01.2007, IX ZB 170/06 ZInsO 2007, 206 Rn. 6 ff.
32 HambK-InsR/*Schröder* Rn. 6.
33 BGH 20.09.2007, IX ZB 241/06, juris Rn. 2; Graf-Schlicker/*Kexel* Rn. 7.
34 BGH 25.09.2008, IX ZB 233/07, ZInsO 2008, 1324 Rn. 8.

Die dem **Schuldner** gegen die Entscheidung nach § 26 Abs. 1 Satz 1 eröffnete Beschwerde ist begründet, wenn der Insolvenzantrag unzulässig oder unbegründet ist – mithin die Ablehnung der Verfahrenseröffnung nicht auf § 26 Abs. 1 hätte gestützt werden dürfen – oder das Insolvenzgericht zu Unrecht die Verfahrenskostendeckung bzw. die Voraussetzungen des § 26 Abs. 1 Satz 2 verneint hat.

Für die Begründetheit der sofortigen Beschwerde gegen die Ablehnung der Verfahrenseröffnung als unzulässig oder unbegründet ist nach den unter Rdn. 6 dargestellten Grundsätzen auf die **Umstände zum Zeitpunkt der Beschwerdeentscheidung** abzustellen.[35] **Wird die Verfahrenseröffnung nach § 26 Abs. 1 abgelehnt, ist zu differenzieren:** Maßgeblicher Zeitpunkt für das Vorliegen des Eröffnungsgrunds ist nach der Rechtsprechung des BGH die Entscheidung des Insolvenzgerichts, so dass im Rechtsmittelverfahren der nachträgliche Wegfall des Eröffnungsgrunds – z.B. durch den Ausgleich der Forderung des Gläubigers – bei der Entscheidung nicht zu berücksichtigen ist (vgl. § 26 Rdn. 29).[36] Geht es dagegen um die weiteren Voraussetzungen des § 26 Abs. 1, wird z.B. die Verfahrenskostendeckung erst über einen im Beschwerdeverfahren geleisteten Vorschuss herbeigeführt, ist dies im Rechtsmittelverfahren zu berücksichtigen.[37]

e) Inhalt einer stattgebenden Entscheidung des Beschwerdegerichts

Erachtet das Beschwerdegericht die Beschwerde des Antragstellers nach Abs. 1 für begründet, kann es selbst **das Verfahren eröffnen**.[38] Macht es von dieser Möglichkeit Gebrauch, muss die Entscheidung den zwingenden Inhalt des Eröffnungsbeschlusses nach § 27 haben (vgl. § 27 Rdn. 10 ff.), mithin die genaue Bezeichnung des Schuldners, die Angabe des Eröffnungszeitpunkts und die Ernennung des Insolvenzverwalters enthalten.[39] **Weitere Anordnungen** kann – und sollte – es gem. § 4 InsO, § 572 Abs. 3 ZPO dem Insolvenzgericht **übertragen**. Das Beschwerdegericht sollte mit der Eröffnungsentscheidung regelmäßig die **Anordnung der sofortigen Wirksamkeit** nach § 6 Abs. 3 Satz 2 verbinden (vgl. § 27 Rdn. 26).[40] Sind während des Beschwerdeverfahrens noch ausreichende Sicherungsmaßnahmen nach § 21 angeordnet (zu deren Fortwirken vgl. § 21 Rdn. 70), kann die Eröffnungsentscheidung nach § 4 InsO, § 572 Abs. 3 ZPO auch insgesamt dem Insolvenzgericht überlassen werden.[41]

Ist die sofortige Beschwerde des Schuldners nach Abs. 1 gegen eine **Entscheidung nach § 26 Abs. 1** erfolgreich, ist diese aufzuheben und über den Eröffnungsantrag zu entscheiden. Ist entgegen der Sicht des Insolvenzgerichts die Kostendeckung i.S.d. § 26 Abs. 1 gegeben und liegen die Eröffnungsvoraussetzungen im Übrigen vor, kann das Beschwerdegericht das Verfahren – nach Anhörung des Schuldners (vgl. Rdn. 8) – auch dann eröffnen, wenn der Schuldner die Abweisung des Insolvenzantrags als unbegründet erstrebt. Fehlt es (auch) an den Eröffnungsvoraussetzungen, weist das Beschwerdegericht – nach Anhörung des Antragstellers (vgl. Rdn. 8) – den Eröffnungsantrag ab.

f) Rechtmittel

Gegen die das Verfahren eröffnende Entscheidung des Beschwerdegerichts steht dem Schuldner die **Rechtsbeschwerde** nach § 4 InsO, § 574 Abs. 1 Satz 1 Nr. 2 ZPO zu, wenn diese zugelassen wurde, und zwar auch dann, wenn das Beschwerdegericht das Verfahren auf dessen eigene – gegen eine Entscheidung nach § 26 Abs. 1 gerichtete – sofortige Beschwerde eröffnet hat. Wurde dem Insolvenzgericht nach § 4 InsO, § 572 Abs. 3 ZPO die Entscheidung überlassen oder hat dieses das Verfahren

---

35 BGH 27.03.2008, IX ZB 144/07, ZIP 2008, 1034 Rn. 6.
36 BGH 02.12.2010, IX ZB 121/10, ZInsO 2011, 92 Rn. 2.
37 LG Cottbus 17.07.2001, 7 T 421/00, ZIP 2001, 2188.
38 BGH 27.07.2006, IX ZB 204/04, BGHZ 169, 17 Rn. 21.
39 MüKo-InsO/*Schmahl* §§ 27, 29, Rn. 151 f.; HambK-InsR/*Schröder* Rn. 30; a.A. FK-InsO/*Schmerbach* Rn. 46; Graf-Schlicker/*Kexel* Rn. 17.
40 HK-InsO/*Kirchhof* Rn. 31; für eine Anordnungspflicht: FK-InsO/*Schmerbach* Rn. 46.
41 *Lüke* ZIP 2001, 2189 (2190).

im Abhilfewege eröffnet, steht dem Schuldner die **sofortige Beschwerde nach Abs. 2** zu.[42] Gegen die Verwerfung oder Zurückweisung der sofortigen Beschwerde ist die Rechtsbeschwerde ebenfalls nur noch im Falle der Zulassung gegeben (vgl. Rdn. 34).

6. Sofortige Beschwerde gegen die Eröffnung des Insolvenzverfahrens (Abs. 2)

a) Statthaftigkeit

23 Die sofortige Beschwerde nach Abs. 2 ist gegen den Eröffnungsbeschluss als solchen eröffnet, nicht aber (isoliert) gegen einzelne in ihm enthaltenen Anordnungen, wie die Bestellung des Insolvenzverwalters,[43] die Festlegung des Eröffnungszeitpunkts[44] oder fehlerhaft festgesetzter Termine und Fristen.[45] Die sofortige Beschwerde ist jedoch insgesamt statthaft, wenn das Begehren des Beschwerdeführers im Ergebnis auf die Beseitigung des Eröffnungsbeschlusses gerichtet ist.[46] Für den Schuldner ist die sofortige Beschwerde auch dann eröffnet, wenn das Verfahren nicht in der von ihm gewählten Verfahrensart eröffnet wird; entsprechendes gilt, wenn ein Verbraucherinsolvenzverfahren nach der Eröffnung in ein Regelinsolvenzverfahren übergeleitet wird (vgl. auch Rdn. 10).[47]

24 Der antragstellende Gläubiger kann sich nicht mit der sofortigen Beschwerde gegen die Anordnung der Eigenverwaltung nach § 270 Abs. 1 wenden; ebenso wenig kann der Schuldner die Ablehnung eines Antrags auf Anordnung der Eigenverwaltung angreifen.[48]

b) Beschwerdeberechtigung

25 Die Eröffnung des Insolvenzverfahrens kann nur vom Schuldner nicht von einzelnen Gläubigern angefochten werden.[49] Beschwerdeberechtigt ist auch die im Eröffnungsbeschluss fehlerhaft als Schuldner bezeichnete Person. Der Schuldner ist für das Verfahren (umfassend) prozessführungsbefugt; insb. ist er nicht darauf beschränkt, die Verletzung persönlicher Rechte oder seines insolvenzfreien Vermögens im Beschwerdeverfahren geltend zu machen.[50] Für die Organe eines dem Anwendungsbereich des KWG unterfallenden Schuldners gilt dies auch dann, wenn nach § 37 Abs. 1 Satz 1 KWG eine Abwicklungsanordnung ergangen ist.[51] Dasselbe gilt, wenn das Antragsrecht des Schuldners – wie nach § 46b KWG oder § 88 Abs. 1 VAG – als solches eingeschränkt ist;[52] die nach diesen Vorschriften Antragsberechtigten haben dann ein Beschwerderecht, wenn das Verfahren ohne ihren Antrag eröffnet wurde.[53] Nach § 9 Abs. 5 BetrAVG ist der Pensionssicherungsverein beschwerdeberechtigt.

c) Beschwer/Rechtsschutzbedürfnis

26 Hat der Schuldner **keinen eigenen Antrag** gestellt, ergibt sich die (materielle) Beschwer aus der das Verfahren eröffnenden Entscheidung. Dem Schuldner fehlt das Rechtsschutzbedürfnis für das Rechtsmittel auch dann nicht, wenn er ausschließlich geltend macht, das Verfahren hätte mangels einer die Verfahrenskosten deckenden Masse nicht zur Eröffnung gelangen dürfen, § 26 I.[54]

---

42 FK-InsO/*Schmerbach* Rn. 47.
43 LG Münster 02.05.2002, 5 T 426/02, ZInsO 2002, 777.
44 LG Duisburg 13.02.2002, 7 T 7/02, ZInsO 2002, 988 (989).
45 HambK-InsR/*Schröder* Rn. 9; HK-InsO/*Kirchhof* Rn. 10, der insoweit die Beschwer verneint.
46 LG Duisburg 13.02.2002, 7 T 7/02, ZInsO 2002, 988 (989).
47 BGH 25.04.2013, IX ZB 179/10, ZInsO 2013, 1100 Rn. 7 ff., Rn. 12.
48 BGH 11.01.2007, IX ZB 85/05, ZIP 2007, 394 (394 f.); HK-InsO/*Kirchhof* Rn. 13.
49 BGH 31.03.2009, IX ZB 77/09, ZInsO 2009, 1221 Rn. 5.
50 BGH 28.10.2009, IX ZA 38/09, NZI 2010, 63 Rn. 6.
51 BGH 13.06.2006, IX ZB 262/05, ZInsO 2006, 825 (826).
52 Graf-Schlicker/*Kexel* Rn. 2.
53 MüKo-InsO/*Schmahl* Rn. 63.
54 BGH 15.07.2004, IX ZB 172/03, ZInsO 2004, 923 (923 f.); Graf-Schlicker/*Kexel* Rn. 24.

Hat der **Schuldner den Antrag selbst gestellt**, fehlt es an der – in diesem Fall grds. erforderlichen – **formellen Beschwer**, es sei denn, er macht geltend, über den Antrag hätte nicht (mehr) entschieden werden dürfen, sei es, weil der Antrag vor der Entscheidung wirksam zurückgenommen wurde oder der Antrag – z.B. wegen Geschäftsunfähigkeit des Schuldners – unwirksam war.[55] Gleiches gilt, wenn mehrere Anträge gestellt wurden und die Eröffnung auch auf dem Schuldnerantrag beruht.[56] Im **Einzelfall** kann jedoch auch die **materielle Beschwer** des antragstellenden Schuldners genügen, wenn dieser z.B. geltend macht, der Insolvenzgrund sei in der Zeit zwischen Antragstellung und der Entscheidung des Insolvenzgerichts weggefallen (zum Wegfall des Eröffnungsgrunds nach der Entscheidung des Insolvenzgerichts vgl. Rdn. 30)[57] oder die Beschwerde von einem anderen antragsberechtigten Organ eingelegt wurde, § 15 Abs. 2 Satz 3.[58] Eine (genügende) materielle Beschwer ergibt sich – auch für das weitere antragsberechtigte Organ – aber nicht aus der Behauptung, das Verfahren hätte mangels einer die Kosten deckenden Masse nicht eröffnet werden dürfen.[59] Nicht genügend ist auch, dass der Schuldner sich bei Antragstellung in einem Irrtum über das Vorliegen der Eröffnungsvoraussetzungen befunden hat.[60]

27

d) Begründetheit der sofortigen Beschwerde

Die sofortige Beschwerde nach Abs. 2 ist begründet, wenn die materiellen Voraussetzungen für die Verfahrenseröffnung zum Zeitpunkt der Entscheidung des Insolvenzgerichts (vgl. Rdn. 30) nicht vorgelegen haben.[61] Die Annahme der (örtlichen) Zuständigkeit durch das Insolvenzgericht wird im Beschwerdeverfahren gem. § 4 InsO, § 571 Abs. 2 Satz 2 ZPO nicht geprüft.[62] Hat das Insolvenzgericht verfahrensfehlerhaft entschieden, insb. die nach § 14 Abs. 2 gebotene Anhörung unterlassen oder den Amtsermittlungsgrundsatz (§ 5 Abs. 1 Satz 1) nicht beachtet, kann dies im Beschwerdeverfahren zwar gerügt, aber geheilt werden (zur Entscheidung des Beschwerdegerichts vgl. Rdn. 31).[63]

28

Will der Schuldner geltend machen, ein Eröffnungsgrund habe nicht vorgelegen, hängt der Umfang der ihm obliegenden **Substantiierungslast** von den Umständen des Einzelfalls ab.[64] Zu berücksichtigen ist zunächst, dass die Beschwerde nach § 571 Abs. 1 ZPO keinem Begründungszwang unterliegt. Hiervon ausgehend muss die Entscheidung des Insolvenzgerichts in sich nachvollziehbar und auf eine ausreichende Tatsachengrundlage gestützt sein. Insoweit genügt das einfache Bestreiten des Insolvenzgrundes, auf das hin sich das Beschwerdegericht von dessen Vorliegen überzeugen muss (§ 4 InsO, § 286 ZPO). Im Hinblick auf die einzelnen den Tatbestand des jeweiligen Eröffnungsgrunds ausfüllenden Feststellungen obliegt dem Schuldner häufig eine gesteigerte Substantiierungslast. Hat der Schuldner den Wert eines Vermögensgegenstands oder eine gegen ihn gerichtete Verbindlichkeit im Rahmen seiner Buchführungspflichten selbst festgestellt, muss er hiervon abweichende Behauptungen im Beschwerdeverfahren i.E. darlegen. Beruhen entsprechende Feststellungen des Insolvenzgerichts auf Bewertungen eines nach § 22 Abs. 1 Satz 2 Nr. 3 2. Hs. eingeschalteten Sachverständigen, muss der Schuldner – es sei denn, das Gutachten ist bereits aus sich heraus nicht nachvollziehbar – konkrete Einwände gegen dessen Richtigkeit erheben, mit denen sich das

29

---

55 BGH 18.01.2007, IX ZB 170/06 ZInsO 2007, 206 Rn. 11; FK-InsO/*Schmerbach* Rn. 23.
56 BGH 09.02.2012, IX ZB 248/11, ZInsO 2012, 504 Rn. 6.
57 FK-InsO/*Schmerbach* Rn. 25; Uhlenbruck/*Pape* Rn. 15; offengelassen von BGH 18.01.2007, IX ZB 170/06 ZInsO 2007, 206 Rn. 14; 09.02.2012, IX ZB 248/11, ZInsO 2012, 504 Rn. 8.
58 Vgl. BGH 13.06.2006, IX ZB 262/05, ZInsO 2006, 825 Rn. 14; HK-InsO/*Kirchhof* Rn. 11; enger FK-InsO/*Schmerbach* Rn. 22; Uhlenbruck/*Pape* Rn. 13.
59 BGH 17.07.2008, IX ZB 225/07, ZInsO 2008, 859 Rn. 4 ff.; a.A. FK-InsO/*Schmerbach* Rn. 24.
60 BGH 18.01.2007, IX ZB 170/06 ZInsO 2007, 206 Rn. 14; a.A. FK-InsO/*Schmerbach* Rn. 24.
61 BGH 27.07.2006, IX ZB 204/04, BGHZ 169, 17 Rn. 10.
62 HK-InsO/*Kirchhof* Rn. 19.
63 BGH 15.07.2004, IX ZB 280/03, ZVI 2004, 753 (754); 17.03.2011, IX ZB 192/10, ZInsO 2011, 724 Rn. 10; HK-InsO/*Kirchhof* Rn. 20.
64 Enger Graf-Schlicker/*Kexel* Rn. 34; HambK-InsR/*Schröder* Rn. 18.

Beschwerdegericht dann i.E. auseinandersetzen muss. Bei öffentlich-rechtlichen Verbindlichkeiten muss der Schuldner die Rechtswidrigkeit des zu Grunde liegenden Bescheids substantiiert darlegen.[65] Gegen rechtskräftig festgestellte Forderungen kann der Schuldner allenfalls nachträglich entstandene Einwände erheben, die er entsprechend § 767 ZPO i.E. darlegen muss.[66] Hängt der Eröffnungsgrund vom Bestehen der dem Antrag zu Grunde liegenden Forderung ab, muss deren Bestehen festgestellt werden; im Übrigen genügt deren Glaubhaftmachung.[67] Das Beschwerdegericht ist an den vom Insolvenzgericht festgestellten Insolvenzgrund nicht gebunden.[68]

30 Für die Beurteilung der materiellen Eröffnungsvoraussetzungen kommt es nach den unter Rdn. 6 dargestellten Grundsätzen auf den **Zeitpunkt der Entscheidung des Insolvenzgerichts** an.[69] Den Wegfall des Eröffnungsgrunds nach der Eröffnung des Insolvenzverfahrens kann der Schuldner nur mit einem auf die Verfahrenseinstellung gerichteten Antrag nach § 212 Satz 1 geltend machen.[70] Umgekehrt ist die sofortige Beschwerde des Schuldners auch dann begründet – und führt zur Aufhebung des Eröffnungsbeschlusses nach Abs. 3 –, wenn der Eröffnungsgrund erst nach der Entscheidung des Insolvenzgerichts entstanden ist.[71]

e) Inhalt einer stattgebenden Entscheidung des Beschwerdegerichts

31 Erweist sich die sofortige Beschwerde gegen den Eröffnungsbeschluss als begründet, ist dieser grds. **aufzuheben** (zu den Wirkungen der Aufhebung des Eröffnungsbeschlusses und deren Folgen i.E. vgl. Rdn. 37 ff.). Das Beschwerdegericht hat grds. selbst über den Insolvenzantrag zu entscheiden; nur in Ausnahmefällen, die der in § 538 Abs. 1 Nr. 1 ZPO beschriebenen Situation entsprechen – kann diese Entscheidung gem. § 4 InsO, § 572 Abs. 3 ZPO dem Insolvenzgericht übertragen werden. Die Aufhebung des Eröffnungsbeschlusses und Zurückverweisung an das Insolvenzgericht erweist sich nämlich als problematisch, weil mit der Rechtskraft der Entscheidung des Beschwerdegerichts die Eröffnungswirkungen (§§ 80 ff.) rückwirkend beseitigt werden und auch im Eröffnungsverfahren angeordnete Sicherungsmaßnahmen nach § 21 nicht wieder aufleben (vgl. Rdn. 37). Das Beschwerdegericht kann in diesen Fällen nicht von der Aufhebung selbst absehen;[72] vorzugswürdig erscheint es, die Vollziehung der aufhebenden Entscheidung entsprechend § 4 InsO, § 570 Abs. 2, 3 ZPO auszusetzen.[73]

32 Die sofortige Wirksamkeit der Entscheidung nach § 6 Abs. 3 Satz 2 sollte nur dann angeordnet werden, wenn die Eröffnungsvoraussetzungen offensichtlich nicht vorliegen und die Entscheidung zum Schutz des Schuldners geboten ist.[74]

f) Rechtsmittel

33 Gegen die den Eröffnungsbeschluss aufhebende Entscheidung des Landgerichts ist dem Antragsteller unter den in Rdn. 34 genannten Voraussetzungen die Rechtsbeschwerde eröffnet; dem Insolvenzverwalter steht dagegen kein Beschwerderecht zu.[75] Die die sofortige Beschwerde verwerfende oder zurückweisende Entscheidung kann der Schuldner im Falle der Zulassung mit der Rechtsbeschwerde anfechten (vgl. Rdn. 34).

---

65 LG München I 08.03.2010, 7 T 479/09, ZInsO 2010, 1009 (1010).
66 LG Duisburg 05.07.2004, 7 T 107/04, ZVI 2004, 396 (398).
67 BGH 14.12.2005, IX ZB 207/04, ZInsO 2006, 145 Rn. 3.
68 MüKo-InsO/*Schmahl* Rn. 78.
69 BGH 27.07.2006, IX ZB 204/04, BGHZ 169, 17 Rn. 10.
70 BGH 27.07.2006, IX ZB 204/04, BGHZ 169, 17 Rn. 19; 09.02.2012, IX ZB 248/11, ZInsO 2012, 504 Rn. 14; FK-InsO/*Schmerbach* Rn. 35.
71 BGH 27.07.2006, IX ZB 204/04, BGHZ 169, 17 Rn. 20 ff.
72 In diese Richtung: HK-InsO/*Kirchhof* Rn. 29; FK-InsO/*Schmerbach* Rn. 49.
73 MüKo-ZPO/*Lipp* § 570 Rn. 8; vgl. BGH 09.06.1976, VIII ZR 19/75, BGHZ 66, 394 (395).
74 HK-InsO/*Kirchhof* Rn. 28.
75 BGH 08.03.2007, IX ZB 262/05, ZInsO 2007, 373 Rn. 6; 14.01.2010, IX ZB 72/08, ZIP 2010, 856.

II. Rechtsbeschwerde

Gegen die Entscheidung des Beschwerdegerichts ist – nachdem § 7 durch Gesetz v. 21.10.2011 mit Wirkung zum 27.10.2011 gestrichen wurde[76] – die Rechtsbeschwerde nur noch im Falle der Zulassung durch das Beschwerdegericht eröffnet, § 4, § 574 Abs. 1 Satz 1 Nr. 2. Für das Rechtsbeschwerdeverfahren gelten § 4 InsO, §§ 574 ff. ZPO. Die Rechtsbeschwerdebefugnis ist nur bei Statthaftigkeit der (Erst-)Beschwerde gegeben.[77] Neue Tatsachen sind gem. § 4, §§ 577 Abs. 2 Satz 4, 559 ZPO nicht zu berücksichtigen; etwas anderes gilt nur, wenn sie unstreitig sind und schutzwürdige Interessen der Beteiligten nicht entgegenstehen (zur Tatsachengrundlage des Beschwerdeverfahrens vgl. Rdn. 6).[78]   34

III. Kosten/Gebühren

Für das gerichtliche Verfahren gegen die Entscheidung über den Eröffnungsantrag fallen im Verfahren der sofortigen Beschwerde 1,0 Gebühren (Nr. 2360 GKG-KV) und im Rechtsbeschwerdeverfahren 2,0 Gebühren (Nr. 2362 GKG-KV) nach § 34 Abs. 1 GKG an. Der Wert des Rechtsmittels bestimmt sich nach § 58 GKG, nach dessen Abs. 3 Satz 1, Abs. 1 der – zu schätzende – Wert der Insolvenzmasse maßgeblich ist[79] und beim Rechtsmittel eines Gläubigers nach Abs. 3 Satz 2, Abs. 2 der Nennwert seiner Forderung begrenzt durch den Wert der Insolvenzmasse.   35

Die Rechtsanwaltsvergütung für das Verfahren der sofortigen Beschwerde richtet sich nach Nr. 3500, 3513 RVG-VV (Verfahrensgebühr 0,5; Terminsgebühr 0,5) sowie für das Rechtsbeschwerdeverfahren nach Nr. 3502 RVG-VV (Verfahrensgebühr 1,0). Als Gegenstandswert für die sofortige Beschwerde des Schuldners ist nach §§ 28 Abs. 1 Satz 1 RVG, 58 GKG der Wert der Insolvenzmasse maßgeblich; für die sofortige Beschwerde eines Gläubigers nach § 28 Abs. 2 RVG der Nennwert seiner Forderung einschließlich Nebenforderungen.   36

C. Aufhebung des Eröffnungsbeschlusses (Abs. 3)

I. Wirkungen

Mit der Aufhebung des Eröffnungsbeschlusses auf die Beschwerde des Schuldners nach Abs. 2 entfallen die Wirkungen der Verfahrenseröffnung (vgl. § 27 Rdn. 33 ff.), und zwar ex tunc (zur Unterbrechungswirkung nach § 240 Satz 1 ZPO vgl. Rdn. 43).[80] Im Eröffnungsverfahren angeordnete Sicherungsmaßnahmen nach § 21 leben nicht wieder auf.[81] Die Gegenansicht verkennt, dass die durch die Verfahrenseröffnung eintretende Erledigung der Sicherungsmaßnahme (vgl. § 21 Rdn. 70) keine rechtliche Wirkung der Verfahrenseröffnung ist, sondern (tatsächlich) durch den Fortfall des Sicherungszwecks bewirkt wird.   37

Durch den mit der Aufhebung verbundenen Wegfall der Wirkungen der §§ 80 ff. erhält der Schuldner – ebenfalls rückwirkend – seine Verwaltungs- und Verfügungsbefugnis zurück, wobei nach Abs. 3 Satz 3 die vom Insolvenzverwalter in Bezug auf das erfasste Vermögen vorgenommenen Rechtshandlungen wirksam bleiben. Der Begriff der Rechtshandlung ist – wie in § 129 Abs. 1 auch – weit zu verstehen; gemeint ist jedes Verhalten mit Wirkungen für oder gegen die Insolvenz-   38

---

76 BGBl. I, 2082; als Überleitungsvorschrift ist Art. 103f EGInsO zu beachten, vgl. BGH 10.05.2012, IX ZB 295/11, ZInsO 2012, 1085 Rn. 5.
77 BGH 31.03.2009, IX ZB 77/09, ZInsO 2009, 1221 Rn. 5.
78 BGH 21.11.01, XII ZR 169/99, NJW 2002, 1130 (1131); 14.10.2009, XII 146/08, NJW 2009, 3783 Rn. 27; MüKo-ZPO/*Lipp* § 577 Rn. 12; offen gelassen BGH 02.12.2010, IX ZB 121/10, ZInsO 2011, 92 Rn. 3.
79 BGH 08.11.2007, IX ZB 201/03, ZInsO 2007, 1275 Rn. 5.
80 MüKo-InsO/*Schmahl* Rn. 87; Uhlenbruck/*Pape* Rn. 30.
81 FK-InsO/*Schmerbach* Rn. 49; a.A. MüKo-InsO/*Schmahl* Rn. 92; Jaeger/*Schilken* Rn. 29.

masse.[82] Hieraus ergeben sich für die Zeit, in der der Eröffnungsbeschluss Wirkungen erzeugte, folgende Konsequenzen:

1. Verpflichtungsgeschäfte

39 Die durch die Verfahrenseröffnung bewirkte Trennung der Haftungsmassen wird rückwirkend beseitigt. Die in der Zwischenzeit vom Insolvenzverwalter und vom Schuldner eingegangenen Verpflichtungsgeschäfte sind gegenüber dem Schuldner wirksam, und zwar auch, wenn sie denselben Gegenstand betreffen.[83]

2. Einseitige Willenserklärungen

40 Vom oder gegenüber dem Insolvenzverwalter abgegebene Erklärungen bleiben nach Abs. 3 Satz 3 wirksam. Dies gilt für Kündigung, Rücktritt, Widerruf ebenso wie für die Erfüllungsablehnung nach § 103 Abs. 2 Satz 1.[84] Erteilte Vollmachten bleiben wirksam, nur die Möglichkeit des Widerrufs geht auf den Schuldner über.

41 Vom oder gegenüber dem Schuldner abgegebene Erklärungen sind im Grundsatz ebenfalls wirksam. Eine Ausnahme gilt jedoch für einseitige Rechtsgeschäfte, wenn der Erklärungsempfänger das Geschäft entsprechend § 174 Satz 1 BGB unverzüglich zurückweist.[85]

3. Verfügungen

42 Verfügungen des Insolvenzverwalters bleiben nach Abs. 3 Satz 3 wirksam und gehen solchen des Schuldners unabhängig von der zeitlichen Abfolge vor.[86] Gibt es keine widersprechende Verfügung des Insolvenzverwalters sind Verfügungen des Schuldners uneingeschränkt wirksam.

4. Prozesshandlungen

43 Die Unterbrechungswirkung gem. § 240 Satz 1 ZPO wird nicht rückwirkend beseitigt;[87] die Aufnahmeerklärung nach § 250 ZPO sowie die nachfolgenden Prozesshandlungen des Insolvenzverwalters sind nach Abs. 3 Satz 3 wirksam.[88]

II. Verlautbarung

44 Die den Eröffnungsbeschluss aufhebende Entscheidung ist im Grundsatz ebenso zu verlautbaren, wie zuvor der Eröffnungsbeschluss auch; nur die nach § 30 Abs. 2 vorgesehenen Zustellungen sind nicht (zwingend) vorgeschrieben. Gem. Abs. 3 Satz 1 ist nach Maßgabe von § 9 Abs. 1 die öffentliche Bekanntmachung zu veranlassen, wenn die Entscheidung über die Aufhebung rechtskräftig und vollziehbar ist (vgl. Rdn. 31).[89] Nach Abs. 3 Satz 2, § 200 Abs. 2 Satz 2 ist an die in § 31 genannten Register eine Ausfertigung des Aufhebungsbeschlusses zu übermitteln und ein Löschungsersuchen an das Grundbuchamt (§ 32) und die in § 33 genannten Register zu richten.

45 Zuständig für die Verlautbarung der Aufhebungsentscheidung ist das Insolvenzgericht, das auch weitere, mit der Verfahrenseröffnung verbundene Maßnahmen, wie z.B. eine Postsperre oder die anberaumten Termine, rückgängig zu machen bzw. aufzuheben sowie die Mitteilungen nach 2. Teil, 3.

---

82 MüKo-InsO/*Schmahl* Rn. 94.
83 Jaeger/*Schilken* Rn. 33 f.
84 MüKo-InsO/*Schmahl* Rn. 95.
85 *Bauer* FS Weber, 41 (50); MüKo-InsO/*Schmahl* Rn. 93; weitergehend: Jaeger/*Schilken* Rn. 29; Uhlenbruck/*Pape* Rn. 30; HambK-InsR/*Schröder* Rn. 20; Graf-Schlicker/*Kexel* Rn. 40.
86 FK-InsO/*Schmerbach* Rn. 61; MüKo-InsO/*Schmahl* Rn. 96.
87 Thomas/Putzo/*Hüßtege* § 240 ZPO Rn. 3a.
88 Vgl. *Bauer* FS Weber, 41 (51).
89 FK-InsO/*Schmerbach* Rn. 50.

Abschn. IX Ziff. 4 Abs. 1 Nr. 9 MiZi vorzunehmen hat.[90] Der Insolvenzverwalter ist nach dem Wirksamwerden der Entscheidung nicht mehr entsprechend §§ 200 Abs. 2 Satz 2, 32 Abs. 2 antragsbefugt.[91]

---

[90] Uhlenbruck/*Pape* Rn. 28; FK-InsO/*Schmerbach* Rn. 52 ff.
[91] HambK-InsR/*Schröder* Rn. 26; a.A. FK-InsO/*Schmerbach* Rn. 55; Uhlenbruck/*Pape* Rn. 28.

§ 35 InsO Begriff der Insolvenzmasse

Zweiter Abschnitt Insolvenzmasse. Einteilung der Gläubiger

§ 35 Begriff der Insolvenzmasse

(1) Das Insolvenzverfahren erfasst das gesamte Vermögen, das dem Schuldner zur Zeit der Eröffnung des Verfahrens gehört und das er während des Verfahrens erlangt (Insolvenzmasse).

(2) Übt der Schuldner eine selbstständige Tätigkeit aus oder beabsichtigt er, demnächst eine solche Tätigkeit auszuüben, hat der Insolvenzverwalter ihm gegenüber zu erklären, ob Vermögen aus der selbstständigen Tätigkeit zur Insolvenzmasse gehört und ob Ansprüche aus dieser Tätigkeit im Insolvenzverfahren geltend gemacht werden können. § 295 Abs. 2 gilt entsprechend. Auf Antrag des Gläubigerausschusses oder, wenn ein solcher nicht bestellt ist, der Gläubigerversammlung ordnet das Insolvenzgericht die Unwirksamkeit der Erklärung an.

(3) Die Erklärung des Insolvenzverwalters ist dem Gericht gegenüber anzuzeigen. Das Gericht hat die Erklärung und den Beschluss über ihre Unwirksamkeit öffentlich bekannt zu machen.

Übersicht

	Rdn.
A. Normzweck	1
B. Bestimmung der Insolvenzmasse	8
I. Einordnung	8
1. Rechtsstellung der Masse	8
2. Begriffsbildungen	10
II. Anwendungsbereich	12
III. Beschlagnahmtes Vermögen	16
1. Vermögen	16
a) Elemente	16
b) Besondere Fälle	22
2. Insolvenzbeschlag	24
IV. Insolvenzfreies Vermögen	25
V. Höchstpersönliche Rechte	26
VI. Freigabe	28
1. Grundsatz	28
2. Arten	29
3. Durchführung	33
C. Einzelne Gegenstände	35
I. Unbewegliche Sachen	35
1. Grundstücke und grundstücksgleiche Rechte	35
2. Insbesondere: Wohnungs- und Teileigentum	38
3. Sonstige dingliche Rechte	41
4. Schiffe	42
II. Bewegliche Sachen	43
1. Grundlagen	43
2. Bestandteile von Grundstücken	47
3. Aussonderungsfähige Gegenstände	49
4. Gegenstände mit Absonderungsrechten	50
5. Höchstpersönliche Sachen	51
6. Geschäftspapiere	53
7. Software	54
III. Gesellschaftsrechte	55
1. Vorbemerkung	55
2. Aktiengesellschaft	56
3. *GmbH*	58
4. Genossenschaft	61
5. GbR	63
6. OHG	65
7. KG	67
8. Sonstige	69
IV. Rechte	71
1. Forderungen	71
a) Grundlagen	71
b) Arbeitseinkommen und funktionale Äquivalente	74
c) Darlehen und Bankverträge	82
d) Ansprüche auf Versicherungsleistungen	85
e) Steuerliche Ansprüche	90
f) Familienrechtliche Ansprüche	95
g) Erbrechtliche Ansprüche	98
h) Befreiung von einer Schuld	101
i) Unterlassungsansprüche	102
j) Sonstige Einzelfälle	103
2. Anwartschaftsrechte	106
3. Immaterialgüterrechte	108
a) Urheberrecht	108
b) Patentrechte	111
c) Geschmacksmuster	113
d) Marken	114
e) Lizenzen	115
4. Insolvenzanfechtung und Rückschlagsperre	117
5. Sonstige Rechte	118
D. Neuerwerb	119
I. Grundlagen	119
II. Abgrenzung	122
III. Insolvenz natürlicher Personen	124
IV. Unternehmensinsolvenz	128
E. Selbständige Tätigkeit in der Insolvenz, § 35 Abs. 2, 3	129
I. Grundlagen	129
II. Anwendungsbereich	131
1. Voraussetzungen	131
2. Gewerbe- und berufsrechtliche Erfordernisse	134
III. Erklärungen des Insolvenzverwalters	144

		Rdn.			Rdn.
1.	Informationspflicht des Schuldners	144	a)	Positiverklärung	154
2.	Gegenstand der Erklärungen	147	b)	Negativerklärung	158
	a) Rechtsnatur	147	IV.	Entscheidungen der Gläubigerversammlung	165
	b) Abgabe und Anzeige der Erklärung	150	F.	**Auseinandersetzungen über die Massezugehörigkeit**	169
3.	Rechtsfolgen der Erklärung	154			

A. Normzweck

Als **Generalnorm** dient § 35 einem Bündel von Zielen, die im Zusammenhang mit den anschließenden Regelungen der §§ 36 und 37 zu sehen sind. Auf der ersten unmittelbar wahrnehmbaren Ebene bestimmt Abs. 1 den Umfang der Insolvenzmasse. Die Abs. 2 und 3 sowie § 36 filtern hiervon verschiedene Gegenstände aus. Während die Abs. 2 und 3 zentral dem Masseschutz dienen, soll § 36 die existenziellen und auch verfassungsrechtlich geschützten Interessen des Schuldners sichern. § 37 erweitert schließlich für den begrenzten Anwendungsfall des Gesamtguts der ehelichen Gütergemeinschaft den Masseumfang auf schuldnerfremde Gegenstände. Im konzeptionellen Zentrum steht jedoch eine andere Aufgabe. 1

Wie der unmittelbare Regelungskontext mit § 36 ausweist, bestimmt und begrenzt § 35 den **Rechtsverlust des Schuldners**, worin die zentrale und wohl auch vornehmste Aufgabe von § 35 zu sehen ist. In einer verfassungsstaatlichen Rechtsordnung benötigt ein solcher Eingriff in die subjektiven Rechte einer Person eine Rechtfertigung. Legitimiert wird dieser Autonomieverlust durch das Insolvenzereignis.[1] In der Insolvenz können individuelle Vermögensentscheidungen nicht mehr zu gerechten Ergebnissen führen, weswegen dem Schuldner die Vermögensherrschaft und den Gläubigern damit im Zusammenhang stehende individuelle Zugriffsrechte genommen werden. Vorrangig konstituiert § 35 die Reichweite des vom Schuldner erlittenen Rechtsverlusts. Der Autonomiebereich des Schuldners endet, soweit seine Herrschaftsrechte vom Insolvenzverfahren erfasst werden. Umgekehrt kann sich der Herrschaftsverlust nicht auf Rechte erstrecken, die zur grundrechtlich geschützten existenziellen und individuellen Lebenssphäre des Schuldners gehören. 2

Soweit in § 35 zusammen mit den §§ 1 und 38 auch eine Funktionsbestimmung der Masse zur gemeinschaftlichen und grds. gleichmäßigen Gläubigerbefriedigung[2] bzw. eine haftungsrechtliche Zuweisung der Masse[3] gesehen wird, bestehen gegenüber einem einseitigen **haftungsrechtlichen Verständnis** nachhaltige Bedenken. Haftungsrechtliche Vorstellungen können auf einer ferneren Ebene auch § 35 unterlegt werden. Soweit der Schuldner Rechte verliert, muss selbstverständlich entschieden werden, zu welchem Zweck und an wen die Rechte übertragen werden. Beide Antworten sind jedoch vorrangig nicht aus § 35, sondern etwa aus den §§ 39 und 80 zu entwickeln. Sichtbar wird der Bedeutungsunterschied mit dem Ende des Insolvenz- und dem Übergang in ein Restschuldbefreiungsverfahren. Obwohl die gemeinschaftliche Gläubigerbefriedigung fortgesetzt wird, dienen dazu mit der Bezügeabtretung nach § 287 Abs. 2 Satz 1 und der Obliegenheit zur Herausgabe des hälftigen Vermögenserwerbs von Todes wegen aus § 295 Abs. 1 Nr. 2 vollkommen andere Instrumente. Ausschlaggebend für diese Regelungsunterschiede ist der veränderte Eingriff in die Rechte des Schuldners, der in § 35 seinen Ankerpunkt findet. 3

§ 35 konturiert damit den gegenständlichen und zeitlichen Umfang der Insolvenzmasse. **Gegenständlich** ist die Masse auf Vermögensgegenstände beschränkt, womit sachlich die vollstreckungsrechtlich begrenzte Vermögensverantwortung ausgedrückt wird. Konkretisiert wird damit das grundrechtlich geschützte Selbstbestimmungsrecht des Schuldners, aber auch das Verhältnismäßigkeitsprinzip. Auf höchstpersönliche Rechte und Entscheidungen wird der Herrschaftsverlust selbst dann nicht erstreckt, 4

---

[1] Uhlenbruck/*Hirte* Rn. 3.
[2] Jaeger/*Henckel* Rn. 2, 5 f.
[3] MüKo-InsO/*Peters* Rn. 22; HK-InsO/*Eickmann* 6. Aufl., Rn. 1.

wenn sie weitreichende wirtschaftliche Konsequenzen für die Gläubiger besitzen. Beispielhaft dafür zu nennen sind die Annahme oder Ausschlagung der Erbschaft nach § 83, die über § 36 Abs. 1 Satz 2 und § 850c ZPO auf die Gläubiger ausstrahlende Begründung einer Unterhaltspflicht durch Eheschließung oder die Wahl der Wohnung, vgl. nur § 36 Abs. 1 Satz 2 i.V.m. § 850f Abs. 1 ZPO.[4]

5 **Zeitlich** fixiert § 35 die Masse auf das bei der Verfahrenseröffnung vorhandene und während des Verfahrens erworbene Vermögen des Schuldners. Dieser entwicklungsoffene Massebegriff ist damit nicht mehr, wie nach § 1 Abs. 1 KO, auf einen Zeitpunkt, sondern auf einen Zeitraum bezogen. Regelmäßig wird die Einbeziehung des neuen Vermögens in das Insolvenzverfahren mit der Möglichkeit der Restschuldbefreiung erklärt.[5]

6 Hinter dieser begrifflich-systematischen Erweiterung der Masse auf den **Neuerwerb** steht ein fundamentaler Modellwechsel. Sicherlich bezahlt der Schuldner die institutionelle Chance auf eine Restschuldbefreiung mit dem Zugriff auf sein Neuvermögen. Es ist jedoch ebenso für den unzureichend wahrgenommenen konzeptionellen Wandel der Insolvenzordnung, wie das ungeklärte Verhältnis zwischen Unternehmens- und Privatinsolvenzrecht bezeichnend, wenn die rechtliche Dimension des Neuerwerbs auf das Ghetto des Insolvenzverfahrens natürlicher Personen beschränkt bleibt. Angelegt in dem dynamischen Massebegriff ist ein Übergang von einem vergangenheitsbezogenen Liquidationskonzepts hin zu einem zukunftsoffenen Reorganisations-, Sanierungs- und Schuldbefreiungsmodell.[6] Dieser Perspektivenwechsel muss sich auch im Umgang mit der Masse niederschlagen, bei dem neben die Verwertungsdienlichkeit eine Sanierungstauglichkeit tritt.

7 Aus diesen beiden Befunden eines gegenständlich konturierten Eingriffs in die subjektiven Rechte des Schuldners und eines massebezogenen Zukunftsmodells zieht § 35 Abs. 2 zutreffende Konsequenzen. Der Rechtsverlust des Schuldners erstreckt sich nicht auf die **Ausübung einer selbständigen Erwerbstätigkeit**. Zu entscheiden ist allein, wie die wirtschaftlichen Resultate für die Masse fruchtbar gemacht werden. Dafür offeriert § 35 Abs. 2 zwei Alternativen. Entweder erlangt die Masse umfassend sämtliche Erträge aus der Erwerbstätigkeit und trägt dafür auch deren Risiken oder die Masse erlangt allein begrenzte Vorteile, während die Risiken beim Schuldner verbleiben.[7] Beide Optionen dienen der Massemehrung und -sicherung und damit auch dem Masseschutz. Die zweite Alternative ermöglicht zudem, das Insolvenzverfahren zu vereinfachen, indem die rechtlichen Wirkungen einer selbständigen Erwerbstätigkeit vom Verfahren ausgeschlossen werden. Zur **Neufassung** von § 35 Abs. 2 Satz 2 durch das Gesetz zur Verkürzung des Restschuldbefreiungsverfahrens und zur Stärkung der Gläubigerrechte vom 15.07.2013, BGBl. I S. 2379, siehe unten im Anschluss an die Kommentierung von § 35.

B. Bestimmung der Insolvenzmasse

I. Einordnung

1. Rechtsstellung der Masse

8 Mit der Insolvenzeröffnung verliert der Schuldner wesentliche Herrschaftsrechte über das Vermögen. Aus dieser Anknüpfung an die zugleich notwendige, unter Verhältnismäßigkeitserwägungen aber auch zu begrenzende Einbuße an rechtlicher Autonomie, sind die wesentlichen Deutungsmuster für die rechtliche Einordnung der Insolvenzmasse zu entwickeln. Obwohl der Schuldner seine Verwaltungs- und Verfügungsbefugnis verliert, wird die **dingliche Zuordnung** nicht verändert. Der Schuldner bleibt Eigentümer bzw. Inhaber der Massegegenstände.[8] Weder geht die Masse auf die Insolvenzgläubiger über noch wird ein sog. Insolvenzpfandrecht begründet.[9]

---

[4] PG/*Ahrens* § 850f Rn. 14 ff.
[5] MüKo-InsO/*Peters* Rn. 44; *Häsemeyer* Insolvenzrecht, Rn. 9.02.
[6] Uhlenbruck/*Hirte* Rn. 12.
[7] BGH 18.02.2010, IX ZR 61/09, NZI 2010, 343 Rn. 2.
[8] Kübler/Prütting/Bork/*Holzer* Rn. 9.
[9] Dazu Jaeger/*Henckel* Rn. 3.

Die Insolvenzmasse ist daher kein Rechtssubjekt,[10] denn dies sind nur die einzelnen Gegenstände, und auch nicht nach § 50 ZPO parteifähig.[11] Als Partei kraft Amtes ist der Insolvenzverwalter für die Masse prozessführungsbefugt.[12] Wie das Vermögen als solches[13] ist auch die Masse nicht selbst Rechtsobjekt,[14] denn es gilt weiterhin das sachenrechtliche Spezialitätsprinzip. Unter dieser Maßgabe einer fehlenden eigenen Rechtspersönlichkeit kann die Insolvenzmasse als **Sondervermögen** beschrieben werden. Dieser Sammelbegriff bezeichnet das in der Rechtsträgerschaft des Schuldners stehende, aber von seinen freien Rechten zu unterscheidende insolvenzbefangene Vermögen.[15]

2. Begriffsbildungen

Die Insolvenzmasse besteht aus dem gesamten der Zwangsvollstreckung unterworfenen Vermögen, das dem Schuldner bei Verfahrenseröffnung gehört bzw. ihm zugewiesen ist oder das er während des Verfahrens erwirbt und nicht durch Freigabe oder Negativerklärung ausgeschieden ist, §§ 35 Abs. 1, 36.[16] Dieser als **Sollmasse** bezeichnete Masseumfang[17] entspricht jedoch nicht dem vom Insolvenzverwalter vorgefundenen tatsächlichen Vermögensstand, der **Istmasse**.[18] Teils ist die Istmasse umfassender als die Sollmasse, weil nicht vom Insolvenzbeschlag betroffene Rechte ausgesondert werden müssen. Teils ist sie geringer, weil verheimlichte Gegenstände oder das aufgrund einer Insolvenzanfechtung zurückzugewährende Vermögen erst noch zur Masse gezogen werden müssen.

Auf einer früheren konkursrechtlichen Terminologie beruhen die Begriffe der Teilungs- und Schuldenmasse, vgl. § 148 KO. Ihnen kann heute allein noch ein begrenzter deskriptiver Aussagegehalt beigemessen werden. Die **Teilungsmasse** (Verteilungsmasse[19]) bezeichnet den gesamten zu verteilenden Massebestand, nachdem abgesonderte Befriedigungen, Aufrechnungen und Freigaben erfolgt, die Massegläubiger befriedigt und die Vermögensgegenstände verwertet sind.[20] Die **Schuldenmasse** beschreibt die Gesamtheit der gegen den Schuldner bestehenden Verbindlichkeiten (Passiva).[21]

II. Anwendungsbereich

Die Regelung gilt in allen Insolvenzverfahren. Nach Einstellung oder Aufhebung des Insolvenzverfahrens ist sie nicht mehr auf das Restschuldbefreiungsverfahren anwendbar. Die Grundaussage, **eine Person, ein Vermögen, ein Insolvenzverfahren**,[22] besitzt zwar weithin paradigmatische Gestalt. Sie wird aber in mehrfacher Hinsicht durchbrochen. Nicht stets besitzt eine Person lediglich ein Vermögen. Auch können mehrere Insolvenzverfahren über das Vermögen einer Person in Betracht kommen.

Soweit seine Vermögensherrschaft unverändert bleibt, kann der Schuldner grds. nicht durch privatautonome Entscheidungen unterschiedliche Vermögensmassen bilden. Ein **Sonderinsolvenzverfahren** über eine besondere Vermögensmasse eines Rechtsträgers ist nur dort zulässig, wo es gesetzlich eröffnet wird. Über das Vermögen einer GbR ist ein selbständiges Insolvenzverfahren gem.

---

10 BGH 27.10.1983, I ARZ 334/83, BGHZ 88, 331 (335); a.A. Nerlich/Römermann/*Andres* Rn. 7.
11 Kübler/Prütting/Bork/*Holzer* Rn. 9; Nerlich/Römermann/*Andres* Rn. 9; Graf-Schlicker/*Graf-Schlicker/Kexel* Rn. 4.
12 BGH 27.10.1983, I ARZ 334/83, BGHZ 88, 331 (334); PG/*Gehrlein* § 50 Rn. 36.
13 *Bork* Allgemeiner Teil des BGB, Rn. 231.
14 A.A. HambK-InsR/*Lüdtke* Rn. 5.
15 Uhlenbruck/*Hirte* Rn. 1.
16 Vgl. Karsten Schmidt/*Büteröwe* Rn. 5.
17 MüKo-InsO/*Peters* Rn. 19, 20; *Häsemeyer* Insolvenzrecht, Rn. 9.06.
18 Jaeger/*Henckel* Rn. 7; Braun/*Bäuerle* Rn. 7; LSZ/*Smid/Leonhardt* Rn. 19; *Häsemeyer* Insolvenzrecht, Rn. 9.06; *Smid* Praxishandbuch, § 7 Rn. 1.
19 Uhlenbruck/*Hirte* Rn. 50.
20 MüKo-InsO/*Peters* Rn. 21.
21 Uhlenbruck/*Hirte* Rn. 52.
22 Jaeger/*Henckel* Rn. 131.

§ 11 Abs. 3 Nr. 1 zulässig, obwohl die GbR auch für gesamtschuldnerische private Verbindlichkeiten der Gesellschafter haftet.[23] Ausdrücklich sind besondere Insolvenzverfahren für die drei durch § 11 Abs. 2 Nr. 2 i.V.m. den §§ 315 bis 334 erfassten Vermögensmassen eröffnet, also die Nachlassinsolvenz, die Insolvenz über das Gesamtgut einer fortgesetzten Gütergemeinschaft und die Insolvenz über das von den Ehegatten gemeinschaftlich verwaltete Gesamtgut.

14 Von der Sonderinsolvenz sind **Sondermassen** zu unterscheiden, die innerhalb eines Insolvenzverfahrens gebildet werden.[24] Sie dienen dem Schutz und der vorrangigen Befriedigung bestimmter Gläubigergruppen in einem Insolvenzverfahren. Es handelt sich insoweit um ein zwar zweckgebundenes, aber nicht dinglich separiertes Vermögen.[25] Sondermassen kommen in Betracht, um die Kommanditistenhaftung nach § 171 Abs. 2 HGB zu erfüllen[26] oder bei Gesamtschadensersatzansprüchen gem. § 92.[27] Auch der unter Testamentsvollstreckung stehende Nachlass bildet eine Sondermasse.[28]

15 Unter der Geltung des **Universalitätsprinzips** erfasst ein inländisches Insolvenzverfahren auch im Ausland belegenes Schuldnervermögen[29] und ein ausländisches Insolvenzverfahren inländisches Vermögen.[30] Abweichend von der Grundregel des internationalen Insolvenzrechts, wonach das Insolvenzverfahren dem Recht des Staats unterliegt, an dem der Schuldner seinen wirtschaftlichen Schwerpunkt hat, lässt § 354 ein **Partikularinsolvenzverfahren** über die im Inland belegenen Vermögensgegenstände des Schuldners zu.[31] § 356 ermöglicht ein **Sekundärinsolvenzverfahren** über die im Inland belegenen Vermögensgegenstände trotz eines ausländischen Hauptinsolvenzverfahrens. Ziel kann etwa sein, unübersichtliche Vermögensverhältnisse zu strukturieren.[32]

III. Beschlagnahmtes Vermögen

1. Vermögen

a) Elemente

16 Die Regelung der Insolvenzmasse steht in einem inneren Zusammenhang mit den Zielen des Insolvenzverfahrens (vgl. § 1 Rdn. 5). Das Insolvenzverfahren dient nach § 38 dazu, vermögensrechtliche Ansprüche gegen den Schuldner zu befriedigen. Da eine selbstbestimmte Gläubigerbefriedigung nicht mehr zu gerechten Ergebnissen führt, verliert der Schuldner seine Vermögensherrschaft. Allein der Vermögensbezug ist jedoch zu ungenau, um die Insolvenzmasse sachgerecht abzugrenzen. Zur Insolvenzmasse gehört das dem **Schuldner zustehende**, der **Zwangsvollstreckung** unterliegende und von ihm **vor oder während** des Insolvenzverfahrens erworbene **Vermögen**.[33]

17 In einer allgemeinen privatrechtlichen Definition wird das Vermögen als die Gesamtheit der geldwerten Rechte bezeichnet.[34] Vollstreckungsrechtlich i.S.v. § 857 Abs. 1 ZPO sind Vermögensrechte Rechte aller Art, die einen Vermögenswert derart verkörpern, dass eine **Pfandverwertung** die Befrie-

---

23 Jaeger/*Henckel* Rn. 134.
24 BGH 10.05.1978, VIII ZR 32/77, BGHZ 71, 296 (304 f.); Kübler/Prütting/Bork/*Holzer* Rn. 13; Nerlich/Römermann/*Andres* Rn. 19.
25 Uhlenbruck/*Hirte* Rn. 55.
26 Kübler/Prütting/Bork/*Holzer* Rn. 11.
27 HambK-InsR/*Lüdtke* Rn. 10.
28 BGH 11.05.2006, IX ZR 42/05, BGHZ 167, 353 Rn. 23.
29 BGH 11.07.1985, IX ZR 178/84, BGHZ 95, 256 (264); 30.04.1992, IX ZR 233/90, BGHZ 118, 151 (159); FK-InsO/*Schumacher* Rn. 4; Kübler/Prütting/Bork/*Holzer* Rn. 20; Nerlich/Römermann/*Andres* Rn. 12.
30 BGH 11.07.1985, IX ZR 178/84, BGHZ 95, 256 (264).
31 FK-InsO/*Wenner/Schuster* § 354 Rn. 1.
32 FK-InsO/*Wenner/Schuster* § 356 Rn. 1.
33 *Häsemeyer* Insolvenzrecht, Rn. 9.06.
34 *Bork* Allgemeiner Teil des BGB, Rn. 231.

digung eines Geldanspruchs des Gläubigers ermöglichen kann.[35] Zur Masse gehören damit subjektive Rechte des Schuldners. In der Kennzeichnung der subjektiven Rechte als einer von der Rechtsordnung zur selbstbestimmten Interessenwahrnehmung verliehenen Rechtsmacht[36] erweist sich die Aufgabe von § 35, den Übergang dieser Rechtsmacht zu konturieren. Die zudem erforderliche geldliche Befriedigungschance durch Pfandverwertung grenzt die individuelle Freiheitssphäre von Persönlichkeitsrechten aus. Die Beschlagnahme des Hauptrechts erstreckt sich aber auf alle **Nebenrechte**, die im Falle einer Abtretung nach §§ 412, 401 BGB auf den Gläubiger übergehen.[37]

Als Konsequenz der exekutorischen Einbindung (vgl. § 1 Rdn. 24) nimmt § 36 Abs. 1 nicht der **Zwangsvollstreckung** unterliegende Gegenstände von der Insolvenzmasse aus. In erster Linie kommt diese Grenzziehung im Insolvenzverfahren natürlicher Personen zum Tragen. In der Unternehmensinsolvenz ist sie bei den nicht kapitalistischen Unternehmensformen zu beachten. 18

Nicht der **Zwangsvollstreckung unterworfen** sind prinzipiell die in § 811 ZPO für unpfändbar erklärten Gegenstände, doch zieht § 36 Abs. 2 die Geschäftsbücher sowie die für einen landwirtschaftlichen Betrieb und den Betrieb einer Apotheke erforderlichen Gegenstände zur Masse. Unpfändbare Forderungen fallen ebenfalls nicht in die Masse. Konkretisiert wird diese Grundaussage durch § 36 Abs. 1 Satz 2, der auf die §§ 850, 850a, 850c, 850e, 850f Abs. 1, 850g bis 850k, 851c und 851d ZPO verweist. Unanwendbar sind die §§ 850d, 850f Abs. 2, 3 ZPO, welche den Vollstreckungszugriff im Interesse einzelner Gläubiger erweitern, weil die erforderlichen Einzelabwägungen im insolvenzrechtlichen Gesamtverfahren ausgeschlossen sind. Die gem. § 850b ZPO bedingt pfändbaren Ansprüche auf Berufsunfähigkeitsrenten unterliegen allerdings nach der Rechtsprechung des BGH dem Insolvenzbeschlag.[38] 19

Zeitlich fallen Rechte dann in die Insolvenzmasse, wenn ihr Erwerbstatbestand bei Eröffnung oder während des Insolvenzverfahrens vollendet ist. Der auflösend bedingte und der anfechtbare Erwerb gehören grds. zur Masse und sind nach Eintritt des entsprechenden Umstands aus- oder abzusondern.[39] Aufschiebend bedingte Rechte fallen in die Masse, weil der Rechtsgrund für den Erwerb bereits gelegt wurde.[40] 20

Als **Neuerwerb** kommen alle nach Eröffnung des Verfahrens hinzutretende Vermögenswerte in Betracht, die zum Vermögen des Schuldners gerechnet werden müssten, wenn sie bereits bei Eröffnung des Verfahrens vorhanden gewesen wären.[41] In der Konsequenz werden Neugläubiger benachteiligt, denen während des Insolvenzverfahrens keine adäquaten Befriedigungsmöglichkeiten offenstehen. Verstärkt wird dieser Befriedigungskonflikt durch die Instrumente der Gläubigerbefriedigung im Restschuldbefreiungsverfahren, §§ 287 Abs. 2 Satz 1, 295 Abs. 1 Nr. 2, und die Ausnahmen von der Restschuldbefreiung nach § 302. Hier existiert ein rechtspolitisch ungelöstes Problem. Zu gestreckten Erwerbsvorgängen s. Rdn. 122. Bei deren Beurteilung kommt es nicht mehr auf die Eröffnung, sondern auf die Aufhebung des Insolvenzverfahrens an. 21

---

35 BGH 05.07.2005, VII ZB 5/05, NJW 2005, 3353; 20.12.2006, VII ZB 92/05, NJW-RR 2007, 1219 Rn. 21; PG/*Ahrens* § 857 Rn. 4.
36 Z.B. *Larenz/Wolf* Allgemeiner Teil des BGB, § 13 Rn. 24.
37 Vgl. BGH 21.06.1985, V ZR 134/84, NJW 1985, 2640 (2641 f.).
38 BGH 03.12.2009, IX ZR 189/08, NZI 2010, 141 Rn. 10 ff. m.Anm. *Asmuß*; 15.07.2010, IX ZR 132/09, NZI 2010, 777; MüKo-InsO/*Peters* Rn. 435; a.A. die bislang ganz überwiegende Ansicht vgl. nur Jaeger/ Henckel § 36 Rn. 19; *Riedel* ZVI 2009, 271 f.
39 HambK-InsR/*Lüdtke* Rn. 47.
40 Nerlich/Römermann/*Andres* Rn. 51.
41 BGH 01.02.2007, IX ZR 178/05, NZI 2007, 407 Rn. 11.

b) Besondere Fälle

22 Die **Surrogation** von Massegegenständen ist nicht ausdrücklich normiert, aber nach dem Gedanken aus § 2041 BGB sowie der §§ 285, 1247 BGB anerkannt.[42] In die Masse fallen daher Früchte und Nutzungen,[43] Schadensersatzansprüche für die Beeinträchtigung massezugehöriger Sachen[44] und Gegenstände, die der Insolvenzverwalter mit Mitteln der Masse erwirbt.[45] Bei der letztgenannten Fallgruppe wird auch von Verwaltungssurrogation bzw. Verwaltungserwerb gesprochen.[46]

23 Die **Arbeitskraft** des Schuldners und dessen Arbeitsverhältnis gehören nicht zur Insolvenzmasse und unterliegen nicht dem Verfügungsverbot aus § 81 Abs. 1 Satz 1.[47] Der Schuldner kann auch nicht zu einer Erwerbstätigkeit gezwungen werden.[48] Als Konsequenz der berufs- und persönlichkeitsrechtlich geschützten Freiheitssphäre des Schuldners besteht keine Erwerbspflicht. An ihre Grenzen stößt diese Aussage bei den Erwerbsobliegenheiten aus den §§ 4c Nr. 4, 295 Abs. 1 Nr. 1, Abs. 2. Im Interesse des staatlichen Kostenträgers und als Kompensation der Restschuldbefreiung trifft den Schuldner eine normativ konturierte Erwerbsanforderung. In § 290 Abs. 1 Nr. 7 i.d.F. des Referentenentwurfs eines Gesetzes zur Verkürzung des Restschuldbefreiungsverfahrens, zur Stärkung der Gläubigerrechte und zur Insolvenzfestigkeit von Lizenzen vom 18.01.2012 ist geplant, die Erwerbsobliegenheit im Fall eines Restschuldbefreiungsverfahrens auf das Insolvenzverfahren zu erstrecken. Sachlich geht diese Anforderung nicht wesentlich über die bestehenden Obliegenheiten hinaus. Systematisch greift sie in eine neue Dimension, weil ein allgemeines Erwerbserfordernis natürlicher Personen mit einem Restschuldbefreiungsziel begründet werden soll. Sie ist deswegen bezeichnend für die Ungleichbehandlung zwischen dem Insolvenzverfahren natürlicher Personen und der Unternehmensinsolvenz,[49] denn die Erwerbsobliegenheit wird allein auf die erste Gruppe beschränkt, obwohl doch etwa gegenüber einem Alleingesellschafter eine vergleichbar tragfähige Legitimationsbasis existiert.

2. Insolvenzbeschlag

24 Als technisches Mittel zur **Trennung** der Insolvenzmasse vom insolvenzfreien Vermögen dient der Insolvenzbeschlag. Durch den Insolvenzbeschlag verliert der Schuldner das Verwaltungs- und Verfügungsrecht über sein massezugehöriges Vermögen. Dieses Sondervermögen dient zur Befriedigung der Insolvenzgläubiger.[50] Der Insolvenzbeschlag beschreibt damit Wirkungen der Massezugehörigkeit, nicht aber die dahinterstehenden Gründe. Die Beschlagswirkung vermag deswegen nicht die für sie maßgebenden Wertungen zu erklären.[51] Diese sind aus anderen Kriterien und insb. dem Gegenstand der Insolvenzmasse sowie den §§ 80 ff. zu entwickeln.

IV. Insolvenzfreies Vermögen

25 Das insolvenzfreie Vermögen des Schuldners setzt sich aus drei Gruppen zusammen. Eine erste Kategorie bilden die nicht der Zwangsvollstreckung unterworfenen Gegenstände (s. Rdn. 18 f.). Als zweiter Block sind die vom Insolvenzverwalter freigegebenen Gegenstände zu nennen (s. Rdn. 28). Davon zu unterscheiden ist der dritte Bereich der aufgrund einer Negativerklärung des Insolvenzverwalters nach § 35 Abs. 2 Satz 1 nicht mehr vom Insolvenzverfahren erfassten Vermögensgegenstände aus selbständiger Erwerbstätigkeit (s. Rdn. 158 ff.).

---

42 MüKo-InsO/*Peters* Rn. 55.
43 BGH 30.05.1958, V ZR 295/56, BGHZ 27, 360 (366).
44 *Häsemeyer* Insolvenzrecht, Rn. 9.28.
45 Jaeger/*Henckel* Rn. 105.
46 Uhlenbruck/*Hirte* Rn. 123.
47 BAG, 20.06.2013, 6 AZR 789/11, NZA 2013, 1147 Rn. 15.
48 BGH 11.05.2006, IX ZR 247/03, BGHZ 167, 363 Rn. 16; 18.12.2008, IX ZB 249/07, NZI 2009, 192 Rn. 11.
49 Gottwald/*Ahrens* § 76 Rn. 5.
50 *Häsemeyer* Insolvenzrecht, Rn. 9.01.
51 Uhlenbruck/*Hirte* Rn. 6.

V. Höchstpersönliche Rechte

Vom insolvenzfreien Vermögen zu unterscheiden sind die höchstpersönlichen Rechte des Schuldners.[52] Sie gehören nicht zum Schuldnervermögen und fallen bereits begrifflich nicht in die Masse. Funktional resultiert diese Konsequenz aus der grundrechtlich geschützten individuellen Lebenssphäre des Schuldners. Ein solches höchstpersönliches, nicht massezugehöriges Recht stellt auch die Befugnis zur Ausübung einer gewerblichen sowie einer freiberuflichen Tätigkeit dar. Zu diesen höchstpersönlichen subjektiven Rechten gehören das allgemeine Persönlichkeitsrecht und die einzelnen **Persönlichkeitsrechte**, ungeachtet möglicher Kommerzialisierungen.[53] Gleiches gilt für spezifische Familienrechte, wie Ehescheidung,[54] doch kann für vermögensrechtliche Folgeansprüche etwas anderes gelten (s. Rdn. 95).[55] 26

Als **spezielles Persönlichkeitsrecht** fällt das Namensrecht des Schuldners nicht in die Insolvenzmasse. Anders verhält es sich aber mit der **Personal- oder Sachfirma** eines Einzelkaufmanns oder einer Personengesellschaft.[56] Das Recht am eigenen Bild ist kein Massebestandteil. Ausgeschlossen ist auch ein Zugriff auf die Person des Schuldners einschließlich seiner Arbeitskraft (dazu Rdn. 23). Künstliche Körperteile, Brillen und Prothesen, die zum Gebrauch des Schuldners oder seiner Familie bestimmt sind, fallen nicht in die Masse,[57] weil sie nach § 811 Abs. 1 Nr. 12 ZPO unpfändbar sind. Auch persönliche Familienrechte stellen kein Vermögen dar.[58] Nicht massezugehörig sind außerdem Vertretungsrechte.[59] 27

VI. Freigabe

1. Grundsatz

Das bereits konkursrechtlich anerkannte Freigaberecht[60] ist in der Insolvenzordnung nicht näher ausgestaltet. Wie aber die Regelung des § 32 Abs. 3 Satz 1 belegt, wird ein solches Recht des Insolvenzverwalters **gesetzlich vorausgesetzt**.[61] Der Insolvenzverwalter ist auch im Insolvenzverfahren über das Vermögen einer juristischen Person berechtigt, einzelne Gegenstände aus der Masse freizugeben.[62] 28

2. Arten

Bei einer **echten Freigabe** wird ein Gegenstand durch die Erklärung des Verwalters aus dem Insolvenzbeschlag gelöst. Zugleich erhält der Schuldner seine Verwaltungs- und Verfügungsbefugnis zurück.[63] Diese Freigabe besitzt eine konstitutive Wirkung, weil ein Massegegenstand aus dem Insolvenzbeschlag entlassen wird.[64] Ein rechtlich schutzwürdiges Bedürfnis für ein derartiges Freigaberecht besteht nach Ansicht des BGH bei wertlosen Massegegenständen oder wenn diese Kosten verursachen, welche den zu erwartenden Veräußerungserlös möglicherweise übersteigen. Bedeutsam ist 29

---

52 Dennoch unter der Überschrift »Insolvenzfreies Vermögen« behandelt bei Kübler/Prütting/Bork/*Holzer* Rn. 31; HK-InsO/*Eickmann* 6. Aufl., Rn. 31.
53 Jaeger/*Henckel* Rn. 19; Kübler/Prütting/Bork/*Holzer* Rn. 31; HambK-InsR/*Lüdtke* Rn. 35 f.
54 Graf-Schlicker/*Graf-Schlicker/Kexel* Rn. 8.
55 Uhlenbruck/*Hirte* Rn. 18 f.
56 Jaeger/*Henckel* Rn. 20 ff.; *Häsemeyer* Insolvenzrecht, Rn. 9.08.
57 Uhlenbruck/*Hirte* Rn. 15.
58 Jaeger/*Henckel* Rn. 19.
59 Uhlenbruck/*Hirte* Rn. 20.
60 BGH 29.05.1961, VII ZR 46/60, BGHZ 35, 180 (181 f.).
61 BGH 21.04.2005, IX ZR 281/03, BGHZ 163, 32 (34 f.); 19.01.2006, IX ZR 232/04, BGHZ 166, 74 (82 f.); 01.02.2007, IX ZR 178/05, NZI 2007, 407 Rn. 15.
62 BGH 21.04.2005, IX ZR 281/03, BGHZ 163, 32 (34).
63 BGH 21.04.2005, IX ZR 281/03, BGHZ 163, 32 (35); 01.02.2007, IX ZR 178/05, NZI 2007, 407 Rn. 15, 18; MüKo-InsO/*Peters* Rn. 85; Kübler/Prütting/Bork/*Holzer* Rn. 30; *Ahrens* NZI 2007, 622 (624).
64 Kübler/Prütting/Bork/*Holzer* Rn. 24; Braun/*Bäuerle* Rn. 10.

dies vor allem bei wertausschöpfend belasteten oder erheblich kontaminierten Grundstücken.[65] Bei aller notwendigen Differenzierung im Detail[66] ermöglicht diese Rechtsprechung im Kern, die Masse von einer ordnungsrechtlichen Verbindlichkeit auf Kosten der Allgemeinheit zu entlasten.[67] Die Freigabe einer Immobilie erfasst nicht die über diese Immobilie abgeschlossenen Mietverhältnisse, weswegen die Mieteinnahmen als Neuerwerb in die Masse fallen.[68] Eine echte Freigabe kommt für einen Prozesskostenvorschuss in Betracht, der dem Schuldner von einem Dritten zur Verfügung gestellt wird.[69] Erbringt ein gutgläubiger Drittschuldner, in Unkenntnis der Freigabeerklärung des Insolvenzverwalters, an diesen eine Leistung zur Erfüllung einer gegenüber dem Schuldner bestehenden Verbindlichkeit, so kann entsprechend § 82 Befreiung eintreten.[70]

30 Im Rahmen einer **unechten Freigabe** gibt der Insolvenzverwalter einen massefremden Gegenstand an einen Aussonderungsberechtigten heraus. Damit trägt der Insolvenzverwalter der bestehenden Rechtslage Rechnung, weswegen diese Art der Freigabe lediglich deklaratorische Wirkung besitzt.[71]

31 Als **modifizierte Freigabe** wird eine echte Freigabeerklärung[72] mit einer zusätzlichen Vereinbarung bezeichnet. Typisch dafür ist die Freigabe eines nur im Prozessweg durchsetzbaren Rechts mit der Maßgabe, es einzuklagen und im Fall des Obsiegens einen bestimmten Betrag an die Masse abzuführen. Eine modifizierte Freigabe soll nicht vorliegen, wenn die dingliche Freigabe gegenüber der Schuldnerin bedingungslos, die Verpflichtung zur Rückführung eines Überschusses an die Masse durch Realisierung der freigegebenen Forderung durch den Geschäftsführer jedoch persönlich erfolgt.[73]

32 Der BGH hat in der modifizierten Freigabe eine **zulässige Prozessstandschaft** gesehen, weil der Schuldner Inhaber der Klageforderung geblieben und ihm nur ausnahmsweise die Prozessführungsbefugnis genommen sei. Als Träger des materiellen Rechts habe der Schuldner ein schutzwürdiges Interesse an der Prozessführung.[74] Bei dieser Ausdeutung des rückermächtigten Rechtsträgers wird der gesetzlichen Gestaltung mit dem verlorenen Ausübungsrecht des Schuldners und der Prozessführungspflicht des Verwalters unzureichend Rechnung getragen.[75] Der Schuldner muss aus besonderen Gründen befugt sein, dieses Interesse selbst wahrzunehmen.[76] Erfolgt die modifizierte Freigabe allein, um die Masse von der Belastung mit Prozesskosten zu verschonen, kann sie nach § 138 BGB unwirksam sein.[77]

3. Durchführung

33 Die Freigabe erfolgt durch einseitige empfangsbedürftige Erklärung des Insolvenzverwalters gegenüber dem Schuldner.[78] Die Freigabe stellt keine materiell-rechtliche Willenserklärung dar.[79] Obwohl die Erklärung gegenüber dem Schuldner erfolgt, handelt es sich um eine **modifizierte einseitige Verfahrenshandlung**. Sie unterliegt deswegen nicht den rechtsgeschäftlichen Regeln, sondern den für Prozesshandlungen geltenden Grundsätzen. Die Freigabeerklärung ist deswegen nicht nach den bür-

---

65 BGH 21.04.2005, IX ZR 281/03, BGHZ 163, 32 (36); 01.02.2007, IX ZR 178/05, NZI 2007, 407 Rn. 16.
66 Uhlenbruck/*Hirte* Rn. 75.
67 BVerwG 23.09.2004, 7 C 22/03, NZI 2005, 51 (52), zu § 4 Abs. 3 BBodSchG; anders VGH Mannheim 17.04.2012, 10 S 3127/11, ZInsO 2012, 1623 (1624), zu § 5 Abs. 3 Nr. 2 BImSchG, der nicht an das Eigentum anknüpft.
68 BGH 12.02.2009, IX ZB 112/06, NZI 2009, 382 Rn. 13.
69 BGH 01.02.2007, IX ZR 178/05, NZI 2007, 407 Rn. 17.
70 BGH 16.12.2010, IX ZA 30/10, NZI 2011, 104 Rn. 6.
71 MüKo-InsO/*Peters* Rn. 86; Kübler/Prütting/Bork/*Holzer* Rn. 25.
72 OLG Koblenz 12.02.2010, 2 U 998/09, NZI 2010, 570 (571).
73 OLG Koblenz 12.02.2010, 2 U 998/09, NZI 2010, 570 (572).
74 BGH 19.03.1987, III ZR 2/86, BGHZ 100, 217 (220).
75 Jaeger/*Windel* § 80 Rn. 216 ff.; s.a. HK-InsO/*Eickmann* 6. Aufl., Rn. 50.
76 Uhlenbruck/*Hirte* Rn. 87.
77 OLG Celle 12.11.2012, 14 W 39/12, NZI 2013, 89.
78 BGH 01.02.2007, IX ZR 178/05, NZI 2007, 407 Rn. 18; Graf-Schlicker/*Graf-Schlicker/Kexel* Rn. 19.
79 A.A. Graf-Schlicker/*Graf-Schlicker/Kexel* Rn. 19.

gerlich-rechtlichen Vorschriften der §§ 119–122 BGB anfechtbar. Wegen der gebotenen Rechtssicherheit ist sie abweichend von den für Prozesshandlungen der Parteien geltenden Prinzipien unwiderruflich.[80] Als Verfahrenshandlung ist sie auslegungsfähig und kann deswegen konkludent erklärt werden.

Die Freigabe stellt eine Befugnis des Insolvenzverwalters dar. Dieser entscheidet im Rahmen seines **pflichtgemäßen Ermessens** über die Freigabe.[81] Grds. ist der Verwalter nicht verpflichtet, die Freigabe durch die Gläubigerversammlung genehmigen zu lassen, wenn nicht ausnahmsweise eine Pflicht nach § 160 Abs. 1 besteht, etwa bei Freigabe eines Grundstücks. Dennoch kann es im Einzelfall zweckmäßig sein, eine Genehmigung einzuholen.[82] 34

C. Einzelne Gegenstände

I. Unbewegliche Sachen

1. Grundstücke und grundstücksgleiche Rechte

Im Eigentum des Schuldners stehende **Grundstücke** fallen in die Insolvenzmasse. Um die daraus resultierende Verfügungsbeschränkung des Schuldners zu dokumentieren und einen gutgläubigen Erwerb nach § 81 Abs. 1 Satz 1 i.V.m. den §§ 892, 893 BGB auszuschließen, wird bei den im Grundbuch stehenden Grundstücken des Schuldners ein Insolvenzvermerk gem. § 32 Abs. 1 Nr. 1 eingetragen. Veräußert der Insolvenzverwalter ein zur Insolvenzmasse gehörendes Grundstück mit Zustimmung eines Grundpfandgläubigers, so ist die Frage, ob die bei der Veräußerung anfallende Umsatzsteuer[83] von der Insolvenzmasse zu tragen oder vom Verwertungserlöses des Grundpfandgläubigers abzuziehen ist, in erster Linie nach der zwischen Konkursverwalter und Grundpfandgläubiger getroffenen Vereinbarung zu beurteilen.[84] 35

Auf **grundstücksgleiche Rechte** werden nach § 864 Abs. 1 ZPO die Vorschriften über die Zwangsvollstreckung in Grundstücke angewendet.[85] Zu diesen Rechten gehören das Erbbaurecht, das Teilerbbaurecht, das Bergwerkseigentum nach § 9 BBergG sowie einige landesrechtliche Fischereirechte und Kohleabbaugerechtigkeiten. In den neuen Bundesländern gehört das selbständige Gebäudeeigentum dazu. Nicht erfasst werden das Dauerwohnrecht und das Dauernutzungsrecht gem. § 31 WEG, die der Rechtspfändung nach § 857 unterliegen.[86] 36

Das **Erbbaurecht** unterliegt der Zwangsvollstreckung und gehört daher zur Insolvenzmasse.[87] Auch beim Erbbaurecht ist ein Insolvenzvermerk gem. § 32 Abs. 1 Nr. 1 einzutragen.[88] Der Erbbaurechtsvertrag ist kein im Zeitpunkt der Insolvenzeröffnung beiderseits noch nicht vollständig erfüllter Austauschvertrag i.S.d. § 103. Der Insolvenzverwalter kann daher kein Erfüllungsverlangen nach dieser Vorschrift erklären.[89] Die §§ 108, 109 sind weder direkt noch analog anwendbar.[90] Beim Erbbauzinsanspruch nach § 9 Abs. 1 Satz 1 ErbbauVO, §§ 1105, 1107, 1147 BGB handelt es sich um einen dinglichen Duldungsanspruch auf Befriedigung aus einem Grundstück,[91] der zur abgesonderten Befriedigung berechtigt. 37

---

80 MüKo-InsO/*Peters* Rn. 100; Kübler/Prütting/Bork/*Holzer* Rn. 28; Graf-Schlicker/*Graf-Schlicker/Kexel* Rn. 19.
81 BGH 01.02.2007, IX ZR 178/05, NZI 2007, 407 Rn. 16.
82 MüKo-InsO/*Peters* Rn. 102.
83 BFH 18.08.2005, V R 31/04, NZI 2006, 55 (56).
84 BGH 07.05.1987, IX ZR 198/85, NJW-RR 1987, 1291 (1292).
85 Kübler/Prütting/Bork/*Holzer* Rn. 46.
86 PG/*Ahrens* § 857 Rn. 39; PG/*Zempel* § 864 Rn. 5.
87 Kübler/Prütting/Bork/*Holzer* Rn. 45; HK-InsO/*Eickmann* 6. Aufl., Rn. 8.
88 Uhlenbruck/*Uhlenbruck* § 32 Rn. 5.
89 BGH 20.10.2005, IX ZR 145/04, NZI 2006, 97 Rn. 9.
90 Uhlenbruck/*Hirte* Rn. 134.
91 BGH 20.10.2005, IX ZR 145/04, NZI 2006, 97 Rn. 9.

2. Insbesondere: Wohnungs- und Teileigentum

38 Wie ein Grundstück behandelt wird auch das **Wohnungs- und Teileigentum** nach § 1 Abs. 2, 3 WEG.[92] Es unterliegt deswegen der Zwangsvollstreckung nach § 864 Abs. 1 ZPO und fällt grds. in die Insolvenzmasse.[93] Es ist aber insb. Vollstreckungsschutz nach § 765a ZPO möglich. Der Insolvenzverwalter kann entweder freihändig veräußern oder nach § 165 im Wege der Zwangsvollstreckung verwerten.[94] Nach § 12 Abs. 1 WEG kann die Veräußerung u.a. von der Zustimmung eines Dritten, insb. des Wohnungsverwalters, abhängig gemacht werden.

39 Vor Eröffnung des Insolvenzverfahrens fällig gewordene **Wohngeldforderungen** sind einfache Insolvenzforderungen nach § 38 InsO.[95] Wegen der nach § 10 Abs. 1 Nr. 2 ZVG bevorrechtigten, vor der Insolvenzeröffnung fällig gewordenen Hausgeldansprüche ist die Wohnungseigentümergemeinschaft ohne die Notwendigkeit einer vorherigen Beschlagnahme des Wohnungseigentums absonderungsberechtigt.[96] Zu den Masseverbindlichkeiten gehören die aufgrund eines beschlossenen Wirtschaftsplans geschuldeten, jedoch erst nach Insolvenzeröffnung fällig gewordenen Wohngeldvorschüsse, §§ 16 Abs. 2, 28 Abs. 2 WEG.[97] Ist der insolvente Wohnungseigentümer seiner Verpflichtung zur Begleichung von Vorschüssen gem. dem für ein Kalenderjahr aufgestellten Wirtschaftsplan nicht nachgekommen, so sind die zur Zeit der Verfahrenseröffnung bestehenden Rückstände Insolvenzforderungen i.S.d. § 38.

40 Die Forderung auf Zahlung der sogenannten **Abrechnungsspitze**, d.h. der Differenz zwischen den im beschlossenen Wirtschaftsplan veranschlagten, durch Vorschüsse zu deckenden Kosten und den für das Wohnungseigentum tatsächlich entstandenen Kosten, entsteht erst mit dem Beschluss der Wohnungseigentümer über die Jahresabrechnung. Ist die Abrechnungsspitze nach Eröffnung des Insolvenzverfahrens beschlossen worden, handelt es sich um eine Masseverbindlichkeit.[98] Die nach Eröffnung des Insolvenzverfahrens beschlossene Verpflichtung zur Zahlung einer **Sonderumlage** ist Masseverbindlichkeit.[99]

3. Sonstige dingliche Rechte

41 In die Insolvenzmasse fallen auch sonstige dingliche Rechte, wie **Hypotheken**, § 1113 BGB sowie **Grund-** und **Rentenschulden**, §§ 1191, 1199 BGB. In die Insolvenzmasse fallen damit auch die zum Haftungsverband der Hypothek gehörenden beweglichen Sachen, wie Erzeugnisse und Zubehör, § 1120 BGB. Grunddienstbarkeiten, § 1018 BGB, fallen in die Masse des herrschenden Grundstücks.[100] **Beschränkte persönliche Dienstbarkeiten**, § 1090 BGB, sind pfändbar und damit massezugehörig, wenn die Überlassung der Ausübung an einen anderen gestattet ist, § 857 Abs. 3 ZPO,[101] doch muss die Gestattung nicht aus dem Grundbuch ersichtlich sein.[102]

4. Schiffe

42 Erfasst werden auch die ins Schiffsregister eingetragenen Schiffe und die ins Schiffsbauregister eingetragenen Schiffsbauwerke, § 864 Abs. 1 ZPO.

---

92 PG/*Zempel* § 864 Rn. 2.
93 MüKo-InsO/*Peters* Rn. 168; Kübler/Prütting/Bork/*Holzer* Rn. 47; HambK-InsR/*Lüdtke* Rn. 124.
94 *Vallender* NZI 2004, 401 (404 f.).
95 BGH 18.04.2002, IX ZR 161/01, BGHZ 150, 305 (312); 21.07.2011, IX ZR 120/10, NZI 2011, 731 Rn. 7.
96 BGH 21.07.2011, IX ZR 120/10, NZI 2011, 731 Rn. 7.
97 BGH 21.07.2011, IX ZR 120/10, NZI 2011, 731 Rn. 10.
98 BGH 21.07.2011, IX ZR 120/10, NZI 2011, 731 Rn. 10.
99 BGH 15.06.1989, V ZB 22/88, BGHZ 108, 44 (49).
100 Uhlenbruck/*Hirte* Rn. 141.
101 PG/*Ahrens* § 857 Rn. 14; HambK-InsR/*Lüdtke* Rn. 128.
102 BGH 29.09.2006, V ZR 25/06, BGH ZInsO 2006, 1324 Rn. 10.

II. Bewegliche Sachen

1. Grundlagen

Im Eigentum des Schuldners stehende bewegliche Sachen fallen grds. in die Insolvenzmasse, doch setzt die Massezugehörigkeit kein Eigentum voraus.[103] Nicht massezugehörig sind allerdings unpfändbare Sachen, § 36 Abs. 1 Satz 1 InsO. Vom Insolvenzbeschlag ausgenommen sind damit insb. die nach §§ 811, 811c ZPO unpfändbaren beweglichen Sachen. Das Eigentum an einer **Schuldurkunde** steht dagegen dem Inhaber der Forderung zu, § 952 BGB. Dies gilt entsprechend für die Zulassungsbescheinigung Teil II (Kfz-Brief).[104] Keine Urkunden i.S.v. § 952 BGB sind Inhaber und Orderpapiere. 43

Bargeld fällt in die Masse, doch müssen hier die Grenzen des § 811 Abs. 1 Nr. 8 ZPO beachtet werden.[105] Bezieht ein Schuldner wiederkehrende Einkünfte i.S.d. §§ 850 bis 850b ZPO, muss ihm ein Geldbetrag belassen werden, der dem unpfändbaren Betrag von der Begründung des Insolvenzbeschlags bis zum nächsten Zahlungstermin entspricht. Auf nicht wiederkehrend zahlbare Vergütungen für persönlich geleistete Arbeiten und Dienste oder sonstige Einkünfte i.S.d. § 850i ZPO ist diese Schutzbestimmung nicht unmittelbar anwendbar. Zum Schutz existenzieller Bedürfnisse wird § 811 Abs. 1 Nr. 8 ZPO auf die Barbeträge aus Einkünften Selbständiger oder Abfindungen entsprechend anzuwenden sein. In den ersten vier Wochen ist dem Schuldner zudem der Notbedarf nach § 811 Abs. 1 Nr. 2 ZPO auch als Bargeld zu belassen.[106] In dieser Zeit kann eine insolvenzgerichtliche Klärung, § 36 Abs. 4 InsO, herbeigeführt werden. 44

Besteht **Miteigentum** an einer beweglichen Sache, ist das Anteilsrecht nach den §§ 857 Abs. 1, 829 pfändbar und deswegen massezugehörig.[107] Bei einer Veräußerung tritt der anteilige Anspruch auf den Erlös im Wege der dinglichen Surrogation an die Stelle des Anteilsrechts.[108] Der Anspruch auf Aufhebung der Gemeinschaft ist allein nicht pfändbar, doch kann sich der Gläubiger diesen Anspruch zusammen mit dem auf Teilung und Auszahlung des Erlöses gem. §§ 857 Abs. 1, 829 pfänden und überweisen lassen,[109] weshalb diese Rechte in die Masse fallen. 45

Ob an **verbundenen Sachen** selbständige Rechte bestehen können, hängt davon ab, ob sie wesentliche Bestandteile einer Sache bilden. An wesentlichen Bestandteilen, die nicht von der Sache getrennt werden können, ohne die Bestandteile oder die Restsache zu zerstören, können keine selbständigen Rechte begründet werden, § 93 BGB. 46

2. Bestandteile von Grundstücken

Für **wesentliche Bestandteile** eines Grundstücks konkretisiert und erweitert § 94 den Begriff der wesentlichen Bestandteile. Erfasst werden die mit dem Grund und Boden fest verbundenen Gebäude sowie die mit dem Boden zusammenhängenden Erzeugnisse des Grundstücks. Begrenzt wird dieses Recht durch § 956 BGB, weswegen in der Insolvenz über das Vermögen eines Grundstückspächters Früchte am Halm in dessen Insolvenzmasse fallen.[110] Selbständige Rechte sind aber an den sog. Scheinbestandteilen möglich, die nur zu einem vorübergehenden Zweck in die Sache eingefügt sind. 47

Diese Grenzziehung ist sowohl in der Insolvenz über das Vermögen des Grundstückseigentümers als auch in der Insolvenz des Eigentümers einer beweglichen Sache bedeutsam. Fällt in einem Insolvenz- 48

---

103 OLG Frankfurt, 13.08.2013, 15 U 8/12, ZInsO 2013, 1957.
104 BGH 19.06.2007, X ZR 5/07, NJW 2007, 2844 Rn. 7.
105 HambK-InsR/*Lüdtke* Rn. 167.
106 PG/*Flury* § 811 Rn. 40.
107 HambK-InsR/*Lüdtke* Rn. 21.
108 BGH 13.01.1984, V ZR 267/82, NJW 1984, 2527 (2528); 31.10.1985, IX ZR 95/85, NJW-RR 1986, 233 (234).
109 BGH 23.02.1984, IX ZR 26/83, NJW 1984, 1968 (1970); PG/*Ahrens* § 857 Rn. 36.
110 BGH 30.05.1958, V ZR 295/56, BGHZ 27, 360 (365 ff.); Uhlenbruck/*Hirte* Rn. 145; Kübler/Prütting/Bork/*Holzer* Rn. 56.

verfahren ein **Grundstück in die Masse**, sind die wesentlichen Grundstücksbestandteile massezugehörig. Verbindet ein Mieter, Pächter oder in ähnlicher Weise schuldrechtlich Berechtigter Sachen mit dem Grundstück, so spricht regelmäßig eine Vermutung dafür, dass dies mangels besonderer Vereinbarungen nur in seinem Interesse für die Dauer des Vertragsverhältnisses und damit zu einem vorübergehenden Zweck geschieht.[111] Ein Scheinbestandteil ist dann auszusondern. In der **Insolvenz des Eigentümers** einer **beweglichen Sache**, die nicht als wesentlicher Bestandteil des Grundstücks gilt, hat der Verwalter ein Verwertungsrecht, soweit es sich nicht um eine unpfändbare Sache handelt.

3. Aussonderungsfähige Gegenstände

49 Besteht an einem Gegenstand ein Aussonderungsrecht gem. § 47, gehört dieser nicht zur Sollmasse. Dies gilt insb. bei einem im fremden Eigentum stehenden Gegenstand. Wird eine Sache unter einem **einfachen Eigentumsvorbehalt** gekauft, steht im Insolvenzverfahren über das Vermögen des Käufers dem Insolvenzverwalter das Erfüllungswahlrecht aus § 103 zu. Lehnt der Verwalter die Erfüllung ab, ist der Vorbehaltseigentümer berechtigt, die Sache nach § 47 auszusondern.[112]

4. Gegenstände mit Absonderungsrechten

50 Hat der Schuldner einem Gläubiger eine bewegliche Sache zur Sicherheit übereignet, gehört die Sache zur Insolvenzmasse. Der Sicherungsnehmer ist allein zur abgesonderten Befriedigung berechtigt.[113] Besteht an einem Gegenstand ein rechtsgeschäftliches, ein gesetzliches oder ein durch Pfändung begründetes Pfandrecht, gehört dieser zur Insolvenzmasse. Der Pfandgläubiger ist aber nach § 50 zur abgesonderten Befriedigung berechtigt.[114]

5. Höchstpersönliche Sachen

51 Um die individuelle Lebenssphäre des Schuldners zu schützen, sind persönliche Unterlagen des Schuldners und Gegenstände von besonderem affektivem und ähnlichem Interesse nach § 811 Abs. 1 Nr. 11 unpfändbar. **Haushaltungsbücher** gehören deswegen nicht zur Insolvenzmasse. Dennoch kann der Schuldner gem. § 97 verpflichtet sein, insb. dem Insolvenzgericht und dem Insolvenzverwalter Einsicht in ein Haushaltsbuch zu gewähren.

52 Insolvenzfrei sind danach auch **Familienpapiere**. Dazu gehören Geburts-, Heirats- und Sterbeurkunden, private Briefe, Papiere und Fotos, selbst von hohem Wert.[115] In die Insolvenzmasse fallen dagegen Gemälde von Familienangehörigen mit einem selbständigen Vermögenswert.[116] Geschützt sind **Trauringe**, auch bei einer Lebenspartnerschaft, nicht aber Verlobungs-, Freundschafts- und Beisteckringe.[117] Nicht in die Masse fallen **Orden** und **Ehrenzeichen**.

6. Geschäftspapiere

53 Obwohl Geschäftsbücher nach § 811 Abs. 1 Nr. 11 ZPO unpfändbar sind, gehören sie gem. § 36 Abs. 2 Nr. 1 zur Insolvenzmasse. Patienten-, Mandanten und sonstige Praxisunterlagen von Ärzten, Rechtsanwälten und anderen Freiberuflern fallen demzufolge in die Insolvenzmasse. Ist der Schuldner Angehöriger eines verschwiegenheitspflichtigen Berufs, dürfen die Unterlagen nur mit Zustimmung der darin genannten Personen vom Insolvenzverwalter verwertet werden.[118]

---

111 BGH 22.12.1995, V ZR 334/94, NJW 1996, 916 (917).
112 Uhlenbruck/*Brinkmann* § 47 Rn. 18.
113 MüKo-InsO/*Peters* Rn. 141.
114 Uhlenbruck/*Hirte* Rn. 146.
115 PG/*Flury* § 811 Rn. 45.
116 Musielak/*Becker* § 811 Rn. 26.
117 PG/*Flury* § 811 Rn. 46; Musielak/*Becker* § 811 Rn. 26.
118 Kübler/Prütting/Bork/*Holzer* Rn. 62.

7. Software

Die Vollstreckung in das Urheberrecht an einer **Computersoftware**, §§ 2 Abs. 1 Nr. 1, 69a UrhG, erfolgt nach § 857, die in den Datenträger mit dem Programm nach den Regeln über die Sachpfändung.[119] Entsprechend fällt das Urheberrecht als Forderung und der Datenträger als bewegliche Sache in die Masse.[120]

III. Gesellschaftsrechte

1. Vorbemerkung

In der **Unternehmensinsolvenz** ist das Unternehmen als solches vom Insolvenzbeschlag erfasst,[121] unabhängig davon, ob es sich um eine Gesellschaftsinsolvenz oder die Insolvenz eines Einzelunternehmers handelt. Bei der Insolvenz einer nicht kapitalistisch selbständig tätigen Person ist § 811 Abs. 1 Nr. 5 ZPO zu beachten (§ 36 Rdn. 38 ff.). Dies schließt sämtliche sächlichen und immateriellen Betriebsmittel ein. Erfasst werden das Anlagevermögen sowie das Umlaufvermögen, aber auch tatsächliche Verhältnisse mit Vermögenswert, wie Know-how, Kundenstamm und Betriebsgeheimnisse. Für die Verwertung gelten die besonderen insolvenzrechtlichen Anforderungen speziell der §§ 160 Abs. 2 Nr. 1, 162 bis 164, aber auch die zivil- und arbeitsrechtlichen Erfordernisse, etwa aus § 613a BGB. Zur Praxis eines Freiberuflers s. Rdn. 134.

2. Aktiengesellschaft

In der **Gesellschaftsinsolvenz** fällt das Vermögen der AG in die Masse. Erfasst werden außerdem sämtliche Haftungsansprüche der Gesellschaft. Massebestandteil bilden auch die Ansprüche aus § 54 AktG auf rückständige Bar- und Sacheinlagen einschließlich der Verzugszinsen.[122] Die Ansprüche sind vom Insolvenzverwalter geltend zu machen, der dabei nicht an Beschränkungen, etwa durch einen erforderlichen Gesellschafterbeschluss, gebunden ist.[123] Er darf nicht von Einlageleistungen befreien.[124] Zur Masse gehören außerdem die Schadensersatzansprüche der Gesellschaft gegen pflichtwidrig handelnde Organmitglieder. Dies gilt insbes. für die Schadensersatzansprüche nach den §§ 48, 92 f. sowie § 116 i.V.m. § 111 AktG.[125]

In der **Insolvenz des Aktionärs** gehören die Aktien zur Insolvenzmasse. Auch vinkulierte Namensaktien fallen in die Insolvenzmasse, weil sie pfändbar sind. Der Übergang der Verfügungsbefugnis auf den Insolvenzverwalter ist nicht zustimmungsbedürftig, da sie kraft Gesetzes eintritt. Umstritten ist, ob der Insolvenzverwalter insoweit die satzungsrechtlichen Bindungen und damit auch das Zustimmungserfordernis zu beachten hat.[126]

3. GmbH

In der **Insolvenz der Gesellschaft** gehört das Vermögen einschließlich der Haftungsansprüche und Einlageforderungen gem. § 19 GmbHG zur Insolvenzmasse. Eine formgerecht beschlossene und zum Handelsregister angemeldete Kapitalerhöhung wird nicht durch die nachfolgende Eröffnung

---

[119] PG/*Ahrens* § 857 Rn. 62.
[120] Uhlenbruck/*Hirte* Rn. 151; HambK-InsR/*Lüdtke* Rn. 135; a.A. bewegliche Sache Kübler/Prütting/Bork/*Holzer* Rn. 62.
[121] MüKo-InsO/*Peters* Rn. 464; HK-InsO/*Eickmann* 6. Aufl., Rn. 25; HambK-InsR/*Lüdtke* Rn. 94; *Häsemeyer* Insolvenzrecht, Rn. 9.09.
[122] Jaeger/*H.-F.Müller* Rn. 150; HK-InsO/*Kleindiek* 6. Aufl., Anh. § 35 Rn. 28.
[123] BGH 15.10.2007, II ZR 216/06, NZG 2008, 73 Rn. 18.
[124] Jaeger/*H.-F.Müller* Rn. 156.
[125] MüKo-InsO/*Peters* Rn. 268.
[126] MüKo-AktG/*Bayer* § 68 Rn. 114 m.w.N.

des Insolvenzverfahrens unwirksam.[127] Voreinzahlungen auf die Einlageschuld aus einer erst künftig zu beschließenden Kapitalerhöhung sind grds. unzulässig.[128]

59 Die **Gesellschafterinsolvenz** führt nicht zur Auflösung der Gesellschaft, es sei denn, die Satzung sieht nach § 60 Abs. 2 GmbHG diesen Auflösungsgrund vor, doch geschieht dies nur sehr selten. Auch in der Einmann-GmbH führt die Insolvenz des Gesellschafters zur Auflösung der Gesellschaft.[129] Der Geschäftsanteil des Schuldners an einer GmbH ist gem. § 15 Abs. 1 GmbHG veräußerlich und damit pfändbar.[130] Er fällt auch dann in die Insolvenzmasse, wenn die Satzung Beschränkungen für den Fall der Insolvenzeröffnung vorsieht.[131] Unter Einhaltung der vorgeschriebenen Form, § 15 Abs. 3 GmbHG, kann der Insolvenzverwalter die Anteile veräußern, doch ersetzt die Aufnahme in einen Insolvenzplan die Form, § 254 Abs. 1 Satz 2 Halbs. 2. Der Gewinnanspruch fällt in die Insolvenzmasse. Der Insolvenzverwalter übt das Stimmrecht aus.[132] Die Satzung kann im Insolvenzfall das Ruhen der Gesellschafterrechte anordnen[133] oder die Einziehung des Geschäftsanteils gegen gleichwertiges, nicht unbedingt vollwertiges Entgelt vorsehen.[134]

60 Nicht zur Masse gehören dagegen **höchstpersönliche Rechte** des Gesellschafters, wie etwa das ihm persönlich eingeräumte Recht zur Geschäftsführung, der Anspruch auf einen Sitz im Aufsichtsrat bzw. ähnlichen Gremien.[135]

4. Genossenschaft

61 Bei einer **Insolvenz der Genossenschaft** gehören fällige, rückständige Pflichteinzahlungen in die Insolvenzmasse, denn sie müssen noch geleistet werden und können daher vom Insolvenzverwalter eingefordert werden.[136] Es gelten aber Besonderheiten, weil mit der Eröffnung des Insolvenzverfahrens eine neben der Notwendigkeit zur Pflichteinzahlung bestehende Nachschusspflicht bestehen kann. Die Satzung muss gem. § 6 Nr. 3 GenG bestimmen, ob dann, wenn die Gläubiger im Insolvenzverfahren über das Vermögen der Genossenschaft nicht befriedigt werden, Nachschüsse zur Insolvenzmasse unbeschränkt, beschränkt auf eine Haftsumme oder überhaupt nicht zu leisten sind. Nachschusspflichtig sind die gegenwärtigen und die in den letzten sechs Monaten vor Eröffnung des Insolvenzverfahrens ausgeschiedenen Mitglieder, §§ 75 Satz 1, 101 GenG.[137] Eine Verpflichtung der Mitglieder, weitere Geschäftsanteile zu zeichnen, entfällt mit Eröffnung des Insolvenzverfahrens.[138]

62 In der **Insolvenz des Mitglieds** gehört der Anspruch auf Auszahlung des Auseinandersetzungsguthabens gem. § 73 GenG regelmäßig zur Insolvenzmasse. Der Insolvenzverwalter ist gem. § 80 bzw. in entsprechender Anwendung von § 66 GenG grds. berechtigt, die Mitgliedschaft zu kündigen, um den Anspruch zu realisieren.[139] Nach der Rechtsprechung des BGH gilt dies auch bei einer Mitgliedschaft in einer Wohnungsbaugenossenschaft. Nach dieser nicht bedenkenfreien Rechtsprechung ist § 109 Abs. 1 Satz 2 nicht analog anwendbar,[140] obwohl funktional das gleiche Schutzbedürfnis be-

---

127 BGH 07.11.1994, II ZR 248/93, NJW 1995, 460.
128 BGH 07.11.1994, II ZR 248/93, NJW 1995, 460 f.
129 MüKo-InsO/*Peters* Rn. 243.
130 BGH 07.04.1960, II ZR 69/58, NJW 1960, 1053.
131 MüKo-GmbHG/*Reichert/Weller* § 15 Rn. 553.
132 Baumbach/Hueck/*Hueck/Fastrich* GmbHG, § 15 Rn. 64.
133 MüKo-GmbHG/*Reichert/Weller* § 15 Rn. 560.
134 BGH 12.06.1975, II ZB 12/73, BGHZ 65, 22 (26); PG/*Ahrens* § 857 Rn. 42.
135 MüKo-GmbHG/*Reichert/Weller* § 15 Rn. 554.
136 BGH 16.03.2009, II ZR 138/08, NJW-RR 2009, 1262 Rn. 17.
137 Uhlenbruck/*Hirte* Rn. 352.
138 BGH 15.06.1978, II ZR 13/77, NJW 1978, 2595; krit. Jaeger/*H.-F.Müller* Rn. 197.
139 *BGH 19.03.2009, IX ZR 58/08, BGHZ 180, 185 Rn. 5; 02.12.2010, IX ZB 120/10, ZInsO 2011, 93.*
140 BGH 19.03.2009, IX ZR 58/08, BGHZ 180, 185 Rn. 8 ff.; 17.09.2009, IX ZR 63/09, NZM 2010, 359 Rn. 7 f.

steht. Mit guten Gründen können aber Geschäftsanteile des Schuldners an einer Wohnungsgenossenschaft, die zur Absicherung des Nutzungsverhältnisses über die selbst genutzte Wohnung bestimmt sind, zum insolvenzfreien Vermögen gezählt werden.[141] Überzeugend ist in § 67c GenG i.d.F. des Referentenentwurfs eines Gesetzes zur Verkürzung des Restschuldbefreiungsverfahrens, zur Stärkung der Gläubigerrechte und zur Insolvenzfestigkeit von Lizenzen vom 18.01.2012 ein Kündigungsausschluss geplant.

5. GbR

Die Masse umfasst in der **Insolvenz der Gesellschaft** das gesamte Gesellschaftsvermögen, § 718 BGB. Erfasst werden auch die noch rückständigen Beiträge der Gesellschafter. Einlageverpflichtungen werden regelmäßig nicht bestimmt.[142] **63**

Nach § 728 BGB wird in der **Insolvenz eines Gesellschafters** die Gesellschaft aufgelöst, doch kann nach § 736 Abs. 1 BGB im Gesellschaftsvertrag eine abweichende Regelung getroffen werden. In diesem Fall gehört ein dem ausscheidenden Gesellschafter zustehender Abfindungsanspruch zur Insolvenzmasse.[143] **64**

6. OHG

Auch hier umfasst in der **Gesellschaftsinsolvenz** die Masse das gesamte Gesellschaftsvermögen. Dazu gehören vor allem auch die Ansprüche der Gesellschaft gegen die Gesellschafter. Die persönliche Haftung eines Gesellschafters für die Verbindlichkeiten der Gesellschaft kann während des Insolvenzverfahrens nach § 93 nur vom Insolvenzverwalter geltend gemacht werden. **65**

Bei einer **Insolvenz des Gesellschafters** scheidet dieser nach § 131 Abs. 3 Nr. 2 HGB aus der OHG aus, sofern gesellschaftsvertraglich keine abweichende Regelung getroffen ist. Das Auseinandersetzungsguthaben fällt in die Masse, doch können die anderen Gesellschafter wegen ihrer im Gesellschaftsverhältnis begründeten Ansprüche eine abgesonderte Befriedigung verlangen.[144] **66**

7. KG

In der Gesellschaftsinsolvenz gehört der Anspruch der Gesellschaft gegen den Kommanditisten auf Zahlung der Kommanditeinlage zur Masse. Wird einem Kommanditisten die Einlage zurückgezahlt, haftet dieser den Gläubigern in Höhe der Hafteinlage, § 172 Abs. 4 HGB. Die persönliche Haftung eines Komplementärs oder eines Kommanditisten für die Verbindlichkeiten der Gesellschaft kann während des Insolvenzverfahrens nach § 93 nur vom Insolvenzverwalter geltend gemacht werden, s.a. § 172 HGB.[145] **67**

Bei einer **Insolvenz eines persönlich haftenden Gesellschafters** scheidet dieser nach den §§ 162, 131 Abs. 3 Nr. 2 HGB aus der KG aus, sofern gesellschaftsvertraglich keine abweichende Regelung getroffen ist. Ein Auseinandersetzungsanspruch ist Massebestandteil.[146] **68**

8. Sonstige

Durch die Eröffnung des Insolvenzverfahrens wird ein **rechtsfähiger Verein** aufgelöst, doch kann durch Mitgliederbeschluss oder Satzung Abweichendes bestimmt werden, § 42 Abs. 1 BGB. Zur Masse gehören die Ansprüche auf ausstehende Mitgliedsbeiträge. Außerdem fallen die Schadensersatzansprüche gegen die Vorstandsmitglieder aus § 42 Abs. 2 Satz 2 BGB in die Masse. **69**

---

141 AG Duisburg 23.02.2011, 64 IK 248/10, NZI 2011, 333.
142 HambK-InsR/*Lüdtke* Rn. 91.
143 BGH 14.12.2006, IX ZR 194/05, NJW 2007, 1067.
144 MüKo-InsO/*Peters* Rn. 192.
145 Uhlenbruck/*Hirte* Rn. 386.
146 MüKo-InsO/*Peters* Rn. 200.

70 Ein Insolvenzverfahren über das Vermögen einer **stillen Gesellschaft** ist ausgeschlossen, da es sich bei ihr um eine Innengesellschaft handelt. In der Insolvenz des stillen Gesellschafters wird die stille Gesellschaft aufgelöst, § 728 BGB, doch kann gem. § 736 BGB eine abweichende Regelung getroffen werden.[147]

IV. Rechte

1. Forderungen

a) Grundlagen

71 Als Vermögensrechte fallen Forderungen in die Insolvenzmasse, soweit sie nicht unpfändbar sind. Nach den Vorschriften der ZPO **unpfändbar** sind vor allem Arbeitseinkommen, aber auch andere Einkünfte nach Maßgabe der §§ 850 ff. ZPO. Forderungen aus dem Verkauf landwirtschaftlicher Erzeugnisse sind nach § 851a ZPO, Miet- und Pachtforderungen nach § 851b ZPO unpfändbar. Altersrenten und Altersvorsorgevermögen sind gem. den §§ 851c, 851d ZPO unpfändbar.

72 **Unübertragbare Forderungen** sind nach § 851 ZPO unpfändbar. Ein gesetzliches Übertragungsverbot steht deswegen einer Massezugehörigkeit entgegen. Als nicht schlechthin unübertragbar fallen in die Masse die Honoraransprüche verschwiegenheitspflichtiger Berufe, wie der Ärzte,[148] Rechtsanwälte[149] und Steuerberater.[150] Höchstpersönliche Ansprüche fallen daher nicht in die Insolvenzmasse. Zweckgebundene Forderungen sind unpfändbar, wenn eine Pfändung mit dem zum Rechtsinhalt gehörenden Anspruchszweck unvereinbar wäre.[151]

73 Unpfändbar bzw. unübertragbar sind **Sozialleistungsansprüche** nach Maßgabe der §§ 53, 54 SGB I. Das Recht des Mitglieds eines Rechtsanwaltsversorgungswerks, die Mitgliedschaft zu beenden und die Erstattung gezahlter Beiträge zu verlangen, ist unpfändbar.[152] Der Insolvenzverwalter kann die vorgezogene Altersrente nicht beantragen.[153] **Beamtenversorgungsansprüche** sind gem. § 51 BeamtVG unpfändbar. Zweckgebundene Ansprüche der Beamten aus den §§ 18, 33, 34, 35 und 43 BeamtVG, etwa über die Erstattung der Kosten eines Heilverfahrens, unterliegen nach § 51 BeamtVG nicht der Pfändung.[154]

b) Arbeitseinkommen und funktionale Äquivalente

74 Pfändbares **Arbeitseinkommen** (s. Rdn. 71) fällt in die Insolvenzmasse. Ganz im Mittelpunkt steht dabei das während des Insolvenzverfahrens erzielte Einkommen, das als Neuerwerb massezugehörig ist. Welche Einkünfte Arbeitseinkommen i.S.d. §§ 850 bis 850b ZPO bilden, ist wegen des dafür bestehenden ausdifferenzierten Pfändungsschutzes von zentraler Bedeutung. Auszugehen ist von einem umfassenden Begriff des Arbeitseinkommens. Von § 850 ZPO erfasst werden alle Vergütungen aus Arbeits-, Dienst- oder Beamtenverhältnissen, welche die Erwerbstätigkeit des Schuldners vollständig oder zu einem wesentlichen Teil in Anspruch nehmen. Erforderlich ist die Verwertung der Arbeitskraft, weswegen nur die Ansprüche natürlicher Personen berührt werden.[155]

75 Ob es sich um **laufendes** oder einmaliges **Einkommen** handelt, ist nicht für die Massezugehörigkeit, sondern nur den Pfändungsschutz maßgebend. Auf wiederkehrend zahlbare Vergütungen ist § 850c ZPO anwendbar, unabhängig davon, ob es sich um Einkünfte aus abhängiger oder selbständiger Ar-

---

147 MüKo-InsO/*Peters* Rn. 219.
148 BGH 17.02.2005, IX ZB 62/04 NJW 2005, 1505 (1506).
149 BGH 16.10.2003, IX ZB 133/03, NJW-RR 2004, 54; BFH 01.02.2005, VII B 198/04, NJW 2005, 1308.
150 BGH 25.03.1999, IX ZR 223/97, BGHZ 141, 173 (176).
151 BGH 05.11.2004, IXa ZB 17/04, NJW-RR 2005, 720 f.
152 BGH 10.01.2008, IX ZR 94/06, NZI 2008, 244 (245).
153 OVG Münster 05.06.2012, 17 A 774/11, ZInsO 2012, 1473, 1474.
154 PG/*Ahrens* § 850 Rn. 17.
155 PG/*Ahrens* § 850 Rn. 11.

beit handelt. Auch laufende Zahlungsansprüche eines Kassenarztes gegen die Kassenärztliche Vereinigung stellen Einkommen i.S.d. §§ 850, 850c ZPO dar.[156] Einkünfte aus Nebentätigkeiten können ebenfalls zum laufenden Arbeitseinkommen gehören, wie etwa Lizenzgebühren.[157] Neben den aktiven Einkünften der Beamten und der Arbeitnehmer fallen auch Versorgungsbezüge und Ruhegelder in die Masse, die gegen den Dienstherrn oder den Arbeitgeber gerichtet sind. Im Inland verdiente Ruhegeldansprüche gegen einen im Inland ansässigen Drittschuldner stellen auch bei einem Schuldner mit ausländischem Wohnsitz inländisches Vermögen dar.[158] Versorgungsrenten werden von dem Pfändungsschutz aus § 850c ZPO nur erfasst, soweit sie auf einem früheren Dienst- oder Arbeitsverhältnis beruhen.[159]

Arbeitseinkommen stellen auch die nicht **wiederkehrend zahlbaren Vergütungen** für persönlich geleistete Arbeiten oder Dienste dar.[160] Dazu gehören etwa Abfindungen anlässlich der Beendigung eines Arbeitsverhältnisses aus den §§ 9, 10 KSchG[161] bzw. Sozialplanabfindungen nach den §§ 112, 113 BetrVG.[162] Für diese nicht wiederkehrenden Vergütungen folgt ebenso wie für **sonstige Einkünfte**, die kein Arbeitseinkommen sind, der Pfändungsschutz aus § 850i ZPO. Dieser Pfändungsschutz betrifft den gesamten selbst erwirtschafteten Lebensunterhalt. Die Zugehörigkeit der Einmalzahlungen zur Masse ist nach dem Zeitraum zu bestimmen, für den die Zahlungen erfolgen. Nicht besonders geschützt sind allein zufällige bzw. vom Schuldner nicht beeinflussbare Erwerbsvorgänge, wie der Erwerb von Todes wegen oder aus einem Lottogewinn.[163] 76

Bei **verschleiertem Arbeitseinkommen** muss der besonderen materiell-rechtlichen Lage Rechnung getragen werden. Auf den verschleierten Teil des Arbeitseinkommens hat der Schuldner keinen Anspruch, weswegen er gem. § 35 Abs. 1 InsO nicht als Forderung des Schuldners zur Insolvenzmasse gehört. Der Insolvenzverwalter kann aber gem. § 36 Abs. 1 Satz 2 i.V.m. § 850h Abs. 2 Satz 1 ZPO wie ein Gläubiger im Vollstreckungsverfahren vom Empfänger der Arbeitsleistung für die Zeit nach der Eröffnung des Verfahrens den pfändbaren Teil der fiktiven Vergütung beanspruchen.[164] Zulässig ist auch eine (unechte) Freigabe.[165] Diese Konsequenz soll mit Eröffnung des Insolvenzverfahrens eintreten, weil der Eröffnungsbeschluss wie ein Pfändungs- und Überweisungsbeschluss im Vollstreckungsverfahren wirke.[166] Die Pfändung des verschleierten Arbeitseinkommens wird mit der Insolvenzeröffnung entsprechend § 114 Abs. 3 Satz 1 InsO wirkungslos.[167] 77

Kein Arbeitseinkommen stellen Lohn- oder **Einkommensteuererstattungsansprüche** dar (s. Rdn. 94). Der Anspruch auf Erstattung hat zwar seinen Ursprung im Arbeitsverhältnis. Die Rechtsnatur des als Lohnsteuer einbehaltenen Teils wandelt sich jedoch aufgrund des entstehenden Lohnsteueranspruchs des Staats. Bei einer Rückerstattung nach § 37 Abs. 2 Satz 1 AO wird aus dem Steueranspruch des Staats ein Erstattungsanspruch des Steuerpflichtigen, ohne seinen öffentlich- 78

---

156 BGH 05.12.1985, IX ZR 9/85, BGHZ 96, 324 (327); 11.05.2006, IX ZR 247/03, BGHZ 167, 363 Rn. 14 f.
157 BGH 12.12.2003, IXa ZB 165/03, NJW-RR 2004, 644.
158 BGH 20.12.2012, IX ZR 130/10, ZInsO 2013, 337 Rn. 18.
159 BGH 15.11.2007, IX ZB 99/05, NZI 2008, 95 Rn. 10; zur betrieblichen Altersvorsorge insgesamt Uhlenbruck/*Hirte* Rn. 225 ff.
160 *Ahrens* ZInsO 2010, 2357, 2359.
161 BAG 20.08.1996, 9 AZR 964/94, NZA 1997, 563 (565); LG Bochum 18.08.2010, 7 T 433/09, ZInsO 2010, 1801; LG Essen 21.07.2011, 7 T 366/11, 7 T 397/11, ZVI 2011, 379 (380).
162 BAG 13.11.1991, 4 AZR 20/91, NZA 1992, 384 (385).
163 PG/*Ahrens* § 850i Rn. 19; Hk-ZV/*Meller-Hannich* § 850i ZPO Rn. 7.
164 BAG 12.03.2008, 10 AZR 148/07, NZA 2008, 779 Rn. 14; 16.05.2013, 6 AZR 556/11, ZInsO 2013, 1357 Rn. 40; Uhlenbruck/*Hirte* Rn. 153; HK-InsO/*Eickmann* 6. Aufl., Rn. 17; *Ahrens* NJW-Spezial 2009, 53.
165 16.05.2013, 6 AZR 556/11, ZInsO 2013, 1357 Rn. 45 ff.
166 BAG 12.03.2008, 10 AZR 148/07 NZA 2008, 779 Rn. 18.
167 LAG Baden-Württemberg 27.01.2011, 3 Sa 51/10, BeckRS 2011, 74934.

rechtlichen Charakter zu verlieren. Steuererstattungsansprüche unterfallen deswegen grds. nicht § 850 ZPO.[168]

79 Die **Einkünfte eines Strafgefangenen** können teilweise in die Masse fallen, doch ist dabei zu differenzieren. Der Anspruch des Strafgefangenen aus seiner Tätigkeit im Vollzug ist auf Gutschrift, vgl. § 52 StVollzG, und nicht auf Barauszahlung gerichtet. Dreisiebtel der Einkünfte werden von der Vollzugsanstalt dem unpfändbaren Hausgeld zugeschrieben, über das der Gefangene frei verfügen kann, § 47 Abs. 1 StVollzG. Aus dem restlichen Einkommen ist zunächst ein Überbrückungsgeld zu bilden, das den notwendigen Unterhalt des Strafgefangenen und seiner Unterhaltsberechtigten für die ersten vier Wochen nach der Entlassung sichern soll, § 51 Abs. 1 StVollzG. Weitergehende Beträge sind dem Eigengeld des Gefangenen gutzuschreiben, § 52 StVollzG.[169] Das Überbrückungsgeld ist nach § 51 Abs. 1, 4 und 5 StVollzG nur für Unterhaltsgläubiger pfändbar[170] und gehört damit nicht zur Insolvenzmasse. Der Anspruch auf Eigengeld ist gem. § 829 ZPO pfändbar, ausgenommen der nach § 51 Abs. 4 Satz 2 StVollzG unpfändbare Teil in Höhe des Unterschiedsbetrags zwischen dem gem. § 51 Abs. 1 StVollzG zu bildenden und dem tatsächlich vorhandenen Überbrückungsgeld.[171] Auf das Eigengeld finden nach dem Strafvollzugsrecht des Bundes weder die Pfändungsgrenzen des § 850c ZPO noch der Pfändungsschutz aus § 850k ZPO unmittelbare oder analoge Anwendung.[172]

80 Auf Geldleistungen gerichtete **laufende Sozialleistungsansprüche** sind nach § 54 Abs. 4 SGB I wie Arbeitseinkommen pfändbar und damit Bestandteil der Insolvenzmasse soweit sie nicht gem. § 54 Abs. 3 SGB I unpfändbar sind oder den Pfändungsbeschränkungen nach § 54 Abs. 5 SGB I unterliegen.[173] Dies betrifft etwa Renten und sonstige laufende Geldleistungen der Sozialversicherungsträger sowie der Bundesagentur für Arbeit im Fall des Ruhestands, der Erwerbsunfähigkeit oder der Arbeitslosigkeit. Ansprüche nach § 19 SGB II sind wie Arbeitsentgelt pfändbar, auch soweit sie die Bedarfe für Unterkunft und Heizung decken.[174] In der Insolvenz des Arbeitnehmers sind auch Ansprüche auf Insolvenzgeld gem. §§ 283 ff. SGB III erfasst.[175]

81 Sozialrechtliche Ansprüche auf **einmalige Geldleistungen** können nur gepfändet werden, soweit nach den Umständen des Falles, insb. nach den Einkommens- und Vermögensverhältnissen des Leistungsberechtigten, der Art des beizutreibenden Anspruchs sowie der Höhe und der Zweckbestimmung der Geldleistung, die Pfändung der Billigkeit entspricht, § 54 Abs. 2 SGB I. Ob eine derartige individuelle Abwägung im insolvenzrechtlichen Gesamtverfahren möglich ist, erscheint sehr zweifelhaft.[176] Für den parallelen Fall der gem. § 850b ZPO bedingt pfändbaren Ansprüche auf Berufsunfähigkeitsrenten besteht allerdings nach der Rspr. des BGH der Insolvenzbeschlag.[177] Sozialrechtliche Ansprüche auf Dienst- und **Sachleistungen** können nicht gepfändet werden und fallen nicht in die Masse, § 54 Abs. 1 SGB I.

c) Darlehen und Bankverträge

82 Ansprüche des Schuldners aus **Darlehensverträgen** gehören zur Insolvenzmasse, soweit es sich nicht um zweckgebundene Darlehen handelt. Zu **Bausparverträgen** s. § 36 Rdn. 24. Bei einer Verrechnung

---

168 BGH 21.07.2005, IX ZR 115/04; BGHZ 163, 391 (393).
169 *Ahrens* NJW-Spezial 2011, 725.
170 OLG Karlsruhe 18.01.1994, 6 W 92/93, Rpfleger 1994, 370.
171 BGH 16.07.2004, IXa ZB 287/03, NJW 2004, 3714 (3715).
172 BGH 16.07.2004, IXa ZB 287/03, NJW 2004, 3714 (3715 f.); BGH 20.06.2013, IX ZB 50/12, ZInsO 2013, 1845 Rn. 13 ff.
173 *Laroche* VIA 2013, 57.
174 BGH 25.20.2012, VII ZB 31/12, NZI 2013, 194 Rn. 9 ff.
175 Uhlenbruck/*Hirte* Rn. 155.
176 *Laroche* VIA 2013, 57 (58).
177 BGH 03.12.2009, IX ZR 189/08, NZI 2010, 141 Rn. 10 ff. m.Anm. *Asmuß*; 15.07.2010, IX ZR 132/09, NZI 2010, 777.

im **Kontokorrent** fällt ein zugunsten des Schuldners festgestellter Saldo in die Masse.[178] Zu beachten ist dann die aus § 91 Abs. 1 resultierende Verrechnungssperre nach Eröffnung des Insolvenzverfahrens.

Besteht ein **Pfändungsschutzkonto**, fällt das nach § 850k Abs. 1, 2, 4 ZPO unpfändbare Guthaben nicht in die Insolvenzmasse. Das Recht des Schuldners, sein Girokonto in ein Pfändungsschutzkonto umzuwandeln, besteht auch nach Eröffnung des Insolvenzverfahrens. Der Insolvenzverwalter/Treuhänder ist dagegen nicht befugt, die Umwandlung zu verlangen.[179] Das Pfändungsschutzkonto erlischt nicht nach den §§ 115, 116 durch die Insolvenzeröffnung, denn diese Regelungen beziehen sich nur auf das massezugehörige Vermögen. Da das unpfändbare Guthaben auf dem Konto nicht zur Masse gehört, ist das Pfändungsschutzkonto insolvenzfest.[180] 83

Ansprüche aus Personalsicherheiten fallen in die Insolvenzmasse des Sicherungsnehmers. Dies betrifft etwa Bürgschaften und Garantien, aber auch die Schuldmitübernahme.[181] Harte Patronatserklärungen zugunsten des Schuldners gewähren einen durchsetzbaren Anspruch gegen den Erklärenden und gehören damit zur Insolvenzmasse.[182] 84

d) Ansprüche auf Versicherungsleistungen

Versicherungsvertragliche Ansprüche auf Entschädigungen, Prämienrückzahlungen oder Erstattungen des Rückkaufswerts, § 169 VVG, fallen grds. in die Insolvenzmasse.[183] Beziehen sich Ansprüche aus einer **Sachversicherung** auf unpfändbare Sachen, fallen diese Ansprüche gem. § 17 VVG nicht in die Masse.[184] 85

Die gem. § 850b Abs. 1 Nr. 1 ZPO bedingt pfändbaren Ansprüche auf **Berufsunfähigkeitsrenten** unterliegen nach der Rspr. des BGH dem Insolvenzbeschlag.[185] Bei den Leistungen der privaten **Krankenversicherung** ist zu unterscheiden. Krankengeld- und Krankenhaustagegeldansprüche sind gem. § 850b Abs. 1 Nr. 4 ZPO bedingt pfändbar.[186] Entsprechend der Rechtsprechung zu Berufsunfähigkeitsrenten werden auch sie grds. dem Insolvenzbeschlag unterliegen. Kostenerstattungsansprüche gegen den Krankenversicherer fallen nicht in die Masse. Sie sind allerdings nicht nach § 851 unpfändbar, doch ist die Pfändung unbillig i.S.v. § 850b Abs. 2.[187] Ob der private Krankenversicherungsvertrag nicht in die Masse fällt,[188] erscheint danach zweifelhaft. Zu Krankenversicherungsbeitragsforderungen § 38 Rdn. 17. 86

Ansprüche aus Lebensversicherungen auf den Todesfall des Versicherungsnehmers (**Sterbegeldversicherung**), deren Versicherungssumme gem. § 850b Abs. 1 Nr. 4 ZPO 3.579 € nicht übersteigt, fallen als nur bedingt pfändbare Forderungen nicht in die Masse. Übersteigt die Versicherungssumme den Schwellenwert, sind die auf einen Betrag bis 3.579 € bezogenen Ansprüche unpfändbar und nur die über diese Versicherungssumme hinausgehenden Ansprüche nach Maßgabe von § 850b 87

---

178 MüKo-InsO/*Peters* Rn. 394.
179 AG Kandel 17.01.2011, 1 C 531/10, BeckRS 2011, 22915.
180 AG Nienburg 24.01.2013, 6 C 516/12, NZI 2013, 652; AG Verden 14.02.2013, 2 C 59/13 (III), ZVI 2013, 196; PG/*Ahrens* § 850k Rn. 122; *Büchel* ZInsO 2010, 20 (26); *Jaquemoth/Zimmermann* ZVI 2010, 113 (116); *Busch* VIA 2010, 57 (58); *Bitter* ZIP 2011, 149 (158); *Günther* ZInsO 2013, 859 (860); *Schmidt* Insbüro 2013, 14 (16); *Obermüller* Insbüro 2013, 180 (181); *Sudergat* ZVI 2013, 169 (171); a.A. HK-InsO/*Keller* § 36 Rn. 82; *du Carrois* ZInsO 2009, 1801 (1805); *Knees* ZInsO 2011, 511.
181 MüKo-InsO/*Peters* Rn. 402.
182 Kübler/Prütting/Bork/*Holzer* Rn. 87.
183 Uhlenbruck/*Hirte* Rn. 216.
184 MüKo-InsO/*Peters* Rn. 409.
185 BGH 03.12.2009, IX ZR 189/08, NZI 2010, 141 Rn. 10 ff. m.Anm. *Asmuß*; 15.07.2010, IX ZR 132/09, NZI 2010, 777; a.A. die bislang ganz überwiegende Ansicht vgl. nur Jaeger/*Henckel* § 36 Rn. 19; *Riedel* ZVI 2009, 271 f.
186 BGH 04.07.2007, VII ZB 68/06, NJW-RR 2007, 1510 Rn. 12; PG/*Ahrens* § 850b Rn. 19.
187 BGH 04.07.2007, VII ZB 68/06, NJW-RR 2007, 1510 Rn. 10, 14.
188 AG Kiel 06.10.2011, 115 C 242/11, NZI 2012, 30.

Abs. 1 Nr. 4 ZPO pfändbar und damit massezugehörig.[189] Erreicht aber der Rückkaufswert noch nicht diesen Betrag, gehört der anteilige überschießende Anspruch vor Eintritt des Versicherungsfalls nicht zur Masse.[190]

88 Ansprüche aus **privaten Altersvorsorgeverträgen** des Schuldners dürfen nach § 851c ZPO nur wie Arbeitseinkommen gepfändet werden und sind nur in diesem Umfang massezugehörig, wenn vier Voraussetzungen erfüllt sind. Die Leistung muss in regelmäßigen Zeitabschnitten lebenslang erbracht werden, beginnend mit der Berufsunfähigkeit oder der Vollendung des 60. Lebensjahrs.[191] Der Schuldner darf nicht über die Ansprüche aus dem Vertrag verfügen können und es dürfen außer den Hinterbliebenen[192] keine Dritten als Bezugsberechtigte bestimmt sein. Schließlich darf nur für den Todesfall eine Kapitalleistung gezahlt werden. Das Vorsorgekapital ist nach § 851c Abs. 2 ZPO geschützt. Während der privaten Ansparphase besteht daher noch keine Schutzwirkung zugunsten der für die Einzahlung erforderlichen Mittel des Schuldners.[193] Das Vorsorgekapital kann auch durch eine Einmalzahlung aufgebracht werden.[194] Eine Zertifizierung ist nur nach § 851d ZPO erforderlich.[195]

89 Besteht bei einer **Kapitallebensversicherung** kein Pfändungsschutz und insb. kein unwiderrufliches Bezugsrecht, gehört in der Insolvenz des Versicherungsnehmers der Anspruch auf den Rückkaufswert bei Beendigung des Versicherungsverhältnisses zur Insolvenzmasse.[196] Der Insolvenzverwalter muss den Versicherungsvertrag kündigen.[197] Dieses Kündigungsrecht kann nicht vertraglich ausgeschlossen werden, wie aus dem entsprechend anzuwendenden § 851 Abs. 2 ZPO folgt.[198] Bei einem unwiderruflichen Bezugsrecht gehört im Fall der Kündigung des Versicherungsvertrags der Anspruch des Bezugsberechtigten auf den Rückkaufswert nicht in die Insolvenzmasse[199] und kann vom Berechtigten ausgesondert werden.[200] Die Ablaufleistungen von Lebensversicherungen sollen in die Insolvenzmasse fallen.[201]

e) Steuerliche Ansprüche

90 Die **Wahl der Steuerklasse** vor Verfahrenseröffnung ist grds. beachtlich, es sei denn, der Schuldner hat die Wahl der ungünstigen Steuerklasse nachweislich in Gläubigerbenachteiligungsabsicht vorgenommen. Die Gläubigerbenachteiligungsabsicht ist nach allen Umständen des Einzelfalls festzustellen, wie der Höhe der Einkommen beider Ehegatten, Kenntnis des Schuldners von der Höhe seiner Verschuldung und einer drohenden Zwangsvollstreckung, die Abgabe einer eidesstattlichen Versicherung, wann die ungünstige Steuerklasse gewählt wurde und ob dies im Zusammenhang mit der Verschuldung oder einer Vollstreckung geschehen ist.[202] Sachlich berechtigt ist die Übernahme der dem gesetzlichen Regelfall des § 38b Abs. 1 Nr. 4 EStG entsprechenden Steuerklasse IV für verheiratete, nicht dauernd getrennt lebende, unbeschränkt einkommensteuerpflichtige Ehegatten.[203] Nach einer Heirat ist ein Wechsel des Schuldners aus der Steuerklasse I in die Steuer-

---

189 BGH 12.12.2007, VII ZB 47/07, NJW-RR 2008, 412 Rn. 17 = VuR 2008, 316 m.Anm. *Kohte/Beetz*.
190 PG/*Ahrens* § 850b Rn. 19.
191 BGH 15.07.2010, IX ZR 132/09 NZI 2010, 777 Rn. 32.
192 BGH 25.11.2010, VII ZB 5/08, NZI 2011, 67 Rn. 12 ff.
193 BGH 12.05.2011, IX ZB 181/10, ZInsO 2011, 1153 Rn. 7 ff.; 30.06.2011, IX ZB 261/10, BeckRS 2011, 18822 Rn. 3.
194 PG/*Ahrens* § 851c Rn. 37; Schuschke/Walker/*Kessal-Wulf* § 851c Rn. 4; Musielak/*Becker* § 851c Rn. 4; FK-InsO/*Bornemann* § 36 Rn. 32; a.A. Wollmann ZInsO 13, 902, 910 f.
195 A.A. LG Frankenthal 23.03.2010, 1 T 8/10, NZI 2010, 532.
196 BGH 01.12.2011, IX ZR 79/11, NZI 2012, 76 Rn. 8 ff.; Uhlenbruck/*Hirte* Rn. 219.
197 BGH 01.12.2011, IX ZR 79/11, NZI 2012, 76 Rn. 22 f.
198 BGH 01.12.2011, IX ZR 79/11, NZI 2012, 76 Rn. 33 ff.
199 HK-InsO/*Eickmann* 6. Aufl., Rn. 14.
200 Jaeger/*Henckel* Rn. 77.
201 OLG Hamburg 27.03.2012, 8 U 11/11, ZInsO 2012, 978 (979).
202 BGH 04.10.2005, VII ZB 26/05, NZI 2006, 114.
203 AG Duisburg, 29.01.2002, 62 IN 53/00, NZI 2002, 328.

klasse V sachlich gerechtfertigt, wenn dadurch die Steuerlast der Ehegatten € 2.401,24 statt € 2.642,58 beträgt.[204]

Der andere Ehegatte ist zwar nicht verpflichtet, zugunsten der Gläubiger des anderen Ehegatten einem vom gesetzlichen Regelfall abweichenden **Wechsel der Steuerklassen** zuzustimmen, die für ihn selbst nachteilig ist. Liegt aber kein sachlicher Grund bei der Entscheidung für eine ungünstige Steuerklasse vor, ist die durch die Bestimmung der Steuerklasse entstandene Verschiebung entsprechend § 850h ZPO zu korrigieren. Es kommt dann eine Anordnung in Betracht, wonach der Arbeitgeber bei der Berechnung des pfändbaren Teils des Arbeitsentgelts das sich unter Berücksichtigung der günstigeren Steuerklasse ergebende Nettoeinkommen zugrunde zu legen hat.[205] 91

Der andere Ehegatte hat einen nach Eröffnung des Insolvenzverfahrens gegen den Insolvenzverwalter zu richtenden Anspruch auf **steuerliche Zusammenveranlagung**.[206] Die Zustimmung zur Zusammenveranlagung kann davon abhängig gemacht werden, dass der Schuldner und die Insolvenzmasse keiner zusätzlichen Belastung ausgesetzt sind, wie eine höhere Steuerbelastung oder eine geringere Steuererstattung bzw. künftige Nachteile durch den Verbrauch des Verlustvortrags. Dagegen besteht kein Anspruch auf Auszahlung desjenigen Betrags, um den sich die Steuerlast des anderen Ehegatten bei Inanspruchnahme des Verlustvortrags verringert.[207] 92

Die Abgabe der **Steuererklärung** ist während des Insolvenzverfahrens Aufgabe des Verwalters bzw. Treuhänders, § 24 Abs. 1, 3 AO, nicht des Schuldners, der im Insolvenzverfahren seine steuerliche Handlungsfähigkeit verliert. Auf Verlangen des Verwalters ist der Schuldner lediglich zur Vorlage der zur Erstellung der Steuererklärung notwendigen Unterlagen verpflichtet.[208] 93

Steuererstattungsansprüche und Ansprüche auf Erstattung von Haftungsbeträgen, auf steuerlichen Nebenleistungen und auf Steuervergütungen sind nach § 46 Abs. 1 AO pfändbar[209] und fallen damit grds. in die Masse.[210] Sie stellen kein Arbeitseinkommen dar und unterfallen deswegen nicht § 850 ZPO (Rdn. 78).[211] Der Erstattungsanspruch gehört zur Insolvenzmasse, wenn der die Erstattungsforderung begründende Sachverhalt vor oder während des Insolvenzverfahrens verwirklicht wurde.[212] Maßgebend dafür ist nicht der Zeitpunkt der Vollentstehung des Rechts, sondern der Zeitpunkt, in dem nach insolvenzrechtlichen Grundsätzen der Rechtsgrund für den Anspruch gelegt worden ist. Dieser Rechtsgrund ist bereits mit der Abführung der Steuer und d.h. auch mit Leistung von Vorauszahlungen entstanden.[213] Wird der steuerliche Sachverhalt während des Insolvenzverfahrens verwirklicht, erfolgt die Erstattung aber erst nach dessen Aufhebung, ist eine vorbehaltene Nachtragsverteilung zulässig bzw. eine Nachtragsverteilung gem. § 203 Abs. 1 anzuordnen.[214] Liegt der steuerliche Sachverhalt teilweise außerhalb des Verfahrens, ist eine zeitanteilige Abrechnung vorzunehmen.[215] 94

---

204 LG Dortmund 23.03.2010, 9 T 106/10, NZI 2010, 581 (582).
205 BGH 04.10.2005, VII ZB 26/05, NZI 2006, 114.
206 BGH 18.05.2011, XII ZR 67/09, NZI 2011, 647 Rn. 20.
207 BGH 18.05.2011, XII ZR 67/09, NZI 2011, 647 Rn. 23 ff.
208 BGH 18.12.2008, IX ZB 197/07, NZI 2009, 327 Rn. 8.
209 BFH 06.02.1996, VII R 116/94, NJW-RR 1996, 799; 29.02.2000, VII R 109/98, NJW 2001, 462; BGH 12.12.2003, IXa ZB 115/03, BGHZ 157, 195 (197 ff.); 12.01.2006, IX ZB 239/04, NJW 2006, 1127 Rn. 13.
210 BFH 06.02.1996, VII R 116/94, NJW-RR 1996, 799 (800).
211 BGH 21.07.2005, IX ZR 115/04, BGHZ 163, 391 (393).
212 BGH 12.01.2006, IX ZB 239/04, NJW 2006, 1127 Rn. 13 ff.
213 BGH 12.01.2006, IX ZB 239/04, NJW 2006, 1127 Rn. 15 f.; BFH 28.02.2012, VII R 36/11, ZInsO 2012, 883 Rn. 10.
214 BGH 12.01.2006, IX ZB 239/04, NJW 2006, 1127 Rn. 11; BFH 28.02.2012, VII R 36/11, ZInsO 2012, 883 Rn. 12 f.
215 BFH 28.02.2012, VII R 36/11, ZInsO 2012, 883 Rn. 16.

f) Familienrechtliche Ansprüche

95 Als höchstpersönliche Rechte fallen Familienrechte nicht in die Insolvenzmasse, doch können aus ihnen erwachsene vermögensrechtliche Folgeansprüche massezugehörig sein, wenn sie pfändbar sind. Auf einer gesetzlichen Vorschrift beruhende **Unterhaltsansprüche**, etwa als Verwandtenunterhalt, §§ 1589, 1601, 1615a BGB, als Ehegattenunterhalt, § 1361 BGB, als Scheidungsunterhalt, §§ 1569 ff. BGB, als Unterhalt der Lebenspartner, §§ 5, 12 LPartG, oder früheren Lebenspartner, § 16 LPartG, als Unterhalt der nichtehelichen Mutter, § 1615l BGB, der werdenden Mutter eines Erben, § 1963 BGB, bzw. Nacherben, § 2141 BGB, i.R. Nachlassverbindlichkeit, § 1586b BGB, oder als Unterhalt der Familienangehörigen des Erblassers, § 1969 BGB, sind gem. § 850b Abs. 1 Nr. 2 ZPO bedingt pfändbar. Deswegen fallen sie eigentlich gem. § 36 Abs. 1 Satz 2 nicht in die Masse.[216] Für den parallelen Fall der gem. § 850b Abs. 1 Nr. 1 ZPO bedingt pfändbaren Ansprüche auf Berufsunfähigkeitsrenten besteht allerdings nach der Rspr. des BGH der Insolvenzbeschlag.[217]

96 Der Anspruch auf Zahlung eines **Prozesskostenvorschusses** nach § 1360a Abs. 4 BGB ist unabtretbar und unpfändbar und kann deswegen nicht zur Masse gezogen werden.[218] Auch der auf **Versorgungsausgleich** durch Begründung von Rentenanwartschaften ist wegen der sonst eintretenden Inhaltsänderung grds. unpfändbar und deswegen massefrei, es sei denn, die erhöhte Altersrente wäre pfändbar.[219]

97 Der mit der Beendigung des Güterstands entstehende Anspruch auf **Ausgleich des Zugewinns** gem. § 1378 Abs. 3 BGB ist nach § 852 Abs. 2 ZPO wie ein Pflichtteilsanspruch nur pfändbar, wenn er vertraglich anerkannt oder rechtshängig geworden ist.[220] Ein Pflichtteilsanspruch kann aber als aufschiebend bedingter Anspruch gepfändet werden,[221] weswegen auch ein bedingter Insolvenzbeschlag eintritt.[222] Entsprechendes wird auch für den Zugewinnausgleichsanspruch gelten. Ein im Verbundverfahren durch Stufenklage geltend gemachter, aber noch nicht entstandener Zugewinnausgleichsanspruch soll entgegen § 852 ZPO noch nicht pfändbar sein.[223]

g) Erbrechtliche Ansprüche

98 Ein **Erwerb** des Schuldners vor oder während des Insolvenzverfahrens aufgrund gesetzlicher, testamentarischer oder erbvertraglicher Erbfolge, also auch als Miterbe, Vorerbe oder Nacherbe, sowie der Erwerb aus Vermächtnis oder Pflichtteil fällt grds. in die Insolvenzmasse. Die Entscheidung über die Annahme oder Ausschlagung steht nach § 83 Abs. 1 Satz 1 dem Schuldner zu. Gleiches gilt für die Mitwirkung des vertraglich eingesetzten Erben an der Aufhebung seiner Erbeinsetzung, die deswegen nicht anfechtbar ist.[224] Bis zu dieser Entscheidung gehört das Vermögen nur vorläufig zur Insolvenzmasse,[225] unterliegt aber nicht dem Verwaltungs- und Verfügungsrecht des Insolvenzverwalters.[226] Erst mit der Annahme fällt die Erbschaft endgültig in die Masse. Ein Pflichtteils-

---

216 *Häsemeyer* Insolvenzrecht, Rn. 9.10.
217 BGH 03.12.2009, IX ZR 189/08, NZI 2010, 141 Rn. 10 ff. m.Anm. *Asmuß*; 15.07.2010, IX ZR 132/09, NZI 2010, 777.
218 BGH 15.05.1985, IV b ZR 33/84; NJW 85, 2263 (2264).
219 BGH 24.05.2007, IX ZR 142/05, NJW-RR 2007, 1553 Rn. 10.
220 OLG Jena 26.09.2012, 1 WF 345/12, ZInsO 2012, 2201.
221 BGH 08.07.1993, IX ZR 116/92, BGHZ 123, 183 (185).
222 BGH 18.12.2008, IX ZB 249/07, NZI 2009, 191 Rn. 14; 02.12.2010, IX ZB 184/09, NJW 2011, 1448 Rn. 8.
223 OLG Jena 26.09.2012, 1 WF 345/12, ZInsO 2012, 2201.
224 *BGH 20.12.2012, IX ZR 56/12, NZI 2013, 137 Rn. 9 ff.*
225 BGH 11.05.2006, IX ZR 42/05, BGHZ 167, 353 Rn. 10.
226 Uhlenbruck/*Uhlenbruck* § 83 Rn. 2.

anspruch kann als aufschiebend bedingter Anspruch gepfändet werden,[227] weswegen ein bedingter Insolvenzbeschlag eintritt.[228]

Bei einer **Testamentsvollstreckung** fällt der Nachlass mit dem Erbfall vorläufig, mit Annahme der Erbschaft endgültig in die Masse. Die Testamentsvollstreckung besteht allerdings auch während des Insolvenzverfahrens fort mit der Folge, dass die Verfügungsbeschränkung des Erben nach § 2211 BGB auch für den Insolvenzverwalter gilt, die Erbengläubiger keine Befriedigung aus den der Testamentsvollstreckung unterliegenden Gegenständen verlangen können, § 2214 BGB, und der Testamentsvollstrecker im Rahmen seiner Befugnisse den Nachlass verwalten und über Nachlassgegenstände verfügen kann. Erst nach Beendigung der Testamentsvollstreckung kann der Insolvenzverwalter den Nachlass verwerten.[229] Der unter Testamentsvollstreckung stehende Nachlass bildet eine Sondermasse (s. Rdn. 14).[230]

99

Für den **Zeitpunkt** des Vermögenserwerbs ist zwischen dem Erbfall und der Annahme der Erbschaft etc. zu unterscheiden. Maßgebend ist, ob der Erbfall vor oder während des Insolvenzverfahrens erfolgt ist. Macht der Schuldner einen während des Insolvenzverfahrens erworbenen Pflichtteilsanspruch erst nach Aufhebung des Verfahrens gerichtlich geltend, ist eine Nachtragsverteilung über das gesamte erworbene Vermögen durchzuführen. Im Fall eines anschließenden Restschuldbefreiungsverfahrens greift daher nicht der Halbteilungsgrundsatz aus § 295 Abs. 1 Nr. 2 ein.[231] Bei einem Vermächtnis gilt dies erst mit dessen Annahme.[232]

100

h) **Befreiung von einer Schuld**

Obwohl Schuldbefreiungsansprüche nur an den Drittgläubiger abgetreten werden können, § 399 Alt. 1 BGB, und deswegen gem. § 851 Abs. 1 ZPO unpfändbar sind, gehören sie zur Insolvenzmasse. Bei Eröffnung des Insolvenzverfahrens über das Vermögen des Befreiungsgläubigers wandelt sich der Befreiungsanspruch in einen in die Masse fallenden Zahlungsanspruch in Höhe der zu tilgenden Schuld um.[233]

101

i) **Unterlassungsansprüche**

Unterlassungsansprüche gehören zur Insolvenzmasse, wenn sie dem Schutz eines in die Masse fallenden Gegenstands dienen.[234]

102

j) **Sonstige Einzelfälle**

Beim **Nießbrauch** ist zwischen dem Stammrecht und der Ausübungsbefugnis zu unterscheiden. Wegen der Unveräußerlichkeit des Nießbrauchs, § 1059 Satz 1 BGB, die auch im Insolvenzverfahren Bestand hat, darf der Insolvenzverwalter den Nießbrauch nicht veräußern.[235] Das Ausübungsrecht ist aber nach § 1059 Satz 2 BGB übertragbar und deswegen gem. § 857 Abs. 3 ZPO pfändbar. Die Ausübungsbefugnis kann daher verwertet werden.[236]

103

---

227 BGH 08.07.1993, IX ZR 116/92, BGHZ 123, 183 (185).
228 BGH 18.12.2008, IX ZB 249/07, NZI 2009, 191 Rn. 14; 02.12.2010, IX ZB 184/09, NJW 2011, 1448 Rn. 8.
229 BGH 11.05.2006, IX ZR 42/05, BGHZ 167, 353 Rn. 12.
230 BGH 11.05.2006, IX ZR 42/05, BGHZ 167, 353 Rn. 23.
231 BGH 02.12.2010, IX ZB 184/09, NJW 2011, 1448 Rn. 9.
232 BGH 10.03.2011, IX ZB 168/09, NZI 2011, 329 Rn. 7.
233 BGH 07.06.2001, IX ZR 195/00, NJW-RR 2001, 1490 (1491).
234 Jaeger/*Henckel* Rn. 65; Kübler/Prütting/Bork/*Holzer* Rn. 89.
235 Vgl. Nerlich/Römermann/*Andres* Rn. 66.
236 BGH 12.01.2006, IX ZR 131/04, BGHZ 166, 1 Rn. 11.

104 Der Anspruch auf **Prozesskostenerstattung** gehört zur Insolvenzmasse, wenn der die Erstattungsforderung begründende Sachverhalt vor oder während des Insolvenzverfahrens verwirklicht wurde,[237] anders beim unterhaltsrechtlichen Prozesskostenvorschuss aus § 1360a Abs. 4 BGB (s. Rdn. 96).

105 Pfändbar sind aber die Ansprüche des Treugebers gegen den Treuhänder aus einem **Treuhandverhältnis**.[238] Gegenstände einer Sicherungstreuhand gehören in der Insolvenz des Treugebers zur Masse, doch ist der Gläubiger absonderungsberechtigt. Bei einer fremdnützigen Treuhand gehören die Gegenstände in der Insolvenz des Treuhänders nicht zur Masse.[239]

2. Anwartschaftsrechte

106 Anwartschaftsrechte gehören im Insolvenzverfahren über das Vermögen des Erwerbers zur Insolvenzmasse.[240] Ein wichtiges Beispiel aus dem Bereich des Mobiliarsachenrechts bildet das Anwartschaftsrecht des **Vorbehaltskäufers**. Der Kaufgegenstand wird dabei aufschiebend bedingt übereignet, §§ 929 Satz 1, 158 Abs. 1 BGB. Mit der vollständigen Kaufpreiszahlung erstarkt das Anwartschaftsrecht zum Vollrecht. Im Insolvenzverfahren über das Vermögen des Käufers steht dem Insolvenzverwalter das Erfüllungswahlrecht aus § 103 zu.[241]

107 Ein Anwartschaftsrecht auf den **Eigentumserwerb an einem Grundstück** entsteht, wenn der Veräußerer dem Erwerber das Grundstück aufgelassen hat und ein Antrag auf Eigentumsumschreibung beim Grundbuchamt gestellt ist.[242] Gleiches gilt, wenn zugunsten des Auflassungsempfängers eine Vormerkung im Grundbuch eingetragen ist, die nach den §§ 883 Abs. 2, 888 BGB Schutz vor einer anderweitigen Verfügung des Veräußerers gewährt.[243] Die Auflassungsanwartschaft ist nach den §§ 857 Abs. 1, 829 ZPO pfändbar[244] und deswegen massezugehörig.

3. Immaterialgüterrechte

a) Urheberrecht

108 Das Urheberrecht ist als solches nicht veräußerlich und deswegen nicht pfändbar, §§ 851, 857 ZPO. Die Ausübung des Verwertungsrechts kann der Urheber aber einer anderen Person überlassen, §§ 31 ff. UrhG. Wegen des persönlichkeitsrechtlichen Bezugs ist eine Zwangsvollstreckung in die **Nutzungsrechte** jedoch nur zulässig soweit der Urheber nach § 113 UrhG darin eingewilligt hat.[245] Das Nutzungsrecht fällt daher nur dann in die Masse, wenn der Urheber seine Einwilligung erteilt hat,[246] doch kann er auch nach Eröffnung des Insolvenzverfahrens einwilligen.[247] Übertragbar sind die Verwertungsrechte aus den §§ 15 ff. UrhG. Honoraransprüche und sonstige Geldforderungen des Urhebers fallen in die Masse,[248] doch können sie nach § 36 Abs. 1 Satz 2, Abs. 4 i.V.m. den §§ 850, 850c, 850i ZPO insolvenzfrei werden.

109 **Nicht massezugehörig** sind das Urheberpersönlichkeitsrecht, §§ 12 ff. UrhG, und der Erhöhungsanspruch aus § 32 Abs. 1 Satz 3 UrhG.[249] Originale, wie Manuskripte und nicht veröffentlichte

---

[237] BGH 01.02.2007, IX ZR 178/05, NZI 2007, 407 Rn. 10.
[238] BGH 22.04.2010, VII ZB 15/09, NJW 2010, 2346 Rn. 13.
[239] MüKo-InsO/*Peters* Rn. 116 ff.; Uhlenbruck/*Hirte* Rn. 26 ff.; HK-InsO/*Eickmann* 6. Aufl., Rn. 5; Braun/*Bäuerle* Rn. 22; HambK-InsR/*Lüdtke* Rn. 32.
[240] Jaeger/*Henckel* Rn. 85; HK-InsO/*Eickmann* 6. Aufl., Rn. 4; Nerlich/Römermann/*Andres* Rn. 32.
[241] Uhlenbruck/*Brinkmann* § 47 Rn. 18.
[242] BGH 01.12.1988, V ZB 10/88, NJW 1989, 1093 (1094).
[243] BGH 30.04.1982, V ZR 104/81, NJW 1982, 1639 (1640).
[244] BGH 18.12.1967, V ZB 6/67, BGHZ 49, 197 (203).
[245] PG/*Ahrens* § 857 Rn. 62.
[246] Jaeger/*Henckel* Rn. 44.
[247] Uhlenbruck/*Hirte* Rn. 248.
[248] MüKo-InsO/*Peters* Rn. 348.
[249] PG/*Ahrens* § 857 Rn. 62; Hk-ZV/*Koch* § 857 ZPO Rn. 26.

Werke der bildenden Kunst, sind nach § 114 Abs. 1 Satz 2 UrhG nur mit Einwilligung des Urhebers pfändbar und dann massezugehörig.[250] Ausnahmen gelten nach § 114 Abs. 2 UrhG insb. für Werke der Baukunst.

Für die **Softwareentwicklung** entsteht gem. § 69a UrhG ein Urheberrecht, auf das grds. das Einwilligungserfordernis aus § 113 UrhG anwendbar ist. Dieses Erfordernis soll jedoch entfallen, sobald der Urheber seine Verwertungsabsicht kundgetan hat.[251] Bei **Filmwerken** gelten für ein vorbestehendes Werk, wie eine Romanvorlage, die allgemeinen Regeln.[252] In der Insolvenz des Filmherstellers fallen sein Schutzrecht, § 94 UrhG, und sein Verwertungsrecht, § 88 UrhG, in die Insolvenzmasse. Einer besonderen Einwilligung bedarf es dazu nicht.[253] 110

b) Patentrechte

Das **Recht auf das Patent**, § 6 PatG, der Anspruch **auf Erteilung** des Patents, § 7 PatG, und das Recht **aus dem Patent**, § 9 PatG, sind nach § 15 Abs. 1 Satz 2 PatG übertragbar und damit gem. § 851 Abs. 1 pfändbar[254] sowie Massebestandteil. Beim Recht auf ein Patent sind persönlichkeits- und vermögensrechtliche Elemente zu unterscheiden. Vor der Anmeldung ist das Recht auf ein Patent massezugehörig, wenn der Erfinder die Absicht kundgetan hat, die Erfindung wirtschaftlich zu verwerten.[255] Der Insolvenzverwalter ist befugt, die Rechte zu übertragen, auszuüben oder Lizenzen zu erteilen.[256] 111

Nimmt der Arbeitgeber eine **Arbeitnehmererfindung** in Anspruch, gehen damit alle vermögenswerten Rechte auf ihn über, § 7 Abs. 1 ArbnErfG, und sind deswegen Massebestandteil.[257] Wird die Erfindung mit dem Unternehmen veräußert, tritt der Erwerber in die Vergütungspflicht des Arbeitgebers ein, § 27 Nr. 1 ArbnErfG. Verwertet der Insolvenzverwalter die Erfindung im Unternehmen des Schuldners, so hat er dem Arbeitnehmer eine angemessene Vergütung für die Verwertung aus der Insolvenzmasse zu zahlen, § 27 Nr. 2 ArbnErfG. In allen anderen Fällen hat der Insolvenzverwalter dem Arbeitnehmer die Erfindung sowie darauf bezogene Schutzrechtspositionen spätestens nach Ablauf eines Jahres nach Eröffnung des Insolvenzverfahrens zum Erwerb anzubieten, § 27 Nr. 3 ArbnErfG. Im Übrigen kann der Arbeitnehmer seine Vergütungsansprüche nach den §§ 9 bis 12 nur als Insolvenzgläubiger geltend machen, § 27 Nr. 4 ArbnErfG. 112

c) Geschmacksmuster

Das Recht am Geschmacksmuster, § 30 Abs. 1 Nr. 2 GeschmMG, das durch die Anmeldung begründete Recht, § 32 GeschmMG, und das Recht an einem offenbarten Muster vor der Anmeldung, § 5 GeschmMG, können gepfändet werden. Entsprechendes gilt für Gebrauchsmuster, § 22 Abs. 1 Satz 2 GebrMG.[258] Diese Rechte gehören deswegen zur Insolvenzmasse.[259] Das Anwartschaftsrecht fällt in die Masse, wenn der Gestalter das Werk in das Musterrechtsregister eintragen und einer gewerblichen Nutzung zuführen wollte.[260] Genießt der Urheber zugleich Urheberrechtsschutz nach § 2 UrhG, gelten zusätzlich die urheberrechtlichen Anforderungen der §§ 112 ff. UrhG (s. Rdn. 108 ff.).[261] 113

---

250 Jaeger/*Henckel* Rn. 45; Kübler/Prütting/Bork/*Holzer* Rn. 59; Nerlich/Römermann/*Andres* Rn. 30.
251 Stein/Jonas/*Brehm* § 857 Rn. 23.
252 Jaeger/*Henckel* Rn. 53; ausführlich *Schwabe* Filmlizenzen in der Insolvenz, 2006, S. 70 ff.
253 Uhlenbruck/*Hirte* Rn. 251.
254 BGH 24.03.1994, X ZR 108/91, BGHZ 125, 334 (337); PG/*Ahrens* § 857 Rn. 63.
255 BGH 25.01.1955, I ZR 15/53, BGHZ 16, 172 (175).
256 Jaeger/*Henckel* Rn. 61; MüKo-InsO/*Peters* Rn. 300.
257 Uhlenbruck/*Hirte* Rn. 240.
258 PG/*Ahrens* § 857 Rn. 65.
259 Jaeger/*Henckel* Rn. 56.
260 BGH 02.04.1998, IX ZR 232/96, NJW-RR 1998, 1057 (1058).
261 Uhlenbruck/*Hirte* Rn. 247.

d) Marken

114 Die durch Eintragung, Benutzung oder notorische Bekanntheit, §§ 4, 29 Abs. 1 Nr. 2 MarkenG, sowie die durch Anmeldung, § 31 MarkenG, begründeten Rechte können gepfändet werden.[262] Diese Rechte gehören zur Insolvenzmasse und werden vom Insolvenzverwalter ausgeübt, § 29 Abs. 3 MarkenG.[263]

e) Lizenzen

115 Einfache Lizenzen sind nicht übertragbar und fallen nicht in die Insolvenzmasse.[264] Ausschließliche Insolvenzen sind übertragbar, pfändbar und deswegen in der Insolvenz des Lizenznehmers massezugehörig.[265] Der Lizenzvertrag wird entsprechend der Rechtspacht als Dauernutzungsvertrag i.S.d. §§ 108, 112 eingeordnet. Für den Insolvenzverwalter jedes Beteiligten besteht ein Wahlrecht nach § 103, falls der Vertrag im Zeitpunkt der Insolvenzeröffnung beiderseits noch nicht vollständig erfüllt war.[266] In § 108a i.d.F. des Referentenentwurfs eines Gesetzes zur Verkürzung des Restschuldbefreiungsverfahrens, zur Stärkung der Gläubigerrechte und zur Insolvenzfestigkeit von Lizenzen vom 18.01.2012 ist geplant, die Lizenzen in der Insolvenz des Lizenzgebers insolvenzfester auszugestalten.

116 Lizenzen zur **Teilnahme am Spielbetrieb** eines insolventen Sportverbandes insb. aus dem Profisportbereich können übertragbar und damit pfändbar sein.[267] Wenn auch aus sonstigen Gründen die Spielberechtigung nicht erlischt, gehört sie zur Insolvenzmasse.[268]

4. Insolvenzanfechtung und Rückschlagsperre

117 In die Masse fallen auch die Rückgewähransprüche aus § 143 wegen einer Insolvenzanfechtung.[269] Die Rückschlagsperre aus § 88 bewirkt eine absolute schwebende Unwirksamkeit,[270] weswegen der davon betroffene Gegenstand zur Insolvenzmasse gehört.

5. Sonstige Rechte

118 Eine **Internetdomain** stellt als solche kein anderes Vermögensrecht i.S.v. § 857 Abs. 1 ZPO dar. Gegenstand einer zulässigen Pfändung nach § 857 Abs. 1 ZPO ist vielmehr die Gesamtheit der schuldrechtlichen Ansprüche, die dem Inhaber der Domain gegenüber der Vergabestelle DENIC eG aus dem der Domainregistrierung zugrunde liegenden Vertragsverhältnis zustehen.[271] Diese Rechte können in die Insolvenzmasse fallen.[272] Eine Massezugehörigkeit kann analog § 811 Nr. 5 ZPO ausgeschlossen sein, wenn die Domain zur Fortsetzung der Erwerbstätigkeit des Schuldners erforderlich ist. Dazu muss sie sich im Rechtsverkehr bereits durchgesetzt haben und sie darf nicht mehr ohne Weiteres ausgetauscht werden können.[273] Die Rechtsposition als Halter eines Kfz gehört nach der Rechtsprechung des BFH grds. zur Insolvenzmasse, weswegen die nach der Insolvenzeröffnung entstandene Kfz-Steuer als Masseverbindlichkeit geschuldet wird.[274] Eine Ausnahme gilt für unpfändbare Pkw.[275]

---

262 PG/*Ahrens* § 857 Rn. 66.
263 MüKo-InsO/*Peters* Rn. 369.
264 Jaeger/*Henckel* Rn. 62.
265 Uhlenbruck/*Hirte* Rn. 254.
266 BGH 17.11.2005, IX ZR 162/04, NJW 2006, 915 Rn. 21.
267 BGH 22.03.2001, IX ZR 373/98, NZI 2001, 360 (361).
268 Jaeger/*Henckel* Rn. 63.
269 HambK-InsR/*Lüdtke* Rn. 172.
270 BGH 19.01.2006, IX ZR 232/04, BGHZ 166, 74 Rn. 10 ff.
271 BGH 05.07.2005, VII ZB 5/05, NJW 2005, 3353.
272 FK-InsO/*Schumacher* Rn. 5; Kübler/Prütting/Bork/*Holzer* Rn. 76a.
273 Vgl. PG/*Ahrens* § 857 Rn. 67.
274 BFH 29.08.2007, IX R 4/07, NZI 2008, 59 (60).
275 FG Saarland 04.05.2010, 1 K 1195/08, NZI 2011, 912 (913).

D. Neuerwerb

I. Grundlagen

Als substanzielle Umorientierung gegenüber der Insolvenzordnung zieht § 35 Abs. 1 mit dem während des Insolvenzverfahrens erworbenen Vermögen auch den Neuerwerb zur Insolvenzmasse. Der Grund für diesen **dynamischen Massebegriff** ist in einem zukunftsoffenen Reorganisations-, Sanierungs- und Schuldbefreiungsmodell zu sehen (s. Rdn. 6).[276] Während für die Verfahrensbeteiligung auf die Eröffnung des Insolvenzverfahrens abgestellt wird, entscheidet über die aus der Beteiligung resultierenden Rechte das Verfahrensende.[277] Für die Insolvenzgläubiger resultiert daraus eine zufriedenstellende Situation, denn mit einem Zugriff auf das zukünftige Vermögen sollen die bis zur Insolvenzeröffnung entstandenen Verbindlichkeiten befriedigt werden können.

Benachteiligt werden aber die **Neugläubiger**, denen während des Insolvenzverfahrens eine Durchsetzung ihrer Ansprüche nahezu verwehrt ist, Ausnahme § 89 Abs. 2 Satz 2, weil dem Schuldner allein unpfändbares Vermögen verbleibt.[278] Zu legitimieren ist dieser Rechtsverlust der Neugläubiger allein durch eine absehbare und nachhaltige Sanierung bzw. Entschuldung des Schuldners nach der sie nicht mehr in einer Zugriffskonkurrenz mit den Insolvenzgläubigern stehen. Dieses Ausgleichssystem eines vorübergehend vereitelten Zugriffs zugunsten verbesserter künftiger Chancen ist jedoch nicht angemessen justiert. Im Bereich der Unternehmenssanierung ist eine gewisse Steuerung durch die Marktteilnehmer zu erreichen.

Ein solcher Marktmechanismus fehlt weitgehend im Insolvenzrecht natürlicher Personen. Hat der Schuldner eine **Restschuldbefreiung** beantragt, ist sein Einkommen und Vermögen langfristig den Insolvenzgläubigern zugewiesen. Einerseits bleibt bis zum Abschluss des Restschuldbefreiungsverfahrens den Neugläubigern nur ein schmales Segment bestehend aus dem hälftigen Vermögenserwerb von Todes wegen, vgl. § 295 Abs. 1 Nr. 2, dem Motivationsrabatt aus § 292 Abs. 1 Satz 4, dem nicht nach § 295 Abs. 2 abzuführenden pfändbaren Erwerb aus selbständiger Tätigkeit sowie dem sonstigen Erwerb, etwa aus einem eher hypothetischen Lottogewinn. Zudem können die gestundeten Kosten noch vier Jahre nach Erteilung der Restschuldbefreiung und die nach § 302 von der Restschuldbefreiung ausgenommenen Verbindlichkeiten uneingeschränkt geltend gemacht werden. Wird die Restschuldbefreiung versagt oder widerrufen, verlieren die Neugläubiger andererseits ihre verbesserten Zugriffschancen. Verschärfte Versagungsregeln und zusätzlich von der Restschuldbefreiung ausgenommene Verbindlichkeiten beeinträchtigen zusätzlich die Befriedigungsaussichten der Neugläubiger und verschärfen weiter deren Rechtsverlust.

II. Abgrenzung

Als Neuerwerb gehört das während des Insolvenzverfahrens, also das bis zu einer Aufhebung oder Einstellung erworbene pfändbare Vermögen zur Insolvenzmasse. Die bei **gestreckten Erwerbsvorgängen** früher häufig bedeutsame Frage, ob der Rechtserwerb bei Eröffnung vollendet war, ist dadurch in dieser Form weitgehend bedeutungslos geworden. In veränderter Gestalt scheint sie allerdings am Verfahrensende wieder auf. Maßgebend ist, ob der Erwerbsgrund vor der Aufhebung oder der Einstellung des Verfahrens soweit verwirklicht wurde, dass das betroffene Recht als Vermögensbestandteil angesehen werden kann. Dafür genügt, dass ein obligatorisches Schuldverhältnis mit Wirkung für und gegen das Schuldnervermögen begründet ist.[279] Für den Zeitpunkt des Vermögenserwerbs ist gem. § 1922 Abs. 1 BGB vom Todesfall auszugehen.[280] Wird ein während des

---

276 Uhlenbruck/*Hirte* Rn. 12.
277 Uhlenbruck/*Hirte* Rn. 112.
278 Jaeger/*Henckel* Rn. 121; Kübler/Prütting/Bork/*Holzer* Rn. 36 ff.; *Häsemeyer* Insolvenzrecht, Rn. 9.02.
279 *Häsemeyer* Insolvenzrecht, Rn. 9.21 f.
280 BGH 18.12.2008, IX ZB 249/07, NZI 2009, 191 Rn. 14; 02.12.2010, IX ZB 184/09, NJW 2011, 1448 Rn. 8.

§ 35 InsO Begriff der Insolvenzmasse

Insolvenzverfahrens entstandener Pflichtteilsanspruch erst nach Aufhebung des Insolvenzverfahrens anerkannt oder rechtshängig gemacht, unterliegt er der Nachtragsverteilung.[281]

123 Zur Masse, aber **nicht zum Neuerwerb**, gehören Nutzungen, Früchte und Zinsen aus massezugehörigen Rechten. Keinen Neuerwerb stellen auch die Massesurrogate dar (s. dazu Rdn. 22). Erwirbt der Schuldner aus seinem unpfändbaren Vermögen einen an sich pfändbaren Gegenstand, ist es fraglich, ob der als Neuerwerb in die Masse fällt. Hier wird eine differenzierende Behandlung geboten sein.

III. Insolvenz natürlicher Personen

124 Ein Schwerpunkt des Neuerwerbs liegt im Insolvenzverfahren natürlicher Personen, unabhängig davon ob es sich um ein Verbraucherinsolvenzverfahren oder um ein nach den allgemeinen Vorschriften durchgeführtes Insolvenzverfahren handelt. Um seinen Lebensunterhalt bestreiten zu können, benötigt der Schuldner ein **Erwerbs- oder Erwerbsersatzeinkommen**. Zum Erwerbseinkommen sind die Einkünfte aus nicht selbständiger und aus selbständiger Tätigkeit zu zählen. Zwischen beiden Einkunftsarten besteht aus dem Blickwinkel der Masse ein substanzieller Unterschied. Das unpfändbare Einkommen aus abhängiger Arbeit ist von vornherein massefrei, weswegen der Insolvenzverwalter oder Treuhänder darauf in keinem Fall zugreifen kann. Demgegenüber fällt das Einkommen aus selbständiger Tätigkeit insgesamt in die Masse und der Schuldner kann nur darauf zugreifen, soweit ihm aufgrund eines Antrags nach § 36 Abs. 1 Satz 2, Abs. 4 i.V.m. § 850i ZPO Einkommen für seinen Lebensunterhalt oder betriebliche Zwecke belassen wird.[282] Behält der Schuldner dennoch die Einnahmen, schuldet er die Herausgabe aus ungerechtfertigter Bereicherung. Der Entreicherungseinwand aus § 818 Abs. 3 BGB muss nicht durch § 819 Abs. 1 BGB ausgeschlossen sein, wenn der Insolvenzverwalter weder den Geschäftsbetrieb übernimmt noch überwacht oder Zahlung an sich verlangt.[283] Einen Einziehungsprozess gegen den Arbeitgeber des Schuldners muss der Insolvenzverwalter vor dem ArbG führen.[284]

125 Als **sonstiger Neuerwerb** kommt etwa der Vermögenserwerb von Todes wegen (s. Rdn. 98 ff.) oder aus familienrechtlichen Ansprüchen (s. Rdn. 95 ff.) in Betracht. Überaus selten, wenn auch nicht auszuschließen, wie ein praktisches Beispiel belegt, ist ein Lottogewinn.[285] Daran ändert sich auch dann nichts, wenn der Lotteriegewinn aus unpfändbaren Mitteln ermöglicht wurde. Deliktische Ansprüche können als Neuerwerb in die Masse fallen, wenn sie nicht unpfändbar sind.[286]

126 An zwei Punkten führt ein **fortwährend generierter Neuerwerb** zu systematischen Schwierigkeiten. Eine erste Fallgruppe ist unter dem Schlagwort des perpetuierten Insolvenzverfahrens thematisiert worden.[287] Diesen Konflikt hat der Gesetzgeber durch die Neufassung von § 196 Abs. 1 InsO entschärft. Danach muss die Schlussverteilung erfolgen, sobald die Insolvenzmasse mit Ausnahme des laufenden Einkommens beendet ist.

127 Die zweite Fallgruppe betrifft die sog. **asymmetrischen Verfahren**,[288] in denen die sechsjährige Laufzeit der Abtretungserklärung gem. § 287 Abs. 2 Satz 1 endet, bevor das Insolvenzverfahren aufgehoben ist. Zu entscheiden ist, ob und ggf. inwieweit der Neuerwerb nach Ablauf dieser Frist in die Insolvenzmasse fällt. Wie der BGH in seiner grundlegenden Entscheidung vom 03.12.2009 geklärt hat, endet für den wichtigsten Bereich des Neuerwerbs aus Erwerbs- und Erwerbsersatzeinkommen die Massezugehörigkeit mit dem Ende der Abtretungsfrist.[289] Bis zur rechtskräftigen Erteilung der

---

281 BGH 02.12.2010, IX ZB 184/09, NJW 2011, 1448 Rn. 9.
282 BGH 20.03.2003, IX ZB 388/02, NJW 2003, 2167 (2170).
283 OLG Koblenz 14.10.2011, 10 U 1394/10, NZI 2012, 88 (89 f.).
284 LG Göttingen 30.08.2011, 4 O 90/11, ZInsO 2011, 2087 (2088).
285 AG Göttingen 08.09.2011, 74 IN 235/09, NZI 2012, 32.
286 HK-InsO/*Eickmann* 6. Aufl., Rn. 39; Braun/*Bäuerle* Rn. 43.
287 *AG Düsseldorf 28.05.2001*, 502 IK 72/99, ZInsO 2001, 572; LSZ/*Smid*/*Leonhardt* Rn. 4.
288 *Ahrens* FS Görg, S. 1.
289 BGH 03.12.2009, IX ZB 247/08, BGHZ 183, 258 Rn. 31 ff.

Restschuldbefreiung muss der Insolvenzverwalter weiterhin den Neuerwerb einziehen. Wird die Restschuldbefreiung erteilt, muss er ihn an den Schuldner auskehren.[290] Bei sonstigem Neuerwerb ist darauf abzustellen, ob der Erwerbsgrund vor Fristablauf bereits hinreichend verwirklicht war, was bei Anfechtungsprozessen, Haftungsansprüchen gegen den Verwalter oder langwierigen Immobilienverwertungen bejaht werden kann. Zu verneinen ist dies bei einem Erbfall nach Fristablauf.[291]

IV. Unternehmensinsolvenz

Im Insolvenzverfahren über das Vermögen juristischer Personen und von Gesellschaften ohne Rechtspersönlichkeit kann Neuerwerb vor allem aus einer Betriebsfortführung resultieren. Bei der Einbeziehung des Neuerwerbs in die Masse kollidieren die Befriedigungsinteressen der Insolvenzgläubiger mit möglichen Sanierungsinteressen.[292] **128**

E. Selbständige Tätigkeit in der Insolvenz, § 35 Abs. 2, 3

I. Grundlagen

Als Konsequenz der grundrechtlich geschützten **Berufsfreiheit** kann der Schuldner auch während des Insolvenzverfahrens eine selbständige Erwerbstätigkeit ausüben. Der Verwalter ist nicht befugt, dem Schuldner diese Tätigkeit zu untersagen. Zudem soll der Schuldner durch das Insolvenzverfahren in das Wirtschaftsgeschehen reintegriert werden. Für die Insolvenzmasse resultieren aus einer selbständigen Erwerbstätigkeit des Schuldners Gefahren, weil daraus Masseverbindlichkeiten entstehen können. Deswegen ermöglicht § 35 Abs. 2, dem Insolvenzverwalter und den Gläubigerorganen darüber zu entscheiden, ob das Vermögen aus der selbständigen Erwerbstätigkeit zur Insolvenzmasse oder nicht dazugehören soll. Diese Entscheidungsmöglichkeiten dienen der Massemehrung und -sicherung und damit auch dem Masseschutz. Der Insolvenzverwalter soll eine für die Masse verlustbringende Tätigkeit ausscheiden können, wobei der Schuldner zur Leistung entsprechend den §§ 35 Abs. 2 Satz 2, 295 Abs. 2 verpflichtet ist. Ist die Tätigkeit ertragreich, soll der Verwalter sie für die Masse fortführen können. Der Neuerwerb fällt dann insgesamt in die Masse, weswegen der Schuldner eine Freigabe unpfändbarer Beträge entsprechend § 36 Abs. 1 Satz 2 InsO, § 850i ZPO beantragen kann.[293] Andere Gestaltungen sind unzulässig. Zieht der Insolvenzverwalter das Vermögen aus selbständiger Tätigkeit zur Masse, ist der Schuldner nicht zu Leistungen entsprechend § 295 Abs. 2 verpflichtet. Scheidet der Verwalter das Vermögen aus selbständiger Tätigkeit aus der Masse aus, ist der Schuldner nicht zur Abführung der pfändbaren Einkünfte verpflichtet. Vorausverfügungen sind unwirksam, soweit sie sich auf Ansprüche beziehen, die nach Eröffnung des Insolvenzverfahrens entstanden sind.[294] Den Schutz von Zessionaren, denen über eine Vorausabtretung Forderungen des Schuldners aus der Zeit nach Verfahrenseröffnung abgetreten sind, bezweckt die Regelung nicht.[295] **129**

Von den beiden Handlungsalternativen aus § 35 Abs. 2 ist die **Unternehmensfortführung** zu unterscheiden. Bei dieser werden die Geschäfte nicht durch den Schuldner, sondern durch den Verwalter getätigt. Sie bleibt jenseits des Anwendungsbereichs von § 35 Abs. 2 zulässig.[296] **130**

---

290 BGH 03.12.2009, IX ZB 247/08, BGHZ 183, 258 Rn. 38 f.
291 *Ahrens* FS Görg, S. 1, 5 f.
292 Uhlenbruck/*Hirte* Rn. 122.
293 BGH 20.03.2003, IX ZB 388/02, NJW 2003, 2167 (2170); 19.05.2011, IX ZB 94/09, ZInsO 2011, 1412 Rn. 4.
294 BGH 11.05.2006, IX ZR 247/03, BGHZ 167, 363 Rn. 5 ff.
295 BGH 18.02.2010, IX ZR 61/09, NZI 2010, 343 Rn. 2.
296 HambK-InsR/*Lüdtke* Rn. 245.

II. Anwendungsbereich

1. Voraussetzungen

131 Die Erklärungen nach § 35 Abs. 2 dürfen sich allein auf die selbständige Tätigkeit einer **natürlichen Person** beziehen.[297] Unschädlich ist, wenn die kapitalistische Produktionsweise den Einsatz der persönlichen Arbeitsleistung des Schuldners überwiegt. Unzulässig ist dagegen eine Erklärung nach § 35 Abs. 2 für eine juristische Person oder ein anderes insolvenzfähiges Unternehmen, selbst wenn der Schuldner der Inhaber ist.[298]

132 Der Schuldner muss eine **selbständige Tätigkeit** ausüben. In Betracht kommt sowohl eine im eröffneten Insolvenzverfahren aufgenommene als auch eine erst künftig beabsichtigte selbständige Tätigkeit. Möglich ist ebenso eine vor der Insolvenz ausgeübte selbständige Erwerbstätigkeit und zwar auch dann, wenn sie zum Insolvenzgrund geführt hat. Der Schuldner muss die nicht abhängige Erwerbstätigkeit selbst, also nicht durch den Insolvenzverwalter ausüben. Unerheblich ist, ob die selbständige Tätigkeit ausschließlich, hauptsächlich oder nachrangig neben anderen Erwerbsformen ausgeübt wird. In Betracht kommt eine Tätigkeit als Gewerbetreibender, Freiberufler oder sonstiger Einzelunternehmer.[299] Es genügt auch eine beabsichtigte Tätigkeit, doch sind konkretisierte Schritte bereits deswegen nicht erforderlich, weil vor Beginn der Tätigkeit keine ihr gewidmeten massefreien Gegenstände erworben werden könnten. Die erforderliche Konkretisierung erfolgt durch die demnächst zu beabsichtigende Tätigkeit. Der Schuldner wird im Rahmen der erforderlichen Klärung den Insolvenzverwalter von der Ernsthaftigkeit seiner Absicht überzeugen müssen. Die Erklärungen können ebenso mehrere selbständige Erwerbstätigkeiten erfassen. Selbst eine Tätigkeit als arbeitnehmerähnliche Person fällt wegen des maßgebenden wirtschaftlichen Risikos in den Anwendungsbereich von § 35 Abs. 2. Auf eine nicht selbständige Tätigkeit kann sich die Erklärung dagegen nicht beziehen.

133 Die Erklärung erfolgt durch den **Insolvenzverwalter** bzw. Treuhänder.[300] Weder der vorläufige Insolvenzverwalter noch der Gutachter sind dazu berechtigt.[301] Begrifflich folgt dies aus der eindeutigen gesetzlichen Terminologie. Systematisch knüpft die Regelung an die Rechtsbeschränkung des Schuldners im Insolvenzverfahren und den Zusammenhang mit der Insolvenzmasse an. Sie kommt deswegen nur im **eröffneten Insolvenzverfahren** in Betracht, denn zuvor fehlt ein zu modifizierender Eingriff in den Autonomiebereich des Schuldners. Zudem könnte der Korrekturmechanismus durch die Gläubigerorgane gem. Abs. 2 Satz 3 im Eröffnungsverfahren noch nicht greifen. Unerheblich ist, ob es sich um ein allgemeines oder ein Verbraucherinsolvenzverfahren handelt. Im Rahmen einer **Eigenverwaltung** ist § 35 Abs. 2 unanwendbar. Es existiert dann kein Insolvenzverwalter, der die Rechte ausüben könnte. Vor allem gilt dies aber, weil die Eigenverwaltung ein Sanierungsinstrument ist, in dem keine dem Insolvenzverfahren vergleichbaren Einschränkungen der Schuldnerrechte existieren. Zudem kann die Eigenverwaltung nach Maßgabe von § 272 aufgehoben werden. Mit **Aufhebung des Insolvenzverfahrens** endet das Erklärungsrecht des Insolvenzverwalters. Im Restschuldbefreiungsverfahren ist eine Erklärung ausgeschlossen, denn sie wäre dort gegenstandslos.[302]

2. Gewerbe- und berufsrechtliche Erfordernisse

134 In erster Linie kommen selbständige **gewerbliche oder freiberufliche Tätigkeiten** in Betracht. Nach überwiegender Ansicht fällt auch die Praxis eines Freiberuflers als veräußerlicher Vermögensgegen-

---

[297] FK-InsO/*Schumacher* Rn. 17; Kübler/Prütting/Bork/*Holzer* Rn. 107; *Berger* ZInsO 2008, 1101 (1104).
[298] *Ahrens* NZI 2007, 622 (624).
[299] Karsten Schmidt/*Büteröwe* Rn. 49.
[300] *Wischemeyer* ZInsO 2009, 2121 (2122).
[301] *Ahrens* NZI 2007, 622 (623); *Berger* ZInsO 2008, 1101 (1104); *Hergenröder* DZWIR 13, 251, 261.
[302] BGH 13.06.2013, IX ZB 38/10, ZInsO 2013, 1586 Rn. 14.

stand in die Masse.³⁰³ Selbst wenn der Insolvenzverwalter über die erforderliche berufliche Qualifikation verfügen sollte, ist eine Fortführung der Praxis durch ihn ausgeschlossen, da dies seinem Amt und der erforderlichen Unabhängigkeit widerspräche. Zudem sind die Vertragsverhältnisse gem. den §§ 115, 116 erloschen und müssten neu begründet werden.³⁰⁴

Schranken für eine selbständige Tätigkeit des Schuldners in der Insolvenz ziehen die gewerbe- und berufsrechtlichen Regelungen, doch ergibt sich dabei ein sehr uneinheitliches Bild. Schwierigkeiten treten auf, weil die berufsregelnden Gesetze unzureichend mit der Insolvenzordnung abgestimmt sind³⁰⁵ und zwischen ihnen manche, nicht zuletzt durch die Rechtsprechung bedingte, Unterschiede bestehen. Vor allem aber besteht eine gravierende Diskrepanz zwischen der nach § 12 GewO eröffneten Möglichkeit zur Fortführung eines Gewerbes in der Insolvenz gegenüber der dann nach der Rechtspraxis nahezu ausgeschlossenen Fortsetzung einer freiberuflichen Tätigkeit. Dieser Unterschied kann nicht allein durch den stärkeren Vermögensbezug und die Vertrauensstellung erklärt werden und berührt das verfassungsrechtliche Gleichbehandlungsgebot. 135

Die **Untersagung eines** selbständig ausgeübten **Gewerbes** kann nach § 35 Abs. 1 Satz 1, 2 GewO erfolgen, wenn die mangelnde wirtschaftliche Leistungsfähigkeit des Schuldners im Einzelfall zu einer Unzuverlässigkeit als Gewerbetreibender führt. Entscheidungserheblicher Zeitpunkt, um die Sach- und Rechtslage zu prognostizieren, also die Unzuverlässigkeit zu beurteilen, ist der Zeitpunkt der letzten Behördenentscheidung. Erst im Laufe des gerichtlichen Verfahrens eventuell eingetretene wirtschaftliche Verbesserungen sind im Verfahren nach § 35 Abs. 1 GewO nicht zu berücksichtigen.³⁰⁶ 136

Eine **Schranke der Untersagungsmöglichkeit** während des Insolvenzverfahrens schafft § 12 GewO. Für das von dem Schuldner zur Zeit des Antrags auf Eröffnung des Insolvenzverfahrens ausgeübte Gewerbe ist die gewerberechtliche Untersagungsmöglichkeit oder die Rücknahme bzw. der Widerruf einer Zulassung wegen Unzuverlässigkeit des Gewerbetreibenden, die auf ungeordnete Vermögensverhältnisse zurückzuführen ist, während eines Insolvenzverfahrens nach § 12 Satz 1 GewO ausgeschlossen. Der Schutz aus § 12 Satz 1 GewO greift auch dann ein, wenn das Gewerbe durch eine bestandskräftige Verfügung untersagt, aber noch geduldet wird.³⁰⁷ Eine rechtmäßige Gewerbeuntersagung wird durch die Eröffnung des Insolvenzverfahrens nicht rechtswidrig, doch darf währenddessen die Gewerbeuntersagung nicht vollzogen werden.³⁰⁸ Die Sperre endet grds. mit Aufhebung des Insolvenzverfahrens.³⁰⁹ Wie bei der Erfüllung eines Insolvenzplans muss auch während der Treuhandperiode des Restschuldbefreiungsverfahrens die Sperre fortwirken. 136a

Das Verhältnis zwischen der im Insolvenzverfahren gesperrten Gewerbeuntersagung und der nach einer **Negativerklärung** des Insolvenzverwalters gem. § 35 Abs. 2 ausgeübten selbständigen gewerblichen Tätigkeit regelt die neue Bestimmung des § 12 Satz 2 GewO. Für eine Gewerbeuntersagung nach der Erklärung des Insolvenzverwalters resultieren daraus mehrere Konsequenzen. Zunächst kann die Untersagung nicht auf Tatsachen gestützt werden, die zur Eröffnung des Insolvenzverfahrens geführt haben oder die während der Laufzeit des Insolvenzverfahrens bis zur Negativerklärung eingetreten sind.³¹⁰ Schon bislang war davon auszugehen, dass nach dem Sinn von § 12 Satz 1 GewO die mit der Insolvenz im Zusammenhang stehenden Tatsachen, wie die rückständige Erfüllung von 136b

---

303 Jaeger/*Henckel* Rn. 14; *Schildt* Die Insolvenz des Freiberuflers, 2006, 19 ff.; HambK-InsR/*Lüdtke* Rn. 102; FK-InsO/*Schumacher* Rn. 5; Braun/*Bäuerle* Rn. 46 ff.; Nerlich/Römermann/*Andres* Rn. 73; einschränkend *Häsemeyer* Insolvenzrecht, Rn. 9.09; HK-InsO/*Eickmann* 6. Aufl., Rn. 28.
304 HambK-InsR/*Lüdtke* Rn. 104.
305 Jaeger/*Henckel* Rn. 17.
306 BVerwG 02.02.1982, 1 C 146/80, NVwZ 1982, 503 (504).
307 OVG Münster 19.05.2011, 4 B 1707/10, NVwZ-RR 2011, 813.
308 OVG Münster 12.04.2011, 4 A 1449/08, ZVI 2011, 382 (386).
309 VG Gießen 25.04.2013, 8 K 290/12.GI, BeckRS 2013, 51283.
310 BT-Drucks. 17/10961 S. 11.

§ 35 InsO   Begriff der Insolvenzmasse

Abgaben, nach einer Negativerklärung nicht zu einer Untersagung führen dürfen.[311] Nach der Negativerklärung eingetretene neue Tatsachen können aber, wie § 12 Satz 2 jetzt klarstellt, eine Gewerbeuntersagung rechtfertigen. Dies entspricht der umstrittenen, aber zutreffenden früheren Praxis.[312]

137 Die berufsrechtlichen Regelungen der freien Berufe enthalten keine § 12 GewO vergleichbare Vorschrift und eine analoge Anwendung ist jedenfalls für saarländische **Architekten** abgelehnt worden.[313] Dies wird zu verallgemeinern sein.[314] Die Abweisung eines Eröffnungsantrags mangels Masse[315] bzw. die Eröffnung eines Insolvenzverfahrens über das Vermögen eines Architekten kann zur Löschung aus der Architektenliste führen.[316] Spätestens mit einer Restschuldbefreiung entfällt eine abstrakte Gefährdung der Berufspflichten infolge Vermögensverfalls und Insolvenz.[317]

138 Der Vermögensverfall eines **Vertragsarztes** stellt mangels ausdrücklicher gesetzlicher Regelung auch keinen selbständigen Grund für den Widerruf bzw. den Entzug der Zulassung dar. Lediglich im Rahmen des § 95 Abs. 6 SGB V kann zu prüfen sein, ob der Verfall der wirtschaftlichen Verhältnisse des Vertragsarztes eine persönliche Unzuverlässigkeit darstellt.[318] Die Fortführung einer **Apotheke** kann in einem eigenverwalteten Insolvenzverfahren möglich sein.[319]

139 Die **Zulassung zur Anwaltschaft** ist bei einem Vermögensverfall des Rechtsanwalts nach § 14 Abs. 2 Nr. 7 BRAO grds. zu widerrufen. Maßgebender Beurteilungszeitpunkt ist der Zulassungswiderruf bzw. der Abschluss des behördlichen Widerrufsverfahrens.[320] Ein Insolvenzantrag bildet zwar ein wesentliches Indiz für den Vermögensverfall, aber allein noch keinen Grund für einen automatischen Widerruf der Anwaltszulassung. Ganz ausnahmsweise ist die Zulassung nicht zu entziehen, wenn eine Gefährdung der Interessen der Rechtsuchenden nicht gegeben ist,[321] weil keine Beanstandungen erfolgt sind, der Anwalt nicht nach außen in Erscheinung tritt und die Mandate im Auftrag und für Rechnung der Sozietät abgeschlossen werden. Insbesondere müssen die arbeitsvertraglichen Beschränkungen und Sicherungsvorkehrungen die Annahme rechtfertigen, dass eine Gefährdung der Interessen der Rechtsuchenden durch den Vermögensverfall des Rechtsanwalts schon vor Abschluss des in die Wege geleiteten Insolvenzverfahrens nicht mehr zu befürchten ist.[322] Die Tätigkeit als Einzelanwalt in einer Bürogemeinschaft genügt dafür nicht.[323] Regelmäßig ist die Aufgabe der Tätigkeit als Einzelanwalt und der Abschluss eines Anstellungsvertrags mit einer Anwaltssozietät erforderlich, der nach der Organisation der Sozietät und dem Umfang der Tätigkeitsverpflichtungen sowie den

---

311 OVG Münster 19.05.2011, 4 B 1707/10, NVwZ-RR 2011, 813 (814); VG Darmstadt 07.02.2011, 7 L 1768/10, NZI 2011, 491 (493); VG Neustadt a.d. Weinstraße 15.01.2013, 4 L 1076/12.NW, ZInsO 2013, 1202; a.A. OVG Koblenz 03.11.2010, 6 A 10676/10, NVwZ-RR 2011, 229 (230); *Peters* WM 2012, 1067 (1070).
312 VG Berlin 16.2012, VG 4 K 23.11, NZI 2012, 899; s.a. VGH München 05.05.2009, 22 BV 07.2776, NZI 2009, 527 (529).
313 BVerwG 17.03.2008, 6 B 8/08, n.v.
314 *Ahrens* KSzW 2012, 303 ff.
315 VGH Kassel 15.06.2004, 11 TP 1440/04, NJW 2005, 919.
316 OVG Münster 18.02.2009, 4 B 995/09, ZInsO 2010, 481; OVG Saarlouis 28.11.2007, 1 A 177/07, BeckRS 2008, 30836.
317 OVG Bautzen 18.09.2012, 4 A 855/11, BeckRS 2013, 46281 Rn. 38.
318 BSG 10.05.2000, B 6 KA 67/98R, NZS 2001, 160 (161).
319 OVG Berlin 18.06.2002, 5 S 14.02, ZVI 2004, 620.
320 BGH 29.06.2011, AnwZ (Brfg) 11/10, BGHZ 190, 187 Rn. 9 ff.; 28.10.2011, AnwZ (Brfg) 20/11, NZI 2012, 106 Rn. 4 f.; 24.10.2012, AnwZ (Brfg) 47/12, BeckRS 2012, 23750 Rn. 6; 19.11.2012, AnwZ (BrfG) 41/12, BeckRS 2012, 25043 Rn. 4.
321 BGH 28.09.2011, AnwZ (Brfg) 29/11, ZInsO 2012, 140 Rn. 5.
322 *BGH 18.10.2004, AnwZ (B) 43/03, NJW 2005, 511; 25.06.2007, AnwZ(B) 101/05, NJW 2007, 2924 Rn. 12; 28.09.2011, AnwZ (Brfg) 29/11, ZInsO 2012, 140 Rn. 5; FK-InsO/Ahrens § 295 Rn. 75.*
323 BGH 28.09.2011, AnwZ (Brfg) 29/11, ZInsO 2012, 140 Rn. 6.

getroffenen Maßnahmen einen effektiven Schutz der Interessen der Rechtsuchenden erwarten lässt.[324]

Die Gefährdung entfällt nach der höchstrichterlichen Rechtsprechung grds. erst dann, wenn das Insolvenzverfahren zu einem Abschluss führt, bei dem mit einer Konsolidierung der Vermögensverhältnisse des Antragstellers gerechnet werden kann. Das setzt die **Ankündigung der Restschuldbefreiung** durch Beschluss des Insolvenzgerichts und die Aufhebung des Insolvenzverfahrens voraus.[325] Gleiches gilt bei einem bestätigten Insolvenzplan, § 248 InsO, oder einem angenommenen Schuldenbereinigungsplan gem. § 308 InsO.[326] Insoweit kann auch ein Antrag auf Wiederzulassung zur Rechtsanwaltschaft nicht abgelehnt werden.[327] Eine Eigenverwaltung genügt danach nicht.[328] Nach Ankündigung der Restschuldbefreiung, aber vor Aufhebung des Insolvenzverfahrens, genügt es, wenn durch eine Negativerklärung des Insolvenzverwalters der Schuldner gem. § 35 Abs. 2 InsO berechtigt ist, über das Betriebsvermögen zu verfügen.[329] Allein eine Negativerklärung genügt jedoch nicht.[330] Nach einer älteren Rechtsprechung soll eine Konsolidierung allerdings noch nicht vorliegen, wenn der Insolvenzverwalter die Kanzlei aus der Masse entlassen hat.[331] Diese überaus restriktive Kombination aus einem vorverlagerten Beurteilungszeitpunkt und engen Heilungskriterien ist sachlich weder geboten noch verfassungsrechtlich unbedenklich. 140

Ein **Notar** ist nach § 50 Abs. 1 Nr. 6 BNotO im Vermögensverfall, der bei Eröffnung des Insolvenzverfahrens vermutet wird, seines Amtes zu entheben. Die Vermutung des Vermögensverfalls wird nicht schon dadurch widerlegt, dass die Gläubigerversammlung die vorläufige Fortführung des Notariats beschließt und den Insolvenzverwalter beauftragt, einen Insolvenzplan auszuarbeiten und vorzulegen.[332] Versucht ein Notar die Zuständigkeit eines unzuständigen ausländischen Gerichts für ein Insolvenzverfahren zu erschleichen, kann ihm die Zulassung nach § 50 Abs. Nr. 8 Alt. 2 BNotO entzogen werden.[333] 141

Die Bestellung eines **Steuerberaters** ist im Vermögensverfall nach § 46 Abs. 2 Nr. 4 StBerG zu widerrufen.[334] Ein Vermögensverfall wird vermutet, wenn ein Insolvenzverfahren über das Vermögen des Steuerberaters eröffnet wird. Die gesetzliche Vermutung wird nach der Rechtsprechung des BFH weder durch die im Rahmen des Insolvenzverfahrens in Aussicht stehende Restschuldbefreiung noch durch die Negativerklärung des Insolvenzverwalters zur selbständigen Tätigkeit gem. § 35 Abs. 2 widerlegt.[335] 142

Die Bestellung eines **Wirtschaftsprüfers** ist nach § 20 Abs. 2 Nr. 5 WPO zu widerrufen, wenn er sich nicht geordneten wirtschaftlichen Verhältnissen, insb. im Vermögensverfall befindet. Nach § 16 Abs. 1 Nr. 7 WPO wird ein Vermögensverfall vermutet, wenn ein Insolvenzverfahren über das Vermögen eröffnet ist. 143

---

324 BGH 05.09.2012, AnwZ (Brfg) 26/12, BeckRS 2012, 21118 Rn. 5.
325 BGH 07.12.2004, AnwZ (B) 40/04, NJW 2005, 1271; 09.11.2009, AnwZ (B) 89/06, ZInsO 2010, 86 Rn. 8; 21.05.2012, AnwZ (B) 6/11, BeckRS 2012, 12060 Rn. 6; kritisch *Beck* ZVI 2013, 81 (86).
326 BGH 31.05.2010, AnwZ (B) 27/09, ZInsO 2010, 1380 Rn. 12; 28.10.2011, AnwZ (Brfg) 20/11, NZI 2012, 106 Rn. 8; 24.10.2012, AnwZ (Brfg) 47/12 Rn. 7; 19.11.2012, AnwZ (BrfG) 41/12, BeckRS 2012, 25043 Rn. 9.
327 BGH 07.12.2004, AnwZ (B) 40/04, NJW 2005, 1271.
328 BGH 18.07.2011, AnwZ (B) 28/10, ZInsO 2011, 2234 Rn. 8.
329 BGH 09.11.2009, AnwZ (B) 89/06, ZInsO 2010, 86 Rn. 8.
330 BGH 21.03.2011, AnwZ(B) 37/10, NZI 2011, 464 Rn. 7; 21.05.2012, AnwZ (B) 6/11, BeckRS 2012, 12060 Rn. 6; 28.09.2011, AnwZ (Brfg) 29/11, ZInsO 2012, 140 Rn. 4.
331 BGH 16.04.2007, AnwZ(B) 6/06, ZVI 2007, 619, 620; 07.01.2010, AnwZ (B) 79/09, BeckRS 2010, 2734.
332 BGH 22.03.2004, NotZ 23/03, NJW 2004, 2018; 20.11.2006, NotZ 26/06, NJW 2007, 1287 (1288).
333 BGH 15.11.2010, NotZ 6/10, ZInsO 2011, 2147 (2149).
334 BFH 30.04.2009, VII R 32/08, ZInsO 2009, 1405 (1406).
335 BFH 20.04.2010, VII B 235/09, ZInsO 2010, 1138 (1139).

III. Erklärungen des Insolvenzverwalters

1. Informationspflicht des Schuldners

144 Eine sachgerechte Entscheidung des Insolvenzverwalters ist nur möglich, falls er vom Schuldner über die Erwerbstätigkeit informiert wird. Nur wenn der Verwalter **Gegenstand, Dauer und Umfang** der Selbständigkeit mit allen daraus resultierenden Forderungen und Verbindlichkeiten kennt, vermag er sachgerecht über die Massezugehörigkeit des Vermögens aus der selbständigen Tätigkeit zu entscheiden.

145 Aufgrund seiner insolvenzrechtlichen **Auskunfts- und Mitwirkungspflicht** aus § 97 muss der Schuldner den Insolvenzverwalter über alle für das Insolvenzverfahren maßgebenden Umstände informieren. Die Auskunftspflicht ist nach der Rechtsprechung des BGH weit auszulegen und umfasst alle rechtlichen, wirtschaftlichen und tatsächlichen Verhältnisse, die für das Verfahren in irgendeiner Weise von Bedeutung sein können.[336] Die Auskunftspflicht ist nicht von entsprechenden Fragen abhängig. Der Schuldner muss vielmehr die betroffenen Umstände von sich aus, ohne besondere Nachfrage, offenlegen, soweit sie offensichtlich für das Insolvenzverfahren von Bedeutung sein können und nicht klar zu Tage liegen.[337] Dazu gehört auch, den Insolvenzverwalter über die Aufnahme einer selbständigen Tätigkeit zu informieren.[338]

146 Bei einem **Verstoß gegen die Auskunftspflicht** sind die Rechtsfolgen für den Schuldner, den Insolvenzverwalter und die Masse zu unterscheiden. Aus § 35 Abs. 2, 3 resultieren keine unmittelbar nachteiligen Konsequenzen für den Schuldner. Auch eine auf unzureichender Informationsgrundlage erfolgte Erklärung des Insolvenzverwalters ist wirksam. Dennoch ist eine Auskunftspflichtverletzung für den Schuldner sehr risikoreich, weil die Restschuldbefreiung nach § 290 Abs. 1 Nr. 5 versagt werden kann. Dies gilt etwa, wenn der Schuldner Aufträge nicht bekannt gibt, um eine Negativerklärung zu erreichen. Bestehen Anhaltspunkte für eine selbständige Erwerbstätigkeit des Schuldners, muss der Verwalter dem ggf. nachgehen. Sonst kommt auch eine konkludente Erklärung über die Zugehörigkeit des Vermögens zur Masse in Betracht. Gibt der Insolvenzverwalter eine Erklärung nach § 35 Abs. 2 ab, ohne sich hinreichend informiert zu haben, droht ihm die Haftung aus den §§ 60 f. Ohne Wissen des Insolvenzverwalters entstehen nach den Leitgedanken aus § 55 Abs. 1 Nr. 1 InsO keine Masseverbindlichkeiten, sondern Neuverbindlichkeiten.[339]

2. Gegenstand der Erklärungen

a) Rechtsnatur

147 Über die rechtliche Beurteilung der Erklärungen bestehen erhebliche Unsicherheiten, die bereits in den Gesetzgebungsmaterialien zum Ausdruck kommen. Dort ist von einer Art »**Freigabe**« des Vermögens[340] bzw. einer freigabeähnlichen Erklärung eigenen Typs[341] die Rede. In der Praxis und vor allem in der höchstrichterlichen Rechtsprechung wird ebenfalls von einer »Freigabe« gesprochen.[342] Es handelt sich jedoch weder um eine echte noch um eine unechte oder um eine modifizierte Freigabe. Anknüpfungspunkt ist stets die Beziehung zu einem individuellen Gegenstand. Bei der Frei-

---

336 BGH 11.02.2010, IX ZB 126/08, NZI 2010, 264 Rn. 5; 15.04.2010, IX ZB 175/09, NZI 2010, 530 Rn. 9; 17.03.2011, IX ZB 174/08, NZI 2011, 330 Rn. 7.
337 BGH 17.03.2011, IX ZB 174/08, NZI 2011, 330 Rn. 7.
338 BGH 15.10.2009, IX ZB 70/09, ZInsO 2009, 2162 Rn. 3; FK-InsO/*Schumacher* Rn. 23.
339 BFH 21.07.2007, VII R 50/08, ZInsO 2009, 2308; 18.05.2010, X R 11/09, ZInsO 2010, 1556, jeweils zur früheren Rechtslage.
340 BT-Drucks. 16/3227, 17; ebenso BGH 09.06.2011, IX ZB 175/10, NZI 2011, 633 Rn. 7; 09.02.2012, IX ZR 75/11 BGHZ 192, 322 Rn. 14; *Ganter* NZI 2013, 209, 216.
341 Erwiderung der Bundesregierung ZVI 2007, 40 (43).
342 BFH 15.12.2009, VII R 18/09, NZI 2010, 877 Rn. 6; BGH 09.06.2011, IX ZB 175/10, NZI 2011, 633 Rn. 9; 09.02.2012, IX ZR 75/11, BGHZ 192, 322 Rn. 19; BGH 11.04.2013, IX ZR 165/12, NZI 2013, 641; auch *Grote* ZInsO 2011, 1489 (1491); vgl. *Dahl/Schindler* VIA 2011, 1.

gabe tritt eine insolvenzrechtlich strukturierte Einzelwirkung ein, durch die ein Gegenstand aus dem Insolvenzbeschlag gelöst wird und der Schuldner die Verfügungsbefugnis über jenen zurückerhält (s. Rdn. 28 ff.). Deswegen erfasst die Freigabe einer Immobilie nicht die über diese Immobilie abgeschlossenen Mietverhältnisse.[343] Auch die Unwirksamkeitserklärung durch das Insolvenzgericht und die öffentliche Bekanntmachung sprechen gegen eine Freigabe.[344]

Im Unterschied dazu ist die Erklärung des Insolvenzverwalters nicht auf den Einzelgegenstand, sondern auf eine bestimmte Form des Wirtschaftens in Gestalt einer selbständigen Erwerbstätigkeit gerichtet.[345] Es handelt sich daher um eine Erklärung mit Gesamtwirkung.[346] Das unternehmerische Vermögen wird aus dem Insolvenzverbund ausgeschieden. Erfasst wird eine unbestimmte Anzahl von Rechtsbeziehungen. Sachgerecht bezeichnet werden die beiden Entscheidungsalternativen des Insolvenzverwalters als **Positiv- und** als **Negativerklärung**.[347] Bei der Positiverklärung verbleibt das Vermögen des Schuldners aus der selbständigen Tätigkeit in der Masse und die daraus resultierenden Verbindlichkeiten können als Masseverbindlichkeiten geltend gemacht werden. Bei einer Negativerklärung wird das Vermögen aus der selbständigen Tätigkeit aus dem Insolvenzverfahren gelöst und Rechte sowie Pflichten daraus sind außerhalb des Insolvenzverfahrens geltend zu machen. Die Bezeichnungen als Positiv- bzw. Negativerklärung werden auch im Kreditsicherungs-[348] und Gesellschaftsrecht[349] verwendet, doch bleibt davon ihre insolvenzrechtliche Tauglichkeit unberührt.

148

Die Erklärung des Insolvenzverwalters stellt eine **einseitige Verfahrenshandlung**[350] mit Gestaltungswirkung[351] des Insolvenzverwalters dar. Als Verfahrenshandlung kann die Erklärung auch konkludent erfolgen. Sie unterliegt nicht den rechtsgeschäftlichen Regeln und ist insb. nicht nach den §§ 119 bis 122 BGB anfechtbar.[352] Eine einseitige Verfahrenshandlung der Beteiligten ist grds. widerruflich, doch ist hier das Widerrufsrecht wegen der gebotenen Rechtssicherheit besonders ausgestaltet. Nach § 35 Abs. 2 Satz 3 ordnet das Insolvenzgericht die Unwirksamkeit der Erklärung auf Antrag des Gläubigerausschusses oder, wenn dieser nicht bestellt ist, auf Antrag der Gläubigerversammlung an. Ein Widerruf durch den Insolvenzverwalter ist aufgrund dieser speziellen Ausgestaltung unzulässig.[353]

149

b) Abgabe und Anzeige der Erklärung

Auf Grundlage der ihm vorliegenden Informationen entscheidet der Insolvenzverwalter im Rahmen seines **pflichtgemäßen Ermessens** über die Massezugehörigkeit des Vermögenserwerbs. Er muss abwägen,[354] ist aber verpflichtet, eine Erklärung abzugeben.[355] Eine verlustbringende Tätigkeit wird er ausscheiden, eine ertragreiche zugunsten der Masse fortführen lassen müssen. Bei der Berechnung

150

---

343 BGH 12.02.2009, IX ZB 112/06, NZI 2009, 382 Rn. 13.
344 *Berger* ZInsO 2008, 1101 (1103); Kübler/Prütting/Bork/*Holzer* Rn. 114.
345 *Ahrens* NZI 2007, 622 (624).
346 *Kühne* Insolvenz des selbständig tätigen Schuldners, S. 109.
347 *Ahrens* NZI 2007, 622 (623); ebenso FK-InsO/*Bornemann* Rn. 13; MüKo-InsO/*Peters* Rn. 47c; HambK-InsR/*Lüdtke* Rn. 254; HK-InsO/*Eickmann* 6. Aufl., Rn. 58 f.; Graf-Schlicker/*Graf-Schlicker/Kexel* Rn. 22; Karsten Schmidt/*Büteröwe* Rn. 53; *Kühne* Insolvenz des selbständig tätigen Schuldners, S. 84 ff., 105 ff.; *Berger* ZInsO 2008, 1101 (1103); *Wischemeyer* ZInsO 2009, 2121 (2123); *Stiller* ZInsO 2010, 1374; *Dahl/Schindler* VIA 2011, 1; *Menn* ZVI 2011, 197; *Sinz/Hiebert* ZInsO 2011, 63; *Peters* WM 2012, 1067 (1068); *Bartels* KTS 2012, 381 (382); *Grund* NZI 2012, 971; *Hergenröder* DZWIR 13, 251, 259.
348 MüKo-InsO/*Ganter*, § 47 Rn. 348, 353.
349 BGH 05.10.2006, III ZR 283/05, NJW 2007, 224, zu §§ 16 Abs. 2 Satz 1, 198 Abs. 3 UmwG.
350 Uhlenbruck/*Hirte* Rn. 91; Kübler/Prütting/Bork/*Holzer* Rn. 119.
351 *Bartels* KTS 2012, 381 (386).
352 *Menn* ZVI 2011, 197 (198).
353 Kübler/Prütting/Bork/*Holzer* Rn. 119; *Haarmeyer* ZInsO 2006, 696 (697).
354 Kübler/Prütting/Bork/*Holzer* Rn. 118.
355 LSZ/*Smid/Leonhardt* Rn. 38; *Wischemeyer* ZInsO 2009, 2121 (2123).

der möglichen Betriebsüberschüsse sind auch die durch die Betriebsfortführung entstehenden Zuschläge zur Verwaltervergütung zu berücksichtigen.[356] Auszugehen hat der Verwalter dabei zunächst von den Informationen des Schuldners, doch darf er sich nicht allein darauf verlassen. Ohne nähere Anhaltspunkte muss er zwar nicht nachforschen, ob der Schuldner selbständig erwerbstätig ist. Hinweisen aufgrund der Erwerbsobliegenheit des Schuldners im Rahmen des Kostenstundungsverfahrens, aus einem Verfahren nach § 850i ZPO oder von dritter Seite, etwa durch das Finanzamt oder einen Sozialversicherungsträger, muss er aber nachgehen.[357]

151 In welchem **Umfang** und in welcher **Zeit** die **Ermittlungen** durch den Verwalter erfolgen müssen, hängt von den Umständen und insb. der Kooperationsbereitschaft des Schuldners ab. Eine feste Frist lässt sich dafür nicht bestimmen.[358] Abzustellen ist darauf, ob eine hinreichend verlässliche Prognoseentscheidung möglich und ob noch wesentlich neue Informationen zu erwarten sind. Selbst wenn der Schuldner nicht mitwirkt, muss eine Entscheidung getroffen werden. Wegen der dann unzuverlässigen Datenbasis kann die Entscheidung unter größeren Unsicherheiten erfolgen. Zweckmäßig erscheint dann, die maßgebenden Gründe zu dokumentieren. Liegen hinreichende Informationen vor, muss der Insolvenzverwalter unverzüglich entscheiden.[359]

152 Die Entscheidung des Insolvenzverwalters erfolgt durch **einseitige empfangsbedürftige Erklärung** gegenüber dem Schuldner.[360] Sie wird mit dem Zugang wirksam (zu den Wirkungen insb. Rdn. 158).[361] Besondere Zugangserfordernisse bestehen nicht. Wegen der weitreichenden Konsequenzen ist aber eine sorgfältig dokumentierte Mitteilung notwendig. Eine Übermittlung durch einfachen Brief oder Einwurfeinschreiben ist häufig zeitlich zu unzuverlässig. Zweckmäßiger ist eine Mitteilung per Fax, E-Mail oder eine Bekanntgabe im Büro des Insolvenzverwalters. Der Insolvenzverwalter hat den Schuldner entsprechend den insolvenzgerichtlichen Anforderungen[362] über die möglichen Rechtsfolgen des § 290 InsO und – soweit dessen Anwendbarkeit bejaht wird – des § 295 InsO zu belehren.

153 Für den Insolvenzverwalter besteht nach § 35 Abs. 3 Satz 1 eine **Anzeigepflicht** gegenüber dem Gericht. Eine konstitutive Bedeutung besitzt diese Verpflichtung jedoch nicht.[363] Insb. stellen die Anzeige und Veröffentlichung kein Wirksamkeitserfordernis dar. Die Veröffentlichung erleichtert den Nachweis, dass sich der Insolvenzverwalter seines Verwaltungs- und Verfügungsrechts begeben hat und informiert den Verkehr.[364] Weder wird ein Gutglaubensschutz für den Rechtsverkehr begründet, wenn die Anzeige und deswegen die Bekanntmachung unterbleibt noch treten die Rechtsfolgen aus Abs. 2 bei einer nicht oder anders erfolgten Erklärung ein.[365] Deswegen kann auch eine konkludent erklärte, nicht dem Gericht angezeigte Entscheidung des Insolvenzverwalters wirksam sein. Das Gericht hat die Erklärung und einen Beschluss der Gläubigerorgane über ihre Unwirksamkeit gem. § 35 Abs. 3 Satz 2 öffentlich, d.h. nach § 9 Abs. 1 Satz 1 durch Veröffentlichung im Internet, bekannt zu machen.

---

356 Vgl. HK-InsO/*Ries* § 160 Rn. 11.
357 *Schmerbach* InsBüro 2007, 202 (210).
358 A.A. HambK-InsR/*Lüdtke* Rn. 252, vier Wochen seien regelmäßig ausreichend.
359 HK-InsO/*Eickmann* 6. Aufl., Rn. 55; Graf-Schlicker/*Graf-Schlicker/Kexel* Rn. 27; *Haarmeyer* ZInsO 2006, 696 (697); weiter Kübler/Prütting/Bork/*Holzer* Rn. 109; a.A. FK-InsO/*Schumacher* Rn. 15, Überlegungsfrist.
360 *Menn* ZVI 2011, 197.
361 Uhlenbruck/*Hirte* Rn. 93; *Berger* ZInsO 2008, 1101 (1104); *Peters* WM 2012, 1067 (1068).
362 BGH 10.02.2011, IX ZB 237/09, ZInsO 2011, 837.
363 *Berger* ZInsO 2008, 1101 (1104 f.).
364 BGH 09.02.2012, IX ZR 75/11, BGHZ 192, 322 Rn. 24.
365 HambK-InsR/*Lüdtke* Rn. 268.

3. Rechtsfolgen der Erklärung

a) Positiverklärung

Gibt der Insolvenzverwalter eine Positiverklärung ab, gehört das aus der selbständigen Tätigkeit erlangte Vermögen des Schuldners insgesamt zur **Insolvenzmasse**. Ohne eine Entscheidung nach § 850i ZPO oder eine in der Praxis übliche Zustimmung des Insolvenzverwalters darf der Schuldner weder für seinen eigenen Lebensunterhalt noch zur Erfüllung seiner Unterhaltspflichten oder für den Betrieb des Unternehmens Beträge entnehmen. Dies ist auch dann unzulässig, wenn die Beträge im Kassenbuch als Privatentnahmen verbucht werden.[366] Verstößt der Schuldner gegen diese Unterlassungspflicht, kann ihm die Restschuldbefreiung gem. § 290 Abs. 1 Nr. 5 versagt werden. Diese allgemeine Anforderung besteht unabhängig von einer Positiverklärung. 154

Im Fall einer Positiverklärung besteht **keine Erwerbsobliegenheit** des Schuldners. Obwohl nach dem Gesetzeswortlaut § 295 Abs. 2 in beiden Entscheidungsalternativen entsprechend anzuwenden ist, passt dies funktional allein auf die Negativerklärung.[367] Es sollte mit der Regelung keine partielle Erwerbsobliegenheit im Insolvenzverfahren normiert, sondern eine Besserstellung außerhalb des Insolvenzverfahrens verhindert werden. 155

Als wesentliche Konsequenz der Positiverklärung begründen die Handlungen des Schuldners **Masseverbindlichkeiten**. Diese Rechtsfolge tritt selbstverständlich auch bei einer konkludenten Erklärung ein. Duldet der Insolvenzverwalter die selbständige Tätigkeit, ohne dass diesem Verhalten eine Erklärungsbedeutung beigemessen werden kann, können dennoch Masseverbindlichkeiten entstehen. Da den Verwalter bei Kenntnis von der Selbständigkeit eine Erklärungspflicht trifft, kann er deren Wirkungen für die Masse nicht durch Schweigen umgehen.[368] Allerdings treten diese Konsequenzen nur ein, wenn der Verwalter hinreichend verlässliche Kenntnis besitzt.[369] Während der Prüfphase entstehen lediglich Neuverbindlichkeiten.[370] 156

Der **Gegenstand** der Positiverklärung umfasst die ausdrücklich vom Verwalter bezeichnete, sonst die vom Schuldner ausgeübte oder beabsichtigte Tätigkeit. Erweitert oder verändert der Schuldner seinen Tätigkeitsbereich, erscheint fraglich, ob die daraus resultierenden Verpflichtungen Masseverbindlichkeiten begründen. Um der wirtschaftlichen Dynamik Rechnung zu tragen, werden jedenfalls sachgerechte Veränderungen erfasst. Dem Verwalter bleibt unbenommen, hierüber eine Negativerklärung abzugeben. Bei sonstigen Erweiterungen ist zu unterscheiden. Soweit sich die Rechtsgeschäfte zumindest auch auf die ursprüngliche Tätigkeit beziehen, wie Strom- oder Telekommunikationsverträge, begründen diese Masseverbindlichkeiten. Bei anderen Verpflichtungen tritt diese Konsequenz erst nach Kenntnis des Verwalters ein. Verändert der Schuldner den Gegenstand seiner Tätigkeit grundlegend, etwa indem er den bisherigen Erwerb aufgibt und eine neue Tätigkeit aufnimmt, entstehen daraus bis zur Kenntnis des Verwalters keine Masseverbindlichkeiten. 157

b) Negativerklärung

Die Negativerklärung begründet **drei hauptsächliche Rechtsfolgen**. Die Konsequenzen treten grds. mit Zugang der Erklärung ein. Nach Ansicht des BGH kann der Insolvenzverwalter auch eine **Rückwirkung** bis zur Eröffnung des Insolvenzverfahrens begründen.[371] Teilweise wird sogar eine automatische Rückwirkung angenommen.[372] Der Gesetzeswortlaut schließt eine solche Rückwirkung nicht aus, doch wirft sie zahlreiche Probleme auf. Zu erwähnen sind insb. die §§ 103 ff. Im Kern 158

---

366 BGH 19.05.2011, IX ZB 94/09, ZInsO 2011, 1412 Rn. 4.
367 FK-InsO/*Schumacher* Rn. 24; *Ahrens* NZI 2007, 622 (626).
368 HambK-InsR/*Lüdtke* Rn. 250; *Berger* ZInsO 2008, 1101 (1105).
369 Nerlich/Römermann/*Andres* Rn. 104; *Berger* ZInsO 2008, 1101 (1105).
370 HambK-InsR/*Lüdtke* Rn. 257.
371 BGH 18.04.2013, IX ZR 165/12, NZI 2013, 641 Rn. 9; a.A. Uhlenbruck/*Hirte* Rn. 99; *Berger* ZInsO 2008, 1101 (1106).
372 Karsten Schmidt/*Büteröwe* Rn. 54.

wird damit die Rechtssicherheit berührt. Als Folge entfällt rückwirkend die Rechtsmacht des Insolvenzverwalters. Erbrachte Leistungen müssen darauf überprüft werden, wobei ggf. § 82 analog angewandt werden könnte. Für einen rückwirkenden Antrag nach § 850i ZPO wird regelmäßig kein Bedürfnis bestehen, weil der Schuldner diesen Antrag regelmäßig auch im Insolvenzverfahren stellen wird. Etwas anderes kommt in Betracht, wenn die Mittel für die betriebliche Tätigkeit bislang aufgrund einer Absprache mit dem Insolvenzverwalter verfügbar waren. Allerdings besitzt auch eine echte Freigabe keine Rückwirkung.[373] Der Insolvenzverwalter kann sie aber auch auf einen späteren Zeitpunkt terminieren, etwa wenn noch Massezuflüsse zu erwarten sind. Mit der Erklärung können aus der Tätigkeit **keine weiteren Masseverbindlichkeiten** entstehen. Auch die anfallende Umsatzsteuer stellt keine Masseverbindlichkeit dar.[374] Außerdem wird das betroffene Vermögen **aus der Insolvenzmasse entlassen**. Bei mehreren selbständigen Tätigkeiten, etwa als Makler und Bauunternehmer, kann der Insolvenzverwalter entscheiden, welche er aus dem Insolvenzverfahren entlassen will. Verändert der Schuldner die Tätigkeit nachträglich, wird das geänderte Tätigkeitsprofil nicht durch die Negativerklärung erfasst. Gibt der Schuldner seine von der Negativerklärung umfasste bisherige Tätigkeit auf und übernimmt er eine andere Art der Tätigkeit, so fällt das Vermögen aus dieser Tätigkeit in vollem Umfang in die Masse.[375] Schließlich wird für den Schuldner die entsprechend § 295 Abs. 2 ausgestaltete Anforderung begründet, den Insolvenzverwalter durch **Zahlungen** so zu stellen, als ob er ein angemessenes Dienstverhältnis begründet hätte. Als weitere Konsequenzen entfallen hinsichtlich dieser konkreten, nicht aber einer veränderten Tätigkeit die insolvenzrechtliche Auskunftspflicht und damit ein Versagungsrisiko. Die Wirkungen können nur einheitlich herbeigeführt werden.

159 Hinsichtlich des **betroffenen Vermögens** besitzt die Negativerklärung eine statische und eine dynamische Komponente. Ohnehin nicht in die Masse fallen und damit von der Erklärung nicht betroffen sind die **unpfändbaren Gegenstände** i.S.d. § 811 Abs. 1 Nr. 5,[376] 7, 10 ZPO. Daran ändert auch nichts eine Betriebsstilllegung gem. den §§ 157, 158,[377] denn der Pfändungsschutz ist personen- und nicht betriebsbezogen. Außerdem werden alle **der selbständigen Tätigkeit gewidmeten massezugehörigen Gegenstände** erfasst.[378] Dazu gehören auch Gegenstände für eine kapitalistische Produktionsweise.[379] Nach dem gesetzlichen Wortlaut gilt dies für das Vermögen aus der selbständigen Tätigkeit, d.h. für die mit Einwilligung, aber auch die im Übrigen aus dem Erwerb für die Tätigkeit angeschafften Gegenstände. Diese Konsequenz tritt erst mit der Erklärung ein, weshalb keine Rückwirkung vorliegt. Aus der Masse frei werden aber auch die sonstigen der Tätigkeit gewidmeten Gegenstände.[380] Sonst müsste etwa bei einem für die Tätigkeit angeschafften Handy mit Vertrag die Masse unter den entsprechenden Voraussetzungen weiterhin haften. Nicht überzeugend ist, die Negativerklärung nur auf solche nicht ausdrücklich aufgeführten Gegenstände zu erstrecken, die lediglich eine untergeordnete Bedeutung besitzen. Maßgebend ist, ob die Gegenstände der Tätigkeit dienen.[381] Ob die Gegenstände über § 811 Abs. 1 Nr. 5 ZPO hinaus aus der Masse ausgeschieden werden, ist eine Auslegungsfrage und hängt davon ab, inwieweit die Gegenstände für die Tätigkeit

---

373 BAG 16.05.2013, 6 AZR 556/11, ZInsO 2013, 1357 Rn. 50.
374 So bereits BFH 17.03.2010, XI R 2/08, ZIP 2010, 1405 Rn. 25 ff., zur frühen Rechtslage.
375 *Ahrens* KSzW 2012, 303 ff.
376 HambK-InsR/*Lüdtke* Rn. 132; a.A. MüKo-InsO/*Peters* Rn. 25 ff.; *Peters* WM 2012, 1067 (1068), besondere Abwägung.
377 So aber *Zimmermann* ZInsO 2011, 2057 (2059 ff.).
378 MüKo-InsO/*Peters* Rn. 47e; *Peters* WM 2012, 1067 (1069); a.A. BFH 08.09.2011, II R 54/10, ZInsO 2011, 2339; *Kühne*, Insolvenz des selbständig tätigen Schuldners, S. 117.
379 *Hergenröder* DZWIR 13, 251, 258.
380 *Ahrens* NZI 2007, 622 (626); s.a. *Bartels* KTS 2012, 381 (389); a.A. BFH 08.09.2011, II R 54/10, ZInsO 2011, 2339 (2340); Uhlenbruck/*Hirte* Rn. 100; FK-InsO/*Schumacher* Rn. 20; HambK-InsR/*Lüdtke* Rn. 261; *Berger* ZInsO 2008, 1101 (1106); *Zimmermann* ZInsO 2011, 2057 (2058); *Wischemeyer* ZinsO 2009, 937 (942); *Dahl/Schindler* VIA 2011, 1 (2).
381 Pape/Pape ZInsO 2013, 685 (691); a.A. AG Göttingen ZInsO 2011, 1659.

sinnvoll und erforderlich sind.[382] Der Insolvenzverwalter kann einzelne Gegenstände davon ausnehmen. Er darf allerdings nicht zwischen Aktiva und Passiva trennen.[383] Ein Surrogat für einen massefreien Gegenstand, etwa aufgrund einer Versicherungsleistung oder Veräußerung, ist ebenfalls massefrei. Schließlich fällt der **Neuerwerb** aus der Tätigkeit nicht mehr in die Masse.[384] Steuererstattungsansprüche aus der Zeit nach der Negativerklärung stehen allein dem Schuldner zu.[385] Eine **Vorausabtretung** der Einkünfte wird aufgrund einer Konvaleszenz gem. § 185 Abs. 2 Satz 1 Alt. 2 BGB wieder wirksam und kann vom Zessionar gegenüber dem Schuldner realisiert werden.[386] Zu den Konsequenzen einer Vorausabtretung auf die Zahlungen nach § 295 Abs. 2 s. Rdn. 162. Ein nach der Negativerklärung im Prozessweg erstrittener Vermögenswert fällt nicht in die Masse.[387]

Konsequent werden die auf die selbständige Tätigkeit bezogenen Miet-,[388] Pacht-, Versorgungs-, Versicherungs-, und Telekommunikations-, aber auch die sonstigen **Verträge** erfasst und separiert, obwohl sie nicht im engeren Sinn zur Masse gehören.[389] Dies entspricht der doppelten Teleologie des § 35 Abs. 2, einerseits die Insolvenzmasse von Verbindlichkeiten zu entlasten und andererseits dem Schuldner die Chance auf eine erfolgreiche Selbständigkeit und damit einen wirtschaftlichen Neubeginn zu eröffnen.[390] Aufgrund der Negativerklärung des Insolvenzverwalters sind Ansprüche aus Dauerschuldverhältnissen, auch ohne zusätzliche Kündigungserklärungen, nur noch gegen den Schuldner und nicht mehr gegen die Masse durchsetzbar.[391] Diese Rechtsfolgen treten bereits mit Zugang der Erklärung beim Schuldner ein.[392] Ob ein Vertragsverhältnis auf die selbständige Tätigkeit bezogen ist, hängt davon ab, ob der Schuldner Leistungen für die Selbständigkeit in Anspruch genommen hat. Dies kann etwa Miet-, Telekommunikations- und Energieversorgungs-, aber auch seine Krankenversicherungsvorsorgeverträge betreffen.[393] Sind die betreffenden Gegenstände als Einheit i.S.d. § 613a BGB organisiert und ist dieser Einheit ein Arbeitsverhältnis zugeordnet, kommt eine entsprechende Anwendung von § 613a BGB in Betracht. Das Arbeitsverhältnis würde mit auf den Schuldner übergehen, wenn der Arbeitnehmer nicht rechtzeitig entsprechend § 613a Abs. 6 BGB widerspricht. Der Beginn der Widerspruchsfrist setzt eine ordnungsgemäße Unterrichtung gem. § 613a Abs. 5 BGB voraus.[394] Nach anderer Ansicht bestehen die faktische Arbeitgeberstellung des Insolvenzverwalters und die Haftung der Masse fort. Durch dreiseitige Vereinbarung zwischen Verwalter, Schuldner und Arbeitnehmer könne aber das Arbeitsverhältnis aus dem Insolvenzbeschlag entlassen und dem Schuldner zugewiesen werden.[395] Nach einer weiteren Ansicht kann das Arbeitsverhältnis unmittelbar mit der Erklärung an den Schuldner zurückfallen.[396]

160

---

382 Karsten Schmidt/*Büteröwe* Rn. 54; *Ahrens* NZI 2007, 622 (624).
383 *Berger* ZInsO 2008, 1101 (1103).
384 BGH 18.04.2013, IX ZR 165/12, NZI 2013, 641 Rn. 23.
385 *Busch/Jungmann/Winkens* Insbüro 2013, 178, 179.
386 BGH 18.04.2013, IX ZR 165/12, NZI 2013, 641 Rn. 24 ff.
387 BGH 18.04.2013, IX ZR 165/12, NZI 2013, 641 Rn. 12.
388 LG Krefeld 24.02.2010, 2 O 346/09, NZI 2010, 485.
389 MüKo-InsO/*Peters* Rn. 47f; Braun/*Bäuerle* Rn. 84; Graf-Schlicker/*Graf-Schlicker/Kexel* Rn. 24; *Ahrens* NZI 2007, 622 (625); *Dahl/Schindler* VIA 2011, 1 (3); *Zipperer* ZVI 2007, 541 (542); *Stiller* ZInsO 2010, 1374 (1375); *Menn* ZVI 2011, 197 (201); *Hergenröder* DZWIR 13, 251, 260; *Peters* WM 2012, 1067 (1069); a.A. Nerlich/Römermann/*Andres* Rn. 105 ff.; FK-InsO/*Schumacher* Rn. 20; wohl auch HK-InsO/*Eickmann* 6. Aufl., Rn. 59; *Wischemeyer* ZInsO 2009, 937 (941).
390 HambK-InsR/*Lüdtke* Rn. 262 f.
391 BGH 09.02.2012, IX ZR 75/11, BGHZ 192, 322 Rn. 19 ff.; *Ahrens* NJW-Spezial 2012, 341 f.
392 BGH 09.02.2012, IX ZR 75/11, BGHZ 192, 322 Rn. 19 ff.
393 *Ahrens* NJW-Spezial 2012, 341 (342).
394 BAG 10.04.2008, 6 AZR 368/07, NZA 2008, 1127 Rn. 23; ArbG Herne 10.08.2010, 2 Ca 350/10, ZInsO 2010, 2199 (2200); *Stiller* ZInsO 2010, 1374; aber *Wischemeyer* ZInsO 2009, 937 (942); a.A. HK-InsO/*Eickmann* 6. Aufl., Rn. 59; KR/*Pfeiffer* § 613a BGB Rn. 93.
395 *Hergenröder* DZWIR 13, 251, 264 ff.
396 LAG Niedersachsen 14.11.2011, 2 Sa 97/11, BeckRS 2012, 69845; *Hess* Rn. 149.

161 Infolge der Negativerklärung besitzt der Schuldner vor Aufhebung des Insolvenzverfahrens ein **insolvenzfreies Sondervermögen**. Auf dieses Vermögen können die Neugläubiger, nicht aber gem. den §§ 89 Abs. 1, 294 Abs. 1 die Insolvenzgläubiger zugreifen. Ein zweites Insolvenzverfahren über dieses Vermögen ist zulässig, doch müssen die Verfahrenskosten gedeckt sein.[397] Im Rahmen der Sperrfristrechtsprechung des BGH[398] wird die Praxis voraussichtlich ein erneutes Restschuldbefreiungsverfahren für unzulässig erklären. Zahlungspflichten des Schuldners, die an seiner Leistungsfähigkeit orientiert sind, etwa nach § 1603 BGB, müssen nach den jeweiligen Maßstäben auf die Leistungsfähigkeit aufgrund des insolvenzgebundenen und insolvenzfreien Einkommens abstellen. Eine Belehrung nach § 20 Abs. 2 über einen eigenen Insolvenz- und Restschuldbefreiungsantrag ist nicht erforderlich.[399] Verstirbt der Schuldner nach einer Negativerklärung, fällt das Vermögen nicht in die Masse zurück.

162 § 35 Abs. 2 Satz 2 begründet eine **Leistungsanforderung** an den Schuldner, die am **Gewinn und** am **Maßstab des § 295 Abs. 2** ausgerichtet ist. Dabei wird das Grundmuster der Erwerbsobliegenheit aus § 295 Abs. 2 mehrfach modifiziert. Da den Schuldner nach der derzeit geltenden Rechtslage während des Insolvenzverfahrens keine Erwerbsobliegenheit trifft, muss in einem **ersten Berechnungsschritt** als Grundlage der nach den §§ 35 Abs. 2, 295 Abs. 2 abzuführenden Beträge vom Gewinn des Schuldners ausgegangen werden.[400] Liegt der Gewinn aus der selbständigen Tätigkeit unterhalb des pfändbaren Betrags bei abhängiger Tätigkeit, besteht keine Abführungspflicht.[401] Beläuft sich der Gewinn aus der selbständigen Tätigkeit auf eine oberhalb des pfändbaren Betrags bei abhängiger Tätigkeit liegende Summe, hat der Schuldner den pfändbaren Betrag aus der hypothetischen Tätigkeit abzuführen.[402] Folgerichtig muss bei einem Gewinn, der oberhalb des unpfändbaren, aber unterhalb des bei einer unselbständigen Tätigkeit abzuführenden Betrags liegt, die Zahlung doppelt durch den Gewinn und den Pfändungsbetrag begrenzt sein. Soweit den Schuldner entweder gem. § 4c Nr. 4 oder aufgrund der künftigen Regelung in § 287b eine Erwerbsobliegenheit trifft, entfällt diese erste Prüfungsstufe und es bleibt bei dem an § 295 Abs. 2 orientierten Modell. Für den **zweiten Berechnungsschritt** ist von § 295 Abs. 2 auszugehen. Danach muss der Schuldner die Gläubiger so stellen, als wäre er ein angemessenes Dienstverhältnis eingegangen. Mit diesem Maßstab wird die Erwerbsobliegenheit des § 295 Abs. 1 Nr. 1 in Bezug genommen. Dort wird der Leistungsumfang nicht nach dem wirtschaftlichen Erfolg des Unternehmens, sondern nach dem hypothetischen Einkommen aus einem angemessenen, nicht notwendig der selbständigen Tätigkeit entsprechenden abhängigen Dienstverhältnis festgesetzt.[403] Angemessen ist nur eine dem Schuldner mögliche abhängige Tätigkeit.[404] Für den Schuldner existiert zwar bei einer Negativerklärung keine Obliegenheit, ein angemessenes Dienstverhältnis einzugehen, doch begründet § 35 Abs. 2 Satz 2 insoweit eine **Fiktion**. Deswegen führt § 295 Abs. 2 in den verschiedenen Anwendungsbereichen und damit auch bei einem Übergang aus dem Insolvenz- in das Restschuldbefreiungsverfahren zu übereinstimmenden Konsequenzen.[405] Der Schuldner muss dem Insolvenzverwalter wie nach § 295 Abs. 2 den einem fiktiven Nettoeinkommen aus einer hypothetischen angemessenen nicht selbständigen Tätigkeit entsprechenden pfändbaren Betrag zahlen.[406] Offen ist, zu welchen Konsequenzen eine wieder aufgelebte **Vorausabtretung** (Rdn. 159) für die Höhe der Zahlungen führt. Da eine wirksame Vo-

---

397 BGH, 09.06.2011, IX ZB 175/10, NZI 2011, 633 Rn. 7; AG Hamburg 18.06.2008, 67g IN 37/08, ZInsO 2008, 680 (681); a.A. LG Dresden 14.03.2011, 5 T 74/11, NZI 2011, 291.
398 FK-InsO/*Ahrens* § 290 Rn. 37 ff.
399 AG Göttingen 29.12.2011, 74 IN 224/11, NZI 2012, 198, 199.
400 BGH 13.06.2013, IX ZB 38/10, ZInsO 2013, 1586 Rn. 13, 15, 16.
401 BGH 13.06.2013, IX ZB 38/10, ZInsO 2013, 1586 Rn. 21.
402 BGH 13.06.2013, IX ZB 38/10, ZInsO 2013, 1586 Rn. 2.
403 BGH 18.04.2013, IX ZR 165/12, NZI 2013, 641 Rn. 14.
404 BGH 05.04.2006, IX ZB 50/05, NZI 2006, 413 Rn. 13; 07.05.2009, IX ZB 133/07, NZI 2009, 482 Rn. 4; 19.05.2011, IX ZB 224/09, NZI 2011, 596, Rn. 6 m.Anm. *Ahrens*.
405 *Wischemeyer* ZinsO 2010, 2068 (2071 f.).
406 BGH 18.04.2013, IX ZR 165/12, NZI 2013, 641 Rn. 16 f.

rausabtretung bei einem nicht selbständigen Schuldner die Höhe der abzuführenden pfändbaren Einkommensbestandteile mindert, muss dies entsprechend auch beim Zahlungsbetrag des Schuldners berücksichtigt werden. Der Insolvenzverwalter muss deswegen in seiner Vergleichsberechnung, der für die Masse günstigeren Konstellation, diese reduzierte Höhe berücksichtigen. Der Schuldner muss nach dem Maßstab aus § 295 Abs. 2[407] regelmäßige grds. jährliche Zahlungen leisten,[408] obwohl die Ausschüttungen im Insolvenzverfahren nicht den Frist aus § 292 Abs. 1 Satz 2 folgen.

Folgerichtig begründet § 35 Abs. 2 Satz 2 keine Obliegenheit, sondern eine **insolvenzrechtliche Pflicht**.[409] Verletzt der Schuldner diese Pflicht, kann ihm nach § 290 Abs. 1 Nr. 5 die Restschuldbefreiung versagt werden,[410] wenn er über diese mögliche Konsequenz rechtzeitig belehrt wurde (Rdn. 152). Wegen dieser Einbettung in den insolvenzrechtlichen Pflichtenkanon ist § 296 unanwendbar.[411] Sonst käme es zu einem unerklärlichen Widerspruch zu den während der Insolvenz vorgesehenen Versagungen nach den §§ 289, 290 und der allein für die eine Fallgestaltung des § 35 Abs. 2 erforderlichen Analogie zu § 296.[412] Zugleich muss der Schuldner **Auskunft** über die ihm mögliche angemessene Erwerbstätigkeit erteilen. Aufgrund der doppelten Orientierung der Zahlungspflicht am Gewinn und am Maßstab des § 295 Abs. 2 (Rdn. 162) ist zu differenzieren. Zahlt der Schuldner nicht, weil er geltend macht, dass sein Gewinn unterhalb des pfändbaren Betrags liegt, muss er dem Insolvenzverwalter und dem Insolvenzgericht überprüfbare Angaben zur Gewinnermittlung aus seiner selbständigen Tätigkeit machen.[413] Dies wird jährliche Angaben erfordern, die denen in einer Bilanz entsprechen. Dies gilt auch, wenn sein Gewinn hinter dem pfändbaren Betrag zurückbleibt und er dementsprechend weniger zahlt. Der Schuldner muss auch die zur Forderungsfeststellung im Insolvenzverfahren erforderlichen Unterlagen vorlegen.[414] Liegt das Schuldnereinkommen oberhalb des pfändbaren Betrags aus einer unselbständigen Tätigkeit, den der Schuldner demzufolge abführt, ist der Schuldner nicht verpflichtet, betriebswirtschaftliche Daten und sonstige Unterlagen über sein nach der Negativerklärung entstandenes Einkommen bzw. den Gewinn dem Insolvenzverwalter vorzulegen.[415] Da derartige Angaben nach § 295 Abs. 2 nicht verlangt werden können,[416] dürfen sie auch nach einer Negativerklärung nicht gefordert werden. Verstößt er im Insolvenzverfahren gegen diese Verpflichtungen, so verletzt er insolvenzrechtliche Mitwirkungspflichten.[417] Eine beantragte Restschuldbefreiung kann deswegen nach § 290 Abs. 1 Nr. 5 versagt werden. Bzw. eine Überwachung nach dem Gedanken aus § 292 Abs. 2 scheidet aus, da es sich um einen insolvenzfreien Bereich handelt.[418] Eine Auskunftspflicht zur Vorbereitung der Entscheidung nach § 35 Abs. 2 Satz 3 besteht nicht, weil dies auf eine dem Insolvenzverwalter nicht mehr obliegende Überwachung des schuldnerischen Unternehmens hinausliefe und der Schuldner die ihm zur Massesicherung obliegenden Pflichten bereits anderweitig erfüllt. Offen ist noch, ob und ggf. wie der Insolvenzverwalter die **Zahlungspflicht**[419] selbständig **durchsetzen** kann.[420] Allein die Möglichkeit,

---

407 BGH 19.07.2012, IX ZB 188/09, ZInsO 2012, 1488 Rn. 14.
408 BGH 18.04.2013, IX ZR 165/12, NZI 2013, 641 Rn. 20.
409 BGH 18.04.2013, IX ZR 165/12, NZI 2013, 641 Rn. 20; *Ahrens* NJW-Spezial 2013, 85; MüKo-InsO/*Peters* Rn. 471.
410 BGH 18.04.2013, IX ZR 165/12, NZI 2013, 641 Rn. 20; Andres NZI 2006, 198 (200); *Ahrens* NZI 2007, 622 (626); AGR/*Fischer* § 290 Rn. 62; HambK-InsR/*Lüdtke* Rn. 264.
411 BGH 18.04.2013, IX ZR 165/12, NZI 2013, 641 Rn. 20; *Ahrens* NJW-Spezial 2013, 85 (86); a.A. *Grote* ZInsO 2011, 1489 (1493 f.).
412 *Ahrens* NJW-Spezial 2013, 85 (86).
413 BGH 18.04.2013, IX ZR 165/12, NZI 2013, 641 Rn. 21.
414 AG Hamburg 16.07.2012, 67g IN 512/08, ZVI 2012, 357 (358).
415 LG Göttingen 08.08.2011, 10 T 53/11, NZI 2011, 775; *Grote* ZInsO 2011, 1489 (1492); HambK-InsO/*Streck* § 290 Rn. 33a.
416 BGH 26.02.2013, IX ZB 165/11, NZI 2013, 404 Rn. 8.
417 AG Wuppertal 17.08.2011, 145 IN 453/04, NZI 2011, 695; a.A. *Pape/Pape* ZInsO 2013, 685 (695).
418 A.A. *Grote* ZInsO 2011, 1489 (1494).
419 BGH 18.04.2013, IX ZR 165/12, NZI 2013, 641 Rn. 20, eigenständige Abführungspflicht.
420 Verneinend OLG Brandenburg, 17.04.2013, 7 U 77/12, NZI 2013, 650, m.Anm. *Ahrens*; LG Düsseldorf

die Restschuldbefreiung zu versagen, schließt jedenfalls ein durchsetzbares Zahlungsverlangen nicht aus,[421] zumal sie bei Schuldnern, die keine Restschuldbefreiung beantragt haben, keine Wirkungen entfaltet. Zutreffend ist ein vom Insolvenzverwalter einklagbarer Zahlungsanspruch zu bejahen.[422] Deswegen kann der Insolvenzverwalter nach Ansicht des BGH eine bestimmte Zahlungshöhe anordnen. Begrenzt wird dieses Anordnungsrecht durch die Insolvenzzweckwidrigkeit bei einem offensichtlichen Verstoß gegen die Pflichten als Insolvenzverwalter.[423] Offen ist, ob als Konsequenz aus dieser Auffassung ein gerichtliches Überprüfungsrecht der Zahlungshöhe nur bei einer Insolvenzzweckwidrigkeit existiert. Dann bestünde ein Unterschied zu der sonst bei Entschädigungs- und Verwendungsansprüchen bestehenden vollständigen Überprüfbarkeit der Leistungshöhe. Zutreffend wird vor dem Erkenntnisprozess die Zahlungshöhe nach den Maßstäben aus § 295 Abs. 2 InsO zu überprüfen sein, eine auch im Verfahren nach § 850h Abs. 2 ZPO übliche Risikoverteilung. Auch tritt mit Wechsel in die Treuhandperiode des Restschuldbefreiungsverfahrens eine systematische Veränderung ein, denn dann gelten die Darlegungsanforderungen und Grenzen der §§ 295 Abs. 2, 296. Das Klagerecht endet mit Aufhebung des Insolvenzverfahrens.[424] Da um die Massezugehörigkeit einer Zahlung gestritten wird, ist das Verfahren vor dem Prozessgericht zu führen.

164 Der **Gegenstand** der Negativerklärung umfasst die ausdrücklich vom Verwalter bezeichnete, sonst die vom Schuldner ausgeübte oder beabsichtigte Tätigkeit.[425] Sachdienliche Entwicklungen bleiben aber zulässig. Wechselt der Schuldner jedoch die Art der selbständigen Tätigkeit, beginnt das Verfahren nach § 35 Abs. 2 von Neuem. Der Insolvenzverwalter ist zu informieren und muss dann nach § 35 Abs. 2 Satz 1 entscheiden.[426]

IV. Entscheidungen der Gläubigerversammlung

165 Die **Gläubigerorgane** können nach § 35 Abs. 2 Satz 3 beim Insolvenzgericht beantragen, die Entscheidung des Verwalters für unwirksam zu erklären. Zuständig für den Antrag ist der Gläubigerausschuss oder, wenn dieser nicht bestellt ist, die Gläubigerversammlung. Erforderlich dafür ist ein Beschluss des Gläubigerorgans gem. §§ 72, 74 ff.[427] Der Antrag des Gläubigerorgans kann sich nach dem Wortlaut und Sinn der Regelung sowohl auf eine Positiv- als auch eine Negativerklärung beziehen. Eine gesetzliche Frist für den Antrag besteht nicht. Die Gläubigerorgane könnten deswegen auch nach langer Zeit eine erfolgreiche selbständige Tätigkeit zurückholen, was die Motivation des Schuldners stark beeinträchtigen könnte. Angelehnt an den Gedanken aus § 296 Abs. 1 Satz 2 sollte jedoch eine Frist von maximal einem Jahr nach Kenntniserlangung von der Erklärung gelten.

166 Die Erklärung des Insolvenzverwalters kann nur durch das **Insolvenzgericht** für unwirksam erklärt werden. Der Antrag unterliegt der gerichtlichen Überprüfung nach § 78.[428] Bei einer Entscheidung des Gläubigerausschusses, für die § 78 nicht unmittelbar gilt, ist diese Regelung zumindest entsprechend anzuwenden.[429] Der Beschluss des Gerichts ist nicht anfechtbar.

23.10.2012, 7 O 342/11, NZI 2012, 970 m.Anm. *Grund*; *Harder* NZI 2013, 521, 526; *Pape/Pape* ZInsO 2013, 685 (694).

421 FK-InsO/*Bornemann* § 35 Rn. 24a; *Berger* ZInsO 2008, 1101 (1107); *Menn* ZVI 2011, 197 (199); wohl auch *Wiesmeier* ZVI 2010, 376 (379).
422 *Ahrens* NJW-Spezial 2013, 85 (86); HambK/*Lüdtke* § 35 Rn. 264; FK-InsO/*Bornemann* § 35 Rn. 24a; *Kühne*, Insolvenz des selbständig tätigen Schuldners, S. 133; *Andres* NZI 2006, 198 (200); *Berger* ZInsO 2008, 1101 (1107).
423 BGH 18.04.2013, IX ZR 165/12, NZI 2013, 641 Rn. 14.
424 *Ahrens* NJW-Spezial 2013, 85 (86); *ders.* NZI 2013, 651 (652).
425 HambK-InsR/*Lüdtke* Rn. 260; a.A. *Berger* ZInsO 2008, 1101 (1103).
426 HambK-InsR/*Lüdtke* Rn. 260; *Menn* ZVI 2011, 197 (198).
427 *Fritz* NZI 2011, 801 (802).
428 LG Duisburg 24.06.2010, 7 T 109/10, ZVI 2010, 347; *Berger* ZInsO 2008, 1101 (1105); *Fritz* NZI 2011, 801 (803); FK-InsO/*Schumacher* Rn. 25.
429 *Fritz* NZI 2011, 801 (802 f.); *Peters* WM 2012, 1067 (1071).

Das Gericht kann allein die **Unwirksamkeit** der Erklärung aussprechen. Wird die Unwirksamkeit einer Negativerklärung angeordnet, sind keine weiteren Entscheidungen zu treffen, denn das Vermögen fällt dann, wie angestrebt, in die Masse. Wird dagegen eine Positiverklärung für unwirksam erklärt, ist damit noch keine Negativerklärung erfolgt. Diese bleibt dem Insolvenzverwalter vorbehalten, doch muss das Insolvenzgericht den Verwalter gem. § 58 anweisen, diese Erklärung abzugeben.[430]

167

Die Anordnung des Insolvenzgerichts entfaltet **keine Rückwirkung**. Die gesetzliche Formulierung spricht zwar dafür, die Erklärung des Insolvenzverwalters für anfänglich unwirksam zu erklären. Bei einer unwirksamen Negativerklärung hätte der Schuldner unzulässige Geschäfte aus der Masse getätigt, woraus weitreichende Konsequenzen auch für die Masse resultierten. Die Anordnung wirkt deswegen ex nunc.[431] Letztlich müssen auch analog § 34 Abs. 3 die Rechtshandlungen des Schuldners wirksam bleiben.[432]

168

F. Auseinandersetzungen über die Massezugehörigkeit

Konflikte zwischen dem Schuldner und dem Insolvenzverwalter über die Massezugehörigkeit von Gegenständen sind vor den Prozessgerichten auszutragen, wenn nicht über Vollstreckungshandlungen oder Entscheidungen des Vollstreckungsgerichts gestritten wird.[433] Soweit die Massezugehörigkeit als solche betroffen ist, muss das Prozessgericht entscheiden. Über die Massezugehörigkeit von Lohnbestandteilen hat daher das Prozessgericht zu entscheiden, wenn deutsche Gerichte für die Einzelzwangsvollstreckung nicht zuständig sind.[434] Rechnet der Drittschuldner bei der Bestimmung des pfändbaren Einkommens Geld- und Naturalleistung zusammen, ist eine niedrigere Bewertung der Naturalleistung nur durch eine Klage des Schuldners vor dem Prozessgericht zu erreichen.[435] Über den Umfang der Vollstreckung, die durch eine Vollstreckungshandlung oder eine Entscheidung festgelegt wird, entscheidet das Insolvenzgericht als besonderes Vollstreckungsgericht. Wird über Zulässigkeit der Vollstreckung gestritten, entscheidet das Insolvenzgericht gem. § 36 Abs. 1 Satz 1, Abs. 4 als Vollstreckungsgericht.[436] Ein solcher Fall liegt vor, wenn Schuldner und Insolvenzverwalter darüber streiten, ob ein Pkw gem. § 811 Abs. 1 Nr. 12 ZPO unpfändbar ist.[437] Im Rahmen einer vollstreckungsgerichtlichen Zuständigkeitsbestimmung entscheidet das Insolvenzgericht nach den §§ 36 Abs. 4, 89 Abs. 3, 148 Abs. 2 über die Pfändbarkeit eines Gegenstands. Entscheidet das Insolvenzgericht als Vollstreckungsgericht, richtet sich der Rechtsmittelzug für solche Entscheidungen nach den allgemeinen vollstreckungsrechtlichen Vorschriften. Für Entscheidungen in Verfahren betreffend die Unpfändbarkeit von Gegenständen des Schuldners nach § 36 Abs. 1, 2 InsO ist dann die sofortige Beschwerde gem. § 793 ZPO statthaft.[438]

169

§ 35 n.F. Begriff der Insolvenzmasse
[Tritt zum 01.07.2014 in Kraft]

(2) ... § 295 Abs. 3 gilt entsprechend, ...

---

430 HK-InsO/*Eickmann* 6. Aufl., Rn. 64.
431 *Kühne*, Insolvenz des selbständig tätigen Schuldners, S. 103; a.A. HK-InsO/*Eickmann* 6. Aufl., Rn. 65.
432 *Berger* ZInsO 2008, 1101 (1105); a.A. HambK-InsR/*Lüdtke* Rn. 267.
433 BGH 11.05.2010, IX ZB 268/09, NZI 2010, 584 Rn. 2.
434 BGH 5.6.12, IX ZB 31/10, NZI 2012, 672 Rn. 7.
435 BGH 13.12.2012, IX ZB 7/12, NZI 2013, 98 Rn. 5 = VIA 2013, 19 m.Anm. *Dietzel*.
436 BGH 5.6.12, IX ZB 31/10, NZI 2012, 672 Rn. 6.
437 LG Göttingen 07.03.30213, 10 T 18/13, ZVI 2013, 159.
438 Vgl. nur BGH 05.06.2012, IX ZB 31/10 NZI 2012, 672 Rn. 3; 07.02.2013, IX ZB 85/12 BeckRS 2013, 04217 Rn. 3.

§ 36 InsO Unpfändbare Gegenstände

Übersicht

	Rdn.		Rdn.
A. Normzweck	1	C. Inkrafttreten, Übergangsrecht	3
B. Regelungsgehalt	2		

A. Normzweck

1 Bei der Novelle liegt ein **redaktionelles Versehen** vor, denn die Vorschrift verweist auf eine nicht existierende Bestimmung. Im Regierungsentwurf war geplant, § 295 umzugestalten und die bisherige Regelung aus Abs. 2 in Abs. 3 zu überführen.[1] Beabsichtigt war damit nur eine redaktionelle Anpassung an die Änderung von § 295.[2] Der Rechtsausschuss hat dagegen von dieser Änderung abgesehen,[3] dabei aber übersehen, dass dann auch § 35 Abs. 2 Satz 2 unverändert bleiben muss.[4] In dieser Fassung ist das Gesetz verabschiedet.

B. Regelungsgehalt

2 Wegen des redaktionellen Versehens muss die Vorschrift so gelesen werden, als ob sie eine **Verweisung auf § 295 Abs. 2** enthält. Gegenüber der bisherigen Rechtslage war keine Änderung gewollt.

C. Inkrafttreten, Übergangsrecht

3 Zum Inkrafttreten und zum Übergangsrecht gilt das zu § 4a n.F. (Rdn. 7 f.) ausgeführte.

§ 36 Unpfändbare Gegenstände

(1) Gegenstände, die nicht der Zwangsvollstreckung unterliegen, gehören nicht zur Insolvenzmasse. Die §§ 850, 850a, 850c, 850e, 850f Abs. 1, §§ 850g bis 850k, 851c und 851d der Zivilprozessordnung gelten entsprechend.

(2) Zur Insolvenzmasse gehören jedoch
1. die Geschäftsbücher des Schuldners; gesetzliche Pflichten zur Aufbewahrung von Unterlagen bleiben unberührt;
2. die Sachen, die nach § 811 Abs. 1 Nr. 4 und 9 der Zivilprozessordnung nicht der Zwangsvollstreckung unterliegen.

(3) Sachen, die zum gewöhnlichen Hausrat gehören und im Haushalt des Schuldners gebraucht werden, gehören nicht zur Insolvenzmasse, wenn ohne weiteres ersichtlich ist, dass durch ihre Verwertung nur ein Erlös erzielt werden würde, der zu dem Wert außer allem Verhältnis steht.

(4) Für Entscheidungen, ob ein Gegenstand nach den in Absatz 1 Satz 2 genannten Vorschriften der Zwangsvollstreckung unterliegt, ist das Insolvenzgericht zuständig. Anstelle eines Gläubigers ist der Insolvenzverwalter antragsberechtigt. [3]Für das Eröffnungsverfahren gelten die Sätze 1 und 2 entsprechend.

Übersicht

	Rdn.		Rdn.
A. Normzweck	1	2. Erwerb aus dem insolvenzfreien Vermögen	12
B. Ausschluss unpfändbarer Gegenstände aus der Insolvenzmasse	8	II. Pfändungsschutzvorschriften	16
I. Anwendungsbereich	8	1. Gesetzliche Regelungen	16
1. Persönlicher und sachlicher Anwendungsbereich	8	2. Einzelfälle	18

---

1 BT-Drucks. 17/11268 S. 7, 28 f.
2 BT-Drucks. 17/11268 S. 22.
3 BT-Drucks. 17/13535 S. 13 f.
4 BT-Drucks. 17/13535 S. 7.

		Rdn.
III.	Höchstpersönliche und zweckgebundene Forderungen, § 851 Abs. 1 ZPO	23
IV.	Abtretungsverbote und vertragliche Abreden	25
C.	**Unpfändbare Gegenstände, Abs. 1**	30
I.	Unbewegliche Sachen	30
II.	Bewegliche Sachen	31
	1. § 811 Abs. 1 ZPO	31
	a) Grundlagen	31
	b) Persönlicher Gebrauch und Haushaltsgegenstände, Nr. 1	33
	c) Nahrungs-, Feuerungs- und Beleuchtungsmittel, Nr. 2	34
	d) Vieh, Nr. 3	35
	e) Landwirtschaftliche Betriebsmittel, Nr. 4	36
	f) Landwirtschaftliche Arbeitnehmer, Nr. 4a	37
	g) Schutz persönlicher Arbeitsleistung, Nr. 5	38
	h) Fortsetzung der Erwerbstätigkeit eines Erblassers, Nr. 6	41
	i) Dienstkleidung und Dienstausrüstung, Nr. 7	42
	j) Bares Arbeitseinkommen, Nr. 8	43
	k) Apotheken, Nr. 9	46
	l) Bücher für Schule und Unterricht, Nr. 10	47
	m) Höchstpersönliche Gegenstände, Nr. 11	48
	n) Hilfsmittel bei körperlichen Gebrechen, Nr. 12	49
	o) Bestattungsbedarf	51
	2. Sonstige Pfändungsbeschränkungen	52
III.	Forderungen auf Arbeitsentgelt und gleichgestellte Forderungen	56
	1. Pfändungsschutz für Arbeitseinkommen	56
	a) Arbeitseinkommen, § 850 ZPO	56
	b) Unpfändbare Bezüge, § 850a ZPO	63
	c) Bedingt pfändbare Bezüge, § 850b ZPO	65
	d) Pfändungsgrenzen, § 850c ZPO	66
	e) Unterhaltsansprüche, § 850d ZPO	68
	f) Berechnung des Arbeitseinkommens, § 850e ZPO	69
	g) Änderung des unpfändbaren Betrags, § 850f ZPO	70
	h) Änderung der Unpfändbarkeitsvoraussetzungen, § 850g ZPO	72
	i) Verschleiertes Arbeitseinkommen, § 850h ZPO	73
	2. Sonstige Einkünfte, § 850i ZPO	74
	3. Kontoguthaben, 850k ZPO	76
	4. Nicht übertragbare Forderungen, § 851 ZPO	77a
	5. Private Alterssicherung, §§ 851c, 851d ZPO	78
	6. Sozialleistungen	79
IV.	Sonstige Rechte	82
D.	**Erweiterte Massezugehörigkeit, Abs. 2**	85
I.	Geschäftsbücher, Nr. 1	85
II.	Landwirtschaftliche Betriebe und Apotheken, Nr. 2	87
E.	**Hausrat, Abs. 3**	90
F.	**Verfahren, Abs. 4**	91
I.	Zwangsvollstreckungsrechtliche Zuständigkeit der Insolvenzgerichte	91
II.	Antragsberechtigung	94
III.	Rechtsbehelfe	96
IV.	Sonstiges	99

A. Normzweck

Als erste Aufgabe konkretisiert § 36 die Grenzen der Insolvenzmasse. Mit der Eingangsnorm des § 35 Abs. 1 wird das Vermögen des Schuldners in das Insolvenzverfahren einbezogen, doch muss diese Massebestimmung weiter präzisiert werden. Diese Funktion erfüllt § 36. Wie der Eingriff in die Rechte des Schuldners durch die §§ 35 und 80 erst eröffnet sein muss, benötigt er auch eine Beschränkung, die in § 36 geschaffen ist. § 36 begründet damit eine notwendige **Schranke der Insolvenzmasse**. Eine exekutorisch geprägte Vorstellung erkennt in § 36 eine Ausnahmeregelung zu § 35,[1] doch wird damit der Blick zu einseitig auf die negative Funktion einer Abgrenzung gelenkt. Obwohl eine solche beschränkende Zielsetzung zweifellos existiert, darf doch nicht der positive Regelungsgehalt verkannt werden. 1

Die Vorschrift gewährleistet primär die existenzielle sowie individuelle und damit **autonome Lebenssphäre** des Schuldners. Aus dieser Perspektive schafft § 36 gerade die Legitimationsgrundlage 2

---

[1] HambK-InsR/*Lüdtke* Rn. 1; s.a. FK-InsO/*Schumacher* Rn. 1.

für den durch § 35 eingetretenen Rechtsverlust. In der bestehenden grundrechtlich geleiteten Verfassungsordnung ist ein Herrschaftsverlust des Individuums nur dann gerechtfertigt, wenn er und soweit, wie er der vom Schutz der menschlichen Würde geforderten selbstbestimmten Lebensführung Rechnung trägt. Sichtbar wird diese Determinierung auch in § 80 InsO, bei dem die Übertragung der Verwaltungs- und Verfügungsbefugnis auf den Insolvenzverwalter am insolvenzfreien Vermögen des Schuldners endet.[2] Auch diese Konsequenz ist mit einer autonomiewahrenden und freiheitssichernden Funktion der Vorschrift zu erklären. Mit dem in die zutreffende Richtung weisenden Verständnis von § 36 als schuldnerschützender Norm[3] werden die Wirkungen, aber noch nicht die vollständigen Geltungsgründe der Regelung aufgedeckt.

3   In erster Linie stellt § 36 InsO eine **Grundlagenbestimmung des Insolvenzrechts natürlicher Personen** dar. Für eine durch die Unternehmensinsolvenz geformte Wahrnehmung mag diese Scheidelinie in den Hintergrund treten, woraus manche Unschärfen in der Erkenntnis zu erklären sein mögen. Mit der gegenüber § 1 KO verselbständigten und ausgebildeten Normierung wird aber der Wandel auch zu einem eigenständigen Insolvenzrecht natürlicher Personen unterstützt.

4   Neben dieser Leitfunktion dient § 36 aber auch zusätzlichen Zwecken. Um die Zielsetzung der Gläubigerbefriedigung zu erfüllen, besitzt die InsO eine vollstreckungsrechtliche Grundausrichtung (vgl. § 1 Rdn. 24). In § 36 treten deswegen auch **vollstreckungsrechtliche Leitlinien** hervor. Ohne die jeweiligen Eigenarten beider Regelungsfelder zu ignorieren, soll ein Gleichklang zwischen einzel- und gesamtvollstreckungsrechtlichen Regelungen erreicht werden. Folgerichtig transportiert § 36 Abs. 1 die den Vollstreckungsbeschränkungen unterlegten Aufgabenstellungen, zu denen auch öffentliche Zwecke gehören.[4] Der Schuldner soll nicht die Sozialsysteme in Anspruch nehmen müssen, obwohl er über eigenes Einkommen verfügt, der Gläubiger nicht sein materielles Forderungsrecht zu Lasten der öffentlichen Träger der Daseinsfürsorge verwirklichen.[5]

5   Allerdings folgt das Insolvenzrecht selbständigen **gesamtvollstreckungsrechtlichen Wertungen**. Nicht sämtliche einzelvollstreckungsrechtlichen Maßstäbe können deswegen deckungsgleich in das Insolvenzrecht übertragen werden. Bereits nach § 4 sind die zivilprozessualen und damit auch zwangsvollstreckungsrechtlichen Bestimmungen nur heranzuziehen, wenn und soweit dies mit der besonderen Natur des Insolvenzverfahrens zu vereinbaren ist (vgl. § 4 Rdn. 3). Diese grds. selbstverständliche, in den Einzelausprägungen jedoch vielfach umstrittene Aussage wird durch § 36 Abs. 1 Satz 2 für den zentralen Bereich der Massezugehörigkeit des Arbeitseinkommens modifiziert. Außerdem verlängert Abs. 1 Satz 1 die Scheidelinie über die zwangsvollstreckungsrechtlichen Bestimmungen im Achten Buch der ZPO auf andere Vollstreckungsgrenzen, etwa für Sozialleistungsansprüche gem. den §§ 53, 54 SGB I oder Beamtenversorgungsansprüche nach § 51 BeamtVG.

6   In einer gegenüber § 4 **speziellen Verweisung** werden in Abs. 1 Satz 2 die §§ 850, 850a,[6] 850c, 850e, 850f Abs. 1, §§ 850g bis 850k, 851c und 851d ZPO für entsprechend anwendbar erklärt. Diese Anwendungsbestimmung besitzt auch eine positive und damit nicht allein eine klarstellende Bedeutung.[7] Ohne Spielräume einzuhalten sind die Pfändungsschutzbestimmungen, die allgemeine Wertungen und den verfassungsrechtlich notwendigen Schutz des Existenzminimums transportieren. Nicht erwähnt werden die §§ 850b, 850d, 850f Abs. 2 ZPO, die deswegen nach dem gesetzgeberischen Willen unanwendbar sind. Zu erklären ist dies mit der erforderlichen Billigkeitsentscheidung bzw. der notwendigen Berücksichtigung von Einzelinteressen nach diesen Vorschriften, für die im Insolvenzverfahren kein geeigneter Raum existiert. Diese klare und von der Lehre einhellig ge-

---

2 Uhlenbruck/*Uhlenbruck* § 80 Rn. 4.
3 MüKo-InsO/*Peters* Rn. 1; Uhlenbruck/*Hirte* Rn. 1; Kübler/Prütting/Bork/*Holzer* Rn. 2.
4 HK-InsO/*Keller* 6. Aufl., Rn. 1.
5 PG/*Ahrens* § 850c Rn. 3.
6 BGH 26.04.2012, IX ZB 239/10, BGH NZI 12, 457 Rn. 16.
7 So aber BGH 20.03.2003, IX ZB 388/02, NJW 2003, 2167 (2170).

teilte Wertungsgrenze und Anwendungsschranke hat allerdings der BGH bei den Berufsunfähigkeitsversicherungen gem. § 850b Abs. 1 Nr. 1 ZPO durchbrochen.[8]

Zum Kreis der Regelungen, mit denen die persönliche Lebenssphäre des Schuldners gewährleistet wird, gehört auch Abs. 3. Beim Hausrat, der für die Lebensführung besonders wichtig ist, verstärkt die Regelung die Wertung aus § 812 ZPO. Infolgedessen wird die Massefreiheit gestärkt. Umgekehrt erweitert Abs. 2 die Massezugehörigkeit abweichend von § 811 Abs. 1 Nr. 11 ZPO auf Geschäftsbücher und die zum landwirtschaftlichen Betrieb oder dem Betrieb einer Apotheke erforderlichen Gegenstände, die sonst nach § 811 Abs. 1 Nr. 4, 9 ZPO unpfändbar wären. Schließlich trifft § 36 Abs. 4 einige Aussagen zum Verfahren, die vor allem Zuständigkeitsbestimmungen enthalten. 7

B. Ausschluss unpfändbarer Gegenstände aus der Insolvenzmasse

I. Anwendungsbereich

1. Persönlicher und sachlicher Anwendungsbereich

Die Vorschrift gilt in allen Verfahren der Insolvenzordnung und für **sämtliche Schuldner**. Auch wenn ihr Hauptanwendungsgebiet im Insolvenzrecht der natürlichen Personen liegt und sie dort ihre wesentliche normative Kraft gewinnt, ist sie doch auch auf die Unternehmensinsolvenz anwendbar.[9] Dies folgt bereits notwendig aus den Regelungen in § 36 Abs. 2, die gerade auf die Unternehmensinsolvenz anzuwenden sind. Zudem bestehen die Pfändungsschranken bei unabtretbaren oder zweckgebundenen Rechten aus § 851 ZPO bei allen Schuldnern. § 36 gilt deswegen für das allgemeine Insolvenzverfahren, das Insolvenzplanverfahren, die Eigenverwaltung und das Verbraucherinsolvenzverfahren. Im Restschuldbefreiungsverfahren ist über § 292 Abs. 1 Satz 3 die Bestimmung des § 36 Abs. 1 Satz 2, Abs. 4 entsprechend anwendbar. Zudem wird mit der Abtretung der pfändbaren Forderungen auf Bezüge und gleichgestellte Einkünfte der zusätzliche Schutzbereich des § 36 Abs. 1 Satz 1 herangezogen. 8

Zur Insolvenzmasse gehört allein das **Vermögen** des Schuldners (vgl. § 35 Rdn. 16 ff.). Allein dieses Terrain wird durch § 36 weiter eingehegt. Eine Zwangsvollstreckung kommt zwar nicht nur in Vermögensrechte, sondern etwa auch wegen Handlungen und Unterlassungen in Betracht, denen nicht notwendig ein Vermögenswert beizumessen ist. Aus § 36 darf aber nicht der Schluss gezogen werden, dass insoweit ein Zugriff des Insolvenzverwalters möglich ist. Gegenüber dem Schuldner kommen dafür nur die besonderen insolvenzrechtlichen Anordnungen etwa aus § 97 in Betracht. 9

In der Insolvenz natürlicher Personen besitzt der Insolvenzverwalter bzw. der Treuhänder **keine Rechtsmacht**, auf pfändungsfreies Vermögen (Schonvermögen) des Schuldners zuzugreifen. Dies folgt aus § 36 Abs. 1 Satz 1, wonach unpfändbare Gegenstände nicht zur Insolvenzmasse gehören, und § 80 Abs. 1, demzufolge das nicht zur Insolvenzmasse gehörende Vermögen des Schuldners vom Übergang des Verwaltungs- und Verfügungsrechts unberührt bleibt. Welche Rechte dies einschließt, ergibt sich aus den in Bezug genommenen Pfändungsschutzvorschriften und insb. den §§ 850c, 850i, 850k ZPO.[10] 10

Höchstpersönliche Ansprüche und **Rechte** gehören nicht in die Masse, doch ist zwischen dem Recht und einem vermögensrechtlichen Folgeanspruch zu unterscheiden (vgl. § 35 Rdn. 26). 11

---

[8] BGH 03.12.2009, IX ZR 189/08, NZI 2010, 141 Rn. 10 ff. m.Anm. *Asmuß*; 15.07.2010, IX ZR 132/09, NZI 2010, 777; MüKo-InsO/*Peters* § 35 Rn. 434; a.A. die bislang ganz überwiegende Ansicht vgl. nur Jaeger/*Henckel* § 36 Rn. 19; HambK-InsR/*Lüdtke* Rn. 14 f.; *Riedel* ZVI 2009, 271 f.
[9] HK-InsO/*Keller* 6. Aufl., Rn. 4; a.A. HambK-InsR/*Lüdtke* Rn. 5.
[10] BGH 20.07.2010, IX ZR 37/09, BGHZ 186, 242 Rn. 13.

2. Erwerb aus dem insolvenzfreien Vermögen

12 Besondere Schwierigkeiten verursacht der Erwerb von Gegenständen aus dem insolvenzfreien Vermögen.[11] Von vornherein auszuscheiden ist der Erwerb anderer unpfändbarer Gegenstände, die selbstverständlich nicht in die Masse fallen. Werden unpfändbare Beträge dagegen angespart oder mit ihnen ein pfändbarer Gegenstand erworben, entzieht sich das Problem einer einfachen Lösung, weil zwei kollidierende Wertungen aufeinanderstoßen. Einerseits weist das Konzept des § 35 in eine Massezugehörigkeit, andererseits spricht der Freiheitsschutz des Schuldners dafür, auch seine Nutzungsentscheidungen anzuerkennen, also eine Massefreiheit anzunehmen. Ein **Ansparen** unpfändbarer Geldbeträge im eigenen Vermögen scheidet nach den Wertungen der §§ 811 Abs. 1 Nr. 8, 850k ZPO jenseits der dort geltenden Grenzen grds. aus.[12] Die Begründung eigennütziger Treuhandverhältnisse, etwa mit Familienmitgliedern, ist nicht erfolgversprechend, weil diese Rechtsverhältnisse nach den §§ 115 Abs. 1, 116 Abs. 1 InsO mit der Insolvenzeröffnung erlöschen. Eine Perspektive können doppelseitige Treuhandverhältnisse bieten, etwa für Ansparungen bei gemeinsamen Anschaffungen, aber auch bspw. für Zahnersatz, für den eine andere unterhaltspflichtige Person mit einstandspflichtig ist. Im Übrigen muss die Antwort abhängig von den **Fallgruppen** ausfallen.

13 Erfolgt im **Einziehungsermächtigungsverfahren** eine Lastschrift aus dem unpfändbaren Schuldnervermögen, fehlt dem (vorläufigen) Verwalter/Treuhänder die Rechtsmacht, die Genehmigung zu versagen.[13] Zur Bestimmung des unpfändbaren Einkommens ist auf die §§ 850c, 850i und 850k ZPO abzustellen. Soweit der Schuldner über ein Pfändungsschutzkonto verfügt, sind die dort geltenden Pfändungsschranken heranzuziehen,[14] weil Unterschiede zum sonstigen Pfändungsschutz bestehen können.[15] Widerruft der Schuldner, bleibt eine dem gleichen Zweck dienende anschließende Verwendung massefrei.

14 Nach den gleichen Grundsätzen ist zu entscheiden, ob dem Schuldner oder dem Insolvenzverwalter/Treuhänder ein **Widerrufsrecht** aus einem Verbrauchervertrag zusteht. Ist ein mit Mitteln aus dem unpfändbaren Vermögen des Schuldners bezahlter Reisevertrag vom Schuldner noch nicht angetreten, entscheidet der Schuldner im Rahmen der Vertragsbestimmungen darüber, ob er die Reise nicht antritt und ob eine Rückvergütung erfolgt.

15 Erfolgt der Erwerb aus dem unpfändbaren Vermögen, um eine selbständige oder nichtselbständige **Tätigkeit ausüben** zu können, ohne bereits durch § 811 Abs. 1 Nr. 5 ZPO erfasst zu sein, wird diese im Gläubiger-, Schuldner- und Allgemeininteresse stehende Entscheidung geschützt. Der Erlös aus der Veräußerung eines Unternehmens ist massezugehörig.[16] Selten, aber nicht von vornherein auszuschließen, sind **Lotto-**[17] **und andere Spielgewinne**. Selbst wenn diese Gewinne aus dem unpfändbaren Einkommen generiert werden, verdienen sie keine Privilegierung und unterliegen keinem besonderen Schutz. Schadensersatzansprüche fallen nur in die Masse, wenn sie sich auf pfändbare Gegenstände beziehen.[18]

II. Pfändungsschutzvorschriften

1. Gesetzliche Regelungen

16 Soweit Vermögensgegenstände besonderen Pfändungsschutzvorschriften unterliegen, fallen sie nicht in die Insolvenzmasse. Gesetzliche Pfändungsschranken sind dagegen prinzipiell unabhängig von der Regelungsmaterie zu berücksichtigen, der sie entstammen. Im Zentrum stehen dafür die zi-

---

11 Jaeger/*Henckel* Rn. 3; Uhlenbruck/*Hirte* Rn. 1; FK-InsO/*Schumacher* Rn. 65.
12 HambK-InsR/*Lüdtke* Rn. 237;.
13 BGH 20.07.2010, IX ZR 37/09, BGHZ 186, 242 Rn. 13 ff.
14 BGH 20.07.2010, IX ZR 37/09, BGHZ 186, 242 Rn. 14.
15 PG/*Ahrens* § 850k Rn. 53.
16 AG Hamburg 11.09.2006, 67g IN 525/02, ZInsO 2006, 1232.
17 AG Göttingen 08.09.2011, 74 IN 235/09, NZI 2012, 32.
18 *Häsemeyer* Insolvenzrecht, Rn. 9.23.

vilverfahrensrechtlichen **Vollstreckungsschutzbestimmungen**, die über § 36 Abs. 1 und § 4 entsprechend anzuwenden sind. Die Zwangsvollstreckung in das unbewegliche Vermögen erfolgt nach den §§ 864, 869 ZPO i.V.m. dem ZVG. Pfändungsschutzbestimmungen für bewegliche Sachen ergeben sich aus den §§ 810 bis 812 ZPO. Forderungen und andere Vermögensrechte sind nach den §§ 850 bis 852, 857 Abs. 3, 859, 860 ZPO pfändungsgeschützt, wobei der Pfändungsschutz für Arbeitseinkommen durch § 36 Abs. 1 Satz 2 i.V.m. den §§ 850, 850a, 850c, 850e, 850f Abs. 1, §§ 850g bis 850k, 851c und 851d ZPO näher ausgestaltet wird (s. Rdn. 6).

Einen zweiten wesentlichen Bereich bilden die **sozialrechtlichen Pfändungsschutzbestimmungen** bzw. die funktionsadäquaten öffentlich-rechtlichen Regelungen. Erfasst werden § 31 AbgG, §§ 309, 319 AO, § 51 BeamtVG, §§ 14, 26, 39, 41, 46, 50, 140, 141a, 163 BEG, § 18 BKGG, § 51 BRRG, § 78 BVG, § 27 HAG, §§ 9a, 9b, 9c HHG, § 67 IfSG, § 54 SGB I, §§ 188, 189 SGB III, 17 SGB XII, §§ 17, 17a StrRehaG sowie, § 48 SVG sowie § 2 Abs. 7 Satz 5 VermBG.[19]

2. Einzelfälle

Ansprüche wegen **immaterieller Schäden** sind generell übertragbar und pfändbar. Deswegen sind Schmerzensgeldansprüche, auch wenn sie auf einer Freiheitsentziehung beruhen, infolge ihrer Übertragbarkeit pfändbar und damit Bestandteil der Insolvenzmasse. Auch Entschädigungsansprüche nach § 15 Abs. 2 AGG fallen in die Masse.[20] Gleiches gilt für Staatshaftungsansprüche, soweit diese auf den Ersatz immaterieller Schäden gerichtet sind.[21] Der Entschädigungsanspruch aufgrund der Selbstverpflichtung der katholischen Kirche wegen des sexuellen Missbrauchs Minderjähriger durch Kleriker soll nach § 851 ZPO unpfändbar sein.[22] Der Anspruch auf eine besondere Zuwendung für **Haftopfer** aus § 17a Abs. 1 StrRehaG ist gem. § 17a Abs. 5 StrRehaG dagegen unpfändbar. Die dem Schuldner nach § 17 StrRehaG gewährte Kapitalentschädigung genießt jedoch keinen Pfändungsschutz und ist folglich Bestandteil der Insolvenzmasse.[23] Die vom EGMR zugesprochene Entschädigung wegen der durch eine **überlange Verfahrensdauer** erlittenen immateriellen Schäden ist weder abtretbar noch pfändbar und fällt nicht in die Insolvenzmasse. Dies gilt auch für die Kostenerstattung für das Verfahren vor dem Gerichtshof, nicht aber für den zuerkannten Anspruch auf Erstattung von Mehrkosten im vorausgegangenen innerstaatlichen Verfahren.[24] Diese Gedanken sind auf den auf die EGMR-Judikatur zurückgehenden Entschädigungsanspruch aus § 198 GVG wegen überlanger Verfahrensdauer zu übertragen.

Umstritten ist, ob ein **Vollstreckungsschutz aus § 765a ZPO** im Insolvenzverfahren gewährt werden kann.[25] Ein Schutzantrag wird wohl nur im Insolvenzrecht natürlicher Personen in Betracht kommen.[26] Er ist auch im Eröffnungsverfahren möglich, aber nur gegenüber Einzelmaßnahmen und nicht gegen den Insolvenzantrag als solchen, für den spezielle Zulässigkeitsvoraussetzungen bestehen. Auch die erforderliche Abwägung steht einer entsprechenden Anwendung von § 765a ZPO nicht entgegen. Wie der BGH zum Insolvenzbeschlag von Berufsunfähigkeitsversicherungen ausgesprochen hat, ist zwar im Insolvenzverfahren eine Abwägung zwischen den Interessen des Schuldners und den Einzelinteressen der Gläubiger ausgeschlossen. Abgewogen werden können aber die

---

19 Jaeger/*Henckel* Rn. 60; MüKo-InsO/*Peters* Rn. 57.
20 LAG Baden-Württemberg 23.09.2011, 18 Sa 49/11, NZI 2012, 333 (335).
21 BGH 10.11.2011, IX ZA 99/11, NZI 2011, 979 Rn. 5.
22 LG Frankenthal 19.06.2012, 1 T 5/12, BeckRS 2012, 15688.
23 BGH 10.11.2011, IX ZA 99/11, NZI 2011, 979 Rn. 4; 18.10.2012, IX ZB 263/10, BeckRS 2012, 22301 Rn. 4.
24 BGH 24.03.2011, IX ZR 180/10, NZI 2011, 341 Rn. 9 ff.
25 Grds. Rn.FK-InsO/*Schmerbach* § 4 Rn. 22, § 14 Rn. 46; Uhlenbruck/*Pape* § 4 Rn. 38; HK-InsO/*Kirchhof* § 4 Rn. 19; Braun/*Bußhardt* § 4 Rn. 41; differenzierend MüKo-InsO/*Ganter/Lohmann* § 4 Rn. 34; verneinend Kübler/Prütting/Bork/*Pape* § 14 Rn. 72; Jaeger/*Gerhardt* Rn. 56; LSZ/*Smid/Leonhardt* § 4 Rn. 11.
26 FK-InsO/*Schmerbach* § 4 Rn. 22.

§ 36 InsO Unpfändbare Gegenstände

Interessen des Schuldners gegen das Gesamtinteresse der Gläubiger.[27] Die Billigkeitsentscheidung muss aber den vielfältigen, nach Ansicht des BGH regelmäßig die Schuldnerinteressen überwiegenden Gläubigerbelangen gebührend Rechnung tragen.[28] Das Gericht stellt darauf ab, ob die Schuldnerinteressen in insolvenzuntypischer Weise verletzt sind,[29] d.h. über die typischen Folgen einer Insolvenz hinaus beeinträchtigt werden.

20 Der BGH hat eine entsprechende Anwendung bei insolvenzrechtlichen Maßnahmen bejaht, die nach ihrer rechtlichen Natur **Einzelzwangsvollstreckungen gleichstehen**. Deswegen kann gegen Vollstreckungsmaßnahmen des Insolvenzverwalters nach § 148 Abs. 2 jedenfalls dann auf Antrag Vollstreckungsschutz gem. § 765a ZPO gewährt werden, wenn dies zum Schutz von Leben und Gesundheit des Schuldners erforderlich ist.[30] Im Zwangsversteigerungsverfahren über ein massezugehöriges Grundstück gilt dies auch bei Suizidgefahr eines nahen Angehörigen.[31] Allgemeiner kommt bei solchen existenziell bedrohlichen Situationen eine entsprechende Anwendung von § 765a in Betracht. Wenn der Insolvenzverwalter die Mitgliedschaft des Schuldners in einer Wohnungsbaugenossenschaft kündigt, genügt für einen Schutz nach § 765a ZPO noch nicht, dass der Schuldner einen Teil des Auseinandersetzungsguthabens als Kaution für die von ihm bewohnte Wohnung benötigt.[32] Der Schuldner bleibt antragsberechtigt.[33] Ein erstmals im Rechtsbeschwerdeverfahren gestellter Vollstreckungsschutzantrag ist unbeachtlich, weil dort die erforderlichen tatsächlichen Feststellungen nicht nachgeholt werden können.[34]

21 Die Prinzipien der **Austauschpfändung** aus § 811a ZPO sind auch im Insolvenzverfahren anwendbar.[35] Eine nach § 811 Abs. 1 Nr. 1, 5, 6 ZPO unpfändbare und deswegen nicht massezugehörige Sache kann zur Masse gezogen werden, wenn der Insolvenzverwalter dem Schuldner vor der Wegnahme ein Ersatzstück, das dem geschützten Verwendungszweck genügt, oder den für eine entsprechende Ersatzbeschaffung erforderlichen Geldbetrag anbietet. Bei einem unpfändbaren Kraftfahrzeug muss das Ersatzstück eine annähernd gleiche Haltbarkeit und Lebensdauer wie das ursprüngliche Fahrzeug aufweisen. Das ist dann nicht der Fall, wenn das ursprüngliche Kraftfahrzeug neun Jahre alt mit einer Laufleistung von 50 000 km, das Ersatzstück dagegen 19 Jahre alt mit einer Laufleistung von 200 000 km ist.[36] Gegen die Maßnahme des Insolvenzverwalters kann der Schuldner Erinnerung gem. § 766 ZPO einlegen.[37]

22 Ein **Verzicht** auf den **Pfändungsschutz** und damit die Massefreiheit durch den Schuldner ist grds. nicht zulässig. Über unpfändbare Forderungen und Rechte kann ohnehin nicht rechtsgeschäftlich verfügt werden, §§ 400, 413, 1274 Abs. 2 BGB, eine Konsequenz, die auch für das Insolvenzverfahren gilt.[38] Bei unpfändbaren Sachen wird allerdings differenziert. Im Einzelzwangsvollstreckungsrecht ist nach zutreffender überwiegender Ansicht ein solcher Verzicht ausgeschlossen.[39] Das öffentlich-rechtliche Vollstreckungsschutzsystem enthält keine Öffnungsklausel zugunsten einer privatautonomen Verfügungsfreiheit des Schuldners gegenüber dem Pfändungsgläubiger. Für das Insolvenzverfahren wird demgegenüber ganz überwiegend zwar nicht ein vor, aber doch ein bei oder nach der Besitzergreifung durch den Insolvenzverwalter erklärter Verzicht für zulässig

---

27 BGH 03.12.2009, IX ZR 189/08, NZI 2010, 141 Rn. 14.
28 BGH 16.10.2008, IX ZB 77/08, NJW 2009, 78 Rn. 20.
29 BGH 16.10.2008, IX ZB 77/08, NJW 2009, 78 Rn. 20; MüKo-InsO/*Ganter/Lohmann* § 4 Rn. 34.
30 BGH 16.10.2008, IX ZB 77/08, NJW 2009, 78 Rn. 18.
31 BGH 18.12.2008, V ZB 57/08, NZI 2009, 163 Rn. 15 ff.
32 BGH 02.12.2010, IX ZB 120/10, ZInsO 2011, 93 Rn. 9.
33 BGH 18.12.2008, V ZB 57/08, NZI 2009, 163 Rn. 15.
34 BGH 15.11.2007, IX ZB 99/05, NZI 2008, 95 Rn. 15.
35 Jaeger/*Henckel* Rn. 7; HK-InsO/*Keller* 6. Aufl., Rn. 20; HambK-InsR/*Lüdtke* Rn. 21; Braun/*Bäuerle* Rn. 4; Graf-Schlicker/*Graf-Schlicker/Kexel* Rn. 9; *Häsemeyer* Insolvenzrecht, Rn. 9.12.
36 BGH 16.06.2011, VII ZB 114/09, NJW-RR 2011, 1366 Rn. 13 f.
37 HK-InsO/*Keller* 6. Aufl., Rn. 20.
38 MüKo-InsO/*Peters* Rn. 59.
39 Stein/Jonas/*Münzberg* § 811 Rn. 8; PG/*Flury* § 811 Rn. 10 f.; Zöller/*Stöber* § 811 Rn. 10, jeweils m.w.N.

gehalten.⁴⁰ Dem ist zu widersprechen, weil der Pfändungsschutz nicht disponibel ist. Zudem fehlt jede Plausibilität, warum der Schuldner freiwillig auf den Pfändungsschutz verzichten sollte. Mit den Gläubigern darf er gem. § 294 Abs. 2 keine derartige Abrede treffen und mit dem Insolvenzverwalter bzw. Treuhänder wird er dies nicht tun. In der Insolvenz verliert der Schuldner ohnehin das Meiste. Warum sollte er dann von dem Wenigen, was er behalten kann, etwas aufgeben, ohne eine Gegenleistung erhalten zu können?

III. Höchstpersönliche und zweckgebundene Forderungen, § 851 Abs. 1 ZPO

Bei den **höchstpersönlichen Forderungen** wird entweder der Leistungsinhalt durch das persönliche Verhältnis wesentlich bestimmt oder die Leistung kann an einen anderen Gläubiger nicht in derselben Weise bewirkt werden bzw. bekäme insoweit einen anderen Inhalt.⁴¹ **Zweckgebundene Forderungen** sind nach § 851 ZPO unpfändbar, wenn eine Pfändung mit dem zum Rechtsinhalt gehörenden Anspruchszweck unvereinbar wäre, also der mit der Leistung bezweckte Erfolg bei einer Vollstreckung verfehlt wird.⁴² Für den Anlassgläubiger ist eine Vollstreckung regelmäßig zulässig.⁴³ Da im Insolvenzverfahren die Zweckbestimmung nicht herbeigeführt werden kann, fällt die zweckgebundene Forderung regelmäßig nicht in die Insolvenzmasse.⁴⁴ Auch eine vertraglich vereinbarte Zweckbindung, mit der ein Verwendungszweck zum Inhalt der zu erbringenden Leistung erhoben wird, schränkt die Pfändbarkeit ein.⁴⁵   23

Einzelfälle: § 1 GSB verpflichtet den Baugeldempfänger, das **Baugeld** nur zur Befriedigung von Forderungen solcher Personen zu verwenden, die an der Herstellung des Baus beteiligt sind. Dennoch soll das Baugeld nicht in das insolvenzfreie Vermögen fallen. Der Insolvenzverwalter müsse es allerdings getrennt verwalten und an die Baugläubiger verteilen.⁴⁶ Ausgezahltes Baugeld, das nicht auf ein Treuhandkonto verbucht wird, ist pfändbar.⁴⁷ Bei **Bausparverträgen** sind der Anspruch auf das Sparguthaben und das Recht zur Kündigung pfändbar.⁴⁸ § 5 Abs. 3 Nr. 7 BSpKG steht dem nicht entgegen. Dies gilt auch bei einem gemeinsamen Bausparguthaben von Ehegatten.⁴⁹ Das zweckgebundene Bauspardarlehen darf nur im Rahmen der Zweckbindung abgetreten und gepfändet werden. Der Gläubiger kann den Darlehensvertrag nicht schließen.⁵⁰ Die Ausführungen zur Massezugehörigkeit des Baugelds gelten entsprechend. Kostenerstattungsansprüche gegen den **Krankenversicherer** sind nicht nach § 851 ZPO unpfändbar, doch ist die Pfändung gem. § 850b Abs. 2 ZPO unbillig.⁵¹ Im **Mietverhältnis** ist der Anspruch des Mieters auf Überlassung der Sache zum Gebrauch aufgrund seiner Zweckbindung nicht pfändbar.⁵² Ansprüche des Vermieters auf Zahlung der Mietnebenkosten sind wegen der Parallele zu § 851b ZPO unpfändbar.⁵³   24

---

40 Jaeger/*Henckel* Rn. 6; MüKo-InsO/*Peters* Rn. 59; Uhlenbruck/*Hirte* Rn. 39; FK-InsO/*Schumacher* Rn. 65; Kübler/Prütting/Bork/*Holzer* Rn. 9; HambK-InsR/*Lüdtke* Rn. 20; Nerlich/Römermann/*Andres* Rn. 59; Graf-Schlicker/*Graf-Schlicker/Kexel* Rn. 7.
41 PG/*Ahrens* § 851 Rn. 9.
42 BGH 19.09.1957, VII ZR 423/56, BGHZ 25, 211 (214); 05.11.2004, IXa ZB 17/04, NJW-RR 2005, 720 f.
43 Schuschke/Walker/*Kessal-Wulf* § 851 Rn. 5.
44 Uhlenbruck/*Hirte* Rn. 5.
45 PG/*Ahrens* § 851 Rn. 13; a.A. Stein/Jonas/*Brehm* § 851 Rn. 20; Musielak/*Becker* § 851 Rn. 6.
46 Jaeger/*Henckel* Rn. 25; a.A. OLG Hamm 12.12.2006, 27 U 98/06, ZInsO 2006, 331, 332; Uhlenbruck/*Hirte* § 35 Rn. 175.
47 BGH 26.04.2013, IX ZR 220/11, ZInsO 2013, 1313 Rn. 5.
48 Jaeger/*Henckel* Rn. 26; MüKo-ZPO/*Smid* § 851 Rn. 13.
49 AG Köln 27.12.2010, 142 C 338/10, ZInsO 2011, 1260.
50 *Stöber* Forderungspfändung, Rn. 90.
51 BGH 04.07.2007, VII ZB 68/06, NJW-RR 2007, 1510 Rn. 10, 14.
52 PG/*Ahrens* § 851 Rn. 15.
53 OLG Celle 13.04.1999, 4 W 48/99, NJW-RR 2000, 460 (461).

IV. Abtretungsverbote und vertragliche Abreden

25 Sind Rechte aufgrund einer **gesetzlichen Regelung** unabtretbar, können sie nach § 851 Abs. 1 ZPO nicht gepfändet werden und fallen demzufolge auch nicht in die Insolvenzmasse. Nicht übertragbar aufgrund gesetzlicher Anordnung sind im **bürgerlichen Recht** die nicht verkehrsfähigen Rechte, wie die Vereinsmitgliedschaft, § 38 Satz 2 BGB, das Rücknahmerecht des Hinterlegers aus § 377 BGB und die Gesellschafterrechte, § 717 Satz 1 BGB. Das persönliche Vorkaufsrecht aus § 473 BGB ist im Zweifel unübertragbar und massefrei. Auch ein dingliches Vorkaufsrecht ist nach den §§ 1094, 1098 Abs. 1 Satz 1 BGB massefrei, es sei denn, das Vorkaufsrecht ist mit einem in die Masse fallenden Grundstück verbunden.[54] Im Zweifel unübertragbar sind auch die Ansprüche aus § 613 Satz 2 BGB[55] und aus § 664 Abs. 2 BGB. Als akzessorisches Recht ist das Pfandrecht nach § 1250 Abs. 1 Satz 2 BGB nicht allein pfändbar.

26 Ansprüche aus Lebensversicherungen im Rahmen der **betrieblichen Altersversorgung** (Direktversicherung bzw. Gehaltsumwandlungsdirektversicherung) sind gem. § 2 Abs. 2 Satz 4 BetrAVG unabtretbar und unpfändbar[56] sowie gem. § 2 Abs. 2 Satz 5 BetrAVG wegen des Rückkaufswerts unkündbar. Der Insolvenzverwalter darf deswegen den Versicherungsvertrag nicht kündigen.[57] Die Unpfändbarkeit gilt uneingeschränkt für die vor Verfügungen des Arbeitnehmers umfassend geschützte Versorgungsanwartschaft.[58] Die Verfügungsbeschränkung erfasst nicht den Anspruch auf Auszahlung der Versicherungssumme im Versicherungsfall.[59] Auch als künftige Forderung ist der Anspruch des Arbeitnehmers auf Auszahlung der Versicherungssumme aus einer Firmendirektversicherung bereits vor Eintritt des Versicherungsfalls pfändbar.[60] Nach § 97 EStG nicht übertragbar ist das gem. den §§ 10a, 79 ff. EStG geförderte Altersvorsorgevermögen einschließlich seiner Erträge, die geförderten laufenden Altersvorsorgebeiträge und der Anspruch auf die Zulage. Diese Forderungen sind bereits nach § 851d ZPO unpfändbar.

27 Ansprüche auf **höchstpersönliche Dienstleistungen**, wie die eines Sanierungsberaters, sind nicht übertragbar, § 613 Satz 2 BGB, und deswegen nicht pfändbar und unterliegen nicht dem Insolvenzbeschlag.[61] Nicht schlechthin unübertragbar und damit pfändbar sind die Honoraransprüche verschwiegenheitspflichtiger Berufe, wie der Ärzte,[62] Rechtsanwälte[63] und Steuerberater (BGHZ 141, 173, 176).[64] Nicht übertragbar ist der Anspruch auf **Erbbaurechtsentschädigung** vor der Fälligkeit, § 27 Abs. 4 ErbbauVO. Gesetzliche Übertragungsverbote für **gesellschaftsrechtliche Forderungen** bestehen nach § 41 Abs. 4 AktG.

28 Für **vertragliche Abtretungsverbote** lockert § 851 Abs. 2 ZPO die Verbindung zwischen materiellem Recht und Vollstreckungsrecht. Schuldner und Drittschuldner sollen nicht darüber disponieren können, ob Teile des Schuldnervermögens dem zwangsweisen Gläubigerzugriff entzogen sind. Selbst wenn eine Unabtretbarkeit vereinbart ist, bleibt die Forderung pfändbar, soweit ihr Gegenstand der Pfändung unterworfen ist. Trotz des weitergehenden Wortlauts ist die Regelung auf die vertraglichen Abtretungsverbote nach § 399 Alt. 2 BGB beschränkt. Die Inhaltsänderung gem. § 399 Alt. 2 BGB wird nicht erfasst, weil sie bereits in § 851 Abs. 1 geregelt ist.[65] Auf den Ausschluss des Kündigungs-

---

54 Jaeger/*Henckel* Rn. 41.
55 BGH 26.06.2008, IX ZR 144/05, NJW-RR 2008, 1728 Rn. 31.
56 LG Konstanz 17.08.2007, 62 T 58/06, Rpfleger 2008, 87 (88); LG Stuttgart 06.08.2009, 2 T 133/09, JurBüro 2010, 155; *Ganter* NZI 2013, 769.
57 OLG Hamm 05.07.2013. I-20 U 260/12, BeckRS 2013, 12222.
58 BGH 11.11.2010, VII ZB 87/09, NJW-RR 2011, 283 Rn. 7.
59 BGH 23.10.2008, VII ZB 16/08, NJW-RR 2009, 211 Rn. 9.
60 BGH 11.11.2010, VII ZB 87/09, NJW-RR 2011, 283 Rn. 9 ff.
61 BGH 21.02.2013, IX ZR 69/12, NZI 2013, 434 Rn. 9.
62 BGH 17.02.2005, IX ZB 62/04, BGHZ 162, 187, 191.
63 BGH 16.10.2003, IX ZB 133/03, NJW-RR 2004, 54; BFH 01.02.2005, VII B 198/04, NJW 2005, 1308.
64 BGH 25.03.1999, IX ZR 223/97, BGHZ 141, 173, 176.
65 PG/*Ahrens* § 851 Rn. 18 bis 20.

rechts bei einer nicht pfändungsgeschützten Kapitallebensversicherung wird § 851 Abs. ZPO entsprechend angewendet.[66]

Trotz eines vereinbarten Abtretungsverbots sind nach § **354a Abs. 1 HGB** die Abtretung und damit auch die Pfändung insbesondere dann wirksam, wenn das der Forderung zugrunde liegende Geschäft für beide Teile ein Handelsgeschäft bzw. der Schuldner eine juristische Person des öffentlichen Rechts oder ein öffentlich-rechtliches Sondervermögen ist. Folgerichtig fallen derartige Forderungen in die Masse. Als Rückausnahme bleibt nach § 354a Abs. 2 HGB bei einer Forderung aus einem Darlehensvertrag das Abtretungsverbot wirksam, wenn der Gläubiger ein Kreditinstitut i.S.d. Kreditwesengesetzes ist.[67] 29

C. Unpfändbare Gegenstände, Abs. 1

I. Unbewegliche Sachen

Die Zwangsvollstreckung in das unbewegliche Vermögen erfolgt nach den §§ 864, 869 ZPO i.V.m. dem ZVG. Besondere Pfändungsschutzvorschriften bestehen dafür nicht. Es kommt allerdings ein Vollstreckungsschutz nach § 765a ZPO in Betracht (s. Rdn. 19 f.). 30

II. Bewegliche Sachen

1. § 811 Abs. 1 ZPO

a) Grundlagen

Die Pfändungsverbote aus § 811 Abs. 1 ZPO dienen dem sozialen Schuldnerschutz. Sie basieren aus der in den Art. 1 und 2 GG garantierten Menschenwürde bzw. allgemeinen Handlungsfreiheit und konkretisieren das verfassungsrechtliche Sozialstaatsprinzip der Art. 20 Abs. 1, 28 Abs. 1 GG. Der Schutzbereich von § 811 Abs. 1 ZPO gilt deswegen für **natürliche Personen**. Die Vollstreckungsschranken des § 811 Abs. 1 ZPO formen daher den unabdingbaren, auch in der Insolvenz zu beachtenden Freiheitsschutz des Schuldners aus. Es ist nicht berechtigt, die Regelung des § 811 Abs. 1 ZPO restriktiver als im Einzelvollstreckungsverfahren auszulegen.[68] Wie die ausdrückliche Verweisung auf die Pfändungsschutzbestimmung belegt, hat der Gesetzgeber den Interessenkonflikt nicht anders als im Vollstreckungsrecht gelöst. Gerade der durch 811 Abs. 1 Nr. 5 ZPO geschützte nicht kapitalistisch Erwerbstätige benötigt die Gegenstände, um seine Berufstätigkeit ausüben zu können. Insolvenzrechtlich ist die Legitimation der eigenen selbständigen Tätigkeit einschließlich der dazugehörigen Vermögensgegenstände (§ 35 Rdn. 159 f.) durch § 35 Abs. 2 anerkannt. Verfassungsrechtlich wird sie durch die Berufsfreiheit aus Art. 12 Abs. 1 GG und die zu schützende Möglichkeit gewährleistet, das Existenzminimum eigenverantwortlich zu erwerben. Auch die Restschuldbefreiung wird nicht mit dem Preis eines reduzierten Pfändungsschutzes bezahlt,[69] ein im Übrigen unter Gleichbehandlungsgesichtspunkten höchst bedenklicher Gedanke. In den Fällen der Nr. 1, 5 und 6 ist aber eine Austauschpfändung zulässig (s. Rdn. 21). 31

Dem **Schuldner und seinen Familienangehörigen** soll die wirtschaftliche Existenz erhalten werden, um unabhängig von Sozialleistungen ein bescheidenes, der Würde des Menschen entsprechendes Leben führen zu können.[70] Geschützt werden regelmäßig die vom Schuldner und seinen Familienangehörigen benötigten Sachen, vgl. Nr. 1 bis 5, 8, 10 bis 13. Anders als die §§ 850c, 850f, 850i, 850k ZPO stellt § 811 Abs. 1 ZPO nicht auf einen durch die gesetzlichen Unterhaltspflichten begrenzten Personenkreis ab. Auszugehen ist regelmäßig von den Familienangehörigen, die mit dem Schuldner 32

---

66 BGH 01.12.20111, IX ZR 79/11, NZI 2012, 76 Rn. 33 ff.
67 PG/*Ahrens* § 851 Rn. 23.
68 A.A. MüKo-InsO/*Peters* Rn. 24 f.; Uhlenbruck/*Hirte* Rn. 14; HK-InsO/*Keller* 6. Aufl., Rn. 13.
69 Wie dies bei MüKo-InsO/*Peters* Rn. 25, anklingt.
70 BGH 28.01.2010, VII ZB 16/09, NJW-RR 2010, 642 Rn. 11.

§ 36 InsO Unpfändbare Gegenstände

in einer Haushaltsgemeinschaft zusammenleben, konkretisiert durch die Wertungen der jeweiligen Norm.

b) Persönlicher Gebrauch und Haushaltsgegenstände, Nr. 1

33 Geschützt sind die persönlichen Sachen und Haushaltsgegenstände, die der Schuldner für sich und seine Familienangehörigen für eine angemessen bescheidene Lebensführung oder Berufstätigkeit benötigt. Der Schuldner muss gegenüber den mit ihm zusammenlebenden Angehörigen nicht unterhaltspflichtig sein.[71] Die nicht abschließende Aufzählung in Nr. 1 nennt dafür insb. Kleidungsstücke und Haushaltsgegenstände.[72] Zu berücksichtigen sind stets die Umstände des Einzelfalls, wobei auch die gegenüber der älteren Rechtsprechung eingetretenen Veränderungen zu beachten sind. Eine Waschmaschine,[73] ein Kühlschrank,[74] auch mit Gefrierfach, ein Fernsehgerät und ein einfacher Computer mit Internetzugang sind unpfändbar, anders sonstige Unterhaltungselektronik.[75] Ob ein Wäschetrockner oder ein Geschirrspüler unpfändbar sind, hängt von der familiären Situation ab.[76] Ergänzend sind § 812 ZPO sowie § 36 Abs. 3 zu beachten. Wohnwagen, Wohnboote, Gartenlauben etc., die der Schuldner für Wohnzwecke benötigt, sind unpfändbar, wenn sie der Zwangsvollstreckung in das bewegliche Vermögen unterliegen. Gleich zu behandeln sind ständig bewohnte Wohnwagen.[77] Nicht geschützt sind Freizeitwohnungen, wie Jagdhütten, Wochenend- und Ferienwohnungen.[78]

c) Nahrungs-, Feuerungs- und Beleuchtungsmittel, Nr. 2

34 Unpfändbar sind auch die vom Schuldner, seiner Familie und den im Haushalt helfenden Personen benötigten Nahrungs-, Feuerungs- und Beleuchtungsmittel. Zum geschützten Personenkreis gehören Lebensgefährten und Pflegekinder.[79] Wichtiger als die Naturalien ist das entsprechende **Haushaltsgeld**. Geschützt ist dieses Geld aber nur dann, wenn ein entsprechender Betrag nicht aus anderen Quellen, etwa nach den §§ 850i und 850k ZPO, pfändungsfrei zur Verfügung steht. Einen darüber hinausgehenden, Nr. 2 zumeist verdrängenden Schutz gewährt Nr. 8. Die Regelung in Nr. 2 bleibt jedoch anwendbar, soweit von dieser Vorschrift ein weitergehender Personenkreis erfasst wird.

d) Vieh, Nr. 3

35 Geschützt werden nicht allein Landwirte oder Nebenerwerbslandwirte, sondern alle Selbstversorger mit Viehbestand. Trifft der Schuldner keine Wahl, entscheidet der Insolvenzverwalter. Zu belassen ist auch ein Futter- und Streuvorrat für vier Wochen oder ein entsprechender Geldbetrag.

e) Landwirtschaftliche Betriebsmittel, Nr. 4

36 Der Pfändungsschutz für Betriebsmittel, die einem landwirtschaftlichen Betrieb dienen, wird durch § 36 Abs. 2 Nr. 2 Alt. 1 verdrängt (s. Rdn. 87 f.).

---

[71] Musielak/*Becker* § 811 Rn. 11.
[72] Übersicht bei PG/*Flury* § 811 Rn. 18 f.
[73] FK-InsO/*Schumacher* Rn. 8; Kübler/Prütting/Bork/*Holzer* Rn. 12.
[74] MüKo-InsO/*Peters* Rn. 11.
[75] Zöller/*Stöber* § 811 Rn. 15.
[76] HK-InsO/*Keller* 6. Aufl., Rn. 15.
[77] Schuschke/Walker/*Walker* § 811 Rn. 21.
[78] PG/*Flury* § 811 Rn. 16; s.a. *Zimmermann* ZInsO 2011, 2011.
[79] Schuschke/Walker/*Walker* § 811 Rn. 22.

f) Landwirtschaftliche Arbeitnehmer, Nr. 4a

Geschützt werden die Arbeitnehmer in der Landwirtschaft sowie deren Familien. Als Vergütung gelieferte Naturalien sind nicht nur Nahrungsmittel, sondern auch Bekleidung oder Heizmaterial. Die Sachen müssen nicht im landwirtschaftlichen Betrieb hergestellt sein.[80] 37

g) Schutz persönlicher Arbeitsleistung, Nr. 5

Um dem Schuldner die Möglichkeit zu geben, seinen Lebensunterhalt selbst zu erwirtschaften, sind ihm die dafür erforderlichen Gegenstände zu belassen. Für eine vom Zwangsvollstreckungsrecht abweichende insolvenzrechtliche Interpretation ist kein Raum,[81] weil § 811 Abs. 1 Nr. 5 ZPO die Interessen zwischen Schuldner und Gläubiger gesetzlich ausbalanciert. Dem Schuldner soll die Möglichkeit gegeben werden, seinen Lebensunterhalt aus dem selbst erwirtschafteten Einkommen zu decken. § 811 Abs. 1 Nr. 5 ZPO dient daher dem gleichen Zweck, wie andere wesentliche Pfändungsschutzvorschriften, die zweifellos in der Insolvenz anwendbar sind. Es genügt, wenn der derzeit beschäftigungslose Schuldner die Gegenstände zur Aufnahme der Arbeit benötigt.[82] Da der Familienunterhalt gesichert werden soll, erstreckt sich der **persönliche Anwendungsbereich** auch auf Familienangehörige und insb. den Ehegatten des Schuldners.[83] Unpfändbar sind auch die Gegenstände des Schuldners, wie ein Pkw, die sein Ehegatte zur Fortsetzung einer Erwerbstätigkeit benötigt.[84] 38

Nicht jede Erwerbsform wird erfasst, sondern nur die geistige oder körperliche Arbeit bzw. eine sonstige persönliche Leistung. Stets geschützt ist die abhängige Tätigkeit von Arbeitern, Angestellten, Beamten oder Auszubildenden. Bei selbständiger Erwerbstätigkeit ist unerheblich, ob der Insolvenzverwalter eine Erklärung nach § 35 Abs. 2 abgegeben hat,[85] denn der Verwalter kann nicht durch eine Positiverklärung unpfändbare Gegenstände zur Masse ziehen. Es soll nach der zwangsvollstreckungsrechtlichen Interpretation der unpfändbaren Sachen die persönliche Leistung des Schuldners die Ausnutzung sächlicher Betriebsmittel überwiegen müssen.[86] Eine kapitalistische Erwerbsform wird nach dieser Vorstellung nicht erfasst mit der Folge eines Wertungswiderspruchs zum Pfändungsschutz für die erzielten Einkünfte. Während § 850i ZPO den gesamten selbsterwirtschafteten Lebensunterhalt schützt, also auch dann, wenn die Ausnutzung von Sach- und Kapitalmitteln überwiegt,[87] sollen dem Schuldner im Rahmen von § 811 Abs. 1 Nr. 5 ZPO nicht stets die entsprechenden Arbeitsmittel gelassen werden. Dieser Gegensatz kann freilich gemildert werden, denn das Kriterium der persönlichen Leistung lässt Raum, stärker auf die Erwerbstätigkeit und weniger auf die Erwerbsform abzustellen. Geschützt sind Freiberufler, Künstler, Handwerker, Fuhr- und Taxiunternehmer,[88] aber auch Gewerbetreibende und Kaufleute, bei denen die persönliche Arbeitsleistung überwiegt.[89] Beim Betrieb eines Sonnenstudios kann dies zweifelhaft sein. 39

Nicht massezugehörig sind **Gegenstände**, die unmittelbar oder mittelbar der Erwerbstätigkeit dienen, z.B. Wechselgeld,[90] und für deren Fortführung benötigt werden, doch müssen sie nicht unentbehrlich sein.[91] Bücher können als Hilfsmittel für persönliche Arbeit benötigt werden. Ohne 40

---

80 PG/*Flury* § 811 Rn. 25.
81 BFH 07.04.2005, V R 5/04, ZInsO 2005, 774; Kübler/Prütting/Bork/*Holzer* § 35 Rn. 74; HambK-InsR/*Lüdtke* Rn. 132; Ries ZVI 2004, 221 (224); s.a. AG Köln 14.04.2003, 71 IN 25/02, NZI 2003, 387; a.A. MüKo-InsO/*Peters* Rn. 24 ff.; Rn.*Peters* WM 2012, 1067 (1068); *Sinz/Hiebert* ZInsO 2011, 63 (66).
82 Uhlenbruck/*Hirte* Rn. 16.
83 MüKo-ZPO/*Gruber* § 811 Rn. 39.
84 BGH 28.01.2010, VII ZB 16/09, NJW-RR 2010, 642 Rn. 11 ff.; *Ahrens* NJW-Spezial 2012, 725.
85 HK-InsO/*Keller* 6. Aufl., Rn. 16.
86 FK-InsO/*Schumacher* Rn. 10; Schuschke/Walker/*Walker* § 811 Rn. 27.
87 *Ahrens* ZInsO 2010, 2357, 2360; Hk-ZV/*Meller-Hannich* § 850i ZPO Rn. 2.
88 *Sinz/Hiebert* ZInsO 2011, 63 (65).
89 FK-InsO/*Schumacher* Rn. 10; Zöller/*Stöber* § 811 Rn. 24a.
90 *Sinz/Hiebert* ZInsO 2011, 63 (65).
91 PG/*Flury* § 811 Rn. 32.

Computer ist weder eine moderne Bürokommunikation noch Arbeitsorganisation möglich.[92] Mobiltelefone werden vielfach erforderlich sein. Für die täglichen Fahrten von der Wohnung eines Arbeitnehmers zu seiner Arbeitsstätte kann ein **Pkw** erforderlich sein. Das ist nicht der Fall, wenn der Arbeitnehmer in zumutbarer Weise öffentliche Verkehrsmittel benutzen kann. Inwieweit die Nutzung von öffentlichen Verkehrsmitteln zumutbar ist, ist eine Frage des Einzelfalls, die unter Berücksichtigung der Verhältnisse des Schuldners, der öffentlichen Verkehrsanbindung und des Arbeitsverhältnisses zu entscheiden ist. Dabei kann auch eine Rolle spielen, dass es dem Schuldner nach Beendigung der Arbeit i.d.R. nicht zuzumuten ist, ungewöhnlich lange auf öffentliche Verkehrsmittel für den Weg nach Hause zu warten.[93] Der Pkw des Schuldners ist auch dann unpfändbar, wenn dessen Ehegatte das Fahrzeug benötigt, um eine Erwerbstätigkeit fortsetzen zu können.[94] Fahrten zu Vorstellungsterminen können nur gleichgestellt werden, wenn sie einen annähernd gleichen Umfang besitzen und ähnliche Belastungen begründen. Eine Austauschpfändung nach § 811a ZPO ist zulässig, doch wird dem Schutzzweck von § 811 Abs. 1 Nr. 5 ZPO nicht genügt, wenn das Ersatzstück nicht die annähernd gleiche Haltbarkeit und Lebensdauer wie der gepfändete Gegenstand aufweist. Ein neun Jahre altes Fahrzeug mit einer Laufleistung von 50 000 km darf deswegen nicht gegen ein 19 Jahre altes Ersatzstück mit einer Laufleistung von 200 000 km ausgetauscht werden.[95]

h) Fortsetzung der Erwerbstätigkeit eines Erblassers, Nr. 6

41 Die Vorschrift erweitert den persönlichen Anwendungsbereich von Nr. 5 auf Witwen und Witwer sowie minderjährige Erben.

i) Dienstkleidung und Dienstausrüstung, Nr. 7

42 Die Vorschrift konkretisiert Nr. 5 für Beamte, Geistliche, Rechtsanwälte, Notare, Ärzte und Hebammen, doch sind etwa auch Richter und Zahnärzte gleichzustellen. Als Spezialregelung ist die Vorschrift auch bedeutsam, weil keine Austauschpfändung nach § 811a Abs. 1 ZPO zulässig ist. Es muss eine Pflicht bestehen, die Dienstbekleidung zu tragen.[96] Zur Ausübung des Berufs erforderlich sein können die Büroausstattung, die Warte- oder Behandlungszimmereinrichtung, aber auch der PKW eines Hausarztes.[97]

j) Bares Arbeitseinkommen, Nr. 8

43 Die Vorschrift ergänzt die finanzielle Existenzsicherung des Schuldners. Während § 850c ZPO die Arbeitseinkünfte des Schuldners an der Quelle und § 850k ZPO die Einkünfte nach einem Wechsel des Drittschuldners auf dem Konto schützt, sichert § 811 Abs. 1 Nr. 8 ZPO einen entsprechenden Barbetrag. Der Schutz besteht für einen Schuldner der **wiederkehrende Arbeitseinkommen** nach den §§ 850 bis 850b ZPO bezieht. Auf diese Regelungen wird nur verwiesen, um den persönlichen Anwendungsbereich der Vorschrift zu bestimmen. Ob das Bargeld tatsächlich aus dieser Quelle stammt, ist unerheblich.[98]

44 Obwohl sich § 36 Abs. 1 Satz 2 nicht auf § 850b ZPO bezieht, ist diese Pfändungsschutzvorschrift im Rahmen der insolvenzbezogenen Anwendung von § 811 Abs. 1 Nr. 8 ZPO zu berücksichtigen, denn sonst wäre der Schuldnerschutz verringert, den § 36 Abs. 1 Satz 2 gerade stärken soll. Auf **einmalige Arbeitsentgelte** und sonstige Einkünfte i.S.d. § 850i ZPO verweist Nr. 8 nicht. Dies ist folgerichtig, weil über den Vollstreckungsschutz für diese Einkünfte zunächst eine gerichtliche Entscheidung herbeigeführt werden muss. Wenn das Insolvenzgericht nach § 36 Abs. 4 i.V.m. § 850i ZPO

---

92 Zöller/*Stöber* § 811 Rn. 28; s.a. Kübler/Prütting/Bork/*Holzer* Rn. 17.
93 BGH 28.01.2010, VII ZB 16/09, NJW-RR 2010, 642 Rn. 16.
94 BGH 28.01.2010, VII ZB 16/09 Rn. 10 ff.
95 BGH 16.06.2011, VII ZB 114/09; NJW-RR 2011, 1366, Rn. 13.
96 PG/*Flury* § 811 Rn. 37.
97 Zöller/*Stöber* § 811 Rn. 31.
98 MüKo-ZPO/*Gruber* § 811 Rn. 44.

diese Einkünfte freigestellt hat, muss aber auch ein entsprechender Barbetrag massefrei bleiben. Eine Lücke besteht allerdings bei Schuldnern, die **laufende Sozialleistungen** beziehen. Früher war das Bargeld bei diesen Personen nach § 55 Abs. 4 SGB I massefrei. Diese Regelung ist allerdings im Zuge der Novellierung des Kontopfändungsschutzes aufgehoben. Damit sollte allerdings nicht der sonstige Pfändungsschutz verkürzt werden. § 811 Abs. 1 Nr. 8 ZPO ist insoweit analog anzuwenden.

Massefrei ist ein Geldbetrag, der im ersten Monat dem unpfändbaren Betrag von der Insolvenzeröffnung bis zum **nächsten Zahlungstermin** und anschließend dem monatlich unpfändbaren Einkommen entspricht. Dieser Betrag ist anhand der Tabelle zu ermitteln. Im Einzelzwangsvollstreckungsrecht wird allerdings vom Gerichtsvollzieher eine Pfändung bis auf die Grenzen des Notbedarfs nach Nr. 2 verlangt, wenn er den unpfändbaren Betrag nicht ermitteln kann. Der Schuldner wird dabei auf einen Freigabeantrag beim Vollstreckungsgericht verwiesen.[99] Auf das Insolvenzverfahren kann dieses Zugriffsrecht nicht übertragen werden, denn dem Insolvenzverwalter liegen die erforderlichen Informationen vor.

k) Apotheken, Nr. 9

Der Pfändungsschutz für die Betriebsmittel einer Apotheke wird durch § 36 Abs. 2 Nr. 2 Alt. 2 verdrängt (s. Rdn. 89).

l) Bücher für Schule und Unterricht, Nr. 10

Geschützt werden Bücher, die für den Gebrauch des Schuldners und seiner Familie in der Schule, einer sonstigen Unterrichtsanstalt, der Kirche oder bei der häuslichen Andacht bestimmt sind. Unterrichtsanstalten sind Universitäten, Fachhochschulen, Verwaltungs- und Berufsakademien, Berufsschulen etc. Eine analoge Anwendung auf Computer ist nicht erforderlich. Die Regelung überschneidet sich mit den Nr. 5 und 7.

m) Höchstpersönliche Gegenstände, Nr. 11

Haushaltsbücher, Familienpapiere, Trauringe, Orden und Ehrenzeichen sind nicht Nr. 11 ebenfalls massefrei. In die Insolvenzmasse fallen dagegen wegen der Sonderregelung in § 36 Abs. 2 Nr. 1 die Geschäftsbücher des Schuldners. Unpfändbar sind Quittungen, Rechnungen, Belege, Versicherungs- und andere Verträge, in Papier- oder elektronischer Form.[100] Der Insolvenzverwalter kann allerdings jederzeit Einsicht nehmen und Kopien verlangen. Erfasst werden auch öffentliche Urkunden, wie Geburts-, Heirats- und Sterbeurkunden, aber auch private Aufzeichnungen, etwa private Briefe, Papiere und Fotos, selbst von hohem Wert.[101] In die Insolvenzmasse fallen dagegen Gemälde von Familienangehörigen mit einem selbständigen Vermögenswert.[102] Geschützt sind Trauringe, auch bei einer Lebenspartnerschaft, nicht aber Verlobungs-,[103] Freundschafts- und Beisteckringe.[104] Schmuck mit Vermögenswert gehört zur Insolvenzmasse, selbst bei einem besonderen affektiven Interesse.

n) Hilfsmittel bei körperlichen Gebrechen, Nr. 12

Der Schutz der menschlichen Würde verlangt, Hilfsmittel zur Kompensation körperlicher Gebrechen für den Schuldner oder seine Familienangehörigen nicht der Pfändung zu unterwerfen. Aus den Gesetzen zur **Gleichstellung behinderter Menschen** ergibt sich, dass Behinderte in das gesellschaftliche Leben integriert und die mit ihrer Behinderung verbundenen Nachteile verringert wer-

---

99 MüKo-ZPO/*Gruber* § 811 Rn. 44; Musielak/*Becker* § 811 Rn. 23.
100 PG/*Flury* § 811 Rn. 44.
101 PG/*Flury* § 811 Rn. 45.
102 Musielak/*Becker* § 811 Rn. 26.
103 AG Schöneberg 13.07.2012, 30 M 8034/12, DGVZ 2012, 227.
104 PG/*Flury* § 811 Rn. 46; Musielak/*Becker* § 811 Rn. 26.

den sollen, soweit dies durch medizinische und technische Maßnahmen möglich ist.[105] Diese Wertungen müssen vollstreckungsrechtlich beachtet werden.

50 Sind die Gegenstände mit dem Körper verbunden, wie Zahnimplantate aus Gold, unterliegen sie ohnehin nicht dem Sachenrechtsregime. Unpfändbar sind deswegen künstliche Gliedmaßen, Brillen, Kontaktlinsen, Hörgeräte, Rollstühle sowie behindertengerechtes Mobiliar und Spezialausrüstung aller Art.[106] Der **Pkw** eines gehbehinderten Schuldners ist massefrei, wenn die Benutzung des Pkw erforderlich ist, um die Gehbehinderung teilweise zu kompensieren und die Eingliederung des Schuldners in das öffentliche Leben wesentlich zu erleichtern.[107] Es kommt dabei nicht darauf an, ob das Fahrzeug für den Schuldner unentbehrlich ist.[108] Der Schuldner muss nicht erwerbstätig sein.[109]

o) Bestattungsbedarf

51 **Unmittelbar** bei der Bestattung **verwendete Sachen**, wie der Sarg, sind unpfändbar. Ein Grabstein dient nicht der Bestattung, sondern dem Andenken an den Verstorbenen. Die Zwangsvollstreckung des Steinmetzes wegen seines Zahlungsanspruchs in den unter Eigentumsvorbehalt gelieferten Grabstein ist zulässig.[110] In der Insolvenz ist insofern ggf. der Verwertungserlös gesondert zu verwalten, falls nicht der Grabstein ausgesondert werden muss.

2. Sonstige Pfändungsbeschränkungen

52 Die erweiterte Pfändbarkeit nach § 811 Abs. 2 zugunsten der Vollstreckung einer Geldforderung wegen einer durch **Eigentumsvorbehalt** gelieferten Sache, besitzt in der Insolvenz kein besonderes Gewicht.[111] Die Sache fällt allerdings aufgrund der erweiterten Pfändbarkeit in die Masse und der Vorbehaltsverkäufer kann sie nach § 47 aussondern.[112]

53 **Haustiere** sind nach § 811c ZPO grds. unpfändbar. Bei wertvollen Tieren kann eine Vollstreckung zugelassen werden, wenn die Unpfändbarkeit eine besondere Härte für den Gläubiger darstellt, die unter Würdigung des Tierschutzes und der berechtigten Belange des Schuldners nicht zu rechtfertigen ist. Wie der BGH zum Insolvenzbeschlag von Berufsunfähigkeitsversicherungen ausgesprochen hat, ist zwar im Insolvenzverfahren eine Abwägung zwischen den Interessen des Schuldners und den Einzelinteressen der Gläubiger ausgeschlossen. Abgewogen werden können aber die Interessen des Schuldners gegen das Gesamtinteresse der Gläubiger.[113]

54 Für **Haushaltsgegenstände** erweitert § 812 ZPO den Pfändungsschutz über § 811 Abs. 1 Nr. 1 ZPO hinaus (Rdn. 33). Im Insolvenzverfahren ist diese Regelung durch § 36 Abs. 3 ersetzt.

55 Die Pfändbarkeit von **Waffen** wird durch § 35 WaffG nicht ausgeschlossen. Bei **Tieren** können sich Beschränkungen aus dem Washingtoner Artenschutzübereinkommen vom 03.03.1973 ergeben.

---

105 BGH 16.06.2011, VII ZB 12/09, NJW-RR 2011, 1367 Rn. 8.
106 MüKo-ZPO/*Gruber* § 811 Rn. 48.
107 BGH 19.03.2004, IXa ZB 321/03, NJW-RR 2004, 789 (790); 16.06.2011, VII ZB 12/09, NJW-RR 2011, 1367 Rn. 8.
108 BGH 16.06.2011, VII ZB 12/09, NJW-RR 2011, 1367 Rn. 8.
109 BGH 19.03.2004, IXa ZB 321/03, NJW-RR 2004, 789 (790).
110 BGH 20.12.2005, VII ZB 48/05, NJW-RR 2006, 570 (571).
111 FK-InsO/*Schumacher* Rn. 12.
112 Uhlenbruck/*Hirte* Rn. 18.
113 BGH 03.12.2009, IX ZR 189/08, NZI 2010, 141 Rn. 14.

III. Forderungen auf Arbeitsentgelt und gleichgestellte Forderungen

1. Pfändungsschutz für Arbeitseinkommen

a) Arbeitseinkommen, § 850 ZPO

In Geld zahlbares Arbeitseinkommen ist gem. § 850 Abs. 1 ZPO nur nach den §§ 850a bis 850i 56
ZPO pfändbar. Diese vollstreckungsrechtliche Grundregel wird für die Bestimmung der Masse
durch § 36 Abs. 1 Satz 2 modifiziert. In dieser speziellen Verweisung werden die §§ 850, 850a,
850c, 850e, 850f Abs. 1, §§ 850g bis 850k, 851c und 851d ZPO für entsprechend anwendbar erklärt (s. Rdn. 6). Unanwendbar sind die §§ 850d, 850f Abs. 2 ZPO, die eine Einzelabwägung verlangen. Zu § 850b vgl. Rdn. 65.

Die Pfändung erfasst die gesamten Einkünfte des Schuldners und damit seine Bruttobezüge, doch 57
sind die pfändbaren Beträge nach den **Nettolohnansprüchen** zu bestimmen.[114] In der Insolvenz fällt
aber nur das pfändbare laufende Arbeitseinkommen in die Masse.[115] Der Insolvenzverwalter bzw.
Treuhänder kann deswegen nicht die Auszahlung des gesamten Nettoeinkommens an sich verlangen,
von dem er dem Schuldner den unpfändbaren Betrag auskehrt (s. Rdn. 10). Der Drittschuldner darf
dem Verwalter lediglich die pfändbaren Bestandteile überweisen. Wie sonst auch trägt der Drittschuldner das Risiko, den unpfändbaren Betrag falsch berechnet zu haben, denn er wird bei einer
unberechtigten Leistung an den Schuldner nur unter den engen Voraussetzungen von § 82 frei. Folgerichtig ist der Schuldner im Hinblick auf die unpfändbaren Vergütungsbestandteile verfügungsbefugt und in einem Verfahren etwa über die Berechnung des unpfändbaren Einkommens sachlegitimiert.[116] Bezieht der Schuldner Sach- oder Naturalleistungen, ist die Unpfändbarkeit nach § 811
Abs. 1 Nr. 2 bis Nr. 4a ZPO zu bestimmen (s. Rdn. 34 ff.). Erhält der Schuldner neben seinem in
Geld zahlbaren Einkommen auch Naturalleistungen, ist ihr Wert nach § 850e Nr. 3 ZPO mit seinen
Geldbezügen zusammenzurechnen.

Als Arbeitseinkommen i.S.v. Abs. 2 erfasst werden alle Vergütungen aus **Arbeits-, Dienst- oder Be-** 58
amtenverhältnissen, welche die Erwerbstätigkeit des Schuldners vollständig oder zu einem wesentlichen Teil in Anspruch nehmen. Auszugehen ist von einem umfassenden Begriff des Arbeitseinkommens. Erforderlich ist die Verwertung der Arbeitskraft, weswegen nur die Ansprüche natürlicher
Personen erfasst werden. Eingeschlossen sind auch die Entgeltfortzahlung im Krankheitsfall und
das Urlaubsentgelt. Geschützt sind auch die Vergütungen eines Organmitglieds einer Gesellschaft,
etwa eines Vorstandsmitglieds einer AG, das nicht oder nicht wesentlich an der Gesellschaft beteiligt
ist.[117]

Wesentlich ist nach der Rspr. des BGH, dass es sich um **wiederkehrende zahlbare Vergütungen** für 59
selbständige oder unselbständige Dienste handelt, welche die Existenzgrundlage des Dienstpflichtigen bilden.[118] Der Schutzgedanke aus § 850 ZPO fordert aber, diese Anforderung weit auszulegen
und Einkünfte, etwa aus einer Aushilfstätigkeit, als Arbeitseinkommen zu behandeln, soweit sie Bestandteil der Existenzsicherung sind. Sonstige, insb. einmalige Vergütungen können ebenfalls Arbeitseinkommen darstellen. Sie sind aber zunächst dem Zugriff des Gläubigers ausgesetzt und werden nach § 850i ZPO nur auf Antrag geschützt. Auch die laufenden Einkünfte Selbständiger stellen
Arbeitseinkommen dar, z.B. die Ansprüche des Kassenarztes gegen die Kassenärztliche Vereinigung.[119]

---

114 BAG 24.10.2000, 9 AZR 610/99, NZA 2001, 663 (666).
115 BGH 20.07.2010, IX ZR 37/09, BGHZ 186, 242 Rn. 13; s.a. Uhlenbruck/*Hirte* Rn. 12; a.A. LSZ/*Smid/
     Leonhardt* Rn. 3.
116 LAG Düsseldorf 26.01.2012, 11 Sa 1004/11, NZI 2012, 466 (467); Uhlenbruck/*Hirte* Rn. 20.
117 BGH 08.12.1977, II ZR 219/75, BGH NJW 78, 756.
118 BGH 05.12.1985, IX ZR 9/85, BGHZ 96, 324 (327); 12.12.2003, IXa ZB 165/03, NJW-RR 2004, 644.
119 BGH 05.12.1985, IX ZR 9/85, BGHZ 96, 324 (326); 11.05.2006, IX ZR 247/03, BGHZ 167, 363
     Rn. 15.

60 Erfasst werden **Dienst-, Arbeits-** und **Ausbildungsverhältnisse** bei bestehender persönlicher oder wirtschaftlicher Abhängigkeit. Dies trifft zu auf Vertragsverhältnisse der Berufssportler,[120] Künstler, freien Mitarbeiter der Medien, Volontäre, Auszubildenden, Entwicklungshelfer, aber auch auf höhere Dienste und freie Dienstverhältnisse mit wiederkehrendem Entgelt.[121] Unerheblich ist die Berechnung als Zeit- bzw. Leistungslohn, Tariflohn respektive über- oder außertarifliche Vergütung oder die Bezeichnung als Lohn, Gehalt, Vergütung, Honorar, Gratifikation, Sonderzahlung, Prämie,[122] auch für Verbesserungsvorschläge, Feiertags-, Nacht- und Schichtzulage, Familienzulage, Wohngeldzuschuss, Ortszuschlag, Tantieme, Erfolgsbeteiligung, Gage oder Provision.[123]

61 Dem Arbeitseinkommen gleichgestellt werden in § 850 Abs. 3 Buchst. a ZPO sog. **Karenzentschädigungen**, die der Arbeitnehmer zum Ausgleich für Wettbewerbsbeschränkungen für die Zeit nach Beendigung seines Dienstverhältnisses beanspruchen kann. Wie Arbeitseinkommen werden auch Versicherungsrenten aus Verträgen zur Versorgung des Versicherungsnehmers oder seiner unterhaltsberechtigten Angehörigen behandelt, § 850 Abs. 3 Buchst. b ZPO. Zu den geschützten Ansprüchen gehören **Berufsunfähigkeitsrenten**.[124]

62 **Kein Arbeitseinkommen** stellen Lohn- oder Einkommensteuererstattungsansprüche dar (vgl. § 35 Rdn. 78). Nicht zum Arbeitseinkommen gehört nach § 13 Abs. 3 Satz 5. VermBG auch die Arbeitnehmer-Sparzulage, die nicht übertragbar ist. Vereinbaren die Arbeitsvertragsparteien vor der Bezügeabtretung eine **Gehaltsumwandelung**, nach der ein Teil des monatlichen Barlohns vom Arbeitgeber auf eine Lebensversicherung zugunsten des Arbeitnehmers (Direktversicherung) gezahlt werden soll, entstehen insoweit keine pfändbaren Ansprüche auf Arbeitseinkommen mehr.[125] Zu den Einkünften eines Strafgefangenen vgl. § 35 Rdn. 79. Aus dem unpfändbaren Arbeitseinkommen angesparte Beträge sind nach der Rspr. des BGH pfändbar.[126]

b) Unpfändbare Bezüge, § 850a ZPO

63 Durch die relativen Pfändungsbeschränkungen aus der Tabelle zu § 850c ZPO sind zusätzliche Einkünfte des Schuldners in erheblichem Umfang pfändbar. Da diese Konsequenz nicht stets angemessen erscheint, erklärt § 850a ZPO einzelne Bestandteile des Arbeitseinkommens für absolut unpfändbar. Unpfändbar ist gem. Nr. 1 die Hälfte der insgesamt auf die **Mehrarbeit** entfallenden Vergütung, also nicht nur die Hälfte der Mehrarbeitszuschläge. Um dem Schuldner den hälftigen Betrag zu belassen, ist für die Berechnung auf den Bruttoverdienst abzustellen. Vom Bruttoarbeitseinkommen ist der unpfändbare Betrag brutto abzuziehen, d.h. nicht um Steuern und Sozialversicherungsbeiträge zu kürzen.[127] Nicht gepfändet werden können nach Nr. 2 das übliche **Urlaubsgeld**,[128] also eine zusätzliche arbeitsvertragliche, tarifliche oder betriebliche, über das Urlaubsentgelt hinaus gezahlte Vergütung und nach Nr. 3 Aufwandsentschädigungen etc. Unpfändbar sind auch Nacht-, Wochenend- und Feiertagszulagen und überhaupt Zulagen für Dienst zu ungünstigen Zeiten i.S.v. § 3 EZulV.[129]

64 Als **Weihnachtsvergütung** gem. Nr. 4 privilegiert ist der halbe Betrag des monatlichen Bruttoeinkommens, maximal aber 500 €. Diese Summe ist als Nettobetrag vom pfändbaren Einkommen ab-

---

120 BGH 17.01.1979, 5 AZR 498/77, NJW 1980, 470.
121 BAG 10.02.1962, 5 AZR 77/61, NJW 1962, 1221 (1222).
122 BAG 04.10.1978, 5 AZR 886/77, NJW 1979, 2119 (2120).
123 PG/*Ahrens* § 850 Rn. 19.
124 BGH 03.12.2009, IX ZR 189/08, NZI 2010, 141 Rn. 4, m.Anm. *Asmuß*.
125 BAG 30.07.2008, 10 AZR 459/07, NJW 2009, 167 Rn. 16.
126 BGH 26.09.2013, IX ZB 247/11 Rn. 7.
127 PG/*Ahrens* § 850a Rn. 5.
128 BGH 26.04.2012, IX ZB 239/10, NZI 2012, 457 Rn. 9 = VIA 2012, 51 m.Anm. *Buchholz*.
129 OVG Niedersachsen 17.09.2009, 5 ME 186/09, ZBR 2010, 60 f.; LG Hannover 21.03.2012, 11 T 6/12, VIA 2012, 46 m.Anm. *Stephan*; VG Düsseldorf 04.05.2012, 13 K 5526/10, VIA 2012, 72, m.Anm. *Buchholz*; Musielak/*Becker* § 850a Rn. 5a; a.A. LAG Frankfurt 25.11.1988, 13 Sa 359/88, DB 89, 1732; Zöller/*Stöber* § 850a Rn. 10 Rn.

zusetzen,[130] d. h. die aus der Weihnachtsvergütung zu zahlenden Steuern und Sozialversicherungsbeiträge sind aus dem sonstigen Bruttoeinkommen des Schuldners zu entrichten.[131] Heirats- und Geburtsbeihilfen sind nach Nr. 5 nur für Anlassgläubiger pfändbar. Sind derartige Forderungen angemeldet, kann der Insolvenzverwalter ausnahmsweise auf den Betrag zugreifen. Er muss ihn dann aber getrennt verwalten und darf ihn nur an die betreffenden Gläubiger verteilen. Unpfändbar sind Erziehungsgelder und Studienbeihilfen etc., Nr. 6, Sterbe- und Gnadenbezüge gem. Nr. 7 und Blindenzulagen Nr. 8.

c) Bedingt pfändbare Bezüge, § 850b ZPO

§ 36 Abs. 1 Satz 2 verweist nicht auf die Regelung über bedingt pfändbare Bezüge aus § 850b ZPO. 65
Diese Nichterwähnung soll nicht die Unpfändbarkeit nach § 850b Abs. 1 ZPO beseitigen, sondern die bedingte Pfändbarkeit nach § 850b Abs. 2 und Abs. 3 ZPO ausschließen,[132] denn für die erforderliche Einzelabwägung ist im Insolvenzverfahren kein Raum. Allerdings sollen die gem. § 850b Abs. 1 Nr. 1 ZPO bedingt pfändbaren Ansprüche auf **Berufsunfähigkeitsrenten** nach der Rspr. des BGH dem Insolvenzbeschlag unterliegen.[133] Im Insolvenzverfahren sei zwar eine Abwägung zwischen den Interessen des Schuldners und den Einzelinteressen der Gläubiger ausgeschlossen. Abgewogen werden können aber die Interessen des Schuldners gegen das Gesamtinteresse der Gläubiger.[134] Dahinter steht die Überlegung, wiederkehrende Leistungen mit Einkommensersatzfunktion für die Masse zu aktualisieren. Die Beitragsbefreiung für eine Lebensversicherung aufgrund einer mindestens 50 %igen Berufsunfähigkeit stellt keine Rente i.S.d. Vorschrift dar.[135] Nicht in die Masse fallen Unterhaltsrenten nach Nr. 2, Einkünfte aus Stiftungen etc. gem. Nr. 3 und nach Nr. 4 Bezüge aus Witwen-, Waisen-, Hilfs- und Krankenkassen sowie Todesfallversicherungen, deren Versicherungssumme und Rückkaufswert € 3.579 nicht übersteigt.[136] Nach anderer Ansicht fallen diese Ansprüche im Gefolge der BGH-Judikatur in die Masse.[137]

d) Pfändungsgrenzen, § 850c ZPO

Über den Grundfreibetrag hinaus, ist der Freibetrag zu erhöhen, falls den Schuldner eine gesetzliche 66
Unterhaltspflicht trifft und er tatsächlich eigene Unterhaltsleistungen erbringt.[138] Zu berücksichtigen ist der Ehegatte bereits dann, wenn dieser aufgrund beiderseitiger Verständigung gem. § 1360 Satz 1 BGB angemessen zum Familienunterhalt beiträgt. Wenn die Ehegatten in häuslicher Gemeinschaft leben, ist grds. von gegenseitigen Unterhaltsleistungen auszugehen, durch welche die Kosten des Familienunterhalts gemeinsam bestritten werden.[139] Eigene **Einkünfte des Unterhaltsberechtigten** können auch im Insolvenzverfahren gem. § 850c Abs. 4 ZPO berücksichtigt werden.[140] Dennoch vermindern eigene Einkünfte eines Unterhaltsberechtigten nicht automatisch den zu gewährenden Freibetrag. Solange noch kein Antrag nach § 850c Abs. 4 ZPO gestellt und beschieden wurde, ist im auch im Insolvenzverfahren trotz eigener Einkünfte des Unterhaltsberechtigten der volle Frei-

---

130 LG Mönchengladbach 01.02.2005, 5 T 631/04, NZI 2006, 49 (50).
131 *Stöber* Forderungspfändung, Rn. 999b.
132 Ganz überwiegende Ansicht Jaeger/*Henckel* Rn. 19; Uhlenbruck/*Hirte* Rn. 2; *Riedel* ZVI 2009, 271 f.
133 BGH 03.12.2009, IX ZR 189/08, NZI 2010, 141 Rn. 10 ff. m.Anm. *Asmuß*; 15.07.2010, IX ZR 132/09, NZI 2010, 777.
134 BGH 03.12.2009, IX ZR 189/08, NZI 2010, 141 Rn. 14.
135 OLG Hamburg 27.03.2012, 8 U 11/11, ZInsO 2012, 978 (979).
136 BGH 12.12.2007, VII ZB 47/07, NJW-RR 2008, 412 Rn. 17; Jaeger/*Henckel* Rn. 19; MüKo-InsO/*Peters* Rn. 45; LSZ/*Smid*/*Leonhardt* Rn. 6.
137 HK-InsO/*Keller* 6. Aufl., Rn. 58.
138 BAG 09.12.1965, 5 AZR 272/65, NJW 1966, 903.
139 BGH 03.11.2011, IX ZR 45/11, NJW 2012, 393 Rn. 9; 03.11.2011, IX ZR 46/11, NZI 2011, 979 Rn. 9 = VIA 2012, 12 m.Anm. *Wedekind*.
140 BGH 07.05.2009, IX ZB 211/08, NJW-RR 2009, 1279 Rn. 11; 22.10.2009, IX ZB 249/08, NZI 2010, 26 Rn. 8; 05.11.2009, IX ZB 101/09, 2010, 578 Rn. 6.

§ 36 InsO   Unpfändbare Gegenstände

betrag zu gewähren. Dies gilt auch bei zusammenlebenden Ehegatten mit jeweils eigenem Einkommen und wechselseitigen Unterhaltsverpflichtungen, selbst wenn über das Vermögen beider ein Insolvenzverfahren eröffnet ist.[141] Auf Antrag wird die Entscheidung im Insolvenzverfahren durch das Insolvenzgericht getroffen.[142] Anstelle eines Gläubigers ist gem. §§ 292 Abs. 1 Satz 3, 36 Abs. 4 InsO der Treuhänder antragsberechtigt.[143]

67 Das Gericht bestimmt bei einem Antrag nach § 850c Abs. 4 ZPO nach billigem Ermessen, dass der Unterhaltsberechtigte mit eigenen Einkünften ganz oder teilweise unberücksichtigt bleibt. Eine schematische Betrachtung ist dabei ausgeschlossen. Dabei ist zu differenzieren. Der Unterhaltsbedarf ist unter Einbeziehung aller wesentlichen Umstände des **Einzelfalls** und nicht lediglich nach festen Bezugsgrößen zu bestimmen.[144]

e) Unterhaltsansprüche, § 850d ZPO

68 Ein privilegierter Zugriff auf den Vorrechtsbereich zugunsten der einzelnen Unterhaltsgläubiger ist im Insolvenzverfahren ausgeschlossen. Deswegen verweist § 36 Abs. 1 Satz 2 nicht auf § 850d ZPO. Eine vorinsolvenzliche Abtretung an die Unterhaltsgläubiger bzw. den Träger von Leistungen zur Sicherung des Lebensunterhalts, auf den der Unterhaltsanspruch übergeht, ist wirksam.[145]

f) Berechnung des Arbeitseinkommens, § 850e ZPO

69 Auch im Insolvenzverfahren anwendbar ist die Berechnungsvorschrift des § 850e ZPO. So sind nach Nr. 1 die massezugehörigen Beträge ausgehend von einem bereinigten Bruttoeinkommen auf Grundlage des Nettoeinkommens des Schuldners zu bestimmen. Nach Ansicht des BAG gilt dabei die Nettomethode, nach der zunächst die nach § 850a ZPO unpfändbaren Beträge mit dem Bruttobetrag und sodann die auf das restliche Einkommen zu zahlenden Steuern und Sozialversicherungsbeträge abzuziehen sind.[146] Ebenso gelten die Zusammenrechnungsregeln in Nr. 2 und 2a.[147] Arbeitslosengeld II ist dann nicht mit dem Arbeitseinkommen zusammenzurechnen, wenn es der Schuldner nur deshalb erhält, weil sein Arbeitseinkommen bei anderen Personen berücksichtigt wird, die mit ihm in einer Bedarfsgemeinschaft leben.[148] Zu beachten ist auch die Berechnungsregel in Nr. 3. Dagegen ist die Konkurrenzbestimmung aus Nr. 4 unanwendbar.

g) Änderung des unpfändbaren Betrags, § 850f ZPO

70 § 850f Abs. 1 ZPO sichert unabhängig von der konkreten vollstreckungsrechtlichen Situation den Lebensunterhalt des Schuldners. In jedem Fall und deswegen auch im Insolvenzverfahren ist das nach der Grundsatzentscheidung des BVerfG unverfügbare Grundrecht auf ein menschenwürdiges Existenzminimum zu gewährleisten.[149] Die **Erhöhung des unpfändbaren Betrags** zur Sicherung des notwendigen Lebensunterhalts für den Schuldner ist daher auch im Insolvenz- und Restschuldbefreiungsverfahren anwendbar.[150] Ein erhöhter Freibetrag wegen einer gegen den Schuldner vor Eröffnung des Insolvenzverfahrens entstandenen Forderung aus einem schuldrechtlichen Versorgungsausgleich

---

141 BGH 03.11.2011, IX ZR 46/11, NZI 2011, 979 Rn. 11 = VIA 2012, 12 m.Anm. *Wedekind*.
142 BGH 03.11.2011, IX ZR 45/11, NJW 2012, 393 Rn. 12.
143 BGH 03.11.2011, IX ZR 46/11, NZI 2011, 979 Rn. 12.
144 BGH 21.12.2004, IXa ZB 142/04, NJW-RR 2005, 795 (797); 03.11.2011, IX ZR 46/11, NZI 2011, 979 Rn. 11; FK-InsO/*Schumacher* Rn. 18; Einzelheiten bei PG/*Ahrens* § 850c Rn. 35.
145 BGH 21.02.2013, 6 AZR 553/11, ZInsO 2013, 1214 Rn. 57.
146 BAG 17.04.2013, 10 AZR 59/12, ZInsO 2013, 1485 Rn. 19 ff.; a.A. Bruttomethode LAG Berlin 14.01.2000, 19 Sa 2154/99, NZA-RR 2000, 657 f; PG/*Ahrens* § 850e Rn. 5; Zöller/*Stöber* § 850e Rn. 1b; MüKo-ZPO/*Smid* § 850e Rn. 2; HK-ZV/*Meller-Hannich* § 850e Rn. 2.
147 BGH 25.10.2012, IX ZB 263/11, NZA-RR 2013, 147.
148 *BGH 25.10.2012, IX ZB 263/11, NZA-RR 2013, 147 Rn. 12.*
149 BVerfG 09.02.2010, 1 BvL 1/09 u.a., NJW 2010, 505 Rn. 133.
150 BGH 31.10.2007, XII ZR 112/05, NJW 2008, 227 Rn. 30.

scheidet aus, da es sich dabei um eine Insolvenzforderung handelt.[151] Es gelten aber die Kriterien zur Bestimmung des notwendigen Unterhalts. Nach Ansicht des BGH ist § 850f Abs. 1 ZPO entsprechend den sozialrechtlichen Referenzbestimmungen in den §§ 27 ff. SGB XII zu interpretieren.[152]

Ein privilegierter Zugriff auf den Vorrechtsbereich zugunsten der Gläubiger von Forderungen aus vorsätzlich begangenen unerlaubten Handlungen ist im Insolvenzverfahren ausgeschlossen. Deswegen verweist § 36 Abs. 1 Satz 2 **nicht** auf § 850f Abs. 2 ZPO. Kompensiert wird dies u.a. durch die Ausnahme von der Restschuldbefreiung in § 302 Nr. 1. 71

h) Änderung der Unpfändbarkeitsvoraussetzungen, § 850g ZPO

§ 36 Abs. 1 Satz 2 verweist für das Insolvenzverfahren und entsprechend § 292 Abs. 1 Satz 3 für das Restschuldbefreiungsverfahren auf § 850g ZPO.[153] Dies gilt auch, wenn in einem Schuldenbereinigungsplan die pfändbaren Forderungen auf Bezüge aus einem Dienstverhältnis abgetreten sind.[154] 72

i) Verschleiertes Arbeitseinkommen, § 850h ZPO

Die Regelung ist grds. anwendbar (vgl. § 35 Rdn. 77).[155] Der pfändbare Teil der angemessenen Vergütung fällt in die Insolvenzmasse.[156] Der Insolvenzverwalter kann wie ein Gläubiger im Vollstreckungsverfahren vom Empfänger der Arbeitsleistung für die Zeit nach der Eröffnung des Verfahrens die fiktive Vergütung beanspruchen.[157] 73

2. Sonstige Einkünfte, § 850i ZPO

Im Insolvenzverfahren ist § 850i ZPO aufgrund der Verweisung in den §§ 36 Abs. 1 Satz 2, 292 Abs. 1 Satz 3 entsprechend anwendbar. Auf Antrag geschützt werden **nicht wiederkehrend zahlbare Vergütungen** für persönliche Arbeiten und Dienste. Unerheblich ist die Rechtsgrundlage der Tätigkeit in einem Arbeits-, Dienst-, Werk- oder Geschäftsbesorgungsvertrag.[158] Dazu gehören etwa Abfindungen anlässlich der Beendigung eines Arbeitsverhältnisses aus den §§ 9, 10 KSchG[159] bzw. Sozialplanabfindungen nach den §§ 112, 113 BetrVG.[160] Eigenmächtige Entnahmen können durch die Norm nicht legitimiert werden. Der Pfändungsschutz ist zwar abzulehnen, soweit überwiegende Belange des Gläubigers entgegenstehen, doch kann wegen vergangener Entnahmen der Pfändungsschutz nicht prinzipiell für die Zukunft abgelehnt werden.[161] 74

Zentrale Bedeutung besitzt § 850i ZPO bei der **Existenzsicherung selbständig tätiger Schuldner**. Deren Einkünfte fallen nach dem sog. Bruttobeschlagsprinzip in vollem Umfang in die Insolvenzmasse. Der Schuldner kann aber Pfändungsschutz nach § 850i ZPO beantragen.[162] Der Antrag ist unabhängig von einer Entscheidung des Insolvenzverwalters nach § 35 Abs. 2 Satz 1 zulässig. Im Fall einer Positiverklärung werden sich Insolvenzverwalter und Schuldner häufig über einen Betrag geeinigt haben, den der Schuldner entnehmen darf. Erfasst wird zwar jeder selbst erwirtschaftete 75

---

151 BGH 13.10.2011, IX ZB 80/10, NZI 2012, 24 Rn. 6.
152 BGH 23.07.2009, VII ZB 103/08, NJW-RR 2009, 1459 Rn. 23; diff. PG/*Ahrens* § 850f Rn. 11 ff.
153 BGH 20.03.2003, IX ZB 388/02, NJW 2003, 2167.
154 BGH 21.02.2008, IX ZR 202/06 NZI, 2008, 384 (386).
155 Jaeger/*Henckel* Rn. 16.
156 BAG 16.05.2013, 6 AZR 556/11 Rn. 40 ff.
157 BAG 12.03.2008, 10 AZR 148/07, NZA 2008, 779 Rn. 14; Uhlenbruck/*Hirte* § 35 Rn. 153; HK-InsO/*Eickmann* 6. Aufl., § 35 Rn. 17; *Ahrens* NJW-Spezial 2009, 53.
158 BGH 12.12.2003, IXa ZB 165/03, NJW-RR 2004, 644 (645).
159 BAG 20.08.1996, 9 AZR 964/94, NZA 1997, 563 (565); LG Bochum 18.08.2010, 7 T 433/09, ZInsO 2010, 1801; LG Essen 21.07.2011, 7 T 366/11, 7 T 397/11, ZVI 2011, 379 (380).
160 BAG 13.11.1991, 4 AZR 20/91, NZA 1992, 384 (385).
161 Zu weit daher LG Bonn 04.01.2013, 6 T 239/12, ZInsO 2013, 833 (835).
162 BGH 20.03.2003, IX ZB 388/02, NJW 2003, 2167 (2170); 31.10.2007, XII ZR 112/05, NJW 2008, 227 (229) Rn. 27 ff.

Lebensunterhalt.[163] Da aber bei einer kapitalistischen Produktion die Produktionsmittel in die Masse fallen (s. Rdn. 39), kommt auch hier typischerweise nur ein Erwerb aus persönlicher Arbeit oder Dienstleistung in Betracht. Bei einer Negativerklärung fällt der Erwerb nicht in die Masse, weshalb sich ein Antrag nach § 850i ZPO erübrigt.

3. Kontoguthaben, 850k ZPO

76 Pfändungs- und insolvenzsicher ist allein das Guthaben auf einem Pfändungsschutzkonto gem. 850k ZPO.[164] Das Umwandlungsrecht bleibt auch nach Eröffnung des Insolvenzverfahrens für den Schuldner zumindest für vier Wochen nach § 850k Abs. 1 Satz 3 ZPO bestehen.[165] Der Insolvenzverwalter bzw. Treuhänder ist nicht berechtigt, die Umwandlung zu verlangen.[166] Da das unpfändbare Guthaben auf dem Konto nicht zur Masse gehört und das Pfändungsschutzkonto auf Guthabenbasis geführt wird, ist das Pfändungsschutzkonto **insolvenzfest**. Es erlischt also nicht nach den §§ 115, 116.[167] Der Schuldner kann sowohl beim Kreditinstitut als auch beim Insolvenzgericht, § 36 Abs. 4, eine Erhöhung der unpfändbaren Beträge beantragen, § 850k Abs. 4, 5 ZPO.

77 Da der **Pfändungsschutz** an der Quelle, etwa bei Arbeitseinkommen, höher sein kann als der Basispfändungsschutz durch das Pfändungsschutzkonto, solange der Schuldner keine Aufstockungsanträge gestellt hat, können auf dem Konto zwar nicht nach § 850c Abs. 1 Satz 2, Abs. 2 ZPO, wohl aber nach § 850k Abs. 1 Satz 1 i.V.m. § 850c Abs. 1 Satz 1 ZPO pfändbare Beträge eingehen. Die Differenzbeträge zwischen dem Pfändungsschutz an der Quelle und dem Kontopfändungsschutz unterliegen dem Insolvenzbeschlag. Lastschriften, die das pfändungsfreie Guthaben betreffen, sind allein vom Schuldner zu genehmigen.[168] Übersteigt der Betrag der Lastschriften die unpfändbaren Summen, entscheidet der Schuldner, welche Lastschriften er aus dem Schonvermögen erfüllen will.

4. Nicht übertragbare Forderungen, § 851 ZPO

77a Nicht -übertragbare Forderungen sind nach § 851 ZPO grds. unpfändbar. Dazu gehören etwa Ansprüche des Schuldners auf Beratungsleistungen.[169]

5. Private Alterssicherung, §§ 851c, 851d ZPO

78 Ansprüche aus Verträgen über eine private Altersvorsorge sind nach § 36 Abs. 1 Satz 2 i.V.m. den §§ 851c, 851d ZPO geschützt (s. § 35 Rdn. 88).

6. Sozialleistungen

79 Die zentrale Regelung über den Schutz von Forderungen aus dem Sozialleistungsverhältnis enthält § 54 SGB I. Danach sind mehrere Fallgruppen zu unterscheiden.[170] Ansprüche auf **laufende Sozialleistungen** können gem. § 54 Abs. 4 SGB I wie Arbeitseinkommen gepfändet werden. Erhält der Schuldner Leistungen für Unterkunft und Heizung, sind diese grds. nach den §§ 850c ff. ZPO pfändbar.[171] Auch Rückzahlungen aus der Heiz- und Betriebskostenabrechnung stellen Einkommen

---

163 PG/*Ahrens* § 850i Rn. 19.
164 Überblick bei *Ahrens* NJW 2010, 2001; zu den insolvenzrechtlichen Wirkungen PG/*Ahrens* § 850k Rn. 121 ff.
165 PG/*Ahrens* § 850k Rn. 121; FK-InsO/*Schumacher* Rn. 45.
166 AG Kandel 17.01.2011, 1 C 531/10, BeckRS 2011, 22915.
167 *Büchel* ZInsO 2010, 20 (26); *Jaquemoth/Zimmermann* ZVI 2010, 113 (116); *Busch* VIA 2010, 57 (58); *Bitter* ZIP 2011, 149 (158); Hess Rn. 1507; a.A. HK-InsO/*Keller* 6. Aufl., Rn. 82; *du Carrois* ZInsO 2009, 1801 (1805); *Knees* ZInsO 2011, 511.
168 BGH 20.07.2010, IX ZR 37/09, BGHZ 186, 242 Rn. 13 ff.
169 BGH 21.02.2013, IX ZR 69/12, ZInsO 2013, 547 Rn. 9.
170 FK-InsO/*Kohte* § 312 Rn. 46.
171 BGH, 25.10.2012, VII ZB 74/11, WuM 2013, 176.

dar. Soweit dieses Einkommen bei der Deckung des Bedarfs nach dem SGB II zu berücksichtigen ist, unterliegt es nicht der Pfändung und Zwangsvollstreckung und wird auch nicht Teil der Insolvenzmasse.[172] Ansprüche auf **Dienst- und Sachleistungen** sind unpfändbar, § 54 Abs. 1 SGB I. **Einmalige Geldleistungen** sind nach § 54 Abs. 2 SGB I nur aufgrund einer Billigkeitsentscheidung pfändbar, die an § 850b ZPO angelehnt ist.[173] Für die erforderliche Einzelabwägung ist im Insolvenzverfahren zwar kein Raum. Offen ist aber, ob die Rechtsprechung des BGH zu den Berufsunfähigkeitsrenten[174] auf diese Fallgruppe übertragen wird.

Unpfändbar sind nach § 54 Abs. 3 SGB I Ansprüche auf **Erziehungsgeld** sowie Elterngeld bis zu der in § 10 BErzGG bestimmten Grenze, Mutterschaftsgeld in der dort bestimmten Höhe sowie Geldleistungen zum Ausgleich eines durch Körper- oder Gesundheitsschäden bedingten Mehraufwands. Wohngeld kann nach § 54 Abs. 3 Nr. 2a SGB I nur wegen Ansprüchen nach den §§ 9, 10 WoGG und Geldleistungen für Kinder können nach § 54 Abs. 5 SGB I nur wegen gesetzlicher Unterhaltsansprüche eines Kindes gepfändet werden. Im Insolvenzverfahren werden beide anlassbedingten Zugriffsmöglichkeiten nur in Betracht kommen, wenn die Forderungen angemeldet sind. Der Verwalter muss dann den Betrag gesondert verwalten und auszahlen. 80

Als weitere sozialrechtliche Pfändungsschränke ist insb. die **Unpfändbarkeit der Sozialhilfe** gem. § 17 SGB XII zu beachten. 81

IV. Sonstige Rechte

Der **Pfändungsschutz für Landwirte** nach § 851a ZPO ist im Insolvenzverfahren nicht anwendbar. Soweit die Regelung den Unterhalt des Schuldners sichern soll, wird sie durch § 850i ZPO substituiert.[175] Die Aufrechterhaltung einer geordneten Wirtschaft als dem zweiten Schutzbereich der Vorschrift obliegt dagegen dem Insolvenzverwalter. Unanwendbar ist auch der **Pfändungsschutz bei Miet- und Pachtzinsen** aus § 851b ZPO, denn für die Unterhaltung des Grundstücks muss der Insolvenzverwalter sorgen. 82

Im Fall der **Hinterlegung** ist nach § 377 BGB das Recht des Schuldners unpfändbar, eine von ihm zur Schuldbefreiung hinterlegte Sache zurückzunehmen. Der Anspruch gehört deswegen nicht zur Insolvenzmasse. Ist die Hinterlegung wirksam und das Annahmerecht des Gläubigers nach § 382 BGB noch nicht erloschen, hat der Insolvenzverwalter keine Möglichkeit, die hinterlegte Sache zur Masse zu ziehen. Eine mit der Hinterlegung begonnene Befriedigung des Gläubigers soll durch die Eröffnung eines Insolvenzverfahrens nicht verhindert werden.[176] 83

Eine **versicherungsrechtliche Pfändungsbeschränkung** normiert § 17 VVG. Soweit unpfändbare Sachen versichert sind, kann eine Forderung aus der Versicherung nur auf solche Gläubiger des Versicherungsnehmers übertragen werden, die diesem zum Ersatz der zerstörten oder beschädigten Sachen andere Sachen geliefert haben.[177] Zu beachten sind außerdem die **urheberrechtlichen Pfändungsbeschränkungen** (vgl. § 35 Rdn. 108 ff.). 84

---

172 BSG 16.10.2012, B 14 AS 188/11 R, NZS 2013, 273 Rn. 19; BGH 20.06.2013, IX ZR 310/12, NJW 2013, 2819 Rn. 8; LSG Berlin-Brandenburg 20.10.2011, l 5 AS 1546/09, ZInsO 2012, 489 (490).
173 FK-InsO/*Kohte* § 312 Rn. 49.
174 BGH 03.12.2009, IX ZR 189/08, NZI 2010, 141 Rn. 10 ff. m.Anm. *Asmuß*; 15.07.2010, IX ZR 132/09, NZI 2010, 777.
175 PG/*Ahrens* § 850i Rn. 26.
176 BGH 20.07.2010, XI ZR 236/07, BGHZ 186, 269 Rn. 30; Jaeger/*Henckel* Rn. 28 ff.
177 Vgl. Jaeger/*Henckel* Rn. 14.

D. Erweiterte Massezugehörigkeit, Abs. 2

I. Geschäftsbücher, Nr. 1

85 Abweichend von § 811 Abs. 1 Nr. 11 ZPO gehören Geschäftsbücher zur Insolvenzmasse, denn Veräußerung des Unternehmens ist regelmäßig nur zusammen mit diesen Unterlagen möglich.[178] Der Begriff der Geschäftsbücher ist weit zu verstehen und umfasst alle Konto- und Beibücher, Kunden- und Lohnlisten, Rechnungen, Quittungen, Lieferdaten, Vertragsurkunden, Bankunterlagen etc.[179] Unerheblich ist, ob sie gedruckt oder in elektronischer Form vorliegen.[180]

86 Der Insolvenzverwalter hat die Unterlagen zusammen mit dem sonstigen Vermögen des Schuldners in Besitz zu nehmen. Verweigert der Schuldner die **Herausgabe**, bildet der Eröffnungsbeschluss nach § 148 Abs. 2 den Herausgabetitel.[181] Von Dritten, wie Steuerberatern oder Wirtschaftsprüfern, kann der Insolvenzverwalter nach den §§ 675, 667 BGB Herausgabe verlangen. Ein Zurückbehaltungsrecht wegen offener Vergütungsforderungen besteht nicht.[182] Die handels- und steuerrechtlichen **Aufbewahrungspflichten** treffen den Insolvenzverwalter, wie § 36 Abs. 2 Nr. 1 Halbs. 2 klarstellt.[183]

II. Landwirtschaftliche Betriebe und Apotheken, Nr. 2

87 Abweichend von § 811 Abs. 1 Nr. 4 ZPO fallen die **Betriebsmittel einer Landwirtschaft** in die Insolvenzmasse. Die Zielsetzungen des Vollstreckungsschutzes, die Arbeitsplätze in der Landwirtschaft zu bewahren und die Ernährung zu sichern, sind keine Aufgaben des modernen Insolvenzrechts. Landwirtschaft verlangt die erwerbsmäßige Bearbeitung von Boden, um Nutzpflanzen oder Nutztiere und deren Erzeugnisse zu gewinnen.[184]

88 Schwierigkeiten bereitet die **Konkurrenz mit § 811 Abs. 1 Nr. 5 ZPO**. Während sich vollstreckungsrechtlich ein weites Verständnis von § 811 Abs. 1 Nr. 4 ZPO nahtlos an § 811 Abs. 1 Nr. 3 und 5 ZPO anschließt, führen die Massezugehörigkeit nach Nr. 4 und die Massefreiheit nach Nr. 3 und 5 zu konträren Resultaten. Eine Pferdezucht mit Futterproduktion fällt danach in die Masse, während die reine Zucht gem. § 811 Nr. 5 ZPO massefrei sein kann.[185] Die § 811 Abs. 1 Nr. 3 und 5 ZPO beinhalten die für den insolvenzrechtlichen Mindestschutz spezielleren Regeln und verdrängen insoweit § 36 Abs. 2 Nr. 2 i.V.m. § 811 Nr. 4 ZPO. Die Betriebsmittel einer Nebenerwerbslandwirtschaft sind danach nur massezugehörig, wenn sie nicht durch § 811 Abs. 1 Nr. 3 und 5 ZPO geschützt werden.

89 In die Insolvenzmasse fallen nach § 36 Abs. 2 Nr. 2 i.V.m. § 811 Nr. 9 ZPO auch die unentbehrlichen Betriebsmittel einer **Apotheke**. Dies gilt unabhängig von der Rechtsform, in der die Apotheke betrieben wird.[186]

E. Hausrat, Abs. 3

90 Die Regelung in § 36 Abs. 3 ist an § 812 ZPO angelehnt. Weitergehend als die vollstreckungsrechtliche Soll-Vorschrift, schließt Abs. 3 eine Massezugehörigkeit notwendig aus. Bereits nach § 811 Abs. 1 Nr. 1 ZPO sind die für eine bescheidene Haushaltsführung erforderlichen Gegenstände un-

---

178 Uhlenbruck/*Hirte* Rn. 44.
179 Jaeger/*Henckel* Rn. 10; MüKo-InsO/*Peters* Rn. 65; Uhlenbruck/*Hirte* Rn. 44.
180 Jaeger/*Henckel* Rn. 10; HambK-InsR/*Lüdtke* Rn. 42.
181 MüKo-InsO/*Peters* Rn. 68; Kübler/Prütting/Bork/*Holzer* Rn. 30.
182 HK-InsO/*Keller* 6. Aufl., Rn. 23; Kübler/Prütting/Bork/*Holzer* Rn. 31; Nerlich/Römermann/*Andres* Rn. 46.
183 Uhlenbruck/*Hirte* Rn. 47.
184 PG/*Flury* § 811 Rn. 22.
185 Vgl. LG Frankenthal 09.12.1988, 1 T 387/88, NJW-RR 1989, 896.
186 PG/*Flury* § 811 Rn. 41.

pfändbar. § 36 Abs. 3 erweitert diesen Schutz auf Hausratsgegenstände, die für den Schuldner einen hohen Gebrauchswert haben, aus deren Verwertung aber nur ein **geringer Erlös** zu erzielen wäre.[187] Die Gegenstände müssen zum gewöhnlichen Hausrat gehören, also üblicherweise im Rahmen der täglichen Lebensführung benutzt werden. Nicht geschützt sind Antiquitäten, Luxusgegenstände oder Sammlerobjekte.[188]

F. Verfahren, Abs. 4

I. Zwangsvollstreckungsrechtliche Zuständigkeit der Insolvenzgerichte

Eine **allgemeine vollstreckungsbezogene Zuständigkeit** des Insolvenzgerichts existiert nicht. Wegen der größeren Sachnähe begründet § 36 Abs. 4 Satz 1 die Zuständigkeit des Insolvenzgerichts für Entscheidungen nach Abs. 1 Satz 2. Deswegen bestimmt das Insolvenzgericht die Höhe des pfändungsfreien Einkommens.[189] Ergänzt wird diese Kompetenzbestimmung durch die §§ 89 Abs. 2, 148 Abs. 2. Das Insolvenzgericht ist nach § 148 Abs. 2 zuständiges Vollstreckungsgericht für die Herausgabevollstreckung, welche der Insolvenzverwalter aus dem Eröffnungsbeschluss gegen den Schuldner betreibt.[190] Obwohl eine umfassende vollstreckungsrechtliche Zuständigkeit befürwortet wird,[191] ist gesetzlich keine allgemeine Kompetenz für die Entscheidungen über alle Pfändungsregeln nach Abs. 1 begründet worden. Wegen des engen Sachzusammenhangs ist die Zuständigkeit des Insolvenzgerichts nach § 36 Abs. 4 Satz 1 auch gegeben, soweit der Schuldner über den geltend gemachten Pfändungsschutz hinaus einen Vollstreckungsschutzantrag nach § 765a ZPO gestellt hat.[192] Zum Streit um die Massezugehörigkeit § 35 Rdn. 169. 91

In den betreffenden Verfahren entscheidet das Insolvenzgericht **funktional als Vollstreckungsgericht**.[193] Funktional zuständig ist nach § 20 Nr. 17 RPflG grds. der Rechtspfleger, doch sind dem Richter die Entscheidungen über die Zwangsvollstreckungserinnerung nach § 766 ZPO vorbehalten.[194] Die Zuständigkeitsanordnung folgt insoweit nicht der insolvenzrechtlichen funktionellen Zuständigkeit aus § 18 RPflG.[195] Soweit eine richterliche Zuständigkeit in Insolvenzsachen begründet ist, kommt eine Vorlage des zwangsvollstreckungsrechtlichen Geschäfts an bzw. eine Bearbeitung durch den Richter nach den §§ 5 Abs. 1 Nr. 2, 6 RPflG in Betracht.[196] 92

Der **Anwendungsbereich** von § 36 Abs. 4 Satz 1 erstreckt sich auf das eröffnete Insolvenzverfahren. Zusätzlich erklärt § 36 Abs. 4 Satz 3 die Regelungen in Satz 1 und 2 auch im Eröffnungsverfahren für entsprechend anwendbar. Im Restschuldbefreiungsverfahren ist gem. § 292 Abs. 1 Satz 3 die Bestimmung des Abs. 4 entsprechend heranzuziehen. 93

II. Antragsberechtigung

Anstelle der Insolvenzgläubiger ist nach § 36 Abs. 4 Satz 2 der **Insolvenzverwalter** bzw. Treuhänder antragsberechtigt. Da der BGH eine Massezugehörigkeit von Berufsunfähigkeitsrenten nach § 850b Abs. 1 Nr. 1 ZPO ermöglicht hat,[197] ist hierfür der Verwalter antragsberechtigt. Er kann auch beantragen eine unterhaltsberechtigte Person mit eigenen Einkünften nach § 850c Abs. 4 ZPO bei der Bemessung der Pfändungsfreigrenzen unberücksichtigt zu lassen. Sein Antragsrecht erstreckt sich 94

---

187 Jaeger/*Henckel* Rn. 12.
188 MüKo-ZPO/*Gruber* § 812 Rn. 3; Schuschke/Walker/*Walker* § 811 Rn. 2.
189 BGH 16.06.2011, IX ZB 166/11, WuM 2011, 486 Rn. 4.
190 BGH 26.04.2012, IX ZB 273/11, ZInsO 2012, 969 Rn. 5.
191 FK-InsO/*Schmerbach* § 2 Rn. 8; *Schäferhoff* ZVI 2008, 331 (333).
192 BGH 15.11.2007, IX ZB 34/06, NZI 2008, 93 Rn. 10.
193 BGH 05.02.2004, IX ZB 97/03, NZI 2004, 278; 05.04.2006, IX ZB 169/04, ZVI 2007, 78.
194 BGH 05.02.2004, IX ZB 97/03, NZI 2004, 278; Graf-Schlicker/*Graf-Schlicker/Kexel* Rn. 29; a.A. Kübler/Prütting/Bork/*Holzer* Rn. 38.
195 A.A. Uhlenbruck/*Hirte* Rn. 44.
196 HambK-InsR/*Lüdtke* Rn. 56.
197 BGH 03.12.2009, IX ZR 189/08, NZI 2010, 141 Rn. 14.

auch auf die Zusammenrechnungs- bzw. Berechnungsfälle nach § 850e Nr. 2 bis 3 ZPO. Ändern sich die Unpfändbarkeitsvoraussetzungen des Schuldners, kann er einen Antrag nach § 850g ZPO stellen. Der Insolvenzverwalter kann gem. § 36 Abs. 4 Satz 2 i.V.m. § 850h Abs. 2 Satz 1 ZPO wie ein Gläubiger im Vollstreckungsverfahren vom Empfänger der Arbeitsleistung für die Zeit nach der Eröffnung des Verfahrens fiktive Vergütung beanspruchen. Bestreitet der Dritte die Zahlungspflicht, muss der Insolvenzverwalter die fiktiven Zahlungsansprüche im Wege der Drittschuldnerklage geltend machen.[198] Außerdem ist er für etwaige Anträge nach § 850k Abs. 4 Satz 1, 2 ZPO zur Herabsetzung des unpfändbaren Guthabensbetrags zuständig.

95 Der Schuldner kann die Heraufsetzung des unpfändbaren Betrags zur Sicherung seines Existenzminimums nach § 850f Abs. 1 ZPO und bei geänderten Unpfändbarkeitsvoraussetzungen nach § 850g ZPO beantragen. Wenn er nicht wiederkehrend zahlbare Vergütungen für persönliche Leistungen oder sonstige Einkünfte nach § 850i ZPO bezieht, kann und muss er einen Antrag stellen, um die Massefreiheit dieser Einkünfte zu erreichen. Außerdem kann er nach § 850k Abs. 4 ZPO eine Erhöhung des unpfändbaren Betrags nach § 850k Abs. 4, 5 ZPO bei der Bank oder dem Gericht beantragen.

III. Rechtsbehelfe

96 Wegen der funktionalen Zuständigkeit des Insolvenzgerichts als Vollstreckungsgericht folgt der Rechtsmittelzug den allgemeinen vollstreckungsrechtlichen Vorschriften.[199] Folgerichtig ist die Zulassungsvorschrift des § 6 für die sofortige Beschwerde unanwendbar. Der vollstreckungsrechtlich statthafte Rechtsbehelf richtet sich nach der angefochtenen Maßnahme bzw. Entscheidung.

97 Die **Vollstreckungserinnerung** aus § 766 ZPO ist gegen Vollstreckungsmaßnahmen gerichtet, das Gesetz spricht von der Art und Weise der Zwangsvollstreckung. Mit der Erinnerung nach § 766 ZPO können die an der Zwangsvollstreckung Beteiligten die Verletzung von Vorschriften über die formellen Voraussetzungen und über die Durchführung der Zwangsvollstreckung geltend machen. Die Erinnerung nach § 766 ZPO ist gegen Vollstreckungsmaßnahmen gegeben, die allein auf Grundlage des Gläubigervortrags im Vollstreckungsantrag vorgenommen wird. Als Rechtsmittel gegen die Entscheidung über die Erinnerung ist die sofortige Beschwerde nach § 793 ZPO statthaft.

98 Die **sofortige Beschwerde** nach § 793 ZPO ist gegen Entscheidungen im Zwangsvollstreckungsverfahren eröffnet. Eine Entscheidung wird angenommen, wenn der Schuldner zur Sache gehört wurde. Gegen die Entscheidung über die sofortige Beschwerde ist die Rechtsbeschwerde eröffnet, wenn das Beschwerdegericht diese zugelassen hat, §§ 793, 567, 574 Abs. 1 Nr. 2 ZPO.

IV. Sonstiges

99 Der Streit zwischen Insolvenzverwalter und Schuldner über die Massezugehörigkeit von Lohnanteilen, etwa nach den §§ 850e Nr. 1, 851c ZPO, kann nur im Wege des Rechtsstreits entschieden werden. Er betrifft weder eine Vollstreckungshandlung noch eine Anordnung des Vollstreckungsgerichts, wie sie etwa nach den §§ 850b, 850c, 850f und 850i ZPO ergehen kann.[200]

§ 37 Gesamtgut bei Gütergemeinschaft

(1) Wird bei dem Güterstand der Gütergemeinschaft das Gesamtgut von einem Ehegatten allein verwaltet und über das Vermögen dieses Ehegatten das Insolvenzverfahren eröffnet, so gehört das Gesamtgut zur Insolvenzmasse. Eine Auseinandersetzung des Gesamtguts findet nicht statt.

---

198 BAG 12.03.2008, 10 AZR 148/07, NZA 2008, 779 Rn. 14 f.
199 BGH 05.02.2004, IX ZB 97/03, NZI 2004, 278; 12.01.2006, IX ZB 239/04, NJW 2006, 1127 Rn. 5; 05.04.2006, IX ZB 169/04, ZVI 2007, 78; 16.06.2011, IX ZB 166/11, WuM 2011, 486 Rn. 4.
200 BGH 11.05.2010, IX ZB 268/09, NZI 2010, 584 Rn. 2.

Durch das Insolvenzverfahren über das Vermögen des anderen Ehegatten wird das Gesamtgut nicht berührt.

(2) Verwalten die Ehegatten das Gesamtgut gemeinschaftlich, so wird das Gesamtgut durch das Insolvenzverfahren über das Vermögen eines Ehegatten nicht berührt.

(3) Absatz 1 ist bei der fortgesetzten Gütergemeinschaft mit der Maßgabe anzuwenden, daß an die Stelle des Ehegatten, der das Gesamtgut allein verwaltet, der überlebende Ehegatte, an die Stelle des anderen Ehegatten die Abkömmlinge treten.

Übersicht	Rdn.		Rdn.
A. Normzweck	1	II. Insolvenzverfahren des nicht verwaltenden Ehegatten	11
B. Gütergemeinschaft	5	III. Gemeinschaftliche Verwaltung, Abs. 2	12
I. Insolvenzverfahren des allein verwaltenden Ehegatten, Abs. 1 Satz 1 und 2 . .	5	C. Fortgesetzte Gütergemeinschaft, Abs. 3	13

A. Normzweck

Ausgangspunkt ist das insolvenzrechtliche Prinzip, nach dem über das Vermögen jeder Person ein selbständiges Insolvenzverfahren durchzuführen ist.[1] Als allgemeine Voraussetzung muss ein abgegrenztes Vermögen existieren. Allein eine **Eheschließung** hebt die bestehende Zuordnung der Vermögensmassen zu den Personen noch nicht auf. Wenn über das Vermögen einer verheirateten Person ein Insolvenzverfahren eröffnet wird, bildet nur deren Vermögen die Insolvenzmasse.[2] Dies gilt jedenfalls im gesetzlichen Güterstand der Zugewinngemeinschaft, § 1363 ff. BGB, sowie der Gütertrennung nach § 1414 BGB. 1

Haben die Ehegatten den vertraglichen Güterstand der **Gütergemeinschaft** nach den §§ 1415 ff. BGB vereinbart, können die Vermögensmassen insgesamt nicht so einfach separiert werden. Es existieren dann die Vermögensmassen des Gesamtguts, § 1416 BGB, sowie das aus dem Sondergut, § 1417 BGB, und dem Vorbehaltsgut, § 1418 BGB, gebildete Eigenvermögen beider Ehegatten.[3] Während das Eigenvermögen unproblematisch dem jeweiligen Ehegatten zugewiesen ist, bedarf es für das Gesamtgut einer besonderen Zuordnung, die durch § 37 erfolgt. 2

Verwaltet der Schuldner allein das **Gesamtgut** der Eheleute, gehört nach dem Grundsatz des § 37 Abs. 1 Satz 1 das Gesamtgut zur Insolvenzmasse. Abweichend von der Regel des § 35 wird damit auch schuldnerfremdes Vermögen in die Insolvenzmasse einbezogen.[4] Systematisch knüpft die Bestimmung an die materiell- und einzelvollstreckungsrechtliche Ausgestaltung der Gütertrennung mit Alleinverwaltung an. Gem. § 1437 BGB haftet das Gesamtgut für Schulden des verwaltenden Ehegatten und nach § 740 ZPO ist für die Zwangsvollstreckung in das Gesamtgut ein Titel gegen den allein verwaltenden Ehegatten erforderlich, aber auch ausreichend.[5] 3

Wird das Gesamtgut dagegen von beiden Ehegatten **gemeinschaftlich verwaltet**, berührt nach Abs. 2 ein Insolvenzverfahren über das Vermögen eines Ehegatten das Gesamtgut nicht. Als folgerichtige Konsequenz eröffnen die §§ 333, 334 ein besonderes Insolvenzverfahren über das gemeinschaftlich verwaltete Gesamtgut. Gem. § 1483 Abs. 1 Satz 1 BGB kann die Gütergemeinschaft nach dem Tod eines Ehegatten zwischen dem überlebenden Ehegatten und den gemeinsamen Abkömmlingen fortgesetzt werden. Für diesen Fall der **fortgesetzten Gütergemeinschaft** überträgt 4

---

1 Uhlenbruck/*Knof* Rn. 1.
2 Jaeger/*Henckel* Rn. 6.
3 HambK-InsR/*Lüdtke* Rn. 2.
4 FK-InsO/*Schumacher* Rn. 2.
5 Jaeger/*Henckel* Rn. 14.

Abs. 3 die Regelung aus Abs. 1 auf den überlebenden Ehegatten, wie dies vergleichbar in § 745 ZPO bestimmt ist.

B. Gütergemeinschaft

I. Insolvenzverfahren des allein verwaltenden Ehegatten, Abs. 1 Satz 1 und 2

5 Als erste Fallgruppe normiert § 37 Abs. 1 Satz 1 und 2, zu welchen Konsequenzen das Insolvenzverfahren über das Vermögen eines **allein verwaltenden Ehegatten** für die Insolvenzmasse führt. Die alleinige Verwaltungsbefugnis muss ehevertraglich begründet sein, § 1421 Satz 1 BGB. Haben die Ehegatten keine Bestimmung getroffen, verwalten sie das Gesamtgut gemeinschaftlich, § 1421 Satz 2 BGB. Die Verwaltungsbefugnis des Schuldners muss bei Eröffnung des Insolvenzverfahrens noch bestehen.[6]

6 Gebildet wird eine einheitliche **Insolvenzmasse**.[7] Dazu gehört bereits nach den allgemeinen Prinzipien das pfändbare **Eigenvermögen** des Schuldners, also insb. die ehevertraglich zum Vorbehaltsgut bestimmten Gegenstände, der Erwerb von Todes wegen und die dafür erlangten Surrogate, § 1418 Abs. 2 BGB. Eigenvermögen ist aber auch das Sondergut, das gem. § 1417 Abs. 2 BGB nicht übertragbar und deswegen gem. § 851 ZPO nicht pfändbar ist. Dazu gehört etwa der Anteil an einer OHG oder an einer KG als Komplementär.[8] Als unpfändbares Vermögen ist das Sondergut nicht massezugehörig, § 36 Abs. 1 Satz 1.

7 Durch die Anordnung des § 37 Abs. 1 Satz 1 wird zusätzlich das pfändbare **Gesamtgut** als Gesamthandsvermögen zur Masse gezogen. Zum Gesamtgut gehört das gesamte in die Ehe eingebrachte und während der Ehe bis zur Eröffnung des Insolvenzverfahrens erworbene Vermögen der Ehegatten, § 1416 Abs. 1 Satz 2 BGB, soweit es kein Eigenvermögen ist. Erfasst wird auch der Neuerwerb sowohl des Schuldners als auch seines Ehegatten einschließlich der pfändbaren Einkünfte (vgl. Rdn. 10).[9] Eine Erwerbsobliegenheit, § 295 Abs. 1 Nr. 1, Abs. 2, des nicht verwaltenden Ehegatten ist ausgeschlossen. Solange kein Antrag nach § 36 Abs. 4 Satz 2, Abs. 1 Satz 2 InsO i.V.m. § 850c ZPO gestellt ist, sind bei der Berechnung der pfändbaren Arbeitseinkommen die wechselseitigen Unterhaltsverpflichtungen zu berücksichtigen.

8 **Insolvenzgläubiger** sind alle persönlichen Gläubiger des verwaltenden Ehegatten. Dazu gehören auch die Gläubiger des anderen Ehegatten, die einen Vermögensanspruch gegen das Gesamtgut haben, weil der alleinverwaltende Schuldner ihnen persönlich haftet, § 1437 Abs. 2 Satz 1.[10] Der **Insolvenzverwalter** unterliegt nicht den Verfügungsbeschränkungen der §§ 1423–1425 BGB.[11]

9 Die Gütergemeinschaft kann von den Ehegatten jederzeit vertraglich **aufgehoben** werden. Als höchstpersönliches Recht fällt die Aufhebungsbefugnis nicht in die Insolvenzmasse und kann auch nach Eröffnung des Insolvenzverfahrens ausgeübt werden.[12] Wirksam ist nicht allein die vollständige Aufhebung, sondern auch die inhaltliche Modifizierung der Gütergemeinschaft, etwa durch einen veränderten Umfang des Vorbehaltsguts.[13] Eine solche nachträgliche Vereinbarung begründet keinen Versagungsgrund aus § 290 Abs. 1 Nr. 5. Außerdem kann nach den §§ 1447, 1448 BGB auf Aufhebung der Gütergemeinschaft geklagt werden.

---

6 FK-InsO/*Schumacher* Rn. 3.
7 Jaeger/*Henckel* Rn. 15; Kübler/Prütting/Bork/*Holzer* Rn. 7; Nerlich/Römermann/*Andres* Rn. 9; Graf-Schlicker/*Graf-Schlicker/Kexel* Rn. 2.
8 Uhlenbruck/*Knof* Rn. 4.
9 Braun/*Bäuerle* Rn. 3.
10 Jaeger/*Henckel* Rn. 19; HambK-InsR/*Lüdtke* Rn. 5.
11 Kübler/Prütting/Bork/*Holzer* Rn. 9; Jaeger/*Henckel* Rn. 15; Uhlenbruck/*Knof* Rn. 7.
12 Vgl. BGH 20.10.1971, VIII ZR 212/69, BGHZ 57, 123 (126).
13 MüKo-InsO/*Schumann* Rn. 21.

Eine **Auseinandersetzung** des Gesamtguts, vgl. § 84, findet bei der Eröffnung des Insolvenzverfahrens nach Abs. 1 Satz 2 nicht statt. Auch wenn der Güterstand ehevertraglich oder durch Klage aufgehoben ist, erfolgt keine Auseinandersetzung.[14] Die Ehegatten können nicht das vorhandene Gesamtgut der Masse entziehen, sondern lediglich Zukunftswirkungen verhindern. Eine Aufhebung bewirkt deswegen lediglich, dass der Neuerwerb des anderen Ehegatten nicht mehr in die Masse fällt.[15]

II. Insolvenzverfahren des nicht verwaltenden Ehegatten

Als zweite Fallgruppe behandelt § 37 Abs. 1 Satz 3 das Insolvenzverfahren des nicht verwaltungsbefugten Ehegatten. Das **Gesamtgut** wird in dieser Konstellation durch das Insolvenzverfahren nicht berührt, vgl. § 860 ZPO i.V.m. § 36 Abs. 1 Satz 1 InsO. Zur Insolvenzmasse gehört das Eigenvermögen des nicht verwaltenden Schuldners. Der Neuerwerb fällt deswegen nur in die Masse, wenn er zum Sonder- oder Vorbehaltsgut gehört.[16] Der verwaltende Ehegatte kann in diesem Fall das Gesamtgut aussondern.[17] Es gilt die Beweislastregel des § 1362 BGB. Der verwaltungsbefugte Gatte haftet aber den Gläubigern persönlich für deren Gesamtgutsansprüche, § 1437 Abs. 2 Satz 1 BGB.[18] Das Vollstreckungsverbot aus § 89 hindert die Insolvenzgläubiger nicht, in das Gesamtgut oder gegen den verwaltenden Ehegatten zu vollstrecken.[19]

III. Gemeinschaftliche Verwaltung, Abs. 2

Die dritte Fallgruppe betrifft ein Insolvenzverfahren über das Vermögen eines Ehegatten bei gemeinschaftlicher Verwaltung des Gesamtguts. Nach der gesetzlichen Regelung wird auch hierbei das Gesamtgut nicht vom Insolvenzverfahren berührt. Die Insolvenzmasse wird lediglich aus dem Eigenvermögen des Schuldners gebildet. Dem anderen Ehegatten steht hinsichtlich des Gesamtguts ein Aussonderungsrecht zu.[20] Als Konsequenz ist ein besonderes Insolvenzverfahren über das gemeinschaftlich verwaltete Gesamtgut nach § 11 Abs. 2 Nr. 2 i.V.m. den §§ 333, 334 zulässig.

C. Fortgesetzte Gütergemeinschaft, Abs. 3

In der vierten Fallgruppe werden die Regeln des Abs. 1 auf die fortgesetzte Gütergemeinschaft aus § 1483 Abs. 1 Satz 1 BGB übertragen, § 37 Abs. 3. An die Stelle des allein verwaltenden Ehegatten tritt der überlebende Ehegatte, falls er nicht ohnehin schon verwaltungsbefugt ist. Der andere Ehegatte wird durch die gemeinsamen Abkömmlinge ersetzt. In der **Insolvenz des überlebenden Ehegatten** fällt das Gesamtgut in die Insolvenzmasse. Das Gesamtgut der fortgesetzten Gütergemeinschaft ist nach § 1485 BGB, das Eigenvermögen aus Vorbehalts- und Sondergut nach § 1486 BGB zu bestimmen. Das Gesamtgut besteht danach aus dem ehelichen Gesamtgut, soweit es nicht nach § 1483 Abs. 2 BGB einem nicht anteilsberechtigten Abkömmling zufällt, und aus dem Vermögen des überlebenden Ehegatten, das dieser aus dem Nachlass des Verstorbenen oder nach Eintritt der fortgesetzten Gütergemeinschaft erwirbt. Zwischen dem überlebenden Ehegatten und den Abkömmlingen findet keine Auseinandersetzung über das Gesamtgut statt.[21]

Im Insolvenzverfahren über das Vermögen eines gemeinsamen **Abkömmlings** ist die Masse auf das Eigenvermögen beschränkt.

---

14 FK-InsO/*Schumacher* Rn. 6.
15 MüKo-InsO/*Schumann* Rn. 23.
16 MüKo-InsO/*Schumann* Rn. 28.
17 BGH 04.05.2006, IX ZB 285/04, NZI 2006, 402 Rn. 4.
18 Braun/*Bäuerle* Rn. 8.
19 Kübler/Prütting/Bork/*Holzer* Rn. 12.
20 A.A. HambK-InsR/*Lüdtke* Rn. 13, beiden Ehegatten.
21 Uhlenbruck/*Knof* Rn. 22.

15 Da der überlebende Ehegatte die Haftung für Gesamtgutsverbindlichkeiten, § 1488 BGB, gem. § 1489 Abs. 2 nach den allgemeinen Vorschriften über die Erbenhaftung beschränken kann, ermöglichen § 11 Abs. 2 Nr. 2 i.V.m. § 332 sowie den entsprechend anzuwendenden §§ 315–331 ein **selbständiges Insolvenzverfahren** über das Gesamtgut einer fortgesetzten Gütergemeinschaft.[22]

§ 38 Begriff der Insolvenzgläubiger

Die Insolvenzmasse dient zur Befriedigung der persönlichen Gläubiger, die einen zur Zeit der Eröffnung des Insolvenzverfahrens begründeten Vermögensanspruch gegen den Schuldner haben (Insolvenzgläubiger).

Übersicht	Rdn.			Rdn.
A. **Normzweck**	1		8. Sonstige Ansprüche	27
B. **Insolvenzgläubiger**	7	IV.	Begründetheit	28
I. Leistung des Begriffs	7		1. Grundsatz	28
1. Grundlagenbestimmung	7		2. Einzelfragen	31
2. Anwendungsbereich	11		a) Betagte, bedingte und künftige sowie wiederkehrende Ansprüche	31
3. Abgrenzung der Insolvenzgläubiger	12			
II. Persönlicher Gläubiger	13		b) Regressansprüche	34
III. Vermögensanspruch	17		c) Befriedigung im Verfahren	34a
1. Grundlagen	17		3. Einzelne Rechtsverhältnisse	35
2. Gestaltungsrechte	19		a) Arbeitsverhältnisse	35
3. Nicht vertretbare Handlungen	20		b) Mietverhältnisse	39
4. Schadensersatzansprüche	23		c) Steuer- und Abgabenforderungen sowie Sozialversicherungsbeiträge	42
5. Unterlassungsansprüche	24			
6. Unvollkommene Verbindlichkeiten	25			
7. Höchstpersönliche, familien- und erbrechtliche Ansprüche	26			

A. Normzweck

1 Die Vorschrift dient einer mehrschichtigen, teils offenen, teils verdeckten Aufgabenstellung. Unmittelbar ersichtlich ist die Doppelaufgabe als **Definitionsnorm**, denn § 38 formuliert eine Begriffsbestimmung der Insolvenzgläubiger und bezeichnet im Zusammenhang damit den Kreis der Insolvenzforderungen. Über diese definitorische Leistung hinaus, weist § 38 die Richtung auf ein **verfahrensfunktionales Verständnis** der Insolvenzmasse.

2 § 38 entwickelt einen **materiell-rechtlichen Begriff** des Insolvenzgläubigers. Anders als im zivilprozessualen Erkenntnisverfahren hängt dieser umfassende Begriff des Insolvenzgläubigers nicht von der formalen Stellung und Beteiligung im Verfahren ab. Jenseits der zivilverfahrensrechtlichen Einzelwirkung wird damit gerade ein Zugang zur insolvenzrechtlichen Gesamtwirkung eröffnet. Selbst wenn sich ein Gläubiger nicht am Verfahren beteiligt, kann er sich dessen Wirkungen nicht entziehen.[1] Auch für einen Gläubiger, der auf die Teilnahme verzichtet, gelten die verfahrensrechtlichen Beschränkungen der §§ 87, 89. Ebenso treffen ihn die materiell-rechtlichen Konsequenzen aus den §§ 254 Abs. 1 Satz 1, 301 Abs. 1.

3 Angelegt im Begriff der Insolvenzgläubiger ist außerdem das Recht auf **Verfahrensteilnahme**. Allen Gläubigern, die sich im Verfahren als forderungsberechtigt erweisen, muss die Möglichkeit eröffnet werden, sich am Insolvenzverfahren zu beteiligen. Damit erweist sich die Gläubigerstellung als Fundament und Legitimationsgrundlage für eine Teilhabe an den Verfahrensrechten aus. Zugleich weist dieses Beteiligungsbefugnis auf die vielgestaltigen Verfahrensberechtigungen der Gläubiger hin. Sie

---

22 Uhlenbruck/*Knof* Rn. 22; Nerlich/Römermann/*Andres* Rn. 17.
1 Uhlenbruck/*Sinz* Rn. 1.

reichen von der Mitwirkung in der Gläubigerorganisation, der Ausübung von Einzelrechten, etwa nach den §§ 290, 296, 297, 303, bis zur Partizipation am Verteilungsergebnis.

Die Teilhabe an der Verteilungsmasse ermöglicht die gleichmäßige und gemeinschaftliche Befriedigung der Insolvenzgläubiger, die zum Kern des deutschen Insolvenzrechts gehört.[2] Im Begriff der Insolvenzgläubiger ist deswegen die verfahrensimmanente **Kategorisierung** zwischen diesen an der Verteilung teilnahmeberechtigten bzw. davon ausgeschlossenen Gläubigern.[3] Nicht zur Verteilung zugelassen sind notwendigerweise die vorweg zu befriedigenden, aber auch die nicht im Insolvenzverfahren zu befriedigenden Gläubiger. Insoweit geht es nicht um die Trennung der Gläubiger von den Nichtgläubigern.[4] Um die Reichweite von § 38 zu ergänzen, präzisieren und erweitern die §§ 39 und 40 den Begriff der Insolvenzgläubiger. Da das Recht zur Verfahrensteilnahme nicht losgelöst von einer Quantifizierung zu bestimmen ist, beantworten die §§ 41 bis 46, wie die Forderungen zu bemessen sind.

Von den unterschiedlichen Beteiligungsrechten greift § 38 allerdings nur eine Dimension auf, die Teilhabe an der Befriedigungsmöglichkeit aus der Masse. Hierin wird allgemein ein haftungsrechtlicher Gehalt der Regelung bzw. eine **haftungsrechtliche Zuweisung** der Masse gesehen.[5] Ausgehend vom Grundmodell der Vermögenshaftung wird eine haftungsrechtliche Zuordnung der Masse, aber auch haftungsrechtliche Beschränkung der Gläubigerrechte angenommen, die etwa nicht mehr nach Prioritäts-, sondern nach Gleichbehandlungskriterien geordnet sind.[6] Weitergehend noch wird im Insolvenzgläubigerrecht ein verselbständigtes subjektives Haftungsrecht erkannt.[7] Diese Konzeption verlangt jedoch den Schritt von einem Teilhaberecht zu einem nicht mediatisierten Zugriffsrecht, das in der InsO so nicht ausgebildet ist.

Zugleich **limitiert** die Befriedigung der Gläubiger aus der Masse deren verfahrens- und vermögensrechtliche Stellung. Qualitativ steht den Insolvenzgläubigern außer der Masse nichts zu, wie sich aus den §§ 38, 87 ergibt. Temporal findet die Befriedigung mit der Aufhebung des Insolvenzverfahrens einen einstweiligen Abschluss. Sachlich bleibt zwar das Forderungsrecht nach § 201 Abs. 1 bestehen. Dieses Recht des weiteren Zugriffs ist aber durch das Sanierungs- und Schuldbefreiungsmodell und insb. die §§ 254 Abs. 1, 301 Abs. 1 beschränkt.

B. Insolvenzgläubiger

I. Leistung des Begriffs

1. Grundlagenbestimmung

Ausgehend vom Vermögensanspruch definiert § 38 einen **materiell-rechtlichen Begriff** des Insolvenzgläubigers. Erfasst werden nur diejenigen Gläubiger, die einen zur Zeit der Eröffnung des Insolvenzverfahrens begründeten Anspruch gegen den Schuldner haben.[8] Dennoch wird auch diesem Begriff eine **verfahrensrechtliche Dimension** unterlegt. Unerheblich ist, ob der Vermögensanspruch wirklich besteht. Maßgebend ist vielmehr, ob sich der Gläubiger für die angemeldete Forderung als anspruchsberechtigt erweist, sei es, weil der Forderung nicht widersprochen wurde, sei es, weil ein Widerspruch beseitigt wurde. Dieser materiell geprägte Terminus der Insolvenzgläubiger bildet den **Grundlagenbegriff** für die verfahrensrechtliche Stellung der Gläubiger in der Insolvenz.

---

2 BGH 29.01.2009, III ZB 88/07, BGHZ 179, 304 Rn. 23.
3 Jaeger/*Henckel* Rn. 8; Kübler/Prütting/Bork/*Holzer* Rn. 1; Nerlich/Römermann/*Andres* Rn. 2.
4 So aber MüKo-InsO/*Ehricke* Rn. 2.
5 Jaeger/*Henckel* Rn. 4; MüKo-InsO/*Ehricke* Rn. 3; Kübler/Prütting/Bork/*Holzer* Rn. 5; HambK-InsR/*Lüdtke* Rn. 2.
6 *Häsemeyer* Insolvenzrecht, Rn. 1.15 f.
7 KS-InsO/*Eckardt* § 17 Rn. 2.
8 BGH 28.06.2012, IX ZR 211/11, NJW-RR 2012, 1465 Rn. 4.

8 Die **Stärke der Forderung** ist für diese Zuordnung prinzipiell unerheblich. Deswegen sind auch die Inhaber **nicht erzwingbarer Forderungen** Gerds Insolvenzgläubiger.[9] Soweit die Forderung im Einzelfall nicht zur Teilnahme am Insolvenzverfahren berechtigt (Rdn. 25), wird keine Insolvenzforderung vorliegen. Auch Zinsen, Kosten und andere Nebenforderung gem. § 39 Abs. 1 Nr. 1 bis 3 bilden nach ihrer materiell-rechtlichen Qualität Insolvenzforderungen. § 39 weist den Inhabern dieser Forderungen jedoch die besondere verfahrensrechtliche Stellung als **nachrangige Insolvenzgläubiger** zu. Gleiches gilt etwa auch für unentgeltliche Forderungen nach § 39 Abs. 1 Nr. 4, worin sich ihre materiell-rechtliche Schwäche erweist. Steht der Forderung eine Einrede entgegen, bleibt sie dennoch Insolvenzforderung.[10] Auch **verjährte Vermögensansprüche** begründen Insolvenzforderungen, ausgenommen Steuerforderungen, die mit Verjährungseintritt erlöschen, §§ 47, 232 AO.[11] Verwalter und Gläubiger können aber der Feststellung zur Tabelle widersprechen.

9 Aufbauend auf diesem materiell-rechtlichen Fundament existieren verschiedene verfahrensrechtliche Schattierungen der Forderungsinhaberschaft bei den einzelnen Vorschriften. Abhängig von der jeweiligen Norm, die auf den Begriff der Insolvenzgläubiger abstellt, werden **unterschiedliche Anforderungen** an den Nachweis der Gläubigereigenschaft gestellt.[12] Die Anforderungen hängen davon ab, welchen Stellenwert das Gläubigerrecht für das Verfahren besitzt. Letztlich drücken damit die verfahrensrechtlichen Anforderungen auch eine materiell-rechtliche Qualität aus.

10 Ein **Gläubigerantrag** ist nach § 14 Abs. 1 zuzulassen, wenn der Gläubiger seine Forderung glaubhaft macht. Für den Antrag eines Gläubigers auf **Bestellung eines vorläufigen Gläubigerausschusses** nach § 22a Abs. 2 wird darauf abzustellen sein, ob das Forderungsrecht des Gläubigers bestritten und in diesem Fall glaubhaft gemacht ist. Bei der **Anmeldung zur Tabelle** sollen zwar die Urkunden in Kopie beigefügt werden, aus denen sich die Forderung ergibt, § 174 Abs. 1 Satz 1. Dabei handelt es sich aber nur um eine Sollvorschrift, weswegen ein Verstoß unschädlich ist.[13] **Stimmberechtigt** sind die Inhaber angemeldeter und nicht bestrittener Forderungen, außer der Verwalter und die stimmberechtigten Gläubiger haben sich in der Gläubigerversammlung über das Stimmrecht des Inhabers einer bestrittenen Forderung geeinigt, § 77 Abs. 1, 2. An der **Quote** beteiligt werden nur Gläubiger, deren Forderungen angemeldet und festgestellt sind, es sei denn, der Schuldner hat einen Widerspruch gegen eine titulierte Forderung nicht nach § 184 Abs. 2 verfolgt. Einen Antrag auf **Versagung der Restschuldbefreiung** nach den §§ 290, 296, 297 kann nur ein Gläubiger stellen, der eine Forderung im Insolvenzverfahren angemeldet hat, selbst wenn er nicht an der Schlussverteilung teilnimmt.[14] Die Forderungsanmeldung muss spätestens im Schlusstermin erfolgt sein.[15] Unerheblich ist, ob der Insolvenzgläubiger nicht mehr materiell-rechtlicher Inhaber der Forderung ist.[16]

2. Anwendungsbereich

11 Die Regelung gilt für alle Verfahrensarten. Über das Insolvenzverfahren hinaus erreicht sie auch das Restschuldbefreiungsverfahren. **Sonderregeln** gelten in der Nachlassinsolvenz, § 325, in der Insolvenz einer fortgesetzten Gütergemeinschaft, § 332, und im Insolvenzverfahren über das gemeinschaftlich verwaltete Gesamtgut einer Gütergemeinschaft, § 333.[17]

---

9 MüKo-InsO/*Ehricke* Rn. 5; Jaeger/*Henckel* Rn. 10.
10 Graf-Schlicker/*Kalkmann* Rn. 6.
11 Jaeger/*Henckel* Rn. 14; Uhlenbruck/*Sinz* Rn. 18; HK-InsO/*Eickmann* 6. Aufl., Rn. 13; HambK-InsR/*Lüdtke* Rn. 14.
12 Jaeger/*Henckel* Rn. 9; Kübler/Prütting/Bork/*Holzer* Rn. 2.
13 Kübler/Prütting/Bork/*Pape* Run 47.
14 BGH 08.10.2009, IX ZB 257/08, NZI 2009, 856 Rn. 3, m.Anm. *Schmerbach*.
15 AG Hamburg 16.03.2004, 68b IK 44/02, ZVI 2004, 260 (261).
16 BGH 10.08.2010, IX ZB 127/10, NZI 2010, 865 Rn. 4.
17 HK-InsO/*Eickmann* 6. Aufl., Rn. 4.

3. Abgrenzung der Insolvenzgläubiger

Von den am Insolvenzverfahren teilnahmeberechtigten Insolvenzgläubigern sind andere Gläubiger abzugrenzen. Insolvenzgläubiger haben einen mit den übrigen Gläubigern konkurrierenden Befriedigungsanspruch aus der Masse (s. Rdn. 13). Davon zu unterscheiden sind die Gläubiger mit einem gegenüber den sonstigen Gläubigern vorrangigen Recht.[18] Nicht zu den Insolvenzgläubigern mit einem persönlichen Vermögensanspruch gehören deswegen die Gläubiger mit einer dinglichen **Berechtigung an einem Gegenstand**, wie die aus- und absonderungsberechtigten, §§ 47 ff., oder die vormerkungsgesicherten Gläubiger.[19] Keine Insolvenzgläubiger sind auch die Gläubiger, die nicht auf die gemeinschaftliche Befriedigung aus der Masse verwiesen werden, weil sie als **Massegläubiger** nach den §§ 53 bis 55 vorweg zu befriedigen sind. Ebenso stehen die **Neugläubiger** außerhalb des Insolvenzverfahrens, weil sie erst nach Eröffnung des Verfahrens begründeten persönlichen Vermögensanspruch besitzen. Ihnen ist ein Zugriff auf die Masse verwehrt, weswegen sie sich an den Schuldner persönlich halten müssen.

12

II. Persönlicher Gläubiger

Insolvenzgläubiger ist nach der gesetzlichen Formulierung des § 38 allein der persönliche Gläubiger. Ein persönliches Gläubigerrecht besteht für die Personen, die einen persönlichen und d.h. im Kern einen schuldrechtlichen Anspruch gegen den Schuldner innehaben. Kennzeichnend dafür ist, dass der Schuldner mit seinem **gesamten Vermögen** bzw. einem Sondervermögen, § 333, für die Erfüllung dieses Anspruchs einzustehen hat.[20] Da aber auch alle anderen persönlichen Gläubiger auf das Vermögen zugreifen können, kennzeichnet gerade diese Befriedigungskonkurrenz ihre Rechtsstellung.

13

Kontrastiert wird zum persönlichen Gläubigerrecht das **dingliche Recht**, das eine spezielle ausschließliche haftungsrechtliche Zuweisung eines bestimmten Gegenstands an den Inhaber dieses Rechts bezeichnet. Eine funktionale Kritik will diese Abgrenzung durch die haftungsrechtliche Vorstellung ersetzen, ob der Berechtigte auf den Substanzwert des Gegenstands zugreifen kann.[21] Einer solchen Differenzierung steht allerdings der gesetzliche Wortlaut entgegen.[22] Eine andere Frage ist, ob der dinglich Berechtigte etwa zu Verfahrensbeiträgen herangezogen werden kann, § 171. Absonderungsberechtigte Gläubiger können zugleich Insolvenzgläubiger sein, wenn ihnen der Schuldner zusätzlich persönlich haftet. Aus der Insolvenzmasse werden sie jedoch nur befriedigt, soweit sie mit der abgesonderten Befriedigung ausfallen oder auf diese verzichtet haben, § 52.

14

Bei beschränkten Haftungen ist zu unterscheiden. **Haftungsansprüche gegen** den **Kommanditisten** stellen ebenfalls persönliche Vermögensansprüche dar. Die Haftung des Kommanditisten ist zwar in der Höhe begrenzt, nicht aber beim Gegenstand beschränkt. Der allein summenmäßig beschränkte Anspruch steht dessen Einordnung als Vermögensanspruch nicht entgegen.[23] Ein stiller Gesellschafter kann, wenn über das Vermögen des Inhabers eines Handelsgeschäfts das Insolvenzverfahren eröffnet wird, wegen der Einlage seine Forderung als Insolvenzgläubiger geltend machen, soweit sie den Betrag des auf ihn fallenden Anteils am Verlust übersteigt, § 236 Abs. 1 HGB. Mitgliedsrechte der Aktionäre einer Aktiengesellschaft begründen keine Insolvenzforderungen nach § 38.[24]

15

---

[18] Gottwald/*Klopp/Kluth* § 19 Rn. 8.
[19] Uhlenbruck/*Sinz* Rn. 2.
[20] MüKo-InsO/*Ehricke* Rn. 10; HK-InsO/*Eickmann* 6. Aufl., Rn. 5; s.a. *Ahrens* Der mittellose Geldschuldner, S. 155 ff.
[21] *Häsemeyer* Insolvenzrecht, Rn. 11.04; LSZ/*Smid/Leonhardt* Rn. 13.
[22] MüKo-InsO/*Ehricke* Rn. 11.
[23] Uhlenbruck/*Sinz* Rn. 7; HK-InsO/*Eickmann* 6. Aufl., Rn. 5.
[24] BGH 30.06.2009, IX ZA 21/09, BeckRS 2009, 20530.

§ 38 InsO Begriff der Insolvenzgläubiger

16 Eine **gegenständlich beschränkte Haftung** sehen einige familien- und erbrechtliche Regelungen vor.[25] Dies betrifft etwa die Haftung des Ehegatten nach Teilung des Gesamtguts vor Berichtigung der Gesamtgutsverbindlichkeiten, 1480 Satz 2 BGB, die Haftung des überlebenden Ehegatten bei einer fortgesetzten Gütergemeinschaft, § 1489 Abs. 2 BGB, die Haftung anteilsberechtigter Abkömmlinge gegenüber den Gesamtgutsgläubigern, § 1504 Satz 2 BGB, die Haftung des Erben für Nachlassverbindlichkeiten, § 1975 BGB, die Haftung nach Erhebung der Dürftigkeitseinrede, §§ 1991, 1990 BGB, und die Haftung des Hauptvermächtnisnehmers, § 2187 BGB.

III. Vermögensanspruch

1. Grundlagen

17 Ein Vermögensanspruch ist das Recht auf eine **geldwerte**, aus dem Vermögen des Schuldners **vollstreckbare Leistung**. Ein solcher Anspruch kann etwa auf die Zahlung einer Geldsumme, auf Vornahme einer vertretbaren Handlung oder Schadensersatz wegen Vornahme einer vertretbaren Handlung (s.a. Rdn. 20) gerichtet sein. Das Insolvenzverfahren eröffnet allerdings nur eine Befriedigungsmöglichkeit in Geld.[26] Die insolvenzrechtliche gleichmäßige Befriedigung der Gläubiger aus der Masse ist freilich nur durchführbar, wenn sich die Forderungen für die Berechnung der Quote eignen.[27] Deswegen muss der Vermögensanspruch auf Geld gerichtet sein oder sich nach den §§ 45, 46 in einen Geldanspruch umwandeln lassen.[28] Der Rechtsgrund ist unerheblich. Es können schuldrechtliche, familienrechtliche oder erbrechtliche, aber auch öffentlich-rechtliche Ansprüche Insolvenzforderungen begründen.[29] Vor Eröffnung des Insolvenzverfahrens entstandene Forderungen auf Krankenversicherungsbeträge sind Insolvenzforderungen.[30]

18 Nicht auf Geld gerichtete, aber geldwerte und deswegen **umrechnungsfähige Ansprüche** sind gem. § 45 Satz 1 vom Gläubiger in einen Schätzwert umzurechnen und zur Tabelle anzumelden.[31] Erfasst werden etwa Ansprüche auf Verschaffung,[32] auf Nachbesserung und Mängelbeseitigung,[33] auf Rückgewähr von Gegenständen infolge eines Rücktritts[34] und auf Befreiung von der Forderung eines Dritten.[35] Forderungen, die in einer ausländischen Währung oder in einer Rechnungseinheit ausgedrückt werden, sind nach dem Kurswert zur Zeit der Insolvenzeröffnung für den Zahlungsort in inländische Währung umzurechnen, § 45 Satz 2. Nicht vermögensrechtliche und damit nicht in Geld umrechenbare Forderungen sind keine Insolvenzforderungen. Schadensersatzansprüche, die als Folgeansprüche auf diesen Forderungen beruhen, können Insolvenzforderungen sein.[36]

2. Gestaltungsrechte

19 Gestaltungsrechte ermöglichen die Umgestaltung eines Rechtsverhältnisses, wie etwa die Anfechtung, §§ 143 Abs. 1, 142 Abs. 1 BGB, das Wahlrecht, § 263 BGB, der Rücktritt, §§ 346 ff. BGB, die Ausübung eines Wiederkaufs- oder Vorkaufsrechts, §§ 456, 464 BGB oder die Kündigung, § 620 Abs. 2 BGB. Sie sind auf ein Rechtsverhältnis und nicht auf eine Person bezogen. Sie begründen deswegen keinen Anspruch, d.h. kein Recht i.S.d. § 194 BGB, ein Tun oder Unter-

---

[25] MüKo-InsO/*Ehricke* Rn. 13.
[26] Jaeger/*Henckel* Rn. 63.
[27] BGH 23.10.2003, IX ZR 165/02, NZI 2004, 214 (215).
[28] FK-InsO/*Schumacher* Rn. 10; HK-InsO/*Eickmann* 6. Aufl., Rn. 8; Braun/*Bäuerle* Rn. 4.
[29] Kübler/Prütting/Bork/*Holzer* Rn. 8; Graf-Schlicker/*Kalkmann* Rn. 4.
[30] OLG Hamm 19.09.2012, I-20 W 9/12, NZI 2012, 922.
[31] Gottwald/*Klopp/Kluth* § 19 Rn. 32.
[32] RG 07.10.1911, V 97/11, RGZ 77, 106 (109 f.); 22.10.1918, II 158/18, RGZ 94, 61 (64).
[33] BGH 23.10.2003, IX ZR 165/02, NZI 2004, 214 (215).
[34] Vgl. RG 30.01.1907, V 153/06, RGZ 65, 132 (133).
[35] BGH 18.04.2002, IX ZR 161/01, BGHZ 150, 305 (308 f.); Jaeger/*Henckel* § 38 Rn. 66 ff., Anmeldung mit dem Inhalt, die Quote an den Dritten auszuzahlen.
[36] Uhlenbruck/*Sinz* Rn. 2; *Häsemeyer* Insolvenzrecht, Rn. 16.05.

lassen verlangen zu können. Gestaltungsrechte können deswegen keine Insolvenzforderungen bilden.[37] Aus der Ausübung eines Gestaltungsrechts kann aber eine Insolvenzforderung resultieren.[38]

3. Nicht vertretbare Handlungen

Während vertretbare Handlungen Insolvenzforderungen sein können, gilt dies nicht für unvertretbare Handlungen. Eine gem. § 887 ZPO **vertretbare Handlung** liegt vor, wenn es für das Gläubigerinteresse rechtlich und wirtschaftlich bedeutungslos ist, ob der Schuldner oder ein Dritter die Handlung vornimmt.[39] Auch vom Standpunkt des Schuldners aus muss es rechtlich zulässig sein, wenn ein anderer die geschuldete Handlung bewirkt.[40] Bei Arbeitsleistungen ist nach der überwiegenden zwangsvollstreckungsrechtlichen Ansicht im Einzelfall zu prüfen, ob die Handlung vertretbar ist.[41] Eine arbeitsrechtlich determinierte Auffassung geht demgegenüber prinzipiell von der Unvertretbarkeit aus.[42] 20

Eine **nicht vertretbare Handlung** gem. § 888 ZPO liegt dagegen vor, wenn ihre Vornahme durch einen Dritten rechtlich oder wirtschaftlich andere Wirkung hat, als die Vornahme durch einen Dritten oder wenn sie nur vom Schuldner vorgenommen werden kann.[43] Ebenso ist die Handlung unvertretbar, wenn sie vom Willen des Schuldners abhängig ist, jedoch nicht in der Abgabe einer Willenserklärung i.S.d. § 894 ZPO besteht.[44] Ansprüche auf derartige Handlungen sind nicht aus dem Vermögen des Schuldners zu realisieren, sondern können nur von ihm persönlich erzwungen werden. Unabhängig von ihrem Vermögenswert dürfen die Forderungsinhaber nicht am Verfahren teilnehmen.[45] Nicht vertretbare Handlungen sind wissenschaftliche, künstlerische und geistige Leistungen, die Unterrichtung in diesen Fertigkeiten, die Zeugnisausstellung, die Erstellung eines Nachlassverzeichnisses, höhere Dienste von Ärzten, Anwälten, Architekten oder Ingenieuren sowie die Beschäftigung und Weiterbeschäftigung von Arbeitnehmern.[46] 21

Bei Ansprüchen auf **Auskunfts- und Rechnungserteilung** sowie Bilanzerstellung wird differenziert. Folgt der Anspruch als Nebenrecht aus einer Insolvenzforderung oder aus einer Masseforderung, muss der Insolvenzverwalter den Anspruch erfüllen. Sonst ist der Anspruch gegen den Schuldner persönlich zu richten.[47] Nach der Rechtsprechung des BGH hat ein Arbeitnehmer keinen Auskunftsanspruch gegen den Insolvenzverwalter über den Eintritt der Insolvenzreife des Arbeitgebers.[48] 22

4. Schadensersatzansprüche

Schadensersatzansprüche aus Pflichtverletzung gem. § 280 BGB sind Insolvenzforderungen, wenn die Pflichtverletzung vor Eröffnung des Insolvenzverfahrens eingetreten ist.[49] Unerheblich ist, ob der Schadensersatzanspruch aus einer Nichterfüllung, einer Späterfüllung oder der Verletzung einer vertraglichen Nebenpflicht resultiert. Entsprechendes gilt für den Schadensersatzanspruch aus § 311a Abs. 2 BGB. Aufgrund der ausdrücklichen gesetzlichen Regelung in § 113 Satz 3 sind auch die Scha- 23

---

37 Kübler/Prütting/Bork/*Holzer* Rn. 14; Nerlich/Römermann/*Andres* Rn. 6.
38 MüKo-InsO/*Ehricke* Rn. 47.
39 MüKo-ZPO/*Gruber* § 887 Rn. 8; PG/*Olzen* § 887 Rn. 15.
40 BGH 11.11.1994, V ZR 276/93, NJW 1995, 463 (464).
41 Stein/Jonas/*Brehm* § 888 Rn. 41; MüKo-ZPO/*Gruber* § 887 Rn. 15; s.a. Musielak/*Lackmann* § 887 Rn. 9.
42 Schaub/*Linck* ArbeitsrechtsHandbuch § 45 Rn. 71.
43 MüKo-ZPO/*Gruber* § 888 Rn. 2; PG/*Olzen* § 888 Rn. 10.
44 BGH 11.05.2006, I ZB 94/05, NJW 2006, 2706 Run 12.
45 MüKo-InsO/*Ehricke* Rn. 43.
46 Uhlenbruck/*Sinz* Rn. 21.
47 Jaeger/*Henckel* Rn. 75; MüKo-InsO/*Ehricke* Rn. 46; HK-InsO/*Eickmann* 6. Aufl., Rn. 10; *Häsemeyer* Insolvenzrecht, Rn. 16.05.
48 BGH 02.06.2005, IX ZR 221/03, NJW-RR 2005, 1714 (1715).
49 Uhlenbruck/*Sinz* Rn. 41.

densersatzansprüche der Dienstverpflichteten auf Ersatz des Verfrühungsschadens wegen einer insolvenzbedingten Kündigung des Verwalters als Insolvenzforderungen geltend zu machen. Deliktische Schadensersatzansprüche (zur Massezugehörigkeit § 36 Rdn. 15) sind mit Vornahme der schädigenden Handlung begründet.[50] Dies gilt unabhängig davon, ob es sich um eine Rechtsgutsverletzung nach § 823 Abs. 1 BGB oder ein verletztes Schutzgesetz gem. § 823 Abs. 2 BGB handelt. Zu Schadensersatzansprüchen aus der Verletzung von Unterlassungsansprüchen s. Rdn. 24. Ein erst nach der Eröffnung entstehender Schadensersatzanspruch kann nicht im Insolvenzverfahren geltend gemacht werden.[51] Unerheblich ist, wann ein Anspruch auf Ersatz des materiellen Schadens oder von Schmerzensgeld beziffert werden kann.[52]

5. Unterlassungsansprüche

24 Unterlassungsansprüche werden gegenüber dem Schuldner persönlich und nicht durch Zugriff auf sein Vermögen durchgesetzt. Unterlassungsansprüche als solche stellen deswegen **keine Insolvenzforderungen** dar.[53] Schadensersatzansprüche aus einem vor der Eröffnung begangenen Verstoß gegen eine Unterlassungspflicht begründen Insolvenzforderungen.[54]

6. Unvollkommene Verbindlichkeiten

25 Unvollkommene Verbindlichkeiten begründen kein Forderungsrecht ihres Inhabers, sondern nur einen Rechtsgrund für die empfangene Leistung.[55] Sie nehmen deswegen nicht am Verfahren teil.[56] Zu den unvollkommenen Verbindlichkeiten gehören Forderungen aus Heiratsvermittlung, § 656 BGB, aus Spiel oder Wette, § 762 BGB, sowie aus unverbindlichen oder verbotenen Börsentermingeschäften.[57] Unvollkommene Verbindlichkeiten bilden in einem zweiten Insolvenzverfahren auch die in einem ersten Insolvenzverfahren im Insolvenzplan erlassenen, § 254 Abs. 3, oder von der Restschuldbefreiung erfassten Verbindlichkeiten, § 301 Abs. 3.[58]

7. Höchstpersönliche, familien- und erbrechtliche Ansprüche

26 Höchstpersönliche, familien- und erbrechtliche Ansprüche, sind danach zu differenzieren, ob sie gegen das Vermögen gerichtet sind. Daran fehlt es etwa beim Umgangsrecht oder den Anspruch auf Vaterschaftsanerkenntnis.[59] Andere familienrechtliche Ansprüche können eine vermögensrechtliche Natur besitzen, etwa der Anspruch auf Unterhaltsgewährung, vgl. § 40.[60] Der Anspruch eines Ehegatten auf Zustimmung zur steuerlichen Zusammenveranlagung ist kein Vermögensanspruch. Er ist nach der Eröffnung des Insolvenzverfahrens über das Vermögen des anderen Ehegatten gegen den Insolvenzverwalter zu richten.[61]

---

50 RG 18.06.1915, III 80/15, RGZ 87, 82, 84 f.; MüKo-InsO/*Ehricke* Rn. 26.
51 Jaeger/*Henckel* Rn. 77.
52 OLG Koblenz 03.02.2012, 10 U 742/11, ZInsO 2012, 1787 (1788).
53 BGH 10.07.2003, IX ZR 119/02, NJW 2003, 3060 (3062); FK-InsO/*Schumacher* Rn. 11; Kübler/Prütting/Bork/*Holzer* Rn. 18.
54 BGH 10.07.2003, IX ZR 119/02, NJW 2003, 3060 (3062).
55 Jaeger/*Henckel* Rn. 13.
56 Braun/*Bäuerle* Rn. 5.
57 MüKo-InsO/*Ehricke* Rn. 48.
58 FK-InsO/*Ahrens* § 301 Rn. 8; Kübler/Prütting/Bork/*Holzer* Rn. 22; Graf-Schlicker/*Kalkmann* Rn. 5.
59 HambK-InsR/*Lüdtke* Rn. 14; Graf-Schlicker/*Kalkmann* Rn. 10.
60 MüKo-InsO/*Ehricke* Rn. 76.
61 BGH 18.11.2010, IX ZR 240/07, NZI 2011, 615 Rn. 10 ff.; 18.05.2011, XII ZR 67/09, NZI 2011, 647 Rn. 22.

8. Sonstige Ansprüche

Bei einer **Besserungsabrede** verzichtet ein Gläubiger auf einen Teil seiner Forderung, doch soll er eine Nachzahlung erhalten, wenn sich die Vermögensverhältnisse des Schuldners verbessern.[62] Hier ist nach dem Parteiwillen zu differenzieren. Sollte die Forderung im Besserungsfall wiederaufleben, liegt keine Insolvenzforderung vor. Kann die Forderung bei einer gescheiterten Sanierung außerhalb des Verfahrens geltend gemacht werden, besteht dagegen eine Insolvenzforderung.[63]

IV. Begründetheit

1. Grundsatz

Insolvenzgläubiger sind nach § 38 nur die Gläubiger, deren persönlicher Vermögensanspruch bei **Eröffnung des Insolvenzverfahrens** begründet war. Mit Eröffnung des Insolvenzverfahrens enden das Verwaltungs- und das Verfügungsrecht des Schuldners und damit auch der Einfluss der Gläubiger auf das Schuldnervermögen.[64] Nach diesem Zeitpunkt entstehen Neuforderungen oder Masseverbindlichkeiten.

Für die Begründetheit einer Forderung ist unerheblich, ob die Forderung selbst schon (etwa im steuerrechtlichen Sinn) entstanden oder fällig ist,[65] wie sich bereits aus den gesetzlichen Teilregelungen insb. der §§ 41 f., 191 zur Geltendmachung von Insolvenzforderungen ergibt.[66] Maßgebend ist, ob bereits der **Rechtsgrund** für das Entstehen der Forderung bei der Verfahrenseröffnung gelegt war.[67] Der anspruchsbegründende Tatbestand, die schuldrechtliche Grundlage,[68] muss schon vor Verfahrenseröffnung abgeschlossen sein, auch wenn sich eine Forderung des Gläubigers daraus erst nach Beginn des Insolvenzverfahrens ergibt.[69]

Eine biologisch gefärbte Terminologie verlangt, der »Schuldrechtsorganismus«, der die Grundlage der Forderung bilde, nicht aber der Anspruch selbst, müsse bei Eröffnung des Insolvenzverfahrens bestanden haben.[70] Allein die schuldrechtliche Grundlage des Anspruchs muss schon vor Eröffnung des Insolvenzverfahrens entstanden sein.[71] Dies zielt in die Richtung, wonach das **Schuldverhältnis im weiteren Sinn**, nicht aber das Schuldverhältnis im engeren Sinn bereits entstanden sein muss.[72] Es müssen für den Entstehungstatbestand bereits so viele Merkmale verwirklicht sein, dass der Gläubiger eine gesicherte Forderungsanwartschaft hat.[73] So ist etwa ein Aufwendungsersatzanspruch aus § 637 Abs. 1 BGB auch dann Insolvenzforderung, wenn der Werkvertrag vor Insolvenzeröffnung geschlossen und die mangelhafte Leistung bis zur Eröffnung erbracht wurde, aber die Nacherfüllung vom Verwalter abgelehnt und die Selbstvornahme dann vom Gläubiger ausgeführt wurde.[74]

---

62 Uhlenbruck/*Sinz* Rn. 23.
63 HK-InsO/*Eickmann* 6. Aufl., Rn. 15.
64 *Häsemeyer* Insolvenzrecht, Rn. 16.10.
65 BGH 22.09.2011, IX ZB 121/11, NZI 2011, 953 Rn. 3; FK-InsO/*Schumacher* Rn. 14; Uhlenbruck/*Sinz* Rn. 26.
66 Gottwald/*Klopp/Kluth* § 19 Rn. 16.
67 MüKo-InsO/*Ehricke* Rn. 16; HK-InsO/*Eickmann* 6. Aufl., Rn. 18; Nerlich/Römermann/*Andres* Rn. 13.
68 BGH 22.09.2011, IX ZB 121/11, NZI 2011, 953 Rn. 3.
69 BGH 07.04.2005, IX ZB ZInsO 2005, 537, 538; 22.09.2011, IX ZB 121/11, NZI 2011, 953 Rn. 3.
70 Uhlenbruck/*Sinz* Rn. 26.
71 BGH 22.09.2011, IX ZB 121/11, NZI 2011, 953 Rn. 3.
72 HK-InsO/*Eickmann* 6. Aufl., Rn. 18.
73 HambK-InsR/*Lüdtke* Rn. 30; Gottwald/*Klopp/Kluth* § 19 Rn. 16.
74 Uhlenbruck/*Sinz* Rn. 26.

2. Einzelfragen

a) Betagte, bedingte und künftige sowie wiederkehrende Ansprüche

31 Entstandene, aber noch nicht fällige Forderungen (**betagte Forderungen**), sind im Insolvenzverfahren als Insolvenzforderungen zu berücksichtigen. Sie werden gem. § 41 Abs. 1 als fällige Insolvenzforderung behandelt.[75] **Auflösend bedingte Forderungen**, deren Bedingung noch nicht eingetreten ist, werden wie unbedingte Forderungen behandelt, § 42. Obwohl **aufschiebend bedingte Forderungen** noch keine Wirkungen entfalten, können sie mit den in der Insolvenzordnung normierten Einschränkungen am Verfahren teilnehmen. Bei einer Abschlagsverteilung wird die aufschiebend bedingte Forderung mit ihrem vollen Betrag berücksichtigt, doch wird der entsprechende Anteil bei der Auszahlung zurückbehalten, § 191 Abs. 1. Bei der Schlussverteilung wird die Forderung in vollem Umfang berücksichtigt, wenn ein Bedingungseintritt zu erwarten ist. Liegt bei der Schlussverteilung der Bedingungseintritt so fern, dass die Forderung keinen Vermögenswert hat, wird sie nicht berücksichtigt, § 191 Abs. 2 (vgl. § 42 Rdn. 10 f.).

32 Ist das Geschäft bei Verfahrenseröffnung nur in Aussicht genommen, also nicht wenigstens bedingt oder befristet geschlossen, handelt es sich lediglich um eine **künftige Forderung**. Künftig entstehende Ansprüche fallen nicht unter § 38[76] und berechtigen nicht zur Verfahrensteilnahme.

33 **Wiederkehrende Ansprüche**, aus einem einheitlichen Stammrecht sind Insolvenzforderungen. Ihre Berechnung erfolgt nach § 46. Unterhaltsansprüche entstehen jeweils in dem Zeitpunkt neu, in dem ihre Fälligkeitsvoraussetzungen vorliegen.[77] Deswegen sind Gerds allein die bis zur Insolvenzeröffnung entstandenen Unterhaltsansprüche Insolvenzforderungen.[78] Ausnahmsweise können aber gem. § 40 Satz 1 im Insolvenzverfahren über das Vermögen des Erben des Unterhaltspflichtigen die nach Eröffnung entstehenden Unterhaltsansprüche als Insolvenzforderungen geltend gemacht werden.

b) Regressansprüche

34 Bei einem Gesamtschuldverhältnis zwischen dem Schuldner und einem Dritten entsteht der Ausgleichsanspruch nach § 426 Abs. 1 BGB bereits mit der Begründung der Gesamtschuld.[79] Der Anspruch des Dritten ist zunächst ein Befreiungsanspruch. Als Zahlungsanspruch entsteht er erst, wenn der Dritte auf die Gesamtschuld geleistet hat.[80] Dennoch wird bereits vor der Zahlung von einer begründeten Insolvenzforderung ausgegangen. Der Regressanspruch des Dritten stellt danach eine aufschiebend bedingte Forderung dar.[81]

c) Befriedigung im Verfahren

34a Wird die Insolvenzforderung im Verfahren erfüllt, etwa durch Leistungen Dritter oder eine seltene 100 %-Quote, entfällt das materielle Forderungsrecht. Dennoch endet damit noch nicht automatisch die Stellung als Insolvenzgläubiger, die bereits begrifflich allein an einen bei Verfahrenseröffnung begründeten persönlichen Vermögensanspruch anknüpft. Funktional wird bei einer angemeldeten Forderung zu unterscheiden sein. Rechte, die auf eine Befriedigung abzielen, wie eine Abstimmung über die Verteilung, kann der Gläubiger nicht mehr geltend machen. Auch für einen Antrag auf Versagung oder Widerruf der Restschuldbefreiung fehlt bei einer Befriedigung der Forderung vor dem Schlusstermin nicht nur das Rechtsschutzbedürfnis, sondern sogar bereits das An-

---

[75] Jaeger/*Henckel* Rn. 87.
[76] BGH 13.10.2011, IX ZB 80/10, NZI 2012, 24 Rn. 7; Uhlenbruck/*Sinz* Rn. 35.
[77] BGH 13.10.2011, IX ZB 80/10, NZI 2012, 24 Rn. 7.
[78] OLG Nürnberg 04.10.2004, 11 WF 2713/04, NZI 2005, 638 (639).
[79] *BGH 21.03.1991, IX ZR 286/90, BGHZ 114, 117 (122).*
[80] Jaeger/*Henckel* Rn. 109.
[81] BGH 21.03.1991, IX ZR 286/90, BGHZ 114, 117 (122 f.); Uhlenbruck/*Sinz* Rn. 39.

tragsrecht, denn die Versagung dient auch dem Befriedigungsinteresse des Gläubigers.[82] Der BGH hat zwar für das Antragsrecht ausdrücklich von der materiell-rechtlichen Stellung abgesehen, doch betraf dies eine Konstellation, in der die Befriedigung, wenn überhaupt, erst nach dem Schlusstermin erfolgt ist.[83] In dieser besonderen Konstellation besteht zutreffend das Antragsrecht fort, sonst jedoch nicht. Dagegen entfallen nicht die auf den äußeren Verfahrensablauf und insb. die Information bezogene Rechte, etwa auf Einberufung einer Gläubigerversammlung oder auf Mitwirkung im Gläubigerausschuss.

3. Einzelne Rechtsverhältnisse

a) Arbeitsverhältnisse

Arbeitsverhältnisse bestehen nach § 108 Abs. 1 Satz 1 mit Wirkung für die Masse fort. Der Insolvenzverwalter ist verpflichtet, den Arbeitnehmer vertragsgemäß zu beschäftigen. **Entgeltansprüche** des Arbeitnehmers für die aus der Zeit vor der Insolvenzeröffnung erbrachten Leistungen sind Insolvenzforderungen, § 108 Abs. 3. Dies gilt auch für Sanierungsstunden, die vor Insolvenzeröffnung geleistet, aber danach fällig wurden.[84] Beschäftigt der Insolvenzverwalter den Arbeitnehmer nach Insolvenzeröffnung, bilden die Vergütungsansprüche Masseverbindlichkeiten gem. § 55 Abs. 1 Nr. 2. Entsprechendes gilt für die Entgeltfortzahlung im Krankheitsfall. Bei Sonderzahlungen soll Gerds nicht darauf abzustellen sein, wann der Anspruch fällig ist,[85] sondern auf den Zeitraum, für den sie gezahlt wurden.[86] 35

Urlaubsansprüche sind auf Freistellung von der Arbeitsleistung bei Fortzahlung der Bezüge gerichtet. Sie sind nicht von einer Arbeitsleistung im Kalenderjahr abhängig und werden damit nicht monatlich verdient. Soweit sie noch nicht zeitlich festgelegt sind, können sie keinem bestimmten Zeitraum zugeordnet werden. Damit ist auch eine rechnerische Zuordnung bestimmter Urlaubstage auf Zeitpunkte vor und nach Eröffnung der Insolvenz möglich. Der Anspruch des Arbeitnehmers auf Freistellung bleibt vielmehr von der Eröffnung des Insolvenzverfahrens unberührt.[87] Urlaubsansprüche sind deswegen Masseforderungen, auch wenn sie aus Kalenderjahren vor der Insolvenzeröffnung stammen. Gleiches gilt für den Anspruch auf das Urlaubsentgelt.[88] Urlaubsgelt folgt den für das Urlaubsentgelt entwickelten Grundsätzen, wenn es mit der Urlaubsgewährung entsteht.[89] Urlaubsabgeltungsansprüche gem. § 7 Abs. 4 BurlG sind insolvenzrechtlich wie Urlaubsansprüche zu behandeln.[90] 36

Ein vor der Insolvenzeröffnung vereinbarter **Abfindungsanspruch** ist auch dann nur einfache Insolvenzforderung und keine Masseschuld, wenn er erst nach Insolvenzeröffnung mit der Beendigung des Arbeitsverhältnisses entsteht.[91] Für Sozialplanabfindungen gelten die §§ 123, 124. 37

Bei den **Altersteilzeitleistungen** in der Arbeitsphase des Blockmodells nach Eröffnung des Insolvenzverfahrens handelt es sich um Masseverbindlichkeiten.[92] Wird das Insolvenzverfahren in der Freistellungsphase eröffnet, bestehen lediglich Insolvenzforderungen.[93] Es besteht nach § 8a AltTZG grds. eine Verpflichtung zur Insolvenzsicherung des Entgelts nebst der Sozialversicherungsbeiträge. 38

---

82 FK-InsO/*Ahrens* § 290 Rn. 79.
83 BGH 10.08.2010, IX ZB 127/10, NZI 2010, 865 Rn. 4.
84 LAG Berlin-Brandenburg 17.03.2011, 5 Sa 2740/10, ZInsO 2012, 994 (996).
85 S.a. *Zwanziger* § 108 Rn. 36.
86 BAG 21.05.1980, 5 AZR 441/78, NJW 1981, 79 (80); *Arens/Brand* Arbeits- und Sozialrecht in der Insolvenz, § 4 Rn. 8.
87 BAG 18.11.2003, 9 AZR 95/03, NZI 2005, 118 (120).
88 BAG 15.02.2005, 9 AZR 78/04, NZA 2005, 1124 (1126).
89 BAG 15.02.2005, 9 AZR 78/04, NZA 2005, 1124 (1126).
90 BAG 25.03.2003, 9 AZR 174/02, NZA 2004, 43 (46); 15.02.2005, 9 AZR 78/04, NZA 2005, 1124 (1126).
91 BAG 27.09.2007, 6 AZR 975/06, NZA 2009, 89 Rn. 21.
92 BAG 23.02.2005, 10 AZR 602/03, NZA 2005, 694 (695).
93 Uhlenbruck/*Sinz* Rn. 65.

b) Mietverhältnisse

39 **Mietzinsansprüche** entstehen nach § 163 BGB aufschiebend befristet erst zum Anfangstermin des jeweiligen Zeitraums der Nutzungsüberlassung.[94] Ansprüche aus der Zeit vor der Insolvenzeröffnung sind Insolvenzforderungen, die aus der Zeit danach Masseverbindlichkeiten.[95] Auch bei einem im Laufe des Monatsersten eröffneten Insolvenzverfahren handelt es sich bei der Miete für diesen Monat um eine Insolvenzforderung.[96] Bei Wohnraummietverhältnissen kann aber der Insolvenzverwalter gem. § 109 Abs. 1 Satz 2 erklären, dass die nach Ablauf der Kündigungsfrist fällig werdenden Ansprüche nicht im Insolvenzverfahren geltend gemacht werden können. In der Insolvenz des Mieters ist die Betriebskostennachforderung des Vermieters, die einen Abrechnungszeitraum vor Insolvenzeröffnung betrifft, auch dann Insolvenzforderung, wenn der Vermieter erst nach der Insolvenzeröffnung oder nach der Erklärung des Insolvenzverwalters gem. § 109 Abs. 1 Satz 2 abgerechnet hat.[97] Entsprechendes gilt in der Insolvenz des Vermieters für einen Anspruch auf Auszahlung eines Guthabens aus einer Betriebskostenabrechnung.[98]

40 Der Wohnraummieter kann eine von ihm geleistete **Mietkaution** in der Insolvenz des Vermieters nur dann aussondern, wenn der Vermieter sie von seinem Vermögen getrennt angelegt hat. Anderenfalls stellen sowohl der Anspruch auf insolvenzfeste Anlage der Mietkaution als auch der Rückforderungsanspruch sowie der Anspruch auf Schadensersatz wegen Nichterfüllung lediglich Insolvenzforderungen dar.[99]

41 Der Vermieter kann den Insolvenzverwalter nur dann auf **Herausgabe** der Wohnung in Anspruch nehmen, wenn dieser sie in Besitz genommen hat oder daran für die Masse ein Recht beansprucht.[100] Ist das Mietverhältnis vor Eröffnung des Insolvenzverfahrens aufgelöst worden, so sind der Rückgabeanspruch gem. § 546 BGB sowie alle **Abwicklungsansprüche** bereits vor Eröffnung entstanden und deswegen Gerds Insolvenzforderungen.[101] Dies gilt auch für die Kosten der Schönheitsreparaturen und etwaige Rückbaukosten.

c) Steuer- und Abgabenforderungen sowie Sozialversicherungsbeiträge

42 Steuerforderungen sind **Insolvenzforderungen**, wenn die Hauptforderung ihrem Kern nach vor der Eröffnung des Insolvenzverfahrens entstanden ist. Dabei kommt es nicht darauf an, ob der Anspruch bei Eröffnung im steuerrechtlichen Sinn entstanden ist, sondern ob in diesem Zeitpunkt nach insolvenzrechtlichen Grundsätzen der Rechtsgrund für den Anspruch gelegt war.[102] Die Umsatzsteuer ist entstanden, wenn die Lieferung oder sonstige Leistung ausgeführt ist.[103] Bei einer Umsatzsteuerberichtigung ist maßgebend, wann der materiell-rechtliche Berichtigungstatbestand des § 17 Abs. 2 UStG verwirklicht wird.[104] Einkommen-, Körperschaft- und Gewerbesteuer entstehen als Jahressteuer mit Ablauf des Veranlagungszeitraums.[105] Auf Grundlage einer Schätzung nach § 45 ist die Steuer für die Zeit vor und nach der Insolvenzeröffnung aufzuteilen.[106] Bei kommunalen Benut-

---

94 BGH 14.12.2006, IX ZR 102/03, NZI 2007, 158 Rn. 12.
95 Uhlenbruck/*Sinz* Rn. 60.
96 AG Berlin-Tempelhof-Kreuzberg 02.02.2012, 16 C 316/11, NZI 2013, 56.
97 BGH 13.04.2011, VIII ZR 295/10, 2011, NZI 2011, 404 Rn. 12.
98 BGH 21.12.2006, IX ZR 7/06, NZI 2007, 164.
99 BGH 20.12.2007, IX ZR 132/06, NZI 2008, 235 Rn. 7; 13.12.2012, IX ZR 9/12, NZI 2013, 158 Rn. 11 f.
100 BGH 19.06.2008, IX ZR 84/07, NZI 2008, 554 Rn. 15.
101 BGH 21.12.2006, IX ZR 66/05, NZI 2007, 287 Rn. 11.
102 BFH 01.04.2008, X B 201/07, ZVI 2008. 441 (442); Nerlich/Römermann/*Andres* Rn. 15; Braun/*Bäuerle* Rn. 27.
103 Kübler/Prütting/Bork/*Holzer* Rn. 38; HK-InsO/*Eickmann* 6. Aufl., Rn. 22.
104 *BFH* 25.07.2012, VII R 29/11, NZI 2012, 1022 Rn. 16; 11.07.2013, XI B 41/13, ZInsO 2013, 1739 Rn. 27.
105 Uhlenbruck/*Sinz* Rn. 72; Nerlich/Römermann/*Andres* Rn. 16.
106 Kübler/Prütting/Bork/*Holzer* Rn. 41; HambK-InsR/*Lüdtke* Rn. 54.

zungsgebühren, wie etwa Abfallgebühren, sind nur die zeitanteilig auf den Zeitraum vor Eröffnung des Insolvenzverfahrens entfallenden Gebühren Insolvenzforderungen.[107]

Beitragsforderungen der Sozialversicherungsträger entstehen, sobald ihre gesetzlich bestimmten Voraussetzungen vorliegen.[108] 43

§ 39 Nachrangige Insolvenzgläubiger

(1) Im Rang nach den übrigen Forderungen der Insolvenzgläubiger werden in folgender Rangfolge, bei gleichem Rang nach dem Verhältnis ihrer Beträge, berichtigt:
1. die seit der Eröffnung des Insolvenzverfahrens laufenden Zinsen und Säumniszuschläge auf Forderungen der Insolvenzgläubiger;
2. die Kosten, die den einzelnen Insolvenzgläubigern durch die Teilnahme am Verfahren erwachsen;
3. Geldstrafen, Geldbußen, Ordnungsgelder und Zwangsgelder sowie solche Nebenfolgen einer Straftat oder Ordnungswidrigkeit, die zu einer Geldzahlung verpflichten;
4. Forderungen auf eine unentgeltliche Leistung des Schuldners;
5. nach Maßgabe der Absätze 4 und 5 Forderungen auf Rückgewähr eines Gesellschafterdarlehens oder Forderungen aus Rechtshandlungen, die einem solchen Darlehen wirtschaftlich entsprechen.

(2) Forderungen, für die zwischen Gläubiger und Schuldner der Nachrang im Insolvenzverfahren vereinbart worden ist, werden im Zweifel nach den in Absatz 1 bezeichneten Forderungen berichtigt.

(3) Die Zinsen der Forderungen nachrangiger Insolvenzgläubiger und die Kosten, die diesen Gläubigern durch ihre Teilnahme am Verfahren entstehen, haben den gleichen Rang wie die Forderungen dieser Gläubiger.

(4) Absatz 1 Nr. 5 gilt für Gesellschaften, die weder eine natürliche Person noch eine Gesellschaft als persönlich haftenden Gesellschafter haben, bei der ein persönlich haftender Gesellschafter eine natürliche Person ist. Erwirbt ein Gläubiger bei drohender oder eingetretener Zahlungsunfähigkeit der Gesellschaft oder bei Überschuldung Anteile zum Zweck ihrer Sanierung, führt dies bis zur nachhaltigen Sanierung nicht zur Anwendung von Absatz 1 Nr. 5 auf seine Forderungen aus bestehenden oder neu gewährten Darlehen oder auf Forderungen aus Rechtshandlungen, die einem solchen Darlehen wirtschaftlich entsprechen.

(5) Absatz 1 Nr. 5 gilt nicht für den nicht geschäftsführenden Gesellschafter einer Gesellschaft im Sinne des Absatzes 4 Satz 1, der mit 10 Prozent oder weniger am Haftkapital beteiligt ist.

Übersicht	Rdn.		Rdn.
A. Normzweck	1	III. Geldstrafen etc., Abs. 1 Nr. 3	21
B. Anwendungsbereich	3	IV. Unentgeltliche Leistungen, Abs. 1 Nr. 4	24
C. Strukturen der Rangordnung	4	V. Gesellschafterdarlehen, Abs. 1 Nr. 5, Abs. 4, 5	28
I. Verfahrensteilnahme	4	1. Grundlagen	28
II. Befriedigungsreihenfolge	10	2. Gesellschaftsinsolvenz	29
D. Gruppen nachrangiger Insolvenzgläubiger	11	3. Gesellschafterdarlehen oder wirtschaftlich entsprechende Rechtshandlungen	32
I. Zinsforderungen und Versäumniszuschläge, Abs. 1 Nr. 1	11	a) Gesellschafter und gleichgestellte Dritte	32
1. Laufende Zinsen, Alt. 1	11	b) Darlehen und wirtschaftlich entsprechende Rechtshandlungen	35
2. Säumniszuschläge, Alt. 2	16		
II. Kosten der Verfahrensteilnahme, Abs. 1 Nr. 2	17		

---

[107] VG Würzburg 14.12.2012, W 7 K 11.1053, ZVI 2013, 237.
[108] BGH 22.09.2011, IX ZB 121/11, NZI 2011, 953.

	Rdn.		Rdn.
4. Sanierungsprivileg, Abs. 4 Satz 2	37	E. Vereinbarter Nachrang, Abs. 2	45
5. Kleinbeteiligtenprivileg, Abs. 5	41	F. Zinsen und Kosten nachrangiger Gläubiger, Abs. 3	46
VI. Sonstige nachrangige Forderungen	44		

A. Normzweck

1 Die frühere **Rangordnung** der §§ 61, 62 KO hat die Insolvenzordnung weitgehend aufgegeben, auch wenn die Insolvenzvorrechte nicht vollständig überwunden sind, vgl. nur § 32 Abs. 4 Satz 1 DepotG, § 77a VAG.[1] Sozialplanansprüche begründen dagegen keine Insolvenzvorrechte,[2] sondern Masseverbindlichkeiten, § 123 Abs. 2. Im Interesse einer einfacheren und gerechteren Verfahrensgestaltung stuft § 39 allerdings bestimmte Forderungen gegenüber den übrigen Insolvenzforderungen zurück.[3] Anders als nach § 63 KO sollen diese Forderungen nicht vollständig vom Verfahren ausgeschlossen werden, weil die Einbeziehung des Neuerwerbs und die Möglichkeit der Restschuldbefreiung zu einer unangemessenen umfassenden Entwertung dieser Forderungen geführt hätten.[4] Jedenfalls bei einem Masseüberschuss wäre dies nicht gerechtfertigt. Sie werden aber erst nach den übrigen Insolvenzforderungen befriedigt.

2 Die **Gründe** für den Nachrang beruhen teils auf dem Schutz der Masse, teils auf verfahrensökonomischen Erwägungen, teils auf der Gläubigergleichbehandlung und teils auf allgemeinen Maßstäben. Eine einheitliche Funktion besteht jedoch nicht.[5] Zins- und Kostenforderungen sind nachrangig, weil sonst die Verfahrensabwicklung und Verteilung erschwert wäre. Geldstrafen etc. müssen zurückstehen, weil ihre Durchsetzung stärker die Insolvenzgläubiger als die Schuldner träfe. Im Nachrang der Forderungen auf unentgeltliche Leistungen kommt die allgemeine Schwäche unentgeltlicher Verbindlichkeiten zum Ausdruck. Mit dem im letzten Rang stehenden Gesellschafterdarlehen und den wirtschaftlich entsprechenden Rechtshandlungen wird wohl primär an die Doppelrolle als Gesellschafter und Kreditgeber angeknüpft.[6]

B. Anwendungsbereich

3 Die Regelung betrifft allein **Insolvenzforderungen** und gilt in allen Verfahrensarten. **Unanwendbar** ist § 39 auf Neuforderungen. Die Beschränkung gilt auch nicht für Massegläubiger.[7]

C. Strukturen der Rangordnung

I. Verfahrensteilnahme

4 Über die Qualifikation als Insolvenzforderung bestimmt das materielle Recht. Diese in § 38 verankerte Kernaussage bleibt durch die Regelung der nachrangigen Forderungen unberührt. Modifiziert wird aber der **verfahrensrechtliche Gehalt** der allgemeinen Bestimmung über die Insolvenzgläubiger. Auch die nachrangigen Gläubiger können grds. am Insolvenzverfahren teilnehmen, doch wird ihre Rechtsstellung durch den Nachrang der Forderungen reduziert.[8] So sehen insb. die §§ 74 Abs. 1 Satz 2, 75, 77 Abs. 1 Satz 2, 78 Abs. 1 Satz 2, 174 Abs. 3, 187 Abs. 2 Satz 2, 222 Abs. 1 Satz 2 Nr. 3, 225, 246 Sonderregeln vor.[9]

---

1 Jaeger/*Henckel* Rn. 1.
2 So aber MüKo-InsO/*Ehricke* Rn. 2.
3 Graf-Schlicker/*Kalkmann* Rn. 3.
4 MüKo-InsO/*Ehricke* Rn. 6; Uhlenbruck/*Hirte* Rn. 1.
5 Karsten Schmidt/*Karsten Schmidt/Herchen* Rn. 1.
6 *Haas* ZInsO 2007, 617 (618); offen gelassen von BGH 17.02.2011, IX ZR 131/10, BGHZ 188, 363 Rn. 16.
7 Jaeger/*Henckel* Rn. 3; Uhlenbruck/*Hirte* Rn. 8.
8 *Häsemeyer* Insolvenzrecht, Rn. 17.13.
9 Karsten Schmidt/*Karsten Schmidt/Herchen* Rn. 3 f.

Da die nachrangigen Gläubiger in das Insolvenzverfahren einbezogen sind, greifen auch ihnen gegenüber die allgemeinen **insolvenzrechtlichen Beschränkungen**. Bereits diese systematischen Konsequenzen weisen die nicht unerhebliche Bedeutung von § 39 aus.[10] Auch die nachrangigen Gläubiger dürfen ihre Forderungen nur nach den Vorschriften über das Insolvenzverfahren verfolgen, § 87. Es gelten für sie ebenso die Zwangsvollstreckungsverbote aus den §§ 89, 294 Abs. 1, wie die Rückschlagsperre des § 88.[11] Ein Absonderungsrecht kann sich auch auf eine nachrangige Forderung erstrecken.[12]

Die aus dem Forderungsrecht resultierenden **Beteiligungsbefugnisse** sind demgegenüber weitgehend eingeschränkt. Von diesen Beschränkungen unberührt bleibt das Recht der nachrangigen Gläubiger, einen Insolvenzantrag zu stellen.[13] Auch erscheint es folgerichtig, ihre Forderungen grds. bei der Prüfung der Insolvenzgründe einzubeziehen. Auf die erst nach der Verfahrenseröffnung entstehenden Verbindlichkeiten aus § 39 Abs. 1 Nr. 1 und 2 kann dieser Gedanke selbstverständlich nicht erstreckt werden.[14] Außerdem nimmt § 19 Abs. 2 Satz 2 Forderungen aus Gesellschafterdarlehen und gleichgestellten Verbindlichkeiten i.S.v. § 39 Abs. 1 Nr. 5 von der Überschuldungsprüfung aus. Wegen der schlechten Befriedigungsaussichten soll zwar das Verfahren nicht durch die nachrangigen Gläubiger belastet oder verzögert werden, doch hindert diese Überlegung nicht, sie im Übrigen bei der Verfahrenseinleitung zu berücksichtigen.

Von der **Gläubigerselbstverwaltung** sind nachrangige Gläubiger weitgehend ausgeschlossen. Sie sind nicht berechtigt, die Einberufung der Gläubigerversammlung zu verlangen, § 75 Abs. 1 Nr. 3, 4. An den Gläubigerversammlungen dürfen sie teilnehmen,[15] doch besitzen sie dort kein Stimmrecht, § 77 Abs. 1 Satz 2. Außerdem sind sie nicht befugt, Beschlüsse der Gläubigerversammlung anzufechten, § 78 Abs. 1.[16]

Nach § 174 Abs. 3 Satz 1 sind die Forderungen nachrangiger Gläubiger nur **anzumelden**, soweit das Insolvenzgericht dazu besonders aufgefordert hat. Ausnahmsweise ist die Anmeldung auch ohne Aufforderung zuzulassen, wenn sonst eine Forderungsverjährung droht, weil die Verjährungshemmung weder durch Klageerhebung noch Anmeldung zur Tabelle nach § 204 Abs. 1 Nr. 1, 10 BGB möglich wäre, und die Forderung auch nach Aufhebung des Insolvenzverfahrens geltend gemacht werden könnte.[17] Diese speziellere Gestaltung verdrängt § 206 BGB.[18]

Bei **Abschlagsverteilungen** werden nachrangige Gläubiger nicht berücksichtigt, § 187 Abs. 2 Satz 2. Im **Insolvenzplanverfahren** bestehen die Sonderregeln der §§ 222 Abs. 1 Nr. 2, 225, 237 Abs. 1 Satz 1, 246. Im Restschuldbefreiungsverfahren sind nachrangige Gläubiger nur dann antragsberechtigt, wenn sie am Verfahren teilnehmen können, also aufgefordert wurden, ihre Forderungen anzumelden.

II. Befriedigungsreihenfolge

Verteilungen an die nachrangigen Insolvenzgläubiger erfolgen erst, wenn die sonstigen Insolvenzgläubiger befriedigt sind und dann in der sich aus Abs. 1 ergebenden Rangfolge. Zahlungen an eine nachfolgende Rangklasse erfolgen erst, wenn die vorherige Klasse vollständig befriedigt ist. Innerhalb einer Rangklasse gilt der Gleichbehandlungsgrundsatz, d.h. jeder nachrangige Gläubiger erhält

---

10 MüKo-InsO/*Ehricke* Rn. 7; a.A. FK-InsO/*Schumacher* Rn. 1; Nerlich/Römermann/*Andres* Rn. 3.
11 MüKo-InsO/*Ehricke* Rn. 7; FK-InsO/*Schumacher* Rn. 3.
12 BGH 17.07.2008, IX ZR 132/07, NZI 2008, 542 Rn. 7.
13 Jaeger/*Henckel* Rn. 8.
14 FK-InsO/*Schmerbach* § 19 Rn. 27.
15 MüKo-InsO/*Ehricke* § 74 Rn. 27.
16 Kübler/Prütting/Bork/*Preuß* Rn. 7.
17 Jaeger/*Henckel* Rn. 4; Kübler/Prütting/Bork/*Preuß* Rn. 6.
18 A.A. HambK-InsR/*Lüdtke* Rn. 8b.

die gleiche Quote, wie die anderen Gläubiger mit seinem Rang.[19] Zwischen Zinsen und Säumniszuschlägen in Rangklasse eins oder den Geldstrafen, Geldbußen, Ordnungsgeldern, Zwangsgeldern etc. in Klasse drei besteht deswegen innerhalb ihres Rangs keine Reihenfolge.

D. Gruppen nachrangiger Insolvenzgläubiger

I. Zinsforderungen und Versäumniszuschläge, Abs. 1 Nr. 1

1. Laufende Zinsen, Alt. 1

11 Insolvenzforderungen sind im Verfahren mit dem im **Eröffnungszeitpunkt** bestehenden Wert zu berücksichtigen.[20] Diese zeitliche Fixierung wirkt sich auf die nach der Eröffnung entstehenden Zinsforderungen aus.[21] Da sie nur unter systematischen und praktischen Schwierigkeiten im Insolvenzverfahren berücksichtigt werden können, werden sie als nachrangige Forderungen behandelt. Wegen ihrer akzessorischen Entstehung[22] sind sie besonders eng mit der Hauptschuld verbunden und werden deswegen im ersten Rang befriedigt.[23] Auf die vor Eröffnung des Insolvenzverfahrens entstandenen Zinsansprüche können diese für die Rückstufung maßgebenden Gedanken nicht übertragen werden. Derartige Zinsen sind als Insolvenzforderungen anzumelden.[24]

12 **Zinsen** sind gewinn- und umsatzunabhängige, laufzeitabhängige, in Geld zu entrichtende Vergütungen für die Möglichkeit eines Kapitalgebrauchs.[25] Entscheidend ist allein der wirtschaftliche Zweck unabhängig von der Bezeichnung. Kreditgebühren im Konsumentenkreditrecht sind deswegen i.S.d. § 39 Zinsen, selbst wenn sie laufzeitunabhängig formuliert werden.[26] Auch Vorfälligkeitsentschädigungen stellen als Anspruch auf Ersatz des entgangenen Gewinns funktional Zinsen dar.[27]

13 Erfasst werden sowohl alle **vertraglichen Zinsen** als auch Zinsen aus jedem **anderen Rechtsgrund**. Kontokorrentverhältnisse erlöschen gem. den §§ 115, 116 mit der Insolvenzeröffnung. Von diesem Zeitpunkt an können nur die einfachen Zinsen nach § 246 BGB bzw. § 352 HGB aus dem Schuldsaldo und keine Verzugszinsen verlangt werden, weil ein Verzugseintritt ausgeschlossen ist.[28] Auch Zinsen aus Schuldverschreibungen unterliegen dem Nachrang aus Abs. 1 Nr. 1 Alt. 1.[29] Gesetzliche Zinsen sind etwa Verzugszinsen, § 288 BGB,[30] oder Zinsen aus unerlaubten Handlungen gem. § 849 BGB.

14 **Keine Zinsen** bilden Tilgungsquoten, die Kapitalrückzahlungen sind. Ebenso wenig gehören Miete und Pacht als Entgelte für eine Nutzungs- oder Gebrauchsüberlassungen dazu.[31]

---

19 HK-InsO/*Eickmann* 6. Aufl., Rn. 3; Graf-Schlicker/*Kalkmann* Rn. 7.
20 *Häsemeyer* Insolvenzrecht, Rn. 17.01, der vom Nennwertprinzip spricht.
21 HambK-InsR/*Lüdtke* Rn. 5.
22 PWW/*Schmidt-Kessel* § 246 Rn. 4.
23 MüKo-InsO/*Ehricke* Rn. 12.
24 FK-InsO/*Schumacher* Rn. 6.
25 BGH 16.11.1978, III ZR 47/77, NJW 1979, 540 (541); 09.11.1978, III ZR 21/77, NJW 1979, 805 (806); PWW/*Schmidt-Kessel* § 246 Rn. 5.
26 Vgl. BGH 09.11.1978, III ZR 21/77, NJW 1979, 805 (806); s.a. Jaeger/*Henckel* Rn. 10.
27 Uhlenbruck/*Hirte* Rn. 10; LSZ/*Smid/Leonhardt* Rn. 12; *Obermüller* Insolvenzrecht in der Bankpraxis, Rn. 2.326; a.A. OLG Hamburg 13.09.2002, 10 U 38/01, DZWIR 2003, 79 (80); Jaeger/*Henckel* Rn. 10; Kübler/Prütting/Bork/*Preuß* Rn. 12; HK-InsO/*Eickmann* 6. Aufl., Rn. 7; Graf-Schlicker/*Kalkmann* Rn. 9.
28 RG 11.10.1935, VII 48/35, RGZ 149, 19 (25); Uhlenbruck/*Hirte* Rn. 17; Braun/*Bäuerle* Rn. 5; a.A. HambK-InsR/*Lüdtke* Rn. 7.
29 LSZ/*Smid/Leonhardt* Rn. 8.
30 Uhlenbruck/*Hirte* Rn. 16; MüKo-InsO/*Ehricke* Rn. 13; s.a. Jaeger/*Henckel* Rn. 12; zweifelnd LSZ/*Smid/Leonhardt* Rn. 7.
31 LSZ/*Smid/Leonhardt* Rn. 7.

Auf Zinsen für Forderungen **absonderungsberechtigter Gläubiger** ist § 39 Abs. 1 Nr. 1 unanwendbar, denn diese Gläubiger können gem. § 50 Abs. 1 Zinsen auch für die Zeit nach Eröffnung des Insolvenzverfahrens verlangen.[32] Die Befriedigungsreihenfolge ist grds. an § 367 BGB zu orientieren, wonach zunächst die Kosten, dann die Zinsen und zum Schluss das Kapital getilgt werden,[33] vorbehaltlich einer anderen Bestimmung, etwa im Konsumentenkreditsektor. Zinsen gegen einen **Mithaftenden**[34] oder **Bürgen**[35] können weiterhin geltend gemacht werden, doch können die Regressansprüche in Höhe der Zinsen nur als nachrangige Forderungen angemeldet werden.[36] 15

2. Säumniszuschläge, Alt. 2

Säumnis- oder Verspätungszuschläge für Steuern und öffentlich-rechtliche Abgaben sind nachrangige Forderungen nach Nr. 1 Alt. 2, wie dies auch vor der gesetzlichen Regelung der zutreffenden überwiegenden Ansicht entsprach.[37] Dies betrifft etwa die Zuschläge nach den §§ 152, 240 AO, § 24 SGB IV. Der Säumnis- bzw. Verspätungszuschlag muss sich auf einen nach der Insolvenzeröffnung liegenden Zeitraum beziehen, auch wenn die Anknüpfungstatsache bereits zuvor begründet ist,[38] wie dies auch bei den Zinsen der Fall ist. Abgabenrechtliche Säumniszuschläge sind außerdem zur Hälfte zu erlassen, wenn ihre Funktion als Druckmittel wegen einer Überschuldung oder Zahlungsunfähigkeit ihren Sinn verliert.[39] Säumniszuschläge auf Masseverbindlichkeiten sind dagegen nach § 55 als Masseverbindlichkeiten zu begleichen.[40] 16

II. Kosten der Verfahrensteilnahme, Abs. 1 Nr. 2

Kosten eines **Insolvenzgläubigers**, die ihm durch die Teilnahme am Verfahren entstehen, sind nach Nr. 2 nachrangige Forderungen. Zurückgestuft werden damit nur die Verfahrenskosten der einzelnen Insolvenzgläubiger, nicht von Massegläubigern.[41] Die Kosten der Absonderungsberechtigten können aufgrund einer Vereinbarung mit gesichert sein.[42] 17

Betroffen sind davon die Kosten einer **Teilnahme am eröffneten Verfahren**.[43] Vor der Verfahrenseröffnung entstandene Kostenansprüche werden wie die ihnen zugrunde liegende Hauptforderung behandelt. Handelt es sich dabei um eine nicht nachrangige Insolvenzforderung, wird die Kostenforderung ebenso eingeordnet.[44] Gleiches gilt für Säumniszuschläge.[45] Für die Zinsen und Verfahrenskosten nachrangiger Gläubiger gilt Abs. 3. Kosten einer Antragstellung[46] und der Teilnahme am Eröffnungsverfahren sind nicht nachrangig,[47] weil der für die Rückstufung maßgebende Telos einer erleichterten Abwicklung nicht berührt wird. 18

Erfasst werden die Kosten der Forderungsanmeldung, § 174, sowie der Teilnahme des Gläubigers oder seines Vertreters an den Gläubigerversammlungen sowie die Kosten der Anträge etwa auf Ein- 19

---

32 RG 09.02.1918, V 272/17 RGZ 92, 181 (186); BGH 05.12.1996, IX ZR 53/96, BGHZ 134, 195 (197 ff.), zu § 63 Nr. 1 KO; MüKo-InsO/*Ehricke* Rn. 15; FK-InsO/*Schumacher* Rn. 6; Braun/*Bäuerle* Rn. 6.
33 BGH 05.12.1996, IX ZR 53/96, BGHZ 134, 195 (197); 17.02.2011, IX ZR 83/10, NZI 2011, 247 Rn. 9.
34 Vgl. BGH 28.11.1986, V ZR 257/85, NJW 1987, 946 (947).
35 OLG Nürnberg 21.03.1990, 4 U 1627/89, NJW-RR 1992, 47 f.
36 Jaeger/*Henckel* Rn. 14.
37 BSG 18.12.2003, B 11 AL 37/03 R, ZInsO 2004, 350 (351); BFH 30.03.2006, V R 2/04, ZVI 2006, 349 (351).
38 A.A. Uhlenbruck/*Hirte* Rn. 13.
39 BFH 30.03.2006, V R 2/04, ZVI 2006, 349 (350); Braun/*Bäuerle* Rn. 9.
40 OVG Berlin-Brandenburg 27.09.2011, OVG 10 S 48/10, NZI 2011, 954.
41 Jaeger/*Henckel* Rn. 19; LSZ/*Smid*/*Leonhardt* Rn. 15.
42 Jaeger/*Henckel* Rn. 20.
43 LSZ/*Smid*/*Leonhardt* Rn. 14.
44 Jaeger/*Henckel* Rn. 16; Kübler/Prütting/Bork/*Preuß* Rn. 14.
45 MüKo-InsO/*Ehricke* Rn. 17.
46 LSZ/*Smid*/*Leonhardt* Rn. 15.
47 HambK-InsR/*Lüdtke* Rn. 11; a.A. FK-InsO/*Schumacher* Rn. 7; HK-InsO/*Eickmann* 6. Aufl., Rn. 8.

berufung der Gläubigerversammlung, § 75 Abs. 1 Nr. 3, 4, auf Änderung einer Stimmrechtsentscheidung, § 77 Abs. 2 Satz 3, auf Aufhebung eines Beschlusses der Gläubigerversammlung, § 78 Abs. 1, auf vorläufige Untersagung einer Rechtshandlung des Verwalters, § 161 Satz 2, auf Anordnung einer Nachtragsverteilung, § 203 Abs. 1, wegen eines Widerrufs gegen eine Verfahrenseinstellung, § 214 Abs. 1, auf Versagung der Bestätigung eines Insolvenzplans, § 251 Abs. 1, auf Aufhebung der Eigenverwaltung, § 272, auf Entlassung des Treuhänders, § 292 Abs. 3 Satz 2, auf Versagung der Restschuldbefreiung nach den §§ 290, 296, 297, auf Widerruf der Restschuldbefreiung, § 303, sowie auf Zustimmungsersetzung, § 309. Dazu gehören Gerichtskosten, Kosten einer anwaltlichen Vertretung sowie Auslagen, etwa für Kopien, Porto, Übernachtung und Reisekosten.

20 **Ausnahmen** gelten für einen Antrag, mit dem eine geplante Betriebsveräußerung unter Wert verhindert werden soll, § 163 Abs. 2, sowie die Kosten eines Feststellungsprozesses, wenn ein Gläubiger in einem Prozess, an dem der Verwalter nicht beteiligt war, einen Vorteil für die Masse erstritten hat, § 183 Abs. 3.[48]

III. Geldstrafen etc., Abs. 1 Nr. 3

21 Im dritten Rang stehen **Geldstrafen** nach den § 40 ff. StGB, auch nach Steuerstrafrecht,[49] **Geldbußen** gem. den §§ 17 ff. OWiG, § 81 GWB, **Ordnungsgelder** aus § 380 AO, §§ 28, 51 ArbGG, §§ 30, 80 FGO, §§ 56, 178 GVG, §§ 37, 335 HGB, § 112 HwO, § 21 SGG, §§ 51, 70, 77, 81c, 95 StPO, §§ 33, 95 VwGO, §§ 141, 380, 390, 409, 890 ZPO und gerichtliche bzw. behördliche **Zwangsgelder**, § 407 AktG, §§ 328 f. AO, §§ 78, 1788, 1837 BGB, § 57 BRAO, §§ 35, 388 ff. FamFG, § 160 GenG, §§ 14, 37a HGB, § 69 PStG, § 463c StPO, § 11 VwVG, §§ 888, 889 ZPO, § 153 ZVG. Einbezogen werden ebenfalls auf eine Geldzahlung gerichtete **Bewährungsauflagen** gem. § 56b Abs. 2 Nr. 2, 4 StGB[50], mit einer Einstellung der Ermittlungen nach § 153a StPO verbundene **Zahlungsauflagen**[51], aber auch die **Nebenfolgen einer Straftat**. Dies sind alle Konsequenzen, die eine Straftat zusätzlich zur Verhängung einer Geld- oder Freiheitsstrafe hat. Abgestellt wird freilich nur auf Konsequenzen, die zu einer Geldzahlung verpflichten, weshalb der Kreis der in Betracht kommenden strafrechtlichen Nebenfolgen auf den Verfall des Wertersatzes gem. § 73a StGB und die Einziehung des Wertersatzes nach § 74c StGB beschränkt ist,[52] außerdem §§ 22, 25, 29a OWiG, die Abführung des Mehrerlöses nach § 8 WiStG, aber auch gem. § 375 AO.

22 Die **Vollstreckung** einer Geldstrafe durch Anordnung und Vollziehung einer Ersatzfreiheitsstrafe gem. § 459e Abs. 2 StPO ist während des Insolvenzverfahrens zulässig.[53] Die Vollstreckung kann aber nach § 459c Abs. 2 StPO unterbleiben, wenn zu erwarten ist, dass sie in absehbarer Zeit zu keinem Erfolg führen wird. Eine solche Aussichtslosigkeit kann im Restschuldbefreiungsverfahren regelmäßig angenommen werden, weil eine Zwangsvollstreckung nach § 294 Abs. 1 InsO unzulässig ist.[54] Da dann die Vollstreckungsverjährung gem. § 79a StGB ruht und die Geldstrafen etc. weder durch einen Insolvenzplan, § 225 Abs. 3, noch durch die Restschuldbefreiung, § 302 Nr. 2, beeinträchtigt werden, kommt eine Vollstreckung nach Beendigung des Insolvenz- und Restschuldbefreiungsverfahrens in Betracht.

23 **Unanwendbar** ist Nr. 3 auf Verspätungs- und Säumniszuschläge nach den §§ 152, 240 AO, § 24 SGB IV. Mit der Normierung dieser Zuschläge in Nr. 1 Alt. 2 ist hierüber Klarheit geschaffen. Vertragsstrafen bilden keine nachrangigen Verbindlichkeiten.[55]

---

48 Uhlenbruck/*Hirte* Rn. 22.
49 Jaeger/*Henckel* Rn. 23.
50 So zur parallelen Regelung des § 302 Nr. 2 *Ahrens* NZI 2001, 456 (459); a.A. *Brei* Entschuldung Straffälliger, S. 139 ff.
51 Zu § 302 Nr. 2: FK-InsO/*Ahrens* § 302 Rn. 28.
52 BGH 11.05.2010, IX ZR 138/09, NZI 2010, 607 Rn. 7.
53 BVerfG 24.08.2006, 2 BvR 1552/06, NZI 2006, 711; Braun/*Bäuerle* Rn. 13.
54 Uhlenbruck/*Hirte* Rn. 23; *Rönnau/Tachau* NZI 2007, 208 (213); s.a. *Heinze* ZVI 2006, 14 (16 f.).
55 RG 28.06.2001, III 105/01, RGZ 49, 189 (192).

IV. Unentgeltliche Leistungen, Abs. 1 Nr. 4

Besteht eine vor Eröffnung des Insolvenzverfahrens wirksam, also insb. auch formgültig, begründete 24
Verbindlichkeit des Schuldners über eine unentgeltliche Leistung, kann diese nur als nachrangige
Verbindlichkeit geltend gemacht werden. Die Regelung steht im Zusammenhang mit § 134.[56] Zu
denken ist etwa an eine Schenkung, § 516 BGB, Leihe, § 598 BGB, oder Gewinnzusage, § 661a
BGB.[57] Erfasst werden ebenso unbenannte Zuwendungen unter Angehörigen oder Lebenspartner,
wie Gelegenheits- und Anstandsschenkungen.[58]

Objektiv liegt eine unentgeltliche Leistung vor, falls der Empfänger weder eine ausgleichende Gegen- 25
leistung an den Verfügenden noch mit dessen Einverständnis an einen Dritten erbringt.[59] Eine Unentgeltlichkeit besteht grds. dann, wenn ein Vermögenswert des Verfügenden zugunsten einer anderen Partei aufgegeben wird, ohne dass dem Verfügenden ein entsprechender Gegenwert zufließen
soll.[60] Maßgebend ist in erster Linie der objektive Sachverhalt. Insbesondere ist keine Einigung
über die Unentgeltlichkeit erforderlich.[61]

Subjektive Elemente sind erst zu prüfen, wenn feststeht, dass der Zuwendungsempfänger einen Ge- 26
genwert für seine Zuwendung erbracht hat.[62] Auf die Parteiauffassung kann daher mit abgestellt werden, wenn zu entscheiden ist, ob die Gegenleistung den Wert der vom Schuldner erbrachten Leistung
erreicht.[63]

Bei einer **gemischten Schenkung** ist wegen der Umrechnung in eine Geldforderung eine Teilbarkeit 27
anzunehmen. Der Nachrang besteht deswegen in Höhe des unentgeltlich geleisteten Teils der Forderung.[64] Ein Schuldanerkenntnis oder eine Wechselbegebung beseitigen nicht die Unentgeltlichkeit.[65] Soweit eine **gesetzliche Leistungsverpflichtung** existiert, fehlt eine Unentgeltlichkeit,
wie etwa bei den gesetzlichen Unterhaltspflichten,[66] selbst wenn sie rechtsgeschäftlich ausgestaltet
sind.[67]

V. Gesellschafterdarlehen, Abs. 1 Nr. 5, Abs. 4, 5

1. Grundlagen

Mit dem MoMiG vom 28.10.2008[68] ist das frühere Eigenkapitalersatzrecht der §§ 32a, 32b 28
GmbHG aufgehoben worden. Gesellschafterdarlehen und Forderungen aus wirtschaftlich entsprechenden Rechtshandlungen werden unabhängig von ihrem eigenkapitalersetzenden Charakter
nach Eröffnung des Insolvenzverfahrens über das Gesellschaftsvermögen grds. im Rang nach den
übrigen Insolvenzforderungen befriedigt.[69] Auf ein Krisenmerkmal kommt es nicht mehr an, weswegen jedes Gesellschafterdarlehen zurückgestuft wird.[70] Gleichgestellte Forderungen betreffen Ver-

---

56 BGH 13.03.2008, IX ZR 117/07, NZI 2008, 369 Rn. 7.
57 BGH 13.03.2008, IX ZR 117/07, NZI 2008, 369 Rn. 6 ff.
58 Kübler/Prütting/Bork/*Preuß* Rn. 22; LSZ/*Smid*/*Leonhardt* Rn. 21.
59 BGH 24.06.1993, IX ZR 96/92, NJW-RR 1993, 1379 (1381); 03.03.2005, IX ZR 441/00, BGHZ 162, 277 (279); Jaeger/*Henckel* Rn. 27; MüKo-InsO/*Ehricke* Rn. 27.
60 BGH 11.12.2003, IX ZR 336/01, NZI 2004, 253 (254); 09.11.2006, IX ZR 285/03, NZI 2007, 101; 13.03.2008, IX ZR 117/07, NZI 2008, 369 Rn. 7.
61 BGH 03.03.2005, IX ZR 441/00, BGHZ 162, 277 (280 f.).
62 BGH 03.03.2005, IX ZR 441/00, BGHZ 162, 277 (281); Uhlenbruck/*Hirte* Rn. 29; abw. MüKo-InsO/*Ehricke* Rn. 27.
63 Uhlenbruck/*Hirte* Rn. 30.
64 Jaeger/*Henckel* Rn. 36.
65 Kübler/Prütting/Bork/*Preuß* Rn. 20; Graf-Schlicker/*Kalkmann* Rn. 14.
66 FK-InsO/*Schumacher* Rn. 9.
67 MüKo-InsO/*Ehricke* Rn. 28.
68 BGBl. I, 2026.
69 BGH 01.12.2011, IX ZR 11/11, NZI 2012, 19 Rn. 9.
70 BGH 21.02.2013, IX ZR 32/12, NZI 2013, 308 Rn. 10.

bindlichkeiten, die einem Gesellschafterdarlehen wirtschaftlich entsprechen, wodurch der Nachrang aus Nr. 5 auf Drittforderungen erstreckt wird.[71] Dabei kann auf die Rechtsprechung zum bisherigen Eigenkapitalersatzrecht zurückgegriffen werden.[72] Geschaffen ist eine rechtsformübergreifende Regelung.[73] Ob es sich dabei um eine Reaktion auf eine missbräuchliche Ausnutzung des Prinzips der Haftungsbeschränkung handelt,[74] erscheint nicht uneingeschränkt tragfähig,[75] doch weist die haftungsrechtliche Verantwortung der Gesellschafterstellung in die zutreffende Richtung. Ergänzend zu § 39 Abs. 1 Nr. 5, Abs. 4, 5 sind § 44a sowie im Vorfeld der Insolvenz die Anfechtungsvorschriften der §§ 135 Abs. 2, 143 Abs. 3 zu sehen.

2. Gesellschaftsinsolvenz

29 Die Vorschrift ist allein in dem Insolvenzverfahren über das Vermögen einer Gesellschaft anwendbar. Konkretisiert wird der Gegenstandsbereich durch die in § 39 Abs. 4 Satz 1, Abs. 5 bestimmten **Gesellschaftsformen**. Die Vorschrift betrifft daher gem. § 39 Abs. 4 Satz 1 alle Gesellschaften, die weder eine natürliche Person noch eine Gesellschaft als persönlich haftenden Gesellschafter haben, bei der ein persönlich haftender Gesellschafter eine natürliche Person ist. Es darf also weder direkt noch indirekt – bis zur zweiten Ebene – eine natürliche Person mit unbeschränkter Außenhaftung Gesellschafter sein.[76] Unerheblich ist, ob es sich um eine deutsche, europäische oder ausländische Rechtsform handelt. Ausgenommen sind demzufolge die GbR, die OHG, die KG, die Partnerschaftsgesellschaft und die EWIV.

30 **Anwendbar** ist die Regelung auf alle Kapitalgesellschaften, wie die AG, die GmbH, die GmbH & Co. KG,[77] die KGaA sowie die SE. Gleiches gilt für die eG und die SCE.[78] Erfasst wird auch die GbR ohne persönlich haftenden Gesellschafter.[79] Auch für das inländische Insolvenzverfahren über eine ausländische Gesellschaft,[80] wie eine Limited mit Verwaltungssitz in Deutschland,[81] gilt die Regelung. Im Insolvenzverfahren über eine noch nicht im Register eingetragene Vorgesellschaft ist § 39 Abs. 1 Nr. 5 nur dann anwendbar, wenn ausnahmsweise eine Außenhaftung der Gesellschafter existiert.[82]

31 **Unanwendbar** ist die Vorschrift auf den Idealverein und die Stiftung, bei denen keine entsprechende Beteiligung der Gesellschafter am haftenden Eigenkapital existiert.[83]

3. Gesellschafterdarlehen oder wirtschaftlich entsprechende Rechtshandlungen

a) Gesellschafter und gleichgestellte Dritte

32 Die Finanzierungshilfe muss von einem **Gesellschafter** einer Gesellschaft gem. § 39 Abs. 4 Satz 1 gewährt worden sein. Dies sind zunächst die Personen, die bei Insolvenzeröffnung Gesellschafter waren. Nach der Zielsetzung der gesetzlichen Vorschrift ist unerheblich, ob sie dies bereits bei der Darlehensgewährung waren. Der Nachrang tritt ein, wenn sich ein Kreditgeber nachträglich an der Gesellschaft beteiligt.[84] Ob der Gläubiger noch im Zeitpunkt der Insolvenzeröffnung Gesellschafter ist,

---

[71] BGH 21.02.2013, IX ZR 32/12, NZI 2013, 308 Rn. 11.
[72] BGH 21.02.2013, IX ZR 32/12, NZI 2013, 308 Rn. 11.
[73] FK-InsO/*Schumacher* Rn. 10; *Gehrlein* BB 2007, 846 (849).
[74] *Habersack* ZIP 2007, 2145 (2147); s.a. *Gehrlein* BB 2011, 3 (5).
[75] Uhlenbruck/*Hirte* Rn. 35; Kübler/Prütting/Bork/*Preuß* Rn. 27 ff.
[76] *Hirte* ZInsO 2007, 689 (694).
[77] BGH 21.02.2013, IX ZR 32/12, NZI 2013, 308 Rn. 13.
[78] *Gehrlein* BB 2008, 846 (849).
[79] *Gehrlein* BB 2008, 846 (849).
[80] OLG Köln 28.09.2010, 18 U 3/10, NZI 2010, 1001 (1002); Graf-Schlicker/*Neußner* Rn. 21.
[81] Kübler/Prütting/Bork/*Preuß* Rn. 37; Braun/*Bäuerle* Rn. 15; *Habersack* ZIP 2007, 2145 (2147).
[82] HambK-InsR/*Lüdtke* Rn. 25; s.a. Kübler/Prütting/Bork/*Preuß* Rn. 35.
[83] *Haas* ZInsO 2007, 617 (628).
[84] Graf-Schlicker/*Neußner* Rn. 24; *Gehrlein* BB 2007, 846 (850).

kann nicht entscheidend sein. Wurde das Darlehen durch einen Gesellschafter gewährt, ist unbeachtlich, ob der Darlehensgeber im Eröffnungszeitunkt (noch) als Gesellschafter an der Schuldnerin beteiligt ist. Die Darlehensforderung bleibt nachrangig, auch wenn sie an einen außenstehenden Dritten abgetreten wurde, da der Zessionar das Nachrangrisiko gem. § 404 BGB gegen sich gelten lassen muss,[85] oder die Gesellschaftsbeteiligung aufgegeben wird.[86] Eine zeitlich unbefristete Rückstufung erscheint jedoch nicht angemessen. Angelehnt an die Wertung aus § 135 Abs. 1 Nr. 2, darf die Doppelrolle als Gesellschafter und Darlehensgeber nicht vor mehr als einem Jahr durch Anteilsübertragung bzw. Abtretung aufgegeben worden sein.[87] § 39 Abs. 1 Nr. 5 ist insoweit teleologisch zu reduzieren. Der BGH stellt darauf ab, ob der Gesellschafter vor mehr als einem Jahr ausgeschieden ist.[88]

Forderungen der den Gesellschaftern gleichgestellten **Dritten** werden ebenfalls zurückgestuft. Auch wenn Dritte in § 39 Abs. 1 Nr. 5, Abs. 4 nicht ausdrücklich erwähnt werden, können ihre Rechtshandlungen der Darlehensgewährung durch einen Gesellschafter wirtschaftlich entsprechen.[89] Der Dritte muss bei wirtschaftlicher Betrachtung einem Gesellschafter gleichstehen, was bei einer mittelbaren Beteiligung an der Schuldnerin anzunehmen sein kann.[90] Dies gilt jedenfalls für den Gesellschafter-Gesellschafter, der an der Gesellschafterin der Gesellschaft beteiligt ist und aufgrund einer qualifizierten Anteilsmehrheit einen beherrschenden Einfluss auf die Gesellschafterin ausüben kann.[91] Ebenso trifft dies auf den atypischen stillen Gesellschafter einer GmbH & Co KG zu, wenn im Innenverhältnis das Vermögen der Inhaberin und die Einlage des Stillen als gemeinschaftliches Vermögen behandelt werden, die Gewinnermittlung wie bei einem Kommanditisten stattfindet und Mitwirkungs- sowie Informations- und Kontrollrechte dem Kommanditisten angenähert sind.[92] Auf die Kategorie der nahestehenden Personen aus § 138 kann nicht abgestellt werden. **Unanwendbar** ist § 39 Abs. 1 Nr. 5 auf den Gesellschafter einer Unternehmensbeteiligungsgesellschaft gem. § 24 UBGG.[93] 33

Gleichgestellt sind etwa die Darlehen und wirtschaftlich entsprechenden Rechtshandlungen eines horizontal oder vertikal verbundenen Unternehmens,[94] eines Treuhänders,[95] eines Strohmanns,[96] eines Nießbrauchers des Geschäftsanteils[97] oder eines mittelbaren Stellvertreters,[98] die Gesellschaftsanteile im eigenen Namen, aber für fremde Rechnung halten. Für einen Pfandgläubiger an einem Gesellschaftsanteil eines Gesellschafters gilt dies, wenn er sich zusätzliche Mitbestimmungsrechte einräumen lässt.[99] Auf nahe Angehörige des Gesellschafters ist die Rückstufung nur anzuwenden, wenn besondere Umstände hinzutreten.[100] Ggf. gilt die Regelung auch für financial covenants.[101] 34

---

85 BGH 21.02.2013, IX ZR 32/12, NZI 2013, 308 Rn. 24; OLG Stuttgart 08.02.2012, 14 U 27/11, NZI 2012, 324 (325 f.).
86 *Gehrlein* BB 2011, 3 (6).
87 HK-InsO/*Eickmann* 6. Aufl., Rn. 38; Graf-Schlicker/*Neußner* Rn. 24; *Gehrlein* BB 2007, 846 (850).
88 BGH 15.11.2011, II ZR 6/11, ZInsO 2012, 141 Rn. 15; 21.02.2013, IX ZR 32/12, NZI 2013, 308 Rn. 25; a.A. *Schäfer* ZInsO 2012, 1354 (1355).
89 BGH 17.02.2011, IX ZR 131/10, BGHZ 188, 363 Rn. 10.
90 BGH 21.02.2013, IX ZR 32/12, NZI 2013, 308 Rn. 20.
91 BGH 21.02.2013, IX ZR 32/12, NZI 2013, 308 Rn. 21.
92 BGH 28.06.2012, IX ZR 191/11, NJW 2012, 3443 Rn. 17.
93 HambK-InsR/*Lüdtke* Rn. 31.
94 BGH 17.02.2011, IX ZR 131/10, BGHZ 188 (363) Rn. 10; 21.02.2013, IX ZR 32/12, NZI 2013, 308 Rn. 15; Kübler/Prütting/Bork/*Preuß* Rn. 64 ff.; Graf-Schlicker/*Neußner* Rn. 28.
95 BGH 19.09.1988, II ZR 255/87, BGHZ 105, 168 (177); *Gehrlein* BB 2011, 3 (6).
96 Graf-Schlicker/*Neußner* Rn. 25.
97 *Gehrlein* BB 2011, 3 (6).
98 Uhlenbruck/*Hirte* Rn. 41.
99 BGH 13.07.1992, II ZR 251/91, BGHZ 119, 191 (195 f.).
100 BGH 08.02.1999, II ZR 261/97, NJW 1999, 2123 (2125); 06.04.2009, II ZR 277/07, NZG 2009, 782 Rn. 8; HK-InsO/*Eickmann* 6. Aufl., Rn. 41.
101 HK-InsO/*Eickmann* 6. Aufl., Rn. 44; aber HambK-InsR/*Lüdtke* Rn. 38.

b) Darlehen und wirtschaftlich entsprechende Rechtshandlungen

35 **Darlehensforderungen** sind Ansprüche aus einem Darlehensvertrag i.S.d. §§ 488, 607 BGB, auch ein zinsloses Gefälligkeitsdarlehen oder ein partiarisches Darlehen. Abzustellen ist auf einen noch nicht (vollständig) erfüllten Rückzahlungsanspruch aus einem tatsächlich zur Verfügung gestelltem Kredit.[102] Der Nachrang greift auch ein, wenn der Darlehensbetrag auf der Grundlage eines unwirksamen Vertrages gewährt wurde.[103] Erfasst werden auch kurzfristige Überbrückungskredite, etwas durch Cash-Pooling.[104] Ein weitergehendes Begriffsverständnis ist nicht erforderlich, weil vergleichbare Verbindlichkeiten jedenfalls unter die wirtschaftlich entsprechenden Rechtshandlungen fallen. Zurückgestuft werden auch Nebenforderungen aus dem Darlehen, wie insb. die Zinsen, § 39 Abs. 3.

36 **Wirtschaftlich entsprechende Rechtshandlungen** liegen bei einem Rechtsgeschäft mit Kreditfunktion vor.[105] Zu denken ist ebenso an Stundungen wie auch die unterlassene Geltendmachung fälliger Forderungen,[106] aber auch mehrjährige Nettolohnstundungen eines Arbeitnehmergesellschafters,[107] Fälligkeitsvereinbarungen für Gegenleistungspflichten oder Vorleistungen.[108] Dies kommt in Betracht, wenn der Gesellschaft ein ungewöhnlich langer, über die 30-Tage-Frist des § 286 Abs. 3 BGB hinausgehender Zahlungstermin für die Begleichung einer Gesellschafterforderung gewährt wird.[109] Wird eine Forderung innerhalb eines für Bargeschäfte üblichen Zeitraums getilgt, kommt eine Stundungswirkung nicht in Betracht. Rückständige Zinsen und Nebenleistungen besitzen ebenfalls eine kreditierende Aufgabe.[110] Eine Anleihe begründet eine wirtschaftlich entsprechende Rechtshandlung, weil es sich um ein durch eine Inhaberschuldverschreibung gem. § 793 BGB verbrieftes Darlehen handelt. Wird die Anleihe übertragen, gilt grds. der Einwendungsausschluss des § 796 BGB,[111] doch ist die Übertragung nach § 135 InsO anfechtbar. Auch Regressansprüche eines Gesellschafters nach Befriedigung eines Gesellschaftsgläubigers stellen wirtschaftlich entsprechende Rechtshandlungen dar.[112] Ist die Sicherheit vor der Eröffnung des Insolvenzverfahrens verwertet worden, stellt die Regressforderung des Gesellschafters eine nachrangige Insolvenzforderung dar.[113] Erfasst wird auch eine stille Beteiligung gem. § 236 HGB.[114] Fraglich ist, ob auch Nutzungsüberlassungsverhältnisse dazu gehören, etwa auf Grundlage eines Miet-,[115] Pacht-, Leasing- oder Lizenzvertrags.[116] Erfasst wird auch die Bestellung einer Sicherheit durch den Gesellschafter für einen Dritten.[117] **Unanwendbar** ist § 39 Abs. 1 Nr. 5, wenn eine Beihilfe nach europäischem Recht zurückgefordert werden muss. Der Rückforderungsanspruch begründet eine nicht nachrangige Insolvenzforderung.[118]

---

102 HK-InsO/*Eickmann* 6. Aufl., Rn. 33.
103 AGR/*Gehrlein* § 135 Rn. 3.
104 Graf-Schlicker/*Neußner* Rn. 39.
105 *Habersack* ZIP 2007, 2145 (2150).
106 HambK-InsR/*Lüdtke* Rn. 44; *Gehrlein* BB 2008, 846 (850).
107 LAG Niedersachsen 27.01.2012, 6 Sa 1145/11, ZInsO 2012, 1079 (1081).
108 FK-InsO/*Schumacher* Rn. 12.
109 AGR/*Gehrlein* § 135 Rn. 3.
110 Kübler/Prütting/Bork/*Preuß* Rn. 80.
111 Vgl. *dAvoine* NZI 2013, 321, 322.
112 BGH 01.12.2011, IX ZR 11/11, NZI 2012, 19 Rn. 9.
113 BGH 01.12.2011, IX ZR 11/11, NZI 2012, 19 Rn. 10.
114 Graf-Schlicker/*Neußner* Rn. 43; *Gehrlein* BB 2011, 3 (6).
115 Verneinend OLG Schleswig 13.01.2012, 4 U 57/11, ZInsO 2012, 1678 (1681); bejahend die Vorinstanz LG Kiel 25.03.2011, 17 O 229/10, ZInsO 2012, 181 (182).
116 *Dahl/Schmitz* NZG 2009, 325 (328); *Habersack* ZIP 2007, 2145 (2150); aber Uhlenbruck/*Hirte* Rn. 37; HambK-InsR/*Lüdtke* § 39 Rn. 46.
117 Uhlenbruck/*Hirte* Rn. 40; FK-InsO/*Schumacher* Rn. 12; s.a. Jaeger/*Henckel* Rn. 80.
118 BGH 05.07.2007, IX ZR 221/05, BGHZ 173, 103, Rn. 25 ff.; Kübler/Prütting/Bork/*Preuß* Rn. 81 f.

4. Sanierungsprivileg, Abs. 4 Satz 2

Privilegiert werden Gläubiger, die bei drohender oder eingetretener Zahlungsunfähigkeit der Gesellschaft oder bei Überschuldung Anteile zum Zwecke der Sanierung erwerben. Bis zu einer nachhaltigen Sanierung werden die Forderungen aus bestehenden oder neu gewährten Darlehen bzw. aus wirtschaftlich entsprechenden Rechtshandlungen vor einer Rückstufung oder Anfechtung geschützt, Abs. 4 Satz 2.[119] Angeknüpft wird damit an den **Anteilserwerb** eines Neugesellschafters,[120] nicht an einen Sanierungskredit allein. Unerheblich ist, ob der Gläubiger Altanteile oder ob er durch Kapitalerhöhung geschaffene neue Geschäftsanteile erwirbt.[121] Lässt sich der Kreditgeber Mitspracherechte einräumen, ohne eine Beteiligung zu erwerben, erfüllt dies noch nicht den Gesetzeszweck.[122] 37

Als maßgebender **Zeitpunkt** für den Beteiligungserwerb ist an die drohende oder eingetretene Zahlungsunfähigkeit der Gesellschaft bzw. die Überschuldung anzuknüpfen. Da nicht auf die Darlehensgewährung abzustellen ist, werden auch Altkredite begünstigt, wenn der Darlehensgeber in einer Sanierungssituation eine Beteiligung erwirbt.[123] Beim Anteilserwerb muss damit eine materielle Insolvenz vorliegen.[124] Dieser Zeitpunkt tritt an die Stelle des weiter gefassten Merkmals der Krise, den das frühere Eigenkapitalersatzrecht verwendet hat. Eine mangelnde Kreditfähigkeit genügt noch nicht.[125] 38

Der Anteilserwerb muss gerade zum **Zweck der Sanierung** erfolgt sein. Anzuknüpfen ist dafür an die zum früheren Eigenkapitalersatzrecht entwickelten Kriterien. Der Sanierungszweck ist vorrangig objektiv zu bestimmen.[126] Erforderlich ist ein Sanierungswille, der im Regelfall als selbstverständlich vermutet werden kann.[127] Zusätzlich muss nach einer ex ante vorzunehmenden Prognose entsprechend der pflichtgemäßen Einschätzung eines objektiven Dritten im Augenblick des Anteilserwerbs die Gesellschaft (objektiv) sanierungsfähig sein. Schließlich müssen die zur Sanierung konkret in Angriff genommenen Maßnahmen zusammen objektiv geeignet sein, die Gesellschaft in überschaubarer Zeit durchgreifend zu sanieren.[128] Dazu wird teilweise ein dokumentiertes Sanierungskonzept verlangt.[129] 39

Das Sanierungsprivileg wird nur bis zur **nachhaltigen Sanierung** der Gesellschaft gewährt. Ein dauerhafter Schutz wird nicht gewährt, denn die Nachrangregelung aus § 39 Abs. 1 Nr. 5 bleibt nur vorübergehend unanwendbar.[130] Eine nachhaltige Sanierung liegt nicht bereits dann vor, wenn die Insolvenzgründe überwunden sind, sondern erst bei einer auch perspektivisch gesicherten Tätigkeit der Gesellschaft. Zweifelhaft erscheint, ob dies mit der pauschalisierenden Annahme einer Wiederherstellung der Kreditwürdigkeit der Gesellschaft über einen Zeitraum von mindestens zwölf Monaten zu begründen ist.[131] 40

5. Kleinbeteiligtenprivileg, Abs. 5

Das Kleinbeteiligtenprivileg aus § 39 Abs. 5 schützt Gläubiger vor dem Nachrang aus § 39 Abs. 1 Nr. 5, die mit nicht mehr als 10 % am Haftkapital der insolventen Gesellschaft beteiligt sind und 41

---

119 *Gehrlein* NZI 2012, 257 (259).
120 HK-InsO/*Eickmann* 6. Aufl., Rn. 51; a.A. Kübler/Prütting/Bork/*Preuß* Rn. 50.
121 HK-InsO/*Eickmann* 6. Aufl., Rn. 52.
122 Vgl. *Gehrlein* NZI 2012, 257 (259).
123 *Gehrlein* NZI 2012, 257 (259).
124 HambK-InsR/*Lüdtke* Rn. 50.
125 Uhlenbruck/*Hirte* Rn. 66.
126 BGH 21.11.2005, II ZR 277/03, BGHZ 165, 106 (112).
127 BGH 21.11.2005, II ZR 277/03, BGHZ 165, 106 (112).
128 BGH 21.11.2005, II ZR 277/03, BGHZ 165, 106 (112 f.).
129 Graf-Schlicker/*Neußner* Rn. 33.
130 *Gehrlein* BB 2008, 846 (851).
131 Kübler/Prütting/Bork/*Preuß* Rn. 53.

nicht zu den geschäftsführenden Gesellschaftern gehören. Eine rechtsförmige Bestellung als **Geschäftsführer** ist nicht erforderlich. Schädlich ist bereits, wenn der Gesellschafter das Unternehmen wie ein Geschäftsführer leitet.[132]

42 Wegen der Verweisung auf § 39 Abs. 4 Satz 1 betrifft die Vorschrift alle Gesellschaften, die weder eine natürliche Person noch eine Gesellschaft als persönlich haftenden Gesellschafter haben, bei der ein persönlich haftender Gesellschafter eine natürliche Person ist. Abzustellen ist auf die **Kapitalbeteiligung** von bis zu 10 % und nicht die Stimmrechte.[133] Gewähren mehrere Gesellschafter, die je einzeln nicht mehr als 10 % der Kapitalanteile, zusammen aber über eine höhere Beteiligung verfügen, in einer koordinierten Finanzierungshilfe ein Darlehen, ist ihre Beteiligung zusammenzurechnen.[134] Erwirbt der Gesellschafter während der Darlehenslaufzeit eine höhere Beteiligung, entfallen die Voraussetzungen des Kleinbeteiligtenprivilegs.[135]

43 Anzuwenden ist Abs. 5 auf **nachrangige Verbindlichkeiten** i.S.d. § 39 Abs. 1 Nr. 5. Erfasst werden damit Forderungen auf Rückgewähr eines Gesellschafterdarlehens und aus Rechtshandlungen, die einem solchen Darlehen wirtschaftlich entsprechen.

VI. Sonstige nachrangige Forderungen

44 In der Nachlassinsolvenz wird § 39 Abs. 1 Nr. 5 durch § 327 ergänzt. Im Insolvenzplanverfahren ermöglichen die §§ 264 ff. besondere Vereinbarungen über nachrangige Forderungen.[136] Sind in einem Gesamtvollstreckungsverfahren über das Vermögen des Schuldners Vollstreckungsbeschränkungen nach § 18 Abs. 2 Satz 3 GesO begründet, so sind die diesen Beschränkungen unterliegenden Forderungen in einem Insolvenzverfahren über das Vermögen des Schuldners erst nach den in § 39 Abs. 1 bezeichneten Verbindlichkeiten zu befriedigen.[137] Im Rang noch nach den Forderungen aus § 39 folgen die Ansprüche aus § 51 VAG.[138]

E. Vereinbarter Nachrang, Abs. 2

45 Treffen Gläubiger und Schuldner eine Vereinbarung über den Nachrang einer Forderung, ist der Rang nach Maßgabe dieser Abrede zu bestimmen. Darin ist eine in Gestalt einer Prozesshandlung erfolgende Vereinbarung und kein pactum de non petendo zu sehen.[139] Zulässig ist eine solche Vereinbarung für alle Insolvenzforderungen, die sonst ohnehin vor den nachrangigen Forderungen erfüllt werden,[140] also auch zwischen den Rangklassen aus Abs. 1.[141] Die vereinbarte Rangstelle steht in der Beteiligtenautonomie. Wird der Rang nicht hinreichend genau bestimmt, ist nach der Auslegungsregel (»im Zweifel«) des Abs. 2 die Forderung an letzter Rangstelle zu befriedigen.[142] Auf diese Regelung verweist auch § 19 Abs. 2 Satz 2 (§ 19 Rdn. 40).[143]

---

132 Kübler/Prütting/Bork/*Preuß* Rn. 44; HK-InsO/*Eickmann* 6. Aufl., Rn. 60; Graf-Schlicker/*Neußner* Rn. 36.
133 Kübler/Prütting/Bork/*Preuß* Rn. 41; *Gehrlein* BB 2008, 846 (851).
134 Vgl. BGH 09.05.2005, II ZR 66/03, ZInsO 2005, 989 (991), offen gelassen; 26.04.2010, II ZR 60/09, NZG 2010, 905 Rn. 5, beide zur früheren Rechtslage; Uhlenbruck/*Hirte* Rn. 74; a.A. Kübler/Prütting/Bork/*Preuß* Rn. 46; HK-InsO/*Eickmann* 6. Aufl., Rn. 59.
135 *Tettinger* NZI 2010, 248 (249 f.).
136 Uhlenbruck/*Hirte* Rn. 6.
137 Kübler/Prütting/Bork/*Preuß* Rn. 9; FK-InsO/*Schumacher* Rn. 23.
138 Jaeger/*Henckel* Rn. 100; HK-InsO/*Eickmann* 6. Aufl., Rn. 15.
139 A.A. Karsten Schmidt/*Karsten Schmidt/Herchen* Rn. 22.
140 MüKo-InsO/*Ehricke* Rn. 62.
141 Kübler/Prütting/Bork/*Preuß* Rn. 83; HK-InsO/*Eickmann* 6. Aufl., Rn. 12.
142 FK-InsO/*Schumacher* Rn. 15.
143 *Frystatzki* NZI 2013, 609.

F. Zinsen und Kosten nachrangiger Gläubiger, Abs. 3

Zinsen auf die Forderungen nachrangiger Gläubiger und die Kosten für die Teilnahme nachrangiger Gläubiger teilen das Schicksal der Hauptforderung.[144] Abs. 3 präzisiert damit Abs. 1 Nr. 1 und 2. Die Vorschrift stellt klar, dass Abs. 1 Nr. 1 und 2 allein für die Zinsen und Kosten von Insolvenzforderungen gelten.[145] 46

§ 40 Unterhaltsansprüche

Familienrechtliche Unterhaltsansprüche gegen den Schuldner können im Insolvenzverfahren für die Zeit nach der Eröffnung nur geltend gemacht werden, soweit der Schuldner als Erbe des Verpflichteten haftet. § 100 bleibt unberührt.

Übersicht	Rdn.			Rdn.
A. Normzweck	1	I.	Familienrechtliche Unterhaltsansprüche	10
B. Systematik	2	II.	Haftung als Erbe des Verpflichteten	15
C. Anwendungsbereich von § 40 Satz 1	10	D.	§ 40 Satz 2	16

A. Normzweck

Abweichend von § 38 normiert § 40 die rechtliche Qualifikation von **Unterhaltsansprüchen als Insolvenzforderungen**.[1] Entgegen der umfassenden Gesetzesüberschrift enthält die Vorschrift nur eine Teilregelung, wie Unterhaltsforderungen insolvenzverfahrensrechtlich zu behandeln sind. Für den engen Gegenstandsbereich der gegen den Erben des Unterhaltsverpflichteten gerichteten Unterhaltsansprüche bestimmt § 40 eine Ausnahme von der zeitlich-funktionalen Abgrenzung der Insolvenzforderungen in § 38. Auch die erst nach Eröffnung eines Insolvenzverfahrens entstehenden Unterhaltsansprüche sind danach im Insolvenzverfahren über das Vermögen des Erben des Unterhaltspflichtigen als Insolvenzforderungen geltend zu machen. Dieser im Gesetzwortlaut nicht vollkommen eindeutig zum Ausdruck gebrachte Regelungsgehalt[2] beruht auf drei maßgebenden Wertungen. 1

B. Systematik

Die **Wertungsbasis** resultiert aus § 38, wonach die Masse der gemeinschaftlichen Befriedigung der Insolvenzgläubiger dient. Begrifflich grenzt diese Vorschrift die Insolvenzgläubiger mit einem bei Eröffnung des Insolvenzverfahrens begründeten Vermögensanspruch von anderen Gläubigern ab. Zugleich regelt die Grundlagenbestimmung funktional, welche Gläubiger vom Insolvenzverfahren betroffen sind.[3] 2

Ausgestaltet wird diese Basisnorm durch die **systematisierende Einordnung** der gesetzlichen Unterhaltsforderungen. Unterhaltsansprüche werden nicht als Forderungen auf wiederkehrende Leistungen i.S.v. § 46, sondern als monatlich neu entstehende Forderungen[4] kategorisiert.[5] Unterhaltsberechtigte besitzen deswegen keine einheitliche, sondern eine nach dem Entstehungszeitpunkt ihrer Forderungen unterschiedene Stellung. Mit ihren vor der Eröffnung des Insolvenzverfahrens entstandenen Ansprüchen sind sie Insolvenzgläubiger, für die danach fällig werdenden Ansprüche sind sie Neugläubiger. Begründet wird diese Differenzierung mit der familienrechtlichen Verankerung der 3

---

144 MüKo-InsO/*Ehricke* Rn. 64.
145 Uhlenbruck/*Hirte* Rn. 57.
1 HK-InsO/*Eickmann* 6. Aufl., Rn. 1.
2 Jaeger/*Henckel* Rn. 9.
3 MüKo-InsO/*Ehricke* § 38 Rn. 2.
4 Zu diesen MüKo-InsO/*Ehricke* § 38 Rn. 21 ff.
5 BGH 13.10.2011, IX ZB 80/10, NZI 2012, 24 Rn. 7; OLG Nürnberg 04.10.2004, 11 WF 2713/04, NZI 2005, 638 (639).

Unterhaltsansprüche, die sich dadurch nach den jeweiligen Vermögensverhältnissen des Unterhaltspflichtigen richten.[6] Verfahrensrechtlich erscheint diese Einordnung jedenfalls bei titulierten Unterhaltsansprüchen nicht uneingeschränkt überzeugend.

4 Bei diesen beiden Wertungen setzt die **Ausnahmebestimmung** des § 40 Satz 1 an. Abweichend von diesen Grundmustern können nach Eröffnung des Insolvenzverfahrens entstandene familienrechtliche Unterhaltsansprüche gegen den Erben des Verpflichteten nur als Insolvenzforderungen geltend gemacht werden. Die Verpflichtung des Erben basiere nicht mehr auf dem familienrechtlichen Verhältnis, sondern sei als vermögensrechtlicher Anspruch von der wirtschaftlichen Situation des Schuldners abgekoppelt.[7] Demgegenüber geht die familienrechtliche Judikatur allerdings davon aus, dass die Unterhaltspflicht unverändert auf den Erben übergehe.[8] Überzeugender erscheint ein insolvenzrechtliches Verständnis, wonach die differenzierende Behandlung der Unterhaltspflichten eher eine Ausnahme darstellt und für die erbrechtlichen Ansprüche ein Anschluss an die allgemeinen Regeln gesucht wird. Deswegen ordnet § 40 Satz 1 familienrechtliche Unterhaltsansprüche gegen den Erben des Verpflichteten insgesamt den Insolvenzforderungen zu. Es wäre jedoch verkürzt, allein diese begrifflich-konstruktive Einordnung wahrzunehmen.

5 Wie § 38 normiert auch § 40 Satz 1, welche Unterhaltsgläubiger vom Insolvenzverfahren betroffen sind, woraus sich zwei wesentliche Konsequenzen ergeben. Als Insolvenzgläubiger unterliegen Unterhaltsberechtigte den **Beschränkungen des Insolvenzverfahrens**. Ohne zeitliche Einschränkung trifft dies nur auf den Unterhaltsgläubiger des Erben des Verpflichteten. Andere Unterhaltsberechtigte des Schuldners werden nur mit ihren vor der Eröffnung des Insolvenzverfahrens entstanden Ansprüchen beteiligt, aber auch gebunden. Mit ihren Insolvenzforderungen unterliegen die Unterhaltsberechtigten dem Zwangsvollstreckungsverbot aus § 89 Abs. 1. Eine privilegierte Vollstreckung nach § 89 Abs. 2 Satz 2 InsO i.V.m. 850d ZPO in den Vorrechtsbereich während des Insolvenzverfahrens ist für sie nicht zulässig.[9] Über § 294 Abs. 1 wird das Vollstreckungsverbot auch in der Treuhandphase des Restschuldbefreiungsverfahrens fortgesetzt.[10] Wird eine Restschuldbefreiung nach § 301 erteilt, erfasst sie auch Unterhaltsansprüche als Insolvenzforderungen.[11]

6 Als **Neugläubiger** können Unterhaltsberechtigte ihre nach Eröffnung des Insolvenzverfahrens entstandenen und nicht von § 40 Satz 1 erfassten Unterhaltsforderungen durchsetzen, ohne durch das Insolvenzverfahren gebunden zu sein. Ihnen ist aber nach § 89 Abs. 2 Satz 2 nur eine Zwangsvollstreckung in den nicht zur Insolvenzmasse gehörenden[12] bzw. nicht nach § 287 Abs. 2 Satz 1 abgetretenen Teil der Bezüge[13] eröffnet. Da der Neuerwerb des Schuldners zur Insolvenzmasse gezogen wird und die pfändbaren Forderungen auf Bezüge und gleichgestellte Einkünfte abgetreten werden müssen, existiert für die Unterhaltsberechtigten als Neugläubiger jenseits des schmalen Segments der privilegierten Zwangsvollstreckung kaum eine realistische Aussicht darauf, ihre Forderungen zeitnah durchsetzen zu können. Bei einem anhängigen Rechtsstreit ist im Rahmen von § 240 ZPO zu unterscheiden, inwieweit er Insolvenzforderungen oder künftige Neuforderungen zum Gegenstand hat, denn wegen der Neuforderung wird das Verfahren nicht unterbrochen.[14]

7 Den **Verteilungskonflikt** zwischen Insolvenz- und Neugläubigern hat der Gesetzgeber bei der regelmäßig vom Schuldner angestrebten Restschuldbefreiung langfristig zugunsten der Insolvenz- und Kostengläubiger entschieden. Durch die sechsjährige Bezügeabtretung gem. § 287 Abs. 2 Satz 1,

---

6 KS-InsO/*Kohte* § 36 Rn. 3; HambK-InsR/*Lüdtke* Rn. 2.
7 Jaeger/*Henckel* Rn. 11; KS-InsO/*Kohte* § 36 Rn. 3; a.A. MüKo-InsO/*Schumann* Rn. 20, allein historisch zu erklären.
8 BGH 06.11.2002, XII ZR 259/01, NJW-RR 2003, 505.
9 BGH 27.09.2007, IX ZB 16/06, NZI 2008, 50 Rn. 11; *Ahrens* NZI 2008, 24 f.
10 BAG 17.09.2009, 6 AZR 369/08, NJW 2010, 253 Rn. 23; FK-InsO/*Ahrens* § 294 Rn. 11.
11 OLG Stuttgart 17.09.2001, 16 UF 383/01, ZVI 2002, 115; FK-InsO/*Ahrens* § 301 Rn. 5.
12 BGH 27.09.2007, IX ZB 16/06, NZI 2008, 50 Rn. 10; KS-InsO/*Kohte* § 36 Rn. 29.
13 FK-InsO/*Ahrens* § 294 Rn. 14.
14 Jaeger/*Henckel* Rn. 8.

die Ausnahmen von der Restschuldbefreiung nach § 302 und die bis zu vierjährige Tilgungsfrist für die gestundeten Kosten nach Erteilung der Restschuldbefreiung aus § 4b Abs. 1 (vgl. § 4b Rdn. 29) bestehen für Unterhaltsansprüche als Neuforderung auf absehbare Zeit nur schlechte Realisierungschancen.[15] Allerdings werden sie nicht nach § 301 von einer Restschuldbefreiung erfasst.

Um den Schuldner zu einer frühzeitigen Einleitung eines Insolvenzverfahrens mit den daraus resultierenden Beschränkungen für andere Insolvenzgläubiger zu veranlassen, hat die familiengerichtliche Rechtsprechung eine **Antragsobliegenheit** des Schuldners begründet. Bei einem Mangelfall mit einer gesteigerten Unterhaltspflicht gegenüber den minderjährigen Kindern sowie den ihnen gleichgestellten Kindern gem. § 1603 Abs. 2 BGB kann danach die Obliegenheit bestehen, einen Antrag auf Eröffnung eines Verbraucherinsolvenzverfahren zu stellen.[16] Dieser Ansatz vermag nicht zu überzeugen,[17] weil die Gläubiger einen Insolvenzantrag stellen können. Zudem wird nur eine mit zahlreichen Nachteilen verbundene, punktuelle Veränderung erreicht, denn gegenüber dem Gläubiger von Trennungsunterhalt oder nachehelichem Unterhalt besteht keine entsprechende Obliegenheit.[18] Anzusetzen ist vielmehr bei der Verteilung im Verfahren und der Dauer der insolvenzrechtlichen Wirkungen. Zu denken ist etwa an eine Gleichstellung mit den Masseverbindlichkeiten sowie Kostenforderungen gem. den §§ 55, 292 Abs. 1 Satz 2 Halbs. 2. 8

In einem **Insolvenzplan** kann ein Eingriff in künftige Unterhaltsforderungen nur vorgesehen werden, wenn der Unterhaltsberechtigte analog § 230 Abs. 2 zugestimmt hat.[19] 9

C. Anwendungsbereich von § 40 Satz 1

I. Familienrechtliche Unterhaltsansprüche

In einer eigenständigen Terminologie knüpft § 40 Satz 1 an familienrechtliche Unterhaltsansprüche an, während § 850c Abs. 1 Satz 2 ZPO etwa von einer Unterhaltsleistung aufgrund einer **gesetzlichen Verpflichtung** spricht. Gemeint sind aber dennoch vor allem die gegen den Schuldner gerichteten gesetzlichen Unterhaltsansprüche. Ein Orientierungsmuster bietet deswegen auch § 850d ZPO.[20] Eine vertragliche Ausgestaltung der gesetzlich begründeten Ansprüche ist unschädlich, anders die vertragliche Begründung (s. Rdn. 14).[21] 10

Im **Einzelnen** gehören dazu: 11
— Familienunterhalt, §§ 1360, 1360a, 1360b BGB,
— Unterhalt bei Getrenntleben, § 1361 BGB,
— Unterhalt des geschiedenen Ehegatten, §§ 1569 ff. BGB,
— Unterhalt bei aufgehobener Ehe, §§ 1318 Abs. 2, 1320 Abs. 2 i.V.m. §§ 1569 ff. BGB,
— Verwandtenunterhalt, § 1601 BGB,
— Unterhalt der Mutter eines nichtehelichen Kindes und des Vaters, der das Kind betreut, § 1615l BGB,
— Lebenspartnerschaftsunterhalt, § 5 LPartG,
— Unterhalt bei getrennt lebendem Lebenspartner, § 12 LPartG,
— nachpartnerschaftlicher Unterhalt, § 16 LPartG,
— Unterhalt des als Kind Angenommenen, §§ 1754, 1770 Abs. 3 BGB.

---

15 Jaeger/*Henckel* Rn. 5; FK-InsO/*Schumacher* Rn. 1; KS-InsO/*Kohte* § 36 Rn. 29; Uhlenbruck/*Knof* Rn. 2; Nerlich/Römermann/*Andres* Rn. 7; Braun/*Bäuerle* Rn. 2.
16 BGH 23.02.2005, XII ZR 114/03, BGHZ 162, 234 (242 ff.); 31.10.2007, XII ZR 112/05, NZI 2008, 114 Rn. 23; FK-InsO/*Schumacher* Rn. 12.
17 *Ahrens* NZI 2008, 159; krit. aus familienrechtlicher Sicht MüKo-InsO/*Schumann* Rn. 26 ff.
18 BGH 12.12.2007, XII ZR 23/06, NZI 2008, 193 Rn. 19 f.
19 *Paul* DZWIR 2009, 186 (188); enger Jaeger/*Henckel* Rn. 5; a.A. OLG Düsseldorf 24.09.2008, 8 UF 212/07, NZI 2008, 689 (690).
20 KS-InsO/*Kohte* § 36 Rn. 54.
21 Vgl. PG/*Ahrens* § 650c Rn. 12.

12 Wegen der normativen Einordnung der Unterhaltspflichten und der schlechten Erfüllungsaussichten der in § 40 von der insolvenzmäßigen Befriedigung ausgenommenen familienrechtlichen Unterhaltsansprüche soll der Kreis dieser Ansprüche nur sehr vorsichtig erweiternd ausgelegt werden können.[22] Damit wird allerdings die Teleologie der Regelung nur unvollständig erfasst (s. Rdn. 4). **Ausnahmsweise gleichzustellen** sind Ansprüche wegen einer sittenwidrigen Entziehung des Unterhalts.[23]

13 Beim **Forderungsübergang** wird zwischen dem gesetzlichen und vertraglichen Übergang unterschieden. Tritt ein Träger der Sozialhilfe in die Leistungspflicht ein, wird auf den auf ihn, etwa nach den §§ 1607 f. BGB, 33 SGB II, 72 Abs. 2 Satz 1 SGB III, 95 SGB VIII, 116 f. SGB X, 93 f. SGB XII, 37 BAföG, 7 Abs. 1 UVG, übergegangenen Unterhaltsanspruch überwiegend § 40 angewendet.[24] Ein vergleichbares Problem besteht bei § 850d ZPO[25] sowie § 302 Nr. 1. Die Rechtsprechung zu § 302 Nr. 1 kann allerdings nicht übertragen werden, da der Senat dort die Folgen des Übergangs letztlich offen lassen konnte.[26] Mit dem Forderungsübergang verwandelt sich der Anspruch in ein Vermögensrecht, weswegen § 40 nicht herangezogen werden kann.[27] Ein vertraglich begründeter Forderungsübergang kommt wegen § 400 BGB i.V.m. § 850b Nr. 2 ZPO nur in Betracht, wenn die Zession für den Zedenten den Unterhalt geleistet hat.[28]

14 **Nicht anwendbar** ist § 40 Satz 1 auf den Anspruch aus einem schuldrechtlichen Versorgungsausgleich nach § 1587g BGB, der deswegen ab Eröffnung des Insolvenzverfahrens über das Vermögen des Ausgleichspflichtigen Ehegatten eine Insolvenzforderung darstellt.[29] Auch Ansprüche auf eine vor Insolvenzeröffnung fällige Kapitalabfindung nach § 1585 Abs. 2 BGB sind als Insolvenzforderungen zu behandeln.[30] Ausschließlich vertraglich begründete Unterhaltsansprüche, wie Leibrentenverträge, werden von § 40 nicht erfasst.[31] Gleiches gilt bei Ansprüchen auf eine deliktisch nach den §§ 843, 844 Abs. 2 wegen einer Körper- oder Gesundheitsverletzung oder bei Tötung eines Dritten begründeten Unterhaltsrente.[32] Leistungspflichten gegenüber dem Partner einer nichtehelichen Lebensgemeinschaft, Geschwister, Schwiegereltern, Stief- oder Pflegekinder werden daher nicht berücksichtigt.

II. Haftung als Erbe des Verpflichteten

15 Regelmäßig erlischt der Unterhaltsanspruch mit dem Tod des Verpflichteten, §§ 1615, 1615a, 1360a Abs. 3, 1361 Abs. 4 Satz 4 BGB,[33] weswegen der Erbe regelmäßig nicht haftet. Der Erbe des Verpflichteten haftet deswegen nur ausnahmsweise nach §§ 1586b, 1318 Abs. 2, 1320 Abs. 2 BGB, soweit der Erblasser seinem früheren Ehegatten unterhaltspflichtig war, und gem. § 1615l Abs. 3 Satz 5, Abs. 4 Satz 2 BGB beim Unterhalt der Mutter eines nichtehelichen Kindes und des Vaters, der das Kind betreut. Für aufgehobene Lebenspartnerschaften gilt gem. § 16 LPartG die Regelung des § 1586b BGB entsprechend.[34]

---

22 BGH 13.10.2011, IX ZB 80/10, NZI 2012, 24 Rn. 10.
23 KS-InsO/*Kohte* § 36 Rn. 55; Jaeger/*Henckel* Rn. 4; Kübler/Prütting/Bork/*Holzer* Rn. 4; HambK-InsR/*Lüdtke* Rn. 9.
24 Uhlenbruck/*Knof* Rn. 9; HK-InsO/*Eickmann* 6. Aufl., Rn. 5.
25 PG/*Ahrens* § 850d Rn. 8.
26 BGH 11.05.2010, IX ZB 163/09, NJW 2010, 2353 Rn. 6.
27 FK-InsO/*Schumacher* Rn. 7; HambK-InsR/*Lüdtke* Rn. 12; Graf-Schlicker/*Kexel* Rn. 6; a.A. MüKo-InsO/*Schumann* Rn. 13; Braun/*Bäuerle* Rn. 6.
28 LG München II 01.10.1975, 10 O 3941/75, NJW 1976, 1796; Uhlenbruck/*Knof* Rn. 9.
29 BGH 13.10.2011, IX ZB 80/10, NZI 2012, 24 Rn. 6 ff.; FK-InsO/*Schumacher* Rn. 7; MüKo-InsO/*Schumann* Rn. 12; a.A. Uhlenbruck/*Knof* Rn. 5; HambK-InsR/*Lüdtke* Rn. 8.
30 Jaeger/*Henckel* Rn. 7; HK-InsO/*Eickmann* 6. Aufl., Rn. 4; Braun/*Bäuerle* Rn. 7; a.A. *Häsemeyer* Insolvenzrecht, Rn. 16.19.
31 Nerlich/Römermann/*Andres* Rn. 3; Uhlenbruck/*Knof* Rn. 6.
32 FK-InsO/*Schumacher* Rn. 6; KS-InsO/*Kohte* § 36 Rn. 55.
33 Jaeger/*Henckel* Rn. 9.
34 FK-InsO/*Schumacher* Rn. 9.

D. § 40 Satz 2

Nach dieser Regelung bleibt § 100 unberührt, weswegen der dem Schuldner und seiner Familie aus der Insolvenzmasse gewährte Unterhalt nicht von § 40 erfasst wird.[35] 16

§ 41 Nicht fällige Forderungen

(1) Nicht fällige Forderungen gelten als fällig.

(2) Sind sie unverzinslich, so sind sie mit dem gesetzlichen Zinssatz abzuzinsen. Sie vermindern sich dadurch auf den Betrag, der bei Hinzurechnung der gesetzlichen Zinsen für die Zeit von der Eröffnung des Insolvenzverfahrens bis zur Fälligkeit dem vollen Betrag der Forderung entspricht.

Übersicht

	Rdn.			Rdn.
A. Normzweck	1	C.	Wirkungen von Abs. 1	12
B. Anwendungsbereich	4	D.	Abzinsung unverzinslicher Forderungen, Abs. 2	13
I. Insolvenzforderungen	4	E.	Verzinsliche Forderungen	16
II. Nicht fällige Forderungen	6	F.	Aufrechnung	17
III. Aus- und Absonderungsrechte	10			

A. Normzweck

§ 41 Abs. 1 verlegt mit einer **gesetzlichen Fiktion**[1] den Fälligkeitszeitpunkt bereits begründeter Forderungen auf die Eröffnung des Insolvenzverfahrens vor. Bereits nach § 38 sind begründete, also entstandene, aber noch nicht fällige Forderungen in das Insolvenzverfahren einbezogen.[2] Damit qualifiziert nicht erst § 41 Abs. 1 diese Forderungen als Insolvenzforderung. Vielmehr gestaltet die Regelung die Art und Weise aus, wie diese Forderungen im Insolvenzverfahren behandelt werden. 1

Ziel ist eine schnellere und einfachere Abwicklung des Insolvenzverfahrens,[3] weswegen die **verfahrensrechtliche Position** der betroffenen Insolvenzgläubiger vereinfacht wird. Durch den vorverlegten Fälligkeitszeitpunkt wird eine klare und einheitliche Grundlage für ihre Stellung bei der Feststellung des Stimmrechts, § 77, der Berechnung der anteiligen Forderungskürzung im Insolvenzplan, §§ 224, 238 Abs. 1 Satz 3, und bei Verteilungen geschaffen.[4] Die Gläubiger können deswegen alle verfahrensmäßigen Rechte wahrnehmen und etwa Anträge stellen.[5] Außerdem wird vermieden, dass bei Verteilungen Beträge für ihre Befriedigung bis zum Fälligkeitszeitpunkt zurückbehalten werden müssen.[6] Wirkungen außerhalb des Insolvenzverfahrens entfaltet § 41 Abs. 1 grds. nicht.[7] 2

Aus diesem vorverlegten Fälligkeitszeitpunkt sollen den Gläubigern aber **keine wirtschaftlichen Vorteile** erwachsen. Der zeitliche Vorteil einer früheren Fälligkeit unverzinslicher Forderungen muss deswegen nach § 41 Abs. 2 durch einen Zwischenzins abgegolten werden. Ein übereinstimmender Gedanke kommt in den §§ 1133 Satz 3, 1217 Abs. 2 Satz 2 BGB, § 111 Satz 2 ZVG zum Ausdruck.[8] 3

---

35 Uhlenbruck/*Knof* Rn. 14.
1 MüKo-InsO/*Bitter* Rn. 1; FK-InsO/*Schumacher* Rn. 1.
2 Jaeger/*Henckel* § 38 Rn. 82.
3 BGH 08.02.2000, XI ZR 313/98, NJW 2000, 1408 (1409), zur Vorgängervorschrift des § 65 Abs. 1 KO; Kübler/Prütting/Bork/*Holzer* Rn. 1.
4 Jaeger/*Henckel* Rn. 2; HambK-InsR/*Lüdtke* Rn. 2; Braun/*Bäuerle* Rn. 2.
5 Jaeger/*Henckel* Rn. 9; Uhlenbruck/*Knof* Rn. 1.
6 FK-InsO/*Schumacher* Rn. 1.
7 BGH 08.02.2000, XI ZR 313/98, NJW 2000, 1408 (1409), zu § 65 Abs. 1 KO.
8 HK-InsO/*Eickmann* 6. Aufl., Rn. 1.

B. Anwendungsbereich

I. Insolvenzforderungen

4 Der Wortlaut von § 41 Abs. 1 ist nicht eindeutig, weil danach in einer allgemeinen Formulierung nicht fällige Forderungen als fällig gelten sollen. Aus der **systematischen Stellung** sowie der Teleologie der Vorschrift folgt, dass sie allein auf, wenn auch noch nicht fällige, Insolvenzforderungen i.S.v. § 38 anzuwenden ist.[9] Die Forderung muss deswegen bei Eröffnung des Insolvenzverfahrens begründet sein. Sie gilt für nachrangige Forderungen gem. § 39.[10] Erfasst werden auch Steuerforderungen.[11]

5 **Nicht anwendbar** ist die Regelung auf Forderungen der Masse gegen Dritte,[12] wie einen anderen Gesamtschuldner.[13] Forderungen des Insolvenzverwalters und Masseverbindlichkeiten werden nicht erfasst. Die Vorschrift gilt auch nicht für Forderungen des Schuldners.[14] Soweit die gesicherten Versorgungsrechte nach § 9 Abs. 2 BetrAVG auf den PSV übergehen, handelt es sich weder bei den Ansprüchen auf laufende Rentenzahlungen noch bei den unverfallbaren Versorgungsanwartschaften um betagte Ansprüche.[15]

II. Nicht fällige Forderungen

6 Es muss sich um eine noch nicht fällige (betagte) Insolvenzforderung handeln. Die **Forderung** muss aber bei Eröffnung des Insolvenzverfahrens bereits **begründet** sein.[16] Begründet ist die Forderung, wenn der anspruchsbegründende Tatbestand vor der Verfahrenseröffnung materiell-rechtlich verwirklicht war. Dies ist der Anspruch, wenn das Schuldverhältnis vor Verfahrenseröffnung bestand, selbst wenn sich hieraus eine Forderung erst nach Verfahrenseröffnung ergibt.[17] Nicht notwendig muss also die Forderung bereits entstanden sein.[18]

7 Die **Fälligkeit** bezeichnet nach § 271 Abs. 1 Alt. 1 BGB den Zeitpunkt, von dem an der Gläubiger die Leistung fordern kann.[19] Unerheblich ist der **Rechtsgrund** für die aufgeschobene Fälligkeit. Er kann auf einem Rechtsgeschäft, einer gerichtlichen oder behördlichen Anordnung oder einer gesetzlichen Regelung beruhen.[20] Erfasst werden gestundete Forderungen und Forderungen, deren Fälligkeit von einer Kündigung abhängt[21] sowie Wechselforderungen.[22] Die Saldoforderung eines Insolvenzgläubigers aus einem Kontokorrentverhältnis wird mit der Verfahrenseröffnung fällig.[23] Vergütungsansprüche aus einem Altersteilzeit-Verhältnis, die in ihrer Fälligkeit während der Freistellungsphase grds. hinausgeschoben sind, werden ebenfalls mit Eröffnung des Insolvenzverfahrens fällig.[24]

---

9 BGH 30.06.2009, IX ZA 21/09, BeckRS 2009, 20530 Rn. 2.
10 MüKo-InsO/*Bitter* Rn. 4; Uhlenbruck/*Knof* Rn. 2; LSZ/Smid/*Leonhardt* Rn. 3.
11 BFH 06.05.1975, VIII R 202/71, BStBl II 1975, 590 (591); Jaeger/*Henckel* Rn. 8; Uhlenbruck/*Knof* Rn. 2.
12 OLG Frankfurt 22.06.1983, 17 U 25/82, ZIP 1983, 1229 (1230); MüKo-InsO/*Bitter* Rn. 5.
13 BGH 08.02.2000, XI ZR 313/98, NJW 2000, 1408 (1409), zu § 65 Abs. 1 KO.
14 Kübler/Prütting/Bork/*Holzer* Rn. 3; Uhlenbruck/*Knof* Rn. 17; HambK-InsR/*Lüdtke* Rn. 4.
15 BAG 07.11.1989, 3 AZR 48/88, NZA 1990, 524.
16 HambK-InsR/*Lüdtke* Rn. 5.
17 BGH 07.04.2005, IX ZB 195/03, NZI 2005, 403 (404).
18 MüKo-InsO/*Ehricke* § 38 Rn. 16; a.A. Nerlich/Römermann/*Andres* Rn. 3; Braun/*Bäuerle* Rn. 3.
19 BGH 01.02.2007, III ZR 159/06, NJW 2007, 1581 Rn. 16, insoweit nicht in BGHZ 171, 33; PWW/*Zöchling-Jud* § 271 Rn. 1.
20 FK-InsO/*Schumacher* Rn. 3; HK-InsO/*Eickmann* 6. Aufl., Rn. 2.
21 FK-InsO/*Schumacher* Rn. 3.
22 Uhlenbruck/*Knof* Rn. 4.
23 Jaeger/*Henckel* Rn. 7.
24 BAG 30.10.2008, 8 AZR 54/07, NZA 2009, 432 Rn. 30.

Bei Forderungen mit **ungewissem Fälligkeitstermin** ist das Ob sicher, das Wann allerdings ungewiss.[25] Diese Forderungen fallen in den Anwendungsbereich von § 41 Abs. 1.[26] Dies gilt auch, wenn an den Todesfall einer Person angeknüpft wird.[27] Anders verhält es sich dagegen mit dem Erwerb von Todes wegen, bei dem bereits unsicher ist, ob ein solcher Erwerb erfolgen wird. Ein in einen Zahlungsanspruch umgewandelter Freistellungsanspruch wird sofort fällig.[28]

Von den noch nicht fälligen Forderungen sind die **befristeten Forderungen** abzugrenzen. Bei diesen Forderungen sind die sachlichen Voraussetzungen erfüllt, doch hängt die Wirksamkeit der Forderung vom Eintritt einer Zeitbestimmung ab. Auf diese Forderungen soll auch insolvenzrechtlich die Gleichstellung aus § 163 BGB mit bedingten Forderungen gelten.[29] Deswegen können die §§ 42, 191, nicht aber § 41, auch nicht analog herangezogen werden.[30]

III. Aus- und Absonderungsrechte

Auf **Aussonderungsrechte** ist § 41 nicht anwendbar. Diese Rechte sind gem. § 47 nach den allgemeinen Vorschriften außerhalb des Insolvenzverfahrens zu verfolgen. Die Regelung gilt auch nicht für die Eintragungsvormerkung.[31]

Für **Absonderungsrechte** ist zwischen der Fälligkeit des dinglichen Rechts und der dem Absonderungsrecht zugrunde liegenden persönlichen Forderung zu unterscheiden.[32] Für die persönliche Forderung als Insolvenzforderung gilt § 41. Auf Absonderungsrechte ist die Vorschrift analog anzuwenden, wenn der dinglich haftende Schuldner auch Schuldner der gesicherten Forderung ist.[33] Im Fall eines Absonderungsrechts ohne eine zugleich bestehende persönliche Haftung des Schuldners ist § 41 dagegen unanwendbar.[34]

C. Wirkungen von Abs. 1

Die Fiktion der Fälligkeit tritt mit **Feststellung** der Forderung **zur Tabelle** ein.[35] Die im Insolvenzverfahren begründeten Folgen bleiben nach dessen Beendigung bestehen.[36]

D. Abzinsung unverzinslicher Forderungen, Abs. 2

Unverzinsliche, noch nicht fällige Forderungen sind mit dem gesetzlichen Zinssatz abzuzinsen. Abweichend von der materiell-rechtlichen Vorschrift des § 272 BGB ist der Zwischenzins von der Forderung abzuziehen. Bei einer Forderung mit ungewissem Fälligkeitstermin ist zunächst der eigentliche Fälligkeitstermin nach § 45 Satz 1 Alt. 2 zu schätzen und anschließend eine Abzinsung gem. § 41 Abs. 2 vorzunehmen.[37] Der abzuziehende **gesetzliche Zinssatz** beträgt allgemein gem. § 246 BGB 4 %, bei einem beiderseitigen Handelsgeschäft nach § 352 HGB 5 %. Wechsel- und Scheckzinsen betragen 6 %, Art. 48 Abs. 1 Nr. 2 WG, Art. 45 Nr. 2 ScheckG. Bei einem sowohl

---

25 Uhlenbruck/*Knof* Rn. 6.
26 Nerlich/Römermann/*Andres* Rn. 4; Uhlenbruck/*Knof* Rn. 6.
27 MüKo-InsO/*Bitter* Rn. 8.
28 KG 20.08.2012, 22 W 37/12, ZInsO 2012, 1616.
29 Uhlenbruck/*Knof* Rn. 4.
30 BGH 06.07.2006, IX ZR 121/05, BGHZ 168, 276 Rn. 21; Nerlich/Römermann/*Andres* Rn. 5; Braun/*Bäuerle* Rn. 3; a.A. Kübler/Prütting/Bork/*Holzer* Rn. 6a; Uhlenbruck/*Knof* Rn. 5; HambK-InsR/*Lüdtke* Rn. 7.
31 Jaeger/*Henckel* Rn. 6.
32 MüKo-InsO/*Bitter* Rn. 13.
33 BGH 10.12.1959, VII ZR 210/58, BGHZ 31, 337 (340 f.); FK-InsO/*Schumacher* Rn. 2.
34 BGH 11.12.2008, IX ZR 194/07, NJW-RR 2009, 340 Rn. 20 f.
35 HambK-InsR/*Lüdtke* Rn. 14.
36 MüKo-InsO/*Bitter* Rn. 26 ff.; Graf-Schlicker/*Castrup* § 41 Rn. 2.
37 MüKo-InsO/*Bitter* Rn. 20; HambK-InsR/*Lüdtke* Rn. 22.

im Inland ausgestellten als auch zahlbaren Wechsel oder Scheck beträgt der Zinssatz zwei Prozentpunkte über dem jeweiligen Basiszinssatz gem. § 247 BGB, mindestens aber 6 %.[38]

14 Die Berechnung erfolgt regelmäßig nach der Hoffmanschen Formel:[39]

$$X = \frac{36.500 \times [\text{Forderungsbetrag}]}{36500 + ([\text{gesetzl. Zinssatz}] \times [\text{Anzahl der Tage von Eröffnung bis Fälligkeit}])}$$

15 Die **Anzahl der Tage** von der Eröffnung bis zur Fälligkeit wird gem. § 4 InsO i.V.m. 222 Abs. 1 ZPO entsprechend den §§ 186 ff. BGB berechnet. Der Tag der Eröffnung wird entsprechend § 187 Abs. 1 BGB nicht berücksichtigt, wohl aber der Tag der Fälligkeit, § 188 Abs. 1 BGB[40]

E. Verzinsliche Forderungen

16 Auf verzinsliche Forderungen ist § 41 Abs. 2 nicht anwendbar.[41] Es ist der gesamte Kapitalbetrag zu berücksichtigen.[42] Nach Eröffnung des Verfahrens entstandene Zinsen sind als nachrangige Forderungen gem. § 39 Abs. 1 Nr. 1 nur nach Aufforderung durch den Insolvenzverwalter anzumelden, § 174 Abs. 3 Satz 1.[43] Verzugszinsen begründen keine Verzinslichkeit i.S.d. Regelung.[44]

F. Aufrechnung

17 Die Vorschrift kann keine Aufrechnungslage schaffen, die sonst nicht besteht. Fingiert § 41 Abs. 1 die Fälligkeit einer Forderung, so ist der Gläubiger nicht zur Aufrechnung berechtigt, § 95 Abs. 1 Satz 2.[45]

§ 42 Auflösend bedingte Forderungen

Auflösend bedingte Forderungen werden, solange die Bedingung nicht eingetreten ist, im Insolvenzverfahren wie unbedingte Forderungen berücksichtigt.

Übersicht	Rdn.		Rdn.
A. Normzweck	1	II. Wirkung des Bedingungseintritts	7
B. Auflösend bedingte Forderungen	3	C. Aufschiebend bedingte Forderungen .	10
I. Anwendungsbereich	3		

A. Normzweck

1 Bedingungen machen die rechtlichen Wirkungen eines Geschäfts von einem zukünftigen ungewissen Ereignis abhängig. Auf einige der daraus resultierenden insolvenzrechtlichen Fragen gibt § 42 eine Antwort. **Auflösend bedingte Forderungen** sind danach bis zum Bedingungseintritt vollständig in das Verfahren **einzubeziehen**. Damit formuliert § 42 eine nahe liegende Konsequenz, denn vor Bedingungseintritt besteht die Forderung und kann durchgesetzt werden. Folgerichtig darf sie solange auch nicht im Insolvenzverfahren übergangen werden.[1] Mit Bedingungseintritt darf die Forderung nicht mehr berücksichtigt werden.

---

38 Jaeger/*Henckel* Rn. 23.
39 Jaeger/*Henckel* Rn. 21 f.; FK-InsO/*Schumacher* Rn. 8; MüKo-InsO/*Bitter* Rn. 21 ff.; Uhlenbruck/*Knof* Rn. 12; Nerlich/Römermann/*Andres* Rn. 10; Braun/*Bäuerle* Rn. 8.
40 Jaeger/*Henckel* Rn. 23.
41 Kübler/Prütting/Bork/*Holzer* Rn. 10.
42 MüKo-InsO/*Bitter* Rn. 18.
43 FK-InsO/*Schumacher* Rn. 10.
44 HambK-InsR/*Lüdtke* Rn. 23.
45 HK-InsO/*Eickmann* 6. Aufl., Rn. 4; Nerlich/Römermann/*Andres* Rn. 11.
1 MüKo-InsO/*Bitter* Rn. 1.

Aufschiebend bedingte Forderungen werden durch § 42 nicht geregelt. Da diese Forderungen vor dem Bedingungseintritt keine Wirkungen entfalten, können sie nicht mit den auflösend bedingten Forderungen gleichgestellt werden (s. Rdn. 10 ff.). 2

B. Auflösend bedingte Forderungen

I. Anwendungsbereich

Steht eine **Forderung** unter einer aufschiebenden Bedingung, verpflichtet sie den Schuldner in der Zeit zwischen der Begründung der Forderung und dem Bedingungseintritt. Mit Bedingungseintritt wird die Forderung wirkungslos, § 158 Abs. 2 BGB, weswegen wieder die vor Begründung der Forderung bestehende Rechtslage eintritt.[2] Bezieht sich die aufschiebende Bedingung auf ein Rechtsgeschäft, werden davon auch die aus dem Geschäft resultierenden Forderungen erfasst.[3] 3

Das zukünftige ungewisse Ereignis kann sich aus einer **rechtsgeschäftlichen** Bestimmung ergeben. Nach der Zielsetzung von § 42, den Beteiligten Rechtssicherheit zu verschaffen, werden auch gesetzliche Bedingungen bzw. **Rechtsbedingungen**[4] erfasst, d.h. die Wirksamkeitsvoraussetzungen oder Gültigkeitserfordernisse einer Forderung.[5] Beispiele sind etwa die Vorauszahlung der Einkommensteuer oder die aufgrund einer Steuerschätzung begründete Steuerforderung. Auflösend bedingt können auch tarifliche Sonderzahlungen sein.[6] 4

Auf **befristete Forderungen**, bei denen die rechtsgeschäftlichen Wirkungen von einem zukünftigen, aber gewissen Ereignis abhängen, ist § 42 nicht unmittelbar anwendbar. Möglich ist aber eine analoge Anwendung (vgl. § 41 Rdn. 9). 5

Unanwendbar ist § 42 auf bedingungsähnliche Rechtsfiguren. Hierzu sind etwa Motive, Zweckabreden, Geschäftsgrundlagen und Rücktritts- bzw. Widerrufsvorbehalte zu rechnen.[7] 6

II. Wirkung des Bedingungseintritts

Vor dem **Bedingungseintritt** werden auflösend bedingte Forderungen übereinstimmend mit den sonstigen Insolvenzforderungen behandelt. Die Forderungsinhaber können deswegen die allgemeinen Verfahrensrechte geltend machen. Wie sich im Kontrast zu den §§ 77 Abs. 3 Satz 1, 95 Abs. 1 Satz 1, 191, 237 Abs. 2 Satz 1 ergibt, können die Forderungen angemeldet, zur Tabelle eingetragen und festgestellt sowie aufgerechnet werden. Außerdem sind die Inhaber stimmberechtigt und werden bei Verteilungen berücksichtigt.[8] 7

Mit Bedingungseintritt kehrt sich die Situation um. Die Forderung wird wirkungslos und ihr Inhaber verliert alle verfahrensmäßigen Rechte. Im Einzelnen ist nach den verfahrensrechtlichen Stationen zu unterscheiden, in denen die auflösende Bedingung eintritt. Ist die Forderung angemeldet, aber noch nicht in die Tabelle eingetragen, können Insolvenzverwalter, Gläubiger und Schuldner die Forderung bestreiten, § 176.[9] Tritt die Bedingung ein, nachdem die Forderung zur Tabelle festgestellt wurde, muss der Insolvenzverwalter eine Vollstreckungsgegenklage gem. § 767 ZPO erheben.[10] Dies gilt ebenso während des Restschuldbefreiungsverfahrens. Erst nach Beendigung des Insolvenz-[11] und ggf. auch des Restschuldbefreiungsverfahrens ist der Schuldner zur Erhebung der Vollstreckungsabwehrklage berechtigt. 8

---

2 *Bork* Allgemeiner Teil des BGB, Rn. 1263 f.
3 Jaeger/*Henckel* Rn. 4; Kübler/Prütting/Bork/*Holzer* Rn. 2.
4 Kübler/Prütting/Bork/*Holzer* Rn. 3; a.A. Uhlenbruck/*Knof* Rn. 3.
5 MüKo-InsO/*Bitter* Rn. 4.
6 HambK-InsR/*Lüdtke* Rn. 5.
7 Uhlenbruck/*Knof* Rn. 3.
8 Jaeger/*Henckel* Rn. 3.
9 MüKo-InsO/*Bitter* Rn. 8.
10 Uhlenbruck/*Knof* Rn. 4; HK-InsO/*Eickmann* 6. Aufl., Rn. 3.
11 MüKo-InsO/*Bitter* Rn. 8.

9   Sind vom Insolvenzverwalter bereits **Zahlungen geleistet**, können diese nach dem Gedanken aus § 159 BGB oder gem. § 812 Abs. 1 Satz 2 Alt. 1 BGB zurückverlangt werden.[12] Erfolgt der Bedingungseintritt nach Abschluss des Verfahrens, muss der Insolvenzverwalter die Zahlungen herausverlangen. Vom Gericht ist sodann eine Nachtragsverteilung gem. § 203 anzuordnen.[13]

C. Aufschiebend bedingte Forderungen

10 Obwohl aufschiebend bedingte Forderungen noch keine Wirkungen entfalten, können sie mit den in der Insolvenzordnung normierten Einschränkungen **am Verfahren teilnehmen**. Solche aufschiebend bedingten Forderungen existieren etwa bei Bankbürgschaften für Gewährleistungspflichten des Schuldners. Ein prozessualer Kostenerstattungsanspruch entsteht aufschiebend bedingt mit der Begründung des Prozessrechtsverhältnisses, also mit der Rechtshängigkeit des Anspruchs.[14] Ist die Rechtshängigkeit vor Eröffnung des Insolvenzverfahrens begründet, kann der Anspruch zur Tabelle angemeldet werden.

11 Als **Sonderregelung** normiert § 77 Abs. 3 Nr. 1 ein Stimmrecht, wie für Inhaber bestrittener Forderungen. Entsprechendes gilt nach § 237 Abs. 1 Satz 1 bei der Abstimmung über den Insolvenzplan. Der Gläubiger kann nach § 95 Abs. 1 Satz 1 mit der Forderung erst nach Bedingungseintritt aufrechnen. Bei einer Abschlagsverteilung wird die aufschiebend bedingte Forderung mit ihrem vollen Betrag berücksichtigt, doch wird der entsprechende Anteil bei der Auszahlung zurückbehalten, § 191 Abs. 1. Bei der Schlussverteilung wird die Forderung in vollem Umfang berücksichtigt, wenn ein Bedingungseintritt zu erwarten ist. Liegt bei der Schlussverteilung der Bedingungseintritt so fern, dass die Forderung keinen Vermögenswert hat, wird sie nicht berücksichtigt, § 191 Abs. 2.[15]

12 **Verfahrensanträge**, etwa auf Versagung der Restschuldbefreiung, darf der Inhaber einer aufschiebend bedingten Forderung nicht stellen. Dazu ist seine verfahrensrechtliche Stellung zu begrenzt und auf sachlich nicht vergleichbare Einzelfälle beschränkt, wie die §§ 77 Abs. 3 Nr. 1, 191 Abs. 1 zeigen. Für die aufschiebend bedingte **Mithaftung** eines Bürgen oder Gesamtschuldners gilt § 44. Ein vor Eröffnung des Insolvenzverfahrens aufschiebend begründeter prozessualer Kostenerstattungsanspruch wird auch dann von der **Restschuldbefreiung** erfasst, wenn der Kostenfestsetzungsantrag erst nach Erteilung der Restschuldbefreiung gestellt wird.[16]

§ 43 Haftung mehrerer Personen

Ein Gläubiger, dem mehrere Personen für dieselbe Leistung auf das Ganze haften, kann im Insolvenzverfahren gegen jeden Schuldner bis zu seiner vollen Befriedigung den ganzen Betrag geltend machen, den er zur Zeit der Eröffnung des Verfahrens zu fordern hatte.

Übersicht	Rdn.		Rdn.
A. **Normzweck**	1	V. Sachmithaftung	14
B. **Anwendungsbereich**	5	VI. Gesellschafter	15
I. Grundlagen	5	VII. Teilmithaftung	18
II. Gesamtschuld	8	C. **Rechtsfolgen**	19
III. Bürgschaft	11	I. Zahlung vor Insolvenzeröffnung	19
IV. Garantie und Patronatserklärung	13	II. Zahlungen nach Insolvenzeröffnung . .	22

---

12 Kübler/Prütting/Bork/*Holzer* Rn. 7; Nerlich/Römermann/*Andres* Rn. 4.
13 FK-InsO/*Schumacher* Rn. 3.
14 BGH 22.05.1992, V ZR 108/91, NJW 1992, 2575; 17.03.2005, IX ZB 247/03, NZI 2005, 328, 329.
15 Uhlenbruck/*Uhlenbruck* § 191 Rn. 10.
16 OLG Köln 02.04.2012, 17 W 189/11, 17 W 190/11, ZInsO 2012, 896; OLG Nürnberg 21.06.2012, 12 W 1132/12, ZInsO 2012, 1626 (1627).

A. Normzweck

Haften mehrere Personen für die Erfüllung einer Forderung, bietet dies für den Gläubiger eine besondere Sicherheit. Dieser rechtliche und wirtschaftliche Vorzug einer Haftungsmehrheit soll dem Gläubiger in der Insolvenz seiner Schuldner erhalten bleiben. Um diesen Vorteil auch im Insolvenzverfahren zu gewährleisten, ermöglicht § 43 eine mehrfache Berücksichtigung der vollen Forderung, die etwas ungenau[1] als **Grundsatz der Doppelberücksichtigung** bezeichnet wird.[2] Solange die Forderung noch nicht befriedigt ist, bleiben abweichend von dem Gedanken aus § 422 Abs. 1 Satz 1 BGB die Ausschüttungen aus anderen Insolvenzverfahren unbeachtlich.[3] 1

In erster Linie schreibt die **Schutzbestimmung** des § 43 mit insolvenzrechtlichen Mitteln die im materiellen Recht angelegte Begünstigung des Gläubigers durch Mithaftende fort, indem eine gestörte Risikoverteilung korrigiert wird. Da eine privilegierte Befriedigungschance verlängert wird,[4] ist in der Vorschrift mehr als nur eine Billigkeitsregelung[5] zu sehen. Zudem soll die Quote anderer Insolvenzgläubiger nicht steigen, wenn der Gläubiger von einem Außenstehenden eine Leistung erhalten hat.[6] 2

Der Gläubiger kann danach seine Forderung in **vollem Umfang** im Insolvenzverfahren eines jeden Schuldners aus der Haftungsmehrheit bis zur vollständigen Befriedigung geltend machen, ohne eine zwischenzeitlich erlangte Teilbefriedigung darauf anrechnen lassen zu müssen. Gäbe es nicht diese Regelung, bestünde für den Gläubiger ein weitaus höheres Risiko mit einem Teil seiner Forderung auszufallen. Hätte der Gläubiger in einem ersten Insolvenzverfahren eine teilweise Befriedigung erlangt, könnte er in den anderen Insolvenzverfahren nur mit seiner Restforderung teilnehmen. Diese Konsequenz verhindert § 43. Bis zur vollständigen Befriedigung wird weder eine Ausschüttung aus einem anderen Insolvenzverfahren noch eine Teilzahlung eines nicht insolventen Mitverpflichteten berücksichtigt. 3

Neben der angestrebten Begünstigung des Gläubigers **vereinfacht** § 43 auch die Durchführung der Insolvenzverfahren. Ohne diese Regelung müsste bei jeder Ausschüttung in einem Verfahren der Forderungsbetrag in jedem anderen Verfahren korrigiert werden, wodurch ein laufender Verwaltungsmehraufwand entstünde.[7] 4

B. Anwendungsbereich

I. Grundlagen

§ 43 setzt voraus, dass der – auch nachrangige[8] – Insolvenzgläubiger gegen mehrere Personen Forderungen hat und diese Schuldner für dieselbe Leistung auf das Ganze haften. Erforderlich ist deswegen eine **Haftungsgemeinschaft**. Dies setzt keine echte Gesamtschuld voraus. Auch ohne eine innere Verbundenheit der Verpflichtungen liegt eine Mithaftung i.S.d. Bestimmung vor, wenn der Gläubiger die ihm gebührende Leistung von den Schuldnern gleichzeitig, aber insgesamt nur einmal fordern kann.[9] Nicht erfasst wird die stufenweise Ausfallhaftung mehrerer Schuldner.[10] Besteht eine **Gesamtgläubigerschaft** gegenüber einem Schuldner, bei der jeder Gläubiger die ganze Leistung fordern 5

---

1 Uhlenbruck/*Knof* Rn. 1.
2 Z.B. BGH 09.10.2008, IX ZR 59/07, NZI 2008, 733 Rn. 16.
3 Jaeger/*Henckel* Rn. 3.
4 Kübler/Prütting/Bork/*Holzer* Rn. 1; Braun/*Bäuerle* Rn. 1.
5 So BGH 19.12.1996, IX ZR 18/96, NJW 1997, 1014 (1015), zu § 68 KO; Uhlenbruck/*Knof* Rn. 1; dagegen Jaeger/*Henckel* Rn. 5.
6 Jaeger/*Henckel* Rn. 5.
7 MüKo-InsO/*Bitter* Rn. 2.
8 LSZ/*Smid/Leonhardt* Rn. 2.
9 BGH 30.01.1992, IX ZR 112/91, BGHZ 117, 127 (132).
10 MüKo-InsO/*Bitter* Rn. 6; HambK-InsR/*Lüdtke* Rn. 4.

darf, der Schuldner aber nur einmal leisten muss, § 428 BGB, kann jeder Gläubiger seine Forderung anmelden. Der Verwalter darf jedoch nur einmal die Insolvenzdividende ausschütten.[11]

6 Die Vorschrift ist anwendbar, falls alle gemeinschaftlich haftenden Schuldner **insolvent** sind. Der Gläubiger kann dann seine Forderung in jedem Insolvenzverfahren in voller Höhe anmelden.[12] Wie bereits aus dem Wortlaut der Regelung folgt, gilt die Privilegierung auch dann, wenn nur einer der gemeinschaftlich haftenden Schuldner insolvent ist. Der Gläubiger kann und wird sich in dieser Situation an einen leistungsfähigen Schuldner halten, doch ist nicht ausgeschlossen, dass über dessen Vermögen vor einer vollständigen Erfüllung ein Insolvenzverfahren eröffnet wird.[13] Die Regelung ist ebenfalls anwendbar, wenn eine oder mehrere mithaftende Personen nur für einen Teilbetrag einzustehen hat bzw. haben.

7 **Unanwendbar** ist § 43, wenn Gesellschafter- und Gesellschaftsinsolvenz oder Nachlass- und Erbeninsolvenz zusammentreffen. An die Stelle der Doppelberücksichtigung tritt dann der Ausfallgrundsatz aus § 52.[14] § 43 gilt auch nicht für das Verhältnis zwischen Kaufpreis- und Wechselschuldner.[15] Bei einer Ausfallbürgschaft besteht eine stufenweise Haftung (s. Rdn. 5), auf die § 43 nicht anzuwenden ist.[16] Der Grundsatz der Doppelberücksichtigung ist nicht auf eine Teilaufrechnung anzuwenden, weil der Gläubiger dabei nur einen Schuldner hat. Deswegen besteht der Verteilungsanspruch einer in das Schlussverzeichnis aufgenommenen Forderung nicht unverändert fort.[17]

II. Gesamtschuld

8 Anwendbar ist die Regelung auf die **echte Gesamtschuld**, die eine Gleichstufigkeit der Haftung verlangt.[18] Die Gesamtschuld kann rechtsgeschäftlich begründet sein, wie zwischen Architekt und Bauunternehmer für einen gemeinsam verursachten Baumangel.[19] Beim kumulativen **Schuldbeitritt** tritt der Schuldmitübernehmer zusätzlich zum bisherigen Schuldner in das Schuldverhältnis ein, weswegen beide als Gesamtschuldner behandelt werden.[20] Für die Rechte der Gesamtschuldner gilt § 44.

9 Ebenso kommen aber auch **gesetzlich begründete Gesamtschulden** in Betracht, etwa nach den §§ 42 Abs. 2 Satz 2 Halbs. 2, 53 Halbs. 2, 54 Satz 2, 86 Satz 1, 88 Satz 3, 89 Abs. 2, 613a Abs. 2, 651b Abs. 2, 769, 830, 840, 1108 Abs. 2, 1357 Abs. 1 Satz 2, 1437 Abs. 2 Satz 1, 1459 Abs. 2 Satz 1, 1664 Abs. 2, 2058, 2382, 2385 BGB, § 25 HGB, § 8 Abs. 1 Satz 1 PartGG und den §§ 41 Abs. 1 Satz 2 Halbs. 2, 46, 47, 48 Satz 1, 69 Abs. 2, 93 Abs. 2 Satz 1, 116, 117, 309 Abs. 2 Satz 1, 317 Abs. 3, 322 Abs. 1 AktG, §§ 9a, 11 Abs. 2, 16 Abs. 2, 18 Abs. 2, 31 Abs. 6 Satz 1, 43 Abs. 2, 73 Abs. 3 Satz 1 GmbHG, § 5 Abs. 1 ProdHG, Art. 47 WG, § 100 Abs. 4 Satz 1 ZPO.[21]

10 § 43 setzt keine gleichstufigen Verpflichtungen voraus. Die Regelung ist deswegen auch auf die **unechte Gesamtschuld** anwendbar.[22] Zu denken ist etwa an die Fälle des § 255 BGB oder das Verhältnis zwischen Schädiger und Versicherung.[23] Die verknüpften Forderungen müssen nicht auf einer einheitlichen Rechtsgrundlage beruhen.[24]

---

11 Kübler/Prütting/Bork/*Holzer* Rn. 1.
12 Nerlich/Römermann/*Andres* Rn. 3; Graf-Schlicker/*Castrup* Rn. 1.
13 Jaeger/*Henckel* Rn. 3.
14 MüKo-InsO/*Bitter* Rn. 43; Uhlenbruck/*Knof* Rn. 28; Kübler/Prütting/Bork/*Holzer* Rn. 8; Nerlich/Römermann/*Andres* Rn. 12.
15 Kübler/Prütting/Bork/*Holzer* Rn. 9; LSZ/*Smid/Leonhardt* Rn. 3.
16 MüKo-InsO/*Bitter* Rn. 9.
17 BGH 29.03.2012, IX ZR 116/11, BGHZ 193, 44 Rn. 13; NZI 2012, 513.
18 Bamberger/Roth/*Gehrlein* § 421 Rn. 8; PWW/*H.F. Müller* § 421 Rn. 7.
19 BGH 26.07.2007, VII ZR 5/06, NJW-RR 2008, 176 Rn. 23.
20 PWW/*Brödermann* Vor §§ 765 Rn. 44.
21 PWW/*H.F. Müller* § 421 Rn. 10.
22 Jaeger/*Henckel* Rn. 9; FK-InsO/*Schumacher* Rn. 4; Braun/*Bäuerle* Rn. 2.
23 MüKo-InsO/*Bitter* Rn. 5.
24 BGH 30.01.1992, IX ZR 112/91, BGHZ 117, 127 (132).

III. Bürgschaft

Bei einer **selbstschuldnerischen Bürgschaft** ist der Bürge mit der Einrede der Vorausklage nach § 773 BGB und § 349 HGB ausgeschlossen. Deswegen ist § 43 sowohl in der Insolvenz des Bürgen[25] als auch des Hauptschuldners[26] anwendbar. Für die Rechte des Bürgen gilt § 44. Zur Ausfallbürgschaft s. Rdn. 7. — 11

Steht dem Bürgen dagegen die **Einrede der Vorausklage** zu, so haftet er nur nach dem Hauptschuldner. In der Insolvenz des Bürgen ist deswegen § 43 unanwendbar.[27] Der Gläubiger kann deswegen seine Forderung nur als aufschiebend bedingt anmelden.[28] Entsprechendes gilt auch bei einer Ausfallbürgschaft.[29] In der Insolvenz des Hauptschuldners entfällt nach § 773 Abs. 1 Nr. 3 BGB die Einrede der Vorausklage, weswegen insoweit § 43 anwendbar ist.[30] — 12

IV. Garantie und Patronatserklärung

Durch einen selbständigen Garantievertrag verpflichtet sich der Garant, für den Eintritt eines bestimmten Erfolgs einzustehen oder das Risiko eines künftigen Schadens zu übernehmen.[31] Bei einer »harten« Patronatserklärung übernimmt der Patron die Rechtspflicht, den Schuldner mit ausreichender Liquidität auszustatten oder Verluste auszugleichen.[32] In der Insolvenz des Hauptschuldners begründen beide rechtlichen Instrumente grds. eine gleichrangige Haftung,[33] weswegen § 43 anzuwenden ist.[34] Dagegen besteht in der Insolvenz des Garanten bzw. Patrons keine gleichstufige Haftung. Die Forderung ist als aufschiebend bedingt anzumelden, § 43 ist unanwendbar.[35] — 13

V. Sachmithaftung

Haftet ein Mitverpflichteter zugleich persönlich und dinglich, ist § 43 unproblematisch anwendbar.[36] Bei einer rein dinglichen Mithaftung eines nicht zur Masse gehörenden Gegenstands ist dagegen § 43 nicht unmittelbar anwendbar. Es ist aber eine analoge Anwendung der Vorschrift zu bejahen, weswegen die volle Forderung geltend gemacht werden kann.[37] Wie in den sonstigen Fällen der Mithaftung soll auch die teilweise Befriedigung aus einem massefremden Gegenstand nicht den sonstigen Insolvenzgläubigern zugutekommen.[38] — 14

VI. Gesellschafter

Mehrere Gesellschafter sind Mithaftende.[39] Bei einer gleichzeitigen Verpflichtung von Gesellschaft und Gesellschafter ist § 43 anwendbar, wenn die Mithaftung des Gesellschafters auf einem **eigenständigen Verpflichtungsgrund** basiert.[40] Gleiches gilt, wenn der Gesellschafter einer Personenhan- — 15

---

25 BGH 09.10.2008, IX ZR 59/07, NZI 2008, 733 Rn. 16.
26 Vgl. BGH 22.01.1969, VIII ZR 24/67, NJW 1969, 796, zu § 68 KO.
27 FK-InsO/*Schumacher* Rn. 4.
28 MüKo-InsO/*Bitter* Rn. 11; Uhlenbruck/*Knof* Rn. 4.
29 HambK-InsR/*Lüdtke* Rn. 9.
30 Jaeger/*Henckel* Rn. 12.
31 BGH 13.06.1996, IX ZR 172/95, NJW 1996, 2569 (2570).
32 BGH 30.01.1992, IX ZR 112/91, BGHZ 117, 127 (133); 08.05.2006, II ZR 94/05, ZInsO 2006, 650 (651).
33 Vgl. BGH 08.05.2003, IX ZR 334/01, NZI 2003, 434 (435).
34 BGH 30.01.1992, IX ZR 112/91, BGHZ 117, 127 (132 f.).
35 MüKo-InsO/*Bitter* Rn. 12; Uhlenbruck/*Knof* Rn. 9.
36 RG 19.09.1910, VI 489/09, RGZ 74, 231 (234), zu § 68 KO; HambK-InsR/*Lüdtke* Rn. 12.
37 BGH 02.12.2010, IX ZB 61/09, ZInsO 2011, 91 Rn. 7; Kübler/Prütting/Bork/*Holzer* Rn. 7; Uhlenbruck/*Knof* Rn. 15.
38 Jaeger/*Henckel* Rn. 22.
39 Jaeger/*Henckel* Rn. 25.
40 Jaeger/*Henckel* Rn. 25; MüKo-InsO/*Bitter* Rn. 16; Uhlenbruck/*Knof* Rn. 18.

delsgesellschaft oder einer GbR ergänzend zu seiner gesellschaftsrechtlichen Verpflichtung aus § 128 HGB eine Sicherheit bestellt hat.[41]

16 Folgt die **Mithaftung** des Gesellschafters für Gesellschaftsschulden aus **§ 128 HGB**, ist in einem Insolvenzverfahren über das Vermögen des persönlich haftenden Gesellschafters § 43 anwendbar. In der alleinigen Insolvenz der Gesellschaft sind dagegen § 93 bzw. § 171 Abs. 2 HGB anwendbar und § 43 ist ausgeschlossen.[42]

17 Besteht für eine **Kreditforderung** eines Gläubigers eine **Sicherheit eines Gesellschafters**, muss sich der Gesellschafter gem. § 44a zunächst aus der Sicherheit befriedigen. Aus der Insolvenzmasse darf der Gläubiger maximal bis zur Höhe der Restforderung befriedigt werden.[43] Dabei setzen sich die zu der aufgehobenen Regelung des § 32a GmbHG vertretenen Auseinandersetzungen fort.[44] Mit der zu der gesellschaftsrechtlichen Regelung wohl überwiegend vertretenen Ansicht ist davon auszugehen, dass der Gläubiger verfahrensrechtlich zur Inanspruchnahme des Gesellschafters angehalten, nicht aber materiell-rechtlich benachteiligt werden sollte. Daher ist § 43 anwendbar und dem Gläubiger die Quote auf die gesamte Forderung zu gewähren.[45]

VII. Teilmithaftung

18 Bei einer Teilmithaftung wird die Mithaftung allein für einen Teil der Forderung und nicht insgesamt übernommen. Besteht die Gesamthaftung nur für einen Teil der Forderung, kann § 43 nur auf diesen Betrag angewendet werden.[46] Die Teilhaftung kann nach Insolvenzeröffnung bestimmt sein.[47] Die Vorschrift ist anwendbar, wenn ein Teilbürge die Hauptforderung noch nicht in Höhe des übernommenen Teilbetrags erfüllt hat.[48] Hat der Teilbürge dagegen den vollen Betrag der übernommenen Teilmithaftung, etwa der Bürgschaft, an den Gläubiger gezahlt, ist § 43 unanwendbar.[49] Der Gläubiger muss dann seine Forderungsanmeldung um den empfangenen Betrag ermäßigen, weil in Höhe des ihm nur noch zustehenden Betrags keine Gesamthaftung existiert.[50] Auch wenn der Mithaftende vor Insolvenzeröffnung allein einen Teilbetrag der Teilmithaftung zahlt, muss sich der Gläubiger dies anrechnen lassen.[51]

C. Rechtsfolgen

I. Zahlung vor Insolvenzeröffnung

19 Wurde der **Gläubiger** vor Eröffnung des Insolvenzverfahrens vollständig befriedigt, ist er kein Insolvenzgläubiger. Ist die Forderung noch nicht befriedigt, kann der Gläubiger mit ihr grds. in voller Höhe am Verfahren teilnehmen (Berücksichtigungsbetrag).[52] Ausschlaggebend ist der **Eröffnungszeitpunkt**. Um den maßgebenden Zeitpunkt bei einer Aufrechnung zu bestimmen, ist wegen der

---

41 MüKo-InsO/*Bitter* Rn. 16.
42 Uhlenbruck/*Knof* Rn. 20; Jaeger/*Henckel* Rn. 25.
43 HambK-InsR/*Lüdtke* Rn. 15.
44 Uhlenbruck/*Knof* Rn. 22.
45 Jaeger/*Henckel* Rn. 23; Nerlich/Römermann/*Andres* Rn. 7; HambK-InsR/*Lüdtke* Rn. 16; HK-InsO/*Eickmann* 6. Aufl., Rn. 6; a.A. FK-InsO/*Schumacher* Rn. 6.
46 BGH 09.05.1960, II ZR 95/58, NJW 1960, 1295 (1296), zu § 68 KO.
47 BGH 19.12.1996, IX ZR 18/96, NJW 1997, 1014.
48 HK-InsO/*Eickmann* 6. Aufl., Rn. 7; HambK-InsR/*Lüdtke* Rn. 13; a.A. MüKo-InsO/*Bitter* Rn. 30 f.; Uhlenbruck/*Knof* Rn. 14.
49 BGH 22.01.1969, VIII ZR 24/67, NJW 1969, 796, zu § 68 KO; FK-InsO/*Schumacher* Rn. 7; Braun/*Bäuerle* Rn. 7.
50 BGH 09.05.1960, II ZR 95/58, NJW 1960, 1295 (1296); 22.01.1969, VIII ZR 24/67, NJW 1969, 796, beide zu § 68 KO.
51 Kübler/Prütting/Bork/*Holzer* Rn. 4; HambK-InsR/*Lüdtke* Rn. 13; a.A. MüKo-InsO/*Bitter* Rn. 30.
52 Uhlenbruck/*Knof* Rn. 23.

Rückwirkung aus § 389 BGB darauf abzustellen, wann sich die Forderungen aufrechenbar gegenüberstanden. Soweit dieser Zeitpunkt nach Verfahrenseröffnung liegt, ist § 43 anwendbar.[53]

Hat der Gläubiger allerdings vor der Insolvenzeröffnung eine **Teilleistung** erhalten, muss er sich diese voll anrechnen lassen.[54] Unerheblich ist, von welchem Mithaftenden die Teilleistung stammt.[55] Da die Forderung dem Gläubiger insoweit nicht mehr zusteht, kann er allein mit seiner Restforderung am Verfahren teilnehmen.[56] Diese Wirkung einer Teilleistung kann durch eine nach der Rechtsprechung des BGH wirksame Klausel ausgeschlossen werden, wonach bei Zahlungen des Mithaftenden die Rechte des Gläubigers erst dann übergehen, wenn der Gläubiger wegen aller Ansprüche volle Befriedigung erlangt hat, und die Zahlungen bis dahin nur als Sicherheit gelten.[57] 20

Der **Mithaftende** kann den wegen der Teilerfüllung durch gesetzlichen Forderungsübergang auf ihn übergegangenen Regressanspruch oder Forderungsteil als Insolvenzforderung geltend machen. Allerdings kann nach den §§ 426 Abs. 2 Satz 2, 774 Abs. 1 Satz 2, 1143 Abs. 1 Satz 2 BGB die übergegangene Forderung nicht zum Nachteil des Gläubigers geltend gemacht werden. Der dem Gläubiger durch die Ausschüttung an den Mithaftenden entstandene Quotenschaden ist außerhalb des Insolvenzverfahrens vom Mithaftenden zu ersetzen.[58] Mit Erteilung der Restschuldbefreiung wird der Schuldner von Regressansprüchen seiner Mithaftenden befreit, § 301 Abs. 2 Satz 2.[59] 21

II. Zahlungen nach Insolvenzeröffnung

Erfolgt eine Teilzahlung nach Eröffnung des Insolvenzverfahrens, sind mehrere Aspekte zu unterscheiden. Auf die angemeldete **Forderung des Gläubigers** wirkt sich eine Teilzahlung nicht aus. Der Gläubiger ist berechtigt, sich mit seiner gesamten Forderung am Verfahren zu beteiligen.[60] Folgerichtig kann sich der **Mithaftende** nicht beteiligen.[61] § 44 verhindert, dass der Mithaftende mit der auf ihn übergegangenen Forderung in das Verfahren einbezogen wird, solange der Gläubiger daran beteiligt ist. Soweit er nicht vollständig gezahlt hat, kann er auch nicht die erst bei einer zukünftigen Leistung entstehende Forderung anmelden. Die Rechtsnachfolge kann aber durch den Mithaftenden angezeigt werden und ist dann zur Tabelle zu vermerken. 22

Die **Insolvenzdividende** ist erst zu kürzen, wenn sie zusammen mit den Teilzahlungen, die der Gläubiger von einem Mithaftenden freiwillig oder im Zwangswege erhalten hat, den Gesamtbetrag seiner Forderung übersteigt.[62] Ein eventuell an den Gläubiger bereits ausgeschütteter Mehrbetrag muss der Verwalter kondizieren.[63] Erforderlichenfalls ist gegen einen rechtskräftigen Tabelleneintrag Vollstreckungsgegenklage nach § 767 ZPO durch den Verwalter zu erheben, um eine Überzahlung zu verhindern.[64] 23

---

53 MüKo-InsO/*Bitter* Rn. 40.
54 Jaeger/*Henckel* Rn. 7; Uhlenbruck/*Knof* Rn. 25; a.A. *Häsemeyer* Insolvenzrecht, Rn. 17.06.
55 Kübler/Prütting/Bork/*Holzer* Rn. 10b.
56 RG 29.12.1913, VI 443/13, RGZ 83, 401 (403 f.), zu § 68 KO; Uhlenbruck/*Knof* Rn. 25; HK-InsO/*Eickmann* 6. Aufl., Rn. 9.
57 BGH 30.10.1984, IX ZR 92/83, NJW 1985, 614 (615).
58 Vgl. RG 29.12.1913, VI 443/13, RGZ 83, 401 (406), zu § 68 KO; HambK-InsR/*Lüdtke* Rn. 21; FK-InsO/*Schumacher* Rn. 8; offen gelassen von Braun/*Bäuerle* Rn. 13 f.; a.A. HK-InsO/*Eickmann* 6. Aufl., Rn. 10.
59 FK-InsO/*Ahrens* § 301 Rn. 20 ff.
60 Jaeger/*Henckel* Rn. 2; HK-InsO/*Eickmann* 6. Aufl., Rn. 11; Graf-Schlicker/*Castrup* Rn. 2.
61 BGH 11.10.1984, IX ZR 80/83, NJW 1985, 1159 (1160).
62 BGH 11.12.2008, IX ZR 156/07, NZI 2009, 167 Rn. 14; MüKo-InsO/*Bitter* Rn. 36; Uhlenbruck/*Knof* Rn. 24.
63 BGH 11.12.2008, IX ZR 156/07, NZI 2009, 167 Rn. 14; Kübler/Prütting/Bork/*Holzer* Rn. 10a.
64 FK-InsO/*Schumacher* Rn. 9; HK-InsO/*Eickmann* 6. Aufl., Rn. 11; Graf-Schlicker/*Castrup* Rn. 3.

§ 44 Rechte der Gesamtschuldner und Bürgen

Der Gesamtschuldner und der Bürge können die Forderung, die sie durch eine Befriedigung des Gläubigers künftig gegen den Schuldner erwerben könnten, im Insolvenzverfahren nur dann geltend machen, wenn der Gläubiger seine Forderung nicht geltend macht.

Übersicht

		Rdn.			Rdn.
A.	Normzweck	1	I.	Regressforderung	9
B.	Anwendungsbereich	3	II.	Keine Verfahrensbeteiligung des Hauptgläubigers	10
I.	Grundlagen	3			
II.	Gesamtschuld, Bürgschaft und ähnliche Rechtsverhältnisse	6	III.	Verfahrensbeteiligung des Hauptgläubigers	11
III.	Sachmithaftung	8	IV.	Insolvenzplan und Restschuldbefreiung	15
C.	Rechtsfolgen	9			

A. Normzweck

1 § 44 ist im Zusammenhang mit § 43 zu lesen. Während § 43 die Teilnahme des Gläubigers im Fall einer Mithaftung regelt, behandelt § 44 die Beteiligung der Mithaftenden. § 43 ermöglicht einem Gläubiger, dem mehrere Schuldner insgesamt auf die Leistung haften, den gesamten bei der Insolvenzeröffnung bestehenden Forderungsbetrag im Verfahren geltend zu machen, ohne sich Teilzahlungen darauf anrechnen lassen zu müssen (vgl. § 43 Rdn. 22). Dieser Vorrang des Insolvenzgläubigers soll sich jedoch nicht zum Nachteil der Masse auswirken. Um eine **Doppelbelastung** der Masse **zu verhindern**,[1] schließt § 44 eine doppelte Verfahrensbeteiligung durch den Gläubiger und die Mithaftenden aus.[2] Auf die wirtschaftlich einheitliche Schuld kann dadurch keine doppelte Ausschüttung erfolgen.[3]

2 Existiert eine Haftungsgemeinschaft, ist der selbständige **Ausgleichsanspruch** des Mithaftenden nicht erst mit der Befriedigung des Gläubigers, sondern bereits mit der Begründung des Gesamtschuldverhältnisses entstanden.[4] Mit diesen aufschiebend bedingten Forderungen könnten die Mithaftenden grds. im Rahmen der für derartige Forderungen bestehenden Einschränkungen am Verfahren teilnehmen (vgl. § 42 Rdn. 10 ff.). Von dieser Öffnung des Verfahrens für Ausgleichsansprüche konstituiert § 44 eine Ausnahme. Solange der Hauptgläubiger seine Forderung im Verfahren geltend macht, können sich die Mithaftenden mit ihren Ausgleichsansprüchen nicht am Verfahren beteiligen.

B. Anwendungsbereich

I. Grundlagen

3 Nach dem gesetzlichen Wortlaut betrifft der sachliche Anwendungsbereich der Vorschrift die Mithaftung von Gesamtschuldnern und Bürgen. Damit greift die Regelung jedoch zu kurz. Als Ergänzung zu § 43 behandelt § 44 die Anwendungsfälle der Doppelberücksichtigung nach § 43.[5] Erfasst werden freilich nur die **künftigen Regressansprüche**, welche die Mithaftenden nach Eröffnung des Insolvenzverfahrens erwerben könnten.

4 Der Mithaftende wird damit an einer **Ausübung der Gläubigerrechte** im Verfahren gehindert. Er ist aber Insolvenzgläubiger und unterliegt damit etwa den Beschränkungen der §§ 22 Abs. 2 Nr. 3, 88,

---

1 Jaeger/*Henckel* Rn. 2; HK-InsO/*Eickmann* 6. Aufl., Rn. 1.
2 MüKo-InsO/*Bitter* Rn. 1; Uhlenbruck/*Knof* Rn. 8.
3 Kübler/Prütting/Bork/*Holzer* Rn. 2.
4 BGH 15.05.1986, IX ZR 96/85, NJW 1986, 3131 (3132), zum Mitbürgen; 20.07.2006, IX ZR 44/05, NZI 2006, 581 Rn. 11, zur Gesamtschuld.
5 HambK-InsR/*Lüdtke* Rn. 4.

89.[6] Für eine Aufrechnungsbefugnis kommt es wegen § 389 BGB darauf an, zu welchem Zeitpunkt die Forderungen einander als aufrechenbar gegenüberstanden.[7]

Unanwendbar ist § 44 auf die Rückgriffsansprüche der Mithaftenden, die den Gläubiger vor Eröffnung des Insolvenzverfahrens über den Hauptschuldner befriedigt haben. Folgerichtig gilt dies auch bei einer teilweisen Leistung vor Verfahrenseröffnung (vgl. § 43 Rdn. 20).[8] Auch die Geltendmachung von Sicherungsrechten für den Regressanspruch des Mithaftenden wird durch § 44 nicht berührt.[9] Gesamtgläubiger i.S.v. § 428 BGB können ihre Forderungen unabhängig voneinander anmelden, können aber nur einheitlich abstimmen und erhalten lediglich einmal die Insolvenzdividende.[10]

II. Gesamtschuld, Bürgschaft und ähnliche Rechtsverhältnisse

In erster Linie behandelt § 44 die künftigen Regressansprüche des **Gesamtschuldners** aus § 426 BGB und des **Bürgen** gem. § 774 Abs. 1 BGB. Eine Verfahrensbeteiligung ist für sämtliche Rückgriffsansprüche ausgeschlossen, unabhängig davon, ob sie auf Vertrag oder ob sie auf einem gesetzlichen Forderungsübergang beruhen.[11] Über den Gegenstandsbereich von § 43 hinaus können nach § 44 auch die aufschiebend bedingten Rückgriffsansprüche des Ausfallbürgen nicht im Verfahren angemeldet werden.[12] Erfasst werden auch andere gesamtschuldähnliche Rechtsverhältnisse.

Auch wenn der Regressanspruch aus einem **anderen Recht** folgt, ist nach der Zielsetzung von § 44 eine Teilnahme am Verfahren ausgeschlossen. Davon betroffen ist etwa ein Befreiungsanspruch aus einem Auftragsverhältnis, §§ 670, 257 BGB,[13] aber auch aus sonstigen Rechten.[14] Leistet ein persönlich haftender Gesellschafter vor Eröffnung des Insolvenzverfahrens etwa nach § 128 HGB, ist er berechtigt, mit seiner Forderung aus § 110 HGB am Verfahren teilzunehmen, anders bei einer Leistung nach Eröffnung, § 93.[15]

III. Sachmithaftung

Da § 43 auch auf die dingliche Mithaftung anzuwenden ist (vgl. § 43 Rdn. 14), gilt dies folgerichtig auch für § 44. Die Vorschrift ist deswegen analog auf den Rückgriffsberechtigten aus einer Sachmithaftung, etwa aus den §§ 1143, 1225 BGB, anzuwenden.[16]

C. Rechtsfolgen

I. Regressforderung

Hat der Mithaftende den Gläubiger vor Verfahrenseröffnung teilweise befriedigt, kann jener mit seinem Rückgriffsanspruch am Insolvenzverfahren des Schuldners teilnehmen. Die Höhe der Regressforderung ergibt sich aus dem **Innenverhältnis** mit dem Schuldner.[17] Ist in einem Gesamtschuldverhältnis nichts anderes bestimmt, ist nach § 426 Abs. 1 Satz 1 BGB jeder Gesamtschuldner zu gleichen Teilen verpflichtet. Bei zwei Gesamtschuldnern besteht danach maximal eine Regressforde-

---

6 Jaeger/*Henckel* Rn. 6; Uhlenbruck/*Knof* Rn. 2; HK-InsO/*Eickmann* 6. Aufl., Rn. 3; HambK-InsR/*Lüdtke* Rn. 20; Kübler/Prütting/Bork/*Holzer* Rn. 3; Graf-Schlicker/*Castrup* Rn. 2.
7 Vgl. a.A. Kübler/Prütting/Bork/*Holzer* Rn. 4.
8 Uhlenbruck/*Knof* Rn. 3; Nerlich/Römermann/*Andres* Rn. 4; FK-InsO/*Schumacher* Rn. 2.
9 Nerlich/Römermann/*Andres* Rn. 6; FK-InsO/*Schumacher* Rn. 4; LSZ/Smid/*Leonhardt* § 1 Rn. 3.
10 Nerlich/Römermann/*Andres* Rn. 7; Kübler/Prütting/Bork/*Holzer* Rn. 5.
11 HambK-InsR/*Lüdtke* Rn. 4.
12 MüKo-InsO/*Bitter* Rn. 8; Uhlenbruck/*Knof* Rn. 3; Kübler/Prütting/Bork/*Holzer* Rn. 2.
13 Uhlenbruck/*Knof* Rn. 4; Braun/*Bäuerle* Rn. 2.
14 BGH 14.07.2005, IX ZR 142/02, NJW 2005, 3285 (3286).
15 Jaeger/*Henckel* Rn. 11.
16 MüKo-InsO/*Bitter* Rn. 19; FK-InsO/*Schumacher* Rn. 3; Uhlenbruck/*Knof* Rn. 5.
17 HambK-InsR/*Lüdtke* Rn. 14.

rung in Höhe der Hälfte der Forderung. Auf diese Forderung erhält der Mithaftende die Quote.[18] Allerdings steht einem Gesamtschuldner erst dann ein Ausgleichsanspruch nach § 426 BGB zu, wenn seine Leistung den Anteil der gesamten Schuld übersteigt, den er selbst erbringen muss.[19] Mitbürgen und andere gesamtschuldnerisch haftende Sicherungsgeber können einen Ausgleich auch dann verlangen, wenn sie den auf sie entfallenden Anteil noch nicht vollständig geleistet haben,[20] es sei denn, der Hauptschuldner ist insolvent.[21]

II. Keine Verfahrensbeteiligung des Hauptgläubigers

10 Hat der Mithaftende den Hauptgläubiger vor Verfahrenseröffnung **vollständig befriedigt**, besteht keine Forderung des Hauptgläubigers, mit der sich dieser am Verfahren beteiligen kann. Dies gilt auch, soweit nur eine Teilmithaftung übernommen wurde (vgl. § 43 Rdn. 18). Der Mithaftende kann seinen Regressanspruch als unbedingte Insolvenzforderung anmelden. Soweit der Hauptgläubiger nicht befriedigt ist und dennoch atypisch seine Forderung im Insolvenzverfahren des Schuldners nicht anmeldet, kann der Mithaftende seine aufschiebend bedingte Rückgriffsforderung anmelden und unterliegt dann den dafür geltenden Verfahrensbeschränkungen (vgl. § 42 Rdn. 10 ff.).[22]

III. Verfahrensbeteiligung des Hauptgläubigers

11 Meldet der Hauptgläubiger seine noch nicht erfüllte Forderung im Insolvenzverfahren des Schuldners an, ist der Mithaftende insoweit gem. § 44 von einer **Verfahrensbeteiligung ausgeschlossen**. Der Regressgläubiger darf seine Forderung weder anmelden noch sich an Abstimmungen beteiligen.[23] Meldet der Mithaftende die Forderung dennoch an, muss der Insolvenzverwalter bei einer gleichzeitigen Anmeldung der Gläubigerforderung die Regressforderung bestreiten. Ist der Rückgriffsanspruch bereits festgestellt, etwa weil der Hauptgläubiger seine Forderung erst nachträglich angemeldet hat, muss der Insolvenzverwalter Vollstreckungsabwehrklage nach § 767 ZPO erheben, falls der Mithaftende nicht auf die Rechte aus der Tabelleneintragung verzichtet.[24]

12 Bei einer **teilweisen Erfüllung** des Anspruchs des Hauptgläubigers nach Eröffnung des Insolvenzverfahrens über das Vermögen des Schuldners bleibt der Mithaftende trotz der Leistung vom Verfahren ausgeschlossen. Obwohl dem Mithaftenden ein unbedingter Rückgriffsanspruch zusteht, ist er nach § 44 nicht am Verfahren zu beteiligen, um die Insolvenzmasse vor einer doppelten Belastung zu schützen.

13 **Erfüllt** der Mithaftende den Anspruch des Hauptgläubigers im eröffneten Insolvenzverfahren **vollständig**, scheidet der Hauptgläubiger aus dem Verfahren aus. Der Mithaftende rückt dann in dessen verfahrensrechtliche Stellung ein,[25] soweit seine Regressforderung reicht (s. Rdn. 9). In der Tabelle wird die Rechtsnachfolge vermerkt, weswegen eine Neuanmeldung nicht erforderlich ist.[26]

14 Streiten sich Hauptgläubiger und Mithaftende über die angemeldeten Forderungen und die Verfahrensbeteiligung ist der Insolvenzverwalter berechtigt, sich aus dem **Streit der Gläubigerprätendenten** herauszuhalten. Bestehen ernsthafte Zweifel über die Person des Gläubigers, so sind sämtliche angemeldeten Forderungen in die Tabelle aufzunehmen, wobei darauf hinzuweisen ist, dass dieselbe Forderung für verschiedene Anmelder in Anspruch genommen wird. Der Insolvenzverwalter darf dann im Prüfungsverfahren die Forderung zwar nach ihrem Bestand und Gesamtbetrag anerkennen, die

---

18 MüKo-InsO/*Bitter* Rn. 21; a.A. Jaeger/*Henckel* Rn. 8 f.
19 BGH 19.12.1985, III ZR 90/84, NJW 1986, 1097.
20 BGH 15.05.1986, IX ZR 96/85, NJW 1986, 3131 (3132).
21 BGH 19.12.1985, III ZR 90/84, NJW 1986, 1097; PWW/*H.F. Müller* § 426 Rn. 18.
22 MüKo-InsO/*Bitter* Rn. 12; HK-InsO/*Eickmann* 6. Aufl., Rn. 4.
23 MüKo-InsO/*Bitter* Rn. 12.
24 HambK-InsR/*Lüdtke* Rn. 18; HK-InsO/*Eickmann* 6. Aufl., Rn. 6.
25 Jaeger/*Henckel* Rn. 3.
26 Uhlenbruck/*Knof* Rn. 9.

Rechtszuständigkeit der Anmeldenden aber mit der Beschränkung »bis zum Austrag des Streits unter ihnen« bestreiten.[27] Die Insolvenzdividende kann der Verwalter gem. § 372 Satz 2 BGB unter Benennung aller eingetragenen Gläubiger und zugunsten des Obsiegenden befreiend hinterlegen. Die Gläubiger müssen dann ihre Berechtigung nach allgemeinen Regeln außerhalb des Insolvenzverfahrens klären.[28]

IV. Insolvenzplan und Restschuldbefreiung

Soweit die Forderung des Hauptgläubigers nicht vollständig befriedigt wurde, ist ein Mithaftender Inhaber einer aufschiebend bedingten Forderung. Da der Mithaftende durch § 44 gehindert ist, seine Verfahrensrechte auszuüben, wird er auch nicht am **Restschuldbefreiungsverfahren** beteiligt. Er kann deswegen weder Versagungsanträge nach den §§ 290, 295–297 noch einen Widerrufsantrag nach § 303 stellen. Als Insolvenzgläubiger wird der Rückgriffsberechtigte sowohl von einem Insolvenzplan, § 254 Abs. 2 Satz 2, als auch der Restschuldbefreiung nach § 301 Abs. 2 Satz 2 betroffen. Der Schuldner wird gegenüber den Mithaftenden von den Rückgriffsansprüchen befreit, nicht aber von der Haftung gegenüber dem Gläubiger.[29]

15

§ 44a Gesicherte Darlehen

In dem Insolvenzverfahren über das Vermögen einer Gesellschaft kann ein Gläubiger nach Maßgabe des § 39 Abs. 1 Nr. 5 für eine Forderung auf Rückgewähr eines Darlehens oder für eine gleichgestellte Forderung, für die ein Gesellschafter eine Sicherheit bestellt oder für die er sich verbürgt hat, nur anteilmäßige Befriedigung aus der Insolvenzmasse verlangen, soweit er bei der Inanspruchnahme der Sicherheit oder des Bürgen ausgefallen ist.

Übersicht	Rdn.		Rdn.
A. **Normzweck**	1	IV. Doppelbesicherung	11
B. **Anwendungsbereich**	4	C. **Rechtsfolgen**	13
I. Gesellschaftsinsolvenz	4	I. Teilnahme am Insolvenzverfahren . . .	13
II. Darlehensgewährung eines Dritten . . .	7	II. Sonstige Folgen	15
III. Sicherheitenbestellung	10		

A. Normzweck

Mit dem MoMiG vom 28.10.2008[1] ist das frühere Eigenkapitalersatzrecht der §§ 32a, 32b GmbHG aufgehoben worden. Die neu geschaffene Vorschrift des § 44a ersetzt rechtsformübergreifend die Bestimmung des § 32a Abs. 2 GmbHG a.F. für **gesellschaftergesicherte Drittdarlehen**.[2] Gewährt ein Dritter der Gesellschaft ein Darlehen und hat ein Gesellschafter dafür eine Sicherheit bestellt oder sich verbürgt, so kann der Dritte allein insoweit anteilmäßige Befriedigung aus der Insolvenzmasse verlangen, wie er mit der Inanspruchnahme der Sicherheit oder des Bürgen ausgefallen ist. Ergänzend zu dieser Bestimmung sind § 39 Abs. 1 Nr. 5, Abs. 4, 5 sowie die Anfechtungsvorschriften der §§ 135 Abs. 2, 143 Abs. 3 zu sehen.

1

§ 44a gehört in den Gesamtzusammenhang der insolvenzrechtlichen Regelung von Finanzierungsleistungen eines Gesellschafters in der **Gesellschaftsinsolvenz**. Ökonomisch besteht kein nennenswerter Unterschied, ob ein Gesellschafter selbst der Gesellschaft ein Darlehen gewährt oder ob er

2

---

27 BGH 19.12.1996, IX ZR 18/96, NJW 1997, 1014 (1015).
28 BGH 19.12.1996, IX ZR 18/96, NJW 1997, 1014 (1015); MüKo-InsO/*Bitter* Rn. 20; Uhlenbruck/*Knof* Rn. 10.
29 FK-InsO/*Ahrens* § 301 Rn. 20 ff.
1 BGBl. I, 2026.
2 FK-InsO/*Schumacher* Rn. 1; Kübler/Prütting/Bork/*Preuß* Rn. 1; Uhlenbruck/*Hirte* Rn. 2.

eine Sicherheit für den Kredit eines Dritten bestellt.³ Da der Insolvenzverwalter die Gesellschaftersicherheiten nicht nach den §§ 165, 166 verwerten darf, wird der Dritte so veranlasst, sich zur Befriedigung seiner Forderung zunächst an den Gesellschafter zu halten.⁴

3 Der Dritte darf in dieser Situation zwar seine gesamte Forderung anmelden, doch wird er entsprechend dem Gedanken aus den §§ 52 Satz 2, 190 nur in Höhe seines **Ausfalls** berücksichtigt (s. Rdn. 13 f.). Abweichend vom Konzept der Haftungsgemeinschaft aus § 43 kann der Dritte nur eine auf die Restforderung bezogene anteilige Befriedigung erlangen.⁵

B. Anwendungsbereich

I. Gesellschaftsinsolvenz

4 Die Vorschrift ist allein in der Gesellschaftsinsolvenz anwendbar. Wegen des systematischen Zusammenhangs und der Verweisung auf § 39 Abs. 1 Nr. 5 ist der Gegenstandsbereich von § 44a auf die durch **§ 39 Abs. 4, 5** bestimmten Gesellschaftsformen beschränkt.⁶ Die Vorschrift betrifft daher gem. § 39 Abs. 4 Satz 1 alle Gesellschaften, die weder eine natürliche Person noch eine Gesellschaft als persönlich haftenden Gesellschafter haben, bei der ein persönlich haftender Gesellschafter eine natürliche Person ist. Unerheblich ist, ob es sich um eine deutsche, europäische oder ausländische Rechtsform handelt.⁷

5 **Anwendbar** ist die Regelung auf alle Kapitalgesellschaften, wie die AG, GmbH, GmbH & Co. KG, KGaA sowie die SE. Gleiches gilt für die eG und die SCE.⁸ Erfasst wird auch die GbR ohne persönlich haftenden Gesellschafter.⁹ Auch für die Limited mit Verwaltungssitz in Deutschland gilt § 44a.¹⁰ **Unanwendbar** ist die Vorschrift auf den Idealverein und die Stiftung, bei denen keine entsprechende Beteiligung der Gesellschafter am haftenden Eigenkapital existiert.¹¹ Auch das durch einen Mitgesellschafter gesicherte Gesellschafterdarlehen unterliegt nicht § 44a.¹²

6 Übernommen ist auch das **Sanierungsprivileg** aus § 39 Abs. 4 Satz 2.¹³ Privilegiert werden danach Gesellschafter, die zur Sanierung Anteile der in die Krise geratenen Gesellschaft erworben haben. Beachtet werden muss außerdem das **Kleinbeteiligtenprivileg** aus § 39 Abs. 5.¹⁴ Ausgenommen vom Anwendungsbereich sind Forderungen aus Darlehensgewährungen oder wirtschaftlich gleichgestellte Leistungen des Gesellschafters einer in § 39 Abs. 4 Satz 1 bezeichneten Gesellschaft (s. Rdn. 5), der mit nicht mehr als zehn Prozent am haftenden Kapital beteiligt ist.¹⁵ Auf Drittdarlehen, die durch derartig privilegierte Gesellschafter gesichert werden, ist § 44a unanwendbar. Es gelten dann die §§ 43, 44.

II. Darlehensgewährung eines Dritten

7 Vorausgesetzt wird eine Forderung aus einer Darlehensgewährung oder eine gleichgestellte Forderung eines Dritten. Der Gläubiger muss ein außenstehender **Dritter** sein, der weder Gesellschafter

---

3 HK-InsO/*Kleindick* 6. Aufl., Rn. 2.
4 Graf-Schlicker/*Neußner* Rn. 1.
5 FK-InsO/*Schumacher* Rn. 1.
6 Kübler/Prütting/Bork/*Preuß* Rn. 3.
7 HambK-InsR/*Lüdtke* Rn. 6.
8 *Gehrlein* BB 2008, 846 (849).
9 *Gehrlein* BB 2008, 846 (849).
10 Kübler/Prütting/Bork/*Preuß* § 39 Rn. 36 f.; *Habersack* ZIP 2007, 2145 (2147).
11 FK-InsO/*Schumacher* § 39 Rn. 18; *Haas* ZInsO 2007, 617 (628).
12 Graf-Schlicker/*Neußner* Rn. 4.
13 HK-InsO/*Kleindick* 6. Aufl., Rn. 3; *Gehrlein* BB 2008, 846 (851).
14 *Oepen* NZI 2009, 300 (302); *Habersack* ZIP 2007, 2145 (2149); *Gehrlein* BB 2008, 846 (852).
15 Uhlenbruck/*Hirte* § 39 Rn. 73; *Dahl/Schmitz* NZG 2009, 325 (326).

noch eine ihm gleichstehende Person ist.[16] Abweichend vom früheren Eigenkapitalersatzrecht ist das Bestehen einer Krise keine Voraussetzung des § 44a.[17]

Darlehensforderungen sind Ansprüche aus einem Darlehensvertrag i.S.d. §§ 488, 707. Ein weitergehendes Begriffsverständnis ist nicht erforderlich, weil vergleichbare Verbindlichkeiten jedenfalls unter die gleichgestellten Forderungen fallen. Die Bezeichnung als **gleichgestellte Forderungen** stimmt nicht mit der Formulierung der Forderungen aus Rechtshandlungen, die einem Darlehen wirtschaftlich entsprechen in § 39 Abs. 1 Nr. 5 und der ähnlichen Terminologie des § 135 Abs. 2 Halbs. 2 überein. Dennoch ist im Kern von einem übereinstimmenden Regelungsgehalt auszugehen.[18] 8

Gleichgestellt sind Forderungen, die auf einem Rechtsgeschäft mit Kreditfunktion beruhen.[19] Zu denken ist ebenso an Stundungen wie auch die unterlassene Geltendmachung fälliger Forderungen,[20] Fälligkeitsvereinbarungen für Gegenleistungspflichten oder Vorleistungen. Rückständige Zinsen und Nebenleistungen besitzen ebenfalls eine kreditierende Aufgabe.[21] Fraglich ist, ob auch Nutzungsüberlassungsverhältnisse dazu gehören, etwa auf Grundlage eines Miet-, Pacht-, Leasing- oder Lizenzvertrags.[22] 9

III. Sicherheitenbestellung

Für das Drittdarlehen muss ein **Gesellschafter** oder ein ihm gleichgestellter Dritter[23] wirksam eine Sicherheit bestellt oder sich verbürgt haben. Der Sicherung durch einen Gesellschafter steht eine mittelbare Sicherung gleich, also etwa durch eine Mittelsperson des Gesellschafters. Der Begriff der **Sicherheit** knüpft an § 32a Abs. 2 GmbHG a.F. an und erfasst sämtliche Mobiliar- und Immobiliarsicherheiten, wie die Sicherungsübereignung, Sicherungsabtretung, Verpfändung, das Wechselakzept, die Bestellung einer Kaution und die Grundpfandrechtsbestellung.[24] Obwohl nur die Personalsicherheit Bürgschaft gesetzlich erwähnt wird, erfasst die Vorschrift daneben auch das Garantieversprechen, den Schuldbeitritt und die harte Patronatserklärung.[25] 10

IV. Doppelbesicherung

Besondere Fragen ergeben sich bei der Doppelbesicherung des Drittdarlehens durch eine Sachsicherheit am Gesellschaftsvermögen und eine Personal- oder Sachsicherheit des Gesellschafters. Bislang bestand eine **Wahlfreiheit** des Dritten, der nach Eröffnung des Insolvenzverfahrens über das Gesellschaftsvermögen, ohne zunächst die Gesellschaftersicherheit in Anspruch nehmen zu müssen, aus der Sicherheit am Gesellschaftsvermögen Befriedigung suchen konnte.[26] Diese noch aus dem Eigenkapitalersatzrecht stammende Interpretation wird auch auf das neue Recht übertragen.[27] 11

---

16 FK-InsO/*Schumacher* Rn. 4; Kübler/Prütting/Bork/*Preuß* Rn. 8.
17 HK-InsO/*Kleindick* 6. Aufl., Rn. 4; FK-InsO/*Schumacher* Rn. 5.
18 FK-InsO/*Schumacher* Rn. 4.
19 *Habersack* ZIP 2007, 2145 (2150).
20 *Gehrlein* BB 2008, 846 (850).
21 Kübler/Prütting/Bork/*Preuß* § 39 Rn. 80.
22 *Dahl/Schmitz* NZG 2009, 325 (328); *Habersack* ZIP 2007, 2145 (2150); aber HambK-InsR/*Lüdtke* § 39 Rn. 46.
23 HK-InsO/*Kleindick* 6. Aufl., Rn. 7; Graf-Schlicker/*Neußner* § 39 Rn. 27; *Gehrlein* BB 2008, 846 (849 f.); aber *Habersack* ZIP 2007, 2145 (2148 f.).
24 Uhlenbruck/*Hirte* Rn. 4; FK-InsO/*Schumacher* Rn. 6; HK-InsO/*Kleindick* 6. Aufl., Rn. 5.
25 Kübler/Prütting/Bork/*Preuß* Rn. 11; Graf-Schlicker/*Neußner* Rn. 7.
26 BGH 19.11.1984, II ZR 84/84, NJW 1985, 858; Uhlenbruck/*Hirte* Rn. 7.
27 BGH 01.12.2011, IX ZR 11/11, NZI 2012, 19 Rn. 15; Kübler/Prütting/Bork/*Preuß* Rn. 13; HK-InsO/*Kleindick* 6. Aufl., Rn. 13; Graf-Schlicker/*Neußner* Rn. 10; *Dahl/Schmitz* NZG 2009, 325 (328); *Altmeppen* ZIP 2011, 741 (745, 748).

12 In jüngerer Zeit haben sich vermehrt Stimmen für eine **analoge Anwendung von** § 44a ausgesprochen. Der Dritte darf dann die Sicherheit am Gesellschaftsvermögen nur in Anspruch nehmen, soweit er mit der Verwertung der Gesellschaftersicherheit ausgefallen ist.[28] Der BGH erklärt dagegen § 44a für unanwendbar. Der Wert der Gesellschaftersicherheit unterliegt dem Zugriff der Masse. Er bewahrt die Wahlfreiheit des Gläubigers indem er § 143 Abs. 3 Satz 1 gegen den Gesellschafter analog anwendet.[29] Der Anspruch soll auch nicht durch einen zwischen dem Gläubiger und dem Gesellschafter geschlossenen Erlassvertrag entfallen.[30] Der Gesellschafter ist zur Erstattung des an den Gläubiger ausgekehrten Betrags zur Masse verpflichtet.

C. Rechtsfolgen

I. Teilnahme am Insolvenzverfahren

13 Die Regressforderung des Gesellschafters aus einer vor Eröffnung des Insolvenzverfahrens verwerteten Sicherheit ist eine nachrangige Insolvenzforderung, § 39 Abs. 1 Nr. 5.[31] Hat ein Gesellschafter für die Forderung eines Gläubigers auf Rückgewähr eines Darlehens oder eine gleichgestellte Forderung gebürgt oder eine Sicherheit gestellt und ist die Forderung noch offen, kann der Gläubiger nur anteilsmäßige Befriedigung aus der Insolvenzmasse verlangen, soweit er bei der Inanspruchnahme der Gesellschaftersicherheit ausgefallen ist.[32] Die Forderung des Dritten ist eine Insolvenzforderung. Umstritten ist, ob der Gläubiger die Forderung **in vollem Umfang**[33] oder nur in Höhe des voraussichtlichen Ausfalls[34] **anmelden** kann. Um verfahrensrechtliche Komplikationen zu verhindern und wegen der Parallele zu § 52, kann der durch einen Gesellschafter besicherte Gläubiger seine Forderung in voller Höhe anmelden. Das Stimmrecht kann analog § 77 Abs. 3 Nr. 2 bestimmt werden.[35]

14 Um bei der **Schlussverteilung** berücksichtigt zu werden, muss der Gläubiger analog § 190 Abs. 1 nachweisen, ob er die Gesellschaftersicherheit verwertet hat und inwieweit er ausgefallen ist.[36] Die Insolvenzdividende wird nicht auf die volle Forderung bis zur Höhe des Ausfallbetrags,[37] sondern entsprechend § 52 nur auf den Ausfallbetrag gezahlt.[38]

II. Sonstige Folgen

15 Die Regelung besitzt **zwingenden Charakter** und kann weder durch Vereinbarungen zwischen dem Dritten und dem Gesellschafter noch durch einen Verzicht des Darlehensgebers auf die Gesellschaftersicherheit umgangen werden.[39] Eine **Aufrechnung** des Darlehensgebers mit einer vor Insolvenzeröffnung erlangten Gegenforderung gegen die Gesellschaft bleibt gem. §§ 94 ff. zulässig.[40] Der Regressanspruch des Gesellschafters gegen die Gesellschaft ist eine nachrangige Forde-

---

28 HambK-InsR/*Lüdtke* Rn. 20; Schmidt ZInsO 2010, 70 (72); *Gundlach/Frenzel/Strandmann* DZWIR 2010, 232 (235).
29 BGH 01.12.2011, IX ZR 11/11, NZI 2012, 19 Rn. 18 ff.; modifizierend *Gessner* NZI 2012, 350 (352); *Hill* ZInsO 2012, 910.
30 OLG Stuttgart 14.03.2012, 14 U 28/11, ZInsO 2012, 885 (888); *Ede* ZInsO 2012, 853 (857).
31 BGH 01.12.2011, IX ZR 11/11, NZI 2012, 19 Rn. 10.
32 BGH 01.12.2011, IX ZR 11/11, NZI 2012, 19 Rn. 9 f.
33 Graf-Schlicker/*Neußner* Rn. 8; *Gehrlein* BB 2008, 846 (852).
34 HK-InsO/*Kleindick* 6. Aufl., Rn. 8; Braun/*Bäuerle* Rn. 5; Uhlenbruck/*Hirte* Rn. 5; *Hirte* ZInsO 2008, 689 (696).
35 HambK-InsR/*Lüdtke* Rn. 18.
36 HambK-InsR/*Lüdtke* Rn. 19.
37 So *Gehrlein* BB 2008, 846 (852); Kübler/Prütting/Bork/*Preuß* Rn. 17.
38 FK-InsO/*Schumacher* Rn. 7; Graf-Schlicker/*Neußner* Rn. 8; *Hirte* ZInsO 2008, 689 (696).
39 FK-InsO/*Schumacher* Rn. 1; HK-InsO/*Kleindick* 6. Aufl., Rn. 9; a.A. zum Verzicht Uhlenbruck/*Hirte* Rn. 2.
40 HK-InsO/*Kleindick* 6. Aufl., Rn. 8.

rung gem. § 39 Abs. 1 Nr. 5.[41] Zudem gelten für die Regressansprüche die §§ 135 Abs. 2, 143 Abs. 3.

§ 45 Umrechnung von Forderungen

Forderungen, die nicht auf Geld gerichtet sind oder deren Geldbetrag unbestimmt ist, sind mit dem Wert geltend zu machen, der für die Zeit der Eröffnung des Insolvenzverfahrens geschätzt werden kann. Forderungen, die in ausländischer Währung oder in einer Rechnungseinheit ausgedrückt sind, sind nach dem Kurswert, der zur Zeit der Verfahrenseröffnung für den Zahlungsort maßgeblich ist, in inländische Währung umzurechnen.

Übersicht	Rdn.		Rdn.
A. Normzweck	1	III. Ausländische Währungen und andere	
B. Anwendungsbereich	3	Kurseinheiten	7
I. Nicht auf Geld gerichtete Forderungen, Satz 1 Alt. 1	3	C. Schätzung und Umrechnung	8
		I. Durchführung	8
II. Forderungen mit unbestimmtem Geldbetrag, § 45 Satz 1 Alt. 2	5	II. Wirkung gegenüber Dritten	13
		III. Aufrechnung	14

A. Normzweck

Das Insolvenzverfahren dient zur Befriedigung der vermögensrechtlichen Ansprüche gegen den Schuldner, § 38. Ein Vermögensanspruch ist das Recht auf eine geldwerte, aus dem Vermögen des Schuldners vollstreckbare Leistung. Ein solcher Anspruch kann etwa auf die Zahlung einer Geldsumme, auf Vornahme einer vertretbaren Handlung oder Schadensersatz wegen Vornahme einer vertretbaren Handlung gerichtet sein. Das Insolvenzverfahren eröffnet allerdings nur eine **Befriedigungsmöglichkeit in Geld**.[1] Die insolvenzrechtliche gleichmäßige Befriedigung der Gläubiger aus der Masse ist nur durchführbar, wenn sich die Forderungen für die Berechnung der Quote eignen.[2] Nicht auf Geld oder auf einen unbestimmten Geldbetrag gerichtete Forderungen müssen deswegen ebenso umgerechnet werden, § 45 Satz 1, wie auf eine ausländische Währung lautende Forderung, § 45 Satz 2.[3]   1

Die Umrechnungsregel konkretisiert das Forderungsrecht der Insolvenzgläubiger aus § 38. Sie bildet damit die Basis für eine **gleichberechtigte Teilnahme** am Verfahren.[4] An den Umrechnungsbetrag ist gleichermaßen bei der Stimmrechtsbestimmung wie bei der Beteiligung an den Ausschüttungsbeträgen anzuknüpfen. Dabei hat sich der Gesetzgeber für ein grds. offenes Modell entschieden, das an einen Schätzwert anknüpft und lediglich bei ausländischen Währungen oder Rechnungseinheiten konkretisiert wird.   2

B. Anwendungsbereich

I. Nicht auf Geld gerichtete Forderungen, Satz 1 Alt. 1

Zu den nicht auf die Zahlung eines Geldbetrags gerichteten Vermögensansprüchen können Forderungen auf Leistung oder Vornahme einer vertretbaren Handlung i.S.v. § 887 ZPO gehören. Erfasst werden etwa Ansprüche auf Verschaffung,[5] Ansprüche auf Nachbesserung und Mängelbeseitigung,[6]   3

---

41 Uhlenbruck/*Hirte* Rn. 1.
1 Jaeger/*Henckel* § 38 Rn. 63.
2 BGH 23.10.2003, IX ZR 165/02, NZI 2004, 214 (215); Uhlenbruck/*Hirte* Rn. 1; Kübler/Prütting/Bork/*Holzer* Rn. 1; LSZ/*Smid/Leonhardt* Rn. 1 f.
3 Dazu BGH 22.06.1989, IX ZR 164/88, BGHZ 108, 123 (127).
4 FK-InsO/*Schumacher* Rn. 1.
5 RG 07.10.1911, V 97/11, RGZ 77, 106 (109 f.); 22.10.1918, II 158/18, RGZ 94, 61 (64).
6 BGH 23.10.2003, IX ZR 165/02, NZI 2004, 214 (215).

auf Rückgewähr von Gegenständen infolge eines Rücktritts,[7] auf Wegnahme einer Sache oder Trennung wesentlicher Bestandteile,[8] Ansprüche auf Befreiung von der Forderung eines Dritten[9] bzw. eine Räumung,[10] Forderungsrechte aus Vermächtnis auf Übertragung der vermachten Gegenstände,[11] Ansprüche der Arbeitnehmer auf Freistellung, d.h. auf Umwandlung von Vergütung in Freizeit oder zum Ausgleich von geleisteten Überstunden[12] sowie Naturalleistungsansprüche von Arbeitnehmern, etwa auf Benutzung eines Dienstwagens oder eines Mobiltelefons.[13]

4 **Unanwendbar** ist § 45 auf unvertretbare Handlungen nach § 888 ZPO,[14] auf unselbständige Auskunftsansprüche,[15] auf Leistungen Zug-um-Zug,[16] auf Aussonderungs-, Ersatzaussonderungs- Absonderungs- und Masseansprüche sowie Gestaltungsrechte.[17] Deswegen ist § 45 auf Grundlage der Judikatur des BGH zur Aussonderungskraft des Anfechtungsanspruchs auf diesen unanwendbar.[18] Bei Unterlassungsansprüchen ist zu unterscheiden. Im Allgemeinen kann bei ihnen keine Umrechnung erfolgen.[19] Umgerechnet und damit angemeldet werden können aber Unterlassungsforderungen mit Vermögenswert bzw. das Nichterfüllungsinteresse eines vertraglichen Unterlassungsgläubigers.[20] Eine Umwandlung erfolgt auch nicht gegenüber denjenigen, die gemäß § 43 InsO neben dem Insolvenzschuldner für dieselbe Leistung auf das Ganze haften.[21]

II. Forderungen mit unbestimmtem Geldbetrag, § 45 Satz 1 Alt. 2

5 Eine erste Fallgruppe bilden Forderungen, die bei Verfahrenseröffnung nur dem **Grund** und **nicht** auch der **Höhe** nach feststehen, wie vielfach bei Schadensersatzansprüchen.[22] Eine weitere Fallgruppe bilden **unverzinsliche Forderungen**, deren Fälligkeit gewiss, der Zeitpunkt dafür aber unbestimmt ist, wie auf den Todesfall gerichtete Ansprüche. Eine Abzinsung nach § 41 Abs. 2 Satz 2 scheitert an dem noch unbestimmten Fälligkeitszeitpunkt.[23] Dazu gehören auch unverzinsliche Steuerforderungen mit unbestimmter Fälligkeit.[24]

6 Als dritte Fallgruppe sind Ansprüche auf **wiederkehrende Leistungen** zu nennen, bei denen entweder der Betrag der Einzelleistung oder die Laufzeit, d.h. der Anfangs- oder Endtermin, unbestimmt sind.[25] Dies kann etwa Schadensersatzrenten[26] oder Leibrenten[27] betreffen. Erfasst werden auch Versorgungsanwartschaften und hier insb. Ansprüche aus der **betrieblichen Altersversorgung**. Ist der

---

7 Vgl. RG 30.01.1907, V 153/06, RGZ 65, 132 (133), zur Wandelung; FK-InsO/*Schumacher* Rn. 3.
8 RG 15.05.1906, VII 430/05, RGZ 63, 307 (308).
9 BGH 16.09.1993, IX ZR 255/92, NJW 1994, 49, 50; 18.04.2002, IX ZR 161/01, BGHZ 150, 305 (308 f.); MüKo-InsO/*Bitter* Rn. 8; HambK-InsR/*Lüdtke* Rn. 7; Braun/*Bäuerle* Rn. 4; s.a. Jaeger/*Henckel* § 38 Rn. 66 ff., Anmeldung mit dem Inhalt, die Quote an den Dritten auszuzahlen.
10 BGH 18.04.2002, IX ZR 161/01, BGHZ 150, 305 (309).
11 MüKo-InsO/*Bitter* Rn. 7a.
12 LAG Hessen 10.09.2008, 8 Sa 1595/07, NZA-RR 2009, 92 (93).
13 MüKo-InsO/*Bitter* Rn. 7; Uhlenbruck/*Hirte* Rn. 3; Nerlich/Römermann/*Andres* Rn. 2.
14 Braun/*Bäuerle* Rn. 3.
15 BGH 02.06.2005, IX ZR 221/03, NZI 2005, 628 (629).
16 BGH 23.10.2003, IX ZR 165/02, NZI 2004, 214 (215).
17 Kübler/Prütting/Bork/*Holzer* Rn. 2; HK-InsO/*Eickmann* 6. Aufl., Rn. 3; FK-InsO/*Schumacher* Rn. 2.
18 MüKo-InsO/*Bitter* Rn. 8.
19 Jaeger/*Henckel* Rn. 7; Uhlenbruck/*Hirte* Rn. 6.
20 BGH 10.07.2003, IX ZR 119/02, NJW 2003, 3060 (3062).
21 BGH 16.09.1993, IX ZR 255/92, NJW 1994, 49, 51; KG 20.08.2012, 22 W 37/12, ZInsO 2012, 1616.
22 RG 18.06.1915, III 80/15, RGZ 87, 82 (85); MüKo-InsO/*Bitter* Rn. 10, Uhlenbruck/*Hirte* Rn. 11; Nerlich/Römermann/*Andres* Rn. 3; Graf-Schlicker/*Castrup* Rn. 2.
23 FK-InsO/*Schumacher* Rn. 4; Braun/*Bäuerle* Rn. 7; HK-InsO/*Eickmann* 6. Aufl., Rn. 5.
24 Nerlich/Römermann/*Andres* Rn. 3.
25 Kübler/Prütting/Bork/*Holzer* Rn. 5.
26 MüKo-InsO/*Bitter* Rn. 11.
27 RG 08.05.1908, II 538/07, RGZ 68, 340 (342).

Versorgungsfall eingetreten, wird die Rente nach den §§ 41, 45, 46 kapitalisiert.[28] Vor Eintritt des Versorgungsfalls erlöschen verfallbare Versorgungsanwartschaften, wenn der Arbeitnehmer, etwa insolvenzbedingt, seinen Arbeitsvertrag verliert.[29] Mit Eröffnung des Insolvenzverfahrens auf den PSV übergegangene unverfallbare Anwartschaften können gem. § 9 Abs. 2 Satz 3 BetrAVG als unbedingte Forderungen nach § 45 geltend gemacht werden.[30] Werden die Anwartschaften nach Insolvenzeröffnung durch eine Fortsetzung des Arbeitsverhältnisses unverfallbar, haftet zeitanteilig ein etwaiger Betriebsübernehmer,[31] sonst entstehen insoweit Masseverbindlichkeiten.

III. Ausländische Währungen und andere Kurseinheiten

Eine **Fremdwährungsschuld** ist jede in einer ausländischen Währung, also nicht in Euro, ausgedrückte Geldschuld.[32] Ihr steht jede nicht mehr gültige Währung gleich. Rechnungseinheiten stellen etwa Sonderziehungsrechte des IWF dar.[33]   7

C. Schätzung und Umrechnung

I. Durchführung

Der anmeldende Gläubiger muss die Forderung schätzen und umrechnen sowie die dafür anfallenden Kosten tragen.[34] Unterlässt der Gläubiger dies, kann die Forderung nicht zur Tabelle festgestellt werden.[35] Wird der geschätzte Betrag im Prüfungstermin bestritten, sind die Auseinandersetzungen über den Schätzungsbetrag im Feststellungsprozess auszutragen.[36] Dabei besitzt die Umrechnung zunächst nur eine verfahrensrechtliche Bedeutung. Erst die Eintragung der Forderung in die Tabelle verändert die Rechtslage.[37] Die Rechtskraft des Tabellenauszugs wirkt über das Insolvenzverfahren hinaus. Umstritten ist allerdings, ob dem eine inhaltlich veränderte Forderung zugrunde liegt.[38] Jedenfalls sprechen die Tabellenwirkungen gegen eine materiell-rechtliche Umgestaltung.   8

Ein **Insolvenzplan** kann von § 45 abweichen und in Geld angemeldete Forderungen in Sach- oder Dienstleistungen zurückrechnen.[39] Die Konsequenzen aus § 45 treten im Insolvenzplanverfahren mit Rechtskraft der Bestätigungsentscheidung ein.[40]   9

Anzusetzen ist der gemeine **Wert** der Forderung.[41] Bei Verschaffungsansprüchen ist auf den gewöhnlichen Wert und bei Ansprüchen auf Vornahme einer vertretbaren Handlung im Rahmen eines Dienst- oder Werkvertrags auf die taxmäßige bzw. übliche Vergütung abzustellen,[42] sonst gelten die Kosten einer Ersatzvornahme.[43] Naturalleistungen eines Arbeitgebers sind nach den Maßstäben   10

---

28 Uhlenbruck/*Hirte* Rn. 13, ausf. insgesamt zur betrieblichen Altersversorgung.
29 MüKo-InsO/*Bitter* Rn. 14.
30 Jaeger/*Henckel* Rn. 10; FK-InsO/*Schumacher* Rn. 4.
31 BAG 19.05.2005, 3 AZR 649/03, NZA-RR 2006, 373 (377).
32 BGH 13.07.1987, II ZR 280/86, BGHZ 101, 296 (302).
33 HK-InsO/*Eickmann* 6. Aufl., Rn. 7.
34 FK-InsO/*Schumacher* Rn. 6; Uhlenbruck/*Hirte* Rn. 18; Kübler/Prütting/Bork/*Holzer* Rn. 6; Graf-Schlicker/*Castrup* Rn. 3.
35 HambK-InsR/*Lüdtke* Rn. 22.
36 Jaeger/*Henckel* Rn. 11; Graf-Schlicker/*Castrup* Rn. 3.
37 BGH 26.03.1976, V ZR 152/74, NJW 1976, 2264 (2265).
38 Bejahend Kübler/Prütting/Bork/*Holzer* Rn. 9; Braun/*Bäuerle* Rn. 6; diff. HK-InsO/*Eickmann* 6. Aufl., Rn. 8 f.; FK-InsO/*Schumacher* Rn. 8; verneinend MüKo-InsO/*Bitter* Rn. 42; Uhlenbruck/*Hirte* Rn. 26; LSZ/*Smid/Leonhardt* Rn. 7; offen gelassen von HambK-InsR/*Lüdtke* Rn. 29.
39 Kübler/Prütting/Bork/*Holzer* Rn. 1a; Jaeger/*Henckel* Rn. 22.
40 Uhlenbruck/*Hirte* Rn. 29.
41 Nerlich/Römermann/*Andres* Rn. 5; HK-InsO/*Eickmann* 6. Aufl., Rn. 10.
42 MüKo-InsO/*Bitter* Rn. 25; Uhlenbruck/*Hirte* Rn. 20; FK-InsO/*Schumacher* Rn. 7.
43 Uhlenbruck/*Hirte* Rn. 7; HambK-InsR/*Lüdtke* Rn. 23.

aus § 850e Nr. 3 ZPO zu bestimmen.[44] Bei Fremdwährungsschulden ist nach § 45 Satz 2 der Kurswert heranzuziehen.

11 Bei Fremdwährungsschulden kommt es für die Schätzung auf den Kurs am **Zahlungsort** an, § 45 Satz 2 und sachlich übereinstimmend § 244 Abs. 2 BGB. Zahlungsort ist nach § 270 BGB im Zweifel der Wohnsitz bzw. der Ort der Niederlassung des Gläubigers.[45] Nach diesem Gedanken ist bei anderen umzurechnenden Schulden auf die Verhältnisse am Erfüllungsort, d.h. nach § 269 BGB der Wohnsitz bzw. der Ort der Niederlassung des Schuldners.

12 Maßgebender **Zeitpunkt** ist die Eröffnung des Insolvenzverfahrens.[46] Ausdrücklich bestimmt dies § 45 Satz 2 für Fremdwährungsschulden.[47] Bei Rentenansprüchen ist von diesem Zeitpunkt aus eine Kapitalisierung des Rentenbetrags vorzunehmen. Zukünftige Rentenansprüche sind nach den §§ 46, 41 Abs. 2 abzuzinsen. Absehbare Entwicklungen sind zu berücksichtigen, etwa eine künftige Inflationsrate.[48] Veränderungen nach der Feststellung zur Tabelle bleiben unbeachtlich.[49]

II. Wirkung gegenüber Dritten

13 Die Rechtskraft des Tabelleneintrags wirkt zwischen Schuldner und Gläubiger. Auf mithaftende **Gesamtschuldner** oder **Bürgen** wird diese Eintragungswirkung nicht erstreckt.[50] Eine Ausnahme gilt für persönlich haftende Gesellschafter einer OHG oder die Komplementäre einer KG. Die Tabelleneintragung wirkt nach § 129 HGB auch ihnen gegenüber.[51]

III. Aufrechnung

14 Eine umgewandelte Forderung begründet nach § 95 Abs. 1 Satz 2 keine Aufrechnungslage. Bei Fremdwährungsschulden und Forderungen auf Rechnungseinheiten ist dagegen die Aufrechnung gem. § 95 Abs. 2 zulässig.

§ 46 Wiederkehrende Leistungen

Forderungen auf wiederkehrende Leistungen, deren Betrag und Dauer bestimmt sind, sind mit dem Betrag geltend zu machen, der sich ergibt, wenn die noch ausstehenden Leistungen unter Abzug des in § 41 bezeichneten Zwischenzinses zusammengerechnet werden. Ist die Dauer der Leistungen unbestimmt, so gilt § 45 Satz 1 entsprechend.

Übersicht	Rdn.		Rdn.
A. Normzweck	1	II. Bestimmter Betrag, unbestimmte Dauer, Satz 2	7
B. Anwendungsbereich	3	III. Unbestimmte Dauer, bestimmter Betrag	8
C. Kapitalisierung	6	IV. Unbestimmte Dauer, unbestimmter Betrag	9
I. Bestimmter Betrag, bestimmte Dauer, Satz 1	6	D. Sonstige Rechtsfolgen	10

---

44 Dazu PG/*Ahrens* § 850e Rn. 38.
45 HambK-InsR/*Lüdtke* Rn. 27.
46 FK-InsO/*Schumacher* Rn. 7.
47 BGH 22.06.1989, IX ZR 164/88, BGHZ 108, 123 (128), ist insoweit überholt; vgl. MüKo-InsO/*Bitter* Rn. 19; Graf-Schlicker/*Castrup* Rn. 4; a.A. HK-InsO/*Eickmann* 6. Aufl., Rn. 9.
48 MüKo-InsO/*Bitter* Rn. 30; Nerlich/Römermann/*Andres* Rn. 5.
49 Uhlenbruck/*Hirte* Rn. 19.
50 MüKo-InsO/*Bitter* Rn. 50, HK-InsO/*Eickmann* 6. Aufl., Rn. 13.
51 Uhlenbruck/*Hirte* Rn. 28.

A. Normzweck

Um eine gleichberechtigte Teilnahme der Insolvenzgläubiger am Verfahren etwa beim Stimmrecht und der Insolvenzdividende zu ermöglichen, muss der **Umfang** ihres Forderungsrechts bestimmt werden. Bei vielen Verbindlichkeiten ist dies mit je eigenen Schwierigkeiten verbunden, denen insb. in den §§ 41 ff. Rechnung getragen wird. Während § 41 noch nicht fällige Forderungen und § 42 Forderungen mit einer gewissen Leistungspflicht behandeln, betreffen die §§ 45 und 46 Ansprüche mit ungewissem Leistungsumfang.[1] § 45 regelt Forderungen mit einer ungewissen oder unbestimmten Einzelleistung und § 46 normiert Ansprüche auf wiederkehrende Leistungen mit einem bestimmten bzw. unbestimmten Gesamtvolumen. 1

Insolvenzforderungen müssen unabhängig von ihrer Dauer im Verfahren berücksichtigt werden. Einerseits muss dazu ihr Wert ermittelt, andererseits darf die Verfahrensdauer nicht verlängert werden.[2] Als Methode der Wertberechnung schreibt § 46 deswegen die **Kapitalisierung** der wiederkehrenden Leistungen vor,[3] die vom Zeitpunkt der Eröffnung an zu erfolgen hat, wie sich aus der Systematik der Insolvenzforderungen und dem Verweis auf § 41 ergibt. Vorgesehen sind dafür zwei unterschiedliche Modelle. Bei wiederkehrenden Leistungen mit einem bestimmten Betrag und einer bestimmten Dauer normiert § 46 Satz 1 als Spezialregelung zu § 45 die Abzinsungsmethode. Für wiederkehrende Leistungen mit einer unbestimmten Dauer verweist § 46 Satz 1 auf § 45 Satz 1. 2

B. Anwendungsbereich

Die Regelung betrifft allein **Insolvenzforderungen** nach den §§ 38 bis 40 und damit auch nachrangige Forderungen. Ansprüche auf **wiederkehrende Leistungen** werden dann als Insolvenzforderungen berücksichtigt, wenn sie auf einem einheitlichen Rechtsverhältnis beruhen und das zugrunde liegende Stammrecht vor Eröffnung des Insolvenzverfahrens entstanden ist.[4] Die Gesamtleistung hängt in diesen Fällen von der Länge der Zeit ab. Für die Einbeziehung in das Verfahren ist dabei zu unterscheiden. Sind die Leistungsrechte bereits vor der Verfahrenseröffnung fällig geworden, besteht kein Konkretisierungsbedarf, weswegen diese Ansprüche nach den allgemeinen Regeln zu behandeln und damit anzumelden sind. Allein die nach Verfahrenseröffnung fällig werdenden Forderungen sind nach § 46 zu bestimmen. 3

Erfasst werden Ansprüche aus Dauerschuldverhältnissen, etwa aus Dienst- oder Geschäftsbesorgungsverträgen bzw. Zinsforderung. Die Regelung gilt auch für Versicherungsrenten, bspw. aus einer betrieblichen Altersversorgung.[5] Auf Unterhaltsansprüche ist § 46 anwendbar, soweit diese nach der Eröffnung entstehen und ausnahmsweise gem. § 40 am Insolvenzverfahren teilnehmen. 4

Unanwendbar ist § 46 auf Sukzessivlieferungs- und Bezugsverträge, etwa über Strom und Gas.[6] Nicht anwendbar ist die Bestimmung außerdem auf Masseverbindlichkeiten sowie auf Aussonderungs- und Absonderungsrechte, anders aber für den Betrag des Ausfalls.[7] 5

C. Kapitalisierung

I. Bestimmter Betrag, bestimmte Dauer, Satz 1

Sind sowohl der Betrag als auch die Dauer der wiederkehrenden Leistungsansprüche bestimmt, müssen die nach der Eröffnung fällig gewordenen Beträge zusammengerechnet werden. Um dem Gläubiger daraus keinen Vorfälligkeitsgewinn entstehen zu lassen ist gem. § 46 Satz 1 davon der nach 6

---

1 *Bitter* NZI 2000, 399 ff.
2 Jaeger/*Henckel* Rn. 2.
3 FK-InsO/*Schumacher* Rn. 1.
4 Jaeger/*Henckel* Rn. 3; Uhlenbruck/*Hirte* Rn. 3.
5 HK-InsO/*Eickmann* 6. Aufl., Rn. 1.
6 Uhlenbruck/*Hirte* Rn. 2.
7 MüKo-InsO/*Bitter* Rn. 3; Kübler/Prütting/Bork/*Holzer* Rn. 3; HambK-InsR/*Lüdtke* Rn. 2.

§ 41 zu berechnende Zwischenzins abzuziehen. Sachlich wird damit die gebräuchliche Hoffmann'sche Formel (vgl. § 41 Rdn. 14) in Bezug genommen. Auf verzinsliche Ratenzahlungsverpflichtungen ist diese Regelung unanwendbar.[8]

II. Bestimmter Betrag, unbestimmte Dauer, Satz 2

7 Wenn allein der Betrag bestimmt ist, während die Dauer der wiederkehrenden Leistung unbestimmt ist, bedarf es gegenüber der Regelung aus Satz 1 eines Zwischenschritts. Deswegen verweist § 46 Satz 1 auf eine entsprechende Anwendung von § 45 Satz 1. Zunächst ist deswegen die Dauer des Leistungsbezugs vom Gläubiger zu schätzen. Bei Rentenansprüchen ist etwa anhand versicherungsmathematischer Methoden die zu erwartende Bezugsdauer zu kalkulieren. Anschließend erfolgt eine Kapitalisierung nach dem Muster von Satz 1.[9]

III. Unbestimmte Dauer, bestimmter Betrag

8 Auf derartige Fälle ist § 46 unanwendbar, doch ist in diesen Fallgestaltungen § 45 Satz 1 unmittelbar heranzuziehen.[10]

IV. Unbestimmte Dauer, unbestimmter Betrag

9 Für diese Fallgruppe ist § 46 Satz 2 nicht unmittelbar heranzuziehen. Um den Gläubiger nicht zu benachteiligen, ist eine entsprechende Bestimmung zu ermöglichen. Dazu muss zunächst die Höhe des Betrags geschätzt werden. Sodann ist die voraussichtliche Dauer des Leistungsbezugs entsprechend den §§ 46 Satz 2, 45 zu ermitteln. Diese Summe ist schließlich nach § 46 Satz 1 zu kapitalisieren.[11]

D. Sonstige Rechtsfolgen

10 Bis zur Feststellung zur Tabelle oder in einem Feststellungsprozess können tatsächliche Veränderungen berücksichtigt werden. Mit der Feststellung ist eine rechtskräftige Bestimmung auch für die Zukunft getroffen. Eine materiell-rechtliche Änderung ist damit jedoch nicht verbunden.[12] Aufgrund der Rechtskraftwirkung reichen die Folgen über die Dauer des Insolvenzverfahrens hinaus.

11 Überwiegend wird eine der früheren Regelung des § 70 Satz 2 KO entsprechende **Kappungsgrenze** bejaht.[13] Danach durfte die Gesamtsumme den zum gesetzlichen Zinssatz kapitalisierten Betrag der Leistungen nicht übersteigen. Zur Befriedigung seiner Ansprüche soll der Gläubiger kein höheres Kapital benötigen, als eine Summe, deren (Basis)Zinsertrag dem jährlichen Leistungsrecht des Gläubigers entspricht. Gegen diesen Gedanken spricht freilich, dass in den entscheidenden Fällen einer unbestimmten Bezugsdauer bereits der kapitalisierte Betrag mit dem Basiszins abgezinst wird. Zudem hat der Gesetzgeber die konkursrechtliche Regelung in der Insolvenzordnung eben nicht übernommen. Da die Kappungsgrenze nur in § 70 KO und nicht in der entsprechenden Regelung des § 35 VglO bestimmt war, hätte eine ausdrückliche insolvenzrechtliche Normierung nahe gelegen, wenn eine derartige Anordnung getroffen werden sollte.

---

8 Graf-Schlicker/*Castrup* Rn. 2.
9 Uhlenbruck/*Hirte* Rn. 5.
10 Jaeger/*Henckel* Rn. 7; FK-InsO/*Schumacher* Rn. 3.
11 Kübler/Prütting/Bork/*Holzer* Rn. 9.
12 LSZ/*Smid/Leonhardt* Rn. 3.
13 Jaeger/*Henckel* Rn. 6; MüKo-InsO/*Bitter* Rn. 8; Uhlenbruck/*Hirte* Rn. 9; HK-InsO/*Eickmann* 6. Aufl., Rn. 5; Kübler/Prütting/Bork/*Holzer* Rn. 5; HambK-InsR/*Lüdtke* Rn. 6; a.A. Nerlich/Römermann/*Andres* Rn. 1.

§ 47 Aussonderung

Wer auf Grund eines dinglichen oder persönlichen Rechts geltend machen kann, dass ein Gegenstand nicht zur Insolvenzmasse gehört, ist kein Insolvenzgläubiger. Sein Anspruch auf Aussonderung des Gegenstands bestimmt sich nach den Gesetzen, die außerhalb des Insolvenzverfahrens gelten.

Übersicht

	Rdn.
A. Normzweck und Begrifflichkeit	1
B. Voraussetzungen	5
I. Aussonderungsanspruch	6
II. Aussonderungsfähige Gegenstände	11
III. Aussonderungszeitpunkt	15
C. Aussonderungsrechte im Einzelnen	16
I. Eigentum	16
II. Eigentumsvorbehalte	19
1. Einfacher Eigentumsvorbehalt	19
2. Nachgeschalteter Eigentumsvorbehalt	22
3. Verlängerter und erweiterter Eigentumsvorbehalt	23
III. Besitz	24
IV. Erbrechtliche Ansprüche	25
V. Obligatorische Ansprüche und Verschaffensansprüche	26
1. Schuldrechtliche Herausgabe- und Rückgabeansprüche	27
2. Verschaffensansprüche	30
VI. Immaterialgüterrechte (Gewerbliche Schutzrechte, Urheber- und Persönlichkeitsrechte)	31
VII. Forderungen	35
VIII. Factoring	37
1. Allgemeines	37
2. Insolvenz des Kunden	40
3. Insolvenz des Factors	47
IX. Beschränkt dingliche Rechte	51
X. Anwartschaftsrecht und vormerkungsgesicherte Ansprüche	53
XI. Treuhandverhältnisse	54
1. Allgemeines	54
2. Uneigennützige Treuhand	55
a) Insolvenz des Treuhänders	56
b) Insolvenz des Treugebers	63
3. Eigennützige Treuhand: Sicherungsübertragung	64
a) Insolvenz des Treuhänders (Sicherungsnehmers)	65
b) Insolvenz des Treugebers (Sicherungsgebers)	66
4. Doppeltreuhand	67
XII. Bankkonten	68
1. Eigenkonto	68
2. Treuhandkonto	69
a) Allgemeines	69
b) Anderkonto	73
c) Sonderkonto als Treuhandkonto	74
3. Sperrkonto	76
4. Mietkautionskonto	77
5. Gemeinschaftskonto	80
6. Konto mit Drittbegünstigungsklausel und Treuhand zu Gunsten Dritter	83
7. Arbeitszeitkonto	85
XIII. Lagergeschäft	88
XIV. Leasing	90
1. Allgemeines	90
2. Insolvenz des Leasingnehmers	91
3. Insolvenz des Leasinggebers	96
D. Durchsetzung der Aussonderung in der Praxis	97

A. Normzweck und Begrifflichkeit

Die Regelung des § 47 soll gewährleisten, dass das bei Insolvenzeröffnung in der Insolvenzmasse befindliche **schuldnerfremde Vermögen** von dem übrigen Vermögen getrennt und von dem Berechtigten herausverlangt werden kann,[1] denn der Insolvenzverwalter nimmt mit der Verfahrenseröffnung grds. zunächst mal alle im Schuldnervermögen vorgefundenen Gegenstände in Besitz, sog. »**Ist-Masse**«. Nach §§ 35, 36 umfasst die haftende Insolvenzmasse jedoch nur das pfändbare schuldnerische Vermögen, die mit Absonderungsrechten versehenen Gegenstände und den Neuerwerb nach Insolvenzeröffnung, sog. »**Soll-Masse**«. Alle in Besitz genommenen Gegenstände, die nicht zur haftenden Masse gehören, sind auszusondern.[2]   1

Die Aussonderung dient den Interessen beider Beteiligten: der Insolvenzverwalters will die nicht zu verwertende »Ist-Masse« auf die haftende »Soll-Masse« reduzieren; der Aussonderungsgläubiger   2

---

[1] BGH ZIP 2003, 1613 (1615).
[2] Uhlenbruck/*Brinkmann* Rn. 2.

möchte seinen Gegenstand vor einer unberechtigten Inanspruchnahme und Verwertung im Insolvenzverfahren schützen.[3]

3 § 47 ist zwingendes Recht. Der Kreis der **Aussonderungsrechte** ist **gesetzlich festgelegt**. Er kann vertraglich weder durch **Positiverklärungen** erweitert noch durch **Negativerklärungen** beschränkt werden. Aussonderungsansprüche können nicht »künstlich« geschaffen oder verhindert werden, z.B. mittels bloßer Vereinbarung, dass ein Gegenstand im Insolvenzfall (nicht) ausgesondert werden dürfe.[4]

4 Strukturell ist die Aussonderung in der Insolvenz das Pendant zur Drittwiderspruchsklage gem. § 771 ZPO in der Einzelzwangsvollstreckung.[5] Der Gläubiger hat im Bestreitensfall durch den Insolvenzverwalter sein zur Aussonderung berechtigendes Recht darzulegen und zu beweisen.

B. Voraussetzungen

5 Ein Aussonderungsanspruch besteht gem. § 47 Satz 1, 2, wenn der **Gläubiger** aufgrund eines **bestimmten dinglichen oder persönlichen** Rechts (Aussonderungsrecht) die **Massefremdheit des Gegenstandes** geltend macht und dem **zugrunde liegenden Anspruch keine Gegenrechte** entgegenstehen.[6] Zudem ist erforderlich, dass der Insolvenzverwalter den Gegenstand für die Masse in Besitz genommen hat.[7] Ist die Massefremdheit des Gegenstandes offenkundig und nimmt der Verwalter den Gegenstand daher gar nicht in Besitz, bedarf es auch keiner Aussonderung.

I. Aussonderungsanspruch

6 Notwendige Bedingung der Aussonderung ist, dass der betroffene Gegenstand nicht zur Insolvenzmasse (»Soll-Masse«) gehört, weil dem Gläubiger an diesem ein **dingliches Recht** (z.B. Eigentum) oder ein **obligatorisches Recht** (z.B. Rückgabeanspruch aus Miete, Leasing oder Pacht) zusteht. Die Aussonderungskraft eines Rechts bzw. Anspruchs wird notwendigerweise dadurch bestimmt, welchem Haftungsvermögen der betroffene Gegenstand nach Inhalt und Zweck einer gesetzlichen Regelung zugeordnet ist. Maßgeblich ist damit nicht die vermögensrechtliche Zuordnung als solche (z.B. Eigentum), sondern die **haftungsrechtliche Zuordnung des Vermögens**. Deutlich wird das beim Sicherungseigentum mit § 51 Nr. 1: das Sicherungsgut ist haftungsrechtlich dem Vermögen des Sicherungsgebers zugeordnet, während es dem Sicherungsnehmer lediglich ein Haftungsvorzugsrecht in Form eines Absonderungsrechts gewährt – obwohl Sicherungseigentum vollwertiges Eigentum ist. Die Insolvenzordnung trennt folglich haftungsrechtlich zwischen dem **ausschließenden** (beschränkt) dinglichen »**Vollrecht**« und dem bloßen »**Sicherungsrecht**« an einem Gegenstand.

7 Bei **(beschränkt) dinglichen Rechten** und **Forderungen** muss man also abgrenzen, ob das geltend gemachte Recht dem Gläubiger ein Aussonderungsrecht oder lediglich ein **Absonderungsrecht** verleiht. Das Absonderungsgut ist – anders als das Aussonderungsgut – Teil der Insolvenzmasse und gewährt dem Gläubiger lediglich ein **Recht auf bevorzugte Befriedigung** aus dem Verwertungserlös – ähnlich dem Recht aus § 805 ZPO.[8]

8 Bei obligatorischen Ansprüchen ist ebenfalls sachlich abzugrenzen: Nur solche schuldrechtlichen Ansprüche können **Aussonderungskraft** besitzen, denen noch ein dingliches Element innewohnt (z.B. Rückgabeanspruch aus Miete, Leasing oder Pacht), aufgrund dessen der Gegenstand haftungsrechtlich dem Vermögen des Gläubigers oder eines Dritten zugeordnet ist.[9] Andere Ansprüche, wie z.B. Verschaffensansprüche, berechtigen per se nicht zur Aussonderung: Sie sind entweder **Insolvenzfor-

---

[3] Vgl. RegE InsO 1992 zu § 54, BT-Drucks. 12/2443, 122.
[4] MüKo-InsO/*Ganter* Rn. 14; Gottwald/*Gottwald* § 40 Rn. 27.
[5] MüKo-InsO/*Ganter* Rn. 9.
[6] Jaeger/*Henckel* Rn. 11.
[7] BGH ZIP 2008, 1736.
[8] HambK-InsR/*Büchler* Rn. 2; MüKo-InsO/*Ganter* Rn. 11.
[9] Jaeger/*Henckel* Rn. 15, 122; MüKo-InsO/*Ganter* Rn. 340.

derungen (§ 38), wenn sie vor Verfahrenseröffnung begründet wurden, oder **Masseverbindlichkeiten** i.S.d. § 55 Abs. 1, 2.

Die Anspruchsgrundlage, der **Inhalt** und **Umfang** des Aussonderungsanspruchs ergeben sich aus den Normen des materiellen Rechts, § 47 Satz 2. Wie jeder Anspruch muss auch der Aussonderungsanspruch (i.d.R. aus § 985 BGB) ab dem Zeitpunkt der Geltendmachung bis zur Aussonderung bestehen und frei von **Einwendungen und Einreden** sein (z.B. § 986 BGB).[10]

Die **Reichweite** des Aussonderungsanspruchs ist **auf den Zweck der Aussonderung** beschränkt: Diese soll lediglich die »Trennung« massefremder Gegenstände von dem schuldnerischen Vermögen erreichen. Die Aussonderungskraft des schuldrechtlichen Rückgabeanspruch des Vermieters aus § 546 Abs. 1 BGB besteht daher nur in dem Umfang, wie sie sich mit der des dinglichen Herausgabeanspruchs aus § 985 BGB deckt; dessen Anspruchsziel ist alleine die Besitzverschaffung zu Gunsten des Gläubigers. Soweit der mietvertragliche Räumungsanspruch aus § 546 Abs. 1 BGB inhaltlich darüber hinaus geht (z.B. Räumung), hat er keine Aussonderungskraft und ist lediglich Insolvenzforderung.[11]

II. Aussonderungsfähige Gegenstände

Aussonderungsfähig sind alle **Gegenstände**, d.h. **bewegliche Sachen** (auch Inhaber-, Order- und Traditionspapiere), **unbewegliche Sachen** (wie Grundstücke, grundstücksgleiche Rechte wie Erbbaurecht und Wohnungseigentum, eingetragene Schiffe und Schiffsbauwerke) sowie **Rechte** (insb. Forderungen, Mitgliedschaftsrechte, gewerbliche Rechte, Rekta- und qualifizierte Legitimationspapiere), soweit sie nach allgemeinen Regeln **sonderrechtsfähig** und individuell zumindest bestimmbar sind. Aussonderungsfähig sind auch **Scheinbestandteile** (§ 95 BGB), **Zubehör** (§ 97 BGB) und **getrennte Früchte** (§§ 99, 953 ff. BGB). **Dingliche Surrogate**, die kraft Gesetzes an die Stelle des ursprünglichen Aussonderungsguts treten, sind selbst aussonderungsfähig (z.B. nach §§ 1048 Abs. 1 Satz 2, 1247 Satz 2, 1287, 1370, 1473, 1646, 2019 Abs. 1, 2041, 2111 BGB, 92 Abs. 1 ZVG; str. aber §§ 392 Abs. 2, 422 Abs. 2 und 457 Satz 2 HGB). Dagegen berechtigen rechtsgeschäftliche Surrogate allein nicht zur Aussonderung; ggf. sind sie jedoch absonderungsfähig. Nicht aussonderungsfähig sind **wesentliche Bestandteile** (§§ 93 f. BGB). **Verbrauchbare** und **vertretbare Sachen** (§§ 91 f. BGB) können nur ausgesondert werden, wenn sie von anderen nicht-aussonderungsfähigen Gegenständen unterscheidbar sind. Die Unterscheidung zwischen (beweglichen und unbeweglichen) Sachen und Rechten ist nicht für das »Ob«, sondern für das »Wie« der Aussonderung relevant.[12]

Ein Gegenstand ist grds nur dann aussonderungsfähig, wenn er bei Insolvenzeröffnung als solcher **existiert**. Beim originären und derivativen **Erwerb** eines – noch künftigen – Gegenstandes findet **mit Insolvenzeröffnung eine Zäsur** zu Gunsten der Insolvenzmasse statt, was spiegelbildlich zu Lasten des Insolvenzschuldners (Entzug der Verfügungsbefugnis) und Erwerbers geht, §§ 80 ff., 91. Eine (aufschiebend bedingte oder betagte) Verfügung über eine **künftige Sache** oder ein **künftiges Recht** ist nur insolvenzfest, wenn der fragliche Gegenstand bis zur Insolvenzeröffnung **entstanden** und dergestalt aus dem Vermögen des Schuldners ausgeschieden war, dass dieser keine Möglichkeit mehr hat, die durch Verfügung erlangte Rechtsposition des Gläubigers aufgrund alleiniger Entscheidung wieder zu beseitigen.[13] Ob die Bedingung erst nach Insolvenzeröffnung eintritt, ist unerheblich, denn bedingt begründete Rechte werden im Insolvenzfall als bereits bestehend behandelt.[14] Ausnahmsweise kann auch ein künftiger Anspruch, der vor Verfahrenseröffnung durch Eintragung einer Vormerkung gesichert wurde, insolvenzfest sein, so dass seine spätere Entstehung unschädlich ist.[15]

---

10 Jaeger/*Henckel* Rn. 12.
11 BGH NJW 2001, 2966.
12 MüKo-InsO/*Ganter* Rn. 15.
13 BGH ZIP 2010, 335 (338); ZIP 2009, 1529.
14 BGH ZInsO 2006, 35.
15 BGH ZIP 2001, 2008.

§ 47 InsO Aussonderung

13 Aussonderungsfähig sind nach sachenrechtlichem Maßstab nur **individuell bestimmte bzw. bestimmbare** Gegenstände. Beispielsweise sind **Geldscheine und Münzen** lediglich dann aussonderungsfähig, wenn sie noch massefremd, individuell bestimmt und unterscheidbar vom sonstigen schuldnerischen Vermögen aufbewahrt sind.[16] Die **Vermischung** fremden Geldes mit schuldnerischem Geld (§ 948 BGB), z.B. durch Umwechslung oder Einzahlung auf ein schuldnerisches Eigenbankkonto, lassen die dingliche Berechtigung des Gläubigers mangels fortbestehender individueller Bestimmtheit der Sache entfallen – folglich erlischt auch das Aussonderungsrecht.[17] Liegen in diesem Fall die Voraussetzungen der Ersatzaussonderung nach § 48 bzw. einer Massebereicherung nach § 55 Abs. 1 Nr. 3 nicht vor, tritt an die Stelle des erloschenen Aussonderungsanspruchs ein bloßer Geldsummenanspruch als Insolvenzforderung.

14 Bei Einzahlungen auf ein Bankkonto des Schuldners ist zu unterscheiden: Ein Aussonderungsrecht an einem Kontoguthaben kann nur bestehen, wenn das zugehörige Bankkonto des Schuldners ausschließlich dazu bestimmt ist, treuhänderisch gebundene Fremdgelder aufzunehmen. Werden dagegen Schuldner- und Fremdvermögen vermischt, z.B. Geldscheine oder Guthaben auf einem ebenso vom Schuldner genutzten Eigenbankkonto, erlischt das Aussonderungsrecht gänzlich.[18]

III. Aussonderungszeitpunkt

15 Mit **Insolvenzeröffnung** kann der Gläubiger den bestehenden und einredefreien Aussonderungsanspruch nach Maßgabe des § 47 Satz 2 geltend machen. Im Insolvenzeröffnungsverfahren unterliegt das Aussonderungsrecht weiteren Schranken (vgl. § 21).

C. Aussonderungsrechte im Einzelnen

I. Eigentum

16 Das Eigentum ist quasi der »Grundfall« eines Aussonderungsrechts; allerdings gelten auch beim Eigentum Einschränkungen. Dem **Volleigentum** kommt stets Aussonderungskraft zu. Das **Vorbehaltseigentum** aus einfachem Eigentumsvorbehalt gibt grds ein Aussonderungsrecht, allerdings scheitert der Anspruch aus § 985 BGB regelmäßig an einem Recht zum Besitz des Verwalters aus dem Vorbehaltskaufvertrag, bis der Verwalter den Nichteintritt gewählt hat (vgl. § 107). Beim **verlängerten** und **erweiterten Eigentumsvorbehalt** kann der Sicherungsnehmer nicht aussondern, sondern nur abgesonderte Befriedigung verlangen; dies gilt entsprechend für das **Sicherungseigentum** (vgl. § 51).

17 I.d.R. erfolgt die Aussonderung bei aussonderungskräftigem Eigentum über den **Herausgabeanspruch** aus § 985 BGB; bei Eingriffen der Insolvenzmasse in das Eigentum des Gläubigers kann dieser auch Unterlassung nach § 1004 BGB verlangen. Bei Grundstücken kann der Eigentümer auch die **Grundbuchberichtigung** nach § 894 BGB betreiben.

18 Entsprechend der **Eigentumsvermutung** des § 1006 BGB zu Gunsten des Eigenbesitzers der **beweglichen Sache** ist die Darlegungs- und Beweislast für das Bestehen des Aussonderungsrechts verteilt. Nimmt der Insolvenzverwalter bei Insolvenzeröffnung die im schuldnerischen Vermögen befindliche Sache in Besitz, hat der Gläubiger die Vermutung zu widerlegen, dass die Sache, die der Schuldner zuvor im Eigenbesitz hatte, diesem gehört.[19] Bei der Aussonderung von **Grundstücken** und Grundstücksrechten gilt die Vermutung des § 891 BGB, im Insolvenzverfahren des **Ehegatten** oder **Lebenspartners** gilt die Vermutung des §§ 1362 BGB, 8 Abs. 1 LPartG zu Ungunsten des anderen Partners.

---

16 OLG Köln ZInsO 2009, 390.
17 BGH ZInsO 2003, 705; ZIP 1989, 118 (119).
18 BGH ZInsO 2008, 206; ZInsO 2003, 705 f.
19 BGH ZIP 1996, 1181 (1182).

II. Eigentumsvorbehalte

1. Einfacher Eigentumsvorbehalt

Der **einfacher Eigentumsvorbehalt** berechtigt grds zur **Aussonderung** nach § 47.[20] Bei diesem übereignet der Vorbehaltsverkäufer das Eigentum an einer beweglichen Sache unter der aufschiebenden Bedingung der vollständigen Kaufpreiszahlung nach §§ 929, 158 Abs. 1 BGB an den Vorbehaltskäufer und verschafft diesem den Besitz, §§ 433 Abs. 1, 449 BGB. Die Insolvenzeröffnung lässt den Kaufvertrag fortbestehen und hindert nur Durchsetzbarkeit der wechselseitigen Erfüllungsansprüche.[21]

In der **Verkäuferinsolvenz** bestimmt der Käufer das Schicksal des Aussonderungsrechts über das **Anwartschaftsrecht**. Das Anwartschaftsrecht des Käufers, d.h. die aufschiebend bedingte Übereignung und nicht der schuldrechtliche Kaufvertrag, ist nach Maßgabe des § 107 Abs. 1 **insolvenzfest**: Der Käufer darf die Erfüllung des Vertrages verlangen und der Insolvenzverwalter kann das Anwartschaftsrecht nicht durch Erfüllungsablehnung nach § 103 Abs. 2 zerstören, um so den Eigentumsübergang zu verhindern. Das Wahlrecht aus § 103 ist insoweit ausgeschlossen und der Verwalter hat lediglich die Rechte, die dem Insolvenzschuldner aufgrund des Vertrags nach den allgemeinen zivilrechtlichen Vorschriften zustehen, wie z.B. Anfechtung des Kaufvertrags.[22] Verweigert der Käufer die Erfüllung vertragswidrig oder kommt er in Zahlungsverzug, lebt das Wahlrecht aus § 103 Abs. 1, Abs. 2 zu Gunsten des Insolvenzverwalters auf. Nach Ausübung des Wahlrechts haben etwaige Sekundäransprüche des Käufers gegen die Insolvenzmasse, wie z.B. Schadenersatz nach §§ 281 ff. BGB i.V.m. § 103 Abs. 2 Satz 1 InsO oder der Rückzahlungsanspruch des Käufers aus § 346 Abs. 1 BGB für die bereits geleisteten Kaufpreisraten, den Rang bloßer Insolvenzforderungen.[23] Der Käufer sollte daher genau abwägen, bevor er die Vertragserfüllung verweigert.

In der **Käuferinsolvenz** hängt das Schicksal des Aussonderungsrechts des Verkäufers i.d.R. von der Ausübung des **Erfüllungswahlrechts** nach § 103 i.V.m. § 107 Abs. 2 durch den Insolvenzverwalter ab: Die Erklärung zum Erfüllungswahlrecht muss der Insolvenzverwalter, wenn der Verkäufer ihn zuvor zur Ausübung des Wahlrechts nach § 103 Abs. 2 Satz 2 aufgefordert hat, grds erst unverzüglich nach dem Berichtstermin abzugeben, § 107 Abs. 2 Satz 1 (vgl. zur Ausnahme Satz 2); er darf sich aber auch schon früher erklären. Solange besteht ein Recht zum Besitz aus § 986 BGB i.V.m. § 107 Abs. 2 InsO einschließlich des Nutzungsrechts zu Gunsten der Insolvenzmasse. Der Verwalter ist bis dahin weder zur Ausübung des Wahlrechts noch zur Auskunft verpflichtet.[24] Erklärt der Verwalter die Erfüllung des Vertrages nach § 103 Abs. 1, ist der Verkäufer an den Vertrag gebunden und die Insolvenzmasse erwirbt mit vollständiger Kaufpreiszahlung das Volleigentum – das Aussonderungsrecht erlischt. Lehnt der Verwalter die Erfüllung nach § 103 Abs. 2 Satz 1, 3 ab, ist der Verkäufer zur Aussonderung berechtigt. Ist der Verkäufer vor Stellung des Insolvenzantrags vom Kaufvertrag **wirksam zurückgetreten**, besteht kein Erfüllungswahlrecht des Insolvenzverwalters und der Verkäufer darf aussondern; über den Rückgewähranspruch hinausgehende Sekundäransprüche sind bloße Insolvenzforderungen. Nach Antragstellung bzw. Eröffnung des Insolvenzverfahrens ist ein Rücktritt des Verkäufers jedoch ausgeschlossen, was mit den Wertungen aus § 107 Abs. 2 und § 112 Nr. 1 analog begründet wird.[25]

---

20 BGH ZIP 2008, 842 (844); *Gaul* ZInsO 2000, 256 (258).
21 Grundlegend BGH ZIP 2002, 1093.
22 MüKo-InsO/*Ganter* Rn. 76 f.
23 MüKo-InsO/*Ganter* Rn. 78 f.
24 MüKo-InsO/*Ganter* Rn. 62–66.
25 *Marotzke* JZ 1995, 803 (807).

2. Nachgeschalteter Eigentumsvorbehalt

22 Beim sog. **nachgeschalteten Eigentumsvorbehalt** veräußert der Käufer die Vorbehaltsware unter eigenem Eigentumsvorbehalt an einen Zweitkäufer weiter; es bestehen zwei aufeinander folgende Eigentumsvorbehalte (Anwartschaftsrechte). Der Verkäufer verliert das Eigentum an den Käufer, der eine der beiden Kaufpreisforderungen zuerst tilgt. Erfolgt die bedingte Weiterveräußerung ohne Zustimmung des Verkäufers nach § 185 BGB, ist ein gutgläubiger Erwerb des Anwartschaftsrechts möglich. Lässt sich der Verkäufer die Kaufpreisforderung gegen den Zweitkäufer zur Sicherheit abtreten, besteht zugleich ein verlängerter Eigentumsvorbehalt ohne Übersicherung.[26] In der **Verkäuferinsolvenz** können Käufer und Zweitkäufer den Bedingungseintritt herbeiführen, um so die Sache auszusondern: Für den Käufer gelten dabei die Ausführungen zum einfachen Eigentumsvorbehalt entsprechend. Lehnen Käufer und Insolvenzverwalter die Erfüllung ab, ohne dass der Zweitkäufer zuvor das Eigentum erlangt hat, kann der Verwalter vom Zweitkäufer die Herausgabe des Gegenstandes aus § 985 BGB verlangen; ein Recht zum Besitz besteht nur relativ im Verhältnis zum Käufer. In der **Käuferinsolvenz** gelten die Ausführungen zum einfachen Eigentumsvorbehalt entsprechend für den Verkäufer und den Zweitkäufer – für Letzteren als Verkäuferinsolvenz. In der **Insolvenz des Zweitkäufers** darf der Käufer nach den Grundsätzen zur Käuferinsolvenz beim einfachen Eigentumsvorbehalt aussondern.

3. Verlängerter und erweiterter Eigentumsvorbehalt

23 Die Verlängerungs- und Erweiterungsformen des Eigentumsvorbehalts (einschließlich der des **Kontokorrent-** und des unzulässigen **Konzernvorbehalts**) haben wirtschaftlich die Funktion eines besitzlosen Pfandrechts. Dieser Sicherungszweck könnte ebenso gut mit der Sicherungsübertragung erreicht werden. Daher sind **verlängerter** und **erweiterter Eigentumsvorbehalt** – wie in der Konkursordnung – der Sicherungsübertragung i.S.d. § 51 Nr. 1 gleichgestellt. In der Insolvenz des Käufers (Sicherungsgeber) gewähren sie lediglich ein **Absonderungsrecht**, sofern sie nicht mit anderen vorrangigen Sicherungsrechten kollidieren.

III. Besitz

24 Der Besitz selbst ist freilich kein Aussonderungsrecht; allerdings berechtigen Ansprüche wegen Besitzentziehung bzw. Besitzstörung aus §§ 861, 862 BGB oder aus § 1007 BGB zur Aussonderung. Ein Bereicherungsanspruch des Gläubigers aus § 812 Abs. 1 Satz 1 BGB, der auf Rückgewähr des Besitzes gerichtet ist, begründet allerdings kein Aussonderungsrecht.[27]

IV. Erbrechtliche Ansprüche

25 In der **Insolvenz des Erbschaftsbesitzers** kann der Erbe die Erbschaft über die sachenrechtlichen Regeln des Eigentums (z.B. über §§ 985, 1922 BGB) sowie daneben über die weitergehenden erbrechtlichen Herausgabeansprüche aus §§ 2018, 2019 Abs. 1 BGB aussondern; Letzteres erweitert das Aussonderungsgut über die **dingliche Surrogation**. Reine Insolvenzforderungen sind dagegen die schuldrechtlichen Ansprüche auf Wertersatz aus §§ 812 ff., 2021 BGB und auf Schadensersatz aus §§ 823 ff., 2023 ff. BGB; umstritten ist dies für den Herausgabeanspruch bei gezogenen Nutzungen nach § 2020 BGB.[28] Der Anspruch gegen die Insolvenzmasse auf Herausgabe des unrichtigen Erbscheins an das Nachlassgericht nach § 2362 BGB hat Aussonderungskraft. In der **Insolvenz des Vorerben** darf der Nacherbe die Erbschaft und die Surrogate erst mit Eintritt des Nacherbfalls aussondern, §§ 2110, 2130, 2139 BGB. Ansprüche gegen die Erbmasse aus **Pflichtteilsrechten**, **Vermächtnissen** und **Auflagen** (Nachlassverbindlichkeiten, § 1967 Abs. 2 BGB) stellen schuldrechtliche Verschaffensansprüche und damit Insolvenzforderungen dar.[29]

---

26 MüKo-InsO/*Ganter* Rn. 101.
27 MüKo-InsO/*Ganter* Rn. 326 f.; Jaeger/*Henckel* Rn. 121.
28 Gottwald/*Gottwald* § 40 Rn. 16; MüKo-InsO/*Ganter* Rn. 336 m.w.N.
29 Jaeger/*Henckel* Rn. 125.

V. Obligatorische Ansprüche und Verschaffensansprüche

Schuldrechtliche Ansprüche begründen grds. kein Aussonderungsrecht. Nach § 47 Satz 1 kann ein persönliches Recht, insb. ein schuldrechtlicher Herausgabe- oder Rückgabeanspruch, ausnahmsweise dennoch zur Aussonderung berechtigen. In diesem Fall gilt, dass die Aussonderungskraft des schuldrechtlichen Anspruchs allein in Verbindung mit der dinglichen Haftungslage bestimmt wird: Zunächst muss der Anspruch ein dingliches Element beinhalten, das zum Ausdruck bringt, dass der Gegenstand dem schuldnerischen Vermögen ohne Verfügung nur zeitlich beschränkt zugewiesen werden sollte.[30] Deutlich wird das bspw. beim »Rückgabeanspruch«; umgekehrt fehlt dieses Element schuldrechtlichen Verschaffensansprüchen, denn sie sind auf Verfügung gerichtet. Des Weiteren muss sich der Anspruch aber auch auf einen **massefremden** Gegenstand beziehen: Bspw. kann dem schuldrechtlichen Rückgabeanspruch des Vermieters (§ 546 BGB) nur dann **Aussonderungskraft** nach § 47 Satz 1 zukommen, wenn die Mietsache nicht zur haftenden Insolvenzmasse (»Soll-Masse«) gehört. Gleichgültig ist, ob der begehrte Gegenstand haftungsrechtlich (z.B. über das Eigentum) dem Vermögen des Vermieters oder einem Dritten zugewiesen ist. Entscheidend ist, dass der schuldrechtliche Anspruch dinglich »irgendwo im Hintergrund« von einem aussonderungskräftigen Recht gedeckt ist: Ist das der Fall, dann wächst auch bestimmten schuldrechtlichen Ansprüchen Aussonderungskraft zu. Ist der schuldrechtliche Anspruch dinglich lediglich von einem Absonderungsrecht gedeckt, muss auch die Aussonderungskraft entfallen. 26

1. Schuldrechtliche Herausgabe- und Rückgabeansprüche

Aussonderungskraft können haben Herausgabe- und Rückgabeansprüche des **Vermieters** (§ 546 Abs. 1 BGB), **Verpächters** (§§ 581 Abs. 2, 596 BGB), **Verleihers** (§ 604), **Hinterlegers** (§ 695 BGB), **Auftraggebers** auf Herausgabe des »Erhaltenen« – nicht »Erlangten« – vom Geschäftsführer (§§ 667 Var. 1, 675 BGB), des **Verpfänders** auf Rückgabe der Pfandsache (§ 1223 Abs. 1 BGB) und des Grundstückeigentümers auf Rückgabe der **Grundschuld** durch den insolventen Grundschuldgläubiger. Rückgabeansprüche infolge **BGB-Anfechtung** (§§ 142 i.V.m. 119 ff. BGB) und Unwirksamkeit wegen **Gesetzes- oder Sittenwidrigkeit** (§§ 134, 138 BGB) haben nur Aussonderungskraft, wenn die Nichtigkeit auch das dingliche Rechtsgeschäft erfasst, denn dann gehört der Gegenstand noch dem Veräußerer.[31] 27

Der **Kreis** der Aussonderungsrechte ist gesetzlich festgelegt und kann vertraglich weder erweitert noch beschränkt werden. Der **Umfang** der schuldrechtlichen Herausgabe- und Rückgabeansprüche ist durch den Zweck der Aussonderung begrenzt, nämlich den massefremden Gegenstand alleine vor der Inanspruchnahme für die Gläubigerbefriedigung zu schützen. Bspw. beschränkt sich die Aussonderungskraft des **Vermieteranspruchs** aus § 546 Abs. 1 BGB, soweit sein Inhalt mit dem dinglichen Anspruch aus § 985 BGB deckungsgleich ist, lediglich auf die Rückgabe (Verschaffung unmittelbaren Besitzes) des Aussonderungsgutes. Nicht erfasst ist der weitergehende Teil des mietvertraglichen Anspruchs auf »vertragsgemäße« Rückgabe, d.h.z.B. auf Räumung des vermieteten Grundstücks bzw. auf Entfernung von Sachen; dieser Anspruch ist lediglich Insolvenzforderung – wie auch ein Schadensersatzanspruch wegen Verschlechterung der Sachsubstanz aus §§ 990, 989 BGB.[32] Der Anspruch des Vermieters auf **Nutzungsentschädigung** aus § 546a BGB ist Masseverbindlichkeit, wenn der Gegenstand durch die Insolvenzmasse trotz Erfüllungsablehnung genutzt wird.[33] 28

Die Aussonderungsrechte kraft schuldrechtlichen und dinglichen Anspruchs an ein und demselben Gegenstand können nebeneinander bestehen (Anspruchskonkurrenz). Der klagende Gläubiger, der ausschließlich anhand seiner schuldrechtlichen Berechtigung aussondern will, muss neben den 29

---

30 *Eckardt* KTS 2005, 15 (22); MüKo-InsO/*Ganter* Rn. 340 ff.
31 MüKo-InsO/*Ganter* Rn. 341; Jaeger/*Henckel* Rn. 122, 125.
32 BGH NJW 2001, 2966 (2968).
33 Vgl. BGH ZIP 2007, 778 (780).

schuldrechtlichen Anspruchsvoraussetzungen auch darlegen und ggf. beweisen, dass der Gegenstand nicht zur haftenden Insolvenzmasse gehört; so z.B. der Vermieter, der nicht Eigentümer ist.[34]

2. Verschaffensansprüche

30 Rein schuldrechtliche Verschaffensansprüche berechtigen grds nicht zur Aussonderung, denn mit ihnen wird typischerweise eine Leistung (Verfügung) **aus dem Vermögen der** »Soll-Masse« begehrt. Sie sind Insolvenzforderungen nach § 38. Zu den Verschaffensansprüchen in diesem Sinne zählen: Ansprüche auf **Erfüllung schuldrechtlicher Verträge**, wie z.B. auf Lieferung und Übereignung der Kauf- oder Tauschsache (§§ 433 Abs. 1 Satz 1, 480 BGB); Rückgewähransprüche nach **Rücktritt** (§ 346 BGB); **Bereicherungsansprüche**, die nicht unter § 48 bzw. § 55 Abs. 1 Nr. 3 fallen; **Darlehensrückerstattungsansprüche** (§§ 488, 607 BGB) und der Anspruch des **Auftraggebers** gegen den Geschäftsführer auf Herausgabe des – durch Zwischenerwerb – »Erlangten« nach §§ 667 Var. 2, 675 BGB (Ausnahme: beim Kommissionsgeschäft hat der Anspruch aus § 384 Abs. 2 Hs. 2 HGB über § 392 Abs. 2 HGB Aussonderungskraft).

VI. Immaterialgüterrechte (Gewerbliche Schutzrechte, Urheber- und Persönlichkeitsrechte)

31 Gewerbliche Schutzrechte (wie Sortenschutz, Patent-, Gebrauchsmuster-, Geschmacksmuster-, Marken- und Halbleiterschutzrechte) und sonstige Immaterialgüterrechte (Firma, Urheber-, Persönlichkeits- und Softwarerechte) können als absolute Rechte Aussonderungskraft haben. Dies gilt nur, wenn das Recht dem Rechtsinhaber oder nutzungsberechtigten Dritten **dinglich ausschließlich** zusteht.

32 Bei **Patentrechten** gilt Folgendes: In der Insolvenz des Lizenznehmers fällt die Patentlizenz in die Insolvenzmasse. In der Insolvenz des Lizenzgebers berechtigen die **exklusive Patent- und Know-how-Lizenz** den Lizenznehmer stets zur Aussonderung, denn das Nutzungsrecht ist mit dinglicher Wirkung übertragen. Der Lizenzvertrag wird entsprechend der Rechtspacht als Dauernutzungsvertrag behandelt. Die **einfache Lizenz** ist grds nicht insolvenzfest und aussonderungsfähig, bei Nichterfüllungswahl durch den Insolvenzverwalter erlischt sie gem. § 103 Abs. 2.[35] In der Insolvenz des unberechtigten Patentanmelders kann der Erfinder das Patent über die dinglichen Ansprüche auf Abtretung des Patenterteilungsrechts, auf Übertragung des erteilten Patents und auf Übertragung bereits erteilter Lizenzen aussondern, §§ 6, 8, 9, 15 Abs. 2 PatG.[36]

33 Entsprechend den Patentrechten können des Weiteren aussonderungsberechtigt sein der Inhaber eines **Gebrauchsmusters** (§ 11, 13 GebrMG), **Geschmacksmusters** (§ 7, 9 GeschmMG), **Markenrechts** (§§ 14 f. MarkenG), **Warenzeichens** (§ 15 WZG), **Urheberpersönlichkeits-** und **Urheberverwertungsrechts** (§§ 12 ff., 15 ff. UrhG) sowie des **Rechts am eigenen Bild** (§ 22 KunstUrhG). Ebenso fallen **Softwareprogramme** in die Insolvenzmasse, soweit der Schuldner sie (einfach oder exklusiv) erworben hat oder der **Urheber** ist. Der Urheber ist aussonderungsberechtigt, wenn die Software dem Insolvenzschuldner lediglich vermietet wurde; wählt der Verwalter die Erfüllung und will er das Nutzungsrecht verwerten, bedarf es grds gem. § 34 UrhG der Zustimmung des Urhebers. Ist der Insolvenzschuldner Urheber, kann der Nutzungsberechtigte die Software – wie bei der Patentlizenz – lediglich im Falle der Exklusivlizenz aussondern.[37] Der Inhaber einer **Internet-Domain** kann die Aussonderung begehren, wenn sie namens- oder markenrechtlich geschützt ist.[38]

Persönliche Daten, die Kunden über die Homepage eines Unternehmens eingeben, um sich für den Bezug eines elektronischen Newsletters dieses Unternehmens an- oder abzumelden, sind im Falle der

---

[34] Jaeger/*Henckel* Rn. 21.
[35] BGH ZInsO 2006, 35 (36); *Koehler/Ludwig* NZI 2007, 79 (82 ff.).
[36] Gottwald/*Gottwald* § 40 Rn. 20; *Bausch* NZI 2005, 289 (293 ff.).
[37] BGH ZInsO 2006, 35; MüKo-InsO/*Ganter* Rn. 339; Uhlenbruck/*Uhlenbruck* Rn. 71.
[38] *Niesert/Kairies* ZInsO, 2002, 510 ff.

Insolvenz des technischen Dienstleisters gemäß §§ 667 Alt. 1, 675 BGB i.V.m. § 47 InsO von dem Insolvenzverwalter auszusondern und an das Unternehmen herauszugeben.[39]

Wird ein aussonderungskräftiges Recht vom Insolvenzverwalter unberechtigt für die Masse in Anspruch genommen, kann der Rechtsinhaber oder ein sonstiger Nutzungsberechtigter die Aussonderung mittels eines **Abwehranspruchs** (Unterlassens- oder Beseitigungsanspruch) durchführen. Dieser kann etwa auf ein **Unterlassen** der Herstellung, Vervielfältigung, Verbreitung oder sonstigen Ausbeutung bzw. auf eine **Beseitigung** durch Vernichtung, Unschädlichmachung oder Löschung unbefugt hergestellter Gegenstände gerichtet sein.[40] Aussonderungskräftige Unterlassenansprüche folgen z.B. aus §§ 14 Abs. 5, 15 Abs. 4, 128 Abs. 1, 135 Abs. 1 MarkenG, §§ 47 Abs. 1, 139 Abs. 1 PatG, § 97 Abs. 1 UrhG.[41]

VII. Forderungen

Massefremde Forderungen (Rechte) gegen einen Drittschuldner berechtigen den Inhaber grds zur Aussonderung, wenn der Insolvenzverwalter sie in der »Ist-Masse« vorfindet oder sie unberechtigterweise für die Masse beansprucht. Der Gläubiger darf die Forderung daher grds aussondern, wenn er Forderungsinhaber bzw. Inhaber eines beschränkt dinglichen Rechts ist und ihm das Forderungsrecht **im Verhältnis zum Insolvenzschuldner ausschließlich** zugewiesen ist (**Vollrecht**). Hat er das Forderungsrecht ihm gegenüber lediglich zu **Sicherungszwecken** inne, kann kein Aussonderungsrecht, sondern nur ein Absonderungsrecht bestehen, §§ 51 Nr. 1, 166 Abs. 2.

Regelmäßig ist in diesen Konstellationen allerdings eine Aussonderung gar nicht erforderlich und auch nicht möglich: wenn nämlich die Forderung einem Dritten zusteht, dann muss der Verwalter auch nichts mehr tun, der Dritte kann seine Forderung ohne weiteres geltend machen. Nur bei **verbrieften Rechten** muss der Verwalter das Legitimationspapier herausgeben, wenn er es im Besitz hat. In der Praxis wird der Insolvenzverwalter jedoch häufig aus Gründen der Rechtssicherheit schriftlich zur »unechten« Freigabe solcher Forderungen aufgefordert; dabei handelt es sich nur um die deklaratorische Erklärung, dass die Forderung oder das Recht nicht für die Masse beansprucht wird.

VIII. Factoring

1. Allgemeines

Beim Factoring überträgt ein Unternehmer (Factoring-Kunde) seine Forderungen (im Regelfall aus Lieferungen und Leistungen) gegen Dritte an ein Finanzierungsinstitut (Factor) im Wege der Mantel- oder Globalzession. Als Gegenleistung zahlt der Factor auf den um seine Factoringgebühren geminderten Forderungswert (Finanzierungsfunktion) noch bevor der Dritte auf die Forderung gezahlt hat. Zugleich übernimmt er häufig für den Kunden die Debitorenbuchhaltung, um die an ihn abgetretenen Forderungen gegenüber den Debitoren geltend machen zu können. Das Factoring ist entscheidend durch die **Delkrederefunktion** gekennzeichnet: Das Delkredererisiko betrifft die Bonität des Debitors und bestimmt, wer das Risiko des Ausfalls an der abgetretenen Forderung bei Zahlungsunfähigkeit oder -unwilligkeit des Debitors trägt. Das Risiko für den Forderungsbestand (Verität) trägt stets der Kunde. Der **Factoringvertrag** ist als Rahmenvertrag ein gemischttypischer Vertrag mit starken Elementen des Geschäftsbesorgungsvertrags. Es ist zwischen echtem und unechtem Factoring zu unterscheiden.

Beim **echten Factoring** beinhaltet das einzelne Factoringgeschäft vorrangig einen Forderungskaufvertrag gem. §§ 435, 453 Abs. 1 BGB, denn der Factor übernimmt mit der Abtretung das Delkredererisiko. Er hat keine Regressmöglichkeit gegen den Kunden beim Ausfall der an ihn abgetretenen Forderung bei fehlender Leistungsfähigkeit des Drittschuldners. In der Praxis erfolgt die Finanzie-

---

39 OLG Düsseldorf ZIP 2012, 2166.
40 Jaeger/*Henckel* Rn. 107.
41 HambK-InsR/*Büchler* Rn. 22, 60.

rung durch den Factor zumeist im **Vorschussverfahren**: Nach positiver Überprüfung von Verität und Bonität wird dem Kunden ein Zahlungsvorschuss gewährt. Zugleich wird ihm über den restlichen Forderungskaufpreis, abzüglich der Factoringgebühr, eine Gutschrift erteilt, deren Erfüllung er ab Fälligkeit verlangen kann; das gilt auch beim späteren Ausfall der Forderung auf Seiten des Factors. Um die praktisch relevante Bonitätsprüfung rechtlich zu berücksichtigen, sind zwei Gestaltungsformen anerkannt: Bei der **Bedingungsvariante** ist die Abtretung aufschiebend bedingt durch den Kaufvertragsabschluss, denn erst bei positiv ausgefallener Bonitätsprüfung nimmt der Factor das angediente Kaufangebot an und gewährt die Gegenleistung. Bei der **Rücktrittsvariante** besteht ein Rücktrittsvorbehalt für den Fall einer negativen Bonitätsprüfung. Die Situation bei Insolvenz im Valutaverhältnis (Factor – Kunden) entspricht derjenigen bei der Abtretung des »Vollrechts«.

39 Beim **unechten Factoring** handelt es sich vorrangig um einen Darlehensvertrag (Dauerschuldverhältnis), denn hier verbleibt auch das Ausfallrisiko beim Kunden. Die Finanzierung beim unechten Factoring erfolgt – wie zuvor – nach dem Vorschussverfahren mit folgender Abweichung: Der dem Kunden erteilte Zahlungsvorschuss und die Gutschrift stellen rechtlich ein Kreditgeschäft dar, denn die Abtretung der Forderung erfolgt nur erfüllungshalber zwecks Kreditsicherung. Der Factor darf dem Kunden die vorfinanzierte Forderung daher zurückbelasten und die Gutschrift entziehen, wenn die abgetretene Forderung gegen den Debitor wegen Wertlosigkeit ausfällt. Beim unechten Factoring bedarf es der Bedingungs- oder Rücktrittsvariante nicht. Die Situation bei Insolvenz im Valutaverhältnis ähnelt der bei einer Sicherungsabtretung, ohne dass jedoch ein Treuhandverhältnis besteht.

2. Insolvenz des Kunden

40 Die Eröffnung des Insolvenzverfahrens über das Vermögen des Kunden bewirkt, dass der **Factoringvertrag** (Rahmenvertrag) gem. § 116 Satz 1 **automatisch erlischt**. Ein Schadensersatzanspruch des Factors wegen vorzeitiger Vertragsbeendigung besteht nicht. Ausstehende Gebühren des Factors für Leistungen, die vor Insolvenzeröffnung (§ 38) oder danach in Unkenntnis dieses Umstands (§§ 116 Satz 1, 115 Abs. 3 Satz 2) erbracht wurden, sind bloße Insolvenzforderungen.

41 Hinsichtlich der **einzelnen Rechtsgeschäfte** innerhalb des erloschenen Rahmenvertrags ist zu unterscheiden: Beim **echten Factoring** darf der Factor die an ihn abgetretene **Forderung grds aussondern**, denn er trägt als Inhaber des Vollrechts auch das Ausfallrisiko. Dagegen kann dem Factor beim **unechten Factoring** lediglich ein **Absonderungsrecht** an der abgetretenen Forderung zustehen, denn das Ausfallrisiko trägt alleine der Klient; nach zutreffender h.M. überwiegt wegen der Rückbelastungsmöglichkeit des Factors in diesem Fall der Sicherungscharakter ähnlich wie bei der Sicherungsübereignung, was dann auch die Anwendung der §§ 51 Nr. 1, 52, 166 Abs. 2, 167 Abs. 2, 168, 169, 170, 171 rechtfertigt.[42]

42 **Voraussetzung** für das Aus- bzw. Absonderungsrecht des Factors ist die **wirksame Abtretung** einer **werthaltig entstandenen Forderung bis zur Insolvenzeröffnung**. Der Bestand des Aus- bzw. Absonderungsrechts des Factors an der abgetretenen Forderung wird in der Kundeninsolvenz durch das **Deckungs- und** Valutaverhältnis bestimmt; deshalb sind die §§ 80 f., 91, 103 ff. »doppelt« relevant, soweit das jeweilige Rechtsgeschäft noch nicht vollständig abgewickelt wurde:

43 Im **Deckungsverhältnis** (Kunde – Debitor) ist maßgebend, ob die abgetretene Forderung insolvenzfest und nicht durch Leistung an den Klienten erloschen ist. Die **Forderung ist insolvenzfest**, soweit und sobald ihre **Werthaltigkeit** bis zur Insolvenzeröffnung eingetreten ist. Diese tritt ein, wenn der Kunde die geschuldete Leistung aus dem Kausalgeschäft gegenüber dem Debitor erfüllt hat (§§ 362 ff. BGB), womit die Einredemöglichkeit aus §§ 273, 322 BGB i.V.m. § 103 InsO entfällt. Soweit das gegenseitige Kausalgeschäft bis zur Insolvenzeröffnung aber beidseitig oder vom insolventen Kunden noch nicht erfüllt ist, ist auch die Forderung nicht insolvenzfest. Es besteht vielmehr ein Erfüllungswahlrecht des Insolvenzverwalters für das (restliche) Deckungsgeschäft gem. §§ 103, 105;

---

42 Str., vgl. Jaeger/*Henckel* Rn. 127 m.w.N.

hat der Kunde eine teilbare Leistung wirksam erbracht, ist die Forderung insoweit insolvenzfest. Bei einer **Leistung des Debitoren** an den Kunden bzw. die spätere Insolvenzmasse **erlischt die Forderung** und damit das Aus- bzw. Absonderungsrecht des Factors, wenn sie mit befreiender Wirkung erfolgt (z.B. nach §§ 406 f. BGB, 354a HGB oder aufgrund Einzugsermächtigung). In diesen Verlustfällen erwächst dem Factor gegen die Masse ein Ersatzanspruch aus § 816 Abs. 2 BGB, dem unterschiedliche Qualität zukommen kann: Für das **echte Factoring** gilt Folgendes: Kommt der Leistung keine befreiende Wirkung zu, kann der Factor seine Forderung weiterhin gegen den Drittschuldner durchsetzen. Kommt ihr befreiende Wirkung zu, erlischt das Aussonderungsrecht an der Forderung und der Factor erhält unter den dortigen Voraussetzungen einen Ersatzaussonderungsanspruch gem. § 48. Zudem hat der Factor grds einen Ersatzanspruch aus § 816 Abs. 2 BGB gegen die Masse, der bei Leistung nach Insolvenzeröffnung bzw. an den starken vorläufigen Verwalter eine Masseforderung nach § 55 Abs. 1 Nr. 1, 3, Abs. 2 darstellt; bei Leistung vor Insolvenzeröffnung bloß eine Insolvenzforderung.

Beim **unechten Factoring** hat der Ersatzanspruch grds den Rang einer Insolvenzforderung, es sei denn, dem Factor steht an dem Geleisteten ein Ersatzabsonderungsrecht entsprechend § 48 zu. Der insolvente Kunde ist grds nicht Treuhänder des Factors, auch wenn das Gegenteil im Factoringvertrag vereinbart wurde, denn es fehlen i.d.R. die für ein **Treuhandverhältnis** typischen dinglichen Anforderungen.[43]

Zusätzlich ist der Forderungserwerb des Factors im **Valutaverhältnis** (Kunde – Factor) nur insolvenzfest aus §§ 80 f., 91, 103 ff., wenn und soweit der Kunde seine Verpflichtung aus dem Factoringgeschäft gegenüber dem Factor erfüllt hat, indem er bis zur Insolvenzeröffnung eine **bereits entstandene** Forderung an diesen **wirksam abgetreten** hat. Bei Verfügungen über künftige Forderungen (Vorausverfügungen) ist maßgebend, dass die Forderung bis dahin entstanden ist.

Der Ersatzanspruch des Factors wegen **fehlender Verität** der Forderung ist stets Insolvenzforderung, auch wenn der auslösende Umstand erst nach Verfahrenseröffnung eintritt.[44] Dasselbe gilt für die **Rückgriffsforderung** des unechten Factors gegenüber dem Klienten nach Forderungsausfall bei dem betreffenden Debitor. In der **Doppelinsolvenz** von Kunde und Debitor darf der unechte Factor die Rückgriffsforderung im Verfahren des Kunden zwar vollumfänglich anmelden, jedoch erfährt er nur eine anteilsmäßige Befriedigung um den Differenzbetrag, mit dem er beim Debitor ausgefallen ist, § 52.

3. Insolvenz des Factors

Mit Eröffnung des Insolvenzverfahrens über das Vermögen des Factors (Auftragnehmer) unterliegt der **Factoringvertrag** (Rahmenvertrag) dem Wahlrecht des Insolvenzverwalters aus § 103; die §§ 115, 116 sind hier nicht einschlägig. Wie in der Kundeninsolvenz ist innerhalb des Valutaverhältnisses zu unterscheiden, ob das einzelne Factoringgeschäft (Kausalgeschäft) beidseitig noch nicht erfüllt wurde.

Beim **echten Factoring** besteht grds kein Aussonderungsrecht des Kunden an der angedienten Forderung, wenn der insolvente Faktor seine Verpflichtung aus dem Forderungskauf, dem Klienten einen Zahlungsvorschuss und eine Gutschrift über den restlichen Forderungswert zu erteilen, bei Insolvenzeröffnung erfüllt hat – die Forderung fällt in die Masse. Der Einzug der Forderung oder ihre Werthaltigkeit spielen hierbei keine Rolle. Ein Erfüllungswahlrecht des Insolvenzverwalters aus §§ 103, 105 besteht nur soweit, wie die Factorleistung bei Insolvenzeröffnung noch nicht erfüllt ist. Lehnt der Verwalter die Erfüllung ab, verbleibt die Forderung beim Factoring mit Bedingungsvariante im Vermögen des Klienten und darf ausgesondert werden. Im Übrigen entfällt die Aussonderungskraft stets bei wirksamer Forderungsabtretung in die spätere Insolvenzmasse (Delkrederefunktion). Hat der Verwalter die Erfüllung des Factoringvertrags (Rahmenvertrags) gewählt, darf

---

43 OLG Köln ZIP 1984, 473; Jaeger/*Henckel* Rn. 66.
44 MüKo-InsO/*Ganter* Rn. 270.

er auch die Erfüllung des konkreten Factorgeschäfts grds nicht ablehnen. Dasselbe gilt als »Ankaufverpflichtung« für Forderungen, die der Klient dem Verwalter nach Verfahrenseröffnung andient. Umgekehrt ist der Verwalter nach Ablehnung des Factoringvertrags in der Erfüllungswahl frei.[45]

49 Beim **unechten Factoring** darf der Kunde die erfüllungshalber abgetretene Forderung bei Erfüllungsablehnung durch den Insolvenzverwalter gegen Rückzahlung des erhaltenen Vorschusses an die Masse aussondern, denn das Delkredererisiko trägt der Kunde. Hat der Factor seine Gegenleistung durch Erteilung des Zahlungsvorschusses und der Gutschrift erfüllt, ist das Erfüllungswahlrecht des Verwalters nach § 103 für das konkrete Factoringgeschäft ausgeschlossen. Mit der Aussonderung oder unterlassenen Werthaltigmachung der Forderung im Deckungsverhältnis kann der Kunde den Verwalter am Forderungseinzug hindern bzw. eine Erfüllungswahl »leerlaufen« lassen. Wurde die Forderung **nach Insolvenzeröffnung** trotzdem eingezogen, erlischt das Aussonderungsrecht bei schuldbefreiender Leistung des Debitors an die Masse. In diesem Fall kann der Kunde auf den Betrag ggf. über die Ersatzaussonderung nach § 48 bzw. als Masseverbindlichkeit nach § 55 Abs. 1 Nr. 3 zugreifen.

50 Der Anspruch des Kunden auf Zahlung des in der Gutschrift ausgewiesenen restlichen Guthabens ist grds eine Insolvenzforderung: Das gilt sowohl für den Teilbetrag, den der Factor als Sicherheitsabschlag auf einem **Sperrkonto** für drohende Gewährleistungsansprüche des Debitors verbucht hat, als auch für den auf einem **Abrechnungskonto** verbuchten Restbetrag. Das Sperrguthaben des Kunden, über das er erst nach endgültigem Eingang der abgetretenen beim Factor verfügen darf, bildet kein Treugut.[46] Werden jedoch Zahlungen des Debitors an den unechten Factor mit Inkassobefugnis auf ein **Treuhandkonto** geleistet, kann dem Klienten ein Aussonderungsrecht daran zustehen – sofern die Treuhandvoraussetzungen vorliegen (vgl. dazu Rdn. 54 ff.).

IX. Beschränkt dingliche Rechte

51 Sämtliche beschränkt dinglichen Rechte sind aussonderungsfähig, nämlich **Erbbaurechte** (§ 11 ErbbauVO), **Grunddienstbarkeiten** und **beschränkt persönliche Dienstbarkeiten** (§§ 1018 ff., 1090 ff. BGB), **Nießbrauch** (§§ 1030 ff., 1068 ff. BGB), **Wohnungsrechte** (§ 1093 BGB), **dingliche Vorkaufsrechte** und **dingliche Wiederkaufsrechte**, **Grundpfandrechte** wie Reallast, Hypothek, Grundschuld und Rentenschuld (§§ 1105 ff., 1113 ff., 1191 ff., 1199 ff. BGB) sowie **Pfandrechte an beweglichen Sachen**. Die Aussonderung kann begehrt werden, wenn der Insolvenzverwalter das massefremde Recht für die Masse beansprucht oder seine Existenz bestreitet.

52 Wie bei Forderungen wird das beschränkt dingliche Recht selbst ausgesondert (**Aussonderungsgegenstand**), nicht dagegen die Sache oder das Recht, auf dem es lastet. Die Herausgabe des belasteten Gegenstandes, also der Besitz, ist für die Aussonderung des »Rechts« nicht wesentlich, denn nur das Recht selbst ist gegen die Vereinnahmung durch die Insolvenzmasse zu schützen. Davon zu trennen ist auch die Verwertung des massezugehörigen Gegenstands, denn das anhaftende beschränkt dingliche Recht kann dabei nur ein Absonderungsrecht gem. §§ 49 ff., 165 ff. gewähren. Die Aussonderungsklage kann auf Feststellung des Rechts oder auf Unterlassung bzw. Beseitigung einer Beeinträchtigung gerichtet sein.

X. Anwartschaftsrecht und vormerkungsgesicherte Ansprüche

53 Als quasi-dingliches Recht gewährt das Anwartschaftsrecht dem Inhaber ein Aussonderungsrecht, soweit es – wie über § 107 Abs. 1 – insolvenzfest ist. Der durch Eintragung einer Vormerkung gesicherte schuldrechtliche Anspruch eines Gläubigers ist ebenfalls insolvenzfest (§§ 106, 254 Abs. 2 Satz 1, 301 Abs. 2 Satz 1), das gilt auch für gesicherte künftige Ansprüche, §§ 106 InsO, 883 Abs. 1 Satz 2 BGB.[47]

---

45 MüKo-InsO/*Ganter* Rn. 278.
46 Gottwald/*Gottwald* § 40 Rn. 51.
47 BGH ZIP 2001, 2008; MüKo-InsO/*Ganter* Rn. 333.

XI. Treuhandverhältnisse

1. Allgemeines

Treuhandverhältnissen ist gemein, dass der Treugeber dem Treuhänder (Treunehmer) zur Ausübung im Außenverhältnis als Gläubiger einen Vermögensgegenstand überträgt oder eine Rechtsmacht daran einräumt, jedoch zugleich dessen rechtliches Können im Innenverhältnis nach Maßgabe der schuldrechtlichen Treuhandvereinbarung beschränkt (rechtliches Dürfen). Hierzu kann der Treugeber dem Treuhänder verschiedene Rechtsstellungen am Treugut einräumen: Bei der **unechten Treuhand** in Form der **Ermächtigungs- oder Vollmachtstreuhand** verbleibt das Vermögensrecht beim Treugeber als Vollrechtsinhaber. Bei **echten Treuhandverhältnissen** (sog. **fiduziarische Treuhand**) erwirbt der Treuhänder das Vermögensrecht formell als Rechtsinhaber entweder vom Treugeber (**Übertragungstreuhand**) oder von einem Dritten (**Erwerbstreuhand**). Im Außenverhältnis ist er Gläubiger und handelt im eigenen Namen für fremde Rechnung. Im Innenverhältnis unterliegt er aber zugleich den Schranken, die der Treugeber ihm durch den schuldrechtlichen Treuhandvertrag gezogen hat. Rechtliches (dingliches) und »wirtschaftliches« Eigentum an dem Treugut fallen hierbei stets auseinander; der Treuhänder erhält formal die dingliche Berechtigung, während das Treugut wirtschaftlich – und haftungsrechtlich – im Vermögen des Treugebers verbleibt. Im Innenverhältnis ist der Treuhänder stets verpflichtet, das Treugut getrennt von seinem eigenen Vermögen zu verwahren und zu Gunsten des Treugebers zu verwalten. Die **schuldrechtliche Treuhandvereinbarung** ist nach dem Einzelfall zu bestimmen, denn einen typischen Treuhandvertrag gibt es nicht. Der Vertrag ist i.d.R. ein **Auftrags- bzw. Geschäftsbesorgungsverhältnis** (§§ 662 ff., 675 BGB) oder ein Sicherungsvertrag; in der Insolvenz ist die genaue Vertragszuordnung relevant wegen des Anwendungsbereichs der §§ 103 ff., 115 f. Vom jeweiligen Interessenstandpunkt aus ist zwischen uneigennütziger und eigennütziger Treuhand zu unterscheiden. 54

2. Uneigennützige Treuhand

Die uneigennützige Treuhand (fremdnützige bzw. Verwaltungs-Treuhand) liegt vor, wenn das Treuhandverhältnis im ausschließlichen Interesse des Treugebers begründet wird – weil dieser sein Recht nicht ausüben kann oder will. Der Treuhänder überlässt bzw. überträgt dem Treugeber das Treugut lediglich zur Verwaltung. Sie kann in Form der unechten oder echten Treuhand vorkommen, wobei Letztere in der Praxis die Regel ist. **Beispiele** der **echten Verwaltungstreuhand** sind insb. **Inkassozession**, Treuhandkonto wie Rechtsanwalt- und Notar-**Anderkonto**, Treuhand zur Abwicklung eines außergerichtlichen Vergleichs, Übertragung von Vermögensgegenständen zur Verwaltung, gesellschaftsrechtliche Treuhandverhältnisse, fiduziarische Rangwahrungsgrundschuld.[48] Echte Treuhandverhältnisse sind ferner Sanierungstreuhand, Sammeltreuhand, Inkasso- und Diskontierungsindossament. Unechte Treuhand ist dagegen die Einziehungsermächtigung (§ 185 BGB). 55

a) Insolvenz des Treuhänders

Dem Treugeber steht an dem Treugut grds ein **Aussonderungsrecht kraft Treuhandvereinbarung** zu. Jedoch nicht jeder Anspruch, der aus einem als »Treuhandvertrag« deklarierten Rechtsverhältnis entsteht, besitzt Aussonderungskraft, sondern nur derjenige, der auf einem dinglichen oder persönlichen Recht beruht, § 47 Satz 1.[49] Voraussetzung ist, dass der betroffene Gegenstand nicht zum Vermögen des Insolvenzschuldners gehört, das den Insolvenzgläubigern für seine Verbindlichkeiten haften soll. Die Verpflichtung des Treuhänders, für den Treugeber das (erworbene) Treugut zu halten und zu verwalten, rückt den Aussonderungsanspruch in die Nähe von rein schuldrechtlichen Verschaffensansprüchen, die bloß Insolvenzforderungen sind. 56

Bei der **unechten Verwaltungstreuhand** (Ermächtigungs- oder Vollmachtstreuhand) ist dies mangels Eigentumsspaltung am Treugut unproblematisch; dem schuldrechtlichen Rückgabe- oder Heraus- 57

---

48 Jaeger/*Henckel* Rn. 62, 64; Palandt/*Bassenge* § 903 BGB Rn. 35.
49 BGH ZIP 2003, 1613 (1615).

§ 47 InsO Aussonderung

gabeanspruch des Treugebers aus dem Treuhandvertrag (i.d.R. Geschäftsbesorgungsvertrag, §§ 675, 667 Var. 1 BGB) kommt grds Aussonderungskraft zu, wenn auch im »Hintergrund« ein aussonderungskräftiges dingliches Recht besteht – i.d.R. das Eigentum des Treugebers.

58 Die **echte Treuhand (fiduziarische Treuhand)** ist durch eine Eigentumsspaltung gekennzeichnet, denn der Treuhänder ist formell (dinglich) Rechtsinhaber des Treuguts. Die **Abgrenzung zu bloßen Verschaffensansprüchen** (z.B. §§ 675, 667 Var. 2 BGB) wird relevant. Die Begründung ist, dass die Rechtsstellung des Treugebers stärker sein muss als die eines Gläubigers mit rein schuldrechtlichem Verschaffensanspruch. Für die echte Treuhand ist typisch, dass der Treuhänder das dingliche Recht am Treugut nur mit der aus der Treuhandabrede ersichtlichen Ausübungsbeschränkung zu Gunsten des Treugebers erwirbt. Der dadurch erlangte Vermögenszuwachs beim Treuhänder ist sehr begrenzt, weil er einer dauernden Einrede unterliegt. Es ist daher gerechtfertigt, den betreffenden Gegenstand **haftungsrechtlich** weiterhin dem Vermögen des Treugebers zuzuordnen – und ihm in der Treuhänderinsolvenz ein Aussonderungsrecht zu gewähren. Für echte Treuhandverhältnisse ist erforderlich, dass sie neben einer schuldrechtlichen **zwingend** eine **dingliche Komponente** aufweisen muss – allein kraft rein schuldrechtlicher Treuhandvereinbarungen ist eine Aussonderung nicht möglich.[50] Die Ausgestaltung eines **echten Treuhandverhältnisses** muss daher **folgende zusätzliche Anforderungen** enthalten, um dem treuhänderischen Anspruch Aussonderungskraft zukommen zu lassen.

59 **Schuldrechtliche Anforderung** im Rahmen des echten Treuhandvertrags ist eine beschränkende Abrede, in der sich der Treuhänder der **Weisungsbefugnis** des Treugebers unterwirft. Sie regelt, in welcher Art und Weise er mit erlangtem Treugut zu verfahren hat.[51]

60 Als **dingliche Anforderung** für die Aussonderungskraft ist nach der **Rechtsprechung** die Beachtung des **Bestimmtheitsgebots** stets und die des **Unmittelbarkeitsgrundsatzes grds** erforderlich: Das **Bestimmtheitsgebot** verlangt, fremdes Vermögen (vertretbare Gegenstände) vom Eigenvermögen des Schuldners getrennt zu halten. Die Vermögenstrennungspflicht ist teilweise gesetzlich normiert (z.B. in § 27 Abs. 2 Satz 1 WEG; § 292 Abs. 1 Satz 2 InsO; § 2 DepotG; § 30 Abs. 1 Satz 2 InvG; § 34a Abs. 1 WpHG). Bei einer Vermögensvermischung vor oder in der Insolvenz erlischt das fremde Recht. Unschädlich ist dagegen, wenn ausschließlich fremde (treuhänderische) Rechte miteinander vermischt werden, z.B. Guthaben verschiedener Treugeber auf einem reinen Treuhandkonto, soweit sich die Vermögensrechte noch klar trennen lassen.[52] Der **Unmittelbarkeitsgrundsatz** gebietet, dass das Treugut unmittelbar aus dem Vermögen des Treugebers an den Treuhänder übertragen worden sein muss. Das wirtschaftliche Eigentum ist dann eindeutig dem Treugeber zuzuordnen – und kann ein Aussonderungsrecht gestatten. Bei der Übertragungstreuhand ist das stets der Fall, beim »Erwerb des Treuguts« von einem Dritten oder dem Treuhänder selbst (Erwerbstreuhand) fehlt es an der Eindeutigkeit. Der Unmittelbarkeitsgrundsatz wird von der Rechtsprechung **eng ausgelegt**: Die (rechtsgeschäftliche) Surrogation des erlangten Treuguts im Vermögen des Treuhänders oder das von einem Dritten an den Treuhänder geleistete Äquivalent (z.B. Kaufpreis) für das Treugut sind nicht mehr vom Unmittelbarkeitsgrundsatz gedeckt; in der Treuhänderinsolvenz bleibt ggf. eine Ersatzaussonderung nach § 48 möglich. Mit dem Grundsatz **grenzt** die Rechtsprechung die echte Treuhand von Zwischenerwerbsfällen und der **verdeckten (indirekten) Stellvertretung ab**, bei denen kein Aussonderungsrecht über § 392 Abs. 2 HGB hinaus besteht. Als **Ausnahme vom Unmittelbarkeitsgrundsatz** hat die Rechtsprechung bei der **Erwerbstreuhand** bisher zwei Fallgestaltungen eines treuhänderischen Aussonderungsrechts für Zahlungen Dritter auf »offenkundige« Treuhandkonten anerkannt.[53] Teile der Literatur kritisieren den Unmittelbarkeitsgrundsatz der Rechtsprechung als zu eng und stellen stattdessen auf die Offenkundigkeit des Treuhandverhältnisses ab bzw. verweisen auf § 392 Abs. 2 HGB.[54] Für andere Fälle der **Erwerbstreuhand** lässt sich der **Unmittelbarkeitsgrund-**

---

50 BGH ZIP 2003, 1613 (1615).
51 BGH ZIP 2003, 1613 (1615); ZIP 2003, 1404 (1405).
52 BGH ZIP 2005, 1465 (1466); ZIP 2003, 1404 (1405).
53 BGH ZIP 2005 1465 (1466); ZIP 1993, 213 (214).
54 MüKo-InsO/*Ganter* Rn. 357; Jaeger/*Henckel* Rn. 71 m.w.N.

satz durch Konstruktion einer Übertragungstreuhand mittels **Hin- und Rückübertragung** des Treuguts wahren: Der Treuhänder kann den erworbenen Gegenstand im Wege des gestatteten Insichgeschäfts (§ 181 BGB) für eine juristische Sekunde zunächst auf den Treugeber hin übertragen (§ 930 bzw. § 398 BGB) und sodann wieder an sich als Treugut zurück übertragen (§ 929 Satz 2 bzw. § 398 BGB).[55]

Der **Aussonderungsanspruch kraft Treuhand** folgt entweder aus dem **schuldrechtlichen Rückübertragungsanspruch** des Treugebers, denn auch nach Beendigung des Treuhandvertrags wirkt die Treuhandabrede fort,[56] oder aus dem **Anwartschaftsrecht** bei auflösend bedingter Übertragung des formellen Eigentums. Fehlen die schuldrechtlichen oder dinglichen Anforderungen, kommt dem Anspruch keine Aussonderungskraft zu. 61

Der Treugeber kann die **Aussonderung** (Herausgabe) des Treuguts **erst mit Beendigung** des schuldrechtlichen **Treuhandvertrags** verlangen; bis dahin besteht für die Insolvenzmasse regelmäßig ein Recht zum Besitz. Handelt es sich um einen beidseits unerfüllten (synallagmatischen) Treuhandvertrag, gilt insoweit das Wahlrecht des Insolvenzverwalters aus § 103: Bei Erfüllungsablehnung besteht ein Aussonderungsanspruch, bei Erfüllungswahl nur, nachdem der Treugeber den Treuhandvertrag durch Kündigung, z.B. gem. §§ 675, 620 ff. BGB beendet hat; § 112 gilt grds nicht. 62

b) Insolvenz des Treugebers

In der Insolvenz des Treugebers fällt das Treugut stets in die Insolvenzmasse. Der Treuhandvertrag erlischt gem. §§ 115, 116 mit Verfahrenseröffnung. Der Treuhänder hat kein Aussonderungsrecht und kein Recht zum Besitz aus dem Treuhandvertrag. 63

3. Eigennützige Treuhand: Sicherungsübertragung

Die eigennützige Treuhand (**Sicherungstreuhand**) liegt vor, wenn das Treuhandverhältnis **im Interesse des Treugebers** begründet wird. Kennzeichnend ist, dass der Treugeber einen Gegenstand zwecks dinglicher Sicherung einer Forderung formal auf den Treuhänder (Sicherungsnehmer) überträgt. Gleichwohl bleibt das Treugut haftungsrechtlich dem Treugeber zugeordnet. Die Sicherungstreuhand ist stets eine echte und damit **fiduziarische** Treuhand. Beispiele sind Sicherungsübertragungen (**Sicherungsabtretung**, **Sicherungsübereignung** und **Sicherungsgrundschuld**). Eigennütziger Treuhänder ist auch der Vermieter, der die vom Mieter geleistete **Mietkaution** entsprechend den Anforderungen aus § 551 Abs. 3 BGB angelegt hat. 64

a) Insolvenz des Treuhänders (Sicherungsnehmers)

Der Treugeber hat in der Insolvenz des Treuhänders (Sicherungsnehmer) an dem Treugut grds ein **Aussonderungsrecht**, sobald die gesicherte Forderung erfüllt, der Sicherungszweck oder Treuhandvertrag entfallen ist.[57] Solange besteht ein Recht des Sicherungsnehmers zum Besitz aus dem **Treuhandvertrag** (Sicherungsvertrag), der dem Erfüllungswahlrecht des Verwalters aus § 103 unterliegt. Der Sicherungsgeber soll nach h.M. kein Recht zur vorzeitigen Forderungstilgung haben, um sein Aussonderungsrecht frühzeitiger zu realisieren.[58] Das Aussonderungsrecht des Treugebers entfällt bei Eintritt der Verwertungsreife. Der Aussonderungsanspruch kraft Treuhand folgt aus dem insolvenzfesten **schuldrechtlichen Rückübertragungsanspruch** des Treugebers oder aus dem **Anwartschaftsrecht** bei auflösend bedingter Übertragung des Treuguts; die schuldrechtlichen und dinglichen Anforderungen für echte Treuhandverhältnisse gelten auch hier insoweit. 65

---

55 BAG ZIP 2004, 124 (128); Jaeger/*Henckel* Rn. 76.
56 BGH ZIP 2005 1465 (1466).
57 MüKo-InsO/*Ganter* Rn. 55.
58 Gottwald/*Gottwald* § 43 Rn. 49; MüKo-InsO/*Ganter* Rn. 376.

§ 47 InsO Aussonderung

b) Insolvenz des Treugebers (Sicherungsgebers)

66 In der Insolvenz des Treugebers besteht der eigennützige Treuhandvertrag (Sicherungsvertrag) mit Verfahrenseröffnung gem. § 103 fort; die §§ 115, 116 gelten nicht.[59] Das Treugut fällt in die Insolvenzmasse, der Treuhänder (Sicherungsnehmer) hat aber ein **Absonderungsrecht** an dem besicherten Treugut, § 51 Nr. 1.

4. Doppeltreuhand

67 Die Doppeltreuhand (mehrseitige oder auch doppelseitige Treuhand) ist eine Kombination. Sie liegt vor, wenn der Treuhänder das Treugut mit unterschiedlichem Interesse für mehrere Treugeber – ggf. auch für sich – zugleich hält. Im Verhältnis zum einen Treugeberteil ist die Treuhand stets uneigennützig. Im Verhältnis zum anderen Treugeberteil ist sie zugleich entweder auch uneigennützig (**uneigennützige Doppeltreuhand**) oder teilweise eigennützig (Sicherungstreuhand), indem damit Rechte eines Treugebers (Gläubiger) gegen seinen Schuldner gesichert werden (**gemischte Doppeltreuhand**). Wichtigster Fall der Doppeltreuhand ist der **Treuhand-Sicherheitenpool** bzw. die **Sicherheitentreuhand**; weitere Beispiele sind der Treuhandliquidationsvergleich, die treuhänderische Verwaltung abgetretener Forderungen für Zedenten und Zessionar.[60]

XII. Bankkonten

1. Eigenkonto

68 Mit Insolvenzeröffnung über das Vermögen **des Inhabers eines Einzelkontos** fällt das Eigenkonto, das nicht Treuhandkonto ist, in die Insolvenzmasse (Soll-Masse). Im **Deckungsverhältnis** zwischen Einzelkontoinhaber und Kreditinstitut erlöschen bestehende Aufträge und Geschäftsbesorgungsverträge, die die Erbringung bestimmter Zahlungsdienste zum Gegenstand haben, §§ 115 Abs. 1, 116 Satz 1, 3 InsO i.V.m. § 675c Abs. 1 BGB; dies gilt für **Giro- und Kontokorrentvertrag** (§ 355 HGB) als sog. Zahlungsdiensterahmenvertrag (§ 675f Abs. 2 BGB), nicht jedoch für Zahlungsaufträge wie **Überweisung** oder **Lastschrift**, die vor Insolvenzeröffnung bereits erteilt waren, §§ 116 Satz 3 InsO i.V.m. § 675f Abs. 3 Satz 2 BGB.[61] Mit Übergang der Verfügungsbefugnis auf den Insolvenzverwalter kann die Bank grds nicht mehr befreiend an den Insolvenzschuldner leisten, § 82.

2. Treuhandkonto

a) Allgemeines

69 Ein Treuhandkonto dient **ausschließlich** der Aufnahme und Verwaltung fremder Gelder (Treugut), die dem Treuhänder vom Treugeber in Ausführung des Treuhandverhältnisses anvertraut wurden.[62] Treuhandkonten sind **Anderkonten** oder **bestimmte Sonderkonten**. Der Treuhandzweck des Kontos kann offenkundig oder verdeckt sein. Das **Treuhandkonto** ist **meist uneigennützig** eingerichtet, kann aber auch eigennützig sein wie etwa beim **Bardepot** oder beim **Mietkautionskonto**.

70 Um das Guthaben auf dem Treuhandkonto dem wirtschaftlichen Haftungsvermögen des Treugebers zuordnen zu können, sind der Unmittelbarkeitsgrundsatz – mit seinen Ausnahmen – und der Bestimmtheitsgrundsatz zu beachten. Der **Unmittelbarkeitsgrundsatz** verlangt, dass das Treugut unmittelbar aus dem Vermögen des Treugebers in das des Treuhänders übertragen worden sein muss. Zahlt der Treuhänder das vom Treugeber übergebene Geld auf sein Treuhandkonto ein, kommt das Treugut abhanden und der Treuhänder erlangt stattdessen eine Guthabensforderung gegen seine Bank. Da das Merkmal der Unmittelbarkeit der Vermögensübertragung von der Rechtsprechung

---

[59] Uhlenbruck/*Sinz* §§ 115, 116 Rn. 3.
[60] OLG Karlsruhe ZIP 1991, 43; vgl. Jaeger/*Henckel* Rn. 83 ff.
[61] Uhlenbruck/*Sinz* §§ 115, 116 Rn. 16, 26, 34; *Obermüller* ZInsO 2010, 8; *Rühl* DStR 2009, 2256 zum neuen Recht der Zahlungsdienste.
[62] BGH ZInsO 2008, 206.

eng verstanden wird, setzt sich das erloschene treugeberische Recht streng genommen nicht im Wege der Surrogation an der Guthabensforderung fort. Dennoch ist die Guthabensforderung treuhänderisch gebunden, denn es darf keinen Unterschied machen, ob der Treuhänder das empfangene Geld (Treugut) verwahrt oder auf ein Konto einzahlt.[63] Als **Ausnahme** von dem Erfordernis der Unmittelbarkeit der Vermögensübertragung hat der BGH **zwei Fallkonstellationen** anerkannt:[64] Bei der Einzahlung eines Dritten auf ein **Anderkonto**, das offenkundig zu dem Zweck bestimmt ist, alleine fremde Gelder zu verwalten.[65] Und bei der Einzahlung Dritter auf ein **Sonderkonto**, das nicht die Publizität eines Anderkontos hat, wenn dieses **erkenn- oder nachweisbar** zur Aufnahme ausschließlich treuhänderisch gebundener Fremdgelder bestimmt ist **und** die der Zahlung zugrunde liegende Forderungen zuvor unmittelbar in der Person des Treugebers – nicht Treuhänders – entstanden waren.[66]

Der **Bestimmtheitsgrundsatz** verlangt, dass das Aussonderungsgut bestimmt bzw. bestimmbar sein muss, und daher stets vom sonstigen Vermögen des Insolvenzschuldners (Treuhänders) zu trennen ist. Die **Aussonderungsbefugnis** an einem Kontoguthaben kann daher nur bestehen, wenn es sich um ein Konto handelt, dass der Aufnahme ausschließlich treuhänderisch gebundener Fremdgelder dienen soll.[67] Dabei darf das Treuhandkonto in gewissem Rahmen für Fremdgelder verschiedener Treugeber genutzt werden, solange das Konto als Ganzes der Treuhandbindung unterliegt (Sammel-Treuhandkonto), sobald jedoch Treugut und Eigenvermögen des Treuhänders vermischt werden, erlischt das dingliche Recht des Treugerbers am Treugut.[68] Die Aussonderung eines bloßen Geldsummenanspruchs ist nicht möglich, auch gelten die §§ 947 ff. BGB bei der Vermögensvermischung innerhalb eines Treuhandverhältnisses nicht.[69] Unter den Voraussetzungen des § 48 kann eine Ersatzaussonderung möglich sein, solange das Guthaben noch unterscheidbar in der Insolvenzmasse vorhanden ist und eine »unberechtigte Veräußerung« vorliegt.[70] 71

Auch **nach Beendigung des Treuhandvertrags** wirkt die treuhänderische Bindung für die Kontoforderung fort.[71] In der **Insolvenz des Treuhänders** fällt das Guthaben auf dem Treuhandkonto nicht in die Insolvenzmasse. Der Treugeber ist dem Insolvenzverwalter gegenüber – nicht der Bank – grds zur Aussonderung berechtigt. Ist die Treuhand eigennützig, müssen zuvor die gesicherte Forderung erfüllt oder der Sicherungszweck entfallen sein. Bei einem verdeckten Treuhandkonto kann das Treuhandkontoguthaben (Aussonderungsgut) ggf. durch Einwendungen der kontoführenden Bank aus dem Kontoverhältnis beeinträchtigt sein. In der **Insolvenz des Treugebers** fällt das Treuhandkontoguthaben wirtschaftlich in die Insolvenzmasse, bei der **eigennützigen Treuhand** kann dem Treuhänder ein Absonderungsrecht zustehen, § 51 Nr. 1. 72

b) Anderkonto

Das Anderkonto ist eine Unterart des **offenen Treuhandkontos**[72] und begründet ein **uneigennütziges (echtes Verwaltungs-)Treuhandverhältnis**. Es kann nur von Angehörigen spezieller Berufsgruppen (Rechts-, Patentanwälte, Notare, Wirtschaftsprüfer und Steuerberater) als Treuhänder errichtet werden. Die Kreditinstitute haben für Anderkonten und -depots eigene Geschäftsbedingungen entwickelt. Der Treuhänder führt das Anderkonto als verfügungsbefugter Kontoinhaber für fremde 73

---

63 MüKo-InsO/*Ganter* Rn. 392.
64 Vgl. nur BGH ZIP 1993, 213 (214).
65 BGH NJW 1954, 190 (191).
66 BGH ZIP 2005 1465 (1466); NJW 1959, 1223 (1225).
67 BGH ZInsO 2008, 206.
68 BGH ZInsO 2003, 705.
69 BGH ZInsO 2003, 705 (706).
70 BGH ZInsO 2003, 705 (706).
71 BGH 07.07.2005, III ZR 422/04, ZIP 2005 1465 (1466).
72 BGH WM 1996, 662.

Rechnung. Es ist zwar ein Eigenkonto, wird aber in der Insolvenz wie ein Fremdkonto behandelt.[73] In der Insolvenz des Treuhänders hat der Treugeber grds ein Aussonderungsrecht an dem Guthaben auf dem Anderkonto, soweit die Voraussetzungen für Treuhandkonten vorliegen. Umgekehrt fällt in der Insolvenz des Treugebers das Treuhandkontoguthaben materiell in die Insolvenzmasse.

c) Sonderkonto als Treuhandkonto

74 Das Sonderkonto ist ein separates Fremd- oder Eigenkonto, das zu bestimmten Zwecken eingerichtet wird. Allein nach der Kontoinhaberschaft bestimmt sich grds, zu wessen Haftungsmasse die Einlageforderung gehört.[74] Bei einem Treuhand-Eigenkonto fallen Kontoinhaberschaft und Zuordnung der Haftungsmasse dagegen auseinander. Da das Eigenkonto entweder der Verwahrung nur eigenen oder nur fremden Vermögens dienen kann, kann in der Insolvenz des Kontoinhabers die **Abgrenzung** des (verdeckten) Treuhandkontos **vom Eigengeld-Konto** geboten sein.[75] Ein Sonderkonto ist nur dann Treuhandkonto, wenn auch die **Treuhandvoraussetzungen** vorliegen; alleine die **Bezeichnung des Kontos** als Treuhandkonto macht das darauf separierte Guthaben noch nicht zu Treugut.[76]

75 Die »**Offenlegung**« **des Treuhandzwecks** des Kontos ist nicht tatbestandliche Voraussetzung für ein Treuhandverhältnis, sondern dient der **Unterscheidung von offenen und verdeckten Treuhandkonten**. Die Abgrenzung ist geboten, um das Kontovermögen und die Einwendungsmöglichkeiten der kontoführenden Bank im Verhältnis zum Kontoinhaber (Insolvenzschuldner) richtig einzuordnen. Sie ist im **Kontoverhältnis** – unabhängig von der Insolvenz – für die Frage bedeutsam, ob der kontoführenden Bank an dem kreditorischen Treuhandkontoguthaben ggf. ein vertragliches **Pfandrecht** sowie ein **Aufrechnungs- und Zurückbehaltungsrecht für eigene Ansprüche gegen den Kontoinhaber** zustehen kann. Bei einem offenen Treuhandkonto ist die Erstreckung auf das Treuhandkonto stets stillschweigend abbedungen, bei einem verdeckten Treuhandkonto gerade nicht – es fehlt eine entsprechende Abrede.[77] Ein **offenes Treuhandkonto** liegt vor, wenn der Kontoinhaber (Treuhänder) dem außenstehenden kontoführenden Kreditinstitut **bei Kontoeröffnung ausdrücklich** (über die Kontobezeichnung und im Kontovertrag) angezeigt hat, dass das Konto der Aufnahme ausschließlich fremder Werte dient, die dem Kontoinhaber nur als Treuhänder zustehen.[78] In der **Insolvenz** sind die Rechtsfolgen für verdecktes und offenes Treuhandkonto gleich mit der Einschränkung, dass das verdeckte kreditorische Treuhandkonto gegenüber Einwendungen der Bank wie ein Eigenkonto des Treuhänders behandelt wird und damit das Aussonderungsgut belasten kann.

3. Sperrkonto

76 Bei einem Sperrkonto (besonderes Sonderkonto) ist die Verfügungsmacht des Kontoinhabers über das Kontoguthaben zu Gunsten eines Dritten durch Abrede mit der Bank eingeschränkt (Sperrvereinbarung). Nur bei Erfüllung bestimmter Voraussetzungen, Eintritt eines Ereignisses (Bedingung oder Termin) oder mit Zustimmung des Sperrbegünstigten darf der Kontoinhaber verfügen; im Übrigen kann die Bank Weisungen und Verfügungen des Kontoinhabers die Einrede aus der Sperrvereinbarung entgegenhalten. Wichtigstes Beispiel in der Praxis ist das **Mietkautionskonto**. In der **Insolvenz des Kontoinhabers** hat der Insolvenzverwalter gegenüber der Bank – neben den Rechten kraft InsO – nur die Rechte, die auch dem Kontoinhaber zustanden; er ist insoweit an die Sperrvereinbarung mit ihrer Wirkung gebunden.[79] Die **Kontosperre** bewirkt i.d.R. eine schuldrechtliche Verfügungsbeschränkung zu Gunsten des Sperrbegünstigten, die ihm in der Insolvenz des Kontoinhabers jedoch keine vermögensrechtliche Vorzugstellung (Aus- oder Absonderungsrecht) einräumt.

---

73 *Bork* Zahlungsverkehr in der Insolvenz, 1. Aufl., Rn. 21.
74 BAG ZIP 2004, 124 (127); BGH WM 1987, 979.
75 *Obermüller* Bankpraxis, Rn. 2.95.
76 BAG ZIP 2004, 124 (127); MüKo-InsO/*Ganter* Rn. 392a.
77 BGH NJW 1993, 2622; *Obermüller* Bankpraxis, Rn. 2.87 f.
78 BGH WM 1996, 249 (251).
79 BGH ZIP 1995, 225.

Der Kontosperre kommt nur dann dingliche Wirkung zu, wenn mit ihr zugleich ein dingliches Sicherungsrecht (z.B. Sicherungszession oder Forderungspfandrecht) zu Gunsten des Sperrbegünstigten begründet wurde.[80] Die hierzu erforderliche Vereinbarung zwischen Kontoinhaber und Sperrbegünstigtem muss eindeutig zum Ausdruck bringen, dass nicht nur eine schuldrechtliche Verpflichtung, sondern auch ein dingliches Sicherungsrecht begründet werden soll.[81] Ist dies der Fall, steht dem besicherten Sperrbegünstigten in der Insolvenz des Kontoinhabers ein Absonderungsrecht zu.

4. Mietkautionskonto

In der Insolvenz der Mietvertragspartei hängt die Zugriffsmöglichkeit der anderen Partei auf die Mietkaution davon ab, wie die Kaution ins Vermögen des Insolvenzschuldners eingebracht ist. Das Mietkautionskonto (Sonderkonto) kann vom Vermieter oder Mieter eingerichtet werden. 77

Ist der **Vermieter Inhaber des Mietkautionskontos**, wird es i.d.R. mit einer Kontosperre zu Gunsten des Mieters versehen (Sperrkonto). In der **Insolvenz des Vermieters** darf der Mieter das geleistete Kautionsguthaben nebst Zinsen grds **aussondern**, wenn es gem. § 551 Abs. 3 Satz 3 BGB getrennt vom Vermögen des Vermieters angelegt wurde (Bestimmtheitsgrundsatz) und die weiteren Voraussetzungen eines fiduziarischen Treuhandverhältnisses vorliegen. Der Vermieter ist eigennütziger Treuhänder der Mietkaution; für eine Aussonderung muss zuvor die gesicherte Forderung erfüllt oder der Sicherungszweck entfallen sein. Das Kautionskonto kann, je nach »Offenlegung«, verdecktes oder offenes Treuhandkonto sein – mit den entsprechenden Konsequenzen im Verhältnis zur kontoführenden Bank. Einer Einzahlung der Kaution unmittelbar auf das Treuhandkonto bedarf es nach Ansicht des BayObLG nicht. Es ist ausreichend, wenn die Kaution als »Zwischenstation« zunächst in das Eigenvermögen des Vermieters gelangt und erst später auf das separate Treuhandkonto überführt wird.[82] Unterbleibt die Trennung der Mietkaution vom Eigenvermögen des Insolvenzschuldners durch Anlage auf einem entsprechenden Sonderkonto vor Insolvenzeröffnung, besteht mangels Bestimmtheit kein Treugut und damit kein Aussonderungsrecht des Mieters; sein **schuldrechtlicher Rückgewähranspruch**, der mit Hingabe der Kaution aufschiebend bedingt durch die Beendigung des Mietverhältnisses entsteht, ist lediglich Insolvenzforderung.[83] Umgekehrt fällt in der **Insolvenz des Mieters** das Mietkautionsguthaben aufgrund des Treuhandverhältnisses in die Insolvenzmasse. Dem Vermieter steht als eigennützigem Treuhänder an der von ihm gehaltenen Kaution ein **Absonderungsrecht** zu (§ 51 Nr. 1); wird die Trennung der Mietkaution vom Eigenvermögen des Vermieters aufgehoben, entfällt das Absonderungsrecht. 78

Ist der **Mieter Inhaber des Mietkautionskontos**, besteht umgekehrt meist eine Kontosperre zu Gunsten des Vermieters. In der **Insolvenz des Vermieters** geht die Aussonderung grds nur auf Zustimmung zur Aufhebung der Kontosperre, denn der Mieter ist als Kontoinhaber nicht verfügungsbefugt. In der **Insolvenz des Mieters** ist das Guthaben Teil der Insolvenzmasse. Dem Vermieter steht an dem Kautionsguthaben ein Absonderungsrecht nur zu, wenn ein dingliches Sicherungsrecht an dem Kontoguthaben besteht; die Kontosperre ist für sich nicht ausreichend. 79

5. Gemeinschaftskonto

Darunter versteht man ein Konto, bei dem mehrere Personen Kontoinhaber sind. In der Insolvenz des Mitinhabers fällt nur sein Anteil in die Insolvenzmasse, nicht aber das Konto selbst, § 84 Abs. 1. Der Kontokorrentvertrag mit dem Kreditinstitut wird durch die Insolvenzeröffnung nicht beendet.[84] Bei Gemeinschaftskonten wird zwischen Und-Konto (gemeinsame Verfügungsbefugnis) und Oder-Konto (Einzelverfügungsbefugnis) unterschieden – die Verfügungsbefugnis des Insolvenzschuldners 80

---

80 BGH ZIP 1986, 749; ZIP 1984, 1118 (1120).
81 BAG ZIP 2004, 124 (128); *Obermüller* Bankpraxis, Rn. 2.97.
82 BayObLG ZIP 1988, 789.
83 BGH ZIP 2008, 469; OLG Hamburg ZIP 1990, 115.
84 BGH WM 1985, 1059; *Obermüller* Bankpraxis, Rn. 2.68.

geht spätestens mit Insolvenzeröffnung auf den Verwalter über, wenn sie nicht schon im Insolvenzeröffnungsverfahren auf den vorläufigen Insolvenzverwalter übergegangen war, § 80 Abs. 1, 81, 24 Abs. 1, 22 Abs. 1, 2. In der Insolvenz erwirbt der (vorläufige) Insolvenzverwalter nur die Rechte, die zuvor auch dem Insolvenzschuldner zustanden.

81 Das **Und-Konto** ist durch die ausschließlich **gemeinschaftliche Verfügungsbefugnis** aller Kontoinhaber gekennzeichnet. Ist das Konto **kreditorisch**, sind die Kontoinhaber Mitgläubiger i.S.d. § 432 BGB mit der Folge, dass sie über eine Guthabenforderung nur gemeinsam verfügen dürfen und die Bank mit schuldbefreiender Wirkung nur an alle gemeinsam leisten kann. Nimmt einer der Kontoinhaber oder der Insolvenzverwalter alleine und ohne Zustimmung der anderen eine Verfügung vor, ist diese grds schwebend unwirksam. Der Kontomitinhaber darf seinen Anteil aussondern. Die **Aussonderung** erfolgt, indem der Kontomitinhaber sich gegen eine unberechtigte Verfügung des Insolvenzverwalters wehrt oder die **Auseinandersetzung** gem. § 84 Abs. 1 Satz 1 begehrt. Wird das Gemeinschaftskonto **debitorisch**, haften alle Kontoinhaber der Bank als Gesamtschuldner. Ansprüche gegen den insolventen Gesamtschuldner sind dabei Insolvenzforderungen; dies gilt auch für Ausgleichsansprüche im Innenverhältnis, § 44. Die wichtigsten Fälle gesetzlich begründeter Und-Konten treten auf bei der **Miterbengemeinschaft**, bei der sich aufgrund gesetzlicher Erbfolge das Einzelkonto des Erblassers automatisch umwandelt (§§ 2039 Satz 1, 2040 Abs. 1 BGB), sowie bei Ehegatten im Güterstand der **Gütergemeinschaft** (§§ 1419 Abs. 1, 1421 BGB) – im letzten Fall findet keine Auseinandersetzung statt, § 37 Abs. 1 Satz 2.

82 Beim **Oder-Konto** besteht eine **Einzelverfügungsbefugnis** für jeden Mitinhaber, der über den gesamten Kontobetrag ohne Mitwirkung der anderen Kontoinhaber selbständig verfügen darf. Es erzeugt eine Rechtswirkung vergleichbar der, als hätte ein Kontoinhaber rechtsgeschäftlich erteilte Vertretungs- und Verfügungsmacht über das (Und- oder Einzel-)Konto eines anderen. Es besteht jedoch folgender Unterschied: Anders als bei der jederzeit widerrufbaren – und bei Insolvenzeröffnung gem. § 117 Abs. 1 erloschenen – Vollmacht erlangt jeder Mitinhaber durch Eröffnung des Oder-Kontos eine **unabhängige Verfügungsbefugnis** und eigene Inhaberschaft an der Forderung als Gläubiger gegenüber der Bank.[85] Ist das Oder-Konto **kreditorisch**, so sind die Kontoinhaber Gesamtgläubiger i.S.d. § 428 BGB und jeder ist für das Gesamtguthaben forderungsberechtigt. Abweichend von § 428 BGB muss die Bank die Leistung jedoch an den verfügungsbefugten Kontoinhaber erbringen, der dies als erster verlangt (Prioritätsprinzip). Dies gilt auch in der Insolvenz des Kontomitinhabers, denn nur seine Inhaberschaft und Verfügungsbefugnis geht auf den Insolvenzverwalter über. Dem anderen Kontomitinhaber steht insoweit **kein Aussonderungsrecht** zu, denn seine Forderung wird nicht durch die Insolvenzmasse beeinträchtigt. Den »**Wettlauf**« um die Leistung der Bank an einen Kontomitinhaber kann nur verhindern, wer entweder **zuerst die Auszahlung** an sich **verlangt** – unabhängig davon, wem die Forderung im Innenverhältnis gebührt[86] – **oder** wer die ursprüngliche Einzelverfügungsbefugnis durch **Widerruf** mittels Weisung gegenüber der Bank rechtzeitig beseitigt. Folge des wirksamen Widerrufs ist die **Umwandlung** in ein Und-Konto oder Einzelkonto. Widerrufsvoraussetzung ist, dass ein solches Weisungsrecht zwischen den Kontovertragsparteien (Kontoinhabern und Bank) vertraglich vereinbart wurde; die einseitige Erklärung eines Kontoinhabers zu Lasten des anderen ist darüber hinaus nicht möglich.[87] Ist das Konto **debitorisch**, haften die Kontoinhaber – wie beim Und-Konto – für die Verbindlichkeiten als Gesamtschuldner.

6. Konto mit Drittbegünstigungsklausel und Treuhand zu Gunsten Dritter

83 Bei einem Kontovertrag mit Begünstigungsklausel erwirbt ein Dritter ein eigenes Forderungsrecht unmittelbar gegen die Bank (§§ 328 ff. BGB). Der Anspruchserwerb kann auch zu einem späteren Zeitpunkt erfolgen, wenn der Erwerb an den Eintritt einer Bedingung geknüpft ist. Bis dahin darf der Kontoinhaber ohne Zustimmung des Begünstigten über das Kontoguthaben verfügen; einen ding-

---

85 BGH WM 1990, 2067 (2068).
86 OLG Hamburg ZIP 2008, 88.
87 BGH WM 1990, 2067 (2068).

lichen Vertrag zu Gunsten Dritter gibt es nicht. Hat der Dritte den Anspruch vor Erlass eines allgemeinen Verfügungsverbots bzw. Insolvenzeröffnung über das Vermögen des Kontoinhabers noch nicht erworben, kann der Insolvenzverwalter die Begünstigung ins Leere laufen lassen, indem er das Guthaben rechtzeitig abhebt. Mit Anspruchserwerb des Begünstigten wird die – noch vorhandene – Kontoguthabensforderung gegen die Bank massefremd; bei Beeinträchtigung durch die Insolvenzmasse steht ihm ein Aussonderungsrecht zu.[88] Im Valutaverhältnis zwischen Zuwender (Kontoinhaber) und Drittem liegt kein Treuhandverhältnis vor.[89]

Gleichwohl kann im Deckungsverhältnis zwischen Zuwender und seinem Kreditinstitut auch eine (echte oder unechte) **Treuhand zu Gunsten eines Dritten** begründet werden, womit z.B. Wertpapierdepots, Spargutaben, Ansprüche aus Lebensversicherungen etc. diesem zugewendet werden. Bspw. überträgt der zuwendende Depotinhaber (Treugeber) sein Eigentum an den Wertpapieren treuhänderisch auf das Kreditinstitut. Zu dem vom Treugeber bestimmten Zeitpunkt erwirbt der Dritte dann einen schuldrechtlichen Anspruch auf Übertragung der Wertpapiere (Treugut) gegen die Bank. In der Insolvenz des Treugebers steht dem begünstigten Dritten das Aussonderungsrecht zu.[90]

7. Arbeitszeitkonto

Arbeitszeitkonten beruhen auf dem Prinzip, Arbeitsleistung und dazugehörige Vergütung zeitlich zu entkoppeln. Beispiele sind etwa Kurz- und Gleitzeitkonten, Alterteil-, Gleitzeit-, Ausgleichskonten, Lebens- und Jahresarbeitszeitkonten.[91] Auf das Arbeitszeitkonto wird i.d.R. die vorgeleistete Arbeit des Arbeitnehmers gutgeschrieben, die erst in der folgenden Abrechnungsperiode vergütet werden soll. Für die Abgeltung der Arbeitszeitguthaben stellt der Arbeitgeber entsprechende Mittel auf einem separaten Entgeltkonto bereit, dessen Inhaber er oder ein Dritter ist.

In der Insolvenz des Arbeitgebers unterliegt das Guthaben auf dem Entgeltkonto grds nicht der Aussonderung durch den Arbeitnehmer.[92] Das bis zur Insolvenzeröffnung auf dem Arbeitszeitkonto angesparte Guthaben drückt den Vergütungsanspruch des Arbeitnehmers in anderer Form aus und führt lediglich zu einer Insolvenzforderung. Auch wenn Arbeitszeit- und Entgeltkonto vom Arbeitgeber als Treuhandkonten geführt werden, liegen die Treuhandvoraussetzung i.d.R. nicht vor: Für das Guthaben fehlt es an der Unmittelbarkeit der Vermögensübertragung nebst Ausnahmen, denn der Arbeitgeber (Treuhänder) – nicht der Treugeber oder ein Dritter – zahlt den für die angesparte Arbeitszeit geschuldeten Lohn auf das Entgeltkonto ein und erwirbt die Guthabensforderung gegen die Bank. Soweit es hier an der Verdinglichung der Rechtsstellung des Arbeitnehmers an der Guthabensforderung fehlt, scheiden ein Aus- bzw. Absonderungsrecht (kraft Treuhand) aus.[93] **Vertragsgestalterisch** kann ein **Aussonderungsrecht** durch Hin- und Rückübertragung der Guthabensforderung begründet werden, ein **Absonderungsrecht** besteht nur bei Bestellung eines dinglichen Sicherungsrechts wie z.B. bei Verpfändung oder Sicherungstreuhand.

Um das durch ein Arbeitszeitkonto angesparte Wertguthaben des Arbeitnehmers nebst aller Gesamtsozialversicherungsbeiträge in der Arbeitgeberinsolvenz vollständig abzusichern, hat der Gesetzgeber mit dem Gesetz vom 21.12.2008 zur Verbesserung der Rahmenbedingungen für die Absicherung flexibler Arbeitszeitregelungen (sog. »**FlexiG II**«)[94] für bestimmte Arbeitszeitkonten (§ 7b SGB IV) unter bestimmten Voraussetzungen den Arbeitsvertragsparteien **ab dem 01.01.2009** eine **Insolvenzsicherungspflicht** in § 7e SGB IV auferlegt: Nach § 7e Abs. 2 SGB IV sind Wertguthabenkonten und das entsprechende Anlagevermögen unter Rückübertragungsausschluss durch einen Dritten

---

88 Uhlenbruck/*Brinkmann* Rn. 49; MüKo-InsO/*Ganter* Rn. 404.
89 HambK-InsR/*Büchler* Rn. 44.
90 MüKo-InsO/*Ganter* Rn. 368.
91 *Cisch/Ulbrich* BB 2009, 550.
92 BAG ZIP 2004, 124.
93 BAG ZIP 2004, 124 (128).
94 Vgl. *Cisch/Ulbrich* BB 2009, 550 ff.; *Ars/Blümke/Scheithauer* BB 2009, 1358 ff. u. 2252 ff.; *Grobys/Steinau-Steinrück* NJW-Spezial 2009, 146 f.

als Treuhänder zu führen. Dem empfohlenen (doppelseitigen) Treuhandverhältnis stellt der Gesetzgeber als alternatives Sicherungsmittel ein Versicherungsmodell, schuldrechtliches Verpfändungs- oder Bürgschaftsmodell mit ausreichender Sicherung gegen Kündigung gleich. Die wirksame Vereinbarung eines Sicherungstreuhand- oder Verpfändungsvertrags (sog. **Contractual Trust Arrangements**; kurz CTA) verschafft dem Arbeitnehmer ein Pfandrecht an dem Rückforderungsanspruch des Arbeitgebers gegen den Treuhänder. Im Insolvenzfall steht ihm ein **Absonderungsrecht** daran zu und er kann die Forderung einziehen, wenn der Insolvenzverwalter die Vereinbarung nicht im Wege der Anfechtung beseitigt.[95]

XIII. Lagergeschäft

88 In der **Insolvenz des Lagerhalters** kann der Einlagerer (Gläubiger) ein Aussonderungsrecht an dem eingelagerten Gut haben, wenn die Rechte daran massefremd sind. Der Aussonderungsanspruch beruht auf dem schuldrechtlichen Herausgabeanspruch aus dem Lagervertrag, bei Eigentum am eingelagerten Gut lässt er sich zugleich aus dem aussonderungskräftigen dinglichen Recht herleiten. Ist der Anwendungsbereich der Vorschriften über das Lagergeschäft (§§ 467–475h HGB) über § 467 Abs. 3 HGB nicht eröffnet, sind die §§ 688 ff. BGB einschlägig. Wegen **Massefremdheit** besteht grds. ein **Aussonderungsrecht** in folgenden Fällen: Bei der **Einzellagerung** gem. § 467 Abs. 1 HGB (sog. Sonderlagerung) wird das Eigentum durch die Einlagerung des Guts nicht verändert, solange und soweit sie ordnungsgemäß erfolgt. Bei der **Sammellagerung** gem. § 469 HGB (auch Mischlagerung genannt) ist der Lagerhalter berechtigt, dass eingelagerte Gut mit anderem zu vermischen, erwirbt aber selbst kein Eigentum. Ab der Einlagerung erwirbt der bisherige Eigentümer des eingelagerten Guts **Miteigentum** am Ganzen bis zur Auslieferung (§§ 1008, 741 ff. BGB, § 469 Abs. 2 HGB). Aussonderungsgegenstand ist der Miteigentumsanteil. **Kein Aussonderungsanspruch** besteht jedoch, wenn dem Lagerhalter an dem Gut ein **Pfandrecht** gem. § 475b HGB zusteht. Kein Aussonderungsrecht besteht bei der **Summenlagerung**, die § 700 BGB unterfällt – die §§ 467 ff. HGB gelten nicht. Bei ihr wird der Lagerhalter Eigentümer der eingelagerten Sachen und hat nur Sachen gleicher Art, Güte und Menge zurückzugewähren;[96] der Rückgewähranspruch ist schuldrechtlicher Verschaffensanspruch und damit bloß Insolvenzforderung.

89 In der **Insolvenz des Einlagerers** fallen die Ansprüche aus dem Lagervertrag, der dem Erfüllungswahlrecht des Insolvenzverwalters aus § 103 unterliegt, in die Insolvenzmasse. Steht dem Lagerhalter an dem eingelagerten Gut ein Besitzpfandrecht zu (§ 475b HGB), hat er insoweit ein (kaufmännisches) Zurückbehaltungsrecht gegen die Insolvenzmasse; zusätzlich kann ein **Absonderungsrecht** gem. §§ 50 Abs. 1, 51 Nr. 3 bestehen, wenn die Rechte am Gut (z.B. Eigentum) auch der Insolvenzmasse zustehen.

XIV. Leasing

1. Allgemeines

90 Der Leasingvertrag verpflichtet zur Gebrauchsüberlassung des Leasingguts an den Leasingnehmer auf Zeit gegen Entgelt an den Leasinggeber. Er ist typengemischter Vertrag mit Elementen aus Kauf, Darlehen und Miete, jedoch ohne Treuhandcharakter.[97] Die ständige BGH-Rechtsprechung weist den Leasingvertrag – grds auch beim Finanzierungsleasing – rechtlich dem Mietrecht zu.[98] Im Fall der Insolvenz regeln folglich die §§ 103, 105, 108 ff. den Bestand des Leasingvertrags und des Aussonderungsanspruchs.

---

95 *Rößler* BB 2010, 1405 (1411 f.); *Passarge* NZI 2006, 20 ff.
96 Baumbach/Hopt/*Merkt* HGB, 34. Aufl., § 467 Rn. 1, 6.
97 Jaeger/*Henckel* Rn. 67.
98 BGH WM 1981, 1378; WM 1987, 1338 f.; ZIP 1995, 383; zur Lit.-Kritik vgl. nur v. Westphalen/*v. Westphalen* Der Leasingvertrag, 6. Aufl., Kap. B Rn. 2 ff.

2. Insolvenz des Leasingnehmers

Beim **Operating-Leasing** wird das bewegliche Leasinggut für eine i.d.R. unbestimmte Laufzeit überlassen, mit einem jederzeitigen, kurzfristigen Kündigungsrecht des Leasingnehmers. Es wird wie ein Miet- oder Pachtvertrag über **bewegliche Sachen** behandelt.[99] Danach hat der Leasinggeber in der Insolvenz des Leasingnehmers an dem überlassenen Leasinggut ein **Aussonderungsrecht** aufgrund des leasingvertraglichen Rückgabeanspruchs (analog § 546 BGB), der regelmäßig neben dem Herausgabeanspruch kraft dinglichen Rechts – wie aus Eigentum (§ 985 BGB) – steht.[100] Ein **Aussonderungsanspruch** besteht gleichwohl nur, wenn der Insolvenzverwalter kein Recht zum Besitz an dem Leasinggut mehr hat: Dies ist der Fall, solange der Verwalter nicht die Erfüllung des fortbestehenden Vertrags nach § 103 Abs. 1 gewählt hat,[101] oder sobald der Leasingvertrag wirksam beendet, insb. gekündigt wurde – die Kündigung durch den Leasinggeber aus einem in der Kündigungssperre nach § 112 aufgeführten Grund muss vor Insolvenzantragstellung wirksam erfolgen.[102]

91

Beim **Finanzierungs-Leasingvertrag** finanziert und erwirbt der Leasinggeber einen (**un-**)**beweglichen Gegenstand** i.d.R. zu vollem (oder nur vorbehaltenem) Eigentum auf Veranlassung des Leasingnehmers vom Lieferanten, um diesen sodann dem Leasingnehmer für eine feste Grundmietzeit zum Gebrauch zu überlassen. Als Gegenleistung zahlt der Leasingnehmer in der Laufzeit die vereinbarten Leasingraten, mit denen die Finanzierungs-, Anschaffungs- und Nebenkosten nebst Verzinsung des Leasinggebers vollständig oder teilweise amortisiert werden. Die verschiedenen Leasingvertragsmodelle enthalten oftmals Optionen, die bei Ablauf der Grundmietzeit von einer Partei ausgeübt werden können (bei Vollamortisationsverträgen z.B. Kauf- oder Mietverlängerungsoptionen; bei Teilamortisationsverträgen zudem z.B. Andienungsrecht des Leasinggebers, Mehrerlösbeteiligung oder Restwertzahlung).[103]

92

Beim **Finanzierungs-Leasing** dominiert die Finanzierungsfunktion. Für den typengemischten Leasingvertrag ist daher nicht nur steuerrechtlich (wirtschaftlich und bilanziell), sondern auch zivilrechtlich (und damit auch insolvenzrechtlich) eine eindeutige Vermögenszuordnung des Leasingguts erforderlich, denn rechtliches und wirtschaftliches Eigentum können – wie beim Sicherungseigentum – auseinanderfallen. Für die Vermögenszuordnung gilt Folgendes: Die ständige BGH-Rechtsprechung qualifiziert Finanzierungs-Leasingverträge grds als Mietverträge.[104] Der Leasinggeber hat primär die Rechtsposition des Vermieters, so dass rechtliches und wirtschaftliches Eigentum in seiner Hand sind. Nach der Dogmatik der BGH-Rechtsprechung ist für diese Einordnung aber die wirtschaftliche Betrachtung (handels- und steuerrechtlich) nach § 39 Abs. 2 Nr. 1 AO maßgebend – sie bestimmt insoweit die zivilrechtliche Qualifikation.[105] Die Vermögenszuordnung ist in mehreren **BdF-Erlassen** konkretisiert und dort nicht abschließend typisiert, für **Vollamortisationsverträge** in einem **Mobilien-Leasingerlass**[106] und **Immobilien-Leasingerlass**,[107] sowie bei **Teilamortisationsverträgen** ebenso.[108] Danach ist Hauptkriterium für die Zurechnung des wirtschaftlichen Eigentums das Verhältnis der unkündbaren Grundmietzeit zur betriebsgewöhnlichen Nutzungsdauer (laut Afa-Tabelle): Beträgt die Grundmietzeit mindestens 40 %, jedoch maximal 90 % der betriebsgewöhnlichen Nutzungsdauer, ist das Leasinggut grds beim Leasinggeber zu bilanzieren und ihm wirtschaftlich zuzurechnen. Ferner ist bei einem Vollamortisationsvertrag mit Kaufoption des Leasingnehmers

93

---

99 v. Westphalen/*Heyd* Der Leasingvertrag, 6. Aufl., Kap. A Rn. 9.
100 MüKo-InsO/*Ganter* Rn. 219; v. Westphalen/*Koch* Der Leasingvertrag, 6. Aufl., Kap. P Rn. 24 f.
101 BGH ZIP 2007, 778 (779).
102 Uhlenbruck/*Brinkmann* Rn. 90 f.; HambK-InsR/*Büchler* Rn. 27.
103 Ausf. v. Westphalen/*Heyd* Der Leasingvertrag, 6. Aufl., Kap. A Rn. 5 ff.
104 BGH WM 1981, 1378; WM 1987, 1338 f.; NJW 1995, 1019 (1021); ZIP 2007, 778 (780).
105 v. Westphalen/*v. Westphalen* Der Leasingvertrag, 6. Aufl., Kap. B Rn. 2 f., 12 f.
106 BdF v. 19.04.1971, BStBl. I 1971, 264.
107 BdF v. 21.03.1972, BStBl. I 1972, 188.
108 BdF v. 22.12.1975, BStBl. I 1976, 72 für Mobilien und BdF v. 23.12.1992, BStBl. I 1992, 13 für Immobilien.

die Abgrenzung zum Mietkauf geboten, wobei es auf die Höhe der jeweiligen Kaufoption (»Restwert« des Leasingguts) ankommt: Ist der voraussichtliche Kaufpreis mindestens so hoch wie der Restwert, sei es der Buchwert oder der Verkehrswert, liegt noch ein Fall des Finanzierungs-Leasing vor. Andernfalls wird der Vertrag als Ratenkauf- bzw. Mietkaufvertrag interpretiert und das Leasinggut ist dem Leasingnehmer wirtschaftlich zu zuordnen – der Herausgabeanspruch des Leasinggebers besteht dann »nur auf dem Papier«.[109]

94 Handelt es sich um einen **erlasskonformen Finanzierungs-Leasingvertrag**, so hat der Leasinggeber in der Insolvenz des Leasingnehmers an dem Leasinggut ein **Aussonderungsrecht**. Abweichend davon besteht der Leasingvertrag beim **Immobilien-Leasing** und beim **Mobilien-Leasing mit Dritt-Sicherungseigentum** nach § 108 Abs. 1 Satz 1 und 2 fort; anstelle des Wahlrechts aus § 103 gelten das Kündigungs- bzw. Rücktrittsrecht aus § 109. Ob auf Finanzierungs-Leasingverträge der § 107 Abs. 2 entsprechend anwendbar sein soll, hat der BGH bisher offen gelassen.[110] Mit der Beendigung des Leasingvertrags erlischt das noch nicht ausgeübte akzessorische **Optionsrecht**[111] – wurde es (z.B. Kauf- oder Verlängerungsoption, Andienungsrecht) wirksam ausgeübt, unterliegt der dadurch entstandene neue Vertrag mit Insolvenzeröffnung ebenso den §§ 103 ff.[112]

95 Der **Umfang des Aussonderungsanspruchs** wird durch den dinglichen Herausgabeanspruch aus § 985 BGB bestimmt, der auf Besitzverschaffung (i.d.R. unmittelbarer Besitz) gerichtet ist. Der leasingvertragliche Rückgabeanspruch analog § 546 Abs. 1 BGB wird insoweit begrenzt und sein weitergehender Anspruchsinhalt stellt bloß eine Insolvenzforderung dar.[113] Die **Kosten** des Leasinggebers für das Abholen des Leasingguts sind lediglich Insolvenzforderungen.[114] Hat der Insolvenzverwalter den empfangenen Gegenstand in der Zeit ab Verfahrenseröffnung bis zur Rückgabe genutzt, ohne die Erfüllung des Mietvertrags (Leasingvertrags) zu wählen, so stellt der Anspruch des Vermieters (Leasinggebers) auf **Nutzungsentschädigung** aus § 546a BGB ausnahmsweise eine Masseverbindlichkeit i.S.d. § 55 Abs. 1 Nr. 1 dar; ansonsten ist er eine Insolvenzforderung.[115] Geschuldet ist grds eine Fortzahlung in Höhe der vereinbarten Leasingrate – auch bei eingetretener Vollamortisierung –,[116] es sei denn, sie steht völlig außer Verhältnis zum verbliebenen Gebrauchs- oder Verkehrswert der Sache.[117]

3. Insolvenz des Leasinggebers

96 In der Insolvenz des Leasinggebers fallen die Rechte am Leasinggut in die Insolvenzmasse. Der Leasingnehmer hat nur dann ein Aussonderungsrecht, wenn sein obligatorisches Recht zum Besitz am Leasinggut, das für die Dauer des Leasingvertrags Bestand hat, durch die Insolvenzmasse beeinträchtigt wird.[118] Der Fortbestand des Leasingvertrags richtet sich beim **Immobilien-Leasing** nach § 108 Abs. 1 Satz 1 und beim **Mobilien-Leasing** (mit Ausnahme des § 108 Abs. 1 Satz 2) nach dem Erfüllungswahlrecht des Verwalters aus § 103. Hat der Leasinggeber die Forderungen auf die Leasingrate vor Insolvenzeröffnung im Voraus abgetreten und wählt der Verwalter später die Erfüllung des Leasingvertrags, so verbleiben dem Zessionar nur die bis zur Verfahrenseröffnung fällig gewordenen Leasingraten (§ 91), während die durch die Erfüllungswahl aufgewerteten neu entstehenden Forderungen der Insolvenzmasse zustehen.[119] Eine Ausnahme gilt für Verträge, die ein Dritter nach § 108

---

109 v. Westphalen/*Heyd* Der Leasingvertrag, 6. Aufl. Kap. A Rn. 22 ff. und Kap. B Rn. 78 ff.
110 BGH ZIP 2007, 778; str. in Lit. vgl. MüKo-InsO/*Ganter* Rn. 232 m.w.N.
111 MüKo-InsO/*Ganter* Rn. 223.
112 v. Westphalen/*Koch* Der Leasingvertrag, 6. Aufl., Kap. P Rn. 64 ff.
113 BGH NJW 2001, 2966.
114 BGH NJW 1979, 310.
115 BGH ZIP 2007, 778 (780).
116 BGH NJW 1989, 1730.
117 BGH NJW-RR 2005, 1081 f.; v. Westphalen/*Koch* Der Leasingvertrag, 6. Aufl., Kap. P Rn. 33.
118 MüKo-InsO/*Ganter* Rn. 252.
119 v. Westphalen/*Koch* Der Leasingvertrag, 6. Aufl., Kap. P Rn. 100; *Obermüller* Bankpraxis, Rn. 7.44.

Abs. 1 Satz 2 refinanziert hat, sog. »**Forfaitierung**«. Dabei werden dem Dritten (Refinanzierungsbank, Forfaiteur) vom Leasinggeber sowohl die (betagten) Forderungen aus dem Leasingvertrag abgetreten als auch das Eigentum am Leasinggut zur Sicherheit übertragen. In der Insolvenz des Leasinggebers hat der Forfaiteur ein Absonderungsrecht.[120]

D. Durchsetzung der Aussonderung in der Praxis

Bei der Aussonderung wird vom Gläubiger ein zivilrechtlicher Herausgabeanspruch geltend gemacht. Dementsprechend wird dieser auch nach den allgemeinen Regeln durchgesetzt, wie außerhalb der Insolvenz auch. 97

Den Insolvenzverwalter trifft zudem eine **allgemeine Prüfungspflicht**, welche Gegenstände er aussondern muss. Diese Gegenstände darf er nicht für die Insolvenzmasse verwerten und hat daher zumeist schon ein eigenes Interesse daran, die Verantwortung für solche Gegenstände ordnungsgemäß zurückzugeben. Wenn der Verwalter Aussonderungsgut nämlich in Besitz genommen hat, dann muss er dies auch sorgfältig behandeln und vor Verschlechterungen schützen.[121] Der Verwalter ist allerdings **nicht verpflichtet, Aussonderungsgut in Besitz zu nehmen**. In eindeutigen Fällen kann der Verwalter die Inbesitznahme auch von vorneherein unterlassen und muss dann den Gegenstand freilich auch nicht aussondern. 98

Der Verwalter erfüllt den Aussonderungsanspruch grds dadurch, dass er den Gegenstand zur **Abholung bereitstellt**.[122] Der Verwalter muss den Gegenstand nicht verschicken. Allerdings trägt er grds die Kosten für die Lagerung, Sicherung und Bereitstellung selbst, soweit sich die Aufwendungen im Rahmen seiner allgemeinen Pflichten bewegen.[123] Wenn im Einzelfall besondere Kosten entstehen, kann der Verwalter die Vornahme dieser Mitwirkungshandlungen von einem Kostenersatz durch den Gläubiger abhängig machen, um die Gläubigergesamtheit nicht zu Gunsten eines Gläubigers zu belasten.[124] 99

Flankierend ist der Insolvenzverwalter dem Berechtigten zur Auskunft darüber verpflichtet, wo das Aussonderungsgut verblieben ist und in welchem Zustand es sich befindet.[125] Ohne diesen **Auskunftsanspruch** könnte der Berechtigte sonst regelmäßig sein Aussonderungsrecht nicht geltend machen, weil er nicht nachweisen kann, dass der Verwalter das Aussonderungsgut in Besitz genommen hat. Rechtsgrundlage für den Auskunftsanspruch ist § 242 BGB,[126] Art und Umfang des Anspruchs richtet sich daher danach, was dem Verwalter zumutbar ist. Die Zumutbarkeit bemisst sich dabei nach einer sinnvollen Relation zwischen Arbeits- und Zeitaufwand des Insolvenzverwalters und dem schutzwürdigen Sicherungsinteresse des Aussonderungsberechtigten.[127] 100

Für eine **streitige Durchsetzung** von Aussonderungsansprüchen sind die Zivilgerichte zuständig, nicht das Insolvenzgericht. Inhaltlich gelten die allgemeinen prozessualen Vorschriften ohne nennenswerte Besonderheiten. 101

---

120 MüKo-InsO/*Ganter* Rn. 250.
121 OLG Hamburg ZIP 1996, 386.
122 Uhlenbruck/*Brinkmann* Rn. 101; Kübler/Prütting/Bork/*Prütting* Rn. 81.
123 BGH BGHZ 104, 304 (308); BGHZ 127, 156 (166); Kübler/Prütting/Bork/*Prütting* Rn. 85; Nerlich/Römermann/*Andres* Rn. 69; a.A. BK-InsR/*Breutigam* Rn. 42; diff. Uhlenbruck/*Brinkmann* Rn. 106.
124 Uhlenbruck/*Brinkmann* Rn. 106, 107.
125 MüKo-InsO/*Ganter* Rn. 460 m.w.N.
126 Vgl. BGH BGHZ 70, 86 (91); OLG Köln ZIP 1982, 1107.
127 BGH BGHZ 70, 86 (91); Uhlenbruck/*Brinkmann* Rn. 104.

§ 48 Ersatzaussonderung

Ist ein Gegenstand, dessen Aussonderung hätte verlangt werden können, vor der Eröffnung des Insolvenzverfahrens vom Schuldner oder nach der Eröffnung vom Insolvenzverwalter unberechtigt veräußert worden, so kann der Aussonderungsberechtigte die Abtretung des Rechts auf die Gegenleistung verlangen, soweit diese noch aussteht. Er kann die Gegenleistung aus der Insolvenzmasse verlangen, soweit sie in der Masse unterscheidbar vorhanden ist.

Übersicht

	Rdn.		Rdn.
A. Normzweck	1	II. Ohne Berechtigung	8
B. Ersatzaussonderung	5	III. Rechtsfolgen	12
I. Entgeltliche Veräußerung	5	C. Ersatzabsonderung	20

A. Normzweck

1 Die Regelung des § 48 **verlängert die Rechtsposition des Aussonderungsberechtigten auch auf Surrogate**, die anstelle des Aussonderungsguts in die Masse gelangen. Diese Regelung ist erforderlich, da das zur Aussonderung berechtigende dingliche Recht zumeist mit der Veräußerung des Gegenstandes untergeht und der Aussonderungsberechtigte eine dingliche Position an dem Surrogat nach den allgemeinen Regeln nicht erlangt. Damit wäre ihm der Haftungszugriff in der Insolvenz verwehrt, was verhindert werden soll. Bei dem Ausnahmefall der **dinglichen Surrogation** wird § 48 nicht benötigt, da sich aus dem dinglichen Recht unmittelbar ein Ersatzaussonderungsanspruch auch am Surrogat ergibt.[1]

2 Die Verlängerung des Haftungszugriffs auf das Surrogat setzt aber voraus, dass der Aussonderungsgegenstand zum einen **unberechtigt** und **entgeltlich veräußert** wurde und zum anderen das **unmittelbare Surrogat** noch **unterscheidbar** in der Masse vorhanden ist.

3 Der **Zeitpunkt der Veräußerung** – vor oder nach Insolvenzantragstellung oder -eröffnung ist nach dem eindeutigen Wortlaut nicht entscheidend. Nicht angesprochen ist der Fall der Veräußerung vor Verfahrenseröffnung durch den **starken vorläufigen Verwalter**; in diesem Fall wird die Vorschrift aber entsprechend angewandt.[2]

4 Häufig bestehen neben dem Ersatzaussonderungsanspruch auch **weitere Ansprüche** wegen der unberechtigten Veräußerung, z.B. Bereicherungsrecht, Schadensersatz wegen vertraglicher Pflichtverletzung oder Delikt. Diese Ansprüche stellen bei einer Veräußerung vor Verfahrenseröffnung aber bloße Insolvenzforderungen dar; bei einer Veräußerung nach Verfahrenseröffnung unterliegen Sie dem Risiko des Einwandes der Masseunzulänglichkeit.

B. Ersatzaussonderung

I. Entgeltliche Veräußerung

5 Unter einer **Veräußerung** i.S.d. Vorschrift versteht man jede **Verfügung** über das Aussonderungsgut. Neben dem Verkauf- bzw. der Übertragung von Gegenständen also insb. auch der Einzug von Forderungen, aber auch Rechtsänderungen im Zuge von Vollstreckungsmaßnahmen.[3] Keine Verfügungen sind allerdings rein tatsächliches Verhalten (z.B. Vermischung, Verbindung, Zerstörung, Verlust oder Nutzung) dann, wenn es an einem **rechtsgeschäftlichen Element** fehlt.[4] Erfolgt die Vermischung oder Verbindung in Umsetzung einer vertraglichen Verpflichtung (Einbau in ein Gebäude aufgrund Bauvertrages), dann liegt auch eine Veräußerung i.S.d. Norm vor.[5]

---

1 BK-InsR/*Breutigam* Rn. 4.
2 Uhlenbruck/*Brinkmann* Rn. 5.
3 *RGZ 94, 20 (25)*; BK-InsR/*Breutigam* Rn. 6.
4 FK-InsO/*Imberger* Rn. 8.
5 HambK-InsR/*Schmidt* Rn. 8.

Nicht höchstrichterlich geklärt ist es, ob ein Ersatzaussonderungsrecht auch dann entsteht, wenn die **Veräußerung unwirksam** war. Die wohl überwiegende Meinung geht davon aus, dass der Aussonderungsberechtigte die Wahl hat, ob er das Aussonderungsgut vom Erwerber zurück verlangen will oder den Erwerb durch die Genehmigung heilt und dann die Gegenleistung als Ersatzaussonderungsrecht aus der Insolvenzmasse verlangt.[6] 6

Entgeltlich ist die Veräußerung, wenn mit der Verfügung über das Absonderungsgut kausal eine Gegenleistung verknüpft ist. Unerheblich ist, ob diese in einem angemessenen Wertverhältnis steht. Bei gemischten Schenkungen greift § 48 für den entgeltlichen Teil.[7] 7

II. Ohne Berechtigung

Ein zentrales Element ist, dass die Veräußerung **unberechtigt** erfolgte.[8] Unberechtigt ist eine Veräußerung bei Aussonderungsgut grds dann, wenn sie nicht mit der **Einwilligung** oder **Genehmigung** des dinglich Berechtigten erfolgt. Hierfür kommt es auf die vertraglichen Regelungen zwischen den Beteiligten an; aus dem Gesetz kann sich eine Berechtigung zur Veräußerung bei Absonderungsgut nur ausnahmsweise ergeben (z.B. berechtigte GoA). 8

Bei unter **einfachem Eigentumsvorbehalt** gelieferten Waren wird regelmäßig vom Lieferanten die Veräußerung im gewöhnlichen Geschäftsgang gestattet. Diese Ermächtigung kann vom Lieferanten jederzeit zurück genommen werden (ohne dass es dafür auf der dinglichen Ebene darauf ankommt, ob er dies nach dem schuldrechtlichen Vertrag durfte); regelmäßig finden sich auch Regelungen in den Vertragsbedingungen, dass die Veräußerungsermächtigung für den Fall der Insolvenzantragstellung oder der Insolvenzeröffnung erlischt. Wenn es eine solche Regelung gibt, ist diese allein maßgeblich. 9

Umstritten ist die Frage, ob eine Veräußerungsermächtigung für den **gewöhnlichen Geschäftsgang** eine Veräußerung nach **Antragstellung** bzw. **Verfahrenseröffnung** noch abdeckt, wenn es dazu keine spezielle Regelung zwischen den Parteien gibt. Teilweise wird es für ein Erlöschen der Einzugsermächtigung bereits für ausreichend gehalten, wenn eine äußerst **angespannte finanzielle** Lage beim Schuldner eingetreten ist, die die alsbaldige Insolvenz erwarten lässt,[9] oder zumindest soll es reichen, dass der Schuldner die **Zahlungen eingestellt** hat.[10] Vertreten wird auch, dass die Einzugsermächtigung durch die Eröffnung des Insolvenzverfahrens[11] bzw. bereits durch den Insolvenzantrag erlischt.[12] Der BGH hat sich zu dieser Frage nicht eindeutig positioniert.[13] Die wohl überwiegende Auffassung nimmt zurecht Folgendes an: Entscheidend für die Frage nach dem Erlöschen der Veräußerungsermächtigung ist bei fehlender ausdrücklicher Regelung eine ergänzende Auslegung der Ermächtigung nach dem mutmaßlichen Willen der Parteien. Die Veräußerungsermächtigung besteht also solange fort, wie sich die **Risikolage** für den Eigentumsvorbehaltsverkäufer nicht wesentlich verschlechtert. Nach der Verfahrenseröffnung wählt der Verwalter mit der Verwertung des Gegenstandes regelmäßig auch die Erfüllung des Eigentumsvorbehaltskaufvertrages gegenüber dem Verkäufer. Damit ist sichergestellt, dass der Kaufpreisanspruch den Rang einer Masseverbindlichkeit hat. Die Risikolage verschlechtert sich also dann nicht, wenn davon auszugehen ist, dass keine Masseunzulänglichkeit eintreten wird – dann erfolgt die Veräußerung auch **nicht unberechtigt**.[14] Wählt der Verwalter trotz der Verwertung die **Nichterfüllung** des Eigentumsvorbehaltskaufvertrages, er- 10

---

6 Vgl. näher MüKo-InsO/*Ganter* Rn. 23; Uhlenbruck/*Uhlenbruck* Rn. 11.
7 FK-InsO/*Imberger* Rn. 9.
8 Grundlegend BGHZ 68, 199.
9 OLG Hamburg ZIP 1982, 599 (600); BK-InsR/*Breutigam* Rn. 11.
10 Nerlich/Römermann/*Andres* Rn. 9.
11 MüKo-InsO/*Ganter* Rn. 30; BK-InsR/*Breutigam* Rn. 14; BGH NJW 1953, 217 zur KO.
12 BK-InsR/*Breutigam* Rn. 15; FK-InsO/*Imberger* Rn. 13.
13 Vgl. z.B. BGH 21.01.2010, IX ZR 65/09, ZIP 2010, 739.
14 Uhlenbruck/*Brinkmann* Rn. 17; a.A. OLG Celle EWiR 2004, 117.

folgt seine Veräußerung unberechtigt.[15] Bei einer Veräußerung durch den vorläufigen Insolvenzverwalter kommt es darauf an: Wenn der starke vorläufige Verwalter handelt und durch die Inanspruchnahme der Gegenleistung für den Eigentumsvorbehaltsverkäufer eine Masseverbindlichkeit nach § 55 Abs. 2 begründet, ist die Veräußerung berechtigt (solange eine Masseunzulänglichkeit nicht absehbar ist). Bei der Veräußerung durch den Schuldner mit Zustimmung des vorläufigen Verwalters erfolgt die Veräußerung unberechtigt, weil der Eigentumsvorbehaltsverkäufer weder die Zahlung noch den Erlös aus der Masse verlangen könnte, wenn § 48 nicht greifen würde.

11 Der Einzug von zur Sicherheit **abgetretenen Forderungen** führt nicht zu einem Ersatzaussonderungsrecht, sondern nur zu einem Ersatzabsonderungsrecht (vgl. Rdn. 20 ff.). Bei nicht zur Sicherheit abgetretenen Forderungen entsteht ein Ersatzabsonderungsrecht wiederum nur dann, wenn der Drittschuldner durch die Leistung an den Schuldner trotz der Abtretung frei wird, also nur, wenn er im Bezug auf die Forderungsinhaberschaft oder jedenfalls die Einzugsberechtigung gutgläubig ist. Die überwiegende Meinung lässt ein Ersatzaussonderungsrecht auch dann entstehen, wenn der Geldeinzug mangels Berechtigung und Gutgläubigkeit nicht zu einem Freiwerden des Drittschuldners geführt hat, der Aussonderungsberechtigte dann aber die Zahlung genehmigt und vom Schuldner die Gegenleistung verlangt.[16]

III. Rechtsfolgen

12 Als Rechtsfolge kann der Aussonderungsberechtigte die **Herausgabe** der Gegenleistung aus der Insolvenzmasse verlangen, aber nur, wenn diese noch unterscheidbar in der Masse vorhanden ist. Da es nicht um die Konstellation einer dinglichen Surrogation geht, muss ein Gegenstand im Rahmen der Herausgabe zusätzlich noch übereignet werden; eine Forderung oder ein Recht müssen abgetreten werden.

13 Die **Gegenleistung** in diesem Sinne ist jede Mehrung des Schuldnervermögens, die aufgrund der unberechtigten Veräußerung erlangt wurde.[17] Bei dem Verkauf einer Sache bspw. ist das zunächst die Kaufpreisforderung und nach Zahlung auf die Kaufpreisforderung der Kaufpreis selbst. Bei der Einziehung von Forderungen ist die Gegenleistung der eingezogene Erlös.[18]

14 Keine Gegenleistung stellen **Insolvenzanfechtungsansprüche** dar, die aus dem Veräußerungsvorgang resultieren. Allerdings lebt mit der Rückgewähr des Gegenstandes nach Insolvenzanfechtung die ursprünglich an diesem Gegenstand bestehenden Haftungsverhältnisse wieder auf, da die Insolvenzmasse durch die Anfechtung nicht besser stehen soll (Beispiel: Wird die Übereignung einer Eigentumsvorbehalts erfolgreich gegenüber dem Vertragspartner angefochten, lebt der Eigentumsvorbehalt bei Rückgewähr der Ware wieder auf). Dann aber entsteht wieder das **ursprüngliche Aussonderungsrecht**; es handelt sich also nicht um einen Fall der Ersatzaussonderung.[19]

15 Herauszugeben ist die gesamte Gegenleistung einschließlich des **Veräußerungsgewinns**, auch wenn diese über dem Wert des Aussonderungsgutes liegt.[20] Hier kann der Verwalter u.U. durch **Eintritt** in den Liefervertrag mit dem Aussonderungsberechtigten herbeiführen, dass er nur die vertraglich geschuldete Leistung erbringen muss.[21] Liegt der Erlös unter dem Wert, ist auch nur dieser herauszugeben (u.U. besteht flankierend ein Haftungsanspruch gegen die Masse z.B. aus dem Eigentümer-Besitzer-Verhältnis).[22] Bei Veräußerung mehrerer Gegenstände zu einem **Gesamtpreis** entsteht das

---

15 Uhlenbruck/*Brinkmann* Rn. 17; Jaeger/*Henckel* Rn. 55.
16 MüKo-InsO/*Ganter* Rn. 23; Uhlenbruck/*Uhlenbruck* Rn. 11.
17 BGHZ 30, 176 (184).
18 BGH MDR 1998, 790; FK-InsO/*Imberger* Rn. 14.
19 Vgl. HambK-InsR/*Schmidt* Rn. 23.
20 RGZ 115, 265; Nerlich/Römermann/*Andres* Rn. 15.
21 BK-InsR/*Breutigam* Rn. 25 möchte in diesen Fällen stets eine konkludente Erfüllungswahl annehmen, was pauschal zu einer unzulässigen Fiktion führt.
22 FK-InsO/*Imberger* Rn. 22.

Ersatzabsonderungsrecht an dem auf den betroffenen Gegenstand entfallenden Teil der Gegenleistung.[23] Wird Eigentumsvorbehaltsware im Rahmen eines **Werkvertrages** verbaut, liegt die Gegenleistung in dem Anteil des Werklohns, der auf die Lieferung des Gegenstandes entfällt. Der Eigentumsvorbehaltskäufer muss sich auf den Anspruch allerdings solche Kosten anrechnen lassen, die er bei anderweitiger Verwertung hätte tragen müssen (Transport-, Lager-, Verkaufs- und Wartungskosten).[24]

Ob die Gegenleistung noch **unterscheidbar** vorhanden ist, richtet sich nach den allgemeinen sachenrechtlichen Regelungen. Bei der Zahlung auf ein **debitorisches Schuldnerkonto** fehlt es an dem unterscheidbaren Vorhandensein, da der Zahlungseingang durch die Einstellung ins Konto und die dortige Verrechnung mit Forderungen der Bank untergeht.[25] Bei Zahlungen auf ein **im Haben geführtes Bankkonto** des Schuldners ist der Zahlbetrag trotz weiterer Zahlungsein- und -ausgänge solange unterscheidbar vorhanden, solange der Habenstand des Kontos nicht unter den Zahlbetrag absinkt (sog. **Bodensatztheorie**).[26] Gibt es in dieser Situation mehrere konkurrierende Ersatzaussonderungsansprüche an einem Kontoguthaben, das aber nicht für alle Ansprüche ausreicht, wird der vorhandene Betrag quotal verteilt.[27] Unbeachtlich ist es, wenn das Konto nach dem Absinken auf einen nicht ausreichenden Habenstand wieder **aufgefüllt** wird; ein Ersatzabsonderungsrecht an diesen späteren Zahlungseingängen entsteht nicht. 16

Für Zahlungen auf ein vom Insolvenzverwalter eingerichtetes Konto gilt das Vorstehende entsprechend; diese unterliegen grds der Ersatzaussonderung.[28] Bei Zahlungen auf ein Konto des **vorläufigen Insolvenzverwalters** stellt sich die Frage nach einer Ersatzaussonderung nicht; vielmehr gilt Folgendes:[29] der vorläufige Insolvenzverwalter hält sein Bankkonto zwangsläufig in eigenem Namen als Treuhänder für den Schuldner. Bei einem Zahlungseingang, der nicht dem Schuldner zusteht, entsteht ein Bereicherungsanspruch des Zahlenden gegen den Treuhänder selbst. Da der vorläufige Verwalter als Treuhänder selbst nicht insolvent ist, stellt sich die Frage der Ersatzaussonderung nicht. Führt der vorläufige Verwalter dann nach Verfahrenseröffnung ein Kontoguthaben der Insolvenzmasse zu, hat er als Treuhänder wiederum einen Bereicherungsanspruch gegen die Insolvenzmasse im Rang einer Masseverbindlichkeit – auch hierbei geht es nicht um einen Ersatzaussonderungsanspruch. 17

Bargeld ist nach der Vermischung mit anderem Bargeld nicht mehr unterscheidbar vorhanden;[30] allerdings erlangt der Eigentümer des vermischten Geldes Bruchteilseigentum nach §§ 947, 948 BGB an dem gesamten Geldbestand, was wiederum ein Aussonderungsrecht gewährt.[31] Häufig entsteht Miteigentum aber wegen § 947 Abs. 2 BGB nicht. 18

Die Ersatzaussonderung kann sich durch **mehrere Veräußerungsvorgänge** fortsetzen: wird die dem Ersatzaussonderungsrecht unterfallende Gegenleistung wieder unberechtigt veräußert, entsteht erneut an der Gegenleistung ein **weiteres Ersatzaussonderungsrecht**. Die Kette setzt sich fort, bis die Gegenleistung nicht mehr unterscheidbar in der Masse vorhanden ist.[32] 19

---

23 BGH NJW 1999, 1709.
24 LG Hamburg ZIP 1981, 1238 (1240); BK-InsR/*Breutigam* Rn. 26; FK-InsO/*Imberger* Rn. 23.
25 OLG Hamm ZInsO 2004, 97.
26 BGH ZInsO 1999, 284; *Krull* ZInsO 2000, 304.
27 OLG Köln 18.04.2002, ZIP 2002, 947.
28 BGHZ 141, 116.
29 Vgl. BGH ZIP 2009, 531.
30 BK-InsR/*Breutigam* Rn. 21.
31 *Gundlach* DZWIR 1998, 12; MüKo-InsO/*Ganther* Rn. 57.
32 FK-InsO/*Imberger* Rn. 15.

C. Ersatzabsonderung

20 Wenn mit einem Absonderungsrecht belastete Gegenstände unberechtigt veräußert werden, findet die Regelung des § 48 **analoge Anwendung**; man spricht dann entsprechend von einem Ersatzabsonderungsanspruch.[33] Die Voraussetzungen der Ersatzabsonderung sind im Grundsatz die gleichen, wie vorstehend für die Ersatzaussonderung geschildert.

21 **Keine unberechtigte** Veräußerung liegt bei Absonderungsgut dann vor, wenn das Gesetz dem Insolvenzverwalter die **Verwertungsberechtigung** zuweist, so insb. in den Fällen der §§ 166 ff. Die Rechtsfolgen einer solchen Verwertung des Absonderungsgutes sind in den §§ 170 ff. geregelt. Vor einer Masseunzulänglichkeit ist der Berechtigte hier dadurch geschützt, dass der Insolvenzverwalter den Veräußerungserlös getrennt von der Masse zu verwahren und unverzüglich an den Berechtigten auszukehren hat. Bei einer Veräußerung nach Verfahrenseröffnung kommt es zur Ersatzabsonderung in der Praxis wegen des weitgehenden Verwertungsrechts des Verwalters nur bei der Verwertung von Zubehör, das dem Haftungsverband der Hypothek unterliegt, oder bei der wirksamen Einziehung verpfändeter Forderungen.

22 Ebenfalls eine Berechtigung zur Veräußerung ergibt eine richterliche Anordnung gem. § 21 Abs. 2 Nr. 5 für den **vorläufigen Insolvenzverwalter**, so dass kein Fall der Ersatzabsonderung gegeben ist. In diesem Fall finden ebenfalls die §§ 170 ff. analoge Anwendung auf den Verwertungserlös.[34]

23 Bei zur **Sicherheit abgetretenen Forderungen** hängt die Berechtigung der Veräußerung beim Forderungseinzug davon ab, ob das zwischen Schuldner und Sicherungsgläubiger vereinbarte Einzugsrecht fortbesteht. Ob das Einzugsrecht bei fehlender Regelung zwischen den Parteien automatisch mit der Insolvenzantragstellung oder Verfahrenseröffnung erlischt, ist umstritten (vgl. zum Eigentumsvorbehalt Rdn. 10).[35] Der BGH hat angenommen, dass das Einzugsrecht automatisch mit der Verfahrenseröffnung erlischt.[36]

§ 49 Abgesonderte Befriedigung aus unbeweglichen Gegenständen

Gläubiger, denen ein Recht auf Befriedigung aus Gegenständen zusteht, die der Zwangsvollstreckung in das unbewegliche Vermögen unterliegen (unbewegliche Gegenstände), sind nach Maßgabe des Gesetzes über die Zwangsversteigerung und die Zwangsverwaltung zur abgesonderten Befriedigung berechtigt.

Übersicht

	Rdn.		Rdn.
A. **Allgemeines**	1	3. Bestandteile und Erzeugnisse	10
B. **Erfasste Gegenstände**	2	4. Zubehör	12
I. Unbewegliche Gegenstände	3	5. Miet-/Pachtforderungen	14
II. Haftungsverband	4	6. Versicherungsforderungen	15
1. Allgemeines	4	C. **Gläubiger**	16
2. Enthaftung	7	D. **Geltendmachung der Rechte**	19

A. Allgemeines

1 Die Norm regelt das Verhältnis zwischen **Immobiliarvollstreckung** und dem Insolvenzverfahren. Hierbei wird zum einen klargestellt, dass alle dinglichen Rechte, die im Wege der Zwangsvollstreckung in das unbewegliche Vermögen durchgesetzt werden, im Insolvenzverfahren **Absonderungsrechte** darstellen. Zum anderen wird festgelegt, dass diese Rechte auch in der Insolvenz weiter nach

---

33 Vgl. BGH NZI 2010, 339 (343).
34 Vgl. BGH NZI, 2010, 339; *Ganter* NZI 2010, 551; *Gundlach/Frenzel/Jahn* NZI 2010, 336.
35 *Uhlenbruck/Brinkmann* Rn. 19.
36 BGH ZInsO 2000, 330; a.A. Jaeger/*Henckel* Rn. 34, der eine Einziehung nur noch beim starken vorläufigen Verwalter gedeckt sieht.

den Regelungen des **ZVG** durchgesetzt werden. Damit ist die Stellung der Gläubiger i.S.d. § 49 sehr stark, da sie kaum Einschränkungen bei der Durchsetzung ihrer Rechtsposition durch das Insolvenzverfahren erfahren. Neben den dinglichen Gläubigern ist auch der Insolvenzverwalter zur Betreibung der Zwangsvollstreckung in ein Grundstück berechtigt.

B. Erfasste Gegenstände

Erfasst sind von der Vorschrift solche Gegenstände, die der **Zwangsvollstreckung in das unbewegliche Vermögen** unterliegen. Dieser Wortlaut stellt einen Verweis auf die §§ 864 und 870 ZPO dar, in denen die von der Immobiliarvollstreckung erfassten Gegenstände genau definiert werden.[1]

I. Unbewegliche Gegenstände

Der Immobiliarvollstreckung unterfallen **Grundstücke** und **grundstücksgleiche Rechte**, wie insb. das Erbbaurecht (§ 1 ErbbauRG), das Wohnungserbbaurecht (§ 30 WEG) und das Wohnungs- und Teileigentum (§ 1 WEG). Ferner sind erfasst das Eigentum an eingetragenen **Schiffen** und **Schiffsbauwerken** und an in der Luftfahrzeugrolle eingetragene **Luftfahrzeuge** (§ 171a ff. ZVG), sowie Miteigentumsanteile an solchen Gegenständen. Ebenfalls hierher gehören auch **Bruchteile** an den vorbezeichneten Gegenständen; Gesamthandseigentum fällt hingegen nicht in den Regelungsbereich der Immobiliarvollstreckung.[2]

II. Haftungsverband

1. Allgemeines

Gem. § 865 ZPO erfasst die Immobiliarvollstreckung auch die Gegenstände, die dem Haftungsverband der **Hypothek** (bzw. der Schiffshypothek oder bei Luftfahrzeugen dem Registerpfandrecht nach §§ 1, 31, 68 LuftFzRG) unterliegen. Bei Grundstücken gehört zu diesem Haftungsverband nach den §§ 1120 ff. BGB Bestandteile, Erzeugnisse und Zubehör (§ 1120 BGB), Miet- und Pachtzinsforderungen (§ 1123 BGB), wiederkehrende Leistungen aus subjektiv-dinglichen Rechten (§ 1126 BGB) und Versicherungsforderungen (§ 1127 f. BGB).

Zu einer Haftungserstreckung kommt es nur, soweit die Rechtsposition des Schuldners reicht, er muss also **Eigentümer** des dem Haftungsverband unterfallenden Gegenstandes sein. Wird z.B. Zubehör unter Eigentumsvorbehalt erworben, fällt nicht der Gegenstand selbst in den Haftungsverband, sondern nur das dem Schuldner zustehende Anwartschaftsrecht.

Gegenüber Grundpfandgläubigern haften diese Gegenstände des Haftungsverbandes unabhängig von einer **Beschlagnahme** im Zwangsversteigerungs- oder -verwaltungsverfahren. Gegenüber Gläubigern, die aus anderen Titeln (z.B. Zahlungstiteln) die Vollstreckung in das Immobiliarvermögen des Schuldners betreiben, haften diese Gegenstände erst ab dem Zeitpunkt einer Beschlagnahme.

2. Enthaftung

In §§ 1121 f. BGB ist geregelt, unter welchen Voraussetzungen Zubehör, Erzeugnisse und Bestandteile wirksam aus dem Haftungsverband gelöst (**enthaftet**) werden können, bevor die Beschlagnahme des Grundstücks erfolgt. Nach § 1121 Abs. 1 BGB ist die Enthaftung durch **Veräußerung und Entfernung** auch außerhalb der Grenzen einer ordnungsgemäßen Wirtschaft möglich. Ohne Veräußerung ist eine Enthaftung nach § 1122 BGB nur möglich durch eine **Trennung** von Erzeugnissen und Bestandteilen bzw. eine Aufhebung der Zubehöreigenschaft **innerhalb der Grenzen einer ordnungsgemäßen Wirtschaft**.

---

1 FK-InsO/*Imberger* Rn. 1, 4.
2 FK-InsO/*Imberger* Rn. 9.

8 Nach der Anordnung der **Beschlagnahme** ist eine Enthaftung nur noch im Rahmen der ordnungsgemäßen Wirtschaft möglich und das auch nur dann, wenn nur die Zwangsversteigerung, nicht auch die Zwangsverwaltung betrieben wird. Möglich bleibt allerdings ein **gutgläubiger** unbelasteter Erwerb nach § 1121 Abs. 2 Satz 2 BGB, § 23 Abs. 2 ZVG.

9 Wird ein Gegenstand veräußert, ohne dass wirksam enthaftet war, handelt es sich um eine unberechtigte Veräußerung, so dass das Entstehen eines **Ersatzabsonderungsrechts** und von Bereicherungs- und Haftungsansprüchen zu prüfen ist. Wurde ein Gegenstand wirksam enthaftet, fällt er bzw. der dafür erzielte Veräußerungserlös danach in die **freie Insolvenzmasse**. Der ehemals Absonderungsberechtigte hat kein Vorrecht mehr daran.

3. Bestandteile und Erzeugnisse

10 Zum Haftungsverband gehören **wesentliche oder unwesentliche Bestandteile** (§§ 93, 94 BGB) und **Rechte** gem. § 96 BGB. Nicht dazu gehören **Scheinbestandteile** i.S.d. § 95 BGB, also Gegenstände die nur zu einem vorübergehenden Zweck mit dem Grundstück verbunden oder in ein Gebäude eingefügt wurden.

11 Erfasst sind ferner Erzeugnisse, also Tier- und **Bodenprodukte** nach ihrer Trennung vom Grundstück (vgl. § 99 BGB). Die Trennung und Entfernung von Früchten führt also regelmäßig auch im Insolvenzverfahren zu einer wirksamen Enthaftung, solange eine Beschlagnahme des Grundstücks für eine Zwangsverwaltung nicht angeordnet wurde (die Beschlagnahme für eine Zwangsversteigerung hindert die Enthaftung im ordnungsgemäßen Geschäftsgang nicht). Der Grundpfandgläubiger sollte in Fällen mit Bodenerzeugnissen also mit dem Insolvenzverwalter alsbald eine der »kalten Zwangsverwaltung« ähnliche Abrede auch über Früchte des Grundstücks treffen oder aber die Zwangsversteigerung betreiben.

4. Zubehör

12 Von erheblicher praktischer Bedeutung ist insb. die Mithaft des Zubehörs. Zubehör sind nach § 97 BGB solche beweglichen Sachen, die dem **Zweck der Hauptsache** (des Grundstücks) zu dienen bestimmt sind und in einer räumlichen Beziehung zu dieser stehen. Ein Gegenstand dient der Hauptsache, wenn er deren Zweckerreichung ermöglicht oder zumindest fördert. Dies gilt insb. für die Betriebs- und Geschäftsausstattung, Maschinen, Werkzeuge usw., wenn das Gebäude für den gewerblichen Betrieb eingerichtet ist.[3] Kein Zubehör sind Rohstoffe, Halbfertigwaren oder fertige Waren und Erzeugnisse.[4]

13 Einmal unter den Haftungsverband fallendes Zubehör wird nicht dadurch enthaftet, dass der Schuldner oder der Insolvenzverwalter den **Geschäftsbetrieb einstellen** und damit die **wirtschaftliche Zweckbindung obsolet** wird. Die Einstellung des Betriebes liegt nämlich nicht in den Grenzen einer ordnungsgemäßen Wirtschaft, so dass die Voraussetzungen des § 1122 BGB nicht gegeben sind.[5] Veräußert der Verwalter ohne Abstimmung mit dem Absonderungsberechtigten Zubehörstücke **freihändig**, so ist diese Verwertung unberechtigt und es entsteht ein Ersatzabsonderungsrecht für den Berechtigten, flankiert u.U. von Haftungsansprüchen gegen die Masse und/oder den Verwalter.[6]

5. Miet-/Pachtforderungen

14 Die künftigen und im letzten Jahr fällig gewordenen Miet-/Pachtforderungen unterfallen gem. § 865 Abs. 1 ZPO, § 1123 BGB der Immobiliarvollstreckung. Nach der Rechtsprechung des BGH ist es für das Entstehen des Absonderungsrechts an den Miet-/Pachtforderungen nicht erfor-

---

3 Vgl. BGH NJW 2006, 993; Uhlenbruck/*Brinkmann* Rn. 13.
4 FK-InsO/*Imberger* Rn. 16.
5 BGH BGHZ 60, 267, 269; OLG Dresden ZInsO 2003, 472.
6 FK-InsO/*Imberger* Rn. 19, 20.

derlich, dass das Grundstück vom Absonderungsgläubiger mit Beschlag belegt wird; das Absonderungsrecht entsteht auch ohne die **Beschlagnahme des Grundstücks**.[7] Dies führt allerdings nicht dazu, dass der Verwalter vor Beschlagnahme eingezogene Mieten an den Gläubiger herausgeben muss.[8] Da dieser Zugriff nur nach den Regeln des ZVG erfolgen kann, muss er für die Erlangung der Mieten die **Zwangsverwaltung anordnen lassen**.[9] Allerdings kann der Gläubiger aufgrund des Absonderungsrechts anfechtungsfest verrechnen, da es insoweit an der Gläubigerbenachteiligung fehlt.[10]

6. Versicherungsforderungen

Besteht für die der Immobiliarvollstreckung unterliegenden Gegenstände eine Versicherung, so erstreckt sich das Absonderungsrecht auch auf Forderungen aus dem Versicherungsvertrag nach folgender Maßgabe:[11] Bei einer **Gebäudeversicherung** entsteht das Absonderungsrecht an Forderungen für die Beschädigung oder Vernichtung des Gebäudes oder mitversicherter beweglicher Gegenstände wie Bestandteile, Erzeugnisse und Zubehör, ohne dass es einer Beschlagnahme bedarf (§ 1128 BGB). Bei den **übrigen Schadensversicherungsforderungen** entsteht ein Absonderungsrecht erst mit der Anordnung der Beschlagnahme des Grundstücks.   15

C. Gläubiger

Die Verteilung eines Verwertungserlöses im Rahmen des Zwangsversteigerungs- oder Zwangsverwaltungsverfahrens auf die Absonderungsgläubiger richtet sich nach den **Rangklassen** der §§ 10–14, 155 ZVG. Dabei erhält eine schlechtere Rangklasse erst dann etwas, wenn die vorangegangene Rangklasse vollständig erfüllt wurde. Forderungen der gleichen Rangklasse werden quotal befriedigt, mit Ausnahme der Rangklasse 4, wo es nach der Reihenfolge des Grundbuchranges geht.   16

Die Rangfolge nach §§ 10–14, 155 ZVG: 17
- **Vorab: Kosten** des Zwangsversteigerungs-/Zwangsverwaltungsverfahrens (§§ 109 Abs. 1 Satz 1, 155 Abs. 1 ZVG).
- **Rangklasse 1** (§ 10 Abs. 1 Nr. 1 ZVG): Ausgaben eines Gläubigers für die **Werterhaltung** des Grundstücks in der Zwangsverwaltung, soweit diese nicht aus der Nutzung erstattet werden und die Zwangsverwaltung bis zur Versteigerung andauert. Den Ersatz dieser Aufwendungen kann auch der Insolvenzverwalter verlangen, wenn er die Zwangsverwaltung betreibt (§ 165).
- **Rangklasse 1a** (§ 10 Abs. 1 Nr. 1a ZVG): **Feststellungskostenpauschale** für die beweglichen Gegenstände, auf die sich die Zwangsversteigerung (nicht Zwangsverwaltung) erstreckt.
- **Rangklasse 2** (§ 10 Abs. 1 Nr. 2 ZVG): Zahlungsansprüche einer **Wohnungseigentümergemeinschaft**, insb. wegen laufender Hausgeldforderungen, zeitlich begrenzt auf die letzten zwei Jahre vor Beschlagnahme. Der Höhe nach ist diese Rangklasse beschränkt auf maximal 5 % des Verkehrswertes nach § 74a V ZVG.[12]
- **Rangklasse 3** (§ 10 Abs. 1 Nr. 3 ZVG): **Öffentliche Grundstückslasten**, bestehend aus einmaligen Leistungen der letzten vier Jahre (z.B. Erschließungsbeiträge, Wertausgleich bei Sicherungsmaßnahmen nach § 25 BBodSchG) und wiederkehrende Leistungen aus den letzten zwei Jahren (z.B. Steuern, Müllgebühr, Straßenreinigung, Schornsteinfeger).
- **Rangklasse 4** (§ 10 Abs. 1 Nr. 4 ZVG): **Dingliche Rechte am Grundstück**. Hierher gehören Hypotheken, Grundschulden, Rentenschulden, Reallasten, Überbaurente, Notwegrente, Nießbrauch, Grunddienstbarkeiten, persönliche Dienstbarkeiten, Erbbaurechte, dingliche Vorkaufsrechte. Zeitlich sind rückständige Zinsen begrenzt auf die letzten zwei Jahr vor Beschlagnahme. Bei Erbbauzinsen haftet das Grundstück auch für solche, die nach Verfahrenseröffnung entstehen,

---

7 BGH ZIP 2007, 35.
8 FK-InsO/*Imberger* Rn. 24.
9 BGH BGHZ 168, 339; Uhlenbruck/*Brinkmann* Rn. 13a.
10 BGH ZInsO 2006, 1321 f.; FK-InsO/*Imberger* Rn. 23.
11 FK-InsO/*Imberger* Rn. 26.
12 Vgl. *Hintzen* ZInsO 2008, 480.

da es sich dabei nur um Insolvenzforderungen handelt.[13] Innerhalb der Rangklasse richtet sich die Verteilung nach dem Grundbuchrang der vorhandenen Rechte.
- **Rangklasse 5** (§ 10 Abs. 1 Nr. 5 ZVG): **sonstige Ansprüche**, die nicht in einer vorangegangenen Rangklasse erfasst sind (z.B. wegen der Vollstreckung aus einem persönlichen Schuldtitel).
- **Rangklasse 6** (§ 10 Abs. 1 Nr. 6 ZVG): Ansprüche, die eigentlich in Rangklasse 4 gehören würden, aber wegen vorangegangener Beschlagnahme unwirksam sind.
- **Ranklassen 7 und 8** (§ 10 Abs. 1 Nr. 7, 8 ZVG): Ansprüche aus Rangklassen 3 und 4, die dort nur wegen der zeitlichen Beschränkung nicht erfasst werden.

18 Wird eine freihändige Veräußerung zwischen dem Insolvenzverwalter und den Gläubigern vereinbart, orientiert sich die vereinbarte Erlösverteilung regelmäßig an den Verteilungsregeln nach dem ZVG, wobei in der Praxis regelmäßig nur die ersten Rangklassen mit einer Befriedigung rechnen können.

D. Geltendmachung der Rechte

19 Die Inhaber der in § 49 erfassten Rechte können diese nur durch die Beantragung der Zwangsversteigerung oder Zwangsverwaltung durchsetzen. Nicht zulässig ist bspw. die Pfändung der Miet- oder Pachtforderungen im Wege der separaten **Forderungspfändung**.[14]

20 Der Gläubiger muss die Zwangsvollstreckung gegen den Insolvenzverwalter betreiben; der dingliche **Vollstreckungstitel** muss also auf den Verwalter umgeschrieben und diesem zugestellt werden.[15] Wenn noch kein Titel vorhanden ist, muss der Gläubiger eine **Pfandklage** gegen den Insolvenzverwalter erheben, gerichtet auf Duldung der Zwangsvollstreckung in das Grundstück. In der Praxis **unterwirft** sich der Insolvenzverwalter auch häufig auf Anfrage und Kostenübernahme notariell unter die Zwangsvollstreckung in das Grundstück, um die Führung eines aussichtslosen Prozesses zu vermeiden.

21 War die Zwangsvollstreckung bereits gegen den Schuldner eingeleitet und das **Grundstück beschlagnahmt**, wird dieses Verfahren durch die Insolvenz nicht unterbrochen und es ist auch eine Titelumschreibung nicht erforderlich.

§ 50 Abgesonderte Befriedigung der Pfandgläubiger

(1) Gläubiger, die an einem Gegenstand der Insolvenzmasse ein rechtsgeschäftliches Pfandrecht, ein durch Pfändung erlangtes Pfandrecht oder ein gesetzliches Pfandrecht haben, sind nach Maßgabe der §§ 166 bis 173 für Hauptforderung, Zinsen und Kosten zur abgesonderten Befriedigung aus dem Pfandgegenstand berechtigt.

(2) Das gesetzliche Pfandrecht des Vermieters oder Verpächters kann im Insolvenzverfahren wegen der Miete oder Pacht für eine frühere Zeit als die letzten zwölf Monate vor der Eröffnung des Verfahrens sowie wegen der Entschädigung, die infolge einer Kündigung des Insolvenzverwalters zu zahlen ist, nicht geltend gemacht werden. Das Pfandrecht des Verpächters eines landwirtschaftlichen Grundstücks unterliegt wegen der Pacht nicht dieser Beschränkung.

Übersicht

	Rdn.		Rdn.
A. Allgemeines	1	D. Gesetzliches Pfandrecht (Abs. 1 Alt. 3)	13
B. **Rechtsgeschäftliches Pfandrecht (Abs. 1 Alt. 1)**	3	I. Allgemeines	13
		II. Vermieter-/Verpächterpfandrecht	15
I. Begründung des Pfandrechts	3	1. Voraussetzungen	16
II. Erlöschen des Pfandrechts	7	2. Gesicherte Forderung	19
III. Kollisionsfragen	8	3. Erlöschen	21
C. **Pfändungspfandrecht (Abs. 1 Alt. 2)**	10	III. Sonstige gesetzliche Pfandrechte	23

---

13 BGH NZI 2006, 97 f.
14 BGH NZI 2006, 557.
15 BGH WM 2005, 1324.

A. Allgemeines

Die Norm enthält verschiedene Regelungen: Zunächst bezieht sie rechtsgeschäftliche Pfandrechte, Pfändungspfandrechte und gesetzliche Pfandrechte in der **Kreis der Absonderungsrechte** ein und verweist für die **Verwertung** der belasteten Gegenstände auf die §§ 166–73. Abs. 2 enthält sodann eine Sonderregelung für eines der gesetzlichen Pfandrechte, indem er die Reichweite des **Vermieterpfandrechts** begrenzt. 1

Aus dem Zusammenhang zu § 49 lässt sich schließen, dass § 50 für alle Gegenstände gilt, die nicht unter § 49 fallen – also für alle **beweglichen Sachen**, **Forderungen** und sonstigen **Rechte**. 2

B. Rechtsgeschäftliches Pfandrecht (Abs. 1 Alt. 1)

I. Begründung des Pfandrechts

Für das Entstehen rechtsgeschäftlicher Pfandrechte ist stets neben der Einigung über die Bestellung eines Pfandrechts ein Publizitätsakt erforderlich; die Pfandrechtsbestellung muss nach außen erkenntlich werden. Zudem sind Pfandrechte **akzessorische Rechte**, die im Umfang also mit der Hauptforderung stehen und fallen. 3

Die **Einigung** muss die zu besichernde Forderung und den Gegenstand des Pfandrechts hinreichend bestimmt umfassen und natürlich den Willen, ein Pfandrecht zu bestellen. Bei beweglichen Sachen ist die Einigung formfrei möglich. Bei Rechten und Forderungen regelt § 1274 Abs. 1 Satz 1 BGB, dass das **Formerfordernis** gilt, welches auch für die Übertragung greifen würde, so dass die Verpfändung auch hier grds (z.B. bei Forderungen, Patenten, Marken, Mustern usw.) formfrei erfolgen kann. Allerdings ist für die Verpfändung von GmbH-Anteilen gem. § 15 Abs. 3 GmbHG und beim Miterbenanteil gem. § 2033 BGB die notarielle Form vorgeschrieben. 4

Der **Publizitätsakt** hängt davon ab, an welchem Gegenstand ein Pfandrecht bestellt wird: Bei **beweglichen Sachen** geschieht dies durch die tatsächliche Übergabe des Besitzes, § 1205 Abs. 1 Satz 1 BGB. Die Einräumung mittelbaren Besitzes durch die Vereinbarung eines Besitzkonstitutes genügt für das Entstehen eines Pfandrechts nicht, weshalb das Recht für die Praxis nur bedingt geeignet ist und durch die Sicherungsübereignung ersetzt wird. 5

Bei **Forderungen** und **Rechten** ist als Publizitätsakt gem. § 1280 BGB die **Anzeige der Verpfändung** an den Drittschuldner erforderlich. Anders als im Regelfall der Forderungsabtretung wird die Verpfändung erst mit der Anzeige wirksam, so dass eine Anzeige nach Verfahrenseröffnung nicht mehr zum Entstehen eines Pfandrechts führt und eine Anzeige im unmittelbaren Vorfeld der Insolvenz regelmäßig anfechtbar (§ 130) sein wird. Gibt es über die Forderung ein **Legitimationspapier** – Versicherungsschein oder Sparbuch –, muss dieses Paper nicht zusätzlich zur Anzeige übergeben werden. Die Anzeige gegenüber dem Drittschuldner unterliegt teilweise nach spezialgesetzlicher Regelung der **Schriftform**, so etwa nach den Allgemeinen Bedingungen für Lebensversicherungen für die Lebensversicherung. Nicht erforderlich ist die Anzeige, wenn gleichzeitig die Übergabe einer Sache oder die Eintragung im Grundbuch erforderlich ist, oder wenn eine eigene Schuld verpfändet wird (z.B. beim Pfandrecht der Bank am Kontoguthaben). 6

II. Erlöschen des Pfandrechts

Das Pfandrecht erlischt aufgrund der Akzessorietät mit dem **Erlöschen der Hauptforderung** (§ 1252 BGB) oder mit der **Rückgabe der Pfandsache** (§ 1253 BGB). Befriedigt der Verpfänder oder ein Dritter die gesicherte Forderung, so gehen die Hauptforderung nebst Pfandrecht auf ihn über (§§ 1225, 401, 1250 BGB). Löst der Eigentümer der Sache den Pfandgläubiger ab, geht das Pfandrecht ebenfalls auf ihn über und erlischt sodann durch Konsolidation (§ 1256 BGB). Schließlich kann das Pfandrecht durch Verzicht erlöschen. 7

III. Kollisionsfragen

8 Kollidieren mehrere Pfandrechte miteinander, greift das **Prioritätsprinzip**, wobei es auf den Zeitpunkt des Entstehens des Pfandrechts – also das Vorliegen aller Entstehensvoraussetzungen – ankommt. Bei der Verpfändung künftiger Sachen oder Forderungen müssen diese erst entstehen. Unschädlich ist es, wenn eine erst künftig entstehende Forderung abgesichert wird; hier entsteht das Pfandrecht schon mit seiner Bestellung (§ 1209 BGB). Ebenso ist es bei der Verpfändung einer bedingten Forderung; hier kommt es auf die Verpfändung an, nicht auf den Bedingungseintritt. Liegen sämtliche erforderlichen Entstehensvoraussetzungen erstmalig nach Verfahrenseröffnung vor, scheitert das Entstehen des Pfandrechts an § 91. Entgegen dem Prioritätsprinzip ist allerdings auch ein **gutgläubiger Rechtserwerb** eines Pfandrechts möglich, mit der Folge, dass das so erworbene Pfandrecht im Rang anderen Pfandrechten vorgeht (§ 1208 BGB).

9 Kollidiert das **AGB Pfandrecht der Bank** mit dem Pfändungspfandrecht eines Vollstreckungsgläubigers, geht grds das AGB-Pfandrecht der Bank an den Zahlungseingängen als das ältere Recht vor. Dies gilt freilich nicht für Forderungen der Bank, die diese nach der Zustellung des Pfändungs- und Überweisungsbeschlusses begründet, z.B. indem sie Zahlungen von dem Konto zulässt.

C. Pfändungspfandrecht (Abs. 1 Alt. 2)

10 Pfändungspfandrechte entstehen im Rahmen von **Zwangsvollstreckungen** gegen den Schuldner (Vollstreckung wegen Geldforderung, § 804 ZPO; Arrestpfändung, § 930 ZPO und Vollstreckung von Geldstrafen, § 459 StPO). Kein Pfandrecht entsteht hingegen bei der Beschlagnahme nach § 111c StPO.[1] Auch die Vorpfändung gem. § 845 ZPO begründet noch kein wirksames Pfändungspfandrecht.

11 Ein Pfändungspfandrecht entsteht nur an Gegenständen, die dem Vollstreckungsschuldner auch gehören; ein **gutgläubiger Erwerb** ist **ausgeschlossen**. Erwirbt der Vollstreckungsschuldner nach der Pfändung das Eigentum an einer beweglichen Sache, so entsteht das Pfändungspfandrecht ex nunc. Bei der Forderungspfändung soll hingegen der nachträgliche Erwerb der gepfändeten Forderung nicht zum Entstehen eines Pfändungspfandrechts führen.[2] Nach der Verfahrenseröffnung können Pfändungspfandrechte durch die Vollstreckung von Massegläubigern entstehen; für Insolvenzgläubiger ist die Zwangsvollstreckung ausgeschlossen (§ 89 Abs. 1 InsO).

12 Pfändbar sind **bewegliche Sachen** (§§ 808 ff. ZPO) sowie **Forderungen und Rechte** (§§ 829 ff., 846 ff. und 857 ff. ZPO). Nach der Verwertung der Pfandsache setzt sich das Pfandrecht am **Erlös** fort (§ 1247 Satz 2 BGB; § 1287 BGB). Ist das Pfändungspfandrecht im letzten Monat vor Insolvenzantragstellung entstanden, wird es gem. § 88 mit Verfahrenseröffnung ohne weiteres absolut unwirksam[3] – sog. **Rückschlagsperre**. Daneben sind Pfändungspfandrechte in den letzten drei Monaten vor Insolvenzantragstellung als inkongruente Sicherung unter den Voraussetzungen des § 131 **anfechtbar**; für die Zeit davor stellt hingegen die Vollstreckung kein Beweisanzeichen im Rahmen des § 133 dar.[4]

D. Gesetzliches Pfandrecht (Abs. 1 Alt. 3)

I. Allgemeines

13 Es gibt eine ganze Reihe gesetzlicher Pfandrechte, von denen aber dem **Vermieter-/Verpächterpfandrecht** praktisch die größte Bedeutung zukommt. Ein gesetzliches Pfandrecht entsteht durch die Erfüllung des das Pfandrecht anordnenden Tatbestandes (beim Vermieterpfandrecht z.B. durch

---

1 BGH ZIP 2007, 1338.
2 *BGH BGHZ 56, 339 (350)*; a.A. Uhlenbruck/*Uhlenbruck* Rn. 45.
3 BGH ZInsO 2006, 261.
4 BGH BGHZ 155, 75, FK-InsO/*Imberger* Rn. 38.

die Einbringung von Gegenständen des Mieters in die Miettäume). Für Insolvenzforderungen kann das Pfandrecht wirksam nur vor der Eröffnung des Insolvenzverfahrens begründet werden; für Masseverbindlichkeiten kommt auch eine Entstehung nach der Verfahrenseröffnung in Betracht.

Gesetzliche Pfandrechte können grds **nicht gutgläubig erworben** werden (§ 1257 BGB). Geschützt wird allerdings der gute Glaube des Frachtführers, Lagerhalters, Spediteurs und Kommissionärs an die Verfügungsbefugnis des Verpfänders (§ 366 HGB). 14

II. Vermieter-/Verpächterpfandrecht

Das Vermieterpfandrecht entsteht gem. § 562 Abs. 1 BGB an Sachen des Mieters, die dieser vor Insolvenzeröffnung in die Mieträume eingebracht hat. Für Masseverbindlichkeiten kann das Vermieterpfandrecht auch nach der Verfahrenseröffnung entstehen.[5] Gegenständlich wird das ohnehin nur für bestimmte Forderungen bestehende Pfandrecht (vgl. § 562 Abs. 1 BGB) in der Insolvenz weiter eingeschränkt (§ 50 Abs. 2). Das Pfandrecht gilt für **Miet- und Pachtverträge** über **Räume und Grundstücke**: Wohnraummiete (§§ 562 ff. BGB), sonstige Grundstücks- und Raummiete (§ 578 BGB), Gründstücks- und Raumpacht (§ 581 Abs. 2 BGB), Landpacht (§ 592 BGB). 15

1. Voraussetzungen

Das Vermieterpfandrecht setzt einen **wirksamen Miet- oder Pachtvertrag** voraus.[6]

Eingebracht sind alle Gegenstände, die für einen nicht nur vorübergehenden Verbleib bewusst in die Mieträumlichkeiten verbracht oder dort hergestellt wurden. Gezielt nur vorübergehend in die Mieträumlichkeiten verbrachte Gegenstände sind grds nicht eingebracht, es sei denn, gerade die vorübergehende Lagerung entspricht dem Zweck der Räumlichkeiten – z.B. Waren in einem Umschlagwarenlager.[7] Nicht eingebracht sind z.B. Fahrzeuge die nur gelegentlich auf dem Grundstück parken und Geld in der Kasse. Werden Gegenstände in der **Antragsphase** in die Mietsache eingebracht, dann entsteht ein Vermieterpfandrecht nur, wenn der schwache vorläufige Verwalter dem zugestimmt hat.[8] Die Einbringung im Vorfeld der Antragstellung ist unter den dortigen Voraussetzungen nach § 130 anfechtbar. 16

Gegenstände, die nicht im **Eigentum des Mieters** stehen, werden nicht erfasst. Ebenso wenig **unpfändbare Gegenstände**, § 562 Abs. 1 Satz 2 BGB i.V.m. §§ 811, 812 ZPO. Keine Voraussetzung für das Entstehend des Pfandrechts ist es, dass bei Einbringung bereits **nicht beglichene fällige Forderungen** aus dem Mietverhältnis bestehen. Das Pfandrecht entsteht latent auch für erst **künftig entstehende oder fällig** werdende Forderungen. 17

Für die **Kollision** des Vermieterpfandrechts mit anderen Sicherungsrechten greift freilich das Prioritätsprinzip. In dem häufigen Fall der Kollision des Vermieterpfandrechts mit einer **Raumsicherungsübereignung** bei einem Warenlager mit wechselndem Bestand, geht das Vermieterpfandrecht vor.[9] Die Pfandrechte des Fiskus gem. § 51 Nr. 4 gehen dem Vermieterpfandrecht stets vor. 18

2. Gesicherte Forderung

Das Vermieterpfandrecht sichert in **zeitlicher Hinsicht** für die Zukunft nur die Miete/Pacht für das **laufende und folgende Jahr** (§ 562 Abs. 2 BGB) und für die Vergangenheit nur aus den **letzten zwölf Monaten** vor Insolvenzeröffnung (Abs. 2 Satz 1). Nicht erfasst sind **künftige Entschädigungsforderungen**, die bei erstmaligem Geltendmachen des Pfandrechts noch nicht entstanden 19

---

5 Uhlenbruck/*Brinkmann* Rn. 21.
6 Jaeger/*Henckel* Rn. 36.
7 FK-InsO/*Imberger* Rn. 57.
8 *Ehricke* FS Gerhard, Satz 195; HambK-InsR/*Schmidt* Rn. 30.
9 BGH NJW 1992, 1156.

sind (§ 562 Abs. 2 BGB).[10] Eine Geltendmachung liegt vor, wenn der Vermieter/-pächter seinen Anspruch vorinsolvenzlich gegenüber dem Schuldner oder nachinsolvenzlich gegenüber dem Verwalter formuliert oder wenn er die Pfandgegenstände in Besitz nimmt (häufig bei Rückgabe der Mietsache).

20 Nicht erfasst ist gem. Abs. 2 Satz 1 der **Entschädigungsanspruch** bei einer Kündigung durch den Verwalter gem. § 109 Abs. 1 Satz 2.[11] Da die letzte Beschränkung zum Zweck hat, die Gesamtgläubigerschaft vor einem vollständigen Wertverzehr der eingebrachten Gegenstände zu schützen, greift die Beschränkung nicht, wenn durch das Freiwerden ausschließlich andere Absonderungsgläubiger (z.B. einer Sicherungsübereignung) profitieren würden. In diesen Fällen erfasst das Vermieterpfandrecht auch ältere rückständige Forderungen.[12]

3. Erlöschen

21 Für das Erlöschen des Vermieterpfandrechts gibt es in § 562a BGB eine Sonderregelung. Danach erlischt das Pfandrecht grds, wenn die Sache mit **Kenntnis des Vermieters** vom Grundstück entfernt wird. Geschieht die Entfernung ohne das Wissen des Vermieters, erlischt das Pfandrecht erst mit dem Ablauf eines Monats nach Kenntnis des Vermieters von der Entfernung, wenn er den Anspruch nicht vorher gerichtlich geltend gemacht hat. **Widerspricht der Vermieter** der Entfernung und erfolgt diese nicht im ordnungsgemäßen Geschäftsgang und genügen die verbleibenden Gegenstände nicht seinem Sicherungsbedürfnis, erlischt das Pfandrecht nicht und der Vermieter kann seine Rechte gem. § 562b BGB verfolgen.

22 In der Insolvenz kann der Vermieter der Entfernung nicht widersprechen, weil dem Verwalter das **Verwertungsrecht** zusteht. Dafür erhält der Vermieter abgesonderte Befriedigung an dem Verwertungserlös.[13]

III. Sonstige gesetzliche Pfandrechte

23 Ein **Werkunternehmer** erlangt ein Pfandrecht an den Sachen des Bestellers, an denen er Werk-/Dienstleistungen erbracht hat, die sich noch in seinem Besitz befinden. Das Pfandrecht sichert den jeweiligen auf die Bearbeitung der Sache entfallenden Werklohn (**Werkunternehmerpfandrecht**, § 647 BGB). Mit der Herausgabe der Sache an den Besteller geht das Pfandrecht endgültig wieder unter.

24 Einem **Kommissionär** erwachsen Pfandrechte an allen dem Kommittenten gehörenden Kommissionswaren (**Kommissionspfandrecht**, § 397 HGB). Gesichert sind dadurch alle Forderungen aus laufender Rechnung und die auf das Gut verauslagten Kosten, offene Provisionen und gewährten Darlehen.

25 Besonderheiten gibt es beim Pfandrecht der **Spediteure** und **Frachtführer**. Danach steht dem Spediteur und dem Frachtführer ein Pfandrecht an dem Transportgut wegen aller durch den Frachtvertrag selbst begründeten Forderungen und wegen aller Forderungen aus vorangegangenen Fracht-, Speditions- oder Lagerverträgen zu (**inkonnexe Forderungen**). Eine solche Nachbesicherung von Altforderungen durch neues Frachtgut stellt nach der Rechtsprechung des BGH sogar eine kongruente Sicherung dar.[14] Zudem ist bei diesen Pfandrechten anders als bei den übrigen ein **gutgläubiger Erwerb** möglich, wenn die Ware nicht im Eigentum des Vertragspartners steht, § 366 Abs. 3 HGB.

---

10 Uhlenbruck/*Brinkmann* Rn. 21.
11 FK-InsO/*Imberger* Rn. 69.
12 HambK-InsR/*Schmidt* Rn. 31.
13 BGH NZI 2001, 548; Uhlenbruck/*Brinkmann* Rn. 23.
14 BGH NZI 2002, 485; NZI 2005, 389; vgl. zum Ganzen Mohrbutter/*Ringstmeier/Ringstmeier* § 43.

Dem Geschädigten steht ein Absonderungsrecht gem. § 157 VVG an Forderungen des Schädigers 26
gegen seine **Schadensversicherung** zu.

§ 51 Sonstige Absonderungsberechtigte

Den in § 50 genannten Gläubigern stehen gleich:
1. Gläubiger, denen der Schuldner zur Sicherung eines Anspruchs eine bewegliche Sache übereignet oder ein Recht übertragen hat;
2. Gläubiger, denen ein Zurückbehaltungsrecht an einer Sache zusteht, weil sie etwas zum Nutzen der Sache verwendet haben, soweit ihre Forderung aus der Verwendung den noch vorhandenen Vorteil nicht übersteigt;
3. Gläubiger, denen nach dem Handelsgesetzbuch ein Zurückbehaltungsrecht zusteht;
4. Bund, Länder, Gemeinden und Gemeindeverbände, soweit ihnen zoll- und steuerpflichtige Sachen nach gesetzlichen Vorschriften als Sicherheit für öffentliche Abgaben dienen.

Übersicht

		Rdn.			Rdn.
A.	Allgemeines	1	V.	Verlängerter Eigentumsvorbehalt	17
B.	Sicherungsübertragung, Nr. 1	2	C.	Zurückbehaltungsrecht wegen nützlicher Verwendungen, Nr. 2	19
I.	Sicherungsübereignung	3			
II.	Erweiterter Eigentumsvorbehalt	6	D.	Kaufmännische Zurückbehaltungsrechte, Nr. 3	22
III.	Eigentumsvorbehalt mit Verarbeitungsklausel	8	E.	Öffentliche Abgaben, Nr. 4	24
IV.	Sicherungszession	10	F.	Sonstige Absonderungsrechte	26

A. Allgemeines

Die Regelung ordnet eine Reihe von Sicherungsrechten in den Kreis der Absonderungsrechte ein. 1
Nicht ausdrücklich erwähnt sind die praktisch besonders relevanten Rechte aus **erweitertem** oder
verlängertem Eigentumsvorbehalt; diese fallen aber nach allgemeiner Meinung unter die Fallgruppe der Sicherungsübertragung nach Nr. 1.

B. Sicherungsübertragung, Nr. 1

Unter den Wortlaut der Nr. 1 fallen die **Sicherungsübereignungen beweglicher Sachen** mit dem Spezialfall des erweiterten Eigentumsvorbehaltes und die **Sicherungsabtretungen von Forderungen** mit 2
dem Spezialfall des verlängerten Eigentumsvorbehalts. Der Sicherungsnehmer erlangt zwar zivilrechtlich vollwertiges **Eigentum** an den Gegenständen; vollstreckungsrechtlich wird dieses Eigentum aber nur in Form einer **wirtschaftlichen Bevorrechtigung** anerkannt und der Sicherungsgegenstand wird der Insolvenzmasse zugeordnet.[1]

I. Sicherungsübereignung

Zur Sicherung übereignet werden **bewegliche Sachen** und Anwartschaftsrechte an beweglichen Sachen. Auch Zubehör eines Grundstücks kann zur Sicherheit übereignet werden, allerdings ist das 3
Sicherungseigentum mit der vorrangigen Mithaft im **Haftungsverband** gem. §§ 1120 ff. BGB belastet. Die Übereignung zur Sicherheit ist grds keine Veräußerung im ordnungsgemäßen Geschäftsgang. Die Übereignung erfolgt nach §§ 929, 930, 868 BGB – die Übergabe wird grds durch die Vereinbarung eines **Besitzkonstitutes** ersetzt. Zulässig ist auch die Übereignung von künftig erst entstehenden oder hinzukommenden Sachen; diese wird wirksam, wenn der Sicherungsgeber die bereits vorab übereignete Sache erlangt.

---

1 Uhlenbruck/*Brinkmann* Rn. 2.

4 In der Praxis werden häufig nicht nur einzelne Gegenstände zur Sicherheit übereignet, sondern **Sachgesamtheiten** (z.B. **Warenlager**). Eine solche Übereignung ist nur dann wirksam, wenn die übereigneten Gegenstände hinreichend bestimmbar sind, was wiederum der Fall ist, wenn ein außenstehender Dritter, der die Sicherungsabrede kennt, eindeutig benennen kann, welcher Gegenstand danach übereignet wurde und welcher nicht.[2] Häufig geschieht dies durch eine **Raumsicherungsübereignung**, bei der alle Gegenstände in einem bestimmten gekennzeichneten Raum übereignet werden. Hier kommt es in der Praxis immer wieder vor, dass die Vertragslage mit der tatsächlichen Entwicklung im Unternehmen nicht übereinstimmt und die Waren zwischenzeitlich in anderen Räumen gelagert werden, als im Vertrag angegeben. In diesen Fällen läuft das Sicherungsrecht ins leere. Eine andere Möglichkeit der Zuordnung liegt in der Kennzeichnung aller Waren und Vornahme einer eindeutigen Zuordnung im Rahmen eines **Warenwirtschaftssystems**. Nicht ausreichend ist die Übereignung »sämtlicher Vorräte«[3] oder aller Waren in einem genau gekennzeichneten Raum »bis zur Höhe der gesicherten Forderung«.[4]

5 Im **Kollisionsfall** geht der **einfache Eigentumsvorbehalt** der **Sicherungsübereignung** vor; allerdings unterfällt das Anwartschaftsrecht an der Sache ebenfalls als wesensgleiches Minus der Sicherungsübereignung. Wenn also der Insolvenzverwalter den Restkaufpreis einer unter Eigentumsvorbehalt gelieferten Ware zahlt, erlangt der Sicherungsgläubiger vollwertiges Eigentum.[5] Bei der Kollision mit dem **Vermieterpfandrecht** geht dieses der Sicherungsübereignung im Regelfall vor, da das Vermieterpfandrecht normalerweise früher entsteht, als die Sicherungsübereignung durch Verbringung in ein Warenlager. Bei gleichzeitiger Entstehung des Vermieterpfandrechts und der Sicherungsübereignung geht aufgrund einer wertenden Betrachtung das Vermieterpfandrecht vor.[6] Ein **gutgläubiger lastenfreier Erwerb** des Sicherungsnehmers findet nicht statt, zum einen weil er nicht den Besitz an der Sache erhält und zum anderen, weil er grds bösgläubig in Bezug auf das stets (bei Miträumen) vorhandene Vermieterpfandrecht ist. Die Sicherungsübereignung kommt hingegen dann zum Zuge, wenn sie vor der Verbringung in die Mietsache erfolgte oder wenn die Sache im ordnungsgemäßen Geschäftsgang aus der Mietsache entfernt wurde.

II. Erweiterter Eigentumsvorbehalt

6 Einen Sonderfall der Sicherungsübereignung stellt der **erweiterte Eigentumsvorbehalt** dar. Beim erweiterten Eigentumsvorbehalt vereinbart der Lieferant mit dem Käufer, dass die gelieferte Sache nicht nur bis zu ihrer vollständigen Bezahlung in seinem Eigentum bleibt (einfacher Eigentumsvorbehalt, vgl. § 47), sondern solange, bis alle Forderungen des Lieferanten gegen den Kunden bezahlt sind – also auch solche aus anderen Lieferungen. Obwohl das Eigentum an der Sache bei dieser Vereinbarung streng genommen nie auf den Kunden übergeht und man daher auch nach der Bezahlung der auf die Sache entfallenden Forderung ein Aussonderungsrecht annehmen könnte, hat es sich allgemein durchgesetzt, den Teil des verlängerten Eigentumsvorbehaltes so zu verstehen, als hätte der Kunde die Sache nach ihrer Bezahlung erhalten und dann an den Lieferanten zur Sicherheit seiner übrigen Forderungen zurück übereignet (vgl. näher § 47 Rdn. 23).

7 Durch den erweiterten Eigentumsvorbehalt dient die Ware nach ihrer Bezahlung für andere Forderungen des Lieferanten als weitere Sicherheit. Auch wenn die übrigen Forderungen bei Kauf und Bezahlung der Ware schon bestanden und es sich also insoweit um eine **Nachbesicherung** dieser alten Forderungen des Lieferanten handelt, stellt dies eine **kongruente Besicherung** dar.[7]

---

2 Uhlenbruck/*Brinkmann* Rn. 7.
3 BGH ZInsO 2008, 803.
4 Vgl. OLG Hamm ZIP 2008, 1110.
5 *BGH BGHZ 20, 88 (94)*; Uhlenbruck/*Brinkmann* Rn. 13.
6 BGH BGHZ 117, 200 (207).
7 BGH ZIP 2011, 773.

III. Eigentumsvorbehalt mit Verarbeitungsklausel

Bei verarbeitenden Betrieben wird der Eigentumsvorbehalt an zur Verarbeitung bestimmten Waren regelmäßig durch eine **Verarbeitungsklausel** in den AGB des Lieferanten ergänzt. Bei einer solchen Verarbeitungsklausel wird geregelt, dass der Kunde die Ware für den Lieferanten verarbeitet, so dass der durch die Verarbeitung eintretende originäre Eigentumserwerb gem. § 950 BGB beim Lieferanten stattfindet. Auch hier dient der Eigentumsübergang der neuen Ware wirtschaftlich nur der Kreditsicherung, so dass sie nicht zur Aussonderung berechtigt, sondern nur ein Absonderungsrecht begründet.[8] Um eine Übersicherung zu vermeiden und die Kollision mit den Rechten anderer Zulieferer zu lösen wird im Regelfall vereinbart, dass der Lieferant nur einen dem Wert seiner Ware entsprechenden **Miteigentumsanteil** an der neuen Sache erlangt. 8

Mit Verfahrenseröffnung erlischt grds die **Ermächtigung zur Weiterverarbeitung**, weil ein Rechtserwerb des Lieferanten an der neuen Sache nach Verfahrenseröffnung an § 91 scheitert.[9] Damit entsteht bei entsprechender Verarbeitung ein Ersatzaussonderungsrecht – vgl. § 48. Wählt der Verwalter nach § 103 die Erfüllung des Kaufvertrages mit dem Lieferanten, greift wieder die Verarbeitungsklausel. 9

IV. Sicherungszession

Bei der **Sicherungszession** werden Forderungen und andere Rechte zur Sicherheit übertragen. Die wichtigsten Anwendungsfälle sind die **Globalzession** und der **verlängerte Eigentumsvorbehalt**. Nicht hierher gehört das echte Factoring, weil dort die Forderungen nicht nur zur Sicherheit, sondern zur Erfüllung der Pflichten aus dem Forderungsverkauf abgetreten werden (vgl. zum Factoring § 47 Rdn. 37 ff.). 10

Zum Teil folgt aus dem Gegenstand des Rechtes oder der Forderung, dass neben der Abtretung noch **weitere Voraussetzungen** für einen wirksamen Rechtsübergang erfüllt sein müssen. Praktisch wichtig sind hier: Anzeige bei Abtretung von Forderungen aus Lebensversicherungen gem. § 14 Abs. 4 ALB und bei Steuererstattungsansprüchen gem. § 46 Abs. 2 AO und Briefübergabe bei verbrieften Rechten. 11

Auch bei der Sicherungszession ist die Vorausabtretung erst **künftig entstehender** Rechte zulässig und wirksam. Zu beachten ist die **Bestimmtheit** der Abtretung, wenn mehrere Forderungen abgetreten werden.[10] Zulässig ist die Abtretung »aller Forderungen aus dem Geschäftsbetrieb«; eine gebräuchliche Einschränkung ist die Abtretung aller Forderungen gegen Kunden mit bestimmten Anfangsbuchstaben. Nicht ausreichend bestimmt und damit unwirksam ist nämlich die Abtretung aller Forderungen bis zur Höhe von insgesamt X,X €. Hierbei ist nämlich nicht klar, welche der Forderungen abgetreten sind, wenn die Summe aller Forderungen über die abgetretene Ziffer hinausgeht.[11] 12

Unwirksam ist auch die Sicherungsabtretung, wenn die Abtretung der Forderung als solches gegen ein vertraglich vereinbartes (häufig in AGB) oder gesetzliches **Abtretungsverbot** verstößt. Ausnahmsweise ist nach § 354a Satz 1 HGB im **kaufmännischen Verkehr** die Abtretung einer Geldforderung entgegen eines vereinbarten Abtretungsverbots bzw. Zustimmungsvorbehalts i.S.d. § 399 Var. 2 BGB wirksam, wenn das Rechtsgeschäft, das die abgetretene Forderung begründet hat, ein **beiderseitiges Handelsgeschäft** darstellt. Der Drittschuldner darf gem. § 354a Satz 2 HGB mit befreiender Wirkung – auch mittels Aufrechnung – sowohl an den Zessionar als auch den Zedenten leisten. Auf die Kenntnis des Drittschuldners von der Abtretung kommt es nicht an, denn § 406 BGB wird 13

---

8 FK-InsO/*Imberger* Rn. 24.
9 HambK-InsR/*Schmidt* Rn. 18.
10 BGH NJW 2000, 276.
11 OLG Hamm ZIP 2008, 1110.

von dem spezielleren § 354a HGB verdrängt.[12] Die Leistungsbefreiung des Drittschuldners bleibt nur ausnahmsweise wegen Rechtsmissbrauchs versagt, wenn er kein berechtigtes Interesse mehr daran hat, lediglich an den Zedenten zu leisten.[13] Bei Kaufleuten ist die Abtretung entgegen einem vertraglichen Verbot aber gem. § 354a HGB dennoch wirksam.[14]

14 Bei der Abtretung von **Miet- und Pachtzinsen** greift in der Insolvenz die zeitliche Beschränkung des § 110 Abs. 1 und bei **Arbeitsentgelt** des § 114 Abs. 1.

15 Bei der **Globalzession** werden alle Forderungen oder bestimmte Forderungsbereiche im Voraus an den Sicherungsnehmer abgetreten. Die Forderung geht dann im Moment ihrer Entstehung auf den Sicherungsnehmer über. Forderungen, die nach der Verfahrenseröffnung erst entstehen, gehen gem. § 91 nicht mehr über. Für die in der kritischen Zeit vor der Insolvenzantragstellung entstandenen Forderungen stellt sich regelmäßig die Frage, ob das Unterschlüpfen und/oder Werthaltigmachen dieser Forderungen anfechtbar ist (vgl. dazu § 131 Rdn. 38).

16 Bei der sog. **Mantelzession** ist der Zessionar nur dazu verpflichtet, bestimmte Forderungen abzutreten, tut dies aber nicht im Vorfeld. Diese Vereinbarung als solche führt in der Insolvenz nicht zu einem Absonderungsrecht, da es sich nur um eine schuldrechtliche Verpflichtung handelt. Sind im Rahmen der Umsetzung der Mantelzession aber Forderungen tatsächlich abgetreten worden, kann der Abtretungsempfänger diese Aus- oder Absondern, je nach wirtschaftlicher Funktion der Abtretung.[15]

V. Verlängerter Eigentumsvorbehalt

17 Einen Sonderfall der Sicherungsabtretung von Forderungen stellt der **verlängerte Eigentumsvorbehalt** dar. Beim verlängerten Eigentumsvorbehalt vereinbart der Lieferant mit dem Käufer, dass dieser über die unter einfachem Eigentumsvorbehalt gelieferte Sache verfügen darf, im Gegenzug dazu aber den als Gegenleistung für die Veräußerung der Eigentumsvorbehaltsware entstehenden Anspruch bereits im Voraus an den Lieferanten abtritt. Der verlängerte Eigentumsvorbehalt findet sich regelmäßig in den **AGB** des Lieferanten. Enthalten die AGB des Käufers eine **Abwehrklausel**, wird der verlängerte Eigentumsvorbehalt nicht wirksam vereinbart, es sei denn, dass es sich um Kaufleute handelt, so dass der Abtretungsausschluss der Abwehrklausel gem. § 354a HGB unwirksam ist.[16] Scheitert der verlängerte Eigentumsvorbehalt an einer Abwehrklausel, ist allerdings die Verfügung des Vorbehaltskäufers über die Kaufsache unberechtigt, da die Ermächtigung grds unter der Bedingung der Kaufpreisabtretung steht. Der Veräußerungserlös unterfällt also einem Ersatzabsonderungsrecht analog § 48, wenn er noch unterscheidbar in der Masse vorhanden ist.[17]

18 Regelmäßig dient die im Rahmen des verlängerten Eigentumsvorbehaltes abgetreten Kaufpreisforderungen auch zur Sicherung **anderer Forderungen** des Lieferanten. In diesen Fällen erhält der Lieferant jedenfalls in Höhe der Marge (= Differenz zwischen Warenwert und Veräußerungserlös) eine **Nachbesicherung** seiner sonstigen Forderungen. Hierbei handelt es sich allerdings um eine **kongruente Sicherung**.[18]

---

12 BGH 26.01.2005 ZIP 2005, 429.
13 LG Hamburg WM 1999, 428 (431); *Saar* ZIP 1999, 988 (994).
14 FK-InsO/*Imberger* Rn. 50.
15 Uhlenbruck/*Brinkmann* Rn. 23.
16 Vgl. BGH ZIP 1985, 544; FK-InsO/*Imberger* Rn. 23, 28.
17 FK-InsO/*Imberger* Rn. 28.
18 BGH ZIP 2011, 773.

C. Zurückbehaltungsrecht wegen nützlicher Verwendungen, Nr. 2

Die Regelung der Nr. 2 ordnet solche Zurückbehaltungsrechte als Absonderungsrechte ein, die aufgrund nützlicher Verwendungen auf die betroffene Sache entstanden sind. Ein solches **Zurückbehaltungsrecht** ergibt sich bspw. aus § 1000 BGB für den Verwendungsersatzanspruch aus § 994 BGB oder aber aus § 273 Abs. 2 BGB für die übrigen Verwendungsersatzansprüche des BGB (z.B. §§ 102, 292 Abs. 2, 304, 347 Satz 2, 459, 536a, 539, 591, 601, 670, 675, 683, 693, 850, 972, 1049, 1057, 1216, 2022 BGB).[19] Das **allgemeine Zurückbehaltungsrecht** des § 273 Abs. 1 BGB fällt ebenso wenig unter § 51 Nr. 2 InsO,[20] wie ein vertraglich vereinbartes Zurückbehaltungsrecht.[21]

19

Die Norm greift nur für **bewegliche Sachen**, eine analoge Anwendung auf unbewegliche Sachen wird abgelehnt.[22] Aus dem Wortlaut ergibt sich ferner, dass das Absonderungsrecht der Höhe nach begrenzt ist auf den Betrag, der als **Werterhöhung** des Gegenstandes durch die Aufwendung noch vorhanden ist.

20

Rechtsanwälten und **Steuerberatern** steht gegenüber dem Anspruch ihres insolventen Mandanten auf Herausgabe der im Rahmen der Tätigkeit erlangten Unterlagen kein insolvenzfestes Zurückbehaltungsrecht zu; allerdings müssen sie keine Arbeitsergebnisse herausgeben, für die das Honorar noch aussteht.[23]

21

D. Kaufmännische Zurückbehaltungsrechte, Nr. 3

Die kaufmännischen Zurückbehaltungsrechte werden insolvenzrechtlich ebenfalls als Absonderungsrechte ausgestaltet. Die kaufmännischen Zurückbehaltungsrechte sind in §§ 369–372 HGB geregelt. Danach sind die Voraussetzungen für ein kaufmännisches Zurückbehaltungsrecht, dass beide Parteien **Kaufleute** sind, dass der gesicherte **Anspruch aus einem beiderseitigen Handelsgeschäft** resultiert und das es sich bei dem zurückgehaltenen Gegenstand um eine **bewegliche Sache** oder ein **Wertpapier** handelt, welches zumindest im **Miteigentum** des Schuldners steht und mit dessen Willen in den **Besitz** des Vertragspartners gelangt ist.[24]

22

Der Inhaber des kaufmännischen Zurückbehaltungsrechts kann den Gegenstand gem. § 371 HGB im Wege der **Vollstreckungsbefriedigung** (§ 371 Abs. 3 HGB) oder **Verkaufsbefriedigung** (§ 371 Abs. 2, 4 HGB) selbst verwerten. Hierzu benötigt er allerdings einen **Titel**, der auf den Insolvenzverwalter lauten muss. In der Praxis kommt es daher häufig zu Verwertungsvereinbarungen zwischen dem Gläubiger und dem Insolvenzverwalter.

23

E. Öffentliche Abgaben, Nr. 4

Soweit dem **Fiskus** das Gesetz ein **Sicherungsrecht** an Gegenständen für **Zölle und Steuern** einräumt, bestimmt Nr. 4 der Norm, dass dieses Sicherungsrecht im Insolvenzverfahren zu einem Absonderungsrecht führt. Der Hauptanwendungsfall ist die in § 76 AO geregelte Sachhaftung für **Verbrauchssteuern** (wie z.B. Tabak-, Branntwein-, Alkopop-, Bier-, Schaumwein-, Zwischenerzeugnis- und Kaffesteuer), der **Einfuhrumsatzsteuer** (§ 21 Abs. 1 UStG) oder **Zollforderungen**. Keine Sachhaftung ergibt sich aus der allgemeinen Umsatzsteuer an den geleisteten Waren. Das Sicherungsrecht entsteht an den betroffenen Gegenständen durch deren Erzeugung oder erstmalige Verbringung in den räumlichen Geltungsbereich der Gesetze; nicht erforderlich ist, dass der Fiskus die Gegenstände in Besitz oder Beschlag nimmt.

24

---

19 Vgl. Uhlenbruck/*Brinkmann* Rn. 33.
20 FK-InsO/*Imberger* Rn. 71; MüKo-InsO/*Ganter* Rn. 242.
21 RG RGZ 77, 436.
22 BGH NZI 2003, 605; Nerlich/Römermann/*Andres* Rn. 13.
23 BGH ZIP 1988, 1447; OLG Düsseldorf ZIP 1982, 471; vgl. zu den Details Uhlenbruck/*Brinkmann* Rn. 34.
24 Vgl. auch FK-InsO/*Imberger* Rn. 78 ff.; Uhlenbruck/*Brinkmann* Rn. 37.

25 Soweit der Fiskus betroffene Gegenstände in seinem Besitz hat, kann er diese gem. § 327 AO selbst verwerten. Ansonsten liegt das **Verwertungsrecht** gem. § 166 beim Insolvenzverwalter. Der Fiskus kann nach Verfahrenseröffnung die Gegenstände nicht mehr durch eine Beschlagnahme in seinen Besitz bekommen. Bei der Abrechnung mit dem Fiskus sind freilich die Feststellungs- und Verwertungskosten nach den allgemeinen Regeln in Abzug zu bringen.

F. Sonstige Absonderungsrechte

26 Neben den in § 51 genannten gibt es **weitere Rechte**, die im Insolvenzverfahren zu einem Absonderungsrecht führen. Dies beruht auf verschiedenen gesetzlichen Anordnungen und kann nicht durch eine Vereinbarung zwischen den Parteien herbeigeführt werden.[25]

27 Ein praktisch wichtiges Beispiel findet sich in **§ 110 VVG** (früher § 157 VVG a.F.). Danach kann der Geschädigte in der Insolvenz des Schädigers abgesonderte Befriedigung aus dem Anspruch des Schädigers gegen eine **Haftpflichtversicherung** verlangen. Verhindert werden sollte, dass die Kompensation eines Schadens nicht bei dem Geschädigten ankommt, sondern allen Gläubigern zugutekommt. Diese Zielsetzung ist ein Bruch mit der Systematik der InsO und rechtspolitisch nicht unumstritten.[26] Eine analoge Anwendung der Vorschrift auf andere wirtschaftlich ähnliche Konstellationen wird daher abgelehnt.[27] Das **Verwertungsrecht** an der Versicherungsforderung liegt grds beim Insolvenzverwalter. Der Absonderungsberechtigte kann vom Verwalter die Auskehr des Absonderungserlöses (abzüglich der Feststellungs- und Verwertungskosten) verlangen. Hierauf darf der Gläubiger nach dem BGH auch schon vor der Einziehung der Versicherungsforderung durch den Verwalter klagen;[28] der Klageantrag muss dann freilich die Einschränkung enthalten, dass Leistung nur aus der Versicherungsforderung verlangt werden kann.[29] Der Verwalter kann dieser Leistungspflicht durch eine Freigabe der Forderung aus der Insolvenzmasse entgehen,[30] dann liegt das Verwertungsrecht beim Absonderungsberechtigten, der die Forderung nach den Vorschriften über eine verpfändete Forderung einziehen kann. Bei streitigen Forderungen liegt es daher nahe, dass der Verwalter den vermeintlichen Haftpflichtanspruch aus der Masse freigibt, um diese von dem Kostenrisiko frei zu halten.

28 Ein weiteres Absonderungsrecht enthält **§ 84 Abs. 1 Satz 2** bei der Auseinandersetzung einer Gesellschaft oder Gemeinschaft an dem Auseinandersetzungsguthaben (vgl. dort). Kein Absonderungsrecht ist die strafrechtliche **Beschlagnahme nach § 111c StPO**, da es nur wie ein relatives Veräußerungsverbot wirkt.[31]

§ 52 Ausfall der Absonderungsberechtigten

Gläubiger, die abgesonderte Befriedigung beanspruchen können, sind Insolvenzgläubiger, soweit ihnen der Schuldner auch persönlich haftet. Sie sind zur anteilsmäßigen Befriedigung aus der Insolvenzmasse jedoch nur berechtigt, soweit sie auf eine abgesonderte Befriedigung verzichten oder bei ihr ausgefallen sind.

Übersicht

	Rdn.			Rdn.
A. Allgemeines	1	C.	Feststellung der Höhe des Ausfalls	7
B. Feststellung für den Ausfall	5	D.	Verzicht auf das Absonderungsrecht	10

---

25 FK-InsO/*Imberger* Rn. 91.
26 *Häsemeyer* KTS 1982, 507 (535).
27 BGH BGHZ 57, 78; NZI 2001, 539; Uhlenbruck/*Brinkmann* Rn. 41.
28 BGH ZIP 1989, 857.
29 FK-InsO/*Imberger* Rn. 92.
30 BGH NZI 2009, 380; LG Nürnberg-Fürth ZIP 2007, 1022.
31 BGH NZI 2007, 450; FK-InsO/*Imberger* Rn. 36.

A. Allgemeines

§ 52 regelt den Fall, dass der Inhaber eines **Absonderungsrechts** gleichzeitig ein **persönlicher Gläubiger** des Schuldners ist. In diesen Fällen soll im Ergebnis gewährleistet werden, dass der Gläubiger aus dem Schuldnervermögen nur einmal bevorzugt befriedigt wird, nämlich mit dem Absonderungsrecht, und dann nur noch mit der verbleibenden Restforderung als Insolvenzgläubiger seine Quotenzahlung erhält, sog. **Ausfallprinzip**.[1] Der Gläubiger muss im Verfahren also seine persönliche Forderung um den Betrag kürzen, den er aus dem Schuldnervermögen auf sein Absonderungsrecht erhält. Anders ist dies, wenn der Insolvenzgläubiger seine (teilweise) Befriedigung aus einer **Drittsicherheit** erlangt – dann kann er trotz der Teilerfüllung mit der ursprünglichen Forderung im Insolvenzverfahren teilnehmen, bis er vollständig befriedigt ist (vgl. § 43 – Grundsatz der Doppelberücksichtigung). Die Differenzierung knüpft daran an, dass der Gläubiger im Falle des § 52 vorab etwas aus dem Schuldnervermögen erlangt, im Falle des § 43 hingegen aus dem Vermögen eines Dritten. Die beiden Vorschriften schließen sich daher im Anwendungsbereich gegenseitig aus. 1

In **systematischer** Hinsicht wird die Vorschrift ergänzt durch § 190, wonach der Absonderungsgläubiger an einer Quotenzahlung nur teilnimmt, wenn er den Ausfall nachgewiesen oder auf sein Absonderungsrecht verzichtet hat (vgl. näher die Kommentierung zu § 190). Eine dem § 52 vergleichbare Regelung enthält § 44a für den Bereich der Gesellschaftersicherheiten. 2

Die **Voraussetzungen** der Regelung sind also nur, dass der Absonderungsberechtigte gleichzeitig persönlicher Gläubiger ist. Das ist dann nicht gegeben, wenn der Schuldner einen Gegenstand seines Vermögens zur Absicherung einer **fremden Schuld** zur Verfügung gestellt hat. Gibt der Insolvenzverwalter den mit dem Absonderungsrecht belasteten Gegenstand aus der Insolvenzmasse frei, bleibt § 52 trotzdem anwendbar.[2] 3

Die Regelung greift nur für Absonderungsrechte und ist **nicht** analog auf **Aussonderungsrechte** anwendbar. 4

B. Feststellung für den Ausfall

Aus dem Zusammenspiel der §§ 52 und 190 ergibt sich, dass das Ausfallprinzip erst bei der **Quotenzahlung** greift, nicht schon bei der Anmeldung und Feststellung der Forderung zur Insolvenztabelle. Der mit einem Absonderungsrecht gesicherte Gläubiger darf seine Forderung vor der Auskehr des Absonderungserlöses in **voller Höhe** zur Insolvenztabelle anmelden und diese wird dort in voller Höhe festgestellt.[3] Der Insolvenzverwalter kann gegen die Forderung nicht einwenden, dass ein Absonderungsrecht besteht und mit einer (teilweisen) Befriedigung daraus zu rechnen ist. 5

Die Feststellung zur Insolvenztabelle erfolgt regelmäßig mit dem Hinweis, dass die Feststellung »**für den Ausfall**« erfolgt. In rechtlicher Hinsicht ist dieser Hinweis aber irrelevant. Entscheidend ist allein, ob der Insolvenzgläubiger gleichzeitig Inhaber eines Absonderungsrechts ist oder nicht.[4] Der Hinweis ist daher eher als ein Merkposten für den Verwalter und den Gläubiger zu verstehen, dass der Gläubiger noch den Ausfall nachweisen muss, bevor er an einer Quotenzahlung teilnehmen kann. Durch die Aufnahme oder das Weglassen des Hinweises entsteht auch keine Bindungswirkung für die Frage, ob der Gläubiger noch einen Ausfall nachweisen muss; auch hierbei kommt es alleine darauf an, ob er ein Absonderungsrecht hat oder nicht. 6

---

1 Vgl. FK-InsO/*Imberger* Rn. 1.
2 BGH ZIP 2009, 874; Jaeger/*Henckel* Rn. 9; FK-InsO/*Imberger* Rn. 8.
3 MüKo-InsO/*Ganter* Rn. 19; FK-InsO/*Imberger* Rn. 11; Uhlenbruck/*Brinkmann* Rn. 7.
4 Uhlenbruck/*Brinkmann* Rn. 7.

C. Feststellung der Höhe des Ausfalls

7 Wie der maßgebliche Ausfall zu **berechnen** ist, war lange Zeit umstritten, ist zwischenzeitlich aber zutreffend durch den BGH geklärt worden.[5] Zum einen hat der BGH in dieser Entscheidung geklärt, dass der nach den §§ 166 ff. auf den Absonderungsberechtigten entfallende Verwertungserlös nicht nur auf bis zur Verfahrenseröffnung entstandene Zinsen und Kosten anzurechnen ist, sondern auch auf solche Zinsen und Kosten, die erst **nach Verfahrenseröffnung** entstehen. Dass diese Forderungen gem. § 39 Abs. 1 im Insolvenzverfahren nachrangig sind, steht der Anrechnung des Veräußerungserlöses nicht entgegen. Zum anderen stellt der BGH klar, dass sich die Reihenfolge der Anrechnung des Veräußerungserlöses nach § 367 **BGB** richtet, wenn nicht zwischen den Parteien eine abweichende Tilgungsreihenfolge vereinbart war. Eine abweichende Tilgungsreihenfolge kann von den Parteien, so der BGH weiter, nur **gemeinsam vereinbart** werden; ein einseitiges Tilgungsbestimmungsrecht steht weder dem Insolvenzverwalter[6] noch dem Gläubiger zu.

8 Bei der Berechnung des Ausfalles ist also zunächst zu prüfen, ob der Schuldner und der Gläubiger vorinsolvenzlich eine wirksame von § 367 BGB **abweichende Tilgungsvereinbarung** getroffen haben. Dies ist in der Praxis nur selten der Fall, weil die Parteien sich im Vorfeld um die Tilgung nur selten Gedanken machen und der Gläubiger auch kein Interesse an einer von § 367 BGB abweichenden Regelung hat. Gibt es eine abweichende Regelung nicht, wird der ausgekehrte Verwertungserlös gem. § 367 BGB zunächst auf die vor- und nachinsolvenzlich entstandenen **Kosten**, sodann auf die vor- und nachinsolvenzlich entstandenen **Zinsen** und zuletzt auf die Hauptforderung **angerechnet**.

9 Aus dem Wortlaut der Vorschrift folgt, dass der Gläubiger seinen Ausfall **darlegen** und im Streitfall **beweisen** muss. Er muss also den Erlös beweisen, soweit die Verwertung nicht durch den Verwalter selbst erfolgte und er muss die entstandenen Kosten und Zinsen beweisen.

D. Verzicht auf das Absonderungsrecht

10 Der Absonderungsberechtigte kann anstelle des Nachweises des Ausfalles auch grds auf sein Absonderungsrecht **verzichten** und dann sofort in voller Höhe der Forderung an der Quotenzahlung teilnehmen. Dahinter steckt zum einen der Gedanke, dass es einem Sicherungsnehmer grds frei steht, ob er sein Sicherungsrecht verwerten will oder nicht. Auch greift in diesem Fall der Zweck der Norm nicht, da der Gläubiger nicht vorab etwas aus der Insolvenzmasse erhält.

11 **Sinnvoll** ist der Verzicht freilich regelmäßig nur dann, wenn aus dem Absonderungsrecht kein Zufluss für den Absonderungsberechtigten zu erwarten ist. Ist dies nicht der Fall, dürfte es stets günstiger sein, an dem Absonderungsrecht festzuhalten.

12 Der Verzicht ist eine formlose empfangsbedürftige **Willenserklärung** und als solche freilich nicht widerruflich. Wenn der Gläubiger im Rahmen der Forderungsanmeldung angibt, dass er keine Absonderungsrechte geltend macht, stellt dies aber im Regelfall **keinen konkludenten Verzicht** auf ein dennoch bestehendes Absonderungsrecht dar.[7]

§ 53 Massegläubiger

Aus der Insolvenzmasse sind die Kosten des Insolvenzverfahrens und die sonstigen Masseverbindlichkeiten vorweg zu berichtigen.

Übersicht	Rdn.		Rdn.
A. Allgemeines	1	C. Schuldner von Masseverbindlichkeiten	9
B. Durchsetzung	6		

---

5 *BGH ZIP 2011*, 579 mit gutem Überblick über den Streitstand.
6 So schon BGH ZIP 2008, 1624.
7 OLG Nürnberg ZIP 2007, 642; FK-InsO/*Imberger* Rn. 28.

A. Allgemeines

Die Regelung des § 53 stellt systematisch das **Gegenstück zu § 38** dar: Nach § 38 dient die Insolvenzmasse der gemeinschaftlichen Befriedigung der Insolvenzgläubiger, allerdings gem. § 53 erst nachdem die Massekosten und die sonstigen Masseverbindlichkeiten vorab aus der Insolvenzmasse berechtigt wurden. Die Regelung trifft also keine materielle Regelung, sondern begründet ein im Insolvenzverfahren zu beachtendes **Rangverhältnis** zwischen den Masseverbindlichkeiten und den Insolvenzforderungen. Der **Zweck** der Regelung ist offenkundig: Ein Insolvenzverwalter kann das Insolvenzverfahren nur dann abwickeln, wenn er von ihm begründete Verbindlichkeiten auch voll befriedigen kann (wobei damit nicht nur Geldschulden gemeint sind). 1

Was die Kosten des Insolvenzverfahrens sind, wird in § 54 definiert. Was **sonstige Masseverbindlichkeiten** sind, wird im Wesentlichen in § 55 definiert. Ergänzend finden sich Sonderregelungen für Masseverbindlichkeiten in § 324 (Nachlassinsolvenzverfahren), § 100 (Unterhalt), §§ 115, 118 (Notgeschäftführung), § 123 (Sozialplan), §§ 169, 172 (Zinsen/Wertverlust bei verzögerter Verwertung). Im Grundsatz findet die Abgrenzung nach dem **Zeitpunkt der Entstehung** der Verbindlichkeiten vor oder nach der Verfahrenseröffnung statt, wobei es davon auch **Ausnahmen** gibt (z.B. Begründung von Masseverbindlichkeiten durch den starken vorläufigen Verwalter oder mit Einzelermächtigung). 2

Die Verpflichtungen des Gemeinschuldners lassen sich **nicht abschließend** in die Kategorien Masseverbindlichkeiten und Insolvenzforderungen aufteilen. Zum einen gehen auch den Masseverbindlichkeiten denklogisch die **Aus- und Absonderungsrechte** vor, weil diese Gegenstände oder deren Verwertungserlöse gar nicht erst in die Masse fließen, sondern vorab an die Berechtigten herauszugeben bzw. auszukehren sind (vgl. § 47 für Aussonderungsrechte und § 170 Abs. 1 für Absonderungsrechte). Zum anderen gibt es auch noch **weitere Verpflichtungen**, die nicht in eine der beiden Gruppen passen, so z.B. Pflichten aus Gesellschaftsverhältnissen. 3

Bei den sonstigen Masseverbindlichkeiten unterscheidet man zwischen den vom Verwalter freiwillig begründeten, sog. »**gewillkürten**« Masseverbindlichkeiten und den ohne sein Zutun kraft Gesetzes entstehenden, sog. »**oktroyierten**« Messeverbindlichkeiten (z.B. § 108 Abs. 1). Innerhalb der sonstigen Masseverbindlichkeiten gibt es grds keine Rangfolge. Dies ändert sich aber mit der Anzeige der Masseunzulänglichkeit oder dem Eintritt der Neumasseunzulänglichkeit (vgl. § 208). 4

Für Masseverbindlichkeiten gelten die **Aufrechnungsbeschränkungen** der §§ 94–96 grds nicht, da diese in der Sache eine Besserstellung von einfachen Insolvenzgläubigern verhindern wollen. Allerdings greift dieser Zweck dann wieder ein, wenn in dem Verfahren die **Masseunzulänglichkeit** eingetreten ist und der Gläubiger von Altmasseforderungen verrechnen will; in diesem Fall greifen die §§ 94 ff. analog auf den Zeitpunkt der Anzeige der Masseunzulänglichkeit.[1] 5

B. Durchsetzung

Masseverbindlichkeiten können – solange keine Masseunzulänglichkeit angezeigt ist – vom Gläubiger gegenüber der Insolvenzmasse so geltend gemacht und durchgesetzt werden, wie generell Forderungen außerhalb der Insolvenz: der Gläubiger kann die Masse bei Fälligkeit der Forderung in Verzug setzen, kann Zinsen verlangen und kann die Forderung einklagen und schließlich in die Masse vollstrecken. Eine Ausnahme gilt hier nur für das zeitliche **Vollstreckungshindernis** des § 90 Abs. 1. Mit der Anzeige der **Masseunzulänglichkeit** verlieren Altmasseverbindlichkeiten ihre Durchsetzbarkeit; eine Vollstreckung aus einem Titel über die Forderung wird unzulässig (vgl. §§ 208–210). 6

Werden Masseverbindlichkeiten **irrtümlich als Insolvenzforderungen** zur Tabelle angemeldet, bleibt dies auf ihren tatsächlichen Bestand als Masseverbindlichkeit selbst dann ohne Auswirkungen, wenn die angemeldete Forderung ebenso irrtümlich anerkannt oder sogar durch ein rechtskräftiges Urteil 7

---

[1] BGH ZIP 2001, 1641 (1643); Uhlenbruck/*Sinz* Rn. 6.

festgestellt wird.² Befriedigt der Verwalter andersherum Insolvenzforderungen irrtümlich im Rang von Masseverbindlichkeiten, ändert sich ebenfalls an der materiellen Rechtslage nichts – der Verwalter kann den ausgekehrten Betrag als **ungerechtfertigte Bereicherung** (zwar besteht die Forderung, dieser steht aber eine dauerhafte Einrede entgegen) zurück verlangen.³

8   Ist bereits vor Verfahrenseröffnung ein **Prozess** über Masseverbindlichkeiten **anhängig**, wird dieser gem. § 240 ZPO mit der Verfahrenseröffnung unterbrochen und kann dann gem. § 86 Abs. 1 Nr. 3 InsO vom Gläubiger und vom Insolvenzverwalter wieder aufgenommen werden.⁴

C. Schuldner von Masseverbindlichkeiten

9   Materiell richten sich Masseverbindlichkeiten gegen die Insolvenzmasse, also **gegen den Schuldner** selbst, da die Masse als solches kein eigenständiges, vom Schuldner gelöstes Rechtssubjekt ist.⁵ Unerheblich ist es, wenn der Insolvenzverwalter die Masseverbindlichkeiten begründet hat, da die Insolvenzordnung ihm hierzu die Befugnis einräumt.⁶ **Gegenständlich** haftet der Schuldner allerdings mit seinem insolvenzfreien Vermögen für Masseverbindlichkeiten nur insoweit, als dass diese oder deren Rechtsgrundlage von ihm selbst vor Verfahrenseröffnung begründet wurden. Für die vom Insolvenzverwalter begründeten Masseverbindlichkeiten haftet der Schuldner mit seinem insolvenzfreien Vermögen nicht, da dem Verwalter insoweit die Verfügungsbefugnis fehlt.⁷

10 Nicht abschließend geklärt ist die Frage, inwieweit der Schuldner für **Masseverbindlichkeiten nach der Beendigung des Insolvenzverfahrens** haftet.⁸ Überwiegend wird hierzu zutreffend vertreten, dass der Schuldner nach Verfahrensbeendigung mit seinem gesamten Vermögen nur für solche Masseverbindlichkeiten haftet, die er selbst begründet hat, nicht für solche, die der Insolvenzverwalter begründet hat.⁹ Für alle Masseverbindlichkeiten einschließlich der vom Verwalter begründeten haftet der Schuldner allerdings mit dem Vermögen, was ihm als Insolvenzmasse vom Verwalter zurückgegeben wurde. Diese Differenzierung folgt m.E. zwangsläufig aus den Verfügungsbefugnissen im Insolvenzverfahren: Durch das Verfahren als solches werden die Bindungen, die der Schuldner selbst eingegangen ist, nicht berührt – diese bestehen also zu seinen Lasten fort. Soweit der Verwalter handelt, kann dieser nur die Insolvenzmasse verpflichten, nicht auch das insolvenzfrei Vermögen des Schuldners. Zum insolvenzfreien Vermögen gehört freilich auch der Neuerwerb des Schuldners nach dem Zeitpunkt der Verfahrensaufhebung, da dieser nicht mehr von § 35 Abs. 1 erfasst wird. Nicht richtig ist die Einschränkung, dass der Schuldner aus selbst begründeten Dauerschuldverhältnissen nur bis zum **Zeitpunkt der ersten Kündigungsmöglichkeit** durch den Verwalter haftet.¹⁰ Diese Einschränkung lässt sich dogmatisch nicht aus dem Übergang der Verfügungsbefugnis herleiten und führt auch zu falschen Ergebnissen, da so bspw. der Schuldner aus dem ungekündigten Dauerschuldverhältnis berechtigt wäre, nicht aber zur Erbringung der Gegenleistung verpflichtet.

11 Ist bei Verfahrensbeendigung noch ein **Rechtsstreit** über eine Masseverbindlichkeit anhängig, wird dieser mit der Beendigung analog §§ 239, 242 ZPO unterbrochen und kann vom Schuldner und vom Gläubiger wieder aufgenommen werden.¹¹

---

2   BGH NZI 2006, 520; BAG NZI 2004, 102; Uhlenbruck/*Sinz* Rn. 5.
3   BAG NJW 1980, 141; OLG Brandenburg NZI 2002, 107; Kübler/Prütting/Bork/*Pape* Rn. 16; a.A. LG Stuttgart ZIP 1985, 1518.
4   Uhlenbruck/*Sinz* Rn. 7.
5   BGH NJW 1968, 300.
6   HK-InsO/*Eickmann* Rn. 8; Kübler/Prütting/Bork/*Pape* Rn. 32.
7   Uhlenbuck/*Sinz* Rn. 10.
8   Einen Überblick über den Streitstand gibt z.B. Uhlenbruck/*Sinz* Rn. 11 ff.
9   MüKo-InsO/*Hefermehl* Rn. 33; FK-InsO/*Schumacher* Rn. 15; HK-InsO/*Eickmann* Rn. 12; a.A. Runkel/ *Schnurbusch* NZI 2000, 56.
10 So z.B. FK-InsO/*Schumacher* Rn. 15.
11 LAG Hamm KTS 1997, 318; Uhlenbruck/*Sinz* Rn. 12.

§ 54 Kosten des Insolvenzverfahrens

Kosten des Insolvenzverfahrens sind:
1. die Gerichtskosten für das Insolvenzverfahren;
2. die Vergütungen und die Auslagen des vorläufigen Insolvenzverwalters, des Insolvenzverwalters und der Mitglieder des Gläubigerausschusses.

Übersicht

	Rdn.		Rdn.
A. Allgemeines	1	II. Gebühren im eröffneten Verfahren	9
B. Gerichtskosten im Insolvenzverfahren, Nr. 1	4	III. Gebühren für eine Beschwerde	13
I. Gebühren im Eröffnungsverfahren	5	C. Vergütungen und Auslagen, Nr. 2	14

A. Allgemeines

Die Norm legt fest, welche Kosten zu den Kosten des Insolvenzverfahrens i.S.d. § 53 zählen, nämlich 1 die Gerichtskosten für das Insolvenzverfahren und die im Verfahren entstehenden Vergütungen/Auslagen. Erfasst ist also nur der **Kernbereich** der im Verfahren entstehenden Kosten.[1] Damit ist die Definition deutlich enger als der unter der **Konkursordnung** anerkannte Begriff der Kosten des Konkursverfahrens; damals waren nämlich weitergehend sämtliche Ausgaben für die Verwaltung, Verwertung und Verteilung der Masse umfasst (vgl. § 58 Nr. 2 KO).

Zwar stehen die Massekosten und die sonstigen Masseverbindlichkeiten grds gleichrangig neben- 2 einander. Im Falle des Eintritts der **Masseunzulänglichkeit** sind allerdings die Kosten des Verfahrens i.S.d. § 54 vorrangig vor allen sonstigen Masseverbindlichkeiten – auch den Neumasseverbindlichkeiten – zu begleichen, § 209 Abs. 1. Eine Unterscheidung von Kosten, die vor oder nach der Masseunzulänglichkeit entstanden sind, findet also nicht statt.

Relevant ist der Begriff der Kosten des Insolvenzverfahrens für die Frage der **Eröffnung des Verfah-** 3 **rens** gem. § 26 Abs. 1 und für eine **vorzeitige Einstellung** des Verfahrens mangels Kostendeckung gem. § 207.

B. Gerichtskosten im Insolvenzverfahren, Nr. 1

Zu den Massekosten gehören nach Nr. 1 die Gerichtskosten, die nach den §§ 35–38, 11 GKG und 4 dem zugehörigem Kostenverzeichnis **von der Insolvenzmasse** zu tragen sind. Die Kosten, die im Rahmen des Verfahrens bei anderen Verfahrensbeteiligten oder dem Schuldner persönlich anfallen, zählen nicht zu den Kosten des Verfahrens.[2]

I. Gebühren im Eröffnungsverfahren

Durch den **Insolvenzantrag** fällt eine **halbe Gebühr** an, beim Eigenantrag nach Nr. 2310 KV, beim 5 Gläubigerantrag nach Nr. 2311 KV. Als Berechnungsgrundlage wird beim Schuldnerantrag der Wert der Insolvenzmasse im Zeitpunkt der Verfahrensbeendigung herangezogen, also unter außer Achtlassung von Absonderungsgut und nach Abzug der an Absonderungsgläubiger auszuzahlende Beträge.[3] Dies gilt auch bei einem Gläubigerantrag, allerdings höchstens bis zum Nominalwert der vom Gläubiger verfolgten Forderung. Die Mindestgebühr beträgt beim Gläubigerantrag jedoch 150,– € (Nr. 2311 KV).

Mehrere Insolvenzanträge führen zu mehreren selbständigen Antragsverfahren und lösen daher je- 6 weils eigenständig die Verfahrensgebühren aus.[4] Zu den Kosten des später eröffneten Verfahrens ge-

---

[1] Uhlenbruck/*Sinz* Rn. 1.
[2] Uhlenbruck/*Sinz* Rn. 2; HambK-InsR/*Jarchow* Rn. 10.
[3] FK-InsO/*Schumacher* Rn. 7.
[4] BK-InsO/*Goetsch* Rn. 13; FK-InsO/*Schumacher* Rn. 9.

hört davon allerdings nur die Gebühr, die durch den zur Eröffnung führenden Antrag ausgelöst wurde. Die übrigen Gebühren sind von den jeweiligen (erfolglosen) Antragstellern zu tragen; nicht von der Insolvenzmasse als Massekosten.[5] Allerdings haben die übrigen Antragsteller einen Erstattungsanspruch im Rang einer Insolvenzforderung, wenn deren Anträge zulässig waren.

7 Zu den Gerichtskosten zählen auch die entstehenden **Auslagen**. Dies sind im Eröffnungsverfahren z.B. die Zustellungs- und Bekanntmachungskosten (Nr. 9002, 9004 KV), die Kosten einer Vorführung des Schuldners (Nr. 9006 KV) und die Kosten des Sachverständigen (Nr. 9005 KV).[6]

8 Für den Fall der **Abweisung oder Rücknahme** eines Antrags ist zu beachten, dass die Vergütung des vorläufigen Insolvenzverwalters nicht zu den Verfahrenskosten zählt, also nicht vom Antragsteller zu tragen ist.[7]

II. Gebühren im eröffneten Verfahren

9 Durch die **Eröffnung des Insolvenzverfahrens** fallen bei einem Schuldnerantrag 2,5 Gebühren (Nr. 2320 KV) und bei einem Gläubigerantrag 3 Gebühren – mindestens 150 € – (Nr. 2330 KV) an. Die im Antragsverfahren entrichteten Gebühren werden in beiden Fällen nicht angerechnet. Die Gebühr wird mit Eröffnung fällig und deckt sämtliche Tätigkeiten des Gerichts bis zur Verfahrensbeendigung ab, auch bei Durchführung eines Planverfahrens.[8] Auch für das Restschuldbefreiungsverfahren entsteht keine zusätzliche Gebühr.

10 Bei einer **vorzeitigen Beendigung** des Verfahrens z.B. durch Wegfall des Eröffnungsgrundes oder Einstellung mangels Masse reduzieren sich die Gebühren wie folgt: Bei einer Einstellung vor dem Prüfungstermin reduziert sich die Gebühr auf 0,5 beim Schuldnerantrag (Nr. 2321 KV) und auf 1,0 beim Gläubigerantrag (Nr. 2331 KV); nach dem Prüfungstermin auf 1,5 beim Schuldnerantrag (Nr. 2322) und 2,0 beim Gläubigerantrag (Nr. 2332). Bei einer Aufhebung des Eröffnungsbeschlusses aufgrund einer **erfolgreichen Beschwerde** entfällt die Gebühr insgesamt (Nr. 2320, 2330 KV).

11 Als **Berechnungsgrundlage** dient wiederum der Wert der Insolvenzmasse im Zeitpunkt der Verfahrensbeendigung unter außer Achtlassung von Absonderungsgut und nach Abzug der an Absonderungsgläubiger auszuzahlende Beträge.[9]

12 **Keine Kosten des Verfahrens** sind die Kosten für einen besonderen Prüfungstermin und für ein schriftliches Prüfungsverfahren (Nr. 2340 KV) und für den Antrag auf Versagung der Restschuldbefreiung (§ 23 Abs. 2 GKG).

III. Gebühren für eine Beschwerde

13 Durch eine **Beschwerde gegen die Eröffnungsentscheidung** fällt eine volle Gebühr an (Nr. 2360 KV). Von der Insolvenzmasse zu tragen ist diese Gebühr aber nur, wenn die Beschwerde eines Gläubigers oder des Schuldners selbst gegen die Ablehnung der Eröffnung erfolgreich ist. In allen übrigen Konstellationen ist die Gebühr nicht von der Insolvenzmasse zu tragen und fällt daher nicht unter § 54 Nr. 1.[10]

C. Vergütungen und Auslagen, Nr. 2

14 Zu den Kosten des Verfahrens gehören ausweislich des Wortlautes die Vergütungen und Auslagen des **vorläufigen Insolvenzverwalters**, des **Insolvenzverwalters** und der **Mitglieder des Gläubigeraus-**

---

5 Uhlenbruck/*Sinz* Rn. 5; Nerlich/Römermann/*Andres* Rn. 3.
6 FK-InsO/*Schumacher* Rn. 11.
7 BGH NZI 2006, 239.
8 Uhlenbruck/*Sinz* Rn. 9.
9 FK-InsO/*Schumacher* Rn. 7.
10 Vgl. Uhlenbruck/*Sinz* Rn. 15, 16.

schusses. Weitergehend gehören hierzu kraft Verweis die Vergütungen und Auslagen gem. § 274 Abs. 1 des **Sachwalters** bei der Eigenverwaltung und gem. § 313 Abs. 1 Satz 3 des **Treuhänders** im vereinfachten Verfahren und durch entsprechende Anwendung des **Sonderinsolvenzverwalters**.[11] Nicht zu den Massekosten zählt die Vergütung eines vorläufigen Verwalters aus einem **abgeschlossenen Verfahren** in einem später aufgrund anderweitigen Antrags eröffneten Verfahren.[12]

Rechtsgrundlage für die Vergütung des Verwalters ist § 63, der kraft Verweises auch für den Treuhänder und den Sachwalter gilt. Für Gläubigerausschussmitglieder findet sich die Rechtsgrundlage in § 73. Die Höhe der Vergütungs- und Auslagenansprüche wird durch das Insolvenzgericht mittels **Beschluss** festgesetzt. Die Höhe der Vergütung und der Auslagen richtet sich nach der Vergütungsverordnung für Insolvenzverwalter (**InsVV**); auf die dortige Kommentierung wird verwiesen.

Nicht zu den Kosten des Verfahrens, sondern zu den sonstigen Masseverbindlichkeiten zählen **Sondervergütungen** des Insolvenzverwalters nach §§ 4 oder 5 InsVV.[13] Hier wird der Verwalter wie ein beauftragter Rechtsanwalt oder Steuerberater tätig; dessen Vergütungsforderung wäre aber eine sonstige Masseverbindlichkeit. Da der Verwalter hier aber wie ein externer Dritter tätig wird, kann auch sein Vergütungsanspruch nicht anders eingeordnet werden. Entsprechendes gilt erst recht, wenn der Verwalter nicht selbst gehandelt, sondern seine eigene Sozietät beauftragt hat.

Eine **Ausnahme** hat der BGH judiziert für die **Erstattungsfähigkeit von Steuerberaterkosten in masselosen Insolvenzverfahren** mit Kostenstundung.[14] Der Verwalter sollte in diesem Fall bei Masseunzulänglichkeit berechtigt sein, die Kosten des Steuerberaters vorab als Massekosten zu begleichen, weil ihn die öffentlich rechtliche Pflicht zur Erstellung von Steuererklärungen trifft und er diese nicht mit dem Argument abwehren konnte, dass die Masse unzulänglich war.[15] Diese Entscheidung wird gemeinhin kritisiert und für nicht verallgemeinerbar gehalten.[16] Würde man nämlich auch in Unternehmensinsolvenzen die Kosten für eine Erstellung der Jahresabschlüsse und Steuererklärungen zu den Kosten des Verfahrens rechnen, würde häufig der Zweck der Gesetzesänderung zur KO – möglichst wenige Verfahren mangels Massekostendeckung nicht zu eröffnen – konterkariert. Nicht richtig sein kann es aber, wenn der Begriff der Massekosten in den Stundungsverfahren ein anderer ist, als in den übrigen Insolvenzverfahren (sog. **gespaltener Auslagenbegriff**). Schließlich muss es dem Verwalter möglich sein, sich gegen die Finanzverwaltung zur Wehr zu setzen, wenn diese die Erstellung von Abschlüssen verlangt, obwohl das Verfahren dazu nicht in der Lage ist.[17]

§ 55 Sonstige Masseverbindlichkeiten

(1) Masseverbindlichkeiten sind weiter die Verbindlichkeiten:
1. die durch Handlungen des Insolvenzverwalters oder in anderer Weise durch die Verwaltung, Verwertung und Verteilung der Insolvenzmasse begründet werden, ohne zu den Kosten des Insolvenzverfahrens zu gehören;
2. aus gegenseitigen Verträgen, soweit deren Erfüllung zur Insolvenzmasse verlangt wird oder für die Zeit nach der Eröffnung des Insolvenzverfahrens erfolgen muss;
3. aus einer ungerechtfertigten Bereicherung der Masse.

---

11 BGH NZI 2008, 485.
12 BGH NZI 2009, 53; *Ries* ZInsO 2007, 1102.
13 HK-InsO/*Eickmann* Rn. 3; Kübler/Prütting/Bork/*Pape* Rn. 43; Uhlenbruck/*Sinz* Rn. 21; a.A. AG Essen ZInsO 2003, 388; Nerlich/Römermann/*Andres* Rn. 14; *Hess* Rn. 19.
14 BGH ZInsO 2004, 970; dazu *Graeber* DZWIR 2004, 471; im Ergebnis ebenso AG Dresden ZIP 2006, 1686 für Lohnbuchhaltungskosten.
15 Vgl. BFH BFH/NV 2008, 334; ZIP 1994, 1969; a.A. AG Duisburg NZI 2003, 384.
16 ZB HambK-InsR/*Jarchow* Rn. 24; HK-InsO/*Landfermann* § 207 Rn. 12; Uhlenbruck/*Sinz* Rn. 23; a.A. *Pape* ZInsO 2004, 1049 (1051).
17 HambK-InsR/*Jarchow* Rn. 24.

§ 55 InsO   Sonstige Masseverbindlichkeiten

(2) Verbindlichkeiten, die von einem vorläufigen Insolvenzverwalter begründet worden sind, auf den die Verfügungsbefugnis über das Vermögen des Schuldners übergegangen ist, gelten nach der Eröffnung des Verfahrens als Masseverbindlichkeiten. Gleiches gilt für Verbindlichkeiten aus einem Dauerschuldverhältnis, soweit der vorläufige Insolvenzverwalter für das von ihm verwaltete Vermögen die Gegenleistung in Anspruch genommen hat.

(3) Gehen nach Absatz 2 begründete Ansprüche auf Arbeitsentgelt nach § 169 des Dritten Buches Sozialgesetzbuch auf die Bundesagentur für Arbeit über, so kann die Bundesagentur diese nur als Insolvenzgläubiger geltend machen. Satz 1 gilt entsprechend für die in § 175 Absatz 1 des Dritten Buches Sozialgesetzbuch bezeichneten Ansprüche, soweit diese gegenüber dem Schuldner bestehen bleiben.

(4) Verbindlichkeiten des Insolvenzschuldners aus dem Steuerschuldverhältnis, die von einem vorläufigen Insolvenzverwalter oder vom Schuldner mit Zustimmung eines vorläufigen Insolvenzverwalters begründet worden sind, gelten nach Eröffnung des Insolvenzverfahrens als Masseverbindlichkeit.

Übersicht

		Rdn.			Rdn.
A.	Allgemeines	1	E.	Masseverbindlichkeiten aus vorläufiger Verwaltung, Abs. 2	20
B.	Masseverbindlichkeiten aus Verwalterhandeln oder sonstiger Verwaltung, Abs. 1 Nr. 1	3	I.	Allgemeines	20
I.	Durch Handlungen des Verwalters	4	II.	Handeln des vorläufigen Verwalters (Abs. 2, Satz 1)	23
II.	Begründung in sonstiger Weise	8	III.	Inanspruchnahme der Gegenleistung (Abs. 2, Satz 2)	24
III.	Verbindlichkeiten aus dem Neuerwerb	15	F.	Verbindlichkeiten gegenüber der Bundesagentur für Arbeit, Abs. 3	28
C.	Masseverbindlichkeiten aus gegenseitigen Verträgen, Abs. 1 Nr. 2	16	G.	Verbindlichkeiten aus Steuerverhältnissen, Abs. 4	29
D.	Massebereicherung, Abs. 1 Nr. 3	17			

A. Allgemeines

1   Die Regelungen in § 55 definieren, bei welchen Forderungen es sich um die **sonstigen Masseverbindlichkeiten** i.S.d. § 53 handelt. Ergänzt wird § 55 durch Sonderreglungen für Masseverbindlichkeiten in § 324 (Nachlassinsolvenzverfahren), § 100 (Unterhalt), §§ 115, 118 (Notgeschäftsführung), § 123 (Sozialplan), §§ 169, 172 (Zinsen/Wertverlust bei verzögerter Verwertung).

2   Die Vorschrift enthält in den verschiedenen Absätzen mehrere **unterschiedliche Regelungsbereiche**: In **Abs. 1** wird die Grundregel aufgestellt, dass die Abgrenzung zwischen Insolvenz- und Masseverbindlichkeiten nach dem **Zeitpunkt der Entstehung** der Verbindlichkeiten vor oder nach der Verfahrenseröffnung erfolgt. In **Abs. 2** wird diese Regel durchbrochen, indem bestimmte Forderungen aus der Antragsphase zu Masseverbindlichkeiten erhoben werden, soweit diese durch einen starken vorläufigen Verwalter begründet werden. **Abs. 3** enthält sodann eine Ausnahme zur Regel in Abs. 2, indem die Ansprüche wegen der Zahlung von Insolvenzgeld in den Rang von Insolvenzforderungen verwiesen werden, auch wenn diese nach Abs. 2 ansonsten Masseverbindlichkeiten wären. In **Abs. 4** wird schließlich ein Privileg für den Fiskus geregelt, der mit Steuerforderungen aus der Antragsphase zum Massegläubiger erhoben wird. Zu den weiteren **systematischen Fragen** bei der Abgrenzung von Insolvenzforderungen, Masseverbindlichkeiten und sonstigen Verbindlichkeiten vgl. § 53 Rdn. 1 ff. zu den Fragen der **Durchsetzung von Masseverbindlichkeiten** vgl. § 53 Rdn. 6 ff.

B. Masseverbindlichkeiten aus Verwalterhandeln oder sonstiger Verwaltung, Abs. 1 Nr. 1

3   Masseverbindlichkeiten nach Abs. 1 Nr. 1 können einerseits durch Handlungen des endgültigen Insolvenzverwalters begründet werden, andererseits aber auch unabhängig von einer solchen Handlung in anderer Weise durch die Verwaltung, Verwertung und Verteilung der Insolvenzmasse. Gemeinsam ist damit allen Alternativen, dass der die Forderung auslösende Tatbestand in der Zeit **nach der Ver-**

fahrenseröffnung erfüllt werden muss. Die Übergänge zwischen der ersten Alternative der Nr. 1 und den weiteren Alternativen sind im Einzelfall nicht ganz klar zu ziehen; da es kein Rangverhältnis zwischen den Alternativen gibt, kommt es darauf im Ergebnis aber auch nicht an.[1]

I. Durch Handlungen des Verwalters

Eine Handlung des Verwalters i.S.d. Vorschrift ist **jedes Tätigwerden** des Verwalters, das einen Bezug zum Insolvenzverfahren aufweist.[2] Hierunter fällt vorrangig **rechtsgeschäftliches** und **rechtsgeschäftsähnliches Handeln** des Verwalters (z.B. der Abschluss neuer Verträge und die Inanspruchnahme von Leistungen), aber auch rein **tatsächliches Handeln** sowie **Unterlassen**. 4

Zu Masseverbindlichkeiten werden nicht nur die unmittelbaren **Erfüllungsansprüche**, sondern auch die **sekundären Gewährleistungs- und Schadensersatzansprüche**.[3] Die Zurechnung von Verschulden des Insolvenzverwalters erfolgt analog § 31 BGB; das Verschulden seiner Erfüllungsgehilfen analog § 278 BGB.[4] Daher lösen grds auch **deliktische Handlungen** oder **Unterlassungen** des Verwalters die Folge des Abs. 1 Nr. 1 aus, soweit diese im Rahmen seiner Amtsführung erfolgen, z.B. Verletzung von Verkehrssicherungspflichten, Urheber-/Patentverletzungen[5] oder die Nichtbeachtung von Aus- oder Absonderungsrechten.[6] Auch unter die Nr. 1 subsumiert man auch solche Verpflichtungen, die **kraft Gesetzes** an die Handlung des Verwalters geknüpft sind, z.B. ausgelöste Steuern[7] und die Pflicht zur Zahlung von Sozialversicherungsabgaben. 5

Ebenfalls zu den Handlungen des Verwalters gehören **Prozesshandlungen**, z.B. die Einreichung einer Klage oder die Aufnahme eines unterbrochenen Verfahrens.[8] Für die Frage nach der Aufteilung der Kosten nach der Aufnahme eines unterbrochenen Prozesses vgl. § 180 Rdn. 14, 15. 6

Keine Masseverbindlichkeiten werden begründet durch Handlungen des Verwalters, die **keinen Bezug zum Insolvenzverfahren** aufweisen oder die als **insolvenzzweckwidrig** einzuordnen sind. Die Masse wird also nicht durch Schadensersatzansprüche belastet, wenn die schädigende Handlung des Verwalters erkennbar den Interessen der Masse zuwiderläuft.[9] 7

II. Begründung in sonstiger Weise

In sonstiger Weise sind alle solchen Verbindlichkeiten begründet, die im Rahmen der Insolvenzverwaltung als solcher ausgelöst werden, ohne konkret auf eine Handlung des Insolvenzverwalters zurückzugehen. 8

Hierzu gehören insb. die **öffentlichen Abgaben**, die auf Gegenständen der Insolvenzmasse ruhen, wie z.B. Grundbesitzabgaben, Kanalisations-/Anliegerbeiträge, Schornsteinfegergebühren usw.[10] Von solchen Abgaben kann der Insolvenzverwalter die Masse durch eine **Freigabe** des Gegenstandes entlasten, wobei die Freigabe nur für die Zukunft wirkt – bereits entstandene Abgaben können dadurch nachträglich nicht beseitigt werden.[11] 9

Auch die Verpflichtung, eine **öffentlich-rechtliche Störung** zu beseitigen, fällt unter § 55 Abs. 1 Nr. 1 Alt. 2. Häufig relevant ist dies bei **Altlasten** auf Grundstücken der Insolvenzmasse. Wenn 10

---

1 Uhlenbruck/*Sinz* Rn. 25.
2 HambK-InsR/*Jarchow* Rn. 5; Uhlenbruck/*Sinz* Rn. 7.
3 OLG Dresden ZInsO 2003, 472 (473).
4 BGH NZI 2006, 592; Uhlenbruck/*Sinz* Rn. 8, 24.
5 FK-InsO/*Schumacher* Rn. 15.
6 BGH NJW-RR 1990, 411; Uhlenbruck/*Sinz* Rn. 23.
7 FK-InsO/*Schumacher* Rn. 9 ff.
8 MüKo-InsO/*Hefermehl* Rn. 43.
9 FK-InsO/*Schumacher* Rn. 6; MüKo-InsO/*Hefermehl* Rn. 36.
10 VGH München BayVBl 2008, 244; OVG Weimar ZIP 2007, 880; Uhlenbruck/*Sinz* Rn. 28.
11 BVerwG NJW 1984, 2427; MüKo-InsO/*Hefermehl* Rn. 75.

die Insolvenzmasse die Eigentümerstellung an einem Gegenstand innehat, dann ist sie auch **Zustandsstörer** i.S.d. öffentlichen Ordnungsrechts und kann im Rang einer Masseverbindlichkeit zur Beseitigung der Störung herangezogen werden, wie der Schuldner außerhalb der Insolvenz auch. Unerheblich ist es hierbei, ob die Störung bereits vor der Eröffnung des Insolvenzverfahrens eingetreten ist.[12] Von der Haftung als Zustandsstörer kann der Verwalter die Masse durch eine Freigabe des Gegenstandes befreien.[13] Bei der Inanspruchnahme aus einer **Handlungsstörung** kommt es hingegen darauf an, wann die den störenden Zustand herbeiführende Handlung vorgenommen wurde: war dies vor der Eröffnung des Insolvenzverfahrens, stellt der Beseitigungsanspruch nur eine Insolvenzforderung dar, da der Anspruch nicht an den Vermögensgegenstand anknüpft, sondern an die Vornahme der Handlung.[14] Hat der Verwalter nach Verfahrenseröffnung den störenden Zustand herbeigeführt, ist der Beseitigungsanspruch Masseverbindlichkeit. In diesem Fall kann der Verwalter die Haftung der Insolvenzmasse auch nicht durch eine Freigabe des Gegenstandes beseitigen, da es entscheidend auf die Handlung ankommt.[15]

11 Für die börsennotierte Aktiengesellschaft hat das Bundesverwaltungsgericht entschieden, dass die Pflichten aus dem **WpHG** und dem **BörsG**, insb. also die Ad-Hoc-Mitteilungspflichten, keine Masseverbindlichkeiten darstellen, sondern weiter den Organen der Gesellschaft obliegen.[16] Allerdings soll es sich bei den **Notierungsgebühren** um Masseverbindlichkeiten handeln,[17] so dass der Insolvenzverwalter stets zu prüfen hat, ob er durch ein Delisting die Masse entlasten kann.

12 Befindet sich **Wohnungseigentum** in der Insolvenzmasse, sind Ansprüche der Wohnungseigentümergemeinschaft dann Masseverbindlichkeiten, wenn diese in der Zeit nach der Eröffnung des Insolvenzverfahrens ihrem Grunde nach entstehen. Nicht entscheidend ist also, wann die Ansprüche abgerechnet oder durch Beschluss umgelegt werden.[18] Für die Zukunft kann der Verwalter die Masse von diesen Lasten durch eine Freigabe des Wohnungseigentums befreien.

13 Ansprüche aus **Geschäftsführung ohne Auftrag** können auch im Rang als Masseverbindlichkeiten entstehen, wenn die Voraussetzungen einer berechtigten GoA vorliegen und die Handlungen nach Verfahrenseröffnung vorgenommen wurden; auf den Zeitpunkt einer Genehmigung durch den Verwalter kommt es nicht an.[19]

14 **Steuern** fallen teilweise unter die erste Alternative der Nr. 1, da sie durch konkretes Verwalterhandeln ausgelöst werden. Anders ist dies für Steuern, die latent entstehen, wie z.B. die KfZ Steuer. Zur Einordnung von Steuern als Masse- oder Insolvenzforderungen wird verwiesen auf § 38.

III. Verbindlichkeiten aus dem Neuerwerb

15 Intensiv diskutiert wurde in den vergangenen Jahren, ob bei einer selbständigen Tätigkeit des Schuldners die mit dem nach § 35 automatisch in die Masse fallenden Neuerwerb korrespondierenden Aufwendungen auch Masseverbindlichkeiten darstellen.[20] Eine weitgehende Klärung hat der Gesetzgeber dazu mit der Schaffung des § 35 Abs. 2 im Jahre 2007 herbeigeführt: der Insolvenzverwalter kann durch die Abgabe einer Erklärung entscheiden, ob die selbständige Tätigkeit auf Rechnung der Insolvenzmasse oder auf eigene Rechnung des Schuldners ausgeführt wird. Von der Erklärung hängt entsprechend die Frage ab, ob die Aufwendungen Masseverbindlichkeiten darstellen oder nicht (vgl. näher § 35).

---

12 BVerwG NZI 2005, 51; ZIP 2004, 1766; BVerwGE 108, 269.
13 BVerwG NZI 2005, 51; ZIP 2004, 1766.
14 BVerwG ZInsO 2008, 560; Uhlenbruck/*Sinz* Rn. 32.
15 BVerwG NZI 2005, 51; NZI 1999, 37.
16 BVerwG ZIP 2005, 1145.
17 BVerwG ZIP 2010, 487.
18 Näher Uhlenbruck/*Sinz* Rn. 35, 36.
19 BGH NJW 1971, 1564; Uhlenbruck/*Sinz* Rn. 39.
20 Eine Darstellung des Streitstandes findet sich bei FK-InsO/*Schumacher* Rn. 21 ff.; Uhlenbruck/*Sinz* Rn. 41 ff.

C. Masseverbindlichkeiten aus gegenseitigen Verträgen, Abs. 1 Nr. 2

Die Regelung des § 55 Abs. 1 Nr. 2 korrespondiert mit den **Regelungen in §§ 103 ff.**: während in den §§ 103 ff. für nicht vollständig erfüllte gegenseitige Verträge geregelt ist, wann der Verwalter über die Erfüllung als Masseverbindlichkeit ein Wahlrecht hat und wann er diese Verträge kraft Gesetzes erfüllen muss (vgl. § 103), bestimmt § 55 Abs. 1 Nr. 2 die **Rechtsfolge** der Erfüllungswahl/-verpflichtung. Der **Zweck** der Vorschrift kann nicht selbständig bestimmt werden, sondern nur im Zusammenhang mit der jeweils korrespondierenden Vorschrift aus den §§ 103 ff., die ihrerseits völlig unterschiedliche Zwecke verfolgen. Die §§ 103, 105 wollen bspw. sicherstellen, dass der Verwalter für die Masse günstige Verträge zur Durchführung bringen kann, der § 108 Abs. 1 Satz 1 will hingegen die dort aufgeführten Vertragsverhältnisse gegenüber den anderen Vertragspartnern privilegieren.[21] Für die Voraussetzungen und Rechtsfolgen der Erfüllungswahl oder der gesetzlichen Erfüllungsverpflichtung wird hier auf die Kommentierung zu den §§ 103 ff. verwiesen. 16

D. Massebereicherung, Abs. 1 Nr. 3

Masseverbindlichkeiten sind gem. Abs. 1 Nr. 3 auch gegen die Masse gerichtete **Bereicherungsansprüche** aus den §§ 812 ff. BGB. Gemeint sind – auch wenn der Wortlaut dies nicht so klar beschreibt – nur solche Bereicherungsansprüche, bei denen die **Bereicherung** der Masse **nach der Eröffnung des Insolvenzverfahrens** erfolgt ist.[22] Hat die Bereicherung der Masse vor der Verfahrenseröffnung stattgefunden, stellt der Anspruch immer eine **Insolvenzforderung** dar, auch wenn die Masse nach der Verfahrenseröffnung noch weiterhin bereichert ist, sogar dann, wenn der konkrete Bereicherungsgegenstand noch unterscheidbar in der Masse vorhanden ist.[23] Unerheblich ist dafür auch der Umstand, ob die Bereicherung vor Insolvenzantragstellung oder in der Insolvenzantragsphase eingetreten ist, in beiden Fällen handelt es sich um Insolvenzforderungen. Das gilt sogar dann, wenn die Bereicherung in der Antragsphase eintritt und zu diesem Zeitpunkt ein starker vorläufiger Verwalter bestellt ist.[24] Die Ausnahme des § 55 Abs. 2 greift in diesen Fällen nicht ein, weil die Bereicherung nicht durch den starken vorläufigen Verwalter begründet wird.[25] Letztlich ist es auch unerheblich, wenn der Bereicherungsanspruch erst nach Verfahrenseröffnung entsteht, weil erst mit oder nach Verfahrenseröffnung der Rechtsgrund für die Leistung (z.B. aufgrund Anfechtung) wegfällt. Auch in diesen Fällen kommt es allein auf den Zeitpunkt der Bereicherung des Schuldnervermögens an. 17

Eine Massebereicherung i.S.d. Vorschrift liegt nur bei einer **unmittelbaren Bereicherung** des Aktivvermögens vor. Die Bereicherung durch Befreiung von einer Insolvenzforderung führt nicht zu einer Massebereicherung i.S.d. Norm; der Befreiende kann den Rückgriff nur im Rang einer Insolvenzforderung geltend machen.[26] 18

Kein Fall der unmittelbaren Massebereicherung ist es, wenn eine Zahlung an den **vorläufigen Verwalter** auf sein **Insolvenzanderkonto** ohne Rechtsgrund erbracht wird. Der vorläufige Insolvenzverwalter nimmt eine solche Zahlung nämlich nicht unmittelbar in die Masse, sondern nimmt diese in sein eigenes Vermögen, das er treuhänderisch zugunsten der Insolvenzmasse hält.[27] Damit richtet sich der Anspruch des Leistenden aus ungerechtfertigter Bereicherung nicht gegen den Schuldner/die Insolvenzmasse, sondern gegen den vorläufigen Verwalter selbst in seiner Eigenschaft als Treuhänder[28] – unabhängig davon, ob die Leistung vor oder nach Verfahrenseröffnung eingetreten ist. 19

---

21 Mohrbutter/Ringstmeier/*Homann* § 7 Rn. 1, 6, 14.
22 BGH NZI 2003, 537 (539); FK-InsO/*Schumacher* Rn. 34.
23 BGH NZI 2009, 235; NJW 1995, 1483, FK-InsO/*Schumacher* Rn. 34.
24 Kübler/Prütting/Bork/*Pape* Rn. 62; HK-InsO/*Eikmann* Rn. 24.
25 Uhlenbruck/*Sinz* Rn. 85.
26 Uhlenbruck/*Sinz* Rn. 87.
27 BGH ZIP 2009, 531.
28 Vgl. BGH 2011, 1220.

Hat der vorläufige Verwalter sein Kontoguthaben nach der Verfahrenseröffnung in die Insolvenzmasse überführt (z.B. auf ein Sonderkonto der Masse), kann u.U. sich u.U. gegenüber dem Bereicherungsgläubiger auf Entreicherung berufen. Das setzt aber voraus, dass er zum einen gutgläubig in Bezug auf die Rechtsgrundlosigkeit der empfangenen Zahlung war, und zum anderen, das er überhaupt entreichert ist. Dem vorläufigen Verwalter als Treuhänder steht nämlich ein eigener Bereicherungsanspruch gegen die Masse im Rang einer Masseverbindlichkeit zu, weil der Treuhänder (denknotwendig nach Verfahrenseröffnung) einen Betrag in die Masse eingebracht hat, der dieser gar nicht zustand, sondern der dem rechtsgrundlos Leistenden zustand. Eine Entreicherung des Treuhänders liegt also nur vor, wenn nach der Einbringung des fraglichen Betrages die Masseunzulänglichkeit angezeigt wurde.

E. Masseverbindlichkeiten aus vorläufiger Verwaltung, Abs. 2

I. Allgemeines

20 Die Regelung des § 55 Abs. 2 durchbricht die generelle Anknüpfung an den Eröffnungszeitpunkt und erhebt solche Verbindlichkeiten aus der Antragsphase zu Masseverbindlichkeiten, die von einem **starken vorläufigen Verwalter** begründet werden. Systematisch ist dies konsequent, weil die Stellung des starken vorläufigen Verwalters bereits in weiten Teilen mit der des endgültigen Verwalters identisch ist. Der Gesetzgeber hatte dabei das Bild vor Augen, dass der vorläufige Verwalter nur dann handlungsfähig ist, wenn seine Vertragspartner darauf vertrauen können, dass die von ihm begründeten Verbindlichkeiten im Rang von Masseverbindlichkeiten beglichen werden.

21 In der Praxis hat die Regelung des Abs. 2 dazu geführt, dass die Bestellung eines starken vorläufigen Verwalters entgegen dem Leitbild des Gesetzes nicht die Regel, sondern die Ausnahme ist. Die Regelung führt nämlich zum einen dazu, dass die Handlungen des vorläufigen Verwalters sofort die spätere Insolvenzmasse belasten. Die **Finanzierungseffekte der Antragsphase** kommen dadurch weitgehend abhanden (zur Ausnahme für das Insolvenzgeld, sogleich zu Abs. 3). Zum anderen ist das **Haftungsrisiko** für den vorläufigen Verwalter aus § 61 unabsehbar, da dieser im Grundsatz ab dem ersten Tag seiner Bestellung zum vorläufigen Verwalter Masseverbindlichkeiten begründet, obwohl er nicht absehen kann, ob er diese wird bezahlen können. Aus diesen Gründen wird nur in Ausnahmefällen ein starker vorläufiger Verwalter bestellt.

22 Eine **analoge Anwendung** der Vorschrift auf den schwachen vorläufigen Verwalter mit Zustimmungsvorbehalt ist nach einhelliger Meinung nicht möglich.[29] Auch im Bereich der **Einzelermächtigung** zur Begründung von Masseverbindlichkeiten spielt der § 55 Abs. 2 keine Rolle: dass es sich im Anwendungsbereich der Einzelermächtigung um Masseverbindlichkeiten handelt, ergibt sich schon aus dem Beschluss und eine weitergehende Anwendung des § 55 Abs. 2 über den Beschluss hinaus ist auch hier nicht angezeigt.[30]

II. Handeln des vorläufigen Verwalters (Abs. 2, Satz 1)

23 Zu den vom vorläufigen Verwalter begründeten Verbindlichkeiten zählen alle Verbindlichkeiten, die auf sein Handeln im Zusammenhang mit dem konkreten Insolvenzantragsverfahren zurückzuführen sind. Insb. fallen darunter also alle **rechtsgeschäftlichen** und **rechtsgeschäftsähnlichen Handlungen**, ebenso aber auch **tatsächliche Handlungen**, die zu Schadensersatzansprüchen oder öffentlich-rechtlichen Beseitigungsansprüchen führen.[31] Nicht zu Masseverbindlichkeiten werden allerdings solche Ansprüche, die **unabhängig von Handlungen** des vorläufigen Verwalters entstehen, z.B. weil sie an Gegenständen der Insolvenzmasse haften. Dies ergibt sich aus dem unterschiedlichen Wortlaut im

---

29 BGH NZI 2008, 295; MüKo-InsO/*Hefermehl* Rn. 210; Uhlenbruck/*Sinz* Rn. 93.
30 BGH NJW 2002, 3326; LAG Frankfurt ZInsO 2001, 562; HambK-InsR/*Jarchow* Rn. 23; Uhlenbruck/*Sinz* Rn. 93.
31 FK-InsO/*Schumacher* Rn. 38.

Vergleich zu Abs. 1 Nr. 1 und daraus, dass ansonsten der Satz 2 des § 55 Abs. 2 keinen Sinn machen würde.[32]

III. Inanspruchnahme der Gegenleistung (Abs. 2, Satz 2)

Aus Dauerschuldverhältnissen werden gem. Satz 2 die Ansprüche zu Masseverbindlichkeiten, für die der vorläufige Verwalter die Gegenleistung in Anspruch genommen hat. Auch diese Vorschrift gilt – das ergibt sich wenn auch nicht aus dem Wortlaut, so aber aus der systematischen Stellung – ebenfalls nur für die Inanspruchnahme der Gegenleistung durch den **starken vorläufigen Verwalter**. Eine Inanspruchnahme von Leistungen des vorläufigen Verwalters ohne Verfügungsbefugnis kann keine Masseverbindlichkeit begründen.[33]   24

Die Regelung soll ihrem Zweck nach ebenfalls dem vorläufigen Verwalter die Betriebsfortführung in der Antragsphase ermöglichen. Allerdings wird in der Praxis gerade die Entgegennahme von Gegenleistungen aus Dauerschuldverhältnissen in der Antragsphase als **Finanzierungsmöglichkeit** genutzt. So schaut der schwache vorläufige Verwalter in der Praxis häufig zu, wie der Schuldner in der Antragsphase Mietsachen und Leasinggegenstände nutzt, ohne dafür Zahlungen zu leisten. Das ist regelmäßig dort der Fall, wo der Vertragspartner seine Leistungserbringung nicht in der Kürze der Zeit verhindern kann – also insb. in den Fällen, in denen ein Gegenstand zur Nutzung überlassen ist.   25

Ein Eintritt in solche Verträge durch den vorläufigen Insolvenzverwalter kommt nicht in Betracht, da die §§ 103 ff. stets erst **nach der Verfahrenseröffnung** greifen. Im Verhältnis zu § 108 Abs. 3 ist § 55 Abs. 2 Satz 2 spezieller.[34]   26

Der Insolvenzverwalter nutzt eine Gegenleistung dann, wenn sie zur Insolvenzmasse erbracht wird und der Verwalter dies **nicht verhindert**, obwohl er es hätte verhindern können. Es kommt also nicht darauf an, dass der vorläufige Verwalter etwas aktiv einfordert oder entgegennimmt; es reicht vielmehr aus, dass er es geschehen lässt, obwohl er es hätte unterbinden können.[35] Geht es um die Nutzung einer Sache z.B. im Rahmen eines **Mietverhältnisses** genügt es nicht, wenn der Verwalter die Sache nicht mehr aktiv nutzt; vielmehr muss er dem Vermieter anbieten, ihm die Sache zurückzugeben. Bei einer Untervermietung muss er anbieten, dass er die künftigen Untermietzinsen an den Hauptvermieter abtritt.[36]   27

F. Verbindlichkeiten gegenüber der Bundesagentur für Arbeit, Abs. 3

Die zum 01.12.2001 eingeführte Regelung in § 55 Abs. 3 sollte eine wesentliche Folge des § 55 Abs. 2 entschärfen, nämlich den Umstand, dass der **Liquiditätsgewinn** durch das Insolvenzgeld von einem vorläufigen starken Verwalter nicht genutzt werden konnte. Wenn ein starker vorläufiger Verwalter die Arbeitsleistung seiner Arbeitnehmer in der Antragsphase entgegennimmt, werden deren Vergütungsansprüche gem. § 55 Abs. 2 Satz 2 zu Masseverbindlichkeiten. Diesen Rang behalten sie ohne die Regelung in Abs. 3 freilich auch dann, wenn sie nach der Zahlung des Insolvenzgeldes gem. § 184 SGB III auf die Bundesagentur für Arbeit übergehen. Wenn die Arbeitsleistung hingegen von einem schwachen vorläufigen Verwalter entgegengenommen wird, handelt es sich bei diesen Forderungen nur um Insolvenzforderungen. Der schwache vorläufige Verwalter spart in seiner Kalkulation der freien Masse die gesamten vom Insolvenzgeld erfassten Personalkosten der Antragsphase, da er diese nicht vorab als Masseverbindlichkeiten berücksichtigen muss. Dieser Vorteil wiegt so schwer, dass ohne die Regelung in Abs. 3 die Bestellung eines starken vorläufigen   28

---

32 FK-InsO/*Schumacher* Rn. 39.
33 MüKo-InsO/*Hefermehl* Rn. 218; Uhlenbruck/*Sinz* Rn. 95.
34 BGH ZIP 2002, 1625; HK-InsO/*Eickmann* Rn. 28.
35 BGH ZInsO 2004, 674; ZIP 2003, 914; Uhlenbruck/*Sinz* Rn. 97.
36 BGH ZInsO 2004, 674.

Verwalters in der Praxis faktisch nie sinnvoll war. In der Praxis hat die Regelung in Abs. 3 allerdings nicht dazu geführt, dass der starke vorläufige Verwalter wesentlich häufiger bestellt wird.

G. Verbindlichkeiten aus Steuerverhältnissen, Abs. 4

29 Die Regelung des § 55 Abs. 4 ist zum 01.01.2011 in Kraft getreten und **bevorzugt den Fiskus** mit Steuerforderungen aus der Insolvenzantragsphase. Im Gesetzgebungsverfahren war zunächst eine umfängliche Wiedereinführung des Fiskus-Privilegs angestrebt worden, die allerdings auf heftigen Widerstand traf. Der Abs. 4 des § 55 ist von den Bemühungen übrig geblieben.

30 Der Regelungsgehalt des Abs. 4 ist nicht ganz klar und daher umstritten.[37] Höchstrichterliche Rechtsprechung steht bislang noch aus.

31 Seinem Wortlaut nach gilt die Regelung in Abs. 4 für **sämtliche Steuerarten**; der Gesetzgeber hatte insb. die Umsatzsteuer vor Augen.[38] Eine analoge Anwendung auf andere Forderungen als Steuerforderungen ist schon allein aufgrund des systemfremden Charakters der Regelung ausgeschlossen.[39]

32 In **zeitlicher Hinsicht** gilt die Vorschrift für Steuern aus Verfahren, die nach dem 01.01.2011 beantragt wurden (Art. 103 EGInsO); für ältere Verfahren entwickelt die Vorschrift keine Rückwirkung. In diesen Fällen ist aber besonderes Augenmerk auf die Entscheidung des BFH zur Vereinnahmung von Umsatzsteuern nach Verfahrenseröffnung bei Erbringung der Gegenleistung in der Antragsphase für Sollversteuerer zu beachten.[40]

---

[37] Für eine umfassende Geltung z.B. FK-InsO/*Schumacher* Rn. 1; für eine reduzierte Anwendung z.B. *Schmittmann* ZIP 2011, 1125; vgl. auch *Beck* ZIP 2011, 551; *Zimmer* ZInsO 2010, 2299.
[38] FK-InsO/*Schumacher* Rn. 46.
[39] FK-InsO/*Schumacher* Rn. 46.
[40] BFH ZIP 2011, 782.

Dritter Abschnitt Insolvenzverwalter, Organe der Gläubiger

§ 56 Bestellung des Insolvenzverwalters

(1) Zum Insolvenzverwalter ist eine für den jeweiligen Einzelfall geeignete, insbesondere geschäftskundige und von den Gläubigern und dem Schuldner unabhängige natürliche Person zu bestellen, die aus dem Kreis aller zur Übernahme von Insolvenzverwaltungen bereiten Personen auszuwählen ist. Die Bereitschaft zur Übernahme von Insolvenzverwaltungen kann auf bestimmte Verfahren beschränkt werden. Die erforderliche Unabhängigkeit wird nicht schon dadurch ausgeschlossen, dass die Person
1. vom Schuldner oder von einem Gläubiger vorgeschlagen worden ist oder
2. den Schuldner vor dem Eröffnungsantrag in allgemeiner Form über den Ablauf eines Insolvenzverfahrens und dessen Folgen beraten hat.

(2) Der Verwalter erhält eine Urkunde über seine Bestellung. Bei Beendigung seines Amtes hat er die Urkunde dem Insolvenzgericht zurückzugeben.

Übersicht	Rdn.		Rdn.
A. Normzweck	1	III. Bereitschaft zur Übernahme	16
B. Auswahlkriterien	5	C. Auswahlverfahren	17
I. Anforderungen an die Person	5	I. Vorauswahl	18
1. Rechts- und sonstige Kenntnisse	6	II. Bestellung im Einzelfall	24
2. Integrität	7	D. Sonderinsolvenzverwalter	30
3. Unabhängigkeit	8	E. Mehrere Verwalter	34
II. Anforderungen an die Organisation	14	F. Insolvenzverwalter als Beruf	35

A. Normzweck

§ 56 regelt die Bestellung des Insolvenzverwalters und gilt ebenso gem. § 21 Abs. 2 Nr. 1 für den vorläufigen Insolvenzverwalter, gem. § 274 für den Sachwalter in der Eigenverwaltung sowie gem. § 313 Abs. 1 Satz 3 für den Treuhänder im vereinfachten Insolvenzverfahren. Die Vorschrift gilt nicht für die Bestellung eines Sanierungs- bzw. Reorganisationsberaters für die Restrukturierung und geordneten Abwicklung von Kreditinstituten nach dem am 01.11.2011 in Kraft getretenen Restrukturierungsgesetz (RStruktG).[1] In diesem Fall obliegt die Bestellung dem OLG Frankfurt auf Vorschlag des Kreditinstituts bzw. auf einen solchen ersetzenden Vorschlag der Bundesanstalt für Finanzdienstleitungen, sofern dieser nicht offensichtlich ungeeignet ist (§ 3 Abs. 1 Satz 2, § 2 Abs. 2 Satz 1, Abs. 3 Satz 4, § 7 Abs. 5 Satz 1 RStruktG). 1

Die Regelungen zur Verwalterauswahl haben durch das **ESUG** erheblich Änderungen erfahren. Die neuen Regeln in §§ 56, 56a sind für solche Verfahren maßgeblich, die nach dem Inkrafttreten des ESUG beantragt worden sind (Art. 103g EGInsO). Sie gehören zu dem Hauptanliegen der Gesetzesverfasser und sollen die Sanierungschancen verbessern. Schuldner und Gläubiger sollen nunmehr in die Auswahl des Verwalters früher einbezogen und die Anforderungen an die Unabhängigkeit des Verwalters von den Beteiligten gelockert werden. Damit werde insb. einem Wunsch ausländischer Investoren entsprochen, die nach der alten Rechtslage den Ablauf eines deutschen Insolvenzverfahrens für nicht berechenbar hielten.[2] Nach der Auffassung der Gesetzesverfasser werde die nach bisherigem Recht bestehende, nachgelagerte Einflussmöglichkeit durch die Verwalterauswechselung in der ersten Gläubigerversammlung wegen der damit verbundenen Reibungsverluste praktisch zu wenig genutzt. Das von einigen Gerichten praktizierte Modell einer Gläubigerbeteiligung im Eröff- 2

---

1 BT-Drucks. 17/3024.
2 BT-Drucks. 17/5712, 1, 17; zust. *Kammel/Staps* NZI 2010, 791 f. Vgl. aber *Frind* ZInsO 2010, 1426 (1427); *Voigt-Salus/Sietz* ZInsO 2010, 2050 (2052) sowie *Siemon* ZInsO 2011, 381 (382 f.), der zutreffend darlegt, dass diese Begründung nicht nachhaltig trägt.

nungsverfahren (»Detmolder Modell«)³ werde daher ab einer Unternehmensgröße, welche die Merkmale einer kleinen Kapitalgesellschaft nach HGB (§ 267 Abs. 1) erreicht, grds verbindlich gesetzlich geregelt (§ 56a). Die Einflussnahme erfolgt durch den vorläufigen Gläubigerausschuss, da die Gesetzesverfasser die Beteiligung einer vorläufigen Gläubigerversammlung oder einer Gruppe der wesentlichen Gläubiger zutreffend als unpraktikabel verworfen haben.⁴ Durch die Einfügung der Regelungen in Abs. 1 Satz 3 soll klargestellt werden, dass bestimmte Tatsachen nicht generell zu einem Ausschluss einer Person als Verwalter führen (vgl. Rdn. 8).

3 Die generelle und die Auswahl des Insolvenzverwalters im Einzelfall ist die Schlüssel- und Schicksalsfrage des Insolvenzverfahrens.⁵ Sie entscheidet sich zumeist bereits im Eröffnungsverfahren, da der Sachverständige und besonders ein vorläufiger Insolvenzverwalter mit demjenigen nach Eröffnung regelmäßig personenidentisch ist. Die Bestellungsentscheidung des Gerichts ist rechtlich nur eine vorläufige bis zur ersten Gläubigerversammlung (§ 57). Faktisch entscheidet jedoch bereits das Gericht weitgehend über den Verlauf des Verfahrens, da besonders bei Unternehmensfortführungen die maßgeblichen Weichenstellungen zumeist in den ersten Tagen und Wochen nach der Antragstellung erfolgen. Das Gesetz kann für diese, zunächst allein dem Insolvenzrichter überlassene Entscheidung nur ein normatives Grundgerüst schaffen. Die schwierige Beurteilung der Qualifikationen eines potentiellen Verwalters und der durch das Insolvenzverfahren gestellten Anforderungen bedingt für das Insolvenzgericht notwendig einen erheblichen Einschätzungsspielraum. Der erforderliche Erkenntnisakt setzt danach auch im Hinblick auf die Eilbedürftigkeit der Entscheidung einen nicht minder rechtlich und betriebswirtschaftlich kompetenten als auch berufserfahrenen Insolvenzrichter voraus.⁶

4 Das Berufsbild, die Auswahl und die Überwachung des Insolvenzverwalters befinden sich in intensiver Diskussion. Neben der, insb. nach Einführung der InsO sich verdichtenden Konkurrenz um das Amt des Insolvenzverwalters und der hieraus erkannten Notwendigkeit einer bedarfsgerechten, qualitätsorientierten Zugangsbegrenzung, medial aufbereitete Fälle veruntreuender oder unzulänglicher Verwaltertätigkeit⁷ ist auch das »Entdecken« der Anwendbarkeit der Europäischen Dienstleistungsrichtlinie⁸ hierfür der Anlass. Weiter hat sich die zutreffende Erkenntnis durchgesetzt, dass die von dem Gesetzgeber verfolgten Ziele an einem qualitätsorientierten, sanierungsfreundlichen Insolvenzrecht vorrangig nicht durch auf den Verfahrensablauf bezogene Änderungen, sondern – neben materiell-rechtlichen die Masse mehrenden Maßnahmen – durch eine Qualifizierung der Verfahrensbeteiligten, besonders der Verwalter erreicht werden können.⁹ Dabei wird etwa die Einrichtung eigener Insolvenzverwalterkammern¹⁰ und gesetzlicher oder an eine Verbandszugehörigkeit¹¹ geknüpfter Berufs- und Zulassungsordnungen ebenso diskutiert¹² wie die Prüfung allgemeiner, verwal-

---

3 DZWIR 2004, 353; vgl. hierzu *Smid* ZInsO 2010, 2047; s. ferner AG Hamburg 18.11.2011, 67g IN 459/11, ZIP 2011, 2372, m. krit. Anm. *Haarmeyer* ZInsO 2011, 2316, welche die ESUG-Änderungen vorwegnehmend einbezieht.
4 BT-Drucks. 17/5712. 18.
5 Vgl. *Jaeger* KO, 6./7. Aufl., § 78 Rn. 7.
6 Vgl. § 22 Abs. 6 GVG. Zu den Qualitätsanforderungen an die Insolvenzgerichte s.a. *Busch* ZInsO 2011, 1321 ff. und *Rechel* ZInsO 2009, 1665 (1666 f.).
7 Vgl. manager magazin 1/2009, 44. Zur vielfach überziehenden und pauschalierenden Kritik a. zutreffend *Förster* ZInsO 2011, 1593 ff.
8 RL 2006/123/EG v. 12.12.2006, ABlEU Nr. L 376, 36; die Richtlinie wird durch Art. 102a EGInsO umgesetzt; vgl. zum RefE v. 19.07.2010: *Frind* ZInsO 2010, 1678.
9 Vgl. a. *Heyer* ZIP 2011, 557.
10 Zu deren Nutzen als Teil eines dualen Bildungssystems für eine Berufsausbildung Insolvenz- und Sanierungsfachangestellter vgl. *Zimmer* DZWIR 2011, 98.
11 Grundsätze ordnungsgemäßer Insolvenzverwaltung (GOI) des VID vom 03.05.2013 (nebst Zertifizierungs-Prüfungsordnung, vgl. hierzu *Siemon* ZInsO 2013, 666 (Kritik); *Dettmer* ZInsO 2013, 170 (Erfahrungsbericht)), GOI abrufbar auf www.vid.de.
12 Vgl. näher *Frind* ZInsO 2009, 1997 ff. und ZInsO 2011, 1913 ff; *Siemon* ZInsO 2010, 401 ff.

terspezifischer Qualitätsmerkmale durch Zertifizierung[13] oder die Quantifizier- und Nachprüfbarkeit[14] einer »erfolgreichen« Insolvenzverwaltung.[15]

B. Auswahlkriterien

I. Anforderungen an die Person

Nur natürliche, nicht juristische Personen[16] können zum Insolvenzverwalter bestellt werden. Die Person muss voll geschäftsfähig, insb. volljährig (§ 2 BGB) sein. Die generelle persönliche Eignung sowie die Geschäftskunde für die Bearbeitung von Insolvenzverfahren umfassen eine Vielzahl von abschließend nicht aufzählbaren »harten« und »weichen« Fähigkeiten.

1. Rechts- und sonstige Kenntnisse

Neben den maßgeblichen Rechtskenntnissen, insb. im Insolvenz-, Gesellschafts-, Handels-, Steuer-, Arbeits- und Sozialrecht sind betriebswirtschaftliche Kenntnisse (Buchführung, Bilanzierung, Bilanzanalyse) unbedingt erforderlich. Der erfolgreiche Abschluss eines Hochschulstudiums mit rechts- oder wirtschaftswissenschaftlichem Schwerpunkt ist nicht unbedingt erforderlich.[17] Die Person muss in der Lage sein, die Leitung und Steuerung der Unternehmung eines Insolvenzschuldners zu übernehmen. Erforderlich sind ebenso Führungsqualitäten, Verhandlungsgeschick und Entscheidungsfreude wie hinreichende Fremdsprachenkenntnisse. Die Umsetzung und der Erwerb der Fähigkeiten sind durch praktische Erfahrungen, besonders Assistenz bei erfahrenen Verwaltern und eigenverantwortliche Verfahrensabwicklung zu belegen.[18] Allerdings können im Ausnahmefall auch praktische Erfahrungen außerhalb einer Verwalterkanzlei hinreichend sein.[19] Allein der erfolgreiche Abschluss eines Fachanwaltskurses für Insolvenzrecht oder die Verleihung dieses Titels erleichtern zwar die Nachweisführung, ersetzen diese und die Prüfungspflicht des Richters jedoch nicht.[20]

2. Integrität

Integrität der Person und das Vertrauen in ihre Tätigkeit stellen nicht messbare, trotzdem jedenfalls mittels Negativausgrenzung relevante Kriterien dar.[21] Die Person muss insb. in geordneten wirtschaftlichen Verhältnissen leben und darf nicht wegen einer Insolvenz- oder einer anderen **Straftat** in Zusammenhang mit der Verwaltertätigkeit verurteilt worden sein.[22] Bei anderen Straftaten, auch wenn sie einen Bezug zu einem Insolvenzverfahren aufweisen, sind die Umstände des Einzelfalls zu würdigen.[23] Abgesehen von letzteren Anforderungen, wofür etwa polizeiliche Führungszeugnisse vorzulegen sind, kann für andere »soft skills« grds kein positiver Nachweis, etwa durch Leumunds- oder sonstige Atteste gefordert werden. Vielmehr sind anhand nachprüfbarer Tatsachen etwaige Defizite in

---

13 Zertifikate ISO 9001 und InsO 9001, das Zertifikat VID-CERT des VID oder das Zertifikat »InsO Excellence« des Gravenbrucher Kreises, zu letzterem INDat-Report 06/2010, 22 ff.
14 Ein empirischer Bericht hierzu von *Frind* ZInsO 2011, 169 ff. Zur Ermittlung von Kennzahlen aus einer standardisierten Schlussrechnung vgl. *Haarmeyer/Basinski/Hillebrand/Weber* ZInsO 2011, 1874 (Anl. 4).
15 Näher HambK-InsR/*Frind* Rn. 15a; krit. *Martini* INDat-Report 03/2010, 12 f. Vgl. a. *Klaas* ZInsO 2011, 2066: »Stresstest für Verwalter im Eigeninteresse«.
16 BGH 19.09.2013, IX AR(VZ) 1/12; dies gilt auch im persönlichen Anwendungsbereich von Art. 102a EGInsO; hierzu näher *Vallender* ZIP 2011, 454 (455).
17 BGH 06.05.2004, IX ZB 349/02, ZIP 2004, 1214 (1216); a.A. die sog. »Uhlenbruck-Kommission«, ZIP 2007, 1432.
18 BVerfG 27.11.2008, 1 BvR 2032/08, ZIP 2009, 975; OLG Düsseldorf 15.08.2008, I-3 VA 4/07, ZIP 2008, 2129.
19 Vgl. OLG Köln 27.09.2006, 7 VA 9/05, ZIP 2007, 342 (344).
20 BVerfG 27.11.2008, 1 BvR 2032/08, ZIP 2009, 975 (976).
21 BGH 06.05.2004, IX ZB 349/02, ZIP 2004, 1214 (1216): Vorspiegelung nicht vorhandener Qualifikation mit falschem Diplomtitel; vgl. BGH 17.02.2005, IX ZB 62/04, ZIP 2005, 722 (724): Verschwiegenheit.
22 BGH 31.01.2008, III ZR 161/07, ZIP 2008, 466.
23 OLG Brandenburg 06.08.2009, 11 VA 1/09, ZIP 2009, 1870.

diesem Bereich zu objektivieren.[24] Der Verwalter darf dem Gericht und den übrigen Beteiligten gegenüber nicht bewusst wahrheitswidrige Behauptungen aufstellen (**Wahrheitspflicht**). Weiter muss er von sich aus deutliche Zweifel an seiner Unabhängigkeit (Rdn. 8 ff.) oder bestehende Sonderinteressen bei Ausübung seiner Tätigkeit dem Gericht gegenüber offenbaren (**Offenbarungspflicht**); so etwa, wenn er Hilfskräfte einer GmbH, an welcher er wirtschaftlich beteiligt ist, zu Lasten der Masse beschäftigen will[25]. Die Anzeige ist in unmissverständlicher Form – schriftlich oder zur Niederschrift des Gerichts – zu erstatten; mündliche Andeutungen, die als private Voranfragen nach der Meinung des Richters aufgefasst werden könnten, genügen nicht.[26] Zur Absicherung etwaiger Haftpflichtschäden ist grds ein hinreichender **Versicherungsschutz** nachzuweisen (vgl. § 4 Abs. 3 Satz 1 InsVV; § 60 Rdn. 52). Für eine hinreichende Transparenz und Vermögensabgrenzung ist darzulegen, dass für die einzelnen Verfahren grds jeweils **Sondertreuhandkonten** geführt werden (vgl. § 149 Rdn. 4 f.).

3. Unabhängigkeit

8 Die Person muss von den im jeweiligen Insolvenzverfahren Beteiligten unabhängig sein. Für einen sachgerechten Verfahrensablauf ist dies von zentraler Bedeutung.[27] Die Kriterien für die Beurteilung[28] einer hinreichenden Unabhängigkeit des Verwalters sind nach den Änderungen durch das ESUG Gegenstand intensiver Diskussion.[29] Auch die verbesserten Einflussmöglichkeiten von Gläubigern und Schuldnern haben jedoch nichts daran geändert, dass die Unabhängigkeit von diesen Beteiligten eine wesentliche Anforderung an den potentiellen Verwalter ist, welche das Gericht bei seiner Bestellungsentscheidung bzw. bei der Überprüfung einer Bestimmung durch die Gläubigergremien unbedingt zu beachten hat. Eine Bestimmung der Anforderungen an die Unabhängigkeit durch die Gläubiger im Einzelfall, etwa durch ergänzenden, einstimmigen Beschluss nach § 56a Abs. 2 ist nicht zulässig.[30] Andererseits muss dem durch das ESUG erweiterten Einfluss des Schuldners und der Gläubiger bzw. ihrer Gremien auf die Verwalterauswahl Rechnung getragen werden. Diese Möglichkeit setzt in ihrer faktischen Umsetzung einen Kontakt und eine Abstimmung zwischen dem potentiellen Verwalter und den Beteiligten des Verfahrens, von denen er gerade nach Abs. 1 Satz 1 unabhängig sein soll, zumeist notwendig voraus. Es ist weniger diese Nähe, als das Maß an Professionalität von Verwalter, (institutionalisierten) Gläubigern und den weiteren Beteiligten (etwa Schuldnern, Sanierungsberatern) bedeutsam, trotzdem eine ordnungsgemäße, insbesondere unabhängige Verfahrensabwicklung zu gewährleisten. Die praktischen Erfahrungen mit dem ESUG[31] werden insbesondere den zur Beurteilung berufenen Insolvenzrichtern zeigen, welche Verwalterkandidaten dies gewährleisten können, indem sie etwa insolvenzspezifische Ansprüche unbeeinflusst auch gegenüber Gläubigern verfolgen, die sie gerade vorgeschlagen haben. Vor allem die institutionalisierten Gläubiger sind, gerade im Hinblick auf zukünftige Bestellungen der von ihnen als geeignet befundenen Person in anderen Verfahren gehalten, dies zu unterstützen (vgl. § 56a Rdn. 2).

Zweifel an der Unabhängigkeit bestehen zunächst bei einem besonderen **persönlichen Verhältnis** zu den übrigen Verfahrensbeteiligten. Ausgeschlossen von der Verwalterbestellung sind der Schuldner oder seine Gläubiger selbst oder eine nahestehende Person i.S.v. § 138 Abs. 1 Nr. 1 bis 3 dieser Beteiligten. Weiter steht grundsätzlich der Bestellung ein besonderes **rechtliches Verhältnis** insbesondere

---

24 OLG Düsseldorf 20.01.2011, I-3 VA 2/10, ZIP 2011, 341.
25 BGH 24.01.1991, IX ZR 250/89, ZIP 1991, 324 (328).
26 LG Halle 22.10.1993, 2 T 247/93, ZIP 1993, 1739 (1742).
27 BGH 19.09.2013, IX AR(VZ) 1/12, Rn. 25.
28 Fragebögen zur Prüfung der Unabhängigkeit finden sich in ZInsO 2012, 368 (von *Frind u.a.*) sowie ZInsO 2012, 2240 (von BAKinso und VID).
29 Vgl. *Graf-Schlicker* ZInsO 2013, 1765 (1766 ff.) sowie die in nachfolgender Fn. Genannten.
30 *Bork* ZIP 2013, 145 ff.; *Vallender/Zipperer* ZIP 2013, 149 ff.; *Römermann* ZInsO 2013, 218 (223); *Frind* ZInsO 2013, 59 ff.; a.A. *Schmidt/Hölzle* ZIP 2012, 2238 ff., *Hölzle* ZIP 2013, 447 ff; weitergehend *Horstkotte* ZInsO 2013, 160 ff.
31 Die Frage der Unabhängigkeit ist auch besonderer Gegenstand der vom Bundestag eingeforderten ESUG-Evaluierung (BT-Drucks. 17/7511, 6).

dienstvertraglicher oder gesellschaftsrechtlicher Art zu dem Schuldner oder seinen Gläubigern entgegen. Hierunter fallen zunächst die nahestehenden Personen nach § 138 Abs. 1 Nr. 4, Abs. 2. Auch bei einem unterhalb der Schwelle des § 138 liegenden Rechtsverhältnis wird man zumeist die Unabhängigkeit verneinen müssen. Die Regelung in Abs. 1 Nr. 2 bestimmt hiervon eine Ausnahme (dazu Rdn. 10) und im Umkehrschluss das Kriterium, bei welchem eine Beratung des Schuldners nicht mehr unerheblich ist. Die ständige Beratung von Personen und Institutionen, welche häufig wiederkehrend Beteiligte in Insolvenzverfahren sind, insb. Banken, Sozialversicherungsträgern oder des Fiskus, durch die Person oder angeschlossene Berater steht nicht nur der Bestellung im Einzelfall, sondern bereits der Aufnahme in die Vorauswahlliste entgegen. Anders zu beurteilen ist dies dann, wenn ein Interessenkonflikt nahezu ausgeschlossen ist, etwa wenn die Beratung für einen nur in einer anderen Region tätigen Mandanten erfolgt. Anders als etwa im anwaltlichen Berufsrecht (§ 43a Abs. 1 und 4 BRAO) geht der Terminus der **Interessenkollision** im Tatbestand der Unabhängigkeit auf.[32]

Nach Abs. 1 Satz 3 Nr. 1 ist die Unabhängigkeit nicht bereits deswegen zu verneinen, weil der potentielle Verwalter im konkreten Verfahren **von Gläubigern oder dem Schuldner** vorgeschlagen wird. Ein solcher Vorschlag ist für das Gericht nicht verbindlich, sondern muss lediglich ernsthaft berücksichtigt werden.[33] Weitgehend verbindlich ist demgegenüber das Vorschlagsrecht des Schuldners für den vorläufigen Sachwalter bei dem Schutzschirmverfahren nach § 270b Abs. 2 Satz 2. Durch Abs. 1 Satz 3 Nr. 1 wird ein von dem vorläufigen Gläubigerausschuss (§ 56a) unabhängiges Vorschlagsrecht von Schuldner und jedem Gläubiger abgesichert. Ein Anhörungsrecht des Schuldners oder jedes Gläubigers folgt aus Abs. 1 Satz 3 Nr. 1 allerdings nicht. Das Gericht kann den Vorschlag unberücksichtigt lassen, ohne dies begründen zu müssen und ohne dass hiergegen ein Rechtsbehelf besteht (vgl. Rdn. 27). Vorschläge nach Abs. 1 Satz 3 Nr. 1 sollten daher möglichst schriftlich unterbreitet und, insbesondere wenn der Vorgeschlagene nicht bei dem Gericht gelistet ist, begründet als auch zeitnah sowie sachgemäß vorgebracht werden. Schon um seiner Amtsermittlungspflicht gerecht zu werden (vgl. Rdn. 24) wird ein Richter solche Vorschläge dann nicht unbeachtet lassen. Neben den in Abs. 1 Satz 3 Nr. 1 genannten Personen können auch Aussonderungsberechtigte und Unbeteiligte am Verfahren, etwa die IHK oder Gewerkschaften Vorschläge unterbreiten.

Eine **allgemeine Beratung des Schuldners** (Abs. 1 Satz 3 Nr. 2) vor dem Eröffnungsantrag schließt die Unabhängigkeit ebenfalls nicht aus, wenn dabei in allgemeiner Form über den Ablauf eines Insolvenzverfahrens und dessen Folgen informiert wurde. Nach dem RegE[34] soll es sich um allgemeine Informationen über den Gang eines Insolvenzverfahrens, über dessen Auswirkungen auf die Befugnisse des Schuldners und über die Möglichkeiten der Sanierung im Insolvenzverfahren handeln. Der Schuldner, der in diesen Fällen die Person nach Abs. 1 Satz 3 Nr. 1 zumeist vorschlagen wird, wird zur Überprüfung dem Gericht zugleich den Beratungsvertrag vorzulegen haben. Jedenfalls hat dies durch die benannte Person selbst zu erfolgen, damit das Gericht Art und Umfang des Auftragsgegenstandes überprüfen kann. Eine lehrbuchhafte Beratung i.S.v. Abs. 1 Satz 3 Nr. 2 dürfte nur in der Minderheit der Fälle den Erwartungen der schuldnerischen Unternehmen und damit dem Beratungsauftrag entsprechen. Der praktische Anwendungsbereich der Norm ist daher gering. Trotzdem ist die Regelung eng auszulegen. Der BR hatte in seiner Stellungnahme zum RegE[35] sich mit guten Gründen für eine Streichung der Regelung ausgesprochen, da das Gericht schwer nachvollziehen

---

[32] Zutreffend *Rosenmüller/Heitsch* ZInsO 2013, 754 (757); a.A. *Römermann* ZInsO 2013, 218 (219 ff.), wonach die Frage der Interessenkollision die Geeignetheit des Verwalters betreffen soll. Hiergegen spricht der Gesetzesentwurf zum Konzerninsolvenzrecht (vgl. Rdn. 34; § 56b Abs. 1 Satz 2). In der Begründung (Beilage zu ZIP 37/2013, S. 10) heißt es nämlich: »*konzerninterne Interessenkonflikte die Unabhängigkeit des Verwalters gefährden*«.

[33] *Römermann* ZInsO 2013, 218 (223).

[34] BT-Drucks. 17/5712, 26; a.A. *Römermann* ZInsO 2013, 218 (223).

[35] In BT-Drucks. 17/5712, 50. Ebenso die Redebeiträge der Opposition im Plenum (Plenarprotokoll 17/136, 16165).

könne, ob über Abs. 1 Satz 3 Nr. 2 hinaus derart beraten wurde, dass die Unabhängigkeit gefährdet ist. Wer bereits außergerichtlich beratend tätig geworden ist, wird später als Insolvenzverwalter etwa kaum ein Interesse daran haben zu prüfen, ob die Zahlung seines Honorars anfechtbar ist oder ob das Unternehmen bereits bei seiner Beauftragung zahlungsunfähig gewesen ist. Er wird auch kaum Haftungsansprüche oder strafrechtliche Sanktionen gegen die Organe des Schuldners oder Gesellschafter unbelastet verfolgen können, wenn er diese hierüber zuvor in »allgemeiner Form« beraten hat. Weiter ist zu besorgen, dass ein zum Insolvenzverwalter bestellter ehemaliger Berater eigene Beratungsfehler nicht erkennt und dass dadurch Sanierungsmöglichkeiten vertan werden.[36] Schließlich ist es auch den zumeist als Insolvenzverwalter bestellten Rechtsanwälten, Steuerberatern, Wirtschaftsprüfern etc. berufsrechtlich untersagt, widerstreitende Interessen zu vertreten, so dass auch aus diesem Grunde jedenfalls eine Übernahme des Amtes ausscheidet.[37] Die berufsständischen Regeln werden mangels einer dies anordnenden Norm nicht durch § 56 verdrängt.[38] Entsprechendes gilt für die Schweigepflicht, denen diese Berufsgruppen unterliegen, es sei denn, der Schuldner befreit seinen Berater unwiderruflich.[39]

11 Eine **Beratung des Schuldners bei Sanierungsbemühungen**, auch bei der Erstellung eines prepackaged plan schließt grundsätzlich eine nachfolgende Bestellung zum Verwalter aus, da die vorhergehende Tätigkeit zivilrechtlich und insolvenzspezifisch, insb. anfechtungsrechtlich überprüft werden muss.[40] Auf Empfehlung des Rechtsausschusses[41] fand der Vorschlag des RegE keine Berücksichtigung, auch dann nicht generell an der Unabhängigkeit zu zweifeln, wenn die Person unter Einbindung von Schuldner und Gläubiger einen Insolvenzplan erstellt hat. Die Verfasser des RegE[42] sahen dies als unproblematisch an, da die Person bei dem Auftrag, im Rahmen einer außergerichtlichen Sanierung unter Einbeziehung der Gläubiger einen Insolvenzplan zu erstellen, die gegenläufigen Interessen aller Beteiligten berücksichtigen müsse und vermittelnd tätig werde. Dem widersprach der Rechtsausschuss unter Hinweis auf die eingangs genannten Gründe. Die Vorschrift wurde daher gestrichen, um auch nur den Anschein einer Parteilichkeit des Insolvenzverwalters zu vermeiden.[43] Nach Auffassung des Rechtsausschusses sei das Anliegen des RegE, den im Vorfeld abgestimmten und erstellten Insolvenzplan im Insolvenzverfahren auch vom Planersteller umsetzen zu lassen, auch bei einer Streichung der angedachten Vorschrift realisierbar: Voraussetzung sei lediglich, dass die Beteiligten den Planersteller durch einstimmigen Beschluss nach § 56a Abs. 2 vorschlagen würden.[44] Übersehen wurde dabei allerdings, dass auch in diesem Fall die Eignung und damit die Unabhängigkeit der vorgeschlagenen Person nach allgemeinen Kriterien vollumfänglich von dem Gericht zu überprüfen ist. Um die erforderliche Unabhängigkeit zu gewährleisten, wird das Gericht nur im Ausnahmefall den Planersteller als geeignet ansehen können. Unzulässig dürfte es auch sein, den Planersteller oder einen anderen externen Sanierungsfachmann zum Organ der Schuldnerin zu bestellen und sodann die Eigenverwaltung zu beantragen, da hierdurch die durch die Eigenverwaltung erstrebte personelle Kontinuität in der schuldnerischen Vermögensverwaltung vor und nach dem Eintritt der Insolvenz nicht gewährleistet ist.[45]

12 Die **Feststellung der Unabhängigkeit** ist Aufgabe des Gerichts. Für Verneinung der Unabhängigkeit reicht die Möglichkeit eines Konflikts auf der Grundlage objektiv gegebener Anhaltspunkte aus.[46] Das Gericht muss bei seiner Entscheidung aber auch abwägen, ob gewisse Zweifel an der Unabhängigkeit

---

36 In BT-Drucks. 17/5712, 50. Anders *Schelo* DB 2010, 2209.
37 Ausf. *Römermann/Praß* ZInsO 2011, 1576 ff.
38 Vgl. *Römermann/Praß* ZInsO 2011, 1576 (1580).
39 Vgl. *Römermann/Praß* ZInsO 2011, 1576 (1579).
40 a.A. *Uhlenbruck* Rn. 52.
41 BT-Drucks. 17/7511, 12, 47.
42 BT-Drucks. 17/5712, 26.
43 BT-Drucks. 17/7511, 47.
44 BT-Drucks. 17/7511, 47.
45 AG Duisburg 01.09.2002, 62 IN 167/02, ZIP 2002, 1636 (1639).
46 BGH 22.04.2004, IX ZB 154/03, ZIP 2004, 1113.

durch eine intensivere Aufsicht kompensiert werden können. Eine Bestellung darf aber nicht wegen der Möglichkeit erfolgen, beim Auftreten von Interessenkonflikten einen Sonderinsolvenzverwalter (vgl. Rdn. 30) zu ernennen.[47] In Abs. 1 Satz 3 Nr. 1 und 2 werden Umstände abstrakt bestimmt, die als solche nicht bereits der Unabhängigkeit entgegenstehen. Auch dann müssen allerdings konkrete andere Umstände berücksichtigt werden, die in der Person liegen und dessen Unabhängigkeit beeinträchtigen können.[48] Zweifel sind von der Person jederzeit dem Gericht gegenüber offenkundig zu machen. Wird dies unterlassen, steht zumindest die Geeignetheit des Verwalters in Zweifel (Rdn. 7).

Im **Einzelfall**[49] **ist die Unabhängigkeit nicht gegeben**, wenn, unter Einbeziehung von Sozien oder in sonstiger Weise zur gemeinschaftlichen Berufsausübung verbundenen oder verbunden gewesenen Beratern, die Person bei Annahme einem Tätigkeitsverbot i.S.d. § 45 BRAO unterliegen würde[50]; wenn in der Sozietät des Verwalters zahlreiche, noch nicht abgeschlossene Mandate eines Großgläubigers bearbeitet werden[51];wenn der Verwalter Gutachter in einem Insolvenzverfahren gegen eine Schuldnerin der Insolvenzmasse war[52]; bei Arbeitnehmern des Insolvenzschuldners oder der Gläubiger; wenn zwischen dem Sanierungsberater-Geschäftsführer der eigenverwaltenden Schuldnerin und dem vorgeschlagenen Sachwalter, insbesondere durch mehrfache gemeinsame Unternehmenssanierungen, eine umfangreiche Geschäftsverbindung besteht[53]; wenn der Verwalter selbst häufig Poolverwaltungen übernimmt[54]; oder eine individuelle Tätigkeitsvergütung von einem in dem Verfahren gebildeten Sicherheitenpool erhält[55]. Die Unabhängigkeit kann **nicht bereits deswegen verneint werden**: weil der Verwalter mit einer Gläubigerbank in der Vergangenheit (geschäftlich) verbunden war, ohne dass Anhaltspunkte für eine Vorbefassung mit die Masse betreffenden Angelegenheiten vorliegen (gemeinsame Organisation einer Segel-Regatta im Jahr 2007; Begleitung eines Immobilienverkaufs einer Tochter der Bank im Jahr 2006)[56]; weil eine Bank die Gewährung eines Massedarlehens an die Bestellung einer bestimmten Person zum Verwalter knüpft[57]. 13

II. Anforderungen an die Organisation

Das Amt des Insolvenzverwalters ist ein höchstpersönliches (vgl. § 407a Abs. 2 Satz 1 ZPO).[58] Hieraus folge jedoch nicht, dass der Verwalter alle Aufgaben auch solchermaßen erledigen müsste. Vielmehr besteht seine Tätigkeit vorrangig darin, die Verfahrensabwicklung im Ganzen zu organisieren. Dabei ist die Delegation bestimmter, nicht einen Kernbereich betreffender Aufgaben, etwa der Verwertung der Insolvenzmasse an Dritte zulässig und ab einer bestimmten Verfahrensgröße zumeist erforderlich. Den Kernbereich betreffen u.a. die Inbesitznahme und die Verwaltung des schuldnerischen Vermögens, das Führen der Forderungstabelle und die Forderungsprüfung, das Wahlrecht bei gegenseitigen Verträgen oder etwa auch die Insolvenzanfechtung.[59] Auch in diesem Kernbereich darf sich der Verwalter grds Hilfskräften bedienen, wenn die maßgeblichen Entscheidungen von ihm getroffen und die Ausführungen von ihm überwacht werden.[60] Hierzu ist es nicht erforderlich, dass der Verwalter in 14

---

47 OLG Celle 23.07.2001, 2 W 41/01, ZIP 2001, 1597 (1599 f.).
48 RegE BT-Drucks. 17/5712 S. 26.
49 Vgl. a. *Haarmeyer* ZInsO 2011, 1722 zu einem besonders dreisten Fall der Vorbefassung.
50 OLG Celle 23.07.2001, 2 W 41/01, ZIP 2001, 1597 (1599).
51 BGH 22.04.2004, IX ZB 154/03, ZIP 2004, 1113.
52 LG Hildesheim 15.03.2001, 5 T 904/00, WM 2001, 1164.
53 AG Stendal 31.08.2012, 7 IN 164/12, ZIP 2012, 1875; hierzu kritisch *Seidl* ZInsO 2012, 2285.
54 *Frind* ZInsO 2002, 745 (750).
55 LG Oldenburg 08.10.1998, 9 O 1848/98, ZInsO 1998, 337.
56 AG Hamburg 18.11.2011, 67g IN 459/11, ZIP 2011, 2372.
57 a.A. AG Stendal 01.10.2012, 7 IN 164/12, ZIP 2012, 2030; zutreffend hierzu *Haarmeyer* ZInsO 2012, 2210 f.
58 Vgl. BGH 19.09.2013, IX AR(VZ) 1/12; BFH 15.12.2010, VIII R 50/09, ZIP 2011, 582 (585 f.) zur Frage der Gewerbesteuerpflicht.
59 Einzelheiten hierzu bei *Graeber/Graeber* ZInsO 2013, 1056 ff, 1284 ff.
60 BVerfG 03.08.2009, 1 BvfR 369/08, ZIP 2009, 1722 (1724).

der Lage ist, gerichtliche Termine stets persönlich wahrzunehmen, wenn, etwa im Prüfungstermin, die Entscheidungen bereits zuvor durch ihn getroffen wurden. Eine, auch nur teilweise Delegation von Kernaufgaben auf sog. »Grauverwalter« ist unzulässig,[61] stellt jedoch ein praktisches Faktum dar.[62]

15 Das Verwalterbüro sollte, jedenfalls für die Abwicklung von Unternehmensinsolvenzen sowohl in seiner Struktur als auch seiner **personell-fachlichen und technischen Organisation und Ausstattung** eine auf die Abwicklung von Insolvenzverfahren gerichtete Konzentration aufweisen. Eine solche wird durch eine Zertifizierung nach ISO 9001 indiziert.[63] Der Verwalter sollte insb. erreichbar sein (vgl. Rdn. 20). Solches ist etwa zu verneinen, wenn die Telefonnummer des Verwalters nicht durch Eintragung in Telefon- und Branchenbücher allgemein bekannt oder zumindest das Büropersonal zu den üblichen Geschäftszeiten nicht erreichbar ist.[64] Weiter sollte das Büro auch über eine für die Bearbeitung von Insolvenzverfahren geeignete Software verfügen, welches insb. den Datentransfer über die Schnittstelle der Insolvenzgerichte ermöglicht.

III. Bereitschaft zur Übernahme

16 Die Person muss zur Übernahme von Insolvenzverwaltungen bereit sein. Diese Bereitschaft kann generell oder mit Einschränkungen erklärt werden (Abs. 1 Satz 2). Insofern kommt eine Beschränkung auf Verbraucher, Nachlass- oder kleinere Unternehmensinsolvenzverfahren in Betracht. Die Einhaltung der Auswahlkriterien ist hieran anzupassen (vgl. Rdn. 20).

C. Auswahlverfahren

17 Das Auswahlverfahren hat in einem zweistufigen Prozess zu erfolgen.[65] Die Vorauswahl potentiell für die Verwaltertätigkeit geeigneter Personen und die Aufnahme in die Vorauswahlliste gehen der Bestellung im Einzelfall vorher und stehen selbständig neben dieser. Die Vorauswahlliste hat dem Insolvenzrichter einen Rahmen zu geben, der ihm trotz der Eilbedürftigkeit der Bestellungsentscheidung bei Eröffnung eines Insolvenzverfahrens eine hinreichend sichere Tatsachengrundlage für eine sachgerechte Auswahlentscheidung im konkreten Fall vermittelt. Durch den Gesetzesentwurf zur Verbesserung und Vereinfachung der Aufsicht in Insolvenzverfahren[66] sollte die Vorauswahl gesetzlich reguliert werden. Nach einer Empfehlung des BR-Rechtsausschusses[67] wurde dies gestrichen.[68]

I. Vorauswahl

18 Die Auswahlentscheidung unterliegt der Bindung an die Grundrechte der Bewerber um das Amt des Insolvenzverwalters. Der allgemeine Gleichbehandlungsgrundsatz (Art. 3 Abs. 1 GG) gebietet, dass jeder dieser Bewerber eine faire Chance erhält, entsprechend seiner Eignung berücksichtigt zu werden.[69]

19 Für die **Bewerbung** haben die meisten Insolvenzgerichte Antragsformulare und -fragebögen entwickelt.[70] Notwendig ist dies jedoch nicht.[71] Bei den Anforderungen genügenden Angaben sollte sich ein Bewerbergespräch anschließen. In diesem als auch durch weitere Maßnahmen, etwa kurzfristig angekündigte Besuche in dem Verwalterbüro, sollte sich der Richter über den Bewerber, die Va-

---

61 BVerfG 03.08.2009, 1 BvR 369/08, ZIP 2009, 1722 (1724).
62 Mohrbutter/Ringstmeier/*Voigt-Salus/Pape* Rn. 21/85.
63 *Runkel/Wältermann* ZIP 2005, 1347 (1350).
64 AG Göttingen 11.03.2003, 74 IN 137/02, ZIP 2003, 592.
65 Vgl. BVerfG 03.08.2004, 1 BvR 135/00 und 1 BvR 1086/01, ZIP 2004, 1649 (1651).
66 GAVI, BR-Drucks. 566/07 v. 15.08.2007.
67 BR-Drucks. 566/1/7251 v. 01.10.2007.
68 BR-Drucks. 566/07 v. 12.10.2007.
69 BVerfG 15.02.2010, 1 BvR 285/10, ZInsO 2010, 620 (621).
70 S. etwa NZI 2009, 97 ff.: »Heidelberger Musterfragebogen«; ZInsO 2009, 421: »Fragebogen AG München«; vgl. a. ZIP 2007, 1432 ff.: »Uhlenbruck Kommission«; ZInsO 2009, 1246 ff.: »Auswahlkriterien Gläubigerschutzvereinigung«.
71 OLG Hamburg 03.08.2011, 2 VA 9/11, ZInsO 2011, 1655 (1658).

lidität seiner Angaben und dessen Organisationsstruktur einen Eindruck verschaffen. Verweist der Bewerber auf eine frühere Beschäftigung bei einer Verwalterkanzlei, kann der Richter diese Möglichkeit zur Verifizierung von Bewerberangaben durch dortige Nachfrage nutzen.[72] Organisatorisch wird für jeden abgelehnten und aufgenommenen Bewerber am besten eine gesonderte »Personal-«Akte mit eigenem Verwaltungsaktenzeichen geführt.[73] **Angehörige anderer EU- oder EWR-Staaten** oder solcher Personen, die in einem dieser Staaten ihre berufliche Niederlassung haben, können ihren Antrag zur Aufnahme in eine Vorauswahlliste auch über die einheitliche Stelle i.S.d. § 71a VwVfG abwickeln (Art. 102a EGInsO)[74]. Die einheitliche Stelle leitet den Antrag an das zuständige, ggf. durch Nachfrage bei dem Erwerber zu konkretisierende Insolvenzgericht weiter und begleitend den Bewerber in dem Aufnahmeverfahren, ohne aber selbst die Entscheidung über die Aufnahme zu treffen. Über den Antrag ist in diesem Fall innerhalb einer Frist von drei Monaten zu entscheiden. Auch wenn der Antrag direkt an den Insolvenzrichter adressiert wird, hat dieser die in § 71a Abs. 2 VwVfG aufgeführten Pflichten zu beachten.[75]

Die **Festlegung der Kriterien** für die Aufnahme in die Liste erfolgt durch die Fachgerichte.[76] Der Insolvenzrichter muss dabei die Daten eines Bewerbers nach gleichen, allgemeinen, von einem einzelnen Insolvenzverfahren gelösten, sachgerechten und der Öffentlichkeit transparent zu machenden Kriterien erheben, strukturieren und verifizieren.[77] Die notwendige Strukturierung der Daten erfordert jedoch nicht, dass mehrere Listen, differenziert nach den unterschiedlichen Arten von Insolvenzverfahren geführt werden, sondern kann auch in anderer Weise erfolgen.[78] Der einzelne Richter darf mit anderen Insolvenzrichtern des Gerichts eine Gemeinschafts- oder nach dem Anforderungsprofil differenzierende Listen entwickeln. Die Listenprüfung darf nur dann delegiert werden, wenn sichergestellt ist, dass die Liste nach den maßgeblichen Kriterien des einzelnen Richters geführt wird.[79] **Qualitative Kriterien sind nicht sachgerecht**, wenn sie eine allgemeine Altersgrenze[80] oder bestimmte Examensnoten[81] vorsehen. Die Erreichbarkeit und Ortsnähe der Schuldner in dem Bezirk des Insolvenzgerichts kann, ausgenommen im Anwendungsbereich des Art. 102a EGInsO,[82] ein zulässiges Kriterium darstellen.[83] Das Gericht kann auch die Gewähr der Einhaltung von Richtlinien zur Abwicklung von Insolvenzverfahren des Gerichts selbst (etwa »Hamburger Leitlinien«: ZInsO 2004, 24) oder bestimmter Verbände (vgl. Rdn. 19) als Kriterium bestimmen, wenn die darin enthaltenen Anordnungen auch von seinem Aufsichtsrecht (§ 58) gedeckt sind. Eine normative Kraft kommt diesen Richtlinien bei der Auslegung des § 56 allerdings nicht zu.[84]

Aufzunehmen in die Vorauswahlliste ist jeder Bewerber, welcher den Kriterien genügt. Ein weitergehendes Auswahlermessen besteht nicht.[85] Sog. **geschlossene Listen** sind bereits nach dem Gesetzes-

---

72 OLG Hamburg 03.08.2011, 2 VA 9/11, ZInsO 2011, 1655.
73 *Frind* ZInsO 2008, 655.
74 Hierzu *Vallender* ZIP 2011, 454 ff.
75 Hierzu *Vallender* ZIP 2011, 454 (456).
76 BVerfG 23.05.2006, 1 BvR 2530/04, ZIP 2006, 1355 (1360).
77 BGH 19.12.2007, IV AR(VZ) 6/07, ZIP 2008, 515 (517).
78 OLG Hamburg 03.08.2011, 2 VA 9/11, ZInsO 2011, 1655 (1658); OLG Köln 27.09.2006, 7 VA 9/05, ZIP 2007, 342 (344).
79 BVerfG 03.08.2009, 1 BvR 369/08, ZIP 2009, 1722 (1724).
80 OLG Hamburg 06.01.2012, 2 VA 15/11, ZIP 2012, 336; OLG Hamm 02.08.2007, 27 VA 1/07, ZIP 2007, 1722: 65 Jahre.
81 OLG Hamburg 08.10.2008, 2 Va 4/07, ZIP 2008, 2228: »Prädikatsexamen«.
82 Vgl. *Vallender* ZIP 2011, 454 (457).
83 OLG Hamm 29.05.2008, I-27 VA 7/07, ZIP 2008, 1189: Fahrzeit 60 Minuten; unzulässig aber: OLG Nürnberg 16.07.2008, 4 VA 1036/08, ZIP 2008, 1490: Kanzleisitz im Landgerichtsbezirk und BVerfG 03.08.2009, 1 BvR 369/08, ZIP 2009, 1722 (1724): Büroanwesenheit an mindestens zwei Tagen.
84 *Prütting* ZIP 2002, 1965 (1973 f.); a.A. offenbar AG Hamburg 21.11.2001, 67g IN 280/01, ZInsO 2001, 2147.
85 BGH 19.12.2007, IV AR(VZ) 6/07, ZIP 2008, 515.

wortlaut (»aller«) unzulässig.[86] Gleiches gilt mangels gesetzlicher Grundlage für eine quantitative Begrenzung.[87] Allerdings können solche Bewerber unberücksichtigt bleiben, welche nach der ständigen Ermessenspraxis des Richters bei der Bestellung im Einzelfall keinerlei Aussicht auf tatsächliche Berücksichtigung haben.[88] Die sog. »weichen« Fähigkeiten sind hierbei, da unbekannt oder nicht verifizierbar, weitgehend unerheblich.[89] Gerade zur Ermittlung derselben kann daher die Aufnahme auch mit dem Hinweis erfolgen, dass der Bewerber bis zu seiner endgültigen Aufnahme zunächst in einer Art »Probephase« mit Verfahren unterschiedlicher Güte betraut werde.[90] **Ein Bewerber kann etwa abgelehnt werden**, wenn er als Verwalter wiederholt gegen elementare Pflichten (Massesicherung, zeitnahe Buchführung, Rechnungslegung) verstoßen,[91] nicht vertretungsfähige Aufgaben delegiert oder sich für Gläubigerversammlungen von Gläubigern bevollmächtigen lassen hat, deren Abstimmungsrecht wahrzunehmen[92], wenn er nicht ausreichende Angaben zur Ausstattung des Büros und zur Ausbildung, Verfügbarkeit und fachlichen Kompetenz der Mitarbeiter macht[93] oder wenn er lediglich über Erfahrungen in einem einzigen Verbraucherinsolvenzverfahren verfügt.[94] Ein Bewerber kann **etwa nicht bereits abgelehnt werden**: weil er eine fachlich relevante Frage falsch beantwortet[95]; weil er bereits älter ist[96]; weil er kein Fachanwalt für Insolvenzrecht ist[97]; weil er bereits häufig bestellt wird und eine Überbelastung zu besorgen ist[98]; weil ihm eine persönliche Bearbeitung aller Verfahren mit Rücksicht auf deren Vielzahl bereits »technisch nicht möglich« sei und er selbst einräume, die Tätigkeit umfassend auf seine Mitarbeiter zu delegieren, wenn er zugleich aber die höchstpersönliche Übernahme der wesentlichen insolvenzspezifischen Entscheidungen/Tätigkeiten versichert[99]; weil er für die Anfahrt von seinem Büro bis zum Gerichtsbezirk des Insolvenzgerichts mit dem Pkw eine Fahrtzeit von anderthalb bis zwei Stunden benötigt[100] (vgl. Rdn. 20); weil er sich nur 1–2 Tage in der Woche in seinem örtlichen Büro aufhält, aber durch Wohnungsanmietung am Ort die Voraussetzungen für einen längeren Aufenthalt geschaffen hat[101]; weil er sich – ohne konkret belegbare tatsächliche Umstände – eines »Fehlverhaltens« schuldig gemacht habe[102]; oder weil seine Arbeitsweise ohne konkrete belegbare tatsächliche Umstände allgemein als »umständlich, langwierig, aufwändig und wenig effektiv« empfunden wird[103].

22 Die **Aufnahme und die Ablehnung eines Bewerbers** hat durch Bescheid des die Liste führenden Richter(gremiums) zu erfolgen. Im Falle der Ablehnung ist der Bescheid zu begründen. Es handelt sich hierbei um einen Justizverwaltungsakt gegen den der **Rechtsweg nach §§ 23 ff. EGGVG** eröffnet ist.[104] Ein Antrag auf gerichtliche Entscheidung ist weiter eröffnet, wenn das Insolvenzgericht über den Antrag des Bewerbers nicht binnen drei Monaten entscheidet (§ 27 EGGVG). Der richtige

---

86 Vgl. BVerfG 23.05.2006, 1 BvR 2530/04, ZIP 2006, 1355.
87 OLG Nürnberg 16.07.2008, 4 VA 1036/08, ZIP 2008, 1490.
88 BVerfG 03.08.2009, 1 BvR 369/08, ZIP 2009, 1722 (1723).
89 *Uhlenbruck* Rn. 39.
90 HambK-InsR/*Frind* Rn. 22.
91 BVerfG 03.08.2009, 1 BvR 369/08, ZIP 2009, 1722; AG Mannheim 07.12.2009, AR 52/2009, NZI 2010, 107.
92 OLG Hamburg 19.10.2005, 2 Va 2/05, ZIP 2005, 2165.
93 OLG Hamburg 03.08.2011, 2 VA 9/11, ZInsO 2011, 1655.
94 OLG Hamburg 21.09.2009, 2 Va 4/09, ZInsO 2009, 2013 (2014 f.).
95 KG 11.01.2006, 16 VA 5/05, ZIP 2006, 294.
96 KG 08.01.2008, 1 VA 7/07, NZI 2008, 187: 62 Jahre.
97 In diese Richtung OLG Hamburg 03.08.2011, 2 VA 9/11, ZInsO 2011, 1655 (1658).
98 OLG Brandenburg 06.08.2009, 11 VA 6/08, ZIP 2009, 1917.
99 OLG Düsseldorf 09.08.2010, I-3 VA 1/09, ZIP 2010, 1705 (1708).
100 KG 22.11.2010, 1 VA 12/10, ZIP 2010, 2461.
101 OLG Düsseldorf 20.01.2011, I-3 VA 2/10, ZIP 2011, 341: Ortsnähe darf nur dann angeführt werden, wenn sie generell und nicht lediglich in bestimmten Situationen des Einzelfalls mutmaßlich fehlt.
102 OLG Frankfurt 04.02.2008, 20 VA 5/06, ZIP 2008, 1835.
103 OLG München 07.12.2004, 9 VA 4–6/04, ZIP 2005, 670 (671).
104 BVerfG 03.08.2004, 1 BvR 135/00 und 1 BvR 1086/01, ZIP 2004, 1649.

Antragsgegner bestimmt sich nach Landesrecht.[105] Der Insolvenzrichter als Antragsgegner oder Beteiligter hat keinen Anspruch nach § 29 Abs. 4 EGGVG auf Anwaltsbeiordnung.[106] Der Antrag auf gerichtliche Entscheidung ist binnen eines Monats nach Zustellung des Bescheids bei dem OLG, in dessen Bezirk das Insolvenzgericht seinen Sitz hat, oder dem AG zu stellen (§ 26 EGGVG) und zu begründen (§ 24 EGGVG). Über den Antrag entscheidet der nach der Geschäftsverteilung zuständige Zivilsenat des OLG (§ 25 EGGVG). Die Prüfung des OLG beschränkt sich auf die fehlerfreie Verfahrensgestaltung, eine zutreffende Feststellung des maßgebenden Sachverhalts, die Festlegung eines vertretbaren Anforderungsprofils und eine darauf basierende willkürfreie Beurteilung durch den Insolvenzrichter.[107] Im Übrigen hat es den Spielraum des Insolvenzrichters bei der Beurteilung des konkreten Bewerbers zu beachten.[108] Gegen die Entscheidung des OLG ist die Rechtsbeschwerde statthaft, wenn sie zugelassen wird (§ 29 EGGVG). Die Weitergabe negativer Listingbescheide (bzw. Delistingbescheide, vgl. Rdn. 23) an andere Gerichte ist nach geltender Rechtslage unzulässig.[109]

Die Auswahlliste ist periodisch zu überprüfen. Werden die, u.U. durch den Richter erhobenen Kriterien nachträglich nicht mehr erfüllt, hat eine **Streichung aus der Auswahlliste** (Delisting) zu erfolgen. Zuvor sollte eine Anhörung durch den Richter erfolgen.[110] Die Ausführungen unter Rdn. 22 gelten für diese Entscheidung entsprechend. 23

II. Bestellung im Einzelfall

Nach § 18 Abs. 1 Satz 1 RPflG ist die Entscheidung über die Person des (vorläufigen) Verwalters dem Richter vorbehalten. Erfolgt sie durch den Rechtspfleger, ist der Beschluss unwirksam (§ 8 Abs. 4 1 RPflG). Dem Richter steht ein Auswahlermessen zu, aus den in der Liste geführten Kandidaten denjenigen zu wählen, welchen er im Hinblick auf das konkrete Verfahren zur Erreichung des in § 1 bestimmten Verfahrensziels für am besten geeignet hält.[111] Hierzu muss der Richter die wesentlichen Tatsachen über den Schuldner, insb. im gegebenen Falle dessen Unternehmung, das Geschäftsumfeld und den Krisenstand von Amts wegen (§ 5 Abs. 1 Satz 1) ermitteln. Auch der Status des potentiellen Verwalters, insb. seine aktuelle Auslastung, seine Unabhängigkeit sowie eine etwaige Vorbefassung sind zu berücksichtigen und durch direkte Nachfrage u.U. abzuklären. Das Ermessen ist pflichtgemäß, insb. unter Berücksichtigung von Art. 3 Abs. 1 GG, nicht aber Art. 33 Abs. 2 GG (Bestenauslese) auszuüben. Eine Verpflichtung sich rein formal an die Reihenfolge der gelisteten Verwalter zu halten, folgt hieraus nicht.[112] In besonderen, nur vereinzelt auftretenden Fällen, wie etwa Groß- und Bankinsolvenzen kann der Richter von der Auswahlliste abweichen.[113] Der vorläufige Verwalter hat keinen Anspruch darauf, nach Eröffnung bestellt zu werden.[114] 24

---

105 BGH 16.05.2007, IV AR(VZ) 5/07, ZIP 2007, 1379 (1381); etwa Bayern: Freistaat, OLG Nürnberg 16.07.2008, 4 VA 1036/08, ZIP 2008, 1490; Berlin: Präsidentin des AG Charlottenburg, KG 14.01.2008, 1 VA 8/07, ZIP 2008, 284; Hamburg: Stadtstaat und Insolvenzrichter, OLG Hamburg 06.01.2012, 2 VA 15/11, ZIP 2012, 336 (337); Hessen: Land, OLG Frankfurt 17.12.2008, 20 VA 10/08, ZInsO 2009, 242; NRW: Insolvenzrichter, OLG Düsseldorf 09.08.2010, I-3 VA 1/09, ZIP 2010, 1705 (1706). Zur Vermeidung von Unklarheiten sollte darum gebeten werden, den Antrag hinsichtlich des richtigen Antragsgegners widrigenfalls auszulegen.
106 OLG Hamburg 03.08.2011, 2 VA 9/11, ZInsO 2011, 1655 (1657); OLG Düsseldorf 31.07.2009, I-3 VA 1/09, ZIP 2009, 2070.
107 OLG Köln 27.09.2006, 7 VA 9/05, ZIP 2007, 342 (344).
108 OLG Hamburg 21.09.2009, 2 Va 4/09, ZInsO 2009, 2013 (2014).
109 Vgl. Rundschreiben des Präsidenten des OLG Hamm v. 08.06.2010, ZInsO 2011, 33 ff.; krit. hierzu *Frind* ZInsO 2011, 30 ff.
110 *Uhlenbruck* Rn. 45.
111 OLG Hamburg 08.10.2008, 2 Va 4/07, ZIP 2008, 2228.
112 BVerfG 23.05.2006, 1 BvR 2530/04, ZIP 2006, 1355 (1360).
113 OLG Hamm 29.05.2008, I-27 VA 7/07, ZIP 2008, 1189.
114 LG Potsdam 10.09.2002, 5 T 984/01, ZInsO 2005, 501; AG Potsdam 30.11.2001, 35 IN 677/01, ZInsO 2002, 90.

§ 56 InsO   Bestellung des Insolvenzverwalters

25 Vor der Bestellung des Verwalters besteht nach § 56a Abs. 1 Satz 1 ein **Anhörungsrecht** des vorläufigen Gläubigerausschusses, wenn ein solcher bestellt ist. Dieser soll sich zu den Anforderungen, die an den Verwalter zu stellen sind, und zur Person des Verwalters äußern können (vgl. näher § 56a Rdn. 3 ff). In Antragsverfahren über das Vermögen eines Kredit- und Finanzdienstleistungsinstituts oder einer Finanzholding-Gesellschaft (§ 46b Abs. 1 Satz 1 KWG) hat das Gericht vor der Bestellung des Verwalters die Bundesanstalt für Finanzdienstleistungsaufsicht (**BaFin**) zu der Eignung einer Person zu hören (§ 46b Abs. 1 Satz 6 KWG).

26 Die Bestellung mit Name und Anschrift erfolgt im **Eröffnungsbeschluss** (§ 26 Abs. 1 Satz 1, Abs. 2 Nr. 2) und ist nicht zu begründen.[115] Obwohl im gleichen Beschluss erfolgend, ist die Eröffnungs- (»ob«) von der Bestellungsentscheidung (»wer«) zu trennen und von ihr unabhängig.[116] Nach Abs. 2 erhält der Verwalter über die Bestellung eine **Urkunde**, welche er nach Beendigung des Amtes wieder herauszugeben hat. Weitere Ausfertigungen sind auf Antrag zu erteilen. Der vorläufige schwache oder starke Insolvenzverwalter erhält keine Urkunde, sondern lediglich eine Bescheinigung. Die Urkunde dient dem Nachweis der Bestellung, etwa für die Erteilung der Rechtsnachfolgeklausel nach § 727 ZPO.[117] Zusätzlich bedarf es der jedenfalls stillschweigenden **Annahme des Amtes** durch die bestellte Person gegenüber dem Insolvenzgericht.[118]

27 Weder der Schuldner, ein Gläubiger, der vorläufige Insolvenzverwalter[119] noch der Verwalter selbst können gegen die Bestellungsentscheidung als solche **Rechtsmittel** einlegen. Dies gilt auch dann, wenn der Verwalter auf Vorschlag des vorläufigen Gläubigerausschusses (§ 56a Abs. 2) bestellt wird.[120] Der Schuldner kann nur gegen den Eröffnungsbeschluss im Ganzen, nicht beschränkt auf die Verwalterbestellung sofortige Beschwerde (vgl. § 34 Abs. 2) erheben.[121] Eine Ablehnung des vorläufigen Insolvenzverwalters in seiner Funktion als Sachverständiger nach § 406 ZPO wegen Befangenheit ist unzulässig.[122] Im Verhältnis zu einem Drittbewerber[123] ist die Bestellung zugleich Justizverwaltungsakt.[124] Einem übergangenen Bewerber stehen aber weder vorläufiger Rechtsschutz noch ein weiteres Drittanfechtungsrecht zu.[125] Der Antrag auf Feststellung der Rechtswidrigkeit (§ 28 Abs. 1 Satz 4 EGGVG) und die Amtshaftungsklage (Art 34 GG, § 839 BGB) sind jedoch eröffnet.[126] Die Feststellungsklage muss sich auf ein konkretes Verfahren beziehen, nicht auf die Auskunft über die Auswahlentscheidungen im Rahmen einer mehrjährigen Bestellungspraxis.[127] Im konkreten Einzelfall kann jedoch auf den Ermessensfehler überprüft werden, einen Bewerber von vornherein nicht ernsthaft in die Auswahlentscheidung einzubeziehen, obwohl er als geeignet angesehen wird.[128]

28 **Amtshaftungsansprüche** (vgl. § 58 Rdn. 13) können auch den Verfahrensbeteiligten bei der Bestellung eines ungeeigneten Verwalters zustehen, etwa wenn der Rechtspfleger von dem Verwalter be-

---

115 OLG Koblenz 12.05.2005, 12 VA 1/04, ZIP 2005, 1283 (1287 f.).
116 *Römermann* ZInsO 2004, 937 (940).
117 Vgl. BGH 05.07.2005, VII ZB 16/05, ZIP 2005, 1474.
118 OLG Düsseldorf 07.11.1972, 4 U 79/72, KTS 1973, 270 (271 f.).
119 LG Potsdam 10.09.2002, 5 T 984/01, ZInsO 2005, 501.
120 RegE BT-Drucks. 17/5712, S. 26.
121 LG Halle 27.09.2004, 2 T 213/04, ZInsO 2005, 663 (664).
122 AG Göttingen 23.03.2000, 74 IN 22/00, ZInsO 2000, 347.
123 Vgl. Mohrbutter/Ringstmeier/*Mohrbutter* § 6 Rn. 29; offengelassen in OLG Frankfurt 17.12.2008, 20 VA 10/08, ZInsO 2009, 242.
124 BVerfG 23.05.2006, 1 BvR 2530/04, ZIP 2006, 1355 (1357); OLG Koblenz 12.05.2005, 12 VA 1/04, ZIP 2005, 1283 (1285).
125 BVerfG 23.05.2006, 1 BvR 2530/04, ZIP 2006, 1355 (1361).
126 BVerfG 23.05.2006, 1 BvR 2530/04, ZIP 2006, 1355 (1361); vgl. näher *Wieland* ZIP 2007, 462 (464 ff.).
127 Vgl. OLG Frankfurt 29.01.2008, 20 VA 9/07, ZInsO 2009, 388, hierzu BVerfG 15.02.2010, 1 BvR 285/10, ZInsO 2010, 620.
128 BVerfG 15.02.2010, 1 BvR 285/10, ZInsO 2010, 620 (621).

stochen wurde, dies aber dem Richter nicht mitteilt[129] oder dem Verwalter selbst bei der Fehlerhaftigkeit der Bestellung.[130] Eine Haftung kommt dabei nur in Betracht, wenn der Richter den entscheidungserheblichen Sachverhalt unzulänglich aufgeklärt, den ihm eingeräumten Ermessensspielraum überschritten, sachfremde Erwägungen in die Entscheidung eingestellt, ein Ermessen nicht ausgeübt oder gegen übergeordnetes Recht verstoßen hat.[131] Eine versäumte Anfrage des Insolvenzrichters bei der Strafabteilung, der Staatsanwaltschaft oder dem Bundeszentralregister genügt nicht, wenn konkrete Anhaltspunkte für ein strafrechtliches Fehlverhalten des Bewerbers nicht bestanden.[132]

Das **Verwalteramt endet** mit dem Tod oder der Geschäftsunfähigkeit des Verwalters, der Entlassung aus dem Amt (§ 59), der Bestellung eines neuen Verwalters, mit der Aufhebung des Verfahrens (§ 259), vorbehaltlich einer Nachtragsverteilung (§ 203 Abs. 2) oder Planüberwachung (§ 261 Abs. 1 Satz 2), oder bei der Restschuldbefreiung mit der Rechtskraft des Versagungsbeschlusses (§ 299). Die Bestellung eines Treuhänders im vereinfachten Insolvenzverfahren wirkt für die »Wohlverhaltensperiode« fort, sofern die Bestellung im Eröffnungsbeschluss keine Einschränkung enthält.[133] Im Falle der Beendigung ist das Gericht verpflichtet, unverzüglich einen neuen Verwalter zu bestellen, welcher wiederum der Bestätigung nach § 57 bedarf.[134]

D. Sonderinsolvenzverwalter

Die **Bestellung** eines Verwalters für besondere Aspekte des Verfahrens ist gesetzlich nicht geregelt, war aber bereits unter der KO anerkannt und ist im Gesetz (§ 92 Satz 2) vorausgesetzt.[135] Sie kommt etwa in Betracht bei vorübergehender Verhinderung des Verwalters, etwa wegen Krankheit,[136] zur Anmeldung von Insolvenzforderungen des Verwalters selbst oder aus anderen Verfahren, zum Eigenerwerb von Gegenständen aus der Masse,[137] zur Prüfung[138] und Geltendmachung von Haftungsansprüche gegen den Insolvenzverwalter (§ 92 Satz 2) oder gegen Gläubigerausschussmitglieder wegen mangelnder Überwachung des Verwalters,[139] entsprechend im Eigenverwaltungsverfahren hinsichtlich der Ansprüche gegen den Geschäftsführer der Schuldnerin oder gegen eine Gläubigerin,[140] zur Überwachung der Verwaltertätigkeit[141] oder zur Verwaltung von Sondermassen (vgl. etwa § 32 Abs. 3 DepotG).

Der Insolvenzrichter hat Rahmen seiner Aufsichtspflicht (§ 58) die Bestellung eines Sonderinsolvenzverwalters zu prüfen und diesen mit einem präzise zu definierenden Auftrag sowie mit Urkunde zu bestellen.[142] Im Rahmen seines Auftrages kann dem Sonderinsolvenzverwalter auch die Verwaltungs- und Verfügungsbefugnis oder die Kassenführung übertragen werden.[143] Zuvor sind der Gläubigerausschuss und der Insolvenzverwalter zu hören oder eine Gläubigerversammlung nach § 74 hie-

---

129 OLG München 18.07.1991, 1 U 2199/89, ZIP 1991, 1367: auch für Schäden aus einer mangelhaften Betriebsfortführung.
130 BGH 30.11.1989, III ZR 189/88, ZIP 1990, 1141.
131 OLG Stuttgart 09.05.2007, 4 U 204/06, ZIP 2007, 1822, rechtskräftig BGH 31.01.2008, III ZR 161/07, ZIP 2008, 466.
132 BGH 31.01.2008, III ZR 161/07, ZIP 2008, 466.
133 BGH 19.01.2012, IX ZB 21/11, ZInsO 2012, 551 Rn. 6.
134 MüKo-InsO/*Graeber* § 57 Rn. 17.
135 Vgl. BGH 05.02.2009, IX ZB 187/08, ZIP 2009, 529; eingehend *Graeber/Pape* ZIP 2007, 991 ff.
136 *Uhlenbruck* Rn. 66.
137 OLG Frankfurt 02.03.1976, 20 W 799/75, MDR 1976, 675.
138 AG Bad Homburg 03.12.2004, 61 IN 207/03, ZInsO 2008, 1146: Verdachtsmomente ausreichend; OLG München 20.01.1987, 25 W 3137/86, ZIP 1987, 656.
139 BGH 08.05.2008, IX ZR 54/07, ZIP 2008, 1243 (1245).
140 AG Stendal 19.10.2012, 7 IN 164/12, ZIP 2012, 2171.
141 Vgl. AG Göttingen 30.12.2005, 4 IN 262/00. ZIP 2006, 629.
142 AG Göttingen 30.12.2005, 74 IN 262/00, ZIP 2006, 629.
143 BGH 17.12.2009, IX ZB 178/08, ZInsO 2010, 187.

rüber einzuberufen, wenn dies nicht untunlich ist.[144] Weder dem Schuldner[145] oder dem einzelnen Gläubiger[146] noch dem Insolvenzverwalter[147] steht ein **Antrags- oder Beschwerderecht** zu. Ein Antrag ist jedoch als Anregung an das Gericht zu verstehen, die Einsetzung von Amts wegen zu prüfen.[148] Allein die Gläubigerversammlung kann auf Einsetzung eines Sonderinsolvenzverwalters antragen.[149] Gegen eine diesen Antrag ablehnende Entscheidung des Gerichts steht dem einzelnen Gläubiger entsprechend § 57 Satz 4, § 59 Abs. 2 Satz 2 ein Beschwerderecht zu.[150] Der Insolvenzverwalter kann den Sonderinsolvenzverwalter nicht entsprechend § 4 InsO, § 406 ZPO wegen Befangenheit ablehnen.[151] Ein Beschwerderecht besteht auch dann nicht, wenn der Wirkungskreis des Sonderinsolvenzverwalters im Hinblick auf seine bisherige Untersuchungstätigkeit einer weiteren Konkretisierung bedarf.[152] Kommt die Einsetzung des Sonderinsolvenzverwalters einer (Teil-)Entlassung des bisherigen Verwalters gleich, steht diesem allerdings die sofortige Beschwerde zu (§ 59 Abs. 2).[153] Beschränkt sich das Aufgabengebiet auf die Geltendmachung von Schadensersatzansprüchen gegen den Verwalter, liegt darin keine Teilentlassung.[154] Der Gläubigerversammlung verbleibt die Möglichkeit zur Wahl eines anderen Sonderinsolvenzverwalters (§ 57). Der Verwalter hat kein Antragsrecht (§ 75 Abs. 1 Nr. 1) auf Einberufung einer Gläubigerversammlung zum Thema der Entlassung des Sonderverwalters.[155]

32 Der Insolvenzverwalter ist zur **Zusammenarbeit mit dem Sonderinsolvenzverwalter** verpflichtet, selbst wenn er sich dabei selbst belasten muss. Der Sonderinsolvenzverwalter hat insb. das Recht auf **Zugang zu allen Geschäftsunterlagen**, die für die Verwaltung des schuldnerischen Vermögens und für die ihm übertragene Aufgabe von Bedeutung sind.[156] Das Insolvenzgericht hat den Insolvenzverwalter u.U. durch Maßnahmen der Aufsicht (vgl. § 58 Rdn. 9) hierzu anzuhalten. Ein eigenständiger Auskunftsanspruch steht ihm, anders als dem Nachfolger bei der Entlassung des Verwalters (vgl. § 57 Rdn. 11), nicht zu.[157] Das Insolvenzgericht darf ihn aber ermächtigen, die den Insolvenzverwalter in einem Zivilverfahren vertretenden Rechtsanwälte von der Verschwiegenheit zu entbinden.[158] Der Sonderinsolvenzverwalter kann auch anregen, einen Termin zur Anhörung des Insolvenzverwalters anzuberaumen, und kann hierzu einen Fragenkatalog vorlegen. Er kann dabei vorschlagen, der Insolvenzverwalter möge die Richtigkeit und Vollständigkeit seiner Angaben an Eides statt versichern. Ein Beschwerderecht steht dem Insolvenzverwalter hiergegen nicht zu.[159] Andererseits fehlt dem Sonderinsolvenzverwalter ein Rechtsschutzbedürfnis zur klageweisen Durchsetzung eines Anspruchs gegen den Insolvenzverwalter nicht deswegen, weil das Insolvenzgericht aufsichtsrechtliche Maßnahmen gegen diesen ergreifen könnte.[160] Das Gericht kann die Bildung einer **Sondermasse** anordnen[161] oder verfügen, dass der Insolvenzverwalter etwaige Kosten, wie etwa einen

---

144 *Graeber/Pape* ZIP 2007, 991 (995).
145 BGH 18.06.2009, IX ZA 13/09, ZInsO 2009, 1393.
146 BGH 05.02.2009, IX ZB 187/08, ZIP 2009, 529; 30.09.2010, IX ZB 280/09, ZInsO 2010, 2088.
147 BGH 17.12.2009, IX ZB 178/08, ZInsO 2010, 187.
148 AG München 26.05.2008, 1506 IN 662/06, ZIP 2009, 87.
149 AG München 26.05.2008, 1506 IN 662/06, ZIP 2009, 87.
150 BGH 30.09.2010, IX ZB 280/09, ZInsO 2010, 2088, Rn. 5.
151 LG Wuppertal 26.08.2005, 6 T 508/05, ZIP 2005, 1747.
152 BGH 17.12.2009, IX ZB 179/08, ZInsO 2010, 186.
153 Vgl. BGH 01.02.2007, IX ZB 45/05, ZIP 2007, 547 (548).
154 BVerfG 15.03.2010, 1 BvR 2288/09, NZI 2010, 525: kein Eingriff in dessen Berufsfreiheit (Art. 12 Abs. 1 GG).
155 LG Leipzig 12.04.2013, 08 T 237/12, ZInsO 2013, 1154.
156 LG Göttingen 20.11.2008, 10 T 106/08, ZIP 2009, 1021.
157 AG Kassel 21.09.2010, 435 C 1267/10, ZInsO 2011, 343.
158 LG Göttingen 05.12.2011, 10 T 106/11, ZInsO 2012, 225.
159 BGH 17.12.2009, IX ZB 177/08, ZIP 2010, 383.
160 BGH 17.11.2005, IX ZR 179/04, ZIP 2006, 36; LG Leipzig 20.01.2011, 7 O 2249/10, ZInsO 2011, 1991: jeweils wegen der Rückzahlung eines Vergütungsvorschusses.
161 LG Stendal 16.08.2013, 25 T 133/13, ZInsO 2013, 1914.

Gerichtskostenvorschuss für den gegen den Verwalter anzustrengenden Haftungsprozess aus der Masse berichtigt[162].

Zur **Vergütung** des Sonderinsolvenzverwalters s. die Kommentierung in § 63 Rdn. 25 ff. Der Masse steht analog § 146 Satz 2 AktG gegen den die Einsetzung eines Sonderinsolvenzverwalters betreibenden Verfahrensbeteiligten ein Erstattungsanspruch zu, wenn dieser vorsätzlich oder grob fahrlässig unrichtige Angaben gemacht hat.[163]

E. Mehrere Verwalter

Anders als die KO (§ 79) besteht nach der InsO nicht mehr die Möglichkeit für verschiedene, aber rechtlich unselbständige Geschäftszweige des Schuldnerunternehmens mehrere Verwalter zu bestellen. Davon zu unterscheiden ist die Frage, ob man im Rahmen von **Konzerninsolvenzen** einen oder mehrere Verwalter bestellt. Regelmäßig wird es sich zur gesamtheitlichen Abwicklung anbieten, trotz der formalen Anforderungen, insb. an die Unabhängigkeit,[164] nur einen Verwalter für alle Konzerngesellschaften zu bestellen[165] und bei konkreten oder vornherein zu erwartenden[166] Interessenkonflikten, etwa bei der Ermittlung und Prüfung konzerninterner Forderungen, einen Sonderinsolvenzverwalter einzusetzen.[167] Erforderlich sind hierfür ein einheitlicher Insolvenzgerichtsstand, jedenfalls eine gewisse räumliche Nähe der Konzerngesellschaften und eine koordinierte Antragstellung und Verwalterauswahl.[168] Am 28.08.2013 hat die Bundesregierung den **Entwurf eines Gesetzes** zur Erleichterung der Bewältigung von Konzerninsolvenzen (KIG)[169] beschlossen. Danach sollen sich die Insolvenzgerichte auf Grundlage eines neu einzufügenden § 56b bei der Beantwortung der Frage abstimmen, ob es im Interesse der Gläubiger liegt, eine Person zum Verwalter in mehreren oder sämtlichen Verfahren zu bestellen.[170] Gegenstand der Abstimmung soll insbesondere sein, ob diese Person alle Verfahren über die gruppenangehörigen Schuldner mit der gebotenen Unabhängigkeit wahrnehmen kann und ob mögliche Interessenkonflikte durch die Bestellung von Sonderinsolvenzverwaltern ausgeräumt werden können. § 56b Abs. 2 des Entwurfs regelt die Beteiligung (vgl. § 56a) des vorläufige Gläubigerausschusses. In den §§ 269a ff. des Entwurfs werden die Zusammenarbeit von Gerichten, Verwaltern und Gläubigerausschüssen gruppenangehöriger Schuldner geregelt. Zudem ist die Einleitung eines Koordinationsverfahrens[171] mit der Bestellung eines Koordinationsverwalters vorgesehen (§§ 269d ff.), der für eine abgestimmte Abwicklung der Verfahren über die gruppenangehörigen Schuldner sorgen soll, soweit dies im Interesse der Gläubiger liegt.

F. Insolvenzverwalter als Beruf

Die Tätigkeit des Insolvenzverwalters hat sich zu einem eigenständigen, durch Art. 12 GG geschützten Beruf entwickelt,[172] wenn sie den Schwerpunkt der Tätigkeit der ausübenden Person bildet.[173] Die Tätigkeit steht regelmäßig nicht im Widerspruch zu einer u.U. bestehenden Kerntätigkeit des Insolvenzverwalters als Rechtsanwalt, Steuerberater, Wirtschaftsprüfer oder Notar.[174] Die sich aus den je-

---

162 Vgl. LG Göttingen 04.04.2013, 10 T 24/13, ZInsO 2013, 795.
163 *Blöse* ZIP 2010, 2185 ff.
164 Vgl. MüKo-InsO/*Graeber* Rn. 48 f.
165 *Jaffé/Friedrich* ZIP 2008, 1949 (1850 f.); vgl. *de lege ferenda* auch *Hirte* ZIP 2008, 444 (446 f.).
166 AG Düsseldorf 01.09.2002, 62 IN 167/02, ZIP 2002, 1636 (1641) »Babcock Borsig AG«.
167 Vgl. LG Potsdam 06.07.2005, 5 T 250/05, ZInsO 2005, 893 (895).
168 MüKo-InsO/*Graeber* Rn. 51; *Adam/Poertzgen* ZInsO 2008, 281 (286 f.).
169 ZIP 2013, Beilage zu Heft 37.
170 Zum Diskussionsentwurf des BMJ ausführlich *Zipperer* ZIP 2013, 1007 ff.
171 Zum Diskussionsentwurf des BMJ ausführlich *Pleister* ZIP 2013, 1013 ff.
172 BVerfG 03.08.2004, 1 BvR 135/00 und 1 BvR 1086/01, ZIP 2004, 1649; BGH 09.07.2009, IX ZB 35/09, ZInsO 2009, 1491: (vorläufiger) Treuhänder; vgl. auch BFH 15.12.2010, VIII R 50/09, ZIP 2011, 582 (583).
173 *Frind* ZInsO 2010, 1966 ff.
174 BGH 12.10.2004, WpSt (R) 1/04, ZIP 2005, 176 (178).

weiligen Berufsordnungen ergebenden allgemeinen Berufspflichten sind mangels eigener Berufsordnung auch bei der Tätigkeit als Insolvenzverwalter zu beachten.[175] Das Führen der Bezeichnung »Insolvenzverwalter« des Anwalts auf seinem Briefbogen ist grds zulässig, wenn er ohne erhebliche zeitliche Unterbrechungen ständig von den Insolvenzgerichten zum Insolvenzverwalter bestellt wird.[176]

§ 56a Gläubigerbeteiligung bei der Verwalterbestellung

(1) Vor der Bestellung des Verwalters ist dem vorläufigen Gläubigerausschuss Gelegenheit zu geben, sich zu den Anforderungen, die an den Verwalter zu stellen sind, und zur Person des Verwalters zu äußern, soweit dies nicht offensichtlich zu einer nachteiligen Veränderung der Vermögenslage des Schuldners führt.

(2) Das Gericht darf von einem einstimmigen Vorschlag des vorläufigen Gläubigerausschusses zur Person des Verwalters nur abweichen, wenn die vorgeschlagene Person für die Übernahme des Amtes nicht geeignet ist. Das Gericht hat bei der Auswahl des Verwalters die vom vorläufigen Gläubigerausschuss beschlossenen Anforderungen an die Person des Verwalters zugrunde zu legen.

(3) Hat das Gericht mit Rücksicht auf eine nachteilige Veränderung der Vermögenslage des Schuldners von einer Anhörung nach Absatz 1 abgesehen, so kann der vorläufige Gläubigerausschuss in seiner ersten Sitzung einstimmig eine andere Person als die bestellte zum Insolvenzverwalter wählen.

Übersicht

		Rdn.			Rdn.
A.	Normzweck	1	I.	Vorschlag zur Person	8
B.	Anhörung des Gläubigerausschusses	4	II.	Anforderungsprofil	10
C.	Vorschlag des Gläubigerausschusses	8	D.	Entscheidung des Gerichts	12

A. Normzweck

1 Das alte Recht (vgl. § 56 Rdn. 2) sah eine Schuldner- oder Gläubigerbeteiligung, etwa deren Anhörung nur im Falle des Treuhänders (§ 288), im Übrigen aber gerade nicht vor. § 56a regelt nunmehr die Gläubigerbeteiligung bei der Bestellung des Insolvenzverwalters. Sie gilt auch bei der Bestellung des vorläufigen Verwalters (§ 21 Abs. 2 Nr. 1), des Sachwalters (§ 274 Abs. 1) und des Treuhänders (§ 313 Abs. 1 Satz 3).[1] Die Regelung wurde durch das **ESUG** (Art. 1 Nr. 6) in die InsO eingefügt. In dem RegE war zunächst vorgesehen, die Beteiligung des vorläufigen Gläubigerausschusses in zwei, in § 56 einzuschiebende Abs. 2 und 3 zu regeln. Auf Empfehlung des BT-Rechtsausschusses wurde aus Gründen der systematischen Klarheit die Gläubigerbeteiligung bei der Bestellung des Insolvenzverwalters in einem eigenständigen Paragrafen geregelt.[2] Dabei wurden die Abs. 2 und 3 des RegE ansonsten unverändert übernommen. Auf Empfehlung des Rechtsausschusses wurde die Regelung in § 56 Abs. 3 ergänzt.

2 Die Einbeziehung insb. der institutionellen, zumeist über bessere Einsicht in das Schuldnerunternehmen verfügenden Gläubiger steht im Widerstreit zu deren Einzel-, jedenfalls partiell gegen die Gläubigergesamtheit stehenden Interessen (vgl. a. § 56 Rdn. 8). Absonderungsberechtigte Gläubiger haben etwa weniger ein Interesse an einer Fortführung gegenüber einem Zerschlagungsszenario als die nicht gesicherten Gläubiger und Arbeitnehmer, wenn ihre Sicherheiten bei Annahme von Liquidationswerten hinreichend werthaltig sind.[3] Entgegen den Gesetzesverfasser ist es trotz des Einstim-

---

175 BGH 12.10.2004, WpSt (R) 1/04, ZIP 2005, 176 (179).
176 AnwG Freiburg 31.10.2005, AnwG 284/03, NZI 2006, 423.

1 Allerdings wird in diesen Fällen die Einsetzung eines vorläufigen Gläubigerausschusses ausscheiden (§ 22a Abs. 3).
2 BT-Drucks. 17/7511, 47. Dabei wurde die nötige Folgeänderung in § 17 Abs. 2 Satz 1 InsVV n.F. unterlassen.
3 *Voigt-Salus/Sietz* ZInsO 2010, 2050 (2053).

migkeitsprinzips zu besorgen, dass die multipolaren Interessen der Beteiligten nicht zu einem bestmöglichen Ergebnis verbunden werden, sondern sich die Zielvorstellungen bestimmter Gläubiger durchsetzen[4] und damit das mit dem ESUG verfolgte Sanierungsziel verfehlt wird. Die Gesetzesverfasser haben sich trotzdem entschieden, dem vorläufigen Gläubigerausschuss durch Abs. 2 einen erheblichen Einfluss auf die Verwalterbestellung einzuräumen. Mittelbar kann damit auch der Schuldner, u.U. auch im einvernehmlichen Zusammenwirken mit bestimmten Gläubigern das Verfahren maßgeblich steuern bzw. manipulieren, da er das für die Bestellung des Gläubigerausschusses maßgebliche Forderungsverzeichnis (§ 13 Abs. 1 Satz 2) und sogar die zu bestellenden Ausschussmitglieder (§ 22a Abs. 2) vorgibt.[5] Weiter muss das Gericht nach den Angaben des Schuldners die Tatbestände in § 22a Abs. 3 beurteilen, nach denen ausnahmsweise kein Ausschuss einzusetzen ist.

Ein sachgemäßer[6] und zeitnaher Vorschlag nach Abs. 2 wird im Regelfall voraussetzen, dass der Ausschuss von professionellen Gläubigervertretern besetzt ist, welche regelmäßig in solchen Ausschüssen tätig sind und über eine eigene Liste von Kandidaten verfügen.[7] Eine effektive Ausschussarbeit wird es sogar bedingen, dass durch die organisierten Gläubiger die übrigen, nicht professionalisierten Ausschussmitglieder dominiert werden. Es bleibt rechtspraktisch abzuwarten, ob und wie sich die Gläubigerbeteiligung bei der Verwalterauswahl nachteilig auf die Unabhängigkeit der Verwalter auswirkt und im Ergebnis zu deren wirtschaftlichen Abhängigkeit von bestimmten (Groß-)Gläubigern führt,[8] die insb. in Großverfahren wiederkehrend beteiligt sind. Vor allem ist nicht nachvollziehbar, wie eine unbefangene Durchsetzung von Haftungs- und Anfechtungsansprüchen gegen diese Gläubiger möglich sein soll.[9] Dabei ist daran zu erinnern, dass gerade dies die Gründe für den Gesetzgeber im Jahre 2001 waren, bei der Wahl eines anderen Insolvenzverwalters durch die Gläubigerversammlung (§ 57 Abs. 1) neben der Summen- auch die Kopfmehrheit vorzusehen.[10] Auch der BT-Rechtsausschuss[11] erkannte in seiner Stellungnahme zum ESUG wieder dieses Problem. Der vorläufige Gläubigerausschuss stelle naturgemäß nur ein unvollkommenes Abbild der Gesamtgläubigerschaft dar. Weiter bestehe das Risiko, dass einzelne, besonders durchsetzungsstarke Mitglieder die Ausschussarbeit dominierten und einen eingesetzten vorläufigen Insolvenzverwalter unter Druck setzten. Allerdings hat der BT-Rechtsausschuss dies nicht zum Anlass genommen, den RegE einzuschränken. Vielmehr wurde die Einflussmöglichkeit des vorläufigen Gläubigerausschusses durch Abs. 3 sogar erweitert. Der Nichteintritt der vorgenannten Risiken und der Erfolg des ESUG wird daher auch wesentlich davon bestimmt werden, ob, wann und inwieweit sich die nicht organisierten Gläubigergruppen im Ausschuss emanzipieren können, ohne dass hierdurch die Effektivität und der Konsens der Ausschussarbeit beeinträchtigt wird.

B. Anhörung des Gläubigerausschusses

Nach Abs. 1 ist dem vorläufigen Gläubigerausschuss vor der Bestellung des Insolvenzverwalters Gelegenheit zu geben, sich zu den Anforderungen, die an den Verwalter zu stellen sind, und zur Person des Verwalters zu äußern. Die Anhörung hat sowohl bei der Bestellung des vorläufigen (§ 21 Abs. 2 Nr. 1 i.V.m. Abs. 1) wie des mit Eröffnung bestellten Verwalters zu erfolgen. Ist der vorläufige Gläubigerausschuss bereits zur Person des vorläufigen Insolvenzverwalters angehört worden und hat einen

---

4 Ein Praxisbeispiel der Verfolgung von Individualinteressen bei der Verwalterauswahl findet sich bei *Rosenmüller/Heitsch* ZInsO 2013, 754 (756).
5 *Pape* ZInsO 2011, 1033 (1036).
6 Zur Ermittlung des geeigneten Verwalters aus Gläubigersicht (einschließlich eines Abfragebogenmusters an potentielle Verwalter) s. *Antholz* ZInsO 2012, 1189 (1194 ff.).
7 *Pape* ZInsO 2011, 1033 (1038).
8 Krit. daher a. teilweise die Redebeiträge der Opposition im Plenum (Plenarprotokoll 17/136, S. 16165 [B f.], 16169 [B f.], 16171 [C f.]). Kritisch auch *Siemon* ZInsO 2011, 381 ff; *Pape* ZInsO 2011, 1033 ff.; *Flöther* ZIP 2012, 1833 (1839 f.).
9 Vgl. a. *Obermüller* ZInsO 2011, 1809; *Flöther* ZIP 2012, 1833 (1839).
10 RegE BT-Drucks. 14/01, 54 f.
11 BT-Drucks. 17/7511, 47.

Kandidaten vorgeschlagen (Abs. 2) oder hat der Ausschuss einen Kandidaten gemäß Abs. 3 gewählt, bedarf es keiner nochmaligen Anhörung, wenn das Gericht dem Vorschlag bzw. der Wahl auch im Eröffnungsbeschluss folgen und den vorläufigen Verwalter beibehalten möchte.[12] Anders ist dies nur, wenn der vorläufige Gläubigerausschuss das Gericht rechtzeitig hierzu auffordert. Daneben tritt der Recht jedes Gläubigers und des Schuldners einen Kandidaten vorzuschlagen (§ 56 Abs. 1 Nr. 2; vgl. § 56 Rdn. 9).

5 Die Anhörung kann nur unterbleiben, wenn sie offensichtlich zu einer **nachteiligen Veränderung der Vermögenslage des Schuldners** führt. Die Gesetzesverfasser gehen davon aus, dass es sich hierbei um eine Ausnahmeregelung handelt, da die Konsultation eines bereits gebildeten Gläubigerausschusses in der Praxis nur einen geringen Zeitaufwand verursacht. Der Eilbedürftigkeit im vorläufigen Verfahren sei bereits bei der Einsetzung des vorläufigen Gläubigerausschusses Rechnung zu tragen (§ 22a Abs. 3 Alt. 3).[13] Dies ist für die in ihrem Ablauf nicht geplanten Eröffnungsverfahren, besonders bei Fremdanträgen zumeist zutreffend. Dann werden das Finden der Mitglieder und deren Etablierung als vorläufiger Gläubigerausschuss sowie die nachfolgende Anhörung und die Einsetzung des vorläufigen Insolvenzverwalters insgesamt nicht unerhebliche Zeit in Anspruch nehmen.[14] Diese wird gerade in den Verfahren zumeist fehlen, für welche diese Prozedur vorgesehen ist, also in solchen in denen ein Betrieb fortgeführt wird (vgl. § 22a Abs. 3 Alt. 1).[15] Auch in anderen Fälle ist aber zu beachten, dass die Prüfung der Eilbedürftigkeit in § 56a Abs. 1 derjenigen nach § 22a Abs. 3 Alt. 3 nachgelagert ist und gesondert zu erfolgen hat. Bei einem hinreichend vorbereiteten Antrag wird die Einsetzung des Ausschusses zwar regelmäßig kurzfristig möglich sein. Auch dann bedarf es zur Anhörung nach Abs. 1 aber zunächst der Konstituierung des Ausschusses; die Anhörung seiner einzelnen Mitglieder ist nicht ausreichend[16]. Sofern sich die Mitglieder nicht bereits im Vorfeld des Antrags mit der Insolvenz und einer möglichen Mitgliedschaft im Gläubigerausschuss, insbesondere auch daraus folgenden Haftungsrisiken befassen konnten, sind diesen bis zur Konstituierung u.U. einige Tage zur Vorbereitung zuzugestehen. Diesem Zuwarten und damit der Anhörung nach Abs. 1 können zeitnah erwartete nennenswerte Zahlungseingänge beim Schuldner, eine erforderliche Insolvenzgeldvorfinanzierung oder die Sicherung des Auftragsbestands entgegenstehen.[17] Das Gericht hat diese Beurteilung freilich aufgrund des vom Gesetzgeber vorgesehenen Ausnahmecharakters der Regelung sorgsam vorzunehmen. Es muss auch pragmatische Wege zur Verwirklichung des Anhörungsrechts in Erwägung ziehen; vor einer Verneinung des Anhörungsrechts ist zumindest bei den einzelnen Mitgliedern anzufragen, von welchem Zeitaufwand sie im Falle einer Anhörung ausgehen. Keine nachteilige Verzögerung kann jedenfalls daraus hergeleitet werden, dass das Gericht hinsichtlich der ihm unbekannten, mutmaßlich von dem Ausschuss vorgeschlagenen Person für das Verwalteramt (Abs. 2) erst weitere Nachforschungen anstellen muss[18]. Solche Umstände sind vielmehr bei der Prüfung der Geeignetheit selbst zu berücksichtigen (Rdn. 9).

6 Der Rechtsausschuss sah es – u.U. auch vor dem Hintergrund des zeitlichen Konflikts (vgl. Rdn. 5) – als geboten an, in Abs. 3 eine dem § 57 entsprechende, nachfolgende Einflussmöglichkeit des vorläufigen Gläubigerausschusses durch **Wahl eines anderen (vorläufigen) Insolvenzverwalters** vorzusehen.[19] Ist eine Anhörung unterblieben, so kann der vorläufige Gläubigerausschuss in seiner ersten Sitzung einstimmig eine andere Person als die bestellte zum Insolvenzverwalter wählen. Unklar ist dabei, ob dies auch dann gelten soll, wenn bereits die Einsetzung eines vorläufigen Gläubigerausschusses nach § 22a Abs. 3 Alt. 3 unterblieben ist. Hiergegen sprechen die systematische Stellung

---

12 Vgl. RegE BT-Drucks. 17/5712, 26; a.A. *Frind* NZI 2012, 650.
13 RegE BT-Drucks. 17/5712, 26.
14 Vgl. ausf. *Frind* ZInsO 2011, 757 und 373 (378): eine Woche bis zehn Tage.
15 Ausf. *Frind* ZInsO 2011, 757; vgl. a. *Pape* ZInsO 2011, 1033 ff.; *Steinwachs* ZInsO 2011, 410 (411); *Voigt-Salus/Sietz* ZInsO 2010, 2050 (2051); *Riggert* NZI 2011, 121 (123).
16 AG München 14.06.2012, 1506 IN 1851/12, ZIP 2012, 1308.
17 AG München 14.06.2012, 1506 IN 1851/12, ZIP 2012, 1308.
18 a.A. HambK-InsR/*Frind* Rn. 19.
19 Entsprechendes hatte bereits *Frind* ZInsO 2011, 757 (762) vorgeschlagen.

und der Wortlaut der Regelung, die sich auf die wegen Eilbedürftigkeit unterbliebene Anhörung eines allerdings bereits eingesetzten vorläufigen Gläubigerausschusses beziehen. Eine andere Intention hatte jedoch der Rechtsausschuss, nach dem offenkundig die Gläubigerbeteiligung unbeachtlich dessen nachgeholt werden können soll, ob bereits die Einsetzung des vorläufigen Gläubigerausschusses wegen Eilbedürftigkeit unterblieben ist.[20] Weiter spricht für eine, die Intention des BT-Rechtsausschusses umsetzende Auslegung der Erst-recht-Schluss. Daher ist Abs. 3 auch in den Fällen des § 22a Abs. 3 Alt. 3 anzuwenden.[21] Der vorläufige Gläubigerausschuss hat seine Entscheidung einstimmig und in der ersten Sitzung zu treffen. Wie bei § 57 (vgl. § 57 Rdn. 4) kann sich die Entscheidung nicht auf eine Abwahl beschränken. Obwohl der BT-Rechtsausschuss § 57 in modifizierter Form auf den Gläubigerausschuss übertragen wollte, hat § 57 Satz 3 und damit die Zurückweisung des Gewählten durch das Gericht bei dessen Ungeeignetheit keine Berücksichtigung gefunden. Nach dem Gesetzeswortlaut könnte daher der vorläufige Gläubigerausschuss eine Person bis zur ersten Gläubigerversammlung als (vorläufigen) Verwalter einsetzen, die ungeeignet ist und daher nicht einmal durch den Ausschuss mit Erfolg vorgeschlagen werden könnte (Abs. 2 Satz 1). Dies würde weit über den Einfluss der Gläubigerversammlung hinausgehen und kann daher nicht gewollt sein. Über die analoge Anwendung von § 57 Satz 3 wird man auch in diesem Fall dem Gericht ein Überprüfungsrecht einräumen müssen. Auch im Übrigen sei auf die Ausführungen in § 57 Rdn. 7 ff. verwiesen.

Der protokollierte **Beschluss des vorläufigen Gläubigerausschusses** (vgl. § 69 Rdn. 12) ist dem Gericht umgehend zu übermitteln. Dies sollte schriftlich erfolgen. Nimmt der Gläubigerausschuss, obwohl ihm das Gericht hierzu Gelegenheit gibt, sein Beteiligungsrecht nicht zeitnah wahr und ist offensichtlich eine nachteilige Veränderung der Vermögenslage des Schuldners zu besorgen, kann das Gericht entsprechend Abs. 1 letzter Hs. ohne weiteres Zuwarten einen (vorläufigen) Verwalter einsetzen. 7

C. Vorschlag des Gläubigerausschusses

I. Vorschlag zur Person

Der vorläufige Gläubigerausschuss ist berechtigt, dem Gericht eine konkrete Person vorzuschlagen. Eine Benennung von mehreren Personen ist nur im Rahmen des Abs. 2 Satz 2 zulässig. Er hat einen einstimmigen (vgl. § 72) Beschluss zu fassen. Darin sind dem Gericht Name und ladungsfähige Anschrift der Person mitzuteilen.[22] Neben dem Vorschlag muss nicht[23], aber sollte der Ausschuss dem Gericht ein Anforderungsprofil (Rdn. 10) mitteilen. Gleiches gilt für eine Begründung zur vorgeschlagenen Person. 8

Allerdings muss das Gericht die Geeignetheit der Person überprüfen können, was jedenfalls bei nicht in der Vorauswahlliste des Gerichts aufgeführten Kandidaten ohne nähere Angaben des Ausschusses nicht möglich ist. Eine anhaltsfreie Amtsermittlungspflicht des Gerichts besteht nicht. Kann die Einstimmigkeit nicht erzielt werden, kann der vorläufige Gläubigerausschuss mit der gesetzlichen Mehrheit (§ 21 Abs. 2 Nr. 2a i.V.m. § 72) dem Gericht lediglich ein Anforderungsprofil vorgeben. Nach Auffassung der Gesetzesverfasser kann von einem vorläufigen Gläubigerausschuss, in dem die verschiedenen Kategorien der Gläubiger vertreten sind, erwartet werden, dass seine Vorschläge zum Anforderungsprofil und zur Person des Verwalters ausgewogen sind und die Interessen aller Gläubiger berücksichtigen. Die Interessen der Gesamtgläubigerschaft sollen faktisch weiter dadurch gewährleistet sein, dass der Vorschlag im eröffneten Verfahren einer Bestätigung durch die Gläubigerversammlung mit Kopf- und Summenmehrheit (§ 57) bedürfe, sodass man keine Person vorschlagen

---

20 BT-Drucks. 17/7511, 47.
21 a.A. *Frind*, ZIP 2012, 1380 (1383).
22 Vgl. Uhlenbruck/*Vallender* § 288 Rn. 4.
23 a.A. *Frind* NZI 2012, 650 (651 f); HambK-InsR/*Frind* Rn. 23.

werde, die sich mutmaßlich nicht auf das Quorum stützen können wird.[24] Ob diese Erwartungen eintreffen, wird sich zeigen (vgl. Rdn. 3).

9 Der Vorschlag des vorläufigen Gläubigerausschusses ist für das Gericht grds verbindlich. Das Gericht kann von dem Vorschlag nur abweichen, wenn die vorgeschlagene Person für die Übernahme des Amtes nach § 56 Abs. 1 Satz 1 ungeeignet ist (Abs. 2 Satz 1).[25] Das Gericht ist nicht verpflichtet, den Ausschuss hierauf zuvor hinzuweisen. Anders als bei der Bestellung des Sachwalters im Rahmen des Schutzschirmverfahrens (§ 270b Abs. 2 Satz 2) muss die Ungeeignetheit nicht »offensichtlich« sein. Daher ist dem Gericht hier ein weiterer Beurteilungsspielraum entsprechend § 57 Satz 3 eingeräumt. Unerheblich ist es, ob die Person auf einer Vorauswahlliste des Insolvenzgerichts steht.[26] Kann das Gericht deswegen aber mangels hinreichender Informationen die Geeignetheit kurzfristig überhaupt nicht prüfen, ist es ebenfalls an den Vorschlag nicht gebunden. Nach dem BT-Rechtsausschuss[27] hat das Gericht besonders eingehend die Unabhängigkeit der vorgeschlagenen Person (vgl. § 56 Rdn. 8 ff.) zu prüfen. Diese Prüfung habe einzuschließen, ob die vorgeschlagene Person etwa in einer Anwaltssozietät tätig ist, von denen ein Mitglied den Schuldner im Vorfeld der Insolvenz beraten hat. Sensibilisiert solle das Gericht auch in den Fällen sein, in denen der Vorgeschlagene etwa in einer internationalen Großkanzlei mit Unternehmensberatern tätig ist, die den Schuldner in der Krise beratend begleitet haben.

II. Anforderungsprofil

10 Der vorläufiger Gläubigerausschuss kann neben oder anstatt eines Vorschlags für eine konkrete Person dem Gericht für seine Bestellungsentscheidung auch ein Anforderungsprofil[28] vorlegen. Hierzu ist ein Beschluss mit der gesetzlichen Mehrheit (§ 21 Abs. 2 Nr. 2a i.V.m. § 72) zu fassen und dem Gericht zu übermitteln. Das beschlossene Anforderungsprofil darf nur solche Anforderungen enthalten, die mit dem Gesetz übereinstimmen bzw. von der Rechtsprechung nicht als unzulässig verworfen worden sind.[29] Unzulässig ist es etwa, den Arbeitsplatzerhalt als alleiniges und nicht im Kontext einer optimalen Gläubigerbefriedigung (§ 1) stehendes Kriterium zu bestimmen.[30] Das Anforderungsprofil darf sich nicht in allgemeinen Angaben oder Wunschvorstellungen an das Verfahrensergebnis (»Sanierer«, »erfahren bei Betriebsfortführungen«, »überdurchschnittlich hohe oder Durchschnittsquote von x %«) erschöpfen. Vielmehr sind konkrete, mess- und von dem Gericht überhaupt überprüfbare[31] Vorgaben erforderlich (»Verwaltung in mindestens 5 Kriminal-« oder »Konzerninsolvenzverfahren«, »Verwaltung in mindestens 3 Insolvenzverfahren mit Auslandsberührung nach Osteuropa« oder »im Krankenhaus- und/oder Pflegedienstwesen«), damit das Gericht aus der bei ihm geführten Vorauswahlliste einen diesem Profil entsprechenden Kandidaten wählen kann. Bedenklich erscheint es, das Erreichen bestimmter Durchschnitts- oder Spitzenwerte in verwalterspezifischen Verfahrenskennzahlenauswertungen zuzulassen. Dies dürfte, da die Gläubiger gewöhnlich den Verwalter mit dem besten Ranking einfordern werden, zu einer Verfestigung bestehender Verwalterstrukturen führen.[32] Dem dürfte die für die Vorauswahl entwickelten verfassungsrechtliche Vorgaben entgegenstehen (vgl. § 56 Rdn. 18). Unbenommen bleibt es allerdings Anforderungen vorzugeben, die sich auch, aber eben nicht ausschließlich aus solchen Rankings ableiten lassen, etwa dass

---

24 RegE BT-Drucks. 17/5712, 26.
25 AG Stendal 31.08.2012, 7 IN 164/12, ZIP 2012, 1875: Verneinung der Unabhängigkeit.
26 RegE BT-Drucks. 17/5712, 26.
27 BT-Drucks. 17/7511, 48.
28 *Antholz* ZInsO 2012, 1189 und *Frind* NZI 2012, 650 (654 f.).
29 RegE BT-Drucks. 17/5712, 26.
30 *Antholz* ZInsO 2012, 1189 (1191).
31 *Antholz* ZInsO 2012, 1189 (1190); *Frind* NZI 2012, 650 (653 f).
32 a.A. *Antholz* ZInsO 2012, 1189 (1195); *Frind* NZI 2012, 650 (654), nach dem der hiesigen Ansicht entgegenstehe, dass die Kennzahlen nach Größenordnungen der Verfahrenskategorien erhoben würden. Dies hilft m.E. aber nicht weiter, weil für das Anforderungsprofil die Erhebung gerade in Ansehung der Größenklasse des konkreten Verfahrens erfolgen muss (vgl. *Antholz* a.a.O. S. 1196).

ein Verwalter besondere Erfahrungen bei der Betriebsfortführung (in einer bestimmten Branche) oder bei der Verfolgung insolvenzspezifischer Ansprüche hat (s.o.). Die Anforderungsliste kann auch mehrere geeignete Verwalter namentlich aufführen, ohne dass ein solcher Vorschlag jedoch die Verbindlichkeit nach Abs. 2 Satz 1 erlangt.

Das Gericht hat das vom vorläufigen Gläubigerausschuss beschlossene Anforderungsprofil seiner Entscheidung »zugrunde zu legen«. Es hat danach die Merkmale grds zu berücksichtigen, kann jedoch von diesen auch abweichen, wenn solches eine zwischenzeitlich veränderte Verfahrenssituation es erfordert oder wenn die Annahmen des vorläufigen Gläubigerausschusses offensichtlich unrichtig sind. Im Übrigen kann es auf die Angaben des vorläufigen Gläubigerausschusses vertrauen, was wiederum seinen Haftungsmaßstab (vgl. § 56 Rdn. 28) zu Lasten der Mitglieder des vorläufigen Gläubigerausschusses (§ 71) reduziert. 11

D. Entscheidung des Gerichts

Zuständig ist der Insolvenzrichter (vgl. § 56 Rdn. 24). Die Entscheidung des Gerichts erfolgt im Falle des mit der Eröffnung zu bestellenden Verwalters im Eröffnungsbeschluss. Weicht es von dem Vorschlag des Ausschusses ab, hat es gem. § 27 Abs. 2 Nr. 5 die hierfür maßgebenden Gründe in dem Eröffnungsbeschluss anzugeben. Die Beteiligten können sich hierdurch mit den Gründen der gerichtlichen Entscheidung auseinandersetzen und in der ggf. auf Antrag des Ausschusses kurzfristig einberufenen[33] Gläubigerversammlung dennoch die vorgeschlagene, aber zunächst abgelehnte Person zum Verwalter wählen. Das Recht zur Wahl eines anderen Insolvenzverwalters durch die Gläubigerversammlung bleibt von § 56a unberührt. Durch die Begründungspflicht wird sichergestellt, dass die Entscheidung in der Gläubigerversammlung in Kenntnis und in Auseinandersetzung mit den Bedenken des Gerichts erfolgen kann. Der Name der vorgeschlagenen Person ist in dem öffentlich bekannt zu machenden Beschluss aus Gründen des Persönlichkeitsschutzes nicht zu nennen (§ 27 Abs. 2 Nr. 5 2. Hs.).[34] Im Eröffnungsverfahren hat das Gericht in dem Beschluss zur Bestellung eines vorläufigen Insolvenzverwalters (§ 21 Abs. 2 Nr. 1) keine Gründe seiner Ablehnung anzugeben. Auch in dem Eröffnungsbeschluss hat es die Begründung nicht nachzuholen.[35] Es muss aber den Ausschuss vor der Bestellung des Verwalters im Eröffnungsbeschluss nochmals nach Abs. 1 hören. 12

Unterlässt das Gericht ohne Vorliegen der Ausnahmegründe in Abs. 1 eine Anhörung steht den Beteiligten hiergegen nach § 6 Abs. 1 kein **Rechtsbehelf** zu. Gleiches gilt, wenn das Gericht einen Vorschlag für eine konkrete Person oder die Anforderungsliste des Gläubigerausschusses unbeachtet lässt. Die Beschlüsse nach § 56 und § 21 sind nur insgesamt anfechtbar (vgl. § 56 Rdn. 27). 13

§ 57 Wahl eines anderen Insolvenzverwalters

In der ersten Gläubigerversammlung, die auf die Bestellung des Insolvenzverwalters folgt, können die Gläubiger an dessen Stelle eine andere Person wählen. Die andere Person ist gewählt, wenn neben der in § 76 Abs. 2 genannten Mehrheit auch die Mehrheit der abstimmenden Gläubiger für sie gestimmt hat. Das Gericht kann die Bestellung des Gewählten nur versagen, wenn dieser für die Übernahme des Amtes nicht geeignet ist. Gegen die Versagung steht jedem Insolvenzgläubiger die sofortige Beschwerde zu.

Übersicht	Rdn.			Rdn.
A. Normzweck	1	C.	Bestellung des neuen Verwalters oder Versagung	7
B. Wahl einer anderen Person	3	D.	Abberufung des bisherigen Verwalters	12

---

33 LG Stendal, 22.10.2012, 25 T 184/12, ZIP 2012, 2168.
34 RegE BT-Drucks. 17/5712, 26.
35 A.A. *Obermüller* ZInsO 2011, 1809 (1812).

§ 57 InsO Wahl eines anderen Insolvenzverwalters

A. Normzweck

1 Die Bestellung des Insolvenzverwalters durch den Insolvenzrichter (§ 56) ist nur eine vorläufige Entscheidung, die unter dem Vorbehalt der Neuwahl eines neuen Verwalters durch die Gläubiger in der ersten Gläubigerversammlung steht (»konstruktives Misstrauensvotum«). Dieses Recht ist Ausdruck der Gläubigerselbstverwaltung des Insolvenzverfahrens, die jedoch wiederum durch die Eignungsprüfung des Gerichts nach Satz 3 beschränkt ist. Die Regelung gilt entsprechend für den Sachwalter in der Eigenverwaltung (§ 274 Abs. 1), den Treuhänder (§ 313 Abs. 1 Satz 3) oder wenn das Verwalteramt endet (vgl. § 56 Rdn. 29).

2 Zumeist nehmen nur wenige, insb. institutionelle sowie Großgläubiger an der Gläubigerversammlung teil. Die Wahl eines neuen Verwalters ist in der Praxis daher weniger an den Interessen aller, sondern an den Partikularinteressen dieser Gläubiger ausgerichtet. Diese können verfahrensbezogen sein, etwa wenn der bisherige Verwalter die Forderung des Gläubigers bestreitet[1] oder der Gläubiger Ansprüche, etwa aus Anfechtung,[2] besorgen muss. UU liegen sie auch außerhalb des Verfahrens, etwa wenn es zu Konflikten zwischen Gläubiger und Verwalter in anderen Verfahren gekommen ist. Der Gesetzgeber (InsOÄndG 2001) wollte diese, von verfahrensfremden Interessen geleiteten Abwahlverfahren durch die zusätzliche Einfügung einer Kopfmehrheit vermeiden.[3]

B. Wahl einer anderen Person

3 Die Wahl findet in der **ersten Gläubigerversammlung** statt, die auf die Bestellung des Insolvenzverwalters folgt. Hierbei handelt es sich regelmäßig, aber nicht notwendig um den Berichtstermin (§ 156). Nach § 75 kann auf die kurzfristige (§ 75 Abs. 2) Einberufung einer Gläubigerversammlung zur Wahl eines anderen Verwalters angetragen werden, selbst wenn das Gericht bereits einen (späteren) Berichtstermin für die Wahl bestimmt hat.[4] Jeder Gläubiger hat einen Anspruch auf Durchführung der Wahl; dies gilt auf Antrag eines Gläubigers auch im schriftlichen Verfahren (§ 5 Abs. 2).[5] Einer Aufnahme der Wahl als Tagesordnungspunkt (§ 74 Abs. 2) bedarf es nicht, sie ist jedoch schon aus organisatorischen Gründen empfehlenswert.[6] Jeder anwesende Gläubiger ist berechtigt, einen neuen Verwalter vorzuschlagen. Dies muss dem Gericht vor dem Termin nicht mitgeteilt werden.[7] Anders als der Insolvenzrichter (§ 56 Rdn. 23) sind **Vorschläge** nicht an die Vorauswahlliste gebunden. Der Kandidat sollte, muss aber nicht, zur Vorstellung an dem Termin anwesend sein. Erfolgen keine Vorschläge ist das Wahlrecht der Gläubiger verbraucht und der vom Gericht bestellte Verwalter bleibt im Amt.

4 Die Wahl kann nicht darauf beschränkt werden, einen anderen Insolvenzverwalter zu wählen, ohne bereits die Wahl einer namentlich bezeichneten Person zu vollziehen; die Wahl einer konkreten Person in einer späteren Versammlung ist unzulässig.[8] In der Abstimmung der Gläubigerversammlung kann nicht zugleich ein Antrag auf Entlassung des Verwalters nach § 59 gesehen werden.[9] Allein das Insolvenzgericht, nicht aber die Gläubigerversammlung ist berechtigt, den Termin zu vertagen.[10] Eine einmalige Vertagung kommt etwa in Betracht, wenn eine Entscheidung über die Stimmrechte für den Rechtspfleger nicht sogleich möglich ist. Eine weitere Vertagung aus dem gleichen Grund darf dann nicht erfolgen.[11]

---

1 OLG Naumburg 26.05.2000, 5 W 30/99, ZIP 2000, 1394 (1395).
2 OLG Celle 23.07.2001, 2 W 41/01, ZIP 2001, 1597 (1598).
3 Vgl. näher *Uhlenbruck* Rn. 3.
4 LG Stendal, 22.10.2012, 25 T 184/12, ZIP 2012, 2168.
5 BGH 16.05.2013, IX ZB 198/11, ZIP 2013, 1286, Rn. 12.
6 HambK-InsR/*Frind* Rn. 2, 4.
7 AG Duisburg 08.10.2007, 62 IN 32/07, ZIP 2007, 2429 (2430).
8 OLG Naumburg 26.05.2000, 5 W 30/99, ZIP 2000, 1394.
9 BGH 05.04.2006, IX ZB 48/05, NZI 2006, 529.
10 *Uhlenbruck* Rn. 16.
11 LG Göttingen 10.03.1999, 10 T 15/99, NZI 1999, 238.

Die Wahl eines neuen Verwalters bedarf der **Mehrheit** der an der Gläubigerversammlung teilnehmenden stimmberechtigten und abstimmenden Gläubiger (Kopfmehrheit; hierzu § 76 Rdn. 5) und der Mehrheit der durch diese repräsentierten Forderungen (Summenmehrheit; hierzu § 76 Rdn. 4). Bei mehreren Vorschlägen ist zunächst zusammen über alle Kandidaten und sodann über die beiden mit den meisten Stimmen im Wege der Stichwahl abzustimmen.[12] Die Gläubigerversammlung muss ihre Wahl nicht begründen.[13] Mit der Wahlentscheidung ist der Wechsel in dem Verwalteramt noch nicht bewirkt, dies erfolgt erst durch den Beschluss des Gerichts (vgl. Rdn. 10).

5

Die Entscheidung der Gläubigerversammlung ist abschließend, eine erneute Befassung – vorbehaltlich des Antrags auf Entlassung (§ 59 Abs. 1 Satz 2) – ist nicht zulässig.[14] Gegen die Wahl ist kein **Rechtsbehelf** eröffnet. Auch können weder ein Gläubiger[15] noch der bisherige Verwalter[16] nach § 78 Abs. 1 antragen, diese verstoße gegen die gemeinsamen Interessen der Insolvenzgläubiger (vgl. § 78 Rdn. 2).[17] Dies gilt auch für den Fall, dass der bisherige Insolvenzverwalter zuvor die Masseunzulänglichkeit angezeigt hat.[18]

6

C. Bestellung des neuen Verwalters oder Versagung

Über die Bestellung und Versagung entscheidet funktionell der Rechtspfleger (§ 3 Nr. 2 lit. e RPflG),[19] nicht der Insolvenzrichter, soweit dieser sich nicht das Verfahren ganz oder teilweise vorbehalten hat (§ 18 Abs. 2 Satz 1 RPflG).[20]

7

Das Gericht hat die Wirksamkeit der Wahl und die Geeignetheit (Satz 3) des gewählten Kandidaten zu prüfen. Dabei ist von Amts wegen der Sachverhalt aufzuklären (§ 5), etwa durch Befragung der Beteiligten. Der bisherige Verwalter hat aber keinen Anspruch auf rechtliches Gehör.[21] Der Richter muss bei der Wahl nicht anwesend gewesen sein.[22]

8

Die Geeignetheit ist zu verneinen, wenn das Gericht bei Eröffnung diesen Kandidaten nach § 56 zwingend nicht hätte bestellen können (zu den danach erforderlichen Qualifikationen vgl. näher § 56 Rdn. 5–15). Prüfungsmaßstab ist nicht das gemeinsame Interesse der Beteiligten i.S.d. § 78 Abs. 1, sondern ausschließlich die Frage der Eignung des Gewählten für die Übernahme des Amtes; Kostenerhöhungen oder Verfahrensverzögerungen durch den Verwalterwechsel haben außer Betracht zu bleiben.[23] Dem Gericht stehen kein Ermessen und auch nicht die Abwägung zu, ob es sich hierbei um den bestmöglichen Kandidaten handelt. Auch die Amtsführung des bisherigen Verwalters ist unerheblich.[24] Die Geeignetheit fehlt etwa, wenn der gewählte Kandidat als »Schattenverwalter« des bisherigen Verwalters mangelhaft tätig war.[25] Eine Versagung darf aber nicht erfolgen, weil der Verwalter nur durch wenige Großgläubiger gewählt worden ist.[26]

9

---

12 Ähnlich MüKo-InsO/*Graeber* Rn. 16.
13 LG Baden-Baden 05.06.1997, 1 T 34/97, ZIP 1997, 1350.
14 LG Hamburg 02.10.2009, 326 T 76/09, ZInsO 2010, 146.
15 OLG Naumburg 26.05.2000, 5 W 30/99, ZIP 2000, 1394.
16 BGH 17.07.2003, IX ZB 530/02, ZIP 2003, 1613.
17 A.A. *Uhlenbruck* § 78 Rn. 5, 18.
18 BGH 07.10.2004, IX ZB 128/03, ZIP 2004, 2341.
19 *Uhlenbruck* Rn. 19, 29 m.w.N.; a.A. AG Hechingen 08.06.2001, 3 T 79/2001, ZIP 2001, 1970; AG Göttingen 11.03.2003, 74 IN 137/02, ZIP 2003, 592.
20 AG Duisburg 08.10.2007, 62 IN 32/07, ZIP 2007, 2429 (2430).
21 MüKo-InsO/*Graeber* Rn. 33.
22 AG Duisburg 08.10.2007, 62 IN 32/07, ZIP 2007, 2429.
23 KG 16.10.2001, 7 W 130/01, ZIP 2001, 2240.
24 MüKo-InsO/*Graeber* Rn. 33.
25 AG Gifthorn 31.03.2009, 35 IN 222/03, ZInsO 2009, 1497.
26 LG Baden-Baden 05.06.1997, 1 T 34/97, ZIP 1997, 1350.

10 Liegen keine Versagungsgründe vor und nimmt der neue Verwalter das Amt an (vgl. § 56 Rdn. 26), erfolgt seine **Bestellung** durch Beschluss, der nicht zu begründen ist. Mit dem Bestellungsbeschluss geht das Amt über. Der neue Verwalter erhält eine Bestellungsurkunde (vgl. § 56 Rdn. 26).

11 Ist der Kandidat ungeeignet, erfolgt die **Versagung** durch Beschluss, der mit Gründen zu versehen ist. Der Beschluss ist allen Gläubigern zuzustellen (§ 8) oder öffentlich bekannt zu machen,[27] es sei denn, die Entscheidung wird bereits in der Gläubigerversammlung verkündet. Die Wahl eines neuen Kandidaten durch die Gläubigerversammlung wegen der Versagung ist unzulässig.[28] Nach Satz 4 steht gegen die Versagung allein jedem Insolvenzgläubiger, nicht aber der Gläubigerversammlung bzw. dem -ausschuss, dem Insolvenzschuldner oder dem gewählten Kandidaten die **sofortige Beschwerde** zu.[29] Ein Gläubiger ist nur dann beschwert, wenn er in der Gläubigerversammlung für den neuen Verwalter gestimmt hat.[30] Mit der sofortigen Beschwerde kann der Beschwerdeführer nicht erreichen, dass eine Person als Insolvenzverwalter bestellt wird, die von der Gläubigerversammlung nicht vorgeschlagen bzw. gewählt worden ist.[31] Die sofortige Beschwerde ist in entsprechender Anwendung erst recht dann gegeben, wenn das Gericht die Durchführung einer Wahl nach § 57 verhindert.[32]

D. Abberufung des bisherigen Verwalters

12 Mit der Bestellung des neuen Verwalters endet ohne förmliche Aufhebung das Amt des bisherigen.[33] Die Bestellungsurkunde ist zurückzugeben (§ 56 Abs. 2 Satz 2). Weiter sind dem neuen Verwalter die in Besitz genommenen Massegegenstände herauszugeben (vgl. § 148 Rdn. 10). Der bisherige Verwalter hat nach § 66 Abs. 1 eine Teilschlussrechnung zu legen.[34] Der neue Verwalter hat auf die Rechnungslegung kein eigenes Klagerecht, vielmehr kann er lediglich Aufsichtsmaßnahmen des Gerichts anregen.[35] Ihm steht jedoch gegen seinen Vorgänger ein Auskunftsanspruch hinsichtlich aller verfahrensrelevanten Vorgänge zu.[36] Zudem kann er sich an den Schuldner wenden (§§ 97, 98). Alle **Rechtshandlungen des bisherigen Verwalters** bleiben wirksam. Anhängige Prozesse werden entsprechend § 241 ZPO unterbrochen. Dem bisherigen Verwalter steht kein **Rechtsbehelf** gegen seine Abberufung zu,[37] was verfassungskonform ist.[38]

13 Für die bis zu seiner Abberufung erbrachte Tätigkeit hat der bisherige Verwalter Anspruch auf **Vergütung** nach § 63. Die Vergütung berechnet sich nicht auf der Grundlage der bis dahin erwirtschafteten, sondern anhand der für das Verfahrensende prognostizierten Teilungsmasse.[39] Wegen der vorzeitigen Beendigung ist jedoch der Regelsatz (§ 2 InsVV) angemessen zu kürzen (§ 3 Abs. 2c InsVV).[40]

---

27 A.A. HambK-InsR/*Frind* Rn. 13.
28 LG Freiburg 04.06.1987, 8 T 68/87, ZIP 1987, 1597.
29 MüKo-InsO/*Graeber* Rn. 43 ff.
30 AG Göttingen 11.03.2003, 74 IN 137/02, ZIP 2003, 592; a.A. HambK-InsR/*Frind* Rn. 13.
31 LG Göttingen 29.04.2003, 10 T 57/03, NZI 2003, 441.
32 BGH 16.05.2013, IX ZB 198/11, ZIP 2013, 1286, Rn. 7.
33 Vgl. BGH 19.04.2012, IX ZB 162/10, ZIP 2012, 972.
34 Vgl. BGH 14.04.2005, IX ZB 76/04, ZIP 2005, 865.
35 BGH 23.09.2010, IX ZR 243/09, ZIP 2010, 2209, und IX ZR 242/09, jeweils Rn. 8.
36 BGH 04.12.2003, IX ZR 222/02, ZIP 2004, 326 (328); 23.09.2010, IX ZR 243/09, ZIP 2010, 2209 Rn. 15.
37 OLG Zweibrücken 19.10.2000, 3 W 198/00, ZIP 2000, 2173.
38 BVerfG 09.02.2005, 1 BvR 2719/04, ZIP 2005, 5.
39 OLG Brandenburg 11.10.2001, 8 W 231/01, ZIP 2002, 43.
40 Hierzu LG Bamberg 09.02.2005, 3 T 128/04, ZIP 2005, 671 (674).

§ 58 Aufsicht des Insolvenzgerichts

(1) Der Insolvenzverwalter steht unter der Aufsicht des Insolvenzgerichts. Das Gericht kann jederzeit einzelne Auskünfte oder einen Bericht über den Sachstand und die Geschäftsführung von ihm verlangen.

(2) Erfüllt der Verwalter seine Pflichten nicht, so kann das Gericht nach vorheriger Androhung Zwangsgeld gegen ihn festsetzen. Das einzelne Zwangsgeld darf den Betrag von fünfundzwanzigtausend Euro nicht übersteigen. Gegen den Beschluß steht dem Verwalter die sofortige Beschwerde zu.

(3) Absatz 2 gilt entsprechend für die Durchsetzung der Herausgabepflichten eines entlassenen Verwalters.

Übersicht	Rdn.		Rdn.
A. Normzweck	1	D. Zwangsmittel (Abs. 2)	11
B. Aufsicht	4	E. Staatshaftung	13
C. Herausgabepflicht des entlassenen Verwalters (Abs. 3)	10		

A. Normzweck

Wenn der Staat einen Verwalter über fremdes Vermögen einsetzt, das damit dem Zugriff des Schuldners und der Gläubiger entzogen ist, dann hat er dessen Tätigkeit einer hinreichenden amtlichen Prüfung zu unterwerfen.[1] § 58 normiert dieses, zugleich als Verpflichtung bestehende (vgl. Rdn. 13) Aufsichtsrecht des Gerichts und die zu seiner Umsetzung notwendigen Auskunftsrechte (Abs. 1 Satz 2) und Zwangsmittel (Abs. 2). Die Regelung gilt entsprechend für den vorläufigen Insolvenzverwalter (§ 21 Abs. 2 Nr. 1), den Sachwalter in der Eigenverwaltung (§ 274 Abs. 1), den Treuhänder in der Wohlverhaltensperiode (§ 292 Abs. 3 Satz 2) und im vereinfachten Insolvenzverfahren (§ 313 Abs. 1 Satz 3). Die Zwangsmittel gelten entsprechend für die Herausgabepflichten des entlassenen Verwalters (Abs. 3). 1

Mit dem Gesetzentwurf »GAVI« (vgl. § 56 Rdn. 17) soll die Aufsicht detaillierter geregelt werden,[2] etwa der Inhalt und die Frequenz der Zwischenberichte bestimmt werden (§ 58 Abs. 1a, § 58a des Entwurfs). Nach einer Expertenanhörung im BT-Rechtsausschuss am 09.04.2008 wurde der Entwurf bisher auch in der neuen Legislaturperiode nicht weiterverfolgt. 2

Der Verwalter steht im Mittelpunkt des, auch selbst ökonomischer Effektivität[3] zu genügenden, Organisationsgefüges des Insolvenzverfahrens. Entsprechend der Möglichkeit, die Organe einer Kapitalgesellschaft durch Dritte zu besetzen, werden durch das Amt des Insolvenzverwalters die Vorteile eines professionalisierten Fremdmanagements genutzt. Ebenso wie diese hat der Verwalter nicht eigene, sondern fremde Interessen, nämlich diejenigen der Gläubiger des Insolvenzverfahrens zu verfolgen. Solche sog. Prinzipal-Agenten-Verhältnisse entwickeln sich für die Prinzipale, hier also die Gläubiger, dann nachteilhaft, wenn der Agent andere Interessen hat und zusätzlich ein Informationsgefälle zu Lasten der Prinzipale besteht, sodass diese nicht reagieren können.[4] Neben diesen, auf Seiten der Gläubiger bewussten Konflikten, können sich Nachteile auch daraus ergeben, dass der Verwalter zwar die ihm aufgetragenen Interessen verfolgen möchte, diese Aufgabe aber mangels hinreichender Fähigkeiten nicht erfüllen kann. Um solches zu verhindern, sieht das Gesetz Kontroll- als auch Zustimmungsrechte sowohl für die Gläubiger in Form von Gläubigerversammlung und -ausschuss als auch, wiederum in ihrem als auch dem allgemeinen Interesse an einem rechtsstaatlichen 3

---

1 BGH 12.07.1965, III ZR 41/64, BB 1966, 182.
2 Hierzu krit. *Frind* ZInsO 2007, 922 (925 f.).
3 Vgl. BT-Drucks. 12/2443, 77.
4 *Steffek* JuS 2010, 293 (294).

Verfahren durch das Insolvenzgericht vor. Diese Überwachung kann jedoch nicht allumfassend sein und jede Maßnahme des Verwalters betreffen, da die hierdurch jedenfalls erforderliche Abstimmung die Effektivität und damit die Vorteile einer professionalisierten Fremdverwaltung konterkarieren würde. Darüber hinaus stände der hierfür erforderliche Aufwand für die Gläubiger und das Gericht in keinem Verhältnis zu den damit verbundenen Kosten und dem wirtschaftlichen Interesse der Gläubiger an dem Verfahrensablauf. Die (begrenzte) Überwachungsmöglichkeit wird daher ergänzt durch insolvenzspezifische, durch § 60 repressiv abgesicherte Pflichten des Verwalters, die seine Verhaltensspielräume begrenzen und Entscheidungen leiten sollen.[5]

B. Aufsicht

4 Ziel der Aufsicht ist es, die Rechtmäßigkeit des Verfahrens zu überwachen und den Verwalter zur Einhaltung der ihm obliegenden, insolvenzspezifischen Pflichten zu veranlassen. Die gerichtliche Aufsicht endet grds – sofern nicht der Verwalter vorzeitig aus dem Amt ausscheidet oder über die Aufhebung des Verfahrens hinaus weitere Pflichten zu erfüllen hat[6] – erst mit der Aufhebung des Insolvenzverfahrens.[7] Es handelt sich um eine Rechts-, nicht auch um eine Zweckmäßigkeitsaufsicht. Die Auswahl unter mehreren, zulässigen Mitteln bleibt im Ermessen des Verwalters (vgl. näher § 60 Rdn. 32). Ein Anweisungsrecht des Gerichts, das »richtige« Mittel zu ergreifen, besteht nicht. Eine allgemeine Rechtmäßigkeitskontrolle unbeachtlich des Verfahrenszwecks, etwa ob die Maßnahmen des Verwalters steuer- oder zivilrechtlich zulässig sind, findet danach nicht statt.[8] Insofern steht den Beteiligten der allgemeine Zivilrechtsweg offen. Das Gericht hat nicht das Recht und die Pflicht, die Masse vor jedwedem Schaden und den Verwalter vor der hierfür bestehenden Haftung zu bewahren. Eine Entscheidung des Verwalters kann sich jedoch in solchen Maßen als unzweckmäßig darstellen, dass sie zugleich rechtswidrig, da gegen die in § 1 genannten Verfahrensziele verstoßend anzusehen ist.[9] Insofern kann eine Parallele zu den Fällen des Missbrauchs der Vertretungsmacht gezogen werden (vgl. § 80 Rdn. 35), ohne dass für die Aufsicht die dort bestehende Eingriffsschwelle bereits erreicht sein muss.

5 Die teilweise im Gesetz geregelte **Zustimmung des Gerichts** zu bestimmten Maßnahmen sind ebenfalls Ausfluss der Überwachungspflicht des Staates (etwa Abschlagszahlungen auf Sozialplanansprüche [§ 123 Abs. 3], Schlussverteilung [§ 196 Abs. 2], Betriebsstilllegung im Eröffnungsverfahren [§ 22 Abs. 2 Nr. 2]). Hierzu gehört auch die Befugnis des Gerichts zur Untersagung einer Betriebsstilllegung oder -veräußerung (§ 158 Abs. 3 Satz 2). Auch der Auftrag des Gerichts zur **Prüfung der Schlussrechnung** (§ 66 Abs. 2 Satz 1) ist Teil seiner Aufsichtspflicht.

6 **Art und Umfang der Aufsicht** lassen sich nicht allgemein, sondern nur unter Beachtung der sich auch verändernden Besonderheiten des Insolvenzverfahrens und der Qualitäten des Verwalters beurteilen. Die Ausübung des Aufsichtsrechts durch das Insolvenzgericht liegt in dessen pflichtgemäßem Ermessen.[10] Eine kleinliche, die Entschlussfreudigkeit und Eigenverantwortlichkeit des Verwalters beeinträchtigende Aufsicht darf, besonders bei Unternehmensfortführungen, nicht erfolgen.[11] Im Grundsatz bestimmen die qualitativen und quantitativen Anforderungen in der konkreten Verfahrensphase die Intensität der Aufsicht. Besonders im Eröffnungsverfahren sowie bei Betriebsfortführungen bedarf es einer verstärkten Aufsicht, insb. durch das Setzen kürzerer Berichtspflichten. Sind die wesentlichen Verwertungshandlungen abgeschlossen und dauert das Verfahren im Wesentlichen wegen Rechtsstreitigkeiten an, kann die Aufsichtsintensität reduziert werden. Dies schließt es nicht

---

5 Vgl. *Steffek* JuS 2010, 293 (295).
6 BGH 14.04.2005, IX ZB 76/04, ZIP 2005, 865 (866).
7 BGH 30.09.2010, IX ZB 85/10, Rn. 3: nicht bereits mit der Ankündigung der Restschuldbefreiung (vgl. § 289 Abs. 2 Satz 2).
8 Vgl. LG Köln 13.04.2005, 1 T 556/04, ZVI 2007, 80.
9 Vgl. HambK-InsR/*Frind* Rn. 3.
10 BGH 12.07.1965, III ZR 41/64, BB 1966, 182.
11 LG Köln 20.12.2000, 19 T 148/00, ZInsO 2001, 673.

aus, dass eine zwischenzeitliche Überprüfung der Geldflüsse durch Einsicht in die Kontounterlagen bei einer sehr langen Dauer des Verfahrens und dem Fehlen eines Gläubigerausschusses notwendig ist.[12] Im Einzelfall ist eine verstärkte Aufsicht etwa geboten, wenn das Gericht von Unregelmäßigkeiten in der Person des Verwalters (etwa Alkoholismus,[13] Spielsucht, Vermögensverfall) oder in seiner verwaltenden Tätigkeit in dem konkreten oder anderen Verfahren Kenntnis erlangt. Besonders wenn für das Gericht konkrete oder allgemeine Anhaltspunkte für ein veruntreuendes Verhalten des Verwalters bestehen, hat es unverzüglich Aufsichtsmittel zu ergreifen. Der Verwalter selbst hat eine, u.U. selbständig haftungsbewehrte Pflicht, Unregelmäßigkeiten oder vom Üblichen abweichende Vorgehensweisen, etwa eine Interessenkollision, dem Gericht anzuzeigen, damit dieses sein Aufsichtsrecht wahrnehmen kann.[14] **Hinweisen von Beteiligten oder Dritten** hat das Insolvenzgericht grds nachzugehen, wenn sie nicht ersichtlich substanzlos sind. Ein Antragsrecht besteht jedoch ebenso wenig wie ein Rechtsmittel gegen die gerichtliche Entscheidung.[15] Umgekehrt ist Zurückhaltung geboten, wenn die betroffenen Insolvenzgläubiger die Maßnahme des Verwalters offenkundig nicht beanstanden.[16] Ist ein **Gläubigerausschuss** bestellt, reduziert sich die Eingriffsschwelle für die Aufsicht des Gerichts, ohne dass sie aber verdrängt wird (vgl. näher § 69 Rdn. 8). Auch die zumeist bestehende berufsständische Aufsicht, etwa durch Anwaltskammern geht derjenigen des Gerichts nicht vor.

Zuständig für die Aufsicht ist grds der Rechtspfleger, im Eröffnungsverfahren oder wenn er sich dies vorbehalten hat (§ 18 Abs. 2 RPflG), der Insolvenzrichter. Eine gleichsam wirksame sowie das Insolvenzverfahren nicht belastende Aufsicht stellt erhebliche Anforderungen an die technische und insb. personell-fachliche Ausstattung des Gerichts.[17] Der Justizfiskus hat daher dafür Sorge zu tragen, dass das Gericht personell so besetzt ist, um seiner Aufsichtspflicht hinreichend, insb. auch zeitnah nachzukommen.[18] In schwierigen Einzelfällen, nicht in allen Verfahren oder dauerhaft begleitend, kann das Gericht einen gesonderten **Sachverständigen** (§ 5 Abs. 1 Satz 2) mit der Überprüfung beauftragen (vgl. § 56 Rdn. 30).[19] Bei Aufsichtsmaßnahmen des Rechtspflegers ist die Erinnerung (§ 11 RPflG), ansonsten kein **Rechtsbehelf** eröffnet.[20] Die Rechtmäßigkeit der Aufsichtsmaßnahme wird auch nicht inzident (nochmals) im Rahmen der Beschwerde gegen die Zwangsgeldfestsetzung geprüft.[21]

7

Eine wirksame Aufsicht bedarf zunächst einer hinreichenden Informationsgrundlage. Dieser Erkenntnisprozess ist bereits Gegenstand der Aufsicht. Das Insolvenzgericht hat hierzu gegenüber dem Verwalter ein weitreichendes **Auskunftsrecht**. Es kann jederzeit einzelne Auskünfte oder einen Bericht über den Sachstand und die Geschäftsführung von ihm verlangen (Abs. 1 Satz 2). Dabei kann und wird üblicherweise das Gericht auch Fristen bestimmen, innerhalb welcher der Verwalter regelmäßig zu berichten hat. Hierauf ist es jedoch nicht beschränkt, sondern kann Auskunft in allen ihm zweckdienlich erscheinenden Formen verlangen. Es kann den Insolvenzverwalter insb. zum Erscheinen in einem Anhörungstermin und zur mündlichen Erteilung von Auskünften anhalten.[22] Auch kann das Gericht Zwischenabrechnungen verlangen (vgl. § 66), etwa wenn das Verfahren

8

---

12 BGH 12.07.1965, III ZR 41/64, BB 1966, 182: 7 Jahre; AG Karlsruhe 25.11.1982, N 243/74, ZIP 1983, 101.
13 Vgl. BGH 31.01.2008, III ZR 161/07, ZIP 2008, 466.
14 BGH 24.01.1991, IX ZR 250/89, ZIP 1991, 324 (328).
15 BGH 13.06.2006, IX ZB 136/05, NZI 2006, 593.
16 LG Köln 20.12.2000, 19 T 148/00, ZInsO 2001, 673.
17 Zur Aufsicht als Risikomanagementprozess vgl. *Rechel* ZInsO 2009, 1665 (1669 ff.).
18 Vgl. BGH 11.01.2007, III ZR 302/05, ZIP 2007, 1220.
19 MüKo-InsO/*Graeber* Rn. 13; a.A. LG Frankfurt (Oder) 16.04.1999, 6 (a) T 137/99, DZWIR 1999, 514.
20 BGH 03.02.2011, IX ZB 213/08, Rn. 3: verfassungsrechtlich ausreichend.
21 BGH 07.04.2011, IX ZB 170/10, ZIP 2011, 1123; LG Göttingen 04.04.2013, 10 T 24/13, ZInsO 2013, 795.
22 LG Göttingen 20.11.2008, 10 T 106/08, ZIP 2009, 1021 rechtskräftig; BGH 17.12.2009, IX ZB 2/09, ZIP 2010, 382.

seit längerer Zeit ohne erkennbaren Fortschritt läuft und die jährlichen Berichte unergiebig sind.[23] Soweit teilweise gefordert wird,[24] dem Gericht Zugriff per Online-Banking auf die Anderkonten (hierzu und zum Bankgeheimnis s. § 149 Rdn. 4, 8) zu eröffnen, begegnet dies neben praktischen,[25] auch rechtlichen Bedenken im Hinblick auf die Einhaltung der Geheimhaltungspflichten nach den einschlägigen AGB-Banken. Kommt der Verwalter seinen Mitwirkungspflichten nicht nach, stehen dem Gericht die **Zwangsmittel** nach Abs. 2 zur Verfügung.[26] In Verfahren über das Vermögen eines Kredit- und Finanzdienstleistungsinstituts oder einer Finanzholding-Gesellschaft (§ 46b Abs. 1 Satz 1 KWG) hat der Verwalter die Bundesanstalt für Finanzdienstleistungsaufsicht (**BaFin**) laufend über den Stand und Fortgang des Verfahrens, insb. durch Überlassung der Berichte für das Gericht, die Gläubigerversammlung oder einen Gläubigerausschuss (§ 46b Abs. 3 Satz 1 KWG) zu informieren. Die BaFin kann darüber hinaus weitere Auskünfte und Unterlagen zum Insolvenzverfahren verlangen (§ 46b Abs. 3 Satz 2 KWG).

9 Das Gericht hat den Verwalter zu einem Handeln oder Unterlassen derart bestimmt aufzufordern, dass die festgestellte Pflichtwidrigkeit beseitigt oder beendet wird. **Im Einzelnen** kann das Gericht den Verwalter **anweisen**: nach seiner Entlassung Schlussrechnung zu legen[27]; ein gemeinsames Festgeldkonto für mehrere Insolvenzverfahren zu trennen[28]; ein Anderkonto binnen 24 Stunden ab Erhalt der Verfügung auf den neu bestellten Verwalter zu übertragen[29]; dem Sonderinsolvenzverwalter einen Gerichtskostenvorschuss für den gegen den Verwalter anzustrengenden Haftungsprozess auszuzahlen[30]; Sicherheit zu leisten, wenn erhebliche Zweifel an seiner Bonität auftreten[31]; den Gläubigern die Gewinn- und Verlustrechnung einer Fortführungsgesellschaft vorzulegen[32] oder die Begleichung von Forderungen zu unterlassen, die erkennbar keine Masse-, sondern Insolvenzforderungen sind[33]. Es kann den Verwalter **nicht anweisen**: eine für ungerechtfertigt erachtete Zahlung von Anwaltsgebühren der Masse wieder zuzuführen[34]; einem Insolvenzgläubiger Auskunft über den Zeitpunkt des Eintritts der Insolvenzreife zu geben[35]; den Widerruf von Gläubiger-Lastschriften zu unterlassen[36]; an den Schuldner von der Gläubigerversammlung beschlossene Unterhaltszahlungen zu leisten, wenn dieser schlüssig vorträgt, der Masse stünde ihrerseits ein aufrechenbarer Schadensersatzanspruch wegen der Vereinnahmung von Neuerwerb gegen den Schuldner zu[37] oder die Kündigung von Kanzleiräumen des Schuldners zu unterlassen[38].

C. Herausgabepflicht des entlassenen Verwalters (Abs. 3)

10 Der entlassene, abgewählte oder nicht weiter bestellte, (vorläufige) Insolvenzverwalter hat neben seiner Bestellungsurkunde (vgl. § 57 Rdn. 10, § 59 Rdn. 14) die Insolvenzmasse, insb. alle Schuldnerunterlagen, sowie seine eigenen Verfahrensakten herauszugeben.[39] Dies schließt die Übertragung der

---

23 BGH 30.09.2010, IX ZB 84/10.
24 HambK-InsR/*Frind* Rn. 3.
25 *Uhlenbruck* Rn. 17.
26 LG Göttingen 20.11.2008, 10 T 106/08, ZIP 2009, 1021 rechtskräftig; BGH 17.12.2009, IX ZB 2/09, ZIP 2010, 382.
27 BGH 14.04.2005, IX ZB 76/04, ZIP 2005, 865.
28 AG Karlsruhe 25.11.1982, N 243/74, ZIP 1983, 101.
29 LG Dessau-Roßlau 15.08.2012, 1 T 221/12, ZIP 2012, 2519.
30 vgl. LG Göttingen 04.04.2013, 10 T 24/13, ZInsO 2013, 795.
31 *Uhlenbruck* § 59 Rn. 13.
32 LG Koblenz 06.12.1988, 4 T 501/88, ZIP 1989, 179.
33 *Uhlenbruck* Rn. 5.
34 LG Freiburg 20.03.1980, 9 T 22/80, ZIP 1980, 438; offen gelassen in BGH 17.11.2005, IX ZR 179/04, ZIP 2006, 36; a.A. HambK-InsR/*Frind* Rn. 9 m.w.N.
35 AG Köln 23.04.2002, 71 IN 84/01, NZI 2002, 390.
36 AG Hamburg 18.03.2009, 68c IK 207/08, ZInsO 2009, 250 (252 f.).
37 AG Köln 28.02.2005, 71 IN 25/02, NZI 2005, 226.
38 LG Köln 13.04.2005, 1 T 556/04, ZVI 2007, 80.
39 *Uhlenbruck* § 58 Rn. 34.

EDV-mäßig erfassten, verfahrensbezogenen Daten ein. Zur Erzwingung kann auch gegen ihn ein Zwangsgeld nach Abs. 2 festgesetzt werden. Ist dies erfolglos, kann nur im Zivilrechtsweg eine Herausgabe erzwungen werden. Abs. 3 erweitert nur die mittels Zwangsgeld durchsetzbaren Pflichten auf die Herausgabepflicht; die Aufsicht über den entlassenen Verwalter nach Abs. 1 im Übrigen wird nicht eingeschränkt.[40] Gegenüber den Erben des verstorbenen Verwalters gilt die Vorschrift nicht.[41]

D. Zwangsmittel (Abs. 2)

Erfüllt der Verwalter seine Pflichten nicht, kann das Gericht durch Beschluss ein Zwangsgeld bis zu 25.000 € gegen ihn festsetzen. Eine Ersatzvornahme ist nicht möglich.[42] Die Höhe des Zwangsgeldes steht im Ermessen des Insolvenzgerichts und bestimmt sich nach Bedeutung und der Dringlichkeit der bisher von dem Verwalter unterlassenen Handlung. Der Betrag des Zwangsgeldes ist zu steigern, wenn der Insolvenzverwalter frühere Zwangsgeldfestsetzungen missachtet hat.[43] Vor der Festsetzung ist das Zwangsgeld dem Verwalter mit konkreter Darlegung der begehrten Handlung sowie Fristsetzung hierzu anzudrohen. Dies muss nicht schriftlich erfolgen.[44] Das Zwangsgeld ist keine Strafe, sondern ein Beugemittel.[45] Nimmt der Verwalter die begehrte Handlung nach der Festsetzung, aber vor deren Rechtskraft vor, ist daher der Festsetzungsbeschluss erledigt und auf Antrag des Verwalters aufzuheben.[46] Andernfalls kann das Gericht nach Beitreibung des Zwangsgeldes nach der JustizBeitrO ein weiteres Zwangsgeld festsetzen, ohne dass es dann jedoch einer nochmaligen Anhörung und Androhung bedarf.[47] Dies ist auch dann zulässig, wenn der Verwalter die von ihm geforderten Handlungen nach Beitreibung vorheriger Zwangsgelder zwar teilweise, aber nach wie vor nicht vollständig erbringt.[48] Die Summe dieser Zwangsgelder kann den Höchstbetrag von 25.000 € übersteigen.[49] Ist die, u.U. wiederholte Festsetzung eines Zwangsgeldes fruchtlos, ist eine Entlassung (§ 59) zu erwägen.[50] Die Zwangsmittel des § 98 können gegen den Verwalter auch dann nicht angeordnet werden, wenn ein Sonderinsolvenzverwalter bestellt ist.[51]

Gegen die Zwangsgeldfestsetzung, nicht bereits gegen die Androhung,[52] steht dem Verwalter die **sofortige Beschwerde** zu. Diese hat keine aufschiebende Wirkung für die Beitreibung. Der Verwalter kann geltend machen, dass eine Verletzung einer ihm vom Gericht auferlegten Pflicht nicht vorliege, dass das festgesetzte Zwangsgeld ihm zuvor nicht angedroht worden sei oder dass der festgesetzte Betrag über den im Gesetz bestimmten Rahmen hinausgehe oder unverhältnismäßig sei.[53] Gegenstand der Beschwerde ist danach allein die Festsetzung, nicht (auch) die ihr zugrundeliegende Aufsichtsmaßnahme.[54]

E. Staatshaftung

Verletzt das Gericht seine Aufsichtspflicht haftet das Land für den hieraus entstehenden Schaden gem. § 839 BGB i.V.m. Art. 34 GG. Zumeist wird die Haftung hinter diejenige des Verwalters zurücktreten (§ 839 Abs. 1 Satz 2 BGB). Auf das Spruchrichterprivileg (§ 839 Abs. 2 BGB) kann sich

---

40 BGH 14.04.2005, IX ZB 76/04, ZIP 2005, 865 (868).
41 *Uhlenbruck* Rn. 31.
42 HambK-InsR/*Frind* Rn. 10.
43 LG Göttingen 05.07.2006, 10 T 57/06, ZIP 2006, 1913 (1915).
44 LG Göttingen 20.11.2008, 10 T 106/08, ZIP 2009, 1021.
45 BGH 14.04.2005, IX ZB 76/04, ZIP 2005, 865 (867).
46 BGH 04.07.2013, IX ZB 44/11, ZInsO 2013, 1635; zu weitgehend LG Oldenburg 29.04.1982, 5 T 128/82 ZIP 1982, 1233: auch noch nach Rechtskraft.
47 BGH 14.04.2005, IX ZB 76/04, ZIP 2005, 865 (867).
48 LG Göttingen 05.07.2006, 10 T 57/06, ZIP 2006, 1913.
49 BGH 14.04.2005, IX ZB 76/04, ZIP 2005, 865.
50 BGH 12.01.2012, IX ZB 157/11; LG Göttingen 04.07.2003, 10 T 37/03, ZInsO 2003, 858 (860).
51 BGH 17.12.2009, IX ZB 175/08, ZIP 2010, 190.
52 BGH 07.04.2011, IX ZB 170/10, ZIP 2011, 1123.
53 BGH 07.04.2011, IX ZB 170/10, ZIP 2011, 1123 Rn. 9.
54 BGH 07.04.2011, IX ZB 170/10, ZIP 2011, 1123.

der Justizfiskus nicht berufen.⁵⁵ Eine Haftung kommt besonders in Betracht, wenn der Verwalter mangels hinreichender gerichtlicher Aufsicht Massemittel veruntreut.⁵⁶

§ 59 Entlassung des Insolvenzverwalters

(1) Das Insolvenzgericht kann den Insolvenzverwalter aus wichtigem Grund aus dem Amt entlassen. Die Entlassung kann von Amts wegen oder auf Antrag des Verwalters, des Gläubigerausschusses oder der Gläubigerversammlung erfolgen. Vor der Entscheidung des Gerichts ist der Verwalter zu hören.

(2) Gegen die Entlassung steht dem Verwalter die sofortige Beschwerde zu. Gegen die Ablehnung des Antrags steht dem Verwalter, dem Gläubigerausschuss oder, wenn die Gläubigerversammlung den Antrag gestellt hat, jedem Insolvenzgläubiger die sofortige Beschwerde zu.

Übersicht	Rdn.		Rdn.
A. Normzweck	1	C. Verfahren	9
B. Wichtiger Grund	2		

A. Normzweck

1 Der Verwalter kann durch das Gericht entlassen werden, wenn sonstige Aufsichtsmaßnahmen (§ 58) nicht zum Erfolg führen (können) oder aus anderen Gründen eine weitere Tätigkeit durch den bisherigen Verwalter ausscheidet. § 59 regelt die Voraussetzungen der Entlassung (Abs. 1 Satz 1) sowie das Verfahren und die den Beteiligten hierbei zustehenden Rechte (Abs. 1 Satz 2 u. 3, Abs. 2). Auf den vorläufigen Verwalter (§ 21 Abs. 1 Nr. 1), den Sachwalter (§ 274 Abs. 1) und den Treuhänder (§ 292 Abs. 3 Satz 2, § 313 Abs. 1 Satz 3) findet die Regel teils modifiziert entsprechende Anwendung.

B. Wichtiger Grund

2 Ein wichtiger Grund liegt vor, wenn das Verbleiben des Verwalters im Amt unter Berücksichtigung der schutzwürdigen Interessen des Verwalters (Art. 12 GG) die Belange der Gesamtgläubigerschaft und die Rechtmäßigkeit der Verfahrensabwicklung objektiv nachhaltig beeinträchtigen würde.[1] Auf ein Verschulden des Verwalters kommt es nicht an.[2] Die Annahme eines Entlassungsgrundes entzieht sich einer schematischen Betrachtung, vielmehr bedarf es einer genauen Betrachtung im jeweiligen Einzelfall. Diese Beurteilung, die auf einer Abwägung aller jeweils bedeutsamen Umstände beruht, obliegt dem Insolvenzgericht. Es hat hierbei den Grundsatz der Verhältnismäßigkeit zu beachten, insb. mildere Mittel, etwa zunächst Aufsichtsmaßnahmen (§ 58) zu erwägen. Der wichtige Grund kann in einer Pflichtverletzung des Verwalters (vgl. Rdn. 5) oder seiner Person (vgl. Rdn. 6) begründet sein. Er ist identisch mit dem triftigen Grund i.S.d. § 84 Abs. 1 Satz 2 KO, so dass die hierzu ergangene Rechtsprechung weiter Anwendung findet. Ansonsten können für die Auslegung auch Kriterien herangezogen werden, welche für andere Bestimmungen, in denen das Merkmal »wichtiger Grund« für die Beendigung eines Dauerschuldverhältnisses oder einer Funktion vorausgesetzt wird (etwa § 626 BGB), entwickelt wurden.[3] Grds können die Umstände, welche bereits einer Bestellung entgegengestanden hätten (vgl. § 56 Rdn. 3–14), auch eine Entlassung rechtfertigen, wenn sie die Verfahrensabwicklung im vorgenannten Sinne beeinflussen. Dies gilt auch dann, wenn sie bereits bei der Bestellung vorlagen, das Gericht aber hiervon keine Kenntnis hatte, etwa weil der Verwalter über seine Qualifikation getäuscht hat.[4]

---

55 BGH 02.04.1959, III ZR 25/58, NJW 1959, 1085.
56 BGH 12.07.1965, III ZR 41/64, BB 1966, 182.
1 BGH 08.12.2005, IX ZB 308/04, ZIP 2006, 247 (248).
2 MüKo-InsO/*Graeber* Rn. 37.
3 BGH 01.03.2007, IX ZB 47/06, ZIP 2007, 781 (782).
4 Vgl. BGH 06.05.2004, IX ZB 349/02, ZIP 2004, 1214.

Auch bei einem **Antrag des Verwalters** muss ein wichtiger Grund vorliegen, er kann sein Amt nicht   3
grundlos niederlegen.[5] Allerdings wird es zumeist verfahrenswidrig im oben genannten Sinne (vgl.
Rdn. 2) sein, einen erkennbar und ernsthaft amtsmüden oder -unwilligen Verwalter an seinem
Amt festzuhalten. Die Gefahr,[6] dass ein Verwalter seine Entlassung als Druckmittel einsetzt, um
die übrigen Beteiligten, insb. Schuldner und Gläubigerversammlung bzw. -ausschuss zu disziplinieren, dürfte bereits im Hinblick auf hieraus erwachsende Schwierigkeiten bei der weiteren Bestellungspraxis des Gerichts vernachlässigbar sein. Umgekehrt dürfte ein Verwalter, der solche Mittel
zur Konfliktlösung einsetzt, sich zumeist dergestalt pflichtwidrig verhalten, dass eine Entlassung
von Amts wegen zu erfolgen hat.

Die **Tatsachen**, die den Entlassungsgrund bilden, müssen zur vollen Überzeugung des Insolvenz- 4
gerichts feststehen.[7] Allein der »böse Schein« einer nicht ordnungsgemäßen Verwaltung genügt
nicht.[8] Ausnahmsweise kann bereits das Vorliegen von konkreten Anhaltspunkten genügen, wenn
der Verdacht im Rahmen zumutbarer Amtsermittlung (§ 5 Abs. 1) nicht ausgeräumt und nur durch
die Entlassung die Gefahr größerer Schäden für die Masse noch abgewendet werden kann.[9]

Eine **Pflichtverletzung** stellt einen wichtigen Grund dar, wenn sie nicht zu beseitigen und so erheb- 5
lich ist, dass es sachlich nicht mehr vertretbar ist, den Verwalter im Amt zu belassen.[10] Nicht ausreichend ist es, dass das Gericht bestimmte Maßnahmen nicht für zweckmäßig hält (vgl. § 58
Rdn. 4).[11] Weder genügt jede eine Haftung (§§ 60, 61) begründende Pflichtverletzung noch
schließt der Schadensersatzanspruch die Entlassung aus.[12] Auch bedarf es keiner wiederholten
Pflichtverletzung, wenn die einzelne Pflichtverletzung, insb. bei Straftaten besonders schwer wiegt.[13]
Eine **Störung des Vertrauensverhältnisses** zwischen dem Verwalter und dem Gericht reicht für die
Entlassung nicht aus, wenn sie lediglich auf persönlichem Zwist beruht.[14] Dies gilt auch dann, wenn
das Vertrauensverhältnis in einem Maße gestört ist, dass ein gedeihliches Zusammenwirken nicht
mehr möglich erscheint.[15] Anders ist es, wenn die Störung des Vertrauensverhältnisses ihre Grundlage in einem pflichtwidrigen Verhalten des Verwalters hat, welches objektiv geeignet ist, das Vertrauen des Insolvenzgerichts in seine Amtsführung schwer und nachhaltig zu beeinträchtigen.
Ausreichend ist ein Fehlverhalten des Verwalters in einem anderen Verfahren, sofern aus diesem Verhalten zu schließen ist, dass die rechtmäßige und geordnete Abwicklung des laufenden Verfahrens bei
einem Verbleiben des Verwalters im Amt nachhaltig beeinträchtigt werden würde. Solches ist etwa
anzunehmen, wenn masseschädigende Verhaltensweisen erheblichen Umfangs in anderen Insolvenzverfahren die generelle Unzuverlässigkeit des Verwalters erweisen.[16]

Ein wichtiger Grund kann in der **Person des Verwalters** liegen, wenn er nicht mehr in Lage ist, sein   6
Amt auszuüben. Solches ist u.U. anzunehmen, wenn er krank oder geschäftsunfähig (§ 104 Nr. 2
BGB), insb. unter Betreuung (§ 1896 BGB) gestellt wird, oder schwerwiegende familiäre oder finanzielle Probleme auftreten. Dies gilt insb. dann, wenn er selbst einen Eröffnungsantrag hinsichtlich
seines Privatvermögens stellt oder insofern ein Insolvenzverfahren eröffnet wird. Bei vorübergehenden Hinderungsgründen kann die Einsetzung eines Sonderverwalters (§ 56 Rdn. 30 ff.) das mildere
Mittel darstellen.

---

5 BGH 24.07.2003, IX ZB 458/02, ZInsO 2003, 750.
6 MüKo-InsO/*Graeber* Rn. 50.
7 BGH 09.07.2009, IX ZB 35/09, ZInsO 2009, 1491.
8 LG Halle 22.10.1993, 2 T 247/93, ZIP 1993, 1739.
9 BGH 08.12.2005, IX ZB 308/04, ZIP 2006, 247.
10 BGH 09.07.2009, IX ZB 35/09, ZInsO 2009, 1491.
11 AG Halle-Saalkreis 29.06.1993, 27 N 63/93, ZIP 1993, 1669.
12 BGH 08.12.2005, IX ZB 308/04, ZIP 2006, 247 (248).
13 *Uhlenbruck* Rn. 9.
14 BGH 08.12.2005, IX ZB 308/04, ZIP 2006, 247 (248).
15 BGH 19.01.2012, IX ZB 21/11, ZInsO 2012, 551 Rn. 10.
16 BGH 26.04.2012, IX ZB 31/11, ZIP 2012, 1187, Rn. 11.

7 **Ein wichtiger Grund kann im Einzelfall gegeben sein**, wenn der Verwalter trotz Unterstützung des Gerichts nicht in der Lage ist, eine ordnungsgemäße Erlösverteilung (§§ 170 und 171) vorzunehmen und unnötige Klageverfahren der Sicherungsgläubiger provoziert,[17] wenn er Ansprüche der Masse über Jahre hinweg nicht verfolgt,[18] wenn er in seinem Gutachten empfiehlt, die Verfahrenseröffnung mangels Masse abzulehnen, ohne offenkundig den zugrunde liegenden Sachverhalt tatsächlich und rechtlich hinreichend aufgeklärt zu haben, besonders hierbei statt der Schuldnerin ein anderes namensähnliches Unternehmen zugrunde legt,[19] wenn er Interessenkonflikte dem Gericht nicht anzeigt, welche die Masse benachteiligen können (vgl. § 56 Rdn. 13),[20] wenn er in zwei widerstreitenden Insolvenzverfahren verwaltend tätig ist und an Gläubiger abzusondernde Erlöse dem anderen Verfahren zuführt,[21] wenn er einen Restschuldbefreiungs-Versagungsantrag initiiert oder die Stellung eines solchen Antrages im Schlusstermin durch eigenes Handeln erst herbeiführt,[22] wenn er die ihm nach § 8 Abs. 3 übertragenen Zustellungen nur ausführen will, wenn er einen Zuschlag zur Vergütung erhält,[23] wenn er die Einschaltung eines Drittunternehmens zur Erfüllung seiner Aufgaben nicht sogleich anzeigt, an dem seine Ehefrau geschäftsführend beteiligt ist,[24] wenn er Rechnungen eines Drittunternehmens erst nach dem Schlusstermin[25] oder für Leistungen einreicht, die tatsächlich er erbracht hat,[26] wenn er den Auflagen der Gläubigerversammlung widersprechend der Betrieb fortführt und die Berichtspflichten verletzt,[27] wenn er sich nachhaltig weigert, zu Anträgen des Schuldners und zu gerichtlichen Anfragen Stellung zu nehmen,[28] wenn er trotz zweimaliger Festsetzung eines Zwangsgeldes durch das Insolvenzgericht die ihm abverlangte Handlung nicht vornimmt,[29] wenn er in seinem Gutachten gegen den Schuldner ehrenrührige tatsächliche Behauptungen ohne ausreichende Tatsachengrundlage aufstellt und das Verhalten des Schuldners mit beleidigenden Kommentaren versieht,[30] wenn ein auf objektiven Umständen beruhender Verdacht besteht, dass der Verwalter in anderen Insolvenzverfahren Straftaten zum Nachteil der Masse begangen hat[31] oder wenn er Fremdgelder über einen längeren Zeitraum statt auf dem Anderkonto auf seinem allgemeinen Geschäftskonto belässt.[32]

8 **Ein wichtiger Grund ist im Einzelfall nicht gegeben**, wenn der Verwalter vor der rechtskräftigen Entscheidung über den Antrag des Schuldners nach §§ 212, 213[33] oder ohne die erforderliche Genehmigung der Gläubigerversammlung[34] Verwertungshandlungen vornimmt, wenn Meinungsverschiedenheiten zwischen Gericht und Verwalter um die Auslegung eines Beschlusses der Gläubigerversammlung bestehen (vgl. § 318 Abs. 6 Satz 2 HGB),[35] wenn er erst nach Festsetzung eines

---

17 AG Braunschweig 24.06.2008, 272 IN 219/04, ZInsO 2009, 97.
18 BGH 14.10.2010, IX ZB 44/09, ZInsO 2010, 2147.
19 AG Halle-Saalkreis 30.08.1993, 27 N 63/93, ZIP 1993, 1667 (rechtskräftig ZIP 1995, 1037).
20 LG Halle 22.10.1993, 2 T 247/93, ZIP 1993, 1739 (1742); vgl. LG Potsdam 06.07.2005, 5 T 250/05, ZInsO 2005, 893 zur Konzerninsolvenz.
21 OLG Zweibrücken 31.05.2000, 3 W 94/00, ZInsO 2000, 398.
22 AG Hamburg 23.11.2004, 67c IN 1/02, ZInsO 2004, 1324.
23 BGH 26.04.2012, IX ZB 31/11, ZIP 2012, 1187, Rn. 14.
24 BGH 26.04.2012, IX ZB 31/11, ZIP 2012, 1187.
25 BGH 23.02.2012, IX ZB 24/11 Rn. 13: Treuhänder in der Wohlverhaltensphase.
26 BGH 19.04.2012, IX ZB 18/11, IX ZB 19/11 und IX ZB 23/11, ZInsO 2012, 928, Rn. 15.
27 AG Bonn 05.09.2001, 98 IN 196/99, ZInsO 2002, 641.
28 BGH 03.04.2003, IX ZB 373/02, juris.
29 BGH 12.01.2012, IX ZB 157/11 zur Rechnungslegung.
30 BGH 09.07.2009, IX ZB 35/09, ZInsO 2009, 1491.
31 LG Stendal 11.08.2010, 25 T 107/10, NZI 2010, 993, rechtskräftig BGH 17.03.2011, IX ZB 192/10, ZIP 2011, 671: Übertragung von Massegeldern an Vermögensverwalter mit Gebühren-»Kick-Back« für den Insolvenzverwalter persönlich.
32 AG Karlsruhe 25.11.1982, N 243/74, ZIP 1983, 101.
33 LG Traunstein 13.07.2009, 4 T 1939/09, 4 T 1990/09, ZIP 2009, 2460.
34 LG Mainz 09.06.1986, 8 T 85/86, Rpfleger 1986, 490.
35 LG Traunstein 13.07.2009, 4 T 1939/09, 4 T 1990/09, ZIP 2009, 2460.

Zwangsgeldes einen Bericht erstattet[36] oder wenn der Verwalter nach Anzeige der Masseunzulänglichkeit neue Masseverbindlichkeiten begründet und seine Verpflichtungen gegenüber Finanzamt und Sozialversicherungsträger nicht hinreichend erfüllt hat.[37]

C. Verfahren

Eine Entlassung kann von **Amts wegen oder** auf schriftlich zu begründenden **Antrag** des Verwalters selbst, des Gläubigerausschusses oder der -versammlung (jeweils durch Beschluss §§ 72, 76 Abs. 2) erfolgen (Abs. 1 Satz 2). Auch bei einem Antrag der Gläubigerversammlung hat das Gericht das Vorliegen eines wichtigen Grundes zu prüfen.[38] Der Schuldner[39] bzw. seine organschaftlichen Vertreter oder einzelne Insolvenzgläubiger (Ausnahme: beim Treuhänder in der Wohlverhaltensperiode, § 292 Abs. 3 Satz 2) haben kein Antragsrecht. Zu den Anlässen für das Gericht von Amts wegen tätig zu werden vgl. § 58 Rdn. 6. Ein mangels Berechtigung unzulässig gestellter Antrag kann als Anregung für eine Tätigkeit von Amts wegen gewertet werden.[40] Ein Beschluss muss auf eine solche Anregung nicht förmlich gefasst werden; wird er trotzdem erlassen, besteht hiergegen kein Beschwerderecht, sondern nur die Rechtspflegererinnerung.[41] In der Abstimmung über die Wahl eines anderen (§ 57) liegt nicht zugleich ein Antrag auf Entlassung des vom Gericht bestellten Verwalters.[42] 9

Zuständig ist der Rechtspfleger (§ 3 Nr. 2 lit. e RPflG; vgl. § 57 Rdn. 6),[43] soweit sich nicht der Richter das Verfahren ganz oder teilweise vorbehalten hat (§ 18 Abs. 2 Satz 1 RPflG) oder die Entlassung des vorläufigen Verwalters erfolgen soll (§ 18 Abs. 1 RPflG). Steht die Beurteilung der fachlichen Qualifikation des Verwalters bei der Behandlung von Rechtsfragen in Rede, muss der Rechtspfleger dem Richter die Möglichkeit geben, das Verfahren an sich zu ziehen, indem er ihm die Akten vorlegt.[44] 10

Vor der Entscheidung hat eine **Anhörung** des Verwalters zu erfolgen; hierbei ist ihm eine Abschrift des Entlassungsantrags zu übergeben und/oder die Entlassungsgründe mitzuteilen (Abs. 1 Satz 3). Dem Verwalter ist dabei eine in Ansehung der Entlassungsgründe angemessene Frist, regelmäßig eine Woche, zur Stellungnahme zu setzen. Stattdessen oder zusätzlich kann der Verwalter auch mündlich angehört werden. Eine Anhörung hat grds auch dann zu erfolgen, wenn sich der Verwalter im Urlaub befindet.[45] Sie kann unterbleiben, wenn der Verwalter selbst den Antrag gestellt hat, nicht nur für einen unerheblichen Zeitraum nicht erreichbar ist (Flucht, Krankheit) oder Gefahr im Verzug vorliegt, insb. bereits ein Schaden eingetreten ist und weitere Schäden drohen (vgl. Rdn. 12). Der in einer gebotenen, aber unterbliebenen Anhörung liegende Verfahrensfehler ist heilbar; die Anhörung kann noch im Abhilfeverfahren vor dem Insolvenzgericht und im Beschwerdeverfahren nachgeholt werden.[46] Einer Anhörung des Gläubigerausschusses bedarf es auch dann nicht, wenn der Verwalter von diesem nach § 56a vorgeschlagen wurde.[47] 11

Die Entlassung selbst als auch die Zurückweisung des hierauf gerichteten Antrags haben durch **Beschluss** zu erfolgen. Die Begründung des Beschlusses muss die der Entscheidung zugrunde liegenden 12

---

36 LG Göttingen 04.07.2003, 10 T 37/03, ZIP 2003, 1760.
37 LG Göttingen 04.07.2003, 10 T 37/03, ZIP 2003, 1760.
38 BGH 07.10.2010, IX ZB 53/10, NZI 2010, 980.
39 BGH 02.03.2006, IX ZB 225/04, NZI 2006, 474.
40 BGH 02.03.2006, IX ZB 225/04, NZI 2006, 474.
41 BGH 02.03.2006, IX ZB 225/04, NZI 2006, 474.
42 BGH 05.04.2006, IX ZB 48/05, NZI 2006, 529.
43 LG Braunschweig 29.04.2008, 6 T 924/07, NZI 2008, 620; a.A. AG Ludwigshafen am Rhein 21.12.2011, 3c IK 468/11, ZInsO 2012, 93.
44 LG Braunschweig 29.04.2008, 6 T 924/07, NZI 2008, 620.
45 BGH 09.07.2009, IX ZB 35/09, ZInsO 2009, 1491 Rn. 10.
46 BGH 17.03.2011, IX ZB 192/10, ZIP 2011, 671 Rn. 10.
47 *Rechel* ZinsO 2012, 1641 (1643).

§ 60 InsO Haftung des Insolvenzverwalters

Tatsachen sowie die Ausübung des dem Gericht zustehenden Ermessens erkennen lassen.[48] Zugleich hat der Rechtspfleger (a.A. Richter[49]) unmittelbar einen neuen Verwalter[50] zu bestellen, für den wiederum die §§ 56, 57 gelten. Der neue Verwalter sollte von dem bisherigen, insbesondere zur Verfolgung etwaiger Ersatzansprüche, erkennbar unabhängig sein. § 56a findet jedenfalls im eröffneten Verfahren keine Anwendung, da darin lediglich die Beteiligung des vorläufigen (!) Ausschusses bis einschließlich des Eröffnungsbeschlusses behandelt wird.[51] Bei Gefahr in Verzug (Veruntreuungen, Flucht) kann auch vor einer sorgfältigen Sachverhaltsaufklärung der Verwalter vorläufig dergestalt seines Amtes enthoben werden, dass ein Sonderinsolvenzverwalter bestellt wird.[52] Der Beschluss ist sowohl dem Verwalter als auch dem Antragsteller, im Falle des Gläubigerausschusses allen seinen Mitgliedern und im Falle der Gläubigerversammlung allen Insolvenzgläubigern zuzustellen.

13 Gegen den Beschluss steht der jeweils beschwerten Partei, mangels Antragsberechtigung damit etwa nicht dem Schuldner, die **sofortige Beschwerde** zu. Der Verwalter kann daher gegen die Ablehnung seines Antrags auf Entlassung und die Entlassung selbst Rechtsmittel einlegen. Seine Beschwer fehlt jedoch, wenn die Entlassung auf seinem Antrag beruht, auch dann, wenn sie aus anderen Gründen erfolgt.[53] Wird ein Antrag der Gläubigerversammlung[54] abgelehnt, kann jeder abstimmungsberechtigte (§ 77) Insolvenzgläubiger (Abs. 2 Satz 2) Rechtsmittel einlegen, unabhängig davon, ob er an der maßgeblichen Gläubigerversammlung teilgenommen oder gegen den Antrag gestimmt hat.[55] In der Wohlverhaltensperiode ist jeder Insolvenzgläubiger beschwerdeberechtigt (§ 292 Abs. 3 Satz 2). Der sofortigen Beschwerde kommt keine aufschiebende Wirkung zu (§ 570 Abs. 1 ZPO). Wird der Beschluss aufgehoben, tritt der entlassene Verwalter automatisch in seine Rechtsposition wieder ein. Er erhält eine neue Bestellungsurkunde (§ 56 Rdn. 26). Der neue Verwalter verliert sein Amt.[56] Er ist hiergegen wiederum entsprechend Abs. 2 Satz 1 persönlich, nicht aber für die Masse beschwerdebefugt.[57]

14 Für die **Rechtsfolgen der Entlassung** und die **Vergütung** des entlassenen alten oder, bei Aufhebung des Beschlusses neuen (vgl. Rdn. 13 a.E.) Verwalters gelten die Ausführungen in § 57 Rdn. 12 f. entsprechend. Ausnahmsweise kann der entlassene Verwalter den Anspruch auf Vergütung verwirkt haben, etwa bei veruntreuendem Verhalten[58] oder wenn er das Gericht erheblich über seine Qualifikationen oder Integrität getäuscht hat,[59] nicht aber bei einfachen Pflichtverletzungen.[60]

§ 60 Haftung des Insolvenzverwalters

(1) Der Insolvenzverwalter ist allen Beteiligten zum Schadenersatz verpflichtet, wenn er schuldhaft die Pflichten verletzt, die ihm nach diesem Gesetz obliegen. Er hat für die Sorgfalt eines ordentlichen und gewissenhaften Insolvenzverwalters einzustehen.

---

48 Vgl. LG Braunschweig 29.04.2008, 6 T 924/07, NZI 2008, 620.
49 Nerlich/Römermann/*Delhaes* Rn. 11.
50 Zur Tätigkeit des Amtsnachfolgers ausführlich *Rechel* ZInsO 2012, 1641 (1648 ff.).
51 a.A. *Rechel* ZinsO 2012, 1641 (1646).
52 Vgl. AG Karlsruhe 25.11.1982, N 243/74, ZIP 1983, 101.
53 A.A. *Uhlenbruck* Rn. 24.
54 Vgl. BGH 07.10.2010, IX ZB 53/10, NZI 2010, 980: Kein Rechtsmittel bei Entlassungsantrag einzelner Gläubiger, selbst wenn diese die Summenmehrheit stellen.
55 FK-InsO/*Schmitt* Rn. 17.
56 LG Halle 22.10.1993, 2 T 247/93, ZIP 1993, 1739 (1743); vgl. BGH 15.11.2007, IX ZB 237/06, ZInsO 2007, 1348.
57 BGH 23.09.2010, IX ZA 21/10, ZIP 2010, 2118; anders noch OLG Naumburg 22.12.1993, 4 W 173/93, ZIP 1994, 162.
58 LG Deggendorf 24.07.2013, 13 T 57/13, ZIP 2013, 1975; LG Schwerin 09.07.2008, 5 T 31/06, ZInsO 2008, 856.
59 BGH 09.06.2011, IX ZB 248/09; 06.05.2004, IX ZB 349/02, ZIP 2004, 1214.
60 LG Potsdam 01.08.2005, 5 T 252/05, ZIP 2005, 1699.

(2) Soweit er zur Erfüllung der ihm als Verwalter obliegenden Pflichten Angestellte des Schuldners im Rahmen ihrer bisherigen Tätigkeit einsetzen muss und diese Angestellten nicht offensichtlich ungeeignet sind, hat der Verwalter ein Verschulden dieser Personen nicht gemäß § 278 des Bürgerlichen Gesetzbuchs zu vertreten, sondern ist nur für deren Überwachung und für Entscheidungen von besonderer Bedeutung verantwortlich.

Übersicht

		Rdn.			Rdn.
A.	Normzweck	1	VI.	Beachtung und Befriedigung von Absonderungsrechten	25
B.	Adressaten der Norm	4	VII.	Verträge und Vertragsverhandlungen	28
C.	Pflichtverletzung	6	VIII.	Steuerliche Pflichten und Sachverhalte	29
I.	Allgemeine Pflichten	7	D.	Verschulden	32
II.	Inbesitznahme, Erhaltung und Verwertung der Masse, Betriebsfortführung	11	I.	Haftung für eigenes Verhalten	32
III.	Feststellung und Befriedigung von Insolvenzforderungen	14	II.	Haftung für Dritte	36
			III.	Mitverschulden	39
IV.	Begründung und Befriedigung von Masseverbindlichkeiten	17	E.	Schaden	40
			F.	Die Geltendmachung des Haftungsanspruches	42
V.	Beachtung und Befriedigung von Aussonderungsrechten	22	G.	Sonstige Haftungstatbestände	48
			H.	Haftpflichtversicherung	52

A. Normzweck

1 Verletzt der Verwalter schuldhaft (vgl. Rdn. 32) seine insolvenzspezifischen Pflichten (vgl. Rdn. 6) gegenüber einem der Beteiligten (vgl. Rdn. 5), haftet er für den daraus entstehenden Schaden (vgl. Rdn. 40) nach § 60 auf Ersatz. Die Haftung des Verwalters nach § 60 kompensiert die unter Verletzung seiner Pflichten eingetretenen Nachteile. Vorgelagert wirkt die Haftung auch präventiv, indem ihr Drohen den Verwalter sowohl von vorsätzlichem als auch, durch den hierdurch erwachsenden Zwang Fach- und Organisationskompetenz vorzuhalten und weiterzuentwickeln, fahrlässigem Fehlverhalten abhalten soll.

2 Für die pflichtwidrige Begründung von Masseverbindlichkeiten ist durch § 61 ein Spezialtatbestand normiert. Tritt der Verwalter Dritten als Verhandlungs- und Vertragspartner gegenüber, haftet er persönlich nur dann, wenn er eigene Pflichten ausdrücklich übernommen (vgl. Rdn. 49) oder insoweit einen Vertrauenstatbestand geschaffen (vgl. Rdn. 50), an dem er sich festhalten lassen muss, oder eine unerlaubte Handlung (vgl. Rdn. 51) begangen hat.[1]

3 Das ihm übertragene Amt und die hieraus folgenden gesetzlichen Pflichten begründen zwischen ihm und den von der Einhaltung dieser Pflichten Betroffenen ein gesetzliches Schuldverhältnis.[2] Auch wenn danach die Haftung in einer Sonderrechtsbeziehung gründet, hat sie aufgrund der Vielzahl der von der Erfüllung der Verwalterpflichten angesprochenen Rechtsträger, unbeachtlich der Unterscheidung zwischen Einzel- und Gemeinschaftsschaden (vgl. Rdn. 42), deliktsähnlichen Charakter.[3] Auf Erfüllung haftet der Verwalter persönlich nicht; er haftet vielmehr nur dann, wenn er durch Nichterfüllung der Forderung aufgrund Vertrages oder gesetzlicher Regelung seine Pflichten als Verwalter verletzt hat.[4] Folge der Haftung ist ein Schadensersatzanspruch auf das negative Interesse.

B. Adressaten der Norm

4 **Anspruchsverpflichtet** können der (vorläufige, § 21 Abs. 2 Nr. 1) Insolvenzverwalter, der Treuhänder im Verbraucherinsolvenzverfahren (§ 313 Abs. 1 Satz 3), der Sachwalter, nicht aber die Schuld-

---

[1] BGH 14.04.1987, IX ZR 260/86, ZIP 1987, 650.
[2] BGH 17.01.1985, IX ZR 59/84, ZIP 1985, 359 (360).
[3] BGH 17.01.1985, IX ZR 59/84, ZIP 1985, 359 (362).
[4] BGH 17.01.1985, IX ZR 59/84, ZIP 1985, 359 (360).

nerorgane[5] in der Eigenverwaltung (§ 274 Abs. 1) und der Sonderinsolvenzverwalter (vgl. § 56 Rdn. 30) in dem Umfang der diese jeweils treffenden insolvenzspezifischen Pflichten sein. Der vorläufige Verwalter mit Zustimmungsvorbehalt kann wegen seiner Verpflichtung zur Massesicherung und -erhaltung u.U. auch deswegen haften, weil er keine Einzelanordnung einholt (vgl. § 22 Rdn. 89), um die Verweigerung des Schuldners zu einer für die Masse vorteilhaften Maßnahme zu überwinden.[6] § 60 gilt nicht für die Tätigkeit als Treuhänder im Restschuldbefreiungsverfahren[7] und als Sachverständiger im Eröffnungsverfahren (vgl. § 22 Rdn. 81).

5 Mögliche **Anspruchsinhaber** sind alle, denen gegenüber der Verwalter insolvenzspezifische Pflichten wahrzunehmen hat.[8] Hierzu gehören der Insolvenzschuldner[9] bei einer Personenhandelsgesellschaft deren persönlich haftender Gesellschafter,[10] (nachrangige) Insolvenzgläubiger individuell oder in ihrer Gesamtheit (vgl. Rdn. 42), Altmassegläubiger (vgl. Rdn. 43) sowie Aus- und Absonderungsberechtigte. Nicht hierzu zählen die Organe der Insolvenzschuldnerin,[11] Kommanditisten[12], GmbH-Gesellschafter, Aktionäre[13] oder der Bürge im Insolvenzverfahren des Hauptschuldners, soweit die Forderung nicht nach § 774 Abs. 1 BGB auf ihn übergegangen ist,[14] ferner nicht der Neumassegläubiger, dem der Verwalter wie jeder Vertreter fremder Interessen als Geschäftspartner gegenübertritt.[15]

C. Pflichtverletzung

6 Der Verwalter muss eine ihm nach diesem Gesetz obliegende, also eine insolvenzspezifische Pflicht durch Tun oder Unterlassen verletzen.[16] Diese Pflichten ergeben sich aus den sich insb. aus § 1 ableitenden Verfahrenszielen sowie aus den mit dem Amt zum Erreichen dieser Ziele verbundenen Aufgaben. Diese bestimmen sich nach der jeweiligen Amtsstellung; so ist von dem Pflichtenumfang des Treuhänders etwa die Insolvenzanfechtung ausgenommen und auf die Gläubiger verlagert (§ 313 Abs. 2 Satz 1). Allgemein gehören dazu nicht solche Pflichten, die den Verwalter wie jeden Vertreter fremder Interessen gegenüber Dritten treffen. Nicht insolvenzspezifisch sind außerdem grds Pflichten, die dem Insolvenzverwalter als Verhandlungs- oder Vertragspartner eines Dritten auferlegt sind (vgl. Rdn. 50).

I. Allgemeine Pflichten

7 Den Verwalter trifft allgemein die Pflicht zur ordnungsgemäßen, auch kostengünstigen Verfahrensabwicklung. Er hat insb. die Pflicht zur Anzeige und Information über alle wesentlichen Umstände, insb. in Fällen der Interessenkollision, gegenüber dem Gericht und, in solchen Angelegenheiten in denen die Mitwirkung der übrigen Verfahrensbeteiligten gesetzlich erforderlich oder erwünscht ist (etwa § 158 Abs. 2 Satz 1), gegenüber der Gläubigerversammlung oder dem -ausschuss sowie dem Schuldner.[17] Er darf nicht über das Vermögen des Schuldners verfügen, welches nicht der

---

5 Str., hierzu ausführlich *Thole/Brünkmans* ZIP 2013, 1097 ff.
6 BGH 05.05.2011, IX ZR 144/10, ZIP 2011, 1419.
7 Vielmehr Haftung nach § 280 BGB; vgl. § 292 Abs. 3 Satz 2; OLG Celle 02.10.2007, 16 U 29/07, NZI 2008, 52; offen gelassen in BGH 10.07.2008, IX ZR 118/07, ZIP 2008, 1685 Rn. 20; str.
8 BGH 09.03.2006, IX ZR 55/04, ZIP 2006, 859 (860).
9 BGH 10.07.2008, IX ZR 118/07, ZIP 2008, 1685 Rn. 19.
10 BGH 22.01.1985, VI ZR 131/83, ZIP 1985, 423; vgl. a. BGH 16.09.2010, IX ZR 121/09, ZIP 2010, 2164 (2166).
11 OLG Brandenburg 21.03.2007, 7 U 128/06.
12 Einschränkend BGH 16.09.2010, IX ZR 121/09, ZIP 2010, 2164 (2167) für die Erfüllung steuerlicher Buchführungspflichten.
13 OLG Karlsruhe 24.01.2013, 9 U 129/11, ZIP 2013, 1237.
14 BGH 11.10.1984, IX ZR 80/83, ZIP 1984, 1506.
15 *Uhlenbruck/Sinz* Rn. 11.
16 Vgl. bereits BGH 04.12.1986, IX ZR 47/86, ZIP 1987, 115 (117).
17 BGH 24.01.1991, IX ZR 250/89, ZIP 1991, 324.

Zwangsvollstreckung unterliegt,[18] und hat die handels- und steuerrechtlichen Pflichten zur Buchführung und Rechnungslegung (§ 155 Abs. 1 Satz 2) einzuhalten.[19]

Der Verwalter ist **nicht Interessenvertreter des Schuldners**. Die gesetzliche Regelung nimmt in Kauf, dass die von dem Verwalter wahrgenommenen Interessen der Gläubiger und die Interessen des Schuldners zueinander in Widerspruch stehen oder geraten können. Die Insolvenzordnung gewährt insoweit dem Verwalter bzw. den Gläubigern den Vorrang.[20] Den Verwalter trifft nicht die Pflicht die Schuldnerinteressen bei nicht insolvenzbefangenem Vermögen, etwa Ansprüchen gegenüber Drittschuldnern, wahrzunehmen.[21] Genauso wenig hat er dem Schuldner außerhalb der Verwertung der Insolvenzmasse Vorteile, zum Beispiel Steuervorteile zu verschaffen.[22]

8

Der Verwalter haftet etwa, wenn: er das Amt des Verwalters übernimmt, ohne über hinreichende Kenntnisse zur Abwicklung des konkreten Verfahrens zu verfügen; er dem Gericht oder der Gläubigerversammlung (§ 157 Satz 1) nicht anzeigt, dass er an einer Gesellschaft, die Hilfskräfte zur Betriebsfortführung zu Lasten der Masse überlässt, beteiligt ist[23]; er Hilfskräfte auf Kosten der Masse für Arbeiten beauftragt, die zu den üblichen Aufgaben eines Insolvenzverwalters gehören und von ihm bzw. seinem Personal zu erledigen sind[24]; er sich nicht um die Vervollständigung einer bei Verfahrenseröffnung mangelhaften Buchführung bemüht, sofern diese im Blick auf die steuerlichen Anforderungen noch in Ordnung gebracht werden kann[25]; er unpfändbare Versorgungsbezüge des Schuldners einzieht, die dieser teilweise für sich beansprucht, weil das an ihn ausgezahlte Einkommen aus anderen Einkommensquellen unterhalb der Pfändungsgrenze liegt, und er nicht dafür Sorge trägt, dass dem Schuldner jedenfalls ein Beitrag in Höhe der Pfändungsgrenze verbleibt[26]; oder er einen ihm zugegangenen, fehlerhaften Steuerbescheid, der die Masse betrifft, nicht auf seine Richtigkeit überprüft und Einspruch einlegt[27].

9

Der Verwalter haftet nicht bereits, wenn: er nicht gegen die von der Sozialversicherung nach § 52 SGB I vorgenommene, insolvenzrechtlich u.U. unzulässige, sich aber auf das massefreie Vermögen des Schuldners beziehende Verrechnung einschreitet[28]; er, vorbehaltlich eines Auftrages der Gläubigerversammlung (§ 218 Abs. 2), keinen Insolvenzplan aufstellt, obwohl dies angezeigt ist[29]; er den von einem Arbeitnehmer versehentlich im Original an ihn versandten Insolvenzgeldantrag nicht an die Bundesagentur weiterleitet[30]; (gegenüber dem Schuldner) er die Betriebsstätte (unzulässig) unterverpachtet anstatt den Betrieb fortzuführen oder dem Schuldner freizugeben[31]

10

II. Inbesitznahme, Erhaltung und Verwertung der Masse, Betriebsfortführung

Nach der Eröffnung des Insolvenzverfahrens hat der Verwalter das gesamte zur Insolvenzmasse gehörende Vermögen sofort in Besitz und Verwaltung zu nehmen (§ 148 Abs. 1). Dies schließt deren Schutz gegen Eingriffe Dritter oder sonstige einen Wertverlust zu besorgende Umstände ein; insb. hat der Verwalter für einen ausreichenden Versicherungsschutz zu sorgen. Massegegenstände, die wertlos sind oder Kosten verursachen, welche den zu erwartenden Veräußerungserlös möglicher-

11

---

18 BGH 10.07.2008, IX ZR 118/07, ZIP 2008, 1685 Rn. 11.
19 BGH 29.05.1979, VI ZR 104/78, ZIP 1980, 25.
20 BGH 29.05.2008, V ZB 3/08, ZIP 2008, 1795 Rn. 9.
21 BGH 10.07.2008, IX ZR 118/07, ZIP 2008, 1685 Rn. 11.
22 BGH 10.07.2008, IX ZR 118/07, ZIP 2008, 1685 Rn. 11.
23 BGH 24.01.1991, IX ZR 250/89, ZIP 1991, 324.
24 Vgl. § 4 InsVV; OLG Köln 01.12.2005, 2 U 76/05, InVo 2007, 16.
25 BGH 29.05.1979, VI ZR 104/78, ZIP 1980, 25.
26 BGH 10.07.2008, IX ZR 118/07, ZIP 2008, 1685.
27 BGH 10.07.2008, IX ZR 118/07, ZIP 2008, 1685 Rn. 11.
28 BGH 10.07.2008, IX ZR 118/07, ZIP 2008, 1685.
29 Uhlenbruck/*Sinz* Rn. 50 m.w.N., str.; vgl. a. *Antoni* NZI 2013, 236 ff.
30 ArbG Weiden 03.07.2012, 5 Ca 1344/11, ZInsO 2012, 2158.
31 OLG München 30.10.2012, 14 U 2739/12, ZInsO 2013, 1530.

weise übersteigen, insb. wertausschöpfend belastete oder erheblich kontaminierte Grundstücke sind freizugeben.[32] Der Verwalter hat unverzüglich weitere Vermögensgegenstände, insb. (insolvenzspezifische) Forderungen zu ermitteln und erreichbare Vermögenswerte zur Masse zu ziehen. Nach dem Berichtstermin ist das zur Insolvenzmasse gehörende Vermögen zügig und bestmöglich zu verwerten,[33] soweit die Beschlüsse der Gläubigerversammlung nicht entgegenstehen (§ 159). Der Verwalter haftet aber, wenn er dabei in übertriebener Eile handelt und ein besseres Angebot ablehnt, bei dem alle Gläubiger der Insolvenzschuldnerin befriedigt worden oder sogar der Schuldnerin ein Überschuss verblieben wäre.[34] Forderungen sind, u.U. gerichtlich, geltend zu machen. In massearmen Verfahren hat der Verwalter dabei die Inanspruchnahme von Prozesskostenhilfe, Vorschüssen der Gläubiger oder eine anderweitige Prozesskostenfinanzierung in Erwägung zu ziehen.

12 **Der Verwalter haftet etwa**, wenn: er Massegelder nicht verzinslich anlegt[35]; er Gegenstände freigibt, die für die Masse einen Überschuss erbracht hätten[36]; er Ansprüche der Masse nicht ermittelt[37]; er Erfolg versprechende Ansprüche der Masse gegen Dritte nicht, nicht rechtzeitig oder fehlerhaft, da im Mahnbescheid nicht hinreichend individualisiert, für die Verjährungsunterbrechung geltend gemacht hat[38]; er erkennbare Ansprüche erst spät, u.U. kurz vor Ablauf der Verjährungsfrist, ermittelt[39] bzw. anhängig macht und hierdurch wichtige Beweismittel und damit der Prozess verlustig gehen; er die Besonderheiten bei der D&O Versicherung nicht beachtet und der Versicherer daher leistungsfrei wird[40]; er den Verwertungserlös an den Absonderungsberechtigen ohne Abzug des Kostenbeitrags (§ 171) auskehrt; er Warenvorräte zu einem Stichtag zu einem Pauschalpreis veräußert, aber nicht sein vorbehaltenes Recht ausübt, den Bestand bis dahin weitgehend abzubauen[41]; er vor dem Berichtstermin und ohne Zustimmung des Gläubigerausschusses (§ 158 Abs. 1) das schuldnerische Unternehmen unter dem Verkehrswert veräußert[42]; er die Bonität und Zahlungswilligkeit eines Käufers von Massegegenständen nicht prüft und keinen schriftlichen Kaufvertrag mit der Vereinbarung eines Eigentumsvorbehalts, einer Zug um Zug Leistung oder sonstiger Sicherheiten schließt[43]; er eine Auffanggesellschaft gründet und auf Kosten der Insolvenzmasse für diese einen Vertriebsexperten beauftragt[44].

13 **Der Verwalter haftet nicht bereits**, wenn: Die Inbesitznahme verzögert erfolgt[45]; er als vorläufiger »schwacher« Verwalter ein Mietobjekt im Eröffnungsverfahren nicht herausgibt und der Vermieter daher das Objekt nicht sogleich weitervermieten kann[46]; oder kein Treuhandkonto einrichtet und ein Kunde mit seinem Bereicherungsanspruch wegen einer Fehlüberweisung ausfällt[47].

III. Feststellung und Befriedigung von Insolvenzforderungen

14 Der Verwalter hat eine angemeldete Forderung auf der Grundlage des mitgeteilten und ihm im Übrigen bekannten oder zu ermittelnden Sachverhaltes auf ihre Berechtigung zu überprüfen. Er hat für

---

32 BGH 21.04.2005, IX ZR 281/03, ZIP 2005, 1034.
33 BGH 12.11.1987, IX ZR 259/86, ZIP 1987, 1586.
34 BGH 22.01.1985, VI ZR 131/83, ZIP 1985, 423.
35 LG Hamburg 13.09.2012, 323 O 601/09 nr (OLG Hamburg, 5 U 179/12), ZIP 2013, 738 (739); vgl. auch § 148 Rdn. 3.
36 *Uhlenbruck* Rn. 14.
37 Vgl. BGH 22.04.2004, IX ZR 128/03, ZIP 2004, 1218: Anfechtung.
38 BGH 28.10.1993, IX ZR 21/93, ZIP 1993, 1886 (1887 f.); ausf. *Ehricke* ZIP 2011, 1851 ff.
39 Vgl. LG Dresden 31.05.2013, 10 O 3091/12, ZInsO 2013, 1319.
40 Hierzu *Andresen/Schaumann* ZInsO 2010, 1908 (1913 ff.).
41 OLG Hamm 20.06.2006, 27 U 22/06, ZInsO 2007, 216.
42 OLG Rostock 08.04.2011, 5 U 31/08, ZInsO 2011, 1511.
43 LG Berlin 18.04.2007, 3 O 59/05, zit. nach LG Köln 22.01.2009, 24 O 363/08, juris Rn. 6.
44 LG Hamburg 13.09.2012, 323 O 601/09 nr, (OLG Hamburg, 5 U 179/12), ZIP 2013, 738.
45 *FK-InsO/Wegener* § 148 Rn. 5.
46 LG Lübeck 28.10.2010, 17 O 262/09, ZInsO 2011, 391.
47 OLG Hamm 29.03.2011, I-27 U 134/10, ZIP 2011, 2068.

eine gleichmäßige Befriedigung der Insolvenzforderungen zu sorgen (§ 1 Satz 1). Das von ihm aufzustellende Verteilungsverzeichnis (§ 188) hat richtig und vollständig zu sein.

Der Verwalter haftet etwa, wenn: er in dem Schlussverzeichnis fehlerhaft eine Forderung nicht berücksichtigt[48]; er dem aus einer Gehaltsabtretung absonderungsberechtigten Gläubiger mitteilt, dass das Insolvenzverfahren nicht vor Ablauf der Frist des § 114 InsO beendet sein wird, der Gläubiger auf die Richtigkeit der Auskunft vertraut und er dadurch mit seiner Restforderung nicht mehr bei der – früher als angekündigt vorgenommenen – Schlussverteilung berücksichtigt werden kann[49]; er unter Nichtbeachtung von § 105 (dort Rdn. 4) Versicherungsprämien auch insoweit begleicht, als sie auf den Versicherungszeitraum vor Verfahrenseröffnung entfallen[50]; gegenüber dem Schuldner für den Zinsschaden, wenn er abweichend von dem Insolvenzplan eine Abschlagszahlung leistet[51]. 15

Der Verwalter haftet nicht bereits, wenn: er den anmeldenden Gläubiger vor Einlegung des Widerspruchs gegen die Forderungsanmeldung nicht auf Schlüssigkeitsmängel hinweist[52], er eine Insolvenzforderung, für welche Rückdeckung bei einem Versicherer besteht, ohne dessen Zustimmung feststellt (§ 105 VVG).[53] 16

IV. Begründung und Befriedigung von Masseverbindlichkeiten

Vor der Befriedigung einzelner Massegläubiger hat der Verwalter zu prüfen, ob, in welchem Umfang und in welcher Reihenfolge Masseverbindlichkeiten zu befriedigen sind und ob die Masse überhaupt ausreicht, um alle Masseforderungen zu bedienen. Er hat sich einen Überblick über die Aktiva und Passiva zu verschaffen und dann zu entscheiden, inwieweit Forderungen befriedigt werden können, ohne andere – ggf. vorrangig oder gleichrangig zu befriedigende – Gläubiger zu benachteiligen (Verteilungsfehler).[54] Für die materielle Anwendung der Rangordnung des § 209 Abs. 1 und damit für die Haftung kommt es dabei auf den Zeitpunkt der Anzeige der Masseunzulänglichkeit nicht an.[55] Diese gilt auch schon vor der Anzeige und ist vom Verwalter in jedem Fall zu beachten.[56] 17

Für den **Ausfall des Massegläubigers** haftet der Verwalter außerhalb von § 61 grds nicht. Erfüllt er diese Verbindlichkeiten schlecht, nicht rechtzeitig oder gar nicht, so stellen die sich daraus ergebenden Schadensersatzansprüche lediglich Masseverbindlichkeiten (§ 55 Abs. 1 Nr. 1) dar, für welche nur die Masse haftet.[57] Er haftet allerdings nach § 61, wenn der Ausfall wegen Nichtbeachtung der gesetzlichen Rangfolge bei der Befriedigung eintritt (§§ 53, 209),[58] etwa wenn er die Schlussverteilung (§ 196) oder die Herausgabe eines sich danach ergebenden Überschusses (§ 199) ohne Berücksichtigung der auch bei dem ehemaligen Schuldner nicht mehr eintreibbaren Gerichtskosten vornimmt.[59] Weiter kann eine persönliche Haftung bei der Inanspruchnahme besonderen Vertrauens, wegen der Übernahme eigener vertraglicher Pflichten, wegen positiver Vertragsverletzung, aus unerlaubter Handlung oder der Verletzung von Verkehrssicherungspflichten in Betracht kommen (dazu Rdn. 48 ff.). 18

---

48 BGH 09.06.1994, IX ZR 191/93, ZIP 1994, 1118; OLG Hamm 29.11.1982, 5 U 232/81, ZIP 1983, 341.
49 LG Frankfurt/O. 28.10.2011, 6a S 108/11, ZInsO 2012, 176.
50 LG Hamburg 13.09.2012, 323 O 601/09 nk, ZIP 2013, 738.
51 LG Berlin 01.12.2011, 9 O 293/11, ZInsO 2012, 326.
52 OLG Stuttgart, 29.04.2008, 10 W 21/08, ZIP 2008, 1781.
53 Beachte aber § 210 VVG. Zur Rechtslage nach dem VVG a.F. vgl. OLG Dresden 22.09.2005, 4 U 2194/04, InVo 2006, 227.
54 BGH 21.10.2010, IX ZR 220/09, ZIP 2010, 2356 (2357); BAG 25.01.2007, 6 AZR 559/06, ZIP 2007, 1169 Rn. 28.
55 OLG Düsseldorf 27.01.2012, I-22 U 49/11, ZIP 2012, 2115.
56 BGH 21.10.2010, IX ZR 220/09, ZIP 2010, 2356 (2357).
57 BAG 01.06.2006, 6 AZR 59/06, ZIP 2006, 1830: Entgeltansprüche.
58 BGH 06.05.2004, IX ZR 48/03, ZIP 2004, 1107 (1110).
59 BGH 17.01.1985, IX ZR 59/84, ZIP 1985, 359: ggü. Land.

§ 60 InsO Haftung des Insolvenzverwalters

19 Bedient sich der Verwalter eines gesetzlich geregelten gerichtlichen Verfahrens (Erkenntnisverfahren, Zwangsvollstreckung), um Ansprüche der Insolvenzmasse durchzusetzen, trifft ihn grds keine Verpflichtung, das Verfahren nur mit Rücksicht auf die Erfüllbarkeit eventueller **Prozess- oder Verfahrenskosten** der gesetzlichen Organe oder des Gegners zu führen.[60] Er kann daher diese Maßnahmen auch dann ergreifen, wenn er positiv weiß, dass die Masse außerstande ist, einen etwaigen Kostenerstattungsanspruch aus diesen Verfahren zu erfüllen.[61] Auch ist er grds nicht gehalten, zur Minderung des Kostenrisikos nur eine Teilklage zu erheben.[62] Eine Haftung besteht danach etwa nicht für die Vergütung und Auslagen einer von dem Insolvenzverwalter beantragten Zwangsverwaltung.[63] Er haftet nur dann nach § 826 BGB, wenn er die materielle Unrichtigkeit seines Prozessbegehrens kennt bzw. grob fahrlässig nicht kennt und besondere Umstände aus der Art und Weise der Prozesseinleitung oder -durchführung hinzutreten, die das Vorgehen als sittenwidrig prägen.[64] Solches kommt etwa in Betracht, wenn er den Prozess »ins Blaue hinein«, ohne jede oder auf der Grundlage einer offensichtlich ganz lückenhaften oder sonst auf gänzlich verfehlten Erwägungen beruhenden Prüfung des Anspruchs in tatsächlicher und rechtlicher Hinsicht einleitet[65] oder mit unlauteren Mitteln (Prozessbetrug, Erschleichen gerichtlicher Handlungen) betreibt.[66] Zu weitgehend ist es daher zu fordern,[67] dass der Prozesserfolg ex ante überwiegend wahrscheinlich gewesen sein muss. Ausnahmsweise besteht ohne die vorgenannten Voraussetzungen eine Haftung, wenn der Verwalter einen unstreitigen Primär- oder Sekundäranspruch eines Aussonderungsberechtigten nicht erfüllt und dieser daher klagen muss[68]; dies kann auch dann gelten, wenn dem Verwalter in diesem Verfahren Prozesskostenhilfe gewährt wurde.[69] Er haftet auch gegenüber dem Vormerkungsberechtigten (§ 106) auf Ersatz der Prozesskosten, die der Gläubiger nach gehöriger Aufforderung und ausreichender Prüfungszeit von über einem halben Jahr zur Durchsetzung seines Anspruchs aufgewendet hat.[70] Andererseits steht es einer Haftung bereits entgegen, wenn die Erfolgsaussichten der Klage von einer Beweisaufnahme abhängig gewesen sind.[71]

20 **Der Verwalter haftet etwa**, wenn: er die Anzeige der Masseunzulänglichkeit zu früh abgibt und dadurch Massegläubiger, die er aus der vorhandenen Masse eigentlich noch vollständig hätte befriedigen müssen, in den Rang des § 209 Abs. 1 Nr. 3 zurückgesetzt werden[72]; er einen Gläubiger einer vermeintlichen Masseverbindlichkeit, entgegen seiner Zusage, nicht von dem gläubigerfreundlichen Ergebnis eines Parallelprozesses informiert und dieser deswegen eine eigene Feststellungsklage unterlässt[73]; er eine als Insolvenzforderung angemeldete Masseverbindlichkeit im Prüfungstermin bestreitet, nachfolgend aber nicht als Masseschuld behandelt und diese schließlich verjährt[74].

---

60 BGH 10.12.2009, IX ZR 220/08, ZIP 2010, 242.
61 BGH 25.03.2003, VI ZR 175/02 ZIP 2003, 962.
62 BGH 25.03.2003, VI ZR 175/02 ZIP 2003, 962 (965).
63 BGH 10.12.2009, IX ZR 220/08, ZIP 2010, 242.
64 BGH 26.06.2001, IX ZR 209/98, ZIP 2001, 1376.
65 BGH 26.06.2001, IX ZR 209/98, ZIP 2001, 1376 (1379).
66 Vgl. BGH 25.03.2003, VI ZR 175/02 ZIP 2003, 962 (964).
67 So OLG Hamm 08.06.1995, 27 U 18/95, ZIP 1995, 1436 (1437).
68 BGH 01.12.2005, IX ZR 115/01, ZIP 2006, 194 Rn. 21.
69 LG Rostock 18.06.2008, 4 O 367/07, BeckRS 2008, 16192.
70 OLG Hamm 22.06.2006, 27 U 183/05, ZIP 2006, 1911.
71 BGH 02.12.2004, IX ZR 142/03, ZIP 2005, 131 (132).
72 Vgl. BGH 21.10.2010, IX ZR 220/09, ZIP 2010, 2356 (2357); krit. hierzu *Gundlach/Frenzel/Jahn* DZWIR 2011, 177 (180).
73 BGH 26.03.1985, VI ZR 245/83, ZIP 1985, 693 (694).
74 OLG München 30.04.1981, 1 U 4248/80, ZIP 1981, 887.

Der Verwalter haftet nicht bereits, wenn: er verspätet Masseunzulänglichkeit anzeigt und deswegen der Gläubiger eines Dauerschuldverhältnisses nicht den Rang nach § 209 Abs. 1 Nr. 2 erlangt[75]; er bei ernstlich drohender oder eingetretener Masseunzulänglichkeit die Lohnansprüche freigestellter Arbeitnehmer nicht, wohl aber – im Interesse der Fortführung des Betriebs – die Lieferantenforderungen und die Entgeltforderungen der tatsächlich beschäftigten Arbeitnehmer befriedigt[76]; er Arbeitnehmer zu spät freistellt und diese deswegen keinen Arbeitslosengeldanspruch nach § 157 Abs. 3 SGB III (Gleichwohlgewährung) erlangen[77]; für das Hausgeld, wenn er das Wohnungseigentum des Schuldners nicht freigibt[78].

21

V. Beachtung und Befriedigung von Aussonderungsrechten

Die Pflicht zur Erfüllung der Ansprüche aussonderungsberechtigter Gläubiger trifft den Verwalter als solchen.[79] Aussonderungsrechte (§§ 47 ff.) sind zu beachten, insb. von der Verwertung der Masse auszunehmen. Allerdings müssen ihm hierfür entsprechende Rechte vor der Verwertung bekannt geworden sein, denn zur uneingeschränkten Sachaufklärung ist der Insolvenzverwalter nicht verpflichtet. Auf deutliche Anhaltspunkte muss er jedoch eingehen und sein Verhalten entsprechend darauf einstellen, selbst wenn er ein Aussonderungsrecht bestreiten will.[80] Der Verwalter hat an der Herausgabe der auszusondernden Gegenstände mitzuwirken und dafür Sorge zu tragen, dass diese Ansprüche rechtzeitig erfüllt werden. Die Rechtzeitigkeit der Erfüllung seiner Pflichten bemisst sich dabei nicht nach den zugrunde liegenden materiell-rechtlichen Ansprüchen gegen den Insolvenzschuldner, also etwa nach einem dort vorliegenden Verzugseintritt oder gar der Fälligkeitsregelung. Vielmehr steht einem Verwalter eine eigene – nach den Umständen des jeweiligen Falles zu bemessende – Prüfungszeit zu, bevor er geltend gemachte begründete Ansprüche erfüllen muss.[81]

22

Der Verwalter haftet etwa, wenn: er – unter Verletzung der mietvertraglichen Pflicht, vor einer Untervermietung die Zustimmung des Vermieters einzuholen – eine vom Schuldner angemietete Immobilie an einen unzuverlässigen Untermieter vermietet und hierdurch den Rückgabeanspruch des aussonderungsberechtigten Vermieters gefährdet[82]; er insgesamt ein Warenlager verwertet, obwohl an einzelnen Waren Aussonderungsrechte geltend gemacht werden[83]; er auszusondernde Gegenstände an die Schuldnerin freigibt, ohne die Aussonderungsberechtigten von der Freigabe vorher zu unterrichten[84].

23

Der Verwalter haftet nicht bereits, wenn: trotz gekündigten Hauptmietverhältnisses die vom Schuldner im Untermietverhältnis genutzten gewerblichen Räume nicht sofort herausgegeben werden, weil eine sofortige Räumung wegen des umfangreichen Lagers und Aktenmaterials nicht möglich ist und/oder die Masse zur Räumung und anderweitigen Unterbringung nicht ausreicht[85]; er nicht die Löschung eines Insolvenzvermerks im Grundbuch beantragt (§ 32 Abs. 3 Satz 2), vielmehr dies durch den Berechtigten erfolgt und diesem hierfür Kosten entstehen[86].

24

---

75 BGH 21.10.2010, IX ZR 220/09, ZIP 2010, 2356; BAG 15.11.2012, 6 AZR 321/11, ZInsO 2013, 723 Rn. 64.
76 OLG Düsseldorf 27.01.2012, I-22 U 49/11, ZIP 2012, 2115; LAG Halle 14.03.2007, 3 Sa 477/04, ZInsO 2007, 1007.
77 BAG 15.11.2012, 6 AZR 321/11, ZInsO 2013, 723, wobei ein Anspruch der Arbeitnehmer offenbar dann eröffnet sein soll (Rdn. 48), wenn deren Weiterbeschäftigung – unbeachtlich des Arbeitslohnes – insgesamt zu einer Masseminderung führen musste. Dem ist nicht zu folgen, da hierdurch nur die Gläubigergesamtheit geschädigt wird (vgl. Rdn. 11).
78 LG Stuttgart 23.04.2008, 10 S 5/07, NZI 2008, 442.
79 BGH 01.12.2005, IX ZR 115/01, ZIP 2006, 194.
80 OLG Jena 27.10.2004, 2 U 414/04, ZInsO 2005, 44.
81 OLG Hamm 22.06.2006, 27 U 183/05, ZIP 2006, 1911.
82 BGH 25.01.2007, IX ZR 216/05, ZIP 2007, 539: ggü. Vermieter.
83 OLG Jena 27.10.2004, 2 U 414/04, ZInsO 2005, 44.
84 OLG Düsseldorf 02.06.1987, 23 U 150/86, ZIP 1988, 450.
85 OLG Hamm 21.12.1984, 9 U 112/84, ZIP 1985, 628.
86 AG Celle 25.10.2004, 14 C 1254/04, ZInsO 2005, 50.

§ 60 InsO Haftung des Insolvenzverwalters

VI. Beachtung und Befriedigung von Absonderungsrechten

25 Der Verwalter hat insolvenzfeste[87] Absonderungsrechte zu beachten und einem Wertverlust des belasteten Gegenstandes entgegenzuwirken. Soweit er zur Verwertung berechtigt ist (§ 166) hat er den Mitteilungspflichten nach §§ 167 f. zu genügen. Die Verwertung hat bestmöglich zu erfolgen, der Gläubiger ist aus dem Erlös unverzüglich zu befriedigen.[88] Wird der Gegenstand freigeben, enden grds die insolvenzspezifischen Pflichten.[89]

26 **Der Verwalter haftet etwa,** wenn: ein abgetretener Kaufpreisanspruch aus einem Grundstücksverkauf wegen Rechtsmangels deswegen reduziert wird, weil der Verwalter es unterlassen hat, ein sich periodisch verlängerndes, nachteilhaftes Mietverhältnis gegenüber dem Grundstücksmieter rechtzeitig zu kündigen[90]; die Verwertung und/oder die Auskehr verzögert erfolgt und die Masse deswegen insb. auf Zinsen haftet (§ 169)[91]; er einer freihändigen Veräußerung von Waren nicht nach § 1246 Abs. 1 BGB zustimmt, obwohl hierbei ein höherer Erlös als bei der Versteigerung nach § 371 Abs. 2 HGB, § 1235 BGB zu erwarten ist[92]; wenn Verwertungserlöse nicht separiert werden und wegen Masseunzulänglichkeit eine Auskehr nicht mehr erfolgen kann[93] oder diese sonst verlustig gehen, insb. unterschlagen werden, wobei es dem Haftungsanspruch des Absonderungsberechtigten grds nicht entgegensteht, dass ein Bürge die gesicherte Forderung beglichen hat[94]; wenn der sicherungsübereignete Warenbestand entgegen der Vereinbarung mit der Bank nicht revolvierend zur Produktion verwandt, sondern insgesamt an eine Auffanggesellschaft veräußert wird[95].

27 **Der Verwalter haftet nicht bereits:** wenn er die Herausgabe von mit Absonderungsrechten belasteten Gegenständen nicht von dem unberechtigten Eigenbesitzer erzwingt[96]; wenn er den Gegenstand auf ein nachgebessertes Angebot an einen Dritten verkauft, ohne den absonderungsberechtigte Gläubiger, der zuvor einen geringfügig über dem bisherigen Angebot des Dritten liegenden Preis geboten hatte (§ 168 Abs. 3), nochmalig hierüber informiert[97]; ein Auktionator Verwertungserlöse veruntreut, wenn es sich um ein anerkanntes, eingesessenes Unternehmen mit gutem Ruf handelt[98].

VII. Verträge und Vertragsverhandlungen

28 Der Verwalter haftet grds nicht für die Pflichten nach § 60, die ihm als Verhandlungs- oder Vertragspartner eines Dritten auferlegt sind. Hier haftet grds allein die Masse nach den allgemeinen Vorschriften (zu den Ausnahmen vgl. Rdn. 49 f.).[99] Insb. besteht keine Verpflichtung auf das Risiko einer Masseunzulänglichkeit hinzuweisen.[100] Weiter haftet der Verwalter nicht bereits deswegen gegenüber dem Käufer einer Sache, weil diese wegen § 94 BGB nicht übertragbar ist.[101] Eine Haftung nach § 60 kann ausnahmsweise begründet sein, wenn diesem Dritten gegenüber auch besondere insolvenzspezifische Pflichten bestehen, deren Erfüllung durch die Verletzung der anderen Pflichten

---

87 BGH 16.10.2008, IX ZR 183/06, ZIP 2009, 91 (97).
88 LG Stendal 07.03.2002, 22 S 208/01, ZIP 2002, 765 (769).
89 OLG Koblenz 13.06.1991, 5 U 1206/90, ZIP 1992, 420 (422).
90 BGH 09.03.2006, IX ZR 55/04, ZIP 2006, 859 (861).
91 BGH 20.02.2003, IX ZR 81/02, ZIP 2003, 632.
92 BGH 05.05.2011, IX ZR 144/10, ZIP 2011, 1419.
93 BGH 16.10.2008, IX ZR 183/06, ZIP 2009, 91 (96); MüKo-InsO/*Lwowski/Tetzlaff* § 171 Rn. 40.
94 BGH 02.12.1993, IX ZR 241/92, ZIP 1994, 140: Absonderungsberechtigter.
95 BGH 16.10.2008, IX ZR 183/06, ZIP 2009, 91 (95).
96 OLG Hamburg 14.12.1995, 10 U 103/94, ZIP 1996, 386.
97 BGH 22.04.2010, IX ZR 208/08, ZIP 2010, 1089.
98 OLG Hamm 05.02.2009, 27 U 90/08, ZInsO 2009, 2296.
99 BGH 12.11.1987, IX ZR 259/86, ZIP 1987, 1586 (1587).
100 OLG Hamm 04.06.1992, 27 U 132/91, ZIP 1992, 1404 (1405).
101 BGH 18.01.1990, IX ZR 71/89, ZIP 1990, 242 (245).

gefährdet wird, etwa durch die Verletzung mietvertraglicher Pflichten das dem Vermieter zustehende Aussonderungsrecht.[102]

VIII. Steuerliche Pflichten und Sachverhalte

Für die **Einhaltung der Steuerpflichten** haftet der Verwalter grds nach § 69 AO, soweit der Fiskus Massegläubiger ist, und nach § 60, soweit dieser Insolvenzgläubiger ist oder Masseunzulänglichkeit eingetreten ist (vgl. Rdn. 43). Die Anspruchsgrundlagen verdrängen sich allerdings nicht (einfache Gesetzeskonkurrenz). Insolvenzrechtlich gebotene Maßnahmen des Verwalters, insb. zur Massesicherung und -erhaltung, können ihm auch im Rahmen von § 69 AO nicht vorgeworfen werden.[103] Der Verwalter hat insb. die handels- und steuerrechtlichen Pflichten des Schuldners zur Buchführung und zur Rechnungslegung in Bezug auf die Insolvenzmasse zu erfüllen (155). Für Mängel in der Buchführung, die bereits vor Verfahrenseröffnung entstanden sind, bestehen sie jedoch nur, soweit diese erkennbar und im Rahmen des Zumutbaren behebbar waren.[104] Im Verhältnis zur Masse hat der Verwalter insb. zu prüfen, ob dieser Ansprüche auf Steuerrückerstattungen zustehen. Ihm kommt dabei nicht ein verringerter Haftungsmaßstab in entsprechender Anwendung von § 69 AO (»grobe Fahrlässigkeit«) zugute.[105]

29

Der Verwalter haftet etwa, wenn: er bei dem freihändigen Grundstücksverkauf nach Optierung zur Umsatzsteuer diese nicht zur Masse zieht, sondern an den Grundpfandgläubiger abtritt, für den Quotenschaden des Fiskus[106]; er Zahlungen auf zur Tabelle festgestellte Steuerforderungen durch Verzögerung der Schlussverteilung verspätet vornimmt, für den Zinsschaden[107].

30

Der Verwalter haftet nicht bereits, wenn er als »halbstarker« vorläufiger Verwalter (§ 21 Abs. 2 Nr. 2 Alt. 2) nach alter Rechtslage (vgl. § 22 Rdn. 113 ff.) durch einen pauschalen Widerspruch den Lastschrifteinzug von Steuerverbindlichkeiten verhindert (vgl. aber Rdn. 51 a.E.)[108]; wenn fehlerhafte Steuerfestsetzungen bestandskräftig werden und der Masse USt-Erstattungen verlustig gehen, dies aber auf einer unvollständige Belehrung des Finanzamts über den wahren Verfahrensstand und damit über die Erfolgsaussichten von Rechtsmitteln gegen einen Steuerbescheid beruht[109].

31

D. Verschulden

I. Haftung für eigenes Verhalten

Der Verwalter hat Vorsatz und Fahrlässigkeit zu vertreten (§ 276 Abs. 1 Satz 1 BGB). Er handelt fahrlässig, wenn er die Sorgfalt eines ordentlichen und gewissenhaften Verwalters außer Acht lässt (§ 276 Abs. 2 BGB i.V.m. Abs. 1 Satz 2). Der Sorgfaltsmaßstab ist danach an den besonderen Verhältnisse des Insolvenzverfahrens auszurichten, insb. dem Zwang, kurzfristig Entscheidungen, insb. unternehmerischer Art aufgrund einer unzulänglichen Informationsgrundlage zu treffen.[110] Insofern fließt die Wertung der Business Judgement Rule (vgl. § 93 Abs. 1 Satz 2 AktG) bei der Findung des Sorgfaltsmaßstabs im Einzelfall mit ein.[111] Die Anforderungen erhöhen sich mit fortschreitender

32

---

102 BGH 25.01.2007, IX ZR 216/05, ZIP 2007, 539.
103 FG Münster 01.07.2010, 3 K 3206/06 L, ZInsO 2010, 1896 (1899).
104 BGH 29.05.1979, VI ZR 104/78, ZIP 1980, 25.
105 LG Düsseldorf 10.01.2011, 7 O 193/09, ZIP 2011, 441.
106 BFH 28.11.2002, VII R 41/01, ZIP 2003, 582.
107 BGH 01.12.1988, IX ZR 61/88, ZIP 1989, 50.
108 OLG Frankfurt 23.01.2013, 4 U 62/12, ZIP 2013, 1634; FG Münster 01.07.2010, 3 K 3206/06 L, ZInsO 2010, 1896 zur Haftung nach §§ 69, 34, 35 AO; vgl. a. FG Münster 16.08.2011, 11 V 1844/11 AO, ZIP 2011, 1731 nr, zum diesbezüglichen Auskunftsverlangen des Finanzamts, um zu klären, ob die Lastschriften bereits genehmigt waren; ausf. hierzu *Bäumer* ZInsO 2011, 1857 ff.; a.A. *Weßeler/Schneider* ZInsO 2012, 302 ff.
109 OLG Düsseldorf 25.07.2012, 7 U 22/11, ZInsO 2012, 2296.
110 Vgl. OLG Köln 19.04.2001, 12 U 151/00, ZIP 2001, 1821 (1823).
111 *Erker* ZInsO 2012, 199 ff.

Dauer des Verfahrens. Maßstab sind die Kenntnisse eines durchschnittlichen Insolvenzverwalters (vgl. § 56 Rdn. 5 ff.). Einzubeziehen ist, dass dem Verwalter nach der einschlägigen gesetzlichen Regelung bei der Maßnahme ein Entscheidungs- und/oder Auswahlermessen zustehen kann. Wird der Verwalter in seinem Beruf tätig, etwa indem er einen Masseanspruch selbst als Anwalt geltend macht, schuldet er den Beteiligten des Verfahrens dieselbe Sorgfalt wie einem Mandanten und hat den sichersten Weg zu wählen.[112]

33 Der Verwalter kann sich gegenüber einem Haftungsanspruch grds exkulpieren, wenn der **Gläubigerausschuss** (zur Haftung der Ausschussmitglieder vgl. § 71) **oder die Gläubigerversammlung** einer genehmigungsbedürftigen Maßnahme des Verwalters zugestimmt haben[113] und die verletzten Interessen durch das Gremium repräsentiert werden, was nur hinsichtlich der Insolvenzgläubiger und den Absonderungsberechtigten der Fall ist.[114] Anders kann dies zu beurteilen sein, wenn der Verwalter die Sach- und Rechtslage diesen gegenüber unrichtig dargestellt bzw. sonst deren Entscheidungsfreiheit eingeschränkt hat oder die Maßnahme nicht mehr vertretbar ist,[115] insb. der zustimmende Beschluss gegen die gemeinsamen Interessen der Insolvenzgläubiger verstößt (§ 78).[116] Wird die Zustimmung verweigert, aber trotzdem die Maßnahme mit der Folge eines Schadenseintritts durchgeführt, wird das Verschulden des Verwalters indiziert.[117]

34 Ein Irrtum über eine **Rechtsfrage** entlastet den Verwalter grds nicht.[118] Das Verschulden ist jedoch nicht gegeben, wenn der Verwalter einer in der höchstrichterlichen Rechtsprechung widersprüchlich vertretenen Rechtsansicht, oder einer erst vor kurzem aufgegebenen Kommentarmeinung folgt.[119] Pflichtwidrig ist es, wenn er bei der Beurteilung einer einfachen Rechtsfrage eine Auffassung vertritt, die völlig im Widerspruch zur gefestigten Rechtsprechung und zur ganz allgemein vertretenen Literaturmeinung steht.[120] Gleiches gilt, wenn im Schrifttum der Verjährungsbeginn strittig oder unklar beurteilt wird und der Verwalter nicht den frühesten Zeitpunkt für hemmende Maßnahmen zugrunde legt.[121] Praxistipp: Der Verwalter kann sich exkulpieren, wenn er seine Vorgehensweise auf das Gutachten eines anerkannten Spezialisten stützt.[122] Bei komplexen, strittigen und für die Masse bedeutsamen Maßnahmen sollte daher auf Kosten der Masse ein solches Gutachten eingeholt werden.

35 **Schuldhaft handelt der Verwalter etwa**, wenn: er einen Betrieb ohne betriebswirtschaftliche Ertrags- und Liquiditätsplanung fortführt; er wegen der – sich später zerschlagenden – Erwartung weiterer Masseeingänge Gläubiger ungleich befriedigt[123]; er Gegenstände unter Eigentumsvorbehalt den Berechtigten nicht zur sofortigen Abholung überlässt, um sich zunächst einen Überblick zu verschaffen und den Bestand zu sichern, allerdings offenbar keine organisatorischen Maßnahmen trifft, die einen Zugriff Dritter verhindern[124]; er eine Masseverbindlichkeit pflichtwidrig nicht bedient und nicht darlegt, hinreichende organisatorische Vorkehrungen getroffen zu haben, um eine vollständige und rechtzeitige Buchung aller Masseverbindlichkeiten sicherzustellen[125]; er zur Betriebsfortführung nicht notwendige, aber gesetzlich gleichrangig zu bedienende Massegläubiger benachteiligt.[126] Er handelt auch schuldhaft, wenn er fremdes Eigentum zur Masse zieht und hierbei die Sachlage unzu-

---

112 BGH 28.10.1993, IX ZR 21/93, ZIP 1993, 1886 (1888).
113 BGH 22.01.1985, VI ZR 131/83, ZIP 1985, 423.
114 MüKo-InsO/*Brandes* Rn. 102 f.; vgl. BGH 16.10.2008, IX ZR 183/06, ZIP 2009, 91 (96).
115 BGH 22.01.1985, VI ZR 131/83, ZIP 1985, 423 (425 f.).
116 MüKo-InsO/*Brandes* Rn. 100.
117 *Bork* ZIP 2005, 1120 (1122).
118 OLG Köln 27.10.1995, 19 U 140/95, WM 1996, 214.
119 OLG Nürnberg 15.01.1986, 4 U 1334/85, ZIP 1986, 244.
120 OLG Jena 27.10.2004, 2 U 414/04, ZInsO 2005, 44.
121 BGH 28.10.1993, IX ZR 21/93, ZIP 1993, 1886 (1888).
122 Uhlenbruck/*Sinz* Rn. 96.
123 BGH 06.05.2004, IX ZR 48/03, ZIP 2004, 1107 (1111).
124 *OLG Bremen* 23.01.2004, 4 U 36/03, JurBüro 2004, 338.
125 BGH 06.05.2004, IX ZR 48/03, ZIP 2004, 1107 (1113).
126 A.A. LAG Sachsen-Anhalt 14.03.2007, 3 Sa 477/04, ZInsO 2007, 1007.

reichend aufklärt oder eine klare Rechtslage falsch beurteilt hat.[127] Er muss jedoch nicht von sich aus nach Anhaltspunkten für Drittrechte suchen.[128] Dies gilt auch dann, wenn im Geschäftsverkehr Waren üblicher Weise unter Eigentumsvorbehalt geliefert werden.[129]

II. Haftung für Dritte

Der Verwalter haftet für das Handeln seiner **Erfüllungsgehilfen**, insb. seiner Angestellten, nach § 278 BGB.[130] Voraussetzung ist ein unmittelbarer sachlicher Zusammenhang zwischen dem schuldhaften, u.U. vorsätzlichen oder sogar strafbaren, Verhalten der Hilfsperson und den Aufgaben, die ihr im Hinblick auf die Vertragserfüllung zugewiesen waren. Bedient sich der Insolvenzverwalter zur Erfüllung seiner Aufgaben anderer Selbständiger (Rechtsanwalt, Verwerter, Auktionator), so beschränkt sich seine Haftung auf ein Auswahl- und Überwachungsverschulden.[131]

Die Haftung ist nach Abs. 2 beschränkt, wenn der Verwalter **Angestellte des Schuldners** im Rahmen ihrer bisherigen Tätigkeit zur Erfüllung insolvenzspezifischer Pflichten einsetzen muss. Dabei ist es ausreichend, dass der Einsatz sinnvollerweise, nicht notwendigerweise zwangsläufig erfolgt.[132] Er haftet hier nur dann, wenn er offensichtlich ungeeignete Personen einsetzt, er sie nicht hinreichend überwacht[133] oder Entscheidungen von besonderer Bedeutung getroffen werden. Offensichtlich ungeeignet ist etwa ein Mitarbeiter, der in der Zeit der vorgesehenen Verwertung eines Warenlagers seinen Resturlaub abfeiert.[134]

Es ist **dem Verwalter etwa zuzurechnen**, wenn: sein Angestellter einen Überweisungsauftrag verfälscht, so dass der überwiesene Betrag nicht einem Massegläubiger, sondern ihm selbst zufließt, wenn er diesem unkontrolliert faktisch die Verfügungsbefugnis über die Insolvenzkonten, u.U. sogar blanko unterzeichnete Überweisungsträger, überlassen hat[135]; er einen Mitarbeiter des Nachfolgeunternehmens einsetzt, der bis zum Übergabestichtag die Warenvorräte zugunsten der Masse abbauen soll, und diesen nicht streng überwacht[136]; er einen Verwerter beauftragt, ohne sich über dessen Kenntnisse und Kompetenzen zu informieren und ohne diesen hinreichend zu instruieren.[137] Demgegenüber ist es dem Verwalter **nicht zuzurechnen**, wenn ein anerkannter Auktionator den Versteigerungserlös veruntreut und dessen Tätigkeit nicht von einer Vertrauensschadensversicherung abgedeckt ist.[138]

III. Mitverschulden

Nach § 254 BGB reduziert sich bzw. entfällt die Haftung des Verwalters insgesamt, wenn dem Geschädigten ein Mitverschulden zuzurechnen ist. Insb. sind die Beteiligten verpflichtet, ihre Rechte im Insolvenzverfahren hinreichend und substantiiert geltend zu machen. **Mitverschulden ist etwa anzunehmen**, wenn: ein Aussonderungsberechtigter eine naheliegende Freigabeklage nicht erhebt[139] oder es unterlässt, seinen Anspruch so konkret und substantiiert wie möglich, nicht nur durch An-

---

127 BGH 09.05.1996, IX ZR 244/95, ZIP 1996, 1181.
128 BGH 09.05.1996, IX ZR 244/95, ZIP 1996, 1181.
129 OLG Karlsruhe 18.09.1998, 10 U 49/98, NZI 1999, 231 (232).
130 BGH 19.07.2001, IX ZR 62/00, ZIP 2001, 1507.
131 OLG Hamm 05.02.2009, 27 U 90/08, ZInsO 2009, 2296.
132 BGH 06.05.2004, IX ZR 48/03, ZIP 2004, 1107.
133 Vgl. BGH 21.03.1961, VI ZR 149/60, MDR 1961, 493.
134 OLG Hamm 20.06.2006, 27 U 22/06, ZInsO 2007, 216.
135 BGH 19.07.2001, IX ZR 62/00, ZIP 2001, 1507.
136 OLG Hamm 20.06.2006, 27 U 22/06, ZInsO 2007, 216; OLG Bremen 23.01.2004, 4 U 36/03, JurBüro 2004, 338.
137 Vgl. LG Köln 22.01.2009, 24 O 363/08, juris Rn. 28.
138 OLG Hamm 05.02.2009, 27 U 90/08, ZInsO 2009, 2296.
139 BGH 24.09.1992, IX ZR 217/91, ZIP 1992, 1646 (1650).

gabe des Lieferscheins, sondern durch Benennung von Chargennummern, anzugeben[140]; der anwaltlich vertretene Absonderungsberechtigte in Ansehung einer unrichtigen, vom Verwalter erteilten Rechtsauskunft seinen Anspruch auf Ersatzabsonderung bzw. Erlösauskehr nicht geltend macht[141]; ein Masseanspruch verjährt, der den Haftungsanspruch geltend machende Insolvenzschuldner dem Verwalter jedoch die notwendigen Unterlagen nicht übergeben und sich trotz Aufforderung des Verwalters nicht zu Gegenansprüchen geäußert hat sowie zwei Jahre lang vor Verfahrenseröffnung selbst bei der Forderungsrealisierung untätig war[142]; eine als Insolvenzforderung angemeldete Masseverbindlichkeit mangels Hinweis des Verwalters verjährt, der Massegläubiger selbst sich aber jahrelang nicht um seine Forderung gekümmert hat[143]; ein Insolvenzgläubiger die Prüfung eines zur Einsicht der Beteiligten ausgelegten (§ 188 Satz 2), ihm gegenüber fehlerhaften, Verteilungsverzeichnisses unterlässt.[144] **Kein Mitverschulden ist darin zu sehen**, dass der Aussonderungsberechtigte die Identifizierung seines Gutes unterlässt, wenn dies für ihn mit einem erheblichen Aufwand verbunden gewesen wäre und der Verwalter es, u.U. unter (zwangsweiser) Mithilfe des Schuldners, hätte erledigen können.[145]

E. Schaden

40 Der Schadensersatzanspruch aus § 60 verschafft dem Geschädigten keinen Ersatzschuldner, sondern begründet eine gesetzliche Haftung, die regelmäßig auf den Ersatz des negativen Interesses gerichtet ist.[146] Der Geschädigte ist also so zu stellen, als wenn der Verwalter die Pflichtverletzung nicht begangen hätte (§ 249 Abs. 1 BGB). Der aussonderungsberechtigte Vermieter hat daher bei einer verspäteten Rückgabe des Mietobjekts jedenfalls als Anknüpfungstatsachen (§ 252 Satz 2 BGB) darzulegen, wann er das Objekt bei rechtzeitiger Rückgabe anderweitig hätte vermieten können und zu welchem Mietzins.[147] Schadenspositionen können auch die Prozesskosten bei Masseunzulänglichkeit sein, die der Massegläubiger zur Durchsetzung seines Anspruchs aufwenden musste.[148]

41 Zwischen dem eingetretenen Schaden und dem pflichtwidrigen Verhalten muss ein **Zurechnungszusammenhang** bestehen.[149] Der Verwalter kann sich auch darauf berufen, dass der Schaden in gleicher Weise eingetreten wäre, wenn er sich pflichtgemäß verhalten hätte (rechtmäßiges Alternativverhalten); so etwa, wenn er vor dem Berichtstermin auszusondernde Gegenstände verwertet hat, aber auch zu diesem Termin keine Kenntnis von dem Drittrecht besessen hätte.[150] Anders aber, wenn vor Verfahrenseröffnung begonnene und hiernach spezifisch nur noch dem Schuldner mögliche Umbauarbeiten an fremden Sachen fortgesetzt und diese verkauft werden; hier steht es nicht entgegen, dass die Sache ohne die weiteren Arbeiten faktisch wertlos gewesen wäre.[151] Nachteile und Vorteile sind nach den allgemeinen Grundsätzen[152] auf den Schadensersatzanspruch anzurechnen (**Vorteilsausgleichung**).[153]

---

140 OLG Jena 27.10.2004, 2 U 414/04, ZInsO 2005, 44 (47): 50 %.
141 OLG Düsseldorf 19.12.1997, 22 U 133/97, NJW-RR 1998, 559: 50 %.
142 OLG Dresden 07.03.2001, 13 W 2112/00, ZInsO 2001, 671: 100 %.
143 OLG München 30.04.1981, 1 U 4248/80, ZIP 1981, 887: 100 %.
144 OLG Hamm 29.11.1982, 5 U 232/81, ZIP 1983, 341: 50 %.
145 BGH 01.12.2005, IX ZR 115/01, ZIP 2006, 194 (197).
146 BGH 06.05.2004, IX ZR 48/03, ZIP 2004, 1107.
147 BGH 25.01.2007, IX ZR 216/05, ZIP 2007, 539 (540).
148 OLG Hamm 22.06.2006, 27 U 183/05, ZIP 2006, 1911.
149 Vgl. BGH 28.10.1993, IX ZR 21/93, ZIP 1993, 1886 (1891).
150 OLG Karlsruhe 18.09.1998, 10 U 49/98, NZI 1999, 231.
151 *BGH* 07.02.2013, IX ZR 75/12, ZInsO 2013, 671.
152 Vgl. Palandt/*Grüneberg* Vor § 249 BGB Rn. 67 ff.
153 Mohrbutter/Ringstmeier/*Mohrbutter* 33, 179.

F. Die Geltendmachung des Haftungsanspruches

Werden die **Insolvenzgläubiger** geschädigt, ist die Berechtigung zur Geltendmachung (Einziehungs- und Prozessführungsbefugnis) davon abhängig, ob ein **Gesamt- oder Einzelschaden** eingetreten ist. Ein Gesamtschaden liegt bei einem Schaden vor, den der Gläubiger aufgrund seiner Gläubigerstellung, also als Teil der Gesamtheit der Gläubiger, vor oder nach der Eröffnung des Insolvenzverfahrens erlitten hat und der gerade dadurch entstanden ist, dass das schädigende Verhalten – durch Verringerung der Aktiva und/oder Vermehrung der Passiva – zu einem Masseverkürzungsschaden geführt hat. Ein Individualschaden ist nur dann anzunehmen, wenn der Gläubiger nicht als Teil der Gläubigergesamtheit, sondern vielmehr individuell geschädigt wird. Solches ist insb. bei der Beeinträchtigung von Aus- und Absonderungsrechten i.d.R. anzunehmen. Einzelschäden können während und nach dem Insolvenzverfahren, auch bei einer Vielzahl von Fällen,[154] nur von dem Betroffenen geltend gemacht werden. Gesamtschäden sind nach § 92 Satz 1 während der Dauer des Verfahrens nur vom Verwalter geltend zu machen.[155] Dies kann, da sich die Ansprüche bei § 60 gegen den Verwalter richten, nur durch einen Sonderverwalter (vgl. § 56 Rdn. 30 f.) oder einen neu bestellten Insolvenzverwalter erfolgen (§ 92 Satz 2). Die pflichtwidrige Verringerung der Masse bedingt zwar neben dem Gesamtschaden notwendigerweise zugleich eine Schmälerung der Befriedigungsquote des einzelnen Insolvenzgläubigers. Als Bestandteil des Gesamtschadens verwirklicht sich mithin auch dessen Einzelschaden.[156] Auch diesen Quotenverringerungsschaden kann während des Verfahrens aber nur der Verwalter gerichtlich einklagen, eine Klage des einzelnen Gläubigers ist unzulässig.[157] Anders kann dies zu beurteilen sein, wenn der Gläubiger nach einer Vereinbarung mit dem Verwalter einen Sonderanteil an einem zu verfolgenden Masseanspruch erhält und insofern ein Schaden eintritt.[158] Eine Klage durch einen Verfahrensbeteiligten im Wege der gewillkürten Prozessstandschaft ist möglich; die notwendige Ermächtigung des Sonderverwalters kann bereits darin liegen, dass er dem Rechtsstreit beitritt und die bisherige Prozessführung genehmigt.[159] Nach der Beendigung des Insolvenzverfahrens können nur noch die Einzelansprüche der Insolvenzgläubiger durch diese selbst erhoben werden, solange nicht im Rahmen einer Nachtragsverteilung ein Sonderverwalter zwecks Durchsetzung des Gesamtschadens bestellt wird. Dem Insolvenzschuldner fehlt (auch) nach Verfahrensbeendigung jedenfalls die Prozessführungsbefugnis zur Geltendmachung eines Anspruchs auf Ersatz des Gesamtschadens, es sei denn, die Insolvenzgläubiger haben nach Verfahrensbeendigung keine Ansprüche mehr gegen ihn.[160]

42

Wird ein **Massegläubiger** geschädigt, liegt regelmäßig ein Einzelschaden vor, der schon während des Insolvenzverfahrens geltend gemacht werden kann. Daran ändert sich nichts, wenn dem Massegläubiger der Ausfall gerade infolge einer Masseverkürzung durch den Insolvenzverwalter entsteht.[161] Erfolgt jedoch die Masseschmälerung nach Anzeige der Masseunzulänglichkeit ist § 92 entsprechend anzuwenden.[162]

43

Der Haftungsanspruch ist gegenüber einem (Schadensersatz-)Anspruch gegen die Masse **nicht subsidiär**. Daher ist der Gläubiger nicht verpflichtet, zunächst den Anspruch gegen die Masse durchzusetzen oder dies zumindest zu versuchen.[163] Entsprechendes gilt im Verhältnis zu einem alternativen Anspruch aus § 613a BGB gegen den Betriebserwerber.[164] Er muss sich auch nicht entsprechend

44

---

154 OLG Köln 1.6.06, 2 U 50/06, ZInsO 2007, 218.
155 Vgl. BGH 05.10.1989, IX ZR 233/87, ZIP 1989, 1407.
156 BGH 22.04.2004, IX ZR 128/03, ZIP 2004, 1218 (1219).
157 BGH 22.04.2004, IX ZR 128/03, ZIP 2004, 1218 (1220).
158 BGH 28.10.1993, IX ZR 21/93, ZIP 1993, 1886 (1887).
159 BGH 05.10.1989, IX ZR 233/87, ZIP 1989, 1407 (1409).
160 BGH 14.05.2009, IX ZR 93/08, ZIP 2009, 2012.
161 BGH 06.05.2004, IX ZR 48/03, ZIP 2004, 1107 (1109).
162 Vgl. BGH 06.05.2004, IX ZR 48/03, ZIP 2004, 1107 (1110).
163 BGH 01.12.2005, IX ZR 115/01, ZIP 2006, 194.
164 BAG 25.01.2007, 6 AZR 559/06, ZIP 2007, 1169.

§ 770 Abs. 2 BGB, § 129 Abs. 3 HGB auf eine Aufrechnungsmöglichkeit gegen die Masse verweisen lassen.[165] Auch die Masse ist nicht verpflichtet, ihr zustehende Ersatzansprüche, etwa aus ungerechtfertigter Bereicherung wegen unzulässiger Befriedigung von Masseverbindlichkeiten oder Insolvenzforderungen, zunächst gegenüber dem Dritten geltend zu machen; vielmehr kann sie den Verwalter auf die Abtretung des Ersatzanspruches (§ 255 BGB) verweisen.[166] Haftet neben dem Verwalter auch der Gläubigerausschuss (§ 71) oder das Insolvenzgericht besteht eine **Gesamtschuld**. Im Innenverhältnis zu einem Bürgen, welcher von dem wegen der Pflichtverletzung geschädigten Gläubiger in Anspruch genommen wird, haftet der Verwalter allein.[167]

45 Das Anspruchsbegehren, insb. eine **Klage** ist gegen den Verwalter nicht als Partei kraft Amtes, sondern gegen ihn persönlich zu richten.[168] Im Rubrum sind daher Hinweise auf das Insolvenzverfahren zu unterlassen.[169] Ein Parteienwechsel während des Prozesses zu dem Verwalter persönlich ist eine auch ohne dessen Zustimmung zulässige Klageänderung.[170] Der **Rechtsweg** bestimmt sich nach den allgemeinen Grundsätzen, also nach der Natur des Rechtsverhältnisses, aus dem der Klageanspruch hergeleitet wird. So sind etwa die Arbeits-, nicht die ordentlichen Gerichte zuständig, wenn streitgegenständlich die Begründung einer arbeitsrechtlichen Masseverbindlichkeit ist, die hiernach nicht aus der Masse erfüllt werden kann.[171] Der Fiskus ist nicht berechtigt, die Haftung aus § 60 durch Haftungsbescheid (§ 191 AO) geltend zu machen.[172] Neben dem allgemeinen Gerichtstand ist auch der **Gerichtsstand** der unerlaubten Handlung (§ 32 ZPO), nicht aber § 19a ZPO eröffnet.[173] Das Gericht hat im Rahmen der Schadensersatzklage auch **Vorfragen** zu prüfen, welche primär in die Zuständigkeit anderer Gericht fallen.[174] Kommt es auf eine vorgelagerte Rechtsfrage an, ist maßgeblich, wie das Gericht des Schadensersatzprozesses diese beurteilt, nicht wie das Gericht eines Vorprozesses mutmaßlich entschieden haben würde.[175] Praxishinweis: Ist bereits die letztendlich ausgefallene Forderung gegen die Masse Gegenstand eines Streitverfahrens, sollte generell in diesem dem Verwalter persönlich der Streit verkündet werden.[176]

46 Der Anspruchsteller trägt nach allgemeinen Grundsätzen die **Darlegungs- und Beweislast** für die Voraussetzungen des Haftungsanspruchs, also die Pflichtverletzung, das Verschulden und den hierdurch kausal verursachten Schaden. Der Verwalter kann aber nach den Grundsätzen der sekundären Darlegungslast gehalten sein, Einzelheiten zu den dem Anspruchsteller unbekannten Umständen vorzutragen, die er im Laufe seiner Tätigkeit erfahren hat oder hätte erfahren müssen. Vorher muss der Anspruchsteller alle ihm zur Verfügung stehenden Möglichkeiten zu näherem Tatsachenvortrag ausgeschöpft, etwa auch Einsicht in die gerichtliche Insolvenzakte genommen haben.[177] Veräußert der Verwalter unbefugt ein Warenlager, kann er sich gegenüber der – teilweise aus eigenem, teilweise aus von Lieferanten übertragenem Recht – vorgehenden Bank nicht auf den Vortrag beschränken, die Bank würde die Lieferanten nur teilweise vertreten; ist dem Verwalter eine Abgrenzung nicht möglich, ist der Schaden u.U. nach § 287 ZPO zu schätzen.[178]

---

165 BGH 11.11.1993, IX ZR 35/93, ZIP 1994, 46 (50).
166 Vgl. BGH 05.10.1989, IX ZR 233/87, ZIP 1989, 1407 (1410 f.).
167 BGH 02.12.1993, IX ZR 241/92, ZIP 1994, 140.
168 Vgl. BGH 16.11.2006, IX ZB 57/06, ZIP 2007, 94.
169 Vgl. als Negativbeispiel BGH 17.12.2004, IX ZR 185/03, ZIP 2005, 311 (312).
170 BGH 06.04.2000, IX ZR 422/98, ZIP 2000, 895 (896).
171 LAG Mecklenburg-Vorpommern 04.01.2011, 5 Sa 138/10, ZInsO 2011, 688; BGH 16.11.2006, IX ZB 57/06, ZIP 2007, 94 zu § 61.
172 BGH 01.12.1988, IX ZR 61/88, ZIP 1989, 50 (52).
173 Uhlenbruck/*Sinz* Rn. 137.
174 OLG Köln 01.12.2005, 2 U 76/05, InVo 2007, 16.
175 BGH 26.03.1985, VI ZR 245/83, ZIP 1985, 693 (694 f.).
176 *Vgl. BGH 11.11.1993, IX ZR 35/93, ZIP 1994, 46 (48 f.).*
177 BAG 06.10.2011, 6 AZR 172/10, ZIP 2012, 38, hierzu *Schreiner/Hellenkemper* ZInsO 2013, 538 ff.
178 BGH 16.10.2008, IX ZR 183/06, ZIP 2009, 91 (94).

Für die **Verjährung** des Anspruchs findet sich in § 62 eine eigenständige Regelung. Gegen Erfüllung 47
seiner Schadensersatzverpflichtung kann der Verwalter Zug um Zug die **Abtretung von (Ersatz-)Ansprüchen (§ 255 BGB)** verlangen (vgl. Rdn. 44). So hat der Massegläubiger dem Verwalter seinen
unzulänglichen Anspruch gegen die Masse abzutreten.[179] Erweist sich dies nachträglich für den Geschädigten als ungünstig, etwa weil eine zunächst bestehende Masseunzulänglichkeit beseitigt wird,
kann er Rückabwicklung verlangen.[180]

G. Sonstige Haftungstatbestände

Der Verwalter hat die Interessen der Beteiligten des Insolvenzverfahrens zu wahren, nicht aber die 48
Belange derjenigen, denen er in seiner Funktion als Geschäftspartner gegenübertritt; diese sind
durch die Verfahrenseröffnung gewarnt und müssen selbständig die Notwendigkeit, Risiken und
Vorteile des in Aussicht genommenen Geschäfts abwägen.[181] Für das Handeln des Verwalters haftet
danach einerseits grds nur die Masse, anderseits schließt die Haftung nach §§ 60, 61 diejenige nach
anderen Tatbeständen nicht aus. Für die Abgrenzung der Tatbestände im Einzelfall maßgeblich ist,
wo der Schwerpunkt der Pflichtverletzung liegt.[182]

Ausnahmsweise haftet der Verwalter jedoch, wenn er unmissverständlich garantiert persönlich für die 49
Verbindlichkeiten der Masse einzustehen; allein der Ausdruck »**Garantie**« genügt hierfür nicht.[183]
Nicht ausreichend ist auch die Erklärung gegenüber den Arbeitnehmern, bei Weiterarbeit würden
er bzw. seine Versicherung das Risiko von Liquiditätsproblemen der Schuldnerin wegen säumiger
Auftraggeber tragen.[184] Ob bereits die Bestätigung genügt,[185] dass Zahlungen für zukünftige Leistungen »durch das Insolvenzsonderkonto sichergestellt« seien, ist daher zweifelhaft.[186] Die Übernahme
einer eigenen Verpflichtung ist aber anzunehmen, wenn der Verwalter gegen Zahlung einer persönlich ausbedungenen Vergütung für die Absonderungsberechtigten einen freihändigen Verkauf bewirken soll.[187]

Der Verwalter kann weiter als fremdnütziger Sachwalter[188] gem. § 311 Abs. 3 i.V.m. § 280 Abs. 1 50
BGB (**culpa in contrahendo**) im Ausnahmefall auf den Ersatz des negativen Interesses haften. Hierfür muss er, über das Auftreten als Verwalter hinaus, beim Verhandlungspartner ein zusätzliches, von
ihm persönlich ausgehendes Vertrauen auf die Vollständigkeit und Richtigkeit seiner Erklärungen
und die Durchführbarkeit des vereinbarten Geschäftes hervorgerufen haben.[189] Solches kommt
etwa in Betracht, wenn er als »starker« vorläufiger Verwalter zusagt, für die Erfüllung der Kaufpreisforderungen zu sorgen,[190] oder als »schwacher« vorläufiger Verwalter unter eigenem Briefkopf (vorbehaltlos) bestätigt, dass die Kosten für Lieferungen auf der Grundlage des Verkäuferangebotes für
ein bestimmtes Bauvorhaben aus der Masse im vorläufigen Insolvenzverfahren beglichen würden.[191]
Ein dergestalt im vorläufigen Insolvenzverfahren begründeter Vertrauensbestand kann über die Eröffnung des Insolvenzverfahrens hinaus fortwirken und den Verwalter verpflichten die Gläubiger
darüber aufzuklären, dass der Geschäftsbetrieb der Insolvenzschuldnerin im Wege einer Betriebs-

---

179 BGH 06.05.2004, IX ZR 48/03, ZIP 2004, 1107 (1113).
180 Palandt/*Grüneberg* § 255 BGB Rn. 9 a.E.
181 OLG Hamm 04.06.1992, 27 U 132/91, ZIP 1992, 1404 (1405).
182 BGH 01.12.1988, IX ZR 61/88, ZIP 1989, 50.
183 OLG Rostock 04.10.2004, 3 U 158/03, ZIP 2005, 220 (221).
184 BAG 25.06.2009, 6 AZR 210/08, ZIP 2009, 1772.
185 So OLG Celle, 21.10.2003, 16 U 95/03, NZI 2004, 89.
186 Vgl. a. OLG Frankfurt 08.03.2007, 26 U 43/06, ZInsO 2007, 548 (550).
187 BGH 12.11.1987, IX ZR 259/86, ZIP 1987, 1586 (1588).
188 Vgl. Palandt/*Grüneberg* § 311 Rn. 63.
189 BGH 24.05.2005. IX ZR 114/0, ZIP 2005, 1327 (1328).
190 OLG Rostock 04.10.2004, 3 U 158/03, ZIP 2005, 220 (222).
191 OLG Frankfurt 08.03.2007, 26 U 43/06, ZInsO 2007, 548; vgl. a. OLG Schleswig 31.10.2003, 1 U 42/03, NZI 2004, 92.

übergabe auf einen Dritten übergegangen ist.[192] **Kein persönliches Vertrauen** wird bereits dann begründet, wenn der Verwalter für die Masse mit einem Sicherungsgeber eine Verwertungsvereinbarung trifft und dabei einen Massekredit erhält.[193]

51 Der Verwalter kann nach den allgemeinen **Deliktstatbeständen** (§§ 823, 826 BGB) haften. Er haftet nach § 823 Abs. 1 BGB wegen Verletzung von Verkehrssicherungspflichten, wenn er es etwa unterlässt, eine in Besitz genommene Wohnung zur Vermeidung von Wasserschäden bei anderen Mietern abzusichern.[194] Eine Haftung nach § 826 BGB könnte in Betracht kommen, wenn über die Risiken eines Unternehmenskaufvertrages getäuscht, insb. die künftige Zulänglichkeit der Masse als sicher vorgespiegelt wird.[195] Sie ist zu verneinen, wenn der Verwalter Gläubigerlastschriften nach Maßgabe der von der höchstrichterlichen Rechtsprechung[196] entwickelten Kriterien widerspricht (vgl. § 22 Rdn. 113 ff.).[197]

H. Haftpflichtversicherung

52 Zur Absicherung für mögliche Schadensfälle sollte der Verwalter eine Haftpflichtversicherung mit ausreichender Deckungssumme abschließen. Die Berufshaftpflichtversicherungen etwa für Rechtsanwälte (vgl. § 51 BRAO) oder Steuerberater (vgl. § 51 DVStB) decken die Risiken der Verwaltertätigkeit nur teilweise ab, insb. sind die Schäden aus einer kaufmännischen Kalkulations- oder Organisationstätigkeit oder der Verletzung steuerlicher Pflichten nicht erfasst und daher gesondert zu versichern.[198] In jedem Fall sollte, wenn nicht nur Verbraucher- und Kleininsolvenzverfahren betreut werden, die Mindestdeckungssumme auf jedenfalls 2,5 Mio € erhöht werden. Mit der Vergütung sind auch die Kosten dieser Haftpflichtversicherung abgegolten (§ 4 Abs. 3 Satz 3 InsVV). Ist die Verwaltung mit einem besonderen Haftungsrisiko (Unternehmensfortführungen, Fehlen einer auskunftsbereiten oder –fähigen Geschäftsführung[199]) verbunden, so sind die Kosten einer angemessenen Aufversicherung als Auslagen zu erstatten (§ 4 Abs. 3 Satz 2 InsVV). Der Versicherungsschutz entfällt im Einzelfall,[200] wenn der Verwalter bewusst einen Pflichtverstoß begeht und auch wusste, wie er sich hätte verhalten müssen. Dies ist etwa anzunehmen, wenn der Verwalter eine Liquiditätsplanung unterlässt[201] oder Waren ohne Verlangen einer Sicherheit und ohne Lieferung Zug-um-Zug gegen Zahlung veräußert bzw. hierzu eine dritte Person einschaltet, ohne sich über deren Kenntnisse und Kompetenzen im Bereich der Verwertung zu informieren und ohne diese dritte Person hinreichend zu instruieren[202]. Kein wissentlicher Pflichtverstoß liegt vor, wenn der Verwalter einen von ihm aufgenommenen Massekredit wegen Masseunzulänglichkeit nicht zurückführen kann, weil er die Zahlungsflüsse aus noch abzuarbeitenden Werkverträgen der Schuldnerin falsch eingeschätzt hat.[203] Weiß oder rechnet der Verwalter damit, dass er von einem Beteiligten in Anspruch genommen wird, hat er nach den einschlägigen AVB dies unverzüglich, spätestens innerhalb einer Woche, schriftlich dem Versicherer anzuzeigen (vgl. a. § 104 Abs. 1 Satz 1 VVG).

---

192 OLG Frankfurt 08.03.2007, 26 U 43/06, ZInsO 2007, 548 (549).
193 BGH 12.10.1989, IX ZR 245/88, ZIP 1989, 1584 (1588).
194 BGH 17.09.1987, IX ZR 156/86, ZIP 1987, 1398.
195 Vgl. BGH 14.04.1987, IX ZR 260/86, ZIP 1987, 650 (653).
196 Vgl. BGH 20.07.2010, IX ZR 37/09, ZIP 2010, 1552; BGH 20.07.2010, IX ZR 236/07, ZIP 2010, 1556.
197 BGH 13.10.2011, IX ZR 115/10, ZIP 2011, 2206; OLG München 15.09.2009, 5 U 1721/09, ZIP 2010, 513 (514); vgl. auch BGH 28.06.2012, IX ZR 219/10, ZIP 2012, 1566.
198 Vgl. näher *Zimmermann* NZI 2006, 386 (378).
199 LG Gießen, 29.03.2012, 7 T 434/11, ZIP 2012, 1677.
200 Vgl. § 4 Nr. 5 AVB.
201 OLG Karlsruhe 04.02.2005, 12 U 227/04, VersR 2005, 1681 Rn. 36.
202 LG Köln 22.01.2009, 24 O 363/08, juris.
203 LG Dortmund 21.10.2010, 2 O 10/10, ZIP 2010, 2413 (LS).

§ 61 Nichterfüllung von Masseverbindlichkeiten

Kann eine Masseverbindlichkeit, die durch eine Rechtshandlung des Insolvenzverwalters begründet worden ist, aus der Insolvenzmasse nicht voll erfüllt werden, so ist der Verwalter dem Massegläubiger zum Schadenersatz verpflichtet. Dies gilt nicht, wenn der Verwalter bei der Begründung der Verbindlichkeit nicht erkennen konnte, dass die Masse voraussichtlich zur Erfüllung nicht ausreichen würde.

Übersicht

	Rdn.		Rdn.
A. Normzweck	1	III. Erkennbarkeit	7
B. Voraussetzungen	3	IV. Schaden	13
I. Adressat	3	V. Die Geltendmachung des Haftungsanspruches	18
II. Begründung einer Masseverbindlichkeit	4		

A. Normzweck

Die Vorschrift gewährt Massegläubigern, deren Forderungen durch eine Rechtshandlung des Insolvenzverwalters begründet worden sind, die jedoch aus der Masse nicht voll erfüllt werden, einen Ausgleichsanspruch gegen den Verwalter. Die Interessen der Massegläubiger sollen geschützt werden, die aufgrund einer Unternehmensfortführung mit der Masse in Kontakt gekommen sind und deren Vermögen gemehrt oder ihr einen sonstigen Vorteil verschafft haben.[1] Die Bereitschaft, der Masse »Kredit« zu gewähren, soll dadurch erhöht werden, dass das Ausfallrisiko der Gläubiger durch eine persönliche Haftung des Verwalters gemindert wird. Aus § 61 folgt die insolvenzspezifische Pflicht des Verwalters sich durch eine Liquiditätsplanung zu vergewissern, ob er zur Erfüllung der von ihm begründeten Forderungen mit Mitteln der Masse in der Lage sein wird.[2] Er hat die Begründung von Masseverbindlichkeiten zu unterlassen, wenn deren Erfüllung voraussichtlich nicht möglich sein wird.

Aus § 61 folgen jedoch keine insolvenzspezifischen Pflichten für die Zeit nach Begründung einer Verbindlichkeit. Aus der Vorschrift ist kein Anspruch auf Ersatz eines Schadens herzuleiten, der auf erst später eingetretenen Gründen beruht.[3] Hier kommt lediglich eine Haftung nach § 60 (vgl. § 60 Rdn. 18) oder nach allgemeinen Tatbeständen in Betracht (vgl. § 60 Rdn. 48 ff.).

B. Voraussetzungen

I. Adressat

Adressat der Norm ist zunächst der Verwalter bzw. Treuhänder (§ 313 Abs. 1 Satz 3) im eröffneten Insolvenzverfahren. Weiter findet sie Anwendung[4] auf den vorläufigen »starken« (§ 22 Abs. 1 Satz 1, § 55 Abs. 1)[5] sowie den im Einzelfall zur Begründung von Masseverbindlichkeiten vom Insolvenzgericht ermächtigten (§ 22 Rdn. 89) Verwalter. Wird das Verfahren mangels Masse nicht eröffnet, haftet der vorläufige Verwalter in diesen Fällen analog § 61. Der »schwache« vorläufige Verwalter haftet allein nach § 60. Auf den Sachwalter findet § 61 grds keine Anwendung (vgl. § 274 Abs. 1). Nur wenn das Insolvenzgericht die Zustimmungsbedürftigkeit zu bestimmten Rechtsgeschäften des Schuldners auf Antrag der Gläubigerversammlung anordnet und der Sachwalter hierauf zustimmt, kann er nach § 61 haften (§ 277 Abs. 1 Satz 3). Mangels entsprechender Verweisung haften für die nach § 270b Abs. 3 im Rahmen des Schutzschirmverfahrens durch den Schuldner begründeten Masseverbindlichkeiten nach § 61 weder die Organe des Schuldners noch der Sachwalter.

---

[1] Vgl. BT-Drucks. 12/2443, 129 f.; BGH 10.12.2009, IX ZR 220/08, ZIP 2010, 242.
[2] BGH 17.12.2004, IX ZR 185/03, ZIP 2005, 311 (312).
[3] BGH 06.05.2004, IX ZR 48/03, ZIP 2004, 1107 (1108).
[4] A.A. HambK-InsR/*Weitzmann* Rn. 4.
[5] OLG Brandenburg 03.07.2003, 8 U 58/02, NZI 2003, 552.

§ 61 InsO   Nichterfüllung von Masseverbindlichkeiten

II. Begründung einer Masseverbindlichkeit

4   Der Verwalter muss durch eine ihm zuzurechnende Rechtshandlung, d.h. auch in Kenntnis des Rechtsverhältnisses, eine Masseverbindlichkeit begründet haben (vgl. i.E. § 55 Rdn. 3 ff.). Erfasst werden vor allem die Begründung von Masseverbindlichkeiten durch Vertragsschluss, die Erfüllungswahl bei Verfahrenseröffnung beiderseits nicht vollständig erfüllter gegenseitiger Verträge (§§ 103 ff.) und die unterlassene Kündigung von Dauerschuldverhältnissen. Das Anerkenntnis einer Masseverbindlichkeit im Rahmen eines (gerichtlichen) Vergleichs stellt keine Begründung i.S.v. § 61 dar.[6] Nach Anzeige der Masseunzulänglichkeit ist § 61 auch bei der Begründung von Neumasseverbindlichkeiten zu beachten.[7]

5   Maßgeblich ist der **Zeitpunkt**, in dem der Insolvenzverwalter die konkrete Leistung des Massegläubigers noch hätte verhindern können.[8] Bei Abschluss eines Vertrages kommt es für den Zeitpunkt regelmäßig darauf an, ob der anspruchsbegründende Tatbestand materiell-rechtlich abgeschlossen ist. Ausnahmsweise kann der Zeitpunkt, je nach den vertraglichen Absprachen, auch nach Vertragsschluss liegen, etwa wenn Lieferungen erst auf Abruf des Verwalters erfolgen sollen, nicht aber bei der Vereinbarung von Lieferterminen.[9] Demgegenüber kann bei Neuabschluss eines Dauerschuldverhältnisses nicht auf das Unterlassen einer späteren Kündigung abgestellt werden.[10] Verlangt der Verwalter bei einem vor Eröffnung, u.U. auch durch den »halbstarken« Verwalter (§ 21 Abs. 2 Nr. 2 Alt. 2), mitbegründeten Vertrag die Erfüllung (§ 55 Abs. 1 Nr. 1 Var. 1, § 103 Abs. 1), ist der Zeitpunkt der Erfüllungswahl maßgeblich.[11]

6   **Oktroyierte Masseverbindlichkeiten** aus Dauerschuldverhältnissen (§ 55 Abs. 1 Nr. 1 Var. 2, § 108) können mangels Zurechnung eine Haftung erst ab dem Zeitpunkt begründen, zu dem eine Kündigung durch den Verwalter wirksam werden konnte. Bei einem Arbeitsverhältnis kann der Verwalter danach erst für den Zeitraum nach Ablauf der dreimonatigen oder einer früheren Kündigungsfrist (§ 113 Satz 2) haften.[12] Die unterlassene Freigabe der Mietsache oder Freistellung des Arbeitnehmers kann gem. § 209 Abs. 2 Nr. 3 nach Anzeige der Masseunzulänglichkeit eine Neumasseverbindlichkeit und eine Haftung gegenüber der Masse (§ 60) begründen, stellt jedoch keine Begründung einer Verbindlichkeit nach § 61 dar.[13]

III. Erkennbarkeit

7   Das Verschulden des Verwalters wird nach Satz 2 vermutet. Er kann sich dadurch entlasten, dass er darlegt und beweist, dass subjektiv für ihn nicht erkennbar war, dass die Masse voraussichtlich zur Erfüllung der Verbindlichkeit nicht ausreichen würde. »Voraussichtlich« ist wie in § 18 Abs. 2 auszulegen, d.h. für eine Haftung muss aus Verwaltersicht die Masseunzulänglichkeit wahrscheinlicher, als die Forderungserfüllung gewesen sein.[14] Der Entlastungsbeweis setzt voraus, dass der Verwalter zum Zeitpunkt der Begründung der Masseverbindlichkeit[15] einen – aus damaliger Sicht – auf zutreffenden Anknüpfungstatsachen beruhenden und sorgfältig erwogenen Liquiditätsplan vorliegen hatte, der eine Erfüllung der fälligen Masseverbindlichkeit erwarten ließ.[16] Grundlage hierfür ist die aktuelle Liquiditätslage der Masse, die realistische Einschätzung noch ausstehender, ohne ernsthafte

---

6   BAG 01.06.2006, 6 AZR 59/06, ZIP 2006, 1830: Entgeltansprüche.
7   BGH 17.12.2004, IX ZR 185/03, ZIP 2005, 311 (312).
8   BGH 06.05.2004, IX ZR 48/03, ZIP 2004, 1107 (1111).
9   BGH 06.05.2004, IX ZR 48/03, ZIP 2004, 1107 (1111).
10 vgl. OLG Celle 28.02.2013, 16 U 143/12, ZIP 2013, 1037.
11 OLG Hamm 28.11.2002, 27 U 87/02, ZIP 2003, 1165 (1166); vgl. a. OLG Koblenz 24.06.2011, 2 U 1186/10, ZInsO 2012, 1526 (LS).
12 BAG 15.11.2012, 6 AZR 321/11, ZInsO 2013, 723 Rn. 32 f.
13 LAG Hamm 27.05.2009, 2 Sa 331/09, ZInsO 2009, 1457: Entgeltansprüche.
14 *BT-Drucks. 12/2443, 129.*
15 OLG Koblenz 24.06.2011, 2 U 1186/10, ZInsO 2012, 1526 (LS).
16 BGH 17.12.2004, IX ZR 185/03, ZIP 2005, 311 (312).

Zweifel in angemessener Zeit einzuziehender Forderungen und die künftige Geschäftsentwicklung für die Dauer der Fortführung.[17] Die lediglich erhoffte Liquidität aus einem Unternehmensverkauf ist nicht zu berücksichtigen, selbst wenn bereits eine Absichtserklärung (letter of intent) abgeschlossen wurde.[18] Nach der Planung muss die Masseverbindlichkeit im Zeitpunkt der Fälligkeit, nicht erst zu einem späteren Zeitpunkt, u.U. sogar erst mit Verfahrensabschluss, bedient werden können.[19]

Bei der **Erstellung des Liquiditätsplanes**[20] und der Einschätzung etwaiger Risiken sind an den Verwalter keine höheren Anforderungen zu stellen als an einen ordentlichen Kaufmann (vgl. § 239 Abs. 2 HGB). Insb. steht ihm für den Ansatz und die Bewertung der einzelnen Positionen ein Ermessensspielraum zu, in dessen Rahmen Fehlbewertungen eine Haftung nicht zur Folge haben (vgl. § 60 Rdn. 32). So kann er sich auch für die Bonität eines Großkunden auf eine Wirtschaftsauskunft verlassen, einer Einholung eines Sachverständigengutachtens bedarf es nicht.[21] Die Planungsrechnung ist fortlaufend im Wege des Soll-Ist-Vergleichs zu überprüfen und an Veränderungen anzupassen. Dies hat insb. dann zeitnah zu erfolgen, wenn dem Verwalter Umstände bekannt werden, welche Zweifel an der bisherigen Planung begründen.[22] Allein dass der Betriebsratsvorsitzende aufgrund seiner Erfahrungen und Kenntnisse der Geschäftsabläufe Bedenken hatte, ob eine reibungslose Fertigstellung der Restaufträge möglich sein würde, genügt hierfür nicht.[23] Ansonsten ist es eine Frage des Einzelfalls, insb. der Wirkung der jeweiligen Masseverbindlichkeit auf die Liquiditätsplanung, wie zeitnah zu ihrer Begründung die Überprüfung der Planung erfolgen muss. Bedient sich der Verwalter eines **sachverständigen Dritten**, etwa eines Wirtschaftsprüfers, kann er auf dessen Planung grds vertrauen.[24] Auch die von einem sachverständigen Dritten erstellte Planung ist fortlaufend zu überprüfen und mit dem Ist-Zustand abzugleichen.[25] Auf von der Schuldnerin erstellte oder von ihr in Auftrag gegebene Liquiditätspläne darf sich der Verwalter grds nicht allein verlassen.[26] Allerdings darf der »starke« Verwalter im vorläufigen Verfahren grds zunächst die Unternehmensdaten oder sogar eine Planungsrechnung des Schuldners zugrunde legen, und muss diese erst im weiteren Verlauf verifizieren.[27]

8

Dem Verwalter obliegt nicht die Darlegung und der Beweis für die **Ursachen einer von der Liquiditätsprognose abweichenden Entwicklung**; er hat allerdings darzulegen, dass er eine bestimmte Entwicklung aus der Sicht ex ante nicht bedenken musste oder anders einschätzen durfte.[28] Führt der Verwalter die entgegen der Planung eingetretene Masseunzulänglichkeit auf Einnahmeausfälle zurück, hat er allerdings darzulegen, wann welche fälligen Forderungen in welcher Höhe nicht beglichen wurden, da nur dann die Tragfähigkeit der ursprünglichen Liquiditätsprognose überprüft werden kann.[29]

9

Weiter kann sich der Verwalter dadurch entlasten, dass **objektiv von einer zur Erfüllung voraussichtlich ausreichenden Masse auszugehen war**.[30] Der Verwalter haftet danach nicht bereits ohne wei-

10

---

17 BGH 06.05.2004, IX ZR 48/03, ZIP 2004, 1107 (1111).
18 OLG Braunschweig 28.05.2009, 7 U 26/07, BeckRS 2010, 16049, rk BGH 17.06.2010, IX ZR 135/09.
19 OLG Hamm 28.11.2002, 27 U 87/02, ZIP 2003, 1165 (1167).
20 Vgl. hierzu ausf. a. *Staufenbiel/Karlstedt* ZInsO 2010, 2059 ff., einschl. eines Musters S. 2067.
21 LG Dresden 05.03.2004, 10 O 3672/03, ZIP 2004, 2016 (2018).
22 OLG Hamm 28.11.2002, 27 U 87/02, ZIP 2003, 1165 (1166).
23 LAG Hamm 27.05.2009, 2 Sa 331/09, ZInsO 2009, 1457 (1459).
24 LG Köln 30.04.2002, 11 S 296/01, NZI 2002, 607.
25 Vgl. OLG Celle 25.02.2003, 16 U 204/02, ZIP 2003, 567 (588).
26 OLG Karlsruhe 21.11.2002, 12 U 112/02, ZIP 2003, 267 (268).
27 Vgl. Uhlenbruck/*Sinz* Rn. 33.
28 BGH 17.12.2004, IX ZR 185/03, ZIP 2005, 311 (312); vgl. LG Münster 22.04.2009, 14 O 432/08 (zit. nach LG Dortmund 21.10.2010, 2 O 10/10): Vorhersehbarer Ausfall bei Forderungen im Zusammenhang mit Bauvorhaben.
29 OLG Celle 18.11.2003, 16 U 88/03, ZInsO 2003, 1147.
30 BGH 17.12.2004, IX ZR 185/03, ZIP 2005, 311 (312).

teres, wenn er eine Liquiditätsplanung unterlassen hat.[31] Vielmehr ist der Entlastungsbeweis auch dadurch zu führen, dass eine solche nachträglich erfolgende Planung auf den Zeitpunkt der Begründung der Masseverbindlichkeit ergibt, dass deren Erfüllung überwiegend wahrscheinlich war. Dann kann sich der Verwalter jedenfalls auf rechtmäßiges Alternativverhalten berufen.

11 Allein die Pflicht des (vorläufigen) Verwalters zur **Betriebsfortführung** (§ 22 Abs. 1 Nr. 2, §§ 157, 158) steht der Haftung nicht entgegen.[32] Die Interessen bisher an dem Insolvenzverfahren unbeteiligter Dritter haben Vorrang vor den Verfahrenszielen. Auch dann entfällt die Haftung nicht notwendig, wenn eine Zustimmung zur Betriebsstilllegung nicht erlangt werden kann (vgl. § 22 Abs. 1 Nr. 2, §§ 157, 158). Vielmehr ist der Vertragspartner, jedenfalls zur Meidung einer Haftung nach § 826 BGB, dann darüber aufzuklären, dass nach der Liquiditätsplanung die Nichterfüllung seiner Verbindlichkeit wahrscheinlicher ist als die Erfüllung. Dem steht nicht entgegen, dass der Verwalter nicht verpflichtet ist, auf das in jedem Insolvenzverfahren regelmäßig vorhandene Risiko der Masseunzulänglichkeit hinzuweisen.[33] Ein Hinweis hat auch dann zu erfolgen, wenn der Verwalter auf der Grundlage der ihm bekannten Unternehmensdaten eine Liquiditätsplanung nicht vornehmen kann.

12 Bei einem **Mitverschulden** des Massegläubigers kann sich die Haftung vermindern oder entfallen (vgl. bereits § 60 Rdn. 39). Danach entfällt der Anspruch etwa, wenn der Verwalter bei Begründung der Masseverbindlichkeit ausdrücklich auf die entstehende Masseunzulänglichkeit hinweist oder wenn der Vertragspartner über dieselben tatsächlichen Kenntnisse wie der Insolvenzverwalter verfügt und seine Entscheidung zur Begründung einer Forderung gegen die Masse nicht auf einem besonderen Vertrauen in den Insolvenzverwalter beruht.[34]

IV. Schaden

13 § 61 gewährt einen Anspruch auf das **negative Interesse**, d.h. der Gläubiger ist nach § 249 BGB nur so zu stellen, wie er ohne die die Masseverbindlichkeit begründende Handlung stünde. Dies gilt auch dann, wenn mit Massemitteln bereits ein erheblicher Teil der geschuldeten Leistung erbracht wurde und nur der Rest mangels ausreichender Masse nicht erfüllt werden kann.[35] Auf den Schadensersatzbetrag entfällt keine Umsatzsteuer.[36]

14 Eine bei der **Verteilung der unzulänglichen Masse zu erwartende Quote** (§ 209 Abs. 1) muss sich der Gläubiger nicht anrechnen lassen.[37] Auch ist es unmaßgeblich, wie sich die Vermögenssituation bei Unterbleiben weiterer Lieferung des Massegläubigers entwickelt und ob der Gläubiger in diesem Fall bei anderen, älteren Forderungen einen Ausfall erlitten hätte. Eine Saldierung der Vor- und Nachteile, welche eine Fortführungsentscheidung als solche für das schuldnerische Unternehmen zu Folge hat, kommt nicht in Betracht.[38]

15 Der Verwalter **haftet danach etwa:** für Zinsen aus Verzug bis zu der Höhe, welche der Gläubiger bei Nichtabschluss des Vertrages erlangt hätte[39]; wegen ausgefallenen Mietzinses, soweit eine anderweitige Vermietungsmöglichkeit bestanden hätte[40] und nur für solche Verbindlichkeiten, die nach dem Zeitpunkt entstehen, zu dem bei einer frühestmöglichen Kündigungserklärung der Vertrag geendet

---

31 A.A. Uhlenbruck/*Sinz* Rn. 20.
32 OLG Brandenburg 03.07.2003, 8 U 58/02, NZI 2003, 552 (553).
33 BGH 14.04.1987, IX ZR 260/86, ZIP 1987, 650 (652); vgl. BT-Drucks. 12/2443, 129.
34 OLG Düsseldorf 26.03.2004, I-16 U 216/02, ZIP 2004, 1375 (1376 LS), rechtskräftig BGH 03.11.2005, IX ZR 94/04; s.a. BAG 06.10.2011, 6 AZR 172/10, ZIP 2012, 38: Widerrufsfrist für Arbeitnehmer bei Abfindungsvergleich.
35 BGH 06.05.2004, IX ZR 48/03, ZIP 2004, 1107 (1112).
36 BGH 03.11.2005, IX ZR 140/04, ZIP 2005, 2265.
37 BGH 06.05.2004, IX ZR 48/03, ZIP 2004, 1107 (1113).
38 OLG Braunschweig 28.05.2009, 7 U 26/07, BeckRS 2010, 16049, rechtskräftig BGH 17.06.2010, IX ZR 135/09; anders noch BGH 10.04.1979, VI ZR 77/77, NJW 1980, 55.
39 BGH 06.05.2004, IX ZR 48/03, ZIP 2004, 1107 (1113).
40 OLG Celle 13.07.2004, 16 U 11/04, ZInsO 2004, 1030.

hätte[41]; wegen ausgefallenen Arbeitslohns, soweit Arbeitslosengeld oder Entgelt aus einer anderen Erwerbsmöglichkeit zu erlangen gewesen wäre.[42]

§ 61 bezieht sich nur auf die primären Erfüllungsansprüche und nicht auf Sekundäransprüche.[43] Ein **ersatzfähiger Schaden ist etwa zu verneinen**, wenn der Massegläubiger keine Gegenleistung erbracht hat,[44] wenn der Sozialversicherungsträger Unfallversicherungsbeiträge als Ersatz verlangt, die aber bei einer Freistellung der Arbeitnehmer ebenfalls nicht angefallen wären[45] oder wenn die Wohnungseigentümergemeinschaft im Hinblick auf die unterlassene Freigabe des Wohnungseigentums wegen entgangenen Hausgeldes Ersatz verlangt.[46]

Der **Schadenseintritt** ist jedenfalls dann festzustellen, wenn der Verwalter die Masseunzulänglichkeit angezeigt hat und nicht zu erwarten ist, dass die Altmassegläubiger in absehbarer Zeit Befriedigung erhalten werden. Der Abschluss des Verfahrens muss nicht abgewartet werden.[47] Ausreichend ist es grds auch, dass die Masse mit der Leistung mangels hinreichender liquider Mittel in Verzug kommt.[48] Anderes ist nur dann anzunehmen, wenn der Verwalter darlegt und beweist, dass Ansprüche der Masse gegen Dritte bestehen, die ohne weiteres durchsetzbar sind.[49] Ein längeres Zuwarten als sechs Monate dürfte dem Massegläubiger in keinem Fall zumutbar sein, da anders als der Verwalter, der nach § 255 BGB nach Erfüllung seiner Schadensersatzpflicht den Eintritt in die Gläubigerstellung verlangen kann (s. Rdn. 18), der Gläubiger den weiteren Verfahrensablauf hingegen kaum beeinflussen kann.

V. Die Geltendmachung des Haftungsanspruches

Bei dem Schadensersatzanspruch aus § 61 handelt es sich um einen Individualanspruch, der während des Insolvenzverfahrens von den geschädigten Massegläubigern gegen den Insolvenzverwalter geltend gemacht werden kann[50] (für den Fall der Masseunzulänglichkeit vgl. § 60 Rdn. 43). Ein neu bestellter Insolvenzverwalter ist daher nicht befugt, den Anspruch gegen seinen Amtsvorgänger geltend zu machen.[51] Der Gläubiger hat dem Verwalter seinen unzulänglichen Anspruch gegen die Masse abzutreten (vgl. § 60 Rdn. 47). Im Übrigen gelten die Ausführungen zu § 60 entsprechend.

§ 62 Verjährung

Die Verjährung des Anspruchs auf Ersatz des Schadens, der aus einer Pflichtverletzung des Insolvenzverwalters entstanden ist, richtet sich nach den Regelungen über die regelmäßige Verjährung nach dem Bürgerlichen Gesetzbuch. Der Anspruch verjährt spätestens in drei Jahren von der Aufhebung oder der Rechtskraft der Einstellung des Insolvenzverfahrens an. Für Pflichtverletzungen, die im Rahmen einer Nachtragsverteilung (§ 203) oder einer Überwachung der Planerfüllung (§ 260) begangen worden sind, gilt Satz 2 mit der Maßgabe, daß an die Stelle der Aufhebung des Insolvenzverfahrens der Vollzug der Nachtragsverteilung oder die Beendigung der Überwachung tritt.

---

41 BGH 09.02.2012, IX ZR 75/11, ZIP 2012, 533.
42 BAG 19.01.2006, 6 AZR 600/04, ZIP 2006, 1058.
43 BGH 25.09.2008, IX ZR 235/07, ZIP 2008, 2126; einschränkend *Hees* ZIP 2011, 502 ff.
44 BGH 02.12.2004, IX ZR 142/03, ZIP 2005, 131 (132): Prozesskosten.
45 Uhlenbruck/*Sinz* Rn. 7; a.A. LG Hamburg 10.07.2007, 303 O 263/06.
46 BGH 21.10.2010, IX ZR 220/09, ZIP 2010, 2356; LG Stuttgart 23.04.2008, 10 S 5/07, NZI 2008, 442.
47 OLG Brandenburg 03.07.2003, 8 U 58/02, NZI 2003, 552.
48 OLG Hamm 28.11.2002, 27 U 87/02, ZIP 2003, 1165 (1166); a.A. LG Dresden 05.03.2004, 10 O 3672/03, ZIP 2004, 2016; wohl offen gelassen in BGH 17.12.2004, IX ZR 185/03, ZIP 2005, 311 (312).
49 Vgl. BGH 06.05.2004, IX ZR 48/03, ZIP 2004, 1107 (1108).
50 BGH 06.05.2004, IX ZR 48/03, ZIP 2004, 1107 (1108).
51 BGH 09.08.2006, IX ZB 200/05, ZIP 2006, 1683.

§ 62 InsO Verjährung

Übersicht

		Rdn.			Rdn.
A.	Normzweck	1	C.	Absolutes Verjährungsende	5
B.	Verjährungsbeginn und -ende	2	D.	Verjährungshemmung und Neubeginn	7

A. Normzweck

1 Die Vorschrift behandelt die Verjährung der Haftungsansprüche gegen den Insolvenzverwalter. Dabei wird grds auf die Regelungen des BGB zur regelmäßigen Verjährung verwiesen (Satz 1). Allerdings wird die in § 199 Abs. 3 BGB geregelte Verjährungshöchstfrist bei Vermögensschäden im Hinblick auf die Besonderheiten des Insolvenzverfahrens angepasst (Satz 2 und 3). Die Vorschrift gilt entsprechend für die Haftung der Mitglieder des Gläubigerausschusses (§ 71 Satz 2). Für andere deliktsähnliche Haftungstatbestände gilt die Regelung, insb. zum absoluten Verjährungsende (vgl. Rdn. 5) entsprechend, sofern keine Sonderregeln bestehen wie etwa § 191 Abs. 3 AO für die Haftung aus § 69 AO.[1]

B. Verjährungsbeginn und -ende

2 Für den Verjährungsbeginn kommt es grds darauf an, dass der Anspruch gegen den Verwalter entstanden ist und der Gläubiger von den Anspruch begründenden Umständen[2] Kenntnis erlangt oder ohne grobe Fahrlässigkeit erlangen müsste (§ 199 Abs. 1 BGB). Maßgeblich ist die Kenntnis der anspruchsbegründenden Tatsachen, nicht deren zutreffende rechtliche Würdigung.[3] Weiter genügt bereits die allgemeine Kenntnis vom Schadenseintritt (Grundsatz der Schadenseinheit); die jeweiligen Schadenspositionen, der Umfang oder die genaue Höhe des Schadens, etwa die Kosten eines Vorprozesses gegen die Masse im Falle der Haftung aus § 61,[4] können noch unbekannt sein. Weigert sich der Verwalter einen Aussonderungsanspruch zu erfüllen, beginnt die Verjährung des Schadensersatzanspruch auch gegen den Verwalter mit dem fruchtlosen Ablauf der nach § 281 BGB gesetzten Frist.[5] Hat der Verwalter Absonderungsrechte verletzt, ist die Anzeige der Masseunzulänglichkeit unbeachtlich für den Verjährungsbeginn.[6]

3 Für den nach § 92 Satz 2 geltend zu machenden **Gesamtschaden** aller Gläubiger kommt es auf den Zeitpunkt der Kenntnis bzw. grob fahrlässigen Unkenntnis, nicht bereits auf die Amtsübernahme des bestellten Sonderverwalters oder des neuen Verwalters nach der Abberufung des bisherigen an.[7] Bei **Individualschäden** müssen in der Person des jeweiligen Gläubigers die Verjährungsvoraussetzungen vorliegen.[8] Dies gilt auch für den sich als Teil des Gesamtschadens darstellenden Quotenverringerungsschaden. Für diesen kann die Verjährung frühestens nach Beendigung des Verfahrens und der erst hiermit sich für den einzelnen Gläubiger eröffnenden Einziehungs- und Prozessführungsbefugnis beginnen. Eine Ausnahme ist dann anzuerkennen, wenn sämtliche Gläubiger sich über den Schaden und die Person des Ersatzpflichtigen im Klaren waren, aber keiner von ihnen eine Sonderverwaltung oder die Ablösung des schadensersatzpflichtigen und die Einsetzung eines neuen Verwalters beantragt hat.[9]

4 Die Verjährungsfrist beginnt mit dem Schluss des Jahres (31.12, 24.00 Uhr), in dem die Voraussetzungen des § 199 Abs. 1 BGB vorliegen, und endet drei Jahre später.

---

1 *Uhlenbruck* Rn. 13 f.
2 Hierzu Palandt/*Ellenberger* § 199 BGB Rn. 27.
3 BGH 03.02.2011, IX ZR 57/10, Rn. 3.
4 BGH 24.05.2005, IX ZR 114/01, ZIP 2005, 1327 (1329).
5 BGH 01.12.2005, IX ZR 115/01, ZIP 2006, 194 (195).
6 BGH 03.02.2011, IX ZR 57/10, Rn. 3.
7 BGH 08.05.2008, IX ZR 54/07, ZIP 2008, 1243: zur Haftung eines Mitglieds des Gläubigerausschusses (vgl. § 71).
8 BGH 22.04.2004, IX ZR 128/03, ZIP 2004, 1218 (1220).
9 Offen gelassen in BGH 22.04.2004, IX ZR 128/03, ZIP 2004, 1218 (1220).

C. Absolutes Verjährungsende

Unbeachtlich der Kenntnis beginnt die Verjährung spätestens mit der Aufhebung (§§ 200 Abs. 1, 258 Abs. 1) oder der Rechtskraft der Einstellung (§§ 207, 211, 212, 213) des Insolvenzverfahrens. Dies hat etwa Bedeutung für Gesamtschäden, welche sich nach Verfahrensende in einen Individualschaden wandeln,[10] die während des Verfahrens erlangte Kenntnis des einzelnen Gläubigers ist unerheblich.[11] Die Frist beginnt nicht mit dem Schluss des Jahres der vorgenannten Ereignisse, sondern mit diesen selbst. Sie läuft damit im Falle der Aufhebung zwei Tage nach dem Tag der Internet-Veröffentlichung (§ 9 Abs. 1 Satz 3) und bei der Einstellung nach §§ 207, 212, 213 wegen der Beschwerdemöglichkeit nach § 216 mit der Rechtskraft an. Erfolgt die Einstellung nach Anzeige der Masseunzulänglichkeit (§ 211) durch den Rechtspfleger, ist wegen § 11 Abs. 2 RPflG die Rechtskraft, bei Richterentscheid § 9 Abs. 1 Satz 3 maßgeblich.[12]

Bei Pflichtverletzungen im Rahmen der Nachtragsverteilung beginnt die Verjährung mit deren Vollzug (Satz 3 1. Hs. 1), also dem letzten Verteilungsakt nach § 205 Satz 1. Erfolgt die Pflichtverletzung bei der Überwachung der Planerfüllung ist deren Beendigung (Satz 3 1. Hs. 2), d.h. § 9 Abs. 1 Satz 3 bezogen auf die Veröffentlichung des Aufhebungsbeschlusses (§ 268 Abs. 2 Satz 1) maßgeblich.

D. Verjährungshemmung und Neubeginn

Die Regeln zur Hemmung (§§ 203 ff. BGB) und zum Neubeginn (§ 212 BGB) gelten über die Verweisung in Satz 1 auch bei Haftungsansprüchen gegen den Insolvenzverwalter. Die Verjährung des Haftungsanspruches wegen eines steuerlichen Schadens gegen den Verwalter wird durch den Einspruch des Geschädigten gegen den Finanzamtsbescheid nicht gehemmt.[13]

§ 63 Vergütung des Insolvenzverwalters

(1) Der Insolvenzverwalter hat Anspruch auf Vergütung für seine Geschäftsführung und auf Erstattung angemessener Auslagen. Der Regelsatz der Vergütung wird nach dem Wert der Insolvenzmasse zur Zeit der Beendigung des Insolvenzverfahrens berechnet. Dem Umfang und der Schwierigkeit der Geschäftsführung des Verwalters wird durch Abweichungen vom Regelsatz Rechnung getragen.

(2) Sind die Kosten des Verfahrens nach § 4a gestundet, steht dem Insolvenzverwalter für seine Vergütung und seine Auslagen ein Anspruch gegen die Staatskasse zu, soweit die Insolvenzmasse dafür nicht ausreicht.

(3) Die Tätigkeit des vorläufigen Insolvenzverwalters wird gesondert vergütet. Er erhält in der Regel 25 Prozent der Vergütung des Insolvenzverwalters bezogen auf das Vermögen, auf das sich seine Tätigkeit während des Eröffnungsverfahrens erstreckt. Maßgebend für die Wertermittlung ist der Zeitpunkt der Beendigung der vorläufigen Verwaltung oder der Zeitpunkt, ab dem der Gegenstand nicht mehr der vorläufigen Verwaltung unterliegt. Beträgt die Differenz des tatsächlichen Werts der Berechnungsgrundlage der Vergütung zu dem der Vergütung zugrunde gelegten Wert mehr als 20 Prozent, so kann das Gericht den Beschluss über die Vergütung des vorläufigen Insolvenzverwalters bis zur Rechtskraft der Entscheidung über die Vergütung des Insolvenzverwalters ändern.

---

10 Vgl. BGH 22.04.2004, IX ZR 128/03, ZIP 2004, 1218 (1219 f.).
11 MüKo-InsO/*Brandes* Rn. 4.
12 *Uhlenbruck* Rn. 8.
13 OLG Hamm 02.07.1987, 27 U 25/86, ZIP 1987, 1402.

§ 63 InsO   Vergütung des Insolvenzverwalters

Übersicht

		Rdn.			Rdn.
A.	Anspruch	1	E.	Regelung bei Verfahrenskostenstundung	16
B.	Regelsatz und Wert der Insolvenzmasse	11	F.	Verjährung	17
C.	Abweichungen vom Regelsatz	13			
D.	Vorschuss	15	G.	Sonderinsolvenzverwalter	25

A. Anspruch

1 Da der vom Insolvenzgericht gem. § 56 bestellte Insolvenzverwalter kein Ehrenamt bekleidet hat er durch die vorstehende Norm einen gesetzlichen Anspruch auf Vergütung für seine Tätigkeit. Der Satz 1 des ersten Absatzes ist sprachlich nicht gelungen: Die genannte Angemessenheit bezieht sich mehr auf die Vergütung[1] als auf die zu erstattenden Auslagen, die ja vorwiegend Aufwendungsersatz sein sollen.

2 Der Anspruch richtet sich nicht allein auf Ersatz der Aufwendungen und eine der erbrachten Leistung entsprechenden Honorierung sondern schließt Gewinnerzielung mit ein. Dies entspricht auch dem Grundsatz der Gleichbehandlung der vom Staat beauftragten Personen für die Wahrnehmung hoheitlicher Aufgaben.

3 Abgedeckt wird hierbei nicht nur der dem Verwalter persönlich letztlich verbleibende Teil der Vergütung, sondern wesentlich dessen Aufwendungen für seinen Geschäftsbetrieb an Personal-, Raum- und Sachkosten.

4 Die Regelung des § 63 gilt auch für den vorläufigen Insolvenzverwalter (§ 21 Abs. 2 Nr. 1), den Sachwalter bei der Eigenverwaltung (§ 274 Abs. 1) und für den Treuhänder im Verbraucherinsolvenzverfahren (§ 313 Abs. 1 Satz 3). Der Anspruch des vorläufigen Insolvenzverwalters hat jedoch bei nicht eröffnetem Verfahren nicht den Charakter einer Masseverbindlichkeit und kann nach Entnahme des festgesetzten Betrages aus der verwalteten Masse zu einer erfolgreichen Anfechtung führen.[2]

5 Das Insolvenzgericht hat bei der Festlegung kein freies Ermessen, sondern die Rechtspflicht zur Festsetzung einer angemessenen Vergütung.[3]

6 Bei jeglicher Betrachtung der Angemessenheit ist daran zu denken, dass es sich bei der letztlich festgesetzten Vergütung nicht um ein Nettoeinkommen des Verwalters handelt, sondern nach Abzug aller Bürokosten (ca. 68–75 % des Umsatzes) von ihm auch alle üblichen Abzüge (Steuern, Versicherungen, Alters- und Krankenvorsorge usw.) zu erbringen sind.[4]

7 Überwiegend wird bisher die Auffassung vertreten, dass der Vergütungsanspruch eine reine Tätigkeit abgelten soll und nicht erfolgsbezogen einzustufen ist.[5] Diese Ansicht ist jedoch umstritten und geht aktuell in die Richtung der Erfolgsbezogenheit.[6] Ist der Insolvenzverwalter aufgrund schwerwiegender Straftaten charakterlich ungeeignet, fremdes Vermögen zu verwalten, kann er mit seinem Vergütungsanspruch ausgeschlossen sein.[7]

8 Konkretisiert wird der Anspruch durch die Insolvenzrechtliche Vergütungsverordnung (InsVV; s. Anh. III), zuletzt geändert am 07.12.2011.[8]

---

1 BGH 16.06.2005, IX ZB 264/03, ZInsO 2005, 804.
2 BGH 15.12.2011, IX ZR 118/11, ZInsO 2012, 241.
3 BGH 16.06.2005, IX ZB 264/03, ZInsO 2005, 804.
4 *HaarmeyerWutzke/Förster* InsVV, § 1 Rn. 1.
5 U.a. BGH 10.11.2005, IX ZB 168/04, ZInsO 2006, 29.
6 *HambK-InsR/Büttner* Rn. 4 ff. m.w.N.
7 BGH 09.06.2011, IX ZB 248/09, ZInsO 2011, 1520.
8 BGBl. I, 2582.

Der Absatz 3 ist durch das Gesetz zur Verkürzung des Restschuldbefreiungsverfahrens und zur Stärkung der Gläubigerrechte vom 15.07.2013 (BGBl. I 2013, 2379) eingefügt worden und gilt gem. Art. 103h EGInsO für alle Verfahren, die ab dem 19.07.2013 beantragt worden sind. Dass der Art. 103h EGInsO gem. Art. 9 des Gesetzes selbst erst am 01.07.2014 in Kraft tritt kann wohl als Versehen betrachtet werden.

9

Es handelt sich um eine klarstellende Regelung, die eine angemessene Entlohnung für den vorläufigen Insolvenzverwalter sicherstellen soll. Da die Tätigkeiten des vorläufigen und des endgültigen Insolvenzverwalters in ihrer Struktur verschieden sind soll hinsichtlich der Vergütung eine isolierte Betrachtungsweise ermöglicht werden.

Es kann daher im Einzelfall durchaus zu einer höheren Vergütung für den vorläufigen Insolvenzverwalter im Vergleich mit der des endgültigen Verwalters kommen.

Der Anspruch entsteht schon mit der Aufnahme der Tätigkeit; **fällig** wird der Anspruch mit dem Ende des Verwalteramtes.[9] Bei Schlechterfüllung und zu erwartendem Schadensersatzanspruch gegen den (vorläufigen) Verwalter besteht gleichwohl ein Anspruch auf Festsetzung der Vergütung; ein Zurückbehaltungsrecht der Masse besteht nicht.[10]

10

Im Falle einer **Nachtragsverteilung** gem. § 203 InsO enthält die Regelung des § 6 InsVV einen eigenen materiellrechtlichen Anspruch des Insolvenzverwalters auf eine besondere Vergütung. Gleiches gilt für die Tätigkeit der Überwachung der Erfüllung eines Insolvenzplans nach §§ 260 bis 269 InsO.

Für den Ersatz der Auslagen wird in der Praxis überwiegend von der Möglichkeit der pauschalen Beantragung gem. § 8 Abs. 2 InsVV Gebrauch gemacht.

B. Regelsatz und Wert der Insolvenzmasse

Die Vergütung berechnet sich als Regelsatz prozentual nach der Insolvenzmasse bei Beendigung der Tätigkeit. Da es sich bei den Gebühren für die Geschäftstätigkeit des Insolvenzverwalters um Wertgebühren handelt ist zunächst eine Berechnungsgrundlage zu ermitteln. Für beides kommt die Insolvenzrechtliche Vergütungsverordnung (InsVV) zur Anwendung, die im **Anh. III** kommentiert abgedruckt ist.

11

Dabei gibt § 1 Abs. 1 Satz 1 InsVV den Rahmen vor durch den Wert, auf den sich die Schlussrechnung des Insolvenzverwalters bezieht. Demnach ist Berechnungsgrundlage nicht der Wert der restlichen Masse sondern der Wert der verwalteten Vermögensgegenstände.[11]

12

C. Abweichungen vom Regelsatz

Vom Regelsatz ist gem. Abs. 1 Satz 3 abzuweichen, wenn im Einzelfall Umfang und Schwierigkeit der Geschäftsführung dies gebieten. Diesen Abweichungen wird durch festzusetzende Zu- oder Abschläge[12] entsprochen.

13

Der Regelsatz für die Vergütung wird nach den Vorschriften des § 2 InsVV (s. Anh. III) ermittelt. Dieser enthält unter anderem eine nach den erzielten Werten degressiv gestaltete Tabelle sowie Regelungen für eine Mindestvergütung. Der Regelsatz kommt regelmäßig bei einem insolvenzrechtlichem »Normalverfahren«[13] (vgl. Anh. III § 2 InsVV Rdn. 1) zur Anwendung. Abweichungen durch Zu- oder Abschläge sind in § 3 InsVV geregelt (s. Anh. III).

14

---

9 BGH 01.10.2002, IX ZB 53/02, ZInsO 2002, 1133.
10 LG Göttingen 09.08.2012, 10 T 38/12, JurionRS 2012, 22140.
11 BGH 10.11.2005, IX ZB 168/04, ZInsO 2006, 29.
12 Gem. § 3 InsVV.
13 Seine charakteristischen Merkmale ergeben sich aus rechtstatsächlichen und statistischen Erhebungen sowie aus tendenziellen Entwicklungen der Praxis. Diese tatsächlichen Elemente werden ergänzt durch die qualitative Beschreibung der Verwaltertätigkeit in der InsO: LG Hamburg 12.06.2001, 326 T 9/01, nv.

D. Vorschuss

15 Gem. § 9 InsVV hat der Insolvenzverwalter Anspruch auf einen Vorschuss, wenn das Verfahren länger als sechs Monate dauert oder er mit besonders hohen Auslagen in Vorlage treten musste. Das Risiko, mit seinem Anspruch auszufallen, soll damit gemindert werden.[14]

E. Regelung bei Verfahrenskostenstundung

16 Ist dem Insolvenzschuldner gem. § 4a Verfahrenskostenstundung gewährt worden gibt vorstehende Norm in Abs. 3 einen direkten Anspruch gegen die Staatskasse für den Teil seiner Vergütung und seiner Auslagen, mit dem er auf Grund mangelnder Masse ausfallen würde. Diese Regelung korrespondiert mit dem Inhalt von § 4a Abs. 1 Satz 1, der den Begriff der »Kosten des Insolvenzverfahrens« nennt und von § 54 Nr. 2, der die Vergütung und die Auslagen des Insolvenzverwalters ausdrücklich nennt.

F. Verjährung

17 Verjährung des Vergütungsanspruchs tritt nach §§ 195, 199 BGB innerhalb von drei Jahren nach Beendigung der Tätigkeit (Jahresende) ein. Innerhalb dieser Frist ist durch den **Insolvenzverwalter** die Festsetzung zu beantragen, um die Verjährung zu hemmen.[15]

18 Die Verjährungsfrist beginnt mit dem Schluss des Jahres, in dem der Anspruch entstanden ist und der Gläubiger von den den Anspruch begründenden Umständen Kenntnis erlangt hat.[16] Nach *Rüffert*[17] beginnt für die Ansprüche des **vorläufigen Verwalters** wegen § 11 Abs. 2 InsVV die Verjährungsfrist dadurch erst mit der vollständigen Verwertung der Vermögensgegenstände.[18] Ist demnach bei Beendigung seines Amtes die Berechnungsgrundlage noch nicht endgültig festzustellen, so könne die dreijährige Verjährungsfrist zunächst nicht eintreten.

19 Dies ist nachvollziehbar, da der Wert der verwalteten Sachen die wesentliche Grundlage für die Ermittlung des Berechnungswertes darstellt und letztlich erst mit Abschluss der Verwertungshandlungen feststeht.

20 Insoweit man im Hinblick auf die **Rechtskraftdurchbrechung** bei den Regelungen des § 11 Abs. 2 InsVV verfassungsrechtliche Bedenken hat[19] wird man – für die Ansprüche nach Inkrafttreten des neuen § 11 Abs. 2 InsVV – von einer Hemmung des Verjährungsanspruchs des vorläufigen Verwalters ausgehen müssen.

21 Die Ansicht, dass analog dem Rechtsgedanken des § 8 Abs. 2 RVG die Verjährungsfrist bis zum Ende des Hauptverfahrens gehemmt sei,[20] ist die Rechtsprechung überwiegend nicht gefolgt.[21]

22 In seiner neuesten Rechtsprechung hat der BGH jedoch klargestellt, dass die Verjährung des Vergütungsanspruchs für die vorläufige Insolvenzverwaltung bis zum Abschluss des eröffneten Insolvenzverfahrens gehemmt ist.[22] Er hat sich dabei ausdrücklich auf die Regelung in § 8 Abs. 2 Satz 1 RVG als allgemeinem Rechtsgedanken bezogen.

---

14 BGH 01.10.2002, IX ZB 53/02, ZInsO 2002, 1133.
15 BGH 29.03.2007, IX ZB 153/06, ZInsO 2007, 539.
16 § 199 Abs. 1 BGB.
17 *Rüffert* ZInsO 2009, 757; a.A. LG Hannover 03.08.2009, 11 T 35/09, ZInsO 2009, 2355.
18 Zust. *Haarmeyer* ZInsO 2009, 2360, der im Wege der teleologischen Auslegung des neuen § 11 Abs. 2 Satz 2 InsVV zu diesem Ergebnis kommt.
19 ZB *Graeber* ZInsO 2007, 133.
20 LG Heilbronn 23.06.2009, 1 T 85/06, ZInsO 2009, 2356.
21 LG Hannover 03.08.2009, 11 T 35/09, ZInsO 2009, 2355; LG Karlsruhe 14.09.2009, 11 T 458/08, ZInsO 2009, 2358.
22 BGH 23.09.2010, IX ZB 20/09 u. IX ZB 195/09.

Das Insolvenzgericht ist nicht berechtigt, mit Hinweis auf die Verjährung die Festsetzung abzulehnen.[23] Die Verjährungseinrede steht nur den Insolvenzgläubigern und dem Schuldner zu,[24] vor Eröffnung nicht den Insolvenzgläubigern.[25] Auch nach Eintritt der Verjährung ist der Verwalter nicht gehindert, die Festsetzung zu beantragen (er handelt nicht pflichtwidrig); eine vorherige Anhörung von Schuldner und Gläubigern ist nicht erforderlich.[26] 23

Ist die Vergütung rechtskräftig festgesetzt, verjährt der Anspruch nach 30 Jahren gem. § 197 Abs. 1 Nr. 3 BGB. 24

G. Sonderinsolvenzverwalter

Die Tätigkeit des Sonderinsolvenzverwalters wurde in der Insolvenzordnung nicht geregelt. 25

Ist der Insolvenzverwalter wegen tatsächlicher oder rechtlicher Verhinderung nicht in der Lage, einzelne Aufgaben zu erfüllen, kann ein Sonderverwalter bestellt werden.[27] Dies kann bereits im Prüfungstermin vorkommen, wenn der Insolvenzverwalter etwa in einem anderen Verfahren ebenfalls Insolvenzverwalter ist und in dem vorliegenden Verfahren eine Forderung anmeldet. Die Prüfung dieser Forderung durch ihn selbst würde gegen das Selbstkontrahierungsverbot des § 181 BGB verstoßen. Ein anderer Anwendungsfall aus der Praxis ist die Durchsetzung von Ansprüchen gegen den amtierenden Insolvenzverwalter zur Geltendmachung eines Gesamtschadens (§ 92 Satz 2). Lehnt das Insolvenzgericht die Bestellung eines Sonderinsolvenzverwalters ab, steht den Gläubigern dagegen kein Rechtsmittel zu, selbst wenn dieser einen solchen Gesamtschaden geltend machen soll.[28] 26

Die **Vergütung** (inkl. Auslagen) des Sonderinsolvenzverwalters ist auf seinen Antrag durch das Insolvenzgericht in entsprechender Anwendung der Vorschriften über die Vergütung des Insolvenzverwalters festzusetzen.[29] Eine besondere Regelung für die Entlohnung seiner Bemühungen ist in der InsVV nicht enthalten. Grundsätzlich ist sie zwar wie beim Insolvenzverwalter zu bestimmen; jedoch rechtfertigt die Beschränkung seines Aufgabenkreises einen Abschlag und ggf. der hohe Umfang des Sachverhalts einen Zuschlag,[30] wenn dessen Voraussetzung vorliegt.[31] Dies kann z.B. bei einem destruktiven Insolvenzverwalter der Fall sein.[32] 27

Einem im Verhältnis zum Insolvenzverwalter verminderten Umfang seiner Tätigkeit ist durch Festlegung einer angemessenen Quote der Regelvergütung und/oder durch einen **Abschlag** Rechnung zu tragen.[33] Liegen die Voraussetzungen vor, sind Zuschläge auch für den Sonderinsolvenzverwalter nicht ausgeschlossen.[34] 28

Hat der Sonderinsolvenzverwalter lediglich die Aufgabe, einzelne Ansprüche zu prüfen, zur Insolvenztabelle anzumelden oder auf dem Rechtsweg zu verfolgen, kann seine Vergütung nicht höher 29

---

23 LG Gießen 23.06.2009, 7 T 34/09, ZInsO 2009, 1559; LG Karlsruhe 14.09.2009, 11 T 458/08, ZInsO 2009, 2358; a.A. LG Hamburg 15.01.2010, 326 T 109/09, ZInsO 2010, 540, das die Verjährungseinrede durch einen zu bestellenden Sonderinsolvenzverwalter vorsieht.
24 LG Gießen 23.06.2009, 7 T 34/09, ZInsO 2009, 1559 m.w.N.; anders aber LG Hannover 03.08.2009, 11 T 35/09, ZInsO 2009, 2355, das das Gegenteil mit den Besonderheiten des Insolvenzrechts begründet.
25 A.A. LG Karlsruhe 14.09.2009, 11 T 458/08, ZInsO 2009, 2358.
26 AG Göttingen 18.12.2009, 71 IN 51/04, ZInsO 2010, 111.
27 BGH 17.11.2005, IX ZR 179/04, ZInsO 2006, 27.
28 BGH 07.10.2010, IX ZB 280/09, NZI 2010, 940.
29 BGH 29.05.2008, IX ZB 303/05, ZInsO 2008, 733; unbeschadet seiner evtl. Möglichkeit, nach einem streitigen Verfahren die Festsetzung gem. § 11 RVG zu beantragen. LG Braunschweig 23.12.2011, 6T 728/11 ZInsO 2012, 506.
30 LG Frankfurt 02.07.2008, 2/9 T 64/08, ZInsO, KTS 2009, 232, m.Anm. *Vortmann* (= LNR 2008, 22020).
31 BGH 21.01.2009, IX ZB 163/08, ZInsO 2010, 399.
32 BGH 29.05.2008, IX ZB 303/05, ZInsO 2008, 733.
33 BGH 29.05.2008, IX ZB 303/05, ZInsO 2008, 733.
34 BGH 21.01.2010, IX ZB 163/08, ZInsO 2010, 399.

festgesetzt werden als der Vergütungsanspruch eines Rechtsanwalts nach dem RVG, da seine Tätigkeit mit derjenigen eines Insolvenzverwalters kaum mehr vergleichbar ist.[35]

30 Die Untergrenze bildet **nicht die Mindestvergütung** gem. § 2 Abs. 2, da die Aufgaben des Sonderinsolvenzverwalters so beschränkt sein können, dass die Festsetzung der Mindestvergütung unangemessen wäre.[36]

§ 64 Festsetzung durch das Gericht

(1) Das Insolvenzgericht setzt die Vergütung und die zu erstattenden Auslagen des Insolvenzverwalters durch Beschluß fest.

(2) Der Beschluß ist öffentlich bekanntzumachen und dem Verwalter, dem Schuldner und, wenn ein Gläubigerausschuß bestellt ist, den Mitgliedern des Ausschusses besonders zuzustellen. Die festgesetzten Beträge sind nicht zu veröffentlichen; in der öffentlichen Bekanntmachung ist darauf hinzuweisen, daß der vollständige Beschluß in der Geschäftsstelle eingesehen werden kann.

(3) Gegen den Beschluß steht dem Verwalter, dem Schuldner und jedem Insolvenzgläubiger die sofortige Beschwerde zu. § 567 Abs. 2 der Zivilprozeßordnung gilt entsprechend.

Übersicht	Rdn.		Rdn.
A. Normzweck	1	E. Festsetzung	23
B. Antrag	3	F. Bekanntmachung	26
C. Rechtliches Gehör	22	G. Rechtsmittel	27
D. MUSTER für einen Vergütungsantrag (mit Betriebsfortführung):	22a		

A. Normzweck

1 Die Vorschrift regelt die Formalien für die Durchsetzung der Ansprüche auf Vergütung und Auslagen des Insolvenzverwalters (§ 63), des vorläufigen Insolvenzverwalters (§ 21 Abs. 2 Nr. 1), des Sachwalters (§ 274 Abs. 1), des Treuhänders im Verbraucherverfahren (§ 313 Abs. 1 Satz 3), des Sonderinsolvenzverwalters,[1] des Treuhänders im Restschuldbefreiungsverfahren (§ 293 Abs. 2) sowie der Vergütung der Mitglieder des Gläubigerausschusses (§ 73 Abs. 2).

2 Zu unterscheiden ist hiervon die Beauftragung eines Sachverständigen zur Prüfung von Schlussrechnungen. Hier ist auf die Ausführungen in § 66 zu verweisen.

B. Antrag

3 Voraussetzung für die Festsetzung ist ein Antrag (§ 8 Abs. 1 Satz 1 InsVV), der inhaltlich differenziert genug ist, zwischen den einzelnen Anspruchspositionen unterscheidet und diese nachvollziehbar berechnet. Insb. hat er die Berechnung der nach § 1 Abs. 2 maßgeblichen Insolvenzmasse zu enthalten und die Angabe, welche Dienst- oder Werkverträge für besondere Aufgaben im Rahmen der Insolvenzverwaltung abgeschlossen worden sind (§§ 8 Abs. 2 Satz 4, Abs. 2 Satz 3 InsVV). Dazu gehört die Bestimmung der Werte für Massegegenstände, die mit Absonderungsrechten behaftet sind und die Vornahme von Vergleichsrechnungen (§ 1 Abs. 2 Nr. 1 InsVV). Hat der Insolvenzverwalter ein Unternehmen fortgeführt, muss der Antrag eine Einnahmen/Ausgabenrechnung enthalten, die den Überschuss ausweist (§ 1 Abs. 2 Nr. 4 lit. b InsVV). Die auf Grund eigener Sachkunde (§ 5 InsVV) der Masse entnommenen Beträge sind aufzuführen, da diese von der Insolvenzmasse als Berechnungsgrundlage abgezogen werden (§ 1 Abs. 2 Nr. 4 lit. a InsVV).

---

35 BGH 29.05.2008, IX ZB 303/05, ZInsO 2008, 733.
36 BGH 29.05.2008, IX ZB 303/05, ZInsO 2008, 733.
1 BGH 29.05.2008, IX ZB 303/05, ZInsO 2008, 733.

Werden Zuschläge gem. § 3 InsVV begehrt, sind diese für das Gericht nachvollziehbar zu begründen. Vergütung und Auslagen sind getrennt zu berechnen und zu begründen, da auch deren Festsetzung gesondert erfolgt (§ 8 Abs. 1 Satz 2 InsVV). Jede Beauftragung Dritter zu Lasten der Masse, etwa Auslagen für besondere Geschäftskosten, die der Masse entnommen wurden (§ 4 Abs. 1 Satz 3 InsVV), sind unter Angabe der betreffenden Verträge darzustellen. Das Insolvenzgericht ist berechtigt und verpflichtet zu prüfen, ob die Beauftragung Externer gerechtfertigt war.[2]

Grds. hat der Antrag die größte Aussicht auf Erfolg, der – insb. bei begehrten Zuschlägen – die Tatbestände nachvollziehbar begründet und keine Ungenauigkeiten oder allgemeine Formulierungen enthält. Der Antrag muss die Ermittlung der Berechnungsgrundlage erklären, die Berechnung der Vergütung so leicht nachvollziehbar wie möglich gestalten und ggf. eine Gesamtwürdigung[3] enthalten (insb. bei Überschneidungen einzelner Tatbestände).

Kommt es nicht zur Eröffnung, war bis zur Einfügung des § 26a InsO der vorläufige Insolvenzverwalter wegen seines Vergütungsanspruchs auf den **ordentlichen Rechtsweg** zu verweisen.[4] Dieses Ergebnis war umstritten, da das Zivilgericht hinsichtlich der Höhe des Anspruchs nicht auf insolvenzrechtliche Erfahrung eines Insolvenzrichters bzw. Insolvenzrechtspflegers zurückgreifen konnte. Da der vorläufige Verwalter auf diesem Wege mit seinem Anspruch mehr oder weniger leer ausgehen konnte wurden auch verfassungsrechtliche Bedenken angemeldet.[5] Nach Auslegung von *Frind*[6] blieb es in nicht eröffneten Verfahren dabei, dass über die Höhe der Vergütung des vorläufigen Verwalters das Insolvenzgericht nach der InsVV entscheidet, über die Zahlungspflicht das Zivilgericht nach ZPO. Tatsächlich entsprach die Zuweisung dieser Entscheidung an die Zivilgerichte nicht den praktischen Erfordernissen.[7]

Die mit Gesetz v. 07.12.2011 BGBl. I, 2582 (ESUG) eingefügte Norm des § 26a regelt nun eindeutig die Zuständigkeit des Insolvenzgerichts für solche Verfahren, die vor dem 1. März 2012 **beantragt** worden sind.[8] Für ältere Verfahren ist der vorläufige Insolvenzverwalter wegen seines Vergütungsanspruchs auf den ordentlichen Rechtsweg zu verweisen.[9] Eine gleichwohl in diesen »Altfällen« durch das Insolvenzgericht durchgeführte Festsetzung ist jedoch nicht unwirksam.[10] Zu Recht kritisiert die Literatur[11] die unglückliche Fassung des neuen § 26a InsO, die eine Festsetzung dieser Kosten ausschließlich gegen den Schuldner vorsieht (s. auch ablehnende Stellungnahme des Bundesrates[12] und *Frind*.[13])

Auch für den vorläufigen Verwalter ist neben dem Vergütungsantrag – wenn auch von den Insolvenzgerichten häufig nicht verlangt – für das Ende seiner Tätigkeit Schlussbericht und Schlussrechnung

---

2 BGH 11.11.2004, IX ZB 48/04, ZInsO 2004, 1348.
3 BGH 11.05.2006, IX ZB 249/04, ZInsO 2006, 642 (formuliert als Pflicht des Gerichts).
4 BGH, ZInsO 2010, 107.
5 *Uhlenbruck* NZI 2010, 161.
6 *Frind* ZInsO 2010, 108.
7 *Riewe* NZI 2010, 131; *Uhlenbruck* NZI 2010, 161.
8 Art. 103g EGInsO.
9 BGH 03.12.2009, IX ZB 280/08, ZInsO 2010, 107 m.Anm. *Frind.;* BGH 09.02.2012, IX ZB 79/10, ZInsO 2012, 802.
10 BGH 08.03.2012, IX ZB 219/11, ZInsO 2012, 800.
11 *Keller*, ZInsO 2012, 875 Anmerkung zum Beschluss des BGH v. 09.02.2012, IX ZB 79/10, ZInsO 2012, 802; vom gleichen Tage und gleichlautend BGH IX ZB 119/10, JurionRS 2012, 11078 und BGH IX ZB 63/10, JurionRS 2012, 11027; *Pape* NWB 2012, 2079; *Frind* ZInsO 2011, 2249; *Marotzke* DB 2012, 617, 619.
12 BR-Drucks. 467/12 v. 21.09.2012 zum Gesetzentwurf zur Verkürzung des RSB-Verfahrens und zur Stärkung der Gläubigerrechte.
13 ZInsO 2012, 1455.

§ 64 InsO Festsetzung durch das Gericht

vorgesehen (§ 21 Abs. 2 i.V.m. § 66 InsO).[14] Gleichwohl kann auch bei nicht eröffneten Hauptverfahren ohne Rechnungslegung über seine Vergütung entschieden werden.[15]

9 Darzustellen ist auch eine besondere Berechnung des Betriebserfolgs für den Zeitraum der Betriebsfortführung durch Ein- und Ausgabenrechnung als Grundlage für den zu beantragenden Aufschlag.

10 Der Verwalter hat näher darzulegen, wie er die maßgebliche Masse berechnet hat, z.B. welche Beträge er als Vergütung für den Einsatz besonderer Sachkunde entnommen hat (§ 1 Abs. 2 Satz 4 lit. a i.V.m. § 4 Abs. 1 Satz 3 InsVV).

11 Spätestens in seinem Vergütungsantrag hat der Verwalter offen zu legen,[16] welche seiner Aufgaben er auf Dritte übertragen hat (Dienst- oder Werkverträge, § 8 Abs. 2 InsVV) und weshalb der Abschluss von Dienst- oder Werkverträgen zur Erledigung von Aufgaben aus seinem Tätigkeitsbereich die Geschäftsführung nicht erleichtert hat (§ 3 Abs. 2 lit. d InsVV).

Es sind nachvollziehbare Bewertungen vorzunehmen nach den Prinzipien des HGB (§§ 25 ff., 252 HGB).

12 Bei Aus- und Absonderungsrechten erfolgt die Darlegung der Befassung (nennenswert, erheblich). Wegen der gem. § 1 Abs. 2 Nr. 1 InsVV vorzunehmenden **Vergleichsrechnung** sind in der Schlussrechnung die unbelasteten Vermögenswerte von den mit Ab- oder Aussonderungsrechten belasteten Werten getrennt darzustellen.

13 Für die Ermittlung des fortführungsbedingten Überschusses, die Berechnung der Teilungsmasse und des möglichen Zuschlags finden sich Beispiele bei *Rau*[17] und *Heyn*.[18]

14 Gehört der Insolvenzverwalter einer **Sozietät** an (egal, ob als Teilhaber oder als angestellter Anwalt) so sind nach einem Rundschreiben des Bundesministeriums für Finanzen[19] seine getätigten Umsätze der Kanzlei zuzurechnen, selbst wenn er ausschließlich als Verwalter tätig ist und im eigenen Namen handelt. Die Rechtsanwaltskanzlei rechnet über diese Umsätze im eigenen Namen und unter Angabe ihrer eigenen Steuernummer ab (§ 14 Abs. 4 UStG). Es findet insofern demnach kein Leistungsaustausch zwischen der Kanzlei und dem Anwalt statt. Für vor dem 01.01.2010 erbrachte Leistungen wird es jedoch – auch für Zwecke des **Vorsteuerabzugs** – nicht beanstandet, wenn der Anwalt im eigenen Namen abrechnet.

15 Dieses Rundschreiben ist nicht kompatibel mit den rechtlichen Bindungen zwischen Insolvenzgericht und Verwalter. Es wird nicht die Sozietät mit der Insolvenzverwaltung betraut sondern ein ausgewählter Rechtsanwalt, der dem Gericht allein verantwortlich ist. Deshalb schuldet ggf. die Staatskasse die Vergütung nur dem beauftragten Anwalt, nicht der Sozietät.

16 Der **Berechnungszeitpunkt** für den Vergütungsantrag markiert gewöhnlich die Erstellung der Schlussrechnung. Bis zur Aufhebung des Verfahrens eintretende Veränderungen sind jedoch zu berücksichtigen. So kann z.B. der Verwalter die Auslagen(-pauschale) in seinem Antrag so berechnen, dass die Zeit zwischen Einreichung der Schlussrechnung und zu erwartender Verfahrensaufhebung einbezogen wird.

17 Das Insolvenzgericht hat insb. **zügig** über den Antrag des vorläufigen Verwalters zu entscheiden, da dieser die bisherigen Kosten vorgestreckt hat.

---

14 BGH 10.11.2005, IX ZB 168/04, ZInsO 2006, 29; s.a. *Graeber* ZInsO 2007, 133 mit Gestaltungsvorschlägen.
15 KG 03.04.2001, 7 W 8043/00, ZInsO 2001, 409.
16 BGH 11.11.2004, IX ZB 48/04, ZInsO 2004, 1348.
17 *Rau* ZInsO 2007, 410 und ZInsO 2008, 8.
18 *Heyn* Vergütungsanträge nach der InsVV, S. 16, 96 bis 121.
19 BMF Rundschr. v. 28.07.2009, GZ: IV B 8 – S 7100/08/10003, DOK: 2009/0495214.

Die **Rechtskraft** des Vergütungsbeschlusses betrifft nicht den Gesamtbetrag, sondern die einzelnen 18
Positionen. Daher ist es möglich, auch nach eingetretener Rechtskraft einen weiteren, »ergänzenden«
Beschluss zu erwirken, wenn eine bestimmte Position im ersten Antrag vergessen wurde.[20]

Ein Insolvenzverwalter kann seinen Vergütungsantrag um Zuschläge für Umstände ergänzen, die 19
nach Stellung des Vergütungsantrags eingetreten sind.[21]

Dem neu gewählten Verwalter steht bei der Festsetzung der Vergütung des abgewählten Verwalters 20
weder ein Anspruch auf Gehör noch ein Beschwerderecht zu.[22]

Eine **Verzinsung** seines Anspruchs steht dem Verwalter nicht zu.[23] 21

C. Rechtliches Gehör

Grundsätzlich ist gem. Art. 103 GG vor einer gerichtlichen Entscheidung allen von ihr betroffenen 22
Personen rechtliches Gehör zu gewähren. In den §§ 63 und 64 InsO ist eine **vorherige** Anhörung der
Beteiligten nicht festgelegt. Lediglich § 64 Abs. 3 gibt nach der Entscheidung die Möglichkeit, das
Rechtsmittel der sofortigen Beschwerde einzulegen. Da in anderen Rechtsnormen der Insolvenzordnung durch den Gesetzgeber durchaus vorherige Anhörungen festgelegt wurden (z.B. in § 300 InsO)
ist nicht davon auszugehen, dass der Gesetzgeber in den Vergütungsrechtsnormen eine solche Regelung »übersehen« hat.

Die Literatur vermisst überwiegend die Notwendigkeit für eine vorherige Anhörung.[24] In der Praxis
wird das Gericht in kompliziert gelagerten Fällen gleichwohl den Beteiligten vor der Entscheidung
die Gelegenheit zur Stellungnahme geben.

D. MUSTER für einen Vergütungsantrag (mit Betriebsfortführung):[25]

Vergütungsantrag des vorläufigen Insolvenzverwalters Amtsgericht ... – Insolvenzgericht – ... ... **Vorläufiges Insolvenzverfahren über das Vermögen der Firma** .... mit dem Sitz in .... **Geschäftszeichen:** ... IN .../... (U.Z.: »SS mit AG«) Sehr geehrte Damen und Herren, in dem Insolvenzverfahren über das Vermögen der ... war ich in der Zeit vom ... bis zum ... als vorläufiger Verwalter im Eröffnungsverfahren tätig. Hiermit beantrage ich unter Berücksichtigung der Rechtsprechung in Vergütungsfragen und der Kommentierungen zur InsVV die Festsetzung meiner Vergütung für die insgesamt ... Monate/Wochen dauernde Tätigkeit. Mit dem beantragten Vergütungssatz von insgesamt ... % ist gewährleistet, dass die Vergütung für meine und die Tätigkeit meiner Mitarbeiter dem entfalteten außergewöhnlich hohen Abwicklungsaufwand entspricht und mithin angemessen i.S.d. § 63 Abs. 1 InsO ist.	22a

---

20 BGH 10.11.2005, IX ZB 168/04, ZInsO 2006, 29 für den abgelösten Verwalter und weiteren Massezufluss.
21 BGH 18.06.2009, IX ZB 119/08, ZInsO 2009, 1557.
22 AG Göttingen 25.02.2009, 74 IN 222/07, ZInsO 2009, 688.
23 BGH 04.12.2003, IX ZB 69/03, ZInsO 2004, 268.
24 *Haarmeyer/Wutzke/Förster*, InsVV, Rn. 18 zu § 8 m.w.N.
25 Übernommen von *Haarmeyer/Heyn* InsbürO 2005, 297.

1. Berechnungsgrundlage

Gem. der grundlegenden Entscheidung des BGH vom 14.12.2000[26] ist als Berechnungsgrundlage auch für die Vergütung des vorläufigen Verwalters gem. § 63 Abs. 1 InsO der Wert des von ihm verwalteten Vermögens, die sog. Ist-Masse, maßgebend. Insoweit darf die bezeichnete Entscheidung des BGH wörtlich zitiert werden: »Danach kann Grundlage für die Tätigkeit des vorläufigen Insolvenzverwalters entsprechend § 1 Abs. 1 InsVV nur der Wert der »Insolvenzmasse« bei Beendigung seiner vorläufigen Insolvenzverwaltung sein.« Dies hat der BGH in mehreren Entscheidungen[27] auch dahingehend ergänzt, dass in die Berechungsgrundlage auch Gegenstände einzubeziehen sind, die ggf. im Laufe der vorläufigen Verwaltung aus der Masse ausgeschieden sind, wenn der vorläufige Verwalter darauf zumindest nennenswerte Tätigkeiten entfaltet hat (z.B. Aussonderungsrechte, freigegebene Gegenstände etc).

Dieser gefestigten Rechtsprechung hat zwischenzeitlich auch der Gesetzgeber dadurch Rechnung getragen, dass § 11 Abs. 2 InsVV in der ab 07.10.2004 lautenden Fassung[28] nunmehr für die vorläufige Verwaltung dahingehend bestimmt, dass sich das als Berechnungsgrundlage dienende Vermögen aus den Werten ergibt, »auf die sich die Tätigkeiten des vorläufigen Verwalters während des Eröffnungsverfahrens bezogen hat«.[29]

Abzustellen ist somit für die Vergütung des vorläufigen Verwalters auf die Werte der einzelnen Vermögensgegenstände, auf die sich die Tätigkeit des vorläufigen Verwalters während der gesamten Dauer des Eröffnungsverfahrens in zumindest nennenswerter Weise bezogen hat und wie sie sich i.d.R. aus der mit dem Gutachten eingereichten Vermögensübersicht ergeben. Im Gegensatz zu einer stichtagsbezogenen Betrachtung, die nur auf die Vermögenswerte im Zeitpunkt der Eröffnung abstellt, gilt spätestens seit der Neufassung von § 11 Abs. 1 eine zeitraumbezogene Betrachtung. Nur auf diese Weise kann den Besonderheiten der vorläufigen Verwaltung und dem Tätigkeitsbild des vorläufigen Verwalters Rechnung getragen werden.

Bemessungsgrundlage für die Vergütung des vorläufigen Insolvenzverwalters ist mithin das gesamte Aktivvermögen der Insolvenzschuldnerin, das sog. Ist-Vermögen.[30] Dabei ist das gesamte insolvenzbefangene Vermögen zu berücksichtigen, inklusive derjenigen Vermögenswerte, die mit Aus- und Absonderungsrechten der Sicherungsgläubiger belastet sind. Voraussetzung dafür ist lediglich, dass sich der vorläufige Insolvenzverwalter mit diesen Gegenständen in mindestens nennenswertem Umfang auseinandergesetzt hat.[31]

Gesamtwert des verwalteten Aktivvermögens erläutern! Ist das Verfahren nicht eröffnet worden, ist auf das Gutachten oder den Bericht und die darin niedergelegten Vermögenswerte abzustellen.

Mit dem Bericht zur ersten Gläubigerversammlung wurde eine Eröffnungsbilanz vorgelegt, aus der sich ein Aktivvermögen in Höhe von ... EUR als Buchwert zum ... ergibt. Als Berechnungsgrundlage sind hieraus die Werte der Einzelpositionen zu berücksichtigen, auf die sich eine Tätigkeit des Unterzeichners während der vorläufigen Verwaltung erstreckt hat. Dies wird nachfolgend näher dargelegt.

---

26 BGH 14.12.2000, IX ZB 105/00, ZInsO 2001, 165.
27 Vgl. u.a. BGH 24.07.2003, IX ZB 607/02, ZInsO 2003, 790; 18.12.2003, IX ZB 50/03, ZInsO 2004, 265.
28 BGBl. I, 2569.
29 In diesem Sinne u.a. auch schon LG Freiburg ZInsO 2003, 848; LG Stralsund ZInsO 2003, 846; BayObLG NZI 2001, 26; KG ZInsO 2001, 409; OLG Jena ZInsO 2000, 554; OLG Köln ZInsO 2000, 597; OLG Stuttgart ZInsO 2000, 158 und ZInsO 2001, 897; OLG Braunschweig ZInsO 2000, 336; OLG Zweibrücken ZInsO 2000, 398.
30 BGH 22.07.2004, IX ZB 222/03, ZInsO 2004, 909: »das in Besitz zu nehmende oder sonst für die Masse zu reklamierende (verwertbare) Vermögen«.
31 HM vgl. BGH 14.12.2000, IX ZB 105/00, ZInsO 2001, 165; 18.12.2003, IX ZB 50/03, ZInsO 2004, 265; LG Freiburg ZInsO 2003, 848.

Hierbei sind allerdings nicht Buchwerte, sondern die Verkehrswerte der verwalteten Aktivpositionen entscheidend, die i.d.R. deutlich von den Buchwerten abweichen.[32] Da der Betrieb fortgeführt wurde, sind vorwiegend die diesbzgl. aufgeführten Fortführungswerte in Ansatz zu bringen.

Die jeweilige Tätigkeit wird für die einzelnen Positionen nachstehend erläutert:

Bearbeitungshinweis:

Bei der nachfolgenden Darstellung ist stets Antwort auf die folgenden Fragen zu geben:

	Welcher Gegenstand wurde wie bewertet?
☐	*In welcher Form wurde die Sicherung des Gegenstands vorgenommen?*
☐	*Welche Tätigkeit ist im Hinblick auf ein etwaiges Aus- oder Absonderungsrecht erfolgt?*

Bei der Bewertung darauf achten:

☐	*Verkehrswert ist entscheidend!*
☐	*Die Findung des konkreten Wertes muss für das Insolvenzgericht nachvollziehbar begründet werden.*
☐	*Ist der Verkehrswert »Null« – was z.B. im Falle der Unverkäuflichkeit vorkommen kann, aber eher selten passiert – kann ein Prozentsatz des Buchwertes in Ansatz gebracht werden. Dies geschieht vor dem Hintergrund, dass ansonsten die Sicherung und Prüfung dieses Gegenstands gar nicht in die Bewertung einfließen würde; Regelfall: 50 %. Hier ist aber eine individuelle Entscheidung im Hinblick auf den tatsächlichen Aufwand der Tätigkeit notwendig.*

Die nachfolgende Aufstellung ist i.Ü. selbstverständlich nicht abschließend. Es wird nur beispielhaft ein Teil der gängigsten Werte aufgeführt. Wichtig ist allerdings die Darstellung der tatsächlich entfalteten Tätigkeit in Bezug auf ein Aus- oder Absonderungsrecht, um die begehrte Berücksichtigung in der Berechnungsgrundlage zu erreichen.

a) **Grundstück**

I.d.R. fließt auch bei Grundstücken der aktuelle Verkehrswert ein

Ausweislich des Berichtes zur ersten Gläubigerversammlung (S. ...) ist die Schuldnerin Eigentümerin verschiedener Grundstücke. Es wurde Einsicht in das Grundbuch genommen und der Gebäudezustand festgestellt. Die Grundstücke wurden vom Unterzeichner besichtigt und die für die Gebäude erforderlichen Versicherungsverträge vom Unterzeichner insgesamt geprüft. Es wurde Kontakt mit der Versicherungsgesellschaft aufgenommen und abgeklärt, welche Beitragsrückstände bestehen und wie sich der Sachstand im Hinblick auf den Versicherungsschutz darstellt.

Gleichzeitig wurde Kontakt mit den Grundpfandrechtsgläubigern aufgenommen und eine Vereinbarung getroffen, dass diese die rückständigen Prämien ausgleichen und der Unterzeichner zunächst einen freihändigen Verkauf versuchen wird.

Laufende Kosten für die Erhaltung und Bewirtschaftung der Grundstücke und Gebäude (Wasser-, Gas-, Stromkosten etc.) sind nach entsprechender Prüfung aus der vorläufigen Insolvenzmasse gezahlt worden.

Der Buchwert von ... EUR ist nach Gesprächen mit Maklern (Sachverständigen) in der gegenwärtigen Marktlage nicht zu realisieren, sodass diesbezüglich eine Korrektur auf ... EUR vorgenom-

---

[32] Dazu BGH 14.12.2000, IX ZB 105/00, ZInsO 2001, 165; 24.07.2003, IX ZB 607/02, ZInsO 2003, 790; OLG Zweibrücken ZInsO 2000, 398 (400) und ZInsO 2001, 504 (506); LG Traunstein ZInsO 2000, 510; LG Berlin ZInsO 2001, 608 (610); *Haarmeyer/Wutzke/Förster* InsVV, § 11 Rn. 62.

men wurde. Dieser Wert ist in der Eröffnungsbilanz ausgewiesen und in der Berechnungsgrundlage in Höhe eines Betrags von ... EUR zu berücksichtigen.[33]

b) Maschinelle Anlagen, Betriebs- und Geschäftsausstattung

Bearbeitungshinweis:

Hier ist ein etwaig in Auftrag gegebenes Sachverständigengutachten einzubeziehen:

☐	*Sind die Werte darin identisch mit den Beträgen in der Eröffnungsbilanz? Gesamtsumme vergleichen als Indiz für Abweichung.*
☐	*Sind ggf. noch Aussonderungsrechte gesondert zu berücksichtigen?*
☐	*Ist die konkrete Wertefindung nachvollziehbar?*

Aussonderungsrechte werden in der Eröffnungsbilanz nicht aufgeführt, da mit Aussonderungsrechten belegte Gegenstände keine Vermögenswerte der Insolvenzmasse darstellen. Sollten solche Gegenstände aber vorhanden gewesen sein, sind sie hier mit aufzuführen, damit der entsprechende Wert in die Berechnungsgrundlage fließt und damit die entsprechende Tätigkeit vergütet wird.

Buchwert ist aufgrund von Abschreibungen häufig niedriger als tatsächlicher Verkehrswert

Ausweislich der Bilanz ist ein Buchwert von ... EUR für die Maschinen und die Betriebs- und Geschäftsausstattung gegeben. Es wurde allerdings ein Sachverständiger mit der Bewertung des gesicherten Anlagevermögens beauftragt. Das von ihm erstellte Gutachten kommt bei der Bewertung unter Fortführungsgesichtspunkten auf einen Gesamtwert von ... EUR, sodass das diesbzgl. verwaltete Aktivvermögen dementsprechend höher zu bewerten ist.

Die Positionen in dem Gutachten wurden mit dem Anlagenverzeichnis der letzten vorliegenden Bilanz verglichen, um festzustellen, ob und welche Vermögensgegenstände im schuldnerischen Betrieb fehlten. Hierbei handelte es sich um .... Der Geschäftsführer konnte jedoch die ordnungsgemäßen Verkaufsunterlagen vom ... vorlegen und den Zahlungseingang des Kaufpreises nachweisen.

Die bestehenden Absonderungsrechte an den Maschinen und der Betriebs- und Geschäftsausstattung wurden überprüft und die Gläubiger über die Inbesitznahme informiert. Zu diesem Zweck mussten die Verträge rechtlich geprüft werden. Mit den Gläubigern wurde jeweils eine Vereinbarung über die zu zahlenden Entgelte für die weitere Nutzung der Gegenstände während der Betriebsfortführung getroffen, um so die Fortführung sicherzustellen. Die insoweit entfalteten Tätigkeiten sind nicht nur nennenswert, sondern erheblich i.S.d. Rechtsprechung.

c) Fahrzeuge

Sämtliche Fahrzeuge wurden vom Unterzeichner gesichert und die Original-Fahrzeugbriefe verschlossen. Die Nutzung eines Fahrzeugs wurde zum Zwecke der Betriebsfortführung auf einige wenige Mitarbeiter beschränkt. Hierfür wurde mit der Versicherungsgesellschaft Kontakt aufgenommen, um sicherzustellen, dass Versicherungsschutz besteht. Die laufenden Prämien seit der Anordnung der vorläufigen Verwaltung wurden ausgeglichen.

Die anderen Fahrzeuge wurden bereits stillgelegt und die Schlüssel entsprechend in Gewahrsam genommen.

Aus der Eröffnungsbilanz ergibt sich ein Buchwert für die im Eigentum der Schuldnerin stehenden Fahrzeuge in Höhe von ... EUR. Ausweislich des Sachverständigengutachtens vom .... beträgt der Verkehrswert nach Fortführungsaspekten jedoch ... EUR. Dieser höhere Betrag fließt daher in die Berechnungsgrundlage mit ein.

---

33 *Haarmeyer/Wutzke/Förster* InsVV, § 11 Rn. 49.

Leasingfahrzeuge sind hier ggf. gesondert aufzuführen

Darüber hinaus befand sich ein Leasingfahrzeug der Marke ..., amtliches Kennzeichen: ..., im Besitz der Schuldnerin. Das Fahrzeug wurde sichergestellt und Kontakt mit der Leasinggeberin aufgenommen. Nach Feststellung der Eigentumsverhältnisse wurde das Fahrzeug nach Insolvenzeröffnung am .... an die Leasinggesellschaft herausgegeben. Der Wert des Fahrzeugs betrug zum Zeitpunkt der Insolvenzeröffnung ca. ... EUR. Diese Summe ist in der Berechnungsgrundlage ebenfalls zu berücksichtigen. Der Wert wurde aufgrund des Aussonderungsrechtes in der Eröffnungsbilanz nicht aufgeführt, der Unterzeichner hat aber eine sichernde und mithin nennenswerte Tätigkeit in Bezug auf dieses Fahrzeug erbracht.[34] Der einfließende Gesamtwert der Fahrzeuge beträgt damit ... EUR.

d) **Warenbestand**

Tätigkeit im Hinblick auf Eigentumsvorbehaltsrechte wichtig

Der Warenbestand wies zum .... laut Buchhaltung einen Gesamtwert von .... EUR aus. Am Tag der Anordnung der vorläufigen Verwaltung und auch am Eröffnungstag wurde jeweils eine Inventur durchgeführt. Der Unterzeichner hat einen Warenbestand im Werte von ... EUR übernommen. Da die Produktion weiterlief und die vorhandene Ware hierfür teilweise genutzt wurde, betrug der Warenbestand am Eröffnungstag lediglich noch ... EUR. Die höhere Summe ist in der Berechnungsgrundlage zu berücksichtigen, da sie den Wert des Warenbestands darstellt, den der Unterzeichner verwaltet und verwendet hat.

Mit den Lieferanten wurde Kontakt aufgenommen, um die bestehenden Eigentumsvorbehaltsrechte an dem vorgefundenen Warenbestand zu klären. Es konnte eine Einigung hinsichtlich der Ablösung der Absonderungsrechte getroffen werden, die schriftlich fixiert wurde. Danach wurde zunächst sichergestellt, dass der Warenbestand im Geschäftsbetrieb der Schuldnerin verbleibt und letztlich lediglich ein Prozentsatz in Höhe von ... der jeweils ausstehenden Verbindlichkeit gegenüber den Lieferanten beglichen werden muss.

Diese Vereinbarung sicherte die Betriebsfortführung und ersparte den Lieferanten umfangreiche Darlegungen der Eigentumsvorbehaltsrechte und der ggf. begründeten Ersatzabsonderungsrechte.

Außerdem wurden die Unsicherheiten bei den Lieferanten aufgrund der Anordnung eines vorläufigen Insolvenzverfahrens behoben und der weitere Wareneinkauf während der vorläufigen Verwaltung dadurch gesichert.

Bearbeitungshinweis:

Bei einer Betriebsfortführung unterliegt der Warenbestand während der vorläufigen Verwaltung einem ständigen Wechsel. Sowohl am Tag der Anordnung der vorläufigen Verwaltung als auch am Eröffnungstag sollte daher eine Inventur vorgenommen werden.[35] Der höhere Wert fließt in die Berechnungsgrundlage ein. Begründet sind die Werte an beiden Stichtagen: An einem ist es der Wert der Übernahme und am anderen der Wert bei Beendigung der Tätigkeit. Der höhere Wert zeigt dabei den Höchstbetrag des verwalteten Warenbestandes. Dieser könnte theoretisch auch an einem Tag während des Verfahrens noch höher liegen. Dies lässt sich aber wegen einer fehlenden Inventur nur schwer belegen.

Bei geschlossenen Betrieben kann man den Wert des Warenbestands einem möglichen Sachverständigengutachten entnehmen. Dieser Wert ist dann entscheidend, sofern nicht vor Eröffnung des Verfahrens schon ein Teilverkauf stattgefunden hat (siehe nachfolgend g).

---

34 Vgl. dazu LG Bamberg ZInsO 2005, 477; LG Leipzig ZIP 2005, 914.
35 *Heyn* Checkliste über die auszuführenden Arbeiten bei einer Betriebsfortführung, Schritt 11, InsbürO 2005, 189.

§ 64 InsO Festsetzung durch das Gericht

e) **Finanzanlagen**

Genossenschaftsanteile, Depoteinlagen etc.

Die Werthaltigkeit der Finanzanlagen wurde vom Unterzeichner überprüft und Kontakt mit den entsprechenden Banken bzw. Genossenschaften aufgenommen, um ggf. bereits eine Auszahlung zu bewirken. Die Banken erklärten allerdings die beabsichtigte Aufrechnung mit Gegenansprüchen. Auch diese wurden geprüft und mussten letztlich als gegeben festgestellt werden. Von daher ist in der Eröffnungsbilanz auch kein Betrag für die freie Insolvenzmasse angegeben worden.

Die Finanzanlagen bestanden aber während der vorläufigen Verwaltung in Höhe des jeweiligen Buchwertes, sodass der Gesamtwert von ... EUR zur Abgeltung der vorgenannten Tätigkeit in die Berechnungsgrundlage mit einfließt.

f) **Forderungen aus Lieferung und Leistung**

Nicht werthaltige Forderungen fließen anteilig ein

Bearbeitungshinweis:

*Auch hier gilt der Grundsatz, dass der **Verkehrswert entscheidend** ist. Wenn aufgeführte Forderungen im Debitorenverzeichnis der Schuldnerin allerdings nach Überprüfung mit Null bewertet werden müssen, weil die Verjährung bereits eingetreten ist oder es aus anderen Gründen an einer Durchsetzbarkeit fehlt, dann muss diese Tätigkeit aber trotzdem vergütet werden und somit ein Wert in die Berechnungsgrundlage einfließen. In dem Fall sind die »**Null-Forderungen**« daher je nach Aufwand mit einem Teil des Nennbetrags zu berücksichtigen.*

Im angegebenen Buchwert von ... EUR stecken Forderungen, die nach näherer Überprüfung der vorhandenen Unterlagen als uneinbringlich bewertet werden mussten. So ist bei einem Teil der Forderungen bereits Verjährung eingetreten. Verjährungsunterbrechende Maßnahmen konnten nicht festgestellt werden. Ein weiterer Teil der Forderungen wird als gerichtlich nicht durchsetzbar eingestuft, weil die Schuldnerin keine entsprechenden schriftlichen Aufträge oder Lieferscheine vorlegen kann. Prozesse auf Basis der lediglich vorliegenden Rechnungen zu führen, stellt ein zu großes Kostenrisiko für die Insolvenzmasse dar. Demnach konnte lediglich ein Teilbetrag in Höhe von ... EUR als werthaltig ermittelt und in der Eröffnungsbilanz berücksichtigt werden.

Außergerichtliche Beitreibungsversuche wurden aber selbstverständlich bzgl. aller Forderungen unverzüglich nach Anordnung der vorläufigen Verwaltung eingeleitet, da die Gegenseite z.B. die Einrede der Verjährung zu erheben hat.

Um die Tätigkeit im Hinblick auf die Gesamtforderungen zu vergüten, die einen erheblichen Aufwand verursacht hat, wird von der Gesamtsumme der in der Eröffnungsbilanz nicht berücksichtigten Forderungen in Höhe von ... EUR ein Prozentsatz von 30 % ihres Nennwertes in der Berechnungsgrundlage zusätzlich zu der Gesamtsumme der werthaltigen Forderungen berücksichtigt. Dies ergibt einen Forderungswert von ... EUR.

g) **Kassenbestand, Guthaben bei Kreditinstituten**

In der Kasse des schuldnerischen Unternehmens war am Tag der Eröffnung ein Betrag von ... EUR vorhanden.

Die Guthaben auf den Geschäftskonten der Schuldnerin und dem eingerichteten Anderkonto betrugen am Eröffnungstag insgesamt ... EUR.

Bearbeitungshinweis:

Sofern ein Vermögensgegenstand schon während der vorläufigen Verwaltung verkauft und der Kaufpreis vor Eröffnung vereinnahmt wurde, ist dieser Wert in dem Guthaben auf dem Anderkonto enthalten. Der Wert ist in dem Fall als Sachwert (z.B. bei Fahrzeugen) nicht mehr aufzuführen.

h) Sonstige Vermögenswerte

In dem hier genannten Buchwert von ... EUR sind Zahlungen enthalten, die an Dritte geleistet wurden, ohne dass bisher eine Gegenleistung erbracht wurde. Die Reduzierung unter Fortführungsgesichtspunkten auf ... EUR ist erfolgt, da dieser Wert der Summe entspricht, die insgesamt während der vorläufigen Verwaltung vom Anderkonto an Lieferanten als Vorkasse aufgrund von Bestellungen im Namen des Unterzeichners geleistet wurden, ohne dass die Ware bis zum Eröffnungsstichtag eingetroffen war. Die kurzfristige Lieferung war allerdings zugesagt, sodass eine Realisierung auf jeden Fall erfolgt. Der Wert von ... EUR ist daher in der Berechnungsgrundlage zu berücksichtigen, da er ohne diese Bestellungen einen Guthabenbetrag auf dem Anderkonto darstellen würde und somit vom Unterzeichner als Vermögenswert während der vorläufigen Verwaltung verwaltet wurde.

i) Anfechtungsansprüche

Bearbeitungshinweis:

Anfechtungsansprüche oder Ansprüche nach dem GmbHG fließen nach der Rechtsprechung in die Berechnungsgrundlage nicht mit ein,[36] weil solche Ansprüche grds. erst im eröffneten Verfahren geltend zu machen sind. Es ist aber nicht ausgeschlossen, eine ggf. schon im vorläufigen Verfahren umfangreiche Tätigkeit, z.B. Ermittlung und Sicherstellung von Unterlagen, über einen Zuschlag zu vergüten. Hier ist allerdings Vorsicht geboten. Die darauf bezogenen Tätigkeiten dürfen dann nicht im Vergütungsantrag für die Sachverständigenvergütung berücksichtigt werden.

Schon bei der ersten Durchsicht der Geschäftsunterlagen haben sich Anhaltspunkte für anfechtbare Rechtshandlungen in erheblichem Umfang ergeben. Die daraus geltend zu machenden Ansprüche dürften sich auf eine Größenordnung von ... EUR belaufen. Sie sind jedoch im Rahmen der Berechnungsgrundlage nicht zu berücksichtigen, da sie nicht Teil des Ist-Vermögens sind. Auf die Tätigkeiten wird daher im Rahmen der Ausführungen zu den Erhöhungstatbeständen einzugehen sein.

Zwischenergebnis:

Hinweis:

Nachfolgend wird eine fiktive Summe als Aktivvermögen eingesetzt, um anhand der Beträge die spätere Berechnung unter Ziffer 2) zu verdeutlichen.

Nach Addition der vorgenannten Einzelwerte ergibt sich ein verwaltetes Aktivvermögen in Höhe von 4.168.234,00 EUR inkl. Aus- und Absonderungsrechte von 1.336.859,00 EUR, das als Berechnungsgrundlage dient.

Ohne Aus- und Absonderungsrechte würde sich ein Wert von 2.831.375,00 EUR (Buchstaben ...) ergeben.

Im vorliegenden Fall ist der Fortführungswert des Aktivvermögens der Insolvenzschuldnerin zugrunde zu legen, da von Anfang an im Zuge einer Betriebsfortführung eine übertragende Sanierung für den Geschäftsbetrieb der Firma ... beabsichtigt war. Fortführungswerte als Berechnungsgrundlage für die Vergütung des vorläufigen Insolvenzverwalters sind stets dann anzusetzen, wenn die Fortführung des Unternehmens überwiegend wahrscheinlich ist oder konkret stattgefunden hat.[37]

---

36 BGH 06.05.2004, IX ZB 349/02, ZInsO 2004, 669.
37 Vgl. *Haarmeyer* ZInsO 2000, 241; OLG Zweibrücken ZInsO 2000, 398 und ZInsO 2001, 504; OLG Brandenburg ZInsO 2001, 1148.

§ 64 InsO   Festsetzung durch das Gericht

> **Bearbeitungshinweis:**
>
> *Die einzelnen Buchstaben sollten für die Addition der Vermögenswerte, die nicht mit Aus- oder Absonderungsrechte belegt sind, angegeben werden. Damit wird schnell ersichtlich, welche Werte hier gemeint sind.*
>
> *Die Werte »Aktivvermögen mit Aus-/Absonderungsrechten« und »Aktivvermögen ohne Aus-/Absonderungsrechte« können grds. auch bereits addiert den Spalten »Fortführungswerte«/»Liquidationswerte« und »Freie Insolvenzmasse« der Eröffnungsbilanz entnommen oder anhand der Spalte »Rechte Dritter« errechnet werden. Hier ist allerdings Vorsicht geboten: Wenn nämlich in die obigen Ausführungen Aussonderungsrechte mit aufgenommen wurden, dann führen die Summen aus der Bilanz zu falschen Ergebnissen. Man sollte daher aus Sicherheitsgründen eine Addition auf Basis der im Antrag gemachten Angaben vornehmen. Ggf. kann ein Vergleich zwischen den im Antrag errechneten Summen und den Summen in der Bilanz dann auch eine Kontrollfunktion haben, ob die Gesamtsumme der Werte im Antrag auf jeden Fall nicht niedriger ist.*

2. Berechnungswert

100 %-Vergütung als Grundlage für weitere Berechnung ermitteln

Nach der Staffelvergütung des § 2 Abs. 1 InsO ergibt sich auf Basis des Aktivvermögens inkl. Aus- und Absonderungsrechte folgender Berechnungswert:

Aktivvermögen:			4.168.234,00 EUR
	40 % von	25.000,00 EUR	10.000,00 EUR
	25 % von	25.000,00 EUR	6.250,00 EUR
	7 % von	200.000,00 EUR	14.000,00 EUR
	3 % von	250.000,00 EUR	7.500,00 EUR
	2 % von	3.668.234,00 EUR	73.364,68 EUR
Gesamtsumme:			**111.114,68 EUR**

3. Vergütungssatz

Die normale Grundvergütung für die Tätigkeit des vorläufigen Insolvenzverwalters beträgt nach § 11 Abs. 1 InsVV 25 % des Berechnungswertes nach Ziffer 2).

Mit der Vergütung von 25 % ist jedoch nur der **durchschnittliche Aufwand in einem durchschnittlichen Unternehmens-Insolvenzverfahren** angemessen abgegolten, das sich nach der insoweit gefestigten Rechtsprechung des BGH[38] quantitativ wie folgt darstellt:
– Umsatz des Unternehmens bis zu 1.500.000 EUR,
– Dauer der vorläufigen Verwaltung zwischen 8 und 10 Wochen,
– weniger als 20 Arbeitnehmer,
– eine Betriebsstätte,
– Forderungen gegen bis zu 100 Schuldner.

Dabei bilden die vorgenannten Faktoren nur einen Rahmen, der erst dann vergütungsrechtlich relevant wird, wenn die Überschreitung der Rahmendaten mit einer erheblichen Mehrarbeit verbunden ist, da allein das zahlenmäßige Überschreiten bestimmter Erfahrungswerte und Eckdaten vergütungsrechtlich neutral ist.[39] Eine direkte oder eine mittelbare Bezugnahme auf die fiktive Ver-

---

[38] Vgl. z.B. BGH 17.07.2003, IX ZB 10/03, ZInsO 2003, 748 sowie 790; LG Mönchengladbach ZInsO 2001, 750 (751); OLG Stuttgart ZInsO 2000, 158; LG Göttingen ZInsO 1998, 189.
[39] So ausdrücklich zuletzt BGH 17.07.2003, IX ZB 10/03, ZInsO 2003, 748; und BGH 24.07.2003, IX ZB

gütung eines endgültigen Verwalters scheidet spätestens seit der Änderung von § 11 Abs. 1 InsVV aus. Aber auch zuvor war durch die Rechtsprechung bestimmt worden, dass die Vergütung des vorläufigen Verwalters aus sich heraus zu begründen und entsprechend festzusetzen ist.[40] Dies kann – so der BGH[41] – durchweg dadurch geschehen, dass der für die Vergütung des vorläufigen Verwalters maßgebliche Prozentsatz entsprechend den Verhältnissen des konkreten Einzelfalls verändert wird.

Da das ... Verfahren, wie dem Gericht aus den verschiedenen Berichten bekannt ist, bzgl. der Anforderungen an das Tätigsein des vorläufigen Insolvenzverwalters sowie seiner Mitarbeiter ... (hier ggf. einfügen: hohe/außerordentlich hohe/extrem ungewöhnliche) Anforderungen gestellt hat, die sich in vielfältiger Hinsicht von einem durchschnittlichen Insolvenzverfahren unterschieden haben, ist die Regelvergütung angemessen zu erhöhen.

4. Zuschläge

Zusätzlich zum Regel-Vergütungssatz gem. Ziffer 3) werden folgende Zuschläge zur Festsetzung beantragt:

a) Fortführung

Der Betrieb wurde während der gesamten Dauer der vorläufigen Verwaltung fortgeführt. Das Verfahren dauerte vom .... bis zum ...., somit insgesamt ... Wochen. Bei der Schuldnerin handelt es sich um ein Unternehmen mit ... Arbeitnehmern. Es wurden intensive Gespräche mit den Hauptgläubigerbanken, den Aus- und Absonderungsgläubigern, Lieferanten und ... geführt, da mit allen Beteiligten zur Sicherstellung der Fortführung des Geschäftsbetriebes Vereinbarungen notwendig waren (hier ausf. die Tätigkeiten im Rahmen der Fortführung schildern). Außerdem fand am .... eine Betriebsversammlung statt, um den Arbeitnehmern die Situation zu erläutern und sie für die Mitarbeit an einer möglichen Sanierung des Unternehmens zu motivieren. Es wurden auch bereits erste Verhandlungen mit möglichen Investoren geführt. Die Betriebsfortführung erforderte wegen des täglichen Wareneinkaufs und der Produktionsvorgänge eine regelmäßige Abstimmung mit dem Geschäftsführer und war sehr zeitintensiv.

Für diese Tätigkeit wird daher ein gesonderter Zuschlag beantragt. Nach der einschlägigen Rechtsprechung[42] ist ein Zuschlag für die Fortführung des Unternehmens in Anbetracht der Größe und der Verfahrensdauer im vorliegenden Fall in Höhe von ... % gerechtfertigt. Dieser ist auch nicht aufgrund der Tatsache, dass es sich um ein vorläufiges Verfahren handelt, zu kürzen.[43] Die Tätigkeit des vorläufigen Verwalters unterscheidet sich bei der Fortführung nämlich nicht von der des endgültigen Verwalters, sodass ihm in diesen Fällen in Übereinstimmung mit der Rechtsprechung des BGH auch ein gleicher Zuschlag zusteht.[44]

Es wird ein Zuschlag von ... % zur Festsetzung beantragt.

607/02, ZInsO 2003, 790: »Zuschläge bestimmen sich nicht nach Anteilen, Prozentsätzen etc sondern danach, ob bei wertender Betrachtung die Umstände des jeweiligen Einzelfalls in rechtlicher und abwicklungstechnischer Hinsicht eine über das normale Maß hinausgehende Bearbeitung erfordert haben.«

40 BGH 08.07.2004, IX ZB 589/02, ZInsO 2004, 909 (910) sowie 18.12.2003, IX ZB 50/03, ZInsO 2004, 265 ff.
41 BGH 18.12.2003, IX ZB 50/03, ZInsO 2004, 265 (266).
42 Vgl. zuletzt insb. BGH 18.12.2003, IX ZB 50/03, ZInsO 2004, 265 (267): »wenn sie die Arbeitskraft in erheblichem Umfang in Anspruch genommen hat und keine entsprechenden Massemehrung erfolgt ist«; BGH 14.12.2000, IX ZB 105/00, ZInsO 2001, 165; LG Bielefeld ZInsO 2004, 1251; LG Traunstein ZInsO 2004, 1198 und Literatur, u.a. *Haarmeyer/Wutzke/Förster* InsVV, § 11 Rn. 2, 9, 76 i.V.m. § 3 Rn. 72.
43 *Haarmeyer/Wutzke/Förster* InsVV, § 11 Rn. 59.
44 BGH 08.07.2004, IX ZB 589/02, ZInsO 2004, 909 (910).

b) Gläubigeranzahl

Höhe des Zuschlags hängt von der Gläubigeranzahl ab

Bearbeitungshinweis:

Bei den nachfolgenden Zuschlägen sind die Prozentsätze, die in der Rechtsprechung entwickelt und in den Kommentierungen zur InsVV aufgeführt sind, in Ansatz zu bringen.[45] *Die Höhe ist individuell der Art und dem Umfang der Tätigkeit und in Anbetracht der höheren Berechnungsgrundlage inkl. Aus- und Absonderungsrechte anzupassen.*[46] *Dabei ist wegen der höheren Berechnungsgrundlage von den Zuschlägen ein eher vorsichtiger Gebrauch zu machen, vor allem dann, wenn die zugrunde liegende Tätigkeit sich nicht auf die gesamte Berechnungsgrundlage und damit auf die mit Fremdrechten belegten Vermögenswerte bezieht, wie z.B. beim Zuschlag für die Insolvenzgeldvorfinanzierung.*

Bereits während der vorläufigen Verwaltung haben sich mehr als ca. ... (> 200) Gläubiger gemeldet. Mit einer Vielzahl von Gläubigern mussten daher schon Gespräche über die Abwicklung eines Insolvenzverfahrens im Allgemeinen geführt werden, da viele Gläubiger diesbzgl. keinerlei Kenntnisse haben und anfragten, wie sie sich zu verhalten haben. Eine derart hohe Gläubigeranzahl und der damit verbundene Arbeitsaufwand hat mehrere Mitarbeiter des Verwalter über einige Woche immer wieder zeitlich erheblich in Anspruch genommen und rechtfertigt einen Zuschlag von ... %.[47]

c) Insolvenzgeldvorfinanzierung

Arbeitnehmeranzahl bestimmt die Höhe des Zuschlags

Seit der Entscheidung des BGH[48] ist der für die Vorfinanzierung des Insolvenzgelds zu tätigende Aufwand grds. als zuschlagfähig anerkannt worden. Die Fortführung des Geschäftsbetriebes konnte nur durch eine Insolvenzgeldvorfinanzierung gewährleistet werden. Hierfür waren zunächst Gespräche mit den Arbeitnehmern, der Bank und der Arbeitsagentur erforderlich. Im Anschluss daran wurden Abtretungsvereinbarungen mit den Arbeitnehmern und Verträge mit der finanzierenden Bank erstellt. Außerdem musste die schriftliche Zustimmung der Arbeitsagentur eingeholt werden. Angesichts einer Arbeitnehmeranzahl von ... ist für diese Tätigkeit ein Zuschlag von ... % gerechtfertigt.[49]

d) Mehrere Betriebsstätten

Das schuldnerische Unternehmen setzt sich aus ... Filialen zusammen. Die Kontrolle und Sicherung dieser Filialen während der Betriebsfortführung stellte einen erheblichen Mehraufwand dar. So musste der Unterzeichner die Vermögenswerte nicht nur an einem Standort sichern, sondern alle Filialen entsprechend abfahren. Während der Betriebsfortführung war es darüber hinaus notwendig, die Filialen in regelmäßigen Abständen von ... Tagen zu besuchen. Hierdurch wurde sichergestellt, dass die festgestellten Vermögenswerte im Unternehmen erhalten blieben und die Produktion reibungslos verlief. Gleichzeitig behielt der Unterzeichner hierdurch die notwendigen Einblicke in die laufende Buchhaltung und damit in die erzielten Umsätze etc.

Für die mit der Tätigkeit verbundene Mehrarbeit wird ein gesonderter Zuschlag von ... % zur Festsetzung beantragt.[50]

---

45 *Haarmeyer/Wutzke/Förster* InsVV, § 11 Rn. 74 f.
46 Vgl. *Haarmeyer/Wutzke/Förster* InsVV, § 11 Rn. 60.
47 U.a. *Haarmeyer/Wutzke/Förster* InsVV, § 11 Rn. 76 i.V.m. § 3 Rn. 72.
48 BGH 18.12.2003, IX ZB 50/03, ZInsO 2004, 265 ff.
49 U.a. *Haarmeyer/Wutzke/Förster* InsVV, § 11 Rn. 76 i.V.m. § 3 Rn. 72.
50 U.a. LG Braunschweig ZInsO 2001 552 [+ 0,25]; OLG Celle ZInsO 2001, 948 (951); LG Neubrandenburg ZInsO 2003, 25, 28; *Haarmeyer/Wutzke/Förster* InsVV, § 11 Rn. 76 i.V.m. § 3 Rn. 72.

e) Verfahrensdauer

Gründe für längere Verfahrensdauer müssen maßgeblich sein

In der Literatur und Rechtsprechung wird als normale Verfahrensdauer für eine vorläufige Verwaltung ein Zeitraum von sechs Wochen angesehen. Das vorliegende Verfahren dauerte mehr als ... Wochen. Grund hierfür war ... (ausf. schildern, einschließlich der konkreten Mehrarbeiten). Diesbzgl. wird auf die ausf. Erläuterungen im Bericht zur ersten Gläubigerversammlung (S. ...) verwiesen. Um die mit der längeren Verfahrensdauer verursachte Mehrarbeit zu vergüten, wird ein Zuschlag von ... % beantragt.[51]

Bearbeitungshinweis:

Hier sind maßgebliche Gründe für die längere Verfahrensdauer zu nennen. In vielen Büros wird der tatsächliche Grund häufig die Vielzahl der Verfahren sein. Sie bewirkt, dass die notwendigen Gutachten nicht rechtzeitig erstellt werden können und somit eine Verfahrensverzögerung eintritt. Dies ist jedenfalls keine Basis für diesen Zuschlag.

f) Zustimmungsvorbehalt

Mit dem Beschluss vom .... wurde gleichzeitig mit der vorläufigen Verwaltung ein Zustimmungsvorbehalt gem. § 21 Abs. 2 Nr. 2 InsO angeordnet. Danach war jede Verfügung des Schuldners über Vermögensgegenstände nur noch mit Zustimmung des Unterzeichners möglich. Im vorliegenden Fall hat dieser Zustimmungsvorbehalt einen erheblichen Zeitaufwand dadurch verursacht, dass ... (ausf. erläutern). Es wurden ....

Für diesen Mehraufwand wird ein Zuschlag in Höhe von 10 % beantragt.

Bearbeitungshinweis:

Seit dem Beschluss des BGH vom 17.07.2003[52] ist der Zuschlag von 10 % für den angeordneten Zustimmungsvorbehalt nicht mehr generell nur für die Anordnung an sich zu gewähren, sondern erst dann, wenn der vorläufige Insolvenzverwalter konkret darlegt und begründet, welche Tätigkeiten er ausgeführt hat und welcher Mehraufwand hierdurch entstanden ist.

Insgesamt errechnen sich damit Zuschläge in Höhe von 72,5 %.

Bearbeitungshinweis:

Vorstehend wurde eine fiktive Gesamt-Prozentzahl eingesetzt, damit die nachfolgende Berechnung unter Ziffer 6) mit tatsächlichen Zahlen erfolgen kann und damit nachvollziehbar wird. Die jeweils passenden Prozentsätze pro Zuschlag sind der Literatur und Rechtsprechung zu entnehmen und individuell entsprechend der tatsächlichen Tätigkeit in einzelnen Verfahren in Ansatz zu bringen.

Die Aufzählung der möglichen Zuschläge ist auch bei weitem nicht abschließend. Es wurde lediglich ein Teil der häufigsten beispielhaft aufgeführt.[53]

5. Abschläge

Die durch Aus- und Absonderungsrechte erhöhte Berechnungsgrundlage kann zu einem Abschlag führen

Angesichts der unter Ziffer 1) geschilderten erheblichen Tätigkeiten, die der vorläufige Verwalter auf die Aus- und Absonderungsrechte, insb. im Rahmen der Betriebsfortführung entfaltet hat,

---

51 U.a. *Haarmeyer/Wutzke/Förster* InsVV, § 3 Rn. 72.
52 BGH 17.07.2003, IX ZB 10/03, ZInsO 2003, 748.
53 Wegen einer ausführlicheren Auflistung vgl. *Haarmeyer/Wutzke/Förster* InsVV, § 11 Rn. 76 f.

scheidet ein Abschlag nach § 3 Abs. 2 lit. c InsVV wegen der Erhöhung der Berechnungsgrundlage in Übereinstimmung mit der Rechtsprechung des BGH vom 24.07.2003[54] von vornherein aus. Weitere Anhaltspunkte für vorzunehmende Abschläge sind nicht gegeben.

Alternative:

Im vorliegenden Fall haben die Werte der Aus- und Absonderungsrechte die Berechnungsgrundlage um ... % erhöht. Wie die Ausführungen unter Ziffer 1) zeigen, lag der Schwerpunkt der Verwaltung sicherlich bei .... Die Tätigkeit in Bezug auf die Aus- und Absonderungsrechte ist demgegenüber zwar nennenswert gewesen, aber der Anteil an der Gesamttätigkeit erreicht nicht den Anteil um den die Berechungsgrundlage erhöht worden ist. In Übereinstimmung mit der Entscheidung des BGH vom 24.07.2003[55] ist daher wegen der nur nennenswerten Befassung entsprechend § 3 Abs. 2 lit. d InsVV ein Abschlag vorzunehmen. Unter Berücksichtigung der gemachten Ausführungen im Hinblick auf die erfolgte Arbeit erscheint ein Abschlag von ... % gerechtfertigt.[56]

Anteil der Aus- und Absonderungsrechte an der Berechnungsgrundlage ermitteln

Bearbeitungshinweis:

Bei der Bemessung eines Abschlags sollte die Tätigkeit in ein Verhältnis zur Wertsteigerung gesetzt werden. Betrug also z.B. die Wertsteigerung der Berechnungsgrundlage aufgrund von Fremdrechten 50 %, aber der Anteil der darauf entfallenden Tätigkeit nur 20 % der Gesamttätigkeit, so wäre der Vergütungssatz um 30 % zu kürzen. Dies bedeutet bei einem Vergütungssatz von z.B. 75 % eine Minderung um 22,5 %, auf dann noch 52,5 %. Fällt aus der Sicht des Verwalters die Kürzung zu hoch aus, so kann er dem den tatsächlichen Arbeitsaufwand entgegenhalten.[57]

6. Vergütungsberechnung

Der zugrunde zu legende Vergütungssatz für die weitere Berechnung ergibt sich nach den vorstehenden Ausführungen wie folgt:

Grundvergütung	25,0 %
Zuschläge gesamt	72,5 %
Abschlag	0 %
Gesamt-Prozentsatz	**97,5 %**

Es ergibt sich folgende Berechnung:

Vergütung (97,5 %) nach dem Berechnungswert in Höhe von 111.114,68 EUR (auf Basis der Berechnungsgrundlage inkl. Aus- und Absonderungsrechten):

108.336,81 EUR.

7. Auslagen

Die Auslagenpauschale wird nur von der Regelvergütung berechnet; Zuschläge bleiben unberücksichtigt

Gem. § 8 Abs. 3 InsVV wird um Festsetzung von 15 % der Verwalter-Regelvergütung als Auslagenersatz gebeten. Diese Pauschale errechnet sich wie folgt:

---

[54] BGH 24.07.2003 IX ZB 607/02, ZInsO 2003, 790.
[55] BGH 24.07.2003 IX ZB 607/02, ZInsO 2003, 790.
[56] Vgl. dazu LG Bielefeld 15.07.2004, 28 T 280/04, ZInsO 2004, 1250.
[57] BGH 14.12.2000, IX ZB 105/00, ZInsO 2001, 165.

Vergütung nach dem Berechnungswert in Höhe von 111.114,68 EUR (auf Basis der Berechnungsgrundlage inkl. Aus- und Absonderungsrechte) in Höhe von 25 %:

27.778,67 EUR.

15 % der Regelvergütung von 27.778,67 EUR = 4.166,80 EUR

Höchstgrenze: 250,00 EUR/Monat

Laufzeit des Verfahrens: 2 Monate à 250,00 EUR = 500,00 EUR

Aufgrund des Erreichen der Höchstgrenze gem. § 8 Abs. 3 InsVV ist im vorliegenden Fall ein Betrag von 500,00 EUR als Auslagenpauschale zusätzlich zur Verwaltervergütung zu berücksichtigen.

Alternative:

Die Höchstgrenze wird – wie die obige Berechnung zeigt – nicht erreicht, sodass im vorliegenden Fall ein Betrag von ... EUR als Auslagenpauschale zusätzlich zur Verwaltervergütung zu berücksichtigen ist.

Bearbeitungshinweis:

Die Auslagenpauschale beträgt für das erste Jahr 15 % und für die folgenden Jahre jeweils 10 %. Sie wird damit jährlich berechnet. Die vorläufige Verwaltung dauert regelmäßig nur einige Wochen oder Monate. Es ist aber trotzdem keine Kürzung der 15 % auf die tatsächlichen Wochen notwendig.[58] Die Begrenzung erfolgt über die monatlich festgesetzte Höchstgrenze von 250 EUR nach § 8 Abs. 3 InsVV.

Die Berechnung nur von der Regelvergütung entspricht der Gesetzesänderung vom 04.10.2004.[59] Die frühere Berechnung von der gesamten Vergütung, also inkl. Zuschläge, ist nicht mehr möglich. Als Regelvergütung wird hierbei der Vergütungssatz von 25 % angesehen.

8. Umsatzsteuer

Gem. § 7 InsVV wird um Festsetzung der entsprechenden Umsatzsteuer auf die Verwaltervergütung und die Auslagen gebeten.

9. Zustellungskosten

Kosten für die ausgeführten Zustellungen sind erstattungsfähig

Mit der Anordnung der vorläufigen Verwaltung ist dem Unterzeichner gleichzeitig das Zustellungswesen gem. § 8 Abs. 3 InsO übertragen worden. Diese Aufgabe hat der Unterzeichner erfüllt und entsprechende Zustellungsnachweise am .... gegenüber dem Insolvenzgericht erbracht. Die Drittschuldner mussten ermittelt und Anschreiben an jeden einzelnen gefertigt werden. Da im vorliegenden Verfahren ... (Anzahl) Drittschuldner vorhanden waren, war ein erheblicher Arbeitsaufwand mit dem Zustellungswesen verbunden. Darüber hinaus sind Portokosten für jede Zustellung entstanden. Zur Abgeltung der entstandenen Sach- und Personalkosten wird eine Pauschale von 4,00 EUR pro Zustellung zur Festsetzung beantragt. Hierbei sei darauf hingewiesen, dass eine solche Pauschale lediglich die tatsächlich entstandenen Mehrkosten ausgleicht, ohne dabei einen Gewinn zu erzielen.[60]

Anschreiben an ... (Anzahl) Drittschuldner

mit dem Hinweis auf das eingerichtete Anderkonto

gem. Zustellungsnachweis vom ....

... (Anzahl) à 4,00 EUR=	... EUR

---

58 BGH 24.07.2003, IX ZB 600/02, NZI 2003, 608.
59 BGBl. I, 2569.
60 LG Chemnitz ZInsO 2004, 200; LG Leipzig 19.03.2003, 12 T 1388/03, ZInsO 2003, 514.

10. Zusammenfassung
Abschließend einen Gesamtüberblick geben

Insgesamt ergibt sich nach den obigen Ausführungen folgende Gesamtberechnung:

Vorläufige Verwaltervergütung gem. Ziffer 6	… EUR
Auslagenpauschale gem. Ziffer 7	… EUR
Zwischensumme netto	… EUR
19 % MwSt.	… EUR
Zwischensumme brutto	… EUR
Zustellungskosten gem. Ziffer 9	… EUR
Gesamtsumme	… EUR

Es wird beantragt, die Vergütung insgesamt entsprechend festzusetzen und dem Verwalter zu gestatten, den Betrag der Masse entnehmen zu dürfen.

Mit freundlichen Grüßen

……………………………………

Insolvenzverwalter

E. Festsetzung

23 Die Entscheidung über den Vergütungsantrag des Insolvenzverwalters geschieht durch Beschluss. Funktionell zuständig ist im eröffneten Verfahren der Rechtspfleger, soweit sich nicht der Richter gem. § 18 Abs. 2 RPflG die Sache vorbehalten hat. Wird das Verfahren bereits im Eröffnungsstadium beendet oder wird die Eröffnung mangels Masse abgewiesen, soll nach der Rechtsprechung des BGH der vorläufige Verwalter seinen Anspruch beim Zivilgericht geltend machen.[61] Diese Entscheidung stößt zu Recht in der Praxis auf anhaltenden Widerstand.[62] Bereits die Kompetenz und Sachnähe des Insolvenzgerichts sprechen für den Verbleib der Entscheidung in dessen Hand. Aus dem gleichen Grund sollte funktionell der Rechtspfleger als zuständig angesehen werden bzw. die Sache vom Richter übertragen bekommen. Kommt es zur Eröffnung, ist der Rechtspfleger auch für die (noch nicht festgesetzte) Vergütung des vorläufigen Insolvenzverwalters zuständig, da der Richtervorbehalt in § 18 Abs. 1 Nr. 1 RPflG in zeitlichem Sinne zu verstehen ist.[63]

24 Ob vor der Entscheidung rechtliches Gehör gewährt werden soll ist umstritten.[64] In seiner neuesten Entscheidung hat der BGH festgelegt dass der Schuldner im Verfahren der Vergütungsfestsetzung des vorläufigen Insolvenzverwalters angehört werden muss.[65] Gleichzeitig wurde entschieden dass die Frist für die sofortige Beschwerde bereits mit der öffentlichen Bekanntmachung beginnt und nicht erst mit der Zustellung an den Schuldner.

Die Entscheidung ist so zügig wie möglich zu treffen.[66]

---

61 BGH 03.12.2009, IX ZB 280/08, ZInsO 2010, 107.
62 ZB AG Duisburg 28.04.2010, 62 IN 145/09, ZInsO 2010, 973 = NZI 2010, 487; AG Göttingen 05.05.2010, 74 IN 281/09, ZInsO 2010, 975 = NZI 2010, 652; AG Düsseldorf 09.09.2010, 502 IN 27/10, ZInsO 2010, 1807.
63 BGH 22.09.2010, IX ZB 195/09, ZInsO 2010, 2103.
64 S. Zusammenstellungen bei *Keller* Vergütung und Kosten im Insolvenzverfahren, Rn. 496–498 u. HambK-InsR/*Büttner* Rn. 4.
65 BGH 12.07.2012, IX ZB 42/10, ZInsO 2012, 1640.
66 BGH 04.12.2003, IX ZB 69/03, ZInsO 2004, 268.

Durch schuldhafte Verzögerung der Vergütungsfestsetzung oder Versagung eines Vorschusses kann ein **Amtshaftungsanspruch** nach § 839 BGB i.V.m. Art. 34 GG entstehen.[67] 25

F. Bekanntmachung

Neben der öffentlichen Bekanntmachung nach den Vorschriften des § 9 werden der Schuldner, die Mitglieder des Gläubigerausschusses (so denn einer bestellt ist) und der Insolvenzverwalter durch Zustellung gesondert unterrichtet (Abs. 2 Satz 1). Als Nachweis der Zustellung reicht aber durch die Spezialregelung des § 9 Abs. 3 auch für diesen Personenkreis die öffentliche Bekanntmachung. Die Beschwerdefrist beginnt deshalb gem. § 9 Abs. 1 Satz 3 InsO bereits zwei Tage nach der Veröffentlichung und nicht erst mit der persönlichen Zustellung an die Beteiligten.[68] War die Veröffentlichung fehlerhaft, so tritt die Zustellungswirkung des § 9 Abs. 3 InsO nicht ein.[69] Gleiches gilt im Falle der fehlerhaften Veröffentlichung nach Festsetzung der Vergütung für die Mitglieder eines vorläufigen Gläubigerausschusses.[70] Es ist eine gesonderte Veröffentlichung vorzunehmen. Eine bloße Mitteilung der Festsetzung innerhalb der Veröffentlichung eines anderen Beschlusses genügt nicht.[71] 26

Dass gem. Abs. 2 Satz 2 die festgesetzten Beträge nicht veröffentlicht werden, soll Neideffekte beseitigen und die Persönlichkeitsrechte des Insolvenzverwalters schützen; andererseits verkürzt diese Regelung die Rechte der Gläubiger.[72]

G. Rechtsmittel

Die Festsetzung der Vergütung ist gem. den Bestimmungen des § 64 Abs. 3 mit der **sofortigen Beschwerde** binnen zwei Wochen anfechtbar. Der Mindestwert der Beschwer muss 200,- € übersteigen (Abs. 3 Satz 2; § 567 Abs. 2 ZPO). Eine Erhöhung des Beschwerdegegenstandes durch ein erweitertes Festsetzungsbegehren in der Beschwerdeinstanz ist nicht möglich.[73] Das Gericht kann der Beschwerde abhelfen (§ 572 Abs. 1 ZPO). 27

Der Insolvenzverwalter ist auch beschwerdeberechtigt hinsichtlich der für den vorläufigen Verwalter, für einen früheren abgewählten oder entlassenen Verwalter oder für einen Sonderinsolvenzverwalter festgesetzten Vergütung.[74]

Das Verbot der Schlechterstellung bezieht sich nur auf die Gesamthöhe der zuzuerkennenden Vergütung.[75] 28

Die Beschwerdefrist wird – vor der Einzelzustellung – bereits durch die Veröffentlichung in Lauf gesetzt, auch wenn darin die Beträge nicht genannt sind.[76] 29

Gegen die Entscheidung über die sofortige Beschwerde ist die **Rechtsbeschwerde** (§ 7; Frist 1 Monat) gegeben. 30

Ein Zweitverfahren über die Festsetzung der Verwaltervergütung kann nicht auf Umstände gestützt werden, die bereits im Erstverfahren geltend gemacht worden sind oder hätten geltend gemacht werden können. 31

---

67 BGH 04.12.2003, IX ZB 48/03, ZVI 2004, 207.
68 BGH 12.07.2012, IX ZB 42/10, ZInsO 2012, 1640.
69 BGH 10.11.2011, IX ZB 165/10, ZInsO 2012, 49; damit ließ der BGH eine sofortige Beschwerde von Insolvenzgläubigern selbst fünf Monate nach der Entscheidung zu.
70 BGH 10.11.2011, IX ZB 166/10, WM 2012, 141; WuB 2012, 291.
71 BGH 17.11.2011, IX ZB 83/11, ZInsO 2012, 51; so auch vom selben Tage IX ZB 84/11 und IX ZB 85/11.
72 FK-InsO/*Schmitt* Rn. 8 f.
73 BGH 19.04.2012, IX ZB 162/10, ZInsO 2012, 972.
74 BGH 27.09.2012, IX ZB 276/11, ZInsO 2012, 2099.
75 BGH 06.05.2004, IX ZB 349/02, ZInsO 2004, 669.
76 BGH 05.11.2009, IX ZB 173/08, NZI 2010, 159.

32 Die Festsetzung der Verwaltervergütung im Insolvenz- oder Gesamtvollstreckungsverfahren entfaltet materielle Rechtskraft für den Vergütungsanspruch als solchen und seinen Umfang; die Berechnungsgrundlage und der Vergütungssatz einschließlich der hierbei bejahten oder verneinten Zu- oder Abschläge nehmen als Vorfragen an der Rechtskraft nicht teil.[77]

33 Geht es bei der Beschwer des Verwalters nur um die tatrichterliche Würdigung z.B. der Tätigkeit nach Art, Dauer und Umfang einer Unternehmensfortführung, so ist dem Beschwerdeführer das Mittel der Rechtsbeschwerde verwehrt, wenn die Sache keine grds. Bedeutung hat oder die Fortbildung des Rechts oder die Sicherung einer einheitlichen Rechtsprechung keine Entscheidung des BGH erfordert.[78]

§ 65 Verordnungsermächtigung

Das Bundesministerium der Justiz wird ermächtigt, die Vergütung und die Erstattung der Auslagen des Insolvenzverwalters durch Rechtsverordnung näher zu regeln.

1 Von der Ermächtigung an das Bundesministerium der Justiz, durch Rechtsverordnung die Vergütung und die Erstattung von Auslagen des Insolvenzverwalters zu regeln, hat dieses am 19.08.1998[1] Gebrauch gemacht und die Insolvenzrechtliche Vergütungsverordnung (InsVV) geschaffen. Diese Verordnung ist mehrfach geändert worden und hier in Anh. III in ihrer aktuellen Fassung kommentiert abgedruckt.

2 Änderungen gab es durch die Verordnung vom 04.10.2004,[2] um die Verfassungswidrigkeit der §§ 2 Abs. 2 und 13 Abs. 1 Satz 3 zu beseitigen und durch die Zweite Verordnung zur Änderung der Insolvenzrechtlichen Vergütungsverordnung vom 21.12.2006,[3] um der Aufgabe der BGH-Rechtsprechung zur vorläufigen Verwaltung gerecht zu werden[4].

3 Die Amtliche Begründung zur InsVV sowie die Änderungen nebst den jeweiligen Amtlichen Begründungen sind hier in Anh. III (InsVV) bei »Allgemeines« sowie bei den jeweiligen Paragraphen abgedruckt.

§ 66 Rechnungslegung

(1) Der Insolvenzverwalter hat bei der Beendigung seines Amtes einer Gläubigerversammlung Rechnung zu legen. Der Insolvenzplan kann eine abweichende Regelung treffen.

(2) Vor der Gläubigerversammlung prüft das Insolvenzgericht die Schlußrechnung des Verwalters. Es legt die Schlußrechnung mit den Belegen, mit einem Vermerk über die Prüfung und, wenn ein Gläubigerausschuß bestellt ist, mit dessen Bemerkungen zur Einsicht der Beteiligten aus; es kann dem Gläubigerausschuß für dessen Stellungnahme eine Frist setzen. Der Zeitraum zwischen der Auslegung der Unterlagen und dem Termin der Gläubigerversammlung soll mindestens eine Woche betragen.

(3) Die Gläubigerversammlung kann dem Verwalter aufgeben, zu bestimmten Zeitpunkten während des Verfahrens Zwischenrechnung zu legen. Die Absätze 1 und 2 gelten entsprechend.

---

[77] BGH 20.05.2010, IX ZB 11/07, ZInsO 2010, 1407.
[78] BGH 13.11.2008, IX ZB 141/07, ZInsO 2009, 55.
[1] BGBl. I, 2205.
[2] BGBl. I, 2569.
[3] BGBl. I, 3389; abgedr. m. Begr. ZInsO 2007, 27.
[4] BGHZ 165, 266 = ZIP 2006, 621.

Übersicht

		Rdn.			Rdn.
A.	Normzweck	1	D.	Auslegen der Schlussrechnung und Schlusstermin	12
B.	Anforderungen an die Rechnungslegung	3	E.	Zwischenrechnung	14
C.	Prüfung der Rechnungslegung	8			

A. Normzweck

§ 66 verpflichtet den Verwalter bei Abschluss des Verfahrens bzw. bei Ende seines Amtes eine Schlussrechnung zu erstellen und damit über seine Geschäftsführung vollständig Rechenschaft abzulegen (vgl. a. § 666 BGB). Die Gläubigerversammlung kann dem Verwalter aufgeben, zusätzlich Zwischenrechnung zu legen (Abs. 3). Die Regelung gilt entsprechend für den vorläufigen Verwalter (§ 21 Abs. 2 Nr. 1), den Sonderinsolvenzverwalter im Rahmen seines Tätigkeitsbereichs (vgl. § 56 Rdn. 30 ff.) sowie den Schuldner in der Eigenverwaltung (§ 281 Abs. 3 Satz 1). Abs. 1 Satz 2 wurde durch das ESUG ergänzt. Es soll in die Hände der Gläubiger gelegt werden, ob und in welcher Weise bei Beendigung des Verfahrens nach § 258 eine Schlussrechnung zu legen ist und diese vom Insolvenzgericht geprüft werden muss, um eine dadurch eintretende Verzögerung der Verfahrensaufhebung zu vermeiden.[1]

Die Regelung ist Teil der internen Rechnungslegungspflicht des Verwalters gegenüber den Verfahrensbeteiligten (vgl. § 155 Rdn. 3) und wird ergänzt durch die Pflicht zum Aufstellen eines Masse- (§ 151) und Gläubigerverzeichnisses (§ 152), einer Vermögensübersicht (§ 153, s.a. § 229), eines Berichts zur Gläubigerversammlung und von Zwischenberichten (§ 156), eines Verteilungsverzeichnisses (§ 188) sowie eines Berichts und eines Rechenwerks in der Nachtragsverteilung (§ 205 Satz 2). Ferner können das Gericht (§ 58 Abs. 1 Satz 2), der Gläubigerausschuss (§ 69 Satz 2) und die Gläubigerversammlung (§ 79 Satz 1) Sachstandsberichte verlangen.

B. Anforderungen an die Rechnungslegung

Die Rechnungslegung dient der Überprüfung der Tätigkeit des Verwalters und ist Grundlage für eventuelle Haftungsansprüche. Nach § 66 richtet sie sich zunächst an die Gläubigerversammlung, dient als Informationsmittel aber zugleich auch der Aufsicht des Insolvenzgerichts und der Überwachung des Gläubigerausschusses. Weiter nutzt sie dem Verwalter selbst, da er gezwungen ist, in geordneter Form seine Tätigkeit einschließlich etwaiger entlastender Momente von Anfang an zu dokumentieren. Die Einhaltung der Rechnungslegungspflicht obliegt der Aufsicht des Gerichts (§ 58).

Die Rechnungslegung hat immer bei der **Beendigung des Amtes** zu erfolgen, sog. Schlussrechnung. Endet das Amt regulär durch Aufhebung des Verfahrens (§ 200), ist die Schlussrechnung zeitnah nach Abschluss der Verwertung einzureichen. Sie bildet die Grundlage für die Schlussverteilung (§ 197). Die Pflicht zur Rechnungslegung dauert auch nach Einreichen der Schlussrechnung bis zur Aufhebung des Verfahrens an.[2] Endet das Amt vorzeitig durch Entlassung oder sonstige Gründe (Geschäftsunfähigkeit, Tod) ist eine Teilschlussrechnung zu legen (vgl. § 57 Rdn. 12). Im Fall des Versterbens des Verwalters haben die Erben die Schlussrechnung zu legen, wobei geringere Anforderungen zu stellen sind, zumeist eine Überschussrechnung ausreichend ist.[3] Nach Abs. 1 Satz 2 kann ein Insolvenzplan eine abweichende Regelung treffen. Neben dem vollständigen Verzicht auf die Rechnungslegung kann darin etwa auch eine zeitliche Verschiebung derart vorgesehen werden, dass zwar eine Schlussrechnung zu legen, das Verfahren aber bereits vorher aufzuheben ist.[4]

Die **Art und Weise** der Rechnungslegung ist gesetzlich nicht verbindlich geregelt. Sie richtet sich nach Art und Umfang der Tätigkeit des Verwalters bzw. nach dem einzelnen Verfahren, hat aber

---

1 RegE BT-Drucks. 17/5712, S. 26 f.
2 Vgl. BGH 30.09.2010, IX ZB 85/10, Rn. 5.
3 FK-InsO/*Schmitt* Rn. 3.
4 RegE BT-Drucks. 17/5712, S. 26 f.

in jedem Einzelfall die in Rdn. 3 genannten Informationsziele zu erreichen. In der Praxis wird eine Konkretisierung und Standardisierung der Rechnungslegung angestrebt,[5] um nicht nur die zügige Verarbeitung bei den beteiligten Kreisen, sondern auch die Vergleichbarkeit verwaltender Tätigkeit zu verbessern.

6 Regelmäßig beinhaltet die Rechnungslegung eine **Überschussrechnung**,[6] in welcher Einnahmen und Ausgaben beginnend mit der Verfahrenseröffnung bis zum Zeitpunkt der Schlussrechnung dargestellt sind. Sie leitet sich aus der Insolvenzbuchhaltung ab, in welcher alle Geschäftsvorfälle laufend entsprechend den Grundsätzen ordnungsgemäßer Buchhaltung zu erfassen sind.[7] Der Überschussrechnung sind die Belege (Bankauszüge, Kassenbelege, Verträge, Rechnungen etc.) zu den Geschäftsvorfällen, möglichst im Original beizulegen. Weiter kann die Rechnungslegung eine **Schlussbilanz** enthalten, aus welcher durch Gegenüberstellung zur Vermögensübersicht nach § 153 das Ergebnis der Verwaltungs- und Verwertungstätigkeit des Verwalters erkennbar wird. In einem **Schlussbericht** hat der Verwalter seine Tätigkeit im Rahmen der Insolvenzabwicklung ausf. darzustellen,[8] wobei eine nochmalige inhaltliche Wiedergabe früherer (Zwischen-)Berichte, nicht aber eine Bezugnahme allein zulässig ist. Hierbei hat der Verwalter insb. Auskunft über die Zusammensetzung und Anreicherung der Masse, über die Verwertung, Aus- und Absonderung, die Ergebnisse schwebender Rechtsgeschäfte und der Einziehung insolvenzspezifischer Forderungen zu geben.[9] Besonderen Vorgängen, etwa Abweichungen von ursprünglichen Annahmen, der Abwicklung bedeutsamer Vertragsverhältnisse oder Rechtsstreitigkeiten sowie der (gescheiterten) Verwertung erheblicher Massegegenstände ist dabei ein weiterer Raum einzuräumen. In dem Verteilungsverzeichnis nach § 188 (**Schlussverzeichnis**) sind schließlich auf Grundlage der Insolvenztabelle die in der Schlussverteilung zu berücksichtigenden Forderungen aufzuführen.

7 Bei der Rechnungslegung durch den **vorläufigen Insolvenzverwalter** genügen eine Überschussrechnung, eine vergleichende Vermögensübersicht sowie, sofern nicht bereits ein Sachverständigengutachten eingereicht wird, ein Tätigkeitsbericht.[10] Bei **Masseunzulänglichkeit** hat der Verwalter für die Zeit nach der Anzeige gesondert Rechnung zu legen (§ 211 Abs. 2).

C. Prüfung der Rechnungslegung

8 Die Prüfung der Schlussrechnung nebst Anlagen und Belegen durch das Insolvenzgericht ist Bestandteil seiner Aufsichtspflicht (§ 58). Zuständig ist der Rechtspfleger (vgl. § 58 Rdn. 7). Das Gericht prüft die Recht-, nicht die Zweckmäßigkeit des Verwalterhandelns (vgl. § 58 Rdn. 4). Dies schließt insb. die Prüfung ein, ob die Voraussetzungen für die Schlussverteilung vorliegen, d.h. die Verwertung der Insolvenzmasse beendet ist (§ 196). Zunehmend ist in der Praxis zu beobachten, dass die Gerichte ihren eingegrenzten Prüfungsumfang nicht immer beachten, etwa auch überprüfen, ob bestimmte Verwertungshandlungen sinnvoll waren oder auf andere Weise ein besserer Erlös hätte erzielt werden können. Die Intensität der Prüfung (**Kontrolldichte**) der eingereichten Schlussrechnung einschließlich der Belege ist in Ansehung des Verfahrens und der Qualität des Verwalters (vgl. § 58 Rdn. 6) zu bestimmen. Grds kann sich das Gericht auf eine Prüfung anhand von Stichproben beschränken. Neben der formellen Vollständigkeit der Schlussrechnung hat es zu überprüfen, ob diese

---

5 Rechnungslegungshinweise des IDW v. 13.06.2008, hierzu *Frystatzki* NZI 2009, 581; Empfehlungen ZEFIS ZInsO 2010, 1689 und 2287; *Langer/Bausch* zum Modell des AG Aachen zur fortschreibenden Rechnungslegung im Rahmen standardisierter Gutachten und Zwischenberichte, ZInsO 2011, 1287; vgl. a. Vorschläge im GAVI (s. § 56 Rdn. 16); zur Entwicklung eines Schlussrechnungsstandards vgl. *Haarmeyer/Basinski/Hillebrand/Weber* ZInsO 2011, 1874; allgemein a. *Kloos* NZI 2009, 586.
6 Ein Standardkontenrahmen (»SKR-InsO«) findet sich bei *Haarmeyer/Basinski/Hillebrand/Weber* ZInsO 2011, 1874 (Anl. 2).
7 Ein spezifischer Kontenrahmen findet sich in ZInsO 2010, 2288 f.
8 Muster bei *FA-InsR/Gietl* Kap. 22 Rn. 109.
9 Vgl. weiter MüKo-InsO/*Nowak* Rn. 12.
10 FK-InsO/*Schmitt* Rn. 4.

ein in sich stimmiges, abgeschlossenes Bild der Tätigkeit des Verwalters ergibt und eine vollständige Verfahrensabwicklung, insb. auch in Ansehung früherer Berichte und des Insolvenzgutachtens erkennen lässt. Bei Mängeln ist der Verwalter im Wege der Aufsicht (§ 58) unter schriftlicher Darlegung zur Nachbesserung binnen angemessener Frist aufzufordern.

Im Ausnahmefall, insb. bei Verfahren mit erheblichem Umfang, kann das Gericht sich der Hilfe eines **Sachverständigen** (vgl. § 58 Rdn. 7) bei der Schlussrechnungsprüfung auf Kosten der Masse bedienen.[11] Die hierfür entstehenden Kosten sind von der Masse als Auslagen zu tragen. Anlass für die Beauftragung eines Sachverständigen muss ein allgemein fachlicher Grund sein, die mangelnde personelle und sachliche Ausstattung des Gerichts genügt nicht. Eine standardisierte Abwälzung der Prüfungspflicht des Gerichts auf Sachverständige ist unzulässig.[12] Der Sachverständige unterstützt, ersetzt aber nicht die Prüfung des Rechtspflegers. Vor einer Beauftragung hat daher eine Vorprüfung der Schlussrechnung durch das Gericht zu erfolgen. Art und Umfang der Prüfung und die Wahl des geeigneten Prüfers bestimmen sich nach den in Rdn. 8 genannten Kriterien. In jedem Fall hat sich die Prüfung durch den Sachverständigen auf den rechnerischen Teil der Schlussrechnung zu beschränken.[13]

9

Das Gericht hat einen schriftlichen **Prüfungsvermerk** zu fertigen, in welchen die Art und Weise der Prüfung und die Erhebung und evtl. Beseitigung festgestellter Mängel aufzunehmen ist. Dieser ist auf der Schlussrechnung anzubringen oder als Anhang beizufügen. Erwiderungen des Verwalters auf Beanstandungen sowie etwaiger weiterer Schriftverkehr sind ebenfalls beizugeben. Ist ein Sachverständiger beauftragt worden, ist dessen Gutachten beizufügen.

10

Nach Abschluss der gerichtlichen Prüfung ist dem **Gläubigerausschuss** die Schlussrechnung zur Prüfung (§ 69) vorzulegen. Kann mit einer zeitnahen Prüfung durch den Ausschuss gerechnet werden, sollte die Prüfung des Ausschusses vor diejenige des Gerichts gezogen werden.[14] Die Prüfung des Ausschusses richtet sich auch auf die Zweckmäßigkeit und Wirtschaftlichkeit des Verwalterhandelns (vgl. § 69 Rdn. 2). Der Gläubigerausschuss kann einen Sachverständigen beauftragen (vgl. § 69 Rdn. 6). Das Gericht hat dem Ausschuss eine, auf Antrag verlängerbare (§ 224 Abs. 2 ZPO) Frist zu setzen, um Verfahrensverzögerungen zu vermeiden. Erkennt der Ausschuss dem Aufsichtsrecht des Gerichts unterfallende und von ihm übersehene Mängel, ist das Gericht zu unterrichten und hat im Wege der Aufsicht tätig zu werden. Die Bemerkungen des Ausschusses sind ebenso wie der Prüfungsvermerk der Schlussrechnung durch das Gericht beizufügen. Erfolgt keine fristgerechte Stellungnahme des Ausschusses kann das Gericht die Schlussrechnung nur mit seinem Prüfungsvermerk auslegen.

11

D. Auslegen der Schlussrechnung und Schlusstermin

Nach Abschluss der Prüfung ist die Schlussrechnung mit allen Belegen und Prüfungsvermerken an einem von dem Gericht zu bestimmenden Ort, etwa auch in den Räumen des Insolvenzverwalters zur Einsichtnahme der Beteiligten auszulegen. Einsichtsberechtigt sind alle Verfahrensbeteiligten, einschließlich der Massegläubiger.[15] Der Zeitraum für die Auslegung beträgt mindestens eine Woche, sollte jedoch, auch unter Beachtung von Komplexität und Umfang der Schlussrechnung, regelmäßig länger bestimmt werden.

12

Die Schlussrechnung ist in der abschließenden Gläubigerversammlung (**Schlusstermin**) zu erörtern (§ 197 Abs. 1 Nr. 1). Über Einwendungen gegen die Schlussrechnung hat das Insolvenzgericht nur

13

---

11 OLG Stuttgart 15.10.2009, 8 W 265/09, ZIP 2010, 491; LG Heilbronn 04.02.2009, 1 T 30/09, ZIP 2009, 1437.
12 Ausführlich *Hebenstreit* ZInsO 2013, 276 ff.; ferner, auch zur Auswahl des Sachverständigen *Madaus* NZI 2012, 119 ff.
13 FK-InsO/*Schmitt* Rn. 18.
14 FK-InsO/*Schmitt* Rn. 22.
15 *Uhlenbruck* Rn. 68.

zu entscheiden, wenn sie sich gegen die formelle, mit den §§ 188 bis 193 übereinstimmende Ordnungsmäßigkeit des Schlussverzeichnisses richten (§ 197 Abs. 1 Nr. 2; vgl. eingehend § 197 Rdn. 1 ff.). Sonstige Einwendungen sind als Haftungsansprüche (§ 60) zu verfolgen.[16]

E. Zwischenrechnung

14 Die Gläubigerversammlung kann dem Verwalter durch Beschluss aufgeben, zu bestimmten Zeitpunkten während des Verfahrens **Zwischenrechnung** zu legen (Abs. 3). Der Beschluss kann bereits in der ersten Gläubigerversammlung gefasst werden und eine periodische Zwischenrechnungslegung vorsehen. Im Übrigen gelten die vorherigen Ausführungen entsprechend (Abs. 3 Satz 2), allerdings bedarf es außer bei einer Abschlagsverteilung zumeist nicht der Vorlage eines Verteilungsverzeichnisses. Aus Vereinfachungsgründen dürfte es für die Zwischenrechnungslegung zumeist sogar ausreichend sein, wenn dem Sachstandsbericht (§ 58 Abs. 1 Satz 2, § 79 Satz 1) eine Überschussrechnung beigefügt wird.

§ 67 Einsetzung des Gläubigerausschusses

(1) Vor der ersten Gläubigerversammlung kann das Insolvenzgericht einen Gläubigerausschuß einsetzen.

(2) Im Gläubigerausschuß sollen die absonderungsberechtigten Gläubiger, die Insolvenzgläubiger mit den höchsten Forderungen und die Kleingläubiger vertreten sein. Dem Ausschuß soll ein Vertreter der Arbeitnehmer angehören.

(3) Zu Mitgliedern des Gläubigerausschusses können auch Personen bestellt werden, die keine Gläubiger sind.

Übersicht	Rdn.		Rdn.
A. Normzweck	1	C. Zusammensetzung des Ausschusses	5
B. Einsetzung des Ausschusses durch das Gericht	2		

A. Normzweck

1 Der Gläubigerausschuss ist neben der Gläubigerversammlung das zentrale Organ der Gläubigerautonomie, welches nach § 69 Satz 1 den Verwalter unterstützen aber auch kontrollieren soll. Seine Funktion ähnelt dabei der eines »Aufsichts- oder Beirats«.[1] Die Einsetzung des Ausschusses obliegt der Gläubigerversammlung (§ 67), nach Abs. 1 kann das Gericht bereits zuvor einen Ausschuss einsetzen. Abs. 2 und 3 regeln die Zusammensetzung des Ausschusses.

B. Einsetzung des Ausschusses durch das Gericht

2 Nach § 67 Abs. 1 kann das Gericht nach seinem **pflichtgemäßen Ermessen** bis zur ersten Gläubigerversammlung einen vorläufigen Gläubigerausschuss einsetzen. Abs. 1 wird im Eröffnungsverfahren von § 21 Abs. 2 Nr. 1a (Rdn. 3) verdrängt, wie aus der Verweisungskette sowie aus der besonderen Anordnung in dem 2. Hs. dieser Norm (in Ansehung von § 67 Abs. 3) zu schließen ist.[2] Praktisch dürfte die eigenmächtige Einsetzung eines Ausschusses durch das Gericht nach Abs. 1 gemäß Abs. 1 nach Verfahrenseröffnung wenig Bedeutung erlangen, da in den relevanten Verfahren bereits im Eröffnungsverfahren ein solcher Ausschuss nach Maßgabe von § 22a eingesetzt worden sein wird. Ist dies nicht geschehen, sollte das Gericht in Großverfahren regelmäßig, in Kleinverfahren im Interesse

---

16 AG Duisburg 04.10.2005, 60 IN 136/02, ZIP 2005, 2335: Einwendung gegen Höhe der entnommenen *Vergütung des Geschäftsführers* bei Eigenverwaltung.
1 *Uhlenbruck* Rn. 1.
2 A.A. noch die Vorauflage.

der Verfahrensstraffung und der Kostenersparnis (vgl. Rdn. 6) nur im Ausnahmefall[3] nach Abs. 1 einen Ausschuss einsetzen. Sinnvoll im Einzelfall ist sie etwa, wenn der Verwalter noch vor dem Berichtstermin das Unternehmen des Schuldners stilllegen oder veräußern will (§ 158). Im Falle der Eigenverwaltung wird sie zumeist geboten sein.[4] Wird ein Ausschuss vom Gericht nicht eingesetzt, kann vom Verwalter auch formfrei ein Gläubigerbeirat[5] gebildet werden.[6]

Nach § 21 Abs. 2 Nr. 1a hat das Gericht einen vorläufigen Ausschuss im Eröffnungsverfahren einzusetzen, wenn dies als Maßnahme i.S.v. § 21 Abs. 1 geboten erscheint (vgl. § 21 Rdn. 19, 22). Zudem ist solchermaßen unter den besonderen Voraussetzungen nach § 22a zu verfahren. Danach ist ein vorläufiger Ausschuss einzusetzen, wenn das schuldnerische Unternehmen mindestens zwei von drei der in § 22a Abs. 1 genannten Merkmale (Bilanzsumme 4.840.000 €/Umsatzerlöse 9.680.000 €/50 Arbeitnehmer) erfüllt. Sind diese Voraussetzungen nicht gegeben, soll das Gericht auf Antrag des Schuldners, des vorläufigen Insolvenzverwalters oder eines Gläubigers einen solchen Ausschuss einsetzen, wenn hierfür geeignete und zur Amtsübernahme bereite Personen benannt werden (§ 22a Abs. 2). In jedem Fall kann die Einsetzung unterbleiben, wenn die in § 22a Abs. 3 genannten Voraussetzungen vorliegen. Für den nach § 21 Abs. 2 Nr. 1a eingesetzten Ausschuss gelten § 67 Abs. 2 und die §§ 69 bis 73 entsprechend.[7] Die Aufgaben des solchermaßen eingesetzten Ausschusses liegen insb. bei der Auswahl des Verwalters (§ 56a) und der Entscheidung über die Eigenverwaltung (§ 270 Abs. 3). Im Übrigen hat er die gleichen Überwachungs- und Unterstützungsaufgaben wie ein nach § 67 Abs. 1, § 68 Abs. 1 Satz 1 bestellter Ausschuss (§ 21 Abs. 1 Satz 1 Nr. 1a i.V.m. § 69). Die Mitglieder des im Eröffnungsverfahren bestellten Ausschusses bleiben grundsätzlich über die Verfahrenseröffnung hinaus bis zur abändernden Wahl nach § 68 im Amt.[8] Dies folgt jedenfalls daraus, dass das Neuwahlrecht des vorläufigen Ausschusses nach § 56a Abs. 3 hinsichtlich des mit Eröffnung von dem Gericht bestellten Verwalters diese Kontinuität über den Eröffnungsbeschluss hinaus voraussetzt.[9]

Zuständig für die Einsetzung eines vorläufigen Ausschusses ist, ausgenommen bei Richtervorbehalt (§ 18 Abs. 2 RPflG), der Rechtspfleger, im Eröffnungsverfahren der Richter. Die Einsetzung erfolgt durch Beschluss. Ein **Rechtsbehelf** ist gegen den Beschluss des Richters nicht, gegen denjenigen des Rechtspflegers in Form der befristeten Erinnerung (§ 11 Abs. 2 RPflG) eröffnet. Regelmäßig wird es jedoch an der Beschwer fehlen, die auch nicht in der Belastung der Masse mit Kosten zu sehen ist.[10] Kein Rechtsmittel besteht insbesondere gegen die Auswahl der Mitglieder[11] oder die Nichtberücksichtigung im Ausschuss.

C. Zusammensetzung des Ausschusses

Die Zusammensetzung des vorläufigen Ausschusses liegt im pflichtgemäßen Ermessen des Gerichts. Der Verwalter hat dem Gericht Vorschläge zur richtigen Ausschussstruktur und -zusammensetzung zu unterbreiten. Auch außerhalb des Anwendungsbereichs von § 22a Abs. 2 können vom Schuldner, Gläubigern oder Dritten Vorschläge hierzu unterbreitet werden. Für Gläubiger, die wiederkehrend an Insolvenzverfahren beteiligt sind, insb. Kreditinstitute, Sozialversicherungsträger und den Fiskus kann es weiter empfehlenswert sein, unabhängig von einem konkreten Insolvenzverfahren bei den

---

3 BT-Drucks. 12/2443, 131.
4 FK-InsO/*Schmitt* § 67 Rn. 5.
5 FK-InsO/*Schmitt* Rn. 18.
6 Vgl. BT-Drucks. 17/5712, 24.
7 Vgl. bereits LG Duisburg 29.09.2003, 7 T 203/03 und 235–258/03, NZI 2004, 95.
8 A.A. *Sander* § 21 Rdn. 21 a.E.; HambK-InsR/*Frind* Rn. 8; *Obermüller* ZInsO 2012, 18, 21.
9 A.A. MüKo-InsO/*Graeber* § 56a Rn. 76 f., nach dem § 56a Abs. 3 insofern leerlaufe.
10 *Uhlenbruck* Rn. 24.
11 LG Kleve 04.04.2013, 4 T 32/13, ZIP 2013, 992.

Insolvenzgerichten Ansprechpartner zu benennen, die als Gläubigerausschussmitglieder grds bereit stehen oder jedenfalls eine Anfrage vermitteln können.[12]

6   Die **Anzahl der Mitglieder** im vorläufigen Ausschuss muss mindestens zwei betragen.[13] Er sollte regelmäßig aus drei, bei Unternehmensfortführungen aufgrund der in Abs. 2 genannten Sollmitglieder idealerweise mindestens aus fünf Mitgliedern bestehen. Eine ungerade Mitgliederzahl vermeidet einen Stimmenpatt bei Beschlussfassungen. Die Anzahl der Mitglieder sollte auch in Ansehung der hierdurch entstehenden Kosten (Vergütung § 73, Haftpflichtversicherung § 71 Rdn. 9)[14] im Verhältnis zur mutmaßlich verteilungsfähigen Masse bestimmt werden. Diese Prüfung kann nicht dem Gutachter/(vorläufigen) Insolvenzverwalter überlassen werden.[15] Im Ausnahmefall ist die Anzahl der Mitglieder zu reduzieren, anstatt einen Ausschuss insgesamt nicht einzusetzen.[16] Abs. 2 gibt als **Sollmitglieder** jeweils einen Vertreter der absonderungsberechtigten Gläubiger, der Großgläubiger, der Kleingläubiger und der Arbeitnehmer vor. Das ESUG hat für Arbeitnehmer die weitere Voraussetzung gestrichen, dass diese als Insolvenzgläubiger mit nicht unerheblichen Forderungen beteiligt sein müssen.[17] Nach den Gesetzesverfassern soll diese Gruppe unbeachtlich ihres Forderungsausfalls stets dem Ausschuss angehören, um ihre vertieften Unternehmenskenntnisse insb. bei der Fortführung und Sanierung im Verfahren zu nutzen.[18] Auch im vorläufigen Gläubigerausschuss wird sich ein Arbeitnehmervertreter daher einbringen können und jedenfalls zur Entwicklung eines Anforderungsprofils (§ 56a Abs. 2 Satz 2) beitragen können.[19] Für einen substantiellen Beitrag zur Verwalterauswahl wird er jedoch externen Sachverstand, etwa von Gewerkschaften einholen müssen. Das Mitglied muss über die zur **Ausübung des Amtes notwendigen Kenntnisse** in den Grundzügen, insb. auch im insolvenzverfahrensrechtlichen und kaufmännischen Bereich verfügen.[20] Ansonsten darf es das Amt zur Vermeidung der Haftung nicht annehmen.[21] Es muss sich selbst über die Aufgaben des Ausschusses und seiner Mitglieder informieren.[22] Eine allgemeine Belehrung des Mitglieds durch das Gericht über die rechtlichen Rahmenbedingungen der Tätigkeit ist nicht zwingend, aber sinnvoll.[23]

7   **Juristische Personen** des privaten und öffentlichen Rechts können Mitglied im Ausschuss sein,[24] etwa die Bundesagentur für Arbeit, eine gesetzliche Krankenversicherung oder berufsständische Kammern. Behörden, etwa ein Finanzamt, sind dagegen nicht zulässig; die Bestellung ist nichtig.[25] Der durch die juristische Person entsandte Vertreter muss für Entscheidungen des Ausschusses einzelbevollmächtigt sein, um eine zügige Arbeit des Ausschusses zu gewährleisten. Eine bei juristischen

---

12   *Obermüller* ZInsO 2011, 1809 (1811).
13   BGH 05.03.2009, IX ZB 148/08, ZIP 2009, 727.
14   Vgl. auch *Rauscher* ZInsO 2012, 1201 ff. mit zutreffendem Widerspruch *Haarmeyer* ZInsO 2012, 1204 ff.; *Haarmeyer/Horstkotte* ZInsO 2012, 1441 (1446 ff); *Frind* ZInsO 2012, 2028 (2034 f.); *Beth* ZInsO 2012, 1974 ff.
15   A.A. AG Ludwigshafen am Rhein 04.05.2012, 3 f IN 103/12, ZIP 2012, 2310.
16   *Cranshaw* ZInsO 2012, 1151 (1156); a.A. AG Ludwigshafen am Rhein 04.05.2012, 3 f IN 103/12, ZIP 2012, 2310.
17   Der Forderungsanteil musste bei 10 % oder mehr liegen. Auch unterhalb dieser Schwelle konnte ein Arbeitnehmervertreter einbezogen werden, wenn dies, insb. bei (geplanten) Betriebsfortführungen vorteilhaft erschien.
18   BT-Drucks. 17/5712, 27.
19   A.A. *Steinwachs* ZInsO 2011, 410.
20   Für Professionalisierung des Ausschusses *de lege ferenda*: *Heeseler/Neu* NZI 2012, 440 ff.
21   OLG Rostock 28.05.2004, 3 W 11/04, ZInsO 2004, 814 (816).
22   OLG Rostock 28.05.2004, 3 W 11/04, ZInsO 2004, 814 (815).
23   Musterformulierungen bei *Frind*, ZInsO 2012, 386 (388); vgl. auch § 86 Geschäftsanweisung für die Geschäftsstellen der Gerichte in Insolvenzverfahren für Bayern vom 02.11.2010, wonach der Urkundsbeamte eine Unterrichtung durchzuführen hat.
24   LG Duisburg 29.09.2003, 7 T 203/03 u 235–258/03, NZI 2004, 95 (96).
25   BGH 11.11.1993, IX ZR 35/93, ZIP 1994, 46.

Personen mögliche, wegen des Informationsverlustes nachteiligen personellen Fluktuation sollte durch eine Regelung in der Geschäftsordnung des Ausschusses unterbunden werden.

Ausschussmitglieder können auch **Personen sein, die am Verfahren selbst nicht beteiligt**, insb. nicht Gläubiger sind (Abs. 3). Praktisch relevant ist insb. die Bestellung von Branchenfachleuten, Vertretern der Arbeitsagentur oder Gewerkschaftsmitgliedern. Mitglieder des vorläufigen Ausschusses nach § 21 Abs. 2 Satz 1a können allerdings nur Personen sein, die jedenfalls mit der Verfahrenseröffnung Gläubiger werden.[26] Im Wege einer Teleologischen Extension sind hierzu auch die im Betrieb vertretene Gewerkschaften (§ 2 Abs. 1 BetrVG) zu zählen.[27]

Das Gericht kann **Ersatzmitglieder** etwa für den Fall bestellen, dass ein bestelltes Mitglied sein Amt nicht annimmt bzw. später ausscheidet.[28] Nach der Annahme tritt das Ersatzmitglied ohne weiteres an die Stelle des ausgeschiedenen Mitglieds. Aus Gründen der Klarstellung kann das Gericht die Mitgliedschaft des Neumitglieds feststellen.[29]

Eine Bestellung scheidet aus, wenn **Ausschlussgründe** bestehen. Solches ist insb. bei einem grundsätzlichen Interessenkonflikt anzunehmen (vgl. § 56 Rdn. 13), so dass der Schuldner selbst, Mitglieder seiner Organe (Vorstand, Aufsichtsrat) sowie der Verwalter, seine Mitarbeiter oder Gerichtspersonen nicht für den Ausschuss bestellt werden können. Keine Interessenkollision liegt von vornherein in Konzerninsolvenzen (vgl. § 56 Rdn. 34) vor, wenn die Verwalter wechselseitig in die Ausschüsse der jeweils anderen Konzerngesellschaften berufen werden.[30] Ein genereller Ausschlussgrund liegt auch nicht vor, wenn das Mitglied im Einzelfall möglicherweise von der Abstimmung auszuschließen ist (vgl. § 72 Rdn. 4).

Das Amt beginnt mit der Annahmeerklärung des berufenen Mitglieds gegenüber dem Gericht. Das Gericht kann hierzu eine Ausschlussfrist setzen.[31] Die Annahme kann auch konkludent erfolgen, etwa indem das Mitglied hiernach im Ausschuss tätig wird und an Ausschusssitzungen teilnimmt.[32] Eine Verpflichtung zur Annahme besteht nicht. In haftungsträchtigen Fällen sollte vor einer Annahme auf den Abschluss einer Vermögensschaden-Haftpflichtversicherung hingewirkt werden (vgl. § 71 Rdn. 9). **Das Amt endet**,[33] auch bei Personenidentität, mit der Wahl eines endgültigen Ausschusses durch die Gläubigerversammlung,[34] mit der Aufhebung des Beschlusses der Gläubigerversammlung nach § 68 (vgl. § 78), mit der Aufhebung des Verfahrens (§§ 200 Abs. 1, 259 Abs. 1 Satz 1; anders bei überwachtem Planverfahren, § 261 Abs. 1 Satz 2), der Verfahrenseinstellung (§§ 207 ff.), der Entlassung (§ 70) oder mit dem Tod des Ausschussmitglieds. Dies gilt auch für den nach § 21 Abs. 2 Nr. 1a eingesetzten Ausschuss. Dessen Mitglieder bleiben über die Eröffnung hinaus bis zum Beschluss der Gläubigerversammlung nach § 68 Abs. 1 Satz 2 im Amt (vgl. Rdn. 3). Das Gericht kann nicht – vorbehaltlich seines Entlassungsrechts nach § 70 – nach Eröffnung den Ausschuss, sei es auch nur teilweise, ersetzen oder abberufen. Es kann aber den Ausschuss, sofern dies geboten und zweckmäßig erscheint, nachträglich erweitern.[35] Das Ausschussmitglied selbst kann sein Amt nicht niederlegen, vielmehr hat es seine Entlassung zu beantragen (vgl. § 70 Satz 2 2. Alt.).

---

26 Beschlussempfehlung des Rechtsausschusses BT-Drucks. 17/7511, 45 f. Anders noch der Gesetzesentwurf, vgl. BT-Drucks. 17/5712, 24.
27 *Obermüller* ZInsO 2012, 18 (22); *Haarmeyer* ZInsO 2012, 2109 (2115); a.A. FK-InsO/*Schmerbach* § 21 Rn. 193 f.
28 MüKo-InsO/*Schmidt-Burgk* Rn. 25.
29 AG Göttingen 14.11.2006, 71 N 90/94, ZInsO 2007, 47.
30 FK-InsO/*Schmitt* § 68 Rn. 11.
31 LG Duisburg 29.09.2003, 7 T 203/03 u 235–258/03, NZI 2004, 95 (96).
32 OLG Rostock 28.05.2004, 3 W 11/04, ZInsO 2004, 814 (815).
33 Zur Auflösung des Ausschusses insgesamt vgl. *Gundlach/Frenzel/Jahn* ZInsO 2011, 708 ff.
34 *Uhlenbruck* Rn. 22.
35 AG Kaiserslautern 15.06.2004, IN 144/04, NZI 2004, 676: Erweiterung um einen Vertreter des Arbeitsamts auf Grund erheblicher Insolvenzgeldvorfinanzierung.

§ 68 Wahl anderer Mitglieder

(1) Die Gläubigerversammlung beschließt, ob ein Gläubigerausschuß eingesetzt werden soll. Hat das Insolvenzgericht bereits einen Gläubigerausschuß eingesetzt, so beschließt sie, ob dieser beibehalten werden soll.

(2) Sie kann vom Insolvenzgericht bestellte Mitglieder abwählen und andere oder zusätzliche Mitglieder des Gläubigerausschusses wählen.

Übersicht	Rdn.		Rdn.
A. Normzweck	1	B. Einsetzung des Gläubigerausschusses	2

A. Normzweck

1 Die Einsetzung und personelle Zusammensetzung obliegt als Teil der Gläubigerselbstverwaltung der Gläubigerversammlung. Durch Mehrheitsentscheidung kann auch der von dem Gericht eingesetzte vorläufige Gläubigerausschuß abgewählt, personell geändert oder erweitert werden (Abs. 1 und 2).

B. Einsetzung des Gläubigerausschusses

2 Die Einsetzung des Ausschusses durch die Gläubigerversammlung erfolgt in einem zweistufigen Verfahren. Sie hat zunächst durch Mehrheitsbeschluss (§ 76 Abs. 2) darüber zu entscheiden, **ob ein Gläubigerausschuss eingesetzt wird** oder nicht (Abs. 1 Satz 1). Dies muss nicht notwendig in der ersten Gläubigerversammlung erfolgen, sondern kann auch vertagt werden. Die Einsetzung bzw. Beibehaltung (§ 67) eines Gläubigerausschusses, nicht aber die einzelnen Bewerber sind in der Tagesordnung aufzuführen.

3 Ist ein Ausschuss einzusetzen, ist über die **Zusammensetzung** zu entscheiden. Die Gläubigerversammlung ist hierbei an die Mindestanzahl von Mitgliedern (vgl. § 67 Rdn. 6), nicht aber an das in § 67 Abs. 2 angeordnete Repräsentationsprinzip gebunden.[1] Vielmehr ist sie bei der Wahl frei, kann selbstverständlich auch Unbeteiligte des Verfahrens zu Ausschussmitgliedern bestellen (vgl. § 67 Rdn. 8). Auch die Gläubigerversammlung kann **Ersatzmitglieder** (hierzu § 67 Rdn. 9) oder den Ausschuss ermächtigen, selbst in einem solchen Fall ein neues Mitglied zu ergänzen.[2] Die **Bestellung des einzelnen Mitglieds** erfolgt in Einzelwahl über jeden Bewerber durch einen weiteren Mehrheitsbeschluss. Ist eine Person gewählt bedarf es noch ihrer Annahme des Amtes (vgl. § 67 Rdn. 11), eines Bestellungsaktes des Gerichts bedarf es nicht.

4 Die Gläubigerversammlung ist an ihre Beschlüsse gebunden. Eine **spätere Abwahl** des Ausschusses insgesamt[3] oder einzelner Mitglieder ist nicht zulässig. Die Gläubigerversammlung kann allein die Entlassung aus wichtigem Grund beantragen (§ 70 Satz 2). Dies gilt **de lege lata** auch in den Fällen, in denen die Voraussetzungen für die Einsetzung des Ausschusses, also seine »Geschäftsgrundlage« entfallen sind.[4] Scheidet jedoch ein Mitglied aus, kann die Gläubigerversammlung ein neues Mitglied wählen.

5 Die **Kontrolle des Gerichts** beschränkt sich auf die nachgelagerte Möglichkeit, Mitglieder nachträglich aus wichtigem Grund zu entlassen (§ 70 Satz 1).[5] Gegen die Beschlüsse der Gläubigerversammlung ist nur der **Rechtsbehelf** nach § 78 Abs. 1 eröffnet, wenn der Beschluss den gemeinsamen Interessen der Insolvenzgläubiger widerspricht. Solches kann im Ausnahmefall anzunehmen sein, wenn Art und Umfang des Verfahrens einen Ausschuss nicht erfordern und im Ergebnis nur die Masse mit

---

[1] MüKo-InsO/*Schmidt-Burgk* Rn. 7; anders *Uhlenbruck* Rn. 15: gesetzliches Leitbild; vgl. a. BGH 01.03.2007, IX ZB 47/06, ZIP 2007, 781 (783 f.).
[2] MüKo-InsO/*Schmidt-Burgk* Rn. 10.
[3] Str., vgl. näher *Gundlach/Frenzel/Jahn* ZInsO 2011, 708 ff.
[4] A.A. *Gundlach/Frenzel/Jahn* ZInsO 2011, 708 (710).
[5] Vgl. BT-Drucks. 12/7302, 163.

Kosten belastet, oder, trotz der Unabhängigkeit der Mitglieder (vgl. § 69 Rdn. 9 f.), die Annahme, insbesondere wegen der Unausgewogenheit der Zusammensetzung des Ausschusses berechtigt ist, dass bestimmte Gläubiger über den Ausschuss ihre Individualinteressen auf Kosten der Masse verfolgen.[6]

§ 69 Aufgaben des Gläubigerausschusses

Die Mitglieder des Gläubigerausschusses haben den Insolvenzverwalter bei seiner Geschäftsführung zu unterstützen und zu überwachen. Sie haben sich über den Gang der Geschäfte zu unterrichten sowie die Bücher und Geschäftspapiere einsehen und den Geldverkehr und -bestand prüfen zu lassen.

Übersicht	Rdn.			Rdn.
A. Normzweck	1	C.	Die Organisation des Ausschusses	9
B. Aufgaben des Ausschusses	2			

A. Normzweck

§ 69 definiert in allgemeiner Form den Aufgaben-, aber auch Befugnisbereich des Gläubigerausschusses. Konkrete Pflichten und Aufgaben sind in zahlreichen weiteren Normen der InsO definiert, in denen Antrags-, Genehmigungs-, Mitbestimmungs-, Mitwirkungs- und Auskunftsrechte geregelt sind (vgl. Rdn. 7). 1

B. Aufgaben des Ausschusses

Der Ausschuss hat sich laufend über den Gang der Verwaltung zu unterrichten, den Verwalter zu unterstützen und seine Geschäftsführung zu überwachen. Die haftungsbewehrte (§ 71) Pflicht trifft nicht den Gläubigerausschuss als solchen, sondern die einzelnen Ausschussmitglieder.[1] Unterstützung leistet der Ausschuss durch Hinweise an und Beratungen mit dem Verwalter. Dies schließt die Offenbarung von dem Verwalter unbekannten Vorgängen, etwa von Anfechtungssachverhalten ein, soweit hieraus für das Mitglied keine Konflikte mit Verschwiegenheitspflichten aus anderen Rechtsgründen, etwa aus Arbeitsvertrag entstehen.[2] Die Überwachung erfolgt auf der Grundlage der Unterrichtung des Verwalters, dem Einsehen von Büchern und Geschäftspapieren und der Prüfung des Geldverkehrs und -bestandes. Sie beinhaltet eine nachträgliche als auch begleitende und vorausschauende Kontrolle.[3] Neben einer Rechts- schließt die Überwachung insb. eine Zweckmäßigkeitskontrolle ein.[4] 2

Der Ausschuss hat **kein Weisungsrecht gegenüber dem Verwalter**.[5] Er führt, auch im Notfall nicht selbst Vertragsverhandlungen oder sonst die Geschäfte oder vertritt die Masse nach außen, insb. mit der Folge der Begründung von Masseverbindlichkeiten.[6] Beachtet der Verwalter Hinweise des Ausschusses nicht, kann dieser Aufsichtsmaßnahmen des Gerichts anregen. Umgekehrt bewirken Anregungen und (unverbindliche) Handlungsanweisungen des Ausschusses nicht, dass sich der Verwalter bei Wahrnehmung seiner Aufgaben hinter dem Ausschuss »verstecken« kann. Vielmehr hat der Verwalter auch dann eigenverantwortlich seine Aufgaben und die Interessen der Gläubigergesamtheit wahrzunehmen (zu seiner Haftung vgl. § 60 Rdn. 33). 3

---

6 Vgl. *Uhlenbruck* Rn. 10, 17; a.A. MüKo-InsO/*Schmidt-Burgk* Rn. 9.
1 Vgl. BGH 29.11.2007, IX ZB 231/06, ZIP 2008, 124.
2 *Vallender* FS Ganter 2010, 391 (396).
3 OLG Celle 03.06.2010, 16 U 135/09, ZIP 2010, 1862, rk BGH 21.03.2013, IX ZR 109/10, ZIP 2013, 1235.
4 OLG Rostock 28.05.2004, 3 W 11/04, ZInsO 2004, 814.
5 FK-InsO/*Schmitt* Rn. 4.
6 BGH 22.04.1981, VIII ZR 34/80, ZIP 1981, 1001 (1002).

§ 69 InsO Aufgaben des Gläubigerausschusses

4 Eine wirksame Aufgabenerfüllung bedarf zunächst einer hinreichenden **Informationsgrundlage**. Der Verwalter hat den Ausschuss laufend über den Stand und den Gang der Verwaltung zu informieren. Die Art und Weise ist zwischen den Ausschussmitgliedern und dem Verwalter abzusprechen und an den Anforderungen des Verfahrens auszurichten. Unbeachtlich etwaiger Absprachen kann der Ausschuss jederzeit einzelne Auskünfte oder einen Zwischenbericht verlangen. Regelmäßig erfolgt die Unterrichtung durch gleichlautende schriftliche Berichte des Verwalters, periodische oder besonders einzuberufende Ausschusssitzungen oder auch Telefonkonferenzen. Bei für die Masse erheblichen Geschäften hat der Verwalter dem Ausschuss die konkreten Vertragsentwürfe vorzulegen und über die Chancen und Risiken zu berichten.[7] Überwacht der Verwalter die Erfüllung eines Insolvenzplanes hat er jährlich über den jeweiligen Stand und die weiteren Aussichten der Erfüllung des Insolvenzplans zu berichten (§ 261 Abs. 2 Satz 1). Unbeachtlich dessen kann der Ausschuss Auskünfte auch direkt bei der Schuldnerin, ihren Organen oder Angestellten einholen (§ 97 Abs. 1 Satz 1, § 101).

5 Der Ausschuss hat das Recht **Bücher und Geschäftspapiere** einzusehen. Dies schließt geheimhaltungsbedürftige Unterlagen ein. Die Einsichtnahme hat grds. am Verwahrungsort der Unterlagen zu erfolgen. Ein Anspruch auf Aushändigung besteht erst dann, wenn dargelegt und glaubhaft gemacht wird, dass dort eine Einsichtnahme nicht möglich ist.[8]

6 Die Überwachung beinhaltet vor allem die **Prüfung des Geldverkehrs**. Die Kassenprüfung darf sich nicht nur auf die Barbestände beschränken, sondern muss sich auch auf die Konten und Belege erstrecken.[9] Insb. bei Bankkonten sind die Original-Kontoauszüge des Kreditinstituts, nicht nur die leichter manipulierbaren Eigenbelege oder Kopien einzusehen.[10] Die Kassenprüfung hat von Beginn an zu erfolgen, da nach der Lebenserfahrung ein Verwalter sich dann zumeist nicht trauen wird, Gelder zu veruntreuen.[11] Anders als noch in § 88 Abs. 2 Satz 2 KO, wonach eine Kassenprüfung zwingend mindestens einmal im Monat stattzufinden hatte, sieht die InsO keinen bestimmten Kontrollturnus vor. Dieser sollte an die Besonderheiten des Verfahrens angepasst werden.[12] Offen zutage tretende Mängel, etwa in der Belegführung, erfordern eine sofortige Nachforschung, vollständige Überprüfung des Geldverkehrs und unverzügliche Anregung von Aufsichtsmaßnahmen durch das Gericht.[13] Die Prüfung kann auch durch sachverständige Dritte erfolgen.[14] Die hierfür entstehenden Kosten sind Masseverbindlichkeiten (§ 55 Abs. 1 Nr. 1).

7 Neben § 69 bestehen zahlreiche **konkrete, gesetzlich angeordnete Aufgabenbereiche**, welche sich allerdings nicht an die einzelnen Mitglieder, sondern an den Ausschuss als Organ wenden. So prüft der Ausschuss etwa die Schlussrechnung (§ 66 Abs. 2 Satz 2) oder einen vorgelegten Insolvenzplan (§ 232 Abs. 1 Nr. 1). Er ist an der Auswahl des Insolvenz- oder Sachverwalters zu beteiligen (§ 56a, § 274 Abs. 1) und kann nach einem entsprechenden Antrag des Schuldners an das Gericht die Eigenverwaltung erwirken (§ 270 Abs. 3 Satz 2). Weiter kann er etwa die Entlassung des Verwalters (§ 59 Abs. 1 Satz 2), die Aufhebung des Schutzschirmverfahrens (§ 270b Abs. 4 Nr. 2) oder die Einberufung der Gläubigerversammlung beantragen (§ 75 Abs. 1 Nr. 2), oder eine Bestimmung zur Hinterlegung und Anlage von Wertgegenständen treffen (§ 149). Der Ausschuss muss seine Zustimmung erklären, wenn der Verwalter dem Schuldner vorläufig Unterhalt gewähren möchte (§ 100 Abs. 2 Satz 1), wenn er bei Gericht auf den Verzicht auf ein Verzeichnis der Massegegenstände (§ 151

---

7 OLG Rostock 28.05.2004, 3 W 11/04, ZInsO 2004, 814 (815): Darlehenshingabe in hohem Umfang.
8 BGH 29.11.2007, IX ZB 231/06, ZIP 2008, 124: Kassenprüfung.
9 BGH 29.11.2007, IX ZB 231/06, ZIP 2008, 124; ausf. *Gundlach/Frenzel/Jahn* ZInsO 2009, 902 ff.
10 OLG Celle 03.06.2010, 16 U 135/09, ZIP 2010, 1862 (1864 f.), rk BGH 21.03.2013, IX ZR 109/10, ZIP 2013, 1235.
11 OLG Celle 03.06.2010, 16 U 135/09, ZIP 2010, 1862, rk BGH 21.03.2013, IX ZR 109/10, ZIP 2013, 1235.
12 Vgl. Beschlussempfehlung des Rechtsausschusses, BT-Drucks. 12/7302, 163.
13 BGH 21.03.2013, IX ZR 109/10, ZIP 2013, 1235.
14 RegE, BR-Drucks. 1/92, 132.

Abs. 3 Satz 2), auf Zurückweisung eines neuerlichen Insolvenzplanes des Schuldners (§ 231 Abs. 2) oder auf Fortsetzung der Verwertung und Verteilung trotz eines vorgelegten Insolvenzplanes (§ 233 Satz 2) antragen, wenn er eine Abschlags- oder Schlussverteilung vornehmen (§ 187 Abs. 3 2, vgl. a. § 195 Abs. 1 Satz 1), wenn er vor dem Berichtstermin das Unternehmen stilllegen oder veräußern (§ 158 Abs. 1), oder wenn er besonders bedeutsame Rechtshandlungen (§ 160 Abs. 1 1, vgl. a. § 276 Satz 1) vornehmen möchte. Er kann Stellung nehmen zu dem Schuldnerantrag auf Eigenverwaltung (§ 270 Abs. 3 Satz 1) und zu dem Bericht des Verwalters im Berichtstermin (§ 156 Abs. 2 Satz 1). Vor einer Einstellung des Verfahrens nach §§ 212, 213 (§ 214 Abs. 2) oder vor der gerichtlichen Bestätigung des Insolvenzplanes (§ 248 Abs. 2) ist er anzuhören. Weiter hat der Ausschuss den Verwalter bei Aufstellung eines Insolvenzplanes (§ 218 Abs. 3) beratend zu unterstützen. Weitere Aufgaben können aus der **Delegation von Beteiligtenrechten der Gläubigerversammlung** durch diese folgen. Solches kommt etwa für die Befugnis in Betracht, abschließend über besonders bedeutsame Rechtshandlungen zu entscheiden (§§ 160, 161) oder für die Anhörung zu einer beabsichtigten Einstellung mangels Masse nach § 207 Abs. 2.

Der Ausschuss ergänzt und reduziert,[15] beseitigt jedoch nicht die **Aufsicht des Gerichts**.[16] Der Ausschuss muss sich erkennbar mit der Maßnahme des Verwalters auf hinreichender Tatsachengrundlage auseinandergesetzt und diese nicht beanstandet haben. Erst dann erhöht sich die Eingriffsschwelle des Gerichts.[17] Der Ausschuss kann dem Gericht auch Anregungen geben, aufsichtsrechtlich einzuschreiten. 8

C. Die Organisation des Ausschusses

Der Gläubigerausschuss ist das Organ, durch das der ständige Einfluss der beteiligten Gläubiger auf den Ablauf des Verfahrens gesichert werden soll. Weder einzelne Gläubiger noch die Gläubigerversammlung haben jedoch ein Weisungsrecht gegenüber dem Ausschuss oder seinen Mitgliedern. Die Gläubigerversammlung kann auch nicht dessen Beschlüsse aufheben oder ändern.[18] Auch das Insolvenzgericht hat keine Weisungsbefugnisse gegenüber dem Ausschuss. Seine Beaufsichtigung und Kontrolle beschränkt sich auf die Möglichkeit, bei Vorliegen eines wichtigen Grundes ein Ausschussmitglied zu entlassen (§ 70). Anders als die Beschlüsse der Gläubigerversammlung kann es solche des Ausschusses nicht aufheben (vgl. § 78). 9

Der Ausschuss und seine Mitglieder sind **unabhängig** und verfolgen nicht eigene oder die Interessen einer bestimmten Gläubigergruppe, sondern das Gesamtinteresse der Gläubigergemeinschaft.[19] Das Mitglied hat ein von ihm repräsentiertes, u.U. gegenläufiges Einzelinteresse zurückzustellen, wenn und soweit das Ziel der bestmöglichen Gläubigerbefriedigung und die ordnungsgemäße Abwicklung des Verfahrens dies erfordert.[20] Ist solches im Einzelfall nicht möglich, kann das Mitglied insofern nicht an Sitzungen teilnehmen oder Beschlüsse fassen (vgl. Rdn. 12 und § 72 Rdn. 4). 10

Der Ausschuss **organisiert sich selbst** und sollte sich hierzu eine Geschäftsordnung geben, in welcher etwa Ausschussvorsitz, Form der Einladungen und Sitzungen, Sitzungsfrequenz, Protokollführung oder die interne Kommunikation geregelt werden.[21] Entscheidungen des Ausschusses erfolgen durch Beschluss (§ 72). Einzelne Mitglieder haben daneben nur Überwachungs-, aber keine Handlungsrechte. 11

---

15 *Uhlenbruck* § 58 Rn. 6; a.A. MüKo-InsO/*Graeber* § 58 Rn. 16.
16 LG Köln 20.12.2000, 19 T 148/00, ZInsO 2001, 673.
17 Vgl. AG Duisburg 04.10.2005, 60 IN 136/02, ZIP 2005, 2335.
18 Vgl. LG Göttingen 15.05.2000, 10 T 42/00, NZI 2000, 491.
19 AG Göttingen 11.08.2006, 71 N 90/94, ZIP 2006, 2048 (2049): auch im Falle des Betriebsratsmitglieds als Vertreter der Arbeitnehmerschaft.
20 BGH 01.03.2007, IX ZB 47/06, ZIP 2007, 781 (784).
21 Muster einer Geschäftsordnung in ZInsO 2012, 372 f., bei *Ingelmann/Ide/Steinwachs* ZInsO 2011, 1059 ff. und *Frege/Keller/Riedel* Insolvenzrecht Rn. 1246.

§ 70 InsO Entlassung

12 **Sitzungen des Ausschusses** sind nicht öffentlich. Sie können unter persönlicher Anwesenheit oder auch durch Telefonkonferenzen erfolgen (zum Umlaufverfahren bei Abstimmungen vgl. § 72 Rdn. 5). Die Einberufung erfolgt nach Maßgabe der Geschäftsordnung und sollte eine Tagesordnung nebst den wesentlichen Unterlagen für die abstimmungsbedürftigen Punkte enthalten.[22] Jedes Mitglied, nicht aber der Verwalter kann eine Sitzung einberufen. Die Teilnehmer sind grds. zur **Verschwiegenheit** verpflichtet. Ein Anwalt als Mitglied ist jedoch nicht schlechthin zu Stillschweigen verpflichtet, sofern seinen Mandanten berührende Vorgänge erörtert werden und die erlangten Informationen nicht im Zusammenwirken mit dem Mandanten zum Nachteil der übrigen Gläubiger verwertet werden.[23] Ein Mitglied kann neben der Stimmrechtsausübung (vgl. § 72 Rdn. 4) bereits von der Teilnahme partiell ausgeschlossen sein, wenn Sitzungsgegenstand ein ihn betreffender Vorgang ist und die Weitergabe von Informationen die Verfahrenszwecke konkret gefährdet. Solches kommt etwa in Betracht, wenn über die vergleichsweise Erledigung eines Rechtsstreits gegen das Mitglied beraten werden soll und dabei auch taktische Überlegungen gegenständlich sind. **Berater der Ausschussmitglieder** sind nicht zur Teilnahme berechtigt,[24] da sie dem Interesse des einzelnen Mitglieds, nicht aber demjenigen aller Gläubiger verpflichtet sind. Der Ausschuss als Organ kann im Ausnahmefall jedoch Berater hinzuziehen, wenn ihm nur so eine Überwachung des Verwalters möglich ist. Der Verwalter hat aber kein Recht auf Teilnahme, kann jedoch auf Anforderung des Ausschusses die Organisation der Sitzungen und ihre Leitung übernehmen. Richter und Rechtspfleger des zuständigen Insolvenzgerichts können informationshalber an den Sitzungen teilnehmen und/ oder sich die, sodann in einer Sonderakte zu führenden Ausschussprotokolle zusenden lassen. Über den Verlauf der Sitzung sollte grds. schon aus Haftungsgründen ein **Protokoll** erstellt werden, in welchem insb. die Abstimmungsergebnisse mit dem Stimmverhalten jedes einzelnen Ausschussmitglieds aufzunehmen sind. Das Protokoll ist spätestens bis zur nächsten Sitzung den Mitgliedern zuzustellen und in dieser zu genehmigen.

13 Eine **Stellvertretung** des Ausschussmitglieds ist unzulässig, da das Amt höchstpersönlicher Natur ist. Eine juristische Person hat einen Vertreter zu benennen, der für sie kontinuierlich das Amt als Ausschussmitglied wahrnimmt; eine wechselnde Besetzung ist unzulässig. Der Vertreter muss für alle Entscheidungen des Ausschusses einzelvertretungsberechtigt sein.

14 Die **Übertragung einzelner Aufgaben** auf Ausschussmitglieder ist zulässig und im Regelfall auch geboten. Der Ausschuss hat dann die ordnungsgemäße Durchführung der übertragenen Aufgabe zu überwachen.[25] Insb. bei der Kassenprüfung müssen sich auch die anderen Ausschussmitglieder von deren Richtigkeit und Qualität überzeugen.[26]

§ 70 Entlassung

Das Insolvenzgericht kann ein Mitglied des Gläubigerausschusses aus wichtigem Grund aus dem Amt entlassen. Die Entlassung kann von Amts wegen, auf Antrag des Mitglieds des Gläubigerausschusses oder auf Antrag der Gläubigerversammlung erfolgen. Vor der Entscheidung des Gerichts ist das Mitglied des Gläubigerausschusses zu hören; gegen die Entscheidung steht ihm die sofortige Beschwerde zu.

Übersicht

		Rdn.			Rdn.
A.	Normzweck	1	C.	Verfahren	5
B.	Wichtiger Grund	2			

---

22 FK-InsO/*Schmitt* Rn. 3.
23 BGH 24.01.2008, IX ZB 222/05, ZIP 2008, 652 (653).
24 HambK-InsR/*Frind* Rn. 2.
25 OLG Rostock 28.05.2004, 3 W 11/04, ZInsO 2004, 814.
26 OLG Celle 03.06.2010, 16 U 135/09, ZIP 2010, 1862.

A. Normzweck

Die Mitglieder des Ausschusses sind, insb. auch zur Festigung ihrer Unabhängigkeit, nicht abwählbar, sondern können nach § 70 lediglich aus wichtigem Grund entlassen werden. Die Entlassung erfolgt durch das Gericht von Amts wegen bzw. auf Antrag des Ausschussmitgliedes selbst oder der Gläubigerversammlung. Die Regelung ist derjenigen des § 59 nachgebildet worden, welche den Insolvenzverwalter betrifft.[1]

1

B. Wichtiger Grund

Die Annahme eines wichtigen Grundes ist in einer Situation gerechtfertigt, in der die weitere Mitarbeit des zu entlassenden Mitgliedes die Erfüllung der Aufgaben des Gläubigerausschusses nachhaltig erschwert oder unmöglich macht und die Erreichung der Verfahrensziele objektiv nachhaltig gefährdet.[2] Solches kann auf wertneutralen Umständen wie Krankheit, fehlender fachlicher Eignung oder beruflicher Überlastung, aber auch auf einer schwerwiegenden Pflichtwidrigkeit beruhen.[3] Anders als bei Entlassung des Verwalters (vgl. § 59 Rdn. 2) ist Art. 12 GG bei Abwägung nicht zu beachten.[4] Bei Vorliegen einer Interessenkollision ist zu prüfen, ob diese durch ein Stimmverbot im Ausschuss (vgl. § 72 Rdn. 4) aufgelöst werden kann. Es kann vor einer Entlassung auch geboten sein, das Ausschussmitglied zunächst auf sein Fehlverhalten durch Abmahnung hinzuweisen. Andere Aufsichtsmaßnahmen (vgl. § 59 Rdn. 2) stehen dem Gericht als mildere Mittel jedoch nicht offen (vgl. § 69 Rdn. 9). Beantragt (allein) das Mitglied seine Entlassung kommt es regelmäßig nicht auf die Beeinträchtigung der Ausschussarbeit, sondern darauf an, ob das von ihm geltend gemachte Interesse an einer Beendigung seines Amtes höher zu gewichten ist als die möglichen Nachteile als Folge seines Ausscheidens.[5] Im Übrigen kann auf die Ausführungen in § 59 Rdn. 2–4 verwiesen werden.[6]

2

Ein wichtiger Grund ist im Einzelfall gegeben, wenn: ein Ausschussmitglied versucht hat, es dem anwaltlichen Vertreter eines Einzelgläubigers zu ermöglichen, auf Beratungen und Entscheidungen des Gläubigerausschusses unmittelbar einzuwirken, und sich nach Scheitern dieser Bemühungen seiner weiteren Mitwirkung entzieht[7]; ein Rechtsanwalt in seiner Eigenschaft als Ausschussmitglied gewonnene Informationen zum einseitigen Vorteil eines zu den Gläubigern gehörenden Mandanten ausnutzt[8]; in einer Konzerninsolvenz in jedem Verfahren ein weitgehend personenidentisch besetzter Gläubigerausschuss gebildet wird und das Mitglied in dem einen Verfahren schwerwiegende Verfehlungen begeht, die auch in dem anderen Verfahren einen Vertrauensverlust zur Folge haben[9]; das Arbeitsverhältnis zwischen dem beteiligten Gläubiger und dem Ausschussmitglied beendet wird und letzteres dadurch jede weitere Beziehung zu dem Verfahren verliert[10]; das Ausschussmitglied Klage wegen eines eigenen, nicht unerheblichen Anspruchs gegen die Insolvenzmasse erhebt oder die Anspruchsdurchsetzung anderer betreut und, etwa durch Erklärungen an die Presse, unterstützt[11]; für das Mitglied der Versicherungsschutz (vgl. § 71 Rdn. 9) in dem angemessenen Umfang nicht aufrechterhalten wird[12].

3

---

1 BT-Drucks. 12/2443, 132.
2 BGH 01.03.2007, IX ZB 47/06, ZIP 2007, 781 (782).
3 BGH 24.01.2008, IX ZB 222/05, ZIP 2008, 652 (653); 15.05.2003, IX ZB 448/02, ZIP 2003, 1259.
4 BGH 01.03.2007, IX ZB 47/06, ZIP 2007, 781 (782).
5 BGH 29.03.2012, IX ZB 310/11, ZIP 2012, 876 Rn. 6.
6 Vgl. BGH 01.03.2007, IX ZB 47/06, ZIP 2007, 781 ff.
7 LG Kassel 14.08.2002, 3 T 301/02, ZInsO 2002, 839, rechtskräftig: BGH 15.05.2003, IX ZB 448/02, ZIP 2003, 1259.
8 Vgl. BGH 24.01.2008, IX ZB 222/05, ZIP 2008, 652.
9 BGH 24.01.2008, IX ZB 223/05, ZIP 2008, 655.
10 AG Norderstedt 10.08.2007, 66 IN 261/04, juris.
11 AG Göttingen 11.08.2006, 71 N 90/94, ZIP 2006, 2048 (2049): Klage des Betriebsratsvorsitzenden auf Zahlung von Urlaubs-, Weihnachtsgeld und Sozialabgaben.
12 BGH 29.03.2012, IX ZB 310/11, ZIP 2012, 876: auf eigenen Antrag des Mitglieds.

4 **Ein wichtiger Grund ist im Einzelfall nicht gegeben**, wenn: ein Anwalt als Ausschussmitglied seinen Mandanten über in dem Ausschuss geäußerte, ihm nachteilige Tatsachenbehauptungen ausschließlich zu dem Zweck informiert, ihm eine Klärung bzw. Richtigstellung zu ermöglichen[13]; Störungen des Vertrauensverhältnisses zwischen einem Mitglied des Ausschusses einerseits und dem Verwalter, anderen Mitgliedern des Ausschusses oder der Gläubigerversammlung andererseits auftreten, die nicht auf einem pflichtwidrigen Verhalten des Mitglieds beruhen.[14]

C. Verfahren

5 Das Verfahren der Entlassung des Ausschussmitgliedes erfolgt weitestgehend entsprechend der Entlassung des Insolvenzverwalters. Dies gilt insb. für die Zuständigkeit (vgl. § 59 Rdn. 10), die Antragsberechtigung (vgl. § 59 Rdn. 9), die Anhörung nach Satz 3 1. Hs. (vgl. § 59 Rdn. 11), die Entscheidung durch Beschluss (vgl. § 59 Rdn. 12), die Möglichkeit der sofortigen Beschwerde nach Satz 3 2. Hs. (vgl. § 59 Rdn. 13) sowie die Rechtsfolgen der Entlassung einschließlich der Vergütung (vgl. § 59 Rdn. 14). Einer Entlassung von Amts wegen werden zumeist Hinweise von nicht antragsberechtigten Verfahrensbeteiligten oder Anlässe im Zusammenhang mit der Teilnahme des Gerichts an Ausschusssitzungen (§ 69 Rdn. 12) vorhergehen. Antragsberechtigt ist das Ausschussmitglied selbst oder die Gläubigerversammlung, welche einen hierauf gerichteten Beschluss (§ 76 Abs. 2) zu fassen hat. Ist die Entlassung rechtskräftig, tritt ein Ersatzmitglied (hierzu § 67 Rdn. 9) bzw. ein neu von der Gläubigerversammlung zu wählendes Mitglied an die freigewordene Stelle. Das Gericht kann kein Ersatzmitglied bestimmen.

§ 71 Haftung der Mitglieder des Gläubigerausschusses

Die Mitglieder des Gläubigerausschusses sind den absonderungsberechtigten Gläubigern und den Insolvenzgläubigern zum Schadenersatz verpflichtet, wenn sie schuldhaft die Pflichten verletzen, die ihnen nach diesem Gesetz obliegen. § 62 gilt entsprechend.

Übersicht

		Rdn.			Rdn.
A.	Normzweck	1	E.	Schaden	7
B.	Adressaten der Norm	2	F.	Die Geltendmachung des Haftungsanspruches	8
C.	Pflichtverletzung	3			
D.	Verschulden	6	G.	Haftpflichtversicherung	9

A. Normzweck

1 Nach § 71 haftet das einzelne Ausschussmitglied persönlich gegenüber den absonderungsberechtigten Gläubigern und den Insolvenzgläubigern bei schuldhafter Pflichtverletzung. Anders als noch nach KO (§ 89) und abweichend von der Verwalterhaftung (§ 60 Abs. 1 Satz 1) wird die Verantwortlichkeit nicht mehr gegenüber allen Beteiligten begründet. Die Interessen der übrigen Beteiligten werden durch den umfassenderen Pflichtenkreis des Verwalters und durch die Aufsicht des Gerichts geschützt.[1]

B. Adressaten der Norm

2 **Anspruchsverpflichtet ist** das einzelne Ausschussmitglied, nicht der Ausschuss als Organ. Die Unwirksamkeit der Berufung des Mitglieds steht nicht entgegen, wenn das Amt tatsächlich ausgeübt wurde.[2] Mehrere Ausschussmitglieder können als Gesamtschuldner haften. Werden einzelne Auf-

---

13 BGH 24.01.2008, IX ZB 222/05, ZIP 2008, 652.
14 BGH 01.03.2007, IX ZB 47/06, ZIP 2007, 781: Inanspruchnahme der Kontrollbefugnisse des Mitglieds *gegen Verwalter aus persönlichen Motiven*, nachdem dieser Strafanzeige gegen das Mitglied gestellt hat.
1 BT-Drucks. 12/2443, 132.
2 OLG Rostock 28.05.2004, 3 W 11/04, ZInsO 2004, 814 (815).

gaben auf ein Mitglied übertragen (§ 69 Rdn. 14), haften die übrigen Mitglieder bei mangelhafter Auswahl und/oder einer nicht hinreichenden Überwachung der Aufgabenerfüllung durch das beauftragte Mitglied.[3] **Anspruchsberechtigt** sind allein die absonderungsberechtigten Gläubiger und die Insolvenzgläubiger. Massegläubiger, Aussonderungsberechtigte, der Insolvenzverwalter oder der Schuldner sind nicht nach § 71 anspruchsberechtigt. Diesen gegenüber kommt nur eine Haftung nach allgemeinen Vorschriften, insb. § 826 BGB in Betracht.

C. Pflichtverletzung

Das Ausschussmitglied muss eine ihm nach § 69 obliegende Pflicht durch Tun oder Unterlassen verletzt haben, etwa durch die Zustimmung zu einem im weiteren Verlauf nachteilhaften Beschluss oder einer nicht hinreichenden Überwachung des Verwalters. 3

Das Ausschussmitglied haftet etwa, wenn: der Verwalter oder seine Sachbearbeiter Gelder veruntreuen und die Ausschussmitglieder eine Kassenprüfung unterlassen[4] oder nicht von Beginn an kontinuierlich und konsequent durchgeführt haben[5]; wenn die Führung eines Poolkontos für mehrere Verfahren nicht unterbunden wird, obwohl dadurch die Guthaben der Masse dem eingerichteten Hinterlegungskonto und dem beschlossenen Mitzeichnungsvorbehalt entzogen werden[6]; versäumt wurde, Darlehenshingaben des Verwalters auf ihre Zweckmäßigkeit zu überprüfen[7]; ein das Gericht außer bei Willkür bindender Antrag auf Aufhebung des Schutzschirmverfahrens gestellt wird (§ 270b Abs. 4 Satz 1 Nr. 2), ohne dass hierfür eine wirtschaftliche Notwendigkeit i.S.d. Nr. 1 und 3 dieser Norm besteht[8]. 4

Das Ausschussmitglied haftet nicht (bereits), wenn: es nicht einschreitet, wenn der Verwalter Darlehen an Auffanggesellschaften vergibt, sich dabei objektiv an die gesetzlichen Bestimmungen und die Beschlüsse der Gläubigerversammlung hält, damit aber subjektiv unlautere Zwecke verfolgt.[9] 5

D. Verschulden

Das Ausschussmitglied haftet für Vorsatz und jede Form der Fahrlässigkeit (vgl. § 60 Rdn. 32 ff.). Die Sorgfaltsanforderungen sind auch nach den persönlichen Kenntnisse und Fähigkeiten zu bestimmen. Besondere, etwa branchenspezifische Kenntnisse können den Haftungsmaßstab danach verschärfen. Umgekehrt kann sich das Mitglied nicht dadurch entlasten, für die Ausübung des Amtes, insb. fachlich ungeeignet (vgl. § 67 Rdn. 6), oder über die Aufgaben eines Ausschusses nicht informiert worden zu sein.[10] Ebenso unerheblich ist der Einwand, eine besondere Überwachung des Verwalters sei trotz offenkundiger Mängel seiner Tätigkeit nicht veranlasst gewesen, weil dieser erfahren und über eine erhebliche Reputation verfügte.[11] Ist eine juristische Person Mitglied haftet diese, nicht der entsandte Vertreter. Der Umstand, dass das Mitglied Sachbearbeiter der Gläubigerin ist, genügt nicht für eine Zurechnung.[12] Das Mitglied haftet für das Handeln seiner **Erfüllungsgehilfen** nach 6

---

3 OLG Rostock 28.05.2004, 3 W 11/04, ZInsO 2004, 814; OLG Celle 03.06.2010, 16 U 135/09, ZIP 2010, 1862 (1863), rk BGH 21.03.2013, IX ZR 109/10, ZIP 2013, 1235.
4 BGH 11.11.1993, IX ZR 35/93, ZIP 1994, 46 (48); 11.12.1967, Abs. 7 ZR 139/65, BGHZ 49, 121 (123).
5 OLG Celle 03.06.2010, 16 U 135/09, ZIP 2010, 1862 (1863), rk BGH 21.03.2013, IX ZR 109/10, ZIP 2013, 1235.
6 BGH 21.03.2013, IX ZR 109/10, ZIP 2013, 1235.
7 OLG Rostock 28.05.2004, 3 W 11/04, ZInsO 2004, 814 (816).
8 Vgl. *Cranshaw* ZInsO 2012, 1151 (1152).
9 LG Schwerin 10.02.2006, 1 O 120/04, ZIP 2006, 720; rechtskräftig BGH 08.05.2008, IX ZR 54/07, ZIP 2008, 1243 (1246).
10 OLG Rostock 28.05.2004, 3 W 11/04, ZInsO 2004, 814 (815).
11 OLG Celle 03.06.2010, 16 U 135/09, ZIP 2010, 1862 (1864), rk BGH 21.03.2013, IX ZR 109/10, ZIP 2013, 1235.
12 BGH 09.02.1989, IX ZR 17/88, ZIP 1989, 403 (404).

allgemeinen Grundsätzen (vgl. § 60 Rdn. 36). Hinsichtlich der zulässig auf Kosten der Masse eingeschalteten Hilfspersonen, insb. des Kassenprüfers (§ 69 Satz 2 Hs. 2), beschränkt sich die Haftung auf ein Auswahlverschulden. Ein **Mitverschulden** des Geschädigten (§ 254 BGB) kann die Haftung reduzieren oder entfallen lassen (vgl. näher § 60 Rdn. 39). Solches ist etwa anzunehmen, wenn der Massegläubiger selbst das schädigende riskante und dubiose Geschäft in voller Kenntnis herbeigeführt hat.[13]

E. Schaden

7   Der Anspruch ist auf den Ersatz des negativen Interesses gerichtet (vgl. näher § 60 Rdn. 40). Weiter muss zwischen dem eingetretenen Schaden und dem pflichtwidrigen Verhalten ein Zurechnungszusammenhang bestehen (vgl. näher § 60 Rdn. 41).[14] Dieser entfällt insb., wenn das Mitglied gegen den masseschädigenden Beschluss gestimmt hat. Ein Schaden ist bei der Veruntreuung von Geldern durch den Verwalter aber nicht deswegen ausgeschlossen, weil es deswegen auch von dieser bestrittene Ansprüche gegen die kontoführende Bank gibt.[15]

F. Die Geltendmachung des Haftungsanspruches

8   Die **Berechtigung zur Geltendmachung** (Einziehungs- und Prozessführungsbefugnis) ist von dem Vorliegen eines Gesamt- oder Einzelschadens abhängig (ausf. § 60 Rdn. 42). Ein Gesamtschaden ist durch den Verwalter geltend zu machen (§ 92), wobei eine Haftung der Ausschussmitglieder oft mit einer solchen des (bisherigen) Verwalters einhergehen wird, so dass die Bestellung eines Sonder- oder eines neu bestellten Insolvenzverwalters erforderlich ist. Der Haftungsanspruch ist gegenüber Ansprüchen gegen die Masse **nicht subsidiär** (ausf. § 60 Rdn. 44). Haftet neben dem einzelnen Mitglied auch ein anderes Mitglied, der Verwalter oder das Insolvenzgericht besteht eine **Gesamtschuld**. Im Innenverhältnis (§ 426 Abs. 1 Satz 1 BGB) ist letztverpflichtet zumeist der Verwalter, da ihn eine mangelhafte Überwachung nicht exkulpiert bzw. für ihn die nachteilhafte Entwicklung einer Maßnahme, welcher der Ausschuss zugestimmt hat, eher erkennbar ist. Für die **gerichtliche Geltendmachung** gelten die Ausführungen zur Verwalterhaftung entsprechend (vgl. § 60 Rdn. 45). Die **Darlegungs- und Beweislast** trägt der Anspruchsteller (vgl. § 60 Rdn. 46). Wurde der Verwalter nicht hinreichend überwacht und veruntreut Massevermögen, besteht ein Anscheinsbeweis des Zurechnungszusammenhangs zwischen Pflichtwidrigkeit und Schaden.[16] Für die **Verjährung** verweist Satz 2 auf § 62. Das Ausschussmitglied kann Zug um Zug gegen Erfüllung seiner Schadensersatzverpflichtung die **Abtretung von (Ersatz-)Ansprüchen** (§ 255 BGB) verlangen (vgl. § 60 Rdn. 44).

G. Haftpflichtversicherung

9   Zur Absicherung für mögliche Schadensfälle können die Ausschussmitglieder eine Haftpflichtversicherung mit hinreichender Deckungssumme abschließen (vgl. § 60 Rdn. 52). Die Prämien für eine angemessene Versicherung sind Auslagen und als Massekosten zu erstatten (§ 54 Nr. 2, § 73 Abs. 1 Satz 2 InsO; § 18 Abs. 1 InsVV). In dringenden Fällen kann der Verwalter zur Herbeiführung vorläufigen Deckungsschutzes eine sonstige Masseverbindlichkeit eingehen und die Prämien aus der verfügbaren Masse zahlen. Sind die Kosten nicht von der Masse abgedeckt, können die Ausschussmitglieder ihre Entlassung beantragen (§ 70).[17] Mangels gesetzlicher Grundlage können we-

---

13   OLG Koblenz 02.03.1995, 5 U 825/94, ZIP 1995, 1101: Kredit für den Ankauf eines überflüssigen teuren Pkws trotz fehlender Finanzmittel der Masse. Entgegen dem OLG Koblenz handelt es sich nicht um eine Frage des Zurechnungszusammenhangs.
14   BGH 11.11.1993, IX ZR 35/93, ZIP 1994, 46 (49).
15   *BGH 21.03.2013, IX ZR 109/10, ZIP 2013, 1235.*
16   BGH 11.11.1993, IX ZR 35/93, ZIP 1994, 46 (49).
17   BGH 29.03.2012, IX ZB 310/11, ZIP 2012, 876.

der der Verwalter noch das Gericht die Haftung nach § 71 der Insolvenzmasse überbürden bzw. die Ausschussmitglieder vorab freistellen, um eine Versicherung zu vermeiden.[18]

§ 72 Beschlüsse des Gläubigerausschusses

Ein Beschluß des Gläubigerausschusses ist gültig, wenn die Mehrheit der Mitglieder an der Beschlußfassung teilgenommen hat und der Beschluß mit der Mehrheit der abgegebenen Stimmen gefaßt worden ist.

Übersicht   Rdn.   Rdn.
A. Normzweck 1   B. Beschlussfassung 2

A. Normzweck

Entscheidungen des Gläubigerausschusses ergehen durch Beschluss. § 72 regelt die Anforderungen an eine wirksame Beschlussfassung. Im Übrigen überlässt das Gesetz die Innenorganisation des Ausschusses diesem selbst (vgl. § 69 Rdn. 11). Eine Abweichung von § 72 durch Geschäftsordnung ist unzulässig. 1

B. Beschlussfassung

Der Ausschuss ist **beschlussfähig**, wenn die Mehrheit seiner gewählten oder berufenen Mitglieder an der Beschlussfassung teilnimmt. Nicht stimmberechtigte Mitglieder bleiben daher außer Betracht. Ein vierköpfiger Ausschuss kann etwa keinen gültigen Beschluss fassen, wenn drei seiner Mitglieder erschienen sind, eines allerdings wegen Interessenkollision ausgeschlossen ist. 2

Der Beschluss muss mit der **Mehrheit der abgegebenen Stimmen** gefasst werden. Für den Vorschlag des vorläufigen Ausschusses zur Person des Insolvenzverwalters (§ 56a Abs. 2) sowie für die Ab- und Neuwahl eines Verwalter durch den vorläufigen Gläubigerausschuss (§ 56a Abs. 3) bedarf es der Einstimmigkeit. Die Stimmabgabe erfolgt offen. Bei Stimmengleichheit oder weniger ist der Antrag abgelehnt. Alle Mitglieder besitzen nur eine Stimme. Unmaßgeblich ist die Beteiligung der von dem Mitglied repräsentierten Gläubigergruppe (vgl. § 67 Abs. 2), insb. die Summe deren Forderungen (vgl. § 76 Abs. 2). Bei Stimmengleichheit ist der Antrag abgelehnt. Stimmenthaltungen haben faktisch die Wirkung wie ablehnende Stimmen. Das Ergebnis der Abstimmung sowie das Abstimmungsverhalten jedes Mitglieds sollte in ein Protokoll aufgenommen werden (vgl. § 69 Rdn. 12). 3

Ein Mitglied kann entsprechend § 34 BGB, § 47 Abs. 4 Satz 2 GmbHG bei einer Interessenkollision[1] von der Abstimmung ausgeschlossen sein (**Stimmrechtsausschluss**). Solches kommt etwa in Betracht, wenn der Gegenstand des Verfahrens ein mit dem Mitglied bzw. dem von ihm repräsentierten Institut zu schließendes Rechtsgeschäft oder eine gegen dieses zu führende bzw. zu erledigende Rechtsstreitigkeit ist.[2] Eine Interessenkollision ist daher anzunehmen, wenn ein Kreditinstitut Gegner eines Anfechtungsrechtsstreits mit erheblichem Streitwert (vgl. § 160 Abs. 2 Nr. 3) ist. Nicht ausreichend ist es, wenn die Belange des Mitglieds nur indirekt berührt sind oder, vorbehaltlich einer Umgehung, wenn es um Rechtsgeschäfte oder Prozesse mit nahestehenden Personen des Mitglieds geht.[3] Das Mitglied hat einen Interessenkonflikt von sich aus offenzulegen. Unbeachtlich dessen haben die übrigen Mitglieder in jedem Fall die Neutralität vor einer Abstimmung zu überprüfen und können hierzu im Zweifelsfalle das Mitglied auch befragen. 4

---

18 so aber *Hirte* ZInsO 2012, 820 f. zur Meidung einer Verzögerung i.S.v. § 22a Abs. 3 Alt. 3; zutreffend hiergegen *Cranshaw* ZInsO 2012, 1151 (1159).
1 Hierzu eingehend *Vallender* FS Ganter 2010, 391 ff.
2 BGH 22.01.1985, Abs. 6 ZR 131/83, ZIP 1985, 423 (425).
3 BGH 22.01.1985, Abs. 6 ZR 131/83, ZIP 1985, 423 (425).

§ 73 InsO Vergütung der Mitglieder des Gläubigerausschusses

5 Beschlüsse können auch im **Umlaufverfahren** ohne Einberufung einer Ausschusssitzung gefasst werden. Es ist sinnvoll bei einfach gelagerten, kurzfristig zu entscheidenden Sachverhalten, welche sich durch eine schriftliche Entscheidungsvorlage zweifelsfrei, auch unter Berücksichtigung früherer Sitzungen aufbereiten lassen. Die Beschlussfähigkeit ist dann regelmäßig anzunehmen, es sei denn Mitglieder sind auf dem gewählten Kommunikationsweg unerreichbar.

6 Die **Nichtigkeit eines Beschlusses** ist anzunehmen, wenn er gegen ein gesetzliches Verbot verstößt (§ 134 BGB) oder unter Missachtung von § 72 oder wesentlichen Bestimmungen der Geschäftsordnung gefasst wird. Das Gericht kann dies auf Antrag durch deklaratorischen Beschluss feststellen.[4] Demgegenüber sind **verfahrenszweckwidrige Beschlüsse** nicht unwirksam. Anders als bei Beschlüssen der Gläubigerversammlung (§ 78) hat das Gericht hier kein Recht zur Aufhebung. Diese unterliegen nur im Rahmen eines nachfolgenden Schadensersatzprozesses einer inzidenten Prüfung. Auch die Gläubigerversammlung darf solche Beschlüsse nicht ändern oder durch eigene ersetzen. Sie hat nur die Möglichkeit, ein Entlassungsverfahren nach § 70 Satz 2 einzuleiten.

§ 73 Vergütung der Mitglieder des Gläubigerausschusses

(1) Die Mitglieder des Gläubigerausschusses haben Anspruch auf Vergütung für ihre Tätigkeit und auf Erstattung angemessener Auslagen. Dabei ist dem Zeitaufwand und dem Umfang der Tätigkeit Rechnung zu tragen.

(2) § 63 Abs. 2 sowie die §§ 64 und 65 gelten entsprechend.

Übersicht	Rdn.		Rdn.
A. Anspruch und Antragstellung	1	D. Vorschuss	10
B. Bemessungsgrundlage	6	E. Rechtsmittel	11
C. Angemessenheit der Vergütung und Auslagenersatz	7		

A. Anspruch und Antragstellung

1 § 73 gibt die materiell-rechtliche Grundlage für den Anspruch der Mitglieder des Gläubigerausschusses auf Entlohnung für ihre Tätigkeit sowie für den Ersatz ihrer Aufwendungen. Die Vorschrift ist inhaltlich dem § 63 Abs. 1 nachgebildet und verweist deshalb auch richtigerweise auf die Regelungen des § 63 Abs. 2 sowie §§ 64 und 65. Wie in § 63 Abs. 1 Satz 1 ist auch hier davon auszugehen, dass der im Gesetzestext verwandte Begriff der Angemessenheit sich auch bzw. hauptsächlich auch auf die Vergütung und nicht nur auf die Auslagen bezieht.

2 Wie die Kosten des (vorläufigen) Insolvenzverwalters sind auch dies Masseverbindlichkeiten gem. § 54 Nr. 1.

3 **Fällig** ist die Vergütung mit der Beendigung der Tätigkeit und **verjährt** – wie die vergütungsrechtlichen Ansprüche des Insolvenzverwalters – regelmäßig nach drei Jahren gem. § 195 BGB nach Beendigung der Tätigkeit (Jahresende) bzw. nach 30 Jahren nach Festsetzung gem. § 197 BGB.

4 Die Festsetzung durch das Gericht erfolgt nur auf **Antrag**. Dieser ist regelmäßig durch jedes einzelne Gläubigerausschussmitglied selbst zu stellen.

5 In der Praxis stellt häufig der Insolvenzverwalter für die Gläubigerausschussmitglieder den Vergütungsantrag. Dieses Verfahren ist nicht korrekt, da sich der Anspruch der Gläubigerausschussmitglieder letztlich gegen die vom Verwalter generierte Insolvenzmasse richtet und dieser somit quasi Gegner dieses Festsetzungsverfahrens ist. Andererseits wird sich das Gericht bei der Prüfung der Ansprüche der Gläubigerausschussmitglieder vom Insolvenzverwalter eine Stellungnahme vorlegen lassen, da dieser im Zweifel die Aktivitäten des Gläubigerausschusses besser beurteilen kann als das In-

---

4 A.A. *Uhlenbruck* Rn. 17.

solvenzgericht. Der sich anbietende Zeitpunkt für den Antrag ist die Schlussrechnung des Verwalters und dessen Festsetzungsantrag. **Angehört** werden der Insolvenzverwalter, der Schuldner und – wenn man die Verweisung auf den kompletten § 64 stringent umsetzt – auch die anderen Gläubigerausschussmitglieder. Eine Anhörung der Gläubigerversammlung (wie noch in § 91 Abs. 1 Satz 2 KO geregelt) ist nicht vorgesehen, kann aber anlässlich des Schlusstermins erfolgen. Die Entscheidung erfolgt durch Beschluss und wird öffentlich bekannt gemacht.[1]

B. Bemessungsgrundlage

Der wesentliche Faktor für die Berechnung der Vergütung ist die für die Arbeit im Gläubigerausschuss aufzuwendende Zeit. Sie ist im Vergütungsantrag glaubhaft zu machen. Die Vorschrift des § 17 InsVV (s. Anh. III § 17 InsVV) gibt einen Rahmen von regelmäßig 35 bis 95 € pro geleisteter Stunde vor. Innerhalb dieses Rahmens soll insb. der Umfang der Tätigkeit berücksichtigt werden. Vergütungszumessungen außerhalb dieses Rahmens sind jedoch ebenfalls möglich.[2] Insb. ist es möglich, statt der Stundensätze eine pauschale Vergütung zuzuerkennen.[3] Eine Orientierung am Wert der Insolvenzmasse findet – anders als bei der Verwaltervergütung – bei der Ermittlung einer Berechnungsgrundlage hier jedoch nicht statt. 6

C. Angemessenheit der Vergütung und Auslagenersatz

Die Vergütung der Gläubigerausschussmitglieder wird völlig losgelöst von der Verwaltervergütung beurteilt. Eine Rolle dagegen spielt die Qualifikation des Gläubigerausschussmitglieds und die Schwierigkeit seiner Tätigkeit. Abgegolten werden nicht nur die etwa für die Gläubigerausschusssitzungen aufgewendeten Stunden sondern jegliche im Zusammenhang mit der Tätigkeit stehende Aktivitäten (z.B. Ermittlungen). Üblicherweise wird die Tätigkeit des Kassenprüfers höher vergütet als die der anderen Ausschussmitglieder. 7

Die Auslagen sind gem. § 18 Abs. 1 InsVV einzeln aufzuführen und zu belegen. Nicht belegbare Auslagen sind zu schätzen und glaubhaft zu machen. Eine pauschalisierte Zuerkennung ist – anders als beim Insolvenzverwalter in § 8 Abs. 3 InsVV – ausgeschlossen. Zu den Auslagen gehören z.B. Reisekosten, Telefonkosten, Porti und Bürokosten, wie etwa Schreibmaterial. Eine Auslagenpauschale analog § 8 Abs. 2 InsVV ist durch § 18 Abs. 1 InsVV ausgeschlossen. Erstattet werden können auch Aufwendungen für besonders beauftragte Schreibkräfte und ggf. für einen beauftragten Sachverständigen.[4] Auch die Kosten einer gesondert abgeschlossenen Haftpflichtversicherung sind nach h.M. erstattungsfähig.[5] Die Umsatzsteuer ist für die Ausschussmitglieder festzusetzen, die zur Zahlung von Umsatzsteuer verpflichtet sind.[6] 8

Auch ein zum Gläubigerausschussmitglied bestellter **Beamter** hat – unabhängig von der Frage der Abrechnung mit seinem Dienstherrn – ebenfalls Anspruch auf Vergütung und Auslagen.[7] 9

D. Vorschuss

Die Gewährung eines Vorschusses ist zwar im Gesetz nicht vorgesehen, jedoch auf Antrag immer dann geboten, wenn ein Verfahren längere Zeit (länger als ein Jahr) läuft und die Mitglieder des Gläubigerausschusses Vorleistungen erbracht haben. Die bereits geleistete Arbeit ist in dem Vorschuss- 10

---

1 Gem. Verweisung auf § 64 Abs. 2.
2 S. Anh. III § 17 InsVV Rdn. 6.
3 FK-InsO/*Schmitt* Rn. 7; HambK-InsR/*Büttner* Rn. 20 zu § 17 InsVV; *Haarmeyer/Wutzke/Förster* InsVV, § 17 Rn. 25.
4 *Haarmeyer/Wutzke/Förster* InsVV, § 18 Rn. 3.
5 *Haarmeyer/Wutzke/Förster* InsVV, § 18 Rn. 4 f.
6 FK-InsO/*Schmitt* Rn. 15.
7 *Keller* Vergütung und Kosten im Insolvenzverfahren, 3. Aufl., Rn. 770; FK-InsO/*Schmitt* Rn. 9 ff.

antrag darzulegen. Auch hier muss nicht nach Stundenzahl festgesetzt werden, auch eine Pauschale ist möglich.

E. Rechtsmittel

11 § 73 Abs. 2 verweist auf § 64 und damit steht dem Gläubigerausschussmitglied – auch wenn er in § 64 Abs. 2 nicht ausdrücklich genannt ist – der Rechtsweg der sofortigen Beschwerde offen. Auch hier gilt (über § 567 Abs. 2 ZPO) die Mindestbeschwer von 200 €. Nach überwiegender Meinung ist neben den Insolvenzgläubigern und den anderen Ausschussmitgliedern – sofern sie beschwert sind – auch der Insolvenzverwalter beschwerdeberechtigt.[8]

§ 74 Einberufung der Gläubigerversammlung

(1) Die Gläubigerversammlung wird vom Insolvenzgericht einberufen. Zur Teilnahme an der Versammlung sind alle absonderungsberechtigten Gläubiger, alle Insolvenzgläubiger, der Insolvenzverwalter, die Mitglieder des Gläubigerausschusses und der Schuldner berechtigt.

(2) Die Zeit, der Ort und die Tagesordnung der Gläubigerversammlung sind öffentlich bekanntzumachen. Die öffentliche Bekanntmachung kann unterbleiben, wenn in einer Gläubigerversammlung die Verhandlung vertagt wird.

Übersicht	Rdn.		Rdn.
A. Normzweck	1	C. Teilnahmebefugnis	6
B. Einberufung der Gläubigerversammlung	2		

A. Normzweck

1 Die Gläubigerversammlung ist das wichtigste Organ der Gläubigerselbstverwaltung, durch welches die Gläubiger nach Maßgabe der gesetzlichen Regelungen, insb. §§ 57, 66, 160, 235 verfahrensintern Einfluss auf die Abwicklung nehmen. Die Vorschrift regelt die Zuständigkeit und die Form ihrer Einberufung und die Teilnahmeberechtigung.

B. Einberufung der Gläubigerversammlung

2 Die **Einberufung** erfolgt durch Gericht. Weder die in Abs. 1 Satz 2 genannten noch sonstige Beteiligte sind hierzu berechtigt. Das Gericht beruft die Versammlung von Amts wegen,[1] nach Maßgabe des Gesetzes[2] oder auf Antrag bestimmter Personen (§ 75) ein. In den beiden letztgenannten Fällen ist es zur Einberufung verpflichtet, ein Ermessen steht ihm nicht zu.

3 Für die **Form der Einberufung** bestimmt Abs. 2, dass unter Angabe von Zeit, Ort und Tagesordnung der Termin der Gläubigerversammlung öffentlich bekanntzumachen (§ 9) ist. Wird in einer Gläubigerversammlung die Verhandlung durch das Gericht vertagt, ist eine nochmalige Bekanntmachung für den neuen Termin entbehrlich (Abs. 2 Satz 2), sofern in dem neuen Termin Tagesordnungspunkte weder hinzugefügt noch geändert werden. Die Bestimmung der **Zeit** steht im pflichtgemäßen Ermessen des Gerichts, soweit das Gesetz[3] einen Zeitrahmen nicht vorgibt. Die Mindestfrist beträgt

---

[8] FK-InsO/*Schmitt* Rn. 21; HambK-InsR/*Büttner* § 17 InsVV Rn. 24; *Haarmeyer Wutzke/Förster* InsVV, § 18 Rn. 10; MüKo-InsO/*Nowak* § 17 InsVV Rn. 19; a.A. FK-InsO/*Lorenz* § 17 InsVV Rn. 18.

[1] LG Stuttgart 08.09.1989, 2 T 859/89, ZIP 1989, 1595: Information der Gläubiger bei überlanger Verfahrensdauer.

[2] Vgl. § 29: Berichts- und Prüfungstermin; §§ 160, 162, 163: zustimmungsbedürftige Rechtshandlungen; § 197: Schlusstermin; §§ 235, 241: Erörterungs- und Abstimmungstermin Insolvenzplan.

[3] Vgl. § 29 Abs. 1 zum Berichts- und Prüfungstermin, § 75 Abs. 2 zum Gläubigerversammlung auf Antrag sowie § 197 Abs. 2 zum Schlusstermin.

gem. § 4 InsO, § 217 ZPO i.V.m. § 9 Abs. 1 Satz 3 InsO sechs Tage ab der öffentlichen Bekanntmachung. Der **Ort** der Gläubigerversammlung ist mit der genauen Anschrift mitzuteilen. Zumeist finden Gläubigerversammlungen im Gerichtsgebäude statt, wenn nicht in Verfahren mit vielen Beteiligten (Konzern- oder Anlagebetrugsinsolvenzen) aus Kapazitätsgründen andere Räumlichkeiten oder Säle zweckmäßiger sind. Ist in Kleinverfahren eine Anordnung durch das Gericht nach § 5 Abs. 2 Satz 1 erfolgt, kann auch die Gläubigerversammlung im schriftlichen Verfahren abgehalten werden. Die **Tagesordnung** für eine Gläubigerversammlung muss umfassend, klar und aus sich heraus, auch für den nicht Rechtskundigen verständlich sein.[4] Die bloße Aufzählung von Gesetzesvorschriften ohne kurze, u.U. schlagwortartige Wiedergabe ihres Inhalts genügt dieser Anforderung nicht.[5] Dies gilt auch dann, wenn eine Beschlussfassung gesetzlich vorgegeben ist (vgl. §§ 57, 68). Anzugeben ist der wesentliche Inhalt, allgemeine Ausführungen (etwa »Genehmigung von Anträgen des Verwalters«) sind nicht ausreichend. Ist die Zustimmung zu einer besonders bedeutsamen Rechtshandlung (§ 160) gegenständlich, ist auf die Folgen der Beschlussunfähigkeit der Versammlung, insb. wegen des Nichterscheinens der Gläubiger hinzuweisen (§ 160 Abs. 1 Satz 3 2. Hs.). Die Tagesordnung kann innerhalb einer Ladungsfrist zum Termin geändert oder ergänzt werden

Verfahrensverstöße haben grds. die Nichtigkeit etwaiger hierauf in der Gläubigerversammlung gefasster Beschlüsse zur Folge.[6] Solches ist etwa anzunehmen, wenn die Gläubigerversammlung nicht von dem Gericht einberufen wird, wenn die Tageordnung lediglich die Gesetzesvorschriften aufzählt,[7] wenn ein Beschluss über einen nicht angekündigten Tagesordnungspunkt gefasst wird, soweit nicht alle Beteiligten anwesend waren und kein Widerspruch erfolgt ist oder wenn in dem Text der öffentlichen Bekanntmachung die Uhrzeit des Termins nicht mitgeteilt worden ist.[8] Die Beschlüsse bedürfen keiner besonderen Aufhebung durch das Gericht (vgl. § 76 Rdn. 9). 4

Zuständig für die Einberufung ist, ausgenommen bei Richtervorbehalt (§ 18 Abs. 2 RPflG), der Rechtspfleger. Gegen die Einberufung und die in ihr i.E. enthaltenen Bestimmungen (Zeit, Ort, Tagesordnung) ist ein **Rechtsbehelf** nur in Form der befristeten Erinnerung (§ 11 Abs. 2 RPflG) bei Anordnung des Rechtspflegers, ansonsten nicht eröffnet.[9] 5

C. Teilnahmebefugnis

Die Gläubigerversammlung ist **nicht öffentlich**. Die Teilnahmebefugnis (Abs. 1 Satz 2) ist von der Stimmberechtigung in der Gläubigerversammlung (hierzu § 77) zu unterscheiden und erfasst einen größeren Personenkreis. Teilnahmeberechtigt ist zunächst der Insolvenzverwalter, wobei hierunter trotz fehlender gesetzlicher Anordnung auch der Sachwalter, der Treuhänder sowie der Sonderverwalter fallen. Grds. hat der Verwalter wegen der Unterrichtungspflicht nach § 79 persönlich an jeder Gläubigerversammlung teilzunehmen, es sei denn er entsendet einen instruierten Vertreter (vgl. § 79 Rdn. 6). Weiter teilnahmeberechtigt sind die absonderungsberechtigten Gläubiger, alle (nachrangigen) Insolvenzgläubiger, die Mitglieder des Gläubigerausschusses und der Schuldner. Gläubiger angemeldeter, nicht bestrittener Forderungen sind ohne weiteres teilnahmeberechtigt. Entsprechendes gilt für Gläubiger, deren angemeldete Forderungen nicht oder noch nicht abschließend geprüft bzw. bestritten sind.[10] Eine Ausnahme ist anzunehmen, wenn eine formale Gläubigerstellung missbräuchlich behauptet wird.[11] Gläubiger, die ihr Recht noch nicht angemeldet haben, müssen dieses im Ter- 6

---

4 LG Cottbus 16.03.2007, 7 T 484/06, Rn. 26; LG Saarbrücken 09.05.2007, 5 T 108/06, ZIP 2008, 1031.
5 BGH 20.03.2008, IX ZB 104/07, ZIP 2008, 1030; vorgehend LG Saarbrücken 09.05.2007, 5 T 108/06, ZIP 2008, 1031.
6 LG Saarbrücken 09.05.2007, 5 T 108/06, ZIP 2008, 1031.
7 BGH 21.07.2011, IX ZB 128/10, ZIP 2011, 1626, Rn. 7.
8 AG Duisburg 10.02.2010, 60 IN 26/09, ZIP 2010, 847.
9 AG Aurich 25.04.2006, 9 IN 41/2006, ZIP 2006, 2004.
10 BGH 14.10.2004, IX ZB 114/04, ZIP 2004, 2339 zu § 75 Abs. 1 Nr. 3.
11 Vgl. BGH 14.10.2004, IX ZB 114/04, ZIP 2004, 2339 (2341).

min hinreichend glaubhaft machen.[12] Wird das Recht hierauf bestritten, gelten die Regelung zum Stimmrecht (§ 77 Abs. 2) entsprechend. Die Anforderungen an eine mangels Einigung erforderliche, die Teilnahme bejahende Entscheidung des Gerichts sind dabei gegenüber derjenigen zum Stimmrecht herabgesetzt. Dem Teilnahmerecht steht eine (ausnahmsweise) erfolgte Vollbefriedigung durch vorherige Abschlagsverteilungen nicht entgegen.[13] Im Berichtstermin sind zusätzlich die in § 156 Abs. 2 genannten Personen, insb. amtliche Berufsvertretungen teilnahmeberechtigt, allerdings nur soweit dies für eine (etwaige) Anhörung erforderlich ist. Aussonderungsberechtigten, Massegläubigern wie auch anderen nicht teilnahmeberechtigten Personen kann durch das Gericht die Anwesenheit gestattet werden. Besteht an dem Verfahren ein Informationsinteresse der Öffentlichkeit, können etwa Pressevertreter in den Grenzen des § 169 Satz 2 GVG zur Berichterstattung zugelassen werden, es sei denn dem widerspricht ein Beteiligter oder ein vertraulicher Sachverhalt ist Gegenstand der Versammlung.

§ 75 Antrag auf Einberufung

(1) Die Gläubigerversammlung ist einzuberufen, wenn dies beantragt wird:
1. vom Insolvenzverwalter;
2. vom Gläubigerausschuß
3. von mindestens fünf absonderungsberechtigten Gläubigern oder nicht nachrangigen Insolvenzgläubigern, deren Absonderungsrechte und Forderungen nach der Schätzung des Insolvenzgerichts zusammen ein Fünftel der Summe erreichen, die sich aus dem Wert aller Absonderungsrechte und den Forderungsbeträgen aller nicht nachrangigen Insolvenzgläubiger ergibt;
4. von einem oder mehreren absonderungsberechtigten Gläubigern oder nicht nachrangigen Insolvenzgläubigern, deren Absonderungsrechte und Forderungen nach der Schätzung des Gerichts zwei Fünftel der in Nummer 3 bezeichneten Summe erreichen.

(2) Der Zeitraum zwischen dem Eingang des Antrags und dem Termin der Gläubigerversammlung soll höchstens drei Wochen betragen.

(3) Wird die Einberufung abgelehnt, so steht dem Antragsteller die sofortige Beschwerde zu.

Übersicht	Rdn.		Rdn.
A. Normzweck	1	C. Verfahren	5
B. Antragsberechtigung	2		

A. Normzweck

1 Neben der Einberufung von Gesetzes und von Amts wegen (vgl. § 74 Rdn. 2) räumt § 75 den Verfahrensbeteiligten ein Antragsrecht auf Einberufung einer Gläubigerversammlung ein. Das Antragsrecht ist notwendiger Teil der Gläubigerautonomie. Abs. 2 gewährleistet, dass die Gläubiger auch kurzfristig Einfluss auf das Insolvenzverfahren nehmen können.[1] Die für die Gläubiger in Nr. 3 und 4 vorgesehenen Quoren verhindern einen Missbrauch des Antragsrechts.

B. Antragsberechtigung

2 Die Antragsberechtigten sind in Abs. 1 abschließend aufgeführt. Antragsberechtigt ist zunächst der **Verwalter** und im Rahmen seines Auftrags auch der Sonderverwalter (Nr. 1). Die Entlassung des Verwalters macht den Antrag nicht nachträglich unwirksam.[2] Weiter ist der **Gläubigerausschuss** als Or-

---

12 AG Aurich 25.04.2006, 9 IN 41/2006, ZIP 2006, 2004.
13 Ausführlich hierzu *Lissner* ZInsO 2013, 976 ff.
1 BT-Drucks. 12/2443 S. 133.
2 LG Traunstein 13.07.2009, 4 T 1939/09, 4 T 1990/09, ZIP 2009, 2460 (2461).

gan (Nr. 2), nicht die einzelnen Mitglieder, berechtigt, einen Antrag zu stellen. Hierzu hat er einen Beschluss (§ 72) zu fassen.

Anträge von Gläubigern benötigen entweder eine Kopf- und Summenmehrheit (Nr. 3: mind. 5 Gläubiger mit zusammen mind. 20 % der Forderungen) oder eine qualifizierte Summenmehrheit allein (Nr. 4: ein oder mehr Gläubiger mit zusammen mind. 40 % der Forderungen). Für den Nachweis des Gläubigerrechts und der Feststellung der Gesamtsumme der Forderungen gelten die Ausführungen zum Teilnahmerecht entsprechend (vgl. § 74 Rdn. 6). Einzubeziehen sind auch Forderungen von Gläubigern, die widerstreitende Interessen in der beantragten Versammlung (vgl. Rdn. 6) vertreten würden.[3] Das Gericht kann die Gesamtsumme der Forderung schätzen (§ 4 InsO i.V.m. § 287 Abs. 2 ZPO). Eine aufwändige Ermittlung der Schätzgrundlagen ist dabei in Ansehung der zur Verfügung stehenden kurzen Zeit nicht erforderlich. Es hat die ihm vorliegenden Unterlagen wie das Gläubigerverzeichnis (§ 152), die Forderungsanmeldungen der Gläubiger nebst beigefügter Urkunden (§ 174), die Forderungstabelle (§ 175) sowie etwaige Stellungnahmen des Insolvenzverwalters zu berücksichtigen.[4] Ein spekulativer Schätzbetrag ohne jede Grundlage ist unzureichend.[5] Die Antragstellung kann durch einen oder mehrere Gemeinschafts- und/oder Einzelanträge erfolgen. Sind die eingereichten Anträge zum Erreichen des Quorums nicht hinreichend, hat das Gericht die Antragsteller hierauf mit Fristsetzung zur Nachbesserung hinzuweisen.

3

Der Schuldner,[6] Aussonderungsberechtigte und die nachrangigen Insolvenzgläubiger haben **kein Antragsrecht**. Sie können lediglich eine Einberufung beim Gericht anregen, welches dann von Amts wegen (vgl. § 74 Rdn. 2) deren Zweckdienlichkeit zu prüfen hat.

4

C. Verfahren

Die **Antragstellung** erfolgt schriftlich oder durch Erklärung zu Protokoll der Geschäftsstelle. Weitere Formerfordernisse bestehen nicht, der Gläubigerausschuss (Abs. 1 Nr. 2) muss etwa nicht ein Protokoll des von ihm hierzu gefassten Beschlusses vorlegen.[7] Die Berechtigung zur Antragstellung ist darzulegen. Weiter ist der Zweck der Gläubigerversammlung anzugeben, damit das Gericht die Tagesordnung entsprechend fassen kann. Einer Begründung des Antrags, insb. der Nachweis eines besonderen Rechtsschutzbedürfnisses für den Antrag bedarf es nicht.[8] Das Gericht hat nach § 4 InsO i.V.m. § 139 ZPO auf Bedenken aufmerksam zu machen und Hinweise zu geben. Es hat etwa bei dem Antragsteller nachzufragen, welche Tagesordnungspunkte die Gläubigerversammlung behandeln soll.[9] Zur Aufstellung der Tageordnung hat es über den Wortlaut des Antrags des Gläubigers hinaus auch den erkennbaren Willen des Antragstellers zu berücksichtigen.[10] Der Antrag kann in jedem Abschnitt des Verfahrens bis zur Gläubigerversammlung zurückgenommen werden. Bei einem zwischenzeitlichen Verwalterwechsel hat dies bei einem Antrag nach Nr. 1 durch den neuen Verwalter zu erfolgen.[11]

5

Das **Gericht prüft den Antrag** darauf, ob die Voraussetzungen nach Abs. 1 gegeben sind. Liegt danach ein zulässiger Einberufungsantrag vor, hat das Gericht die Gläubigerversammlung einzuberu-

6

---

3 BGH 16.12.2010, IX ZB 238/09, Rn. 6.
4 BGH 16.07.2009, IX ZB 213/07, ZIP 2009, 1528.
5 BGH 16.07.2009, IX ZB 213/07, ZIP 2009, 1528.
6 BGH 22.04.2010, IX ZB 196/09, ZInsO 2010, 1011; a.A. LG Schwerin 23.10.2002, 5 T 475/01, ZInsO 2002, 1096 für den Fall des § 100 (Unterhalt aus der Insolvenzmasse); hiergegen AG Regensburg 22.11.2001, 2 IK 42/01, ZInsO 2001, 1122 (1123).
7 a.A. AG Stendal, 01.10.2012, 7 IN 164/12, ZIP 2012, 2030 (aufgehoben durch LG Stendal, 22.10.2012, 25 T 184/12, ZIP 2012, 2168).
8 OLG Celle 25.03.2002, 2 W 9/02, ZIP 2002, 900.
9 OLG Celle 25.03.2002, 2 W 9/02, ZIP 2002, 900.
10 OLG Celle 25.03.2002, 2 W 9/02, ZIP 2002, 900.
11 Vgl. LG Traunstein 13.07.2009, 4 T 1939/09, 4 T 1990/09, ZIP 2009, 2460 (2461).

fen.¹² Ein Ermessen steht ihm nicht zu.¹³ Ausnahmsweise kann der Antrag aus inhaltlichen Gründen abgelehnt werden, wenn der Antrag offenkundig willkürlich, d.h. ersichtlich ohne sachlich vertretbaren Grund, gestellt wird, insb., wenn der angestrebte Beschluss außerhalb der Beschlusskompetenz der Gläubigerversammlung läge oder sonst offenkundig rechtswidrig ist.¹⁴ Unzulässig ist etwa der Antrag des Verwalters auf Einberufung einer Gläubigerversammlung zum Thema der Entlassung eines Sonderinsolvenzverwalters, der die Schadensersatzverpflichtung gegen diesen prüfen und geltend machen soll.¹⁵ Anträge des Verwalters unterliegen darüber hinaus der Aufsicht des Gerichts (§ 58).

7 Die **Einberufung** nach zulässigem Antrag erfolgt nach Maßgabe von § 75 Abs. 2, allerdings darf die Terminsbestimmung nicht länger als drei Wochen nach Eingang des Antrags erfolgen (Abs. 2). Der gesetzlich zulässige Zeitraum ist sehr kurz bemessen, da zugleich die Mindestfrist von sechs Tage zwischen öffentlicher Bekanntmachung und Versammlungstermin zu beachten ist (vgl. § 74 Rdn. 3). In begründeten Ausnahmefällen kann die Frist von drei Wochen überschritten werden. Die **Ablehnung des Antrags** erfolgt durch Beschluss, der wegen der Beschwerdemöglichkeit (Abs. 3) zu begründen ist.

8 **Zuständig** für die Prüfung des Antrages ist, ausgenommen bei Richtervorbehalt (§ 18 Abs. 2 RPflG), der Rechtspfleger. Gegen die Ablehnung der Einberufung der Gläubigerversammlung ist als **Rechtsmittel** die sofortige Beschwerde eröffnet (Abs. 3). Beschwerdeberechtigt ist nur der Antragsteller. Erfolgt die Antragstellung durch mehrere Personen (Nr. 3 und 4) müssen diese gemeinsam sofortige Beschwerde einlegen.¹⁶ Die Beschwerde ist auch dann zulässig, wenn die Antragsablehnung darauf gestützt worden ist, dass nach der Schätzung des Gerichts das Quorum verfehlt worden sei.¹⁷ Das Beschwerdegericht hat die Tatsachen zum Zeitpunkt seiner eigenen Entscheidung zugrunde zu legen (§ 4 mit § 571 Abs. 1 Satz 1 ZPO). Wird dem Antrag stattgegeben, ist ein Rechtsbehelf nur in Form der befristeten Erinnerung (§ 11 Abs. 2 RPflG) bei Anordnung des Rechtspflegers, ansonsten nicht eröffnet.¹⁸

§ 76 Beschlüsse der Gläubigerversammlung

(1) Die Gläubigerversammlung wird vom Insolvenzgericht geleitet.

(2) Ein Beschluß der Gläubigerversammlung kommt zustande, wenn die Summe der Forderungsbeträge der zustimmenden Gläubiger mehr als die Hälfte der Summe der Forderungsbeträge der abstimmenden Gläubiger beträgt; bei absonderungsberechtigten Gläubigern, denen der Schuldner nicht persönlich haftet, tritt der Wert des Absonderungsrechts an die Stelle des Forderungsbetrags.

Übersicht

	Rdn.		Rdn.
A. Normzweck	1	C. Beschlussfassung	3
B. Leitung der Gläubigerversammlung	2		

---

12 LG Traunstein 13.07.2009, 4 T 1939/09, 4 T 1990/09, ZIP 2009, 2460 zum Antrag des Verwalters.
13 LG Stendal, 22.10.2012, 25 T 184/12, ZIP 2012, 2168.
14 LG Göttingen 11.12.2012, 10 T 63/12, ZIP 2013, 1040; AG Duisburg 18.08.2010, 60 IN 26/09, ZIP 2010, 2362: Einberufung für Beschlussfassung über Antrag auf Entlassung des Verwalters (§ 59 Abs. 1 Satz 2 Alt. 3), ohne dass auch nur ansatzweise ein wichtiger Grund für die Entlassung schlüssig vorgetragen oder sonst ersichtlich ist.
15 LG Leipzig 12.04.2013, 08 T 237/12, ZInsO 2013, 1154.
16 *BGH 10.03.2011, IX ZB 212/09, ZIP 2011, 673.*
17 BGH 21.12.2006, IX ZB 138/06, ZIP 2007, 551.
18 OLG Köln 30.07.2001, 2 W 143/01, ZInsO 2001, 1112.

A. Normzweck

§ 76 regelt die Leitung der Gläubigerversammlung sowie die Mehrheitsvoraussetzungen für das wirksame Zustandekommen eines Beschlusses. 1

B. Leitung der Gläubigerversammlung

Die Gläubigerversammlung wird von dem Insolvenzgericht geleitet (Abs. 1). Zuständig ist, ausgenommen bei – auch nachträglichem – Richtervorbehalt (§ 18 Abs. 2 RPflG), der Rechtspfleger. Der Ablauf ist durch das Gesetz nicht vorgegeben, hat sich an Zweckmäßigkeitserwägungen zu orientieren und liegt im Ermessen des Gerichts. Es hat hierbei rechtsstaatliche Maßstäbe und die Neutralität zu wahren. Die Vorschriften der ZPO, insb. § 136 (Prozessleitung durch Vorsitzenden) und § 139 (Materielle Prozessleitung) gelten hierbei entsprechend. Das Gericht sorgt für einen ordnungsgemäßen Ablauf der Gläubigerversammlung, insb. eröffnet und schließt es die Versammlung, prüft das Teilnahmerecht der Anwesenden (§ 74 Abs. 1 Satz 2) und erteilt und entzieht das Wort. Es hat zunächst die ordnungsgemäße Einberufung, die Anwesenheit, die Beschlussfähigkeit und die Stimmrechte (§ 77) festzustellen. Sodann gibt es die Tagesordnung bekannt und sorgt dafür, dass die Tagesordnungspunkte nachfolgend hinreichend erörtert werden. Jede Gläubigerversammlung ist so durchzuführen, dass eine geordnete Willensbildung und Abstimmung der Gläubiger möglich ist.[1] Das Gericht hat die Diskussion zu fördern, Anregungen und Hinweise zu geben sowie zwischen divergierenden Positionen zu vermitteln. Es hat etwa auf die Gefahr eines Aufhebungsantrages nach § 78 hinzuweisen, wenn ein zu erwartender Beschluss dem gemeinsamen Interesse der Gläubiger offenkundig widerspricht. Über die Leitungsaufgaben hinausgehende sachbezogene Einflussmaßnahmen sind ihm untersagt. Das Gericht kann die Gläubigerversammlung vertagen. Weder die Ablehnung eines Antrags auf Vertagung[2] noch die erfolgte Vertagung[3] sind mit der sofortigen Beschwerde anfechtbar. Die Versammlungsleitung beinhaltet auch die Sitzungspolizei gem. §§ 175 ff. GVG[4], allerdings kann der Rechtspfleger keine Ordnungshaft verhängen (§ 4 Abs. 2 RPflG). Das Gericht hat über die Gläubigerversammlung ein Protokoll aufzunehmen (§ 4 InsO i.V.m. §§ 159 ff. ZPO).[5] 2

C. Beschlussfassung

Die Beschlussfassung erfolgt in der Gläubigerversammlung durch Stimmabgabe der anwesenden Gläubiger.[6] Eine schriftliche Stimmabgabe ist, außer im Falle des gesonderten Abstimmungstermins über den Insolvenzplan (§ 242), unzulässig.[7] Die für einen Beschluss nötige Mehrheit ist nach Abs. 2 grds. mit der Summenmehrheit (vgl. Rdn. 4) erreicht. Das Gesetz (§§ 57, 244, 272 Abs. 1 Nr. 1) fordert zusätzlich teilweise die Kopfmehrheit (vgl. Rdn. 5). Für die **Beschlussfähigkeit** genügt in allen Fällen die Anwesenheit zumindest eines Gläubigers. Praktisch sind, selbst in Großverfahren, zumeist keine oder nur sehr wenige Gläubiger anwesend, die dann mit Bindungswirkung für alle Gläubiger entscheiden. Diese Majorisierung von Einzelrechten ist jedoch hinzunehmen, da die Wahrnehmung des Teilnahmerechts dem einzelnen Gläubiger selbst obliegt. Nimmt kein Gläubiger teil oder sind die anwesenden von der Abstimmung ausgeschlossen (vgl. Rdn. 6), ist die Gläubigerversammlung nicht beschlussfähig. Das Gericht darf die zu treffende Entscheidung nicht ersetzen. 3

Für die **Summenmehrheit** bedarf es der Zustimmung der Gläubiger, die in der Summe die Mehrheit der teilnehmenden stimmberechtigten und abstimmenden Forderungen repräsentieren. Das Stimmrecht ist im Einzelnen, in jeder Gläubigerversammlung erneut, nach § 77 zu ermitteln. Abstim- 4

---

1 BGH 15.07.2010, IX ZB 65/10, ZIP 2010, 1499 (1502).
2 BGH 05.04.2006, IX ZB 144/05, ZIP 2006, 1065.
3 BGH 12.01.2011, IX ZB 217/11.
4 Vgl. BGH 15.07.2010, IX ZB 65/10, ZIP 2010, 1499 (1502).
5 Muster des Protokolls eines Berichtstermins bei *Frege/Keller/Riedel* Insolvenzrecht Rn. 1285.
6 Vgl. OLG Rostock 13.03.2006, 3 U 136/05, NZI 2006, 357: Schriftliche »Ermächtigung« des Treuhänders durch einzigen Gläubiger des Verfahrens zur Insolvenzanfechtung (§ 313 Abs. 2) unzulässig.
7 Str., offengelassen von BGH 16.05.2013, IX ZB 198/11, ZIP 2013, 1286, Rn. 16 m.w.N.

mungsberechtigt sind die Insolvenz- und absonderungsberechtigten Gläubiger, nicht aber die Massegläubiger, Aussonderungsberechtigten und die Nachranggläubiger (§ 77 Abs. 1 Satz 2). Haftet der Schuldner dem absonderungsberechtigten Gläubigern persönlich, wird er mit seiner Insolvenzforderung in vollem Umfang, unbeachtlich des Werts des Absonderungsrechts, berücksichtigt. Haftet ihm der Schuldner nicht persönlich, tritt der Wert des Absonderungsrechts an die Stelle des Forderungsbetrags (Abs. 2). Für die Feststellung des Stimmrechts gilt § 77 Abs. 2 entsprechend (§ 77 Abs. 3 Nr. 2). Wurde der Verwertungserlös bereits an den Absonderungsberechtigten ausgekehrt entfällt sein Stimmrecht. Das Gericht hat vor der Abstimmung die Summe der danach repräsentierten Forderungen festzustellen. Enthaltungen bei der Abstimmung sind für das Ergebnis neutral, die insofern repräsentierte Forderung wird aus der Gesamtsumme der Forderungen herausgerechnet. Der Beschlussgegenstand ist bei summenmäßiger Stimmengleich- oder -minderheit abgelehnt.

5   Für die **Kopfmehrheit** bedarf es der Mehrheit der an der Gläubigersammlung teilnehmenden stimmberechtigten und abstimmenden Gläubiger. Für das Stimmrecht eines Gläubigers in Höhe eines Kopfes bedarf es einer Stimmrechtsfestsetzung mindestens i.H.v. einem Euro. Gläubiger, welche sich der Stimme enthalten, bleiben unberücksichtigt. Auch der Gläubiger, welcher gegenüber dem Schuldner mehrere Forderungen aus unterschiedlichen Rechtsgründen, etwa über unterschiedliche Niederlassungen hat,[8] zählt nur mit einer Stimme. Dies trifft auch auf den PSV sowie die Bundesagentur für Arbeit hinsichtlich der auf sie übergegangenen (§ 9 Abs. 2 BetrAVG bzw. § 187 SGB III) Ansprüche zu. Halten mehrere Gläubiger, etwa als Gesamt- oder Mitgläubiger (§§ 421, 432, 2032 BGB), ein Recht gemeinschaftlich, steht ihnen nur eine Stimme zu (§ 244 Abs. 2 Satz 1 analog). Das Abstimmungsrecht kann dabei nur gemeinschaftlich ausgeübt werden, es sei denn, die Ausübung der Rechte kann auch durch einen einzelnen erfolgen (§§ 428, 432). Divergierende Stimmabgaben gelten dann als Stimmenthaltung.

6   Ein Gläubiger ist von **der Abstimmung ausgeschlossen** (entsprechend § 34 BGB, § 47 Abs. 4 GmbHG), wenn er sich nach dem Thema der Abstimmung in einer schwerwiegenden Interessenkollision befindet. Ein solche liegt vor, wenn er von dem anstehenden Beschluss nicht nur in seiner allgemeinen Stellung als Insolvenzgläubiger, sondern unmittelbar in einer widerstreitenden sonstigen individuellen Rechtsposition betroffen ist.[9] Bei einer wirtschaftlichen Verflechtung von Gläubiger und Schuldner kann dieser nicht allgemein ausgeschlossen werden.[10] Daher ist etwa ein Gläubiger bei seiner eigenen Wahl in den Gläubigerausschuss stimmberechtigt. Ein Ausschlussgrund ist etwa anzunehmen, wenn Gegenstand der Entscheidung ein Geschäft nach § 160 Abs. 2 Nr. 1 mit dem Gläubiger als Vertragspartner, ein Rechtsstreit mit erheblichem Streitwert nach § 160 Abs. 2 Nr. 3 mit dem Gläubiger als Prozessgegner oder die Beauftragung des Gläubigers mit der Anfechtung im vereinfachten Insolvenzverfahren (§ 313 Abs. 3 Satz 3)[11] ist.[12]

7   Eine **Vertretung** ist zulässig. Das Gericht hat von Amts wegen das Vorliegen der Vollmacht zu prüfen, wenn nicht als Vertreter ein Rechtsanwalt auftritt (§ 4 InsO i.V.m. § 88 Abs. 2 ZPO). Die Vertretung kann auch mehrere Gläubiger einschließen. Unzulässig ist es aber, wenn dabei von ihrer Interessenlage widerstreitende Parteien zugleich vertreten werden, etwa wenn neben Insolvenzgläubigern auch Drittschuldner oder Interessenten für die Übernahme von Teilen der Insolvenzmasse[13] oder der Schuldner[14] vertreten werden. Gläubiger von **Schuldverschreibungen** können nach § 19 Abs. 2

---

8   AG Duisburg 08.10.2007, 62 IN 32/07, ZIP 2007, 2429 (2430).
9   AG Duisburg 08.10.2007, 62 IN 32/07, ZIP 2007, 2429 (2432 f.).
10 AG Dresden 02.05.2006, 550 IN 2324/05, ZInsO 2006, 888: Einrichtung eines Gläubigerausschusses; a.A. AG Wolfratshausen 21.03.1990, N 16/90, ZIP 1990, 597: Wahl eines anderen Verwalters.
11 Vgl. BGH 20.05.2010, IX ZB 223/07, ZInsO 2010, 1225.
12 Zweifelhaft aber AG Göttingen 28.07.2009, 71 IN 151/07: Ausschluss des Finanzamts wegen dessen Antrag ein massegünstiges Erwerbsgeschäft zur Verfolgung verfahrensfremder Zwecke rückabwickeln zu lassen.
13 AG Duisburg 08.10.2007, 62 IN 32/07, ZIP 2007, 2429.
14 Vgl. § 43a Abs. 4 BRAGO; BGH 23.10.2008, IX ZB 235/06, ZIP 2008, 2428.

Satz 1 des SchVG[15] durch Mehrheitsbeschluss zur Wahrnehmung ihrer Rechte im Insolvenzverfahren einen gemeinsamen Vertreter für alle Gläubiger bestellen. Das Insolvenzgericht hat zu diesem Zweck eine Gläubigerversammlung nach dem SchVG einzuberufen, wenn ein gemeinsamer Vertreter für alle Gläubiger noch nicht bestellt worden ist (§ 17 Abs. 2 Satz 2 SchVG).

Ein gefasster Beschluss ist **für den Verwalter im Innenverhältnis bindend**. Seine Verletzung kann Haftungsansprüche nach § 60 zur Folge haben, wenn aufgrund der Abweichung ein Schaden entsteht. Keine Bindungswirkung entfaltet der Beschluss im Falle seiner Nichtigkeit oder wenn er auf Antrag nach § 78 aufgehoben wird. 8

Der Beschluss der Gläubigerversammlung ist **nicht anfechtbar**.[16] Es kann lediglich nach § 78 dessen Aufhebung durch das Insolvenzgericht beantragt werden, wenn er dem gemeinsamen Interesse der Insolvenzgläubiger widerspricht. Einwendungen gegen die Verneinung der Abstimmungsberechtigung durch das Gericht, etwa wegen mangelnder Vollmacht, sind Vorfragen der Stimmrechtsentscheidung nach § 77.[17] Der Beschluss kann jedoch auch wegen **Nichtigkeit** unbeachtlich sein. Diese ist anzunehmen, wenn die Formalitäten für die Gläubigerversammlung nicht eingehalten sind (vgl. § 74 Rdn. 4). Weiter ist der Beschluss nichtig, wenn nach seinem Inhalt die gesetzliche Kompetenz der Versammlung überschritten wird.[18] Die Unwirksamkeit kann zu jeder Zeit und in jedem Zusammenhang von jedermann geltend gemacht werden.[19] Auf Antrag kann das Gericht einen deklaratorischen Beschluss fassen. Gegen eine dies ablehnende oder stattgebende Entscheidung ist nur die Rechtspflegererinnerung (§ 11 Abs. 2 RPflG) eröffnet.[20] Eine verbindliche Feststellung der Nichtigkeit entsprechend § 78 ist unzulässig.[21] Die Gläubigerversammlung kann die **Aufhebung des Beschlusses** in einem nachfolgenden Termin beschließen, was die Bindungswirkung ex nunc entfallen lässt. 9

§ 77 Feststellung des Stimmrechts

(1) Ein Stimmrecht gewähren die Forderungen, die angemeldet und weder vom Insolvenzverwalter noch von einem stimmberechtigten Gläubiger bestritten worden sind. Nachrangige Gläubiger sind nicht stimmberechtigt.

(2) Die Gläubiger, deren Forderungen bestritten werden, sind stimmberechtigt, soweit sich in der Gläubigerversammlung der Verwalter und die erschienenen stimmberechtigten Gläubiger über das Stimmrecht geeinigt haben. Kommt es nicht zu einer Einigung, so entscheidet das Insolvenzgericht. Es kann seine Entscheidung auf den Antrag des Verwalters oder eines in der Gläubigerversammlung erschienenen Gläubigers ändern.

(3) Absatz 2 gilt entsprechend
1. für die Gläubiger aufschiebend bedingter Forderungen;
2. für die absonderungsberechtigten Gläubiger.

Übersicht	Rdn.		Rdn.
A. Normzweck	1	2. Entscheidung über Stimmrecht	7
B. **Stimmrecht der Insolvenzgläubiger**	2	3. Fortwirkung der Stimmrechtsentscheidung	9
I. Unbestrittene Insolvenzforderungen	4		
II. Bestrittene Insolvenzforderungen	5	III. Aufschiebend bedingte Forderungen, Absonderungsrechte	10
1. Einigung über Stimmrecht	6		

---

15 Schuldverschreibungsgesetz v. 31.07.2009 BGBl. I, 2512.
16 Vgl. LG Göttingen 29.06.2000, 10 T 70/00, ZIP 2000, 1501.
17 BGH 23.10.2008, IX ZB 235/06, ZIP 2008, 2428 (2429).
18 AG Duisburg 10.02.2010, 60 IN 26/09, ZIP 2010, 847.
19 BGH 21.07.2011, IX ZB 128/10, ZIP 2011, 1626, Rn. 12.
20 BGH 21.07.2011, IX ZB 128/10, ZIP 2011, 1626; 20.05.2010, IX ZB 223/07, NZI 2010, 648.
21 BGH 21.07.2011, IX ZB 128/10, ZIP 2011, 1626; a.A. AG Duisburg 10.02.2010, 60 IN 26/09, ZIP 2010, 847.

§ 77 InsO Feststellung des Stimmrechts

A. Normzweck

1 Die Regelung ergänzt § 76 und beschreibt die Feststellung des Stimmrechts. Das Recht, an Abstimmungen der Gläubigerversammlung mitwirken zu können, ist von dem Teilnahmerecht zu unterscheiden. Nur ein Teil derjenigen, die in der Gläubigerversammlung anwesend sein dürfen (vgl. § 74 Rdn. 6), sind auch zugleich nach Abs. 1 und 3 stimmberechtigt. Stimmberechtigt sind danach nur die Gläubiger des Insolvenzschuldners. Hierzu gehören auch die absonderungsberechtigten Gläubiger (Abs. 3 Nr. 2). Rechtspolitisch ist zu kritisieren, dass letztere in vollen Umfang und nicht nur beschränkt auf den Ausfall stimmberechtigt sind. Die Einflussmöglichkeiten der ungesicherten Gläubiger, die wirtschaftlich von dem allgemeinen Verfahrensverlauf abhängig sind, werden dadurch verwässert.

B. Stimmrecht der Insolvenzgläubiger

2 Nach Abs. 1 und 2 gewähren nur die Forderungen ein Stimmrecht, die nach § 174 angemeldet worden sind. Die Anmeldung kann – auch nach Ablauf der nach § 28 gesetzten Anmeldefrist[1] – auch erst kurz vor oder in dem Termin zur Gläubigerversammlung erfolgen. Nachrangige Forderungen (§ 39) begründen unbeachtlich ihrer Anmeldung (§ 174 Abs. 3) kein Stimmrecht (Abs. 1 Satz 2). Bei den angemeldeten Forderungen unterscheidet das Gesetz danach, ob diese festgestellt oder bestritten sind (dazu vgl. Rdn. 3 ff.). Das Gericht hat zu Beginn der Gläubigerversammlung das Stimmrecht festzustellen und in das Protokoll aufzunehmen.

3 Kriterium für den **Umfang des Stimmrechts** ist grds. der Betrag, zu dem eine Forderung im Insolvenzverfahren zu berücksichtigen ist. Es obliegt dem Gläubiger neben dem Forderungsbetrag den Lebenssachverhalt darzulegen und zu beweisen, der die geltend gemachte Forderung trägt.[2] Der maßgebliche Erkenntnishorizont ist derjenige im Zeitpunkt der fraglichen Gläubigerversammlung.[3] Grds. kann eine Forderung dabei mit einem Wert von Null bis zum vollen Nennbetrag angesetzt werden. Sinnvoll erscheint dabei eine zweistufige Prüfung, wonach der Anspruch zunächst auf das Bestehen dem Grunde nach und sodann hinsichtlich der geltend gemachten Höhe überprüft wird.[4] Danach ist die Forderung auf der ersten Stufe zunächst mit einem Euro anzusetzen, wenn eine schlüssige, urkundlich belegte Forderungsanmeldung vorliegt, die auch in Ansehung der Einwendungen des Widersprechenden nicht offenkundig unberechtigt ist[5]. Dabei ist zur Anerkennung jedenfalls einer Kopfstimme (vgl. § 76 Rdn. 5) im Zweifel für das Stimmrecht zu entscheiden.[6] Bei der Bewertung der Höhe der Forderung und damit im Ergebnis des Ansatzes bei der Summenmehrheit (vgl. § 76 Rdn. 4) gilt dies nicht mehr.[7] Allgemein entzieht sich die Bemessung im Einzelfall pauschalen Kriterien.[8] Unwägbarkeiten tatsächlicher oder rechtlicher Art sind durch einen Abschlag zu berücksichtigen. Diese Abschläge sind absolut, nicht prozentual vorzunehmen, um eine Majorisierung der Höhe nach überzogener Forderungsanmeldungen zu verhindern.

I. Unbestrittene Insolvenzforderungen

4 Gläubiger angemeldeter Forderungen sind ohne weiteres stimmberechtigt, wenn diese weder vom Verwalter noch von einem stimmberechtigten Gläubiger im mündlichen oder schriftlichen Prüfungstermin (§§ 177, 178) bestritten worden sind (Abs. 1). Unbeachtlich ist der Widerspruch des Schuldners (vgl. a. § 178 Abs. 1 Satz 2) oder eines, etwa wegen Interessenkollision (vgl. § 76 Rdn. 6) nicht stimmberechtigten Gläubigers.

---

1 A.A. MüKo-InsO/*Ehricke* Rn. 6; FK-InsO/*Schmitt* Rn. 4.
2 AG Frankfurt 06.05.2009, 810 IE 5/08 M, NZI 2009, 441: Keine Erleichterungen für den Fiskus oder juristische Personen des öffentlichen Rechts.
3 AG Frankfurt 06.05.2009, 810 IE 5/08 M, NZI 2009, 441 (442).
4 *Wenzel* ZInsO 2007, 751 (752 f.).
5 Vgl. AG Frankfurt 06.05.2009, 810 IE 5/08 M, NZI 2009, 441 (442).
6 Vgl. Kübler/Prütting/Bork/*Kübler* Rn. 20: in dubio pro creditore.
7 *Wenzel* ZInsO 2007, 751 (752 f.).
8 Vgl. auch *Pape* ZIP 1991, 837 (842 ff.); *Wenzel* ZInsO 2007, 751 ff.; HambK-InsR/*Preß* Rn. 8 f.

II. Bestrittene Insolvenzforderungen

Gläubiger bestrittener Insolvenzforderungen sind stimmberechtigt, soweit sich in der Gläubigerversammlung der Verwalter und die erschienenen stimmberechtigten Gläubiger über das Stimmrecht geeinigt haben oder es das Gericht mangels Einigung feststellt.[9] Entsprechend ist bei Forderungen zu verfahren, die angemeldet, aber bisher nicht geprüft wurden. Der Gläubiger kann danach bereits vor dem Prüfungstermin über seine Forderung bzw. rechtskräftigen Entscheidung in einem Feststellungsverfahren (§ 179) seine Mitwirkungsrechte ausüben.

1. Einigung über Stimmrecht

Eine Einigung über das Stimmrecht hat zwischen den stimmberechtigten Gläubigern, dem Insolvenzverwalter und, über den Wortlaut des Abs. 2 Satz 1 hinaus, dem Anmeldegläubiger, dessen Forderung bestritten ist, zu erfolgen.[10] Diese sind in ihrer Entscheidung an keine Kriterien gebunden, allerdings darf eine Forderung nicht über ihrem Nennbetrag angesetzt werden. Einer Einigung stehen Gegenstimmen, nicht aber Enthaltungen entgegen. Die Einigung als auch deren Nichtzustandekommen ist von dem Gericht in das Protokoll aufzunehmen. Die Wirkung der einvernehmlichen Festlegung beschränkt sich auf das Stimmrecht in der Gläubigerversammlung. Für den Bestand der Forderung, einen nachfolgenden Prüfungstermin sowie ein etwaiges Feststellungsverfahren (§ 179) ist sie ohne Bedeutung, schafft insb. kein Präjudiz. Eine verfahrensrechtlich wirksame Einigung ist auch für das Gericht bindend, zu einer Überprüfung der Einigung ist es nicht berechtigt.

2. Entscheidung über Stimmrecht

Kommt eine Einigung nicht oder verfahrensfehlerhaft[11] zustande, entscheidet das Gericht nach freiem Ermessen durch Beschluss (Abs. 2 Satz 2). Zuständig ist, ausgenommen bei – auch nachträglichem – Richtervorbehalt (§ 18 Abs. 2 RPflG), der Rechtspfleger. Der Beschluss ist grds. zu begründen.[12] Für die Prüfung hat das Gericht insb. die Forderungsanmeldung einschließlich der beigefügten Urkunden (§ 174 Abs. 1 Satz 1 u. 2) sowie die Auskünfte des Verwalters, des Schuldners und des betroffenen Gläubigers einzubeziehen, soweit ihm diese Informationen im Termin zugänglich sind. Das Gericht kann sich auf eine summarische Prüfung beschränken (zu den Kriterien vgl. Rdn. 3).[13]

Ein **Rechtsmittel** gegen die gerichtliche Stimmrechtsentscheidung ist allgemein nicht gegeben (§ 6). Auch gegen die Stimmrechtsentscheidung des Rechtspflegers ist ein Rechtsbehelf nicht eröffnet (§ 11 Abs. 3 Satz 2 RPflG). Es kann allein nach § 77 Abs. 2 Satz 3 in der Gläubigerversammlung ein **Antrag auf Neufestsetzung** des Stimmrechts **bis zur Abstimmung** gestellt werden. Dies gilt unabhängig davon, ob der Richter oder der Rechtspfleger die Stimmfestsetzung vorgenommen hat. Antragsberechtigt sind der Verwalter sowie jeder in der Gläubigerversammlung anwesende, teilnahme-, nicht notwendigerweise auch stimmberechtigte Gläubiger. Die Entscheidung über den Antrag durch den Richter ist unanfechtbar, eine solche des Rechtspflegers nur nach § 18 Abs. 3 RPflG nach der Abstimmung. **Nach der Abstimmung** kann nur noch bei einer Stimmrechtsfestsetzung durch den Rechtspfleger ein Antrag auf Neufestsetzung bei dem Insolvenzrichter gestellt werden (§ 18 Abs. 3 RPflG). Der Antrag kann nur bis zum Schluss des Termins gestellt werden, in dem die Abstimmung stattgefunden hat (§ 18 Abs. 3 RPflG). Ist der Richter im Termin nicht anwesend, ist die Versammlung zu unterbrechen oder erforderlichenfalls zu vertagen, wenn der Richter nicht erreichbar oder eine Entscheidung aus anderen Gründen nicht sogleich möglich ist. Eine Abänderung durch den Richter kommt nur in Betracht, wenn sich die Stimmrechtsfestsetzung auf das Ergebnis der Abstim-

---

9 Vgl. auch AG Hamburg 13.01.2000, 67e IN 77/99, NZI 2000, 138, welches dann einen Fall von Abs. 1 annimmt, wenn weder der Verwalter noch ein anderer Gläubiger gegen die Forderung Einwände erheben.
10 AG Hamburg 12.09.2005, 67e IN 246/04, ZIP 2005, 1929; a.A. Kübler/Prütting/Bork/*Kübler* Rn. 16.
11 AG Hamburg 12.09.2005, 67e IN 246/04, ZIP 2005, 1929: mangelnde Beteiligung des betroffenen Gläubigers.
12 Vgl. BVerfG 04.08.2004, 1 BvR 698/03, ZIP 2004, 1762 (1764).
13 Zu den Kriterien vgl. auch *Frind* ZInsO 2011, 1726 ff.

mung ausgewirkt hat und unrichtig war. Die Kausalität für das Abstimmungsergebnis ist auch gegeben, wenn erst mehrere Stimmrechtsentscheidungen zusammen das Abstimmungsergebnis beeinflusst haben.[14] In der abändernden Entscheidung sind die Stimmrechte neu festzusetzen. Wäre bei Zugrundelegen der Neufestsetzung das Abstimmungsergebnis anders ausgefallen,[15] hat der Richter die Wiederholung der Abstimmung anzuordnen (§ 18 Abs. 3 RPflG), nicht aber ein gegenteiliges Beschlussergebnisses festzustellen[16]. Ein abweisender Beschluss bedarf einer Begründung, wenn sich diese nicht bereits aus der Entscheidung des Rechtspflegers ergibt.[17] Die Entscheidung ist abschließend, ein Rechtsmittel nicht eröffnet.[18] In einem anschließenden Verfahren, etwa nach § 253, werden die Feststellungen zum Stimmrecht nicht mehr überprüft, soweit solche formal zulässig erfolgt sind.[19] Vorfragen der Stimmrechtsentscheidung, wie etwa die Abstimmungsberechtigung mangels hinreichender Vollmacht, sind in den Verfahren nach Abs. 2 Satz 3 und § 18 Abs. 3 RPflG mitzuentscheiden.[20] Die Entscheidung des Gerichts entfällt bei einer nachfolgenden **Einigung über Stimmrechte** nach Abs. 2 Satz 1. Eine nachträgliche Änderung der Stimmrechtsentscheidung durch das Gericht von Amts wegen ist demgegenüber unzulässig.

3. Fortwirkung der Stimmrechtsentscheidung

9   Die Feststellung des Stimmrechts durch Einvernehmen oder das Gericht wirkt für spätere Versammlungen und Abstimmungen grds. fort. Erhebt ein Beteiligter gegen die frühere Festsetzung in einem neuen Termin Einwendungen, ist die Forderung nach Maßgabe der Abs. 1 und 2 neu festzusetzen. Wird jedoch eine Abs. 2 unterfallende Forderung nachfolgend festgestellt, ist das Stimmrecht durch das Gericht von Amts wegen nach Abs. 1 neu festzusetzen.

III. Aufschiebend bedingte Forderungen, Absonderungsrechte

10   Abs. 2 gilt für das Stimmrecht der Gläubiger aufschiebend bedingter Forderungen sowie absonderungsberechtigter Gläubiger entsprechend (Abs. 3). Auch hier ist also zunächst eine einvernehmliche Feststellung anzustreben und, wenn diese nicht zustande kommt, hat das Gericht zu entscheiden. Als Wert des Absonderungsrechts ist dabei der mutmaßliche Verwertungserlös der Sicherheit anzusetzen. Ist diese noch nicht erfolgt, hat das Gericht den Wert zu schätzen.

§ 78 Aufhebung eines Beschlusses der Gläubigerversammlung

(1) **Widerspricht ein Beschluß der Gläubigerversammlung dem gemeinsamen Interesse der Insolvenzgläubiger, so hat das Insolvenzgericht den Beschluß aufzuheben, wenn ein absonderungsberechtigter Gläubiger, ein nicht nachrangiger Insolvenzgläubiger oder der Insolvenzverwalter dies in der Gläubigerversammlung beantragt.**

(2) **Die Aufhebung des Beschlusses ist öffentlich bekanntzumachen. Gegen die Aufhebung steht jedem absonderungsberechtigten Gläubiger und jedem nicht nachrangigen Insolvenzgläubiger die sofortige Beschwerde zu. Gegen die Ablehnung des Antrags auf Aufhebung steht dem Antragsteller die sofortige Beschwerde zu.**

---

14 AG Mönchengladbach 31.10.2000, 32 IN 53/00, ZInsO 2001, 141; AG Frankfurt 06.05.2009, 810 IE 5/08 M, NZI 2009, 441.
15 AG Mönchengladbach 31.10.2000, 32 IN 53/00, ZInsO 2001, 141.
16 AG Frankfurt 06.05.2009, 810 IE 5/08 M, NZI 2009, 441.
17 BVerfG 04.08.2004, 1 BvR 698/03, ZIP 2004, 1762 (1764).
18 BGH 23.10.2008, IX ZB 235/06, ZIP 2008, 2428 (2429); hierzu BVerfG 26.11.2009, 1 BvR 339/09, ZIP 2010, 237: verfassungsgemäß.
19 BGH 13.01.2011, IX ZB 29/10, ZIP 2011, 781 (782).
20 BGH 23.10.2008, IX ZB 235/06, ZIP 2008, 2428 (2429).

Übersicht

	Rdn.		Rdn.
A. Normzweck	1	C. Aufhebungsverfahren	3
B. Widerspruch gegen gemeinsames Interesse	2		

A. Normzweck

Die Vorschrift regelt die Aufhebung von Beschlüssen der Gläubigerversammlung, die dem gemeinsamen Interesse der Insolvenzgläubiger widersprechen. Der Gefahr der Durchsetzung von Einzelinteressen der Großgläubiger zu Lasten der Gesamtgläubigerschaft, welche durch die grds. ausreichende Summenmehrheit angelegt ist, wird durch die drohende Aufhebung vorgebeugt.[1] Keine Risikobegrenzung stellt die Vorschrift für das faktische Problem dar, dass Gläubiger ihr Teilnahmerecht an den Versammlungen nicht wahrnehmen, da der Antrag auf Aufhebung in dieser selbst gestellt werden muss.

B. Widerspruch gegen gemeinsames Interesse

Das gemeinsame Interesse der Insolvenzgläubiger ist auf die bestmögliche und gleichmäßige Befriedigung aller Gläubiger – nicht nur der Mehrheit – gerichtet.[2] Ein Widerspruch gegen Interessen des Schuldners, von Aus- und Absonderungsberechtigen als solchen oder Massegläubigern ist nicht ausreichend. Eine Interessenverletzung wird regelmäßig in Situationen nahe liegen, in denen Großgläubiger ihre Stimmenmehrheit oder andere Gläubiger die mangelnde Beteiligung der Gesamtgläubigerschaft an der Versammlung nutzen, um Beschlüsse zur Verfolgung von Individualinteressen zu veranlassen. Von einem Widerspruch i.S.v. Abs. 1 wird nur im Ausnahmefall auszugehen sein,[3] da die Beachtung der Gemeinschaftsinteressen nach dem Grundsatz der Gläubigerautonomie grds. bei der Gläubigerversammlung liegt. Dies schließt die Auflösung unterschiedlicher Positionen durch Mehrheitsentscheid ein. § 78 eröffnet dem Gericht keine mittelbare Aufsicht über die Gläubigerversammlung. Das gemeinsame Interesse wird etwa verletzt, wenn der Beschluss den Verwalter zur Erfüllung eines Anspruchs ermächtigt, für dessen Anfechtbarkeit nach den §§ 129 ff. triftige Gründe sprechen.[4] Gleiches gilt, wenn auf die Unwirksamkeit der Freigabeerklärung des Verwalters durch Beschluss der Gläubigerversammlung nach § 35 Abs. 2 Satz 3 angetragen wird, durch die Freigabe der defizitären selbständigen Tätigkeit jedoch zusätzliche Masseverbindlichkeiten vermieden werden.[5]

C. Aufhebungsverfahren

Das Gericht ist nicht von Amts wegen berechtigt einen Beschluss aufzuheben, vielmehr muss ein **Antrag auf Aufhebung** gestellt werden. **Antragsberechtigt** sind die absonderungsberechtigten Gläubiger, die nicht nachrangigen Insolvenzgläubiger und der Insolvenzverwalter (Abs. 1). Die Gläubiger müssen teilnahmeberechtigt (vgl. § 74 Rdn. 6) und in der Gläubigerversammlung anwesend, nicht aber auch stimmberechtigt sein (vgl. § 76 Rdn. 6).[6] Waren sie stimmberechtigt, entfällt das Rechtsschutzbedürfnis für den Antrag, wenn sie dem Beschluss zugestimmt oder sich enthalten haben. Kein Antragsrecht haben mangels Rechtsschutzbedürfnis an einer bestmöglichen Gläubigerbefriedigung auch absonderungsberechtigte Gläubiger, denen der Schuldner nicht persönlich haftet. Gleiches gilt, wenn nur das Absonderungsrecht und damit lediglich mittelbar die Ausfallforderung durch den Beschluss betroffen ist. Der Verwalter hat das Recht, nicht aber die Pflicht, insb. zur Wahrung der In-

---

1 BT-Drucks. 12/2443, 134.
2 BGH 12.06.2008, IX ZB 220/07, ZIP 2008, 1384 (1385).
3 FK-InsO/*Schmitt* Rn. 11.
4 BGH 12.06.2008, IX ZB 220/07, ZIP 2008, 1384 (1385).
5 LG Duisburg 24.06.2010, 7 T 109/10, ZIP 2010, 2113.
6 Einschränkend Nerlich/Römermann/*Delhaes* Rn. 2 für die Interessenkollision.

teressen der nicht anwesenden Gläubiger einen Antrag zu stellen.[7] Sind alle teilnahmeberechtigten Gläubiger anwesend und fassen einstimmig den Beschluss, ist der Antrag des Verwalters mangels Rechtsschutzinteresse unzulässig. Kein Antragsrechts haben der Schuldner, Gläubigerausschussmitglieder als solche, Massegläubiger, Aussonderungsberechtigte und nachrangige Insolvenzgläubiger. Die **Frist für die Antragstellung** läuft bis zum Schluss der Gläubigerversammlung, einschließlich etwaiger Fortsetzungstermine bei Vertagung. Die Antragstellung ist formfrei und in das Protokoll aufzunehmen. Der Antragsteller sollte den Antrag mündlich und im Falle einer Vertagung der Gläubigerversammlung schriftlich begründen.

4 Der **Antrag ist unstatthaft**, wenn ein vorrangiger Rechtsbehelf zur Verfügung steht oder er sich gegen eine Entscheidung der Gläubigerversammlung richtet, die nach dem Gesetz gerade in deren freiem, alleinigen Ermessen steht und nicht der Überprüfung durch das Gericht unterliegen soll. So ist § 78 etwa gegen die Wahl eines neuen Verwalters (vgl. § 57 Rdn. 6) oder den Beschluss auf Aufhebung der Eigenverwaltung (§ 272 Abs. 1 Nr. 2)[8] nicht eröffnet. Schließlich ist eine Aufhebung nach § 78 aufgrund von Fehlern bei der Stimmrechtsfeststellung (hierzu vgl. § 77 Rdn. 8) unzulässig. Im Falle der Nichtigkeit ist § 78 auch nicht analog eröffnet (vgl. § 76 Rdn. 9).[9]

5 Der Beschluss der Gläubigerversammlung ist durch **Beschluss des Gerichts** aufzuheben, wenn er den gemeinsamen Interessen der Gläubiger widerspricht. Wird der Beschluss aufgehoben, ist eine neue Abstimmung über dessen Gegenstand durchzuführen.[10] Ansonsten würde das Gericht die Entscheidung der Gläubigerversammlung ersetzen. **Zuständig** für die Entscheidung ist, ausgenommen bei Richtervorbehalt (§ 18 Abs. 2 RPflG), der Rechtspfleger. Der Beschluss ist möglichst noch in der Gläubigerversammlung zu verkünden. Das Gericht hat anhand des **konkreten Sachverhalts** zu prüfen, ob der in Abs. 1 genannte Aufhebungsgrund vorliegt. Bei seiner Beurteilung ist das Gericht nicht auf den Kenntnisstand und die Sicht der abstimmenden Gläubiger in der Gläubigerversammlung beschränkt.[11] Vielmehr hat es u.U. weitere Informationen einzuholen. Kann eine Entscheidung nicht sogleich, etwa auch unter Inanspruchnahme einer Unterbrechung erfolgen, ist eine **Vertagung** der Gläubigerversammlung anzuordnen. Die Wirkungen des angefochtenen Beschlusses sind bis zur Entscheidung des Gerichts gehemmt bzw. die Beschlussanordnungen dürfen von dem Verwalter nicht umgesetzt werden. Die Aufhebung des Beschlusses ist unbeachtlich der Verkündung in der Gläubigerversammlung nach Abs. 1 Satz 1 **öffentlich bekanntzumachen** (§ 9).

6 Als **Rechtsmittel** gegen die Entscheidung des Gerichts ist die sofortige Beschwerde eröffnet. Entspricht das Gericht dem Antrag und hebt es den Beschluss auf, ist jeder absonderungsberechtigte Gläubiger und jeder nicht nachrangige Insolvenzgläubiger beschwerdeberechtigt (Abs. 1 Satz 2). Unbeachtlich ist es, ob diese in der Gläubigerversammlung anwesend waren. Der Verwalter kann keine Beschwerde gegen den aufhebenden Beschluss einlegen. Lehnt das Gericht den Antrag ab, liegt die Beschwerdebefugnis bei dem Antragsteller (Abs. 1 Satz 3). Die Beschwerdefrist (§ 569 Abs. 1 Satz 1) beginnt gegenüber den in der Gläubigerversammlung anwesenden Gläubigern mit der Verkündigung (§ 6 Abs. 2) und gegenüber den abwesenden Gläubigern mit Ablauf von zwei weiteren Tagen nach dem Tag der öffentlichen Bekanntmachung (§ 6 Abs. 2, § 9 Abs. 3 Satz 1 und 3).

§ 79 Unterrichtung der Gläubigerversammlung

Die Gläubigerversammlung ist berechtigt, vom Insolvenzverwalter einzelne Auskünfte und einen Bericht über den Sachstand und die Geschäftsführung zu verlangen. Ist ein Gläubigerausschuß nicht bestellt, so kann die Gläubigerversammlung den Geldverkehr und -bestand des Verwalters prüfen lassen.

---

7 MüKo-InsO/*Ehricke* Rn. 4; a.A. *Uhlenbruck* Rn. 6.
8 BGH 21.07.2011, IX ZB 64/10, ZIP 2011, 1622.
9 BGH 21.07.2011, IX ZB 128/10, ZIP 2011, 1626.
10 FK-InsO/*Schmitt* Rn. 17.
11 A.A. KG 23.03.2001, 7 W 8076/00, ZInsO 2001, 411 m. krit. Anm. *Pape* ZInsO 2001, 691 (693 ff.).

Übersicht	Rdn.		Rdn.
A. Normzweck	1	B. Unterrichtung	2

A. Normzweck

Die Gläubigerversammlung kann die ihr nach dem Gesetz zuerkannten Mitwirkungsrechte nur sachgerecht ausüben, wenn sie in der Lage ist, sich über den Sachstand und die Geschäftsführung des Insolvenzverwalters zu unterrichten.[1] § 79 eröffnet ihr daher die Möglichkeit, Sachstandsberichte und Auskünfte von dem Verwalter einzufordern.

B. Unterrichtung

Die Gläubigerversammlung **als Organ**, nicht das einzelne Mitglied kann Auskunft nach § 79 verlangen. Die Aufgaben Sachstandsberichte zu erteilen, erfolgt durch Beschluss. Es kann festgelegt werden, ob dieser in mündlicher und/oder schriftlicher Form zu erfolgen hat. Für das Stellen von Fragen zur Erteilung einzelner Auskünfte bedarf es keines Beschlusses oder eines vorab abgestimmten Vorgehens der Gläubiger. Vielmehr werden die Fragen einzelner, teilnahmeberechtigter Gläubiger (vgl. § 74 Rdn. 6) grds. als Auskunftsersuchen der Gläubigerversammlung gewertet. Die Mehrheit der Gläubiger kann jedoch eine Frage durch Beschluss (§ 76 Abs. 2) zurückweisen. Hiergegen kann der fragende Gläubiger nach § 78 Abs. 1 vorgehen.

Die Unterrichtung erfolgt **in der ordnungsgemäß einberufenen Gläubigerversammlung** (§ 74). Außerhalb der Versammlung besteht keine Pflicht einzelne oder mehrere Gläubiger zu unterrichten. Diesen steht nur ein Einsichtsrecht in die Akten des Insolvenzgerichts (§ 4 InsO i.V.m. § 299 ZPO) zu, um sich über den Verfahrensstand und die Verwaltertätigkeit zu informieren (vgl. § 4 Rdn. 44 ff.). Den in der Praxis häufigen Sachstandsanfragen von Gläubigern muss und sollte der Verwalter nicht nachkommen, um ein Informationsungleichgewicht zwischen den Gläubiger zu verhindern.[2] Zulässig ist jedoch die Einrichtung eines sog. Gläubiger-Informations-Systems (G.I.S.), in dem sich die Gläubiger via Internet mittels eines Zugangscodes über das Verfahren informieren können.

Gegenstand der Unterrichtung ist der Bericht über den Stand des Verfahrens und die Geschäftsführung. Dieser Bericht muss keine Zwischenrechnungslegung enthalten, kann aber mit dieser verbunden werden, soweit sie nach § 66 Abs. 3 angeordnet ist (vgl. § 66 Rdn. 14). Weiter kann die Gläubigerversammlung beschließen, dass der Verwalter **Sachstandsberichte in regelmäßigen Abständen**, in der Praxis je nach Intensität und Stand des Verfahrens zwischen drei Monaten und einem Jahr, in der Gläubigerversammlung abgibt. Diese Zwischenberichte stellen die kontinuierliche Unterrichtung der Gläubiger zwischen dem Bericht zum Berichtstermin (§ 156) und zum Schlusstermin (§ 197) sicher. Anschließend an den Bericht können ergänzende, aber auch zusätzliche **Einzelauskünfte** einverlangt werden. Die Fragen sind möglichst bestimmt zu fassen und dürfen sich nur zu verfahrensbezogenen Sachverhalten verhalten. Das Recht auf Auskunft besteht während des gesamten Insolvenzverfahrens.

Die Gläubigerversammlung kann den **Geldverkehr und -bestand** des Verwalters prüfen lassen (Satz 2), wenn ein Gläubigerausschuss nicht bestellt ist (vgl. a. § 69 Satz 2). Praktisch erfolgt die Prüfung zumeist durch Beauftragung eines Sachverständigen (vgl. § 69 Rdn. 6). Die hierfür entstehenden Kosten sind Masseverbindlichkeiten (§ 55 Abs. 1 Nr. 1).

Aus dem Recht der Gläubigerversammlung folgt die korrespondierende **Unterrichtungspflicht des Verwalters**. Die Unterrichtung muss durch den Verwalter nicht persönlich erfolgen. Vielmehr kann er diese auch durch eine sachkundige andere Person erteilen lassen, sofern die Gläubigerversamm-

---

[1] BT-Drucks. 12/2443, 135; vgl. auch BGH 24.01.1991, IX ZR 250/89, ZIP 1991, 324.
[2] HambK-InsR/*Preß* Rn. 5.

lung nicht durch zu fassenden Beschluss auf einer Auskunft durch den Verwalter persönlich besteht.[3] Sie hat bestmöglich und wahrheitsgemäß zu erfolgen. Allerdings muss das Informationsinteresse der Gläubigerversammlung noch in einem angemessenen Verhältnis zu dem Arbeits- und Zeitaufwand für die Informationsbeschaffung durch den Verwalter stehen. Vorrangige Aufgabe des Verwalters ist es, das Verfahren zügig abzuwickeln. Weiter kann und hat der Verwalter Informationen zurückzuhalten, wenn ihre Bekanntgabe den Verfahrenszweck gefährdet. Die Gläubiger sind hierauf von dem Verwalter ausdrücklich hinzuweisen. Einer berechtigten Informationsverweigerung steht nicht ein Beschluss der Gläubigerversammlung,[4] wohl aber eine Anweisung des Gerichts nach § 58 entgegen. Eine Geheimhaltung kommt etwa in Betracht, wenn Vertragsverhandlungen oder Prozesse laufen und die Auskunftserteilung die Position des Verwalters hierbei verschlechtern könnte. Zumeist, wenn auch nicht notwendig, muss die Gegenpartei dann Teilnehmer der Gläubigerversammlung sein.

7   Die Pflicht des Verwalters zur **Auskunftserteilung nach anderen Vorschriften** wird durch § 79 nicht ausgeschlossen und umgekehrt. Neben der Pflicht zur Rechnungslegung (§ 66) und der Pflicht im Berichtstermin über die wirtschaftliche Lage des Schuldners und ihrer Ursachen zu berichten (§ 156) bestehen Auskunftspflichten gegenüber dem Gericht (§ 58 Abs. 1) und dem u.U. bestellten Gläubigerausschuss (§ 69 Satz 2). Um die Geschäftsführung des Verwalters nicht durch die Berichtspflichten zu überlasten, sind die einzelnen allerdings, soweit rechtlich zulässig, abzustimmen. Dies gilt insb. hinsichtlich der periodischen Sachstandsberichte nach Abs. 1 und § 58 Abs. 1 Satz 2.

8   Zur **Durchsetzung der Unterrichtungspflicht** hat das Insolvenzgericht von Amts wegen bzw. auf Anregung der Gläubiger Aufsichtsmaßnahmen (§ 58) zu ergreifen. Sind diese Maßnahmen fruchtlos, besteht als letztes Mittel die Möglichkeit, den Verwalter zu entlassen (§ 59 Abs. 1 Satz 1). Vor den Zivilgerichten ist der Anspruch nicht einklagbar.

---

3 MüKo-InsO/*Ehricke* § 79 Rn. 4.
4 A.A. MüKo-InsO/*Ehricke* § 79 Rn. 10.

Dritter Teil. Wirkungen der Eröffnung des Insolvenzverfahrens

Erster Abschnitt. Allgemeine Wirkungen

§ 80 Übergang des Verwaltungs- und Verfügungsrechts

(1) Durch die Eröffnung des Insolvenzverfahrens geht das Recht des Schuldners, das zur Insolvenzmasse gehörende Vermögen zu verwalten und über es zu verfügen, auf den Insolvenzverwalter über.

(2) Ein gegen den Schuldner bestehendes Veräußerungsverbot, das nur den Schutz bestimmter Personen bezweckt (§§ 135, 136 des Bürgerlichen Gesetzbuchs), hat im Verfahren keine Wirkung. Die Vorschriften über die Wirkungen einer Pfändung oder einer Beschlagnahme im Wege der Zwangsvollstreckung bleiben unberührt.

Übersicht	Rdn.		Rdn.
A. Allgemeines	1	IX. Grenzen der Verwaltungs- und Verfügungsbefugnis	36
B. Insolvenzverwaltertheorien	2	F. Beschränkung von Veräußerungsverboten	37
C. Anwendungsbereich	5		
D. Rechtsstellung des Schuldners	9	I. Gesetzliche relative Veräußerungsverbote (§ 135 BGB)	38
E. Rechtsstellung des Insolvenzverwalters	13		
I. Bürgerliches Recht	13	II. Gerichtliche oder behördliche Veräußerungsverbote (§ 136 BGB)	39
II. Prozessrecht	18		
III. Handelsrecht	23	III. Rechtsgeschäftliche Veräußerungsverbote (§ 137 BGB)	40
IV. Arbeitsrecht	24		
V. Sozialrecht	28	IV. Rechtsfolgen	41
VI. Steuerrecht	29	V. Veräußerungsverbote durch Zwangsvollstreckungsmaßnahmen	42
VII. Berufs- und Verwaltungsrecht	32		
VIII. Besonderheiten der Verbandsinsolvenz	35		

A. Allgemeines

§ 80 Abs. 1 ist § 6 KO nachgebildet, während § 80 Abs. 2 KO den früheren § 13 KO übernimmt. **1** Zweck der Norm, die § 91 InsO-RegE unverändert übernommen hat,[1] ist, zum Schutz und zur Sicherung der Insolvenzmasse dem Schuldner für die Dauer des Insolvenzverfahrens die Befugnis zu entziehen, sein gegenwärtiges und künftiges pfändbares Vermögen zu verwalten und darüber zu verfügen. Diese Befugnis steht stattdessen dem Insolvenzverwalter zu. Dies ist Ausdruck des Insolvenzbeschlags, der die Insolvenzmasse als Sondervermögen den Insolvenzgläubigern haftungsrechtlich zuweist.[2] In systematischer Hinsicht ist § 80 Abs. 1 im eröffneten Verfahren das Pendant zu § 22 Abs. 1 im Eröffnungsverfahren. Beide Normen dienen demselben Zweck, Einwirkungsmöglichkeiten des Schuldners auf die (spätere) Masse auszuschalten und damit die gemeinschaftliche Befriedigung der Insolvenzgläubiger zu sichern. Diese Inhalts- und Schrankenbestimmung i.S.v. Art. 14 Abs. 1 Satz 2 GG ist grds. zulässig, begegnet aber Bedenken bei Eröffnungsentscheidungen nach § 18, wenn der Schuldner die Eigenverwaltung (§ 270) beantragt hatte. Diesen Bedenken wurde durch das ESUG Rechnung getragen (§ 270a Abs. 1, 2).

---

1 BT-Drucks. 12/2443, 22 f., 135; BT-Drucks. 12/7302, 33.
2 *Häsemeyer* Insolvenzrecht Rn. 9.03.

B. Insolvenzverwaltertheorien

2 Wie die Stellung des Insolvenzverwalters dogmatisch zu fassen ist, ist seit Jahrzehnten umstritten. Die Rechtsprechung[3] geht von der sog. **Amtstheorie** aus, die auch im Schrifttum[4] zahlreiche Anhänger hat und § 116 Abs. 1 Nr. 1 ZPO zugrunde liegt.[5] Im Strafrecht wird der Insolvenzverwalter dagegen als gesetzlicher Vertreter i.S.v. § 14 Abs. 1 Nr. 3 StGB angesehen.[6] Die Amtstheorie geht davon aus, dass der Insolvenzverwalter in Erfüllung der ihm auferlegten gesetzlichen Verpflichtungen materiell-rechtlich und prozessual im eigenen Namen handelt, jedoch mit Wirkung für und gegen die Masse.[7] Freilich kommt dieser »Theorie« nur deskriptive Funktion zu; eine taugliche Grundlage für konkrete Ableitungen kann und will sie nicht sein.[8] Darüber hinaus kann die Amtstheorie etwa den gutgläubigen Erwerb massefremder Sachen vom Insolvenzverwalter nach § 932 BGB nur mit der petitio principii erklären, der gute Glaube müsse sich hier auf das Recht des Schuldners beziehen.[9]

3 Die **modifizierte Vertretertheorie**, die sich auf Entscheidungen des Reichsgerichts zu Auslandskonkursen stützt,[10] sieht den Insolvenzverwalter in der Verbandsinsolvenz als Organ des (aufgelösten) Verbandes.[11] Die bisherigen Organe sollen jedoch im Amt bleiben und den Verband im sog. Schuldnerbereich vertreten, also etwa bei der Wahrnehmung der Rechte aus §§ 218 Abs. 1 Satz 2, 232 Abs. 1 Nr. 2, 247.[12] Bei natürlichen Personen soll der Insolvenzverwalter dagegen im Massebereich gesetzlicher Vertreter des Schuldners sein,[13] was bei § 31 BGB zum Rückgriff »auf den allgemeinen Gedanken der Repräsentation« nötigt.[14] Macht ein freiberuflicher Schuldner geltend, dass ein Gegenstand nach § 811 Abs. 1 Nr. 5 ZPO i.V.m. § 36 nicht zur Masse gehört,[15] müsste er Kläger und Beklagter sein.[16] In sachlicher Hinsicht soll mit dieser Theorie unter anderem begründet werden, dass es in der Verbandsinsolvenz kein insolvenzfreies Vermögen geben könne.[17] Dies widerspricht zum Teil ausdrücklichen Normen (§ 30 Abs. 1 PfandBG) und auch im Übrigen der Rechtsprechung.[18] Da zudem die Vorstellung, dass das Organ des schuldnerischen Verbandes insolvenz-

---

3 Vgl. etwa BVerfG 19.10.1983, 2 BvR 485/80 u.a., BVerfGE 65, 182 (190); BGH 27.10.1983, I ARZ 334/83, BGHZ 88, 331 (334); 18.03.2010, I ZR 158/07, BGHZ 185, 11 Rn. 40 m.w.N. – »Modulgerüst II«; BVerwG 04.07.1969, VII C 52.68, BVerwGE 32, 316 (321); BAG 21.09.2006, 2 AZR 573/05, NJW 2007, 458 Rn. 21; BFH 30.11.2004, VII R 78/03, ZIP 2005, 954.

4 *Häsemeyer* Insolvenzrecht Rn. 15.06; Nerlich/Römermann/*Wittkowski* Rn. 40; Jaeger/*Windel* Rn. 15; Kübler/Prütting/Bork/*Lüke* Rn. 37; *Uhlenbruck* Rn. 80.

5 Vgl. BT-Drucks. 8/3068, 25.

6 Schönke/Schröder/*Perron* § 14 StGB Rn. 24.

7 Vgl. grundlegend RG 30.03.1892, V 255/91, RGZ 29, 29 (36); ergänzend BGH 06.05.1965, II ZR 217/62, BGHZ 44, 1 (4); 27.10.1983, I ARZ 334/83, BGHZ 88, 331 (334); 26.01.2006, IX ZR 282/03, ZInsO 2006, 260; *Weber* KTS 1955, 102 (103); *Henckel* ZIP 1991, 133 (134); *Häsemeyer* Insolvenzrecht Rn. 15.06; Jaeger/*Windel* Rn. 216 ff.; MüKo-InsO/*Ott/Vuia* Rn. 35; Kübler/Prütting/Bork/*Lüke* Rn. 37.

8 So ausdrücklich *Häsemeyer* Insolvenzrecht Rn. 15.07; HK-InsO/*Kayser* Rn. 14 sieht darin sogar den Vorteil dieser »Theorie«.

9 So Jaeger/*Windel* Rn. 24.

10 RG 21.01.1885, I 432/84, RGZ 14, 412 (417) zu Luxemburg; RG 28.09.1885, V 68/85, RGZ 16, 337 (338) zu Schweden, wo die Konkursmasse nach BGH 21.11.1996, IX ZR 148/95, BGHZ 134, 116 (118) Rechtssubjektqualität hat.

11 So *K. Schmidt* KTS 1984, 345 (368); ders. Wege zum Insolvenzrecht der Unternehmen, 1990, S. 106 ff.; ders. KTS 2001, 373 (374 ff.); *W. Schulz* KTS 1986, 389 (399 ff.); dagegen umfassend *H.-F. Müller* Der Verband in der Insolvenz, 2002, S. 55 ff.

12 *K. Schmidt* KTS 2001, 373 (376).

13 *K. Schmidt* KTS 1984, 345 (370 f.).

14 *K. Schmidt* KTS 1984, 345 (394) unter zweifelhaftem Verweis auf § 3 HPflG, § 485 HGB a.F. und § 3 BinnSchG.

15 Vgl. AG Köln 14.04.2003, 71 IN 25/02, NZI 2003, 387 (388) zum Inventar einer Arztpraxis. Vgl. i.E. § 36.

16 So *Bork* ZInsO 2001, 210 (211); *Pohle* MDR 1956, 639 (640) wollte diese Anomalie dagegen hinnehmen.

17 Vgl. etwa *K. Schmidt* ZIP 2000, 1913 (1916 f.).

18 BGH 05.07.2001, IX ZR 327/99, BGHZ 148, 252 (258 f.); 21.04.2005, IX ZR 281/03, BGHZ 163, 32 (34 ff.).

spezifische Pflichten gegenüber den Gläubigern hat, nicht überzeugt, ist auch dieser Theorie nicht zu folgen.

Die **Organtheorie** sieht die Insolvenzmasse als eigenständiges Rechtssubjekt und den Insolvenzverwalter als ihr Vertretungsorgan.[19] Zwar entspricht dies so nicht dem geltenden Recht, weil die dingliche Zuordnung des Vermögens des Schuldners unberührt bleibt.[20] Daher setzt die Freigabe kein zweiseitiges Rechtsgeschäft voraus,[21] sondern vollzieht sich durch einseitige Erklärung des Insolvenzverwalters.[22] Dies ändert aber nichts an der Tauglichkeit der Organtheorie als Gedankenmodell,[23] das etwa die Anwendbarkeit von § 31 BGB gut erklären kann.[24] Dass die (scheinbare) Freigabe einer massefremden Sache keinen gutgläubigen Erwerb des Schuldners begründet, steht nicht entgegen,[25] solange kein Verkehrsgeschäft vorliegt.[26] Auch die Streichung von § 419 BGB a.F. widerspricht der Organtheorie nicht,[27] wenn man sich die Insolvenzgläubiger, die die Insolvenzmasse finanziert haben, als Eigenkapitalgeber denkt und die Massegläubiger als Fremdkapitalgeber. 4

C. Anwendungsbereich

In § 80 Abs. 1 wird dem Schuldner ein absolutes Verfügungsverbot auferlegt (zu den Einzelheiten vgl. §§ 81, 82). Diese Rechtsfolge trifft in gleichem Maße natürliche Personen und die zur Vertretung im Rechtsverkehr berufenen Organe von juristischen Personen und Personenhandelsgesellschaften. Diese Wirkung kann zwar erst eintreten, wenn der Eröffnungsbeschluss durch die Hinausgabe aus dem inneren Geschäftsgang des Insolvenzgerichts oder durch telefonische Mitteilung rechtlich zu existieren beginnt,[28] wird aber auf den im Eröffnungsbeschluss angegebenen Zeitpunkt (§ 27 Abs. 2 Nr. 3, Abs. 3), der nicht zwingend mit der Unterzeichnung des Beschlusses übereinstimmen muss,[29] zurückbezogen.[30] Dagegen ist weder die Bekanntmachung (§ 30)[31] noch die Vornahme massebezogener Handlungen durch den Insolvenzverwalter erforderlich.[32] 5

Die Wirkung endet mit der Verfahrenseinstellung (§ 215 Abs. 2 Satz 1), der Aufhebung des Verfahrens nach der Bestätigung eines Insolvenzplans (§ 259 Abs. 1 Satz 2) oder mit der echten **Freigabe** einzelner Massegegenstände,[33] die in §§ 32 Abs. 3, 35 Abs. 2, 3, 85 Abs. 2 vorausgesetzt wird[34] und 6

---

19 *Bötticher* ZZP 71 (1958), 318 ff.; *Erdmann* KTS 1967, 87 ff.; *Stürner* ZZP 94 (1981), 263 (288); *Pawlowski* JuS 1990, 378 (380).
20 RG 30.03.1892, V 255/91, RGZ 29, 29 (36); BGH 06.05.1965, II ZR 217/62, BGHZ 44, 1 (4); 27.10.1983, I ARZ 334/83, BGHZ 88, 331 (334); 26.01.2006, IX ZR 282/03, ZInsO 2006, 260 Rn. 6; *Weber* KTS 1955, 102 (103); *Henckel* ZIP 1991, 133 (134); *Häsemeyer* Insolvenzrecht Rn. 15.06; Jaeger/*Windel* Rn. 216 ff.; MüKo-InsO/*Ott/Vuia* Rn. 35; Kübler/Prütting/Bork/*Lüke* Rn. 5, 35.
21 So aber *Erdmann* KTS 1967, 87 (111).
22 BGH 05.10.1994, XII ZR 53/93, BGHZ 127, 156 (163); 01.02.2007, IX ZR 178/05, ZIP 2007, 1020 Rn. 18; *Stürner* ZZP 94 (1981), 263, (293).
23 So bereits *Stürner* ZZP 94 (1981), 263, (288).
24 So bereits *Bötticher* ZZP 77 (1964), 55, (71 ff).
25 So aber *Häsemeyer* Insolvenzrecht Rn. 15.05.
26 So schon *Erdmann* KTS 1967, 87 (111). Nach herrschender Meinung soll dasselbe aber auch bei einer entgeltlichen Freigabe gelten. Vgl. *Stürner* ZZP 94 (1981), 263 (293); Jaeger/*Windel* Rn. 36. Dieses Ergebnis lässt sich aber nur haftungsrechtlich begründen und weder aus der Organ- noch aus der Amtstheorie ableiten.
27 Insoweit a.A. Jaeger/*Windel* Rn. 275.
28 Vgl. BGH 27.10.1999, XII ZB 18/99, NJW-RR 2000, 877 (878); 01.04.2004, IX ZR 117/03, NJW-RR 2004, 1575.
29 Jaeger/*Schilken* § 27 Rn. 30 m.w.N. in Fn. 95.
30 HK-InsO/*Kayser* Rn. 5.
31 Vgl. BGH 12.06.1968, VIII ZR 92/66, BGHZ 50, 242 (245).
32 BGH 05.10.1994, XII ZR 53/93, BGHZ 127, 156 (162 f.).
33 BGH 05.10.1994, XII ZR 53/93, BGHZ 127, 156 (163); 21.04.2005, IX ZR 281/03, BGHZ 163, 32 (37); 19.01.2006, IX ZR 232/04, BGHZ 166, 74 Rn. 25; 18.04.2013, IX ZR 165/12, ZIP 2013, 1181 Rn. 12.
34 MüKo-InsO/*Ott/Vuia* Rn. 65.

auch bei **Verbandsinsolvenzen**[35] sowie bei Anordnung der **Eigenverwaltung zulässig** ist.[36] Eine echte Freigabe liegt nicht vor, wenn der wirtschaftliche Wert der Sache oder des Rechts der Insolvenzmasse erhalten bleiben soll (sog. **modifizierte Freigabe**). Dies kann geschehen, wenn der Insolvenzverwalter den Schuldner **verfahrensrechtlich** ermächtigt, ein massebefangenes Recht im eigenen Namen wie ein Prozessstandschafter geltend zu machen (vgl. Rdn. 20), oder im Falle einer treuhänderischen Freigabe,[37] etwa wenn der Schuldner einen mit Absonderungsrechten belasteten Gegenstand im Interesse des gesicherten Gläubigers und der Masse verwertet.[38] An einer Freigabe fehlt es auch, wenn ein massefremder Gegenstand an einen Aussonderungsberechtigten herausgegeben wird (§ 47)[39] oder der Insolvenzverwalter lediglich auf sein Verwertungsrecht verzichtet (§ 170 Abs. 2).[40] Dagegen liegt in der sog. **erkauften Freigabe**, für die der Schuldner eine Gegenleistung erbringt,[41] eine echte Freigabe.

7 Der Insolvenzbeschlag wird auch in den atypischen Fällen beendet, in denen die Aufhebung des Verfahrens der Schlussverteilung folgt (§ 200) und nachträglich Beträge zur (früheren) Masse zurückfließen oder (zuvor) massebefangenes Vermögen ermittelt wird. Hier führt die Anordnung der Nachtragsverteilung (§ 203 Abs. 1 Nr. 2, 3) zu einem erneuten Insolvenzbeschlag.[42] Dagegen besteht der Insolvenzbeschlag im Übrigen fort. In der Verbandsinsolvenz obliegt die Verwaltung und Verfügung dann wieder den zuständigen Organen. In sachlicher Hinsicht beansprucht § 80 Abs. 1 nach dem Grundsatz der Universalität Wirkung auf das gesamte pfändbare Vermögen des Schuldners (§§ 35 Abs. 1, 36) im In- und Ausland,[43] steht bei Auslandsvermögen aber unter dem Vorbehalt der Anerkennung durch die lex rei sitae. Außerhalb von Art. 16 EuInsVO (EU ohne Dänemark) ist häufig eine gesonderte Anerkennungsentscheidung erforderlich.[44]

8 Wird Eigenverwaltung angeordnet, ist § 80 Abs. 1 nicht anwendbar. Im vereinfachten Insolvenzverfahren, das keine Eigenverwaltung kennt (§ 312 Abs. 2), ist § 80 Abs. 1 dagegen zwingend anwendbar, auch wenn die Verwaltungs- und Verfügungsbefugnis dort auf den Treuhänder i.S.v. § 292 übergeht (§ 313 Abs. 1 Satz 1).

D. Rechtsstellung des Schuldners

9 § 80 Abs. 1 ändert nichts daran, dass der Schuldner geschäftsfähig bleibt und insb. neue Verpflichtungen einschließlich Scheck- und Wechselverbindlichkeiten eingehen kann. Das Protestprivileg in Art. 44 Abs. 6 WG kann seinem Sinn und Zweck nach in diesem Fall nicht greifen. Da die Neugläubiger grds. weder Masse- noch Insolvenzgläubiger sind, aber der pfändbare Neuerwerb massebefangen ist, ist die Zwangsvollstreckung gegen den Schuldner persönlich nur in Ausnahmefällen möglich. Bei freiberuflicher Tätigkeit soll nunmehr § 35 Abs. 2, 3 abhelfen. Auch die Partei- und Prozess-

---

35 BGH 28.03.1996, IX ZR 77/95, ZIP 1996, 842 (844); 05.07.2001, IX ZR 327/99, BGHZ 148, 252 (258 f.); 21.04.2005, IX ZR 281/03, BGHZ 163, 32 (34 ff.); 26.01.2006, IX ZR 282/03, ZInsO 2006, 260 Rn. 14; a.A. etwa *W. Schulz* KTS 1984, 389 (399); *K. Schmidt* KTS 1994, 309 (315 f.); Jaeger/*Müller* § 35 Rn. 148; OVG Greifswald 06.01.1997, 3 L 94/96, NJW 1998, 175 (178).
36 MüKo-InsO/*Wittig/Tetzlaff* § 270 Rn. 67a.
37 Kübler/Prütting/Bork/*Lüke* Rn. 96; Uhlenbruck/*Hirte* § 35 Rn. 87.
38 BFH 24.09.1987, V R 196/83, BFHE 151, 99 (101 ff.); 12.05.1993, XI R 49/90, ZIP 1993, 1247 (1248) dort zur Umsatzsteuerpflicht.
39 Nerlich/Römermann/*Wittkowski* Rn. 98; Kübler/Prütting/Bork/*Lüke* Rn. 58.
40 MüKo-InsO/*Ott/Vuia* Rn. 66.
41 Kübler/Prütting/Bork/*Lüke* Rn. 95; MüKo-InsO/*Ott/Vuia* Rn. 66.
42 Vgl. MüKo-InsO/*Hintzen* § 203 Rn. 21.
43 BGH 30.04.1992, IX ZR 233/90, BGHZ 118, 151 (159).
44 Dies gilt entsprechend Art. 15 des UNCITRAL-Modellgesetzes v. 30.01.1998 (A/RES/52/158) etwa für die USA (11 U.S.C. §§ 1509, 1515). In der Schweiz zielt der Antrag auf Anerkennung (Art. 166 IPRG) dagegen *nicht auf die Wirkungserstreckung des deutschen Verfahrens*, sondern auf die Eröffnung eines Partikularverfahrens nach schweizerischem Recht (Art. 170 IPRG). Zu Einzelheiten vgl. etwa *Kuhn* ZInsO 2010, 607 ff.

fähigkeit des Schuldners bleibt unberührt, auch wenn ihm die Prozessführungsbefugnis nur hinsichtlich des nicht (mehr) massebefangenen Vermögens und der nichtvermögenswerten Rechte verbleibt.

Der Wechsel der Verwaltungs- und Verfügungsbefugnis ändert auch nichts an der dinglichen Zuordnung des Vermögens des Schuldners,[45] der auch Inhaber der vom Insolvenzverwalter infolge seiner Verwaltungstätigkeit zur Masse hinzuerworbenen Vermögenswerte wird.[46] Der Insolvenzverwalter ist jedoch gesetzlich zu allen Maßnahmen berechtigt und verpflichtet, die die Konkursmasse betreffen und irgendwie geeignet sein können, den Interessen der Beteiligten zu dienen.[47] Verfügungen, zu denen neben dinglichen Rechtsgeschäften auch die Ausübung von Gestaltungsrechten (Kündigung; Widerruf; Anfechtung; Rücktritt) zählen, wirken unmittelbar für und gegen den Schuldner. Bei Rechten an Grundstücken ist daher der Schuldner als Berechtigter mit dem entsprechenden Vermerk (§ 32 Abs. 1 Nr. 1) im Grundbuch einzutragen.[48] 10

Obligatorische Rechtsgeschäfte berechtigen und verpflichten unmittelbar den Schuldner. Dasselbe gilt für gesetzliche Schuldverhältnisse und damit auch für Ansprüche aus § 60, wenn der Insolvenzverwalter die Masse geschädigt hat.[49] 11

Umstritten ist, ob der Schuldner für die vom Insolvenzverwalter begründeten Masseverbindlichkeiten nach Einstellung oder Aufhebung des Verfahrens unbeschränkt haftet oder bloß mit der verbliebenen Masse. Einigkeit besteht über die unbeschränkte Haftung für Verbindlichkeiten aus schwebenden Verträgen (§§ 103 ff.), die als Masseverbindlichkeiten fortbestehen (§ 55 Abs. 1 Nr. 2). Für die unbeschränkte Haftung darüber hinaus spricht prima facie § 788 ZPO.[50] Gleichwohl überzeugt der von der herrschenden Auffassung vertretene Gegenstandpunkt,[51] weil Masseverbindlichkeiten bei der Fortführung eines Unternehmens nicht mit den Kosten der Zwangsvollstreckung gleichgesetzt werden können. Daher haftet der Schuldner nur für die Kosten des Insolvenzverfahrens (§ 54) unbeschränkt mit seinem ganzen Vermögen. Titel gegen den Insolvenzverwalter müssen analog §§ 325, 727 ZPO gegen den Schuldner umgeschrieben werden.[52] Dagegen wird eine Gesellschafterhaftung nach § 128 HGB für die Kosten und die vom Insolvenzverwalter begründeten Masseverbindlichkeiten im Insolvenzverfahren der Gesellschaft verneint (vgl. § 93 Rdn. 9).[53] 12

E. Rechtsstellung des Insolvenzverwalters

I. Bürgerliches Recht

Der Insolvenzverwalter tritt mit der Eröffnung des Insolvenzverfahrens in sämtliche **Vermögensrechtspositionen** des Schuldners ein und ist **empfangszuständig** für alle **Willenserklärungen**, die gegenüber dem Schuldner abzugeben sind (§§ 143, 349 BGB). Wenn Willenserklärungen trotz der (vorläufigen) Postsperre (§§ 21 Abs. 2 Satz 1 Nr. 4, 99) dem Insolvenzverwalter nicht (fristgerecht) 13

---

45 Vgl. schon RG 04.11.1902, VII 259/02, RGZ 53, 8 (9); BVerwG 13.10.1961, IV C 405.58, BVerwGE 13, 120, (122).
46 Vgl. schon RG 21.10.1902, VII 133/02, RGZ 52, 330 (333); 24.01.1903, V 362/02, RGZ 53, 350 (352); BayObLG 07.08.1980, BReg 2 Z 55/80, ZIP 1981, 41 (42).
47 BGH 04.06.1996, IX ZR 261/95, ZIP 1996, 1307.
48 Jaeger/*Windel* Rn. 235; Nerlich/Römermann/*Wittkowski* Rn. 14.
49 RG 25.11.1911, VI 571/10, RGZ 78, 186 (188). Im Insolvenzverfahren ist vorrangig § 92 S. 2 zu beachten.
50 Jaeger/*Windel* Rn. 44; Uhlenbruck Rn. 84; *Häsemeyer* Insolvenzrecht Rn. 25.30 f. Für das Konkursrecht auch *Hahn/Mugdan* Die gesamten Materialien zur Konkursordnung, 1881, 604 f. Im Ergebnis auch *Runkel/Schnurbusch* NZI 2000, 49 (56 f.).
51 BGH 25.11.1954, IV ZR 81/54, NJW 1955, 339; wohl auch BGH 13.07.1964, II ZR 218/61, WM 1964, 1125; *Sieveking* Die Haftung des Gemeinschuldners für Masseansprüche, 29, 34 ff.; *M. Schmidt* Der Gemeinschuldner als Schuldner der Masseverbindlichkeiten, 120; *Stürner* ZZP 94 (1981), 263, 294; MüKo-InsO/*Ott/Vuia* Rn. 8 f.; FK-InsO/*App* Rn. 7.
52 Stein/Jonas/*Münzberg* § 727 ZPO Rn. 27.
53 BGH 24.09.2009, IX ZR 234/07, NJW 2010, 69 Rn. 10 ff., 19 ff. im Anschluss an *K. Schmidt* ZHR 152 (1988), 105 (115 f.).

zugehen, werden sie grds. nicht wirksam (§ 130 Abs. 1 Satz 1 BGB). Bei fristgebundenen Willenserklärungen (vgl. §§ 121, 626 Abs. 2 BGB) muss analog § 82 die Erklärung gegenüber dem Schuldner genügen. Die an den Schuldner adressierten Erklärungen sind aber als Erklärungen gegenüber dem Insolvenzverwalter auszulegen (§ 133 BGB).

14 Mit Ausnahme der insolvenzspezifischen Vorschriften (§§ 103 ff., 129 ff.) kann der Verwalter für die Masse daher nicht mehr Rechte beanspruchen, als dem Schuldner selbst zugestanden haben. Daher können sämtliche Einreden und Einwendungen, die gegen den Schuldner erhoben werden konnten, auch gegenüber dem Insolvenzverwalter erhoben werden.[54] Dieser Topos ist auch in der Diskussion um den Lastschriftwiderspruch geltend gemacht worden[55] und unter der Geltung von § 675x Abs. 2 BGB auch zutreffend. Folgt man der These des BGH zur Unpfändbarkeit des Erstattungsanspruchs aus § 675x Abs. 1, 2 BGB analog § 377 BGB[56] nicht, wird man daher den Widerspruch als rechtmäßig ansehen können, wenn die Valutaforderung in anfechtbarer Weise erfüllt worden ist.[57]

15 Die vermögensrechtlichen Pflichten des Schuldners treffen den Insolvenzverwalter jedoch nur nach Maßgabe von §§ 38, 87. Daher konnte nach richtiger Auffassung vom Insolvenzverwalter die Genehmigung einer Lastschriftbuchung nicht verlangt werden, so dass der Widerspruch, der die Genehmigungsfiktion nach Nr. 7 Abs. 3 AGB-Banken 2002 ausschloss, nicht pflichtwidrig war.[58] Bei höchstpersönlichen Leistungspflichten natürlicher Personen wie Auftragswerken eines Künstlers ist gegenüber dem Insolvenzverwalter das Vermögensinteresse geltend zu machen (§ 45). Persönliche Pflichten nichtvermögensrechtlicher Art wie der Widerruf ehrverletzender Behauptungen sind vom Insolvenzverwalter dagegen nicht zu berücksichtigen, weil dieser nur in die vermögensrechtliche Position des Schuldners einrückt. Wird der Schuldner persönlich auf Herausgabe einer in seinem Besitz befindlichen Sache in Anspruch genommen, kann er sich ungeachtet § 80 Abs. 1 selbst auf ein Leistungsverweigerungsrecht berufen.[59] Mit Blick auf § 82 kann dies aber nur mit der Maßgabe geschehen, dass die Gegenleistung in die Masse zu zahlen ist.[60]

16 Bei der Zurechnung von Willensmängeln, die zur Fehlerhaftigkeit rechtsgeschäftlicher Willenserklärungen führen können (Simulation, Irrtum, Täuschung), ist grds. nur die Person des Verwalters maßgeblich.[61] Hat der Schuldner vor Eröffnung des Verfahrens einen Vertragspartner arglistig getäuscht, ist er daher Dritter i.S.v. § 123 Abs. 2 Satz 1 BGB.[62] Kommt es im Einzelfall bspw. für den gutgläubigen Erwerb auf Kenntnis oder Kennenmüssen bestimmter Umstände an (§§ 932, 892, 1138 BGB), gilt das Gleiche wie bei der Zurechnung von Willensmängeln.[63] Daher wird ein Gegenstand auch dann Massebestandteil, wenn der Schuldner oder sein organschaftlicher Vertreter Kenntnis von dem Mangel im Recht des Veräußerers hatte.[64]

17 Das Amt des Insolvenzverwalters ist grds. höchstpersönlicher Natur, wie die Beschränkung auf natürliche Personen zeigt (§ 56 Abs. 1 Satz 1). Die Frage, inwieweit er einzelne Aufgaben auf Dritte

---

54 BGH 28.02.1957, VII ZR 204/56, BGHZ 24, 16 (18) zur Schiedsabrede; 06.05.1965, II ZR 217/62, BGHZ 44, 1 (4) zur Leistungsfreiheit einer Versicherung; 27.05.1971, VII ZR 85/69, BGHZ 56, 228 (230) zu § 399 Alt. 2 BGB; 07.12.1988, IVb ZR 93/87, BGHZ 106, 169 (175) zu § 817 Satz 2 BGB (insoweit gegen BGH 21.12.1954, IV ZR 36/55, BGHZ 19, 338 [340]); 29.11.1990, IX ZR 29/90, BGHZ 113, 98 (100) zu § 814 BGB; 15.12.1994, IX ZR 252/93, ZIP 1995, 225 (226) zu §§ 813, 821 BGB.
55 *Bork* ZIP 2004, 2446 (2447).
56 So BGH 20.07.2010, XI ZR 236/07, BGHZ 186, 269 Rn. 30.
57 Vgl. im Einzelnen § 81 Rn. 6a.
58 Vgl. *Piekenbrock* KTS 2007, 179 (190).
59 BGH 15.03.2013, V ZR 201/11, ZIP 2013, 890 Rn. 12 ff.
60 BGH 15.03.2013, V ZR 201/11, ZIP 2013, 890 Rn. 16.
61 Nerlich/Römermann/*Wittkowski* Rn. 44; *Uhlenbruck* Rn. 85; Kübler/Prütting/Bork/*Lüke* Rn. 24.
62 MüKo-InsO/*Ott/Vuia* Rn. 36; Nerlich/Römermann/*Wittkowski* Rn. 36; Kübler/Prütting/Bork/*Lüke* Rn. 24.
63 MüKo-InsO/*Ott/Vuia* Rn. 37.
64 *Uhlenbruck* Rn. 86; Kübler/Prütting/Bork/*Lüke* Rn. 25.

delegieren kann, ist keine nach § 80 Abs. 1 zu beantwortende Frage des rechtlichen Könnens, sondern des rechtlichen Dürfens. Etwas anderes gilt nur für insolvenzspezifische Aufgaben wie die Ausübung des Wahlrechts nach § 103.[65] Im Außenverhältnis kann sich der Insolvenzverwalter der Handlungsform der Vollmacht bedienen (zur Prokura vgl. Rdn. 23). Auf Rechtsgeschäfte, die der Insolvenzverwalter mit sich selbst vornimmt, ist § 181 BGB jedenfalls entsprechend anwendbar.[66] Die Genehmigung kann nur ein dazu eingesetzter Sonderverwalter erteilen.[67] Dagegen soll § 181 BGB bei einem Vertrag, durch den der Verwalter die Masse gegenüber einer juristischen Person verpflichtet, an der er selbst rechtlich oder wirtschaftlich maßgeblich beteiligt ist, nicht einschlägig sein.[68] Daher kann der Insolvenzverwalter seine eigene Sozietät wirksam mandatieren.[69]

II. Prozessrecht

Mit der Verwaltungs- und Verfügungsbefugnis geht auch die **Prozessführungsbefugnis** hinsichtlich des massebefangenen Vermögens auf den Insolvenzverwalter über,[70] der zwar wie jeder andere Prozessstandschafter selbst Partei wird (zu den Auswirkungen auf anhängige Prozesse vgl. § 85 Rdn. 2 ff.), aber – insoweit atypisch – auch hinsichtlich der Kosten nur die Masse verpflichtet.[71] Aktivklagen der Masse muss der Insolvenzverwalter daher im eigenen Namen selbst erheben und wird allein Partei des Prozesses. Dabei wird er aber nur bei Zusatz seiner Verwalterstellung Partei kraft Amtes, andernfalls persönlich.[72] Bei Passivprozessen etwa aus Masseverbindlichkeiten oder auf Aussonderung ist der Insolvenzverwalter als solcher zu verklagen. Das Prozessergebnis bindet den Insolvenzverwalter nicht persönlich und den Schuldner bei Passivprozessen gegen die Masse wie bei Feststellungen zur Tabelle (§ 201 Abs. 2) nur hinsichtlich seines massebefangenen Vermögens.[73] Allgemeiner Gerichtsstand ist dabei der Sitz des Insolvenzgerichts (§ 19a ZPO).[74]

18

Da der **Schuldner** nicht Partei wird, kann er prinzipiell dem Insolvenzverwalter oder einem einer Forderungsanmeldung widersprechenden Gläubiger als **Nebenintervenient** beitreten. Hier folgt das rechtliche Interesse (§ 66 ZPO) sowohl bei Aktiv- und Passivprozessen als auch in Feststellungsverfahren zur Tabelle schon aus der Eigentümerstellung und der möglichen Nachhaftung (§ 201).[75] Darüber hinaus ist weder der persönliche Schuldner noch das geschäftsführende Organ einer Schuldnergesellschaft als Partei zu vernehmen (§ 455 Abs. 1 ZPO) und kann daher Zeuge sein (§ 373 ZPO).[76] Im Insolvenzverfahren selbst ist der Schuldner bzw. das Vertretungsorganmitglied aber nicht Zeuge,[77] sondern nur nach Maßgabe von §§ 97, 98, 101 Abs. 1 auskunftspflichtig. Jedenfalls soweit diese Auskunftspflicht reicht, ist der Schuldner in Masse- oder Feststellungsprozessen auch

19

---

65 Nerlich/Römermann/*Wittkowski* Rn. 66; Braun/*Kroth* Rn. 25.
66 So zum Testamentsvollstrecker BGH 29.04.1959, V ZR 11/58, BGHZ 30, 67 (69); 09.12.1968, II ZR 57/67, BGHZ 51, 209 (215); zum Insolvenzverwalter Kübler/Prütting/Bork/*Lüke* Rn. 26; MüKo-InsO/*Ott/Vuia* Rn. 38; *Jacoby* Das private Amt, 362 ff.; *Kögel/Loose* ZInsO 2006, 17 (19).
67 OLG Frankfurt 02.03.1976, 20 W 799/75, BB 1976, 570 (571); *Uhlenbruck* Rn. 87; MüKo-InsO/*Ott/Vuia* Rn. 39.
68 So BGH 24.01.1991, IX ZR 250/89, BGHZ 113, 262 (270).
69 *Jacoby* ZIP 2005, 1060 ff.
70 Vgl. schon RG 01.07.1890, II 116/90, RGZ 26, 66 (68); 19.10.1900, VII 176/00, RGZ 47, 372 (374).
71 Vgl. dazu *Jacoby* Das private Amt, 80.
72 MüKo-InsO/*Ott/Vuia* Rn. 77.
73 Wie hier etwa *Häsemeyer* Insolvenzrecht Rn. 13.29; MüKo-InsO/*Ott/Vuia* Rn. 39; für umfassende Bindung des Schuldners Jaeger/*Windel* Rn. 191; *Uhlenbruck* Rn. 114.
74 BGH 27.10.1983, I ARZ 334/83, BGHZ 88, 331 (333 f.) ist damit überholt. Zu Aussonderungsklagen vgl. BayObLG 17.01.2003, 1Z AR 162/02, ZIP 2003, 541 (542).
75 So auch Stein/Jonas/*Bork* § 66 ZPO Rn. 13; a.A. Nerlich/Römermann/*Wittkowski* Rn. 30, der einen zu erwartenden Überschuss verlangt.
76 So schon RG 30.03.1892, V 255/91, RGZ 29, 29 (30).
77 So schon BGH 02.12.1952, 1 StR 437/52, NJW 1953, 151.

nicht analog § 383 Abs. 1 Nr. 1–3 ZPO zur Zeugnisverweigerung berechtigt.[78] Für die dort genannten Personen kommt es hingegen allein auf die Beziehung zum Schuldner an;[79] hier ist noch vom überkommenen materiellen Parteibegriff auszugehen.

20 Wird das **Insolvenzverfahren aufgehoben** oder **eingestellt**, erlangt der Schuldner die Prozessführungsbefugnis zurück und wird damit selbst Prozesspartei. Nach herrschender, vom BGH aber noch nicht bestätigter Auffassung werden laufende Prozesse über massebefangenes Vermögen dadurch analog § 239 ZPO unterbrochen bzw. sind nach § 246 ZPO auszusetzen.[80] Während des Insolvenzverfahrens hält die Rechtsprechung den Insolvenzverwalter für befugt, den Schuldner zu ermächtigen, ein massebefangenes Recht als gewillkürter Prozessstandschafter im eigenen Namen geltend zu machen, obwohl der Schuldner dann über ein eigenes Recht prozessiert.[81] Beansprucht der Insolvenzverwalter den streitbefangenen Vermögensgegenstand weiterhin für die Masse, liegt keine echte, sondern allenfalls eine sog. »modifizierte« Freigabe[82] vor. Wie üblich ist die gewillkürte Prozessstandschaft nur zulässig, wenn der Schuldner ein eigenes schutzwürdiges Interesse an der Prozessführung hat.[83] Dafür soll bei natürlichen Personen trotz der Möglichkeit einer Restschuldbefreiung die Nachhaftung (§ 201) genügen.[84] Dasselbe gilt bei Ungewissheit über die Massebefangenheit.[85] Dagegen ist die Prozessstandschaft unzulässig, wenn nur die Masse vor Kostenansprüchen bewahrt werden soll.[86] Daher kommt die gewillkürte Prozessstandschaft eines unternehmerischen Verbandes nur in Betracht, wenn Aussicht besteht, dass der Betrieb nach Beendigung des Insolvenzverfahrens fortgeführt werden kann.[87]

21 Gibt der Insolvenzverwalter einen massebefangenen Vermögensgegenstand während des Prozesses »vollständig« frei, will die bisherige höchstrichterliche Rechtsprechung den Prozess wie bei der Aufhebung des Insolvenzverfahrens mit dem Schuldner ohne Unterbrechung[88] fortsetzen.[89] Die im Schrifttum[90] herrschende und auch in der Instanzrechtsprechung[91] vermehrt vertretene Auffassung will dagegen zu Recht § 265 Abs. 2 ZPO entsprechend anwenden. Vom Denkansatz der Organtheorie her ist dies selbstverständlich.

---

78 So auch Jaeger/*Windel* Rn. 166; a.A. *Uhlenbruck* Rn. 13; Nerlich/Römermann/*Wittkowski* Rn. 32; für § 384 ZPO *Stürner* ZZP 94 (1981), 263, 297; *Häsemeyer* Insolvenzrecht Rn. 13.24.

79 Jaeger/*Windel* Rn. 163; Stein/Jonas/*Berger* § 383 ZPO Rn. 21 f.; für Angehörige des Schuldners und des Verwalters dagegen *Häsemeyer* Insolvenzrecht Rn. 13.25; Nerlich/Römermann/*Wittkowski* Rn. 32.

80 So etwa OLG Köln 21.05.1987, 12 U 94/86, ZIP 1987, 1004; LAG Hamm 29.08.1996, 4 Sa 208/96, KTS 1997, 318 (320); *Uhlenbruck* Rn. 109; Jaeger/*Windel* Rn. 206; MüKo-InsO/*Ott/Vuia* Rn. 80; a.A. Zöller/ *Greger* § 239 ZPO Rn. 7; offen BGH 10.02.1982, VIII ZR 158/80, BGHZ 83, 102 (104 f.); 07.02.1990, VIII ZR 98/89, NJW-RR 1990, 1213; 07.07.1993, IV ZR 190/92, BGHZ 123, 132 (134); a.A. noch RGZ 47, 372 (374).

81 BGH 29.05.1961, VII ZR 46/60, BGHZ 35, 180 (182 f.); 28.11.1962, V ZR 9/61, BGHZ 38, 281 (283), dort zur Nachlassverwaltung; BGH 24.06.1965, III ZR 219/63, KTS 1965, 236 (237); 19.03.1987, III ZR 2/86, ZIP 1987, 793 (794); a.A. schon *Weber* JZ 1963, 223 (225); abl. heute insb. *Häsemeyer* Insolvenzrecht Rn. 10.44; Jaeger/*Windel* Rn. 216 ff.

82 So *Weber* JZ 1963, 223 (225); BGH 19.03.1987, III ZR 2/86, ZIP 1987, 793 (794); krit. zur Terminologie zu Recht *Uhlenbruck* Rn. 111.

83 BGH 24.10.1985, VII ZR 337/84, BGHZ 96, 151 (156); 19.03.1987, III ZR 2/86, BGHZ 100, 217 (220).

84 BGH 19.03.1987, III ZR 2/86, BGHZ 100, 217 (220); Nerlich/Römermann/*Wittkowski* Rn. 28; MüKo-InsO/*Ott/Vuia* Rn. 81.

85 BGH 24.06.1965, III ZR 219/63, KTS 1965, 236 (237); *Uhlenbruck* Rn. 113; MüKo-InsO/*Ott/Vuia* Rn. 81; a.A. Jaeger/*Windel* Rn. 219; Nerlich/Römermann/*Wittkowski* Rn. 28.

86 BGH 24.10.1985, VII ZR 337/84, BGHZ 96, 151 (156); 19.03.1987, III ZR 2/86, BGHZ 100, 217 (221).

87 BGH 24.10.1985, VII ZR 337/84, BGHZ 96, 151 (156).

88 Insoweit a.A. Nerlich/Römermann/*Wittkowski* Rn. 53.

89 RG 01.03.1912, VII 423/11, RGZ 79, 27 (29); BGH 19.12.1966, VIII ZR 110/64, BGHZ 46, 249 (251 ff.); obiter auch BGH 07.07.1993, IV ZR 190/92, BGHZ 123, 132 (136); zust. HK-InsO/*Kayser* Rn. 23.

90 So schon *Grunsky* JZ 1967, 366 f.; vgl. heute Jaeger/*Windel* Rn. 211; *Uhlenbruck* Rn. 135; MüKo-InsO/ *Ott/Vuia* Rn. 80; *Häsemeyer* Insolvenzrecht Rn. 10.43.

91 OLG Nürnberg 02.02.1993, 3 U 3157/92, ZIP 1994, 144 (147).

Zustellungen, die die Insolvenzmasse betreffen, sind an den Insolvenzverwalter zu richten.[92] An den Schuldner bewirkte Zustellungen gehen dagegen ins Leere, weil dieser nach dem Wegfall der Verwaltungs- und Verfügungsbefugnis für massebezogene Erklärungen nicht der richtige Adressat ist.[93] Allerdings ist zu erwägen, ob nicht § 189 ZPO entsprechend anzuwenden ist, wenn das Schriftstück dem Verwalter etwa über die (vorläufige) Postsperre (§§ 21 Abs. 2 Satz 1 Nr. 4, 99) zugeht.[94] Dies kommt etwa im Falle des § 249 Abs. 3 ZPO zum Tragen, wenn ein Urteil nach Eröffnung des Insolvenzverfahrens dem Insolvenzverwalter zuzustellen ist. Bei einer Klageschrift, die im Passivrubrum noch den Schuldner ausweist, soll der Insolvenzverwalter aber auch bei Zustellung an ihn nicht Partei werden.[95] Aufgrund seines Amtes kann sich der Insolvenzverwalter mit Wirkung für die Masse der sofortigen **Zwangsvollstreckung** unterwerfen (§ 794 Abs. 1 Nr. 5 ZPO), nicht aber als Stellvertreter im Namen des Schuldners.[96] 22

III. Handelsrecht

Der Insolvenzverwalter, der ein Handelsgewerbe des Schuldners im eigenen Namen fortführt, unterliegt dem Handelsrecht. Er muss daher die Rügeobliegenheit aus § 377 HGB beachten und ist an kaufmännische Bestätigungsschreiben gebunden. Dafür muss man den Insolvenzverwalter entweder selbst als Kaufmann ansehen[97] oder den Massebezug seines Handelns genügen lassen.[98] Umstritten ist die Frage, ob der Insolvenzverwalter Prokura erteilen kann.[99] Die Antwort auf diese Frage, der trotz § 117[100] offenbar keine große praktische Bedeutung zukommt, war eindeutig negativ, solange die Unternehmensfortführung selbst als konkurswidrig angesehen worden ist.[101] Da die Unternehmensfortführung heute aber jedenfalls eine gleichwertige Alternative darstellt (§ 157 Satz 1), muss dem Insolvenzverwalter auch das dazu erforderliche handelsrechtliche Instrumentarium an die Hand gegeben werden, das zudem bei der Eigenverwaltung ohnehin zur Verfügung stünde. 23

IV. Arbeitsrecht

Im Arbeitsrecht ist zwar umstritten, ob der Insolvenzverwalter im Rahmen seiner Amtsstellung in die Stellung des Arbeitgebers einrückt oder nur die Arbeitgeberfunktionen für den Schuldner wahr- 24

---

92 RG 10.02.1904, V 336/03, RGZ 56, 396 (398 f.); MüKo-InsO/*Ott*/*Vuia* Rn. 77; Nerlich/Römermann/ *Wittkowski* Rn. 50.
93 MüKo-InsO/*Ott*/*Vuia* Rn. 77; Nerlich/Römermann/*Wittkowski* Rn. 50.
94 Insoweit a.A. Nerlich/Römermann/*Wittkowski* Rn. 50.
95 So BGH 05.10.1994, XII ZR 53/93, BGHZ 127, 156 (163); MüKo-InsO/*Ott*/*Vuia* Rn. 77; berechtigte Kritik bei *Gerhardt* ZZP 108 (1995), 390 (392); *K. Schmidt* NJW 1995, 911 (912 ff.) vom Standpunkt der Vertretertheorie; *Schöpflin* JR 1995, 505 (506).
96 So auch OLG Hamm 03.12.2012, 5 U 42/12, ZIP 2013, 788 (789).
97 Dagegen BGH 25.02.1987, VIII ZR 341/86, ZIP 1987, 584 (585), wo aber gleichwohl mit Blick auf ein kaufmännisches Bestätigungsschreiben ein kaufmännisches Handeln für möglich gehalten wird. Freilich genügt bei Bestätigungsschreiben schon ein Betrieb, der in größerem Umfang am Verkehrsleben teilnimmt. Vgl. BGH 27.10.1953, I ZR 111/52, BGHZ 1 (3); 26.06.1963, VIII ZR 61/62, BGHZ 40, 42 (44). Zum Nachlassverwalter vgl. BGH 04.03.1976, IV ZR 59/74, WM 1976, 564.
98 So Jaeger/*Windel* Rn. 67.
99 Dagegen BGH 04.12.1957, V ZR 251/56, WM 1958, 430 (431); Kübler/Prütting/Bork/*Lüke* Rn. 13; Nerlich/Römermann/*Wittkowski* Rn. 33; Jaeger/*Windel* Rn. 68, der nur Gattungshandlungsvollmachten nach § 54 Alt. 2 HGB zulassen will. Ähnlich schon OLG Düsseldorf bei *Obermüller* BB 1957, 412. Dafür MüKo-InsO/*Ott*/*Vuia* Rn. 103; *Uhlenbruck* Rn. 11; *K. Schmidt* Gesellschaftsrecht, S. 328; Koller/*Roth*/ Morck § 48 HGB Rn. 3; Staub/*Joost* § 48 HGB Rn. 15; Baumbach/Hopt/*Hopt* § 48 HGB Rn. 1.
100 Auch § 15 Abs. 3 HGB ist nach Eintragung der Eröffnung des Insolvenzverfahrens (§ 31 Nr. 1 InsO) bzw. der insolvenzbedingten Auflösung der Gesellschaft (§ 143 Abs. 1 Satz 2, 3 HGB; § 65 Abs. 1 Satz 2, 3 GmbHG) nicht einschlägig. Vgl. MüKo-InsO/*Ott*/*Vuia* § 117 Rn. 7; LG Halle (Saale) 01.09.2004, 11 T 8/04, NZI 2004, 631 (632).
101 So noch BGH 10.04.1979, VI ZR 77/77, NJW 1980, 55. Anders erstmals BGH 04.12.1986, IX ZR 47/86, BGHZ 99, 151 (155).

nimmt.[102] Im Ergebnis besteht jedoch Einigkeit, dass der Schuldner zwar Vertragspartner der Arbeitnehmer bleibt, aber nur der Insolvenzverwalter – vorbehaltlich § 35 Abs. 2, 3 – Adressat der gesetzlichen, tariflichen, betriebsverfassungsrechtlichen und individualarbeitsvertraglichen Rechte und Pflichten des Arbeitgebers ist. Kompetenzen und Funktionen, die nicht der Insolvenzverwalter, sondern nur der Schuldner wahrnehmen könnte, sind nicht ersichtlich. Er ist auch insoweit an die zum Zeitpunkt der Verfahrenseröffnung bestehende arbeitsrechtliche Rechtslage gebunden. Dem Insolvenzverwalter steht insb. kraft seiner Verwaltungsbefugnis das Direktionsrecht und das Recht zu Neueinstellungen als auch kraft seiner Verfügungsbefugnis das Kündigungsrecht zu.[103] Die insolvenzbedingte Krise des Unternehmens kann jedoch den bei der Ausübung des Direktionsrechts zu Art, Ort und Zeit der Tätigkeiten bestehenden Ermessensspielraum erweitern.[104]

25 Die (Brutto-)**Entgeltansprüche**[105] sind im eröffneten Verfahren zwingend als **Masseverbindlichkeit** zu berichtigen (§§ 53, 55 Abs. 1 Nr. 2). Dasselbe gilt für **Freistellungsansprüche** des Arbeitnehmers bei Drittschäden nach Verfahrenseröffnung[106] und die Vergütung für die eigene Verwertung von **Diensterfindungen** (§ 27 Nr. 2 ArbnErfG). Beim Übergang der Verwaltungs- und Verfügungsbefugnis im Eröffnungsverfahren (§ 22 Abs. 1 Satz 1) kommt dagegen statt der Erfüllung der Entgeltansprüche aus Eigenmitteln ein **Vorschuss** (§§ 183 Abs. 1 Satz 1, 186 SGB III) oder die **Vorfinanzierung des Insolvenzgeldes** durch Kreditinstitute mit vorheriger Zustimmung der Arbeitsagentur in Betracht (§ 188 Abs. 4 SGB III).[107] Die übergegangenen Ansprüche (§ 187 Satz 1 SGB III) sind dann nur Insolvenzforderungen (§ 55 Abs. 3 Satz 1). Dasselbe gilt für die (treuhänderisch) bei der Einzugsstelle verbleibenden Gesamtsozialversicherungsbeiträge[108] (§ 55 Abs. 3 Satz 2). Dagegen sind Anträge auf **Vorschuss** auf das Insolvenzgeld (§§ 186, 328 Abs. 1 Satz 3 SGB III) im Eröffnungsverfahren und damit vor dem Insolvenzereignis nicht zielführend.[109]

26 Darüber hinaus treffen den Insolvenzverwalter die arbeitsrechtlichen **Informations-, Schutz- und Fürsorgepflichten**. So ist der Insolvenzverwalter verpflichtet, den Betriebsrat und die einzelnen Arbeitnehmer über das Verfahrensziel zu informieren. Die Pflicht, den Arbeitnehmer vor Schädigung am Arbeitsplatz zu schützen, besteht neben den öffentlich-rechtlichen Schutzpflichten aus Unfallverhütungsvorschriften der Berufsgenossenschaft. Darüber hinaus muss der Insolvenzverwalter **Einsicht in Personalakten** gewähren und falsche Eintragungen berichtigen.[110] Arbeitnehmer, die noch vor der Eröffnung des Insolvenzverfahrens Kündigungsschutzklage gegen den Schuldner erhoben haben, sind unmittelbar von der Verfahrenseröffnung zu unterrichten. Dagegen sind Auskunftsansprüche aus Arbeitsverhältnissen, die vor Eröffnung des Insolvenzverfahrens beendet worden sind, auch dann gegen den Schuldner persönlich zu richten, wenn sie zur Klärung von Schadensersatzansprüchen gegen ihn oder dessen Organ dienen sollen; ein solcher Auskunftsanspruch leitet sich nicht als Nebenpflicht aus einer Insolvenzforderung ab.[111]

27 Zur **Erteilung von Arbeitszeugnissen** ist der Insolvenzverwalter verpflichtet, wenn das Arbeitsverhältnis nach Verfahrenseröffnung endet. Dies gilt auch für den Zeitraum vor Verfahrenseröffnung. Soweit dem Insolvenzverwalter die erforderlichen Informationen für ein qualifiziertes Zeugnis fehlen, muss er seine Rechte aus § 97 wahrnehmen (vgl. § 97 Rdn. 4).[112] Dasselbe gilt nach h.M. auch,

---

102 Vgl. *Uhlenbruck* Rn. 92; MüKo-InsO/*Ott/Vuia* Rn. 121; Gottwald/*Heinze/Bertram* § 104 Rn. 24 f.; *Schaub* Arbeitsrecht, § 17 Rn. 5.
103 MüKo-InsO/*Ott/Vuia* Rn. 122; HK-InsO/*Kayser* Rn. 53; *Uhlenbruck* Rn. 93.
104 Gottwald/*Heinze/Bertram* § 104 Rn. 26; *Uhlenbruck* Rn. 93.
105 Vgl. nur BAG 07.03.2001, GS 1/00, BAGE 97,150 (152 ff.).
106 Vgl. dazu nur BAG 27.09.1994, GS 1/89 (A), BAGE 78, 56 (60 ff.).
107 Zu den Voraussetzungen der Zustimmung vgl. Gottwald/*Heinze/Bertram* § 110 Rn. 32; NK/*Schmidt* § 188 SGB III Rn. 34 ff.
108 Vgl. *Piekenbrock* ZIP 2010, 2421 (2425).
109 Gottwald/*Heinze/Bertram* § 110 Rn. 31.
110 Jaeger/*Windel* Rn. 109; MüKo-InsO/*Ott/Vuia* Rn. 122.
111 BGH 02.06.2005, IX ZR 221/03, NJW-RR 2005, 1714 (1715).
112 BAG 23.06.2004, 10 AZR 495/03, BAGE 111, 135 (139).

wenn das Arbeitsverhältnis vor Verfahrenseröffnung beendet worden ist, wenn der Insolvenzverwalter den Betrieb nach Verfahrenseröffnung weiterführt.[113]

V. Sozialrecht

Auch im Sozialrecht treffen den Insolvenzverwalter die Pflichten des Arbeitgebers bzw. des Unternehmers. Dies gilt namentlich für die **Melde- und Nachweispflichten** (§§ 28a SGB IV, 165 SGB VII[114]) sowie, soweit es sich um Masseverbindlichkeiten handelt (§ 55 Abs. 1 Nr. 2), für die Zahlungspflicht bzgl. des Gesamtsozialversicherungsbeitrags (§ 28e SGB IV) und der Beiträge zur Berufsgenossenschaft (§§ 152, 167 SGB VII). Ob die Arbeitnehmer tatsächlich weiterbeschäftigt oder freigestellt werden, ist unerheblich.[115] Dem Insolvenzverwalter obliegt bei **drohender Arbeitslosigkeit** die Information nach § 2 Abs. 2 Satz 2 Nr. 3 AGB Abs. 3,[116] auch wenn dies keine schadensersatzbewehrte Rechtspflicht darstellt.[117] Darüber hinaus hat er die Bescheinigungs- und Auskunftspflichten für das **Insolvenzgeld** (§§ 314 Abs. 1, 316 SGB III).[118] Schließlich kann der Insolvenzverwalter bei Betriebsfortführung **Kurzarbeitergeld** beantragen (§ 323 Abs. 2 SGB III).[119]

28

VI. Steuerrecht

Insolvenzverwalter sind Vermögensverwalter i.S.v. § 34 Abs. 3 AO und haben daher die steuerrechtlichen Pflichten des Schuldners wahrzunehmen, soweit die Insolvenzverwaltung reicht.[120] Der Insolvenzverwalter kann aber auch die Rechte des Steuerpflichtigen etwa auf Auskunft oder Akteneinsicht gegenüber dem Finanzamt geltend machen.[121] Auch der Anspruch des Ehegatten auf Zustimmung zur Zusammenveranlagung richtet sich nach Eröffnung des Insolvenzverfahrens über das Vermögen des anderen Ehegatten gegen den Insolvenzverwalter.[122] Wie im privaten Vermögensrecht bleibt der Schuldner auch während des Insolvenzverfahrens für alle Steuerarten Steuersubjekt und damit Steuerschuldner (§ 43 AO) und Steuerpflichtiger (§ 33 AO) und verliert auch nicht die umsatzsteuerrechtliche Unternehmereigenschaft.[123] Den Insolvenzverwalter treffen darüber die Rechnungslegungspflichten aus §§ 140–148 AO (§ 155 Satz 2),[124] die Pflicht zur Abgabe und Berichtigung von Steuererklärungen auch für Zeiträume vor der Insolvenzeröffnung (§§ 149–153 AO)[125] sowie die Mitwirkungs- (§ 90 AO), Auskunfts- (§§ 93, 94, 95 AO) und Anzeigepflichten (§§ 137, 138, 139 AO).[126] Massearmut entbindet von diesen Pflichten grds. nicht.[127]

29

---

113 BAG 30.01.1991, 5 AZR 32/90, BAGE 67, 112 (115); *K. Schmidt* DB 1991, 1930; MüKo-InsO/*Ott/Vuia* Rn. 122; a.A. Gottwald/*Heinze/Bertram* § 104 Rn. 69.
114 Beachte dazu den Wegfall des Nachweises gegenüber der Berufsgenossenschaft durch das UVMG v. 30.10.2008, BGBl. I 2130 zum 01.01.2012.
115 BSG 26.11.1985, 12 RK 51/83, BSGE 59, 183 (185); *Braun/Wierzioch* ZIP 2003, 2001 (2004).
116 *Uhlenbruck* Rn. 100.
117 BAG 29.09.2005, 8 AZR 571/04, BAGE 116, 78 (79 ff.).
118 *Uhlenbruck* Rn. 97.
119 Einzelheiten bei Gottwald/*Heinze/Bertram* § 110 Rn. 35 ff.
120 BFH 30.04.2009, V R 1/06, BFHE 226, 130 (133); Jaeger/*Windel* Rn. 134; MüKo-InsO/*Ott/Vuia* Rn. 131; *Olbrich* ZInsO 2004, 1292.
121 BFH 19.03.2013, II R 17/11, ZIP 2013, 1133 (für BFHE bestimmt).
122 BGH 18.11.2010, IX ZR 240/07, ZIP 2010, 2515 Rn. 10 ff.
123 *Frotscher* Besteuerung bei Insolvenz, S. 23 (25 f.); *Onusseit* ZInsO 2000, 363.
124 Zur Verpflichtung gegenüber den Gesellschaftern einer insolventen Personengesellschaft BGH 16.09.2010, IX ZR 121/09, ZIP 2010, 2164 Rn. 9.
125 Für Ableitung aus § 34 Abs. 3 AO BFH 23.08.1994, VII R 143/92, BFHE 175, 309 (311); Uhlenbruck/*Maus* Rn. 69. Für Ableitung aus § 155 S. 2 Kübler/Prütting/Bork/*Onusseit* § 66 Rn. 4. Zu § 153 AO vgl. *Frotscher* Besteuerung bei Insolvenz, 29.
126 *Maus* ZInsO 1999, 683 (686).
127 BFH 19.11.2007, VII B 104/07, BFH/NV 2008, 334. Vgl. dazu i.E. Uhlenbruck/*Maus* Rn. 72.

30 Darüber hinaus treffen den Insolvenzverwalter die Arbeitgeberpflichten, die Lohnsteuer einzubehalten, anzumelden und abzuführen (§§ 38 Abs. 3, 41a Abs. 1 EStG), sowie die Pflicht zur Ausstellung von Rechnungen mit Umsatzsteuerausweis (§ 14 Abs. 1 UStG).[128] Bei Kleinunternehmen hat er die Befugnis, auf das Privileg nach § 19 Abs. 2 UStG für das gesamte Unternehmen des Insolvenzschuldners zu verzichten.[129] Im Insolvenzverfahren über das Vermögen einer Personengesellschaft ist der Insolvenzverwalter aber grds. nicht zur Abgabe der Erklärung zur gesonderten Feststellung der Einkünfte verpflichtet, weil diese nur das Steuerschuldverhältnis der Gesellschafter betrifft.[130]

31 Zahlungspflichten können sich aus dem Steuerschuldverhältnis nur nach Maßgabe von § 55 ergeben; im Übrigen ist auch der Fiskus auf §§ 38, 87 verwiesen[131] und kann Insolvenzforderungen während des Insolvenzverfahrens nur durch Verwaltungsakt feststellen (§ 251 Abs. 3 AO). Masseverbindlichkeiten sind dagegen durch Steuerbescheid gegenüber dem Insolvenzverwalter geltend zu machen.[132] Verletzt der Insolvenzverwalter die ihm auferlegten Pflichten, wird er nach Maßgabe von § 69 AO persönlich Haftungsschuldner[133] und ist durch Haftungsbescheid in Anspruch zu nehmen (§ 191 Abs. 1 AO); bei Berufsträgern ist § 191 Abs. 2 AO zu beachten.[134]

VII. Berufs- und Verwaltungsrecht

32 Inwieweit der Insolvenzverwalter nach dem Übergang der Verwaltungs- und Verfügungsbefugnis die dem Schuldner erteilten öffentlich-rechtlichen Genehmigungen für sich in Anspruch nehmen kann,[135] ist eine Frage des jeweiligen Fachrechts. So wird man annehmen können, dass der Insolvenzverwalter beispielsweise eine vom Schuldner betriebene Gaststätte (§ 2 GastG) oder einen Güterkraftbetrieb (§ 3 GüKG) weiter betreiben darf, aber mangels Approbation keine Arztpraxis (§ 2 Abs. 1 BÄO)[136] und keine Apotheke (§ 2 Abs. 1 Nr. 3 ApoG). Wird für einen ehemaligen oder verstorbenen Rechtsanwalt ein Abwickler bestellt (§ 55 Abs. 1, 5 BRAO), ist das Verwaltungsrecht des (Nachlass-) Insolvenzverwalters nach § 53 Abs. 10 BRAO eingeschränkt (zur Aufrechnung des Abwicklers von Ansprüchen aus § 667 BGB mit seinem Vergütungsanspruch vgl. § 95 Rdn. 6).[137]

33 Andererseits wird der Insolvenzverwalter potentieller Adressat von Polizei- und Ordnungsverfügungen.[138] Von besonderer Bedeutung sind insoweit mögliche Sanierungspflichten nach § 4 Abs. 3 Satz 1 BBodSchG oder die Betreiberpflichten aus § 5 BImSchG, die den Verwalter kraft Amtes auch dann treffen, wenn die sanierungsbedürftige Altlast oder der Abfall schon vor der Eröffnung

---

128 Uhlenbruck/*Maus* Rn. 71, 74.
129 BFH 20.12.2012, V R 23/11, ZIP 2013, 469 Rn. 10 (für BFHE bestimmt).
130 BGH 16.09.2010, IX ZR 121/09, ZIP 2010, 2164 Rn. 6; BFH 23.08.1994, VII R 143/92, BFHE 175, 309 (311 f.).
131 Uhlenbruck/*Maus* Rn. 26. Zur Abgrenzung vgl. etwa BFH 21.07.2009, VII R 49/08, BFHE 226, 97 ff. zu Haftungsansprüchen aus § 69 AO gegen einen insolventen GmbH-Geschäftsführer.
132 BFH 30.04.2009, V R 1/06, BFHE 226, 130 (132 f.).
133 Vgl. dazu Uhlenbruck/*Maus* Rn. 75.
134 BFH 17.10.1957, V 167/55 U, BFHE 65, 573 (574 f.); *Klein/Rüsken* § 191 AO Rn. 90.
135 Vgl. dazu mit Blick auf übertragene Sanierungen *Bitter/Laspeyres* ZIP 2010, 1157 (1158 ff.).
136 Vgl. *van Zwoll* ZMGR 2011, 364.
137 Vgl. etwa *Maier* Die Insolvenz des Rechtsanwalts, 234 ff.; *Koch* Die Insolvenz des selbstständigen Rechtsanwalts, 268 ff. Zum Vorrang der Abwicklung vor der Insolvenzverwaltung vgl. BGH 23.06.2005, IX ZR 139/04, ZIP 2005, 1742 (1743); OLG Köln 30.11.2006, 6 U 220/06, OLG-Rp 2007, 422 ff.; 04.11.2009, I-17 U 40/09, ZIP 2009, 2395 ff.; LG Aachen 27.03.2009, 8 O 480/08, ZInsO 2009, 875 f.
138 So OVG Weimar 17.11.2004, 1 EO 7/04, ZfB 2005, 67 (68 f.) zu § 58 BBergG; VG Gera 21.02.2007, 2 K 1253/05, ZfB 2007, 167 (171), dort zur Einstellung des Betriebes nach § 71 Abs. 3 BBergG.

des Insolvenzverfahrens entstanden ist.[139] Dagegen sind Ersatzvornahmekosten, die bereits vor Verfahrenseröffnung festgesetzt worden sind, Insolvenzforderungen.[140]

Beruht die Ordnungspflichtigkeit aber nicht auf seiner eigenen Handlungs-,[141] sondern nur auf seiner Zustandsstörerschaft, kann der Insolvenzverwalter die Inanspruchnahme durch die zuständige Verwaltungsbehörde nach der Rechtsprechung durch Freigabe der Sache[142] und namentlich des Grundstücks vermeiden.[143] Die Freigabe steht auch nicht der Dereliktion i.S.v. § 4 Abs. 3 Satz 4 BBodSchG gleich.[144] Soweit damit die Interessen der Gläubiger höher bewertet werden als das Allgemeinwohl,[145] beschränkt sich dies auf den Kostenersatz, weil die Freigabe der Sanierung im Wege der Ersatzvornahme nicht entgegensteht.[146] 34

VIII. Besonderheiten der Verbandsinsolvenz

Die Insolvenz eines Verbandes führt regelmäßig zur Auflösung,[147] lässt aber die Organstellung unberührt.[148] Auch die Vertretungsorgane bleiben im Amt und verwalten das massefreie Verbandsvermögen (vgl. Rdn. 6),[149] während im Übrigen die Liquidation durch das Insolvenzverfahren ersetzt wird.[150] Problematisch ist dagegen die Stellung im Verband. Dies gilt namentlich für die Frage, wem gegenüber mögliche Beschlussmängel im insolventen Verband geltend zu machen sind. Waren Beschlussmängelklagen bei Verfahrenseröffnung rechtshängig, stellt sich vorrangig die Frage der Unterbrechung nach § 240 (vgl. § 85 Rdn. 18). Die dortigen Antworten müssen jedoch in Einklang damit stehen, wem gegenüber eine Klage nach Verfahrenseröffnung zu erheben ist und ob der Verwalter sie selbst erheben kann. Auch hier kommt eine Beteiligung des Insolvenzverwalters nur bei Verfahren mit Massebezug in Betracht, so dass die Klage gegen die Gesellschaft zu richten ist.[151] Nichts anderes kann gelten, wenn Prozesse, die darauf abzielen, die Teilungsmasse zu vergrößern oder die Insolvenzforderungen zu verringern, gegen den Insolvenzverwalter geführt werden müssten. Da bei Klagen nach Insolvenzeröffnung auch § 85 Abs. 2 nicht weiterhelfen würde (vgl. § 85 Rdn. 18), müssen diese gegen die Gesellschaft gerichtet werden,[152] der Insolvenzverwalter kann dann auf Klägerseite (streitgenössisch) intervenieren (§ 69 ZPO).[153] 35

---

139 Vgl. BVerwG 10.02.1999, 11 C 9/97, BVerwGE 108, 269 (272); 23.09.2004, 7 C 22/03, BVerwGE 122, 75 (78); *K. Schmidt* ZIP 2000, 1913 (1918); a.A. BGH 05.07.2001, IX ZR 327/99, BGHZ 148, 252 (259); 18.04.2002, IX ZR 161/01, BGHZ 150, 305 (317 f.); *Franz* NZI 2000, 10 (11); *Lwowski/Tetzlaff* NZI 2001, 56 (58). Guter Überblick bei *Seidel/Flitsch* DZWIR 2005, 278 ff.
140 MüKo-InsO/*Ott/Vuia* Rn. 143; *K. Schmidt* ZIP 2000, 1913 (1920).
141 Vgl. dazu BVerwG 22.10.1998, 7 C 38/97, BVerwGE 107, 299 (301 f.).
142 Nach VGH München 04.05.2005, 22 B 99.2208, ZInsO 2006, 496 (500) genügt aber nicht allein die Freigabe von Abfällen, wenn das Grundstück, auf dem sie lagern, massebefangen bleibt und daher die tatsächliche Sachherrschaft fortbesteht. Vgl. entsprechend OVG Lüneburg 20.03.1996, 7 L 2062/95, NJW 1998, 398 (399).
143 BVerwG 23.09.2004, 7 C 22/03, BVerwGE 122, 75 (80); VG Hannover 16.05.2001, 12 A 1401/99, NJW 2002, 843 (844); a.A. *Stürner* FS Merz 1992, 563 (576); *K. Schmidt* ZIP 2000, 1913 (1920); *Smid* Rn. 34; *Hess* Rn. 349.
144 MüKo-InsO/*Ott/Vuia* Rn. 143.
145 Kübler/Prütting/Bork/*Lüke* Rn. 104.
146 MüKo-InsO/*Ott/Vuia* Rn. 143.
147 Vgl. § 42 BGB; § 262 Abs. 1 Nr. 3 AktG; § 60 Abs. 1 Nr. 4 GmbHG; § 101 GenG; § 728 BGB; §§ 131 Abs. 1 Nr. 3, 161 Abs. 2 HGB.
148 So schon RG 14.02.1913, II 449/12, RGZ 81, 332 (336) zum Aufsichtsrat der AG.
149 BGH 28.03.1996, IX ZR 77/95, NJW 1996, 2035; *H.-F. Müller* Der Verband in der Insolvenz, 2002, S. 66.
150 Vgl. § 47 BGB; § 264 Abs. 1 AktG; § 66 Abs. 1 GmbHG; § 730 Abs. 1 BGB; §§ 145, 161 Abs. 2 HGB.
151 *H.-F. Müller* Der Verband in der Insolvenz 2002, S. 191 f.
152 *H.-F. Müller* Der Verband in der Insolvenz 2002, S. 193 f.
153 Vgl. dazu nur BGH 13.03.1980, II ZR 54/78, BGHZ 76, 191 (201).

IX. Grenzen der Verwaltungs- und Verfügungsbefugnis

36 Es besteht im Ergebnis Einigkeit, dass Maßnahmen des Insolvenzverwalters insolvenzzweckwidrig und damit nichtig sind, die schlechterdings mit dem Verfahrenszweck nicht vereinbart werden können.[154] Dieser an den Grundsätzen zum Missbrauch der Vertretungsmacht orientierte Unwirksamkeitsgrund setzt voraus, dass die Handlungen dem Insolvenzzweck offenbar zuwiderlaufen und dies für jeden verständigen Menschen offensichtlich ist.[155] Dies gilt etwa für Schenkungen aus der Masse, die grundlose Anerkennung nicht bestehender Aus- und Absonderungsrechte oder Aufrechnungsbefugnisse sowie Börsenspekulationsgeschäfte mit Massemitteln.[156] Die Abtretung des Rückgewähranspruchs aus § 143 Abs. 1 InsO ist nicht per se insolvenzzweckwidrig.[157] Zur Freigabe einer selbständigen Tätigkeit vgl. § 35.

F. Beschränkung von Veräußerungsverboten

37 Die Beschränkung von Veräußerungsverboten zugunsten einzelner Gläubiger in § 80 Abs. 2 Satz 1 dient dem Gleichbehandlungsgrundsatz, weil Verfügungsverbote i.S.v. §§ 135, 136 BGB, die gerade den Schutz bestimmter einzelner Personen bezwecken, diesem Grundsatz zuwider laufen.[158] Die Vorschrift betrifft daher keine Veräußerungsverbote, die im öffentlichen Interesse bestehen.[159] Das Verwertungsrecht steht nur dem Insolvenzverwalter zugunsten der Insolvenzmasse zu, nicht aber den Massegläubigern.[160] Da die Pfändung beweglicher Sachen oder Rechte und die Beschlagnahme unbeweglichen Vermögens im Wege der Zwangsvollstreckung von dieser Regelung aber nicht berührt wird (§ 80 Abs. 2 Satz 2), ist ihre praktische Bedeutung begrenzt.[161]

I. Gesetzliche relative Veräußerungsverbote (§ 135 BGB)

38 Gesetzliche relative Veräußerungsverbote sind im Insolvenzrecht ohne praktische Bedeutung,[162] seit § 98 VVG a.F., der in der Gebäudeversicherung die Abtretbarkeit der Forderung des Versicherungsnehmers auf die Entschädigungssumme vor der Wiederherstellung des Gebäudes beschränkt hatte,[163] weggefallen ist.[164] Auch § 108 VVG fällt nicht unter § 80 Abs. 2 Satz 1, weil Freistellungsansprüche in der Haftpflichtversicherung nach § 399 Alt. 1 BGB nur an den Geschädigten abtretbar sind,[165] der sich daraus abgesondert befriedigen kann (§ 110 VVG).[166] Schließlich findet die Vorschrift auch keine Anwendung auf Verfügungsbeschränkungen der Ehegatten nach den §§ 1365, 1369, 1423 ff., 1415 BGB, bei denen es sich um absolute Veräußerungsverbote[167] handelt. Obwohl sie damit nicht unter § 135 BGB fallen, gelten sie im Insolvenzverfahren nicht.[168] Die Verfügungsbeschränkungen bei Vorerbschaft (§§ 2113 ff. BGB) wirken auch gegenüber dem Insolvenzverwal-

---

154 BGH 25.04.2002, IX ZR 313/99, BGHZ 150, 353 (360 f.) m.w.N. mit dogmatischer Anknüpfung an den Missbrauch der Vertretungsmacht. Vgl. zuvor *Spickhoff* KTS 2000, 15 (19 ff.); vom Standpunkt der Vertretertheorie auch *K. Schmidt* KTS 1984, 345 (389 ff.).
155 BGH 13.01.1983, III ZR 88/81, NJW 1983, 2018; 18.04.2013, IX ZR 165/12, ZIP 2013, 1181 Rn. 14.
156 *Uhlenbruck* Rn. 154 m.w.N.
157 BGH 10.01.2013, IX ZR 172/11, ZIP 2013, 531 Rn. 10, Vgl. dazu § 143.
158 BGH 27.05.1971, VII ZR 85/69, BGHZ 56, 228 (231); 24.05.2007, IX ZR 41/05, NJW 2007, 3350 Rn. 12.
159 Kübler/Prütting/Bork/*Lüke* Rn. 108.
160 Nerlich/Römermann/*Wittkowski* Rn. 181.
161 HK-InsO/*Kayser* Rn. 62.
162 HK-InsO/*Kayser* Rn. 63; MüKo-InsO/*Ott/Vuia* Rn. 154.
163 Für § 135 BGB wohl HK-InsO/*Kayser* Rn. 63 zu §§ 93, 94 VVG; *Uhlenbruck* Rn. 203; a.A. Jaeger/*Windel* Rn. 277.
164 Vgl. BT-Drucks. 16/3945, 83.
165 Vgl. nur BGH 22.01.1954, I ZR 34/53, BGHZ 12, 136 (141).
166 HK-InsO/*Kayser* Rn. 63; Jaeger/*Windel* Rn. 277.
167 BGH 13.11.1963, V ZR 56/62, BGHZ 40, 218 (219).
168 MüKo-InsO/*Ott/Vuia* Rn. 154; Jaeger/*Windel* Rn. 277.

ter (§ 83 Abs. 2); dasselbe gilt für die absoluten Verfügungsbeschränkungen, denen der Erbe aufgrund einer Testamentsvollstreckung unterliegt (§ 2211 BGB).[169] Insoweit gilt etwas anderes nur im Nachlassinsolvenzverfahren, weil die Verwaltungsbefugnis aus § 2205 BGB während der Dauer des Verfahrens ruht.[170] Auch § 719 BGB enthält kein relatives gesetzliches Veräußerungsverbot; die Abtretung eines Gesellschaftsanteils ohne die erforderliche Genehmigung der übrigen Gesellschafter ist nicht relativ, sondern schwebend unwirksam.[171] Schließlich fallen auch die in § 12 Abs. 1 WEG und § 5 Abs. 1 ErbbauRG vorgesehenen Zustimmungserfordernisse nicht unter § 80 Abs. 2 Satz 1.[172]

II. Gerichtliche oder behördliche Veräußerungsverbote (§ 136 BGB)

Gerichtliche oder behördliche Veräußerungsverbote fallen unter § 80 Abs. 2, soweit sie nicht den Schutz des allgemeinen Rechtsverkehrs bezwecken. Praktisch relevant sind Veräußerungsverbote aufgrund einstweiliger Verfügung, die gegenüber dem Verwalter nur wirksam sind, wenn sie aufgrund einer Forderung erlassen werden, die auch der Insolvenzverwalter aus der Masse begleichen muss.[173] Daneben entfalten die Zahlungssperre im Aufgebotsverfahren (§ 480 FamFG)[174] sowie der strafrechtliche Verfall (§ 73e Abs. 2 StGB), die Einziehung von Gegenständen (§§ 74 Abs. 2 Nr. 1, 74a, 74e Abs. 3 StGB) und die Beschlagnahme (§§ 111b, 111c Abs. 5 StPO) keine Wirkung gegenüber dem Insolvenzverwalter.[175] Dasselbe gilt für den dinglichen Arrest im Rahmen der Zurückgewinnungshilfe nach §§ 111d, 111g Abs. 3 Satz 6, Abs. 5 StPO.[176]

39

III. Rechtsgeschäftliche Veräußerungsverbote (§ 137 BGB)

Rechtsgeschäftliche Veräußerungsverbote beeinträchtigen schon nach § 137 Satz 1 BGB die Verfügungsmöglichkeit nicht dinglich und fallen schon deshalb nicht unter § 80 Abs. 2 Satz 1.[177] Auch die schuldrechtliche Unterlassungsverpflichtung (§ 137 Satz 2 BGB) muss der Insolvenzverwalter nicht zu Lasten der Masse erfüllen, so dass nur ein möglicher Schadensersatzanspruch zur Tabelle angemeldet werden kann (§ 103 Abs. 2).[178] Auf den dinglichen Abtretungsausschluss (§ 399 Alt. 2 BGB) findet § 80 Abs. 2 Satz 1 dagegen keine Anwendung, weil auch darin kein relatives Veräußerungsverbot liegt, sondern das Recht als nicht abtretbares begründet wird und dieser Ausschluss gegenüber jedermann wirkt.[179] Da die Forderung pfändbar (§ 851 Abs. 2 ZPO) und damit massebefangen ist (§§ 35 Abs 1, 36 Abs. 1 Satz 1), muss sie der Insolvenzverwalter selbst einziehen.[180]

40

IV. Rechtsfolgen

Ein unwirksames Verfügungsverbot entfaltet für die Dauer und die Zwecke des Insolvenzverfahrens keine Wirkungen; dies gilt insb. gegenüber demjenigen Personenkreis, den das Verbot schützen will.[181] Gibt der Insolvenzverwalter den Gegenstand frei oder wird das Insolvenzverfahren aufge-

41

---

169 BGH 11.05.2006, IX ZR 42/05, BGHZ 167, 352 Rn. 12.
170 *Haegele* KTS 1969, 158 (159); Staudinger/*Reimann* § 2205 BGB Rn. 152.
171 BGH 28.04.1954, II ZR 8/53, BGHZ 13, 179 (182).
172 MüKo-InsO/*Ott/Vuia* Rn. 56; HK-InsO/*Kayser* Rn. 64.
173 Kübler/Prütting/Bork/*Lüke* Rn. 110; HK-InsO/*Kayser Kayser* Rn. 65.
174 HK-InsO/*Kayser* Rn. 65.
175 BGH 24.05.2007, IX ZR 41/05, NJW 2007, 3350 Rn. 12; OLG Nürnberg 15.03.2013, 2 Ws 561/12, ZInsO 2013, 882 (885 f.).
Jaeger/*Windel* Rn. 280; HK-InsO/*Kayser* Rn. 65; *Uhlenbruck* Rn. 205; MüKo-InsO/*Ott/Vuia* Rn. 154.
176 OLG Frankfurt 03.06.2009, 3 Ws 214/09, ZIP 2009, 1582 (1583).
177 Jaeger/*Windel* Rn. 282.
178 BGH 10.07.2003, IX ZR 119/02, BGHZ 155, 371 (374 ff.).
179 BGH 14.10.1963, VII ZR 33/62, BGHZ 40, 156 (160).
180 BGH 27.05.1971, VII ZR 85/69, BGHZ 56, 228 (231); Jaeger/*Windel* Rn. 283.
181 MüKo-InsO/*Ott/Vuia* Rn. 157; Jaeger/*Windel* Rn. 285.

hoben, tritt die Suspendierung des relativen Verfügungsverbots außer Kraft; der Schuldner bleibt an das Verfügungsverbot gebunden.[182]

V. Veräußerungsverbote durch Zwangsvollstreckungsmaßnahmen

42 Veräußerungsverbote, die durch Zwangsvollstreckungsmaßnahmen bewirkt werden, bleiben unberührt (§ 80 Abs. 2 Satz 2), weil durch die Vollstreckung i.d.R. ein Absonderungsrecht begründet wird und § 88 insoweit über die Wirksamkeit entscheidet.[183]

§ 81 Verfügungen des Schuldners

(1) Hat der Schuldner nach der Eröffnung des Insolvenzverfahrens über einen Gegenstand der Insolvenzmasse verfügt, so ist diese Verfügung unwirksam. Unberührt bleiben die §§ 892, 893 des Bürgerlichen Gesetzbuchs, §§ 16, 17 des Gesetzes über Rechte an eingetragenen Schiffen und Schiffsbauwerken und §§ 16, 17 des Gesetzes über Rechte an Luftfahrzeugen. Dem anderen Teil ist die Gegenleistung aus der Insolvenzmasse zurückzugewähren, soweit die Masse durch sie bereichert ist.

(2) Für eine Verfügung über künftige Forderungen auf Bezüge aus einem Dienstverhältnis des Schuldners oder an deren Stelle tretende laufende Bezüge gilt Absatz 1 auch insoweit, als die Bezüge für die Zeit nach der Beendigung des Insolvenzverfahrens betroffen sind. Das Recht des Schuldners zur Abtretung dieser Bezüge an einen Treuhänder mit dem Ziel der gemeinschaftlichen Befriedigung der Insolvenzgläubiger bleibt unberührt.

(3) Hat der Schuldner am Tag der Eröffnung des Verfahrens verfügt, so wird vermutet, daß er nach der Eröffnung verfügt hat. Eine Verfügung des Schuldners über Finanzsicherheiten im Sinne des § 1 Abs. 17 des Kreditwesengesetzes nach der Eröffnung ist, unbeschadet der §§ 129 bis 147, wirksam, wenn sie am Tag der Eröffnung erfolgt und der andere Teil nachweist, dass er die Eröffnung des Verfahrens weder kannte noch kennen musste.

Übersicht	Rdn.		Rdn.
A. Allgemeines	1	VI. Realakte	10
B. Unwirksamkeit von Verfügungen und sonstigen Rechtshandlungen	3	VII. Maßgeblicher Zeitpunkt	11
		VIII. Verfügungen Dritter	15
I. Materiell-rechtliche Verfügungen über Massegegenstände	3	IX. Rechtsfolgen	17
		C. Verkehrsschutz	18
II. Verfügungen über massefremde Gegenstände	4	D. Rückgewähr der Gegenleistung	24
III. Zahlungsverkehr	5	E. Verfügung über Lohnforderungen nach Verfahrensende	25
IV. Sonstige Rechtsgeschäfte und geschäftsähnliche Handlungen	7	F. Beweislast	27
V. Prozesshandlungen	9	G. Verfügungen über Finanzsicherheiten	28

A. Allgemeines

1 Mit § 81 hat der Gesetzgeber § 92 InsO-RegE unverändert übernommen.[1] Dabei wurde § 81 Abs. 1, Abs. 3 Satz 1 der Regelung in § 7 KO nachgebildet. Statt von »Rechtshandlungen« spricht das Gesetz nunmehr präziser von »Verfügungen«. Außerdem ist die Relativität der Unwirksamkeit »gegenüber den Konkursgläubigern« eliminiert. § 81 Abs. 2 ist der Einführung der Restschuldbefreiung (§ 287 Abs. 2 Satz 1) geschuldet. Die Vorschrift gilt unmittelbar im eröffneten Verfahren und entsprechend bei Einsetzung eines vorläufigen Insolvenzverwalters im **Eröffnungsverfahren** (§ 24

---

[182] MüKo-InsO/Ott/Vuia Rn. 157; Nerlich/Römermann/Wittkowski Rn. 181.
[183] Uhlenbruck Rn. 206.
[1] BT-Drucks. 12/2443, 23, 135 f.; BT-Drucks. 12/7302, 33.

Abs. 1) und in der **Eigenverwaltung** (§ 277 Abs. 1 Satz 2) sowie bei Anordnung der **Nachlassverwaltung** (§ 1984 Abs. 1 Satz 2 BGB).

Die Vorschrift gibt bei Verfügungen des nicht mehr verfügungsbefugten Schuldners dem Gläubigerinteresse grds. den Vorrang vor dem Verkehrsschutz (§ 81 Abs. 1 Satz 1) und sieht Ausnahmen nur für Registerrechte (§ 81 Abs. 1 Satz 2) und Finanzsicherheiten i.S.v. § 1 Abs. 17 KWG vor (§ 81 Abs. 3 Satz 2). Dass im Übrigen kein Verkehrsschutz besteht, ergibt sich aus dem Schweigen des Gesetzes etwa im Vergleich zu § 135 Abs. 2 BGB oder zu § 2211 Abs. 2 BGB.[2] Die Rückgewähr der Gegenleistung des Vertragspartners aus der Masse (§ 55 Abs. 1 Nr. 3) erfolgt nach Bereicherungsgrundsätzen (§ 81 Abs. 1 Satz 3). 2

B. Unwirksamkeit von Verfügungen und sonstigen Rechtshandlungen

I. Materiell-rechtliche Verfügungen über Massegegenstände

Erfasst werden zunächst alle **materiell-rechtlichen Verfügungen**, also Rechtsgeschäfte, durch die auf ein massebefangenes Recht unmittelbar eingewirkt wird, indem es übertragen, belastet, aufgehoben oder sonst in seinem Bestand verändert wird. Dies gilt namentlich für Übereignungen beweglicher und unbeweglicher Sachen, für die Abtretung oder den Erlass einer Forderung, für die Abtretung sonstiger Rechte, für die Bestellung oder den Verzicht auf beschränkte dingliche Rechte an Sachen, Forderungen und sonstigen Rechten, für die Ausübung von Gestaltungsrechten (Anfechtung, Rücktritt, Widerruf, Aufrechnung)[3] und für Genehmigungen. 3

II. Verfügungen über massefremde Gegenstände

Verfügungen über Gegenstände, die nicht zur Masse gehören, weil sie entweder nicht dem Schuldner zustehen (§ 35 Abs. 1) oder pfändungsfrei sind (§ 36 Abs. 1), werden von § 81 Abs. 1 Satz 1 nicht erfasst, sondern richten sich allein nach Bürgerlichem Recht.[4] Daher besteht eine Ermächtigung nach § 185 Abs. 1 BGB zugunsten des Schuldners fort. Ob ein gutgläubiger Erwerb (§ 932 BGB) möglich ist, obwohl der Erwerb vom berechtigten Schuldner nach § 81 Abs. 1 Satz 1 BGB ausscheiden würde und daher nur vom Nichtberechtigten möglich ist, ist noch nicht endgültig geklärt.[5] Das Problem deckt sich mit dem Erwerb vom nichtberechtigten Minderjährigen, der nach § 107 BGB möglich ist.[6] Hier ist entsprechend zu entscheiden.[7] 4

III. Zahlungsverkehr

Bei Lastschriften im **Einzugsermächtigungsverfahren**, die bis zum 08.07.2012 als nicht autorisierte Zahlungsvorgänge anzusehen waren (§ 675u BGB), konnte die zur Autorisierung erforderliche Genehmigung[8] nur gegenüber der Zahlstelle[9] und nach Insolvenzeröffnung nur noch vom Insolvenz- 5

---

2 *Uhlenbruck* Rn. 16.
3 MüKo-InsO/*Ott/Vuia* Rn. 4; HK-InsO/*Kayser* Rn. 5.
4 *Uhlenbruck* Rn. 5; HK-InsO/*Kayser* Rn. 10.
5 Nach BGH 18.11.1968, VIII ZR 18/67, WM 1969, 175 steht die Verfahrenseröffnung der Übergabe i.S.v. § 933 BGB durch einen Dritten nicht entgegen.
6 MüKo-BGB/*Schmidt* § 107 Rn. 34; Staudinger/*Knothe* § 107 BGB Rn. 20. AA Medicus/*Petersen* Bürgerliches Recht Rn. 542.
7 MüKo-InsO/*Ott/Vuia* Rn. 24; Kübler/Prütting/Bork/*Lüke* Rn. 24; Jaeger/*Windel* Rn. 78. AA bei Kenntnis von der Verfahrenseröffnung *Uhlenbruck* Rn. 16.
8 So bis 08.07.2012 Nr. 2.4 I der Bedingungen für Zahlungen mittels Lastschrift im Einzugsermächtigungsverfahren von November 2009. Etwas anderes galt nur bei Personenidentität zwischen Zahlungspflichtigem und Zahlungsempfänger. Vgl. BGH 10.05.2011, XI ZR 391/09, ZIP 2011, 1460 Rn. 13 ff. Damit basierte die vertragliche Gestaltung in dieser Zeit eindeutig auf der – allerdings bereits im Ansatz verfehlten (zur Kritik vgl. *Piekenbrock* KTS 2007, 179 [199 ff.]; *Schnauer* WM 2011, 1685 [1688 f.]) – Genehmigungstheorie. Vgl. *Obermüller* LMK 2010, 310150; *Heiderhoff* KTS 2011, 103 (105). .
9 BGH 13.10.2011, IX ZR 115/10, WM 2011, 2130 Rn. 12.

§ 81 InsO   Verfügungen des Schuldners

verwalter erklärt werden,[10] außer wenn die Lastschrift zu Lasten des unpfändbaren Schuldnervermögens eingelöst worden war.[11] War die Lastschrift zu Lasten der späteren Masse eingelöst worden, durfte der (vorläufige) Insolvenzverwalter die Genehmigung verweigern, obwohl gegen die Valutaforderung keine Einreden bestanden.[12] Darin lag keine unerlaubte Handlung des Insolvenzverwalters i.S.v. § 826 BGB. Die zu Unrecht erwogene Erfüllung der Valutaforderung mit Gutschrift beim Zahlungsempfänger[13] machte die Lastschrift nicht »insolvenzfest«.[14]

5a Zu prüfen ist in diesen Altfällen aber eine vorherige **konkludente Genehmigung**,[15] etwa wenn der Schuldner den Lastschriftbetrag in seine Liquiditätsplanung aufgenommen und dafür Deckung verschafft hat.[16] Bei Unternehmen wird bei Steuervorauszahlungen und der Abführung von Sozialversicherungsbeiträgen, die auf einem entsprechenden Bescheid oder eigenen Anmeldungen beruhen, von einer konkludenten Genehmigung nach spätestens vierzehn Tagen ausgegangen.[17] Bei Verbrauchern ist gegenüber der Annahme einer konkludenten Genehmigung Zurückhaltung geboten. Sie kommt bspw. nicht in Betracht, wenn dem Verbraucher ein Widerrufsrecht i.S.v. § 355 BGB zusteht, weil der Anspruch aus §§ 357 Abs. 1 Satz 1, 346 Abs. 1 BGB dann am einfachsten durch den Widerspruch gegen die Lastschrift durchgesetzt werden kann. Dagegen kommt eine konkludente Genehmigung auch bei Verbrauchern in Betracht, wenn wiederkehrende und im Wesentlichen gleichbleibende Forderungen aus Dauerschuldverhältnissen eingezogen werden und in Bezug auf die mindestens zwei Monate zurückliegende Abbuchung keine Einwendungen erhoben worden sind.[18] Dasselbe gilt, wenn das Girokonto nur im Haben geführt werden darf und die bloß geduldete Überziehung zeitnah ausgeglichen wird.[19] Außerdem ist stets die Genehmigungsfiktion sechs Wochen nach Rechnungsabschluss[20] zu beachten.[21]

---

10 BGH 04.11.2004, IX ZR 22/03, BGHZ 161, 49 (54).
11 BGH 20.07.2010, IX ZR 37/09, BGHZ 186, 242 Rn. 13, 23. Da dem Insolvenzverwalter die Verwaltungsbefugnis fehlt (§ 80 Abs. 1), ist die Zahlstelle an die Weisung, den Betrag wieder gutzuschreiben, nicht gebunden Rn. 26. Zur Haftung des Insolvenzverwalters (§ 826 BGB) und der Masse (§ 55 Abs. 1 Nr. 1, 3) vgl. Rn. 27 ff.
12 BGH 04.11.2004, IX ZR 22/03, BGHZ 161, 49 (52 ff.); 25.10.2007, IX ZR 217/06, BGHZ 174, 84 Rn. 11; OLG München 20.12.2010, 19 U 2126/09, ZIP 2011, 43 (44).
13 So BGH 10.06.2008, XI ZR 283/07, BGHZ 177, 69 Rn. 20 ff.
14 So nunmehr BGH 20.07.2010, XI ZR 236/07, BGHZ 186, 269 Rn. 13. Vgl. *Jacoby* ZIP 2010, 1725 (1727).
15 Vgl. BGH 25.10.2007, IX ZR 217/06, BGHZ 174, 84 Rn. 32 ff.; 20.07.2010, XI ZR 236/07, BGHZ 186, 269 Rn. 43; 26.10.2010, XI ZR 562/07, ZIP 2010, 2407 Rn. 18; 23.11.2010, XI ZR 370/08, ZIP 2011, 91 Rn. 15 ff.; 25.01.2011, XI ZR 171/09, ZIP 2011, 482 Rn. 12 ff.; 01.03.2011, XI ZR 320/09, ZIP 2011, 826 Rn. 13 ff.; 26.07.2011, XI ZR 197/10, ZIP 2011, 1557 Rn. 12 ff.; 27.09.2011, XI ZR 215/10, WM 2011, 2041 Rn. 10 ff.; 08.11.2011, XI ZR 158/10, ZIP 2011, 2455 Rn. 13 ff.; 03.04.2012, XI ZR 39/11, NJW 2012, 2507 Rn. 32.
16 BGH 26.10.2010, XI ZR 562/07, ZIP 2010, 2407 Rn. 23; 26.07.2011, XI ZR 197/10, ZIP 2011, 1557 Rn. 15; 03.04.2012, XI ZR 39/11, NJW 2012, 2507 Rn. 32.
17 Zu den selbst angemeldeten Sozialversicherungsbeiträgen vgl. BGH 01.12.2011, IX ZR 58/11, ZIP 2012, 167 Rn. 15; zu Umsatzsteuern vgl. OLG Hamm ZInsO 2013, 1425 (1427).
18 BGH 03.05.2011, XI ZR 152/09, WM 2011, 1267 Rn. 13. Zum unternehmerischen Verkehr auch BGH 27.09.2011, XI ZR 328/09, WM 2011, 2259 Rn. 15.
19 BGH 27.09.2011, XI ZR 215/10, WM 2011, 2041 Rn. 13; 25.10.2011, IX ZR 368/09, WM 2011, 2316 Rn. 15.
20 So Nr. 2.4 II der Bedingungen für Zahlungen mittels Lastschrift im Einzugsermächtigungsverfahren von November 2009. Zu den Anforderungen an den Rechnungsabschluss vgl. BGH 08.11.2011, XI ZR 158/10, ZIP 2011, 2455 Rn. 24.
21 Zum vorläufigen »starken« und zum endgültigen Insolvenzverwalter schon BGH 25.10.2007, IX ZR 217/06, BGHZ 174, 84 Rn. 26 ff. Im eröffneten Verfahren stehen §§ 116 Satz 1, 115 Abs. 1 nicht entgegen. Zum »schwachen« vorläufigen Insolvenzverwalter BGH 30.09.2010, IX ZR 178/09, ZIP 2010, 2105 Rn. 19 unter Aufgabe von BGHZ 174, 84 Rn. 24; entsprechend schon BGH 10.06.2008, XI ZR 283/07, BGHZ 177, 69 Rn. 32.

Bei **SEPA-Basislastschriften** ist keine Genehmigung mehr erforderlich, sondern es besteht nur ein 6
unbedingter, aber auf acht Wochen befristeter Erstattungsanspruch des Schuldners gegen seine
Bank (§ 675x Abs. 1, 2, 4 BGB). Dies beruht auf der Annahme, dass in der Erteilung des SEPA-Lastschriftmandats der über den Zahlungsempfänger und dessen Zahlungsdienstleister an die Bank des Zahlungspflichtigen übermittelte Auftrag liegt, die Zahlung an den Zahlungsempfänger zu bewirken.[22] Auf diese Weise hat der Zahlungspflichtige den Zahlungsvorgang bereits vor der Ausführung in Form einer Einwilligung (§ 675j Abs. 1 Satz 2 Fall 1 BGB) autorisiert (Vorautorisierung).[23] Die Frist, innerhalb derer der Erstattungsanspruch geltend zu machen ist, beginnt bereits mit der Belastungsbuchung.[24] Der Anspruch ist bereits vor Ablauf dieser Frist ausgeschlossen, wenn der Zahlungspflichtige die Belastungsbuchung außerdem unmittelbar gegenüber der Zahlstelle genehmigt hat.[25] Da es der Genehmigung aber – im Gegensatz zur Einzugsermächtigung bis 08.07.2012 – nicht bedarf, scheidet eine konkludente Genehmigung (Rdn. 5a) regelmäßig aus.[26]

Die gewünschte Insolvenzfestigkeit der Zahlung mittels SEPA-Basislastschrift erreicht der BGH da- 6a
durch, dass er den Erstattungsanspruch des Schuldners analog § 377 Abs. 1 BGB für unpfändbar erklärt. Daher wird der Anspruch nicht Massebestandteil (§ 36 Abs. 1 Satz 1) und kann vom (vorläufigen) Insolvenzverwalter nicht geltend gemacht werden.[27] Die Zahlungen sollen allein im Wege der Anfechtung unter den Voraussetzungen der § 129 ff., InsO zur Masse gezogen werden können.[28] Dem Schuldner soll hingegen – entgegen § 377 Abs. 2 BGB – das Erstattungsrecht weiterhin zustehen, aber zu einem Neuerwerb der Masse führen.[29] Auch wenn das Ergebnis im Wesentlichen Zustimmung verdient,[30] kann die Analogie zu § 377 Abs. 1 BGB nicht überzeugen.[31] Auch im Ergebnis leuchtet es nicht ein, wieso der Verwalter den Erstattungsanspruch nicht soll geltend machen können, wenn die Zahlung entgegen dem Valutaverhältnis unberechtigterweise vorgenommen wurde oder anfechtbar erfolgt ist. Überzeugender ist daher, den Erstattungsanspruch als zweckgebundenes Recht anzusehen, dessen zweckwidrige Ausübung eine Masseverbindlichkeit begründet (§ 55 Abs. 1 Nr. 1 InsO).[32]

Bei **SEPA-Firmen-Lastschriften** ist der Erstattungsanspruch dagegen von vornherein ausgeschlos- 6b
sen;[33] dies ist im Geschäftsverkehr wirksam (§ 675e Abs. 4 BGB). Auch bei Lastschriften im **Abbuchungsauftragsverfahren** ist der Erstattungsanspruch ausgeschlossen;[34] diese Vereinbarung ist unbeschränkt wirksam (§ 675x Abs. 3 BGB). Vor Insolvenzeröffnung erteilte **Zahlungsaufträge** (§ 675n

---

22 So Nr. 2.2.1 der Bedingungen für Zahlungen mittels Lastschrift im SEPA-Basislastschriftverfahren vom November 2009. So schon zur früheren Einzugsermächtigung *Piekenbrock* KTS 2007, 179 (203).
23 BGH 20.07.2010 XI ZR 236/07, BGHZ 186, 269 Rn. 17 f.
24 So Nr. 2.5 I der Bedingungen für Zahlungen mittels Lastschrift im SEPA-Basislastschriftverfahren vom November 2009.
25 So Nr. 2.5 II der Bedingungen für Zahlungen mittels Lastschrift im SEPA-Basislastschriftverfahren vom November 2009.
26 So auch MüKo-BGB/*Casper* § 675x Rn. 28; für konkludente Genehmigungen wohl *Nobbe* WM 2011, 961 (965).
27 BGH 20.07.2010, XI ZR 236/07, BGHZ 186, 269 Rn. 30 f.
28 BGH 20.07.2010, XI ZR 236/07, BGHZ 186, 269 Rn. 18.
29 BGH 20.07.2010, XI ZR 236/07, BGHZ 186, 269 Rn. 30 f. Kritisch zu Recht *Jacoby* ZIP 2010, 1725 (1735).
30 Ebenso *Nobbe* WM 2011, 961 (966).
31 Kritisch auch *Bitter* WM 2010, 1725 (1734 f.); *Nobbe* WM 2011, 961 (966).
32 So schon *Piekenbrock* KTS 2007, 179 (220 f.) zum früheren Einzugsermächtigungsverfahren.
33 Vgl. Nr. 2.5 der Bedingungen für Zahlungen mittels Lastschrift im SEPA-Firmenlastschriften von November 2009.
34 Vgl. Nr. 2.5 der Bedingungen für Zahlungen mittels Lastschrift im Abbuchungsauftragsverfahren. Allerdings soll nach BGH 13.10.2011, IX ZR 115/10, WM 2011, 2130 Rn. 13 ff. trotz des Abbuchungsauftrags eine Genehmigung erforderlich sein, wenn die Lastschrift als Einzugsermächtigungslastschrift gekennzeichnet ist. AA bisher BGH 19.10.1978, II ZR 96/77, BGHZ 72, 343 (345f).

Abs. 1 BGB) bleiben zu Lasten der Masse wirksam[35] und müssen von der Bank ausgeführt werden (§ 116 Satz 3).[36] Bei **Verfügungen** des Schuldners über Guthaben **nach** der **Eröffnung** durch Barabhebungen oder im Rahmen des Zahlungsverkehrs gilt § 82.[37]

6c Mit Wirkung zum 09.07.2012 wurden die Bedingungen für Zahlungen mittels Lastschrift im Einzugsermächtigungsverfahren wesentlich geändert und das Verfahren quasi auf Empfehlung des BGH[38] dem der SEPA-Basislastschrift angeglichen. Nunmehr autorisiert der Kunde mit seiner Einzugsermächtigung gegenüber seiner Bank die Einlösung von Lastschriften des Zahlungsempfängers (§ 675j Abs. 1 BGB) und hat einen achtwöchigen Erstattungsanspruch (§ 675x Abs. 1, 2, 4 BGB).[39] Für die Umstellung von zentraler Bedeutung ist dabei, dass dieses neue Verständnis auch die bis zum 08.07.2012 erteilten Einzugsermächtigungen erfassen soll, die zugleich als SEPA-Lastschriftmandat gelten.[40] Diese Änderungen bereiten die völlige Ablösung des Einzugsermächtigungsverfahrens durch die SEPA-Lastschriften zum 01.02.2014 vor.[41]

IV. Sonstige Rechtsgeschäfte und geschäftsähnliche Handlungen

7 **Verpflichtungsgeschäfte** bleiben von § 81 unberührt, begründen aber – außer bei § 35 Abs. 2 Satz 1 – nur Neuverbindlichkeiten, für die der Schuldner mit seinem insolvenzfreien Vermögen haftet und die von der Restschuldbefreiung nicht erfasst sind.

8 Bei **geschäftsähnlichen Handlungen** wie Fristsetzungen (§§ 281 Abs. 1, 323 Abs. 1 BGB) und Mahnungen (§ 286 Abs. 1 Satz 1 BGB) wird eine entsprechende Anwendung von § 81 Abs. 1 Satz 1 angenommen, um das Verwaltungsmonopol des Verwalters in Bezug auf die Masse gegen Einmischungen des Schuldners abzuschirmen.[42] Da diese Handlungen für die Masse günstig sein können,[43] soll der Insolvenzverwalter genehmigen können (§ 185 Abs. 2 Satz 1 BGB).[44] Die Erfüllung einer Insolvenzforderung durch persönliche Handlung des Schuldners oder aus massefreiem Vermögen wirkt aber analog § 267 BGB auch zugunsten der Masse.[45] Entsprechend §§ 116, 115 Abs. 2 kann der Schuldner fristwahrende Handlungen wie die Mängelanzeige (§ 377 Abs. 1 HGB) unmittelbar zugunsten der Masse vornehmen.[46]

V. Prozesshandlungen

9 Bewirkungshandlungen des Schuldners (Anerkenntnis, Verzicht, Vergleich, Geständnis, Klage- und Rechtsmittelrücknahme) haben verfügenden Charakter und fallen unter § 81, sofern dadurch die

---

35 BT-Drucks. 14/745, 29.
36 So zum alten Überweisungsrecht auch MüKo-InsO/*Ott/Vuia* Rn. 12a; *Obermüller* ZInsO 1999, 690 (691); a.A. HK-InsO/*Kayser* Rn. 21: keine Pflicht zur Annahme des Auftrags. Eine Änderung der Rechtslage war mit der Novelle von § 116 Satz 3 nicht geplant. Vgl. BT-Drucks. 16/11643, 144.
37 BGH 15.12.2005, IX ZR 227/04, ZIP 2006, 138 Rn. 11.
38 BGH 20.07.2010, XI ZR 236/07, BGHZ 186, 269 Rn. 37 ff.
39 Vgl. Nr 2.2.1, 2.5 der Bedingungen von Juli 2012.
40 Vgl. Nr 2.2.1 I 2 der Bedingungen für Zahlungen mittels Lastschrift im Einzugsermächtigungsverfahren von Juli 2012 und Nr 2.2.2 I 3, 4 der Bedingungen für Zahlungen mittels Lastschrift im SEPA-Basislastschriftverfahren von Juli 2012. Damit hat die Kreditwirtschaft ein sehr bedenkliches obiter dictum in BGH 20.07.2010, XI ZR 236/07, BGHZ 186, 269 Rn. 40 aufgegriffen. Zur Kritik vgl. etwa *Nobbe* WM 2011, 961 (966); *Hadding* ZBB 2012, 149 (151).
41 Vgl. Art. 5, 6 II VO (EU) Nr 260/2012 des Europäischen Parlaments und des Rates v. 14.03.2012, AB1EU Nr L 94, 22 und dazu BT-Drucks. 17/5768, 2.
42 MüKo-InsO/*Ott/Vuia* Rn. 5; Jaeger/*Windel* Rn. 5; Kübler/Prütting/Bork/*Lüke* Rn. 7; HK-InsO/*Kayser* Rn. 5; *Uhlenbruck* Rn. 2.
43 Zum Erlass einer Insolvenzforderung durch den Schuldner vgl. MüKo-InsO/*Ott/Vuia* Rn. 7.
44 So *Häsemeyer* Insolvenzrecht Rn. 10.11.
45 Für die Anfechtung dürfte regelmäßig die Gläubigerbenachteiligung (§ 129 Abs. 1) fehlen. AA wohl AG Hamburg 05.04.2004, 67c IN 33/04, ZInsO 2004, 458 (459).
46 *Häsemeyer* Insolvenzrecht Rn. 10.11; MüKo-InsO/*Ott/Vuia* Rn. 5.

Masse berührt wird.[47] Abgesehen davon fehlt dem Schuldner die Prozessführungsbefugnis. Schließlich ist das Verfahren unterbrochen (§ 240 Satz 1, 249 Abs. 2 ZPO).

VI. Realakte

Realakte wie die Vermischung, Verbindung oder Verarbeitung (§§ 946 ff. BGB) sind keine Rechtsgeschäfte; sie dienen der sachenrechtlichen Zuordnung und können daher verfügungsähnlichen Handlungen nicht gleichgestellt werden.[48] Erfüllt der Schuldner § 950 BGB, ist das Eigentum an der neuen Sache massebefangen (§ 35 Abs. 1 BGB). Auch die für die Begründung gesetzlicher Pfandrechte erforderlichen Handlungen sind keine Verfügungen i.S.v. § 81 Abs. 1 Satz 1, sondern fallen unter § 91 Abs. 1 (vgl. § 91 Rdn. 33, 34).

10

VII. Maßgeblicher Zeitpunkt

Bei der Bestimmung des maßgeblichen Zeitpunkts ist eine zeitliche Relation zwischen dem Eintritt der Eröffnungswirkung und der Wirkungen der fraglichen Rechtshandlung herzustellen. Für die Eröffnungswirkung ist der nach § 27 Abs. 2 Satz 3 anzugebende Zeitpunkt oder hilfsweise die Vermutung von § 27 Abs. 3 maßgeblich. Bei Verfügungen am Eröffnungstag trägt der Begünstigte aufgrund der Vermutung in § 81 Abs. 3 Satz 1 die Beweislast, dass diese vor dem als bewiesen anzusehenden Eröffnungszeitpunkt (§ 417 ZPO) bzw. vor 12 Uhr mittags erfolgt ist (vgl. Rdn. 27).

11

Der für § 81 Abs. 1 Satz 1 maßgebliche Zeitpunkt der Vornahme der Rechtshandlung bestimmt sich nach dem Eintritt der rechtlichen Wirkungen (§ 140 Abs. 1).[49] Bei Verfügungen durch **einseitige** empfangsbedürftige **Willenserklärungen** gilt § 130 Abs. 1 Satz 1 BGB. Sie sind daher unwirksam, wenn sie zwar vor Verfahrenseröffnung abgegeben wurden, aber erst danach zugehen.[50] Bei **verpflichtenden Verträgen** ist die Bindung des Antragenden in der Insolvenz des Angebotsempfängers Auslegungsfrage.[51] Bei Angeboten des Schuldners wirkt § 153 BGB nur zu Lasten der Masse, wenn der Insolvenzverwalter den Vertrag – vor allem nach § 106 – ohnehin erfüllen muss.[52] Im Übrigen liegen die Voraussetzungen von § 103 nicht vor, wenn ein Angebot des Schuldners nach Eröffnung des Insolvenzverfahrens angenommen wird, weil der Nichterfüllungsschaden dann keine Insolvenzforderung ist.[53] Die Annahme eines Vertragsangebots des Schuldners gegenüber dem Insolvenzverwalter muss daher als neuer Antrag angesehen werden (§ 150 Abs. 2 BGB). Wird das Angebot gegenüber dem Schuldner angenommen, kommt § 177 BGB in Betracht, wenn der Schuldner mit nunmehr massebefangenem Vermögen leisten wollte. Im Übrigen kann der Schuldner persönliche Verpflichtungsgeschäfte abschließen,[54] die der Insolvenzverwalter nicht analog § 177 BGB an sich ziehen kann.

12

Bei **mehraktigen Verfügungstatbeständen** muss der Schuldner – vorbehaltlich § 81 Abs. 1 Satz 2 – alle tatbestandsmäßigen Verfügungshandlungen vor der Verfahrenseröffnung vorgenommen haben, damit die Verfügung zu Lasten der späteren Masse wirkt; ansonsten ist § 81 Abs. 1 Satz 1 einschlägig.[55] Dagegen ist § 91 Abs. 1 einschlägig, wenn der Schuldner seine Verfügungshandlungen vorgenommen hat und nur deren Wirksamkeit von weiteren Umständen abhängt. Zu den Verfügungshandlungen i.S.v. § 81 Abs. 1 Satz 1 gehört daher insb. die **Übergabe** einer veräußerten

13

---

47 MüKo-InsO/*Ott/Vuia* Rn. 6.
48 HK-InsO/*Kayser* Rn. 9; *Uhlenbruck* Rn. 4.
49 MüKo-InsO/*Ott/Vuia* Rn. 8.
50 BGH 30.05.1958, V ZR 295/56, BGHZ 27, 360 (366).
51 So zutreffend Jaeger/*Windel* Rn. 37; HK-InsO/*Kayser* Rn. 16.
52 So die Fallgestaltung in BGH 14.09.2001, V ZR 231/00, BGHZ 149, 1 (4f). Unzutreffende Verallgemeinerung bei MüKo-BGB/*Kramer* § 153 Rn. 2. Richtig HK-InsO/*Kayser* Rn. 16.
53 Insoweit a.A. Jaeger/*Windel* Rn. 42, der aber zur Masseentlastung die Freigabe der »unentwickelten Bindungslage aus dem Vertragsangebot« befürwortet.
54 BGH 14.09.2001, V ZR 231/00, BGHZ 149, 1 (5).
55 MüKo-InsO/*Ott/Vuia* Rn. 9.

oder verpfändeten Sache (§§ 929 Satz 1, 1205 Abs. 1 Satz 1 BGB).[56] Folgerichtig muss dies aber auch für die Übergabe der Hauptsache zur Begründung des obligatorischen Fruchtziehungsrechts (§ 956 Abs. 1 Satz 1 BGB)[57] oder des Grundpfandrechtsbriefs gelten (§§ 1117 Abs. 1 Satz 1, 1154 Abs. 1 Satz 1, 1192 Abs. 1 BGB),[58] es sei denn, die Briefübergabe wirkt nach § 1117 Abs. 2 BGB nicht konstitutiv.[59] Folgerichtig ist § 81 Abs. 1 Satz 1 aber auch einschlägig für die **Drittschuldneranzeige** bei der **Verpfändung** einer **Forderung** (§ 1280 BGB) bzw. der **Abtretung** eines **Steuererstattungsanspruchs** (§ 46 2, 3 AO),[60] die Erteilung der **schriftlichen Abtretungserklärung** (§§ 1154 Abs. 1 Satz 1, 1192 Abs. 1 BGB) sowie die Begründung der gesicherten Forderung durch den Schuldner bei Hypotheken und Grundschulden (vgl. § 91 Rdn. 19).

14 Bei der **Vorausabtretung einer Forderung** und damit namentlich bei der Globalzession ist streitig, ob beim Abschluss des Vertrags (§ 398 BGB) vor Verfahrenseröffnung für Forderungen, die erst danach entstehen, § 81 Abs. 1 Satz 1[61] oder § 91[62] greift. Die Frage wird praktisch bedeutsam, wenn die Forderung im Eröffnungsverfahren entsteht, weil § 24 Abs. 1 nur auf §§ 81, 82 verweist und § 91 Abs. 1 im Eröffnungsverfahren auch nicht entsprechend gilt (§ 91 Rdn. 15).[63] Daher kommt hier bei Globalzessionen nur die Anfechtung nach § 130 Abs. 1 Satz 1 Nr. 2 in Betracht (vgl. § 131 Rdn. 38).[64] Die Frage ist mit der Vorstellung des Gesetzgebers[65] zugunsten von § 91 zu lösen. § 91 greift auch bei der Begründung und Übertragung von **Rechten an Grundstücken**, wenn die dingliche Einigung und der Eintragungsantrag vor der Verfahrenseröffnung vorgenommen werden, aber der Grundbucheintrag erst danach erfolgt.[66] Dies wird daran deutlich, dass § 878 BGB nur in § 91 Abs. 2 erwähnt wird. Wurde zwar die dingliche Einigung – ggf. sogar in bindender Form (§ 873 Abs. 2 BGB) – vor der Verfahrenseröffnung getroffen, der Eintragungsantrag vom Erwerber erst danach gestellt, greift § 81 Abs. 1 Satz 2 (Rdn. 21).

VIII. Verfügungen Dritter

15 § 81 Abs. 1 Satz 1 gilt nur für Verfügungen des Schuldners – ggf. durch seine Organe – und eines gesetzlichen oder gewillkürten Vertreters.[67] Bei Verfügungen eines Vertreters ohne Vertretungsmacht fehlt der Massebezug; die Genehmigung des Schuldners (§ 177 Abs. 1 BGB) ist jedoch nach § 81 Abs. 1 Satz 1 unwirksam.[68] Bei Verfügungen nichtberechtigter Dritter fehlt es nach der Verfahrenseröffnung an der Einwilligung des Berechtigten (§ 185 Abs. 1 BGB), die analog § 117 erlischt.[69]

---

56 MüKo-InsO/*Ott/Vuia* Rn. 9; HK-InsO/*Kayser* Rn. 18.
57 BGH 30.05.1958, V ZR 295/56, BGHZ 27, 360 (365 ff.) differenziert hier nicht zwischen §§ 7, 15 KO.
58 Insoweit für § 91 Abs. 1 HK-InsO/*Kayser* § 91 Rn. 24; MüKo-InsO/*Breuer* Rn. 31; FK-InsO/*App* § 91 Rn. 6.
59 Vgl. *Häsemeyer* Insolvenzrecht Rn. 10.29. Die Abrede müsste aber der Grundpfandrechtsgläubiger darlegen und ggf. beweisen. Vgl. RG 07.10.1911, V 97/11, RGZ 77, 106 (108).
60 BGH 30.11.1977, VIII ZR 26/76, BGHZ 70, 75 (79) hat dabei auf § 15 KO zurückgegriffen.
61 So OLG Dresden 26.01.2006, 13 U 1924/05, ZInsO 2006, 1057 (1058); MüKo-InsO/*Ott/Vuia* Rn. 9, 10; Hess/*Weis/Wienberg* Rn. 11; Kübler/Prütting/Bork/*Lüke* Rn. 12a; HambK-InsR/*Kuleisa* Rn. 10.
62 So BGH 20.03.1997, IX ZR 71/96, BGHZ 135, 140 (145) zu §§ 7, 15 KO; 17.02.2005, IX ZB 176/03, BGHZ 162, 187 (190); 11.05.2006, IX ZR 247/03, BGHZ 167, 363 Rn. 6; Jaeger/*Windel* § 81 Rn. 3; HK-InsO/*Kayser* Rn. 18; *Uhlenbruck* Rn. 9; Braun/*Kroth* Rn. 6; *Bork* Insolvenzrecht Rn. 137, 147a; *Häsemeyer* Insolvenzrecht Rn. 10.26.
63 BGH 20.03.1997, IX ZR 71/96, BGHZ 135, 140 (146 f.); 14.12.2006, IX ZR 102/03, BGHZ 170, 196 Rn. 12; 22.10.2009, IX ZR 90/08, ZIP 2009, 2347 Rn. 15 ff.
64 BGH 22.10.2009, IX ZR 90/08, ZIP 2009, 2347 Rn. 15 ff.; HK-InsO/*Kayser* § 91 Rn. 19.
65 BT-Drucks. 12/2443, 138.
66 Wie hier nunmehr BGH 26.04.2012, IX ZR 136/11, ZIP 2012, 1256 Rn. 10 ff. Vgl. entsprechend HK-InsO/*Kayser* Rn. 18; für § 81 MüKo-InsO/*Ott/Vuia* Rn. 10.
67 HK-InsO/*Kayser* Rn. 19; MüKo-InsO/*Ott/Vuia* Rn. 12; *Uhlenbruck* Rn. 6.
68 HK-InsO/*Kayser* Rn. 19; MüKo-InsO/*Ott/Vuia* Rn. 12.
69 Vgl. BGH 10.11.1999, VIII ZR 78/98, NJW 2000, 738 (739) zu § 23 KO im Falle der Prozessstandschaft; *Häsemeyer* Insolvenzrecht Rn. 20.69; Jaeger/*Windel* Rn. 12.

Wird die Einwilligung (§ 185 Abs. 1 BGB) oder die Genehmigung (§ 185 Abs. 2 Satz 1 BGB) nach Verfahrenseröffnung erteilt, gilt wiederum § 81 Abs. 1 Satz 1.[70] Der Dritterwerber kann aber nach § 932 BGB vom Nichtberechtigten erwerben. § 935 Abs. 1 BGB steht nur entgegen, wenn der Insolvenzverwalter die Sache bereits in Besitz hatte und diesen unfreiwillig wieder verloren hat.[71] Außerdem wird der Dritterwerber beim Erlöschen der Einwilligungen zu kaufmännischen Verfügungen (Weiterveräußerung von Handelsware unter Eigentumsvorbehalt) durch § 366 Abs. 1 HGB geschützt.

Dagegen unterfallen Verfügungen eines **Treuhänders** nicht § 81 Abs. 1 Satz 1, auch wenn der Gegenstand der Verfügung wirtschaftlich zur Masse gehört.[72] Entscheidend ist, dass der Treuhänder Vollrechtsinhaber ist.[73] Ob der Treuhänder nach dem Inhalt des Treuhandverhältnisses verfügen durfte (etwa die Bank als Sicherungseigentümer bei Verwertungsreife), ist nicht entscheidend. Daher kann der Sicherungseigentümer die Sache nach §§ 929 Satz 1, 931 BGB übereignen. Das Verwertungsrecht des Insolvenzverwalters (§ 166 Abs. 1) bleibt davon unberührt. **16**

IX. Rechtsfolgen

Die von § 81 Abs. 1 Satz 1 erfassten Verfügungen sind ipso iure absolut unwirksam.[74] Der Insolvenzverwalter kann daher kraft § 80 Abs. 1 die zur Masse gehörenden Sachen vindizieren (§ 985 BGB).[75] Bei Forderungen und sonstigen Rechten ist der Insolvenzverwalter deren Inhaber, ohne dass daraus ein Anspruch erwächst. Ggf. kann die Zugehörigkeit zur Masse festgestellt werden (§ 256 Abs. 1 ZPO). Da der Schuldner nach Verlust der Verfügungsbefugnis Nichtberechtigter ist, kann der Insolvenzverwalter die Verfügung aber auch genehmigen (i.S.v. § 185 Abs. 2 Satz 1 Var. 1 BGB).[76] Dies gilt auch für Prozesshandlungen, nicht hingegen für einseitige Rechtshandlungen, was sich aus dem Rechtsgedanken der §§ 111 Abs. 1, 180 Satz 1 BGB ergibt.[77] Wird das Insolvenzverfahren aufgehoben oder eingestellt oder wird der fragliche Gegenstand vom Insolvenzverwalter freigegeben, gilt § 185 Abs. 2 Satz 1 Var. 2 BGB entsprechend.[78] Die Begrenzung der Unwirksamkeitsfolge ist in § 81 Abs. 1 Satz 1 nicht vorgesehen und auch teleologisch nicht geboten, um jede Einmischung des Schuldners zu verhindern Daher kann der Schuldner über ein wertausschöpfend belastetes Grundstück weder durch Auflassung noch durch Bestellung weiterer Grundpfandrechte verfügen. Vielmehr kommt hier nur die Freigabe in Betracht.[79] **17**

C. Verkehrsschutz

Dem redlichen Rechtsverkehr wird grds. nur geringer Schutz beim Erwerb vom Schuldner gewährt. Schutz genießt nach § 81 Abs. 1 Satz 2 nur der Erwerb dinglicher Rechte an Grundstücken sowie an eingetragenen Schiffen, Schiffsbauwerken und Luftfahrzeugen sowie nach § 81 Abs. 3 Satz 2 der Erwerb von Finanzsicherheiten. Befinden sich die fraglichen Sachen in einem anderen Mitgliedstaat, ist die lex rei sitae zu beachten (Art. 11 EuInsVO). Für den Erwerb von Treibhausemissionsrechten vom nichtberechtigten Schuldner kommt eine entsprechende Anwendung von § 16 Abs. 2 TEHG in Betracht, weil auch in das dafür eingerichtete Register Verfügungsbeschränkungen eingetragen **18**

---

70 BGH 12.07.2012, IX ZR 213/11, ZIP 2012, 1517 Rn. 14. *Häsemeyer* Insolvenzrecht Rn. 10.06.
71 MüKo-InsO/*Ott/Vuia* Rn. 24; HK-InsO/*Kayser* Rn. 43; Nerlich/Römermann/*Wittkowski* Rn. 22.
72 BGH 12.07.2012, IX ZR 213/11, ZIP 2012, 1517 Rn. 9 f.
73 MüKo-InsO/*Ott/Vuia* Rn. 12; HK-InsO/*Kayser* Rn. 20.
74 MüKo-InsO/*Ott/Vuia* Rn. 13; Kübler/Prütting/Bork/*Lüke* Rn. 14; *Uhlenbruck* Rn. 11.
75 HK-InsO/*Kayser* Rn. 25; Kübler/Prütting/Bork/*Lüke* Rn. 14.
76 BT-Drucks. 12/2443, 136.
77 HK-InsO/*Kayser* Rn. 28; Nerlich/Römermann/*Wittkowski* Rn. 15 *Uhlenbruck* Rn. 12.
78 BGH 18.04.2013, IX ZR 165/12, ZIP 2013, 1181 Rn. 26.
79 MüKo-InsO/*Ott/Vuia* Rn. 16; HK-InsO/*Kayser* Rn. 29; a.A. Kübler/Prütting/Bork/*Lüke* Rn. 15, der sich aber zu Unrecht auf RG 29.04.1938, VII 233/37, RGZ 157, 294 (295) beruft.

§ 81 InsO   Verfügungen des Schuldners

werden können (§ 14 Abs. 1 Satz 2 TEHG).[80] Dagegen werden nicht eingetragene Schiffe als bewegliche Sachen behandelt (§ 929a BGB), so dass kein Verkehrsschutz besteht. Geschützt wird schließlich nur der rechtsgeschäftliche Erwerb. Die bei der Geldforderungsvollstreckung nach Verfahrenseröffnung eingetragene Zwangshypothek (§ 867 ZPO) entfaltet keine Wirkung.[81] Dasselbe gilt für die Vormerkung im Wege einstweiliger Verfügung (§ 885 Abs. 1 Alt. 1 BGB). Ist der Schuldner dagegen zur Auflassung eines Grundstücks verurteilt, gewährt § 898 ZPO Verkehrsschutz.

19 Bei Registerrechten an Grundstücken, Schiffen und Luftfahrzeugen können bis zur Eintragung des Insolvenzvermerks (§§ 32, 33) sowohl die Rechte selbst als auch Rechte an diesen Rechten erworben werden. Etwas anders gilt nur, wenn der Verlust der Verfügungsbeschränkung dem Erwerber positiv bekannt ist (§§ 892 Abs. 1 Satz 2 BGB, § 16 Abs. 1 Satz 2 SchiffsRG, § 16 Abs. 1 Satz 2 LuftfzRG). Haben die dingliche Einigung (§ 873 Abs. 1 BGB) und die grundbuchrechtliche Bewilligung (§ 19 GBO) vor der Verfahrenseröffnung stattgefunden, ist allein § 91 Abs. 2 maßgeblich,[82] weil der Eintragungsantrag auch vom Erwerber gestellt werden kann (§ 13 Abs. 1 Satz 2 GBO) und daher wie die Eintragung nicht mehr zum Verfügungstatbestand gehört. § 81 Abs. 1 Satz 2 ist daher nur einschlägig, wenn die Einigung oder die Bewilligung nach der Verfahrenseröffnung datiert.

20 Bei der Anwendung dieser Norm ist von folgenden drei Determinanten auszugehen: Erstens finden auf das Eintragungsersuchen des Gerichts (§ 32 Abs. 2 Satz 1) und den Eintragungsantrag des Insolvenzverwalters (§ 32 Abs. 2 Satz 2) §§ 17, 45 GBO Anwendung.[83] Zweitens ist nach der (berichtigenden) Eintragung des Insolvenzvermerks nur der Insolvenzverwalter bewilligungsbefugt (§ 19 GBO).[84] Aufgrund einer Bewilligung des Schuldners darf daher nicht mehr eingetragen werden.[85] Drittens scheidet der Rechtserwerb (§ 873 Abs. 1 BGB) aus, wenn der Wegfall der Verfügungsbefugnis zuvor aus dem Grundbuch ersichtlich war, weil § 892 Abs. 2 BGB nicht auch für den Grundbuchstand gilt.

21 IE bedeutet das: Der Rechtserwerb setzt stets voraus, dass der Erwerber bei Antragstellung von der Verfahrenseröffnung keine Kenntnis hatte (§ 892 Abs. 2 BGB). Im Übrigen ist nach vier Fallgruppen zu differenzieren: Wurde der **Antrag nach § 873 BGB vor** dem nach § 32 Abs. 2 gestellt, ist der Rechtserwerb einzutragen. Dem Grundbuchamt ist es verwehrt, nach Kenntnis von der Verfahrenseröffnung die für den Rechtserwerb konstitutive Eintragung schlicht zu unterlassen, weil es nicht Aufgabe des Verfahrensrechts ist, die Wertungen des materiellen Rechts zu korrigieren,[86] und der Gläubiger nach Stellung des Eintragungsantrags ohne Gefahr seine Gegenleistung muss erbringen können; die Eröffnung des Verfahrens begründet also **keine Grundbuchsperre**.[87] Dabei spielt es keine Rolle, wer den Eintragungsantrag gestellt hat.[88] Wird der Insolvenzvermerk aber unter Verletzung von §§ 17, 45 GBO vorzeitig eingetragen, darf der Rechtserwerb nach § 19 GBO nicht eingetragen werden und wäre auch bei Eintragung nach § 892 Abs. 1 Satz 2 BGB unwirksam. In diesem Fall hilft dem potentiellen Erwerber nur § 839 BGB gegen den Justizfiskus.

---

80 *Köhn* ZInsO 2004, 641 (643 ff.); Jaeger/*Windel* Rn. 71.
81 Vgl. BGH 16.04.1975, V ZB 22/74, BGZ 64, 194 (197), wonach nur die eingetragene Zwangssicherungshypothek vom Nichtberechtigten erworben werden kann.
82 HK-InsO/*Kayser* § 91 Rn. 56.
83 Zur Anwendbarkeit vgl. MüKo-InsO/*Schmahl/Busch* § 33 Rn. 53.
84 Hügel/*Holzer* Beck'scher Online-Kommentar GBO § 19 Rn. 82.
85 MüKo-BGB/*Kohler* § 892 Rn. 65.
86 Daher gilt für § 19 GBO die Regelung des § 892 Abs. 2 BGB entsprechend. Vgl. MüKo-BGB/*Kohler* § 892 Rn. 66.
87 MüKo-InsO/*Ott/Vuia* Rn. 23; HK-InsO/*Kayser* Rn. 40; *Uhlenbruck* Rn. 15; HambK-InsO/*Kuleisa* Rn. 20; Gottwald/*Eickmann* § 31 Rn. 87; MüKo-BGB/*Kohler* § 892 Rn. 65; Staudinger/*Gursky* § 892 BGB Rn. 253. AA RG 24.04.1909, V 61/09, RGZ 71, 38, (41); FK-InsO/*App* Rn. 18; Nerlich/Römermann/*Wittkowski* Rn. 18; *Bork* Insolvenzrecht Rn. 142. Für Eintragungshindernis bei drohendem Erwerb kraft öffentlichen Glaubens des Grundbuchs auch OLG Karlsruhe 02.09.1997, 11 Wx 60/97, NJW-RR 1998, 445 (446); BayObLG 24.03.1994, 2Z BR 20/94, BayObLGZ 1994, 66 (71).
88 MüKo-BGB/*Kohler* § 892 Rn. 54.

Wurde dagegen der **Antrag nach § 873 BGB nach** dem nach § 32 Abs. 2 gestellt, ist der Rechtserwerb nach § 19 GBO nicht einzutragen und wäre auch bei Eintragung nach § 892 Abs. 1 Satz 2 BGB unwirksam. Trägt ihn das Grundbuchamt dagegen unter Verletzung von §§ 17, 45 GBO vor dem Insolvenzvermerk ein, ist der Rechtserwerb wirksam. In diesem Fall hilft § 839 BGB dem Insolvenzverwalter.

Dieselben Grundsätze gelten nach § 893 Alt. 2 BGB sinngemäß für den Erwerb einer Vormerkung[89] sowie für Kündigungserklärungen (§§ 1143, 1193 BGB) und für Leistungen an den Schuldner aufgrund eines eingetragenen Rechts (§ 893 Alt. 1 BGB), also etwa einer Reallast (§ 1105 BGB), eines Erbbaurechts (§ 9 ErbbauRG) oder einer Rentenschuld (§ 1199 BGB), bis der Insolvenzvermerk bei diesen Rechten eingetragen ist (§ 32 Abs. 1 Satz 2). Insoweit schränkt § 81 Abs. 1 Satz 2 den Verkehrsschutz gegenüber § 82 ein. Für die Kenntnis von der Verfahrenseröffnung trägt der Insolvenzverwalter – abw. von § 82 Satz 1 (vgl. § 82 Rdn. 10) – die Darlegungs- und Beweislast auch für die Zeit nach der Bekanntmachung.[90] Für Registerrechte an Schiffen und Luftfahrzeugen bestehen entsprechende Regelungen wie für Grundstücke (§§ 16 Abs. 1 Satz 2, Abs. 2, 17 SchiffsRG, §§ 16 Abs. 1 Satz 2, Abs. 2, 17 LuftfzRG). Soweit der Rechtserwerb durch Verfügungen nach Verfahrenseröffnung möglich ist, steht er trotzdem unter dem Vorbehalt der Insolvenzanfechtung (§ 147 Satz 1).

D. Rückgewähr der Gegenleistung

Hat der Schuldner auf einen gegenseitigen Vertrag, der vor Verfahrenseröffnung zustande gekommen war, nach Verfahrenseröffnung eine nach § 81 Abs. 1 Satz 1 unwirksame Leistung erbracht, ist dem Vertragspartner die Gegenleistung aufgrund der Rechtsfolgenverweisung[91] in § 81 Abs. 1 Satz 3 nach Maßgabe der §§ 818 ff. BGB zurückzugewähren, soweit die Masse auf dessen Kosten noch bereichert ist.[92] Daher ist der Anspruch ausgeschlossen, wenn direkt an den Schuldner geleistet worden und nichts in die Masse gelangt oder wenn diese entreichert ist (§ 818 Abs. 3 BGB); der Dritte muss sich dann mit Erfüllungs- und Schadensersatzansprüchen an den Schuldner und dessen insolvenzfreies Vermögen halten[93] und kann insoweit nach Maßgabe von § 89 Abs. 2 Satz 1 vollstrecken (vgl. § 89 Rdn. 30 ff.). Der Bereicherungsanspruch stellt ggf. eine Masseverbindlichkeit dar (§ 55 Abs. 1 Nr. 3).[94] Besteht die Gegenleistung des Vertragspartners im Verzicht auf eine gesicherte Forderung, würde die Wiederbegründung der Forderung nicht zum Wiederaufleben der akzessorischen Sicherungsrechte führen. Stattdessen sieht die herrschende Meinung die ursprüngliche Forderung als fortbestehend an.[95] Das entspricht im Ergebnis der Annahme, dass die Sicherheit den Anspruch aus § 81 Abs. 1 Satz 3 sichert.

E. Verfügung über Lohnforderungen nach Verfahrensende

§ 81 Abs. 2 Satz 1 erweitert die Unwirksamkeit der Abtretung künftiger Forderungen während des Verfahrens nach § 81 Abs. 1 Satz 1, soweit diese erst nach Aufhebung oder Einstellung des Verfahrens entstehen. Dagegen gilt bei Abtretungen vor Verfahrenseröffnung § 91 (vgl. Rdn. 14), der aber bis 30.06.2014 entscheidend durch § 114 Abs. 1 eingeschränkt wird.[96] § 81 Abs. 2 soll damit das

---

89 Vgl. BGH 21.06.1957, V ZB 6/57, BGHZ 25, 18 (23); 01.10.1958, V ZR 26/57, BGHZ 28, 182 (186).
90 *Uhlenbruck* Rn. 14.
91 Meines Erachtens besteht für die Leistung ein Rechtsgrund. Für jedenfalls »entsprechende Anwendung« auch der §§ 812 ff. BGB dagegen *Uhlenbruck* Rn. 18; MüKo-InsO/*Ott/Vuia* Rn. 25; Kübler/Prütting/Bork/*Lüke* Rn. 26.
92 *Uhlenbruck* Rn. 18.
93 MüKo-InsO/*Ott/Vuia* Rn. 25; Nerlich/Römermann/*Wittkowski* Rn. 24; *Uhlenbruck* Rn. 18.
94 *Uhlenbruck* Rn. 18; MüKo-InsO/*Ott/Vuia* Rn. 25; HK-InsO/*Kayser* Rn. 44.
95 MüKo-InsO/*Ott/Vuia* Rn. 26; *Uhlenbruck* Rn. 18; Nerlich/Römermann/*Wittkowski* Rn. 24; FK-InsO/*App* Rn. 29; HK-InsO/*Kayser* Rn. 45; Jaeger/*Windel* Rn. 55.
96 Zur Aufhebung von § 114 zum 01.07.2014 vgl. Art. 1 Nr. 15 i.V.m. Art. 9 des Gesetzes v. 15.07.2013, BGBl. I, 2379.

Interesse der Gläubiger schützen, sich nach Beendigung des Insolvenzverfahrens im Rahmen der Restschuldbefreiung oder – wegen § 312 Abs. 2 nicht praxisrelevant[97] – einem Insolvenzplan auf das Arbeitseinkommen des Schuldners zu erhalten;[98] sie steht damit auch im Kontext von § 89 Abs. 2 Satz 1, der das Arbeitseinkommen gegen die Einzelzwangsvollstreckung von Neugläubigern abschirmt.[99] Mit Blick auf § 287 Abs. 2 Satz 1 folgerichtig ist die Abtretung an den Treuhänder nach § 81 Abs. 2 Satz 2 wirksam. Da diese aber bereits mit dem Eröffnungsantrag zu erklären ist, hätte es der Regelung in § 81 Abs. 2 für die sog. Wohlverhaltensperiode schon nach dem Prioritätsprinzip nicht bedurft. Für die Zeit danach und für Fälle ohne Antrag auf Restschuldbefreiung – etwa wegen § 290 Abs. 1 Satz 3 – fehlt dagegen ein tragfähiger Grund für die Verfügungsbeschränkung. Insoweit ist eine teleologische Reduktion indiziert.[100]

26 Der Begriff der »Bezüge« erfasst sämtliche Arbeitseinkommen i.S.v. § 850 ZPO, insb. aber auch Renten und sonstige laufende Geldleistungen der Träger der Sozialversicherung und der Bundesagentur für Arbeit im Falle des Ruhestandes, der Erwerbsunfähigkeit oder der Arbeitslosigkeit sowie das Arbeitsentgelt von Strafgefangenen nach § 43 StVollzG.[101] Damit kommen nur Forderungen natürlicher Personen in Betracht; soweit diese im Einzelfall nach den Bestimmungen der ZPO oder spezialgesetzlichen Regelungen nicht pfändbar sind, kann die Vorschrift nicht eingreifen (vgl. § 36 Abs. 1).[102]

F. Beweislast

27 Grds. hat der Insolvenzverwalter darzulegen und zu beweisen, dass eine Verfügung, die nach § 81 Abs. 1 Satz 1 unwirksam sein soll, nach Verfahrenseröffnung erfolgt ist. Dabei kommt ihm nach § 81 Abs. 3 Satz 1 eine Vermutung zugute: Danach wird – widerlegbar (§ 292 Satz 1 ZPO) – vermutet, dass eine am Tag der Verfahrenseröffnung vorgenommene Verfügung des Schuldners erst nach Eröffnung erfolgt ist. Nach den allgemeinen Grundsätzen trägt der Insolvenzverwalter jedoch die volle Darlegungs- und Beweislast dafür, dass die Verfügung am Eröffnungstag vorgenommen worden ist.[103] Ist dieser Beweis zur Überzeugung des Gerichts geführt (§ 286 Abs. 1 Satz 1 ZPO), trägt der Begünstigte aufgrund der Vermutung in § 81 Abs. 3 Satz 1 die Beweislast, dass die Verfügung vor dem als bewiesen anzusehenden Eröffnungszeitpunkt (§ 417 ZPO) bzw. vor 12 Uhr mittags erfolgt ist (vgl. Rdn. 11). Diese Vermutung gilt für alle Rechtshandlungen, die von § 81 Abs. 1 Satz 1 erfasst werden.[104]

G. Verfügungen über Finanzsicherheiten

28 § 81 Abs. 3 Satz 2 enthält eine unionsrechtlich bedingte Sonderregelung für Verfügungen über Finanzsicherheiten i.S.v. § 1 Ab. 17 KWG und eröffnet insoweit für Verfügungen am Tag der Verfahrenseröffnung Verkehrsschutz, wenn die Unkenntnis von der Eröffnung nachgewiesen werden kann. Dies entspricht Art. 8 Abs. 2 der Finanzsicherheiten-RL[105], wonach die Mitgliedstaaten sicher stel-

---

97 Dass der Schuldner seine selbständige Tätigkeit zugunsten einer unselbständigen aufgegeben hat und trotzdem das Insolvenzplanverfahren gewählt wird, erscheint kaum vorstellbar.
98 BT-Drucks. 12/2443, 136.
99 HK-InsO/*Kayser* Rn. 46; *Uhlenbruck* Rn. 19.
100 AA *Kübler/Prütting/Bork/Lüke* Rn. 29; MüKo-InsO/*Ott/Vuia* Rn. 28; HK-InsO/*Kayser* Rn. 47; Jaeger/*Windel* Rn. 80.
101 BT-Drucks. 12/2443, 136.
102 MüKo-InsO/*Ott/Vuia* Rn. 27; Kübler/Prütting/Bork/*Lüke* Rn. 28; HK-InsO/*Kayser* Rn. 48.
103 MüKo-InsO/*Ott/Vuia* Rn. 14; Jaeger/*Windel* Rn. 32; FK-InsO/*App* Rn. 46. Dagegen hat BGH 10.04.1986, IX ZR 159/85, NJW 1986, 1925 (1926) zu Unrecht angenommen, der Begünstigte (dort: der Zessionar) müsse den Fortbestand der Verfügungsbefugnis beweisen. Ablehnend auch *von Olshausen* ZIP 1998, 1093 (1098), der allerdings zu Unrecht die nicht existierende rechtshindernde Einrede bemüht.
104 MüKo-InsO/*Ott/Vuia* Rn. 15; Nerlich/Römermann/*Wittkowski* Rn. 27.
105 RL 2002/47/EG des Europäischen Parlaments und des Rates v. 06.06.2002 über Finanzsicherheiten, ABlEG Nr. L 168, 43.

len, »dass die Bestellung einer Finanzsicherheit oder die Besicherung einer Verbindlichkeit oder die Besitzverschaffung an einer Finanzsicherheit, die am Tag der Eröffnung, jedoch nach der Eröffnung eines Liquidationsverfahrens oder der Einleitung von Sanierungsmaßnahmen erfolgt, rechtlich verbindlich und absolut wirksam ist, wenn der Sicherungsnehmer nachweisen kann, dass er von der Eröffnung des Verfahrens bzw. der Einleitung der Maßnahmen keine Kenntnis hatte und auch nicht haben konnte.« Beim Vorbehalt der Insolvenzanfechtung ist das Privileg in § 130 Abs. 1 Satz 2 zu beachten (vgl. § 130 Rdn. 32).

§ 82 Leistungen an den Schuldner

Ist nach der Eröffnung des Insolvenzverfahrens zur Erfüllung einer Verbindlichkeit an den Schuldner geleistet worden, obwohl die Verbindlichkeit zur Insolvenzmasse zu erfüllen war, so wird der Leistende befreit, wenn er zur Zeit der Leistung die Eröffnung des Verfahrens nicht kannte. Hat er vor der öffentlichen Bekanntmachung der Eröffnung geleistet, so wird vermutet, daß er die Eröffnung nicht kannte.

Übersicht	Rdn.		Rdn.
A. Allgemeines	1	III. Zeitpunkt der Leistung	7
B. Anwendungsbereich	2	IV. Nachträgliche Erfüllungswirkung	8
C. Einzelheiten der Leistung	3	D. Verkehrsschutz	9
I. Leistungsmodalitäten	3	E. Beweislast und Beweisführung	10
II. Leistungen an Dritte	6	F. Rechtsfolge	12

A. Allgemeines

Die Norm ist mit redaktionellen Anpassungen aus § 8 KO hervorgegangen und entspricht wörtlich 1 § 93 InsO-RegE.[1] Sie gewährt wie § 81 Abs. 1 Satz 2, Abs. 3 Satz 2 Geschäftspartnern des Schuldners punktuell **Verkehrsschutz**, hier für Leistungen an den Schuldner, der mit der Verfügungsbefugnis über massebefangene Forderungen (§§ 35 Abs. 1, 36 Abs. 1; vgl. § 36) auch die Empfangszuständigkeit nach § 362 Abs. 1 BGB verloren hat (zum maßgeblichen Zeitpunkt vgl. § 80 Rdn. 5), so dass Leistungen an ihn nur noch nach § 362 Abs. 2, 185 BGB Erfüllungswirkung haben. Grds. müsste daher zum Zwecke der Erfüllung an den Insolvenzverwalter erneut geleistet werden. Gegen den Schuldner wäre dagegen die Leistungskondiktion[2] gegeben. Vor dieser Rechtsfolge wird der redliche Geschäftspartner durch § 82 bewahrt,[3] der §§ 370, 407, 409, 851, 893 Alt. 1, 2367 Alt. 1 BGB, § 354a Satz 2 HGB ergänzt.[4] Sie gilt unmittelbar im eröffneten Verfahren und entsprechend bei Einsetzung eines vorläufigen Insolvenzverwalters (§ 24 Abs. 1), in der Eigenverwaltung (§ 277 Abs. 1 Satz 2) sowie bei Anordnung der Nachlassverwaltung (§ 1984 Abs. 1 Satz 2 BGB).

B. Anwendungsbereich

Unmittelbar erfasst werden nur Leistungen solvendi causa i.S.v. § 362 BGB an den Insolvenzschuldner einschließlich der Leistungen eines Dritten (§ 267 BGB). Bei Leistungen an den Insolvenzverwalter nach Freigabe oder nach Aufhebung des Insolvenzverfahrens gilt Satz 1 entsprechend.[5] Nicht erfasst wird die Herausgabe einer Sache nach § 985 BGB,[6] weil sich der dingliche Anspruch immer (nur) gegen den gegenwärtigen Besitzer richtet und mit der Übergabe an den Schuldner untergeht. 2

---

1 BT-Drucks. 12/2443, 23, 136; BT-Drucks. 12/7302, 33 f.
2 So auch MüKo-InsO/*Ott/Vuia* Rn. 11; a.A. Jaeger/*Windel* Rn. 38: condicio ob rem (§ 812 Abs. 1 Satz 2 Alt. 2 BGB).
3 Insoweit zutr. BGH 24.03.2011, IX ZR 180/10, ZIP 2011, 820 Rn. 22.
4 Zu den Unterschieden zu § 407 BGB vgl. aber BGH 16.07.2009, IX ZR 118/08, BGHZ 182, 85 Rn. 11 ff.
5 BGH 15.07.2010, IX ZB 229/07, BGHZ 186, 223 Rn. 8; 16.12.2010, IX ZA 30/10, ZIP 2011, 234 Rn. 6; LG München I 11.05.2010, 11 S 23373/09, NZI 2010, 821 (822 f.).
6 AA FK-InsO/*App* Rn. 3; Jaeger/*Windel* Rn. 8.

Wird der Besitzer vom Schuldner verklagt, entsteht ein gesetzliches Schuldverhältnis.[7] Wird die Sache im Prozess nach Eröffnung des Insolvenzverfahrens an den Schuldner persönlich herausgegeben und gelangt nicht zur Masse, besteht mangels Verschulden (§ 989 BGB) kein Schadensersatzanspruch, wenn der Schuldner von der Verfahrenseröffnung bei der Rückgabe nichts gewusst hat.

C. Einzelheiten der Leistung

I. Leistungsmodalitäten

3 Verkehrsschutz wird nur für die konkret geschuldete Leistung gewährt. Eine Bank, die einen Zahlungsauftrag des Insolvenzschuldners ausführt, handelt vertragsgemäß und darf dessen kreditorisches Konto belasten.[8] Dasselbe gilt bei der Einlösung einer zuvor autorisierten Lastschrift oder eines vom Insolvenzschuldner ausgestellten Schecks[9] oder eines vom Schuldner akzeptierten Wechsels. Bei debitorischem Konto bestand dagegen nach Erlöschen des Girovertrags (§§ 116 Satz 1, 115 Abs. 1) kein Auszahlungsanspruch des Insolvenzschuldners mehr. Insoweit ist umstritten, ob die Bank einen Aufwendungsersatzanspruch (§ 670 BGB) als Insolvenzforderung erwirbt[10] und dafür auf die bestehenden Sicherheiten zugreifen kann, oder ob sie beim Zahlungsempfänger kondizieren muss.[11] Da der Ersatzanspruch aber erst nach Verfahrenseröffnung entsteht[12] und eine Zahlungsanweisung des Schuldners mit der Verfahrenseröffnung erlischt, muss die Bank beim Zahlungsempfänger kondizieren.[13]

4 Verkehrsschutz besteht auch, wenn der Drittschuldner ein Wahlrecht ausübt oder von einer Ersetzungsbefugnis Gebrauch macht, also etwa bei § 354a Satz 2 HGB[14] bei Zahlung an den Zedenten. Stand dagegen dem Insolvenzschuldner als Gläubiger eine Ersetzungsbefugnis zu, muss das Recht vor der Verfahrenseröffnung ausgeübt worden sein. Bei § 249 Abs. 2 Satz 1 BGB[15] hilft aber § 851 BGB. Auch die Annahme einer Leistung an Erfüllungs statt (§ 364 Abs. 1 BGB) hat nach Verfahrenseröffnung keine Wirkung mehr.[16] Wurde sie vorher vereinbart, liegt eine wirksame Änderung der geschuldeten Leistung vor.[17] Auch eine Scheck- oder Wechselzahlungsabrede, die bei Scheck- bzw. Wechselhingabe eine Einrede gegen die Valutaforderung begründen würde,[18] muss der Insolvenzschuldner – ggf. konkludent[19] – vor der Verfahrenseröffnung getroffen haben. Der Insolvenzverwalter muss daher Scheck- und Wechselzahlungen nicht akzeptieren.[20] Zahlt der Drittschuldner

---

7 MüKo-BGB/*Baldus* Vor § 985 Rn. 23.
8 BGH 15.12.2005, IX ZR 227/04, ZIP 2006, 138 Rn. 11.
9 HK-InsO/*Kayser* Rn. 54.
10 So bei Insolvenz des Scheckausstellers Baumbach/Hefermehl/*Casper* ScheckG Art. 3 Rn. 13, weil die Scheckanweisung (Art. 1 Nr. 2 ScheckG) von der Insolvenz unberührt bleibe.
11 Für beide Möglichkeiten *Bork* Zahlungsverkehr in der Insolvenz Rn. 179; unklar *Uhlenbruck* Rn. 21, der die Kondiktion nur bei Durchführung einer Überweisung ohne Überweisungsvertrag bejaht. Für Kondiktion in diesem Fall MüKo-InsO/*Ott/Vuia* Rn. 21.
12 Allerdings kennt § 118 Satz 2 nachträgliche Insolvenzforderungen bei Unkenntnis von der Verfahrenseröffnung.
13 So bei Einlösung eines Zahlstellenwechsels durch die Bank als Domizilantin (Art. 4 WG) BGH 01.07.1976, VII ZR 333/75, BGHZ 67, 75 (78). Auf die dort für wesentliche gehaltene Kenntnis des Wechselberechtigten kommt es allerdings nicht an. Vgl. nur BGH 03.02.2004, XI ZR 125/03, BGHZ 158, 1 (5) m.w.N.
14 Für Ersetzungsbefugnis zutreffend MüKo-HGB/*K. Schmidt* § 354a Rn. 23.
15 Zur Ersetzungsbefugnis vgl. BGH 11.12.1992, V ZR 118/91, BGHZ 121, 22 (26) m.w.N.
16 Jaeger/*Windel* Rn. 11.
17 Im Ergebnis zutreffend auch MüKo-InsO/*Ott/Vuia* Rn. 3a.
18 BGH 30.10.1985, VIII ZR 251/84, BGHZ 96, 182 (193); 02.02.2006, IX ZR 67/02, BGHZ 166, 125 Rn. 43, jeweils zur Wechselhingabe; 16.04.1996, XI ZR 222/95, NJW 1996, 1961 zur Scheckhingabe.
19 So zur *Scheckzahlungsabrede* Baumbach/Hefermehl/*Caspers* ScheckG Einl. Rn. 28.
20 Nach BGH 07.10.1965, II ZR 120/63, BGHZ 44, 178 (182) müsste die Scheckzahlung aber unverzüglich abgelehnt werden.

durch Scheck erfüllungshalber an den Insolvenzschuldner (§ 364 Abs. 2 BGB), wird er mit der Einlösung trotzdem frei, weil Scheckzahlungen üblich und insolvenzrechtlich als kongruent anzusehen sind (vgl. § 131 Rdn. 5).[21] Dagegen steht die Annahme eines vom Insolvenzschuldner ausgestellten Wechsels nicht unter dem Schutz von § 82.[22]

Unwirksam ist auch die Vereinbarung einer Ersetzungsbefugnis des Drittschuldners. Dasselbe gilt für die Leistung an den Schuldner auf einen vermeintlichen Rückgewähranspruch nach Erklärung eines Rücktritts, eines Widerrufs oder der Anfechtung nach Verfahrenseröffnung, weil das Gestaltungsrecht nach § 81 Abs. 1 Satz 1 nicht wirksam ausgeübt worden ist (vgl. § 81 Rdn. 3). Dass nach herrschender Meinung auch für Teilleistungen kein Verkehrsschutz bestehen soll,[23] erscheint dagegen zweifelhaft, weil § 266 BGB den Gläubiger **persönlich** vor unnötiger Belästigung schützen soll[24] und beim Insolvenzverwalter kein Mehraufwand entsteht. Bei Wahlschulden (§ 262 BGB) und elektiver Konkurrenz (vgl. etwa §§ 437, 439 Abs. 1 BGB)[25] ist die Leistung erbracht wie geschuldet. Ist sie nicht erbracht, bindet die Wahl des Schuldners den Verwalter nicht nach § 263 BGB. 5

II. Leistungen an Dritte

Leistungen an gesetzliche Vertreter des Schuldners stehen Leistungen an den Schuldner selbst gleich.[26] Bei gewillkürter Stellvertretung kommt Verkehrsschutz trotz des Erlöschens der Vollmacht (§ 117 Abs. 1) in Betracht. Dasselbe gilt trotz des Erlöschens der Ermächtigung (§ 185 Abs. 1 BGB)[27] bei Leistungen an Dritte, die – etwa nach § 16 Abs. 6 VOB/B bei Leistungen an den Subunternehmer – Erfüllungswirkung haben (§ 362 Abs. 2 BGB).[28] Erteilt der Schuldner als Zahlungsdienstnutzer (§ 675f Abs. 1 BGB) zu Lasten seines kreditorischen Kontos einen Zahlungsauftrag, der dem Zahlungsdienstleister (§ 1 Abs. 1 Satz 1 ZAG) erst nach Verfahrenseröffnung zugeht (§ 675n Abs. 1 Satz 1 BGB) und daher nicht unter § 116 Satz 3 fällt (vgl. § 116), wird der Zahlungsdienstleister nach Maßgabe von § 82 von seiner Pflicht gegenüber der Masse frei, wenn er die Valuta auftragsgemäß an den Zahlungsempfänger (§ 675f Abs. 3 BGB) übermittelt.[29] Dasselbe muss auch gelten, wenn der Schuldner einem Treuhänder im Rahmen des Treuhandverhältnisses nach Insolvenzeröffnung die Weisung erteilt, die Valuta an einen Dritten auszuzahlen.[30] Ist dagegen eine Forderungsabtretung nach Verfahrenseröffnung nach § 81 Abs. 1 Satz 1 unwirksam, kann der Insolvenzschuldner als Gläubiger auch keinen nach § 409 Abs. 1 BGB zugunsten des Drittschuldners wirkenden Rechtsschein setzen, den der Insolvenzverwalter gegen sich gelten lassen müsste.[31] Hier bleibt nur die Leistungskondiktion beim Zessionar. 6

III. Zeitpunkt der Leistung

Nach Auffassung des BGH ist auf den Zeitpunkt abzustellen, zu dem der Leistungserfolg noch zu verhindern war,[32] nicht aber allein der Zeitpunkt der Zahlungshandlung.[33] Folgt man dem, obliegt 7

---

21 Für einen Anspruch aus § 816 Abs. 2 BGB dagegen Baumbach/Hefermehl/*Casper* ScheckG Art. 3 Rn. 14.
22 Wie hier Jaeger/*Windel* Rn. 30. AA *Uhlenbruck* Rn. 46; MüKo-InsO/*Ott/Vuia* Rn. 27.
23 So Jaeger/*Windel* Rn. 43; FK-InsO/*App* Rn. 4; *Uhlenbruck* Rn. 4.
24 MüKo-BGB/*Krüger* § 266 Rn. 1.
25 BGH 20.01.2006, V ZR 124/05, NJW 2006, 1198 Rn. 17; MüKo-BGB/*Westermann* § 439 Rn. 4.
26 *Uhlenbruck* Rn. 10; HK-InsO/*Kayser* Rn. 12.
27 BGH 24.04.1986, VII ZR 248/85, NJW 1986, 2761; MüKo-InsO/*Ott/Vuia* § 117 Rn. 11.
28 So auch Jaeger/*Windel* Rn. 11.
29 BGH 15.12.2005, IX ZR 227/04, ZIP 2006, 2006, 138 Rn. 11.
30 *Piekenbrock* WuB VI A. § 81 InsO 1.13.
31 BGH 12.07.2012, IX ZR 210/11, ZIP 2012, 1565 Rn. 8, 12; MüKo-InsO/*Ott/Vuia* Rn. 3d; a.A. *Uhlenbruck* Rn. 10.
32 So BGH 16.07.2009, IX ZR 118/08, BGHZ 182, 85 Rn. 9 ff.
33 So zu § 407 Abs. 1 BGB BGH 18.03.2004 – IX ZR 177/03, NJW-RR 2004, 1145 (1147 f.). Zu § 82 auch MüKo-InsO/*Ott/Vuia* Rn. 13.

es dem Drittschuldner, **Schecks** zu sperren,[34] **Zahlungsaufträge** zu widerrufen (§§ 675n Abs. 1 Satz 1, 675q BGB), die Erstattung von **SEPA-Basislastschriftbeträgen** zu fordern (§ 675x Abs. 2 Satz 4 BGB) und bei nicht autorisierten **Einzugsermächtigungslastschriften** (vgl. auch § 81 Rdn. 5) die Rechte aus § 675u BGB geltend zu machen. Dasselbe gilt, wenn die Empfängerbank, die nach Beendigung des Girovertrages (§§ 116 Satz 1, 115 Abs. 1) zur Entgegennahme der Valuta zwar befugt,[35] aber nicht verpflichtet ist,[36] Rücksprache nimmt und dem Drittschuldner damit die Möglichkeit gibt, den Leistungserfolg zu verhindern.[37] Bei **SEPA-Firmenlastschriften** und **Abbuchungsauftragslastschriften** kann der Drittschuldner den Leistungserfolg dagegen nicht mehr von sich aus verhindern. Hat der Drittschuldner einen vom Insolvenzschuldner angenommenen **Wechsel** angenommen, fällt der Anspruch aus Art. 28 WG in die Masse, wenn der Wechsel an eigene Order lautet (Art. 3 Abs. 1 WG) und noch nicht indossiert worden ist. Daher muss der Drittschuldner die Zahlung an den Insolvenzschuldner verweigern, wenn er nunmehr Kenntnis von der Verfahrenseröffnung hat.[38] Ist der Wechsel dagegen indossiert worden, ist die Leistung an den Indossatar unabhängig von § 82 schuldbefreiend, wenn die Wechselabrede vor Verfahrenseröffnung getroffen worden war. Vor der Zahlung an den Indossatar ist die Valutaforderung wegen der Wechselabrede einredebehaftet[39] und daher für den Insolvenzverwalter nicht durchsetzbar.

IV. Nachträgliche Erfüllungswirkung

8 Die Erfüllungswirkung tritt auch ein, wenn der Insolvenzverwalter die Leistung an den Insolvenzschuldner genehmigt (§ 185 Abs. 2 Satz 1 Var. 1 BGB), was ausdrücklich oder konkludent erfolgen kann. Allein im **Herausgabeverlangen** des Leistungssubstrats durch den Verwalter (§ 148 Abs. 1) kann **keine Genehmigung** gesehen werden, weil der Insolvenzverwalter das Beitreibungsrisiko gar nicht übernehmen darf.[40] Auch der Annahme einer aufschiebend bedingten Genehmigung[41] bedarf es nicht, weil ohnehin Erfüllung eintritt, wenn der Gegenstand zur Masse gelangt.[42] Die Erfüllungswirkung tritt außerdem analog 185 Abs. 2 Satz 1 Var. 2 BGB ein, wenn die zuvor massebefangene Forderung freigegeben wird.[43] Dasselbe muss schließlich gelten, wenn das Insolvenzverfahren aufgehoben oder eingestellt wird.[44]

D. Verkehrsschutz

9 Verkehrsschutz wird solange gewährt, bis der Drittschuldner von der Verfahrenseröffnung positiv Kenntnis erlangt. Die Kenntnis vom Eröffnungsantrag oder einem Eröffnungsgrund steht nicht gleich.[45] Ein »Vergessen« der Insolvenzeröffnung ist irrelevant.[46] Der Drittschuldner muss sich die

---

34 BGH 16.07.2009, IX ZR 118/08, BGHZ 182, 85 Rn. 15. Der Anspruch aus Art. 12 ScheckG steht der Masse zu, wenn nicht die Inkassobank Rechte aus ihrem Sicherungseigentum nach Nr. 15 Abs. 1 Satz 1 AGB-Banken geltend macht. Vgl. dazu BGH 08.03.2007, IX ZR 127/05, NJW 2007, 2324 Rn. 11.
35 In diesem Fall steht der Anspruch auf Gutschrift der Masse zu. Die Bank kann ihn nach Maßgabe von § 82 aber durch Gutschrift auf dem Konto des Insolvenzschuldners erfüllen.
36 BGH 13.04.2006, IX ZR 22/05, BGHZ 167, 178 Rn. 7; 05.12.2006, XI ZR 21/06, BGHZ 170, 121 Rn. 12.
37 Eine entsprechende **Pflicht** trifft die Empfängerbank jedoch nicht. Vgl. MüKo-InsO/*Ott/Vuia* Rn. 19; *Obermüller* Insolvenzrecht in der Bankpraxis Rn. 3.73 ff.; a.A. *Uhlenbruck* Rn. 29; *Bork* Zahlungsverkehr in der Insolvenz Rn. 187; Nerlich/Römermann/*Wittkowski* Rn. 12.
38 Insoweit ungenau Jaeger/*Windel* Rn. 30.
39 Im Ergebnis zutreffend auch MüKo-InsO/*Ott/Vuia* Rn. 3a.
40 MüKo-InsO/*Ott/Vuia* Rn. 6; a.A. Kübler/Prütting/Bork/*Lüke* Rn. 6; HambK-InsO/*Kuleisa* Rn. 30.
41 So MüKo-InsO/*Ott/Vuia* Rn. 6.
42 So zutreffend Jaeger/*Windel* Rn. 40.
43 Jaeger/*Windel* Rn. 39; Nerlich/Römermann/*Wittkowski* Rn. 3; MüKo-InsO/*Ott/Vuia* Rn. 7.
44 Insoweit a.A. *Uhlenbruck* Rn. 4.
45 HK-InsO/*Kayser* Rn. 15; MüKo-InsO/*Ott/Vuia* Rn. 13; *Uhlenbruck* Rn. 11.
46 LG Dresden 02.11.2007, 10 O 929/07, ZIP 2008, 935 (936).

Kenntnis aller Mitglieder des Vertretungsorgans bzw. jedes geschäftsführenden Gesellschafters[47] und nach § 166 Abs. 1 BGB die Kenntnis von Personen zurechnen lassen, derer er sich zur Erbringung der Leistung bedient.[48]

E. Beweislast und Beweisführung

Die Beweislast für die Leistung trägt nach allgemeinen Grundsätzen der Schuldner.[49] Ist die Erfüllung unstreitig oder bewiesen, aber der Zeitpunkt zweifelhaft, trägt der Insolvenzverwalter die Beweislast für die vorherige Verfahrenseröffnung (vgl. auch § 81 Rdn. 27).[50] Ist dieses Zeitmoment bewiesen, trägt der Schuldner grds. die Darlegungs- und Beweislast für die Unkenntnis von der Verfahrenseröffnung.[51] Insoweit weicht Satz 1 von den eingangs (vgl. Rdn. 1) genannten Vorschriften ab. Der Drittschuldner hat den Vollbeweis zu erbringen (§ 286 ZPO).[52] Da nur positive Kenntnis dem Verkehrsschutz entgegensteht, darf es bei der Beweisführung grds. keine Rolle spielen, ob der Drittschuldner die Kenntnis hätte erlangen können oder müssen.[53]

10

Der positiven Kenntnis kann analog § 162 BGB nur gleichgestellt werden, wenn der Drittschuldner quasi die Augen vor einer sich aufdrängenden Kenntnis verschließt.[54] Daher hindert die Möglichkeit, durch eine Einzelabfrage aus dem Internet von der Verfahrenseröffnung Kenntnis zu gewinnen, nach Treu und Glauben nicht daran, sich auf die Unkenntnis zu berufen.[55] Anders dürfte aber zu entscheiden sein, wenn mit geringem Aufwand Insolvenzbekanntmachungen im Internet programmgesteuert mit eigenen Kundendaten abgeglichen und wesentliche Informationen fortlaufend in die eigenen Unternehmensdateien übernommen werden können.[56] Weist der Drittschuldner nach, dass die Leistung vor der öffentlichen Bekanntmachung (§ 9)[57] erfolgt ist, kommt ihm die widerlegbare Vermutung (§ 292 Satz 1 ZPO) aus Satz 2 zugute, so dass der Insolvenzverwalter die Kenntnis von der Verfahrenseröffnung nachweisen muss.[58]

11

F. Rechtsfolge

Liegen die Voraussetzungen von Satz 1 vor, wird der Drittschuldner frei. Die Leistung begründet nicht nur eine (verzichtbare) dauerhafte Einrede gegen die Forderung der Masse,[59] sondern statuiert die Erfüllungswirkung der Leistung an den Insolvenzschuldner. Liegen die Voraussetzungen von Satz 1 nicht vor, muss der Drittschuldner nach Maßgabe des fortbestehenden Schuldverhältnisses noch einmal an den Insolvenzverwalter leisten. Dem Drittschuldner steht aber die Arglisteinrede zu, wenn die Einziehung des Leistungssubstrats beim Schuldner ohne weiteres möglich ist.[60]

12

---

47 BGH 12.11.1998, IX ZR 145/98, BGHZ 140, 54 (61).
48 MüKo-InsO/*Ott/Vuia* Rn. 14. Zur Abgrenzung des Wissensvertreters auch BGH 24.01.1992, V ZR 262/90, BGHZ 117, 104 (106).
49 BGH 24.03.1982, IVa ZR 303/80, BGHZ 83, 260 (267).
50 Nerlich/Römermann/*Wittkowski* § 82 Rn. 17; MüKo-InsO/*Ott/Vuia* Rn. 3.
51 BGH 16.07.2009, IX ZR 118/08, BGHZ 182, 85 Rn. 8.
52 MüKo-InsO/*Ott/Vuia* Rn. 15; FK-InsO/*App* Rn. 15; HK-InsO/*Kayser* Rn. 21.
53 Vgl. OLG Rostock 19.06.2006, 3 U 6/06, ZIP 2006, 1684 (1685); BGH 15.04.2010, IX ZR 62/09, NJW 2010, 1806 Rn. 14; MüKo-InsO/*Ott/Vuia* Rn. 15. Für einen strengeren Maßstab aber *Hess* Rn. 19; Kübler/Prütting/Bork/*Lüke* Rn. 9.
54 So zu § 852 Abs. 1 BGB a.F. BGH 16.12.1997, VI ZR 408/96, NJW 1998, 988 (989) m.w.N.
55 BGH 15.04.2010, IX ZR 62/09, NJW 2010, 1806 Rn. 14.
56 Insoweit noch offen gelassen von BGH 15.04.2010, IX ZR 62/09, NJW 2010, 1806 Rn. 14.
57 Zur Irrelevanz ergänzender Veröffentlichungen außerhalb des Internets BGH 15.12.2005, IX ZR 227/04, ZIP 2006, 138 Rn. 18.
58 BGH 15.12.2005, IX ZR 227/04, ZIP 2006, 138 Rn. 15.
59 So zu § 407 Abs. 1 BGB RG 21.10.1913, II 275/13, RGZ 83, 184 (188).
60 FK-InsO/*App* Rn. 5; Braun/*Kroth* § 82 Rn. 4; *Häsemeyer* Insolvenzrecht Rn. 10.14 in Fn. 54; Nerlich/Römermann/*Wittkowski* Rn. 5; *Uhlenbruck* Rn. 5; a.A. MüKo-InsO/*Ott/Vuia* Rn. 10.

§ 83 Erbschaft. Fortgesetzte Gütergemeinschaft

(1) Ist dem Schuldner vor der Eröffnung des Insolvenzverfahrens eine Erbschaft oder ein Vermächtnis angefallen oder geschieht dies während des Verfahrens, so steht die Annahme oder Ausschlagung nur dem Schuldner zu. Gleiches gilt von der Ablehnung der fortgesetzten Gütergemeinschaft.

(2) Ist der Schuldner Vorerbe, so darf der Insolvenzverwalter über die Gegenstände der Erbschaft nicht verfügen, wenn die Verfügung im Falle des Eintritts der Nacherbfolge nach § 2115 des Bürgerlichen Gesetzbuchs dem Nacherben gegenüber unwirksam ist.

Übersicht	Rdn.			Rdn.
A. Allgemeines	1	III.	Ausschlagung der Erbschaft	6
B. Erbschaft	2	IV.	Vermächtnis und Pflichtteilsansprüche	7
I. Annahme der Erbschaft	2	V.	Fortgesetzte Gütergemeinschaft	10
II. Trennung der Vermögensmassen	4	VI.	Vorerbschaft	13

A. Allgemeines

1 § 83 Abs. 1, der unverändert aus § 94 InsO-RegE hervorgegangen ist,[1] übernimmt den Regelungsgegenstand von § 9 KO und erweitert ihn im Hinblick auf die Einbeziehung des Neuerwerbs (§ 35 Abs. 1) auf Fälle, in denen die Erbschaft oder das Vermächtnis nach Eröffnung des Insolvenzverfahrens anfallen bzw. der andere Ehegatte erst nach Verfahrenseröffnung stirbt. Erfasst sind damit alle Erbfälle bis zur Aufhebung oder Einstellung des Insolvenzverfahrens;[2] das gilt auch bei vorheriger Ankündigung der Restschuldbefreiung nach §§ 289, 291 (vgl. dazu auch § 294 Rdn. 7).[3] § 83 Abs. 1 Satz 1, dem in der Einzelzwangsvollstreckung § 778 Abs. 2 ZPO entspricht, regelt abweichend von § 80 Abs. 1,[4] dass über Annahme und Ausschlagung von Erbschaften und Vermächtnissen nur der Schuldner zu entscheiden hat, weil es sich dabei um eine Entscheidung höchstpersönlicher Natur handelt.[5] Insoweit gilt dasselbe wie in § 852 Abs. 1 ZPO.

1a Die ratio legis, die auch bei der Mitwirkung an der Aufhebung der Einsetzung als Vertragserbe zum Tragen kommen soll,[6] überzeugt allerdings nicht,[7] weil sich mit der Drohung auszuschlagen ein erhebliches Druckpotential aufbauen lässt.[8] Dies gilt namentlich, wenn die eigenen Kinder Ersatzberechtigte sind (§ 2069 BGB).[9] Auch die Rechtsvergleichung weckt Zweifel an der Opportunität des deutschen Weges. In Österreich kann der Insolvenzverwalter die Erbschaft nach § 4 Abs. 1 IO »mit dem Vorbehalte der Rechtswohltat des Inventars« (§ 802 ABGB) antreten. Ganz ähnlich ist die Rechtslage in den Niederlanden.[10] Ausgehend vom französischen Recht lassen zahlreiche romanische Rechtsordnungen die Annahme der Erbschaft durch die Gläubiger zu, soweit sie der Schuldner zu deren Lasten ausgeschlagen hat.[11] Dieselbe Regelung wie für den Erwerb von Todes wegen gilt

---

1 BT-Drucks. 12/2443, 23, 136; BT-Drucks. 12/7302, 34.
2 Zur Wirksamkeit des Aufhebungsbeschlusses mit Beschlussfassung vgl. BGH 15.07.2010, IX ZB 229/07, BGHZ 186, 223 Rn. 5 ff.
3 BGH 15.07.2010, IX ZB 229/07, BGHZ 186, 223 Rn. 4.
4 Jaeger/*Windel* Rn. 1; *Uhlenbruck* § 80 Rn. 1.
5 *Hahn/Mugdan* Die gesammten Materialien zu den Reichsjustizgesetzen, Band 7, S. 235.
6 BGH 20.12.2012, IX ZR 56/12, NJW 2013, 692 Rn. 19.
7 Zur rechtspolitischen Kritik vgl. Jaeger/*Windel* Rn. 2.
8 Sehr anschauliche Fallstudie bei *Marotzke* ZVI 2003, 309 (310 ff.).
9 Im Übrigen führt die ergänzende Auslegung in der Regel zum Nachrücken der Abkömmlinge des Bedachten. Vgl. MüKo-BGB/*Leipold* § 2069 Rn. 33, 34.
10 Vgl. Art. 41 Abs. 1 Fallissementswet (onder voorrecht van boedelbeschrijving).
11 Zu Frankreich vgl. Art. 779 c.c.; zu Belgien und Luxemburg vgl. gleichlautend Art. 788 c.c.; zu Italien vgl. Art. 524 Abs. 1 c.c.; zur Schweiz vgl. Art. 578 Abs. 1 ZGB; zu Spanien vgl. Art. 1001 c.c.; zu Portugal vgl. Art. 2065, 2067 c.c.; zu Rumänien vgl. Art. 1122 c.c.; zu den Niederlanden vgl. Art. 4:205, 219 BW.

nach § 83 Abs. 1 Satz 2 für die Fortsetzung der Gütergemeinschaft mit den gemeinsamen Abkömmlingen (§ 1483 Abs. 1 BGB) oder deren Ablehnung (§ 1484 Abs. 1 BGB). In diesem Fall ist die ratio legis wesentlich überzeugender. § 83 Abs. 2 entspricht § 128 KO und entspricht in der Einzelzwangsvollstreckung § 773 ZPO.[12]

B. Erbschaft

I. Annahme der Erbschaft

§ 83 Abs. 1 Satz 1 knüpft an § 1942 Abs. 1 BGB an. Schlägt der Erbe aus, gilt der Anfall an ihn als nicht erfolgt (§ 1953 Abs. 1 BGB), so dass der (Netto-) Nachlass den Insolvenzgläubigern als Haftungssubstrat verlorengeht. Mit dem Ablauf der Ausschlagungsfrist (§ 1944 BGB) oder der Annahme der Erbschaft wird der vorläufige Erbschaftsanfall – vorbehaltlich der Anfechtung (§§ 1954–1956 BGB), die ebenfalls nur der Schuldner erklären kann – endgültig. Die Entscheidung über die Ausschlagung steht dem Erben sowohl beim Erbschaftsanfall vor als auch nach der Verfahrenseröffnung zu.[13] In der Wohlverhaltensperiode ist § 295 Abs. 1 Nr. 2 zu beachten, wenn der Schuldner die Erbschaft – ggf. nach § 1943 Hs. 2 BGB – angenommen hat. Da die Annahme oder Ausschlagung der Erbschaft im **freien Belieben des Schuldners** steht und nach herrschender Auffassung in Deutschland auch nicht der Insolvenzanfechtung unterliegt,[14] verletzt der Schuldner mit der Ausschlagung der Erbschaft seine Obliegenheiten auch nach der Reform von 2013 de lege lata nicht.[15] Allerdings ist die Restschuldbefreiung den Gläubigern gegenüber nur noch schwer zu legitimieren (Art. 14 Abs. 1 GG). 2

Nimmt der Erbe die Erbschaft an, fällt der Nachlass endgültig zur Masse und wird grds. auch für die Insolvenzgläubiger verwertbar.[16] Damit sind Insolvenzgläubiger nicht mehr allein die persönlichen Gläubiger des Schuldners (§ 38), sondern auch die Nachlassgläubiger.[17] War Testamentsvollstreckung angeordnet, fällt der Nachlass zwar ebenfalls in die Masse, bildet aber eine vom Testamentsvollstrecker zu verwaltende Sondermasse (§§ 2205, 2211 BGB), die nur der Befriedigung der Nachlassgläubiger dient (§ 2214 BGB).[18] 3

II. Trennung der Vermögensmassen

Durch die Verschmelzung der Vermögensmassen können sowohl die Nachlassgläubiger als auch die persönlichen Insolvenzgläubiger des Erben Nachteile erleiden, die durch die Trennung der Vermögensmassen (**Nachlassseparation**) im Wege der Nachlassverwaltung oder Nachlassinsolvenz verhindert werden können. So kann jeder Nachlassgläubiger, der die Befriedigung von Nachlassverbindlichkeiten durch die Konkurrenz der persönlichen Insolvenzgläubiger des (höher) überschuldeten Erben gefährdet sieht, bei einem solventen und nicht überschuldeten Nachlass Nachlassverwaltung (§ 1981 Abs. 2 BGB) und andernfalls Nachlassinsolvenz beantragen (§§ 317–319). Beides führt zur Trennung der Vermögensmassen,[19] so dass der Nachlass vorrangig zur Befriedigung der Nachlassgläubiger zu verwenden ist (§ 1985 Abs. 1 BGB; § 325). Der Weg der Nachlassverwaltung steht auch dem **Erbschaftssteuerfiskus** offen, weil der Nachlass bis zur Auseinandersetzung (§ 2042 BGB) für die Steuer der am Erbfall Beteiligten haftet (§ 20 Abs. 3 ErbStG). 4

---

12 MüKo-InsO/*Schumann* Rn. 2.
13 *Uhlenbruck* § 80 Rn. 2; HK-InsO/*Kayser* Rn. 6.
14 RG 17.04.1903, VII 16/03, RGZ 54, 289 (295). Zur Nichtgeltendmachung eines Pflichtteils vgl. BGH 06.05.1997, IX ZR 147/96, NJW 1997, 2384. Zur Mitwirkung an der Aufhebung der Einsetzung als Vertragserbe vgl. BGH 20.12.2012, IX ZR 56/12, NJW 2013, 692 Rn. 16 ff. AA *Bartels* KTS 2003, 41 (49 ff.). Zur gegenteiligen Lösung in den romanischen Ländern vgl. Fn. 11.
15 BGH 10.03.2011, IX ZB 168/09, NJW 2011, 2291 Rn. 6; AA wohl *Windel* KTS 1995, 367 (406).
16 MüKo-InsO/*Schumann* Rn. 5; *Uhlenbruck* Rn. 3; HK-InsO/*Kayser* Rn. 8.
17 MüKo-InsO/*Schumann* Rn. 5; Nerlich/Römermann/*Wittkowski* Rn. 5.
18 BGH 11.05.2006, IX ZR 42/05, BGHZ 167, 352 Rn. 12.
19 MüKo-InsO/*Schumann* Rn. 7.

5 Ist der Nachlass höher überschuldet als die sonstige Masse, kann und muss (§§ 1980 Abs. 1 BGB, 60 Abs. 1) der **Insolvenzverwalter die** Nachlassinsolvenz (§§ 317 Abs. 1, 80 Abs. 1) und bei Unsicherheit des erbschaftlichen Vermögensstandes die Anordnung der Nachlassverwaltung beantragen (§ 1981 Abs. 1 BGB).[20] Dagegen ist der Schuldner selbst als Erbe nach § 80 Abs. 1 nicht antragsbefugt.[21]

III. Ausschlagung der Erbschaft

6 Schlägt der Erbe die Erbschaft aus, so gilt der Anfall an ihn als nicht erfolgt (§ 1953 Abs. 1 BGB); die Erbschaft fällt dem Nächstberufenen an (§ 1953 Abs. 2 BGB). Hat der Insolvenzverwalter während der Schwebezeit Nachlassgegenstände zur Insolvenzmasse gezogen, kann der nächstberufene Erbe aussondern (§ 47).[22] Hat der Schuldner als einstweiliger Erbe vor der Ausschlagung erbschaftliche Angelegenheiten wahrgenommen, ist er dem endgültigen Erben gegenüber nach §§ 1959 Abs. 1, 677 BGB berechtigt und verpflichtet. Ansprüche des endgültigen Erben sind Insolvenzforderungen, wenn sie vor Verfahrenseröffnung begründet worden sind.[23]

IV. Vermächtnis und Pflichtteilsansprüche

7 Die Grundsätze zur Annahme und Ausschlagung einer Erbschaft gelten mutatis mutandis auch für das **Vermächtnis** (§ 2180 Abs. 1 BGB).[24] Die Regelung ist wie § 852 Abs. 1 ZPO dadurch legitimiert, dass es dem Insolvenzschuldner aus höchstpersönlichen Gründen nicht zumutbar sein soll, den Anspruch auf den vermachten Gegenstand gegen den Beschwerten (§ 2174 BGB) geltend zu machen. Tritt der Erbfall in der Wohlverhaltensphase ein, entsteht die Obliegenheit des Schuldners aus § 295 Abs. 1 Nr. 2 daher erst mit der Annahme des Vermächtnisses (vgl. zur Erbschaft auch § 295 Rdn. 28).[25] Anders als bei der Erbschaft besteht beim Vermächtnis jedoch außer nach § 2307 Abs. 2 BGB keine Ausschlagungsfrist entsprechend § 1943 Hs. 2 BGB. Der Insolvenzschuldner hat daher nur die – seit 2009 auf die Regelzeit verkürzte – Verjährung zu beachten (§§ 195, 199 BGB).[26] Zögert er die Annahmeerklärung bei einem Erbfall während des eröffneten Verfahrens über die Aufhebung des Insolvenzverfahrens hinaus, fällt das Vermächtnis wegen § 2176 BGB trotzdem in die Masse. Daher hat eine Nachtragsverteilung zu erfolgen (§ 203 Abs. 1 Nr. 3; zum Pflichtteilsanspruch vgl. entsprechend Rdn. 8; vgl. auch § 295 Rdn. 29),[27] wenn die Zahlungsunfähigkeit durch das Vermächtnis nicht beseitigt worden ist oder der Schuldner die Voraussetzungen von § 212 nicht glaubhaft gemacht hat.[28] Dem Vermächtnisnehmer nützt die Verzögerung daher von Rechts wegen nichts. Fällt der Erbfall dagegen in die Wohlverhaltensphase, ist eine »Nachtragsverteilung« nach Erteilung der Restschuldbefreiung (§ 300) nicht vorgesehen. Dass der Schuldner damit den Halbteilungsgrundsatz (§ 295 Abs. 1 Nr. 2) umgehen kann, nimmt der BGH hin.[29] Jedenfalls de lege ferenda kann das nicht überzeugen.[30]

---

20 Jaeger/*Windel* Rn. 8; MüKo-InsO/*Schumann* Rn. 6; HK-InsO/*Kayser* Rn. 9.
21 So auch MüKo-InsO/*Schumann* Rn. 5; HK-InsO/*Kayser* Rn. 8; Jaeger/*Windel* Rn. 8; a.A. LG Aachen 22.09.1959, 7 T 453/59, NJW 1960, 46 (48 f.); *Marotzke* FS Otte 2005, 223 (226 ff.); Palandt/*Edenhofer* BGB § 1981 Rn. 2.
22 MüKo-InsO/*Schumann* Rn. 9; FK-InsO/*App* Rn. 9; *Uhlenbruck* § 83 Rn. 10.
23 Kübler/Prütting/Bork/*Lüke* Rn. 9; Jaeger/*Windel* Rn. 9; MüKo-InsO/*Schumann* Rn. 9.
24 HK-InsO/*Kayser* Rn. 11; MüKo-InsO/*Schumann* Rn. 12.
25 BGH 10.03.2011, IX ZB 168/09, NJW 2011, 2291 Rn. 6.
26 Zu verjährungsrechtlichen Gestaltungsmöglichkeiten vgl. *Herrler* NJW 2011, 2258 (2259).
27 So auch *Lehmann* Erbrechtlicher Erwerb im Insolvenz- und Restschuldbefreiungsverfahren, 120 f.; *Menzel* MittBayNot 2010, 54 (55); a.A. MüKo-InsO/*Schumann* Rn. 12; *Bartels* KTS 2003, 41 (57); zweifelnd *Limmer* ZEV 2004, 133 (136).
28 Vgl. dazu BGH 15.07.2010, IX ZB 229/07, BGHZ 186, 223 Rn. 14.
29 BGH 10.03.2011, IX ZB 168/09, NJW 2011, 2291 Rn. 6.
30 Gleichwohl wird sich die Rechtslage auch nach der Reform des Restschuldbefreiungsverfahrens zum 01.07.2014 nicht ändern.

Auf **Pflichtteilsansprüche**, die nicht ausgeschlagen werden können, weil es keinen Ersatzberechtigten geben kann, findet § 83 Abs. 1 auch nicht entsprechend Anwendung.[31] Vielmehr wird die höchstpersönliche Entscheidung über die Durchsetzung derartiger Ansprüche über § 852 Abs. 1 ZPO gesichert. Nach heutiger Dogmatik soll dieser Anspruch allerdings nicht unpfändbar sein, sondern vor vertraglicher Anerkennung oder Rechtshängigkeit nur in seiner zwangsweisen Verwertbarkeit aufschiebend bedingt, um die Rechte der Gläubiger nicht über Gebühr zu schwächen.[32] Damit ist der Pflichtteilsanspruch auch **massebefangen**[33] (vgl. § 36). Allerdings ist er für die Masse nur **verwertbar**, wenn der Erbfall vor der Verfahrenseröffnung liegt und bereits **anerkannt** oder **rechtshängig** gemacht worden ist. Folglich begründet der Verzicht auf die Geltendmachung eines Pflichtteilsanspruchs in der Wohlverhaltensphase keine Obliegenheitsverletzung des Schuldners i.S.v. § 295 Abs. 1 Nr. 2 (vgl. § 295 Rdn. 28).[34] 8

Liegen diese Voraussetzungen nicht vor, wäre der Pflichtteilsberechtigte nicht klagebefugt (§ 80 Abs. 1) und könnte die Voraussetzung von § 852 Abs. 1 ZPO gegen den Willen des Erben nicht schaffen. Aber auch die Lösung, dem Pflichtteilsberechtigten die Befugnis zur Klageerhebung zu belassen,[35] überzeugt nicht, weil der Anspruch mit Rechtshängigkeit für die Masse verwertbar wird und die Befugnis zur weiteren Prozessführung beim Insolvenzverwalter liegen muss. Daher muss es für die Verwertbarkeit in diesen Fällen genügen, dass der Schuldner der Klageerhebung durch den Insolvenzverwalter zustimmt, wenn nicht der Erbe – bzw. bei § 2329 BGB der Beschenkte – den Anspruch durch Vertrag anerkannt hat.[36] Klagt der Schuldner den zuvor nicht anerkannten Pflichtteilsanspruch nach Aufhebung des Insolvenzverfahrens ein, ist die Nachtragsverteilung anzuordnen (§ 203 Abs. 1 Nr. 3).[37] Lag der Erbfall dagegen in der Wohlverhaltensphase, gilt das zum Vermächtnis Gesagte sinngemäß (Rdn. 7). 9

V. Fortgesetzte Gütergemeinschaft

Die fortgesetzte Gütergemeinschaft gehört zu den stiefmütterlich behandelten Rechtsinstituten und ist aus der Rechtswirklichkeit weitgehend verschwunden. Sie setzt voraus, dass im Ehevertrag nach dem Tod eines Ehegatten die Fortsetzung der ehelichen Gütergemeinschaft zwischen dem überlebenden Ehegatten und den gemeinschaftlichen, gesetzlich erbberechtigten Abkömmlingen vereinbart worden ist (§ 1483 Abs. 1 Satz 1 BGB). Dasselbe gilt für eingetragene Lebenspartner, die auf Grund einer Stiefkindadoption gemeinschaftliche Abkömmlinge haben (§§ 9 Abs. 7 LPartG, 1754 Abs. 1 BGB) und durch Lebenspartnerschaftsvertrag den Eintritt einer fortgesetzten Gütergemeinschaft für den Fall des Todes eines Lebenspartners vereinbart haben (§§ 7 LPartG, 1483 ff. BGB). Wird die Gütergemeinschaft fortgesetzt, fällt der Anteil des verstorbenen Ehegatten nicht in dessen Nachlass (§ 1483 Abs. 1 Satz 3 BGB), weil der Eintritt der Abkömmlinge güterrechtlich erfolgt. Den gemeinschaftlichen Abkömmlingen stehen daher keine Pflichtteilsansprüche zu. 10

Ob die Gütergemeinschaft fortgesetzt oder die Fortsetzung abgelehnt wird (§ 1484 Abs. 1 BGB), ist wiederum eine höchstpersönliche Entscheidung des überlebenden Ehegatten bzw. des Lebenspartners, die dieser nach freiem Belieben und insolvenzrechtlich unanfechtbar treffen kann.[38] Lässt dieser die Ablehnungsfrist verstreichen (§§ 1484 Abs. 2 Satz 1, 1943 BGB), wird das Gesamtgut der fortgesetzten Gütergemeinschaft (§ 1485 Abs. 1 BGB), das auch der Einzelvollstreckung unter- 11

---

31 MüKo-InsO/*Schumann* Rn. 13; *Uhlenbruck* Rn. 13; FK-InsO/*App* Rn. 12; Jaeger/*Windel* Rn. 15.
32 BGH 08.07.1993, IX ZR 116/92, BGHZ 123, 183 (187); 26.02.2009, VII ZB 30/08, NJW-RR 2009, 997 Rn. 7.
33 BGH 02.12.2010, IX ZB 184/09, ZIP 2011, 135 Rn. 8.
34 BGH 25.06.2009, IX ZB 196/08, NZI 2009, 563 Rn. 13 ff.
35 So *Lehmann* Erbrechtlicher Erwerb im Insolvenz- und Restschuldbefreiungsverfahren, 139 f.
36 Vgl. auch Jaeger/*Windel* Rn. 15: Schuldner entscheidet über die Geltendmachung; unklar Jaeger/*Henckel* § 36 Rn. 37.
37 BGH 02.12.2010, IX ZB 184/09, ZIP 2011, 135 Rn. 11.
38 Jaeger/*Windel* Rn. 11; MüKo-InsO/*Schumann* Rn. 14.

§ 83 InsO Erbschaft. Fortgesetzte Gütergemeinschaft

liegt (§ 745 Abs. 1 ZPO), Bestandteil der Insolvenzmasse im Verfahren über das Vermögen des überlebenden Ehegatten (§ 37 Abs. 3, Abs. 1 Satz 1);[39] die Abkömmlinge verlieren dadurch ihren Gesamtgutsanteil.[40] Insb. die Altgläubiger von Gesamtgutsverbindlichkeiten aus der Zeit vor dem Tod des ersten Ehegatten können aber durch ein Insolvenzverfahren über das Gesamtgut der fortgesetzten Gütergemeinschaft eine Separierung vom Vorbehalts- und Sondergut des überlebenden Ehegatten erreichen (§§ 11 Abs. 2 Satz 2, 332 Abs. 1, 317). Zur Insolvenzmasse gehört aber nur das allen Altgläubigern haftende (eheliche) Gesamtgut in dem Bestand, den es beim Tod des ersten Ehegatten hatte (§§ 1437 Abs. 2 Satz 2, 1459 Abs. 2 Satz 2, 1489 Abs. 2 BGB).[41]

12 Lehnt der überlebende Ehegatte die Fortsetzung der Gütergemeinschaft ab, wird die Gütergemeinschaft beendet (§§ 1484 Abs. 3, 1482 BGB). Das Gesamtgut ist außerhalb des Insolvenzverfahrens auseinanderzusetzen (§ 84). Der Gesamtgutsanteil des überlebenden Ehegatten ist pfändbar (§ 860 Abs. 2 ZPO) und damit massebefangen (§ 36); der Gesamtgutsanteil des verstorbenen Ehegatten gehört zu dessen Nachlass (§ 1482 BGB), so dass der überlebende Ehegatte – vorbehaltlich einer abweichenden letztwilligen Verfügung – zugleich Miterbe zu einem Viertel wird (§ 1931 Abs. 1 Satz 1 BGB). Darauf findet dann ggf. § 83 Abs. 1 Satz 1 Anwendung.

VI. Vorerbschaft

13 § 81 Abs. 2 ist dem Umstand geschuldet, dass der Vorerbe zwar Vollrechtsinhaber aller Nachlassrechte wird, aber diese Rechtsposition – vorbehaltlich der weitgehend möglichen Befreiung (§ 2136 BGB) – nur treuhänderisch wahrnimmt und wirtschaftlich die Stellung eines Nießbrauchers innehat (§§ 2130, 2133 BGB). Dem ist im Verhältnis zu den eigenen Gläubigern des Vorerben, die auf die Substanz der Vorerbschaft nicht zugreifen dürfen, durch § 2115 Satz 1 BGB Rechnung getragen. Danach werden Verfügungen des Vorerben im Wege der Zwangsvollstreckung, der Arrestvollziehung und durch den Insolvenzverwalter beim Eintritt des Nacherbfalls wie bei § 161 Abs. 1 BGB[42] absolut unwirksam,[43] soweit sie das Recht des Nacherben vereiteln oder beeinträchtigen. Ein Pfändungspfandrecht (§ 804 Abs. 1 ZPO) oder eine Zwangssicherungshypothek (§ 867 ZPO) kann daher nur auflösend bedingt entstehen.[44]

14 Diese materielle Regelung wird ergänzt durch die verfahrensrechtlichen Vorschriften, dass Verwertungshandlungen, die bei Eintritt der Nacherbschaft unwirksam würden (§ 2115 Satz 1 BGB), schon vor dem Nacherbfall weder in der Einzelzwangsvollstreckung (§ 773 Satz 1 ZPO) noch durch den Insolvenzverwalter erfolgen sollen (§ 83 Abs. 2)[45] und der Vorerbe der Verwertung (nicht: der Pfändung!) widersprechen kann (§ 773 Satz 2 ZPO). Da die Unwirksamkeit aber bei der Erfüllung von Nachlassverbindlichkeiten nicht eintreten kann (§ 2115 Satz 2 BGB) und am Nachlassinsolvenzverfahren (§§ 11 Abs. 2 Satz 2) nur Nachlassgläubiger beteiligt werden (§ 325), kann § 83 Abs. 2 nur im Insolvenzverfahren über das Vermögen des Vorerben anwendbar sein.[46] Auch dort sind Verfügungen zur Befriedigung von Nachlassgläubigern wirksam (§ 2115 Satz 2 BGB). Im Übrigen kann der Insolvenzverwalter die dem Schuldner als Vorerben zustehenden Nutzungen ziehen.

---

39 Missverständlich Jaeger/*Henckel* § 37 Rn. 27, der nur den Neuerwerb erfasst sieht. Dies ist aber wohl in Abgrenzung zum Neuerwerb der Abkömmlinge zu verstehen, der nicht zum Gesamtgut gehört (§ 1485 Abs. 2 BGB). Richtig dagegen MüKo-InsO/*Schumann* § 37 Rn. 42.
40 Jaeger/*Windel* Rn. 13; MüKo-InsO/*Schumann* Rn. 15.
41 So auch MüKo-InsO/*Siegmann* § 332 Rn. 5 m.w.N. auch zur Gegenauffassung in Fn. 7.
42 Zur Anknüpfung an § 135 BGB-E I (§ 161 BGB) vgl. Motive V, 115 f., 117 = Mugdan V, 61 ff.
43 Palandt/*Edenhofer* BGB § 2115 Rn. 4; Jaeger/*Windel* Rn. 27; MüKo-InsO/*Schumann* Rn. 23; zu § 2113 BGB BGH 14.07.1969, V ZR 122/66, BGHZ 52, 269 (270). Für § 135 BGB aber *Hahn/Mugdan* Die gesammten Materialien zu den Reichsjustizgesetzen, Band 8, 144 zu § 773 ZPO.
44 Staudinger/*Avenarius* § 2115 BGB Rn. 16 f.
45 Während § 1829 Abs. 1 BGB-E I beide Regelungen nebeneinander vorgesehen hatte, wurden sie im Zweiten Entwurf getrennt. Vgl. Protokolle V, 113 = Mugdan V, 574; *Hahn/Mugdan* Die gesammten Materialien zu den Reichsjustizgesetzen, Band 7, 247; Band 8, 144.
46 HK-InsO/*Kayser* Rn. 14; MüKo-InsO/*Schumann* Rn. 18.

Mit dem Eintritt der Nacherbfolge fällt die Erbschaft dem Nacherben an (§ 2139 BGB), der Nachlassgegenstände einschließlich der Früchte (§ 99 BGB), die nach diesem Zeitpunkt entstehen, aussondern kann.[47] Wird die Nacherbschaft während des Insolvenzverfahrens ausgeschlagen (§ 2142 Abs. 1 BGB) oder aus einem anderen Grund hinfällig, kann § 2115 Satz 1 BGB nicht mehr erfüllt werden.[48] Endet das Insolvenzverfahren vor dem Nacherbfall, sind dem Vorerben die Erbschaftsgegenstände herauszugeben.[49]

Die Frage des möglichen Erwerbs vom Nichtberechtigten ist schwierig, weil § 2115 BGB keinen Vorbehalt entsprechend §§ 135 Abs. 2, 161 Abs. 3, 2113 Abs. 3, 2129 Abs. 2, 2211 Abs. 2 BGB enthält. Dabei dürfte jedoch ein Redaktionsversehen vorliegen.[50] Allerdings ist zu differenzieren. So gilt bei Verfügungen, zu denen der Schuldner verurteilt worden ist, § 898 ZPO. Dagegen besteht bei der Pfändung schuldnerfremder Sachen kein Verkehrsschutz, weil der Gläubiger kein materielles Recht hat, aus diesen Gegenständen befriedigt zu werden.[51] Nur der Ersteigerer wird dadurch geschützt, dass ihm das Eigentum hoheitlich zugewiesen wird (§§ 817 Abs. 2 ZPO, 91 ZVG), wenn die Sache wirksam beschlagnahmt war oder durch § 1244 BGB, wenn die Versteigerung nach § 825 Abs. 2 ZPO privatrechtlich erfolgt und kein Pfandrecht entstanden war.[52]

15

Für Verfügungen des Insolvenzverwalters folgt daraus: Für Verwertungshandlungen über Nachlassgegenstände gilt § 2113 Abs. 3 BGB entsprechend,[53] so dass bei Fahrnis §§ 932 ff. BGB entsprechend anzuwenden sind. Bei Grundstücken werden Rechte kraft öffentlichen Glaubens des Grundbuchs erworben, wenn kein Nacherbenvermerk (§ 51 GBO) im Grundbuch eingetragen war und der Erwerber die Verfügungsbeschränkung nicht kannte (§ 892 Abs. 1 Satz 2 BGB). Für den Nacherben kommen aber Ansprüche aus § 55 Abs. 1 Satz 1 und aus § 60 in Betracht.[54] Wird dagegen der zum Nachlass gehörende Verwertungserlös (§ 2111 BGB) an Insolvenzgläubiger ausgekehrt, die keine Nachlassgläubiger sind, ist die Verfügung unwirksam, so dass dem Nacherben Bereicherungsansprüche gegen die Gläubiger zustehen.

16

§ 84 Auseinandersetzung einer Gesellschaft oder Gemeinschaft

(1) Besteht zwischen dem Schuldner und Dritten eine Gemeinschaft nach Bruchteilen, eine andere Gemeinschaft oder eine Gesellschaft ohne Rechtspersönlichkeit, so erfolgt die Teilung oder sonstige Auseinandersetzung außerhalb des Insolvenzverfahrens. Aus dem dabei ermittelten Anteil des Schuldners kann für Ansprüche aus dem Rechtsverhältnis abgesonderte Befriedigung verlangt werden.

(2) Eine Vereinbarung, durch die bei einer Gemeinschaft nach Bruchteilen das Recht, die Aufhebung der Gemeinschaft zu verlangen, für immer oder auf Zeit ausgeschlossen oder eine Kündigungsfrist bestimmt worden ist, hat im Verfahren keine Wirkung. Gleiches gilt für eine Anordnung dieses Inhalts, die ein Erblasser für die Gemeinschaft seiner Erben getroffen hat, und für eine entsprechende Vereinbarung der Miterben.

---

47 HK-InsO/*Kayser* Rn. 16; MüKo-InsO/*Ganter* § 47 Rn. 338.
48 MüKo-InsO/*Schumann* Rn. 20.
49 MüKo-InsO/*Schumann* Rn. 20.
50 § 1829 Abs. 1 Satz 1 BGB-E I verwies auf § 1828 Abs. 1 BGB-E I, der in Satz 2 den Vorbehalt des Erwerbs vom Nichtberechtigten enthalten hatte. In §§ 1986, 1988 BGB-E II findet sich dieser Verweis nicht mehr, obwohl der § 1829 Abs. 1 BGB-E I sachlich gebilligt worden war. Vgl. Protokolle V, 113 = Mugdan V, 574.
51 BGH 02.07.1992, IX ZR 274/91, BGHZ 119, 75 (88).
52 So BGH 02.07.1992, IX ZR 274/91, BGHZ 119, 75 (89).
53 Kübler/Prütting/Bork/*Lüke* Rn. 16; *Uhlenbruck* Rn. 20; *Hess* Rn. 32; Nerlich/Römermann/*Wittkowski* Rn. 13 Fn. 4. AA MüKo-InsO/*Schumann* Rn. 24, der nur § 932 BGB anwenden will, wenn der Erwerber den Insolvenzverwalter für den Eigentümer hält; HK-InsO/*Kayser* Rn. 19.
54 Nerlich/Römermann/*Wittkowski* Rn. 13; Kübler/Prütting/Bork/*Lüke* Rn. 16; Jaeger/*Windel* Rn. 24; *Uhlenbruck* Rn. 20; MüKo-InsO/*Schumann* Rn. 24.

§ 84 InsO   Auseinandersetzung einer Gesellschaft oder Gemeinschaft

Übersicht

		Rdn.			Rdn.
A.	Allgemeines	1	C.	Andere Gemeinschaften	7
B.	Bruchteilsgemeinschaften	2	D.	Personengesellschaften	9

A. Allgemeines

1 § 84, der unverändert aus § 95 InsO-RegE hervorgegangen ist[1] und im Wesentlichen auf § 16 KO und § 51 KO zurückgeht, hat im Gesamtrechtssystem **weitgehend klarstellende Funktion**,[2] weil sich die meisten Rechtsfolgen auch aus anderen Normen ableiten lassen. So ist selbstverständlich, dass bei Beteiligungen des Schuldners an einem Verbund im weitesten Sinne entweder nur der jeweilige Anteil oder, wenn der Schuldner mit der Verfahrenseröffnung aus dem Verbund ausscheidet, nur der jeweilige Abfindungsanspruch zur Masse gehört. Daher ist die Eintragung eines Insolvenzvermerks in das Grundbuch unzulässig, wenn als Eigentümer des Grundstücks eine Gesellschaft bürgerlichen Rechts eingetragen ist (vgl. § 899a BGB), deren Mitgesellschafter auch der Schuldner ist.[3] Bei der Beteiligung an juristischen Personen und insb. an **Kapitalgesellschaften** bleibt die Insolvenz eines Mitglieds i.d.R. ohne besondere Folgen,[4] so dass § 84 insoweit keine Regelungen trifft. Dass der Ausschluss oder die Beschränkung der Abtretbarkeit der Anteile im Insolvenzfall unwirksam sein soll,[5] kann daher nicht aus § 84 folgen, sondern nur aus einer Analogie zu §§ 851 Abs. 2 ZPO, 287 Abs. 3, weil Abtretungsausschlüsse nicht zu Lasten der Gläubiger wirken dürfen. § 84 Abs. 2 folgt im Wesentlichen schon aus §§ 749 Abs. 2, 3, 2042 Abs. 2 BGB und stellt nur klar, dass die Insolvenz eines Mitberechtigten oder Miterben einen wichtigen Grund zur Aufhebung der Gemeinschaft bzw. zur Auseinandersetzung der Erbengemeinschaft darstellt.[6]

B. Bruchteilsgemeinschaften

2 § 84 Abs. 1 Satz 1 betrifft alle Bruchteilsgemeinschaften i.S.v. §§ 741 ff. BGB, die kraft Gesetzes (§§ 947 Abs. 1, 948 BGB) oder durch Rechtsgeschäft entstanden sind, wenn wenigstens ein Anteil nicht massebefangen ist. Diese Voraussetzung liegt bei der Nachlassinsolvenz auch vor, wenn ein Anteil dem Erben persönlich zusteht.[7] Wenn über das Vermögen des Erben das Insolvenzverfahren eröffnet wird und keine Nachlassverwaltung oder -insolvenz angeordnet ist, kann der Insolvenzverwalter nach § 747 Satz 2 BGB dagegen frei verfügen. Hat der Insolvenzverwalter eine im Bruchteilseigentum stehende Sache im Alleinbesitz, können die anderen Miteigentümer ihr Aussonderungsrecht durch Klage auf Feststellung ihrer Mitberechtigung, auf Einräumung des Mitbesitzes oder auf Auseinandersetzung geltend machen.[8] Der Aufschub oder Ausschluss der Aufhebung der Gemeinschaft ist gegenüber dem Insolvenzverwalter unwirksam (§ 84 Abs. 2 Satz 1), so dass in der Verfahrenseröffnung ein wichtiger Grund i.S.v. § 749 Abs. 2 BGB liegt.[9] Dies gilt auch für den Fall des Grundbucheintrags bei Miteigentum an einem Grundstück (§ 1010 Abs. 1 BGB). Gesetzliche Beschränkungen wie in § 1066 Abs. 2 BGB beim **Nießbrauch an** einem **Miteigentumsanteil** bestehen dagegen auch zu Lasten des Insolvenzverwalters.

---

1 BT-Drucks. 12/2443, 23, 136; BT-Drucks. 12/7302, 34.
2 So BGH 14.12.2006, IX ZR 194/05, BGHZ 170, 206 Rn. 20; HK-InsO/*Kayser* Rn. 4.
3 OLG Rostock 11.09.2003, 7 W 54/03, NZI 2003, 648.
4 Zur möglichen Vereinbarung der Auflösung nach § 60 Abs. 2 GmbHG vgl. Baumbach/*Hueck* § 60 GmbHG Rn. 85.
5 So zu GmbH-Anteilen (§ 15 V GmbHG) obiter BGH 07.04.1960, II ZR 69/58, BGHZ 32, 151 (155); zu vinkulierten Namensaktien (§ 68 Abs. 2 AktG) entsprechend MüKo-InsO/*Bergmann/Gehrlein* Rn. 19; Kübler/Prütting/Bork/*Lüke* Rn. 5.
6 MüKo-InsO/*Bergmann/Gehrlein* Rn. 3.
7 MüKo-InsO/*Bergmann/Gehrlein* Rn. 4.
8 BGH 03.06.1958, VIII ZR 326/56, WM 1958, 899 (900).
9 MüKo-InsO/*Bergmann/Gehrlein* Rn. 3.

Für die **Auseinandersetzung** verweist § 84 Abs. 1 Satz 1 auf §§ 752 ff. BGB, so dass ein gemein- 3
samer **Kassenbestand**[10] in Natur geteilt werden kann (§ 752 BGB). Bei der **Sammellagerung** gilt
ergänzend § 469 Abs. 3 HGB. Bei Miteigentumsanteilen an **Grundstücken** kann der Insolvenzverwalter die Teilungsversteigerung betreiben (§§ 180 ff. ZVG); die Versteigerung des ganzen Grundstücks nach §§ 165 InsO, § 172 ff. ZVG unter Absenkung des geringsten Gebots (§§ 174, 174a
ZVG) scheidet dagegen aus.[11] Bei der Auseinandersetzung ergibt sich schon aus §§ 755, 756
BGB, dass Gesamtschulden und Teilhaberschulden aus dem Verkaufserlös vorab zu berichtigen
sind. Daher kommt das **Vorrecht** aus § 84 Abs. 1 Satz 2 hier grds. **nicht zum Tragen**.[12] Hat der Insolvenzverwalter den **Anteil freihändig veräußert**, kann der andere Mitberechtigte wegen seines Befreiungs- oder Zahlungsanspruchs gegen den Schuldner **keine abgesonderte Befriedigung** verlangen,[13] weil dieser Anspruch auch gegen den Erwerber als Sonderrechtsnachfolger geltend gemacht
werden kann (§§ 756, 755 Abs. 2 BGB).[14] Die offene Regressforderung ist daher wie die Übernahme einer dinglichen Last vom Verkaufspreis abzusetzen und begründet ggf. einen Rechtsmangel
im Veräußerungsgeschäft des Insolvenzverwalters (§ 435 BGB). Der Verwertungserlös nach Abzug
der Belastung steht uneingeschränkt der Masse zu, zumal der andere Mitberechtigte ansonsten doppelt über §§ 756, 755 Abs. 2 BGB am gemeinschaftlichen Gegenstand und über § 84 Abs. 1 Satz 2
am Verwertungserlös abgesichert wäre. § 84 Abs. 1 Satz 2 kommt aber zum Tragen, wenn der dinglichen Übernahme der Regressforderung bei der freihändigen Veräußerung eines Miteigentumsanteils an einem Grundstück § 1010 Abs. 2 BGB entgegensteht[15] und auch keine öffentliche Last
vorliegt.[16] Dasselbe gilt, wenn bei der Auseinandersetzung mit dem Insolvenzverwalter Teilhaberschulden aus § 748 BGB[17] bzw. § 670 BGB nicht berichtigt worden sind.[18] Dies wäre der Fall,
wenn der andere Teilhaber nach der Veräußerung i.S.v. § 753 BGB etwa noch Anliegerbeiträge aufbringen müsste.

Obwohl dogmatisch zweifelhaft, werden auch **Gemeinschaftskonten** zum Teil generell als Bruch- 4
teilsgemeinschaften angesehen.[19] Richtigerweise besteht bei **kreditorischen Oder-Konten** jedoch
eine atypische Gesamtgläubigerschaft (§ 428 BGB), bei der jeder Kontoinhaber nach seiner Wahl
Zahlung an sich verlangen kann.[20] Daher gehört dieser Anspruch bei der Insolvenz eines Kontoinhabers ohne Rücksicht auf das Innenverhältnis zur Insolvenzmasse.[21] Allerdings kann und muss
die Bank auf Weisung des anderen Kontoinhabers schuldbefreiend an diesen auszahlen.[22] Umstritten
ist nur, ob dies noch möglich ist, wenn der Insolvenzverwalter Zahlung an sich gefordert hat.[23] Richtigerweise kann der Insolvenzverwalter aber nur die Einzelverfügungsbefugnis widerrufen,[24] so dass

---

10 Vgl. BGH 23.09.2010, IX ZR 212/09, NJW 2010, 3578 Rn. 13.
11 Vgl. BGH 26.04.2012, V ZB 181/11, ZIP 2012, 1426 Rn. 8 ff.
12 Jaeger/*Eckardt* Rn. 50.
13 Insoweit a.A. Jaeger/*Eckardt* Rn. 51.
14 MüKo-BGB/*K. Schmidt* §§ 755, 756 Rn. 18.
15 Jaeger/*Eckardt* Rn. 50. Dies entspricht dem in *Hahn/Mugdan* Die gesamten Materialien zu den Reichsjustizgesetzen, Band 5, S. 214 erwähnten Fall, dass eine Beteiligung rechtlich nicht möglich ist.
16 Vgl. dazu etwa in Baden-Württemberg § 27 KAG.
17 So RG 25.10.1924, IV 897/23, RGZ 109, 167 (171) zur Entrichtung der Automobilsteuer durch einen Miteigentümer.
18 Dies entspricht dem in *Hahn/Mugdan* Die gesammten Materialien zu den Reichsjustizgesetzen, Band 5, S. 214 erwähnten Fall, dass das Recht auf Vorabberichtigung nicht ausgeübt worden ist.
19 So MüKo-InsO/*Bergmann/Gehrlein* Rn. 6; *K. Schmidt* FS Hadding, 2004, 1093 (1094). AA zu Recht Schimansky/Bunte/Lwowski/*Hadding/Häuser* Bankrechts-Handbuch, § 35 Rn. 2.
20 BGH 08.07.1985, II ZR 16/85, BGHZ 95, 185 (187).
21 OLG Hamburg 19.10.2007, 1 U 136/06, NZI 2008, 436.
22 Zutreffend HK-InsO/*Kayser* Rn. 9; *Obermüller* Insolvenzrecht in der Bankpraxis, Rn. 2.74.
23 Dafür Schimansky/Bunte/Lwowski/*Hadding/Häuser* Bankrechts-Handbuch, § 35 Rn. 7; dagegen Schimansky/Bunte/Lwowski/*Bitter* Bankrechts-Handbuch, § 33 Rn. 115.
24 Vgl. Nr. 5 der heutigen Oder-Konto-Bedingungen, in Schimansky/Bunte/Lwowski/*Hadding/Häuser* Bankrechts-Handbuch, Anh. 1 zu § 35. Darin liegt eine vertragliche Ermächtigung zur Änderung des Kon-

wie bei **Und-Konten** eine Bruchteilsgemeinschaft entsteht[25] und die Guthabenforderung gemeinsam einzuziehen ist (§ 754 Satz 2 BGB). Anders als bei der Pfändung und Überweisung durch den Gläubiger des einen Gesamtgläubigers[26] kann der Insolvenzverwalter dagegen nicht verlangen, dass das Guthaben unabhängig vom Innenverhältnis insgesamt an ihn ausgezahlt wird, weil die Masse dadurch zu Unrecht bereichert würde (§ 55 Abs. 1 Nr. 3). Hat die Bank das Guthaben an den Insolvenzverwalter schuldbefreiend ausgezahlt, kommt zugunsten des anderen Kontoinhabers § 84 Abs. 1 Satz 2 zum Tragen.

5 Für die Auseinandersetzung sind dann die Anteile im Innenverhältnis maßgeblich, die im Zweifel gleich sind (§ 742 BGB). Bei **debitorischen Konten** kann naturgemäß kein Anspruch zugunsten der Masse bestehen. Da die Insolvenz eines Kontoinhabers nicht nach § 116 Satz 1 zum Erlöschen des Kontovertrags führen kann, kann die Bank auch nach Verfahrenseröffnung auf das Konto eingezahlte Beträge wirksam mit einem Schuldsaldo verrechnen.[27] Soweit der eingegangene Betrag im Innenverhältnis dem Schuldner zustand, kann der Insolvenzverwalter vom anderen Kontoinhaber einen entsprechenden Ausgleich verlangen.[28]

6 Bruchteilsgemeinschaft ist auch die **Wohnungseigentümergemeinschaft** (§ 1 Abs. 2 WEG), die daher grds. unter § 84 zu subsumieren ist.[29] Allerdings passt weder § 84 Abs. 1 Satz 2, der durch § 10 Abs. 1 Nr. 2 ZVG verdrängt wird, noch § 84 Abs. 2 Satz 1, weil insoweit § 11 Abs. 1 Satz 2 WEG vorgeht. Der Insolvenzverwalter kann daher nur das Wohnungseigentum freihändig veräußern oder versteigern lassen (§ 165).

C. Andere Gemeinschaften

7 Eine andere Gemeinschaft i.S.v. § 84 Abs. 1 Satz 1 ist die **Erbengemeinschaft** (§ 2032 Abs. 1 BGB). Auch dort sind bei der Auseinandersetzung zunächst die Nachlassverbindlichkeiten einschließlich der Aufwendungsersatzansprüche gegen die Miterben aus §§ 2038, 748[30] zu berichtigen (§ 2046 Abs. 1 BGB),[31] so dass für § 84 Abs. 1 Satz 2 grds. kein Raum ist, sondern nur bei Verteilung des Überschusses (§ 2047 BGB) vor Berichtigung von Miterbenansprüchen. Das Recht auf Auseinandersetzung (§ 2042 Abs. 1 BGB) kann weder durch letztwillige Verfügung (§ 2044 BGB) noch durch Vereinbarung der Miterben (§§ 2042 Abs. 2, 749 Abs. 2 BGB) zu Lasten des Insolvenzverwalters eingeschränkt werden (§ 84 Abs. 2 Satz 2). Dagegen wirken §§ 2043, 2045 BGB auch im Insolvenzverfahren. Unklar ist die Rechtslage bei Anordnung der Verwaltungsvollstreckung (§ 2209 BGB), die bei einer Erbengemeinschaft regelmäßig mit einer Anordnung nach § 2044 BGB verbunden ist.[32] Einerseits ist diese Anordnung nach § 84 Abs. 2 Satz 2 im Insolvenzfall unwirksam. Andererseits müsste der Insolvenzverwalter, der an §§ 2211, 2214 BGB gebunden ist (vgl. § 80 Rdn. 38), die Dauervollstreckung hinnehmen, wenn der Schuldner Alleinerbe wäre.[33] Dann muss dasselbe aber auch gelten, wenn der Schuldner nur Miterbe ist.

---

tovertrags, von der mit dem Widerruf Gebrauch gemacht wird. Zur Rechtslage beim Fehlen einer Widerrufsklausel vgl. BGH 30.10.1990, XI ZR 352/89, NJW 1991, 420 f.; MüKo-InsO/*Bergmann/Gehrlein* Rn. 6.
25 Vgl. dazu Schimansky/Bunte/Lwowski/*Hadding/Häuser* Bankrechts-Handbuch, § 35 Rn. 17.
26 Vgl. dazu Schimansky/Bunte/Lwowski/*Bitter* Bankrechts-Handbuch, § 33 Rn. 115.
27 BGH 08.07.1985, II ZR 16/85, BGHZ 95, 185 (187).
28 BGH 08.07.1985, II ZR 16/85, BGHZ 95, 185 (188).
29 So auch Jaeger/*Eckardt* Rn. 13; a.A. Kübler/Prütting/Bork/*Lüke* Rn. 8.
30 BGH 20.05.1987, IVa ZR 42/86, NJW 1987, 3001; MüKo-BGB/*Gergen* §§ 2038, 756 Rn. 18.
31 MüKo-BGB/*Gergen* § 2038 Rn. 50, 61.
32 MüKo-BGB/*Zimmermann* § 2209 Rn. 3.
33 So auch *Messner* ZVI 2004, 433 (438); *Geitner* Der Erbe in der Insolvenz, 303 f.

Als andere Gemeinschaft i.S.v. § 84 Abs. 1 Satz 1 kann man auch die **Partenreederei** begreifen.[34] 8
Zwar ist diese Rechtsform mit der Reform des Seehandelsrechts[35] abgeschafft worden.[36] Für die
bestehenden Partenreedereien bleiben aber die bisherigen Vorschriften (§§ 489–509 HGB a.F.) anwendbar
(Art. 71 Abs. 1 EGHGB). Danach entstand die Partenreederei allein dadurch, dass mehrere
Personen ein ihnen gemeinschaftlich zustehendes Schiff zum Erwerb durch die Seefahrt für
gemeinschaftliche Rechnung verwendet haben, ohne dass das Schiff einer Handelsgesellschaft gehört
hat (§ 489 HGB a.F.). Die Voraussetzungen gingen damit über die bloße Rechtsgemeinschaft
hinaus, ohne dass es aber eines Gesellschaftsvertrags bedurft hätte (§ 490 Satz 2 HGB a.F.). Allerdings
zählt § 11 Abs. 2 Nr. 1 die Partenreederei wegen ihrer Ähnlichkeit mit der oHG zu den Gesellschaften
ohne Rechtspersönlichkeit.[37] Wie die Wohnungseigentümergemeinschaft ist auch die
Partenreederei unkündbar (§ 505 Abs. 3 HGB a.F.), so dass der Insolvenzverwalter nur die frei veräußerbare
Schiffspart (§ 503 Abs. 1 HGB a.F.) verwerten kann und § 84 Abs. 2 Satz 1 ausgeschlossen
ist.

D. Personengesellschaften

Bei den Personengesellschaften ist im deutschen Recht an die in § 11 Abs. 2 Nr. 1 genannten Formen 9
und ergänzend an die stille Gesellschaft (vgl. dazu Rdn. 12) zu denken. Erfasst werden auch
Gesellschaften, die nach ausländischem Recht gegründet worden sind. Dabei ist es eine Frage der
Qualifikation, ob etwa bei einer LLP englischen Rechts von einer Personen- oder einer Kapitalgesellschaft
auszugehen ist.[38]

§ 84 Abs. 1 Satz 1 stellt insoweit klar, dass sich die Rechtsfolgen der Insolvenzeröffnung über das 10
Vermögen eines Gesellschafters nach dem Gesellschaftsstatut richten. Daher wird eine **Gesellschaft
bürgerlichen Rechts** – vorbehaltlich einer Fortsetzungsklausel – aufgelöst (§ 728 Abs. 1 Satz 1
BGB). Bei den **Personenhandelsgesellschaften** und der **Partnerschaftsgesellschaft** (§ 9 Abs. 1
PartGG) führt die Insolvenz eines Gesellschafters zu dessen Ausscheiden (§ 131 Abs. 3 1 Nr. 2
HGB), so dass dem Insolvenzverwalter, der an die Stelle des Gesellschafters tritt (§ 146 Abs. 3
HGB), nur ein schuldrechtlicher Anspruch gegen die fortbestehende Gesellschaft (§ 738 Abs. 1
Satz 1 BGB) oder – bei zweigliedrigen Gesellschaften – gegen den anderen Gesellschafter zusteht,
der mit der liquidationslosen Vollbeendigung Rechtsnachfolger der Gesellschaft wird.[39] Dasselbe
gilt für die **Europäische wirtschaftliche Interessenvereinigung** (§ 8 EWIV-AusfG) und bei der Gesellschaft
bürgerlichen Rechts, wenn § 728 Abs. 2 Satz 1 BGB zugunsten der Fortsetzung unter den
übrigen Gesellschaftern abbedingt ist (§ 736 Abs. 1 BGB). Über die Wirksamkeit gesellschaftsvertraglicher
Bestimmungen über die Höhe der Abfindung bestimmt nicht § 84 Abs. 2, sondern das
Gesellschaftsstatut.[40]

Beim Ausscheiden des Gesellschafters kann der Insolvenzverwalter bei vertragsgerechtem Verhalten 11
der Gesellschafter in der Krise nur ein etwaiges **Auseinandersetzungsguthaben** des Schuldners zur
Masse ziehen. Dies gilt namentlich für die Insolvenz des Mitglieds einer **ARGE**, weil die auf dem
Gesellschaftsverhältnis beruhenden Bauleistungen Beiträge darstellen und die Vergütungsansprüche

---

34 Für die Anwendbarkeit von § 84 Jaeger/*Eckardt* Rn. 28; a.A. Kübler/Prütting/Bork/*Lüke* Rn. 8a.
35 Gesetz v. 20.04.2013, BGBl. I, 831.
36 Vgl. BT-Drucks. 17/10309, 43.
37 BT-Drucks. 12/2443, 112.
38 Die LLP ist zwar nach s. 1 (2) Limited Liability Partnerships Act 2000 juristische Person (body corparate),
doch werden Einkommen und Vermögen steuerrechtlich den Partnern zugerechnet (s. 118ZA Income and
Corporation Taxes Act 1988 und s. 267A Inheritance Tax Act 1984 i.d.F. von s. 10, 11 Limited Liability
Partnerships Act 2000). Zu den Folgen der Insolvenzeröffnung über das Vermögen eines Partners vgl. s.
7 (1) (b), (2) (b), (3) Limited Liability Partnerships Act 2000.
39 BGH 15.03.2004, II ZR 247/01, ZIP 2004, 1047 (1048) zur Insolvenz der Komplementär-GmbH einer
GmbH & Co. KG.
40 HK-InsO/*Kayser* Rn. 24. Zur GmbH vgl. entsprechend BGH 07.04.1960, II ZR 69/58, BGHZ 32, 151
(154 f.); 12.06.1975, II ZB 12/73, BGHZ 65, 22 (26 ff.).

unselbständige Rechnungsposten in der Auseinandersetzungsbilanz.[41] Anders als bei der Kontokorrentabrede kommt bei einer Saldierung im Rahmen einer gesellschaftsrechtlichen Auseinandersetzungsbilanz die Anfechtung der Herstellung der Verrechnungslage auch während des Eröffnungsverfahrens (§§ 96 Abs. 1 Nr. 3, 130 Abs. 1 Satz 1 Nr. 2) nicht in Betracht, wenn sich die Gesellschafter vertragsgerecht verhalten haben.[42] Auch § 95 Abs. 1 Satz 3 ist nicht anwendbar.[43]

12 Unklar ist die Bedeutung von § 84 bei der stillen Gesellschaft (§ 230 HGB), die zwar unter § 705 BGB zu subsumieren ist,[44] aber als Innengesellschaft weder bei typischer noch bei atypischer Ausgestaltung ein Gesellschaftsvermögen bildet. Dass die Gesellschaft sowohl bei der Insolvenz des Geschäftsinhabers als auch des stillen Gesellschafters aufgelöst wird, folgt daher aus § 728 BGB und ergänzend für den Geschäftsinhaber aus § 236 HGB.[45] Wie auch sonst ist insb. bei der atypischen stillen Gesellschaft, bei der der stille Gesellschafter wertmäßig auch am Geschäftsvermögen beteiligt ist,[46] eine Auseinandersetzungsbilanz aufzustellen (§ 235 Abs. 1 HGB). Hat der Geschäftsinhaber in der Insolvenz des stillen Gesellschafters ein zu hohes Guthaben ausgekehrt, ohne alle verrechenbaren Gegenansprüche zu berücksichtigen, kommt wiederum § 84 Abs. 1 Satz 2 zum Tragen.

13 Dagegen findet § 84 Abs. 1 Satz 2 in Austauschverhältnissen keine Anwendung. Daher hat der Auftragnehmer in der Insolvenz des Auftraggebers kein Absonderungsrecht gem. § 84 Abs. 1 Satz 2, wenn der Auftraggeber den Sicherungseinbehalt gem. § 17 Abs 4 VOB/B auf ein Sperrkonto auf seinen Namen einbezahlt.[47]

§ 85 Aufnahme von Aktivprozessen

(1) Rechtsstreitigkeiten über das zur Insolvenzmasse gehörende Vermögen, die zur Zeit der Eröffnung des Insolvenzverfahrens für den Schuldner anhängig sind, können in der Lage, in der sie sich befinden, vom Insolvenzverwalter aufgenommen werden. Wird die Aufnahme verzögert, so gilt § 239 Abs. 2 bis 4 der Zivilprozeßordnung entsprechend.

(2) Lehnt der Verwalter die Aufnahme des Rechtsstreits ab, so können sowohl der Schuldner als auch der Gegner den Rechtsstreit aufnehmen.

Übersicht	Rdn.		Rdn.
A. Allgemeines	1	D. Aufnahme durch den Insolvenzverwalter (§ 85 Abs. 1 Satz 1)	38
B. Unterbrechung nach § 240 ZPO	2	I. Erklärung der Aufnahme	39
I. Anwendungsbereich	2	II. Entscheidung über die Aufnahme	40
II. Rechtshängigkeit	6	III. Folgen der Aufnahme	41
III. Schuldner als Partei	7	E. Folgen der Verzögerung der Entscheidung (§ 85 Abs. 1 Satz 2)	44
IV. Massebezug	14		
V. Erfasste Verfahren	24	F. Ablehnung der Aufnahme durch den Verwalter (§ 85 II)	46
VI. Dauer und Wirkung	28		
C. Unterscheidung von Aktiv- und Passivprozessen	31	G. Auswirkungen des Verwalterwahlrechts nach § 103 auf die Aufnahme nach § 85 Abs. 1 Satz 1	50
I. Allgemeines	31		
II. Einzelfälle	34		

---

41 OLG Köln 19.10.2005, 2 U 28/05, NZI 2006, 36.
42 BGH 14.12.2006, IX ZR 194/05, BGHZ 170, 206 Rn. 21; a.A. OLG Frankfurt 24.11.2005, 1 U 19/05, NZI 2006, 241.
43 BGH 14.12.2006, IX ZR 194/05, BGHZ 170, 206 Rn. 8 ff.
44 Baumbach/*Hopt* § 230 HGB Rn. 1.
45 BGH 24.02.1969, II ZR 123/67, BGHZ 51, 350 (352).
46 BGH 24.09.1952, II ZR 136/51, BGHZ 7, 174 (177 f.).
47 OLG Dresden 04.03.2004, 13 U 1877/03, BauR 2004, 1310.

A. Allgemeines

§ 85, der gegenüber § 10 KO nur redaktionelle Änderungen aufweist und § 96 InsO-RegE[1] wörtlich übernommen hat, regelt zusammen mit § 240 ZPO und §§ 86, 87 die Auswirkungen des Insolvenzverfahrens auf anhängige Prozesse des Schuldners. Damit wird dem Wechsel der Prozessführungsbefugnis (§ 80 Abs. 1), der zu einem gesetzlichen Parteiwechsel führt (vgl. § 80 Rdn. 18), Rechnung getragen[2] und dem (»starken« vorläufigen) Insolvenzverwalter bei §§ 85, 86 genügend Zeit gelassen, um sich mit dem Gegenstand des Rechtsstreits vertraut zu machen und über die Fortsetzungsoptionen zu entscheiden.[3] Bei Aktivprozessen i.S.v. § 85 kann der Verwalter den Prozess aufnehmen oder den Gegenstand freigeben. 1

B. Unterbrechung nach § 240 ZPO

I. Anwendungsbereich

Voraussetzung der Aufnahme nach §§ 85, 86 ist die Unterbrechung des Prozesses nach § 240 ZPO. Danach werden Prozesse mit **Massebezug** bei Eröffnung des Insolvenzverfahrens (S. 1) bzw. bei Einsetzung eines »starken« vorläufigen Insolvenzverwalters i.S.v. § 22 Abs. 1 Satz 1, auf den die **Verwaltungs- und Verfügungsbefugnis** übergeht (Satz 2[4]), kraft Gesetzes unterbrochen.[5] Dagegen hat die Einsetzung eines »schwachen« vorläufigen Insolvenzverwalters mit **Zustimmungsvorbehalt** (§ 21 Abs. 2 Satz 1 Nr. 2 Alt. 2), bei der es nicht zu einem Wechsel der Verwaltungs- und Verfügungsbefugnis kommt,[6] keine Auswirkungen auf anhängige Prozesse. Wird dem Schuldner nur ein **allgemeines Verfügungsverbot** auferlegt (§ 21 Abs. 2 Satz 1 Nr. 2 Alt. 1) und – entgegen § 22 Abs. 2 Satz 1 – kein vorläufiger Insolvenzverwalter bestellt, gilt § 240 Satz 2 ZPO entsprechend, weil der Schuldner nicht mehr prozessführungsbefugt ist.[7] 2

Die Unterbrechung tritt auch bei **Vertretung** durch einen **Prozessbevollmächtigten** ein (vgl. § 246 Abs. 1 ZPO),[8] weil die Vollmacht des Schuldners mit der Insolvenzeröffnung erlischt (§ 117) und der Bevollmächtigte auch im Eröffnungsverfahren nicht mehr mit Wirkung für den »starken« vorläufigen Insolvenzverwalter handeln könnte (§ 85 Abs. 1 Satz 1 ZPO). Für die Unterbrechung kommt es weder auf die **Rechtmäßigkeit** des Beschlusses nach § 21 Abs. 2 Satz 1 Nr. 2 Alt. 1 bzw. § 27[9] noch auf die **Kenntnis** der Beteiligten vom jeweiligen Unterbrechungsgrund an.[10] Auch die sofortige Beschwerde nach § 21 Abs. 1 Satz 2 bzw. § 34 Abs. 2 InsO lässt die Unterbrechungswirkung unberührt (§ 4 i.V.m. § 570 Abs. 1 ZPO).[11] Bei Aufhebung des Eröffnungsbeschlusses entfällt die Unterbrechungswirkung ex nunc mit Rechtskraft des Beschlusses des Rechtsmittelgerichts.[12] 3

---

1 BT-Drucks. 12/2443, 23; BT-Drucks. 12/7302, 34.
2 BGH 30.09.1968, VII ZR 93/67, BGHZ 50, 397 (399).
3 BGH 29.04.1953, II ZR 132/52, BGHZ 9, 308 (310); Jaeger/*Windel* Rn. 2.
4 IdF von Art. 18 Nr. 2 EGInsO v. 05.10.1994, BGBl. I, 2917.
5 BGH 14.05.1992, VIII ZR 195/91, WM 1992, 1421 (1422); Jaeger/*Windel* Rn. 92; *Uhlenbruck* Rn. 57; Stein/Jonas/*Roth* § 240 ZPO Rn. 17.
6 BGH 21.06.1999, II ZR 70/98, NJW 1999, 2822; 04.05.2006, IX ZA 26/04, NZI 2006, 543 Rn. 3.
7 Jaeger/*Windel* Rn. 86; Kübler/Prütting/Bork/*Lüke* Rn. 7a; Stein/Jonas/*Roth* § 240 ZPO Rn. 2; für Aussetzung analog § 148 ZPO dagegen OLG Jena 12.04.2000, 5 U 135/99, NJW-RR 2000, 1075.
8 BGH 11.10.1988, X ZB 16/88, ZIP 1988, 1584; *Uhlenbruck* Rn. 1; MüKo-InsO/*Schumacher* Vor §§ 85 bis 87 Rn. 2; Stein/Jonas/*Roth* § 240 ZPO Rn. 1, 17.
9 *Uhlenbruck* Rn. 2; Stein/Jonas/*Roth* § 240 ZPO Rn. 17, 33; MüKo-ZPO/*Gehrlein* § 240 Rn. 9.
10 Vgl. BGH 29.01.1976, IX ZR 28/73, BGHZ 66, 59 (61); 21.06.1995, VIII ZR 224/94, NJW 1995, 2563.
11 Jaeger/*Windel* Rn. 85; *Uhlenbruck* Rn. 2; Kübler/Prütting/Bork/*Lüke* Rn. 45; MüKo-InsO/*Schumacher* Vor §§ 85 bis 87 Rn. 58; Stein/Jonas/*Roth* § 240 ZPO Rn. 17.
12 Jaeger/*Windel* Rn. 85, 109; *Uhlenbruck* Rn. 10; Kübler/Prütting/Bork/*Lüke* Rn. 45; MüKo-InsO/*Schumacher* Vor §§ 85 bis 87 Rn. 58; Stein/Jonas/*Roth* § 240 ZPO Rn. 17; MüKo-ZPO/*Gehrlein* § 240 Rn. 9.

4 Zur Unterbrechung kommt es im Hinblick auf die veränderte Rolle des Schuldners auch bei Anordnung der **Eigenverwaltung** (§ 270)[13] und bei **Nachlassinsolvenzen** (§§ 315 ff.).[14] War der vom Erblasser geführte Prozess bereits unterbrochen (§ 239 Abs. 1 ZPO) oder ausgesetzt (§ 246 Abs. 1 ZPO) und bisher nicht wieder aufgenommen worden, kommt es wie bei § 240 Satz 2 ZPO zu keiner erneuten Unterbrechung (vgl. Rdn. 13 a.E.). Das Recht zur Aufnahme steht anstelle des Erben dem Insolvenzverwalter zu.

5 § 240 ZPO gilt kraft kollisionsrechtlicher Verweisung auch bei Eröffnung eines Insolvenzverfahrens i.S.v. Art. 2 Buchst.a EuInsVO in einem anderen **EU-Mitgliedstaat** außer Dänemark (Art. 15 EuInsVO).[15] Für Insolvenzverfahren in anderen Staaten, die in Deutschland anerkannt werden (§ 343), enthält § 352 dagegen eine § 240 ZPO entsprechende Sachnorm.[16]

II. Rechtshängigkeit

6 § 240 gilt nur, wenn die Klage bereits erhoben (§ 253 Abs. 1 ZPO) und damit Rechtshängigkeit eingetreten war (§ 261 Abs. 1 ZPO).[17] War die Klageschrift vor Verfahrenseröffnung lediglich beim Gericht eingereicht, kann sie dem Schuldner – vorbehaltlich §§ 21 Abs. 2 Satz 1 Nr. 4, 99 – (vgl. § 99 Rdn. 11) weiterhin zugestellt werden,[18] so dass die Streitsache rechtshängig wird.[19] Hat der Streitgegenstand Massebezug, ist die Klage jedoch von Anfang an unzulässig, weil dem Schuldner die Prozessführungsbefugnis fehlt.[20] Wird an den Verwalter zugestellt, werden nach der Rechtsprechung des BGH weder der Schuldner (mangels Zustellung) noch der Verwalter (mangels Parteibezeichnung) Partei (vgl. § 80 Rdn. 22).[21] Der Kläger muss daher das Passivrubrum der Klageschrift vor deren Zustellung berichtigen.

III. Schuldner als Partei

7 § 240 ZPO gilt grds. nur, wenn der Schuldner Partei des Rechtsstreits ist. Ist er lediglich **einfacher Nebenintervenient** (§ 67 ZPO)[22] oder gesetzlicher bzw. rechtsgeschäftlicher **Vertreter** einer Partei,[23] wird das Verfahren nicht unterbrochen. Dasselbe gilt, wenn der Schuldner im Prozess **Partei kraft Amtes** ist, weil dann der Massebezug fehlt.[24]

---

13 BT-Drucks. 12/2443, 223; BGH 07.12.2006, V ZB 93/06, ZIP 2007, 249; a.A. MüKo-ZPO/*Gehrlein* § 240 Rn. 10.
14 OLG München 24.04.1995, 7 W 1103/95, NJW-RR 1996, 228 (229); OLG Köln 23.09.2002, 2 U 79/02, NJW-RR 2003, 47; Jaeger/*Windel* Rn. 24; MüKo-InsO/*Schumacher* Vor §§ 85 bis 87 Rn. 32; Stein/Jonas/*Roth* § 240 ZPO Rn. 1, 11.
15 BGH 23.04.2013, X ZR 169/12, Rn. 5 – »Aufnahme des Patentnichtigkeitsverfahrens« (für BGHZ bestimmt).
16 Jaeger/*Windel* Rn. 87; Uhlenbruck/*Lüer* § 352 Rn. 1; MüKo-InsO/*Reinhart* § 352 Rn. 1; FK-InsO/*Wenner/Schuster* § 352 Rn. 1; Stein/Jonas/*Roth* § 240 ZPO Rn. 18.
17 BGH 11.12.2008, IX ZB 232/08, ZIP 2009, 240 Rn. 10; a.A. Jaeger/*Windel* Rn. 6 ff.
18 KG 16.11.1989, 1 W 4929/89, ZIP 1990, 1092 (1093); *Uhlenbruck* Rn. 4; Kübler/Prütting/Bork/*Lüke* Rn. 21; MüKo-InsO/*Schumacher* Vor §§ 85 bis 87 Rn. 42; für generelle Unzustellbarkeit nach Verfahrenseröffnung aber OLG Nürnberg 27.12.1968, 7 W 658/68, KTS 1969, 249 (251) mit unzutreffendem Hinweis auf die Postsperre.
19 Insoweit zutreffend OLG Schleswig 09.02.2004, 5 W 4/04, ZInsO 2004, 1086.
20 *Uhlenbruck* Rn. 4; Kübler/Prütting/Bork/*Lüke* Rn. 21 Fn. 83; MüKo-InsO/*Schumacher* Vor §§ 85 bis 87 Rn. 42.
21 BGH 05.10.1994, XII ZR 53/93, BGHZ 127, 156 (163 f.).
22 BGH 27.01.2000, I ZR 159/99, BeckRS 2000, 30093038; OLG Hamburg 23.08.1960, 2 U 56/60, NJW 1961, 610 (611); OLG Düsseldorf 07.02.1985, 18 W 6/85, MDR 1985, 504; Jaeger/*Windel* Rn. 9; *Uhlenbruck* Rn. 5; Kübler/Prütting/Bork/*Lüke* Rn. 24; MüKo-InsO/*Schumacher* Vor §§ 85 bis 87 Rn. 9.
23 Jaeger/*Windel* Rn. 9; *Uhlenbruck* Rn. 5; Kübler/Prütting/Bork/*Lüke* Rn. 22; MüKo-InsO/*Schumacher* Vor §§ 85 bis 87 Rn. 9.
24 Jaeger/*Windel* Rn. 10; *Uhlenbruck* Rn. 8; Kübler/Prütting/Bork/*Lüke* Rn. 26b; MüKo-InsO/*Schumacher* Vor §§ 85 bis 87 Rn. 9, 33; Stein/Jonas/*Roth* § 240 ZPO Rn. 8.

Führt der **Schuldner** den Prozess als **gewillkürter Prozessstandschafter**, gilt § 240 ZPO nur, wenn 8
der Ausgang des Prozesses zumindest mittelbar das pfändbare Vermögen des Schuldners betrifft.[25]
Dies ist etwa der Fall, wenn der Sicherungszedent nach § 185 Abs. 1 BGB die abgetretene Forderung
geltend macht und auf Zahlung an den Sicherungszessionar klagt. Dasselbe gilt mutatis mutandis für
die **gesetzliche Prozessstandschaft** nach § 265 Abs. 2 ZPO.[26] Der nötige Massebezug ist beispielsweise gegeben, wenn die Abtretung nur erfüllungshalber erfolgt ist.[27]

Wird bei **gewillkürter Prozessstandschaft** der **Rechtsinhaber** insolvent, erlischt analog § 117 die Er- 9
mächtigung zur Prozessführung.[28] Im Schrifttum wird zum Teil angenommen, dass die Klage in diesem Fall unzulässig wird, so dass § 240 ZPO nicht anwendbar ist[29] und Erledigung eintreten muss.
Diese Lösung kann aber nicht überzeugen, weil der Gegner um seinen möglichen Prozesserfolg gebracht würde. Auch wenn bei der Insolvenz kein Missbrauch droht wie beim willkürlichen Widerruf
der Ermächtigung,[30] lässt sich aus §§ 240 ZPO, 85, 86, 180 Abs. 2 ableiten, dass der Insolvenzverwalter das bisherige Prozessergebnis gegen sich gelten lassen muss. Daher wird der Insolvenzverwalter
Partei anstelle des bisherigen Prozessstandschafters.[31]

Bei der **gesetzlichen Prozessstandschaft** kommt es dagegen auf den jeweiligen Zweck der Regelung 10
an. So bleibt § 265 Abs. 2 ZPO von der Insolvenz des neuen Rechtsinhabers unberührt,[32] weil damit
der Schutz des Prozessgegners bezweckt wird, der weder einen neuen Prozess noch einen neuen Gegner akzeptieren muss.[33] Bei § 1629 Abs. 3 Satz 1 BGB, der den Schutz des Kindes bezweckt,[34] bleibt
der Prozess von der möglichen Minderjährigeninsolvenz[35] dagegen nur wegen des fehlenden Masse-
bezugs unberührt (§ 36 Abs. 1 Satz 1 i.V.m. § 850b Abs. 1 Nr. 2 ZPO).[36]

Ist der Schuldner **einfacher Streitgenosse** (§ 61 ZPO), gilt § 240 ZPO nach dem Grundsatz der ge- 11
trennten Betrachtung der Prozesse nur in Bezug auf den Schuldner.[37] Bei **notwendiger Streitgenossenschaft** (§ 62 ZPO) wird dagegen der gesamte Prozess unterbrochen.[38] Dasselbe gilt für die Insol-

---

25 Vgl. OLG Koblenz 16.06.1994, 5 U 1886/93, ZIP 1995, 1370 (1371); OLG Düsseldorf 01.12.1997, 24 U 94/97, OLG-Rp 1999, 106; OLG München 16.02.2000, 3 U 3374/99, MDR 2000, 602; Jaeger/*Windel* Rn. 12; Kübler/Prütting/Bork/*Lüke* Rn. 26; MüKo-InsO/*Schumacher* Vor §§ 85 bis 87 Rn. 16, 35; Massebezug für den Regelfall abl. *Uhlenbruck* Rn. 7.
26 OLG Koblenz 08.06.1995, 5 U 1598/93, ZIP 1995, 1033 (1034); OLG Rostock 18.02.2004, 3 W 133/03, ZIP 2004, 1523 f.; Jaeger/*Windel* Rn. 13; Kübler/Prütting/Bork/*Lüke* Rn. 26; MüKo-InsO/*Schumacher* Vor §§ 85 bis 87 Rn. 16, 34; offenlassend BGH 30.09.1968, VII ZR 93/67, BGHZ 50, 397 (398f); für generelle Unterbrechung noch RG 04.06.1907, VII 379/06, RGZ 66, 181 (182 f.).
27 BGH 30.09.1968, VII ZR 93/67, BGHZ 50, 397 (398 f.).
28 BGH 10.11.1999, VIII ZR 78/98, NJW 2000, 738 (739); Jaeger/*Windel* Rn. 12; Kübler/Prütting/Bork/*Lüke* Rn. 25.
29 *Uhlenbruck* Rn. 7; Kübler/Prütting/Bork/*Lüke* Rn. 25; HK-InsO/*Kayser* Rn. 16; MüKo-ZPO/*Gehrlein* § 240 Rn. 15. Die vielfach in Bezug genommene Entscheidung BGH 10.11.1999, VIII ZR 78/98, NJW 2000, 738 besagt zu dieser Frage jedoch nichts, weil die Klage dort erst 1997 und damit nach dem Konkurs des Rechteinhabers im Jahre 1995 erhoben worden war.
30 Für Parteiwechsel analog § 239 ZPO in diesem Fall daher *Leyendecker* ZZP 122 (2009), 465 (478 ff.).
31 OLG Düsseldorf 26.05.1975, 9 U 237/74, JMBl NW 1976, 42; Jaeger/*Windel* Rn. 12; MüKo-InsO/*Schumacher* Vor §§ 85 bis 87 Rn. 15; Stein/Jonas/*Roth* § 240 ZPO Rn. 7; Musielak/*Stadler* § 240 ZPO Rn. 2.
32 So auch BGH 13.03.1997, I ZR 215/94, NJW 1998, 156 (157); a.A. MüKo-InsO/*Schumacher* Vor §§ 85 bis 87 Rn. 15.
33 *Hahn/Stegemann* Die gesamten Materialien zu der Civilprozeßordnung Band 1, 2. Aufl. 1881, 261; BGH 12.07.1973, VII ZR 170/71, BGHZ 61, 140 (142 f.).
34 Nach BT-Drucks. 7/650, 176 soll das Kind in einer Folgesache nicht »förmlich als Partei am Scheidungsverfahren seiner Eltern beteiligt« werden.
35 Vgl. dazu *Piekenbrock* KTS 2008, 307 (333 ff.).
36 Zum Ausschluss von § 850b Abs. 2 Satz 2 ZPO in der Insolvenz vgl. nur Jaeger/*Henckel* § 36 Rn. 19.
37 BGH 01.04.1987, VIII ZR 15/86, NJW 1987, 2367 (2368); 03.07.2001, VI ZR 284/00, BGHZ 148, 214 (216); 19.12.2002, VII ZR 176/02, NJW-RR 2003, 1002 f.
38 RG 12.06.1893, VI 67/93, JW 1893, 342 Nr. 5; 30.03.1898, V 49/98, JW 1898, 280 Nr. 13, jeweils zur

venz des **streitgenössischen Nebenintervenienten** (§ 69 ZPO).[39] Gläubigeranfechtungsprozesse werden mit Blick auf § 16 Abs. 1 Satz 1 AnfG unterbrochen, obwohl der Schuldner nicht Partei ist (§ 17 Abs. 1 Satz 1 AnfG). Für die Aufnahme gelten dann §§ 17, 18 AnfG.

12 In der Insolvenz einer **Personengesellschaft** gilt § 240 ZPO nur in Prozessen der Gesellschaft. Da die aus § 128 HGB in Anspruch genommenen Gesellschafter nur einfache Streitgenossenschaft sind,[40] gilt § 240 ZPO insoweit nicht. Allerdings kommt es im Hinblick auf § 93 **entsprechend § 17 Abs. 1 Satz 1 AnfG** zur Unterbrechung der persönlichen Haftungsprozesse (s. auch § 93 Rdn. 15).[41] Wegen § 171 Abs. 2 HGB wird auch das Verfahren gegen den beschränkt haftenden Kommanditisten durch die Insolvenzeröffnung über die KG unterbrochen.[42] Das Insolvenzverfahren über das Vermögen eines Gesellschafters unterbricht Verfahren, bei denen die Gesellschaft Partei ist, dagegen nicht.[43] § 17 Abs. 1 Satz 1 AnfG ist auch entsprechend anwendbar auf Prozesse über einen Gesamtschaden i.S.v. § 92 (vgl. § 92 Rdn. 18)[44] und bei Insolvenzeröffnung über das gemeinschaftlich verwaltete Gesamtgut einer Gütergemeinschaft (§ 11 Abs. 2 Nr. 2 Var. 3) wegen § 334 Abs. 1 auf Prozesse über den Haftungsanspruch aus § 1459 Abs. 2 BGB.[45]

13 § 240 Satz 1 ZPO gilt nicht für Prozesse, die erst nach Einsetzung eines »starken« vorläufigen Insolvenzverwalters (§ 22 Abs. 1 Satz 1) direkt mit diesem geführt werden oder die dieser während des Eröffnungsverfahrens aufgenommen hat (§§ 24 Abs. 2, 85 Abs. 1 Satz 1, 86).[46] Denn in diesen Fällen wird das Insolvenzverfahren nicht über das Vermögen einer Partei eröffnet.[47] Wird (ausnahmsweise) eine andere Person zum endgültigen Verwalter bestellt, gelten dieselben Grundsätze wie beim **Verwalterwechsel** im eröffneten Verfahren, der analog §§ 241, 246 ZPO behandelt wird.[48] War der Rechtsstreit noch nicht wiederaufgenommen, steht das Recht dazu anstelle des vorläufigen Insolvenzverwalters dem Insolvenzverwalter zu.

IV. Massebezug

14 § 240 ZPO erfordert stets einen Bezug zur Masse (§ 35 Abs. 1), der bei unpfändbarem Vermögen fehlt (§ 36 Abs. 1 Satz 1). Dieser Massebezug ist bei einer **Leistungsklage gegen den Schuldner** gegeben, wenn der geltend gemachte Anspruch nach Insolvenzeröffnung als Insolvenzforderung (§§ 38, 39) oder Masseverbindlichkeit (§ 55 Abs. 1 Satz 2) anzusehen ist oder wenn ein Recht

---

Aussetzung beim Tod einer Partei; OLG Schleswig 14.06.1985, 14 U 269/85, SchlHA 1985, 154 (155); OLG Frankfurt 13.08.2001, 5 W 21/01, ZIP 2001, 1884; Kübler/Prütting/Bork/*Lüke* Rn. 23; MüKo-InsO/*Schumacher* Vor §§ 85 bis 87 Rn. 18; Musielak/*Stadler* § 240 ZPO Rn. 2; für Aussetzung analog § 148 ZPO dagegen Jaeger/*Windel* Rn. 16; *Uhlenbruck* Rn. 5 f.; Stein/Jonas/*Roth* § 240 ZPO Rn. 6.

39 Jaeger/*Windel* Rn. 19; a.A. BGH 17.01.1995, X ZR 118/94, ZIP 1995, 414 zur streitgenössischen Nebenintervention bei einer Patentnichtigkeitsklage.
40 BGH 13.07.1970, VIII ZR 230/68, BGHZ 54, 251 (254 f.); 10.03.1988, IX ZR 194/87, NJW 1988, 2113.
41 BGH 14.11.2002, IX ZR 236/99, NJW 2003, 590 f.; MüKo-InsO/*Schumacher* Vor §§ 85 bis 87 Rn. 12; Stein/Jonas/*Roth* § 240 ZPO Rn. 9; krit. Musielak/*Stadler* § 240 ZPO Rn. 2; für § 240 ZPO analog Kübler/Prütting/Bork/*Lüke* § 92 Rn. 66 ff., § 93 Rn. 36; für eine modifizierte Gesamtanalogie zu §§ 240 ZPO, 85, 180 Abs. 2 Satz Jaeger/*Windel* Rn. 22.
42 BGH 28.10.1981, II ZR 129/80, BGHZ 82, 209 (218); 08.03.1982, II ZR 240/81, ZIP 1982, 566 (567).
43 *Uhlenbruck* Rn. 9; Stein/Jonas/*Roth* § 240 ZPO Rn. 9.
44 Jaeger/*Windel* Rn. 22; MüKo-InsO/*Schumacher* Vor §§ 85 bis 87 Rn. 13.
45 MüKo-InsO/*Schumacher* Vor §§ 85 bis 87 Rn. 14; auch hier für eine modifizierte Gesamtanalogie zu §§ 240 ZPO, 85, 180 Abs. 2 Satz Jaeger/*Windel* Rn. 22.
46 Jaeger/*Windel* Rn. 85; MüKo-InsO/*Schumacher* Vor §§ 85 bis 87 Rn. 19, § 86 Rn. 13, 18; Stein/Jonas/*Roth* § 240 ZPO Rn. 2; MüKo-InsO/*Gehrlein* § 240 Rn. 14; a.A. Kübler/Prütting/Bork/*Lüke* § 86 Rn. 6 f. im Widerspruch zu § 85 Rn. 7 Fn. 17; HK-InsO/*Kayser* § 86 Rn. 13, 17.
47 BGH 12.05.2011, IX ZR 133/10, ZIP 2011, 1220 Rn. 6; MüKo-InsO/*Schumacher* Vor §§ 85 bis 87 Rn. 19, § 86 Rn. 18.
48 BGH 12.05.2011, IX ZR 133/10, ZIP 2011, 1220 Rn. 6; 26.04.2012, IX ZR 146/11, ZIP 2012, 1183 Rn. 17; Jaeger/*Windel* Rn. 85; MüKo-InsO/*Schumacher* Vor §§ 85 bis 87 Rn. 19, § 86 Rn. 18; Stein/Jonas/*Roth* § 240 ZPO Rn. 2.

auf Aussonderung (§ 47) oder auf abgesonderte Befriedigung (§§ 49, 50, 51) geltend gemacht wird.[49] Auch Klagen, die der Vorbereitung der Geltendmachung eines massebezogenen Anspruchs dienen, wie etwa auf **Auskunftserteilung** oder Rechnungslegung, weisen den erforderlichen Massebezug auf, wenn der Anspruch nach Insolvenzeröffnung vom Verwalter zu erfüllen wäre.[50] **Leistungsklagen des Schuldners** haben Massebezug, wenn ein zur Masse gehörendes Recht geltend gemacht wird. Die Ausführungen zu Hilfsansprüchen etwa auf Auskunft gelten mutatis mutandis.[51] Klagt der Schuldner eine zur Sicherheit abgetretene Forderung ein, ist wegen der haftungsrechtlichen Zuordnung der Forderungen zum Schuldnervermögen (vgl. auch §§ 51 Nr. 1, 50, 166 Abs. 2,170 Abs. 1 Satz 1) die Insolvenzmasse betroffen (vgl. auch Rdn. 8).[52] Bei Rechtsmittelverfahren besteht Massebezug mit Blick auf § 717 Abs. 2, 3 ZPO auch, wenn aus einem vorläufig vollstreckbaren Urteil bereits vollstreckt oder zur Abwendung der Vollstreckung geleistet worden ist.[53]

Unterlassungsklagen gegen den Schuldner betreffen die Insolvenzmasse, wenn nach Insolvenzeröffnung eine Pflichtbindung des Verwalters in Betracht kommt oder wenn die Masse sekundär für die Pflichterfüllung haftet.[54] Ohne Vermögensbezug des inkriminierten Verhaltens greift § 240 ZPO dagegen nicht.[55] Massebezug besteht regelmäßig bei Unterlassungsklagen wegen **Schutzrechtsverletzungen**,[56] nicht dagegen bei **Wettbewerbsklagen** gegen den Schuldner, der auch nach Insolvenzeröffnung den behaupteten Wettbewerbsverstoß fortsetzen kann. Wird der behauptete Wettbewerbsverstoß aber im Rahmen des vom Insolvenzverwalter fortgeführten Betriebs begangen, wird der Prozess unterbrochen.[57] Setzt der Insolvenzverwalter das als wettbewerbswidrig behauptete Verhalten nicht fort, tritt im Verhältnis mangels Erstbegehung Erledigung ein.[58] Bei **Unterlassungsklagen des Schuldners** besteht Massebezug, wenn ein massezugehöriges Recht verteidigt wird; er fehlt dagegen, wenn der Unterlassungsanspruch die Vermögenslage des Schuldners nicht berührt.[59]

15

Feststellungsklagen betreffen die Masse, wenn sich das Feststellungsinteresse auf das pfändbare Vermögen des Schuldners bezieht.[60] So ist es etwa bei **Kündigungsschutzklagen**.[61] Ist der Schuldner gleichzeitig Insolvenzgläubiger im Insolvenzverfahren über das Vermögen eines Dritten und hat er

16

---

49 Jaeger/*Windel* Rn. 27; *Uhlenbruck* Rn. 3, 27; MüKo-InsO/*Schumacher* Vor §§ 85 bis 87 Rn. 22; Stein/Jonas/*Roth* § 240 ZPO Rn. 12.
50 BGH 21.11.1953, VI ZR 203/52, LM § 146 KO Nr. 4 (Feststellungsklage zur Vorbereitung eines Hauptanspruchs); BAG 12.04.1983, 3 AZR 73/82, NJW 1984, 998; Jaeger/*Windel* Rn. 27; *Uhlenbruck* Rn. 13, 18; Kübler/Prütting/Bork/*Lüke* Rn. 16; MüKo-InsO/*Schumacher* Vor §§ 85 bis 87 Rn. 27.
51 Jaeger/*Windel* Rn. 27; *Uhlenbruck* Rn. 13; MüKo-InsO/*Schumacher* Vor §§ 85 bis 87 Rn. 29.
52 BGH 24.07.2003, IX ZR 333/00, NJW-RR 2004, 48 f.; OLG Düsseldorf 01.12.1997, 24 U 94/97, OLG-Rp 1999, 106; OLG München 16.02.2000, 3 U 3374/99, MDR 2000, 602.
53 BGH 08.01.1962, VII ZR 65/61, BGHZ 36, 258, 260 (264 f.); 05.12.1985, VII ZR 284/83, NJW-RR 1986, 672 (673); 27.03.1995, II ZR 140/93, NJW 1995, 1750; 16.12.1999, VII ZR 392/96, NJW 2000, 1114 (1115); Jaeger/*Windel* Rn. 115; Kübler/Prütting/Bork/*Lüke* Rn. 16; MüKo-InsO/*Schumacher* Vor §§ 85 bis 87 Rn. 27; a.A. OLG Celle 09.10.1968, 8 W 171/68, OLGZ 1969, 368 (369). Die dortigen Verweise auf RG 13.02.1897, I 337/96, RGZ 39, 105 (107) zur Wirkung des Zwangsvergleichs (§ 193 KO) und 03.07.1914, III 41/14, RGZ 85, 214 (216) zu § 17 KO sind nicht einschlägig.
54 Jaeger/*Windel* Rn. 36.
55 Jaeger/*Windel* Rn. 37; *Uhlenbruck* Rn. 17; Kübler/Prütting/Bork/*Lüke* Rn. 16a; MüKo-InsO/*Schumacher* Vor §§ 85 bis 87 Rn. 24, 28; Stein/Jonas/*Roth* § 240 ZPO Rn. 15.
56 Vgl. RG 18.11.1916, I 110/16, RGZ 89, 114 (115); BGH 21.10.1965, Ia ZR 144/63, NJW 1966, 51; *Uhlenbruck* Rn. 17; MüKo-InsO/*Schumacher* Vor §§ 85 bis 87 Rn. 28.
57 Vgl. auch RG 24.11.1899, II 216/99, RGZ 45, 374 (375 f.), wo die Gemeinschuldnerin wettbewerbswidrige öffentliche Kundgebungen im Zusammenhang mit ihrer betrieblichen Tätigkeit veranstaltet hatte.
58 Jaeger/*Windel* Rn. 36; gegen Zurechnung der Erstbegehung bei Rechtsnachfolge vgl. auch BGH 18.03.2010, I ZR 158/07, BGHZ 185, 11 Rn. 39 f. – »Modulgerüst II«.
59 KG 06.07.1990, 5 U 74/89, NJW-RR 1991, 41.
60 Jaeger/*Windel* Rn. 28; *Uhlenbruck* Rn. 12 f.; MüKo-InsO/*Schumacher* Vor §§ 85 bis 87 Rn. 30.
61 BAG 18.10.2006, 2 AZR 563/05, BAGE 120, 27 (29 f.); vgl. auch BGH 27.03.1995, II ZR 140/93, NJW 1995, 1750 f. zum Geschäftsführerdienstvertrag.

§ 85 InsO   Aufnahme von Aktivprozessen

der Forderung eines anderen Insolvenzgläubigers widersprochen, betrifft der Prozess zur Feststellung zur Tabelle (§§ 179 Abs. 1, 180) auch die Insolvenzmasse im Verfahren des Schuldners.[62]

17 **Gestaltungsklagen** werden unterbrochen, wenn sie zumindest mittelbar den Bestand der Insolvenzmasse berühren.[63] **Patentnichtigkeitsklagen** (§ 81 PatG) gegen den Schuldner sind massebezogen, wenn das angegriffene Patent zur Masse gehört.[64] Bei Klagen des Schuldners ist dagegen zu unterscheiden. Wird die Klage auf eine widerrechtliche Entnahme gestützt (§§ 81 Abs. 1, 3, 22 Abs. 1, 21 Abs. 1 Nr. 3 PatG), besteht Massebezug, wenn die Entnahme aus einem massezugehörigen Gegenstand geltend gemacht wird.[65] Popularklagen nach §§ 81 Abs. 1, 22 Abs. 1, 21 Abs. 1 Nr. 1, 2, 4 PatG werden dagegen nur unterbrochen, wenn sie im konkreten Fall dem Schutz eines Massegegenstands wie insb. des schuldnerischen Gewerbebetriebs dienen.[66]

18 **Verbandstreitigkeiten** werden nach § 240 ZPO unterbrochen, wenn sich vermögensrechtliche Konsequenzen für die Masse ergeben können (s. auch Rdn. 42).[67] Die Rechtsprechung bejaht dies bei **Beschlussanfechtungs-** und **Nichtigkeitsklagen**, wenn durch den angefochtenen Beschluss Ansprüche der Masse begründet werden oder Verbindlichkeiten wegfallen, weil die Beschlussmängelklage dann darauf gerichtet ist, die Teilungsmasse zu verringern oder die Insolvenzforderungen zu erhöhen.[68] An einem solchen Massebezug fehlt es dagegen, wenn der Beschluss keine Veränderung der Masse bewirken kann,[69] was auch mit Blick auf die aktienrechtliche Entlastung[70] (§ 120 Abs. 2 Satz 2 AktG)[71] zutrifft.[72] Nach Auffassung der Rechtsprechung sollen aber auch Prozesse, die darauf abzielen, die Teilungsmasse zu vergrößern oder die Insolvenzforderungen zu verringern, nicht unterbrochen werden, weil der Insolvenzverwalter nicht gezwungen werden dürfe, im Prozess einen für die Masse nachteiligen Beschluss zu verteidigen.[73] Danach werden Anfechtungsklagen gegen Entlastungsbeschlüsse auch dann nicht unterbrochen, wenn damit, wie bei der GmbH und beim Idealverein, ein Verzicht auf mögliche Regressansprüche verbunden sein kann.[74]

---

62 RG 18.01.1886, I 253/85, RGZ 16, 116 (118); Jaeger/*Windel* Rn. 28; *Uhlenbruck* Rn. 13; MüKo-InsO/*Schumacher* Vor §§ 85 bis 87 Rn. 30; Kübler/Prütting/Bork/*Lüke* Rn. 17.
63 Jaeger/*Windel* Rn. 29; *Uhlenbruck* Rn. 14, 27; HK-InsO/*Kayser* Rn. 26; MüKo-InsO/*Schumacher* Vor §§ 85 bis 87 Rn. 31.
64 Jaeger/*Windel* Rn. 72; *Uhlenbruck* Rn. 25; Kübler/Prütting/Bork/*Lüke* Rn. 20; MüKo-InsO/*Schumacher* Vor §§ 85 bis 87 Rn. 37. Von BGH 13.10.2009, X ZR 79/06, ZIP 2009, 2217 Rn. 6 – »Schnellverschlusskappe« zu § 352 Abs. 1 als selbstverständlich vorausgesetzt.
65 *Uhlenbruck* Rn. 25; Kübler/Prütting/Bork/*Lüke* Rn. 20; MüKo-InsO/*Schumacher* Vor §§ 85 bis 87 Rn. 39 f.
66 RG 27.09.1933, I 59/33, RGZ 141, 427 (429); BGH 17.01.1995, X ZR 118/94, ZIP 1995, 414 – »Aufreißdeckel«; 18.11.2003, X ZR 128/03, BeckRS 2004, 00063; Jaeger/*Windel* Rn. 72; *Uhlenbruck* Rn. 19, 25; Kübler/Prütting/Bork/*Lüke* Rn. 20; MüKo-InsO/*Schumacher* Vor §§ 85 bis 87 Rn. 37.
67 Ausf. Jaeger/*Windel* Rn. 23, 47 ff.; *Uhlenbruck* Rn. 53 ff.; Kübler/Prütting/Bork/*Lüke* Rn. 17a ff.; MüKo-InsO/*Schumacher* Vor §§ 85 bis 87 Rn. 39 ff.; *K. Schmidt* FS Kreft 2004, 503 (518 ff.).
68 Dies bejaht BGH 10.03.1960, II ZR 56/59, BGHZ 32, 114 (121 f.). für § 51 GenG bei der Anfechtung eines Auflösungsbeschlusses (§ 78 GenG) und der fristlosen Kündigung eines Vorstandes (§ 40 GenG).
69 BGH 21.11.2005, II ZR 79/04, ZIP 2006 Rn. 2.
70 Zur möglichen Analogie im Genossenschaftsrecht vgl. BGH 21.03.2005, II ZR 54/03, ZIP 2005, 981 (983).
71 Dass BGH 12.03.1959, II ZR 180/57, BGHZ 29, 385, 390 zu § 84 Abs. 4 Satz 3 AktG 1937 (RGBl. I, 107) einstimmigen Entlastungsbeschlüssen einen Verzicht entnommen hat, ist überholt; vgl. nur *Hüffer* § 120 AktG Rn. 13.
72 *Weber* KTS 1970, 73 (87); Jaeger/*Windel* Rn. 51; MüKo-InsO/*Schumacher* Vor §§ 85 bis 87 Rn. 40; a.A. *K. Schmidt* FS Kreft 2004, 503 (521 f.).
73 RG 06.05.1911, I 164/10, RGZ 76, 244 (250); BGH 19.07.2011, II ZR 246/09, WM 2011, 1853 Rn. 9. Dagegen will Jaeger/*Windel* Rn. 51 den Interessenkonflikt über § 85 II lösen. Das überzeugt nicht, weil der potentielle Anspruch gegen den Vorstand durch die Ablehnung der Wiederaufnahme nicht freigegeben, sondern durch den Beitritt als Nebenintervenient des Klägers verteidigt werden soll.
74 Vgl. nur BGH 20.05.1985, II ZR 165/84, ZIP 1985, 1325 (1326); 14.12.1987, II ZR 53/87, ZIP 1988, 706 (710).

Kein Massebezug besteht bei der Geltendmachung nichtvermögensrechtlicher Ansprüche oder bei 19 Klagen auf **höchstpersönliche Leistungen** des Schuldners.[75] Nichtvermögensrechtlicher Art sind etwa Unterlassungsklagen des Schuldners wegen Verletzung seines Persönlichkeitsrechts oder Verfahren um persönliche, familienrechtliche Beziehungen,[76] ebenso der Streit um das Recht zur Titelführung.[77] Auch die Anfechtung eines vermögensmäßig neutralen Gesellschafterbeschlusses hat keinen Massebezug.[78] Gegen den Schuldner persönlich richtet sich der Anspruch auf persönliche **Dienstleistungen** i.S.v. § 888 Abs. 3 ZPO, weil die Arbeitskraft nicht zur Masse gehört. Dasselbe gilt für einen Anspruch auf Erteilung eines **Arbeitszeugnisses**, soweit die Voraussetzungen für einen Anspruch gegen den Insolvenzverwalter (vgl. § 80 Rdn. 27) nicht vorliegen.[79] Auch Verwaltungsgerichtsprozesse über eine personengebundene Erlaubnis werden wegen deren höchstpersönlichen Charakters nicht unterbrochen.[80] Bezug zur Insolvenzmasse besteht dagegen beim Streit über die Rechtmäßigkeit einer Gewerbeuntersagung, da hier die Betriebsfortführung durch den Verwalter betroffen ist.[81]

Der Massebezug fehlt bei Ansprüchen, die gegen das **pfändungsfreie** Vermögen des Schuldners gerichtet sind.[82] Daher wird eine Klage auf laufenden **Unterhalt**, der für die Zeit nach Verfahrenseröffnung (§ 40) aus dem ansonsten unpfändbaren Vermögen zu gewähren ist (§ 89 Abs. 2 Satz 2; vgl. § 89 Rdn. 33), nur hinsichtlich der bei Insolvenzeröffnung bereits fälligen Ansprüche einschließlich des Eröffnungsmonats unterbrochen.[83] 20

Betrifft ein Verfahren nur teilweise die Masse, wird es auch nur insoweit unterbrochen, wenn eine 21 Trennung inhaltlich möglich ist.[84] Bei objektiver Klagehäufung wird das Verfahren nur im Hinblick auf die massebezogenen Ansprüche unterbrochen.[85] Der Trennbarkeit steht es dabei nicht entgegen,

---

75 Jaeger/*Windel* Rn. 25; *Uhlenbruck* Rn. 18; Kübler/Prütting/Bork/*Lüke* Rn. 12, 15; HK-InsO/*Kayser* Rn. 23; MüKo-InsO/*Schumacher* Vor §§ 85 bis 87 Rn. 24; Stein/Jonas/*Roth* § 240 ZPO Rn. 15.
76 *Uhlenbruck* Rn. 18; Kübler/Prütting/Bork/*Lüke* Rn. 15; HK-InsO/*Kayser* Rn. 23; MüKo-InsO/*Schumacher* Vor §§ 85 bis 87 Rn. 24; vgl. auch BGH 03.04.1984, VI ZR 80/83, NJW 1985, 978 f.
77 OLG Hamburg 21.10.1905, OLGRsp. 11 (1905), 355.
78 OLG München 08.06.1994, 7 U 6514/93, ZIP 1994, 1021 zum Fall der Abberufung eines Geschäftsführers; *Uhlenbruck* Rn. 14, 19; Kübler/Prütting/Bork/*Lüke* Rn. 17a.
79 BAG 28.11.1966, 5 AZR 190/66, BAGE 19, 146 (152); 30.01.1991, 5 AZR 32/90, BAGE 67, 112 (114); 23.06.2004, 10 AZR 495/03, BAGE 111, 135 (138 ff.); LAG Düsseldorf 07.11.2003, 16 Ta 571/03, LAGE § 89 InsO Nr. 1; LAG Köln 19.05.2008, 11 Ta 119/08, JurBüro 2008, 496 (497).
80 OVG Lüneburg 17.09.2007, 12 LA 420/05, NVwZ-RR 2008, 358; *Uhlenbruck* Rn. 12; Schoch/Schmidt-Aßmann/Pietzner/*Rudisile* § 94 VWGO Rn. 110.
81 Jaeger/*Windel* Rn. 84; *Uhlenbruck* Rn. 14; a.A. BVerwG 18.01.2006, BVerwG 18.01.2006, 6 C 21.05, ZIP 2006, 530 (531); VGH Kassel 21.11.2002, 8 UE 3195/01, NVwZ 2003, 626; Schoch/Schmidt-Aßmann/Pietzner/*Rudisile* § 94 VwGO Rn. 110; bei einer ordnungsrechtlichen Untersagungsverfügung, die sich auf bestimmte Varianten des Betriebsablaufs bezieht und damit nicht lediglich die berufliche Betätigung des Gewerbetreibenden betrifft, ist die Masse dagegen auch nach BVerwG 13.12.2006, 6 C 17.06, GewArch 2007, 247 betroffen; vgl. auch VGH Kassel 21.11.2005, 6 TG 1992/05, ZIP 2006, 923 (924) zur Untersagung unerlaubter Finanzdienstleistungen.
82 Jaeger/*Windel* Rn. 25; *Uhlenbruck* Rn. 14, 19 (24); Kübler/Prütting/Bork/*Lüke* Rn. 13; MüKo-InsO/*Schumacher* Vor §§ 85 bis 87 Rn. 24; Stein/Jonas/*Roth* § 240 ZPO Rn. 15.
83 OLG Schleswig 15.05.2001, 8 UF 60/00, SchlHA 2001, 289; OLG Koblenz 15.05.2002, 9 UF 440/01, NZI 2003, 60; OLG Celle 08.11.2002, 15 UF 105/02, FamRZ 2003, 1116; OLG Karlsruhe 02.04.2003, 16 UF 4/03, NZI 2004, 343 f.; OLG Naumburg 03.04.2003, 8 WF 42/03, NJW-RR 2004, 7 (8); Jaeger/*Windel* Rn. 26; *Uhlenbruck* Rn. 14; Stein/Jonas/*Roth* § 240 ZPO Rn. 11; zu einer einheitlichen Unterbrechung tendiert dagegen OLG Karlsruhe 02.03.2006, 2 UF 209/05, NJW-RR 2006, 1302 (1303).
84 Vgl. LAG Düsseldorf 02.06.2004, 12 Sa 361/04, ZInsO 2005, 391 (392) zur Klage auf Zahlung des unpfändbaren Lohnanteils.
85 Jaeger/*Windel* Rn. 26; Kübler/Prütting/Bork/*Lüke* Rn. 15; MüKo-InsO/*Schumacher* Vor §§ 85 bis 87 Rn. 26; für Unterbrechung des gesamten Prozesses OLG Nürnberg 25.05.2000, 13 U 3867/99, NZI 2001, 91 (93); Stein/Jonas/*Roth* ZPO § 240 Rn. 11; tendenziell auch *Uhlenbruck* Rn. 15.

wenn der die Masse betreffende Teil noch nicht gesondert berechnet ist.[86] Die Berechnung ist im laufenden Verfahren nachzuholen. Wird dagegen der Beschluss der Generalversammlung einer Genossenschaft angefochten, der nur zum Teil die Masse betrifft, wird der ganze Prozess unterbrochen.[87] Dasselbe gilt für eine Klage auf Unterlassung von Patentverletzungen, die sich nach Insolvenzeröffnung sowohl gegen die Masse als auch gegen den Schuldner persönlich richtet.[88]

22 Für die Betroffenheit der Masse kommt es grds. auf die **Hauptsache** an, die **Kosten bleiben außer Betracht**.[89] Daher ist ein Gericht, bei dem bis zur Unterbrechung ein Rechtsstreit über eine Insolvenzforderung anhängig war, durch § 240 ZPO nicht an der Kostenentscheidung gehindert, wenn die zuvor bestrittene Forderung zur Insolvenztabelle festgestellt worden ist.[90] Wird aber wegen vorheriger **Erledigung** oder Klagerücknahme nur noch um die Kosten gestritten, wird der Rechtsstreit unterbrochen.[91]

23 Erklärt der Gläubiger im Prozess, nicht in das massezugehörige Vermögen vollstrecken zu wollen, ist zu unterscheiden: Grds kann ein Insolvenzgläubiger wegen § 87 anders als nach der KO nicht mehr auf die Teilnahme am Insolvenzverfahren verzichten und damit auch nicht den Massebezug beseitigen (vgl. § 87 Rdn. 3). Daher wird das Verfahren stets unterbrochen.[92] Etwas anderes gilt aber, wenn der Vermieter des Schuldners wegen seiner Mietforderungen auch in das ansonsten pfändungsfreie **Wohngeld** vollstrecken kann (§§ 1 Abs. 2, 9 WoGG, 54 Abs. 3 Nr. 2a SGB I). Wie bei § 110 VVG (vgl. dazu § 86 Rdn. 8) steht ihm damit ein insolvenzfestes Vorzugsrecht gegenüber anderen Gläubigern zu. Hat der Schuldner Ansprüche auf Wohngeld und ändert der Vermieter vor Insolvenzeröffnung seinen Antrag auf Zahlung aus dem Wohngeld, wird der Prozess mangels Massebetroffenheit nicht unterbrochen.[93]

V. Erfasste Verfahren

24 § 240 ZPO unterbricht in direkter Anwendung das **zivilgerichtliche Streitverfahren** aller Instanzen.[94] Des Weiteren gilt § 240 ZPO auch bei **Kostenfestsetzungsverfahren** (§§ 103 ff. ZPO, 11 RVG),[95] sowie bei Verfahren des **vorläufigen Rechtsschutzes** (§§ 916 ff. ZPO).[96] Das **Mahnverfahren** (§§ 688 ff. ZPO) wird entsprechend § 240 ZPO unterbrochen, wenn der Mahnbescheid im

---

86 AA RG 22.05.1936, VI 69/36, RGZ 151, 279 (282 f.).
87 BGH 10.03.1960, II ZR 56/59, BGHZ 32, 114 (123); MüKo-InsO/*Schumacher* Vor §§ 85 bis 87 Rn. 26.
88 Vgl. BGH 21.10.1965, Ia ZR 144/63, NJW 1966, 51; Jaeger/*Windel* Rn. 26.
89 Jaeger/*Windel* Rn. 61; HK-InsO/*Kayser* Rn. 50; MüKo-InsO/*Schumacher* Vor §§ 85 bis 87 Rn. 23.
90 BGH 02.02.2005, XII ZR 233/02, ZInsO 2005, 372 (373).
91 KG 13.07.1907, OLGRsp. 15 (1907), 249 f.; OLG Hamburg 05.03.1909, OLGRsp. 21 (1910), 177 f.; Jaeger/*Windel* Rn. 60; HK-InsO/*Kayser* Rn. 50; MüKo-InsO/*Schumacher* Vor §§ 85 bis 87 Rn. 23; Stein/Jonas/*Roth* ZPO § 240 Rn. 5; a.A. *Uhlenbruck* Rn. 29.
92 Jaeger/*Windel* § 87 Rn. 11; *Uhlenbruck* Rn. 21; MüKo-InsO/*Schumacher* Vor §§ 85 bis 87 Rn. 25; Stein/Jonas/*Roth* § 240 ZPO Rn. 16; a.A. Musielak/*Stadler* § 240 ZPO Rn. 5.
93 Etwas anderes muss gelten, wenn der Schuldner mit einer zur Masse gehörenden Forderung aufgerechnet hat. Dann betrifft das Verfahren die Masse und wird unterbrochen. Vgl. OLG Nürnberg 25.05.2000, 13 U 3867/99, NZI 2001, 91 (93).
94 *Uhlenbruck* Rn. 36; MüKo-InsO/*Schumacher* Vor §§ 85 bis 87 Rn. 21; Stein/Jonas/*Roth* § 240 ZPO Rn. 1; MüKo-ZPO/*Gehrlein* § 240 Rn. 3; zur Revisionsinstanz vgl. BGH 02.12.1974, II ZR 132/73, NJW 1975, 442 (443); BGH 08.02.2001, VII ZR 477/00, BGHZ 146, 372.
95 BGH 29.06.2005, XII ZB 195/04, NZI 2006, 128 für eine nicht rechtskräftige Kostengrundentscheidung; OLG Stuttgart 16.11.1998, 8 W 621/98, ZIP 1998, 2066; KG 18.01.2000, 1 W 2378/99, ZIP 2000, 279; OLG Brandenburg 29.09.2000, 7 W 47/00, NJW-RR 2002, 265 (266); OLG München 21.10.2002, 11 W 2144/02, ZInsO 2002, 1037; 29.09.2003, 11 W 1353/02, ZIP 2003, 2318; OLG Hamm 16.08.2004, 23 W 188/04, OLGR 2005, 95 f.; Jaeger/*Windel* Rn. 62 f.; *Uhlenbruck* Rn. 30 f.; MüKo-InsO/*Schumacher* Vor §§ 85 bis 87 Rn. 44.
96 BGH 15.01.1962, VIII ZR 189/60, NJW 1962, 591; OLG Naumburg 15.03.2001, 7 U 46/00, OLG-NL 2001, 260; Jaeger/*Windel* Rn. 70; *Uhlenbruck* Rn. 33; MüKo-InsO/*Schumacher* Vor §§ 85 bis 87 Rn. 44.

Zeitpunkt der Insolvenzeröffnung bereits zugestellt war.[97] Unterbrochen wird auch das als kontradiktorisches Klageverfahren ausgestalte **Exequaturverfahren** für (§ 722 ZPO)[98] sowie das Rechtsmittelverfahren nach §§ 11 ff., 15 ff. AVAG.[99]

Entsprechend § 240 ZPO werden bei Massebezug auch **Arbeitsgerichtsprozesse unterbrochen** 25 (§§ 46 Abs. 2 Satz 1, 80 Abs. 2 Satz 1, 72 Abs. 5 ArbGG),[100] mangels Vergleichbarkeit mit gerichtlichen Verfahren jedoch **nicht Verfahren vor der Einigungsstelle** (§ 76 BetrVG) nach § 112 BetrVG.[101] § 240 ZPO gilt weiter für **Verwaltungs-** (§ 173 VwGO),[102] **Sozial-** (§ 202 SGG)[103] und **Finanzgerichtsprozesse** (§ 155 FGO).[104] Außergerichtliche Rechtsbehelfsverfahren wie das **Widerspruchsverfahren** (§§ 79 VwVfG, 68 ff. VwGO) oder das **Einspruchverfahren** (§§ 347 ff. AO) werden bei Massebezug ebenfalls unterbrochen.[105] Das Verwaltungsverfahren an sich wird dagegen nicht unterbrochen.[106] Letzteres gilt auch für das Steuerfestsetzungsverfahren.[107] Vielmehr kann nach § 87 kein Steuerbescheid mehr erlassen werden. Die Steuerforderung ist zur Tabelle anzumelden (§ 174). Ein gleichwohl erlassener Steuerbescheid ist unwirksam.[108] Die Festsetzung eines Erstattungsanspruchs zu Gunsten der Insolvenzmasse ist hingegen auch nach Eröffnung zulässig.[109]

---

97 RG 04.07.1930, II 96/30, RGZ 129, 339 (344); LG Koblenz 23.06.2003, 14 T 43/03, ZInsO 2003, 666; *Uhlenbruck* Rn. 37 f.; MüKo-InsO/*Schumacher* Vor §§ 85 bis 87 Rn. 45; abweichend OLG Brandenburg 16.06.1999, 13 U 148/98, NJW-RR 1999, 1428 (1429); Jaeger/*Windel* Rn. 57: Unterbrechung schon ab dem Antrag auf Erlass eines Mahnbescheids möglich.
98 BGH 17.07.2008, IX ZR 150/05, ZIP 2008, 1943 Rn. 10 ff.
99 OLG Zweibrücken 22.12.2000, 3 W 181/00, ZIP 2001, 301; gegen Unterbrechung aber OLG Bamberg 16.02.2002, 3 W 121/05, ZIP 2006, 1066 (1067); OLG Saarbrücken 01.10.1993, 5 W 96/93, NJW-RR 1994, 636; MüKo-InsO/*Schumacher* Vor §§ 85 bis 87 Rn. 47.
100 Vgl. BAG 12.04.1983, 3 AZR 73/82, AP § 240 ZPO Nr. 3; 19.11.1996, 3 AZR 494/95, AP § 1 TVG Tarifverträge Metallindustrie Nr. 147; 18.10.2006, 2 AZR 563/05, BAGE 120, 27 (29 f.); Jaeger/*Windel* Rn. 79; MüKo-InsO/*Schumacher* Vor §§ 85 bis 87 Rn. 49.
101 *Uhlenbruck* Rn. 51; a.A. Jaeger/*Windel* Rn. 79.
102 Vgl. BVerwG 29.04.1988, 8 C 73/85, NJW 1989, 314; 25.02.2003, 8 B 151/02, ZIP 2003, 726; Jaeger/*Windel* Rn. 80; *Uhlenbruck* Rn. 46; MüKo-InsO/*Schumacher* Vor §§ 85 bis 87 Rn. 50; Schoch/Schmidt-Aßmann/Pietzner/*Meissner* § 173 VwGO Rn. 183.
103 Vgl. BSG 19.08.1987, 6 RKa 62/86, SozR 1750 § 240 Nr. 1; Jaeger/*Windel* Rn. 80; *Uhlenbruck* Rn. 46; MüKo-InsO/*Schumacher* Vor §§ 85 bis 87 Rn. 50.
104 Vgl. BFH 10.06.1970, III R 128/67, BFHE 99, 348 (349); 17.11.1977, IV R 131/77 u.a., BFHE 124, 6 (8); 10.08.1993, VII B 46/91, BFH/NV 1994, 293; 23.05.2000, IX S 5/00, BFH/NV 2000, 1134; 15.06.2000, IX B 13/00, BFHE 191, 247 (249); 07.03.2006, VII R 11/05, BFHE 212, 11 (14); 19.03.2009, X B 224/08, BFH/NV 2009, 1149; Jaeger/*Windel* Rn. 80; *Uhlenbruck* Rn. 2, 50; MüKo-InsO/*Schumacher* Vor §§ 85 bis 87 Rn. 50. Nach BFH 07.10.1987, II R 187/80, BFHE 151, 15 (17) wird der Prozess bei Massebezug auch unterbrochen, wenn der Schuldner nur notwendiger Beigeladener ist.
105 Jaeger/*Windel* Rn. 81; MüKo-InsO/*Schumacher* Vor §§ 85 bis 87 Rn. 50; speziell zum steuerrechtlichen Rechtsbehelfsverfahren BFH 10.12.1975, II R 150/67, BFHE 118, 412 (414); 03.05.1978, II R 148/75, BFHE 125, 202 (204); 02.07.1997, I R 11/97, BFHE 183, 365; *Uhlenbruck* Rn. 2, 47, 49.
106 MüKo-InsO/*Schumacher* Vor §§ 85 bis 87 Rn. 51; a.A. Jaeger/*Windel* Rn. 81.
107 MüKo-InsO/*Schumacher* Vor §§ 85 bis 87 Rn. 51; für Unterbrechung analog § 240 ZPO dagegen BFH 21.11.2001, VII B 108/01, BFH/NV 2002, 315; Jaeger/*Windel* Rn. 81 f.; *Uhlenbruck* Rn. 2, 47; FK-InsO/*App* Rn. 6; Klein/*Brockmeyer* § 251 AO Rn. 14.
108 MüKo-InsO/*Schumacher* Vor §§ 85 bis 87 Rn. 51; i.E. ebenso BFH 02.07.1997, I R 11/97, BFHE 183, 365; 24.08.2004, VIII R 14/02, BFHE 207, 10 (12 f.); 21.11.2001, VII B 108/01, BFH/NV 2002, 315; *Uhlenbruck* Rn. 47 f.
109 FG Münster 30.10.1974, V 1550/73 U, EFG 1975, 228; MüKo-InsO/*Schumacher* Vor §§ 85 bis 87 Rn. 51; abw. *Uhlenbruck* Rn. 47: Keine Festsetzung der Steuererstattung durch Bescheid möglich, sondern nur durch formlose »Abrechnung«; für Unzulässigkeit wegen Unterbrechung des Verwaltungsverfahrens nach § 240 ZPO Jaeger/*Windel* Rn. 82; Kübler/Prütting/Bork/*Lüke* Rn. 38.

26 Wegen des Vorrangs der §§ 88 ff. tritt in **Zwangsvollstreckungsverfahren** dagegen keine Unterbrechung ein,[110] wohl aber bei **Vollstreckungsabwehrklagen** (§ 767 ZPO).[111] Auch Verfahren vor **deutschen Schiedsgerichten** (§ 1043 ZPO),[112] **Prozesskostenhilfeverfahren** des Schuldners (§§ 114 ff. ZPO)[113] und **Streitwertfestsetzungsverfahren** (§ 63 GKG)[114] werden nicht unterbrochen. Dasselbe gilt für **selbstständige Beweisverfahren** (§§ 485 ff. ZPO), die davor schützen sollen, dass ein Beweismittel durch Zeitablauf verlorengeht,[115] und grds auch für Verfahren der **freiwilligen Gerichtsbarkeit** außer bei echten Streitverfahren,[116] die seit Inkrafttreten von § 43 WEG[117] zum 01.07.2007 allerdings stark an Bedeutung verloren haben.

27 Schließlich wird ein strafprozessuales **Adhäsionsverfahren** (§ 403 StPO) nicht nach § 240 ZPO unterbrochen.[118] Wird der Verletzte insolvent, fehlt dem Verwalter die Antragsberechtigung;[119] der Verletzte persönlich kann den Antrag wegen § 80 Abs. 1 nicht weiterverfolgen. Das Strafgericht hat deshalb nach § 406 Abs. 1 Satz 3 StPO von einer Entscheidung abzusehen.[120] Wird über das Vermögen des Angeklagten das Insolvenzverfahren eröffnet, wird der Adhäsionsantrag wegen §§ 87, 180 Abs. 2 unzulässig.[121]

---

110 BGH 28.03.2007, VII ZB 25/05, BGHZ 172, 16 Rn. 10 zu Pfändungsmaßnahmen; 12.12.2007, VII ZB 108/06, NJW 2008, 918 Rn. 7 zum Klauselerteilungsverfahren; 17.04.2013, IX ZB 300/11, ZIP 2013, 1045 Rn. 6 zur Abgabe der eidesstattlichen Versicherung; KG 17.12.1999, 5 W 5591/99, NJW-RR 2000, 1075; Jaeger/*Windel* Rn. 69; *Uhlenbruck* Rn. 33; MüKo-InsO/Schumacher Vor §§ 85 bis 87 Rn. 47.
111 BGH 10.10.1973, VIII ZR 9/72, NJW 1973, 2065; 14.08.2008, VII ZB 3/08, ZIP 2008, 1941 Rn. 10 ff.
112 RG 07.11.1905, VII 62/05, RGZ 62, 24 f.; BGH 21.11.1966, VII ZR 174/65, KTS 1966, 246 (247); 29.01.2009, III ZB 88/07, BGHZ 179, 304 Rn. 28; OLG Hamm 02.11.1983, 20 U 57/83, KTS 1985, 375 (376). Zur Anwendbarkeit von Art. 15 EuInsVO auf Schiedsverfahren vgl. Court of Appeal 09.07.2009, [2009] EWCA Civ 677 = ZIP 2010, 2528 (2529).
113 BGH 04.05.2006, IX ZA 26/04, NJW-RR 2006, 1208 Rn. 1; OLG Stuttgart 25.03.2004, 3 W 65/03, ZInsO 2005, 153 (154); Jaeger/*Windel* Rn. 66; *Uhlenbruck*, § 85 Rn. 34; MüKo-ZPO/*Gehrlein* § 240 Rn. 3; a.A. für den Steuerprozess BFH 27.09.2006, IV S 11/05, BFHE 214, 293 f. OLG Frankfurt 06.11.2012, 4 W 15/12, NJW-RR 2013, 685 (686) will die Entscheidung über die Prozesskostenhilfe nur noch für den Zeitraum bis zur Unterbrechung des Hauptsacheverfahrens treffen.
114 OLG Neustadt 28.11.1964, 2 W 98/64, NJW 1965, 591; OLG Hamm 25.02.1970, 12 W 4/70, MDR 1971, 495; OLG Frankfurt 05.07.2006, 2 W 30/06, BeckRS 2006, 10083; *Uhlenbruck* Rn. 32; a.A. Kübler/Prütting/Bork/*Lüke* Rn. 31; MüKo-ZPO/*Gehrlein* § 240 Rn. 3; zweifelnd auch Jaeger/*Windel* Rn. 64.
115 BGH 11.12.2003, VII ZB 14/03, NJW 2004, 1388 (1389); OLG Hamm 04.02.1997, 21 W 12/96, ZIP 1997, 552 f.; OLG Frankfurt 12.08.2002, 4 W 41/02, NJW-RR 2003, 50 (51); Jaeger/*Windel* Rn. 71; *Uhlenbruck* Rn. 39; Zöller/*Greger* Vor § 239 ZPO Rn. 8; für eine Unterbrechung dagegen OLG Hamburg 22.03.2000, 11 W 11/00, ZInsO 2001, 132; OLG München 21.12.2001, 13 W 2641/01, NJW-RR 2002, 1053 f.; 21.07.2003, 13 W 1817/03, MDR 2004, 170; OLG Frankfurt 18.09.2003, 5 W 25/03, ZIP 2003, 2043 f.; OLG Hamm 20.11.2003, 21 W 28/03, ZIP 2004, 431 (432); nach Abschluss der Beweisaufnahme auch Kübler/Prütting/Bork/*Lüke* Rn. 30.
116 BayObLG 18.07.1978, BReg 3 Z 148/76, BayObLGZ 1978, 209 (211); 14.02.2002, 2Z BR 176/01, NJW-RR 2002, 991 (992); OLG Köln 11.07.2001, 2 Wx 13/01, ZIP 2001, 1553 (1554); 22.07.2002, 2 Wx 16/02 u.a., ZInsO 2002, 834; Jaeger/*Windel* Rn. 74 ff.; *Uhlenbruck* Rn. 43; MüKo-InsO/*Schumacher* Vor §§ 85 bis 87 Rn. 48; zum Notarkostenbeschwerdeverfahren (§ 156 KostO) vgl. KG 10.11.1987, 1 W 2414/87, MDR 1988, 329.
117 IdF von Art. 1 Nr. 19 des Gesetzes v. 26.03.2007, BGBl. I, 370.
118 Jaeger/*Windel* Rn. 78; *Uhlenbruck* Rn. 45.
119 LG Stuttgart 25.09.1997, 7 KLs 141 Js 23241/94–4/97, NJW 1998, 322 (323); a.A. Jaeger/*Windel* § 80 Rn. 243, § 85 Rn. 78.
120 *Uhlenbruck* Rn. 45.
121 Jaeger/*Windel* Rn. 78.

VI. Dauer und Wirkung

Die Unterbrechungswirkung tritt mit der Stunde der Eröffnung ein (§ 27 Abs. 2 Nr. 3, Abs. 3). Das Gericht kann die Unterbrechung bei Streit durch deklaratorischen Beschluss feststellen[122] oder ein Zwischenurteil (§ 303 ZPO) erlassen.[123] Ein Zwischenurteil, das neben der Feststellung der Unterbrechung zum Ausdruck bringt, dass die geltend gemachten Ansprüche ausschließlich im Insolvenzverfahren verfolgt werden können, kann der Kläger mit dem allgemein statthaften Rechtsmittel angreifen.[124] 28

Die Wirkung der Unterbrechung richtet sich nach § 249 ZPO, so dass der **Lauf jeder Frist endet** und nach dem Ende der Unterbrechung die volle Frist erneut zu laufen beginnt. Prozesshandlungen, die während der Unterbrechung gegenüber der anderen Partei in Ansehung der Hauptsache vorgenommen werden, sind ohne rechtliche Wirkung. Prozesshandlungen gegenüber dem Gericht, wie etwa die Einreichung eines Schriftsatzes, sind trotz der Unterbrechung wirksam,[125] lassen aber das Verhältnis zwischen den Parteien während der Unterbrechung unberührt. Eine gerichtliche Sachentscheidung darf während der Unterbrechung nur nach mündlicher Verhandlung verkündet werden (§ 249 Abs. 3 ZPO). Andernfalls ist sie aber nicht nichtig, sondern nur mit dem allgemein zulässigen Rechtsmittel anfechtbar.[126] Der Verwalter kann auch dann ein Rechtsmittel einlegen, wenn er sich die Aufnahme des Rechtsstreits einstweilen vorbehält.[127] Ist die Entscheidung unanfechtbar, ist § 321a ZPO eröffnet, weil dem Insolvenzverwalter das rechtliche Gehör verweigert worden ist.[128] 29

Die Unterbrechung endet mit der **Aufnahme** durch den Insolvenzverwalter – bzw. nach Freigabe des geltend gemachten Rechts durch den Schuldner – oder den Gegner (§§ 85, 86).[129] Wird der Prozess nicht wiederaufgenommen, endet die Unterbrechung kraft Gesetzes mit der Wiedererlangung der Prozessführungsbefugnis durch den Schuldner nach Aufhebung (§§ 34 Abs. 3, 200 Abs. 1, 258 Abs. 1) oder Einstellung des Insolvenzverfahrens (§§ 207, 211 ff., 215 Abs. 2 Satz 1).[130] 30

C. Unterscheidung von Aktiv- und Passivprozessen

I. Allgemeines

§ 85 regelt die Aufnahme unterbrochener Aktivprozesse; für Passivprozesse gelten §§ 86, 87. Für die Unterscheidung maßgeblich ist nicht die Parteirolle, sondern ob in dem Prozess ein Recht für die Aktivmasse in Anspruch genommen (dann Aktivprozess) oder ob ein Recht gegen die Masse geltend 31

---

[122] BGH 17.01.1995, X ZR 118/94, ZIP 1995, 414; Musielak/*Stadler* § 240 ZPO Rn. 8.
[123] BGH 28.10.1981, II ZR 129/80, BGHZ 82, 209 (218); 21.10.2004, IX ZB 205/03, NJW 2005, 290 (291); Jaeger/*Windel* Rn. 91; *Uhlenbruck* Rn. 67; HK-InsO/*Kayser* 6. Aufl., Rn. 34; MüKo-InsO/*Schumacher* Vor §§ 85 bis 87 Rn. 56; MüKo/*Gehrlein*-ZPO, § 240 Rn. 8.
[124] BGH 08.06.2004, IX ZR 281/03, NJW 2004, 2983; 21.10.2004, IX ZB 205/03, NJW 2005, 290 f.; 10.11.2005, IX ZB 240/04, NJW-RR 2006, 288 Rn. 9.
[125] BGH 30.09.1968, VII ZR 93/67, BGHZ 50, 397 (400); 01.12.1976, IV ZB 43/76, NJW 1977, 717 (718) zur Aussetzung nach § 620 ZPO a.F.; BAG 24.01.2001, 5 AZR 228/00, KTS 2001, 371; *Uhlenbruck* Rn. 63; MüKo-InsO/*Schumacher* Vor §§ 85 bis 87 Rn. 66; Jaeger/*Windel* § 85 Rn. 98.
[126] BGH 28.06.2012, IX ZR 211/11, NJW-RR 2012, 1465 Rn. 3 zu einer Kostengrundentscheidung nach §§ 565 (ab 01.01.2014: Satz 1), 516 Abs. 3 Satz 2 ZPO; 31.03.2004, XII ZR 167/00, ZIP 2004, 1120 m.w.N.; BAG 24.01.2001, 5 AZR 228/00, KTS 2001, 371; Jaeger/*Windel* Rn. 105; MüKo-InsO/*Schumacher* Vor §§ 85 bis 87 Rn. 74.
[127] BGH 16.01.1997, IX ZR 220/96, NJW 1997, 1445; BAG 24.01.2001, 5 AZR 228/00, KTS 2001, 371 (372); Jaeger/*Windel* Rn. 106; MüKo-InsO/*Schumacher* Vor §§ 85 bis 87 Rn. 66.
[128] Jaeger/*Windel* Rn. 105. Für Unanfechtbarkeit vor Inkrafttreten des heutigen § 321a ZPO noch BGH 31.03.2004, XII ZR 167/00, ZIP 2004, 1120.
[129] BGH 08.01.1962, VII ZR 65/61, BGHZ 36, 258 (261 ff.); 28.09.1989, VII ZR 115/89, NJW 1990, 1239.
[130] Nach BGH 13.01.1975, VII ZR 220/73, BGHZ 64, 1 (3) ist dafür grds die Bekanntmachung des Beschlusses maßgeblich (§ 9) und nicht die (formelle) Rechtskraft.

gemacht wird (dann Passivprozess).[131] Der Aktivprozess ist typischer-, aber nicht notwendigerweise auf Massemehrung, dh auf eine Leistung in die Masse gerichtet.[132] Für die Einordnung als Aktiv- oder Passivprozess kommt es auf den Zeitpunkt an, in dem der Prozess aufgenommen werden soll.[133] So kann aus einem ursprünglichen Passivprozess nach vollstreckungsabwendender Zahlung durch den beklagten Schuldner oder Vollstreckung gegen ihn aus einem vorläufig vollstreckbaren Urteil ein Aktivprozess werden, in dem es um das Recht auf Rückgewähr zur Insolvenzmasse (§ 717 Abs. 2, 3 ZPO) geht.[134]

32 Dass der Schuldner in einem Passivprozess mit einer Gegenforderung aufrechnet, macht diesen nicht zum Aktivprozess, denn die Gegenforderung wird damit nicht rechtshängig.[135] Sind in einem Prozess Klage und Widerklage erhoben, so kann es sich hinsichtlich der einen Klage um einen Aktivprozess, hinsichtlich der anderen aber um einen Passivprozess handeln.[136]

33 Ausschlaggebend für die Beurteilung ist die Hauptsache; **Kostenerstattungsansprüche** bleiben grds. außer Betracht.[137] Wird aber nach Erledigung der Hauptsache oder Klagerücknahme vor der Unterbrechung nur noch um die bisherigen Kosten gestritten, kann der Verwalter den Prozess unabhängig vom Gegenstand der Hauptsache nach § 85 Abs. 1 aufnehmen, um eine Entscheidung über seinen Kostenerstattungsanspruch nach §§ 91 Abs. 1, 91a, 269 Abs. 3, 4 ZPO zu erlangen.[138] Lehnt er die Aufnahme ab, kann der Gegner seine bisherigen Kosten zur Tabelle anmelden, soweit dafür ein materieller Anspruch besteht (§§ 280, Abs. 1, Abs. 2, 286 BGB). Nimmt der Schuldner den Prozess wieder auf, um die Erstattung der eigenen Kosten zu erreichen, und verliert er, begründet die einheitliche Kostengrundentscheidung zugunsten des Gegners in voller Höhe eine Neuverbindlichkeit gegen das massefreie Vermögen.[139] Die Anmeldung des materiellen Erstattungsanspruchs zur Tabelle bleibt davon unberührt (§ 43); Masse und Schuldner persönlich haften insoweit als Gesamtschuldner.[140] Der Gegner kann den unterbrochenen Prozess nur nach Maßgabe der §§ 87, 180 Abs. 2 aufnehmen.

---

131 RG 12.06.1906, II 34/06, RGZ 63, 364 (366); 19.04.1910, VII 69/10, RGZ 73, 276 (277 f.); BGH 08.01.1962, VII ZR 65/61, BGHZ 36, 258 (260); 27.03.1995, II ZR 140/93, NJW 1995, 1750; 12.02.2004, V ZR 288/03, ZIP 2004, 769 (770); Jaeger/*Windel* Rn. 113; MüKo-InsO/*Schumacher* Rn. 3 f.
132 BGH 08.01.1962, VII ZR 65/61, BGHZ 36, 258 (264 f.); 27.03.1995, II ZR 140/93, NJW 1995, 1750; 12.02.2004, V ZR 288/03, ZIP 2004, 769 (770); 14.04.2005, IX ZR 221/04, ZIP 2005, 952; 18.03.2010, I ZR 158/07, BGHZ 185, 11 Rn. 22 – »Modulgerüst II«.
133 Jaeger/*Windel* Rn. 113; für den Zeitpunkt der Unterbrechung dagegen HK-InsO/*Kayser* Rn. 22; MüKo-InsO/*Schumacher* Rn. 9.
134 BGH 08.01.1962, VII ZR 65/61, BGHZ 36, 258 (260 ff.); 05.12.1985, VII ZR 284/83, NJW-RR 1986, 672 (673); 27.03.1995, II ZR 140/93, NJW 1995, 1750; 16.12.1999, VII ZR 392/96, NJW 2000, 1114 (1115) (zur GesO); Jaeger/*Windel* Rn. 115; *Uhlenbruck* Rn. 77; MüKo-InsO/*Schumacher* Rn. 4, 9 f.; zum umgekehrten Fall vgl. BGH 12.02.2004, V ZR 288/03, ZIP 2004, 769 (770).
135 Jaeger/*Windel* Rn. 114; MüKo-InsO/*Schumacher* Rn. 5.
136 RG 12.06.1906, II 34/06, RGZ 63, 364 (366); 21.09.1928, II 26/28, RGZ 122, 51 (53); OLG Düsseldorf 24.11.2000, 22 U 7/00, NJW-RR 2001, 522; Jaeger/*Windel* Rn. 113; MüKo-InsO/*Schumacher* Rn. 4.
137 RG 24.06.1886, IIIa 18/86, RGZ 16, 358 (360); RG 03.05.1915, VI 665/14, RGZ 86, 394 (396); Jaeger/*Windel* Rn. 119; HK-InsO/*Kayser* Rn. 50; MüKo-InsO/*Schumacher* Rn. 7.
138 Jaeger/*Windel* Rn. 119; *Uhlenbruck* Rn. 78; MüKo-InsO/*Schumacher* Rn. 8.
139 AA MüKo-InsO/*Schumacher* Rn. 20, 30: Nur in Höhe der nach Aufnahme angefallenen Kosten.
140 Nach a.A. kann die Kostenerstattung nur vom Schuldner persönlich verlangt werden. So LG Osnabrück 24.09.1993, 9 O 177/90, ZIP 1994, 384; Jaeger/*Windel* Rn. 147; *Uhlenbruck* Rn. 100; FK-InsO/*App* Rn. 31; *Häsemeyer*, Insolvenzrecht Rn. 10.47; Stein/Jonas/*Roth* § 240 ZPO Rn. 22; Musielak/*Stadler* § 240 ZPO Rn. 10; MüKo-ZPO/*Gehrlein* § 240 Rn. 31; *K. Schmidt*, KTS 1994, 309 (312).

II. Einzelfälle

Bei einer massebezogenen (vgl. Rdn. 15) **Unterlassungsklage gegen den Schuldner** handelt es sich 34
um einen Passivprozess,[141] der entweder nach § 86 Abs. 1 Nr. 1[142] (vgl. § 86 Rdn. 5 f.) oder
Nr. 3[143] (vgl. § 86 Rdn. 10) aufzunehmen ist oder nur nach Maßgabe von §§ 87, 174, 180 Abs. 2
weiterverfolgt werden kann.[144] Eine **Feststellungsklage** des Schuldners ist lediglich dann ein Aktivprozess, wenn das streitige Rechtsverhältnis ausschließlich ein Masseaktivum begründen kann.[145]
Daher betrifft eine negative Feststellungsklage gegen den Schuldner mit dem Ziel, dass ihm ein
Recht nicht zusteht, einen Aktivprozess.[146] Dagegen betrifft eine Klage auf Feststellung des Fortbestehens eines **Mietvertrages**, der auch zu Lasten der Teilungsmasse wirkt (§§ 55 I Nr. 2 Alt. 2,
108 InsO), einen Passivprozess.[147] Dasselbe gilt für den **Prätendentenstreit**, der auf Aussonderung
gerichtet ist (§ 86 Abs. 1 Nr. 1).[148] Die **Vollstreckungsabwehrklage** (§ 767 ZPO) eines Dritten gegen
den vollstreckenden Schuldner ist ein Aktivprozess, weil sich auch die Vollstreckbarkeit des Titels,
um die es bei dieser prozessualen Gestaltungsklage ausschließlich geht,[149] für die Verwertung der
Teilungsmasse positiv auswirkt.[150]

Eine auf widerrechtliche Entnahme gestützte **Patentnichtigkeitsklage** des Schuldners (vgl. Rdn. 17) 35
ist ein Aktivprozess, da die angeblich zur Masse gehörende verkörperte Erfindung, die als Patent angemeldet werden könnte,[151] verteidigt wird; eine entsprechende Klage gegen den Schuldner fällt unter § 86 Abs. 1 Nr. 1.[152] Schwierig ist die Rechtslage dagegen bei den (Popular-) Klagen nach § 81
Abs. 1 PatG, weil die §§ 85, 86 auf derartige Prozesssituationen nicht zugeschnitten sind. Richtet
sich eine solche Klage gegen den Schuldner, der den Nichtigkeitskläger parallel aus dem Streitpatent
in Anspruch genommen hat, wendet der BGH § 86 Abs. 1 Nr. 1 an.[153] Nach hiesiger Auffassung
liegt dagegen ein Aktivprozess vor, weil der Nichtigkeitskläger kein subjektives Recht gegen die
Masse geltend macht, sondern – wie bei einer negativen Feststellungklage – nur den Bestand der Teilungsmasse in Frage stellt.[154] Bei Klagen des Schuldners, der mit der Nichtigkeitsklage nur seine allgemeine Handlungsfreiheit gegen drohende Unterlassungsansprüche aus § 139 Abs. 1 Satz 1 PatG

---

141 AA noch RG 24.11.1899, II 216/99, RGZ 45, 374 (376 f.); 06.01.1932, I 295/30, RGZ 134, 377 (379);
BGH 21.10.1965, Ia ZR 144/63, NJW 1966, 51; KG 26.01.2001, 5 U 4102/99, ZInsO 2001, 959 (960);
Uhlenbruck Rn. 75; Kübler/Prütting/Bork/*Lüke* Rn. 53b.
142 Dies kommt namentlich bei Unterlassungsklagen aus dinglichen Rechten in Betracht, wenn sich der
Schuldner damit verteidigt hat, dass ihm ein subjektives Recht zusteht, vgl. BGH 10.07.2003, IX ZR
119/02, BGHZ 155, 371 (374).
143 Dies kommt bei Unterlassungsklagen aus §§ 3, 8 Abs. 1 UWG in Betracht, wenn der Insolvenzverwalter
das inkriminierte Handeln fortsetzt, vgl. BGH 18.03.2010, I ZR 158/07, BGHZ 185, 11 Rn. 26 – »Modulgerüst II«.
144 Zu Unterlassungsansprüchen als Insolvenzforderung vgl. BGH 10.07.2003, IX ZR 119/02, BGHZ 155,
371 (378).
145 Jaeger/*Windel* Rn. 116; HK-InsO/*Kayser* Rn. 51.
146 RG 19.04.1910, VII 69/10, RGZ 73, 276 (278); a.A. bei Patentnichtigkeit BGH 23.04.2013, X ZR
169/12, Rn. 10 – »Aufnahme des Patentnichtigkeitsverfahrens« (für BGHZ bestimmt).
147 BGH 04.04.2012, XII ZR 52/11, GuT 2012, 282 Rn. 4.
148 Jaeger/*Windel* Rn. 116, § 86 Rn. 5 f.
149 Vgl. nur BGH 05.03.2009, IX ZR 141/07, NJW 2009, 1671 Rn. 8.
150 BGH 14.08.2008, VII ZB 3/08, ZIP 2008, 1941 Rn. 14; zum umgekehrten Fall eines Passivprozesses vgl.
BGH 10.10.1973, VIII ZR 9/72, NJW 1973, 2065.
151 Vgl. Benkard/*Rogge* § 21 PatG Rn. 19.
152 So auch *Keukenschrijver* Patentnichtigkeitsverfahren Rn. 495.
153 BGH 23.04.2013, X ZR 169/12, Rn. 10 ff. – »Aufnahme des Patentnichtigkeitsverfahrens« (für BGHZ
bestimmt).
154 Vgl. zur Nichtigkeit nach § 21 Abs. 1Nr. 1 PatG mangels Neuheit *Piekenbrock* LMK 2010, 295925. Für
entsprechende Anwendung von § 86 Abs. 1Nr. 1 dagegen auch in diesen Fällen *Keukenschrijver* Patentnichtigkeitsverfahren Rn. 495.

verteidigt, läge dann ein Passivprozess vor.[155] Der Patentinhaber, der sein Patent gegen den Insolvenzverwalter verteidigen will, müsste dann analog § 86 Abs. 1 Nr. 3 wiederaufnahmeberechtigt sein, weil der Insolvenzverwalter verpflichtet ist, das Patent nicht mehr in Frage zu stellen. Stellt der Insolvenzverwalter die potentiell patentverletzende Tätigkeit ein, fällt der Massebezug der Popularklage weg, über die dann wie bei der Freigabe zwischen dem Schuldner persönlich und dem Patentinhaber weiterverhandelt werden kann.

36 Bei **verbandsrechtlichen Streitigkeiten** ist nach den verfolgten Rechtsschutzzielen zu unterscheiden: Geht es um die Anstellung von Organträgern, sind Forderungen gegen den Verband betroffen, die als Insolvenzforderungen oder Masseverbindlichkeiten zu berichten sind. Demzufolge gelten die §§ 87, 180 Abs. 2 bzw. § 86 Abs. 1 Nr. 3.[156] Dagegen liegt etwa bei Kapitalerhöhungen ein Aktivprozess vor.[157] Im organisationsrechtlichen Bereich wie bei der Beschlussanfechtung durch den Vorstand lassen sich adäquate Ergebnisse durch die entsprechende Anwendung des § 85 erzielen.[158]

37 Bei finanz- bzw. verwaltungsrechtlichen Anfechtungsklagen des Schuldners gegen **Steuer-** oder sonstigen **Abgabenbescheide** handelt es sich in aller Regel um einen Fall von § 87, so dass die Wiederaufnahme nur nach § 180 Abs. 2 in Betracht kommt. Dies gilt auch für einen auf §§ 69, 34 AO gestützten Haftungsbescheid gegen einen persönlich haftenden Gesellschafter einer ebenfalls insolventen Gesellschaft (vgl. dazu auch § 93 Rdn. 4).[159]

D. Aufnahme durch den Insolvenzverwalter (§ 85 Abs. 1 Satz 1)

38 Bei Aktivprozessen ist zunächst nur der Insolvenzverwalter aufnahmeberechtigt (§ 85 Abs. 1 Satz 1). Auf dem Boden der herrschenden Lehre gilt dies auch bei Verbandsinsolvenzen (vgl. § 80 Rdn. 6).[160] Ist der Prozess nach § 240 Satz 2 ZPO durch Einsetzung eines »starken« vorläufigen Insolvenzverwalters (§ 22 Abs. 1 Satz 1) unterbrochen worden, kann auch dieser schon während des Eröffnungsverfahrens aufnehmen (§§ 24 Abs. 2, 85 Abs. 1 Satz 1). Tut er dies, so wird der aufgenommene Rechtsstreit nicht erneut durch die Insolvenzeröffnung nach § 240 Satz 1 ZPO unterbrochen (vgl. Rdn. 13). In der **Eigenverwaltung** ist der Schuldner als Eigenverwalter zur Aufnahme berechtigt und nicht der Sachwalter.[161]

I. Erklärung der Aufnahme

39 Die Aufnahme erfolgt grds. durch Zustellung eines entsprechenden Schriftsatzes an den Gegner (§ 250 ZPO)[162] und kann nur ausnahmsweise auf einen Teil des Rechtsstreits beschränkt werden, wenn die Gefahr einander widersprechender Entscheidungen in Bezug auf den aufgenommenen Teil des Rechtsstreits und den nicht aufgenommenen Teil ausgeschlossen ist (§ 301 ZPO).[163] Bei **Anwaltsprozessen** (§ 78 ZPO) ist wegen § 117 eine Vollmacht des Insolvenzverwalters erforderlich.[164] Die Aufnahme ist auch noch in der Revisionsinstanz zulässig.[165] Bei Unterbrechung zwischen den Instanzen, der durch § 249 Abs. 3 ZPO zusätzlich praktische Bedeutung zukommt, kann der Insolvenzverwalter die Aufnahme mit der Rechtsmitteleinlegung verbinden und sie gegenüber dem Rechtsmittel-

---

155 Inzident für § 85 Abs. 2 Satz dagegen BGH 18.11.2003, X ZR 128/03, BeckRS 2004, 00063.
156 Jaeger/*Windel* Rn. 124.
157 Jaeger/*Windel* Rn. 124.
158 Jaeger/*Windel* Rn. 125.
159 BFH 07.03.2006, VII R 11/05, BFHE 212, 11 (14).
160 AA *K. Schmidt* KTS 1994, 309 (317), der auf dem Boden der Vertretertheorie für eine analoge Anwendung von § 241 ZPO plädiert.
161 BT-Drucks. 12/2443, 223; MüKo-InsO/*Schumacher* Rn. 12; FK-InsO/*App* Rn. 16.
162 Zu den Formalien vgl. BGH 09.12.1998, XII ZB 148/98, ZIP 1999, 75 (76).
163 BGH 27.03.2013, III ZR 367/12, ZIP 2013, 1094 Rn. 11 ff.
164 Jaeger/*Windel* Rn. 130.
165 BGH 11.11.1979, I ZR 13/78, ZIP 1980, 23.

gericht erklären.[166] Bei Anwesenheit beider Parteien vor Gericht kann die Aufnahme auch mündlich zu Protokoll erklärt werden.[167] Eine mangelhafte Form der Aufnahme wird nach § 295 ZPO geheilt.[168] Lässt sich der Verwalter vorbehaltlos auf einen vom Gegner unzulässigerweise aufgenommenen Aktivprozess ein, kann darin eine konkludente eigene Aufnahmeerklärung liegen.[169] Bei einfacher Streitgenossenschaft kann das Prozessverhältnis jedes Streitgenossen unabhängig aufgenommen werden, bei notwendiger Streitgenossenschaft nur von allen Streitgenossen gemeinsam.[170]

II. Entscheidung über die Aufnahme

Über die Aufnahme hat der Verwalter nach pflichtgemäßem Ermessen zu entscheiden.[171] Dabei ist – außer bei demselben materiellen Anspruch[172] – auch eine Teilaufnahme möglich.[173] Bei Prozessen mit erheblichem Streitwert hat der Insolvenzverwalter vor seiner Entscheidung die Zustimmung des Gläubigerausschusses bzw. der Gläubigerversammlung einzuholen (§ 160 Abs. 2 Nr. 3). Ob für die Abgrenzung pauschal auf § 26 Nr. 8 EGZPO zurückgegriffen werden kann,[174] erscheint fraglich, weil es auch eines Vergleichs der wirtschaftlichen Bedeutung in Relation zur gesamten Teilungsmasse bedarf. Ein Verstoß gegen § 160 Abs. 2 Nr. 3 berührt die Wirksamkeit der Aufnahme bzw. die Ablehnung nicht (§ 164). Bei seiner Ermessensentscheidung hat der Verwalter das Interesse an der Vergrößerung der Teilungsmasse gegen das Prozess- und Kostenrisiko abzuwägen. Bei der Ablehnung der Aufnahme eines aussichtsreichen Prozesses droht § 60, bei Aufnahme eines aussichtslosen Rechtsstreits bei Masseinsuffizienz außerdem § 61.[175] Die Entscheidung muss der Insolvenzverwalter in angemessener Frist treffen; ansonsten gilt § 85 Abs. 1 Satz 2 InsO i.V.m. § 239 Abs. 2 ZPO.

40

III. Folgen der Aufnahme

Die Aufnahme beendet die Unterbrechung und stellt den Status quo ante wieder her[176]; sie ist daher **Erwirkungshandlung**. Der Insolvenzverwalter wird jedoch nicht erst mit der Aufnahme Partei,[177] sondern nach § 80 Abs. 1 bereits mit der Insolvenzeröffnung (vgl. § 80 Rdn. 18). Der Insolvenzverwalter führt den Prozess in der aktuellen Lage fort und ist grds. an die bisherige Prozessführung des Schuldners gebunden. Eventuelle Anerkenntnisse, Verzichte, Geständnisse, Fristversäumnisse usw. muss er gegen sich gelten lassen, sofern er Rechtshandlungen nicht nach §§ 129 ff. anfechten kann.[178] Weil der Insolvenzverwalter den Prozess nicht aufnehmen muss, gibt es – abweichend von § 86 Abs. 2 – auch keine Chance auf ein kostenabwendendes Anerkenntnis i.S.v. § 93 ZPO.[179] Erklärt der Insolvenzverwalter nach Wiederaufnahme des Prozesses die Freigabe des streitbefangenen Rechts, bleibt er entsprechend § 265 Abs. 2 ZPO prozessführungsbefugt (vgl. § 80 Rdn. 21).

41

---

166 BGH 08.01.1962, VII ZR 65/61, BGHZ 36, 258 (259); 29.03.1990, III ZB 39/89, BGHZ 111, 104 (108 f.); Jaeger/*Windel* Rn. 131; MüKo-InsO/*Schumacher* Vor §§ 85 bis 87 Rn. 81.
167 RG 12.02.1912, I 608/10, RGZ 78, 343 (344); 10.02.1915, V 381/14, RGZ 86, 235 (240); 04.10.1924, V 354/23, RGZ 109, 47 (48); Jaeger/*Windel* Rn. 130; MüKo-InsO/*Schumacher* Vor §§ 85 bis 87 Rn. 80.
168 BGH 28.01.1957, III ZR 131/55, BGHZ 23, 172 (175); 30.09.1968, VII ZR 93/67, BGHZ 50, 397 (400); Jaeger/*Windel* Rn. 130; MüKo-InsO/*Schumacher* Vor §§ 85 bis 87 Rn. 81.
169 RG 24.05.1933, I 17/33, RGZ 140, 348 (352); Jaeger/*Windel* Rn. 130; MüKo-InsO/*Schumacher* Rn. 11.
170 FK-InsO/*App* Rn. 20.
171 Jaeger/*Windel* Rn. 127; MüKo-InsO/*Schumacher* Rn. 32; HK-InsO/*Kayser* Rn. 66.
172 Vgl. dazu BGH 05.12.1985, VII ZR 284/83, NJW-RR 1986, 672 (673).
173 So BGH 07.07.1994, V ZR 270/93, NJW-RR 1994, 1213.
174 FK-InsO/*App* Rn. 24.
175 MüKo-InsO/*Schumacher* Rn. 32; FK-InsO/*App* Rn. 18.
176 BGH 08.02.2001, VII ZR 477/00, BGHZ 146, 372 (374).
177 So aber Stein/Jonas/*Roth* § 240 ZPO Rn. 21.
178 *Hahn* Die gesamten Materialien zur Konkursordnung, 1881, 68; BGH 28.09.2006, IX ZB 312/04, ZIP 2006, 2132 Rn. 9; Jaeger/*Windel* Rn. 132; MüKo-InsO/*Schumacher* Rn. 16; FK-InsO/*App* Rn. 23; Stein/Jonas/*Roth* § 240 ZPO Rn. 19.
179 BGH 28.09.2006, IX ZB 312/04, ZIP 2006, 2132 Rn. 7 ff.

Ein ergangenes Urteil erwächst in Rechtskraft für und gegen den Schuldner, außer der Insolvenzverwalter hat (unerkannt) einen Prozess über massefremdes Vermögen geführt.[180]

42 **Kostenerstattungsansprüche** des Prozessgegners werden nach der Aufnahme wegen des Prinzips der Einheitlichkeit der Kostenentscheidung grds. insgesamt **Masseverbindlichkeiten** i.S.v. § 55 Abs. 1 Nr. 1.[181] Soweit sie **Instanzen** betreffen, die vor der Insolvenzeröffnung **abgeschlossen** waren, können sie nur als **Insolvenzforderungen** geltend gemacht werden.[182] Bei der isolierten Entscheidung über die Kosten eines Rechtsmittels (§§ 97 Abs. 1, 516 Abs. 3 Satz 2, 565 ZPO) fehlt es bereits an einer Kostengrundentscheidung gegen den Insolvenzverwalter für die Kosten der Vorinstanzen.[183] Dann muss dasselbe aber auch für den Fall gelten, dass das Rechtsmittel des Gegners (teilweise) Erfolg hat und das Rechtsmittelgericht nach § 91 Abs. 1, 92 über die Gesamtkosten aller Instanzen entscheidet. Umgekehrt gehört der Kostenerstattungsanspruch des Schuldners auch dann zur Insolvenzmasse, wenn der die Erstattungsforderung begründende Sachverhalt erst während des Insolvenzverfahrens verwirklicht wurde.[184] **Gebührenrechtlich** handelt es sich bei der anwaltlichen Vertretung nach Aufnahme des Prozesses trotz des Erlöschens des Anwaltsvertrags und der Prozessvollmacht (§§ 116, 117) um die Fortsetzung derselben Angelegenheit i.S.v. § 15 Abs. 5 Satz 1 RVG.[185]

43 Ist der aufgenommene Prozess bei Beendigung des Insolvenzverfahrens noch nicht abgeschlossen, kommt es zu einer Unterbrechung entsprechend §§ 239 Abs. 1, 242 ZPO, da nunmehr der Verwalter die Prozessführungsbefugnis verliert. War der Verwalter durch einen Prozessbevollmächtigten vertreten, kann das Verfahren nach § 246 Abs. 1 ZPO auf Antrag ausgesetzt werden (vgl. § 80 Rdn. 20). Eine vom Verwalter erteilte Prozessvollmacht wirkt nach Beendigung des Insolvenzverfahrens weiter für und gegen den Schuldner.[186]

E. Folgen der Verzögerung der Entscheidung (§ 85 Abs. 1 Satz 2)

44 Verzögert der Verwalter die Entscheidung über die Aufnahme, kann ihn der Gegner durch das Gericht zur Aufnahme und zugleich zur Verhandlung über die Hauptsache laden lassen (§ 85 Abs. 1 Satz 2 i.V.m. § 239 Abs. 2, 3 ZPO). Eine Verzögerung der Entscheidung setzt die Kenntnis von dem Rechtsstreit,[187] den Ablauf einer den Umständen nach angemessenen Frist und das Fehlen eines Entschuldigungsgrundes voraus.[188] Der Insolvenzverwalter muss Gelegenheit erhalten, die Erfolgsaussichten zu beurteilen und festzustellen, ob die Prozesskosten ggf. aus der Masse gezahlt werden können. Außerdem muss er ggf. die Zustimmung nach § 160 Abs. 2 Nr. 3 einholen können.[189]

---

180 Jaeger/*Windel* Rn. 138; MüKo-InsO/*Schumacher* Rn. 17.
181 BGH 09.02.2006, IX ZB 160/04, ZIP 2006, 576 Rn. 15; 28.09.2006, IX ZB 312/04, ZIP 2006, 2132 Rn. 14; OLG Bremen 02.05.2005, 2 W 29/05, ZInsO 2005, 1219 (1220); Jaeger/*Windel* Rn. 139; HK-InsO/*Kayser* Rn. 59; Stein/Jonas/*Roth* § 240 ZPO Rn. 21; Musielak/*Stadler* § 240 ZPO Rn. 9; für eine Differenzierung zwischen vor und nach Eröffnung angefallenen Kosten BFH 10.07.2002, I R 69/00, ZIP 2002, 2225 (2226), dort für Aufteilung im Kostenfestsetzungs- und Kostenansatzverfahren durch den Kostenbeamten; *Uhlenbruck* Rn. 88; Kübler/Prütting/Bork/*Lüke* Rn. 59; MüKo-InsO/*Schumacher* Rn. 20; FK-InsO/*App* Rn. 27.
182 OLG München 11.10.1999, 11 W 2206/99, NZI 1999, 498; OLG Rostock 05.11.2001, 3 U 168/99, ZIP 2001, 2145 f.; zur Wiederaufnahme nach Teilannahme der Revision (§ 554b ZPO a.F.) auch BGH 28.10.2004, III ZR 297/03, ZIP 2004, 2293 (2294); a.A. Jaeger/*Windel* Rn. 139.
183 Vgl. OLG Naumburg 07.09.2001, 13 W 437/01, ZInsO 2001, 1113 f. zur Zurücknahme der Berufung.
184 BGH 01.02.2007, IX ZR 178/05, ZIP 2007, 1020 Rn. 10.
185 OLG Nürnberg 12.07.2006, 13 W 1460/06, NJOZ 2006, 3532; für eine teleologische Reduktion der §§ 116, 117 mit zweifelhafter Begründung *Paulus*, NJW 2010, 1633.
186 RG 03.05.1910, II 440/09, RGZ 73, 312 (314); MüKo-InsO/*Schumacher* Vor §§ 85 bis 87 Rn. 89; Stein/Jonas/*Roth* § 240 ZPO Rn. 34; Musielak-ZPO/*Stadler*, § 240 Rn. 9.
187 OLG Zweibrücken 25.04.1968, 1 W 43/67, NJW 1968, 1635 (1636).
188 *Uhlenbruck* Rn. 89; MüKo-InsO/*Schumacher* Rn. 35.
189 *Uhlenbruck* Rn. 89; HK-InsO/*Kayser* Rn. 69; MüKo-InsO/*Schumacher* Rn. 35.

Den **vorläufigen Insolvenzverwalter** kann der Gegner nicht nach § 239 Abs. 2, 3 ZPO zur Aufnahme laden lassen, da § 24 Abs. 2 nicht auf § 85 Abs. 1 Satz 2 verweist.[190]

Bei Säumnis des Insolvenzverwalters kann der Gegner ein Versäumnisurteil in der Hauptsache beantragen. Die vom Gegner zur Massezugehörigkeit vorgetragenen Tatsachen gelten nach § 239 Abs. 4 ZPO als zugestanden, so dass ggf. nach § 331 ZPO in der Sache entschieden werden kann.[191] Ist der Gegner säumig, kann der Verwalter die Massezugehörigkeit unbestritten lassen (§ 138 Abs. 3 ZPO) und Versäumnisurteil nach § 330 ZPO in der Hauptsache beantragen.[192] Bestreitet der Insolvenzverwalter die Massezugehörigkeit und damit seine Prozessführungsbefugnis, kann der Antrag des Gegners auf Fortsetzung des Prozesses durch Versäumnisurteil zurückgewiesen werden.[193] Bei Säumnis beider Parteien, kommt eine Entscheidung nach § 251a ZPO in Betracht, wenn vor der Unterbrechung mündlich verhandelt worden war.[194] 45

F. Ablehnung der Aufnahme durch den Verwalter (§ 85 Abs. 2)

Lehnt der Verwalter die Aufnahme ab, können sowohl der Schuldner als auch der Gegner den zunächst weiterhin unterbrochenen Prozess wiederaufnehmen.[195] Die Ablehnung muss nicht gegenüber dem Gericht erklärt werden, sondern kann formlos[196] und auch konkludent[197] entweder gegenüber dem Schuldner oder dem Prozessgegner erfolgen; es besteht kein Anwaltszwang.[198] Die Wiederaufnahme kann nicht vom vorläufigen Insolvenzverwalter erklärt werden, weil § 24 Abs. 2 auch nicht auf § 85 Abs. 2 verweist.[199] 46

Die Ablehnung der Aufnahme des Aktivprozesses ist zugleich die Erklärung der Freigabe des streitbefangenen Gegenstandes aus der Insolvenzmasse, so wie umgekehrt die Freigabeerklärung regelmäßig die konkludente Ablehnung der Aufnahme beinhaltet.[200] Eine Ablehnung der Aufnahme unter dem Vorbehalt, den Gegenstand im Fall des Obsiegens des Schuldners für die Insolvenzmasse in Anspruch zu nehmen, ist deshalb wegen inneren Widerspruchs unwirksam.[201] Der Verwalter kann das Prozesskostenrisiko für die Masse auch nicht dadurch vermeiden, dass er den Schuldner zur Prozessführung als Prozessstandschafter ermächtigt (vgl. § 80 Rdn. 6, 20). 47

Die Aufnahme ablehnen und damit freigeben kann der Verwalter auch bei der **Nachlassinsolvenz**.[202] Zur Aufnahme berechtigt sind in letzterem Fall neben dem Gegner auch die Erben. Allerdings muss 48

---

190 Jaeger/*Windel* Rn. 155; *Uhlenbruck* Rn. 89; Stein/Jonas/*Roth* § 240 ZPO Rn. 21.
191 RG 30.05.1904, VI 279/04, RGZ 58, 202 (203); Jaeger/*Windel* Rn. 159; *Uhlenbruck* Rn. 91; HK-InsO/*Kayser* Rn. 73; MüKo-InsO/*Schumacher* Rn. 39.
192 MüKo-InsO/*Schumacher* Rn. 40; HK-InsO/*Kayser* Rn. 74; Stein/Jonas/*Roth* § 239 ZPO Rn. 41; MüKo-ZPO/*Gehrlein* § 239 Rn. 43.
193 HK-InsO/*Kayser* Rn. 74; MüKo-InsO/*Schumacher* Rn. 40; Stein/Jonas/*Roth* § 239 ZPO Rn. 41; MüKo-ZPO/*Gehrlein* § 239 Rn. 43.
194 AA FK-InsO/*App* Rn. 26 mangels Antrag; Stein/Jonas/*Roth* § 239 ZPO Rn. 42 mangels Entscheidungsreife.
195 BGH 08.01.1962, VII ZR 65/61, BGHZ 36, 258 (261); 28.09.1989, VII ZR 115/89, NJW 1990, 1239.
196 BGH 21.10.1965, Ia ZR 144/63, NJW 1966, 51; 27.11.1968, VIII ZR 204/66, LM § 10 KO Nr. 6.
197 BGH 24.07.2003, IX ZR 333/00, ZIP 2003, 1972 (1973); 07.12.2006, IX ZR 161/04, ZIP 2007, 196 Rn. 18.
198 Jaeger/*Windel* Rn. 143; HK-InsO/*Kayser* Rn. 61; MüKo-InsO/*Schumacher* Rn. 22.
199 *Uhlenbruck* Rn. 92, 98.
200 RG 06.03.1909, V 234/08, RGZ 70, 368 (370); 19.04.1910, VII 69/10, RGZ 73, 276 (277); 21.09.1928, II 26/28, RGZ 122, 51 (56); 05.02.1930, I 220/29, RGZ 127, 197 (200); BGH 27.11.1968, VIII ZR 204/66, WM 1969, 98 (99); 24.07.2003, IX ZR 333/00, ZIP 2003, 1972 (1973); *Uhlenbruck* Rn. 93 f.; a.A. Jaeger/*Windel* Rn. 144; MüKo-InsO/*Schumacher* Rn. 23 für den Fall, dass der Verwalter vor der Aufnahme freigibt und dann den Prozess als gewillkürter Prozessstandschafter fortführen soll.
201 RG 06.03.1909, V 234/08, RGZ 70, 368 (370); *Uhlenbruck* Rn. 94; Kübler/Prütting/Bork/*Lüke* Rn. 69; i.E. auch MüKo-InsO/*Schumacher* Rn. 23.
202 Jaeger/*Windel* Rn. 149; *Uhlenbruck* Rn. 97; Kübler/Prütting/Bork/*Lüke* Rn. 71; MüKo-InsO/*Schumacher* Rn. 29.

der Verwalter bei seiner Entscheidung bedenken, dass die Erben, sofern sie beschränkt haften (§ 2013 BGB), die ihnen erwachsenden notwendigen Kosten aus dem Nachlass als Masseverbindlichkeit entsprechend § 1978 Abs. 3 BGB i.V.m. § 324 Abs. 1 Nr. 1 ersetzt verlangen können.[203] Auch in der Eigenverwaltung ist die Ablehnung der Aufnahme durch den Schuldner möglich (vgl. § 80 Rdn. 6),[204] bedarf aber aufgrund des Interessenkonflikts und der Missbrauchsgefahr der Zustimmung des Sachwalters (§ 275 Abs. 1 Satz 1).[205]

49 Hat der Verwalter die Aufnahme abgelehnt, kann der Prozessgegner einen etwaigen **Kostenerstattungsanspruch** in voller Höhe nur gegen das massefreie Vermögen des Schuldners richten. Soweit Kosten jedoch schon vor Verfahrenseröffnung angefallen sind und ein materieller Anspruch auf Ersatz besteht, können diese auch zur Tabelle angemeldet werden. Masse und Schuldner persönlich haften insoweit als Gesamtschuldner (vgl. Rdn. 33).

G. Auswirkungen des Verwalterwahlrechts nach § 103 auf die Aufnahme nach § 85 Abs. 1 Satz 1

50 Wählt der Verwalter bei einem von beiden Seiten nicht vollständig erfüllten Vertrag Erfüllung (§ 103 Abs. 1), ergeben sich für die Aufnahme des über eine Vertragsforderung des Schuldners geführten Prozesses keine Besonderheiten. Der Verwalter kann die Erklärung der Aufnahme nach § 85 Abs. 1 Satz 1 vielmehr mit der Erfüllungswahl verbinden.[206]

51 Lehnt der Verwalter die Erfüllung ab, kann der Vertragspartner nur eine Schadensersatzforderung wegen Nichterfüllung zur Tabelle anmelden (§ 103 Abs. 2 Satz 1). Die Geltendmachung der gegenseitigen vertraglichen Erfüllungsansprüche ist ausgeschlossen. War der Erfüllungsanspruch des Schuldners Streitgegenstand, führt dies zur Erledigung dieses Aktivprozesses.[207] Beim Erfüllungsanspruch des Gegners tritt dagegen keine Erledigung ein, wenn ein Ersatzanspruch nach § 103 Abs. 2 Satz 1 besteht, der nach entsprechender Klageänderung i.S.v. § 264 Nr. 3 ZPO zur Tabelle festgestellt werden kann (§§ 87, 174, 180 Abs. 2).[208] Durch § 87 ist nunmehr ausgeschlossen, dass der Vertragspartner nach Ablehnung der Erfüllung durch den Verwalter unter Verzicht auf Teilnahme am Insolvenzverfahren den Prozess gegen den Schuldner persönlich fortsetzt (vgl. § 87 Rdn. 3). Zur **Kostenerstattung** bei Erledigung vgl. Rdn. 33.

§ 86 Aufnahme bestimmter Passivprozesse

(1) Rechtsstreitigkeiten, die zur Zeit der Eröffnung des Insolvenzverfahrens gegen den Schuldner anhängig sind, können sowohl vom Insolvenzverwalter als auch vom Gegner aufgenommen werden, wenn sie betreffen:
1. die Aussonderung eines Gegenstands aus der Insolvenzmasse,
2. die abgesonderte Befriedigung oder
3. eine Masseverbindlichkeit.

(2) Erkennt der Verwalter den Anspruch sofort an, so kann der Gegner einen Anspruch auf Erstattung der Kosten des Rechtsstreits nur als Insolvenzgläubiger geltend machen.

---

203 RG 26.03.1917, IV 398/16, RGZ 90, 91 (94); Jaeger/*Windel* Rn. 149; *Uhlenbruck* Rn. 97; Kübler/Prütting/Bork/*Lüke* Rn. 71; MüKo-InsO/*Schumacher* Rn. 29.
204 Jaeger/*Windel* Rn. 152; MüKo-InsO/*Schumacher* Rn. 25; a.A. Kübler/Prütting/Bork/*Pape* § 283 Rn. 6.
205 Jaeger/*Windel* Rn. 152 will dem Gegner ggf. den Einwand des treuwidrigen Verhaltens nach § 242 BGB gegen die Aufnahme durch den Schuldner persönlich zusprechen.
206 Jaeger/*Windel* Rn. 128; MüKo-InsO/*Schumacher* Rn. 44; HK-InsO/*Kayser* Rn. 5.
207 Jaeger/*Windel* Rn. 128; *Uhlenbruck* Rn. 101; Kübler/Prütting/Bork/*Lüke* Rn. 5; HK-InsO/*Kayser* Rn. 8; MüKo-InsO/*Schumacher* Rn. 44.
208 So auch Jaeger/*Windel* Rn. 128; Kübler/Prütting/Bork/*Lüke* § 87 Rn. 13.

Übersicht	Rdn.		Rdn.
A. Allgemeines	1	I. Aussonderungsstreit	4
B. Anwendungsbereich	2	II. Absonderungsstreit	7
C. Aufnahmebefugnis des Insolvenz-		III. Streit um Masseverbindlichkeiten	9
verwalters und des Gegner bei Passiv-		D. Sofortiges Anerkenntnis	12
prozessen	3	E. Auswirkungen der Freigabe	16

A. Allgemeines

Während § 85 die Aufnahme aller Aktivprozesse regelt, regelt § 86, der im Wesentlichen auf § 11 KO zurückgeht,[1] nur die Aufnahme bestimmter Passivprozesse, die früher auch als Teilungsmassegegenstreit bezeichnet worden sind.[2] Die übrigen fallen unter § 87 und können erst nach Anmeldung zur Tabelle und Bestreiten aufgenommen werden (vgl. § 87 Rdn. 1). Die in § 86 Abs. 1 aufgezählten Prozesse kann der Insolvenzverwalter nicht von der Masse fernhalten, weshalb auch der Gegner zur Wiederaufnahme berechtigt sein muss. Insolvenzspezifisch ist hier nur, dass der Insolvenzverwalter die Kosten, die daraus erwachsen sind, dass sich der Schuldner streitig gestellt hatte, von der Masse fernhalten kann, wenn er sich selbst nicht streitig stellt (§ 86 Abs. 2). 1

B. Anwendungsbereich

§ 86 gilt grds im **eröffneten Verfahren**. Bei Unterbrechung nach § 240 Satz 2 ZPO können bereits im **Eröffnungsverfahren** sowohl der »starke« vorläufige Insolvenzverwalter (§ 22 Abs. 1 Satz 1) als auch der Gegner das Verfahren aufnehmen (§§ 24 Abs. 2, 86). Der aufgenommene Rechtsstreit wird dann durch die Insolvenzeröffnung nicht erneut unterbrochen (§ 85 Rdn. 13). Im **vereinfachten Insolvenzverfahren** tritt der Treuhänder an die Stelle des Insolvenzverwalters (§ 313 Abs. 1 Satz 1). In der Eigenverwaltung steht das Recht dem Schuldner selbst zu.[3] 2

C. Aufnahmebefugnis des Insolvenzverwalters und des Gegner bei Passivprozessen

Prozesse, die die Aussonderung eines Gegenstandes (§§ 47, 48), die abgesonderte Befriedigung (§§ 49, 50, 51) oder eine Masseverbindlichkeit (§ 55) betreffen, können sowohl vom Insolvenzverwalter als auch vom Gegner sofort aufgenommen werden. Dem Insolvenzverwalter steht keine Prüfungs- und Entscheidungsfrist zu.[4] Diese Regelung beruht darauf, dass der Gegner das Aus- bzw. Absonderungsrecht oder die Masseforderung während des Insolvenzverfahrens im Klagewege verfolgen könnte. Daher darf ihm die vorherige Rechtshängigkeit nicht zum Nachteil gereichen.[5] Zur Form der Aufnahme und den Folgen für die weitere Prozessführung vgl. § 85 Rdn. 47, 49 ff. Da eine vom Schuldner erteilte Prozessvollmacht mit Insolvenzeröffnung erlischt (§ 117 Abs. 1),[6] ist der Aufnahmeschriftsatz des Gegners dem Insolvenzverwalter selbst zuzustellen.[7] Hat der Insolvenzverwalter bereits einen Prozessbevollmächtigten bestellt, erfolgt die Zustellung an diesen (§ 172 ZPO).[8] 3

---

[1] BT-Drucks. 12/2443, 136 f.
[2] Vgl. *Häsemeyer* Insolvenzrecht Rn. 10.45.
[3] BT-Drucks. 12/2443, 223.
[4] Jaeger/*Windel* Rn. 20; *Uhlenbruck* Rn. 16; Kübler/Prütting/Bork/*Lüke* Rn. 14; MüKo-InsO/*Schumacher* Rn. 17.
[5] *Hahn/Mugdan* Die gesamten Materialien zur Konkursordnung, 1881, S. 69; Jaeger/*Windel* Rn. 2; MüKo-InsO/*Schumacher* Rn. 2, 17.
[6] Vgl. BGH 11.10.1988, X ZB 16/88, NJW-RR 1989, 183; OLG Brandenburg 29.09.2000, 7 W 47/00, NJW-RR 2002, 265; OLG Köln 15.11.2002, 2 U 79/02, NJW-RR 2003, 264.
[7] BGH 09.12.1998, XII ZB 148/98, ZIP 1999, 75 (zur GesO); Jäger/*Windel* Rn. 25; *Uhlenbruck* Rn. 1, 18; Kübler/Prütting/Bork/*Lüke* Rn. 16; MüKo-InsO/*Schumacher* Rn. 20; FK-InsO/*App* Rn. 10; Stein/Jonas/*Roth* § 240 ZPO Rn. 24.
[8] MüKo-InsO/*Schumacher* Rn. 20.

I. Aussonderungsstreit

4 Zu § 86 Abs. 1 Nr. 1 zählen Prozesse, in denen Rechte verfolgt werden, die zur Aussonderung (§ 47) oder zur Ersatzaussonderung (§ 48) berechtigen. Mit anderen Worten: Prozesse, in denen es dem Gegner darum geht, einen nicht zur Masse gehörenden Gegenstand gegen die Verwertung zugunsten der Insolvenzgläubiger zu schützen.[9] Dadurch wird der Bestand der Teilungsmasse in Frage gestellt. Da es auf die Parteirolle nicht ankommt, kann auch eine negative Feststellungsklage einen Aussonderungsstreit zum Gegenstand haben.[10]

5 Auch **Unterlassungsklagen** gegen den Schuldner können einen Aussonderungsstreit i.S.v. § 86 Abs. 1 Nr. 1 darstellen.[11] Entgegen *K. Schmidt*[12] liegt aber nicht bei allen Unterlassungsansprüchen, die auf absolute Rechte gestützt sind, ein Aussonderungsstreit vor. Entscheidend ist vielmehr, ob der Insolvenzverwalter ein subjektives Recht für sich in Anspruch nimmt, das zugunsten der Gläubiger verwertet werden könnte (vgl. § 47 Rdn. 11).[13] Allein dass das inkriminierte Handeln Teil des Unternehmensablaufs ist, das ansonsten nicht fortgeführt und zugunsten der anderen Gläubiger verwertet werden kann, genügt dafür nicht.

6 Wird der Schuldner wegen einer angeblichen **Patentverletzung** in Anspruch genommen (§ 139 Abs. 1 Satz 1 PatG), liegt daher nicht schon deshalb ein Aussonderungsstreit vor, weil eine Inanspruchnahme der Erfindung zugunsten der Masse droht. Vielmehr muss sich der Schuldner damit verteidigt haben, dass ihm selbst ein subjektives Recht daran zusteht.[14] Letzteres ist etwa der Fall, wenn um die Grenzen einer **Lizenz** (§ 15 Abs. 2 Satz 2 PatG) gestritten wird. Macht der Insolvenzverwalter kein subjektives Recht geltend, sondern behauptet die **Gemeinfreiheit** seines Handelns, liegt jedoch ein Passivprozess i.S.v. Abs. 1 Nr. 3 vor (vgl. auch Rdn. 10), wenn der Insolvenzverwalter selbst das inkriminierte Handeln fortsetzt (vgl. § 55 Rdn. 5). Die praktischen Unterschiede der beiden Auffassungen sind daher gering. Verstoßen sowohl der Insolvenzverwalter als auch der Schuldner gegen die angebliche Unterlassungspflicht, kann der Prozess gegen beide als einfache Streitgenossen aufgenommen werden.[15]

II. Absonderungsstreit

7 Unter § 86 Abs. 1 Nr. 2 fallen Prozesse, die das Recht auf abgesonderte Befriedigung i.S.v. §§ 49, 50, 51 zum Gegenstand haben. Dies gilt auch für eine vor Insolvenzeröffnung erhobene Vollstreckungsgegenklage (§ 767 ZPO) des Schuldners gegen einen Anspruch, der zur abgesonderten Befriedigung berechtigt,[16] etwa wenn Klage gegen eine dingliche Unterwerfungserklärung (§§ 794 Abs. 1 Nr. 5 ZPO, 1147 BGB) erhoben wird. In der **Erbeninsolvenz** sind Zahlungsansprüche gegen den der Testamentsvollstreckung unterliegenden Nachlass, der zunächst eine Sondermasse bildet, einem Recht auf abgesonderte Befriedigung vergleichbar. Daher kann ein gegen den Erblasser geführter Prozess entsprechend § 86 Abs. 1 Nr. 2 vom Gläubiger gegen den Insolvenzverwalter aufgenommen

---

9 Jaeger/*Windel* § 85 Rn. 34; MüKo-InsO/*Schumacher* Rn. 6.
10 BAG 26.10.2010, 3 AZR 496/08, NJW 2011, 701 Rn. 13, dort allerdings zu einer negativen Feststellungsklage des Insolvenzverwalters.
11 *Uhlenbruck* Rn. 9; Kübler/Prütting/Bork/*Lüke* Rn. 9; MüKo-InsO/*Schumacher* Rn. 7; FK-InsO/*App* Rn. 11; a.A. Jaeger/*Windel* Rn. 13: I 3.
12 ZZP 90 (1977), 38 (50).
13 So zutreffend *Stürner* ZZP 94 (1981), 263 (306 f.). Obiter entsprechend BGH 10.07.2003, IX ZR 119/02, BGHZ 155, 371 (374).
14 *Uhlenbruck* Rn. 9; Kübler/Prütting/Bork/*Lüke* Rn. 9; MüKo-InsO/*Schumacher* Rn. 7; FK-InsO/*App* Rn. 11.
15 *Uhlenbruck* Rn. 9; Kübler/Prütting/Bork/*Lüke* Rn. 9; FK-InsO/*App* Rn. 11; *Häsemeyer* Insolvenzrecht Rn. 10.52. Der Hinweis auf BGH 21.10.1965, Ia ZR 144/63, NJW 1966, 51 geht allerdings fehl.
16 BGH 10.10.1973, VIII ZR 9/72, NJW 1973, 2065.

werden, der neben dem Testamentsvollstrecker und anstelle des Erben (§ 2213 Abs. 1 Satz 1 BGB) passiv prozessführungsbefugt ist.[17]

Bei Klagen auf Herausgabe einer sicherungsübereigneten Sache ist das Verwertungsrecht des Insolvenzverwalters zu beachten (§ 166 Abs 1). Der Gegner kann nach der Aufnahme entweder die Hauptsache für erledigt erklären und seinen Kostenerstattungsanspruch zur Tabelle anmelden oder den Klageantrag auf Feststellung seines Sicherungseigentums ändern (§ 264 Nr. 3 ZPO),[18] wenn das dafür erforderliche Feststellungsinteresse gegeben ist (§ 256 Abs. 1 ZPO).[19] Hat der Gegner im Prozess sowohl sein Absonderungsrecht als auch den gesicherten Anspruch geltend gemacht, so kann er nur den Absonderungsstreit nach Nr. 2 aufnehmen.[20] Das Absonderungsrecht aus § 110 VVG kann durch eine auf Leistung aus der Versicherungsforderung beschränkte Zahlungsklage geltend gemacht werden.[21]

III. Streit um Masseverbindlichkeiten

§ 86 Abs. 1 Nr. 3 ist einschlägig, wenn der geltend gemachte Anspruch unter § 55 fällt. Ist dies erst nach Erfüllungswahl durch den Verwalter (§ 103 Abs. 1) der Fall (§ 55 Abs. 1 Satz 2 Alt 1), ist eine Aufnahme durch den Gegner erst dann möglich.[22] Wird durch die Erfüllungswahl nur ein Teil der geltend gemachten Ansprüche zur Masseverbindlichkeit (§ 105), kann der Prozess nur hinsichtlich dieses Teils als Passivprozess wiederaufgenommen werden.[23] Zur Ablehnung der Erfüllung vgl. § 85 Rdn. 51.

Klagen gegen den Schuldner auf Vornahme **unvertretbarer Handlungen** fallen unter § 86 Abs. 1 Nr. 3, wenn der Anspruch nach Insolvenzeröffnung vom Verwalter zu erfüllen ist.[24] Bei wettbewerbsrechtlichen **Unterlassungsklagen**, etwa gegen den Vertrieb bestimmter Produkte, ist § 86 Abs. 1 Nr. 3 entsprechend anwendbar.[25]

§ 86 Abs. 1 Nr. 3 gilt nicht für Prozesse über Masseverbindlichkeiten, die ein »starker« vorläufiger Insolvenzverwalter (§ 22 Abs. 1 Satz 1) im Eröffnungsverfahren begründet hat (§ 55 Abs. 2), weil der Prozess dann nicht nach § 240 Satz 1 ZPO unterbrochen wird (vgl. § 85 Rdn. 14). Dies gilt auch für den vorläufigen Insolvenzverwalter mit Einzelermächtigung, der insoweit auch prozessführungsbefugt ist.[26] Dagegen ist bei § 55 Abs. 4 eine Unterbrechung nach § 240 Satz 1 ZPO (vgl. § 85 Rdn. 29) und die Wiederaufnahme nach § 86 Abs. 1 Nr. 3 denkbar, wenn die Steuerverbindlichkeiten mit Zustimmung eines »schwachen« vorläufigen Insolvenzverwalters (§ 22 Abs. 2) begründet worden sind. Allerdings erscheint dies mit Blick auf das Erfordernis eines Steuerbescheids (§ 155 Abs. 1 AO) oder – namentlich bei der Umsatzsteuer (§ 18 Abs. 3 Satz 1 UStG) – einer Steueranmeldung (§§ 150 Abs. 1 Satz 3, 167 AO) kaum praxisrelevant.

---

17 BGH 11.05.2006, IX ZR 42/05, BGHZ 167, 352 Rn. 31.
18 Jaeger/*Windel* Rn. 27; *Uhlenbruck* Rn. 12; Kübler/Prütting/Bork/*Lüke* Rn. 11b; HK-InsO/*Kayser* Rn. 15; MüKo-InsO/*Schumacher* Rn. 9.
19 Vgl. dazu *Smid* ZInsO 2001, 433 (440 f.), der das Feststellungsinteresse regelmäßig verneint und deswegen auf einen unbezifferten (§ 253 Abs. 2 Nr. 2 ZPO) Leistungsantrag auf Auskehrung des Erlöses umstellen will.
20 MüKo-InsO/*Schumacher* Rn. 10.
21 BGH 25.04.1989, VI ZR 146/88, ZIP 1989, 857.
22 Jaeger/*Windel* Rn. 11; *Uhlenbruck* Rn. 13; Kübler/Prütting/Bork/*Lüke* Rn. 14; MüKo-InsO/*Schumacher* Rn. 11, 17.
23 *Uhlenbruck* Rn. 13; Kübler/Prütting/Bork/*Lüke* Rn. 13; HK-InsO/*Kayser* Rn. 12; MüKo-InsO/*Schumacher* Rn. 12.
24 Jaeger/*Windel* 6 f.; *Uhlenbruck* Rn. 13; MüKo-InsO/*Schumacher* Rn. 16.
25 BGH 18.03.2010, I ZR 158/07, BGHZ 185, 11 Rn. 20 ff. – »Modulgerüst II« zu §§ 4 Nr. 9, 17 UWG.
26 Jaeger/*Windel* Rn. 12.

D. Sofortiges Anerkenntnis

12 Die Kostengrundentscheidung im wiederaufgenommenen Prozess richtet sich nach §§ 91 ff. ZPO.[27] War dem Schuldner bis zur Verfahrenseröffnung noch ein sofortiges Anerkenntnis möglich und erkennt nun der Verwalter sofort an, trägt damit der Gegner die Kosten (§ 93 ZPO). Ist § 93 ZPO jedoch nicht erfüllt, regelt § 86 Abs. 2 bei sofortigem Anerkenntnis des Insolvenzverwalters **nach Aufnahme** eine besondere haftungsrechtliche Qualifikation der Kostenschuld.[28] Der Verwalter kann in den Fällen des Abs. 1 zwar nicht die Aufnahme des Prozesses ablehnen,[29] aber die Belastung durch Masseverbindlichkeiten verhindern (§ 55 Abs. 1 Satz 1), wenn er den Prozess für aussichtslos hält. Die Kosten bilden dann lediglich eine Insolvenzforderung, die zur Tabelle anzumelden ist (§§ 87, 174 ff.). Bei aussichtslosen Aus- und Absonderungsstreitigkeiten kann der Insolvenzverwalter den streitbefangenen Gegenstand aber auch freigeben,[30] um eine weitere Kostenlast der Masse vollständig zu verhindern.[31]

13 Das Anerkenntnis muss wie bei § 93 ZPO ohne jede Verzögerung abgegeben werden, grds. in der ersten mündlichen Verhandlung nach der Aufnahme.[32] Der Insolvenzverwalter kann daher nach der Aufnahme nicht erst das Ergebnis der Beweisaufnahme abwarten, um die Erfolgsaussichten zu beurteilen.[33] Allerdings ist ihm eine gewisse Überlegungsfrist zuzugestehen, um den mit § 240 ZPO verfolgten Zweck nicht zu vereiteln.[34] Wurde der Prozess im schriftlichen Vorverfahren unterbrochen, beginnen die Fristen für die Verteidigungsanzeige (§ 276 Abs. 1 Satz 1 ZPO) und die Klageerwiderung (§ 276 Abs. 1 Satz 2 ZPO) von neuem (§ 249 Abs. 1 ZPO). In diesem Fall sollte die Abgabe der Verteidigungsanzeige ohne Sachanträge – wie bei § 93 ZPO[35] – einem Anerkenntnis innerhalb der Klageerwiderungsfrist nicht entgegenstehen.[36] Ist das Insolvenzverfahren schon vor der Zustellung der Klageschrift eröffnet worden ist (vgl. § 85 Rdn. 6), gilt dasselbe, wenn die Frist i.S.v. § 276 Abs. 1 Satz 1 dem Insolvenzverwalter bei Zustellung der im Rubrum berichtigten Klage gesetzt wird. Ein nach unbegründeten Verfahrensrügen abgegebenes Anerkenntnis ist dagegen kein sofortiges mehr; begründete Verfahrensrügen wie die Unzuständigkeit des angerufenen Gerichts schaden hingegen nicht.[37] Erkennt der Verwalter verspätet an, ist der Kostenerstattungsanspruch des Gegners Masseverbindlichkeit (§ 55 Abs. 1 Satz 1).[38]

14 § 86 Abs. 2 gilt nicht für Klagen, die erst nach Verfahrenseröffnung erhoben wurden[39] und findet auch keine entsprechende Anwendung auf andere als die in § 86 Abs. 1 genannten Passivprozesse.[40] Bei einem Absonderungsstreit nützt § 86 Abs. 2 wenig, weil das **Absonderungsrecht** regelmäßig auch die **Kosten** der **Rechtsverfolgung** deckt (§§ 1118, 1192 Abs. 1, 1210 Abs. 2, 1273 Abs. 2 BGB, §§ 10 Abs. 2, 12 Nr. 1 ZVG) und der Kostenerstattungsanspruch des Gegners damit gesichert ist.[41]

---

27 BT-Drucks. 12/2443, 136 f.
28 *Uhlenbruck* Rn. 23; Kübler/Prütting/Bork/*Lüke* Rn. 3, 19; MüKo-InsO/*Schumacher* Rn. 23.
29 AA wohl FK-InsO/*App* Rn. 7.
30 So schon *Hahn/Mugdan* Die gesamten Materialien zur Konkursordnung, 1881, S. 69.
31 MüKo-InsO/*Schumacher* Rn. 23, 27.
32 *Uhlenbruck* Rn. 22; MüKo-InsO/*Schumacher* Rn. 24; FK-InsO/*App* Rn. 14.
33 FK-InsO/*App* Rn. 14.
34 Kübler/Prütting/Bork/*Lüke* Rn. 19.
35 Vgl. BGH 30.05.2006, VI ZB 64/05, BGHZ 168, 57 Rn. 15 ff.
36 AA Jaeger/*Windel* Rn. 32; MüKo-InsO/*Schumacher* Rn. 24.
37 Jaeger/*Windel* Rn. 32; *Uhlenbruck* Rn. 22; Kübler/Prütting/Bork/*Lüke* Rn. 19; MüKo-InsO/*Schumacher* Rn. 24; FK-InsO/*App* Rn. 14. Zu § 93 ZPO entsprechend schon RG 27.06.1932, VI 129/32, RGZ 137, 71 (73).
38 Jaeger/*Windel* Rn. 33; *Uhlenbruck* Rn. 22; MüKo-InsO/*Schumacher* Rn. 24.
39 Jaeger/*Windel* Rn. 31; *Uhlenbruck* Rn. 24; Kübler/Prütting/Bork/*Lüke* Rn. 19a.
40 Jaeger/*Windel* Rn. 31; Kübler/Prütting/Bork/*Lüke* Rn. 19a.
41 Jaeger/*Windel* Rn. 30; *Uhlenbruck* Rn. 12; Kübler/Prütting/Bork/*Lüke* Rn. 12; MüKo-InsO/*Schumacher* Rn. 25.

Bei der Entscheidung über die Fortführung des Prozesses, das Anerkenntnis oder die Freigabe (dazu 15
Rdn. 16) hat der Verwalter ggf. die Zustimmung des Gläubigerausschusses zu beachten (§§ 160
Abs. 2 Satz 3, 164).[42] Für die Beurteilung der Einhaltung der Sorgfaltspflicht ist auch zu berücksichtigen, wie viel Zeit ihm in der konkreten Situation für die Entscheidung und Prüfung zur Verfügung stand.[43]

E. Auswirkungen der Freigabe

Gibt der Insolvenzverwalter im Fall von Aus- und Absonderungsstreitigkeiten den streitbefangenen 16
Gegenstand **vor der Aufnahme** frei, geht die Prozessführungsbefugnis insoweit wieder auf den
Schuldner über. Daher können sowohl der Schuldner als auch der Gegner den Rechtsstreit aufnehmen (§ 85 Rdn. 46 ff.).[44] Gibt er den streitbefangenen Gegenstand **unmittelbar nach** der **Aufnahme**
durch den **Gegner** frei, wirkt dies nach dem Rechtsgedanken in § 86 Abs. 2 wie eine vor der Aufnahme erklärte Freigabe,[45] weil dem Insolvenzverwalter vor der Aufnahme des Gegners keine gesetzliche Überlegungsfrist zugebilligt wird. Erklärt der Verwalter später im aufgenommenen Prozess die
Freigabe, bleibt er entsprechend § 265 Abs. 2 ZPO prozessführungsbefugt (vgl. § 80 Rdn. 21). Unterliegt er, ist der Kostenerstattungsanspruch des Gegners Masseverbindlichkeit (§ 55 Abs. 1 Satz 1).

§ 87 Forderungen der Insolvenzgläubiger

Die Insolvenzgläubiger können ihre Forderungen nur nach den Vorschriften über das Insolvenzverfahren verfolgen.

Übersicht Rdn. Rdn.
A. Allgemeines 1   B. Ausschluss von Rechtsverfolgungen außerhalb des Insolvenzverfahrens 3

A. Allgemeines

§ 87, der sinngemäß auf § 12 KO zurückgeht,[1] ergänzt § 86 und stellt klar, dass bei einem unterbro- 1
chenen Passivprozess über eine (spätere) Insolvenzforderung (§§ 38, 39), die auch als **Schuldenmassestreit** bezeichnet wird,[2] eine Aufnahme zunächst nicht in Betracht kommt. Vielmehr müssen die
Forderungen **zur Tabelle angemeldet** werden (§ 174). Damit wird die Gläubigergleichbehandlung
gesichert.[3] Dies gilt auch bei Feststellungsklagen, bei denen nach § 45 Satz 1 der geschätzte Wert
der aus dem Rechtsverhältnis resultierenden Forderungen anzumelden ist.[4] Erst beim Bestreiten
durch den Insolvenzverwalter, einen anderen Gläubiger oder den Schuldner kann der Prozess als
Feststellungsstreitigkeit wieder aufgenommen werden (§§ 180 Abs. 2, 184 Abs. 1 Satz 2),[5] wobei
der Kläger seinen Klageantrag entsprechend ändern muss.[6] Wird die angemeldete Forderung **nicht
bestritten**, tritt im unterbrochenen Prozess in der Hauptsache **Erledigung** ein, weil die Feststellung

---

42 Kübler/Prütting/Bork/*Lüke* Rn. 16; MüKo-InsO/*Schumacher* Rn. 17.
43 Kübler/Prütting/Bork/*Lüke* Rn. 14, 22.
44 BGH 21.10.1965, Ia ZR 144/63, NJW 1966, 51; 10.10.1973, VIII ZR 9/72, NJW 1973, 2065; Jaeger/*Windel* Rn. 22; *Uhlenbruck* Rn. 16; Kübler/Prütting/Bork/*Lüke* Rn. 15; MüKo-InsO/*Schumacher* Rn. 19, 26; FK-InsO/*App* Rn. 9; Stein/Jonas/*Roth* § 240 ZPO Rn. 24.
45 Jaeger/*Windel* Rn. 23; Kübler/Prütting/Bork/*Lüke* Rn. 17; MüKo-InsO/*Schumacher* Rn. 27.
1 BT-Drucks. 12/2443, 137.
2 Vgl. *Häsemeyer* Insolvenzrecht Rn. 10.45.
3 Jaeger/*Windel* Rn. 1; Kübler/Prütting/Bork/*Lüke* Rn. 1.
4 BGH 27.03.1995, II ZR 140/93, NJW 1995, 1750 (1751).
5 BGH 21.02.2000, II ZR 231/98, NJW-RR 2000, 1156; 15.10.2004, V ZR 100/04, ZIP 2004, 2345; BAG 18.10.2006, 2 AZR 563/05, BAGE 120, 27 (29).
6 BGH 23.06.1988, IX ZR 172/87, BGHZ 105, 34 (38); 11.11.1979, I ZR 13/78, ZIP 1980, 23; 29.06.1994, VIII ZR 28/94, NJW-RR 1994, 1251 (1252); 15.10.2004, V ZR 100/04, ZIP 2004, 2345.

§ 88 InsO   Vollstreckung vor Verfahrenseröffnung

zur Tabelle (§ 178 Abs. 1) wie ein rechtskräftiges und gegenüber dem Schuldner persönlich vollstreckbares Urteil wirkt (§§ 178 Abs. 3, 201 Abs. 2).[7]

2 Der Insolvenzverwalter kann einen unterbrochenen Passivprozess über eine Insolvenzforderung **nicht** zur Aufnahme durch den Schuldner **freigeben**,[8] was schon daraus folgt, dass es kein potentiell massebefangenes Recht gibt, das freigegeben werden könnte.

B. Ausschluss von Rechtsverfolgungen außerhalb des Insolvenzverfahrens

3 § 87 schließt zudem die Verfolgung von Insolvenzforderungen außerhalb der §§ 174 ff. etwa durch Leistungsklage oder Leistungsbescheid für die Dauer des Insolvenzverfahrens aus.[9] Auch dies dient der Verwirklichung der Gläubigergleichbehandlung.[10] Ein **Verzicht** des Insolvenzgläubigers **auf die Teilnahme am Insolvenzverfahren** ändert – insoweit abweichend von § 12 KO[11] – nichts am Ausschluss der Individualrechtsverfolgung.[12] Diese Änderung der Rechtslage ist systematisch der Einbeziehung des Zuerwerbs in die Masse (§ 35 Abs. 1) und der Möglichkeit der Restschuldbefreiung (§ 286) geschuldet und ergibt zusammen mit § 89 Abs. 1 eine umfassende **Klage- und Vollstreckungssperre** für Insolvenzgläubiger.

4 § 87 steht einer **freiwilligen Befriedigung** einzelner Insolvenzgläubiger durch den Schuldner aus seinem insolvenzfreien Vermögen jedoch nicht entgegen.[13] Auch einer **Klage** nach **Aufhebung** des **Insolvenzverfahrens** steht § 87 nicht entgegen. Das gilt ungeachtet des Vollstreckungsverbots nach § 294 Abs. 1 und der möglichen späteren Restschuldbefreiung (§ 286) auch bei Verfahren über das Vermögen einer natürlichen Person,[14] weil trotz der Ankündigung der Restschuldbefreiung durch das Insolvenzgericht (§ 289 Abs. 1 Satz 2) die nachträgliche Versagung bei Verstößen gegen die Obliegenheiten des Schuldners in Betracht kommt (§ 296) und daher auch das erforderliche Rechtsschutzinteresse für eine Leistungsklage besteht. Wird die Restschuldbefreiung nachträglich erteilt (§ 300 Abs. 1), ist die Vollstreckungsgegenklage (§ 767 Abs. 2 ZPO) gegeben.[15]

5 **Neugläubiger** können dagegen ihre nach Verfahrenseröffnung begründeten Forderungen gegen den Schuldner geltend machen, um in das massefreie Vermögen zu vollstrecken.[16] § 87 gilt auch nicht für Massegläubiger, sowie Aus- und Absonderungsberechtigte.[17]

§ 88 Vollstreckung vor Verfahrenseröffnung

Hat ein Insolvenzgläubiger im letzten Monat vor dem Antrag auf Eröffnung des Insolvenzverfahrens oder nach diesem Antrag durch Zwangsvollstreckung eine Sicherung an dem zur Insolvenzmasse gehörenden Vermögen des Schuldners erlangt, so wird diese Sicherung mit der Eröffnung des Verfahrens unwirksam.

---

7 BGH 30.01.1961, II ZR 98/59, NJW 1961, 1066 (1067); OLG Köln 15.11.2002, 2 U 79/02, NJW-RR 2003, 264 (266); *Uhlenbruck* Rn. 9; Kübler/Prütting/Bork/*Lüke* Rn. 4; MüKo-InsO/*Schumacher* Vor §§ 85 bis 87 Rn. 2; MüKo-InsO/*Breuer* Rn. 18; Stein/Jonas/*Roth* § 240 ZPO Rn. 27.
8 BGH 27.10.2003, II ZA 9/02, ZIP 2003, 2271.
9 Jaeger/*Windel* Rn. 1, 7; *Uhlenbruck* Rn. 1, 16; Kübler/Prütting/Bork/*Lüke* Rn. 1 f.; FK-InsO/*App* Rn. 2.
10 Jaeger/*Windel* Rn. 1; Kübler/Prütting/Bork/*Lüke* Rn. 1; MüKo-InsO/*Breuer* Rn. 2.
11 BGH 24.10.1957, VII ZR 429/56, BGHZ 25, 395 (397); 24.10.1978, VI ZR 67/77, BGHZ 72, 234.
12 BT-Drucks. 12/2443, 137; BGH 15.10.2004, V ZR 100/04, ZIP 2004, 2345 (2346).
13 BGH 14.01.2010, IX ZR 93/09, ZIP 2010, 380 Rn. 9.
14 BGH 18.11.2010, IX ZR 67/10, WM 2011, 131 Rn. 6, 9, 10.
15 BGH 25.09.2008, IX ZB 205/06, NJW 2008, 3640 Rn. 8.
16 BGH 28.06.2012, IX ZR 211/11, NJW-RR 2012, 1465 Rn. 4 zum Justizfiskus bei Kostenfestsetzung nach Insolvenzeröffnung; OLG Celle 07.01.2003, 16 U 156/02, NZI 2003, 201 f.; Jaeger/*Windel* Rn. 6; *Uhlenbruck* § 87 Rn. 4; Kübler/Prütting/Bork/*Lüke* Rn. 3a; FK-InsO/*App* Rn. 7.
17 Jaeger/*Windel* Rn. 4 f.; Kübler/Prütting/Bork/*Lüke* Rn. 11 f.; MüKo-InsO/*Breuer* Rn. 6, 10.

Übersicht	Rdn.		Rdn.
A. Allgemeines	1	III. Vollstreckungsmaßnahmen	6
B. Voraussetzungen	4	IV. Sicherung und Befriedigung	7
I. Vollstreckungsmaßnahmen von Insolvenzgläubigern	4	V. Maßgeblicher Zeitraum	11
		VI. Rechtsfolgen	17
II. Massebezug	5		

A. Allgemeines

§ 88 (ab 01.07.2014: 88 Abs. 1) geht wörtlich auf § 99 InsO-RegE zurück.[1] Der mit Wirkung zum 01.07.2014 neu eingefügte § 88 Abs. 2 übernimmt die vorherige Regelung aus § 312 Abs. 1 Satz 3, der zum selben Zeitpunkt aufgehoben wird.[2]   **1**

§ 88 Abs. 1 enthält ein verdinglichtes Anfechtungsrecht von Sicherheiten durch Zwangsvollstreckung und verhindert, dass Gläubiger im kritischen Zeitraum einen Sonderzugriff auf das Schuldnervermögen nehmen und sich damit ein besseres Recht auf Befriedigung verschaffen können als die übrigen Gläubiger.[3] Diese sog. »Rückschlagsperre«[4], die besser mit »Rückschlag der Vollstreckungssperre« umschrieben wäre, geht auf das österreichische Konkurs- und Ausgleichsrecht zurück[5] und war der deutschen KO fremd. Vorläufer finden sich aber im alten Vergleichsrecht (§§ 28, 87, 104 VerglO), das keine »Vergleichsanfechtung« kannte und – neben der Anfechtung (§ 10 GesO) – in § 7 Abs. 3 Satz 1 GesO.

Die praktische Auswirkung der Vorschrift ist gering, weil die Zwangsvollstreckung heute[6] als inkongruent angesehen wird (§ 131 Rdn. 15) und daher bei objektiver Gläubigerbenachteiligung (§ 129 Abs. 1) nach § 131 Abs. 1 Nr. 1 anfechtbar ist. Darüber besteht die unverjährbare Anfechtungseinrede (§ 146 Abs. 2).[7] Dass der kritische Zeitraum im vereinfachten Insolvenzverfahren trotzdem auf drei Monate ausgedehnt und damit an § 131 Abs. 1 Nr. 2 angepasst worden ist, soll dazu dienen, möglicherweise langwierige Rechtsstreitigkeiten zu vermeiden.[8]   **2**

Die Beschränkung auf Sicherheiten stellt keine unsachliche Bevorzugung des »schnell und aggressiv vorgehenden Gläubigers« dar,[9] sondern beruht im Wesentlichen darauf, dass nach Auskehr des Erlöses eine dingliche Wirkung nicht mehr erzielt werden kann, so wie der verspäteten Klage aus § 771 ZPO der Anspruch aus § 812 BGB nachfolgt.[10] Demzufolge ordneten § 87 Abs. 2 VerglO nach Vergleichsschluss und § 104 Abs. 1 VerglO im Anschlusskonkurs bei Befriedigung nur die Herausgabe nach Bereicherungsrecht an. Allerdings trägt diese Differenzierung nicht bei der Vollstreckung von Ansprüchen auf Verschaffung des Eigentums oder sonstiger dinglicher Rechte nach § 894 ZPO, bei der es aber keinen schnell und aggressiv vorgehenden Gläubiger geben kann.   **3**

---

1 BT-Drucks. 12/2443, 24, 137; BT-Drucks. 12/7302, 35.
2 Vgl. Art. 1 Nr. 14, 38 i.V.m. Art. 9 des Gesetzes v. 15.07.2013, BGBl. I, 2379 und dazu BT-Drucks. 17/11268, 22 f.; BT-Drucks. 17/13535, 38 f.
3 MüKo-InsO/*Breuer* Rn. 2; *Uhlenbruck* Rn. 1.
4 Zum Begriff *Bley* VerglO, 2. Aufl. 1955, § 28 Anm. 2. Das österreichische Recht vermeidet diesen irreführenden Begriff. Vgl. Bartsch/Pollak/Buchegger/*Apathy* Österreichisches Insolvenzrecht § 12 KO; *König* Die Anfechtung nach der KO, 4. Aufl. 2009, Rn. 13/21 ff.
5 Vgl. § 12 KO 1914 und § 12 AO sowie heute § 12 IO, jeweils beschränkt auf Absonderungsrechte.
6 Zur KO abw. *Grothe* KTS 2001, 205 (209 f.); *Foerste* FS Musielak 2004, 141 (152 ff.).
7 Jaeger/*Henckel* § 146 Rn. 79.
8 BT-Drucks. 14/5680, 33.
9 So aber MüKo-InsO/*Breuer* Rn. 3; Nerlich/Römermann/*Wittkowski* Rn. 5.
10 Vgl. nur BGH 28.04.1960, III ZR 22/59, BGHZ 32, 240 (244).

B. Voraussetzungen

I. Vollstreckungsmaßnahmen von Insolvenzgläubigern

4 § 88 erfasst nur Zwangsvollstreckungsmaßnahmen der Insolvenzgläubiger i.S.v. §§ 38, 39,[11] zu denen auch Absonderungsberechtigte gehören, die gleichzeitig persönliche Gläubiger des Schuldners sind (§ 52).[12] Ist der Schuldner dagegen »Realbürge«, der für eine fremde Verbindlichkeit mit einer dinglichen Sicherheit haftet, ist § 88 schon deshalb nicht anwendbar, weil in diesen Fällen keine weitere Sicherheit erlangt, sondern nur eine vorhandene verwertet wird. Die absonderungsberechtigten Gläubiger unterliegen nur den Beschränkungen der §§ 166 ff. § 88 erfasst auch nicht die kraft Gesetzes begründete Sachhaftung i.S.v. § 76 AO.[13] Auch spätere Massegläubiger nach § 55 Abs. 2, 4 InsO verlieren ihre im Eröffnungsverfahren begründete Sicherheit nicht, weil die Zwangsvollstreckung ungehindert fortgesetzt werden kann (vgl. § 90 Rdn. 2, 10).

II. Massebezug

5 Die Sicherung muss an dem zur Insolvenzmasse gehörenden Vermögen des Schuldners erlangt sein (§§ 35, 36, 37). Erfasst wird damit auch die nach der lex fori erlangte Sicherheit an Auslandsvermögen, soweit die Wirkungserstreckung anerkannt wird (Art. 4 Abs. 2 Buchst. f, 16 EuInsVO). Zu den Folgen einer nach der lex fori zugelassenen Vollstreckung vgl. § 89 Rdn. 14. Sicherungen am insolvenzfreien Schuldnervermögen werden dagegen nicht von § 88 erfasst. Dies gilt bei Vollstreckungsmaßnahmen der Delikts- oder Unterhaltsgläubiger in den erweitert pfändbaren Teil des Arbeitseinkommens (§§ 850d, 850f Abs. 2 ZPO),[14] die auch nach der Verfahrenseröffnung zulässig bleiben (§ 89 Abs. 2 Satz 2). Bei Zwangsvollstreckungsmaßnahmen in unpfändbares Schuldnervermögen ist nur § 766 ZPO anwendbar. Dies gilt auch bei Gegenständen i.S.v. § 36 Abs. 3, wenn der Schuldner nicht ausdrücklich auf den Pfändungsschutz verzichtet hat.[15] Wirksam bleibt auch eine Sicherung, die ein Gläubiger nach § 11 Abs. 1 Satz 1 AnfG an von dem Insolvenzschuldner weggegebenen Gegenständen erlangt hat, weil § 16 Abs. 2 AnfG nur auf § 130 verweist.[16]

III. Vollstreckungsmaßnahmen

6 Der Begriff der Zwangsvollstreckung umfasst sämtliche Maßnahmen der Einzelzwangsvollstreckung nach der ZPO, durch die der Gläubiger ein Sicherungsrecht erlangt. Darüber hinaus kommt § 88 auch im Verwaltungsvollstreckungsverfahren und insb. gegenüber dem Fiskus zum Tragen (§ 251 Abs. 2 Satz 1 AO).[17] Dasselbe gilt für die Beschlagnahme nach §§ 111c StPO.[18] Nicht erfasst werden dagegen die vom Schuldner rechtsgeschäftlich bestellten Sicherheiten, auch wenn dies zur Abwendung der Zwangsvollstreckung geschehen ist,[19] sowie gesetzliche Sicherheiten wie das Werkunternehmerpfandrecht (§ 647 BGB) oder die vormerkungsähnliche Sicherung nach § 1179a Abs. 1 Satz 3 BGB.

---

11 MüKo-InsO/*Breuer* Rn. 6; Kübler/Prütting/Bork/*Lüke* Rn. 5; *Uhlenbruck* Rn. 5.
12 Kübler/Prütting/Bork/*Lüke* Rn. 5; Jaeger/*Eckardt* Rn. 15; *Uhlenbruck* Rn. 5.
13 BGH 09.07.2009, IX ZR 86/08, ZInsO 2009, 1585 Rn. 13.
14 *Uhlenbruck* Rn. 7; Kübler/Prütting/Bork/*Lüke* Rn. 12; MüKo-InsO/*Breuer* Rn. 9.
15 Kübler/Prütting/Bork/*Lüke* Rn. 12; *Uhlenbruck* Rn. 7.
16 Kübler/Prütting/Bork/*Lüke* Rn. 12a.
17 Uhlenbruck/*Maus* § 80 Rn. 26; MüKo-InsO/*Breuer* Rn. 13; HK-InsO/*Kayser* Rn. 17; Kübler/Prütting/Bork/*Lüke* Rn. 7.
18 MüKo-InsO/*Breuer* Rn. 13.
19 So zu § 104 VerglO BGH 10.02.1971, VIII ZR 182/69, BGHZ 55, 307 (310).

IV. Sicherung und Befriedigung

Wie eingangs festgestellt, kann § 88 die Befriedigung im Wege der Zwangsvollstreckung nicht erfassen (vgl. Rdn. 3). Diese Unterscheidung wird vor allem virulent, wenn der titulierte Anspruch selbst auf Bestellung einer Sicherheit gerichtet war. Wird etwa ein Anspruch auf Bestellung einer Sicherungshypothek aus § 648 BGB tituliert und nach § 894 Satz 1 ZPO vollstreckt, ist dieser Anspruch damit erfüllt. § 88 kommt nicht zum Tragen,[20] weil eine rechtsgeschäftliche Bestellung fingiert wird. Erforderlich ist vielmehr, dass der Zwangszugriff lediglich einen sichernden »Zwischenschritt« zur Erlangung des nach dem Titel Geschuldeten darstellt; nur dann handelt es sich um eine »Sicherung«.[21] Die Befriedigung des titulierten Anspruchs ist damit ein »negatives Tatbestandsmerkmal« des § 88.[22]

7

Bei Zahlungstiteln betrifft § 88 zunächst das Pfändungspfandrecht (§ 804 ZPO),[23] das zur abgesonderten Befriedigung berechtigen würde (§ 50 Abs. 1 Var. 2). Dasselbe gilt für das Arrestpfandrecht (§ 930 Abs. 1 Satz 2 ZPO),[24] auch wenn der Arrest selbst damit vollzogen ist. Bei der Pfändung beweglicher Sachen, zu denen auch die nicht eingetragenen Schiffe (§ 929a BGB), Schiffsbauwerke und Luftfahrzeuge gehören, tritt Befriedigung mit der Aushändigung der gepfändeten Barmittel oder des Versteigerungserlöses an den Gläubiger ein (§§ 815 Abs. 1, 819 ZPO). Vorher setzt sich das Pfändungspfandrecht an dem Erlös fort (§ 1247 Satz 2 BGB) und unterfällt § 88. Bei der Forderungspfändung ist entweder die Überweisung an Zahlung statt (§ 835 Abs. 1, Abs. 2 ZPO)[25] oder die Zahlung durch den Drittschuldner maßgeblich, durch die die gepfändete Forderung (§ 362 Abs. 1 BGB) und damit das Pfandrecht erlischt.

8

Bei der Zwangsvollstreckung in das unbewegliche Vermögen, der auch die eingetragenen Schiffe, Schiffsbauwerke (§ 864 Abs. 1 ZPO) und Luftfahrzeuge (§ 99 Abs. 1 LuftfzRG) unterliegen, betrifft § 88 die Zwangssicherungshypothek (§§ 867, 932 Abs. 1 ZPO)[26] bzw. das Zwangsregisterpfandrecht an einem eingetragenen Luftfahrzeug (§ 99 Abs. 2 LuftfzRG), die zur abgesonderten Befriedigung berechtigen würden (§ 49), und die rangwahrende Beschlagnahme (§§ 10 Abs. 1 Nr. 5, 11 Abs. 2, 162, 171a ZVG),[27] die ebenfalls ein Recht auf Befriedigung aus dem Grundstück begründet.[28] Hier tritt Befriedigung nach Vollzug des Teilungsplans ein (§§ 114 ff. ZVG).

9

Bei Titeln, die auf Einräumung dinglicher Rechte an unbeweglichen Sachen im obigen Sinne gerichtet sind, liegt die Sicherung in der Vormerkung, die die Erfüllung des Anspruchs zu Lasten der Masse sichern würde (§ 106). Die Vormerkung darf aber nicht bewilligt worden sein (§ 885 Abs. 1 Satz 1 Alt. 2 BGB; §§ 11 Abs. 1 Satz 1 Alt. 2, 77 Satz 2 SchiffsRG; § 11 Abs. 1 Satz 1 Alt. 2 LuftfzRG), sondern es muss sich um eine »Zwangsvormerkung« handeln, die entweder aufgrund eines vorläufig vollstreckbaren Leistungsurteils nur als bewilligt gilt (§ 895 Abs. 1 ZPO; § 99 Abs. 1 LuftfzRG)[29] oder aufgrund einer einstweiligen Verfügung (§§ 938, 941 ZPO; §§ 11 Abs. 1 Satz 1, 77 Satz 2 SchiffsRG; §§ 11 Abs. 1 Satz 1, 99 Abs. 1 LuftfzRG)[30] in das jeweilige Register eingetragen worden

10

---

20 Jaeger/*Eckardt* § 88 Rn. 30; *Uhlenbruck* Rn. 13. Dagegen betont BGH 15.07.1999, IX ZR 239/98, BGHZ 142, 208 (210 f.) mit unklarer Intention den Sicherungscharakter der geschuldeten Sicherungshypothek.
21 MüKo-InsO/*Breuer* Rn. 17.
22 Kübler/Prütting/Bork/*Lüke* Rn. 11; Jaeger/*Eckardt* Rn. 30.
23 BGH 26.01.1995, IX ZR 99/94, BGHZ 128, 365 (366 f.).
24 *Uhlenbruck* Rn. 9.
25 BGH 26.01.1995, IX ZR 99/94, BGHZ 128, 365 (369).
26 BGH 03.08.1995, IX ZR 34/95, BGHZ 130, 347 (350 ff.).
27 MüKo-InsO/*Breuer* Rn. 18; *Uhlenbruck* Rn. 13.
28 BGH 12.02.2009, IX ZB 112/06, ZIP 2009, 818 Rn. 6; Jaeger/*Henckel* § 49 Rn. 11.
29 Zur insolvenzrechtlichen Behandlung als erzwungene Vormerkung vgl. MüKo-InsO/*Kirchhof* § 140 Rn. 47.
30 BGH 15.07.1999, IX ZR 239/98, BGHZ 142, 208 (211); 06.04.2000, V ZB 56/99, BGHZ 144, 181 (183), dort jeweils zu § 7 III 1 GesO bei Vormerkungen zur Sicherung von Bauhandwerkersicherungshypotheken.

§ 88 InsO   Vollstreckung vor Verfahrenseröffnung

ist.[31] Hier tritt Befriedigung mit dem Erwerb des dinglichen Rechts ein, bei Rechten an Grundstücken (§ 873 Abs. 1 BGB), eingetragenen Binnenschiffen (§ 3 Abs. 1 SchiffsRG) und eingetragenen Schiffsbauwerken (§§ 78, 3 Abs. 1 SchiffsRG) sowie bei Schiffshypotheken (§§ 8 Abs. 3, 3 Abs. 1, 77 Satz 1 SchiffsRG) und Registerpfandrechten an eingetragenen Luftfahrzeugen (§ 5 Abs. 1 LuftfzRG) also mit der Eintragung und bei Grundpfandrechten ggf. der Wegnahme des Briefes (§§ 1117 Abs. 1 BGB, 897 Abs. 2 ZPO). Bei eingetragenen Seeschiffen (§ 2 Abs. 1 SchiffsRG) genügt für den Eigentumserwerb dagegen grundsätzlich die dingliche Einigung, die mit der Rechtskraft bzw. der Erteilung der vollstreckbaren Ausfertigung fingiert wird (§ 894 ZPO). Auch die in der Luftfahrtrolle eingetragenen Luftfahrzeugen werden schließlich nach § 929 Satz 1 BGB übereignet (§ 98 Abs. 1 Satz 1 LuftfzRG), so dass Befriedigung erst mit der Wegnahme eintritt (§ 896 Abs. 1 ZPO). Dagegen ist der Widerspruch (§ 894 BGB) keine Sicherung i.S.v. § 88.[32]

V. Maßgeblicher Zeitraum

11 Die Sicherung muss entweder nach Stellung des Insolvenzantrags oder innerhalb eines Monats davor erlangt worden sein. Im vereinfachten Insolvenzverfahren ist der kritische Zeitraum bei Schuldneranträgen auf drei Monate vor Antragstellung verlängert worden (§ 312 Abs. 1 Satz 3), so dass auch keine Anfechtung nach § 131 Abs. 1 Nr. 2 erforderlich ist. Im Verbraucherinsolvenzverfahren gilt ab 01.07.2014 dasselbe (§ 88 Abs. 2). Bei Kreditinstituten ist die Frist vom Tag des Erlasses einer Maßnahme nach § 46 Abs. 1 KWG an zu berechnen (§ 46c Abs. 1 KWG).

12 Die Berechnung des kritischen Zeitraums erfolgt nach § 139. Danach ist entscheidend, ob der – möglicherweise zunächst unzulässige oder unbegründete – Antrag letztendlich zur Eröffnung des Verfahrens geführt hat.[33] Umgekehrt sind Anträge, die anfangs zulässig und begründet waren, aber später unbegründet werden, für die Berechnung nur bei Abweisung mangels Masse beachtlich (§ 139 Abs. 2 Satz 2), nicht aber, wenn sie sich durch Wegfall des Eröffnungsgrundes oder des Antragsrechts nach § 14 Abs. 1 nachträglich erledigt haben.[34] Waren mehrere Anträge anhängig, ist der erste zulässige maßgeblich, auch wenn aufgrund eines anderen eröffnet worden sein sollte (§ 139 Abs. 2 Satz 1).[35]

13 Ob eine Sicherung innerhalb des kritischen Zeitraums erlangt worden ist, bestimmt sich nach der Vollendung des Tatbestandes, der zur Sicherung der Einzelzwangsvollstreckungsmaßnahme führt.[36] Bei der Sachpfändung entscheidet die Inbesitznahme durch den Gerichtsvollzieher (§ 808 Abs. 1 ZPO), bei der Forderungspfändung die Zustellung des Pfändungsbeschlusses an den Drittschuldner (§§ 829 Abs. 3, 846 ZPO)[37] und bei der Rechtspfändung ohne Drittschuldner die Zustellung des Pfändungsbeschlusses an den Schuldner (§ 857 Abs. 2 ZPO). Pfändet der Schuldner eine gegen sich selbst gerichtete Forderung, muss dasselbe gelten,[38] weil eine Zustellung an sich selbst im Parteibetrieb (§§ 829 Abs. 2 Satz 1, 192 Abs. 2 ZPO) nicht sinnvoll ist.[39] Beim **Arrestpfandrecht** (§ 930

---

31 Zur einstweiligen Verfügung BGH 19.01.2006, IX ZR 232/04, BGHZ 166, 74 Rn. 24.
32 MüKo-InsO/*Breuer* Rn. 19.
33 BGH 19.05.2011, IX ZB 284/09, ZIP 2011, 1372 Rn. 9; BayObLG 15.06.2000, 2Z BR 46/00, BayObLGZ 2000, 176 (178); OLG Frankfurt 22.01.2003, 17 U 69/02, ZInsO 2003, 283 (284); OLG Köln 14.07.2010, 2 Wx 86/10, ZIP 2010, 1763 (1764).
34 BGH 14.10.1999, IX ZR 142/98, NJW 2000, 211 (212) zu § 10 I Nr. 4 GesO; 22.01.2004, IX 39/03, BGHZ 157, 350 (354); 15.11.2007, IX ZR 212/06, NJW-RR 2008, 645 Rn. 11.
35 Verkannt von OLG München 25.08.2010, 34 Wx 68/10, NZI 2010, 880.
36 Kübler/Prütting/Bork/*Lüke* Rn. 16; MüKo-InsO/*Breuer* § 88 Rn. 22; HK-InsO/*Kayser* Rn. 30.
37 Bei Gesamthandsgemeinschaften (Erbengemeinschaft) ist die Zustellung an den letzten Gesamthandschuldner maßgeblich; bei § 421 BGB wirkt die Zustellung nach § 425 BGB dagegen individuell. Vgl. BGH 18.05.1998, II ZR 380/96, NJW 1998, 2904.
38 AA MüKo-InsO/*Breuer* Rn. 22 unter fehlerhafter Berufung auf RG 17.06.1938, III 163/37, JW 1938, 2399 (2400), wo sich zu den Modalitäten der Pfändung der eigenen Schuld nichts findet.
39 Dementsprechend ist beim pignum debiti auch keine Drittschuldneranzeige nach § 1280 BGB erforderlich. Vgl. MüKo-BGB/*Damrau* § 1280 Rn. 7.

ZPO) muss der Arrestbefehl außerhalb des maßgeblichen Zeitraums zugestellt worden sein (§ 929 Abs. 2, Abs. 3 ZPO).[40] Bei der **Vorpfändung** (§ 845 Abs. 1 ZPO) ist auch bei Fristwahrung (§ 845 Abs. 2 ZPO) die Hauptpfändung maßgeblich,[41] weil die bloße Zustellung der »Benachrichtigung, dass die Pfändung bevorstehe«, keinen für die Pfändung konstitutiven Hoheitsakt darstellt. Daher wird zu diesem Zeitpunkt kein auflösend bedingtes Pfandrecht begründet, sondern § 845 Abs. 2 ZPO misst der Pfändung selbst rückwirkende Kraft bei.

Bei der Pfändung künftiger Forderung ist die Entstehung der Forderung maßgeblich, weil darin keine Bedingung i.S.v. § 140 Abs. 3 liegt.[42] Dies gilt etwa bei der Pfändung von Rentenansprüchen[43] oder Arbeitsentgelt. Auch die Pfändung von Kontoguthaben (§ 833a Abs. 1 ZPO) wird erst im Zeitpunkt der jeweiligen Gutschrift wirksam.[44] Die Pfändung der offenen Kreditlinie soll bis zum Abruf durch den Darlehensnehmer unwirksam sein.[45] Näher liegt es dort aber, wie bei § 852 ZPO nur von einer aufschiebend bedingten Verwertbarkeit auszugehen (vgl. § 83 Rdn. 8), so dass § 140 Abs. 3 gegeben ist. 14

Maßgeblicher Zeitpunkt bei der Anordnung einer Zwangsversteigerung (§ 20 Abs. 1 ZVG) oder Zwangsverwaltung (§§ 20 Abs. 1, 146 Abs. 1 ZVG) ist grds. die Zustellung des Anordnungsbeschlusses (§ 22 Abs. 1 Satz 1 ZVG).[46] Ohne Zustellung ist dagegen der Grundbucheintrag maßgeblich, der dann für die Wirksamkeit der Beschlagnahme trotz der möglichen Rückwirkung konstitutive Bedeutung hat (§ 22 Abs. 1 Satz 2 ZVG). Auch im Übrigen stellt die herrschende Auffassung bei konstitutivem Registereintrag nicht auf den Antrag, sondern auf die Eintragung ab,[47] weil weder § 140 Abs. 2, der den für die Anfechtbarkeit maßgeblichen Zeitpunkt bei Grundstücksgeschäften bewusst vorverlagert hat,[48] noch § 878 BGB[49] auf den Rechtserwerb in der Zwangsvollstreckung entsprechend anzuwenden sein sollen. Die besseren Argumente sprechen aber für die Gegenauffassung.[50] Folgt man dagegen der herrschenden Auffassung, müssen deren Grundsätze auch für die Arresthypothek gelten, weil § 932 Abs. 3 ZPO nur für § 929 Abs. 2, Abs. 3 ZPO den Eintragungsantrag der Vollziehung gleichstellt.[51] Wurde die Eintragung pflichtwidrig verzögert, bleibt dann nur ein Anspruch aus § 839 BGB gegen den Landesjustizfiskus.[52] 15

---

40 HK-InsO/*Kayser* Rn. 32; Jaeger/*Eckardt* Rn. 46; a.A. Uhlenbruck Rn. 18; MüKo-InsO/*Breuer* Rn. 22; Nerlich/Römermann/*Wittkowski* Rn. 7.
41 BGH 23.03.2006, IX ZR 116/03, BGHZ 167, 11 Rn. 12; Jaeger/*Eckardt* Rn. 45; HK-InsO/*Kayser* Rn. 31; Kübler/Prütting/Bork/*Lüke* Rn. 16; MüKo-InsO/*Breuer* Rn. 22; a.A. *Grothe* KTS 2001, 205 (225).
42 BFH 12.04.2005, VII R 7/03, BFHE 209, 34 (39); BGH 22.01.2004, IX 39/03, BGHZ 157, 350 (354).
43 LG Kleve 16.04.2008, 2 O 332/07, ZInsO 2008, 755 (756).
44 OLG Frankfurt 22.01.2003, 17 U 69/02, ZInsO 2003, 283.
45 BGH 22.01.2004, IX 39/03, BGHZ 157, 350 (355 ff.).
46 MüKo-InsO/*Breuer* Rn. 22; Nerlich/Römermann/*Wittkowski* Rn. 9.
47 So OLG Brandenburg 09.09.2010, 5 Wx 19/10, ZInsO 2010, 2097 (2098); LG Berlin 25.09.2001, 86 T 574/01 u.a., ZIP 2001, 2293; LG Bonn 02.12.2003, 4 T 519/03, ZIP 2004, 1374; Jaeger/*Eckardt* Rn. 41, 47; MüKo-InsO/*Breuer* Rn. 22; Uhlenbruck Rn. 20; Nerlich/Römermann/*Wittkowski* Rn. 9; implizit auch BGH 19.01.2006, IX ZR 232/04, BGHZ 166, 74 Rn. 1, 8, wo nur auf die Eintragung während des Eröffnungsverfahrens abgestellt wird. Offengelassen von BGH 12.07.2012, V ZB 219/11, BGHZ 194, 60 Rn. 17.
48 Vgl. BT-Drucks. 12/2443, 166.
49 So BGH 17.04.1953, V ZB 5/53, BGHZ 9, 250 (252 ff.).
50 So auch Kübler/Prütting/Bork/*Lüke* Rn. 17; FK-InsO/*App* Rn. 19, dort jeweils für Analogie zu § 140 II. Für Analogie zu § 878 BGB Stein/Jonas/*Grunsky* ZPO § 932 Rn. 8. Dafür sprechen die Motive III, 190 f. = Mugdan III 105 f., in denen von der Zwangssicherungshypothek keine Rede sein konnte, weil dieses (umstrittene) Vollstreckungsinstrument erst bei der ZPO-Novelle 1898 beraten worden ist. Vgl. *Hahn/Mugdan* Die gesamten Materialien zu den Reichsjustizgesetzen, Band 8, S. 165, 421 ff. (520 ff.).
51 Jaeger/*Eckardt* Rn. 47. Insoweit übereinstimmend auch Stein/Jonas/*Grunsky* § 932 ZPO Rn. 8.
52 Zum erforderlichen Organisationsverschulden BGH 11.01.2007, III ZR 302/05, BGHZ 170, 260 Rn. 19 ff.

16 Sind **Vollstreckungsmaßnahmen** durchgeführt worden, **ohne** dass **alle** dafür **erforderlichen Voraussetzungen** vorgelegen haben, muss der aus dem Einzelzwangsvollstreckungsrecht bekannte Topos gelten, dass eine Pfändung unter Verletzung wesentlicher vermögensschützender Verfahrensvorschriften der Entstehung des Pfandrechts entgegensteht und nur nach Heilung des Fehlers eine Begründung des Pfandrechts ex nunc möglich ist.[53] Daher ist für § 88 ggf. die Zustellung nach §§ 750 Abs. 1, Abs. 2, 751 Abs. 2, 756 Abs. 1, 765 Nr. 1 ZPO oder der Ablauf der zweiwöchigen Wartefrist (§§ 750 Abs. 3, 798 ZPO) oder der Frist nach § 751 Abs. 1 ZPO maßgeblich.

VI. Rechtsfolgen

17 § 88 erklärt die dort genannten Sicherungen mit der Eröffnung des Insolvenzverfahrens für **absolut unwirksam**.[54] Wie bei § 131 Abs. 1 Nr. 1 kommt es dafür weder auf subjektive Umstände an[55] noch auf die Zahlungsunfähigkeit. Daher tritt die Rechtsfolge auch in Verfahren nach § 18 ein.[56] Betroffen sind davon nur die materiell-rechtlichen Wirkungen des Sicherungsrechts, nicht aber der Vollstreckungsakt als solcher, so dass die Verstrickung der Pfandsache bis zur Aufhebung des Pfändungsaktes bestehen bleibt.[57] Die Maßnahmen sind aber von Amts wegen aufzuheben.[58] Darüber hinaus steht dem Insolvenzverwalter § 766 ZPO zu.[59] Dafür ist analog § 89 Abs. 3 das Insolvenzgericht zuständig.[60] Die Aufhebung erfolgt als actus contrarius dagegen durch das Vollstreckungsorgan (§§ 775 Nr. 1, 776 Satz 1 ZPO).[61]

18 Auch Zwangshypotheken werden nach § 88 unwirksam[62] und wandeln sich nicht entsprechend § 868 ZPO in Eigentümergrundschulden um,[63] weil der vormerkungsgleich gesicherte gesetzliche Löschungsanspruch nachrangiger Grundpfandrechtsgläubiger (§ 1179a Abs. 1 BGB) unabhängig vom Willen des Schuldners mit der Verfahrenseröffnung entstünde und daher insolvenzfest wäre.[64] Damit wäre das Nachrücken nachrangiger Grundpfandgläubiger nicht zu verhindern.[65] Zwar kann der Löschungsanspruch weitgehend wertlos sein, wenn zwischen der Zwangshypothek und dem nachrangigen Grundpfandrecht etwa ein Nießbrauch eingetragen ist.[66] Abgesehen davon, dass derartige Fälle angesichts des engen Zeitfensters von § 88 zu vernachlässigen sind, besteht für die Eigentümergrundschuld ein vormerkungsgleich gesicherter Löschungsanspruch, der diese für die Masse weitgehend entwerten würde.

19 Unabhängig von der obigen Rechtsfolge wird das **Grundbuch** durch § 88 **unrichtig** (§§ 894, 899 BGB). Da die Eintragung aber verfahrensfehlerfrei zustande gekommen ist, kommt ein Amtswiderspruch nicht in Betracht (§ 53 Abs. 1 Satz 1 GBO). Der Insolvenzverwalter hat vielmehr die Berichtigung zu beantragen (§ 13 Abs. 1 GBO). Dabei ist entweder die Bewilligung des Gläubigers (§ 19 GBO) oder ein den Anforderungen von § 29 Abs. 1 GBO entsprechender Unrichtigkeitsnachweis

---

53 Vgl. in diesem Sinne etwa Gaul/Schilken/Becker-Eberhard/*Schilken* Zwangsvollstreckungsrecht § 50 Rn. 62; Baur/*Stürner/Bruns* Zwangsvollstreckungsrecht Rn. 27.12.
54 BGH 19.01.2006, IX ZR 232/04, BGHZ 166, 74 Rn. 10 ff. Für relative Unwirksamkeit dagegen Kübler/Prütting/Bork/*Lüke* Rn. 25 ff.; *Grothe* KTS 2001, 205 (236).
55 MüKo-InsO/*Breuer* Rn. 23; HK-InsO/*Kayser* Rn. 34.
56 *Uhlenbruck* Rn. 3.
57 MüKo-InsO/*Breuer* Rn. 23; Jaeger/*Eckardt* Rn. 49; HK-InsO/*Kayser* Rn. 34.
58 BGH 08.11.1979, VII ZR 67/78, NJW 1980, 345 zu § 104 VerglO.
59 Jaeger/*Eckardt* Rn. 70; *Uhlenbruck* Rn. 32; HK-InsO/*Kayser* Rn. 45.
60 Jaeger/*Eckardt* Rn. 73; HK-InsO/*Kayser* Rn. 46.
61 HK-InsO/*Kayser* Rn. 45.
62 So BGH 19.01.2006, IX ZR 232/04, BGHZ 166, 74 Rn. 16; Jaeger/*Eckardt* Rn. 64.
63 So aber BayObLG 15.06.2000, 2Z BR 46/00, BayObLGZ 2000, 176 (179) = NZI 2000, 427; *Keller* ZIP 2000, 1324 (1329); *Grothe* KTS 2001, 205 (234 f.); Kübler/Prütting/Bork/*Lüke* Rn. 19; zu § 7 III 1 GesO auch BGH 03.08.1995, IX ZR 34/95, BGHZ 130, 347 (354).
64 BGH 09.03.2006, IX ZR 11/05, BGHZ 166, 319 Rn. 13.
65 Jaeger/*Eckardt* Rn. 64.
66 Vgl. *Keller* ZIP 2006, 1174 (1176).

vorzulegen (§ 22 GBO).⁶⁷ Da die Rückschlagsperre – im Gegensatz zu § 7 Abs. 3 GesO⁶⁸ – zeitlich begrenzt ist, genügt die Vorlage einer Ausfertigung des Eröffnungsbeschlusses nur, wenn die Hypothek im letzten Monat vor der Eröffnung eingetragen worden ist.⁶⁹ Ist diese Voraussetzung nicht gegeben, soll eine Bescheinigung des Insolvenzgerichts über den Zeitpunkt des Eingangs des maßgeblichen Antrags (Rdn. 12) nicht genügen, weil diese nicht Aufgabe des Insolvenzgerichts sei.⁷⁰ Damit bleibt praktisch regelmäßig nur der Weg über die notfalls im Klagewege (§ 894 BGB) zu erzwingende Bewilligung.⁷¹

Endet der Insolvenzbeschlag durch Aufhebung oder Einstellung des Verfahrens oder durch Freigabe des zuvor mit der Sicherheit belasteten Gegenstandes, soll die während des Verfahrens »schwebend« unwirksame Sicherung analog § 185 Abs. 2 Satz 1 Var. 2 BGB ex nunc wieder wirksam werden.⁷² War das Grundbuch bisher nicht berichtigt worden, soll es dazu bei Zwangshypotheken und »Zwangsvormerkungen« – wie beim »Aufladen« einer Vormerkung⁷³ – keines neuen Grundbucheintrags bedürfen.⁷⁴ Sind mehrere Sicherungen betroffen, muss über § 185 Abs. 2 Satz 2 BGB das Prioritätsprinzip zum Tragen kommen,⁷⁵ so dass der Vorrang der zuerst eingetragenen Zwangssicherungshypothek gewahrt bleibt.⁷⁶ Diese für die Zwangssicherungshypothek entwickelten Grundsätze gelten entsprechend für das Pfändungspfandrecht, wenn die Pfändung fortbesteht. Bei der Forderungspfändung ist aber die erneute Zustellung an den Drittschuldner (§ 829 Abs. 2 Satz 1 ZPO) erforderlich.⁷⁷ 20

Erlangt der Gläubiger nach Verfahrenseröffnung aufgrund einer nach § 88 unwirksamen Sicherung **Befriedigung**, fehlt dafür gegenüber der Masse der Rechtsgrund, so dass das Erlangte nach **Bereicherungsrecht** herauszugeben ist.⁷⁸ 21

§ 88 n.F. Vollstreckung vor Verfahrenseröffnung

[Tritt zum 01.07.2014 in Kraft]

(1) Hat ein Insolvenzgläubiger im letzten Monat vor dem Antrag auf Eröffnung des Insolvenzverfahrens oder nach diesem Antrag durch Zwangsvollstreckung eine Sicherung an dem zur Insolvenzmasse gehörenden Vermögen des Schuldners erlangt, so wird diese Sicherung mit der Eröffnung des Verfahrens unwirksam.

(2) Die in Absatz 1 genannte Frist beträgt drei Monate, wenn ein Verbraucherinsolvenzverfahren nach § 304 eröffnet wird.

---

67 BGH 19.01.2006, IX ZR 232/04, BGHZ 166, 74 Rn. 22; BGH 12.07.2012, V ZB 219/11, BGHZ 194, 60 Rn. 16 ff.
68 BGH 06.04.2000, V ZB 56/99, BGHZ 144, 181 (184).
69 BGH 12.07.2012, V ZB 219/11, BGHZ 194, 60 Rn. 17.
70 So nunmehr BGH 12.07.2012, V ZB 219/11, BGHZ 194, 60 Rn. 18.
71 So auch *Obermüller* LMK 2012, 339011; *Eckardt* EWiR § 88 InsO 2/12, 2012, 631 (632).
72 BGH 19.01.2006, IX ZR 232/04, BGHZ 166, 74 Rn. 20 ff.; a.A. *Vallender* ZIP 1997, 1993 (1995); krit. auch MüKo-InsO/*Breuer* Rn. 24; *Uhlenbruck* Rn. 28; *Keller* ZIP 2006, 1174 (1178).
73 BGH 26.11.1999, V ZR 432/98, BGHZ 143, 175 (181 f.); 07.12.2007, V ZR 21/07, NJW 2008, 578 Rn. 15 ff.
74 BGH 19.01.2006, IX ZR 232/04, BGHZ 166, 74 Rn. 23.
75 MüKo-BGB/*Schramm* § 185 Rn. 73. Insoweit wohl a.A. BGH 19.01.2006, IX ZR 232/04, BGHZ 166, 74 Rn. 24, wo bei gleichzeitiger Konvaleszenz einer Sicherungshypothek und einer Vormerkung aufgrund einstweiliger Verfügung von Gleichrangigkeit i.S.v. § 879 Abs. 1 Satz 2 Hs. 2 BGB ausgegangen wird.
76 So auch Jaeger/*Eckardt* Rn. 66.
77 So tendenziell auch BGH 19.01.2006, IX ZR 232/04, BGHZ 166, 74 Rn. 21.
78 Kübler/Prütting/Bork/*Lüke* Rn. 19b; HK-InsO/*Kayser* Rn. 42; *Uhlenbruck* Rn. 27.

§ 89 InsO Vollstreckungsverbot

1 § 88 (ab 01.07.2014: 88 Abs. 1) geht wörtlich auf § 99 InsO-RegE zurück.[1] Der mit Wirkung zum 01.07.2014 neu eingefügte § 88 Abs. 2 übernimmt die vorherige Regelung aus § 312 Abs. 1 Satz 3, der zum selben Zeitpunkt aufgehoben worden ist.[2]

§ 89 Vollstreckungsverbot

(1) Zwangsvollstreckungen für einzelne Insolvenzgläubiger sind während der Dauer des Insolvenzverfahrens weder in die Insolvenzmasse noch in das sonstige Vermögen des Schuldners zulässig.

(2) Zwangsvollstreckungen in künftige Forderungen auf Bezüge aus einem Dienstverhältnis des Schuldners oder an deren Stelle tretende laufende Bezüge sind während der Dauer des Verfahrens auch für Gläubiger unzulässig, die keine Insolvenzgläubiger sind. Dies gilt nicht für die Zwangsvollstreckung wegen eines Unterhaltsanspruchs oder einer Forderung aus einer vorsätzlichen unerlaubten Handlung in den Teil der Bezüge, der für andere Gläubiger nicht pfändbar ist.

(3) Über Einwendungen, die auf Grund des Absatzes 1 oder 2 gegen die Zulässigkeit einer Zwangsvollstreckung erhoben werden, entscheidet das Insolvenzgericht. Das Gericht kann vor der Entscheidung eine einstweilige Anordnung erlassen; es kann insbesondere anordnen, daß die Zwangsvollstreckung gegen oder ohne Sicherheitsleistung einstweilen einzustellen oder nur gegen Sicherheitsleistung fortzusetzen sei.

Übersicht

	Rdn.		Rdn.
A. Allgemeines	1	IV. Einstweiliger Rechtsschutz	24
B. Anwendungsbereich	3	V. Laufende Zwangsvollstreckungen	26
I. Zeitlicher Anwendungsbereich	3	VI. Vorbereitungshandlungen	27
II. Persönlicher Anwendungsbereich	4	VII. Materiell-rechtliche Rechtsgeschäfte	28
III. Gegenständlicher Anwendungsbereich	15	**D. Vollstreckung durch Neugläubiger**	30
C. Betroffene Vollstreckungsmaßnahmen	18	**E. Rechtsfolgen des Vollstreckungsverbots**	35
I. Geldforderungen	18	**F. Zuständigkeit des Insolvenzgerichts**	40
II. Andere Forderungen	22	**G. Rechtsmittel**	44
III. Verfrühte Zwangsvollstreckungsmaßnahmen	23		

A. Allgemeines

1 § 89 Abs. 1, der § 100 InsO-RegE wörtlich übernommen hat,[1] geht auf § 14 KO zurück und sichert das Insolvenzverfahren als Gesamtvollstreckung vor Einzelvollstreckungsmaßnahmen der Insolvenzgläubiger, die ihre Forderung nur zur Tabelle anmelden können (§ 87). Dass Arreste heute nicht mehr selbständig erwähnt werden, hat an der bisherigen Rechtslage nichts geändert, weil sie wie einstweilige Verfügungen zu den Zwangsvollstreckungen i.S.v. § 89 Abs. 1 gehören.[2] Dass auch in § 89 Abs. 1 neben der Insolvenzmasse das sonstige Vermögen erwähnt wird, hat wegen der Einbeziehung des Zuerwerbs (§ 35 Abs. 1) heute nur noch eine untergeordnete Bedeutung und kommt nur bei Freigaben und den Vollstreckungsprivilegien in §§ 850d, 850f Abs. 2 ZPO zum Tragen (vgl. dazu Rdn. 32). Dagegen ist die Funktion von § 14 KO, dem Schuldner durch die Erstreckung des Vollstreckungsverbots auf den Neuerwerb einen Neuanfang zu ermöglichen, weggefallen[3] und funktional durch die Restschuldbefreiung (§§ 286 ff.) ersetzt worden.

---

1 BT-Drucks. 12/2443, 24, 137; BT-Drucks. 12/7302, 35.
2 Vgl. Art. 1 Nr. 14, 38 i.V.m. Art. 9 des Gesetzes v. 15.07.2013, BGBl. I, 2379 und dazu BT-Drucks. 17/11268, 22 f.; BT-Drucks. 17/13535, 38 f.

1 BT-Drucks. 12/2443, 24, 137 f.; BT-Drucks. 12/7302, 35 f.
2 BT-Drucks. 12/2443, 137.
3 Jaeger/*Eckhardt* Rn. 7.

Vor dem Hintergrund des Restschuldbefreiungsverfahrens ist auch § 89 Abs. 2 zu sehen, der daher 2
in der KO keine Entsprechung finden kann. Diese Norm soll – im Zusammenspiel mit § 81 Abs. 2
(vgl. dazu § 81 Rdn. 25 f.) und bis 30.06.2014 auch mit § 114 Abs. 1 – die Abtretung der Ansprüche auf Arbeitseinkommen an den Treuhänder (§ 287 Abs. 2 Satz 1) und damit die quotale Befriedigung der Insolvenzgläubiger während der Wohlverhaltensperiode (§ 292 Abs. 1 Satz 2) sichern.

B. Anwendungsbereich

I. Zeitlicher Anwendungsbereich

§ 89 gilt unmittelbar nur im **eröffneten Insolvenzverfahren**. Wird der Eröffnungsbeschluss auf eine 3
Beschwerde hin aufgehoben, bleibt die Vollstreckung – vorbehaltlich § 6 Abs. 3 Satz 2 – bis zur
Rechtskraft des Aufhebungsbeschlusses unzulässig.[4] Im **Eröffnungsverfahren** können aber nunmehr
vom Insolvenzgericht Sicherungsmaßnahmen mit entsprechender Wirkung erlassen werden, soweit
es nicht um Maßnahmen der Immobiliarvollstreckung geht (§ 21 Abs. 2 Satz 1 Nr. 3). Dies gilt
auch, wenn das Eröffnungsverfahren über einen Schuldnerantrag in Verbraucherinsolvenz- oder
sonstigen Kleinverfahren (ab 01.07.2014 nur noch: Verbraucherinsolvenzverfahren) bis zur Entscheidung über einen Schuldenbereinigungsplan ruht (§ 306 Abs. 2). In der Immobiliarvollstreckung wird § 21 Abs. 2 Satz 1 Nr. 3 durch § 30d Abs. 4 ZVG ergänzt. Nach **Abschluss des Insolvenzverfahrens** wird § 89 bei Verfahren über das Vermögen natürlicher Personen durch das Vollstreckungsverbot in § 294 Abs. 1 ergänzt. Wurde ein zur Insolvenzmasse gehörendes Vermögensstück
bei der Verwertung übersehen, so ist es dennoch pfändbar, ohne dass der Gläubiger ausgleichs- oder
regresspflichtig wäre.[5]

II. Persönlicher Anwendungsbereich

§ 89 kommt nur gegenüber **Insolvenzgläubigern** i.S.v. § 38 zum Tragen. Auf die Teilnahmen am 4
Verfahren kommt es dafür nicht an.[6] Das Vollstreckungsverbot gilt auch für Gläubiger aus anderen
EU-Mitgliedstaaten (ohne Dänemark; Art. 4 Abs. 2 Satz 2 Buchst.f EuGVVO) und aus **Drittstaaten** (§ 335).[7] Zur Frage, ob im ggf. erforderlichen Exequatur bereits eine Zwangsvollstreckungshandlung liegt, vgl. Rdn. 26. Soweit der **Fiskus** Insolvenzgläubiger ist (zu § 55 Abs. 4 vgl. aber § 55
Rdn. 29 ff.), kommt § 89 auch ihm gegenüber zum Tragen, weil § 251 Abs. 2 Satz 1 AO die Vorschriften der InsO unberührt lässt. Auf diese Norm wird auch in § 5 VwVG auch für die Vollstreckung von Geldforderungen durch **Bundesbehörden** einschließlich der **Sozialbehörden** (§ 66
Abs. 1 SGB X) verwiesen. Dass die entsprechenden Landesgesetze für die übrigen Behörden einschließlich der Sozialbehörden (§ 66 Abs. 3 SGB X) keinen entsprechenden Vorbehalt enthalten,[8]
ändert nichts am Vorrang von § 89, weil den Ländern für eine abweichende Bestimmung bereits
die Gesetzgebungskompetenz fehlen würde.[9] Zu den Insolvenzgläubigern gehören – abw. von
§ 63 KO – auch **nachrangige** i.S.v. § 39, wodurch insb. Säumniszuschläge der öffentlichen Hand

---

4 Jaeger/*Eckhardt* Rn. 68.
5 Jaeger/*Eckhardt* Rn. 69.
6 Jaeger/*Eckhardt* Rn. 2; HK-InsO/*Kayser* Rn. 8; MüKo-InsO/*Breuer* Rn. 23.
7 So schon zum früheren Recht zur Vollstreckbarerklärung nach Art. 37 EuGVÜ OLG Zweibrücken 22.12.2000, 3 W 181/00, ZIP 2001, 301.
8 So verweisen in Baden-Württemberg § 15 LVwVG nur auf § 251 Abs. 2 Satz 2 AO und § 3 Abs. 1 Nr. 6 Buchst.a KAG auf § 251 Abs. 3 AO.
9 Der Reichsgesetzgeber hat bereits in §§ 3, 54 Nr. 2 KO 1877 alle Steuerforderungen als (privilegierte) Konkursforderungen ausgestaltet, obwohl die Steuergesetzgebungskompetenz auf »die für die Zwecke des Reichs zu verwendenden Steuern« beschränkt war (Art. 4 Nr. 2 RV 1871). Vgl. zum Vorrang des Konkursrechts schon RFH 23.09.1925, V A 215/25, RFHE 17, 185 (186) = JR 1926, 420; 02.12.1925, VI B 179/25, RFHE 18, 85 (86); 22.01.1926, II A 610/25, RFHE 18, 141 (142).

erfasst werden.[10] Auf die Aufforderung zur Anmeldung der Forderung (§ 174 Abs. 3) kommt es nicht an.[11]

5 Da auch alle Geldsanktionen i.S.v. § 39 Abs. 1 Nr. 3 dem Vollstreckungsverbot des § 89 unterliegen,[12] sind **Geldstrafen** mit Insolvenzeröffnung uneinbringlich.[13] Es liegen daher die Voraussetzungen für die **Ersatzfreiheitsstrafe** vor (§§ 43 StGB, 459e Abs. 2 StPO),[14] die im laufenden Insolvenzverfahren vollstreckt werden kann.[15] Dies erscheint bisher jedenfalls im laufenden Insolvenzverfahren unbedenklich, weil der Schuldner die Geldstrafe aus dem pfändungsfreien Vermögen zahlen oder seine Arbeitskraft für freie Arbeit i.S.v. Art. 293 EGStGB einsetzen kann und ihn jedenfalls nach Auffassung des BGH die Obliegenheiten aus § 295 Abs. 1 Nr. 1, 4 erst nach Ankündigung der Restschuldbefreiung und Aufhebung des Insolvenzverfahrens treffen können.[16] Mit Inkrafttreten von § 287b InsO am 01.07.2014 trifft den Schuldner aber bereits ab Beginn der Abtretungsfrist bis zur Beendigung des Insolvenzverfahrens eine Erwerbsobliegenheit, die nicht durch die Vollstreckung der Ersatzfreiheitsstrafe konterkariert werden darf.

6 Bei **Geldbußen** (§ 1 Abs. 1 OWiG) kommt die Erzwingungshaft während des Insolvenzverfahrens dagegen nicht in Betracht (§ 96 Abs. 1 Nr. 2 OWiG), weil Zahlungen aus unpfändbarem Vermögen nicht erzwungen werden dürfen. Etwas anderes gilt nur, soweit die Geldbuße aus dem nach Maßgabe von § 850f Abs. 2 ZPO pfändbaren Vermögen bezahlt werden kann.[17] Darin liegt kein Verstoß gegen Art. 3 Abs. 1 GG zu Lasten des »arbeitenden Mittelstandes«,[18] weil die Wirkung von Geldbußen systembedingt die Zahlungsfähigkeit des Betroffenen voraussetzt und das Ordnungswidrigkeitsrecht auch andere Sanktionen wie bspw. das Fahrverbot (§ 25 StVG) kennt. Im Insolvenzfall können und müssen Geldbußen daher mit Blick auf § 294 Abs. 1 nach Ablauf der Wohlverhaltensperiode beigetrieben werden (§ 302 Nr. 2), ohne dass die Vollstreckungsverjährung droht (§ 34 Abs. 4 OWiG).

7 Nicht anwendbar ist § 89 dagegen auf **Massegläubiger** des Schuldners, die bei ihrer Vollstreckung in die Masse ggf. den Restriktionen von § 90 und § 123 Abs. 2 Satz 2 unterliegen. Im Übrigen kommt ein Antrag nach § 765a ZPO in Betracht.[19] Die fälschliche Feststellung von Masseforderungen zur Tabelle ändert nichts an der Zulässigkeit der Vollstreckung in die Masse.[20] § 89 gilt auch nicht für (sonstige) **Neugläubiger**.[21] Die Gegenauffassung[22] übersieht, dass Neugläubiger des Schuldners lege artis schon keinen Titel gegen den Verwalter erwirken können und Vollstreckungen in die Masse

---

10 Vgl. *App/Wettlaufer* Verwaltungsvollstreckungsrecht § 11 Rn. 12.
11 Jaeger/*Eckhardt* Rn. 12; HK-InsO/*Kayser* Rn. 9; MüKo-InsO/*Breuer* Rn. 5, 22.
12 Insoweit zutr. KG 06.07.2005, 5 Ws 299/05 u.a., NJW 2005, 3734 (3735) zu §§ 111b, 111d StPO; a.A. LG Frankfurt 30.08.2006, 2/13 T 130/06, NZI 2006, 714 zu einer Geldstrafe unter untauglicher Berufung auf § 2 StVollstrO, der als Verwaltungsvorschrift § 39 Abs. 1 Nr. 3 nicht derogieren kann. Der Fall betraf aber eine Verurteilung nach Insolvenzeröffnung und damit keine Insolvenzforderung.
13 Zur Anfechtbarkeit der Zahlung einer Geldstrafe vgl. BGH 14.10.2010, IX ZR 16/10, ZIP 2010, 2358 Rn. 6.
14 BVerfG 24.08.2006, 2 BvR 1552/0, NJW 2006, 3626 (3627).
15 *Uhlenbruck* Rn. 11.
16 BGH 18.12.2008, IX ZB 249/07, NJW-RR 2009, 632 Rn. 8 ff.; 14.01.2010, IX ZB 78/09, ZInsO 2010, 345 Rn. 9.
17 Im Ergebnis daher zutr. LG Potsdam 14.09.2006, 21 Qs 108/06, NStZ 2007, 293 zu einer Geldbuße von 5 €.
18 So aber FK-InsO/*App* Rn. 18.
19 MüKo-InsO/*Breuer* Rn. 25. Zum subsidiären Antragsrecht des Schuldners vgl. OLG Celle 30.07.1981, 4 W 80/81, ZIP 1981 1005 (1006).
20 So zu Masseforderungen insoweit übereinstimmend BGH 13.06.2006, IX ZR 15/04, BGHZ 168, 112 Rn. 15; BAG 25.03.2003, 9 AZR 174/02, BAGE 105, 345 (349); *Eckardt* ZIP 1993, 1765 (1773 f.); Jaeger/*Eckhardt* Rn. 16; MüKo-InsO/*Schumacher* § 178 Rn. 66.
21 OLG Hamm 25.01.2011, 15 W 674/10, ZIP 2011, 1068; Jaeger/*Eckhardt* Rn. 25; *Häsemeyer* Insolvenzrecht Rn. 10.05; HK-InsO/*Kayser* Rn. 14; MüKo-InsO/*Breuer* Rn. 26.
22 KG 06.07.2005, 5 Ws 299/05 u.a., NJW 2005, 3734 (3735); *Uhlenbruck* Rn. 19; FK-InsO/*App* Rn. 6.

nach § 91 ausgeschlossen sind (§ 91 Rdn. 10). Dagegen müssen Vollstreckungen in das (massefreie) »sonstige Vermögen« i.S.v. § 89 Abs. 1 etwa bei § 35 Abs. 2[23] oder § 109 Abs. 1 Satz 2[24] zulässig sein. Dasselbe gilt für die Unterhaltsgläubiger, die als Neugläubiger nur im Rahmen von § 40 Insolvenzgläubiger sein können, aber von § 89 Abs. 2 Satz 2 profitieren (vgl. Rdn. 33). Im Übrigen ist die Vollstreckung der Neugläubiger in der Praxis bedeutungslos, weil der Pfändungsschutz in der Einzelzwangsvollstreckung nicht hinter § 36 Abs. 1, 3 zurückbleibt.

§ 89 beschränkt auch nicht die Rechte der **Aussonderungsberechtigten**, die ihren Anspruch gegen den Insolvenzverwalter (§ 80 Abs. 1) durchsetzen (§ 47 Satz 2) und etwa nach §§ 883, 885 ZPO vollstrecken können. Titel gegen den Schuldner können analog § 727 ZPO auf den Insolvenzverwalter umgeschrieben werden,[25] sofern dieser den Besitz über die fragliche Sache begründet hat. Ist dies, wie bei der **Mietwohnung des Schuldners**, nicht der Fall, kann der Räumungsanspruch (§ 546 BGB) ohne Verstoß gegen § 89 gegen den Schuldner persönlich vollstreckt werden.[26] Beim Verkauf an den Schuldner unter **Eigentumsvorbehalt** ist § 107 Abs. 2 zu beachten, der aber nicht § 89 einschränkt, sondern das Recht zum Besitz betrifft (§ 449 Abs. 2 BGB).[27]   8

Absonderungsberechtigte, denen der Schuldner zugleich persönlich haftet, unterliegen hinsichtlich des Ausfalls (§ 52) dem Vollstreckungsverbot. **Grundpfandrechtsgläubiger** können auf die Gegenstände im Haftungsverbund (§§ 1120, 1123, 1126, 1127, 1192 BGB), soweit diese überhaupt der Mobiliarvollstreckung unterliegen (§ 865 ZPO), nur im Wege der Zwangsversteigerung (§ 21 ZVG) bzw. der Zwangsverwaltung (§ 148 ZVG) zugreifen (§ 49) und unterliegen dabei den möglichen Restriktionen der §§ 30d, 153b ZVG. Dasselbe gilt für Gläubiger, die nach Maßgabe von § 10 Nr. 1–3 ZVG vor den Grundpfandgläubigern befriedigt werden und daher ebenfalls ein Recht auf Befriedigung aus dem Grundstück haben.[28] Eine isolierte **Pfändung der Mietforderungen** (§ 1123 BGB) ist daher unzulässig (§ 89 Abs. 1).[29]   9

Dagegen steht § 89 der **Realisierung** dinglicher **Absonderungsrechte** grds. nicht entgegen (§ 173).[30] Dieser Regelung kommt freilich nur bei Grundpfandrechten (§§ 1147, 1192 Abs. 1 BGB), den Rechten aus § 10 Nr. 1–3 ZVG[31] und ggf. § 10 Nr. 5 ZVG[32] sowie bei Pfandrechten an Rechten (§ 1277 BGB)[33] Bedeutung zu, weil Mobiliarrechte i.S.v. §§ 50, 51 im Übrigen nicht im Wege der Zwangsvollstreckung realisiert werden, sondern bei Pfandrechten an beweglichen Sachen durch   10

---

23 So zutr. AG Göttingen 26.02.2008, 74 IN 304/07, NZI 2008, 313 (314).
24 Dies gilt namentlich für Ansprüche auf Wohngeld (§ 9 WoGG), die nur für den Vermieter pfändbar sind (§ 54 Abs. 3 Nr. 2a SGB I).
25 Jaeger/*Eckhardt* Rn. 17; MüKo-InsO/*Breuer* Rn. 32.
26 AG Offenbach 30.11.2004, 61 M 11879/04, DGVZ 2005, 14 (15).
27 Jaeger/*Eckhardt* Rn. 17; HK-InsO/*Kayser* Rn. 13.
28 Vgl. dazu BGH 12.02.2009, IX ZB 112/06, ZIP 2009, 818 Rn. 7.
29 BGH 13.07.2006, IX ZB 301/04, BGHZ 168, 339 Rn. 3 ff.
30 Jaeger/*Eckhardt* Rn. 18, 19; MüKo-InsO/*Breuer* Rn. 21.
31 Zwar setzt die Befriedigung aus dem Grundstück bei § 10 Abs. 1 Nr. 2 wie bei der Zwangssicherungshypothek (§ 867 Abs. 3 ZPO) keinen Duldungstitel, sondern nur einen Zahlungstitel voraus (§ 10 Abs. 3 Satz 2 ZVG). Liegt aber kein Zahlungstitel gegen den Schuldner vor, muss (ausnahmsweise) auf Duldung gegen den Insolvenzverwalter geklagt werden. So zutr. AG Koblenz 10.12.2009, 133 C 1461/09 WEG, ZInsO 2010, 777; *Hintzen/Alff* ZInsO 2008, 480 (484); *Suilmann* ZWE 2010, 385 (388) m.w.N. in Fn. 25. Diese Art der Vollstreckung durch die WEG setzt aber einen Zahlungsrückstand in Höhe von 3 % des Einheitswerts (§ 19 BewG) voraus (§§ 10 Abs. 3, 18 Abs. 2 Nr. 2 WEG). Die bei kleineren Beträgen grds. mögliche Vollstreckung aus § 10 Abs. 1 Nr. 5 (*Hintzen/Alff* ZInsO 2008, 480 [483]) ist nach § 89 Abs. 1 unzulässig.
32 Persönliche Gläubiger können Befriedigung aus dem Grundstück verlangen, wenn die Beschlagnahme vor der Insolvenzeröffnung wirksam geworden ist. Vgl. BGH 12.02.2009, IX ZB 112/06, NJW-RR 2009, 923 Rn. 6; Jaeger/*Henckel* § 49 Rn. 11.
33 Richtigerweise ist diese Vorschrift – entgegen einer vielfach geübten Praxis – jedenfalls vor Pfandreife nicht abdingbar. So auch zum GmbH-Anteil RG 26.11.1920, VII 286/20, RGZ 100, 274 (276); MüKo-BGB/*Damrau* § 1277 Rn. 5.

§ 89 InsO Vollstreckungsverbot

Pfandverkauf (§§ 1228, 1235 BGB) und bei Pfandrechten an Forderungen durch Einziehung (§ 1282 BGB). Insbesondere bei den fiduziarischen Vollrechtsbestellungen i.S.v. § 51 Nr. 1 ist aber § 166 Abs. 1, Abs. 2 zu beachten. Dieses Verwertungsverbot kann statt über § 767 ZPO[34] auch einfacher und schneller analog § 89 Abs. 3 geltend gemacht werden.[35]

11 Unberührt von § 89 bleiben **Ansprüche** gegen den Schuldner persönlich **ohne Massebezug**.[36] Dazu zählen etwa Ansprüche auf unvertretbare Handlungen des Schuldners etwa auf Widerruf einer ehrenrührigen Tatsachenbehauptung oder auf Erteilung eines Zeugnisses.[37] Auch Auskunftsansprüche, die nicht der Durchsetzung einer Insolvenzforderung dienen, können unbeschadet § 89 durchgesetzt werden. Dies gilt etwa für den **Auskunftsanspruch** aus § 402 BGB, wenn die Forderung – vorbehaltlich § 166 Abs. 2 – mit der Abtretung aus der Masse ausgeschieden ist, oder aus § 1686 BGB. Haben diese Ansprüche jedoch Massebezug, können die Insolvenzgläubiger sie nicht durchsetzen. Dies gilt etwa für Auskunftsansprüche aus §§ 666, 1580, 1605, 2314 BGB sowie für akzessorische Auskunftsansprüche zur Durchsetzung des geistigen Eigentums[38] oder des Lauterkeitsrechts,[39] wenn die Schadensersatzforderung eine Insolvenzforderung darstellt.[40] Dasselbe muss auch für die steuerrechtlichen Mitwirkungspflichten (§ 90 AO) gelten, die anstelle des Schuldners der Insolvenzverwalter zu erfüllen hat.

12 Bei **Unterlassungsansprüchen** ist zu differenzieren: Zwangsvollstreckungen gegen den Schuldner persönlich etwa zur Unterlassung ehrenrühriger Äußerungen (analog § 1004 BGB), unlauterer geschäftlicher Handlungen (§§ 3, 8 Abs. 1 UWG) oder der Verletzung von Schutzrechten[41] können auch nach der Insolvenzeröffnung fortgesetzt werden.[42] Ausgeschlossen ist wegen des Vermögensbezugs lediglich die Beitreibung von Ordnungsgeld, nicht aber dessen Festsetzung sowie die ersatzweise Anordnung von Ordnungshaft.[43] Schwieriger ist die Rechtslage dagegen im Verhältnis zum Insolvenzverwalter zu beurteilen. Einerseits wird ein Unterlassungsrechtsstreit nach § 240 ZPO unterbrochen (vgl. § 85 Rdn. 15) und kann als Passivprozess aufgenommen werden (vgl. § 86 Rdn. 5),[44] so dass es sich nicht um eine Insolvenzforderung i.S.v. §§ 87, 89 Abs. 1 handelt. Andererseits setzt der Unterlassungsanspruch materiell-rechtlich die Begründung der Begehungsgefahr voraus, die gegenüber dem Insolvenzverwalter nicht schon aus Verletzungshandlungen des Schuldners folgt,[45] weil sie auch sonst nicht gegenüber einem Rechtsnachfolger angenommen werden kann.[46]

13 Ein **Anspruch gegen den Insolvenzverwalter** entsteht daher erst, wenn dieser die Begehungsgefahr selbst begründet, und ist dann Masseverbindlichkeit (§ 55 Abs. 1 Nr. 1).[47] weil dazu der Nach-

---

34 Dafür *Smid* ZInsO 2001, 433 (435).
35 Jaeger/*Eckhardt* Rn. 19.
36 Jaeger/*Eckhardt* Rn. 26; HK-InsO/*Kayser* Rn. 15; MüKo-InsO/*Breuer* Rn. 31.
37 LAG Köln 19.05.2008, 11 Ta 119/08, JurBüro 2008, 496 (497).
38 Vgl. auf der Grundlage von Art. 8 der Richtlinie 2004/48/EG des Europäischen Parlaments und des Rates v. 29.04.2004 zur Durchsetzung der Rechte des geistigen Eigentums, ABlEU Nr. L 195, 16 im Einzelnen § 101 UrhG, § 19 MarkenG, § 46 GeschmMG, § 140b PatG, § 24b GebrMG, § 9 Abs. 2 HalblSchG, § 37b SortenSchG.
39 OLG Stuttgart 02.01.1995, 2 W 28/93, ZIP 1995, 45 (46) zum Lauterkeitsrecht.
40 Zur Ableitung aus § 242 BGB vgl. BGH 24.03.1994, I ZR 42/93, BGHZ 125, 322 (327) – »Cartier-Armreif«.
41 § 97 Abs. 1 UrhG, § 15 Abs. 4 MarkenG, § 42 GeschmMG, § 139 Abs. 1 PatG, § 24 Abs. 1 GebrMG, § 9 Abs. 1 Satz 1 HalblSchG, § 37 Abs. 1 SortenSchG.
42 So zum Lauterkeitsrecht KG 17.12.1999, 5 W 5591/99, NZI 2000, 228 (229); MüKo-InsO/*Hefermehl* § 55 Rn. 60.
43 KG 17.12.1999, 5 W 5591/99, NZI 2000, 228 (229).
44 Vgl. nur BGH 18.03.2010, I ZR 158/07, BGHZ 185, 11 Rn. 26 ff. – »Modulgerüst II«.
45 Vgl. nur BGH 18.03.2010, I ZR 158/07, BGHZ 185, 11 Rn. 26 ff. – »Modulgerüst II«.
46 BGH 26.04.2007, I ZR 34/05, BGHZ 172, 165 Rn. 11 – »Schuldnachfolge« zu § 20 Abs. 1 Nr. 1 UmwG.
47 Insoweit a.A. BGH 18.03.2010, I ZR 158/07, BGHZ 185, 11 Rn. 28 – »Modulgerüst II« unter Berufung auf die von Jaeger/*Henckel* § 55 Rn. 19 geäußerten Zweifel, weil die Pflicht den Insolvenzverwalter persön-

weis erforderlich ist, dass es sich um eine Masseverbindlichkeit handelt.[48] Da für die **Umschreibung** des Unterlassungstitels gegen den Schuldner, auf den Insolvenzverwalter **analog § 727 ZPO** aber der Nachweis erforderlich ist, dass es sich um eine Masseverbindlichkeit handelt,[49] ist dieser Weg **ausgeschlossen**. Dafür spricht auch, dass ansonsten die Entstehung des Anspruchs mit den Voraussetzungen für die Zwangsvollstreckung (§ 890 ZPO) zusammenfallen würden und vor der Begründung der Begehungsgefahr zugunsten des Insolvenzverwalters § 767 Abs. 2 ZPO zugelassen werden müsste.[50]

Darüber hinaus können Unterlassungsansprüche im Insolvenzverfahren nach Maßgabe von § 45 Insolvenzforderungen darstellen.[51] So wird der Insolvenzverwalter durch eine **obligatorische Unterlassungsverpflichtung** nicht gebunden, so dass § 89 der Vollstreckung gegen ihn entgegensteht. Hatte sich der Schuldner etwa verpflichtet, ein Grundstück nicht zu einem bestimmten Zweck zu nutzen, bleibt er zwar selbst an die Verpflichtung gebunden,[52] kann sie wegen § 80 Abs. 1 aber nicht mehr erfüllen. Die Vollstreckung gegen ihn persönlich scheitert daher am Fehlen einer von ihm verschuldeten Zuwiderhandlung i.S.v. § 890 Abs. 1 Satz 1 ZPO.[53]

III. Gegenständlicher Anwendungsbereich

§ 89 hat den Anspruch, grds. das **weltweite Vermögen** des Schuldners bzw. das der Insolvenz unterworfene Sondervermögen (§ 11 Abs. 2 Nr. 2)[54] vor Einzelvollstreckungsmaßnahmen von Insolvenzgläubigern zu schützen.[55] Innerhalb der EU (ohne Dänemark) wird dieser Anspruch durch Art. 4 Abs. 2 2 Buchst.f EuInsVO durchgesetzt. Im Übrigen hängt die Wirkung des Insolvenzverfahrens von der Anerkennung durch das Internationale Insolvenzrecht des Vollstreckungsortes ab. Wird die Vollstreckungsmaßnahme vom deutschen Insolvenzverfahren nicht berührt, muss jedenfalls der inländische Insolvenzgläubiger (vgl. Art. 10 Abs. 2 Rom II-VO) die zur Sollmasse gehörenden Vermögensgegenstände nach § 812 Abs. 1 Satz 1 Alt. 2 BGB an den Insolvenzverwalter herausgeben.[56] Besteht ein solcher Anspruch bei ausländischen Insolvenzgläubigern nicht, ist der Vollstreckungserlös auf die Dividende anzurechnen und nicht nur auf die angemeldete Forderung.[57] In ausländischen Insolvenzverfahren richtet sich die Einzelzwangsvollstreckung in Deutschland dagegen nicht nach § 89, sondern grds. nach der lex fori concursus (Art. 4 Abs. 2 Satz 2 Buchst.f EuInsVO).[58]

Das Vollstreckungsverbot für die Insolvenzgläubiger (§ 89 Abs. 1) erfasst auch die vom Insolvenzverwalter **freigegebenen** Vermögensgegenstände.[59] Unzulässig sind auch Vollstreckungshandlungen gegen den Schuldner, wenn **schuldnerfremdes Vermögen** betroffen ist,[60] also etwa die Pfändung

---

lich treffe und auch bei Masseinsuffizienz zu erfüllen sei. Das ändert aber nichts daran, dass die Pflicht den Insolvenzverwalter auch in seiner amtlichen Stellung trifft.
48 Vgl. dazu nur Stein/Jonas/*Münzberg* § 727 ZPO Rn. 27 in Fn. 134 m.w.N.
49 Vgl. dazu nur Stein/Jonas/*Münzberg* § 727 ZPO Rn. 27 in Fn. 134 m.w.N.
50 Zwar soll nach Hefermehl/Köhler/*Bornkamm* § 8 UWG Rn. 1.46 ff. auch beim Beklagten selbst die Begehungsgefahr nach der rechtskräftigen Verurteilung entfallen. Trotzdem wird § 767 Abs. 2 ZPO verneint, weil die Erhebung der Klage die Begehungsgefahr erneut begründe (Rn. 1.49). Diese Argumentation kann aber nicht auf den Insolvenzverwalter übertragen werden, der nie die Begehungsgefahr begründet hat.
51 Vgl. noch zur KO BGH 10.07.2003, IX ZR 119/02, BGHZ 155, 371 (378).
52 BGH 10.07.2003, IX ZR 119/02, BGHZ 155, 371 (376).
53 Zum notwendigen Verschulden vgl. nur BVerfG 14.07.1981, 1 BvR 575/80, BVerfGE 58, 159 (162).
54 Vgl. dazu Jaeger/*Eckhardt* Rn. 30; MüKo-InsO/*Breuer* Rn. 20.
55 Jaeger/*Eckhardt* Rn. 27; HK-InsO/*Kayser* Rn. 16; MüKo-InsO/*Breuer* Rn. 6, 18.
56 So zu einer Betreibung in der Schweiz BGH 13.07.1983, VIII ZR 246/82, BGHZ 88, 147 (154).
57 Jaeger/*Eckhardt* Rn. 35; HK-InsO/*Kayser* Rn. 18; MüKo-InsO/*Breuer* Rn. 19.
58 Vgl. EuGH 21.01.2010, C-444/07, Slg I-417 Rn. 44 – »MG Probud Gdynia« zu einem polnischen Insolvenzverfahren.
59 BGH 12.02.2009, IX ZB 112/06, ZIP 2009, 818 Rn. 8 ff.
60 Jaeger/*Eckhardt* Rn. 28; HK-InsO/*Kayser* Rn. 19.

§ 89 InsO   Vollstreckungsverbot

einer unter Eigentumsvorbehalt gelieferten Sache durch den Verkäufer (§ 811 Abs. 2 ZPO). Hier kommt nur die Aussonderung (§ 47) nach Maßgabe von § 107 Abs. 2 in Betracht. Dagegen betrifft § 89 keine **Vollstreckungsmaßnahmen gegen Dritte**. Wird dabei in einen Massegegenstand vollstreckt, steht dem Insolvenzverwalter § 771 ZPO zu.

17 Auch bei der **Insolvenz von Personengesellschaften** erfasst § 89 nur Vollstreckungsmaßnahmen gegen die Gesellschaft. Vollstreckungsmaßnahmen gegen persönliche haftende Gesellschafter werden jedoch durch § 93 gesperrt.

C. Betroffene Vollstreckungsmaßnahmen

I. Geldforderungen

18 § 89 Abs. 1 verbietet jede Art der Zwangsvollstreckung, die auch von § 88 umfasst ist (§ 88 Rdn. 6), und damit sämtliche Maßnahmen des Zivilprozess- und Verwaltungsvollstreckungsrechts. Dazu zählen bei der Vollstreckung von Geldforderungen namentlich die **Sachpfändung** (§ 808 ZPO), die **Zustellung eines Pfändungsbeschlusses** an den Drittschuldner (§ 829 Abs. 3 ZPO)[61] oder an den Titelschuldner (§ 857 Abs. 2 ZPO), die Eintragung einer **Zwangssicherungshypothek**,[62] die **Beschlagnahme eines Grundstücks** zur Zwangsversteigerung (§ 20 Abs. 1 ZVG) oder Zwangsverwaltung (§ 146 Abs. 1 ZVG). Dasselbe gilt für die Beschlagnahme **eines Schiffes**, eines Schiffsbauwerks (§ 162 ZVG) und eines in der Luftfahrzeugrolle eingetragenen **Luftfahrzeugs** zur Zwangsversteigerung (§ 171a ZVG). Dem Insolvenzverwalter steht ggf. die Erinnerung zu (§ 766 ZPO),[63] über die das Insolvenzgericht entscheidet (§ 89 Abs. 3).

19 Einen Sonderfall bietet allerdings **§ 810 ZPO** etwa bei der Pfändung der zum Verkauf bestimmten Bäume einer Baumschule[64] oder einer Weihnachtsbaumkolonie im November (§ 810 Abs. 1 Satz 2 ZPO), weil die Vollstreckungshandlung mit der Pfändung abgeschlossen ist, das Pfandrecht aber wegen § 93 BGB erst nach Trennung der Früchte entstehen kann.[65] Da § 810 Abs. 2 aber nur den Gläubigern, die vorrangig ein Recht auf Befriedigung aus dem Grundstück i.S.v. § 10 Abs. 1 erworben haben, die Drittwiderspruchsklage zubilligt,[66] kann das Pfandrecht auch noch nach der Insolvenzeröffnung entstehen.

20 Auch die Zustellung der **Vorpfändung** (§ 845 Abs. 1 ZPO) ist unzulässig. War die Vorpfändung bereits vor Verfahrenseröffnung zugestellt, ändert dies nichts an der Unzulässigkeit der eigentlichen Pfändung,[67] der § 845 Abs. 2 ZPO lediglich rückwirkende Kraft beimisst (vgl. § 88 Rdn. 13). Sähe man dies anders, würde sich im Ergebnis nichts ändern, weil die Vorpfändung maximal einen Monat vor Verfahrenseröffnung ausgebracht worden sein darf (§ 845 Abs. 2 ZPO) und § 88 einen Zeitraum bis einen Monat vor dem Eröffnungsantrag erfasst, so dass die Vorpfändung zwangsläufig mit der Verfahrenseröffnung unwirksam geworden wäre. Die **Gläubigeranfechtung** scheitert bereits an § 16 Abs. 1 Satz 1 AnfG, so dass es § 89 Abs. 1 nicht bedarf.[68]

---

61   BGH 28.03.2007, VII ZB 25/05, BGHZ 172, 16 Rn. 11; OLG Frankfurt 10.04.1995, 20 W 482/94, ZIP 1995, 1689 (1689 f.).
62   BGH 17.04.1953, V ZB 5/53, BGHZ 9, 250 (252).
63   OLG Frankfurt 10.04.1995, 20 W 482/94, ZIP 1995, 1689 (1690).
64   LG Bayreuth 21.03.1984, 2 T 7/84, DGVZ 1985, 42.
65   So auch *Henckel* Prozessrecht und materielles Recht 1970 S. 334 Fn. 86; Stein/Jonas/*Münzberg* § 810 ZPO Rn. 2; a.A. vor Inkrafttreten des BGB RG 18.03.1887, III 35/87, RGZ 18, 365 (367); so noch heute MüKo-ZPO/*Gruber* § 810 Rn. 9.
66   So zutr. MüKo-ZPO/*Gruber* § 810 Rn. 10.
67   LG Karlsruhe 23.01.1997, 11 T 37/97, Rpfleger 1997, 268; Jaeger/*Eckhardt* Rn. 53; HK-InsO/*Kayser* Rn. 21; MüKo-InsO/*Breuer* Rn. 10, 15; Nerlich/Römermann/*Wittkowski* § 89 Rn. 11; a.A. *Meyer-Riem* NJW 1993, 3041 f.
68   Jaeger/Eckhardt Rn. 47; MüKo-InsO/*Breuer* Rn. 15; *Uhlenbruck* Rn. 15; Nerlich/Römermann/*Wittkowski* Rn. 12.

Unzulässig ist bei der Vollstreckung von Geldforderungen darüber hinaus die Einholung der Vermögensauskunft (§§ 802a Abs. 2 Satz 1 Nr. 2, 802c),[69] die seit 01.01.2013 die Anordnung der **eidesstattlichen Versicherung** (§§ 807, 900 ZPO a.F.) ersetzt hat und gegenüber dem Schuldner nur bei Neugläubigern möglich ist.[70] Folglich sind auch der Erlass eines Haftbefehls und die (weitere) Vollstreckung der Erzwingungshaft (§ 802g ZPO) unzulässig.[71] Über die **Beschwerde** des Schuldners **gegen** einen vor Verfahrenseröffnung erlassenen **Haftbefehl** kann aber während des Insolvenzverfahrens entschieden werden.[72] Auch im Bereich der Verwaltungsvollstreckung sind Maßnahmen, die die Geldzahlung erzwingen sollen, unzulässig. Daher erfasst § 89 Abs. 1 auch die Zwangsabmeldung von Kraftfahrzeugen auf Betreiben des Finanzamtes wegen rückständiger Kfz-Steuer (§ 14 KraftStG).[73]

21

II. Andere Forderungen

Soweit andere als Geldforderungen von § 89 betroffen sind, gilt Folgendes: Dem Mieter, der einen titulierten Überlassungsanspruch hat (§ 535 Abs. 1 Satz 1 BGB), ist die **Wegnahme** (§ 883 Abs. 1 ZPO) bzw. die **Besitzentziehung** (§ 885 Abs. 1 Satz 1 ZPO) untersagt. Dasselbe gilt für die **eidesstattliche Versicherung** über den Verbleib der Sache (§ 883 Abs. 2–4 ZPO). Bei **vertretbaren Handlungen**, zu denen insb. die Befreiung von einer Verbindlichkeit gehört,[74] richtet sich die Ermächtigung nach § 887 Abs. 1 ZPO sowie die Verurteilung nach § 887 Abs. 2 ZPO. Bei **unvertretbaren Handlungen** (§ 888 Abs. 1 ZPO) und **Unterlassungen** (§ 890 Abs. 1 ZPO) dürfen Zwangs- bzw. Ordnungsmittel weder festgesetzt noch vollstreckt und ggf. auch nicht angedroht werden (§ 890 Abs. 2 ZPO). Auch die Verurteilung zur Sicherheitsleistung (§ 890 Abs. 3 ZPO) und die Anwendung unmittelbaren Zwangs (§ 892 ZPO) sind unzulässig. Bei Ansprüchen auf **Abgabe einer Willenserklärung** darf lege artis schon kein Urteil gegen den Schuldner ergehen (§ 240 Satz 1 ZPO). Unabhängig davon kann ein bereits vor oder in Unkenntnis von der Insolvenzeröffnung danach erlassenes Urteil nicht formell rechtskräftig werden (§§ 249 Abs. 1, 705 Satz 1 ZPO), so dass § 894 Satz 1 ZPO tatbestandlich nicht erfüllt ist. Ist die Rechtskraft im Falle von § 894 Satz 2 ZPO schon vor der Insolvenzeröffnung eingetreten, darf keine vollstreckbare Ausfertigung erteilt werden. Wird sie verbotswidrig erteilt, steht § 81 Abs. 1 dem Rechtserwerb entgegen, weil die fingierte Willenserklärung genauso zu behandeln ist wie eine reale.[75]

22

III. Verfrühte Zwangsvollstreckungsmaßnahmen

Sind **Vollstreckungsmaßnahmen** durchgeführt worden, **ohne** dass **alle** dafür **erforderlichen Voraussetzungen** vorgelegen haben, können die Fehler nicht mehr wirksam behoben werden. Daher dürfen Zustellungen nach §§ 750 Abs. 1, Abs. 2, 751 Abs. 2, 756 Abs. 1, 765 Nr. 1 ZPO nach Insolvenzeröffnung nicht mehr durchgeführt werden.[76] Läuft eine zweiwöchige Wartefrist (§§ 750 Abs. 3, 798 ZPO) erst nach Verfahrenseröffnung ab, ist § 89 nicht einschlägig,[77] aber stets § 88 gegeben

23

---

69 *Piekenbrock* WuB VI A. § 89 InsO 1.12; zu §§ 807, 900 ZPO a.F. auch BGH 24.05.2012, IX ZB 275/10, ZIP 2012, 1311 Rn. 10 ff.; LG Köln 17.05.1988, 9 T 92/88, DGVZ 1988, 157 Jaeger/*Eckhardt* Rn. 41; HK-InsO/*Kayser* Rn. 25; Nerlich/Römermann/*Wittkowski* Rn. 11; MüKo-InsO/*Breuer* Rn. 12; *Uhlenbruck* Rn. 10; a.A. zu § 21 Abs. 2 1 Nr. 3 LG Würzburg 21.09.1999, 9 T 1930/99, NZI 1999, 504; AG Rostock 10.01.2000, 64 M 6512/99, NZI 2000, 142; insgesamt a.A. FK-InsO/*App* Rn. 15, der darin nur eine zulässige Vorbereitungshandlung sieht.
70 AG Cloppenburg 14.09.2006, 22 M 3556/06, DGVZ 2006, 183.
71 Jaeger/*Eckhardt* Rn. 42; HK-InsO/*Kayser* Rn. 25; MüKo-InsO/*Breuer* Rn. 12.
72 LG Frankenthal 30.09.1985, 1 T 278/85, MDR 1986, 64; Jaeger/*Eckhardt* Rn. 42; MüKo-InsO/*Breuer* Rn. 12.
73 Jaeger/*Eckhardt* Rn. 48; *App* KTS 1990, 579 (580).
74 BGH 19.06.1957, IV ZR 214/56, BGHZ 25, 1 (7).
75 Jaeger/*Eckhardt* Rn. 58.
76 Jaeger/*Eckhardt* Rn. 54; a.A. LG München I 28.08.1962, 14 T 336/62, NJW 1963, 2306 mit abl. Anm. *Stöber* NJW 1963, 769.
77 Insoweit zu § 798 ZPO a.A. Jaeger/*Eckhardt* Rn. 54.

(vgl. Rdn. 19). Nur bei § 751 Abs. 1 ZPO ist es theoretisch denkbar, dass die Pfändung außerhalb des von § 88 erfassten Zeitfensters erfolgt ist. Insoweit muss der aus dem Einzelzwangsvollstreckungsrecht bekannte Topos gelten, dass eine Pfändung unter Verletzung wesentlicher vermögensschützender Verfahrensvorschriften der Entstehung eines prioritären Pfandrechts entgegensteht.[78] Einer Heilung des Verfahrensfehlers ex nunc nach Ablauf der Frist steht § 91 Abs. 1 entgegen.

IV. Einstweiliger Rechtsschutz

24 Unzulässig sind auch Maßnahmen des einstweiligen Rechtsschutzes und damit sowohl der Erlass als auch die Vollziehung eines **Arrests** (§ 916 ZPO) oder einer **einstweiligen Verfügung** (§ 935 ZPO).[79] Nur der **persönliche Arrest** (§ 918 ZPO) muss zulässig sein, wenn Maßnahmen nach § 98 Abs. 2 nicht rechtzeitig ergriffen werden können. War der Arrestbefehl bei Verfahrenseröffnung bereits erlassen, aber noch nicht vollzogen, ist er auf Widerspruch (§ 924 ZPO) des Insolvenzverwalters ohne Sachprüfung aufzuheben, da die Vollziehung wegen § 89 Abs. 1 InsO nicht mehr möglich ist.[80] War der dingliche Arrest dagegen vollzogen, aber der Arrestbefehl noch nicht zugestellt (§ 929 Abs. 3 Satz 1 ZPO), darf die für den Erhalt der Pfändungswirkung erforderliche **Zustellung** (§ 929 Abs. 3 Satz 2 ZPO) nicht mehr erfolgen (vgl. § 88 Rdn. 13).[81] Dies folgt aber nicht aus der Parallele zu § 845 ZPO (vgl. dazu Rdn. 19),[82] weil bei der Vollziehung des dinglichen Arrests der für die Pfändung konstitutive Hoheitsakt gegeben ist, sondern daraus, dass die Zustellung wie das gesamte Arrestverfahren als Zwangsvollstreckungshandlung anzusehen ist. Von praktischer Bedeutung ist der Streit aber nicht, weil das Arrestpfandrecht, das vor Zustellung des Arrestbefehls begründet worden ist und durch Zustellung nach Verfahrenseröffnung konserviert werden soll, mit Blick auf die Fristen (§ 929 Abs. 2, 3 ZPO) notwendigerweise nach § 88 unwirksam ist (vgl. § 88 Rdn. 8).

25 Unzulässig ist auch die Eintragung einer **Zwangsvormerkung** (§ 885 Abs. 1 BGB, § 11 SchiffsRG, § 10 Abs. 1 LuftfzRG).[83] Dies gilt auch, wenn die einstweilige Verfügung oder das vorläufig vollstreckbare Urteil (§ 895 ZPO) vor der Insolvenzeröffnung erlassen worden ist, weil § 878 BGB insoweit nach h.M. nicht einschlägig sein soll (vgl. auch § 88 Rdn. 15).[84] Dagegen ist die Geltung von § 878 BGB unbestritten, wenn der Schuldner vor Insolvenzeröffnung rechtskräftig zur Bewilligung der Vormerkung verurteilt worden war (§§ 894 Satz 1, 898 ZPO).[85]

V. Laufende Zwangsvollstreckungen

26 Hat das **Vollstreckungsverfahren** bereits **begonnen**, wird es nicht nach § 240 ZPO unterbrochen (§ 85 Rdn. 26), weil §§ 88 ff. insoweit als Sonderregelungen anzusehen sind.[86] Hat der Gläubiger aber schon vor Verfahrenseröffnung ein mit Blick auf § 88 beständiges Recht auf Befriedigung aus einem Grundstück (§ 49) oder ein Absonderungsrecht (§ 50) erwirkt, kann die Zwangsvollstreckung etwa durch Versteigerung durch den Gerichtsvollzieher (§ 814 ZPO), den Erlass eines Überweisungsbeschlusses (§ 835 Abs. 1 ZPO), die Anordnung der Herausgabe (§ 847 BGB) oder die (deklaratorische) Eintragung einer Sicherungshypothek (§ 848 Abs. 1 Satz 1 ZPO) fortgesetzt wer-

---

78 Vgl. in diesem Sinne etwa Gaul/Schilken/Becker-Eberhard/*Schilken* Zwangsvollstreckungsrecht § 50 Rn. 62; Baur/*Stürner*/*Bruns* Zwangsvollstreckungsrecht Rn. 27.12.
79 Vgl. nur BT-Drucks. 12/7302, 156. Zum strafprozessualen Arrest vgl. KG 06.07.2005, 5 Ws 299/05 u.a., NJW 2005, 3734 (3735); LG Saarbrücken 22.04.2009, 2 Qs 8/09, ZIP 2009, 1638 (1638 ff.). Für Unterbrechung nach § 240 ZPO dagegen Jaeger/*Eckhardt* Rn. 44.
80 MüKo-InsO/*Breuer* Rn. 13; Nerlich/Römermann/*Wittkowski* Rn. 13.
81 So auch Jaeger/*Eckhardt* Rn. 45; a.A. MüKo-InsO/*Breuer* Rn. 13.
82 So aber Jaeger/*Eckhardt* Rn. 45.
83 Jaeger/*Eckhardt* Rn. 46; HK-InsO/*Kayser* Rn. 21; MüKo-InsO/*Breuer* Rn. 11.
84 BGH 17.04.1953, V ZB 5/53, BGHZ 9, 250 (253); FG Thüringen 17.03.2010, 3 V 930/09, Jaeger/*Eckhardt* Rn. 46; *Uhlenbruck* Rn. 14; HK-InsO/*Kayser* Rn. 32; a.A. zu Recht *Wacke* ZZP 82 (1969), 377 (380 ff.); MüKo-BGB/*Kohler* § 878 Rn. 27.
85 Jaeger/*Eckhardt* Rn. 72; MüKo-InsO/*Breuer* Rn. 34; *Uhlenbruck* Rn. 14.
86 BGH 28.03.2007, VII ZB 25/05, BGHZ 172, 16 Rn. 10.

den,[87] soweit bei gepfändeten Sachen im Gewahrsam des Insolvenzverwalters (§ 808 Abs. 2 ZPO) nicht § 166 Abs. 1 entgegensteht (vgl. § 166 Rdn. 8 ff.).[88] Damit bleibt § 89 Abs. 1 für das bewegliche Vermögen hinter § 21 Abs. 2 Satz 1 Nr. 3 zurück, weil dort auch die Verwertung durch Absonderungsberechtigte in jedem Fall einstweilen eingestellt werden kann (vgl. § 21 Rdn. 31).[89] Auch das Arrestpfandrecht gewährt ein Aussonderungsrecht, weil es mit dem bisherigen Rang in ein Vollstreckungspfandrecht übergeht, sobald der Anspruch zur Tabelle festgestellt wird.[90] Bei der Immobiliarvollstreckung ist aber § 30d ZVG zu beachten. Im **Nachlassinsolvenzverfahren** gewähren Maßnahmen der Zwangsvollstreckung in den Nachlass, die nach dem Eintritt des Erbfalls erfolgt sind, kein Recht zur abgesonderten Befriedigung (§ 321), so dass der status quo im Zeitpunkt des Erbfalls wieder hergestellt wird. Entsprechendes gilt im Insolvenzverfahren über das Gesamtgut einer **fortgesetzten Gütergemeinschaft** (§ 332 Abs. 1).

VI. Vorbereitungshandlungen

§ 89 Abs. 1 erfasst dagegen **keine** bloßen **Vorbereitungshandlungen** wie die Erteilung der Vollstreckungsklausel,[91] für die es den Insolvenzgläubigern wegen § 87 aber regelmäßig am Rechtsschutzinteresse fehlt.[92] Dass kein gerichtlicher Vollstreckungstitel erlassen werden darf, ergibt sich dagegen schon aus § 240 ZPO und § 87. § 89 ist insoweit nicht einschlägig. Das gilt auch für Exequaturverfahren nach §§ 722, 723 ZPO und in kontradiktorischen Rechtsmittelverfahren nach §§ 11 ff., 15 ff. AVAG (vgl. § 85 Rdn. 24).   27

VII. Materiell-rechtliche Rechtsgeschäfte

§ 89 erfasst nicht die **Aufrechnung**, deren Zulässigkeit **gegen massebefangene Forderungen** durch §§ 94–96 geregelt wird. Außerhalb dieser Vorschriften kommt die Aufrechnung mit einer Insolvenzforderung gegen eine massefreie Forderung des Schuldners wegen § 394 Satz 1 BGB nur in Ausnahmefällen in Betracht, etwa wenn der Schuldner seinem Arbeitgeber vorsätzlich einen Schaden zugefügt hat und § 850f Abs. 2 ZPO beachtet wird.[93] Nach überkommener Auffassung zu § 14 KO war die **Aufrechnung gegen massefreie Forderungen** aus dem Zuerwerb **zulässig**.[94] Dass dasselbe auch für § 89 Abs. 1 gilt,[95] wird in systematischer Hinsicht durch § 294 Abs. 3, der die Aufrechnung separat neben der Zwangsvollstreckung regelt,[96] bestätigt. Daher kommt die Aufrechnung mit Insolvenzforderungen während des Verfahrens in Betracht, wenn die Forderung des Schuldners etwa nach § 35 Abs. 2 Satz 1 massefrei ist.[97] Allerdings ist bei rechtsgeschäftlich begründeten Forderungen i.d.R. ein konkludenter **Aufrechnungsausschluss** mit Insolvenzforderungen nach § 399 Alt. 2 BGB anzunehmen.[98]   28

---

87 BGH 28.03.2007, VII ZB 25/05, BGHZ 172, 16 Rn. 11; Jaeger/*Eckhardt* Rn. 50.
88 Nach BT-Drucks. 12/2443, 178 muss der Gerichtsvollzieher ggf. die Verstrickung durch Entfernen des Pfandsiegels aufheben.
89 BT-Drucks. 12/2443, 116.
90 Jaeger/*Eckhardt* Rn. 51.
91 BGH 12.12.2007, VII ZB 108/06, NJW 2008, 918 Rn. 7.
92 So auch Jaeger/*Eckhardt* Rn. 56; MüKo-InsO/*Breuer* Rn. 30. Insoweit offengelassen von BGH 12.12.2007, VII ZB 108/06, NJW 2008, 918 Rn. 14.
93 Vgl. BGH 22.04.1959, IV ZR 255/58, BGHZ 30, 36 (39); BAG 18.03.1997, 3 AZR 756/95, NZA 1997, 1108 (1110).
94 BGH 26.05.1971, VIII ZR 137/70, KTS 1972, 39 (40).
95 So auch Jaeger/*Eckhardt* Rn. 57; a.A. *Häsemeyer* Insolvenzrecht Rn. 25.08 in Fn. 19.
96 Vgl. dazu BT-Drucks. 12/2443, 191 f.
97 Daher könnte der Umsatzsteuerfiskus bei Freigabe einer umsatzsteuerpflichtigen selbständigen Tätigkeit gegen einen Vorsteuererstattungsanspruch des Schuldners mit einer Insolvenzforderung aufrechnen. So BFH 01.09.2010, VII R 35/08, ZIP 2010, 2359 Rn. 21 ff.; FG München 19.08.2010, 14 K 129/10, BeckRS 2010, 26030128 zu § 294. Dies hat der Insolvenzverwalter bei seiner Entscheidung nach § 35 Abs. 2, 3 zu beachten, weil die Aufrechnung mit einem massebefangenen Erstattungsanspruch unzulässig ist. Vgl. BFH 15.12.2009, VII R 18/09, BFHE 228, 6 Rn. 4 ff.
98 So schon BGH 26.05.1971, VIII ZR 137/70, KTS 1972, 39 (41).

§ 89 InsO Vollstreckungsverbot

29 § 89 Abs. 1 erfasst auch keine **freiwilligen Leistungen** des Schuldners aus dem insolvenzfreien Vermögen, selbst wenn diese zur Abwendung einer angedrohten Zwangsvollstreckung erbracht worden sind; es bleibt die Möglichkeit der Gläubigeranfechtung.[99] Auch § 294 Abs. 1 Nr. 4 soll trotz der Anknüpfung von § 287 Abs. 2 Satz 1 an die Verfahrenseröffnung im Insolvenzverfahren ohne Bedeutung sein.[100] Die **Abtretung** massefreier Forderungen an Insolvenzgläubiger scheitert auch nicht an § 400 BGB.[101]

D. Vollstreckung durch Neugläubiger

30 § 89 Abs. 2 Satz 1 erstreckt das für Insolvenzgläubiger geltende Verbot der Vollstreckung in künftige Forderungen aus Dienstverhältnissen auf alle nach Verfahrenseröffnung hinzukommenden Neugläubiger des Schuldners und auf Gläubiger der laufenden familienrechtlichen Unterhaltsansprüche, die gem. § 40 im Verfahren nicht geltend gemacht werden können.[102] Wie durch § 81 Abs. 2 soll damit für die Wohlverhaltensperiode die **Abtretung** dieser Forderungen an den **Treuhänder** zum Zwecke der Restschuldbefreiung **gesichert werden** (§ 287 Abs. 2 Satz 1).[103] Da diese aber bereits mit dem Eröffnungsantrag zu erklären ist, hätte es auch der Regelung in § 89 Abs. 2 Satz 1 schon nach dem Prioritätsprinzip nicht bedurft (vgl. § 81 Rdn. 25).

31 Nach einer im Schrifttum verbreiteten Auffassung ist § 89 Abs. 2 Satz 1 auch anwendbar, wenn **kein Antrag** auf **Restschuldbefreiung** gestellt worden ist.[104] Dieser Eingriff in die verfassungsrechtlich geschützten Gläubigerrechte (Art. 14 Abs. 1 Satz 1 GG) erscheint aber unverhältnismäßig, wenn der Schuldner nach Maßgabe von § 287 Abs. 1 Satz 2, 20 Abs. 2 einen solchen Antrag nicht mehr in zulässiger Weise stellen kann, was regelmäßig bereits mit Eröffnung des Insolvenzverfahrens der Fall ist. Dagegen werden die von § 89 Abs. 2 Satz 1 erfassten Forderungen zur Erfüllung eines Insolvenzplans, der bis zum Schlusstermin vorgelegt werden kann (§ 218 Abs. 1 Satz 3),[105] nicht benötigt, weil i.d.R. schon § 312 Abs. 2 entgegensteht. War und ist der Schuldner dagegen selbständig wirtschaftlich tätig (§ 304 Abs. 1 Satz 1), greift § 89 Abs. 2 Satz 1 tatbestandlich nicht ein. Dass bei einem ehemals Selbständigen, der inzwischen abhängig beschäftigt ist, ein Insolvenzplanverfahren durchgeführt wird, erscheint praktisch ausgeschlossen.

32 § 89 Abs. 2 Satz 1 erfasst alle **Gläubiger**, die keine Insolvenzgläubiger i.S.v. §§ 38, 87 sind. Dies gilt namentlich für Neugläubiger, Massegläubiger, und Unterhaltsgläubiger, denen damit kaum Verwertungsmasse bleibt. Der Begriff der »**Bezüge**« erfasst auch hier sämtliche Arbeitseinkommen i.S.v. § 850 ZPO (vgl. § 81 Rdn. 26).

33 Während § 89 Abs. 1 alle Insolvenzforderungen i.S.v. §§ 38, 87 erfasst, wird § 89 Abs. 2 Satz 1 durch § 89 Abs. 2 Satz 2 zugunsten laufender **Unterhaltsansprüche**[106] und der Forderungen eines Neugläubigers aus einer **vorsätzlichen unerlaubten Handlung** derogiert,[107] soweit die Bezüge nur für diese Gläubiger pfändbar sind (§§ 850d, 850f Abs. 2 ZPO).[108] Da die Ansprüche i.S.v.

---

99 BGH 14.01.2010, IX ZR 93/09, ZIP 2010, 380 Rn. 9 zur Zahlung von Gebührenrückständen bei der Neuanmeldung eines Kraftfahrzeugs.
100 BGH 14.01.2010, IX ZR 93/09, ZIP 2010, 380 Rn. 10.
101 BGH 10.02.1994, IX ZR 55/93, BGHZ 125, 116 (120 ff.).
102 BGH 27.09.2007, IX ZB 16/06, ZIP 2007, 2330 Rn. 9.
103 BGH 27.09.2007, IX ZB 16/06, ZIP 2007, 2330 Rn. 9.
104 So Jaeger/*Eckardt* Rn. 60; *Uhlenbruck* Rn. 32; *Hess* Rn. 49 ff.
105 Darauf stellt Jaeger/*Eckardt* Rn. 60 ab.
106 Zur Beschränkung auf laufenden Unterhalt, der nach § 40 nicht im Insolvenzverfahren geltend zu machen ist, vgl. BGH 20.12.2007, IX ZB 280/04, FamRZ 2008, 684 Rn. 6.
107 Zur Beschränkung auf Neugläubiger vgl. BGH 27.09.2007, IX ZB 16/06, ZIP 2007, 2330 Rn. 9; 15.11.2007, IX ZB 4/06, ZInsO 2008, 39 Rn. 10.
108 In beiden Fällen sind aber die Regelsätze nach § 28 SGB XII zu belassen. Vgl. BGH 23.02.2005, XII ZR 114/03, BGHZ 162, 234 (245 f.) zu § 850d ZPO; 25.11.2010, VII ZB 111/09, WM 2011, 76 Rn. 9 zu § 850f Abs. 2 ZPO.

§ 89 Abs. 1 Satz 1 insoweit nicht zur Masse gehören (§ 36 Abs. 1 Satz 1), können diese Gläubiger sowohl die laufenden Bezüge während des Insolvenzverfahrens[109] als auch die späteren Bezüge während der Wohlverhaltensperiode pfänden.[110] Für Pfändungen vor der Eröffnung des Insolvenzverfahrens gilt § 89 Abs. 2 Satz 2 bis 30.06.2014 entsprechend (§ 114 Abs. 3 Satz 3 Hs. 2). Um die Inanspruchnahme dieses vollstreckungsrechtlichen Privilegs zu ermöglichen, besteht bei gesteigerter Unterhaltspflicht gegenüber minderjährigen und privilegierten volljährigen Kindern (§ 1603 Abs. 2 BGB) die Obliegenheit, einen Insolvenzantrag zu stellen,[111] damit die laufenden Unterhaltsansprüche jedenfalls teilweise befriedigt werden können.

Die **Unterhaltsgläubiger** i.S.v. § 89 Abs. 2 Satz 2 sind identisch mit denen i.S.v. § 850d ZPO und § 40, auch wenn hier weder auf die konkrete Begründung des Unterhaltsanspruchs noch pauschal auf das Vierte Buch des BGB Bezug genommen wird. **Deliktsrechtliche Rentenansprüche** i.S.v. § 844 Abs. 2 Satz 1 BGB sind daher **keine Unterhaltsansprüche** i.S.v. § 89 Abs. 2 Satz 2.[112] Bei den **deliktsrechtlichen** Ansprüchen muss sich die **vorsätzliche Begehungsweise** aus dem **Titel** selbst ergeben; eine weitergehende Prüfungsbefugnis steht weder dem Vollstreckungsgericht noch – nach Maßgabe von § 89 Abs. 3 – dem Insolvenzgericht zu.[113] 34

E. Rechtsfolgen des Vollstreckungsverbots

Alle Vollstreckungsorgane, die von der Eröffnung des Insolvenzverfahrens Kenntnis erlangen, haben diese von Amts wegen zu beachten und die oben genannten Maßnahmen zu unterlassen.[114] Außerdem haben sie ggf. den Gläubiger nach § 139 ZPO auf das Vollstreckungshindernis hinzuweisen. 35

Bei Verstößen gegen § 89 Abs. 1, Abs. 2 Satz 1 ist die Vollstreckungshandlung nicht nichtig, so dass die öffentlich-rechtliche Verstrickung begründet wird und § 136 StGB anwendbar ist. Daher kann einem Dritten wirksam durch Hoheitsakt das Eigentum zugewiesen werden.[115] Da aber kein Pfändungspfandrecht mehr begründet werden kann (vgl. Rdn. 22), fehlt im Falle der Auskehr des Erlöses an den Gläubiger der Rechtsgrund, so dass § 812 Abs. 1 Satz 1 Alt. 2 BGB erfüllt ist.[116] 36

Wird die Vollstreckungsmaßnahme nicht aufgehoben, wird der **Verfahrensfehler** nach Beendigung des Insolvenzverfahrens ohne Verwertung der verbotswidrig gepfändeten Sache ex nunc **geheilt**.[117] Nur bei der **Zwangssicherungshypothek** soll die Heilung ausgeschlossen sein, weil sie ansonsten rückwirkend auf den Zeitpunkt der Eintragung entstehen und damit ein ungerechtfertigter Sondervorteil begründet würde.[118] Mit Blick auf die Rechtsprechung zum »Aufladen« einer Vormerkung,[119] auf die der BGH auch bei § 88 rekurriert (vgl. § 88 Rdn. 20), ließe sich ein mögliches Rangproblem jedoch einfacher durch einen **Rangvermerk** vermeiden. Da § 89 Abs. 1 nicht nur die Vollstreckung in Massegegenstände betrifft, genügt – anders als bei § 88 (vgl. § 88 Rdn. 20) – allein die **Freigabe** des verbotswidrig gepfändeten Gegenstandes für die Heilung des Verfahrensfehlers nicht. 37

Bei Verstößen gegen § 89 Abs. 1, Abs. 2 Satz 1 ist die **Erinnerung** (§ 766 ZPO) statthaft.[120] Rechtsbehelfsbefugt ist grds. der Insolvenzverwalter bzw. bei Vollstreckungen in massefreie Gegenständen 38

---

109 BAG 17.09.2009, 6 AZR 369/08, NJW 2010, 253 Rn. 18.
110 Vgl. BT-Drucks. 12/2443, 137.
111 So BGH 23.02.2005, XII ZR 114/03, BGHZ 162, 234 (238 ff.) Anders aber zu § 1361 Abs. 2 BGB BGH 12.12.2007, XII ZR 23/06, BGHZ 175, 67 Rn. 10 ff.
112 BGH 28.06.2006, VII ZB 161/05, NZI 2006, 593 Rn. 10.
113 BGH 26.09.2002, IX ZB 180/02, BGHZ 152, 166 (169 ff.).
114 LG Oldenburg, 06.08.1981, 5 T 217/81, ZIP 1981, 1011 (1012).
115 Jaeger/*Eckardt* Rn. 73; MüKo-InsO/*Breuer* Rn. 33.
116 Jaeger/*Eckardt* Rn. 75; MüKo-InsO/*Breuer* Rn. 33.
117 Jaeger/*Eckardt* Rn. 77; MüKo-InsO/*Breuer* Rn. 33.
118 Jaeger/*Eckardt* Rn. 77; MüKo-InsO/*Breuer* Rn. 33.
119 BGH 26.11.1999, V ZR 432/98, BGHZ 143, 175 (183); BGH 07.12.2007, V ZR 21/07, NJW 2008, 578 (580).
120 BT-Drucks. 12/2443, 138.

der Schuldner. Bei der Forderungspfändung steht auch dem Drittschuldner die Erinnerung zu.[121] Hat die angegriffene Maßnahme wegen der tatsächlichen Anhörung des Schuldners jedoch Entscheidungscharakter, ist auch bei Einwendungen aus § 89 Abs. 1, Abs. 2 Satz 1 nur die **sofortige Beschwerde** (§ 793 ZPO) statthaft.[122] Dies gilt auch beim Erlass eines Haftbefehls (§ 901 ZPO).[123] Bestreitet der Schuldner aufgrund der Insolvenzeröffnung die Pflicht zur Abgabe der **eidesstattlichen Versicherung**, ist dagegen nach der ersatzlosen Aufhebung von § 900 Abs. 4 ZPO a.F.[124] die Erinnerung (§ 766 ZPO) statthaft.[125]

39   Ist nach Eröffnung des Insolvenzverfahrens eine nach § 89 unzulässige **Eintragung im Grundbuch** vorgenommen worden, besteht zum einen Rechtsschutz nach §§ 894, 899 BGB. Zum anderen kann die Berichtigung des Grundbuchs beantragt werden (§ 13 Abs. 1 GBO), wobei die Unrichtigkeit durch Vorlage einer Ausfertigung des Eröffnungsbeschlusses nachgewiesen werden kann (§ 22 GBO). Erkennt das Grundbuchamt den Fehler selbst, ist von Amts wegen ein Widerspruch einzutragen (§ 53 Abs. 1 Satz 1 GBO). Dagegen liegen die Voraussetzungen für eine Amtslöschung nicht vor, weil die Eintragung nicht per se unzulässig war (§ 53 Abs. 1 Satz 2 GBO).[126]

F. Zuständigkeit des Insolvenzgerichts

40   Über die auf § 89 Abs. 1, Abs. 2 Satz 1 gestützten Rechtsbehelfe entscheidet aufgrund der größeren **Sachnähe** und zur **Zuständigkeitskonzentration** grds. das **Insolvenzgericht** (§ 89 Abs. 3 Satz 1)[127] und dort auch im Falle der Erinnerung (§ 766 ZPO) der **Richter** (§ 20 Nr. 17 Satz 2 RPflG).[128] Damit wird die allgemeine Zuständigkeit des Vollstreckungsgerichts (§ 764 ZPO) derogiert. Ist dagegen die **sofortige Beschwerde** eröffnet (Rdn. 37), kann das Insolvenzgericht als Amtsgericht (§ 2 I) sachlich nicht zuständig sein (§ 73 Abs. 1 Satz 1 GVG).[129] Vielmehr entscheidet über die Beschwerde das dem Vollstreckungsgericht übergeordnete Landgericht. Auch die Eintragung eines Amtswiderspruchs kann nur das **Grundbuchamt** anordnen.[130] Über die Beschwerde nach § 71 Abs. 2 Satz 2 GBO entscheidet nicht das Insolvenzgericht, sondern das Oberlandesgericht, in dessen Bezirk das Grundbuchamt seinen Sitz hat (§ 72 GBO).

41   § 89 Abs. 3 Satz 1 gilt auch ohne ausdrückliche Verweisung für das vorläufige Vollstreckungsverbot für Masseverbindlichkeiten (§ 90 Abs. 1; vgl. § 90 Rdn. 1)[131] sowie das Vollstreckungsverbot bei **Masseunzulänglichkeit** (§ 210).[132] Dasselbe gilt, wenn ein Vollstreckungsorgan eine von § 88 erfasste Vollstreckungsmaßnahme nicht aufhebt,[133] soweit es sich dabei nicht um eine Entscheidung i.S.v. § 793 ZPO handelt. Die für § 89 Abs. 3 Satz 1 tragenden Gründe bestehen auch im **Eröffnungsverfahren**, was eine **analoge Anwendung** bei Verstößen gegen § 21 Abs. 2 Satz 1 Nr. 3 (ggf.

---

121 AG Göttingen 02.10.2006, 74 IN 351/05, NZI 2006, 714 (715); Jaeger/*Eckardt* Rn. 76; MüKo-InsO/*Breuer* Rn. 39.
122 BGH 06.05.2004, IX ZB 104/04, ZIP 2004, 1379.
123 OLG Jena 17.12.2001, 6 W 695/01, ZInsO 2002, 134.
124 Vgl. dazu AG Regensburg 26.01.2000, 2 IK 118/99, ZInsO 2000, 118 (LS).
125 Vgl. BT-Drucks. 16/10069, 28.
126 Jaeger/*Eckardt* Rn. 76; MüKo-InsO/*Breuer* Rn. 40.
127 BT-Drucks. 12/2443, 138.
128 BGH 05.02.2004, IX ZB 97/03, ZIP 2004, 732; MüKo-InsO/*Breuer* Rn. 38; *Uhlenbruck* Rn. 44; a.A. Jaeger/*Eckardt* Rn. 83; Leonhard/Smid/Zeuner/*Smid* Rn. 36; *Althammer/Löhnig* KTS 2004, 525 (528).
129 Jaeger/*Eckardt* Rn. 84; a.A. AG Dortmund 09.05.2005, 257 IK 45/02, NZI 2005, 463 (464); MüKo-InsO/*Breuer* Rn. 40; *Althammer/Löhnig* KTS 2004, 525 (528 f.).
130 Jaeger/*Eckardt* Rn. 89; HK-InsO/*Kayser* Rn. 39; a.A. MüKo-InsO/*Breuer* Rn. 40.
131 HK-InsO/*Kayser* Rn. 38. Dafür spricht auch die Genese von § 90.
132 BGH 21.09.2006, IX ZB 11/04, ZIP 2006, 1999 Rn. 10; LG Trier 18.01.2005, 4 T 26/04, NZI 2005, 170; AG Köln 25.08.2004, 71 IN 149/00, NZI 2004, 592.
133 So auch Jaeger/*Eckardt* Rn. 87.

i.V.m. § 306 Abs. 2 Satz 1) rechtfertigt.[134] Dagegen sind Verstöße gegen das Vollstreckungsverbot während der **Wohlverhaltensperiode** (§ 294 Abs. 1) beim Vollstreckungsgericht geltend zu machen.[135] In Verbindung mit § 148 Abs. 2 Satz 2 und dem 2001 eingeführten § 36 Abs. 4 Satz 1,[136] auf den § 292 Abs. 1 Satz 3 für die Entscheidungen nach §§ 850 ff. ZPO während der Wohlverhaltensperiode verweist, besteht damit eine weitreichende Zuständigkeit des Insolvenzgerichts als **besonderes Vollstreckungsgericht** in Insolvenzverfahren.[137]

§ 89 Abs. 3 Satz 1 erfasst keine anderen vollstreckungsrechtlichen Entscheidungen etwa nach § 765a ZPO oder § 30d ZVG. Auch für Klagen nach §§ 767, 771 ZPO ist das Insolvenzgericht nicht zuständig.[138] Wird ein solcher Rechtsstreit an das Insolvenzgericht verwiesen, ist auch bei Bindung an die Verweisung die Prozessabteilung des Amtsgerichts zuständig.[139] Ist im Inland das Vollstreckungsverbot eines **ausländischen Insolvenzverfahrens** zu beachten, ist § 89 Abs. 3 Satz 1 weder direkt[140] noch analog[141] anwendbar, weil weder der Gesichtspunkt der Sachnähe noch der Zuständigkeitskonzentration greift.[142] In einem inländischen **Sekundär-** (Art. 27 EuInsVO) bzw. **Partikularverfahren** (§ 354) ist § 89 Abs. 3 dagegen für Vollstreckungsmaßnahmen gegen das Inlandsvermögen unmittelbar anwendbar.[143] Schließlich erfasst § 89 Abs. 3 Satz 1 auch nicht die von §§ 92, 93 ausgehende Sperrwirkung, die den einzelnen Insolvenzgläubiger die **Zwangsvollstreckung gegen andere Personen** als den Schuldner untersagt.[144]

42

§ 89 Abs. 3 Satz 2 überträgt dem Insolvenzgericht auch die Zuständigkeit für den **einstweiligen Rechtsschutz** nach §§ 766 Abs. 1 Satz 2, 732 Abs. 2 ZPO. Im Beschwerdeverfahren gilt stattdessen § 570 Abs. 3, 4 ZPO. Für ergänzenden Rechtsschutz nach § 69 Abs. 3 AO oder § 123 VwGO ist dagegen kein Raum.[145]

43

Folgt das Verbot der Einzelzwangsvollstreckung nicht aus § 89 Abs. 1 InsO, sondern aus der Anerkennung eines EU-Insolvenzverfahrens (Art. 17 EuGVVO), gibt es hingegen kein deutsches Insolvenzgericht. Hat der Schuldner keine Niederlassung in Deutschland, gibt es nicht einmal ein potentielles Insolvenzgericht für ein Sekundärverfahren (vgl. Art. 3 Abs. 2 EuInsVO). Daher muss in diesem Fall der Vollstreckungsrichter (§ 20 Nr. 17 Satz 2 RPflG) entscheiden.

43a

G. Rechtsmittel

Der Rechtsmittelzug richtet sich nach allgemeinen vollstreckungsrechtlichen Vorschriften, wenn das Insolvenzgericht kraft besonderer Zuweisung (§ 89 Abs. 3 Satz 1) funktional als Vollstreckungs-

44

---

134 So auch Jaeger/*Eckardt* Rn. 87, 90; a.A. AG Köln 23.06.1999, 73 IK 1/99, NZI 1999, 381; MüKo-InsO/*Breuer* Rn. 41; Leonhard/Smid/Zeuner/*Smid* Rn. 34; *Althammer/Löhnig* KTS 2004, 525 (531).
135 LG Köln 14.08.2003, 19 T 92/03, NZI 2003, 669; LG Hamburg 14.07.2009, 301 AR 8/09, ZInsO 2009, 1707; AG Göttingen 02.10.2006, 74 IN 351/05, NZI 2006, 714 (715); *Häsemeyer* Insolvenzrecht Rn. 26.44 in Fn. 104; MüKo-InsO/*Breuer* Rn. 41; FK-InsO/*Ahrens* § 294 Rn. 29; a.A. LG Offenburg 14.03.2000, 4 T 38/00, NZI 2000, 277 (278); Jaeger/*Eckardt* Rn. 90.
136 In der Rechtsprechung ist schon zuvor die Zuständigkeit des Insolvenzgerichts angenommen worden. Vgl. LG Wuppertal 07.04.2000, 6 T 210/00, NZI 2000, 327 (328); AG Solingen 07.03.2000, 7 M 968/00, ZInsO 2000, 240 (LS); AG Memmingen 14.03.2000, IK 80/99, ZInsO 2000, 240 (LS).
137 BT-Drucks. 14/6468, 17; BGH 05.02.2004, IX ZB 97/03, ZIP 2004, 732; 21.09.2006, IX ZB 11/04, ZIP 2006, 1999 Rn. 7; 21.09.2006, IX ZB 127/05, ZIP 2006, 2008 Rn. 4.
138 BGH 18.05.2011, X ARZ 95/11, ZIP 2011, 1283 Rn. 11; OLG Düsseldorf 23.01.2002, 19 Sa 113/01, NZI 2002, 388.
139 BGH 18.05.2011, X ARZ 95/11, ZIP 2011, 1283 Rn. 11.
140 So aber LG Kiel 15.02.2007, 4 T 12/07, ZInsO 2007, 1360.
141 So aber Jaeger/*Eckardt* Rn. 90.
142 So auch *Mankowski* ZInsO 2007, 1324 (1328 f.); *Buhlert* DZWIR 2007, 173.
143 *Mankowski* ZInsO 2007, 1324 (1330).
144 OLG Jena 17.12.2001, 6 W 695/01, ZInsO 2002, 134, dort zu § 93.
145 BFH 30.08.2010, VII B 83/10, BFH/NV 2010, 2298 (2300) zu § 69 Abs. 3 Satz AO.

§ 90 InsO   Vollstreckungsverbot bei Masseverbindlichkeiten

gericht entscheidet.[146] Daher findet gegen die Entscheidung des Insolvenzgerichts nach § 89 Abs. 3 Satz 1 InsO die **sofortige Beschwerde** statt (§ 793 ZPO), ohne dass es der ausdrücklichen Eröffnung dieses Rechtsbehelfs bedürfte (§ 6 Abs. 1).[147] Umgekehrt ist die Rechtsbeschwerde nicht kraft Gesetzes statthaft (§ 7), sondern muss ggf. vom iudex a quo zugelassen werden (§ 574 Abs. 1 Satz 1 Nr. 2, Abs. 2 ZPO).

45 Ist das Beschwerdegericht irrtümlich von der Anwendbarkeit des § 7 ausgegangen, kann die **Zulassung** nach wohl herrschender Auffassung – anders als im arbeitsgerichtlichen Verfahren (§§ 64 Abs. 3a 2, 72 Abs. 1 Satz 2 ArbGG) – **nicht** durch einen Ergänzungsbeschluss analog § 321 ZPO **nachgeholt** werden,[148] obwohl dies bei der Entscheidung über die Kosten, die vorläufige Vollstreckbarkeit (§ 716 ZPO) und die Räumungsfrist (§ 721 Abs. 1 Satz 3 ZPO) sowie beim Ausspruch des Vorbehalts der Aufrechnung (§ 302 Abs. 2 ZPO) bzw. des Nachverfahrens (§ 599 Abs. 2 ZPO) möglich ist. Diese Auffassung ist abzulehnen,[149] zumal der BGH eine nachträgliche Zulassung analog § 321a ZPO für zulässig hält, wenn dadurch der Verletzung eines Verfahrensgrundrechts und namentlich Art. 101 Abs. 1 Satz 2 GG abgeholfen wird.[150] Hat das Beschwerdegericht die Zulassungsfrage gar nicht erwogen, könnte man darin eine **Verletzung von Art. 103 Abs. 1 GG** sehen, der unmittelbar über § 321a ZPO abzuhelfen ist. Dass letztlich kein Gericht über die Zulassungsfrage sachlich entscheidet, ist **rechtsstaatlich** auch mit Blick auf Art. 6 Abs. 1 EMRK **untragbar.**

§ 90 Vollstreckungsverbot bei Masseverbindlichkeiten

(1) Zwangsvollstreckungen wegen Masseverbindlichkeiten, die nicht durch eine Rechtshandlung des Insolvenzverwalters begründet worden sind, sind für die Dauer von sechs Monaten seit der Eröffnung des Insolvenzverfahrens unzulässig.

(2) Nicht als derartige Masseverbindlichkeiten gelten die Verbindlichkeiten:
1. aus einem gegenseitigen Vertrag, dessen Erfüllung der Verwalter gewählt hat;
2. aus einem Dauerschuldverhältnis für die Zeit nach dem ersten Termin, zu dem der Verwalter kündigen konnte;
3. aus einem Dauerschuldverhältnis, soweit der Verwalter für die Insolvenzmasse die Gegenleistung in Anspruch nimmt.

Übersicht	Rdn.		Rdn.
A. Allgemeines	1	II. Nichtoktroyierte Masseverbindlich-	
B. Anwendungsbereich	2	keiten	9
C. Erfasste Masseverbindlichkeiten	3	III. Oktroyierte Masseverbindlichkeiten	11
I. Gewillkürten Masseverbindlichkeiten	4	D. Rechtsfolgen	13

A. Allgemeines

1 § 90 Abs. 1 enthält für **oktroyierte Masseverbindlichkeiten**, die vorab aus der Masse zu befriedigen sind (§ 53), ein sechsmonatiges Vollstreckungsmoratorium, um die Masse in der Anfangsphase des Insolvenzverfahrens gegen Aushöhlung zu schützen.[1] Damit ist der Gesetzgeber zur Entlastung der Insolvenzgerichte über die zunächst geplante Einstellungsbefugnis in § 101 Abs. 1, 3 InsO-RegE[2]

---

146 BGH 05.02.2004, IX ZB 97/03, ZIP 2004, 732.
147 BGH 12.01.2006, IX ZB 239/04, NJW 2006, 1127 Rn. 5.
148 BGH 12.03.2009, IX ZB 193/08, NJW-RR 2009, 1349 Rn. 9; MüKo-ZPO/*Musielak* § 321 Rn. 9.
149 So auch Stein/Jonas/*Leipold* § 321 ZPO Rn. 16; Zöller/*Vollkommer* § 321 ZPO Rn. 5.
150 BGH 04.07.2007, VII ZB 28/07, NJW-RR 2007, 1654 Rn. 6; 11.07.2007, IV ZB 38/06, NJW-RR 2007, 1653 Rn. 4; zu § 321a ZPO a.F. zuvor 19.05.2004, IXa ZB 182/03, NJW 2004, 2529.

1 BT-Drucks. 12/2443, 138.
2 BT-Drucks. 12/2443, 24, 138.

noch hinausgegangen.³ Im Recht der KO findet sich keine vergleichbare Regelung. Allerdings wurde § 14 KO auf die sog. unechten Masseverbindlichkeiten i.S.v. § 59 Abs. 1 Nr. 3 KO entsprechend angewendet.⁴ § 90 Abs. 2, der für gewillkürte Masseverbindlichkeiten das Vollstreckungsmoratorium ausschließt, wurde dagegen gegenüber § 101 Abs. 2 InsO-RegE nur redaktionell an die Umstellung auf ein gesetzliches Moratorium angepasst.⁵

B. Anwendungsbereich

§ 90 gilt nur im **eröffneten Insolvenzverfahren**, weil nur dann Masseverbindlichkeiten im Rechtssinne bestehen. Im **Eröffnungsverfahren** ist nur § 21 Abs. 2 Satz 1 Nr. 3 anwendbar. Allerdings ergibt sich aus § 90, dass das Vollstreckungsverbot nicht greift, soweit die Forderungen nach § 55 Abs. 2, 4 im eröffneten Verfahren als Masseverbindlichkeiten zu berichtigen sind, weil es sich dann nicht um oktroyierte Masseverbindlichkeiten handelt.⁶ Nach Beendigung des Insolvenzverfahrens fällt das Moratorium i.S.v. § 90 Abs. 1 weg, auch wenn sich ein Restschuldbefreiungsverfahren anschließt.⁷ 2

C. Erfasste Masseverbindlichkeiten

§ 90 erfasst nur **oktroyierte Masseverbindlichkeiten**. Davon zu unterscheiden sind die **gewillkürten** und die sonstigen **nichtoktroyierten Masseverbindlichkeiten**,⁸ für die kein Vollstreckungsmoratorium besteht. Die von § 90 Abs. 1 erfassten Masseverbindlichkeiten stellen daher die Residualmenge dar, die durch Abgrenzung gegenüber den anderen beiden Mengen zu bestimmen ist. 3

I. Gewillkürten Masseverbindlichkeiten

Gewillkürte Masseverbindlichkeiten liegen zum einen vor, wenn der **Insolvenzverwalter** die **Forderung** gegen die Masse kraft seiner Verwaltungsbefugnis (§ 80 Abs. 1) selbst **rechtsgeschäftlich begründet** hat (§ 55 Abs. 1 Nr. 1 Alt 1). Insoweit gilt dasselbe wie bei § 61 Satz 1. Dies gilt sowohl für die unmittelbar vereinbarte **Primärleistung** als auch für mögliche **Sekundäransprüche** auf Schadensersatz (§ 280 BGB) oder im Falle des vereinbarten oder gesetzlichen Rücktritts (§ 346 BGB). Rechtsgeschäftlich begründet sind auch Ansprüche aus einem ausgehandelten **Sozialplan** (§ 112 Abs. 1 Satz 2 BetrVG). Soweit diese jedenfalls in bestimmtem Umfang als Masseforderung zu befriedigen sind (§ 123 Abs. 2), ist die **Zwangsvollstreckung** in die Masse jedoch schlechthin **unzulässig** (§ 123 Abs. 3 Satz 2), so dass § 90 Abs. 1 insoweit nicht zum Tragen kommt. 4

Gewillkürt sind aber auch die Masseverbindlichkeiten, die als gesetzliche Nebenfolge eines Rechtsgeschäfts oder eines Realakts begründet werden, also die Pflicht zu Vorauszahlungen auf die **Umsatzsteuer** bei der Vornahme steuerbarer Umsätze durch den Insolvenzverwalter (§ 18 Abs. 1 UStG), zur Abführung der **Lohnsteuer** (§ 41a Abs. 1 Satz 1 Nr. 2 EStG) und zur Bezahlung des **Gesamtsozialversicherungsbeitrags** (§ 28e Abs. 1 Satz 1 SGB IV) bei neu eingestellten Arbeitnehmern oder zur Entrichtung von **Verbrauchssteuern** etwa bei Entnahmen steuerpflichtiger Güter aus dem Steuerlager.⁹ Dasselbe gilt für die Gerichtskosten und die Kosten des Gegners in einem vom Insolvenzverwalter geführten **Rechtsstreit** (§§ 22, 29 Nr. 1 GKG, § 91 Abs. 1 ZPO).¹⁰ 5

---

3 BT-Drucks. 12/7302, 165.
4 *Kilger* NJW 1980, 271 (273); AG Augsburg 24.08.1984, M 11847/84, ZIP 1985, 115 (116); AG Meldorf 16.08.1985, 11 M 767/84, ZIP 1985, 1284 (1285); LG Ulm 09.08.1985, 4 T 26/85–01, ZIP 1986, 323 (324).
5 BT-Drucks. 12/7302, 165.
6 Jaeger/*Gerhardt* § 21 Rn. 55.
7 BGH 28.06.2007, IX ZR 73/06, NZI 2007, 670 Rn. 16.
8 BT-Drucks. 12/2443, 138 spricht dagegen einheitlich von gewillkürten Masseverbindlichkeiten.
9 Zur Biersteuer vgl. § 14 Abs. 1, 2 Nr. 1 BierStG; zur Branntweinsteuer vgl. § 143 Abs. 1, 2 Nr. 1 BranntwMonG; zur Energiesteuer vgl. § 8 Abs. 1 Satz 1 EnergieStG; zur Tabaksteuer vgl. § 15 Abs. 1, 2 Nr. 1 TabStG.
10 Jaeger/*Eckardt* Rn. 5.

§ 90 InsO   Vollstreckungsverbot bei Masseverbindlichkeiten

6   Zum anderen liegen gewillkürte Masseverbindlichkeiten auch dann vor, wenn die Verbindlichkeit selbst zwar noch vom Schuldner begründet worden ist, aber nur **aufgrund** eines **Willensentschlusses** des **Insolvenzverwalters** den Rang einer **Masseverbindlichkeit** erhält. Dies gilt nach § 90 Abs. 2 Nr. 1 namentlich für die Ansprüche nach **Ausübung des Wahlrechts** durch den Insolvenzverwalter (§§ 103 Abs. 1, 55 Abs. 1 Nr. 2 Alt 1) und für die vor Verfahrenseröffnung entstandenen und als Masseverbindlichkeiten zu berichtigenden **Prozesskosten** (vgl. § 85 Rdn. 41), wenn der **Insolvenzverwalter** einen nach § 240 ZPO unterbrochenen **Prozess wiederaufnimmt** (§§ 85 Abs. 1, 86 Abs. 1, 179 Abs. 2, 180 Abs. 2).

7   Einem eigenen Willensentschluss sind die Fälle gleichgestellt, in denen der Insolvenzverwalter die Möglichkeit, die Entstehung der Verbindlichkeit selbst oder die Aufwertung zur Masseverbindlichkeit zu verhindern, ungenutzt hat verstreichen lassen. Der erste Fall liegt vor, wenn ein Dauerschuldverhältnis schon nach dem Inhalt des Schuldverhältnisses hätte **gekündigt** werden können. Der zweite Fall liegt vor, wenn der Insolvenzverwalter ein **Sonderkündigungsrecht** hätte ausüben (§§ 109 Abs. 1 Satz 1, 113 Satz 1) oder die **Erklärung nach § 109 Abs. 1 Satz 2** hätte abgeben können, so dass das weitere Erfüllungsinteresse des Vertragspartners nur als Insolvenzforderung hätte berichtigt werden müssen (§§ 109 Abs. 1 Satz 3, 113 Satz 3).

8   Dasselbe gilt, wenn der **Gegner** einen nach § 240 ZPO unterbrochenen **Prozess wiederaufnimmt**, weil der Insolvenzverwalter die Kostenhaftung der Masse bei Aktivprozessen durch Freigabe (§ 85 Abs. 2), bei Passivprozessen durch Anerkenntnis (§ 86 Abs. 2) und bei Insolvenzforderungen durch Nichtbestreiten (§§ 179 Abs. 1, 180 Abs. 2) hätte verhindern können.[11] In diesem Sinne stellt auch die **Kfz-Steuer** eine gewillkürte Masseverbindlichkeit dar, weil der Insolvenzverwalter ein massebefangenes Fahrzeug kraft seiner Verwaltungsbefugnis (§ 80 Abs. 1) ohne weiteres nach § 14 FZV außer Betrieb setzen und damit die Steuerpflicht vermeiden kann (§ 5 Abs. 1 Nr. 1 KraftStG).[12] Hat der Insolvenzverwalter erklärt, dass Ansprüche gegen den Schuldner aus einer **selbständigen Tätigkeit** im Insolvenzverfahren geltend gemacht werden können (§ 35 Abs. 2 Satz 1), sind auch die vom Schuldner persönlich begründeten Verbindlichkeiten gewillkürte Masseverbindlichkeiten.[13]

II. Nichtoktroyierte Masseverbindlichkeiten

9   Die nichtoktroyierte Masseverbindlichkeiten, die ebenfalls nicht von § 90 Abs. 1 erfasst sind, unterscheiden sich von den gewillkürten dadurch, dass sie auch nicht mittelbar auf einem Willensentschluss des Insolvenzverwalters beruhen, sondern in anderer Weise durch die Verwaltung begründet werden (§ 55 Abs. 1 Nr. 1 Alt 2). Allerdings sind davon nur solche Masseverbindlichkeiten erfasst, deren Entstehung der Insolvenzverwalter hätte verhindern können (vgl. Rdn. 12).[14] Dies gilt insb. für Ansprüche aus **unerlaubter Handlung** (§ 823 Abs. 1 BGB) oder aus der Verwirklichung der **Gefährdungshaftung** etwa aus § 7 StVG. Im Einzelnen kann die (für § 90 unbeachtliche) Abgrenzung zu den gewillkürten Masseverbindlichkeiten schwierig sein. Dies gilt etwa für die **Grundsteuer**, weil die Entstehung als Masseverbindlichkeit durch die Freigabe des Grundstücks hätte verhindert werden können.[15]

---

11 BGH 28.09.2006, IX ZB 312/04, ZIP 2006, 2132 Rn. 13 f. zu § 180 II.
12 Vgl. BFH 29.08.2007, IX R 4/07, BFHE 218, 435 (437 ff.); 10.03.2010, II B 172/09, ZIP 2010, 1302 Rn. 8, dort auch zur Unbeachtlichkeit der Freigabe. Zur Freigabe nach § 35 Abs. 2 Satz 1 ebenso FG Düsseldorf 28.01.2010, 8 K 236/09 Verk (BFH: II R 54/10). Ist das Fahrzeug dagegen als unpfändbar (§ 811 Abs. 1 Nr. 5 ZPO) nicht massebefangen (§ 36 Abs. 1 Satz 1), entsteht keine Masseverbindlichkeit. Vgl. BFH 08.09.2009, II B 63/09, ZIP 2010, 1188 (1189 f.).
13 Zur Aufnahme der Tätigkeit ohne Wissen und Wollen des Insolvenzverwalters vgl. dagegen BFH 07.04.2005, V R 5/04, BFHE 210, 156 (160 ff.) zur Umsatzsteuer; 18.05.2010, X R 11/09, ZIP 2010, 2014 Rn. 30 ff. zur Einkommensteuer. Zur Freigabe der Tätigkeit BFH 17.03.2010, XI R 2/08, BFHE 229, 394 Rn. 27.
14 Für differenzierte Lösung auch *Uhlenbruck* Rn. 4; BK-InsO/*Blersch/v. Olshausen* Rn. 4. Für generellen Ausschluss von § 90 Abs. 1 bei § 55 Abs. 1 Nr. 1 Alt. 2 dagegen MüKo-InsO/*Breuer* Rn. 10.
15 Vgl. OVG Magdeburg 05.11.2009, 4 L 243/08, ZInsO 2010, 51.

Zu den nichtoktroyierten Masseverbindlichkeiten sind schließlich die im **Eröffnungsverfahren** begründeten zu zählen (§ 55 Abs. 2, 4).[16] Zwar kann der Insolvenzverwalter die Entstehung nicht verhindern. Doch muss er sich die Verwaltungshandlungen des »starken« (§ 22 Abs. 1) bzw. mit Blick auf § 55 Abs. 4 die Einwilligung des »schwachen« vorläufigen Verwalters (§ 22 Abs. 2) zurechnen lassen.

III. Oktroyierte Masseverbindlichkeiten

Zu den oktroyierten Masseverbindlichkeiten gehören namentlich diejenigen aus **ungerechtfertigter Bereicherung** der Masse (§ 55 Abs. 1 Nr. 3)[17] und aus **Dauerschuldverhältnissen** i.S.v. § 55 Abs. 1 Nr. 2 Alt 2, weil der Insolvenzverwalter insoweit weder die Entstehung der Verbindlichkeit selbst noch deren Aufwertung zur Masseverbindlichkeit verhindern konnte (Rdn. 7). Trotzdem besteht für diese Verbindlichkeiten kein Vollstreckungsmoratorium, wenn der Insolvenzverwalter die **Gegenleistung in Anspruch** nimmt (§ 90 Abs. 2 Nr. 3). Diese Voraussetzung ist gegeben, wenn ein Arbeitnehmer weiterbeschäftigt und nicht freigestellt wird oder wenn der Insolvenzverwalter den Besitz an Mietsachen weiter ausübt. Auch bei den durch **Vormerkung** gesicherten Ansprüchen auf Verschaffung dinglicher Rechte an einem Grundstück bzw. beim Anspruch aus Verkauf unter **Eigentumsvorbehalt**, die der Insolvenzverwalter nach §§ 106, 107 Abs. 1 zu erfüllen hat (§ 55 Abs. 1 Nr. 2 Alt 2), besteht wegen der aussonderungsähnlichen Wirkung **kein Vollstreckungsmoratorium**.

Oktroyiert ist auch die Pflicht zu Vorauszahlungen auf die **Umsatzsteuer**, wenn die Steuer erst mit der Vereinnahmung des Entgelts im Insolvenzverfahren als Masseverbindlichkeit entsteht (§§ 13 Abs. 1 Nr. 1 lit b, 20 UStG). Dass dieser Fall unter § 55 Abs. 1 Nr. 1 Alt. 2 subsumiert wird,[18] steht nicht entgegen (Rdn. 9). Oktroyiert sind schließlich auch Ansprüche aus einem von der **Einigungsstelle** aufgestellten **Sozialplan** (§§ 112 Abs. 4, 112a Abs. 1 BetrVG). Insoweit gilt jedoch ein umfassendes Vollstreckungsmoratorium (§ 123 Abs. 3 Satz 2). In der **Nachlassinsolvenz** sind auch die Masseverbindlichkeiten i.S.v. § 324 InsO oktroyiert.[19]

D. Rechtsfolgen

§ 90 Abs. 1 untersagt ausschließlich die Vornahme von Zwangsvollstreckungshandlungen i.S.v. § 89 Abs. 1 (vgl. § 89 Rdn. 18 ff.). Dagegen besteht wegen der Befristung des Vollstreckungsmoratoriums – anders als bei § 123 Abs. 3 Satz 2[20] – für eine **Leistungsklage** gegen den Insolvenzverwalter das erforderliche Rechtsschutzinteresse. Das Moratorium ist auf **sechs Monate** ab der Verfahrenseröffnung beschränkt. Diese Frist läuft ab der **Eröffnungsstunde** (§ 27 Abs. 2 Nr. 3) bzw. i.d.R. ab dem nächsten Tag (§§ 4 InsO, 222 Abs. 1 ZPO, 187 Abs. 1 BGB) und endet bei Fristablauf an einem Samstag, Sonntag oder Feiertag am nächsten Werktag (§ 222 Abs. 2).[21] Vor Ablauf dieser Frist darf **kein** zwangsweiser **Zugriff** auf die Masse erfolgen. Dagegen kann ein entsprechender Antrag schon vor Fristablauf gestellt werden.

Die **Folgen** der Verletzung des Vollstreckungsmoratoriums i.S.v. § 90 Abs. 1 entsprechen denen des Vollstreckungsverbots i.S.v. § 89 (vgl. § 89 Rdn. 35 ff.). Die **Heilung** tritt hier ex nunc mit dem Ablauf der Moratoriumsfrist ein, was mit Blick auf die Rangfrage wegen der Zulässigkeit der Vollstreckung aus gewillkürten und sonstigen nichtoktroyierten Masseverbindlichkeiten von größerer Bedeutung sein dürfte als bei § 89. Auch die Überlegungen zur **Zwangssicherungshypothek** gelten entsprechend (vgl. § 89 Rdn. 36). Schließlich entspricht das Rechtsbehelfswesen dem von § 89, zumal § 89 Abs. 3 hier analog anzuwenden ist (vgl. § 89 Rdn. 37 ff., 40).

---

16 Jaeger/*Eckardt* Rn. 8; Kübler/Prütting/Bork/*Lüke* Rn. 10; MüKo-InsO/*Breuer* Rn. 11.
17 Kübler/Prütting/Bork/*Lüke* Rn. 6; MüKo-InsO/*Breuer* Rn. 8; HK-InsO/*Kayser* Rn. 10.
18 So BFH 29.01.2009, V R 64/07, BFHE 224, 24 (29).
19 Jaeger/*Eckardt* Rn. 11; MüKo-InsO/*Breuer* Rn. 8; HK-InsO/*Kayser* Rn. 10; *Uhlenbruck* Rn. 2.
20 Vgl. dazu BAG 21.01.2010, 6 AZR 785/08, ZIP 2010, 546 Rn. 10.
21 HK-InsO/*Kayser* Rn. 12.

15 § 90 Abs. 1 ändert als verfahrensrechtliche Regelung nichts an der materiell-rechtlichen **Fälligkeit** der Forderung und dem **Schuldnerverzug**.[22] Daher kann bspw. der Vermieter außerordentlich kündigen, wenn der Insolvenzverwalter die oktroyierten Mietzinsforderungen nicht begleicht (§ 543 Abs. 2 Satz 1 Nr. 3 BGB). Werden die oktroyierten Verpflichtungen zur Umsatzsteuervorauszahlung (Rdn. 12) nicht erfüllt, sind daher **Säumniszuschläge** i.S.v. § 240 Abs. 1 AO zu entrichten.

§ 91 Ausschluß sonstigen Rechtserwerbs

(1) Rechte an den Gegenständen der Insolvenzmasse können nach der Eröffnung des Insolvenzverfahrens nicht wirksam erworben werden, auch wenn keine Verfügung des Schuldners und keine Zwangsvollstreckung für einen Insolvenzgläubiger zugrunde liegt.

(2) Unberührt bleiben die §§ 878, 892, 893 des Bürgerlichen Gesetzbuchs, § 3 Abs. 3, §§ 16, 17 des Gesetzes über Rechte an eingetragenen Schiffen und Schiffsbauwerken, § 5 Abs. 3, §§ 16, 17 des Gesetzes über Rechte an Luftfahrzeugen und § 20 Abs. 3 der Schiffahrtsrechtlichen Verteilungsordnung.

Übersicht	Rdn.		Rdn.
A. Allgemeines	1	I. Begriff der Masseschmälerung	17
B. Anwendungsbereich	2	II. Maßgeblicher Zeitpunkt	18
I. Zeitlicher und gegenständlicher Anwendungsbereich	2	1. Gestreckte rechtsgeschäftliche Erwerbstatbestände	19
II. Originärer Rechtserwerb	4	2. Gesetzliche Erwerbstatbestände	34
III. Rechtserwerb durch Hoheitsakt	11	D. Beweislast und Rechtsfolgen	36
IV. Rechtsgeschäftliche Verfügungen	15	E. Verkehrsschutz nach § 91 II	37
C. Masseschmälerung nach Verfahrenseröffnung	17		

A. Allgemeines

1 § 91 basiert auf einer wechselvollen Textgeschichte[1] und geht zurück auf § 15 KO. Die heutige Fassung entspricht § 103 Abs. 1, 3 RegE-InsO,[2] während § 103 Abs. 2 RegE-InsO, der drei ausdrückliche Ausnahmen vorgesehen hatte, gestrichen wurde, um diese auch zukünftig der Rechtsprechung zu überlassen.[3] Zusammen mit §§ 81, 82, 88, 89 bildet § 91 ein abgestuftes System, um den Bestand der **Aktivmasse** gegen Schmälerungen, die nicht auf Verfügungen des Insolvenzverwalters (§ 80 Abs. 1) beruhen, zu **schützen**.[4] § 91 Abs. 1 erfasst innerhalb dieses Systems die Fälle, in denen keine Verfügung des Schuldners (§ 81), keine Leistung eines Drittschuldners an den Schuldner (§ 82) und keine Zwangsvollstreckung für einen Insolvenzgläubiger (§§ 88, 89) zugrunde liegt. Wie bei § 81 Abs. 1 Satz 2 wird Verkehrsschutz dabei grds. nur im Immobiliarsachenrecht gewährt (§ 91 Abs. 2). Der Rechtserwerb durch Verfügungen und sonstige Handlungen des Insolvenzverwalters (§ 80 Abs. 1) und die zulässige Zwangsvollstreckung von Massegläubigern (§ 90) bleibt von § 91 Abs. 1 dagegen unberührt.[5]

---

22 LAG Frankfurt 26.11.2007, 16 Sa 877/07, BeckRS 2008, 51780 Rn. zu Urlaubskassenbeiträgen.
1 Vgl. i.E. Jaeger/*Windel* Rn. 1.
2 BT-Drucks. 12/2443, 24, 138.
3 BT-Drucks. 12/7302, 36, 165.
4 Vgl. i.E. Jaeger/*Windel* Rn. 5.
5 HK-InsO/*Kayser* Rn. 5.

B. Anwendungsbereich

I. Zeitlicher und gegenständlicher Anwendungsbereich

In **zeitlicher Hinsicht** ist § 91 nur im **eröffneten Verfahren** und nach Aufhebung des Verfahrens (§ 200 Abs. 1) **anwendbar**, wenn die **Nachtragsverteilung** angeordnet wird (§ 203), die zu einem erneuten Insolvenzbeschlag führt (vgl. § 80 Rdn. 7). Wurde in der Zwischenzeit über ein Grundstücksrecht verfügt, kann § 91 Abs. 2 der Anordnung daher entgegenstehen (§ 203 Abs. 3).[6] Im Eröffnungsverfahren ist § 91 dagegen auch bei Anordnung der vorläufigen Insolvenzverwaltung mit den Sicherungsmaßnahmen des § 21 Abs. 2 Satz 1 Nr. 2 und 3 **nicht** entsprechend **anwendbar**, weil in § 24 Abs. 1 bewusst nur §§ 81, 82 für entsprechend anwendbar erklärt worden sind.[7] Daher kommt der Abgrenzung zu § 81 auch erhebliche praktische Bedeutung zu (Rdn. 15). 2

Soweit Rechte erst **nach Aufhebung** oder **Einstellung** des **Verfahrens** erworben werden, bestehen sie nicht an Gegenständen der Insolvenzmasse. Dies gilt etwa bei der Abtretung zukünftiger Forderungen, die nach Ende des Insolvenzverfahrens entstehen. § 91 kann dem Rechtserwerb in diesen Fällen nicht entgegenstehen. In der Wohlverhaltensperiode ist aber § 294 Abs. 2 zu beachten (§ 294). Auch während des Verfahrens ist § 91 nur auf **massebefangene Gegenstände** anwendbar, nicht dagegen auf Gegenstände, die von vornherein nicht zur Insolvenzmasse gehören (§ 36 Abs. 1–3) oder vom Insolvenzverwalter freigegeben worden sind. Im zweiten Punkt bleibt § 91 Abs. 1 wie § 81 Abs. 1 Satz 1 hinter § 89 Abs. 1 zurück. 3

II. Originärer Rechtserwerb

§ 91 erfasst grds. nicht den **originären Rechtserwerb**. Dazu gehört zunächst die **Ersitzung**. Bei § **937 BGB** wird allerdings vielfach behauptet, § 91 Abs. 1 stehe dem Rechtserwerb entgegen, wenn der Besitzer den Eigenbesitz im Zuge einer nichtigen Einigung (§ 929 Satz 1 BGB) vom Schuldner erlangt.[8] Dann müsste dasselbe aber auch für § **900 BGB** gelten, wenn der Bucheigentümer im Zuge einer nichtigen Einigung (§ 873 Abs. 1 BGB) mit dem Schuldner ins Grundbuch eingetragen worden ist. Beides ist mit der rechtsfriedenstiftenden Funktion der Ersitzung nicht zu vereinbaren. Da mit dem Ablauf der Ersitzungszeit zugleich der Leistungskondiktionsanspruch[9] verjährt, erleidet die Masse hier wie bei der Verjährung einer massebefangenen Forderung (§ 214 Abs. 1 BGB) einen endgültigen Rechtsverlust. Ob bei unentgeltlicher Leistung des Besitzes an einer massebefangenen Sache durch einen Dritten die Ersitzung tatsächlich einen Anspruch aus § 816 Abs. 1 Satz 2 neu begründet,[10] erscheint zweifelhaft. 4

Unstreitig lässt § 91 Abs. 1 dagegen §§ **946 ff. BGB** unberührt,[11] weil diese Tatbestände darauf basieren, dass die (massebefangene) bewegliche Sache als solche nicht mehr vorhanden ist (§ 950 BGB), ihre Sonderrechtsfähigkeit verloren hat (§§ 946, 947 BGB) oder untrennbar mit anderen Sachen vermischt worden ist (§ 948 BGB). Diese Tatbestände dienen daher der sachenrechtlichen Zuordnung und treffen keine abschließenden vermögensrechtlichen Regelungen. Vielmehr wird die Masse nach Maßgabe von § 951 BGB vor Schmälerungen geschützt. 5

Dies muss auch gelten, wenn der Schuldner nach Verfahrenseröffnung mit massebefangenen Sachen ein **Gebäude auf** einem ebenfalls massebefangenen grundpfandrechtlich **belasteten Grundstück** (§§ 946, 94 Abs. 1 BGB) errichtet oder Gebäudeteile einfügt (§ 94 Abs. 2 BGB). Denn dadurch 6

---

6 BGH 06.12.2007, IX ZB 229/06, ZIP 2008, 322 Rn. 8 ff.
7 BGH 20.03.1997, IX ZR 71/96, BGHZ 135, 140 (146 f.); 14.12.2006, IX ZR 102/03, BGHZ 170, 196 Rn. 12; 26.04.2012, IX ZR 136/11, ZIP 2012, 1256 Rn. 6.
8 Jaeger/*Windel* Rn. 17; MüKo-InsO/*Breuer* Rn. 55; *Häsemeyer* Insolvenzrecht Rn. 10.19; HK-InsO/*Kayser* Rn. 40; *Uhlenbruck* Rn. 33; a.A. Kübler/Prütting/Bork/*Lüke* Rn. 48; FK-InsO/*App* Rn. 12.
9 Zur Zulässigkeit der Leistungskondiktion vgl. RG 06.10.1930, IV 583/29, RGZ 130, 69 (72 f.).
10 So MüKo-InsO/*Breuer* Rn. 54; HK-InsO/*Kayser* Rn. 40.
11 Jaeger/*Windel* Rn. 26; MüKo-InsO/*Breuer* Rn. 52; Kübler/Prütting/Bork/*Lüke* Rn. 44; *Häsemeyer* Insolvenzrecht Rn. 10.19; HK-InsO/*Kayser* Rn. 38.

§ 91 InsO Ausschluß sonstigen Rechtserwerbs

wird das Grundpfandrecht auf Kosten der Masse werthaltiger. Da die Anfechtung von Wertschöpfungen[12] bei Handlungen nach Insolvenzeröffnung ausscheidet (§ 129 Abs. 1),[13] kann die Masseschmälerung nur durch einen Anspruch gegen den Grundpfandgläubiger aus §§ 951 Abs. 1, 812 Abs. 1 Satz 1 Alt. 2 BGB vermieden werden, den auf die Wertsteigerung des Grundstücks entfallenen Anteil des Versteigerungserlöses an den Insolvenzverwalter auszukehren.

7 Die im Zuge des Eigentumsvorbehalts weit verbreiteten **Verarbeitungsklauseln verlieren** nach herrschender Auffassung mit der Insolvenzeröffnung zunächst ihre **Wirkung**.[14] Verarbeitet der Schuldner nach Eröffnung des Insolvenzverfahrens unter Eigentumsvorbehalt gelieferte Rohstoffe, erwirbt der Lieferant daher kein (Sicherungs-)Eigentum an den neu hergestellten Sachen.[15] Erst wenn der Insolvenzverwalter Erfüllung wählt (§§ 103 Abs. 1, 107 Abs. 2) und die Verarbeitung vornimmt,[16] erlangt die Verarbeitungsklausel dagegen wieder Bedeutung.[17] Diese Auffassung steht aber letztlich im **Widerspruch** zur Rechtsprechung des BGH, der die Verarbeitungsklausel nicht rechtsgeschäftlich qualifiziert, sondern sie nur bei der Antwort auf die Frage berücksichtigt, wer nach der Lebensanschauung Hersteller i.S.v. § 950 BGB ist.[18] Daran kann die Insolvenzeröffnung aber nichts ändern, so dass von dieser – allerdings sehr zweifelhaften – Prämisse aus § 91 Abs. 1 dem Eigentumserwerb des Lieferanten nicht entgegenstehen dürfte.[19]

8 Beim **dinglichen Fruchterwerb** ist wie folgt zu differenzieren: Bei § 953 BGB kann es keinen Konflikt mit § 91 Abs. 1 geben, weil für den Fruchterwerb eines Dritten schon die Hauptsache selbst massefremd sein muss. Ist keiner der Erwerbstatbestände der §§ 954 ff. BGB erfüllt, erwirbt der Eigentümer der Hauptsache auch das Eigentum an der Frucht und kann beides ggf. aussondern (§ 47). Besteht an einer massebefangenen Sache ein dingliches Fruchtziehungsrecht, steht dem Fruchterwerb nach **§ 954 BGB** nichts entgegen.[20] Bei §§ 955, 957 soll wie bei der Ersitzung (Rdn. 4) danach differenziert werden, ob der vermeintlich zur Fruchtziehung berechtigte Besitzer den Besitz vom Schuldner oder von einem Dritten erlangt hat.[21] Wie schon der hier nicht einschlägige § 101 BGB zeigt, treffen aber auch die §§ 954 ff. BGB keine abschließende vermögensrechtliche Regelung. Es spricht daher mehr dafür, die Masse auch beim Besitzerwerb vom späteren Insolvenzschuldner auf den Bereicherungsausgleich (§§ 812 Abs. 1 Satz 1 Alt. 1, 818 Abs. 1 BGB)[22] sowie ggf. auf § 993 BGB zu verweisen. Bei **§ 956 BGB** kommt es entscheidend darauf an, ob der obligatorisch Berechtigte vor der Insolvenzeröffnung den Besitz an der Hauptsache erlangt hat (§ 956 Abs. 1 Satz 1 BGB)[23] und der Anspruch auf Besitzüberlassung und damit auch auf die Gestattung der Fruchtziehung als Masseverbindlichkeit zu erfüllen ist (§§ 55 Abs. 1 Nr. 2 Alt. 2, 107 Abs. 1, 108 Abs. 1).[24]

---

12 Vgl. dazu nur BGH 29.11.2007, IX ZR 30/07, BGHZ 174, 297 Rn. 36 m.w.N.
13 So ausdrücklich BGH 04.03.1999, IX ZR 63/98, BGHZ 141, 96 (107).
14 MüKo-InsO/*Breuer* Rn. 53; Kübler/Prütting/Bork/*Lüke* Rn. 46; HK-InsO/*Kayser* Rn. 39; a.A. *Bork* FS H.F. Gaul 1997, 71 (88 ff.).
15 So auch *Serick* ZIP 1982, 507 (516).
16 Allein in der Verarbeitung liegt nicht notwendig die Erfüllungswahl. Vgl. Jaeger/*Windel* Rn. 28; a.A. *Serick* ZIP 1982, 507 (513 f., 515); Nerlich/Römermann/*Wittkowski* Rn. 18. Hat der Insolvenzverwalter von dem Eigentumsvorbehalt Kenntnis, spricht aber alles für eine konkludente Erfüllungswahl, weil ansonsten eine vorsätzliche unerlaubte Handlung (§ 823 Abs. 1 BGB) vorliegt. Vgl. OLG Celle 28.11.1984, 13 U 52/84, WM 1985, 926 (926 f.); 28.10.1987, 3 U 11/87, ZIP 1988, 384 (385).
17 MüKo-InsO/*Breuer* Rn. 53; Kübler/Prütting/Bork/*Lüke* Rn. 46; HK-InsO/*Kayser* Rn. 39.
18 BGH 03.03.1956, IV ZR 334/55, BGHZ 20, 159 (163); 19.10.1966, VIII ZR 152/64, BGHZ 46, 117 (119).
19 So zutr. auch Jaeger/*Windel* Rn. 29.
20 Jaeger/*Windel* Rn. 21; MüKo-InsO/*Breuer* Rn. 58; Kübler/Prütting/Bork/*Lüke* Rn. 49.
21 Jaeger/*Windel* Rn. 21; MüKo-InsO/*Breuer* Rn. 60, 62.
22 *Zum Bereicherungsanspruch bei Nutzungsmöglichkeiten vgl.* MüKo-BGB/*Schwab* § 818 Rn. 21 ff.
23 BGH 30.05.1958, V ZR 295/56, BGHZ 27, 360 (361).
24 Jaeger/*Windel* Rn. 23; MüKo-InsO/*Breuer* Rn. 61.

Der **Eigentumserwerb des Finders** an massebefangenen Sachen vollzieht sich ungeachtet § 91 Abs. 1 nach §§ 973, 974 BGB, so dass nur der befristete Bereicherungsanspruch aus § 977 BGB verbleibt.[25]

Unberührt bleiben von § 91 Abs. 1 auch die Fälle **dinglicher Surrogation** etwa nach §§ 1075, 1287 BGB oder §§ 847 Abs. 2, 848 Abs. 2 ZPO[26] sowie ggf. die berichtigende Eintragung einer Sicherungshypothek ins Grundbuch (§§ 1287 Satz 2 BGB, 848 Abs. 2 ZPO).[27] Der Surrogationsgedanke trägt auch die Zugehörigkeit von Versicherungsforderungen zum grundpfandrechtlichen **Haftungsverbund** (§§ 1127, 1192 Abs. 1 BGB) oder zum Pfandrecht des Lagerhalters (§ 475b Abs. 1 Satz 2 HGB), wenn der Versicherungsfall nach Verfahrenseröffnung eintritt. Schließlich setzen sich Sicherungsrechte ungeachtet § 91 Abs. 1 an den **Früchten** des belasteten Gegenstandes (§ 99 BGB) fort. Dies gilt namentlich für die **Erzeugnisse** einer beweglichen Sache (§ 1212 BGB) wie das Kalb einer pfandbelasteten Kuh, die vom Grundstück getrennten Erzeugnisse (§§ 1120, 1192 Abs. 1 BGB) wie das abgemähte Korn sowie die **Miet- und Pachtzinsforderungen** (§§ 1123, 1192 Abs. 1 BGB). Daher können Grundpfandgläubiger auf diese Gegenstände im Wege der Zwangsverwaltung zugreifen (vgl. § 89 Rdn. 9).

III. Rechtserwerb durch Hoheitsakt

Grundsätzlich von § 91 Abs. 1 unberührt bleibt auch der Rechtserwerb kraft **Hoheitsakt**. Daher verhindert § 91 Abs. 1 weder der Eigentumserwerb durch **Zuschlag** (§ 90 ZVG) noch durch **Ablieferung** (§ 817 Abs. 2 ZPO).[28] Der Entstehung eines Pfändungspfandrechts oder einer Zwangssicherungshypothek im Wege der **Zwangsvollstreckung** durch **Insolvenzgläubiger** steht während des Insolvenzverfahrens bereits § 89 entgegen (§ 89 Rdn. 35). Dass sich diese Rechtsfolge nicht (nur) aus § 91 Abs. 1 ergibt, ist entscheidend für die Wirkung der Sicherungsmaßnahme nach § 21 Abs. 2 Satz 1 Nr. 3, die die Entstehung eines Pfändungspfandrechts auch im Eröffnungsverfahren verhindert. Dagegen kann nur § 91 Abs. 1 verhindern, dass **Neugläubiger**, die von § 89 Abs. 1 nicht erfasst werden (§ 89 Rdn. 7), im Wege der Zwangsvollstreckung Rechte an der Masse erwerben.[29] Eine Schutzlücke entsteht dadurch nicht, weil Neugläubiger ihre Forderung erst nach Eröffnung des Insolvenzverfahrens erwerben können (§ 38).

§ 91 Abs. 1 steht der **Enteignung** massebefangener Sachen (Art. 14 Abs. 3 GG) oder sonstiger hoheitlicher Eingriffe in Eigentumsrechte (Art. 14 Abs. 1 Satz 2 GG) durch die zuständige Verwaltungsbehörde nicht entgegen.[30] Stattdessen erwirbt die Masse originär den Entschädigungsanspruch bzw. bei der Baulandumlegung oder der Flurbereinigung die neu zugewiesene Parzelle (§ 72 Abs. 1 BauGB, § 61 Satz 2 FlurbG).

Von § 91 Abs. 1 unberührt bleibt auch die Begründung der **Sachhaftung** verbrauchsteuer- oder zollpflichtiger Waren aus § 76 AO, weil dabei keine Rücksicht auf Rechte Dritter genommen wird und haftungsrechtliche Zuordnungsfragen daher keine Rolle spielen.[31]

Ausnahmsweise steht § 91 Abs. 1 der Masseschmälerung durch die strafgerichtliche Anordnung des **Verfalls** (§ 73e StGB) oder der **Einziehung** (§ 74e StGB) gegen den **Täter** entgegen, weil der Maßnahme Strafcharakter zukommt und insoweit die Haftungsordnung nach § 39 Abs. 1 Nr. 3 zu be-

---

[25] Jaeger/*Windel* Rn. 19; MüKo-InsO/*Breuer* Rn. 56; Kübler/Prütting/Bork/*Lüke* Rn. 51; HK-InsO/*Kayser* Rn. 41.
[26] Vgl. zur dinglichen Surrogation bei § 847 ZPO BGH 08.12.1976, VIII ZR 108/75, BGHZ 67, 378 (383).
[27] Jaeger/*Windel* Rn. 25.
[28] Jaeger/*Windel* Rn. 19; HK-InsO/*Kayser* Rn. 42.
[29] *Häsemeyer* Insolvenzrecht Rn. 10.05; HK-InsO/*Kayser* Rn. 48.
[30] Jaeger/*Windel* Rn. 97; MüKo-InsO/*Breuer* Rn. 73; HK-InsO/*Kayser* Rn. 45.
[31] Jaeger/*Windel* Rn. 101; MüKo-InsO/*Breuer* Rn. 72; HK-InsO/*Kayser* Rn. 44.

achten ist.³² Etwas anderes gilt für die der Gefahrenabwehr dienende Einziehung zu Lasten **Dritter** (§§ 74 Abs. 2 Nr. 2, 74e Abs. 2 Satz 2 StGB). Der Entschädigungsanspruch (§ 74f StGB) steht daher ggf. der Masse zu.

IV. Rechtsgeschäftliche Verfügungen

15 Umstritten ist der Anwendungsbereich von § 91 Abs. 1 bei rechtsgeschäftlichen Verfügungen. Nach der Rechtsprechung des BGH, die dieser Kommentierung zugrunde gelegt wird, kommt es für diese Frage – entsprechend der früheren Abgrenzung von §§ 7, 15 KO³³ und entgegen dem missglückten Wortlaut – nicht darauf an, ob der Rechtserwerb überhaupt auf einer rechtsgeschäftlichen **Verfügung des Schuldners** beruht, sondern ob diese Verfügung **vor Verfahrenseröffnung** vorgenommen worden ist (dann § 91) oder danach (dann § 81; vgl. § 81 Rdn. 14). Bei **mehraktigen Verfügungstatbeständen** ist nicht § 91 Abs. 1, sondern § 81 Abs. 1 Satz 1 anwendbar, soweit es um Handlungen des Schuldners geht (vgl. § 81 Rdn. 13).

16 Bei **Verfügungen Dritter** über Massegegenstände steht aber weder § 81 Abs. 1 Satz 1 (vgl. § 81 Rdn. 15) noch § 91 Abs. 1 dem Erwerb vom Nichtberechtigten nach §§ 892 f., 932 ff., 1207 f., 1244, 2366 f. BGB oder §§ 366 f. HGB entgegen, wenn der Erwerber vom Eigentum bzw. der Ermächtigung des Veräußerers ausgehen durfte. Insb. kann aus § 91 Abs. 2 nicht im Umkehrschluss entnommen werden, dass der gutgläubige Rechtserwerb an Fahrnis ausgeschlossen sein soll.³⁴

C. Masseschmälerung nach Verfahrenseröffnung

I. Begriff der Masseschmälerung

17 Tatbestandliche Voraussetzung des § 91 Abs. 1 ist zunächst die **Schmälerung** der **Aktivmasse**. Nicht unter § 91 Abs. 1 fällt der Schutz vor Erweiterung der Passivmasse, die nach Maßgabe von §§ 38 ff. bestimmt wird. Eine Masseschmälerung liegt vor bei der **Veräußerung** von Massegegenständen, bei der **Begründung neuer Rechte** an Massegegenständen und bei der **Erweiterung** bereits **bestehender Rechte** zu Lasten der Masse, wobei sich die Unwirksamkeitsfolge im letzten Fall auf die Rechtserweiterung beschränkt.³⁵ Eine Masseschmälerung liegt nicht vor, wenn **Rechte** an Gegenständen der Insolvenzmasse **übertragen** werden. Das war schon zu § 15 Satz 1 KO anerkannt³⁶ und sollte in § 102 Abs. 2 Nr. 3 RegE³⁷ ausdrücklich festgeschrieben werden. Daran hat die Streichung dieser als überflüssig angesehenen Regelung nichts geändert.³⁸ Allerdings darf sich die Rechtsposition der Masse dadurch nicht verschlechtern. Daher kann bei der Abtretung einer Sicherungsgrundschuld (§ 1192 Ia BGB) der Sicherungszweck nach der Insolvenzeröffnung nicht wirksam erweitert werden (§ 91 Abs. 1).³⁹

II. Maßgeblicher Zeitpunkt

18 Der für § 91 Abs. 1 maßgebliche Zeitpunkt ist wie für §§ 88, 89 und § 140 Abs. 1 grds. die Vollendung des Erwerbstatbestandes. Bei **gestreckten Verfügungen und gesetzlichen Erwerbstatbeständen** verhindert § 91 Abs. 1 daher den Rechtserwerb zu Lasten der Masse, wenn eine rechtsgeschäft-

---

32 LG Duisburg 27.01.2003, 32 Qs 3/03, ZIP 2003, 1361 f.; Jaeger/*Windel* Rn. 99; MüKo-InsO/*Breuer* Rn. 71; HK-InsO/*Kayser* Rn. 43.
33 BT-Drucks. 12/2443, 138.
34 Jaeger/*Windel* Rn. 92, 93.
35 BGH 21.02.2008, IX ZR 255/06, ZIP 2008, 703 Rn. 10; Kübler/Prütting/Bork/*Lüke* Rn. 7; MüKo-InsO/*Breuer* Rn. 14.
36 RG 09.11.1894, II 312/94, RGZ 34, 59 (60 f.); BGH 20.12.2001, IX ZR 419/98, NJW 2002, 1578 (1579).
37 BT-Drucks. 12/2443, 24.
38 BT-Drucks. 12/7302, 165.
39 BGH 20.12.2001, IX ZR 419/98, NJW 2002, 1578 (1579); 21.02.2008, IX ZR 255/06, ZIP 2008, 703 Rn. 13 zum Verlust der Nichtvalutierungseinrede.

liche Verfügung zwar vor der Insolvenzeröffnung erfolgt ist, der Erwerbstatbestand aber noch weitere Merkmale enthält, die erst nachträglich verwirklicht werden. Dasselbe gilt für gesetzliche Erwerbstatbestände, die erst nachträglich vollendet werden.

1. Gestreckte rechtsgeschäftliche Erwerbstatbestände

Zur ersten Gruppe gehört insb. die **Eintragung im Grundbuch** beim Erwerb von Immobiliarsachenrechten (§ 873 Abs. 1 BGB). Insoweit ist aber bei bindender Einigung vor Verfahrenseröffnung (§ 873 Abs. 2 BGB) der Vorbehalt des § 878 BGB zu beachten (§ 91 Abs. 2; vgl. Rdn. 37). Nach ganz herrschender Auffassung gehört bei der **Hypothek** für künftige Forderungen (§ 1113 Abs. 2 BGB) auch die **Entstehung der besicherten Forderung** zum Erwerbstatbestand des Grundpfandrechts, das zuvor als (vorläufige) Grundschuld (§ 1177 Abs. 1 BGB) dem Eigentümer zustehen soll.[40] Entsteht die Forderung erst nach der Verfahrenseröffnung, steht § 91 Abs. 1 dem Erwerb des dinglichen Rechts entgegen, soweit nicht bei der Begründung der Forderung durch den Schuldner § 81 Abs. 1 Satz 1 Vorrang genießt.[41] Plädiert man dagegen mit Blick auf § 1113 Abs. 2 BGB für den sofortigen Erwerb der Hypothek für die zukünftige Forderung,[42] ändert sich insolvenzrechtlich nichts, weil § 91 Abs. 1 auch den Verlust der Nichtvalutierungseinrede erfasst (Rdn. 28). Die nachträgliche **Erweiterung der Zinshaft** durch den Schuldner (§ 1119 BGB) scheitert dagegen stets an § 81 Abs. 1 Satz 1.[43]

Beim **Lebensversicherungsvertrag** steht § 91 Abs. 1 dem Erwerb der Versicherungsforderung durch den widerruflich Bezugsberechtigten (§ 159 Abs. 2 VVG) nicht entgegen, wenn der Versicherungsfall im Verfahren eintritt und der Insolvenzverwalter das Bezugsrecht nicht widerrufen hat.[44] Wird der Anspruch aus einer Lebensversicherung gepfändet, hat der Pfandgläubiger eine gesicherte Rechtsposition, wenn der Schuldner über die Rechte aus dem Vertrag nicht mehr verfügen kann und der Vertrag beim Ausbleiben weiterer Prämien beitragsfrei geführt wird.[45] Bei der **Direktversicherung** i.S.v. § 1b Abs. 2 BetrAVG erwirbt der Arbeitnehmer auch vor Unverfallbarkeit der Anwartschaft i.S.v. § 1b Abs. 1 BetrAVG ein unwiderrufliches Bezugsrecht, wenn das Arbeitsverhältnis mit einem neuen Arbeitgeber fortgesetzt wird (§ 613a BGB)[46] oder insolvenzbedingt endet.[47]

Bedarf eine vor Verfahrenseröffnung erfolgte Verfügung des Schuldners zu ihrer Gültigkeit der **Genehmigung** eines Dritten, so kann diese Genehmigung noch **nach Verfahrenseröffnung** erteilt werden, weil die Genehmigung ex tunc wirkt (§ 184 Abs. 1 BGB). Die Insolvenzeröffnung beseitigt zwar die Verfügungs- und damit die Genehmigungsbefugnis des Schuldners (vgl. § 81 Rdn. 15), lässt aber die Genehmigungsbefugnis außenstehender Dritter unangetastet.[48] Hatte der **Schuldner** vor Verfahrenseröffnung etwa wegen § 935 Abs. 1 BGB **unwirksam** über eine fremde Sache **verfügt**, kann der Eigentümer die Verfügung nachträglich genehmigen und die bereits erbrachte Gegenleistung ggf. ersatzaussondern (§ 48 Satz 2). Hatte der Schuldner vor der Verfahrenseröffnung **solvendi causa** an einen **Dritten** bezahlt, kann der Gläubiger genehmigen (§§ 362 Abs. 2, 185 Abs. 2 BGB) und beim Leistungsempfänger nach § 816 Abs. 2 BGB kondizieren, so dass der Anspruch der Masse aus § 812 Abs. 1 Satz 1 Alt 1 BGB erlischt.[49]

---

40 MüKo-BGB/*Eickmann* § 1163 Rn. 9; *Baur/Stürner* Sachenrecht § 36 Rn. 99.
41 Jaeger/*Windel* Rn. 41; HK-InsO/*Kayser* Rn. 25.
42 So *Wilhelm* Sachenrecht Rn. 1585 ff.
43 Jaeger/*Windel* Rn. 42.
44 BGH 27.04.2010, IX ZR 245/09, ZIP 2010, 1964 Rn. 3.
45 BGH 26.01.2012, IX ZR 191/10, ZIP 2012, 638 Rn. 31 ff.
46 BAG 15.06.2010, 3 AZR 334/06, ZIP 2010, 1915 Rn. 29.
47 BGH 08.06.2005, IV ZR 30/04, ZIP 2005, 1373 (1374 f.); 22.09.2005, IX ZR 85/04, ZIP 2005, 1836 (1837); unklar BAG 15.06.2010, 3 AZR 334/06, ZIP 2010, 1915 Rn. 45 ff. Zum Kündigungsrecht des Insolvenzverwalters vgl. BGH 02.12.2009, IV ZR 65/09, NJW-RR 2010, 544 Rn. 15 ff.
48 RG 14.10.1931, IX 241/31, RGZ 134,73 (78); BGH 09.10.1958, II ZR 229/57, WM 1958, 1417 (1418 f.); 15.01.2009, IX ZR 237/07, ZIP 2009, 485 Rn. 13 zu §§ 362 Abs. 2, 185 Abs. 2 Satz 1 BGB.
49 BGH 15.01.2009, IX ZR 237/07, ZIP 2009, 485 Rn. 13.

§ 91 InsO   Ausschluß sonstigen Rechtserwerbs

22 Dagegen müssen ggf. erforderliche **behördliche Genehmigungen** oder **Zustimmungen Dritter** schon vor Verfahrenseröffnung vorgelegen haben. Ersteres spielt vor allem im Grundstücksverkehr eine Rolle (Rdn. 38), Letzteres bei der Beschränkung der **Abtretbarkeit** von **Forderungen** (§ 399 Alt. 2 BGB) oder sonstigen Rechten (§ 413 BGB) und damit namentlich von **GmbH-Gesellschaftsanteilen** (§ 15 Abs. 5 GmbHG). Dasselbe gilt für die Übertragung vinkulierter Namensaktien (§ 68 Abs. 2 AktG).

23 Eine aufschiebend **bedingte** oder **befristete Verfügung** ist nach §§ 161 Abs. 2 Satz 2, 163 BGB ohne Verletzung von § 91 Abs. 1 insolvenzfest, auch wenn die Bedingung erst nach Insolvenzeröffnung eintritt.[50] Die **Bedingung**, unter der die Vorausverfügung steht, kann grds. auch in einer Rechtshandlung des Begünstigten wie bspw. einer Kündigung liegen.[51]

24 Grds. wird die bedingte Verfügung über bestehende Rechte der uneingeschränkten Verfügung über **bedingte Rechte** gleichgestellt.[52] Dies gilt selbst dann, wenn die Bedingung erst nach Insolvenzeröffnung eintritt.[53] Davon strikt zu trennen ist aber die Verfügung über **künftige Rechte und damit namentlich die Globalzession**. Zwar ist die Verfügung selbst mit dem Abschluss des Abtretungsvertrages beendet. Entsteht das künftige Recht erst nach der Eröffnung des Insolvenzverfahrens, steht § 91 Abs. 1 dem Rechtserwerb zu Lasten der Masse entgegen (vgl. § 81 Rdn. 14).[54]

25 Dies gilt namentlich für die Vorausabtretung **ärztlicher Vergütungsansprüche** gegen die Kassen-(zahn)ärztliche Vereinigung (§§ 85 Abs. 4, 87b SGB V)[55] oder Privatpatienten,[56] die nach § 91 Abs. 1 nicht die Ansprüche ab Verfahrenseröffnung erfassen kann.[57] Nach Auffassung des BGH wird die Abtretung jedoch wirksam, wenn der Insolvenzverwalter die Praxis nach § 35 Abs. 2 Satz 1 »freigegeben« hat (§ 185 Abs. 2 Satz 1 BGB),[58] obwohl dann die laufenden Kosten nicht mehr gedeckt werden können und für Zahlungen nach §§ 35 Abs. 2, 295 Abs. 2 das Substrat fehlt.[59] Die Abtretung der **Ansprüche** des Schuldners auf **Rückgewähr einer Grundschuld** an einen nachrangigen Grundpfandrechtsgläubiger scheitert an § 91 Abs. 1 nur, wenn die Grundschuld zugunsten der Masse hätte revalutiert werden können.[60] Als künftige Forderung wird auch der Erfüllungsanspruch der Masse angesehen, wenn der Insolvenzverwalter nach **§ 103 Abs. 1** Erfüllung wählt. Die Vorausabtretung hat dann nach § 91 Abs. 1 keine Wirkung (vgl. Rdn. 15).[61] § 91 Abs. 1 verhindert schließ-

---

50 BGH 27.05.2003, IX ZR 51/02, BGHZ 155, 87 (92); 17.11.2005, IX ZR 162/04, NJW 2006, 915 Rn. 13; 10.12.2009, IX ZR 1/09, ZIP 2010, 138 Rn. 26 bei aufschiebend bedingter Zession im Factoring.
51 BGH 17.11.2005, IX ZR 162/04, NJW 2006, 915 Rn. 13 zur Übertragung von Nutzungsrechten an Computersoftware.
52 BGH 27.05.2003, IX ZR 51/02, BGHZ 155, 87 (92 f.); 17.11.2005, IX ZR 162/04, NJW 2006, 915 Rn. 13; *Häsemeyer* Insolvenzrecht Rn. 10.24.
53 BGH 30.11.1977, VIII ZR 26/76, BGHZ 70, 75 (77).
54 BGH 20.03.1997, IX ZR 71/96, BGHZ 135, 140 (145); 17.02.2005, IX ZB 62/04, BGHZ 162, 187 (190); 11.05.2006, IX ZR 247/03, BGHZ 167, 363 Rn. 6; 14.01.2010, IX ZR 78/09, ZIP 2010, 335 Rn. 18; 22.04.2010, IX ZR 8/07, NZI 2010, 682 Rn. 9.
55 BGH 11.05.2006, IX ZR 247/03, BGHZ 167, 363 Rn. 7. Da bei der Abtretung dieses Anspruch der Bank der Name des Patienten nicht mitgeteilt wird, bestehen gegen die Wirksamkeit der Abtretung mit Blick auf §§ 402, 134 BGB i.V.m. § 203 Abs. 1 Nr. 1 StGB keine Bedenken, wenn, wie im banküblichen Muster ausdrücklich vorgesehen, die Weitergabe von Daten, die der ärztlichen Schweigepflicht unterliegen, ausgeschlossen ist. Vgl. *Hartmann/Höche/Wand/Weber* Kurzkommentar Bankvordrucke, Teil 9, 42.408.
56 BGH 17.02.2005, IX ZB 62/04, BGHZ 162, 187 (190). Zur notwendigen Einwilligung von Privatpatienten mit der Abtretung vgl. nur BGH 01.07.1991, VIII ZR 296/90, BGHZ 115, 123 (125 ff.).
57 BGH 18.02.2010, IX ZR 61/09, ZIP 2010, 587 Rn. 2.
58 So BGH 18.04.2013, IX ZR 165/12, ZIP 2013, 1181 Rn. 23 ff.
59 Krit. daher *Piekenbrock* WuB VI A. § 91 InsO 2.13.
60 BGH 10.11.2011, IX ZR 142/10, ZIP 2011, 2364 Rn. 9; weitergehend zuvor OLG Celle 14.07.2010, 3 U 23/10, ZIP 2010, 1407 (1409).
61 *BGH 25.04.2002, IX ZR 313/99, BGHZ 150, 353 (359). HK-InsO/Kayser Rn. 23 spricht hier bildlich, aber ohne Rückgriff auf das Dogma des Erlöschens der wechselseitigen Forderungen kaum begründbar, von einem »Qualitätssprung« der zuvor undurchsetzbaren Forderung, wobei der Verweis auf § 55 Abs. 1*

lich auch, dass bei **Doppelverfügungen** des Schuldners die zweite Verfügung, die als Nichtberechtigter erfolgt ist, nach Eröffnung des Insolvenzverfahrens noch konvalisziert werden kann (185 Abs. 2 Satz 1 BGB).[62]

Bei **Dauerschuldverhältnissen** kommt es nach Auffassung der Rechtsprechung darauf an, ob die im Voraus abgetretenen oder verpfändeten Forderungen bereits mit Abschluss des zugrundeliegenden Vertrages »**betagt**« waren oder erst **später** mit der Inanspruchnahme der jeweiligen Gegenleistung **entstanden** sind. Im erstgenannten Fall hat der Zessionar eine gegenüber § 91 Abs. 1 gesicherte Rechtsposition, im letztgenannten Fall nicht.[63] Gesichert ist die Rechtsposition nur, wenn sie dem Erwerber nicht mehr entzogen werden kann und ihr Eintritt nicht von freien Entscheidungen des Schuldners oder eines Dritten abhängt.[64] Betagt sind die **Leasingforderungen** des Leasinggebers gegen den Leasingnehmer während der fest vereinbarten **Grundmietzeit**.[65] Dasselbe gilt für Mietforderungen bei einem befristeten Mietverhältnis.[66] Im Übrigen entstehen **Mietzinsansprüche** erst zum Anfangstermin des jeweiligen Zeitraums der Nutzungsüberlassung.[67] § 110 stellt bei dieser Lesart eine Einschränkung der von § 91 ausgehenden Wirkung dar.[68] Dasselbe gilt bis 30.06.2014 für § 114 Abs. 1 hinsichtlich der Abtretung künftiger **Ansprüche auf Arbeitsentgelt**.[69]

26

Beim **Kontokorrent** entsteht der Abschlusssaldo erst mit der Verfahrenseröffnung (§§ 115, 116). Daher soll eine Vorausverfügung nach neuerer Auffassung des BGH an § 91 Abs. 1 scheitern.[70] Dasselbe gilt für zukünftige **Gewinnforderungen** eines Gesellschafters, die erst mit Abschluss der jeweiligen Rechnungsperiode entstehen.[71] Beim **Auseinandersetzungsguthaben** soll es darauf ankommen, ob das Recht ohne weiteres Zutun der Parteien entsteht. Wird ein Gesellschafter nach Eröffnung des Insolvenzverfahrens ausgeschlossen, soll § 91 Abs. 1 den Rechtserwerb daher ausschließen.[72]

27

Dieselben Grundsätze gelten auch für **dingliche Sicherheiten**, die bedingte oder zukünftige Forderungen besichern.[73] Beim Pfandrecht (§ 1210 BGB), bei der Höchstbetragshypothek (§ 1190 Abs. 1 BGB) und beim kaufmännischen Zurückbehaltungsrecht (§ 369 HGB) ist daher der **Forderungsbestand** im Zeitpunkt der **Insolvenzeröffnung** maßgeblich. Besichert sind aber auch die laufenden Zinsen, die nach § 39 Abs. 1 Nr. 1 am Verfahren teilnehmen können. Auch bei den **fiduziarischen Sicherungsrechten** (Grundschuld, Sicherungsübereignung, Sicherungszession) kann

28

Nr. 2 für die Aktivforderung der Masse erratisch wirkt. Kritisch insoweit auch HK-InsO/*Marotzke* § 103 Rn. 102.

62 BGH 11.10.2012, IX ZR 30/10, ZIP 2012, 2214 Rn. 8 m.w.N.
63 BGH 25.04.2013, IX ZR 62/12, ZIP 2013, 1082 Rn. 27; 20.09.2012, IX ZR 208/11, ZIP 2012, 2358 Rn. 13; 11.05.2006, IX ZR 247/03, BGHZ 167, 363 Rn. 6; 08.01.2009, IX ZR 217/07, ZIP 2009, 380 Rn. 32; 25.06.2009, BGHZ 181, 362 Rn. 11; 14.01.2010, IX ZR 78/09, ZIP 2010, 335 Rn. 20.
64 BGH 11.12.2008, IX ZR 194/07, ZIP 2009, 228 Rn. 12 zu § 140 I; 14.01.2010, IX ZR 78/09, ZIP 2010, 335 Rn. 20.
65 So zu § 15 KO BGH 14.12.1989, IX ZR 283/88, BGHZ 109, 368 (372 f.); 28.03.1990, VIII ZR 17/89, BGHZ 111, 84 (94). Zu § 91 Abs. 1 BGH 14.01.2010, IX ZR 78/09, ZIP 2010, Rn. 21. *Niemann* Leasing- und leasingähnliche Fonds in der Insolvenz, 2005, S. 136 ff.
66 BGH 04.11.2009, XII ZR 170/07, ZIP 2010, 332 Rn. 20 ff.
67 BGH 25.04.2013, IX ZR 62/12, ZIP 2013, 1082 Rn. 32 ff.; 14.12.2006, IX ZR 102/03, BGHZ 170, 196 Rn. 12.
68 BGH 25.04.2013, IX ZR 62/12, ZIP 2013, 1082 Rn. 25; 14.12.2006, IX ZR 102/03, BGHZ 170, 196 Rn. 12.
69 BT-Drucks. 17/11268, 23; BGH 20.09.2012, IX ZR 208/11, ZIP 2012, 2358 Rn. 15; 11.05.2006, IX ZR 247/03, ZIP 2006, 1254 Rn. 9.
70 BGH 25.06.2009, IX ZR 98/08, BGHZ 181, 362 Rn. 10; *Häsemeyer* Insolvenzrecht Rn. 10.24; *Canaris* Handelsrecht § 25 Rn. 53; a.A. BGH 07.12.1977, VIII ZR 164/76, BGHZ 70, 86 (94 f.); Jaeger/*Windel* Rn. 60; MüKo-InsO/*Breuer* Rn. 27; HK-InsO/*Kayser* Rn. 21.
71 BGH 14.01.2010, IX ZR 78/09, ZIP 2010, 335 Rn. 22.
72 So im Fall einer Genossenschaft BGH 08.01.2009, IX ZR 217/07, ZIP 2009, 380 Rn. 32.
73 *Häsemeyer* Insolvenzrecht Rn. 10.28; Jaeger/*Windel* Rn. 31.

der besicherte Forderungsbestand nicht mehr nachträglich erweitert werden, weil ansonsten die **Nichtvalutierungseinrede** verlorenginge.[74] Beruht die Erweiterung auf einer Verfügung des Schuldners, folgt dies bereits aus § 81 Abs. 1 Satz 1 und im Übrigen aus § 91 Abs. 1.[75]

29 Nach der Rechtsprechung des BGH zum **Kontokorrent** (Rdn. 26) könnte dann ein Kontokorrentkredit nicht mehr insolvenzfest dinglich besichert werden. Auch das **AGB-Pfandrecht** am Kontoguthaben nach Nr. 14 Abs. 1 Satz 2 AGB-Banken bzw. Nr. 21 Abs. 1 Satz 2 AGB-Sparkassen beim Kontokorrent würde vielfach bereits an § 91 Abs. 1 scheitern. Das kann so nicht richtig sein.

30 Hat sich der **Bürge** für seinen **Regressanspruch** eine Sicherheit bestellen lassen und erst nach Insolvenzeröffnung gezahlt, scheitert die abgesonderte Befriedigung nicht an § 91 Abs. 1, obwohl die cessio legis erst mit der Zahlung erfolgt (zur Aufrechnung durch den Bürgen nach § 95 Abs. 1 Satz 1 vgl. § 95 Rdn. 4).[76] Das folgt unabhängig von § 774 BGB, auf den der BGH abstellt, schon daraus, dass der Befreiungsanspruch (§ 257 BGB) spätestens mit der wesentlichen Vermögensverschlechterung entsteht (§ 775 Abs. 1 Nr. 1 BGB).

31 Einen Sonderfall stellt das **Vermieterpfandrecht** dar, das mit der Einbringung der Sache in den vermieteten Raum entsteht (§ 562 Abs. 1 Satz 1 BGB). Der BGH hat insoweit im Anfechtungsrecht auf § 140 Abs. 3 rekurriert.[77] Bei § 91 soll es darauf ankommen, ob der Schuldner die Möglichkeit hatte, den bereits im Zeitpunkt der Verfahrenseröffnung ganz oder teilweise aus seinem Vermögen ausgeschiedenen Vermögensgegenstand aufgrund alleiniger Entscheidung wieder zurückzuerlangen.[78] Ist dies nach Maßgabe von §§ 562a, 562b Abs. 1 BGB nicht der Fall, haftet das Vermieterpfandrecht – in den zeitlichen Grenzen von § 562 Abs. 2 BGB – auch für die Masseverbindlichkeiten nach §§ 55 Abs. 1 Nr. 2, 109 Abs. 1 Satz 1[79] und richtigerweise auch für die Insolvenzforderung nach § 109 Abs. 1 Satz 3,[80] soweit damit nur das primäre Erfüllungsinteresse geltend gemacht wird.[81]

32 Beim **Werkunternehmerpfandrecht** (§ 647 BGB) steht dem Unternehmer bis zur Bezahlung des Werklohns, der mit Vertragsschluss entsteht, ein Recht zum Besitz zu. Erbringt der Unternehmer in Unkenntnis der Verfahrenseröffnung sein Werk, ist die Werklohnforderung trotzdem nicht voll dinglich gesichert, weil ansonsten das Wahlrecht des Verwalters unterlaufen würde. Gesichert ist aber die **Schadensersatzforderung** aus § 103 Abs. 2 Satz 1 sowie der **Bereicherungsanspruch** aus § 813 Abs. 1 Satz 1[82] gegen die Masse (§ 55 Abs. 1 Nr. 3). Wurde die Sache nicht vom Schuldner als Eigentümer, sondern einem Dritten in Reparatur gegeben und entsteht daher kein gesetzliches

---

74 Jaeger/*Windel* Rn. 41; HK-InsO/*Kayser* Rn. 26.
75 BGH 30.10.1974, VIII ZR 81/73, NJW 1975, 122.
76 BGH 01.07.1974, II ZR 115/72, NJW 1974, 2000 (2001); 06.11.1989, II ZR 62/89, ZIP 1990, 53 (55); 13.03.2008, IX ZR 14/07, ZIP 2008, 703 Rn. 11; a.A. KG 04.06.2004, 7 U 363/03, ZInsO 2004, 979 (980).
77 BGH 14.12.2006, IX ZR 102/03, BGHZ 170, 196 Rn. 18. Zur Anfechtung eines Vertragspfandrechts auch BGH 26.01.1983, VIII ZR 257/81, BGHZ 86, 340 (346 ff.).
78 BGH 27.05.2003, IX ZR 51/02, BGHZ 155, 87 (93); 17.11.2005, IX ZR 162/04, NJW 2006, 915 Rn. 13; 14.12.2006, IX ZR 102/03, BGHZ 170, 196 Rn. 17.
79 So auch Jaeger/*Windel* Rn. 34; *Giesen* KTS 1995, 579 (581); a.A. *Eckert* ZIP 1984, 663 (666); *Uhlenbruck* Rn. 16.
80 Für künftige Entschädigungsforderung i.S.v. § 562 II BGB dagegen *Giesen* KTS 1995, 579 (581); Staudinger/*Emmerich* § 562 BGB Rn. 32 mit fehlerhaftem Verweis auf RG 28.05.1909, III 381/08, JW 1909, 424 (425).
81 Der Ausschluss zukünftiger Entschädigungsansprüche beruht auf deren unkalkulierbaren Höhe. Vgl. Protokolle II, 199 = Mugdan II, 855. Diese Voraussetzung ist nur gegeben, wenn über §§ 280 Abs. 1, 3, *281 BGB* weiterer Schadensersatz verlangt wird. Vgl. MüKo-InsO/*Eckert* § 109 Rn. 28, 29.
82 Zum (dauerhaften) Wegfall der Durchsetzbarkeit des Erfüllungsanspruchs auf die Werkleistung vgl. nur BGH 25.04.2002, IX ZR 313/99, BGHZ 150, 353 (359).

Pfandrecht, kann der Unternehmer sein **Zurückbehaltungsrecht** aus § 1000 BGB[83] auch auf Verwendungen nach Eröffnung des Insolvenzverfahrens stützen.

Bei der **Vormerkung** zukünftiger Ansprüche auf Verschaffung von Grundstücksrechten ist zu unterscheiden: Hängt die Entstehung des Anspruchs ausschließlich vom Willen des Schuldners ab, fehlt es bereits sachenrechtlich an der Vormerkbarkeit.[84] Dasselbe gilt für den zukünftigen Anspruch des Vertragsvermächtnisnehmers.[85] Dagegen hat der BGH aus dem ersten Topos abgeleitet, dass § 1179a BGB keinen insolvenzfesten Löschungsanspruch verschafft, wenn sich das Eigentum an dem Grundstück und die Grundschuld erst im Insolvenzverfahren vereinen.[86] Insolvenzfest ist die Vormerkung dagegen, wenn die Entstehung des Anspruchs allein vom Berechtigten bewirkt werden kann.[87] Dies ist der Fall, wenn i.V.m. einem befristeten Vertragsangebot (§ 148 BGB) eine Vormerkung bewilligt und eingetragen wird.[88] 33

2. Gesetzliche Erwerbstatbestände

Zu den gesetzlichen Erwerbstatbeständen gehört insb. die **Einbringung** von Sachen in den gemieteten, gepachteten oder vom Gastwirt überlassenen Raum, so dass an diesen Sachen nach Insolvenzeröffnung kein **Pfandrecht** begründet werden kann (§§ 562 Abs. 1 Satz 1, 581 Abs. 2, 592 Satz 1, 704 Satz 1 BGB). Durch die **Herstellung** einer neuen Sache in einem gemieteten bzw. gepachteten Raum erlischt ggf. das Pfandrecht des Vermieters bzw. Verpächters an den dem Schuldner gehörenden Rohstoffen (§ 950 Abs. 2 BGB). Zwar erstreckt sich das gesetzliche Pfandrecht auch auf die neu hergestellte Sache.[89] Findet der Erwerbsvorgang nach § 950 Abs. 1 BGB aber erst nach Insolvenzeröffnung statt, kann das Pfandrecht nicht mehr begründet werden. Soweit bei der Landpacht dagegen nach Insolvenzeröffnung die **Erzeugnisse** von der gepachteten Hauptsache **getrennt** werden, wird wie bei § 810 ZPO (vgl. § 89 Rdn. 19) das Pfandrecht unbeschadet § 91 Abs. 1 begründet (§ 592 Satz 1 BGB).[90] Bei Erzeugnissen der vom Pächter eingebrachten Sachen gilt dagegen § 1212 BGB (vgl. Rdn. 8). 34

Bei den sog. **Übergabepfandrechten** des Werkunternehmers (§ 647 BGB), des Frachtführers (§ 441 Abs. 2 HGB), des Spediteurs (§§ 464 Abs. 1 Satz 2, 441 Abs. 2 HGB), des Lagerhalters (475b Abs. 3 HGB) und des Verfrachters (§ 495 Abs. 2 HGB) kann der Erwerbstatbestand nach Eröffnung des Insolvenzverfahrens nicht mehr verwirklicht werden. Schließlich kann durch die Begründung der Zubehöreigenschaft (§ 97 BGB) etwa durch den Einbau einer Küche im eigenen Haus in Norddeutschland[91] der Haftungsverbund eines Grundpfandrechts erweitert werden (§§ 1120, 1192 Abs. 1 BGB). Diese Wirkung kann jeweils nach § 91 Abs. 1 nicht mehr eintreten, wenn die maßgeblichen Umstände erst nach Verfahrenseröffnung eintreten.[92] 35

D. Beweislast und Rechtsfolgen

Bei der **Beweislast** gelten dieselben Grundsätze wie bei § 81 (vgl. § 81 Rdn. 27). Nur § 81 Abs. 3 Satz 1 soll nicht entsprechend anzuwenden sein,[93] was nicht restlos überzeugt, wenn bspw. streitig ist, wann der Schuldner dem Werkunternehmer die Sache übergeben und damit das Pfandrecht begrün- 36

---

[83] Vgl. dazu BGH 21.12.1960, VIII ZR 89/59, BGHZ 34, 122 (128 ff.).
[84] BGH 05.12.1996, V ZB 27/96, BGHZ 134, 182 (185).
[85] BGH 19.01.1954, V ZB 28/53, BGHZ 12, 115 (118 ff.).
[86] BGH 09.03.2006, IX ZR 11/05, BGHZ 166, 319 Rn. 14 ff.; a.A. *Rein* NJW 2006, 3470 ff.
[87] BGH 09.03.2006, IX ZR 11/05, BGHZ 166, 319 Rn. 13.
[88] BGH 14.09.2001, V ZR 231/00, BGHZ 149, 1 (9), wo von einem sicheren Rechtsboden die Rede ist.
[89] RG 16.03.1931, VIII 632/30, RGZ 132, 116 (118 f.).
[90] Vgl. MüKo-BGB/*Harke* § 592 Rn. 3.
[91] Vgl. dazu BGH 20.11.2008, IX ZR 180/07, NJW 2009, 1078 Rn. 19.
[92] So zu § 647 BGB auch Jaeger/*Windel* Rn. 34. Bei § 1120 BGB für § 81 Abs. 1 Satz 1 dagegen Jaeger/*Windel* Rn. 43.
[93] So Jaeger/*Windel* Rn. 16.

det hat (Rdn. 35). Nach § 91 Abs. 1 ist der Rechtserwerb nach Verfahrenseröffnung **erga omnes unwirksam**, kann aber analog § 185 Abs. 2 Satz 1 Var. 1 BGB vom Insolvenzverwalter genehmigt werden.[94] Auch § 185 Abs. 2 Satz 1 Var. 2 BGB gilt entsprechend (vgl. § 81 Rdn. 17).[95] Die Unwirksamkeit ist stets **von Amts wegen** zu beachten. Soweit § 91 Abs. 1 Zwangsvollstreckungsmaßnahmen von Neugläubigern erfasst (Rdn. 11), kann der Verwalter nach § 766 ZPO vorgehen.[96]

E. Verkehrsschutz nach § 91 II

37 Wie § 89 Abs. 1 Satz 1 gewährt § 91 Abs. 2 **Verkehrsschutz** beim Erwerb von **Registerrechten** an Grundstücken, Seeschiffen und Luftfahrzeugen. Zusätzlich wird der Erwerb von Pfandrechten nach § 20 Abs. 3 SVertO geschützt. § 91 Abs. 2 findet nur Anwendung, wenn die maßgeblichen Verfügungshandlungen (Einigung und Eintragungsantrag) vor der Verfahrenseröffnung stattgefunden haben. Unter den Voraussetzungen von §§ 873 Abs. 2, 875 Abs. 2 BGB, 13 GBO besteht schon nach § 878 BGB Verkehrsschutz, der in § 91 Abs. 2 vorbehalten wird. Dies gilt auch für den Erwerb einer vor Verfahrenseröffnung bewilligten Vormerkung,[97] nicht aber für Verfügungen im Wege der Zwangsvollstreckung.[98] Eine entsprechende Regelung besteht für eingetragene Seeschiffe, Schiffsbauwerke (§ 3 Abs. 3 SchiffsRG) und Luftfahrzeuge (§ 5 Abs. 3 LuftfzRG). Im Gegensatz zu § 140 Abs. 2 kommt es hier nicht darauf an, dass der Erwerber den Eintragungsantrag gestellt hat, sondern nur auf die tatsächliche Eintragung, weil der Insolvenzverwalter einen vom Schuldner gestellten Antrag vor der Eintragung zurücknehmen kann.[99] Bei Erklärungen des Urkundsnotars wird aber vermutet, dass der Antrag entsprechend der Antragsvollmacht im Namen aller Antragsberechtigten gestellt ist (§ 15 Abs. 2 GBO).[100] Wird der Insolvenzvermerk unter Verletzung von §§ 17, 45 GBO vorzeitig eingetragen, darf der Erwerber ohne Bewilligung des Insolvenzverwalters nicht mehr eingetragen werden. In diesem Fall hilft dem potentiellen Erwerber nur § 839 BGB gegen den Justizfiskus (vgl. § 81 Rdn. 21). Trägt das Grundbuchamt unter Verletzung von § 19 GBO den vor Verfahrenseröffnung beantragten Erwerb vom Schuldner ein, ist dieser nach § 878 BGB wirksam, weil der Schuldner als weiterhin verfügungsbefugt anzusehen ist und kein Erwerb kraft öffentlichen Glaubens des Grundbuchs vorliegt.

38 Ist für den Grunderwerb jedoch eine **Genehmigung** nach §§ 1, 2 Abs. 1 GVO (im Beitrittsgebiet) oder nach §§ 1, 2 GrdstVG (im Bereich der Land- und Fortwirtschaft) erforderlich, muss auch diese vor Verfahrenseröffnung erteilt worden sein.[101] Darüber hinaus fordert § 7 Abs. 1 GrdstVG die Unanfechtbarkeit, § 2 Abs. 2 GVO dagegen nicht. Auch eine **Zustimmung** der anderen **Wohnungseigentümer** nach § 12 Abs. 3 WEG muss vor Verfahrenseröffnung wirksam erteilt,[102] aber nicht zwingend bereits beim Grundbuchamt nachgewiesen worden sein. Ob der Insolvenzvermerk unter Verletzung von §§ 17, 45 GBO[103] vor der Verfügung eingetragen wird, ist unerheblich,[104] weil § 878

---

94 MüKo-InsO/*Breuer* Rn. 77; HK-InsO/*Kayser* Rn. 46.
95 BGH 18.04.2013, IX ZR 165/12, ZIP 2013, 1181 Rn. 26 zur Freigabe.
96 MüKo-InsO/*Breuer* Rn. 77; HK-InsO/*Kayser* Rn. 46.
97 BGH 01.10.1958, V ZR 26/57, BGHZ 28, 182 (186).
98 BGH 17.04.1953, V ZB 5/53, BGHZ 9, 250 (252 ff.).
99 *Raebel* ZInsO 2002, 954 (955); MüKo-InsO/*Breuer* Rn. 77; HK-InsO/*Kayser* Rn. 46; MüKo-BGB/*Kohler* § 878 Rn. 35; tendenziell auch BayObLG 20.06.1972, BReg 2 Z 37/70, BayObLGZ 1972, 204 (215). Jaeger/*Windel* Rn. 118 hält den Insolvenzverwalter aber »wegen des Schutzzwecks des § 91 Abs. 2« zur Antragsrücknahme nicht berechtigt; ähnlich *Häsemeyer* Insolvenzrecht Rn. 10.31; zweifelnd auch *Uhlenbruck* Rn. 48.
100 BayObLG 09.12.1992, 2Z BR 106/92, NJW-RR 1993, 530.
101 OLG Rostock 25.06.1996, 3 W 1/96, EWiR 1996, 839 (*Johlke*); OLG Frankfurt 21.11.2005, 20 W 462/04, ZInsO 2006, 269 (272); MüKo-InsO/*Breuer* Rn. 82; HK-InsO/*Kayser* Rn. 54. Nach MüKo-BGB/*Kohler* § 878 Rn. 20 soll dagegen schon der jeweilige Antrag genügen.
102 OLG Frankfurt 21.11.2005, 20 W 462/04, ZInsO 2006, 269 (272).
103 Zur Anwendbarkeit vgl. MüKo-InsO/*Schmahl/Busch* § 33 Rn. 53.
104 So auch MüKo-BGB/*Kohler* § 878 Rn. 31.

BGB auch die für § 19 GBO maßgebliche Bewilligungsbefugnis konserviert[105] und der Erwerber daher eingetragen werden muss.

Fehlt es – bei formlosen, nur nach § 29 GBO beglaubigten Erklärungen – an der Bindung (§ 873 Abs. 2, 875 Abs. 2 BGB) oder wird der Eintragungsantrag erst nach Verfahrenseröffnung gestellt, kommt ein Erwerb kraft des öffentlichen Glaubens des Grundbuchs in Betracht, wenn dem Erwerber der Verlust der Verfügungsbefugnis (§ 892 Abs. 1 Satz 2 BGB) im maßgeblichen Zeitpunkt der Antragstellung (§ 892 Abs. 2 BGB) noch nicht bekannt war. Wird aber der Insolvenzvermerk unter Verletzung von §§ 17, 45 GBO vorzeitig eingetragen, darf der Rechtserwerb nach § 19 GBO nicht eingetragen werden und wäre auch bei Eintragung nach § 892 Abs. 1 Satz 2 BGB unwirksam. In diesem Fall hilft dem potentiellen Erwerber nur § 839 BGB gegen den Justizfiskus (vgl. auch § 81 Rdn. 21). Entsprechendes gilt für den Erwerb von Rechten an eingetragenen Seeschiffen, Schiffsbauwerken (§ 16 Abs. 1 Satz 2 SchiffsRG) und Luftfahrzeugen (§ 16 Abs. 1 Satz 2 LuftfzRG). Fälle, die unter § 893 BGB, § 17 SchiffsRG oder § 17 LuftfzRG zu subsumieren wären, spielen im Anwendungsbereich von § 91 Abs. 2 nur dann eine Rolle, wenn man den Erwerb einer Vormerkung kraft des öffentlichen Glaubens des Registers unter diese Vorschrift subsumiert. **39**

Der Vorbehalt zugunsten von § 20 Abs. 3 SVertO betrifft Fälle, in denen die Haftung aus der See- und Binnenschifferei (insoweit i.V.m. § 34 Abs. 2 Satz 1 SVertO) durch die Einzahlung der Haftsumme in einen Fonds beschränkt werden kann,[106] das Verteilungsverfahren später jedoch eingestellt wird. In diesem Fall können die Gläubiger wegen ihrer Ansprüche auch noch nach Verfahrenseröffnung ein Pfandrecht an dem Anspruch des Einzahlers auf Rückzahlung der Haftungssumme erlangen. **40**

§ 92 Gesamtschaden

Ansprüche der Insolvenzgläubiger auf Ersatz eines Schadens, den diese Gläubiger gemeinschaftlich durch eine Verminderung des zur Insolvenzmasse gehörenden Vermögens vor oder nach der Eröffnung des Insolvenzverfahrens erlitten haben (Gesamtschaden), können während der Dauer des Insolvenzverfahrens nur vom Insolvenzverwalter geltend gemacht werden. Richten sich die Ansprüche gegen den Verwalter, so können sie nur von einem neu bestellten Insolvenzverwalter geltend gemacht werden.

Übersicht

		Rdn.			Rdn.
A.	Allgemeines	1	I.	Vor Verfahrenseröffnung	13
B.	Anwendungsbereich	5	II.	Nach Verfahrenseröffnung	14
C.	Gesamtschaden der Insolvenzgläubiger	6	E.	Rechtsfolgen	15
I.	Schaden der Insolvenzgläubiger	7	F.	Verteilung	21
II.	Gesamtschaden	9	G.	Ansprüche gegen Insolvenzverwalter	22
D.	Schadenseintritt vor und nach Verfahrenseröffnung	12			

---

105 *Hügel/Holzer* Beck'scher Online-Kommentar § 19 GBO Rn. 82; *Bauer/v. Oefele/Kössinger* GBO § 19 Rn. 164 ff.
106 Dies geschieht in der Seeschifffahrt aufgrund von Art. 11 des Übereinkommens über die Beschränkung der Haftung für Seeforderungen v. 19.11.1976, BGBl. 1986 II, 786 i.d.F. des Protokolls v. 02.05.1996, BGBl. 2000 II, 790 und Art. V Abs. 3 des Übereinkommens über die zivilrechtliche Haftung für Ölverschmutzungen v. 29.11.1969, BGBl. 1975 II, 305 i.d.F. des Protokolls v. 27.02.1992, BGBl. 1994 II, 1152 sowie in der Binnenschifffahrt aufgrund von § 5d II BinnSchG.

§ 92 InsO Gesamtschaden

A. Allgemeines

1 § 92, der in der KO kein ausdrückliches Vorbild hat, aber dem Stand der Rechtsprechung entsprach,[1] geht auf die Insolvenzrechtskommission zurück[2] und übernimmt § 103 Abs. 1 RegE-InsO weitestgehend identisch.[3] Gestrichen worden sind dagegen der Verweis auf § 82 bei Zahlungen an den persönlich haftenden Gesellschafter (§ 103 Abs. 2 InsO-RegE; vgl. dazu Rdn. 15) und die Bestimmungen zu den Auswirkungen auf anhängige Prozesse (§ 104 InsO-RegE; vgl. dazu Rdn. 20). Der Grundgedanke von § 92 fand sich aber bereits zuvor in §§ 1978 Abs. 2, 1985 Abs. 2 BGB[4] sowie in §§ 93 Abs. 5 Satz 4, 116, 309 Abs. 4 Satz 5 AktG[5] und liegt heute auch §§ 26 Abs. 1 Satz 1, 125 Satz 1, 206 Satz 1 UmwG zugrunde.[6] Die Norm hat keine anspruchsbegründende Wirkung, sondern setzt einen Anspruch voraus, den die Insolvenzgläubiger gegen einen Dritten aufgrund eines Schadens haben, den sie gemeinschaftlich durch eine Verminderung des zur Insolvenzmasse gehörenden Vermögens erlitten haben, und entzieht insoweit dem einzelnen Gläubiger die Einziehungs- und Prozessführungsbefugnis.[7]

2 Die Grundfrage zu § 92 lautet, ob die Norm im Wesentlichen Inkassofunktion hat oder ob die von ihr erfassten Ansprüche der Gläubiger gegen Dritte dem Schuldner und damit der Masse haftungsrechtlich zugeordnet sind.[8] Vermögensrechtlich sind die Ansprüche ohne Zweifel den Gläubigern zugeordnet. Ein Auseinanderfallen von haftungsrechtlicher und vermögensrechtlicher Zuordnung bedarf eines tragfähigen Grundes, der über das Ziel der Masseanreicherung hinausgeht. Der Insolvenzschuldner hat in den Fällen der Gesamtschadensersatzansprüche zwar regelmäßig einen eigenen Anspruch gegen den Schädiger, also bspw. die GmbH im Fall der Insolvenzverschleppungshaftung aus §§ 280 Abs. 1, 611 BGB gegen ihren Geschäftsführer. Der Anspruch ist nach Insolvenzeröffnung auf Freistellung von den Insolvenzforderungen im Gesamtumfang der Masseschmälerungen gerichtet. Allein die Existenz dieses Anspruchs kann jedoch noch keine haftungsrechtliche Zuordnung der Gesamtschadensersatzansprüche der Gläubiger an die Masse rechtfertigen. Denn anders als bspw. bei einer gescheiterten Schuldübernahme (§ 415 Abs. 3 Satz 2 BGB) bestehen hier neben dem Freistellungsanspruch der Gesellschaft eigene Schadensersatzansprüche der Gläubiger.

3 Dass der Insolvenzverwalter nach § 92 befugt ist, diese Ansprüche geltend zu machen, lässt sich daher nicht aus einer Analogie zu § 80,[9] sondern zu §§ 87, 89 Abs. 1, 187 erklären.[10] Die Gläubiger der Gesamtschadensersatzansprüche werden aus präventiven Gründen ähnlichen Beschränkungen unterworfen, wie sie bei Eröffnung eines Insolvenzverfahrens über das Vermögen des Haftungsschuldners die Gläubiger von Insolvenzforderungen träfen. Der Insolvenzverwalter zieht die Forderungen treuhänderisch in einem in das Insolvenzverfahren integrierten gemeinschaftlichen Inkassoverfahren ein.

4 Insb. hinsichtlich der Verletzung der Antragspflicht (§ 15a Abs. 1) lässt sich die Norm damit als Ausdruck des »Private law enforcement« begreifen, weil mit einer individuellen Durchsetzung des

---

1 Vgl. RG 04.11.1919, VII 209/19, RGZ 97, 107 (108 f.); BGH 24.10.1973, VIII ZR 82/72, WM 1973, 1354 (1355); 14.10.1985, II ZR 276/84, NJW-RR 1986, 579 (580); 22.04.2004, IX ZR 128/03, BGHZ 159, 25 (27).
2 Vgl. Bundesministerium der Justiz (Hrsg.), Erster Bericht der Kommission für Insolvenzrecht, 1985, LS 6.
3 Vgl. BT-Drucks. 12/2443, 24, 139; BT-Drucks. 12/7302, 37, 165. In § 92 Satz 2 musste nur der Hinweis auf den Sonderinsolvenzverwalter eliminiert werden, der im Gesetzgebungsverfahren gestrichen worden ist.
4 MüKo-InsO/*Brandes/Gehrlein* Rn. 3.
5 BT-Drucks. 12/2443, 139. Allerdings ist streitig, ob den Aktionären durch diese Vorschriften nicht lediglich eine gesetzliche Einzugsermächtigung genommen wird. Vgl. MüKo-AktG/*Spindler* § 93 Rn. 234.
6 MüKo-InsO/*Brandes/Gehrlein* Rn. 3.
7 BGH 08.05.2003, IX ZR 334/01, NJW-RR 2003, 1042 (1044).
8 So *Brinkmann* Die Bedeutung der §§ 92, 93 InsO für den Umfang der Insolvenz- und Sanierungsmasse, 2001, S. 39 ff.
9 So aber *Brinkmann* Die Bedeutung der §§ 92, 93 InsO für den Umfang der Insolvenz- und Sanierungsmasse, 2001, S. 57.
10 *Oepen* Massefremde Masse, 1999, S. 46 ff.

Quotenschadens nicht zu rechnen wäre[11] und damit jedenfalls zum Teil eine gesetzliche Sammelklagemöglichkeit sanktioniert wird (vgl. Rdn. 7). Folgt auf die Insolvenz der Gesellschaft die der Organmitglieder und namentlich des Geschäftsführers, verhindert § 92 Satz 1, dass sich einzelne Gläubiger durch gesonderten Zugriff Vorteile verschaffen und dadurch den Grundsatz der gleichmäßigen Befriedigung der Insolvenzgläubiger verletzen.[12] Dagegen kommt dieser Aspekt bei § 92 Satz 2 weniger zum Tragen, weil Insolvenzverwalter ganz überwiegend Berufsträger und damit notwendigerweise haftpflichtversichert sind (§ 51 BRAO; § 67 StBerG).

B. Anwendungsbereich

§ 92 erfasst nur die Rechtsverfolgung während des **eröffneten Insolvenzverfahrens**. Angesichts der nur eingeschränkten Verweisung in § 24 kommt § 92 im **Eröffnungsverfahren** auch bei Einsetzung eines »starken« vorläufigen Insolvenzverwalters grds. nicht in Betracht.[13] Auch bei **Ablehnung** der Verfahrenseröffnung **mangels Masse** können und müssen die Gläubiger ihre Ansprüche gegen den Haftungsschuldner selbst geltend machen.[14] Zur Frage, ob der Anspruch bei § 26 Abs. 1 Satz 1 zu berücksichtigen ist, vgl. Rdn. 19. Dasselbe gilt schließlich nach **Aufhebung** oder **Einstellung** des Verfahrens,[15] es sei denn, es wird eine Nachtragsverteilung angeordnet (§ 203).[16] Die Vorschrift gilt auch bei der **Eigenverwaltung**, bei der der Sachwalter prozessführungsbefugt ist (§ 280), und im **vereinfachten Insolvenzverfahren**, bei dem der Treuhänder diese Aufgabe übernimmt (§ 313 Abs. 1). 5

C. Gesamtschaden der Insolvenzgläubiger

Voraussetzung der Einziehungs- und Prozessführungsbefugnis des Insolvenzverwalters ist die Entstehung eines Gesamtschadens i.S.v. § 92 Satz 1, das heißt, es muss sich zum einen um einen Schaden der Insolvenzgläubiger handeln. Zum anderen müssen diese Gläubiger den Schaden gemeinschaftlich erlitten haben. 6

I. Schaden der Insolvenzgläubiger

Der Schaden muss grds. den Insolvenzgläubigern – einschließlich den **nachrangigen** i.S.v. § 39 Abs. 1[17] – entstanden sein. Schadensersatzansprüche der Anteilseigner erfasst § 92 daher nicht.[18] Im Fall der **Masseinsuffizienz** ist § 92 analog anzuwenden, wenn die Masse nach Anzeige (§ 208) durch den Insolvenzverwalter pflichtwidrig verkürzt wird (§ 60) und dadurch den **Massegläubigern** i.S.v. § 209 Abs. 1 Nr. 3 ein Gesamtschaden entsteht.[19] Dasselbe muss aber auch gelten, wenn die Masseinsuffizienz noch nicht angezeigt war,[20] aber bereits vorlag oder durch die pflichtwidrige Masseverkürzung eingetreten ist. Ausgeschlossen ist § 92 dagegen, wenn die Masse trotz der pflichtwidrigen Verkürzung noch hinreichend war.[21] Keine Insolvenzgläubiger sind dagegen die **Gesellschafter**.[22] 7

---

11 So auch *K. Schmidt* KTS 2001, 373 (382).
12 BT-Drucks. 12/2443, 139.
13 So auch HK-InsO/*Kayser* Rn. 4; Kübler/Prütting/Bork/*Lüke* Rn. 55; a.A. Jaeger/*Müller* Rn. 23.
14 HK-InsO/*Kayser* Rn. 3.
15 BGH 22.02.1973, VI ZR 165/71, NJW 1973, 1198 (1199).
16 BT-Drucks. 12/2443, 139.
17 BGH 21.03.2013, III ZR 260/11, ZIP 2013, 781 Rn. 42 m.w.N.
18 BGH 21.03.2013, III ZR 260/11, ZIP 2013, 781 Rn. 43 ff. zum Schadensersatz von Gesellschaftern gegen Dritte wegen einer Minderung des Werts ihrer Beteiligungen.
19 Jaeger/*Müller* Rn. 20 m.w.N. in Fn. 42; Uhlenbruck/*Hirte* Rn. 22; BK-InsO/*Blersch/v. Olshausen* Rn. 9; tendenziell ebenso, aber letztlich offen BGH 06.05.2004, IX ZR 48/03, BGHZ 159, 104 (112).
20 Insoweit wohl a.A. BGH 06.05.2004, IX ZR 48/03, BGHZ 159, 104 (112); HK-InsO/*Kayser* Rn. 21.
21 Insoweit zust. auch BGH 06.05.2004, IX ZR 48/03, BGHZ 159, 104 (112); HK-InsO/*Kayser* Rn. 21.
22 LG Hamburg 02.12.2009, 326 O 134/08, ZInsO 2010, 625 (626) zur zweckwidrigen Verwendung von Kommanditeinlagen.

8   Ein Schaden der Insolvenzgläubiger liegt nicht vor, wenn der fragliche **Anspruch** dem Schuldner selbst zusteht und damit als **Massebestandteil** von § 80 Abs. 1 erfasst wird, was insb. bei Regressansprüchen von Gesellschaften gegen ihre Organe der Fall sein kann. Dies gilt etwa für Ansprüche aus §§ 43 Abs. 2, 64 Satz 1 GmbHG und § 93 Abs. 2, 3 AktG sowie bei Ansprüchen der GmbH & Co. KG gegen den Geschäftsführer der Komplementär-GmbH aus § 130a Abs. 2 HGB (vgl. dazu Rdn. 21.).[23] Dasselbe gilt nach dem heutigen dogmatischen Konzept der Innenhaftung bei Existenzvernichtung aus § 826 BGB, bei der es keiner Analogie zu §§ 92, 93 mehr bedarf.[24] Bei materieller Unterkapitalisierung einer Beschäftigungs- und Qualifizierungsgesellschaft (BQG) können dagegen nur die Arbeitnehmer persönlich ihren individuellen Schaden geltend machen, so dass §§ 92, 93 nicht zum Tragen kommen.[25]

II. Gesamtschaden

9   Der wohl empirisch wichtigste Anwendungsfall von § 92 betrifft Ansprüche gegen die Mitglieder des Vertretungsorgans einer Kapitalgesellschaft aus § 823 Abs. 2 BGB i.V.m. § 15a. Ein Gesamtschaden liegt dabei hinsichtlich des sog. Quotenschadens der Altgläubiger vor, die beim Eintritt der Antragspflicht eine Forderung gegen die Gesellschaft hatten und aufgrund der Verzögerung nur zu einem geringen Anteil oder gar nicht mehr befriedigt werden.[26] Dagegen haben Neugläubiger, die ihre Forderungen gegen die Gesellschaft rechtsgeschäftlich[27] nach Begründung der Antragspflicht erworben haben, einen individuellen Anspruch auf Ausgleich des vollen Schadens, der ihnen dadurch entsteht, dass sie in Rechtsbeziehungen zu einer überschuldeten oder zahlungsunfähigen GmbH getreten sind.[28] Auch der Quotenschaden der Neugläubiger,[29] auf den gesetzliche Gläubiger beschränkt sind,[30] ist nur individuell zu ermitteln und fällt daher nicht unter § 92 Satz 1.[31]

10 Darüber hinaus liegt ein Individualschaden vor, wenn nur einzelne Insolvenzgläubiger Nachteile aus der Verletzung von ihnen gegenüber obliegenden Pflichten oder aus nur gegen sie gerichteten unerlaubten Handlungen erlitten haben,[32] also etwa bei Ansprüchen aus **Rechtsgeschäften** einschließlich der Verletzung von Pflichten aus »**harten Patronatserklärungen**«,[33] aus rechtsgeschäftsähnlichem Verhalten und Rechtsschein[34] oder bei der **Vereitelung** eines (zukünftigen) **Aus- oder Absonderungsrechts** durch die Vertretungsorgane oder den Insolvenzverwalter.[35] Ein Gesamtschaden liegt aller-

---

23 Soweit §§ 130a Abs. 2 Satz 1, 177a Satz 1 HGB bei der GmbH & Co. KG neben verbotswidrigen Zahlungen auch die Schäden wegen Verletzung der Insolvenzantragspflicht (§ 15a Abs. 1 Satz 2) erfasst, liegt ein gesetzlicher Fall der Drittschadensliquidation vor (MüKo-HGB/*K. Schmidt* § 130a Rn. 36), was bei der Verteilung der Masse wie bei § 92 durch Bildung einer Sondermasse zu berücksichtigen ist; vgl. dazu Rdn. 21
24 BGH 16.07.2007, II ZR 3/04, BGHZ 173, 246 Rn. 34 – TRIHOTEL.
25 BGH 28.04.2008, II ZR 264/06, BGHZ 176, 204 Rn. 25 – GAMMA.
26 BGH 06.06.1994, II ZR 292/91, BGHZ 126, 181 (190); 30.03.1998, II ZR 146/96, BGHZ 138, 211 (214); 22.04.2004, IX ZR 128/03, BGHZ 159, 25 (27).
27 Zum Ausschluss gesetzlicher und insb. deliktsrechtlicher Gläubiger aus der Vertrauenshaftung vgl. BGH 20.10.2008, II ZR 211/07, ZIP 2009, 366 Rn. 3 zu § 3 EFZG; Jaeger/*Müller* Rn. 17; MüKo-InsO/*Brandes/Gehrlein* Rn. 32.
28 BGH 06.06.1994, II ZR 292/91, BGHZ 126, 181 (192); 07.11.1994, II ZR 108/93, NJW 1995, 398 (399); 25.07.2005, II ZR 390/03, BGHZ 164, 50 (60). Zur Abtretung der Insolvenzforderung im Rahmen des Vorteilsausgleichs (§ 255 BGB) vgl. BGH 05.02.2007, II ZR 234/05, NJW-RR 2007, 759 (761).
29 Vgl. BGH 30.03.1998, II ZR 146/96, BGHZ 138, 211 (214).
30 Insoweit a.A. *Reiff/Arnold* ZIP 1998, 1893 (1896); *Wagner* FS Walter Gerhardt 2004, 1043 (1063 ff.).
31 BGH 30.03.1998, II ZR 146/96, BGHZ 138, 211 (214 ff.). Insoweit a.A. *K. Schmidt* KTS 2001, 373 (382).
32 BGH 09.12.1999, IX ZR 102/97, BGHZ 143, 246 (251); 08.05.2003, IX ZR 334/01, NJW-RR 2003, 1042 (1044).
33 OLG München 22.07.2004, 19 U 1867/04, ZIP 2004, 2102 (2103).
34 Jaeger/*Müller* Rn. 11.
35 Vgl. MüKo-InsO/*Brandes/Gehrlein* Rn. 12; Jaeger/*Müller* Rn. 11.

dings bei der Vereitelung eines Absonderungsrechts hinsichtlich eines möglichen **Übererlöses** vor.[36] Da für die **Kostenbeteiligung** des gesicherten Gläubigers (§§ 170, 171) grds. der tatsächliche Aufwand maßgeblich sein soll und die Pauschalen nur der Vereinfachung, aber nicht der Bereicherung der Masse dienen,[37] kommt ein Schaden aller Gläubiger nur in Betracht, soweit tatsächlicher Aufwand unvergütet bleibt. Daher entsteht bei Vereitelung vor der Verfahrenseröffnung kein Schaden, bei Vereitelung nach Verfahrenseröffnung je nach Fallgestaltung nur in Höhe der Feststellungskosten von 4 % (§ 171 Abs. 1) oder auch der Verwertungskosten in Höhe von 5 % (§ 171 Abs. 2).

Keinen Gesamtschaden stellt der »besondere Quotenschaden« dar, den die **Bundesagentur für Arbeit** bei Insolvenzverschleppung erleidet[38] und der nach §§ 823 Abs. 2 BGB, 15a Abs. 1 Satz 1 InsO ersatzfähig ist.[39] Dasselbe gilt für Ansprüche aus § 26 Abs. 3[40] und § 61,[41] für die Schäden von Versicherungsnehmern, die diese in der Versicherungsinsolvenz durch die verspätete Umsetzung der Liquidationsrichtlinie[42] in §§ 66, 77a VAG und damit den Verlust des Insolvenzprivilegs erlitten haben,[43] und für Schadensersatzansprüche von Anlegern, die über einen Treuhandkommanditisten an einer insolventen Fondsgesellschaft beteiligt sind, gegen den Fondsinitiator.[44]   11

D. Schadenseintritt vor und nach Verfahrenseröffnung

Ein Gesamtschaden i.S.v. § 92 kann vor Verfahrenseröffnung an der zukünftigen Masse oder nach Verfahrenseröffnung an der Masse selbst eintreten.   12

I. Vor Verfahrenseröffnung

Ein Gesamtschaden i.S.v. § 92 kann zunächst vor Verfahrenseröffnung an der zukünftigen Masse eintreten. Eine solche Schmälerung der zukünftigen Masse **vor Verfahrenseröffnung**, die zu einem Gesamtschaden i.S.v. § 92 führt, geht in den meisten Fällen auf ein Handeln der Organe der Gesellschaft zurück. Der Anspruch kann sich aber grds. gegen jeden Dritten richten, der etwa durch eine deliktische Verschiebung des zur Insolvenzmasse gehörenden Vermögens zu deren Schmälerung beiträgt.[45] Dies gilt namentlich für Täter und Teilnehmer einer Straftat nach § 283d StGB. Da ein Gesamtschaden, der vor Verfahrenseröffnung eingetreten ist, nicht notwendigerweise allen späteren Insolvenzgläubigern in gleicher Weise entstehen muss, dürfen aus dem Erlös nur die geschädigten Gläubiger befriedigt werden.[46]   13

---

36 MüKo-InsO/*Brandes/Gehrlein* Rn. 12; Jaeger/*Müller* Rn. 12; HK-InsO/*Kayser* Rn. 19; Kübler/Prütting/Bork/*Lüke* Rn. 21; a.A. *Hasselbach* DB 1996, 2213 (2214), wonach bei Zerstörung oder Beschädigung eines Gegenstandes der Insolvenzmasse, an dem ein Absonderungsrecht besteht, stets ein Gesamtschaden entstehen soll.
37 Vgl. BT-Drucks. 12/2443, 181.
38 Vgl. dazu *Piekenbrock* ZIP 2010, 2421 (2424).
39 So *Piekenbrock* ZIP 2010, 2421 (2426 ff.); für § 826 BGB aber BGH 26.06.1989, II ZR 289/88, BGHZ 108, 134 (141 ff.); 18.12.2007, VI ZR 231/06, BGHZ 175, 58 Rn. 14; 13.10.2009, VI ZR 288/08, NZI 2010, 74 Rn. 7.
40 MüKo-InsO/*Brandes/Gehrlein* Rn. 10; Jaeger/*Müller* Rn. 18; HK-InsO/*Kayser* Rn. 14.
41 BGH 09.08.2006, IX ZB 200/05, NZI 2006, 580 Rn. 7 f.
42 Richtlinie 2001/17/EG des Europäischen Parlaments und des Rates v. 19.03.2001 über die Sanierung und Liquidation von Versicherungsunternehmen, ABlEG Nr. L 110, 28.
43 BGH 14.07.2011, IX ZR 210/10, ZIP 2011, 1575 Rn. 8 ff.
44 OLG Nürnberg 22.03.2011, 14 W 508/11, WM 2011, 1666 (1669).
45 BGH 09.12.1999, IX ZR 102/97, BGHZ 143, 246 (251); 08.05.2003, IX ZR 334/01, NJW-RR 2003, 1042 (1044).
46 BGH 30.03.1998, II ZR 146/96, BGHZ 138, 211 (217).

II. Nach Verfahrenseröffnung

14 Gesamtschäden nach Verfahrenseröffnung resultieren vorwiegend aus Pflichtverletzungen des Insolvenzverwalters (§ 60 InsO)[47] oder der Mitglieder des Gläubigerausschusses (§ 71 Satz 1) oder aus Amtshaftungsansprüchen bei Pflichtverletzungen des Insolvenzgerichts etwa wegen ungenügender Auswahl oder Überwachung des Insolvenzverwalters (§ 839 BGB).[48] Denkbar sind darüber hinaus Ansprüche gegen den Schuldner oder insb. dessen Organe wegen Verletzung von Auskunfts- und Mitwirkungspflichten nach §§ 97, 101 InsO.[49]

E. Rechtsfolgen

15 § 92 Satz 1 entfaltet eine Sperr- und eine Ermächtigungswirkung. Aufgrund der **Sperrwirkung** fehlt dem Geschädigten unabhängig von der Beteiligung am Insolvenzverfahren die eigene **Prozessführungsbefugnis**.[50] Daher ist auch eine Feststellungsklage des Geschädigten unzulässig.[51] Die Sperrwirkung tritt auch ein, wenn gesellschaftsrechtlich ein besonderer Verwalter berufen ist, die Schadensersatzansprüche geltend zu machen (§§ 26 Abs. 1 Satz 1, 125 Satz 1, 206 Satz 1 UmwG). Nach dem Grundgedanken der Notgeschäftsführung kann der einzelne Gläubiger aber ein **Arrestverfahren** zur Sicherung des Anspruchs durchführen.[52] Darüber hinaus verliert der Geschädigte die **Empfangszuständigkeit** für Leistungen solvendi causa. Auch ohne ausdrücklichen Verweis – wie in § 103 Abs. 2 RegE-InsO vorgesehen – ist hier aber § 82 entsprechend anzuwenden.[53]

16 Da der Geschädigte Inhaber des Regressanspruchs bleibt, soll er etwa durch **Abtretung** (§ 398 BGB) oder **Erlass** (§ 397 Abs. 1 BGB) über ihre Forderung verfügen können.[54] Im ersten Fall trifft die Sperrwirkung den Zessionar, im zweiten Fall kann der Insolvenzverwalter den Gesamtschaden insoweit nicht mehr geltend machen. Dann muss konsequenterweise aber auch die **Aufrechnung** durch den **Geschädigten** mit der Regressforderung (§ 387 BGB), die von der herrschenden Meinung nur nach Maßgabe von § 94 zugelassen wird,[55] möglich sein. Zwar wird mit der Aufrechnung das Ziel von § 92 Satz 1, einen gesonderten Zugriff einzelner Geschädigter auf das Vermögen des Schädigers zu verhindern (Rdn. 2), in Frage gestellt. Doch könnte bis zur Eröffnung des Insolvenzverfahrens über das Vermögen des Schädigers die Aufrechnung leicht durch den Erlass der beiderseitigen Forderungen ersetzt werden. Daher kommen §§ 94, 96 Abs. 1 Nr. 3 nur in der Insolvenz des Schädigers zum Tragen. Konsequenterweise kann sich auch der **Schädiger** gegenüber einzelnen Geschädigten – vorbehaltlich § 393 BGB – durch Aufrechnung von seiner Schuld befreien.[56]

17 Gläubiger der Geschädigten können die individuelle **Regressforderung pfänden** (§ 829 ZPO). § 92 Satz 1 wirkt auch gegenüber dem Vollstreckungsgläubiger, so dass trotzdem nur der Insolvenzverwalter Zahlung an sich verlangen kann. Ein **Überweisungsbeschluss** kann die Wirkung des § 836 Abs. 1 ZPO erst nach Beendigung des Insolvenzverfahrens zeitigen, weil die Ermächtigung des Vollstreckungsschuldners (§ 185 Abs. 1 BGB) zuvor leerläuft. Da dem Geschädigten die Empfangs-

---

47 BGH 22.04.2004, IX ZR 128/03, BGHZ 159, 25 (26).
48 LG Hamburg 02.12.2009, 326 O 134/08, ZInsO 2010, 625 (626).
49 Jaeger/*Müller* Rn. 9.
50 Jaeger/*Müller* Rn. 26.
51 BGH 22.04.2004, IX ZR 128/03, BGHZ 159, 25 (28); a.A. *Oepen* ZIP 2000, 526 (532 f.).
52 Jaeger/*Müller* Rn. 36.
53 So auch Jaeger/*Müller* Rn. 28; KS-InsO/*Bork* Kap. 31 Rn. 28; MüKo-InsO/*Brandes/Gehrlein* Rn. 24.
54 KS-InsO/*Bork* Kap. 31 Rn. 13 (S. 1026); Jaeger/*Müller* Rn. 27; MüKo-InsO/*Brandes/Gehrlein* Rn. 14; HK-InsO/*Kayser* Rn. 24; a.A. Gottwald/*Haas/Hossfeld*, Insolvenzrechts-Hdb. Rn. 515.
55 So Jaeger/*Müller* Rn. 34; HK-InsO/*Kayser* Rn. 30; BK-InsO/*Blersch/v. Olshausen* Rn. 8; gegen Aufrechnungsmöglichkeit Kübler/Prütting/Bork/*Lüke* § 92 Rn. 56; MüKo-InsO/*Brandes/Gehrlein* Rn. 22; Uhlenbruck/*Hirte* Rn. 28.
56 Auch insoweit für analoge Anwendung von § 94 aber Jaeger/*Müller* Rn. 34; HK-InsO/*Kayser* Rn. 31; Uhlenbruck/*Hirte* Rn. 28; BK-InsO/*Blersch/v. Olshausen* Rn. 8; HambK-InsR/*Pohlmann* Rn. 38.

zuständigkeit fehlt, sollen Ersatzleistungen an ihn aber nur noch analog § 82 schuldbefreiende Wirkung haben.[57] Insgesamt wirkt dieses dogmatische Konzept noch unausgereift.

Die **Ermächtigungswirkung** spiegelt sich in der eigenen Prozess- und Einziehungsbefugnis des Insolvenzverwalters wider, die die Beteiligung des Geschädigten am Insolvenzverfahren voraussetzt.[58] Der Insolvenzverwalter kann daher Zahlung an sich verlangen. Er kann nach allgemeinen Grundsätzen auch einen Dritten zur Prozessführung im eigenen Namen ermächtigen[59] oder die ohne Ermächtigung begonnene Prozessführung genehmigen.[60] Die Klage muss aber auch in diesem Fall auf Zahlung in die Masse gerichtet sein. 18

Eine echte **Freigabe** kommt dagegen nicht in Betracht, weil die Ansprüche selbst nicht massebefangen sind. Ließen sich nach den wirtschaftlichen Verhältnissen des Schädigers voraussichtlich nicht einmal die Kosten der Rechtsverfolgung realisieren, kann der Insolvenzverwalter die Prozessführung ablehnen,[61] wenn kein Gläubiger die Kosten vorschießt. Prozesskostenhilfe kommt bei Suffizienz der gesamten Masse nicht in Betracht (§ 116 Satz 1 Nr. 1 ZPO). 19

Anhängige Prozesse werden analog § 17 Abs. 1 AnfG **unterbrochen** und können vom Insolvenzverwalter aufgenommen werden.[62] Lehnt der Insolvenzverwalter die **Wiederaufnahme** ab, ist § 85 **Abs. 2 nicht anwendbar**, weil es keine Freigabe gibt. Der Kläger muss den Rechtsstreit nach Verlust der Prozessführungsbefugnis für **erledigt erklären**, um ein Prozessurteil zu vermeiden. Der Insolvenzverwalter kann eine neue Klage erheben und dabei den ursprünglich geltend gemachten Schaden erneut einklagen.[63] **Urteile**, die für und gegen den Insolvenzverwalter ergehen, müssen die **Gläubiger** gegen sich **gelten lassen**. Die Vollstreckung aus einem schon vor Verfahrenseröffnung ergangenen Titel ist unzulässig.[64] Der Titel kann aber analog § 727 ZPO auf den Insolvenzverwalter umgeschrieben werden.[65] Das Urteil entfaltet auch Rechtskraftwirkung zugunsten des Insolvenzverwalters für den sonstigen Gesamtschaden.[66] 20

F. Verteilung

Dass § 92 nur die Einziehungs- und Prozessführungsbefugnis statuiert und dem Insolvenzverwalter damit eine treuhänderische Position zuweist,[67] muss bei der Verteilung der realisierten Beträge berücksichtigt werden. Daher dürfen etwa gesetzliche Neugläubiger, die möglicherweise gar keinen eigenen Quotenschaden erlitten haben, bei der Verteilung nicht berücksichtigt werden. Bedenklich ist daher auch die Ansicht, dass der Insolvenzverwalter den Gesamtschaden liquidieren darf, nur um damit die Kosten des Insolvenzverfahrens zu decken und den Anspruch folglich bei § 26 Abs. 1 Satz 1 zu berücksichtigen.[68] Auch die Befriedigung von an sich vorrangigen Masseverbindlichkeiten (§ 53) 21

---

57 Jaeger/*Müller* Rn. 28; BK-InsO/*Blersch/v. Olshausen* Rn. 7; MüKo-InsO/*Brandes/Gehrlein* Rn. 24; a.A. K. *Schmidt* ZGR 1996, 209 (216).
58 Jaeger/*Müller* Rn. 30; MüKo-InsO/*Brandes/Gehrlein* Rn. 15; HK-InsO/*Kayser* Rn. 26.
59 Vgl. dazu BGH 05.10.1989, IX ZR 233/87, ZIP 1989, 1407 (1409).
60 MüKo-InsO/*Brandes/Gehrlein* Rn. 16.
61 Für Freigabe in diesem Fall HK-InsO/*Kayser* Rn. 28.
62 So zu § 93 BGH 14.11.2002, IX ZR 236/99, NJW 2003, 590 (591); Jaeger/*Müller* Rn. 37; BK-InsO/ *Blersch/v. Olshausen* Rn. 7; für Analogie zu § 240 ZPO dagegen *Smid* Rn. 11. BT-Drucks. 12/7302, 165 hat die Frage nach Streichung von § 104 InsO-RegE der Rechtsprechung überlassen.
63 Jaeger/*Müller* Rn. 38.
64 Jaeger/*Müller* Rn. 36; *Smid* Rn. 12; BK-InsO/*Blersch/v. Olshausen* Rn. 7.
65 Jaeger/*Müller* Rn. 36.
66 *Smid* Rn. 12.
67 HK-InsO/*Kayser* Rn. 27.
68 So auch *Oepen* Massefremde Masse, 1999, Rn. 225 f.; a.A. Jaeger/*Müller* Rn. 21; Uhlenbruck/*Hirte* Rn. 22; *Brinkmann* Die Bedeutung der §§ 92, 93 InsO für den Umfang der Insolvenz- und Sanierungsmasse, 2001, S. 59 f.

kommt nicht in Betracht.⁶⁹ Vielmehr ist eine Sondermasse zu bilden,⁷⁰ aus der nur die Kosten des Gesamtschadensprozesses vorab zu entnehmen und die geschädigten Gläubiger zu befriedigen sind.

G. Ansprüche gegen Insolvenzverwalter

22   § 92 Satz 2 verhindert, dass der Insolvenzverwalter als Partei kraft Amtes gegen sich selbst prozessiert. Die Regelung gilt daher auch beim Regress gegen den Insolvenzverwalter wegen Pflichtverletzungen im Eröffnungsverfahren (§§ 21 Abs. 2 Satz 1 Nr. 1, 60) sowie beim Sachwalter (§ 280) und beim Treuhänder (§ 313 Abs. 1).⁷¹

23   Neben der Einsetzung eines neuen Insolvenzverwalters kommt auch die Einsetzung eines Sonderinsolvenzverwalters in Betracht,⁷² weil es gute Gründe geben kann, grds am bisherigen Insolvenzverwalter festzuhalten. Bei der Frage, ob für dessen Entlassung ein wichtiger Grund besteht (§ 59 Satz 1), sollte aber wegen des Versicherungsschutzes (Rdn. 2) nicht auf das sofortige **Anerkenntnis** des Regressanspruchs abgestellt werden,⁷³ obwohl darin seit 2008 keine Obliegenheitsverletzung mehr liegt (§ 105 VVG).⁷⁴ Vielmehr muss das Insolvenzgericht die Schwere des Vorwurfs selbst prüfen. Wird ein Sonderinsolvenzverwalter eingesetzt, ist allein dessen Kenntnisstand **verjährungsrechtlich** relevant (§ 199 Abs. 1 Nr. 2 BGB).⁷⁵

24   Wird ein Antrag auf Bestellung eines Sonderinsolvenzverwalters, der einen Gesamtschaden geltend machen soll, zurückgewiesen, steht weder dem Schuldner⁷⁶ noch einzelnen oder mehreren Insolvenzgläubigern ein eigenes Beschwerderecht zu.⁷⁷ Es kommt lediglich ein von einer Entscheidung der Gläubigerversammlung abgeleitetes Beschwerderecht des einzelnen Gläubigers entsprechend §§ 57 Satz 4, 59 Abs. 2 Satz 2 in Betracht, das aber der Durchsetzung der Entscheidung der Gläubigergesamtheit und nicht der Verwirklichung eines subjektiv-individuellen Rechts dient.⁷⁸

25   Der Insolvenzverwalter kann die Einsetzung eines Sonderverwalters, der Ersatzansprüche der Gläubigergesamtheit gegen den Insolvenzverwalter zu prüfen hat, nicht mit der sofortigen Beschwerde anfechten.⁷⁹ Auch hinsichtlich der Person besteht kein Rechtsschutz etwa in Form einer Ablehnung nach § 4 i.V.m. §§ 41 ff., 406 ZPO, weil der Sonderinsolvenzverwalter weder Gerichtsperson noch Sachverständiger ist; möglich ist vielmehr nur die Entlassung bei wichtigem Grund (§ 59).⁸⁰

§ 93 Persönliche Haftung der Gesellschafter

Ist das Insolvenzverfahren über das Vermögen einer Gesellschaft ohne Rechtspersönlichkeit oder einer Kommanditgesellschaft auf Aktien eröffnet, so kann die persönliche Haftung eines Gesellschafters für die Verbindlichkeiten der Gesellschaft während der Dauer des Insolvenzverfahrens nur vom Insolvenzverwalter geltend gemacht werden.

---

69 AA *Brinkmann* Die Bedeutung der §§ 92, 93 InsO für den Umfang der Insolvenz- und Sanierungsmasse, 2001, S. 61.
70 So auch Jaeger/*Müller* Rn. 5.
71 Jaeger/*Müller* Rn. 41; HK-InsO/*Kayser* Rn. 41.
72 BT-Drucks. 12/7302, 162; BGH 22.04.2004, IX ZR 128/03, BGHZ 159, 25 (26); 17.11.2005, IX ZR 179/04, BGHZ 165, 96 (99); 05.02.2009, IX ZB 187/08, NJW-RR 2009, 770 Rn. 4; *Lüke* ZIP 2004, 1693 (1694 ff.).
73 So aber HK-InsO/*Kayser* Rn. 44; Jaeger/*Müller* Rn. 43.
74 Vgl. zuvor aber § 154 Abs. 2 VVG a.F. und § 5 Nr. 5 AHB.
75 BGH 22.04.2004, IX ZR 128/03, BGHZ 159, 25 (29).
76 BGH 02.03.2006, IX ZB 225/04, NZI 2006, 474 Rn. 9.
77 BGH 05.02.2009, IX ZB 187/08, NJW-RR 2009, 770 Rn. 4 ff.; 30.09.2010, IX ZB 280/09, NZI 2010, 940 Rn. 5.
78 BGH 30.09.2010, IX ZB 280/09, NZI 2010, 940 Rn. 5.
79 BGH 01.02.2007, IX ZB 45/05, NZI 2007, 237 Rn. 6 ff. AA *Lüke* ZIP 2004, 1693 (1698).
80 BGH 25.01.2007, IX ZB 240/05, NJW-RR 2007, 1535 Rn. 20 f.

Übersicht

	Rdn.			Rdn.
A. Allgemeines	1	III.	Reichweite der persönlichen Haftung der Gesellschafter	7
B. Anwendungsbereich	4	C.	Rechtsfolgen	11
I. Haftungsansprüche gegen Gesellschafter	4	D.	Verteilung	21
II. Eröffnetes Insolvenzverfahren	6	E.	Doppelinsolvenz von Gesellschaft und Gesellschafter	22

A. Allgemeines

§ 93, der wörtlich § 105 Abs. 1 RegE-InsO entspricht,[1] findet weder im Text der KO noch der dazu ergangenen Rechtsprechung ein Vorbild.[2] Zwar ergab sich schon aus § 171 Abs. 2 HGB und § 62 Abs. 2 Satz 2 AktG, dass Gläubiger, denen der Gesellschafter nur in beschränkter Höhe persönlich haftete, diese Ansprüche in der Insolvenz nicht selbst geltend machen konnten. In diesen Fällen hat aber die Gesellschaft i.d.R. selbst einen Anspruch gegen den Gesellschafter in entsprechender Höhe,[3] der zugunsten aller Gläubiger realisiert werden muss. Dagegen besteht bei der unbeschränkten Haftung aus § 128 HGB i.d.R. keine entsprechende Einlageforderung (§ 707 BGB), sondern umgekehrt ein Freistellungs- oder Regressanspruch der Gesellschafter gegen die Gesellschaft (§ 110 HGB).[4] Zwar ändert sich dies grundlegend mit der insolvenzbedingten Auflösung der Gesellschaft (§ 728 Abs. 1 Satz 1 BGB, § 131 Abs. 1 Nr. 3 HGB), die die Verlusthaftung aus § 735 BGB auslöst. Abgesehen davon, dass diese vollständig ausgeschlossen werden kann,[5] besteht sie ohnehin nur pro rata mit ergänzender Ausfallhaftung (§ 735 Satz 2 BGB). Damit steht dem unmittelbaren Anspruch aus § 128 HGB, den der Insolvenzverwalter geltend macht, keinesfalls notwendig ein eigener Anspruch der Gesellschaft in entsprechender Höhe gegenüber. 1

In der materiellen Insolvenz des Gesellschafters fand daher ohne eigenes Konkursverfahren über dessen Vermögen (vgl. dazu Rdn. 22) grds. keine Gleichbehandlung der Gesellschaftsgläubiger statt.[6] Dies hat sich für das Gesellschaftsrecht durch § 93 geändert. Entsprechendes gilt für die persönliche **Ehegattenhaftung** einer Gesamtgutsverbindlichkeit (§ 1459 Abs. 2 BGB) im Insolvenzverfahren über das gemeinschaftlich verwaltete Gesamtgut einer Gütergemeinschaft (§ 334 Abs. 1). 2

Durch § 93 wird auch ohne Insolvenzverfahren über das Vermögen des Gesellschafters die Gleichbehandlung der Gesellschaftsgläubiger gesichert. Nur wenn persönliche Gläubiger konkurrieren, ist ein zweites Insolvenzverfahren zur umfassenden Gleichbehandlung aller Gläubiger erforderlich.[7] Wie § 92 bildet auch § 93 aber keine eigenständige Anspruchsgrundlage zugunsten des Insolvenzverwal- 3

---

1 Vgl. BT-Drucks. 12/2443, 25 (139 f.); BT-Drucks. 12/7302, 37 f. (165). Die in § 105 Abs. 2 RegE-InsO vorgesehene entsprechende Regelung für das Insolvenzverfahren über das über das gemeinschaftlich verwaltete Gesamtgut einer Gütergemeinschaft wurde durch Verweisung in § 334 Abs. 1 übernommen. Die Anordnung der entsprechenden Anwendung von §§ 103 Abs. 2, 104 InsO-RegE in § 105 Abs. 3 InsO-RegE ist zusammen mit den dortigen Regelungen entfallen. Vgl. § 92 Rdn. 1.
2 Vgl. grundlegend BGH 28.10.1981, II ZR 129/80, BGHZ 82, 209 (214) zur unbeschränkten Haftung eines Kommanditisten nach § 176 Abs. 2 HGB.
3 Zum Anspruch gegen den Aktionär vgl. § 62 Abs. 1 AktG. Zum Anspruch der KG auf die Kommanditeinlage vgl. nur BGH 19.12.1974, II ZR 27/73, BGHZ 63, 338 (339). Allerdings kann die Höhe der Pflichteinlage etwa bei Sacheinlagen auch hinter dem im Handelsregister eingetragenen Haftungsbetrag (§ 171 Abs. 1 HGB) zurückbleiben. Vgl. dazu nur Ebenroth/Boujong/Joost/*Strohn* § 171 HGB Rn. 41.
4 Vgl. nur BGH 17.12.2001, II ZR 382/99, NJW 2002, 455; MüKo-HGB/*K. Schmidt* § 128 Rn. 31, 35.
5 MüKo-BGB/*Ulmer/Schäfer* § 735 Rn. 4.
6 So ausdrücklich BGH 21.01.1993, IX ZR 275/91, BGHZ 121, 179 (189 ff.). Allerdings sollte der Rechtsgedanke von § 171 II HGB, dass »ein summenmäßig beschränktes, die Ansprüche der Gesellschaftsgläubiger nur teilweise deckendes Vermögen der Gesamtheit zugute kommen soll«, auch bei der materiellen Insolvenz des Gesellschafters fruchtbar gemacht werden, wenn es keine sonstigen persönlichen Gläubiger gibt (S. 193).
7 BT-Drucks. 12/2443, 140.

ters, sondern hat nur »Bündelungsfunktion«;[8] die Gesellschaftsgläubiger bleiben dabei materiell-rechtlich Inhaber der geltend gemachten Ansprüche.[9] In Verbindung mit § 227 Abs. 2 schützt § 93 den Gesellschafter im Insolvenzplanverfahren schließlich dauerhaft vor einer Inanspruchnahme durch Gesellschaftsgläubiger.[10] Dieses Regelungsziel lässt sich jedoch praktisch durch eine Gesellschafterbürgschaft (Rdn. 4) jedes Gesellschafters leicht konterkarrieren (§ 254 Abs. 2).

B. Anwendungsbereich

I. Haftungsansprüche gegen Gesellschafter

4 Unmittelbar ist § 93 in der Insolvenz einer der § 11 Abs. 2 Nr. 1 genannten Gesellschaften ohne Rechtspersönlichkeiten sowie bei der KGaA anwendbar und umfasst jeweils die persönliche gesamtschuldnerische Haftung der Gesellschafter aus § 128 HGB[11] (ggf. i.V.m. § 161 Abs. 2 HGB, § 278 Abs. 2 AktG bzw. § 1 EWIVG) oder § 8 Abs. 1 Satz 1 PartGG bzw. die quotale Haftung der Mitreeder aus § 507 Abs. 1 HGB a.F. (Art. 71 Abs. 1 EGHGB). Dies gilt auch, wenn sich der Anspruch gegen einen vor dem Insolvenzverfahren ausgeschiedenen Gesellschafter (§ 160 HGB)[12] richtet.[13] Auf **konkurrierende Ansprüche** aus Gesellschafterbürgschaften oder §§ 69, 34 AO ist § 93 dagegen nach Auffassung der Rechtsprechung auch **nicht** entsprechend **anwendbar**.[14] Dasselbe gilt, insoweit unproblematisch, etwa für Ansprüche aus § 150 Abs. 4 SGB VII.[15] Auch Realsicherheiten, die ein persönlich haftender Gesellschafter gestellt hat, können unproblematisch ohne Einschränkung durch § 93 verwertet werden.[16] § 39 ermächtigt den Insolvenzverwalter auch nicht, die Mithaftung des an der Spaltung beteiligten Rechtsträgers nach § 133 UmwG geltend zu machen.[17] Schließlich ist der Regelungsbereich des § 93 beim Erlass eines Feststellungsbescheids nicht betroffen, da der Gesellschafter daraus nicht in die Haftung genommen werden kann.[18]

5 Entsprechend ist § 93 anzuwenden, soweit bei anderen Gesellschaftsformen eine persönliche Außenhaftung in Betracht kommt. Bei der **Vor-GmbH** besteht nach der Rechtsprechung aber i.d.R. nur eine Innenhaftung.[19] Eine Außenhaftung besteht dagegen, wenn die Gründung scheitert und die im Einverständnis mit den Gesellschaftern aufgenommene Geschäftstätigkeit nicht sofort beendet und die Vorgesellschaft abgewickelt wird[20], wenn die Vor-GmbH vermögenslos ist[21] oder wenn

---

8 BGH 09.10.2008, IX ZR 138/06, BGHZ 178, 171 Rn. 21.
9 LAG Hamm 04.03.2009, 2 Sa 1382/05, ZInsO 2010, 822 (824).
10 MüKo-InsO/*Brandes/Gehrlein* Rn. 1.
11 Für die GbR vgl. nur BGH 29.01.2001, II ZR 331/00, BGHZ 146, 341 (358).
12 Für die GbR vgl. nur BGH 18.01.2002, V ZR 68/01, NZG 2002, 467.
13 OLG Schleswig 09.02.2004, 5 W 4/04, ZInsO 2004, 1086; OLG Hamm 30.03.2007, 30 U 13/06, ZIP 2007, 1233 (1238) m.w.N.; LAG Hamm 04.03.2009, 2 Sa 1382/05, ZInsO 2010, 822 (824).
14 BFH 02.11.2001, VII B 155/01, BFHE 197, 1 (4); BGH 04.07.2002, IX ZR 265/01, BGHZ 151, 245 (248 ff.); a.A. OLG Schleswig 21.09.2001, 1 U 207/00, ZIP 2001, 1968 (1969 f.); Jaeger/*Müller* Rn. 24 ff. (zur Bürgschaft, zust. zu §§ 69, 34 AO: Rn. 29); *Wessel* DZWIR 2002, 53 f.; *Bork* NZI 2002, 362 (364 f.); *Oepen* ZInsO 2002, 162 (168); *Kling* ZIP 2002, 881 (882); *Kesseler* ZInsO 2002, 549 (551 ff.); *Klink* NZI 2004, 651 (655); kritisch de lege ferenda *Bitter* ZInsO 2002, 557 (561 f.).
15 BSG 27.05.2008, B 2 U 19/07 R, ZIP 2008, 1965 (1965 f.).
16 Insoweit übereinstimmend BGH 04.07.2002, IX ZR 265/01, BGHZ 151, 245 (249 f.); Jaeger/*Müller* Rn. 28; *Bork* NZI 2002, 362 (365); *Oepen* ZInsO 2002, 162 (169).
17 BGH 20.06.2013, IX ZR 221/21, ZIP 1013, 1433 Rn. 1
18 SG Bremen 22.01.2010, S 4 KR 124/06, juris Rn. 16 zu §§ 28h Abs. 1 SGB IV, 52 SGB X.
19 BGH 27.01.1997, II ZR 123/94, BGHZ 134, 333 (338 ff.). Dass das Argument, der Wettlauf der Gesellschaftsgläubiger im Konkurs müsse verhindert werden (S. 340), mit § 93 weggefallen ist, hat an diesem Rechtszustand nichts geändert. Vgl. Baumbach/*Hueck* § 11 GmbHG Rn. 24.
20 BGH 04.11.2002, II ZR 204/00, BGHZ 152, 290 (293 ff.); 27.05.1997, 9 AZR 483/96, BAGE 86, 38 (42).
21 BAG 22.01.1997, 10 AZR 908/94, BAGE 85, 94 (100); 27.05.1997, 9 AZR 483/96, BAGE 86, 38 (41); 15.12.1999, 10 AZR 165/98, BAGE 93, 151 (157 f.); BFH 07.04.1998, VII R 82/97, BFHE 185, 356 (360); 08.12.1999, B 12 KR 10/98 R, BSGE 85, 192 (197).

das Insolvenzverfahren mangels Masse eingestellt worden ist.[22] Dasselbe gilt für Ansprüche analog § 128 HGB wegen unkontrollierbarer Vermischung des Gesellschaftsvermögens etwa mit dem Vermögen des gleichzeitig betriebenen Einzelunternehmens[23] und für Ansprüche der Gläubiger der abhängigen Gesellschaft aus § 303 AktG.[24] Durchgriffsansprüche von Vereinsgläubigern gegen Mitglieder eines eingetragenen Vereins wegen Missbrauchs der Rechtsform beim Überschreiten des Nebenzweckprivilegs hat der BGH dagegen verneint.[25] Zur Haftung nach § 826 BGB bei existenzvernichtenden Eingriffen und bei Unterkapitalisierung vgl. § 92 Rdn. 8.

II. Eröffnetes Insolvenzverfahren

§ 93 erfasst nur die Rechtsverfolgung während des **eröffneten Insolvenzverfahrens**. Angesichts der nur eingeschränkten Verweisung in § 24 kommt § 93 im **Eröffnungsverfahren** auch bei Einsetzung eines »starken« vorläufigen Insolvenzverwalters grds. nicht in Betracht.[26] Auch bei **Ablehnung** der Verfahrenseröffnung **mangels Masse** sowie nach **Aufhebung** oder **Einstellung** des Verfahrens können und müssen die Gläubiger ihre Ansprüche gegen den Haftungsschuldner selbst geltend machen. Das gilt auch, wenn im Insolvenzplan vorgesehen ist, dass der Insolvenzverwalter die Planerfüllung nach §§ 260 ff. zu überwachen hat.[27] Vgl. ergänzend § 92 Rdn. 3.

6

III. Reichweite der persönlichen Haftung der Gesellschafter

Keine Frage von § 93, sondern der jeweiligen Haftungsnorm ist die Reichweite der persönlichen Haftung der Gesellschafter. Dazu soll hier zu § 128 HGB exemplarisch Stellung genommen werden. In den Personengesellschaften korrespondiert mit der unbeschränkten persönlichen Haftung der Gesellschafter grds. das Recht zur Geschäftsführung (§ 709 Abs. 1 BGB, § 114 Abs. 1 HGB), das mit der Eröffnung des Insolvenzverfahrens endet (§ 80 Abs. 1). Daher reicht die persönliche Haftung der Gesellschafter nicht weiter als ihre Einflussmöglichkeit.

7

§ 128 HGB erfasst alle von den Gesellschaftern zu verantwortende Altforderungen und damit insb. alle Insolvenzforderungen einschließlich der im Verfahren auflaufenden Zinsen (§ 39 Abs. 1 Nr. 1) und der Kosten der Gläubiger (§ 39 Abs. 1 Nr. 2), die noch aus den Altforderungen entspringen, so wie auch der Bürge für Zinsen und Kosten haftet (§ 767 Abs. 1 Satz 2, Abs. 2 BGB). Bei nicht erfüllten Verträgen haften die Gesellschafter sowohl für den Erfüllungsanspruch als Masseverbindlichkeit (§ 55 Abs. 1 Nr. 2, Abs. 2 Satz 2) als auch für den möglichen Schadensersatzanspruch als Insolvenzforderung (§§ 103 Abs. 2 Satz 1, 109 Abs. 1 Satz 2, 3, 113 Satz 3).[28] Schließlich erfasst § 128 HGB die auf den Pensionssicherungsverein übergehenden Betriebsrentenansprüche (§ 9 Abs. 2 BetrAVG)[29] sowie die Sozialplanansprüche der Arbeitnehmer (§ 112 BetrVG),[30] die in Ar-

8

---

22 Sehr weitgehend aber BAG 15.01.2006, 10 AZR 238/05, ZIP 2006, 1044 Rn. 33 zu § 19 Abs. 1 Nr. 3 GesO, weil dort der Sache nach nur Masseinsuffizienz i.S.v. § 208 vorlag.
23 BGH 14.11.2005, II ZR 178/03, BGHZ 165, 85 Rn. 10; 07.01.2008, II ZR 314/05, NJW-RR 2008, 629 Rn. 16.
24 *Wimmer-Leonhardt* Konzernhaftungsrecht S. 44 f.; Jaeger/*Müller* Rn. 16.
25 So BGH 10.12.2007, II ZR 239/05, BGHZ 175, 12 Rn. 13 ff. – Kolpingwerk – gegen OLG Dresden 09.08.2005, 2 U 897/04, ZIP 2005, 1680 (1684 ff.).
26 So auch *Runkel/Schmidt* ZInsO 2007, 578 (579); K. Schmidt/*K. Schmidt* § 93 Rn. 13; a.A. Jaeger/*Müller* Rn. 6; so auch tendenziell, aber letztlich offen OLG Rostock 24.11.2003, 3 U 111/03, ZInsO 2004, 555 (556).
27 Jaeger/*Müller* Rn. 7.
28 BGH 13.07.1967, II ZR 268/64, BGHZ 48, 203 (206); Uhlenbruck/*Hirte* Rn. 36; MüKo-InsO/*Brandes/ Gehrlein* Rn. 8, 12.
29 Jaeger/*Müller* Rn. 40.
30 So auch BAG 06.05.1986, 1 AZR 553/84, BAGE 52, 24 (29); MüKo-InsO/*Brandes/Gehrlein* Rn. 11; HK-InsO/*Kayser* Rn. 21; BK-InsO/*Blersch/v. Olshausen* Rn. 3; a.A. Jaeger/*Müller* Rn. 42; *Smid* Rn. 10; Uhlenbruck/*Hirte* Rn. 37.

beitsverträgen aus der Zeit vor dem Insolvenzverfahren wurzeln.[31] Dass letztere heute Masseverbindlichkeiten sind (§ 123 Abs. 2),[32] ist dafür nicht entscheidend.

9 Dagegen soll sich die Haftung aus § 128 HGB nicht auf die Kosten des Gesellschaftsinsolvenzverfahrens (§ 54)[33] sowie die vom Insolvenzverwalter begründeten Masseverbindlichkeiten (§ 55 Abs. 1 Nr. 1)[34] und die Bereicherungsansprüche gegen die Masse (§ 55 Abs. 1 Nr. 3)[35] erstrecken. Dies entspricht zu § 55 Abs. 1 Nr. 1 dem Fremddispositionsverbot in § 767 Abs. 1 Satz 3 BGB und im Übrigen der herrschenden Auffassung, wonach auch der Schuldner persönlich für diese Masseverbindlichkeiten nur mit dem ehemals massebefangenen Vermögen haftet.[36] Hinsichtlich der Verfahrenskosten (§ 54) steht die Rechtsprechung jedoch in einem Spannungsverhältnis zu § 767 Abs. 2 BGB.[37] Die für die Beschränkung von § 128 HGB maßgebliche These, dass auch die Kostenhaftung aus § 788 ZPO stets auf das pfändbare Vermögen des Vollstreckungsschuldners beschränkt ist,[38] trifft daher nicht zu.

10 Soweit die Gesellschafter auch für Masseverbindlichkeiten persönlich haften, soll § 93 nach wohl herrschender Auffassung teleologisch reduziert werden und nur nach Anzeige der Masseunzulänglichkeit anwendbar sein, weil zuvor kein gleichmäßig auf die Gläubiger zu verteilender Ausfall drohe.[39] Es erscheint aber ungereimt, wenn dem Insolvenzverwalter erst durch die Anzeige nach § 208 die Möglichkeit zur Masseanreicherung und damit zur Abwendung der Masseinsuffizienz gegeben wird.

C. Rechtsfolgen

11 § 93 führt zu einer Sperr- und Ermächtigungswirkung hinsichtlich des Haftungsanspruchs gegen den Gesellschafter. Aufgrund der Sperrwirkung verliert der Gläubiger seine Prozessführungsbefugnis; er kann seinen Anspruch weder durch Klage noch mittels Zwangsvollstreckung durchsetzen[40] und auch keinen Insolvenzantrag gegen den Gesellschafter stellen. Eine vom Gesellschafter gegen den Gläubiger erhobene negative Feststellungsklage ist unzulässig.[41] Die Ermächtigungswirkung verleiht dem Insolvenzverwalter eine treuhänderische Einziehungsbefugnis in gesetzlicher Prozessstandschaft.[42] Sperr- und Ermächtigungswirkung treten auch ein, wenn nur ein Haftungsgläubiger ersicht-

---

31 So schon BAG 13.12.1978, GS 1/77, BAGE 31, 176 (196 ff.). Mit diesem Argument wurde – insoweit von BVerfG 19.10.1983, 2 BvR 485/80 u.a., BVerfGE 65, 182 (192) unbeanstandet – die Subsumtion der Sozialplanansprüche unter § 59 Abs. 1 Nr. 1 KO verneint.
32 Vgl. zuvor BAG 30.04.1984, 1 AZR 34/84, BAGE 45, 357 (366 ff.): einfache Konkursforderung i.S.v. § 61 Abs. 1 Nr. 6 KO; § 4 Satz 1 SozPlG (BGBl. 1985 I, 369): privilegierte Konkursforderung entsprechend § 61 Abs. 1 Nr. 1 KO.
33 BGH 24.09.2009, IX ZR 234/07, NJW 2010, 69 Rn. 19 ff.; OLG Brandenburg 23.05.2007, 7 U 173/06, ZIP 2007, 1756 (1757); MüKo-InsO/*Brandes/Gehrlein* Rn. 10; HK-InsO/*Kayser* Rn. 24; a.A. Jaeger/*Müller* Rn. 43 ff. mit Ausnahme der Kosten des Gläubigerausschusses; für Gerichtskosten a.A. auch *Armbrüster* Die Stellung des haftenden Gesellschafters in der Insolvenz der Personenhandelsgesellschaft nach geltendem und künftigem Recht, 1996, 173.
34 BGH 24.09.2009, IX ZR 234/07, NJW 2010, 69 Rn. 10 ff.
35 MüKo-InsO/*Brandes/Gehrlein* Rn. 9; Jaeger/*Müller*, Rn. 35.
36 So BGH 25.11.1954, IV ZR 81/54, NJW 1955, 339; *M. Schmidt* Der Gemeinschuldner als Schuldner der Masseverbindlichkeiten S. 120; *Stürner* ZZP 94 (1981), 263 (294); MüKo-InsO/*Ott/Vuia* § 80 Rn. 8 f.; FK-InsO/*App* § 80 Rn. 6; a.A. allerdings Jaeger/*Windel* § 80 Rn. 44; *Häsemeyer* Insolvenzrecht Rn. 25.30 f.
37 Vgl. nur MüKo-BGB/*Habersack* § 767 Rn. 9; Hellner/Steuer/*Wagenknecht/Piekenbrock* Bankrecht und Bankpraxis Rn. 4/1236b.
38 So *Brinkmann* Die Bedeutung der §§ 92, 93 InsO für den Umfang der Insolvenz- und Sanierungsmasse S. 122 und dem folgend BGH 24.09.2009, IX ZR 234/07, NJW 2010, 69 Rn. 22.
39 So *Oepen* Massefremde Masse, 1999, Rn. 200 ff.; MüKo-InsO/*Brandes/Gehrlein* Rn. 20; BK-InsO/*Blersch/v. Olshausen* Rn. 3; HambK-InsR/*Pohlmann* Rn. 41, 42; a.A. Jaeger/*Müller* Rn. 31.
40 MüKo-InsO/*Brandes/Gehrlein* Rn. 13.
41 *BGH 12.07.2012, IX ZR 217/11, ZIP 2012, 1683 Rn. 10 f.*
42 BGH 09.10.2006, II ZR 193/05, ZInsO 2007, 35 Rn. 9; LAG Hamm 04.03.2009, 2 Sa 1382/05, ZInsO 2010, 822 (824); BAG 28.11.2007, 6 AZR 377/07, BAGE 125, 92 (95).

lich ist, weil das Auftauchen eines zunächst unbekannten Gläubigers nicht auszuschließen ist.[43] Die Ermächtigungswirkung gilt nur für Gläubiger, die ihre Forderungen im Verfahren anmelden.[44] Die Sperrwirkung hingegen wirkt auch zu Lasten von am Verfahren unbeteiligten Gläubigern.[45] Soweit mit dem Haftungsanspruch der Gesellschaftsgläubiger eine Einlageforderung der Gesellschaft konkurriert, die der Insolvenzverwalter nach § 80 Abs. 1 geltend machen kann, beschränkt sich die Wirkung von § 93 auf die Sperrwirkung.

Der Gesellschaftsgläubiger bleibt Inhaber der Ansprüche gegen die Gesellschaft und die akzessorisch haftenden Gesellschafter. Bei einer Abtretung des gegen die Gesellschaft gerichteten Anspruchs geht die akzessorische Haftungsforderung analog § 401 BGB mit über.[46] Die Rechtsfolgen von § 93 gelten nun gegenüber dem Zessionar.[47] Der Gläubiger kann auf seine Forderung gegenüber der Gesellschaft verzichten und damit auch die Gesellschafterhaftung zu Fall bringen. Auch ein nur auf die Haftungsforderung gerichteter **Verzicht** ist möglich.[48] Dann muss aber – entgegen der herrschenden Meinung[49] – auch die **Aufrechnung** des Gläubigers gegen eine Forderung des Gesellschafters[50] ohne die einschränkenden Voraussetzungen der §§ 94 ff. möglich sein, da diese sonst leicht durch einen beiderseitigen Erlass ersetzt werden könnte (vgl. zum Ganzen auch § 92 Rdn. 14). Aus demselben Grund kann sich auch der Gesellschafter durch Aufrechnung von seiner Schuld befreien.[51]   12

Aufgrund der Ermächtigungswirkung kann der Insolvenzverwalter die Haftungsforderungen gegen die Gesellschafter einziehen. Er kann sich dabei an die Gesellschafter wenden, bei denen ihm der Regress aussichtsreich erscheint; einen Anspruch auf Gleichbehandlung haben die Gesellschafter nicht.[52] Bei Inanspruchnahme des Gesellschafters aus einer Vielzahl von Gesellschaftsverbindlichkeiten hat der Insolvenzverwalter die einzelnen Forderungen genau zu konkretisieren.[53] Gegen einen ausgeschiedenen Gesellschafter kann nur vorgegangen werden, wenn dieser zumindest einem am Verfahren beteiligten Gläubiger haftet.[54]   13

Der Insolvenzverwalter ist zum Abschluss eines gerichtlichen oder außergerichtlichen **Vergleichs** befugt, sofern er dadurch nicht objektiv dem Insolvenzzweck zuwider handelt und der Abschluss des Vergleichs im gemeinsamen Interesse der Gläubiger liegt.[55] Die Gläubiger sind über den Grundsatz der Unwirksamkeit insolvenzzweckwidriger Handlungen und der drohenden Schadensersatzpflicht des Verwalters aus § 60 hinreichend geschützt.[56]   14

---

43 BK-InsO/*Blersch/v. Olshausen* Rn. 5; Jaeger/*Müller* Rn. 21; MüKo-InsO/*Brandes/Gehrlein* Rn. 14.
44 MüKo-InsO/*Brandes/Gehrlein* Rn. 14; Jaeger/*Müller* Rn. 51.
45 BK-InsO/*Blersch/v. Olshausen* Rn. 5; MüKo-InsO/*Brandes/Gehrlein* Rn. 13.
46 BK-InsO/*Blersch/v. Olshausen* Rn. 6; HambK-InsR/*Pohlmann* Rn. 40.
47 BK-InsO/*Blersch/v. Olshausen* Rn. 6.
48 HK-InsO/*Kayser* Rn. 30; BK-InsO/*Blersch/v. Olshausen* Rn. 6; MüKo-InsO/*Brandes/Gehrlein* Rn. 15; *Fuchs* ZIP 2000, 1089 (1093); HambK-InsR/*Pohlmann* Rn. 26; Uhlenbruck/*Hirte* Rn. 6; a.A. Jaeger/*Müller* Rn. 53; Kübler/Prütting/Bork/*Lüke* Rn. 16.
49 HK-InsO/*Kayser* Rn. 40 ff.; BK-InsO/*Blersch/v. Olshausen* Rn. 9; Jaeger/*Müller* Rn. 61 f.; Uhlenbruck/*Hirte* Rn. 5; K. Schmidt/*K. Schmidt* § 93 Rn. 26; *Fuchs* ZIP 2000, 1089 (1097). BT-Drucks. 12/2443, 140 wollte die Aufrechnungslage »in entsprechender Anwendung der §§ 406, 412 BGB auch im Insolvenzverfahren erhalten.«
50 HK-InsO/*Kayser* Rn. 38, 39 spricht dagegen von einer Aufrechnung gegen eine Masseforderung, obwohl es dann im Verhältnis zum Gesellschafter an der Gegenseitigkeit fehlt (§ 387 BGB).
51 Für eine (analoge) Anwendung der §§ 94 ff. InsO dagegen HK-InsO//*Kayser* Rn. 41; BK-InsO/*Blersch/v. Olshausen* Rn. 9; Jaeger/*Müller* Rn. 63; MüKo-InsO/*Brandes/Gehrlein* Rn. 37; Uhlenbruck/*Hirte* Rn. 5.
52 Jaeger/*Müller* Rn. 54; Uhlenbruck/*Hirte* Rn. 20.
53 BGH 09.10.2006, II ZR 193/05, ZIP 2007, 79 (80); Jaeger/*Müller* Rn. 73; HK-InsO/*Kayser* Rn. 52; für PKH: OLG Bremen, 06.08.2001, 3 W 28/01, ZIP 2002, 679.
54 MüKo-InsO/*Brandes/Gehrlein* Rn. 14.
55 BAG 28.11.2007, 6 AZR 377/07, ZIP 2008, 846 Rn. 16; HK-InsO/*Kayser* Rn. 32; Jaeger/*Müller* Rn. 52; MüKo-InsO/*Brandes/Gehrlein* Rn. 14; zweifelnd Uhlenbruck/*Hirte* Rn. 6.
56 BK-InsO/*Blersch/v. Olshausen* Rn. 6.

15 Ein bei Verfahrenseröffnung anhängiger Prozess über die persönliche Haftung eines Gesellschafters wird analog § 17 Abs. 1 Satz 1 AnfG unterbrochen.[57] Bei Verzögerung der Aufnahme gilt über § 17 Abs. 1 Satz 3 AnfG § 239 Abs. 2 – 4 ZPO entsprechend. Eine Pflicht zur Aufnahme besteht nicht.[58] Wie bei § 92 (§ 92 Rdn. 20) bedeutet die Ablehnung der Aufnahme jedoch keine Freigabe der betreffenden Forderung,[59] die es auch bei § 93 nicht gibt.[60] Der Insolvenzverwalter verliert durch die Ablehnung der Aufnahme daher – entsprechend § 17 Abs. 3 Satz 2 AnfG – nicht das Recht, den Haftungsanspruch durch eine eigene Klage geltend zu machen.[61] Richtigerweise muss es dem Insolvenzverwalter – wie bei § 92 – dagegen möglich sein, im Rahmen einer »modifizierten Freigabe« einen Gesellschaftsgläubiger zur Fortführung eines unterbrochenen Rechtsstreits als Prozessstandschafter zu ermächtigen, wenn die Klage auf Zahlung in die Masse gerichtet ist. Dies kann sinnvoll sein, wenn der Insolvenzverwalter etwa wegen der wirtschaftlichen Lage des Gesellschafters das Prozessrisiko scheut.[62]

16 Die Ermächtigungswirkung des § 93 erstreckt sich auch auf das **Anfechtungsrecht**. Zahlungen an einen Gesellschaftsgläubiger vor Verfahrenseröffnung sind unter den Voraussetzungen der §§ 129 ff. vom Insolvenzverwalter anfechtbar, solange kein Insolvenzverfahren über das Vermögen des Gesellschafters eröffnet ist.[63] Ist jedoch der Gesellschafter ebenfalls insolvent (**Doppelinsolvenz**), ist allein der über sein Vermögen eingesetzte Verwalter anfechtungsberechtigt.[64] Erfüllt somit die Komplementärin der GmbH & Co. KG während des vorläufigen Insolvenzverfahrens über deren Vermögen die Beitragsforderung eines Sozialversicherungsträgers gegen die GmbH & Co. KG, so ist diese Zahlung im späteren Insolvenzverfahren über das Vermögen der Komplementärin als unentgeltliche Leistung anfechtbar.[65]

17 Eine nach Verfahrenseröffnung getätigte **Zahlung an** einen **Gesellschaftsgläubiger** hat mangels Einziehungsberechtigung grds. keine befreiende Wirkung. Der Insolvenzverwalter kann erneut Leistung vom Gesellschafter fordern oder die Leistung genehmigen und beim Empfänger nach § 816 Abs. 2 BGB kondizieren.[66] Bei Unkenntnis des Haftungsschuldners von der Eröffnung des Insolvenzverfahrens gilt aber **§ 82 analog** (vgl. auch § 92 Rdn. 15).[67]

---

57 BGH 14.11.2002, IX ZR 236/99, ZIP 2003, 39; 20.11.2008, IX ZB 199/05, NZI 2009, 108; OLG Stuttgart 14.05.2002, 1 U 1/02, NZI 2002, 495 (496 f.); OLG Schleswig 09.02.2004, 5 W 4/04, ZInsO 2004, 1086; LAG Frankfurt 25.02.2003, 16 Sa 979/01, ZInsO 2003, 1060 (LS); BK-InsO/*Blersch/v. Olshausen* Rn. 16; Jaeger/*Müller* Rn. 72; MüKo-InsO/*Brandes/Gehrlein* Rn. 42; HK-InsO/*Kayser* Rn. 50; Uhlenbruck/*Hirte* Rn. 44; für eine Unterbrechung entsprechend § 240 ZPO: LG Saarbrücken 04.06.2010, 5 T 137/10, NZI 2010, 820 (821); für Weiterführung des Prozesses durch den Gläubiger analog § 265 Abs. 2 ZPO *Kesseler* ZInsO 2003, 67 (69 ff.). In §§ 105 Abs. 3, 104 Abs. 1 InsO-RegE war die Unterbrechung in Anlehnung an § 17 AnfG ausdrücklich vorgesehen. Vgl. BT-Drucks. 12/2443, 139, 140.
58 BK-InsO/*Blersch/v. Olshausen* Rn. 16; Jaeger/*Müller* Rn. 72; a.A. KS-InsO/*Bork* Kap. 31 Rn. 33.
59 BK-InsO/*Blersch/v. Olshausen* Rn. 16; a.A. KS-InsO/*Bork* Kap. 31 Rn. 33.
60 Insoweit a.A. MüKo-InsO/*Brandes/Gehrlein* Rn. 14; HK-InsO/*Kayser* Rn. 32; für die Existenzvernichtungshaftung, die heute als Innenhaftung ohnehin nicht unter §§ 92, 93 fällt (vgl. § 92 Rdn. 8), auch *Böckmann* ZIP 2005, 2186 (2188 f.).
61 BK-InsO/*Blersch/v. Olshausen* Rn. 16; MüKo-InsO/*Brandes/Gehrlein* Rn. 42. So ausdrücklich auch §§ 105 Abs. 3, 104 Abs. 3 Satz 2 InsO-RegE.
62 OLG Dresden 09.08.2005, 2 U 897/04, ZIP 2005, 1680 (1682 ff.); Jaeger/*Müller* Rn. 56; a.A. OLG Schleswig 09.02.2004, 5 W 4/04, ZInsO 2004, 1086 (1087); für echte Freigabe in diesem Fall MüKo-InsO/*Brandes/Gehrlein* Rn. 14; HK-InsO/*Kayser* Rn. 32.
63 BGH 09.10.2008, IX ZR 138/06, BGHZ 178, 171 Rn. 8 ff.; MüKo-InsO/*Brandes/Gehrlein* Rn. 30; *Häsemeyer* ZHR 149 (1985), 42 (57); Uhlenbruck/*Hirte* Rn. 4.
64 BGH 09.10.2008, IX ZR 138/06, BGHZ 178, 171 Rn. 8 ff.; MüKo-InsO/*Brandes/Gehrlein* Rn. 30.
65 OLG Rostock 24.11.2003, 3 U 111/03, ZInsO 2004, 555 (556).
66 HK-InsO/*Kayser* Rn. 28; Jaeger/*Müller* Rn. 48; MüKo-InsO/*Brandes/Gehrlein* Rn. 13.
67 HK-InsO/*Kayser* Rn. 27; Jaeger/*Müller* Rn. 49; MüKo-InsO/*Brandes/Gehrlein* Rn. 30; Uhlenbruck/*Hirte* Rn. 4.

Der in Anspruch genommene Gesellschafter kann sowohl eigene **Einwendungen** als auch Einwendungen der Gesellschaft geltend machen, die von der Gesellschaft selbst erhoben werden könnten (§ 129 Abs. 1 HGB). Die Rechtskraftwirkung der Eintragung der gegen die Gesellschaft gerichteten Forderung in die Insolvenztabelle beschränkt den Gesellschafter damit grds. auf die ihm persönlich zustehenden Einwendungen, wenn die Gesellschaft die Forderung nicht bestritten hat (§ 201 Abs. 2).[68] Zur Wahrung des rechtlichen Gehörs gilt dies aber nur, wenn der Gesellschafter am Feststellungsverfahren beteiligt war und Gelegenheit hatte, der Forderungsanmeldung für seine persönliche Haftung zu widersprechen.[69] Dem Gesellschafter wird zu diesem Zweck ein eigenes Widerspruchsrecht zugebilligt.[70] Ein im Zeitpunkt der Anmeldung bereits ausgeschiedener Gesellschafter kann sich hingegen auch auf Einwendungen stützen, auf die sich die Gesellschaft nicht mehr berufen darf.[71] 18

Der Gesellschafter kann seine **Leistung verweigern**, wenn der Insolvenzverwalter das Rechtsgeschäft anfechten kann (§ 129 Abs. 2 HGB) oder zwischen dem Insolvenzgläubiger und der Gesellschaft eine Aufrechnungslage besteht, die den Gläubiger nach §§ 94 ff. zur Aufrechnung berechtigt (§ 129 Abs. 3 HGB).[72] Der Gesellschafter darf nur in Anspruch genommen werden, soweit die Insolvenzmasse die Verbindlichkeiten nicht deckt. Aus § 242 BGB steht dem Gesellschafter der Einwand des Rechtsmissbrauchs zu, wenn der Verwalter offensichtlich nicht benötigte Beträge geltend macht bzw. offensichtlich rechtsmissbräuchlich handelt.[73] Dies hat der beklagte Gesellschafter ggf. darzulegen und zu beweisen.[74] 19

Nach Verfahrenseröffnung ist die Vollstreckung eines gegen den Gesellschaftsgläubiger ergangenen Titels unzulässig; Zwangsvollstreckungsmaßnahmen sind vom Insolvenzverwalter und vom Gesellschafter mit der Vollstreckungserinnerung angreifbar (§ 766 ZPO).[75] Der bei Eröffnung des Insolvenzverfahrens bereits bestehende Titel des Gläubigers gegen den persönlich haftenden Gesellschafter ist analog § 727 ZPO i.V.m. § 93 auf den Insolvenzverwalter umzuschreiben.[76] Bei Nichtrealisierung des Haftungsanspruchs ist der Titel nach Beendigung des Insolvenzverfahrens auf den Gesellschaftsgläubiger zurückzuschreiben.[77] 20

D. Verteilung

Der Regierungsentwurf ging eindeutig davon aus, dass § 93 der Massearmut entgegenwirkt und daher bei § 26 Abs. 1 zu berücksichtigen ist.[78] Darüber hinaus müssten aus dem Erlös prima facie vorab die Massegläubiger befriedigt werden (§ 53 InsO). Da persönlich haftende Gesellschafter nach § 128 HGB aber nicht für die Kosten des Insolvenzverfahrens über das Vermögen der Gesellschaft und die vom Insolvenzverwalter in diesem Verfahren begründeten Masseverbindlichkeiten haften,[79] würde dadurch massefremdes Vermögen vorrangig zur Deckung anderer als der Insolvenzforderungen der Gläubiger verwandt. Dieses Ergebnis wäre nur mit einer haftungsrechtlichen Zuordnung er- 21

---

68 BGH 09.10.2006, II ZR 193/05, ZIP 2007, 79 Rn. 11.
69 BGH 14.11.2005, II ZR 178/03, BGHZ 165, 85 (95 f.).
70 MüKo-InsO/*Brandes/Gehrlein* Rn. 31; Uhlenbruck/*Hirte* Rn. 42; Braun/*Kroth* Rn. 24.
71 MüKo-InsO/*Brandes/Gehrlein* Rn. 31; Jaeger/*Müller* Rn. 59.
72 MüKo-InsO/*Brandes/Gehrlein* Rn. 31; Jaeger/*Müller* Rn. 63; Uhlenbruck/*Hirte* Rn. 5.
73 OLG Hamm 30.03.2007, 30 U 13/06, NZI 2007, 584 (590); MüKo-InsO/*Brandes/Gehrlein* Rn. 31.
74 BK-InsO/*Blersch/v. Olshausen* Rn. 7; HK-InsO/*Kayser* Rn. 34; Braun/*Kroth* Rn. 20 f.
75 BK-InsO/*Blersch/v. Olshausen* Rn. 5; Braun/*Kroth* Rn. 17; zur Erinnerungsbefugnis des Gesellschafters LG Bad Kreuznach 26.03.2004, 2 T 19/04, Rpfleger 2004, 517 (518).
76 OLG Dresden 05.10.2000, 13 W 1206/00, DZWIR 2001, 126; OLG Jena 17.12.2001, 6 W 695/01, NZI 2002, 156 (157); OLG Stuttgart 14.05.2002, 1 U 1/02, NZI 2002, 495 (496).
77 HK-InsO/*Kayser* Rn. 51; Jaeger/*Müller* Rn. 76.
78 BT-Drucks. 12/2443, 140; so de lege lata auch AG Hamburg 27.11.2007, 67g IN 370/7, ZInsO 2007, 1283.
79 BGH 24.09.2009, IX ZR 234/07, NJW 2010, 69 Rn. 10, 19.

klärbar,[80] nicht aber mit dem Ziel der Gleichbehandlung der Gesellschaftsgläubiger. Der Insolvenzverwalter hat regelmäßig eine Sondermasse zu bilden, die er ausschließlich an die Haftungsgläubiger verteilen darf.[81] Der masseanreichernde Effekt besteht daher nur in der Verminderung der von der Insolvenzmasse aufzubringenden Verfahrenskosten.[82] Der Zweck des § 93 gebietet schließlich die Bildung einer weiteren Sondermasse, wenn etwa ein ausgeschiedener oHG-Gesellschafter in Anspruch genommen wird, der nicht allen Insolvenzgläubigern gegenüber haftet (§ 160 HGB).[83]

E. Doppelinsolvenz von Gesellschaft und Gesellschafter

22 Im (häufigen) Fall der Doppelinsolvenz von Gesellschaft und Gesellschafter (vgl. dazu auch Rdn. 16) sind zwei getrennte Verfahren zu führen. Ansprüche, für die § 93 Anwendung findet, kann in diesem Fall nur der Insolvenzverwalter über das Vermögen der Gesellschaft im Verfahren über das Vermögen des Gesellschafters zur Tabelle anmelden.[84] Auch wenn § 212 Abs. 1 KO in der InsO keine ausdrückliche Entsprechung gefunden hat, geht die wohl h.M. davon aus, dass in der Gesellschafterinsolvenz nur der jeweilige **Ausfall** in der Gesellschaftsinsolvenz geltend gemacht werden kann.[85]

23 Dagegen spricht prima facie § 43,[86] wonach der Gläubiger in der Doppelinsolvenz – denkt man sich § 93 weg – in beiden Verfahren den vollen Betrag anmelden könnte.[87] Daher kann man § 93 so lesen, dass der Gesellschaftsinsolvenzverwalter anstelle des Gläubigers den vollen Betrag in der Gesellschafterinsolvenz anmeldet. § 199 Satz 2 stünde nicht entgegen,[88] weil die Anmeldung der vollen Beträge nicht mit einer entsprechenden Dividende gleichzusetzen ist und § 199 Satz 2 nur verhindert, dass ein Gesellschafter über § 93 mehr in die Insolvenzmasse zahlt, als zur Befriedigung aller Gläubiger erforderlich ist.[89] Allerdings lassen die Materialien erkennen, dass der Gesetzgeber § 212 Abs. 1 KO nicht wegen der Beschränkung auf den Ausfall beseitigt hat, sondern nur um zur Gleichbehandlung der Gesellschaftsgläubiger die Einzelrechtsverfolgung zu sperren.[90] Da § 93 aber nicht zu Lasten des Gesellschafters wirken soll[91] und auch eine Verschlechterung der Stellung seiner übrigen Gläubiger nicht beabsichtigt war, gilt das Ausfallprinzip auch unter § 93 weiter. Auch insoweit ist aus Gläubigersicht die Hereinnahme einer Gesellschafterbürgschaft, auf die § 93 nicht anwendbar ist (Rdn. 4) und die daher die Doppelanmeldung nach § 43 erlaubt, ratsam.

24 Ist der Gesellschafter eine natürliche Person, steht die **Restschuldbefreiung** nach §§ 286 ff. auch der weiteren Durchsetzung der Gesellschafterhaftung nach § 93 entgegen.[92] Dasselbe gilt für einen **Insolvenzplan** in der Gesellschafterinsolvenz (§ 227 Abs. 1) oder der Gesellschaftsinsolvenz (§ 227 Abs. 2).

---

80 Trotzdem plädiert *Brinkmann* Die Bedeutung der §§ 92, 93 InsO für den Umfang der Insolvenz- und Sanierungsmasse S. 102, 132 bei § 93 gegen die Befriedigung der Massegläubiger.
81 *Oepen* Massefremde Masse, Rn. 91; Jaeger/*Müller* Rn. 56; BK-InsO/*Blersch/v. Olshausen* Rn. 11.
82 *Oepen* Massefremde Masse, Rn. 227; KS-InsO/*Bork* Kap. 31 Rn. 25; K. Schmidt/*Keller* § 26 Rn. 14.
83 Jaeger/*Müller* § 35 Rn. 141; *Gerhardt* ZIP 2000, 2181 (2184 ff.); Uhlenbruck/*Hirte* Rn. 10; *Bitter* ZInsO 2002, 557 (560).
84 BGH 31.10.2001, VIII ZR 177/00, KTS 2002, 310 (311).
85 K. Schmidt/Bitter ZIP 2000, 1077 (1085 ff.); K. Schmidt/*K. Schmidt* § 93 Rn. 35; Jaeger/*Müller* Rn. 67; MüKo-InsO/*Brandes/Gehrlein* Rn. 25; HK-InsO/*Kayser* Rn. 46; Uhlenbruck/*Hirte* Rn. 23; FK-InsO/*App* Rn. 14; Nerlich/Römermann/*Wittkowski* Rn. 6.
86 So *Häsemeyer* Insolvenzrecht Rn. 31.25; Kübler/Prütting/Bork/*Lüke* Rn. 52; *Brinkmann* Die Bedeutung der §§ 92, 93 InsO für den Umfang der Insolvenz- und Sanierungsmasse S. 161 ff.; im Ergebnis, aber ohne Verweis auf § 43 auch K. Schmidt/*Bitter* ZIP 2000, 1077 (1083 ff.).
87 Jaeger/*Henckel* § 43 Rn. 25.
88 So auch K. Schmidt/*Bitter* ZIP 2000, 1077 (1083); a.A. Nerlich/Römermann/*Wittkowski* Rn. 6.
89 So ausdrücklich BT-Drucks. 12/2443, 140.
90 BT-Drucks. 12/2443, 140.
91 So ausdrücklich BT-Drucks. 12/2443, 140.
92 Jaeger/*Müller* Rn. 71.

§ 94 Erhaltung einer Aufrechnungslage

Ist ein Insolvenzgläubiger zur Zeit der Eröffnung des Insolvenzverfahrens kraft Gesetzes oder auf Grund einer Vereinbarung zur Aufrechnung berechtigt, so wird dieses Recht durch das Verfahren nicht berührt.

Übersicht

	Rdn.			Rdn.
A.	Allgemeines	1	IV. Einredefreiheit der Aktivforderung und Erfüllbarkeit der Passivforderung	17
B.	Anwendungsbereich	4	V. Aufrechnungsausschlüsse	19
C.	Voraussetzungen der Aufrechnung	10	VI. Aufrechnungslage zur Zeit der Verfahrenseröffnung	24
I.	Gegenseitigkeit der Forderungen (§ 387 BGB)	10	D. Rechtsgeschäftlich ermöglichte Aufrechnung	26
II.	Gesetzliche Ausnahmen von der Gegenseitigkeit	12		
III.	Gleichartigkeit der Forderungen	15		

A. Allgemeines

§ 94 geht auf § 106 InsO-RegE[1] zurück, ist im Gesetzgebungsverfahren jedoch um den Zusatz »kraft Gesetzes oder auf Grund einer Vereinbarung« ergänzt worden.[2] Dass damit, wie zuvor in § 53 KO, die vor der Eröffnung des Insolvenzverfahrens begründete **gesetzliche Aufrechnungslage** (§ 387 BGB) für insolvenzfest erklärt wird, ist im Gesamtsystem des heutigen bürgerlichen Vermögensrechts eigentlich eine Selbstverständlichkeit,[3] weil der Aufrechnung weder die Abtretung (§ 406 BGB) noch die Verpfändung (§ 1275 BGB) noch die Beschlagnahme einer Forderung (§ 392 BGB) entgegensteht. Vor diesem Hintergrund sind auch die §§ 95, 96 Abs. 1 zu sehen, die vielfach nur das allgemeine Vermögensrecht widerspiegeln. So deckt sich der Regelungsgehalt von §§ 95 Abs. 1 Satz 1, 3, 96 Abs. 1 Nr. 1, 2 weitgehend mit §§ 392, 406, 1275 BGB. Erhalten bleibt dem Insolvenzgläubiger auch das **Tilgungsbestimmungsrecht** nach § 396 Abs. 1 Satz 1 BGB, das jedoch mit der Aufrechnungserklärung ausgeübt werden muss. Andernfalls kommt die – dem Gläubiger i.d.R. günstige – gesetzliche Tilgungsreihenfolge nach §§ 366 Abs. 2, 367 BGB zum Tragen.[4] 1

Da die Aufrechnungslage funktional dem **Pfandrecht** an der eigenen Schuld (pignus debiti) in vielerlei Hinsicht gleichgestellt ist,[5] entspricht die dem § 94 zugrundeliegende Wertung zugleich der des § 50,[6] auch wenn es sich bei der Aufrechnung um ein Erfüllungsäquivalent und keine bloße abgesonderte Befriedigung handelt und den Aufrechnungsberechtigten daher keine Kostenpflicht i.S.v. §§ 170, 171 trifft.[7] Ist ein Pfandrecht an der eigenen Schuld wie etwa nach Nr. 14 Abs. 1 Satz 2 AGB-Banken erworben worden, folgt auch daraus die Aufrechnungsbefugnis im Insolvenzverfahren, weil sich der Pfandgläubiger bei Pfandreife nach § 1282 BGB auch durch Aufrechnung befriedigen[8] und damit sein Absonderungsrecht (§ 50) realisieren kann. Dem stehen §§ 166 Abs. 2, 170, 171 nicht entgegen, weil die Forderungsverpfändung davon nicht betroffen ist.[9] Ob die Voraussetzungen der Aufrechnung schon bei Eröffnung vorlagen (§ 94) oder nach Maßgabe von § 95 Abs. 1 Satz 1, 3 später eingetreten sind, kann daher nicht entscheidend sein. 2

---

1 BT-Drucks. 12/2443, 25 (140).
2 BT-Drucks. 12/7302, 38 (165).
3 Beim Erlass der KO musste dieser Grundsatz aber noch gegen partikularrechtliche Widerstände durchgesetzt werden. Vgl. *Hahn* Die gesamten Materialien zur Konkursordnung, 1881, S. 219, wo der Grundsatz allerdings schon damals als unbestreitbar angesehen wurde.
4 BGH 19.07.2007, IX ZR 81/06, ZIP 2007, 1612 Rn. 13.
5 BGH 04.05.1995, IX ZR 256/93, BGHZ 129, 336 (341); *Piekenbrock* WM 2009, 49.
6 So auch RG 15.11.1912, II 245/12, RGZ 80, 407 (409); BGH 09.05.1960, II ZR 95/58, NJW 1960, 1295 (1296); 24.03.1994, IX ZR 149/93, NJW 1994, 1659 (1660).
7 *Häsemeyer* Insolvenzrecht Rn. 19.03.
8 RG 03.05.1904, VII 372/03, RGZ 58, 105 (109); 25.10.1919, V 54/19, RGZ 97, 34 (39).
9 MüKo-InsO/*Lwowski/Tetzlaff* § 166 Rn. 45.

§ 94 InsO Erhaltung einer Aufrechnungslage

3   Anders liegen die Dinge dagegen bei der auch als »Verrechnung« bezeichneten Aufrechnung auf Grund einer **Vereinbarung**, die nach den kryptischen Hinweisen in den Materialien nur »zur Klarstellung« in das Gesetz aufgenommen worden ist (vgl. dazu Rdn. 26 f.).

B. Anwendungsbereich

4   § 94 betrifft nur die Aufrechnung einer **Aktivforderung** eines **Insolvenzgläubigers** i.S.v. § 38 gegen eine **massebefangene Passivforderung**. Dabei kommt es auf die Anmeldung der Forderung nicht an, weil die Erklärung der Aufrechnung keine Rechtsverfolgung i.S.v. § 87 ist. Auch wenn die Insolvenzforderung nur **nachrangig** zu befriedigen ist (§ 39 Abs. 1), bleibt § 94 grds. anwendbar.[10] Allerdings muss dann besonders auf den Ausschluss der Aufrechnung nach § 96 Abs. 1 Nr. 3 geachtet werden; dies gilt insb. für § 135 Abs. 1. Dagegen ist die Aufrechnung mit Insolvenzforderungen gegen **massefreie Forderungen** des Schuldners uneingeschränkt zulässig. Das gilt sowohl für freigegebenen Zuerwerb etwa nach § 35 Abs. 2 (vgl. § 89 Rdn. 28) als auch für die – von § 392 BGB abweichende – Möglichkeit der Sozialleistungsträger, zum Teil auch gegen unpfändbare und damit nicht massebefangene Ansprüche des Schuldners auf laufende Geldleistungen mit Ansprüchen auf Erstattung zu Unrecht erbrachter Sozialleistungen und mit Beitragsansprüchen aufzurechnen,[11] wenn der Leistungsberechtigte damit nicht (sozial-)hilfebedürftig wird (§ 51 Abs. 2 SGB I).[12]

5   Auch **Massegläubiger** unterliegen nicht den Restriktionen von § 94. Dies gilt auch für die unechten i.S.v. § 55 Abs. 2, 4. Bei **Masseunzulänglichkeit** gilt § 94 entsprechend, wobei an die Stelle der Verfahrenseröffnung die Anzeige des Insolvenzverwalters nach § 208 Abs. 1 Satz 1 tritt.[13] Auch in diesem Fall ist die Nachrangigkeit der Altmasseverbindlichkeit (§ 209 Abs. 1 Nr. 3) unbeachtlich.[14]

6   § 94 gilt auch, wenn die Aufrechnungslage im **Eröffnungsverfahren** entstanden ist und Sicherungsmaßnahmen i.S.v. § 21 Abs. 2 Satz 1 angeordnet waren; § 96 Abs. 1 Nr. 1 gilt nicht entsprechend.[15] Dass die Forderung ggf. nicht mehr gepfändet werden konnte (§ 21 Abs. 2 Satz 1 Nr. 3), ändert daran nichts,[16] weil § 394 BGB nur für Pfändungsschutzvorschriften zugunsten des Schuldners wie in § 850c ZPO Bezug konzipiert ist[17] und nicht für allgemeine Vollstreckungsverbote im Interesse der par condicio. Allerdings ist hier in besonderer Weise § 96 Abs. 1 Nr. 3 zu beachten. § 94 gilt auch im **Insolvenzplanverfahren**,[18] weil § 223 nicht für die Aufrechnungsbefugnis gilt.[19] Daher kann der Gläubiger, der selbst etwas zur Masse schuldet, nach Auffassung des BGH nach rechtskräftiger Bestätigung des Insolvenzplans auch mit der erlassenen Aktivforderung (§ 254 Abs. 1 Satz 1) gegen die Passivforderung des Schuldners aufrechnen.[20] Allerdings darf analog § 52 Satz 2 nur der Teil der Insolvenzforderung anteilsmäßig befriedigt werden, der nicht durch Aufrechnung befriedigt

---

10 So auch MüKo-InsO/*Brandes/Lohmann* Rn. 10; HK-InsO/*Kayser* Rn. 7; a.A. Jaeger/*Windel* Rn. 50 ff.; BK-InsO/*Blersch/v. Olshusen* Rn. 3 mit verfehltem Hinweis auf § 174 Abs. 3 Satz 1.
11 Vgl. BT-Drucks. 7/868, 32; KasselerKomm/*Seewald* § 51 SGB I Rn. 18.
12 Vgl. BT-Drucks. 8/2034, 42; BSG 15.12.1992, 10 RKg 20/91, SozR 3–1200 § 51 Nr. 3.
13 BGH 18.05.1995, IX ZR 189/94, BGHZ 130, 38 (46 f.).
14 HK-InsO/*Kayser* Rn. 11.
15 BGH 29.06.2004, IX ZR 195/03, BGHZ 159, 388 (390). Zu §§ 53, 55, 106 KO und § 54 VerglO entsprechend BGH 20.10.1986, II ZR 293785, BGHZ 99, 36 (40); 07.12.1989, IX ZR 228/89, BGHZ 109, 321 (322).
16 BGH 29.06.2004, IX ZR 195/03, BGHZ 159, 388 (391).
17 § 288 BGB-E I hatte noch ausdrücklich auf die in § 749 CPO 1877 genannten Forderungen verwiesen. Diese Einschränkung wurde nur beseitigt, um für andere, dort nicht genannte Forderungen »besondere Vorschriften, welche die Anfechtung ausschließen, entbehrlich zu machen. Vgl. Protokolle I, 375 = Mugdan II, 568.
18 BT-Drucks. 12/2443, 140. So auch HK-InsO/*Kayser* Rn. 67; MüKo-InsO/*Brandes/Lohmann* Rn. 6.
19 AA Kübler/Prütting/Bork/*Lüke* Rn. 94, 95. Bei vertraglicher Erweiterung der Aufrechnungslage auch *Häsemeyer* Insolvenzrecht Rn. 19.32.
20 BGH 19.05.2011, IX ZR 222/08, ZIP 2011, 1271 Rn. 9 ff.; entsprechend OLG Celle 23.12.2008, 14 U

werden kann. In der **Nachlassinsolvenz** ist neben § 94 die Beschränkung der Aufrechnungswirkung durch § 1977 Abs. 1, 2 BGB zu beachten, die Ausdruck der Nachlassseparation durch Nachlassverwaltung oder -insolvenz ist.

Seinem Wortlaut nach regelt § 94 nur den Erhalt der Aufrechnungsbefugnis nach Eröffnung des Verfahrens. Daher wird die Wirksamkeit von **Kontokorrent**- und ähnlichen **Verrechnungsabreden** davon unmittelbar nicht betroffen. Vielmehr ergibt sich aus §§ 115, 116, dass derartige Abreden mit der Verfahrenseröffnung erlöschen.[21] Außerdem folgt aus § 357 HGB, dass im Kontokorrent nach der Wirksamkeit des Insolvenzbeschlags keine Forderungen mehr zu Lasten der Masse verrechnet werden können. Die Wirksamkeit der Verrechnung der bis zur Insolvenzeröffnung wechselseitig begründeten Forderung wird davon grds. nicht berührt. Allerdings wendet die Rechtsprechung § 96 Abs. 1 Nr. 3 auch auf Auf- und Verrechnungen vor der Insolvenzeröffnung an (vgl. § 96 Rdn. 26 ff.).

7

§ 94 beschränkt nur die **Aufrechnung** durch den Insolvenzgläubiger, nicht aber **durch den Insolvenzverwalter**. Nach Auffassung des BGH kann der Insolvenzverwalter die ihm obliegende Leistung aber erst bewirken, wenn die Insolvenzforderung angemeldet, geprüft und zur Tabelle festgestellt worden ist.[22] Diese Auffassung ist allerdings im Kontext einer Klage aus § 767 ZPO nach **Aufrechnung** des Verwalters **gegen** den **Dividendenanspruch** des Gläubigers entwickelt worden, bei der es auf der Grundlage der Rechtsprechung zu § 767 Abs. 2 ZPO auf den Zeitpunkt der Aufrechenbarkeit i.S.v. § 389 BGB ankam. Insoweit ist die Entscheidung richtig, weil eine Insolvenzforderung nur unter dieser Voraussetzung ein Recht auf Dividende begründet und sich die Feststellungswirkung nach § 178 Abs. 3 gegenüber dem Insolvenzverwalter nach richtiger Ansicht nur darauf richtet.[23]

8

Dagegen kann der Insolvenzverwalter **gegen** die **Insolvenzforderung selbst** zum Nennbetrag bis zur rechtskräftigen Feststellung nach § 178 Abs. 3 aufrechnen.[24] Dies ist im Interesse der Masse sinnvoll, wenn auch der Gläubiger aufrechnen kann, weil sich dann sogar die Dividende »drücken« lässt.[25] Wollte man dem Verwalter die Aufrechnung vor der Feststellung zur Tabelle verwehren, müsste man § 52 wegen der pfandrechtsähnlichen Sicherheit des Insolvenzgläubigers entsprechend anwenden. Darüber hinaus kann die Aufrechnung sinnvoll sein, wenn damit ein vollwertiges Recht auf abgesonderte Befriedigung zu Fall gebracht wird. War die Aufrechnung für die Masse nachteilhaft, etwa weil § 96 Abs. 1 Nr. 3 der Aufrechnung durch den Gläubiger entgegenstand, ändert dies nichts an der Erfüllungswirkung nach § 389 BGB. Etwas anderes kann nur gelten, wenn die Aufrechnung auch für den Insolvenzgläubiger evident insolvenzzweckwidrig war.[26]

9

C. Voraussetzungen der Aufrechnung

I. Gegenseitigkeit der Forderungen (§ 387 BGB)

Nach § 387 BGB setzt die Aufrechnung grds. die **Identität** von **Schuldner** und **Gläubiger** der wechselseitigen Forderungen voraus. Die Normen, die beim Fehlen dieser Identität die Aufrechnung ausschließen (§§ 417 Abs. 1 Satz 2, 422 Abs. 2 ,719 Abs. 2, 1419 Abs. 2, 2040 Abs. 2 Satz BGB), sind

10

108/08, ZIP 2009, 140 (141 f.). AA zuvor OLG Celle 13.11.2008, 16 U 63/08, NZI 2009, 59 (60); *Jacobi* NZI 2009, 351 (354); *Braun* NZI 2009, 409 (410 ff.).

21 HK-InsO/*Kayser* Rn. 59.
22 BGH 19.03.1987, IX ZR 148/86, BGHZ 100, 222 (227).
23 So auch MüKo-InsO/*Schumacher* § 178 Rn. 15, 61; a.A. *Häsemeyer* Insolvenzrecht Rn. 22.20.
24 So schon RG 28.06.1907, III 16/07, LZ 1907, 835 (836); 14.12.1909, II 519/09, LZ 1910, 231 (232); 17.09.1915, VII 116/15, JW 1915, 1437 (1438). Vgl. heute MüKo-InsO/*Brandes/Lohmann* Rn. 14; HK-InsO/*Kayser* Rn. 17.
25 MüKo-InsO/*Brandes/Lohmann* Rn. 14 a.E.; HK-InsO/*Kayser* Rn. 17; *Häsemeyer* Insolvenzrecht Rn. 19.33. Durch die frühzeitige Teilaufrechnung kann nur die ungedeckte Restforderung zur Tabelle festgestellt werden und an den Ausschüttungen teilnehmen.
26 So auch Kübler/Prütting/Bork/*Lüke* Rn. 35.

daher selbstverständlich auch im Insolvenzfall zu beachten. Daher kann eine Bank gegen das Kontoguthaben nicht mit Forderungen gegen den Verfügungsberechtigten aufrechnen, wohl aber mit Forderungen gegen den Kontoinhaber, auch wenn die Valuta dem Verfügungsberechtigten zugute kommen sollte.[27]

11 Im **Abgabenrecht** ist die Körperschaft, der die Steuer materiell zusteht, Gläubiger i.S.v. § 387 BGB, so dass sie gegen alle Forderungen aufrechnen kann.[28] Dagegen spielt § 395 BGB, der bei der Aufrechnung gegen Ansprüche aus dem Steuerschuldverhältnis trotz der Verweisung in § 226 Abs. 1 AO ohnehin nicht anwendbar ist,[29] für § 94 keine Rolle, weil die Vorschrift nur die Aufrechnung des Steuerpflichtigen gegenüber der öffentlichen Hand betrifft und die genannten Gebietskörperschaften nicht insolvenzfähig sind (vgl. § 12 Rdn. 4, 8).

II. Gesetzliche Ausnahmen von der Gegenseitigkeit

12 § 94 erfasst auch die Fälle, in denen kraft Gesetzes vom Erfordernis der Gegenseitigkeit abgewichen wird. Dies gilt namentlich für §§ 406,[30] 409,[31] 566d BGB und § 354a Satz 2 HGB,[32] sowie für die Befugnis zur Einziehung einer Forderung durch den **Pfandgläubiger** (vgl. Rdn. 2) und den **Vollstreckungsgläubiger** nach der Überweisung zur Einziehung (§§ 835 Abs. 1 Alt. 1, 836 Abs. 1 ZPO).[33] Auch die gesetzlichen **Ablöserechte** (§§ 268 Abs. 2, 1142 Abs. 2, 1150, 1224, 1249 BGB) lassen eine Aufrechnung durch Dritte zu. Darüber hinaus lässt die Rechtsprechung bspw. bei **uneigennützigen Treuhandverhältnissen** wie der Inkassozession über § 406 BGB hinaus die Aufrechnung gegenüber dem Zessionar (**Treuhänder**) mit einer Forderung gegen den Zedenten (Treugeber) zu.[34]

13 Im **Abgabenrecht** ist hinsichtlich der Ansprüche aus dem Steuerschuldverhältnis auch die Körperschaft aufrechnungsbefugt, die die Steuer verwaltet (§ 226 Abs. 4 AO). Daher kann das Land gegen Erstattungsansprüche insgesamt mit Umsatzsteuerforderungen aufrechnen. Die in § 96 Abs. 3 InsO-E[35] geplante Erweiterung der Aufrechnungsbefugnis ist dagegen bekanntlich nicht Gesetz geworden (vgl. § 96 Rdn. 2). Im **Sozialrecht** besteht dagegen eine weitreichende Verrechnungsmöglichkeit des zuständigen Leistungsträgers mit den Ansprüchen eines anderen (§ 52 SGB I). Dasselbe gilt im **Sozialversicherungsrecht**, wenn der für die Beitragserstattung zuständige Leistungsträger mit Ermächtigung eines anderen Leistungsträgers dessen Ansprüche gegen den Berechtigten mit dem ihm obliegenden Erstattungsbetrag verrechnet (§ 28 Nr. 1 SGB IV).[36] Diese erweiterten Verrechnungsbefugnisse, mit denen der Gesetzgeber auf die Rechtsprechung des BSG zur fehlenden Wech-

---

27 Zum zweiten Fall vgl. BGH 12.10.1987, II ZR 98/87, NJW 1988, 709 zur Überweisung unpfändbarer Beträge i.S.v. § 55 Abs. 1 SGB I auf ein Konto der Ehefrau.
28 So kann der Bund im Rahmen von Art. 106 Abs. 3 Satz 1 GG als Teilgläubiger jeweils mit dem Bundesanteil aufrechnen. Vgl. BGH 19.07.2007, IX ZR 81/06, ZIP 2007, 1612 Rn. 10 zur Umsatzsteuer.
29 BFH 25.04.1989, VII R 105/87, BFHE 157, 8 (10 ff.).
30 Zur Erweiterung dieser Aufrechnungsbefugnis durch §§ 273, 404 BGB vgl. BGH 27.04.1972, II ZR 122/70, BGHZ 58, 327 (331 f.). Zur Aufrechnung mit künftigen Forderungen vgl. auch BGH 09.04.1990, II ZR 1/89, NJW 1990, 2544 (2545).
31 Zur Aufrechnung vgl. BGH 05.07.1978, VIII ZR 182/77, NJW 1978, 2025 (2026). Nach Staudinger/*Busche* § 409 BGB Rn. 19 kann bei § 409 BGB sogar noch nach Kenntnis von der Unwirksamkeit der Abtretung analog § 406 BGB aufgerechnet werden. AA MüKo-BGB/*Roth* § 409 Rn. 17.
32 Zur Aufrechnung vgl. BGH 15.10.2003, VIII ZR 358/02, ZIP 2003, 2166 (2168); 26.01.2005, VIII ZR 275/03, ZIP 2005, 445 (447); 13.11.2008, VII ZR 188/07, NJW 2009, 438 Rn. 20.
33 Zur Aufrechnung durch den Vollstreckungsgläubiger vgl. Stein/Jonas/*Brehm* § 835 ZPO Rn. 14; MüKo-ZPO/*Smid* § 835 Rn. 12.
34 BGH 22.10.1957, VIII ZR 67/56, BGHZ 25, 360 (367); 20.09.1962, VII ZR 90/61, WM 1962, 1174 (1175); 03.11.1967, Ib ZR 123/65, NJW 1968, 594 (595); 11.12.1974, VIII ZR 51/73, WM 1975, 79 (80); 15.01.1990, II ZR 164/88, BGHZ 110, 47 (81).
35 IdF von Art. 3 Nr. 3 HBeglG 2011-RegE, BT-Drucks. 17/3030, S. 17.
36 Diese Regelung ist erforderlich, weil Beitragserstattungsansprüche i.S.v. § 26 Abs. 2, 3 SGB IV keine Ansprüche auf Sozialleistung darstellen. Vgl. *Kreikebohm* § 28 SGB IV Rn. 2.

selseitigkeit i.S.v. § 387 BGB[37] reagiert hat,[38] sind nach der Rechtsprechung auch heute noch insolvenzfest, wenn die Ermächtigung vor der Verfahrenseröffnung erteilt worden ist.[39]

Im **Versicherungsrecht** ist zugunsten des Versicherers für Prämienansprüche § 35 VVG zu beachten. Im **Kommissionsrecht** folgt aus § 392 Abs. 1 HGB, dass der Kommittent erst mit der Abtretung der Forderung aus dem Kommissionsgeschäft gegenüber dem Vertragspartner aufrechnen kann. Dagegen hat die ältere Rechtsprechung die Aufrechnung des Vertragspartners gegenüber dem Kommissionär ungeachtet § 392 Abs. 2 HGB zugelassen.[40] In Teilen des Schrifttums wird dagegen – meines Erachtens zu Recht – die Aufrechnung mit inkonnexen Forderungen ausgeschlossen.[41]

III. Gleichartigkeit der Forderungen

Nach § 387 BGB setzt die Aufrechnung außerdem die **Gleichartigkeit** der wechselseitigen Forderungen voraus, die i.d.R. nur bei Zahlungspflichten besteht. Eine solche Zahlungspflicht liegt auch bei der **Herausgabe** von **Geld** nach § 667 BGB vor,[42] auch wenn es sich mit Blick auf das Verlustrisiko nicht um eine gewöhnliche Geldschuld handelt.[43] Dasselbe gilt für den Anspruch auf Einwilligung in die Auszahlung **hinterlegten Geldes**.[44] Bei echten Fremdwährungsverbindlichkeiten wird die Gleichartigkeit – über § 244 Abs. 1 BGB hinaus und insoweit abweichend von § 387 BGB[45] – fingiert (§ 95 Abs. 2; vgl. § 95 Rdn. 17). Die Gleichartigkeit kann sich auch aus einer gesetzlichen oder vereinbarten **Ersetzungsbefugnis** oder einer **Wahlschuld** (§ 262 BGB) ergeben, wenn der aufrechnende eine Geldleistung fordern oder erbringen kann.[46]

Nicht gleichartig sind dagegen der Anspruch des Bankkunden auf **Berichtigung** des **Kontostandes** bei debitorischer Kontoführung nach Widerspruch gegen die Einlösung einer nicht autorisierten Einzugsermächtigungslastschrift[47] nach Verweigerung der Genehmigung[48] und die Darlehensforderung der Bank.[49] Ebenfalls nicht gleichartig mit einem Zahlungsanspruch ist der Anspruch auf **Befreiung** von einer **Verbindlichkeit**.[50] Daher ist eine **Aufrechnung mit** einem **Befreiungsanspruch** nur

---

37 BSG 25.08.1961, 1 RA 233/59, BSGE 15, 36 (37 f.) zu § 78 AVG i.d.F. der Bek v. 28.05.1924, RGBl. I, 563.
38 BT-Drucks. 7/868, 32.
39 Zu § 52 SGB I vgl. BSG 12.07.1990, 4 RA 47/88, BSGE 67, 143 (145 ff.); 10.12.2003, B 5 RJ 18/03, BSGE 92, 1 (3 ff.); BGH 29.05.2007, IX ZB 51/07, BGHZ 177, 1 Rn. 6 ff. Zu § 28 SGB IV vgl. BSG 15.12.1994, 12 RK 85/92, ZIP 1995, 400 (402).
40 So zu Art. 368 Abs. 2 ADHGB schon RG 09.11.1893, VI. 168/93, RGZ 32, 39 (43). Dem zu § 392 Abs. 2 HGB folgend RG 23.05.1928, I 292/27, RGZ 121, 177 (178); BGH 19.11.1968, VI ZR 215/66, NJW 1969, 276. BGH 30.03.1988, VIII ZR 79/87, BGHZ 104, 123 (128) referiert die Aufrechnung gegenüber dem Kommissionär nur noch als Option, von der kein Gebrauch gemacht worden war.
41 So *Dressler* NJW 1969, 655 f.; *K. Schmidt* Handelsrecht S. 901; *Bitter* Rechtsträgerschaft für fremde Rechnung S. 451; MüKo-HGB/*Häuser* § 392 Rn. 25; a.A. *Canaris* Handelsrecht § 30 Rn. 78; Baumbach/Hopt § 392 Rn. 12.
42 BGH 01.06.1978, III ZR 44/77, BGHZ 71, 380 (382) zur Aufrechnung von Mandantengeldern mit Honoraransprüchen eines Rechtsanwalts (vgl. aber Rdn. 23); 04.03.1993, IX ZR 151/92, NJW 1993, 2041 (2042).
43 Vgl. nur BGH 21.12.2005, III ZR 9/05, BGHZ 165, 298 (301) m.w.N.
44 Jaeger/*Windel* Rn. 119; HK-InsO/*Kayser* Rn. 31.
45 MüKo-BGB/*Schlüter* § 387 Rn. 32.
46 HambK-InsR/*Jacoby* Rn. 15; HK-InsO/*Kayser* Rn. 62.
47 Vgl. § 81 Rdn. 5.
48 BGH 01.10.2002, IX ZR 125/02, ZIP 2002, 2184 (2185).
49 HK-InsO/*Kayser* Rn. 22.
50 BGH 22.01.1954, I ZR 34/53, BGHZ 12, 136 (144); 19.06.1957, IV ZR 214/56, BGHZ 25, 1 (6); 25.02.1959, V ZR 139/57, BGHZ 29, 337 (343); 22.02.1967, IV ZR 331/65, BGHZ 47, 157 (166); 28.06.1983, VI ZR 285/81, NJW 1983, 2438 (2439); 14.01.1999, IX ZR 208/97, BGHZ 140, 270 (273) zu § 775 BGB; 02.12.2004, IX ZR 200/03, BGHZ 161, 241 (253); 14.07.2005, IX ZR 142/02, ZIP 2005, 1559 (1560).

zulässig, wenn sich dieser nach Maßgabe von § 250 Satz 2 BGB oder § 281 Abs. 1 BGB in einen Geldanspruch umgewandelt hat. Dasselbe gilt ohne Fristsetzung, wenn der Schuldner die Herstellung des vorherigen Zustandes oder den Schadensersatz überhaupt ernsthaft und endgültig verweigert (§ 281 Abs. 2 BGB).[51] Dagegen lässt allein die materielle Insolvenz des Schuldners den Inhalt des Anspruchs auf Befreiung unberührt.[52] Dass der Anspruch im Verfahren in Geld umzurechnen ist (§ 45 Satz 1), ist für die Aufrechnung unerheblich (§ 95 Abs. 1 Satz 2; vgl. § 95 Rdn. 12). Der Befreiungsanspruch des Schuldners wandelt sich mit der Insolvenzeröffnung in einen Zahlungsanspruch auf den vollen Betrag um, während der Gläubiger der Forderung, von der der Schuldner zu befreien ist, mit diesem Betrag als Insolvenzgläubiger am Insolvenzverfahren teilnehmen kann (vgl. § 35).[53] Diese Umwandlung dient aber ausschließlich dazu, der Bevorzugung des Schuldners des Befreiungsanspruchs[54] oder des Dritten[55] vorzubeugen,[56] und nicht dazu, die Aufrechnung gegen eine nicht gleichartige Passivforderung zu ermöglichen. Daher wird die Voraussetzung für die **Aufrechnung** einer Geldforderung **gegen** einen **Befreiungsanspruch**, die nach herrschender Auffassung zuvor nicht vorliegt,[57] auch nicht nachträglich geschaffen.

IV. Einredefreiheit der Aktivforderung und Erfüllbarkeit der Passivforderung

17 Schließlich setzen §§ 387, 390 BGB voraus, dass die Aktivforderung, mit der der Insolvenzgläubiger aufrechnen will, fällig und einredefrei ist. Mit **Naturalobligationen** aus §§ 656 Abs. 1 Satz 1, 762 Abs. 1 Satz 1, 763 Satz 2 BGB kann daher nicht aufgerechnet werden. Zu beachten sind auch **Fälligkeitsvoraussetzungen** wie in § 641 BGB, sowie den Regelungen zur Rechnungstellung für die freien Berufe[58] und die Versorgungswirtschaft.[59] Für die **verjährte Aktivforderung** ist jedoch § 215 BGB zu beachten. Auch § 273 BGB steht der Aufrechnung nicht entgegen, wenn mit der konnexen Gegenforderung aufgerechnet werden soll.[60] Schließlich kann der Leistungsträger im **Sozialversicherungsrecht** gegen den Beitragserstattungsanspruch mit zukünftigen Beitragsforderungen aufrechnen, wenn der Beitragspflichtige zustimmt (§ 28 Nr. 2 SGB IV).

18 Die massebefangene Passivforderung, gegen die aufgerechnet werden soll, muss dagegen nur erfüllbar sein. Da das Fehlen der Fälligkeit grds. nicht entgegensteht (§ 271 Abs. 2 BGB), ist § 95 Abs. 1 Satz 1, der auch für die Passivforderung die Fälligkeit fordert, insoweit nicht korrekt formuliert (§ 95 Rdn. 1 mit Fn. 3). Die Passivforderung muss auch gegenüber dem Aufrechnungsgegner allein erfüllbar sein. Daran fehlt es nach §§ 1281, 1282 BGB, § 829 Abs. 1 Satz 1, Abs. 3 ZPO oder §§ 20 Abs. 2, 21 Abs. 2, 148 ZVG,[61] soweit sich aus §§ 1275, 406 BGB oder § 392 BGB nichts anderes ergibt.[62]

---

51 Zu § 250 Satz 2 BGB vgl. entsprechend nur BGH 30.09.1963, III ZR 137/62, BGHZ 40, 345 (352).
52 BGH 14.07.2005, IX ZR 142/02, ZIP 2005, 1559 (1560 f.).
53 BGH 22.09.1971, VIII ZR 38/70, BGHZ 57, 78 (81); 16.09.1993, IX ZR 255/92, ZIP 1993, 1656 (1658).
54 Diese würde eintreten, wenn der Schuldner des Befreiungsanspruchs nur in Höhe der Quote, die der Dritte auf seine Forderung erhält, zahlen müsste.
55 Diese würde eintreten, wenn der Schuldner des Befreiungsanspruchs diesen durch Zahlung an den Dritten erfüllen würde.
56 So schon RG 02.07.1909, VII 500/08, RGZ 71, 363 (366).
57 BGH 19.06.1957, IV ZR 214/56, BGHZ 25, 1 (7 f.); *Gerhardt* Der Befreiungsanspruch S. 77 f.; a.A. *Lehmann* JR 1933, 130 (130 f.), der dem Befreiungsschuldner allerdings zu Unrecht eine Ersetzungsbefugnis zur Zahlung an den Gläubiger zubilligen will, die die Gleichartigkeit begründen würde (vgl. Rdn. 15).
58 § 10 Abs. 1 Satz 1 RVG, § 9 Abs. 1 StBGebV, § 12 Abs. 1 GOÄ, § 10 Abs. 1 GOZ, § 15 Abs. 1 HOAI.
59 § 17 Abs. 1 StromGVV, § 17 Abs. 1 GasGVV.
60 BGH 12.07.1990, III ZR 174/89, NJW 1990, 3210 (3212).
61 BGH 20.09.1978, VIII ZR 2/78, WM 1978, 1326.
62 BGH 22.11.1979, VII ZR 322/78, NJW 1980, 584 (585).

V. Aufrechnungsausschlüsse

Die Aufrechnung darf nicht kraft Gesetzes ausgeschlossen sein. Dabei ist neben §§ 392, 393, 394 BGB insb. das Verbot der Aufrechnung gegen **Einlageforderungen** im Kapitalgesellschaftsrecht (§ 19 Abs. 2 Satz 2 GmbHG, § 66 Abs. 1 Satz 2 AktG), sowie bei der eG (§ 22 Abs. 5 GenG) und dem VVaG (§ 26 VAG) zu beachten. Im Zahlungsverkehr ist davon auszugehen, dass die Bank nach der Einlösung einer SEPA-Lastschrift zu Lasten eines debitorisch geführten Kontos nicht mit Darlehensforderungen gegen den Erstattungsanspruch aus § 675x Abs. 2 BGB aufrechnen kann, weil die Bonitätsprüfung bei der Einlösung der Lastschrift zu erfolgen hat und andernfalls der Zweck des § 675x Abs. 2 BGB gefährdet würde.[63]

§ 226 Abs. 3 AO, wonach die Forderung des Steuerpflichtigen unbestritten oder rechtskräftig festgestellt worden sein muss, spielt bei § 94 keine Rolle, weil damit wie durch § 395 BGB nur die Aufrechnung durch den Steuerpflichtigen eingeschränkt wird (vgl. Rdn. 11). Im **Sozialversicherungsrecht**, bei dem ein Aufrechnungsausschluss gegen Beitragsforderungen seit der Insolvenzfähigkeit der Krankenkassen (§ 171b SGB V) insolvenzrechtlich Bedeutung erlangen könnte, gibt es dagegen keine dem § 226 Abs. 3 AO vergleichbare Regelung.[64]

Ausnahmsweise kann die Aufrechnung auch nach **Treu und Glauben** ausgeschlossen sein. Dies hat der BGH für den Fall bejaht, dass sich eine Bank in nicht banküblicher Weise den Anspruch einer Schwesterbank gegen ihren Kunden abtreten lässt, nur um durch Aufrechnung gegen eine Guthabenforderung ihres Kunden der anderen Bank den Zugriff auf dessen Vermögen zu verschaffen.[65] Heute lassen sich solche Fälle i.d.R. über § 96 Abs. 1 Nr. 3 lösen.

Dagegen entfalten die **vertraglichen Aufrechnungsausschlüsse** wie in Nr. 4 AGB-Banken und Nr. 11 Abs. 1 AGB-Sparkassen oder in Klauseln wie »netto Kasse«[66] und »cash on demand«[67], die durch AGB ohnehin nur vereinbart werden können, soweit die Aktivforderung bestritten und nicht rechtskräftig festgestellt ist (§ 309 Nr. 3 BGB), in der Insolvenz keine Wirkung, weil es gerade Zweck des Verfahrens ist, die Insolvenzforderungen festzustellen.[68] Allerdings muss der Insolvenzgläubiger die Aufrechnung im Verfahren gegenüber dem Insolvenzverwalter (§ 80 Abs. 1) erneut erklären.[69]

Dagegen wird durch eine **Treuhandabrede** die Aufrechnung mit Forderungen gegen den Treugeber dauerhaft ausgeschlossen.[70] Dies gilt namentlich für **Anderkonten** von Rechtsanwälten und Notaren. Soweit ein Elternteil Kindesunterhalt nach § 1629 Abs. 3 BGB im eigenen Namen einklagt, kann der Prozessbevollmächtigte, an den der Unterhalt mit Einwilligung des Elternteils geleistet wird (§§ 362 Abs. 2, 185 Abs. 1 BGB), gegen den Auszahlungsanspruch nicht mit Gegenforderungen gegen den Elternteil aufrechnen, die nicht im Zusammenhang mit der Durchsetzung des Kindesunterhalts stehen.[71]

VI. Aufrechnungslage zur Zeit der Verfahrenseröffnung

Schließlich betrifft § 94 nur die Fälle, in denen Aufrechnungslage schon zur Zeit der Verfahrenseröffnung bestanden hat.[72]

---

63 Zu diesem Grund des Aufrechnungsausschlusses vgl. MüKo-BGB/*Schlüter* § 387 Rn. 60.
64 BSG 23.02.1995, 12 RK 29/93, BSGE 76, 28 (32 f.).
65 BGH 28.04.1987, VI ZR 1/86 u.a., NJW 1987, 2997 (2998).
66 BGH 15.06.1954, I ZR 6/53, BGHZ 14, 61 (62).
67 BGH 19.09.1984, VIII ZR 108/83, NJW 1985, 550.
68 RG 08.03.1929, II 378/28, RGZ 124, 8 (9); BGH 02.12.1974, II ZR 132/73, NJW 1975, 442; 06.07.1978, III ZR 65/77, NJW 1978, 2244; 12.10.1983, VIII ZR 19/82, NJW 1984, 357.
69 BGH 12.10.1983, VIII ZR 19/82, NJW 1984, 357 (358).
70 BGH 25.06.1973, II ZR 104/71, BGHZ 61, 72 (77) zum Ausschluss der Aufrechnung einer Bank gegen Guthaben auf einem als Treuhandkonto eingerichteten Unterkonto.
71 BGH 29.11.1990, IX ZR 94/90, BGHZ 113, 90 (93 f.).
72 Zur Beweislast des Aufrechnenden vgl. BGH 26.04.2012, IX ZR 149/11, ZIP 2012, 1254 Rn. 10.

§ 94 InsO   Erhaltung einer Aufrechnungslage

Hat der Schuldner vor Insolvenzeröffnung bei einem **gegenseitigen Vertrag** seine Leistungspflicht teilweise erfüllt, wird der dieser Teilleistung entsprechende Anspruch auf die Gegenleistung durch die Verfahrensöffnung nicht berührt; der Vertragsgegner kann gegen diesen Anspruch mit Insolvenzforderungen aufrechnen.[73] Dies gilt bei Ablehnung der Erfüllung des Vertrags im Übrigen auch für die Insolvenzforderung i.S.v. 103 Abs. 2 Satz 1 (vgl. § 95 Rdn. 7). Dagegen kann der **Anfechtungsgegner** (selbstverständlich) nicht mit der Insolvenzforderung nach § 144 Abs. 1 aufrechnen, weil der Anspruch aus § 143 Abs. 1 erst mit der Verfahrenseröffnung entsteht.[74]

25   Der Anspruch des Schuldners auf **Vorsteuererstattung** für die auf die **Vergütung** des **vorläufigen Insolvenzverwalters** gezahlte Umsatzsteuer (§ 7 InsVV) entsteht vor der Verfahrenseröffnung und kann daher grds mit Insolvenzforderungen aufgerechnet werden.[75] Allerdings wird die Aufrechnung vielfach an § 96 Abs. 1 Nr. 3 scheitern (vgl. § 96 Rdn. 12 ff.). Dagegen entsteht der Anspruch des Schuldners als Soll-Versteuerer auf Rückzahlung von Umsatzsteuer wegen Uneinbringlichkeit der Forderung (§ 17 Abs. 2 Nr. 1 UStG) erst mit der Verwirklichung des Berichtigungstatbestandes.[76] Im umgekehrten Fall soll der Anspruch gegen den Schuldner auf Rückzahlung des Vorsteuererstattungsbetrages (§ 15 Abs. 1 Nr. 1 UStG) bei Uneinbringlichkeit der Forderung des Unternehmens gegen den Schuldner (§ 17 Abs. 2 Nr. 1 UStG) im Zweifel erst mit der Verfahrenseröffnung entstehen, so dass der Steuergläubiger nicht schon zur Zeit der Eröffnung zur Aufrechnung berechtigt war (vgl. auch § 95 Rdn. 5).[77] Dies erscheint zweifelhaft, wenn das Verfahren wegen Zahlungsunfähigkeit eröffnet wird, weil der Eröffnungsgrund zwingend vor der Eröffnungsentscheidung vorgelegen haben muss, um vom Insolvenzrichter bei der Entscheidung erkannt zu werden.[78]

D. Rechtsgeschäftlich ermöglichte Aufrechnung

26   § 94 Alt. 2 lässt auch das Aufrechnungsrecht »auf Grund einer Vereinbarung« unberührt. Was mit dieser im Gesetzgebungsverfahren »zur Klarstellung«[79] eingefügten Erweiterung gegenüber § 53 KO gemeint ist, ist jedoch unklar. Sicher ist, dass ein **Aufrechnungsvertrag**, durch den zwei gegenseitige, als rechtsgültig angesehene Forderungen miteinander verrechnet werden sollen, nach wie vor unwirksam ist, wenn eine der beiden Forderungen nicht besteht.[80] Darüber hinaus sind **Konzernverrechnungsklauseln** – wie schon nach § 55 Abs. 1 Nr. 2 KO[81] – nach §§ 94, 96 Abs. 1 Nr. 2 InsO unwirksam,[82] wie die mit dem EGInsO geschaffene Unwirksamkeit des Konzerneigentumsvorbehalts (§ 449 Abs. 3 BGB) bestätigt. Ein entsprechendes Ergebnis lässt sich auch nicht durch die **Verpfändung** der **Forderung** gegen andere Konzerngesellschaften erzielen, weil es an der Anzeige durch den Gläubiger dieser Forderung fehlt (§ 1280 BGB). Auch eine wechselseitige **Sicherungszession** hilft hier nicht weiter, weil der BGH darin ein unzulässiges Umgehungsgeschäft gesehen hat (vgl. auch § 96 Rdn. 7).[83]

---

73   BGH 04.05.1995, IX ZR 256/93, BGHZ 129, 336 (339 ff.).
74   BGH 18.12.2003, IX ZR 9/03, ZIP 2004, 324 (326).
75   BFH 17.12.1998, VII R 47/98, BFHE 188, 149 (155 f.).
76   BFH 25.07.2012, VII R 29/11, BFHE 238, 307 Rn. 17; a. A. zuvor noch BFH 17.04.2007, VII R 27/06, BFHE 217.8 (11) unter Verweis auf § 95 Abs. 1 Satz 1.
77   BGH 19.07.2007, IX ZR 81/06, ZIP 2007, 1612 Rn. 20.
78   Vgl. entsprechend BFH 13.11.1986, V R 59/79, BFHE 148, 346 (350), wonach die dem Vorsteuerabzug zugrunde liegenden Forderungen gegen den Schuldner im Augenblick der Verfahrenseröffnung in voller Höhe uneinbringlich werden; auch BFH 25.07.2012, VII R 29/11, BFHE 238, 307 Rn. 17 scheint hier von der Entstehung der Aufrechnungslage vor Verfahrensöffnung auszugehen.
79   BT-Drucks. 12/7302, 165.
80   BGH 17.01.1991, I ZR 134/89, NJW-RR 1991, 744.
81   BGH 03.06.1981, VIII ZR 171/80, BGHZ 81, 15 (19); 29.02.1996, IX ZR 147/95, ZIP 1996, 552.
82   BGH 15.07.2004, IX ZR 224/03, BGHZ 160, 107 (109 ff.); 13.07.2006, IX ZR 152/04, NJW 2006, 3631 Rn. 12.
83   So zu § 55 Abs. 1 Nr. 2 BGH 06.12.1990, IX ZR 44/90, NJW 1991, 1060 (1061).

Soweit der **Sicherungszedent** zur Einziehung der Forderung ermächtigt ist (§ 185 Abs. 1 BGB), wird 27
dadurch keine Aufrechnungslage gegenüber dem Drittschuldner geschaffen.[84] Vielmehr deckt die
Ermächtigung nur den Abschluss eines zweiseitigen Aufrechnungsvertrags.[85]

§ 95 Eintritt der Aufrechnungslage im Verfahren

(1) Sind zur Zeit der Eröffnung des Insolvenzverfahrens die aufzurechnenden Forderungen oder eine von ihnen noch aufschiebend bedingt oder nicht fällig oder die Forderungen noch nicht auf gleichartige Leistungen gerichtet, so kann die Aufrechnung erst erfolgen, wenn ihre Voraussetzungen eingetreten sind. Die §§ 41, 45 sind nicht anzuwenden. Die Aufrechnung ist ausgeschlossen, wenn die Forderung, gegen die aufgerechnet werden soll, unbedingt und fällig wird, bevor die Aufrechnung erfolgen kann.

(2) Die Aufrechnung wird nicht dadurch ausgeschlossen, daß die Forderungen auf unterschiedliche Währungen oder Rechnungseinheiten lauten, wenn diese Währungen oder Rechnungseinheiten am Zahlungsort der Forderung, gegen die aufgerechnet wird, frei getauscht werden können. Die Umrechnung erfolgt nach dem Kurswert, der für diesen Ort zur Zeit des Zugangs der Aufrechnungserklärung maßgeblich ist.

Übersicht	Rdn.		Rdn.
A. Allgemeines	1	II. Aufrechnungsausschluss (§ 95 Abs. 1	
B. Anwendungsbereich	4	Satz 3)	13
C. Erhalt der Aufrechnungsanwartschaft		D. Fremdwährungsverbindlichkeiten (§ 95	
(§ 95 Abs. 1)	5	Abs. 2)	16
I. Bedingte und betagte Forderungen	5		

A. Allgemeines

§ 95 Abs. 1 entspricht wörtlich § 107 InsO-RegE[1], während § 95 Abs. 2 erst im Gesetzgebungsverfahren ergänzt worden ist.[2] Der Text von § 95 Abs. 1 ist nur aus seiner **Genese** heraus verständlich. Im Gegensatz zu § 54 Abs. 1 KO und § 392 BGB setzt § 95 Abs. 1 Satz 1 die Zulässigkeit der Aufrechnung voraus, obwohl § 387 BGB bei Verfahrenseröffnung nicht erfüllt und damit § 94 nicht (unmittelbar) einschlägig ist. Vielmehr wird nur bestimmt, dass erst aufgerechnet werden kann, wenn die Aktivforderung[3] fällig ist und beide Forderungen unbedingt[4] und gleichartig geworden sind. Darin liegt eine wesentliche Abweichung von § 54 Abs. 1 KO, der die Aufrechnung mit betagten oder nicht gleichartigen Forderungen wegen §§ 65, 69, 70 KO sofort zugelassen hatte,[5] wobei die Forderungen nach den genannten Vorschriften ggf. abgezinst, umgerechnet oder kapitalisiert wurden (§ 54 Abs. 2, 4 KO). Der Inhaber einer bedingten Konkursforderung[6] konnte dagegen nicht sofort aufrechnen,[7] aber entsprechend § 67 KO Sicherheit verlangen, wenn er seine eigene Verbind-

1

---

84 RG 24.02.1912, I 49/11, RGZ 78, 382 (383); BGH 17.05.1988, IX ZR 5/87, NJW-RR 1998, 1146 (1150); 01.10.1999, V ZR 162/98, NJW 2000, 278 (279).
85 RG 22.01.1910, V 142/09, RGZ 72, 377 (378).
1 BT-Drucks. 12/2443, 25 (140 f.).
2 BT-Drucks. 12/7302, 38 (166).
3 Dass § 95 Abs. 1 Satz 1 sprachlich auch das Fehlen der Fälligkeit der Passivforderung erfasst, ist ein Redaktionsversehen, weil es nach § 387 insoweit nur auf die Erfüllbarkeit ankommt. Vgl. KS-InsO/*Häsemeyer* Kap. 15 Rn. 10.
4 Zum Ausschluss der Aufrechnung gegen künftige und aufschiebend bedingte Passivforderungen vgl. nur BGH 10.03.1988, VII ZR 8/87, BGHZ 103, 362 (367).
5 Vgl. Jaeger/*Lent* § 54 KO Rn. 1.
6 Zur Abgrenzung zu einer ungewissen Forderung wegen möglicher Werkmängel vgl. BGH 24.03.1994, IX ZR 149/93, NJW 1994, 1659 (1660).
7 RG 08.05.1908, II 538/07, RGZ 68, 340 (342).

lichkeit sofort zur Masse zu erfüllen hatte (§ 54 Abs. 3 KO).[8] Dagegen konnte der Geldgläubiger, der der Masse eine andersartige Leistung schuldete, in konsequenter Durchführung von § 69 KO nicht aufrechnen.[9]

2   Diese Erweiterung der Aufrechnungsmöglichkeiten stand in Widerstreit zu dem das Insolvenzrecht beherrschenden Grundsatz der gleichmäßigen Befriedigung aller Gläubiger und wurde deshalb als systemwidrig empfunden.[10] Zum Abbau dieser Vorzugsstellung schließt § 95 Abs. 1 Satz 2 den Rückgriff auf die entsprechenden §§ 41, 45 in Abkehr von § 54 Abs. 1 KO aus; statt einigen Gläubigern die sofortige Aufrechnung zu ermöglichen, wird wie bei § 392 BGB nur die Aufrechnungsanwartschaft gewahrt.[11] Dabei ist auf Anregung *Diekmanns*[12] durch § 95 Abs. 1 Satz 3 KO auch die Kongruenz zu § 392 BGB hergestellt worden. Damit schützt § 95 Abs. 1 nur Aufrechnungslagen aus der Zeit nach Verfahrenseröffnung, auf deren Eintritt der Insolvenzgläubiger vertrauen durfte.[13] Das von § 54 Abs. 3 KO behandelte Problem kann sich daher nicht mehr stellen. Dagegen kommt es auf die Voraussetzungen von § 95 Abs. 1 Satz 3 InsO gegenseitigen Ansprüchen aus einem synallagmatischen Vertragsverhältnis, dessen Erfüllung der Insolvenzverwalter abgelehnt hat (§ 103 Abs. 2), nicht an, weil diese nur Rechnungsposten bei der Ermittlung des Ersatzanspruchs sind.[14]

3   § 95 Abs. 2, der durch die Europäische Währungsunion mit 17 (ab 01.01.2014 mit Lettland 18) Eurostaaten stark an Bedeutung verloren hat, enthält eine Sonderregelung für **Fremdwährungsverbindlichkeiten**, die an dieser Stelle deplatziert ist,[15] weil sie nicht den nachträglichen Eintritt der Aufrechnungslage betrifft, sondern einen Dispens von der ansonsten erforderlichen Gleichartigkeit statuiert, die bei Geldforderungen in unterschiedlichen Währungen nach traditioneller Lesart von § 387 BGB – vorbehaltlich § 244 BGB – nicht gegeben ist.[16] Weshalb dieser Dispens nur in der Insolvenz gelten soll, ist unverständlich.[17] § 45 Satz 2 trägt die Differenzierung nicht, weil der Gläubiger auch gegen echte Fremdwährungsforderungen des Schuldners aufrechnen kann, und wird von § 95 Abs. 1 Satz 2 ohnehin ausgeschlossen.

B. Anwendungsbereich

4   § 95 betrifft nur die Aufrechnung **selbständiger Forderungen** und erfasst daher nicht die gesellschaftsrechtlich gebotene Verrechnung im Wege der **Kontenangleichung**, bei der es nicht um den Schutz von Vertrauen in die Aufrechenbarkeit rechtlich selbständiger Forderungen geht.[18] Auch die **bereicherungsrechtliche Saldierung** der wechselseitigen Leistungen auf gescheiterte Austausch-

---

8   Die Sicherheit aber nicht, wie bei § 67 KO, anhand der Quote, sondern des Nennbetrags der Konkursforderung zu bestimmen, soweit diese die eigenen Zahlung in die Masse nicht überstieg. Vgl. Jaeger/*Lent* § 54 KO Rn. 6.
9   Vgl. BT-Drucks. 12/2443, 25 (140).
10 BGH 11.12.1997, IX ZR 341/95, BGHZ 137, 267 (290 f.). Daher wurde dort die entsprechende Anwendung von § 54 Abs. 1 KO auf § 7 Abs. 5 GesO verneint. Vgl. entsprechend BGH 14.01.1999, IX ZR 208/97, BGHZ 140, 270 (272).
11 BT-Drucks. 12/2443, S. 141.
12 In *Leipold* (Hrsg.), Insolvenzrecht im Umbruch, 1991, 211 (225).
13 BGH 29.06.2004, IX ZR 195/03, BGHZ 159, 388 (396); 14.12.2006, IX ZR 194/05, BGHZ 170, 206 Rn. 9; MüKo-InsO/*Brandes/Lohmann* Rn. 2.
14 BGH 07.02.2013, IX ZR 218/11, ZIP 2013, 526 Rn. 12.
15 KS-InsO/*Häsemeyer* Kap. 15 Rn. 10; Jaeger/*Windel* Rn. 1; HK-InsO/*Kayser* Rn. 46; MüKo-InsO/*Brandes/Lohmann* Rn. 35.
16 Vgl. nur MüKo-BGB/*Schlüter* § 387 Rn. 32 m.w.N. in Fn. 141.
17 Für Verallgemeinerung *Jauernig/Berger* Zwangsvollstreckungs- und Insolvenzrecht § 50 Rn. 6; Jaeger/*Windel* Rn. 51; a.A. Staudinger/*Gursky* § 387 BGB Rn. 79.
18 BGH 14.12.2006, IX ZR 194/05, BGHZ 170, 206 Rn. 8 f.

verträge wird von § 95 nicht geregelt. Gleichwohl verneint der BGH die Saldierung, wenn bei Wirksamkeit des Vertrags kein Aufrechnungsrecht bestanden hätte.[19]

C. Erhalt der Aufrechnungsanwartschaft (§ 95 Abs. 1)

I. Bedingte und betagte Forderungen

§ 95 Abs. 1 Satz 1 gilt unmittelbar nur, wenn die Aufrechnung daran scheitert, dass entweder nur die Passivforderung des Schuldners oder beide Forderungen noch aufschiebend bedingt oder betagt oder dass beide noch nicht auf eine gleichartige Leistung gerichtet sind. Auf **auflösend bedingte Forderungen** ist § 95 dagegen nicht anwendbar, weil mit solchen Forderungen aufgerechnet werden kann und die Aufrechnung beim Eintritt der Bedingung lediglich hinfällig wird.[20] Daher nimmt § 95 Abs. 1 Satz 2 auch nicht auf § 42 Bezug.

Ist bei Insolvenzeröffnung nur die **Passivforderung** des Schuldners **bedingt** oder **nicht fällig**, ist zudem § 95 Abs. 1 Satz 3 nicht anwendbar.[21] Ist bei Insolvenzeröffnung dagegen nur die **Aktivforderung** des Insolvenzgläubigers bedingt oder nicht fällig, schließt § 95 Abs. 1 Satz 3 die Aufrechnung grds. aus (vgl. Rdn. 13). Einer aufschiebend bedingten steht eine aufschiebend **befristete** Forderung gleich (§ 163 BGB). Daher kann der Mieter in der Insolvenz des Vermieters mit Guthabenforderungen aus Nebenkostenabrechnungen, die mit Ablauf der Abrechnungsperioden vor Insolvenzeröffnungen entstanden sind, aber erst mit Erteilung der Abrechnung danach fällig werden,[22] gegen die später entstehende Mietzinsforderung des Insolvenzverwalters aufrechnen.[23]

Die Rechtsprechung stellt eine **im Kern** bereits **gesicherte** Forderung, bei der nur noch eine **rechtliche Voraussetzung** für das Entstehen fehlt, einer aufschiebend bedingten gleich. Dies gilt namentlich für **Schadensersatzansprüche** i.S.v. **§ 103 Abs. 2 Satz 1**,[24] **Regressansprüche** von **Bürgen** und **Realsicherungsgebern**,[25] sowie für Ansprüche von Gesellschaftern auf Auszahlung des **Auseinandersetzungsguthabens** beim insolvenzbedingten Ausscheiden.[26]

Darüber hinaus hat der BGH dies auch für den **Herausgabeanspruch** aus § 667 BGB für nach Verfahrenseröffnung eingezogene Geldbeträge angenommen.[27] Mit Blick auf §§ 116, 117, die auch in der Eigenverwaltung gelten (vgl. § 117 Rdn. 8),[28] sind solche Fälle jedenfalls bei Inlandssachverhalten[29] weitgehend ausgeschlossen, weil der Herausgabeanspruch bei Zahlung nach Erlöschen des Auftrags und der Geldempfangsbefugnis nicht aus § 667 BGB folgt, sondern ggf. aus § 816

---

19 BGH 02.12.2004, IX ZR 200/03, BGHZ 161, 241 (250 ff.); 22.04.2010, IX ZR 163/09, NJW 2010, 2125 Rn. 8.
20 Staudinger/*Gursky* § 387 BGB Rn. 130; MüKo-BGB/*Schlüter* § 387 Rn. 36.
21 BGH 29.06.2004, IX ZR 147/03, BGHZ 160, 1 (6).
22 BGH 19.12.1990, VIII ARZ 5/90, BGHZ 113, 188 (194).
23 BGH 21.12.2006, IX ZR 7/06, ZIP 2007, 239 Rn. 13.
24 RG 27.11.1903, VII 278/03, RGZ 58, 11; BGH 03.12.1954, V ZR 96/53, BGHZ 15, 333 (335); 05.05.1977, VII ZR 85/76, BGHZ 68, 379 (382). Zum Ausschluss der Aufrechnung bei Erfüllungswahl vgl. aber § 96 Rdn. 5.
25 RG 17.07.1936, VII 327/35, JW 1936, 3126; BGH 09.05.1960, II ZR 95/58, NJW 1960, 1295 (1296) zur Sicherungsgrundschuld; 06.11.1989, II ZR 62/89, NJW 1990, 1301 (1302) zu § 774 Abs. 1 BGB. § 55 Abs. 2 KO, der diesen Fall abdecken sollte, hat daher keine praktische Bedeutung. Dagegen stünde heute in den letzten beiden Fällen § 95 Abs. 1 Satz 3 der Aufrechnung entgegen.
26 BGH 11.07.1988, II ZR 281/87, NJW 1989, 453; 09.03.2000, IX ZR 355/98, ZIP 2000, 757 (759); 29.06.2004, IX ZR 147/03, BGHZ 160, 1 (7), dort zum Ausscheiden mit Auflösung zum Ende des Kalenderjahres.
27 BGH 01.06.1978, III ZR 44/77, BGHZ 71, 380 (384 f.) in einem Vergleichsverfahren.
28 MüKo-InsO/*Ott/Vuia* § 117 Rn. 14.
29 In der EU verweist zwar Art. 4 Abs. 2 Buchst. d, e EuInsVO auf §§ 95, 117, doch ist für die Aufrechnung auch der Vorbehalt in Art. 6 Abs. 1 EuInsVO zu beachten. Bei Drittstaaten ist schon das Erlöschen des Auftrags ungewiss.

Abs. 2,[30] und damit erst nach Verfahrenseröffnung entsteht (vgl. § 96 Rdn. 4). Etwas anderes gilt jedoch bei der Insolvenz eines ehemaligen oder der Nachlassinsolvenz eines verstorbenen Rechtsanwalts, wenn vor Verfahrenseröffnung ein Abwickler bestellt worden war (§ 55 Abs. 1, 5 BRAO). Da der Herausgabeanspruch aus § 667 BGB und der Vergütungsanspruch aus § 53 Abs. 10 Satz 4 BRAO in diesem Fall auch gleichzeitig mit dem Ende der Abwicklung fällig werden (§ 95 Abs. 1 Satz 3), ist die Aufrechnung zulässig.[31]

9 Dagegen hat der BGH eine im Kern bereits gesicherte Forderung verneint, wenn der Umsatzsteuerfiskus einen Anspruch gegen den Schuldner auf **Rückzahlung** des **Vorsteuererstattungsbetrags** bei Uneinbringlichkeit der Forderung des Unternehmers (§ 17 Abs. 2 Nr. 1 UStG) erwirbt (vgl. auch § 94 Rdn. 25).[32]

10 Uneinheitlich ist die Rechtsprechung bisher, wenn der Eintritt der Aufrechnungslage von rechtsgeschäftlichen Erklärungen abhängt. Einerseits hat der BGH (obiter) die Aufrechnung mit einem Anspruch auf Auszahlung des Auseinandersetzungsguthabens abgelehnt, wenn dafür die **Kündigung** des Gesellschafters erforderlich ist.[33] Dasselbe gilt für den Anspruch auf Zahlung einer **Dividende**, wenn es dafür eines Gesellschafterbeschlusses bedarf.[34] Andererseits wurde es für unschädlich gehalten, dass ein Anspruch auf Kaufpreisrückzahlung erst nach Erklärung des Rücktritts entstanden ist.[35] Im Hinblick auf diese Entscheidung hat der BGH zu § 95 Abs. 1 Satz 1 ausgesprochen, die Ausübung von Kündigungs- und Rücktrittsrechten, gegen die mit Blick auf § 119 keine Bedenken bestehen, dürfe »nicht daran scheitern, dass sie lediglich vom Willen des Berechtigten abhängt.«[36] Dieser Sinneswandel verdient Zustimmung, so dass einseitige Willensakte des Gläubigers der Aufrechnung nicht entgegenstehen, wenn nicht die Passivforderung zuvor unbedingt und fällig war (§ 95 Abs. 1 Satz 3). Beim **Ausgleichsanspruch** der Handelsvertreter und Vertragshändler nach bzw. analog § 89b HGB verneint der BGH die Aufrechnung des Unternehmers mit Insolvenzforderungen, wenn dieser den Vertrag nach Verfahrenseröffnung kündigt.[37]

11 § 95 Abs. 1 Satz 2 verhindert, dass ein **Befreiungsanspruch** gegen den Schuldner, der nach § 45 Satz 1 in Geld umzurechnen ist, als mit einer Geldforderung gleichartig anzusehen ist.[38] War der Schuldner schadensrechtlich zur Freistellung von einer Verbindlichkeit verpflichtet, ist jedoch zu prüfen, ob der Anspruch nach § 250 Satz 2 BGB schon vor der Insolvenzeröffnung in einen Geldanspruch übergegangen war.[39] Der BGH hat diese Grundsätze auch bei gewerblicher Arbeitnehmerüberlassung angewendet, wenn der Verleiher für die Leiharbeitnehmer den Gesamtsozialversicherungsbeitrag nicht an die Krankenkasse als Einzugsstelle gezahlt (§ 28h Abs. 1 SGB IV) und der Entleiher daraufhin »wie ein selbstschuldnerischer Bürge« in Anspruch genommen wird (§ 28e Abs. 2 Satz 1 SGB IV).[40] Folglich kann der Bürge auch mit dem Befreiungsanspruch aus § 775 BGB nicht aufrechnen, bevor sich dieser nach allgemeinen Regeln in eine Geldforderung umgewandelt hat.[41] Da Regressansprüche von Sicherungsgebern aber als »im Kern gesichert« angesehen werden (Rdn. 5), scheidet die Aufrechnung nur aus, wenn die Passivforderung des Schuldners vor der Zahlung des Ent-

---

30 BGH 23.02.1989, IX ZR 143/88, BGHZ 107, 88 (90).
31 BGH 23.06.2005, IX ZR 139/04, ZIP 2005, 1742 (1743).
32 BGH 19.07.2007, IX ZR 81/06, ZIP 2007, 1612 Rn. 23.
33 BGH 29.06.2004, IX ZR 147/03, BGHZ 160, 1 (6).
34 BGH 29.06.2004, IX ZR 147/03, BGHZ 160, 1 (8).
35 BGH 27.05.2003, IX ZR 51/02, BGHZ 155, 87 (93 f.), dort allerdings zu § 15 KO. Vgl. dazu § 91 Rdn. 21.
36 BGH 17.11.2005, IX ZR 162/04, ZIP 2006, 87 (89).
37 BGH 07.05.2013, IX ZR 191/12, ZIP 2013, 1180 Rn. 11.
38 BGH 14.07.2005, IX ZR 142/02, ZIP 2005, 1559 (1561).
39 BGH 14.07.2005, IX ZR 142/02, ZIP 2005, 1559 (1560).
40 BGH 14.07.2005, IX ZR 142/02, ZIP 2005, 1559 (1561).
41 BGH 14.01.1999, IX ZR 208/97, BGHZ 140, 270 (273 f.) zur Aufrechnung nach der GesO.

leihers unbedingt und fällig geworden ist (§ 95 Abs. 1 Satz 3).[42] Zum Ausschluss der Aufrechnung einer Geldforderung gegen einen **Befreiungsanspruch des Schuldners** vgl. § 94 Rdn. 16.

§ 95 Abs. 1 Satz 2 schließt nur die Anwendung von §§ 41, 45 aus, die nicht die Aufrechnung erleichtern sollen, sondern nur die Basis für die Berechnung der in Geld zu zahlenden Dividende bestimmen. Daher kann die Insolvenzeröffnung die **Fälligkeit** einer Forderung **aus materiell-rechtlichen Gründen** herbeiführen. Dies gilt etwa für materiell-rechtliche Lösungsklauseln, die ipso iure die Fälligkeit von Forderungen gegen den Schuldner mit Insolvenzeröffnung statuieren. Wird die Fälligkeit dagegen – wie bei § 490 BGB und Nr. 19 Abs. 3 AGB-Banken bzw. Nr. 26 Abs. 2 AGB-Sparkassen – erst durch eine Kündigungserklärung herbeigeführt, muss diese vor Verfahrenseröffnung erklärt worden sein.[43] 12

II. Aufrechnungsausschluss (§ 95 Abs. 1 Satz 3)

§ 95 Abs. 1 Satz 3, der durch § 96 Abs. 2 partiell ausgeschlossen wird (vgl. § 96 Rdn. 29), schließt die Aufrechnung aus, wenn die Passivforderung, die der Insolvenzgläubiger in die Masse zu erfüllen hat, vor dessen Aktivforderung unbedingt und fällig geworden ist. Auf den Eintritt der **Gleichartigkeit** der Passivforderung kann sich die Norm dagegen nicht beziehen, weil diese sinnvollerweise nur für beide Forderungen zusammen festgestellt werden kann.[44] Die Gleichartigkeit ist daher im abschließenden Nebensatz »bevor die Aufrechnung erfolgen kann« mitgedacht. 13

Dagegen fehlt in § 95 Abs. 1 Satz 3 das Tatbestandsmerkmal der **Einredefreiheit** für die **Passivforderung**, die von § 390 BGB nur für die Aktivforderung fordert und daher keine Voraussetzung der Aufrechnung durch den Insolvenzgläubiger ist. Gleichwohl greift die ratio legis von § 95 Abs. 1 Satz 3 nur, wenn der Insolvenzgläubiger seine Leistung einredefrei in die Masse hätte erfüllen müssen, bevor er den gegen ihn gerichteten Anspruch durch Aufrechnung erlöschen lassen konnte (§ 389 BGB). Daher ist § 95 Abs. 1 Satz 3 teleologisch zu reduzieren, wenn die Aufrechnung wechselseitige Ansprüche aus **ein** und demselben **Vertragsverhältnis** betrifft, weil dann auch die Passivforderung des Schuldners einredebehaftet war (§ 320 BGB). Daher ist die Aufrechnung des Insolvenzgläubigers mit einem während des Insolvenzverfahrens fällig gewordenen Schadensersatzanspruch auf Ersatz der Mängelbeseitigungskosten gegen den vorher fällig gewordenen Werklohnanspruch des Schuldners möglich.[45] Dasselbe muss gelten, wenn der Insolvenzgläubiger der Passivforderung die Einrede aus § 273 BGB entgegenhalten konnte. 14

§ 95 Abs. 1 Satz 3 ist auch nicht entsprechend anwendbar, wenn die Aktivforderung des Insolvenzgläubigers erst nach der Passivforderung im **Eröffnungsverfahren** und nach der Anordnung von Sicherungsmaßnahmen fällig wird.[46] Dagegen gilt § 95 Abs. 1 Satz 3 jedenfalls entsprechend, wenn der Insolvenzgläubiger nach Maßgabe von **§ 354a Satz 2 HGB** mit einer Forderung gegen den Schuldner aufrechnen will.[47] 15

D. Fremdwährungsverbindlichkeiten (§ 95 Abs. 2)

§ 95 Abs. 2 Satz 1, der jedenfalls in der Insolvenz auch für die Aufrechnung außerhalb von § 95 Abs. 1 gilt (vgl. Rdn. 3), erweitert die Aufrechnungsbefugnis über § 387 BGB hinaus, wenn die wechselseitigen Forderungen auf unterschiedliche Währungen lauten, die am jeweiligen Zahlungs- 16

---

[42] Vgl. in diesem Sinne auch BGH 02.12.2004, IX ZR 200/03, BGHZ 161, 241 (254); zu einem Avalkredit auch BGH 12.02.2004, IX ZR 98/03, NJW 2004, 1660 (1662); a.A. Jaeger/*Windel* Rn. 40, der die Fälligkeit des Befreiungsanspruchs vor der Passivforderung genügen lassen will.
[43] Insoweit zweifelnd Jaeger/*Windel* Rn. 10.
[44] Insoweit unklar MüKo-InsO/*Brandes/Lohmann* Rn. 33; HK-InsO/*Kayser* Rn. 44.
[45] BGH 22.09.2005, VII ZR 117/03, BGHZ 164, 159 (164).
[46] BGH 19.01.2006, IX ZR 104/03, BauR 2006, 993 Rn. 3 unter Berufung auf BGH 29.06.2004, IX ZR 195/03, BGHZ 159, 388 (390 ff.) zu § 96 Abs. 1 Nr. 1 (vgl. § 96 Rdn. 3).
[47] BGH 15.10.2003, VIII ZR 358/02, ZIP 2003, 2166 (2168) – DaimlerChrysler.

ort frei getauscht werden können. Bei deutschem Forderungsstatut (Art. 3 ff. Rom I-VO) folgt aus Art. 12 Abs. 1 Buchst. b Rom I-VO jedoch auch die Anwendbarkeit von § 244 Abs. 1 BGB,[48] der für die im Inland zahlbare (§§ 269 Abs. 1, 270 Abs. 4 BGB) Passivforderung des Schuldners, gegen die der Insolvenzgläubiger aufrechnen will, grds. eine Ersetzungsbefugnis[49] zur Zahlung in Euro vorsieht. Die sog. **unechte Fremdwährungsschuld** wird damit mit der Aufrechnungserklärung gleichartig i.S.v. § 387 BGB, wenn auch die Aktivforderung auf Euro lautet.[50] § 95 Abs. 2 ist dann nicht anwendbar.

17 § 244 Abs. 1 BGB ist jedoch ausgeschlossen, wenn ausdrücklich oder konkludent[51] Zahlung in Fremdwährung vereinbart ist. Dies gilt namentlich für die Ansprüche aus **Fremdwährungskonten** (Nr. 10 Abs. 1 Satz 1 AGB-Banken).[52] In diesem Fall führt § 95 Abs. 2 tatsächlich zu einer Ausweitung der Aufrechnungsbefugnis. Dafür müssen die Forderungen auf Währungen oder Rechnungseinheiten lauten, die am Zahlungsort der Passivforderung frei konvertibel sind. Dass eine der beiden Forderungen auf Euro lautet, ist nicht erforderlich. Dass neben Fremdwährungen Rechnungseinheiten genannt sind, ist dem früheren ECU geschuldet, kann heute aber noch für Forderungen auf **Sonderziehungsrechte** des IWF[53] bedeutsam sein.[54]

18 Der Zahlungsort, der bei deutschem Aufrechnungsstatut (Art. 17 Rom I-VO)[55] mit dem der Aktivforderung nicht identisch sein muss (§ 391 Abs. 1 Satz 1 BGB), ergibt sich wiederum aus der lex causae (Art. 12 Abs. 1 Buchst. b Rom I-VO). Inwieweit die Konvertibilität einzelner Währungen beschränkt ist, ist dem Annual Report on Exchange Arrangements and Exchange Restrictions des IWF[56] zu entnehmen. Diese Beschränkungen sind im Zahlungsverkehr ggf. auch bei Zahlungsorten außerhalb des jeweiligen Währungsgebiets zu beachten.[57] Für die Umrechnung lehnt sich § 95 Abs. 2 Satz 2 an § 45 Satz 2 an[58] und stellt – abweichend von § 389 BGB – auf den **Wechselkurs** am Zahlungsort der Passivforderung beim **Zugang** der **Aufrechnungserklärung** ab.

§ 96 Unzulässigkeit der Aufrechnung

(1) Die Aufrechnung ist unzulässig,
1. wenn ein Insolvenzgläubiger erst nach der Eröffnung des Insolvenzverfahrens etwas zur Insolvenzmasse schuldig geworden ist,
2. wenn ein Insolvenzgläubiger seine Forderung erst nach der Eröffnung des Verfahrens von einem anderen Gläubiger erworben hat,
3. wenn ein Insolvenzgläubiger die Möglichkeit der Aufrechnung durch eine anfechtbare Rechtshandlung erlangt hat,
4. wenn ein Gläubiger, dessen Forderung aus dem freien Vermögen des Schuldners zu erfüllen ist, etwas zur Insolvenzmasse schuldet.

---

48 MüKo-BGB/*Spellenberg* Art. 12 Rom I-VO Rn. 52.
49 RG 24.01.1921, II 13/20, RGZ 101, 312 (313).
50 Vgl. RG 16.05.1941, VII 1/41, RGZ 167, 60 (62).
51 RG 06.07.1923, III 596/22, RGZ 107, 110 (111); 13.10.1932, VIII 292/32, RGZ 138, 52 (54); 22.02.1937, IV 270/36, RGZ 153, 384 (385).
52 MüKo-BGB/*Grundmann* § 245 Rn. 107.
53 Art. XV des IWF-Übereinkommens i.d.F. v. 20.04.1976, BGBl. 1978 II, 13 (15).
54 Vgl. etwa Art. 4 des Weltpostvertrags v. 01.09.1994, BGBl. 1998 II, 2082 (2135). Bei §§ 431 Abs. 4, 505, 544 HGB liegt dagegen keine solche Forderung vor.
55 Danach gelten vorbehaltlich vertraglicher Vereinbarungen §§ 387 ff. BGB, wenn die massebefangene Forderung, gegen die der Insolvenzgläubiger aufrechnen will, deutschem Recht unterliegt.
56 Gegenwärtig aktuell ist die Ausgabe 2010 v. 08.10.2010, ISBN 978-1-61635-011-6. Für genauere Hinweise vgl. www.imf.org/external/pubs/cat/longres.cfm?sk=23953.0.
57 BGH 08.11.1993, II ZR 216/92, NJW 1994, 390 zu Art. VIII Abschn. 2 Buchst.b S. 1 des IWF-Übereinkommens (Fn. 51).
58 BT-Drucks. 12/7302, 166.

(2) Absatz 1 sowie § 95 Abs. 1 Satz 3 stehen nicht der Verfügung über Finanzsicherheiten im Sinne des § 1 Abs. 17 des Kreditwesengesetzes oder der Verrechnung von Ansprüchen und Leistungen aus Zahlungsaufträgen, Aufträgen zwischen Zahlungsdienstleistern oder zwischengeschalteten Stellen oder Aufträgen zur Übertragung von Wertpapieren entgegen, die in Systeme im Sinne des § 1 Abs. 16 des Kreditwesengesetzes eingebracht wurden, das der Ausführung solcher Verträge dient, sofern die Verrechnung spätestens am Tage der Eröffnung des Insolvenzverfahrens erfolgt; ist der andere Teil ein Systembetreiber oder Teilnehmer in dem System, bestimmt sich der Tag der Eröffnung nach dem Geschäftstag im Sinne des § 1 Absatz 16b des Kreditwesengesetzes.

Übersicht	Rdn.			Rdn.
A. Allgemeines	1	I.	Anwendungsbereich	9
B. Nachträgliche Entstehung der Passivforderung (§ 96 Abs. 1 Nr. 1)	3	II.	Voraussetzungen der Anfechtung	10
		III.	Rechtsfolgen	18
C. Nachträgliche Gegenseitigkeit (§ 96 Abs. 1 Nr. 2)	7	IV.	Aufrechnung vor Verfahrensbeginn	26
		V.	Anfechtbarkeit von Verrechnungen im Bankenkontokorrent	28
D. Nachträgliche Forderung gegen den Schuldner (§ 96 Abs. 1 Nr. 4)	8	F.	Aufrechnungsprivilegien der Finanzwirtschaft (§ 96 Abs. 2)	29
E. Anfechtbar erlangte Aufrechnungsmöglichkeit (§ 96 Abs. 1 Nr. 3)	9			

A. Allgemeines

§ 96 komplettiert die insolvenzrechtlichen Regelungen zur Aufrechnung. § 96 Abs. 1, der unverändert aus § 108 InsO-RegE hervorgegangen ist,[1] führt die Regelungen von § 55 Abs. 1 KO fort, erweitert die Unzulässigkeitsgründe jedoch um die Anfechtbarkeit der Aufrechnung (Nr. 3), während § 55 Abs. 1 Nr. 3, nur den speziellen Fall der Kenntnis von der Zahlungseinstellung oder des Konkursantrags geregelt hatte. Während dieser Ausschlussgrund die Aufrechnung gegenüber § 94 tatsächlich einschränkt, haben die übrigen im Gesamtsystem nur klarstellende Funktion, weil die Aufrechnungslage bei Verfahrenseröffnung jeweils noch nicht vorgelegen hatte und damit schon § 94 tatbestandlich nicht erfüllt war:[2] Bei Nr. 1 entsteht die Passivforderung erst nach Verfahrenseröffnung; bei Nr. 2 wird die Aktivforderung erst nachträglich erworben, so dass es zunächst an der Gegenseitigkeit gefehlt hat; bei Nr. 4 entsteht die Aktivforderung erst nachträglich und ist daher keine Insolvenzforderung i.S.v. § 38. 1

§ 96 Abs. 2 beruht dagegen auf Unionsrecht. Die erste Fassung wurde 1999 im Zuge der Umsetzung der sog. Finalitätsrichtlinie[3] erlassen.[4] Der heutige § 96 Abs. 2 Hs. 1 beruht auf der Umsetzung der Finanzsicherheitenrichtlinie[5], mit der zugleich die Definition der betroffenen Systeme in § 1 Abs. 16 KWG verlagert worden ist.[6] Die Regelung ist im Zuge der Umsetzung des zivilrechtlichen Teils der Zahlungsdiensterichtlinie[7] sowie der geänderten Banken- und Kapitaladäquanzrichtlinien[8] redaktionell geändert und um Hs. 2 erweitert worden. 2

---

1 BT-Drucks. 12/2443, 25 (141 f.); BT-Drucks. 12/7302, 38.
2 So schon *Hahn/Mugdan* Die gesamten Materialien zur Konkursordnung, 1881, S. 223, wonach nur die Entstehung des Kompensationsrechts ausgeschlossen werden sollte.
3 Richtlinie 98/26/EG des Europäischen Parlaments und des Rates vgl. 19.05.1998 über die Wirksamkeit von Abrechnungen in Zahlungs- sowie Wertpapierliefer- und -abrechnungssystemen, ABlEG Nr. L 165, 45.
4 Art. 1 Nr. 1 des Gesetzes vgl. 08.12.1999, BGBl. I, 2384.
5 Richtlinie 2002/47/EG des Europäischen Parlaments und des Rates vgl. 06.06.2002 über Finanzsicherheiten, ABlEG Nr. L 168, 43.
6 Art. 1 Nr. 3 des Gesetzes v. 05.04.2004, BGBl. I, 502.
7 Art. 8 VII Nr. 1 des Gesetzes v. 29.07.2009, BGBl. I, S 2355. Vgl. dazu BT-Drucks. 16/11643, 144.
8 Art. 2 Nr. 2 des Gesetzes vgl. 19.11.2010, BGBl. I, 1592.

Piekenbrock

B. Nachträgliche Entstehung der Passivforderung (§ 96 Abs. 1 Nr. 1)

3 § 96 Abs. 1 Nr. 1, 2, 4 schließen nur die nachträgliche Entstehung der Aufrechnungslage nach Eröffnung des Insolvenzverfahrens aus. Daher ist § 96 Abs. 1 Nr. 1 auch nicht entsprechend anwendbar, wenn die Aufrechnungslage erst im **Eröffnungsverfahren** entstanden ist und Sicherungsmaßnahmen i.S.v. § 21 Abs. 2 Satz 1 angeordnet waren (§ 94 Rdn. 6). Entsteht die Verbindlichkeit des Gläubigers aufgrund eines Bedingungseintritts erst nach Eröffnung des Insolvenzverfahrens, ist § 96 Abs. 1 Nr. 1 zwar auf den ersten Blick erfüllt. Trotzdem geht der Schutz der Aufrechnungsanwartschaft nach § 95 Abs. 1 systematisch vor.[9] Dies gilt namentlich für einen möglichen Anspruch der Masse gegen den Umsatzsteuerfiskus auf Erstattung nach § 17 Abs. 1, 2 Satz 1 UStG, wenn eine Forderung der Masse, für die (bei Sollversteuerern) bereits Umsatzsteuer abgeführt worden ist, uneinbringlich wird.[10] § 110 Abs. 3 Satz 1 schließt die Unzulässigkeit der Aufrechnung nach § 96 Abs. 1 Nr. 1 für den dort bezeichneten Zeitraum aus.[11]

4 § 96 Abs. 1 Nr. 1 gilt zunächst für alle Forderungen, die die Masse durch Rechtsgeschäfte des Gläubigers mit dem Insolvenzverwalter oder auf gesetzlicher Grundlage erwirbt. Daher kann der Beauftragte, der erst nach Beendigung des Auftrags im Insolvenzverfahren etwas für den Auftraggeber erwirbt, nicht mit Insolvenzforderungen aufrechnen, weil der Anspruch aus § 816 Abs. 2 BGB[12] oder – beim Erlöschen eines Girovertrags nach §§ 115 Abs. 1, 116 Satz 1 – aus § 667 BGB[13] dann erst im Verfahren entstanden ist (vgl. aber auch § 95 Rdn. 8). Auch gegen Ansprüche aus § 143 kann der Gläubiger nicht mit Insolvenzforderungen aufrechnen.[14] Daran soll sich auch dann nichts ändern, wenn der Schuldner Scheingewinne ohne rechtlichen Grund (§ 812 Abs. 1 Satz 1 BGB) und damit nach § 134 anfechtbar (vgl. Rdn. 16) ausgezahlt hat, weil die gläubigerbenachteiligende Wirkung der Herstellung der Aufrechnungslage nach § 96 Abs. 1 Nr. 3 separat angefochten werden könne (vgl. Rdn. 20).[15]

5 Die Vorschrift gilt aber auch, wenn der Insolvenzgläubiger nach **Ausübung des Wahlrechts** durch den Insolvenzverwalter Vertragserfüllung schuldet (§ 103 Abs. 1), weil die entsprechende Forderung originär der Masse zusteht.[16] Dagegen ist der Anspruch auf Rückzahlung einer vom Gemeinschuldner vor Insolvenzeröffnung erbrachten Vorleistung nicht als originäre Masseforderung anzusehen, so dass gegen diesen Anspruch wirksam mit vor Insolvenzeröffnung erworbenen Forderungen aufgerechnet werden kann.[17]

6 Ein nachträgliches Schuldigwerden i.S.v. § 96 Abs. 1 Nr. 1 liegt schließlich vor, wenn die Masse die Forderung zu einem späteren Zeitpunkt durch Abtretung (§ 398 BGB) oder kraft Gesetzes (§ 412 BGB) erwirbt.[18] Auch in diesem Fall kann der Gläubiger nicht mit einer Insolvenzforderung aufrech-

---

9 BGH 29.06.2004, IX ZR 147/03, BGHZ 160, 1 (3).
10 BFH 12.08.2008, VII B 213/07, BFH/NV 2008, 1819; FG Berlin-Brandenburg ZIP 2011, 1930 (1931).
11 BGH 21.12.2006, IX ZR 7/06, ZIP 2007, 239 Rn. 21.
12 BGH 23.02.1989, IX ZR 143/88, BGHZ 107, 88 (90).
13 BGH 05.12.2006, XI ZR 21/06, BGHZ 170, 121 Rn. 12; 26.06.2008, IX ZR 144/05, ZIP 2008, 1435 Rn. 12.
14 BGH 03.12.1954, V ZR 96/53, BGHZ 15, 333 (335 f.); 29.11.1990, IX ZR 29/90, BGHZ 113, 98 (105); 18.05.1995, IX ZR 189/94, NJW 1995, 2783 (2784); 18.12.2003, IX ZR 9/03, ZIP 2004, 324 (326); 11.12.2008, IX ZR 195/07, BGHZ 179, 137 Rn. 9.
15 BGH 11.12.2008, IX ZR 195/07, BGHZ 179, 137 Rn. 11 ff.; 02.04.2009, IX ZR 221/07, GWR 2009, 97 Rn. 7; 02.04.2009, IX ZR 197/07, ZInsO 2009, 1202 Rn. 7. AA noch BGH 29.11.1990, IX ZR 29/90, BGHZ 113, 98 (105) zur KO, weil der Gläubiger mit dem Bereicherungsanspruch der Masse hätte aufrechnen können, wenn dieser nicht durch die allein den Leistungsempfänger schützende Regelung des § 814 BGB ausgeschlossen wäre.
16 BGH 21.11.1991, IX ZR 290/90, BGHZ 116, 156 (158 ff.); 28.09.2000, VII ZR 372/99, BGHZ 145, 245 (252); 25.04.2002, IX ZR 313/99, BGHZ 150, 353 (359); 20.10.2011, IX ZR 10/11, ZIP 2011, 2262 Rn. 8 zu einem aus Massemitteln zu erfüllenden Dienstvertrag (Privatschulvertrag).
17 BGH 03.12.1954, V ZR 96/53, BGHZ 15, 333 (335 f.); 27.05.2003, IX ZR 51/02, BGHZ 155, 87 (96).
18 Jaeger/*Windel* Rn. 18; MüKo-InsO/*Brandes/Lohmann* Rn. 16; HK-InsO/*Kayser* Rn. 19.

nen, sondern nur nach Maßgabe von §§ 406, 407 BGB[19] mit einer Forderung gegen den Zedenten. Erwirbt die Masse eine Forderung, die der Schuldner vor Verfahrenseröffnung abgetreten hatte, zurück, kommt eine Aufrechnung mit einer Insolvenzforderung nur nach Maßgabe von § 406 BGB in Betracht.[20]

C. Nachträgliche Gegenseitigkeit (§ 96 Abs. 1 Nr. 2)

§ 96 Abs. 1 Nr. 2 stellt klar, dass auch die Gegenseitigkeit bereits bei Insolvenzeröffnung gegeben sein muss. Dass sich der Schuldner einer massebefangenen Forderung nachträglich eine Insolvenzforderung abtreten lässt oder sie kraft Gesetzes erwirbt (§ 412 BGB), verschafft ihm daher nicht nachträglich die Aufrechnungsmöglichkeit. Über dieses Erfordernis der Gegenseitigkeit helfen auch **Konzernverrechnungsklauseln** nicht hinweg (vgl. § 94 Rdn. 26). Dagegen soll nach der Rechtsprechung des BGH § 96 Abs. 1 Nr. 2 auch nicht entsprechend gelten, wenn eine Forderung vor Verfahrenseröffnung vorbehaltlos abgetreten wird.[21] Bei wechselseitigen stillen **Zessionen im Konzern** wurde allerdings Nichtigkeit nach § 134 BGB wegen Gesetzesumgehung angenommen.[22] Daran ist richtig, dass es die Konzerngesellschaften ansonsten in der Hand hätten, die Zession nachträglich offenzulegen oder zu verschweigen und damit die Aufrechnungsmöglichkeit wie bei einer Konzernverrechnungsklausel zu erweitern. Gleichwohl ist die dogmatische Begründung im Schrifttum zu Recht kritisiert und stattdessen für eine analoge Anwendung von § 96 Abs. 1 Nr. 2 plädiert worden, wenn die Zession erst nach Verfahrenseröffnung offengelegt wird.[23]

7

D. Nachträgliche Forderung gegen den Schuldner (§ 96 Abs. 1 Nr. 4)

§ 96 Abs. 1 Nr. 4 erfasst die Fälle, in denen der Schuldner nach Eröffnung des Insolvenzverfahrens etwas schuldig wird, so dass keine Insolvenzforderung i.S.v. § 38 entstehen kann.[24] Soweit der Schuldner dabei auch eine Forderung gegen den Gläubiger erwirbt, ist diese nach § 35 Abs. 1 massebefangen.[25]

8

E. Anfechtbar erlangte Aufrechnungsmöglichkeit (§ 96 Abs. 1 Nr. 3)

I. Anwendungsbereich

§ 96 Abs. 1 Nr. 3 stellt den einzigen echten Ausschlussgrund für eine vor Verfahrenseröffnung begründete Aufrechnungsmöglichkeit dar und lässt die anfechtungsrechtliche Wirkung damit kraft Gesetzes eintreten. Der Anfechtung der durch die Aufrechnung erlangten Deckung der eigenen Insolvenzforderung bedarf es daher nicht.[26] Unmittelbar anwendbar ist § 96 Abs. 1 Nr. 3 nur, wenn sich die Forderungen des Insolvenzgläubigers und des Schuldners bei Verfahrenseröffnung aufrechenbar gegenüberstehen. Der BGH wendet die Vorschrift jedoch sowohl auf eine vor Verfahrenseröffnung erklärte Aufrechnung (vgl. Rdn. 26)[27] als auch auf die Verrechnung namentlich im Bankkontokorrent an (vgl. Rdn. 28).[28]

9

---

19 Zur Aufrechnung gegenüber dem Zedenten nach § 407 BGB vgl. nur MüKo-BGB/*Roth* Rn. 7.
20 Jaeger/*Windel* Rn. 19; MüKo-InsO/*Brandes/Lohmann* Rn. 16; HK-InsO/*Kayser* Rn. 20.
21 So zu § 55 Abs. 1 Nr. 2 BGH 06.12.1990, IX ZR 44/90, NJW 1991, 1060.
22 So zu § 55 Abs. 1 Nr. 2 BGH 06.12.1990, IX ZR 44/90, NJW 1991, 1060.
23 *K. Schmidt* NZI 2005, 138 (139, 141); MüKo-InsO/*Brandes/Lohmann* § 94 Rn. 48; a.A. HK-InsO/*Kayser* § 94 Rn. 57.
24 BT-Drucks. 12/2443, 141.
25 HK-InsO/*Kayser* Rn. 18.
26 BGH 29.06.2004, IX ZR 195/03, BGHZ 159, 388 (393).
27 BGH 28.09.2006, IX ZR 136/05, BGHZ 169, 158 Rn. 10 ff.
28 BGH 29.11.2007, IX ZR 30/07, BGHZ 174, 297 Rn. 11.

II. Voraussetzungen der Anfechtung

10 § 96 Abs. 1 Nr. 3 nimmt auf die gesamten Regelungen zur Insolvenzanfechtung nach §§ 129 ff. Bezug. Daher kann die Aufrechnung nur ausgeschlossen sein, wenn eine anfechtbare Rechtshandlung gegeben ist. Wie auch sonst im Anfechtungsrecht ist dieser Begriff im Kontext der Aufrechnung weit zu verstehen und erfasst auch rechtserhebliche Realakte (vgl. § 129 Rdn. 23).[29] Daher kommt § 96 Abs. 1 Nr. 3 auch zum Tragen, wenn der spätere Schuldner umsatzsteuerpflichtige Lieferungen oder Leistungen ausführt, so dass der **Umsatzsteuerfiskus** gegen Erstattungsansprüche nicht aufrechnen kann.[30] Auch die Verrechnung von Insolvenzforderungen des Finanzamts mit einem aus der Honorarzahlung an einen vorläufigen Insolvenzverwalter resultierenden Vorsteuervergütungsanspruch des Insolvenzschuldners ist nach § 96 Abs. 1 Nr. 3 unzulässig, wenn bei Erbringung der Leistungen des vorläufigen Insolvenzverwalters die Voraussetzungen der Deckungsanfechtung (§§ 130, 131) vorgelegen haben.[31]

11 Darüber hinaus muss die Rechtshandlung die übrigen **Gläubiger benachteiligen** (§ 129 Abs. 1). Daran fehlt es, wenn die Insolvenzforderung, die durch die Aufrechnung befriedigt werden soll, auch anderweitig vollwertig gesichert ist und die Erlangung dieser Sicherheit nicht ihrerseits anfechtbar ist (vgl. auch Rdn. 15).[32] Dabei ist aber zu berücksichtigen, dass das **Pfandrecht** nach Nr. 14 Abs. 1 AGB-Banken bzw. Nr. 21 Abs. 1 AGB-Sparkassen eine inkongruente Sicherung darstellt (§ 131 Abs. 1).[33] Werden auf das debitorisch geführte Konto des Schuldners jedoch Zahlungen zur Erfüllung von Forderungen geleistet, die der Bank zuvor im Rahmen einer **Globalzession** zur Sicherheit abgetreten worden waren, ist die Sicherheit nur nach § 130 Abs. 1 anfechtbar.[34] Einer gesonderten Anfechtung der Sicherheit innerhalb der Regelverjährung (§ 146 i.V.m. §§ 195, 199 BGB) bedarf es dann nicht, weil die Wirkung von § 96 Abs. 1 Nr. 3 ipso iure eintritt.[35]

12 Ist die Gläubigerbenachteiligung gegeben, sind alle **Anfechtungstatbestände** der §§ 130–136 eröffnet. Daher ist § 96 Abs. 1 Nr. 3 nicht auf Rechtshandlungen des späteren Insolvenzschuldners beschränkt, wenn der inzident zu prüfende Anfechtungstatbestand diese nicht voraussetzt.[36] Klassi-

---

[29] Vgl. nur BGH 29.11.2007, IX ZR 30/07, BGHZ 174, 297 Rn. 37 zu Werkleistungen; 09.07.2009, IX ZR 86/08, ZIP 2009, 1674 Rn. 26 zum Bierbrauen.

[30] BGH 22.10.2009, IX ZR 147/06, ZIP 2010, 90 Rn. 19 ff.; BFH 02.11.2010, VII R 6/10, BFHE 231, 488 Rn. 24 ff.; a.A. noch BFH 16.11.2004, VII R 75/03, BFHE 208, 296 (300) wegen der gesetzlichen Entstehung der Steuer mit der Erfüllung des Steuertatbestands; a.A. nach wie vor FG Berlin-Brandenburg 10.05.2011, 5 K 5350/09, ZIP 2011, 1930 (1931 f.). Die Absetzung der Vorsteuerbeträge nach § 16 Abs. 2 UStG ist nach BFH 24.11.2011, V R 13/11, BFHE 235, 137 Rn. 21 ff., 33 ff. dagegen keine anfechtbare Rechtshandlung i.S.v. § 96 Abs. 1 Nr. 3. Der Bundesrat hat bei den Beratungen des BeitrR-LUmsG vorgeschlagen, § 226 AO um folgenden Absatz 5 zu erweitern. »Die von einem anderen Unternehmer für das Unternehmen des Insolvenzschuldners und die vom Insolvenzschuldner ausgeführten Lieferungen und sonstigen Leistungen gelten für die Aufrechnung durch Finanzbehörden nicht als Rechtshandlungen im Sinne der §§ 129 ff. der Insolvenzordnung.«; vgl. BT-Drucks. 17/6263, 83. Der Finanzausschuss hat den Vorschlag nicht aufgegriffen; vgl. BT-Drucks. 17/7524 sowie das Gesetz v. 07.12.2011, BGBl. I, 2592.

[31] So nunmehr BFH 02.11.2010, VII R 6/10, BFHE 231, 488 Rn. 24 ff. im Anschluss an BGH 22.10.2009, IX ZR 147/06, ZIP 2010, 90 Rn. 10 ff. AA noch BFH 16.11.2004, VII R 75/03, BFHE 208, 296 (299 f.).

[32] BGH 11.05.2000, IX ZR 262/98, ZIP 2000, 1061 (1063); 07.03.2002, IX ZR 223/01, BGHZ 150, 122 (125 f.); 01.10.2002, IX ZR 360/99, ZIP 2002, 2182 (2183); 17.06.2004, IX ZR 124/03, ZIP 2004, 1509 (1511 f.); 26.06.2008, IX ZR 144/05, ZIP 2008, 1435 Rn. 20; 17.07.2008, IX ZR 148/07, ZIP 2008, 1593 Rn. 9, 14.

[33] BGH 07.03.2002, IX ZR 223/01, BGHZ 150, 122 (126); 12.02.2004, IX ZR 98/03, NJW 2004, 1660 (1661 f.); 29.11.2007, IX ZR 30/07, BGHZ 174, 297 Rn. 17. Ist das Pfandrecht dagegen außerhalb des kritischen Zeitraums entstanden, ist es anfechtungsfest. Vgl. BGH 17.06.2004, IX ZR 124/03, ZIP 2004, 1509 (1511 f.).

[34] BGH 29.11.2007, IX ZR 30/07, BGHZ 174, 297 Rn. 17 ff.

[35] BGH 17.07.2008, IX ZR 148/07, ZIP 2008, 1593 Rn. 9, Rn. 17 ff. Offen dagegen noch BGH 21.02.2008, IX ZR 209/06, ZIP 2008, 888 Rn. 10.

[36] BGH 24.06.2010, IX ZR 97/09, NZI 2010, 903 Rn. 9.

sches Beispiel dafür ist der Erwerb der späteren Insolvenzforderung im Wege der Abtretung[37] oder kraft Gesetzes etwa nach § 774 Abs. 1 BGB oder § 187 Satz 1 SGB III,[38] der die Gegenseitigkeit vor dem von § 96 Abs. 1 Nr. 2 erfassten Zeitraum des eröffneten Verfahrens begründet. Abweichend von § 55 Abs. 1 Nr. 3 KO kann die Aufrechnung aber auch ausgeschlossen sein, wenn der Insolvenzgläubiger erst nach Begründung der späteren Insolvenzforderung etwas zur späteren Masse schuldig geworden ist.[39]

Die Reihenfolge der Entstehung der wechselseitigen Forderungen kann aber für die Abgrenzung von §§ 130, 131 von Bedeutung sein. Zur Abgrenzung muss man sich darauf besinnen, dass die Aufrechnungslage eine dem Pfandrecht an der eigenen Schuld in vielerlei Hinsicht gleichgestellt ist (§ 94 Rdn. 2). Damit stellt sich die Frage, ob der Insolvenzgläubiger diese Form der Sicherheit zu beanspruchen hatte.[40] Hat der Insolvenzgläubiger seine Forderung erst erworben, nachdem er dem späteren Schuldner etwas schuldig geworden war, war die spätere Insolvenzforderung von vornherein gesichert, so dass eine Anfechtung nur nach § 130 Abs. 1 Satz 1 in Betracht kommt. Daher hatte § 55 Abs. 1 Nr. 3 KO, der im Rahmen von § 7 Abs. 5 GesO entsprechend galt,[41] für diesen Fall auf die Kenntnis von der Zahlungseinstellung oder dem Konkursantrag abgestellt. 13

Hat der Insolvenzgläubiger seine Forderung dagegen schon vor Begründung der Verbindlichkeit gegenüber dem späteren Schuldner erworben, ist entscheidend, ob auf die Entstehung der Anfechtungslage ein Anspruch bestanden hat (zum Bankkontokorrent vgl. aber Rdn. 28). Maßgeblich ist also, dass sich die Aufrechnungslage bereits aus dem zwischen dem Schuldner und dem Gläubiger zuerst entstandenen Rechtsverhältnis ergibt.[42] Diese Voraussetzung ist gegeben, wenn der Gläubiger schon vor Erwerb der späteren Insolvenzforderung einen Anspruch auf die Leistung des Schuldners hatte, für deren Inanspruchnahme er später etwas schuldig geworden ist.[43] Sie ist dagegen nicht gegeben, wenn der spätere Insolvenzgläubiger mit dem späteren Schuldner einen entgeltlichen Vertrag schließt, um dann gegen den Entgeltanspruch mit der älteren Forderung aufrechnen zu können.[44] Denn wirtschaftlich steht die vom Schuldner auf diesen Vertrag erbrachte Leistung einer Leistung auf die spätere Insolvenzforderung an Erfüllungs statt (§ 364 Abs. 1 BGB) gleich. Insoweit ist § 131 Abs. 1 einschlägig. 14

In derartigen Fällen scheidet § 96 Abs. 1 Nr. 3 jedoch mangels **Gläubigerbenachteiligung** aus, wenn der Schuldner dem Insolvenzgläubiger eine Sache veräußert, die bereits zuvor unanfechtbar zur Sicherheit übereignet worden war (vgl. auch Rdn. 11).[45] Dagegen hat der BGH die Gläubigerbenachteiligung bejaht, wenn die Sache zuvor einer Bank zur Sicherheit übereignet worden war, die nur in die Veräußerung an diesen mit ihr gesellschaftsrechtlich verbundenen Käufer eingewilligt hatte (§ 185 Abs. 1 BGB).[46] Die im zweiten Fall gegebene Begründung, der Masse sei das Verwertungsrecht i.S.v. § 166 Abs. 1 verlorengegangen,[47] trifft jedoch auf beide Fälle zu. Die Differenzie- 15

---

37 BGH 24.06.2010, IX ZR 125/09, ZInsO 2010, 1378 Rn. 9.
38 BGH 17.12.2009, IX ZR 215/08, GWR 2010, 97 Rn. 4; 24.06.2010, IX ZR 97/09, NZI 2010, 903 Rn. 9.
39 BT-Drucks. 12/2443, S. 141.
40 BGH 05.04.2001, IX ZR 216/98, BGHZ 147, 233 (240); 29.06.2004, IX ZR 195/03, BGHZ 159, 388 (394); Jaeger/*Henckel* § 131 Rn. 18; *Bork* FS Ishikawa 2001, 31 (32). Grds. für § 130 dagegen Kübler/Prütting/Bork/*Lüke* Rn. 47; Jaeger/*Windel* Rn. 60; *Häsemeyer* Insolvenzrecht Rn. 19.15.
41 BGH 27.02.1997, IX ZR 79/96, BGHZ 135, 30 (33 ff.).
42 BGH 09.02.2006, IX ZR 121/03, ZIP 2006, 818 Rn. 14.
43 So die Sachverhalte in BGH 26.01.1983, VIII ZR 254/81, BGHZ 86, 349 (350) und 09.03.2000, IX ZR 355/98, ZIP 2000, 757 (758). In beiden Fällen wurden Betriebsmittel der Schuldnerin nach ihrem Ausscheiden aus einer ARGE während der Sequestration weitergenutzt.
44 So der Sachverhalt in BGH 14.10.2010, IX ZR 160/08, ZIP 2010, 2460 Rn. 1. Dort hatte eine Bank den Schuldner mit Transportleistungen beauftragt.
45 BGH 22.07.2004, IX ZR 270/03, ZIP 2004, 1912 (1913).
46 BGH 09.10.2003, IX ZR 28/03, ZIP 2003, 2370 (2371 f.).
47 BGH 09.10.2003, IX ZR 28/03, ZIP 2003, 2370 (2372) unter Berufung auf BGH 05.04.2001, IX ZR 216/98, BGHZ 147, 233 (239). Diese Aussage bezieht sich nicht auf den Verlust der pauschalen Kostenbei-

rung wird daher nur durch die Überlegung getragen, dass der Insolvenzgläubiger im ersten Fall ohnehin vollwertig gesichert war[48] und im zweiten zur Quote gefallen wäre.[49] Allein mit dieser Begründung kann man jedoch nur einen Sondervorteil des Käufers begründen, aber keine Benachteiligung der übrigen Gläubiger. Vielmehr ist § 129 Abs. 1 nur erfüllt, wenn die Bank auch auf andere Sicherheiten zurückgreifen konnte und einen geringeren Ausfall angemeldet hätte (§ 52) als die Insolvenzforderung des Käufers. Dagegen hat der BGH die Gläubigerbenachteiligung zu Recht bejaht, wenn der Gläubiger Eigentum des Schuldners erworben und neben dem Kaufvertrag lediglich weitere Pflichten des Schuldners gegenüber Dritten übernommen hat.[50]

16 Für § 133 hat der BGH entschieden, dass eine Behörde, die von anderen Behörden desselben Landes Informationen einholt, um eine Schuld des Landes im Wege der Aufrechnung tilgen zu können, auch die Informationen verlangen und erteilt bekommen muss, die der Wirksamkeit einer Aufrechnung insolvenzrechtlich entgegenstehen können und sich andernfalls auf die Unkenntnis des Benachteiligungsvorsatzes des Schuldners nicht berufen darf.[51] Große praktische Bedeutung hat außerdem § 134 erlangt, der nach der Rechtsprechung des BGH auch die Auszahlung von **Scheingewinnen** erfasst, auf die der Anleger keinen Anspruch hat.[52]

17 Bei der Frage nach dem für die Anfechtbarkeit maßgeblichen **Zeitpunkt** muss nach § 140 Abs. 1 die Aufrechnungslage grds. im vollen Umfang des § 387 BGB entstanden und damit insb. die Aktivforderung des Insolvenzschuldners fällig und – namentlich mit Blick auf § 320 BGB – einredefrei sein (§ 390 BGB).[53] Allerdings ist auch hier § 140 Abs. 3 zu beachten.[54] Eine solche Bedingung liegt etwa in der **Kündigung** des Gläubigers,[55] der Ausführung des vom **Handelsvertreter** vermittelten Geschäfts (§ 87a Abs. 1 Satz 1 HGB)[56] oder der Abrechnung der **Nebenkosten**.[57] Dagegen entsteht die Pflicht des Rechtsanwalts zur **Herausgabe** der von ihm eingezogenen Gelder (§§ 675, 667 BGB) nicht bereits mit Abschluss des Mandatsvertrags als bedingte Pflicht.[58] Zahlt der (Prozess-) Gegner die geltend gemachte Forderung erst innerhalb des kritischen Zeitraums (§ 131 Abs. 1 Nr. 1, 2), kommt eine Aufrechnung mit eigenen Honorarforderungen nur bei vorheriger Sicherungszession in Betracht,[59] weil es dann an der erforderlichen Gläubigerbenachteiligung fehlt (vgl. Rdn. 11).

III. Rechtsfolgen

18 Soweit eine Aufrechnung nach § 96 Abs. 1 unzulässig ist, bleibt sie für das Insolvenzverfahren ohne Folgen. Der Insolvenzverwalter kann daher die Masseforderung durchsetzen und den Insolvenzgläubiger auf §§ 174 ff. verweisen. Ist die Aufrechnung nach § 96 Abs. 1 unwirksam, steht sie einer Schlusszahlung i.S.v. Nr. 16 Abs. 3 Nr. 2 VOB/B nicht gleich.[60]

---

trägt nach §§ 170, 171. So auch BGH 22.07.2004, IX ZR 270/03, ZIP 2004, 1912 (1914). Dies muss schon deshalb richtig sein, weil ansonsten durch die Anordnung der Eigenverwaltung, in der es keine pauschalen Kostenbeiträge gibt (§ 282 Abs. 1 Satz 2, 3), das Anfechtungsrecht geschmälert würde.
48 BGH 22.07.2004, IX ZR 270/03, ZIP 2004, 1912 (1913 f.).
49 BGH 09.10.2003, IX ZR 28/03, ZIP 2003, 2370 (2371).
50 BGH 02.06.2005, IX ZR 263/03, ZIP 2005, 1521 (1523).
51 BGH 30.06.2011, IX ZR 155/08, WM 2011, 1478 Rn. 19 ff.
52 BGH 29.11.1990, IX ZR 29/90, BGHZ 113, 98 (101 ff.); 11.12.2008, IX ZR 195/07, BGHZ 179, 137 Rn. 6.
53 BGH 11.02.2010, IX ZR 104/07, ZIP 2010, 682 Rn. 11, 13.
54 BGH 29.06.2004, IX ZR 195/03, BGHZ 159, 388 (395). Zur Begründung über § 140 Abs. 3 krit. *von Olshausen* ZIP 2010, 2073.
55 BGH 11.02.2010, IX ZR 104/07, ZIP 2010, 682 Rn. 12, 13; 30.06.2011, IX ZR 155/08, WM 2011, 1478 Rn. 12 zum Werkvertrag.
56 BGH 29.06.2004, IX ZR 195/03, BGHZ 159, 388 (396).
57 BGH 11.11.2004, IX ZR 237/03, ZIP 2005, 181 (182).
58 BGH 14.06.2007, IX ZR 56/06, NJW 2007, 2640 Rn. 17 ff.
59 *Leithaus* NJW 2007, 2643 (2644).
60 BGH 12.07.2007, VII ZR 186/06, ZIP 2007, 1721 Rn. 12.

Schwieriger zu bestimmen sind die Rechtsfolgen dagegen bei der anfechtbaren Aufrechnungslage. 19
Hierzu hatte die Rechtsprechung zur KO lange Zeit die Auffassung vertreten, nicht die Herstellung
der Aufrechnungslage sei isoliert anfechtbar, sondern nur das dazu vorgenommene Rechtsgeschäft.[61]
Hatte der spätere Insolvenzgläubiger die Aufrechnungsmöglichkeit durch einen späteren Kaufvertrag mit dem Schuldner geschaffen, sollte der Verwalter daher statt der Kaufpreiszahlung nur die
Rückgewähr der Kaufsache verlangen können.[62]

An dieser Rechtsprechung hat der BGH aber schon zur KO nicht mehr festgehalten, sondern ist auch 20
insoweit davon ausgegangen, dass Insolvenzverwalter die Masseforderung ungeachtet der Aufrechnung mit der Insolvenzforderung[63] oder einem darauf gestütztes Zurückbehaltungsrecht[64] durchsetzen kann. Zu § 96 Abs. 1 Nr. 3, der die isolierte Anfechtung der Aufrechnungslage kraft Gesetzes
anordnet, hat der BGH daher anfangs zutreffend formuliert, der Insolvenzverwalter sei nicht gehindert, lediglich die Unzulässigkeit der Aufrechnung gem. § 96 Abs. 1 Nr. 3 geltend zu machen, indem er den Kaufpreis fordert, ohne gleichzeitig die Anfechtung des die Aufrechnungslage begründenden Kaufvertrags zu erklären.[65] Heute heißt es dagegen textbausteinartig, es sei »anerkannt, dass die
gläubigerbenachteiligende Wirkung, die mit der Herstellung einer Aufrechnungslage eintritt, selbständig angefochten werden kann«,[66] und der Insolvenzverwalter könne »die Wirkungen der Anfechtung auf die Herstellung der Aufrechnungslage beschränken«.[67] Das ist zumindest ungenau, weil es
für § 96 Abs. 1 Nr. 3 keiner Anfechtung bedarf. Was als mögliche Handlungsoption des Insolvenzverwalters postuliert wird, tritt daher nach heutigem Recht ohnehin ipso iure ein.

Grds. kann der Käufer gegen die Kaufpreisforderung auch nicht einwenden, mit dem Verlust der 21
Aufrechnungsmöglichkeit sei die Geschäftsgrundlage für den Kaufvertrag entfallen.[68] Ausnahmsweise ist § 96 Abs. 1 Nr. 3 nicht anwendbar, wenn die Parteien einen über den Wert der Kaufgegenstände hinausgehenden Mehrpreis vereinbart haben, um dem Schuldner damit die **Schulden** teilweise zu **erlassen**. In einem solchen Fall kann sich der Insolvenzverwalter nicht isoliert auf die Anfechtbarkeit der Aufrechnung berufen,[69] sondern ggf. das Geschäft insgesamt anfechten, wenn der
Gläubiger durch die Transaktion immer noch mehr erhalten hat als die zu erwartende Quote. Dagegen folgt aus § 96 Abs. 1 Nr. 3 im Regelfall, dass die gläubigerbenachteiligende Wirkung des Kaufvertrags nicht mehr in der vermeintlichen Aufrechnungsmöglichkeit gesehen werden kann, sondern
selbständig begründet werden muss. In Betracht kommt hier namentlich § 132 bei Störung der Vertragsäquivalenz zu Lasten der späteren Masse.[70]

Da der Insolvenzverwalter nicht den Rückgewähranspruch i.S.v. § 143 geltend macht, sondern die 22
ursprüngliche, von der Aufrechnungserklärung unberührte Masseforderung, bestimmt sich der
Rechtsweg unabhängig von der jüngsten Entscheidung des GemSOGB[71] nach der Rechtsnatur dieser Forderung.[72] Konsequenterweise unterliegt der Anspruch der dafür geltenden **Verjährung**, die für

---

61 RG 21.12.1889, I 275/89, RGZ 26, 81 (84); RG 18.01.1895, II 319/94, JW 1895, 82, Nr. 4; BGH 26.05.1971, VIII ZR 61/70, WM 1971, 908 (909); 12.11.1998, IX ZR 199/97, NJW 1999, 359.
62 So BGH 12.11.1998, IX ZR 199/97, NJW 1999, 359.
63 So erstmals BGH 05.04.2001, IX ZR 216/98, BGHZ 147, 233 (236f).
64 So erstmals BGH 28.09.2000, VII ZR372/99, BGHZ 145, 245 (255).
65 So BGH 09.10.2003, IX ZR 28/03, ZIP 2003, 2370 (2371); 22.07.2004, IX ZR 270/03, ZIP 2004, 1912 (1913).
66 BGH 11.12.2008, IX ZR 195/07, BGHZ 179, 137 Rn. 12; 22.10.2009, IX ZR 147/06, ZIP 2010, 90 Rn. 11; 24.06.2010, IX ZR 97/09, NZI 2010, 903 Rn. 8.
67 BGH 02.06.2005, IX ZR 263/03, ZIP 2005, 1521 (1523); 24.06.2010, IX ZR 125/09, ZInsO 2010, 1378 Rn. 8; 24.06.2010, IX ZR 97/09, NZI 2010, 903 Rn. 8.
68 BGH 22.07.2004, IX ZR 270/03, ZIP 2004, 1912 (1915).
69 BGH 22.07.2004, IX ZR 270/03, ZIP 2004, 1912 (1914).
70 Angedeutet in BGH 22.07.2004, IX ZR 270/03, ZIP 2004, 1912 (1915), wenn der Wert der Kaufsache den Kaufpreis übersteigt.
71 GemSOGB, 27.09.2010, GmS-OGB 1/09, BGHZ 187, 105.
72 BGH 02.06.2005, IX ZB 235/04, ZIP 2005, 1334 (1335); 21.09.2006, IX ZR 89/05, ZIP 2006, 2234

den Insolvenzfall auch keine (Ablauf-) Hemmung kennt.[73] Allerdings hat der BGH – in einer Entscheidung zur Anwendbarkeit von § 96 Abs. 1 Nr. 3 auf die Aufrechnung vor Verfahrensbeginn – im Anschluss an *Kreft*[74] angenommen, bei Unwirksamkeit der Aufrechnung nach § 96 Abs. 1 Nr. 3 sei § 146 auf die Masseforderung entsprechend anwendbar.[75] Wird diese Frist versäumt, bleibt es bei der zivilrechtlichen Wirkung der Aufrechnung.[76]

23 Da diese Auffassung jedoch durch die Überlegung getragen wird, der Gläubiger, der sich für das Erfüllungssurrogat der Hauptforderung entschieden habe, könne auf den Ablauf der ursprünglichen Verjährung nicht mehr vertrauen, und der Insolvenzverwalter brauche Zeit, um die rechtlichen und tatsächlichen Voraussetzungen der Anfechtbarkeit zu prüfen,[77] ist die ursprüngliche Frist maßgeblich, wenn der Gläubiger – gut beraten – die Aufrechnung nicht erklärt, bevor der Insolvenzverwalter den Lauf der Frist nicht nach § 204 Abs. 1 gehemmt hat.

24 Noch nicht entschieden ist die mögliche Bindung des Insolvenzverwalters an eine **Schiedsvereinbarung** des Schuldners, die der BGH grds. bejaht.[78] Dagegen wird sie für den anfechtungsrechtlichen Rückgewähranspruch verneint, weil sich dieser nicht aus dem anfechtbar geschlossenen Vertrag ergibt, sondern aus einem selbständigen, der Verfügungsgewalt des Schuldners entzogenen Recht des Insolvenzverwalters.[79] Diese Überlegung muss hier entsprechend gelten, weil der Aufrechnung nur im Insolvenzverfahren ihre Tilgungswirkung versagt wird und der ursprüngliche Anspruch nur zu diesem Zwecke fortbesteht. Aus denselben Überlegungen muss für die Klage des Insolvenzverwalters die internationale Zuständigkeit des Eröffnungsstaates, hier also der deutschen Gerichte gegeben sein.[80]

25 Bei der Zahlung auf ein debitorisch geführtes Konto des Schuldners ist nur die Verrechnung der Darlehensforderung mit dem Anspruch aus der Gutschrift unwirksam; die **Erfüllungswirkung** der Zahlung auf das Konto des Schuldners bleibt dagegen **unberührt**. Dies gilt auch, wenn die Bank mit der Gutschrift eine eigene, nicht auf dem Bankvertrag beruhende Verpflichtung erfüllt hat.[81] Denn wenn die Bank die Forderung des Schuldners nicht erfüllt hätte, wäre die Aufrechnung ebenfalls an § 96 Abs. 1 Nr. 3 gescheitert. Verwertet der Insolvenzverwalter die massebefangene Forderung durch Veräußerung an einen Dritten, steht § 96 Abs. 1 Nr. 3 der Berufung auf § 406 BGB gegenüber dem Zessionar entgegen.[82]

IV. Aufrechnung vor Verfahrensbeginn

26 § 96 Abs. 1 Nr. 3 erfasst nach der Rechtsprechung des BGH, die sich auf die Rechtsprechung des RG zu § 55 Abs. 1 Nr. 3 KO[83] und die Begründung zu § 108 InsO-RegE stützen kann,[84] auch die von einem Gläubiger vor Eröffnung des Insolvenzverfahrens erklärte Aufrechnung.[85] Die vorzugswürdige Gegenauffassung will dagegen ausschließlich §§ 129 ff. anwenden.[86] Seit der Entscheidung

---

Rn. 10; 28.09.2006, IX ZR 136/05, BGHZ 169, 158 Rn. 26; 22.10.2009, IX ZR 147/06, ZIP 2010, 90 Rn. 9.
73 So BGH 02.07.1963, VI ZR 299/62, NJW 1963, 2019 f.
74 WuB VI A. § 96 InsO 3.05.
75 BGH 28.09.2006, IX ZR 136/05, BGHZ 169, 158 Rn. 21 ff.
76 BGH 12.07.2007, IX ZR 120/04, ZIP 2007, 1467 Rn. 12.
77 BGH 28.09.2006, IX ZR 136/05, BGHZ 169, 158 Rn. 23, 24.
78 BGH 20.11.2003, III ZB 24/03, ZInsO 2004, 88.
79 BGH 17.01.2008, III ZB 11/07, ZIP 2008, 478 Rn. 17.
80 Vgl. EuGH 12.02.2009, C-339/07, Slg. I-767 Rn. 28 – »Seagon«; BGH NJW 2009, 2215 Rn. 11 ff.
81 BGH 14.10.2010, IX ZR 160/08, ZIP 2010, 2460 Rn. 7 ff.
82 RG 18.02.1933, V 380/32, RGZ 140, 43 (47).
83 Vgl. grundlegend RG 12.05.1914, III 93/14, RGZ 85, 38 (40 ff.).
84 BT-Drucks. 12/2443, 141.
85 BGH 28.09.2006, IX ZR 136/05, BGHZ 169, 158 Rn. 10 ff.; 11.12.2008, IX ZR 195/07, BGHZ 179, 137 Rn. 13; zust. Jaeger/*Windel* Rn. 49; Jaeger/*Henckel* § 130 Rn. 81.
86 *Gerhardt* KTS 2004, 195 (200); *Ries* ZInsO 2005, 848 (849); *Zenker* NZI 2006, 16 (18 f.).

des GemSOGB[87] ist diese Kontroverse jedenfalls im Verhältnis zu den Arbeitsgerichten[88] für den Rechtsweg nicht mehr von Bedeutung. Sie beschränkt sich damit auf das Verjährungsrecht, die Bindung an eine Schiedsklausel, die internationale Zuständigkeit nach Art. 3 Abs. 1 EuInsVO und ein bisher soweit ersichtlich nicht beachtetes mögliches Rechtskraftproblem. Im Verjährungsrecht, das sich seit der Reform der Regelverjährung[89] und der Übernahme dieses Regimes auf das Insolvenzanfechtungsrecht[90] ganz anders darstellt als früher,[91] geht der BGH von einer Analogie zu § 146 Abs. 1 aus (vgl. schon Rdn. 22),[92] was besser zur Annahme einer eigenständigen Anfechtung der Aufrechnung passt.[93] Dasselbe gilt für die Begründung für die Unbeachtlichkeit einer Schiedsvereinbarung des Schuldners (vgl. Rdn. 24).

Ein spezifisches Problem der Aufrechnung vor Insolvenzeröffnung liegt dagegen vor, wenn der spätere Schuldner seine Forderung bereits gerichtlich geltend gemacht hatte und die Klage wegen der Aufrechnung abgewiesen worden war. War die Entscheidung schon vor der Verfahrenseröffnung in materielle Rechtskraft erwachsen, ist eine neue Klage des Insolvenzverwalters nur zulässig, wenn man in der Insolvenzeröffnung eine neue Tatsache i.S.v. § 767 Abs. 2 ZPO[94] sieht. War Rechtskraft nach §§ 240, 249 Abs. 1 ZPO noch nicht eingetreten, kann der Insolvenzverwalter den Aktivprozess nach § 85 Abs. 1 aufnehmen und der Aufrechnung mit der Insolvenzforderung unter Verweis auf § 96 Abs. 1 Nr. 3 entgegentreten. 27

V. Anfechtbarkeit von Verrechnungen im Bankenkontokorrent

§ 96 Abs. 1 Nr. 3 erfasst nach ständiger Rechtsprechung des BGH neben der einseitigen Aufrechnung auch Verrechnungen aufgrund entsprechender Vereinbarungen.[95] Das gilt namentlich für das Kontokorrent (§ 355 Abs. 1 HGB). Im Umfang der Rückführung des ungekündigten **Kontokorrentkredits** (vgl. § 504 Abs. 1 BGB) sind die Verrechnungen innerhalb des kritischen Zeitraum vor Verfahrenseröffnung[96] nach §§ 96 Abs. 1 Nr. 3, 131 Abs. 1 Nr. 1 anfechtbar.[97] War der Kredit dagegen fällig gestellt oder lag von vornherein nur eine **geduldete Überziehung** vor (vgl. § 505 BGB), ist die im Wege der Verrechnung erlangte Deckung ausnahmsweise kongruent (§ 130),[98] obwohl 28

---

[87] GemSOGB, 27.09.2010, GmS-OGB 1/09, BGHZ 187, 105 Rn. 14 ff. Sehr kritisch *Kreft* ZIP 2013, 241 (247 ff.), der sogar – zu weitgehend – Art. 101 Abs. 1 Satz 2 GG als verletzt sieht.

[88] Zu den Sozialgerichten vgl. aber BGH 24.03.2011, IX ZB 36/09, ZIP 2011, 683 Rn. 5 ff. Dagegen beansprucht BFH 24.11.2011, V R 13/11, BFHE 235, 137 Rn. 32 für die Anfechtung von Abgabenleistungen die Zuständigkeit der Finanzgerichte nach § 33 Abs. 1 Nr. 1 FGO. AA BFH 26.04.2010, VII B 229/09, ZIP 2010, 1660 (inzident zu einem Auskunftsanspruch).

[89] Art. 1 Nr. 3 des Gesetzes v. 26.11.2001, BGBl. I, 3138.

[90] Art. 5 Nr. 3 des Gesetzes v. 09.12.2004, BGBl. I, 3214.

[91] So war in RG 12.05.1914, III 93/14, RGZ 85, 38 (39) die Anfechtung nicht innerhalb der Jahresfrist (§ 41 Abs. 1 KO) erfolgt, die Masseforderung aber noch nicht verjährt. In BGH 28.09.2006, IX ZR 136/05, BGHZ 169, 158 Rn. 15 ff. zu § 439 Abs. 1 HGB war es dagegen genau umgekehrt.

[92] BGH 28.09.2006, IX ZR 136/05, BGHZ 169, 158 Rn. 21 ff.

[93] Jaeger/*Windel* Rn. 99; OLG Düsseldorf 06.07.2005, I-18 U 28/05, ZIP 2005, 2121 (2123). Daher hatte sich *Zenker* NZI 2006, 16 (18 f.) für die Anfechtung der bereits erklärten Aufrechnung ausgesprochen.

[94] Zu dieser allgemeinen zeitlichen Grenze der Rechtskraft vgl. nur Stein/Jonas/*Leipold* § 322 ZPO Rn. 232.

[95] BGH 12.07.2007, IX ZR 120/04, ZIP 2007, 1467 Rn. 8; 29.11.2007, IX ZR 30/07, BGHZ 174, 297 Rn. 11; 28.02.2008, IX ZR 177/05, ZIP 2008, 650 Rn. 10; 26.06.2008, IX ZR 144/05, ZIP 2008, 1435 Rn. 11; 17.07.2008, IX ZR 148/07, ZIP 2008, 1593 Rn. 9. A. A. *Peschke* Insolvenz des Girokontoinhabers 2005, S. 185 f.

[96] Zur einheitlichen Betrachtung dieses Zeitraums BGH 15.11.2007, IX ZR 212/06, ZIP 2008, 235 Rn. 17.

[97] BGH 17.06.1999, IX ZR 62/98, NJW 1999, 3780 (3781) zu § 30 Nr. 2 KO; 07.03.2002, IX ZR 223/01, BGHZ 150, 122 (127); 17.06.2004, IX ZR 2/01, ZIP 2004, 1464 (1465); 11.10.2007, IX ZR 195/04, ZIP 2008, 237 Rn. 4 ff.; 15.11.2007, IX ZR 212/06, ZIP 2008, 235 Rn. 17; 07.05.2009, IX ZR 140/08, ZIP 2009, 1124 Rn. 8 f.; 14.10.2010, IX ZR 160/08, ZIP 2010, 2460 Rn. 6.

[98] BGH 07.03.2002, IX ZR 223/01, BGHZ 150, 122 (127 ff.); 12.02.2004, IX ZR 98/03, NJW 2004, 1660; 17.06.2004, IX ZR 2/01, ZIP 2004, 1464 (1465).

§ 97 InsO Auskunfts- und Mitwirkungspflichten des Schuldners

kein Anspruch auf die Zahlungen der Drittschuldner auf das debitorische Konto des Schuldners bestanden hat.[99] Soweit zeitnah neue Verfügungen des Schuldners zugelassen worden sind, liegt darüber hinaus ein unanfechtbares Bargeschäft vor (§ 142).[100] Daran fehlt es jedoch, wenn diese Verfügung jedenfalls mittelbar der Bank selbst zugute gekommen ist.[101] Das gilt etwa für die Zahlung auf eine von der Bank verbürgte Forderung.[102]

F. Aufrechnungsprivilegien der Finanzwirtschaft (§ 96 Abs. 2)

29 § 96 Abs. 2, der durch §§ 21 Abs. 2 Satz 2, 130 Abs. 2, 147 Satz 2, 166 Abs. 3 ergänzt wird, enthält zwei Aufrechnungsprivilegien zugunsten der Finanzwirtschaft, die jeweils unionsrechtlichen Vorgaben folgen, und schließt sowohl die Anwendung von § 95 Abs. 1 Satz 3 als auch von § 96 Abs. 1 aus. Diese Privilegierung von **Finanzsicherheiten** i.S.v. § 1 Abs. 17 KWG beruht auf Art. 7 Abs. 1 Buchst. a der Finanzsicherheitenrichtlinie,[103] wonach die Mitgliedstaaten sicherstellen, dass die Aufrechnung infolge Beendigung vereinbarungsgemäß wirksam werden kann, auch wenn gegenüber dem Sicherungsgeber oder -nehmer ein Liquidationsverfahren eröffnet wurde oder Sanierungsmaßnahmen eingeleitet wurden oder das Verfahren bzw. die Maßnahmen andauern.

30 Die Privilegierung sog. **Nettingvereinbarungen** in Systemen i.S.v. §§ 1 Abs. 16, 24b KWG beruht auf Art. 3 Abs. 2 der Finalitätsrichtlinie,[104] wonach Rechtsvorschriften, Regeln oder Gepflogenheiten betreffend die Aufhebung von Verträgen oder Geschäften, die vor dem Zeitpunkt der Eröffnung des Insolvenzverfahrens gem. Art. 6 Abs. 1 abgeschlossen wurden, nicht zur Folge haben dürfen, dass die Aufrechnung i.S.v. Art. 1 Buchst. k rückgängig gemacht wird.[105] § 96 Abs. 2 Hs. 2 geht auf die Einführung des sog. Systemgeschäftstages in § 1 Abs. 16b KWG zurück.[106] Beide Regelungen erlangen ausschließlich in der Insolvenz von (Kredit- und Finanzdienstleistungs-) Instituten i.S.v. § 1 Abs. 1b KWG Bedeutung, auf die hier nicht näher eingegangen werden kann.

§ 97 Auskunfts- und Mitwirkungspflichten des Schuldners

(1) Der Schuldner ist verpflichtet, dem Insolvenzgericht, dem Insolvenzverwalter, dem Gläubigerausschuß und auf Anordnung des Gerichts der Gläubigerversammlung über alle das Verfahren betreffenden Verhältnisse Auskunft zu geben. Er hat auch Tatsachen zu offenbaren, die geeignet sind, eine Verfolgung wegen einer Straftat oder einer Ordnungswidrigkeit herbeizuführen. Jedoch darf eine Auskunft, die der Schuldner gemäß seiner Verpflichtung nach Satz 1 erteilt, in einem Strafverfahren oder in einem Verfahren nach dem Gesetz über Ordnungswidrigkeiten gegen den Schuldner oder einen in § 52 Abs. 1 der Strafprozeßordnung bezeichneten Angehörigen des Schuldners nur mit Zustimmung des Schuldners verwendet werden.

(2) Der Schuldner hat den Verwalter bei der Erfüllung von dessen Aufgaben zu unterstützen.

(3) Der Schuldner ist verpflichtet, sich auf Anordnung des Gerichts jederzeit zur Verfügung zu stellen, um seine Auskunfts- und Mitwirkungspflichten zu erfüllen. Er hat alle Handlungen zu unterlassen, die der Erfüllung dieser Pflichten zuwiderlaufen.

---

99 So deutlich BGH 07.05.2009, IX ZR 22/08 Rn. 4.
100 07.03.2002, IX ZR 223/01, BGHZ 150, 122 (131 ff.).
101 BGH 07.03.2002, IX ZR 223/01, BGHZ 150, 122 (128); 24.05.2005, IX ZR 46/02, NZI 2005, 630; 11.10.2007, IX ZR 195/04, ZIP 2008, 237 Rn. 6.
102 BGH 11.10.2007, IX ZR 195/04, ZIP 2008, 237 Rn. 10.
103 BT-Drucks. 15/1853, 14.
104 BT-Drucks. 14/1539, 10.
105 Vgl. *Binder* Bankeninsolvenzen im Spannungsfeld zwischen Bankenaufsichts- und Insolvenzrecht, 354 f.
106 Vgl. BT-Drucks. 17/1720, 31 (47).

Übersicht

	Rdn.		Rdn.
A. Allgemeines	1	III. Strafrechtlich relevante Auskünfte	15
B. Anwendungsbereich	4	D. Unterstützungspflicht (§ 97 Abs. 2)	18
C. Auskunftspflicht nach § 97 Abs. 1	5	E. Bereitschafts- und Unterlassungspflicht	
I. Auskunftsberechtigte	5	(§ 97 Abs. 3)	22
II. Auskunftspflicht des Schuldners	6		

A. Allgemeines

§ 97 ist weitestgehend wortgleich aus §§ 109 Abs. 1, 110 Abs. 1, 111 Abs. 1 InsO-RegE übernommen worden.[1] Der Pflichtenkatalog geht über §§ 100, 141 Abs. 2 KO hinaus und umfasst eine umfassende **Auskunfts- und Mitwirkungspflicht** des Schuldners, die punktuell etwa durch die Pflicht zur Abgabe der eidesstattlichen Versicherung (§ 153 Abs. 2 Satz 1) und sich im Prüfungstermin zu den angemeldeten Forderungen zu erklären (§ 176), ergänzt wird. Dagegen ist die frühere Präsenzpflicht (§ 101 KO) heute i.S. einer **Bereitschaftspflicht** gelockert (§ 97 Abs. 3 Satz 1). Auch wenn schon nach früherem Recht weitergehende Pflichten angenommen worden sind,[2] ist die umfassende gesetzliche Regelung wegen des notwendigen **Grundrechtseingriffs** mit Blick auf den Gesetzesvorbehalt zu begrüßen. 1

Diese Pflichten, die an die Stelle der entsprechenden Pflichten gegenüber einzelnen Gläubigern außerhalb des Insolvenzverfahrens treten, dienen der **Haftungsverwirklichung**, um das Vermögen des Schuldners im Interesse der Gläubiger bestmöglich zu verwerten.[3] Sie haben darin zugleich ihre Rechtfertigung und folgen nicht schon aus dem Amtsermittlungsgrundsatz (§ 5 Abs. 1), der keinen Beteiligten zu einem bestimmten Handeln verpflichtet.[4] Verletzt der Schuldner die Mitwirkungspflichten vorsätzlich oder grob fahrlässig, droht ihm die Versagung der Restschuldbefreiung (§ 290 Abs. 1 Nr. 5). 2

Öffentlich-rechtliche Informationsrechte gegen Bundesbehörden aus § 1 Abs. 1 IFG oder gegen sonstige Behörden aus den entsprechenden Landesgesetzen[5] stehen selbständig neben § 97.[6] Diese Informationsrechte bestehen auch, um die für die Insolvenzanfechtung erforderlichen Informationen zu erlangen.[7] Dies gilt namentlich für die **Krankenkassen** als Einzugsstellen für den Gesamtsozialversicherungsbeitrag (§ 28h SGB IV) und die Insolvenzgeldumlage (§ 359 Abs. 1 SGB III),[8] aber 2a

---

1 Vgl. BT-Drucks. 12/2443, 25 f., 142; BT-Drucks. 12/7302, 39 f., 166. Statt »verwendet«, wie heute in § 97 Abs. 1 Satz 3, hatte es in § 109 Abs. 1 Satz 3 RegE-InsO lediglich »verwertet« geheißen.
2 BVerfG 06.06.1986, 1 BvR 574/86, ZIP 1986, 1336 (1337).
3 Jaeger/Schilken Rn. 3; Häsemeyer Insolvenzrecht Rn. 2.07; Uhlenbruck Rn. 1.
4 Jaeger/Schilken Rn. 6; MüKo-InsO/Stephan Rn. 11.
5 In Berlin vgl. § 3 Abs. 1 IFG v. 15.10.1999, GVBl. S. 561; in Bremen vgl. § 1 Abs. 1 BremIFG v. 16.05.2006, GBl. S. 263; in Hamburg vgl. § 4 HmbIFG v. 17.02.2009, GVBl. S. 29; in Mecklenburg-Vorpommern vgl. § 1 II IFG M-V v. 10.07.2006, GVBl. S. 556; in Nordrhein-Westfalen vgl. § 4 IFG NRW v. 27.11.2001, GVBl. S. 806; in Rheinland-Pfalz vgl. § 4 LIFG v. 26.11.2008, GVBl. S. 296; im Saarland vgl. § 1 Abs. 1 SIFG v. 12.07.2006, ABl. S. 1624 (dynamische Verweisung auf Bundesrecht); in Sachsen-Anhalt vgl. § 1 IZG LSA v. 19.06.2008, GVBl. S. 242; in Schleswig-Holstein vgl. § 4 IFG-SH v. 09.02.2000, GVBl. S. 166; in Thüringen vgl. § 1 ThürIFG v. 20.12.2007, GVBl. S. 256 (dynamische Verweisung auf Bundesrecht). Zum Akteneinsichtsrecht in Brandenburg vgl. § 1 AIG v. 10.03.1998, GVBl. S. 46. Dagegen existieren in Bayern, Baden-Württemberg, Hessen, Niedersachsen und Sachsen bisher keine entsprechenden Regelungen.
6 BVerwG 09.11.2010, 7 B 43.10, ZIP 2011, 41 (42); OVG Koblenz 23.04.2010, 10 A 10091/10, ZIP 2010, 1091 (1093).
7 OVG Koblenz 12.02.2010, 10 A 11156/09, NZI 2010, 357 (358); VG Gelsenkirchen 16.09.2010, 17 K 5018/09, BeckRS 2010, 54109; VG Freiburg 21.09.2011, 1 K 734/10, NZI 2011, 825, 826 mit Anm. Schmittmann.
8 OVG Koblenz 12.02.2010, 10 A 11156/09, NZI 2010, 357 (358); VG Gelsenkirchen 16.09.2010, 17 K 5018/09, BeckRS 2010, 54109.

auch für die Unfallversicherungsträger[9] und die **Finanzämter**.[10] Bei den Ersatzkassen i.S.v. § 168 SGB V und den bundesunmittelbaren Unfallversicherungsträgern (§ 224 SGB VII) richtet sich der Anspruch nach **Bundesrecht**,[11] bei den Allgemeinen Ortskrankenkassen, den landesunmittelbaren Unfallversicherungsträgern (§ 223 SGB VII) und den Finanzämtern nach dem jeweiligen **Landesrecht**. Ergänzend bestehen Akteneinsichts- und Auskunftsrechte aus §§ 25, 83 SGB X. Stützt sich eine Auskunftsklage auf allgemeine Informationsfreiheitsrechte, ist gegenüber den Trägern der Sozialversicherung unstreitig nicht der Sozialgerichtsweg (§ 51 Abs. 1 SGG), sondern der (allgemeine) Verwaltungsrechtsweg eröffnet (§ 40 Abs. 1 Satz 1 VwGO); über konkurrierende sozialrechtliche Ansprüche kann dort ebenfalls entschieden werden (§§ 202 Satz 1 SGG, 17 Abs. 2 Satz 1 GVG).[12] Ob auch für Klagen auf Einsicht in die Vollstreckungsakten eines Finanzamtes (richtigerweise) der (allgemeine) Verwaltungsrechtsweg eröffnet ist (§ 40 Abs. 1 Satz 1 VwGO) oder der Finanzrechtsweg (§ 33 Abs. 1 Nr. 1 FGO),[13] muss dagegen der GemSOGB entscheiden.[14]

3 Mit Rücksicht auf den Kernbereich der grundgesetzlichen Freiheit vom Zwang zur Selbstbelastung (Art. 2 Abs. 1, 1 Abs. 1 GG: nemo tenetur)[15] und das Zeugnisverweigerungsrecht nach § 52 Abs. 1 StPO dürfen die strafrechtlich relevanten Informationen, die ggf. durch Beugehaft erlangt werden können (§ 98 Abs. 2 Nr. 2), im **Strafverfahren** gegen den Schuldner oder einen Angehörigen **nicht verwertet** werden (§ 97 Abs. 1 Satz 2, 3).

B. Anwendungsbereich

4 § 97 ist nur anwendbar, wenn es sich beim Schuldner um eine natürliche Person handelt. Andernfalls gilt die Regelung entsprechend für die Organmitglieder (§ 101). Die Pflichten aus § 97 gelten nicht nur im **Insolvenzverfahren** selbst, sondern über §§ 20 Abs. 1 Satz 2, 22 Abs. 3 Satz 3 auch im **Eröffnungsverfahren**, selbst wenn das Verfahren nach § 306 Abs. 1 ruht.[16] Dass auch hier eine umfassende Auskunfts- und Mitwirkungspflicht besteht und nicht bloß eine auf die Eröffnungsentscheidung beschränkte Auskunftspflicht, ist seit der Neufassung von § 20 Abs. 1 Satz 1[17] klargestellt.[18] Nach § 22a Abs. 4 i.d.F. des ESUG ist der Schuldner im Eröffnungsverfahren ggf. auch verpflichtet, auf Aufforderung des Gerichts Personen zu benennen, die als Mitglieder des vorläufigen Gläubigerausschusses in Betracht kommen. Im **vereinfachten** Insolvenzverfahren ist statt des Insolvenzverwalters der **Treuhänder** auskunftsberechtigt (§ 313).[19] In der **Eigenverwaltung** gilt § 97 neben den besonderen Pflichten etwa aus § 281. Im **Restschuldbefreiungsverfahren** gilt dagegen ausschließlich § 295 Abs. 1 Nr. 3.[20] § 97 betrifft nur die Mitwirkungs**pflichten** des Schuldners, nicht aber die bloßen Mitwirkungs**rechte**.

---

9 VG Berlin 16.11.2012, 2 K 248.12, juris Rn. 23.
10 So zu § 4 Abs. 1 IFG NRW OVG Münster 15.06.2011, 8 A 1150/10, NZI 2011, 915 ff.; zu § 3 Abs. 1 Satz 1 IFG Berlin vgl. VG Berlin 30.08.2012, 2 K 147.11, NZI 2013, 413.
Nach BVerwG 14.05.2012, 7 B 53.11, ZIP 2012, 1258 Rn. 9 f. steht die AO einem landesrechtlichen Auskunftsanspruch nicht entgegen.
11 VG Gelsenkirchen 16.09.2010, 17 K 5018/09, BeckRS 2010, 54109; VG Freiburg 21.09.2011, 1 K 734/10, NZI 2011, 825, 826 mit Anm. *Schmittmann*.
12 BSG 04.04.2012, B 12 SF 1/10 R, ZIP 2012, 2321 Rn. 10, 14 ff.
13 So BFH 10.02.2011, VII B 183/10, ZIP 2011, 883 Rn. 8 zu § 4 HmbIFG.
14 BVerwG 15.10.2012, 7 B 2/12, ZIP 2012, 2417 Rn. 11 ff. zu § 4 HmbIFG (Vorlagebeschluss).
15 BVerfG 13.01.1981, 1 BvR 116/77, BVerfGE 56, 37 (49); 14.11.1989, 1 BvL 14/85, BVerfGE 81, 70 (96); 27.04.2010, 2 BvL 13/07, wistra 2010, 341 (342 f.).
16 So auch Jaeger/*Schilken* Rn. 9; MüKo-InsO/*Stephan* Rn. 44; *Uhlenbruck* ZInsO 1999, 493 (495); *ders.* NZI 2000, 15 (17); a.A. HK-InsO/*Kayser* Rn. 5.
17 Vgl. Art. 1 Nr. 5 des Gesetzes v. 13.04.2007, BGBl. I, 509.
18 BT-Drucks. 16/3227, 15.
19 MüKo-InsO/*Stephan* Rn. 43.
20 So auch FK-InsO/*Ahrens* § 295 Rn. 51; a.A. MüKo-InsO/*Stephan* Rn. 44; Jaeger/*Schilken* Rn. 9.

C. Auskunftspflicht nach § 97 Abs. 1

I. Auskunftsberechtigte

§ 97 Abs. 1 Satz 1 statuiert die Auskunftspflicht voraussetzungslos gegenüber dem **Insolvenzgericht**, dem **Insolvenzverwalter** und dem **Gläubigerausschuss**. Gegenüber der **Gläubigerversammlung** besteht die Auskunftspflicht nur, wenn das Insolvenzgericht – ggf. von Amts wegen[21] – die Beantwortung bestimmter Fragen angeordnet hat. Diese Aufzählung ist für das eröffnete Insolvenzverfahren abschließend[22] mit der Maßgabe, dass an die Stelle des Insolvenzverwalters ggf. der **Sachwalter** (§§ 274 Abs. 3, 22 Abs. 3 Satz 3) bzw. der **Treuhänder** (§ 313 Abs. 1 Satz 1) tritt. Im Eröffnungsverfahren besteht die Auskunftspflicht auch gegenüber dem **vorläufigen Insolvenzverwalter** (§ 22 Abs. 3 Satz 3). Dasselbe müsste ggf. auch gegenüber dem **vorläufigen Gläubigerausschuss** gelten. Dagegen besteht keine Auskunftspflicht gegenüber dem vom Gericht im Eröffnungsverfahren eingesetzten Gutachter (§§ 4, 5 i.V.m. § 402 ZPO), der nicht zugleich zum vorläufigen Insolvenzverwalter bestellt worden ist (§ 22 Abs. 1 Satz 2 Nr. 3 Hs. 2) und daher nicht unter § 22 Abs. 3 fällt.[23] Auch gegenüber einzelnen **Mitgliedern** des Gläubigerausschusses[24] und einzelnen **Insolvenzgläubigern** besteht keine Auskunftspflicht.[25] Dies muss auch bei anderweitig statuierten **Auskunftspflichten** gelten, soweit diese der Durchsetzung von Insolvenzforderungen dienen, weil diese Pflichten auf den Insolvenzverwalter übergehen,[26] dem das Auskunftsrecht aus § 97 Abs. 1 Satz 1 gegen den Schuldner zusteht.[27] Darüber hinaus folgt die früher in § 141 Abs. 1 KO verankerte Pflicht des Schuldners, sich über die angemeldeten Forderungen zu erklären, heute aus § 97 Abs. 1 Satz 1.[28] Die einzelnen Gläubiger haben schließlich das allgemeine zivilprozessuale Akteneinsichtsrecht (§ 4 i.V.m. § 299 ZPO).[29]

5

II. Auskunftspflicht des Schuldners

Der Schuldner ist **persönlich** zur mündlichen Auskunft verpflichtet.[30] Auch soweit die Auskunftsberechtigten gestatten, dass der Schuldner fernmündlich, schriftlich oder durch bereite Dritte Auskunft erteilt, bleibt seine grundsätzliche Pflicht zur **persönlichen** und **mündlichen** Auskunftserteilung unberührt.[31] Die Auskunft ist grds. **unentgeltlich** (vgl. aber auch § 101 Rdn. 7)[32] und **ungefragt** zu erteilen.[33] Sie »umfasst **alle** rechtlichen, wirtschaftlichen und tatsächlichen **Verhältnisse**, die für das Verfahren von **Bedeutung** sein können.«[34] Dazu gehören namentlich alle Aktiva und Pas-

6

---

21 So auch MüKo-InsO/*Stephan* Rn. 20; FK-InsO/*App* Rn. 3; *Uhlenbruck* Rn. 4; a.A. BK-InsO/*Blersch/v. Olshausen* Rn. 4.
22 Jaeger/*Schilken* Rn. 15.
23 OLG Jena 12.08.2010, 1 Ss 45/10, NJW 2010, 3673.
24 MüKo-InsO/*Stephan* Rn. 20; *Uhlenbruck* Rn. 4.
25 Jaeger/*Schilken* Rn. 15.
26 Zur Auskunft über Absonderungsrechte vgl. BGH 30.10.1967, VIII ZR 176/65, BGHZ 49, 11 (13); 07.12.1977, VIII ZR 164/76, BGHZ 70, 86 (88); zum Verwalterwechsel vgl. BGH 04.12.2003, IX ZR 222/02, ZIP 2004, 326 (327); zu vgl. § 90 AO MüKo-InsO/*Stephan* Rn. 23; insoweit a.A. *Frotscher* Besteuerung bei Insolvenz, S. 28 f.; FK-InsO/*App* Rn. 2.
27 MüKo-InsO/*Stephan* Rn. 20.
28 Kübler/Prütting/Bork/*Pape/Schaltke* § 176 Rn. 9.
29 OLG Düsseldorf 17.12.1999, 3 Va 11/99, ZIP 2000, 322 f.; MüKo-InsO/*Stephan* Rn. 20. Zur Akteneinsicht nach Abweisung des Eröffnungsantrags mangels Masse vgl. OLG Braunschweig 08.11.1996, VAs 1/96, ZIP 1997, 894; OLG Naumburg 29.10.1996, 5 VA 4/96, ZIP 1997, 895.
30 Nach AG Hamburg 16.12.2004, 67c IN 431/04, ZInsO 2005, 276 (277) können Personen im Zeugenschutzprogramm daher keinen zulässigen Insolvenzantrag stellen. Dies erscheint nicht unproblematisch.
31 MüKo-InsO/*Stephan* Rn. 22.
32 LG Köln 17.02.2004, 19 T 262/03, ZInsO 2004, 756 (757); MüKo-InsO/*Stephan* Rn. 48.
33 BGH 08.03.2012, IX ZB 70/10, ZInsO 2012, 751 Rn. 13; 22.11.2012, IX ZB 23/10, ZInsO 2013, 138 Rn. 4; 11.04.2013, IX ZB 170/11, WM 2013, 1030 Rn. 18.
34 So BGH 08.03.2012, IX ZB 70/10, ZInsO 2012, 751 Rn. 13; 11.04.2013, IX ZB 170/11, WM 2013, 1030

siva im In- und Ausland.³⁵ Auch der Erwerb von **Geschäftsanteilen** ist unverzüglich nach dem Erwerb und damit unabhängig von der Geschäftsentwicklung zu melden.³⁶ Die Auskunftspflicht erstreckt sich auch auf die Umstände des Entstehens von Forderungen und Verbindlichkeiten sowie der Gründe für einen etwaigen Nachrang nach § 39 Abs. 1 Nr. 5, die Gründe für die Insolvenz, die Geschäftsbeziehungen, die Handlungsvollmachten, die Organisationsstruktur des Unternehmens, etwaige immaterielle Rechte, die bisher nicht genehmigten Lastschriften,³⁷ Aussonderungs-, Absonderungs- und Masseansprüche sowie die anfechtungsrechtlich relevanten Tatsachen. Soweit der Insolvenzverwalter Arbeitszeugnisse auszustellen hat, muss der Schuldner auch die dafür erforderlichen Auskünfte erteilen.³⁸ Im **Insolvenzplanverfahren** ergeben sich aus § 220 Abs. 1 weitergehende Auskunftspflichten.

7 Zu Auskünften über das Vermögen der GmbH ist der Geschäftsführer in einem Insolvenzverfahren über sein persönliches Vermögen dagegen nicht verpflichtet.³⁹ Auch über **persönliche Lebensumstände** ohne vermögensrechtliche Relevanz und eindeutig **unpfändbares Vermögen** (§ 811 Abs. 1 Nr. 1, 2 ZPO i.V.m. § 36 Abs. 1 Satz 1) muss der Schuldner keine Auskunft erteilen. Dagegen haben unpfändbare **Barmittel** (§ 811 Abs. 1 Nr. 8 ZPO i.V.m. § 36 Abs. 1 Satz 1) oder **Arbeitseinkommen** (§§ 850, 850c ZPO i.V.m. § 36 Abs. 1 Satz 2) mit Blick auf § 100 Abs. 1 einen Bezug zum Insolvenzverfahren und müssen daher angegeben werden. Dasselbe gilt, soweit erst festgestellt werden muss, ob der Gegenstand pfändbar ist.⁴⁰

8 Zur Auskunfterteilung gehört aber auch die **Vorlage** der maßgeblichen Belege oder sonstiger **schriftlicher Unterlagen**.⁴¹ Insoweit gilt in der Insolvenz nichts anderes als nach § 402 BGB. Der Schuldner hat auch **Vorarbeiten** zu erbringen, die für eine sachdienliche Auskunft erforderlich sind. Dazu gehört namentlich das **Forschen** nach vorhandenen **Unterlagen** und deren **Zusammenstellung**.⁴² Hat der Schuldner über einen längeren Zeitraum über seine geschäftliche Tätigkeit nicht Buch geführt, muss er schriftliche **Aufzeichnungen** über den Umfang der laufenden Geschäfte **anfertigen**.⁴³

9 Im Rahmen der Auskunftspflicht muss sich der Schuldner auch darum bemühen, Informationen bei Dritten einzuholen.⁴⁴ Die Ansprüche des Schuldners aus §§ 666, 667 BGB aus einem Anwalts- oder Steuerberatervertrag auf **Einsicht** und **Herausgabe** der **Handakten** (§ 50 Abs. 1, Abs. 4 BRAO, § 66 Abs. 3 StBerG) sind jedoch massebefangen und daher vom Insolvenzverwalter selbst geltend zu machen.⁴⁵ Daher kann der Schuldner selbst diese Ansprüche nicht durchsetzen.⁴⁶ Soweit der Schuldner bereits vor Insolvenzeröffnung Abschriften von Schriftsätzen oder andere Unterlagen erhalten hat, ist der Anspruch gegen den Berater jedoch erfüllt (§ 362 Abs. 1 BGB).⁴⁷ Wegen offener Honorarforderungen steht dem Berater jedoch ein **Zurückbehaltungsrecht** zu (§ 273 Abs. 1 BGB, § 50 Abs. 3 BRAO, § 66 Abs. 2 StBerG), soweit es um denselben Auftrag geht.⁴⁸ Erfüllt der Insol-

---

Rn. 18 ZPO. Vgl. auch Jaeger/*Schilken* Rn. 17; *Uhlenbruck* Rn. 6; HK-InsO/*Kayser* Rn. 11; FK-InsO/*App* Rn. 13.
35 BGH 18.09.2003, IX ZB 75/03, ZIP 2003, 2123 (2124).
36 BGH 15.04.2010, IX ZB 175/09, ZIP 2010, 1042 Rn. 10; 13.01.2011, IX ZB 163/10, ZInsO 2011, 396 Rn. 4; 11.04.2013, IX ZB 170/11, WM 2013, 1030 Rn. 18.
37 *Meder* NJW 2005, 637 (638).
38 BAG 23.06.2004, 10 AZR 495/03, BAGE 111, 135 (139).
39 LG Dortmund 23.05.2005, 9 T 127/05, NZI 2005, 459.
40 So auch Jaeger/*Schilken* Rn. 18; *Uhlenbruck* Rn. 7. Für Auskunftspflicht auch über das insolvenzfreie Vermögen MüKo-InsO/*Stephan* Rn. 14; HK-InsO/*Kayser* Rn. 11.
41 HK-InsO/*Kayser* Rn. 8.
42 BGH 17.02.2005, IX ZB 62/04, BGHZ 162, 187 (198); 19.01.2006, IX ZB 14/03, ZInsO 2006, 264 (265).
43 LG Duisburg 02.05.2001, 7 T 78/01, ZIP 2001, 1065.
44 So zur Auskunftspflicht aus § 2314 BGB auch BGH 28.02.1989, XI ZR 91/88, BGHZ 107, 104 (108).
45 BGH 30.11.1989, III ZR 112/88, BGHZ 109, 260 (264); *Nassall* KTS 1988, 633 (639); *Uhlenbruck* Rn. 5.
46 Insoweit unklar Jaeger/*Schilken* Rn. 12; MüKo-InsO/*Stephan* Rn. 27.
47 BGH 30.11.1989, III ZR 112/88, BGHZ 109, 260 (266).
48 OLG Düsseldorf 18.08.1997, 19 T 308/96, ZIP 1997, 1657 f. Entgegen LG Mainz 07.05.1995, 8 T

venzverwalter Honorarforderungen nicht, steht ihm auch kein Anspruch auf Überlassung des vom Berater gefertigten Werks zu.[49]

Soweit Informationspflichten befürwortet werden, die im jeweiligen Beratervertrag mit dem Schuldner keine Grundlage finden,[50] kommt als gesetzliche Grundlage nur die allgemeine Zeugnispflicht in Betracht (§§ 4, 5 i.V.m. § 373 ZPO). Auf ein **Zeugnisverweigerungsrecht** aus § 383 Abs. 1 Nr. 6 ZPO können sich die Berater nicht berufen, soweit die Verschwiegenheitspflicht nur dem Schuldner gegenüber besteht.[51] Insoweit kann der Insolvenzverwalter den Berufsträger jedenfalls von der **Schweigepflicht entbinden**.[52] Dasselbe gilt für das richtigerweise nur auf vertraglicher Grundlage (Nr. 2 Abs. 1 AGB-Banken, Nr. 1 Abs. 1 Satz 2 AGB-Sparkassen) beruhende **Bankgeheimnis**.[53] Soweit von der Information aber auch Dritte betroffen sind, die nicht Adressat von §§ 97, 101 sind, besteht das Zeugnisverweigerungsrecht fort. Insb. entfällt die Pflicht zur Verschwiegenheit nach § 18 Abs. 1 BNotO erst weg, wenn alle Beteiligten den **Notar** davon befreit haben (§ 18 Abs. 2 BNotO).[54]

10

Geht man dagegen – meines Erachtens zu Recht – davon aus, dass die Verschwiegenheitspflicht gegenüber dem Schuldner bereits aufgrund der Auskunftspflicht aus § 97 Abs. 1 Satz 1 ipso iure entfällt,[55] sind die betroffenen Personen auch im **Eröffnungsverfahren** zeugnispflichtig, obwohl die Entbindung von der Schweigepflicht nur durch einen starken vorläufigen Insolvenzverwalter i.S.v. § 22 Abs. 1 in Betracht käme. Da sie aber selbst nicht Normadressaten von §§ 22 Abs. 3 Satz 3, 97 Abs. 1 sind und die Zeugnispflicht nur gegenüber dem Insolvenzgericht besteht, hat der vorläufige Insolvenzverwalter als Sachverständiger (§ 22 Abs. 1 Satz 2 Nr. 2 Hs. 2) kein eigenes Informationsrecht (vgl. Rdn. 5).

11

Die eigene **berufsrechtliche Schweigepflicht** des Schuldners steht der Pflicht zur Auskunftserteilung nach § 97 Abs. 1 Satz 1 grds. nicht entgegen. Daher ist auch ein **Arzt** verpflichtet, dem Insolvenzverwalter die für die Durchsetzung privatärztlicher Honorarforderungen erforderlichen Daten über die Person des Drittschuldners und die Forderungshöhe mitzuteilen.[56] Dies gilt auch für einen Fach-

12

203/95, ZIP aktuell 1995, A 99, Nr. 243 und *Uhlenbruck* Rn. 6 muss weder der Schuldner aus seinem pfändungsfreien Vermögen noch der Geschäftsführer (§ 101 Abs. 1 Satz 1) aus seinem Privatvermögen das rückständige Honorar bezahlen.

49 BGH 25.10.1988, XI ZR 3/88, ZIP 1988, 1474 (1475) zu einer Hauptabschlussübersicht eines Steuerberaters.

50 BGH 30.11.1989, III ZR 112/88, BGHZ 109, 260 (267) hält die Berufung auf § 362 Abs. 1 BGB für treuwidrig wenn die Unterlagen dem Insolvenzverwalter nicht vorliegen. Vgl. ergänzend Jaeger/*Schilken* Rn. 12; MüKo-InsO/*Stephan* Rn. 27; *Uhlenbruck* Rn. 5.

51 MüKo-InsO/*Stephan* Rn. 28; *Uhlenbruck* Rn. 5.

52 OLG Düsseldorf 06.10.1993, 3 W 367/93, ZIP 1993, 1807; OLG Oldenburg 28.05.2004, 1 Ws 242/04, NJW 2004, 2176 zu § 43 Abs. 1 WiPrO; *Bous/Solveen* DNotZ 2005, 261 (265 ff.) zu § 18 Abs. 2 BNotO. Zum Teil wird angenommen, dass dies auch für das Strafverfahren gegen das Organmitglied gilt. So OLG Nürnberg 18.06.2009, 1 Ws 289/09, NJW 2010, 690 (691); *Priebe* ZIP 2011, 242 (315 f.); a.A. OLG Koblenz 22.02.1985, 2 VAS 21/84, NStZ 1985, 426 (427 f.); OLG Düsseldorf 14.12.1992, 1 Ws 1155/92, wistra 1993, 120.

53 Vgl. dazu BGH 27.02.2007, XI ZR 195/05, BGHZ 171, 180 Rn. 17 f.; 27.10.2009, XI ZR 225/08, BGHZ 183, 60 Rn. 18.

54 BGH 30.11.1989, III ZR 112/88, BGHZ 109, 260 (273); *Bous/Solveen* DNotZ 2005, 261 (264 ff.).

55 So AG Duisburg 27.09.2000, 60 IN 27/00, NZI 2000, 606; AG Göttingen 05.09.2002, 74 IN 269/02, NZI 2002, 615, jeweils zum Bankgeheimnis; MüKo-InsO/*Schmahl/Vuia* § 20 Rn. 78; a.A. LG Göttingen 22.10.2002, 10 T 57/02, NZI 2003, 38 (39) mit zust. Anm. *Vallender*; *Bous/Solveen* DNotZ 2005, 261 (264 f.).

56 BGH 17.02.2005, IX ZB 62/04, BGHZ 162, 187 (191).

arzt für Psychiatrie, Psychotherapie und Psychoanalyse.[57] Nichts anderes gilt schließlich für andere Berufsträger wie Rechtsanwälte und Steuerberater, die nach § 203 Abs. 1 StGB kriminalstrafbewehrt zur Wahrung des Berufsgeheimnisses verpflichten sind.[58] Insoweit setzen sich die von Art. 14 Abs. 1 Satz 1 GG geschützten Interessen der Gläubiger durch,[59] zumal der Insolvenzverwalter selbst einer entsprechenden Verschwiegenheitspflicht unterliegt.[60]

13 Ist der Schuldner nicht oder nicht voll geschäftsfähig, sind auch seine gesetzlichen Vertreter (Eltern, Vormund, Betreuer) auskunftspflichtig, bei mehreren gesetzlichen Vertretern jeder allein.[61] Soweit der Schuldner zu Auskünften in der Lage ist, bleibt seine Auskunftspflicht davon unberührt. Bei Insolvenzverfahren über gesonderte Vermögensmassen (§ 11 Abs. 2 Nr. 2) sind in der **Nachlassinsolvenz** die Erben, im Insolvenzverfahren über das Gesamtgut der **fortgesetzten Gütergemeinschaft** der überlebende Ehegatte und über das gemeinschaftlich verwaltete Gesamtgut der **Gütergemeinschaft** beide Ehegatten auskunftspflichtig.[62] Zur Erstreckung der Auskunftspflicht auf andere Personen vgl. § 101 Rdn. 8 ff.

14 Die Auskunftspflicht hat der Schuldner auch dann persönlich zu erfüllen, wenn er anwaltlich vertreten ist. Die Berechtigten sind nicht verpflichtet, sich an den Anwalt zu wenden.[63] Ist der Insolvenzverwalter selbst als Rechtsanwalt zugelassen, handelt er nicht in dieser Eigenschaft und ist daher nicht Normadressat von § 12 BORA.[64]

III. Strafrechtlich relevante Auskünfte

15 § 100 KO hatte **eine umfassende Auskunftspflicht** statuiert und keinen ausdrücklichen Vorbehalt der Selbstbezichtigung enthalten. In einer Grundsatzentscheidung hat das BVerfG diese Pflicht für verfassungskonform erklärt und den schutzwürdigen Belangen des Schuldners (bzw. bei § 101 der Vertretungsorgane) – im Anschluss an *Uhlenbruck*[65] – durch ein »strafrechtliches Verwertungsverbot« etwaiger Selbstbezichtigungen Rechnung getragen.[66] Auf dieser Rechtsprechung basiert heute § 97 Abs. 1 Satz 2, 3. Dabei ist auf Betreiben des Datenschutzbeauftragten statt eines Verwertungsverbots ein **Verwendungsverbot** in Straf- und Ordnungswidrigkeitenverfahren statuiert worden,[67] dem eine i.E. noch nicht vollständig geklärte **Fernwirkung** zukommt.[68] Damit ist es – anders als etwa bei einer Vernehmung eines Beschuldigten ohne Belehrung nach § 136 Abs. 1 Satz 2 StPO[69] – unzulässig, auf die Auskunft weitere Ermittlungen zu stützen.[70] Dies entspricht den Vorgaben des BVerfG, wonach der Schuldner nicht zu seiner Verurteilung beitragen muss und die Strafverfolgungsbehörden keine weitergehenden Möglichkeiten erlangen sollen als in sonstigen Fällen der Strafverfolgung.[71]

---

57 BGH 05.02.2009, IX ZB 85/08, NJW 2009, 1603 Rn. 5 zu § 290 Abs. 1 Nr. 5.
58 BGH 25.03.1999, IX ZR 223/97, BGHZ 141, 173 (178); 04.03.2004, IX ZB 133/03, NJW 2004, 2015 (2017) (insoweit nicht in BGHZ 158, 212).
59 Jaeger/*Schilken* Rn. 22; MüKo-InsO/*Stephan* Rn. 15; HK-InsO/*Kayser* Rn. 12.
60 BGH 25.03.1999, IX ZR 223/97, BGHZ 141, 173 (179).
61 Jaeger/*Schilken* Rn. 11; MüKo-InsO/*Stephan* Rn. 25.
62 Kübler/Prütting/Bork/*Lüke* Rn. 7.
63 FK-InsO/*App* Rn. 12.
64 Jaeger/*Schilken* Rn. 11; MüKo-InsO/*Stephan* Rn. 26; *Uhlenbruck* Rn. 5; Gaier/Wolf/Göcken/*Zuck* Anwaltliches Berufsrecht § 43 BRAO/§ 12 BORA Rn. 8. Vgl. entsprechend zu den früheren Standesrichtlinien schon RAK Düsseldorf 03.03.1956, Reg. M 8, 2t, KTS 1956, 63 (64).
65 *Uhlenbruck* JR 1971, 445 ff.
66 BVerfG 13.01.1981, 1 BvR 116/77, BVerfGE 56, 37 (41).
67 BT-Drucks. 12/7302, 166.
68 Jaeger/*Schilken* Rn. 23; MüKo-InsO/*Stephan* Rn. 16; HK-InsO/*Kayser* Rn. 13.
69 Vgl. etwa BGH 20.12.1995, 5 StR 680/94, NStZ 1996, 200 (201).
70 BT-Drucks. 12/7302, 166.
71 BVerfG 13.01.1981, 1 BvR 116/77, BVerfGE 56, 37 (51).

Das Verwendungsverbot umfasst alle **Auskünfte** des **Schuldners**[72] einschließlich der von § 99 erfass- 16
ten **Verteidigerpost** (vgl. § 99 Rdn. 2).[73] Daher darf die Eröffnung eines Ermittlungsverfahrens wegen des Verdachts einer Straftat nach § 266a StGB nicht auf Angaben zu rückständigen Sozialversicherungsbeiträgen gestützt werden, die der Schuldner auf Anforderung des Insolvenzgerichts im Eröffnungsverfahren gemacht hat.[74] Soweit die Tatsachen dagegen auch durch eine Anzeige der Krankenkasse bekannt waren oder später bekannt werden, können darauf weitere Ermittlungen gestützt werden. Auch darf allein auf einen Eigenantrag und das Eröffnungsgutachten kein Durchsuchungsbefehl gestützt werden.[75] Vom Verwendungsverbot erfasst werden auch **Aussagen** von **Rechtsanwälten**, **Steuerberatern** und **Wirtschaftsprüfern**, die nur im Insolvenzverfahren von ihrer Schweigepflicht entbunden sind (vgl. Rdn. 8).[76]

Dagegen dürfen **Unterlagen**, die der Schuldner dem Insolvenzverwalter ausgehändigt hat, **beschlag-** 17
nahmt werden, soweit sie auch beim Schuldner hätten aufgefunden werden können.[77] Diese Voraussetzung liegt bei Unterlagen, die insb. ein nicht buchführungspflichtiger Schuldner erst auf Anforderung des Gerichts oder des (vorläufigen) Insolvenzverwalters angefertigt hat, jedoch nicht vor.[78] Auch kann der Staatsanwaltschaft nicht grds. die Einsicht in das **Gutachten** über die **Eröffnungs-**
gründe verweigert werden.[79]

D. Unterstützungspflicht (§ 97 Abs. 2)

Neben der Auskunftspflicht trifft den Schuldner eine selbständige Unterstützungs- oder Mitwirkungs- 18
pflicht. Systematisch kann man darin die **allgemeine Pflicht** des Schuldners sehen, die sich in der Auskunftspflicht (§ 97 Abs. 1 Satz 1) und der Bereitschafts- und Unterlassungspflicht (§ 97 Abs. 3 konkretisiert).[80] Soweit sich die Mitwirkung auf die Vorbereitung von Auskünften bezieht, ist sie als unselbständige Nebenpflicht § 97 Abs. 1 Satz 1 zuzuordnen (Rdn. 8). Diese Abgrenzung ist einerseits für die Grenzen des Verwendungsverbots (§ 97 Abs. 1 Satz 3) und andererseits für die Pflichten ehemaliger Organmitglieder (§ 101 Abs. 1 Satz 2) sowie der aktiven und ehemaligen Angestellten (§ 101 Abs. 2) von Bedeutung,[81] während § 290 Abs. 1 Nr. 5 einheitlich die Auskunfts- und Mitwirkungspflichten i.S.v. § 97 erfasst.[82] Schließlich besteht die Unterstützungspflicht nur gegenüber dem Insolvenzverwalter und nicht den übrigen in § 97 Abs. 1 Satz 1 genannten Beteiligten.

Den Schuldner trifft nach § 97 Abs. 2 nur die Pflicht, an der Insolvenzverwaltung **punktuell mit-** 19
zuwirken, soweit dies unverzichtbar ist, aber keine Pflicht zur (unentgeltlichen)[83] ständigen Mitarbeit,[84] weil seine Arbeitskraft nicht zur Insolvenzmasse gehört (§ 35 Abs. 1) und aus seinem Vermögen vorab der Insolvenzverwalter bezahlt wird (§§ 53, 54 Nr. 2). Zu (entgeltlicher) Arbeit zur

---

72 So auch Jaeger/*Schilken* Rn. 23; *Uhlenbruck* Rn. 11; *Bittmann/Rudolph* wistra 2001, 81 (82 ff.); *Diversy* ZInsO 2005, 180 ff. Dagegen wollen MüKo-InsO/*Stephan* Rn. 17 freiwillige Auskünfte ausnehmen, wenn der Schuldner keine Kenntnis von der Pflicht zur Selbstbezichtigung hatte.
73 BVerfG 06.11.2000, 1 BvR 1746/00, NJW 2001, 745 (746); AG Duisburg 03.05.2004, 62 IN 3345/03, BeckRS 2004, 11104.
74 LG Potsdam 24.04.2007, 27 Ns 23/06, BeckRS 2009, 05070.
75 LG Stuttgart 21.07.2000, 11 Qs 46/00, NZI 2001, 498 f.; *Uhlenbruck* NZI 2002, 401 (405).
76 OLG Hamburg 03.05.2002, 2 Va 4/01, RIW 2002, 717 (719).
77 LG Ulm 15.01.2007, 2 Qs 202/07, NJW 2007, 2056 (2057).
78 MüKo-InsO/*Stephan* Rn. 18.
79 So zutr. *Tetzlaff* NZI 2005, 316 (317) gegen *Hohnel* NZI 2005, 152 ff.
80 So Jaeger/*Schilken* Rn. 26.
81 Jaeger/*Schilken* Rn. 20.
82 BGH 05.02.2009, IX ZB 85/08, NJW 2009, 1603 Rn. 5.
83 § 113 Abs. 1 Satz 2 InsO-RegE, BT-Drucks. 12/2443, 26 sah eine Vergütung vor, wenn dies nach Art, Umfang und Dauer der Tätigkeit angemessen war. Diese Regelung wurde im Gesetzgebungsverfahren ersatzlos gestrichen. Vgl. BT-Drucks. 12/7302, 167. Vgl. ergänzend LG Köln 17.02.2004, 19 T 262/03, ZInsO 2004, 756 (757); Jaeger/*Schilken* Rn. 29; MüKo-InsO/*Stephan* Rn. 33.
84 HK-InsO/*Kayser* Rn. 25; *Uhlenbruck* Rn. 16.

Erweiterung der Insolvenzmasse ist der Schuldner aber weder aus § 97 Abs. 2 verpflichtet noch trifft ihn – entsprechend § 295 Abs. 1 Nr. 1 – eine solche Obliegenheit. Allerdings kann der Insolvenzverwalter namentlich für den Fall einer längeren oder ständigen Mitarbeit mit dem Schuldner einen entsprechenden **Dienstvertrag** mit angemessener Vergütung abschließen.[85] Bei der **Eigenverwaltung** wird die Mitwirkungspflicht dagegen zur **Mitarbeitspflicht**, für die der Schuldner aus der Insolvenzmasse zu entlohnen ist (§ 278 Abs. 1).[86]

20 Unterstützungshandlungen sind etwa die **Herausgabe** von **Schlüsseln** oder das faktische Verschaffen des Zugangs zu Geschäftsräumen.[87] Unter § 97 Abs. 2 ist auch die **Herausgabe** von Unterlagen zu subsumieren, die nicht erst für die Durchführung des Insolvenzverfahrens erstellt werden, sondern schon zuvor vorhanden waren. Dazu zählen namentlich **Geschäftsunterlagen** wie Handelsbücher, Bilanzen und sonstige Unterlagen des Rechnungswesens, auf die sich § 97 Abs. 1 Satz 3 nicht bezieht und auf die ehemalige Organmitglieder und Angestellte i.d.R. keinen Zugriff mehr haben.

21 Von ganz besonderer Bedeutung ist die Pflicht des Schuldners, dem Insolvenzverwalter eine sog. **Auslandsvollmacht** zu erteilen, wenn ausländische Behörden das deutsche Insolvenzverfahren nicht ohne weiteres als solches anerkennen und Anhaltspunkte dafür bestehen, dass sich Vermögen in solchen Ländern befindet.[88] Dies gilt in Europa namentlich für die **Schweiz**, die den Auslandskonkurs nicht als solchen anerkennt, sondern einem (vereinfachten) Inlandskonkurs gleichstellt (Art. 170 IPRG).[89] Dasselbe muss gelten, soweit entsprechend dem UNCITRAL-Modellgesetz die förmliche Anerkennung des deutschen Insolvenzverfahrens verlangt wird. Dies gilt namentlich für die **USA** (11 U.S.C. §§ 1515 ff.). Verletzt der Schuldner diese Mitwirkungspflicht, macht er sich persönlich nach § 826 BGB haftbar.[90]

E. Bereitschafts- und Unterlassungspflicht (§ 97 Abs. 3)

22 Zur Durchsetzung der Pflichten aus § 97 Abs. 1 Satz 1, Abs. 2 trifft den Schuldner zum einen eine Bereitschaftspflicht, die aber wegen des damit verbundenen Grundrechtseingriffs vom Insolvenzgericht angeordnet werden muss (§ 97 Abs. 3 Satz 1). Dies wird i.d.R. geschehen, wenn der (vorläufige) Insolvenzverwalter begründete Zweifel hat, dass sich der Schuldner für Auskünfte oder Mitwirkungshandlungen bereithält. Dadurch kann insb. die Anwesenheit des Schuldners im Berichts- und im Prüfungstermin sichergestellt werden,[91] um die erforderlichen Informationen zeitnah zu erlangen. Die Anordnung nach § 97 Abs. 3 Satz 1 ergeht jedoch stets **von Amts wegen**,[92] so dass den Beteiligten und insb. dem (vorläufigen) Insolvenzverwalter kein förmliches Antragsrecht zusteht.

23 Die Norm ist damit wesentlich flexibler als das Aufenthaltsgebot in § 101 Abs. 1 KO, von dem der Richter im Einzelfall dispensieren konnte. Da die Anordnung darüber hinaus ort- und zeitbezogen einzuschränken ist,[93] wird dem Verhältnismäßigkeitsprinzip heute wesentlich besser Rechnung getragen.[94] Ist eine Anordnung nach § 97 Abs. 3 Satz 1 ergangen, kann der Schuldner trotzdem kür-

---

85 Jaeger/*Schilken* Rn. 29; Kübler/Prütting/Bork/*Lüke* Rn. 11; *Uhlenbruck* Rn. 19. Da der pfändbare Neuerwerb aber ebenfalls Teil der Masse ist (§ 35 Abs. 1), kann nur der pfändungsfreie Nettobetrag ausgezahlt werden.
86 *Uhlenbruck* Rn. 19.
87 MüKo-InsO/*Stephan* Rn. 31.
88 BGH 18.09.2003, IX ZB 75/03, ZIP 2003, 2123 (2124). Zur Verfassungskonformität dieser Pflicht vgl. schon BVerfG 06.06.1986, 1 BvR 574/86, ZIP 1986, 1336 (1337).
89 Zu Einzelheiten vgl. etwa *Hanisch* JZ 1988, 737 (739, 741); *Habscheid* KTS 1989, 253 (258 f.); *Kuhn* ZInsO 2010, 607 ff.
90 OLG Köln 28.11.1997, 20 U 60/97, ZIP 1998, 113 (114 f.); LG Köln 14.03.1997, 16 O 450/96, ZIP 1997, 989 (990).
91 Kübler/Prütting/Bork/*Pape/Schaltke* § 176 Rn. 9.
92 Jaeger/*Schilken* Rn. 35.
93 LG Göttingen 21.08.2000, 10 T 105/99, ZInsO 2001, 44 (45).
94 MüKo-InsO/*Stephan* Rn. 36.

zere Wochenend- oder Feiertagsausflüge unternehmen, solange der Zweck seiner Bereitschaftspflicht nicht vereitelt oder gefährdet wird.[95] Daher hat der Grundrechtseingriff nicht die Intensität wie etwa ein polizeiliches Aufenthaltsverbot (§ 27a Abs. 2 Satz 1 PolG BW) und tangiert nicht den Schutzbereich von Art. 11 Abs. 1 GG, sondern nur von Art. 2 Abs. 1 GG.[96]

Die Anordnung nach § 97 Abs. 3 Satz 1 obliegt im eröffneten Verfahren primär dem Rechtspfleger (§§ 3 Nr. 2 Buchst. e, 18 Abs. 1 Nr. 1 RPflG), weil damit keine Freiheitsentziehung angedroht oder angeordnet wird (§ 4 Abs. 2 Nr. 2 RPflG), kann aber stets vom Richter getroffen werden (§ 18 Abs. 2 RPflG). Hat der Rechtspfleger die Anordnung getroffen, ist die Erinnerung nach §§ 11 Abs. 2 RPflG, 567 ZPO gegeben,[97] ansonsten ist die Entscheidung unanfechtbar (§ 6 Abs. 1).[98] Ein Rechtsmittel ist erst gegeben, wenn das Gericht die dem Schuldner auferlegten Pflichten mit Zwangsmitteln durchzusetzen versucht,[99] was mit Blick auf die drohende Freiheitsentziehung (§ 98 Abs. 2) nicht unproblematisch erscheint.[100] 24

Schließlich hat der Schuldner die Pflicht, alles zu **unterlassen**, was der Erfüllung seiner Pflichten aus § 97 Abs. 1 Satz 1, Abs. 2, 3 Satz 2 zuwiderläuft. Dazu gehört, dass der Schuldner keine **Beweismittel** vernichtet oder manipuliert und keine **Massegegenstände** beiseite schafft. Darüber hinaus hat er alles zu unterlassen, was seine **Erreichbarkeit** im Verfahren erschwert.[101] 25

§ 98 Durchsetzung der Pflichten des Schuldners

(1) Wenn es zur Herbeiführung wahrheitsgemäßer Aussagen erforderlich erscheint, ordnet das Insolvenzgericht an, daß der Schuldner zu Protokoll an Eides Statt versichert, er habe die von ihm verlangte Auskunft nach bestem Wissen und Gewissen richtig und vollständig erteilt. Die §§ 478 bis 480, 483 der Zivilprozeßordnung gelten entsprechend.

(2) Das Gericht kann den Schuldner zwangsweise vorführen und nach Anhörung in Haft nehmen lassen,
1. wenn der Schuldner eine Auskunft oder die eidesstattliche Versicherung oder die Mitwirkung bei der Erfüllung der Aufgaben des Insolvenzverwalters verweigert;
2. wenn der Schuldner sich der Erfüllung seiner Auskunfts- und Mitwirkungspflichten entziehen will, insbesondere Anstalten zur Flucht trifft, oder
3. wenn dies zur Vermeidung von Handlungen des Schuldners, die der Erfüllung seiner Auskunfts- und Mitwirkungspflichten zuwiderlaufen, insbesondere zur Sicherung der Insolvenzmasse, erforderlich ist.

(3) Für die Anordnung von Haft gelten die § 802g Abs. 2, §§ 802h und § 802j Abs. 1 der Zivilprozeßordnung entsprechend. Der Haftbefehl ist von Amts wegen aufzuheben, sobald die Voraussetzungen für die Anordnung von Haft nicht mehr vorliegen. Gegen die Anordnung der Haft und gegen die Abweisung eines Antrags auf Aufhebung des Haftbefehls wegen Wegfalls seiner Voraussetzungen findet die sofortige Beschwerde statt.

Übersicht

		Rdn.			Rdn.
A.	Allgemeines	1	C.	Eidesstattliche Versicherung	5
B.	Anwendungsbereich	2	D.	Vorführung und Haft	10

---

[95] MüKo-InsO/*Stephan* Rn. 38.
[96] Zur schwierigen, aber wegen Art. 11 Abs. 2 GG unverzichtbaren Abgrenzung vgl. etwa Maunz/Dürig/*Durner* Art. 11 GG Rn. 77 ff.
[97] *Uhlenbruck* Rn. 24.
[98] Jaeger/*Schilken* Rn. 35.
[99] LG Göttingen 21.08.2000, 10 T 105/99, ZInsO 2001, 44 (45); MüKo-InsO/*Stephan* Rn. 36.
[100] MüKo-InsO/*Stephan* Rn. 36 in Fn. 4 halten das Rechtsschutzdefizit gleichwohl für »verfassungsrechtlich noch hinnehmbar.«
[101] MüKo-InsO/*Stephan* Rn. 40.

§ 98 InsO Durchsetzung der Pflichten des Schuldners

	Rdn.		Rdn.
I. Anordnungsgründe	11	III. Vorführung	14
II. Verhältnismäßigkeit	13	IV. Haft	15

A. Allgemeines

1 § 98 geht auf § 101 Abs. 2 KO zurück und fasst die Regelungen in §§ 11, 109 Abs. 2, 3, 111 Abs. 2 InsO-RegE zusammen.[1] Der heutige § 98 Abs. 3 Satz 1 beruht auf dem Vereinfachungsgesetz von 2007[2] und der Reform der Sachaufklärung in der Zwangsvollstreckung.[3] Die Norm bezweckt die Durchsetzung der Pflichten des Schuldners aus § 97. Die Pflicht zur Abgabe der eidesstattliche Versicherung nach § 98 Abs. 1 soll den Schuldner zu vollständigen und wahrheitsgemäßen Auskünften anhalten und sichert damit die Durchsetzung von § 97 Abs. 1. Die Vorführung und die Haft dienen dagegen der Durchsetzung des § 97. Dadurch soll erreicht werden, dass der Schuldner den Verfahrensablauf nicht behindert und ggf. aktiv mitwirkt.

B. Anwendungsbereich

2 § 98 gilt wie § 97 unmittelbar nur im eröffneten **Insolvenzverfahren**, aber qua Verweisung auch im **Eröffnungsverfahren** (§§ 20 Abs. 1 Satz 2, 22 Abs. 3 Satz 3) und zur Durchsetzung der Pflicht zur Abgabe der eidesstattlichen Versicherung für die vom Insolvenzverwalter erstellte **Vermögensübersicht** (§ 153 Abs. 2 Satz 2). Daher muss das Insolvenzgericht im Eröffnungsverfahren, das vom Amtsermittlungsgrundsatz beherrscht wird (§ 5), die Auskunfts- und Mitwirkungspflichten des Schuldners mit den Mitteln des § 98 durchzusetzen versuchen, bevor es einen Eröffnungsantrag mangels Eröffnungsgrund zurückweist oder ihn mangels Masse abweist.[4] Bei unsubstantiierten Eigenanträgen sind Zwangsmaßnahmen jedoch unverhältnismäßig.[5]

3 In **Verbraucherinsolvenz**- und sonstigen Kleinverfahren (ab 01.07.2014 nur noch: Verbraucherinsolvenzverfahren) darf während des **Ruhens des Eröffnungsverfahrens** über den Eigenantrag des Schuldners (§ 306 Abs. 1, Abs. 3 Satz 2) keine Zwangsmaßnahme nach § 98 angeordnet werden,[6] obwohl die Auskunfts- und Mitwirkungspflichten in dieser Zeit nicht suspendiert sind (vgl. § 97 Rdn. 4). Schließlich verweist § 21 Abs. 3 Satz 3 im Kontext der Sicherungsmaßnahmen gegen den Schuldner persönlich auf § 98 Abs. 3. Die Zwangsmaßnahmen können auch gegen die gegenwärtigen und ehemaligen **Mitglieder des Vertretungsorgans** verhängt werden, wenn der Schuldner keine natürliche Person ist (§ 101 Abs. 1 Satz 1, 2).

4 Keine Anwendung findet § 98 im **Restschuldbefreiungsverfahren**, das keine Mitwirkungspflichten i.S.v. § 97, sondern nur Obliegenheiten nach § 295 Abs. 1 Nr. 3 kennt (vgl. § 97 Rdn. 4). Allerdings kann die Verletzung der Mitwirkungspflichten i.S.v. § 97 im Insolvenzverfahren über § 98 hinaus zur **Versagung** der Restschuldbefreiung nach § 290 Abs. 1 Nr. 5 führen, ohne dass es dafür einer konkreten Beeinträchtigung der Befriedigungsaussichten der Gläubiger bedarf (§ 290 Rdn. 77).[7] Auch gegen den **Insolvenzverwalter** darf nicht nach § 98 Abs. 2 vorgegangen werden, weil § 58 Abs. 2 die Sanktionen abschließend statuiert hat.[8]

---

[1] Vgl. BT-Drucks. 12/2443, 25 f., 142; BT-Drucks. 12/7302, 39 f. (166).
[2] Art. 1 Nr. 15 des Gesetzes v. 13.04.2007, BGBl. I, 509.
[3] Art. 4 Abs. 4 Nr. 2 des Gesetzes v. 29.07.2009, BGBl. I, 2258.
[4] LG Cottbus 16.10.2009, 7 T 121/08, ZInsO 2010, 962 (963); LG Arnsberg 12.06.2002, 6 T 212/02, ZInsO 2002, 680 (dort fehlerhafte Datumsangabe: 07.05.2002); AG Köln 06.07.2001, 19 T 103/01, ZInsO 2001, 1017 (1018).
[5] So auch LG Potsdam 30.05.2002, 5 T 124/02, NZI 2002, 555 f.; AG Dresden 13.02.2002, 530 IN 2190/01, ZIP 2002, 862 f.; AG Göttingen 06.12.2002, 74 IN 337/02, ZVI 2003, 28; insoweit a.A. AG Köln 06.07.2001, 19 T 103/01, ZInsO 2001, 1017 (1018).
[6] So auch Jaeger/*Schilken* Rn. 5; MüKo-InsO/*Stephan* Rn. 39; HK-InsO/*Kayser* Rn. 2.
[7] BGH 08.01.2009, IX ZB 73/08, NJW-RR 2009, 706 Rn. 10.
[8] BGH 17.12.2009, IX ZB 175/08, ZIP 2010, 190 Rn. 6; a.A. *Foltis* ZInsO 2010, 545 (554).

C. Eidesstattliche Versicherung

Die eidesstattliche Versicherung hat im Insolvenzverfahren einen anderen Zweck als in der Einzelzwangsvollstreckung (§ 803c Abs. 3 ZPO a.F.). Dort muss der Schuldner seit der Reform der Sachaufklärung selbst eine Vermögensauskunft erteilen (§ 802c ZPO). Im Insolvenzverfahren obliegt diese Aufgabe jedoch dem Insolvenzverwalter (§ 153 Abs. 1). Dies ist zugleich der Grund dafür, dass die eidesstattliche Versicherung im Einzelzwangsvollstreckungsrecht integraler Bestandteil der Auskunft des Schuldners ist (§ 802c Abs. 3 ZPO), während sie im Insolvenzrecht sowohl bei den Auskünften nach § 97 Abs. 1 als auch beim Vermögensverzeichnis des Insolvenzverwalters unter dem Vorbehalt der Erforderlichkeit steht (§§ 98 Abs. 1 Satz 1, 153 Abs. 2 Satz 2; vgl. Rdn. 7). 5

Abweichend von § 153 Abs. 2 Satz 1 enthält § 98 Abs. 1 Satz 1 kein Antragserfordernis, aber abweichend von § 69 Abs. 2 Satz 1 VglO, der dem Reformgesetzgeber als Vorbild gedient hat,[9] auch keine ausdrückliche Regelung zur amtswegigen Anordnung der eidesstattlichen Versicherung. Richtigerweise ist daher davon auszugehen, dass die Anordnung **von Amts wegen** getroffen werden kann. Darüber hinaus muss aber allen **Auskunftsberechtigten** und namentlich dem (vorläufigen) Insolvenzverwalter ein echtes **Antragsrecht** zustehen, damit im eröffneten Verfahren gegen die Entscheidung des grds. zuständigen Rechtspflegers (§§ 3 Nr. 2 Buchst. e, 18 RPflG) die Erinnerung nach § 11 Abs. 2 RPflG gegeben ist.[10] Anträge einzelner **Insolvenzgläubiger**, denen kein Auskunftsrecht nach § 97 zusteht (vgl. § 97 Rdn. 5), sind dagegen als bloße **Anregung** zu verstehen.[11] 6

Nach § 97 Abs. 1 Satz 1 muss die eidesstattliche Versicherung zur Herbeiführung wahrheitsgemäßer Aussagen **erforderlich** erscheinen. Nach richtiger Ansicht genügt daher nicht allein die Bedeutung der Auskunft des Schuldners für das weitere Verfahren.[12] Erforderlich ist vielmehr, dass **Anhaltspunkte** für die **Unrichtigkeit** oder **Unvollständigkeit** der Auskunft bestehen.[13] Dafür spricht nicht nur der Gesetzestext, der auf die Erforderlichkeit »zur Herbeiführung wahrheitsgemäßer Aussagen« abstellt, sondern auch die Systematik, weil § 98 Abs. 1 Satz 1 qua Verweisung auch für das vom Insolvenzverwalter erstellte Vermögensverzeichnis gilt (Rdn. 2), das für den weiteren Verfahrensgang von zentraler Bedeutung ist. Der von der Gegenansicht ins Feld geführte Vergleich mit § 807 ZPO[14] ist dagegen – wie bereits dargelegt (Rdn. 5) – nicht tragfähig.[15] 7

Die Anordnung erfolgt durch **Beschluss**, der die vom Schuldner verlangte und erteilte Auskunft genau zu bezeichnen hat und unabhängig von der Anfechtbarkeit zu **begründen** ist.[16] Die Anordnung ist ggf. auf die Teile der Auskünfte zu beschränken, für die die Voraussetzung für die eidesstattliche Versicherungen vorliegen (Rdn. 7).[17] Der Beschluss ist nach dem Enumerationsprinzip (§ 6 Abs. 1) **unanfechtbar**, wenn der **Richter** entschieden hat (§ 18 Abs. 1 Nr. 1, Abs. 2 RPflG). Gegen die Entscheidung des **Rechtspflegers** (im eröffneten Verfahren) ist dagegen die **Erinnerung** statthaft, über die der Insolvenzrichter zu entscheiden hat (§ 11 Abs. 2 RPflG).[18] Nach hiesiger Auffassung gilt dies auch, wenn ein Antrag eines Auskunftsberechtigten i.S.v. § 97 Abs. 1 Satz 1 zurückgewiesen worden ist (Rdn. 6). Der Beschluss des Rechtspflegers ist daher dem Schuldner bzw. dem Antragsteller **zuzustellen** (§ 4 i.V.m. § 329 Abs. 2 Satz 2 ZPO). Mit Blick auf das weitere Verfahren ist aber auch 8

---

9 BT-Drucks. 12/2443, 142 zu § 109 Abs. 2 InsO-RegE.
10 So auch Jaeger/*Schilkens* Rn. 7; a.A. HK-InsO/*Kayser* Rn. 6.
11 Das BT-Drucks. 12/2443, 142 insoweit von **Anträgen** der Gläubiger spricht, ist daher untechnisch zu verstehen.
12 So aber HK-InsO/*Kayser* Rn. 5; MüKo-InsO/*Stephan* Rn. 11; FK-InsO/*App* Rn. 5; Graf-Schlicker/*Voß* Rn. 2.
13 So auch AG Wetzlar 03.11.2008, 3 IN 101/04, NZI 2009, 324 (325); Jaeger/*Schilken* Rn. 8; *Uhlenbruck* Rn. 3; Kübler/Prütting/Bork/*Lüke* Rn. 3; BK-InsO/*Blersch/v. Olshausen* Rn. 3.
14 HK-InsO/*Kayser* Rn. 5.
15 So zutr. auch Jaeger/*Schilken* Rn. 8.
16 So auch Stein/Jonas/*Roth* § 329 ZPO Rn. 14; MüKo-ZPO/*Musielak* § 329 Rn. 4.
17 Jaeger/*Schilken* Rn. 12; Kübler/Prütting/Bork/*Lüke* Rn. 4.
18 Vgl. BT-Drucks. 12/2443, 110.

der richterliche Beschluss, durch den die eidesstattliche Versicherung angeordnet wird, dem Schuldner zuzustellen, wenn darin der Termin zur Abgabe der eidesstattlichen Versicherung bestimmt wird (§ 4 i.V.m. § 329 Abs. 2 Satz 2 ZPO).

9 Für die Abgabe der eidesstattlichen Versicherung gelten im Wesentlichen die zivilprozessualen **Regelungen** über die **Abnahme von Eiden** entsprechend (§ 98 Abs. 1 Satz 2). Die eidesstattliche Versicherung muss daher **persönlich** abgegeben werden (§ 478 ZPO), was – mit Blick auf § 97 Abs. 3 Satz 1 ausnahmsweise[19] – auch vor einem **ersuchten Richter** (§ 479 ZPO) oder durch **Videokonferenz** (§ 4 i.V.m. § 128a ZPO) geschehen kann. Der Schuldner ist über die Bedeutung und namentlich die Strafbarkeit der (vorsätzlich oder fahrlässig) falschen Versicherung an Eides statt (§§ 156, 161 StGB) zu **belehren** (§ 480 ZPO). Ist der Schuldner hör- oder sprachbehindert, gilt § 483 ZPO entsprechend. Ausgenommen sind dagegen zum einen die Regelungen zur **Eidesformel** (§ 481 ZPO), die sich unmittelbar aus § 98 Abs. 1 Satz 1 ergibt. Zum anderen wird nicht auf die Regelungen zur **eidesgleichen Bekräftigung** in § 484 ZPO verwiesen, über die daher nach § 480 auch nicht zu belehren ist. Begründet wird dies damit, dass die eidesstattliche Versicherung nicht aus weltanschaulichen Gründen verweigert werden dürfe.[20] Dies dürfte mit Art. 4 Abs. 1 GG schwerlich zu vereinbaren sein, wenn sich der Schuldner überzeugend auf Matthäus 5, 34 – 37[21] beruft.[22]

D. Vorführung und Haft

10 § 98 Abs. 2 regelt die Zwangsmittel, wenn der Schuldner seinen Pflichten aus § 97 oder einer Anordnung nach § 98 Abs. 1 Satz 1 nicht nachkommt. Ausdrücklich genannt sind dort die zwangsweise **Vorführung** und die **Haft**. Die Haft ist entweder Beugemittel wie in §§ 390 Abs. 2, 888, 890, 901 ZPO oder Sicherungsmittel wie in §§ 918, 933 ZPO, hat aber keinen Strafcharakter. Dagegen kommen Maßnahmen hinsichtlich des **Reisepasses** nicht in Betracht, weil die Generalklausel in § 21 Abs. 1, die den Entzug von Reisepapieren decken soll (vgl. § 21 Rdn. 64),[23] nur im Eröffnungsverfahren einschlägig ist.[24] Für die **Passentziehung** (§ 8 PaßG) durch die zuständige Passbehörde (§ 19 PaßG) fehlt es dagegen an der Ermächtigungsgrundlage (§ 7 Abs. 1 PaßG). Allerdings kann es im Rahmen der Verhältnismäßigkeit (Rdn. 13) geboten sein, dem Schuldner zu gestatten, freiheitseinschränkende oder -entziehende Maßnahmen durch Hinterlegung des Passes abzuwenden.[25] Das Insolvenzgericht kann die **Zwangsmittel** stets **von Amts wegen** anordnen. Mit Blick auf das **Antragsrecht** gilt dasselbe wie bei § 98 Abs. 1 (vgl. Rdn. 6).

I. Anordnungsgründe

11 § 98 Abs. 2 Nr. 1 regelt den Fall, dass der Schuldner seine Pflichten aus §§ 97 Abs. 1, Abs. 2, 98 Abs. 1 Satz 1 verletzt. Dabei ist zwischen der **Verweigerung der Auskunft** (Var. 1), der **Verweigerung der eidesstattlichen Versicherung** (Var. 2) und der **Verweigerung der Mitwirkung** (Var. 3) zu unterscheiden. Die Auskunft wird verweigert, wenn der Schuldner sie gar nicht oder nur unvollständig erteilt. Der ausdrücklichen Weigerung steht die **Säumnis** gleich, wenn der Schuldner über einen längeren Zeitraum den Aufforderungen des Gerichts zur Auskunftserteilung nicht nachkommt.[26] Die Verweigerung der eidesstattlichen Versicherung kann auch darin liegen, dass der ordnungsgemäß ge-

---

19 Vgl. Jaeger/*Schilken* Rn. 13.
20 So Jaeger/*Schilken* Rn. 13.
21 Nach der Übersetzung Martin Luthers in der revidierten Fassung von 1984: »[34]Ich aber sage euch, dass ihr überhaupt nicht schwören sollt, ... [37]Eure Rede aber sei: Ja, ja; nein, nein. Was darüber ist, das ist vom Übel.«
22 Im Fall LG Berlin 06.12.1973, 81 T 510/73, Rpfleger 1974, 123, auf den sich Jaeger/*Schilken* Rn. 13 in Fn. 35 beruft, fehlte es nur an der richterlichen Überzeugung.
23 So Jaeger/*Gerhardt* § 21 Rn. 78.
24 So auch Jaeger/*Schilken* Rn. 24; HK-InsO/*Kayser* Rn. 23; a.A. MüKo-InsO/*Stephan* Rn. 23; *Hess* Insolvenzrecht Rn. 284u.
25 So auch Jaeger/*Schilken* Rn. 29; HK-InsO/*Kayser* Rn. 23.
26 LG Göttingen 10.01.2003, 10 T 4/03, NZI 2003, 383 (384); MüKo-InsO/*Stephan* Rn. 16.

ladene Schuldner im Termin zur Abgabe der eidesstattlichen Versicherung **nicht erscheint**. Bei Anordnung durch den Rechtspfleger ist eine ausdrückliche oder konkludente Verweigerung aber als Erinnerung i.S.v. § 11 Abs. 2 RPflG zu werten und rechtfertigt daher vor der Entscheidung des Richters keine Zwangsmittel.[27] Eine Verweigerung der Mitwirkung liegt vor, wenn der Schuldner sich trotz Aufforderung zu konkreten Handlungen untätig verhält oder sich nicht an eine Anordnung nach § 97 Abs. 3 Satz 1 hält.[28] Dies gilt namentlich, wenn der Schuldner eine **Auslandsvollmacht** (§ 97 Rdn. 21) nach der lex rei sitae wirksam **widerruft**.[29]

§ 98 Abs. 2 Nr. 2 knüpft an die Bereitschaftspflicht des Schuldners aus § 97 Abs. 3 Satz 1 an und bedarf daher einer konkreten und zeitbezogenen Bereitschaftsanordnung. Erforderlich sind Handlungen des Schuldners, die der Bereitschaftsanordnung zuwiderlaufen und den Willen zur Entziehung dokumentieren. Objektive Indizien für eine beabsichtigte Entziehung sind etwa die Aufgabe der einzigen Wohnung oder die Buchung einer Auslandsreise.[30] § 98 Abs. 2 Nr. 3 knüpft dagegen an die Unterlassungspflicht aus § 97 Abs. 3 Satz 2 an.[31]   12

II. Verhältnismäßigkeit

Wie bei jedem hoheitlichen Grundrechtseingriff ist auch bei den Zwangsmitteln nach § 98 Abs. 2 der Grundsatz der **Verhältnismäßigkeit** zu wahren. Da sich dies bereits aus übergeordnetem Verfassungsrecht ergibt, konnte die ausdrückliche Aufnahme des Verhältnismäßigkeitsgrundsatzes bei der Haft in § 11 Satz 2 InsO-RegE[32] im Gesetzgebungsverfahren im Zuge der gewünschten redaktionellen Straffung des Entwurfs[33] gestrichen werden. Aus dem Grundsatz der Verhältnismäßigkeit folgt, dass die Vorführung grds. Vorrang vor der Haftanordnung hat und nur unterbleiben kann, wenn die Maßnahme von vornherein aussichtslos erscheint.[34] Dies ist der Fall, wenn der Schuldner bei seiner persönlichen Anhörung trotz Hinweis auf die mögliche Beugehaft Auskünfte verweigert hat und diese auch nicht schriftlich gegenüber dem Insolvenzverwalter erteilt hat.[35] Ansonsten kommt die Haftanordnung erst in Betracht, wenn die Vorführung keinen Erfolg gehabt hat.[36] Andererseits ist es mit dem klassischen Verständnis dieses Grundsatzes vereinbar, dass ein milderes Mittel nur angewandt werden darf, solange es zur Erreichung des verfolgten Zwecks ausreicht.[37]   13

III. Vorführung

Die Anordnung der Vorführung bleibt auch bei Einschaltung eines ersuchten Richters stets dem **Insolvenzgericht** vorbehalten.[38] Sie ergeht **ohne** vorherige **Anhörung**[39] und ist wegen ihres freiheitsentziehenden Charakters dem Richter vorbehalten (§ 4 Abs. 2 Nr. 2 RPflG). Der Beschluss ist **zuzustellen**, um dem Schuldner die Möglichkeit zu geben, seinen Pflichten nachzukommen und damit die Vorführung abzuwenden.[40] Gleichwohl ist es rechtspolitisch bedenklich[41] und verfassungsrecht-   14

---

27 Jaeger/*Schilken* Rn. 20; HK-InsO/*Kayser* Rn. 14.
28 Jaeger/*Schilken* Rn. 21; MüKo-InsO/*Stephan* Rn. 18.
29 LG Memmingen 20.01.1983, 4 T 1971/81, ZIP 1983, 204 (205); MüKo-InsO/*Stephan* Rn. 18.
30 Jaeger/*Schilken* Rn. 22.
31 Jaeger/*Schilken* Rn. 23; MüKo-InsO/*Stephan* Rn. 21.
32 BT-Drucks. 12/2443, 11.
33 BT-Drucks. 12/7302, 155 (166).
34 Jaeger/*Schilken* Rn. 24; FK-InsO/*App* Rn. 7; Kübler/Prütting/Bork/*Lüke* Rn. 8; MüKo-InsO/*Stephan* Rn. 23; HK-InsO/*Kayser* Rn. 22.
35 OLG Celle 10.01.2001, 2 W 1/01, NZI 2001, 149 (150); vgl. auch OLG Celle 23.01.2002, 2 W 135/01, NZI 2002, 271 f.
36 OLG Naumburg, 24.08.2000, 5 W 98/00, NZI 2000, 594 (595).
37 BGH 23.10.2003, IX ZB 159/03, NJW-RR 2004, 339 (340).
38 OLG Köln 06.09.1999, 2 W 163/99, NZI 1999, 459 (460).
39 Jaeger/*Schilken* Rn. 25; Kübler/Prütting/Bork/*Lüke* Rn. 6.
40 MüKo-InsO/*Stephan* Rn. 34.
41 So schon *Prütting* NZI 2000, 145 (146).

lich (Art. 19 Abs. 4, 104 GG) zweifelhaft,[42] dass gegen den Beschluss – anders als beim säumigen Zeugen (§ 380 Abs. 2 ZPO) und bei der Haftanordnung (§ 98 Abs. 3 Satz 3) – **kein Rechtsmittel** vorgesehen ist. Da auch bei der Vorführung des Schuldners aus seiner Wohnung **keine Durchsuchung** i.S.v. Art. 13 Abs. 2 GG erfolgt, bedarf es keiner Anordnung nach § 758a Abs. 1 ZPO.[43]

IV. Haft

15 Im Gegensatz zu § 802g Abs. 1 Satz 1 ZPO, der die Anordnung der Haft durch den Erlass des Haftbefehls ersetzt hat,[44] unterscheidet § 98 Abs. 2, 3 noch zwischen der Haftanordnung als richterlichem Beschluss und dem Haftbefehl als Ausfertigung des Anordnungsbeschlusses zum Zwecke der Vollstreckung.[45] Dabei sind im anordnenden Teil die Auskunfts- oder Mitwirkungspflichten so genau zu bezeichnen, dass der Schuldner ohne weiteres erkennen kann, durch welche Handlungen er seinen Pflichten genügen und damit die Inhaftierung vermeiden kann.[46]

16 Vor dem Erlass ist der Schuldner – mündlich oder schriftlich – **anzuhören** (§ 98 Abs. 2), wenn sich aus § 10 Abs. 1 nichts anderes ergibt. Dafür genügt es, wenn das Gericht bei der Anordnung der Zwangsvorführung schriftlich auf die Möglichkeit der Haftanordnung hinweist.[47] Eine unverzügliche Nachholung der Anhörung wie bei § 99 Abs. 1 Satz 3 ist nicht möglich.[48] Der Beschluss muss i.E. begründet[49] und mit Blick auf § 98 Abs. 3 Satz 3 dem Schuldner **zugestellt** werden (§ 4 i.V.m. § 329 Abs. 2 Satz 2 ZPO). Hinreichend ist aber auch die Zustellung des Haftbefehls bei oder nach Verhaftung.[50] Allein die Übergabe einer beglaubigten Abschrift nach § 98 Abs. 3 Satz 1 i.V.m. § 802g Abs. 2 Satz 2 ZPO ersetzt die Zustellung dagegen nicht,[51] weil damit die Beschwerdefrist nicht zu laufen beginnt (§ 6 Abs. 2).

17 Die Haft kann auch angeordnet werden, wenn sich der **Schuldner** bereits in **Untersuchungshaft** befindet, weil die Freiheitsentziehung nach § 98 Abs. 2 Vorrang genießt (§ 116b Satz 2 StPO) und keine Anrechnung nach § 51 Abs. 1 Satz 1 StGB erfolgt. Befindet sich der Schuldner im **Strafvollzug**, ist Überhaft zu notieren.[52] Eine Unterbrechung der Strafhaft zur Vollstreckung einer Erzwingungshaft ist dagegen nicht vorgesehen.[53]

18 Im Übrigen verweist § 98 Abs. 3 Satz 1 für die Vollstreckung der Anordnung auf die seit 1. Januar 2013 verschlankten **zivilprozessualen Regelungen** (§§ 802g Abs. 2, 802h, 802j Abs. 1 ZPO).[54] Danach ist – schon aus verfassungsrechtlichen Gründen (Art. 2 Abs. 2 Satz 1 GG) – bei drohenden erheblichen Gesundheitsgefahren Haftaufschub zu gewähren (§ 802h Abs. 2 ZPO). Diese Frage prüft der Gerichtsvollzieher nach eigenem Kenntnisstand.[55] Gegen seine Entscheidung ist die Erinnerung statthaft (§ 766 ZPO), über die entsprechend § 89 Abs. 3 Satz 1 das Insolvenzgericht entscheidet.[56]

---

42 Vgl. Jaeger/*Schilken* Rn. 26.
43 Jaeger/*Schilken* Rn. 25; FK-InsO/*App* Rn. 8.
44 BT-Drucks. 13/341, 48.
45 Jaeger/*Schilken* Rn. 28; MüKo-InsO/*Stephan* Rn. 25, der de lege ferenda für eine Anpassung plädiert.
46 BGH 17.02.2005, IX ZB 62/04, BGHZ 162, 187 (195 f.).
47 Jaeger/*Schilken* Rn. 28; MüKo-InsO/*Stephan* Rn. 22; FK-InsO/*App* Rn. 9.
48 Jaeger/*Schilken* Rn. 28; MüKo-InsO/*Stephan* Rn. 22; Kübler/Prütting/Bork/*Lüke* Rn. 8; FK-InsO/*App* Rn. 7.
49 BGH 17.02.2005, IX ZB 62/04, BGHZ 162, 187 (197).
50 Jaeger/*Schilken* Rn. 28.
51 MüKo-ZPO/*Eickmann* § 909 ZPO Rn. 7.
52 MüKo-InsO/*Stephan* Rn. 24.
53 OLG München 31.07.2008, 4 VAs 17/08, NJW-RR 2008, 1743 (1744) zu § 901 ZPO.
54 Zur ersatzlosen Aufhebung der §§ 904, 905, 910 ZPO a.F. vgl. BT-Drucks. 16/10069, S. 28. Zu den dortigen Regeln vgl. in der Vorauflage Rn. 18, 20.
55 Jaeger/*Schilken* Rn. 29; MüKo-InsO/*Stephan* Rn. 25.
56 So auch MüKo-InsO/*Stephan* Rn. 25; für § 764 ZPO dagegen Jaeger/*Schilken* § 98 Rn. 29; *Uhlenbruck* Rn. 20.

Der Haftanordnung steht die Haftunfähigkeit dagegen nicht entgegen.[57] Die Verhaftung selbst erfolgt durch den **Gerichtsvollzieher** (§ 802g Abs. 2 Satz 1 ZPO), der bei Widerstand zur Anwendung von Gewalt befugt ist und die Unterstützung der polizeilichen Vollzugsorgane nachsuchen kann (§ 758 Abs. 3).[58] Die Einzelheiten der Verhaftung ergeben sich aus § 187 GVGA. Die Verhaftung ist unzulässig, wenn seit ihrer Anordnung drei Jahre verstrichen sind (§ 802h Abs. 1 ZPO). Die **Dauer der Haft** darf sechs Monate nicht übersteigen (§ 802j Abs. 1 ZPO).

Wie die Vorführung stellt auch die Verhaftung in der **Wohnung** des Schuldners keine Durchsuchung i.S.v. § 758a Abs. 1 ZPO dar (vgl. Rdn. 14). Dagegen erfasst der Haftbefehl nicht das Recht, die Wohnung eines Dritten zu betreten, das dem Gerichtsvollzieher auch nicht durch einen richterlichen Beschluss erteilt werden kann.[59] Die Verhaftung in der Wohnung zur **Nachtzeit** oder an **Sonn-** und **Feiertagen** erfordert dagegen einen Beschluss nach § 758a Abs. 4 ZPO.[60]

19

Die Haft ist von Amts wegen aufzuheben, sobald die Voraussetzungen für die Anordnung der Haft nicht mehr vorliegen (§ 98 Abs. 3 Satz 2). Das Gericht hat jederzeit zu prüfen, ob die Voraussetzungen der Haft noch vorliegen und die Haft noch verhältnismäßig ist, insb. wenn der Schuldner seiner Auskunftspflicht teilweise nachkommt.[61] Erweist sich die Haftanordnung hinsichtlich einzelner Pflichten als unbegründet, weil diese von vornherein nicht bestanden oder sich zwischenzeitlich erledigt haben, hat das Beschwerdegericht den Haftbefehl auch dann teilweise abzuändern, wenn die Anordnung der Haft im Ergebnis weiterhin berechtigt ist.[62]

20

Dem Schuldner steht gegen die Anordnung der Haft die **sofortige Beschwerde** nach § 6 zu (§ 98 Abs. 3 Satz 3). Dasselbe gilt für die Abweisung eines Antrags auf Aufhebung des Haftbefehls wegen Wegfalls seiner Voraussetzungen, nicht aber für die bloße Androhung der Haft.[63] Dagegen steht dem Insolvenzverwalter oder einem anderen Beteiligten kein Beschwerderecht gegen die Ablehnung oder Aufhebung des Haftbefehls zu.[64] Der Schuldner kann die sofortige Beschwerde sowohl beim Insolvenzgericht als auch beim übergeordneten Landgericht als Beschwerdegericht einlegen (§ 569 Abs. 1 Satz 1 ZPO). Einerseits wird durch den direkten Gang zum Landgericht die Chance auf Abhilfe durch den iudex a quo (§ 572 Abs. 1 ZPO) vertan. Andererseits eröffnet die Einlegung beim iudex ad quem den direkten Weg zum einstweiligen Rechtsschutz (§ 570 Abs. 3 ZPO), weil die sofortige Beschwerde entgegen dem unglücklich formulierten Gesetzestext von § 570 Abs. 1 ZPO keine aufschiebende Wirkung hat.[65]

21

Die durch Vorführung oder Verhaftung des Schuldners entstandenen Kosten sind **Massekosten** i.S.v. § 54 Nr. 1.

22

§ 99 Postsperre

(1) Soweit dies erforderlich erscheint, um für die Gläubiger nachteilige Rechtshandlungen des Schuldners aufzuklären oder zu verhindern, ordnet das Insolvenzgericht auf Antrag des Insolvenzverwalters oder von Amts wegen durch begründeten Beschluß an, dass die in dem Beschluss be-

---

57 LG Köln 17.02.2004, 19 T 262/03, ZInsO 2004, 756.
58 Vgl. § 189 GVGA.
59 LG Göttingen 21.11.2005, 10 T 148/05, ZInsO 2005, 1280; MüKo-InsO/*Stephan* Rn. 26; Kübler/Prütting/Bork/*Lüke* Rn. 9.
60 Jaeger/*Schilken* Rn. 29; MüKo-InsO/*Stephan* Rn. 26.
61 Jaeger/*Schilken* Rn. 31; MüKo-InsO/*Stephan* Rn. 28; HK-InsO/*Kayser* Rn. 27.
62 BGH 17.02.2005, IX ZB 62/04, BGHZ 162, 187 (195 f.).
63 LG Hamburg 01.07.1999, 326 T 112/99, NZI 2000, 236.
64 Jaeger/*Schilken* Rn. 33; MüKo-InsO/*Stephan* Rn. 31 mit Kritik de lege ferenda. Der Verweis auf eine angeblich abweichende Regelung in § 11 InsO-RegE ist unzutreffend. Vgl. BT-Drucks. 12/2443, 13 (111).
65 So überzeugend LG Göttingen 17.12.2004, 10 T 133/04, NZI 2005, 339; MüKo-ZPO/*Lipp* § 570 Rn. 2; zu §§ 888, 890 auch OLG Köln 07.01.2003, 25 WF 209/02, NJW-RR 2004, 716 (717); a.A. *Ahrens* NZI 2005, 299 (302 f.).

§ 99 InsO Postsperre

zeichneten Unternehmen bestimmte oder alle Postsendungen für den Schuldner dem Verwalter zuzuleiten haben. Die Anordnung ergeht nach Anhörung des Schuldners, sofern dadurch nicht wegen besonderer Umstände des Einzelfalls der Zweck der Anordnung gefährdet wird. Unterbleibt die vorherige Anhörung des Schuldners, so ist dies in dem Beschluß gesondert zu begründen und die Anhörung unverzüglich nachzuholen.

(2) Der Verwalter ist berechtigt, die ihm zugeleiteten Sendungen zu öffnen. Sendungen, deren Inhalt nicht die Insolvenzmasse betrifft, sind dem Schuldner unverzüglich zuzuleiten. Die übrigen Sendungen kann der Schuldner einsehen.

(3) Gegen die Anordnung der Postsperre steht dem Schuldner die sofortige Beschwerde zu. Das Gericht hat die Anordnung nach Anhörung des Verwalters aufzuheben, soweit ihre Voraussetzungen fortfallen.

Übersicht	Rdn.		Rdn.
A. Allgemeines	1	D. Verfahren	9
B. Anwendungsbereich	3	E. Rechtsmittel und Aufhebung der Postsperre	16
C. Voraussetzungen für die Anordnung der (vorläufigen) Postsperre	6	F. Kosten des Postunternehmens	20

A. Allgemeines

1 § 99 übernimmt § 121 KO und geht auf § 112 InsO-RegE zurück.[1] Der heutige § 99 Abs. 1 Satz 1[2], der schon durch die Verwendung der alten und der neuen Rechtschreibung in einem Satz aus dem Rahmen fällt, ist der Liberalisierung des Postdienstleistungsmarktes (§ 51 Abs. 1 PostG) geschuldet.[3] Die Anordnung der Postsperre, für die § 99 die Ermächtigungsgrundlage schafft, dient der Sicherung und Feststellung der Insolvenzmasse, indem **Informationen** über das Vermögen des Schuldners sowie anfechtbare Rechtshandlungen **erlangt** und potentiell masseschädigende Handlungen des Schuldners aufgedeckt werden.[4] Die Postsperre ergänzt damit § 97 Abs. 2.

2 Der damit verbundene Grundrechtseingriff (vgl. § 102) ist selbst beim Öffnen der **Verteidigerpost** (§ 99 Abs. 2 Satz 1) **verfassungsgemäß**.[5] Dem Informationsinteresse des Schuldners wird dagegen durch sein Einsichtsrecht (§ 99 Abs. 2 Satz 3) Rechnung getragen. Mögliche Geheimhaltungsinteressen der Absender stehen auch bei Berufsträgern i.S.v. § 203 Abs. 1 StGB der Anordnung der Postsperre nicht entgegen,[6] weil auch Berufsträger verpflichtet sind, dem Insolvenzverwalter die für die Durchsetzung ihrer Honorarforderungen erforderlichen Mandantendaten mitzuteilen (vgl. § 97 Rdn. 12).

B. Anwendungsbereich

3 § 99 gilt wie §§ 97, 98 unmittelbar nur im eröffneten **Insolvenzverfahren**, aber, wie kurz vor Inkrafttreten der InsO wegen der Schwere des Grundrechtseingriffs ausdrücklich klargestellt,[7] qua Verweisung auch für die vorläufige Postsperre im **Eröffnungsverfahren** (§ 21 Abs. 2 Nr. 4[8]). Dies ent-

---

1 Vgl. BT-Drucks. 12/2443, 25, 142; BT-Drucks. 12/7302, 40 (166).
2 IdF von Art. 1 Nr. 16 des Gesetzes v. 13.04.2007, BGBl. I, 509.
3 BT-Drucks. 16/3227, 19.
4 Jaeger/*Schilken* Rn. 3; HK-InsO/*Kayser* Rn. 1; Kübler/Prütting/Bork/*Lüke* Rn. 2; MüKo-InsO/*Stephan* Rn. 1, 6.
5 BVerfG 06.11.2000, 1 BvR 1746/00, NJW 2001, 745; zuvor allgemein BVerfG 06.06.1986, 1 BvR 574/86, ZIP 1986, 1336 (1337).
6 OLG Bremen 01.04.1992, 2 W 22/92, NJW 1993, 798 (800); Jaeger/*Schilken* Rn. 8; a.A. FK-InsO/*App* Rn. 12.
7 Vgl. BT-Drucks. 14/120, 12.
8 IdF von Art. 2 Nr. 1 Buchst. c EGInsOÄndG v. 19.12.1998, BGBl. I, 3836.

spricht der früheren Rechtslage, weil es für zulässig erachtet worden war, eine Postsperre während der Sequestration allein auf die Generalklausel in § 106 Abs. 1 Satz 2 KO zu stützen.[9] Die »Klarstellung« war mit Blick auf das im Volkszählungsurteil fortentwickelte Gebot der Normenbestimmtheit und Normenklarheit,[10] das auch für die Ermächtigungsgrundlage i.S.v. Art. 10 Abs. 2 Satz 1 GG gilt,[11] verfassungsrechtlich geboten. Die vorläufige Postsperre im Eröffnungsverfahren steht der Postsperre im eröffneten Verfahren gleich und bedeutet nicht, dass der vorläufige Insolvenzverwalter die Post nur gemeinsam mit dem Schuldner öffnen darf.[12]

Wie §§ 97, 98 gilt § 99 unmittelbar nur, wenn der Schuldner eine **natürliche Person** ist. Ist der Schuldner **keine natürliche Person** gilt § 99 qua Verweisung entsprechend für die Mitglieder des Vertretungs- oder Aufsichtsorgans und die vertretungsberechtigten persönlich haftenden Gesellschafter (§ 101 Abs. 1 Satz 1). In diesem Fall darf der Insolvenzverwalter die Geschäftspost jedoch bereits kraft seiner Verwaltungsbefugnis (§ 80 Abs. 1) und daher auch ohne Anordnung einer Postsperre öffnen (vgl. dazu § 101 Rdn. 8). 4

Die Postsperre kann in **Verbraucherinsolvenz-** und sonstigen **Kleinverfahren** (ab 01.07.2014 nur noch: Verbraucherinsolvenzverfahren) mit einem Einsichtsrecht des Treuhänders angeordnet werden, auch soweit und solange das Verfahren nach § 306 Abs. 1, 3 ruht.[13] Grundsätzlich ist § 99 auch bei Anordnung der **Eigenverwaltung** anwendbar (§ 270 Abs. 1 Satz 2),[14] so dass die Post vom Sachwalter zu öffnen wäre (§§ 99 Abs. 2 Satz 1, 270 Abs. 1 Satz 1). Zwar erscheint nahezu ausgeschlossen, dass die Voraussetzungen von § 99 Abs. 1 Satz 1 mit denen von § 270 Abs. 2 Nr. 3 a.F. bzw. § 270 Abs. 2 Nr. 2 n.F. kompatibel sind.[15] Dies ändert aber nichts am möglichen Bedürfnis einer nachträglichen Anordnung nach § 99 Abs. 1 Satz 1, weil das Insolvenzgericht die Eigenverwaltung nicht ex officio aufheben kann (§ 272 Abs. 1 a.F. und n.F.). 5

C. Voraussetzungen für die Anordnung der (vorläufigen) Postsperre

Die Anordnung der (vorläufigen) Postsperre setzt stets voraus, dass dieser Grundrechtseingriff für den damit verfolgten Zweck (Rdn. 1) aus der Perspektive ex ante erforderlich erscheint. Diese von Verfassungs wegen gebotene Einschränkung ist in § 99 Abs. 1 Satz 1 gegenüber § 121 Abs. 1 KO sprachlich hervorgehoben worden.[16] Der Sache nach hat sich dadurch aber nichts geändert.[17] Diese materiellen Voraussetzungen für die Anordnung der Postsperre in § 99 Abs. 1 Satz 1 unterscheiden sich nicht von denen nach § 21 Abs. 2 Satz 1 Nr. 4.[18] Die Anordnung einer vorläufigen Postsperre im Eröffnungsverfahren setzt aber zwingend die Anordnung der vorläufigen Insolvenzverwaltung voraus (§ 21 Abs. 2 Satz 1 Nr. 2), nicht aber, dass ein »starker« vorläufiger Insolvenzverwalter i.S.v. § 22 Abs. 1 Satz 1 bestellt wird.[19] 6

Die Anordnung der Postsperre setzt **konkrete Anhaltspunkte** dafür voraus, dass der Schuldner nachteilige Rechtshandlungen begangen hat, die auch über § 98 Abs. 1 Satz 1 nicht aufzuklären sind, 7

---

9 Jaeger/*Weber* § 106 KO Rn. 1; Kuhn/*Uhlenbruck* § 121 KO Rn. 1c.
10 BVerfG 15.12.1983, 1 BvR 209/83 u.a., BVerfGE 65, 1 (44 ff.).
11 BVerfG 14.07.1999, 1 BvR 2226/94 u.a., BVerfGE 100, 313 (359 f.); 03.03.2004, 1 BvF 3/92, BVerfGE 110, 33 (53).
12 OLG Celle 24.01.2001, 2 W 124/00, NZI 2001, 143 (144); a.A. Nerlich/Römermann/*Mönning* Rn. 130.
13 Jaeger/*Schilken* Rn. 5; HK-InsO/*Kayser* Rn. 4; Kübler/Prütting/Bork/*Lüke* Rn. 8a; MüKo-InsO/*Stephan* Rn. 45.
14 Jaeger/*Schilken* Rn. 5; HK-InsO/*Kayser* Rn. 4; Kübler/Prütting/Bork/*Lüke* Rn. 8a; MüKo-InsO/*Stephan* Rn. 45.
15 So zutr. FK-InsO/*App* Rn. 3.
16 Vgl. BT-Drucks. 12/2443, 142 f.
17 So auch Jaeger/*Schilken* Rn. 8; HK-InsO/*Kayser* Rn. 10; a.A. *Uhlenbruck* Rn. 5: Verschärfung der Voraussetzungen.
18 BGH 22.10.2009, IX ZB 49/08, NZI 2010, 260 Rn. 2.
19 Kübler/Prütting/Bork/*Lüke* Rn. 8; a.A. OLG Celle 24.01.2001, 2 W 124/00, NZI 2001, 143 (144 f.).

oder solche Handlungen in Zukunft begehen wird.[20] Die Anordnung der Postsperre ist gerechtfertigt, wenn der Schuldner Postsendungen aufgrund eines Nachsendeauftrags an sich nimmt.[21] Dasselbe gilt, wenn sich Anhaltspunkte dafür ergeben, dass der Schuldner Vermögen oder wesentliche Vorgänge verschweigt[22] oder sich in anderer Weise obstruktiv verhält.[23] Ob bei der Beurteilung der Erforderlichkeit zu Beginn des Verfahrens eine großzügige Betrachtung der Verdachtsmomente gerechtfertigt ist,[24] erscheint nicht zweifelsfrei, weil die Gefahr eines Generalverdachts droht. Konkrete Verdachtsmomente sind daher auch in dieser Phase erforderlich.

8 Nach der allgemeinen Grundrechtsdogmatik muss die Maßnahme zum Erreichen ihres Ziels **geeignet** sein, was bei Postsendungen ohne Massebezug nicht der Fall ist. Da aber gerade auch in der **Privatpost** masserelevante Informationen enthalten sein können, wird sie von der Postsperre gegen einen unternehmerisch tätigen Schuldner grds. mit erfasst.[25] Ausnahmen erscheinen allenfalls bei nicht individuell gestalteten Sendungen wie Werbung oder Familienanzeigen möglich.[26] Zur Wahrung der Verhältnismäßigkeit sind dem Schuldner Sendungen ohne Massebezug aber unverzüglich (§ 121 Abs. 1 Satz 1 BGB) zuzuleiten (§ 99 Abs. 2 Satz 2). Ist der manipulationsgefährdete Vermögenswert sehr gering, ist die Maßnahme **unangemessen**.[27]

D. Verfahren

9 Die Postsperre kann sowohl auf **Antrag** des **Insolvenzverwalters** als auch **von Amts** wegen angeordnet werden. Im Eröffnungsverfahren steht das Antragsrecht entsprechend § 99 Abs. 1 Satz 1 dem **vorläufigen Insolvenzverwalter** zu (§ 21 Abs. 2 Satz 1 Nr. 4). Die Insolvenzgläubiger haben dagegen nur ein Anregungsrecht.[28] Zur Wahrung rechtlichen Gehörs (Art. 103 Abs. 1 GG) ist der Schuldner grds. schriftlich oder mündlich (vgl. § 4 i.V.m. § 128 Abs. 4 ZPO) **anzuhören** (§ 99 Abs. 1 Satz 2). Außer nach § 10 Abs. 1 kann davon ausnahmsweise auch abgesehen werden, wenn der Zweck der Anordnung wegen besonderer Umstände des Einzelfalls gefährdet würde. Diese im parlamentarischen Verfahren eingeführte **Ausnahme** darf aber nicht zum Regelfall werden,[29] zumal der Vorschlag des Bundesrates, von der vorherigen Anhörung abzusehen,[30] aus verfassungsrechtlichen Gründen nicht Gesetz geworden ist.[31] Legt man diese Maßstäbe an, ist eine Anhörung entbehrlich, wenn Vermögensmanipulationen des Schuldners bereits feststehen, wenn er sich abgesetzt hat, jede Mitwirkung nach § 97 verweigert oder der Eingang wichtiger vermögensrelevanter Schriftstücke etwa von Seiten der Finanzbehörden unmittelbar bevorsteht.[32]

10 Wird die Postsperre angeordnet, ist seit der Liberalisierung des Postdienstleistungsmarktes anzugeben, welche Unternehmen davon betroffen sind oder ob die Anordnung für alle Postsendungen gilt (§ 99 Abs. 1 Satz 1). Der Begriff »Post« ist dabei nicht i.S.d. nach wie vor geschützten Marke[33]

---

20 BGH 11.09.2003, IX ZB 65/03, ZIP 2003, 1953; OLG Celle 11.09.2000, 2 W 87/00, ZIP 2000, 1898 (1900); 17.12.2001, 2 W 133/01, ZIP 2002, 578 (579).
21 OLG Zweibrücken, 27.09.2000, 3 W 179/00, ZInsO 2000, 627 (LS) = BeckRS 2000, 30991626.
22 OLG Zweibrücken, 27.09.2000, 3 W 179/00, ZInsO 2000, 627 (LS) = BeckRS 2000, 30991626; LG Göttingen 21.08.2000, 10 T 104/00, NZI 2001, 44 f.
23 LG Bonn 03.06.2004, 6 T 157/04, ZVI 2005, 30 (31).
24 So Jaeger/*Schilken* Rn. 9; MüKo-InsO/*Stephan* Rn. 14; HK-InsO/*Kayser* Rn. 13.
25 Jaeger/*Schilken* Rn. 22; MüKo-InsO/*Stephan* Rn. 19; *Uhlenbruck* Rn. 7.
26 Kübler/Prütting/Bork/*Lüke* Rn. 6.
27 Jaeger/*Schilken* Rn. 11; MüKo-InsO/*Stephan* Rn. 13; HK-InsO/*Kayser* Rn. 16.
28 Jaeger/*Schilken* Rn. 12; MüKo-InsO/*Stephan* Rn. 25.
29 Kübler/Prütting/Bork/*Lüke* Rn. 9; tendenziell großzügiger Jaeger/*Schilken* Rn. 18; Braun/*Kroth* Rn. 7.
30 Vgl. BT-Drucks. 12/2443, 252.
31 Vgl. BT-Drucks. 12/2443, 264 unter Verweis auf BVerfG 08.01.1959, 1 BvR 396/55, BVerfGE 9, 89 (98); 09.03.1965, 2 BvR 176/63, BVerfGE 18, 399 (404); BT-Drucks. 12/7302, 166.
32 Jaeger/*Schilken* Rn. 18; MüKo-InsO/*Stephan* Rn. 29; Kübler/Prütting/Bork/*Lüke* Rn. 9.
33 Zum Schutz nach § 8 Abs. 3 MarkenG vgl. BPatG 29.10.2010, 26 W (pat) 27/06, BeckRS 2010, 26993.

zu verstehen, sondern weit[34] und damit als Umschreibung des Gegenstandes, auf den sich die Dienstleistungen beziehen.[35] Daher erfasst eine umfassende Postsperre alle verkörperten Sendungen und Mitteilungen wie **Briefe**, Postkarten, Pakete, Päckchen, Zeitungen, Zeitschriften, Telegramme oder Telefaxschreiben.[36] Nach heute wohl einhelliger Auffassung gilt dasselbe auch für **E-Mails**.[37] Daher müssen dem Insolvenzverwalter die erforderlichen Passwörter ggf. bekannt gemacht werden.[38] Nichts anderes kann für den neuen E-Postbrief gelten, soweit auch die Zustellung elektronisch erfolgt. Dagegen ist eine **Telefonsperre** nicht möglich.[39] Dies muss auch für **VoIP-Dienste** gelten. Auch Sendungen, die ausschließlich an Familienangehörige adressiert sind, und abgehende Sendungen werden von der Anordnung nicht erfasst.[40]

Nach Anordnung der Postsperre sind auch **Zustellungen** an den Schuldner nicht mehr möglich.[41] Da die Übergabe an den Insolvenzverwalter die Zustellung an den Schuldner nicht ersetzen soll (vgl. aber auch § 80 Rdn. 22),[42] werden diese Sendungen an den Absender zurückgeleitet. War die Zustellung dagegen bereits durch Niederlegung beim Amtsgericht oder der Post bewirkt (§ 181 ZPO), was seit der Zustellreform[43] wegen des Vorrangs der Ersatzzustellung durch Einlegen in den Briefkasten (§ 180 ZPO) nur noch selten vorkommt, ist die Sendung dem Insolvenzverwalter auszuhändigen.[44] Um Zustellungen an den Schuldner zu ermöglichen, kann der Absender eine **Ausnahme** von der Postsperre beantragen. Solche Ausnahmen etwa für Sendungen der Staatsanwaltschaft oder des Insolvenzgerichts können aber auch im Anordnungsbeschluss getroffen werden.[45]

11

Die Anordnung ergeht durch **Beschluss** und ist im Eröffnungsverfahren vom **Richter** (§ 18 Abs. 1 Nr. 1 RPflG) und im eröffneten Verfahren – vorbehaltlich § 18 Abs. 2 RPflG – grds. vom Rechtspfleger zu treffen (§ 3 Nr. 2 Buchst. e RPflG). Der Beschluss bedarf einer eingehenden **Begründung**, in der die Interessen der Gläubiger gegen die Belange des Schuldners abzuwägen sind.[46] Auch dieses mittlerweile in § 99 Abs. 1 Satz 1 ausdrücklich genannte Erfordernis ergibt sich schon mit Blick auf das Beschwerderecht des Schuldners (§ 99 Abs. 3 Satz 1) unmittelbar aus der **Verfassung**.[47] Eine stereotype Begründung unter Wiederholung des Gesetzestextes genügt dem nicht.[48] Ist die vorherige Anhörung unterblieben, ist dies gesondert zu begründen (§ 99 Abs. 1 Satz 3). Dabei sind die besonderen Umstände des Einzelfalls i.S.v. § 99 Abs. 1 Satz 2 darzulegen. Ist die **Anhörung** zunächst unterblieben, muss sie unverzüglich **nachgeholt** werden (§ 99 Abs. 1 Satz 3). Dafür genügt die alsbaldige Zustellung des Beschlusses (vgl. dazu Rdn. 14).[49]

12

---

34 BT-Drucks. 12/2443, 143.
35 BGH 23.10.2008, I ZB 48/07, GRUR 2009, 669 Rn. 12 – POST II.
36 Jaeger/*Schilken* Rn. 21; MüKo-InsO/*Stephan* Rn. 19; Kübler/Prütting/Bork/*Lüke* Rn. 4; *Uhlenbruck* Rn. 6; BK-InsO/*Blersch/v. Olshausen* Rn. 6; FK-InsO/*App* Rn. 7.
37 Jaeger/*Schilken* Rn. 21; MüKo-InsO/*Stephan* Rn. 20; Kübler/Prütting/Bork/*Lüke* Rn. 4; HK-InsO/*Kayser* Rn. 8; *Uhlenbruck* Rn. 6; BK-InsO/*Blersch/v. Olshausen* Rn. 6; FK-InsO/*App* Rn. 7; Braun/*Kroth* Rn. 3.
38 MüKo-InsO/*Stephan* Rn. 20.
39 So ausdrücklich BT-Drucks. 12/2443, 143; a.A. *Uhlenbruck* Rn. 6.
40 Jaeger/*Schilken* Rn. 22; MüKo-InsO/*Stephan* Rn. 20; Kübler/Prütting/Bork/*Lüke* Rn. 4; FK-InsO/*App* Rn. 7; Braun/*Kroth* Rn. 9.
41 Jaeger/*Schilken* Rn. 23; MüKo-InsO/*Stephan* Rn. 35.
42 BGH 05.10.1994, XII ZR 53/93, BGHZ 127, 156 (163); BFH 25.09.2008, VII B 49/08, BFH/NV 2009, 212.
43 ZustRG v. 25.06.2001, BGBl. I, 1206.
44 Jaeger/*Schilken* Rn. 23; MüKo-InsO/*Stephan* Rn. 35.
45 Jaeger/*Schilken* Rn. 23.
46 So wörtlich BT-Drucks. 12/2443, 143.
47 So auch BGH 13.10.1982, IVb ZB 154/82, NJW 1983, 123; Stein/Jonas/*Roth* § 329 ZPO Rn. 14.
48 OLG Celle 11.09.2000, 2 W 87/00, ZIP 2000, 1898 (1900); 17.12.2001, 2 W 133/01, ZIP 2002, 578 (579); LG Bonn 21.07.1009, 6 T 210/09, NZI 2009, 652 (653).
49 Jaeger/*Schilken* Rn. 19; MüKo-InsO/*Stephan* Rn. 32; Kübler/Prütting/Bork/*Lüke* Rn. 9.

§ 99 InsO Postsperre

13 Wird ein Antrag des (vorläufigen) Insolvenzverwalters abgelehnt, bedarf auch dieser Beschluss unabhängig von der Anfechtbarkeit nach rechtsstaatlichen Maßstäben einer (kurzen) **Begründung**,[50] weil das Gegenteil – anders als etwa in § 544 Abs. 4 Satz 2 ZPO – weder ausdrücklich angeordnet ist noch – e contrario – aus § 99 Abs. 1 Satz 1 folgt. Im Übrigen muss der Rechtspfleger die Zurückweisung des Antrags des Insolvenzverwalters mit Blick auf § 11 Abs. 2 Satz 1 RPflG stets begründen. Ist dies zunächst unterblieben, ist die Begründung im Nichtabhilfebeschluss (§ 11 Abs. 2 Satz 3 RPflG) nachzuholen.

14 Der Beschluss, durch den die Postsperre angeordnet wird, ist anfechtbar (§ 99 Abs. 3 Satz 1) und daher dem Schuldner **zuzustellen** (§ 4 i.V.m. § 329 Abs. 2 Satz 2 ZPO). Dasselbe gilt für die betroffenen Unternehmen, die die Postsperre ab der Zustellung zu beachten haben.[51] Wird der Antrag abgelehnt, bedarf nur der Beschluss des Rechtspflegers wegen § 11 Abs. 2 Satz 1 RPflG der Zustellung. Der richterliche Beschluss kann dagegen **formlos mitgeteilt** werden (§ 4 i.V.m. § 329 Abs. 2 Satz 1 ZPO).

15 Der Insolvenzverwalter erhält durch die Anordnung die **Befugnis**, die (auch) an den Schuldner adressierte Post zu öffnen (§ 99 Abs. 2 Satz 1), so dass § 202 StGB entweder tatbestandlich ausgeschlossen wird[52] oder das Handeln gerechtfertigt ist.[53] Auf die (formelle) Rechtskraft des Beschlusses kommt es dafür nach § 4 i.V.m. § 570 Abs. 1 ZPO nicht an. Diese Befugnis steht nicht nur dem Insolvenzverwalter persönlich zu, sondern auch seinen **Hilfskräften**, die über die Verschwiegenheitspflicht zu belehren sind.[54] Der Insolvenzverwalter hat die Sendungen – vorbehaltlich § 99 Abs. 2 Satz 2 – zu **verwahren** und ggf. zu **beantworten**.[55] Darüber hinaus steht dem Schuldner ein **Einsichtsrecht** zu (§ 99 Abs. 2 Satz 3), das entsprechend § 811 Abs. 1 Satz 1 BGB beim Insolvenzverwalter auszuüben ist.[56] Für den Schuldner sind die Sendungen schon deshalb trotz der Postsperre kein taugliches Tatobjekt i.S.v. § 202 Abs. 1, 2 StGB. Der Schuldner darf auf eigene Kosten Kopien erstellen. Gibt der Insolvenzverwalter Privatpost entgegen § 99 Abs. 2 Satz 2 nicht heraus, kann der Schuldner nach § 58 vorgehen[57] oder auf Herausgabe klagen.[58]

E. Rechtsmittel und Aufhebung der Postsperre

16 Gegen die Anordnung der Postsperre steht dem **Schuldner** nach Maßgabe von § 4 i.V.m. §§ 567 ff. ZPO die sofortige **Beschwerde** zu (§ 99 Abs. 3 Satz 1). Dies gilt auch für die vorläufige Postsperre im Eröffnungsverfahren (§§ 21 Abs. 2 Satz 1 Nr. 4, 99 Abs. 3 Satz 1). Allerdings entfällt hier das **Rechtsschutzinteresse**, wenn die Postsperre bereits aufgehoben worden[59] oder nach Anordnung einer vorläufigen Postsperre das Insolvenzverfahren eröffnet worden ist.[60] Auch einen Fortsetzungsfeststellungsantrag entsprechend § 113 Abs. 1 Satz 4 VwGO gibt es im Zivilprozess nicht. Von Verfassungs wegen wäre ein solcher Rechtsbehelf nur geboten, wenn sich die Postsperre nach dem typischen Verfahrensablauf auf eine Zeitspanne beschränkt, in welcher der Schuldner fachgerichtlichen Primär-

---

[50] So im Allgemeinen auch Stein/Jonas/*Roth* § 329 ZPO Rn. 14; MüKo-ZPO/*Musielak* § 329 Rn. 4; a.A. Jaeger/*Schilken* Rn. 12 (Begründung nur empfehlenswert); MüKo-InsO/*Stephan* Rn. 30. Verfassungsrechtlich ist die Begründung unanfechtbarer Entscheidungen dagegen nicht geboten. Vgl. nur BVerfG 28.02.1979, 2 BvR 84/79, BVerfGE 50, 287 (289); 14.11.1989, 1 BvR 956/89, BVerfGE 81, 97 (106).
[51] MüKo-InsO/*Stephan* Rn. 33.
[52] So jedenfalls zur Einwilligung Lackner/*Kühl* § 202 StGB Rn. 7.
[53] So etwa Schönke/Schröder/*Lenckner*/*Eisele* § 202 StGB Rn. 12; wohl auch BGH 04.03.1993, 4 StR 640/82, BGHSt 31, 304 (306).
[54] Jaeger/*Schilken* Rn. 26; MüKo-InsO/*Stephan* Rn. 37; Kübler/Prütting/Bork/*Lüke* Rn. 10; *Uhlenbruck* Rn. 14; Braun/*Kroth* Rn. 11; mit Einschränkung für Großverfahren auch HK-InsO/*Kayser* Rn. 36.
[55] Jaeger/*Schilken* Rn. 27; MüKo-InsO/*Stephan* Rn. 37.
[56] Jaeger/*Schilken* Rn. 28.
[57] MüKo-InsO/*Stephan* Rn. 34; Gottwald/*Eickmann* Insolvenzrechts-Handbuch § 30 Rn. 28.
[58] Jaeger/*Schilken* Rn. 27; Kübler/Prütting/Bork/*Lüke* Rn. 15; Braun/*Kroth* Rn. 15.
[59] BGH 12.10.2006, IX ZB 34/05, ZIP 2006, 2233 Rn. 6 ff.
[60] OLG Köln 26.01.2000, 2 W 226/99, NZI 2000, 369 (370).

rechtsschutz kaum erlangen könnte und der Rechtsbehelf damit praktisch leerliefe.[61] Das ist bei § 99 Abs. 3 Satz 1 aber nicht der Fall.

Als weiteres Rechtsmittel ist die Rechtsbeschwerde statthaft (§ 7) aber nur nach Maßgabe von § 4 i.V.m. § 574 Abs. 2 ZPO zulässig, wenn die Sache grundsätzliche Bedeutung hat (Nr. 1) oder die Fortbildung des Rechts oder die Sicherung einer einheitlichen Rechtsprechung eine Entscheidung des BGH erfordert (Nr. 2). Da dabei aber auch verfassungsrechtlich geschützte Individualinteressen zu beachten sind,[62] müssen Verstöße gegen § 99 Abs. 1 Satz 1 auch zur Zulässigkeit der Rechtsbeschwerde führen.[63] Dagegen steht dem (vorläufigen) Insolvenzverwalter – abweichend von §§ 73 Abs. 3, 121 Abs. 1 KO und § 112 Abs. 1 Satz 3 InsO-RegE – kein Beschwerderecht zu, weil die Ablehnung des Eingriffs in Grundrechte des Schuldners einem Eingriff in eigene Rechte nicht gleichsteht.[64] Daher bleibt hier ggf. nur § 11 Abs. 2 Satz 1 RPflG. 17

Fallen die Gründe für die Anordnung der Postsperre nachträglich weg, hat sie das Insolvenzgericht nach Anhörung des Insolvenzverwalters von Amts wegen **aufzuheben** (§ 99 Abs. 3 Satz 2). Dabei kommt zur Wahrung der Verhältnismäßigkeit auch eine **Teilaufhebung** in Betracht.[65] Da ein unredlicher Schuldner die Postsperre etwa durch Umleitung der entsprechenden Sendungen an Angehörige umgehen kann und ihre Wirkung daher mit zunehmender Zeit nachlässt, erscheint auch eine **Höchstdauer** von ungefähr einem halben Jahr im Rahmen der Verhältnismäßigkeit geboten.[66] Die Postsperre über diesen Zeitraum aufrechtzuerhalten, bedarf daher einer besonderen Begründung. Auch nach Wegfall der ursprünglichen Gründe kann die Postsperre aufrechterhalten werden, wenn neue Gründe für ihre Anordnung vorliegen. 18

Gegen die Entscheidung nach § 99 Abs. 3 Satz 2 ist – wiederum abweichend von §§ 73 Abs. 3, 121 Abs. 1 KO und § 112 Abs. 3 Satz 2 InsO-RegE – **kein Rechtsmittel** vorgesehen. Mit Blick auf den **Insolvenzverwalter** ist dies unproblematisch, auch wenn hier – wie bei der Ablehnung des Antrags nach § 99 Abs. 1 Satz 1 – ggf. wenigstens die Erinnerung nach § 11 Abs. 2 Satz 1 RPflG statthaft sein muss (vgl. Rdn. 17). Dagegen gebietet die Schwere des Eingriffs in Art. 10 GG, dass sich der **Schuldner** nicht nur gegen die erstmalige Anordnung, sondern auch gegen die Ablehnung ihrer Aufhebung wehren kann. Dies gilt jedenfalls, wenn die Postsperre besonders lange oder aus anderen als den ursprünglichen Gründen aufrechterhalten bleibt. Leitet man dies aus Art. 19 Abs. 4 Satz 1 GG ab, muss das Enumerationsprinzip in § 6 Abs. 1 weichen,[67] so dass der Weg für eine analoge Anwendung von § 98 Abs. 3 Satz 3 frei wäre.[68] Auf die Planwidrigkeit der Lücke kommt es bei dieser Form der verfassungskonformen Auslegung nicht an. 19

---

61 BVerfG 05.12.2001, 2 BvR 527/99 u.a., BVerfGE 104, 220 (232, 233); BGH 04.03.2004, IX ZB 133/03, BGHZ 158, 212 (214); 12.10.2006, IX ZB 34/05, ZIP 2006, 2233 Rn. 8.
62 BGH 04.07.2002, V ZB 16/02, BGHZ 151, 221 (226).
63 So prüft BGH 11.09.2003, IX ZB 65/03, ZIP 2003, 1953 nur, ob die angefochtene Entscheidung den Anforderungen genügt, und keine weiteren Zulässigkeitsvoraussetzungen.
64 BT-Drucks. 12/7302, 166.
65 Jaeger/*Schilken* Rn. 31.
66 Jaeger/*Schilken* Rn. 31, 32; Kübler/Prütting/Bork/*Lüke* Rn. 12, 13.
67 So auch BGH 04.03.2004, IX ZB 133/03, BGHZ 158, 212 (215) mit Blick auf Art. 13, 19 Abs. 4 Satz 1 GG bei einer Ermächtigung des vorläufigen Insolvenzverwalters zum Betreten der Wohn- und Geschäftsräume des Schuldners.
68 So auch *Jauernig* FS Uhlenbruck 2000, 3 (9); Jaeger/*Schilken* Rn. 29; wohl auch *Uhlenbruck* Rn. 16; a.A. HK-InsO/*Kayser* Rn. 39.

F. Kosten des Postunternehmens

20 Überträgt man die Rechtsprechung des BGH zu den Kosten des Drittschuldners[69] auf § 99 Abs. 1 Satz 1, kann auch das Postunternehmen die durch die Postsperre auferlegten **Kosten** nicht ersetzt verlangen.[70]

§ 100 Unterhalt aus der Insolvenzmasse

(1) Die Gläubigerversammlung beschließt, ob und in welchem Umfang dem Schuldner und seiner Familie Unterhalt aus der Insolvenzmasse gewährt werden soll.

(2) Bis zur Entscheidung der Gläubigerversammlung kann der Insolvenzverwalter mit Zustimmung des Gläubigerausschusses, wenn ein solcher bestellt ist, dem Schuldner den notwendigen Unterhalt gewähren. In gleicher Weise kann den minderjährigen unverheirateten Kindern des Schuldners, seinem Ehegatten, seinem früheren Ehegatten, seinem Lebenspartner, seinem früheren Lebenspartner und dem anderen Elternteil seines Kindes hinsichtlich des Anspruchs nach den §§ 1615l, 1615n des Bürgerlichen Gesetzbuchs Unterhalt gewährt werden.

Übersicht	Rdn.			Rdn.
A. Allgemeines	1	C.	Entscheidung der Gläubigerversammlung	9
B. Anwendungsbereich	3	D.	Entscheidung des Insolvenzverwalters	14

A. Allgemeines

1 § 100 geht auf §§ 129 Abs. 1, 132 Abs. 1 KO zurück und folgt – abweichend von § 114 InsO-RegE[1] – dem dortigen Regelungskonzept.[2] In § 100 Abs. 2 Satz 2 sind darüber hinaus die Reformen des Kind-[3] und Lebenspartnerschaftsrechts[4] berücksichtigt worden. Ob dem Schuldner – über den auch im Insolvenzverfahren anwendbaren Pfändungsschutz (§ 36) hinaus – **Unterhalt** aus der (pfändbaren) Masse zu gewähren ist, steht trotzdem nach wie vor[5] im Ermessen der Gläubiger. Der in § 114 Abs. 1 Satz 1 InsO-RegE vorgeschlagene Unterhaltsanspruch ist trotz der Einbeziehung des Zuerwerbs (§ 35 Abs. 1) nicht Gesetz geworden, weil der Gesetzgeber davon ausgegangen ist, dass der Lebensunterhalt i.d.R. schon durch den Pfändungsschutz sichergestellt wird.[6] Dies entspricht dem auch im Einzelzwangsvollstreckungsrecht nach wie vor maßgeblichen Grundsatz, dass es keinen allgemeinen **Pfändungsschutz** des **Existenzminimus** gibt, weil die entsprechende verfassungsrechtliche Garantie[7] auch über öffentliche Transferleistungen wie Arbeitslosengeld II (§§ 19 ff. SGB II), Sozialgeld (§ 28 SGB II) oder Sozialhilfe (§ 8 SGB XII) eingelöst werden kann.[8] Daher bezweckt § 100 nicht die Entlastung der zuständigen öffentlichen Kassen,[9] sondern eröffnet die Möglichkeit, für den Schuldner Anreize zur Erfüllung seiner Pflichten zu setzen und eine überobligatorische Mitwirkung zu entlohnen.

---

69 BGH 18.05.1999, XI ZR 219/98, BGHZ 141, 380 (386).
70 So auch Jaeger/*Schilken* Rn. 24; *Sabel* ZIP 2003, 781 (784) in Fn. 29; a.A. MüKo-InsO/*Stephan* Rn. 46.
1 Vgl. BT-Drucks. 12/2443, 26 (143).
2 Vgl. BT-Drucks. 12/7302, 41 (167).
3 Vgl. Art. 14 § 7 KindRG v. 16.12.1997, BGBl. I, 2942.
4 Vgl. Art. 5 XXII Nr. 1 des Gesetzes v. 15.12.2004, BGBl. I, 3396.
5 Zur ursprünglichen KO vgl. *Hahn/Mugdan* Die gesamten Materialien zur Konkursordnung, 1881, S. 315 f.
6 So BT-Drucks. 12/7302, 41 (167).
7 Vgl. statt aller BVerfG 09.02.2010, 1 BvL 1/09 u.a., BVerfGE 125, 175 (222 ff.) m.w.N. zu §§ 20, 28 SGB II.
8 BGH 21.12.2004, IXa ZB 228/03, BGHZ 161, 371 (374 f.).
9 Jaeger/*Schilken* Rn. 3; Kübler/Prütting/Bork/*Lüke* Rn. 2.

Übt der Schuldner eine **selbständige Tätigkeit** aus, ist er nach Abgabe der Erklärung des Insolvenzverwalters i.S.v. § 35 Abs. 2 Satz 1 dafür aus der Insolvenzmasse angemessen zu entlohnen (vgl. § 35).[10] Dies entspricht auch der Wertung von § 278 (vgl. Rdn. 4). Abweichend von § 100 Abs. 1 steht dies in Höhe der Pfändungsgrenzen für Arbeitseinkommen (§ 850c ZPO) bzw. des nachgewiesenen höheren Bedarfs (§ 850f Abs. 1 Buchst. a ZPO) nicht im Ermessen der Gläubiger.[11] Daher ist der Schuldner nicht darauf angewiesen, beim Insolvenzgericht einen Antrag nach § 36 Abs. 1 Satz 2, Abs. 4 Satz 1 i.V.m. §§ 850f Abs. 1 Buchst.a, 850i ZPO[12] zu stellen.

B. Anwendungsbereich

§ 100 gilt nur, wenn der Schuldner eine **natürliche Person** ist. Da ein entsprechendes Bedürfnis aber auch bei vertretungsberechtigten (unbeschränkt) persönlich haftenden Gesellschaftern in der Gesellschaftsinsolvenz besteht, gilt § 100 in diesem Fall entsprechend (§ 101 Abs. 1 Satz 3; vgl. § 101 Rdn. 17, 18). Ist ein vom Schuldner bewohntes Hausgrundstück Gegenstand der **Zwangsverwaltung**, steht § 100 neben § 149 Abs. 1 ZVG.[13]

§ 100 gilt nur im eröffneten **Insolvenzverfahren**. Bei Anordnung der **Eigenverwaltung** steht dem Schuldner (§ 278 Abs. 1) bzw. – entsprechend § 101 Abs. 1 Satz 3 – den vertretungsberechtigten (unbeschränkt) persönlich haftenden Gesellschaftern (§ 278 Abs. 2) ein Recht auf Entnahme der Mittel für eine **bescheidene Lebensführung** zu (vgl. § 278 Rdn. 4 ff.). Die Gewährung eines **höheren Unterhalts** nach § 100 bleibt davon unberührt.[14] Soll der Schuldner für seine Leistungen – etwa als Arzt für die Weiterführung seiner Praxis – eine höhere Vergütung bindend zugesagt bekommen, muss er – auf der Grundlage des organtheoretischen Gedankengebäudes (§ 80 Rdn. 4) – einerseits für die Masse und andererseits mit sich selbst einen **Dienst- oder Werkvertrag** schließen, der die Verwendung von Massemitteln zu privaten Zwecken gestattet.[15] Dafür bedarf er der Befreiung vom Verbot des § 181 BGB[16] durch den Sachwalter (§ 275 Abs. 1).[17] Ggf. ist auch die Zustimmung des Gläubigerausschusses bzw. der Gläubigerversammlung erforderlich (§§ 276, 160 Abs. 1 Satz 2).

Auch in **Verbraucherinsolvenz-** und sonstigen **Kleinverfahren** (ab 01.07.2014 nur noch: Verbraucherinsolvenzverfahren) ist § 100 anwendbar. Allerdings kann der Schuldner, der wiederkehrende Einkünfte i.S.v. §§ 850–850b ZPO bezieht, seinen Lebensunterhalt aus den unpfändbaren und damit massefreien laufenden Einkünften decken (§§ 850c, 850f Abs. 1 Buchst. a ZPO). § 100 hat daher nur bei Kleingewerbetreibenden i.S.v. § 304 Abs. 1 Satz 2 Bedeutung, bei denen dasselbe gilt wie bei sonstigen Selbständigen (Rdn. 2).

Dagegen ist § 100 im **Eröffnungsverfahren**, das bei Verbraucherinsolvenz- und sonstigen Kleinverfahren (ab 01.07.2014 nur noch: Verbraucherinsolvenzverfahren) längere Zeit ruhen kann (§ 306 Abs. 1, Abs. 3 Satz 2), nicht unmittelbar anwendbar. Wird ein allgemeines Verfügungsverbot erlassen (§§ 306 Abs. 2 Satz 1, 21 Abs. 2 Satz 1 Nr. 2), bleibt einem Schuldner, der wiederkehrende Einkünfte i.S.v. §§ 850–850b ZPO bezieht, für seinen Lebensunterhalt neben den laufenden Einkünften (§§ 850c, 850f Abs. 1 Buchst.a ZPO) noch der Pfändungsschutz für Bargeld (§ 811 Abs. 1

---

10 Für *Hasche*, Erläuterung der Hamburgischen Fallitenordnung, Bd. 1, 1797, S. 282 wäre es »gewissermaßen eine Sklaverey«, wenn dem Schuldner, dem die Ausübung eines Gewerbes erlaubt worden war, auferlegt wird, »um Lohn zu arbeiten, und kärglich zu leben, so daß die Masse den Überschuß des Verdienstes an sich ziehe.«
11 So auch KS-InsO/*Mai* Kap. 19 Rn. 68.
12 Vgl. BT-Drucks. 14/6468, 17; BGH 20.03.2003, IX ZB 388/02, NJW 2003, 2167 (2170).
13 BGH 25.04.2013, IX ZR 30/11, ZIP 2013, 1189 Rn. 10 ff.
14 MüKo-InsO/*Stephan* Rn. 30.
15 KS-InsO/*Kohte* Kap. 36 Rn. 89.
16 Zur Anwendbarkeit auf organschaftliche Vertreter vgl. nur BGH 06.03.1975, II ZR 80/73, BGHZ 64, 72 (74) zum Komplementär; 28.02.1983, II ZB 8/82, BGHZ 87, 59 (60) zum GmbH-Geschäftsführer.
17 So auch *Uhlenbruck* KTS 1999, 413 (423 f.); *ders.* Rn. 16; für originäre Zuständigkeit der Gläubigerversammlung dagegen FK-InsO/*Foltis* § 278 Rn. 8.

Nr. 8 ZPO) und Kontoguthaben (§ 850k ZPO), weil das Verfügungsverbot nur die potentielle Masse betrifft.[18] Bezieht der Schuldner dagegen keine wiederkehrenden Einkünfte, bleibt ggf. nur das Guthaben auf einem Pfändungsschutzkonto pfändungsfrei (§ 850k ZPO).

7 Führt dagegen ein **Selbständiger** sein Unternehmen im Eröffnungsverfahren fort (vgl. § 22 Abs. 1 Satz 2 Nr. 2), muss er dafür wie im eröffneten Verfahren entlohnt werden (vgl. Rdn. 2). Nimmt er dagegen eigenverantwortlich eine andere selbständige Tätigkeit auf, bliebe nur der Rechtsschutz nach §§ 850f Abs. 1 Buchst. a, 850i ZPO, für den auch im Eröffnungsverfahren das Insolvenzgericht zuständig ist (vgl. § 36). Hier erscheint es vertretbar, wenn der vorläufige Insolvenzverwalter entsprechend § 100 Abs. 2 zugunsten des Schuldners ohne Verletzung von § 22 Abs. 1 Satz 2 Nr. 1, Abs. 2 Satz 1 über einen entsprechenden Betrag verfügen bzw. Verfügungen des Schuldners zustimmen darf.[19] Ist ein vorläufiger Gläubigerausschuss bestellt worden (§ 21 Abs. 2 Satz 1 Nr. 1a n.F.), ist dessen Zustimmung erforderlich.[20]

8 Im **Nachlassinsolvenzverfahren** soll § 100 nicht anwendbar sein.[21] Das leuchtet zunächst ein, weil der Erbe aufgrund der haftungsbeschränkenden Wirkung des Verfahrens (§ 1975 BGB) durch die Erbschaft nicht insolvent wird. Allein der Umstand, dass der Erbe oder ein sonstiger unterhaltsberechtigter Angehöriger des Erblassers durch dessen Tod seinen Unterhaltsanspruch aus § 1601 BGB verliert (§ 1615 Abs. 1 BGB), begründet kein Bedürfnis für die Gewährung von Unterhalt aus dem Nachlass. Anders stellt sich die Lage aber dar, wenn Unterhaltsansprüche für die Zukunft als Nachlassverbindlichkeiten geltend gemacht werden können (§§ 40, 325). Dies gilt namentlich nach § 1615l Abs. 3 Satz 4, § 1615n Satz 1 BGB, auf die § 100 Abs. 2 Satz 2 ausdrücklich verweist (vgl. Rdn. 15), für den **geburtsbedingten Unterhalt**. Es erscheint daher nicht abwegig, wenn etwa der Mutter nach dem Tode des Vaters aus dem Nachlass Unterhalt gewährt wird. Dagegen ist der Unterhaltsanspruch des **ehemaligen Ehegatten** bzw. **Lebenspartners** nur in Höhe des fiktiven Pflichtteils zu berücksichtigen (§§ 1586b Abs. 1 Satz 3 BGB, 16 Satz 2 LPartG), der beim überschuldeten Nachlass ohnehin wertlos ist (§ 2303 Abs. 1 Satz 2 BGB) und nur nachrangig zu berichtigen wäre (§ 327 Abs. 1 Nr. 1). Daher besteht kein Grund, dem ehemaligen Ehegatten bzw. Lebenspartner des Erblassers aus dem Nachlass Unterhalt zu gewähren. Schließlich findet § 100 auch während der **Wohlverhaltensperiode** keine Anwendung, weil nur der pfändbare Teil der laufenden Bezüge abzutreten ist (§ 287 Abs. 2 Satz 1) und auch der Selbständige nur einen entsprechenden Teil einzusetzen hat (§ 295 Abs. 2).

C. Entscheidung der Gläubigerversammlung

9 § 100 Abs. 1 ermächtigt die Gläubigerversammlung (§ 74), dem **Schuldner** und seiner Familie Unterhalt zu gewähren. Damit kann über Massemittel mit Mehrheitsbeschluss (§ 76 Abs. 2) zu einem anderen Zweck als der Gläubigerbefriedigung verfügt werden. Da es hier nicht um eine hoheitliche Entscheidung geht, steht die Entscheidung im freien, rechtlich ungebundenen Ermessen der Gläubiger. Eine **Delegation** der Entscheidung auf Dritte wie den Gläubigerausschuss (§§ 67 Abs. 1, 68 Abs. 1 Satz 1), den Insolvenzverwalter oder das Insolvenzgericht ist dagegen nicht möglich.[22] Der Beschluss ist grds. **unanfechtbar**. Es besteht damit kein subjektives Recht auf ermessensfehlerfreie Entscheidung. Wird für einen Dritten Unterhalt bewilligt, der kein Familienmitglied ist, ist der Be-

---

18 Jaeger/*Gerhardt* § 21 Rn. 21.
19 So auch Jaeger/*Schilken* Rn. 6, 19; *Uhlenbruck* Rn. 9; *Graf-Schlicker* Rn. 7 für den »starken« vorläufigen Verwalter.
20 Jaeger/*Schilken* Rn. 19; MüKo-InsO/*Stephan* Rn. 32.
21 Jaeger/*Schilken* Rn. 6.
22 OLG Celle 21.01.2010, 5 U 90/09, BeckRS 2010, 17176 sub II.2, juris Rn. 37; Jaeger/*Schilken* Rn. 8; HK-InsO/*Kayser* Rn. 6; wohl auch *Uhlenbruck* Rn. 4; a.A. zur Übertragung auf den Gläubigerausschuss Nerlich/Römermann/*Wittkowski* Rn. 10 unter Berufung auf LG Wuppertal 29.09.1957, 6 T 514/57 u.a., KTS 1958, 45 (47) zur Delegation der Entscheidung über die Geschäftsfortführung nach § 132 Abs. 1 KO; für Übertragbarkeit auf das Insolvenzgericht *Ehricke* NZI 2000, 57 (62); MüKo-InsO/*Stephan* Rn. 31.

schluss nicht mehr von § 100 Abs. 1 gedeckt und auf Antrag eines Gläubigers **aufzuheben** (§ 78 Abs. 1). Insoweit findet auch die **sofortige Beschwerde** statt (§ 78 Abs. 2 Satz 2, 3).

Die Beschlussfassung ist Pflichttagesordnungspunkt der ersten Gläubigerversammlung[23] und damit i.d.R. des Berichtstermins (§ 29 Abs. 1 Nr. 1). Beantragt der Schuldner in zulässiger Weise die Gewährung von Unterhalt hat das Gericht die Gläubigerversammlung einzuberufen und den Punkt auf die Tagesordnung zu setzen. Dem Schuldner steht damit – über § 75 Abs. 1 hinaus – ein **subjektives Recht** auf **Beschlussfassung** sowie analog § 75 Abs. 3 ein Beschwerderecht zu.[24] Dies gilt auch wenn im Insolvenzverfahren auf Antrag eines Absonderungsberechtigten (§ 49) oder des Insolvenzverwalters (§ 165) die Zwangsverwaltung über ein landwirtschaftliches, forstwirtschaftliches oder gärtnerisches Grundstück angeordnet worden ist, weil § 149 Abs. 3 ZVG von § 100 verdrängt wird.[25] 10

Auch die Frage, wem und ggf. wie Unterhalt gewährt wird, steht im freien Ermessen der Gläubigerversammlung. Eine Einschränkung ergibt sich lediglich aus dem Bezug zur **Familie** des Schuldners. Dieser Begriff ist aber wie in § 129 Abs. 1 KO nicht im Rechtssinne zu verstehen,[26] sondern bewusst weiter gefasst als in § 100 Abs. 2 Satz 2. Damit kann Unterhalt nicht nur Unterhaltsberechtigten gewährt werden, sondern auch nichtehelichen Lebensgefährten oder Stiefkindern, die im selben Haushalt wohnen.[27] 11

Die Unterhaltsleistungen können sowohl in **Geld** als auch als **Sachleistung** erfolgen.[28] In dogmatischer Hinsicht stellt sich die Gewährung von Barunterhalt an den Schuldner aber nicht als Verfügungsgeschäft, sondern als einseitige **Freigabe** der entsprechenden **Massemittel** dar (vgl. § 80 Rdn. 4). Dagegen kann Barunterhalt an Familienangehörige auch durch Verfügungen zu deren Gunsten geleistet werden. Dasselbe gilt für Barunterhalt nach § 101 Abs. 1 Satz 3. Als Sachleistung kann dem Schuldner insb. die unentgeltliche Nutzung einer massebefangenen Immobilie gestattet werden.[29] Eine solche Entscheidung ist stets erforderlich, weil § 149 Abs. 1 ZVG im Insolvenzverfahren selbst dann nicht anwendbar ist, wenn auf Antrag eines Absonderungsberechtigten (§ 49) oder des Insolvenzverwalters (§ 165) die Zwangsverwaltung angeordnet worden ist,[30] und der Schuldner ansonsten seinen eigenen Nutzungsvorteil herausgeben müsste (§§ 812 Abs. 1 Satz 1 Alt. 2, 818 Abs. 1, 2 BGB).[31] 12

Durch den Beschluss wird zugunsten des Schuldners bzw. seines Familienmitglieds (§ 100 Abs. 1) oder des Gesellschafters (§ 101 Abs. 1 Satz 3) eine **Masseforderung** begründet, die bei Masseinsuffizienz jedoch nur **nachrangig** zu befriedigen ist (§ 209 Abs. 1 Nr. 3). Das dadurch begründete subjektive Recht gegen die Masse muss daher im **Beschluss** der Gesellschafterversammlung hinreichend **bestimmt** sein. Diesem Erfordernis genügt es nicht, wenn in einem Beschluss über die Erhöhung des Unterhalts unklar bleibt, ob damit ausschließlich der Barunterhalt zuzüglich der weiteren Leistungen aus der Insolvenzmasse gemeint ist oder ob damit sämtliche Leistungen aus der Insolvenzmasse er- 13

---

23 Jaeger/*Schilken* Rn. 8; HK/*Eickmann* (4. Aufl.) Rn. 100, in HK-InsO/*Kayser* Rn. 6 weder aufgegeben noch rezipiert.
24 LG Schwerin 23.10.2002, 5 T 475/01, ZInsO 2002, 1096 (1097); Jaeger/*Schilken* Rn. 9.
25 So *Stöber* § 149 ZVG Anm. 4.2.
26 Vgl. Kilger/*K. Schmidt* § 129 KO Anm. 1.
27 Jaeger/*Schilken* Rn. 10; MüKo-InsO/*Stephan* Rn. 16.
28 Jaeger/*Schilken* Rn. 11; MüKo-InsO/*Stephan* Rn. 13, 15; HK-InsO/*Kayser* Rn. 7; *Uhlenbruck* Rn. 8.
29 BGH 11.10.1984, VII ZR 216/83, ZIP 1984, 1504 (1506).
30 BGH 11.10.1984, VII ZR 216/83, ZIP 1984, 1504 (1506); *Haarmeyer/Wutzke/Förster/Hintzen* § 149 ZVG Rn. 15.
31 OLG Nürnberg 24.06.2005, 5 U 215/05, ZInsO 2005, 892. Dagegen wird dort ein solcher Anspruch gegen die Mitbewohner unter Berufung auf die Rechtsprechung zur Untermiete in BGH 13.12.1995, XII ZR 194/93, BGHZ 131, 297 (306) verneint (S. 893). Zum selben Ergebnis kommt beim Miteigentum des Schuldners und seines Ehegatten OLG Hamm 20.02.2002, 8 U 117/01, NZI 2002, 631 (632) unter Ausschluss von § 745 Abs. 2 BGB.

fasst sein sollen.[32] Der Beschluss kann für die Zukunft jederzeit **geändert** werden, nicht aber für die Vergangenheit.[33]

D. Entscheidung des Insolvenzverwalters

14 Bis zur Entscheidung der Gläubigerversammlung steht dem **Insolvenzverwalter** die Befugnis zur Gewährung von Unterhalt zu. Dazu bedarf es ggf. nur der **Zustimmung** des **Gläubigerausschusses** (§ 100 Abs. 2 Satz 1), wenn das Insolvenzgericht dieses Gremium schon vor der ersten Gläubigerversammlung eingesetzt hat (§ 67 Abs. 1). Dagegen ist die **Genehmigung** des **Insolvenzgerichts** – abw. von § 129 Abs. 1 KO – **nicht** mehr **erforderlich**. Sobald die Gläubigerversammlung erstmals über den Unterhalt Beschluss gefasst hat, endet die (Eil-)Befugnis des Insolvenzverwalters. Dies gilt auch, wenn auf Antrag des Schuldners erneut darüber Beschluss zu fassen ist (vgl. Rdn. 9).

15 Die Befugnis des Insolvenzverwalters, über massebefangenes Vermögen zu Lasten der Gläubiger zu verfügen, ist gegenüber der Befugnis der Gläubigerversammlung in zweierlei Hinsicht eingeschränkt: Zum einen darf nur der **notwendige Lebensunterhalt** i.S.v. § 27 SGB XII bzw. die Regelleistung zur Sicherung des Lebensunterhalts i.S.v. § 20 SGB II gewährt werden.[34] Dazu kann der Insolvenzverwalter die Vorlage einer Bescheinigung der jeweils zuständigen Behörde verlangen.[35] Ist dieser Unterhaltsbedarf durch pfändungsfreie Einnahmen (§ 850c ZPO) gedeckt, kommt eine Entscheidung nach § 100 Abs. 2 daher nicht in Betracht. Ist der Bedarf nicht gedeckt und wird auch kein Unterhalt nach § 100 Abs. 2 gewährt, muss der Schuldner sozialrechtliche Leistungen in Anspruch nehmen.

16 Zum anderen darf Unterhalt nur dem Schuldner und seinen **unterhaltsberechtigten** Angehörigen geleistet werden. Abweichend von § 850d Abs. 1 Satz 1 ZPO schließt § 100 Abs. 2 Satz 2 jedoch die Eltern und die volljährigen Kinder (§ 1601 BGB) sowie die minderjährigen verheirateten Kinder (§ 1303 Abs. 2 BGB), denen vorrangig der Ehegatte Unterhalt schuldet (§ 1608 Satz 1 BGB), vom Unterhalt aus der Insolvenzmasse aus. Damit kann Unterhalt – insoweit abw. von § 129 Abs. 1 KO, der auch hier auf die Familie abgestellt hat – nur den **minderjährigen unverheirateten Kindern** (§ 1601 BGB), dem (früheren) **Ehegatten** (§§ 1360, 1361, 1370 ff. BGB), dem (früheren) **Lebenspartner** (§§ 5, 16 Satz 2 LPartG) und geburtsbedingt dem **anderen Elternteil** eines Kindes des Schuldners (§§ 1615l, 1615n BGB) gewährt werden. Folgt man der hiesigen Auffassung zum geburtsbedingten Unterhalt in der Nachlassinsolvenz (Rdn. 7) nicht, beschränkt sich der Verweis auf § 1615n BGB auf Tot- und Fehlgeburten.

17 Ein Rechtsmittel gegen die Entscheidung des Insolvenzverwalters ist nicht vorgesehen. Sie kann aber bei Verletzung der rechtlichen Vorgaben zur Höhe des Unterhalts und zum begünstigten Personenkreis vom Insolvenzgericht im Wege der Aufsicht beanstandet werden (§ 58).[36] Ändern kann das Gericht den Beschluss allerdings nicht.[37]

§ 101 Organschaftliche Vertreter. Angestellte

(1) Ist der Schuldner keine natürliche Person, so gelten die §§ 97 bis 99 entsprechend für die Mitglieder des Vertretungs- oder Aufsichtsorgans und die vertretungsberechtigten persönlich haftenden Gesellschafter des Schuldners. § 97 Abs. 1 und § 98 gelten außerdem entsprechend für Personen, die nicht früher als zwei Jahre vor dem Antrag auf Eröffnung des Insolvenzverfahrens aus

---

32 OLG Celle 21.01.2010, 5 U 90/09, BeckRS 2010, 17176 sub II.2, juris Rn. 36, bestätigt durch BGH 27.04.2010, IX ZA 9/10, juris Rn. 4.
33 OLG München 16.06.2005, 5 U 2553/05, juris Rn. 2 zur Änderung des Sachunterhalts durch kostenlose Grundstücksüberlassung.
34 Zur Anknüpfung an die Vorgängerregelung in § 12 BSHG vgl. BT-Drucks. 12/2443, 143.
35 MüKo-InsO/*Stephan* Rn. 24; HK-InsO/*Kayser* Rn. 15.
36 Jaeger/*Schilken* Rn. 25.
37 MüKo-InsO/*Stephan* Rn. 33.

einer in Satz 1 genannten Stellung ausgeschieden sind; verfügt der Schuldner über keinen Vertreter, gilt dies auch für die Personen, die an ihm beteiligt sind. § 100 gilt entsprechend für die vertretungsberechtigten persönlich haftenden Gesellschafter des Schuldners.

(2) § 97 Abs. 1 Satz 1 gilt entsprechend für Angestellte und frühere Angestellte des Schuldners, sofern diese nicht früher als zwei Jahre vor dem Eröffnungsantrag ausgeschieden sind.

(3) Kommen die in den Absätzen 1 und 2 genannten Personen ihrer Auskunfts- und Mitwirkungspflicht nicht nach, können ihnen im Fall der Abweisung des Antrags auf Eröffnung des Insolvenzverfahrens die Kosten des Verfahrens auferlegt werden.

Übersicht	Rdn.		Rdn.
A. Allgemeines	1	III. Gegenwärtige und ehemalige Angestellte	11
B. Anwendungsbereich	2	D. Sonstige Informationsrechte	14
C. Auskunfts- und Mitwirkungspflichten anderer Personen	3	E. Kostenlast bei Verletzung der Auskunfts- und Mitwirkungspflichten	15
I. Vertretungs- und Aufsichtsorgane	3	F. Unterhalt der vertretungsberechtigten persönlich haftenden Gesellschafter	17
II. Ehemalige Vertretungs- und Aufsichtsorgane und Gesellschafter	9		

A. Allgemeines

§ 101, der in der KO kein ausdrückliches Vorbild hatte,[1] beruht mit redaktionellen Änderungen auf § 115 InsO-RegE.[2] Die heutige Fassung von § 101 Abs. 1 Satz 2 sowie der neue § 101 Abs. 3 beruhen dagegen auf dem MoMiG.[3] Die Norm erweitert die **Informations-, Mitwirkungs- und Präsenzpflichten** des Schuldners aus § 97 auf andere Personen. Ist der Schuldner keine natürliche Person, müssen notwendigerweise andere natürliche Personen Adressat dieser Pflichten sein. Dem trägt § 101 Abs. 1 für die aktuellen und § 101 Abs. 1 Satz 2 für die ehemaligen Mitglieder des Vertretungs- oder Aufsichtsorgans sowie hilfsweise die Gesellschafter Rechnung. § 101 Abs. 2 erweitert die Pflicht dagegen sowohl bei natürlichen als auch bei juristischen Personen auf Dritte, namentlich die Angestellten. § 101 Abs. 1 Satz 3 regelt den Unterhalt der persönlich haftenden und vertretungsberechtigten Gesellschafter. 1

B. Anwendungsbereich

§ 101 gilt wie § 97 unmittelbar nur im **eröffneten Insolvenzverfahren**, aber qua Verweisung teilweise auch im **Eröffnungsverfahren** (§§ 20 Abs. 1 Satz 2, 22 Abs. 3 Satz 3, 101 Abs. 1 Satz 1, 2, Abs. 2) und dort auch bei der vorläufigen Postsperre (§§ 21 Abs. 2 Satz 1 Nr. 4, 101 Abs. 1 Satz 1) sowie hinsichtlich der Pflicht zur Abgabe der eidesstattlichen Versicherung für die Vermögensübersicht (§§ 153 Abs. 2 Satz 2, 101 Abs. 1 Satz 1, 2). 2

C. Auskunfts- und Mitwirkungspflichten anderer Personen

I. Vertretungs- und Aufsichtsorgane

Nach § 101 Abs. 1 Satz 1 treffen die Mitglieder der Vertretungs- und Aufsichtsorgane die vollen **Auskunfts- und Mitwirkungspflichten** des Schuldners i.S.v. § 97. Davon erfasst sind namentlich bei einer **GmbH** die Geschäftsführer (§ 35 GmbHG), bei einer **AG**, einer **eG** oder einem **eV** die Vorstände (§ 78 AktG, § 26 GenG, § 26 BGB), bei einer **KGaA** die Komplementäre (§ 278 Abs. 2 AktG) sowie ggf. die Aufsichtsräte (§§ 95, 278 Abs. 3 AktG,[4] § 52 GmbHG, § 1 Abs. 1 Nr. 3 Drit- 3

---

[1] Vgl. *Uhlenbruck* KTS 1997, 371 (374).
[2] BT-Drucks. 12/2443, 26 f., 143 f.; BT-Drucks. 12/7302, 41 f., 167.
[3] Art. 9 Nr. 7 MoMiG v. 23.10.2008, BGBl. I, 2026.
[4] Zur gerichtlichen Bestellung fehlender Aufsichtsratsmitglieder (§ 104 AktG) durch das Gericht im Insolvenzverfahren vgl. KG 04.08.2005, 1 W 397/03, ZIP 2005, 1553 (1554).

telbG, § 6 Abs. 1 MitbestG, §§ 9 Abs. 1 Satz 1, 36 GenG). Bei einer **monistisch** verfassten **SE** gilt § 101 Abs. 1 Satz 1 gegenüber den geschäftsführenden Direktoren (§ 41 SE-AusfG) und bei einer **dualistisch** verfassten **SE** gegenüber den Mitgliedern des Leitungsorgans (Art. 39 SE-Statut-VO). Diese **Organstellung** bleibt von der Eröffnung des **Insolvenzverfahrens**[5] und der möglichen **Kündigung** eines Dienstvertrags (§ 113)[6] **unberührt**.

4   § 101 Abs. 1 Satz 1 erfasst nicht nur für ordnungsgemäß bestellte, sondern wie § 15a Abs. 1, 4[7] auch für faktische Organmitglieder und damit namentlich den **faktischen Geschäftsführer** einer GmbH,[8] der daher – abw. von den Bestimmungen über Angestellte (§ 101 Abs. 2) – auch strafrechtlich relevante Auskünfte erteilen muss (§ 97 Abs. 1 Satz 2, 3) und den Zwangsmitteln nach § 98 unterliegt. Dafür genügt, dass die betreffende Person im Rechtsverkehr mit Wissen und Willen der Gesellschafter und des nominellen Geschäftsführers wie ein vertretungsberechtigtes Organ aufgetreten ist.[9] Die Gegenauffassung, die die verfahrensmäßige faktische Organstellung strengeren Voraussetzungen unterwerfen will, als die haftungsrechtliche und einen fehlerhaften Bestellungsakt fordert,[10] überzeugt nicht, weil dann gerade §§ 97 Abs. 1 Satz 2, 3, 98 nicht einschlägig wären. Der bloß haftungsrechtlich faktische Geschäftsführer müsste dann zur Frage des Eintritts der Insolvenzreife keine Auskunft erteilen.

5   Bei der vorherigen **Auflösung** der **Gesellschaft** (§ 11 Abs. 3) treffen die Pflichten die Liquidatoren (§ 66 GmbHG, § 83 GenG) bzw. die Abwickler (§ 265 Abs. 1 AktG). Bei **EU-Gesellschaften** mit COMI in Deutschland (Art. 3 Abs. 1 EuInsVO) ist das jeweilige Gesellschaftsstatut maßgeblich. Bei englischen Gesellschaften wie der **private company limited by shares** (ltd.) obliegen die Geschäftsführung und die Vertretung den Direktoren (**directors**).[11]

6   Bei den **Personengesellschaften** i.S.v. § 11 Abs. 2 Nr. 1 sind die vertretungsberechtigten Gesellschafter (§ 714 BGB, §§ 125, 170 KG) und bei der **Partnerschaft** die Partner (§ 7 Abs. 3 PartGG) Adressat dieser Pflichten; bei einer **EWiV** sind es die Geschäftsführer (Art. 16 Abs. 1 EWiV-VO), bei einer **Partenreederei** der Korrespondentreeder (§ 493 HGB a.F., Art. 71 EGHGB). Bei den Insolvenzverfahren über **Sondervermögen** i.S.v. § 11 Abs. 2 Nr. 2 richten sich die Pflichten in der **Gesamtgutinsolvenz** gegen den bzw. die Ehegatten und in der Nachlassinsolvenz gegen alle Miterben und ggf. den bisherigen Nachlassverwalter (§ 1985 BGB), dessen Amt mit der Verfahrenseröffnung endet (§ 1988 Abs. 1 BGB), einen Nachlasspfleger (§ 1960 Abs. 2 BGB) und den Testamentsvollstrecker, dessen Amt während des Verfahrens ruht (vgl. § 80 Rdn. 37).[12]

7   Die Organmitglieder sind zur **Mitwirkung** (§ 97 Abs. 2) grds. unabhängig vom Fortbestand eines Dienstvertrags mit der Gesellschaft verpflichtet und haben keinen Anspruch auf Entschädigung. Da der Geschäftsführer aber nicht selbst Schuldner ist, muss die Vorbereitungstätigkeit für Auskünfte aus der Masse vergütet werden, wenn sie eine anderweitige Berufsausübung nicht mehr zulässt.[13] Wie beim Schuldner selbst erstreckt sich die Mitwirkungspflicht nicht auf die ständige Mitarbeit zur Fortführung des Unternehmens (vgl. § 97 Rdn. 19). Wird der Geschäftsführer zu diesem Zweck weiterbeschäftigt, mutiert der freie Dienstvertrag nicht zu einem Arbeitsvertrag.[14] Der Pflich-

---

5   RG 06.05.1911, I 164/10, RGZ 76, 244 (246); BGH 26.01.2006, IX ZR 282/03, ZInsO 2006, 260.
6   Vgl. dazu nur MüKo-InsO/*Caspers* § 113 Rn. 10.
7   Vgl. zur Antragspflicht nur BGH 28.06.1966, 1 StR 414/65, BGHSt 21, 101 (104 ff.); 21.03.1988, II ZR 194/87, BGHZ 104, 44 (46).
8   *Uhlenbruck* Rn. 4; Kübler/Prütting/Bork/*Lüke* Rn. 4.
9   MüKo-InsO/*Stephan* Rn. 19.
10 So *Uhlenbruck* Rn. 4.
11 Nach s. 154 Companies Act müssen private companies mindestens einen und public companies mindestens zwei Direktoren haben.
12 Jaeger/*Schilken* Rn. 12; MüKo-InsO/*Stephan* Rn. 14.
13 *Henssler* ZInsO 1999, 121 (125); *Uhlenbruck* Rn. 7.
14 LAG Mainz 25.09.2008, 10 Sa 162/08, ZInsO 2009, 679 (680).

tenkanon des § 97 trifft auch bei Kollegialorganen jedes einzelne Mitglied **persönlich**.[15] Soweit für rechtsgeschäftliche Mitwirkungshandlungen die Beteiligung mehrerer Mitglieder des Organs erforderlich ist, richtet sich die Verpflichtung gegen jeden einzelnen, daran mitzuwirken.[16]

§ 101 Abs. 1 Satz 1 erklärt für die Vertretungs- und Aufsichtsorgane auch die Regelung über die **Postsperre** (§ 99) für entsprechend anwendbar. Dabei ist der Gesetzgeber jedoch davon ausgegangen, dass dafür in diesen Fällen **seltener** ein **Bedürfnis** besteht, weil die Geschäftspost auch ohne Anordnung einer Postsperre dem Insolvenzverwalter zugeht und von ihm geöffnet werden darf.[17] Wird der Insolvenzverwalter jedoch durch hinhaltendes, taktisches Verhalten des Geschäftsführers der Schuldnerin systematisch daran gehindert wird, notwendige Informationen zu erlangen, rechtfertigt dies den Erlass einer Postsperre zur Vermeidung von Gläubigernachteilen.[18] Darüber hinaus kann die Postsperre bei Personengesellschaften im Hinblick § 93 besondere Bedeutung erlangen.[19] Gegen die **Gesellschafter** einer Kapitalgesellschaft kann dagegen – abgesehen vom Komplementär einer KGaA – keine Postsperre angeordnet werden.

II. Ehemalige Vertretungs- und Aufsichtsorgane und Gesellschafter

§ 101 Abs. 1 Satz 2 erweitert die Pflichten auf die **ehemaligen Vertretungs-** und **Aufsichtsorgane** und **subsidiär** auf die **Gesellschafter**. Allerdings wird insoweit nur auf §§ 97 Abs. 1, 98 verwiesen, so dass sich die Pflicht auf die **Auskunftspflicht** beschränkt, die mit Beugemitteln durchgesetzt werden kann. Dass nicht auch eine Mitwirkungspflicht i.S.v. § 97 Abs. 2 statuiert worden ist, leuchtet unmittelbar ein, weil die ehemaligen Organmitglieder i.d.R. keinen Zugriff auf Geschäftsunterlagen mehr haben und eine Auslandsvollmacht gar nicht mehr rechtsverbindlich erteilen können (vgl. § 97 Rdn. 20, 21). Außerdem ist die Auskunftspflicht gegenüber ehemaligen Organmitgliedern subsidiär gegenüber den gegenwärtigen.[20]

Für die Abgrenzung von § 101 Abs. 1 Satz 1 und 2 muss es aus Gründen der Rechtsklarheit grds. auf den konstitutiven Akt der Abberufung ankommen (§ 38 GmbHG), weil dem Handelsregistereintrag (§ 39 Abs. 1 GmbHG) nur deklaratorische Wirkung zukommt. Wird die Abberufung des Alleingeschäftsführers vor dem Insolvenzverfahren ohne Bestellung eines neuen als rechtsmissbräuchlich nicht im Handelsregister eingetragen,[21] ist sie körperschaftsrechtlich unwirksam,[22] so dass § 101 Abs. 1 Satz 1 einschlägig bleibt. Ist der bisherige Alleingeschäftsführer dagegen wirksam abberufen worden oder etwa durch Tod oder Geschäftsunfähigkeit (§ 6 Abs. 2 Satz 1 GmbHG)[23] aus dem Amt geschieden, ohne dass ein neuer bestellt worden ist, verfügt die Gesellschaft über keinen Vertreter. In diesem Fall sind in Neuverfahren seit Inkrafttreten des MoMiG am 01.11.2008 (Art. 103d Satz 1 EGInsO) subsidiär auch die **Gesellschafter** zur Auskunft verpflichtet (§ 101 Abs. 1 Satz 2 Hs. 2).

III. Gegenwärtige und ehemalige Angestellte

Schließlich erstreckt § 101 Abs. 2 die Auskunftspflicht nach § 91 Abs. 1 Satz 1 auch hier auf **Angestellte** und frühere Angestellte des Schuldners, sofern diese nicht früher als zwei Jahre vor dem Er-

---

15 Jaeger/*Schilken* Rn. 8; *Vallender* ZIP 1996, 529 (530).
16 MüKo-InsO/*Stephan* Rn. 18.
17 BT-Drucks. 12/2443, 144.
18 LG Bonn 03.06.2004, 6 T 157/04, ZInsO 2004, 818 (819); Jaeger/*Schilken* Rn. 18; MüKo-InsO/*Stephan* Rn. 21.
19 Jaeger/*Schilken* § 99 Rn. 6; *Uhlenbruck* § 99 Rn. 9; MüKo-InsO/*Stephan* § 99 Rn. 23; Kübler/Prütting/Bork/*Lüke* § 99 Rn. 7; FK-InsO/*App* § 99 Rn. 9.
20 *Henssler* ZInsO 1999, 121 (124).
21 Vgl. OLG Düsseldorf 6.12.200, 3 Wx 393/00, ZInsO 2001, 323 (324); OLG Köln 01.02.2008, 2 Wx 3/08, ZIP 2008, 646 (646 ff.); zur Abberufung im Insolvenzverfahren auch *Uhlenbruck* Rn. 17.
22 Insoweit a.A. Baumbach/Hueck/*Zöllner*/*Noack* § 38 GmbHG Rn. 90.
23 Vgl. dazu BGH 01.07.1991, II ZR 292/90, BGHZ 115, 78 (80).

öffnungsantrag ausgeschieden sind. Insoweit wird aber nur auf § 97 Abs. 1 Satz 1 verwiesen. Daraus folgt, dass für die (ehemaligen) Angestellten kein Zwang zur Selbstbelastung besteht (§ 97 Abs. 1 Satz 2) und die Beugemittel des § 98 nicht eingesetzt werden dürfen.[24] Diese Einschränkungen finden ihren Grund darin, dass die Angestellten i.d.R. eine weisungsabhängige Stellung einnehmen und am Insolvenzverfahren nicht wie die Organmitglieder mit eigenem wirtschaftlichem Interesse beteiligt sind.[25] Daraus lässt sich auch wiederum ein Subsidiaritätsverhältnis ableiten, so dass der Insolvenzverwalter zunächst die in § 101 Abs. 1 Satz 1, 2 genannten Personen um Auskunft ersuchen muss.[26]

12 Andererseits sollen ihre möglicherweise für die Insolvenzabwicklung bedeutsamen **Kenntnisse** in das Verfahren **einbezogen** werden. Daher treffen auch die Angestellten partielle originäre insolvenzverfahrensrechtliche Pflichten, die bereits im Eröffnungsverfahren begründet werden (§§ 20 Abs. 1 Satz 2, 22 Abs. 3).[27] Mangels Verweis auf § 98 lassen sich diese Pflichten aber nur im Klagewege durchsetzen.[28] Da es sich um eine genuin insolvenzrechtliche gesetzliche Pflicht der Arbeitnehmer handelt, ist der **ordentliche Rechtsweg** eröffnet (§ 13 GVG). Dass das BAG über eine solche Klage vor Einführung von § 17a Abs. 1 GVG[29] in der Sache entschieden und die Auskunftspflicht verneint hat, steht nicht entgegen, weil die KO keine vergleichbare Pflicht kannte[30] und daher neben möglichen gesetzlichen Ansprüchen auch solche aus dem Arbeitsvertrag zu prüfen waren.[31] Auch aus der Entscheidung des GmS-OGB zur Rechtswegzuständigkeit nach § 2 Abs. 1 Nr. 3 ArbGG bei der Insolvenzanfechtung von Entgeltzahlungen[32] ergibt sich hier keine Zuständigkeit der Arbeitsgerichte, weil es hier auch nicht um die Rückgewähr einer Leistung des Arbeitgebers geht.

13 Unabhängig von § 101 Abs. 2 können die Angestellten – im Gegensatz zu den gegenwärtigen Vertretungsorganen (§ 455 Abs. 1 Satz 1 ZPO) – aber auch als **Zeugen** vernommen werden. In diesem Fall gelten nach § 5 die Vorschriften über die Zeugnisverweigerungsrechte (§§ 383–385 ZPO) und über Ordnungsmittel (§ 380 ZPO) entsprechend.[33]

D. Sonstige Informationsrechte

14 Weder § 97 noch § 101 regeln, ob der Insolvenzverwalter von einem potentiellen Anfechtungsgegner Auskunft verlangen kann. Insoweit helfen insb. gegenüber den Finanzbehörden und den Krankenkassen die Informationsfreiheitsgesetze des Bundes und der Länder weiter (vgl. § 97 Rdn. 2). Gegenüber Privatrechtssubjekten hat der BGH einen **Auskunftsanspruch** über möglicherweise **anfechtbare Leistungen** grds. verneint und nur für den Fall anerkannt, dass ein Anspruch nach § 143 dem Grunde nach gewiss ist und der Insolvenzverwalter nach §§ 97, 98, 101 die benötigte Auskunft nicht in zumutbarer Weise erlangen kann.[34] Insb. besteht kein allgemeiner Auskunftsanspruch gegen die nahen Angehörigen i.S.v. § 138 Abs. 1 Nr. 1–3.

---

24 BT-Drucks. 12/2443, 144.
25 Kübler/Prütting/Bork/*Lüke* Rn. 6; *Vallender* ZIP 1996, 529 (534).
26 So BAG 27.06.1990, 5 AZR 334/89, BAGE 65, 250 (254 f.).
27 Jaeger/*Schilken* Rn. 23.
28 BT-Drucks. 12/2443, 144.
29 IdF von Art. 2 Nr. 1 4. VwGO-ÄndG v. 17.12.1990, BGBl. I, 2809.
30 So BAG 27.06.1990, 5 AZR 334/89, BAGE 65, 250 (253).
31 So BAG 27.06.1990, 5 AZR 334/89, BAGE 65, 250 (254). Allerdings galt seinerzeit auch § 17 Abs. 2 Satz 1 GVG i.d.F. von Art. 2 Nr. 1 4. VwGO-ÄndG v. 17.12.1990, BGBl. I, 2809 noch nicht.
32 GmS-OGB 27.09.2010, GmS-OBG 1/09, ZIP 2010, 2418 Rn. 14 ff.
33 BT-Drucks. 12/2443, 144.
34 BGH 18.01.1978, VIII ZR 1978, NJW 1978, 1002 f.; 06.06.1979, VIII ZR 255/78, BGHZ 74, 379 (380 ff.).

E. Kostenlast bei Verletzung der Auskunfts- und Mitwirkungspflichten

Mit dem MoMiG ist – wiederum nur in Neuverfahren (Art. 103d Satz 1 EGInsO) – als weitere 15
Sanktion bei Verletzung der Auskunfts- und Mitwirkungspflichten im Eröffnungsverfahren (vgl.
Rdn. 2) die Kostenlast eingeführt worden, wenn der Eröffnungsantrag mangels Masse abgewiesen
wird (§ 101 Abs. 3). Zum einen soll diese Regelung disziplinierende Wirkung für die in § 101
Abs. 1, 2 genannten Personen haben, die – abgesehen von den persönlich haftenden Gesellschaftern
– durch die Gesellschaftsinsolvenz nicht notwendigerweise selbst insolvent werden.[35] Zum anderen
soll verhindert werden, dass Gläubigeranträge nur wegen der Kostenlast, die seit der Kostenrechtsreform von 2004[36] bei Entscheidungen nach § 26 auch den Auslagenersatz für den Gutachter i.S.v.
§ 22 Abs. 1 Satz 2 Nr. 3 Hs. 2 umfasst (§ 23 Abs. 1 Satz 2 GKG), nicht gestellt werden.[37] Die
Norm verfolgt damit ähnliche Ziele wie nunmehr § 14 Abs. 3.

Macht das Insolvenzgericht von § 101 Abs. 3 Gebrauch, sollen die gesamten Kosten beim Antragsteller, der nur kraft Gesetzes (§ 23 Abs. 1 Satz 1 GKG) für die Kostenschuld haftet (§ 29 Nr. 3 16
GKG), erst geltend gemacht werden, wenn die Zwangsvollstreckung in das bewegliche Vermögen
des sog. Erstschuldners (§ 29 Nr. 1 GKG) erfolglos geblieben ist oder aussichtslos erscheint (§ 31
Abs. 2 Satz 1 GKG).

F. Unterhalt der vertretungsberechtigten persönlich haftenden Gesellschafter

In Insolvenzverfahren über das Vermögen einer Gesellschaft ohne Rechtspersönlichkeit i.S.v. § 11 17
Abs. 2 Nr. 1 oder einer KGaA hat die Gesellschaftsinsolvenz i.d.R. auch die materielle Insolvenz
der persönlich haftenden Gesellschafter zur Folge. Wird über deren Vermögen ein eigenes Insolvenzverfahren eröffnet, kann das Unterhaltsbedürfnis schon nach § 100 gedeckt werden. Wird ein Gesellschafterinsolvenzverfahren dagegen nach § 26 nicht eröffnet oder fehlt es an hinreichender Masse
zur Gewährung von Unterhalt, schafft § 101 Abs. 1 Satz 3 die Rechtsgrundlage, nach den Vorgaben
von § 100 Unterhalt aus der Masse des Gesellschaftsinsolvenzverfahrens zu gewähren. Dies setzt
aber voraus, dass es sich bei dem Gesellschafter um eine natürliche Person mit eigenem Unterhaltsbedürfnis handelt und dass der Gesellschafter vertretungsberechtigt ist, was beim Kommanditisten
nicht der Fall ist (§ 170 HGB). Dagegen erfasst § 101 Abs. 1 Satz 3 namentlich die oHG-Gesellschafter sowie die Komplementäre einer KG oder einer KGaA.[38]

Ist ein persönlich unbeschränkt haftender Gesellschafter von der **Geschäftsführung ausgeschlossen** 18
(§§ 714, 710 BGB, § 125 Abs. 1 HGB), ist § 101 Abs. 1 Satz 3 nicht anwendbar, weil dieser mit
der Gesellschaftsinsolvenz nicht zugleich die Möglichkeit verliert, seinen Lebensunterhalt aus Gesellschaftsmitteln zu bestreiten.[39] Angesichts dieser Begründung hätte der Gesetzgeber aber besser
an die **Geschäftsführung** im Innenverhältnis als an die Vertretungsbefugnis im Außenverhältnis angeknüpft,[40] die nicht zwingend parallel laufen müssen (§ 714 BGB, § 114 HGB). Unanwendbar ist
§ 101 Abs. 1 Satz 3 schließlich auf organschaftliche Vertreter sonstiger Kapitalgesellschaften wie
GmbHG-Geschäftsführer und AG-Vorstände, deren Dienstverträge zunächst fortgelten (§ 108
Abs. 1 Satz 1)[41] und bis zu einer möglichen Kündigung (§ 113) aus Massemitteln zu erfüllen sind
(§ 55 Abs. 1 Nr. 2 Alt. 2).

---

35 So BT-Drucks. 16/6140, 57.
36 KostenRMoG v. 05.05.2004, BGBl. I, 718.
37 So BT-Drucks. 16/6140, 57.
38 BT-Drucks. 12/2443, 144.
39 Zu dieser Begründung für § 101 Abs. 1 Satz 3 vgl. BT-Drucks. 12/2443, 144.
40 Diese Anknüpfung geht auf die Beschlussempfehlung des Rechtsausschusses zurück, während § 115 Abs. 1 Satz 3 InsO-RegE noch auf die organschaftliche Vertretung abstellen wollte. Vgl. BT-Drucks. 12/7302, 41 f.
41 BT-Drucks. 12/2443, 144.

§ 102 Einschränkung eines Grundrechts

Durch § 21 Abs. 2 Nr. 4 und die §§ 99, 101 Abs. 1 Satz 1 wird das Grundrecht des Briefgeheimnisses sowie des Post- und Fernmeldegeheimnisses (Artikel 10 Grundgesetz) eingeschränkt.

1 § 102, der in der KO kein Vorbild hatte, übernimmt § 116 InsO-RegE, der damit nach redaktionellen Anpassungen Gesetz geworden ist. Die heutige Fassung beruht auf dem EGInsOÄndG[1] und erfüllt das **Zitiergebot** aus Art. 19 Abs. 1 Satz 2 GG. Zwar ist dies nach der Rechtsprechung des BVerfG[2] auch bei nachkonstitutionellen Gesetzen nicht erforderlich, wenn nur das vorkonstitutionelle übernommen worden wäre. Es ist aber zu begrüßen, dass der Gesetzgeber dies offenbar anders gesehen und das Zitiergebot schon in der ursprünglichen Fassung beachtet hat.[3]

2 Jedenfalls mit der ausdrücklichen Ausweitung der Postsperre auf das Eröffnungsverfahren durch § 21 Abs. 2 Satz 1 Nr. 4 war das Zitiergebot zu beachten, weil die KO für die Sequestration keine ausdrückliche Regelung zur Postsperre enthalten hat (vgl. § 99 Rdn. 3). Dass § 21 Abs. 2 seit 2004 zwei Sätze hat,[4] ist redaktionell noch nicht berücksichtigt, aber unschädlich.

---

1 Vgl. Art. 2 Nr. 6 EGInsOÄndG v. 19.12.1998, BGBl. I, 3836.
2 BVerfG 25.05.1956; 1 BvR 190/55, BVerfGE 5, 13 (16); 19.02.1963, 1 BvR 610/62, BVerfGE 15, 288 (293); *08.07.1982, 2 BvR 1187/80,* BVerfGE 61, 82 (113); a.A. aber Maunz/Dürig/*Remmert* Art. 19 GG Rn. 48.
3 BT-Drucks. 12/2443, 144.
4 § 21 Abs. 2 Satz 2 eingeführt durch Art. 1 Nr. 1 des Gesetzes v. 05.04.2004, BGBl. I, 502.

Zweiter Abschnitt Erfüllung der Rechtsgeschäfte. Mitwirkung des Betriebsrats

§ 103 Wahlrecht des Insolvenzverwalters

(1) Ist ein gegenseitiger Vertrag zur Zeit der Eröffnung des Insolvenzverfahrens vom Schuldner und vom anderen Teil nicht oder nicht vollständig erfüllt, so kann der Insolvenzverwalter anstelle des Schuldners den Vertrag erfüllen und die Erfüllung vom anderen Teil verlangen.

(2) Lehnt der Verwalter die Erfüllung ab, so kann der andere Teil eine Forderung wegen der Nichterfüllung nur als Insolvenzgläubiger geltend machen. Fordert der andere Teil den Verwalter zur Ausübung seines Wahlrechts auf, so hat der Verwalter unverzüglich zu erklären, ob er die Erfüllung verlangen will. Unterlässt er dies, so kann er auf der Erfüllung nicht bestehen.

Übersicht

	Rdn.			Rdn.
A. Normzweck	1		6. Einzelheiten	42
B. Voraussetzungen	6	V.	Aufforderung zur Abgabe der Wahlerklärung	45
I. Gegenseitiger Vertrag	6			
II. Nicht oder nicht vollständige Erfüllung	16	C.	Rechtsfolgen	46
1. Allgemeines	16	I.	Erfüllungswahl	46
2. Der Kaufvertrag	17		1. Allgemeines	46
a) Erfüllung durch den Verkäufer	17		2. Bauvertrag	46a
b) Erfüllung durch den Käufer	19		3. Leasingvertrag	46b
c) Der Grundstückskaufvertrag	20	II.	Erfüllungsablehnung	47
3. Sach- und Rechtsmängel	21	III.	Unterlassene Erklärung trotz Aufforderung des Vertragspartners	49
4. Versicherungsverträge	24			
5. Mietvertrag über bewegliche Sachen	25a	IV.	Forderung wegen Nichterfüllung	50
6. Einzelheiten	26	V.	Bindungswirkung der Rechtsfolgen	51
III. Zur Zeit der Eröffnung	28	VI.	Fehlen von Tatbestandsvoraussetzungen	54
IV. Das Wahlrecht des Insolvenzverwalters	31	VII.	Auswirkungen der Aufhebung des Insolvenzverfahrens	55
1. Die Form der Erklärung	32			
2. Gestaltungsmöglichkeiten	34	D.	Besondere Verfahrensarten	56
3. Anfechtbarkeit der Wahlerklärung	36	E.	Prozessuales	58
4. Der Entscheidungsspielraum des Insolvenzverwalters	40	F.	Verhältnis zu anderen Vorschriften	59
		G.	Steuerliche Aspekte	60
5. Sicherungsabtretung/Verpfändung des schuldnerischen Anspruchs	41	H.	Internationale und europäische Bezüge	62

A. Normzweck

Das Wahlrecht des Insolvenzverwalters nach § 103 bei gegenseitigen Verträgen wurde durch den Gesetzgeber inhaltlich unverändert dem **früheren Recht entnommen** (vgl. § 17 KO; § 9 Abs. 1 GesO).[1] Neben dem in § 103 niedergelegten Grundsatz sind die Modifikationen, Ergänzungen und Ausnahmen der §§ 104 ff. zu beachten. 1

In Abkehr von der früheren, stark kritisierten ständigen Rechtsprechung des Bundesgerichtshofes[2] bewirkt die Eröffnung des Insolvenzverfahrens nach nunmehriger höchstrichterlicher Judikatur kein Erlöschen der Erfüllungsansprüche aus gegenseitigen Verträgen i.S. einer materiell-rechtlichen Umgestaltung (Erlöschenstheorie). Vielmehr **verlieren** die **noch offenen Ansprüche** für die Dauer des Insolvenzverfahrens ihre **Durchsetzbarkeit**, soweit sie nicht auf die anteilige Gegenleistung für vor Verfahrenseröffnung erbrachte Leistungen gerichtet sind.[3] Zweck der Vorschrift ist daher zum einen, dem Insolvenzverwalter ein einseitiges, vom Insolvenzzweck geleitetes[4] Wahlrecht zu gewäh- 2

---

1 BT-Drucks. 12/2443, 145.
2 Etwa BGH 27.02.1997, IX ZR 5/96, BGHZ 135, 25 (26).
3 BGH 25.04.2002, IX ZR 313/99, BGHZ 150, 353 (359).
4 BGH 04.05.1995, IX ZR 256/93, BGHZ 129, 336 (339).

ren, ob er einen nicht abgewickelten Vertrag mit Wirkung für und gegen die Insolvenzmasse durchführen will. Der Verwalter soll den durch die Vertragserfüllung entstehenden **Mehrwert zur Masse** ziehen können.[5] Der Sinn des Wahlrechtes besteht dann darin, der Masse diejenigen ausstehenden Leistungen des Vertragspartners zu verschaffen, auf die er ohne die Erfüllungswahl keinen durchsetzbaren Anspruch hätte.[6]

3   Darüber hinaus soll § 103 auch den **Vertragspartner** des Schuldners **schützen**.[7] Denn der Vertragspartner des Schuldners hat aus dem beiderseits unerfüllten Vertrag nur eine Insolvenzforderung, weil sein Anspruch vor Eröffnung des Insolvenzverfahrens **begründet** worden ist (§ 38). Der Vertragspartner kann aber gerade nicht auf die Insolvenzquote verwiesen werden und selbst zur Leistung verpflichtet sein. Wählt der Verwalter die Erfüllung des von keiner Seite bereits vollständig erfüllten gegenseitigen Vertrages zum Vorteil der Masse und damit der Gläubigergesamtheit soll zugleich dem Vertragspartner der durch das funktionelle Synallagma vermittelte Schutz erhalten bleiben.[8] Die Regelung des § 103 stellt klar, dass dem Vertragspartner auch nach Eröffnung des Insolvenzverfahrens die Einrede des nicht (vollständig) erfüllten Vertrages nach § 320 BGB beziehungsweise die Unsicherheitseinrede des § 321 BGB sowie das Zurückbehaltungsrecht nach § 273 BGB uneingeschränkt zustehen.[9] Schließlich ist die Vorschrift auch eine Chance für den Vertragspartner. Wählt der Insolvenzverwalter die Erfüllung, wird aus seiner Insolvenzforderung eine Masseforderung. Vor diesem Hintergrund hat der Vertragspartner des Schuldners das Recht, den Verwalter zur Ausübung seines Wahlrechts zu zwingen.[10] Ob der Insolvenzverwalter die Erfüllung ablehnt oder nicht, steht in seinem Ermessen und hat sich an dem Insolvenzzweck auszurichten.

4   Das Wahlrecht des Insolvenzverwalters kann nicht abbedungen werden (§ 119). Dies gilt auch für sog. **Lösungsvereinbarungen** für den Fall der Insolvenz in Verträgen.[11] Mit Verfahrenseröffnung tritt das Alleinentscheidungsrecht des Insolvenzverwalters über die Vertragsabwicklung an die Stelle zuvor nicht ausgeübter vertraglich vereinbarter Rechte der Beteiligten.[12] Dies gilt nur dann nicht, wenn die Vereinbarung einer gesetzlichen Lösungsmöglichkeit entspricht.[13] Da die VOB/B keine gesetzlichen Vorschriften sind[14] bleibt somit trotz deren Einbeziehung im Rahmen eines geschlossenen Bauvertrages das insolvenzbedingte Sonderkündigungsrecht nach § 8 Nr. 2 Abs. 1 VOB/B nicht bestehen.[15] Die Vorschrift des § 8 Abs. 2 Nr. 1 VOB/B ist damit unwirksam[16] (vgl. § 119 Rn. 2, 10).

5   Mit Anzeige der **Masseunzulänglichkeit** werden Forderungen aus bis dahin geschlossenen Verträgen beziehungsweise von Verträgen, deren Erfüllung vom Insolvenzverwalter verlangt wurde, nachrangig, quotal zu befriedigende Altmasseverbindlichkeiten (§ 209 Abs. 1 Nr. 2). Der Vertragspartner kann dem Verwalter demnach bei noch nicht vollständig erbrachter Leistung die Einrede des nicht erfüllten Vertrages entgegenhalten.[17] Nach § 209 Abs. 2 Nr. 1 sind vorrangig zu befriedigende Neumasseverbindlichkeiten i.S.d. § 209 Abs. 1 Nr. 2 Verbindlichkeiten aus einem Vertrag, dessen Erfüllung der Verwalter gewählt hat, nachdem er die Masseunzulänglichkeit angezeigt hatte. Fraglich ist, ob der Verwalter, der bereits vor Anzeige der Masseunzulänglichkeit die Vertragserfüllung nach § 103 gewählt hat, nach Anzeige der Masseunzulänglichkeit **ein weiteres Mal** die **Vertragserfüllung**

---

5   BGH 27.02.1997, IX ZR 5/96, BGHZ 135, 25 ff.
6   BAG 10.11.2011, 6 AZR 342/10, ZInsO 2012, 450 (455).
7   BGH 05.05.1977, VII ZR 85/76, BGHZ 68, 379 (383); a.A. *Jaeger/Henckel* KO § 17 Rn. 7.
8   BAG 10.11.2011, 6 AZR 342/10, ZInsO 2012, 450 (455).
9   BGH 25.04.2002, IX ZR 313/99, BGHZ 150, 353 (359).
10 BT-Drucks. 12/2443, 145.
11 Ausf. hierzu KS-InsO/*Berger* 499 ff.; a.A. FA-InsR/*Wagner* Kap. 5 Rn. 7.
12 *Häsemeyer* Rn. 20.10b.
13 BGH 15.11.2012, IX ZR 169/11, ZInsO 2013, 292 (294).
14 BGH 10.06.1999, VII ZR 365/98, BGHZ 142, 46.
15 AA *Huber* ZIP 2013, 493 (500).
16 *Wegener* ZInsO 2013, 1105 (1107).
17 Mohrbutter/Ringstmeier/*Homann* § 7 Rn. 15.

wählen kann. Mangels einer dem § 103 entsprechenden Vorschrift wird dies überwiegend abgelehnt.[18] Diese Auffassung führt dazu, dass vom Verwalter geschlossene Verträge oder solche, deren Erfüllung der Verwalter **im Interesse der Gläubiger** gewählt hat, nun doch nicht erfüllt werden können. Vor dem Hintergrund, dass es dem Verwalter möglich sein soll, den Mehrwert der Vertragserfüllung zur Masse zu ziehen und auch der Vertragspartner durch eine (erneute) Erfüllungswahl besser gestellt wird, weil seine Forderung in den Rang einer Neumasseverbindlichkeit aufsteigt, kann die vorgenannte Auffassung nicht richtig sein. Eine vergleichbare Interessenlage ist jedenfalls gegeben. Darüber hinaus dürfte die Regelungslücke, dass es bei Masseunzulänglichkeit keine dem § 103 entsprechende Vorschrift gibt, auch planwidrig sein,[19] so dass die Vorschrift des § 103 auf Verträge, deren Erfüllung der Insolvenzverwalter vor Anzeige der Masseunzulänglichkeit gewählt hat, nach Anzeige der Masseunzulänglichkeit analog anwendbar ist.

B. Voraussetzungen

I. Gegenseitiger Vertrag

Voraussetzung für das Wahlrecht des Insolvenzverwalters ist ein gegenseitiger Vertrag. Unerheblich ist, ob es sich um Austauschverträge oder Dauerschuldverhältnisse handelt.[20] Bei einem gegenseitigen Vertrag stehen die beiderseitigen Verpflichtungen in einem **gegenseitigen Abhängigkeitsverhältnis** nach §§ 320 ff. BGB zueinander.[21] Dabei kommt es entscheidend auf den Parteiwillen bei Vertragsschluss an.[22] Wesentliches Merkmal ist die synallagmatische Verknüpfung der beiderseitigen Leistungspflichten, die durch den Grundsatz do ut des gekennzeichnet ist.[23] Nicht erforderlich ist, dass sich der objektive Wert von Leistung und Gegenleistung entsprechen.[24] Erfasst werden auch Sukzessivlieferungsverträge und Wiederkehrschuldverhältnisse.[25] Ein ungeschriebenes Tatbestandsmerkmal ist, dass der Anspruch des Schuldners aus dem gegenseitigen Vertrag zur Insolvenzmasse gehört.[26] Aus diesem Grund erstreckt sich die Vorschrift des § 103 auch nicht auf Verschaffungs- oder Herausgabeansprüche des Schuldners, die auf unpfändbare Gegenstände gerichtet sind.[27]

6

Beispiele für einen gegenseitigen Vertrag sind: Kaufverträge über bewegliche und unbewegliche Gegenstände, Tausch, Werk-, Werklieferungsverträge, die entgeltliche Verwahrung nach §§ 688, 689 BGB, Miet- und Pachtverhältnisse des Schuldners über bewegliche Sachen und Rechte,[28] das Lagergeschäft nach §§ 416 ff. HGB, Energielieferverträge, Registrierungsverträge des Domain-Inhabers mit der Deutsches Netzwerk Information Center eG,[29] Reiseverträge, der Lizenzvertrag,[30] ein verzinsliches Darlehen, der Sicherungsvertrag, in dem der Darlehensnehmer verspricht, Sicherheiten für das Darlehen zu bestellen,[31] grds. Versicherungsverträge[32] und der Maklervertrag, wenn sich

7

---

18 Uhlenbruck/*Uhlenbruck* § 209 Rn. 12; Kübler/Prütting/Bork/*Pape* § 209 Rn. 12; *Runkel/Schnurbusch* NZI 2000, 49 (56).
19 MüKo-InsO/*Hefermehl* § 209 Rn. 25; Mohrbutter/Ringstmeier/*Homann* § 7 Rn. 18; *Kröppelin* Die massearme Insolvenz 2003 Rn. 227 ff.; *Ringstmeier* ZInsO 2004, 169 (170 f.).
20 Mohrbutter/Ringstmeier/*Homann* § 7 Rn. 20.
21 RG 29.04.1920, IV 518/19, RGZ 100, 1 (2); BGH 24.10.1979, VIII ZR 298/78, DB 1979, 2415 (2416).
22 Mohrbutter/Ringstmeier/*Homann* § 7 Rn. 21.
23 Palandt/*Grüneberg* Einf. v. § 320 BGB Rn. 5; FA-InsR/*Wagner* Kap. 5 Rn. 4.
24 *Jaeger/Henckel* KO § 17 Rn. 11.
25 *Häsemeyer* Rn. 20.12.
26 HK-InsO/*Marotzke* Rn. 13 ff.
27 HK-InsO/*Marotzke* Rn. 15 m.w.N.
28 BT-Drucks. 12/2443, 144.
29 BGH 05.07.2005, VII ZB 5/05, ZInsO 2006, 229 f.
30 BGH 09.03.2006, IX ZR 55/04, ZInsO 2006, 429 ff.
31 BGH 09.02.1967, III ZR 226/64, WM 1967, 321.
32 FA-InsR/*Wagner* Kap. 5 Rn. 6.

§ 103 InsO Wahlrecht des Insolvenzverwalters

der Makler verpflichtet, einen bestimmten Erfolg herbeizuführen.[33] Ein Vergleich kann ein gegenseitiger Vertrag sein.[34]

8 **Nicht** unter § 103 fallen Miet-, Pacht- und Leasingverträge über unbewegliche Gegenstände (§ 108), grds. Dienst- und Arbeitsverträge (vgl. § 108 Rdn. 1), Tarifverträge,[35] der Kreditöffnungsvertrag beim Avalkredit,[36] das Kontokorrentverhältnis,[37] Gesellschaftsverträge (wegen § 728 BGB bzw. § 131 Abs. 1 Nr. 3 HGB), der Leihvertrag, die unentgeltliche Verwahrung,[38] Auslobung, Bürgschaft, Schenkung, Auftrag,[39] das Darlehensversprechen nach § 490 BGB, das unverzinsliche Darlehen, Ehemaklervertrag und Spiel- sowie Wettverträge.[40] Auch die Schiedsabrede ist kein gegenseitiger Vertrag.[41]

8a Ebenso wenig ist grundsätzlich nach entsprechender Eintragung im Grundbuch der **Erbbaurechtsvertrag** ein Austauschvertrag im Sinne von § 103, da nach § 9 Abs. 1 Satz 1 ErbbauVO der Berechtigte den Erbbauzins für die Bestellung des Erbbaurechtes und nicht als Entgelt für die dauernde Duldung der Grundstücksnutzung zu entrichten hat.[42] Der gesetzliche Erbbauzinsanspruch ist dinglicher Natur. Die für Miet- und Pachtverträge charakteristische synallagmatische Verknüpfung der gegenseitigen Leistungspflichten besteht zwischen dem dinglichen Erbbauzinsanspruch und der Duldungspflicht des Grundstückseigentümers nicht. Der Vertrag über die Bestellung eines Erbbaurechtes ist deshalb ausschließlich als Rechtskauf anzusehen.[43]

9 Zudem sei auf folgende **Sonderregelungen** verwiesen: § 104 bei Fixgeschäften und Finanzdienstleistungen, § 105 bei teilbaren Leistungen und bei Geschäftsbesorgungsverhältnissen auf § 116.

10 **Kaufverträge** unterfallen grds. ebenfalls der Vorschrift des § 103. Dem Verwalter soll jedoch kein Wahlrecht zustehen, wenn der Schuldner als Verkäufer die verkaufte Sache unter Eigentumsvorbehalt übergeben hat (§ 107). Dadurch wird erreicht, dass das Anwartschaftsrecht des Vorbehaltskäufers nicht vom Insolvenzverwalter durch Erfüllungsablehnung zerstört werden kann.[44]

11 **Lizenzverträge** sind von § 103 erfasst,[45] sofern nicht vereinbart wurde, dass der Lizenzvertrag nur durch eine außerordentliche Kündigung beendet werden kann und im Fall der Kündigung die Lizenz dem Lizenznehmer zufällt.[46] Bei Ablehnung der Erfüllung erlischt die Lizenz.[47] Seine Absichten, dies zu ändern, scheint der Gesetzgeber wohl aufgegeben zu haben.[48]

12 **Dienstverträge** unterfallen jedoch dann § 103, wenn der Vertrag unter Berücksichtigung der §§ 108 Abs. 1 Satz 1, 55 Abs. 1 Nr. 2, 2. Alt. nicht vom dienstverpflichteten Schuldner, sondern vom Insolvenzverwalter mit personellen und sächlichen Mitteln eines zur Insolvenzmasse gehörenden Dienstleistungsunternehmens erfüllt werden müsste.[49]

---

33 *Jaeger/Henckel* KO § 17 Rn. 15.
34 *Jaeger/Henckel* KO § 17 Rn. 12; *Kilger/Schmidt* KO § 17 Rn. 2a.
35 *Hess* § 113 Rn. 110 ff.
36 *Schmidt, K.* JZ 1976, 756 (762).
37 BGH 07.12.1977, VIII ZR 164/76, BGHZ 70, 86 (93).
38 OLG Oldenburg 31.10.1989, 12 U 48/89, MDR 1990, 820.
39 AA HK-InsO/*Marotzke* Rn. 8, wenn dem Vertragspartner Gegenansprüche zustehen.
40 *Jaeger/Henckel* KO § 17 Rn. 29 ff.; *Kilger/Schmidt* KO § 17 Rn. 2a; FA-InsR/*Wagner* Kap. 5 Rn. 7.
41 *Flöther* Auswirkungen des inländischen Insolvenzverfahrens auf Schiedsverfahren und Schiedsabrede (1999), 72; BGH 20.11.2003, III ZB 24/03, ZInsO 2004, 88 m.Anm. *Flöther* DZWIR 2004, 161 f.
42 BGH 20.10.2005, IX ZR 145/04, NZI 2006, 97.
43 BGH 20.10.2005, IX ZR 145/04, NZI 2006, 97.
44 BT-Drucks. 12/2443, 144.
45 BGH 09.03.2006, IX ZR 55/04, ZInsO 2006, 429 ff.
46 BGH 17.11.2005, IX ZR 162/04, NJW 2006, 915.
47 LG Mannheim 26.03.2004, 35 IN 68/03, ZIP 2004, 673 (676).
48 Der Regierungsentwurf für ein Gesetz zur Entschuldung mittelloser Personen, zur Stärkung der Gläubigerrechte sowie zur Regelung der Insolvenzfestigkeit von Lizenzen vom 22. August 2007 enthielt einen § 108a InsO.
49 MüKo-InsO/*Löwisch/Caspers* § 113 Rn. 4 f.; *Wente* ZIP 2005, 335 ff.

Die Behandlung **gemischttypischer Verträge** ist umstritten. Vertreten wird, die Vorschrift des § 103 nur hinsichtlich des im Gegenseitigkeitsverhältnis stehenden Teils anzuwenden.[50] So ist etwa der **Depotvertrag** zwischen Bank und Kunde ein gemischttypischer Vertrag. Er enthält Elemente der Verwahrung und der Geschäftsbesorgung. In der Insolvenz des Kunden würde § 103 somit nur für die Verwahrung, nicht für die Verwaltung der Effekten gelten. Nach anderer Auffassung kommt es darauf an, welche Leistung dem Vertrag das typische Gepräge gibt.[51] Beide Lösungswege sind mit nicht unerheblichen praktischen Schwierigkeiten verbunden. Teilt man den Vertrag in einen von § 103 erfassten und einen nicht in den Anwendungsbereich fallenden Teil, so kann es zu einer unnatürlichen Aufspaltung des ursprünglichen Vertrages kommen, da die Parteien bei Vertragsschluss die gegenseitigen und die nicht gegenseitigen Leistungen i.d.R. nicht ohne Grund miteinander verknüpft haben werden. Andererseits zeigt gerade das Beispiel des Depotvertrages, dass es mitunter kaum möglich ist, zu differenzieren, welche »Leistung« den Vertrag prägt. Ausgehend von dem auch in § 139 BGB zum Ausdruck gekommenen Gedanken der Privatautonomie ist zu verhindern, dass den Parteien anstelle des von ihnen gewollten Rechtsgeschäftes ein Geschäft mit anderem Inhalt aufgedrängt wird. Gemischttypische Verträge unterfallen deshalb dann komplett § 103, wenn nicht anzunehmen ist, dass das Rechtsgeschäft auch ohne den anderen Teil vorgenommen sein würde (§ 139 BGB analog). In diese Richtung weist auch die Rechtsprechung des Bundesgerichtshofes, wonach der Vertrag grds. als Einheit zu begreifen ist, so dass der Verwalter i.d.R. nur Erfüllung im Ganzen wählen kann.[52] Sind sich folglich der Insolvenzverwalter und der andere Teil des Vertrages einig, dass nur eine teilweise Erfüllung in ihrem Interesse ist, ist die teilweise Erfüllung zulässig. 13

Ausgehend vom Zweck der Vorschrift erfasst § 103 (analog) auch **Rückgewährschuldverhältnisse**,[53] Denn Rückabwicklungsverhältnisse bestehen regelmäßig aus Zug um Zug zu erfüllenden Leistungspflichten, die einem gegenseitigen Vertrag vergleichbar sind. Zudem ist das Rückgewährschuldverhältnis letztlich eine Art actus contrarius des zu erfüllenden gegenseitigen Vertrages. Erklärt der Insolvenzverwalter den Rücktritt oder bei Verbraucherverträgen den Widerruf, liegt darin indes nicht schon die Wahl der Erfüllung des Rückabwicklungsverhältnisses. Vielmehr muss hinzutreten, dass der Verwalter als Folge der Umgestaltung des Vertragsverhältnisses eine an den Vertragspartner bewirkte Leistung zurückverlangt.[54] Tritt der andere Teil vom Vertrag zurück, kann er den Insolvenzverwalter nach § 103 Abs. 2 Satz 2 zur Ausübung seines Wahlrechts auffordern Die Analogie erstreckt sich jedoch nicht auf die Rückgewährschuldverhältnisse, zu denen es kommt, weil eine Leistung des Schuldners nach § 81 unwirksam ist oder vom Insolvenzverwalter nach §§ 129 ff. angefochten wurde.[55] Nicht in einem Gegenseitigkeitsverhältnis nach § 103 stehen der **Grundbuchberichtigungsanspruch** des Insolvenzverwalters über das Vermögen des Verkäufers und der Kaufpreisrückgewähranspruch des Vertragspartners.[56] Die entsprechende Anwendung des § 103 auf Rückgewährschuldverhältnisse kann zudem nicht dazu führen, die Durchsetzung dinglich begründeter Ansprüche der Insolvenzmasse einzuschränken.[57] 14

Der vom Schuldner **zu leistende Gegenstand** muss kein Massegegenstand sein. Für ein solches, dann etwa auch Dienstleistungen, zu denen sich der Schuldner verpflichtet hat, ausschließendes ungeschriebenes Tatbestandsmerkmal besteht kein legitimer Grund. Etwas anderes gilt, wenn der vom Gläubiger zu leistende Gegenstand nicht zur Masse gehört oder nach Erfüllung gehören würde (vgl. 15

---

50 *Jaeger/Henckel* KO § 17 Rn. 22.
51 FA-InsR/ *Wagner* Kap. 5 Rn. 7.
52 BGH 11.02.1988, IX ZR 36/87, BGHZ 103, 250 (253).
53 BGH 30.01.1961, II ZR 256/58, WM 1961, 482 (485 f.); OLG Stuttgart 18.08.2003, 5 U 62/03, ZInsO 2004, 1087 (1088 f.); HK-InsO/*Marotzke* Rn. 11; vertiefend *Marotzke* Gegenseitige Verträge, Rn. 4.114 ff.; *v. Ohlshausen* FS Gaul 1997, 497 (514 ff.); *Scherer* NZI 2002, 356 (359 ff.). Die Frage offen lassend *Gehrlein* ZIP 2011, 5 (14).
54 BGH 22.01.2009, IX ZR 66/07, DZWIR 2009, 215 (216); a.A. noch *Flöther/Wehner*, 1. Aufl.
55 *Marotzke* Gegenseitige Verträge, Rn. 4.130 ff., 7.133.
56 BGH 22.01.2009, IX ZR 66/07, NJW 2009, 1414 ff.
57 BGH 07.03.2002, IX ZR 457/99, BGHZ 150, 138 (148).

Rdn. 6). Ebenso ist nicht ersichtlich, weshalb gegenseitige Verträge, bei denen sich der Schuldner zur Beschaffung eines Gegenstandes verpflichtet hat, der Gegenstand im Zeitpunkt der Insolvenzeröffnung aber noch nicht beschafft ist, dem Anwendungsbereich des § 103 entzogen sein sollen.[58]

II. Nicht oder nicht vollständige Erfüllung

1. Allgemeines

16 Ist ein gegenseitiger Vertrag bereits **von einer Partei vollständig erfüllt** worden, scheidet die Anwendung von § 103 aus. Denn wenn der andere Teil vollständig geleistet hat, hat er sich des durch das funktionelle Synallagma vermittelten Schutzes begeben.[59] Die Forderung des anderen Teils ist Insolvenzforderung. Ist der Schuldner bereits in Vorleistung getreten, wird der Insolvenzverwalter die Erfüllung der Gegenforderung des Schuldners zur Masse verlangen. Ob von einer vollständigen Erfüllung ausgegangen werden kann, bestimmt sich maßgeblich nach den vertraglich übernommenen Verpflichtungen und den Vorschriften des BGB,[60] aber dennoch anhand der objektiv zu beurteilenden Umstände. Erfüllt ist die geschuldete Leistung, wenn sie nach §§ 362 ff. BGB bewirkt wurde. Dabei genügt nicht die Vornahme der Leistungshandlung allein, sondern ausschlaggebend ist der Eintritt des Leistungserfolges.[61] Auch sämtliche Nebenleistungspflichten müssen grds. erfüllt sein.[62] Eine Ausnahme bilden untergeordnete Nebenleistungspflichten, insb. nachwirkende Treue- und Auskunftspflichten.[63] Ausreichend ist auch die vertraglich oder einseitig erklärte Aufrechnung der Leistung nach §§ 387 ff. BGB oder der Erlass nach § 397 BGB.[64] Durch Hinterlegung nach § 372 ff. BGB tritt Erfüllung ein, wenn gem. § 378 BGB die Rücknahme der hinterlegten Sache ausgeschlossen wurde. Der Bewirkung steht nicht entgegen, wenn die Leistung bei Eintritt eines künftigen Ereignisses zurückgefordert werden kann.[65] Keine Erfüllung ist bei Minderleistung oder, wenn vertraglich vereinbart, bei Leistung am falschen Ort oder zur unrichtigen Zeit anzunehmen, sofern der Leistungspflichtige weiter für die Sache haftet. Bei einer Teilleistung kommt § 103 hinsichtlich des noch nicht erfüllten Teiles des Vertrages zur Anwendung.[66]

2. Der Kaufvertrag

a) Erfüllung durch den Verkäufer

17 Für die vollständige Erfüllung eines Kaufvertrages durch den Verkäufer bedarf es gem. § 433 Abs. 1 Satz 1 BGB grds. der Übergabe an und des Eigentumserwerbes durch den Käufer.[67] Für Kaufverträge, die vorsehen, dass der Vertragsgegenstand, sei es eine Sache oder ein Recht, gemäß § 158 Abs. 1 BGB nur aufschiebend bedingt übereignet werden soll, bedeutet dies, dass erst dann vollständig im Sinne des § 362 Abs. 1 BGB erfüllt ist, wenn der Leistungserfolg durch Eintritt der aufschiebenden Bedingung herbeigeführt worden ist.[68] Ausreichend ist aber jede Form des Eigentumserwerbes nach den §§ 929 ff. BGB, insb. auch im Wege gutgläubigen Erwerbes gem. § 932 BGB.[69] Die Ersitzung nach §§ 937 ff. BGB genügt wegen der eingetretenen Zweckerreichung ebenfalls.[70] Seine Verpflichtungen aus einem

---

58 So auch HK-InsO/*Marotzke* Rn. 28.
59 *Häsemeyer* Rn. 20.13.
60 KS-InsO/*Pape* 531 (545).
61 BGH 25.03.1983, V ZR 168/81, BGHZ 87, 156.
62 BGH 17.03.1972, V ZR 53/70, BGHZ 58, 246 (251); a.A. Kübler/Prütting/Bork/*Tintelnot* Rn. 37, 76.
63 MüKo-InsO/*Huber* Rn. 123.
64 *Jaeger/Henckel* KO § 17 Rn. 43.
65 *Jaeger/Henckel* KO § 17 Rn. 41.
66 BGH 04.05.1995, IX ZR 256/93, BGHZ 129 (336) m.Anm. Bork JZ 1996, 49 (51).
67 *Plander* JZ 1973, 45 (49); a.A. *Bauknecht* NJW 1956, 1177 (1178); *Häsemeyer* NJW 1977, 737 (738).
68 MüKo-InsO/*Ott/Vuia* § 107 Rn. 3.
69 *Jaeger/Henckel* KO § 17 Rn. 46.
70 Wie hier *Beuthien* Zweckerreichung und Zweckstörung im Schuldverhältnis (1969), 302 f.; zweifelnd aber im Ergebnis bejahend *Jaeger/Henckel* KO § 17 Rn. 45.

Rechtskauf (§ 453 BGB) erfüllt der Verkäufer, wenn er dem Käufer das Recht eingeräumt oder übertragen hat. Beim Forderungskauf kommt es auf die Übertragung der Forderung nach § 398 BGB an.

Vor diesem Hintergrund ist der **Versendungskauf** durch den Verkäufer erst erfüllt, wenn der Käufer Eigentümer wird, nicht schon mit Übergabe der Ware an die Versendungsperson. 18

b) Erfüllung durch den Käufer

Der Käufer erfüllt seine Pflichten nach § 433 Abs. 2 BGB erst mit Zahlung des Kaufpreises **und** Abnahme der Ware.[71] 19

c) Der Grundstückskaufvertrag

Ein Grundstückskaufvertrag ist seitens des Käufers wegen der Abnahmeverpflichtung solange noch nicht erfüllt, wie es nicht zur Auflassung gekommen ist und der Kaufpreis nicht vollständig beglichen wurde.[72] Der Verkäufer hat hingegen mit Abgabe der Auflassungserklärung und Beantragung der Eintragung des Käufers in das Grundbuch (§ 925 BGB, §§ 13, 19, 20 GBO) noch nicht vollständig erfüllt. Die Eigentumsübertragung ist erst mit der Eintragung des Käufers als Eigentümer in das Grundbuch vollzogen.[73] Wird zwischen Abgabe der für die Eintragung notwendigen Erklärungen des Veräußerers und Eintragung das Insolvenzverfahren über das Vermögen des Schuldners eröffnet, ist darin eine ungerechtfertigte Bereicherung der Masse nach § 55 Abs. 1 Nr. 3 zu sehen,[74] wenn der Insolvenzverwalter die Erfüllung ablehnt. 20

3. Sach- und Rechtsmängel

Fraglich ist, ob Sach- und Rechtsmängel der Kaufsache, des Tauschgegenstandes bzw. des Werkes einer vollständigen Erfüllung entgegenstehen. Entscheidend kommt es wiederum auf die vertraglich übernommenen Pflichten an. 21

Unter der KO wurde bei Sachmängeln der **Kaufsache** überwiegend Erfüllung angenommen; das Wahlrecht des Insolvenzverwalters bezog sich danach nicht auf die Erfüllung des Kaufvertrages.[75] Durch die Neufassung des § 433 BGB mit dem Schuldrechtsmodernisierungsgesetz wurde die Pflicht des Verkäufers, die Sache frei von Sach- und Rechtsmängeln zu verschaffen, jedoch unabhängig von der Frage der Einordnung als Stück- oder Gattungskauf Hauptleistungspflicht gem. § 433 Abs. 1 Satz 2 BGB. Ein Mangel der Kaufsache bewirkt nunmehr in jedem Fall die Vertragswidrigkeit einer Hauptpflicht und nicht die Erfüllung mit einhergehenden Gewährleistungsansprüchen.[76] Konsequenterweise ist somit bei einem Mangel der Kaufsache i.S.d. §§ 434 f. BGB trotz Übergabe und Übereignung noch nicht von einer vollständigen Erfüllung durch den Verkäufer auszugehen. Der Insolvenzverwalter hat das Recht, nach § 103 die Erfüllung zu wählen oder abzulehnen. 22

Im **Werkvertragsrecht** ist der Nacherfüllungsanspruch des Bestellers nach § 635 BGB letztlich der ursprüngliche Erfüllungsanspruch in modifizierter Form.[77] Somit ist der Anwendungsbereich des § 103 eröffnet, solange das Werk mangelhaft ist und der Unternehmer zur Nacherfüllung verpflich- 23

---

71 RG 25.11.1933, I 141/33, RGZ 142, 296 ff.; BGH 17.03.1972, V ZR 53/70, BGHZ 58, 246 (249); 25.02.1983, V ZR 20/82, NJW 1983, 1619; *Marotzke* Gegenseitige Verträge, Rn. 4.29 ff.; KS-InsO/*Pape* 531 (545); a.A. *Häsemeyer* Rn. 20.14; Kübler/Prütting/Bork/*Tintelnot* Rn. 28; *Jaeger/Henckel* KO § 17 Rn. 8, 47.
72 BGH 17.03.1972, V ZR 53/70, NJW 1972, 875; BGH 07.02.2013, IX ZR 218/11, ZInsO 2013, 494.
73 RG 23.01.1914, VI 557/13, RGZ 84, 228 ff.; 02.11.1914, V 232/14, RGZ 85, 402 ff.; 08.05.1926, V 239/25, RGZ 113, 403 (405); *Häsemeyer* Rn. 20.15.
74 *Jaeger/Henckel* KO § 17 Rn. 63.
75 So *Kilger/Schmidt* KO § 17 Rn. 3a; *Jaeger/Henckel* KO § 17 Rn. 90 ff.; teilweise wurde zwischen Gattungs- und Stückkauf unterschieden, so etwa BGH 26.10.1960, VIII ZR 150/59, NJW 1961, 117.
76 Palandt/*Weidenkaff* § 433 BGB Rn. 1.
77 BGH 06.02.1958, VII ZR 39/57, BGHZ 26, 337 (340); 14.01.1999, IX ZR 140/98, NJW 1999, 1105.

tet ist. Wählt in diesem Fall der Insolvenzverwalter des Unternehmers Erfüllung, so ist seine Verpflichtung zur Nacherfüllung Masseschuld.[78] Ob der Insolvenzverwalter zum Zwecke der Nacherfüllung auf den Schuldner oder einen Dritten zurückgreift, ist unerheblich.[79] Verlangt der Verwalter des insolventen Bestellers Nacherfüllung des Werkes, hat er bei erfolgreicher Nacherfüllung den vollen Werklohn als Masseschuld zu zahlen.

4. Versicherungsverträge

24 Fraglich ist, wann ein Versicherungsvertrag vollständig erfüllt ist. Dies kann im Einzelfall schwierig zu beantworten sein. **Beispiel:** Der Schuldner hat eine Forderungsausfallversicherung abgeschlossen. Vor Verfahrenseröffnung realisiert sich das versicherte Risiko; es kommt zum Versicherungsfall. Bei Eröffnung des Insolvenzverfahrens hat der Versicherer noch nicht geleistet. Der Schuldner hatte regelmäßig die vertraglich vereinbarte Vorauszahlung auf die jeweils erst nach Ablauf des laufenden Kalenderjahres endgültig berechnete Prämie gezahlt. Kann bzw. muss der Verwalter in diesem Fall die Erfüllung nach § 103 wählen, um die Versicherungsleistung zur Masse ziehen zu können? Die Erfüllungswahl hätte zur Folge, dass die Masse die Versicherungsprämien zahlen muss.

25 Hauptfunktion einer Versicherung ist die Risikoabsicherung (§ 1 Satz 1 VVG). Der Versicherer schuldet eine durch den Eintritt des Versicherungsfalles **aufschiebend bedingte Geldleistung**.[80] Diese Leistung hat der Versicherer im oben genannten Beispiel noch nicht erfüllt. Die Hauptleistungspflicht des Versicherungsnehmers besteht in der **Zahlung der Prämie** (§ 1 Satz 2 VVG). Hatte der Versicherungsnehmer im Zeitpunkt des Versicherungsfalles die Prämien ordnungsgemäß gezahlt, liegt eine einseitige vollständige Erfüllung vor. Der Verwalter hat kein Wahlrecht nach § 103; der Versicherer ist grds. zur Leistung verpflichtet. Wird die endgültige Prämie, wie im vorgenannten Beispiel, erst später, nach Eintritt des Versicherungsfalles und Eröffnung des Insolvenzverfahrens berechnet und fällig, dürfte es auf die Vereinbarungen im Versicherungsvertrag ankommen, insb. darauf, ob die Versicherungsleistung von der ggf. erforderlichen Prämiennachzahlung abhängig gemacht wird. Dann hätte der Versicherungsnehmer im Zeitpunkt der Verfahrenseröffnung noch nicht vollständig erfüllt, womit § 103 anwendbar wäre. Wahrscheinlicher ist jedoch eine vertraglich vereinbarte Verrechnung der Versicherungsleistung mit den restlichen Prämien. In diesem Fall hätte der Schuldner u.A. im Zeitpunkt der Eröffnung des Insolvenzverfahrens die von ihm übernommenen vertraglichen Pflichten bereits vollständig erfüllt.

5. Mietvertrag über bewegliche Sachen

25a Der Vermieter einer beweglichen Sache ist verpflichtet, dem Mieter den Gebrauch der Mietsache in einem zum vertragsgemäßen Gebrauch geeigneten Zustand zu überlassen und sie während der Mietzeit zu erhalten (§ 535 Abs. 1 Satz 2 BGB). Demzufolge liegt unproblematisch auch nach Gebrauchsüberlassung kein seitens des Vermieters bereits vollständig erfüllter Vertrag vor. Beim Leasingvertrag, sofern nicht ohnehin § 108 Abs. 1 Satz 2 einschlägig ist, trägt in der Regel allein der Leasingnehmer die Gefahr oder Haftung für die Instandhaltung, Sachmängel, den Untergang und die Beschädigung der Sache.[81] Der Leasinggeber ist dem Leasingnehmer nach Übergang des Leasinggegenstandes indes weiterhin verpflichtet, den Leasingnehmer im Besitz nicht zu stören und bei Störung durch Dritte zu unterstützen.[82] Diese Verpflichtung ist ausreichend, um von einem auch von Seiten des Leasinggebers noch nicht vollständig erfüllten Leasingvertrag auszugehen.[83]

---

[78] *Kesseler* ZIP 2005, 2046 ff.
[79] AA OLG Hamm 06.12.1976, 17 U 104/76, NJW 1977, 768 f. – danach wandelt sich der Herstellungsanspruch des Bestellers automatisch durch einen Mangel an Geld oder Betriebskapazität, etwa im Falle der Betriebsstilllegung, in einen einseitigen Schadensersatzanspruch um.
[80] OLG Karlsruhe 02.07.1987, 12 U 12/87, NJW-RR 1988, 151; a.A. Bruck/Möller/*Möller* VVG § 1 Rn. 40.
[81] BGH 11.03.1998, VIII ZR 205/97, NJW 1998, 1637 ff.
[82] BGH 30.09.1987, VIII ZR 226/86, NJW 1988, 198 ff.
[83] Im Ergebnis ebenso OLG Düsseldorf 18.04.2011, 24 U 157/10, BB 2011, 2319 ff.

6. Einzelheiten

Leistet ein Vertragsteil **unter Vorbehalt** des Bestehens der Schuld, tritt der Erfolg ein, wenn der Leistende lediglich die Wirkung des § 814 BGB ausschließt und sich den Anspruch aus § 812 BGB für den Fall vorbehält, dass er das Nichtbestehen der Forderung oder der Empfangsberechtigung beweist.[84] Knüpft der Leistende die Leistung an die Bedingung, dass der Empfänger weiterhin die Beweislast für das Bestehen der Forderung trägt, kann indes keine Erfüllung angenommen werden.[85] Nicht entscheidend ist, ob der Annehmende zur Annahme der Leistung unter Vorbehalt verpflichtet war, wenn er sie letztlich annimmt.[86]

26

Hat sich der Schuldner in einem gegenseitigen Vertrag zu einer **höchstpersönlichen Leistung** verpflichtet, die noch nicht (vollständig) erfüllt ist, ist der Anwendungsbereich des § 103 nicht eröffnet, denn der Insolvenzverwalter kann einen solchen Vertrag gerade nicht selbst erfüllen[87]. Zu denken ist etwa an die Erbringung künstlerischer Leistungen oder einen Behandlungsvertrag mit einem bestimmten insolventen Arzt oder Rechtsanwalt.[88]

27

III. Zur Zeit der Eröffnung

Zeitpunkt für die Beurteilung des Standes der gegenseitigen Erfüllungsansprüche ist die Eröffnung des Insolvenzverfahrens. Wegen des eindeutigen Wortlautes von § 103 Abs. 1 hat der Insolvenzverwalter kein Wahlrecht für vom Schuldner nach Verfahrenseröffnung geschlossene Verträge.[89] Wird ein **anfechtbares Erfüllungsgeschäft** wirksam angefochten und somit ex tunc nach § 142 BGB unwirksam, wird der Anwendungsbereich des § 103 nachträglich eröffnet.[90]

28

Folgenreich ist das Abstellen auf den Zeitpunkt der Eröffnung des Insolvenzverfahrens etwa dann, wenn eine der synallagmatischen Leistungspflichten nach Verfahrenseröffnung unmöglich wird. Wählt der Insolvenzverwalter etwa in Unkenntnis der auf seiner Seite eingetretenen **Unmöglichkeit** die Erfüllung, hat er für die volle Vertragserfüllung einzustehen. Die Rechte des Gläubigers bestimmen sich nach § 275 Abs. 3 i.V.m. §§ 280, 283 bis 285, 311a und 326 BGB. Ist die Unmöglichkeit einer geschuldeten Leistung bereits vor Eröffnung des Insolvenzverfahrens eingetreten, wird der Schuldner nach § 275 Abs. 1 BGB von der Leistungspflicht frei. Es fehlt somit grds. an der erforderlichen Voraussetzung beiderseitiger, in einem gegenseitigen Abhängigkeitsverhältnis stehender Verpflichtungen.[91]

29

Fließt die Leistung des Vertragspartners nach Verfahrenseröffnung in die Masse und wählt der Insolvenzverwalter die Nichterfüllung des Vertrages, hat der Vertragspartner einen Anspruch gegen die Masse aus § 813 Abs. 1 Satz 1 BGB i.V.m. § 55 Abs. 1 Nr. 3.[92]

30

IV. Das Wahlrecht des Insolvenzverwalters

Der Insolvenzverwalter hat das Recht, die Erfüllung des Vertrages zu wählen, womit er die Erfüllung dann auch schuldet, oder die Erfüllung des Vertrages abzulehnen. Das Wahlrecht aus § 103 Abs. 1 steht ausschließlich dem Insolvenzverwalter, nicht indes dem vorläufigen Insolvenzverwalter zu, der nur eine sichernde Aufgabe wahrnimmt.[93] Das Wahlrecht kann hinsichtlich jedes Vertrages nur **einheitlich** ausgeübt werden.[94]

31

---

84 BGH 24.11.2006, LwZR 6/05, NJW 2007, 1269.
85 BGH 24.11.2006, LwZR 6/05, NJW 2007, 1269.
86 BGH 08.06.1988, IVb ZR 51/87, NJW 1989, 161 (162).
87 *Jaeger/Henckel* KO § 17 Rn. 108; MüKo-InsO/*Huber* Rn. 88; Kübler/Prütting/Bork/*Tintelnot* Rn. 48.
88 HK-InsO/*Marotzke* Rn. 26.
89 AA HK/*Marotzke* Rn. 4.
90 *Jaeger/Henckel* KO § 17 Rn. 44.
91 OLG Hamm 06.12.1976, 17 U 104/76, NJW 1977, 768.
92 Mohrbutter/Ringstmeier/*Homann* § 7 Rn. 22; MüKo-InsO/*Huber* Rn. 128.
93 BGH 08.11.2007, IX ZR 53/04, ZInsO 2007, 1275 ff.
94 BFH 30.04.2009, V R 1/06, NZI 2009, 662 (663).

1. Die Form der Erklärung

32 Die **Ausübung des Wahlrechtes** erfolgt grds. durch einseitige empfangsbedürftige Willenserklärung[95] gegenüber dem Vertragspartner. Die Erklärung wird mit Zugang beim Vertragspartner wirksam (§ 130 BGB). Die Erklärung des Verwalters ist bindend.[96] Das Wahlrecht kann formlos ausgeübt werden,[97] mithin auch konkludent,[98] jedoch nicht durch Schweigen.[99] Es ist nicht ersichtlich, warum aufgrund des fehlenden Formzwanges für die Abgabe der Erklärung der zivilrechtliche Grundsatz, dass Schweigen keine Willenserklärung ist, aufgegeben werden soll, denn anderenfalls würde es insb. bei einer bereits schweigend »erklärten« Erfüllungswahl zu erheblichen Unsicherheiten kommen, wenn der Gläubiger den Insolvenzverwalter nach § 103 Abs. 2 Satz 2 zur Erklärung über sein Wahlrecht auffordert und der Verwalter sich nicht (unverzüglich) erklärt. Die Erklärung muss das Ergebnis des ausgeübten Wahlrechtes jedoch eindeutig erkennen lassen. Insb. ein konkludentes Verhalten muss klar und eindeutig sein, woran hohe Anforderungen gestellt werden.[100] Die Aufforderung des Insolvenzverwalters zur Mängelbeseitigung wird nach dem objektiven Empfängerhorizont als Erfüllungswahl zu verstehen sein.[101] Die Erklärung des Insolvenzverwalters nach § 103 ist bedingungsfeindlich.[102] Der Insolvenzverwalter und der Vertragspartner können jedoch nach dem Grundsatz der Vertragsfreiheit eine Vereinbarung über die Art und Weise einer weiteren Vertragsabwicklung bei Ausübung des Wahlrechts treffen.[103] Das Wahlrecht kann vorbehaltlich einer Aufforderung des Vertragspartners, das Wahlrecht auszuüben (vgl. Rdn. 45), zeitlich unbegrenzt ausgeübt werden.[104] Zudem kann das Wahlrecht bereits vor Fälligkeit der Ansprüche ausgeübt werden.

33 Eine **konkludente Erfüllungswahl** kann bspw. auch dann angenommen werden, wenn der Verwalter nach Verfahrenseröffnung die Verpflichtung des Schuldners aus dem gegenseitigen Vertrag erfüllt. Nicht ausreichend ist jedoch grds., wenn der Insolvenzverwalter den schuldnerischen Anspruch aus einem gegenseitigen nicht vollständig erfüllten Vertrag gegenüber dem Vertragspartner geltend macht, es sei denn der Verwalter räumt gleichzeitig die Berechtigung der Einwendungen des anderen Teiles ein, zum Beispiel, indem er die Zahlung nur Zug um Zug gegen die Gegenleistung fordert.[105] Ein Verwalter, der die ihm bekannten Drittschuldner – oft sogar formularmäßig – zur Zahlung auffordert, weiß regelmäßig nicht, ob und welche Gegenansprüche, Einreden oder Zurückbehaltungsrechte die Drittschuldner haben und geltend machen. Vor diesem Hintergrund kann eine einfache Aufforderung zur Zahlung, ggf. verbunden mit der Bitte um Mitteilung, der Forderung entgegenstehende Umstände vorzutragen, nach dem objektiven Empfängerhorizont nicht genügen, eine konkludente Erfüllungswahl anzunehmen.[106] Verwertet der Insolvenzverwalter den (gesamten) Warenbestand des Schuldners einschließlich der unter Eigentumsvorbehalt gelieferten Waren, ist darin kein Erfüllungsverlangen gegenüber den Lieferanten zu sehen.[107]

---

95 BGH 03.12.1954, V ZR 96/53, BGHZ 15, 333 (335); OLG Brandenburg 16.04.2008, 7 U 143/07, ZInsO 2009, 525 f.
96 Kilger/*Schmidt* KO § 17 Rn. 4a; Kübler/Prütting/Bork/*Tintelnot* Rn. 10.
97 RG 03.10.1919, III 543/18, RGZ 96, 292 (295).
98 OLG Brandenburg 16.04.2008, 7 U 143/07, ZInsO 2009, 525 f.
99 AA Mohrbutter/Ringstmeier/*Homann* § 7 Rn. 37.
100 OLG Brandenburg 16.04.2008, 7 U 143/07, ZInsO 2009, 525 f.
101 Kilger/*Schmidt* KO § 17 Rn. 4a.
102 BGH 04.12.1957, V ZR 251/56, BGH WM 1958, 430 (432).
103 BGH 04.12.1957, V ZR 251/56, BGH WM 1958, 430.
104 Mohrbutter/Ringstmeier/*Homann* § 7 Rn. 41.
105 OLG Dresden 24.01.2002, 13 U 2215/01, ZIP 2002, 812 (815); OLG Stuttgart 22.02.2005, 10 U 242/04, ZIP 2005, 588.
106 OLG Stuttgart 22.02.2005, 10 U 242/04, ZIP 2005, 588.
107 BGH 08.01.1998, IX ZR 131/97, NJW 1998, 992 ff.; HK-InsO/*Marotzke* Rn. 67.

2. Gestaltungsmöglichkeiten

Der Insolvenzverwalter kann mit dem **Vertragspartner vereinbaren**, dass das Wahlrecht nur für den beiderseits ausstehenden Vertragsrest ausgeübt wird und dass der Vertragspartner wegen des einseitig vollzogenen Teils am Insolvenzverfahren als Insolvenzgläubiger teilnimmt.[108] Ob sich der Vertragspartner hierauf einlässt, ist freilich eine ganz andere Frage. Für den Insolvenzverwalter kann ein unter Vorbehalt geäußertes Erfüllungsverlangen dagegen durchaus sinnvoll sein, etwa um überraschende Masseverbindlichkeiten zu vermeiden, die dann dem Anspruch der Masse nach § 273 BGB entgegengehalten werden.[109] Zwar bestünde in so einem Fall auch die Möglichkeit der Anfechtung des erklärten Erfüllungsverlangens, jedoch mit der möglichen Folge von Schadenersatzansprüchen (vgl. Rdn. 38 ff.). 34

Der Insolvenzverwalter hat, was praktisch insb. bei Energielieferungsverträgen relevant wird, bei Ablehnung der weiteren Vertragserfüllung darauf zu achten, sich **nicht widersprüchlich** zu verhalten. Bezieht der Insolvenzverwalter, etwa durch Fortführung des Unternehmens, weiter Energielieferungen, kann darin ein konkludenter Eintritt in den Vertrag bzw. das Zustandekommen eines neuen Energielieferungsvertrages zu sehen sein. Dem Insolvenzverwalter ist aber ein angemessener Zeitraum zur Überlegung zuzubilligen, ob er den Vertrag nach § 103 fortführt oder nicht.[110] 35

3. Anfechtbarkeit der Wahlerklärung

Der Insolvenzverwalter kann seine Wahlerklärung bei Vorliegen der Voraussetzungen nach den §§ 119 ff. BGB anfechten.[111] Kein Anfechtungsrecht ist bei einem Motivirrtum gegeben.[112] 36

Beispiele: Der Insolvenzverwalter kann etwa dem zur Anfechtung berechtigenden **Irrtum** erliegen, die früheren Lieferungen seien bereits vollständig oder überwiegend bezahlt.[113] In diesem Fall mangelt es dem Insolvenzverwalter am Bewusstsein eine Erklärung i.S.d. § 103 abzugeben. Hatte der Vertragspartner den Schuldner vor Insolvenzeröffnung zur Nacherfüllung aufgefordert, ohne dass der Schuldner darauf reagiert hatte und versteht der Vertragspartner eine Mahnung des Insolvenzverwalters zur Zahlung des (restlichen) Werklohnes als Erfüllungswahl, kann auch diese Willenserklärung des Insolvenzverwalters von ihm angefochten werden.[114] Hat der Vertragspartner, etwa im Falle eines erweiterten Eigentumsvorbehaltes, eine auf einem anderen Vertrag beruhende Gegenforderung und ein daraus folgendes Zurückbehaltungsrecht nach § 273 BGB, kann der Insolvenzverwalter sein in Unkenntnis dieser Umstände abgegebenes Erfüllungsverlangen nach § 119 Abs. 2 BGB anfechten.[115] 37

Zu beachten ist jedoch Folgendes: Ist der Vertragspartner im Vertrauen auf die Erfüllungswahl des Insolvenzverwalters in Vorleistung gegangen, kann er den ihm durch die Anfechtung entstandenen **Vertrauensschaden** als Masseforderung nach § 55 Abs. 1 Nr. 1 geltend machen. Wählt der Insolvenzverwalter in bewusster Unkenntnis der Sachlage die Erfüllung, wird eine Irrtumsanfechtung wegen Verletzung seiner Sorgfaltspflichten ausgeschlossen.[116] 38

Verschweigt der Vertragspartner entscheidungserhebliche Umstände, kann darin eine den Insolvenzverwalter zur Anfechtung berechtigende **arglistige Täuschung** zu sehen sein. **Beispiel:** Die an den Insolvenzverwalter gerichtete Aufforderung des Vertragspartners, sich nach § 103 zu erklären, er- 39

---

108 BGH 04.05.1995, IX ZR 256/93, BGHZ 129, 336 (342).
109 Ausf. hierzu *Marotzke* Gegenseitige Verträge, Rn. 4.177 ff.
110 BGH 01.07.1981, VIII ZR 168/80, BGHZ 81, 90.
111 RG 09.05.1902, VII 85/02, RGZ 51, 281 (283); 10.02.1920, II 210/15, RGZ 98, 136 (137).
112 Palandt/*Ellenberger* § 119 BGB Rn. 29.
113 RG 09.05.1902, VII 85/02, RGZ 51, 281 (284); 10.02.1920, II 210/15, 98, 136 (138 f.).
114 *Jaeger/Henckel* KO § 17 Rn. 122.
115 *Marotzke* Gegenseitige Verträge, Rn. 4.133 ff., 4.143, 4.169, 4.176, 4.178; a.A. *Kesseler* ZNotP 2008, 155 (158).
116 RG 22.12.1905, II 395/05, RGZ 62, 201 (205).

weckt den Eindruck eines beiderseits noch vollständig unerfüllten Vertrages. Tatsächlich hat der Vertragspartner jedoch umfangreich vorgeleistet.

4. Der Entscheidungsspielraum des Insolvenzverwalters

40 Der Insolvenzverwalter hat seine Entscheidung **im Interesse der Gläubigergesamtheit** zu treffen, dabei Schaden von der Masse abzuwenden und die Masse nach Möglichkeit zu mehren.[117] Für die Abgabe der Erklärung nach § 103 hat der Insolvenzverwalter einen Ermessensspielraum.[118] Eine Erfüllungswahl, die offenkundig und für den Vertragspartner erkennbar der Insolvenzmasse keinen Nutzen bringen kann, ist wegen Insolvenzzweckwidrigkeit unwirksam.[119] Bezieht sich das Wahlrecht des Insolvenzverwalters auf das Schicksal einer **besonders bedeutsamen Rechtshandlung** i.S.d. § 160, erstreckt sich das Erfordernis der Zustimmung des Gläubigerausschusses oder der Gläubigerversammlung auch auf die Wahlrechtsausübung.[120] Wegen der Vorschrift des § 164 wird die Wirksamkeit der Wahlrechtsausübung durch eine nicht eingeholte Zustimmung jedoch nicht berührt. Hat der Gläubigerausschuss oder die Gläubigerversammlung indes zugestimmt, liegt ein Indiz für sorgfältiges Verhalten des Insolvenzverwalters vor.[121] Jedenfalls gegenüber den Gläubigern dürfte bei Zustimmung der Gläubigerversammlung eine Haftung des Insolvenzverwalters für die Erfüllungswahl nach § 60 i.d.R. nicht in Betracht kommen.[122] Etwas anderes mag etwa für den Fall gelten, dass der Insolvenzverwalter die Gläubiger nicht ausreichend oder fehlerhaft über die für die Entscheidung erheblichen Tatsachen unterrichtet hat.[123]

5. Sicherungsabtretung/Verpfändung des schuldnerischen Anspruchs

41 Eine Besonderheit gilt für den Fall, dass der Schuldner vorinsolvenzlich seine Forderungen aus dem nicht vollständig erfüllten Vertrag an einen Gläubiger zur Sicherung von dessen Ansprüchen **abgetreten** oder **verpfändet** hat. Wählt der Insolvenzverwalter in diesem Fall die Erfüllung und wird die die Ansprüche eines einzelnen Gläubigers sichernde Forderung durch Leistungen aus der Masse werthaltig, soll der Masse insoweit auch anstelle des gesicherten Gläubigers (anteilig) der Anspruch auf die Gegenleistung zustehen.[124] In der Literatur wird jedoch zu Recht darauf hingewiesen, dass dieses Ergebnis mit Aufgabe der Erlöschenstheorie durch den BGH in rechtsdogmatischer Hinsicht zu erheblichen Begründungsschwierigkeiten führt.[125] Der BGH versucht diesen Spagat, indem er annimmt, dass die abgetretene oder verpfändete Forderung zwar über die Verfahrenseröffnung hinaus fortbesteht, aber durch die Erfüllungswahl des Insolvenzverwalters zur originären Masseforderung wird.[126] Die Abtretung bleibt jedoch wirksam, wenn es sich bei dem abgetretenen Anspruch um einen Rückgewähranspruch handelt und der zurück zu gewährende Gegenstand vor Eröffnung des Insolvenzverfahrens von dem Vermögen des Schuldners in das des Rückgewährpflichtigen übergegangen ist.[127]

---

[117] RG 25.11.1933, I 141/33, RGZ 142, 296 (299); BGH 11.05.2006, IX ZR 247/03, BGHZ 167, 363 (370 f.).
[118] *Jaeger/Henckel* KO § 17 Rn. 111.
[119] BGH 25.04.2002, IX ZR 313/99, BGHZ 150, 353 (360 ff.); BGH 22.01.2009, IX ZR 66/07, DZWIR 2009, 215 (216).
[120] HK-InsO/*Marotzke* Rn. 40.
[121] HK-InsO/*Eickmann* § 60 Rn. 14.
[122] *Andres*/Leithaus § 160 Rn. 11; Kübler/Prütting/Bork/*Lüke* § 60 Rn. 47; a.A. *Jaeger/Henckel* KO § 17 Rn. 130; HK-InsO/*Marotzke* Rn. 50.
[123] HK-InsO/*Eickmann* § 60 Rn. 14.
[124] BGH 20.12.1988, IX ZR 50/88, BGHZ 106, 236 (243 f.); 04.05.1995, IX ZR 256/93, BGHZ 129, 336 (338 ff.); 25.04.2002, IX ZR 313/99, BGHZ 150, 353 (359 ff.); a.A. HK-InsO/*Marotzke* Rn. 17.
[125] Vgl. *Mohrbutter/Mohrbutter* DZWIR 2003, 1 (4); Mohrbutter/Ringstmeier/*Homann* § 7 Rn. 35.
[126] BGH 25.04.2002, IX ZR 313/99, BGHZ 150, 353 (359) m.Anm. *Marotzke* ZZP 115 (2002), 501 (504); 27.05.2003, IX ZR 51/02, ZIP 2003, 1208 (1211).
[127] BGH 27.05.2003, IX ZR 51/02, BGHZ 155, 87 (92 ff.).

6. Einzelheiten

Vor diesem Hintergrund kann der Vertragspartner auch nicht gegen eine durch die Erfüllungswahl des Insolvenzverwalters durchsetzbar gewordene Forderung der Insolvenzmasse mit eigenen Insolvenzforderungen **aufrechnen**. Die Aufrechnung ist nach § 96 Abs. 1 Nr. 1 (anteilig) unzulässig, soweit sich die Aufrechnung auf nach Eröffnung vom Insolvenzverwalter erbrachte Leistungen bezieht, denn die durch Erfüllungswahl durchsetzbar werdende Forderung entstehe mit der Erfüllungswahl als Masseforderung neu.[128] Entscheidet sich der Insolvenzverwalter gegenüber dem Besteller eines Werkes, das noch Mängel aufweist, zur Vertragserfüllung, ist dagegen ein Anspruch des Vertragspartners auf Vorschuss der Mängelbeseitigungskosten nach § 637 Abs. 3 BGB Masseverbindlichkeit nach § 55 Abs. 1 Nr. 2. Folglich kann der Vertragspartner mit seinem Vorschussanspruch gegen die Forderung des Insolvenzverwalters auf Werklohnzahlung aufrechnen.[129] 42

Keine Erfüllungsverweigerung i.S.d. § 103 ist darin zu sehen, wenn der vorläufige Insolvenzverwalter eine **Lastschrift nicht genehmigt** und deshalb die Belastungsbuchung zurückgeführt wird.[130] Denn der Anwendungsbereich des § 103 wird erst mit Eröffnung des Insolvenzverfahrens eröffnet. 43

Vertreten wird, dass die Erklärung des Insolvenzverwalters, Erfüllung zu verlangen, gegen den Grundsatz von **Treu und Glauben** (§ 242 BGB) verstößt und damit nichtig ist, wenn der Insolvenzverwalter den Vertrag nicht oder nicht mehr erfüllen kann.[131] *Marotzke* weist jedoch zutreffend darauf hin, dass hieraus resultierende Probleme angemessen und differenzierter durch die Vorschriften der §§ 320 ff. BGB oder § 61 gelöst werden können.[132] Schließlich verstößt eine auf Abschluss eines Vertrages gerichtete Willenserklärung auch nicht gegen die Vorschrift des § 242 BGB, nur weil der Erklärende die Verpflichtung nicht oder nicht mehr erfüllen kann. Maßgeblich ist vielmehr das Leistungsstörungsrecht. Somit ist die Wahlerklärung in diesem Fall wirksam. 44

V. Aufforderung zur Abgabe der Wahlerklärung

Um Rechtssicherheit über den Status des gegenseitigen Vertrages zu erhalten, kann der Vertragspartner den Verwalter auffordern, sein Wahlrecht auszuüben (§ 103 II Satz 2). Dies kann auch konkludent, etwa durch ein Erfüllungsverlangen geschehen.[133] Die Vorschrift des § 103 Abs. 2 Satz 2 findet nicht analog auf den vorläufigen Verwalter Anwendung.[134] Es fehlt an einer planwidrigen Regelungslücke. Meldet ein Gläubiger einen Nichterfüllungsschaden aus einem gegenseitigen, nicht vollständig erfüllten Vertrag zur Insolvenztabelle an, ist darin eine konkludente Aufforderung des Vertragspartners an den Verwalter nach § 103 Abs. 2 Satz 2 zu sehen, das Wahlrecht auszuüben.[135] Gleiches gilt für eine an den Insolvenzverwalter gerichtete Mängelbeseitigungsaufforderung.[136] Der Vertragspartner kann den Verwalter bereits dann nach § 103 Abs. 2 Satz 2 auffordern, wenn die gegenseitigen Forderungen aus dem Vertrag noch nicht fällig sind.[137] Der vorläufige Verwalter hat indes nicht die Aufgabe, bereits Erklärungen nach § 103 Abs. 2 Satz 2 entgegenzunehmen. Auch wenn in aller Regel vorläufiger und endgültiger Verwalter personenidentisch sind, bleibt eine vor Eröffnung des Insolvenzverfahrens erklärte Aufforderung nach § 103 Abs. 2 Satz 2 wirkungslos.[138] Bei einem Vorbehaltskauf ist es dem Verwalter des insolventen Käufers gestattet, sein Wahlrecht erst 45

---

128 BGH 22.02.2001, IX ZR 191/98, BGHZ 147, 28 ff.; 20.12.2001, IX ZR 401/99, BGHZ 149, 326 (335 ff.); kritisch auch *Marotzke* ZZP 2002, 507 (510 ff.); *Marwedel* ZInsO 2011, 937.
129 BGH 22.09.2005, VII ZR 117/03, BGHZ 164, 159 (164 ff.).
130 BGH 04.11.2004, IX ZR 22/03, BGHZ 161, 49 (53 ff.).
131 So FK-InsO/*Wegener* Rn. 63.
132 *Marotzke* Gegenseitige Verträge, Rn. 8.19 ff.
133 BGH 07.06.1991, V ZR 17/90, NJW 1991, 2897.
134 *Marotzke* Gegenseitige Verträge, Rn. 14.105 ff.
135 MüKo-InsO/*Huber* Rn. 171; a.A. Kübler/Prütting/Bork/*Tintelnot* Rn. 70.
136 AG Bremen 13.03.2009, 6 C 59/09, NZBau 2009, 388.
137 BT-Drucks. 12/2443, 145.
138 BGH 08.11.2007, IX ZR 53/04, ZInsO 2007, 1275 ff.

nach dem Berichtstermin auszuüben, in dem die Gläubiger über die Fortführung des insolventen Unternehmens entscheiden sollen (§ 107 Abs. 2 Satz 1).

C. Rechtsfolgen

I. Erfüllungswahl

1. Allgemeines

46 Die Willenserklärung des Insolvenzverwalters, den Vertrag zu erfüllen oder Erfüllung zu verlangen, ist rechtsgestaltend und bewirkt, dass die gegenseitigen **Ansprüche** aus dem Vertrag **wieder durchsetzbar** werden.[139] Die Erklärung des Verwalters wirkt ex nunc.[140] Mit Ausnahme einer teilbaren Leistung nach § 105 werden durch die Erfüllungswahl auch sämtliche Nebenpflichten aus dem Vertragsverhältnis Masseverbindlichkeiten.[141] Der Insolvenzverwalter hat bei Erfüllungswahl den Vertrag nach Maßgabe der vom Schuldner eingegangenen Verpflichtung zu erfüllen. Insb. treffen den Verwalter auch vereinbarte Vorleistungspflichten.[142] Wurde auch über das Vermögen des Vertragspartners das Insolvenzverfahren eröffnet, bewirkt die Erklärung, Erfüllung zu wählen nicht, dass die vom Vertragspartner eingegangene Verpflichtung für den Insolvenzverwalter über dessen Vermögen eine Masseverpflichtung wird.[143]

2. Bauvertrag

46a Nach dem Erfüllungsverlangen treffen die Masse in der Insolvenz des Bauunternehmers die Risiken aus dem gesamten Geschäft, bei einem Bauvertrag also dem Bauvorhaben, wenn nicht bereits vor Eröffnung des Insolvenzverfahrens Teilabnahmen erfolgt sind.[144]

3. Leasingvertrag

46b Mit der Wahl der Erfüllung eines **Leasingvertrages** in der Insolvenz des Leasinggebers trifft der Insolvenzverwalter regelmäßig noch keine Entscheidung über die Andienung an den Leasingnehmer nach Ablauf der Leasingzeit, es sei denn es ist vertraglich eine Andienungsverpflichtung geregelt.[145]

II. Erfüllungsablehnung

47 Lehnt der Verwalter dagegen die Vertragserfüllung ab, bleiben die Ansprüche für die Dauer des Insolvenzverfahrens nicht durchsetzbar.[146] Ein gegenseitiger Vertrag bleibt durch die Ablehnung der Erfüllung in der Lage bestehen, in der er sich bei Eröffnung des Insolvenzverfahrens befand.[147] Der Vertragspartner ist mit seiner Forderung (die er zur Tabelle anmelden kann) Insolvenzgläubiger (§ 103 Abs. 2 Satz 1). Die ablehnende Erklärung des Insolvenzverwalters ist somit nicht rechtsgestaltend.[148] Die Ablehnung führt nicht zum Erlöschen der gegenseitigen Ansprüche,[149] denn eine erloschene Forderung geht unter und könnte somit auch nicht, wie von § 103 Abs. 2 Satz 1 be-

---

139 *Jaeger/Henckel* KO § 17 Rn. 114.
140 *Kilger/Schmidt* KO § 17 Rn. 3a.
141 Uhlenbruck/*Wegener* Rn. 137.
142 HK-InsO/*Marotzke* Rn. 51 f.
143 Vgl. *Marotzke* Gegenseitige Verträge, Rn. 4.124, 9.57, 11.1 ff.
144 HambKomm-InsO/*Ahrend* Rn. 30.
145 OLG Düsseldorf 09.06.2009, 24 U 174/08, NZI, 21 (23).
146 BGH 07.02.2013, IX ZR 218/11, ZInsO 2013, 494.
147 BGH 25.04.2002, IX ZR 313/99, BGHZ 150, 353 (359).
148 BGH 11.02.1988, IX ZR 36/87, BGHZ 103, 250 (252, 254); 27.02.1997, IX ZR 5/96, BGHZ 135, 25 (26 ff.).
149 BGH 25.04.2002, IX ZR 313/99, BGHZ 150, 353 (359); BFH 23.11.2006, II R 38/05, ZIP 2007, 976 (977).

stimmt, als Insolvenzforderung geltend gemacht werden.[150] Zu einer Umgestaltung des Vertragsverhältnisses kommt es erst durch Ausübung eines weiteren Gestaltungsrechtes, wie etwa einer Rücktrittserklärung.[151] Durch die Anmeldung eines Schadensersatzanspruches zur Insolvenztabelle wird das auf den Leistungsaustausch gerichtete Pflichtenprogramm des Vertrages in ein Abrechnungsverhältnis umgewandelt (§ 281 Abs. 4 BGB).[152] Zu beachten ist indes, dass ein gesetzliches Rücktrittsrecht gemäß § 323 Abs. 1, 1. Alt. BGB durch die verweigerte Erfüllung des Vertrages nicht begründet wird.[153] Denn die Durchsetzbarkeit der Forderung ist Voraussetzung für das gesetzliche Rücktrittsrecht nach § 323 BGB (vgl. § 105 Rn. 16 f.). Entstehen durch die Ausübung eines Gestaltungsrechtes Rückgewähr- oder Schadensersatzansprüche des Vertragspartners, so haben auch diese nur den Rang einer Insolvenzforderung.[154]

Haben die Parteien den Eintritt des Erfolges an eine aufschiebende Bedingung geknüpft, die gewährleistet, dass der Bedingungseintritt keine Mitwirkungshandlung des Schuldners erfordert, kann der aufschiebend bedingte Erfolgseintritt durch die Erfüllungsablehnung nicht vereitelt werden.[155]

Hat der Insolvenzverwalter die Erfüllung abgelehnt, kann er aufgrund der Bindungswirkung der von ihm abgegebenen Erklärung (vgl. Rdn. 52) nicht mehr auf Erfüllung des Vertrages bestehen.[156] Die Rechtsfolge der ablehnenden Erklärung des Insolvenzverwalters wirkt auch für und gegen den Schuldner.[157]

Weitergehende Rechtsfolgen kommen der Ablehnungserklärung nach § 103 nicht zu. Insb. ist § 103 keine Anspruchsgrundlage zur **Rückforderung** von vom Schuldner erbrachten **Vorleistungen**.[158] Weder die Eröffnung des Insolvenzverfahrens noch die Erfüllungsablehnung des Verwalters lösen einen Anspruch auf Rückzahlung der vom Schuldner vor der Eröffnung erbrachten Teilleistungen aus. Auch ein Rückzahlungsanspruch aus ungerechtfertigter Bereicherung gemäß § 812 Abs. 1 Satz 2 1. Alt. BGB wegen Wegfall des Rechtsgrundes kommt deshalb nicht in Betracht, weil der Vertrag mit der Ablehnung der Erfüllung in der Lage zum Zeitpunkt der Eröffnung des Insolvenzverfahrens bestehen bleibt.[159]

Sondert der Verkäufer in der Insolvenz des Käufers hingegen die Kaufsache aufgrund des bei ihm verbliebenen Eigentums gemäß **§ 47 InsO** aus, kann der Verwalter seinerseits die Rückgewähr der bereits erbrachten Teilleistungen des Schuldners verlangen.[160] Dieser Rückgewähranspruch ist mit dem Schadensersatzanspruch des Vertragspartners wegen Nichterfüllung zu verrechnen.[161] Die gegenseitigen Ansprüche aus dem Vertragsverhältnis bedürfen keiner Aufrechnungserklärung; sie sind Rechnungsposten bei der Ermittlung des Ersatzanspruches.[162]

48

---

150 Mohrbutter/Ringstmeier/*Homann* § 7 Rn. 26.
151 HK-InsO/*Marotzke* Rn. 36 ff.
152 *Marwedel* ZInsO 2011, 937.
153 BAG 10.11.2011, 6 AZR 342/10, ZInsO 2012, 450 (453).
154 Mohrbutter/Ringstmeier/*Homann* § 7 Rn. 27.
155 BGH 17.11.2005, IX ZR 162/04, NJW 2006, 915 ff.
156 BGH 25.10.1988, XI ZR 3/88, ZIP 1988, 1474 (1475); MüKo-InsO/*Huber* Rn. 167; *Kepplinger* Das Synallagma in der Insolvenz, 177; *Marotzke* Gegenseitige Verträge, Rn. 3.37.
157 RG 29.06.1898, I 152/98, RGZ 41, 133 ff.; BGH 27.11.1981, V ZR 144/80, NJW 1982, 768 f.; *Marotzke* Gegenseitige Verträge, Rn. 3.39, 8.1.
158 BGH 27.05.2003, IX ZR 51/02, BGHZ 155, 87 (96); 19.04.2007, IX ZR 199/03, ZInsO 2007, 596 (597).
159 BGH 19.04.2007, IX ZR 199/03, ZInsO 2007, 596; BGH 07.02.2013, IX ZR 218/11, ZInsO 2013, 494; a.A. noch A/G/R-*Flöther/Wehner*, 1. Aufl.
160 BGH 07.02.2013, IX ZR 218/11, ZInsO 2013, 494.
161 BGH 05.05.1977, VII ZR 85/76, BGHZ 68, 379 (382 f.); BGH 07.02.2013, IX ZR 218/11, ZInsO 2013, 494.
162 BGH 26.10.2000, IX ZR 227/99, NJW 2001, 1136; BGH 07.02.2013, IX ZR 217/11, ZInsO 2013, 494; a.A. BGH 05.05.1977, VII ZR 85/76, BGHZ 68, 379 (382 f.); sowie noch A/G/R-*Flöther/Wehner*, 1. Aufl.

Ist der Schuldner bei **beiderseits teilbaren Leistungen** in Vorleistung gegangen, so kann der Insolvenzverwalter die seiner Vorleistung entsprechende anteilige Erfüllung verlangen (vgl. § 105 Rn. 10).

Denkbar ist auch, **vertraglich** für den Fall der Nichterfüllungswahl zu vereinbaren, dass Vorleistungen des Schuldners zurückzugewähren sind und somit einen **Anspruch** zu begründen (sog. Verfallklausel). Denn der Vertrag wird durch die Erklärung nach § 103 gerade nicht umgestaltet. Selbst durch eine damit einhergehende Aufrechnungsverzichtsvereinbarung kann indes nicht verhindert werden, dass der Rückgewähranspruch mit dem Schadensersatzanspruch des Vertragspartners wegen Nichterfüllung verrechnet wird, da nach der Rechtsprechung des BGH keine Aufrechnungslage entsteht, sondern die gegenseitigen Ansprüche zu bloßen Rechnungsposten herabsinken.[163]

48a Ausgehend von diesen Prämissen ergeben sich weitere Konsequenzen, die von den Ergebnissen der bislang herrschenden Meinung abweichen. So kann in der **Insolvenz** des **Vermieters/Leasinggebers** einer beweglichen Sache oder der Insolvenz des **Lizenzgebers** die Ablehnung der Vertragserfüllung durch den Insolvenzverwalter auch nicht ipso jure das Besitz- bzw. Nutzungsrecht des Mieters/Leasingnehmers/Lizenznehmers beenden.[164] Denn die Ablehnung der Vertragserfüllung ist gerade nicht rechtsgestaltend. In konsequenter Fortentwicklung der Grundsatzentscheidung des BGH[165] sind die zur Nutzung überlassenen Gegenstände oder Lizenzen in der Folge auch nicht wegen ungerechtfertigter Bereicherung vom Nutzer/Lizenznehmer zurückzugewähren.[166] Ebenso wenig greift bereits die Eröffnung des Insolvenzverfahrens in das Recht zur Nutzung ein. Im Einzelzwangsvollstreckungsrecht kann schließlich auch nicht in das einem Dritten eingeräumte Recht zum Besitz eingegriffen werden. Aus dem Übergang der Verwaltungs- und Verfügungsbefugnis auf den Insolvenzverwalter ergibt sich nichts anderes. Denn dessen Verfügungsbefugnis kann nur aufgrund einer ausdrücklichen gesetzlichen Grundlage weitergehend sein als die des Schuldners. Im Übrigen wird ein durch die Eröffnung angenommener automatischer Rückgewähranspruch zu Recht als ein zu weit gehendes Super-Anfechtungsrecht bezeichnet.[167] Ein solches automatisches Entfallen der Nutzungsberechtigung ist weder mit dem Regelungssystem der §§ 129 ff. InsO noch mit dem der §§ 985 f. BGB in Einklang zu bringen.[168]

48b Im **Insolvenzverfahren** über das Vermögen **des Mieters** einer beweglichen Sache soll der Insolvenzverwalter hingegen von der Eröffnung des Insolvenzverfahrens an zur Herausgabe der Mietsache an den Vermieter verpflichtet sein, wenn er nicht die Erfüllung des Mietvertrages wählt.[169] Begründet wird dies damit, dass der Insolvenzverwalter dann auch keinen durchsetzbaren Anspruch mehr auf die (weitere) Überlassung der Mietsache habe. Das Besitzrecht des Mieters soll enden. Einer Kündigung bedürfe es nicht. Somit würde der Ablehnung der Vertragserfüllung in diesem Fall doch wieder eine Gestaltungswirkung zukommen. Dies wäre inkonsequent und ein Systembruch, der unnötig ist, weil der Vermieter mit dem Recht zur außerordentlichen fristlosen Kündigung aus wichtigem Grund nach § 543 Abs. 1 BGB nicht schutzlos gestellt ist.[170] Im Übrigen erlischt auch das Besitzrecht des Vorbehaltskäufers, auf das der BGH verweist, erst durch die Umgestaltung des Vertragsverhältnisses durch Rücktritt vom Vertrag.[171] In der Insolvenzpraxis werden die Herausgabeverlangen

---

163 BGH 26.10.2000, IX ZR 227/99, NJW 2001, 1136; BGH 07.02.2013, IX ZR 217/11, ZInsO 2013, 494; a.A. BGH 05.05.1977, VII ZR 85/76, BGHZ 68, 379 (382 f.).
164 So bereits OLG Düsseldorf 09.06.2009, I-24 U 174/08, NZI 2010, 21 (24); *Wilmowsky* ZInsO 2011, 1473 (1477); a.A. MüKo-InsO/*Eckert* § 108 Rn. 170f; Kübler/Prütting/Bork/*Tintelnot* Rn. 93; HK-InsO/*Marotzke* § 108 Rn. 7.
165 BGH 07.02.2013 – IX ZR 218/11, ZInsO 2013, 494.
166 So aber *Berger* Insolvenzschutz für Markenlizenzen, 2006, S. 124 für ausschließliche Lizenzen.
167 Siehe hierzu *Wilmowsky* ZInsO 2011, 1473 (1480 f.).
168 Dieses Ergebnis entspricht auch der Rechtslage in den USA und Kanada. Weitere Nachweise hierzu bei *Wilmowsky* ZInsO 2011, 1473 (1481 f.).
169 BGH 01.03.2007, IX ZR 81/05, NJW 2007, 1594 ff.
170 Kritisch auch *Marwedel* ZInsO 2011, 937 (943).
171 MüKo-InsO/*Kreft Rn.* 177.

bereits regelmäßig mit ausdrücklichen Kündigungserklärungen verbunden. Diese Praxis hat den häufig im beiderseitigen Interesse liegenden Vorteil, dass der Verwalter die gemieteten oder geleasten Gegenstände im Einvernehmen mit dem Vertragspartner zur Aufrechterhaltung des Geschäftsbetriebs noch für einen im Vorhinein oft ungewissen Zeitraum gegen Zahlung der monatlichen Miete/Leasingrate nutzen kann, ohne die Erfüllung des gesamten Vertrages wählen zu müssen. Da durch die Erfüllungswahl finanzielle Belastungen von zum Teil mehreren Jahren entstehen, für die der Verwalter persönlich nach § 61 InsO haftet, dürfte auch angesichts des Zieles eines zügigen Verfahrensabschlusses mittels Insolvenzplan oder übertragender Sanierung die Neigung, die Erfüllungswahl zu erklären nicht besonders hoch sein. Das kann wiederum die Fortführung des Geschäftsbetriebes und die Sanierung des Unternehmens gefährden.

Für Miet-, Pacht- und Leasingverträge über unbewegliche Gegenstände oder sonstige Gegenstände, die einem Dritten, der ihre Anschaffung finanziert hat, zur Sicherheit übertragen wurden, gelten hingegen die §§ 108, 110.

III. Unterlassene Erklärung trotz Aufforderung des Vertragspartners

Unterlässt es der Verwalter, unverzüglich sein Wahlrecht auszuüben, obwohl er vom Vertragspartner hierzu aufgefordert wurde, verwirkt der Verwalter sein Wahlrecht. Aufgrund des Wortlautes von § **103 Abs. 2 Satz 3** – »kann ... nicht bestehen« – steht es dem Verwalter und dem Vertragspartner jedoch frei, sich einvernehmlich gleichwohl auf eine Erfüllung zu verständigen. Dem Schweigen des Verwalters kommt somit gerade nicht die Wirkung einer die Erfüllung ablehnenden Erklärung zu.[172] Gleiches gilt für ein vom Insolvenzverwalter unter Vorbehalt geäußertes Erfüllungsverlangen.[173] **Unverzüglich** handelt der Insolvenzverwalter nach der auch für die Insolvenzordnung geltenden Legaldefinition des § 121 Abs. 1 Satz 1 BGB,[174] wenn er sich ohne schuldhaftes Zögern, d.h. innerhalb einer nach den Umständen des Einzelfalles zu bemessenden Prüfungs- und Überlegungsfrist erklärt.[175] Die Länge der Frist, die dem Verwalter damit eingeräumt wird, hängt davon ab, wie viel Zeit er braucht, um die Vor- und Nachteile der Erfüllung dieses Vertrages für die Insolvenzmasse zu beurteilen. Dem Insolvenzverwalter ist dabei Gelegenheit zu geben, die Fortführungsmöglichkeiten des schuldnerischen Geschäftsbetriebes zu eruieren.[176] Wartet der Insolvenzverwalter länger als zwei Wochen, handelt er i.d.R. nicht mehr unverzüglich.[177] Hat der Insolvenzverwalter vor Ausübung seines Wahlrechts die Zustimmung der Gläubigerversammlung oder des Gläubigerausschusses einzuholen (vgl. Rdn. 40), verlängert sich die Dauer den Umständen entsprechend um einen angemessenen Zeitraum.[178] Nicht schuldhaft handelt der Insolvenzverwalter, wenn die Prüfung der Fortführungschancen des Unternehmens noch andauert und in absehbarer Zeit beendet sein wird (Man denke nur an die im Zusammenhang mit dem Versuch der Sanierung von Opel oder Schlecker aufgetretenen Unwägbarkeiten bei der Frage, ob und in welchem Umfang sich der Staat an den Sanierungskosten beteiligt).[179]

49

IV. Forderung wegen Nichterfüllung

Nach Ablehnung der Erfüllung des Vertrages bestehen der nicht durchsetzbare Erfüllungsanspruch und der Schadensersatzanspruch des anderen Teiles nach § 103 Abs. 2 Satz 1 i.V.m. §§ 280 Abs. 1, 281 BGB zunächst in elektiver Konkurrenz nebeneinander.[180] Macht der andere Teil nach endgülti-

50

---

172 AA Mohrbutter/Ringstmeier/*Homann* § 7 Rn. 38.
173 Vgl. *Marotzke* Gegenseitige Verträge, Rn. 4.182, 4.185, 4.187.
174 BT-Drucks. 12/2443, 145; Palandt/*Ellenberger* § 121 BGB Rn. 3.
175 BGH 03.03.2005, IX ZR 441/00, NJW 2005, 1867 (1869).
176 BT-Drucks. 12/2443, 145.
177 OLG Hamm 09.01.1990, 26 U 21/89, NJW-RR 1990, 523.
178 Nerlich/Römermann/*Balthasar* Rn. 46; Kübler/Prütting/Bork/*Tintelnot* Rn. 72.
179 Vgl. auch OLG Köln 02.12.2002, 15 W 93/02, ZInsO 2003, 336.
180 BGH 20.01.2006, V ZR 124/05, NJW 2006, 1198 (1198 f.).

ger Ablehnung der Erfüllung des Vertrages durch den Insolvenzverwalter eine Forderung wegen der Nichterfüllung des Vertrages als Insolvenzgläubiger geltend, kommt es zu einer schuldrechtlichen Transformation des Leistungsanspruches in einen **Schadensersatzanspruch statt der Leistung** nach §§ 280 Abs. 1, 281 BGB.[181] Der Gläubiger eines Schadensersatzanspruches nach § 281 BGB kann grds. frei zwischen der Differenz- und der Surrogationsermittlung seines Schadens wählen.[182] Die Unterscheidung zwischen Surrogations- und Differenztheorie knüpft an das Schicksal der Gegenleistung für die Leistung an, bei der die Leistungsstörung eintritt. Die Surrogationstheorie geht davon aus, dass diese Gegenleistung noch erbracht wird. Der Schadensersatz dient damit als Surrogat für die Leistung des Schuldners.[183] Nach der Differenztheorie erlischt die Leistungspflicht des Gläubigers mit dem Entstehen des Schadensersatzanspruches. Der zu ersetzende Schaden besteht grds. in der Differenz zwischen dem Wert der Leistung des Schuldners und dem Wert der Leistung des Gläubigers. Die vom Schuldner zu erbringende Leistung, die ersparte Gegenleistung, ersparte Aufwendungen und entstandene Folgeschäden sinken zu bloßen Rechnungsposten herab.[184] Der Gläubiger kann verlangen so gestellt zu werden, wie er gestanden hätte, wenn der Vertrag ordnungsgemäß erfüllt worden wäre.[185] Folglich hat der Gläubiger auch einen Anspruch auf entgangenen Gewinn.[186] In der Insolvenz des Schuldners kommt grundsätzlich die Differenzmethode zur Anwendung. Etwas anderes kommt nur bei der Teilbarkeit der beiderseitigen Leistungen mit der Folge einer Vertragsaufspaltung in Betracht.[187]

V. Bindungswirkung der Rechtsfolgen

51 Fraglich ist, ob der Insolvenzverwalter oder der Schuldner die **Wirkungen des § 103 Abs. 2 Satz 3** beseitigen können, indem sie durch Erfüllung der vom Schuldner übernommenen vertraglichen Pflichten in Vorleistung gehen. Die von § 103 geschützte Einrede des nicht erfüllten Vertrages (vgl. Rdn. 3) dürfte hierdurch regelmäßig entfallen. Andererseits verlieren die **beiderseitigen** Ansprüche durch die Eröffnung des Insolvenzverfahrens nach allgemeiner Meinung ihre Durchsetzbarkeit.[188] Dies gilt auch für den Anspruch des Schuldners. Begründet wird die mangelnde Durchsetzbarkeit aber wiederum gerade mit den beiderseitigen Nichterfüllungseinreden der Vertragspartner.[189] Der von § 103 in der Insolvenz geschützte, in einer synallagmatischen Leistungsbeziehung zum Schuldner stehende Vertragspartner bedarf bei Erfüllung seines Anspruches keines Schutzes mehr. Andererseits ist das Vertrauen des Vertragspartners bei nicht ausgeübtem Wahlrecht oder ablehnender Erklärung des Insolvenzverwalters in die hiermit verbundenen Folgen schützenswert. Das ergibt sich aus der Bindungswirkung der Wahlerklärung[190] und § 103 Abs. 2 Satz 3. So soll bspw. einem Verkäufer die Rechtssicherheit gegeben werden, den an den Schuldner verkauften Gegenstand nun anderweitig veräußern zu können. Insb. bei einem Stückkauf könnte es für den Vertragspartner verheerend sein, wenn er sich plötzlich zwei auf Übergabe und Übereignung gerichteten Ansprüchen

---

181 Nerlich/Römermann/*Balthasar* Rn. 62; *Marotzke* Gegenseitige Verträge, Rn. 5.64 ff., *Rühle* Gegenseitige Verträge nach Aufhebung der Insolvenz, 26 ff., 55 f., 157 f.; missverständlich insoweit *Bork* FS Zeuner 1994, 297 (308 f.); a.A. *Wilmowsky* ZInsO 2011, 1473 (1476), der die Terminologie Schadensersatzanspruch ablehnt und von Differenzanspruch spricht.
182 *Emmerich* Leistungsstörungsrecht, § 13 Rn. 28; MüKo-BGB/*Ernst* vor § 281 Rn. 35; Palandt/*Grüneberg* § 281 BGB Rn. 20 f.; *Lorenz/Riehm* Lehrbuch zum neuen Schuldrecht, Rn. 211; a.A. *Wilmowsky* ZInsO 2011, 1473 (1476).
183 Huber/*Faust* Schuldrechtsmodernisierung, Rn. 187.
184 BGH 25.03.1983, V ZR 168/81, BGHZ 87, 156 (158 f.).
185 BGH 19.06.1951, I ZR 118/50, BGHZ 2, 310 (313 f.); 09.05.1956, V ZR 95/55, BGHZ 20, 338 (343).
186 AA Kübler/Prütting/Bork/*Tintelnot* Rn. 318 f.; Nerlich/Römermann/*Balthasar* Rn. 62; HK-InsO/*Marotzke* Rn. 92 f.; FK-InsO/*Wegener* Rn. 82.
187 BGH 07.02.2013, IX ZR 218/11, ZInsO 2013, 494; a.A. noch A/G/R-*Flöther/Wehner*, 1. Aufl.
188 BGH 25.04.2002, IX ZR 313/99, BGHZ 150, 353 (359).
189 BGH 25.04.2002, IX ZR 313/99, BGHZ 150, 353 (359).
190 *Kilger/Schmidt* KO § 17 Rn. 4a; Kübler/Prütting/Bork/*Tintelnot* Rn. 10.

ausgesetzt sieht. Die Wirkungen des § 103 Abs. 2 Satz 3 können somit **nicht** durch einseitige Erfüllung **beseitigt** werden.[191]

Eine gleichwohl erfolgte Leistung zur Erfüllung des nicht durchsetzbaren Anspruchs des Vertragspartners könnte mithin bei Vorliegen der Voraussetzungen des § 103 Abs. 2 Satz 3 wegen § 814 1. Alt. BGB auch nicht nach §§ 812 ff. BGB vom Vertragspartner herausverlangt werden. Gleiches gilt für den Fall, dass der Insolvenzverwalter die Erfüllung durch ausdrückliche Erklärung abgelehnt hat, da diese Erklärung bindend ist.[192] Eine gleichwohl erfolgte Leistung wäre für den Vertragspartner letztlich ein »Geschenk des Himmels«. 52

Die Wirkungen des § 103 laufen dann leer, wenn der Vertragspartner ein bereits **vorinsolvenzlich begründetes Kündigungsrecht** ausübt.[193] 53

VI. Fehlen von Tatbestandsvoraussetzungen

Hat der Insolvenzverwalter die **Erfüllung** nach § 103 **gewählt**, ohne dass deren Voraussetzungen vorlagen, kann er die irrig als Masseschuld erbrachte Leistung als ungerechtfertigte Bereicherung zurückfordern, denn der Vertragspartner bleibt Insolvenzgläubiger. Die vom Insolvenzverwalter erbrachten Leistungen erfolgen dann ohne Rechtsgrund, da sie die dem Vertragspartner zustehende Quote übersteigen.[194] 54

VII. Auswirkungen der Aufhebung des Insolvenzverfahrens

Fraglich ist, ob die gegenseitigen Ansprüche nach Aufhebung des Insolvenzverfahrens wieder durchsetzbar werden. Festzuhalten ist, dass die Verfahrenseröffnung keine materiell-rechtliche Umgestaltung des gegenseitigen Vertrages bewirkt.[195] Mithin werden die gegenseitigen Ansprüche vorbehaltlich einer erteilten Restschuldbefreiung, einer anderweitigen Regelung im Insolvenzplan oder eines Rücktrittes vom Vertrag grds. wieder durchsetzbar. Etwas anderes gilt aber dann, wenn der Vertragspartner eine durch die Nichterfüllung entstandene Forderung nach § 103 Abs. 2 Satz 1 als Insolvenzgläubiger geltend gemacht hat.[196] Grund für die letztere Ausnahme ist jedoch nicht die Beteiligung am Insolvenzverfahren als Insolvenzgläubiger als solche, sondern die schuldrechtliche Transformation des Leistungsanspruches in einen Schadensersatzanspruch statt der Leistung nach §§ 280 ff. BGB.[197] Den über die erhaltene Insolvenzquote hinausgehenden Nichterfüllungs- oder Verzugsschaden kann der Vertragspartner nach Aufhebung des Insolvenzverfahrens ebenfalls weiterverfolgen. Gem. § 201 Abs. 1 können die Insolvenzgläubiger nach der Aufhebung des Insolvenzverfahrens ihre restlichen Forderungen gegen den Schuldner unbeschränkt geltend machen. Unter Beachtung gegebener Einreden nach §§ 320 f. BGB und unter Anrechnung der Insolvenzquote können die gegenseitigen Ansprüche aus dem Vertrag deshalb wieder aufleben. 55

D. Besondere Verfahrensarten

Ordnet das Insolvenzgericht die **Eigenverwaltung** nach §§ 270 ff. an, obliegt gem. § 279 Satz 1 das Wahlrecht dem Schuldner.[198] 56

---

191 Ebenso HK-InsO/*Marotzke* Rn. 46).
192 *Kilger/Schmidt* KO § 17 Rn. 4a; Kübler/Prütting/Bork/ *Tintelnot* Rn. 10.
193 HK-InsO/*Marotzke* Rn. 19.
194 *Henckel* FS F. Weber 1975, 243 (252).
195 BGH 25.04.2002, IX ZR 313/99, BGHZ 150, 353 (359).
196 Vgl. *Bork* FS Zeuner 1994, 297 (308 f.); *Häsemeyer* Rn. 20.07, 20.16, 25.14 ff.; *Kepplinger* Das Synallagma in der Insolvenz, 103; MüKo-InsO/*Kreft* Rn. 18 ff., 22, 43.
197 Nerlich/Römermann/*Balthasar* Rn. 62; *Marotzke* Gegenseitige Verträge, Rn. 5.64 ff.; *Rühle* Gegenseitige Verträge nach Aufhebung der Insolvenz, 26 ff., 55 f. 157 f.; missverständlich insoweit *Bork* FS Zeuner 1994, 297 (308 f.).
198 IE hierzu *Marotzke* Gegenseitige Verträge, Rn. 5.90, 13.102 ff.

57 Im vereinfachten Insolvenzverfahren nach §§ 304 ff. gilt die Vorschrift des § 103 entsprechend für den **Treuhänder** (§ 313 Abs. 1 Satz 1).

E. Prozessuales

58 Ist strittig, ob der Insolvenzverwalter nach einer Aufforderung des Vertragspartners nach § 103 Abs. 2 Satz 2 sein Wahlrecht **unverzüglich** ausgeübt hat, muss der Insolvenzverwalter darlegen und beweisen, dass die in Anspruch genommene Überlegungszeit angemessen war.

F. Verhältnis zu anderen Vorschriften

59 In der Insolvenz des Versicherers geht § 13 VVG der Vorschrift des § 103 vor.[199] Bei Kaufverträgen mit vereinbartem Eigentumsvorbehalt ist § 107 in der Insolvenz des Vorbehaltsverkäufers vorrangig gegenüber § 103. Die Vorschrift des § 108 ist lex specialis gegenüber § 103.

G. Steuerliche Aspekte

60 Wählt der Insolvenzverwalter die Nichterfüllung des Vertrages nach § 103 Abs. 2, liegt ein Fall des § 17 Abs. 2 Nr. 3 UStG vor; die **Umsatzsteuer** ist zu berichtigen.[200] Der Erstattungsanspruch nach § 17 UStG entsteht zwar kraft Gesetzes, sofern der Tatbestand erfüllt ist. Zur Erfüllung des Tatbestandes bedarf es jedoch der Erklärung des Insolvenzverwalters nach § 103 Abs. 2, den Vertrag nicht zu erfüllen.[201]

61 Durch den Nichteintritt in einen Miet- oder Leasingvertrag über ein Kraftfahrzeug, das auf den Schuldner zugelassen ist, kann sich der Insolvenzverwalter der **Kraftfahrzeugsteuerpflicht** nicht entziehen. Bis zur Ab- oder Ummeldung des Fahrzeuges bleibt die Steuerverpflichtung bestehen.[202]

61a Wählt der Insolvenzverwalter die Erfüllung eines bei Eröffnung des Insolvenzverfahrens noch nicht oder nicht vollständig erfüllten Werkvertrages, wird die Werklieferung – wenn keine Teilleistungen i.S. des § 13 Abs. 1 Nr. 1 lit. a Satz 2 und 3 UStG gesondert vereinbart sind – erst mit der Leistungserbringung nach Verfahrenseröffnung ausgeführt. Bei der hierauf entfallenden Umsatzsteuer handelt es sich um eine Masseverbindlichkeit, soweit das vereinbarte Entgelt nicht bereits vor Verfahrenseröffnung vereinnahmt wurde.[203]

H. Internationale und europäische Bezüge

62 Ein über das Vermögen des Schuldners in der Bundesrepublik Deutschland eröffnetes **Partikularinsolvenzverfahren** (Art. 3 Abs. 2 EuInsVO, § 354 Abs. 1 InsO) erstreckt sich wiederum nicht auf Forderungen gegen im Ausland ansässige Vertragspartner oder solche Drittschuldner, die den Mittelpunkt ihrer hauptsächlichen Interessen im Ausland haben (Art. 2 Buchst. g EuInsVO; § 23 Satz 2 ZPO i.V.m. § 4 InsO). Gleiches gilt, wenn in der Bundesrepublik Deutschland das **Hauptinsolvenzverfahren** eröffnet worden ist, aber eine Forderung dem Sekundärinsolvenzverfahren (Art. 3 Abs. 3 Satz 1, 16 Abs. 2 EuInsVO) zuzurechnen ist. Hinsichtlich dieser Forderung ist die Verfügungs- und Einziehungsbefugnis nicht auf den deutschen Insolvenzverwalter übergegangen. Folglich findet die Vorschrift des § 103 auf solche Forderungen aus gegenseitigen Verträgen keine Anwendung.[204]

Wurde über das Vermögen eines Vertragspartners das Insolvenzverfahren in einem europäischen Mitgliedstaat eröffnet und sieht das materielle Insolvenzrecht dieses Staates ein der Vorschrift des § 103

---

[199] FA-InsR/ *Wagner* Kap. 5 Rn. 6.
[200] BFH 08.05.2003, V R 20/02, DStR 2003, 1750.
[201] FG Rheinland-Pfalz 25.06.2009, 6 K 1969/06, nv.
[202] *BFH 18.09.2007, IX R 59/06, ZIP 2008, 283 f.*
[203] BFH 30.04.2009, V R 1/06, NZI 2009, 662 (663).
[204] HK-InsO/ *Marotzke* Rn. 22.

vergleichbares Erfüllungswahlrecht vor, richten sich die Folgen dieser Erfüllungswahl nach dieser lex fori concursus, Art. 4 Abs. 2 Satz 2 lit. e EuInsVO (vgl. § 119 Rn. 10).[205]

§ 104 Fixgeschäfte. Finanzleistungen

(1) War die Lieferung von Waren, die einen Markt- oder Börsenpreis haben, genau zu einer festbestimmten Zeit oder innerhalb einer festbestimmten Frist vereinbart und tritt die Zeit oder der Ablauf der Frist erst nach der Eröffnung des Insolvenzverfahrens ein, so kann nicht die Erfüllung verlangt, sondern nur eine Forderung wegen der Nichterfüllung geltend gemacht werden.

(2) War für Finanzleistungen, die einen Markt- oder Börsenpreis haben, eine bestimmte Zeit oder eine bestimmte Frist vereinbart und tritt die Zeit oder der Ablauf der Frist erst nach der Eröffnung des Verfahrens ein, so kann nicht die Erfüllung verlangt, sondern nur eine Forderung wegen der Nichterfüllung geltend gemacht werden. Als Finanzleistungen gelten insbesondere
1. die Lieferung von Edelmetallen,
2. die Lieferung von Wertpapieren oder vergleichbaren Rechten, soweit nicht der Erwerb einer Beteiligung an einem Unternehmen zur Herstellung einer dauernden Verbindung zu diesem Unternehmen beabsichtigt ist,
3. Geldleistungen, die in ausländischer Währung oder in einer Rechnungseinheit zu erbringen sind,
4. Geldleistungen, deren Höhe unmittelbar oder mittelbar durch den Kurs einer ausländischen Währung oder einer Rechnungseinheit, durch den Zinssatz von Forderungen oder durch den Preis anderer Güter oder Leistungen bestimmt wird,
5. Optionen und andere Rechte auf Lieferungen oder Geldleistungen im Sinne der Nummern 1 bis 4,
6. Finanzsicherheiten im Sinne des § 1 Abs. 17 des Kreditwesengesetzes.

Sind Geschäfte über Finanzleistungen in einem Rahmenvertrag zusammengefasst, für den vereinbart ist, dass er bei Vorliegen eines Insolvenzgrundes nur einheitlich beendet werden kann, so gilt die Gesamtheit dieser Geschäfte als ein gegenseitiger Vertrag im Sinne der §§ 103, 104.

(3) Die Forderung wegen der Nichterfüllung richtet sich auf den Unterschied zwischen dem vereinbarten Preis und dem Markt- oder Börsenpreis, der zu einem von den Parteien vereinbarten Zeitpunkt, spätestens jedoch am fünften Werktag nach der Eröffnung des Verfahrens am Erfüllungsort für einen Vertrag mit der vereinbarten Erfüllungszeit maßgeblich ist. Treffen die Parteien keine Vereinbarung, ist der zweite Werktag nach der Eröffnung des Verfahrens maßgebend. Der andere Teil kann eine solche Forderung nur als Insolvenzgläubiger geltend machen.

Übersicht	Rdn.		Rdn.
A. Allgemeines	1	IV. Rahmenvertragliche Verrechnung (Abs. 2 Satz 3)	29
B. Tatbestand	7	C. Rechtsfolgen	34
I. Fixgeschäfte über Waren (Abs. 1)	8	I. Vereinbarter Preis (Abs. 3 Satz 1)	35
1. Waren	8	II. Maßgeblicher Markt- oder Börsenpreis	36
2. Fixgeschäft	9	III. Einordnung der Forderung wegen Nichterfüllung als Insolvenzforderung (Abs. 3 Satz 3)	37
II. Finanzleistungen (Abs. 2)	10		
1. Begriff der Finanzleistung, Abs. 2 Satz 1	10		
2. Regelbeispiele, Abs. 2 Satz 2	17	IV. Fälligkeit vor Verfahrenseröffnung	38
3. Weitere Beispiele	26	D. Internationale und europäische Bezüge	39
III. Markt- oder Börsenpreis	27		

---

[205] AA OLG Karlsruhe 15.02.2012, 13 U 150/10, NJW 2012, 3106.

§ 104 InsO Fixgeschäfte. Finanzleistungen

A. Allgemeines

1 Die Vorschrift des § 104 ist eine Ausnahmevorschrift zu der in § 103 formulierten Regel. Für die in Abs. 1 und 2 der Norm erfassten Rechtsgeschäfte kann der Verwalter keine Erfüllung wählen; sie wandeln sich mit der Insolvenzeröffnung endgültig in Differenzgeschäfte (vgl. Abs. 3), d.h., es ist auf Basis der Nichterfüllung abzurechnen.[1] Alle positiven und negativen Marktwerte der Aktiv- und Passivposten werden zum Zeitpunkt der Insolvenzeröffnung saldiert. Das Risiko der Geschäftspartner wird hierdurch auf den aus der Verrechnung resultierenden Saldo beschränkt.[2]

2 Gegenstand des Abs. 1 sind dabei sogenannte Fixgeschäfte, deren Inhalt die Lieferung von Waren mit einem Markt- oder Börsenpreis sind. Bei einem **Fixgeschäft** nach § 323 Abs. 2 Nr. 2 BGB oder § 376 HGB, ist der Vertragspartner besonders an einer schnellen Klärung der Rechtslage interessiert. Der Verwalter auf der anderen Seite kann sich, wenn er die Ware zur Fortführung des schuldnerischen Unternehmens benötigt, in diesen Fällen »ohne Schwierigkeiten« anderweitig eindecken.[3]

3 Abs. 2 betrifft demgegenüber sogenannte **Finanzleistungen**, insbesondere derivative Finanzkontrakte. Auch hier wird das Wahlrecht des Insolvenzverwalters ausgeschlossen. Hintergrund der Vorschrift sind die Preisschwankungen markt- und börsengehandelter Finanzleistungen. Der Vertragspartner soll sofort mit Eröffnung des Insolvenzverfahrens die rechtssichere Gewissheit haben, dass er anderweitig disponieren muss, um einen möglichen Schaden, den er nur als Insolvenzforderung geltend machen kann, zu vermeiden oder jedenfalls zu minimieren. Dem Insolvenzverwalter sollte kein Raum für Kursspekulationen eröffnet werden.[4] Es soll sichergestellt werden, dass im Insolvenzfall alle noch nicht erfüllten Ansprüche aus zwischen zwei Parteien bestehenden Finanzgeschäften saldiert werden können – sog. Netting.[5] Abs. 2 gilt auch für den Fall, dass die aufgeführten Geschäfte keine Fixgeschäfte sind, die aber ihren Zweck verfehlen, wenn sie nicht pünktlich erbracht werden. Das ergibt sich bereits aus dem Wortlaut des § 104 Abs. 2 sowie dem Willen des Gesetzgebers.[6]

4 Mit der von § 104 Abs. 2 getroffenen, international verbreiteten Regelung soll den **Erfordernissen des Handelsverkehrs** Rechnung getragen werden.[7] Die Vorschrift des § 104 Abs. 2 ist eine Durchbrechung des Grundsatzes der Gläubigergleichbehandlung zugunsten der Kreditinstitute.[8]

5 Eine wortgleiche Regelungen zu § 104 Abs. 2 und 3 findet sich in Art. 105 EGInsO. Hintergrund ist die Dringlichkeit, mit der die Bankpraxis eine solche Norm gefordert hat und die das (unsichere) Inkrafttreten der Insolvenzordnung nicht abwarten wollte. Den Alternativvorschriften kommt in Anbetracht von § 104 Abs. 2 und 3 aber keine eigenständige Bedeutung mehr zu.[9]

6 Die Vorschrift ist **zwingend**. Vereinbarungen, die im Voraus die Anwendung des § 104 ausschließen oder beschränken, sind nach § 119 unwirksam.[10]

B. Tatbestand

7 Anwendbar ist § 104 nur, wenn auch die **Voraussetzungen des § 103** vorliegen; es muss sich somit um gegenseitige Verträge handeln, die noch von keiner Seite vollständig erfüllt worden sind.[11] Teilleistungen schließen die Anwendbarkeit des § 104 nicht aus, sind aber bei der Schadensberechnung

---

1 *Jaeger/Henckel* KO § 18 Rn. 1; *Häsemeyer* Rn. 20.34.
2 FK-InsO/*Wegener* Rn. 5.
3 BT-Drucks. 12/2443, 145.
4 BT-Drucks. 12/2443, 145.
5 BT-Drucks. 12/7302, 168.
6 BT-Drucks. 12/2443, 145.
7 *Kilger/Schmidt* KO § 18 Rn. 1.
8 Deshalb zu Recht sehr krit. *Häsemeyer* Rn. 13.55, 20.34.
9 KS-InsO/*Berger* 499 (519 f.); *Bosch* WM 1995, 413 (426).
10 *Ehricke* NZI 2006, 564 (566).
11 BT-Drucks. 12/7302 S 168; Uhlenbruck/*Lüer* Rn. 5; HK-InsO/*Marotzke* Rn. 3; *Smid* InsO Rn. 8, 10; *Kilger/Schmidt* KO § 18 A. 1a; FK-InsO/*Wegener* Rn. 6, 12; a.A. Kübler/Prütting/Bork/*Köndgen* Rn. 12.

zu berücksichtigen.[12] Entscheidend ist weiterhin, dass die vertraglich vereinbarte **Fälligkeit** der Leistung erst **nach Verfahrenseröffnung** eintritt.[13]

I. Fixgeschäfte über Waren (Abs. 1)

1. Waren

Abs. 1 setzt einen Liefervertrag über Waren voraus. Waren i.S.d. § 104 Abs. 1 sind vertretbare bewegliche Sachen gem. § 91 BGB.[14] Vertretbar ist eine Sache, wenn sie sich von anderen der gleichen Art nicht durch ausgeprägte Individualisierungsmerkmale abhebt und daher ohne weiteres austauschbar ist. Nicht vertretbar sind Sachen, die auf die Wünsche des Bestellers ausgerichtet und deshalb für den Unternehmer anderweitig schwer oder gar nicht abzusetzen sind.[15] **Beispiele** für vertretbare Sachen sind: Geld, Serienprodukte, Gattungsschulden nach § 243 BGB. Wertpapiere jeglicher Form unterfallen nicht dem Warenbegriff. Dies ergibt sich aus der Existenz der Sonderregelung in Abs. 2 für Finanzleistungen. Irrelevant ist der Aggregatzustand der Waren. 8

2. Fixgeschäft

Die **Lieferung der Waren** muss genau zu einer fest bestimmten Zeit oder innerhalb einer fest bestimmten Frist vereinbart gewesen sein. Es muss somit ein Fixgeschäft nach §§ 323 Abs. 2 Nr. 2 BGB, 376 HGB vorliegen.[16] Um von einem Fixgeschäft ausgehen zu können, bedarf es einer Fixabrede. Dabei genügt nicht, dass die Leistungszeit genau bestimmt ist.[17] Vielmehr muss im Vertrag der Fortbestand des Leistungsinteresses an die Rechtzeitigkeit der Leistung gebunden worden sein.[18] Die Einhaltung der Leistungszeit muss nach dem Parteiwillen so wesentlich sein, dass das Geschäft mit der zeitgerechten Leistung stehen und fallen soll.[19] **Indizien** hierfür sind Formulierungen im Vertrag wie »fix«,[20] »genau« sowie i.V.m. bestimmter Lieferzeit »prompt«, »spätestens« und »umgehend«. Nicht auf Fixklauseln schließen lassen Formulierungen wie »ohne Nachfrist«»[21] binnen kürzester Frist«, »täglich«, »sofort«.[22] Wenn der Gesetzgeber dem Insolvenzverwalter für das einfache Fixgeschäft kein Wahlrecht einräumen wollte, ist davon auszugehen, dass ihm bei Vorliegen der übrigen Tatbestandsmerkmale erst recht kein Wahlrecht bei einem absoluten Fixgeschäft zustehen soll.[23] 9

II. Finanzleistungen (Abs. 2)

1. Begriff der Finanzleistung, Abs. 2 Satz 1

Nach Abs. 2 wird das Wahlrecht des Insolvenzverwalters auch für solche Rechtsgeschäfte ausgeschlossen, die sogenannte Finanzleistungen zum Gegenstand haben. 10

Wie in Abs. 1 werden nur solche Geschäfte erfasst, für die eine Leistungszeit nach Eröffnung des Insolvenzverfahrens bestimmt ist. Im Unterschied zum Fixgeschäft des Abs. 1 ist bei Abs. 2 aber grundsätzlich nicht erforderlich, dass die Finanzleistung genau zu einer festen Zeit oder zu einer festen Frist erfolgen soll. Ausreichend ist vielmehr, dass ein unter Umständen weit in der Zukunft 11

---

12 *Smid* InsO Rn. 8.
13 Uhlenbruck/*Lüer* Rn. 9.
14 *Jaeger/Henckel* KO § 18 Rn. 5; *Kilger/Schmidt* KO § 18 Rn. 1c; FK-InsO/*Wegener* Rn. 7.
15 BGH 30.06.1971, VIII ZR 39/70, NJW 1971, 1793.
16 BT-Drucks. 12/2443, 145.
17 BGH 25.01.2001, I ZR 287/98, NJW 2001, 2878.
18 Palandt/*Grüneberg* § 323 BGB Rn. 20.
19 BGH 17.01.1990, VIII ZR 292/88, BGHZ 110, 88 (96).
20 BGH 20.10.1982, VIII ZR 190/81, BB 1983, 1814.
21 BGH 22.01.1959, II ZR 321/56, NJW 1959, 933.
22 Für weitere Beispiele s. Palandt/*Grüneberg* § 323 BGB Rn. 20; Baumbach/*Hopt* HGB § 376 Rn. 7 f.
23 So auch Kübler/Prütting/Bork/*Köndgen* Rn. 10; FK-InsO/*Wegener* Rn. 9; a.A. HambK-InsR/*Ahrendt* Rn. 3; Uhlenbruck/*Lüer* Rn. 6.

liegender **Fälligkeitszeitpunkt vereinbart** wurde.[24] Auch das Setzen einer Nachfrist soll genügen.[25] Eine einseitige Fristsetzung kann nach dem Wortlaut des § 104 Abs. 2 Satz 1 allerdings nicht zur Anwendbarkeit der Vorschrift führen. Denn die Leistungszeit muss »vereinbart« sein. Nicht erforderlich ist, dass das Geschäft seinen Zweck verfehlt, wenn es nicht pünktlich erbracht wird.[26] Charakteristisch für Termingeschäfte ist nämlich ein um eine übliche technische Abwicklungsfrist von in Deutschland zwei und im Ausland bis zu fünf Börsentagen hinausgeschobener Erfüllungszeitpunkt für die rechtsgeschäftlichen Verbindlichkeiten.[27] Die Länge der vereinbarten Zeit oder Frist ist unerheblich.[28] Wie für die Fälle des Abs. 1 ist auch für Finanzleistungen ein Markt- oder Börsenpreis zu ermitteln. Die oben gemachten Ausführungen gelten hier entsprechend.

12 Welche Kontrakte Abs. 2 unterfallen ist nicht abschließend geklärt. Eine feststehende Definition wäre angesichts der gesetzgeberischen Entscheidung zugunsten eines entwicklungsoffenen Begriffs (vgl. die Wortwahl »insbesondere« in Abs. 2 Satz 2) und angesichts der Innovationsfreude der Finanzwelt auch verfehlt.[29] Einigkeit besteht jedoch darüber, dass Abs. 2 umfassend **derivative Finanzkontrakte** erfassen will.[30] Dies folgt schon aus einer Zusammenschau des Abs. 2 Satz 1 i.V.m. den in Abs. 2 Satz 2 enthaltenen Regelbeispielen. Insoweit liegen der Norm typische Vertragsgestaltungen zugrunde.[31]

13 Charakteristisch für sogenannte Derivate ist, dass der Preis für das mit ihnen verbundene Recht, das zu einem bestimmten Termin oder innerhalb eines bestimmten künftigen Zeitraumes geltend gemacht werden kann bzw. zu erfüllen ist, unmittelbar oder mittelbar von einem Preisschwankungen unterliegenden sog. Basiswert abhängig ist. Als Basiswerte kommen beispielsweise Wertpapiere, Geldmarktinstrumente, Devisen, oder Finanzindices in Betracht.[32] Grundsätzlich lassen sich Derivate in **zwei Grundformen** unterteilen – Fest- und, Optionsgeschäfte.[33] Sämtliche Vertragsgestaltungen, die sich einem dieser Grundtypen zuordnen lassen – ebenso wie Kombinationen der unterschiedlichen Kategorien – unterstehen dem Anwendungsbereich des Abs. 2.

14 Unter einem **Festgeschäft** (vgl. § 104 Abs., 2 Satz 2 Nr. 1 bis 5) werden solche Rechtsgeschäfte verstanden, kraft derer eine Vertragspartei zur Lieferung eines bestimmten Basiswerts – beispielsweise Aktien – zu einem vertraglich bestimmten Zeitpunkt verpflichtet ist. Der andere Vertragsteil verpflichtet sich zur Abnahme. Die Gegenleistung wird dabei bereits im Zeitpunkt des Vertragsschlusses bestimmt. Im Bereich des Börsenhandels nennt man diese Rechtsgeschäfte **Futures**. Außerbörslich spricht man von sogenannten **Forwards**. Auch die Grundform der **Swap-Geschäfte** lässt sich der Kategorie der Festgeschäfte zuordnen. Swaps zeichnen sich dadurch aus, dass zu einem bestimmten Termin Zahlungen »geswapt«, also gegeneinander ausgetauscht werden. Beispiele sind Zins- und Währungsswaps.[34] In den Anwendungsbereich von Abs. 2 fallen grundsätzlich nur Finanz-swaps,[35] nicht aber solche Tauschgeschäfte, die sich auf Waren oder sonst nicht-finanzleistungsbezogene Gegenstände beziehen.

---

24 HK-InsO/*Marotzke* Rn. 5.
25 *Bosch* WM 1995, 413 (417); Uhlenbruck/*Lüer* Rn. 15.
26 BT-Drucks. 12/2443, 145.
27 BGH 18.12.2001, XI ZR 363/00, WM 2002, 283; Fuchs/*Jung* WpHG Vor §§ 37e und 37g Rn. 20.
28 KS-InsO/*Bosch* S. 1028 Rn. 76.
29 Vgl. nur *Obermüller* WM 1994, 1831.
30 Uhlenbruck/*Lüer* Rn. 13; Nerlich/Römermann/*Balthasar* Rn. 46.
31 Uhlenbruck/*Lüer* Rn. 15; vgl. auch *Zimmer/Fuchs*, ZGR 4/2010, 625.
32 Assmann/Schneider/*Assmann* WpHG § 2 Rn. 28; Fuchs/*Jung* WpHG Vor §§ 37e und 37g Rn. 18 ff., 43 ff.
33 Zerey/*Schüwer/Steffen* Finanzderivate § 1 Rn. 4; Schwark/Zimmer/*Kumpan* KMRK § 2 WpHG Rn. 37.
34 Zum Ganzen insb. *Lehmann*, Finanzinstrumente, S. 100 ff.; Zerey/*Schüwer/Steffen* Finanzderivate § 1 Rn. 4 ff.
35 Uhlenbruck/*Lüer* Rn. 14.

Bedingte Termingeschäfte werden als **Optionen** (vgl. § 104 Abs. 2 Satz 2 Nr. 5) bezeichnet – die 15
zweite Kategorie derivativer Finanzkontrakte. Charakteristisch hierfür ist, dass der Käufer des Kontrakts darüber entscheiden kann, ob erfüllt werden soll oder nicht. Als Basisformen werden Kauf-
(**call options**) und Verkaufsoptionen (**put options**) unterschieden (näheres sogleich unter Rdn. 19).[36]

Vom Anwendungsbereich ausgeklammert werden Verträge deren vertragstypische Leistung keine Fi- 16
nanzleistung ist. Die Finanzleistung muss für den Vertrag prägend sein.[37] Nicht als Finanzleistung zu
qualifizieren sind demnach grds. Darlehensverträge oder Warenkäufe.[38] Wandeldarlehen, bei denen
der Gläubiger statt Geld Aktien zu einem vorab festgelegten Wandlungspreis verlangen kann, können hingegen unter § 104 Abs. 2 fallen.[39] Gleiches gilt für Wertpapierdarlehen.[40] Die Vielfalt denkbarer Vertragsgestaltungen verpflichtet jedoch zu einer Prüfung im Einzelfall.[41]

2. Regelbeispiele, Abs. 2 Satz 2

Nr. 1: Zu den gängigsten **Edelmetallen** zählen Gold, Platin und Silber. Ausgenommen sind Rohstoff- 17
geschäfte. Diese fallen unter § 104 Abs. Satz 1.

Nr. 2: Wertpapiere i.S.d. Wertpapierhandelsgesetzes sind, auch wenn keine Urkunden über sie aus- 18
gestellt sind, alle Gattungen von übertragbaren Wertpapieren mit Ausnahme von Zahlungsinstrumenten, die ihrer Art nach auf den Finanzmärkten handelbar sind, insb. Aktien, andere Anteile
an juristischen Personen und sonstigen Unternehmen, soweit sie Aktien vergleichbar sind, sowie Zertifikate, die Aktien vertreten, Schuldtitel, insb. Genussscheine und Inhaber-/Orderschuldverschreibungen, sowie Zertifikate, die Schuldtitel vertreten, sonstige Wertpapiere, die zum Erwerb oder zur
Veräußerung von Wertpapieren im vorgenannten Sinn berechtigen oder zu einer auf einen Basiswert
aufsetzenden Barzahlung führen sowie Anteile an Investmentvermögen, die von einer Kapitalgesellschaft oder einer ausländischen Investmentgesellschaft gehalten werden (§ 2 Abs. 1 WpHG). Wegen
des Erfordernisses eines Börsen- oder Marktpreises werden Schecks und Konnossemente nicht erfasst.[42] Zu beachten ist die Einschränkung, dass der Erwerb einer Beteiligung an einem Unternehmen zur Herstellung einer dauernden Verbindung zu diesem Unternehmen vom Anwendungsbereich des § 104 Abs. 2 ausgenommen wurde. In diesen Fällen bleibt es bei der Regel des § 103.
Den Wertpapieren gleichgestellte **vergleichbare Rechte** sind etwa nicht verbriefte Schuldbuchforderungen oder Schuldscheine.[43]

Nr. 3: Das Regelbeispiel in Nr. 3 betrifft Geldleistungen, die in ausländischer Währung oder in 19
einer Rechnungseinheit zu erbringen sind (**Devisen**), so etwa Käufe ausländischer Banknoten oder
Münzen. Erfasst sind auch sog. Devisen- und Währungs-Swaps.[44]

Bei einem **Devisenswap** erfolgt ein Austausch von zwei Währungen zum sog. Kassakurs unter gleich- 20
zeitiger Vereinbarung eines Rückaustausches zum Terminkurs, der Ausdruck der Differenz des Zinsniveaus der beiden auszutauschenden Währungen ist.[45] Bei einem **Währungsswap** wird dagegen der
periodische »Austausch« von Kapital- und/oder Zinszahlungen verschiedener Währungen vereinbart.[46]

---

36 Zerey/Schüwer/Steffen Finanzderivate § 1 Rn. 8.
37 Uhlenbruck/Lüer Rn. 16.
38 Uhlenbruck/Lüer Rn. 23; MüKo-InsO/Jahn InsO Rn. 53.
39 KS-InsO/Bosch S 1022 Rn. 52.
40 KS-InsO/Bosch S. 1029 Rn. 79.
41 Vertiefend: MüKo-InsO/Jahn Rn. 88 ff.
42 KS-InsO/Bosch S 1019 Rn. 41; BK-InsR/Goetsch Rn. 18.
43 BT-Drucks. 12/7302, 168.
44 KS-InsO/Bosch 1020 Rn. 42.
45 Erne Swapgeschäfte, 13 ff.; Waclawik Devisenterminvereinbarungen, 79 ff.
46 Schwintowski/Schäfer Bankrecht § 21 Rn. 6.

21 **Nr. 4: Geldleistungen**, deren Höhe unmittelbar oder mittelbar durch den Kurs einer ausländischen Währung oder einer Rechnungseinheit, durch den Zinssatz von Forderungen oder durch den Preis anderer Güter oder Leistungen bestimmt wird, sind ebenfalls Finanzleistungen. Gemeint sind auch die Fälle, in denen die Höhe der geschuldeten Geldleistung von der Entwicklung eines Wertpapierindexes abhängig gemacht wird.[47] Erfasst sind Zinssatz- und sonstige Indexswaps.[48]

22 **Nr. 5: Optionen** und andere Rechte auf Finanzleistungen i.S.d. Nr. 1 bis 4 **begründende** oder **übertragende** Geschäfte (sog. Primärgeschäfte) werden selbst auch als Finanzleistungen qualifiziert. Ein Rechtsgeschäft, bei dem eine Forderung auf Lieferung von Edelmetallen begründet oder abgetreten wird, fällt somit unter Nr. 5. Bei einem Geschäft, durch das die Ausübung der Option zustande kommt, ist gesondert zu prüfen, ob es die Voraussetzungen des § 104 erfüllt.[49] Bei einer Option verpflichtet sich der Verkäufer (Stillhalter) gegenüber dem Käufer, jederzeit innerhalb einer festgelegten Laufzeit oder zu einem festen Zeitpunkt eine bestimmte Menge Basiswerte zu einem festbestimmten Preis (Basispreis) an den Käufer der Option auf dessen Anforderung zu verkaufen (Call-Option) oder von ihm anzukaufen – (Put-Option).[50] Vom Basispreis zu unterscheiden ist der Optionspreis, der für die Einräumung der Option zu zahlen ist. Ein Optionsgeschäft, das die tatsächliche Lieferung des Optionsgegenstandes gegen Zahlung des vereinbarten Erwerbspreises vorsieht, ist nach Zahlung des Optionspreises durch den Optionskäufer noch nicht voll erfüllt. Denn das Optionsgeschäft ist der erste Akt eines zweigliedrigen einheitlichen Geschäftes, welches aus Optionserwerb und Erwerb des Optionsgegenstandes besteht.[51] Dies führt jedoch dazu, dass der Insolvenzverwalter die bereits erworbene Option nicht ausüben kann. Das zunächst irritierende Ergebnis wird aber durch die sogleich zugunsten der Masse entstehende Forderung wegen Nichterfüllung ausgeglichen (§ 104 Abs. 2 Satz 1, Abs. 3).

23 **Nr. 6: Finanzsicherheiten** i.S.d. § 1 Abs. 17 KWG sind Barguthaben, Geldbeträge, Wertpapiere, Geldmarktinstrumente sowie sonstige Schuldscheindarlehen einschließlich jeglicher damit in Zusammenhang stehender Rechte oder Ansprüche, die als Sicherheit in Form eines beschränkten dinglichen Sicherungsrechts oder im Wege der Überweisung oder Vollrechtsübertragung auf Grund einer Vereinbarung zwischen einem Sicherungsnehmer und einem Sicherungsgeber, die einer der in Art. 1 Abs. 2a bis e der RiLi 2002/47/EG aufgeführten Kategorien angehören, bereitgestellt werden. Durch den Verweis auf sämtliche »Rechte und Ansprüche«, die in Zusammenhang mit den durch die Norm ausdrücklich erfassten Sicherungsgegenständen stehen, wird klargestellt, dass insbesondere von diesen Positionen abgeleitete, also derivative Finanzinstrumente erfasst werden.[52] Personalsicherheiten werden vom Anwendungsbereich generell ausgeklammert. Finanzsicherheiten dienen als besondere Form der Kreditsicherung der Absicherung von Ansprüchen für die Fälle, in denen der Forderungsschuldner zur Leistung außerstande ist. Sie kompensieren insoweit, wie jede andere Sicherheit auch, den Forderungsausfall im Falle einer Insolvenz.

24 Restriktionen ergeben sich auch in personeller Hinsicht – nur bestimmte Akteure kommen insoweit als Sicherungsnehmer oder Sicherungsgeber in Betracht.[53] Der persönliche Anwendungsbereich ist grds. für öffentlich-rechtliche Körperschaften, Zentralbanken, beaufsichtigte Finanzinstitute sowie zentrale Kontrahenten der Mitgliedstaaten der EU eröffnet. Ist der Sicherungsgeber gewerblicher Unternehmer oder Kaufmann liegt eine Finanzsicherheit i.S.d. § 1 Abs. 17 KWG nur vor, wenn die Sicherheit der Besicherung von Verbindlichkeiten aus Verträgen oder aus der Vermittlung von Verträgen über die Anschaffung und die Veräußerung von Finanzinstrumenten, Pensions-, Darlehens- sowie vergleichbaren Geschäften auf Finanzinstrumente oder Darlehen zur Finanzierung

---

47 BT-Drucks. 12/7302, 168.
48 KS-InsO/*Bosch* 1020 Rn. 43.
49 BT-Drucks. 12/7302, 168.
50 Schwintowski/*Schäfer* Bankrecht § 21 Rn. 53.
51 BGH 22.10.1984, II ZR 262/83, WM 1984, 1598 ff.
52 *Ruzik*, Finanzmarktintergration, 427.
53 Langenbucher/Bliesener/Spindler/*Lehmann* Bankrechtskommentar Kap 24 Rn. 43 f.

des Erwerbs von Finanzinstrumenten dient. In diesem Fall sind eigene Anteile des Sicherungsgebers oder Anteile an verbundenen Unternehmen i.S.v. § 290 Abs. 2 HGB keine Finanzsicherheiten. Maßgebend ist der Zeitpunkt der Bestellung der Sicherheit. Sicherungsgeber aus Drittstaaten stehen den genannten Sicherungsgebern gleich, sofern sie im Wesentlichen den in Artikel 1 Abs. 2 Buchst. a bis e RiLi 2002/47/EG aufgeführten Körperschaften, Finanzinstituten und Einrichtungen entsprechen.

Zu beachten ist, dass § 1 Abs. 17 KWG richtlinienkonform mit der dieser Vorschrift zugrunde liegenden **Richtlinie 2002/47/EG** auszulegen ist und die Richtlinie den Begriff der Finanzsicherheiten wohl weiter fasst, jedenfalls aber in Art. 1 Abs. 4 Buchst. a allgemeiner als Barsicherheiten (legaldefiniert in Art. 2 Abs. 1 Buchst. d RiLi 2002/47/EG) oder Finanzinstrumente (Definition in Art. 2 Abs. 1 Buchst. e RiLi 2002/47/EG) formuliert.[54] 25

3. Weitere Beispiele

Nicht ausdrücklich aufgezählt, aber ebenfalls vom Anwendungsbereich des § 104 erfasst sind Kassageschäfte und Wertpapierleihgeschäfte.[55] 26

III. Markt- oder Börsenpreis

Die Ware muss einen Markt- oder Börsenpreis bzw. einen Kurswert haben. Wann ein **Börsenwert** 27 vorliegt, ergibt sich aus § 24 Abs. 1 Satz 1 BörsG. Börsenpreise sind danach alle Preise, die während der Börsenzeit (im Präsenzhandel oder im elektronischen Handel) an einer Börse (Wertpapier- und Warenbörsen, vgl. § 2 BörsG) ermittelt werden.[56] Neben dem sogenannten regulierten Markt, gilt dies gemäß § 24 Abs. 1 Satz 2 BörsG ausdrücklich auch für (nicht-amtliche) Preise die im Freiverkehr an einer Wertpapierbörse festgestellt werden. Für die Bestimmung des **Marktpreises** ist ein weites Verständnis zugrunde zu legen. Es genügt, wenn objektiv ein bestimmter Wert ermittelbar ist, auch wenn es hierzu beispielsweise der Einschaltung eines Sachverständigen oder der Einholung von Angeboten bedarf.[57] Einzige Voraussetzung der Bestimmung des Marktpreises ist, dass auch ein Markt existiert auf dem die Waren tatsächlich gehandelt werden. Zur Feststellung dieses Merkmals ist ausreichend, dass die Möglichkeit besteht sich anderweitig einzudecken.[58] Dass nicht alle Angebote einen einheitlichen Preis haben, ist unschädlich.[59] In solchen Fällen kann der Durchschnittspreis in Ansatz gebracht werden. Hintergrund dieser Regelung ist, dass auch börsenunabhängig getätigte Geschäfte erfasst werden sollen.[60] Auch die Ermittlung des Marktpreises durch eine vom Gläubiger des Differenzanspruches nach § 104 Abs. 3 Satz 1 veranstaltete Auktion ist grundsätzlich möglich, wenn die Voraussetzungen, die Ausgestaltung und die Maßgeblichkeit des Auktionsverfahrens für die Bestimmung des Marktpreises zwischen dem Betreiber eines Zahlungs- oder Abrechnungssystems und den Mitgliedern des Systems vertraglich vereinbart werden. Besteht indes zum vertraglich vereinbarten Zeitpunkt des Auktionsbeginns ein Marktpreis, ist eine Auktion gemäß § 119 ausgeschlossen.[61]

In Abs. 2 bezieht sich der Marktpreis auf die zu liefernden oder der Berechnung zugrunde liegenden 28 Finanzprodukte.[62]

---

54 Eingehender hierzu Kübler/Prütting/Bork/ *Flöther* § 166 Rn. 32 f.
55 FK-InsO/ *Wegener* Rn. 21.
56 Vgl. auch *Groß* Kapitalmarktrecht §§ 24 Rn. 5.
57 *Smid* InsO Rn. 5; *Kilger/Schmidt* KO § 18 Rn. 1c.
58 *Zimmer/Fuchs*, ZGR 4/2010, 682.
59 BT-Drucks. 12/7302, 168.
60 BT-Drucks. 12/7302, 168.
61 *Ehricke* ZInsO 2009, 547 (549 ff.).
62 KS-InsO/ *Bosch* 1024 Rn. 61.

IV. Rahmenvertragliche Verrechnung (Abs. 2 Satz 3)

29 Eine Sonderregelung, die insbesondere den praktischen Bedürfnissen der Finanzbranche Rechnung trägt, ist in § 104 Abs. 2 Satz 3 enthalten. Die Regelung betrifft in erster Linie das sogenannte close-out netting, auch Liquidations- oder Glattstellungsnetting genannt. Es handelt sich hierbei um einen zentralen Mechanismus im Rahmen des Eigenkapitalmanagements von Kreditinstituten. Nettingklauseln werden regelmäßig in Rahmenverträgen vereinbart. Zivilrechtlich sind diese als Dauerschuldverhältnisse zu qualifizieren. Beispielhaft seien hier der deutsche Rahmenvertrag für Finanztermingeschäfte oder das Masteragreement der International Swaps and Derivatives Association (ISDA) genannt. Dabei handelt es sich um standardisierte und regulierungsrechtlich anerkannte Mustervertragswerke.

30 Hinter dem Begriff des Netting steht ein einfaches Prinzip. Im Falle des Eintritts spezifischer Ereignisse – dies wäre für den Fall des § 104 Abs. 2 Satz 3 der Eintritt eines Insolvenzeröffnungsgrundes bei einem der Vertragspartner – werden sämtliche dem Rahmenvertrag unterstehende Einzelabschlüsse automatisch beendet (sog. Gesamtbeendigung). Anschließend erfolgt – nach vertraglich determinierten Regeln – die gegenseitige Verrechnung mit der Folge, dass nur eine einzelne Nettoforderung entsteht. Auf diese beschränkt sich gemäß § 104 Abs. 2 Satz 3 das Wahlrecht des Insolvenzverwalters. Die Gesamtheit der unter dem Rahmenvertrag zusammengefassten Einzelabschlüsse gilt insoweit als ein gegenseitiger Vertrag im Sinne von §§ 103, 104.

31 Vermieden wird das »Rosinenherauspicken« hinsichtlich der aus den Einzelverträgen resultierenden und für die Insolvenzmasse günstigen Einzelansprüche. Dies hat unmittelbar zur Folge, dass das Ausfallrisiko und damit die Gefahr eines ansteckenden Dominoeffekts zuungunsten des Vertragspartners beträchtlich reduziert wird. Close-out Netting leistet insoweit einen wichtigen Beitrag zur Finanzsystemstabilität.[63]

32 Schließlich ist ein insolvenzfestes Netting Voraussetzung für die regulierungsrechtliche Anerkennung im Rahmen der Eigenmittelberechnung (vgl. § 206 ff. SolvV).

33 Sind sämtliche Pflichten einer Vertragspartei aus einem Rahmenvertrag vollständig erfüllt, ist § 104 Abs. 2 Satz 3 nicht anwendbar.

C. Rechtsfolgen

34 In den Fällen des § 104 hat der Verwalter kein Wahlrecht gem. § 103. Die Eröffnung des Insolvenzverfahrens bewirkt, dass der Vertrag nicht mehr erfüllt werden muss. Stattdessen kann die **Differenz** zwischen dem vereinbarten Preis und dem Markt- oder Börsenpreis zu dem in Abs. 3 näher bezeichneten Zeitpunkt gefordert werden. Die ursprünglichen Verpflichtungen aus einem Geschäft i.S.d. § 104 werden bei Eröffnung des Insolvenzverfahrens kraft Gesetzes durch eine Forderung wegen Nichterfüllung ersetzt. Deshalb ändert auch die Einstellung des Insolvenzverfahrens nichts am Bestand des Anspruches wegen Nichterfüllung. Bei der Vorschrift des § 104 Abs. 3 handelt es sich um einen gesetzlich normierten Schadensersatzanspruch und nicht lediglich um eine Berechnungsregel.[64] Die gleichwohl festgelegte Ermittlung der Schadenshöhe ist nicht dispositiv.[65] So ist es bspw. nicht möglich, den (höheren) Abrechnungspreis, der sich für den Abschluss eines Deckungsgeschäftes zwischen einem Vertragspartner und einem solventen Clearing-Teilnehmer ergibt, als Schadensersatz i.S.d. § 104 Abs. 3 geltend zu machen.[66]

---

63 Zu den Gefahren der automatischen Vertragsbeendigung insb. *Zimmer/Fuchs*, ZGR 4/2010, 634.
64 Kübler/Prütting/Bork/*Köndgen* Rn. 46; FK-InsO/*Wegener* Rn. 22; *Ehricke* ZIP 2003, 273 (277); a.A. Mü-Ko-InsO/*Jahn* Rn. 183; Nerlich/Römermann/*Balthasar* Rn. 45; *Kieper* Abwicklungssysteme in der Insolvenz, 2004, 65 f.; *Wilmowsky* WM 2002, 2262 (2264).
65 *Hess* Rn. 71; HK-InsO/*Marotzke* Rn. 15; *Kieper* Abwicklungssysteme in der Insolvenz 2004, 69; Kübler/Prütting/Bork/*Köndgen* Rn. 46 ff.
66 *Ehricke* NZI 2006, 564 (566).

I. Vereinbarter Preis (Abs. 3 Satz 1)

Die gesetzgeberische Formulierung »vereinbarter Preis« ist weit auszulegen und als **Gegenleistung** zu verstehen. So muss es sich nicht notwendig um einen Kaufpreis handeln.[67] Umfasst werden sollen auch im Wege eines Tauschvertrages als Gegenleistung zu erbringende Finanzleistungen, nicht dagegen jedoch Warenlieferungen.[68]

35

II. Maßgeblicher Markt- oder Börsenpreis

Zur Ermittlung der Differenz zu dem vereinbarten Preis kommt es grds. auf den Markt- oder Börsenpreis zu dem von den Parteien vereinbarten Zeitpunkt an. Hierdurch soll dem Bedürfnis der Praxis nach individuellen Lösungen Rechnung getragen werden.[69] Innerhalb eines Rahmenvertrages können (auch formularvertraglich) bzgl. einzelner Finanzkontraktarten unterschiedliche Stichtage festgelegt werden. Wichtig ist lediglich, dass die Termine von vornherein konkret bestimmt worden sind.[70] Liegt dieser Zeitpunkt länger als fünf Werktage nach Insolvenzeröffnung, ist der Markt- oder Börsenpreis am fünften Werktag nach der Eröffnung des Verfahrens am Erfüllungsort des Vertrages mit der vereinbarten Laufzeit heranzuziehen. Haben die Parteien keine Vereinbarung getroffen, ist der Markt- oder Börsenpreis am zweiten Werktag nach Eröffnung des Insolvenzverfahrens entscheidend (Abs. 3 Satz 2).

36

III. Einordnung der Forderung wegen Nichterfüllung als Insolvenzforderung (Abs. 3 Satz 3)

Der Vertragspartner des Schuldners kann seine Forderung wegen Nichterfüllung nur als Insolvenzgläubiger geltend machen (§ 104 Abs. 3 Satz 3). Damit wollte der Gesetzgeber zum Ausdruck bringen, dass die Forderung wegen Nichterfüllung keine Masseverbindlichkeit ist, obwohl sie erst mit Eröffnung des Insolvenzverfahrens entsteht.[71]

37

IV. Fälligkeit vor Verfahrenseröffnung

Liegt die vertraglich vereinbarte Fälligkeit der zu erbringenden Leistung vor Eröffnung des Insolvenzverfahrens und ist ein Fixgeschäft oder eine Finanzleistung i.S.d. § 104 zum Zeitpunkt der Insolvenzeröffnung noch nicht erfüllt, ist der Tatbestand der Ausnahmevorschrift des § 104 nicht gegeben. Somit bleibt es bei der in § 103 verankerten Regel. Der Verwalter hat ein Wahlrecht, ob er den Vertrag erfüllen will oder nicht.[72] Der Vertragspartner kann jedoch nach § 323 Abs. 2 Nr. 2 BGB bzw. § 376 HGB vom Vertrag zurücktreten.[73]

38

D. Internationale und europäische Bezüge

Die Forderung wegen der Nichterfüllung entsteht in einem deutschen Insolvenzverfahren nach § 104 und unterliegt damit ipso jure **deutschem Recht**. Es kommt nicht darauf an, welches Recht für die ursprünglichen Liefergeschäfte oder die Finanzleistungen maßgeblich war.[74]

39

Das einem Währungsswap inhärente wirtschaftliche Ziel, Währungsschwankungen abzumildern, wird in der islamischen Welt durch sog. **Tawarruq-Verträge** erreicht, bei denen die gestundeten Zahlungsströme auf verschiedene Währungen lauten. Diese Verträge fallen nicht unter § 104 Abs. 2, da sie zur Erzielung der Scharia-Konformität regelmäßig ohne gegenseitige Verknüpfung geschlossen werden müssen.[75]

40

---

67 BT-Drucks. 12/7302, 168.
68 KS-InsO/*Bosch* 1019 Rn. 38.
69 FK-InsO/*Wegener* Rn. 24; *Wimmer* ZIP 2003, 1563 (1565).
70 *Ehricke* NZI 2006, 564 (565 f.).
71 KS-InsO/*Bosch* 1026 Rn. 66.
72 FK-InsO/*Wegener* Rn. 6a.
73 Kübler/Prütting/Bork/*Köndgen* Rn. 12.
74 KS-InsO/*Bosch* S. 1017 Rn. 32.
75 *Schwenk/Berck* jurisPR-BKR 5/2009, Anm. 4.

§ 105 Teilbare Leistungen

Sind die geschuldeten Leistungen teilbar und hat der andere Teil die ihm obliegende Leistung zur Zeit der Eröffnung des Insolvenzverfahrens bereits teilweise erbracht, so ist er mit dem der Teilleistung entsprechenden Betrag seines Anspruches auf die Gegenleistung Insolvenzgläubiger, auch wenn der Insolvenzverwalter wegen der noch ausstehenden Leistung Erfüllung verlangt. Der andere Teil ist nicht berechtigt, wegen der Nichterfüllung seines Anspruches auf die Gegenleistung die Rückgabe einer vor der Eröffnung des Verfahrens in das Vermögen des Schuldners übergegangene Teilleistung aus der Insolvenzmasse zu verlangen.

Übersicht

	Rdn.		Rdn.
A. Normzweck	1	C. Rechtsfolgen	11
B. Voraussetzungen	3	D. Verhältnis zu anderen Vorschriften	19
I. Teilbare Leistung	3	E. Steuerliche Aspekte	20
II. Vorleistung des Vertragspartners	8		

A. Normzweck

1 Sollen Austauschverträge erfüllt werden, die vorsehen, dass über einen längeren Zeitraum wechselseitig Teilleistungen zu erbringen sind, bestimmen sich Erfüllungswahl und -verweigerung sowie ggf. die Rückabwicklung nach den §§ 103 und 105.[1] Die Vorschrift des § 105 gilt für sämtliche gegenseitigen Verträge, die auf teilbare Leistungen gerichtet sind. Mit § 105 Satz 1 hat der Gesetzgeber den Gedanken des § 36 Abs. 2 Satz 1 VerglO übernommen.[2] Die KO enthielt keine vergleichbare Regelung. § 105 hebt bei teilbaren Leistungen die unterschiedliche Behandlung von Sukzessivlieferungsverträgen und Wiederkehrschuldverhältnissen auf.[3] Ein Sukzessivlieferungsvertrag ist ein einheitlicher Kauf- oder Werklieferungsvertrag, der auf die Erbringung von Leistungen in zeitlich aufeinanderfolgenden Raten gerichtet ist.[4] Anderenfalls hätte der Insolvenzverwalter bei Verlangen der Erfüllung den Vertrag so zu erfüllen, wie es dem Schuldner oblegen hätte, mithin würden auch die rückständigen Forderungen des Vertragspartners zu Masseforderungen.[5] Durch die Regelung des § 105 kann der Insolvenzverwalter bei Verträgen über teilbare Leistungen (vgl. Rdn. 3), insb. über die fortlaufende Lieferung von Waren oder Energie bzw. bei Bauleistungen, und zwar unabhängig von ihrer rechtlichen Einordnung, für die Zukunft Erfüllung verlangen, ohne dadurch auch für die Vergangenheit zur vollen Erfüllung verpflichtet zu werden. Der Vertragspartner kann den Anspruch auf die Gegenleistung für seine Leistungen aus der Vergangenheit lediglich als Insolvenzgläubiger geltend machen, egal ob der Verwalter für die Zukunft Erfüllung wählt oder diese ablehnt. Die vor allem für Versorgungsverträge wegen der mit der früheren Rechtslage einhergehenden praktischen Probleme entwickelte Rechtsfigur des Wiederkehrschuldverhältnisses ist somit aufgrund der Vorschrift des § 105 Satz 1 überholt.[6] Zweck der Regelung ist, eine **Verkleinerung der Insolvenzmasse zu verhindern** und das Wahlrecht des Verwalters flexibler zu gestalten. Der Verwalter soll die Möglichkeit haben, Verträge über die fortlaufende Lieferung von Waren oder Energie im Insolvenzverfahren zu den gleichen Bedingungen fortzusetzen und nicht zur Vermeidung von Masseverbindlichkeiten gezwungen sein, die Erfüllung abzulehnen und einen neuen Vertrag (mit schlechteren Konditionen) abzuschließen. Denn i.d.R. dürfte es für die Insolvenzmasse nicht vorteilhaft sein, die volle Gegenleistung zu erbringen, während im Gegenzug nur eine Teilleistung in die Masse fließt.[7] Gerechtfertigt ist dieser Eingriff durch den insolvenzrechtlichen Gleichbehandlungsgrund-

---

1 *Häsemeyer* Rn. 20.27.
2 BT-Drucks. 12/2443, 145.
3 BGH 24.02.1969, II ZR 123/67, BGHZ 51, 350; 21.10.1976, VII ZR 335/75, BGHZ 67, 242.
4 BGH 05.11.1980, VIII ZR 232/79, NJW 1981, 680.
5 RG 10.02.1920, II 210/15, RGZ 98, 137; BGH 30.01.1986, IX ZR 79/85, BGHZ 97, 90; a.A. Uhlenbruck/*Wegener* Rn. 3.
6 BT-Drucks. 12/2443, 145 f.
7 Mohrbutter/Ringstmeier/*Homann* § 7 Rn. 43.

satz.⁸ Die Regelung bedeutet auch keine unzumutbare Belastung des Vertragspartners, verglichen mit den anderen Gläubigern, da er für die Zeit ab Eröffnung des Insolvenzverfahrens die vereinbarte Gegenleistung voll aus der Masse erhält.⁹ Im Gegenteil, der Vertragspartner würde besser gestellt werden, wenn der auf die bereits erbrachte Leistung entfallende Gegenanspruch, der im Zeitpunkt der Insolvenzeröffnung wirtschaftlich entwertet war, in eine Masseschuld umgewandelt würde.¹⁰

Dauerschuldverhältnisse, die nicht unter die §§ 108 ff. fallen, sind wie teilbare Leistungen i.S.d. § 105 zu behandeln.¹¹ Besondere praktische Bedeutung dürfte hier den Leasingverträgen zukommen.¹² Vorgeschlagen wird eine analoge Anwendung der §§ 105, 108 Abs. 2. Demnach werden Ansprüche aus der Zeit vor Verfahrenseröffnung keine Masseverbindlichkeiten, wenn der Verwalter die Vertragserfüllung wählt. Der andere Teil hat deshalb auch nicht das Recht, die weitere Vertragserfüllung aufgrund rückständiger Leistungen aus der Zeit vor Verfahrenseröffnung zu verweigern oder ein Zurückbehaltungsrecht geltend zu machen.¹³ 2

B. Voraussetzungen

I. Teilbare Leistung

Anwendbar ist die Vorschrift des § 105 nur, wenn die Voraussetzungen des § 103 Abs. 1 erfüllt und die **beiderseitigen Leistungen teilbar** sind.¹⁴ Die aufgrund gegenseitiger Verträge (vgl. § 103 Rdn. 6) geschuldeten Leistungen sind regelmäßig teilbar, wenn sich die vor und nach Eröffnung des Insolvenzverfahrens erbrachten Leistungen feststellen und bewerten lassen.¹⁵ Es genügt somit schon eine wertmäßige Teilbarkeit der erbrachten bzw. geschuldeten Leistung, was die Regel ist.¹⁶ Der insolvenzrechtliche Begriff der teilbaren Leistung ist somit weiter als der des bürgerlichen Rechtes nach § 420 BGB.¹⁷ 3

Beispiele für teilbare Leistungen sind Gattungsleistungen, die Lieferung oder Herausgabe von Geld oder anderen vertretbaren Sachen i.S.d. § 91 BGB. Im Einzelfall können auch die Überlassung des Gebrauchs eines Miet- oder Pachtgegenstandes,¹⁸ Dienstleistungen oder der vertraglich vereinbarte Hin- und Rückflug¹⁹ teilbar im vorgenannten Sinn sein. Die Erstellung eines Werkes ist teilbar, wenn der bei Verfahrenseröffnung bereits erbrachte Teil erst nach Verfahrenseröffnung durch Übereignung des gesamten Werkes in die Masse gelangt.²⁰ Bauleistungen sind im Regelfall teilbar.²¹ Regelmäßig auf teilbare Leistungen gerichtet sind auch Sukzessivlieferungsverträge.²² Grds. teilbar sind auch die beiderseitigen Leistungspflichten bei Versicherungsverträgen.²³ In der Insolvenz des Versicherungsnehmers ist jedoch im Einzelfall zu prüfen, ob tatsächlich eine Vorleistung durch die Versicherungsgesellschaft gegeben ist (vgl. zur Vorleistung Rdn. 8 ff.), denn die Leistung der Ver- 4

---

8 KS-InsO/*Pape* S. 531 Rn. 36.
9 BT-Drucks. 12/2443, 146; krit. *Häsemeyer* Rn. 20.27; *Henckel* FS Kirchhof 2003, 191 (203 ff.); HK-InsO/*Marotzke* Rn. 3.
10 Mohrbutter/Ringstmeier/*Homann* § 7 Rn. 42; Uhlenbruck/*Wegener* Rn. 5.
11 HK/*Marotzke* Rn. 14.
12 KS-InsO/*Pape* 531 Rn. 37.
13 KS-InsO/*Pape* 531 Rn. 38; Kübler/Prütting/Bork/*Tintelnot* Rn. 16.
14 Bley/*Mohrbutter* VerglO § 36 Rn. 48; Uhlenbruck/*Wegener* Rn. 6.
15 BGH 22.02.2001, IX ZR 191/98, BGHZ 147, 28 (34); 25.04.2002, IX ZR 313/99, BGHZ 150, 353.
16 Uhlenbruck/*Wegener* Rn. 7.
17 Vgl. hierzu Palandt/*Heinrichs* § 266 BGB Rn. 3; Palandt/*Grüneberg* § 420 BGB Rn. 1.
18 BGH 13.12.1991, LwZR 5/91, BGHZ 116, 334 (337).
19 AG Köln 15.05.2007, 28 C 633/06, NJW-RR 2008, 214.
20 BGH 22.02.2001, IX ZR 191/98, BGHZ 147, 28 (33 f.).
21 BGH 04.05.1995, IX ZR 256/93, BGHZ 129, 336 (342).
22 Begr. RegE BT-Drucks. 12/2443, 145.
23 OLG Düsseldorf 05.07.2004, 4 U 133/04, VersR 2006, 250.

sicherung besteht nicht in der Gewährung von Deckungsschutz. Die charakteristische Leistung des Versicherungsvertrages ist vielmehr eine aufschiebend bedingte Geldleistung.[24]

5 **Nicht teilbar** ist der Anspruch auf Herausgabe oder Übereignung einer bestimmten Sache,[25] der Anspruch auf Übertragung einer Grundschuld,[26] Unterlassungsansprüche oder der Anspruch auf Verschaffung von Teileigentum[27] sowie Versicherungsleistungen mit Ausnahme von periodisch wiederkehrenden Leistungen wie monatlichen Rentenzahlungen.[28]

6 Strittig ist die Behandlung von Werklieferungsverträgen. Zu § 651 BGB a.F. hat der BGH unter Verweis auf seine Rechtsprechung zum Werkvertrag entschieden, dass Werklieferungsverträge regelmäßig bereits während des Schöpfungsprozesses teilbar seien.[29] Nach § 651 BGB n.F. ist auf Werklieferungsverträge jedoch Kaufrecht anzuwenden. Deshalb sei § 105 nur einschlägig, wenn die herzustellenden Sachen bereits teilweise in das Eigentum des Schuldners gelangt sind.[30] Die Änderung des § 651 erfordert allerdings keine Korrektur der Bewertung durch den BGH. Danach entsteht im Unterschied zum reinen Kaufvertrag durch Leistung des anderen Teiles bereits während des Schöpfungsprozesses ein Sachwert, der sich bestimmen und berechnen lässt.[31] Auch Werklieferungsverträge zielen daher regelmäßig auf beiderseitig teilbare Leistungen.

7 Fehlt es an der Teilbarkeit der beiderseitigen Leistungen, kann der Verwalter sein Erfüllungswahlrecht nur im Ganzen ausüben, wodurch die Gegenansprüche des Vertragspartners in voller Höhe Masseverbindlichkeiten werden.[32] Die Frage der Teilbarkeit von Leistungen steht wegen § 119 nicht zur Disposition der Vertragsparteien.[33]

II. Vorleistung des Vertragspartners

8 Weitere Voraussetzung des § 105 Satz 1 ist, dass der andere Teil die ihm obliegende Leistung zur Zeit der Eröffnung des Insolvenzverfahrens bereits teilweise erbracht hat. Ausgehend von dem insolvenzrechtlichen Verständnis der teilbaren Leistung genügt bereits eine **auf den Leistungserfolg zielende Wertschöpfung** durch den Vertragspartner. Nicht erforderlich ist, dass durch diese Teilleistung bereits eine Vermögensmehrung beim Schuldner eingetreten ist.[34] Hierzu zählen auch Gebrauchsvorteile, wie etwa die Nutzung eines Leasinggegenstandes. Im Falle einer Minder- oder Mangelleistung durch den anderen Teil liegt stets eine teilweise Leistung vor.[35] Ob der Vertragspartner die für den Vertrag charakteristische Leistung oder die Gegenleistung, i.d.R. als Geldleistung, erbringt, ist unerheblich.[36] Der Gesetzeswortlaut spricht von dem der Teilleistung des Vertragspartners **entsprechenden** Betrag. Hierdurch wird lediglich klargestellt, dass der Gegenanspruch des Vertragspartners für die bereits erbrachte Teilleistung, ungeachtet der vertraglichen Ausgestaltung, eine auf einen Geldbetrag gerichtete Insolvenzforderung ist. Diese ist ggf. nach § 45 durch Umrechnung zu ermitteln.

---

24 OLG Karlsruhe 02.07.1987, 12 U 12/87, NJW-RR 1988, 151; a.A. Bruck/Möller/*Möller* VVG § 1 Rn. 40; Uhlenbruck/*Wegener* Rn. 24.
25 BGH 29.10.1975, VIII ZR 136/74, BGHZ 65, 226; 25.10.2002, V ZR 279/01, NJW 2003, 1120 f.
26 BGH 18.11.1968, II ZR 152/67, WM 1969, 211.
27 Palandt/*Heinrichs* § 266 BGB Rn. 3.
28 Bley/*Mohrbutter* VerglO § 36 Rn. 48.
29 BGH 22.02.2001, IX ZR 191/98, BGHZ 147, 28.
30 Uhlenbruck/*Wegener* Rn. 12, 20.
31 So auch HambK-InsR/*Ahrendt* Rn. 5.
32 Uhlenbruck/*Wegener* Rn. 6.
33 Uhlenbruck/*Sinz* § 119 Rn. 4.
34 BGH 22.02.2001, IX ZR 191/98, BGHZ 147, 28.
35 MüKo-InsO/*Kreft* Rn. 16; FK-InsO/*Wegener* Rn. 7a.
36 Nerlich/Römermann/*Balthasar* Rn. 10; *Kreft* FS Uhlenbruck 2000, 387 (397); Uhlenbruck/*Wegener* Rn. 13; a.A. HK-InsO/*Marotzke* Rn. 17.

Dass der Gegenanspruch des Vertragspartners bereits aufgrund des Vertrages auf eine Geldleistung gerichtet sein muss, lässt sich der Vorschrift des § 105 Satz 1 gerade nicht entnehmen.[37]

Erforderlich ist, dass die erbrachte Vorleistung in einem vertraglichen **Synallagma** steht.[38] Dies ergibt sich bereits aus § 103, dessen Tatbestand von § 105 vorausgesetzt wird, und dem Wortlaut des § 105 Satz 1, wonach der andere Teil die ihm **obliegende** Leistung zur Zeit der Eröffnung des Insolvenzverfahrens bereits teilweise erbracht haben muss. 9

Der Anwendbarkeit des § 105 steht es grds. nicht entgegen, wenn auch der Schuldner bereits Teilleistungen erbracht hat. Übersteigt der den schuldnerischen Teilleistungen entsprechende Betrag jedoch den die Leistungen des Vertragspartners entsprechenden Betrag, ist für die Vorschrift des § 105 kein Raum mehr.[39] In diesem Fall ist die Forderung des anderen Teiles bereits durch Erfüllung erloschen. Der Verwalter kann für die vorgeleistete Teilleistung des Schuldners die synallagmatische Gegenleistung fordern. Im Hinblick auf die darüber hinausgehende Vertragserfüllung steht dem Verwalter das Wahlrecht gem. § 103 zu. 10

C. Rechtsfolgen

Die Folgen der Erfüllungswahl durch den Insolvenzverwalter ergeben sich grds. aus § 103. Durch die Vorschrift des § 105 wird die in § 103 aufgestellte Regel für den Fall modifiziert, dass der Insolvenzverwalter die Erfüllung wählt. Die Vorschrift ordnet die unterschiedliche Behandlung von Teilforderungen eines Rechtsverhältnisses an.[40] Somit ist es dem Verwalter möglich, Erfüllung für die Zukunft zu wählen, ohne dass die Forderung des Vertragspartners für vor Eröffnung des Verfahrens erbrachte Teilleistungen in ihrer rechtlichen Einordnung als Insolvenzforderung berührt wird. Der Verwalter hat nur die mit den noch zu erbringenden Leistungen des Vertragspartners korrespondierenden Gegenleistungen als Masseverbindlichkeit zu erfüllen. Die Vorschrift des § 105 bewirkt, dass die **Einreden nach §§ 320 f. BGB** nur wegen als Masseschuld zu erbringender Gegenleistungen erhoben werden können.[41] Gleiches gilt für das Zurückbehaltungsrecht nach § 273 BGB. 11

Nicht ersichtlich ist, weshalb in der Insolvenz des Darlehensnehmers für die bereits teilweise ausgezahlte Darlehensvaluta etwas anderes gelten soll.[42] Die Gegenansicht übersieht, dass § 103 bei beiderseitigen teilbaren Leistungen und einer teilweisen Leistungserbringung durch den anderen Teil von § 105 modifiziert wird. 12

In der Insolvenz der Partei eines **Bauvertrages** sollte der bis zur Eröffnung des Insolvenzverfahrens erreichte Bautenstand (gemeinsam) durch Aufmaße festgestellt werden. Wird über das Vermögen des Bauherrn das Insolvenzverfahren eröffnet, kann es im Interesse der Masse sein, wenn der Verwalter die Erfüllung wählt. Der Werklohn ist in diesem Fall nach den Grundsätzen aufzuteilen, die für eine Kündigung aus wichtigem Grund gelten würden.[43] Soweit der Bauunternehmer in Vorleistung gegangen ist, nimmt er mit seiner Werklohnforderung nur als Insolvenzgläubiger am Verfahren teil. Der den nach Erfüllungswahl noch erfolgenden Bauleistungen entsprechende Werklohn ist Masseverbindlichkeit. Sind diese Masseverbindlichkeiten geringer als der bei Verwertung eines fertiggestellten Objektes zu erwartende Mehrerlös gegenüber der Verwertung eines halb fertigen Bauobjek- 13

---

37 So aber HK-InsO/*Marotzke* Rn. 17.
38 *Häsemeyer* Rn. 20.13; Palandt/*Grüneberg* Einf. v. § 320 BGB Rn. 5; FA-InsR/*Wagner* Kap. 5 Rn. 4; FK-InsO/*Wegener* Rn. 6; a.A. Kübler/Prütting/Bork/*Tintelnot* Rn. 4; Uhlenbruck/*Wegener* Rn. 13.
39 Nerlich/Römermann/*Balthasar* Rn. 9; Graf-Schlicker/*Breitenbücher* Rn. 2; Kübler/Prütting/Bork/*Tintelnot* Rn. 13.
40 Bley/*Mohrbutter* VerglO § 36 Rn. 46.
41 Mohrbutter/Ringstmeier/*Homann* § 7 Rn. 49; MüKo-InsO/*Kreft* § 103 Rn. 47; *Marwedel* ZInsO 2011, 937 (938); *Meyer* NZI 2001, 294 (295); a.A. HK-InsO/*Marotzke* Rn. 5.
42 So jedoch *Obermüller* Insolvenzrecht in der Bankpraxis, Rn. 5.275; wie hier HambK-InsR/*Ahrendt* Rn. 5; MüKo-InsO/*Kreft* Rn. 15; Kübler/Prütting/Bork/*Tintelnot* Rn. 9.
43 BGH 25.04.2002, IX ZR 313/99, BGHZ 150, 353.

§ 105 InsO Teilbare Leistungen

tes, sollte der Verwalter die Erfüllung des Vertrages wählen. Bei Insolvenz des Bauunternehmers wird selten ein Anwendungsfall des § 105 vorliegen, weil der Bauunternehmer regelmäßig in Vorleistung geht, womit es an einer überschießenden Vorleistung des Bauherrn fehlt (vgl. Rdn. 10).

14 Ansprüche auf **Herausgabe oder Rückübertragung** der vom Schuldner erbrachten Teilleistung, gleich aus welchem Rechtsgrund, bestehen wegen § 105 Satz 2 nicht.[44] Die Vorschrift des § 105 Satz 2 stellt klar, dass der Vertragspartner des Schuldners die Begrenzung seiner Rechte in § 105 Satz 1 nicht dadurch umgehen können soll, dass er die Rückgabe der von ihm erbrachten Teilleistung aus der Insolvenzmasse verlangt. Ist die Teilleistung noch nicht in das Vermögen des Schuldners übergegangen, etwa im Falle einer aufschiebend bedingten Übereignung der Sache oder Übertragung des Rechtes bzw. der Forderung, fehlt es ohnehin an einem Vindikations- oder Rückübertragungsanspruch, so dass es auf § 105 Satz 2 nicht ankommt.

15 Einer **Aussonderung** nach § 47 oder einer Ersatzaussonderung nach § 48 steht die Vorschrift des § 105 Satz 2 nicht entgegen.[45]

16 Strittig ist, ob aus § 105 Satz 2 folgt, dass mit Verfahrenseröffnung die Ausübung von gesetzlichen oder vertraglichen **Rücktritts- und Kündigungsrechten** wegen Nichterfüllung durch den Schuldner ausgeschlossen ist.[46] Nach dem erklärten Willen des Gesetzgebers soll sich der Vertragspartner, »soweit ihm für den Fall der Nichterfüllung durch den Schuldner ein gesetzliches oder vertragliches Rücktrittsrecht **zusteht** [...] nicht durch Ausübung dieses Rücktrittsrechtes nach Verfahrenseröffnung einen **Masseanspruch** auf Rückgewähr seiner Teilleistung **verschaffen**« können.[47] Ausgehend von dieser Formulierung dürfte die Ausübung des Rechtes zum Rücktritt vom Vertrag durch den Vertragspartner gerade nicht ausgeschlossen sein. Es wird lediglich klargestellt, dass der vom Vertragspartner bereits geleistete Teil Insolvenzforderung bleibt. Der Vertragspartner des Schuldners könnte sich somit durch eine Rücktrittserklärung der durch die Erfüllungswahl des Insolvenzverwalters entstehenden Pflicht zur Vertragsfortführung entziehen. Andererseits verweist der Regierungsentwurf zugleich auf § 36 Abs. 2 Satz 2 VglO.[48] Nach § 36 Abs. 2 Satz 2 VglO konnte der Gläubiger ein im Vertrag vereinbartes oder als vereinbart geltendes Rücktrittsrecht nach der Verfahrenseröffnung nicht mehr ausüben. Der Wortlaut des § 105 Satz 2 geht allerdings gerade nicht so weit. Hätte der Gesetzgeber die Rücktrittsschranke des § 36 Abs. 2 Satz 2 VglO übernehmen wollen, hätte er dies eindeutig regeln müssen. Somit kann der andere Teil auch bei Wahl der Erfüllung durch den Insolvenzverwalter von bestehenden vertraglichen oder gesetzlichen Rücktrittsrechten Gebrauch machen und sich so der Fortsetzung des Vertrages entziehen.[49] Ein Anspruch auf Rückgewähr der vom Schuldner empfangenen Leistung nach § 346 BGB scheidet wegen § 105 Satz 2 dennoch aus. Etwaige aus dem Rücktritt folgende Ansprüche auf Rückgewähr vor Eröffnung des Insolvenzverfahrens gezogener Nutzungen können jedoch zur Insolvenztabelle angemeldet werden.[50] Denn die Vorschrift des § 105 Satz 2 schließt lediglich die Rückforderung der erbrachten Teilleistung aus. Nach Insolvenzeröffnung von der Masse gezogene Nutzungen sind bei einem wirksam erklärten Rücktritt grds. Masseverbindlichkeit.

17 Zu beachten ist jedoch, dass die Voraussetzungen für ein gesetzliches Rücktrittsrecht nach § 323 BGB regelmäßig nicht vorliegen werden.[51] Denn der Anspruch des Vertragspartners auf die Gegenleistung für den von ihm vorgeleisteten Teil ist aufgrund der insolvenzrechtlichen Besonderheiten

---

[44] BT-Drucks. 12/2443, 146.
[45] Nerlich/Römermann/*Balthasar* Rn. 12; FK-InsO/*Wegener* Rn. 16.
[46] Bejahend MüKo-InsO/*Kreft* Rn. 38; Kübler/Prütting/Bork/*Tintelnot* Rn. 18; FK-InsO/*Wegener* Rn. 16; Uhlenbruck/*Wegener* Rn. 32; a.A. HK-InsO/*Marotzke* Rn. 19; widersprüchlich Mohrbutter/Ringstmeier/Homann § 7 Rn. 45, 49, 55.
[47] BT-Drucks. 12/2443, 146.
[48] BT-Drucks. 12/2443, 146.
[49] So auch HK-InsO/*Marotzke* Rn. 19; a.A. Uhlenbruck/*Wegener* Rn. 16.
[50] AA MüKo-InsO/*Kreft* Rn. 38; FK-InsO/*Wegener* Rn. 17.
[51] Uhlenbruck/*Wegener* § 103 Rn. 102 ff.

gerade nicht mehr fällig. Der Anspruch auf die Gegenleistung ist mit Eröffnung des Insolvenzverfahrens nicht mehr durchsetzbar und wandelt sich auch bei Erfüllungswahl wegen § 105 Satz 1 nur in einen Anspruch auf quotale Befriedigung mit Abschluss des Insolvenzverfahrens um. Es fehlt dem anderen Teil damit an einem wirksamen und fälligen Anspruch gegen den Schuldner. Deshalb berechtigt die (zunächst) ausbleibende Gegenleistung den anderen Teil nicht zum Rücktritt nach § 323 BGB.[52]

Darüber hinaus ist umstritten, ob durch § 105 Satz 2 auch die **Rückforderung vollständiger Leistungen** ausgeschlossen wird.[53] Hierfür könnte ein Erst-Recht-Schluss sprechen. Dagegen stehen jedoch die grammatische und die systematische Auslegung der Vorschrift. Denn in § 105 Satz 2 ist ausdrücklich von Teilleistung die Rede. Zudem wäre bei vollständiger Leistung des anderen Teiles der Anwendungsbereich der §§ 103 ff. nicht eröffnet.[54] Vor diesem Hintergrund ist festzuhalten, dass die Vorschrift des § 105 Satz 2 nur die Herausgabe und die Rückforderung von Teilleistungen ausschließt. 18

D. Verhältnis zu anderen Vorschriften

Bei Kaufverträgen mit vereinbartem Eigentumsvorbehalt ist § 107 in der Insolvenz des Vorbehaltsverkäufers vorrangig gegenüber § 105 anzuwenden.[55] Auf Miet- und Pachtverhältnisse über unbewegliche Gegenstände und Räume sowie Dienstverträge ist § 105 nicht anwendbar. Insoweit gilt § 108. 19

E. Steuerliche Aspekte

Die Vorschrift des § 105 Satz 1 bewirkt keine Aufteilung der mit der Leistung korrespondierenden Umsatzsteuerverpflichtung in Insolvenzforderungen und Masseverbindlichkeiten. Wählt der Insolvenzverwalter des zur Abführung der Umsatzsteuer verpflichteten Schuldners die Erfüllung des Vertrages, wird grds. der gesamte auf die entgeltliche Leistung entfallende Umsatzsteuerbetrag Masseschuld, soweit der Schuldner das Entgelt nicht bereits vor Eröffnung des Insolvenzverfahrens vereinnahmt hat.[56] Deshalb wird vorgeschlagen, der Insolvenzverwalter solle die Erfüllung des Vertrages ablehnen und versuchen, mit den Beteiligten einen neuen Werkvertrag zu schließen.[57] Besteht ein wirtschaftliches Interesse der Masse an der Fortführung des Vertrages wird der Insolvenzverwalter die Erfüllung jedoch im Hinblick auf Haftungsansprüche nur ablehnen können, wenn der neue Vertrag sicher zustande kommt. Es besteht zudem die Gefahr, dass in einem solchen Vorgehen ein Gestaltungsmissbrauch nach § 42 Abs. 1 AO gesehen wird und die Umsatzsteuer gleichwohl in voller Höhe als Masseschuld zu entrichten ist. 20

§ 106 Vormerkung

(1) Ist zur Sicherung eines Anspruchs auf Einräumung oder Aufhebung eines Rechts an einem Grundstück des Schuldners oder an einem für den Schuldner eingetragenen Recht oder zur Sicherung eines Anspruchs auf Änderung des Inhalts oder des Ranges eines solchen Rechts eine Vormerkung im Grundbuch eingetragen, so kann der Gläubiger für seinen Anspruch Befriedigung aus der Insolvenzmasse verlangen. Dies gilt auch, wenn der Schuldner dem Gläubiger gegenüber weitere Verpflichtungen übernommen hat und diese nicht oder nicht vollständig erfüllt sind.

---

52 BAG 10.11.2011, 6 AZR 342/10, ZInsO 2012, 450 (454).
53 In diesem Sinne HK-InsO/*Marotzke* Rn. 22.
54 So auch Uhlenbruck/*Wegener* Rn. 30.
55 Uhlenbruck/*Wegener* Rn. 19.
56 BFH 30.04.2009, V R 1/06, ZInsO 2009, 1659.
57 Uhlenbruck/*Wegener* Rn. 26.

(2) Für eine Vormerkung, die im Schiffsregister, Schiffsbauregister oder Register für Pfandrechte an Luftfahrzeugen eingetragen ist, gilt Absatz 1 entsprechend.

Übersicht

	Rdn.			Rdn.
A. Normzweck	1	C. Rechtsfolgen		18
B. Voraussetzungen	4	D. Prozessuales		29
I. Wirksam eingetragene Vormerkung	4	E. Verhältnis zu anderen Vorschriften		30
II. Gesicherter Anspruch	14			

A. Normzweck

1 Die Vorschrift regelt, wie schon § 24 KO, § 50 Abs. 4 VerglO und § 9 Abs. 1 Satz 3 GesO, dass ein durch Vormerkung gesicherter Anspruch voll aus der Insolvenzmasse erfüllt wird und sichert so dessen Werthaltigkeit. Auch wenn ein gegenseitiger von beiden Seiten noch nicht vollständig erfüllter Vertrag vorliegt, soll der Insolvenzverwalter insoweit **kein Erfüllungswahlrecht** haben.[1]

2 Die **Vormerkung** schützt schuldrechtliche Ansprüche auf dingliche Rechtsänderung. Verfügungen, die den Anspruch vereiteln oder beeinträchtigen würden und nach Eintragung der Vormerkung erfolgen, sind insoweit unwirksam (§ 883 Abs. 2 BGB). Darüber hinaus hat die Vormerkung Rang wahrende Funktion (§ 883 Abs. 3 BGB). Die Vormerkung selbst ist kein dingliches Recht, verschafft ein solches auch nicht aufschiebend bedingt, sondern ist ein mit gewissen dinglichen Wirkungen ausgestattetes Sicherungsmittel sui generis.[2] Die Vormerkung ist akzessorisch zu dem gesicherten schuldrechtlichen Anspruch.[3]

3 Durch die in § 106 getroffene Regelung wird der vorgemerkte Anspruch auch in der Insolvenz gesichert.[4]

B. Voraussetzungen

I. Wirksam eingetragene Vormerkung

4 Voraussetzung für die Anwendbarkeit von § 106 Abs. 1 ist eine nach § 885 BGB wirksam eingetragene Vormerkung i.S.d. § 883 BGB. Unerheblich ist, ob die Eintragung aufgrund Bewilligung des Schuldners (§ 885 Abs. 1 Satz 1 2. Alt BGB), eines vorläufig vollstreckbaren Urteils (894 ZPO) oder einer einstweiligen Verfügung (§ 885 Abs. 1 Satz 1 1. Alt. BGB) erfolgt.[5] Bei einer Zwangsvormerkung (§§ 941 ff. ZPO), einschließlich der infolge eines vorläufig vollstreckbaren Urteiles nach § 895 ZPO fingierten Bewilligung der Vormerkung, sind die Rückschlagsperre des § 88[6] und das Vollstreckungsverbot nach § 89 zu beachten.[7] Der Insolvenzverwalter hat in diesen Fällen einen Löschungsanspruch nach § 894 BGB analog.[8] Die Eintragung muss grds. **vor Eröffnung des Insolvenzverfahrens** erfolgt sein.[9] Nach § 91 Abs. 2 i.V.m. § 878 BGB genügt jedoch auch die bindende Bewilligung durch den Schuldner, wenn der Berechtigte den Antrag auf Eintragung bei dem Registergericht noch vor Eröffnung des Insolvenzverfahrens gestellt hat.[10] Auf ein vor Eröffnung des Insolvenzverfahrens im Wege der Zwangsvollstreckung erfolgtes Ersuchen des Vollstreckungsgerichtes

---

1 Begr. RegE BT-Drucks. 12/2443, 146.
2 BGH 16.10.1974, IV ZR 85/73, DNotZ 1975, 414.
3 BGH 07.03.2002, IX ZR 457/99, BGHZ 150, 138.
4 BGH 19.03.1998, IX ZR 242/97, BGHZ 138, 179 (186).
5 *Kilger/Schmidt* KO § 24 Rn. 3.
6 BGH 15.07.1999, IX ZR 239/99, BGHZ 142, 208; MüKo-InsO/*Breuer* § 88 Rn. 18.
7 MüKo-InsO/*Breuer* § 89 Rn. 13.
8 LG Meiningen 10.02.2000, 4 T 277/99, ZIP 2000, 416.
9 BGH 14.09.2001, V ZR 231/00, BGHZ 149, 1; 09.03.2006, IX ZR 55/04, ZInsO 2006, 429.
10 BGH 01.10.1958, V ZR 26/57, BGHZ 28, 182; 19.03.1998, IX ZR 242/97, BGHZ 138, 179 (186); 10.02.2005, IX ZR 100/03, ZInsO 2005, 370.

nach § 38 GBO, eine Vormerkung einzutragen oder eine infolge eines vorläufig vollstreckbaren Urteiles nach § 895 ZPO fingierte Bewilligung der Vormerkung, die jedoch erst nach Eröffnung des Insolvenzverfahrens eingetragen wird, ist die Vorschrift des § 878 BGB nicht analog anwendbar.[11]

Wurde ein **allgemeines Verfügungsverbot** nach § 21 Abs. 2 Nr. 2, 1. Alt. oder ein **Zustimmungserfordernis** nach § 21 Abs. 2 Nr. 2 2. Alt. angeordnet, kommt es bereits auf diesen Zeitpunkt an.[12] Erfolgen die Eintragung der Vormerkung oder die bindende Bewilligung nach der Anordnung gem. § 21 Abs. 2 und liegt bei angeordnetem Zustimmungserfordernis auch keine Zustimmung des vorläufigen Insolvenzverwalters vor, fehlt es an einer wirksam eingetragenen Vormerkung. Bis zur Eintragung des Insolvenzsperrvermerkes in das Grundbuch bleibt jedoch der gutgläubige Erwerb der Vormerkung nach §§ 892 f. BGB i.V.m. §§ 24 Abs. 1, 81 Abs. 1 Satz 2 möglich. Für den guten Glauben des Vormerkungsberechtigten ist die Zeit der Stellung des Antrages auf Eintragung der Vormerkung maßgebend.[13] 5

Zum Teil wird vertreten, dass die Tatbestandsvoraussetzungen des § 106 bei Insolvenz des Nachlasses oder Insolvenz des Gesamtgutes der fortgesetzten Gütergemeinschaft nicht im Zeitpunkt der Verfahrenseröffnung vorliegen müssen, sondern dass es auf den Eintritt des Erbfalles bzw. der fortgesetzten Gütergemeinschaft ankommt.[14] Warum in diesen Fällen eine noch vor Eröffnung des Insolvenzverfahrens eingetragene Vormerkung aus dem Anwendungsbereich des § 106 herausfallen soll, bleibt unklar und ergibt sich auch nicht aus den §§ 321, 332 Abs. 2. Diese Auffassung ist deshalb als systemwidrig abzulehnen. 6

Erforderlich ist zudem, dass die Vormerkung auf einem **Grundstück des Schuldners** lastet oder an einem für den Schuldner eingetragenen Recht oder zur Sicherung des Anspruches auf Änderung des Inhaltes oder des Ranges eines solchen Rechtes im Grundbuch eingetragen ist. 7

Denkbar sind auch Fälle, in denen ein wirksam bestelltes **dingliches Vorkaufsrecht** die Wirkungen des § 106 hervorruft, denn Dritten gegenüber hat das Vorkaufsrecht die Wirkung einer Vormerkung zur Sicherung des durch die Ausübung des Rechtes entstehenden Anspruches auf Übertragung des Eigentums (§ 1098 Abs. 2 BGB). Voraussetzung ist, dass der Vorkaufsfall, mithin ein nach Entstehung des Vorkaufsrechtes abgeschlossener wirksamer Kaufvertrag zwischen dem Schuldner und einem Dritten über den Belastungsgegenstand,[15] eingetreten ist. Wegen § 1098 Abs. 1 Satz 2 BGB kommt es nicht darauf an, ob der Vorkaufsfall vor oder nach Eröffnung des Insolvenzverfahrens eintritt. Mit Eintritt des Vorkaufsfalles erwirbt der Vorkaufsberechtigte einen, von seiner Rechtsausübung nach § 1098 Abs. 1 Satz 1 BGB i.V.m. § 464 BGB abhängigen, bedingten Übereignungsanspruch. 8

Hat der Vorkaufsberechtigte sein **Vorkaufsrecht** vor Eröffnung des Insolvenzverfahrens wirksam nach § 1098 Abs. 1 Satz 1 BGB i.V.m. § 464 BGB **ausgeübt**, ist § 106 Abs. 1 Satz 1 unstreitig anwendbar.[16] Ebenfalls Einigkeit über die Anwendbarkeit des § 106 Abs. 1 Satz 1 besteht, wenn der Schuldner vor Eröffnung des Insolvenzverfahrens trotz bestehenden Vorkaufsrechtes an den Dritten vollständig erfüllt hat, der Vorkaufsberechtigte sein Vorkaufsrecht jedoch erst nach Verfahrenseröffnung ausübt.[17] Ist der Kaufvertrag zwischen Schuldner und Dritten im Zeitpunkt der Eröffnung des Insolvenzverfahrens allerdings noch von keinem Teil vollständig erfüllt worden und hat auch der Vorkaufsberechtigte zu diesem Zeitpunkt sein Vorkaufsrecht noch nicht ausgeübt, soll der Insolvenzverwalter durch die Ablehnung der Erfüllung des Kaufvertrages mit dem Dritten nach § 103 Abs. 2 das 9

---

[11] BGH 17.04.1953, V ZB 5/52, BGHZ 9, 250.
[12] BGH 14.09.2001, V ZR 231/00, BGHZ 149, 1; OLG Frankfurt 21.11.2005, 20 W 462/04, ZInsO 2006, 269.
[13] BGH 01.10.1958, V ZR 26/57, BGHZ 28, 182.
[14] *Kilger/Schmidt* KO, § 24 Rn. 2; FA-InsR/*Wagner* Kap. 5 Rn. 75.
[15] Palandt/*Bassenge* 1097 BGB Rn. 1; Palandt/*Weidenkaff* § 463 BGB Rn. 5 ff.
[16] HambK-InsR/*Ahrendt* Rn. 11; Nerlich/Römermann/*Balthasar* Rn. 6.
[17] HambK-InsR/*Ahrendt* Rn. 11; Nerlich/Römermann/*Balthasar* Rn. 7; MüKo-InsO/*Ott/Vuia* Rn. 16c.

dingliche Vorkaufsrecht zum Erlöschen bringen können.[18] Das Erfüllungswahlrecht des Insolvenzverwalters nach § 103 bzgl. des beiderseits nicht vollständig erfüllten Kaufvertrages ist unstrittig. Lehnt der Insolvenzverwalter die Erfüllung des Kaufvertrages ab, bestätigt er lediglich die durch die Eröffnung des Insolvenzverfahrens bewirkte Durchsetzungssperre der gegenseitigen Ansprüche. Der gegenseitige Vertrag bleibt dabei in der Lage bestehen, in der er sich bei Eröffnung des Insolvenzverfahrens befand. Die Ablehnung führt also gerade nicht zum Erlöschen der gegenseitigen Ansprüche.[19] Voraussetzung des Vorkaufsfalles und damit der Vormerkungswirkung nach § 1098 BGB ist jedoch lediglich ein wirksamer, mithin rechtsgültiger Kaufvertrag[20] über den Belastungsgegenstand. Die Durchsetzbarkeit des Anspruches auf Übereignung ist gerade keine Voraussetzung der Vormerkungswirkung. Anderenfalls geriete diese Voraussetzung mit § 1098 Abs. 2 BGB i.V.m. § 883 Abs. 2 Satz 1 BGB in einen unauflösbaren Zirkelschluss. Ist der Anspruch des Dritten durchsetzbar, tritt die Vormerkungswirkung ein, die wiederum die Durchsetzbarkeit des Erfüllungsanspruches des Dritten hindert usw. Folglich haben weder die Eröffnung des Insolvenzverfahrens noch die Ablehnung der Erfüllung des Kaufvertrages Einfluss auf den Bestand des dinglichen Vorkaufsrechtes und damit dessen Vormerkungswirkung.[21] Etwas anderes folgt auch nicht aus der Anmeldung der Forderung des Dritten wegen Nichterfüllung gem. § 103 Abs. 2 Satz 1.[22] Selbst eine nachträgliche Aufhebung bzw. Umgestaltung des wirksamen Kaufvertrages, insb. durch Rücktritt des Käufers vor Ausübung des Vorkaufsrechtes beseitigt den Vorkaufsfall nicht.[23] Mithin ist nicht ersichtlich, wie die bloße Anmeldung des Nichterfüllungsschaden durch den Käufer Einfluss auf den Bestand des dinglichen Vorkaufsrechtes haben kann. Damit ist in den zeitlichen Grenzen des § 1098 Abs. 1 Satz 1 BGB i.V.m. § 469 Abs. 2 BGB unerheblich, wann der Vorkaufsberechtigte das Vorkaufsrecht ausübt.

10 Eine **von Amts wegen** eingetragene Vormerkung nach § 18 Abs. 2 GBO ist lediglich ein verfahrensrechtlicher Schutzvermerk mit Rang wahrender Funktion.[24] Eine solche Vormerkung hat keine materielle Bedeutung, sichert keinen Anspruch und fällt damit nicht unter die Vorschrift des § 106.[25] Entsprechendes gilt für die Vormerkungen nach § 28 Abs. 2 SchiffsRegO und §§ 77, 86 Abs. 1 LuftfzRG.[26]

11 Der **Löschungsanspruch** nach § 1179a BGB ist in gleicher Weise gesichert, als wenn zu seiner Sicherung gleichzeitig mit der begünstigenden Hypothek eine Vormerkung in das Grundbuch eingetragen worden wäre (§ 1179a Abs. 1 Satz 3 BGB) und ist damit insolvenzfest.[27] Die Vorschrift des § 1179a BGB begründet einen grds. zum Inhalt des Grundpfandrechtes gehörenden, nicht selbständig abtretbaren Anspruch auf Aufhebung eines dem Eigentümer zufallenden gleich- oder vorrangigen Grundpfandrechtes an dem Grundstück.[28] Ist der Anspruch nach § 1179a BGB vor Eröffnung des Insolvenzverfahrens entstanden, liegen also Eintragung des Grundpfandrechtes des Gläubigers und Vereinigung des vor- oder gleichrangigen Grundpfandrechtes mit dem Eigentum des Schuldners vor diesem Zeitpunkt, ist der wie durch eine Vormerkung gesicherte Anspruch auch im eröffneten Insolvenzverfahren nach § 106 Abs. 1 geschützt.[29]

---

18 Nerlich/Römermann/*Balthasar* Rn. 7; MüKo-InsO/*Ott/Vuia* Rn. 16c; Kübler/Prütting/Bork/*Tintelnot* Rn. 8.
19 BGH 25.04.2002, IX ZR 313/99, BGHZ 150, 353 (359); BFH 23.11.2006, II R 38/05, ZIP 2007, 976 (977).
20 BGH 09.01.1960, V ZR 103/58, WM 1960, 552.
21 So auch Uhlenbruck/*Wegener* Rn. 24.
22 AA Uhlenbruck/*Wegener* Rn. 24.
23 RG 07.07.1927, VI 10/27, RGZ 118, 8; BGH 11.02.1977, V ZR 40/75, NJW 1977, 762.
24 Meikel/*Böttcher* GBO, § 18 Rn. 127.
25 Meikel/*Böttcher* GBO, § 18 Rn. 127; *Kilger/Schmidt* KO, § 24 Rn. 3; FA-InsR/*Wagner* Kap. 5 Rn. 71; Uhlenbruck/*Wegener* Rn. 19.
26 Uhlenbruck/*Wegener* Rn. 19.
27 BGH 09.03.2006, IX ZR 11/05, BGHZ 166, 319.
28 Palandt/*Bassenge* § 1179a BGB Rn. 1.
29 BGH 09.03.2006, IX ZR 11/05, BGHZ 166, 319.

Bei **Schiffen** kommt es auf eine wirksam eingetragene Vormerkung in das Schiffsregister nach 12
§§ 10 ff. SchiffsRG an.[30] Geführt werden das Seeschiffsregister, das Binnenschiffsregister und das
Schiffsbauregister (§§ 1 Abs. 1, 3 Abs. 1, 65 SchiffsRegO). Sachlich zuständig sind die Amtsgerichte. Die örtliche Zuständigkeit richtet sich nach Landesrecht.

Die Eintragung von Vormerkungen zur Sicherung von Ansprüchen auf Einräumung oder Aufhebung 13
von für den Schuldner an **Luftfahrzeugen** eingetragenen Registerpfandrechten oder Rechten an Registerpfandrechten richtet sich nach dem Gesetz über Rechte an Luftfahrzeugen mit der Bekanntmachung über den Geltungsbereich des Abkommens über die internationale Anerkennung von
Rechten an Luftfahrzeugen.

II. Gesicherter Anspruch

Der von der Vormerkung gesicherte Anspruch muss ein auf einem bestimmten Schuldgrund beruhender schuldrechtlicher Anspruch auf dingliche Rechtsänderung sein.[31] Der Anspruch kann bedingt und muss nicht fällig sein.[32] Für die Entstehung des Anspruches muss jedoch schon eine feste Rechtsgrundlage mit bestimmbaren Entstehungsvoraussetzungen bestehen.[33] Bei einem **künftigen Anspruch** bedarf es somit jedenfalls der einseitigen Bindung des Schuldners, etwa durch ein bindendes oder unwiderruflich abgegebenes Angebot.[34] Ein künftiger Anspruch ist ein schon bestehender, aber noch nicht fälliger bzw. ein aufschiebend befristeter Anspruch.[35] Fehlt es an einem sicherungsfähigen (Eigentumsübertragungs-)Anspruch, weil der Anspruch als Folge eines Rücktrittes entfallen ist, sichert die Vormerkung nicht den (Kaufpreis-)Rückgewähranspruch des Vertragspartners des Schuldners. Zwischen dem Anspruch auf Kaufpreisrückerstattung und einem solchen auf Löschung der Vormerkung besteht kein Gegenseitigkeitsverhältnis.[36] 14

Das **Grundbuchamt prüft** bei Eintragung der Vormerkung das Bestehen des zu sichernden Anspruches nur hinsichtlich der einzuhaltenden Form, ob die inhaltlichen Angaben dem Bestimmtheitsgrundsatz genügen[37] und ob bei Vollzug der Eintragung die Verfügungsbefugnis des Bewilligenden vorliegt.[38] Ansonsten gilt grds. das formelle Konsensprinzip nach § 19 GBO, sofern das Grundbuchamt nicht sichere Kenntnis hat, dass der zu sichernde Anspruch nicht besteht.[39] 15

Hängt das Entstehen des Anspruches von einer **aufschiebenden Bedingung** ab und erfolgt der Eintritt der Bedingung erst nach Verfahrenseröffnung wird der Anspruch, ungeachtet des § 91, von der Vormerkung geschützt. Denn die Sicherungswirkung der Vormerkung beginnt mit ihrer Eintragung und schützt künftige bzw. aufschiebend bedingte Ansprüche bereits vor ihrer Entstehung.[40] 16

Nicht erforderlich ist, dass ein beiderseits nicht vollständig erfüllter gegenseitiger Vertrag i.S.d. § 103 17
vorliegt.[41]

---

30 Siehe hierzu *Staudinger/Nöll* 2009 SchiffsRG.
31 Palandt/*Bassenge* § 883 BGB Rn. 5.
32 BGH 05.12.1996, V ZB 27/96, BGHZ 134, 182; 14.09.2001, V ZR 231/00, BGHZ 149, 1; 09.03.2006, IX ZR 11/05, BGHZ 166, 319.
33 BGH 19.01.1954, V ZB 28/53, BGHZ 12, 115; 13.06.2002, V ZB 30/01, BGHZ 151, 116.
34 BGH 14.09.2001, V ZR 231/00, BGHZ 149, 1; 09.03.2006, IX ZR 11/05, BGHZ 166, 319.
35 Palandt/*Bassenge* § 883 BGB Rn. 15.
36 *Gehrlein* ZIP 2011, 5 (14 f.).
37 MüKo-BGB/*Kohler* § 885 Rn. 27.
38 OLG Frankfurt 21.11.2005, 20 W 462/04, ZInsO 2006, 269.
39 KG 06.04.1971, 1 W 416/71, NJW 1971, 1319 (1320); 31.08.1971, 1 W 10861/69 A, NJW 1972, 639 (641).
40 BGH 14.09.2001, V ZR 231/00, NJW 2002, 213.
41 BK-InsR/*Goetsch* Rn. 2.

C. Rechtsfolgen

18 Der durch die Vormerkung gesicherte Anspruch des Vertragspartners wird weder durch die Insolvenz noch durch die Nichterfüllungserklärung des Insolvenzverwalters berührt.[42] Der Inhaber des durch Vormerkung gesicherten Anspruches **kann Erfüllung** des gesicherten Anspruches **aus der Insolvenzmasse** verlangen, wie er sie ohne Insolvenz vom Schuldner hätte verlangen können.[43] Nicht bereits durch die Vormerkung gesicherte Ansprüche, etwa auf Verschaffung von lastenfreiem Eigentum oder auf Tragung der Erschließungskosten werden nicht durch § 106 geschützt.[44] Besteht im Zeitpunkt der Eröffnung des Insolvenzverfahrens ein gegenseitiger Vertrag zwischen dem Schuldner und dem vormerkungsberechtigten Gläubiger, der von noch keinem Vertragspartner vollständig erfüllt wurde, sperrt die Eröffnung des Insolvenzverfahrens zunächst grds. die Durchsetzbarkeit der aus dem Vertrag resultierenden Ansprüche. Die Vorschrift des § 106 ermöglicht es dem gesicherten Gläubiger jedoch, ungeachtet der Ausübung des Wahlrechtes nach § 103 durch den Insolvenzverwalter, die Erfüllung des durch Vormerkung gesicherten Anspruches zu verlangen. Wählt der durch die Vormerkung gesicherte Gläubiger die Erfüllung des Anspruches auf dingliche Rechtsänderung, ist der durch die Vormerkung gesicherte Anspruch wegen § 106 Abs. 1 Satz 1 vom Insolvenzverwalter auszusondern.[45] Das Gleiche gilt, wenn der Insolvenzverwalter die Erfüllung des **gesamten** gegenseitigen Vertrages nach § 103 wählt. Die von dem gesicherten Anspruch betroffene Vermögensposition zählt somit von Anfang an nicht zu den Bestandteilen der Masse.[46]

19 Vor diesem Hintergrund kann der Insolvenzverwalter dem gesicherten Anspruch auf dingliche Rechtsänderung die **Masseunzulänglichkeit** nicht entgegenhalten, wenn der Gläubiger sich verpflichtet hat, die mit der Herbeiführung der Rechtsänderung verbundenen Kosten zu übernehmen.[47]

20 Der Insolvenzverwalter ist verpflichtet, bei der **Herbeiführung der dinglichen Rechtsänderung** rechtzeitig mitzuwirken, insb. nach §§ 873 Abs. 1, 925 BGB die Auflassung zu erklären und gem. § 19 GBO die Eintragung zu bewilligen.[48] Verfügungen des nach § 80 Abs. 1 über die Insolvenzmasse verfügungsbefugten Insolvenzverwalters, die den gesicherten Anspruch vereiteln oder beeinträchtigen würden, sind relativ unwirksam (§ 883 Abs. 2 BGB).

21 **Rechtzeitig** erfüllt der Insolvenzverwalter die ihn treffenden Pflichten, wenn er bis zum Ablauf einer angemessenen, nach den Umständen des Einzelfalles zu bemessenden Prüfungspflicht geltend gemachte begründete Ansprüche befriedigt. Bei verspäteter Erfüllung eines durch § 106 gesicherten Anspruches kann ein Schadensersatzanspruch nach § 60 die Prozesskosten umfassen, die der Gläubiger zur Durchsetzung seines Anspruches aufwenden musste und die er wegen Masseunzulänglichkeit auf absehbare Zeit aus der Masse nicht erlangen kann. Gleiches gilt für den Verzögerungsschaden des gesicherten Gläubigers, wenn er den Insolvenzverwalter zuvor mit angemessener Frist zur Leistung aufgefordert hat.[49]

22 Verlangt der vormerkungsberechtigte Gläubiger die Erfüllung seines durch die Vormerkung gesicherten Anspruches auf dingliche Rechtsänderung, wird insoweit auch der damit im Synallagma stehende und seit Eröffnung des Insolvenzverfahrens nicht durchsetzbare Anspruch des Insolvenzverwalters auf die vertraglich vereinbarte **Gegenleistung** wieder durchsetzbar, sofern der Anspruch nicht

---

42 BGH 07.11.1980, V ZR 163/79, BGHZ 79, 103 (109); 21.11.1985, VII ZR 366/83, BGHZ 96, 275 (281).
43 BGH 22.12.1995, V ZR 52/95, NJW 1996, 1056 (1057); 14.09.2001, V ZR 231/00, BGHZ 149, 1.
44 BGH 22.09.1994, V ZR 236/93, NJW 1994, 3231; OLG Karlsruhe 15.10.1986, 13 U 191/85, ZIP 1986, 1404.
45 BGH 13.03.2008, IX ZB 39/05, ZInsO 2008, 558 (559).
46 BGH 14.09.2001, V ZR 231/00, BGHZ 149, 1 (5).
47 BGH 14.09.2001, V ZR 231/00, BGHZ 149, 1 (9); OLG Stuttgart 18.08.2003, 5 U 62/03, ZInsO 2004, 1087.
48 OLG Frankfurt 21.11.2005, 20 W 462/04, ZInsO 2006, 269.
49 OLG Hamm 22.06.2006, 27 U 183/05, ZInsO 2006, 1276.

bereits, etwa durch Erfüllung vor Insolvenzeröffnung, erloschen ist oder abgetreten wurde.[50] Die Verpflichtung zur Erbringung der Gegenleistung kann nicht davon abhängen, dass der Insolvenzverwalter die Erfüllung des (gesamten) Vertrages wählt.[51] Mit dem Übereignungsanspruch muss als notwendiges Korrelat auch die Verpflichtung zur Zahlung des Kaufpreises hierfür bestehen bleiben.[52] Der Insolvenzverwalter wäre sonst i.d.R. gezwungen, die Erfüllung des Vertrages zu wählen, will er nicht einseitig zur Leistung an den durch die Vormerkung gesicherten Gläubiger verpflichtet sein. Eine so weitgehende Beschränkung des Wahlrechtes des Insolvenzverwalters nach § 103 lässt sich § 106 gerade nicht entnehmen, denn der Verwalter kann das Wahlrecht hinsichtlich des gegenseitigen Vertrages grds. nur einheitlich ausüben. Unter Umständen kann der Insolvenzverwalter die Erfüllung des Vertrages jedoch aus rein tatsächlichen Gründen nicht wählen. So kann etwa beim Bauträgervertrag die vom Schuldner eingegangene Verpflichtung deutlich über die Verpflichtung zur Auflassung hinausgehen und auch die Fertigstellung des Bauwerkes umfassen. Bei bereits eingestelltem Geschäftsbetrieb des Schuldners kann der Insolvenzverwalter die geschuldeten Bauleistungen nicht mehr erbringen und wird i.d.R. die Erfüllung des Vertrages ablehnen müssen. In diesem Fall könnte der vormerkungsberechtigte Gläubiger wegen § 106 die Auflassung verlangen, ohne zur Zahlung des anteiligen Kaufpreises verpflichtet zu sein. Eine solche Privilegierung des durch die Vormerkung gesicherten Gläubigers ist nicht interessengerecht und von § 106 nicht bezweckt. Durch die in § 106 geregelte Insolvenzsicherung soll der Gläubiger nicht schlechter, aber auch nicht besser stehen, als er ohne das Insolvenzereignis stünde.[53] Der mit dem durch die Vormerkung gesicherten Anspruch korrelierende Anspruch auf die Gegenleistung teilt somit dessen Schicksal.

Vor diesem Hintergrund steht dem Insolvenzverwalter solange die Einrede des nicht erfüllten Vertrages nach § 320 BGB zu mit der Folge, dass er den durch die Vormerkung gesicherten Anspruch nur **Zug um Zug** gegen Erfüllung der Gegenleistung erbringen muss, wie der Vertragspartner seine vertraglich geschuldete Gegenleistung noch nicht erbracht hat.[54] 23

Da die Wirkung der Vormerkung in der Insolvenz aufrecht erhalten, nicht aber erweitert werden soll, stehen dem Insolvenzverwalter alle **Einreden und Einwendungen** gegen den gesicherten Anspruch zu, die auch der Schuldner hätte erheben können.[55] Die Vormerkung ist im Verhältnis zu dem gesicherten Anspruch akzessorisch.[56] Steht dem Insolvenzverwalter eine Einrede zu, durch welche die Geltendmachung des durch die Vormerkung gesicherten Anspruches dauernd ausgeschlossen wird, kann er von dem Gläubiger die Beseitigung der Vormerkung gem. § 886 BGB verlangen.[57] Ist das Grundbuch unrichtig, etwa weil der akzessorische Anspruch nicht (mehr) besteht, kann der Insolvenzverwalter auch die Berichtigung des Grundbuches nach § 894 BGB verlangen. Dabei ist unerheblich, ob die Einrede oder Einwendung vor oder nach Eröffnung des Insolvenzverfahrens erstmalig erhoben werden kann.[58] **Beispiele:** Die Eintragung einer Auflassungsvormerkung beruht auf einem Kaufvertrag, der nicht notariell beurkundet wurde und deshalb nach § 311b Abs. 1 Satz 2 BGB nichtig ist.[59] Eine der beiden Vertragsparteien ist vor Eröffnung des Insolvenzverfahrens vom Vertrag zurückgetreten.[60] 24

Die Vorschrift des **§ 106 Abs. 1 Satz 2** stellt klar, dass die Vormerkung in der Insolvenz auch dann gesichert ist, wenn die Erfüllung des vorgemerkten Anspruches noch keine vollständige Vertragserfül- 25

---

50 Uhlenbruck/*Wegener* Rn. 33, 37; zur Wirksamkeit der Abtretung des Anspruches auf die Gegenleistung BGH 19.03.1998, IX ZR 242/97, BGHZ 179 (187).
51 So jedoch OLG Stuttgart 22.02.2005, 10 U 242/04, ZIP 2005, 588 (589).
52 BGH 07.11.1980, V ZR 163/79, BGHZ 79, 103 (110).
53 Uhlenbruck/*Wegener* Rn. 31.
54 Uhlenbruck/*Wegener* Rn. 32.
55 BGH 14.09.2001, V ZR 231/00, BGHZ 149, 1 (10).
56 BGH 07.03.2002, IX ZR 457/99, BGHZ 150, 138.
57 OLG Frankfurt 21.11.2005, 20 W 462/04, ZInsO 2006, 269 (271).
58 Uhlenbruck/*Wegener* Rn. 9.
59 BGH 07.03.2002, IX ZR 457/99, BGHZ 150, 138.
60 BGH 22.01.2009, IX ZR 66/07, NJW 2009, 1414.

lung i.S.d. § 103 ist.[61] Lehnt der Insolvenzverwalter die Vertragserfüllung im Übrigen ab, kommt es zu einer Aufspaltung des Vertrages.[62] Diese bereits nachträglich in die KO eingefügte Vorschrift ist die Reaktion des Gesetzgebers auf eine Rechtsprechungsentwicklung, wonach das von der Vormerkung gesicherte Recht von § 103 in diesem Fall verdrängt werden sollte.[63] Konkret entschieden wurde die Behandlung einer durch Bauträgervertrag gesicherten Vormerkung im Fall des noch nicht fertig gestellten Bauwerkes. Ob und inwieweit der Schuldner seine vertraglichen Verpflichtungen im Übrigen erfüllt hat, hat somit keinen Einfluss auf die Vormerkung und damit wiederum auf den durch die Vormerkung gesicherten Anspruch.

26 Haben die Vertragsparteien eines **Bauträgervertrages**, der ein einheitliches Schuldverhältnis darstellt,[64] die Übereignung des Grundstückes unter die **aufschiebende Bedingung** gestellt, dass das Bauwerk fertig gestellt ist, soll die Vereinbarung in der Insolvenz des Bauträgers aufgrund historischer und teleologischer Überlegungen unwirksam sein.[65] Dem kann nicht gefolgt werden. Alle Arten der Unwirksamkeit fallen unter § 139 BGB.[66] Das Ergebnis wäre damit grds. die Nichtigkeit des ganzen Rechtsgeschäftes. Eine so weitgehende Rechtsfolge lässt sich aus § 106 nicht herleiten. Da auch ein bedingter Anspruch durch eine Vormerkung gesichert werden kann, ist auch in dem gebildeten Beispiel der Anspruch auf Eigentumsübertragung insolvenzfest. Die eigentliche Frage ist somit, ob der Insolvenzverwalter durch die Wahl oder Ablehnung der Erfüllung des Bauvertrages den Eintritt der Beendigung in der Hand haben soll. Die Vorschrift des § 103 wird jedoch durch die in § 106 getroffene Regelung nur im Hinblick auf den durch die Vormerkung gesicherten Anspruch modifiziert und bleibt im Übrigen unberührt. Der durch eine Vormerkung bewirkte Schutz des Anspruches auf dingliche Rechtsänderung soll nach § 106 in der Insolvenz des Anspruchsgegners nicht beeinträchtigt, aber auch nicht erweitert werden.[67] Ob das Bauwerk fertig gestellt wird und damit die Bedingung eintritt, entzog sich von Anfang an der Sphäre des Auftraggebers. Das Risiko, dass das Gebäude nicht oder nicht vertragsgemäß fertig gestellt wird, ist der Auftraggeber bewusst eingegangen. Möglicherweise hat er an einem halb fertig gestellten Objekt gar kein Interesse. Es besteht deshalb kein Grund, warum der Anspruch auf Eigentumsübertragung bestehen soll. Ein insolvenzspezifischer Nachteil ist nicht ersichtlich. Der Insolvenzverwalter kann in diesem Fall, nachdem er die Erfüllung des Bauträgervertrages abgelehnt hat, die Beseitigung der wirksamen Vormerkung verlangen (§ 886 BGB).

27 Die **Freigabe des belasteten Gegenstandes** aus dem Masseverbund wird durch die Vorschrift des § 106 nicht verhindert.[68] Nach der Gegenansicht würde anderenfalls der Schutzzweck des § 106, mithin der Schutz des Vormerkungsberechtigten in der Insolvenz unterlaufen. Im Hinblick auf den Übereignungsanspruch steht der vormerkungsberechtigte Gläubiger nach Freigabe des Belastungsgegenstandes wieder wie vor der Eröffnung des Insolvenzverfahrens. Er hat einen durch die Vormerkung gesicherten Anspruch auf Erfüllung gegen den von ihm gewählten Vertragspartner. Soweit die Gegenansicht eine Schlechterstellung darin sieht, dass der vormerkungsberechtigte Käufer die Lastenfreistellungskosten vom Schuldner aus dessen insolvenzfreiem Vermögen nicht ersetzt bekommt, verwirklicht sich lediglich das typische Risiko eines insolventen Vertragspartners. Die Vormerkung sichert schließlich gerade nicht den schuldrechtlichen Anspruch auf Lastenfreistellung.[69]

28 In der Literatur wird vertreten, dass der Insolvenzverwalter des Auftraggebers dem Bauunternehmer wegen § 648 BGB i.V.m. § 106 Abs. 1 Satz 1 eine **Sicherungshypothek** an dem Baugrundstück des

---

61 BGH 07.11.1980, V ZR 163/79, BGHZ 79, 103.
62 FK-InsO/*Wegener* Rn. 16.
63 BGH 29.10.1976, V ZR 4/75, NJW 1977, 146.
64 BGH 12.07.1984, VII ZR 268/83, NJW 1984, 2573.
65 FA-InsR/*Wagner* Kap. 5 Rn. 80.
66 Palandt/*Ellenberger* § 139 BGB Rn. 2.
67 Uhlenbruck/*Wegener* Rn. 31.
68 *Kesseler* MittBayNot 2005, 108 (109); a.A. *Amann* MittBayNot 2005, 111.
69 BGH 22.09.1994, V ZR 236/93, NJW 1994, 3231.

Auftraggebers bestellen muss. Die Erfüllung des Werkvertrages kann der Insolvenzverwalter jedoch gem. § 103 ablehnen, da die Vorschrift des § 106 den § 103 nur soweit modifiziert, wie der gesicherte Anspruch reicht.[70] Hinsichtlich des Werkvertrages steht dem Insolvenzverwalter in jedem Fall ein Wahlrecht nach § 103 zu (vgl. § 103 Rdn. 7). Der Insolvenzverwalter ist jedoch auch nicht verpflichtet, dem Bauunternehmer an dem Grundstück des Schuldners eine Sicherungshypothek nach § 648 BGB einzutragen, da die Voraussetzungen des § 106 nicht vorliegen. I.d.R. dürfte es bereits an einer einen dinglichen Anspruch sichernden Vormerkung fehlen. Die Vorschrift des § 648 BGB gewährt keine Hypothek kraft Gesetzes, sondern lediglich einen schuldrechtlichen Anspruch auf ihre Bestellung.[71] Damit erfasst das Wahlrecht des Insolvenzverwalters, außer im Falle einer vorsorglich im Hinblick auf die später beabsichtigte Sicherungshypothek eingetragene Vormerkung, den Werkvertrag einschließlich des Anspruches auf Eintragung der Hypothek.[72]

D. Prozessuales

Der Anspruch aus einer insolvenzfesten Auflassungsvormerkung ist wie die dagegen bestehenden Einwendungen im Zivilprozess geltend zu machen. **29**

E. Verhältnis zu anderen Vorschriften

Die Vorschrift des § 106 Abs. 1 Satz 1 durchbricht zunächst den Grundsatz des § 38.[73] Der vormerkungsberechtigte Gläubiger wird mit seinem durch eine Vormerkung gesicherten Anspruch nicht auf die quotale Befriedigung verwiesen. Er hat ein Recht auf Aussonderung nach § 47.[74] **30**

Darüber hinaus modifiziert die Vorschrift des § 106 im Interesse eines sicheren Grundstücksverkehrs die Anwendung des § 103, wonach mit Insolvenzeröffnung Ansprüche aus nicht vollständig erfüllten gegenseitigen Verträgen zunächst nicht mehr durchsetzbar sind.[75] Hat der Gläubiger einen durch Vormerkung gesicherten Anspruch auf dingliche Rechtsänderung, ist dieser nach § 106 insolvenzfest. **Insoweit** ist das Wahlrecht des Insolvenzverwalters nach § 103 ausgeschlossen. Ist der Vertrag nach Erfüllung des gesicherten Anspruches sowie der damit korrespondierenden Gegenleistung beiderseits noch nicht vollständig erfüllt, bleibt es für die restlichen aus dem Vertrag folgenden Pflichten bei dem Wahlrecht des Insolvenzverwalters nach § 103.[76] **Beispiel:** Ist der Anspruch auf Übereignung des Grundstückes im Rahmen eines **Bauträgervertrages** durch Vormerkung gesichert, ist dieser Anspruch insolvenzfest. Hinsichtlich der Fertigstellung des Bauwerkes wird die Vorschrift des § 103 nicht modifiziert, so dass es insoweit beim Wahlrecht des Insolvenzverwalters bleibt. Es kommt somit zu einer im Gesetz angelegten und von § 106 Abs. 1 Satz 2 nochmals verdeutlichten Aufspaltung des Vertrages, die aufgrund der Teilbarkeit des Bauträgervertrages unbedenklich ist (s. zu den Gestaltungsmöglichkeiten beim Bauträgervertrag auch Rdn. 26).[77] Wurde das Entgelt nicht bereits vertraglich aufgeschlüsselt, ist der für das Grundstück zu entrichtende Kaufpreis als Korrelat des Übereignungsanspruches im Wege der ergänzenden Vertragsauslegung zu ermitteln oder nach §§ 315 f. BGB zu bestimmen.[78] Aufgrund der Teilbarkeit des Bauträgervertrages sind die durch die Bauleistungen bereits erzielten Wertsteigerungen außer Betracht zu lassen. Der Insolvenzverwalter kann die Übereignung des Grundstückes bei abgelehnter Vertragserfüllung nach § 103 nicht mit **31**

---

70 Uhlenbruck/*Wegener* Rn. 33.
71 Palandt/*Sprau* § 648 BGB Rn. 1.
72 Braun/*Kroth* Rn. 7.
73 HK-InsO/*Marotzke* Rn. 1.
74 BGH 13.03.2008, IX ZB 39/05, ZInsO 2008, 558 (559).
75 MüKo-InsO/*Ott/Vuia* Rn. 21.
76 Begr. RegE BT-Drucks. 12/2443, 146; wohl wie hier BGH 19.03.1998, IX ZR 242/97, BGHZ 138, 179 (180, 187); 09.03.2006, IX ZR 55/04, ZInsO 2006, 429 (430); ferner MüKo-InsO/*Ott/Vuia* Rn. 23, 27; FA-InsR/*Wagner* Kap. 5 Rn. 79; FK-InsO/*Wegener* Rn. 16; Uhlenbruck/*Wegener* Rn. 33, 37.
77 BGH 21.11.1985, VII ZR 366/83, BGHZ 96, 275 (281).
78 BGH 07.11.1980, V ZR 163/79, BGHZ 79, 103 (110).

der Begründung verweigern, der Werklohn sei noch nicht vollständig gezahlt. Daran ist er selbst dann gehindert, wenn nach dem Bauträgervertrag der Auflassungsanspruch erst nach vollständiger Zahlung des vereinbarten Preises fällig sein sollte.[79]

32 Etwaige **Anfechtungsansprüche** nach §§ 129 ff. werden durch § 106 nicht ausgeschlossen.[80] Bei Vorliegen der gesetzlichen Voraussetzungen kann der Insolvenzverwalter sowohl den gesicherten Anspruch als auch die Bewilligung der Vormerkung anfechten.

§ 107 Eigentumsvorbehalt

(1) Hat vor der Eröffnung des Insolvenzverfahrens der Schuldner eine bewegliche Sache unter Eigentumsvorbehalt verkauft und dem Käufer den Besitz an der Sache übertragen, so kann der Käufer die Erfüllung des Kaufvertrages verlangen. Dies gilt auch, wenn der Schuldner dem Käufer gegenüber weitere Verpflichtungen übernommen hat und diese nicht oder nicht vollständig erfüllt sind.

(2) Hat vor der Eröffnung des Insolvenzverfahrens der Schuldner eine bewegliche Sache unter Eigentumsvorbehalt gekauft und vom Verkäufer den Besitz an der Sache erlangt, so braucht der Insolvenzverwalter, den der Verkäufer zur Ausübung des Wahlrechtes aufgefordert hat, die Erklärung nach § 103 Abs. 2 Satz 2 erst unverzüglich nach dem Berichtstermin abzugeben. Dies gilt nicht, wenn in der Zeit bis zum Berichtstermin eine erhebliche Verminderung des Wertes der Sache zu erwarten ist und der Gläubiger den Verwalter auf diesen Umstand hingewiesen hat.

Übersicht	Rdn.		Rdn.
A. Normzweck	1	IV. Zu erwartende erhebliche Wertminderung der Kaufsache	13
B. Voraussetzungen	2	C. Rechtsfolgen	14
I. Kaufvertrag über bewegliche Sachen	2	I. Verkäuferinsolvenz	14
II. Eigentumsvorbehalt	6	II. Käuferinsolvenz	16
III. Besitzübergabe	12		

A. Normzweck

1 Die Vorschrift modifiziert die in § 103 aufgestellte Grundnorm und regelt das Schicksal der Kaufverträge mit dem Schuldner, bei denen die Kaufsache vor der Eröffnung des Insolvenzverfahrens unter Eigentumsvorbehalt geliefert worden ist.[1] Hintergrund der gesetzlichen Regelung für den Fall der Verkäuferinsolvenz ist die vor In-Kraft-Treten der Insolvenzordnung umstrittene Frage, ob der Insolvenzverwalter durch Ablehnung der Erfüllung des gegenseitigen Vertrages in das Anwartschaftsrecht des Käufers eingreifen kann.[2] Die Rechtsprechung hatte das grds. bejaht.[3] In der Verkäuferinsolvenz wird nun durch § 107 Abs. 1 ausdrücklich das **Anwartschaftsrecht** des Käufers geschützt. Aufgrund Änderung der höchstrichterlichen Rechtsprechung hat die Vorschrift des § 107 Abs. 1 inzwischen allerdings nur noch eine deklaratorische Bedeutung (vgl. Rdn. 8a). In der Käuferinsolvenz dient die Vorschrift ebenso wie § 166 dem Ziel, das Vermögen im Besitz des Schuldners zunächst zusammenzuhalten, um **Fortführungs- und Sanierungschancen** zu wahren.[4] Bei den hiervon ausgenommenen Sachen, bei denen eine erhebliche Wertminderung zu erwarten ist, hatte der Gesetzgeber leicht verderbliche Waren und Saisonartikel im Blick.[5]

---

79 OLG Stuttgart 18.08.2003, 5 U 62/03, ZInsO 2004, 1087 (1089); OLG Koblenz 10.07.2006, 12 U 711/05, ZInsO 2007, 1353 (1355).
80 BGH 24.03.1988, IX ZR 118/87, ZIP 1988, 585.
1 Begr. RegE, BT-Drucks. 12/2443, 146.
2 Vgl. *Kilger/Schmidt* KO, § 17 Rn. 3b m.w.N.
3 BGH 05.12.1983, II ZR 252/82, BGHZ 89, 160.
4 Begr. RegE, BT-Drucks. 12/2443, 146.
5 Begr. Rechtsausschuss, BT-Drucks. 12/7302, 169.

B. Voraussetzungen

I. Kaufvertrag über bewegliche Sachen

Zunächst muss im Zeitpunkt der Eröffnung des Insolvenzverfahrens ein Kaufvertrag über eine bewegliche Sache vorliegen. Sachen sind nur körperliche Gegenstände (§ 90 BGB). Beweglich sind alle Sachen, die nicht Grundstücke, den Grundstücken gleichgestellt oder Grundstücksbestandteile sind.[6] Darüber hinaus müssen im Zeitpunkt der Eröffnung des Insolvenzverfahrens die Voraussetzungen des § 103 vorliegen. Ein Werklieferungsvertrag i.S.d. § 651 BGB ist ebenfalls geeignet, den Anwendungsbereich des § 107 zu eröffnen. Befindet sich das Vertragsverhältnis jedoch infolge eines vor Eröffnung des Insolvenzverfahrens erklärten Rücktrittes des Verkäufers bereits im Rückabwicklungsstadium, scheidet die Anwendung des § 107 Abs. 2 aus.[7]

Umstritten ist, ob die Vorschrift des § 107 analog auch auf den **Leasingvertrag** angewandt werden kann. Der Leasingvertrag ist ein atypischer Mietvertrag.[8] Eine vergleichbare Interessenlage ist denkbar bei vereinbarter Kaufoption des Leasingnehmers oder einem Andienungsrecht des Leasinggebers. Nach Ausübung der Kaufoption sei § 107 analog anwendbar.[9] Mit Ausübung von Kaufoption bzw. Andienungsrecht kommt jedoch ein (eigenständiger) Kaufvertrag zwischen Leasinggeber und Leasingnehmer zustande. Auf diesen kann die Vorschrift des § 107 direkt angewandt werden.

Allerdings dürfte § 107 Abs. 2 analog auf **Miet- und Leasingverträge über bewegliche Sachen** in der Insolvenz des Mieters anwendbar sein, wenn die Mietsache zur Fortführung des Geschäftsbetriebes notwendig ist.[10] Eine vergleichbare Interessenlage ist in jedem Fall gegeben. Denn Sinn und Zweck der Vorschrift des § 107 Abs. 2 ist es, den Zeitraum zur Ausübung des Wahlrechtes für den Insolvenzverwalter bis zum Berichtstermin zu verlängern. Hintergrund ist, dass die Gläubigerversammlung im Berichtstermin darüber entscheidet, ob das Unternehmen des Schuldners stillgelegt oder vorübergehend fortgeführt wird (§ 157). Die Vorschrift will verhindern, dass Gegenstände vorschnell aus der Masse herausverlangt werden können.[11] Diese Schutzerwägungen lassen sich auch auf Mietverträge über bewegliche Sachen übertragen, die zur Fortführung und Sanierung des Unternehmens erforderlich sind. Zu denken ist etwa an die von einem insolventen Transportunternehmen gemieteten LKW. Zum Nutzungsersatz siehe Rdn. 17.

Auf den **Rechtskauf** nach § 453 BGB ist § 107 nicht analog anwendbar (siehe jedoch Rdn. 8a).[12] Dem Gesetzgeber ging es ersichtlich darum, das vorinsolvenzlich erworbene Anwartschaftsrecht in der Insolvenz des Verkäufers zu schützen und insoweit die in § 103 enthaltene Regel zu ändern. Eine planwidrige Regelungslücke ist nicht ersichtlich und durch die Gegenansicht auch nicht dargelegt. Zu beachten ist indes, dass der Anwendungsbereich dann eröffnet ist, wenn die veräußerten und zu übertragenden Rechte durch Urkunden verbrieft sind. Dies ist der Fall bei der Übertragung in Urkunden verbriefter Aktien, die entweder durch Übergabe der Urkunde oder durch Abtretung des Herausgabeanspruches gegen die verwahrende Bank erfolgt.[13]

---

6 RG 19.09.1903, V 106/03, RGZ 55, 284; 02.06.1915, V 19/15, RGZ 87, 51.
7 OLG Naumburg 27.05.2009, 5 U 36/09, ZInsO 2009, 1448 (1449).
8 BGH 14.12.1989, IX ZR 283/88, NJW 1990, 1113.
9 Nerlich/Römermann/*Balthasar* Rn. 11; BK-InsR/*Goetsch* Rn. 11; a.A. Kübler/Prütting/Bork/*Tintelnot* Rn. 8.
10 Nerlich/Römermann/*Balthasar* Rn. 14; BK-InsR/*Goetsch* Rn. 19; FA-InsR/*Wagner* Kap. 5 Rn. 88.
11 Begr. RegE, BT-Drucks. 12/2443, 146.
12 MüKo-InsO/*Ott/Vuia* Rn. 7; Kübler/Prütting/Bork/*Tintelnot* Rn. 8; FK-InsO/*Wegener* Rn. 4; a.A. Graf-Schlicker/*Breitenbücher* Rn. 4; Braun/*Kroth* Rn. 9; HK-InsO/*Marotzke* Rn. 7; *Wessels* ZIP 2004, 1237 (1244).
13 *Wessels* ZIP 2004, 1237 (1244).

II. Eigentumsvorbehalt

6 Die bewegliche Sache muss nach § 449 BGB unter Eigentumsvorbehalt verkauft worden sein. Nach der Legaldefinition des § 449 Abs. 1 BGB liegt ein Eigentumsvorbehalt vor, wenn sich der Verkäufer einer beweglichen Sache das Eigentum bis zur Zahlung des Kaufpreises vorbehalten hat. In diesem Fall ist im Zweifel anzunehmen, dass das Eigentum unter der aufschiebenden Bedingung (§ 158 Abs. 1 BGB) vollständiger Zahlung des Kaufpreises übertragen wird (§ 449 Abs. 1 BGB). Der Verkäufer darf die ihn treffende Pflicht zur Übereignung im Zeitpunkt der Verfahrenseröffnung noch nicht erfüllt haben. Das ist erst mit Eintritt der Bedingung, also der restlosen Zahlung des Kaufpreises der Fall.[14]

7 Im Falle des **verlängerten Eigentumsvorbehaltes** erlischt der Eigentumsvorbehalt vereinbarungsgemäß bei Weiterveräußerung, Verbindung oder Verarbeitung mit der Folge, dass § 107 nicht anwendbar ist.

8 Ausgehend vom Schutzzweck des § 107 Abs. 1 genügt entgegen dem Wortlaut für den Fall der **Verkäuferinsolvenz** der schuldrechtlich vereinbarte Kauf unter Eigentumsvorbehalt nicht. Vielmehr muss bereits ein **Anwartschaftsrecht entstanden** sein und im Zeitpunkt der Eröffnung des Insolvenzverfahrens noch bestehen.[15] Der Käufer erlangt das Anwartschaftsrecht in dem Moment, wo der Verkäufer nicht mehr einseitig in die erworbene Rechtsposition eingreifen kann, mithin durch die aufschiebend bedingte Übereignung nach §§ 929, 158 Abs. 1 BGB und die Übergabe des Besitzes oder die Vereinbarung eines Besitzkonstitutes nach §§ 930 f. BGB.[16] Unerheblich ist, ob der Eigentumsvorbehalt im Kaufvertrag vereinbart worden ist oder ob der Vorbehaltsverkäufer das Eigentum vertragswidrig nur bedingt übereignet hat.[17] Eine auflösend bedingte Übereignung begründet kein Anwartschaftsrecht. Vielmehr erwirbt der Käufer hier bereits (vorübergehend) Volleigentum an der Kaufsache. Der Vorbehaltsverkäufer hat somit bereits vollständig erfüllt.[18]

8a Ist ein solches Anwartschaftsrecht indes bereits entstanden, kommt es inzwischen auf die Vorschrift des § 107 Abs. 1 aufgrund einer Rechtsprechungsänderung gar nicht mehr an. Denn wenn ein aufschiebend bedingter dinglicher Rechtsübergang hinsichtlich eines **Rechtes**, einer beweglichen Sache oder eines **unbeweglichen Gegenstandes** bereits stattgefunden hat, der Verkäufer/Insolvenzverwalter den Bedingungsausfall nicht mehr einseitig herbeiführen kann und diesen Bedingungseintritt der Erwerber in der Hand hat, kann der Verwalter den Erwerb der Vollrechtsstellung auch nicht mehr dadurch verhindern, dass er die Nichterfüllung des zugrunde liegenden Vertrages wählt.[19]

9 Im Fall der **Käuferinsolvenz** ist vor dem Hintergrund des anderen Schutzzweckes nicht erforderlich, dass der Käufer bereits ein Anwartschaftsrecht erworben hat.[20] Der gesetzlichen Regelung, deren Wortlaut mit keinem Wort von einem Anwartschaftsrecht ausgeht, widerspricht eine solche Auslegung gerade nicht. Zu fordern ist mit dem Wortlaut der Vorschrift jedoch zumindest die Vereinbarung eines Eigentumsvorbehaltes.[21] Der bloße Besitz kann nicht ausreichen. Auch für eine analoge Anwendung dürfte es an einer vergleichbaren Interessenlage, jedenfalls aber an einer planwidrigen Regelungslücke fehlen.[22]

---

[14] Palandt/*Weidenkaff* § 449 BGB Rn. 8, 24 f.
[15] Begr. RegE, BT-Drucks. 12/2443, 146; Gottwald/*Huber* § 36 Rn. 18; HK-InsO/*Marotzke* Rn. 3; Kübler/Prütting/Bork/*Tintelnot* Rn. 5; FA-InsR/*Wagner* Kap. 5 Rn. 83; Uhlenbruck/*Wegener* Rn. 3.
[16] Palandt/*Weidenkaff* § 449 BGB Rn. 9.
[17] Kübler/Prütting/Bork/*Tintelnot* Rn. 5.
[18] Vgl. FK-InsO/*Wegener* Rn. 7; a.A. Nerlich/Römermann/*Balthasar* Rn. 7; widersprüchlich daher Kübler/Prütting/Bork/*Tintelnot* Rn. 5.
[19] BGH 27.05.2003, IX ZR 51/02, BGHZ 155, 87 ff.; BGH 17.11.2005, IX ZR 162/04, NJW 2006, 915 ff.; Strotmann ZInsO 2010, 1314 (1320).
[20] HK-InsO/*Marotzke* Rn. 27; FA-InsR/*Wagner* Kap. 5 Rn. 87 f.; a.A. MüKo-InsO/*Ott/Vuia* Rn. 18.
[21] So auch Uhlenbruck/*Wegener* Rn. 12; a.A. HK-InsO/*Marotzke* Rn. 25.
[22] Vgl. zu diesen Anforderungen BGH 13.11.2001, X ZR 134/00, BGHZ 149, 165 (174); 16.07.2003, VIII ZR 274/02, BGHZ 155, 380 (389 f.); 19.03.2009, IX ZR 58/08, BGHZ 180, 185 (188).

Beim **nachgeschalteten Eigentumsvorbehalt** sind der Kauf und Weiterverkauf getrennt zu betrachten.[23] Ein nachgeschalteter Eigentumsvorbehalt liegt vor, wenn der Käufer, ohne den Eigentumsvorbehalt offen zu legen, die Sache unter eigenem Eigentumsvorbehalt weiterverkauft.[24]

Haben die Parteien einen **erweiterten Eigentumsvorbehalt** vereinbart und die Übereignung der Kaufsache aufschiebend bedingt von der Erfüllung weiterer Forderungen abhängig gemacht, sind die §§ 103, 107 lediglich anwendbar, wenn der Käufer die mit der unter Eigentumsvorbehalt gelieferten Sache in einem synallagmatischen Austauschverhältnis stehende Kaufpreisforderung noch nicht vollständig bezahlt hat. Anderenfalls ist der konkrete gegenseitige Kaufvertrag durch ihn bereits vollständig erfüllt. Die übrigen forderungsbegründenden Rechtsverhältnisse sind ihrerseits auf die Anwendbarkeit des § 103 zu überprüfen.

III. Besitzübergabe

Darüber hinaus ist erforderlich, dass der Käufer im Zeitpunkt der Eröffnung des Insolvenzverfahrens bereits im Besitz der Kaufsache war. Mittelbarer Besitz des Käufers ist grds. ausreichend.[25] Im Falle der Käuferinsolvenz, bei der § 107 Abs. 2 die Fortführungs- und Sanierungschancen wahren und dabei helfen soll, die Masse zusammenzuhalten, genügt mittelbarer Besitz des Schuldners ausnahmsweise nicht, wenn der Verkäufer unmittelbarer Besitzer der Sache ist.[26] Auch bei nur mittelbarem Besitz ist es grds. erforderlich, eine vorzeitige Herauslösung der Sache aus dem Masseverband zu verhindern. So kann es etwa in der Insolvenz eines Autovermieters keinen Unterschied für die Anwendbarkeit des § 107 Abs. 2 machen, ob das Fahrzeug gerade vermietet ist oder nicht.

IV. Zu erwartende erhebliche Wertminderung der Kaufsache

Eine Wertminderung i.S.d. § 107 Abs. 2 Satz 2 liegt vor, wenn der am Markt für die Kaufsache erzielbare Preis bis zum Berichtstermin nach § 156 voraussichtlich unter dem Wert liegt, der im Zeitpunkt der Aufforderung des Insolvenzverwalters zur Ausübung seines Wahlrechtes nach § 103 Abs. 2 Satz 2 am Markt realisiert werden könnte. Die erwartete Wertminderung muss zudem erheblich sein. Der Gesetzgeber hatte hier verderbliche Waren und Saisonartikel im Blick. Verdorbene Waren sind i.d.R. gar nicht mehr werthaltig. Saisonartikel werden, wie die Erfahrungen aus den Sommer- und Winterschlussverkäufen der letzten Jahre zeigen, am Ende der Saison um 50 bis 70 % reduziert angeboten. Vor diesem Hintergrund wird man von einer erheblichen Wertminderung erst ab einem verminderten Wert von ca. 50 % ausgehen können, wobei es jedoch entscheidend auf die Betrachtung des Einzelfalles ankommt.

C. Rechtsfolgen

I. Verkäuferinsolvenz

Im Insolvenzverfahren über das Vermögen des Verkäufers stehen dem Insolvenzverwalter nur die Rechte zu, die auch dem Käufer aus dem Kaufvertrag zustanden. Die **Anwartschaft** des Vorbehaltskäufers kann der Insolvenzverwalter nicht durch Ablehnung der Erfüllung des Kaufvertrages zerstören. Dem Käufer bleibt das aus dem Kaufvertrag folgende Recht zum Besitz nach § 986 BGB wegen § 107 Abs. 1 auch in der Insolvenz des Verkäufers erhalten. Nur bei Vorliegen eines außerhalb des Insolvenzereignisses liegenden Rechtsgrundes, wie etwa Zahlungsverzug, und infolge eines wirksam erklärten Rücktrittes vom Vertrag[27], ist der Insolvenzverwalter berechtigt, die Herausgabe der Kauf-

---

23 FA-InsR/*Wagner* Kap. 5 Rn. 92.
24 Palandt/*Weidenkaff* § 449 BGB Rn. 17.
25 HK-InsO/*Marotzke* Rn. 6; Kübler/Prütting/Bork/*Tintelnot* Rn. 7.
26 BK-InsR/*Goetsch* Rn. 29; HK-InsO/*Marotzke* Rn. 26; Kübler/Prütting/Bork/*Tintelnot* Rn. 18; FA-InsR/ *Wagner* Kap. 5 Rn. 87; FK-InsO/*Wegener* Rn. 19; a.A. Nerlich/Römermann/*Balthasar* Rn. 13; MüKo-InsO/*Ott/Vuia* Rn. 18, die im Rahmen von § 107 II nur unmittelbaren Besitz ausreichen lassen wollen.
27 BGH 19.12.2007, XII ZR 61/05, NJW-RR 2008, 818.

sache nach §§ 985, 346, 323, 449 Abs. 2 BGB zu verlangen.[28] Denkbar ist auch, dass der Käufer selbst vom Vertrag, etwa wegen eines Mangels, zurücktritt und Rückabwicklung begehrt (s. hierzu § 103 Rdn. 14). Tritt der Insolvenzverwalter vom Kaufvertrag zurück und hat der Käufer den Kaufpreis bereits teilweise geleistet, ist die Rückgewähr der Teilleistung des Käufers Masseverbindlichkeit nach § 55 Abs. 1 Nr. 1.[29]

15 Durch § 107 Abs. 1 Satz 2 wird klargestellt, dass das Anwartschaftsrecht auch dann insolvenzfest ist, wenn der vom insolventen Verkäufer geschuldete Leistungserfolg mit Übereignung der Vorbehaltsware noch nicht vollständig eingetreten ist. Zu denken ist etwa an eine übernommene Verpflichtung, die Kaufsache einzubauen oder zu montieren oder den Käufer in der Nutzung und Anwendung der Kaufsache zu schulen oder einzuweisen.[30] Lehnt der Insolvenzverwalter in diesen Fällen die Erfüllung der übrigen vom Schuldner übernommenen Verpflichtungen ab, soll sich der Kaufpreis in Höhe der Forderung des Käufers wegen Nichterfüllung nach § 103 Abs. 2 Satz 1 entsprechend reduzieren.[31] In diesem Fall kommt es wie bei § 106 Abs. 1 Satz 2 zu einer gesetzlichen Aufspaltung des Vertrages (vgl. § 106 Rdn. 25). Wurde das Entgelt nicht bereits vertraglich aufgeschlüsselt, ist der für die Vorbehaltsware zu entrichtende Kaufpreis als Korrelat des Übereignungsanspruches im Wege der ergänzenden Vertragsauslegung zu ermitteln oder nach §§ 315 f. BGB zu bestimmen.[32] Die aufschiebend bedingte Übereignung der Kaufsache erfolgt somit mit vollständiger Zahlung des geminderten Kaufpreises. Diese Lösung ist vor dem Hintergrund des Grundsatzes der Gläubigergleichbehandlung nicht ganz unproblematisch. Denn wenn der Verwalter die Erfüllung ablehnt, kann der andere Teil seine Forderung wegen der Nichterfüllung grds. nur als Insolvenzgläubiger geltend machen (§ 103 Abs. 2 Satz 1). Durch die Minderung des Kaufpreises erhält der Insolvenzgläubiger jedoch i.d.R. volle Befriedigung seiner Forderung und muss sich nicht auf die quotale Befriedigung verweisen lassen. Dieses Ergebnis ist aber die logische Folge der gesetzlich vorgesehenen Teilbarkeit des Kaufvertrages. Insoweit modifiziert § 106 Abs. 1 die Vorschrift des § 103. Darüber hinaus ist die Reduzierung des Kaufpreises einer Aufrechnung vergleichbar. Der Forderung des Insolvenzverwalters auf Zahlung des Kaufpreises steht mit Ablehnung der Erfüllung des Vertrages eine nun auf die Zahlung von Geld gerichtete und damit gleichartige Forderung des Käufers wegen der Nichterfüllung nach § 103 Abs. 2 Satz 1 gegenüber. Eine solche Aufrechnungslage ist nach §§ 94 ff. geschützt. Somit ergibt sich auch insoweit kein Wertungswiderspruch. Aufgrund der Teilung des Vertrages ist der Käufer nicht berechtigt, die Zahlung der Kaufpreisraten unter Verweis auf den nicht erfüllten Vertrag nach § 320 BGB zu verweigern.

II. Käuferinsolvenz

16 Für den Fall der Käuferinsolvenz stellt die Vorschrift des § 107 Abs. 2 Satz 1 sicher, dass unter Eigentumsvorbehalt gelieferte bewegliche Sachen nicht schon kurz nach der Eröffnung des Verfahrens aus dem Unternehmen des Schuldners herausgezogen werden können. Anderenfalls könnte der Verkäufer im Falle von Zahlungsverzug nach Fristsetzung und Rücktritt vom Vertrag die Herausgabe der Vorbehaltsware nach § 985 BGB fordern und Aussonderung nach § 47 begehren. Die Vorschrift des § 107 Abs. 2 Satz 1 gewährt dem Verwalter somit vorübergehend ein Recht zum Besitz nach § 986 BGB.[33] Der Verwalter kann mit der **Ausübung seines Wahlrechtes abwarten**, bis die Gläubiger im Berichtstermin (§ 156) über das weitere Schicksal des Unternehmens entschieden haben. Unter Eigentumsvorbehalt gelieferte Sachen, die der Verwalter zur Fortführung des Unternehmens benötigt, kann er grds. auch dann zunächst weiter nutzen, wenn die freie Masse nicht ausreicht,

---

28 Begr. RegE BT-Drucks. 12/2443, 146.
29 Uhlenbruck/*Wegener* Rn. 8.
30 HK-InsO/*Marotzke* Rn. 10; Kübler/Prütting/Bork/*Tintelnot* Rn. 12.
31 Nerlich/Römermann/*Balthasar* Rn. 10; HK-InsO/*Marotzke* Rn. 10; MüKo-InsO/*Ott/Vuia* Rn. 16; Kübler/Prütting/Bork/*Tintelnot* Rn. 12.
32 BGH 07.11.1980, V ZR 163/79, BGHZ 79, 103 (110).
33 FA-InsR/*Wagner* Kap. 5 Rn. 86.

um den Kaufvertrag zu erfüllen.[34] Hat der Verkäufer der Vorbehaltsware den Insolvenzverwalter nach § 103 Abs. 2 Satz 2 aufgefordert, sein Wahlrecht auszuüben, muss der Verwalter erst unverzüglich, d.h. ohne schuldhaftes Zögern (§ 121 Abs. 1 Satz 1 BGB), nach dem Berichtstermin, in dem die Gläubigerversammlung beschließt, ob das Unternehmen des Schuldners stillgelegt oder fortgeführt werden soll (§ 157 Abs. 1 Satz 1), erklären, ob er die Erfüllung des Vertrages nach § 103 wählt (s. hierzu auch § 103 Rdn. 45). Die Vorschrift des § 107 Abs. 2 Satz 1 verschiebt somit die Rechtsfolgen des § 103 Abs. 2 Satz 3 auf den Zeitpunkt des Berichtstermins. Vor diesem Hintergrund kann bis zum Ablauf der Überlegungsfrist des Insolvenzverwalters auch kein vom Verkäufer erklärter Rücktritt wirksam werden.[35] Dem Insolvenzverwalter bleibt es jedoch unbenommen, sein Wahlrecht bereits zu einem früheren Zeitpunkt auszuüben.[36]

Lehnt der Verwalter die Vertragserfüllung ab, kann der Verkäufer seine Forderungen, etwa wegen Nutzungsersatz, nur als Insolvenzgläubiger nach § 103 Abs. 2 Satz 1 geltend machen. Nach anderer Ansicht sollen jedoch **Wertminderungen** der Sache, die sich **durch** ihre weitere **Nutzung** ergeben, nach § 172 Abs. 1 analog durch laufende Zahlungen des Insolvenzverwalters an den Gläubiger ausgeglichen werden.[37] Anzuerkennen ist eine vergleichbare Interessenlage zwischen dem Absonderungsberechtigten bei Nutzung des Absonderungsgutes gem. § 172 und dem aussonderungsberechtigten Vorbehaltsverkäufer. Allerdings dürfte es an einer planwidrigen Regelungslücke fehlen. Denn der Gesetzgeber hat die Parallelen zum Verwertungsrecht des Verwalters bei zur Sicherung übereigneten Sachen gesehen.[38] Die Auffassung von *Tintelnot* ist jedoch ein geeignetes Korrektiv für die Fälle, die der Gesetzgeber nicht im Blick hatte, nämlich bei analoger Anwendung des § 107 Abs. 2 auf Miet- und Leasingverträge über bewegliche Sachen. Mithin ist der Verwalter analog § 172 Abs. 1 verpflichtet, für Wertverluste, die durch eine unter Berufung auf § 107 Abs. 2 Satz 1 analog erfolgende fortgesetzte Nutzung entstehen, Ausgleichszahlungen an den Vermieter bzw. Leasinggeber zu leisten. **17**

Die Vorschrift des § 107 Abs. 2 Satz 2 enthält eine Ausnahme von der in § 107 Abs. 2 Satz 1 getroffenen Regelung, wenn den Waren durch die verlängerte Option, Vertragserfüllung zu verlangen, ein **erheblicher Wertverlust** droht. Ob der Wertverlust unmittelbare Folge des Zeitablaufes ist oder mittelbare Folge, weil der Gegenstand (länger) genutzt wird, ist dabei unerheblich.[39] Entscheidend ist allein, ob der zu erwartende Zeitwert nach dem Berichtstermin erheblich unter dem Zeitwert im Zeitpunkt der Aufforderung zur Erklärung über das Wahlrecht liegt. Es ist nicht ersichtlich, dass der Gesetzgeber eine derart differenzierende Betrachtung im Sinn hatte bzw. eine unterschiedliche Behandlung anordnen wollte. Da sich der Wert einer Sache in der Marktwirtschaft nach Angebot und Nachfrage, mithin nach dem Marktwert richtet, können auch Änderungen der Marktlage genügen.[40] In diesem Fall ist es dem Eigentumsvorbehaltsverkäufer nicht zumutbar, dass der Verwalter erst nach dem Berichtstermin über den Vertrag und damit das Schicksal der Vorbehaltsware entscheiden kann. Denn der Berichtstermin kann unter Umständen erst drei Monate nach der Eröffnung des Insolvenzverfahrens stattfinden (§ 29 Abs. 1 Nr. 1). Ist daher durch weiteres Abwarten ein erheblicher Wertverlust der Waren zu erwarten, hat der Gläubiger den Verwalter hierauf hingewiesen und den Verwalter aufgefordert, sein Wahlrecht auszuüben, muss sich der Verwalter unverzüglich, nachdem die drei eben aufgeführten Voraussetzungen kumulativ vorliegen, erklären, ob er die Erfüllung des Kaufvertrages wählt oder ablehnt. Das folgt aus dem Wortlaut der Vorschrift (»und«). Erklärt sich der Verwalter nicht rechtzeitig, kann er auf die Erfüllung des Vertrages nicht bestehen **18**

---

34 Begr. RegE BT-Drucks. 12/2443, 146.
35 Gottwald/*Huber* § 36 Rn. 28; HK-InsO/*Marotzke* Rn. 32; MüKo-InsO/*Ott/Vuia* Rn. 17a; Uhlenbruck/*Wegener* § 103 Rn. 102 ff.
36 Begr. Rechtsausschuss, BT-Drucks. 12/7302, 169.
37 Kübler/Prütting/Bork/*Tintelnot* Rn. 22.
38 Begr. RegE BT-Drucks. 12/2443, 146.
39 AA MüKo-InsO/*Ott/Vuia* Rn. 22.
40 So auch Kübler/Prütting/Bork/*Tintelnot* Rn. 22; a.A. Nerlich/Römermann/*Balthasar* Rn. 17; MüKo-InsO/*Ott/Vuia* Rn. 22.

(§ 103 Abs. 2 Satz 3). Soweit es nach anderer Ansicht genügen soll, dass der Verwalter zur Erklärung über sein Wahlrecht aufgefordert wurde,[41] kann dem im Interesse der Rechtssicherheit und wegen der entgegenstehenden grammatischen Auslegung nicht gefolgt werden.

19 **Wählt** der Insolvenzverwalter die **Erfüllung** des Vertrages ist der (restliche) Kaufpreis als Masseverbindlichkeit nach § 55 Abs. 1 Nr. 2, 1. Alt zu erfüllen. Das gilt auch im Falle eines vereinbarten erweiterten Eigentumsvorbehaltes. Die übrigen Forderungen sind grds. Insolvenzforderungen.[42] Die Vorbehaltsware wird vom Insolvenzbeschlag erfasstes Eigentum des Schuldners.

20 **Lehnt** der Verwalter die **Erfüllung** des Vertrages **ab**, kann der Verkäufer die Kaufsache nach § 47 aussondern.[43] Der Anspruch auf Aussonderung des Gegenstandes bestimmt sich nach den Gesetzen, die außerhalb des Insolvenzverfahrens gelten (§ 47 Satz 2). Außerhalb des Insolvenzverfahrens kann der Verkäufer auf Grund des Eigentumsvorbehaltes die Sache nur herausverlangen, wenn er vom Vertrag zurückgetreten ist (§ 449 Abs. 2 BGB). Dem Käufer steht bei einem Eigentumsvorbehalt aus dem Kaufvertrag ein Recht zum Besitz nach § 986 BGB zu.[44] Dieses Recht kann der Vorbehaltsverkäufer wegen § 449 Abs. 2 BGB nur durch einen Rücktritt beseitigen.[45] Selbstredende Voraussetzung ist dafür das Vorliegen eines Rücktrittsgrundes. Fehlt es an einem vertraglichen Rücktrittsrecht, sind die Rücktrittsvoraussetzungen der Vorschrift des § 323 BGB zu entnehmen.[46] Danach bedarf es einer fälligen Leistung. Die Vorschrift des § 323 BGB fordert somit grds. einen durchsetzbaren Anspruch.[47] Der Anspruch des Vorbehaltsverkäufers ist jedoch für die Dauer des Insolvenzverfahrens nicht durchsetzbar.[48] Diese Wirkung hat der Insolvenzverwalter durch die Ablehnung der Erfüllung bestätigt. Somit kann der Vorbehaltsverkäufer nicht ohne weiteres nach § 323 BGB vom Vertrag zurücktreten.[49] Nach § 216 Abs. 2 Satz 2 BGB kann jedoch im Falle des Eigentumsvorbehaltes der Rücktritt vom Vertrag auch erfolgen, wenn der gesicherte Anspruch verjährt, mithin dauerhaft nicht mehr durchsetzbar ist. Diese Vorschrift dient dem Sicherungszweck des Eigentumsvorbehaltes.[50] Vor diesem Hintergrund soll es ausnahmsweise für einen Rücktritt nach § 449 Abs. 2 BGB nicht auf die Frage der Durchsetzbarkeit des Anspruches ankommen. Insoweit besteht eine vergleichbare Interessenlage zwischen der fehlenden Durchsetzbarkeit des Kaufpreisanspruches wegen Verjährung und der durch die Eröffnung des Insolvenzverfahrens bewirkten Durchsetzungssperre. Von einer planwidrigen Regelungslücke kann ebenfalls ausgegangen werden. Denn die Vorschrift des § 47 entspricht § 43 KO.[51] Nach früherem Recht war anerkannt, dass der Vorbehaltsverkäufer ein grds. auf Herausgabe gerichtetes Recht auf Aussonderung hat.[52] Somit kann der Vorbehaltsverkäufer nach § 216 Abs. 2 Satz 2 BGB analog, § 323 Abs. 1, 2 Nr. 1 BGB vom Vertrag zurücktreten. Dabei ist zu beachten, dass das Herausgabeverlangen die Rücktrittserklärung regelmäßig enthält.[53] Der Vorbehaltsverkäufer kann folglich nach §§ 985, 346, 449 Abs. 2, 323 Abs. 1, 2 Nr. 1 BGB, § 216 Abs. 2 Satz 2 BGB analog vom Insolvenzverwalter die Herausgabe der Sache oder im Falle des mittelbaren Besitzes des Insolvenzverwalters die Abtretung des Herausgabeanspruches gegen den unmittelbaren Besitzer verlangen.[54]

---

41 So FA-InsR/*Wagner* Kap. 5 Rn. 86.
42 FA-InsR/*Wagner* Kap. 5 Rn. 94.
43 BGH 27.03.2008, IX ZR 220/05, ZInsO 2008, 445 (448).
44 Palandt/*Weidenkaff* § 449 BGB Rn. 26.
45 BGH 19.12.2007, XII ZR 61/05, NJW-RR 2008, 818 (822).
46 HK-InsO/*Marotzke* Rn. 32.
47 *Herresthal* Jura 2008, 561.
48 BGH 25.04.2002, IX ZR 313/99, BGHZ 150, 353 (359).
49 Das verkennend MüKo-InsO/*Ganter* § 47 Rn. 63; Gottwald/*Gottwald* § 43 Rn. 7 f.; Gottwald/*Huber* § 36 Rn. 21, 29; HK-InsO/*Lohmann* § 47 Rn. 11.
50 Palandt/*Ellenberger* § 216 BGB Rn. 4; Palandt/*Weidenkaff* § 449 BGB Rn. 27.
51 Begr. RegE BT-Drucks. 12/2443, 124.
52 *Kilger/Schmidt* KO § 43 Rn. 2.
53 MüKo-InsO/*Ganter* § 47 Rn. 62a; *Huber* NZI 2004, 57 (62).
54 Im Ergebnis ebenso HambK-InsR/*Ahrendt* Rn. 21; *Graf-Schlicker/Breitenbücher* Rn. 12; Gottwald/

Eine teilweise Leistungserbringung i.S.d. § 105 durch den Vorbehaltsverkäufer ist in der aufschiebend bedingten Übereignung nicht zu sehen, da die Übereignung der Kaufsache nicht wertmäßig teilbar ist. Zwar ist das Anwartschaftsrecht ein Minus zum Vollrecht,[55] ihm kommt aber noch kein eigener messbarer Wert zu. Deshalb steht die Vorschrift des § 105 Satz 2 dem Anspruch des Verkäufers auf Herausgabe nicht entgegen.[56] 21

Hat der Vorbehaltsverkäufer das Eigentum an der Kaufsache jedoch auf eine **Bank** übertragen, die für den Käufer den **Erwerb finanziert**, kann die Bank das vorbehaltene Eigentum in der Insolvenz des Käufers nicht aussondern. Das Kreditinstitut ist vielmehr wie ein Sicherungseigentümer lediglich zur abgesonderten Befriedigung berechtigt.[57] 22

Nach erfolgtem Rücktritt vom Vertrag durch den Verkäufer hat auch der Insolvenzverwalter die aus § 346 BGB folgenden Rechte, insb. auf **Rückzahlung** bereits vom Schuldner **geleisteter Ratenzahlungen**. Gegen diesen Anspruch kann der Vorbehaltsverkäufer jedoch mit seiner Forderung wegen Nichterfüllung nach § 103 Abs. 2 Satz 1 aufrechnen.[58] 23

Hatte der Schuldner vor Eröffnung des Insolvenzverfahrens sein **Anwartschaftsrecht** auf einen Dritten **übertragen** (weitergeleiteter Eigentumsvorbehalt), hat dieser mit Ablehnung der Erfüllung des Vertrages durch den Insolvenzverwalter ein Ablösungsrecht nach § 268 Abs. 1 BGB analog.[59] Wurde das Anwartschaftsrecht zu Sicherungszwecken übertragen, realisiert sich mit vollständiger Kaufpreiszahlung durch den Sicherungsnehmer die aufschiebend bedingte Übereignung an den Schuldner. Der Sicherungsnehmer hat sodann ein Absonderungsrecht nach § 52 Nr. 1 an dem zur Insolvenzmasse gehörenden Kaufgegenstand.[60] Hierin ist auch kein Verstoß gegen die Vorschrift des § 91 Abs. 1 zu erblicken. Denn die Vorschrift des § 107 Abs. 1 könnte keinerlei Rechtswirkung entfalten, wenn ein Vollrechtserwerb durch § 91 Abs. 1 verhindert würde.[61] Wer letztlich Inhaber des vor Insolvenzeröffnung entstandenen insolvenzfesten Anwartschaftsrechtes ist, ist unerheblich. 24

§ 108 Fortbestehen bestimmter Schuldverhältnisse

(1) Miet- und Pachtverhältnisse des Schuldners über unbewegliche Gegenstände oder Räume sowie Dienstverhältnisse des Schuldners bestehen mit Wirkung für die Insolvenzmasse fort. Dies gilt auch für Miet- und Pachtverhältnisse, die der Schuldner als Vermieter oder Verpächter eingegangen war und die sonstige Gegenstände betreffen, die einem Dritten, der ihre Anschaffung oder Herstellung finanziert hat, zur Sicherheit übertragen wurden.

(2) Ein vom Schuldner als Darlehensgeber eingegangenes Darlehensverhältnis besteht mit Wirkung für die Masse fort, soweit dem Darlehensnehmer der geschuldete Gegenstand zur Verfügung gestellt wurde.

(3) Ansprüche für die Zeit vor der Eröffnung des Insolvenzverfahrens kann der andere Teil nur als Insolvenzgläubiger geltend machen.

Gottwald § 43 Rn. 7; MüKo-InsO/*Huber* § 103 Rn. 177; HK-InsO/*Marotzke* Rn. 20; MüKo-InsO/*Ott/Vuia* Rn. 23; Kübler/Prütting/Bork/*Tintelnot* Rn. 14; FK-InsO/*Wegener* Rn. 30; a.A. aber widersprüchlich Uhlenbruck/*Wegener* Rn. 16 und Rn. 11.

55 BGH 02.02.1984, IX ZR 8/83, NJW 1984, 1184.
56 FA-InsR/*Wagner* Kap. 5 Rn. 86.
57 BGH 27.03.2008, IX ZR 220/05, BGHZ 176, 86 ff.
58 Gottwald/*Huber* § 36 Rn. 21; FA-InsR/*Wagner* Kap. 5 Rn. 86.
59 Kübler/Prütting/Bork/*Tintelnot* Rn. 15; FA-InsR/*Wagner* Kap. 5 Rn. 93.
60 Gottwald/*Huber* § 36 Rn. 23.
61 MüKo-InsO/*Breuer* § 91 Rn. 22; Kübler/Prütting/Bork/*Lüke* § 91 Rn. 21.

§ 108 InsO Fortbestehen bestimmter Schuldverhältnisse

Übersicht

	Rdn.		Rdn.
A. **Normzweck**	1	III. Miet- oder Pachtverhältnisse über sonstige Gegenstände	16
B. **Voraussetzungen**	7	IV. Darlehensverträge	19
I. Miet- oder Pachtverhältnisse über unbewegliche Gegenstände oder Räume	7	C. **Rechtsfolgen**	20
II. Dienstverhältnisse	15	D. **Verhältnis zu anderen Vorschriften**	32

A. Normzweck

1 Aus der Vorschrift des § 108 Abs. 1 folgt, dass bei Miet- und Pachtverhältnissen des Schuldners über Grundstücke und andere unbewegliche Sachen oder über Räume sowie bei Dienstverhältnissen des Schuldners das Wahlrecht des Insolvenzverwalters nach § 103 **nicht anwendbar** ist.[1] Auf welcher Seite des Vertrages der Schuldner steht, ist unerheblich.[2] Gleiches gilt bei Nutzungsverhältnissen über zur Sicherung übertragene bewegliche Gegenstände im Insolvenzverfahren des Vermieters oder Verpächters. Stattdessen gelten besonders normierte Kündigungs- und Rücktrittsrechte (vgl. §§ 109, 113). Die genannten Verträge bestehen somit zu Lasten der Masse über den Zeitpunkt der Eröffnung des Insolvenzverfahrens hinaus.[3] Der vom Gesetzgeber gewählte Weg entspricht dabei im Wesentlichen den Regelung in den früheren §§ 19 bis 22 KO, § 51 VerglO und § 9 Abs. 2, 3 Satz 1 GesO. Für Miet- oder Pachtverhältnisse über bewegliche Sachen und Rechte bleibt es bei der in § 103 normierten Regel, es sei denn der Schuldner ist Vermieter oder Verpächter eines an einen Dritten, der die Anschaffungskosten finanziert hat, zur Sicherung von dessen Darlehensrückzahlungsanspruch übereigneten Gegenstandes. Die Vorschrift des § 108 kann nicht abbedungen werden.[4] Durch die aus der Regelung des § 108 resultierenden Masseverbindlichkeiten nach § 55 Abs. 1 Nr. 2 wird die Insolvenzmasse in der Praxis zum Teil erheblich belastet.

2 Die Vorschrift dient in der Insolvenz des Mieters/Pächters zum einen dazu, dass der Masse zur Nutzung überlassene unbewegliche Gegenstände oder Räume nicht entzogen werden können, obwohl sie zur Betriebsfortführung oder -sanierung benötigt werden. Zum anderen sichert die Vorschrift dem Vermieter/Verpächter grds. das geschuldete Nutzungsentgelt über den Zeitpunkt der Verfahrenseröffnung hinaus.

3 Die Vorschrift des **§ 108 Abs. 1 Satz 2** wurde durch den Gesetzgeber aufgenommen, weil durch die Erfüllungsablehnung durch den Insolvenzverwalter Vorausabtretungen der Gegenleistung aus Nutzungsüberlassungsverträgen gegenstandslos geworden wären. Solche Vorausverfügungen sind jedoch in der Leasingbranche ein übliches Mittel der Refinanzierung. Somit hätte die Einführung des Erfüllungswahlrechtes für solche Verträge erhebliche wirtschaftliche Auswirkungen auf das Leasinggeschäft gehabt. Durch die Fortführung solcher Verträge in der Insolvenz bleiben die Vorausabtretungen der Miete/Pacht/Leasingraten durch den Leasinggeber an das refinanzierende Kreditinstitut werthaltig.[5]

4 Ist der Schuldner der Mieter oder Pächter des Gegenstandes, wird das Fortbestehen des Miet- oder Pachtverhältnisses durch ein Recht des Insolvenzverwalters zur **außerordentlichen Kündigung** flankiert (siehe § 109).

5 Der heutige Abs. 2 wurde durch das Gesetz zur Vereinfachung des Insolvenzverfahrens vom 13. April 2007 eingeführt. Die Vorschrift des § 108 Abs. 2 ist gem. Art. 103c Abs. 1 Satz 1 EGInsO auf Insolvenzverfahren anwendbar, die nach dem 1. Juli 2007 eröffnet wurden. Da die Vorschrift des § 108 seither auch Regelungen über Darlehensverträge enthält, war es erforderlich die amtliche Überschrift redaktionell zu ändern. Hintergrund der Gesetzesänderung war die Uneinigkeit im

---

1 BGH 05.07.2007, IX ZR 185/06, BGHZ 173, 116.
2 FK-InsO/*Wegener* Rn. 10.
3 BT-Drucks. 12/2443, 146.
4 Mohrbutter/Ringstmeier/*Homann* § 7 Rn. 67.
5 MüKo-InsO/*Eckert* Rn. 7.

Schrifttum zu der Frage, ob § 103 auf Darlehensverträge anwendbar ist, wenn der Darlehensgeber die Darlehensvaluta vor Eröffnung des Insolvenzverfahrens ausbezahlt hat. Durch den neuen Abs. 2 wird diese Rechtsunsicherheit beseitigt, die am Kapitalmarkt bereits zu Risikoaufschlägen geführt und die Finanzierungskosten in Deutschland unnötig erhöht hat. Darüber hinaus sollte es einem Insolvenzverwalter über das Vermögen eines Kreditinstitutes nicht möglich sein, zahlreiche Darlehensverträge ad hoc zu beenden und so einige Darlehensnehmer selbst in Zahlungsschwierigkeiten zu bringen.[6]

In Absatz 3 stellt der Gesetzgeber klar, dass die Ansprüche des anderen Vertragsteils aus den von § 108 erfassten Verträgen für die Zeit vor Eröffnung des Insolvenzverfahrens nur als **Insolvenzforderungen** geltend gemacht werden können. Hierdurch soll die Masse davor geschützt werden an den Vertragspartner Gegenleistungen für vorinsolvenzlich an den Schuldner erbrachte Leistungen erbringen zu müssen.[7] 6

B. Voraussetzungen

I. Miet- oder Pachtverhältnisse über unbewegliche Gegenstände oder Räume

Die Vorschrift des § 108 Abs. 1 betrifft bei Eröffnung des Insolvenzverfahrens bestehende Miet- oder Pachtverträge (§§ 535, 581 BGB) über unbewegliche Gegenstände, bei denen der Schuldner Vertragspartner ist. Miet- und Pachtverhältnisse sind schuldrechtliche, **entgeltliche Gebrauchsüberlassungsverträge**.[8] Die Regel des § 108 betrifft nicht nur Haupt(miet)verträge, sondern auch Untermietverhältnisse, oder Weitervermietungsverträge.[9] Auf mit dem Miet- oder Pachtgegenstand im Zusammenhang stehende Vertragsverhältnisse, etwa mit Versorgungsunternehmen oder Versicherungsgesellschaften, ist der Anwendungsbereich des § 108 indes nicht erstreckt. Dingliche Nutzungsrechte, wie beschränkt persönliche Dienstbarkeiten oder Erbbaurechtsverträge, fallen ebenfalls nicht in den Anwendungsbereich der Norm.[10] Sind die Versorgungsleistungen oder der Versicherungsschutz vertragliche Nebenpflichten zum Miet- oder Pachtvertrag, hat der Insolvenzverwalter, ggf. unter Begründung von Masseverbindlichkeiten, für deren Einhaltung zu sorgen.[11] Von § 108 erfasst werden auch Verträge, die der starke vorläufige Insolvenzverwalter eingegangen ist oder die der Schuldner mit Zustimmung des schwachen vorläufigen Verwalters abgeschlossen hat. 7

Nicht erforderlich ist, dass der vermietete oder verpachtete Gegenstand **Bestandteil der Insolvenzmasse** ist.[12] Nach anderer Auffassung muss der Vertragsgegenstand zur Insolvenzmasse gehören bzw. der Masse mindestens ein Nutzungsrecht zustehen, da der Insolvenzverwalter sonst unter Umständen eine subjektiv unmögliche Leistung schuldet und Schadensersatzansprüche in Form von Masseverbindlichkeiten anfallen.[13] Relevant wird diese Unterscheidung bei vom Schuldner an einen Dritten überlassenen Gegenständen, an denen Aussonderungsrechte von Insolvenzgläubigern gegenüber dem Schuldner bestehen. 8

Praktisches Beispiel ist die **Untervermietung** von Räumen oder Gebäuden. Wurde die Laufzeit des Untermietvertrages nicht vom Bestand des Hauptmietvertrages abhängig gemacht, wobei für Mietverhältnisse über Wohnraum § 572 Abs. 2 BGB zu beachten ist, kann der Insolvenzverwalter bei Anwendbarkeit von § 108 auf das Untermietverhältnis auch nach dem Ende des Hauptmietverhält- 9

---

6 BT-Drucks. 16/3227, 19.
7 Uhlenbruck/*Wegener* Rn. 42.
8 Palandt/*Weidenkaff*, Einf. v. § 535 BGB Rn. 2.
9 Mohrbutter/Ringstmeier/*Homann* § 7 Rn. 70; MüKo-InsO/*Eckert* 26; Kübler/Prütting/Bork/*Tintelnot* Rn. 6.
10 BGH 20.10.2005, IX ZR 145/04, NZI 2006, 97; BGH 07.04.2011, V ZB 11/10, NZI 2011, 443 (445).
11 Mohrbutter/Ringstmeier/*Homann* § 7 Rn. 72.
12 HambK-InsR/*Ahrendt* Rn. 4; Gottwald/*Huber* § 37 Rn. 5; Kübler/Prütting/Bork/*Tintelnot* Rn. 16b; a.A. HK-InsO/*Marotzke* Rn. 24; MüKo-InsO/*Hefermehl* § 55 Rn. 152.
13 HK-InsO/*Marotzke* Rn. 24 f.

nisses die Erfüllung nicht nach § 103 ablehnen. Vielmehr muss der Insolvenzverwalter das Untermietverhältnis im Hinblick auf ein endendes Hauptmietverhältnis unverzüglich kündigen, wenn es sich nicht um eine gewerbliche Weitervermietung nach § 565 BGB handelt. Bis zum Ablauf der Kündigungsfrist schuldet die Masse dem Untermieter die Gebrauchsüberlassung. Ist die Kündigungsfrist des Untermietverhältnisses länger als die des Hauptmietverhältnisses, ist der Insolvenzverwalter zunächst an der Herausgabe des Mietgegenstandes gegenüber dem Vermieter gehindert. Der Vermieter kann in diesem Fall vom Untermieter jedoch direkt die Herausgabe des Mietgegenstandes gem. § 546 Abs. 2 BGB verlangen. Die Schadensersatzforderung des Untermieters gegen den Hauptmieter wegen des Rechtsmangels gem. §§ 536 Abs. 3, 536a Abs. 1 BGB ist wiederum nur Insolvenzforderung.[14] Denn es realisiert sich für den Untermieter lediglich das bereits im Zeitpunkt der Eröffnung des Verfahrens bestehende typische Insolvenzrisiko seines Vertragspartners. Zur Vermeidung möglicher unbilliger Masseverbindlichkeiten als ungeschriebenes Tatbestandsmerkmal zu fordern, der zur Nutzung überlassene Gegenstand müsse massezugehörig sein, überzeugt deshalb nicht. Etwas anderes gilt dann, wenn der Insolvenzverwalter des Hauptmieters nach Kenntnis des endenden Hauptmietverhältnisses nicht unverzüglich das Untermietverhältnis kündigt. Aus diesem Unterlassen folgende Schäden kann der Untermieter gem. § 55 Abs. 1 Nr. 2 als Masseverbindlichkeit geltend machen. Nach anderer Auffassung ist danach zu differenzieren, ob das Hauptmietverhältnis durch Kündigung des Insolvenzverwalters oder einvernehmliche Aufhebung beendet worden ist. Geht die Beendigung des Hauptmietverhältnisses auch auf den Insolvenzverwalter des Hauptmieters zurück, wird der Schadensersatzanspruch des Untermieters zum Teil als Masseverbindlichkeit gem. § 55 Abs. 1 Nr. 1 gewertet.[15] Wurde das Untermietverhältnis unter Ausschluss der ordentlichen Kündigungsfristen gem. § 542 Abs. 2 BGB für eine bestimmte Zeit geschlossen, soll der Insolvenzverwalter des Hauptmieters das Untermietverhältnis analog § 111 InsO, § 57a ZVG nach den gesetzlichen Kündigungsfristen beenden können.[16] Für diese Analogie fehlt es aber bereits an einer planwidrigen Regelungslücke. Denn der Vermieter kann die Mietsache gem. § 546 Abs. 2 BGB direkt vom Untermieter herausverlangen. Ein dem Untermieter hieraus entstehender Schaden ist grds. Insolvenzforderung, weil sich lediglich das Insolvenzrisiko seines Vertragspartners realisiert.

10 Zieht der (starke vorläufige) Insolvenzverwalter, der für das Insolvenzverfahren über das Vermögen des **Zwischenmieters** bestellt worden ist, die Miete von dem Endmieter ein, so ist er verpflichtet, die vereinnahmte Miete in der geschuldeten Höhe an den Hauptvermieter weiterzuleiten. Erklärt der Verwalter dennoch, er werde die Miete nicht weiterleiten, so ist der Hauptvermieter zur fristlosen Kündigung des Zwischenmietverhältnisses berechtigt, auch wenn ein Zahlungsrückstand i.S.d. § 543 Abs. 2 Nr. 3 BGB noch nicht entstanden ist.[17]

11 **Leasingverträge** über unbewegliche Gegenstände oder sonstige typengemischte Verträge fallen unter § 108, wenn der mietvertragliche Charakter überwiegt, es sich also nicht um einen Ratenkauf handelt.[18] Bei Sale & Lease Back Geschäften dürfte regelmäßig der mietvertragliche Charakter überwiegen.[19] Denn der Erwerb des Gegenstandes steht gerade nicht im Vordergrund, weil der Gegenstand zuvor vom Leasingnehmer an den Leasinggeber veräußert wurde. Diese Gestaltungen wurden vielfach gewählt um mit dem Auseinanderfallen von sog. wirtschaftlichen und rechtlichen Eigentum eine, inzwischen geschlossene, Lücke im US-amerikanischen Steuerrecht auszunutzen. Vielfach haben sich auch Kommunen an solchen Geschäften beteiligt, weil Investitionen in öffentliche Einrichtungen haushaltstechnisch schwieriger zu bewerkstelligen sind, als laufende Nutzungsaufwendun-

---

14 In diesem Sinne unter Geltung der KO BGH 15.04.1955, V ZR 22/54, BGHZ 17, 127 ff. So im Ergebnis auch MüKo-InsO/*Hefermehl* § 55 Rn. 152. AA FA-InsR/*Wagner* Kap 5 Rn. 115.
15 So MüKo-InsO/*Eckert* Rn. 78; *Marotzke* ZInsO 2007, 1 (6); Uhlenbruck/*Wegener* Rn. 26; a.A. Kübler/Prütting/Bork/*Tintelnot* Rn. 16b.
16 FA-InsR/*Wagner* Kap 5 Rn. 116.
17 BGH 09.03.2005, VIII ZR 394/03, NJW 2005, 2552; 24.01.2008, IX ZR 201/06, NJW 2008, 1442.
18 MüKo-InsO/*Eckert* Rn. 28 ff.; Mohrbutter/Ringstmeier/*Homann* § 7 Rn. 73; Uhlenbruck/*Wegener* Rn. 13.
19 BGH 25.04.2013, IX ZR 62/12, ZIP 2013, 1082.

gen. Die Investitionen wurden deshalb vom Leasinggeber übernommen, der sie dann im Wege der Leasingraten auf den Träger der öffentlichen Einrichtung umlegt.

Unbeweglich sind gem. § 49 Gegenstände, die der Zwangsvollstreckung in das unbewegliche Vermögen unterliegen. Hierzu zählen Grundstücke, mithin abgegrenzte Teile der Erdoberfläche, die im Bestandsverzeichnis eines Grundbuchblattes unter einer bestimmten Nummer eingetragen oder gem. § 3 GBO gebucht sind, sowie deren Bestandteile und gem. § 864 Abs. 2 ZPO Bruchteile eines Grundstückes.[20] Den Grundstücken rechtlich gleichgestellt sind das Erbbaurecht, das Wohnungseigentum, das dingliche Nutzungsrecht im Beitrittsgebiet gem. Art. 233 EGBGB § 4 Abs. 1 Satz 1 und die sich nach Landesrecht richtenden Immobiliarrechte.[21] Erfasst werden gem. § 864 Abs. 1 ZPO auch die im Schiffsregister eingetragenen oder eintragbaren Schiffe und Schiffsbauwerke.[22] Nach allgemeiner Auffassung fallen gem. §§ 864 Abs. 1, 870a ZPO, §§ 47, 99 Abs. 1 Gesetz über Rechte an Luftfahrzeugen auch in die Luftfahrzeugrolle eingetragene Luftfahrzeuge hierunter.[23] Ist die Eintragung dort wieder gelöscht, genügt auch die Eintragung in das Register für Pfandrechte an Luftfahrzeugen.[24] 12

Räume sind alle umbauten Flächen, die Teil eines Gebäudes sind und in denen sich Menschen aufhalten können. 13

Ob der Mietvertrag bereits **vollzogen** wurde oder nicht, ist in der Insolvenz des Mieters unerheblich.[25] In der Insolvenz des Vermieters ist der Anwendungsbereich des § 108 analog § 108 Abs. 2 Hs. 2 nur eröffnet, wenn die Mietsache im Zeitpunkt der Eröffnung des Insolvenzverfahrens dem Mieter bereits überlassen worden ist.[26] Ist dem Mieter der gemietete Gegenstand durch den insolventen Vermieter noch nicht überlassen worden, liegt i.d.R. ein beiderseits nicht vollständig erfüllter gegenseitiger Vertrag vor. Das Schicksal des Vertrages in der Insolvenz des Vermieters richtet sich somit nach § 103. 14

II. Dienstverhältnisse

Hierunter versteht man Dauerschuldverhältnisse zwischen einem Dienstberechtigten und einem Dienstverpflichteten.[27] 15

III. Miet- oder Pachtverhältnisse über sonstige Gegenstände

Miet- oder Pachtverhältnisse über bewegliche Sachen oder Rechte fallen grds. nicht in den Anwendungsbereich des § 108. Dementsprechend richtet sich auch die Unternehmenspacht nicht nach dieser Vorschrift, es sei denn, die entgeltliche Nutzungsüberlassung eines unbeweglichen Gegenstandes ist wesentliche Grundlage des Vertrages.[28] Etwas andere gilt allerdings gem. **Abs. 1 Satz 2**, wenn der Schuldner Vermieter oder Verpächter ist und der bewegliche Gegenstand oder das Recht vom Schuldner an einen Dritten zur Sicherheit übertragen wurde, der dessen Anschaffung oder Herstellung finanziert hat. In diesem Fall richtet sich die Beurteilung des Miet- oder Pachtvertrages in der Insolvenz des Vermieters/Verpächters nicht nach § 103, sondern nach § 108. Ausgehend von Wortlaut und Schutzzweck der Norm richten sich die Rechtsfolgen für den Vertrag in der Insolvenz dann nicht nach § 108, sondern nach der Regelvorschrift des § 103, wenn das Finanzierungsdarlehen im 16

---

20 Palandt/*Heinrichs/Ellenberger* Überbl. v. § 90 BGB Rn. 3.
21 Palandt/*Heinrichs/Ellenberger* Überbl. v. § 90 BGB Rn. 3.
22 Mohrbutter/Ringstmeier/*Homann* § 7 Rn. 70.
23 Vgl. statt vieler Leonhardt/Smid/Zeuner/*Zeuner* Rn. 4; a.A. *Bornholdt* Leasingnehmer und refinanzierende Bank in der Insolvenz des Leasinggebers nach der Insolvenzordnung, 1998, 160 f.
24 BT-Drucks. 12/2443, 147.
25 Nerlich/Römermann/*Balthasar* Rn. 9; HK-InsO/*Marotzke* Rn. 4.
26 BGH 05.07.2007, IX ZR 185/06, BGHZ 173, 116, Rn. 13.
27 Palandt/*Weidenkaff* Einl. v. § 611 BGB Rn. 2.
28 MüKo-InsO/*Eckert* Rn. 44; Kübler/Prütting/Bork/*Tintelnot* Rn. 13.

Zeitpunkt der Eröffnung des Insolvenzverfahrens bereits getilgt und das Sicherungsgut rückübertragen worden ist.[29] Wird, wie in der Kreditpraxis üblich, die Refinanzierung mehrerer Leasingverträge über ein Konto des Leasinggebers abgewickelt, können sich allerdings Zuordnungsprobleme ergeben. Um nicht in Nachweisschwierigkeiten bei der Dokumentation der Finanzierung zu geraten, empfiehlt es sich für die finanzierenden Banken, separate Finanzierungs(unter)konten zu führen.[30] Hat der Leasinggeber/Vermieter/Verpächter die Anschaffung oder Herstellung des Leasinggutes selbst ganz oder zu einem wesentlichen Teil ohne Fremdmittel finanziert, ist § 108 Abs. 1 Satz 2 nicht anwendbar.[31] Eine nachträgliche Sicherungsübereignung des überlassenen Gegenstandes im Rahmen einer sonstigen nachträglichen Kreditgewährung führt nicht zur Anwendbarkeit des § 108 Abs. 1 Satz 2.[32] Bei einem Wechsel in der Person des Refinanzierers, etwa durch eine Übertragung des Kreditengagements, bleibt es hingegen bei den Rechtsfolgen des § 108 Abs. 1 Satz 2.[33]

17 Beschafft ein Leasinggeber/Vermieter/Verpächter ein bewegliches Leasingobjekt mit Mitteln einer Finanzierungsgesellschaft, der er zur Sicherung von deren Darlehensrückgewähransprüchen das Leasingobjekt übereignet, und überlässt er es anschließend einem (Haupt-)Leasingnehmer/Mieter/Pächter, der den Gegenstand wiederum einem Dritten entgeltlich zur Nutzung überlässt, spricht man von **Doppelstock-Refinanzierung**.[34] In diesem Fall richtet sich der Vertrag zwischen (Haupt-)Leasingnehmer/Mieter/Pächter und demjenigen, der den Vertragsgegenstand letztlich tatsächlich nutzt nach § 103 mit der Folge, dass gegenseitige Ansprüche nicht durchsetzbar sind. Der Vertrag zwischen (Haupt-)Leasingnehmer/Mieter/Pächter besteht in der Insolvenz des Leasinggebers/Vermieters/Verpächters wegen § 108 Abs. 1 Satz 2 jedoch nach § 108 in jedem Fall fort. Im Falle einer Doppelinsolvenz von Leasinggeber/Vermieter/Verpächter und (Haupt-)Leasingnehmer/Mieter/Pächter können die Rechtsfolgen deshalb für ein und denselben zur Nutzung überlassenen Gegenstand je nach Vertragsbeziehung unterschiedlich zu beurteilen sein. Ausgehend von der Prämisse, dass der (Haupt-)Leasingnehmer/Mieter/Pächter anstatt der entgeltlichen Nutzungsüberlassung an sich im Wege der Doppelstock-Refinanzierung den Vertragsgegenstand auch über eine unmittelbare Finanzierung hätte anschaffen können, soll die Anwendbarkeit des § 108 auch auf den Vertrag mit dem Endnutzer durchschlagen.[35] Für eine solche Erweiterung des Anwendungsbereiches von § 108 Abs. 1 Satz 2 besteht indes auch unter Verweis auf sonst drohende höhere Refinanzierungskosten[36] keine Notwendigkeit. Die Finanzierungsgesellschaft ist durch die insolvenzfeste Sicherungsübereignung ausreichend geschützt. Auch im Falle der Doppelstock-Refinanzierung bleibt es deshalb dabei, dass jeder Vertrag für sich betrachtet wird, ob er in den Anwendungsbereich von § 103 oder § 108 fällt.[37]

18 Sind durch den Vermieter/Verpächter/Leasinggeber **Nebenleistungspflichten** zu erbringen, fließt das Nutzungsentgelt infolge Vorausabtretung aber an das Kreditinstitut, besteht die Gefahr der Masseverkürzung. In den Gesetzgebungsunterlagen ist eine Aufteilung des Vertrages in die nach § 108 zu beurteilenden Hauptleistungspflichten und die sich nach § 103 richtenden Nebenleistungspflichten angedacht.[38] Dem kann nicht gefolgt werden,[39] weil eine solche Vertragsaufspaltung den Vertragsparteien das Festhalten an einem Vertragsrumpf zugunsten eines Dritten, nämlich der finanzieren-

---

29 AA MüKo-InsO/*Eckert* Rn. 47; Uhlenbruck/*Sinz* Rn. 136.
30 *Peters* ZIP 2000, 1759 (1763).
31 *Koch* in Graf von Westphalen, Der Leasingvertrag, 6. Aufl. 2008, Kap. P Rn. 116.
32 MüKo-InsO/*Eckert* Rn. 46; *Peters* ZIP 2000, 1759 (1763).
33 *Peters* ZIP 2000, 1759 (1764).
34 *Zahn* in Graf von Westphalen, Der Leasingvertrag, 6. Aufl. 2008, Kap. Q Rn. 84.
35 *Zahn* in Graf von Westphalen, Der Leasingvertrag, 6. Aufl. 2008, Kap. Q Rn. 84 f.; MüKo-InsO/*Eckert* Rn. 127.
36 So *Zahn* in Graf von Westphalen, Der Leasingvertrag, 6. Aufl. 2008, Kap. Q Rn. 85.
37 Ebenso Kübler/Prütting/Bork/*Tintelnot* Rn. 22.
38 BT-Drucks. 13/4699, 6.
39 Abl. auch *Bornholdt* Leasingnehmer und refinanzierende Bank in der Insolvenz des Leasinggebers nach der Insolvenzordnung, 1999, 176 ff.

den Gesellschaft, oktroyiert, der ihrem übereinstimmenden Willen nicht entsprochen hat. Ein so weitreichender Eingriff in die Vertragsautonomie ist verfassungsrechtlich bedenklich. Das Schicksal des Vertrages ist vielmehr einheitlich und nach dem Schwerpunkt des Vertrages, mithin nach § 108 Abs. 1 Satz 2 zu beantworten.[40] Wegen Aufwendungen der Masse zur Erfüllung der Nebenleistungspflichten hat der Verwalter wiederum einen Anspruch gegen den Zessionar gem. § 812 Abs. 1 Satz 1, 2. Alt BGB. Denn das Kreditinstitut ist insofern bereichert, als die zu Lasten der Masse erbrachten Nebenleistungen verhindern, dass dem Mieter/Pächter/Leasingnehmer die Möglichkeit der Einrede nach § 320 BGB erwächst.[41]

IV. Darlehensverträge

Darlehensverträge, bei denen der Schuldner der Darlehensgeber ist, fallen in den Anwendungsbereich des § 108, wenn das Darlehen ausgezahlt wurde. Der Wortlaut des Vorschrift, der allgemein vom geschuldeten Gegenstand ausgeht, ist aber teleologisch auf das Gelddarlehen gem. §§ 488 ff. BGB zu reduzieren.[42] Die Vorschrift des § 108 Abs. 2 erfasst auch Kontokorrentkredite in der Insolvenz des Darlehensgebers.[43] Zwar lässt § 108 Abs. 2 die Anwendbarkeit des § 116 auf Kontokorrentkredite unberührt.[44] Insoweit handelt es sich im Gesetzesentwurf jedoch lediglich um eine Klarstellung, da § 116 lediglich Regelungen für Kontokorrentkredite in der Insolvenz des Darlehensnehmers trifft.[45] Erforderlich ist, dass es sich um ein verzinsliches Darlehen handelt.[46]

19

C. Rechtsfolgen

Nach Eröffnung des Insolvenzverfahrens entstehende Pflichten aus den von § 108 erfassten Verträgen sind Masseverbindlichkeiten gem. § 55 Abs. 1 Nr. 2. Der Insolvenzverwalter wird Partei des Vertrages. Auf den Inhalt des Vertrages wirkt sich die Eröffnung des Insolvenzverfahrens nicht aus.[47] Für und gegen die Insolvenzmasse bestehen die vertraglichen Hauptleistungs- und Nebenleistungspflichten fort.[48] Wird eine nach Zeitabschnitten, i.d.R. Monaten, bemessene Miete oder Pacht geschuldet und fällt die Eröffnung des Insolvenzverfahrens über das Vermögen des Mieters/Pächters inmitten eines solchen Zeitraumes, ist die Miete/Pacht aufzuteilen und nur für den Zeitraum nach Verfahrenseröffnung Masseverbindlichkeit pro rata.[49] Mit Ausnahme des in § 109 geregelten Sonderkündigungsrechtes bestehen keine insolvenzbedingten außerordentlichen Kündigungsrechte. Der Insolvenzverwalter kann sich auch nicht durch Freigabe der massebefangenen Mietsache den vertraglichen Pflichten entziehen.[50] Ist das Mietverhältnis wesentlich für die Ausübung der selbständigen Tätigkeit des Schuldners, bewirkt die Negativerklärung des Insolvenzverwalters gem. 35 Abs. 2, dass Ansprüche aus dem Mietverhältnis nicht im Insolvenzverfahren, sondern nur gegenüber dem Schuldner geltend gemacht werden können.[51]

20

Durch eine Freigabe des gemieteten/gepachteten Gegenstandes aus dem Insolvenzbeschlag kann der Insolvenzverwalter das Entstehen von Masseverbindlichkeiten nicht verhindern.[52]

21

---

40 BGH 14.12.1989, IX ZR 283/88, BGHZ 109, 368, 374; MüKo-InsO/*Eckert* Rn. 62.
41 *Bien* ZIP 1998, 1017 (1021); *Koch* in Graf von Westphalen, Der Leasingvertrag, 6. Aufl. 2008, Kap. P Rn. 120 f.
42 HK-InsO/*Marotzke* Rn. 63; Kübler/Prütting/Bork/*Tintelnot* Rn. 26c; Uhlenbruck/*Wegener* Rn. 61.
43 MüKo-InsO/*Eckert* Rn. 5; FK-InsO/*Wegener* Rn. 26; a.A. Graf-Schlicker/*Breitenbücher* Rn. 13.
44 So BT-Drucks. 16/3227, 19.
45 Vgl. HK-InsO/*Marotzke* Rn. 59; Kübler/Prütting/Bork/*Tintelnot* Rn. 4c.
46 BT-Drucks. 16/3227, 19; HK-InsO/*Marotzke* Rn. 65.
47 Uhlenbruck/*Wegener* Rn. 15.
48 Uhlenbruck/*Berscheid* Rn. 46.
49 Uhlenbruck/*Wegener* Rn. 43 f.
50 Uhlenbruck/*Wegener* Rn. 19.
51 LG Krefeld 24.02.2010, 2 O 346/09, InsVZ 2010, 305.
52 BGH 02.02.2006, IX ZR 46/05, ZInsO 2006, 326.

22 Aus der Zeit **vor Eröffnung** des Verfahrens resultierende Ansprüche können vom Vertragspartner des Schuldners nur als Insolvenzforderungen geltend gemacht werden (Abs. 3). Etwas anderes gilt gem. § 55 Abs. 2 allerdings grds. dann, wenn die Leistung vor Eröffnung des Insolvenzverfahrens vom starken vorläufigen Insolvenzverwalter entgegengenommen wurde.[53] Werden dagegen Arbeitnehmer von einem starken vorläufigen Insolvenzverwalter mit Verfügungsbefugnis i.S.d. § 22 Abs. 1 vor der Eröffnung des Insolvenzverfahrens zur Arbeitsleistung herangezogen und zahlt ihnen die Bundesagentur für Arbeit für diesen Zeitraum Insolvenzgeld, so können diese nach § 187 SGB III (seit 01.04.2012: § 169 SGB III) übergegangenen Arbeitsentgeltansprüche nicht als Masseverbindlichkeiten i.S.d. § 55 Abs. 2, sondern gem. § 55 Abs. 3 Satz 1 nur als Insolvenzforderungen geltend gemacht werden. Dem Vermieter steht in der Insolvenz des Mieters keine Einrede des unerfüllten Vertrages gem. § 320 BGB zu (vgl. § 103 Rdn. 8).

23 IE kann die **Zuordnung** der einzelnen Ansprüche zu dem Zeitraum vor oder nach Eröffnung einige Schwierigkeiten bereiten. Entscheidend ist grds., ob der Forderung des Vertragspartners eine der Masse nach Eröffnung zufließende Gegenleistung gegenübersteht.

24 Vertragliche **Schadensersatzansprüche**, die auf Schaden stiftendes Ereignis vor Eröffnung des Insolvenzverfahrens zurückgehen, sind nur Insolvenzforderungen, auch wenn der Schaden erst nach Eröffnung eintritt. Wird der Schaden durch die Rücktritts- oder Kündigungserklärung des Insolvenzverwalters und somit rechtlich erst nach Insolvenzeröffnung begründet, handelt es sich aufgrund des Rechtsgedankens der §§ 103 Abs. 2 Satz 1, 105 Satz 2, 108 Abs. 2, 109 Abs. 1 Satz 3, Abs. 2 Satz 2 und 113 Abs. 1 Satz 3 ebenfalls nur um eine Insolvenzforderung, wenn das wirtschaftliche Risiko des Forderungsausfalles und der vorzeitigen insolvenzbedingten Vertragsbeendigung bereits vor Eröffnung des Insolvenzverfahrens angelegt war.[54] Realisiert sich mit der Insolvenz also lediglich das mit dem Vertrag eingegangene wirtschaftliche Risiko, ist von einer Insolvenzforderung auszugehen.

25 Ist bei Leasingverträgen zur Abgeltung einer überdurchschnittlichen Abnutzung des Vertragsgegenstandes eine **Abschlusszahlung** vereinbart, wird durch die Zahlung auch ein Teil der Nutzungsüberlassung vor Verfahrenseröffnung vergütet. Eine vorinsolvenzliche Verschlechterung des Vertragsgegenstandes stellt jedoch gerade das typische Insolvenzrisiko des Leasinggebers dar. Deshalb kann die Abschlusszahlung nur zeitanteilig für die Dauer der Nutzung durch die Masse, Masseschuld sein.[55]

26 **Beispiele** für bloße **Insolvenzforderungen** sind Renovierungs-, Räumungs- und Rückbaupflichten in der Insolvenz des Mieters, es sei denn, sie beruhen auf der Nutzung durch den Insolvenzverwalter.[56] Weitere Beispiele sind Überstundenausgleichsansprüche, Ansprüche auf Urlaubsabgeltung und Lohnansprüche in der Freistellungsphase bei sog. Blockaltersteilzeit sowie im Zeitpunkt der Verfahrenseröffnung rückständige Leasingraten.[57]

27 Der **Herausgabeanspruch** des Vermieters/Verpächters begründet ein Aussonderungsrecht, sofern der Insolvenzverwalter den Vertragsgegenstand in Besitz genommen hat oder die Miet-/Pachtsache für die Masse nutzt.[58]

28 Im Insolvenzverfahren über das Vermögen des Vermieters begründet der Anspruch des Mieters auf Herstellung eines zum vertragsgemäßen Gebrauch geeigneten Zustandes der Mietsache unabhängig davon, ob der **mangelhafte Zustand** vor oder nach Eröffnung des Verfahrens entstanden ist, bei fortdauerndem Mietverhältnis eine Masseschuld.[59]

---

[53] BGH 18.07.2002, IX ZR 195/01, BGHZ 151, 353.
[54] Mohrbutter/Ringstmeier/*Homann* § 7 Rn. 50 ff.
[55] MüKo-InsO/*Eckert* Rn. 165; Uhlenbruck/*Sinz* Rn. 95; a.A. FK-InsO/*Wegener* Rn. 31.
[56] BGH 06.07.2001, IX ZR 327/99, ZIP 2001, 1469.
[57] Mohrbutter/Ringstmeier/*Homann* § 7 Rn. 53; Kübler/Prütting/Bork/*Tintelnot* Rn. 18.
[58] BGH 19.06.2008, IX ZR 84/07, NJW 2008, 2580.
[59] BGH 03.04.2003, IX ZR 163/02, ZInsO 2003, 412.

Betriebskostenguthaben aus einem Abrechnungszeitraum vor Eröffnung des Insolvenzverfahrens 29
stellen in der Insolvenz des Vermieters Insolvenzforderungen dar. Denn der Anspruch des Mieters
auf Rückzahlung des Guthabens wird ratierlich monatlich in Höhe der Vorauszahlung begründet.
Der spätere Zugang der Betriebskostenabrechnung führt lediglich die Fälligkeit des Anspruchs
herbei.[60] Die Pflicht zur Abrechnung über die **Betriebskosten** trifft den Verwalter des insolventen
Vermieters als Masseverbindlichkeit, wenn seit dem Ende des Abrechnungszeitraumes zwölf Monate
vergangen sind (§ 556 Abs. 3 Satz 2 BGB) und dieser Zeitpunkt nach der Eröffnung des Insolvenzverfahrens liegt.[61] Endete das sich an den Abrechnungszeitraum anschließende Abrechnungsjahr bereits vor Verfahrenseröffnung, trifft den Verwalter keine Abrechnungspflicht. Allerdings kann der
Mieter bei nicht erfolgter Abrechung die Betriebskostenvorauszahlungen zurückbehalten (vgl. § 103
Rdn. 3).[62] Für den zum Zeitpunkt der Insolvenzeröffnung laufenden Abrechnungszeitraum hat der
Verwalter eine Abrechung für die Zeit nach Eröffnung vorzunehmen, um hinsichtlich etwaiger Erstattungsansprüche des Mieters eine Unterscheidung zwischen gegen die Masse gerichteten Forderungen und Insolvenzforderungen zu gewährleisten.[63] Hinsichtlich der Masse zustehender Nachzah-
lungsansprüche hat der Verwalter die Ausschlussfrist des § 556 Abs. 3 Satz 3 BGB zu beachten.

In der Insolvenz des Mieters eines unbeweglichen Gegenstandes wird das Recht des Vermieters zu 30
bestimmen, ob eine vor der Eröffnung des Insolvenzverfahrens vertragsgemäß erhaltene **Mietsicherheit** zur Tilgung von Schulden des Mieters aus dem Mietvertrag eingesetzt und welche Schuld aus
dem Mietverhältnis durch Verrechnung getilgt werden soll, nicht beseitigt oder eingeschränkt.[64] Der
Kautionsrückzahlungsanspruch entsteht durch die korrekte Vertragserfüllung (mit Leistung der
Mietsicherheit durch den Mieter) und –abwicklung aufschiebend bedingt vor Verfahrenseröffnung.[65] Eine Sicherungsabtretung des Kautionsrückzahlungsanspruches oder eine Verpfändung
an Dritte scheitert deshalb nicht an § 91 Abs. 1.[66]

Darlehensverträge, die der Schuldner an den Vertragspartner ausgezahlt hat, bestehen mit Wirkung 31
für die Masse fort (Abs. 2). Der Insolvenzverwalter wird somit Partei des Darlehensvertrages. Der
Darlehensnehmer schuldet die Zinsen und die Rückzahlung des Darlehens.[67] Wurde das Darlehen
nur teilweise ausgezahlt wird der Vertrag gem. § 108 Abs. 2 nur insoweit fortgesetzt. Hinsichtlich
der noch nicht ausgekehrten Darlehensvaluta hat der Insolvenzverwalter ein Erfüllungswahlrecht
gem. § 103.[68]

D. Verhältnis zu anderen Vorschriften

Die Vorschrift des § 108 ist lex specialis zu § 103. Bei **gemischten Nutzungsüberlassungsverträgen**, 32
die sowohl unbewegliche, als auch bewegliche Gegenstände betreffen, ist je nach Schwerpunkt des
Vertrages entweder das gesamte Vertragsverhältnis nach § 103 (Schwerpunkt liegt auf den beweglichen Gegenständen) oder nach § 108 (Schwerpunkt liegt auf den unbeweglichen Gegenständen)
zu beurteilen. Eine Aufspaltung des Vertrages könnte zu Schwierigkeiten bei der Aufteilung des Nutzungsentgeltes führen, nämlich immer dann, wenn die Gegenleistung nicht betragsmäßig aufgeteilt
ist.

---

60 AG Berlin-Mitte 18.03.2004, 16 C 401/03, MM 2005, 39; AG Tempelhof-Kreuzberg, 23.07.2007, 11 C
    149/07; AG Halle 03.03.2011, 93 C 2704/10.
61 MüKo-InsO/*Eckert* Rn. 69.
62 *Derleder* NZM 2004, 569 (574); a.A. MüKo-InsO/*Eckert* Rn. 69.
63 BGH 21.12.2006, IX ZR 7/06, ZInsO 2007, 90.
64 OLG Hamburg 24.04.2008, 4 U 152/07, ZMR 2008, 714.
65 LG Berlin 19.06.2006, 62 S. 33/06, Grundeigentum 2006, S. 1481 ff.
66 MüKo-InsO/*Breuer* § 91 Rn. 19;Kübler/Prütting/Bork/*Lüke* § 91 Rn. 18.
67 Uhlenbruck/*Wegener* Rn. 63.
68 Uhlenbruck/*Wegener* Rn. 64.

33 Die Vorschrift des § 55 Abs. 2 durchbricht die Regel des § 108 Abs. 3. Nutzt der starke vorläufige Insolvenzverwalter einen entgeltlich überlassenen Gegenstand i.S.d. § 108, ist das Nutzungsentgelt Masseverbindlichkeit.[69]

34 Steht die **Mietsache im Miteigentum** des Schuldners, ist § 108 nicht anwendbar. Die Auseinandersetzung der in die Insolvenzmasse fallenden Beteiligung richtet sich nach § 84.

§ 109 Schuldner als Mieter oder Pächter

(1) Ein Miet- oder Pachtverhältnis über einen unbeweglichen Gegenstand oder über Räume, das der Schuldner als Mieter oder Pächter eingegangen war, kann der Insolvenzverwalter ohne Rücksicht auf die vereinbarte Vertragsdauer oder einen vereinbarten Ausschluss des Rechts zur ordentlichen Kündigung kündigen; die Kündigungsfrist beträgt drei Monate zum Monatsende, wenn nicht eine kürzere Frist maßgeblich ist. Ist Gegenstand des Mietverhältnisses die Wohnung des Schuldners, so tritt an die Stelle der Kündigung das Recht des Insolvenzverwalters zu erklären, dass Ansprüche, die nach Ablauf der in Satz 1 genannten Frist fällig werden, nicht im Insolvenzverfahren geltend gemacht werden können. Kündigt der Verwalter nach Satz 1 oder gibt er die Erklärung nach Satz 2 ab, so kann der andere Teil wegen der vorzeitigen Beendigung des Vertragsverhältnisses oder wegen der Folgen der Erklärung als Insolvenzgläubiger Schadenersatz verlangen.

(2) Waren dem Schuldner der unbewegliche Gegenstand oder die Räume zur Zeit der Eröffnung des Verfahrens noch nicht überlassen, so kann sowohl der Verwalter als auch der andere Teil vom Vertrag zurücktreten. Tritt der Verwalter zurück, so kann der andere Teil wegen der vorzeitigen Beendigung des Vertragsverhältnisses als Insolvenzgläubiger Schadenersatz verlangen. Jeder Teil hat dem anderen auf dessen Verlangen binnen zwei Wochen zu erklären, ob er vom Vertrag zurücktreten will; unterlässt er dies, so verliert er das Rücktrittsrecht.

Übersicht	Rdn.		Rdn.
A. Normzweck	1	II. Mietverhältnis über Wohnung des Schuldners	18
B. Voraussetzungen	4	III. Schadensersatz als Insolvenzforderung	23
I. Miet- und Pachtverhältnisse über unbewegliche Gegenstände und Räume	4	IV. Mietgegenstand bei Verfahrenseröffnung noch nicht überlassen	25
II. Mietverhältnisse über Wohnung des Schuldners	8	D. Besondere Verfahrensarten	32
C. Rechtsfolgen	12	E. Verhältnis zu anderen Vorschriften	34
I. Mietgegenstand bereits überlassen	12		

A. Normzweck

1 Da die Miet- und Pachtverhältnisse über unbewegliche Gegenstände und Räume in der Insolvenz des Mieters zu Lasten der Masse fortgeführt werden (§ 108), eröffnet die Vorschrift des **§ 109 Abs. 1 Satz 1** dem Insolvenzverwalter über das Vermögen des Mieters/Pächters in Verfahren, die ab dem 1. Januar 2007 eröffnet wurden, ein Sonderkündigungsrecht. In vorher eröffneten Verfahren hat der Insolvenzverwalter lediglich das Recht zur Kündigung innerhalb der gesetzlichen Fristen. Denn die Masse soll nur zeitlich begrenzt mit Mietzinsforderungen belastet werden, wenn durch die Nutzung des überlassenen Gegenstandes keine die Mietansprüche übersteigenden Massezuflüsse erwirtschaftet werden können.[1] Diese Vorschrift korrespondiert mit § 108, der wiederum im Interesse der Vermieter klarstellt, dass die beiderseitigen Ansprüche aus dem Vertrag trotz Eröffnung des Insolvenzverfahrens über das Vermögen des Mieters durchsetzbar bleiben. Zugleich schützt das Regelungssystem der §§ 108 f. den Haftungsverband vor einem nicht vom Insolvenzverwalter beeinflussbaren Zerfall.

---

69 BGH 18.07.2002, IX ZR 195/01, BGHZ 151, 353.
1 BGH 13.03.2013, XII ZR 34/12, ZInsO 2013, 873.

Mit § **109 Abs. 1 Satz 2** wird dem besonderen Schutz der Wohnung gem. Art. 13 GG Rechnung getragen. Der Insolvenzverwalter kann das Wohnraummietverhältnis des Schuldners nicht kündigen. Die Vorschrift des § 109 Abs. 1 Satz 2 schließt gerade nicht nur das Recht des Insolvenzverwalters zur vorzeitigen Kündigung aus. Vielmehr tritt an die Stelle des Rechtes (zur ordentlichen wie außerordentlichen Kündigung) das speziellere und mit Blick auf den grundrechtlichen Schutz der Wohnung mildere Recht zur Enthaftung.[2] Um die Insolvenzmasse vor Belastungen schützen zu können, ohne dem Schuldner die Wohnung zu entziehen, hat der Gesetzgeber mit § 109 Abs. 1 Satz 2 die Freigabe des Mietverhältnisses aus dem Insolvenzbeschlag ermöglicht. Das beiderseitige Recht zum Rücktritt nach § 109 Abs. 2 bei noch nicht überlassenem Wohnraum wird von der Vorschrift des § 109 Abs. 1 Satz 2 weder durch deren Wortlaut noch aufgrund ihrer systematischen Stellung innerhalb des das Sonderkündigungsrecht regelnden Abs. 1 eingeschränkt.[3]

Die Vorschrift des § **109 Abs. 2** geht § 109 Abs. 1 als lex specialis zunächst vor, schließt das Sonderkündigungsrecht des Insolvenzverwalters aber nicht für die Zukunft aus.[4] Erklärt mithin keine der beiden Parteien den Rücktritt vom Vertrag und überlässt der Vermieter/Verpächter/Leasinggeber dem Insolvenzverwalter den unbeweglichen Gegenstand oder die Räume zur Nutzung, so kann der Insolvenzverwalter vorbehaltlich einer zwischenzeitlich zwischen ihm und dem Vermieter/Verpächter/Leasinggeber getroffenen abweichenden Vereinbarung den Gegenstand nach Bedarf für die Masse nutzen und sodann von seinem Sonderkündigungsrecht nach § 109 Abs. 1 Gebrauch machen.[5] Der Vermieter/Verpächter/Leasinggeber des noch nicht vollzogenen Vertrages wird insoweit privilegiert, als auch ihm ein außerordentliches Recht zur Vertragsbeendigung eingeräumt wird.

B. Voraussetzungen

I. Miet- und Pachtverhältnisse über unbewegliche Gegenstände und Räume

Unter § 109 fallen Miet- und Pachtverhältnisse über vom Schuldner gemietete und gepachtete unbewegliche Gegenstände und Räume. Erfasst werden auch Haupt- und Untermietverträge bzw. -pachtverträge. Die Vereinbarung einer festen Miete oder Pacht ist nicht erforderlich. Die Vereinbarung einer Gewinnbeteiligung des Vermieters oder Verpächters (sog. partiarische Miete/Pacht) ist ausreichend.[6] **Leasingverträge** sind unabhängig von der Vereinbarung einer Kaufoption nach § 109 zu beurteilen.[7]

Mietverhältnisse, die ein starker **vorläufiger Insolvenzverwalter** eingegangen ist, fallen wegen des eindeutigen Wortlautes der Vorschrift nicht in den Anwendungsbereich von § 109.[8] Hier obliegt es dem vorläufigen Insolvenzverwalter, eine entsprechend kurze Kündigungsfrist zu vereinbaren. Etwas anderes gilt jedoch, wenn die Verwaltungs- und Verfügungsbefugnis nicht auf den vorläufigen Insolvenzverwalter übergegangen ist. Zwar ist richtig, dass auch der schwache vorläufige Insolvenzverwalter bei angeordnetem Zustimmungsvorbehalt letztlich darüber entscheidet, ob und zu welchen Konditionen der Schuldner noch einen Miet-, Pacht- oder Leasingvertrag abschließt. Gleichwohl schließt der Schuldner noch den Vertrag ab und wird Partei. Deshalb ist in diesem Fall das Sonderkündigungsrecht des späteren, nicht notwendigerweise personenidentischen Insolvenzverwalters nach wortlautgetreuer Auslegung des § 109 Abs. 1 gegeben.[9]

---

2 MüKo-InsO/*Eckert* Rn. 51; Kübler/Prütting/Bork/*Tintelnot* Rn. 31; *Horst* ZMR 2007, 167 (173); widersprüchlich FK-InsO/*Wegener* Rn. 3 bzw. Rn. 14.
3 FK-InsO/*Wegener* Rn. 29; a.A. Uhlenbruck/*Wegener* Rn. 29.
4 AA FK-InsO/*Wegener* Rn. 22, der dem Verwalter ein Wahlrecht einräumt.
5 Nerlich/Römermann/*Balthasar* Rn. 3; *Eckert* ZIP 1996, 897, (901); Kübler/Prütting/Bork/*Tintelnot* Rn. 53 ff.; a.A. HK-InsO/*Marotzke* Rn. 32 ff.
6 *Kilger/Schmidt* KO, § 19 Rn. 2.
7 BGH 05.04.1978, VIII ZR 42/77, BGHZ 71, 189.
8 MüKo-InsO/*Eckert* Rn. 9.
9 MüKo-InsO/*Eckert* Rn. 9; Uhlenbruck/*Wegener* Rn. 29; a.A. FK-InsO/*Wegener* Rn. 6.

6   Der **Anwendungsbereich des § 109 Abs. 1** ist eröffnet, sobald dem Schuldner oder dem Insolvenzverwalter über sein Vermögen der Gegenstand vom Vermieter überlassen wurde. Überlassen ist, den Mieter in die Lage zu versetzen, die Sache vertragsgemäß zu gebrauchen.[10] Bei gemieteten Räumen liegt ein Überlassen vor, wenn die Schlüssel übergeben worden sind.[11] Verschafft sich der Mieter die Mietsache im Wege verbotener Eigenmacht gem. § 858 BGB, ist darin keine Überlassung durch den Vermieter zu sehen, weshalb der Anwendungsbereich des § 109 Abs. 2 eröffnet bleibt.[12] Nicht erforderlich ist, dass der Schuldner bei Eröffnung des Insolvenzverfahrens (noch) im Besitz des gemieteten/gepachteten/geleasten Gegenstandes ist.[13] Bei einer vorinsolvenzlichen Räumung und Herausgabe des unbeweglichen Gegenstandes oder der Räume hat der Insolvenzverwalter zu prüfen, ob möglicherweise eine einvernehmliche Vertragsaufhebung vorliegt. Ein Indiz hierfür ist die unmittelbare Anschlussnutzung durch den Vermieter oder einen neuen Mieter.[14] In diesem Fall würden keine Masseverbindlichkeiten mehr entstehen.

7   Wurde der gemietete/gepachtete/geleaste Gegenstand bis zur Eröffnung des Insolvenzverfahrens nicht überlassen, ist § 109 Abs. 2 anwendbar.

II. Mietverhältnisse über Wohnung des Schuldners

8   Unter Wohnraum versteht man jeden zum Wohnen bestimmten Raum und Gebäudeinnenteil, wobei sich wohnen insb. durch die Gelegenheit zum Schlafen, Essen, Kochen und die dauernde private Nutzung i.S.d. Führung eines Haushaltes auszeichnet. **Wohnung** ist dabei die Gesamtheit der zum Wohnen bestimmten Räume, einschließlich der Neben- und Kellerräume.[15]

9   In der Praxis vermischen sich gewerbliche Nutzung und jene zu Wohnzwecken regelmäßig. So betreiben viele Kleinstgewerbetreibende oder auch Freiberufler ihre **selbständige Tätigkeit aus** ihren **privaten Wohnräumen**. Sofern der Schuldner in den gemieteten Räumen auch wohnt, kommt es weder auf den Schwerpunkt der Nutzung an[16] noch ist stets das Recht zur Kündigung gem. § 109 Abs. 1 Satz 1 vorrangig[17]. Wie auch bei Zweitwohnungen hat der Insolvenzverwalter in verfassungskonformer Auslegung vor dem Hintergrund von Art. 13 GG lediglich die Möglichkeit, die Enthaftungserklärung für das Mietverhältnis abzugeben.[18] Dadurch wird die Masse ausreichend vor einer Belastung geschützt.

10 Auf die vom Schuldner gehaltenen Genossenschaftsanteile einer **Wohnungsgenossenschaft** ist die Vorschrift des § 109 Abs. 1 Satz 2 nicht analog anzuwenden.[19] Nach bisherigem Recht hatte der Insolvenzverwalter/Treuhänder deshalb auch diese Beteiligungen zu verwerten. Kündigte daraufhin die Genossenschaft das Wohnraummietverhältnis, konnte sich der Schuldner gegen diese Kündigung im Wege der Feststellungsklage verteidigen, wenn der Insolvenzverwalter/Treuhänder bereits die Enthaftungserklärung nach § 109 Abs. 1 Satz 2 abgegeben hatte. Denn der Schuldner selbst hat sich vertragsgemäß verhalten, insb. seine in diesen Fällen meist mietvertraglich festgelegte Pflicht, Genossenschaftsanteile zu zeichnen, erfüllt. Nach Abgabe der Enthaftungserklärung erstreckt sich die Verwaltungs- und Verfügungsbefugnis des Verwalters gem. § 80 nicht mehr auf das Mietverhältnis. Der Vermieter hat es somit fortan (wieder) mit der Person des sich vertragstreu verhaltenden Schuldners als Vertragspartner zu tun. Es dürfte somit i.d.R. an einem berechtigten Interesse des Vermieters gem. § 573 BGB an der Beendigung des Mietverhältnisses fehlen. Der Schuldner hatte ge-

---

10 BGH 15.11.2006, XII ZR 120/04, NJW 2007, 2394.
11 Soergel/*Mühl* BGB, § 854 Rn. 17; Staudinger/*Emmerich* 13. Aufl., § 566 BGB Rn. 36.
12 FA-InsR/*Wagner* Kap. 5 Rn. 108; FK-InsO/*Wegener* Rn. 26.
13 FK-InsO/*Wegener* Rn. 7.
14 FK-InsO/*Wegener* Rn. 7, 10.
15 Palandt/*Weidenkaff* vor § 535 BGB Rn. 89.
16 So MüKo-InsO/*Eckert* Rn. 49.
17 *In diesem Sinn* FK-InsO/*Wegener* Rn. 15.
18 AA Kübler/Prütting/Bork/*Tintelnot* Rn. 7b.
19 BGH 19.03.2009, IZ ZR 58/08, BGHZ 180, 185.

genüber dem Insolvenzverwalter/Treuhänder auch keinen Anspruch auf Überlassung des Auseinandersetzungsguthabens, soweit er es als Kaution für die von ihm bewohnte Wohnung benötigt.[20]

Seit dem 19.07.2013 ist das **Kündigungsrecht** des Insolvenzverwalters gemäß § 66a GenG jedoch nach § 67c Abs. 1 GenG **ausgeschlossen**, wenn die Mitgliedschaft Voraussetzung für die Nutzung der Wohnung ist und das Geschäftsguthaben des Mitglieds höchstens das Vierfache des auf einen Monat anfallenden Nutzungsentgeltes ohne die als Pauschale oder Vorauszahlung ausgewiesenen Betriebskosten oder höchstens 2.000 € beträgt. Der Gesetzgeber wollte der in der Literatur vertretenen Rechtsauffassung begegnen, dass entgegen der hier vertretenen Ansicht durch den Austritt aus der Genossenschaft doch der Weg zur ordentlichen Kündigung nach den mietrechtlichen Bestimmungen frei wird. Mieter von Genossenschaftswohnungen müssen ebenso effektiv vor dem Verlust ihrer Wohnungen geschützt werden wie andere Mieter.[21]

Abzustellen ist dabei nicht auf die gezeichneten Genossenschaftsanteile, sondern auf das Geschäftsguthaben. Das Geschäftsguthaben ist eine variable Größe und setzt sich aus den Einzahlungen des Mitglieds auf die Geschäftsanteile und etwaigen Gutschriften aus Gewinnanteilen oder Rückvergütungen, vermindert durch Verlustabschreibungen, zusammen. Maßgebend ist hierfür das Geschäftsguthaben des einzelnen Mitgliedes auf der Grundlage der letzten festgestellten Bilanz vor dem Zeitpunkt der Kündigungserklärung.[22] Die Obergrenze von 2.000 € soll dem Schutz der Gläubiger dienen.

Ob die Mitgliedschaft in der Genossenschaft Voraussetzung für die Nutzung der Wohnung des Mitglieds ist, muss im konkreten Einzelfall geprüft werden. Der Schuldner muss die Wohnung zudem selbst zu Wohnzwecken nutzen. Wird die Wohnung nur von Familienangehörigen oder als Zweit- oder Ferienwohnung genutzt, genießt der Schuldner keinen Kündigungsschutz.[23]

Übersteigt das Guthaben des Mitglieds den geschützten Sockelbetrag des 4-fachen Netto-Nutzungsentgeltes oder von 2.000 € ist die Kündigung der Mitgliedschaft gemäß § 67c Abs. 2 GenG auch ausgeschlossen, wenn es durch Kündigung einzelner Geschäftsanteile auf den Sockelbetrag vermindert werden kann. Hierdurch will der Gesetzgeber eine Unterscheidung für Genossenschaftsanteile treffen, die als Kapitalanlage geleistet wurden und denen, die zum Erwerb der Nutzungsberechtigung gezeichnet wurden.[24]

Die Enthaftungserklärung kann **formlos** gegenüber dem Vermieter abgegeben werden, da eine bestimmte Form nicht vorgeschrieben ist.[25] Soweit wegen der Nähe zur Kündigung in entsprechender Anwendung des § 568 Abs. 1 BGB Schriftform der Erklärung gefordert wird, übersehen die Vertreter dieses Ansatzes, dass das Mietverhältnis gerade durch die Enthaftungserklärung nicht beendet wird. Die Erklärung des Insolvenzverwalters bewirkt lediglich, dass der Vertrag zwischen den ursprünglichen Parteien fortgesetzt wird, die schließlich das Vertragsverhältnis miteinander begründet haben.[26] Nicht zu übersehen ist auch die Nähe der Enthaftungserklärung zur Freigabe massebefangener Gegenstände. Nach allgemeiner Ansicht können selbst Grundstücke und grundstücksgleiche Rechte durch formfreie Erklärung des Insolvenzverwalters aus dem Insolvenzbeschlag freigegeben werden. Aus Gründen der späteren Beweisbarkeit empfiehlt sich indes die Schriftform und im Einzelfall auch ein Nachweis des Zugangs bei dem Vermieter, mithin das Versenden per Fax oder Einschreiben. Darüber hinaus empfiehlt sich eine Unterrichtung des Schuldners, damit er seinen Mietzahlungen weiterhin nachkommen kann.

---

20 BGH 02.12.2010, IX ZB 120/10, ZInsO 2011, 93.
21 BT-Drucks. 17/11268, S. 23.
22 BT-Drucks. 17/11268, S. 48.
23 BT-Drucks. 17/11268, S. 48 f.
24 BT-Drucks. 17/11268, S. 47.
25 MüKo-InsO/*Eckert* Rn. 50; a.A. FK-InsO/*Wegener* Rn. 15.
26 *Hain* ZInsO 2007, 192 (196).

C. Rechtsfolgen

I. Mietgegenstand bereits überlassen

12 Die Vorschrift des § 109 räumt dem Insolvenzverwalter des insolventen Mieters/Pächters ein unabdingbares (**Sonder-)Kündigungsrecht** ein.[27] Eine vertragliche Kündigungsfrist ist nur maßgeblich, wenn sie kürzer ist, als die Drei-Monats-Frist gem. § 109 Abs. 1 Satz 1.[28] So können bspw. Mietverträge über von § 108 erfasste Flugzeuge (vgl. § 108 Rdn. 12) gem. § 580a Abs. 3 Nr. 2 BGB mit einer Frist von drei Tagen gekündigt werden. Das Sonderkündigungsrecht kann bis zur Beendigung des Insolvenzverfahrens ausgeübt werden.[29] Nicht erforderlich ist, dass die Mietsache dem Schuldner bereits vor Eröffnung des Insolvenzverfahrens überlassen wurde.[30] Der Gesetzgeber hat das in § 19 KO noch enthaltene Tatbestandsmerkmal in § 109 Abs. 1 Satz 1 gerade nicht übernommen.[31] Formerfordernisse, insb. das Schriftformerfordernis des § 568 Abs. 1 BGB, sind vom Insolvenzverwalter zu beachten.[32] Das Vertragsverhältnis endet mit Ablauf der Kündigungsfrist.[33] Mit dem Ende des Vertrages enden die gegenseitigen vertraglichen Pflichten.

13 Das Sonderkündigungsrecht des § 109 Abs. 1 kann erst mit Eröffnung des Insolvenzverfahrens ausgeübt werden.[34] Das Recht zur Kündigung besteht **bis zur Aufhebung oder Einstellung** des Insolvenzverfahrens in den Grenzen der Verwirkung.[35] Ist dem Vermieter/Verpächter die Unsicherheit zu groß, sollte er versuchen, durch eine entsprechende Vereinbarung mit dem Insolvenzverwalter Rechtssicherheit zu erlangen oder, sofern es sich um ein unbefristetes Vertragsverhältnis handelt, in Erwägung ziehen, die ordentliche Kündigung zu erklären.

14 Wird die **Untervermietung** des Objekts durch die Kündigung des Insolvenzverwalters über das Vermögen des Mieters gegenüber dem Vermieter unmöglich, ist die dem Untermieter gegen die Masse zustehende Schadensersatzforderung lediglich eine Insolvenzforderung.[36]

15 Sind neben dem Schuldner weitere Personen als Mieter/Pächter beteiligt, kann der Insolvenzverwalter des Schuldners gleichwohl den Vertrag gemäß § 109 Abs. 1 Satz 1 kündigen. Die Mitwirkung der übrigen **Mit-Mieter** bei der Ausübung seines Sonderkündigungsrechtes ist nicht erforderlich. Gleichwohl beendet die Kündigung des Insolvenzverwalters den Mietvertrag auch mit Wirkung für die Mitmieter.[37] Die Mit-Mieter haften dem Vermieter deshalb als Gesamtschuldner für den Ersatz des Schadens wegen vorzeitiger Vertragsbeendigung.

16 Bei **Jagdpachtverhältnissen** folgt der Grundsatz der Einzelwirkung aus § 13a BJagdG, wobei auch hierzu vertreten wird, dass die Mit-Pächter ebenfalls ein Recht zur Kündigung haben.[38]

17 Der Insolvenzverwalter hat dem Vermieter das Mietobjekt mit Beendigung des Vertragsverhältnisses zurückzugeben, sofern er es tatsächlich in Besitz genommen hat.[39] Zur Räumung des Grundstückes oder der Räume ist der Verwalter allerdings nicht verpflichtet. Der mietvertragliche **Räumungsanspruch** ist lediglich eine Insolvenzforderung.[40] Vertraglich vereinbarte Renovierungspflichten sind grds. Insolvenzforderungen des Vermieters, sofern der Insolvenzverwalter den Mietgegenstand

---

[27] BGH 17.01.1963, III ZR 154/61, BGHZ 39, 35, 36.
[28] MüKo-InsO/*Eckert* Rn. 84.
[29] OLG Hamm 02.02.1994, BB 1994, 679.
[30] Kübler/Prütting/Bork/*Tintelnot* Rn. 30 f.; FK-InsO/*Wegener* Rn. 3; a.A. HK-InsO/*Marotzke* Rn. 15.
[31] So auch FA-InsR/*Wagner* Kap. 5 Rn. 98.
[32] FA-InsR/*Wagner* Kap. 5 Rn. 110.
[33] BGH 17.01.1963, III ZR 154/61, BGHZ 39, 35, 36.
[34] FK-InsO/*Schmerbach* § 22 Rn. 13.
[35] Ähnlich MüKo-InsO/*Eckert* Rn. 26; a.A. FK-InsO/*Wegener* Rn. 12.
[36] BGH 15.04.1955, V ZR 22/54, BGHZ 17, 127.
[37] BGH 13.03.2013, XII ZR 34/12, ZInsO 2013, 873; a.A. noch A/G/R-*Flöther/Wehner*, 1. Aufl.
[38] FK-InsO/*Wegener* Rn. 17.
[39] BGH 19.06.2008, IX ZR 84/07, NJW 2008, 2580.
[40] BGH 05.07.2001, IX ZR 327/99, BGHZ 148, 252.

nicht weiter nutzt. Nutzt der Insolvenzverwalter die Mietsache noch zugunsten der Masse über einen längeren Zeitraum, ist die Pflicht zur Vornahme von Schönheitsreparaturen (teilweise) Masseverbindlichkeit. Die Darlegungs- und Beweislast für das Vorliegen einer Masseverbindlichkeit trifft den Vermieter.[41] Rückbauverpflichtungen sind Insolvenzforderungen, wenn die bauliche Veränderung bereits vor Eröffnung des Insolvenzverfahrens erfolgt ist und Masseverbindlichkeiten, wenn sie der Insolvenzverwalter zu verantworten hat.[42]

II. Mietverhältnis über Wohnung des Schuldners

1. Auch das Mietverhältnis über die Wohnung des Schuldners wird gem. § 108 zu Lasten der Masse fortgeführt. Nach § 109 Abs. 1 Satz 2 kann der Insolvenzverwalter das Mietverhältnis aus dem Insolvenzbeschlag entlassen (**Enthaftungserklärung**). Hierdurch wird die Masse nach Ablauf von drei Monaten zum Monatsende von der Verpflichtung zur Zahlung der Miete und sonstiger Pflichten aus diesem Vertrag frei.[43] Anschließend obliegt es dem Schuldner, die Miete mit Mitteln seines pfändungsfreien Vermögens zu zahlen, will er eine Kündigung des Wohnraummietvertrages wegen Zahlungsverzuges durch den Vermieter vermeiden. Zu beachten ist, dass der Vermieter bei der Ermittlung des nach § 543 Abs. 2 Nr. 3 BGB zur fristlosen Kündigung berechtigenden Zahlungsrückstandes offene Mietforderungen aus der Zeit vor dem Antrag auf Eröffnung des Insolvenzverfahrens gem. § 112 Nr. 1 nicht berücksichtigen darf.[44] 18

2. Nach gängiger Praxis erwarten die Insolvenzgerichte, dass der Verwalter die **Mietkaution** mit Beendigung des Mietverhältnisses durch den Schuldner oder den Vermieter zur Masse zieht. Vielfach ordnen die Insolvenzgerichte sogar die Aufrechterhaltung der Beschlagnahmewirkung oder die Nachtragsverteilung analog § 203 Abs. 1 Nr. 3[45] hinsichtlich des Kautionsrückzahlungsanspruches gegen den Vermieter bei Aufhebung des Insolvenzverfahrens an. Hierfür spricht zunächst, dass es sich bei dem Anspruch auf Rückzahlung der Kaution um eine im Zeitpunkt der Eröffnung bereits bestehende, aufschiebend bedingte Forderung handelt, die zur Insolvenzmasse gehört.[46] Es wird indes vertreten, dass die Enthaftungserklärung nach § 109 Abs. 1 Satz 2 zugleich die Freigabe der Mietkaution beinhaltet.[47] Hiergegen sprechen die Parallelen zur Behandlung der Mitgliedschaft des Schuldners in einer Wohnungsgenossenschaft in der Insolvenz, wo der BGH zwischenzeitlich i.S.d. Massemehrung entschieden hat.[48] Allerdings bestehen gewisse Unterschiede zwischen Genossenschaftsanteil und Kaution. Der Erwerb von Beteiligungen an Wohnungsgenossenschaften ist grds., je nach Ausgestaltung der Satzung, auch ohne ein korrespondierendes Mietverhältnis möglich, etwa in der Erwartung, bei Freiwerden von Wohnraum in der Zukunft bevorzugt berücksichtigt zu werden. Die Leistung einer Mietkaution steht und fällt indes mit dem Abschluss eines Mietvertrages. Die Mietkaution dient dem Vermieter zur Sicherung seiner Ansprüche aus dem Vertragsverhältnis. Das Schicksal der Kaution ist somit untrennbar mit dem Vertrag verknüpft, für den der Insolvenz- 19

---

41 FA-InsR/*Wagner* Kap. 5 Rn. 117.
42 FA-InsR/*Wagner* Kap. 5 Rn. 117.
43 BGH 19.06.2008, IX ZR 94/07, ZInsO 2008, 808.
44 Ungenau FK-InsO/*Wegener*. Rn. 8, der nicht auf den Eröffnungsantrag, sondern entgegen des Wortlautes von § 112 auf die Eröffnung des Insolvenzverfahrens abstellt; a.A. FA-InsR/*Wagner* Kap. 5 Rn. 113, der nicht begründet, wie er sich über die Vorschrift des § 112 hinwegsetzen will.
45 BGH 01.12.2005, IX ZB 17/04, ZInsO 2006, 33; MüKo-InsO/*Hintzen* § 203 Rn. 15.
46 Bamberger/Roth/*Ehlert* BGB, 2. Aufl. 2007, § 551 Rn. 20; Staudinger/*Emmerich* BGB, 13. Aufl. 2006, § 551 Rn. 4, 26, 32; a.A. Herrlein/Kandelhard/*Schneider* MietR, 3. Aufl. 2007, § 551 Rn. 20.
47 In diesem Sinn AG Göttingen 18.06.2009, 21 C 33/09, ZInsO 2010, 829; AG Mannheim 04.06.2010, 4 C 25/10, ZInsO 2010, 1888 (1889); FK-InsO/*Wegener* Rn. 16; a.A. MüKo-InsO/*Eckert* Rn. 62; *Heinze* ZInsO 2010, 1073; diff. HambK-InsR/*Ahrendt* Rn. 22; Kübler/Prütting/Bork/*Tintelnot* Rn. 20, die zwar grds. von der Massezugehörigkeit der Kaution ausgehen, jedoch eine Ausnahme annehmen wollen, wenn der Schuldner die Kaution zur Anmietung einer neuen Wohnung benötigt. Diese Auffassung dürfte sich allerdings nach der Absage des BGH (02.12.2010, IX ZB 120/10) an eine solche Differenzierung im Zusammenhang mit Anteilen an einer Wohnungsgenossenschaft nicht durchsetzen.
48 BGH 17.09.2009, IX ZR 63/09, ZInsO 2009, 2104.

verwalter regelmäßig die Enthaftung nach § 109 Abs. 1 Satz 2 erklären wird. Deshalb wird vertreten, dass spiegelbildlich mit der Enthaftung der Masse auch die Rechte der Masse aus dem Mietvertrag an den Schuldner fallen müssen und somit die Abgabe der Erklärung nach § 109 Abs. 1 Satz 2 zugleich die Freigabe des Kautionsguthabens enthält. Diese Lösung wird vom Wortlaut des § 109 Abs. 1 Satz 2 gedeckt, wonach (die gegenseitigen [warum nur die des Vermieters?]) Ansprüche, die nach Ablauf der Drei-Monats-Frist fällig werden, also auch der Anspruch auf Auszahlung der Kaution, nicht im Insolvenzverfahren geltend gemacht werden können. Zu bedenken ist indes, dass die Vorschrift des § 109 Abs. 1 Satz 2 verhindern sollte, dass Schuldner ihre Wohnung verlieren, weil der Insolvenzverwalter den Mietvertrag kündigt, um die Kaution zu verwerten. Ausgehend von diesem Schutzzweck ist nicht ersichtlich, weshalb in der Enthaftungserklärung sogleich die Freigabe der Kaution gesehen werden soll, denn wenn es auf Veranlassung des Schuldners oder des Vermieters ohnehin zur Beendigung des Mietverhältnisses kommt, bedarf es keines weiteren Schutzes des Schuldners vor insolvenzbedingter Obdachlosigkeit. Folglich bleibt die Kaution auch nach Erklärung gem. § 109 Abs. 1 Satz 2 vom Insolvenzbeschlag erfasst.

20 Damit bleibt die Frage, ob der Insolvenzverwalter den Vermieter hinsichtlich der Miete für die Zeit nach Eröffnung des Insolvenzverfahrens bis zum Wirksamwerden der Enthaftung auf die Mietkaution verweisen darf. Jedenfalls in den Fällen, in denen die Verfahrenskosten gedeckt sind und ausreichend Liquidität zur Befriedigung sämtlicher Massegläubiger vorhanden ist, ist es dem Insolvenzverwalter verwehrt, den Vermieter statt einer Zahlung aus der Masse die Befriedigung aus der Kaution zu verweisen. Wohl in Unkenntnis der Einordnung der Mietzinsansprüche als Masseverbindlichkeiten gem. §§ 108 f. machen Vermieter und ihre Verfahrensbevollmächtigten in der Praxis ihre Rechte ohnehin nur selten gegen die Insolvenzmasse geltend. Doch selbst wenn die Vermieter häufiger Befriedigung aus der Masse fordern würden, bliebe den Insolvenzverwaltern und Treuhändern häufig nur die Möglichkeit, die **Masseunzulänglichkeit** nach § 208 anzuzeigen. Somit müssen letztlich wirtschaftlich gesehen i.d.R. doch wieder die Schuldner die Mietzahlungen aus ihrem pfändungsfreien Einkommen leisten, wenn sie nicht die nach § 112 wirksame, außerordentliche fristlose Kündigung des Wohnraummietverhältnisses aus wichtigem Grund gem. § 543 Abs. 1, 2 Nr. 3 BGB riskieren wollen. Dieses Ergebnis dürfte zwar praeter legem, aber gleichwohl hinnehmbar sein, weil ohnehin nicht so recht klar wird, warum der Schuldner mindestens drei Monate zu Lasten der Haftungsmasse der Gläubiger wohnen können soll.

20a Ein weiteres Problem, was in diesem Zusammenhang praxisrelevant ist, ist, ob der Vermieter nach Wirksamwerden der Enthaftungserklärung entstehende **Neuverbindlichkeiten** des Schuldners, die der Schuldner nicht bedient hat, mit der Mietkaution aufrechnen darf. Diese Aufrechnung ist allerdings nach § 96 Abs. 1 Nr. 4 InsO unzulässig.[49] Auch ein Absonderungsrecht an Massegegenständen ist nur Insolvenz- oder Massegläubigern vorbehalten. Es dient dagegen nicht zur Absicherung am Verfahren nicht teilnehmender Neuverbindlichkeiten.[50]

21 3. Soweit ersichtlich nicht thematisiert werden die Auswirkungen der in §§ 108 f. getroffenen Regelung auf das **Sozialrecht**. So ist fraglich, ob insb. die Leistungsbescheide nach dem SGB II, die der Sicherung des Lebensunterhaltes dienen, nicht vielfach rechtswidrig sind, denn den Leistungsempfängern werden Mietzuschüsse für Mietzinsen bewilligt, welche die Masse schuldet, der wiederum die in aller Regel unterhalb der Pfändungsfreigrenzen liegenden Leistungen zur Sicherung des Lebensunterhaltes nicht zugutekommen.

22 4. **Betriebskostenerstattungen** sind grundsätzlich Teil der Insolvenzmasse. Eine Unterscheidung nach Zeiträumen bis zum Wirksamwerden der Enthaftungserklärung und danach ist nicht geboten, da gem. § 35 Abs. 1 Hs. 2 das Insolvenzverfahren auch das Vermögen erfasst, das der Schuldner während des Verfahrens erwirbt. Auch eine Betriebskostenerstattung für Zeiträume nach wirksamer Enthaftung des Mietverhältnisses wird somit vom Insolvenzbeschlag erfasst, da es sich um einen Zufluss

---

49 Vgl. *Heinze* ZInsO 2010, 1073 (1077).
50 Jaeger/*Henckel* vor §§ 49–52 Rn. 10.

aus der Vermögenssphäre des Vermieters und damit um Neuerwerb handelt.[51] Eine Aufrechnung von Betriebskostenerstattungen mit Neuverbindlichkeiten des Schuldners ist gemäß § 96 Abs. 1 Nr. 4 InsO unzulässig.[52]

Etwas anderes gilt indes für Betriebskostenerstattungen in Insolvenzverfahren, in denen der Schuldner im Zeitpunkt der Betriebskostenerstattung Leistungen nach dem SGB II bezieht. In diesem Fall ist die Betriebskostenerstattung Einkommen des Insolvenzschuldners im Sinne von § 11 SGB II, das bei der Deckung des Bedarfes zu berücksichtigen ist. Dadurch werden die SGB II-Zuwendungen, die von der Sozialgemeinschaft zu tragen sind, reduziert. Vor diesem Hintergrund unterliegen die Betriebskostenerstattungen in diesem Fall nicht der Pfändung und sind auch nicht als Neuerwerb Teil der Insolvenzmasse.[53]

III. Schadensersatz als Insolvenzforderung

23 Kündigt der Insolvenzverwalter das Miet-, Pacht- oder Leasingverhältnis oder gibt er die gemietete Wohnung des Schuldners nach § 109 Abs. 1 Satz 2 aus dem Insolvenzbeschlag frei, kann der Vermieter/Verpächter/Leasinggeber wegen den Folgen dieser rechtsgestaltenden Erklärung des Insolvenzverwalters Schadensersatz als Insolvenzgläubiger geltend machen und zur Insolvenztabelle anmelden. Das Bestehen eines Schadensersatzanspruches richtet sich nach Bürgerlichem Recht (§§ 280 Abs. 1, Abs. 3 i.V.m. § 281 BGB). Die Vorschrift des § 109 Abs. 1 Satz 3 ist keine selbständige Anspruchsgrundlage.[54] Ein Schaden entsteht dem Vermieter in Höhe des aus der Kündigung bzw. der Freigabeerklärung entstehenden **Mietausfalles** bis zum Ablauf der vertraglichen Kündigungsfrist.[55] Vertragliche Gestaltungen, insb. Vertragsstrafen und Schadenspauschalierungen, aus denen ein über die bis zur ersten (anderweitigen) Kündigungsmöglichkeit anfallenden Mietzinsen hinausgehender Betrag als insolvenzbedingter Schaden vereinbart wird, verstoßen gegen das Regelungssystem der §§ 103 ff.[56] Der Vermieter hat sich jedoch ernsthaft darum zu bemühen, das Objekt wieder zu vermieten/verpachten und dabei den gleichen Mietzins zu erzielen. Anderenfalls muss er sich sein Verhalten, sofern es schuldhaft ist, gem. § 254 BGB anrechnen lassen.[57] Macht der Insolvenzverwalter nicht von seinem Kündigungsrecht Gebrauch, obwohl das Nutzungsentgelt für den genutzten Gegenstand wegen Masseunzulänglichkeit nicht beglichen werden kann, droht seine Haftung nach § 61.

24 Zu beachten ist, dass der Vermieter wegen der Mietzinsforderungen für die Forderungen für das letzte Jahr vor Verfahrenseröffnung gem. § 50 Abs. 2 Satz 1 i.V.m. § 562 Abs. 2 BGB ein **Vermieterpfandrecht** an den eingebrachten Sachen des Mieters erlangt. Die Verwertung der mit dem gesetzlichen Pfandrecht belasteten Gegenstände richtet sich nach §§ 166 ff. Für die Zeit nach Eröffnung des Insolvenzverfahrens gelangt das Vermieterpfandrecht wegen § 91 Abs. 1 nicht zur Entstehung.[58] Wegen der Entschädigung, die infolge einer Kündigung des Insolvenzverwalters zu zahlen ist, kann der Vermieter/Verpächter das Pfandrecht gem. § 50 Abs. 2 Satz 1 nicht geltend machen.

24a In analoger Anwendung von § 50 Abs. 2 Satz 1, 2. Alt. dient auch die Mietkaution dem Vermieter nur für bis zur Verfahrenseröffnung begründete Forderungen oder Masseverbindlichkeiten als Si-

---

51 So auch MüKo-InsO/*Eckert* Rn. 62; a.A. AG Göttingen 18.06.2009, 21 C 33/09, ZInsO 2010, 829; *Hain* ZInsO 2007, 192 (197); FK-InsO/*Wegener* Rn. 16, die im Falle der Abgabe der Enthaftungserklärung vertreten, dass die Betriebskostenerstattung ungeachtet des Zeitraumes, den sie betrifft, vom Schuldner vereinnahmt werden darf.
52 AA *Häsemeyer* Kölner Schrift, 2. Aufl., S. 645, 664 Rn. 51 f., der die Vorschrift des § 96 Abs. 1 Nr. 4 InsO teleologisch reduzieren möchte.
53 BSG 16.10.2012, B 14 AS 188/11 R, NZM 2013, 386 ff.
54 Uhlenbruck/*Wegener* Rn. 10; MüKo-InsO/*Eckert* Rn. 28.
55 FK-InsO/*Wegener*, Rn. 20.
56 MüKo-InsO/*Eckert* Rn. 84; Uhlenbruck/*Wegener* Rn. 12.
57 HambK-InsR/*Ahrendt* Rn. 16.
58 AA FA-InsR/*Wagner* Kap. 5 Rn. 117.

cherheit. Der durch Kündigung oder Enthaftung entstehende Verkürzungsschaden ist jedoch nicht durch die Kaution gesichert.[59]

IV. Mietgegenstand bei Verfahrenseröffnung noch nicht überlassen

25 Waren dem Schuldner der unbewegliche Gegenstand oder die Räume zur Zeit der Eröffnung des Verfahrens noch nicht überlassen, haben der Insolvenzverwalter und der andere Teil ein Recht zum **Rücktritt** vom Vertrag. Die Ausübung des Rücktrittsrechtes erfolgt gem. den allgemeinen Vorschriften, mithin gem. § 349 BGB durch einseitige, empfangsbedürftige Willenserklärung, die unwiderruflich und bedingungsfeindlich ist.[60]

26 Wird eine Vertragspartei von der anderen Vertragspartei **aufgefordert**, sich darüber **zu erklären**, ob sie von ihrem Rücktrittsrecht Gebrauch machen will, bleiben ihr noch zwei Wochen ab Zugang der Aufforderung, das Rücktrittsrecht auszuüben. Mit Ablauf der Zwei-Wochen-Frist verliert die zur Erklärung aufgeforderte Vertragspartei ihr Recht zum Rücktritt. Die Vertragspartei, die die andere auffordert zu erklären, ob sie von ihrem Rücktrittsrecht Gebrauch machen will, erklärt mit der Aufforderung zugleich den Verzicht darauf, vom eigenen Recht zum Rücktritt Gebrauch zu machen, es sei denn sie stellt ausdrücklich klar, dass die Aufforderung keinen Verzicht auf das eigene Recht zum Rücktritt beinhaltet.[61] Wird das Recht zum Rücktritt von keiner der beiden Vertragsparteien ausgeübt oder auf das Recht verzichtet, kann der Insolvenzverwalter, nachdem ihm der Mietgegenstand zur Nutzung überlassen wurde, den Vertrag gem. § 109 Abs. 1 Satz 1 kündigen.[62] Soweit die Länge der Frist kritisiert und ein Gleichlauf mit der Frist des § 107 Abs. 2 gefordert wird,[63] handelt es sich um rechtspolitische Erwägungen, die in Anbetracht des eindeutigen Wortlautes von § 109 Abs. 2 nichts an dessen Zwei-Wochen-Frist zu ändern vermögen.

27 Hat der Vermieter die **Überlassung** der Mietsache **schuldhaft verzögert**, soll ihm kein Recht zum Rücktritt vom Vertrag zustehen.[64] Diese Einschränkung folgt indes weder aus dem Zweck der Vorschrift noch aus dem Wortlaut, denn es soll, auch im Interesse einer Betriebsfortführung, der Haftungsverband erhalten werden. Deshalb hat der Vermieter nach Überlassung des Mietgegenstandes kein Sonderkündigungsrecht. Dient die Sache allerdings der Masse noch nicht, da sie ihr, gleich aus welchem Grund, noch nicht überlassen wurde, besteht keine vergleichbare Schutzlage. Damit kann der Vermieter in den Grenzen des § 242 BGB (Treu und Glauben) von dem Vertrag zurücktreten, wenn er die Sache noch nicht überlassen hat.

28 Ist der Schuldner lediglich ein Mieter desselben Gegenstandes neben anderen, steht dem Insolvenzverwalter entgegen § 351 BGB gleichwohl das alleinige Rücktrittsrecht zu.[65] Das folgt aus dem Telos von § 109, der als Sondervorschrift insoweit vorgeht.[66] Gleiches gilt, wenn der unbewegliche Gegenstand oder die Räume verpachtet oder verleast sind. Wegen des Grundsatzes der Einheitlichkeit des Mietverhältnisses sowie der Unteilbarkeit der Verpflichtung des Vermieters zur Gebrauchsüberlassung kommt einem solchen Rücktritt Gesamtwirkung zu und beendet das Vertragsverhältnis auch für und gegen die **Mit-Mieter** (vgl. Rdn. 15).[67]

---

59 *Heinze* ZInsO 2010, 1073 (1076 f.); a.A. FK-InsO/*Wegener* Rn. 28.
60 FA-InsR/*Wagner* Kap. 5 Rn. 104; FK-InsO/*Wegener* Rn. 28.
61 MüKo-InsO/*Eckert* Rn. 65; a.A. FK-InsO/*Wegener* Rn. 30, der davon ausgeht, dass der zur Erklärung Auffordernde grds. noch zurücktreten, sein später erklärter Rücktritt jedoch gegen § 242 BGB verstoßen kann.
62 *Eckert* ZIP 1996, 897 (899); FA-InsR/*Wagner* Kap 5 Rn. 98; Uhlenbruck/*Wegener* Rn. 35.
63 Kübler/Prütting/Bork/*Tintelnot* Rn. 59.
64 HambK-InsR/*Ahrendt* Rn. 23; MüKo-InsO/*Eckert* Rn. 69.
65 So auch FA-InsR/*Wagner* Kap. 5 Rn. 104.
66 *Dass* Sondervorschriften die Vorschrift des § 351 BGB einschränken können, hat bereits das RG entschieden, vgl. RG 12.06.1936, V 285/35, RGZ 151, 304, 312.
67 BGH 13.03.2013, XII ZR 34/12, ZInsO 2013, 873; a.A. noch A/G/R-*Flöther-Wehner*, 1. Aufl.

Die **Rechtsfolgen des Rücktritts** ergeben sich aus den §§ 346 ff. BGB. Die empfangenen Leistungen sind zurückzugewähren und die gezogenen Nutzungen herauszugeben. 29

Tritt der Verwalter von dem Vertrag zurück, steht dem anderen Teil wegen der vorzeitigen Beendigung des Vertragsverhältnisses ein **Schadensersatzanspruch** als Insolvenzgläubiger zu. Macht der andere Teil von seinem Recht zum Rücktritt Gebrauch, bleibt es ihm wegen § 325 BGB unbenommen, einen etwaigen Schadensersatzanspruch ebenfalls als Insolvenzgläubiger geltend zu machen. Etwas anderes folgt auch nicht aus dem Umkehrschluss von § 109 Abs. 2 Satz 2.[68] Der Wortlaut der Vorschrift ist insoweit ungenau. Übt der Insolvenzverwalter sein Rücktrittsrecht nicht aus, führt das nicht zu seiner persönlichen Haftung bei Masseunzulänglichkeit analog § 61.[69] Denn § 61 bewirkt eine verschuldensunabhängige Haftung des Insolvenzverwalters, die gerechtfertigt sein mag, wenn die Masseverbindlichkeit durch eine Rechtshandlung des Insolvenzverwalters begründet wird. Dem ein (etwa aus Unkenntnis von dem bestehenden Vertragsverhältnis resultierendes) Unterlassen gleichzustellen, mit der Folge der verschuldensunabhängigen persönlichen Haftung, überzeugt nicht. Insoweit liegt keine für eine Analogiebildung erforderliche vergleichbare Interessenlage vor. 30

Eine vom Insolvenzverwalter erklärte »Kündigung« ist nach dem **objektiven Empfängerhorizont** auch als Rücktritt i.S.d. § 109 Abs. 2 zu verstehen, da der Insolvenzverwalter damit klar zum Ausdruck gebracht hat, dass er an dem Vertrag nicht festhalten will. Denkbar ist ein solcher Fall, wenn der Insolvenzverwalter bereits weiß, keine Mietverträge fortführen zu können, aber noch nicht konkret weiß, bei welchen Verträgen der Gegenstand bereits überlassen wurde. 31

D. Besondere Verfahrensarten

Die vorgenannten Rechte des Insolvenzverwalters stehen im Rahmen der Eigenverwaltung dem Schuldner zu (§ 279 Satz 1). Im Verbraucherinsolvenzverfahren gem. §§ 304 ff. obliegen die aus § 109 resultierenden Rechte des Insolvenzverwalters dem Treuhänder (§ 313 Abs. 1). 32

Weder dem starken noch dem schwachen vorläufigen Insolvenzverwalter steht das Sonderkündigungsrecht des § 109 zu.[70] 33

E. Verhältnis zu anderen Vorschriften

Die Vorschrift des § 109 ist lex specialis gegenüber § 594a Abs. 2 BGB. Danach können Pachtverhältnisse über land- und forstwirtschaftlich genutzte Flächen i.S.d. § 585 BGB außerordentlich mit der gesetzlichen Frist nur für den Schluss des Pachtjahres gekündigt werden,[71] denn Schutzzweck der Norm ist es, dem Pächter den Ertrag des Pachtjahres zu sichern. Dem Insolvenzverwalter über das Vermögen des Pächters kann ein solcher Schutz allerdings nicht aufoktroyiert werden. Er selbst muss unter Berücksichtigung des Insolvenzzwecks entscheiden, ob eine Fortführung des Pachtverhältnisses bis zum Ablauf des Pachtjahres sinnvoll ist. 34

Eine Negativerklärung des Verwalters nach § 35 Abs. 2 zerschneidet ex nunc das rechtliche Band zwischen der Insolvenzmasse und der durch den Schuldner ausgeübten selbständigen Tätigkeit.[72] Ist das Mietverhältnis der selbständigen Tätigkeit des Schuldners zuzuordnen, kann der Insolvenzverwalter durch Abgabe der Negativerklärung das Anfallen von Masseverbindlichkeiten durch in dem Kündigungszeitraum des § 109 Abs. 1 Satz 1 anfallende Mietzinsen verhindern. 35

---

68 So aber FA-InsR/ *Wagner* Kap. 5 Rn. 109.
69 So jedoch FA-InsR/ *Wagner* Kap. 5 Rn. 106.
70 MüKo-InsO/ *Eckert* § 112 Rn. 44.
71 AA *Kilger/Schmidt* KO, § 19 Rn. 5.
72 BGH 09.02.2012, IX ZR 75/11, BGHZ 192, 322; vgl. A/G/R-*Ahrens* § 35 Rn. 158.

§ 110 Schuldner als Vermieter oder Verpächter

(1) Hatte der Schuldner als Vermieter oder Verpächter eines unbeweglichen Gegenstands oder von Räumen vor der Eröffnung des Insolvenzverfahrens über die Miet- oder Pachtforderung für die spätere Zeit verfügt, so ist diese Verfügung nur wirksam, soweit sie sich auf die Miete oder Pacht für den zur Zeit der Eröffnung des Verfahrens laufenden Kalendermonat bezieht. Ist die Eröffnung nach dem fünfzehnten Tag des Monats erfolgt, so ist die Verfügung auch für den folgenden Kalendermonat wirksam.

(2) Eine Verfügung im Sinne des Absatzes 1 ist insbesondere die Einziehung der Miete oder Pacht. Einer rechtsgeschäftlichen Verfügung steht eine Verfügung gleich, die im Wege der Zwangsvollstreckung erfolgt.

(3) Der Mieter oder der Pächter kann gegen die Miet- oder Pachtforderungen für den in Absatz 1 bezeichneten Zeitraum eine Forderung aufrechnen, die ihm gegen den Schuldner zusteht. Die §§ 95 und 96 Nr. 2 bis 4 bleiben unberührt.

Übersicht

	Rdn.		Rdn.
A. Normzweck	1	D. Prozessuales	21
B. Voraussetzungen	4	E. Verhältnis zu anderen Vorschriften	22
C. Rechtsfolgen	15		

A. Normzweck

1 Die Vorschrift des § 110 Abs. 1 entspricht im Wesentlichen dem Inhalt des § 21 Abs. 2, 3 KO. Der Geltungsbereich des § 110 hängt im Unterschied zu § 21 Abs. 1 KO indes nicht davon ab, ob der Miet- oder Pachtgegenstand dem Mieter oder Pächter vor der Eröffnung des Insolvenzverfahrens bereits überlassen wurde. Der Gesetzgeber erachtet es als sachgerecht, dem Insolvenzverwalter in jedem Fall die Möglichkeit zu geben, an dem Vertrag festzuhalten, Vorausverfügungen des Schuldners aber als unwirksam zu behandeln.[1] Die Vorschrift des § 110 korrespondiert mit § 108. Auch auf Leasingverträge ist § 110 anwendbar, wenn der mietvertragliche Charakter überwiegt (vgl. § 108 Rdn. 11).

2 Die Vorschrift des § 110 beschränkt nicht die Wirksamkeit von Vorausverfügungen über Mietforderungen, sondern verdrängt in seinem Anwendungsbereich § 91.[2] Mithin begründet § 110 in seinen zeitlichen Grenzen die Wirksamkeit der Vorausabtretung, die nach der allgemeinen Vorschrift des § 91 unwirksam wäre.[3] Die Vorschrift des § 91 Abs. 1 ist aber nicht auf betagte Forderungen anwendbar,[4] denn befristete Forderungen sind in ihrem Bestehen, betagte nur hinsichtlich ihrer Fälligkeit vom Ablauf einer Frist abhängig.[5] Der Anspruch gem. § 535 Abs. 2 BGB auf Entrichtung der Miete entsteht erst zum Anfangstermin des jeweiligen Zeitraumes der Nutzungsüberlassung nach dem er bemessen wird.[6] Leasingraten bei auf bestimmte Zeit abgeschlossenen Leasingverträgen sind wiederum betagte Forderungen, die bereits mit Vertragsschluss entstehen.[7] Folglich sind Vorausverfügungen über betagte Forderungen wie etwa die auf Zahlung von Leasingraten aus auf

---

1 BT-Drucks. 12/2443, 147.
2 BGH 14.12.2006, IX ZR 102/03, BGHZ 170, 196; BGH 17.09.2009, IX ZR 106/08, BGHZ 182, 264; BGH 25.04.2013, IX ZR 62/12, ZIP 2013, 1082 (1084); a.A. *Marotzke* EWiR 2013, 417 (418).
3 BGH 25.04.2013, IX ZR 62/12, ZIP 2013, 1082 (1084), der insoweit aber seiner dogmatischen Einordnung von Sinn und Zweck der Vorschrift des § 110 in BGH 09.06.2005, IX ZR 160/04, BGHZ 163, 201 widerspricht.
4 BGH 20.09.2012, IX ZR 208/11, ZInsO 2013, 42.
5 BGH 17.09.2009, IX ZR 106/08, BGHZ 182, 264, 267.
6 BGH 28.03.1990, VIII ZR 17/89, BGHZ 111, 84, 93 f.; 14.12.2006, IX ZR 102/03, BGHZ 170, 196, 200; 17.09.2009, IX ZR 106/08, BGHZ 182, 264, 267; a.A. *Emmerich* JuS 1990, 845, 846; *Flöther/Bräuer* NZI 2006, 136, 140 f.
7 BGH 28.03.1990, VIII ZR 17/89, BGHZ 111, 84, 94.

bestimmte Zeit abgeschlossenen Leasingverträgen wirksam.[8] Entscheidend für das Ergebnis ist jedoch nicht die Bezeichnung des Vertrages. Indizien für das Vorliegen eines Mietvertrages sind vom den Gebrauch Überlassenden zu tragende Instandsetzungs- und Instandhaltungsaufwendungen und die Übernahme mietrechtlicher Gewährleistungen. Für einen Leasingvertrag sprechen hingegen der Ausschluss des Rechtes zur ordentlichen Kündigung während einer befristeten Grundmietzeit.[9]

Die Vorschrift des § **110 Abs. 3 Satz 1** schränkt § 94 und damit grds. insolvenzfeste Aufrechnungsmöglichkeiten ein.[10] 3

B. Voraussetzungen

Zunächst muss bei Insolvenzeröffnung ein vom **Schuldner als Vermieter**, Verpächter oder nach dem Telos der Vorschrift Leasinggeber (bei überwiegend mietvertraglichem Charakter des Leasingvertrages)[11] abgeschlossener Vertrag vorliegen (vgl. § 108 Rdn. 7). Ausreichend ist auch, wenn der Schuldner den Vertrag zwar nicht selbst abgeschlossen hat, aber wirksam in die Rechtsposition des Vermieters/Verpächters/Leasinggebers als Rechtsnachfolger eingetreten ist. 4

Vertragsgegenstand müssen Grundstücke, andere **unbewegliche Gegenstände** (vgl. § 108 Rdn. 12) oder Räume sein. 5

Unter **Miet- und Pachtzinsen** versteht man alle die Leistung der Vermieters/Pächters abdeckende Gegenleistungen.[12] Deshalb fallen auch vom Mieter durchzuführende Schönheitsreparaturen hierunter.[13] Die Kaution ist nicht Miet- oder Pachtzins im vorgenannten Sinn. 6

Darüber hinaus muss der **Schuldner** im Voraus über die Miet- oder Pachtzinsforderung für eine spätere Zeit als die Eröffnung des Insolvenzverfahrens verfügt haben. **Vorausverfügungen** sind die Einziehung (Abs. 2 Satz 1), die Abtretung, die Nießbrauchbestellung, die Verpfändung, der Erlass gem. § 397 BGB, die Stundung oder sonst eine zeitliche oder örtliche Änderung der Zahlungsart.[14] Unerheblich ist, ob die Verfügung bereits im Mietvertrag oder erst zu einem späteren Zeitpunkt getroffen wurde.[15] Keine Vorausverfügung i.S.d. § 110 liegt vor, wenn und soweit das Nutzungsentgelt für **die gesamte Dauer** der Nutzungsüberlassung als ein fester Betrag bestimmt wurde und zu einem vor der Eröffnung des Insolvenzverfahrens liegenden Zeitpunkt zu entrichten war und gezahlt worden ist.[16] 7

Hat die Zahlung des Nutzungsentgeltes nicht für die gesamte Dauer, sondern für periodische Zeitabschnitte zu erfolgen, handelt es sich um eine Vorausverfügung. Auf die Fälligkeit der Miete/Pacht/Leasingraten kommt es nicht an. Ist die Miete quartalsweise oder jährlich zu zahlen, ist die Vorauszahlung teilweise unwirksam soweit sie Zeiträume nach dem Monat, in dem das Insolvenzverfahren eröffnet wurde, bzw. nach dem Folgemonat betrifft,[17] denn die Vorschrift des § 110 ist nicht auf Vorausverfügungen in Fällen beschränkt, in denen die Miete nach Monaten bemessen wird. Etwas anderes folgt auch nicht aus der Rechtsprechung des BGH[18] zu §§ 57 ff. ZVG, da diese Rechtspre- 8

---

8 BGH 25.04.2013, IX ZR 62/12, ZIP 2013, 1082 (1085); a.A. noch A/G/R-*Flöther/Wehner*, 1. Aufl.
9 BGH 25.04.2013, IX ZR 62/12, ZIP 2013, 1082 (1086).
10 FK-InsO/*Wegener* Rn. 18.
11 So auch MüKo-InsO/*Eckert* Rn. 4.
12 Palandt/*Weidenkaff* § 535 BGB Rn. 70; § 581 BGB Rn. 10.
13 BGH 25.06.1980, VIII ZR 260/79, BGHZ 77, 301; 01.07.1987, VIII ARZ 9/86, BGHZ 101, 253 (261); 06.07.1988, VIII ARZ 1/88, BGHZ 105, 71, 79.
14 *Kilger/Schmidt* KO, § 21 Rn. 4.
15 BGH 11.07.1962, VIII ZR 98/61, BGHZ 37, 346.
16 RG 22.03.1934, IV 399/33, RGZ 144, 194 (196 f.); BGH 11.07.1962, VIII ZR 98/61, BGHZ 37, 346; 05.11.1997, VIII ZR 55/97, NJW 1998, 595.
17 So FK-InsO/*Wegener* Rn. 8.
18 BGH 05.11.1997, VIII ZR 55/97, NJW 1998, 595.

chung nur die Zahlung von Einmalbeträgen für die gesamte Dauer der Nutzung betrifft.[19] **Beispiel:** Das Insolvenzverfahren wird am 1. Juni eröffnet. Die Mietzahlung war ein Jahr im Voraus zu entrichten. Dann ist die Mietzinszahlung für den Zeitraum Juli bis Dezember relativ unwirksam. Der Mieter schuldet dem Insolvenzverwalter pro rata die Miete für die zweite Jahreshälfte, obwohl er sie bereits einmal entrichtet hat. Das mag im Einzelfall eine nicht unerhebliche Härte darstellen. Es realisiert sich jedoch gerade das typische Insolvenzrisiko.

9 Da der Wortlaut der Vorschrift des § 110 Abs. 1 von **Verfügungen des Schuldners** ausgeht, werden auch Vorausverfügungen, die der Schuldner mit Zustimmung des schwachen vorläufigen Insolvenzverwalters getroffen hat, von § 110 erfasst.[20] Vorausverfügungen des starken vorläufigen Verwalters sind dem Schuldner zuzurechnen und fallen deshalb ebenfalls in den Anwendungsbereich des § 110. Etwas anderes ergibt sich auch nicht aus dem Sicherheitsinteresse des vorauszahlenden Mieters bzw. Zessionars, der hierdurch während der Krise die Masse kreditiert,[21] denn wenn die Vorausverfügung über die Miete oder Pacht nicht nach § 110 zu beurteilen und somit immerhin zeitlich beschränkt wirksam ist, würde sie nicht unbeschränkt wirksam, sondern gem. § 91 Abs. 1 für den Zeitraum nach Eröffnung des Insolvenzverfahrens unwirksam sein.[22] Ist der Anwendungsbereich des spezielleren § 110 nicht eröffnet, beurteilen sich die Rechtsfolgen nach § 91 Abs. 1. Lediglich im Falle der Vorausverfügung des starken vorläufigen Insolvenzverwalters über Leasingraten eines auf bestimmte Zeit geschlossenen Leasingvertrages käme man aufgrund des hierauf nicht einschlägigen § 91 Abs. 1 zur Wirksamkeit (vgl. Rdn. 2). Vorausverfügungen des endgültigen Insolvenzverwalters in einem inzwischen eingestellten oder aufgehobenen Verfahren sind dem Schuldner in einem weiteren Insolvenzverfahren zuzurechnen und fallen unter § 110.[23]

10 Eine Verfügung i.S.d. § 110 liegt nicht vor, wenn der Schuldner den **mittelbaren Besitz** an der Miet-/Pachtsache auf einen Dritten überträgt.[24] Ein solches Verhalten wird aber auf seine Anfechtbarkeit nach §§ 129 ff. zu überprüfen sein.

11 Wenn der Mieter dem Vermieter ein **Darlehen** gewährt hat und die Tilgung der Annuitäten durch Aufrechnung mit den Mietzinsansprüchen des Vermieters erfolgen soll, ist § 110 nicht anwendbar.[25] Der Darlehensrückgewähranspruch des Mieters ist Insolvenzforderung. Dem Mieter obliegt es, ab dem Tag der Eröffnung des Insolvenzverfahrens die Miete an die Masse zu zahlen. Dient das Darlehen zweckgebunden der Investition in das Mietobjekt liegt allerdings ein Baukostenzuschuss vor, für den etwas anderes gilt (vgl. Rdn. 18).

12 Maßnahmen der **Zwangsvollstreckung**, wie die Pfändung und Beschlagnahme der Miet- und Pachtzinsen sind rechtsgeschäftlichen Verfügungen gleichgestellt (Abs. 2 Satz 2). Der Begriff der Zwangsvollstreckung umfasst auch die Vollziehung eines Arrestes oder einer einstweiligen Verfügung.[26] Ausgenommen ist indes die Zwangsverwaltung.[27]

13 Im Falle der **Masseunzulänglichkeit** gilt § 110 nicht analog für Vorausverfügungen, die die Zeit nach Anzeige der Masseunzulänglichkeit gem. § 208 betreffen.

14 Jedenfalls eine vergleichbare Interessenlage und wohl auch eine planwidrige Regelungslücke dürften vorliegen, soweit absonderungsberechtigte Gläubiger gem. § 51 Nr. 2 und Nr. 3 ihr **Zurückbehaltungsrecht** an dem Mietzins-/Pachtzinsanspruch der Masse geltend machen. In diesem Fall spricht

---

19 So indes Kübler/Prütting/Bork/*Tintelnot* Rn. 5.
20 So auch MüKo-InsO/*Eckert* Rn. 9; ohne Begründung eine unbeschränkte Wirksamkeit annehmend dagegen FK-InsO/*Wegener* Rn. 14.
21 So jedoch MüKo-InsO/*Eckert* Rn. 9.
22 Dies verkennend MüKo-InsO/*Eckert* Rn. 9; FK-InsO/*Wegener* Rn. 14.
23 MüKo-InsO/*Eckert* Rn. 10; a.A. FK-InsO/*Wegener* Rn. 14; Uhlenbruck/*Wegener* Rn. 9.
24 OLG Hamburg 30.12.2009, 4 U 59/08, ZInsO 2010, 233; a.A. *Eckert* EWiR 2010, 299 (300).
25 FK-InsO/*Wegener* Rn. 8 f.
26 BT-Drucks. 12/2443, 147.
27 FK-InsO/*Wegener* Rn. 13.

viel für eine analoge Anwendung des § 110 Abs. 3 auf Zurückbehaltungsrechte.[28] Damit könnte sich der absonderungsberechtigte Mieter nur wegen Mietzinsforderungen bis zum Ablauf des nach § 110 Abs. 1 bestimmten Zeitraumes auf sein Zurückbehaltungsrecht berufen.

C. Rechtsfolgen

Gemäß § 110 Abs. 1 sind Vorausverfügungen des späteren vermietenden Schuldners über Miet- und Pachtzinsen **nur wirksam**, soweit sie sich auf den zur Zeit der Insolvenzeröffnung laufenden Monat beziehen. Erfolgt die Eröffnung des Verfahrens nach dem 15. des Monats, ist eine Vorausverfügung auch noch für den folgenden Monat wirksam. Anschließend werden keine Absonderungsrechte mehr begründet. Die durch § 110 angeordnete Unwirksamkeit wirkt nur relativ.[29] Mit Beendigung des Insolvenzverfahrens oder Freigabe des Miet-/Pachtgegenstandes werden die Vorausverfügungen wieder wirksam.[30]

Nach Maßgabe des § 110 unwirksame Vorauszahlungen sind ohne Rechtsgrund erfolgt und führen zu einem **Bereicherungsanspruch** nach § 812 Abs. 1 Satz 2 1. Alt. BGB. Sofern die Vorauszahlungen an den späteren Schuldner geleistet worden sind, stellt der Rückgewähranspruch nur eine Insolvenzforderung dar.[31] Im Gegenzug bleibt der Mieter/Pächter zur nochmaligen Zahlung der Miete/Pacht an den Insolvenzverwalter verpflichtet.

Wird der Mieter/Pächter, der die Miet-/Pachtzinszahlung bzw. die Leasingraten bereits **an einen Dritten** geleistet hat, aufgrund der Unwirksamkeit der Vorausverfügung vom Insolvenzverwalter des Schuldners ein zweites Mal in Anspruch genommen, ist er aufgrund § 110 zur erneuten Zahlung verpflichtet. Hinsichtlich der ersten Zahlung hat der Mieter/Pächter/Leasingnehmer aber einen Bereicherungsanspruch gegen den nicht berechtigten Dritten. Das gilt auch dann, wenn der Dritte Grundpfandgläubiger ist,[32] denn der durch Eintragung im Grundbuch dinglich gesicherte Gläubiger kann seine Sonderrechte an Miet- oder Pachtforderungen nur im Wege der Zwangsverwaltung durchsetzen.[33] Soweit ein Direktanspruch des Insolvenzverwalters gegen den Dritten bejaht wird, werden die Grundsätze des Bereicherungsrechtes missachtet.[34] Danach ist vorrangig innerhalb der Leistungsbeziehungen, mithin übers »Eck«, rückabzuwickeln.[35]

Im Ursprungsvertrag zwischen den Mietparteien getroffene Vereinbarungen, wonach der Mieter aus eigenen Mitteln Mietvorauszahlungen leistet, die absprachegemäß mittelbar oder unmittelbar zum Bau verwendet worden sind und abgewohnt werden sollen (**Baukostenzuschüsse**), sind allerdings wirksam, wenn der gezahlte Betrag tatsächlich zum Werterhalt bzw. zur Wertsteigerung der Liegenschaft beigetragen hat,[36] denn dann ist bei Verwertung des Grundstückes in der Insolvenz zugunsten der Gläubiger ein höherer Erlös zu erwarten. Da diese von der Rechtsprechung praeter legem geschaffene Privilegierung einen Eingriff in die Systematik des Sachenrechtes ist, ist restriktiv von ihr Gebrauch zu machen.[37] Vor diesem Hintergrund scheidet eine Anrechnung von Mieterleistungen trotz ggf. erheblicher Wertsteigerung aus, wenn der Mieter sie nicht auf Grund des Mietvertrages, sondern

---

28 HK-InsO/*Marotzke* Rn. 16; a.A. HambK-InsR/*Ahrendt* Rn. 9.
29 AA Nerlich/Römermann/*Balthasar* Rn. 11.
30 RG 17.10.1932, VIII 289/32; RGZ 138, 69 (72); a.A. FK-InsO/*Wegener* Rn. 17.
31 MüKo-InsO/*Eckert* Rn. 21.
32 FK-InsO/*Wegener* Rn. 12.
33 BGH 13.07.2006, IX ZB 301/04, BGHZ 168, 339.
34 So allerdings FK-InsO/*Wegener* Rn. 6.
35 Palandt/*Sprau* § 812 BGB Rn. 7.
36 BGH 06.06.1952, V ZR 79/51, BGHZ 6, 202 (206); 26.11.1954, V ZR 24/54, BGHZ 15, 296 (303 f.); 13.06.2002, IX ZR 26/01, Rpfleger 2002, 579; a.A. *Dötsch* NZI 2009, 713 (716 f.); *Eckert* ZfIR 2008, 453.
37 BGH 30.11.1966, VIII ZR 145/65, NJW 1967, 555.

aufgrund selbstständiger Werkverträge[38] oder eigeninitiativ als wertsteigernde Verwendungen gem. § 996 BGB erbracht hat.[39]

19 Mit ihm gegen den Schuldner zustehenden Forderungen können Mieter/Pächter/Leasingnehmer von unbeweglichen Gegenständen gegen die Miet- und Pachtzinsforderungen für den Monat, in dem das Insolvenzverfahren eröffnet wurde, **aufrechnen**. Wurde das Insolvenzverfahren erst nach dem 15. des jeweiligen Monats eröffnet, ist eine Aufrechnung auch mit Miet- und Pachtzinsen für den Folgemonat zulässig. Denkbare Ansprüche des Mieters sind bspw. Nebenkostenrückerstattungen und Aufwendungsersatzansprüche.

20 Die §§ 95 und 96 Nr. 2 bis 4 bleiben unberührt. Die Vorschrift des § 95 wird weit ausgelegt.[40] Demzufolge fallen Ansprüche auf Nebenkostenerstattungen für Abrechnungszeiträume, die bei Eröffnung des Insolvenzverfahrens bereits abgelaufen waren und bei denen lediglich die Nebenkostenabrechnung als maßgebliche Bedingung fehlt, unter § 95 Abs. 1. Sobald der Rückforderungsanspruch bestimmt und fällig ist, kann der Mieter gegen Mietforderungen auch für eine spätere Zeit als den in Abs. 1 bestimmten Zeitraum aufrechnen.[41]

D. Prozessuales

21 Die Darlegungs- und Beweislast für das Vorliegen von nicht nach § 110 zu beurteilenden Baukostenzuschüssen liegt allein beim Mieter.[42] Erforderlich ist ein substantiierter Sachvortrag zur Abrede, zur Zahlung und zu den weiteren Voraussetzungen (vgl. Rdn. 18).[43] Insb. die erreichte Werterhöhung des Mietobjektes wird den Mieter vor Beweisschwierigkeiten stellen. Um vorinsolvenzlichen Missbrauchsgestaltungen, insb. zwischen nahestehenden Personen, entgegenzuwirken, ist es jedoch erforderlich, zu verlangen, dass sich die angestrebte Privilegierung durch Verrechnung mit weiteren Mietforderungen betragsmäßig mit der erzielten Werterhöhung ungefähr deckt.[44]

E. Verhältnis zu anderen Vorschriften

22 Die §§ 1123, 1124 BGB zugunsten von Grundpfandrechtsgläubigern gelten auch in der Insolvenz des Vermieters ungeachtet von § 110 fort. Die Miet- und Pachtzinsen fallen somit weiterhin in den Haftungsverband von Hypothek und Grundschuld. Die Haftung kann indes nur im Wege der Zwangsverwaltung geltend gemacht werden.[45]

23 Die Vorschrift des Abs. 3 Satz 1 ist eine Sonderregel zu **§ 96 Abs. 1 Nr. 1**, wonach die Aufrechnung grds. unzulässig ist, wenn ein Insolvenzgläubiger erst nach der Eröffnung des Insolvenzverfahrens etwas zur Insolvenzmasse schuldig geworden ist.[46]

24 Eine Besonderheit gilt bei Vorausverfügungen von nach §§ 22a ff. KWG eingetragenen Wohnungsunternehmen. Das Refinanzierungsregister ermöglicht die Aussonderung von schuldrechtlich begründeten, aber sachenrechtlich noch nicht übertragenen Mietforderungen sowie Grundpfandrechten und sichert dem Refinanzierungsunternehmen gem. **§ 22j Abs. 1 Satz 1 KWG** ein Aussonderungsrecht. In diesem Fall läuft die Vorschrift des § 110 wegen des vorrangigen Aussonderungsrechtes ins Leere.[47]

---

38 OLG Frankfurt 16.02.1983, 17 U 125/82, ZIP 1983, 496.
39 OLG Stuttgart 17.04.2008, 13 U 213/07, ZMR 2008, 966.
40 BGH 21.12.2006, IX ZR 7/06, NZI 2007, 164.
41 BGH 21.12.2006, IX ZR 7/06, NZI 2007, 164 f.
42 BGH 13.06.2002, IX ZR 26/01, Rpfleger 2002, 579.
43 KG 21.04.2008, 8 U 140/07, Grundeigentum 2008, 988.
44 Vgl. *Dötsch* MietRB 2009, 216 (220).
45 BGH 13.07.2006, IX ZB 301/04, ZIP 2006, 1554 (1555).
46 *BT-Drucks. 12/2443,* 147; wohl a.A. FK-InsO/*Wegener* Rn. 8, allerdings ohne zu begründen, wie dies mit Abs. 3 S. 1 in Einklang gebracht werden soll.
47 Ausf. hierzu *Peter/Greß* ZInsO 2007, 455 ff.

§ 111 Veräußerung des Miet- oder Pachtobjektes

Veräußert der Insolvenzverwalter einen unbeweglichen Gegenstand oder Räume, die der Schuldner vermietet oder verpachtet hatte, und tritt der Erwerber anstelle des Schuldners in das Miet- oder Pachtverhältnis ein, so kann der Erwerber das Miet- oder Pachtverhältnis unter Einhaltung der gesetzlichen Frist kündigen. Die Kündigung kann nur für den ersten Termin erfolgen, für den sie zulässig ist.

Übersicht	Rdn.		Rdn.
A. Normzweck	1	C. Rechtsfolgen	8
B. Voraussetzungen	2		

A. Normzweck

Die Vorschrift übernimmt in redaktionell vereinfachter Form den wesentlichen Inhalt von § 21 Abs. 4 KO. Demjenigen, der einen Gegenstand oder Räume von einem Insolvenzverwalter erwirbt, die dieser freihändig veräußert, gewährt § 111 ein Sonderkündigungsrecht. Dies entspricht der in § 57a ZVG getroffenen Regelung bei Erwerb im Wege der Zwangsversteigerung. Sinn und Zweck des Sonderkündigungsrechtes ist, die **Veräußerung** unbeweglicher Miet- und Pachtgegenstände zu **erleichtern**.[1] **1**

B. Voraussetzungen

Die Vorschrift ist anwendbar, wenn der Insolvenzverwalter über das Vermögen des Vermieters/Verpächters/Leasinggebers[2] zur entgeltlichen Nutzung überlassene **unbewegliche** Gegenstände, mithin Grundstücke, im Schiffsregister eingetragene Schiffe oder in der Luftfahrzeugrolle eingetragene Luftfahrzeuge, oder Räume (Wohn- oder Geschäftsräume) veräußert (vgl. § 108 Rdn. 12). **2**

Voraussetzung ist, dass die **Vermietung** oder **Verpachtung** des unbeweglichen Gegenstandes bzw. der Räume durch den Schuldner erfolgt sein muss. Der Vertrag muss im Zeitpunkt der Eröffnung des Verfahrens wirksam geschlossen sein. Dieses Vertragsverhältnis wird zwar gem. § 108 Abs. 1 Satz 1 fortgeführt, muss aber auch bei Veräußerung noch bestehen.[3] Auf einen vom Insolvenzverwalter oder vorläufig starken Insolvenzverwalter eingegangenen Miet- oder Pachtvertrag ist das Sonderkündigungsrecht des § 111 nicht anwendbar.[4] Hingegen findet das Sonderkündigungsrecht des § 111 auf einen mit Zustimmung des schwachen vorläufigen Insolvenzverwalters abgeschlossenen Miet-/Pacht-/Leasingvertrag Anwendung,[5] denn der Vertrag wird noch, wie vom Wortlaut des § 111 gefordert, vom Schuldner selbst abgeschlossen. Darüber hinaus hat der schwache vorläufige Verwalter grds. gerade nicht die Möglichkeit, die Masse gem. § 55 Abs. 2 Satz 1 zu verpflichten. Zudem ist nicht zu vergessen, dass vorläufiger und endgültiger Insolvenzverwalter nicht immer personenidentisch sein müssen und der schwache vorläufige Verwalter dem endgültigen Insolvenzverwalter nicht bereits vorgeben können soll, welche Rechte ihm noch verbleiben. **3**

Die **Veräußerung** kann durch Kauf sowie dessen Rückabwicklung,[6] Tausch, Schenkung und Übertragung eines Miteigentumsanteils durch den Alleineigentümer,[7] die Erfüllung von Vermächtnissen, Einbringen in eine Gesellschaft[8] sowie die Aufteilung eines Grundstückes gem. § 8 WEG für die **4**

---

1 FA-InsR/*Wagner* Kap. 5 Rn. 129.
2 Nerlich/Römermann/*Balthasar* Rn. 3; MüKo-InsO/*Eckert* Rn. 3; Braun/*Kroth* Rn. 4.
3 Uhlenbruck/*Wegener* Rn. 3.
4 Braun/*Kroth* Rn. 4.
5 HK-InsO/*Marotzke*, Rn. 4; a.A. FK-InsO/*Wegener* Rn. 6.
6 *Ribka/Baier* NJW 1997, 1221.
7 LG Marburg 25.07.2001, 5 S 233/00, NZM 2003, 394.
8 LG Berlin 05.06.1998, 64 S 516/97, ZMR 1998, 704.

§ 111 InsO Veräußerung des Miet- oder Pachtobjektes

betreffende Wohnung durch die Miteigentümer[9] erfolgen.[10] Das Verpflichtungsgeschäft ist indes nicht ausreichend. Es kommt auf den dinglichen Vollzug, bei einem Grundstück also die Auflassung und Eintragung des Eigentumsübergangs im Grundbuch an.[11] Die Eintragung einer Auflassungsvormerkung ist nicht ausreichend.[12]

5 Die Veräußerung muss zur Folge haben, dass der Erwerber in ein bestehendes Miet- oder Pachtverhältnis **eintritt**. Dies geschieht unter den Voraussetzungen der §§ 566, 578, 578a Abs. 1, 581 Abs. 2, 593b BGB sowie § 98 Abs. 2 LuftfzRG.[13]

6 Erforderlich ist, dass die Mietsache bzw. der Pachtgegenstand dem Mieter bzw. Pächter im Zeitpunkt der Veräußerung bereits **überlassen** (vgl. § 109 Rdn. 6) war.[14] War der Gegenstand dem Mieter/Pächter im Zeitpunkt der Eröffnung des Insolvenzverfahrens über das Vermögen des Vermieters/Verpächters durch den Schuldner noch nicht überlassen, wird der Vertrag nicht nach § 108 Abs. 1 fortgeführt (vgl. § 108 Rdn. 14). Vielmehr hat der Insolvenzverwalter ein Erfüllungswahlrecht gem. § 103. Überlässt der Insolvenzverwalter dem Mieter/Pächter den Gegenstand zur Nutzung, liegt darin grds., vorbehaltlich einer dokumentierten ausdrücklich anderslautenden Erklärung, eine Erfüllungswahl gem. § 103.[15] Indem sich der Insolvenzverwalter zur Erfüllung des Vertrages verpflichtet hat, hat er die einen Verkauf durch ihn fördernden Käuferprivilegien aufgegeben und ist nicht anders zu behandeln, als ein gewöhnlicher Verkäufer eines unbeweglichen Gegenstandes. Das Sonderkündigungsrecht gem. § 111 greift in diesem Fall nicht.[16] Insolvenzverwalter sollten deshalb bei Übergabe einer Miet-/Pachtsache an den Mieter im Übergabeprotokoll dokumentieren, dass die Übergabe nicht als Erfüllungswahl nach § 103 zu verstehen ist. Der Erwerber, der einen unbeweglichen Gegenstand von einem Insolvenzverwalter erwirbt, sollte sich vergewissern, dass die Übergabe entweder bereits durch den Schuldner erfolgt ist oder dass der Insolvenzverwalter noch nicht (konkludent) die Erfüllung gewählt hat. Notare sollten hierauf bei der Beurkundung einer freihändigen Veräußerung eines Gegenstandes, auf dem Miet- oder Pachtverhältnisse lasten, hinweisen.

7 Die Vorschrift des § 111 ist grds. nicht anwendbar, wenn der Schuldner nur **Miteigentümer** der vermieteten oder verpachteten Sache ist.[17] Etwas anderes kommt nur bei der Teilung eines Grundstückes in Miteigentumsanteile gem. § 8 WEG in Betracht (vgl. Rdn. 4).

C. Rechtsfolgen

8 Tritt der Erwerber durch die Veräußerung in das Miet- oder Pachtverhältnis ein, steht ihm, neben etwaigen anderen, ein außerordentliches **Recht zur Kündigung** mit gesetzlicher Frist zu. Die Kündigung wird nach den **gesetzlichen Fristen** gem. §§ 573d Abs. 2 (unbefristetes Wohnraummietverhältnis), 575a Abs. 3 (befristetes Wohnraummietverhältnis), 580a (Grundstücke, Räume, Schiffe), 584 (Pachtverhältnis über Grundstück und Räume mit Ausnahme der Landpacht), 594a (Landpachtverträge), 594b BGB (Landpachtvertrag über mehr als 30 Jahre) wirksam.

9 Das außerordentliche Kündigungsrecht kann indes nur für den ersten zulässigen Termin ausgeübt werden. Das gilt auch dann, wenn vertraglich die ordentliche Kündigung ausgeschlossen wurde.[18]

---

9 BGH 28.04.1999, VIII ARZ 1/98, BGHZ 141, 239; 28.09.2005, VIII ZR 399/03, NJW 2005, 3781; BayObLG 24.11.1981, Allg Reg 64/81, NJW 1982, 451.
10 Palandt/*Weidenkaff* § 566 BGB Rn. 8.
11 *Kilger/Schmidt* KO, § 21 Rn. 8; Uhlenbruck/*Wegener* Rn. 6.
12 FA-InsR/*Wagner* Kap. 5 Rn. 130.
13 MüKo-InsO/*Eckert* Rn. 5.
14 BT-Drucks. 12/2443, 147.
15 So auch Kübler/Prütting/Bork/*Tintelnot* Rn. 4, § 108 Rn. 19 f.
16 Wie hier Kübler/Prütting/Bork/*Tintelnot* Rn. 4; Uhlenbruck/*Wegener* Rn. 7; a.A. FK-InsO/*Wegener* Rn. 7.
17 *Kilger/Schmidt* KO, § 21 Rn. 8; Nerlich/Römermann/*Balthasar* Rn. 5; Kübler/Prütting/Bork/*Tintelnot* Rn. 7; FA-InsR/*Wagner* Kap. 5 Rn. 130.
18 Nerlich/Römermann/*Balthasar* Rn. 8.

Kündigt der Erwerber nicht **rechtzeitig**, stehen ihm nur noch die sonstigen vertraglich vereinbarten oder gesetzlichen Kündigungsrechte zu. Das Recht zur Kündigung entsteht mit Übergang des Eigentums auf den Erwerber, mithin mit Auflassung und Eintragung. Bei einem unbefristeten Wohnraummietverhältnis ist somit die Kündigung bis spätestens zu dem auf die Eintragung der Eigentumsübertragung folgenden dritten Werktag eines Kalendermonats dem Mieter/Pächter/Leasingnehmer gegenüber zu erklären (§ 573d Abs. 2 BGB). Zu einem späteren Zeitpunkt kann sich der Erwerber nur dann noch auf das Recht zur Kündigung gem. § 111 berufen, wenn er nachweist, dass ihm die Kündigung zu einem früheren Zeitpunkt trotz Beachtung der erforderlichen Sorgfalt nicht möglich war.[19]

Gleichwohl zu beachten sind jedoch die bestehenden **Kündigungsschutzvorschriften** gem. §§ 573, 573a bis 573c, 574, 576, 576a und 576b BGB. Denn der Kündigungsschutz des Mieters hat Vorrang vor dem Kündigungsrecht des Erwerbers.[20] Vor diesem Hintergrund bedarf es auf Seiten des Erwerbers zusätzlich eines berechtigten Interesses an der Beendigung des Vertragsverhältnisses. 10

Eine in einem Mietvertrag vereinbarte Nebenverpflichtung zur Einräumung eines **dinglichen Dauerwohnrechtes** wird bei der Veräußerung des Gegenstandes durch den Insolvenzverwalter nicht gem. § 111 übergeleitet.[21] 11

Übt der Erwerber sein Sonderkündigungsrecht aus, kann der Mieter/Pächter/Leasingnehmer einen ihm wegen der vorzeitigen Beendigung des auf bestimmte Zeit geschlossenen Vertragsverhältnisses entstandenen **Schaden** gem. §§ 280 Abs. 1, 3 i.V.m. 281 Abs. 1 Satz 2 und 3, 283 BGB geltend machen, da sich der Schuldner verpflichtet hat, dem Mieter/Pächter/Leasingnehmer das Recht zum Gebrauch während der gesamten vereinbarten Vertragsdauer zu gewähren.[22] 12

Dieser Schadensersatzanspruch ist gem. § 55 Abs. 1 Nr. 2 **Masseverbindlichkeit**.[23] Denn der Insolvenzverwalter hat hinsichtlich des Vertragsverhältnisses gerade kein Erfüllungswahlrecht. Der Insolvenzverwalter ist gem. § 108 zur vertragsgemäßen Erfüllung und damit auch zur Gebrauchsüberlassung für die Dauer des Vertrages verpflichtet. Aufgrund der Veräußerung durch den Verwalter liegt ein Fall von Unvermögen i.S.d. § 275 Abs. 1, 1. Alt. BGB vor, da der Miet-/Pacht-/Leasingvertrag durch den Insolvenzverwalter nicht mehr in der Lage ist, die Nutzung zu überlassen. Durch die Veräußerung verletzt der Verwalter damit eine Pflicht aus dem Schuldverhältnis gem. § 280 Abs. 1 Satz 1 BGB. Diese Pflichtverletzung aus der Zeit nach Insolvenzeröffnung hat der Insolvenzverwalter auch zu vertreten. Es realisiert sich kein typisches Insolvenzrisiko. Etwas anderes ergibt sich auch nicht aus der analogen Anwendung von § 103 Abs. 2 Satz 1 oder § 109 Abs. 1 Satz 3, denn es fehlt bereits an einer vergleichbaren Interessenlage. Auch für die Annahme einer planwidrigen Regelungslücke liegen keine Anhaltspunkte vor, denn im Unterschied zur Nichterfüllungswahl oder Sonderkündigung fließt der Masse durch die Veräußerung ein Erlös zu. Fließt der Erlös, wie in der Praxis regelmäßig, ganz oder überwiegend den Grundpfandrechtsgläubigern zu, kann und sollte der Insolvenzverwalter mit diesen wiederum die Freistellung von dem Schadensersatzanspruch des Mieter/Pächters/Leasingnehmers vertraglich vereinbaren.[24] Darüber hinaus handelt es sich bei dem Sonderkündigungsrecht gem. § 111 im Unterschied zu § 103 Abs. 2 Satz 1 und § 109 Abs. 1 Satz 3 gerade nicht um ein Gestaltungsrecht des Verwalters. Gegen eine Analogiebildung spricht zudem die Vorschrift des § 55 Abs. 1 Nr. 1, denn das Recht des Erwerbers zur außerordentlichen Kündigung mit gesetzlicher Frist gem. § 111 entsteht überhaupt erst durch die Verwertungshandlung des Insolvenzverwalters. 13

---

19 Braun/*Kroth* Rn. 9.
20 Vgl. BT-Drucks. 12/2443, 147.
21 BGH 26.03.1976, V ZR 152/74, NJW 1976, 2264.
22 Palandt/*Weidenkaff* § 566 BGB Rn. 23.
23 MüKo-InsO/*Eckert* Rn. 30 f.; FK-InsO/*Wegener.* Rn. 12; Uhlenbruck/*Wegener* Rn. 13; a.A. Gottwald/*Huber* § 37 Rn. 44; Braun/*Kroth* Rn. 11; HK-InsO/*Marotzke* Rn. 9.
24 FK-InsO/*Wegener* Rn. 12.

14 Gegen Forderungen der Masse aus dem Zeitraum vor Eröffnung des Insolvenzverfahrens kann der Mieter/Pächter mit diesen Schadensersatzforderungen **aufrechnen**.[25]

§ 112 Kündigungssperre

Ein Miet- oder Pachtverhältnis, das der Schuldner als Mieter oder Pächter eingegangen war, kann der andere Teil nach dem Antrag auf Eröffnung des Insolvenzverfahrens nicht kündigen:
1. wegen eines Verzugs mit der Entrichtung der Miete oder Pacht, der in der Zeit vor dem Eröffnungsantrag eingetreten ist;
2. wegen einer Verschlechterung der Vermögensverhältnisse des Schuldners.

Übersicht	Rdn.		Rdn.
A. Normzweck	1	C. Rechtsfolgen	7
B. Voraussetzungen	2		

A. Normzweck

1 Mit der Vorschrift des § 112 will der Gesetzgeber erreichen, dass die wirtschaftliche Einheit des schuldnerischen Besitzes nicht zur Unzeit auseinandergerissen wird. Gemeinsam mit den Gegenständen, die unter Eigentumsvorbehalt geliefert worden sind oder an denen Absonderungsrechte bestehen, sollen auch gemietete oder gepachtete Gegenstände zunächst im Verfügungsbereich des Verwalters verbleiben, denn der Insolvenzverwalter soll die Gelegenheit haben, die **Möglichkeiten einer Sanierung** des Unternehmens oder einer Veräußerung im Ganzen einschließlich der belasteten Gegenstände zu prüfen.[1] Kündigungen aufgrund von Zahlungsrückständen des Schuldners könnten sonst zu einem Auseinanderreißen der wirtschaftlichen Einheit des Unternehmens führen. Hierdurch würde der Insolvenzzweck (vgl. § 1 Rdn. 22 ff.) gefährdet.

B. Voraussetzungen

2 In den Anwendungsbereich des § 112 fallen sämtliche wirksam eingegangenen **Miet- oder Pachtverhältnisse**, die der Schuldner als Mieter oder Pächter eingegangen ist. Auch vom Schuldner abgeschlossene Leasingverträge werden von § 112 erfasst, weil hierauf im Grunde die Bestimmungen über Mietverhältnisse Anwendung finden.[2] Aufgrund ihrer Vergleichbarkeit mit der Rechtspacht[3] werden auch Lizenzverträge von der Vorschrift erfasst.[4] Die Kündigung von Wohnraummietverhältnissen ist mit dem Wortlaut der Norm ebenfalls nach § 112 zu beurteilen.[5] Zutreffend ist, dass der Gesetzgeber die Vorschrift mit dem Ziel erlassen hat, die unternehmerische Einheit vor dem unkoordinierten Zerfall zu schützen. Unter Verweis hierauf, die Vorschrift des § 112 teleologisch zu reduzieren und Wohnraummietverhältnisse vom Anwendungsbereich auszunehmen, greift gleichwohl zu kurz, denn in der Praxis werden vielfach Kleinstgewerbe aus den privaten Wohnräumen der Schuldner geführt. Darüber hinaus müsste sonst jedwedes Miet- oder Pachtverhältnis danach differenziert werden, ob es der selbstständigen Tätigkeit des Schuldners zu dienen bestimmt ist.[6] Konsequenterweise würde das wiederum bedeuten, dass die Vorschrift des § 112 in Verbraucherinsolvenzverfahren nicht anwendbar ist. Eine solche weitreichende Folge dürfte indes nicht intendiert sein. Zudem zeigt die nachträgliche Einführung des § 109 Abs. 1 Satz 2, dass der Gesetzgeber den

---

25 BGH 05.05.1977, VII ZR 85/76, BGHZ 68, 379 (382).
1 BT-Drucks. 12/2443, 148.
2 BT-Drucks. 12/2443, 148.
3 BGH 17.11.2005, IX ZR 162/04, NJW 2006, 915 (916).
4 *Cepl* NZI 2000, 357 (359); MüKo-InsO/*Eckert* Rn. 7.
5 *AG Hamburg 18.03.2009*, 68c IK 207/08, NZI 2009, 331; MüKo-InsO/*Eckert* Rn. 3; *Vallender/Dahl* NZI 2000, 246; a.A. *Grote* NZI 2000, 66 (68).
6 Uhlenbruck/*Wegener* Rn. 3.

Schuldner vor insolvenzbedingter Obdachlosigkeit schützen wollte. Eine vielleicht nicht beabsichtigte, aber vergleichbare Wirkung hätte wiederum eine auch auf Wohnraummietverhältnisse anwendbare Kündigungssperre.[7] Das OLG Braunschweig hat klargestellt, dass KfZ-Händlerverträge bzw. Servicepartnerverträge nicht unter die Kündigungssperre des § 112 fallen.[8]

Auf **Eigentumsvorbehaltskaufverträge** ist die Vorschrift des § 112 nicht, auch nicht entsprechend 3 anwendbar. Die analoge Anwendung der Kündigungssperre wird teilweise vertreten und damit begründet, dass anderenfalls das Regelungsziel des § 107 Abs. 2 unterlaufen werden kann, wenn der Vorbehaltsverkäufer wegen Zahlungsverzuges vom Vertrag zurücktreten könne.[9] Nach dem Sinn und Zweck des § 107 Abs. 2 kann ein vom Verkäufer erklärter Rücktritt indes nicht vor Ablauf der Überlegungsfrist des Insolvenzverwalters wirksam werden (vgl. § 107 Rdn. 16). Da sich die Rechtsfolge bereits unmittelbar aus § 107 Abs. 2 ergibt, bedarf es keiner analogen Anwendung des § 112. Es fehlt an einer planwidrigen Regelungslücke.[10]

Unerheblich ist, ob es sich um gemietete oder gepachtete Räume oder bewegliche Gegenstände, wie 4 Maschinen und sonstige Betriebsmittel, handelt.[11]

Als ungeschriebenes Tatbestandsmerkmal des § 112 ist in einschränkender Auslegung erforderlich, 5 dass der **Nutzungsgegenstand bereits überlassen** wurde.[12] Hierfür spricht die Gesetzesbegründung, die auf die Einheit des schuldnerischen Besitzes abstellt. Dem wird entgegengehalten, die Kündigungssperre diene der Aufrechterhaltung des Vertragsverhältnisses und nicht dazu, die Aussonderung zu verhindern.[13] Das mag sein, aber Bestandteil der schützenswerten Einheit wird ein gemieteter oder gepachteter Gegenstand erst, wenn er auch durch Besitzübergang in die organisatorische Einheit eingegliedert ist. Selbst wenn es auf den Besitzübergang nicht ankommen sollte und der Vermieter/Verpächter des noch nicht zur Nutzung überlassenen Gegenstandes an der Kündigung des Vertragsverhältnisses gehindert wäre, bliebe es ihm unbenommen, sich in dieser Situation auf sein Zurückbehaltungsrecht gem. §§ 320, 321 BGB zu berufen.[14] Dies hätte zur Folge, dass der Gegenstand trotzdem nicht zugunsten der bestmöglichen Masseverwertung genutzt werden kann. Somit dürfte es sich bei dieser Diskussion i.d.R. um ein akademisches Problem handeln.[15]

Weitere Voraussetzung des § 112 ist ein **gestellter Antrag** gem. §§ 13 f. auf Eröffnung des Insolvenz- 6 verfahrens über das Vermögen des Mieters/Pächters im Zeitpunkt des Zugangs der Kündigungserklärung (§ 130 BGB).[16] Zur Vermeidung von Rechtsunsicherheit, aber auch von Missbrauch ist ein Antrag ausreichend, der nicht offensichtlich aussichtslos ist, auch wenn er sich später als unzulässig herausstellt.[17] Nicht erforderlich ist die Kenntnis des Vermieters/Verpächters vom Insolvenzantrag.[18] Bei einer bedingten Kündigung kommt es für die Anwendbarkeit des § 112 darauf an, ob im Zeitpunkt des Eintritts der Bedingung der Antrag auf Eröffnung des Insolvenzverfahrens bereits anhängig ist.[19]

---

7 Uhlenbruck/*Wegener* Rn. 3.
8 OLG Braunschweig 06.03.2009, 2 U 29/09, ZInsO 2010, 856.
9 HambK-InsR/*Ahrendt* Rn. 5; Graf-Schlicker/*Breitenbücher* Rn. 2, Kübler/Prütting/Bork/*Tintelnot* Rn. 5. Noch weitergehender HK-InsO/*Marotzke* Rn. 23, der § 112 analog sogar auf alle Kaufverträge anwenden will.
10 Im Ergebnis ebenso Nerlich/Römermann/*Balthasar* Rn. 16; Uhlenbruck/*Wegener* Rn. 19.
11 BT-Drucks. 12/2443, 148.
12 *Marotzke* FS Zöllner, 1193 ff.; FK-InsO/*Wegener* Rn. 3.; a.A. HambK-InsR/*Ahrendt* Rn. 3; *Cepl* NZI 2000, 357 (359); BK-InsR/*Goetsch* Rn. 9; Uhlenbruck/*Wegener* Rn. 5.
13 Uhlenbruck/*Wegener* Rn. 5.
14 So zutr. HambK-InsR/*Ahrendt* Rn. 14; Uhlenbruck/*Wegener* Rn. 5.
15 Uhlenbruck/*Wegener* Rn. 5.
16 OLG Düsseldorf 17.11.2008, 24 U 51/08, ZInsO 2009, 771.
17 *Börstinghaus* NZM 2000, 326; MüKo-InsO/*Eckert* Rn. 2.
18 Uhlenbruck/*Wegener* Rn. 6.
19 KG Berlin 10.02.2003, 8 U 140/02, Grundeigentum 2003, 740.

C. Rechtsfolgen

7 Die Ausübung der vertraglichen und gesetzlichen **Kündigungsrechte** wird in zwei Fällen **gesperrt**.[20] Zum einen ist eine Kündigung wegen Verzuges mit der Entrichtung des Miet- oder Pachtzinses einschließlich aller Nebenkosten[21] unwirksam, soweit der Verzug **vor** dem Antrag auf Eröffnung des Insolvenzverfahrens eingetreten ist und die Kündigung erst **nach** dem Insolvenzantrag wirksam erklärt wird (§ 112 Nr. 1). Denkbar sind hier neben vertraglich vereinbarten Kündigungsrechten auf §§ 543 Abs. 2 Satz 1 Nr. 3, 569 Abs. 3 BGB oder § 573 Abs. 2 Nr. 1 BGB gestützte Kündigungen beim Mietverhältnis, beim Pachtverhältnis jeweils i.V.m. § 581 Abs. 2 BGB bzw. nach § 500 i.V.m. § 498 Abs. 1 Satz 1 Nr. 1, 2 BGB beim Finanzierungsleasingvertrag. Zum anderen kann wegen Verschlechterung der Vermögenslage nicht mehr gekündigt werden, sobald der Antrag auf Eröffnung des Insolvenzverfahrens gestellt ist (112 Nr. 2). Wann sich die Vermögensverhältnisse verschlechtern, ist unerheblich.[22] Indem bereits auf den Zeitpunkt des Insolvenzantrages abgestellt wird und nicht erst auf den Tag der Eröffnung des Insolvenzverfahrens, will der Gesetzgeber einen Gleichlauf mit den Absonderungsrechten herstellen.[23] Denn das Insolvenzgericht kann gem. § 21 Abs. 2 Satz 1 Nr. 5 anordnen, dass die Absonderungsberechtigten nicht auf ihr Sicherungsgut zugreifen können. Die Kündigungsschutzvorschrift des § 112 hindert den Vermieter/Verpächter/Leasinggeber aus den vorgenannten Gründen auch, den Rücktritt vom Vertrag zu erklären.[24] Auch automatische Lösungsklauseln aus den enumerativ aufgeführten Gründen sind mit dem vom Gesetzgeber in § 112 verfolgten Regelungsziel nicht vereinbar.[25] Die Kündigung aus einem anderen Grund bleibt dem Vermieter bei Vorliegen der Voraussetzungen unbenommen.[26] Eine auf § 123 BGB gestützte Anfechtung, weil der Schuldner bei Vertragsschluss über seine wirtschaftliche Leistungsfähigkeit arglistig getäuscht hat, wird durch § 112 nicht ausgeschlossen.[27]

Die Kündigungssperre des § 112 hindert aber nicht das Erlöschen dinglicher Nutzungsrechte, insbesondere einer Dienstbarkeit, welche das aus einem Mietvertrag folgende Nutzungsrecht an dem belasteten Grundstück sichert und unter der auflösenden Bedingung steht, dass über das Vermögen des Berechtigten ein Insolvenzverfahren eröffnet wird, wenn diese Bedingung vor dem Sicherungsfall eintritt.[28]

8 Die Kündigung wegen eines im **Insolvenzeröffnungsverfahren eintretenden Verzuges** wird durch § 112 jedoch nicht gesperrt.[29] Hierzu kann es kommen, wenn der starke vorläufige Insolvenzverwalter den Zahlungsverpflichtungen aus dem Mietverhältnis nicht nachkommt (vgl. Rdn. 11).[30] Ist der Verzug teilweise vor und teilweise nach Antragstellung eingetreten, dürfen nur Leistungen, mit denen der Schuldner nach dem Antrag auf Eröffnung des Insolvenzverfahrens in Verzug geraten ist, bei der Prüfung, ob die Kündigungsvoraussetzungen vorliegen, berücksichtigt werden.[31] Vor diesem Hintergrund kann der über den beabsichtigten Zeitpunkt der Insolvenzantragstellung informierte Vermieter Mietzahlungen im anfechtungsrelevanten Drei-Monats-Zeitraum vor dem Antrag auf Eröffnung des Insolvenzverfahrens (§§ 130 f.), die kein Bargeschäft nach § 142 darstellen und durch

---

20 BT-Drucks. 12/2443, 148.
21 OLG Naumburg 05.11.1998, 8 U 4/98, WuM 1999, 160.
22 HambK-InsR/*Ahrendt* Rn. 12.
23 BT-Drucks. 12/2443, 148.
24 HK-InsO/*Marotzke* Rn. 21.
25 Nerlich/Römermann/*Balthasar* Rn. 15; MüKo-InsO/*Eckert* Rn. 16; Braun/*Kroth* Rn. 2.
26 BGH 09.03.2005, VIII ZR 394/03, NJW 2005, 2552.
27 MüKo-InsO/*Eckert* Rn. 27.
28 BGH 07.04.2011, V ZB 11/10, NZI 2011, 443 (444 f.).
29 BT-Drucks. 12/2443, 148; BGH 24.01.2008, IX ZR 201/06, NJW 2008, 1442.
30 BGH 18.07.2002, IX ZR 195/01, BGHZ 151, 353; MüKo-InsO/*Eckert* Rn. 34; FK-InsO/*Wegener* Rn. 7; a.A. Kübler/Prütting/Bork/*Tintelnot* Rn. 11, der davon ausgeht, dass Masseverbindlichkeiten gem. § 55 II erst *mit* Eröffnung des Verfahrens entstehen können und deshalb auch erst nach Insolvenzeröffnung beglichen werden können.
31 BGH 18.07.2002, IX ZR 195/01, BGHZ 151, 353.

die er sein Kündigungsrecht verlieren würde, zurückweisen, ohne in Annahmeverzug gem. § 297 BGB zu kommen.[32]

Resultiert der Verzug des Mieters für Mietzeiträume vor dem Antrag auf Eröffnung des Insolvenzverfahrens aus einem vom vorläufigen Insolvenzverwalter erklärten **Lastschriftwiderruf**, ist die deswegen erklärte Kündigung nicht aufgrund von § 112 gesperrt, weil der Verzug gerade erst nach dem Insolvenzantrag eintritt.[33] Eine vom Vermieter erklärte Kündigung soll jedoch gleichwohl unwirksam sein, weil es an einer schuldhaften Pflichtverletzung des Schuldners fehlt, der sich auch den durch das Verhalten des vorläufigen Insolvenzverwalters eingetretenen Verzug nicht zurechnen lassen muss. Der vorläufige Insolvenzverwalter ist weder Erfüllungsgehilfe gem. § 278 BGB noch Vertreter des Schuldners.[34] Eine schuldhafte Pflichtverletzung durch den Mieter ist jedoch keine Voraussetzung für das Recht zur Kündigung nach § 543 Abs. 2 Satz 1 Nr. 3 BGB. Der Schuldner kommt indes gem. § 286 Abs. 4 BGB nicht in Verzug, solange die Leistung infolge eines Umstandes unterbleibt, den er nicht zu vertreten hat. Da nicht ersichtlich ist, wie dem Schuldner das Verhalten des schwachen vorläufigen Verwalters zugerechnet werden kann, dürften für die Kündigung des Mietverhältnisses die nötigen Voraussetzungen nach § 543 Abs. 2 Satz 1 Nr. 3 BGB wegen fehlenden Verzuges nach § 286 Abs. 4 BGB nicht vorliegen.[35] Der Schuldner ist wegen §§ 87, 295 Abs. 1 Nr. 4 in diesen Fällen auch nicht verpflichtet, den Rückstand nach Eröffnung des Insolvenzverfahrens gegenüber dem Vermieter/Verpächter auszugleichen.[36] Anders verhält es sich beim starken vorläufigen Insolvenzverwalter, da auf ihn die Verwaltungs- und Verfügungsbefugnis des Schuldners übergeht und somit eine Zurechnung über § 22 Abs. 1 kraft Gesetzes erfolgt. Eine Kündigung durch den Vermieter aufgrund von Umständen, die nach dem Insolvenzantrag eingetreten sind, ist deshalb nach den allgemeinen Vorschriften zulässig.[37] Erfolgt der Lastschriftwiderruf erst durch den endgültigen Insolvenzverwalter im eröffneten Verfahren, wird dessen Handeln dem Schuldner über § 80 Abs. 1 zugerechnet. Da auch in diesem Fall der Verzug nach dem Eröffnungsantrag eintritt, kommt die Kündigungssperre des § 112 nicht zur Anwendung. D.h., der Vermieter/Verpächter kann wegen des eingetretenen Verzuges den Vertrag nach den allgemeinen Bestimmungen kündigen.

Aufgrund des eindeutigen Wortlautes von § 112, wonach der Verzug **vor** dem Eröffnungsantrag eingetreten sein muss, hindert die Vorschrift den Vermieter auch nicht daran, den Vertrag zu kündigen, wenn der Mietrückstand daraus resultiert, dass der Insolvenzverwalter bereits **geleistete Mietzahlungen** nach §§ 129 ff. **angefochten** und zur Masse gezogen hat. Denn in diesem Fall tritt der Verzug erst nach der Eröffnung des Insolvenzverfahrens und somit nach dem Eröffnungsantrag ein. Voraussetzung für eine außerordentlich fristlose Kündigung bleibt selbstverständlich, dass ein Kündigungsgrund vorliegt.

Aufgrund der vorgenannten Wertungen (vgl. Rdn. 9) fehlt es konsequenterweise auch dann an vom Schuldner zu vertretenden, verzugsbegründenden Umständen gem. § 286 Abs. 4 BGB für die Nichtleistung, wenn der schwache vorläufige Insolvenzverwalter die **Zustimmung zur Mietzinszahlung verweigert**. Dass sich der Schuldner mit der Entrichtung der Miete in Verzug befindet ist aber Voraussetzung für eine außerordentliche fristlose Kündigung aus wichtigem Grund gem. § 543 Abs. 2 Satz 1 Nr. 3 BGB. D.h. jedoch nicht, dass die Sperre des § 112 auch dann gilt, wenn die Nichtzahlung der Miete auf ein Verhalten des schwachen vorläufigen Insolvenzverwalters zurückgeht. Es ist deshalb möglich, dass der Vermieter die Kündigung bspw. auf einen vertraglich vereinbarten Kündigungsgrund stützt, der nicht an den Verzug, sondern schlicht an die nicht entrichtete Mietzahlung anknüpft.

---

32 BGH 18.07.2002, IX ZR 195/01, BGHZ 151, 353.
33 HK-InsO/*Marotzke* Rn. 8; Uhlenbruck/*Wegener* Rn. 10; a.A. MüKo-InsO/*Eckert* Rn. 23.
34 So LG Hamburg 30.04.2010, 311 S 107/09, ZInsO 2010, 958 f.; *Cymutta* ZInsO 2008, 191 (197).
35 AA MüKo-InsO/*Eckert* Rn. 41; FK-InsO/*Wegener* Rn. 7; Uhlenbruck/*Wegener* Rn. 15.
36 LG Hamburg 30.04.2010, 311 S 107/09, ZInsO 2010, 958 f.; *Cymutta* ZInsO 2008, 191 (197).
37 BGH 18.07.2002, IX ZR 195/01, BGHZ 151, 353.

12 **Vermögensverschlechterung** wird als Verschlechterung der Leistungsfähigkeit i.S.d. § 321 BGB definiert.[38] Ein gesetzlicher Kündigungsgrund besteht im Falle einer solchen, in wirtschaftlicher Betrachtungsweise zu ermittelnden Verschlechterung der Vermögensverhältnisse nicht. Denkbar sind aber vertragliche Vereinbarungen, die eine Beendigung des Vertragsverhältnisses zur Folge haben oder dem Vermieter ermöglichen.[39]

13 Die Kündigungssperre des § 112 wirkt zugunsten aller **Mit-Mieter**, auch wenn nur hinsichtlich eines von ihnen die Eröffnung des Insolvenzverfahrens beantragt ist.[40]

14 Die **Sperrwirkung** des § 112 **endet** mit der Abweisung des Eröffnungsantrages mangels Masse gem. § 26, der Rücknahme des Insolvenzantrages nach § 13 Abs. 2[41] sowie der ihn betreffenden Erledigungserklärung[42] und bei Einstellung des Insolvenzverfahrens. Eine unter Nichtbeachtung der Kündigungssperre ausgesprochene Kündigung bleibt unwirksam,[43] kann fortan aber bei Vorliegen aller übrigen Voraussetzungen erneut erklärt werden.[44] Bei Aufhebung des Insolvenzverfahrens endet die Sperrwirkung nur, wenn sich kein Restschuldbefreiungsverfahren anschließt.[45] Das ergibt sich aufgrund der vom Gesetzgeber selbst gezogenen Parallele zum zwangsweisen Zugriff der Absonderungsberechtigten auf ihr Sicherungsgut aus dem Gedanken des § 294 Abs. 1. Danach kann sich die Durchsetzung einer Vindikationslage in gleicher Weise nachteilig auswirken wie die Kündigung eines zum Besitz berechtigenden Dauerschuldverhältnisses. Darüber hinaus sind nach § 294 Abs. 2 Abkommen, die einzelnen Insolvenzgläubigern einen Sondervorteil verschaffen, nichtig. Zwar stellt eine Zahlung an sich kein Abkommen mit dem Vermieter/Verpächter dar. Da quasi im Gegenzug zur Zahlung das Kündigungsrecht des Vermieters/Verpächters gem. § 543 Abs. 1, 2 Nr. 2 BGB entfällt, liegt indes eine vergleichbare Interessenlage vor. Im Übrigen erleichtert die Fortwirkung der Kündigungssperre dem Schuldner die Beachtung seiner Obliegenheit aus § 295 Abs. 1 Nr. 4, der sich sonst gerade bei drohender Kündigung seines Wohnraummietverhältnisses unter Umständen in einer schwierigen Gewissensprüfung zwischen Verlust seiner Wohnung und Beachtung der ihn treffenden Obliegenheiten wiederfindet.

15 Die **Enthaftungserklärung** gem. § 109 Abs. 1 Satz 2 ändert nichts an der Sperrwirkung des § 112,[46] denn soweit vertreten wird, der Schuldner habe sodann die Kündigung des Vertragsverhältnisses durch Befriedigung gem. § 569 Abs. 3 Nr. 2 BGB abzuwenden[47], wird übersehen, dass die Insolvenzgläubiger ihre Forderungen nur durch Anmeldung zur Insolvenztabelle verfolgen können (§ 87). Dem Schuldner ist es somit verwehrt, Zahlungen zur Abwendung der Vertragskündigung zu leisten.

§ 113 Kündigung eines Dienstverhältnisses

Ein Dienstverhältnis, bei dem der Schuldner der Dienstberechtigte ist, kann vom Insolvenzverwalter und vom anderen Teil ohne Rücksicht auf eine vereinbarte Vertragsdauer oder einen vereinbarten Ausschluss des Rechts zur ordentlichen Kündigung gekündigt werden. Die Kündigungsfrist beträgt drei Monate zum Monatsende, wenn nicht eine kürzere Frist maßgeblich ist. Kündigt der Verwalter, so kann der andere Teil wegen der vorzeitigen Beendigung des Dienstverhältnisses als Insolvenzgläubiger Schadenersatz verlangen.

---

[38] Uhlenbruck/*Wegener* Rn. 13.
[39] MüKo-InsO/*Eckert* Rn. 28; Gottwald/*Huber* § 37 Rn. 17.
[40] OLG Düsseldorf 08.09.2008, 24 U 40/08, OLGR 2009, 265.
[41] HK-InsO/*Marotzke* Rn. 14; Uhlenbruck/*Wegener* Rn. 7.
[42] Uhlenbruck/*Wegener* Rn. 7.
[43] OLG Düsseldorf 10.06.2008, 24 U 86/07, ZMR 2009, 600.
[44] MüKo-InsO/*Eckert* Rn. 31; a.A. Kübler/Prütting/Bork/*Tintelnot* Rn. 8.
[45] LG Neubrandenburg 14.08.2001, 1 S 114/01, WuM 2001, 551.
[46] AG Hamburg 18.03.2009, 68c IK 207/08, NZI 2009, 331; a.A. *Tetzlaff* NZI 2006, 87 (91); Kübler/Prütting/Bork/*Tintelnot* § 109 Rn. 19.
[47] *Tetzlaff* NZI 2006, 87 (91); Kübler/Prütting/Bork/*Tintelnot* § 109 Rn. 19.

Übersicht

		Rdn.				Rdn.
A.	**Inhalt und Normzweck**	1		3. Formvorschriften		28
B.	**Voraussetzungen**	4		4. Sonderkündigungsschutz		31
I.	Dienstverhältnis	5		a) Ausbildungsverhältnisse		31
	1. Abgrenzung	5		b) Betriebsräte		32
	2. Angetretene und nicht angetretene Dienstverhältnisse	10		c) Mutterschutz, Elternzeit und Pflegezeit		35
	3. Neu begründete Dienstverhältnisse	11		d) Schwerbehinderte		40
II.	Kündigung	13		e) Wehr- und Zivildienstleistende		44
	1. Allgemeines	13		f) Abgeordnete		45
	2. Vorläufiger Insolvenzverwalter	15		g) § 613a Abs. 4 BGB		46
	3. Nachkündigung	16	V.	Außerordentliche Kündigung		47
C.	**Gesetzliches Kündigungsrecht (Satz 1)**	17	D.	**Kündigungsfrist (Satz 2)**		49
I.	Allgemeines	17	E.	**Schadensersatzpflicht (Satz 3)**		54
II.	Befristete und auflösend bedingte Arbeitsverhältnisse	19	I.	Beendigung des Dienstverhältnisses durch Kündigung des Insolvenzverwalters		55
III.	Vereinbarter Kündigungsausschluss	22	II.	Verfrühungsschaden		57
	1. Vereinbarung	22	III.	Verhältnis zu § 628 Abs. 2 BGB		64
	2. Kündigungsausschluss	23	F.	**Prozessuales**		65
IV.	Gesetzlicher Kündigungsschutz	24	G.	**Insolvenzverfahren in einem anderen EU-Mitgliedstaat**		69
	1. KSchG	25				
	2. Betriebsratsanhörung	27				

A. Inhalt und Normzweck

Gem. § 108 Abs. 1 Satz 1 bestehen Dienstverhältnisse des Schuldners in der Insolvenz des Dienstberechtigten mit Wirkung für die Insolvenzmasse fort. Die Vorschrift normiert eine Ausnahme von dem sich ansonsten aus § 103 ergebenden Wahlrecht des Insolvenzverwalters. Die Eröffnung des Insolvenzverfahrens hat demnach zunächst **keine Auswirkungen auf Inhalt und Bestand der Dienstverhältnisse** des Schuldners. 1

Mit Eintritt der Insolvenz wird jedoch regelmäßig die Kündigung von Dienstverhältnissen erforderlich. Zur Beschleunigung notwendiger Kündigungen im Insolvenzverfahren normieren § 113 Satz 1 u. 2 eine **Maximalkündigungsfrist** von drei Monaten.[1] Damit wird die Kostenbelastung der Masse durch die noch fortbestehenden Dienstverhältnisse zum Zwecke der Förderung von Unternehmenssanierungen begrenzt.[2] § 113 geht als **lex specialis** sämtlichen längeren Kündigungsfristen vor, unabhängig davon, ob diese durch Gesetz, Tarifvertrag, Betriebsvereinbarung oder Dienstvertrag begründet werden.[3] Die Regelung der Höchstkündigungsfrist dient dem Ausgleich der sozialen Belange von Arbeitnehmern und sonstigen Dienstverpflichteten des insolventen Unternehmens mit den Interessen der Insolvenzgläubiger an einer Masseerhaltung.[4] Als Ausgleich für die insolvenzbedingte vorzeitige Beendigung der Dienstverhältnisse nach **Satz 1** mit der Frist des **Satz 2** ist in **Satz 3** schließlich ein verschuldensunabhängiger **Schadensersatzanspruch** der Dienstverpflichteten vorgesehen.[5] 2

§ 113 ist **nicht disponibel**. Vereinbarungen – auch in Tarifverträgen –, welche im Voraus die Anwendung des § 113 ausschließen oder beschränken, sind gem. § 119 unwirksam. 3

---

[1] BAG 16.05.2007, 8 AZR 772/06, EzA § 113 InsO Nr. 20.
[2] BAG 19.07.2007, 6 AZR 1087/06, EzA § 55 InsO Nr. 14.
[3] LAG Schleswig-Holstein 28.04.2004, 3 Sa 551/03, NZI 2004, 638; ErfK/*Müller-Glöge* Rn. 1.
[4] Vgl. Begr. Rechtsausschuss, BT-Drucks. 12/7302, 169.
[5] BAG 16.05.2007, 8 AZR 772/06, EzA § 113 InsO Nr. 20.

B. Voraussetzungen

4 § 113 ist anwendbar auf Kündigungen von Dienstverhältnissen, bei denen der Schuldner Dienstberechtigter ist. Für die Anwendung von Satz 1 u. Satz 2 ist dabei unerheblich, von welchem Teil die Kündigung erklärt wird, während sich der Schadensersatzanspruch aus Satz 3 ausschließlich auf Kündigungen des Insolvenzverwalters bezieht.

I. Dienstverhältnis

1. Abgrenzung

5 § 113 erfasst **Dienstverhältnisse** i.S.v. § 611 BGB, bei denen der Schuldner Dienstberechtigter ist. Hierunter fallen sämtliche **Arbeitsverhältnisse**, aber auch sonstige auf fortgesetzte Dienstleistung gerichtete Dienstverhältnisse.[6] Eine Abgrenzung zwischen abhängiger Beschäftigung und freier Mitarbeit bzw. selbständiger Dienstleistung ist somit im Hinblick auf die Frage der Anwendbarkeit des § 113 nicht erforderlich.

6 Auch Dienstverhältnisse mit **arbeitnehmerähnlichen** Personen fallen somit in den Anwendungsbereich des § 113. Werden arbeitnehmerähnliche Personen hingegen auf Grundlage eines Werkvertrages für den Schuldner tätig, findet § 113 keine Anwendung.[7] **Heimarbeiter** werden unabhängig von der Einordnung des zugrunde liegenden Vertragsverhältnisses als Dienst- oder Werkvertrag stets von § 113 erfasst. Für sie gelten nach § 29 Abs. 4 u. 5 HAG die gleichen Kündigungsfristen wie für Arbeitnehmer. Dieser Regelung ist ein besonderer Schutzgedanke im Hinblick auf in Heimarbeit Beschäftigten zu entnehmen, welcher einer Anwendung der allgemeinen Regeln, dh der Annahme eines einseitigen Wahlrechts des Insolvenzverwalters nach § 103, entgegensteht.[8] Auch **Berufsausbildungsverhältnisse** sind Arbeitsverhältnissen gleichzustellen und fallen somit zunächst in den Anwendungsbereich der Norm. Im Hinblick auf den Sonderkündigungsschutz Auszubildender vgl. aber Rdn. 31.

7 Ebenfalls anwendbar ist § 113 auf die Kündigung der Dienstverträge von **Organen juristischer Personen** (etwa nach § 87 Abs. 3 AktG) durch den Insolvenzverwalter.[9] Dies gilt auch dann, wenn die Organe zugleich Gesellschafter der juristischen Person sind.[10] Hiervon zu unterscheiden ist die **Beendigung der Organstellung selbst (Abberufung)**, welche auch in der Insolvenz dem zuständigen Gesellschaftsorgan obliegt, vgl. § 46 Nr. 5 GmbHG, § 84 Abs. 3 AktG.[11] Regelmäßig nicht von § 113 erfasst sind geschäftsführende Gesellschafter von Personengesellschaften, da ihrer Tätigkeit nicht ein Dienstverhältnis, sondern der Gesellschaftsvertrag zugrunde liegt.[12]

8 Keine Anwendung findet § 113 auf **Werkverträge**. Für diese gilt in der Insolvenz das Wahlrecht des Insolvenzverwalters nach § 103. Entscheidendes Abgrenzungskriterium zwischen Dienstvertrag und Werkvertrag ist, ob das bloße Wirken, dh die bloße Arbeitsleistung als solche, geschuldet ist (dann: Dienstvertrag) oder sich die Schuld auf die Herbeiführung eines bestimmten Erfolgs, dh eines Arbeitsergebnisses richtet (dann: Werkvertrag).[13] Sofern Abgrenzungsschwierigkeiten bestehen, sollte der Insolvenzverwalter – will er sich in jedem Fall von seinen Verpflichtungen befreien – sowohl den Vertrag kündigen als auch nach § 103 Abs. 2 die Nichterfüllung wählen. Denn eine Umdeutung kommt jeweils nicht in Betracht.[14]

---

[6] ErfK/*Müller-Glöge* Rn. 3.
[7] MüKo-InsO/*Löwisch/Caspers* Rn. 8; HK-InsO/*Linck* Rn. 6; a.A. KDZ/*Däubler* Rn. 11.
[8] HK-InsO/*Linck* Rn. 7; MüKo-InsO/*Löwisch/Caspers* Rn. 9; a.A. Kübler/Prütting/*Bork/Moll* Rn. 50.
[9] Vgl. noch zu § 22 KO BGH 29.01.1981, II ZR 92/80, NJW 1981, 1270.
[10] MüKo-InsO/*Löwisch/Caspers* Rn. 10.
[11] *Braun/Kroth/Beck* Rn. 7.
[12] MüKo-InsO/*Löwisch/Caspers* Rn. 10.
[13] Vgl. Palandt/*Sprau* Einf. v. § 631 BGB Rn. 8.
[14] *Steindorf/Regh* § 3 Rn. 10; HambK-InsR/*Ahrendt* Rn. 10.

Ist Gegenstand des Dienstverhältnisses eine **Geschäftsbesorgung** gem. § 675 BGB, gilt nicht § 113 9
sondern § 116. Die Abgrenzung zwischen »einfachem« Dienstvertrag und Geschäftsbesorgungsvertrag ist nicht immer eindeutig, da Merkmale der Geschäftsbesorgung auch in einem einfachen Dienstvertrag zu finden sein können. Abzugrenzen ist unter Zugrundelegung der Verkehrsanschauung danach, ob diese lediglich unselbständige Auswirkungen einer dienstvertraglichen Pflicht darstellen oder ob eine Geschäftsbesorgung im Vordergrund steht.[15] Auch **Auftragsverhältnisse** gem. § 662 BGB fallen nicht unter § 113. Für sie gilt **§ 115**.

2. Angetretene und nicht angetretene Dienstverhältnisse

Nicht erforderlich ist, dass das Dienstverhältnis bereits **in Vollzug** gesetzt ist. War diese Einschränkung in § 22 KO (»angetretenes Dienstverhältnis«) noch enthalten, setzt § 113 nunmehr einzig 10
das Bestehen eines Dienstverhältnisses voraus. Auch vor Dienstantritt des Dienstverpflichteten steht dem Insolvenzverwalter daher nicht das Wahlrecht nach § 103 zur Verfügung, sondern es findet § 113 Anwendung. Neben dem Wortlaut des § 113 sprechen für dieses Verständnis der Norm auch der Normzweck (vgl. Rdn. 2) sowie der systematische Zusammenhang mit § 103 und § 108 Abs. 1 Satz 1 (ganz h.M.).[16] § 113 gilt selbst dann, wenn die Kündigung vor Dienstantritt vertraglich ausgeschlossen ist. Zum Beginn der Kündigungsfrist bei nicht angetretenem Dienstverhältnis vgl. Rdn. 53.

3. Neu begründete Dienstverhältnisse

Ebenfalls in den Anwendungsbereich des § 113 fallen Dienstverhältnisse, welche erst der **Insolvenzverwalter** mit Wirkung für die Masse **neu begründet** hat.[17] Dient die Einstellung eines Arbeit- 11
nehmers der Wahrnehmung von **Aufgaben im Unternehmen des Schuldners**, schließt der Insolvenzverwalter regelmäßig im Rahmen seiner **abgeleiteten Arbeitgeberstellung** einen Arbeitsvertrag mit **Wirkung für die Masse**. Die Vergütungsansprüche sind dann Masseansprüche i.S.d. § 55 Abs. 1 Nr. 1.[18]

Nicht erfasst werden demgegenüber Dienstverhältnisse, welche der Insolvenzverwalter nicht für den 12
Insolvenzschuldner, sondern in eigener Person zur **Bewältigung eigener Verwaltungsaufgaben** abschließt.[19] Für diese gelten die allgemeinen Kündigungsvorschriften. Bei den Dienstverpflichteten kann es sich auch um ehemalige Arbeitnehmer des Insolvenzschuldners handeln.[20]

II. Kündigung

1. Allgemeines

§ 113 erfasst alle Arten **ordentlicher** Kündigungen, dh **Beendigungs- und Änderungskündigungen** 13
unabhängig davon, ob **betriebs-, personen- oder verhaltensbedingt** ausgesprochen.[21] Die Vorschrift normiert ein **beiderseitiges Kündigungsrecht**, so dass neben dem **Insolvenzverwalter** auch der **Dienstverpflichtete** zur Kündigung nach § 113 Satz 1 berechtigt ist.[22] Mit Übergang der Verwaltungs- und Verfügungsbefugnis gem. § 80 Abs. 1 geht auch die **Arbeitgeberstellung** im Hinblick

---

15 KR/*Weigand* §§ 113, 120–124 InsO Rn. 13.
16 Vgl. APS/*Dörner* Rn. 11; Braun/*Kroth/Beck* Rn. 43; FK-InsO/*Eisenbeis* Rn. 22; HWK/*Annuß* Rn. 5; HK-InsO/*Linck* Rn. 5; Kübler/Prütting/*Bork/Moll* Rn. 57; MüKo-InsO/*Löwisch/Caspers* Rn. 12.
17 *LAG Berlin* 11.07.2007, 23 Sa 450/07, ZIP 2007, 2002; ErfK/*Müller-Glöge* Rn. 5; HK-InsO/*Linck* Rn. 10; a.A. KDZ/*Däubler* Rn. 13; *Henkel* ZIP 2008, 1265.
18 BGH 24.01.1991, IX ZR 250/89, DB 1991, 2657; Uhlenbruck/*Berscheid* Rn. 9.
19 Zur Abgrenzung KDZ/*Däubler* Rn. 15; KR/*Weigand* §§ 113, 120–124 InsO Rn. 20.
20 Uhlenbruck/*Berscheid* Rn. 9.
21 KDZ/*Däubler* Rn. 7.
22 MüKo-InsO/*Löwisch/Caspers* Rn. 13.

auf bestehende Arbeitsverhältnisse auf den Insolvenzverwalter über.[23] Der **Schuldner** ist somit nicht mehr zur Ausübung seiner Arbeitgeberrechte und -pflichten befugt. Damit einher geht auch der Übergang der Kündigungsberechtigung auf den Insolvenzverwalter, sodass eine durch den Schuldner selbst erklärte Kündigung unwirksam ist.[24] Lediglich sofern **Eigenverwaltung** angeordnet wird (vgl. § 270), tritt gem. § 279 Satz 1 der **Schuldner** an die Stelle des Insolvenzverwalters.

14 Die Kündigung muss nicht unverzüglich nach Eröffnung des Insolvenzverfahrens erklärt werden. § 113 normiert keine Frist zur Ausübung des Kündigungsrechts, sodass Kündigungen während des **gesamten Insolvenzverfahrens** ohne zeitliche Begrenzung erfasst werden.[25] Eine Fortsetzung des Arbeitsverhältnisses über den frühestmöglichen Kündigungstermin hinaus kann demnach auch nicht als Verzicht auf das Kündigungsrecht nach § 113 Satz 1 u. 2 ausgelegt werden.[26]

2. Vorläufiger Insolvenzverwalter

15 Auf eine Kündigung durch den **vorläufigen Insolvenzverwalter** ist § 113 weder direkt noch analog anwendbar, selbst wenn dieser als sog. »starker« vorläufiger Insolvenzverwalter nach § 22 Abs. 1 mit Verwaltungs- und Verfügungsbefugnis ausgestattet ist.[27] Einer direkten Anwendung des § 113 auch auf den »starken« vorläufigen Insolvenzverwalter stehen **Wortlaut** der Norm sowie **Gesetzessystematik** der Insolvenzordnung entgegen. Denn § 113 Satz 1 selbst nennt als Kündigungsberechtigten nur den Insolvenzverwalter. Aus der Stellung der Vorschrift im Dritten Teil der Insolvenzordnung (»Wirkungen der Eröffnung des Insolvenzverfahrens«) ergibt sich zudem, dass die Vorschrift erst ab Eröffnung des Insolvenzverfahrens, nicht jedoch bereits im vorangehenden Eröffnungsverfahren gelten soll.[28] Für eine **analoge Anwendung** auf den vorläufigen Insolvenzverwalter fehlt es schließlich an einer **planwidrigen Regelungslücke**. Die Befugnisse des »starken« vorläufigen Insolvenzverwalters sind **abschließend geregelt**.[29]

3. Nachkündigung

16 Der Insolvenzverwalter kann durch **Nachkündigung** das Dienstverhältnis auch dann noch nach Maßgabe der verkürzten Frist des § 113 Satz 2 beenden, wenn Insolvenzschuldner oder vorläufiger Insolvenzverwalter bereits vor Eröffnung des Insolvenzverfahrens eine Kündigung unter Einhaltung der ordentlichen Kündigungsfrist ausgesprochen haben.[30] Dies stellt keine unzulässige **Wiederholungskündigung** dar, da sich der zugrunde liegende Kündigungssachverhalt durch die Insolvenzeröffnung in tatsächlicher und rechtlicher Hinsicht entscheidend verändert hat.[31] Die Nachkündigung ist selbst dann noch zulässig, wenn die vorherige Kündigung wegen Ablaufs der dreiwöchigen Klagefrist nach §§ 4, 7 KSchG bereits endgültig rechtswirksam geworden ist.[32] Auch für die Nachkündigung sind die Wirksamkeitsvoraussetzungen einer Kündigung einzuhalten. Da es sich um eine neue Kündigung handelt, ist der Betriebsrat erneut gem. § 102 Abs. 1 BetrVG anzuhören.[33] Ebenso ist eine nach § 17 KSchG erforderliche Massenentlassungsanzeige erneut zu erstatten.[34]

---

23 Braun/*Kroth/Beck* Rn. 5 f.
24 Uhlenbruck/*Berscheid* Rn. 25.
25 HK-InsO/*Linck* Rn. 13.
26 Uhlenbruck/*Berscheid* Rn. 28.
27 BAG 20.01.2005, 2 AZR 134/04, EzA § 113 InsO Nr. 15.
28 BAG 20.01.2005, 2 AZR 134/04, EzA § 113 InsO Nr. 15.
29 BAG 20.01.2005, 2 AZR 134/04, EzA § 113 InsO Nr. 15.
30 BAG 26.07.2007, 8 AZR 769/06, NZA 2008, 112.
31 BAG 22.05.2003, 2 AZR 255/02, EzA § 113 InsO Nr. 12.
32 Uhlenbruck/*Berscheid* Rn. 116.
33 LAG Hamm 12.01.2006, 4 Sa 1512/05, nv.
34 BAG 22.04.2010, 6 AZR 948/08, DB 2010, 1763.

C. Gesetzliches Kündigungsrecht (Satz 1)

I. Allgemeines

§ 113 Satz 1 normiert ein gesetzliches Kündigungsrecht, keinen selbständigen Kündigungsgrund der Insolvenz.[35] Der Insolvenzverwalter hat daher auch bei einer Kündigung nach § 113 das KSchG zu beachten, sofern es nach persönlichem (vgl. § 1 Abs. 1 KSchG) und betrieblichem (vgl. § 23 Abs. 1 KSchG) Geltungsbereich Anwendung findet.[36] 17

Nach § 113 Satz 1 können beide Vertragsparteien das Dienstverhältnis ohne Rücksicht auf eine **vereinbarte Vertragsdauer** oder einen **vereinbarten Ausschluss** des Rechts zur ordentlichen Kündigung ordentlich kündigen. Über § 113 Satz 1 können demnach insb. **befristet** und **auflösend bedingt** abgeschlossene Arbeitsverhältnisse sowie Arbeitsverhältnisse mit **vereinbartem Ausschluss der ordentlichen Kündbarkeit** beendet werden. 18

II. Befristete und auflösend bedingte Arbeitsverhältnisse

Der Bestand befristeter Arbeitsverhältnisse bleibt von der Insolvenzeröffnung zunächst unberührt.[37] Das TzBfG findet auch in der Insolvenz Anwendung. Ohne Vorliegen eines sachlichen Grundes ist die Befristung eines Arbeitsvertrages gem. § 14 Abs. 2 TzBfG grds bis zur Dauer von zwei Jahren zulässig. Über diese Dauer hinaus ist sie gem. § 14 Abs. 1 TzBfG wirksam, wenn sie durch einen sachlichen Grund gerechtfertigt ist. Die Eröffnung des Insolvenzverfahrens allein ist kein Sachgrund zur Befristung.[38] Ein rechtsunwirksam befristetes Arbeitsverhältnis gilt gem. § 16 Abs. 1 Satz 1 TzBfG als auf unbestimmte Zeit geschlossen. 19

Für befristete Arbeitsverhältnisse besteht das Kündigungsrecht des Insolvenzverwalters aus § 113 unabhängig davon, ob das ordentliche Kündigungsrecht vorbehalten wurde oder nicht. § 15 Abs. 3 TzBfG ist nicht als gesetzlicher Kündigungsausschluss, sondern als bloße gesetzliche Auslegungsregel zu verstehen, die § 113 nicht vorgeht.[39] Entsprechend sind auch auflösend bedingte Arbeitsverhältnisse (vgl. § 21 TzBfG) ohne besondere Vereinbarung kündbar.[40] 20

Altersteilzeitverträge sind befristete Arbeitsverhältnisse.[41] Sind sie in Form des Blockmodells vereinbart, kann der Wegfall der Beschäftigungsmöglichkeit als betrieblicher Grund i.S.d. § 1 Abs. 2 KSchG eine Kündigung nur in der **Arbeitsphase** rechtfertigen. Denn hat der Arbeitnehmer bereits seine gesamte Arbeitsleistung erbracht und befindet sich in der **Freistellungsphase**, hat der Wegfall der Beschäftigungsmöglichkeit für den Bestand seines Arbeitsverhältnisses keine Bedeutung mehr.[42] Allein das Fehlen hinreichender finanzieller Mittel stellt keinen ausreichenden Kündigungsgrund dar.[43] 21

III. Vereinbarter Kündigungsausschluss

1. Vereinbarung

Für Dienstverhältnisse mit **vereinbartem** Kündigungsausschluss besteht das gesetzliche Kündigungsrecht des § 113 Satz 1. Dies gilt für das Arbeitsverhältnis unabhängig davon, ob der Ausschluss dem 22

---

35 BAG 29.09.2005, 8 AZR 647/04, EzA § 1 KSchG Betriebsbedingte Kündigung Nr. 140.
36 BAG 16.06.2005, 6 AZR 476/04, EzA § 1 KSchG Betriebsbedingte Kündigung Nr. 137.
37 *Steindorf/Regh* § 3 Rn. 116.
38 LAG Düsseldorf 08.03.1994, 16 Sa 163/94, ZIP 1994, 1032.
39 BAG 16.06.2005, 6 AZR 476/04, EzA § 1 KSchG Betriebsbedingte Kündigung Nr. 137; ErfK/*Müller-Glöge* Rn. 6.
40 ErfK/*Müller-Glöge* Rn. 6; HWK/*Annuß* Rn. 7.
41 BAG 16.06.2005, 6 AZR 476/04, EzA § 1 KSchG Betriebsbedingte Kündigung Nr. 137.
42 BAG 05.12.2002, 2 AZR 571/01, EzA § 1 KSchG Betriebsbedingte Kündigung Nr. 125.
43 BAG 05.12.2002, 2 AZR 571/01, EzA § 1 KSchG Betriebsbedingte Kündigung Nr. 125.

Einzelvertrag, einer **Betriebsvereinbarung**[44] oder einem **Tarifvertrag**[45] entspringt. Die Verdrängung tarifvertraglicher Regelungen ist verfassungskonform. Der hiermit verbundene Eingriff in die Tarifautonomie (Art. 9 Abs. 3 GG) ist gerechtfertigt[46] (vgl. auch Rdn. 50). Auch tarifvertraglich unkündbare Arbeitsverhältnisse sind demnach in der Insolvenz ordentlich kündbar. Nach Wortlaut, Entstehungsgeschichte und Normzweck des § 113 Satz 1 ist diesbezüglich eine Einschränkung des Kündigungsrechts nicht geboten.[47] Das Kündigungsrecht des Insolvenzverwalters besteht unabhängig davon, ob der vereinbarte Ausschluss der Kündigung mit einer Gegenleistung des Arbeitnehmers verbunden war, etwa im Zuge einer Standortsicherungsvereinbarung.[48]

2. Kündigungsausschluss

23 § 113 Satz 1 verdrängt Vereinbarungen über einen Kündigungsausschluss. Hiervon zu unterscheiden sind vereinbarte **sonstige Kündigungserschwerungen.** Durch Tarifvertrag oder Betriebsvereinbarung i.S.d. § 102 Abs. 6 BetrVG kann ein **Zustimmungsvorbehalt des Betriebsrats** vereinbart sein. Auf diesen ist § 113 Satz 1 nicht anzuwenden.[49] Hierbei handelt es sich weder um einen vereinbarten Kündigungsausschluss noch um eine Regelung der Vertragsdauer oder der Kündigungsfrist. Es wird einzig der Zeitpunkt des Kündigungsausspruchs determiniert. Dass sich das Zustimmungserfordernis als zeitlich begrenzte Kündigungssperre auswirken kann, stellt lediglich einen Reflex der Bestimmung dar. Derartige sonstige Kündigungserschwerungen werden durch § 113 Satz 1 nicht verdrängt.[50] Dasselbe muss auch für ein vereinbartes **Abfindungserfordernis** gelten.[51]

IV. Gesetzlicher Kündigungsschutz

24 Ein **gesetzlicher** Ausschluss der Kündigung bleibt von § 113 unberührt.[52] § 113 Satz 1 normiert keinen eigenständigen Kündigungsgrund der Insolvenz oder Sanierung. Findet das **KSchG** nach seinem persönlichen und betrieblichen Geltungsbereich Anwendung, ist es auch in der Insolvenz zu beachten.[53] Eine Betriebsratsanhörung ist auch in der Insolvenz durchzuführen. Ebenfalls nicht von § 113 verdrängt werden die Formvorschrift des § 623 BGB sowie die Vorschriften zum Sonderkündigungsschutz.

1. KSchG

25 Die ordentliche Kündigung eines Arbeitsverhältnisses kann gem. § 1 Abs. 2 Satz 1 KSchG aus **verhaltens-, personen- oder betriebsbedingten** Gründen sozial gerechtfertigt sein. Die **betriebsbedingte** Kündigung setzt auch in der Insolvenz ein **dringendes betriebliches Erfordernis** i.S.d. § 1 Abs. 2 Satz 1 KSchG voraus, welches der Weiterbeschäftigung des Arbeitnehmers in dem Betrieb entgegensteht. Nach § 1 Abs. 3 KSchG hat der Insolvenzverwalter eine **Sozialauswahl** durchzuführen.[54] Kommt zwischen Insolvenzverwalter und Betriebsrat ein Interessenausgleich über eine Betriebsänderung zustande, welcher die zu kündigenden Arbeitnehmer namentlich bezeichnet, gelten nach § 125 Modifikationen: Zum einen wird gem. § 125 Abs. 1 Satz 1 Nr. 1 vermutet, dass die

---

44 BAG 22.09.2005, 6 AZR 526/04, EzA § 113 InsO Nr. 18.
45 BAG 19.01.2000, 4 AZR 70/99, EzA § 113 InsO Nr. 10.
46 BAG 16.06.1999, 4 AZR 191/98, EzA § 113 InsO Nr. 9; a.A. KDZ/*Däubler* Rn. 29 ff. m.w.N.
47 BAG 20.09.2006, 6 AZR 249/05, EzA § 613a BGB 2002 Nr. 62.
48 BAG 17.11.2005, 6 AZR 107/05, EzA § 125 InsO Nr. 4.
49 BAG 19.01.2000, 4 AZR 911/98, nv: Jedoch sei eine entsprechende tarifliche Klausel dahingehend auszulegen, dass jedenfalls dann eine Zustimmung des Betriebsrats zur betriebsbedingten Kündigung nicht erforderlich sein soll, wenn im Fall der Insolvenz wegen Betriebsstilllegung sämtlichen Mitarbeitern gekündigt werden muss.
50 BAG 19.01.2000, 4 AZR 911/98, nv; HWK/*Annuß* Rn. 2; a.A. MüKo-InsO/*Löwisch/Caspers* Rn. 18.
51 AA LAG Hamm 26.11.1998, 8 Sa 1576/98, ZInsO 1999, 302.
52 *BAG 17.11.2005, 6 AZR 118/05, EzA § 1 KSchG Soziale Auswahl Nr. 64.*
53 BAG 20.09.2006, 6 AZR 249/05, EzA § 613a BGB 2002 Nr. 62.
54 BAG 28.10.2004, 8 AZR 391/03, EzA § 1 KSchG Soziale Auswahl Nr. 56.

Kündigung der namentlich im Interessenausgleich bezeichneten Arbeitnehmer durch dringende betriebliche Erfordernisse bedingt ist, welche einer Weiterbeschäftigung in diesem Betrieb bzw. einer Weiterbeschäftigung zu unveränderten Arbeitsbedingungen entgegenstehen. Zum anderen ist gem. § 125 Abs. 1 1 Nr. 2 die Überprüfbarkeit der Sozialauswahl auf grobe Fehlerhaftigkeit beschränkt (vgl. § 125 Rdn. 16 ff., 24 ff.).

Massenentlassungen sind gem. § 17 KSchG der Agentur für Arbeit zuvor anzuzeigen. Wird eine 26
Kündigung vor der gem. § 17 KSchG erforderlichen Anzeige ausgesprochen, ist sie nach neuerer Rechtsprechung des BAG in richtlinienkonformer Auslegung der Norm **rechtsunwirksam**.[55]

2. Betriebsratsanhörung

Der Insolvenzverwalter hat den **Betriebsrat** vor jeder Kündigung unter Mitteilung der Kündigungs- 27
gründe anzuhören, **§ 102 Abs. 1 BetrVG**. Die Betriebsratsanhörung unterliegt auch bei Vorliegen eines Interessenausgleichs mit Namensliste i.S.d. § 125 grds keinen erleichterten Anforderungen.[56] Auch das Erfordernis der Anhörung des **Sprecherausschusses** gem. **§ 31 Abs. 2 SprAuG** bleibt unberührt. Zum Erfordernis des Versuchs eines Interessenausgleichs bei Betriebsänderungen vgl. § 122 Rdn. 2. **Bei Massenentlassungen** hat der Insolvenzverwalter das in § 17 Abs. 2 KSchG niedergelegte Verfahren einzuhalten.

3. Formvorschriften

Das **Schriftformerfordernis** des § 623 BGB gilt auch in der Insolvenz[57] und findet sowohl für **Be-** 28
endigungs- als auch für **Änderungskündigungen** Anwendung. Bei der Änderungskündigung erstreckt sich das Schriftformerfordernis auch auf das Änderungsangebot.[58] Sofern das Gesetz ausnahmsweise eine **Begründung** der Kündigung verlangt (vgl. § 22 Abs. 2, 3 BBiG, § 9 Abs. 3 Satz 2 MuSchG), gilt dies auch für das Insolvenzverfahren. Wurden in Einzelvertrag, Betriebsvereinbarung oder Tarifvertrag Formerfordernisse **vereinbart**, so sind diese ebenfalls zu beachten.[59]

Die Kündigung stellt **keine insolvenzspezifische Rechtshandlung** dar, für welche eine **Stellvertre-** 29
tung ausgeschlossen wäre. Denn die Erklärung einer Kündigung ist – anders als etwa die Ausübung des Wahlrechts des Insolvenzverwalters nach § 103[60] – auch außerhalb der Insolvenz möglich. Der Insolvenzverwalter kann sich demnach bei der Kündigung durch Bevollmächtigte vertreten lassen.[61] Jedoch ist zu beachten, dass eine vom Schuldner erteilte Vollmacht, welche sich auf das zur Insolvenzmasse gehörende Vermögen bezieht, gem. § 117 Abs. 1 durch Eröffnung des Insolvenzverfahrens erlischt.[62] Der Insolvenzverwalter kann allerdings neue Vollmachten erteilen. Hierbei hat er die allgemeinen Vorschriften zur Bevollmächtigung zu beachten.[63] Die Erteilung der Vollmacht ist grds **formlos** möglich, § 167 Abs. 2 BGB.

Zu beachten ist die Regelung des § 174 Satz 1 BGB, wonach eine Kündigung als einseitiges Rechts- 30
geschäft unwirksam ist, wenn der Bevollmächtigte keine **Vollmachtsurkunde** vorlegt und der Empfänger die Kündigung aus diesem Grunde unverzüglich zurückweist. Die Zurückweisung ist jedoch gem. § 174 Satz 2 BGB ausgeschlossen, wenn der Vollmachtgeber den Erklärungsempfänger von der Bevollmächtigung in Kenntnis gesetzt hatte. Einer Mitteilung der Bevollmächtigung steht es gleich,

---

[55] BAG 28.05.2009, 8 AZR 273/08, EzA § 17 KSchG Nr. 20; anders noch BAG 18.09.2003, 2 AZR 79/02, EzA § 17 KSchG Nr. 11.
[56] BAG 28.08.2003, 2 AZR 377/02, EzA § 102 BetrVG 2001 Nr. 4.
[57] BAG 04.11.2004, 2 AZR 17/04, EzA § 130 BGB 2002 Nr. 4.
[58] BAG 16.09.2004, 2 AZR 628/03, EzA § 623 BGB 2002 Nr. 2.
[59] KDZ/*Däubler* Rn. 36.
[60] OLG Düsseldorf 10.05.1988, 3 Wx 169/88, ZIP 1988, 855.
[61] BAG 21.07.1988, 2 AZR 75/88, EzA § 1 KSchG Soziale Auswahl Nr. 26.
[62] BAG 26.06.2008, 6 AZR 478/07, EzA § 240 ZPO 2002 Nr. 4.
[63] BAG 18.04.2002, 8 AZR 346/01, EzA § 613a BGB Nr. 207.

§ 113 InsO Kündigung eines Dienstverhältnisses

wenn der Vertreter in eine Stellung berufen wird, mit der das Kündigungsrecht regelmäßig verbunden ist. Als solche kommen insb. der Leiter der **Personalabteilung**, der **Prokurist** oder der **Generalbevollmächtigte** in Betracht.[64] Der Insolvenzverwalter muss jedoch deutlich machen, welche dieser Personen auch für ihn handeln können. Dies sowie die Mitteilung, welche Vollmachten neu erteilt werden, kann auch durch Aushang am Schwarzen Brett oder im Rahmen einer Betriebsversammlung erfolgen.[65]

4. Sonderkündigungsschutz

a) Ausbildungsverhältnisse

31 § 22 Abs. 2 BBiG normiert für das Berufsausbildungsverhältnis einen Ausschluss des Rechts zur ordentlichen Kündigung. Nach Ablauf der Probezeit gem. § 20 BBiG ist das Berufsausbildungsverhältnis – abgesehen von der Kündigungsmöglichkeit des Auszubildenden bei Berufsaufgabe nach § 22 Abs. 2 Nr. 2 BBiG – nur aus **wichtigem Grund** kündbar, § 22 Abs. 2 Nr. 1 BBiG. Als **gesetzlicher** Ausschluss des ordentlichen Kündigungsrechts wird § 22 Abs. 2 BBiG nicht von § 113 Satz 1 verdrängt.[66] Die Insolvenzeröffnung an sich stellt **keinen wichtigen Grund** i.S.d. § 22 Abs. 2 Nr. 1 BBiG dar. Ist jedoch der **Ausbildungszweck** – etwa wegen Betriebsstilllegung – nicht mehr erreichbar, kann dies eine außerordentliche Kündigung rechtfertigen.[67] Hierbei hat der Insolvenzverwalter als **Auslauffrist** die Drei-Monats-Frist des § 113 zu beachten. Andernfalls stünde der Auszubildende ggf schlechter als ordentlich kündbare Arbeitnehmer, was dem Schutzzweck des § 22 BBiG zuwiderliefe.[68]

b) Betriebsräte

32 Mitglieder des Betriebsrats, der Jugend- und Auszubildendenvertretung, der Bordvertretung oder des Seebetriebsrats genießen auch in der Insolvenz den besonderen Kündigungsschutz des § 15 Abs. 1 KSchG. Sie sind grds **nicht ordentlich kündbar** und auch in eine **Sozialauswahl** nicht einzubeziehen.[69] Über das Ende ihrer Amtszeit hinaus genießen die geschützten Personengruppen nach § 15 Abs. 1 Satz 2 KSchG nachwirkenden Kündigungsschutz für die Dauer von einem Jahr bzw. sechs Monaten. Entsprechendes gilt für den nach § 15 Abs. 2 KSchG geschützten Personenkreis. Ebenfalls zu beachten ist auch der im Zusammenhang mit Betriebsratswahlen stehende Kündigungsschutz insb. von Wahlbewerber und Wahlvorstand nach § 15 Abs. 3, 3a KSchG, da in betriebsratslosen Betrieben häufig gerade in der Insolvenz noch versucht wird Betriebsratswahlen zu initiieren.[70]

33 Im Falle einer **Betriebsstilllegung** bzw. Betriebsteilstilllegung kann eine ordentliche Kündigung nach § 15 Abs. 4, 5 KSchG zulässig sein. Dies setzt voraus, dass der Arbeitsplatz des geschützten Arbeitnehmers durch die Stilllegung wegfällt und die Weiterbeschäftigung in einem anderen Betrieb (bzw. in einer anderen Betriebsabteilung) des Unternehmens nicht möglich ist.[71] Die Kündigung bedarf der Betriebsratsanhörung nach § 102 BetrVG. Hingegen ist die Zustimmung des Betriebsrats nach § 103 BetrVG nicht erforderlich, da es sich bei der Kündigung nach § 15 Abs. 4, 5 KSchG nicht um eine außerordentliche Kündigung handelt.[72]

---

[64] BAG 06.02.1997, 2 AZR 128/96, EzA § 174 BGB Nr. 11.
[65] KDZ/*Däubler* Rn. 37; Uhlenbruck/*Berscheid* Rn. 25.
[66] KR/*Weigand* §§ 113, 120–124 InsO Rn. 55; HK-InsO/*Linck* Rn. 8; HWK/*Annuß* Rn. 3.
[67] KDZ/*Däubler* Rn. 10; KR/*Weigand* §§ 113, 120–124 InsO Rn. 55.
[68] FK-InsO/*Eisenbeis* Rn. 79; KDZ/*Däubler* Rn. 10; a.A. *Schaub* DB 1999, 217 (223): maßgeblich sei die gesetzliche bzw. tarifliche Kündigungsfrist des Ausbildungsberufs.
[69] BAG 17.11.2005, 6 AZR 118/05, EzA § 1 KSchG Soziale Auswahl Nr. 64.
[70] Uhlenbruck/*Berscheid* Rn. 50.
[71] BAG 13.08.1992, 2 AZR 22/92, EzA § 15 n.F. KSchG Nr. 39.
[72] BAG 20.01.1984, 7 AZR 443/82, EzA § 15 n.F. KSchG Nr. 33.

Das Recht zur **außerordentlichen Kündigung** aus wichtigem Grund nach § 626 BGB wird durch 34
§ 15 KSchG nicht ausgeschlossen. Diesbezüglich ist jedoch das Zustimmungserfordernis des § 103
BetrVG zu beachten.

c) Mutterschutz, Elternzeit und Pflegezeit

Der Sonderkündigungsschutz von **Schwangeren und Müttern** besteht auch in der Insolvenz.[73] Gem. 35
§ 9 Abs. 1 Satz 1 MuSchG ist die Kündigung gegenüber einer Frau während der Schwangerschaft
und bis zum Ablauf von vier Monaten nach der Entbindung unzulässig. Dies gilt nur, sofern dem
Insolvenzverwalter zur Zeit der Kündigung die Schwangerschaft bzw. Entbindung bekannt war
oder innerhalb von zwei Wochen nach Kündigungszugang mitgeteilt wird. Verstreicht die Frist
aus nicht von der Frau zu vertretendem Grund, ist die Kündigung ebenfalls unzulässig, wenn die Mitteilung unverzüglich nachgeholt wird.

In **besonderen Fällen** kann die für den Arbeitsschutz zuständige oberste Landesbehörde die Kündi- 36
gung ausnahmsweise gem. § 9 Abs. 3 Satz 1 MuSchG für zulässig erklären. Ein solcher besonderer
Fall wird bei einer **Betriebsstilllegung** regelmäßig gegeben sein; nicht jedoch, wenn die Arbeitnehmerin anderweitig im Unternehmen beschäftigt werden kann.[74] Erklärt die Behörde die Kündigung
für zulässig, sind die besonderen Formvorschriften des § 9 Abs. 3 Satz 2 MuSchG – Schriftform und
Angabe des Kündigungsgrundes – zu beachten.

Nach § 18 Abs. 1 Satz 1 BEEG darf der Arbeitgeber das Arbeitsverhältnis ab dem Zeitpunkt, von 37
dem an **Elternzeit** verlangt worden ist, höchstens jedoch acht Wochen vor Beginn der Elternzeit,
und während der Elternzeit nicht kündigen. Auch nach dieser Vorschrift kann die für den Arbeitsschutz zuständige oberste Landesbehörde **in besonderen Fällen** eine Kündigung ausnahmsweise
für zulässig erklären (vgl. § 18 Abs. 1 Satz 2 und 3 BEEG). Auch hierzu ist allgemein anerkannt,
dass die Betriebsstilllegung regelmäßig einen solchen besonderen Fall darstellt.[75] § 18 Abs. 1
BEEG dient allerdings nicht dem Schutz vor etwaigen nachteiligen sozialversicherungsrechtlichen
Folgen der Kündigung. Der Insolvenzverwalter ist deshalb nicht verpflichtet, einer in Elternzeit befindlichen Arbeitnehmerin nur deshalb eine von § 113 Satz 2 abweichende längere Kündigungsfrist
einzuräumen, um sie weiterhin in den Genuss einer beitragsfreien Krankenversicherung kommen zu
lassen. Ob das auch dann gilt, wenn im Einzelfall die Insolvenzmasse bei Beendigung des Arbeitsverhältnisses erst zu einem späteren Zeitpunkt nicht zusätzlich belastet würde[76], mag man bezweifeln.
Sinn und Zweck des § 113 InsO (Rdn. 2) gebieten diesen Schluss jedenfalls nicht, allenfalls Zweckmäßigkeitserwägungen können als Legitimation insoweit angeführt werden.

Die Kündigungsverbote aus § 9 Abs. 1 Satz 1 MuSchG und § 18 Abs. 1 Satz 1 BEEG können in 38
einem Arbeitsverhältnis nebeneinander bestehen. In diesem Fall bedarf es zur Kündigung der Zulässigkeitserklärung durch die Arbeitsschutzbehörde nach beiden Vorschriften.[77]

Gem. § 5 PflegeZG darf der Arbeitgeber ein Beschäftigungsverhältnis von Ankündigung bis Been- 39
digung einer kurzzeitigen Arbeitsverhinderung nach § 2 PflegeZG oder einer Pflegezeit nach § 3
PflegeZG nicht kündigen. Neben Arbeitnehmern und zur Berufsbildung Beschäftigten erfasst der
Sonderkündigungsschutz des § 5 PflegeZG – anders als etwa § 9 MuSchG und § 18 Abs. 1 Satz 1
BEEG oder das KSchG – gem. § 7 Abs. 1 PflegeZG auch arbeitnehmerähnliche Personen. Er gilt für
ordentliche wie auch außerordentliche Kündigungen. In besonderen Fällen kann die Kündigung von
der für Arbeitsschutz zuständigen obersten Landesbehörde gem. § 5 Abs. 2 PflegeZG ausnahmsweise für zulässig erklärt werden.

---

73 BAG 25.10.1968, 2 AZR 23/68, EzA § 626 BGB Nr. 10.
74 BVerwG 18.08.1977, V C 8.77, BVerwGE 54, 276.
75 Vgl. Allgemeine Verwaltungsvorschriften zum Kündigungsschutz bei Erziehungsurlaub vom 02.01.1986, § 2 I Nr. 1 bis 4, BAnz 1986 Nr. 1 S. 4; BVerwG 30.09.2009 5 C 32/08, NJW 2010, 2074.
76 So LAG Nürnberg 11.01.2012, 4 Sa 627/11, ZInsO 2012, 2300.
77 BAG 31.03.1993, 2 AZR 595/92, EzA § 9 n.F. MuSchG Nr. 32.

d) Schwerbehinderte

40 Gem. §§ 68, 85 SGB IX bedarf die arbeitgeberseitige Kündigung des Arbeitsverhältnisses eines Schwerbehinderten i.S.d. § 2 Abs. 2 SGB IX oder eines ihm nach § 2 Abs. 3 SGB IX Gleichgestellten der vorherigen **Zustimmung des Integrationsamtes**, sofern das Arbeitsverhältnis bereits länger als **sechs Monate** bestand, vgl. § 90 Abs. 1 Nr. 1 SGB IX.

41 Voraussetzung des Sonderkündigungsschutzes ist gem. § 90 Abs. 2a Alt. 1 SGB IX grds der Nachweis der Schwerbehinderteneigenschaft zum Zeitpunkt der Kündigung, welcher regelmäßig durch behördlichen Anerkennungsbescheid erbracht wird.[78] Offenkundigkeit genügt ebenfalls zum Nachweis der Schwerbehinderteneigenschaft i.S.d. § 90 Abs. 2a Alt. 1 SGB IX, so dass es bei offenkundiger Schwerbehinderung der behördlichen Anerkennung nicht bedarf.[79] Eines Anerkennungsbescheids über die Schwerbehinderteneigenschaft nach § 69 SGB IX bedarf es auch dann nicht, wenn der Schwerbehinderte rechtzeitig, dh mindestens **drei Wochen** vor Zugang der Kündigung, den Anerkennungsantrag gestellt hatte und die Feststellung nicht gem. § 90 Abs. 2a Alt. 2 SGB IX **wegen fehlender Mitwirkung** des Schwerbehinderten unterblieben ist.[80]

42 Mit diesen Einschränkungen steht dem Arbeitnehmer ein Sonderkündigungsschutz auch dann zu, wenn der Arbeitgeber von der Schwerbehinderteneigenschaft bzw. der Antragstellung keine Kenntnis hatte.[81] Jedoch verwirkt der Arbeitnehmer seinen Sonderkündigungsschutz, macht er seine Schwerbehinderteneigenschaft nicht innerhalb angemessener Frist von i.d.R. drei Wochen (früher noch: ein Monat)[82] gegenüber dem Arbeitgeber geltend.[83]

43 Das Zustimmungserfordernis gilt für **ordentliche** wie für **außerordentliche** (vgl. § 91 SGB IX) Kündigungen und besteht auch in der Insolvenz.[84] Das Integrationsamt entscheidet über den Antrag des Arbeitgebers grds nach **pflichtgemäßem Ermessen** unter Abwägung der Interessen von Arbeitgeber und Arbeitnehmer.[85] In der Insolvenz können sich aus § 89 SGB IX Einschränkungen des Ermessens ergeben (vgl. insb. Abs. 1 bei Betriebsstilllegung und Abs. 3 bei Interessenausgleich im Insolvenzverfahren).

e) Wehr- und Zivildienstleistende

44 Gem. §§ 2 Abs. 1, 16 Abs. 7 ArbPlSchG darf der Arbeitgeber von der Zustellung des Einberufungs- bzw. Dienstantrittsbescheids bis zur Beendigung des Grundwehrdienstes, des freiwilligen Wehrdienstes sowie während einer Wehrübung das Arbeitsverhältnis nicht ordentlich kündigen. Das Recht zur Kündigung aus wichtigem Grund bleibt gem. § 2 Abs. 3 Satz 1 ArbPlSchG unberührt. Nach § 78 Abs. 1 Nr. 1 ZDG gilt die Regelung für anerkannte Kriegsdienstverweigerer entsprechend. Als gesetzlicher Kündigungsausschluss sind die Vorschriften auch im Insolvenzverfahren zu beachten.

f) Abgeordnete

45 Die Kündigung eines Bundestagsabgeordneten wegen des Erwerbs, der Annahme oder Ausübung seines Mandats ist gem. Art. 48 Abs. 2 GG und § 2 Abs. 3 Satz 1 AbgG unzulässig. Im Übrigen ist eine Kündigung nur aus wichtigem Grunde zulässig (§ 2 Abs. 3 Satz 2 AbgG). Der Kündigungs-

---

78 BAG 13.02.2008, 2 AZR 864/06, EzA § 4 n.F. KSchG Nr. 83.
79 BAG 13.02.2008, 2 AZR 864/06, EzA § 4 n.F. KSchG Nr. 83.
80 BAG 29.11.2007, 2 AZR 613/06, EzA § 90 SGB IX Nr. 3.
81 BAG 11.12.2008, 2 AZR 395/07, EzA § 90 SGB IX Nr. 5.
82 BAG 12.01.2006, 2 AZR 539/05, EzA § 85 SGB IX Nr. 5.
83 BAG 11.12.2008, 2 AZR 395/07, EzA § 90 SGB IX Nr. 5; ein nur geringfügiges Überschreiten kann jedoch nach den Umständen des Einzelfalls unschädlich sein, vgl. LAG München 23.07.2009, 4 Sa 1049/08, *NZA-RR 2010*, 19.
84 FK-InsO/*Eisenbeis* Rn. 55 f.
85 ErfK/*Rolfs* § 89 SGB IX Rn. 1.

schutz beginnt mit Aufstellung des Bewerbers durch das dafür zuständige Organ der Partei bzw. mit Einreichung des Wahlvorschlags und endet ein Jahr nach Beendigung des Mandats (§ 2 Abs. 3 Satz 3 und 4 AbgG). Vergleichbare Regelungen für Abgeordnete auf Landes- Kreis- und Gemeindeebene finden sich in den Landesverfassungen und -gesetzen.[86]

g) § 613a Abs. 4 BGB

Die Kündigung eines Arbeitsverhältnisses durch den Arbeitgeber oder durch den neuen Inhaber **wegen eines Betriebsübergangs** ist nach § 613a Abs. 4 BGB unwirksam. Die Vorschrift gilt auch in der Insolvenz. Dies ergibt sich aus der gesetzgeberischen Entscheidung in § 128 Abs. 2.[87] Zum Betriebsübergang in der Insolvenz vgl. im Übrigen die Kommentierung zu § 128.   **46**

V. Außerordentliche Kündigung

Das Recht beider Vertragsparteien zur außerordentlichen Kündigung aus **wichtigem Grund** nach § 626 BGB wird durch die Eröffnung des Insolvenzverfahrens sowie die Regelung des § 113 nicht berührt. Die Eröffnung des Insolvenzverfahrens als solche stellt allerdings keinen wichtigen Grund zur außerordentlichen Kündigung dar.[88] Für den Dienstverpflichteten bzw. Arbeitnehmer kommt ein wichtiger Grund nach § 626 BGB etwa bei **ausbleibender, verminderter oder verspäteter Entgeltzahlung** durch den Dienstberechtigten bzw. Arbeitgeber in Betracht. Allein die Tatsache, dass der Schuldner die **Insolvenz verursacht** hat, rechtfertigt hingegen eine Kündigung regelmäßig nicht. Etwas anderes kann ausnahmsweise gelten, wenn sein Verschulden ein derart großes Ausmaß oder Gewicht erreicht, dass dem Arbeitnehmer die Fortsetzung der Tätigkeit unzumutbar ist.[89] Für den Insolvenzverwalter kommt ein Recht zur außerordentlichen Kündigung insb. bei schweren Pflichtverletzungen des Dienstverpflichteten bzw. Arbeitnehmers in Betracht.   **47**

Die **Zwei-Wochen-Frist des § 626 Abs. 2 BGB** ist zu beachten, selbst wenn sie bereits vor Insolvenzeröffnung zu laufen begonnen hatte. Die Frist wird durch Eröffnung des Insolvenzverfahrens nicht unterbrochen.[90]   **48**

D. Kündigungsfrist (Satz 2)

Gem. § 113 Satz 2 beträgt die Kündigungsfrist **drei Monate** zum Monatsende, wenn nicht eine kürzere Frist maßgeblich ist. § 113 normiert keine Regelfrist, sondern eine **Maximalkündigungsfrist**.[91] Sie gilt sowohl für den **Insolvenzverwalter** als auch für den **Arbeitnehmer bzw. Dienstverpflichteten**. Maßgebliche **kürzere Fristen** können sich aus Gesetz (vgl. §§ 621, 622 BGB, § 29 HAG, § 63 SeemG) sowie aus Tarif- oder Individualvertrag ergeben. Für Arbeitnehmer ist die gesetzliche Kündigungsfrist des § 622 Abs. 1, 2 BGB an die Beschäftigungsdauer geknüpft. Probearbeitsverhältnisse sind nach § 622 Abs. 3 BGB mit zweiwöchiger Frist kündbar. Durch Tarifvertrag können gem. § 622 Abs. 4 BGB von § 622 Abs. 1–3 BGB abweichende Regelungen getroffen werden. § 113 verdrängt als **lex specialis** sämtliche längeren Kündigungsfristen unabhängig von ihrer Rechtsgrundlage in Gesetz, Betriebsvereinbarung, Tarif- oder Individualvertrag.[92]   **49**

Soweit § 113 Satz 2 längere **tarifvertragliche Kündigungsfristen** verdrängt, verstößt er nicht gegen Art. 9 Abs. 3 GG. Zwar liegt ein Eingriff in die Koalitionsfreiheit des Art. 9 Abs. 3 GG vor, dieser ist jedoch durch das mit Verfassungsrang (Art. 14 GG) ausgestattete Interesse der Gläubiger an der Ver-   **50**

---

86 Vgl. i.E. KR/*Weigand* ParlKSch Rn. 6 f.; *v. Wickede* Sonderkündigungsschutz im Arbeitsverhältnis, 2009, 43 ff.
87 BAG 20.09.2006, 6 AZR 249/05, EzA § 613a BGB 2002 Nr. 62.
88 BAG 25.10.1968, 2 AZR 23/68, EzA § 626 BGB Nr. 10.
89 Kübler/Prütting/*Bork/Moll* Rn. 101.
90 ErfK/*Müller-Glöge* Rn. 12.
91 BAG 16.05.2007, 8 AZR 772/06, EzA § 113 InsO Nr. 20.
92 LAG Schleswig-Holstein 28.04.2004, 3 Sa 551/03, NZI 2004, 638; ErfK/*Müller-Glöge* Rn. 1.

§ 113 InsO Kündigung eines Dienstverhältnisses

hinderung einer übermäßigen Masseaushöhlung gerechtfertigt.[93] Denn in der Insolvenz hat der Insolvenzverwalter regelmäßig keinen bzw. einen verringerten Beschäftigungsbedarf, sodass andernfalls zu Lasten der übrigen Gläubiger Ansprüche ohne Gegenleistung entstünden.[94]

51 Ist durch Arbeitsvertrag eine **längere als die gesetzliche Kündigungsfrist vereinbart**, gilt nach Maßgabe des § 113 nicht etwa die kürzere gesetzliche Kündigungsfrist, sondern die vereinbarte längere Frist bis zur Maximalkündigungsfrist des § 113 Satz 2[95]

52 Für ein im Zeitpunkt der Kündigung durch den Insolvenzverwalter noch für mindestens weitere drei Monate **befristetes Arbeitsverhältnis** ohne ordentliche Kündigungsmöglichkeit gilt die gesetzliche Maximalkündigungsfrist von drei Monaten. Diese wird nicht durch eine kürzere gesetzliche Kündigungsfrist verdrängt, welche auch vor Insolvenzeröffnung für das Arbeitsverhältnis nicht maßgeblich war.[96]

53 Die Kündigungsfrist **beginnt** stets mit **Zugang der Kündigungserklärung**. Auch für **noch nicht angetretene Dienstverhältnisse** beginnt die Frist zu diesem Zeitpunkt und nicht erst zum vereinbarten Dienstbeginn. Denn § 113 Satz 2 gewährt keine Mindestvertragslaufzeit.[97]

E. Schadensersatzpflicht (Satz 3)

54 Der Dienstverpflichtete kann bei einer Kündigung nach § 113 Satz 1 u. 2 nach § 113 Satz 3 als Insolvenzgläubiger Ersatz des ihm durch die vorzeitige Beendigung des Dienstverhältnisses entstandenen Schadens verlangen.

I. Beendigung des Dienstverhältnisses durch Kündigung des Insolvenzverwalters

55 Kündigt der **Insolvenzverwalter** nach Maßgabe des § 113 Satz 1 u. 2 mit verkürzter Kündigungsfrist, so kann der Dienstverpflichtete gem. § 113 Satz 3 Ersatz des ihm durch die vorzeitige Beendigung des Dienstverhältnisses entstandenen Schadens verlangen. Kündigt hingegen der **Dienstverpflichtete** nach Maßgabe des § 113 Satz 1 u. 2, ist in § 113 Satz 3 ein Schadensersatzanspruch gegen ihn nicht vorgesehen.

56 Die vorzeitige Beendigung muss durch **Kündigung** herbeigeführt worden sein. Auf die vorzeitige Beendigung eines Dienstverhältnisses durch **Aufhebungsvertrag** findet § 113 Satz 3 weder unmittelbar noch analog Anwendung.[98] Gleichfalls nicht erfasst ist die **Eigenkündigung** durch den Dienstverpflichteten.[99]

II. Verfrühungsschaden

57 Der **Verfrühungsschaden**, dh der durch die vorzeitige Kündigung des Insolvenzverwalters entstandene Schaden, ist zu ersetzen.[100] Der Dienstverpflichtete ist so zu stellen wie er bei Anwendung der für ihn ohne das Insolvenzverfahren maßgeblichen Regelungen stehen würde.[101] Zu ersetzen sind demnach die Bezüge für die Zeitspanne zwischen der in § 113 Satz 2 normierten Kündigungsfrist und der verdrängten längeren Kündigungsfrist. Bei Unkündbarkeit wird der Ersatzanspruch

---

93 BAG 16.06.1999, 4 AZR 191/98, EzA § 113 InsO Nr. 9; a.A. KDZ/*Däubler* Rn. 29 ff. m.w.N.
94 BAG 16.06.1999, 4 AZR 191/98, EzA § 113 InsO Nr. 9.
95 BAG 03.12.1998, 2 AZR 425/98, EzA § 113 InsO Nr. 6.
96 BAG 06.07.2000, 2 AZR 695/99, EzA § 113 InsO Nr. 11; a.A. LAG Hamm 25.10.2000, 4 Sa 363/00, DZWIR 2001, 192: auch wenn kein Kündigungsrecht vereinbart ist, soll eine kürzere Kündigungsfrist aus § 622 BGB die Maximalkündigungsfrist des § 113 S. 2 verdrängen.
97 ErfK/*Müller-Glöge* Rn. 7; HWK/*Annuß* Rn. 5.
98 BAG 25.04.2007, 6 AZR 622/06, EzA § 113 InsO Nr. 19.
99 *BAG 25.04.2007, 6 AZR 622/06, EzA § 113 InsO Nr. 19;* ErfK/*Müller-Glöge* Rn. 14.
100 BAG 16.05.2007, 8 AZR 772/06, EzA § 113 InsO Nr. 20.
101 BAG 25.04.2007, 6 AZR 622/06, EzA § 113 InsO Nr. 19.

durch den Zeitpunkt begrenzt, zu welchem auch der Arbeitgeber außerhalb des Insolvenzverfahrens – etwa bei einer Betriebsstilllegung – das Arbeitsverhältnis nach § 626 BGB mit Auslauffrist außerordentlich hätte kündigen können.[102] Die Insolvenzeröffnung als solche stellt für sich allerdings keinen wichtigen Grund i.S.d. § 626 Abs. 1 BGB dar.[103]

In **befristeten Arbeitsverhältnissen** begrenzt das Befristungsende den Schadensersatzanspruch.[104]   58

Bei **vereinbartem Kündigungsausschluss** wird die Kündigung als solche erst durch § 113 Satz 1 ermöglicht. Dennoch ist der Anspruch aus § 113 Satz 3 auf den Verdienstausfall für den Lauf der längsten ohne die vereinbarte Unkündbarkeit einschlägigen Kündigungsfrist beschränkt.[105] Der Ausgleich eines »Endlosschadens« ist mit dem Sinn und Zweck der Regelung, die Kostenbelastung der Masse zu begrenzen, nicht zu vereinbaren. Auch sind §§ 9, 10 KSchG auf diese Konstellation nicht entsprechend anwendbar. Nicht der Verlust des Arbeitsplatzes, sondern der durch die **vorzeitige** Kündigung verursachte Ausfall stellt den ausgleichsfähigen Schaden dar.[106]   59

Für die Kündigung von **Vorstandsmitgliedern einer AG** begrenzt § 87 Abs. 3 AktG den Verfrühungsschaden auf den Zeitraum von maximal **zwei Jahren** seit Ablauf des Dienstverhältnisses. Eine analoge Anwendung der Vorschrift auf den GmbH-Geschäftsführer kommt nicht in Betracht.[107]   60

Als Schaden sind die **Verdienstausfälle** einschließlich **Provisionen**[108] sowie entgangene **Naturalbezüge** (z.B. Wohnung, Verpflegung) zu ersetzen.[109] Weiter rechnet ein durch die »entgangenen Monate« der Kündigungsfrist verlorengegangener Urlaubsgeldanspruch hierher.[110] Ein Schaden kann auch darin bestehen, dass eine Anwartschaft auf betriebliche Altersversorgung aufgrund der verkürzten Kündigungsfrist nicht mehr unverfallbar wird.[111]   61

Anzurechnen sind Sozialleistungen (z.B. Arbeitslosengeld), wobei der Nachteil durch den eventuell früher endenden Bezugszeitraum für ALG I nicht zu ersetzen ist[112]. Auch ersparte Aufwendungen sowie anderweitiger Erwerb sind zu berücksichtigen. Unterlässt der Dienstverpflichtete es entgegen seiner **Schadensminderungspflicht** schuldhaft, eine sich ihm bietende zumutbare Tätigkeit aufzunehmen, so ist dies als mitwirkendes Verschulden gem. § 254 Abs. 2 BGB zu berücksichtigen.[113] Eine etwaige Verletzung von Sorgfaltspflichten als Geschäftsführer nach § 43 Abs. 1 GmbHG kann hingegen aufgrund des unterschiedlichen Schutzzwecks der Normen dem Schadensersatzanspruch nach § 113 Satz 3 nicht entgegengehalten werden. Denn der Schutzzweck des § 43 Abs. 1 GmbHG erfasst nicht die Verhinderung des gem. § 113 Satz 3 zu ersetzenden Verfrühungsschadens. Die Vorschrift dient dem Schutz der Gesellschaft und mittelbar den Vermögensinteressen der Gesellschafter, nicht der Verhinderung einer vorzeitigen Beendigung des Geschäftsführer-Dienstverhältnisses.[114]   62

---

102 MüKo-InsO/*Löwisch/Caspers* Rn. 33.
103 BAG 25.04.2007, 6 AZR 622/06, EzA § 113 InsO Nr. 19.
104 BAG 16.05.2007, 8 AZR 772/06, EzA § 113 InsO Nr. 20; FK-InsO/*Eisenbeis* Rn. 82.
105 BAG 16.05.2007, 8 AZR 772/06, EzA § 113 InsO Nr. 20; a.A. KDZ/*Däubler* Rn. 28; Kübler/Prütting/*Bork/Moll* Rn. 115.
106 BAG 16.05.2007, 8 AZR 772/06, EzA § 113 InsO Nr. 20.
107 Uhlenbruck/*Berscheid* Rn. 161.
108 LAG Bremen 13.05.1953, BB 1953, 472.
109 KR/*Weigand* §§ 113, 120–124 InsO Rn. 89.
110 LAG Frankfurt 22.01.2013, 13 Sa 1108/12, ZIP 2013, 1137.
111 KDZ/*Däubler* Rn. 27.
112 LAG Frankfurt 22.01.2013, 13 Sa 1108/12, ZIP 2013, 1137.
113 HWK/*Annuß* Rn. 9; HK-InsO/*Linck* Rn. 32; KR/*Weigand* §§ 113, 120–124 InsO Rn. 92.
114 BAG 16.05.2007, 8 AZR 772/06, EzA § 113 InsO Nr. 20; a.A. Uhlenbruck/*Berscheid* Rn. 163 f.: Arglisteinwand.

63 Der Schadensersatzanspruch ist nicht Masseverbindlichkeit nach § 55 Abs. 1 Nr. 1, sondern – wie § 113 Satz 3 klarstellt – **Insolvenzforderung i.S.d. § 38** und ist zur Insolvenztabelle anzumelden. Der Anspruch entsteht **verschuldensunabhängig**.[115]

III. Verhältnis zu § 628 Abs. 2 BGB

64 Ansprüche nach § 628 Abs. 2 BGB bleiben von § 113 Satz 3 unberührt. Erreicht daher bei der vom Arbeitgeber verschuldeten Insolvenz das Verschulden des Arbeitgebers ein solch hohes Maß, dass der Arbeitnehmer zur Kündigung aus wichtigem Grund nach § 626 Abs. 1 BGB berechtigt ist (vgl. Rdn. 34), so kann dieser nach § 628 Abs. 2 BGB vorgehen.[116]

F. Prozessuales

65 Die Kündigung von Arbeitsverhältnissen nach § 113 unterliegt der Präklusionswirkung der §§ 4, 7 KSchG. Der Arbeitnehmer muss gem. § 4 Satz 1 KSchG innerhalb von **drei Wochen** Klage erheben. Die Frist gilt nicht nur, wenn der Arbeitnehmer die fehlende soziale Rechtfertigung einer Kündigung gem. § 1 KSchG geltend macht, sondern auch wenn er sich auf sonstige Unwirksamkeitsgründe der schriftlichen Kündigung beruft. Die Drei-Wochen-Frist gilt gem. § 23 Abs. 1 KSchG auch in Kleinbetrieben. Ebenso ist sie auf Kündigungen innerhalb der sechsmonatigen Wartezeit des § 1 Abs. 1 KSchG anwendbar.[117] Die Klagefrist des § 4 Satz 1 KSchG gilt nur für **Arbeitsverhältnisse**, auf sonstige Dienstverhältnisse findet sie keine Anwendung.

66 Die Frist **beginnt** mit Zugang (vgl. § 130 BGB) der Kündigung. Ist für die Kündigung die Zustimmung einer Behörde erforderlich, beginnt die Frist gem. § 4 Satz 4 KSchG erst mit Bekanntgabe der Entscheidung der Behörde an den Arbeitnehmer. Kündigt der Arbeitgeber, ohne das Zustimmungsverfahren einzuleiten, kann es zu einer Bekanntgabe der Entscheidung an den Arbeitnehmer nicht kommen. In diesem Fall kann der Arbeitnehmer jederzeit bis zur Grenze der Verwirkung Klage erheben.[118]

67 Die Kündigungsschutzklage ist **gegen den Insolvenzverwalter** als Partei kraft Amtes zu richten. Durch Klage gegen den Schuldner wird die Drei-Wochen-Frist des § 4 KSchG grds nicht gewahrt. Jedoch ist stets die Möglichkeit der Rubrumsberichtigung zu prüfen. Diese ist regelmäßig möglich, wenn sich aus der Klageschrift oder einem beigefügten Kündigungsschreiben ergibt, dass sich die Klage gegen eine vom Insolvenzverwalter ausgesprochene Kündigung richtet.[119]

68 Erhebt der Arbeitnehmer nicht rechtzeitig Kündigungsschutzklage, gilt gem. § 7 KSchG die Kündigung als von Anfang an wirksam. Bei unverschuldeter Verspätung der Klageerhebung kommt eine nachträgliche Zulassung der Klage gem. § 5 KSchG in Betracht. Jedoch ist dem klagenden Arbeitnehmer ein Verschulden seines Prozessbevollmächtigten nach § 85 Abs. 2 ZPO zuzurechnen.[120]

G. Insolvenzverfahren in einem anderen EU-Mitgliedstaat

69 Die Wirkungen eines Insolvenzverfahrens auf Vertragsverhältnisse richten sich grundsätzlich nach der lex fori concursus, Art. 4 Abs. 2 lit. e EuInsVO. Für das Schicksal von Arbeitsverträgen und Arbeitsverhältnissen statuiert Art. 10 EuInsVO eine Ausnahme dahingehend, dass das nach Art. 8 Rom I-VO anwendbare Recht maßgeblich ist (s. Art. 10 EuInsVO Rdn. 1). § 113 InsO hat arbeitsrechtlichen Regelungscharakter und findet damit auch im Fall der Eröffnung des Insolvenzverfahrens in einem anderen EU-Mitgliedstaat Anwendung, sofern Art. 8 Rom I-VO auf deutsches Recht

---

115 BAG 16.05.2007, 8 AZR 772/06, EzA § 113 InsO Nr. 20.
116 BAG 25.04.2007, 6 AZR 622/06, EzA § 113 InsO Nr. 19.
117 BAG 28.06.2007, 6 AZR 873/06, EzA § 4 n.F. KSchG Nr. 77.
118 BAG 03.07.2003, 2 AZR 487/02, EzA § 113 InsO Nr. 14; 13.02.2008, 2 AZR 864/06, EzA § 4 n.F. KSchG Nr. 83; vgl. hierzu auch MüKo-BGB/*Hergenröder* § 4 KSchG Rn. 49 ff.
119 BAG 27.03.2003, 2 AZR 272/02, EzA § 113 InsO Nr. 13; Braun/*Kroth/Beck* Rn. 21b.
120 BAG 11.12.2008, 2 AZR 472/08, EzA § 5 KSchG Nr. 35.

verweist.[121] Aus der Anerkennung eines in einem Mitgliedstaat nach Art. 3 EuInsVO eröffneten Hauptinsolvenzverfahrens folgt, dass auch die Bestellung und die Befugnisse des Hauptinsolvenzverwalters dieses Verfahrens im Inland anzuerkennen sind. §§ 113, 125, 128 Abs. 2 InsO sind unionsrechtskonform dahin auszulegen, dass die damit intendierte Erleichterung von Kündigungen in der Insolvenz auch dem ausländischen Verwalter zugutekommt, sofern Art. 10 EuInsVO auf deutsches Arbeitsrecht verweist.[122]

§ 114 Bezüge aus einem Dienstverhältnis

(1) Hat der Schuldner vor der Eröffnung des Insolvenzverfahrens eine Forderung für die spätere Zeit auf Bezüge aus einem Dienstverhältnis oder an deren Stelle tretende laufende Bezüge abgetreten oder verpfändet, so ist diese Verfügung nur wirksam, soweit sie sich auf die Bezüge für die Zeit vor Ablauf von zwei Jahren nach dem Ende des zur Zeit der Eröffnung des Verfahrens laufenden Kalendermonats bezieht.

(2) Gegen die Forderung auf die Bezüge für den in Absatz 1 bezeichneten Zeitraum kann der Verpflichtete eine Forderung aufrechnen, die ihm gegen den Schuldner zusteht. Die §§ 95 und 96 Nr. 2 bis 4 bleiben unberührt.

(3) Ist vor der Eröffnung des Verfahrens im Wege der Zwangsvollstreckung über die Bezüge für die spätere Zeit verfügt worden, so ist diese Verfügung nur wirksam, soweit sie sich auf die Bezüge für den zur Zeit der Eröffnung des Verfahrens laufenden Kalendermonat bezieht. Ist die Eröffnung nach dem fünfzehnten Tag des Monats erfolgt, so ist die Verfügung auch für den folgenden Kalendermonat wirksam. § 88 bleibt unberührt; § 89 Abs. 2 Satz 2 gilt entsprechend.

Übersicht

		Rdn.			Rdn.
A.	Inhalt und Normzweck	1	I.	Voraussetzungen	20
B.	Anwendungsbereich	6	1.	Hauptforderung	20
C.	Abtretung und Verpfändung (Abs. 1)	8	2.	Gegenforderung	21
I.	Voraussetzungen	8	3.	Gleichartigkeit	22
	1. Forderung	9	4.	Gegenseitigkeit	23
	a) Bezüge aus dem Dienstverhältnis	9	5.	Ausschluss der Aufrechnung	24
	b) An deren Stelle tretende laufende Bezüge	10	6.	Aufrechnungserklärung	25
	c) Für die spätere Zeit	11	II.	Rechtsfolge	26
	2. Abtretung oder Verpfändung	12	E.	Zwangsvollstreckung (Abs. 3)	27
II.	Rechtsfolge	16	I.	Voraussetzungen	27
D.	Aufrechnung (Abs. 2)	19	II.	Rechtsfolge	28
			F.	Konkurrenzen	31

A. Inhalt und Normzweck

§ 114 wird mit Wirkung zum 01.07.2014 durch Art. 1 Nr. 15 des Gesetzes zur Verkürzung des Restschuldbefreiungsverfahrens und zur Stärkung der Gläubigerrechte[1] **aufgehoben. Für vor diesem Zeitpunkt eröffnete Verfahren behält die Vorschrift gem. Art. 103 EGInsO weiter ihre Gültigkeit.** Hintergrund der Streichung war die Stärkung der Rechtsstellung der ungesicherten Gläubiger. Deren Befriedigungsaussichten würden durch formularmäßige Lohnvorausabtretungen geschwächt. Die Streichung des Lohnabtretungsprivilegs soll solchermaßen der Gläubigergleichbehandlung sowie der Verteilungsgerechtigkeit dienen.[2]   1

---

121 Hess.LAG 31.10.2011, 17 Sa 1666/10, juris; LAG Düsseldorf 14.07.2011 15 Sa 786/10, NZI 2011, 874; *Göpfert/Müller*, NZA 2009, 1059, (1060 f.).
122 BAG 20.09.2012 6 AZR 253/11, EzA § 125 InsO Nr. 8.
1 Vom 16.05.2013, BT-Drucks. 17/13535. Dazu *Hergenröder/Homann*, ZVI 2013, 91; 129.
2 BT-Drucks. 17/11268, S. 16, 23 (zu Nr. 15).

§ 114 InsO   Bezüge aus einem Dienstverhältnis

2   § 114 Abs. 1 ist eine **Ausnahmeregelung zu** § **91 Abs. 1**. § 91 Abs. 1 hindert den Rechtserwerb nach Eröffnung des Insolvenzverfahrens. Ohne die Regelung des § 114 Abs. 1 wären Vorausabtretungen von Bezügen aus einem Dienstverhältnis – gem. § 35 Teil der Insolvenzmasse – für den Zeitraum nach Verfahrenseröffnung stets unwirksam.[3] Denn die Vorausabtretung künftiger Forderungen ist erst vollendet, wenn die Forderung entsteht.[4] Liegt der Zeitpunkt der Forderungsentstehung nach Eröffnung des Insolvenzverfahrens, steht demnach der Abtretung grds § 91 Abs. 1 entgegen. Nach § 114 Abs. 1 behalten jedoch Vorausabtretungen von Dienstbezügen für den Zeitraum von zwei Jahren ab Eröffnung des Insolvenzverfahrens ihre Wirksamkeit. Hierdurch soll auch demjenigen Personenkreis, dem als Sicherungsmittel regelmäßig nur die Lohnvorausabtretung verbleibt, die **Kreditaufnahme ermöglicht** werden.[5]

3   Die zeitliche Beschränkung dient dem Schutz der (übrigen) Insolvenzgläubiger und soll zudem die **Restschuldbefreiung** ermöglichen.[6] Denn das Verfahren der Restschuldbefreiung setzt voraus, dass die laufenden Bezüge des Schuldners in der Zeit nach der Beendigung des Verfahrens für die Verteilung an die Gläubiger verfügbar sind.[7] Nach der Regelung in Abs. 1 fließen die Bezüge aus dem Dienstverhältnis in den **ersten zwei Jahren** der sechsjährigen Wohlverhaltensphase an die durch Abtretung bzw. Verpfändung gesicherten Gläubiger und erst im Anschluss in den übrigen vier Jahren an den gem. § 287 Abs. 2 vom Gericht zu bestimmenden Treuhänder des Restschuldbefreiungsverfahrens.[8] Der zunächst gesicherte Gläubiger kann mit einer verbleibenden Forderung im Restschuldverfahren erneut berücksichtigt werden.[9] Die Anwendung der Norm ist jedoch nicht auf Fälle der Restschuldbefreiung begrenzt.

4   Ebenfalls für den Zeitraum von zwei Jahren nach Insolvenzeröffnung ist gem. **Abs. 2** die Aufrechnung des Dienstberechtigten gegen Bezüge des Dienstverpflichteten aus dem Dienstverhältnis – abweichend von §§ 94, 96 Abs. 1 Nr. 1 – zulässig. Durch die Aufrechnungsbefugnis soll der Dienstberechtigte mit seinen Forderungen gegen den Dienstverpflichteten (etwa aus einem Arbeitnehmerdarlehen) im selben Umfang geschützt sein wie ein durch Abtretung oder Verpfändung gesicherter sonstiger Gläubiger.

5   Hingegen wird die Wirksamkeit einer Pfändung durch **Abs. 3** weitergehend eingeschränkt. Diese ist auf den Zeitraum von rund einem Monat nach Verfahrenseröffnung beschränkt, da eine Pfändung vor Insolvenzeröffnung lediglich den oftmals zufälligen Vorsprung eines Gläubigers vor den übrigen dokumentiert.[10]

---

3   BGH 21.03.2013, 6 AZR 553/11, BB 2013, 1268; 20.09.2012, IX ZR 208/11, ZIP 2012, 2358; 11.05.2006, IX ZR 247/03, NJW 2006, 2485 (2486).
4   BGH 09.06.1960, VII ZR 229/58, WM 1960, 858.
5   BGH 21.03.2013, 6 AZR 553/11, BB 2013, 1268; 20.09.2012, IX ZR 208/11, ZIP 2012, 2358; 12.10.2006, IX ZR 109/05, NJW 2007, 81 (82) mit Verweis auf die Begründung des Entwurfs eines Gesetzes zur Änderung der Insolvenzordnung und anderer Gesetze, BT-Drucks. 14/5680, 17; anders noch – wohl unter Verkennung des § 91 InsO – RegE BT-Drucks. 12/2443, 151, wonach die Vorschrift als Wirksamkeitsbeschränkung für Abtretung, Verpfändung und Pfändung dem Schutz und der Erweiterung der Insolvenzmasse dienen soll.
6   Vgl. RegE BT-Drucks. 12/2443, 150 f.
7   Uhlenbruck/*Berscheid/Ries* Rn. 2; zur Erwerbsobliegenheit des Schuldners im Restschuldbefreiungsverfahren gem. § 295 InsO vgl. BGH 07.05.2009, IX ZB 133/07, ZInsO 2009, 1217; *Hergenröder* ZVI 2011, 1, (14 ff.).
8   Kübler/Prütting/*Bork/Moll* Rn. 33.
9   Kübler/Prütting/*Bork/Moll* Rn. 33.
10 Vgl. RegE BT-Drucks. 12/2443, 151.

B. Anwendungsbereich

§ 114 gilt für Forderungen des Schuldners aus **Dienstverhältnissen**. Neben **Arbeitsverhältnissen** erfasst die Norm auch sonstige Dienstverhältnisse. Ob diese auf **selbständige** oder unselbständige Tätigkeit gerichtet sind, ist unerheblich.[11]

Nach der Rspr des BGH ist § 114 Abs. 1 jedoch **nicht** anwendbar, sofern die Bezüge nicht allein durch Verwertung der Arbeitskraft des Schuldners erzielt werden, sondern selbst wiederum die **Begründung von Masseverbindlichkeiten voraussetzen**.[12] **Nicht** erfasst ist hiernach z.B. der in der eigenen Praxis tätige Arzt, da mit dem Betrieb der Praxis weitere Ausgaben verbunden sind.[13] Das Kriterium der Begründung neuer Masseverbindlichkeiten entscheidet auch darüber, ob Einkünfte aus einem neuen, erst nach Insolvenzeröffnung eingegangenen Arbeitsverhältnis unter § 114 fallen, sofern sich die Abtretungserklärung auch hierauf bezieht.[14] Auch unter Zugrundelegung dieser Einschränkungen fallen neben Arbeitnehmern etwa **Auszubildende, arbeitnehmerähnliche Personen, Heimarbeiter** und **Organmitglieder** juristischer Personen in den Anwendungsbereich der Vorschrift.

C. Abtretung und Verpfändung (Abs. 1)

I. Voraussetzungen

§ 114 Abs. 1 erfasst die Abtretung oder Verpfändung einer Forderung auf Bezüge aus einem Dienstverhältnis oder an deren Stelle tretende laufende Bezüge. Die vor Eröffnung des Insolvenzverfahrens erfolgte Abtretung bleibt auch insoweit wirksam, als die Ansprüche auf einem Dienstverhältnis beruhen, welches erst nach diesem Zeitpunkt eingegangen worden ist.[15] Dies muss schon deshalb gelten, weil ansonsten die Freiheit des Insolvenzschuldners eingeschränkt wäre, den Arbeitgeber nach Insolvenzeröffnung zu wechseln. Auch kann die Wirkung des § 114 Abs. 1 nicht von einer jederzeit denkbaren Änderungskündigung abhängen.

1. Forderung

a) Bezüge aus dem Dienstverhältnis

Unter **Bezüge aus dem Dienstverhältnis** fallen alle Arten von Vergütungsleistungen an den Arbeitnehmer bzw. Dienstverpflichteten aufgrund des Dienstverhältnisses.[16] Der Begriff ist **weit** auszulegen. Unerheblich ist, ob die Bezüge fortlaufend oder **einmalig** gewährt werden.[17] Die Bezüge des Arbeitnehmers können auf **Arbeitsvertrag, Tarifvertrag** oder **Betriebsvereinbarung** beruhen. Auch das **Urlaubsentgelt**[18] sowie bloß »mittelbares Entgelt« wie **Gratifikationen, Jubiläumszuwendungen** und Leistungen der **betrieblichen Altersversorgung** werden erfasst.[19] Ebenfalls fallen **Abfindungsansprüche** wegen Auflösung eines Dienst- oder Arbeitsvertrags unter § 114.[20] Auch Aufwandsent-

---

11 BGH 11.05.2006, IX ZR 247/03, NJW 2006, 2485 (2486); a.A. LG Köln 17.02.2004, 19 T 262/03, ZInsO 2004, 756; Uhlenbruck/*Berscheid/Ries* Rn. 5.
12 BGH 11.05.2006, IX ZR 247/03, NJW 2006, 2485 (2487); a.A. MüKo-InsO/*Löwisch/Caspers* Rn. 3 f.
13 BGH 11.05.2006, IX ZR 247/03, NJW 2006, 2485 (2487).
14 HambK-InsR/*Ahrendt* Rn. 3.
15 BGH 20.09.2012, IX ZR 208/11, ZIP 2012, 2358; LG Mönchengladbach 16.11.2011, 2 S 64/11, ZIP 2012, 690; LG Trier 20.08.2010, 2 O 11/10, ZInsO 2010, 1941; Braun/*Kroth*, § 114 Rn. 4; Nerlich/Römermann/*Kießner*, § 114 Rn. 40 a.A. z.B. LG Mosbach 10.12.2008. 5 S 46/08, ZInsO 2009, 198; *Hoffmann/Wrede*, ZVI 2011, 85, 89 ff; Kübler/Prütting/Bork/*Moll*, § 114 Rn. 21.
16 Braun/*Kroth* Rn. 3.
17 HambK-InsR/*Ahrendt* Rn. 4; MüKo-InsO/*Löwisch/Caspers* Rn. 9; a.A. entgegen dem Wortlaut wohl BGH 17.02.2005, IX ZB 62/04, NJW 2005, 1505 (1506); Braun/*Kroth* Rn. 3.
18 Vgl. BAG 20.06.2000, 9 AZR 405/99, EzA § 1 BUrlG Nr. 23.
19 MüKo-InsO/*Löwisch/Caspers* Rn. 9 f.
20 BGH 11.05.2010, IX ZR 139/09, DZWIR 2010, 423; MüKo-InsO/*Löwisch/Caspers* Rn. 11; Nerlich/Römermann/*Kießner* Rn. 24a; a.A. FK-InsO/*Eisenbeis* Rn. 5a; Kübler/Prütting/*Bork/Moll* Rn. 14; zum Pfän-

schädigungen (z.B. Reisekosten, Spesen) fallen hierunter, nicht jedoch Ersatzzahlungen für tatsächlich getätigte Auslagen.[21]

b) An deren Stelle tretende laufende Bezüge

10 Daneben werden auch **an die Stelle der Bezüge aus dem Dienstverhältnis tretende laufende Bezüge** erfasst. Hierunter fallen vornehmlich **Entgeltersatzleistungen** des **Arbeitgebers** (z.B. §§ 2, 3 EFZG: Entgeltfortzahlung im Krankheitsfall und an Feiertagen, § 616 BGB: vorübergehende Verhinderung, § 11 MuSchG: Mutterschaft) oder von **öffentlichen Stellen** (z.B. § 116 SGB III: Arbeitslosengeld, Übergangsgeld, Kurzarbeitergeld, Insolvenzgeld; § 44 ff. SGB V: Krankengeld; §§ 35 ff. SGB VI: Altersrente; §§ 56 ff. SGB VII: Erwerbsunfähigkeitsrente).[22] Fraglich ist, ob auch private Altersvorsorgeverträge von § 114 InsO erfasst werden. Nach dem hier zugrunde gelegten Normverständnis des § 114 InsO (Rdn. 2 f.) wird man dies verneinen müssen, es sei denn, es könnte im Einzelfall ein Zusammenhang mit dem Dienstverhältnis hergestellt werden.[23]

c) Für die spätere Zeit

11 § 114 erfasst ausschließlich Abtretungen von Forderungen **für die spätere Zeit**. Auf die Verfügung über rückständige Bezüge ist die Vorschrift nicht anwendbar. Auch die außerhalb des Anwendungsbereichs von § 114 greifende Sperrwirkung des § 91 Abs. 1 (vgl. Rdn. 1) erfasst jedoch nur den Rechtserwerb nach Insolvenzeröffnung. Demnach kann über bereits entstandene Forderungen bis zur Verfahrenseröffnung wirksam verfügt werden. Für Verfügungen nach Verfahrenseröffnung gilt § 81 (vgl. Rdn. 15).

2. Abtretung oder Verpfändung

12 Der Schuldner muss die Forderung **wirksam** abgetreten (§§ 398 ff. BGB) oder verpfändet (§§ 1204 ff. BGB) haben. Es gelten die allgemeinen Regeln des BGB. Soweit die Abtretung ausgeschlossen ist, kann gem. § 1274 Abs. 2 BGB auch ein Pfandrecht nicht bestellt werden. Insbesondere gelten über § 400 BGB die Pfändungsschutzvorschriften der §§ 850 ff. ZPO, so dass sich die Abtretung auf den pfändbaren Teil des Arbeitseinkommens beschränkt. Verpfändung meint ausschließlich rechtsgeschäftliche Verfügungen des Schuldners. Für die Zwangsvollstreckung durch Forderungspfändung gelten die Regelungen in Abs. 3.

13 Die Abtretung einer bereits **gepfändeten Forderung** verstößt gegen das Verfügungsverbot des § 829 Abs. 1 Satz 2 ZPO und ist dem hierdurch geschützten Pfändungspfandgläubiger gegenüber nach §§ 135, 136 BGB unwirksam. Wird jedoch das Pfändungspfandrecht spätestens mit Ablauf des auf die Eröffnung des Insolvenzverfahrens folgenden Monats unwirksam gem. § 114 Abs. 3 Satz 1, 2, entfällt auch das relative Verfügungsverbot. Die vorherige Abtretung wird für den nach Maßgabe des § 114 Abs. 1 verbleibenden Zeitraum in vollem Umfang wirksam.[24]

14 Die Abtretung kann gem. § 399 BGB durch **Vereinbarung** in Dienst- bzw. Arbeitsvertrag oder Tarifvertrag **ausgeschlossen** sein.[25] Auch durch Betriebsvereinbarung kann ein Abtretungsverbot rechtswirksam normiert werden.[26] Insoweit ist freilich darauf hinzuweisen, dass durch entsprechende Kol-

---

dungs- und Insolvenzschutz arbeitsrechtlicher Abfindungsansprüche vgl. weiterführend *Hergenröder* ZVI 2006, 173.

21 HambK-InsR/*Ahrendt* Rn. 4.
22 FK-InsO/*Eisenbeis* Rn. 5; HK-InsO/*Linck* Rn. 7.
23 Von einem gänzlich anderen Normverständnis ausgehend a.A. *Lüdtke*, ZVI 2013, 46 (49).
24 *BGH 12.10.2006, IX ZR 109/05, NJW 2007, 81.*
25 HambK-InsR/*Ahrendt* Rn. 5.
26 BAG 20.12.1957, 1 AZR 237/56, EzA § 399 BGB Nr. 1.

lektivregelungen in den individuellen Rechtskreis des Arbeitnehmers eingegriffen wird. Von daher lassen sich gegen die entsprechende Rechtsprechung durchaus Bedenken anbringen.[27]

§ 114 Abs. 1 erfasst nur Abtretungen und Verpfändungen **vor der Eröffnung des Insolvenzverfahrens**. Verfügungen nach Verfahrenseröffnung sind nach Maßgabe des § 81 unwirksam. Für Verfügungen am Tag der Eröffnung des Verfahrens gilt die Vermutung des § 81 Abs. 3. Ist eine entsprechend § 114 Abs. 1 zu Gunsten des Zessionars insolvenzfeste Abtretung von Dienstbezügen nur durchsetzbar, wenn der Schuldner seine Unterschrift öffentlich beglaubigen lässt (§§ 129, 411 BGB), darf der Insolvenzverwalter dies nicht untersagen. Spricht letzterer gleichwohl ein Beglaubigungsverbot aus, kann der Zessionar dagegen unmittelbar gegenüber dem Insolvenzverwalter mit einer negativen Feststellungsklage vorgehen.[28] 15

II. Rechtsfolge

Gem. § 114 Abs. 1 ist die Abtretung oder Verpfändung einer Forderung auf die Bezüge **für den Zeitraum von zwei Jahren** nach Ende des Kalendermonats der Insolvenzeröffnung **wirksam**. Entscheidend ist, ob der Anspruch in diesem Zweijahreszeitraum **entstanden** ist, was für die laufenden Bezüge die Erbringung der Dienstleistung voraussetzt. Nicht erforderlich ist hingegen, dass der Anspruch auch in diesem Zeitraum fällig wird.[29] 16

Wird etwa das Insolvenzverfahren am 29.07.2010 eröffnet, können nur die Ansprüche auf Bezüge bis zum 31.07.2012 abgetreten bzw. verpfändet werden. Die Abtretung oder Verpfändung der späteren Ansprüche ist gem. § 91 Abs. 1 unwirksam. 17

Soweit Verfügungen wirksam sind, ist darüber hinaus stets die **Anfechtungsmöglichkeit** der §§ 129 ff. zu beachten. 18

D. Aufrechnung (Abs. 2)

Die Möglichkeit zur Aufrechnung gegen Forderungen des Schuldners ist im Insolvenzverfahren eingeschränkt. Grds muss zum Zeitpunkt der Verfahrenseröffnung die Aufrechnungslage (vgl. § 94) bzw. die Hauptforderung (vgl. § 96 Abs. 1 Nr. 1) bereits bestehen. Hingegen kann nach § 114 Abs. 2 der Dienstberechtigte gegen erst später entstandene Forderungen des Dienstverpflichteten auf Bezüge für den Zeitraum von zwei Jahren nach Insolvenzeröffnung aufrechnen. Die Beschränkungen der §§ 95, 96 Abs. 1 Nr. 2–4 bleiben gem. § 114 Abs. 2 Satz 2 unberührt. Im Übrigen gelten die allgemeinen Voraussetzungen der §§ 387 ff. BGB. 19

I. Voraussetzungen

1. Hauptforderung

Bei der **Hauptforderung** muss es sich um einen Anspruch des Dienstverpflichteten auf **Bezüge i.S.d. Abs. 1** handeln. Die Forderung muss vor Insolvenzeröffnung oder im **Zwei-Jahres-Zeitraum** entstanden sein (zur Berechnung vgl. Rdn. 16). Das zugrunde liegende Dienstverhältnis muss bereits vor Verfahrenseröffnung bestanden haben.[30] Nach den allgemeinen Regeln muss die Hauptforderung gem. § 387 BGB entstanden und erfüllbar i.S.d. § 271 BGB sein. Demnach kann gegen aufschiebend bedingte oder künftige Forderungen nicht aufgerechnet werden.[31] Hingegen muss die Hauptforderung nicht fällig und durchsetzbar sein.[32] 20

---

27 *Hergenröder* ZVI 2011, 1 (3).
28 OLG Koblenz 29.08.2012, 5 U 347/12, ZInsO 2012, 1992.
29 MüKo-InsO/*Löwisch*/*Caspers* Rn. 22 f.
30 Andres/Leithaus/*Andres* Rn. 7; MüKo-InsO/*Löwisch*/*Caspers* Rn. 27.
31 BGH 10.03.1988, VII ZR 8/87, NJW 1988, 2542.
32 Palandt/*Grüneberg* § 387 BGB Rn. 12.

2. Gegenforderung

21 Die **Gegenforderung** muss vor Eröffnung des Insolvenzverfahrens entstanden sein, ein Zusammenhang mit dem Dienstverhältnis ist hingegen nicht erforderlich.[33] Die Gegenforderung muss gem. § 387 BGB vollwirksam und fällig sein.[34]

3. Gleichartigkeit

22 Nur **gleichartige** Forderungen können nach § 387 BGB gegeneinander aufgerechnet werden. In der Insolvenz können Geldschulden unterschiedlicher Währung gegeneinander aufgerechnet werden, sofern die Währungen frei getauscht werden können (§ 95 Abs. 2).

4. Gegenseitigkeit

23 Es muss sich um **gegenseitige** Forderungen handeln. Als Ausnahme gilt auch im Insolvenzverfahren die Regelung des § 52 SGB I. Hiernach kann ein für eine Geldleistung zuständiger Sozialversicherungsträger mit Ermächtigung eines anderen Leistungsträgers dessen Ansprüche gegen den Leistungsberechtigten mit der ihm obliegenden Geldleistung verrechnen. Der Schutz der Aufrechnungslage nach § 114 Abs. 2 umfasst auch den Schutz der Verrechnungslage nach § 52 SGB I. Denn § 52 SGB I stellt die Verrechnung der Aufrechnung der Sache nach gleich, sodass § 94 InsO analog eingreift.[35]

5. Ausschluss der Aufrechnung

24 Gem. § 114 Abs. 2 Satz 2 sind insb. die **Ausschlussgründe** der §§ 95 und 96 Abs. 1 Nr. 2–4 zu beachten. Die allgemeinen gesetzlichen Aufrechnungsverbote (z.B. § 394 BGB) finden im Insolvenzverfahren ebenfalls Anwendung. Individualvertragliche Aufrechnungsverbote sind hingegen regelmäßig dahingehend auszulegen, dass sie in der Insolvenz nicht gelten sollen.[36]

6. Aufrechnungserklärung

25 In der Insolvenz ist die Aufrechnung nach § 388 Satz 1 BGB gegenüber dem **Insolvenzverwalter** zu erklären.

II. Rechtsfolge

26 Gem. der Rückwirkung des § 389 BGB gelten die Forderungen, soweit sie sich decken, als in dem Zeitpunkt erloschen, in dem sie sich aufrechenbar gegenüberstanden.

E. Zwangsvollstreckung (Abs. 3)

I. Voraussetzungen

27 Vor Eröffnung des Insolvenzverfahrens muss im Wege der Zwangsvollstreckung über Bezüge i.S.d. Abs. 1 für die spätere Zeit verfügt worden sein. Die Vollstreckung in Forderungen erfolgt gem. §§ 828 ff. ZPO durch Pfändungs- und Überweisungsbeschluss. Insbesondere die Pfändungsschutzvorschriften der §§ 850 ff. ZPO sind zu beachten.

---

[33] HambK-InsR/*Ahrendt* Rn. 7.
[34] Palandt/*Grüneberg* § 387 BGB Rn. 11.
[35] BGH 29.05.2008, IX ZB 51/07, NJW 2008, 2705 (2705 f.); BSG 10.12.2003, B 5 RJ 18/03 R, ZInsO 2004, 741.
[36] BGH 02.12.1974, II ZR 132/73, NJW 1975, 442; Palandt/*Grüneberg* § 387 BGB Rn. 17.

II. Rechtsfolge

Gem. § 88 wird ein Pfändungspfandrecht, das erst im letzten Monat vor dem Antrag auf Eröffnung des Insolvenzverfahrens bzw. erst nach diesem Antrag erlangt wurde, mit Eröffnung des Verfahrens rückwirkend unwirksam (sog. **Rückschlagsperre**). Diese Regelung gilt auch für die Vollstreckung in Bezüge i.S.d. Abs. 1 (vgl. § 114 Abs. 3 Satz 3 Hs. 1). Frühere Verfügungen im Wege der Zwangsvollstreckung sind gem. § 114 Abs. 3 Satz 1 u. 2 nur soweit wirksam, wie sie sich auf Bezüge **des zur Zeit der Verfahrenseröffnung laufenden Kalendermonats** bzw. – bei Verfahrenseröffnung nach dem fünfzehnten Tag eines Monats – auch des **folgenden Kalendermonats** beziehen. Nach teilweise vertretener Auffassung soll in analoger Anwendung des § 114 Abs. 3 der entsprechende Zeitraum auch schon ab Anordnung von Sicherungsmaßnahmen im Eröffnungsverfahren i.S.d. § 21 maßgeblich sein.[37] Des Weiteren gilt es bei der Pfändung laufender Bezüge zu beachten, dass das Pfändungspfandrecht nur so weit und so lange unwirksam ist, wie dies die Zwecke des Insolvenzverfahrens sowie der möglichen Restschuldbefreiung rechtfertigen.[38]

28

Eine Ausnahme von den Beschränkungen des § 114 Abs. 3 gilt gem. § 114 Abs. 3 Satz 3 i.V.m. § 89 Abs. 2 Satz 2 für die Vollstreckung durch Unterhalts- und Deliktsgläubiger in den für andere Gläubiger unpfändbaren Teil der Bezüge. Wie § 89 Abs. 2 Satz 2 selbst bezieht sich jedoch auch der Verweis in § 114 Abs. 3 Satz 3 nur auf nach Verfahrenseröffnung entstehende Unterhaltsansprüche. Unterhaltsrückstände aus der Zeit vor Insolvenzeröffnung werden nicht erfasst.[39]

29

Soweit die Pfändung wirksam ist, sind die §§ 129 ff. zu beachten. § 114 Abs. 3 schließt die Anfechtung von Zwangsvollstreckungsmaßnahmen für die Zeit vor Eröffnung des Insolvenzverfahrens nicht im Hinblick auf Arbeitsbezüge aus.[40]

30

F. Konkurrenzen

Im Verhältnis einer **Abtretung oder Verpfändung nach Abs. 1** und einer **Aufrechnung nach Abs. 2** finden die allgemeinen Vorschriften (vgl. insb. §§ 392, 406 BGB) Anwendung. D.h., ist der Anspruch zuvor an einen Dritten abgetreten worden, kommt eine Aufrechnung nicht mehr in Betracht, da der Dienstverpflichtete nicht mehr Inhaber der Forderung ist. Insb. für einen Arbeitgeber, der seinem Arbeitnehmer ein Darlehen gegeben hat, ist diese Rechtsfolge misslich. Einer entsprechenden Abtretung der Lohnforderung an einen Dritten kann der Arbeitgeber durch die Vereinbarung eines Abtretungsverbotes vorbeugen. Im zeitlichen Rahmen des Abs. 1 kann er dann nach Abs. 2 mit seiner Gegenforderung aufrechnen. Weiter kommt der Abschluss eines antizipierten Aufrechnungsvertrages in Betracht.[41] Hatte sich der Arbeitgeber allerdings zur Befriedigung seines Anspruchs vom Arbeitnehmer die pfändbaren Bezüge aus dem Arbeitsverhältnis an Erfüllung statt (§ 364 BGB) abtreten lassen, was bei einem Arbeitgeberdarlehen durchaus der Fall sein kann, so tritt im zeitlichen Rahmen des Abs. 1 Konfusion ein, was wegen der Vereinigung von Forderung und Schuld in der Person des Arbeitgebers zum Erlöschen der Lohnforderung führt.[42]

31

Wird eine Forderung vor der **Abtretung nach Abs. 1** von einem anderen Gläubiger nach Maßgabe des **Abs. 3 gepfändet**, ist die Abtretung nach Ablauf des zur Zeit der Eröffnung des Verfahrens laufenden Kalendermonats (Abs. 3 Satz 1) bzw. des folgenden Monats (Abs. 3 Satz 2) noch für den gem. Abs. 1 maßgeblichen Zeitraum von zwei Jahren wirksam.[43] In dieser Konstellation überdauert demnach die spätere zunächst **relativ unwirksame** Abtretung das dann gem. Abs. 3 früher erlö-

32

---

37 Vgl. AG Mönchengladbach 14.05.2002, 29 C 96/02, ZInsO 2002, 643.
38 BGH 24.03.2011, IX ZB 217/08, NZI 2011, 365.
39 BAG 17.09.2009, 6 AZR 369/08, NZI 2010, 35.
40 BGH 26.06.2008, IX ZR 87/07, ZInsO 2008, 806.
41 Vgl. LAG Hamm 23.03.1993, 2 Sa 1660/92, DB 1993, 1247.
42 Palandt/*Grüneberg* § 398 Rn. 3.
43 BGH 12.10.2006, IX ZR 109/05, NJW 2007, 81.

schende Pfändungspfandrecht. Da das Verfügungsverbot des § 829 Abs. 1 Satz 2 ZPO nur relativ wirkt, wird die Abtretung nach Erlöschen des Pfändungspfandrechts wieder voll gültig.[44]

§ 115 Erlöschen von Aufträgen

(1) Ein vom Schuldner erteilter Auftrag, der sich auf das zur Insolvenzmasse gehörende Vermögen bezieht, erlischt durch die Eröffnung des Insolvenzverfahrens.

(2) Der Beauftragte hat, wenn mit dem Aufschub Gefahr verbunden ist, die Besorgung des übertragenen Geschäfts fortzusetzen, bis der Insolvenzverwalter anderweitig Fürsorge treffen kann. Der Auftrag gilt insoweit als fortbestehend. Mit seinen Ersatzansprüchen aus dieser Fortsetzung ist der Beauftragte Massegläubiger.

(3) Solange der Beauftragte die Eröffnung des Verfahrens ohne Verschulden nicht kennt, gilt der Auftrag zu seinen Gunsten als fortbestehend. Mit den Ersatzansprüchen aus dieser Fortsetzung ist der Beauftragte Insolvenzgläubiger.

Übersicht	Rdn.			Rdn.
A. Normzweck	1	C.	Rechtsfolgen	6
B. Voraussetzungen	3	I.	Regelfall	6
I. Auftragsverhältnis	3	II.	Notgeschäftsführung	13
II. Gefährdung der Masse	5	D.	Prozessuales	14

A. Normzweck

1 Der Gesetzgeber hat mit § 115 die Regelung der §§ 23, 27 KO inhaltlich unverändert übernommen. Ziel der Vorschrift ist es sicherzustellen, dass die **Verwaltung der Masse** vom Zeitpunkt der Eröffnung des Insolvenzverfahrens an, allein in den Händen des Insolvenzverwalters liegt.[1] Zudem sollen nicht automatisch Verbindlichkeiten zu Lasten der Masse für Tätigkeiten anfallen, die unter Umständen originäre Verwalteraufgaben sind.[2] Die explizite Regelung war deshalb erforderlich, weil ein Auftragsverhältnis als unvollkommen zweiseitiger Vertrag[3] nicht in den Anwendungsbereich von § 103 fällt.[4] Die Vorschrift des § 115 ist nicht abdingbar.[5]

2 Drohen der Insolvenzmasse durch die automatische Beendigung des Auftragsverhältnisses nachteilige Folgen, verpflichtet **§ 115 Abs. 2** den Beauftragten zur Fortführung der Geschäfte.[6]

B. Voraussetzungen

I. Auftragsverhältnis

3 Es muss ein vom Schuldner erteilter **Auftrag** vorliegen. Weitere Voraussetzung ist, dass über das Vermögen des Auftraggebers das Insolvenzverfahren eröffnet wurde. Bei einem Auftrag verpflichtet sich der Beauftragte gegenüber dem Auftraggeber, für diesen unentgeltlich ein Geschäft zu besorgen.[7] Die rechtsverbindliche Verpflichtung des Beauftragten ist der Unterschied zum bloßen Gefälligkeitsverhältnis.[8] Geschäftsbesorgungsverträge sind nach § 116 zu beurteilen. Die Schiedsvereinbarung ist

---

44 Uhlenbruck/*Berscheid/Ries* Rn. 27.
1 BT-Drucks. 12/2443, 151; krit. Mohrbutter/Ringstmeier/*Homann* § 7 Rn. 116.
2 MüKo-InsO/*Ott/Vuia* Rn. 1.
3 Palandt/*Grüneberg* Einf. v. § 320 BGB Rn. 4a; Palandt/*Sprau* Einf. v. § 662 BGB Rn. 1.
4 FK-InsO/*Wegener* Rn. 2.
5 RG 06.11.1934, VII 195/34, RGZ 145, 256.
6 Mohrbutter/Ringstmeier/*Homann* § 7 Rn. 124.
7 Palandt/*Sprau* Einf. v. § 662 BGB Rn. 1.
8 Palandt/*Sprau* Einf. v. § 662 BGB Rn. 4.

kein Auftrag.[9] Auch der Handelsvertretervertrag kann nicht als Auftrag i.S.d. § 115 qualifiziert werden.[10]

Darüber hinaus setzt die Vorschrift eine Beziehung des Auftrages zur **Soll-Insolvenzmasse** voraus.[11] Hierunter ist auch das (zukünftige) Vermögen des Schuldners zu verstehen, das erst noch zur Ist-Masse gezogen werden muss, mithin Gegenstände, hinsichtlich derer der Schuldner eine Erwerbsaussicht hat, die er aber noch nicht erlangt hat und die mit Erwerb vom Insolvenzbeschlag umfasst wären.[12]

II. Gefährdung der Masse

Die Vorschrift des § 115 Abs. 2 ist einschlägig, wenn die Zeit der Untätigkeit zwischen Erlöschen des Auftragsverhältnisses und Tätigwerden des Insolvenzverwalters zu **Gefahren für die Insolvenzmasse** führt. Beispielhaft hierfür genannt wird die Verwertung verderblicher Ware.[13] Die Gefährdungslage muss in der ex ante Betrachtung nach objektiven Maßstäben gegeben sein. Der Beauftragte trägt somit das Prognoserisiko. Handelt er, obwohl eine Gefährdungslage nicht vorliegt, ist er als Vertreter ohne Vertretungsmacht mit der Folge der Haftung nach § 179 BGB zu qualifizieren. Wird der Beauftragte in der irrigen Annahme des Erlöschens des Auftragsverhältnisses nicht tätig und realisiert sich eine nach objektiven Maßstäben anzunehmende Gefahr, kommt eine Haftung des Beauftragten gegenüber der Masse nach § 280 BGB in Betracht.

C. Rechtsfolgen

I. Regelfall

Durch die Eröffnung des Insolvenzverfahrens **erlischt der Auftrag**, mithin die gegenseitigen Hauptleistungspflichten, endgültig.[14] Das Auftragsverhältnis erlischt ex nunc[15] und lebt nach Aufhebung oder Einstellung des Insolvenzverfahrens nicht wieder auf.[16] Etwas anderes gilt nur dann, wenn der Eröffnungsbeschluss aufgehoben werden sollte.[17] Das Erlöschen des Auftrags löst auch keinen Schadensersatzanspruch aus, weil es an einer Leistungsstörung bzw. Pflichtverletzung fehlt.[18] Durch die Eröffnung des Insolvenzverfahrens wird ein Abwicklungsverhältnis zwischen Insolvenzverwalter und Beauftragtem begründet.[19] Den Beauftragten treffen demnach noch die Auskunfts- und Rechenschaftspflichten gem. § 666 BGB.[20] Etwas anderes stünde im Widerspruch zu der vom Gesetzgeber geregelten Behandlung der gegenseitigen Pflichten im Rahmen eines Auftragsverhältnisses. Der Umfang der Rechenschaftspflichten bestimmt sich nach § 259 BGB. Darüber hinaus bleibt er zur Herausgabe dessen verpflichtet, was er zur Ausführung des Auftrags erhält und was er aus der Geschäftsbesorgung erlangt hat (§ 667 BGB). Der Beauftragte kann seinen Anspruch auf Ersatz von Aufwendungen gem. § 670 BGB nur als Insolvenzforderung geltend machen. Will der Insolvenzverwalter auf die Dienste des Beauftragten zurückgreifen, muss er ihm einen neuen Auftrag erteilen.[21]

---

9 BGH 20.11.2003, III ZB 24/03, ZInsO 2004, 88; *Flöther* Auswirkungen des inländischen Insolvenzverfahrens auf Schiedsverfahren und Schiedsabrede, 2001, 125 f.; ders. DZWIR 2004, 162.
10 FK-InsO/ *Wegener* Rn. 4.
11 Kilger/*Schmidt* KO, § 23 Rn. 4.
12 Kilger/*Schmidt* KO, § 1 Rn. 4.
13 FK-InsO/ *Wegener*, Rn. 14.
14 Mohrbutter/Ringstmeier/*Homann* § 7 Rn. 120.
15 BGH 06.07.2006, IX ZR 121/05, ZInsO 2006, 1055.
16 Kilger/*Schmidt* KO, § 23 Anm. 5.
17 FK-InsO/ *Wegener*, Rn. 9.
18 BGH 06.07.2006, IX ZR 121/05, ZInsO 2006, 1055, 1057.
19 Mohrbutter/Ringstmeier/*Homann* § 7 Rn. 114.
20 AA wohl, jedoch ohne Begründung, *Häsemeyer* Rn. 20.72.
21 MüKo-InsO/*Huber* § 119 Rn. 74.

7 Aus diesem Grund steht dem Beauftragten auch kein **Zurückbehaltungsrecht** gem. § 273 BGB zu (s.a. § 105 Rdn. 11).[22] Etwas anders gilt dann, wenn der Beauftragte Verwendungen auf die herauszugebende Sache gemacht hat und die Forderung auf Ersatz der Aufwendungen den noch vorhandenen Vorteil nicht übersteigt. In diesem Fall kann sich der Beauftragte gem. § 51 Nr. 2 als sonstiger Absonderungsberechtigter gegenüber dem Insolvenzverwalter auf sein Zurückbehaltungsrecht berufen.[23]

8 Die Zulässigkeit der **Aufrechnung** bestimmt sich nach den §§ 94 ff.[24] Eine Aufrechnung des vormaligen Beauftragten mit seinem Anspruch auf Aufwendungsersatz gegen den Anspruch des Insolvenzverwalters auf Herausgabe von Zahlungen, die der ehemalige Beauftragte erst nach Eröffnung des Insolvenzverfahrens erlangt hat, ist unzulässig.[25]

9 Vom vorläufigen Verwalter, auf den die Verwaltungs- und Verfügungsbefugnis des Schuldners übergegangen ist, erteilte Aufträge erlöschen nach dem Wortlaut der Norm nicht mit Eröffnung des Insolvenzverfahrens.[26] Etwas anderes gilt indes, wenn für den vorläufigen Insolvenzverwalter nur ein Zustimmungsvorbehalt angeordnet wurde. Der endgültige Insolvenzverwalter kann einen solchen Auftrag aber gem. § 671 BGB widerrufen.[27]

10 Zeitgleich mit dem Erlöschen des Auftrages endet auch die dem Beauftragten erteilte **Vollmacht** (§ 117). Das gilt auch für Prozessvollmachten[28] bzw. Ermächtigungen, einen Prozess in gewillkürter Prozessstandschaft zu führen.[29]

11 Wird der Beauftragte trotz des erloschenen Auftragsverhältnisses weiter tätig, weil er **keine Kenntnis** von der Eröffnung des Insolvenzverfahrens über das Vermögen des Auftraggebers hat, wird er behandelt, als bestünde das Auftragsverhältnis fort (Abs. 3 Satz 1). Der Beauftragte kann in diesem Fall auch nicht von Dritten gem. § 179 BGB als Vertreter ohne Vertretungsmacht in Haftung genommen werden (§ 117 Abs. 3). Die Aufwendungsersatzansprüche des Beauftragten bleiben aber bloße Insolvenzforderungen (Abs. 3 Satz 2).

12 War dem Beauftragten die Eröffnung des Insolvenzverfahrens bekannt und liegt kein Fall der Notgeschäftsführung vor (s. Rdn. 13), handelt es sich um eine **Geschäftsführung ohne Auftrag**, die nach §§ 677 ff. BGB zu beurteilen ist.[30] Aus dem Erst-Recht-Schluss zu Abs. 3 Satz 2 folgt, dass der Anspruch auf Ersatz von Aufwendungen gem. § 683 BGB Insolvenzforderung ist.[31]

II. Notgeschäftsführung

13 Soweit Gefahr für die Gläubigergemeinschaft besteht, erlischt der Auftrag zunächst nicht, bis der Insolvenzverwalter anderweitig Fürsorge treffen kann. Korrespondierend hierzu besteht auch die Vollmacht fort (§ 117 Abs. 2). Die aus der Zeit der Notgeschäftsführung resultierenden Ansprüche des Beauftragten sind Masseverbindlichkeiten (Abs. 2 Satz 3).

---

22 RG 21.06.1922, I 668/21, RGZ 105, 125, 128; OLG Düsseldorf 12.03.1982, 24 U 81/82, ZIP 1982, 471; Gottwald/*Huber* § 36 Rn. 49; Uhlenbruck/*Sinz* §§ 115, 116 Rn. 9.
23 FK-InsO/*Wegener*, Rn. 19.
24 Mohrbutter/Ringstmeier/*Homann* § 7 Rn. 121.
25 BGH 23.02.1989, IX ZR 143/88, BGHZ 107, 88, 90.
26 Mohrbutter/Ringstmeier/*Homann* § 7 Rn. 118; FK-InsO/*Wegener*, Rn. 8.
27 Uhlenbruck/*Sinz* §§ 115, 116 Rn. 6.
28 BGH 11.10.1988, X ZB 16/88, ZIP 1988, 1584.
29 BGH 10.11.1999, VIII ZR 78/98, NJW 2000, 738.
30 Gottwald/*Huber* § 36 Rn. 46.
31 Uhlenbruck/*Sinz* §§ 115, 116 Rn. 14.

D. Prozessuales

Im Streitfall über das Vorliegen der Voraussetzungen nach Abs. 3 Satz 1 hat der Insolvenzverwalter die Kenntnis des Beauftragten von der Insolvenzeröffnung zu beweisen.[32] Hinsichtlich des Vorliegens der eine Notgeschäftsführung rechtfertigenden Umstände liegt die Beweislast hingegen beim Beauftragten.[33]

§ 116 Erlöschen von Geschäftsbesorgungsverträgen

Hat sich jemand durch einen Dienst- oder Werkvertrag mit dem Schuldner verpflichtet, ein Geschäft für diesen zu besorgen, so gilt § 115 entsprechend. Dabei gelten die Vorschriften für die Ersatzansprüche aus der Fortsetzung der Geschäftsbesorgung auch für die Vergütungsansprüche. Satz 1 findet keine Anwendung auf Zahlungsaufträge sowie auf Aufträge zwischen Zahlungsdienstleistern oder zwischengeschalteten Stellen und Aufträge zur Übertragung von Wertpapieren; diese bestehen mit Wirkung für die Masse fort.

Übersicht

	Rdn.			Rdn.
A. Normzweck	1	C.	Rechtsfolgen	9
B. Voraussetzungen	2	I.	Regelfall	9
I. Geschäftsbesorgungsvertrag	2	II.	Ausnahmen	17
II. Insolvenz des Geschäftsherrn	8	D.	Verhältnis zu anderen Vorschriften	19

A. Normzweck

Wie schon die Vorschrift des § 115 soll auch § 116 sicherstellen, dass die Masse ab Eröffnung des Insolvenzverfahrens **ausschließlich vom Insolvenzverwalter** verwaltet wird.[1] Der Gesetzgeber knüpft inhaltlich an die Regelungen der §§ 23, 27 KO an.[2] Durch vom Schuldner abgeschlossene Geschäftsbesorgungsverträge sollen keine Masseverbindlichkeiten für Tätigkeiten begründet werden, deren Ausübung dem Verwalter obliegt bzw. die er nach eigenem Ermessen auf Dritte delegieren kann. Auch § 116 ist zwingend und kann nicht abbedungen werden.[3] Die Ausnahmevorschrift des § 116 Satz 3 soll zu einem funktionierenden Zahlungssystem beitragen.[4]

B. Voraussetzungen

I. Geschäftsbesorgungsvertrag

Die Vorschrift des § 116 gilt für Geschäftsbesorgungsverträge. Der Geschäftsbesorgungsvertrag ist ein Dienst- oder Werkvertrag, der eine vermögensbezogene Tätigkeit im fremden Interesse zum Gegenstand hat. Es handelt sich dabei um einen entgeltlichen gegenseitigen Vertrag.[5]

Typischerweise erfolgen nachfolgend genannte Tätigkeiten aufgrund von Geschäftsbesorgungsverträgen: Rechtsberatung und -vertretung[6], Anlageberatung, Depotverträge,[7] Baubetreuung, die Vertretung in Patentsachen, Steuerberatung, die Tätigkeit von Kommissionsverlegern sowie Spedi-

---

32 Kübler/Prütting/Bork/ *Tintelnot* §§ 115, 116, Rn. 13.
33 FK-InsO/ *Wegener* Rn. 16.
1 *Häsemeyer* Rn. 20.67.
2 BT-Drucks. 12/2443, 151.
3 RG 06.11.1934, VII 195/34, RGZ 145, 256.
4 FK-InsO/ *Wegener* Rn. 2.
5 Palandt/ *Sprau* § 674 BGB Rn. 1, § 662 BGB Rn. 6.
6 RG 05.05.1916, III 10/16, RGZ 88, 223 (226).
7 FK-InsO/ *Wegener* Rn. 51; a.A. *Canaris* Bankvertragsrecht Rn. 2203, der davon ausgeht, dass es sich dabei um einen gemischttypischen Vertrag handelt, bei dem nur die verwaltenden Teilaspekte erlöschen, nicht auch die verwahrenden. Die Aufspaltung der Rechtsfolgen bei gemischttypischen Verträgen ist jedoch problematisch, s. hierzu § 103 Rdn. 21 ff.

tionsleistungen gem. §§ 407 ff. HGB[8] und Bankdienstleistungen.[9] Der Girovertrag ist bei üblicher Ausgestaltung ebenfalls ein Geschäftsbesorgungsvertrag.[10] Auch im Lastschriftverfahren wird das Kreditinstitut im Rahmen eines Geschäftsbesorgungsvertrages tätig.[11] Verwaltungstreuhandverhältnisse sind ebenfalls Geschäftsbesorgung i.S.v. § 116[12] wie auch Factoringverträge[13], Inkassodienstleistungen[14], Kautionsversicherungsverträge[15], Domainverträge[16] und Maklerverträge[17]; Abrechnungsvereinbarungen mit einer Abrechnungsstelle, die in periodischen Abständen für den Schuldner eine Sammelabrechnung unter Berücksichtigung von Forderungen und Gegenforderungen erstellt, fallen ebenfalls in den Abwendungsbereich der Vorschrift.[18]

4 **Nicht** von den Wirkungen des § 116 erfasst werden Dienstverhältnisse zwischen juristischen Personen und den sie vertretenden Organen[19] sowie Vertragshändlerverträge.[20] Auch Schließfachmietverträge mit der Bank sind keine Geschäftsbesorgungsverträge i.S.d. § 116. Dabei handelt es sich vielmehr um einen Mietvertrag über eine unbewegliche Sache, dessen Schicksal sich in der Insolvenz nach §§ 108 f. richtet.[21]

5 **Treuhandverhältnisse** sind Geschäftsbesorgungsverträge, wenn sie entgeltlich bzw. uneigennützig sind.[22] Das sind bspw. Verwaltungstreuhandverhältnisse oder die Inkassozession.[23] Die eigennützige Treuhand, die dazu dient, Forderungen des Treuhänders gegen den Treugeber zu sichern, ist hingegen ausschließlich nach den Vorschriften über die abgesonderte Befriedigung zu beurteilen.[24] Bei doppelseitigen Treuhandverhältnissen ist deshalb zu differenzieren. Beispiele hierfür sind der Konsortialkredit[25] oder die Sicherheitentreuhand.[26] Im Verhältnis vom Darlehensnehmer zum Treugeber handelt es sich um eigennützige Treuhandverhältnisse, die den Darlehensgeber in der Insolvenz des Darlehensnehmers zur abgesonderten Befriedigung berechtigen. Das Verhältnis zwischen Treuhänder und Darlehensgeber wird als uneigennütziges Treuhandverhältnis eingeordnet, mit der Folge, dass in der Insolvenz des Darlehensgebers das Treuhandverhältnis gem. § 116 erlischt und das Treugut zur Insolvenzmasse zu ziehen ist.[27]

6 Die Vorschrift des § 116 ist nur auf Geschäftsbesorgungsverträge anwendbar, die **vor Eröffnung** des Insolvenzverfahrens abgeschlossen wurden.

7 Wie bei § 115 ist auch hier erforderlich, dass die Geschäftsbesorgung einen **Bezug zur Soll-Insolvenzmasse** hat.[28] Gemeint sind damit auch die Gegenstände, auf die erst eine Erwerbsaussicht

---

8 Kilger/*Schmidt* KO, § 23 Rn. 1a.
9 *Obermüller* Insolvenzrecht in der Bankpraxis, Rn. 2.54.
10 BGH 05.02.2009, IX ZR 78/07, ZInsO 2009, 659 ff.; Palandt/*Sprau* § 675f BGB Rn. 11.
11 Kilger/*Schmidt* KO, § 23 Rn. 1c.
12 Kilger/*Schmidt* KO, § 23 Rn. 2; *Häsemeyer* Rn. 20.79.
13 FK-InsO/*Wegener* Rn. 10.
14 MüKo-InsO/*Ott/Vuia* Rn. 32.
15 BGH 24.06.2010, IX ZR 199/09, ZInsO 2010, 1332 (1333); BGH 18.11.2010, IX ZR 17/10, ZInsO 2010, 2391 (2392).
16 LG Frankfurt 27.07.2009, 2–7 O 33/09, Rn. 36.
17 OLG Karlsruhe 12.07.1990, 11 U 8/90, ZIP1990, 1143.
18 BGH 28.02.1985, IX ZR 157/84, ZIP 1985, 553 ff.
19 BGH 20.06.2005, II ZR 18/03, ZInsO 2005, 762 ff. m.Anm. *Flöther* jurisPR-InsR 6/2006, Anm. 6 und Anm. *Gehrlein* BB 2005, 1700 f.
20 MüKo-InsO/*Ott/Vuia* Rn. 12.
21 *Obermüller* ZInsO 1998, 252 (253).
22 Palandt/*Sprau* § 675 BGB Rn. 21.
23 *Häsemeyer* Rn. 20.79.
24 *Häsemeyer* Rn. 20.79.
25 S. hierzu *Kühne* NZI 2007, 560 ff.
26 Val *Cranshaw* WM 2009, 1682 ff.; *Stadler* NZI 2009, 878 ff.
27 BGH 12.10.1989, IX ZR 184/88, BGHZ 109, 47, 51 ff.; *Häsemeyer* Rn. 20.79.
28 Kilger/*Schmidt* KO, § 23 Rn. 4; *Häsemeyer* Rn. 20.67.

besteht, jedoch noch nicht in das Vermögen des Schuldners gelangt sind, bei Erwerb aber dem Insolvenzbeschlag unterfielen. Geschäftsbesorgungsverträge, die insolvenzfreie, insb. persönliche oder familiäre Verhältnisse betreffen, fallen nicht in den Anwendungsbereich des § 116. Aus diesem Grund ist die Vorschrift nicht auf Pfändungsschutzkonten gem. § 850k ZPO anwendbar.[29]

II. Insolvenz des Geschäftsherrn

Weitere Voraussetzung des § 116 ist, dass über das Vermögen des Geschäftsherrn das Insolvenzverfahren eröffnet ist. Für die Insolvenz des Geschäftsführers trifft die Vorschrift keine Regelung.[30]   8

C. Rechtsfolgen
I. Regelfall

Die von § 116 erfassten Geschäftsbesorgungsverträge **erlöschen** endgültig mit Eröffnung des Insolvenzverfahrens mit Wirkung erga omnes.[31] Diese Wirkung wird nur dann beseitigt, wenn der Eröffnungsbeschluss im Beschwerdeverfahren aufgehoben werden sollte.[32] Insb. treffen den Geschäftsbesorger Auskunfts- und Rechenschaftspflichten. Im Übrigen wird auf die Ausführungen unter § 115 Rdn. 6 ff. verwiesen.   9

Die Beendigung des Geschäftsbesorgungsvertrags mit Verfahrenseröffnung ist **zwingend**. Vereinbarungen, wonach Verträge über diesen Zeitpunkt hinaus fortbestehen sollen, sind deshalb unwirksam.[33]   10

Nicht nach § 116 erlöschen sollen ausnahmsweise die Rechtsanwaltsmandate, deren Inhalt die **Vertretung** des Schuldners **im Insolvenzverfahren** ist.[34] Das ist nicht überzeugend, da es dem Schuldner unbenommen bleibt, nach Eröffnung des Insolvenzverfahrens rechtlichen Rat einzuholen und den Vertrag mit Mitteln seines pfändungsfreien Vermögens zu erfüllen.   11

Als Oder-Konten bzw. Und-Konten geführte **Gemeinschaftskonten** erlöschen aufgrund § 84 nicht gem. § 116.[35] Wird über das Vermögen eines Gesellschafters einer Gesellschaft bürgerlichen Rechts das Insolvenzverfahren eröffnet, können die (Mit-)Gesellschafter und der Insolvenzverwalter selbst bei bestehender Einzelvertretungsmacht nur noch gemeinsam über das Konto verfügen.[36]   12

Bei **Treuhandverhältnissen**, die zum Zwecke der Sanierung des späteren Schuldners mit dem Treugut und den hieraus erzielten Nutzungen eingegangen wurden, fällt das unter der auflösenden Bedingung der Zweckerreichung übereignete oder abgetretene Treugut automatisch mit Eröffnung an die Masse zurück.[37] Ohne die Vereinbarung einer solchen Bedingung gem. § 158 Abs. 1 BGB hat der Insolvenzverwalter einen Anspruch gegen den Treuhänder auf Herausgabe des Treugutes, es sei denn die Gegenstände sind bereits endgültig aus dem Vermögen des Treugebers ausgeschieden.[38] In der Insolvenz des Treuhänders hat der Treugeber einen Aussonderungsanspruch bezüglich des Treugutes.[39]   13

Rechtsanwälte, Steuerberater oder Wirtschaftsprüfer, deren Mandate mit Eröffnung des Insolvenzverfahrens erlöschen, können das Verlangen des Insolvenzverwalters auf Rechenschaftslegung nicht   14

---

29 FK-InsO/*Wegner* Rn. 39.
30 *Häsemeyer* Rn. 20.67.
31 Kilger/*Schmidt* KO, § 23 Rn. 5; *Häsemeyer* Rn. 20.72.
32 Uhlenbruck/*Sinz* §§ 115, 116 Rn. 8.
33 BGH 06.07.2006, IX ZR 121/05, BGHZ 168, 276.
34 Kilger/*Schmidt* KO, § 23 Rn. 12.
35 BGH 08.07.1985, II ZR 16/85, BGHZ 95, 185; FK-InsO/*Wegener* Rn. 42.
36 *Obermüller* Insolvenzrecht in der Bankpraxis Rn. 2.81.
37 Kilger/*Schmidt*, KO, § 23 Rn. 6.
38 BGH 25.04.1962, VIII ZR 43/61, NJW 1962, 1200.
39 OLG Düsseldorf 03.12.1987, 10 U 117/87, ZIP 1988, 795.

unter Verweis auf ihre gegenüber dem Schuldner bestehende **Verschwiegenheitspflicht** zurückweisen.[40]

15 Steuerberater sind verpflichtet, sämtliche **Buchhaltungsunterlagen** des Schuldners herauszugeben. Etwas anders gilt für Dokumente, die das Ergebnis der unbezahlten Arbeitsleistung des Steuerbüros sind.[41] Gegen Rechtsanwälte, die in Bezug auf die Insolvenzmasse mandatiert waren, hat der Insolvenzverwalter einen Anspruch auf Herausgabe der Handakten.[42] Ein Zurückbehaltungsrecht wegen offener Honoraransprüche steht den anwaltlichen oder steuerlichen Vertretern nicht zu. Noch nicht zur Einzahlung an die Justizkasse gelangte Gerichtskostenvorschüsse sind ebenfalls herauszugeben.[43]

15a Die für eine Kautionsversicherung bzw. die Bereitstellung des Avalrahmens vorinsolvenzlich entrichtete Prämie für Zeiträume nach Eröffnung des Insolvenzverfahrens hat die Versicherungsgeberin aufgrund des Erlöschens des Vertrages für die Zukunft ohne rechtlichen Grund erhalten, wenn die Prämie nicht als Einmalprämie, sondern zeitanteilig ausgestaltet ist.[44]

16 Wird der **Geschäftsbesorger** in Unkenntnis der Verfahrenseröffnung **weiter tätig**, kann er den Anspruch auf Ersatz seiner Aufwendungen nur noch als Insolvenzgläubiger geltend machen (§ 116 Satz 1 i.V.m. § 115 Abs. 3). Erfolgt die Geschäftsbesorgung im Rahmen einer Notgeschäftsführung sind die Vergütungsansprüche des Geschäftsführers Masseverbindlichkeiten (§ 116 Satz 1 i.V.m. § 115 Abs. 2).

II. Ausnahmen

17 Vor Eröffnung des Verfahrens vom Schuldner mit Kreditinstituten geschlossene Geschäftsbesorgungsverträge, die auf unmittelbare Vermögenstransfers abzielen, bestehen zur Sicherung des elektronischen Zahlungsverkehrs mit Wirkung für und gegen die Masse fort und **erlöschen nicht** mit Eröffnung (§ 116 Satz 3). Sowohl dem Verwalter als auch dem Kreditinstitut stehen nur die vertraglich begründeten oder gesetzlich verankerten Kündigungs-, Widerrufs- oder Stornierungsrechte zu.[45]

18 Von dieser Ausnahmevorschrift erfasst werden mithin **Zahlungsdiensteverträge** gem. § 675f BGB. Beispiele hierfür sind der Überweisungsauftrag und das Akkreditiv.[46] Nicht hierunter fallen Giroverträge[47] und Kontokorrentvereinbarungen[48]. Hierdurch wird die Verschiebung von Vermögenswerten an Dritte nach Verfahrenseröffnung begünstigt. Zwar wird darauf hingewiesen, dass etwaige, gegen den Gleichbehandlungsgrundsatz der Gläubiger verstoßende Transfers nach den Vorschriften der §§ 129 ff. wieder korrigiert werden können.[49] Gleichwohl verdient die Ausnahmevorschrift Kritik, denn die Masse trägt das Insolvenzrisiko des Anfechtungsgegners. Darüber hinaus ist der Insolvenzverwalter hinsichtlich der weiteren Tatbestandsvoraussetzungen der Anfechtungsvorschriften, insb. der subjektiven Tatbestandsmerkmale beweisbelastet.

---

40 BGH 30.11.1989, III ZR 112/88, BGHZ 109, 260.
41 BGH 11.03.2004, IX ZR 178/03, ZIP 2004, 1267.
42 BGH 30.11.1989, III ZR 112/88, BGHZ 109, 260.
43 FK-InsO/*Wegener* Rn. 31.
44 BGH 24.06.2010, IX ZR 199/09, ZInsO 2010, 1332 ff.; BGH 18.11.2010, IX ZR 17/10, ZInsO 2010, 2391 (2392).
45 HK-InsO/*Marotzke* Rn. 6.
46 BGH 05.02.2009, IX ZR 78/07, ZInsO 2009, 659 ff.; *Häsemeyer* Rn. 20.80; Kübler/Prütting/Bork/*Tintelnot* §§ 115, 116 Rn. 27.
47 BGH 09.10.1974, VIII ZR 190/73, BGHZ 63, 87, 90.
48 BGH 04.05.1979, I ZR 127/77, BGHZ 74, 253.
49 *Häsemeyer* Rn. 20.74a.

D. Verhältnis zu anderen Vorschriften

Das Wahlrecht nach § 103 wird durch die Vorschriften der §§ 115, 116 verdrängt.[50] 19

§ 117 Erlöschen von Vollmachten

(1) Eine vom Schuldner erteilte Vollmacht, die sich auf das zur Insolvenzmasse gehörende Vermögen bezieht, erlischt durch die Eröffnung des Insolvenzverfahrens.

(2) Soweit ein Auftrag oder ein Geschäftsbesorgungsvertrag nach § 115 Absatz 2 fortbesteht, gilt auch die Vollmacht als fortbestehend.

(3) Solange der Bevollmächtigte die Eröffnung des Verfahrens ohne Verschulden nicht kennt, haftet er nicht nach § 179 des Bürgerlichen Gesetzbuchs.

Übersicht	Rdn.		Rdn.
A. Normzweck	1	C. Rechtsfolgen	3
B. Voraussetzungen	2	D. Besondere Verfahrensarten	8

A. Normzweck

Die Vorschrift des § 117 ergänzt die Vorschriften der §§ 103 ff., denn auch durch fortbestehende 1
Vollmachten kann die Verwaltungs- und Verfügungsbefugnis des Insolvenzverwalters beeinträchtigt werden. Allerdings erlischt eine Vollmacht bereits gem. § 168 Satz 1 BGB mit der Beendigung des zugrunde liegenden Rechtsverhältnisses. Deshalb ist die Vorschrift des § 117 im Hinblick auf Aufträge und Geschäftsbesorgungsverträge nur klarstellend. Für alle Verträge, die trotz Eröffnung des Insolvenzverfahrens fortgeführt werden, ist die Vorschrift konstitutiv. Gleiches gilt für isolierte Vollmachten, bei denen das Grundgeschäft fehlt oder unwirksam ist.[1] Die Vorschrift des § 117 kann nicht abbedungen werden.[2]

B. Voraussetzungen

Eine Vollmacht ist die durch Rechtsgeschäft erteilte Vertretungsmacht i.S.d. § 166 Abs. 2 BGB und 2
wird durch eine einseitige empfangsbedürftige Willenserklärung begründet.[3] Die Vollmacht muss durch den Schuldner erteilt worden sein. Des Weiteren ist ein Bezug der Vollmacht zur Insolvenzmasse erforderlich. So bleibt bspw. die erteilte Prozessvollmacht in einem Sorgerechtsstreit bestehen.[4] Vom starken vorläufigen Insolvenzverwalter erteilte Vollmachten fallen nicht unter § 117.[5] Eine solche Vollmacht kann der endgültige Verwalter durch Widerruf zum Erlöschen bringen.[6] Die Vorschrift gilt auch für Prokura und Handlungsvollmacht.[7]

C. Rechtsfolgen

Die vom Schuldner erteilten **Vollmachten erlöschen** gem. § 117 durch die Eröffnung des Insolvenz- 3
verfahrens. Das gilt für sämtliche rechtsgeschäftlichen Vollmachten, einschließlich der unwiderruflich erteilten.[8] Etwas anderes gilt nur, soweit und solange die Voraussetzungen für eine Notgeschäftsführung gem. § 115 Abs. 2 vorliegen. Auch die Ermächtigung zu einer gewillkürten Prozessstand-

---

50 BGH 06.07.2006, IX ZR 121/05, NZI 2006, 637.
1 BT-Drucks. 12/2443, 151 f.
2 FA-InsR/*Wagner* Kap 5 Rn. 157.
3 Palandt/*Ellenberger* § 167 BGB Rn. 1.
4 Nerlich/Römermann/*Balthasar* Rn. 7.
5 FK-InsO/*Wegener* Rn. 5.
6 HK-InsO/*Marotzke* Rn. 12.
7 BT-Drucks. 12/2443, 152.
8 Uhlenbruck/*Sinz* Rn. 3.

schaft erlischt mit Eröffnung des Insolvenzverfahrens.[9] Vom Bevollmächtigten erteilte Untervollmachten teilen im Falle der Insolvenzeröffnung das Schicksal der Hauptvollmacht.[10] Sollte der Eröffnungsbeschluss aufgehoben werden, lebt eine nach § 117 erloschene Vollmacht wieder auf.[11] Durch Einstellung oder Aufhebung des Insolvenzverfahrens wird die Vollmacht nicht wieder wirksam.[12]

4   Nach Eröffnung des Insolvenzverfahrens durch den früheren Bevollmächtigten abgeschlossene Verträge sind gem. §§ 80 Abs. 1, 81 Abs. 1 Satz 1 schwebend unwirksam und können vom Insolvenzverwalter genehmigt werden.[13] Bis zur Genehmigung des Vertrages ist der andere Teil gem. § 178 BGB zum Widerruf berechtigt. Eine Rechtsscheinhaftung bei kundgegebener Vollmacht gem. § 170 BGB bzw. bei vorgelegter Vollmachtsurkunde gem. § 172 BGB ist mit dem Normzweck des § 117 nicht vereinbar und besteht deshalb nicht.[14]

5   Solange der (ehemalige) Bevollmächtigte die Eröffnung des Insolvenzverfahrens unverschuldet nicht kennt, haftet er dem anderen Teil nicht gem. § 179 BGB als **Vertreter ohne Vertretungsmacht** (§ 117 Abs. 3). Hätte der Vertreter das Fehlen der Vertretungsmacht kennen müssen, haftet er im Umkehrschluss der in § 117 Abs. 3 normierten Regelung dem anderen Teil gem. § 179 BGB. Nach anderer Auffassung soll der vollmachtlose Vertreter in keinem Fall haften, da die Masse dem anderen Teil bei einem Vertragsschluss durch den Schuldner gem. §§ 80, 81 ebenfalls nicht haften würde.[15] Nach einer weiteren Auffassung folge hieraus, dass der Vertreter nur auf das negative Interesse hafte.[16] Demnach hätte der Vertreter den anderen Teil so zu stellen, wie er stehen würde, wenn er nicht auf die Gültigkeit des Geschäftes vertraut hätte.[17] Das der Schuldner die Masse nach Eröffnung nicht mehr verpflichten kann, liegt auf der Hand und ergibt sich aus §§ 80, 81. Aus den §§ 80, 81 allerdings Drittwirkungen dergestalt abzuleiten, dass gesetzliche Ansprüche eines Dritten gegen eine vom Schuldner bevollmächtigte Person nicht oder nur eingeschränkt bestehen sollen, ist aber zu weitgehend und dogmatisch nicht zu begründen. Auch die angeführten Schutzinteressen aller Gläubiger vermögen als Argument nicht zu überzeugen. Denn das Vermögen des Bevollmächtigten ist von dem des von ihm vertretenen Schuldners verschieden, so dass nicht klar wird, welches Interesse die Gläubigergemeinschaft daran hat, dass der vollmachtlose Vertreter nicht oder nur eingeschränkt haftet. Die gesetzliche Haftung gem. § 179 BGB im Falle des Erlöschens der Vollmacht durch Eröffnung des Insolvenzverfahrens über das Vermögen des Vollmachtgebers und die schuldhafte Unkenntnis des Bevollmächtigten hiervon anzuwenden, ist auch im Ergebnis überzeugend, denn der Bevollmächtigte steht beim Abschluss des unwirksamen Vertrages im Lager des Schuldners und ist ihm näher als der andere Vertragsteil. Vor diesem Hintergrund ist nicht einzusehen, warum der andere Teil für einen etwaigen Schaden aufkommen soll, der bei ordnungsgemäßem Verhalten des Bevollmächtigten hätte vermieden werden können. Hat der Unterbevollmächtigte die mehrstufige Vertretung offengelegt, haftet er dem anderen Teil jedoch nicht.[18] Ansonsten richtet sich auch seine Haftung nach § 117 Abs. 3, § 179 BGB.

6   Ein **Mitverschulden** des anderen Teils im Hinblick auf die fehlende Kenntnis von der Eröffnung des Insolvenzverfahrens oder gar dessen positive Kenntnis führen gem. § 179 Abs. 3 Satz 1 BGB zum Haftungsausschluss.[19] Die öffentliche Bekanntmachung gem. § 9 allein führt nicht bereits zum Ken-

---

9   BGH 10.11.1999, VIII ZR 78/98, NJW 2000, 738.
10 FA-InsR/*Wagner* Kap 5 Rn. 153; ebenso wohl auch AnwK/*Ackermann* BGB, § 167 Rn. 69.
11 FK-InsO/*Wegener* Rn. 6.
12 FK-InsO/*Wegener* Rn. 6.
13 FK-InsO/*Wegener* Rn. 11; FA-InsR/*Wagner* Kap 5 Rn. 157.
14 Palandt/*Ellenberger* § 171 BGB Rn. 2, § 172 Rn. 4; FA-InsR/*Wagner* Kap 5 Rn. 154.
15 MüKo-InsO/*Ott/Vuia* Rn. 19; Kübler/Prütting/Bork/*Tintelnot* Rn. 26.
16 FA-InsR/*Wagner* Kap 5 Rn. 156; FK-InsO/*Wegener* Rn. 10.
17 BGH 27.04.2009, II ZR 253/07, ZInsO 2009, 1159 (1160).
18 BGH 25.05.1977, VIII ZR 18/76, BGHZ 68, 391 (394).
19 AA FA-InsR/*Wagner* Kap 5 Rn. 156; FK-InsO/*Wegener* Rn. 10, die entgegen des eindeutigen Wortlautes von § 179 Abs. 3 nur von einer Schadensminderung ausgehen.

nenmüssen der Eröffnung des Insolvenzverfahrens.[20] Eine entsprechende Vermutung der Kenntnis lässt sich auch § 82 Satz 2 nicht entnehmen, da dort nur geregelt ist, dass vor öffentlicher Bekanntmachung die Unkenntnis vermutet wird. Für die Zeit nach Bekanntmachung stellt die Vorschrift gerade keine Regel auf. Bei institutionellen Gläubigern, die regelmäßig die Insolvenzbekanntmachungen studieren, wird man allerdings von einem Kennenmüssen ausgehen können.

Der Insolvenzverwalter darf neue, auch weitreichende Vollmachten neu erteilen. Die Erteilung von **Prokura** dürfte indes zu weitreichend sein.[21] Selbst bei der Betriebsfortführung großer Unternehmen sollten die wesentlichen Entscheidungen allein durch den Insolvenzverwalter getroffen werden. Das erfordert bereits das besondere Vertrauen, das der Richter gerade in einem solchen Insolvenzverfahren dem Insolvenzverwalter mit der Bestellung entgegenbringt. Durch die Erteilung von Prokura gibt der Insolvenzverwalter im Außenverhältnis jedoch weitreichende Kompetenzen ab.   7

D. Besondere Verfahrensarten

Auch bei angeordneter Eigenverwaltung gem. §§ 270 ff. ist § 117 anwendbar.[22]   8

§ 118 Auflösung von Gesellschaften

Wird eine Gesellschaft ohne Rechtspersönlichkeit oder eine Kommanditgesellschaft auf Aktien durch die Eröffnung des Insolvenzverfahrens über das Vermögen eines Gesellschafters aufgelöst, so ist der geschäftsführende Gesellschafter mit den Ansprüchen, die ihm aus der einstweiligen Fortführung eilbedürftiger Geschäfte zustehen, Massegläubiger. Mit den Ansprüchen aus der Fortführung der Geschäfte während der Zeit, in der er die Eröffnung des Insolvenzverfahrens ohne sein Verschulden nicht kannte, ist er Insolvenzgläubiger; § 84 Abs. 1 bleibt unberührt.

Übersicht	Rdn.		Rdn.
A. Normzweck	1	C. Rechtsfolgen	5
B. Voraussetzungen	2		

A. Normzweck

Die Vorschrift schützt die Interessen der geschäftsführenden Gesellschafter einer Gesellschaft, die durch die Eröffnung eines Insolvenzverfahrens über das Vermögen eines Mitgesellschafters aufgelöst wurde.[1] Von den Regelungen des § 118 kann nicht abgewichen werden (§ 119).   1

B. Voraussetzungen

Zunächst ist erforderlich, dass über das Vermögen eines Gesellschafters einer Gesellschaft bürgerlichen Rechts oder Kommanditgesellschaft auf Aktien das Insolvenzverfahren eröffnet wurde und die Gesellschaft mangels Fortsetzungsklausel im Gesellschaftsvertrag gem. § 728 Abs. 2 Satz 1 BGB aufgelöst wird. Die OHG und die KG werden gem. § 131 Abs. 3 Nr. 2 HGB, § 161 Abs. 2 HGB grds. mit den verbliebenen Gesellschaftern fortgeführt, es sei denn, es handelt sich um eine zweigliedrige Personengesellschaft. In diesen Fällen führt das Ausscheiden des vorletzten Gesellschafters zur liquidationslosen Vollbeendigung der Gesellschaft und zum Anwachsen des Gesellschaftsvermögens beim letzten verbliebenen Gesellschafter.[2] Auch die Partnerschaft wird nach § 9 Abs. 1 PartGG durch die Insolvenz eines Gesellschafters regelmäßig nicht aufgelöst. Ausreichend ist jedoch   2

---

20 AA FK-InsO/*Wegener* Rn. 10 unter Verweis auf § 82 S. 2.
21 AA FK-InsO/*Wegener* Rn. 11.
22 MüKo-InsO/*Ott/Vuia* Rn. 14.
1 FK-InsO/*Wegener* Rn. 1.
2 BGH 07.07.2008, II ZR 37/07, NJW 2008, 2992.

auch eine im Gesellschaftsvertrag geregelte insolvenzbedingte Auflösungsklausel.[3] Ein aufgrund des Insolvenzereignisses gefasster Auflösungsbeschluss der Gesellschafterversammlung reicht indes nicht, da es an der von § 118 geforderten unmittelbaren Kausalität (»durch«) fehlt und der Beschluss auch erst ex nunc wirkt.[4] Die Aufhebung des Eröffnungsbeschlusses beseitigt die Auflösung der Gesellschaft und die Anwendbarkeit von § 118.[5]

3 Ein eilbedürftiges Geschäft i.S.d. Satz 1 liegt vor, wenn mit dem Aufschub Gefahr verbunden ist (§ 727 Abs. 2 BGB). Beispielhaft für ein solches Notgeschäft, das letztlich auch der Masse zugutekommt, ist die Entrichtung von Patentgebühren, um den Verlust des Immaterialgüterrechts zu verhindern.[6]

4 Auf den nicht rechtsfähigen Verein findet die Vorschrift des § 118 keine Anwendung.[7]

C. Rechtsfolgen

5 Die Auseinandersetzung der Gesellschaft findet nach den allgemeinen Grundsätzen außerhalb des Insolvenzverfahrens statt (§ 84 Abs. 1 Satz 2). Führt die Auseinandersetzung zu Ansprüchen gegen den insolventen Gesellschafter, kann abgesonderte Befriedigung verlangt werden (§ 84 Abs. 1 Satz 2).

6 Ansprüche der geschäftsführenden Gesellschafter aus der Notgeschäftsführung, mithin Vergütungs- und Aufwendungsersatzansprüche, stellen Masseverbindlichkeiten dar (§ 118 Satz 1). Praktisch relevant wird diese Regelung nur dann, wenn die Ansprüche nicht aus dem Gesamthandsvermögen befriedigt werden können, denn sonst mindern sie lediglich den Abfindungsanspruch der Masse.[8]

7 Führen die anderen Gesellschafter die Geschäfte in Unkenntnis der Auflösung gem. § 729 BGB ggf. i.V.m. §§ 105 Abs. 3, 161 Abs. 2 HGB bzw. ggf. wiederum i.V.m. § 278 Abs. 2 AktG fort, sind sie in der Höhe, in der sie bei der Liquidation der Gesellschaft mit ihren Vergütungs- und Ersatzansprüchen ausfallen, Insolvenzgläubiger im Insolvenzverfahren über das Vermögen des insolventen Mitgesellschafters.[9] Ihnen steht aber das Recht auf abgesonderte Befriedigung an dem in die Insolvenzmasse fallenden Anspruch auf Auszahlung eines etwaigen Auseinandersetzungsguthabens zu (§ 84 Abs. 1 Satz 2).[10] Erfolgte die Fortführung in schuldhafter Unkenntnis oder trotz positiver Kenntnis des eröffneten Insolvenzverfahrens über das Vermögen des Mitgesellschafters, können etwaige Ausgleichsansprüche gegen den insolventen Mitgesellschafter nicht durchgesetzt werden. Das folgt im Umkehrschluss aus § 118 Satz 2 und aus der fehlenden Geschäftsführungsbefugnis nach § 729 BGB.

8 Wird die Gesellschaft gem. Gesellschaftsvertrag mit dem insolventen Gesellschafter fortgeführt, nimmt dessen Rechte der Insolvenzverwalter wahr.[11] Ist eine Fortführung der Gesellschaft im Gesellschaftsvertrag nicht vorgesehen gewesen, kann die Gesellschafterversammlung mit Zustimmung des Insolvenzverwalters die Fortsetzung der aufgelösten Gesellschaft beschließen.[12]

---

3 Kübler/Prütting/Bork/ *Tintelnot* Rn. 2.
4 AA Kübler/Prütting/Bork/ *Tintelnot* Rn. 2.
5 FK-InsO/ *Wegener* Rn. 3.
6 FK-InsO/ *Wegener* Rn. 7.
7 Jaeger/ *Henckel* KO, § 28 Rn. 6; FK-InsO/ *Wegener* Rn. 2.
8 *Häsemeyer* Rn. 20.76.
9 *Häsemeyer* Rn. 20.77.
10 FK-InsO/ *Wegener* Rn. 8.
11 FK-InsO/ *Wegener* Rn. 9.
12 FK-InsO/ *Wegener* Rn. 9.

§ 119 Unwirksamkeit abweichender Vereinbarungen

Vereinbarungen, durch die im voraus die Anwendung der §§ 103 bis 118 ausgeschlossen oder beschränkt wird, sind unwirksam.

Übersicht	Rdn.		Rdn.
A. Normzweck	1	C. Rechtsfolgen	3
B. Voraussetzungen	2	D. Internationale und europäische Bezüge	10

A. Normzweck

Die Vorschriften über das Wahlrecht des Insolvenzverwalters bei gegenseitigen Verträgen, über die Kündigungsrechte bei Dauerschuldverhältnissen und über das Schicksal von Aufträgen und ähnlichen Rechtsverhältnissen im Insolvenzverfahren sind **zwingendes Recht**. Eine abweichende Vereinbarung kann die Vorschriften der §§ 103 ff. nicht außer Kraft setzen.[1]

B. Voraussetzungen

Unter § 119 fallen auch Lösungsklauseln in Verträgen, die an den Insolvenzantrag oder die Insolvenzeröffnung anknüpfen.[2] Eine solche Lösungsklausel liegt vor, wenn einer der Parteien für den Fall der Zahlungseinstellung, des Insolvenzantrages oder der Insolvenzeröffnung das Recht eingeräumt wird, sich vom Vertrag zu lösen,[3] oder wenn der Vertrag unter der auflösenden Bedingung des Eintritts dieser insolvenzbezogenen Umstände steht.[4] Nicht in den Anwendungsbereich des § 119 fallen Vereinbarungen, die gesetzlich vorgesehenen Lösungsmöglichkeiten entsprechen.[5] Da es sich bei der VOB/B um keine gesetzliche Vorschriften handelt, kann auch ein Bauvertrag nicht gem. § 8 Abs. 2 Nr. 1 VOB/B durch den Auftraggeber aufgrund der Beantragung des Insolvenzverfahrens über das Vermögen des Auftragnehmers gekündigt werden.[6] Damit obliegt dem Insolvenzverwalter das Erfüllungswahlrecht gemäß § 103. Nach § 8 Abs. 2 Nr. 1 VOB/B soll der Auftraggeber den Vertrag kündigen können, wenn der Auftragnehmer seine Zahlungen einstellt, das Insolvenzverfahren beantragt ist, ein solches Verfahren eröffnet oder mangels Masse abgelehnt wird. Im Insolvenzverfahren entfaltet die Vorschrift des § 8 Abs. 2 Satz 1 VOB/B indes somit keine Wirkung mehr.[7]

C. Rechtsfolgen

Sämtliche vor Eröffnung des Insolvenzverfahrens abgeschlossenen Vereinbarungen, die die Anwendbarkeit der §§ 103 ff. modifizieren oder ausschließen bzw. die Rechtsfolgen dieser Vorschriften ändern, sind gem. § 119 **unwirksam**. Ausgeschlossen sind bspw. Vereinbarungen, welche eine den tatsächlichen Schaden übersteigende Schadensersatzforderung begründen, etwa in Form von Vertragsstrafen.[8] Regelungen, die das Recht des Insolvenzverwalters zur Erfüllungsablehnung einschränken, ein höheres Entgelt für den Fall der Insolvenz vorsehen oder die Zahlungsmodalitäten verschlechtern, sind ebenfalls unwirksam.[9] Abreden, wonach der Nichterfüllungsschaden bei abgelehn-

---

[1] BT-Drucks. 12/2443, 152.
[2] BGH 15.11.2012, IX ZR 169/11, ZInsO 2013, 292 (294); a.A. *Huber* ZIP 2013, 493 (496), der der Grundsatzentscheidung des BGH nur eine auf Verträge über die fortlaufende Lieferung von Waren oder Energie begrenzte Wirkung entnehmen möchte. Auch noch A/G/R-*Flöther/Wehner*, 1. Aufl.
[3] BGH 27.05.2003, IX ZR 51/02, BGHZ 155, 87.
[4] Braun/*Kroth* Rn. 9.
[5] BGH 14.12.2006, IX ZR 194/05, BGHZ 170, 206.
[6] *Wegener* ZInsO 2013, 1105 (1107); a.A. OLG Düsseldorf 08.09.2006, I-23 U 35/06, BauR 2006, 2054; OLG Schleswig 09.12.2011, 1 U 72/11, ZInsO 2012, 440; OLG Karlsruhe 15.02.2012, 13 U 150/10, NJW 2012, 3106.
[7] BGH 15.11.2012, IX ZR 169/11, ZInsO 2013, 292 (294); a.A. *Huber* ZIP 2013, 493 (496).
[8] Kilger/*Schmidt* VglO, § 53 Rn. 2.
[9] FK-InsO/*Wegener* Rn. 9.

ter Erfüllung des Vertrages eine Masseverbindlichkeit darstellt, sind ebenfalls nicht mit § 119 vereinbar.[10] Zu weit geht es allerdings, auch die dingliche Absicherung von Schadensersatzansprüchen wegen Nichterfüllung des Vertrages durch den Insolvenzverwalter als Modifikation der Rechtsfolge des § 103 Abs. 2 zu werten und damit der Unwirksamkeitsfolge des § 119 zu unterwerfen,[11] denn an der Einordnung als Insolvenzforderung ändert das durch die dingliche Sicherung begründete Absonderungsrecht nichts. Insofern bewirkt eine solche vorausschauende Vertragsklausel zwar eine wirtschaftlich günstigere Befriedigungsmöglichkeit des Vertragspartners, ändert indes nichts an der von § 103 Abs. 2 angeordneten Rechtsfolge.

4   **Miet-, Pacht- und Dienstverträge** sowie unter den in § 108 genannten Voraussetzungen auch **Darlehensverträge** bestehen in jedem Fall trotz Insolvenzeröffnung fort. Insolvenzbedingte Lösungsklauseln oder Kündigungsrechte greifen unmittelbar in die Rechtsfolgen des § 108 ein und verstoßen somit gegen § 119. Gem. § 112 sind insolvenzbedingte Kündigungen unwirksam.[12]

5   Im Rahmen der Karstadt-Insolvenz erwies sich das **Master Lease Agreement**, das sämtliche gemieteten Warenhäuser umfasste, als Problem. Gegenstand dieser Gestaltung war der Verkauf der Warenhäuser an ein Immobilienkonsortium, um die Objekte anschließend (zu einem über dem Marktpreis liegenden Mietzinssatz) zurück zu mieten. Fraglich ist, ob eine solche Gestaltung, wie sie gerade bei Sale and Lease Back-Geschäften häufig anzutreffen sein wird, eine unzulässige Beeinträchtigung des Sonderkündigungsrechts des Verwalters nach § 109 Abs. 1 Satz 1 darstellt. Hintergrund dieser Vorschrift ist, dass die Masse nur zeitlich begrenzt mit Mietzinsforderungen belastet werden soll, wenn durch die Nutzung der überlassenen Gegenstände keine die Mietansprüche übersteigenden Massezuflüsse erwirtschaftet werden können.[13] Einzelne unrentable Filialen zu schließen, was zur Sanierung des Unternehmens essentiell ist und auch im Interesse der Gläubigergemeinschaft liegt, die kein Interesse daran hat, die Quotenaussichten durch unrentable Massebelastungen zu verschlechtern, wird dem Insolvenzverwalter durch einen solchen Paketmietvertrag unmöglich. Sein Wahlrecht wird somit von einer solchen Gestaltung erheblich beeinträchtigt, was für eine Unwirksamkeit gem. § 119 spricht. Allerdings folgt hieraus keine Unwirksamkeit des gesamten Paketmietvertrages. Dadurch würden dem Insolvenzverwalter die Rechte aus § 109 Abs. 1 Satz 2 nicht gesichert. Vielmehr wird man in teleologischer Reduktion des § 119 eine Aufspaltung des Paketmietvertrages in Einzelmietverträge annehmen müssen.

8   Andererseits wirft eine solche Lösung weitere schwierige Abgrenzungsfragen auf. Im Interesse der Rechtssicherheit wäre zu klären, ab wann die Zusammenfassung mehrerer Gegenstände in einem Mietvertrag diesen Vertrag zu einem Paketmietvertrag werden lässt, der den Insolvenzverwalter in seinen Rechten gem. §§ 103 ff. beeinträchtigt. Weitere praktische Fälle können **Flottenmietverträge** oder eine komplett gemietete Büro- und Geschäftsausstattung sein. Mietet ein Schuldner bspw. die Ausstattung eines kleinen Handwerksbetriebes, wird der Verwalter andererseits kaum eine Veranlassung haben, nur Teile der Geschäftsausstattung weiter zu mieten, bzgl. anderer Gegenstände die Vertragserfüllung indes abzulehnen. Letztlich wird man deshalb eine objektivierte Einzelfallbetrachtung durchführen müssen, bei der es darauf ankommt, ob die Erfüllungswahl hinsichtlich nur eines Teiles des Mietvertrages dem Insolvenzverwalter ein sinnvolles, am Insolvenzzweck orientiertes Gestaltungsmittel an die Hand gibt. Dabei ist schon aufgrund der Vertragsautonomie eine restriktive Handhabung einer mit § 119 begründeten Vertragsaufspaltung geboten. Darüber hinaus ist eine unnatürliche oder gar willkürliche, von den Parteien nicht gewollte Vertragsaufspaltung zu vermeiden.

9   Vertreten wird, dass auch die Vereinbarung eines erweiterten Eigentumsvorbehaltes das Wahlrecht des Insolvenzverwalters in der Käuferinsolvenz beeinträchtigt und deshalb gemäß § 119 unwirksam

---

10 Kübler/Prütting/Bork/*Tintelnot* Rn. 10.
11 *So aber* FK-InsO/*Wegener* Rn. 12; wie hier MüKo-InsO/*Huber* Rn. 58; HK-InsO/*Marotzke* Rn. 89.
12 FK-InsO/*Wegener* Rn. 6.
13 Kübler/Prütting/Bork/*Tintelnot* § 109 Rn. 2 ff.

ist.[14] Diese Auffassung überzeugt für die Fälle, in denen der mit der gelieferten Sache in einem synallagmatischen Austauschverhältnis stehende Kaufpreis im Zeitpunkt der Eröffnung des Verfahrens noch nicht gezahlt wurde. Denn dann könnte der Insolvenzverwalter sein Wahlrecht nur einheitlich für alle von dem Kontokorrentvorbehalt gesicherten Verträge einheitlich ausüben. In den Fällen, in denen die unter Eigentumsvorbehalt gelieferte Ware durch den Schuldner jedoch bereits bezahlt wurde, fällt der Kaufvertrag nicht in den Anwendungsbereich des § 103. Demzufolge kann die Vereinbarung des erweiterten Eigentumsvorbehaltes nicht gemäß § 119 unwirksam sein.

D. Internationale und europäische Bezüge

Wurde in einem Mitgliedstaat der Europäischen Union ein Hauptinsolvenzverfahren eröffnet und sieht dessen materielles Insolvenzrecht ein Wahlrecht des Verwalters entsprechend § 103 InsO vor, unterfallen auch die Auswirkungen auf das Vertragsverhältnis, unabhängig vom gewählten Vertragsstatut, der lex fori concursus.[15] Sind nach dem maßgeblichen Insolvenzrecht, wie etwa dem französischen Recht, Vertragsbestimmungen, die im Fall der Insolvenz des Vertragspartners die Auflösung oder Kündigung des Vertrages vorsehen unwirksam, kommt es nicht darauf an, ob im Einzelfall eine solche Klausel nach § 119 InsO, wie etwa das Kündigungsrecht gemäß § 8 Abs. 2 VOB/B, wirksam wäre.[16] Die Anerkennung des Eröffnungsbeschlusses hat gemäß Art. 17 Abs. 1 EuInsVO die Erstreckung aller prozessualen und materiellen Wirkungen der Verfahrenseröffnung zur Folge und regelt gemäß § 4 Abs. 2 Satz 2 lit. e EuInsVO wie sich das Insolvenzverfahren auf laufende Verträge des Schuldners auswirkt.[17] Folglich können in solchen Fällen weitergehende Lösungsbeschränkungen als bei rein nationalen Sachverhalten auftreten.[18]

10

§ 120 Kündigung von Betriebsvereinbarungen

(1) Sind in Betriebsvereinbarungen Leistungen vorgesehen, welche die Insolvenzmasse belasten, so sollen Insolvenzverwalter und Betriebsrat über eine einvernehmliche Herabsetzung der Leistungen beraten. Diese Betriebsvereinbarungen können auch dann mit einer Frist von drei Monaten gekündigt werden, wenn eine längere Frist vereinbart ist.

(2) Unberührt bleibt das Recht, eine Betriebsvereinbarung aus wichtigem Grund ohne Einhaltung einer Kündigungsfrist zu kündigen.

Übersicht	Rdn.		Rdn.
A. Inhalt und Normzweck	1	a) Erzwingbare Betriebsvereinbarungen	22
B. Anwendungsbereich	3	b) Freiwillige Betriebsvereinbarungen	25
I. Betriebsvereinbarung	4	c) Teilmitbestimmte Betriebsvereinbarungen	26
II. Belastung der Insolvenzmasse	11	d) Sonderfall: Betriebliche Altersversorgung	27
C. Beratungsgebot und ordentliche Kündigung	14	D. Außerordentliche Kündigung (Abs. 2)	30
I. Beratungsgebot (Abs. 1 Satz 1)	15	E. Wegfall der Geschäftsgrundlage	31
II. Ordentliche Kündigung (Abs. 1 Satz 2)	17	F. Verfahren	32
1. Allgemeines	17	G. Prozessuales	34
2. Kündigungsfrist	18		
3. Teilkündigung	20		
4. Rechtsfolgen	21		

---

14 *Seger/Tetzlaff* ZInsO 2012, 427 (429).
15 A/G/R-*Gruber* Art. 4 EuInsVO Rn. 22.
16 So jedoch unzutreffend OLG Karlsruhe 15.02.2012, 13 U 150/10, NJW 2012, 3106 das gut beraten gewesen wäre, seine rechtsfehlerhafte Entscheidung durch Gebrauchmachen von seinem Vorlagerecht gemäß Art. 267 Abs. 2 AEUV zu vermeiden und eine Vorabentscheidung des EuGH über die Frage, ob Art. 4 Abs. 2 Satz 2 lit. e EuInsVO auch in vertragliche Vereinbarungen eingreift, herbeizuführen.
17 A/G/R-*Flöther/Wehner* Art. 17 EuInsVO Rn. 3.
18 So auch *Dammann/Lehmkuhl* NJW 2012, 3069.

§ 120 InsO Kündigung von Betriebsvereinbarungen

A. Inhalt und Normzweck

1 Betriebsvereinbarungen bestehen nach Eröffnung des Insolvenzverfahrens grds unverändert fort. Für die Beendigung einer Betriebsvereinbarung gelten die allgemeinen Regeln.[1] Regelungen in Betriebsvereinbarungen belasten das Unternehmen des Schuldners ggf erheblich. Bei Insolvenzeintritt ist ihre wirtschaftliche Grundlage zumindest in Frage gestellt. Unabhängig davon, ob der betroffene Betrieb im Unternehmen fortgeführt, veräußert oder stillgelegt wird, soll es daher möglich sein, das Unternehmen in der Insolvenz kurzfristig von den aus Betriebsvereinbarungen resultierenden Verbindlichkeiten zu befreien, die Masse hierdurch schnell zu entlasten und den Betrieb veräußerungsfähig zu machen (vgl. RegE BT-Drucks. 12/2443, S. 153).[2] Von besonderer Bedeutung ist dies im Fall der Betriebsveräußerung im Hinblick auf die Fortgeltung von Betriebsvereinbarungen nach § 613a Abs. 1 Satz 2 BGB. Wird die Betriebsvereinbarung gekündigt, finden nach Ablauf der Kündigungsfrist freiwillige – gem. § 77 Abs. 6 BetrVG nicht nachwirkende – Betriebsvereinbarungen beim Betriebserwerber keine Anwendung mehr, nachwirkende Betriebsvereinbarungen können durch eine neue Abmachung ersetzt werden.[3] **Abs. 1 Satz 1** normiert ein Beratungsgebot für Insolvenzverwalter und Betriebsrat, **Abs. 1 Satz 2** eine Maximalkündigungsfrist von drei Monaten. **Abs. 2** stellt klar, dass das Recht zur außerordentlichen Kündigung einer Betriebsvereinbarung von der Regelung des § 120 unberührt bleibt.

2 Neben dem Vorgehen nach § 120 kann der Insolvenzverwalter auch versuchen, sich einer unliebsamen Betriebsvereinbarung durch Abschluss einer neuen, ablösenden Betriebsvereinbarung mit dem Betriebsrat zu entledigen.[4] Im Hinblick auf Versorgungsanwartschaften und -ansprüche gelten jedoch dieselben Einschränkungen wie für die Kündigung (vgl. Rdn. 27 ff.).

B. Anwendungsbereich

3 Die Regelung erfasst **Betriebsvereinbarungen** über Leistungen, welche die **Insolvenzmasse belasten.**

I. Betriebsvereinbarung

4 Eine **Betriebsvereinbarung** ist ein privatrechtlicher Vertrag, der für einen Betrieb zwischen den Betriebspartnern im Rahmen des gesetzlichen Aufgabenbereichs des Betriebsrats und für die von ihm repräsentierte Belegschaft zur Festsetzung von Normen über den Inhalt, den Abschluss oder die Beendigung von Arbeitsverhältnissen oder über betriebliche und betriebsverfassungsrechtliche Fragen abgeschlossen wird.[5] Die Betriebsvereinbarung bedarf nach § 77 Abs. 2 Satz 1 und 2 BetrVG der **Schriftform.** Sie gilt gem. § 77 Abs. 4 BetrVG **unmittelbar und zwingend.**

5 Arbeitsentgelte und sonstige Arbeitsbedingungen, die durch Tarifvertrag geregelt sind oder üblicherweise geregelt werden, können nach dem **Tarifvorbehalt des § 77 Abs. 3 BetrVG** nicht Gegenstand einer Betriebsvereinbarung sein, es sei denn ein Tarifvertrag lässt dies in einer Öffnungsklausel ausdrücklich zu.[6]

---

1 HWK/*Annuß* Rn. 1.
2 HWK/*Annuß* Rn. 1.
3 MüKo-InsO/*Löwisch/Caspers* Rn. 3; zum Betriebsübergang in der Insolvenz vgl. auch die Kommentierung zu § 128 InsO.
4 BAG 05.10.2000, 1 AZR 48/00, EzA § 112 BetrVG 1972 Nr. 107: Ablösungsprinzip.
5 BAG 01.08.2001, 4 AZR 82/00, EzA § 613a BGB Nr. 199.
6 Zum Tarifvorbehalt vgl. ausf. Richardi/*Richardi* § 77 BetrVG Rn. 239 ff.; im Bereich der zwingenden Mitbestimmung nach § 87 Abs. 1 BetrVG gilt hingegen nach der Vorrangtheorie nicht der Tarifvorbehalt des § 77 Abs. 3 BetrVG, sondern die Regelung zum Tarifvorrang im Eingangssatz des § 87 Abs. 1 BetrVG, vgl. BAG 24.02.1987, 1 ABR 18/85, EzA § 87 BetrVG 1972 Nr. 10; vgl. hierzu auch Richardi/*Richardi* § 77 BetrVG Rn. 247 ff.

§ 120 erfasst neben betriebsbezogenen Betriebsvereinbarungen auch unternehmensbezogene **Ge-** 6
samtbetriebsvereinbarungen sowie **Konzernbetriebsvereinbarungen**,[7] soweit hierfür ein Anwendungsbereich verbleibt.[8] Vertreten wird zudem die analoge Anwendung des § 120 auf Firmentarifverträge.[9]

§ 120 erfasst **freiwillige** und **erzwingbare** Betriebsvereinbarungen i.S.d. § 77 BetrVG. Eine Be- 7
schränkung auf freiwillige Betriebsvereinbarungen lässt sich dem Wortlaut nicht entnehmen und ist mit dem Normzweck nicht zu vereinbaren. Denn auch aus erzwingbaren Betriebsvereinbarungen können erhebliche Belastungen für die Insolvenzmasse resultieren, welche die Kündigungserleichterung nach § 120 zur Entlastung der Masse erforderlich machen.[10] Relevanz hat die Differenzierung zwischen freiwilligen und erzwingbaren Betriebsvereinbarungen jedoch für die Frage der Nachwirkung nach § 77 Abs. 6 BetrVG auf der Rechtsfolgenseite (vgl. Rdn. 21 ff.).

Auch Betriebsvereinbarungen über die **betriebliche Altersversorgung** sind kündbar, ohne dass die 8
Kündigung einer Rechtfertigung bedürfte oder einer inhaltlichen Kontrolle unterläge.[11] Das BAG unterscheidet zwischen der Kündbarkeit einer Betriebsvereinbarung und den Rechtsfolgen der Kündigung.[12] Zu den Rechtsfolgen vgl. Rdn. 27 ff.

Gleichfalls erfasst § 120 auch **Sozialpläne** (vgl. § 112 Abs. 1 Satz 2 u. 3 BetrVG), sofern sie Dauer- 9
regelungen enthalten und nicht bereits nach § 124 der Widerruf möglich ist.[13] Über den Wortlaut des § 120 hinaus fallen auch **Regelungsabreden** als bloße formlose Vereinbarungen zwischen Arbeitgeber und Betriebsrat ohne normative Wirkung[14] in den Anwendungsbereich der Vorschrift, sofern sie den Arbeitgeber zu Leistungen verpflichten, welche die Insolvenzmasse belasten.[15]

Keine Anwendung findet § 120 auf **Richtlinien des Sprecherausschusses** nach § 28 SprAuG. Denn 10
die §§ 120 ff. beziehen sich eindeutig ausschließlich auf Vereinbarungen nach der Betriebsverfassung. Für eine analoge Anwendung fehlt es an einer planwidrigen Regelungslücke.[16]

II. Belastung der Insolvenzmasse

Die Betriebsvereinbarung muss Leistungen vorsehen, welche die **Insolvenzmasse belasten**. Die Beur- 11
teilung, ob es sich um eine die Insolvenzmasse belastende Betriebsvereinbarung handelt, richtet sich nicht subjektiv nach der Einschätzung des Insolvenzverwalters, sondern erfolgt nach **objektiven** Kriterien.[17]

Dieses Erfordernis ist jedenfalls dann erfüllt, wenn die Betriebsvereinbarung **unmittelbare** Leis- 12
tungspflichten des Arbeitgebers gegenüber den Arbeitnehmern begründet, welche die Insolvenzmasse zu tragen hat, z.B. Gratifikationszahlungen, Prämien, Essensgeldzuschüsse uÄ.[18] Der Anwendungsbereich des § 120 beschränkt sich nicht auf über die Entlohnung hinausgehende **Son-**

---

7 HK-InsO/*Linck* Rn. 2; Uhlenbruck/*Berscheid/Ries* Rn. 4.
8 Zum Wegfall des Konzernbezugs in der Insolvenz eines Konzernunternehmens vgl. MüKo-InsO/*Löwisch/Caspers* Rn. 7; Kübler/Prütting/Bork/*Moll* Rn. 13; *Oetker/Friese* DZWIR 2000, 397 (402).
9 *Mückl/Krings*, BB 2012, 769.
10 FK-InsO/*Eisenbeis* Rn. 3; *Warrikoff* BB 1994, 2338 (2339).
11 BAG 11.05.1999, 3 AZR 21/98, EzA § 1 BetrAVG Betriebsvereinbarung Nr. 1.
12 BAG 10.03.1992, 3 ABR 54/91, EzA § 77 BetrVG 1972 Nr. 46.
13 Vgl. ausf. Uhlenbruck/*Berscheid/Ries* Rn. 8; ebenso FK-InsO/*Eisenbeis* Rn. 13; HK-InsO/*Linck* Rn. 3; a.A. *Zwanziger* Rn. 5: § 120 InsO nicht anwendbar.
14 Vgl. Richardi/*Richardi* § 77 BetrVG Rn. 224 ff.
15 Braun/*Wolf* Rn. 4.
16 MüKo-InsO/*Löwisch/Caspers* § 123 Rn. 10; a.A. HK-InsO/*Linck* Rn. 2.
17 Uhlenbruck/*Berscheid/Ries* Rn. 10.
18 HWK/*Annuß* Rn. 4; MüKo-InsO/*Löwisch/Caspers* Rn. 8.

§ 120 InsO   Kündigung von Betriebsvereinbarungen

derleistungen** des Arbeitgebers, so dass auch das **Entgelt** betreffende Betriebsvereinbarungen erfasst werden.[19]

13 Gleichfalls erfasst werden Betriebsvereinbarungen über Leistungen, welche dem Arbeitnehmer lediglich **mittelbar** zugutekommen, z.B. die Errichtung einer Kantine, eines Betriebskindergartens oder sonstiger Sozialeinrichtungen.[20] Entscheidend ist, ob der Insolvenzmasse hierdurch Finanz- oder Sachmittel entzogen bzw. solche gebunden werden.[21] Hingegen fallen bloße **Organisationsregelungen** ohne unmittelbare Leistungspflichten nicht in den Anwendungsbereich der Norm, selbst wenn sie sich mittelbar auf die Leistungspflichten des Arbeitgebers auswirken oder bereits an sich vom Arbeitgeber als belastend empfunden werden.[22]

C. Beratungsgebot und ordentliche Kündigung

14 Liegt eine Regelung im Anwendungsbereich der Vorschrift vor, sollen Insolvenzverwalter und Betriebsrat über eine einvernehmliche Herabsetzung der Leistungen **beraten**. Die Betriebsvereinbarungen können mit einer **Maximalkündigungsfrist** von drei Monaten **gekündigt** werden.

I. Beratungsgebot (Abs. 1 Satz 1)

15 Insolvenzverwalter und Betriebsrat sollen gem. § 120 Abs. 1 Satz 1 über eine einvernehmliche Herabsetzung beraten. Primär wird damit die Herbeiführung einer einvernehmlichen Lösung angestrebt. Eine **Beratungspflicht** besteht jedoch im Hinblick auf die Ausgestaltung der Regelung als Soll-Vorschrift nicht. Die Ausschöpfung der Beratungsmöglichkeit ist nach überwiegender Auffassung auch **nicht Voraussetzung zur Kündigung**.[23] Die Gegenauffassung lässt sich mit dem Zweck der Norm, die Masse kurzfristig zu entlasten (vgl. Rdn. 1), kaum vereinbaren. Will der Betriebsrat über die belastende Betriebsvereinbarung verhandeln, muss der Insolvenzverwalter allerdings der allgemeinen Einlassungs- und Erörterungspflicht entsprechend § 74 Abs. 1 Satz 2 BetrVG nachkommen.

16 Scheitert der Versuch einer einvernehmlichen Lösung zur Herabsetzung der Masseverpflichtungen, kann sich der Insolvenzverwalter nur noch durch Kündigung von der Betriebsvereinbarung lösen. Durch Kompromissbereitschaft auch im Hinblick auf ggf einschneidende Kürzungen kann der Betriebsrat daher oftmals eine im Ergebnis günstigere Lösung erzielen.

II. Ordentliche Kündigung (Abs. 1 Satz 2)

1. Allgemeines

17 Für die Kündigung ist ein **sachlicher Grund** nicht erforderlich. Die Kündigung von Betriebsvereinbarungen bedarf nicht der Rechtfertigung und unterliegt keiner inhaltlichen Kontrolle.[24] § 120 erfasst Kündigungen während des gesamten Insolvenzverfahrens, nicht nur die Kündigung zum erstmöglichen Kündigungstermin.

---

19 HWK/*Annuß* Rn. 4; HK-InsO/*Linck* Rn. 4; a.A. *Zwanziger* Rn. 2 ff.; Nerlich/Römermann/*Hamacher* Rn. 25.
20 HK-InsO/*Linck* Rn. 4.
21 *Oetker/Friese* DZWIR 2000, 397 (398).
22 *Oetker/Friese* DZWIR 2000, 397 (398 f.).
23 Braun/*Wolf* Rn. 7; FK-InsO/*Eisenbeis* Rn. 8; HWK/*Annuß* Rn. 6; Kübler/Prütting/Bork/*Moll* Rn. 21 f.; HK-InsO/*Linck* Rn. 6; Uhlenbruck/*Berscheid/Ries* Rn. 12; a.A. MüKo-InsO/*Löwisch/Caspers* Rn. 21: Ultima-ratio-Grundsatz gebietet vor Kündigungsausspruch die Ausschöpfung einvernehmlicher Anpassungsmöglichkeiten; *Schrader/Straube* IX Rn. 32.
24 BAG 11.05.1999, 3 AZR 21/98, EzA § 1 BetrAVG Betriebsvereinbarung Nr. 1.

2. Kündigungsfrist

Außerhalb der Insolvenz sind Betriebsvereinbarungen gem. § 77 Abs. 5 BetrVG mit einer Regelkündigungsfrist von drei Monaten kündbar. Durch Betriebsvereinbarung kann eine kürzere oder längere Frist festgelegt oder das Recht zur ordentlichen Kündigung ausgeschlossen werden.[25] In befristet oder auflösend bedingt geltenden Betriebsvereinbarungen ist das Recht zur ordentlichen Kündigung im Zweifel ausgeschlossen.[26] 18

In der Insolvenz gilt gem. § 120 Abs. 1 Satz 2 für Insolvenzverwalter und Betriebsrat eine **Höchstkündigungsfrist** von **drei Monaten**. Vereinbarte längere Kündigungsfristen werden verdrängt, kürzere bleiben von § 120 unberührt. Obwohl § 120 diese Konstellation – anders als etwa § 113 für die Kündigung von Dienstverhältnissen – nicht ausdrücklich regelt, soll die Drei-Monats-Frist nach weit überwiegender Auffassung auch im Falle eines **vereinbarten Kündigungsausschlusses** (entsprechend) gelten, z.B. auch für befristete Betriebsvereinbarungen ohne ordentliche Kündigungsmöglichkeit.[27] Im Hinblick auf Sinn und Zweck der Regelung, die Masse kurzfristig zu entlasten, erscheint dieses Verständnis der Norm sachgemäß. Auf diesen Erwägungen beruhend werden auch vereinbarte inhaltliche **Kündigungserschwernisse** durch § 120 Abs. 1 Satz 2 überwunden.[28] Für die Fristberechnung gelten die §§ 187 Abs. 1, 188 Abs. 2, 3 BGB. 19

3. Teilkündigung

Beinhaltet eine Betriebsvereinbarung neben sonstigen Regelungen auch solche über Leistungen, welche die Insolvenzmasse belasten, stellt sich die Frage nach der Möglichkeit einer **Teilkündigung**. Die Teilkündigung einer Betriebsvereinbarung ist zulässig, wenn dies entweder **ausdrücklich vereinbart** wurde oder sich die Kündigung auf einen **selbständigen Regelungskomplex** bezieht und sich nicht aus der Betriebsvereinbarung ein **entgegenstehender Wille** der Betriebspartner eindeutig ergibt. Denn die Zulässigkeit der isolierten Kündigung einer selbständigen Regelung darf nicht davon abhängen, ob diese – mehr oder weniger zufällig – mit anderen Regelungskomplexen in einer Urkunde zusammengefasst wurde.[29] Ist die Teilkündigung der belastenden Regelung möglich, findet § 120 Abs. 1 nur auf diesen Teil der Betriebsvereinbarung Anwendung. Andernfalls kann die Betriebsvereinbarung insgesamt nach Maßgabe des § 120 Abs. 1 Satz 2 gekündigt werden.[30] 20

4. Rechtsfolgen

In Ermangelung einer spezielleren Regelung in § 120 richten sich die Rechtsfolgen der Kündigung nach den **allgemeinen Regeln**. Demnach gelten die Grundsätze zur **Weitergeltung** von Betriebsvereinbarungen (§ 77 Abs. 6 BetrVG) auch für Kündigungen nach Maßgabe des § 120. Hingegen gelten **Regelungsabreden** nicht weiter. Sie wirken nicht nach § 77 Abs. 4 Satz 1 BetrVG unmittelbar auf die Arbeitsverhältnisse ein, so dass auch eine Weitergeltung nicht in Betracht kommt. Im Hinblick auf die Weitergeltung von Betriebsvereinbarungen ist zwischen erzwingbaren und freiwilligen Betriebsvereinbarungen zu unterscheiden: 21

---

25 BAG 17.01.1995, 1 ABR 29/94, EzA § 77 BetrVG 1972 Nr. 54.
26 BAG 24.01.1996, 1 AZR 597/95, EzA § 77 BetrVG 1972 Nr. 55; 07.11.2000, 1 ABR 17/00, EzA § 77 BetrVG 1972 Nachwirkung Nr. 2.
27 Braun/*Wolf* Rn. 10; HK-InsO/*Linck* Rn. 7; MüKo-InsO/*Löwisch/Caspers* Rn. 27; *Oetker/Friese* DZWIR 2000, 397 (405).
28 Kübler/Prütting/Bork/*Moll* Rn. 28.
29 BAG 06.11.2007, 1 AZR 826/06, EzA § 77 BetrVG 2001 Nr. 19; a.A. GK-BetrVG/*Kreutz* § 77 BetrVG Rn. 365: es müssen zumindest Anhaltspunkte für ein nach dem Parteiwillen selbständiges Schicksal der Teilkomplexe vorliegen; *Schaub* BB 1995, 1639 (1640): Betriebspartner müssen sich Teilkündigung in der Betriebsvereinbarung vorbehalten haben.
30 Kübler/Prütting/Bork/*Moll* Rn. 36a.

a) Erzwingbare Betriebsvereinbarungen

22 Gem. § 77 Abs. 6 BetrVG gelten Regelungen einer Betriebsvereinbarung über Angelegenheiten, in welchen ein Spruch der Einigungsstelle die Einigung zwischen Arbeitgeber und Betriebsrat ersetzen kann, weiter. Erfasst werden demnach solche Betriebsvereinbarungen, die im Bereich der **erzwingbaren** Mitbestimmung des Betriebsrats abgeschlossen wurden.[31] Dies betrifft etwa Betriebsvereinbarungen über Fragen der betrieblichen Lohngestaltung oder der Arbeitszeitverteilung, vgl. insb. den Katalog des § 87 Abs. 1 BetrVG. Die Regelungen der weitergeltenden Betriebsvereinbarung behalten ihre **unmittelbare Wirkung** nach § 77 Abs. 4 Satz 1 BetrVG, wirken jedoch nicht mehr zwingend.

23 Die Regelungen gelten solange weiter, bis sie durch eine **andere Abmachung** ersetzt werden. Hierunter fällt jedwede Abmachung, es muss sich demnach nicht zwingend um eine Betriebsvereinbarung handeln. Ebenfalls in Betracht kommt eine Regelung durch **Arbeits- oder Tarifvertrag**. Im Hinblick auf eine arbeitsvertragliche Regelung sind die Mitbestimmungsrechte des Betriebsrats zu beachten. Eine **Regelungsabrede** hingegen kann mangels unmittelbarer Wirkung auf das Arbeitsverhältnis die weitergeltende Betriebsvereinbarung nicht ersetzen. In dem durch die Regelungsabrede vorgegebenen Rahmen können jedoch arbeitsvertragliche Vereinbarungen wirksam getroffen werden, ohne dass es einer erneuten Betriebsratsbeteiligung bedarf.[32] Denn auch durch Abschluss einer formlosen Regelungsabrede wird das Mitbestimmungsrecht des Betriebsrats in sozialen Angelegenheiten gewahrt.[33]

24 Von der Weitergeltung erfasst werden auch Arbeitsverhältnisse, die erst nach Ablauf der Betriebsvereinbarung begründet werden.[34] Die Nachwirkung von Betriebsvereinbarungen ist **nicht zwingendes** Recht. Sie kann von den Betriebspartnern durch Vereinbarung ausgeschlossen werden.[35] Haben die Betriebspartner eine Nachwirkung ausgeschlossen, ist diese Vereinbarung auch für den Fall einer Kündigung nach § 120 Abs. 1 bindend.[36]

b) Freiwillige Betriebsvereinbarungen

25 Die Regelungen **mitbestimmungsfreier** Betriebsvereinbarungen werden nicht von § 77 Abs. 6 BetrVG erfasst. Sie wirken nicht nach, ihre Wirkung endet mit Ablauf der Kündigungsfrist.[37] Zwar können die Betriebspartner grds auch bei freiwilligen Betriebsvereinbarungen eine Nachwirkung vereinbaren,[38] diese wird jedoch durch die Kündigung in der Insolvenz außer Kraft gesetzt. Denn der Aufrechterhaltung einer **Nachwirkungsvereinbarung** steht der Normzweck des § 120 entgegen.[39] In der Insolvenz ist diesbezüglich unerheblich, ob die Kündigung nach § 120 Abs. 1 Satz 2 erfolgt oder unter Anwendung der gesetzlichen Kündigungsfrist nach § 77 Abs. 5 BetrVG bzw. einer vereinbarten kürzeren Kündigungsfrist.[40]

c) Teilmitbestimmte Betriebsvereinbarungen

26 Enthält eine Betriebsvereinbarung Bestimmungen über mitbestimmungspflichtige und mitbestimmungsfreie Angelegenheiten, so gelten grds nur die mitbestimmungspflichtigen Regelungen weiter.

---

[31] BAG 28.04.1998, 1 ABR 43/97, EzA § 77 BetrVG 1972 Nachwirkung Nr. 1.
[32] GK-BetrVG/*Kreutz* § 77 BetrVG Rn. 417.
[33] BAG 14.02.1991, 2 AZR 415/90, EzA § 87 BetrVG 1972 Kurzarbeit Nr. 1.
[34] *Fitting* § 77 BetrVG Rn. 182; GK-BetrVG/*Kreutz* § 77 BetrVG Rn. 413; *Richardi* § 77 BetrVG Rn. 166.
[35] BAG 17.01.1995, 1 ABR 29/94, EzA § 77 BetrVG 1972 Nr. 54.
[36] *Zwanziger* Rn. 10.
[37] BAG 28.04.1998, 1 ABR 43/97, EzA § 77 BetrVG 1972 Nachwirkung Nr. 1.
[38] BAG 09.12.2008, 3 AZR 384/07, EzA § 1 BetrAVG Ablösung Nr. 47.
[39] Kübler/Prütting/*Bork/Moll* Rn. 43; ebenso MüKo-InsO/*Löwisch/Caspers* Rn. 34; Uhlenbruck/*Berscheid/Ries* Rn. 18; a.A. *Zwanziger* Rn. 10.
[40] Kübler/Prütting/*Bork/Moll* Rn. 43.

Dies setzt jedoch voraus, dass dieser Teil als geschlossene Regelung aus sich heraus handhabbar ist.[41] Die Betriebsvereinbarung muss sich also sinnvoll in einen nachwirkenden und einen nachwirkungslosen Teil aufspalten lassen. Andernfalls wirkt zur Sicherung der Mitbestimmung die gesamte **teilmitbestimmte Betriebsvereinbarung** nach.[42] Betriebsvereinbarungen über finanzielle Leistungen des Arbeitgebers sind i.d.R. derart teilmitbestimmt. Der Arbeitgeber kann über die Einführung einer freiwilligen Leistung selbst sowie den Dotierungsrahmen mitbestimmungsfrei entscheiden. Hinsichtlich der Ausgestaltung der Regelung hat er hingegen das Mitbestimmungsrecht des Betriebsrats gem. § 87 Abs. 1 Nr. 10 BetrVG zu beachten.[43] Kündigt der Arbeitgeber eine solche teilmitbestimmte Betriebsvereinbarung, richtet sich die Frage der Nachwirkung danach, ob die freiwilligen Leistungen des Arbeitgebers insgesamt eingestellt oder lediglich gekürzt werden sollen. Denn nur im letzten Fall kann sich der Verteilungsplan ändern und damit das Mitbestimmungsrecht des § 87 Abs. 1 Nr. 10 BetrVG ausgelöst werden.[44] Inwieweit die Leistungen als freiwillig im mitbestimmungsrechtlichen Sinne anzusehen sind, richtet sich wegen § 87 Abs. 1 Hs. 1 BetrVG nach der Tarifbindung des Arbeitgebers.[45]

d) Sonderfall: Betriebliche Altersversorgung

Besonderheiten auf der Rechtsfolgenseite ergeben sich bei der Kündigung von Betriebsvereinbarungen über die **betriebliche Altersversorgung**. Hier sind **Versorgungsansprüche** und **unverfallbare Anwartschaften** über §§ 7 ff. BetrAVG insolvenzgeschützt. Im Hinblick auf zum Zeitpunkt der Insolvenzeröffnung bereits erdiente und unverfallbare Anwartschaften muss sich der Arbeitnehmer daher an den Träger der Insolvenzsicherung halten.[46] Eine Kündigung der Betriebsvereinbarung wirkt sich somit nur im Hinblick auf noch **nicht unverfallbare Anwartschaften** sowie den **Neuerwerb** von Anwartschaften aus.[47] 27

Aus den Grundsätzen der Verhältnismäßigkeit und des Vertrauensschutzes ergeben sich weitere Einschränkungen.[48] Je stärker in erworbene Besitzstände eingegriffen wird, desto gewichtiger müssen die Änderungsgründe sein.[49] In der Regel rechtfertigt es die Insolvenz lediglich, den Erwerb neuer Anwartschaften zu unterbinden, nicht jedoch, bereits vor Insolvenzeröffnung erworbene Anwartschaften zu beschneiden.[50] 28

Soweit die Kündigungswirkung zur Sicherung der Besitzstände beschränkt ist, stellt die gekündigte Betriebsvereinbarung die Rechtsgrundlage der verbliebenen Versorgungsansprüche und Versorgungsanwartschaften dar. Der Betriebsrat kann den aufrechterhaltenen Umfang der gekündigten Betriebsvereinbarung im arbeitsgerichtlichen Beschlussverfahren feststellen lassen.[51] 29

D. Außerordentliche Kündigung (Abs. 2)

Wie § 120 Abs. 2 klarstellt, gelten die allgemeinen Grundsätze zur außerordentlichen Kündigung von Betriebsvereinbarungen auch in der Insolvenz. Als Dauerschuldverhältnis ist eine Betriebsvereinbarung außerordentlich kündbar, wenn ihre Fortsetzung bis zur vereinbarten Beendigung oder bis zum Ablauf der ordentlichen Kündigungsfrist einer Seite nicht zugemutet werden kann.[52] Hierbei 30

---

41 BAG 23.06.1992, 1 ABR 9/92, EzA § 77 BetrVG 1972 Nr. 49.
42 BAG 26.08.2008, 1 AZR 354/07, EzA § 87 BetrVG 2001 Betriebliche Lohngestaltung Nr. 16.
43 BAG 26.08.2008, 1 AZR 354/07, EzA § 87 BetrVG 2001 Betriebliche Lohngestaltung Nr. 16.
44 BAG 26.08.2008, 1 AZR 354/07, EzA § 87 BetrVG 2001 Betriebliche Lohngestaltung Nr. 16.
45 Vgl. hierzu BAG 26.08.2008, 1 AZR 354/07, EzA § 87 BetrVG 2001 Betriebliche Lohngestaltung Nr. 16.
46 BAG 09.12.2008, 3 AZR 384/07, EzA § 1 BetrAVG Ablösung Nr. 47.
47 MüKo-InsO/*Löwisch/Caspers* Rn. 5.
48 BAG 11.05.1999, 3 AZR 21/98, EzA § 1 BetrAVG Betriebsvereinbarung Nr. 1.
49 BAG 10.03.1992, 3 ABR 54/91, EzA § 77 BetrVG 1972 Nr. 46.
50 Vgl. i.E. MüKo-InsO/*Löwisch/Caspers* Rn. 36 ff.
51 BAG 17.08.1999, 3 ABR 55/98, EzA § 1 BetrAVG Betriebsvereinbarung Nr. 2.
52 BAG 28.04.1992, 1 ABR 68/91, EzA § 50 BetrVG 1972 Nr. 10.

sind sämtliche Umstände des Einzelfalls zu berücksichtigen und die beiderseitigen Interessen abzuwägen (vgl. § 314 BGB). Die Eröffnung des Insolvenzverfahrens allein stellt keinen wichtigen Grund zur Kündigung dar.[53] Ebenso wenig genügt das Fehlen von Geldmitteln zur Erfüllung der Verbindlichkeiten aus der Vereinbarung.[54] Bei der Frage der Zumutbarkeit ist für belastende Betriebsvereinbarungen die Höchstkündigungsfrist des § 120 Abs. 1 heranzuziehen, für sonstige Betriebsvereinbarungen kann ggf eine vereinbarte längere Kündigungsfrist maßgeblich sein.[55] Die außerordentliche Kündigung befreit nur von der Einhaltung der Kündigungsfrist, beseitigt hingegen nicht die **Nachwirkung** der Betriebsvereinbarung.[56]

E. Wegfall der Geschäftsgrundlage

31 Die allgemeinen Regeln zum Wegfall der Geschäftsgrundlage werden durch § 120 nicht eingeschränkt (vgl. RegE BT-Drucks. 12/2443, S. 153). Unter den Voraussetzungen des **§ 313 Abs. 1 BGB** kann wegen einer Störung der Geschäftsgrundlage Anpassung des Vertrages verlangt werden, soweit einem Teil das Festhalten am unveränderten Vertrag nicht zugemutet werden kann. Im Insolvenzverfahren ändert sich i.d.R. die betriebliche Aufgabenstellung, ein Wegfall der Geschäftsgrundlage liegt regelmäßig vor.[57] Durch den Wegfall der Geschäftsgrundlage wird die Betriebsvereinbarung nicht beseitigt. Die Regelungen in der Betriebsvereinbarung sind den geänderten tatsächlichen Umständen lediglich insoweit anzupassen, als dem Vertragspartner das Festhalten an der getroffenen Regelung auch unter den geänderten tatsächlichen Umständen noch zugemutet werden kann.[58]

F. Verfahren

32 Im Hinblick auf die umstrittene Frage, ob das Ausschöpfen der Beratungsmöglichkeit Wirksamkeitsvoraussetzung der Kündigung nach § 120 Abs. 1 ist (zum Streitstand vgl. Rdn. 15), sollte der Insolvenzverwalter nach Möglichkeit stets zunächst mit dem Betriebsrat über eine Herabsetzung der Belastungen beraten. Hierdurch können zum einen ggf angemessenere Ergebnisse mit höherer Akzeptanz in der Belegschaft erzielt werden, zum anderen kann sich der Betriebsrat nicht auf eine Unwirksamkeit der Kündigung wegen Verstoßes gegen das Beratungsgebot aus § 120 Abs. 1 berufen.

33 Im Rahmen der Eigenverwaltung bedarf eine Kündigung nach § 120 gem. § 279 Satz 3 der Zustimmung des Sachwalters.

G. Prozessuales

34 Wird eine Betriebsvereinbarung nach Maßgabe des § 120 gekündigt, ist für Streitigkeiten zwischen Betriebsrat und Insolvenzverwalter über die Kündigung gem. § 2a Abs. 1 Nr. 1 ArbGG der Rechtsweg vor das Arbeitsgericht eröffnet. Nach § 2a Abs. 2 ArbGG findet das Beschlussverfahren statt. Rechte des Arbeitnehmers aus der gekündigten Betriebsvereinbarung kann dieser im Urteilsverfahren nach § 2 Abs. 1 Nr. 3a, Abs. 5 ArbGG ebenfalls vor dem Arbeitsgericht geltend machen.

---

53 FK-InsO/*Eisenbeis* Rn. 14.
54 Vgl. BAG 10.08.1994, 10 ABR 61/93, EzA § 112 BetrVG 1972 Nr. 76 zur außerordentlichen Kündigung eines Sozialplans.
55 FK-InsO/*Eisenbeis* Rn. 15.
56 Vgl. BAG 10.08.1994, 10 ABR 61/93, EzA § 112 BetrVG 1972 Nr. 76.
57 Uhlenbruck/*Berscheid/Ries* Rn. 21.
58 Vgl. BAG 10.08.1994, 10 ABR 61/93, EzA § 112 BetrVG 1972 Nr. 76.

§ 121 Betriebsänderungen und Vermittlungsverfahren

Im Insolvenzverfahren über das Vermögen des Unternehmers gilt § 112 Abs. 2 Satz 1 des Betriebsverfassungsgesetzes mit der Maßgabe, dass dem Verfahren vor der Einigungsstelle nur dann ein Vermittlungsversuch vorangeht, wenn der Insolvenzverwalter und der Betriebsrat gemeinsam um eine solche Vermittlung ersuchen.

Übersicht	Rdn.		Rdn.
A. Inhalt und Normzweck	1	C. Modifikationen des § 121 InsO	7
B. Betriebsänderung nach dem BetrVG .	3		

A. Inhalt und Normzweck

§ 121 soll die Verhandlungen über einen Interessenausgleich in der Insolvenz verkürzen und dient damit der Beschleunigung des Insolvenzverfahrens. Er modifiziert § 112 Abs. 2 Satz 1 BetrVG für das Insolvenzverfahren dahingehend, dass ein Vermittlungsversuch des Vorstands der Bundesagentur für Arbeit dem Verfahren vor der Einigungsstelle nur dann voranzugehen hat, wenn Insolvenzverwalter und Betriebsrat dies gemeinsam beantragen. 1

Die Regelungen der §§ 111 ff. BetrVG über Interessenausgleich, Sozialplan und Nachteilsausgleich bei Betriebsänderungen gelten auch in der Insolvenz des Unternehmens.[1] Zuständig ist anstelle des Unternehmers ab Eröffnung des Insolvenzverfahrens der Insolvenzverwalter (§ 80 Abs. 1); zuvor bereits – sofern gerichtlich bestellt – der »starke« vorläufige Insolvenzverwalter (§ 22 Abs. 1) oder der vom Gericht entsprechend ermächtigte »schwache« vorläufige Insolvenzverwalter (§ 22 Abs. 2). 2

B. Betriebsänderung nach dem BetrVG

In Unternehmen mit i.d.R. mehr als 20 wahlberechtigten Arbeitnehmern und einem bestehenden Betriebsrat hat der Insolvenzverwalter den zuständigen (vgl. insb. § 50 Abs. 1 BetrVG) Betriebsrat über geplante Betriebsänderungen (vgl. § 122 Rdn. 5 ff.) rechtzeitig und umfassend zu **unterrichten** und hierüber mit ihm zu **beraten** (§ 111 Satz 1 BetrVG). Er muss nach § 112 BetrVG den **Abschluss eines Interessenausgleichs zumindest versuchen**, um sich nicht der Gefahr von **Nachteilsausgleichsansprüchen** der Arbeitnehmer nach § 113 Abs. 3 BetrVG auszusetzen. Der Interessenausgleich ist von einem Sozialplan zu unterscheiden. In einem **Interessenausgleich** einigen sich die Betriebspartner darüber, ob und wie eine Betriebsänderung durchgeführt werden soll.[2] Hierdurch soll die Entstehung von wirtschaftlichen Nachteilen für die Arbeitnehmer **verhindert** werden, wohingegen ein **Sozialplan** die dennoch entstandenen Nachteile **ausgleichen** oder **mildern** soll.[3] 3

Der Versuch eines Interessenausgleichs i.S.d. § 113 Abs. 3 BetrVG kann auch dann bereits vorliegen, wenn ein vereinbarter Interessenausgleich noch unter einer aufschiebenden Bedingung steht (etwa von einer Kreditbewilligung abhängt) und zwar unabhängig davon, ob die vereinbarte Bedingung zulässig ist. Denn in diesem Fall haben sich die Betriebspartner über den Inhalt des Interessenausgleichs bereits geeinigt.[4] Dies gilt jedenfalls dann, wenn die übrigen Wirksamkeitsvoraussetzungen (z.B. Schriftform) erfüllt sind.[5] 4

Die Verpflichtung, den Versuch eines Interessenausgleichs zu unternehmen, besteht auch dann, wenn der Betriebsrat erst nach Eröffnung des Insolvenzverfahrens gewählt wurde.[6] Hingegen muss der Betriebsrat **bei Beginn der Durchführung der Betriebsänderung** bereits bestanden haben. 5

---

1 BAG 22.07.2003, 1 AZR 541/02, EzA § 111 BetrVG 2001 Nr. 1.
2 BAG 22.07.2003, 1 AZR 541/02, EzA § 111 BetrVG 2001 Nr. 1.
3 Richardi/*Annuß* § 112 BetrVG Rn. 51.
4 BAG 21.07.2005, 6 AZR 592/04, EzA § 125 InsO Nr. 2.
5 BAG 21.07.2005, 6 AZR 592/04, EzA § 125 InsO Nr. 2.
6 BAG 18.11.2003, 1 AZR 30/03, EzA § 113 BetrVG 2001 Nr. 2.

§ 122 InsO Gerichtliche Zustimmung zur Durchführung einer Betriebsänderung

Ein erst während der Durchführung der Betriebsänderung gewählter Betriebsrat kann weder den Versuch eines Interessenausgleichs noch den Abschluss eines Sozialplans verlangen.[7] Dies gilt selbst dann, wenn dem Insolvenzverwalter im Zeitpunkt seines Entschlusses bekannt war, dass im Betrieb ein Betriebsrat gewählt werden soll.[8]

6 Der **hinreichende Versuch eines Interessenausgleichs** setzt nach dem Schutzzweck des § 113 Abs. 3 BetrVG die Ausschöpfung sämtlicher Einigungsmöglichkeiten nach § 112 Abs. 2 BetrVG einschließlich der Anrufung der Einigungsstelle voraus.[9]

C. Modifikationen des § 121 InsO

7 Gem. § 121 geht dem Verfahren vor der Einigungsstelle nur dann ein Vermittlungsversuch voran, wenn der **Insolvenzverwalter und der Betriebsrat gemeinsam** um eine solche Vermittlung ersuchen. Zwar darf auch außerhalb des Insolvenzverfahrens der Unternehmer die Einigungsstelle nach dem Wortlaut des § 112 Abs. 2 BetrVG ohne vorherigen Vermittlungsversuch des Vorstands der Bundesagentur für Arbeit anrufen. Beantragt jedoch der Betriebsrat einen Vermittlungsversuch, ist der Unternehmer nach § 2 Abs. 1 BetrVG verpflichtet, sich hieran zu beteiligen.[10] Der Insolvenzverwalter hingegen kann **nach Scheitern der Verhandlungen** mit dem Betriebsrat gem. § 121 **stets unmittelbar die Einigungsstelle anrufen**. Einigt sich der Insolvenzverwalter jedoch mit dem Betriebsrat darüber, den Vorstand der Bundesagentur für Arbeit um Vermittlung zu ersuchen, bindet dies beide Parteien, sodass sie verpflichtet sind, an dem Vermittlungsversuch zunächst teilzunehmen.[11]

8 Neben den Erleichterungen nach § 121 steht dem Insolvenzverwalter die Möglichkeit offen, unter den Voraussetzungen des **§ 122** mit Zustimmung des Arbeitsgerichts Betriebsänderungen ohne Anrufung der Einigungsstelle durchzuführen (zu den Einzelheiten vgl. die Kommentierung dort).

§ 122 Gerichtliche Zustimmung zur Durchführung einer Betriebsänderung

(1) Ist eine Betriebsänderung geplant und kommt zwischen Insolvenzverwalter und Betriebsrat der Interessenausgleich nach § 112 des Betriebsverfassungsgesetzes nicht innerhalb von drei Wochen nach Verhandlungsbeginn oder schriftlicher Aufforderung zur Aufnahme von Verhandlungen zustande, obwohl der Verwalter den Betriebsrat rechtzeitig und umfassend unterrichtet hat, so kann der Verwalter die Zustimmung des Arbeitsgerichts dazu beantragen, dass die Betriebsänderung durchgeführt wird, ohne dass das Verfahren nach § 112 Abs. 2 des Betriebsverfassungsgesetzes vorangegangen ist. § 113 Abs. 3 des Betriebsverfassungsgesetzes ist insoweit nicht anzuwenden. Unberührt bleibt das Recht des Verwalters, einen Interessenausgleich nach § 125 zustande zu bringen oder einen Feststellungsantrag nach § 126 zu stellen.

(2) Das Gericht erteilt die Zustimmung, wenn die wirtschaftliche Lage des Unternehmens auch unter Berücksichtigung der sozialen Belange der Arbeitnehmer erfordert, dass die Betriebsänderung ohne vorheriges Verfahren nach § 112 Abs. 2 des Betriebsverfassungsgesetzes durchgeführt wird. Die Vorschriften des Arbeitsgerichtsgesetzes über das Beschlussverfahren gelten entsprechend; Beteiligte sind der Insolvenzverwalter und der Betriebsrat. Der Antrag ist nach Maßgabe des § 61a Abs. 3 bis 6 des Arbeitsgerichtsgesetzes vorrangig zu erledigen.

(3) Gegen den Beschluss des Gerichts findet die Beschwerde an das Landesarbeitsgericht nicht statt. Die Rechtsbeschwerde an das Bundesarbeitsgericht findet statt, wenn sie in dem Beschluss des Arbeitsgerichts zugelassen wird; § 72 Abs. 2 und 3 des Arbeitsgerichtsgesetzes gilt entsprechend. Die Rechtsbeschwerde ist innerhalb eines Monats nach Zustellung der in vollständiger

---

7 BAG 18.11.2003, 1 AZR 30/03, EzA § 113 BetrVG 2001 Nr. 2.
8 BAG 28.10.1992, 1 ABR 75/91, EzA § 112 BetrVG 1972 Nr. 60.
9 *BAG 26.10.2004*, 1 AZR 493/03, EzA § 113 BetrVG 2001 Nr. 5.
10 FK-InsO/*Eisenbeis* Rn. 1; HambK-InsR/*Ahrendt* Rn. 1.
11 Kübler/Prütting/Bork/*Moll* Rn. 10.

Form abgefassten Entscheidung des Arbeitsgerichts beim Bundesarbeitsgericht einzulegen und zu begründen.

Übersicht

	Rdn.		Rdn.
A. Inhalt und Normzweck	1	D. Verfahren vor dem Arbeitsgericht	24
B. Antragsvoraussetzungen	4	I. Prüfungsmaßstab	25
I. Geplante Betriebsänderung	5	1. Wirtschaftliche Lage des Unternehmens	26
1. Betriebsänderung	6	2. Soziale Belange der Arbeitnehmer	27
2. Geplant	9	II. Verfahren	28
II. Unterrichtung des Betriebsrats	10	III. Beschluss	30
1. Zuständiger Betriebsrat	11	IV. Rechtsmittel	31
2. Rechtzeitige und umfassende Unterrichtung	14	V. Einstweiliger Rechtsschutz	32
III. Drei-Wochen-Frist	17	E. Rechtsfolgen	33
1. Fristbeginn	18	I. Erteilung der Zustimmung	34
2. Maßgeblicher Zeitpunkt des Fristablaufs	22	II. Versagung der Zustimmung	35
C. Antrag auf Zustimmung des Arbeitsgerichts	23	1. Nachteilausgleichsansprüche	36
		2. Unterlassungsverfügung	38
		F. Konkurrenzen	41

A. Inhalt und Normzweck

Die Regelungen der §§ 111 ff. BetrVG gelten auch im Insolvenzverfahren.[1] Im Anwendungsbereich der §§ 111 ff. BetrVG muss demnach vor **Betriebsänderungen** auch der Insolvenzverwalter zunächst einen **Interessenausgleich** versuchen, um **Nachteilsausgleichsansprüche** zu vermeiden (vgl. § 121 Rdn. 3 ff.). Der Anspruch auf Nachteilsausgleich ist Masseverbindlichkeit i.S.d. § 55 Abs. 1 Nr. 1. Gegebenenfalls haftet der Insolvenzverwalter diesbezüglich den Insolvenzgläubigern gegenüber nach Maßgabe des § 60 Abs. 1.[2] **1**

Der **Versuch eines Interessenausgleichs** setzt nach der Rechtsprechung des BAG das Ausschöpfen sämtlicher Einigungsmöglichkeiten nach § 112 Abs. 2 BetrVG voraus. Grds muss der Arbeitgeber außerhalb der Insolvenz demnach stets zunächst mit dem Betriebsrat über die Betriebsänderung verhandeln und bei Scheitern der Verhandlungen das regelmäßig zeitraubende Verfahren vor der Einigungsstelle durchführen.[3] Dies gilt selbst dann, wenn die Betriebsänderung notwendige Folge einer wirtschaftlichen Zwangslage ist. Denn nach dem sozialen Schutzzweck erfassen die §§ 111 ff. BetrVG alle in § 111 BetrVG aufgezählten, für die Arbeitnehmer nachteiligen Maßnahmen, welche dem Verantwortungsbereich des Unternehmers zuzurechnen sind. Das gilt auch für solche Maßnahmen, die durch die wirtschaftliche Situation vorgegeben sind.[4] Schließlich dient die Erzielung eines Interessenausgleichs nicht nur der Klärung der Frage, ob eine Betriebsänderung überhaupt durchgeführt wird, sondern auch, auf welche Art und Weise dies erfolgen soll.[5] **2**

Dieses Verfahren vor der Einigungsstelle wird zwar in der Insolvenz durch § 121 abgekürzt. Dennoch ist das Erfordernis der Durchführung eines Einigungsverfahrens mit dem Ziel der **zügigen Abwicklung des Insolvenzverfahrens** nicht zu vereinbaren. Oftmals wird im Insolvenzfall die unverzügliche Einstellung der Unternehmenstätigkeit zur Vermeidung weiterer Verluste unausweichlich sein oder kann die sofortige Stilllegung einzelner Betriebe die Sanierungschancen erhöhen.[6] Daher ermöglicht es **Abs. 1 Satz 1** dem Insolvenzverwalter, nach dreiwöchiger ergebnisloser Verhandlung Betriebsänderungen vorzunehmen, ohne zuvor das Verfahren vor der Einigungsstelle nach § 112 **3**

---

1 BAG 22.07.2003, EzA § 111 BetrVG 2001 Nr. 1.
2 BAG 22.07.2003, 1 AZR 541/02, EzA § 111 BetrVG 2001 Nr. 1.
3 BAG 26.10.2004, EzA § 113 BetrVG 2001 Nr. 5.
4 BAG 18.12.1984, 1 AZR 176/82, EzA § 113 BetrVG 1972 Nr. 12.
5 BAG 22.07.2003, 1 AZR 541/02, EzA § 111 BetrVG 2001 Nr. 1.
6 Vgl. RegE BT-Drucks. 12/2443, S. 153.

Abs. 2 BetrVG durchlaufen zu haben.[7] Gem. **Abs. 1 Satz 2** sind auch Nachteilausgleichsansprüche der Arbeitnehmer aus § 113 Abs. 3 BetrVG insoweit ausgeschlossen. **Abs. 1 Satz 1** knüpft die Privilegien des § 122 an die Zustimmung des Arbeitsgerichts und dient damit der Missbrauchskontrolle. Die Zustimmung ist nur zu erteilen, wenn die Betriebsänderung aus wirtschaftlichen Gründen alsbald erforderlich ist. Die betroffenen Arbeitnehmerinteressen sind mit Wirtschaftlichkeitsaspekten abzuwägen.[8] Gem. **Abs. 2 Satz 3** ist der Antrag vorrangig zu erledigen. Die Rechtsmittel gegen den Beschluss des Arbeitsgerichts sind nach **Abs. 3** beschränkt. § 122 gilt nur im bereits eröffneten Insolvenzverfahren.[9] Im Rahmen der Eigenverwaltung bedarf das Vorgehen nach § 122 gem. § 279 Satz 3 der Zustimmung des Sachwalters.

B. Antragsvoraussetzungen

4   Voraussetzung des Antrags nach § 122 ist, dass über eine geplante Betriebsänderung ein Interessenausgleich trotz rechtzeitiger und umfassender Unterrichtung des Betriebsrats nicht innerhalb von drei Wochen zustande gekommen ist.

I. Geplante Betriebsänderung

5   Bei der beabsichtigten Maßnahme muss es sich demnach um eine **geplante Betriebsänderung** handeln.

1. Betriebsänderung

6   Der Begriff der **Betriebsänderung** entspricht dem des § 111 BetrVG.[10] Weder das Stellen des **Insolvenzantrags** noch die Eröffnung des **Insolvenzverfahrens** sind an sich eine beteiligungspflichtige Betriebsänderung i.S.d. § 111 BetrVG.[11] Jedoch gehen mit der Insolvenz regelmäßig Betriebsänderungen einher.[12] Relevant sind insb. die **Einschränkung** und **Stilllegung** des ganzen Betriebs oder wesentlicher Betriebsteile nach § 111 Satz 3 Nr. 1 BetrVG.

7   Wie sich aus § 112a BetrVG nunmehr ausdrücklich ergibt, kann auch ein bloßer **Personalabbau** eine solche Einschränkung des Betriebs und damit eine Betriebsänderung darstellen. Erforderlich ist, dass der Personalabbau eine relevante Zahl von Arbeitnehmern erfasst. Als Regelwert für die erforderliche Zahl von Entlassungen sind die Zahlen des **§ 17 Abs. 1 KSchG** heranzuziehen, wobei in Großbetrieben ab 600 Arbeitnehmern darüber hinaus mindestens 5 % der Belegschaft betroffen sein müssen.[13] Unter den Begriff der Entlassung fallen nicht nur Kündigungen des Arbeitgebers bzw. Insolvenzverwalters, sondern auch **vom Arbeitgeber bzw. Insolvenzverwalter veranlasste Aufhebungsverträge oder Eigenkündigungen der Arbeitnehmer**.[14] Bei einem **Personalabbau in mehreren Schritten** sind die zu entlassenden Arbeitnehmer ggf zusammenzurechnen. Dies richtet sich danach, ob der Personalabbau auf einer **einheitlichen unternehmerischen Planung** beruht. Ein enger zeitlicher Zusammenhang kann wesentliches Indiz für eine von Beginn an einheitliche Planung sein.[15]

---

[7] Vgl. RegE BT-Drucks. 12/2443, S. 153 f.
[8] Vgl. RegE BT-Drucks. 12/2443, S. 154; *Schmädicke/Fackler*, NZA 2012, 1199, 1201 ff.
[9] HWK/*Annuß* Rn. 1.
[10] Vgl. hierzu Richardi/*Annuß* § 111 BetrVG Rn. 37 ff.; ErfK/*Kania* § 111 BetrVG Rn. 5 ff.
[11] Richardi/*Annuß* § 111 BetrVG Rn. 36.
[12] *Schrader/Straube* III 6.
[13] BAG 28.03.2006, 1 ABR 5/05, EzA § 111 BetrVG 2001 Nr. 4; vgl. hierzu Richardi/*Annuß* § 111 BetrVG Rn. 73 ff.
[14] Nerlich/Römermann/*Hamacher* Rn. 17 m.w.N.
[15] BAG 28.03.2006, 1 ABR 5/05, EzA § 111 BetrVG 2001 Nr. 4.

Die rechtsgeschäftliche **Übertragung** des Betriebs als Ganzes auf einen neuen Inhaber stellt keine Betriebsänderung dar.[16] Jedoch können mit einem Betriebsübergang wiederum Maßnahmen verbunden sein, welche als Betriebsänderung die Beteiligungsrechte des Betriebsrats auslösen.[17]

2. Geplant

Dem Wort »**geplant**« kommt nicht die Bedeutung eines selbständigen Tatbestandsmerkmals zu, sondern es hat nur eine **rein zeitliche Bedeutung**. Es soll klarstellen, dass der Betriebsrat bereits im Planungsstadium zu beteiligen ist.[18] Hingegen besagt dies nicht, dass unvorhersehbare bzw. nicht auf einem Entschluss des Insolvenzverwalters beruhende Betriebsänderungen vom Anwendungsbereich der Norm ausgeschlossen sind.[19] Dies gilt selbst dann, wenn die Maßnahmen durch die wirtschaftliche Situation mehr oder weniger diktiert werden,[20] denn beim Versuch eines Interessenausgleichs geht es neben der Frage, ob eine Betriebsänderung vorgenommen werden soll, auch um die Art und Weise der Durchführung, sodass selbst in dieser Konstellation regelmäßig Gestaltungsspielräume verbleiben.[21]

II. Unterrichtung des Betriebsrats

Der Insolvenzverwalter hat den Betriebsrat über die geplante Betriebsänderung **rechtzeitig und umfassend** zu **unterrichten**. Die Unterrichtungspflicht des Insolvenzverwalters entspricht der des Unternehmers nach § 111 BetrVG.

1. Zuständiger Betriebsrat

Erforderlich ist die Beteiligung des **zuständigen** Betriebsrats. Neben dem **örtlichen Betriebsrat** kommt hier auch der **Gesamtbetriebsrat** in Betracht.[22] Letzterer ist nach Maßgabe des § 50 Abs. 1 BetrVG zuständig für die Behandlung von Angelegenheiten, welche das Gesamtunternehmen oder mehrere Betriebe betreffen und nicht durch die einzelnen Betriebsräte innerhalb ihrer Betriebe geregelt werden können. Eine solche einheitliche Regelung kann für die Stilllegung sämtlicher Betriebe oder die Zusammenlegung mehrerer Betriebe erforderlich sein.[23]

Der Arbeitgeber bzw. Insolvenzverwalter trägt die Initiativlast auch im Hinblick auf die Ermittlung des richtigen Verhandlungspartners. Bei Zweifeln über die Zuständigkeit muss er die in Betracht kommenden Gremien zur Klärung der Zuständigkeitsfrage auffordern. Andernfalls läuft er Gefahr, sich durch Verhandlungen lediglich mit dem unzuständigen Gremium Nachteilsausgleichsansprüchen auszusetzen.[24]

Zur Vermeidung von Zeitverlusten bei der Durchführung von Betriebsänderungen empfiehlt es sich in Zweifelsfällen, mit mehreren in Betracht kommenden Betriebsräten parallel zu verhandeln und diese frühzeitig zur Klärung der Zuständigkeitsfrage aufzufordern. Zudem kann der Insolvenzverwalter ggf auf eine Beauftragung des Gesamtbetriebsrats durch die örtlichen Betriebsräte gem. § 50 Abs. 2 BetrVG hinwirken.[25]

---

16 BAG 04.12.1979, 1 AZR 843/76, EzA § 111 BetrVG 1972 Nr. 9; 15.12.2011, 8 AZR 692/10, EzA § 613a BGB 2002 Nr. 132.
17 BAG 25.01.2000, 1 ABR 1/99, EzA § 112 BetrVG 1972 Nr. 106.
18 BAG 17.09.1974, 1 AZR 16/74, EzA § 113 BetrVG 1972 Nr. 1.
19 BAG 17.09.1974, 1 AZR 16/74, EzA § 113 BetrVG 1972 Nr. 1.
20 BAG 09.07.1985, 1 AZR 323/83, EzA § 113 BetrVG 1972 Nr. 13.
21 BAG 22.07.2003, 1 AZR 541/02, EzA § 111 BetrVG 2001 Nr. 1.
22 BAG 24.01.1996, 1 AZR 542/95, EzA § 113 BetrVG 1972 Nr. 24.
23 BAG 24.01.1996, 1 AZR 542/95, EzA § 113 BetrVG 1972 Nr. 24.
24 BAG 24.01.1996, 1 AZR 542/95, EzA § 113 BetrVG 1972 Nr. 24.
25 *Schrader/Straube* III 25.

2. Rechtzeitige und umfassende Unterrichtung

14 Die Unterrichtung muss **rechtzeitig** erfolgen. Einerseits muss die Vorüberlegungsphase schon so weit abgeschlossen sein, dass sich die Planung auf eine nach Art und Umfang bekannte konkrete Maßnahme bezieht.[26] Bloße Konzepte und Vorüberlegungen lösen noch keine Beteiligungsrechte des Betriebsrats aus.[27] Andererseits darf der Insolvenzverwalter auch noch nicht mit der Durchführung – etwa durch Kündigung von Arbeitsverhältnissen – begonnen haben.[28] Eine Beratung über die Betriebsänderung und die Vereinbarung eines Interessenausgleichs müssen noch möglich sein.[29]

15 Der Betriebsrat ist **umfassend** zu unterrichten. Neben **Art** und **Umfang** der Maßnahme sind auch deren **Gründe** sowie die **Auswirkungen** auf die Belegschaft mitzuteilen.[30] Erforderliche Unterlagen sind dem Betriebsrat gem. § 80 Abs. 2 Satz 2 BetrVG auf Verlangen zur Verfügung zu stellen.[31] Sofern die Unterrichtung aus Sicht des Betriebsrats die Anforderungen nicht erfüllt, hat er nach den Grundsätzen vertrauensvoller Zusammenarbeit (§ 2 Abs. 1 BetrVG) den Insolvenzverwalter hierauf hinzuweisen. Andernfalls kann er sich im Folgenden nicht auf eine unzureichende Unterrichtung berufen.[32]

16 Bei geplanten Massenentlassungen i.S.d. § 17 Abs. 1 KSchG hat die Unterrichtung gem. § 17 Abs. 2 KSchG schriftlich zu erfolgen.[33] Auch bei sonstigen Betriebsänderungen ist eine schriftliche Unterrichtung des Betriebsrats aus Beweisgründen zweckmäßig.[34]

III. Drei-Wochen-Frist

17 Der Insolvenzverwalter kann die Zustimmung des Arbeitsgerichts beantragen, wenn (nach ordnungsgemäßer Unterrichtung des Betriebsrats) **innerhalb von drei Wochen** kein Interessenausgleich nach § 112 BetrVG zustande gekommen ist

1. Fristbeginn

18 Die Frist beginnt zu laufen mit dem **Verhandlungsbeginn oder der schriftlichen Aufforderung** zur Aufnahme von Verhandlungen über einen Interessenausgleich. Die Unterrichtung des Betriebsrats kann noch nicht als **Verhandlungsbeginn** angesehen werden. Erforderlich ist, dass beide Seiten miteinander über die Betriebsänderung beraten.[35] Hiermit verbundene Verzögerungen kann der Insolvenzverwalter durch die schriftliche **Aufforderung** des Betriebsrats zur **Verhandlungsaufnahme** vermeiden.[36] Die Frist beginnt dann unmittelbar mit Zugang (§ 130 BGB) der Aufforderung beim Betriebsratsvorsitzenden (vgl. § 26 Abs. 2 Satz 2 BetrVG).[37] Dies gilt ausnahmsweise nicht, wenn der Insolvenzverwalter sich im Anschluss den Verhandlungen verweigert, da sein fehlender Verhandlungswille einer rechtlich erheblichen Aufforderung zur Verhandlung entgegensteht.[38] Der Verhandlungswille fehlt auch dann, wenn der Insolvenzverwalter nur zum Schein auf die Verhandlungen eingeht.[39]

---

26 BAG 20.11.2001, 1 AZR 97/01, EzA § 113 BetrVG 1972 Nr. 29; GK-BetrVG/*Oetker* § 111 Rn. 184.
27 LAG Hamm 08.08.2008, 10 TaBV 21/08, nv.
28 BAG 04.06.2003, 10 AZR 586/02, EzA § 209 InsO Nr. 1.
29 FK-InsO/*Eisenbeis* Rn. 11.
30 Richardi/*Annuß* § 111 BetrVG Rn. 150; GK-BetrVG/*Oetker* § 111 BetrVG Rn. 177.
31 Richardi/*Annuß* § 111 BetrVG Rn. 151.
32 ArbG Lingen 09.07.1999, 2 BV 4/99, ZIP 1999, 1892; Braun/*Wolf* Rn. 3; *Schmädicke/Fackler*, NZA 2012, 1199 (1200); Kübler/Prütting/Bork/*Moll* Rn. 22; a.A. HK-InsO/*Linck* Rn. 9; HWK/*Annuß* Rn. 2.
33 Uhlenbruck/*Berscheid/Ries* §§ 121, 122 Rn. 67; a.A. Bauer/*Göpfert* DB 1997, 1464 (1465).
34 HambK-InsR/*Ahrendt* Rn. 4; Kübler/Prütting/Bork/*Moll* Rn. 21.
35 Braun/*Wolf* Rn. 4; Nerlich/Römermann/*Hamacher* Rn. 15 f.
36 Nerlich/Römermann/*Hamacher* Rn. 15.
37 Braun/*Wolf* Rn. 4.
38 Kübler/Prütting/Bork/*Moll* Rn. 30; iErg ebenso HambK-InsR/*Ahrendt* Rn. 5: Verwirkung der Rechte aus § 122 InsO; MüKo-InsO/*Löwisch/Caspers* Rn. 33: Verhandlungsbereitschaft als Antragsvoraussetzung.
39 MüKo-InsO/*Löwisch/Caspers* §§ 121, 122 Rn. 33; *Schmädicke/Fackler*, NZA 2012, 1199 (1200).

Im Hinblick auf die regelmäßig schwierige Bestimmbarkeit und Beweisbarkeit des Verhandlungsbeginns erscheint es aus Sicht des Insolvenzverwalters vorzugswürdig, den Betriebsrat bereits im Rahmen der Unterrichtung schriftlich zur Aufnahme von Verhandlungen aufzufordern. Beides kann miteinander verbunden werden.[40]

Das **Schriftformerfordernis** hat aufgrund seiner Formalisierungsfunktion konstitutive Bedeutung.[41] Es gelten die Anforderungen des § 126 BGB.[42] Für die Fristberechnung sind §§ 187 ff. BGB maßgeblich.

Hat der **Schuldner** oder ein **vorläufiger Insolvenzverwalter** bereits Verhandlungen mit dem Betriebsrat über einen Interessenausgleich eingeleitet, so kann der Insolvenzverwalter, will er die Betriebsänderung unverändert durchführen, in die Verhandlungen eintreten. In diesem Fall gilt hinsichtlich der Fristberechnung der frühere Zeitpunkt auch für ihn.[43] Stehen die beabsichtigten Betriebsänderungen bereits hinreichend konkret fest, sollten daher zum Zwecke der Verfahrensbeschleunigung bereits im Eröffnungsverfahren die Verhandlungen mit dem Betriebsrat aufgenommen werden.[44]

2. Maßgeblicher Zeitpunkt des Fristablaufs

Der fruchtlose Fristablauf ist Zulässigkeitsvoraussetzung des Verfahrens nach § 122 und muss damit erst im **Zeitpunkt der letzten mündlichen Verhandlung** vorliegen.[45] Auch das Nachholen einer ordnungsgemäßen Unterrichtung des Betriebsrats im arbeitsgerichtlichen Verfahren ist demnach grds möglich.[46]

C. Antrag auf Zustimmung des Arbeitsgerichts

Unter den oben genannten Voraussetzungen ist ein Antrag auf Zustimmung des Arbeitsgerichts zur Durchführung der Betriebsänderung zulässig. Gem. § 122 Abs. 2 Satz 2 Hs. 1 gelten die Vorschriften nach dem ArbGG über das **Beschlussverfahren** (§§ 80 ff. ArbGG) entsprechend, sodass sich das **örtlich zuständige** Arbeitsgericht nach § 82 ArbGG bestimmt.[47]

D. Verfahren vor dem Arbeitsgericht

Das Arbeitsgericht entscheidet nicht darüber, **ob** die Betriebsänderung durchgeführt wird, sondern **wann**, dh vor oder nach Durchführung des Einigungsstellenverfahrens. Die Entscheidung des Arbeitsgerichts ist keine Zustimmung zu der beabsichtigten Betriebsänderung. Das Gericht entscheidet insb. nicht über die wirtschaftliche Zweckmäßigkeit der Betriebsänderung, sondern ausschließlich über ihre Eilbedürftigkeit.[48]

I. Prüfungsmaßstab

Gem. § 122 Abs. 2 erteilt das Arbeitsgericht die Zustimmung, wenn die **wirtschaftliche Lage** des Unternehmens unter Berücksichtigung der **sozialen Belange der Arbeitnehmer** die Durchführung der **Betriebsänderung ohne vorheriges Verfahren nach § 112 Abs. 2 BetrVG** erfordert. Das Gericht

---

40 Kübler/Prütting/Bork/*Moll* Rn. 28.
41 HWK/*Annuß* Rn. 3; a.A. FK-InsO/*Eisenbeis* Rn. 13: bloße Dokumentationsfunktion.
42 Kübler/Prütting/Bork/*Moll* Rn. 28; *Zwanziger* Rn. 5.
43 ArbG Lingen 09.07.1999, 2 BV 4/99, ZIP 1999, 1892; FK-InsO/*Eisenbeis* Rn. 15; HambK-InsR/*Ahrendt* Rn. 6; *Schmädicke/Fackler*, NZA 2012, 1199 (1200); Uhlenbruck/*Berscheid/Ries* §§ 121, 122 Rn. 69; a.A. *Zwanziger* Rn. 5.
44 HambK-InsR/*Ahrendt* Rn. 7.
45 HWK/*Annuß* Rn. 2; *Schmädicke/Fackler*, NZA 2012, 1199 (1201).
46 ArbG Lingen 09.07.1999, 2 BV 4/99, ZIP 1999, 1892; Kübler/Prütting/Bork/*Moll* Rn. 35.
47 ArbG Bautzen 30.11.2005, 5 BV 5001/05, ZInsO 2008, 223.
48 ArbG Lingen 09.07.1999, 2 BV 4/99, ZInsO 1999, 656; Kübler/Prütting/Bork/*Moll* Rn. 40; Uhlenbruck/*Berscheid/Ries* §§ 121, 122 Rn. 71.

hat die wirtschaftlichen Belange des Unternehmens mit den sozialen Belangen der Arbeitnehmer abzuwägen. Die Prüfung erfolgt in **zwei Schritten**: Zunächst prüft das Arbeitsgericht, ob die wirtschaftliche Lage des Unternehmens – isoliert betrachtet – in Abweichung zu § 112 Abs. 2 BetrVG eine sofortige Durchführung der Betriebsänderung erfordert. Trifft dies zu, ist in einem zweiten Schritt zu prüfen, ob unter Zugrundelegung der sozialen Belange der Arbeitnehmer eine Durchführung des Verfahrens nach § 112 Abs. 2 BetrVG dennoch geboten ist.[49]

1. Wirtschaftliche Lage des Unternehmens

26 Der Begriff der **wirtschaftlichen Lage** des Unternehmens ist insolvenzspezifisch als Schutz der Gläubigerinteressen auszulegen. Maßgeblich sind demnach die zu erwartenden Belastungen der Insolvenzmasse, nicht das weitere Schicksal des Unternehmens im Insolvenzverfahren.[50] Der Insolvenzverwalter hat darzulegen, welche Belastungen sich bei Durchführung des Einigungsstellenverfahrens für die Masse ergeben und muss diese in Relation zur Masse setzen. Dem hat er unter substantiierter Darlegung der geplanten Maßnahmen die Ersparnisse einer vorzeitigen Durchführung der Betriebsänderung gegenüberzustellen. Ist hiernach bei Fortführung des Unternehmens bis zur Beendigung des Einigungsstellenverfahrens eine nicht unerhebliche Schmälerung der Insolvenzmasse zu erwarten, erfordert die wirtschaftliche Lage des Unternehmens die vorzeitige Durchführung der Betriebsänderung.[51] Von Eilbedürftigkeit ist auszugehen, soweit der Betrieb nicht produktiv genug ist, seine laufenden Ausgaben inkl. der Personalkosten mit den regelmäßigen Einnahmen zu decken.[52]

2. Soziale Belange der Arbeitnehmer

27 Ist bei isolierter Betrachtung der wirtschaftlichen Lage des Unternehmens die Durchführung der Betriebsänderung ohne vorheriges Verfahren nach § 112 Abs. 2 BetrVG erforderlich, sind im Anschluss entgegenstehende **soziale Belange der Arbeitnehmer** zu prüfen. Hierbei ist darauf abzustellen, ob durch ein vorgeschaltetes Einigungsstellenverfahren sozial verträglichere Lösungen gefunden werden können. Der Betriebsrat muss substantiiert Alternativkonzepte zu der geplanten Betriebsänderung benennen, welche die sozialen Belange der Arbeitnehmer besser berücksichtigen, ohne die wirtschaftliche Lage des Unternehmens unangemessen mehr zu strapazieren.[53] Ein Überwiegen der Arbeitnehmerbelange wird nur in extremen Ausnahmefällen gegeben sein.[54] Unbeachtlich ist in diesem Zusammenhang die mit der Durchführung des Einigungsstellenverfahrens verbundene bloße zeitliche Verzögerung der Betriebsänderung und der ggf damit verbundenen Kündigungen.[55] Einer Einbeziehung dieser mittelbaren Verzögerungsvorteile für die Arbeitnehmer in den Abwägungsprozess steht der generelle Beschleunigungszweck der §§ 121, 122 entgegen.[56]

II. Verfahren

28 Gem. § 122 Abs. 2 Satz 2 Hs. 1 gelten die Vorschriften über das arbeitsgerichtliche **Beschlussverfahren** entsprechend. **Beteiligte** sind nach § 122 Abs. 2 Satz 2 Hs. 2 der Insolvenzverwalter und der Betriebsrat. Der Antrag ist gem. § 122 Abs. 2 Satz 3 InsO i.V.m. § 61a Abs. 3–6 ArbGG vorrangig zu erledigen. Es gilt ein **eingeschränkter Untersuchungsgrundsatz**. Gem. § 83 Abs. 1 Satz 1 ArbGG erforscht das Gericht den Sachverhalt von Amts wegen. Die Beteiligten haben an der Aufklärung des Sachverhalts mitzuwirken (§ 83 Abs. 1 Satz 2 ArbGG). Kommen sie ihrer Mitwirkungspflicht nicht

---

49 ArbG Lingen 09.07.1999, 2 BV 4/99, ZInsO 1999, 656; *Schmädicke/Fackler*, NZA 2012, 1199 (1201 ff.).
50 Kübler/Prütting/Bork/*Moll* Rn. 42; eingehend zur Bewertung *Kreuzer/Rößner*, NZI 2012, 699, 702.
51 ArbG Lingen 09.07.1999, 2 BV 4/99, ZInsO 1999, 656; *Schmädicke/Fackler*, NZA 2012, 1199 (1202).
52 ArbG Lingen 09.07.1999, 2 BV 4/99, ZInsO 1999, 656; Kübler/Prütting/Bork/*Moll* Rn. 45.
53 ArbG Lingen 09.07.1999, 2 BV 4/99, ZInsO 1999, 656.
54 HWK/*Annuß* Rn. 6; *Schmädicke/Fackler*, NZA 2012, 1199 (1202).
55 *Caspers* Rn. 414; ebenso ArbG Lingen 09.07.1999, 2 BV 4/99, ZInsO 1999, 656; FK-InsO/*Eisenbeis* Rn. 19; Kübler/Prütting/Bork/*Moll* Rn. 47.
56 Kübler/Prütting/Bork/*Moll* Rn. 47.

innerhalb einer ihnen gem. § 122 Abs. 2 Satz 3 InsO i.V.m. § 61a Abs. 3, 4 ArbGG gesetzten Frist nach, endet insoweit die Aufklärungspflicht des Gerichts.[57] Der Antrag kann jederzeit **zurückgenommen** werden, § 81 Abs. 2 ArbGG. Der Insolvenzverwalter kann auch während des arbeitsgerichtlichen Verfahrens weiter mit dem Betriebsrat über einen Interessenausgleich verhandeln. Einigen sich die Beteiligten, hat sich das arbeitsgerichtliche Verfahren **erledigt**. Erklären sie das Verfahren übereinstimmend für erledigt, wird es gem. § 83a Abs. 2 ArbGG eingestellt. Erklärt allein der Insolvenzverwalter die Erledigung, gilt § 83a Abs. 3 ArbGG.[58]

Die notwendigen **Kosten des Betriebsrats** – etwa für die Beauftragung eines Rechtsanwalts – trägt gem. § 40 Abs. 1 BetrVG die Insolvenzmasse als Masseverbindlichkeit.[59] 29

III. Beschluss

Das Gericht entscheidet gem. § 84 ArbGG nach seiner freien, aus dem Gesamtergebnis des Verfahrens gewonnenen Überzeugung durch **Beschluss**. Fehlt eine der oben bezeichneten Antragsvoraussetzungen, weist das Arbeitsgericht den Antrag als **unzulässig** ab. Unterliegt der Insolvenzverwalter mit seinem zulässigen Antrag erst im Zuge der Interessenabwägung, ist der Antrag als **unbegründet** abzuweisen. Das Gericht kann die Zustimmung auch nur **teilweise** erteilen und den Antrag im Übrigen abweisen. 30

IV. Rechtsmittel

Gegen die Entscheidung des Arbeitsgerichts findet gem. § 122 Abs. 3 Satz 1 die **Beschwerde** an das LAG (vgl. § 87 Abs. 1 ArbGG) nicht statt. Nur soweit das Arbeitsgericht sie nach Maßgabe des § 122 Abs. 3 Satz 2 Hs. 2 InsO i.V.m. § 72 Abs. 2, 3 ArbGG in seiner Entscheidung zulässt, ist die **Rechtsbeschwerde** an das BAG gem. § 122 Abs. 3 Satz 2 Hs. 1 statthaft. Andernfalls findet auch eine **Nichtzulassungsbeschwerde** mangels Verweis des § 122 InsO auf die §§ 72a, 92a ArbGG nicht statt, so dass ein Rechtsmittel dann nicht offen steht.[60] Der Beschluss wird in diesem Fall mit seiner Verkündung gem. §§ 84 Satz 2, 60 ArbGG **rechtskräftig**.[61] 31

V. Einstweiliger Rechtsschutz

Gem. § 122 Abs. 2 Satz 2 InsO i.V.m. § 85 Abs. 2 ArbGG kann der Insolvenzverwalter die gerichtlich zu erteilende Zustimmung auch im Wege einer einstweiligen Verfügung erlangen.[62] Aufgrund der Vorwegnahme der Hauptsache ist eine einstweilige Verfügung i.R.d. § 122 zwar nur unter engen Voraussetzungen zulässig, in **extremen Ausnahmesituationen** muss sie jedoch nach dem Beschleunigungszweck der Vorschrift ergehen können. Eine solche liegt etwa vor, wenn ohne sofortige Durchführung der Betriebsänderung eine Verfahrenseinstellung wegen Massearmut gem. § 207 Abs. 1 droht.[63] Zum einstweiligen Rechtsschutz des Betriebsrats vgl. Rdn. 38. 32

E. Rechtsfolgen

Das Arbeitsgericht entscheidet nicht darüber, ob die Betriebsänderung durchgeführt werden darf, sondern ausschließlich über deren Eilbedürftigkeit (vgl. Rdn. 24). 33

---

57 Nerlich/Römermann/*Hamacher* Rn. 53.
58 HK-InsO/*Linck* Rn. 18.
59 MüKo-InsO/*Löwisch/Caspers* §§ 121, 122 Rn. 51; *Schmädicke/Fackler*, NZA 2012, 1199 (1204).
60 BAG 14.08.2001, 2 ABN 20/01, EzA-SD 2001, Nr. 23, 15.
61 BAG 14.08.2001, 2 ABN 20/01, EzA-SD 2001, Nr. 23, 15; Nerlich/Römermann/*Hamacher* Rn. 75.
62 ArbG Hannover 04.02.1997, 10 BVGa 1/97, ZIP 1997, 474; MüKo-InsO/*Löwisch/Caspers* §§ 121, 122 Rn. 56; Uhlenbruck/*Berscheid/Ries* §§ 121, 122 Rn. 90 ff.; *Löwisch* RdA 1997, 80 (86); *Schmädicke/Fackler*, NZA 2012, 1199, 1203; a.A. *Lakies* RdA 1997, 145 (153); *Schaub* DB 1999, 217 (226).
63 *Caspers* Rn. 421 ff.; s. auch *Schmädicke/Fackler*, NZA 2012, 1199, 1203.

§ 122 InsO Gerichtliche Zustimmung zur Durchführung einer Betriebsänderung

I. Erteilung der Zustimmung

34 Erteilt das Arbeitsgericht die **Zustimmung**, kann der Insolvenzverwalter nach Rechtskraft der Entscheidung die geplante Betriebsänderung durchführen, ohne zuvor gem. § 112 Abs. 2 BetrVG das Einigungsstellenverfahren eingeleitet bzw. dessen Ergebnis abgewartet zu haben. Nachteilsausgleichsansprüche der betroffenen Arbeitnehmer aus § 113 Abs. 3 BetrVG entstehen dann gem. § 122 Abs. 1 Satz 2 nicht. Spricht der Insolvenzverwalter Kündigungen aus, ersetzt das Verfahren nach § 122 nicht die – auch in der Insolvenz erforderliche (vgl. § 113 Rdn. 27) – Betriebsratsanhörung gem. § 102 BetrVG.[64]

II. Versagung der Zustimmung

35 Versagt das Gericht die Zustimmung, muss der Insolvenzverwalter nach Maßgabe des § 112 BetrVG einen Interessenausgleich versuchen. Führt der Insolvenzverwalter die Betriebsänderung durch, **ohne** zuvor einen Interessenausgleich hinreichend versucht oder das Verfahren nach § 122 erfolgreich durchlaufen zu haben, bestehen gem. § 113 Abs. 3 BetrVG **Nachteilsausgleichsansprüche** der betroffenen Arbeitnehmer. Zur Verhinderung der Durchführung der Betriebsänderung kommt eine **Unterlassungsverfügung** des Betriebsrats in Betracht.

1. Nachteilsausgleichsansprüche

36 Nachteilsausgleichsansprüche entstehen, wenn der Arbeitgeber bzw. Insolvenzverwalter ohne zwingenden Grund von einem Interessenausgleich abweicht (§ 113 Abs. 1 BetrVG) oder eine geplante Betriebsänderung nach § 111 BetrVG durchführt, ohne einen Interessenausgleich mit dem Betriebsrat versucht zu haben (§ 113 Abs. 3 BetrVG). Versagt das Gericht seine Zustimmung nach § 122 und führt der Insolvenzverwalter die Betriebsänderung dennoch ohne vorherigen Versuch eines Interessenausgleichs durch, sind den betroffenen Arbeitnehmern die daraus resultierenden wirtschaftlichen Nachteile nach Maßgabe des § 113 Abs. 3 i.V.m. Abs. 1, 2 BetrVG zu ersetzen.

37 Die **Höhe** des Anspruchs **entlassener Arbeitnehmer** bemisst sich gem. § 113 Abs. 3, 1 BetrVG nach der Regelung des **§ 10 KSchG** und ist auch im Insolvenzverfahren nicht zu kürzen.[65] Aufgrund der Sanktionsfunktion des Nachteilsausgleichs sind bei der Festsetzung der Höhe die wirtschaftlichen Verhältnisse des Arbeitgebers nicht einzubeziehen.[66] Jedoch werden Sozialplanansprüche auf den Nachteilsausgleichsanspruch angerechnet, da beide dem Ausgleich wirtschaftlicher Nachteile der betroffenen Arbeitnehmer dienen.[67] Ein Arbeitnehmer kann auch ohne Zustimmung des Betriebsrats nachträglich auf einen bereits bestehenden Nachteilsausgleich wirksam verzichten.[68] **Sonstige Nachteile** sind gem. §§ 113 Abs. 3, 2 BetrVG bis zu einem Zeitraum von **zwölf Monaten** auszugleichen.

2. Unterlassungsverfügung

38 Ob der Betriebsrat zudem einen Anspruch auf Unterlassung der Betriebsänderung im Wege einer **einstweiligen Verfügung** geltend machen kann, ist umstritten.[69]

---

64 HambK-InsR/*Ahrendt* Rn. 11.
65 Uhlenbruck/*Berscheid/Ries* §§ 121, 122 Rn. 116.
66 BAG 22.07.2003, 1 AZR 541/02, EzA § 111 BetrVG 2001 Nr. 1.
67 BAG 20.11.2001, 1 AZR 97/01, EzA § 113 BetrVG 1972 Nr. 29.
68 BAG 23.09.2003, 1 AZR 576/02, EzA § 113 BetrVG 2001 Nr. 3.
69 Dagegen: ArbG Kiel 13.12.1996, 2 BVGa 57c/96, BB 1997, 635; LAG Köln 30.04.2004, 5 Ta 166/04, NZA-RR 2005, 199; LAG München 28.06.2005, 5 TaBV 46/05, ArbRB 2006, 78; LAG Düsseldorf 14.12.2005, 12 TaBV 60/05, EzA-SD 2006, Nr. 2, 15; dafür: ArbG Kaiserslautern 19.12.1996, 7 BVGa 2493/96, InVo 1997, 208; LAG Hamm 21.08.2008, 13 TaBVGa 16/08, nv; LAG München 22.12.2008, 6 TaBVGa 6/08, AuR 2009, 142; vgl. zum Meinungsstand ausf. FK-InsO/*Eisenbeis* Rn. 34 ff. m.w.N.

Entgegen der früheren Rechtsprechung des BAG[70] steht dem Betriebsrat jedenfalls bei einer Verletzung seiner Mitbestimmungsrechte aus § 87 BetrVG nach neuerer Rechtsprechung ein betriebsverfassungsrechtlicher Unterlassungsanspruch zu.[71] Auf die wirtschaftliche Mitbestimmung nach § 111 BetrVG lässt sich dies jedoch nicht ohne weiteres übertragen. Nicht jede Verletzung der Rechte des Betriebsrats führt zu einem Unterlassungsanspruch, es kommt vielmehr auf den einzelnen Mitbestimmungstatbestand, dessen konkrete gesetzliche Ausgestaltung und die Art der Rechtsverletzung an.[72] Gegen einen Unterlassungsanspruch des Betriebsrats i.R.d. §§ 111 ff. BetrVG spricht die Ausgestaltung des Beteiligungsrechts als bloßes Beratungsrecht.[73] Die §§ 111 ff. BetrVG normieren keinen Anspruch des Betriebsrats auf Herbeiführung eines Interessenausgleichs. Zudem garantiert § 113 BetrVG als Sanktion unterlassener Betriebsratsbeteiligung Nachteilsausgleichsansprüche für die betroffenen Arbeitnehmer, sodass die §§ 111 bis 113 BetrVG insoweit als abschließende Regelung aufgefasst werden können, welche für einen Unterlassungsanspruch keinen Raum lassen.[74] Durch Unterlassungsansprüche des Betriebsrats würde die grundlegende Wertung des § 113 Abs. 1 BetrVG, wonach über die Durchführung einer Betriebsänderung allein der Unternehmer bzw. Insolvenzverwalter entscheiden soll, unterlaufen.[75] Der Betriebsrat kann folglich allein seinen Informationsanspruch aus § 111 BetrVG im Wege der einstweiligen Verfügung geltend machen.[76]

39

Im Anwendungsbereich der **RL 2002/14/EG** wird ein Unterlassungsanspruch des Betriebsrats teilweise aus einer **richtlinienkonformen Auslegung** der §§ 111 ff. BetrVG abgeleitet.[77]

40

F. Konkurrenzen

Parallel zum arbeitsgerichtlichen Beschlussverfahren nach § 122 kann der Insolvenzverwalter auch das Verfahren nach § 125 oder § 126 durchführen.[78] Stimmt der Betriebsrat einem Interessenausgleich mit Namensliste nach § 125 InsO nicht zu, kann der Insolvenzverwalter den Antrag nach § 122 InsO mit dem Antrag nach § 126 InsO kombinieren.[79]

41

Das arbeitsgerichtliche Verfahren nach § 122 steht selbständig neben dem Verfahren vor dem Insolvenzgericht gem. § 158 Abs. 2.[80] Das Insolvenzgericht entscheidet hier darüber, ob eine Stilllegung durchgeführt werden darf. Hingegen ist Entscheidungsgegenstand im Verfahren nach § 122 einzig deren Eilbedürftigkeit[81] (vgl. Rdn. 24). Das Arbeitsgericht ist durch die Entscheidung des Insolvenzgerichts nicht gebunden.[82]

42

---

70 22.02.1983, 1 ABR 27/81, EzA § 23 BetrVG 1972 Nr. 9.
71 BAG 03.05.1994, 1 ABR 24/93, EzA § 23 BetrVG 1972 Nr. 36.
72 BAG 03.05.1994, 1 ABR 24/93, EzA § 23 BetrVG 1972 Nr. 36.
73 FK-InsO/*Eisenbeis* Rn. 37.
74 LAG Köln 01.09.1995, 13 Ta 223/95, nv.
75 MüKo-InsO/*Löwisch/Caspers* §§ 121, 122 Rn. 28.
76 MüKo-InsO/*Löwisch/Caspers* §§ 121, 122 Rn. 28.
77 vgl. LAG München 22.12.2008, 6 TaBVGa 6/08, AuR 2009, 142; Richardi/*Annuß* § 111 BetrVG Rn. 168; *Fauser/Nacken* NZA 2006, 1136 (1142 f.); a.A. LAG Rheinland-Pfalz 24.11.2004, 9 TaBV 29/04, nv; LAG Nürnberg 09.03.2009, 6 TaBVGa 2/09, ZTR 2009, 554.
78 HambK-InsR/*Ahrendt* Rn. 23.
79 *Schmädicke/Fackler*, NZA 2012, 1199, 1204.
80 HWK/*Annuß* Rn. 1; *Schmädicke/Fackler*, NZA 2012, 1199 (1201).
81 Vgl. Kübler/Prütting/Bork/*Moll* Rn. 68.
82 ErfK/*Kania* §§ 112, 112a BetrVG Rn. 10; *Schmädicke/Fackler*, NZA 2012, 1199 (1201); a.A. *Gottwald/Bertram*, § 108 Rn. 57.

§ 123 Umfang des Sozialplans

(1) In einem Sozialplan, der nach der Eröffnung des Insolvenzverfahrens aufgestellt wird, kann für den Ausgleich oder die Milderung der wirtschaftlichen Nachteile, die den Arbeitnehmern infolge der geplanten Betriebsänderung entstehen, ein Gesamtbetrag von bis zu zweieinhalb Monatsverdiensten (§ 10 Abs. 3 des Kündigungsschutzgesetzes) der von einer Entlassung betroffenen Arbeitnehmer vorgesehen werden.

(2) Die Verbindlichkeiten aus einem solchen Sozialplan sind Masseverbindlichkeiten. Jedoch darf, wenn nicht ein Insolvenzplan zustande kommt, für die Berichtigung von Sozialplanforderungen nicht mehr als ein Drittel der Masse verwendet werden, die ohne einen Sozialplan für die Verteilung an die Insolvenzgläubiger zur Verfügung stünde. Übersteigt der Gesamtbetrag aller Sozialplanforderungen diese Grenze, so sind die einzelnen Forderungen anteilig zu kürzen.

(3) Soweit hinreichende Barmittel in der Masse vorhanden sind, soll der Insolvenzverwalter mit Zustimmung des Insolvenzgerichts Abschlagszahlungen auf die Sozialplanforderungen leisten. Eine Zwangsvollstreckung in die Masse wegen einer Sozialplanforderung ist unzulässig.

Übersicht

	Rdn.
A. Inhalt und Normzweck	1
B. Anwendungsbereich	2
I. Sozialplan	3
1. Sozialplan nach dem BetrVG	3
2. Sozialplan i.S.d. § 123	7
a) »Entlassungssozialpläne«	7
b) Erzwingbare und freiwillige Sozialpläne	10
II. Nach Eröffnung des Insolvenzverfahrens	11
C. Grenze des Gesamtvolumens	12
I. Absolute Obergrenze (Abs. 1)	13
1. Allgemeines	13
2. Bestimmung der absoluten Obergrenze	17
a) Arbeitnehmer	18
b) Von Entlassung betroffen	20
c) Zweieinhalb Monatsverdienste	21
aa) Monatsverdienst	22
bb) Bezugszeitraum	23
3. Rechtsfolgen bei Überschreiten der absoluten Obergrenze	25
II. Relative Obergrenze (Abs. 2 Satz 2 u. 3)	27
1. Allgemeines	27
2. Bestimmung der relativen Obergrenze	29
3. Rechtsfolgen bei Überschreiten der relativen Obergrenze	30
4. Rechenbeispiel	32
D. Durchsetzbarkeit der Sozialplanforderungen	33
I. Masseverbindlichkeit (Abs. 2 Satz 1)	33
II. Abschlagszahlungen (Abs. 3 Satz 1)	34
III. Verjährung	35
IV. Prozessuales	36
V. Vollstreckungsverbot	38
E. Insolvenzverfahren in einem anderen EU-Mitgliedstaat	39

A. Inhalt und Normzweck

1   Die Regelungen der §§ 111 ff. BetrVG über Interessenausgleich, Sozialplan und Nachteilsausgleich bei Betriebsänderungen finden auch in der Insolvenz Anwendung.[1] Auch nach Eröffnung des Insolvenzverfahrens können demnach Sozialpläne zum Ausgleich der mit einer Betriebsänderung verbundenen Nachteile für die Arbeitnehmer zustande kommen. Es gilt die Vorschrift zur Beschleunigung des Verfahrens nach § 121. Die Sozialplanansprüche sind gem. **Abs. 2 Satz 1 Masseverbindlichkeiten**. Zugleich normiert § 123 für nach der Eröffnung des Insolvenzverfahrens aufgestellte Sozialpläne zwei Obergrenzen. Zum einen begrenzt die **absolute Obergrenze** des **Abs. 1** das Gesamtvolumen des Sozialplans auf **zweieinhalb Monatsverdienste** aller von einer Entlassung betroffenen Arbeitnehmer. Zum anderen darf das Gesamtvolumen nach der **relativen Obergrenze** des **Abs. 2** ein **Drittel** der ohne einen Sozialplan für die Verteilung zur Verfügung stehenden **Masse** nicht übersteigen. Damit dient die Vorschrift dem gerechten Ausgleich der Arbeitnehmerinteressen mit den Interessen der Insolvenzgläubiger.[2] Die nach **Abs. 3 Satz 1** vorgesehenen Abschlagszahlungen an

---

1 BAG 22.07.2003, 1 AZR 541/02, EzA § 111 BetrVG 2001 Nr. 1.
2 MüKo-InsO/*Löwisch*/*Caspers* Rn. 5.

die Arbeitnehmer sollen eine möglichst frühzeitige Erfüllung der Sozialplanforderungen gewährleisten. Hingegen ist die Zwangsvollstreckung in die Masse wegen einer Sozialplanforderung nach **Abs. 3 Satz 2** unzulässig. § 123 wird ergänzt durch die Regelungen in § 120 und § 124.

B. Anwendungsbereich

Die Vorschrift ist auf nach Eröffnung des Insolvenzverfahrens (§ 27) aufgestellte Sozialpläne anwendbar. 2

I. Sozialplan

1. Sozialplan nach dem BetrVG

Auch für Betriebsänderungen nach Eröffnung des Insolvenzverfahrens sind zunächst die §§ 111 ff. 3
BetrVG maßgeblich. Die betriebsverfassungsrechtlichen Regelungen zum Interessenausgleich bei Betriebsänderungen werden durch §§ 121, 122 lediglich zum Zwecke der Verfahrensbeschleunigung modifiziert (vgl. § 121 Rdn. 1 f., § 122 Rdn. 1 ff.). Der Abschluss von Sozialplänen bestimmt sich ebenfalls nach dem BetrVG. Während der Interessenausgleich zunächst **verhindern** soll, dass den Arbeitnehmern wirtschaftliche Nachteile entstehen, soll der Sozialplan dennoch entstehende wirtschaftliche Nachteile **ausgleichen** oder **mildern**.[3] Der Betriebsrat kann einen Sozialplan grds bei jeder **Betriebsänderung** i.S.d. § 111 BetrVG verlangen, unabhängig davon, ob zuvor ein Interessenausgleich erreicht oder versucht wurde.[4]

§ 112a BetrVG schränkt die **Erzwingbarkeit** des Sozialplans ein: Besteht die geplante Betriebsänderung **allein**[5] in einem **Personalabbau**, muss die Zahl der betriebsbedingten Entlassungen zusätzlich die Grenzwerte der § 112a Abs. 1 Satz 1 Nr. 1 bis 4 BetrVG überschreiten. Entlassung meint dabei gem. § 112a Abs. 1 Satz 2 BetrVG auch das vom Arbeitgeber wegen der Betriebsänderung **veranlasste** Ausscheiden von Arbeitnehmern aufgrund von Aufhebungsverträgen. Entsprechendes gilt für vom Arbeitgeber im Hinblick auf die geplante Betriebsänderung veranlasste Eigenkündigungen der Arbeitnehmer.[6] Eine Eigenkündigung des Arbeitnehmers bzw. der Abschluss eines Aufhebungsvertrags ist regelmäßig dann in diesem Sinne vom Arbeitgeber veranlasst, wenn der Arbeitgeber dem Arbeitnehmer zuvor mitgeteilt hat, er habe für ihn nach Durchführung der Betriebsänderung keine Beschäftigungsmöglichkeit mehr.[7] Der bloße Hinweis des Arbeitgebers auf die schlechte wirtschaftliche Lage und der Rat, sich um ein anderes Arbeitsverhältnis zu bemühen, genügt hingegen nicht.[8] 4

Von der Sozialplanpflicht ebenfalls befreit sind gem. § 112a Abs. 2 BetrVG **neu gegründete Unternehmen** in den ersten **vier Jahren** nach ihrer Gründung. Auf das Alter des Betriebs kommt es nicht an, so dass die Befreiung auch dann gilt, wenn ein neu gegründetes Unternehmen einen älteren Betrieb übernimmt.[9] Umgekehrt sind länger als vier Jahre bestehende Unternehmen auch dann nicht privilegiert, wenn sie neue Betriebe errichten.[10] Schließlich gilt das Privileg gem. § 112a Abs. 2 Satz 2 BetrVG auch nicht für Neugründungen im Zusammenhang mit der rechtlichen Umstrukturierung von Unternehmen und Konzernen. 5

Bei Beginn der Durchführung der Betriebsänderung muss bereits ein **Betriebsrat** bestanden haben. Ein erst während der Durchführung der Betriebsänderung gewählter Betriebsrat kann den Abschluss eines Sozialplans nicht verlangen.[11] Nicht erforderlich ist hingegen, dass der Betriebsrat bei Eröff- 6

---

3 Richardi/*Annuß* § 112 BetrVG Rn. 51.
4 ErfK/*Kania* § 112a BetrVG Rn. 14.
5 Vgl. BAG 28.03.2006, 1 ABR 5/05, EzA § 111 BetrVG 2001 Nr. 4.
6 BAG 04.07.1989, 1 ABR 35/88, EzA § 111 BetrVG 1972 Nr. 24.
7 BAG 29.10.2002, 1 AZR 80/02, EzA § 112 BetrVG 2001 Nr. 4.
8 BAG 20.04.1994, 10 AZR 323/93, EzA § 112 BetrVG 1972 Nr. 75.
9 BAG 27.06.2006, 1 ABR 18/05, EzA § 112a BetrVG 2001 Nr. 2.
10 BAG 27.06.2006, 1 ABR 18/05, EzA § 112a BetrVG 2001 Nr. 2.
11 BAG 18.11.2003, 1 AZR 30/03, EzA § 113 BetrVG 2001 Nr. 2.

nung des Insolvenzverfahrens bereits bestand.[12] Führt vor Abschluss des Beteiligungsverfahrens nach § 112 BetrVG eine Stilllegung, Spaltung oder Zusammenlegung des Betriebs zum Verlust der Betriebsidentität, nimmt der Betriebsrat die hiermit im Zusammenhang stehenden Aufgaben gem. § 21b BetrVG im Restmandat wahr.[13] Die Abgrenzung der **Zuständigkeit** zwischen **örtlichem Betriebsrat** und **Gesamtbetriebsrat** bestimmt sich nach § 50 Abs. 1 BetrVG. Aus der Zuständigkeit des Gesamtbetriebsrats für einen Interessenausgleich folgt nicht ohne weiteres seine Zuständigkeit auch für den Sozialplanabschluss.[14]

2. Sozialplan i.S.d. § 123

a) »Entlassungssozialpläne«

7 In der Literatur umstritten ist die Frage, ob in den Anwendungsbereich des § 123 nur solche Sozialpläne fallen, welche Sozialplanleistungen an **entlassene Arbeitnehmer** vorsehen. Der Wortlaut der Vorschrift ist diesbezüglich unergiebig. Einerseits spricht § 123 Abs. 1 allgemein von Sozialplänen zum Ausgleich der wirtschaftlichen Nachteile infolge geplanter Betriebsänderungen, andererseits ist die dort normierte Obergrenze an den Monatsverdienst der von einer Entlassung betroffenen Arbeitnehmer geknüpft. **Teilweise** wird von der in dieser Weise definierten Obergrenze auf eine Beschränkung des Anwendungsbereichs der Norm insgesamt auf solche Sozialpläne geschlossen, welche den Ausgleich oder die Milderung der Nachteile von **Entlassungen** regeln. Denn der Gesetzgeber habe bei Normierung der §§ 123, 124 nur Entlassungssozialpläne vor Augen gehabt.[15]

8 Die **Gegenauffassung** differenziert demgegenüber streng zwischen dem Anwendungsbereich der Norm und der Methode zur Ermittlung der Obergrenze. Es gebe in der Norm keinen Anhaltspunkt für eine Beschränkung ihres Anwendungsbereichs auf »Entlassungssozialpläne«.[16]

9 Die von der Gegenauffassung vorgenommene Differenzierung ruft **Wertungswidersprüche** hervor, denn die Obergrenze des Sozialplanvolumens ist ausdrücklich an die Monatsverdienste der von einer Entlassung betroffenen Arbeitnehmer geknüpft. Es ist mit dem Wortlaut der Vorschrift nicht zu vereinbaren, auch die Monatsverdienste der von sonstigen Nachteilen betroffenen Arbeitnehmer in die Berechnung mit einzubeziehen. Sind daher im Rahmen einer Betriebsänderung keinerlei Entlassungen vorgesehen, wäre angesichts der Obergrenze des § 123 Abs. 1 ein Sozialplan gänzlich unzulässig. Entsprechend würde bei einem Sozialplan, welcher sowohl die Nachteile von Entlassungen als auch sonstige Nachteile ausgleichen will, die durch § 123 Abs. 1 begrenzte Höhe der Abfindungen für die entlassenen Arbeitnehmer durch die vorgesehenen Leistungen an die weiterbeschäftigten Arbeitnehmer gemindert.[17] Der Anwendungsbereich des § 123 ist daher auf »Entlassungssozialpläne« beschränkt, sonstige Sozialpläne unterliegen nicht den dort gesetzten Grenzen. Einem Sozialplan, welcher für den Ausgleich sonstiger Nachteile höhere Leistungen als für die entlassenen Arbeitnehmer vorsieht, wird der Insolvenzverwalter jedoch zum Schutz der Insolvenzmasse und zur Vermeidung eigener Haftung nicht zustimmen.[18]

b) Erzwingbare und freiwillige Sozialpläne

10 Ebenfalls ist umstritten, ob § 123 auch auf **freiwillige** Sozialpläne Anwendung findet. Auch wenn eine Sozialplanpflicht etwa gem. § 112a Abs. 2 BetrVG nicht besteht, kann die Vereinbarung eines freiwilligen Sozialplans für die Masse insgesamt vorteilhaft sein, wenn hierdurch der Abschluss eines

---

12 BAG 18.11.2003, 1 AZR 30/03, EzA § 113 BetrVG 2001 Nr. 2.
13 BAG 27.06.2006, 1 ABR 18/05, EzA § 112a BetrVG 2001 Nr. 2; Richardi/*Annuß* § 112 BetrVG Rn. 71.
14 BAG 03.05.2006, 1 ABR 15/05, EzA § 112 BetrVG 2001 Nr. 17.
15 Vgl. ausf. Kübler/Prütting/Bork/*Moll* §§ 123, 124 Rn. 29 ff. m.w.N.
16 Nerlich/Römermann/*Hamacher* Rn. 13.
17 Kübler/Prütting/Bork/*Moll* §§ 123, 124 Rn. 31; a.A. *Fitting* §§ 112, 112a BetrVG Rn. 308: analoge Anwendung des § 123 Abs. 1 InsO.
18 Braun/*Wolf* Rn. 16; *Boemke/Tietze* BB 1999, 1389 (1393).

Interessenausgleich beschleunigt werden kann.[19] Ob § 123 auch auf freiwillige Sozialpläne anzuwenden ist, lässt sich dem Wortlaut der Regelung nicht entnehmen. Die Privilegierung der Einordnung der Sozialplanforderungen als Masseverbindlichkeiten (§ 123 Abs. 2 Satz 1) könnte eine Beschränkung des Anwendungsbereichs der Norm auf erzwingbare Sozialpläne rechtfertigen.[20] Jedoch besteht auch bei freiwilligen Sozialplänen das Bedürfnis der Begrenzung des Gesamtvolumens zum Schutze der Insolvenzmasse. Unter Berücksichtigung des offenen Gesetzeswortlauts und der Abgrenzungsschwierigkeiten sprechen die besseren Argumente für eine Anwendung der Norm auch auf freiwillige Sozialpläne.[21]

II. Nach Eröffnung des Insolvenzverfahrens

§ 123 erfasst nur solche Sozialpläne, welche nach Eröffnung des Insolvenzverfahrens (vgl. § 27) aufgestellt werden. Unerheblich ist insoweit, ob die Betriebsänderung bereits vor oder erst nach der Stellung des Insolvenzantrages bzw. der Insolvenzeröffnung geplant und eingeleitet wird.[22] Für vor Insolvenzeröffnung aufgestellte Sozialpläne gilt § 124. 11

C. Grenze des Gesamtvolumens

§ 123 begrenzt das Gesamtvolumen von nach Insolvenzeröffnung aufgestellten Sozialplänen durch eine **absolute** (Abs. 1) und eine **relative Obergrenze** (Abs. 2). 12

I. Absolute Obergrenze (Abs. 1)

1. Allgemeines

Abs. 1 normiert als absolute Obergrenze des Sozialplanvolumens einen Gesamtbetrag von zweieinhalb Monatsverdiensten i.S.d. § 10 Abs. 3 KSchG der von einer Entlassung betroffenen Arbeitnehmer. Die Vorschrift darf nicht dahingehend missverstanden werden, dass regelmäßig jeder von einer Entlassung betroffene Arbeitnehmer den Betrag von zweieinhalb Monatsverdiensten erhalten soll.[23] Festgelegt ist vielmehr das maximale **Gesamtvolumen** des Sozialplans. 13

Im so vorgegebenen Rahmen verteilen die Betriebspartner (bzw. die Einigungsstelle) die zur Verfügung stehenden Mittel unter Berücksichtigung der jeweiligen konkreten Situation der i.E. betroffenen Arbeitnehmer, so dass bei entsprechendem Ausgleich die Höhe einer Abfindungszahlung für besonders schutzbedürftige Arbeitnehmer zweieinhalb Monatsgehälter deutlich überschreiten kann.[24] Bei Aufstellung des Sozialplans steht den Betriebspartnern für die Bestimmung des angemessenen Ausgleichs der mit einer Betriebsänderung verbundenen wirtschaftlichen Nachteile ein weiter **Ermessensspielraum** offen. Begrenzt wird dieser jedoch insb. durch den **Gleichbehandlungsgrundsatz des § 75 Abs. 1 BetrVG**.[25] Ein Sozialplan etwa, welcher formal zwischen Arbeitgeber- und Arbeitnehmerkündigung unterscheidet und einen generellen Anspruchsausschluss aller Arbeitnehmer vorsieht, die selbst gekündigt haben, verstößt gegen § 75 Abs. 1 BetrVG.[26] 14

Die absolute Obergrenze wird – anders als die relative (vgl. Rdn. 27) – durch das Bestehen eines **Insolvenzplans** nicht berührt.[27] Dies ergibt sich schon aus der systematischen Stellung der Ausnahme- 15

---

19 HWK/*Annuß* §§ 123, 124 Rn. 2.
20 Kübler/Prütting/Bork/*Moll* §§ 123, 124 Rn. 35.
21 Kübler/Prütting/Bork/*Moll* §§ 123, 124 Rn. 36; a.A. HK-InsO/*Linck* Rn. 4.
22 LAG Hamm 30.04.2010, 10 TaBV 7/10, ZInsO 2010, 1899.
23 Vgl. RegE BT-Drucks. 12/2443, 154.
24 HK-InsO/*Linck* Rn. 12.
25 BAG 20.05.2008, 1 AZR 203/07, EzA § 112 BetrVG 2001 Nr. 27.
26 BAG 20.05.2008, 1 AZR 203/07, EzA § 112 BetrVG 2001 Nr. 27; zu demgegenüber zulässigen Differenzierungskriterien vgl. i.E. Uhlenbruck/*Berscheid/Ries* Rn. 28 ff.
27 Kübler/Prütting/Bork/*Moll* §§ 123, 124 Rn. 60 f.; MüKo-InsO/*Löwisch/Caspers* Rn. 74; Nerlich/Römermann/*Hamacher* Rn. 29; a.A. *Uhlenbruck* Das neue Insolvenzrecht, 53; *Zwanziger* Rn. 5.

regelung für den Fall des Bestehens eines Insolvenzplans in § 123 Abs. 2 Satz 2. Auch nach der Intention des Gesetzgebers[28] soll die absolute Obergrenze durch einen Insolvenzplan nicht angetastet werden.[29]

16 Auch im Konzernverhältnis gilt die Grenze des § 123 Abs. 1 absolut. Ein **Berechnungsdurchgriff im Konzern** – wie er außerhalb der Insolvenz im Fall des Haftungsdurchgriffs für die Berechnung des Sozialplanvolumens in Betracht kommt[30] – ist im Anwendungsbereich des § 123 Abs. 1 sowohl für den vertraglichen als auch für den faktischen Konzern ausgeschlossen.[31]

2. Bestimmung der absoluten Obergrenze

17 Das Sozialplanvolumen darf einen Gesamtbetrag von **zweieinhalb Monatsverdiensten** i.S.d. § 10 Abs. 3 KSchG der **von einer Entlassung betroffenen Arbeitnehmer** nicht übersteigen. Zur **konkreten Bestimmung der absoluten Obergrenze** des Gesamtvolumens sind demnach die maßgeblichen Monatsverdienste der von einer Entlassung betroffenen Arbeitnehmer zusammenzuzählen und das Ergebnis mit dem Faktor 2,5 zu multiplizieren.

a) Arbeitnehmer

18 Maßgeblich ist der **betriebsverfassungsrechtliche Arbeitnehmerbegriff** des § 5 BetrVG. Insb. erfasst werden daher nach § 5 Abs. 1 BetrVG auch zur Berufsausbildung Beschäftigte, Telearbeitnehmer und Heimarbeiter, nicht jedoch die in § 5 Abs. 2 BetrVG genannten Personen (z.B. Organmitglieder juristischer Personen) sowie leitende Angestellte nach § 5 Abs. 3, 4 BetrVG.[32]

19 Wird aufgrund der Insolvenz eines an einem **Gemeinschaftsbetrieb** i.S.d. § 1 Abs. 1 Satz 2 BetrVG beteiligten Unternehmens der Gemeinschaftsbetrieb stillgelegt oder wird eine sonstige Betriebsänderung durchgeführt, sind in den beteiligten Unternehmen ggf mehrere Sozialpläne abzuschließen. Diese können in einem Sozialplan zusammengefasst werden. Auch in diesem Fall zählen zu den für die Berechnung der Obergrenze i.S.d. § 123 Abs. 1 maßgeblichen von der Entlassung betroffenen Arbeitnehmern jeweils ausschließlich die Arbeitnehmer des jeweiligen Vertragsarbeitgebers, nicht hingegen alle Arbeitnehmer des Gemeinschaftsbetriebs.[33]

b) Von Entlassung betroffen

20 Von einer Entlassung betroffen i.S.d. Vorschrift sind solche Arbeitnehmer, welche ihren Arbeitsplatz **aufgrund der Betriebsänderung** verlieren. Weder sind hiervon **personen- oder verhaltensbedingte** Kündigungen erfasst noch **sonstige Beendigungstatbestände** (z.B. Fristablauf bei befristetem Arbeitsverhältnis), welche nicht im Zusammenhang mit der Betriebsänderung stehen.[34] Hingegen zählen hierzu durch den Insolvenzverwalter im Hinblick auf die Betriebsänderung veranlasste **Aufhebungsverträge und Eigenkündigungen** (vgl. hierzu bereits Rdn. 4). Mitzurechnen sind bereits früher entlassene Arbeitnehmer, für die der Sozialplan nach § 124 widerrufen wurde.[35]

---

28 Vgl. RegE BT-Drucks. 12/2443, 98.
29 MüKo-InsO/*Löwisch/Caspers* Rn. 74.
30 Vgl. hierzu ausf. *Fitting* §§ 112, 112a BetrVG Rn. 258.
31 ArbG Düsseldorf 24.04.2006, 2 BV 2/06, DB 2006, 1384; Nerlich/Römermann/*Hamacher* Rn. 12a; Schwarzburg NZA 2009, 176; a.A. *Roden* NZA 2009, 659.
32 Vgl. i.E. *Fitting* § 5 BetrVG Rn. 15 ff.; Richardi/*Richardi* § 5 BetrVG Rn. 5 ff.
33 Vgl. noch zu § 2 SozplG BAG 12.11.2002, 1 AZR 632/01, EzA § 112 BetrVG 2001 Nr. 2; zu § 123 InsO *Fitting* §§ 112, 112a BetrVG Rn. 302; HK-InsO/*Linck* Rn. 17.
34 MüKo-InsO/*Löwisch/Caspers* Rn. 61.
35 MüKo-InsO/*Löwisch/Caspers* Rn. 61 m. Hinweis auf § 124 Abs. 3 InsO.

c) Zweieinhalb Monatsverdienste

Das Gesamtvolumen des Sozialplans darf **zweieinhalb Monatsverdienste** der von einer Entlassung betroffenen Arbeitnehmer nicht übersteigen. Zu bestimmen sind der Monatsverdienst sowie der maßgebliche Bezugszeitraum.

aa) Monatsverdienst

Als **Monatsverdienst** gilt gemäß dem Verweis auf § 10 Abs. 3 KSchG, was dem Arbeitnehmer bei der für ihn maßgeblichen regelmäßigen Arbeitszeit an Geld und Sachbezügen zusteht. Anzusetzen ist der **Bruttoverdienst**, welcher neben der Grundvergütung auch sämtliche Zuwendungen mit Entgeltcharakter (z.B. Tantiemen, 13. oder 14. Monatsgehalt, Umsatzbeteiligungen) umfasst.[36] Auf längere Zeiträume bezogene Zuwendungen sind anteilig auf den Monatszeitraum umzulegen.[37] Auch regelmäßige Zulagen mit Entgeltcharakter (z.B. Gefahrenzulagen, Nachtarbeitszuschlägen) werden erfasst, nicht hingegen Zuwendungen mit Aufwendungscharakter wie etwa Schmutzzulagen oder Spesen.[38] Sachbezüge sind mit ihrem Marktwert anzusetzen.[39] Hinsichtlich der maßgeblichen regelmäßigen Arbeitszeit kommt es auf die regelmäßige individuelle Arbeitszeit des betroffenen Arbeitnehmers an, nicht auf die betriebsübliche.[40] Unregelmäßig anfallende Überstunden oder Kurzarbeit sind nicht zu berücksichtigen.[41]

bb) Bezugszeitraum

Gem. § 10 Abs. 3 KSchG ist maßgeblicher **Bezugszeitraum** zur Bestimmung der Abfindung nach §§ 9, 10 KSchG derjenige Monat, in welchem das jeweilige Arbeitsverhältnis endet. Die Festlegung dieses gemäß dem Verweis in § 123 Abs. 1 auch für die Berechnung der absoluten Obergrenze maßgeblichen Bezugszeitraums bereitet hier Schwierigkeiten, da zum Zeitpunkt der Aufstellung des Sozialplans der Beendigungszeitpunkt für die betroffenen Arbeitsverhältnisse regelmäßig noch nicht feststeht.

Das Gesetz geht von dem Regelfall aus, dass ein Sozialplan vor Durchführung der Betriebsänderung vereinbart wird.[42] Ein Teil der Literatur bestimmt daher als maßgeblichen Bezugszeitraum denjenigen Monat, in welchem die Betriebsänderung durchgeführt wird. Dies soll sich danach richten, wann die Mehrzahl der betroffenen Arbeitnehmer entlassen wird.[43] Nach einem anderen Ansatz soll der Monat zugrunde gelegt werden, in welchem der Sozialplan aufgestellt wurde. Nur so stehe den Betriebsparteien bei Abschluss des Sozialplans die erforderliche feste Berechnungsgrundlage zur Verfügung.[44] Beide Auffassungen sind im Hinblick auf den vollumfänglichen Verweis des § 123 InsO auf § 10 Abs. 3 KSchG mit dem Gesetzeswortlaut nicht zu vereinbaren. Nach zutreffender Auffassung ist daher auch im Rahmen des § 123 Abs. 1 der maßgebliche Bezugszeitraum an den Beendigungszeitpunkt der jeweiligen Arbeitsverhältnisse zu knüpfen. Den Berechnungsschwierigkeiten bei Abschluss des Sozialplans kann dadurch begegnet werden, dass das Gesamtvolumen des Sozialplans zunächst offen gelassen bzw. lediglich abstrakt bestimmt wird und nur die Verteilungsrelationen der Sozialplanleistungen nach einem **Punktesystem** festgelegt werden. Sobald das Gesamtvolumen feststeht, werden die Sozialplanansprüche nach der zuvor festgelegten Verteilungs-

---

36 MüKo-BGB/*Hergenröder* § 10 KSchG Rn. 10.
37 v. Hoyningen-Huene/*Linck* § 10 KSchG Rn. 16.
38 MüKo-BGB/*Hergenröder* § 10 KSchG Rn. 10, 12.
39 *Zwanziger* Rn. 13.
40 MüKo-BGB/*Hergenröder* § 10 KSchG Rn. 8.
41 v. Hoyningen-Huene/*Linck* § 10 KSchG Rn. 12.
42 BAG 23.04.1985, 1 ABR 3/81, EzA § 112 BetrVG 1972 Nr. 34; GK-BetrVG/*Oetker* §§ 112, 112a BetrVG Rn. 134.
43 FK-InsO/*Eisenbeis* Rn. 11.
44 Kübler/Prütting/Bork/*Moll* §§ 123, 124 Rn. 48; Nerlich/Römermann/*Hamacher* Rn. 17.

relation ausgezahlt.⁴⁵ Ebenfalls kann von vorneherein eine **anteilige Kürzung** der Ansprüche im Sozialplan **vereinbart** werden für den Fall, dass die Grenze des § 123 Abs. 1 überschritten wird.⁴⁶

3. Rechtsfolgen bei Überschreiten der absoluten Obergrenze

25 Überschreitet das Gesamtvolumen die absolute Obergrenze des § 123 Abs. 1, ist der Sozialplan grds **insgesamt und gegenüber jedermann unwirksam**. Insolvenzverwalter und Betriebsrat müssen neu über den Sozialplan verhandeln, ggf muss erneut die Einigungsstelle tätig werden.⁴⁷ Die Nichtigkeitsfolge kann durch die Aufstellung eines **Punktesystems** oder die **Vereinbarung einer anteiligen Kürzung** für den Fall des Überschreitens der Obergrenze verhindert werden (vgl. Rdn. 24). Ohne Anhaltspunkte im Sozialplan kann nicht stets von einer bloß anteiligen Kürzung der Sozialplanansprüche ausgegangen werden.⁴⁸ Denn den Betriebspartnern steht zur Ausgestaltung des Sozialplans ein weiter Ermessensspielraum zu, sodass sie bei Zugrundelegung einer geringeren Obergrenze ggf andere Verteilungsmaßstäbe gewählt hätten.⁴⁹ Auch ohne ausdrückliche Vereinbarung kommt jedoch im Einzelfall eine solche **geltungserhaltende Reduktion** des Sozialplans in Betracht, wenn sich die Verteilungsmaßstäbe dem Sozialplan eindeutig entnehmen lassen und diese von der anteiligen Kürzung unberührt bleiben.⁵⁰

26 Aus einem nach § 123 Abs. 1 unwirksamen Sozialplan kann der einzelne Arbeitnehmer keine Ansprüche ableiten.⁵¹ Der Insolvenzverwalter kann bereits ausgezahlte Sozialplanleistungen nach Maßgabe der §§ 812 ff. BGB zurückfordern. Zu beachten ist der Entreicherungseinwand des Arbeitnehmers nach § 818 Abs. 3 BGB.⁵² Zur Geltendmachung der Unwirksamkeit ist der Insolvenzverwalter nicht an eine **Frist** gebunden. Auch soweit der Sozialplan durch Spruch der Einigungsstelle zustande gekommen ist, gilt nicht die Zwei-Wochen-Frist des § 76 Abs. 5 Satz 4 BetrVG, denn das Überschreiten der absoluten Obergrenze des § 123 Abs. 1 stellt keinen Ermessens-, sondern einen Rechtsfehler dar.⁵³

II. Relative Obergrenze (Abs. 2 Satz 2 u. 3)

1. Allgemeines

27 Ansprüche der Arbeitnehmer aus einem nach Insolvenzeröffnung aufgestellten Sozialplan sind gem. § 123 Abs. 2 Satz 1 **Masseverbindlichkeiten**. Als solche sind sie nach § 53 vorweg zu befriedigen. Damit durch den Sozialplan nicht ein unverhältnismäßig großer Teil der Insolvenzmasse aufgezehrt wird, normiert § 123 Abs. 2 Satz 2 eine relative Obergrenze i.H.v. einem **Drittel der Teilungsmasse**. Diese Einschränkung gilt gem. § 123 Abs. 2 Satz nicht, wenn ein **Insolvenzplan** (vgl. § 217) die Verteilung der Masse an die Beteiligten abweichend regelt.⁵⁴ Von dieser Ausnahme abgesehen ist die re-

---

45 GK-BetrVG/*Oetker* §§ 112, 112a BetrVG Rn. 377 m.w.N. zum Streitstand; HK-InsO/*Linck* Rn. 16; *Boemke/Tietze* DB 1999, 1389 (1393).
46 *Boemke/Tietze* DB 1999, 1389 (1393); *Lakies* BB 1999, 206 (210).
47 FK-InsO/*Eisenbeis* Rn. 12 f.; *Fitting* §§ 112, 112a BetrVG Rn. 307; GK-BetrVG/*Oetker* §§ 112, 112a BetrVG Rn. 383; *Boemke/Tietze* DB 1999, 1389 (1392); a.A. Kübler/Prütting/Bork/*Moll* §§ 123, 124 Rn. 66 ff.; MüKo-InsO/*Löwisch/Caspers* Rn. 65.
48 So aber Kübler/Prütting/Bork/*Moll* §§ 123, 124 Rn. 66 ff.; MüKo-InsO/*Löwisch/Caspers* Rn. 65.
49 HK-InsO/*Linck* Rn. 20.
50 *Fitting* §§ 112, 112a BetrVG Rn. 306; FK-InsO/*Eisenbeis* Rn. 12; GK-BetrVG/*Oetker* §§ 112, 112a BetrVG Rn. 385; Nerlich/Römermann/*Hamacher* Rn. 24; einschränkend HK-InsO/*Linck* Rn. 20: nur bei geringfügigen Überschreitungen.
51 *Fitting* §§ 112, 112a BetrVG Rn. 307.
52 Nerlich/Römermann/*Hamacher* Rn. 26.
53 *Boemke/Tietze* DB 1999, 1389 (1392).
54 Zu den mit dieser Ausnahmeregelung verbundenen Risiken für das Sozialplanverfahren im Hinblick auf die Versagung der Bestätigung durch die Gläubiger nach § 251 bzw. die Beschwerde nach § 253 vgl. *Niering* NZI 2010, 285.

lative Obergrenze stets zu beachten, wenn eine Teilungsmasse gebildet wird und die Verteilung nach Maßgabe der Vorschriften der Insolvenzordnung erfolgt.[55]

Werden in einem Insolvenzverfahren etwa wegen Betriebsteilschließungen **mehrere Sozialpläne** aufgestellt, darf die Gesamtsumme **sämtlicher** Forderungen aus diesen Sozialplänen die Obergrenze nicht übersteigen.[56]

2. Bestimmung der relativen Obergrenze

Für die Berichtigung von Sozialplanforderungen darf gem. § 123 Abs. 2 Satz 2 nicht mehr als ein **Drittel der Masse** verwendet werden, die ohne einen Sozialplan für die Verteilung an die Insolvenzgläubiger zur Verfügung stünde. Zur Bestimmung der »**fiktiven Teilungsmasse**«[57] sind von der nach Durchführung von Aussonderungen (vgl. §§ 47 f.) und Absonderungen (vgl. §§ 49 ff.) verbliebenen Insolvenzmasse gem. § 53 die Verfahrenskosten (vgl. § 54) und sonstigen Masseverbindlichkeiten (vgl. § 55) abzuziehen.[58] Von der so bestimmten Teilungsmasse darf nicht mehr als ein Drittel für die Berichtigung der Sozialplanforderungen verwendet werden.

3. Rechtsfolgen bei Überschreiten der relativen Obergrenze

Anders als bei der absoluten Obergrenze des § 123 Abs. 1 ist die Rechtsfolge für das Überschreiten der relativen Obergrenze ausdrücklich normiert. Übersteigt der Gesamtbetrag aller Sozialplanforderungen die nach obigem Verfahren ermittelte relative Obergrenze, sind die einzelnen Forderungen gem. § 123 Abs. 2 Satz 3 **anteilig zu kürzen**. Der Sozialplan bleibt **wirksam**. Die Ansprüche der Arbeitnehmer aus dem Sozialplan bleiben – abgesehen von ihrer Kürzung im Insolvenzverfahren – **vollumfänglich bestehen**, sodass die Arbeitnehmer die weitergehenden Anteile nach Abschluss des Insolvenzverfahrens gegenüber dem früheren Arbeitgeber gem. § 201 Abs. 1, § 215 Abs. 2 noch geltend machen können.[59]

Überschreitet das Sozialplanvolumen die Obergrenze erheblich, kann die in § 123 Abs. 2 Satz 2 normierte anteilige Kürzung im Einzelfall **unangemessen** erscheinen und – im Hinblick auf die Verteilung des zur Verfügung stehenden gekürzten Gesamtvolumens – die Frage einer Anpassung der Sozialplanregelungen nach den Grundsätzen des **Wegfalls der Geschäftsgrundlage** (§ 313 BGB) aufwerfen. Angesichts der gesetzlichen Regelung der Rechtsfolge und der damit zum Ausdruck gebrachten Wertungen kann eine Anpassung jedoch nur in Ausnahmefällen in Betracht kommen.[60]

4. Rechenbeispiel

Der Gesamtbetrag der Sozialplanforderungen beträgt 200.000 €. Als fiktive Teilungsmasse verbleiben 300.000 €. Die relative Obergrenze liegt gem. § 123 Abs. 2 Satz 2 bei einem Drittel der fiktiven Teilungsmasse (= 100.000 €) und beträgt somit die Hälfte der gesamten Sozialplanforderungen. Die einzelnen Sozialplanansprüche sind gem. § 123 Abs. 2 Satz 3 nach diesem Verhältnis zu kürzen. Stehen einem Arbeitnehmer aus dem Sozialplan 10.000 € zu, so erhält er demnach lediglich 5.000 €.

---

[55] MüKo-InsO/*Löwisch/Caspers* Rn. 66.
[56] Vgl. RegE BT-Drucks. 12/2443, 154; LAG Hamm 27.10.2005, 4 Sa 1709/04, nv; FK-InsO/*Eisenbeis* Rn. 20; Nerlich/Römermann/*Hamacher* Rn. 32.
[57] MüKo-InsO/*Löwisch/Caspers* Rn. 67.
[58] Braun/*Wolf* Rn. 9; HK-InsO/*Linck* Rn. 23; MüKo-InsO/*Löwisch/Caspers* Rn. 67.
[59] *Fitting* §§ 112, 112a BetrVG Rn. 312; FK-InsO/*Eisenbeis* Rn. 16; Nerlich/Römermann/*Hamacher* Rn. 33.
[60] Nerlich/Römermann/*Hamacher* Rn. 35.

D. Durchsetzbarkeit der Sozialplanforderungen

I. Masseverbindlichkeit (Abs. 2 Satz 1)

33 Verbindlichkeiten aus einem nach Eröffnung des Insolvenzverfahrens aufgestellten Sozialplan sind **Masseverbindlichkeiten** (§ 123 Abs. 2 Satz 1). Als solche sind sie gem. § 53 vorweg zu berichtigen. Gegenüber der früheren Einordnung der Sozialplanforderung als bevorrechtigte Konkursforderung (§ 4 Satz 1 SozplG i.V.m. § 61 Abs. 1 Nr. 1 KO) hat sich die Rechtsstellung der Sozialplangläubiger in der Insolvenzordnung jedoch nur formell verbessert. Im Verhältnis zu den übrigen Masseverbindlichkeiten werden die Sozialplanforderungen **nachrangig** befriedigt. Dies ergibt sich zwingend aus der Berechnungsmethode des § 123 Abs. 2 Satz 2, denn eine (fiktive) Teilungsmasse, an welche die Bestimmung der relativen Obergrenze gekoppelt ist, entsteht nur, wenn die übrigen Masseverbindlichkeiten voll befriedigt werden konnten.[61] Im Fall der **Masseunzulänglichkeit** werden Sozialplanforderungen nicht berichtigt.[62] Sozialplanansprüche selbst können demgegenüber nie zur Masseunzulänglichkeit führen.[63] Immerhin bringt die Einstufung der Sozialplanforderungen als Masseverbindlichkeit den praktischen Vorteil mit sich, dass Anmeldung und Feststellung der Sozialplanforderungen (§§ 174 ff.) entfallen.[64]

II. Abschlagszahlungen (Abs. 3 Satz 1)

34 Gem. § 123 Abs. 3 Satz 1 soll der Insolvenzverwalter mit Zustimmung des Insolvenzgerichts **Abschlagszahlungen** auf die Sozialplanforderungen leisten, sooft in der Insolvenzmasse **hinreichende Barmittel vorhanden** sind. Dadurch sollen zum einen möglichst frühzeitige Zahlungen an die Sozialplangläubiger bewirkt werden, zum anderen soll durch das Erfordernis der Zustimmung des Insolvenzgerichts verhindert werden, dass zu hohe Abschlagszahlungen die Befriedigung der übrigen Gläubiger gefährden.[65] Insolvenzverwalter und Insolvenzgericht haben insb. die Grenze des § 123 Abs. 2 zu beachten. Da diese regelmäßig erst bei der Schlussverteilung (§ 196) endgültig feststeht, ist bei der Berechnung der Abschlagszahlungen im Hinblick auf die Haftung des Insolvenzverwalters nach § 60 Abs. 1 vorsichtig zu kalkulieren.[66] Die Regelung ist als »Soll«-Vorschrift ausgestaltet, sodass sich Ansprüche der Arbeitnehmer auf Abschlagszahlungen hieraus nicht ergeben.[67]

III. Verjährung

35 Auch wenn es sich beim Anspruch auf Zahlung einer Sozialplanabfindung um eine Masseverbindlichkeit i.S.v. § 123 Abs. 2 Satz 1 handelt, ändert sich an der dreijährigen Verjährungsfrist des § 195 BGB nichts. Eine Hemmung der Verjährung wird durch die Erstattung einer Massenentlassungsanzeige entsprechend § 208 InsO nicht bewirkt.[68]

IV. Prozessuales

36 Eine **Leistungsklage** des Arbeitnehmers gegen den Insolvenzverwalter auf Zahlung der Abfindung aus einem nach Eröffnung des Insolvenzverfahrens aufgestellten Sozialplan ist **unzulässig**. Aufgrund des Vollstreckungsverbots in § 123 Abs. 3 Satz 2 fehlt der Klage das erforderliche **Rechtsschutzbedürfnis**, da ein entsprechender Leistungstitel dauerhaft keine Vollstreckungsgrundlage darstellen

---

61 Vgl. RegE BT-Drucks. 12/2443, 154; Nerlich/Römermann/*Hamacher* Rn. 37; Braun/*Wolf* Rn. 12.
62 MüKo-InsO/*Löwisch/Caspers* Rn. 69.
63 *Annuß* NZI 1999, 344 (350).
64 Vgl. RegE BT-Drucks. 12/2443, 154; FK-InsO/*Eisenbeis* Rn. 6.
65 Vgl. RegE BT-Drucks. 12/2443, 154.
66 Braun/*Wolf* Rn. 13; Kübler/Prütting/Bork/*Moll* §§ 123, 124 Rn. 84: Abschlagszahlung maximal in Höhe eines Drittels der jeweils zur Verfügung stehenden Mittel; krit. daher *Pape* NJW 1994, 1391 (1393): häufige Abschlagszahlungen bleiben Illusion.
67 Nerlich/Römermann/*Hamacher* Rn. 41.
68 ArbG Oberhausen 19.04.2012, 4 Ca 2167/11, NJW-Spezial 2013, 87.

würde.[69] Etwas anderes gilt selbst dann nicht, wenn der Sozialplan erst nach Anzeige der Masseunzulänglichkeit vereinbart wurde. Denn § 209 Abs. 1 Nr. 2 hat für Sozialplanansprüche keine Bedeutung, da diese aufgrund der Berechnungsregelung in § 123 Abs. 2 Satz 2 u. 3 im Fall der Masseunzulänglichkeit nicht berichtigt werden.[70]

Der Arbeitnehmer kann seine Ansprüche aus dem Sozialplan mit der **Feststellungsklage** geltend machen. Bestreitet der Insolvenzverwalter jedoch die Ansprüche nicht ernstlich, fehlt der Klage das Feststellungsinteresse.[71] 37

V. Vollstreckungsverbot

Die Zwangsvollstreckung in die Masse wegen einer Sozialplanforderung ist gem. § 123 Abs. 3 Satz 2 unzulässig. Das Vollstreckungsverbot gewährleistet die Einhaltung der relativen Obergrenze. Eine Regelung ist notwendig, da die allgemeinen Vollstreckungsverbote der §§ 89, 90 die Zwangsvollstreckung wegen Sozialplanforderungen nicht erfassen.[72] 38

E. Insolvenzverfahren in einem anderen EU-Mitgliedstaat

Nach Art. 17 EuInsVO ist die Eröffnung eines Insolvenzverfahrens in einem EU-Mitgliedstaat im Inland anzuerkennen (vgl. auch § 113 Rdn. 69). Hat das insolvenzbefangene ausländische Unternehmen Betriebsstätten im Inland, so findet auf diese das BetrVG Anwendung. Im Falle der Insolvenz kommt damit § 123 InsO als eine §§ 111 ff. BetrVG ergänzende Regelung zum Tragen, selbst wenn die entsprechende ausländische Rechtsordnung eine solche Begrenzung des Dotierungsrahmens nicht vorsieht.[73] 39

§ 124 Sozialplan vor Verfahrenseröffnung

(1) Ein Sozialplan, der vor der Eröffnung des Insolvenzverfahrens, jedoch nicht früher als drei Monate vor dem Eröffnungsantrag aufgestellt worden ist, kann sowohl vom Insolvenzverwalter als auch vom Betriebsrat widerrufen werden.

(2) Wird der Sozialplan widerrufen, so können die Arbeitnehmer, denen Forderungen aus dem Sozialplan zustanden, bei der Aufstellung eines Sozialplans im Insolvenzverfahren berücksichtigt werden.

(3) Leistungen, die ein Arbeitnehmer vor der Eröffnung des Verfahrens auf seine Forderung aus dem widerrufenen Sozialplan erhalten hat, können nicht wegen des Widerrufs zurückgefordert werden. Bei der Aufstellung eines neuen Sozialplans sind derartige Leistungen an einen von einer Entlassung betroffenen Arbeitnehmer bei der Berechnung des Gesamtbetrags der Sozialplanforderungen nach § 123 Abs. 1 bis zur Höhe von zweieinhalb Monatsverdiensten abzusetzen.

Übersicht	Rdn.			Rdn.
A. Inhalt und Normzweck	1	C.	Rechtsfolgen	10
B. Anwendungsbereich	2	I.	Rechtsfolgen bei Widerruf	10
I. Insolvenznaher Sozialplan	2	II.	Rechtsfolgen bei unterbliebenem Widerruf	
II. Widerruf	6		ruf	15

---

69 BAG 21.01.2010, 6 AZR 785/08, EzA § 123 InsO Nr. 1; 22.07.2010, 6 AZR 249/09, ZInsO 2010, 2193.
70 Vgl. RegE BT-Drucks. 12/2443, 220; BAG 21.01.2010, 6 AZR 785/08, EzA § 123 InsO Nr. 1.
71 BAG 21.01.2010, 6 AZR 785/08, EzA § 123 InsO Nr. 1.
72 Kübler/Prütting/Bork/*Moll* §§ 123, 124 Rn. 91.
73 So unter Hinweis auf § 337 InsO Hess. LAG 31.05.2011, 4 TaBV 153/10, juris; vgl. ferner FK-InsO/*Wenner/Schuster*, § 137 Rn. 9; *Göpfert/Müller*, NZA 2009, 1057 (1061).

§ 124 InsO Sozialplan vor Verfahrenseröffnung

A. Inhalt und Normzweck

1 Erst kurz vor Insolvenzeröffnung aufgestellte Sozialpläne sollen typischerweise bereits solche Nachteile ausgleichen, die mit dem Eintritt der Insolvenz in Zusammenhang stehen. Unter diesem Gesichtspunkt ist es interessengerecht, die durch solche Sozialpläne begünstigten Arbeitnehmer weitgehend denjenigen Arbeitnehmern gleichzustellen, denen Forderungen aus einem erst im Insolvenzverfahren aufgestellten Sozialplan (§ 123) zustehen.[1] In Ergänzung zu § 123 normiert § 124 in **Abs. 1** daher ein Widerrufsrecht für insolvenznahe Sozialpläne. Die durch einen widerrufenen Sozialplan ursprünglich begünstigten Arbeitnehmer können gem. **Abs. 2** bei der Aufstellung eines neuen Sozialplans im Insolvenzverfahren nach Maßgabe des § 123 berücksichtigt werden. In diesem Fall werden sie zu Massegläubigern (vgl. § 123 Abs. 2 Satz 1), während ihnen zuvor lediglich einfache Insolvenzforderungen gem. § 38 zustanden.[2] Rückforderungen bereits erbrachter Sozialplanleistungen wegen des Widerrufs sind nach **Abs. 3 Satz 1** ausgeschlossen. Jedoch sind diese Leistungen bei Aufstellung eines neuen Sozialplans nach Maßgabe des **Abs. 3 Satz 2** zu berücksichtigen.

B. Anwendungsbereich

I. Insolvenznaher Sozialplan

2 Die Vorschrift ist auf vor Insolvenzeröffnung, jedoch nicht früher als drei Monate vor dem Eröffnungsantrag aufgestellte Sozialpläne anwendbar. Für die Frage, ob ein Sozialplan in den Anwendungsbereich der Norm fällt, sind demnach drei Ereignisse maßgeblich: Die Aufstellung des Sozialplans, die Eröffnung des Insolvenzverfahrens sowie das Stellen des Eröffnungsantrags. Ohne Bedeutung ist hingegen der Zeitpunkt des Inkrafttretens des Sozialplans.[3]

3 Die **Aufstellung eines Sozialplans** erfolgt im Wege der Einigung zwischen Arbeitgeber und Betriebsrat (vgl. § 112 Abs. 1 BetrVG) oder durch den Spruch der Einigungsstelle (vgl. § 112 Abs. 4 BetrVG). Für den Fall der Einigung ist maßgeblicher Aufstellungszeitpunkt die beiderseitige Unterschrift gem. § 112 Abs. 1 Satz 1 u. 2 BetrVG.[4] Ersetzt der Spruch der Einigungsstelle die Einigung zwischen Arbeitgeber und Betriebsrat, so muss der Beschluss gem. § 76 Abs. 3 Satz 4 BetrVG schriftlich niedergelegt, vom Vorsitzenden unterzeichnet sowie Arbeitgeber und Betriebsrat zugeleitet worden sein.[5] Der Zeitpunkt der Aufstellung des Sozialplans muss **vor** dem der **Eröffnung des Insolvenzverfahrens** liegen. Die Insolvenzeröffnung erfolgt durch Eröffnungsbeschluss (vgl. § 27). Schließlich darf der Sozialplan nicht früher als drei Monate vor dem **Eröffnungsantrag** i.S.d. § 13 aufgestellt worden sein. Abzustellen ist auf den Eingang eines zulässigen Antrags beim nach §§ 2 f. zuständigen Insolvenzgericht.[6] Bei mehreren Anträgen ist der erste wirksame Antrag maßgeblich.[7] Die Fristberechnung richtet sich nach §§ 187 ff. BGB.

4 Es lassen sich demnach drei Konstellationen unterscheiden:[8] Wird ein Sozialplan erst **nach Eröffnung des Insolvenzverfahrens** aufgestellt, gelten für ihn die Regelungen des § 123. Wird ein Sozialplan vor Insolvenzeröffnung, aber nicht früher als drei Monate vor dem Eröffnungsantrag aufgestellt (sog. **insolvenznaher Sozialplan**), ist § 124 anwendbar. Für sonstige frühere Sozialpläne (sog. **Altsozialpläne**) sieht die Insolvenzordnung keine speziellen Regelungen vor. Sofern sie Dauerregelungen enthalten, sind sie jedoch mit der Maximalfrist des § 120 Abs. 1 Satz 2 kündbar[9] (vgl. § 120

---

1 Vgl. RegE BT-Drucks. 12/2443, 155.
2 BAG 31.07.2002, 10 AZR 275/01, EzA § 55 InsO Nr. 3.
3 Uhlenbruck/Berscheid/*Ries* §§ 123, 124 Rn. 31.
4 *Fitting* §§ 112, 112a BetrVG Rn. 320.
5 Nerlich/Römermann/*Hamacher* Rn. 3; a.A. Kübler/Prütting/Bork/*Moll* §§ 123, 124 Rn. 26: Zuleitung nicht erforderlich.
6 Braun/*Wolf* Rn. 3; Nerlich/Römermann/*Hamacher* Rn. 4.
7 FK-InsO/*Eisenbeis* Rn. 9.
8 Vgl. Braun/*Wolf* Rn. 2.
9 Uhlenbruck/*Berscheid/Ries* §§ 123, 124 Rn. 36.

Rdn. 9). Noch offene Ansprüche aus Altsozialplänen sind nach den allgemeinen Regeln grds einfache **Insolvenzforderungen** gem. § 38.[10] Für **Abfindungsansprüche** gilt dies auch dann, wenn sie erst nach Insolvenzeröffnung entstehen.[11] Sehen Altsozialpläne **wiederkehrende Leistungen** vor, ist danach zu differenzieren, ob sie sich auf den Zeitraum vor oder nach Insolvenzeröffnung beziehen.[12]

Diese zeitliche Dreiteilung gilt auch dann, wenn in einem sog. Altsozialplan eine **auflösende Bedingung** für den Fall vereinbart wurde, dass das Insolvenzverfahren vor Erfüllung des Sozialplans eröffnet wird.[13] Die §§ 123, 124 regeln abschließend die Verteilung des Insolvenzrisikos für Sozialpläne vor und nach Insolvenzeröffnung, sodass eine solche abweichende, die Wertungen der §§ 123, 124 umgehende Vereinbarung unwirksam ist. In dieser Konstellation können die im Hinblick auf ihre Sozialplanforderung noch nicht befriedigten Arbeitnehmer daher nicht in einem nach Insolvenzeröffnung abgeschlossenen Sozialplan erneut berücksichtigt werden und damit zu Massegläubigern aufsteigen, denn durch §§ 123, 124 soll der Umfang der vorab aus der Masse zu berichtigenden Sozialplanverbindlichkeiten begrenzt werden, um so die Befriedigungschancen der Insolvenzgläubiger zu verbessern.[14]

II. Widerruf

Der Sozialplan kann sowohl vom **Insolvenzverwalter** als auch vom **Betriebsrat** widerrufen werden. Der Widerruf wird gem. § 130 BGB wirksam, wenn er dem jeweils anderen Betriebspartner zugeht.[15] Ein Widerruf durch den Betriebsrat setzt einen ordnungsgemäßen Betriebsratsbeschluss voraus.[16] Das **Restmandat** des Betriebsrats gem. § 21b BetrVG umfasst sowohl den eigenen Widerruf durch den Betriebsrat als auch den an ihn gerichteten Widerruf des Insolvenzverwalters.[17]

Die **Widerrufserklärung** ist weder an das Vorliegen eines besonderen **Grundes** gebunden noch ist eine **Frist** zu beachten.[18] Sie bedarf weder einer besonderen **Form** noch einer **Begründung**.[19] Der Widerruf kann noch bis zum Ende des Insolvenzverfahrens erklärt werden. Ausnahmsweise kommt jedoch eine **Verwirkung** des Widerrufsrechts in Betracht.[20] Ebenso können sowohl Betriebsrat als auch Insolvenzverwalter jedenfalls nach Insolvenzeintritt – ggf auch konkludent – auf das Widerrufsrecht **verzichten**.[21]

Der Widerruf ist **ausgeschlossen**, wenn ein neuer Sozialplan in der Insolvenz nicht mehr zustande kommen kann. Dies ist der Fall, wenn ein Betriebsrat – auch in Form des Restmandats nach § 21b BetrVG – nicht mehr besteht. Denn der Untergang der Sozialplansprüche durch Widerruf ist nur dann gerechtfertigt, wenn Forderungen aus einem neuen, in der Insolvenz aufgestellten Sozialplan an ihre Stelle treten können. Andernfalls liegt ein unverhältnismäßiger Eingriff in die durch Art. 14 GG geschützten Sozialplanforderungen vor.[22]

---

10 BAG 31.07.2002, 10 AZR 275/01, EzA § 55 InsO Nr. 3.
11 BAG 27.09.2007, 6 AZR 975/06, EzA § 55 InsO Nr. 15.
12 MüKo-InsO/*Löwisch/Caspers* Rn. 27; *Caspers* Rn. 489.
13 LAG Niedersachsen 24.09.2009, 4 TaBV 44/08, ZIP 2010, 442.
14 LAG Niedersachsen 24.09.2009, 4 TaBV 44/08, ZIP 2010, 442.
15 Braun/*Wolf* Rn. 4.
16 *Fitting* §§ 112, 112a BetrVG Rn. 322.
17 MüKo-InsO/*Löwisch/Caspers* Rn. 12.
18 Braun/*Wolf* Rn. 4.
19 Uhlenbruck/*Berscheid/Ries* §§ 123, 124 Rn. 31.
20 LAG Köln 17.10.2002, 5 (4) TaBV 44/02, LAGE § 124 InsO Nr. 2: Zeitmoment jedenfalls nach Ablauf eines Jahres seit Insolvenzeintritt erfüllt.
21 LAG Köln 17.10.2002, 5 (4) TaBV 44/02, LAGE § 124 InsO Nr. 2; HK-InsO/*Linck* Rn. 3; Nerlich/Römermann/*Hamacher* Rn. 9.
22 HK-InsO/*Linck* Rn. 5; MüKo-InsO/*Löwisch/Caspers* Rn. 13.

§ 124 InsO Sozialplan vor Verfahrenseröffnung

9 Weder Insolvenzverwalter noch Betriebsrat sind zur Ausübung ihres Widerrufsrechts **verpflichtet**.[23] Unterlässt jedoch der **Insolvenzverwalter** schuldhaft den Widerruf eines für die Masse ungünstigen Sozialplans, kommt eine **Haftung nach § 60** in Betracht. Er wird daher Sozialpläne mit großem – die absolute Obergrenze des § 123 Abs. 1 übersteigendem – Gesamtvolumen regelmäßig widerrufen, sofern nicht bereits sämtliche Sozialplanforderungen erfüllt sind.[24] Demgegenüber wird der **Betriebsrat** regelmäßig einen Widerruf in Erwägung ziehen, wenn der Sozialplan nur ein sehr geringes Volumen aufweist oder die Sozialplanforderungen weitgehend noch nicht erfüllt wurden und eine geringe Insolvenzquote zu erwarten ist.[25] Denn wird im Insolvenzverfahren ein neuer Sozialplan aufgestellt, erlangen die erfassten Arbeitnehmer Masseforderungen (vgl. § 123 Abs. 2 Satz 1).[26]

C. Rechtsfolgen

I. Rechtsfolgen bei Widerruf

10 Durch den Widerruf verliert der Sozialplan seine Rechtswirkungen. Die sich aus dem Sozialplan ergebenden Ansprüche der Arbeitnehmer **entfallen rückwirkend**.[27] Hierdurch werden Abtretungen, Verpfändungen und Pfändungen der Sozialplanansprüche gegenstandslos.[28]

11 Mit Widerruf des Sozialplans entfällt auch der Rechtsgrund für die bereits an die Arbeitnehmer auf ihre Forderungen aus dem Sozialplan erbrachten Leistungen.[29] Hat ein Arbeitnehmer vor Insolvenzeröffnung Leistungen auf seine Forderung aus dem widerrufenen Sozialplan erhalten, können diese gem. § 124 Abs. 3 Satz 1 dennoch **nicht wegen des Widerrufs zurückgefordert** werden. Die Regelung schützt das Vertrauen der Arbeitnehmer im Hinblick auf bereits erhaltene Sozialleistungen.[30] Jedoch ist der Ausschluss der Rückforderung bei der Aufstellung eines neuen Sozialplans zu berücksichtigen (vgl. Rdn. 14). Die Möglichkeit zur Rückforderung **aus anderen Gründen** als dem Widerruf, z.B. wegen Insolvenzanfechtung (§§ 129 ff.), bleibt von § 124 Abs. 3 Satz 1 unberührt.[31]

12 Verliert der Sozialplan durch den Widerruf seine Rechtswirkungen, lebt die durch die Betriebsänderung hervorgerufene **Sozialplanpflicht** wieder auf. Dies gilt selbst dann, wenn die Betriebsänderung bereits durchgeführt wurde.[32] Insolvenzverwalter und Betriebsrat müssen demnach erneut über einen Sozialplan verhandeln. Kommt keine Einigung über den Sozialplan zustande, entscheidet die Einigungsstelle. Der nunmehr im Insolvenzverfahren aufzustellende Sozialplan richtet sich nach den Maßgaben des § 123.[33]

13 Die Arbeitnehmer, denen Forderungen aus dem widerrufenen Sozialplan zustanden, **können** gem. § 124 Abs. 2 bei der Aufstellung des neuen Sozialplans im Insolvenzverfahren **berücksichtigt werden**. Weder die Betriebspartner noch die Einigungsstelle sind an den Inhalt des widerrufenen Sozialplans gebunden. Ein Vertrauensschutz im Hinblick auf die ursprünglich normierten Sozialplanansprüche besteht insoweit nicht.[34] Grds können daher ursprünglich begünstigte Arbeitnehmer nun auch unberücksichtigt bleiben.[35] Zu beachten ist jedoch die Gesetzesintention, wonach diese weitgehend denjenigen Arbeitnehmern gleichgestellt werden sollen, denen Forderungen aus einem

---

[23] FK-InsO/*Eisenbeis* Rn. 8.
[24] FK-InsO/*Eisenbeis* Rn. 8; Nerlich/Römermann/*Hamacher* Rn. 10.
[25] MüKo-InsO/*Löwisch/Caspers* Rn. 10.
[26] FK-InsO/*Eisenbeis* Rn. 8; Nerlich/Römermann/*Hamacher* Rn. 11.
[27] Kübler/Prütting/Bork/*Moll* §§ 123, 124 Rn. 95; MüKo-InsO/*Löwisch/Caspers* Rn. 16; Nerlich/Römermann/*Hamacher* Rn. 12.
[28] MüKo-InsO/*Löwisch/Caspers* Rn. 16.
[29] Braun/*Wolf* Rn. 8.
[30] MüKo-InsO/*Löwisch/Caspers* Rn. 20.
[31] Vgl. RegE BT-Drucks. 12/2443, 155; Braun/*Wolf* Rn. 8.
[32] Braun/*Wolf* Rn. 6.
[33] Braun/*Wolf* Rn. 6.
[34] FK-InsO/*Eisenbeis* Rn. 14; HK-InsO/*Linck* Rn. 8.
[35] *Fitting* §§ 112, 112a BetrVG Rn. 324.

erst im Insolvenzverfahren aufgestellten Sozialplan zustehen.[36] Gemäß dem allgemeinen **betriebsverfassungsrechtlichen Gleichbehandlungsgebot in § 75 Abs. 1 BetrVG** bedarf es für eine unterschiedliche Behandlung der Arbeitnehmer eines sachlichen Grundes.[37] Der unterschiedliche Zeitpunkt der Aufstellung des Sozialplans – vor oder nach Insolvenzeröffnung – stellt keinen solchen Differenzierungsgrund dar.[38]

Können gem. § 124 Abs. 3 Satz 1 bereits erbrachte Leistungen auf Ansprüche aus dem widerrufenen Sozialplan nicht zurückgefordert werden, sind derartige Leistungen an einen von einer Entlassung betroffenen Arbeitnehmer bei der Berechnung der **absoluten Obergrenze** des neuen Sozialplans nach § 123 Abs. 1 (vgl. § 123 Rdn. 11 ff.) bis zur Höhe von zweieinhalb Monatsverdiensten **abzusetzen** (§ 124 Abs. 3 Satz 2). Nicht aus dem Gesetzeswortlaut, jedoch wiederum aus dem Gleichbehandlungsgrundsatz des § 75 Abs. 1 BetrVG ergibt sich, dass die erbrachten Leistungen auch auf die **individuellen Ansprüche** der einzelnen Arbeitnehmer aus dem neuen Sozialplan **anzurechnen sind**.[39] 14

II. Rechtsfolgen bei unterbliebenem Widerruf

Wird ein Sozialplan im Anwendungsbereich des § 124 nicht widerrufen, sind die sich daraus ergebenden Sozialplanansprüche **Insolvenzforderungen** i.S.d. § 38. Das Unterlassen des Widerrufs stellt **keine Handlung** des Insolvenzverwalters dar, welche nach Maßgabe des § 55 Abs. 1 Nr. 1 eine Masseverbindlichkeit begründen könnte,[40] denn ein Unterlassen des Insolvenzverwalters kann nur dann Masseverbindlichkeiten gem. § 55 Abs. 1 Nr. 1 begründen, wenn den Insolvenzverwalter eine Handlungspflicht trifft. Eine Pflicht zum Widerruf ist in § 124 Abs. 1 jedoch gerade nicht normiert.[41] 15

Nur **ausnahmsweise** gelten die Forderungen aus einem vor Insolvenzeröffnung aufgestellten Sozialplan nach Eröffnung des Verfahrens als **Masseverbindlichkeiten**, wenn der Sozialplan durch einen **vorläufigen Insolvenzverwalter mit Verfügungsbefugnis** nach §§ 21 Abs. 2 Nr. 2, 22 abgeschlossen wurde (vgl. § 55 Abs. 2).[42] 16

§ 125 Interessenausgleich und Kündigungsschutz

(1) Ist eine Betriebsänderung (§ 111 des Betriebsverfassungsgesetzes) geplant und kommt zwischen Insolvenzverwalter und Betriebsrat ein Interessenausgleich zustande, in dem die Arbeitnehmer, denen gekündigt werden soll, namentlich bezeichnet sind, so ist § 1 des Kündigungsschutzgesetzes mit folgenden Maßgaben anzuwenden:
1. es wird vermutet, dass die Kündigung der Arbeitsverhältnisse der bezeichneten Arbeitnehmer durch dringende betriebliche Erfordernisse, die einer Weiterbeschäftigung in diesem Betrieb oder einer Weiterbeschäftigung zu unveränderten Arbeitsbedingungen entgegenstehen, bedingt ist;
2. die soziale Auswahl der Arbeitnehmer kann nur im Hinblick auf die Dauer der Betriebszugehörigkeit, das Lebensalter und die Unterhaltspflichten und auch insoweit nur auf grobe Fehlerhaftigkeit nachgeprüft werden; sie ist nicht als grob fehlerhaft anzusehen, wenn eine ausgewogene Personalstruktur erhalten oder geschaffen wird.

---

36 Vgl. RegE BT-Drucks. 12/2443, 155; FK-InsO/*Eisenbeis* Rn. 13.
37 Braun/*Wolf* Rn. 7.
38 Nerlich/Römermann/*Hamacher* Rn. 15.
39 Braun/*Wolf* Rn. 8; MüKo-InsO/*Löwisch/Caspers* Rn. 21; Nerlich/Römermann/*Hamacher* Rn. 19.
40 BAG 31.07.2002, 10 AZR 275/01, EzA § 55 InsO Nr. 3; Kübler/Prütting/Bork/*Moll* §§ 123, 124 Rn. 104 f.; Nerlich/Römermann/*Hamacher* Rn. 22; Richardi/*Annuß* Anh. zu § 113 BetrVG Rn. 12; Boemke/Tietze DB 1999, 1389 (1394 f.); a.A. *Lakies* BB 1999, 206 (210); *Warrikoff* BB 1994, 2338 (2344).
41 BAG 31.07.2002, 10 AZR 275/01, EzA § 55 InsO Nr. 3; Kübler/Prütting/Bork/*Moll* §§ 123, 124 Rn. 105; Nerlich/Römermann/*Hamacher* Rn. 22.
42 BAG 31.07.2002, 10 AZR 275/01, EzA § 55 InsO Nr. 3.

Satz 1 gilt nicht, soweit sich die Sachlage nach Zustandekommen des Interessenausgleichs wesentlich geändert hat.

(2) Der Interessenausgleich nach Absatz 1 ersetzt die Stellungnahme des Betriebsrats nach § 17 Abs. 3 Satz 2 des Kündigungsschutzgesetzes.

Übersicht	Rdn.
A. Inhalt und Normzweck	1
B. Voraussetzungen	4
I. Anwendungsbereich	5
II. Geplante Betriebsänderung	6
III. Interessenausgleich	9
IV. Namensliste	11
1. Namentliche Bezeichnung	11
2. Im Interessenausgleich	12
3. Schriftform	13
4. Nachträgliche Namensliste	14
C. Rechtsfolgen	15
I. Vermutung der Betriebsbedingtheit (Abs. 1 Satz 1 Nr. 1)	16
1. Darlegungs- und Beweislast	17
2. Reichweite der Vermutung	22
II. Eingeschränkte Nachprüfbarkeit der Sozialauswahl (Abs. 1 Satz 1 Nr. 2)	24
1. Kriterien	25
2. Grobe Fehlerhaftigkeit	27
a) Allgemeines	28
b) Schaffung oder Erhaltung einer ausgewogenen Personalstruktur	30
aa) Personalstruktur	31
bb) Schaffung und Erhaltung	32
cc) Gerichtliche Überprüfbarkeit	35
3. Darlegungs- und Beweislast	36
III. Wesentliche Änderung der Sachlage (Abs. 1 Satz 2)	37
1. Wesentliche Änderung	38
2. Zeitpunkt	40
D. Ersetzung der Stellungnahme des Betriebsrats (Abs. 2)	41
E. Sonstige Beteiligungsrechte des Betriebsrats	42

A. Inhalt und Normzweck

1 Das Kündigungsschutzgesetz gilt auch in der Insolvenz des Arbeitgebers. Als lex specialis enthält § 125 einschränkende Modifikationen des allgemeinen Kündigungsschutzes. Im Insolvenzverfahren regelmäßig erforderliche Betriebsänderungen sind häufig mit der Entlassung einer größeren Anzahl von Arbeitnehmern verbunden. Die zügige Durchführung solcher Betriebsänderungen soll nicht durch eine Vielzahl langwieriger Kündigungsschutzprozesse in Frage gestellt werden.[1] Insb. sollen Betriebsveräußerungen nicht daran scheitern, dass potentielle Erwerber aufgrund laufender Kündigungsschutzprozesse nicht überblicken können, welche Arbeitsverhältnisse im Falle eines Betriebsübergangs nach § 613a BGB auf sie übergehen würden.[2] Für den Fall eines Betriebsübergangs wird § 125 darüber hinaus durch § 128 ergänzt (vgl. § 128 Rdn. 1 f.).

2 Einigen sich Betriebsrat und Insolvenzverwalter in einem Interessenausgleich über eine Namensliste der zu kündigenden Arbeitnehmer, erfährt der Kündigungsschutz der benannten Arbeitnehmer Einschränkungen: Nach **Abs. 1 Satz 1 Nr. 1** wird vermutet, dass die Kündigung der in der Namensliste bezeichneten Arbeitnehmer durch dringende betriebliche Erfordernisse, die einer Weiterbeschäftigung in diesem Betrieb oder einer Weiterbeschäftigung zu unveränderten Arbeitsbedingungen entgegenstehen, bedingt ist. Die Überprüfbarkeit der Sozialauswahl ist nach **Abs. 1 Satz 1 Nr. 2** auf die Kriterien der Dauer der Betriebszugehörigkeit, des Lebensalters und der Unterhaltspflichten und auch insoweit auf grobe Fehlerhaftigkeit beschränkt. Damit wird der individuelle Kündigungsschutz aus § 1 KSchG in der Insolvenz zugunsten einer kollektivrechtlichen Regelungsbefugnis der Betriebsparteien eingeschränkt.[3] Der Gesetzgeber ging davon aus, der Betriebsrat werde in Wahrnehmung seiner Verantwortung gegenüber den Arbeitnehmern regelmäßig nur unvermeidbaren Kündigungen zustimmen und auf eine ausreichende Berücksichtigung sozialer Kriterien bei der Auswahl der ausscheidenden Arbeitnehmer achten. Daher soll es sachgerecht sein, die soziale Rechtfertigung

---

1 Vgl. RegE BT-Drucks. 12/2443, 149.
2 Vgl. RegE BT-Drucks. 12/2443, 149.
3 BAG 28.08.2003, 2 AZR 368/02, EzA § 125 InsO Nr. 1.

der Kündigungen nur noch in Ausnahmefällen in Frage stellen zu lassen.[4] Ändert sich die Sachlage nach Zustandekommen des Interessenausgleichs wesentlich, gelten die Einschränkungen des Abs. 1 Satz 1 nicht (**Abs. 1 Satz 2**).

Mit dem »**Gesetz zu Reformen am Arbeitsmarkt**« vom 24.12.2003[5] hat die Vorschrift des § 125 zum 01.01.2004 an Bedeutung verloren. Auch außerhalb der Insolvenz gelten nunmehr vergleichbare Regelungen zur Kündigungserleichterung. Insb. wurde gem. § 1 Abs. 3 KSchG die Überprüfbarkeit der Sozialauswahl eingeschränkt. Unterschiede bestehen noch, soweit zum einen § 125 auch die **Schaffung** einer ausgewogenen Personalstruktur privilegiert, wohingegen § 1 Abs. 3 Satz 2 KSchG nur deren **Sicherung** gewährleisten soll. Zum anderen ist die Sozialauswahl zwar auch nach § 1 Abs. 3 KSchG auf wenige Kriterien beschränkt. Neben den in § 125 genannten Kriterien Betriebszugehörigkeit, Lebensalter und Unterhaltspflichten ist hier jedoch auch das Kriterium der **Schwerbehinderung** zu berücksichtigen. Vorschläge, das Kriterium der Schwerbehinderung deshalb auch in § 125 aufzunehmen[6], wurden bisher nicht umgesetzt. 3

B. Voraussetzungen

§ 125 setzt die Vereinbarung eines Interessenausgleichs zwischen Insolvenzverwalter und Betriebsrat im Hinblick auf eine geplante Betriebsänderung voraus. In dem Interessenausgleich müssen die zu kündigenden Arbeitnehmer namentlich bezeichnet sein. 4

I. Anwendungsbereich

§ 125 erfasst sowohl **Beendigungs-** als auch **Änderungskündigungen** des Arbeitsverhältnisses durch den Insolvenzverwalter.[7] Da für § 125 ein Interessenausgleich erforderlich ist, verbleibt für **leitende Angestellte** kein Anwendungsbereich (vgl. § 5 Abs. 3 BetrVG).[8] Vor der Eröffnung des Insolvenzverfahrens findet § 125 InsO weder unmittelbar noch analog Anwendung.[9] Sofern man eine Genehmigung nach Verfahrenseröffnung überhaupt zulassen möchte, muss diese durch Insolvenzverwalter und Betriebsrat erfolgen.[10] 5

II. Geplante Betriebsänderung

Eine **Betriebsänderung** muss geplant sein. Aufgrund des Verweises auf § 111 BetrVG gilt der betriebsverfassungsrechtliche Begriff (vgl. zum Begriff der Betriebsänderung i.E. bereits § 122 Rdn. 6 ff. m.w.N.). Auch die nach § 111 BetrVG erforderliche Beschäftigtenzahl (20 wahlberechtigte Arbeitnehmer im Unternehmen) ist daher für die Anwendung des § 125 maßgeblich.[11] Weder das Stellen des **Insolvenzantrags** noch die **Insolvenzeröffnung** sind als Betriebsänderung anzusehen.[12] Jedoch gehen mit einer Insolvenz regelmäßig Betriebsänderungen einher.[13] Auch bloßer Personalabbau kann eine Betriebsänderung darstellen, sofern der Schwellenwert des § 17 KSchG überschritten wird und mindestens 5 % der Belegschaft betroffen sind.[14] Ein **Betriebsübergang** nach § 613a BGB wahrt die Identität des Betriebs und stellt somit für sich genommen keine Betriebsände- 6

---

4 Vgl. RegE BT-Drucks. 12/2443, 149.
5 BGBl. I Nr. 67/2003, 3002.
6 Vgl. Stellungnahme des *Bundes der Richterinnen und Richter der Arbeitsgerichtsbarkeit* zur Änderung der InsO v. 08.10.2004, ZInsO 2004, 1135 (1136).
7 ErfK/*Gallner* Rn. 1; KR/*Weigand* Rn. 5.
8 MüKo-InsO/*Löwisch/Caspers* Rn. 10; *Willemsen/Annuß* NJW 2004, 177 (180).
9 BAG 28.06.2012, 6 AZR 780/10, EzA § 17 KSchG Nr. 26; ErfK/*Gallner* Rn. 1; KDZ/*Däubler* Rn. 2; KR/*Weigand* Rn. 9.
10 BAG 28.06.2012, 6 AZR 780/10, EzA § 17 KSchG Nr. 26; a.A. *Mückl/Krings*, ZIP 2012, 106, 109 ff.
11 FK-InsO/*Eisenbeis* Rn. 2.
12 Richardi/*Annuß* § 111 BetrVG Rn. 36.
13 *Schrader/Straube* III 6.
14 BAG 28.03.2006, 1 ABR 5/05, EzA § 111 BetrVG 2001 Nr. 4.

rung i.S.d. § 111 BetrVG dar.[15] Soll ein Betrieb im Insolvenzverfahren veräußert werden, erleichtert § 128 die damit verbundenen Kündigungen (vgl. auch die Kommentierung zu § 128).[16]

7 Außerhalb des Anwendungsbereichs des § 111 BetrVG findet § 125 keine Berücksichtigung, sodass **freiwillige** Betriebsvereinbarungen ohne zugrunde liegende Betriebsänderung i.S.d. § 111 BetrVG nicht erfasst werden.[17] Aufgrund der ausdrücklichen Beschränkung der Norm auf Betriebsänderungen i.S.d. § 111 BetrVG ist § 125 in Einrichtungen der Religionsgemeinschaften, welche gem. § 118 Abs. 2 BetrVG unbeschadet ihrer Rechtsform dem BetrVG nicht unterliegen, ebenfalls nicht anwendbar.[18]

8 Dem Wort »geplant« kommt nicht die Bedeutung eines eigenständigen Tatbestandsmerkmals zu. Es hat eine **allein zeitliche Bedeutung** und soll klarstellen, dass der Betriebsrat bereits im Planungsstadium zu beteiligen ist (vgl. hierzu bereits § 122 Rdn. 9).[19]

III. Interessenausgleich

9 Für das Zustandekommen des Interessenausgleichs gilt § 112 BetrVG unter Beachtung der Beschleunigungsvorschrift des § 121 InsO.[20] Der Interessenausgleich ist **schriftlich** niederzulegen und von Unternehmer und Betriebsrat zu unterschreiben (vgl. § 112 Abs. 1 Satz 1 BetrVG). Einigen sich die Parteien nicht über den Abschluss eines Interessenausgleichs, kann die Einigung nicht durch den Spruch der Einigungsstelle ersetzt werden.[21] Kommt innerhalb von drei Wochen nach Verhandlungsbeginn oder schriftlicher Aufforderung zur Verhandlungsaufnahme **kein Interessenausgleich** nach § 125 Abs. 1 zustande, obwohl der Verwalter den Betriebsrat rechtzeitig und umfassend unterrichtet hat, eröffnet das gerichtliche **Beschlussverfahren nach § 126** die Möglichkeit, in absehbarer Zeit zu einer Entscheidung über die Kündigungen zu gelangen.[22]

10 Der Interessenausgleich muss zwischen Insolvenzverwalter und **zuständigem** Betriebsrat zustande kommen.[23] Die Bestimmung des zuständigen Betriebsrats richtet sich nach den allgemeinen Regeln. Für die Abgrenzung zwischen **örtlichem Betriebsrat** und **Gesamtbetriebsrat** gilt § 50 Abs. 1 BetrVG. Auf Seiten des Betriebsrats kann auch eine nach § 117 Abs. 2 BetrVG errichtete besondere betriebsverfassungsrechtliche Vertretung in ihrem Zuständigkeitsbereich die Vereinbarung treffen.[24]

IV. Namensliste

1. Namentliche Bezeichnung

11 Die zu kündigenden Arbeitnehmer sind in einer Liste **namentlich eindeutig identifizierbar** zu bezeichnen. Soweit erforderlich sind zusätzliche Individualisierungsmerkmale wie Geburtsdatum oder Personalnummer hinzuzufügen.[25] Nicht ausreichend ist die Auflistung allein der Personalnummern.[26] Eine Aufzählung der nicht zu kündigenden Arbeitnehmer in einer »**Negativliste**« genügt

---

15 BAG 26.04.2007, 8 AZR 612/06, EzA § 125 InsO Nr. 6.
16 MüKo-BGB/*Hergenröder* § 1 KSchG Rn. 403; *Hergenröder* AR-Blattei SD 500.1 Rn. 730 ff.
17 BAG 16.05.2002, 8 AZR 319/01, EzA § 613a BGB Nr. 210; 26.04.2007, 8 AZR 612/06, EzA § 125 InsO Nr. 6; Kübler/Prütting/Bork/*Moll* Rn. 28; *Hohenstatt* NZA 1998, 846 (851); a.A. zu § 1 Abs. 5 KSchG *Kappenhagen* NZA 1998, 968.
18 LAG Niedersachsen 09.12.2009, 17 Sa 850/09, LAGE § 125 InsO Nr. 12.
19 BAG 17.09.1974, 1 AZR 16/74, EzA § 113 BetrVG 1972 Nr. 1.
20 Vgl. RegE BT-Drucks. 12/2443, 149.
21 Braun/*Wolf* Rn. 3.
22 MüKo-BGB/*Hergenröder* § 1 KSchG Rn. 403; *Fischermeier* NZA 1997, 1089 (1099).
23 ArbG Trier 04.09.2012, 3 Ca 518/12, juris (unter Verstoß gegen das BetrVG gebildeter Gesamtbetriebsrat).
24 BAG 26.04.2007, 8 AZR 612/06, EzA § 125 InsO Nr. 6.
25 Braun/*Wolf* Rn. 4.
26 FK-InsO/*Eisenbeis* Rn. 5; Nerlich/Römermann/*Hamacher* Rn. 25.

ebenfalls nicht.[27] Die Festlegung der zu kündigenden Arbeitnehmer muss **abschließend** sein und darf nicht nur als Planungsgrundlage dienen.[28] Eine **Teil-Namensliste**, in welcher die Betriebspartner lediglich einen Teil der zu einem bestimmten Zeitpunkt zu kündigenden Arbeitnehmer aufnehmen, erfüllt die Voraussetzungen nur ausnahmsweise, wenn sie sich auf ein geschlossenes unternehmerisches Konzept bezieht.[29] Aus der Namensliste muss sich zudem ergeben, ob der jeweilige Arbeitnehmer von einer **Beendigungs- oder Änderungskündigung** betroffen ist.[30] Hiervon kann abgesehen werden, wenn sich aus dem Interessenausgleich insgesamt ergibt, dass ausschließlich Entlassungen beabsichtigt sind.[31]

2. Im Interessenausgleich

Die Namensliste ist **in den Interessenausgleich** aufzunehmen. Die Bezeichnung der zu kündigenden Arbeitnehmer in einem **Sozialplan** genügt in Anbetracht des eindeutigen Wortlauts der Norm nicht.[32] Interessenausgleich und Sozialplan können jedoch in einer einheitlichen Urkunde vereinbart sein, sofern diese auf einer Einigung der Betriebspartner beruht und nicht durch den verbindlichen Spruch der Einigungsstelle zustande gekommen ist.[33] Sofern die Vereinbarung inhaltlich das »Ob« und »Wie« der Betriebsänderung (und nicht nur Ausgleich und Milderung der Nachteile der entlassenen Arbeitnehmer) regelt, ist eine Falschbezeichnung (»falsa demonstratio«) der Urkunde als »Sozialplan« unschädlich.[34]

12

3. Schriftform

Das **Schriftformerfordernis** aus § 112 BetrVG i.V.m. §§ 125, 126 BGB erstreckt sich auch auf die Namensliste.[35] Die Schriftform ist auch dann gewahrt, wenn die Namensliste nicht im Interessenausgleich selbst, sondern in einer Anlage enthalten ist, sofern beide eine einheitliche Urkunde bilden.[36] Hierfür genügt es, dass der Interessenausgleich unterschrieben ist, in ihm auf die nicht unterschriebene Anlage ausdrücklich Bezug genommen wird und Haupturkunde und nachfolgende Anlage (z.B. mittels Heftmaschine) körperlich fest zu einer einheitlichen Urkunde verbunden sind.[37] Die Schriftstücke müssen im Augenblick der Unterzeichnung als einheitliche Urkunde erkennbar sein. Daher genügt eine erst nach der Unterzeichnung erfolgte Verbindung dem Schriftformerfordernis nicht.[38] Ohne körperliche Verbindung von Namensliste und Interessenausgleich ist das Schriftformerfordernis dennoch gewahrt, wenn auch die Namensliste unterzeichnet ist und in ihr auf den Interessenausgleich oder im Interessenausgleich auf die Namensliste Bezug genommen wird.[39] Ein Interessenausgleich kann somit auch noch zeitlich versetzt durch eine Namensliste ergänzt werden (vgl. Rdn. 14).[40] Weder körperliche Verbindung noch Unterschrift der Namensliste ist dann erforderlich, wenn sich die Urkundeneinheit aus fortlaufender Paginierung, fortlaufender Nummerierung der einzelnen Bestimmungen, einheitlicher graphischer Gestaltung, inhaltlichem Zusammenhang des Textes oder ver-

13

---

27 Braun/*Wolf* Rn. 6; Kübler/Prütting/Bork/*Moll* Rn. 26; MüKo-InsO/*Löwisch/Caspers* Rn. 74; Nerlich/Römermann/*Hamacher* Rn. 25; a.A. KR/*Weigand* Rn. 13; *Schiefer* DB 1998, 925 (927).
28 BAG 06.12.2001, 2 AZR 422/00, EzA § 1 KSchG Interessenausgleich Nr. 9.
29 Uhlenbruck/*Berscheid* Rn. 12a; a.A. MüKo-InsO/*Löwisch/Caspers* Rn. 80 m.w.N.; offen gelassen durch BAG 26.03.2009, 2 AZR 296/07, EzA § 1 KSchG Interessenausgleich Nr. 18.
30 FK-InsO/*Eisenbeis* Rn. 5; Kübler/Prütting/Bork/*Moll* Rn. 29.
31 Kübler/Prütting/Bork/*Moll* Rn. 29.
32 FK-InsO/*Eisenbeis* Rn. 4; *Lakies* BB 1999, 207; a.A. *Schiefer* NZA 1997, 915 (917).
33 HK-InsO/*Linck* Rn. 10.
34 FK-InsO/*Eisenbeis* Rn. 4; KR/*Weigand* Rn. 14; Kübler/Prütting/Bork/*Moll* Rn. 28.
35 KR/*Weigand* Rn. 11.
36 BAG 26.04.2007, 8 AZR 612/06, EzA § 125 InsO Nr. 6.
37 BAG 26.04.2007, 8 AZR 612/06, EzA § 125 InsO Nr. 6.
38 BAG 06.07.2006, 2 AZR 520/05, EzA § 1 KSchG Soziale Auswahl Nr. 68.
39 BAG 19.06.2007, 2 AZR 304/06, EzA § 1 KSchG Interessenausgleich Nr. 13.
40 BAG 19.06.2007, 2 AZR 304/06, EzA § 1 KSchG Interessenausgleich Nr. 13; KR/*Weigand* Rn. 9.

gleichbaren Merkmalen zweifelsfrei ergibt.[41] Dann genügt es, wenn sich die Namensliste in die laufende Reihenfolge vor der unterzeichneten letzten Seite des Interessenausgleichs einordnet.[42]

4. Nachträgliche Namensliste

14 Ein Interessenausgleich kann **zeitnah** auch noch nachträglich durch eine Namensliste ergänzt werden. Bis wann eine Ergänzung des Interessenausgleichs noch zeitnah erfolgt ist, kann nicht durch eine starre Regelfrist bestimmt werden, sondern richtet sich nach den Umständen des Einzelfalls. Erforderlich ist ein hinreichender zeitlicher Zusammenhang zwischen Interessenausgleich und Namensliste, welcher sich auch aus fortdauernden Verhandlungen der Betriebsparteien ergeben kann.[43] Die Namensliste muss jedoch **vor Erklärung der Kündigung** zustande gekommen sein.[44] Dies ist bereits dem Wortlaut der Norm (»denen gekündigt werden soll«) zu entnehmen.[45]

C. Rechtsfolgen

15 Liegen die oben benannten Voraussetzungen vor, erfährt der Kündigungsschutz der in der Namensliste aufgeführten Arbeitnehmer erhebliche Einschränkungen. Die Modifikationen betreffen nur solche Kündigungen, welche im Zusammenhang mit der Betriebsänderung stehen. Von den Rechtsfolgen des § 125 erfasst werden demnach nur **durch die geplante Betriebsänderung** ausgelöste **betriebsbedingte** Kündigungen. Die Zulässigkeit personen- oder verhaltensbedingter Kündigungen richtet sich nach den allgemeinen Vorschriften des KSchG bzw. § 626 BGB.[46]

I. Vermutung der Betriebsbedingtheit (Abs. 1 Satz 1 Nr. 1)

16 Durch die gesetzliche Vermutung des § 125 Abs. 1 Satz 1 Nr. 1 verlagert sich die Darlegungs- und Beweislast im Kündigungsschutzprozess zu Lasten des Arbeitnehmers. Neben **Beendigungs-** (Abs. 1 Satz 1 Nr. 1 Alt. 1) werden auch **Änderungskündigungen** (Abs. 1 Satz 1 Nr. 1 Alt. 2) von der Vermutung erfasst.

1. Darlegungs- und Beweislast

17 Die Eröffnung des Insolvenzverfahrens lässt die Geltung des KSchG unberührt. Gem. § 1 Abs. 2 Satz 4 KSchG hat demnach grds der Arbeitgeber bzw. Insolvenzverwalter diejenigen Tatsachen zu beweisen, welche die Kündigung bedingen. Nach § 125 Abs. 1 Satz 1 Nr. 1 wird jedoch vermutet, dass die Kündigung der in der Namensliste bezeichneten Arbeitnehmer durch dringende betriebliche Erfordernisse, die einer Weiterbeschäftigung in diesem Betrieb oder einer Weiterbeschäftigung zu unveränderten Arbeitsbedingungen entgegenstehen, bedingt ist.

18 Durch die **(widerlegbare) gesetzliche Vermutung** (vgl. § 292 Satz 1 ZPO) des § 125 Abs. 1 Satz 1 Nr. 1 verlagert sich die Beweislast im Kündigungsschutzprozess zu Lasten des Arbeitnehmers. Den Insolvenzverwalter trifft nur im Hinblick auf die tatbestandlichen Voraussetzungen des § 125 die Darlegungs- und Beweislast. Demnach muss er – will er sich auf § 125 InsO berufen – die »Vermutungsbasis«, dh das Vorliegen einer Betriebsänderung i.S.d. § 111 BetrVG, ihre Kausalität für die Kündigung sowie die Existenz eines ordnungsgemäßen Interessenausgleichs mit Namensliste darlegen und ggf. beweisen.[47]

---

41 BGH 24.09.1997, XII ZR 234/95, BB 1998, 288.
42 KR/*Weigand* Rn. 12.
43 BAG 26.03.2009, 2 AZR 296/07, EzA § 1 KSchG Interessenausgleich Nr. 18.
44 BAG 26.03.2009, 2 AZR 296/07, EzA § 1 KSchG Interessenausgleich Nr. 18.
45 Kübler/Prütting/Bork/*Moll* Rn. 34.
46 MüKo-InsO/*Löwisch*/*Caspers* Rn. 70.
47 BAG 26.04.2007, 8 AZR 612/06, EzA § 125 InsO Nr. 6; FK-InsO/*Eisenbeis* Rn. 7; Nerlich/Römermann/ *Hamacher* Rn. 35; zu § 1 V KSchG BAG 31.05.2007, 2 AZR 254/06, EzA § 1 KSchG Interessenausgleich Nr. 12.

Gelingt dies, muss der Arbeitnehmer durch **Beweis des Gegenteils** (vgl. § 292 Satz 1 ZPO) die Vermutung widerlegen, dh er muss beweisen, dass die Kündigung nicht durch dringende betriebliche Erfordernisse bedingt ist und eine Weiterbeschäftigungsmöglichkeit besteht.[48] Der Arbeitnehmer trägt dann die volle Beweislast. Eine bloße Erschütterung der Vermutung genügt nicht.[49] Verbleibende Zweifel gehen zu seinen Lasten.[50] 19

Die Darlegungslast folgt der Beweislast und richtet sich damit gleichfalls nach der gesetzlichen Vermutung.[51] 20

Die Vermutung des § 125 Abs. 1 Satz 1 Nr. 1 wird nicht schon durch eine Klausel im Interessenausgleich widerlegt, nach welcher der Arbeitgeber einen vorübergehend bestehenden Personalmehrbedarf aufgrund von Urlaubs- und Krankenfehlzeiten bis zu einer Gesamtzahl von bis zu 10 Prozent der Belegschaft mit Leiharbeitskräften abdecken kann.[52] Auch ein möglicher Verstoß des dem Interessenausgleich zugrunde liegenden Punktesystems gegen das **Verbot der Altersdiskriminierung** führt nicht zur Unwirksamkeit der Namensliste und des Interessenausgleichs insgesamt und lässt daher die gesetzliche Vermutung unberührt.[53] 21

2. Reichweite der Vermutung

Umstritten ist, ob sich die Vermutungswirkung des § 125 – wie im Rahmen des § 1 Abs. 5 KSchG[54] – auch auf die fehlende Weiterbeschäftigungsmöglichkeit in **anderen Betrieben des Unternehmens** erstreckt.[55] Gegen eine derart weite Auslegung der Vorschrift spricht zunächst der gegenüber § 1 Abs. 5 KSchG engere Wortlaut des § 125 Abs. 1 Satz 1 Nr. 1, welcher ausschließlich auf das Fehlen einer Weiterbeschäftigungsmöglichkeit im Betrieb abstellt. Insoweit hat der Gesetzgeber jedoch in § 125 Abs. 1 Satz 1 Nr. 1 lediglich den Wortlaut des § 1 Abs. 2 Satz 1 KSchG übernommen. Nach dem dortigen kündigungsschutzrechtlichen Verständnis gilt die Weiterbeschäftigungspflicht des Arbeitgebers dem ultima-ratio-Grundsatz folgend – auch ohne Widerspruch des Betriebsrats (§ 1 Abs. 2 Satz 2 Nr. 1b KSchG) – unternehmensbezogen.[56] Mit dem Wortlaut der Regelung lässt sich eine bloß betriebsbezogene Geltung daher nicht begründen. Vielmehr spricht einiges dafür, dass auch in der Regelung in § 125 das normative Verständnis des § 1 Abs. 2 Satz 1 KSchG zugrunde zu legen ist.[57] Auch der Zweck der Vorschrift, Kündigungen nur noch in Ausnahmefällen in Frage stellen zu lassen[58] und die Gestaltungsmöglichkeiten des Insolvenzverwalters im Insolvenzverfahren gegenüber § 1 Abs. 5 KSchG zu erweitern,[59] legt ein derart weites Verständnis der Vermutungsregelung nahe.[60] 22

Für die Praxis ist der Streit von lediglich untergeordneter Bedeutung. Denn selbst wenn man mit der Gegenauffassung die Vermutungswirkung des § 125 auf die fehlende Weiterbeschäftigungsmöglich- 23

---

48 Braun/*Wolf* Rn. 10.
49 Nerlich/Römermann/*Hamacher* Rn. 35.
50 BAG 26.04.2007, 8 AZR 612/06, EzA § 125 InsO Nr. 6.
51 BAG 07.05.1998, 2 AZR 536/97, EzA § 1 KSchG Interessenausgleich Nr. 5; FK-InsO/*Eisenbeis* Rn. 7; Kübler/Prütting/Bork/*Moll* Rn. 36; MüKo-InsO/*Löwisch/Caspers* Rn. 85; a.A. *Zwanziger* Rn. 19: Darlegungslast verbleibt beim Insolvenzverwalter.
52 BAG 15.11.2012, 8 AZR 827/11, EzA § 1 KSchG Betriebsbedingte Kündigung Nr. 169.
53 So zu § 1 Abs. 5 KSchG: BAG 05.11.2009, 2 AZR 676/08, EzA § 1 KSchG Interessenausgleich Nr. 20.
54 Vgl. hierzu BAG 06.09.2007, 2 AZR 715/06, EzA § 1 KSchG Interessenausgleich Nr. 14.
55 Dafür ErfK/*Gallner* Rn. 7; HWK/*Annuß* Rn. 9; Kübler/Prütting/Bork/*Moll* Rn. 36; MüKo-InsO/*Löwisch/Caspers* Rn. 84; Uhlenbruck/*Berscheid* Rn. 32; *Caspers* Rn. 171; Oetker/*Friese* DZWIR 2001, 177 (181); dagegen FK-InsO/*Eisenbeis* Rn. 8; KDZ/*Däubler* Rn. 15; KR/*Weigand* Rn. 16; *Berkowsky* NZI 1999, 129 (132).
56 Vgl. grundlegend dazu BAG 17.05.1984, 2 AZR 109/83, EzA § 1 KSchG Betriebsbedingte Kündigung Nr. 32; KDZ/*Kittner/Deinert* § 1 KSchG Rn. 282, 365 ff.; MüKo-BGB/*Hergenröder* § 1 KSchG Rn. 304.
57 Uhlenbruck/*Berscheid* Rn. 32; Oetker/*Friese* DZWIR 2001, 177 (181).
58 Vgl. RegE BT-Drucks. 12/2443, 149.
59 ErfK/*Gallner* Rn. 7.
60 HWK/*Annuß* Rn. 9.

keit im Betrieb beschränken will, muss auch auf Unternehmensebene nach den Regeln der abgestuften Darlegungs- und Beweislast der Arbeitgeber das Vorhandensein eines freien Arbeitsplatzes zunächst nur bestreiten.[61] Es obliegt dann dem Arbeitnehmer aufzuzeigen, wie er sich eine anderweitige Beschäftigung vorstellt.[62]

II. Eingeschränkte Nachprüfbarkeit der Sozialauswahl (Abs. 1 Satz 1 Nr. 2)

24 Die gerichtliche Nachprüfbarkeit der Sozialauswahl wird auf die Kriterien **Betriebszugehörigkeit, Lebensalter und Unterhaltspflichten** und auch insoweit auf **grobe Fehlerhaftigkeit** beschränkt. Eine grob fehlerhafte Auswahl führt allerdings nicht ohne weiteres zur Unwirksamkeit der Kündigung, vielmehr ist der allgemeine Prüfungsmaßstab des § 1 Abs. 3 KSchG anzuwenden.[63]

1. Kriterien

25 Die soziale Auswahl der Arbeitnehmer kann vom Arbeitsgericht nur auf die Dauer der **Betriebszugehörigkeit**, das **Lebensalter** und die **Unterhaltspflichten** hin überprüft werden. Dies verbietet es den Betriebspartnern nicht, auch **sonstige Kriterien** in ihre Auswahlentscheidung mit einzubeziehen, solange die drei genannten Kriterien nicht grob fehlerhaft missachtet werden.[64] Verlangen müssen wird man aber eine an allgemeinen Kriterien orientierte betriebsbezogene Regelung. Bei der Gewichtung besteht keine Rangfolge zu Gunsten eines der Kriterien.[65] Unzulässig ist es, einen Arbeitnehmer aufgrund einer Einzelfallbetrachtung aus der Sozialauswahl herauszunehmen.[66]

26 Trotz des Verbots der **Altersdiskriminierung** darf das Lebensalter als Auswahlkriterium bei der Sozialauswahl Berücksichtigung finden. Die Diskriminierungsverbote des AGG sind trotz der Bereichsausnahme des § 2 Abs. 4 AGG im Rahmen der Prüfung der Sozialwidrigkeit einer Kündigung zu beachten.[67] Die unmittelbare Benachteiligung jüngerer Arbeitnehmer (vgl. §§ 1, 3 Abs. 1 AGG) ist jedoch durch ein legitimes Ziel, nämlich den Schutz älterer Arbeitnehmer mit typischerweise schlechteren Arbeitsmarktchancen,[68] nach § 10 Satz 1 u. 2 AGG gerechtfertigt. Dieser Zweck steht auch im Einklang mit Art. 6 Abs. 1 der RL 2000/78/EG.[69]

2. Grobe Fehlerhaftigkeit

27 Die Sozialauswahl kann nur auf **grobe Fehler** überprüft werden. Der **Beurteilungsspielraum** des Arbeitgebers bei der sozialen Auswahl wird zu Gunsten einer zwischen Insolvenzverwalter und Betriebsrat vereinbarten Gesamtlösung erweitert.[70]

a) Allgemeines

28 Die Sozialauswahl muss **grob** fehlerhaft sein. Allein eine fehlerhafte Anwendung oder Beurteilung der Kriterien durch Insolvenzverwalter und Betriebsrat genügt demnach nicht. Die Fehlerhaftigkeit muss offensichtlich und eindeutig sein, die Betriebspartner müssen den ihnen zustehenden Beurteilungsspielraum weit überschritten haben.[71] Die Sozialauswahl ist grob fehlerhaft, wenn ein **evidenter, ins Auge springender schwerer Fehler** vorliegt und der Interessenausgleich insbesondere bei der

---

61 HWK/*Annuß* Rn. 9 Fn. 17.
62 Vgl. BAG 20.01.1994, 2 AZR 489/93, EzA § 1 KSchG Betriebsbedingte Kündigung Nr. 74; KDZ/*Kittner/Deinert* § 1 KSchG Rn. 418.
63 BAG 28.06.2012, 6 AZR 682/10, EzA § 125 InsO Nr. 7.
64 Braun/*Wolf* Rn. 13; Kübler/Prütting/Bork/*Moll* Rn. 47 f.; MüKo-InsO/*Löwisch/Caspers* Rn. 91.
65 BAG 20.09.2006, 6 AZR 249/05, EzA § 613a BGB 2002 Nr. 62.
66 LAG Düsseldorf 05.10.2011, 7 Sa 1677/10, ZIP 2012, 844.
67 BAG 05.11.2009, 2 AZR 676/08, EzA § 1 KSchG Interessenausgleich Nr. 20.
68 AA *Kaiser/Dahm* NZA 2010, 473.
69 BAG 05.11.2009, 2 AZR 676/08, EzA § 1 KSchG Interessenausgleich Nr. 20.
70 BAG 21.07.2005, 6 AZR 592/04, EzA § 125 InsO Nr. 2.
71 KR/*Weigand* Rn. 22.

Gewichtung der Auswahlkriterien **jede Ausgewogenheit vermissen lässt**.[72] Dieser Prüfungsmaßstab gilt auch im Hinblick auf Abweichungen bei den vergebenen Sozialpunkten. Beruft sich ein gekündigter Arbeitnehmer bezüglich der vergebenen Sozialpunkte auf einen Punkteabstand zu seinen Gunsten, ist die Sozialauswahl deshalb nicht grob fehlerhaft, wenn der Punkteabstand im Hinblick auf die zugrunde liegenden Daten marginal erscheint.[73] Eine Abweichung von acht Punkten spricht dagegen für grobe Fehlerhaftigkeit.[74]

Der Prüfungsmaßstab der groben Fehlerhaftigkeit bezieht sich auf den **gesamten Auswahlprozess**. 29
Dies gilt auch im Hinblick darauf, ob ein eigenständiger Betrieb im Sinne des Betriebsbegriffs des § 23 KSchG vorliegt. Bewerten die Betriebspartner, zumal unter dem Druck eilbedürftiger Entscheidungen in der Insolvenz, die tatsächlichen Verhältnisse in nachvollziehbarer und ersichtlich nicht auf Missbrauch zielender Weise falsch, liegt noch ein vom Maßstab der groben Fehlerhaftigkeit gedeckter Auswahlfehler vor.[75] Neben der Bestimmung und Gewichtung der maßgeblichen Auswahlkriterien kann demnach insb. auch die **Bildung der Vergleichsgruppen** von den Arbeitsgerichten nur auf grobe Fehler hin überprüft werden.[76] Arbeitnehmer sind vergleichbar, wenn sie im Hinblick auf die Ausgestaltung des Arbeitsplatzes sowie die persönliche und fachliche Qualifikation **austauschbar** sind.[77] Diesbezüglich ist die Sozialauswahl etwa grob fehlerhaft, wenn bei Bildung der Vergleichsgruppen die Austauschbarkeit der Arbeitnehmer offensichtlich verkannt oder bei Anwendung der Ausnahmetatbestandes des § 1 Abs. 3 Satz 2 KSchG die betrieblichen Interessen augenfällig überdehnt wurden.[78] Keine grobe Fehlerhaftigkeit liegt vor, wenn sich die Berücksichtigung von Unterhaltspflichten auf solche Kinder wie aus der Lohnsteuerkarte ersichtlich beschränkt. Demgegenüber darf die Verpflichtung zur Gewährung von Familienunterhalt nach § 1360 BGB nicht gänzlich außer Betracht bleiben.[79]

b) Schaffung oder Erhaltung einer ausgewogenen Personalstruktur

Die Sozialauswahl ist nach § 125 Abs. 1 Satz 1 Nr. 2 Hs. 2 nicht als grob fehlerhaft anzusehen, wenn 30
eine **ausgewogene Personalstruktur erhalten** oder **geschaffen** wird. § 125 ist lex specialis zu § 1 Abs. 5 KSchG.[80]

aa) Personalstruktur

Der Begriff der **Personalstruktur** ist nicht mit Altersstruktur gleichzusetzen, sondern ermöglicht da- 31
rüber hinaus die Einbeziehung weiterer Aspekte.[81] Berücksichtigt werden können insbesondere die Ausbildung und Qualifikation im Betrieb und damit die Bildung entsprechender Qualifikationsgruppen und -bereiche.[82] Auch Fehlzeiten dürfen in einem angemessenen Zeitraum (z.B. 2 Jahre) berücksichtigt werden, sofern sie für die Zukunft relevant sein können und nicht auf eine Altersgruppe begrenzt sind.[83] **Benachteiligungsverbote** sind zu beachten, sodass etwa Gewerkschaftszugehörigkeit (Art. 9 Abs. 3 GG), Religion, Staatsangehörigkeit oder Rasse (Art. 3 Abs. 3 GG)

---

72 BAG 20.09.2006, 6 AZR 249/05, EzA § 613a BGB 2002 Nr. 62.
73 BAG 17.01.2008, 2 AZR 405/06, EzA § 1 KSchG Soziale Auswahl Nr. 80: 56 Punkte gegenüber 54,75 Punkten; KR/*Weigand* Rn. 22.
74 ArbG Cottbus 19.09.2012, 2 Ca 498/12, EzA-SD 2012, Nr. 23, 13.
75 BAG 20.09.2012, 6 AZR 483/11, EzA § 125 InsO Nr. 9.
76 BAG 21.07.2005, 6 AZR 592/04, EzA § 125 InsO Nr. 2; FK-InsO/*Eisenbeis* Rn. 14; *Löwisch* RdA 1997, 80 (81); a.A. *Zwanziger* AuR 1997, 427 (430).
77 MüKo-BGB/*Hergenröder* § 1 KSchG Rn. 340.
78 BAG 17.11.2005, 6 AZR 107/05, EzA § 125 InsO Nr. 4; *Bader* NZA 2004, 65.
79 BAG 28.06.2012, 6 AZR 682/10, EzA § 125 InsO Nr. 7.
80 BAG 15.12.2011, 8 AZR 692/10, EzA § 613a BGB Nr. 132.
81 BAG 28.08.2003, 2 AZR 368/02, EzA § 125 InsO Nr. 1.
82 BAG 28.08.2003, 2 AZR 368/02, EzA § 125 InsO Nr. 1.
83 ArbG Cottbus 23.08.2012, 11 Ca 10335/12, LAGE § 125 InsO Nr. 15.

keine Berücksichtigung finden dürfen.[84] Das Geschlecht darf daher ebenfalls nur dann Berücksichtigung finden, wenn dies durch sachliche Gründe (denkbar z.B. für ein Modegeschäft) gerechtfertigt ist.[85]

bb) Schaffung und Erhaltung

32 § 125 Abs. 1 Satz 1 Nr. 2 Hs. 2 ermöglicht neben der **Erhaltung** auch die **Schaffung** einer ausgewogenen Personalstruktur und geht damit über die Regelung in § 1 Abs. 3, 5 KSchG hinaus.[86] In der Insolvenz können so durch Veränderung der Personalstruktur auch bisherige Versäumnisse der Personalpolitik korrigiert werden.[87]

33 Die Betriebspartner können unter Zugrundelegung verschiedener Strukturmerkmale **abstrakte Gruppen** bilden und aus jeder Gruppe jeweils den gleichen Anteil für Kündigungen vorsehen. Die aus jeder Gruppe zu kündigenden Arbeitnehmer werden dann im Wege einer gruppenbezogenen Sozialauswahl ermittelt.[88] Die Gruppen dürfen jedoch nicht **willkürlich** gebildet werden oder gezielt darauf ausgerichtet sein, **bestimmte** (unliebsame) **Arbeitnehmer** zu kündigen.[89]

34 Die Erhaltung oder Schaffung einer ausgewogenen Altersstruktur stellt ein legitimes Ziel dar, welches nach **bisheriger Rspr des BAG** regelmäßig eine Ungleichbehandlung wegen des **Alters** im Hinblick auf das Diskriminierungsverbot der §§ 1, 10 Satz 1 u. 2 AGG[90] auch unter Berücksichtigung von Art. 6 Abs. 1 der RL 2000/78/EG[91] rechtfertigen kann.[92] Jedenfalls die Bildung von Altersgruppen in durchgängigen Zehnjahresstufen soll hiernach zulässig sein.[93] Dass an dieser Rechtsprechung festgehalten werden kann, wird im Hinblick auf die – in anderem Zusammenhang ergangene – Entscheidung des **EuGH vom 05.03.2009**[94] bezweifelt.[95] Gemäß der Entscheidung des EuGH soll einzig die Verfolgung **sozialpolitischer Ziele** eine Ausnahme vom Diskriminierungsverbot nach Art. 6 Abs. 1 der RL 2000/78/EG rechtfertigen können. **Reine Arbeitgeberinteressen** hingegen sollen nicht zur Rechtfertigung von Ungleichbehandlungen herangezogen werden können.[96] Indes muss gesehen werden, dass die Sanierung eines Unternehmens nach der InsO anstelle seiner Zerschlagung vor allem auch den Arbeitnehmern und der Allgemeinheit zugute kommt.[97]

cc) Gerichtliche Überprüfbarkeit

35 Ob eine ausgewogene Personalstruktur erhalten oder geschaffen wird, ist **voll gerichtlich überprüfbar**. Die Beschränkung der Nachprüfbarkeit auf grobe Fehlerhaftigkeit bezieht sich hierauf nicht. Denn die eingeschränkte Überprüfbarkeit der Sozialauswahl an sich ist Rechtsfolge des § 125

---

84 Nerlich/Römermann/*Hamacher* Rn. 55.
85 ErfK/*Gallner* Rn. 16.
86 KDZ/*Däubler* Rn. 19.
87 *Preis* NJW 1996, 3369 (3378).
88 KR/*Weigand* Rn. 29.
89 KR/*Weigand* Rn. 29; Nerlich/Römermann/*Hamacher* Rn. 55.
90 BAG 06.11.2008, 2 AZR 523/07, EzA § 1 KSchG Soziale Auswahl Nr. 82.
91 BAG 12.03.2009, 2 AZR 418/07, EzA § 1 KSchG Interessenausgleich Nr. 17.
92 Vgl. ausf. ErfK/*Gallner* Rn. 15 m.w.N.
93 BAG 06.11.2008, 2 AZR 523/07, EzA § 1 KSchG Soziale Auswahl Nr. 82; 28.06.2012, 6 AZR 682/10, EzA § 125 InsO Nr. 7: nicht jedoch: unsystematische Altersgruppen mit wechselnden Zeitsprüngen, vgl. LAG Hamm 05.06.2003, 4 (16) Sa 1976/02, LAGE § 125 InsO Nr. 4.
94 EuGH 05.03.2009, C-388/07, EzA Richtlinie 2000/78 EG-Vertrag 1999 Nr. 9 – Age Concern England.
95 *Gaul/Niklas* NZA-RR 2009, 457 (461 f.).
96 EuGH 05.03.2009, C-388/07, EzA Richtlinie 2000/78 EG-Vertrag 1999 Nr. 9 – Age Concern England; a.A. *Gaul/Niklas* NZA-RR 2009, 457 (461 f.); offen gelassen in BAG 05.11.2009, 2 AZR 676/08, EzA § 1 KSchG Interessenausgleich Nr. 20.
97 BAG 28.06.2012, 6 AZR 682/10, EzA § 125 InsO Nr. 7.

und kann nicht zur Bestimmung der Tatbestandvoraussetzungen herangezogen werden.[98] Jedoch räumt der Rechtsbegriff der »Ausgewogenheit« den Betriebspartnern einen **Beurteilungsspielraum** ein.[99]

3. Darlegungs- und Beweislast

§ 125 Abs. 1 Satz 1 Nr. 2 regelt anders als Nr. 1 nicht die Darlegungs- und Beweislast. Es verbleibt 36 daher bei den allgemeinen Regeln einer **abgestuften Darlegungs- und Beweislast**. Grds hat der Arbeitnehmer gem. § 1 Abs. 3 Satz 3 KSchG die fehlerhafte Sozialauswahl zu beweisen. Fordert er jedoch den Insolvenzverwalter dazu auf, so hat dieser dem gekündigten Arbeitnehmer gem. § 1 Abs. 3 Satz 1 Hs. 2 KSchG zunächst die Gründe für die getroffene Sozialauswahl mitzuteilen.[100] Nach Erfüllung der Auskunftspflicht trägt der Arbeitnehmer die volle Darlegungs- und Beweislast für die Fehlerhaftigkeit der Sozialauswahl.[101]

III. Wesentliche Änderung der Sachlage (Abs. 1 Satz 2)

Gem. § 125 Abs. 1 Satz 2 gilt Abs. 1 Satz 1 nicht, soweit sich die Sachlage nach Zustandekommen 37 des Interessenausgleichs wesentlich geändert hat.

1. Wesentliche Änderung

Unter Heranziehung der Grundsätze zum Wegfall der Geschäftsgrundlage (§ 313 BGB) liegt eine 38 wesentliche Änderung der Sachlage vor, wenn nicht ernsthaft bezweifelt werden kann, dass einer der Betriebspartner oder beide den Interessenausgleich in Kenntnis der späteren Änderung nicht oder mit anderem Inhalt abgeschlossen hätten.[102] Dies ist etwa anzunehmen, wenn sich nach Abschluss des Interessenausgleichs ergibt, dass nun gar **keine oder eine andere Betriebsänderung** durchgeführt werden soll oder dass mit der Betriebsänderung eine **erheblich geringere Anzahl von Kündigungen** verbunden ist.[103] Verändert sich die Anzahl der Kündigungen nur geringfügig, ist hierin keine wesentliche Änderung i.S.d. § 125 Abs. 1 Satz 2 zu sehen.[104] Auch wesentliche **Änderungen bei den Sozialdaten** der betroffenen Arbeitnehmer sind zu berücksichtigen.[105]

Nur **soweit** sich die Sachlage wesentlich geändert hat, findet Abs. 1 Satz 1 der Vorschrift keine An- 39 wendung. Wird etwa ein beabsichtigter Personalabbau (nur) teilweise durchgeführt, bleibt es diesbezüglich bei den Wirkungen des Abs. 1 Satz 1, sofern dies sinnvoll möglich ist.[106]

---

98 Nerlich/Römermann/*Hamacher* Rn. 56.
99 *Berkowsky* NZI 1999, 129 (134); a.A. HWK/*Annuß* Rn. 12.
100 ArbG Stuttgart 24.07.2012, 16 Ca 2422/12, ZIP 2012, 2078.
101 BAG 17.11.2005, 6 AZR 107/05, EzA § 125 InsO Nr. 4; HambK-InsR/*Ahrendt* Rn. 22.
102 BAG 12.03.2009, 2 AZR 418/07, EzA § 1 KSchG Interessenausgleich Nr. 17; Braun/*Wolf* Rn. 18; *Bader* NZA 1996, 1125 (1133).
103 BAG 12.03.2009, 2 AZR 418/07, EzA § 1 KSchG Interessenausgleich Nr. 17; *Caspers* Rn. 208; *Bader* NZA 1996, 1125 (1133); *Fischermeier* NZA 1997, 1089 (1097); *v. Hoyningen-Huene/Linck* DB 1997, 41 (45).
104 Zu § 1 V KSchG vgl. BAG 23.10.2008, 2 AZR 163/07, EzA § 1 KSchG Interessenausgleich Nr. 16; wie hier ErfK/*Gallner* Rn. 18; KR/*Weigand* Rn. 37; Uhlenbruck/*Berscheid* Rn. 40 unter Heranziehung der Zahlen und Prozentangaben des § 17 KSchG; a.A. MüKo-InsO/*Löwisch/Caspers* Rn. 101; *Löwisch* BB 2004, 154 (156); *Zwanziger* DB 1997, 2178 (2179).
105 KR/*Weigand* Rn. 37; MüKo-InsO/*Löwisch/Caspers* Rn. 103.
106 BAG 22.01.2004, 2 AZR 111/02, EzA § 1 KSchG Interessenausgleich Nr. 11; ErfK/*Gallner* Rn. 18.

2. Zeitpunkt

40 Die Sachlage muss sich im Zeitraum zwischen **Zustandekommen des Interessenausgleichs und Zugang der Kündigung** geändert haben.[107] Bei Änderungen nach Zugang der Kündigung kommt lediglich ein **Wiedereinstellungsanspruch** des Arbeitnehmers in Betracht.[108]

D. Ersetzung der Stellungnahme des Betriebsrats (Abs. 2)

41 Die Anzeigepflicht bei Massenentlassungen aus § 17 KSchG gilt auch in der Insolvenz. Nach § 17 Abs. 3 Satz 2 KSchG ist der Anzeige eine Stellungnahme des Betriebsrat beizufügen. Gem. § 125 Abs. 2 ersetzt der Interessenausgleich nach § 125 Abs. 1 die Stellungnahme des Betriebsrats, sodass die Einholung einer erneuten Stellungnahme nicht erforderlich ist. Dies gilt auch dann, wenn der Interessenausgleich nicht mit dem örtlichen Betriebsrat, sondern im Falle einer betriebsübergreifenden Betriebsänderung mit dem Gesamtbetriebsrat zustande gekommen ist.[109] Demgegenüber ersetzt ein Einigungsstellenverfahren, an dem der zuständige Gesamtbetriebsrat beteiligt worden ist und das zu einem Spruch der Einigungsstelle über einen Sozialplan geführt hat, die nach § 17 Abs. 3 Satz 2 KSchG erforderliche Stellungnahme nicht. Die gesetzliche Fiktion des § 125 Abs. 2 InsO gilt nur für den Interessenausgleich mit Namensliste, nicht für den Sozialplan durch Spruch der Einigungsstelle.[110]

E. Sonstige Beteiligungsrechte des Betriebsrats

42 Gem. § 102 BetrVG ist der Betriebsrat vor jeder Kündigung zu hören. Das Erfordernis einer Betriebsratsanhörung nach § 102 BetrVG bleibt von § 125 unberührt. Die Betriebsratsanhörung unterliegt auch bei Vorliegen eines Interessenausgleichs mit Namensliste i.S.d. § 125 Abs. 1 grds keinen erleichterten Anforderungen.[111]

§ 126 Beschlussverfahren zum Kündigungsschutz

(1) Hat der Betrieb keinen Betriebsrat oder kommt aus anderen Gründen innerhalb von drei Wochen nach Verhandlungsbeginn oder schriftlicher Aufforderung zur Aufnahme von Verhandlungen ein Interessenausgleich nach § 125 Abs. 1 nicht zustande, obwohl der Verwalter den Betriebsrat rechtzeitig und umfassend unterrichtet hat, so kann der Insolvenzverwalter beim Arbeitsgericht beantragen festzustellen, dass die Kündigung der Arbeitsverhältnisse bestimmter, im Antrag bezeichneter Arbeitnehmer durch dringende betriebliche Erfordernisse bedingt und sozial gerechtfertigt ist. Die soziale Auswahl der Arbeitnehmer kann nur im Hinblick auf die Dauer der Betriebszugehörigkeit, das Lebensalter und die Unterhaltspflichten nachgeprüft werden.

(2) Die Vorschriften des Arbeitsgerichtsgesetzes über das Beschlussverfahren gelten entsprechend; Beteiligte sind der Insolvenzverwalter, der Betriebsrat und die bezeichneten Arbeitnehmer, soweit sie nicht mit der Beendigung der Arbeitsverhältnisse oder mit den geänderten Arbeitsbedingungen einverstanden sind. § 122 Abs. 2 Satz 3, Abs. 3 gilt entsprechend.

(3) Für die Kosten, die den Beteiligten im Verfahren des ersten Rechtszugs entstehen, gilt § 12a Abs. 1 Satz 1 und 2 des Arbeitsgerichtsgesetzes entsprechend. Im Verfahren vor dem Bundes-

---

[107] BAG 22.01.2004, 2 AZR 111/02, EzA § 1 KSchG Interessenausgleich Nr. 11; FK-InsO/*Eisenbeis* Rn. 30 f.; KR/*Weigand* Rn. 37 f.; a.A. *Zwanziger* BB 1997, 626 (628): Veränderungen bis zum Ende der mündlichen Verhandlung im Kündigungsschutzprozess sind zu berücksichtigen.

[108] BAG 21.02.2001, 2 AZR 39/00, EzA § 1 KSchG Interessenausgleich Nr. 8; zu den Einzelheiten vgl. FK-InsO/*Eisenbeis* Rn. 31 f.

[109] BAG 07.07.2011, 6 AZR 248/10, EzA § 26 BetrVG 2001 Nr. 2.

[110] BAG 13.12.2012, 6 AZR 772/11, juris.

[111] BAG 28.08.2003, 2 AZR 377/02, EzA § 102 BetrVG 2001 Nr. 4; ErfK/*Gallner* Rn. 19; FK-InsO/*Eisenbeis* Rn. 26.

arbeitsgericht gelten die Vorschriften der Zivilprozessordnung über die Erstattung der Kosten des Rechtsstreits entsprechend.

Übersicht

	Rdn.			Rdn.
A. Inhalt und Normzweck	1		c) Eigenverwaltung	21
B. Voraussetzungen	3	C.	Verfahren	22
I. Anwendungsbereich	4	I.	Antrag	23
II. Kein Interessenausgleich	10	II.	Beschlussverfahren	26
1. Betriebe ohne Betriebsrat	11	III.	Beteiligte	28
2. Betriebe mit Betriebsrat	14	IV.	Prüfungsmaßstab	30
a) Keine Einigung über Interessenausgleich	15	V.	Bindungswirkung	35
		VI.	Rechtsmittel	36
b) Drei-Wochen-Frist	17	D.	Kosten (Abs. 3)	37
aa) Fristbeginn	18	E.	Verhältnis zu § 122 InsO	38
bb) Maßgeblicher Zeitpunkt des Fristablaufs	19	F.	Verhältnis zu sonstigen Beteiligungsrechten des Betriebsrats	39
cc) Rechtzeitige und umfassende Unterrichtung	20			

A. Inhalt und Normzweck

§ 126 ergänzt die Regelung in § 125 und soll wie dieser die schnelle Klärung der Wirksamkeit sämt- **1** licher im Zusammenhang mit einer Betriebsänderung ausgesprochener Kündigungen ermöglichen.[1] Beabsichtigt der Insolvenzverwalter die Durchführung einer Betriebsänderung, kann er nach § 125 Abs. 1 in einem Interessenausgleich mit dem Betriebsrat diejenigen Arbeitnehmer bezeichnen, welchen gekündigt werden soll. Hierdurch wird die Vermutungswirkung des § 125 Abs. 1 Satz 1 Nr. 1 und des § 128 Abs. 2 ausgelöst sowie die Nachprüfbarkeit der Sozialauswahl gem. § 125 Abs. 1 Satz 1 Nr. 2 beschränkt. § 126 greift ein, wenn ein solcher Interessenausgleich nach § 125 Abs. 1 nicht zustande kommt, weil entweder ein Betriebsrat nicht besteht oder eine Einigung über einen Interessenausgleich trotz rechtzeitiger und umfassender Unterrichtung des Betriebsrats nicht erzielt wird. Unter den Voraussetzungen des **Abs. 1** kann der Insolvenzverwalter in einem besonderen Beschlussverfahren vor dem Arbeitsgericht (vgl. **Abs. 2 u. 3**) die soziale Rechtfertigung der Kündigungen feststellen lassen.[2] Nach Maßgabe des § 127 Abs. 1 sind die Gerichte in einem späteren individuellen Kündigungsschutzprozess an die Entscheidung im Verfahren nach § 126 gebunden (zu Inhalt und Umfang der Bindungswirkung vgl. § 127 Rdn. 9 ff.).

Zur Entlastung der Masse soll durch das »Sammel-Beschlussverfahren« nach § 126 eine Vielzahl in- **2** dividueller Kündigungsschutzprozesse vermieden werden, in welchen jeweils weitgehend identische Sachverhalte zu prüfen wären.[3] Die Praktikabilität des Verfahrens nach § 126 wird in der Literatur allerdings vielfach angezweifelt. Das Verfahren sei umständlich und langwierig.[4] Die Bindungswirkung nach § 127 Abs. 1 Satz 1 gewährleiste keine Rechtssicherheit, da sie sich auf das Vorliegen dringender betrieblicher Erfordernisse und die Sozialauswahl beschränke und bei nachträglichen wesentlichen Änderungen der Sachlage nach § 127 Abs. 1 Satz 2 ohnehin nicht greife.[5]

B. Voraussetzungen

Voraussetzung für den Feststellungsantrag nach § 126 ist, dass eine Kündigung i.S.d. § 126 vorliegt, **3** über welche ein Interessenausgleich nach § 125 nicht zustande gekommen ist, da entweder der Be-

---

1 Vgl. RegE BT-Drucks. 12/2443, 149.
2 Vgl. RegE BT-Drucks. 12/2443, 149.
3 HambK-InsR/*Ahrendt* Rn. 1.
4 *Grunsky* FS Lüke, 1997, 191 (203).
5 *Giesen* ZIP 1998, 45 (55); *Heinze* NZA 1999, 57 (61).

trieb keinen Betriebsrat hat oder eine Einigung mit dem zuständigen Betriebsrat trotz rechtzeitiger Unterrichtung nicht erzielt werden konnte.

I. Anwendungsbereich

4 Wie sich aus § 126 Abs. 2 Satz 1 Hs. 2 ergibt, werden neben **Beendigungs-** auch **Änderungskündigungen** von der Vorschrift erfasst.[6] Jedoch beschränkt sich der Anwendungsbereich auf **betriebsbedingte ordentliche** Kündigungen. Verhaltens- oder personenbedingte Kündigungen sowie außerordentliche Kündigungen aus wichtigem Grund werden nicht erfasst.[7]

5 § 126 ist nur auf solche Arbeitsverhältnisse anwendbar, welche in den Anwendungsbereich des **KSchG** fallen.[8]

6 Das Beschlussverfahren nach § 126 kann nach nahezu einhelliger Auffassung auch dann noch eingeleitet werden, wenn die **Kündigung** der im Antrag bezeichneten Arbeitnehmer **bereits erfolgt ist**.[9] Zwar ging der Gesetzgeber wohl primär von der Konstellation aus, dass das Verfahren nach § 126 im Vorfeld einer beabsichtigten Kündigung durchgeführt wird,[10] jedoch lässt die Regelung in § 127 Abs. 2 darauf schließen, dass auch Kündigungen vor oder während der Durchführung des Beschlussverfahrens erfasst werden.[11] Demnach kann der Insolvenzverwalter nach Ausspruch der Kündigungen zunächst abwarten, ob und wie viele Arbeitnehmer innerhalb der Drei-Wochen-Frist des § 4 KSchG Kündigungsschutzklage erheben und beschränkt auf diese Arbeitnehmer – die übrigen Kündigungen gelten gem. § 7 KSchG als von Anfang an rechtswirksam – ggf das Beschlussverfahren nach § 126 durchführen.[12]

7 Teilweise wird die Anwendbarkeit des § 126 verneint, wenn nur die Kündigung **eines** Arbeitnehmers ausgesprochen wird bzw. nur die Kündigung **eines** Arbeitnehmers noch streitig ist. In diesem Fall könne der Gesetzeszweck, durch das Beschlussverfahren eine Vielzahl langwieriger Kündigungsschutzprozesse zu vermeiden, nicht erreicht werden. § 126 könne daher jedenfalls aufgrund teleologischer Reduktion keine Anwendung finden.[13] Diese Auffassung verkennt, dass auch bei nur einer streitigen Kündigung der Beschleunigungszweck durch die Herbeiführung der regelmäßig abschließenden (vgl. Rdn. 36) erstinstanzlichen Entscheidung des Arbeitsgerichts erreicht werden kann und die eingeschränkte Überprüfbarkeit der Sozialauswahl dem Insolvenzverwalter auch in dieser Konstellation zugutekommen soll.[14]

8 Umstritten ist schließlich, ob § 126 nur dann Anwendung finden soll, wenn die Kündigungen im Zusammenhang mit einer **Betriebsänderung i.S.d. § 111 BetrVG** ausgesprochen werden. Anders als etwa § 122 und § 125 ist dem Wortlaut des § 126 das Erfordernis einer Betriebsänderung i.S.d. § 111 BetrVG nicht ausdrücklich zu entnehmen. Jedoch ist aus dem Verweis in § 126 Abs. 1 Satz 1 auf eine Auffangfunktion der Vorschrift gegenüber § 125 zu schließen. § 126 soll § 125 lediglich ergänzen, sodass auch für § 126 zunächst eine Betriebsänderung i.S.d. § 111 BetrVG vorliegen muss.[15] Wie im Rahmen der Mitbestimmungsrechte nach §§ 111 ff. BetrVG ist daher neben einer Mindestbelegschaft von mehr als 20 Arbeitnehmern etwa die Entlassung einer die Schwelle des § 17

---

6 KR/*Weigand* Rn. 8; *Caspers* Rn. 243.
7 MüKo-InsO/*Löwisch/Caspers* Rn. 3.
8 Braun/*Wolf* Rn. 4; ErfK/*Gallner* Rn. 1; KDZ/*Däubler* Rn. 8; KR/*Weigand* Rn. 8; *Heinze* NZA 1999, 57 (61); a.A. Kübler/Prütting/Bork/*Moll* § 128 Rn. 34.
9 BAG 29.06.2000, 8 ABR 44/99, EzA § 126 InsO Nr. 2; ArbG Hamburg 13.07.2005, 18 BV 5/05, nv; FK-InsO/*Eisenbeis* Rn. 2; HWK/*Annuß* Rn. 1; KR/*Weigand* Rn. 1; MüKo-InsO/*Löwisch/Caspers* Rn. 8; *Giesen* ZIP 1998, 46 (51); *Löwisch* RdA 1997, 80 (85); a.A. *Lakies* RdA 1997, 145 (154 f.).
10 Vgl. RegE BT-Drucks. 12/2443, 149: »geplante Entlassungen«.
11 FK-InsO/*Eisenbeis* Rn. 2.
12 MüKo-InsO/*Löwisch/Caspers* Rn. 8.
13 LAG München 02.01.2003, 4 Ta 292/02, ZInsO 2003, 339.
14 MüKo-InsO/*Löwisch/Caspers* Rn. 9.
15 Braun/*Wolf* Rn. 4; Kübler/Prütting/Bork/*Moll* Rn. 9 ff.; HK-InsO/*Linck* Rn. 5; Nerlich/Römermann/

Abs. 1 KSchG überschreitenden Anzahl an Arbeitnehmern erforderlich (vgl. § 122 Rdn. 6 ff.; § 125 Rdn. 6).

Soll die geplante Betriebsänderung erst nach einer Betriebsveräußerung vom Betriebserwerber durchgeführt werden, steht dies der Anwendung des § 126 nicht entgegen (vgl. § 128 Abs. 1 Satz 1). Der mögliche Erwerber ist am Verfahren nach § 126 gem. § 128 Abs. 1 Satz 2 zu beteiligen. 9

II. Kein Interessenausgleich

Ein Interessenausgleich darf nicht zustande gekommen sein. Dies kann darauf beruhen, dass in dem Betrieb kein Betriebsrat besteht oder mit einem bestehenden Betriebsrat keine Einigung über den Interessenausgleich erzielt werden konnte. 10

1. Betriebe ohne Betriebsrat

In betriebsratslosen Betrieben kann der Insolvenzverwalter das Verfahren nach § 126 Abs. 1 Satz 1 Alt. 1 **sofort** einleiten. Er muss nicht zuvor versuchen, eine Einigung mit der Belegschaft über ein freiwilliges Ausscheiden zu erzielen.[16] 11

Maßgeblich ist, ob in dem das Mitbestimmungsrecht auslösenden **Planungszeitpunkt** ein Betriebsrat besteht.[17] Die Beteiligungsrechte aus §§ 111 ff. BetrVG sind an das Vorliegen einer geplanten Betriebsänderung geknüpft. Das Mitbestimmungsrecht wird ausgelöst, wenn sich die Planung in einem gewissen Umfang bereits verdichtet hat. Der Unternehmer muss im Prinzip bereits zur Durchführung der Betriebsänderung entschlossen sein, ohne jedoch schon vollendete Tatsachen geschaffen zu haben.[18] Wird in einem betriebsratslosen Betrieb ein Betriebsrat erst hiernach – etwa während der **Durchführung** der Betriebsänderung – gewählt, werden die Beteiligungsrechte der §§ 111, 112 BetrVG nicht ausgelöst, die Voraussetzungen des § 126 Abs. 1 Satz 1 Alt. 1 liegen dann vor.[19] 12

Handelt es sich um einen betriebsratslosen Betrieb in diesem Sinne, ist jedoch stets zu prüfen, ob nicht die Zuständigkeit des **Gesamtbetriebsrats** nach § 50 Abs. 1 BetrVG (vgl. hierzu § 122 Rdn. 11) gegeben ist.[20] 13

2. Betriebe mit Betriebsrat

Besteht ein Betriebsrat, ist der Antrag nach § 126 Abs. 1 Satz 1 Alt. 2 zulässig, wenn eine Einigung über einen Interessenausgleich innerhalb von drei Wochen seit Verhandlungsbeginn oder schriftlicher Aufforderung zur Verhandlung trotz rechtzeitiger und umfassender Unterrichtung nicht zustande gekommen ist. 14

a) Keine Einigung über Interessenausgleich.

Besteht ein Betriebsrat, darf ein Interessenausgleich nach § 125 Abs. 1 dennoch nicht zustande gekommen sein. Wird ein Interessenausgleich i.S.d. § 125 Abs. 1 geschlossen, ist der Antrag nach § 126 **unzulässig**.[21] Auch ein erst nach Verfahrenseröffnung erzielter Interessenausgleich i.S.d. § 125 führt zur Unzulässigkeit des Beschlussverfahrens.[22] Ein Interessenausgleich ohne Namensliste 15

Hamacher Rn. 9; Uhlenbruck/*Berscheid* §§ 126, 127 Rn. 8; a.A. ErfK/*Gallner* Rn. 1; HambK-InsR/*Ahrendt* Rn. 6; KR/*Weigand* Rn. 3; offen gelassen in BAG 29.06.2000, 8 ABR 44/99, EzA § 126 InsO Nr. 2.
16 BAG 29.06.2000, 8 ABR 44/99, EzA § 126 InsO Nr. 2; Nerlich/Römermann/*Hamacher* Rn. 7; a.A. KDZ/*Däubler* Rn. 6: Ultima-Ratio-Grundsatz.
17 *Rieble* NZA 2007, 1393 (1395).
18 Richardi/*Annuß* § 111 BetrVG Rn. 145; *Fitting* § 111 BetrVG Rn. 108 f.
19 HK-InsO/*Linck* Rn. 2.
20 MüKo-InsO/*Löwisch/Caspers* Rn. 5.
21 BAG 20.01.2000, 2 ABR 30/99, EzA § 126 InsO Nr. 1; KR/*Weigand* Rn. 1.
22 HWK/*Annuß* Rn. 2.

steht hingegen der Zulässigkeit des Antrags nach § 126 nicht entgegen, da sich § 126 nur auf einen Interessenausgleich nach § 125, nicht auf einen solchen nach § 112 BetrVG bezieht.[23]

16 Wurde für die gesamte Betriebsänderung im Interessenausgleich eine umfassende Regelung angestrebt, können später nicht über § 126 weitere Kündigungen nachgeschoben werden.[24] Etwas anderes gilt hingegen dann, wenn Anlass des Antrags nach § 126 eine andere, neue Betriebsänderung ist, welche nicht Gegenstand des Interessenausgleichs war. Denn die **Sperrwirkung** des Interessenausgleichs ist auf seinen **Gegenstand**, also die jeweilige Betriebsänderung, beschränkt.[25] Demnach steht auch ein **Teilinteressenausgleich** der Zulässigkeit des Verfahrens nach § 126 nur insoweit entgegen, wie in diesem Interessenausgleich eine Einigung erzielt wurde.[26]

b) Drei-Wochen-Frist

17 Der Insolvenzverwalter kann den Antrag nach § 126 Abs. 1 stellen, wenn ein Interessenausgleich nicht innerhalb von **drei Wochen** seit **Verhandlungsbeginn** oder **schriftlicher Aufforderung** zur Aufnahme von Verhandlungen zustande gekommen ist, obwohl der Verwalter den Betriebsrat **rechtzeitig und umfassend unterrichtet** hat.

aa) Fristbeginn

18 Die Drei-Wochen-Frist läuft an mit **Verhandlungsbeginn** oder **schriftlicher Aufforderung zur Aufnahme von Verhandlungen**. Die Frist beginnt mit Zugang (§ 130 BGB) der Verhandlungsaufforderung beim Betriebsratsvorsitzenden (im Fall seiner Verhinderung bei dessen Stellvertreter, vgl. § 26 Abs. 2 Satz 2 BetrVG) bzw. mit Beginn der Verhandlungen zwischen den Betriebspartnern. Im Übrigen gelten die Ausführungen in § 122 Rdn. 18 ff. entsprechend.

bb) Maßgeblicher Zeitpunkt des Fristablaufs

19 Maßgeblicher Zeitpunkt für den Fristablauf ist der **Zeitpunkt der arbeitsgerichtlichen Entscheidung**. Stellt der Insolvenzverwalter den Antrag vor Ablauf der Drei-Wochen-Frist, führt dies demnach noch nicht zur Unzulässigkeit des Antrags. Entscheidend ist, ob die Frist im Zeitpunkt des letzten Anhörungstermins abgelaufen ist.[27] Dem Fristablauf steht es gleich, wenn beide Seiten bereits vor Ablauf der Frist übereinstimmend das **endgültige Scheitern der Verhandlungen** erklären.[28]

cc) Rechtzeitige und umfassende Unterrichtung

20 Der Verwalter muss den Betriebsrat **rechtzeitig und umfassend unterrichtet** haben. Hierzu gilt das in § 122 Rdn. 10 ff. Gesagte. Die Unterrichtung ist hiernach nicht mehr rechtzeitig, wenn bereits mit der Umsetzung der Betriebsänderung begonnen wurde. Eine umfassende Unterrichtung setzt voraus, dass der Insolvenzverwalter den Betriebsrat über Inhalt, Umfang und Auswirkungen der Betriebsänderung auf die Arbeitnehmer informiert und ihm die erforderlichen Unterlagen zur Verfügung stellt.[29] Die Darlegungs- und Beweislast im Hinblick auf die ordnungsgemäße Unterrichtung trägt im Beschlussverfahren der Insolvenzverwalter.[30]

---

23 Uhlenbruck/*Berscheid* §§ 126, 127 Rn. 10.
24 BAG 20.01.2000, 2 ABR 30/99, EzA § 126 InsO Nr. 1; HWK/*Annuß* Rn. 2.
25 BAG 20.01.2000, 2 ABR 30/99, EzA § 126 InsO Nr. 1.
26 HWK/*Annuß* Rn. 2; offen gelassen in BAG 20.01.2000, 2 ABR 30/99, EzA § 126 InsO Nr. 1.
27 Kübler/Prütting/Bork/*Moll* Rn. 18; Nerlich/Römermann/*Hamacher* Rn. 15.
28 KDZ/*Däubler* Rn. 5; KR/*Weigand* Rn. 7; HK-InsO/*Linck* Rn. 3; Nerlich/Römermann/*Hamacher* Rn. 13; Uhlenbruck/*Berscheid* §§ 126, 127 Rn. 13; *Zwanziger* Rn. 11; a.A. HWK/*Annuß* Rn. 2.
29 KR/*Weigand* Rn. 6.
30 KR/*Weigand* Rn. 6.

c) Eigenverwaltung

Ist **Eigenverwaltung** angeordnet (vgl. §§ 270 ff.), führt der Schuldner die Verhandlungen mit dem Betriebsrat selbst. Der Antrag zur Einleitung des Beschlussverfahrens (vgl. hierzu Rdn. 23 ff.) bedarf jedoch gem. § 279 Satz 3 der Zustimmung des Sachwalters.[31]

C. Verfahren

Liegen die oben genannten Antragsvoraussetzungen vor, kann der Insolvenzverwalter beim Arbeitsgericht beantragen **festzustellen**, dass die Kündigung der Arbeitsverhältnisse bestimmter, im Antrag bezeichneter Arbeitnehmer durch dringende betriebliche Erfordernisse bedingt und sozial gerechtfertigt ist. Fehlt es an einer der obigen Voraussetzungen, entscheidet das Arbeitsgericht nicht in der Sache sondern weist den Antrag als **unzulässig** ab.[32] Zum für das Vorliegen der Zulässigkeitsvoraussetzungen maßgeblichen Zeitpunkt vgl. Rdn. 19.

I. Antrag

Das **Bestimmtheitserfordernis** des § 253 Abs. 2 ZPO gilt auch im Beschlussverfahren.[33] Demnach sind im Antrag die **betroffenen Arbeitnehmer** hinreichend individualisierbar zu benennen.[34] Der **Kündigungszeitpunkt** ist ebenfalls aufzunehmen.[35] Im Antrag ist zwischen **Beendigungs- und Änderungskündigungen** zu unterscheiden. Bei Änderungskündigungen hat der Insolvenzverwalter die zu ändernden und die erstrebten abgeänderten Arbeitsbedingungen zu bezeichnen.[36] In einem **Hilfsantrag** kann der Insolvenzverwalter weitere Arbeitnehmer benennen für den Fall, dass das entscheidende Gericht die Kündigung einzelner im Hauptantrag benannter Arbeitnehmer als nicht sozial gerechtfertigt erachtet.[37]

Umstritten ist die Zulässigkeit sog. **Tabellenanträge**. In diesen wird auch eine Reihenfolge der zu kündigenden Arbeitnehmer festgeschrieben und dem Gericht zur Entscheidung vorgelegt.[38] Hierdurch könnte der Insolvenzverwalter die Durchführung einer erneuten Sozialauswahl (und den Wegfall der Bindungswirkung gem. § 127 Abs. 1 Satz 2) vermeiden, sollte sich nach Abschluss des Verfahrens nach § 126 herausstellen, dass weniger als die ursprünglich beantragten Kündigungen erforderlich sind.[39] Zweifel an der **Zulässigkeit** eines solchen Antrags beruhen darauf, dass der Insolvenzverwalter hier neben der Klärung der Frage, ob die Kündigung der im Antrag bezeichneten Arbeitnehmer sozial gerechtfertigt ist, auch die Aufstellung einer Rangfolge begehrt, welchen Arbeitnehmern unter bestimmten zukünftigen Voraussetzungen eher gekündigt werden kann als sonstigen Arbeitnehmern aus der Liste. Dies gehe jedoch über den Gegenstand des in § 126 Abs. 1 geregelten Verfahrens hinaus.[40] Daneben erscheint auch die Praktikabilität eines solchen Vorgehens zweifelhaft: Zum einen hätte der Insolvenzverwalter regelmäßig bereits bei Aufstellen der Liste eine Vielzahl hypothetischer Abwägungsvorgänge zu bewältigen.[41] Zum anderen würde das gerichtliche Verfahren meist derart komplex und unübersichtlich, dass eine Entscheidung kaum zeitnah ergehen könnte.[42]

---

31 KDZ/*Däubler* Rn. 5.
32 KDZ/*Däubler* Rn. 10.
33 BAG 03.05.2006, 1 ABR 63/04, AP Nr. 61 zu § 81 ArbGG 1979.
34 Kübler/Prütting/Bork/*Moll* Rn. 20.
35 HWK/*Annuß* Rn. 3.
36 Kübler/Prütting/Bork/*Moll* Rn. 21.
37 Nerlich/Römermann/*Hamacher* Rn. 34.
38 *Grunsky* FS Lüke 1997, 191 (202).
39 HambK-InsR/*Ahrendt* Rn. 11 f.
40 Kübler/Prütting/Bork/*Moll* Rn. 38; die Zulässigkeit bejahend hingegen KR/*Weigand* Rn. 13; *Grunsky* FS Lüke 1997, 191 (202); *Heinze* NZA 1999, 57 (61).
41 Kübler/Prütting/Bork/*Moll* Rn. 38.
42 *Grunsky* FS Lüke 1997, 191 (202).

25 In der **Eigenverwaltung** bedarf der Antrag des Schuldners nach § 126 gem. § 279 Satz 3 der Zustimmung des Sachwalters. Fehlt die Zustimmung des Sachwalters und wird diese auch nicht bis zum – für das Vorliegen der Zulässigkeitsvoraussetzungen maßgeblichen – letzten Anhörungstermin nachträglich erteilt, ist der Antrag als unzulässig abzuweisen.[43]

II. Beschlussverfahren

26 Gem. § 126 Abs. 2 Satz 1 entscheidet das Arbeitsgericht im Beschlussverfahren nach Maßgabe der §§ 80 ff. ArbGG. **Örtlich zuständig** ist gem. § 82 Abs. 1 Satz 1 ArbGG das Arbeitsgericht, in dessen Bezirk der betroffene Betrieb liegt. Es gilt der **eingeschränkte Untersuchungsgrundsatz**, dh das Arbeitsgericht erforscht nach § 83 Abs. 1 Satz 1 ArbGG den Sachverhalt im Rahmen der gestellten Anträge von Amts wegen. Jedoch haben gem. § 83 Abs. 1 Satz 2 ArbGG die am Verfahren Beteiligten an der Aufklärung des Sachverhalts mitzuwirken[44] (vgl. hierzu bereits § 122 Rdn. 28).

27 Gem. § 126 Abs. 2 Satz 2 i.V.m. § 122 Abs. 2 Satz 3 gilt § **61a Abs. 3–6** ArbGG auch hier (vgl. zu § 122 bereits § 122 Rdn. 28). Kommen die Beteiligten ihrer Mitwirkungspflicht innerhalb einer ihnen gem. § 61a Abs. 3–6 ArbGG gesetzten Frist nicht nach, endet regelmäßig die Aufklärungspflicht des Gerichts.[45]

III. Beteiligte

28 Beteiligte des Verfahrens sind gem. § 126 Abs. 2 Satz 1 Hs. 2 neben **Insolvenzverwalter** und **Betriebsrat** auch die im Antrag bezeichneten **Arbeitnehmer**. Gem. § 128 Abs. 1 Satz 2 ist auch der (mögliche) **Erwerber** des Betriebs am Verfahren nach § 126 beteiligt.[46] Auch in einem **Hilfsantrag** (vgl. dazu Rdn. 23) benannte Arbeitnehmer sind von Beginn an am Verfahren zu beteiligen.[47] Ohne formelle Beteiligung der Arbeitnehmer tritt die angestrebte **Bindungswirkung** des § 127 Abs. 1 Satz 1 (vgl. hierzu § 127 Rdn. 8 ff.) nicht ein.[48] Stellt der Insolvenzverwalter den Antrag nach § 126 vor Ausspruch der Kündigungen, sind daher sämtliche Arbeitnehmer zu beteiligen, deren Kündigung beabsichtigt ist.[49]

29 Nicht zu beteiligen sind gem. § 126 Abs. 2 Satz 1 Hs. 2 solche Arbeitnehmer, welche mit der Kündigung **einverstanden** sind. Erklärt ein Arbeitnehmer sein Einverständnis nach Antragsstellung, scheidet er aus dem Verfahren aus.[50] Das Einverständnis kann etwa durch Abschluss eines Aufhebungsvertrags oder einen ausdrücklichen Klageverzicht des Arbeitnehmers erklärt werden. Letzterer ist nur rechtswirksam und damit auch als Einverständnis i.S.d. § 126 beachtlich, wenn er **nach** Ausspruch der Kündigung erklärt wird.[51] Aufgrund der zwingenden Wirkung des KSchG ist ein **vorheriger Verzicht unzulässig.**[52]

IV. Prüfungsmaßstab

30 Im Beschlussverfahren gilt der **Prüfungsmaßstab des § 1 KSchG** mit den sich aus § 126 ergebenden Besonderheiten. Die gerichtliche Überprüfung ist auf die **soziale Rechtfertigung** der Kündigung begrenzt. Die Unwirksamkeit der Kündigungen aus **sonstigen Gründen** ist nicht Gegenstand des Be-

---

43 *Lakies* BB 1999, 1761 f.
44 ErfK/*Eisemann/Koch* § 83 ArbGG Rn. 1.
45 Nerlich/Römermann/*Hamacher* Rn. 46 f.
46 BAG 29.06.2000, 8 ABR 44/99, EzA § 126 InsO Nr. 2.
47 FK-InsO/*Eisenbeis* Rn. 8; Nerlich/Römermann/*Hamacher* Rn. 34; *Caspers* Rn. 253.
48 FK-InsO/*Eisenbeis* Rn. 7.
49 HambK-InsR/*Ahrendt* Rn. 10.
50 KDZ/*Däubler* Rn. 11.
51 FK-InsO/*Eisenbeis* Rn. 7.
52 Hierzu und zu den inhaltlichen Anforderungen an einen Klageverzicht vgl. MüKo-BGB/*Hergenröder* Einl. zum KSchG Rn. 12 f.

schlussverfahrens. Stets ist jedoch die Kündigungsberechtigung des Insolvenzverwalters zu prüfen. Denn der Antrag nach § 126 kann nur begründet sein, wenn er vom kündigungsberechtigten Insolvenzverwalter gestellt wird.[53]

Arbeitnehmer mit **Sonderkündigungsschutz** kann der Insolvenzverwalter zwar in den Antrag nach § 126 aufnehmen. Die gerichtliche Entscheidung erstreckt sich jedoch ausschließlich auf die soziale Rechtfertigung der Kündigung, sodass sie nicht von etwa erforderlichen Zustimmungen (z.B. § 85 SGB IX) bzw. Zulässigkeitserklärungen (z.B. § 9 Abs. 3 Satz 1 MuSchG, § 18 Abs. 1 BEEG) befreit.[54] 31

Wie auch im Verfahren nach § 125 kann gem. § 126 Abs. 1 Satz 2 die Sozialauswahl der Arbeitnehmer vom Arbeitsgericht nur auf die Dauer der **Betriebszugehörigkeit**, das **Lebensalter** und die **Unterhaltspflichten** der Arbeitnehmer hin überprüft werden. Im Gegensatz zu § 125 ist hier jedoch weder die Nachprüfbarkeit auf **grobe Fehlerhaftigkeit** beschränkt noch kann die **Schaffung** (zur Erhaltung gilt § 1 Abs. 3 Satz 2 KSchG) **einer ausgewogenen Personalstruktur** Abweichungen von der Sozialauswahl rechtfertigen.[55] 32

Die Kündigungserleichterungen aus **§ 1 Abs. 3 Satz 2 KSchG** (sog. Leistungsträgerklausel) und **§ 1 Abs. 4 KSchG** gelten auch im Verfahren nach § 126.[56] Andernfalls fänden entgegen der gesetzgeberischen Zielsetzung im Verfahren nach § 126 strengere Maßstäbe Anwendung als im Individualkündigungsschutzprozess.[57] 33

Maßgeblicher Beurteilungszeitpunkt ist die **letzte mündliche Verhandlung** (§ 83 ArbGG: **Anhörung**; vgl. auch § 127 Abs. 1 Satz 2). Für bereits vorher ausgesprochene Kündigungen ist auf den Zeitpunkt des Zugangs der Kündigungen abzustellen.[58] 34

V. Bindungswirkung

In einem Individualkündigungsschutzverfahren ist das entscheidende Gericht an eine rechtskräftige Entscheidung im Beschlussverfahren nach § 126 gem. § 127 Abs. 1 Satz 1 gebunden. Entsprechend dem dargestellten Prüfungsmaßstab (vgl. Rdn. 30 ff.) ist die Bindungswirkung auf die Frage der **sozialen Rechtfertigung** der Kündigung beschränkt. **Sonstige Unwirksamkeitsgründe** werden nicht erfasst und können somit im Kündigungsschutzprozess noch geltend gemacht werden. Eine Ausnahme gilt insoweit gem. § 128 Abs. 2 für den Unwirksamkeitsgrund aus § 613a Abs. 4 Satz 1 BGB. Zu Inhalt und Umfang der Bindungswirkung vgl. § 127 Rdn. 9 ff.). 35

VI. Rechtsmittel

Gegen die Entscheidung des Arbeitsgerichts findet gem. § 126 Abs. 2 Satz 2 i.V.m. § 122 Abs. 3 Satz 1 die **Beschwerde** an das LAG (vgl. § 87 ArbGG) nicht statt. Der Beschluss des Arbeitsgerichts wird damit grds sofort **rechtskräftig**.[59] Die **Rechtsbeschwerde** zum BAG ist nur statthaft, wenn das Arbeitsgericht sie in seiner Entscheidung zulässt (§ 126 Abs. 2 Satz 2 i.V.m. § 122 Abs. 3 Satz 2 Hs. 2 InsO i.V.m. § 72 Abs. 2, 3 ArbGG). Bei Nichtzulassung der Rechtsbeschwerde ist eine **Nichtzulassungsbeschwerde** nicht gegeben.[60] 36

---

53 BAG 29.06.2000, 8 ABR 44/99, EzA § 126 InsO Nr. 2.
54 ErfK/*Gallner* Rn. 6.
55 *Lakies* RdA 1997, 145 (151) a.A. Uhlenbruck/*Berscheid* §§ 126, 127 Rn. 26: Privilegierung zur Schaffung einer ausgewogenen Personalstruktur gilt auch im Verfahren nach § 126.
56 FK-InsO/*Eisenbeis* Rn. 10; HambK-InsR/*Ahrendt* Rn. 14; a.A. *Lakies* NZI 2000, 345 (346).
57 HambK-InsR/*Ahrendt* Rn. 14.
58 HWK/*Annuß* Rn. 5; Nerlich/Römermann/*Hamacher* Rn. 50; a.A. *Zwanziger* Rn. 47.
59 BAG 14.08.2001, 2 ABN 20/01, EzA-SD 2001, Nr. 23, 15.
60 BAG 14.08.2001, 2 ABN 20/01, EzA-SD 2001, Nr. 23, 15.

D. Kosten (Abs. 3)

37 Im Verfahren nach § 126 werden gem. § 2 Abs. 2 GKG **Gerichtskosten** nicht erhoben. Ihre **erstinstanzlichen außergerichtlichen Kosten** tragen die Parteien nach § 126 Abs. 3 Satz 1 InsO i.V.m. § 12a Abs. 1 Satz 1 ArbGG selbst. Der materielle **Freistellungsanspruch des Betriebsrats aus § 40 Abs. 1 BetrVG** wird vom prozessualen Ausschluss der Kostenerstattung nicht berührt. Durfte der Betriebsrat die Hinzuziehung eines Rechtsanwalts bei pflichtgemäßer und verständiger Abwägung der maßgeblichen Umstände für notwendig erachten, trägt demnach gem. § 40 Abs. 1 BetrVG der Insolvenzverwalter die Verfahrenskosten des **Betriebsrats**.[61] Sie sind **Masseverbindlichkeit** i.S.d. § 55.[62] Im **Rechtsbeschwerdeverfahren** vor dem BAG gelten gem. § 126 Abs. 3 Satz 2 die Vorschriften der ZPO zur Kostenerstattung entsprechend.

E. Verhältnis zu § 122 InsO

38 In Betrieben mit Betriebsrat stehen die Verfahren nach § 126 und § 122 unabhängig und selbständig nebeneinander.[63] Zur Vermeidung von Zeitverlusten kann der Insolvenzverwalter beide Verfahren gleichzeitig anhängig machen.[64]

F. Verhältnis zu sonstigen Beteiligungsrechten des Betriebsrats

39 Die sonstigen Beteiligungsrechte des Betriebsrats bei einer Kündigung werden durch das Verfahren nach § 126 nicht beschränkt: Der Betriebsrat ist gem. § 102 Abs. 1 BetrVG vor jeder Kündigung zu hören. Hingegen ist es nicht erforderlich, die Anhörung bereits vor Einreichung des Antrags im Verfahren nach § 126 durchzuführen.[65] Mit Änderungskündigungen sind oftmals Umgruppierungen oder Versetzungen verbunden, welche das Beteiligungsrecht aus § 99 BetrVG auslösen können. Sind soziale Angelegenheiten nach § 87 Abs. 1 BetrVG betroffen, ist auch das sich hieraus ergebende Mitbestimmungsrecht des Betriebsrats zu beachten.[66]

§ 127 Klage des Arbeitnehmers

(1) Kündigt der Insolvenzverwalter einem Arbeitnehmer, der in dem Antrag nach § 126 Abs. 1 bezeichnet ist, und erhebt der Arbeitnehmer Klage auf Feststellung, dass das Arbeitsverhältnis durch die Kündigung nicht aufgelöst oder die Änderung der Arbeitsbedingungen sozial ungerechtfertigt ist, so ist die rechtskräftige Entscheidung im Verfahren nach § 126 für die Parteien bindend. Dies gilt nicht, soweit sich die Sachlage nach dem Schluss der letzten mündlichen Verhandlung wesentlich geändert hat.

(2) Hat der Arbeitnehmer schon vor der Rechtskraft der Entscheidung im Verfahren nach § 126 Klage erhoben, so ist die Verhandlung über die Klage auf Antrag des Verwalters bis zu diesem Zeitpunkt auszusetzen.

Übersicht	Rdn.		Rdn.
A. Inhalt und Normzweck	1	3. Beschlussverfahren mit Beteiligung des Arbeitnehmers	6
B. Bindungswirkung	3		
I. Voraussetzungen	3	4. Rechtskräftige Entscheidung im Beschlussverfahren	7
1. Anwendungsbereich	4		
2. Kündigungsschutzklage	5	II. Rechtsfolge	8

---

[61] FK-InsO/*Eisenbeis* Rn. 15; HambK-InsR/*Ahrendt* Rn. 18.
[62] Nerlich/Römermann/*Hamacher* Rn. 57; Uhlenbruck/*Berscheid* §§ 126, 127 Rn. 35.
[63] Kübler/Prütting/Bork/*Moll* Rn. 39; a.A. Uhlenbruck/*Berscheid* §§ 126, 127 Rn. 14: Vorrang des Verfahrens nach § 122.
[64] HWK/*Annuß* Rn. 1; *Schrader* NZA 1997, 70 (76).
[65] FK-InsO/*Eisenbeis* Rn. 18; a.A. *Warrikoff* BB 1994, 2338 (2343).
[66] Vgl. zu den Mitbestimmungsrechten i.E. FK-InsO/*Eisenbeis* Rn. 17 ff.

		Rdn.			Rdn.
1.	Inhalt und Umfang der Bindungswirkung	9		bb) Bindungswirkung bei Abweisung des Antrags	14
	a) Beidseitige Bindungswirkung	9	2.	Wesentliche Änderung der Sachlage	15
	b) Umfang der Bindungswirkung	12		a) Wesentliche Änderung	16
	aa) Bindungswirkung bei Stattgabe des Antrags	13		b) Maßgeblicher Zeitpunkt	17
			C.	Aussetzung des Individualverfahrens	19

A. Inhalt und Normzweck

§ 127 dient in Ergänzung zu § 126 gleichfalls der schnellen Klärung der Wirksamkeit sämtlicher im Zusammenhang mit einer Betriebsänderung ausgesprochener Kündigungen.[1] Erhebt ein am Verfahren nach § 126 Abs. 1 beteiligter Arbeitnehmer Kündigungsschutzklage, ist gem. **Abs. 1 Satz 1** die Entscheidung im Beschlussverfahren für die Parteien im Individualkündigungsschutzverfahren grds bindend. Eine Ausnahme gilt nach **Abs. 1 Satz 2** bei einer wesentlichen Änderung der Sachlage nach Schluss der letzten mündlichen Verhandlung. 1

Abs. 2 eröffnet dem Insolvenzverwalter die Möglichkeit, Kündigungen bereits vor Durchführung des Beschlussverfahrens nach § 126 auszusprechen. Steht fest, welche Arbeitnehmer im Wege der Kündigungsschutzklage gegen die Kündigung vorgehen, kann der Insolvenzverwalter den Antrag nach § 126 auf diese beschränken. Die Individualkündigungsschutzverfahren werden auf Antrag des Insolvenzverwalters bis zur rechtskräftigen Entscheidung des Beschlussverfahrens ausgesetzt.[2] 2

B. Bindungswirkung

I. Voraussetzungen

Voraussetzung für den Eintritt der Bindungswirkung ist die Erhebung der Kündigungsschutzklage durch einen am Beschlussverfahren nach § 126 Abs. 1 beteiligten Arbeitnehmer. 3

1. Anwendungsbereich

Der Anwendungsbereich der Vorschrift entspricht dem des § 126 InsO (vgl. § 126 Rdn. 4 ff.). Insb. werden nur ordentliche betriebsbedingte (Änderungs-) Kündigungen von der Regelung erfasst. 4

2. Kündigungsschutzklage

Der Arbeitnehmer muss unter Einhaltung der **Drei-Wochen-Frist des § 4 KSchG** Kündigungsschutzklage erheben. Denn die **Fiktionswirkung des § 7 KSchG** wird durch die Bindungswirkung des § 127 nicht aufgehoben. Versäumt der Arbeitnehmer die Frist des § 4 KSchG und wird die Klage auch nicht gem. § 5 KSchG nachträglich zugelassen, gilt die Kündigung demnach als von Anfang an rechtswirksam.[3] Eine verspätete Kündigungsschutzklage wird – ohne Rücksicht auf die Bindungswirkung des § 127 – als **unbegründet** abgewiesen (vgl. auch § 113 Rdn. 65 ff.).[4] 5

3. Beschlussverfahren mit Beteiligung des Arbeitnehmers

Die Bindungswirkung kann nur für Arbeitnehmer eintreten, welche am Beschlussverfahren nach § 126 beteiligt waren. Der Arbeitnehmer muss demnach im Antrag des Insolvenzverwalters nach § 126 als zu kündigender oder bereits gekündigter Arbeitnehmer eindeutig benannt sein und am Verfahren formell beteiligt und dort auch gehört werden.[5] War ein Arbeitnehmer etwa aufgrund seines 6

---

[1] Vgl. RegE BT-Drucks. 12/2443, 149.
[2] Vgl. RegE BT-Drucks. 12/2443, 149.
[3] MüKo-InsO/*Löwisch/Caspers* Rn. 12.
[4] MüKo-BGB/*Hergenröder* § 1 KSchG Rn. 58 ff.
[5] MüKo-InsO/*Löwisch/Caspers* Rn. 5; vgl. auch *Prütting* FS Uhlenbruck 2000, 769 ff.

erklärten Einverständnisses mit der Kündigung (vgl. § 126 Abs. 2 Satz 1 Hs. 2) nicht am Beschlussverfahren beteiligt, tritt die Bindungswirkung daher nicht ein.[6]

4. Rechtskräftige Entscheidung im Beschlussverfahren

7 Die Bindungswirkung tritt ein, sobald die Entscheidung im Beschlussverfahren rechtskräftig ist. Lässt das Arbeitsgericht die Rechtsbeschwerde vor dem Bundesarbeitsgericht nicht zu (vgl. § 92 Abs. 1 Satz 1 ArbGG), wird der Beschluss sofort rechtskräftig.[7] Lässt das Arbeitsgericht die Rechtsbeschwerde zu, tritt Rechtskraft ein, sobald die Rechtsbeschwerdefrist von einem Monat (vgl. § 92 Abs. 2 Satz 1 i.V.m. § 74 Abs. 1 Satz 1 ArbGG) verstrichen ist bzw. das BAG über eine ordnungsgemäß eingelegte Rechtsbeschwerde entschieden hat.[8]

II. Rechtsfolge

8 Das Gericht im Kündigungsschutzprozess ist an die Entscheidung im Beschlussverfahren nach § 126 gem. § 127 Abs. 1 Satz 1 grds gebunden. Missachtet das Arbeitsgericht im Kündigungsschutzprozess die Bindungswirkung des Beschlussverfahrens, stellt dies einen Rechtsfehler dar, welcher mit den im Kündigungsschutzprozess zur Verfügung stehenden allgemeinen Rechtsmitteln geltend zu machen ist.[9]

1. Inhalt und Umfang der Bindungswirkung

a) Beidseitige Bindungswirkung

9 Gibt das Arbeitsgericht dem Antrag des Insolvenzverwalters im Verfahren nach § 126 statt, ist das Gericht im Individualkündigungsschutzverfahren hieran gebunden. Weist das Gericht den Antrag nach § 126 hingegen als unbegründet ab, ist umstritten, ob auch eine Bindungswirkung **zum Nachteil des Insolvenzverwalters** eintritt. Nach allgemeinen prozessualen Regeln beinhaltet die Abweisung eines Antrags auf positive Feststellung als unbegründet gleichzeitig die Feststellung des Gegenteils.[10]

10 Teilweise wird angenommen, im Insolvenzverfahren sei eine nur **einseitige** Bindungswirkung zum Vorteil des Insolvenzverwalters sachgerecht. Eine beidseitige Bindung widerspreche dem Gesetzeszweck, insolvenzspezifische Belange zu begünstigen und zu fördern. Die Bindung an einen abweisenden Beschluss stehe in »diametralem Gegensatz zum Normzweck«.[11] Auch mache die beabsichtigte schnelle Klärung der sozialen Rechtfertigung von Kündigungen das Beschlussverfahren fehleranfällig. Um eine Korrektur von Fehlern zu ermöglichen, trete bei Abweisung des Antrags im Beschlussverfahren nach § 126 eine Bindungswirkung nicht ein.[12]

11 Dem Wortlaut der Vorschrift ist eine solche Begrenzung der Bindungswirkung nicht zu entnehmen. Auch aus dem Normzweck, eine schnelle und gemeinsame Klärung der Wirksamkeit der Kündigungen zu ermöglichen (vgl. § 126 Rdn. 1), kann dies nicht abgeleitet werden. Denn hieraus ergibt sich nicht, dass die Durchführung des Verfahrens nach § 126 für den Insolvenzverwalter keine Risiken bergen kann.[13] Schließlich ist auch nicht nachvollziehbar, weshalb Fehler zu Gunsten des Insolvenzverwalters hingenommen werden, solche zu seinen Lasten hingegen korrigierbar sein sollen. Bin-

---

6 HWK/*Annuß* Rn. 1; Nerlich/Römermann/*Hamacher* Rn. 6; a.A. ErfK/*Gallner* Rn. 2.
7 BAG 14.08.2001, 2 ABN 20/01, EzA-SD 2001, Nr. 23, 15.
8 MüKo-InsO/*Löwisch/Caspers* Rn. 4.
9 Kübler/Prütting/Bork/*Moll* Rn. 25; Uhlenbruck/*Berscheid* §§ 126, 127 Rn. 41.
10 BGH 01.12.1993, VIII ZR 41/93, NJW 1994, 657 (659); MüKo-InsO/*Löwisch/Caspers* Rn. 10.
11 Kübler/Prütting/Bork/*Moll* Rn. 22.
12 Braun/*Wolf* Rn. 11.
13 Nerlich/Römermann/*Hamacher* Rn. 4.

dungswirkung tritt demnach **beidseitig** sowohl zu Gunsten des Insolvenzverwalters als auch zu seinen Lasten ein.[14]

b) Umfang der Bindungswirkung

Die Bindungswirkung ist auf den Prüfungsumfang des Gerichts im Beschlussverfahren nach § 126 begrenzt (vgl. hierzu § 126 Rdn. 30 ff.). Sie umfasst demnach die Betriebsbedingtheit und soziale Rechtfertigung der Kündigung gem. § 1 Abs. 2, 3 KSchG. Sonstige Unwirksamkeitsgründe wie z.B. Formverstöße, die fehlerhafte Betriebsratsanhörung oder bestehender Sonderkündigungsschutz sind im Kündigungsschutzprozess voll überprüfbar. Eine Ausnahme gilt im Hinblick auf das Kündigungsverbot aus § 613a Abs. 4 Satz 1 BGB. Denn die Frage, ob die Kündigung wegen eines Betriebsübergangs erfolgte, ist gem. § 128 Abs. 2 Gegenstand des Verfahrens nach § 126 und somit von der Bindungswirkung umfasst.

aa) Bindungswirkung bei Stattgabe des Antrags

Gibt das Arbeitsgericht dem Antrag des Insolvenzverwalters im Beschlussverfahren statt, führt dies nicht zur Unzulässigkeit einer späteren Kündigungsschutzklage des Arbeitnehmers. Denn die Streitgegenstände von Beschlussverfahren und Kündigungsschutzprozess sind nicht identisch.[15] Soweit der Arbeitnehmer jedoch die fehlende Betriebsbedingtheit bzw. soziale Rechtfertigung der Kündigung vorträgt, ist seine Klage **unbegründet**.[16] Der Arbeitnehmer kann sich allerdings auf sonstige Unwirksamkeitsgründe, z.B. die fehlende Betriebsratsanhörung (§ 102 Abs. 1 BetrVG), die Verletzung gesetzlicher oder tariflicher Formvorschriften oder die Missachtung des Sonderkündigungsschutzes (z.B. § 9 MuSchG, § 18 BEEG, §§ 85, 91 SGB IX) berufen.

bb) Bindungswirkung bei Abweisung des Antrags

Wird der Antrag des Insolvenzverwalters im Beschlussverfahren **als unzulässig** abgewiesen, entfaltet die Entscheidung keine Bindungswirkung für einen späteren Kündigungsschutzprozess.[17] Dies ergibt sich aus allgemeinen prozessualen Grundsätzen, da in diesem Fall eine Entscheidung in der Sache nicht getroffen wurde. Wird der Antrag **als unbegründet** abgewiesen, kann der Insolvenzverwalter im Kündigungsprozess nicht mehr vortragen, die Klage sei dennoch aus betriebsbedingten Gründen sozial gerechtfertigt. Er kann sich dann nur noch auf andere (insb. personen- oder verhaltensbedingte) Kündigungsgründe berufen.[18] Erhebt der Arbeitnehmer nicht rechtzeitig gem. §§ 4, 7 KSchG Kündigungsschutzklage, wird die verspätete Klage ohne Rücksicht auf die Bindungswirkung des § 127 als unbegründet abgewiesen (vgl. Rdn. 5).

2. Wesentliche Änderung der Sachlage

Die Bindungswirkung greift gem. § 127 Abs. 1 Satz 2 nicht, soweit sich die Sachlage nach Schluss der letzten mündlichen Verhandlung wesentlich geändert hat.

a) Wesentliche Änderung

Eine wesentliche Änderung der Sachlage liegt vor, wenn sich die **für die Entscheidung des Gerichts maßgeblichen Tatsachen** nachträglich erheblich geändert haben.[19] Erforderlich ist eine Änderung

---

14 FK-InsO/*Eisenbeis* Rn. 4; KR/*Weigand* Rn. 1; MüKo-InsO/*Löwisch*/*Caspers* Rn. 10; Nerlich/Römermann/*Hamacher* Rn. 4.
15 HWK/*Annuß* Rn. 1.
16 MüKo-InsO/*Löwisch*/*Caspers* Rn. 7.
17 Nerlich/Römermann/*Hamacher* Rn. 5.
18 MüKo-InsO/*Löwisch*/*Caspers* Rn. 11; zum Nachschieben von Kündigungsgründen vgl. ErfK/*Oetker* § 1 KSchG Rn. 92; ErfK/*Müller-Glöge* § 626 BGB Rn. 230; Zöllner/Loritz/*Hergenröder* § 23 I 6.
19 Braun/*Wolf* Rn. 8.

des **kündigungsrelevanten Sachverhalts**, sodass es nicht genügt, wenn lediglich neue Beweismittel zur Verfügung stehen.[20] Nur **wesentliche** Änderungen lassen die Bindungswirkung entfallen, dh es muss sich um eine grundlegende Änderung der Gesamtlage handeln.[21] Eine solche liegt insb. dann vor, wenn keine oder eine erheblich andere als die ursprünglich geplante Betriebsänderung durchgeführt wird oder etwa der Betrieb nicht wie beabsichtigt stillgelegt sondern an einen Erwerber veräußert wird.[22] Hingegen genügt es nicht, dass nur eine einzelne Kündigung nunmehr abweichend zu beurteilen ist (vgl. auch § 125 Rdn. 38).[23]

b) Maßgeblicher Zeitpunkt

17 Die Bindungswirkung entfällt bei Veränderungen **nach Schluss der letzten mündlichen Verhandlung** (vgl. § 83 ArbGG: **Anhörung**). Im Fall des § 83 Abs. 4 Satz 3 ArbGG ist der **Verkündungstermin** des Beschlusses maßgebend[24]

18 Hierbei können jedoch nur Veränderungen **vor Zugang der Kündigung** berücksichtigt werden. Denn die Sozialwidrigkeit einer Kündigung beurteilt sich nach dem Zeitpunkt bei Ausübung des Gestaltungsrechts.[25] Verändert sich die Sachlage **nach Zugang der Kündigung**, ist dies im Hinblick auf die Bindungswirkung des Beschlusses unerheblich. In diesem Fall kommt nur ein **Wiedereinstellungsanspruch** des Arbeitnehmers in Betracht.[26]

C. Aussetzung des Individualverfahrens

19 Hat ein Arbeitnehmer bereits Kündigungsschutzklage erhoben, bevor eine rechtskräftige Entscheidung im Beschlussverfahren nach § 126 vorliegt, ist gem. § 127 Abs. 2 **auf Antrag des Insolvenzverwalters** die Verhandlung über die Klage bis zu diesem Zeitpunkt auszusetzen. Anders als bei § 148 ZPO steht dem Gericht nach dem eindeutigen Wortlaut der Norm **kein Ermessensspielraum** zu.[27] Stellt der Insolvenzverwalter den Antrag, ist das Gericht daher verpflichtet die Verhandlung im Kündigungsschutzverfahren auszusetzen.[28] Stellt der Insolvenzverwalter den Antrag nach § 127 Abs. 2 nicht, kann das Gericht dennoch nach § 148 ZPO vorgehen und im Rahmen des dort eingeräumten Ermessens das Verfahren aussetzen.[29] Denn § 127 Abs. 2 ist nicht zu entnehmen, dass die Entscheidung über die Aussetzung gänzlich in Händen des Insolvenzverwalters liegen soll.[30] Es besteht daher kein Anlass, von der allgemeinen Regelung zur Aussetzung in § 148 ZPO abzuweichen.[31] Jedoch hat das Gericht bei der Ermessensentscheidung das Beschleunigungsgebot in § 61a ArbGG zu beachten.

20 Stellt der Insolvenzverwalter keinen Aussetzungsantrag und ergeht **im Individualverfahren eine rechtskräftige Entscheidung vor der im Beschlussverfahren**, so entfaltet das Beschlussverfahren keine Bindungswirkung mehr. Der Beschluss nach § 126 kann die bereits rechtskräftige Entscheidung im Individualprozess nicht mehr beeinflussen, das Beschlussverfahren hat sich bezüglich dieses

---

20 Kübler/Prütting/Bork/*Moll* Rn. 33; Uhlenbruck/*Berscheid* §§ 126, 127 Rn. 46.
21 HambK-InsR/*Ahrendt* Rn. 4; Kübler/Prütting/Bork/*Moll* Rn. 34.
22 FK-InsO/*Eisenbeis* Rn. 6.
23 HambK-InsR/*Ahrendt* Rn. 4; Kübler/Prütting/Bork/*Moll* Rn. 34; Uhlenbruck/*Berscheid* §§ 126, 127 Rn. 46; a.A. *Zwanziger* Rn. 2.
24 *Zwanziger* Rn. 4.
25 Nerlich/Römermann/*Hamacher* Rn. 11; vgl. dazu auch MüKo-BGB/*Hergenröder* § 1 KSchG Rn. 76.
26 FK-InsO/*Eisenbeis* Rn. 6; Nerlich/Römermann/*Hamacher* Rn. 11.
27 HWK/*Annuß* Rn. 4.
28 Braun/*Wolf* Rn. 10.
29 MüKo-InsO/*Löwisch/Caspers* Rn. 19; Nerlich/Römermann/*Hamacher* Rn. 15; zweifelnd Kübler/Prütting/Bork/*Moll* Rn. 37.
30 So aber Kübler/Prütting/Bork/*Moll* Rn. 37.
31 Braun/*Wolf* Rn. 12.

Arbeitnehmers erledigt. Gleiches gilt, wenn das Beschlussverfahren überhaupt erst nach rechtskräftiger Entscheidung im Individualprozess eingeleitet wird.[32]

Gegen die Entscheidung des Gerichts, die Verhandlung über die Klage auszusetzen bzw. die Aussetzung abzulehnen, ist gem. § 46 Abs. 2 ArbGG i.V.m. §§ 495, 252 ZPO das Rechtsmittel der **sofortigen Beschwerde** statthaft.[33]

§ 128 Betriebsveräußerung

(1) Die Anwendung der §§ 125 bis 127 wird nicht dadurch ausgeschlossen, dass die Betriebsänderung, die dem Interessenausgleich oder dem Feststellungsantrag zu Grunde liegt, erst nach einer Betriebsveräußerung durchgeführt werden soll. An dem Verfahren nach § 126 ist der Erwerber des Betriebs beteiligt.

(2) Im Falle eines Betriebsübergangs erstreckt sich die Vermutung nach § 125 Abs. 1 Satz 1 Nr. 1 oder die gerichtliche Feststellung nach § 126 Abs. 1 Satz 1 auch darauf, dass die Kündigung der Arbeitsverhältnisse nicht wegen des Betriebsübergangs erfolgt.

Übersicht

	Rdn.			Rdn.
A. Inhalt und Normzweck	1	4.	Kündigungsverbot	27
B. Betriebsübergang nach § 613a BGB	3	IV.	Betriebsübergang in der Insolvenz	33
I. Normzweck des § 613a BGB	4	1.	Eingeschränkte Geltung des § 613a BGB in der Insolvenz	34
II. Voraussetzungen des § 613a BGB	5	2.	Einzelfragen der Erwerberhaftung	41
1. Wechsel des Betriebsinhabers	6		a) Betriebliche Altersversorgung	41
2. Übergang eines Betriebs oder Betriebsteils	10		b) Altersteilzeit	43
3. Rechtsgeschäftlicher Übergang	15		c) Gratifikationen	44
III. Rechtsfolgen nach § 613a BGB	19	C.	Die Regelung des § 128	45
1. Übergang der Arbeitsverhältnisse auf den Erwerber	20	I.	Ausweitung der Wirkung von Interessenausgleich (§ 125) und gerichtlicher Feststellung (§ 126) nach § 128 Abs. 1	46
2. Weitergeltung von Kollektivvereinbarungen	24	II.	Regelung des § 128 Abs. 2	50
3. Kontinuität des Betriebsrats	26			

A. Inhalt und Normzweck

§ 128 stellt klar, dass die Regelungen zum Betriebsübergang in § 613a BGB grds auch in der Insolvenz gelten. Hierdurch wird eine übertragende Sanierung erschwert. Gem. § 613a Abs. 1 Satz 1 BGB gehen die Arbeitsverhältnisse auf den Betriebserwerber über. § 613a Abs. 4 Satz 1 BGB normiert ein Verbot der Kündigung wegen des Betriebsübergangs.

Demgegenüber erleichtert § 128 die Betriebsveräußerung in der Insolvenz, indem §§ 125 bis 127 auch dann für anwendbar erklärt werden, wenn die Betriebsänderung erst nach der Betriebsveräußerung durchgeführt werden soll (**Abs. 1 Satz 1**). Oftmals sind mit einer Veräußerung Betriebsänderungen verbunden, welche u.a. auch Kündigungen erforderlich machen. In diesem Fall wäre es unzweckmäßig und könnte mögliche Betriebsveräußerungen ggf verzögern oder verhindern, müsste der Insolvenzverwalter die Betriebsänderungen stets bereits vor der Betriebsveräußerung durchführen, um in den Genuss der Vorteile aus §§ 125 bis 127 zu gelangen. Die Privilegien der §§ 125 bis 127 sollen daher auch dann gelten, wenn der Erwerber die Betriebsänderungen erst nach der Betriebsveräußerung selbst vornimmt. In dieser Konstellation führt erst der Erwerber nach vollzogener Betriebsveräußerung die Betriebsänderung durch, zuvor kann jedoch bereits der Insolvenzverwalter

---

32 Kübler/Prütting/Bork/*Moll* Rn. 26.
33 Braun/*Wolf* Rn. 12.

die Kündigungen aussprechen und ihre Wirksamkeit in den Verfahren nach §§ 125, 126 klären.[1] Ergänzend erstreckt sich die Vermutung nach § 125 bzw. die gerichtliche Feststellung nach § 126 auch darauf, dass die Kündigung nicht gegen § 613a Abs. 4 Satz 1 BGB verstößt (**Abs. 2**).

B. Betriebsübergang nach § 613a BGB

3 Anwendungsvoraussetzung für § 128 ist das Vorliegen eines Betriebsübergangs. Geht ein Betrieb oder Betriebsteil durch Rechtsgeschäft auf einen neuen Inhaber über, sind hieran nach § 613a BGB besondere Rechtsfolgen geknüpft.

I. Normzweck des § 613a BGB

4 Anlass zur Einführung des § 613a BGB war zum einen die Sicherung der Mitwirkungsrechte des Betriebsrats bei Betriebsübergängen.[2] Zum anderen dient die Norm dem Schutz der Arbeitsplätze für die vom Betriebsübergang betroffenen Arbeitnehmer. Denn vor Einführung der Vorschrift konnte einerseits der Betriebserwerber die Übernahme von Arbeitnehmern verweigern, zum anderen der Veräußerer die Arbeitsverhältnisse regelmäßig betriebsbedingt kündigen.[3] Durch die Einführung des § 613a BGB wollte der Gesetzgeber diese Lücke in Bestands- und Inhaltsschutz der Arbeitsverhältnisse schließen.[4] Schließlich soll § 613a BGB auch die Haftung von altem und neuem Arbeitgeber regeln.[5]

II. Voraussetzungen des § 613a BGB

5 Voraussetzung des § 613a BGB ist, dass ein **Betrieb oder Betriebsteil** durch **Rechtsgeschäft** auf einen **neuen Betriebsinhaber** übergeht.

1. Wechsel des Betriebsinhabers

6 An die Stelle des bisherigen Betriebsinhabers muss ein anderer Inhaber treten, welcher den Betrieb im eigenen Namen tatsächlich fortführt.[6] Wechseln muss also diejenige Person, welche die **Leitungskompetenz** innehat und in deren Namen der Betrieb geführt wird.[7]

7 Entscheidend kommt es darauf an, ob ein **Wechsel der Rechtspersönlichkeit** des Betriebsinhabers stattfindet.[8] Auch die Betriebsübertragung zwischen zwei Gesellschaften desselben Konzerns stellt daher einen Betriebsübergang dar.[9] Bleibt das Rechtssubjekt hingegen identisch, liegt kein Betriebsübergang vor.[10] Ein Gesellschafterwechsel allein stellt daher keinen Betriebsübergang dar, da er die Identität der Gesellschaft unberührt lässt.[11] Auch der Wechsel der Rechtsform berührt die Identität eines Rechtssubjekts nicht.[12] Eine formwechselnde Umwandlung gem. §§ 190 ff. UmwG stellt demnach keinen Betriebsübergang dar.[13]

---

1 Vgl. RegE BT-Drucks. 12/2443, 150.
2 Vgl. BT-Drucks. VI/1789, 59).
3 BAG 02.10.1974, 5 AZR 504/73, AP Nr. 1 zu § 613a BGB m.Anm. *Seiter*.
4 *Hergenröder* AR-Blattei 500.1 Rn. 53 ff.
5 BAG 17.01.1980, 3 AZR 160/79, EzA § 613a BGB Nr. 24.
6 KR/*Pfeiffer* § 613a BGB Rn. 26.
7 *Hergenröder* AR-Blattei 500.1 Rn. 107.
8 *Hergenröder* AR-Blattei 500.1 Rn. 123.
9 EuGH 02.12.1999, C-234/98, EzA § 613a BGB Nr. 186.
10 BAG 20.03.2003, 8 AZR 312/02, EzA § 613a BGB 2002 Nr. 7.
11 BAG 14.08.2007, 8 AZR 803/06, EzA § 613a BGB 2002 Nr. 75.
12 ErfK/*Preis* § 613a BGB Rn. 44.
13 MüKo-BGB/*Müller-Glöge* § 613a BGB Rn. 55; vgl. hierzu auch *Hergenröder* AR-Blattei 500.2 Rn. 230 ff.

Nach neuerer Rechtsprechung des BAG genügt die bloße rechtliche Möglichkeit des Erwerbers zur 8
Fortführung des Betriebs nicht mehr,[14] sondern erforderlich ist, dass der neue Inhaber die Geschäftstätigkeit **tatsächlich** weiterführt bzw. wieder aufnimmt.[15] Der Veräußerer muss jegliche wirtschaftliche Betätigung in dem Betrieb bzw. Betriebsteil einstellen. Eine besondere Übertragung der Leitungsmacht ist hingegen nicht erforderlich.[16] Ob allerdings angesichts der jüngsten Rechtsprechung des EuGH[17] nicht schon die bloße Fortführungsmöglichkeit ausreichend ist, muss gegenwärtig zumindest als fraglich bezeichnet werden. Der EuGH verlangt lediglich, dass die funktionelle Verknüpfung der übernommenen Produktionsfaktoren die Fortsetzung derselben oder einer gleichartigen Tätigkeit »erlaubt«.[18] Richtigerweise wird man aber an der bisherigen Rechtsprechung des BAG festhalten können.[19]

Wird der Betrieb bzw. Betriebsteil vor dem Erwerb **stillgelegt**, liegt ein Betriebsübergang i.S.d. 9
§ 613a BGB nicht vor. Denn Stilllegung und Übertragung schließen sich systematisch aus.[20] Der Arbeitgeber muss jedoch ernsthaft und endgültig zur Stilllegung entschlossen sein. Die Stilllegung muss für eine unbestimmte, nicht unerhebliche Zeitspanne erfolgen, weshalb bei alsbaldiger Wiedereröffnung des Betriebs oder alsbaldiger Wiederaufnahme der Produktion eine tatsächliche Vermutung gegen die ernsthafte Absicht der Betriebsstilllegung spricht.[21]

2. Übergang eines Betriebs oder Betriebsteils

Erforderlich ist gem. § 613a Abs. 1 Satz 1 BGB, dass ein **Betrieb** oder **Betriebsteil** übergeht. **Betrieb** 10
i.S.d. § 613a BGB meint in Anlehnung an die ständige Rechtsprechung des EuGH zur Richtlinie 2001/23/EG[22] eine **wirtschaftliche Einheit**, dh eine organisierte Gesamtheit von Personen und Sachen zur auf Dauer angelegten Ausübung einer wirtschaftlichen Tätigkeit mit eigener Zielsetzung, die nicht auf die Ausführung eines bestimmten Vorhabens beschränkt ist.[23] **Betriebsteil** ist eine Teilorganisation, in der innerhalb des betrieblichen Gesamtzwecks sächlich und organisatorisch abgrenzbare arbeitstechnische Teilzwecke erfüllt werden, bei welchen es sich auch um bloße Hilfsfunktionen handeln kann.[24]

Entscheidend ist, ob die wirtschaftliche Einheit ihre **Identität bewahrt**. Dies gilt unabhängig davon, 11
ob das Vorliegen eines Betriebsübergangs oder eines Betriebsteilübergangs beurteilt wird.[25] Ob die Identität bewahrt wurde, ist im Rahmen einer typologischen Gesamtbetrachtung abhängig vom Einzelfall zu ermitteln.[26] Maßgebliche **Kriterien** sind nach ständiger Rechtsprechung des BAG im Anschluss an die Rechtsprechung des EuGH[27] die **Art des Betriebs bzw. Unternehmens**, der Übergang materieller Betriebsmittel, die Übernahme immaterieller Betriebsmittel und der Organisation, die Weiterbeschäftigung der Belegschaft, die Übernahme von Kundschaft und Lieferantenbeziehungen, der Grad der Ähnlichkeit der verrichteten Tätigkeiten sowie die Dauer einer eventuellen Un-

---

14 Anders noch BAG 27.04.1995, 8 AZR 197/94, EzA § 613a BGB Nr. 126.
15 BAG 12.11.1998, 8 AZR 282/97, EzA § 613a BGB Nr. 170.
16 BAG 15.12.2005, 8 AZR 202/05, EzA § 613a BGB 2002 Nr. 45.
17 EuGH 12.02.2009, C-466/07 (Klarenberg), EzA EG-Vertrag 1999 Richtlinie 2000/78 Nr. 9.
18 Dazu *Willemsen/Sagan* ZIP 2010, 1205 (1211).
19 Siehe auch BAG 17.12.2009, 8 AZR 1019/08, ZIP 2010, 694.
20 BAG 16.05.2002, 8 AZR 319/01, EzA § 613a BGB Nr. 210; 16.02.2012, 8 AZR 693/10, EzTöD 100 § 34 Abs 1 TVöD-AT Betriebsübergang Nr. 14.
21 BAG 12.02.1987, 2 AZR 247/86, EzA § 613a BGB Nr. 64.
22 Vgl. nur EuGH 11.03.1997, C-13/95, EzA § 613a Nr. 145 (Ayse Süzen).
23 BAG 22.01.1998, 8 AZR 243/95, EzA § 613a BGB Nr. 161; 15.11.2012, 8 AZR 683/11, EzA-SD 2012, Nr. 24, 13.
24 BAG 27.10.2005, 8 AZR 45/05, EzA § 613a BGB 2002 Nr. 43; *Hergenröder* AR-Blattei 500.1 Rn. 145.
25 BAG 27.10.2005, 8 AZR 45/05, EzA § 613a BGB 2002 Nr. 43.
26 BAG 15.12.2011, 8 AZR 197/11, EzA BGB 2002 § 613a Nr. 130; 15.11.2012, 8 AZR 683/11, EzA § 613a BGB 2002 Nr. 141.
27 Vgl. nur EuGH 11.03.1997, C-13/95, EzA § 613a Nr. 145 (Ayse Süzen).

terbrechung dieser Tätigkeiten.[28] Die Identität der wirtschaftlichen Einheit ergibt sich abgesehen von der ausgeübten Tätigkeit auch aus weiteren Kriterien wie Personal, Führungskräften, Arbeitsorganisation, Betriebsmethoden und ggf Betriebsmitteln.

12 Die genannten Kriterien sind je nach Art der Tätigkeit sowie den Produktions- und Betriebsmethoden unterschiedlich zu gewichten.[29] In **betriebsmittelarmen** Betrieben kann bereits eine Gesamtheit von Arbeitnehmern, die durch ihre gemeinsame Tätigkeit dauerhaft verbunden ist, eine wirtschaftliche Einheit darstellen, wenn es für die Erbringung des Betriebs(teil)zwecks wesentlich auf die menschliche Arbeitskraft ankommt.[30] Die bloße Fortführung der Tätigkeit im Wege der **Funktions- bzw. Auftragsnachfolge** stellt hingegen keinen Betriebsübergang dar. Erforderlich ist, dass der neue Betriebsinhaber einen nach Zahl und Sachkunde wesentlichen Teil des Personals bzw. identitätsprägende Betriebsmittel übernimmt.[31]

13 Vor diesem Hintergrund wurde vom BAG ein Betriebsübergang nur dann bejaht, wenn die übernommene Einheit vom Erwerber im Wesentlichen unverändert fortgeführt wurde; war sie demgegenüber dergestalt in eine andere Betriebsorganisation integriert worden, **dass sie hierdurch ihre Identität verloren hatte, sollte der Tatbestand des § 613a BGB nicht gegeben sein.**[32] Demgegenüber judizierte der EuGH[33] zuletzt, dass es nicht auf die organisatorische Selbständigkeit der übertragenen Einheit beim Erwerber, sondern auf die **Beibehaltung der funktionellen Verknüpfung der übernommenen Produktionsfaktoren ankomme, welche es dem Erwerber erlaube, derselben oder einer gleichartigen wirtschaftlichen Tätigkeit nachzugehen.** Vor dem Hintergrund dieser Rechtsprechung lässt sich also ein Betriebsübergang nicht mehr alleine deshalb ausschließen, weil der übernommene Betrieb oder Betriebsteil beim Erwerber seine Selbständigkeit verliert.[34]

14 Das BAG[35] hat zwischenzeitlich ausgeführt, dass es bezüglich der Identitätswahrung einer übernommenen Einheit nicht so sehr auf die konkrete Organisation der übernommenen Produktionsfaktoren, sondern auf deren funktionelle Verknüpfung ankomme, die bei einer Eingliederung nicht zwingend entfallen müsse. **Im Rahmen einer Gesamtbewertung ist also jeweils zu prüfen, ob wesentliche Änderungen in der Organisation, der Struktur und im Konzept einer Identitätswahrung der übernommenen wirtschaftlichen Einheit beim Erwerber entgegenstehen.** Was die funktionelle Verknüpfung anbelangt, so wird man richtigerweise verlangen müssen, dass erstens die übernommenen Produktionsfaktoren beim Erwerber in der gleichen Funktion eingesetzt werden wie beim Veräußerer. Zweitens müssen die materiellen bzw. immateriellen Betriebsmittel beim neuen Betriebsinhaber in der gleichen spezifischen Wechselbeziehung zueinander stehen. Schließlich muss die Beibehaltung der funktionellen Verknüpfung dem Erwerber die Fortsetzung der wirtschaftlichen Tätigkeit des Veräußerers bzw. einer gleichartigen Tätigkeit erlauben.[36]

3. Rechtsgeschäftlicher Übergang

15 Der Betrieb oder Betriebsteil muss gem. § 613a Abs. 1 Satz 1 BGB **durch Rechtsgeschäft** übergehen. Der Begriff des Rechtsgeschäfts ist weit zu verstehen und erfasst alle Fälle einer Fortführung der wirt-

---

28 Vgl. nur BAG 22.01.1998, 8 AZR 243/95, EzA § 613a BGB Nr. 161; 27.10.2005, 8 AZR 45/05, EzA § 613a BGB 2002 Nr. 43; zu den Einzelheiten vgl. *Hergenröder* AR-Blattei 500.1 Rn. 164 ff.
29 BAG 27.10.2005, 8 AZR 45/05, EzA § 613a BGB 2002 Nr. 43; ErfK/*Preis* § 613a BGB Rn. 10.
30 BAG 22.05.1997, 8 AZR 101/96, EzA § 613a BGB Nr. 149.
31 BAG 17.04.2003, 8 AZR 253/02, EzA § 613a BGB 2002 Nr. 11; 15.12.2011, 8 AZR 197/11, EzA § 613a BGB 2002 Nr. 130; 21.06.2012, 8 AZR 181/11, EzTöD 100 § 2 TVöD-AT Betriebsübergang Nr. 34.
32 BAG 16.02.2006, 8 AZR 204/05, EzA § 613a BGB 2002 Nr. 46; 30.10.2008, 8 AZR 855/07, EzA § 613a BGB 2002 Nr. 102.
33 EuGH 12.02.2009, C-466/07 (Klarenberg), EzA EG-Vertrag 1999 Richtlinie 2000/78 Nr. 9.
34 *Willemsen/Sagan* ZIP 2010, 1205 (1209). S. nunmehr BAG 13.10.2011, 8 AZR 455/10, EzA § 613a BGB 2002 Nr. 129: abgrenzbare wirtschaftliche Einheit muss beim Veräußerer schon bestanden haben.
35 BAG 17.12.2009, 8 AZR 1019/08, ZIP 2010, 694.
36 So *Willemsen/Sagan* ZIP 2010, 1205 (1212).

schaftlichen Einheit im Rahmen vertraglicher und sonstiger rechtsgeschäftlicher Beziehungen.[37] Es genügt auch ein Bündel von Rechtsgeschäften, wenn diese in ihrer Gesamtheit auf die Übernahme eines funktionsfähigen Betriebs gerichtet sind.[38] Das Tatbestandsmerkmal der rechtsgeschäftlichen Übertragung dient traditionell der Abgrenzung zur Gesamtrechtsnachfolge kraft Gesetzes und zur Übertragung aufgrund sonstigen Hoheitsakts.[39] Gesamtrechtsnachfolgen im Wege einer gesellschaftsrechtlichen Unternehmensumwandlung sind jedoch von § 613a BGB erfasst. Dies war vor der Neufassung des Umwandlungsrechts[40] umstritten, ist nunmehr aber der Regelung in § 324 UmwG zu entnehmen.[41] Nachdem man den EuGH in der »*Scattolon*«-Entscheidung[42] so verstehen wird müssen, dass auch der Übergang einer wirtschaftlichen Einheit kraft Hoheitsaktes unter die RL 2001/23/EG zu fassen ist, dürften auch einseitige Akte staatlicher Stellen unter § 613a BGB zu fassen sein.

Unmittelbare Vertragsbeziehungen zwischen bisherigem Inhaber und Erwerber müssen nicht bestehen.[43] Wird etwa ein Betrieb vom bisherigen Pächter an den neuen Pächter übergeben, genügt es, dass Vertragsbeziehungen zwischen dem neuen Pächter und dem Verpächter bestehen.[44] Auch bei der Auftragsnachfolge ist damit für einen rechtsgeschäftlichen Übergang ein Vertrag zwischen bisherigem und neuem Auftragnehmer nicht erforderlich.[45] 16

Unerheblich ist, ob das Rechtsgeschäft, das Grundlage für den Betriebsübergang ist, **bedingt** abgeschlossen wurde oder mit einem **Rücktrittsrecht** versehen ist.[46] Auch kommt es auf die **Wirksamkeit** des zugrunde liegenden Rechtsgeschäfts nicht an. Vor dem Hintergrund des Schutzzwecks der Norm genügt die willentliche Übernahme der Organisations- und Leitungsmacht.[47] Nach Rspr des BAG soll dies auch dann gelten, wenn das Rechtsgeschäft wegen Geschäftsunfähigkeit bzw. beschränkter Geschäftsfähigkeit des Erwerbers unwirksam ist.[48] Demgegenüber lässt die wohl herrschende Auffassung in der Literatur in dieser Konstellation aufgrund des Vorrangs der Schutzvorschriften zugunsten Geschäftsunfähiger die faktische Betriebsfortführung nicht genügen.[49] 17

Die Fortführung eines Betriebs durch den **Insolvenzverwalter** im Rahmen seiner Verwaltungs- und Verfügungsbefugnis nach § 80 stellt keinen rechtsgeschäftlichen Betriebsübergang dar[50], denn dem Insolvenzverwalter werden nicht rechtsgeschäftlich die Betriebsmittel übertragen, sondern er erhält lediglich kraft Gesetzes die Betriebsführungsbefugnis (Rdn. 34).[51] 18

---

37 BAG 26.08.1999, 8 AZR 827/98, EzA § 613a BGB Nr. 187; 15.10.2007, 8 AZR 917/06, EzA § 613a BGB 2002 Nr. 82.
38 BAG 11.12.1997, 8 AZR 729/96, EzA § 613a BGB Nr. 159.
39 BAG 25.10.2007, 8 AZR 917/06, EzA § 613a BGB 2002 Nr. 82.
40 G.v. 28.10.1994 BGBl. I, 3210.
41 *Hergenröder* AR-Blattei 500.1 Rn. 289 ff.
42 EuGH 06.09.2011 – C-108/10(Scattolon), EzA EG-Vertrag 1999, Richtlinie 2001/23 Nr. 7 (Gesetzlicher Übergang von Gemeindehilfspersonal auf den Staat).
43 BAG 26.08.1999, 8 AZR 827/98, EzA § 613a BGB Nr. 187; 15.10.2007, 8 AZR 917/06, EzA § 613a BGB 2002 Nr. 82.
44 BAG 25.02.1981, 5 AZR 991/78, EzA § 613a BGB Nr. 28; ErfK/*Preis* § 613a BGB Rn. 60.
45 BAG 11.12.1997, 8 AZR 729/96, EzA § 613a BGB Nr. 159.
46 BAG 15.12.2005, 8 AZR 202/05, EzA § 613a BGB 2002 Nr. 45.
47 BAG 06.02.1985, 5 AZR 411/83, EzA § 613a BGB Nr. 44; APS/*Steffan* § 613a BGB Rn. 75; ErfK/*Preis* § 613a BGB Rn. 61.
48 BAG 06.02.1985, 5 AZR 411/83, EzA § 613a BGB Nr. 44.
49 APS/*Steffan* § 613a BGB Rn. 75; ErfK/*Preis* § 613a BGB Rn. 61; KR/*Pfeiffer* § 613a BGB Rn. 80; MüKo-BGB/*Müller-Glöge* § 613a Rn. 67.
50 BAG 04.12.1986, 2 AZR 246/86, EzA § 613a Nr. 56.
51 ErfK/*Preis* § 613a BGB Rn. 63.

III. Rechtsfolgen nach § 613a BGB

19 Rechtsfolgen des Betriebsübergangs sind der Übergang der Arbeitsverhältnisse auf den Betriebserwerber gem. § 613a Abs. 1 Satz 1 BGB, die Weitergeltung der Kollektivvereinbarungen gem. § 613a Abs. 1 Satz 2–4 BGB, die Kontinuität des Betriebsrats sowie das Verbot der Kündigung wegen des Betriebsübergangs gem. § 613a Abs. 4 BGB.

1. Übergang der Arbeitsverhältnisse auf den Erwerber

20 Gem. § 613a Abs. 1 BGB tritt der Erwerber in die Rechte und Pflichten aus den im Zeitpunkt des Betriebsübergangs bestehenden Arbeitsverhältnissen ein. Der **gesetzlich angeordnete Vertragspartnerwechsel auf Arbeitgeberseite**[52] setzt nicht die Einwilligung des Arbeitnehmers voraus.[53] Jedoch kann der Arbeitnehmer gem. § 613a Abs. 6 BGB dem Übergang des Arbeitsverhältnisses innerhalb eines Monats nach Zugang der ordnungsgemäßen Unterrichtung über den Betriebsübergang (§ 613a Abs. 5 BGB) schriftlich **widersprechen**. Bei ordnungsgemäßem Widerspruch geht das Arbeitsverhältnis nicht auf den Erwerber über, sondern bleibt mit dem Veräußerer bestehen.

21 § 613a BGB erfasst **alle Arbeitsverhältnisse** des veräußerten Betriebs bzw. Betriebsteils. Auch **Auszubildende**[54] und **leitende Angestellte**[55] fallen hierunter. Auf **Heimarbeiter** ist § 613a BGB weder unmittelbar noch analog anwendbar.[56] Ebenso werden **sonstige arbeitnehmerähnliche Personen** und **freie Mitarbeiter** nicht von § 613a BGB erfasst.[57] **Leiharbeitsverhältnisse** gehen nur bei einer Veräußerung des Verleiherbetriebs über (vgl. Art. 2 IIc RL 2001/23/EG), da nur zu diesem arbeitsvertragliche Beziehungen bestehen (vgl. § 14 Abs. 1, 2 AÜG). Von einer Veräußerung des Entleiherbetriebs werden sie nicht berührt. Anderes gilt nur, wenn gem. § 10 Abs. 1 AÜG ein fingiertes Arbeitsverhältnis mit dem Entleiher zustande gekommen ist bzw. bei bestimmten Formen der Konzernleihe.[58]

22 Das Arbeitsverhältnis muss zum Zeitpunkt des Übergangs noch **bestehen**, bereits beendete Arbeitsverhältnisse werden nicht erfasst. **Ruhestandsverhältnisse** gehen demnach nicht auf den Erwerber über.[59] Bloß **ruhende Arbeitsverhältnisse** – etwa von in Elternzeit befindlichen Arbeitnehmern – gehen hingegen nach § 613a BGB ebenso über[60] wie bereits **gekündigte Arbeitsverhältnisse**, bei denen die Kündigungsfrist noch nicht abgelaufen ist.[61] Auch auf sog. **fehlerhafte (faktische) Arbeitsverhältnisse** ist § 613a BGB anzuwenden.[62] Im Blockmodell vereinbarte **Altersteilzeitarbeitsverhältnisse** gehen auch dann über, wenn sich der Arbeitnehmer zum Zeitpunkt des Betriebsübergangs bereits in der Freistellungsphase befand.[63] Zur im Hinblick auf Altersteilzeitverhältnisse eingeschränkten Haftung des Betriebserwerbers in der Insolvenz vgl. noch Rdn. 43.

23 Der Betriebserwerber wird Schuldner **sämtlicher Verbindlichkeiten** aus dem Arbeitsverhältnis[64] und tritt in alle arbeitsvertraglichen Ansprüche gegenüber den übernommenen Arbeitnehmern ein.[65] Der

---

52 BAG 16.10.2007, 9 AZR 248/07, EzA § 109 GewO Nr. 6.
53 BAG 30.10.1986, 2 AZR 101/85, EzA § 613a BGB Nr. 54.
54 BAG 13.07.2006, 8 AZR 382/05, EzA § 613a BGB 2002 Nr. 57.
55 BAG 22.02.1978, 5 AZR 800/76, EzA § 613a BGB Nr. 18.
56 BAG 24.03.1998, 9 AZR 218/97, EzA § 613a BGB Nr. 165; a.A. KR/*Pfeiffer* § 613a BGB Rn. 103; *Seiter* Betriebsinhaberwechsel, 1980, S. 57.
57 ErfK/*Preis* § 613a BGB Rn. 67.
58 EuGH 21.10.2010, Rs. C-242/09, EzA Richtlinie 2011/23 EG-Vertrag 1999 Nr. 5; *Hergenröder* AR-Blattei 500.1 Rn. 337.
59 BAG 18.03.2003, 3 AZR 313/02, EzA § 7 BetrAVG Nr. 68.
60 BAG 02.12.1999, 8 AZR 796/98, EzA § 613a BGB Nr. 188.
61 BAG 22.02.1978, 5 AZR 800/76, EzA § 613a BGB Nr. 18.
62 KR/*Pfeiffer* § 613a BGB Rn. 104.
63 BAG 31.01.2008, 8 AZR 27/07, EzA § 613a BGB 2002 Nr. 89; a.A. *Hanau* RdA 2003, 230 (231).
64 Vgl. ErfK/*Preis* § 613a BGB Rn. 73 ff.
65 Vgl. ErfK/*Preis* § 613a BGB Rn. 79 ff.

Erwerber schuldet insb. das vereinbarte **Arbeitsentgelt** einschließlich aller **Nebenleistungen**. Auch für die bereits erdienten **Versorgungsanwartschaften** der übernommenen Arbeitnehmer muss der Erwerber eintreten.[66] Dies gilt für verfallbare wie für unverfallbare Anwartschaften.[67] Einschränkungen ergeben sich lediglich für den Betriebsübergang im Insolvenzverfahren (vgl. hierzu i.E. noch Rdn. 41 f.).[68] Ist der Versorgungsfall demgegenüber bereits vor dem Betriebsübergang eingetreten, ist das Arbeitsverhältnis zu diesem Zeitpunkt bereits beendet, sodass § 613a BGB keine Anwendung findet.[69]

2. Weitergeltung von Kollektivvereinbarungen

Gem. § 613a Abs. 1 Satz 2 BGB gelten Rechtsnormen aus Tarifvertrag oder Betriebsvereinbarung[70] nach dem Betriebsübergang grds **individualrechtlich weiter**. Sie verlieren ihre Rechtsnatur als Tarifvertrag oder Betriebsvereinbarung und damit ihre unmittelbare und zwingende Wirkung aus § 4 Abs. 1 TVG bzw. § 77 Abs. 4 Satz 1 BetrVG, werden jedoch Inhalt des Arbeitsverhältnisses zwischen Betriebserwerber und übernommenem Arbeitnehmer und gelten damit wie Regelungen des Arbeitsvertrags weiter.[71] Dies gilt gem. § 613a Abs. 1 Satz 3 BGB nicht, wenn die in der Kollektivvereinbarung geregelten Rechte und Pflichten bei dem neuen Betriebsinhaber durch Rechtsnormen eines anderen Tarifvertrags oder durch eine andere Betriebsvereinbarung geregelt werden. Die weitergeltenden Vereinbarungen dürfen gem. § 613a Abs. 1 Satz 2 BGB grds **nicht vor Ablauf eines Jahres** nach dem Betriebsübergang zum Nachteil des Arbeitnehmers verändert werden (zu den Ausnahmen vgl. § 613a Abs. 1 Satz 4 BGB). Die individualrechtliche Weitergeltung ist nur eine Auffangvorschrift, sodass sie einer kollektivrechtlichen Weitergeltung – denkbar etwa bei Mitgliedschaft des Betriebserwerbers in dem den Tarifvertrag abschließenden Arbeitgeberverband oder bei Allgemeinverbindlichkeit des Tarifvertrags nach § 5 TVG – nicht entgegensteht.[72] Die Weitergeltung erfasst ausschließlich den **normativen Teil** von Tarifverträgen oder Betriebsvereinbarungen.[73] Soweit Tarifverträge arbeitsvertraglich in Bezug genommen werden, findet § 613a Abs. 1 Satz 1 BGB Anwendung. Der EuGH[74] steht allerdings auf dem Standpunkt, dass es dem Zweck der Richtlinie 2001/23/EG zuwiderläuft, dass sich die Lage der übergegangenen Arbeitnehmer allein aufgrund des Betriebsübergangs kollektivrechtlich verschlechtert. Es liegt nahe, für den Insolvenzfall eine differenzierte Betrachtung anzustellen.[75]

Aufgrund der regelmäßigen kollektivrechtlichen Weitergeltung von Betriebsvereinbarungen sollte der Insolvenzverwalter stets in Erwägung ziehen, sich von belastenden Betriebsvereinbarungen vorzeitig mit der Maximalkündigungsfrist des § 120 zu lösen.

3. Kontinuität des Betriebsrats

Zweck des § 613a BGB ist es gerade auch, die Kontinuität des Betriebsrats zu gewährleisten.[76] Ein Betriebsinhaberwechsel lässt die Rechtsstellung des Betriebsrats unberührt, solange die Identität des

---

66 BAG 24.03.1977, 3 AZR 649/76, EzA § 613a BGB Nr. 12.
67 BAG 12.05.1992, 3 AZR 247/91, EzA § 613a BGB Nr. 104.
68 BAG 17.01.1980, 3 AZR 160/79, EzA § 613a BGB Nr. 24.
69 BAG 18.03.2003, 3 AZR 313/02, EzA § 7 BetrAVG Nr. 68.
70 Zur analogen Anwendung auf sonstige Kollektivvereinbarungen vgl. *Hergenröder* AR-Blattei 500.1 Rn. 815 ff.
71 ErfK/*Preis* § 613a BGB Rn. 112.
72 ErfK/*Preis* § 613a BGB Rn. 113; *Hergenröder* AR-Blattei 500.1 Rn. 843 ff.
73 Vgl. i.E. *Hergenröder* AR-Blattei 500.1 Rn. 824 ff.
74 EuGH v. 06.09.2011 – C-108/10 (Scattolon), EzA EG-Vertrag 1999, Richtlinie 2001/23 Nr. 7. Vgl. nunmehr aber auch EuGH 13.07.2013 C-426/11 (Alemo-Herron), ZIP 2013, 1686, wonach dynamische Verweisungsklauseln auf nach dem Zeitpunkt des Unternehmensübergangs verhandelte und abgeschlossene Kollektivverträge gegenüber dem Erwerber nicht durchsetzbar seien, wenn dieser nicht die Möglichkeit habe, an den Verhandlungen über diese nach dem Übergang abgeschlossenen Kollektivverträge teilzunehmen.
75 Dazu *Mückl*, ZIP 2012, 2373.
76 ErfK/*Preis* § 613a BGB Rn. 128.

Betriebs beim neuen Inhaber fortbesteht.[77] Ändert sich hingegen bei einem Betriebs(teil)übergang die organisatorische Einheit des Betriebs aufgrund von Spaltungsvorgängen oder durch Zusammenlegungen und werden die Arbeitnehmerinteressen nicht durch einen beim Erwerber bestehenden Betriebsrat wahrgenommen, besteht ein Übergangsmandat des Betriebsrats gem. § 21a BetrVG.[78] Die neu entstandene Einheit muss dabei selbst betriebsratsfähig sein, andernfalls kommt nur noch ein Restmandat (§ 21b BetrVG) in Betracht.[79]

4. Kündigungsverbot

27 Gem. § 613a Abs. 4 Satz 1 BGB ist die Kündigung des Arbeitsverhältnisses eines Arbeitnehmers durch den bisherigen Arbeitgeber oder den neuen Inhaber wegen des Betriebs(teil)übergangs unwirksam. § 613a Abs. 4 Satz 1 BGB hat als spezialgesetzliche Ausgestaltung des allgemeinen Umgehungsverbotes gegenüber § 613a Abs. 1 BGB Komplementärfunktion. Die Regelung soll verhindern, dass der mit § 613a Abs. 1 BGB bezweckte Bestandsschutz durch Kündigungen unterlaufen wird.[80] Erfasst werden **ordentliche** und **außerordentliche** Kündigungen, **Beendigungs-** und **Änderungskündigungen**. Das Kündigungsverbot gilt auch für **Kündigungen durch den Insolvenzverwalter** im Insolvenzverfahren.[81]

28 Die Kündigung **wegen des Betriebs(teil)übergangs** ist unwirksam. Ob die Kündigung wegen des Betriebsübergangs erfolgt, beurteilt sich nach **objektiven und subjektiven Umständen**.[82] In objektiver Hinsicht muss ein **Betriebsübergang** vorliegen, ggf ist daher eine Abgrenzung zu sonstigen ähnlichen Konstellationen vorzunehmen. So liegt bei Wiederaufnahme des Betriebs erst nach einer wirtschaftlich erheblichen Zeitspanne der Betriebsruhe eine Betriebsstilllegung vor, welche das Kündigungsverbot des § 613a Abs. 4 BGB nicht eröffnet. Hingegen steht eine bloß kurzfristige Unterbrechung der betrieblichen Tätigkeit einem Betriebsübergang nicht entgegen.[83] In **subjektiver** Hinsicht muss der Betriebsübergang tragender Grund, nicht nur äußerer Anlass für die Kündigung gewesen sein.[84] Nicht erforderlich ist, dass der Inhaberwechsel alleiniges Kündigungsmotiv war. Das Motiv der Kündigung muss aber **wesentlich durch den Inhaberwechsel bedingt** sein.[85]

29 Gem. § 613a Abs. 4 Satz 2 BGB bleibt hingegen das Recht zur Kündigung **aus anderen Gründen** unberührt. Das Kündigungsverbot ist demnach dann nicht einschlägig, wenn es neben dem Betriebsübergang einen sachlichen Grund gibt, der »aus sich heraus« die Kündigung rechtfertigen kann.[86] Ist die Kündigung aus betriebs-, personen- oder verhaltensbedingten Gründen nach § 1 Abs. 2 KSchG sozial gerechtfertigt, ist unerheblich, dass sie in zeitlicher Nähe zu einem Betriebsübergang ausgesprochen wurde.[87] Denn § 613a Abs. 4 BGB schützt nicht vor Risiken, die sich jederzeit unabhängig von einem Betriebsübergang realisieren können.[88]

30 Will der Veräußerer neben dem Verkauf des Betriebs auch **Rationalisierungsmaßnahmen** durchführen, steht § 613a Abs. 4 BGB den damit verbunden Kündigungen daher nicht entgegen. § 613a BGB soll den Erwerber zwar daran hindern, bei Übernahme der Belegschaft eine Auslese zu treffen.

---

77 BAG 28.09.1988, 1 ABR 37/87, EzA § 95 BetrVG 1972 Nr. 14.
78 *Hergenröder* AR-Blattei 500.1 Rn. 1002.
79 *Fitting* § 21a BetrVG Rn. 13.
80 BAG 20.03.2003, 8 AZR 97/02, AR-Blattei ES 500 Nr. 177 m.Anm. *Hergenröder*.
81 BAG 20.09.2006, 6 AZR 249/05, EzA § 613a BGB 2002 Nr. 62.
82 BAG 19.05.1988, 2 AZR 596/87, AR-Blattei ES 500 Nr. 77 m.Anm. *Hergenröder*.
83 BAG 22.05.1997, 8 AZR 101/96, AR-Blattei ES 500 Nr. 127 m.Anm. *Hergenröder*.
84 BAG 20.03.2003, 8 AZR 97/02, AR-Blattei ES 500 Nr. 177 m.Anm. *Hergenröder*.
85 BAG 27.09.1984, 2 AZR 309/83, EzA § 613a BGB Nr. 40; 28.10.2004, 8 AZR 391/03, EzA § 1 KSchG Soziale Auswahl Nr. 56 m.Anm. *Hergenröder*; a.A. *Lipinski* NZA 2002, 75 (78): Betriebsübergang muss das allein ursächliche Motiv sein.
86 *BAG 20.09.2006, 6 AZR 249/05, EzA § 613a BGB 2002 Nr. 62.*
87 ErfK/*Preis* § 613a BGB Rn. 155.
88 BAG 20.03.2003, 8 AZR 97/02, AR-Blattei ES 500 Nr. 177 m.Anm. *Hergenröder*.

Hingegen ist es nicht Zweck der Regelung, Arbeitsverhältnisse bei voraussehbar fehlender Beschäftigungsmöglichkeit künstlich zu verlängern.[89] Dies gilt selbst für Kündigungen des Veräußerers vor Übergang des Betriebs wegen Rationalisierungen aufgrund eines **Erwerberkonzepts**.[90]

Vom Veräußerer oder Erwerber veranlasste Eigenkündigungen der Arbeitnehmer sowie **Aufhebungsverträge** sind nach § 134 BGB unwirksam, wenn sie eine **Umgehung** des Kündigungsverbots aus § 613a Abs. 4 BGB bezwecken. Eine solche Umgehung liegt vor, wenn die Kündigung bzw. der Aufhebungsvertrag lediglich den Abschluss neuer Arbeitsverträge beim Erwerber zu verschlechterten Konditionen ermöglichen soll.[91] Tatsächlich auf ein endgültiges Ausscheiden aus dem Betrieb gerichtete Erklärungen sind demgegenüber zulässig.[92] Das BAG[93] hält Aufhebungsverträge mit dem Betriebsveräußerer in Zusammenhang mit dem Abschluss eines Arbeitsvertrages mit einer Beschäftigungs- und Qualifizierungsgesellschaft (BQG) trotz eines anschließenden Betriebsübergangs für grds wirksam, wenn die Vereinbarung auf das endgültige Ausscheiden des Arbeitnehmers aus dem Betrieb gerichtet ist. Allerdings darf Zweck des Aufhebungsvertrages nicht die Beseitigung der Kontinuität des Arbeitsverhältnisses bei gleichzeitigem Erhalt des Arbeitsplatzes sein. Ausschlaggebend sind insoweit der freiwillige Abschluss des Aufhebungsvertrages durch den Arbeitnehmer, die Zwischenschaltung der BQG und das Fehlen einer sicheren Aussicht, beim Erwerber eingestellt zu werden. Insb. darf die Übernahme in eine BQG nicht nur zum Schein vorgeschoben sein, auch darf nicht die Umgehung der Sozialauswahl Ziel der vertraglichen Vereinbarungen sein. Bei Abschluss eines Aufhebungsvertrages mit dem Insolvenzverwalter und der Begründung eines Arbeitsverhältnisses mit einer BQG nur für einen Tag liegt daher eine Umgehung des § 613a BGB nahe.[94] 31

Wird zunächst im Hinblick auf eine beabsichtigte Betriebsstilllegung gekündigt und ändert sich die Sachlage nach Zugang der Kündigung dahingehend, dass stattdessen ein Betriebsübergang erfolgt, kommt ein **Wiedereinstellungsanspruch** der Arbeitnehmer in Betracht.[95] 32

IV. Betriebsübergang in der Insolvenz

Ob § 613a BGB auch in der Insolvenz bzw. im Konkurs eines Unternehmens Anwendung findet, war unter Geltung der zum 31.12.1998 außer Kraft getretenen Konkursordnung lange umstritten.[96] Seit Einführung der Insolvenzordnung folgt die grundsätzliche Anwendbarkeit des § 613a BGB nunmehr zwingend aus dem Wortlaut des § 128 Abs. 2. Jedoch ergeben sich für die Erwerberhaftung Einschränkungen aus dem Grundsatz der gleichmäßigen Gläubigerbefriedigung. 33

1. Eingeschränkte Geltung des § 613a BGB in der Insolvenz

Die Fortführung des Betriebs durch den Insolvenzverwalter aufgrund seiner Verwaltungsverpflichtung nach §§ 80, 148 InsO wird von § 613a BGB nicht erfasst.[97] Insoweit fehlt es an einem »Rechts- 34

---

89 BAG 20.03.2003, 8 AZR 97/02, AR-Blattei ES 500 Nr. 177 m.Anm. *Hergenröder*.
90 BAG 20.03.2003, 8 AZR 97/02, AR-Blattei ES 500 Nr. 177 m.Anm. *Hergenröder*; KR/*Pfeiffer* § 613a BGB Rn. 189; MüKo-BGB/*Müller-Glöge* § 613a Rn. 193; a.A. LAG Köln 17.06.2003, 9 Sa 443/03, ZIP 2003, 2042.
91 BAG 27.09.2012, 8 AZR 826/11, EzA-SD 2012, Nr. 21, 7–8.
92 *Hergenröder* AR-Blattei 500.1 Rn. 748 ff., 752 ff.
93 BAG 23.11.2006, 8 AZR 349/06, EzA § 613a BGB 2002 Nr. 61; 25.10.2012, 8 AZR 572/11, EzA-SD 2012, Nr. 23, 11.
94 LAG Hannover 18.02.2010, 7 Sa 779/09, ZIP 2010, 2066. S. auch BAG 18.08.2011, 8 AZR 312/10, EzA § 613a BGB 2002 Nr. 128: »Losverfahren«.
95 BAG 13.11.1997, 8 AZR 295/95, EzA § 613a BGB Nr. 154; *Hergenröder* AR-Blattei 500.1 Rn. 769 ff.
96 Dagegen die sog. »insolvenzrechtliche« Lösung, vgl. etwa *Riedel* NJW 1975, 765 ff.; dafür die sog. »arbeitsrechtliche« Lösung, vgl. etwa *Richardi* RdA 1976, 56 (57 f.); vgl. zum Streitstand auch *Hergenröder* AR-Blattei 500.1 Rn. 1285 ff.
97 St. Rspr., vgl. BAG 04.12.1986, 2 AZR 246/86, EzA § 613a BGB Nr. 56; *Hergenröder*, AR-Blattei SD 500.1, 2007, Rn. 1283.

geschäft«, der Insolvenzverwalter erhält lediglich die **Betriebsleitungsmacht kraft Gesetzes**. Vertragsarbeitgeber bleibt der Schuldner. Zudem führt der Verwalter den Betrieb nicht in eigenem Namen fort, sondern nur für den insolventen Inhaber. Selbst wenn man den EuGH in der »*Scattolon*«-Entscheidung[98] so verstehen wird müssen, dass auch der Übergang einer wirtschaftlichen Einheit kraft Hoheitsaktes unter die RL 2001/23/EG zu fassen ist, wird man dies zu erwägen haben und darüber hinaus, dass nach Art. 5 der Richtlinie deren Art. 3 und 4 nicht für unter staatlicher Aufsicht stehende Liquidationsverfahren gelten.[99] Die **Veräußerung eines Betriebes oder einzelner Teile davon durch den Insolvenzverwalter** beruht dagegen immer auf einem Rechtsgeschäft.[100] Für die wegen § 128 InsO gebotene Anwendung des § 613a BGB reicht es schon aus, wenn der Insolvenzverwalter einem Dritten die Betriebsmittel überlässt und dieser die wirtschaftliche Tätigkeit der Insolvenzschuldnerin fortführt.[101] Demgegenüber ist die Abgabe der Erklärung nach § 35 Abs. 2 InsO richtiger Ansicht nach kein Anwendungsfall des § 613a BGB.[102]

35 Nach **ständiger Rspr des BAG**[103] gilt im Übrigen eine sog. »**gespaltene« Lösung**. Hiernach ist § 613a BGB im Insolvenzverfahren grds anwendbar, sodass ein Erwerber in die Rechte und Pflichten des Veräußerers eintritt. Jedoch ist diesbezüglich zu differenzieren:

36 Uneingeschränkte Anwendung findet § 613a BGB, soweit der **Schutz der Arbeitsplätze** oder die **Kontinuität des Betriebsrats** betroffen ist.[104] Insb. das Kündigungsverbot des § 613a Abs. 4 BGB gilt damit auch in der Insolvenz. In diesem Zusammenhang ist zu beachten, dass die Eröffnung des Insolvenzverfahrens an sich eine Kündigung nicht rechtfertigen kann[105] und somit auch als anderer Grund i.S.d. § 613a Abs. 4 Satz 2 BGB nicht herangezogen werden kann.[106] Die von einem Insolvenzverwalter vor dem Eintritt eines Betriebsübergangs beim Integrationsamt beantragte und nach dem Betriebsübergang an ihn zugestellte Zustimmung zur Kündigung eines schwerbehinderten Arbeitnehmers stellt keine dem Betriebserwerber erteilte Zustimmung i.S.d. § 85 SGB IX dar, auf die er sich zur Kündigung dieses Arbeitnehmers berufen kann.[107]

37 Der **haftungsrechtliche Teil** des § 613a BGB ist hingegen dahingehend **teleologisch zu reduzieren**, dass der Erwerber entgegen dem Gesetzeswortlaut nicht für solche Ansprüche haftet, welche bereits **vor Eröffnung des Insolvenzverfahrens** entstanden sind. Andernfalls würde der Grundsatz der gleichmäßigen Gläubigerbefriedigung verletzt. Denn erhielten die Arbeitnehmer aufgrund des Betriebsübergangs für ihre bereits vor Insolvenzeröffnung entstandenen Ansprüche einen neuen Schuldner, würden sie gegenüber den übrigen Gläubigern unangemessen bevorzugt. Diesen Vorteil müssten die übrigen Gläubiger insoweit finanzieren, als der Erwerber den Kaufpreis für den Betrieb im Hinblick auf die übernommene Haftung mindern könnte.[108] Für erst **nach Eröffnung des Insolvenzverfahrens** entstandene Ansprüche ist hingegen eine Haftungsbeschränkung nicht geboten.[109]

---

98 EuGH 06.09.2011 – C-108/10, EzA EG-Vertrag 1999, Richtlinie 2001/23 Nr. 7.
99 Dazu näher *Hergenröder*, AR-Blattei SD 500.1, 2007, Rn. 1277 ff.; *Joussen*, EAS B 7200, 2007, Rn. 90 ff.
100 Im Übrigen ist nicht ausgeschlossen, dass bei Vorliegen der Voraussetzungen im Einzelfall ein Betrieb auch im Sinne des § 613a BGB auf den Insolvenzverwalter übergehen kann, vgl. etwa BAG 18.08.2011, 8 AZR 230/10, EzA § 613a BGB 2002 Nr. 127: Zwangsverwalter eines Grundstücks kündigt Pachtvertrag des auf dem Grundstück betriebenen Hotels und führt dieses selbst weiter.
101 BAG 25.10.2007, 8 AZR 917/06, EzA § 613a BGB 2002 Nr. 82.
102 Dazu eingehend *Hergenröder*, DZWIR 2013, 251, 262 ff. m.w.N. zum Streitstand.
103 Seit BAG 17.01.1980, 3 AZR 160/79, EzA § 613a BGB Nr. 24.
104 BAG 17.01.1980, 3 AZR 160/79, EzA § 613a BGB Nr. 24; ErfK/*Preis* § 613a BGB Rn. 146. Zu Arbeitnehmererfindungen *Oster*, GRUR 2012, 467.
105 BAG 16.09.1982, 2 AZR 271/80, EzA § 1 KSchG Betriebsbedingte Kündigung Nr. 18.
106 ErfK/*Preis* § 613a BGB Rn. 151.
107 BAG 15.11.2012, 8 AZR 827/11, EzA-SD 2013, Nr. 6, 10–12.
108 BAG 14.11.2012, 5 AZR 778/11, EzA-SD 2013, Nr. 7, 18.
109 BAG 04.12.1986, 2 AZR 246/86, EzA § 613a BGB Nr. 56.

Erfolgt der **Betriebsübergang bereits vor Eröffnung des Insolvenzverfahrens**, gelten die insolvenzrechtlichen Einschränkungen des § 613a BGB nicht. Der Erwerber tritt in vollem Umfang in die Rechte und Pflichten aus dem Arbeitsverhältnis ein.[110]

38

Problematisch ist der Rückgriff auf die obigen Grundsätze zur Anwendbarkeit des § 613a BGB schließlich für Fälle der **Masselosigkeit**, denn außerhalb des Insolvenzverfahrens gilt der Grundsatz gleichmäßiger Gläubigerbefriedigung nicht. Wird die **Eröffnung** des Insolvenzverfahrens wegen Masselosigkeit **abgelehnt**, ist eine teleologische Reduktion des § 613a BGB daher nicht möglich, sodass eine Haftungserleichterung für den Betriebserwerber nicht in Betracht kommt.[111] Demgegenüber bleibt die durch Eröffnung des Insolvenzverfahrens eingetretene Haftungsbeschränkung von einer **späteren Einstellung** des Insolvenzverfahrens mangels einer die Kosten des Verfahrens deckenden Masse unberührt. Denn die Rechtsfolgen der Insolvenzeröffnung können nachträglich nicht mehr beseitigt werden.[112]

39

Als offen muss gegenwärtig noch gelten, ob der Erwerber für **Altmasseverbindlichkeiten** haftet. Zeigt der Insolvenzverwalter Masseunzulänglichkeit nach § 208 Abs. 1 an, weil die Insolvenzmasse nicht ausreicht, um die fälligen sonstigen Masseverbindlichkeiten zu begleichen, ist grds zwischen Alt- (§ 209 Abs. 1 Nr. 3) und Neumasseschulden (§ 209 Abs. 1 Nr. 2) zu unterscheiden. Erstere sind vor der Anzeige, letztere danach entstanden. Neumasseverbindlichkeiten sind in der Folge vor Altmasseverbindlichkeiten zu befriedigen, d.h. solange noch nicht alle Neumasseforderungen befriedigt sind, gibt es für »alte« Massegläubiger nichts. Dies vorausgesetzt, würde der Arbeitnehmer in Bezug auf Ansprüche, die nach Eröffnung, aber vor Anzeige der Masseunzulänglichkeit aufgelaufen sind, allenfalls eine quotale Befriedigung erlangen können.[113] Vor Einführung der InsO kam eine Haftungsbeschränkung des Erwerbers nach Eintritt des Konkurses auch bei Masseunzulänglichkeit nicht in Betracht hat.[114] Unter der Geltung der InsO hat das BAG[115] die Frage bislang ausdrücklich offen gelassen, allerdings darauf hingewiesen, dass nunmehr bei Anzeige der Masseunzulänglichkeit besondere, in §§ 208 ff. geregelte Verteilungsgrundsätze gelten. Ob man hierin ein Rechtsprinzip sehen will, welches der an sich gegebenen Haftung des Erwerbers nach § 613a Abs. 1 BGB entgegensteht,[116] hängt nicht zuletzt davon ab, wieweit man § 613a BGB im Insolvenzfall einschränken möchte. Insoweit sollte auch der Gleichklang mit den Fällen der Masselosigkeit außerhalb eines Insolvenzverfahrens sowie der Einstellung des Insolvenzverfahrens mangels einer die Kosten deckenden Masse gewahrt bleiben (vgl. Rdn. 39).

40

2. Einzelfragen der Erwerberhaftung

a) Betriebliche Altersversorgung

Für die Haftung des Erwerbers ergeben sich aus den oben dargestellten Grundsätzen zur Haftungsbeschränkung Einschränkungen im Hinblick auf die betriebliche Altersvorsorge: Der Erwerber tritt zwar grds gem. § 613a BGB in die Versorgungsanwartschaften der Arbeitnehmer ein. Im Versorgungsfall haftet er jedoch nicht für bereits **vor Eröffnung des Insolvenzverfahrens** erdiente Anwartschaften.[117] Unerheblich ist, ob die Anwartschaften noch verfallbar oder bereits unverfallbar waren.[118] Diese Unterscheidung hat lediglich für den gesetzlichen Insolvenzschutz nach dem BetrAVG

41

---

110 BAG 08.11.1988, 3 AZR 85/87, EzA § 613a BGB Nr. 83; *Hergenröder* AR-Blattei 500.1 Rn. 1293.
111 BAG 20.11.1984, 3 AZR 584/83, EzA § 613a BGB Nr. 41; krit. *Loritz* RdA 1987, 65 (87).
112 BAG 11.02.1992, 3 AZR 117/91, EzA § 613a BGB Nr. 97; *Hergenröder* AR-Blattei 500.1 Rn. 1298; MüKo-BGB/*Müller-Glöge* § 613a Rn. 182.
113 *Schelp* NZA 2010, 1095 (1099).
114 BAG 04.12.1986, 2 AZR 246/86, EzA § 613a BGB Nr. 56.
115 BAG 19.05.2005, 3 AZR 649/03, EzA § 613a BGB 2002 Nr. 33.
116 In diesem Sinne *Zwanziger* Einf. Rn. 179.
117 BAG 19.05.2005, 3 AZR 649/03, EzA § 613a BGB 2002 Nr. 33.
118 BAG 29.10.1985, 3 AZR 485/83, EzA § 613a BGB Nr. 52.

§ 128 InsO Betriebsveräußerung

Bedeutung.[119] Für die insolvenzrechtliche Haftungsbeschränkung des Erwerbers ist allein der Zeitpunkt der Eröffnung des Insolvenzverfahrens maßgeblich.[120]

42 So ist im Hinblick auf Ruhegeldanwartschaften zwischen den verschiedenen Konstellationen zu unterscheiden:[121]
- Für zum Zeitpunkt der Insolvenzeröffnung **bereits erdiente und unverfallbare** Versorgungsanwartschaften tritt nach § 7 Abs. 2 BetrAVG der **Pensionssicherungsverein** als Träger der Insolvenzsicherung ein. Die Haftung des Pensionssicherungsvereins bleibt von einem späteren Betriebsinhaberwechsel unberührt.[122]
- Zum Zeitpunkt der Insolvenzeröffnung **bereits erdiente noch verfallbare** Anwartschaften sind als Insolvenzforderungen im Insolvenzverfahren des Veräußerers geltend zu machen. Der Pensionssicherungsverein tritt nicht ein. Der Erwerber haftet nach den Grundsätzen zur Haftungsbeschränkung nicht.[123]
- Für **während des Insolvenzverfahrens aber noch vor dem Betriebsübergang** erworbene Anwartschaften haftet der Erwerber, soweit die Arbeitsverhältnisse übergehen. Soweit die Arbeitnehmer vor dem Betriebsübergang ausscheiden, vom Betriebsübergang nicht erfasst werden oder dem Betriebsübergang gem. § 613a Abs. 6 BGB widersprochen haben, hat der Insolvenzverwalter für die während des Verfahrens erworbenen Anwartschaften einzustehen.[124] Er kann sie unter den Voraussetzungen des § 3 Abs. 4 BetrAVG abfinden.[125]
- Für **nach dem Betriebsübergang** erdiente Anwartschaften haftet der Betriebserwerber.

b) Altersteilzeit

43 Aus den oben genannten Grundsätzen der Haftungsbeschränkung ergeben sich auch für Entgeltansprüche aus **Altersteilzeitverträgen im sog. Blockmodell** Einschränkungen. Geht der Betrieb **nach Eröffnung des Insolvenzverfahrens** über und befindet sich der Arbeitnehmer noch in der Arbeitsphase, ist nach dem Zeitpunkt der Anspruchsentstehung zu differenzieren: In der Arbeitsphase **vor Insolvenzeröffnung** entstandene Ansprüche sind als **Insolvenzforderungen** (§§ 38, 108 Abs. 3) zu behandeln. Erst **nach Insolvenzeröffnung** entstandene Ansprüche werden demgegenüber als **Masseforderungen** (§ 53) angesehen. Der Zeitpunkt der Fälligkeit des Anspruchs ist hierbei unerheblich. Entscheidend ist, wann der Anspruch erarbeitet wurde, dh wann die Arbeitsleistung für den geltend gemachten Anspruchs erbracht wurde. Dabei ist das in der Freistellungsphase ausgezahlte Entgelt Gegenleistung für die bereits in der Arbeitsphase geleistete, über die verringerte Arbeitszeit hinausgehende Arbeit.[126] Soweit die in der Freistellungsphase fälligen Ansprüche bereits in der Arbeitsphase vor Insolvenzeröffnung erarbeitet wurden, tritt nach den obigen Grundsätzen demnach eine Enthaftung des Erwerbers ein. Ist die Arbeitsphase zum Zeitpunkt der Insolvenzeröffnung noch nicht abgeschlossen, bezieht sich die Enthaftung anteilig auf die bei Insolvenzeröffnung bereits erarbeiteten Ansprüche. Die Haftungsbefreiung bezieht sich sowohl auf das halbierte Arbeitsentgelt als auch auf den zu zahlenden Aufstockungsbetrag.[127]

---

119 ErfK/*Preis* § 613a BGB Rn. 148.
120 BAG 19.05.2005, 3 AZR 649/03, EzA § 613a BGB 2002 Nr. 33.
121 Vgl. hierzu auch *Hergenröder* AR-Blattei 500.1 Rn. 1301 ff. m.w.N.
122 BAG 19.05.2005, 3 AZR 649/03, EzA § 613a BGB 2002 Nr. 33.
123 BAG 29.10.1985, 3 AZR 485/83, EzA § 613a BGB Nr. 52.
124 BAG 22.12.2009, 3 AZR 814/07, DB 2010, 1018.
125 BAG 22.12.2009, 3 AZR 814/07, DB 2010, 1018.
126 *BAG 19.10.2004, 9 AZR 647/03, EzA § 613a BGB 2002 Nr. 29.*
127 BAG 19.10.2004, 9 AZR 647/03, EzA § 613a BGB 2002 Nr. 29; *Hergenröder* AR-Blattei 500.1 Rn. 1309 ff.

c) Gratifikationen

Für **vor Insolvenzeröffnung** fällige Jahressonderzahlungen haftet der Betriebserwerber grds nicht. Abgrenzungsprobleme ergeben sich für die Frage der Haftungsbefreiung jedoch bei einmaligen Jahressonderzahlungen, welche erst **nach Eröffnung des Insolvenzverfahrens** fällig werden. Hier ist nach dem Zweck der Sonderzahlung zu unterscheiden, ob sie einen Teil der Vergütung für tatsächlich erbrachte Arbeitsleistung darstellt oder ob hiermit sonstige Ziele verfolgt werden: Ist die Sonderzahlung als »**arbeitsleistungsbezogen**« einzuordnen, wird sie jeweils anteilig als Vergütungsbestandteil in den jeweiligen Abrechnungsmonaten verdient, das Jahr über aufgespart und erst zum Fälligkeitszeitpunkt ausgezahlt. Bei einem Betriebsübergang nach Insolvenzeröffnung haftet der Erwerber hier nach obigen Grundsätzen nur für den nach Eröffnung des Insolvenzverfahrens erarbeiteten Betrag.[128] Werden mit der Sonderzahlung hingegen von der Arbeitsleistung unabhängige **sonstige Zwecke** verfolgt, kommt ein anteiliges Erarbeiten nicht in Betracht. Entsteht somit der Auszahlungsanspruch erst am Fälligkeitstag, haftet der Erwerber für den gesamten Betrag.[129]

44

C. Die Regelung des § 128

Neben den dargestellten Grundsätzen zur Haftungsbeschränkung gelten nach § 128 für den Betriebserwerber in der Insolvenz weitere Erleichterungen im Hinblick auf den Interessenausgleich nach § 125 sowie den Feststellungsantrag nach § 126.

45

I. Ausweitung der Wirkung von Interessenausgleich (§ 125) und gerichtlicher Feststellung (§ 126) nach § 128 Abs. 1

Gem. § 128 Abs. 1 Satz 1 kann sich auch der Betriebserwerber auf die Regelungen der §§ 125 bis 127 berufen. Dies gilt selbst dann, wenn die dem Interessenausgleich oder dem Feststellungsantrag zugrunde liegende Betriebsänderung erst nach einer Betriebsveräußerung durchgeführt werden soll. Gem. § 125 Abs. 1 Satz 1 Nr. 1 wird für Kündigungen, denen ein Interessenausgleich mit Namensliste zugrunde liegt, die soziale Rechtfertigung vermutet. Darüber hinaus ist hier die Sozialauswahl gem. § 125 Abs. 1 Satz 1 Nr. 2 beschränkt (vgl. § 125 Rdn. 16 ff., 24 ff.). Kommt kein solcher Interessenausgleich zustande, kann der Insolvenzverwalter im Verfahren nach § 126 die soziale Rechtfertigung der Kündigungen feststellen lassen (vgl. § 126 Rdn. 1, 30). Nach Maßgabe des § 127 Abs. 1 (vgl. § 127 Rdn. 3 ff.) sind die Gerichte in einem späteren Kündigungsschutzprozess grds an die Entscheidung im Beschlussverfahren gebunden.[130]

46

Die Rechtsfolgen der §§ 125 bis 127 greifen demnach unabhängig davon, ob vor dem Betriebsübergang der Insolvenzverwalter oder nach dem Betriebsübergang der Erwerber die Kündigungen ausspricht.[131] Der **Insolvenzverwalter** muss jedoch **vor der Betriebsveräußerung** einen Interessenausgleich nach § 125 mit dem Betriebsrat vereinbart bzw. das Feststellungsverfahren nach § 126 beantragt haben. Der Erwerber kann nach der Betriebsveräußerung nicht selbst die Instrumente der §§ 125, 126 nutzen. Nach der Regelung des § 128 soll nur die **Rechtsfolge** der §§ 125 bis 127 auch dem Erwerber zugutekommen. Die **Durchführung der Verfahren** steht hingegen nur dem Insolvenzverwalter offen.[132] Neben dem Wortlaut der Vorschriften spricht auch die Beteiligungsregel in § 128 Abs. 1 Satz 2 für ein solches Verständnis der Norm.[133] Ebenfalls kann der Insolvenzverwalter Kündigungen des Erwerbers nicht nachträglich durch einen Interessenausgleich mit dem Be-

47

---

128 BAG 11.10.1995, 10 AZR 984/94, EzA § 611 BGB Gratifikation, Prämie Nr. 132.
129 BAG 11.10.1995, 10 AZR 984/94, EzA § 611 BGB Gratifikation, Prämie Nr. 132; *Hergenröder* AR-Blattei 500.1 Rn. 1300.
130 Vgl. *Hergenröder* AR-Blattei 500.1 Rn. 742, 744.
131 MüKo-InsO/*Löwisch/Caspers* Rn. 35; *Caspers* Rn. 302.
132 HWK/*Annuß* Rn. 2; MüKo-InsO/*Löwisch/Caspers* Rn. 35; Nerlich/Römermann/*Hamacher* Rn. 64; *Caspers* Rn. 304; a.A. KDZ/*Däubler* Rn. 2 ff.: Erwerber kann nach Betriebsübergang die Verhandlungen über den Interessenausgleich nach § 125 fortführen bzw. das Verfahren nach § 126 einleiten.
133 Nerlich/Römermann/*Hamacher* Rn. 64.

triebsrat »absichern«, da er nach dem Betriebsübergang nicht mehr die Arbeitgeberstellung innehat.[134]

48 Eine **wesentliche Änderung der Sachlage** zerstört sowohl die Vermutung nach § 125 (vgl. § 125 Abs. 1 Satz 2) als auch die Bindungswirkung des Verfahrens nach § 126 (vgl. § 127 Abs. 1 Satz 2). Eine wesentliche Änderung der Sachlage ist insb. anzunehmen, wenn die Kündigungen wegen einer beabsichtigten Betriebsstilllegung ausgesprochen wurden, es später dann aber zu einem Betriebsübergang kommt (vgl. bereits § 125 Rdn. 38). Ist eine Betriebsveräußerung beabsichtigt, muss diese daher bereits dem Interessenausgleich sowie dem Feststellungsantrag zugrunde gelegt werden.

49 Gem. § 128 Abs. 1 Satz 2 ist der **Erwerber** an einem Verfahren nach § 126 zu **beteiligen**. Hieraus ergibt sich nicht die Beteiligtenstellung bereits eines jeden Kaufinteressenten. Der Begriff des Erwerbers ist jedoch auch nicht dahingehend zu verstehen, dass der Betriebsübergang bereits vollzogen sein muss. Denn nach dem Betriebsübergang steht die Durchführung der Verfahren nach §§ 125 ff. dem Insolvenzverwalter nicht mehr offen. Erforderlich und ausreichend ist daher eine im Zeitpunkt des Beschlussverfahrens etwa durch einen Vorvertrag **abgesicherte Erwerbsabsicht**.[135]

II. Regelung des § 128 Abs. 2

50 Gem. § 128 Abs. 2 erstreckt sich die Vermutung nach § 125 Abs. 1 Satz 1 Nr. 1 bzw. die gerichtliche Feststellung nach § 126 Abs. 1 Satz 1 auch darauf, dass die Kündigung **nicht wegen des Betriebsübergangs** erfolgt ist. Bedeutung erlangt die Vermutung nur außerhalb des Anwendungsbereichs des KSchG. Soweit das KSchG Anwendung findet, kann § 128 Abs. 2 neben § 125 Abs. 1 Satz 1 Nr. 1 lediglich deklaratorische Bedeutung zukommen, da eine nach § 1 KSchG sozial gerechtfertigte Kündigung – wie sie bereits nach § 125 Abs. 1 Satz 1 Nr. 1 InsO vermutet wird – ohnehin nie gegen das Kündigungsverbot des § 613a Abs. 4 BGB verstoßen kann.[136]

51 Will ein Arbeitnehmer geltend machen, dass die Kündigung gegen das Verbot des § 613a Abs. 4 BGB verstößt, muss er gem. § 4 Satz 1 KSchG innerhalb von drei Wochen Kündigungsschutzklage erheben. Liegen die Voraussetzungen des § 125 vor, muss der Arbeitnehmer im Kündigungsschutzprozess die »**doppelte Vermutung**« gem. § 292 Satz 1 ZPO durch Beweis des Gegenteils widerlegen.[137] Dies gilt hinsichtlich der Vermutung, dass die Kündigung durch betriebliche Gründe gerechtfertigt ist sowie in Bezug auf die Vermutung, dass die Kündigung nicht wegen des Betriebsübergangs ausgesprochen wurde. Sofern dem Arbeitnehmer jedoch der Beweis gelingt, dass die Kündigung wegen des Betriebsübergangs ausgesprochen wurde, bedeutet dies gleichfalls, dass sie nicht durch betriebliche Gründe gerechtfertigt ist.[138] Steht zum Zeitpunkt der Kündigung bereits fest, dass mangels endgültiger Stilllegungsabsicht die Kündigung nicht aus betrieblichen Gründen gerechtfertigt ist, bleibt für die Vermutung aus §§ 125, 128 kein Raum.[139]

52 Hat das Gericht im Verfahren nach § 126 Abs. 1 Satz 1 festgestellt, dass die Kündigung sozial gerechtfertigt ist, steht damit ebenso bindend (vgl. § 127 Abs. 1 Satz 1) fest, dass die Kündigung nicht wegen des Betriebsübergangs erfolgt ist.

---

134 Kübler/Prütting/Bork/*Moll* Rn. 29.
135 Nerlich/Römermann/*Hamacher* Rn. 72.
136 FK-InsO/*Eisenbeis* Rn. 7; HambK-InsR/*Ahrendt* Rn. 4.
137 ErfK/*Gallner* Rn. 2.
138 *Hergenröder* AR-Blattei 500.1 Rn. 744.
139 BAG 29.09.2005, 8 AZR 647/04, EzA § 1 KSchG Betriebsbedingte Kündigung Nr. 140.

Dritter Abschnitt Insolvenzanfechtung

§ 129 Grundsatz

(1) Rechtshandlungen, die vor der Eröffnung des Insolvenzverfahrens vorgenommen worden sind und die Insolvenzgläubiger benachteiligen, kann der Insolvenzverwalter nach Maßgabe der §§ 130 bis 146 anfechten.

(2) Die Unterlassung steht einer Rechtshandlung gleich.

Übersicht	Rdn.
A. Grundlagen	1
I. Zweck der Insolvenzanfechtung	1
II. Anfechtungstatbestände	2
B. Rechtscharakter der Anfechtung	3
I. Anfechtungstheorien	3
II. Ausübung des Anfechtungsrechts	5
C. Verhältnis zu anderen Rechtsinstituten	6
I. Anfechtungsgesetz	6
1. Zweck beider Verfahren	6
2. Einzelanfechtung und Verbraucherinsolvenz	7
3. Verfahrensaufnahme	9
II. Anfechtung nach BGB	10
III. § 134 BGB	11
IV. § 138 BGB	12
V. § 88	13
D. Geltendmachung des Anfechtungsrechts	14
I. Befugnis des Verwalters	14
II. Teilanfechtung	16
III. Abtretung des Anspruchs	18
IV. Erlöschen des Anfechtungsrechts	19
V. Anfechtungsgegner	20
E. Rechtshandlung	23
I. Begriff	23
II. Rechtsgeschäfte	26
1. Schuldrechtliche Geschäfte	26
2. Dingliche Geschäfte	27
3. Sonstige Geschäfte	28
4. Unwirksame Geschäfte	29
III. Verzicht auf Erwerb	30
IV. Prozesshandlungen	31
V. Tatsächliche Handlungen	32
VI. Unterlassungen	35
VII. Selbständigkeit jeder Rechtshandlung	37
VIII. Verhältnis zur Aufrechnung	39
1. Früheres Recht	39
2. Neues Recht	42
a) Grundgedanken des § 96 Abs. 1 Nr. 3	42
b) Voraussetzungen für die Wirkungslosigkeit einer Aufrechnung	44
IX. Veranlasser der Rechtshandlung	48
1. Grundsatz	48
2. Staatliche Organe: Unterscheidung zwischen eigen- und fremdnützigen Handeln	49
3. Schuldner	50
4. Rechtsvorgänger	52
5. Gesellschafter, Geschäftsführer	53
6. Mittelbare Zuwendungen	54
a) Anweisung	54
b) Anfechtung von Anweisendem gegen Anweisungsempfänger	56
c) Beispiele	57
7. Vorläufiger Verwalter	58
a) Vorläufiger Verwalter mit Zustimmungsvorbehalt	59
b) Vorläufiger starker Verwalter	61
8. Endgültiger Verwalter	62
F. Gläubigerbenachteiligung	63
I. Begriff	63
II. Art der Gläubigerbenachteiligung	66
1. Unmittelbare Benachteiligung	67
2. Mittelbare Benachteiligung	70
III. Betroffene Gläubiger	74
IV. Fallgruppen einer Gläubigerbenachteiligung	75
1. Erfüllungshandlungen	75
2. Mittelbare Zahlungen	79
3. Verpflichtungen aus Wechselgeschäften	82
4. Überweisungs- und Bankgeschäfte	83
5. Nachteilige Verträge	85
6. Abführen von Sozialversicherungsbeiträgen	88
7. Wiedergutmachung strafbarer Vermögensverschiebungen	89
V. Fallgruppen einer fehlenden Gläubigerbenachteiligung	90
1. Eintritt rechtlich unabwendbarer Vermögensnachteile	90
2. Kompensation	93
3. Nicht der Insolvenzmasse angehörende Gegenstände	96
a) Persönlichkeitsrechte	96
b) Nicht der Vollstreckung unterworfene Gegenstände	97
aa) Versorgungsansprüche	98
bb) Zweckbindung	99
cc) Pflichtteilsanspruch, Zugewinnausgleichsanspruch,	

§ 129 InsO Grundsatz

	Rdn.		Rdn.
Anspruch des Schenkers auf Herausgabe des Geschenks	100	6. Forderungsabtretung an Kreditinstitut	114
dd) Beschränkt persönliche Dienstbarkeit	101	7. Wertausschöpfende Belastung	116
c) Fremdgegenstände	102	VI. Beweislast	118
aa) Aussonderung	102	**G. Ursachenzusammenhang**	121
bb) Absonderung	103	I. Natürliche Kausalität	121
(1) Dingliche Übertragung	103	II. Kein Wegfall der Benachteiligung durch hypothetische Betrachtung	123
(2) Ablösung durch Zahlung	104	**H. Anfechtungsprozess**	128
d) Wertlose Gegenstände	111	I. Zuständigkeitsfragen	128
4. Gläubigerforderungen deckende Masse	112	II. Klageantrag, Klagebegründung	131
5. Bloßer Gläubigertausch	113	III. Prozesskostenhilfe	133
		IV. Grundurteil	134
		V. Auskunft	135

A. Grundlagen

I. Zweck der Insolvenzanfechtung

1   Die Insolvenzanfechtung dient dem Zweck, über die erst ab Insolvenzeröffnung eingreifende Regelung der §§ 80 ff. hinaus bereits im zeitlichen Vorfeld der Insolvenzeröffnung eine Verkürzung der Aktivmasse wie auch eine Vermehrung der Passivmasse zu verhindern. Mit Hilfe der Insolvenzanfechtung sollen Vermögensverschiebungen in zeitlicher Nähe vor Insolvenzeröffnung rückgängig gemacht werden, um die Vermögensgegenstände als Bestandteile des Schuldnervermögens im Interesse der Gleichbehandlung der Gläubiger der Verwertung zuzuführen. Wahrgenommen wird das Anfechtungsrecht durch den Verwalter; ausnahmsweise ist es an dessen Stelle dem Sachwalter (§ 280) sowie den Gläubigern bzw. dem Treuhänder (§ 313) überantwortet. Der Rückgewähranspruch entsteht ohne die Notwendigkeit einer Geltendmachung mit der Eröffnung des Insolvenzverfahrens[1] und wird zugleich **fällig**.[2] Zinsen sind gleichwohl bereits ab dem Zeitpunkt der Vornahme der anfechtbaren Handlung zu erstatten.[3] Wegen des Fälligkeitszeitpunkts kann gegen den anfechtungsrechtlichen Rückgewähranspruch nicht mit einer Insolvenzforderung,[4] aber mit einer Masseforderung[5] **aufgerechnet** werden.

II. Anfechtungstatbestände

2   § 129 befasst sich mit den allgemeinen rechtlichen Voraussetzungen der Insolvenzanfechtung: Jede Anfechtung setzt eine vor Insolvenzeröffnung vorgenommene **Rechtshandlung**, eine **Gläubigerbenachteiligung** und einen **Zurechnungszusammenhang** zwischen beiden Merkmalen voraus. Zu diesen allgemeinen Erfordernissen muss einer der in §§ 130 bis 136 geregelten Anfechtungstatbestände hinzutreten. §§ 130 bis 132 werden als Tatbestände der »besonderen Insolvenzanfechtung« bezeichnet, weil sie im Unterschied zu den anderen Anfechtungstatbeständen keine Entsprechung im AnfG finden. Die einzelnen Anfechtungstatbestände knüpfen die Anfechtbarkeit einer Rechtshandlung an zusätzliche Voraussetzungen, die um so geringer sind, je näher die Rechtshandlung bei dem Zeitpunkt der Stellung des Insolvenzantrags liegt: Eine kongruente Deckung ist anfechtbar, wenn sie **nach Antragstellung** erfolgt und dem Gläubiger die Zahlungsunfähigkeit oder der Eröffnungsantrag bekannt war (§ 130 Abs. 1 Nr. 2); Entsprechendes gilt für unmittelbar benachteiligende Rechts-

---

1 BGH 29.04.2004, IX ZB 225/03, ZInsO 2004, 672 (673).
2 BGH 01.02.2007, IX ZR 96/04, BGHZ 171, 38 Rn. 20; 20.12.2007, IX ZR 93/06, ZInsO 2008, 276 Rn. 8.
3 BGH 01.02.2007, IX ZR 96/04, BGHZ 171, 38 Rn. 22.
4 BGH 18.05.1995, IX ZR 189/94, BGHZ 130, 38 (40); 21.01.1999, IX ZR 429/97, ZIP 1999, 316 (318 a.E.).
5 BGH 11.05.2000, IX ZR 262/98, ZIP 2000, 1061 (1066).

handlungen (§ 132 Abs. 1 Nr. 2). Binnen **eines Monats** vor Antragstellung vorgenommene inkongruente Deckungen sind ohne zusätzliche Erfordernisse anfechtbar (§ 131 Abs. 1 Nr. 1). Innerhalb der letzten **drei Monat**e vor Antragstellung erfolgte Rechtshandlungen sind anfechtbar, wenn eine kongruente Deckung mit Kenntnis des Gläubigers im Stadium der Zahlungsunfähigkeit vorgenommen wird (§ 130 Abs. 1 Nr. 1) oder wenn eine inkongruente Deckung im Stadium der Zahlungsunfähigkeit des Schuldners (§ 131 Abs. 1 Nr. 2) oder in Kenntnis des Anfechtungsgegners von der Gläubigerbenachteiligung (§ 131 Abs. 1 Nr. 3) bewirkt wird. Die Anfechtungsfrist ist gleichfalls für eine unmittelbar benachteiligende Rechtshandlung maßgeblich, wenn dem Anfechtungsgegner die Zahlungsunfähigkeit des Schuldners bekannt war (§ 132 Abs. 1 Nr. 1). Innerhalb **eines Jahres** anfechtbar ist die Befriedigung eines Gesellschafterdarlehens (§ 135 Abs. 1 Nr. 2). **Zwei Jahre** beträgt die Anfechtungsfrist für einen von dem Schuldner mit einer nahestehenden Person geschlossenen entgeltlichen, unmittelbar gläubigerbenachteiligenden Vertrag (§ 133 Abs. 2). Unentgeltliche Leistungen des Schuldners sind binnen **vier Jahren** anfechtbar (§ 134). Auf **zehn Jahre** beläuft sich die Anfechtungsfrist für eine vorsätzliche Gläubigerbenachteiligung (§ 133) und die Sicherung von Gesellschafterdarlehen (§ 135 Abs. 1 Nr. 1).

B. Rechtscharakter der Anfechtung

I. Anfechtungstheorien

Die dogmatische Einordnung der Rechtsfolgen der Anfechtung, die keine Berührungspunkte mit der Anfechtung von Willenserklärungen (§ 142 BGB) oder auch der gesellschaftsrechtlichen Beschlussanfechtung (§§ 241 ff. AktG) hat, ist in Rechtsprechung und Schrifttum umstritten. Nach der in mehreren Varianten vertretenen[6] **dinglichen Theorie** führt die Anfechtung zur rückwirkenden Unwirksamkeit der angefochtenen Rechtshandlung, etwa einer Eigentumsübertragung, wobei die Unwirksamkeit je nach dogmatischem Ansatz entweder auf der Anfechtungserklärung oder gesetzlicher Anordnung beruht. Dieser Lehre hat der Gesetzgeber im Zuge der Tatbestandsfassung des § 129 eine Absage erteilt, weil er das in § 29 KO enthaltene Merkmal »den Konkursgläubigern gegenüber unwirksam« nicht übernommen hat.[7] Demgegenüber geht die gleichfalls in mehreren Spielarten vertretene[8] **haftungsrechtliche Theorie** von der dinglichen Wirksamkeit der angefochtenen Rechtshandlung aus, behandelt sie aber haftungsrechtlich so, wie wenn der übertragene Gegenstand zugunsten der Gläubiger »haftungsrechtlichdinglich«[9] noch zum Vermögen des Schuldners gehörte.[10] 3

Die Rechtsprechung folgt der **schuldrechtlichen Theorie**, derzufolge das Anfechtungsrecht dem Verwalter den mit der Verwirklichung eines Anfechtungstatbestandes begründeten schuldrechtlichen Anspruch gegen den Anfechtungsgegner verleiht, das durch die anfechtbare Handlung aus dem Vermögen des Schuldners Erlangte zur Masse zurückzugewähren.[11] Diese vorzugswürdige Sichtweise kann sich immerhin auf den Wortlaut sowohl des § 143 Abs. 1, wonach der weggegebene Vermögenswert »zur Insolvenzmasse zurückgewährt« werden muss, als auch des § 146 stützen, der von einem »Anfechtungsanspruch« spricht. Eine anfechtbar übereignete Sache ist danach der Masse nach §§ 929 ff. BGB rückzuübertragen. Erfüllt eine Bank eine eigene, nicht auf dem Bankvertrag beruhende Verpflichtung gegenüber dem Schuldnerin durch Erteilung einer Gutschrift auf dem bei ihr im Soll geführten Konto, so lässt die Insolvenzanfechtung dieser Verrechnung die zivilrechtliche Erfüllungswirkung der Gutschrift unberührt.[12] Die Bedeutung der Theorienunterschiede sollte 4

---

6 Vgl. Jaeger/*Henckel* § 143 Rn. 5 ff.
7 BT-Drucks. 12/2443, 157.
8 Vgl. Jaeger/*Henckel* § 143 Rn. 10 ff.
9 Jaeger/*Henckel* § 143 Rn. 32.
10 *Paulus* AcP 155 (1965), 277 ff.; ihm folgend etwa *Häsemeyer* Rn. 21.15.
11 BGH 29.04.1986, IX ZR 163/85, BGHZ 98, 6 (9); 05.02.1987, IX ZR 161/85, BGHZ 100, 36 (42); 09.07.1987, IX ZR 167/86, BGHZ 101, 286 (288); 20.03.1997, IX ZR 71/96, BGHZ 135, 140 (149); 21.09.2006, IX ZR 235/04, NJW-RR 2007, 121 Rn. 15 ff.
12 BGH 14.10.2010, IX ZR 160/08, WM 2010, 2368 Rn. 8.

§ 129 InsO   Grundsatz

freilich nicht überbewertet werden, weil die Rechtsprechung zu pragmatischen Lösungen tendiert und das Anfechtungsrecht sich einer einheitlichen theoretischen Zuordnung entzieht. Die Anfechtung einer Grundstücksübertragung kann der Verwalter auf der Grundlage der schuldrechtlichen Theorie nicht durch einen Widerspruch nach § 899 BGB, sondern nur mit Hilfe einer Vormerkung für seinen Rückgewähranspruch sichern. Auf dem Boden der schuldrechtlichen Theorie kann nach Anfechtung einer Erfüllungsleistung auch gegen einen Bürgen der »erloschenen« Forderung vorgegangen werden, weil dem Einwand aus § 767 BGB die Anfechtungseinrede entgegensteht.[13] Trotz seines schuldrechtlichen Charakters misst der sich der haftungsrechtlichen Theorie annähernde BGH dem Anfechtungsanspruch in der Insolvenz des Anfechtungsgegners **Aussonderungskraft** (§ 47) bei.[14] Ist eine Rückgewähr in Natur nicht möglich, kommt ein Ersatzaussonderungsrecht (§ 48) in Betracht.[15] Erwirkt ein Gläubiger des Anfechtungsgegners ein Pfändungspfandrecht in eine diesem anfechtbar übereignete Sache, kann der Verwalter dagegen unter Berufung auf sein Anfechtungsrecht in entsprechender Anwendung des § 771 ZPO mit der **Drittwiderspruchsklage** vorgehen.[16]

II. Ausübung des Anfechtungsrechts

5   Die Ausübung der Insolvenzanfechtung erfordert keine Gestaltungserklärung. Für die **Ausübung des Anfechtungsrechts** genügt vielmehr jede erkennbare – nicht nur ausdrückliche, sondern auch konkludente – Willensäußerung, dass der Verwalter eine Gläubigerbenachteiligung in der Insolvenz nicht hinnehme, sondern zur Masseanreicherung wenigstens wertmäßig auf Kosten des Anfechtungsgegners wieder auszugleichen suche. Wenn der Verwalter deutlich macht, er wolle einen bestimmten Sachverhalt nicht der Anfechtung unterwerfen, so ist dies zu respektieren.[17] Die Anfechtung einer Rechtshandlung muss vom Verwalter nicht ausdrücklich als solche erklärt werden, sondern er übt das Anfechtungsrecht schon dadurch aus, dass er erkennen lässt, eine Gläubigerbenachteiligung in der Insolvenz auf Kosten des Anfechtungsgegners wieder ausgleichen zu wollen.[18] Die Klage ist begründet, wenn ein Sachverhalt vorgetragen und festgestellt wird, der die Voraussetzungen eines Anfechtungstatbestands erfüllt; es ist dazu nicht erforderlich, dass der Kläger ausdrücklich – oder stillschweigend – die Anfechtung »erklärt« oder sich jedenfalls auf diese Rechtsgrundlage beruft.[19] Dem Schuldner nach §§ 119 ff., 2078 f. BGB oder sonstigen Normen (etwa § 246 AktG) zustehende Anfechtungsrechte kann der Verwalter im Rahmen des § 80 geltend machen. Die Wahrnehmung dieser Rechte schließt eine Insolvenzanfechtung nicht aus.

C. Verhältnis zu anderen Rechtsinstituten

I. Anfechtungsgesetz

1. Zweck beider Verfahren

6   Die Insolvenzanfechtung und die im Anfechtungsgesetz geregelte Gläubigeranfechtung dienen gleichermaßen dem Zweck, den Kreis der Vollstreckungsobjekte zu erweitern. Während die Insolvenzanfechtung die Gleichbehandlung der Gesamtheit der Gläubiger sichern soll, ist das Anfechtungsgesetz auf die Wahrung der Interessen des einzelnen Gläubigers gerichtet: Folgerichtig verdrängt mit der Eröffnung des Insolvenzverfahrens die Insolvenzanfechtung gem. §§ 16 ff. AnfG die Einzelgläubigeranfechtung. Der Einzelgläubigeranspruch verwandelt sich zu einer Masseforderung. Ein rechtshängiges Verfahren über einen Anfechtungsanspruch wird infolge der Insolvenzeröffnung un-

---

13 BGH 24.02.1973, VIII ZR 82/72, NJW 1974, 57.
14 BGH 23.10.2003, IX ZR 252/01, BGHZ 156, 350 (358 ff.); 09.10.2008, IX ZR 138/06, NJW 2009, 225 Rn. 15.
15 BGH 16.11.2007, IX ZR 194/04, BGHZ 174, 228 Rn. 44.
16 MüKo-InsO/*Kirchhof* § 146 Rn. 34 m.w.N. pro und contra.
17 *BGH 21.02.2008, IX ZR 209/06, ZIP 2008, 888 Rn. 11.*
18 *BGH 05.06.2008, IX ZR 17/07, ZInsO 2008, 738 Rn. 17.*
19 BGH 20.03.1997, IX ZR 71/96, BGHZ 135, 140 (149).

terbrochen und kann nur von dem **Verwalter aufgenommen** werden (§ 17 Abs. 1 AnfG), selbst wenn die Klage zugleich auf eine andere Anspruchsgrundlage – etwa aus Delikt – gestützt ist.[20] Aus einem von dem Einzelgläubiger vor Insolvenzeröffnung in einem Anfechtungsprozess erstrittenen Urteil kann nach Insolvenzeröffnung nur der Verwalter vollstrecken.[21] Die Anfechtungsvoraussetzungen der §§ 133 bis 135, 145 und 322 sind im Verhältnis zu §§ 3 bis 6, 15 Abs. 1 und 2 deckungsgleich. Folglich können in Rechtsprechung und Lehre zu den jeweiligen Teilbereichen gewonnene Erkenntnisse wechselseitig nutzbar gemacht werden.

2. Einzelanfechtung und Verbraucherinsolvenz

Wer in einem Insolvenzverfahren, in dem kein Insolvenzverwalter bestellt worden ist, bereits rechtshängige Einzelanfechtungsansprüche weiter geltend machen kann, regeln weder die Insolvenzordnung noch das Anfechtungsgesetz. Die Vorschrift des § 313 Abs. 2 Satz 1, nach welcher nicht der Treuhänder, sondern jeder Insolvenzgläubiger berechtigt ist, Rechtshandlungen nach den §§ 129 bis 147 anzufechten, betrifft (unmittelbar) nur die Insolvenzanfechtung, nicht die Gläubigeranfechtung. Die Vorschriften des Anfechtungsgesetzes, nach denen der Insolvenzverwalter berechtigt ist, die von den Insolvenzgläubigern erhobenen Anfechtungsansprüche zu verfolgen (§ 16 Abs. 1 Satz 1 AnfG), und ein im Zeitpunkt der Eröffnung rechtshängiges Verfahren unterbrochen ist und nur vom Insolvenzverwalter aufgenommen werden kann (§ 17 Abs. 1 Satz 1 und 2 AnfG), setzen einen **Insolvenzverwalter** voraus. Sie finden auf ein **Verbraucherinsolvenzverfahren**, in dem die Aufgaben des Insolvenzverwalters von dem Treuhänder wahrgenommen werden (§ 313 Abs. 1 Satz 1), keine (unmittelbare) Anwendung. Diese Regelungslücke ist durch eine entsprechende Anwendung des § 313 Abs. 2 Satz 1 auf die in §§ 16, 17 AnfG geregelten Fälle zu schließen. Dies bedeutet, dass nach der Eröffnung des vereinfachten Insolvenzverfahrens über das Vermögen des Schuldners ein laufender Gläubigeranfechtungsprozess vom **Gläubiger** und nicht dem Treuhänder zugunsten der Insolvenzmasse fortgesetzt werden kann. 7

Im vereinfachten Insolvenzverfahren ist grds der einzelne Insolvenzgläubiger, der Treuhänder aber nur zur Anfechtung befugt, wenn ihn die Gläubigerversammlung entsprechend beauftragt. Diese Beschränkung für die Insolvenzanfechtung hat ebenso zu gelten, wenn nach einer Einzelanfechtung ein Insolvenzverfahren eröffnet wird. Die Überlegungen, welche den Gesetzgeber bewogen haben, das (Insolvenz-) Anfechtungsrecht im vereinfachten Insolvenzverfahren dem einzelnen Gläubiger zu übertragen, treffen auch den Fall des bei Eröffnung des Insolvenzverfahrens bereits laufenden Einzelanfechtungsprozesses. Die Interessen der Gläubigergesamtheit werden – ebenso wie im Regelinsolvenzverfahren – dadurch gewahrt, dass der Gläubiger auf Leistung an den Treuhänder, also zur Insolvenzmasse antragen muss. Nicht zu entschieden werden brauchte, ob die Gläubigerversammlung im vereinfachten Insolvenzverfahren berechtigt ist, entsprechend § 313 Abs. 2 Satz 3 den Treuhänder mit der Aufnahme eines Rechtsstreits über einen Einzelanfechtungsanspruch zu beauftragen.[22] 8

3. Verfahrensaufnahme

Ist das Verfahren über den Anfechtungsanspruch im Zeitpunkt der Eröffnung des Insolvenzverfahrens noch rechtshängig, wird es nach dem Wortlaut der Regelung des § 17 Abs. 1 Satz 1 AnfG **unterbrochen**. Eine Ausnahme für den Fall, dass nicht das Regel-, sondern das Verbraucherinsolvenzverfahren eröffnet worden ist, sieht das Gesetz nicht vor. Die Regelung des § 313 Abs. 2 Satz 1 lässt die Unterbrechung des Prozesses über den Anfechtungsanspruch auch nicht entbehrlich werden. Zwar tritt im Falle eines Verbraucherinsolvenzverfahrens kein Parteiwechsel ein. Sinn und Zweck der Regelung des § 17 Abs. 1 Satz 1 AnfG (ebenso wie derjenigen des § 240 ZPO) ist es jedoch, dem Insolvenzverwalter Gelegenheit zur Prüfung zu gewähren, ob sich die Fortsetzung des Prozesses für die Masse lohnt. Ebenso muss der einzelne Gläubiger entscheiden können, ob er den Prozess nun- 9

---

20 BGH 09.12.1999, IX ZR 102/97, BGHZ 143, 246 (250).
21 RGZ 32, 101 (104).
22 BGH 03.12.2009, IX ZR 29/08, ZInsO 2010, 230 Rn. 7 ff., 13.

mehr »fremdnützig«, nämlich zugunsten der Masse, fortführen möchte. Die Unterbrechung des Rechtsstreits gem. § 17 Abs. 1 Satz 1 AnfG tritt kraft Gesetzes ein, unabhängig davon, ob dies den Parteien oder dem Gericht bekannt oder bewusst war. Die Unterbrechung dauert bis zur Aufnahme des Verfahrens an, die gem. § 250 ZPO durch Zustellung eines bei Gericht einzureichenden Schriftsatzes zu erfolgen hat. Die Unterbrechung macht alle folgenden Prozesshandlungen wirkungslos. Der Gläubiger erklärt die **Aufnahme** des Rechtsstreits durch einen Schriftsatz, in dem er seinen Antrag auf Leistung an den Treuhänder umstellt und damit zum Ausdruck bringt, dass er den Rechtsstreit trotz der Eröffnung des Insolvenzverfahrens im Interesse der Gesamtheit der Gläubiger fortsetzen will. Nach Aufnahme kann der Anspruch entsprechend dem Rechtsgedanken des § 17 Abs. 3 AnfG auf eine insolvenzanfechtungsrechtliche Grundlage – etwa § 133 – gestützt werden.[23]

II. Anfechtung nach BGB

10   Im Unterschied zu der im BGB geregelten Anfechtung wirkt die Insolvenzanfechtung nach der zutreffenden schuldrechtlichen Theorie nicht rechtsgestaltend, weil das angefochtene Rechtsgeschäft in seinem rechtlichen Bestand unangetastet bleibt. Die Insolvenzanfechtung besagt nur, dass – wie § 96 Abs. 1 Nr. 3, § 146 Abs. 2 zu entnehmen ist – aus dem anfechtbaren Rechtsgeschäft keine Vorteile zum Nachteil der Masse erwachsen und die mit dem Rechtsgeschäft verbundene Vermögensverschiebung rückgängig zu machen ist (§ 143). Auf §§ 119 ff., § 2078 f. BGB oder § 241 ff. AktG beruhende Anfechtungsrechte des Schuldners werden nach Insolvenzeröffnung von dem Verwalter wahrgenommen (§ 80).

III. § 134 BGB

11   Bei Rechtshandlungen, deren Inhalt und Zweck im wesentlichen nur darin besteht, die Gläubiger zu benachteiligen, regeln indessen die Sondervorschriften des Anfechtungsgesetzes grds abschließend, unter welchen Voraussetzungen die Gläubiger geschützt werden. Die allgemeinen Bestimmungen der §§ 134, 138 Abs. 1 BGB kommen daneben nur zur Anwendung, sofern das Rechtsgeschäft besondere, über die Gläubigerbenachteiligung hinausgehende Umstände aufweist.[24] Ein Verstoß gegen § 129 ff. löst also regelmäßig nicht die Unwirksamkeit des zugrunde liegenden Rechtsgeschäfts aus. Mithin stellen §§ 129 ff. auch keine Schutzgesetze i.S.d. § 823 Abs. 2 BGB dar.[25] § 134 BGB greift nicht ein, wenn die anfechtbare Handlung zugleich den Tatbestand des § 283 Abs. 1 Satz 1, des 283c und des § 288 StGB erfüllt, während bei Verwirklichung anderer, nicht insolvenzspezifischer (§§ 246, 263, 266 StGB) Strafvorschriften § 134 BGB anwendbar ist.[26]

IV. § 138 BGB

12   Die Anfechtungsvorschriften der §§ 129 ff. gehen grds auch der Regelung des § 138 BGB vor.[27] Ausnahmsweise kann bei einer anfechtbaren Rechtshandlung zugleich Sittenwidrigkeit i.S.d. § 138 BGB angenommen werden, wenn zu dem Anfechtungstatbestand **besondere Unwertmerkmale** hinzutreten. Kredittäuschung (Insolvenzverschleppung, Gläubigergefährdung, Kreditbetrug), Knebelung, Verleitung zum Vertragsbruch wie auch Übersicherung können gegen die guten Sitten verstoßen. Sittenwidrigkeit i.S.d. § 826 BGB ist gegeben, wenn der Schuldner und eingeweihte Helfer planmäßig zusammenwirken, um das Schuldnervermögen dem Gläubigerzugriff zu entziehen.[28] Die mit der Übertragung des gesamten Schuldnervermögens auf einen Sicherungsgeber für andere Gläubiger verbundene Vollstreckungserschwerung ist nur dann als sittenwidrig zu bewerten, wenn

---

23 BGH 03.12.2009, IX ZR 29/08, ZInsO 2010, 230 Rn. 15 ff., 20, 22.
24 BGH 21.09.2006, IX ZR 235/04, ZIP 1993, 602 (603); 20.06.1996, IX ZR 314/95, ZIP 1996, 1475; 21.09.2006, IX ZR 235/04, ZInsO 2006, 1217 Rn. 13.
25 RGZ 74, 224 (226).
26 *BGH 20.06.1996, IX ZR 314/95, ZIP 1996, 1475; 09.12.1999, IX ZR 102/97, NJW 2000, 1259 (1263).*
27 BGH 05.07.1971, II ZR 176/68, BGHZ 56, 339 (355).
28 BGH 09.12.1999, IX ZR 102/97, ZIP 2000, 238 (243); 13.07.1995, IX ZR 81/94, BGHZ 130, 314 (331).

die Gläubigergefährdung mit einer Täuschungsabsicht oder einem Schädigungsvorsatz einhergeht.[29] Sittenwidrigkeit kann einem Helfer des Schuldners vorzuwerfen sein, der vorrangig Rechte Dritter zu vereiteln sucht. Die Kenntnis des Anfechtungsgegners von einem Gläubigerbenachteiligungsvorsatz des Schuldners führt nicht zur Sittenwidrigkeit, weil diese Kenntnis zum Tatbestand des § 133 gehört.[30] Ebenso vermag der eine Inkongruenz begründende Umstand, dass der Gläubiger keinen Anspruch auf die ihm eingeräumte Sicherheit hatte, Sittenwidrigkeit nicht zu rechtfertigen. Sittenwidrigkeit ist nicht allein daraus herzuleiten, dass der Schuldner durch das anfechtbare Geschäft unterhaltsberechtigte Angehörige zu benachteiligen sucht.[31]

V. § 88

Sicherungen, die Gläubiger im letzten Monat vor Insolvenzeröffnung im Wege der Zwangsvollstreckung erlangt haben, sind nach § 88 kraft Gesetzes unwirksam. Die Bestimmung ergänzt § 131, der eine in der kritischen Zeit mittels einer Zwangsvollstreckung erlangte Sicherung als inkongruent behandelt. Wurde die Sicherung im letzten Monat vor Insolvenzeröffnung erworben, greift bereits § 88 ein, ohne dass es einer Anfechtung bedarf. Falls der Gläubiger aus der im Vollstreckungsweg erwirkten Sicherheit eine Befriedigung erhalten hat, bedarf es, weil diese Rechtsfolge von § 88 nicht erfasst wird, stets der Anfechtung. Bei der Pfändung von **Arbeitseinkommen** ist die ergänzende Regelung des § 114 Abs. 3 und bei der Pfändung von **Miet- und Pachtzinsforderungen** die des § 110 Abs. 2 zu beachten. Die Entstehung der **Sachhaftung des Bieres** für die Biersteuer gem. § 76 AO wird durch einen Insolvenzantrag, die Anordnung der vorläufigen Insolvenzverwaltung und die Untersagung von Maßnahmen der Zwangsvollstreckung gegen den Schuldner nicht gehindert. Die Rückschlagsperre des § 88 steht der Entstehung der Sachhaftung nicht entgegen, weil die gesetzliche Wirkung des § 76 Abs. 2 AO an einen rein tatsächlichen Vorgang anknüpft und einer Maßnahme der Zwangsvollstreckung nicht gleichsteht.[32]

13

D. Geltendmachung des Anfechtungsrechts

I. Befugnis des Verwalters

Inhaber des Anfechtungsrechts ist das Sondervermögen Insolvenzmasse. Zur Anfechtung ist gem. § 129 grds allein der **Verwalter** befugt, weil von dem Erfolg der Anfechtung die Insolvenzmasse und damit die Gläubigergesamtheit profitieren. Abweichungen finden sich nur in den besonderen Verfahrensarten, die keinen Verwalter vorsehen: Bei der Eigenverwaltung obliegt die Anfechtung dem Sachwalter (§§ 270 ff., 280), im Verbraucherinsolvenzverfahren den einzelnen Gläubigern bzw. dem Treuhänder (§ 313 Abs. 2). Da die Anfechtung die Eröffnung des Insolvenzverfahrens voraussetzt, kommt eine Anfechtung durch den vorläufigen Verwalter nicht in Betracht.[33] Infolge seines Ausübungsmonopols kann nur der auch insoweit als Partei kraft Amtes tätig werdende[34] Verwalter die Klage bzw. die Einrede und Gegeneinrede der Anfechtbarkeit erheben. Allein der Verwalter kann fristwahrend mit Klage bzw. Einrede vorgehen, den Anspruch mit Hilfe eines Arrests sichern, von dem Gegner Auskunft verlangen, Erfüllungsleistungen entgegennehmen, mit dem Anfechtungsgegner einen Vergleich schließen oder diesen in Verzug setzen. Auch kann der Verwalter den Anspruch erlassen (§ 397 BGB).[35] Mit der Beendigung des Verfahrens entfällt die Anfechtungsbefugnis des Verwalters. Zu diesem Zeitpunkt schwebende Verfahren erledigen sich. Ausnahmsweise darf der Verwalter nach Bestätigung eines Insolvenzplans und Aufhebung des Verfahrens (§ 258 Abs. 1) ein anhängiges Verfahren fortsetzen, wenn dies im gestaltenden Teil eines Insolvenzplans vorgesehen

14

---

29 BGH 19.04.1998, IX ZR 22/97, BGHZ 138, 291 (300).
30 BGH 05.07.1971, II ZR 176/68, BGHZ 56, 339 (355); 13.07.1995, IX ZR 81/94, BGHZ 130, 314 (331).
31 BGH 02.07.1958, V ZR 102/57, WM 1958, 1278.
32 BGH 09.07.2009, IX ZR 86/06, ZInsO 2009, 1585 Rn. 13 f.
33 BGH 18.05.1995, IX ZR 189/94, BGHZ 130, 38 (40, 42).
34 BGH 10.02.1982, VIII ZR 158/80, BGHZ 83, 102 (105).
35 BGH 18.05.1995, IX ZR 189/94, ZIP 1995, 1204 (1205).

§ 129 InsO Grundsatz

15 (§ 259 Abs. 3) ist.[36] Gleiches gilt, wenn eine Nachtragsverteilung in Betracht kommt.[37] Nach Beendigung des Verfahrens darf der Verwalter auf der Grundlage des § 259 Abs. 3 keinen neuen Rechtsstreit einleiten.[38] Er darf nur einen bei Aufhebung des Verfahrens bereits rechtshängigen Anfechtungsprozess fortsetzen.[39] Der Insolvenzplan kann die Befugnis des Insolvenzverwalters, anhängige Anfechtungsklagen fortzuführen, auf bestimmte Verfahren beschränken.[40]

15 Hat der persönlich haftende Gesellschafter vor Eröffnung des Insolvenzverfahrens über das Vermögen der Gesellschaft Leistungen an einen Gesellschaftsgläubiger erbracht, ist grds der **Insolvenzverwalter über das Vermögen der Gesellschaft** zur Anfechtung berechtigt. Im Falle der **Doppelinsolvenz** von Gesellschaft und Gesellschafter steht das Recht zur Insolvenzanfechtung dem **Insolvenzverwalter über das Vermögen des Gesellschafters** zu, der von dem Gesellschaftsgläubiger in Anspruch genommen worden ist. Der Anfechtungszeitraum errechnet sich in diesem Fall nach dem früher gestellten Insolvenzantrag.[41] Die Gläubigerversammlung wie auch der Gläubigerausschuss – beide nicht rechts- und parteifähige Gebilde – können die Ausübung des Anfechtungsrechts nicht unmittelbar durch eine eigene Klage erzwingen, sondern nur Maßnahmen der gerichtlichen Aufsicht anregen (§ 58) oder Schadensersatz verlangen (§ 60).

II. Teilanfechtung

16 Grundsätzlich kann ein Vertrag nur insgesamt angefochten werden. Die Anfechtung einzelner Bestimmungen eines Vertrages und damit eine Teilanfechtung ist ausgeschlossen.[42] Die Anfechtung des **Vertrages als Ganzes** kann aber die Wirkung einer **Teilanfechtung** haben, wenn die anfechtbare Handlung das Schuldnervermögen nur in begrenztem Umfang geschmälert hat und das Rechtsgeschäft insoweit teilbar ist.[43] Die Teilanfechtung eines Vertrages setzt voraus, dass das Rechtsgeschäft in voneinander unabhängige Teile zerlegt werden kann.[44] Teilbar in diesem Sinn ist auch ein allgemein ausgewogener Vertrag, der lediglich und gezielt für den Fall der Insolvenz den späteren Schuldner bzw. dessen Gläubiger benachteiligt. In diesem Fall entfällt für die Rückabwicklung alleine die benachteiligende Klausel. Eine Benachteiligung kommt in einem solchen Fall etwa in Betracht, wenn dem späteren Insolvenzschuldner gezielt für den Fall der Insolvenz Vermögensnachteile auferlegt werden, welche wie ein unentgeltlicher Heimfallanspruch im Insolvenzfall[45] über die gesetzlichen Folgen hinausgehen und nicht zur Erreichung des Vertragszwecks geboten sind.[46]

17 Die Anfechtung richtet sich gegen den durch eine Rechtshandlung ausgelösten Erfolg in **vollem Umfang**, soweit ein Anfechtungstatbestand eingreift. Trifft dies nur für einzelne, abtrennbare Wirkungen sogar einer einheitlichen Rechtshandlung zu, darf deren Rückgewähr nicht mit der Begründung ausgeschlossen werden, dass die Handlung auch sonstige, für sich nicht anfechtbare Folgen ausgelöst habe. Einen Rechtsgrundsatz, dass mehrere verursachte Wirkungen nur ganz oder gar nicht anfechtbar seien, gibt es auch für solche Folgen nicht, die im Kausalverlauf einen Schritt ferner liegen als nähere, unanfechtbare.[47]

---

36 BGH 06.10.2005, IX ZR 36/02, ZInsO 2006, 38.
37 BGH 10.02.1982, VIII ZR 158/80, BGHZ 83, 102 (103).
38 BGH 10.12.2009, IX ZR 206/08, ZInsO 2010, 82.
39 BGH 11.04.2013, IX ZR 122/12, WM 2013, 938 Rn. 8 ff.
40 BGH 07.03.2013, IX ZR 222/12, WM 2013, 714 Rn. 5.
41 BGH 09.10.2008, IX ZR 138/06, NJW 2009, 225 Rn. 13 ff.
42 BGH 11.11.1993, IX ZR 257/92, BGHZ 124, 76 (83).
43 RGZ 114, 206 (210); BGH 11.11.1993, IX ZR 257/92, BGHZ 124, 76 (84).
44 RGZ 114, 206 (219).
45 BGH 19.04.2007, IX ZR 59/06, ZInsO 2007, 600 Rn. 22.
46 BGH 11.11.1993, IX ZR 257/92, BGHZ 124, 76 (81); 13.03.2008, IX ZB 39/05, ZInsO 2008, 558 Rn. 16: keine Anfechtung einer im Rahmen einer Schenkung bei Vermögensverfall vereinbarten Rückgewährklausel.
47 BGH 05.04.2001, IX ZR 216/98, BGHZ 147, 233 (236).

III. Abtretung des Anspruchs

Der Verwalter kann einen Dritten ermächtigen, als **gewillkürter Prozessstandschafter** das Anfech- 18
tungsrecht zu verfolgen.[48] Dieser Linie entspricht es, auch die **Abtretung** des Anfechtungsanspruchs durch den Verwalter an einen Dritten als wirksam zu erachten.[49] Als insolvenzzweckwidrig ist eine Abtretung unwirksam, wenn es an einer in Anbetracht aller Umstände (Kosten der Rechtsverfolgung; Prozessrisiko) angemessenen Gegenleistung fehlt.[50] Ungeklärt ist, ob der abgetretene Anfechtungsanspruch mit der Aufhebung des Verfahrens erlischt.[51] Ließe man die Abtretung nicht zu, wäre der Verwalter gehindert, anfechtbare Forderungen mittels Veräußerung ohne die Notwendigkeit einer eigenen Klage zu verwerten.

IV. Erlöschen des Anfechtungsrechts

Die widerspruchslose Feststellung einer anfechtbaren Forderung zur Insolvenztabelle durch den Ver- 19
walter lässt das Anfechtungsrecht untergehen. Grundsätzlich erlischt das Anfechtungsrecht des Verwalters mit **Verfahrensbeendigung** (§ 200, §§ 207 ff., §§ 258 ff.); ein anhängiger Prozess erledigt sich – ohne die Möglichkeit einer Fortsetzung durch den Schuldner – in der Hauptsache. Anders verhält es sich, wenn bei einer Aufhebung nach Schlussverteilung (§ 200) eine Nachtragsverteilung (§ 203) vorbehalten wurde. In diesem Fall kann der Anfechtungsprozess wegen des fortbestehenden Insolvenzbeschlags zu Ende geführt werden.[52] Wird nach Aufhebung des Insolvenzverfahrens festgestellt, dass der Schuldner einen Vermögenswert anfechtbar weggegeben hat, und eine Nachtragsverteilung angeordnet, ist der Verwalter zur Erhebung einer Anfechtungsklage berechtigt. Entsprechendes gilt bei der Einstellung des Verfahrens (§ 211 Abs. 3).

V. Anfechtungsgegner

Anfechtungsansprüche sind grds gegen denjenigen zu erheben, der als **Empfänger** der anfechtbaren 20
Rechtshandlung etwas aus dem Vermögen des Schuldners erlangt hat.[53] Dies ist bei einer Zahlung im Einziehungsermächtigungsverfahren nach Genehmigung der Lastschrift der Zahlungsempfänger.[54] In der **Insolvenz des Zedenten** können sowohl der Zessionar als auch der Schuldner der abgetretenen Forderung als Anfechtungsgegner in Anspruch genommen werden können, wenn der Zedent eine ihm obliegende Leistung an den Drittschuldner erbringt und dadurch die abgetretene Forderung nachträglich werthaltig macht.[55] Mitberechtigte schulden die Rückgewähr des auf sie entfallenden Anteils. Bei einer von dem Schuldner durch Einschaltung eines Dritten bewirkten Leistung richtet sich die Deckungsanfechtung nicht gegen den Dritten, sondern den Empfänger.[56]

Ausnahmsweise kommt in derartigen Konstellationen außer gegen den Empfänger auch gegen den 21
Leistungsmittler eine Anfechtung in Betracht, wenn diesem gegenüber die Voraussetzungen des § 133 eingreifen, weil der Schuldner mit einem von ihm erkannten Gläubigerbenachteiligungsvorsatz gehandelt hat. Dann sind Leistungsmittler und Empfänger **Gesamtschuldner**.[57] Macht der Schuldner durch Leistung an seinen Kunden eine an seine Bank abgetretene Forderung werthaltig, sind – falls ein Anfechtungstatbestand gegenüber beiden eingreift – Kunde und Bank Gesamtschuld-

---

48 BGH 19.03.1987, III ZR 2/86, BGHZ 100, 217 (218).
49 BGH 17.02.2011, IX ZR 91/10, ZInsO 2011, 1154 Rn. 7 ff.
50 BGH 17.02.2011, IX ZR 91/10, ZInsO 2011, 1154 Rn. 10.
51 BGH 17.02.2011, IX ZR 91/10, ZInsO 2011, 1154 Rn. 12 f.
52 BGH 10.02.1982, VIII ZR 158/80, BGHZ 83, 102 (103 ff.).
53 BGH 24.02.1973, VIII ZR 82/72, NJW 1974, 57; 12.02.2004, IX ZR 70/03, NJW 2004, 2163.
54 BGH 25.10.2007, IX ZR 217/06, BGHZ 174, 81 Rn. 44.
55 BGH 29.11.2007, IX ZR 165/05, ZInsO 2008, 209 f. Rn. 16 f.; 22.10.2009, IX ZR 90/08, ZInsO 2009, 2336 Rn. 19.
56 BGH 16.09.1999, IX ZR 204/98, BGHZ 142, 284 (287); 16.11.2007, IX ZR 194/04, 174, BGHZ 174, 228 Rn. 25.
57 BGH 29.11.2007, IX ZR 121/06, BGHZ 174, 314 (317 ff.).

§ 129 InsO Grundsatz

ner des Anfechtungsanspruchs.[58] Von dem Schuldner auf einen künftigen Vertrag erbrachten Leistungen können, wenn der Vertrag auf Veranlassung des Schuldners zwischen dem Empfänger und einem Dritten, der die volle Vergütung erhält, abgeschlossen wird, diesem gegenüber angefochten werden.[59] Begleicht die Schuldnerin eine von einer Schwestergesellschaft geschuldete nicht werthaltige Forderung, richtet sich die Anfechtung anstelle des Schwesterunternehmens allein gegen den Zahlungsempfänger.[60] Behauptet in diesem Fall der Empfänger, einem begründeten Anfechtungsanspruch des Schwesterunternehmens ausgesetzt zu sein, ist er für den Bestand dieses konkurrierenden Anfechtungsanspruchs darlegungs- und beweispflichtig.[61]

22 Krankenkassen sind als Einzugsstellen von Gesamtsozialversicherungsbeiträgen auch insoweit Anfechtungsgegner, als Beiträge im Innenverhältnis an andere Versicherungsträger auszukehren sind.[62] Diese Rechtsprechung ist ohne weiteres auf den Fall der Erhebung von Steuern übertragbar, die von der einziehenden Stelle an einen anderen Rechtsträger abzuführen sind.[63] Die Anfechtung vom Konto des Schuldners zwecks Begründung eines unwiderruflichen Bezugsrechts des Arbeitnehmers abgebuchter Versicherungsprämien ist gegen den Versicherer und nicht gegen den Arbeitnehmer zu verfolgen.[64] Erbringt der Schuldner für Rechnung des Bundesamts für Güterfernverkehr Mautzahlungen an die Betreiberin des Systems zur Erhebung der LKW-Maut, hat ihr gegenüber die Anfechtung zu erfolgen.[65]

E. Rechtshandlung

I. Begriff

23 Voraussetzung jeder Insolvenzanfechtung bildet eine vor Insolvenzeröffnung vorgenommene[66] Rechtshandlung. Wird die Handlung erst nach Verfahrenseröffnung vorgenommen, wird ihre Wirksamkeit regelmäßig an §§ 81, 82, 91 scheitern; hier kann der Verwalter die unwirksame Rechtshandlung des Schuldners genehmigen und von dem Leistungsempfänger nach § 816 Abs. 2 BGB Erstattung verlangen.[67] Die Anfechtung richtet sich nicht gegen die Rechtshandlung selbst, sondern die von ihr ausgelösten gläubigerbenachteiligenden Rechtsfolgen.[68] Der in §§ 129 bis 133, 135, 136, 138, 140, 141 und 147 enthaltene Begriff der Rechtshandlung ist in einem weiteren Sinn als die in §§ 132, 133 Abs. 2, 134 verwendeten Begriffe »Rechtsgeschäft«, »Vertrag« und »unentgeltliche Leistung« zu verstehen. Der Begriff der Rechtshandlung ist also weit auszulegen. Rechtshandlung ist jedes von einem Willen getragene Handeln, das rechtliche Wirkungen auslöst und das Vermögen des Schuldners zum Nachteil der Insolvenzgläubiger verändern kann.[69] Es kommt also jede Handlung in Betracht, die zum (anfechtbaren) Erwerb einer Gläubiger- oder Schuldnerstellung führt, auch Handlungen des Schuldners oder Dritter (vgl. Rdn. 48 ff.), die zum Entstehen einer Steuerschuld beitragen.[70] Typische Rechtshandlung ist eine **Zahlung**.[71] Erwächst der Rückgewähransn-

---

58 BGH 29.11.2007, IX ZR 165/05, ZIP 2008, 372 Rn. 17.
59 BGH 19.04.2007, IX ZR 79/05, ZIP 2007, 1118 Rn. 15.
60 BGH 03.03.2005, IX ZR 441/00, BGHZ 162, 276 (280); 30.03.2006, IX ZR 84/05, ZIP 2006, 957 Rn. 10.
61 BGH 16.11.2007, IX ZR 194/04, BGHZ 174, 228 Rn. 49.
62 BGH 12.02.2004, IX ZR 70/03, ZIP 2004, 862; 21.10.2004, IX ZR 71/02, ZIP 2005, 38 f.
63 BGH 11.10.2007, IX ZR 87/06, ZIP 2007, 2229 Rn. 4; 17.12.2009, IX ZR 142/08 Rn. 1; 10.10.2013, IX ZR 319/12, Rn. 27.
64 OLG Karlsruhe 18.01.2007, 12 U 185/06, ZIP 2007, 286 (290).
65 BGH 10.10.2013, IX ZR 319/12, Rn. 12 ff.
66 BGH 12.07.2012, IX ZR 213/11, ZInsO 2012, 1419 Rn. 6; BT-Drucks. 12/2443, 157.
67 Vgl. BGH 12.07.2012, IX ZR 213/11, ZInsO 2012, 1419 Rn. 8 ff.
68 BGH 05.04.2001, IX ZR 216/98, BGHZ 147, 233 (236); 16.03.1995, IX ZR 72/94, NJW 1995, 1668, (1670 f.); 21.01.1999, IX ZR 329/97 ZIP 1999, 406.
69 BGH 09.07.2009, IX ZR 86/08, ZInsO 2009, 1585 Rn. 21; 09.06.2011, IX ZR 179/08, ZInsO 2011, 1350 Rn. 10; 07.05.2013, IX ZR 191/12, Rn. 6.
70 BGH 22.10.2009, IX ZR 147/06, ZInsO 2009, 2334 Rn. 15.
71 BGH 10.01.2013, IX ZR 13/12, WM 2013, 180 Rn. 11.

spruch aus mehreren Handlungen, teilweise auch unter Einschaltung Dritter, kann eine einzige Rechtshandlung vorliegen. Da der wirtschaftliche Vorgang vollständig und richtig zu erfassen ist, darf eine einheitlich angelegte Vermögenszuwendung nicht sinnentstellend in verschiedene Einzelteile zerlegt werden.[72]

Mangels eines willensgetragenen Handelns liegt dem – nicht manipulierten – Erwerb im Wege der Gesamtrechtsnachfolge keine Rechtshandlung zugrunde.[73] Auch einem auf einem Naturereignis beruhenden Forderungserwerb – etwa einem Versicherungsanspruch nach einem Unwetter – liegt keine Rechtshandlung zugrunde. Demgegenüber sind neben **Willenserklärungen** auch **rechtsgeschäftsähnliche Handlungen** (vgl. Rdn. 28) als Rechtshandlung anzusehen.[74] Unerheblich ist, ob die Initiative für die gläubigerbenachteiligende Handlung von dem Schuldner oder dem begünstigten Gläubiger ausgeht. Jede Rechtshandlung setzt ein **verantwortungsgesteuertes Handeln** gerade des Schuldners voraus. Diese Voraussetzung ist zu bejahen, wenn der Schuldner zur Abwendung einer ihm angedrohten, demnächst zu erwartenden Vollstreckung leistet.[75] In diesem Falle ist er noch in der Lage, über den angeforderten Betrag nach eigenem Belieben zu verfügen. Er kann, statt ihn an den Gläubiger zu zahlen, auch selbst verbrauchen oder ihn Dritten zuwenden. Hat der Schuldner dagegen nur noch die Wahl, die geforderte Zahlung sofort zu leisten oder die Vollstreckung durch die bereits anwesende Vollziehungsperson zu dulden, ist jede Möglichkeit zu einem selbstbestimmten Handeln ausgeschaltet. Dann fehlt es an einer willensgeleiteten Rechtshandlung des Schuldners.[76] Auch die **Bezahlung einer Geldstrafe** unterliegt der Insolvenzanfechtung, sofern deren tatbestandliche Voraussetzungen erfüllt sind. Der Strafcharakter rechtfertigt insofern keine Sonderbehandlung.[77] 24

Im Fall der Überweisung aus einer von einem Gläubiger gepfändeten offenen Kreditlinie kann eine Rechtshandlung des Schuldners nicht zweifelhaft sein, weil dieser die Überweisungen ohne weiteres auch unterlassen konnte.[78] Dagegen fehlt es bei einer Kontenpfändung an einer Rechtshandlung, wenn der Schuldner allein die Wahl hat, den Gläubiger über gepfändetes Guthaben nach § 836 Abs. 1 ZPO selbst verfügen zu lassen oder an ihn die geleisteten Beträge zu überweisen.[79] 25

II. Rechtsgeschäfte

1. Schuldrechtliche Geschäfte

Der Anfechtung unterliegen **Willenserklärungen** als Bestandteile von Rechtsgeschäften, gleich ob es sich um einen Verpflichtungs- oder Verfügungsvertrag handelt. Erfasst werden etwa Gesellschaftsverträge, Unternehmenskaufverträge,[80] Praxisveräußerungen, Gebrausüberlassungs- und Darlehensverträge,[81] Abreden über die Verwertung von Sicherungsgut,[82] Güterrechtsverträge,[83] Vereinbarungen über Versorgungs- und Zugewinnausgleich, die Vereinbarung des Heimfalls eines Erbbaurechts,[84] Abschluss von Arbeitsverträgen einschließlich Ruhegehaltszusagen durch den Schuldner als Arbeitgeber, die Erteilung eines Schuldanerkenntnisses (§§ 780, 781 BGB), die Übernahme einer Bürg- 26

---

72 BGH 20.12.2012, IX ZR 56/12, WM 2013, 229 Rn. 7.
73 HK-InsO/*Kayser* § 96 Rn. 32.
74 BGH 05.02.2004, IX ZR 473/00, ZInsO 2004, 499 (500).
75 BGH 27.05.2003, IX ZR 169/02, BGHZ 155, 75 (83 f.); 06.10.2009, IX ZR 191/05, ZIP 2009, 2009 Rn. 8.
76 BGH 10.02.2005, IX ZR 211/02, BGHZ 162, 143 (152).
77 BGH 14.10.2010 – IX ZR 16/10, ZIP 2010, 2358 Rn. 6.
78 BGH 25.10.2007, IX ZR 157/06, ZIP 2008, 131 Rn. 16; 09.06.2011, IX ZR 179/08, ZInsO 2011, 1350 Rn. 10, 17.
79 BGH 08.12.2005, IX ZR 182/01, ZIP 2006, 290 (294).
80 *K. Schmidt* BB 1988, 5 ff.
81 BGH 05.07.2007, IX ZR 256/06, BGHZ 173, 129 Rn. 39; 21.04.1988, IX ZR 71/87, NJW 1989, 1037 f.
82 BGH 09.01.1997, IX ZR 1/96, NJW 1997, 1063 (1065).
83 BGH 20.10.1971, VIII ZR 212/69, BGHZ 57, 123 (124).
84 BGH 19.04.2007, IX ZR 59/06, ZIP 2007, 1120 Rn. 13.

schaft (§ 765 BGB),[85] Schenkung (§ 516 BGB) und Vergleich (§ 779 BGB). Ausreichend ist eine Kündigung, die einen Anspruch aus § 89b HGB auslöst.[86] Soweit Schweigen wie nach Nr. 7 Abs. 3 AGB-Banken die Rechtswirkung einer Willenserklärung zukommt, handelt es sich um eine anfechtbare Rechtshandlung.[87] Anfechtbar ist der Überweisungsauftrag an eine Bank nebst Ausführung,[88] die Weisung des Schuldners an seine Bank im Abbuchungsauftragsverfahren[89] und die Genehmigung einer Lastschrift im Einzugsermächtigungsverfahren.[90] Eine konkludente Genehmigung kommt im **Einziehungsermächtigungsverfahren** in Betracht, wenn es sich für die Zahlstelle erkennbar um regelmäßig wiederkehrende Lastschriften etwa aus Dauerschuldverhältnissen oder laufenden Geschäftsbeziehungen handelt. Erhebt der Schuldner in Kenntnis eines erneuten Lastschrifteinzugs, der den bereits genehmigten nicht wesentlich übersteigt, gegen diesen nach einer angemessenen Überlegungsfrist keine Einwendungen, so kann auf Seiten der Zahlstelle die berechtigte Erwartung entstehen, auch diese Belastungsbuchung solle Bestand haben.[91] Erhebt der Schuldner gegen die Einziehung eines wiederkehrenden Sozialversicherungsbeitrags innerhalb einer Überlegungsfrist von vierzehn Tagen ab Zugang des die Abbuchung ausweisenden Kontoauszugs keine Einwendungen, kann die Zahlstelle davon ausgehen, dass die Lastschrift genehmigt ist.[92] Unanfechtbar ist die Übertragung einer Milchquote, wenn die Referenzmenge bereits kraft Gesetzes auf den Anfechtungsgegner übergeht.[93] Die Verpachtung eines land- und forstwirtschaftlichen Betriebs kann im Blick auf Nutzungen des Pachtgegenstands eine anfechtbare Rechtshandlung darstellen. Erfasst wird nur der aus dem Gewerbebetrieb gezogene Gewinn, der nicht auf persönlichen Leistungen oder Fähigkeiten des Pächters beruht. Die Anfechtung ermöglicht keinen Zugriff auf einzelne vom Pächter im Rahmen des von ihm geführten Gewerbebetriebs erlangte Forderungen, weil sie erst in seiner Person neu entstanden sind und insoweit aus dem Vermögen des Verpächters nichts weggegeben wurde.[94]

2. Dingliche Geschäfte

27   Die **Übereignung** von Sachen einschließlich der Sicherungsübereignung,[95] die Bestellung eines Pfandrechts,[96] die Belastung von Sachen,[97] die Bestellung einer Vormerkung für einen künftigen Auflassungsanspruch[98] ist ebenso wie die Abtretung von Rechten – auch künftigen Forderungen[99] – anfechtbar. Jede Zahlung bildet eine anfechtbare Rechtshandlung.[100] Bei einem **mehraktigen Rechtsgeschäft** ist grds der letzte, die Masse schmälernde Teilakt ausschlaggebend, bei der Vorausabtretung einer Forderung[101] und der Pfändung einer künftigen Forderung[102] deren Entstehen, bei der Pfän-

---

85 BGH 09.10.2008, IX ZB 129/07, ZInsO 2008, 1204; 05.02.2009, IX ZR 78/07, 2009, 659 Rn. 16.
86 BGH 07.05.2013, IX ZR 191/12, Rn. 6.
87 BGH 30.09.2010 – IX ZR 178/09, WM 2010, 2023 Rn. 19.
88 BGH 17.04.1986, IX ZR 54/85, NJW-RR 1986, 848 (850).
89 BGH 13.12.2012, IX ZR 1/12, WM 2013, 213 Rn. 12.
90 BGH 30.09.2010 – IX ZR 178/09, WM 2010, 2023 Rn. 11; 30.09.2010, IX ZR 177/07, WM 2010, 2167 Rn. 9; 07.10.2010, IX ZR 209/09, WM 2010, 2275, 2276 f. Rn. 18; 14.10.2010, IX ZR 240/09, ZInsO 2010, 2293 Rn. 7; 25.04.2013, IX ZR 235/12, WM 2013, 1044 Rn. 20.
91 BGH 20.07.2010 – XI ZR 236/07, WM 2010, 1546 Rn. 48; 30.09.2010 – IX ZR 178/07, WM 2010, 2023 Rn. 13; 14.10.2010 – IX ZR 240/09, ZInsO 2010, 2293 Rn. 7.
92 BGH 01.12.2011, IX ZR 58/11, WM 2012, 160 Rn. 9 ff.
93 BGH 12.10.2006, IX ZR 109/05, ZInsO 2006, 1265 Rn. 7.
94 BGH 20.09.2012, IX ZR 112/10, ZInsO 2012, 1987 Rn. 1.
95 BGH 12.11.1992, IX ZR 236/91, NJW-RR 1993, 238 (239).
96 BGH ZIP 1996, 2080 (2081 f.).
97 BGH 26.01.1983, VIII ZR 257/81, BGHZ 86, 340 (346).
98 BGH 14.09.2001, V ZR 231/00, BGHZ 149, 1 (9).
99 BGH 30.06.1959, VIII ZR 11/59, BGHZ 30, 238 (240); 14.05.1975, VIII ZR 254/73, 64, 312 (313); 29.11.2007, IX ZR 30/07, BGHZ 174, 297 Rn. 14.
100 *BGH 09.07.2009, IX ZR 86/08, ZInsO 2009, 1585 Rn. 9.*
101 BGH 14.12.2006, IX ZR 102/03, BGHZ 170, 196 Rn. 14.
102 BGH 20.03.2003, IX ZR 166/02, NJW 2003, 2171.

dung einer offenen Kreditlinie mit dem Abruf der Mittel durch den Schuldner,[103] und bei einer Grundstücksübertragung oder der Bestellung eines Rechts an einem Grundstück die Grundbucheintragung.[104] Bedarf das Geschäft einer Grundbucheintragung, erklärt § 140 Abs. 2 den Zeitpunkt für maßgeblich, in dem der andere Teil, also nicht der Schuldner, den Eintragungsantrag gestellt hat. Verwandelt sich eine Eigentümergrundschuld infolge der Eigentumsübertragung auf den Schuldner kraft Gesetzes in eine Fremdgrundschuld, fehlt es an einer Rechtshandlung des Schuldners.[105]

3. Sonstige Geschäfte

Ein vor Insolvenzeröffnung vereinbarter **Sozialplan** (§ 112 BetrVG) kann insb. angefochten werden, soweit er vor der Drei-Monats-Frist des § 124 abgeschlossen wurde. Innerhalb des Zeitraums von drei Monaten besteht neben dem die Rückforderung von Zahlungen ausschließenden Widerrufsrecht (§ 124 Abs. 3 Satz 1) die Möglichkeit einer Anfechtung nach §§ 130 bis 132.[106] Leistungen aus zeitlich davor vereinbarten Sozialplänen unterliegen gleichfalls der Anfechtung. Anfechtbar ist auch der von einer Einigungsstelle aufgestellte Sozialplan.[107] **Rechtsgeschäftsähnliche Handlungen** wie Mahnung (§ 284 BGB), Fristsetzung mit Ablehnungsandrohung (§ 326 BGB), Mängelrügen (§ 478 BGB, §§ 377, 378 HGB), die Abtretungsanzeige (§ 409 BGB), die Zustimmung eines Gesellschafters zur Einziehung seines Geschäftsanteils (§ 34 Abs. 2 GmbHG) und die Änderung einer handelsrechtlichen Firma sind anfechtbare Rechtshandlungen.

28

4. Unwirksame Geschäfte

Die Nichtigkeit einer Rechtshandlung schließt, wenn eine Gläubigerbenachteiligung eingetreten ist, deren Anfechtbarkeit nicht aus. Nach der Rechtsprechung des Bundesgerichtshofs besteht zwischen diesen Rechtsbegriffen kein Verhältnis der Subsidiarität.[108] Allerdings benachteiligt eine unwirksame Rechtshandlung des Gemeinschuldners die Gläubigergesamtheit nicht, wenn deshalb gegen den Empfänger ein Rückforderungsanspruch ohne weiteres begründet und durchsetzbar ist. Erscheint die Realisierbarkeit dieses Anspruchs dagegen nicht unerheblich **erschwert** oder hat die Leistung eine **formale Rechtsstellung** begründet, die den zur Masse gehörenden Anspruch im Hinblick auf Rechte gutgläubiger Dritter gefährden kann, ist bereits darin eine objektive Gläubigerbenachteiligung zu sehen. Die nach Erlass eines allgemeinen Veräußerungsverbots vorgenommene Leistung des Gemeinschuldners kann zu einer Gläubigerbenachteiligung führen, wenn die Realisierung eines auf die Unwirksamkeit der Leistung gestützten Bereicherungsanspruchs zweifelhaft erscheint.[109] Anfechtbar kann der wegen der Rückschlagsperre des § 88 unwirksame Erwerb, ein Scheingeschäft (§ 117 BGB), ein nach §§ 119 ff. BGB angefochtenes oder ein wegen Geschäftsunfähigkeit unwirksames Rechtsgeschäft sein. Die Gläubigerbenachteiligung kann in der Eintragung eines Scheinerwerbs im Grundbuch (§§ 892, 893, 1138 BGB), einer Besitzübertragung (§§ 932, 1006 BGB) oder der Ausstellung einer Abtretungsurkunde (§§ 409, 1140, 1154, 1185 BGB) liegen.[110] Die Anfechtbarkeit einer Rechtshandlung kann im Wege der Klagehäufung mit einem **Hilfsantrag** neben der Nichtigkeit des Geschäfts geltend gemacht werden.[111]

29

---

103 BGH 22.01.2004, IX ZR 39/03, BGHZ 157, 350 (355 f.); 09.06.2011, IX ZR 179/08, ZInsO 2011, 1350 Rn. 15 ff.
104 BGH 18.12.1986, IX ZR 11/86, BGHZ 99, 274 (286); 28.02.1991, IX ZR 74/90, BGHZ 113, 393 (394); 21.01.1993, IX ZR 275/91, BGHZ 121, 179 (188); 15.12.1994, IX ZR 153/93, BGHZ 128, 184 (189 f.).
105 BGH 19.04.2007, IX ZR 199/03, ZInsO 2007, 596 Rn. 9.
106 BT-Drucks. 12/2443, 155.
107 BAG 13.12.1978, GS 1/77, BAGE 31, 176 (191).
108 BGH 20.09.1978, VIII ZR 142/77, NJW 1979, 102 (103); 11.07.1996, IX ZR 226/94, ZIP 1996, 1516 (1518).
109 BGH 04.03.1999, IX ZR 63/98, BGHZ 141, 96 (105 f.).
110 BGH 11.07.1996, IX ZR 226/94, NJW 1996, 3147 (3148).
111 BGH 11.07.1996, IX ZR 226/94, NJW 1996, 3147 (3150).

III. Verzicht auf Erwerb

30 Die Ablehnung eines günstigen Vertragsangebots ist, weil damit keine Minderung des Schuldnervermögens einhergeht, sondern lediglich dessen Mehrung verhindert wird, nicht anfechtbar. Gleiches gilt für den Nichteinsatz der Arbeitskraft etwa nach Aufgabe einer freiberuflichen Praxis[112] und den Verzicht auf ein bäuerliches Verwaltungs- und Nutznießungsrecht.[113] Der Regelung des § 83, welche dem Schuldner insoweit die Handlungsfähigkeit belässt, ist zu entnehmen, dass die **Ausschlagung** einer **Erbschaft** oder eines **Vermächtnisses** selbst dann nicht anfechtbar ist, wenn sie mit Gläubigerbenachteiligungsvorsatz erfolgte.[114] Unanfechtbar ist ein Erbverzicht,[115] die Mitwirkung des vertraglich eingesetzten Erben an der Aufhebung seiner Erbeinsetzung[116] wie auch der Verzicht auf einen Pflichtteil vor Eintritt der Pfändungsvoraussetzungen des § 852 Abs. 1 ZPO.[117] Ebenso unterliegt nach § 83 Abs. 1 Satz 2 die Ablehnung einer fortgesetzten Gütergemeinschaft (§ 1484 Abs. 2, § 1944 BGB) keiner Anfechtung.

IV. Prozesshandlungen

31 Anfechtbar sind auch Prozesshandlungen wie Verzicht (§ 306 ZPO), Anerkenntnis (§ 307 ZPO), Geständnis (§ 288 ZPO), die Rücknahme einer Klage (§ 269 ZPO), die Rücknahme eines Rechtsmittels (§ 515 ZPO) oder eines Insolvenzantrags. Als Rechtshandlung anfechtbar ist ferner das Erwirken eines Vollstreckungstitels,[118] Maßnahmen der Zwangsvollstreckung und des Arrestvollzugs[119] einschließlich einer Pfändungsverfügung des Finanzamts[120] sowie die Erteilung einer vollstreckbaren Urkunde.[121] **Zwangsvollstreckungshandlungen** des Gläubigers sind ohne eine vorsätzliche Rechtshandlung oder eine ihr gleichstehende Unterlassung des Schuldners nicht anfechtbar.[122] Ein auf der Übertragung eines Grundstücks beruhender Anfechtungsanspruch wird nicht dadurch berührt, dass der Gegner das Grundstück später im Wege der Zwangsvollstreckung erwirbt.[123] Die Rechtskraft einer gerichtlichen Entscheidung steht nach § 141 der Anfechtung prozessualer Rechtshandlungen nicht entgegen.

V. Tatsächliche Handlungen

32 **Realakte** wie Verbindung, Vermischung und Verarbeitung (§§ 946 ff. BGB) einschließlich einer Verarbeitungsklausel beim verlängerten Eigentumsvorbehalt gehören zu den anfechtbaren Rechtshandlungen.[124] Entsprechendes gilt für die Besitzergreifung und -übertragung,[125] die Einbringung oder Aushändigung einer Sache, die ein Vermieter- oder Unternehmerpfandrecht (§§ 559, 647 BGB)[126] sowie ein Frachtführerpfandrecht (§ 401 HGB) begründet.[127] Verwendungen auf fremde Sachen

---

112 RGZ 70, 226 (230); BGH 27.11.1963, VIII ZR 278/62, WM 1964, 114.
113 BGH 25.03.1964, VIII ZR 280/62, WM 1964, 507.
114 BGH 20.12.2012, IX ZR 56/12, WM 2013, 229 Rn. 12, 13.
115 BGH 20.12.2012, IX ZR 56/12, WM 2013, 229 Rn. 14 f.
116 BGH 20.12.2012, IX ZR 56/12, WM 2013, 229 Rn. 16 ff.
117 BGH 06.05.1997, IX ZR 147/96, NJW 1997, 2384.
118 OLG Stuttgart 08.04.1994, 2 U 267/93, WM 1994, 1495 (1497).
119 BGH 09.10.2008, IX ZR 138/06, NJW 2009, 225 Rn. 24; RGZ 68, 150 (151).
120 BGH 07.05.1991, IX ZR 30/90, BGHZ 114, 315 (321 f.); 15.12.1994, IX ZR 24/94, BGHZ 128, 196 (197 f.).
121 RGZ 47, 223 (225 f.); RGZ 126, 304 (307).
122 BGH 10.02.2005, IX ZR 211/02, BGHZ 162, 143 (147).
123 BGH 29.06.2004, IX ZR 258/02, BGHZ 159, 397 (399).
124 BGH 29.11.2007, IX ZR 30/07, BGHZ 174, 297 Rn. 37; 17.03.2011, IX ZR 63/10, ZInsO 2011, 778 Rn. 31 .
125 OLG Düsseldorf 13.01.2006, I-16 U 49/05, ZInsO 2006, 154 (161).
126 BGH 09.07.2009, IX ZR 86/08, ZInsO 2009, 1585 Rn. 21.
127 BGH 21.04.2005, IX ZR 24/04, NJW-RR 2005, 917 (918).

oder den Anteil eines Miteigentümers bilden eine Rechtshandlung.[128] Ebenso verhält es sich, wenn pfändbare Gegenstände im Interesse eines Zugriffs durch einen anderen Gläubiger verheimlicht werden oder ein solcher Gläubiger von einer bevorstehenden Zwangsvollstreckung benachrichtigt wird, um dieser zuvorzukommen.[129] Auch die Einstellung eines Betriebs durch den Schuldner zu dem Zweck, einer nahestehenden Person die Fortsetzung zu ermöglichen, stellt eine Rechtshandlung dar.[130]

Das Werthaltigmachen einer (abgetretenen) Forderung gehört als Erfüllungshandlung ebenso wie die Herstellung eines Werks, die Erbringung von Dienstleistungen oder die Übergabe einer Kaufsache zu den anfechtbaren Rechtshandlungen. Wird durch vom Schuldner veranlasste Maßnahmen die Fälligkeit der Vergütung herbeigeführt oder die Einrede nach § 320 BGB ausgeräumt, so sind solche tatsächlichen Leistungen als gegenüber einem vorausgegangenen Vertragsschluss des Schuldners mit seinem Kunden selbständige Rechtshandlungen ebenfalls insolvenzrechtlich anfechtbar.[131] Auch das Brauen von Bier bildet eine Rechtshandlung, weil der Beginn des Vorgangs die das Schuldnervermögen belastende Sachhaftung für die Biersteuer auslöst.[132] 33

Folgt die Leistung des Schuldners der vertraglichen Vereinbarung nach, ist dabei für die Anfechtung gem. § 140 Abs. 1 auf den Zeitpunkt der Bewirkung oder Erhöhung der Werthaltigkeit abzustellen. Die **Aufgabe von Rechten** ist als Rechtshandlung zu begreifen, wenn sie wie der Verzicht auf eine Hypothek zu einem Rechtserwerb des Anfechtungsgegners führt. Rein tatsächliche Handlungen wie die Buchung einer bereits eingegangenen Barzahlung des Schuldners[133] bilden ebenso wie die Einreichung einer Lastschrift[134] und deren Wertstellung[135] keine Rechtshandlung. 34

VI. Unterlassungen

§ 129 Abs. 2 unterwirft ausdrücklich auch die Unterlassung einer Rechtshandlung der Anfechtung. Einschränkungen ergeben sich lediglich für § 132 Abs. 1, § 133 Abs. 2, die an das Zustandekommen eines Rechtsgeschäfts oder Vertrages anknüpfen. Als Unterlassung kommt nur eine **bewusste und gewollte Willensbetätigung** in Betracht.[136] Nötig ist das Bewusstsein, dass das Nichthandeln irgendwelche Rechtsfolgen haben wird.[137] Da die Anfechtbarkeit keine Sanktion für fahrlässiges Verhalten darstellt, genügt eine bloße Unachtsamkeit oder Vergesslichkeit nicht. Das Unterlassen muss nicht mit einer besonderen Rechtspflicht zu einem Handeln kollidieren, weil es nur auf den gläubigerbenachteiligenden Erfolg ankommt. 35

Als **materiellrechtliche** Unterlassungen sind zu nennen die Nichterhebung der Verjährungseinrede oder eines Wechselprotests (Art. 44 WG), das Versäumnis einer Mängelrüge (§ 478 BGB, §§ 377, 378 HGB), die Abstandnahme von einer Anfechtung nach § 119 BGB, das Schweigen auf ein kaufmännisches Bestätigungsschreiben, der Verzicht einer GmbH auf Erstattungsansprüche wegen Eigenkapitalersatz.[138] Ebenso verhält es sich, wenn es der Schuldner in Kenntnis der Pfändung eines Kontos bewusst unterlässt, seinen Drittschuldnern eine andere, pfändungsfreie Bankverbindung 36

---

128 BGH 20.02.1980, VIII ZR 48/79, NJW 1980, 1580 f.
129 RGZ 47, 223 (225); BGH 25.11.1964, VIII ZR 289/62, WM 1965, 14 (15).
130 BGH 24.10.1962, VIII ZR 126/61, WM 1962, 1316 f.
131 BGH 29.11.2007, IX ZR 30/07, BGHZ 174, 297 Rn. 36; 29.11.2007, IX ZR 165/05, ZIP 2008, 372 Rn. 15; 28.02.2008, IX ZR 177/05, ZIP 2008, 650 Rn. 20; 26.06.2008, IX ZR 144/05, ZInsO 2008, 801 Rn. 27; 26.06.2008, IX ZR 47/05, ZInsO 2008, 803 Rn. 22.
132 BGH 09.07.2009, IX ZR 86/08, ZInsO 2009, 1585 Rn. 23.
133 BGH 04.04.1979, VIII ZR 96/78, BGHZ 74, 129 (131 f.).
134 BGH 21.12.1977, VIII ZR 255/76, BGHZ 70, 177 (181).
135 BGH 21.12.1977, VIII ZR 255/76, BGHZ 70, 177 (181).
136 BGH 10.02.2005, IX ZR 211/02, BGHZ 162, 143 (154).
137 BGH 22.12.2005, IX ZR 190/02, BGHZ 165, 343 (348).
138 BGH 22.12.2005, IX ZR 190/02, BGHZ 165, 343 (346 ff.).

mitzuteilen.[139] Unterlässt der Schuldner lediglich einen möglichen Erwerb, so ist dieses Unterlassen nicht anfechtbar, weil es nicht zu einer Minderung des Schuldnervermögens führt, sondern lediglich dessen Mehrung verhindert.[140] Unterlassungen **prozessualer** Art sind das Absehen von einem Rechtsbehelf gegen ein Urteil, ein Versäumnisurteil oder einen Mahnbescheid, die Nichtbeachtung von Fristen mit der Folge der Zurückweisung des Vorbringens als verspätet (§§ 296, 527 ff. ZPO) und die Nichtbenennung von Beweismitteln. Die unterlassene Maßnahme muss dafür ursächlich geworden sein, dass der Empfänger die Vermögensmehrung behalten darf, er den Gegenstand also nicht erlangt hätte oder ihn vor Insolvenzeröffnung hätte zurückgewähren müssen. Darum ist die verzögerte Stellung eines Insolvenzantrags nicht als Unterlassen i.S.d. § 129 Abs. 2 zu werten, weil sich das Versäumnis nur auf den Lauf der Anfechtungsfristen auswirkt und alle Gläubiger in gleicher Weise trifft.[141]

VII. Selbständigkeit jeder Rechtshandlung

37 Jede Rechtshandlung ist selbständig im Blick auf die Ursächlichkeit für die gläubigerbenachteiligende Folge zu untersuchen.[142] Dies gilt auch, wenn die Rechtshandlungen gleichzeitig vorgenommen wurden oder einander ergänzen. Isoliert anfechtbar sind danach **Grundgeschäft** und **Erfüllungsgeschäft**,[143] die Ausstellung eines Schecks und dessen Einlösung[144] oder die Pfändung einer Forderung und deren Zahlung.[145] Angefochten und im Interesse der Gläubigergesamtheit nach § 143 Abs. 1 rückgängig zu machen ist genau genommen nicht die Rechtshandlung selbst, sondern deren gläubigerbenachteiligende Wirkung, die durch die Rechtshandlung verursacht wird. Mit der Anfechtung wird nicht ein Handlungsunrecht sanktioniert. Angefochten wird vielmehr allein die durch die Rechtshandlung ausgelöste Rechtswirkung, die gläubigerbenachteiligend ist.[146] Der Grundsatz, dass bei mehreren Rechtshandlungen jede einzelne von ihnen auf das Vorliegen der Anfechtungsvoraussetzungen hin zu prüfen ist, bedeutet nicht, dass bei der Prüfung, ob eine bestimmte Rechtshandlung die Gläubiger benachteiligt hat, nur die unmittelbare rechtliche Folge der Handlung berücksichtigt werden dürfte. Zur Beurteilung der Frage, ob eine Rechtshandlung zu einer Gläubigerbenachteiligung geführt hat, ist die durch die Handlung bewirkte Vermögensverschiebung in ihrer **wirtschaftlichen Bedeutung** zu erfassen. Durch den Abschluss eines Vertrages werden die Gläubiger unmittelbar benachteiligt, wenn der gesamte rechtsgeschäftliche Vorgang die Zugriffsmöglichkeiten der Gläubiger verschlechtert.[147]

38 Der isolierten Anfechtung der Sicherung steht nicht entgegen, dass die Erfüllungshandlung ihrerseits anfechtbar ist.[148] Dies folgt aus dem anerkannten insolvenzrechtlichen Grundsatz, dass jede Rechtshandlung selbständig auf ihre Ursächlichkeit für gläubigerbenachteiligende Folgen zu überprüfen und ggf in deren Anfechtung einzubeziehen ist, mögen sich die Rechtshandlungen auch wirtschaftlich ergänzen.[149] Damit können auch einzelne, abtrennbare Wirkungen sogar einer einheitlichen Rechtshandlung erfasst werden; deren Rückgewähr darf nicht mit der Begründung ausgeschlossen werden, dass die Handlung auch sonstige, für sich nicht anfechtbare Rechtsfolgen ausgelöst habe,

---

139 BGH 24.10.1996, IX ZR 284/95, WM 1996, 2250, 2252.
140 BGH 02.04.2009, IX ZR 236/07, WM 2009, 1042 Rn. 15.
141 BGH 10.02.2005, IX ZR 211/02, BGHZ 162, 143 (155).
142 BGH 09.07.2009, IX ZR 86/08, ZInsO 2009, 1585 Rn. 27; 26.01.2012, IX ZR 99/11, WM 2012, 517 Rn. 7.
143 BGH 24.05.2007, IX ZR 105/05, ZInsO 2007, 658 Rn. 27.
144 BGH 11.01.2007, IX ZR 31/05, BGHZ 170, 276 Rn. 9.
145 BGH 20.03.2003, IX ZR 166/02, NJW-RR 2000, 2115; 20.03.2003, IX ZR 166/02, NJW 2003, 2171.
146 BGH 09.07.2009, IX ZR 86/08, ZInsO 2009, 1585 Rn. 29.
147 BGH 21.12.2010, IX ZA 14/10, WM 2011, 276 Rn. 2.
148 Vgl. BGH 07.03.2002, IX ZR 223/01, BGHZ 150, 122 (125 f.); 21.03.2000, IX ZR 138/99 ZIP 2000, 898; 09.10.2008, IX ZR 138/06, NJW 2009, 225 Rn. 25.
149 BGH 20.07.2006, IX ZR 226/03, WM 2006, 1731 Rn. 14; 09.10.2008, IX ZR 138/06, NJW 2009, 225 Rn. 25.

mögen diese auch – ohne Zutun des Anfechtungsgegners – die Masse erhöht haben. Einen Rechtsgrundsatz, dass mehrere von einer Rechtshandlung verursachte Wirkungen nur insgesamt oder gar nicht anfechtbar seien, gibt es auch für solche Folgen nicht, die im Kausalverlauf ferner liegen als nähere, unanfechtbare Folgen.[150] In all diesen Fällen liegen mehrere selbständige, und nicht etwa ein mehraktiges Rechtsgeschäft vor. Wird das Grundgeschäft wirksam angefochten, ist das Erfüllungsgeschäft bereicherungsrechtlich rückabzuwickeln. Beschränkt sich die Anfechtung auf das Erfüllungsgeschäft, ist die Masse gem. § 144 aus dem Grundgeschäft mit einer Insolvenzforderung verpflichtet. Bleibt das Grundgeschäft mangels Anfechtung wirksam, kann das Erfüllungsgeschäft nur unter den engeren Voraussetzungen einer kongruenten Leistung angefochten werden; dann kann die Anfechtung freilich am Bargeschäftscharakter (§ 142) scheitern.

VIII. Verhältnis zur Aufrechnung

1. Früheres Recht

Aufrechnung und Verrechnung zählen grds zu den anfechtbaren Rechtshandlungen. Die durch eine Aufrechnung herbeigeführte Befriedigung kann angefochten werden, wenn die Voraussetzungen der Aufrechnung in anfechtbarer Weise geschaffen wurden,[151] indem der Gläubiger in Kenntnis der Krise gegenüber dem Schuldner eine Verbindlichkeit eingegangen ist und sich somit zu dessen Schuldner gemacht hat.[152] Unter der Geltung der KO wurde zunächst nicht die Aufrechnungserklärung allein, sondern der mit der Herstellung der Aufrechnungslage beginnende und mit der Aufrechnungserklärung endende **Gesamtvorgang** als anfechtbare Rechtshandlung verstanden.[153] Hatte etwa ein Darlehensgläubiger von dem Schuldner durch einen Kaufvertrag Geschäftsanteile an einer GmbH erworben und mit der Darlehensforderung gegen den Kaufpreisanspruch aufgerechnet, führte die Anfechtung dazu, dass der Schuldner die von ihm bewirkte Gegenleistung, also die GmbH-Anteile, zurückverlangen konnte. Der Verwalter konnte die Wirkung der Anfechtung nicht auf die Herstellung der Aufrechnungslage beschränken und den Kaufpreisanspruch gegen den Gläubiger geltend machen.[154] Vielmehr war mit der Anfechtung auch des Kaufvertrages die Kaufpreisforderung des Schuldners entfallen.[155]

39

Erst später hat der BGH eine **isolierte Anfechtung der Herstellung der Aufrechnungslage** zugelassen. Die Rückgewähr der Aufrechnungslage besteht folglich nicht in der Rückabwicklung des Kaufvertrages selbst, sondern in der Durchsetzung der Kaufpreisforderung des Schuldners unabhängig von der Gegenforderung; diese kann also nicht im Wege der Aufrechnung zur Erfüllung der Schuld aus § 433 Abs. 2 BGB verwendet werden.[156] Zum Schutz der Insolvenzmasse muss als anfechtbare Rechtshandlung allein die Herstellung der Aufrechnungslage verstanden werden. Der Abschluss eines Vertrages, der dem Anfechtungsgegner die Aufrechnung ermöglicht, braucht deshalb selbst nicht angefochten werden. Angefochten wird lediglich die Herbeiführung der Rechtsfolge, die von Gesetzes wegen gem. § 387 BGB eintritt. Rückabzuwickeln ist deshalb nicht der Kaufvertrag; aus ihm darf aber die entstandene Kaufpreisforderung des Schuldners nicht im Wege der Aufrechnung zur Erfüllung der Verbindlichkeiten des Schuldners verwendet werden.[157]

40

Der Verwalter kann mithin die Wirkungen der Anfechtung auf die Herstellung der Aufrechnungslage beschränken. Die Rückgewähr der Aufrechnungslage besteht, wenn diese durch einen Kaufver-

41

---

150 BGH 09.07.2009, IX ZR 86/08, ZInsO 2009, 1585 Rn. 32.
151 BGH 04.05.1995, IX ZR 256/93, BGHZ 129, 336 (344).
152 BGH 02.02.1972, VIII ZR 152/70, BGHZ 58, 108 (113).
153 BGH 26.01.1983, VIII ZR 254/81, BGHZ 86, 349 (353); 04.05.1995, IX ZR 256/93, BGHZ 129, 336 (343).
154 BGH 12.11.1998, IX ZR 199/97, NJW 1999, 359.
155 BGH 22.07.2004, IX ZR 270/03, ZInsO 2004, 1028 (1029).
156 BGH 28.09.2000, VII ZR 372/99, BGHZ 145, 245 (253 ff.); 05.04.2001, IX ZR 216/98, BGHZ 147, 233 (236).
157 BGH 09.07.2009, IX ZR 86/08, ZInsO 2009, 1585 Rn. 33.

§ 129 InsO   Grundsatz

trag geschaffen worden ist, also nicht in der Rückabwicklung des Kaufvertrages selbst, sondern im Gegenteil in der Durchsetzung der Kaufpreisforderung unabhängig von einer etwaigen Gegenforderung.[158] Wenn sich der Gläubiger durch eine Rechtshandlung zugleich in eine Schuldnerstellung gegenüber dem Schuldner versetzt und so die Voraussetzungen für eine Aufrechnung begründet, wird die erklärte Aufrechnung durch Anfechtung wirkungslos und die Forderung des Schuldners bleibt durchsetzbar.[159] Der Verwalter kann ebenfalls nach Anfechtung der von dem Gläubiger unter Einsatz einer Altforderung erklärten Aufrechnung eine Werklohnforderung durchsetzen, die auf einem in unverdächtiger Zeit geschlossenen, erst in der Krise erfüllten Vertrag beruht.[160]

2. Neues Recht

a) Grundgedanken des § 96 Abs. 1 Nr. 3

42   Nach § 96 Abs. 1 Nr. 3 ist eine Aufrechnung und Verrechnung[161] unzulässig, wenn der Insolvenzgläubiger die Möglichkeit der Aufrechnung durch eine anfechtbare Rechtshandlung – auch die Forderungsabtretung seitens eines Dritten[162] – erlangt hat. Die Vorschrift verfolgt das gleiche wirtschaftliche Ziel wie die in BGH vom 28.09.2000 und 05.04.2001[163] entwickelten Rechtsprechungsgrundsätze, enthebt den Verwalter aber der Notwendigkeit einer Anfechtungsklage.[164] Die insolvenzrechtliche Unwirksamkeit ergreift nur die gläubigerbenachteiligende Wirkung der Herstellung der Aufrechnungslage, nicht jedoch das Grundgeschäft.[165] Einer **Geltendmachung der Anfechtung** bedarf es nicht, wenn der Gläubiger die Aufrechnung erklärt hat. Rechnet hingegen der Schuldner auf, ist eine Anfechtung geboten.

43   Ist die Aufrechnung vor Eröffnung des Insolvenzverfahrens – danach geht sie ohnehin ins Leere[166] – erklärt worden, wird sie mit der Eröffnung rückwirkend unwirksam.[167] Rechtsfolge der Anfechtung der Herstellung einer Aufrechnungslage ist die Unwirksamkeit der Aufrechnung (§ 96 Abs. 1 Nr. 3).[168] Die Forderungen, die sonst durch Aufrechnung erloschen wären, bestehen fort. Der Verwalter kann die Forderung der Masse gegen den Gläubiger durchsetzen; dieser kann seine Gegenforderung nur zur Tabelle anmelden.[169] Eine Tilgungswirkung entfaltet die Aufrechnung dann nicht;[170] die Forderung des Schuldners besteht vielmehr für die Dauer und die Zwecke des Insolvenzverfahrens fort.[171] Der Verwalter muss den Anspruch aus der Hauptforderung vor Ablauf der Verjährungsfrist des § 146 Abs. 1 durch Erhebung der Klage gerichtlich geltend machen. Andernfalls entfaltet § 96 Abs. 1 Nr. 3 insolvenzrechtlich keine Wirkung mehr. Es verbleibt sodann bei dem zivilrechtlichen Erlöschen der Hauptforderung durch die vorgenommene Aufrechnung oder Verrechnung.[172]

---

158   BGH 02.06.2005, IX ZR 263/03, ZIP 2005, 1521 (1523).
159   BGH 18.05.2004, IX ZB 189/03, ZInsO 2004, 739 (740).
160   BGH 22.02.2001, IX ZR 191/98, BGHZ 147, 28 (35); 04.10.2001, IX ZR 207/00, ZIP 2001, 2055 (2056 f.).
161   BGH 14.12.2006, IX ZR 194/05, BGHZ 170, 206 Rn. 8, 18; 29.11.2007, IX ZR 30/07, BGHZ 174, 297 Rn. 11.
162   OLG Köln 17.11.2000, 19 U 206/99, NZI 2001, 474 (475).
163   BGH 28.09.2000, VII ZR 372/99, BGHZ 145, 245 (253 ff.); 05.04.2001, IX ZR 216/98, BGHZ 147, 233 (236).
164   BGH 29.06.2004, IX ZR 195/03, BGHZ 159, 388 (393).
165   BGH 07.05.2013, IX ZR 191/12, Rn. 8.
166   BT-Drucks. 12/2442, 141.
167   BGH 28.09.2006, IX ZR 136/05, BGHZ 169, 158 Rn. 11 ff.; 14.02.2013, IX ZR 94/12, ZInsO 2013, 492 Rn. 8.
168   BGH 09.02.2006, IX ZR 121/03, NZI 2006, 345 (347).
169   BGH 22.07.2004, IX ZR 270/03, ZInsO 2004, 1028 (1029); 09.02.2006, IX ZR 121/03, NZI 2006, 345 (347).
170   BGH 02.06.2005, IX ZB 235/04, ZInsO 2005, 707 (708).
171   BGH 28.09.2006, IX ZR 136/05, BGHZ 169, 158 Rn. 17.
172   BGH 05.07.2007, IX ZB 305/04, ZInsO 2007, 813 Rn. 12.

b) Voraussetzungen für die Wirkungslosigkeit einer Aufrechnung

Die Aufrechnung ist unzulässig, wenn die Begründung der Aufrechnungslage alle nach den Bestimmungen der §§ 129 ff. erforderlichen Merkmale aufweist, insb. ein Gläubigerbenachteiligung vorliegt. Gläubigerbenachteiligend ist die Aufrechnung einer Insolvenzforderung gegen eine Werklohnforderung, die auf einem in unverdächtiger Zeit geschlossenen, erst in der Krise erfüllten und damit werthaltig gemachten Vertrag beruht.[173] Die gläubigerbenachteiligende Wirkung, die mit der Herstellung einer Aufrechnungslage eintritt, kann wie schon im Endstadium der Geltung der KO selbständig angefochten werden. Die objektive Gläubigerbenachteiligung liegt in der Möglichkeit der Befriedigung durch Aufrechnung, weil sie den üblicherweise eintretenden Zufluss des Werklohns für die erbrachten Arbeiten an die haftende Masse ausschließt.[174] Die Anfechtbarkeit der Aufrechnung ist nach dem **Zeitpunkt der Herstellung der Aufrechnungslage**, also der erstmaligen Aufrechnungsmöglichkeit, und nicht nach dem Zeitpunkt der Abgabe der Aufrechnungserklärung zu beurteilen.[175]

Der für die Begründung der Aufrechnungslage maßgebliche Zeitpunkt ist nach § 140 Abs. 1 zu bestimmen. Entscheidend ist, wann das Gegenseitigkeitsverhältnis durch die Verknüpfung der beiden gegenseitigen Forderungen begründet worden ist.[176] Auf den Zeitpunkt der Rechnungstellung kommt es nicht an.[177] Ist eine der gegenseitigen durch Rechtsgeschäft entstandenen Forderungen von einer **Bedingung** abhängig oder mit einer **Befristung** verknüpft, so kommt es für die Anfechtbarkeit des Erwerbs der Aufrechnungslage gem. § 140 Abs. 3 nicht darauf an, wann die Aufrechnung zulässig wurde, sondern auf den Zeitpunkt, zu dem die spätere Forderung entstand und das Gegenseitigkeitsverhältnis begründet wurde.[178] Bei einem Werkvertrag bestimmt sich der maßgebliche Zeitpunkt nach § 140 Abs. 1, weil die Werklohnforderung nicht unter einer rechtsgeschäftlichen Bedingung steht.[179] Vielmehr kommt es darauf an, wann die Forderung des Schuldners durch Inanspruchnahme von dessen Leistungen werthaltig geworden ist.[180] Eine Werklohnforderung, welcher die Herstellung und der Aushang eines Werbeplakats während einer bestimmten Zeitperiode von mehreren Monaten zugrunde liegt, wird erst mit deren Ablauf werthaltig.[181] Anderes gilt, wenn ausnahmsweise eine Vorleistungspflicht des Bestellers vereinbart wurde.[182] Darum bringt allein eine mit Abschluss eines Vertrages entstandene Aufrechnungslage dem Gegner noch keinen unmittelbaren wirtschaftlichen Nutzen, solange der Schuldner nichts geleistet hat, wofür der Gläubiger eine Vergütung schuldet.[183] Die mit Abschluss eines Vertrages entstandene Forderung ist erst ab dem Zeitpunkt und nur insoweit zu berücksichtigen, als sie – etwa durch Erbringung der versprochenen Leistung – werthaltig geworden ist und dem Gläubiger durch die Aufrechnung eine tatsächliche Befriedigung seiner Forderung ermöglicht.[184] Dies gilt aber nur, wenn die Rechtshandlung des Schuldners dem Gläubiger bereits eine gesicherte Rechtsstellung verschafft hatte.[185]

---

173 BGH 22.02.2001, IX ZR 191/98, BGHZ 147, 28 (35); 04.10.2001, IX ZR 207/00, ZIP 2001, 2055 (2056 f.); 14.02.2013, IX ZR 94/12, ZInsO 2013, 492 Rn. 12 ff.
174 BGH 30.06.2011, IX ZR 155/08, WM 2011, 1478 Rn. 27; 14.02.2013, IX ZR 94/12, ZInsO 2013, 492 Rn. 9.
175 BGH 29.06.2004, IX ZR 195/03, BGHZ 159, 388 (395); 14.06.2007, IX ZR 56/06, NJW 2007, 2640 Rn. 13; 28.02.2008, IX ZR 177/05, ZInsO 2008, 375 Rn. 10.
176 BGH 30.06.2011, IX ZR 155/08, WM 2011, 1478 Rn. 9.
177 BGH 14.02.2013, IX ZR 94/12, ZInsO 2013, 492 Rn. 13.
178 BGH 29.06.2004, IX ZR 195/03, BGHZ 159, 388 (395 f.); 11.11.2004, IX ZR 237/03, ZIP 2005, 181 (182); 21.12.2006, IX ZR 7/06, ZIP 2007, 239 Rn. 19; 30.06.2011, IX ZR 155/08, WM 2011, 1478 Rn. 9.
179 BGH 30.06.2011, IX ZR 155/08, WM 2011, 1478 Rn. 10.
180 BGH 30.06.2011, IX ZR 155/08, WM 2011, 1478 Rn. 10.
181 BGH 14.02.2013, IX ZR 94/12, ZInsO 2013, 492 Rn. 12 ff.
182 BGH 14.02.2013, IX ZR 94/12, ZInsO 2013, 492 Rn. 15.
183 BGH 30.06.2011, IX ZR 155/08, WM 2011, 1478 Rn. 11.
184 BGH 11.02.2010, IX ZR 104/07, ZInsO 2010, 673 Rn. 13.
185 BGH 14.06.2007, IX ZR 56/06, NJW 2007, 2640 Rn. 17.

§ 129 InsO Grundsatz

46 Die Herstellung der Aufrechnungslage führt zu einer **inkongruenten Deckung**, wenn der Aufrechnende vorher keinen Anspruch auf die Vereinbarung hatte, welche die Aufrechnungslage entstehen ließ.[186] Wird der Gläubiger, der vom Insolvenzschuldner eine Zahlung zu fordern hat, durch pflichtgemäßes Verhalten seinerseits Schuldner einer Gegenforderung des späteren Insolvenzschuldners, so ist die Aufrechnungslage dem Grunde nach kongruent hergestellt. Dies trifft z.B. zu, wenn die Aufrechnungslage durch eine entgeltliche Nutzung von Gegenständen entsteht, welche der Anfechtungsgegner schon vor der kritischen Zeit zu beanspruchen hatte.[187]

47 Unanwendbar ist § 96 Abs. 1 Nr. 3, wenn nach insolvenzbedingtem Ausscheiden eines Gesellschafters aus einer GbR die wechselseitigen Forderungen in einer Auseinandersetzungsbilanz verrechnete werden; hier kann der Verwalter nur ein etwaiges Auseinandersetzungsguthaben des Schuldners für die Masse beanspruchen.[188] Als Folge der Anfechtbarkeit kann der Verwalter Begleichung einer Kaufpreisforderung auch dann verlangen, wenn der Preis den Wert des Kaufgegenstandes übersteigt. Anders verhält es sich in dem Ausnahmefall, in dem die Parteien nur deshalb einen überhöhten Preis vereinbart haben, um die höhere Gegenforderung des Gläubigers »glatt zu stellen«, dem Schuldner insoweit also die Schuld zu erlassen. Den dem Forderungserlass entsprechenden Kaufpreisanteil braucht der Gläubiger dann nicht zu erstatten.[189]

IX. Veranlasser der Rechtshandlung

1. Grundsatz

48 Die Rechtshandlung muss grds nicht von dem Schuldner vorgenommen werden. Sie kann auch auf einen Dritten, insb. den Gläubiger oder einen Leistungsempfänger, zurückgehen. §§ 130, 131, 135 und 136 betreffen Rechtshandlungen sowohl des Schuldners als auch des Anfechtungsgegners. Demgegenüber beschränken § 132 Abs. 1 und 2, § 133 Abs. 1 und 2 sowie § 134 die Anfechtung auf eine Rechtshandlung des Schuldners; zusätzlich verlangt § 133 Abs. 2 die Mitwirkung durch eine dem Schuldner nahestehende Person. Rechtshandlungen eines Organs, eines gesetzlichen oder rechtsgeschäftlichen Vertreters werden grds dem **Vertretenen** als eigene zugerechnet.[190] Handelt der Vertreter ohne Vertretungsmacht, wirkt die Rechtshandlung im Falle seiner Genehmigung (§§ 177, 180, 184 BGB) rückwirkend für und gegen den Vertretenen.[191] Vollmachtlose Handlungen unterliegen der Anfechtung, sofern sie gleichwohl eine Minderung des Schuldnervermögens auslösen.[192] Handeln Geschäftsführer auf Weisung der Gesellschafter einer GmbH, ist deren Wissen nach § 166 Abs. 2 der Gesellschaft zuzurechnen.[193] Rechtshandlungen der **Verwalter fremder Vermögen** (vgl. §§ 1985, 2205 BGB) werden diesem, also etwa dem Nachlass, zugerechnet.[194] An einer Rechtshandlung fehlt es, wenn weder der Schuldner noch der Insolvenzverwalter einen **Lastschrifteinzug** genehmigen.[195]

2. Staatliche Organe: Unterscheidung zwischen eigen- und fremdnützigen Handeln

49 Von §§ 129 ff. werden Vollstreckungshandlungen, gerichtliche Vermögensauseinandersetzungen und andere auf der Entscheidung eines Gerichts beruhende Vermögensverschiebungen erfasst.[196]

---

186 BGH 29.06.2004, IX ZR 195/03, BGHZ 159, 388 (393 f.).
187 BGH 11.02.2010, IX ZR 104/07, ZInsO 2010, 673 Rn. 27.
188 BGH 14.12.2006, IX ZR 194/05, BGHZ 170, 206 (211 ff.).
189 BGH 22.07.2004, IX ZR 270/03, ZIP 2004, 1913 f.
190 BGH 01.03.1984, IX ZR 34/83, NJW 1984, 1953 (1954).
191 BGH 29.05.2008, IX ZR 42/07, ZInsO 2008, 749 Rn. 16; anders BGH 20.09.1978, VIII ZR 142/77, NJW 1979, 102 (104).
192 BGH 22.03.2001, IX ZR 373/98, NJW-RR 2001, 1552 f.
193 BGH 01.04.2004, IX ZR 305/00, ZIP 2004, 957 (960).
194 *RGZ* 106, 46.
195 BGH 02.04.2009, IX ZR 171/07, ZInsO 2009, 869 Rn. 6.
196 BT-Drucks. 12/2443, 157.

Im anfechtungsrechtlichen Sinne handelt es sich dabei um Rechtshandlungen des Antragstellers,[197] weil ein innerhalb eines Verfahrens **fremdnützig hoheitlich tätig werdendes Staatsorgan** nicht zugleich Veranlasser der von ihm ausgehende Maßnahme ist. Anfechtungsgegner ist also der Vollstreckungsgläubiger und nicht das Vollstreckungsorgan. Demgegenüber werden im Eigeninteresse vorgenommene behördliche Vollstreckungshandlungen der begünstigten staatlichen Stelle, etwa dem Finanzamt oder Sozialversicherungsträger, zugerechnet.[198] Krankenkassen sind als Einzugsstellen von Gesamtsozialversicherungsbeiträgen auch insoweit Anfechtungsgegner, als Beiträge im Innenverhältnis an andere Versicherungsträger auszukehren sind.[199] Diese Rechtsprechung ist auf den Fall der Erhebung von Steuern übertragbar, die von der einziehenden Stelle an einen anderen Rechtsträger abzuführen sind.[200]

3. Schuldner

Den weitaus größten Teil anfechtbarer Rechtshandlungen machen Handlungen des Schuldners aus. Eine Rechtshandlung des Schuldners liegt unzweifelhaft vor, wenn er sie eigenverantwortlich vornimmt. Ein Erbbauberechtigter ist Handelnder, wenn er das Erbbaurecht in Erfüllung des Heimfallanspruchs mit dem Einverständnis des Grundstückseigentümers auf einen Dritten überträgt.[201] Als Rechtshandlung des Schuldners gilt aber auch bereits eine Handlung einer anderen Person, wenn sie im einverständlichen Zusammenwirken mit dem Schuldner erfolgt.[202] Der Schuldner kann dadurch, dass er, um einen einzelnen Gläubiger zu begünstigen, die Voraussetzungen für dessen Vollstreckungshandlung mitschafft oder sonstwie fördert, sich in einer solchen Weise an der gegen ihn gerichteten Vollstreckungshandlung beteiligen, dass sie auch als seine Rechtshandlung anzusehen ist. Dies ist zu bejahen, wenn der Schuldner den Gläubiger von dem bevorstehenden Zugriff anderer Gläubiger mit der Aufforderung, diesem zuvorzukommen, benachrichtigt, oder wenn er dem Gläubiger vorzeitig oder beschleunigt einen Vollstreckungstitel gewährt.[203] Ein weiteres Beispiel ist die Verheimlichung von Pfandgegenständen im Interesse eines dritten Gläubigers.[204] 50

Eine Rechtshandlung ist ebenfalls dem Schuldner zuzuordnen, wenn er – selbstverantwortlich[205] – zur Abwendung der Zwangsvollstreckung leistet.[206] Hat der Schuldner als **Miteigentümer** über eine Sache verfügt, beschränkt sich die Anfechtung auf seinen ideellen Anteil; insoweit hat der Anfechtungsgegner Wertersatz zu leisten. Wirkt der Schuldner als **Gesamthandsberechtigter** an einer Vermögensübertragung mit, richtet sich die Anfechtung zwar nur gegen die mitwirkende Rechtshandlung des Schuldners, bewirkt aber, dass die Rechtshandlung gegenüber dem Anfechtenden insgesamt ungültig ist, weil die Übertragung ohne die anfechtbare Mitwirkung nicht zustande kommt.[207] 51

---

197 RGZ 9, 66 (70); BGH 15.05.1986, IX ZR 2/85, NJW-RR 1986, 1115 (1116 f.).
198 Vgl. nur etwa BGH 22.01.2004, IX ZR 39/03, BGHZ 157, 350; 11.10.2007, IX ZR 87/06, ZInsO 2007, 1223 Rn. 4.
199 BGH 12.02.2004, IX ZR 70/03, ZIP 2004, 862; 21.10.2004, IX ZR 71/02, ZIP 2005, 38 f.
200 BGH 11.10.2007, IX ZB 270/05, ZInsO 2007, 1223 Rn. 4.
201 BGH 20.10.1965, VIII ZR 168/63, NJW 1966, 730 (731).
202 BGH 20.01.2000, IX ZR 58/99, BGHZ 143, 332 (333); 10.02.2005, IX ZR 211/02, BGHZ 162, 143 (152); 05.07.2007, IX ZR 256/06, BGHZ 173, 129 Rn. 50: Fall einer mittelbaren Zahlung; ebenso BGH v. 14.10.2010, IX ZR 16/10, ZIP 2010, 2358 Rn. 8.
203 BGH 25.11.1964, VIII ZR 289/62, WM 1965, 14 (15).
204 BGH 15.05.1986, IX ZR 2/85, NJW-RR 1986, 1115 (1116 f.).
205 BGH 10.02.2005, IX ZR 211/02, BGHZ 162, 143 (152).
206 BGH 27.05.2003, IX ZR 169/02, BGHZ 155, 75 (79); 18.12.2003, IX ZR 199/02, BGHZ 157, 242 (255); 27.05.2003, IX ZR 169/02, ZIP 2003, 1506 (1507).
207 BGH 05.12.1991, IX ZR 270/90, BGHZ 116, 222 (224 f.).

4. Rechtsvorgänger

52 In der Insolvenz des Schuldners sind Rechtshandlungen seines als natürliche Person fortbestehenden Rechtsvorgängers abgesehen von §§ 331 ff. grds der Anfechtung entzogen. Wird das Einzelunternehmen eines Kaufmanns von einer KG übernommen, können in deren Insolvenzverfahren nicht **Rechtshandlungen des früheren Einzelkaufmanns** angefochten werden, weil dessen Gläubigern andernfalls Haftungsmasse entzogen würde, ohne dass die KG für die dahinter stehenden Verbindlichkeiten haftet.[208] Ebenso kann in der Insolvenz der KG eine Rechtshandlung des persönlich haftenden Gesellschafters selbst dann nicht angefochten werden, wenn sie ihn außerstande setzt, seiner Einlagepflicht zu genügen.[209] Erlischt eine Personengesellschaft infolge einer Verschmelzung auf eine Kapitalgesellschaft, so kann der Verwalter in der Insolvenz der aufnehmenden Gesellschaft Rechtshandlungen der untergegangenen Gesellschaft anfechten, falls noch nicht befriedigte Gläubiger vorhanden sind. Vermögenswerte, die mittels einer Anfechtung erlangt werden, sind dann als Sondermasse den Gläubigern der untergegangenen Gesellschaft vorbehalten.[210] Entsprechendes dürfte gelten, wenn eine Einzelperson – etwa als letzter Gesellschafter – die Aktiva und Passiva einer Personenhandelsgesellschaft übernimmt.

5. Gesellschafter, Geschäftsführer

53 In der Insolvenz über das Vermögen einer Personenhandelsgesellschaft wird die persönliche Haftung des Gesellschafters von dem Verwalter geltend gemacht (§ 93). Hat der **persönlich haftende Gesellschafter** vor Eröffnung des Insolvenzverfahrens über das Vermögen der Gesellschaft Leistungen an einen Gesellschaftsgläubiger erbracht, ist grds der **Insolvenzverwalter über das Vermögen der Gesellschaft** zur Anfechtung berechtigt.[211] Im Falle der Doppelinsolvenz von Gesellschaft und Gesellschafter steht das Recht zur Insolvenzanfechtung dem **Insolvenzverwalter über das Vermögen des Gesellschafters** zu, der von dem Gesellschaftsgläubiger in Anspruch genommen worden ist.[212] Diese Grundsätze gelten auch in den Fällen des §§ 93 Abs. 5 AktG. Zahlungen auf eine zugunsten des Geschäftsführers geschlossene Direktversicherung können diesem gegenüber angefochten werden. Anfechtbar sind die Zahlungen der Versicherungsprämien.[213]

6. Mittelbare Zuwendungen

a) Anweisung

54 Als mittelbare Zuwendung sind auch solche Rechtshandlungen anfechtbar, bei denen eine unmittelbare Leistung des Schuldners an den Empfänger durch Einschalten eines Mittelsmannes umgangen wird. Es handelt sich um Rechtshandlungen des Schuldners, durch die er gegen Aufwendung von Bestandteilen seines Vermögens das Entgelt dafür in das Vermögen eines Gläubigers fließen lässt, ohne dass er äußerlich mit diesem in unmittelbare Rechtsbeziehungen tritt. Eine mittelbare Zuwendung liegt daher vor, wenn der spätere Gemeinschuldner einen Dritten, der sein Schuldner ist, veranlasst, die geschuldete Leistung nicht ihm, sondern seinem Gläubiger zu erbringen.[214] Charakteristisch für diese Gestaltung ist eine **Anweisung des Schuldners seinen Drittschuldner**, die von diesem geschuldete Leistung nicht ihm, sondern einem Gläubiger des Schuldners zuzuwenden.

---

208   BGH 22.06.1955, IV ZR 306/54, WM 1955, 1195 (1197); 10.05.1978, VIII ZR 32/77, BGHZ 71, 296 (302 f.).
209   OLG Schleswig 27.10.1967, 5 U 94/67, WM 1968, 137.
210   BGH 10.05.1978, VIII ZR 32/77, BGHZ 71, 296 (304).
211   BGH 09.10.2008, IX ZR 138/06, NJW 2009, 225 Rn. 12.
212   BGH 09.10.2008, IX ZR 138/06, NJW 2009, 225 Rn. 13 ff.
213   *BGH 12.01.2012, IX ZR 95/11, DB 2012, 340.*
214   BGH 24.09.1962, VIII ZR 18/62, BGHZ 38, 44 (46); 19.03.1980, VIII ZR 195/79, NJW 1980, 1795; 15.12.1994, IX ZR 18/94, NJW 1995, 1093; 14.10.2010, IX ZR 16/10, ZIP 2010, 2358 Rn. 8.

Ohne Bedeutung ist, ob ein Anspruch des Leistenden gegen die Mittelsperson auf den über diese dem   55
Gläubiger zugewandten Gegenstand bestanden und ob sich dieser Gegenstand zuvor im Vermögen
des Leistenden befunden hat. Für die Anfechtbarkeit reicht aus, dass der Gegenwert für das, was über
die Mittelsperson an den Gläubiger gelangt ist, aus dem Vermögen des Leistenden stammt.[215] Für
den Dritten muss erkennbar gewesen sein, dass es sich um eine Leistung des Schuldners handelt.[216]
Eine mittelbare Zuwendung scheidet aus, wenn die Zwischenperson mit ihrer Leistung an den Gläubiger auch eine eigene Verbindlichkeit als Mitschuldner zu tilgen sucht. Wird durch die Leistung des
Schuldners an den Gläubiger außerdem ein Mitverpflichteter befreit, fehlt es, weil der Vermögenswert aus Sicht des Schuldners letztlich allein dem Gläubiger zukommen soll, an einer mittelbaren
Zuwendung. Für eine mittelbare Zuwendung ist kein Raum, wenn der Leistende einem Dritten
zur Schuldbefreiung und dem Empfänger kraft Gesetzes zur Zahlung verpflichtet ist.[217] Es handelt
sich nicht um eine mittelbare Zuwendung des Schuldners, sondern eine bloße Leistungskette, wenn
das dem Bürgen von dem Gläubiger für die Übernahme der Bürgschaft geschuldete Entgelt von
einem Konto des Gläubigers gezahlt wird, der zuvor vereinbarungsgemäß bei dem Schuldner Rückgriff genommen hat. In diesem Fall ist der Empfänger überdies kein Insolvenzgläubiger.[218] Im Fall
der Empfangnahme der Leistung für einen Dritten ist dieser und nicht der Empfangsbeauftragte Anfechtungsgegner.[219] Da mittelbare Zuwendungen so zu behandeln sind, als habe der befriedigte Gläubiger unmittelbar von dem Schuldner erworben, finde die Deckungsanfechtung nicht gegenüber
dem Leistungsmittler, der als solcher kein Gläubiger des Schuldners ist, sondern allein gegen den
Leistungsempfänger statt.[220]

b) Anfechtung von Anweisendem gegen Anweisungsempfänger

Das gesamte Rechtsverhältnis ist dann hinsichtlich der Anfechtbarkeit so anzusehen, als ob der Dritte   56
(Angewiesene) seiner Verpflichtung entsprechend an den späteren Gemeinschuldner (Anweisender)
geleistet und dieser sodann seinen Gläubiger befriedigt hätte.[221] Dabei spielt keine Rolle, ob sich der
Angewiesene bewusst war, von dem Schuldner als Mittelsperson eingesetzt worden zu sein.[222] Da er
zu dem Empfänger in keiner Rechtsbeziehung stand, kann regelmäßig vermutet werden, dass er auf
Weisung des Schuldners geleistet hat. Jedoch scheitert eine Anfechtung, wenn der Leistende tatsächlich nicht aufgrund einer Weisung als Leistungsmittler tätig wurde, etwa nur eine eigene Verpflichtung und nicht auch die Mithaftender tilgen wollte. Anfechtungsgegner ist allein der Empfänger und
nicht die Mittelsperson.[223] Subjektive Voraussetzungen des Anfechtungstatbestandes, Kenntnis von
dem Eröffnungsantrag und der Zahlungsunfähigkeit, müssen deshalb in der Person des Empfängers
erfüllt sein.[224]

---

215 RGZ 133, 290 (291 f.); BGH 16.11.2007, IX ZR 194/04, BGHZ 174, 229 Rn. 25; 09.10.2008, IX ZR 59/07, NJW 2008, 3780 Rn. 21.
216 BGH 19.02.2009, IX ZR 16/08, ZInsO 2009, 768 Rn. 7; 19.03.2009, IX ZR 39/08, ZInsO 2009, 828 Rn. 8.
217 BGH 19.01.2012, IX ZR 2/11, ZIP 2012, 280 Rn. 31.
218 BGH 19.02.2009, IX ZR 16/08, ZInsO 2009, 768 Rn. 7 ff.
219 BGH 17.12.2009, IX ZR 16/09, ZInsO 2009, 521 Rn. 12.
220 BGH 25.04.2013, IX ZR 235/12, WM 2013, 1044 Rn. 11.
221 BGH 16.11.2007, IX ZR 194/04, BGHZ 174, 229 Rn. 25.
222 BGH 19.03.1980, VIII ZR 195/79, NJW 1980, 1795.
223 BGH 16.09.1999, IX ZR 204/98, BGHZ 142, 284 (287); 09.10.2008, IX ZR 59/07, NJW 2008, 3780 Rn. 21; vgl. aber die Ausnahmefälle BGH 16.11.2007, IX ZR 194/04, BGHZ 174, 228 (231 ff.); 29.11.2007, IX ZR 121/06, BGHZ 174, 314 (317 ff.).
224 BGH 19.03.1980, VIII ZR 195/79, NJW 1980, 1795.

c) Beispiele

57 Typischer Fall einer mittelbaren Zuwendung ist die Abrede des Schuldners mit seinem Käufer, den Kaufpreis an einen Gläubiger des Schuldners zu zahlen,[225] ebenso die Weisung des Schuldners an seinen Darlehensgeber, die Mittel an einen Dritten auszuzahlen,[226] und die auf das Erbteil angerechnete Zahlung aus dem Nachlass an einen Gläubiger des Erben.[227] Eine mittelbare Zuwendung liegt auch vor, wenn der Schuldner mit seinem Vertragspartner die Aufhebung des Vertrages vereinbart und diesen veranlasst, den Vertrag zu den gleichen günstigen Bedingungen mit seiner Ehefrau zu schließen.[228] Wendet der Schuldner während der kritischen Zeit dem Anfechtungsgegner etwas im Wege eines **Vertrages zu Gunsten Dritter** zu und handelt es sich dabei im Valutaverhältnis um eine unentgeltliche Leistung, so ist der Verwalter in der Insolvenz des Schuldners als des Versprechensempfängers gem. §§ 134 Abs. 1, 143 berechtigt, den Gegenstand, den der Dritte erhalten hat, zur Masse zurückzufordern. Die jenem durch die Zwischenschaltung des Versprechenden mittelbar gewährte Leistung steht anfechtungsrechtlich der unmittelbaren gleich. Mittelbare Zuwendungen sind so zu behandeln, als habe die zwischengeschaltete Person an den Schuldner geleistet und dieser sodann den Dritten befriedigt. Hat der Schuldner für eine von ihm abgeschlossene **Lebensversicherung** einem Dritten ein widerrufliches Bezugsrecht eingeräumt, richtet sich nach Eintritt des Versicherungsfalls der Anfechtungsanspruch gegen den Dritten auf Auszahlung der vom Versicherer geschuldeten Versicherungssumme, nicht auf Rückgewähr der von dem Schuldner geleisteten Prämien.[229] Ist Ziel der mittelbaren Zuwendung einer GmbH, die Bankverbindlichkeiten ihrer Gesellschafter zu verringern, kann der Anfechtungsanspruch auch gegen die Empfängerbank verfolgt werden.[230] In der Zahlung von Geldern an einen solventen Leistungsmittler zwecks Weiterleitung an den Empfänger – wie sie auch etwa bei einer Banküberweisung geschieht – liegt keine Gläubigerbenachteiligung, wenn der Schuldner frei über deren Verwendung verfügen kann.[231] Überträgt der Arbeitgeber innerhalb des letzten Monats vor dem Antrag auf Eröffnung des Insolvenzverfahrens über sein Vermögen seine Rechte als Versicherungsnehmer aus einer Direktversicherung auf den versicherten Arbeitnehmer, so kann der Verwalter im Wege der Insolvenzanfechtung die Zurückgewährung zur Insolvenzmasse verlangen, wenn dem Arbeitnehmer noch keine unverfallbare Anwartschaft i.S.d. Gesetzes zur Verbesserung der betrieblichen Altersversorgung zustand.[232] Befriedigt der nach § 25 HGB haftende Übernehmer eines Handelsgeschäfts Gläubiger des früheren Inhabers, dem er hierzu aufgrund einer vertraglichen Schuldübernahme im Innenverhältnis verpflichtet ist, handelt es sich nicht um eine mittelbare Zuwendung des früheren Inhabers.[233] Ebenso fehlt es an einer mittelbaren Zuwendung des Organträgers, wenn die Organgesellschaft auf der Grundlage des § 73 AO die gegen sie gerichtete Haftungsforderung gegenüber dem Finanzamt begleicht.[234]

7. Vorläufiger Verwalter

58 Unter der Geltung der Konkursordnung entsprach es der ständigen Rechtsprechung des Bundesgerichtshofs, dass der Konkursverwalter grds Rechtshandlungen anfechten konnte, die er selbst in seiner Eigenschaft als Sequester vorgenommen hatte.[235]

---

225 RGZ 46, 101, 103 (104).
226 BGH 07.06.2001, IX ZR 195/00, ZIP 2001, 1248.
227 BGH 14.06.1978, VIII ZR 149/77, BGHZ 72, 39 (44).
228 BGH 05.12.1991, IX ZR 271/90, NJW 1992, 834 (835).
229 BGH 23.10.2003, IX ZR 252/01, BGHZ 156, 350 (355); 27.04.2010, IX ZR 245/09, ZInsO 2010, 997 Rn. 2.
230 BGH 09.10.2008, IX ZR 59/07, NJW 2008, 3780 Rn. 23.
231 RGZ 45, 310, 313 f.
232 BAG 19.11.2003, 10 AZR 110/03, ZInsO 2004, 284.
233 BGH 24.09.1962, VIII ZR 18/62, BGHZ 38, 44 (46 f.).
234 *BGH 19.01.2012, IX ZR 2/11, ZIP 2012, 280 Rn. 30 f.*
235 BGH 22.12.1982, VIII ZR 214/81, BGHZ 86, 190 (195 f.); 30.01.1986, IX ZR 79/85, BGHZ 97, 87 (91); 11.06.1992, IX ZR 255/91, BGHZ 118, 374 (380 f.).

a) Vorläufiger Verwalter mit Zustimmungsvorbehalt

Im Anschluss an diese Rechtsprechung besteht auch heute im Grundsatz Einigkeit darüber, dass der Verwalter Rechtshandlungen nach den Vorschriften der §§ 130, 131 anfechten kann, an denen er selbst als vorläufiger Verwalter **ohne allgemeine Verwaltungs- und Verfügungsbefugnis** beteiligt war.[236] Rechtshandlungen des späteren Insolvenzschuldners, denen der vorläufige Insolvenzverwalter zugestimmt hat, oder des vorläufigen Insolvenzverwalters, der namens und in Vollmacht des späteren Insolvenzschuldners gehandelt hat, können nach den Vorschriften der §§ 129 ff. angefochten werden.[237] Ausnahmsweise ist im Falle einer **Schuldtilgung** die Anfechtung wegen eines von dem vorläufigen Verwalter bei dem Empfänger begründeten **schutzwürdigen Vertrauenstatbestandes** ausgeschlossen. Stimmt der vorläufige Verwalter Verträgen des Schuldners vorbehaltlos zu, die dieser mit dem Vertragspartner nach Anordnung von Sicherungsmaßnahmen schließt und in denen im Zusammenhang mit **noch zu erbringenden Leistungen des Vertragspartners Erfüllungszusagen für Altverbindlichkeiten** gegeben werden, begründet dies grds – unabhängig davon, ob er mit dem späteren Verwalter personenidentisch ist oder nicht – einen Vertrauenstatbestand, den er später bei der Vornahme der Erfüllungshandlung durch den Schuldner nicht mehr zerstören kann.[238] Auch der **endgültige Verwalter** kann, indem der den Anfechtungsgegner zur Aufgabe von Sicherheiten veranlasst, einen die Anfechtung hindernden Vertrauenstatbestand setzen.[239] Hat der Gläubiger nach Antragstellung mit dem Schuldner neue Leistungen an dessen Unternehmen vereinbart und dafür auch die Zusage erhalten, dass Altverbindlichkeiten ausgeglichen werden, darf er grds davon ausgehen, dass der vorläufige Verwalter, der die Zustimmung erteilt, die vertragliche Verknüpfung zwischen den gegenseitigen Leistungen kennt.[240] Keine Treuwidrigkeit liegt dagegen vor, wenn der Gläubiger die Zustimmung des vorläufigen Verwalters nur aufgrund seiner **wirtschaftlichen Machtstellung** gegen dessen zunächst erklärten Widerstand durchsetzen konnte.[241] Dies kommt etwa in Betracht, wenn ohne die Leistung des Lieferanten mit Mitteln der zukünftigen Masse bereits **geschaffene Werte vernichtet** werden – etwa weil ein kurz vor der Fertigstellung stehendes Werk wegen eines nur von dem Vertragspartner lieferbaren Teils nicht vollendet werden kann – und dadurch für die Gesamtheit der Gläubiger ein erheblicher Verlust entsteht. Sind die bereits erbrachten Leistungen des Schuldners hingegen – sei es auch als Teilleistungen – abrechenbar und bewirkt der Ausfall des Anfechtungsgegners über Erschwernisse des Betriebsablaufs hinaus keine nachhaltige Schädigung der (künftigen) Insolvenzmasse, ist eine Durchbrechung des durch die Zustimmung geschaffenen Vertrauensschutzes nicht gerechtfertigt.[242]

In anderen Fällen greift die Anfechtung stets durch: Hat der vorläufige Verwalter schon bei Vertragsschluss die beabsichtigte spätere Anfechtung der von ihm gebilligten oder als Stellvertreter des Schuldners selbst vorgenommenen Deckungshandlung angekündigt, hat er – selbst wenn es um noch zu erbringende Leistungen des Anfechtungsgegners geht – von vornherein **keinen Vertrauenstatbestand** gesetzt. Hierher gehören Fallgestaltungen, in denen sich der Vertragspartner des Schuldners hinsichtlich seiner Altforderungen eine Bevorzugung vor anderen Gläubigern verschaffen will, indem er es ausnutzt, dass der vorläufige Verwalter dringend auf seine weiteren Leistungen angewiesen ist.[243] Ebenso verhält es sich, wenn der vorläufige Verwalter den gegen die Zustimmung zunächst erklärten Widerstand nur deshalb aufgegeben hat, weil dies infolge der Marktmacht des Gläubigers

---

[236] BGH 09.12.2004, IX ZR 108/04, BGHZ 161, 315 (318); 10.01.2013, IX ZR 161/11, DB 2013, 571 Rn. 17.
[237] BGH 30.09.2010, IX ZR 177/07, ZInsO 2010, 2133 Rn. 10.
[238] BGH 09.12.2004, IX ZR 108/04, BGHZ 161, 315 (320 f.); 15.12.2005, IX ZR 156/04, BGHZ 165, 283 (286); 10.01.2013, IX ZR 161/11, DB 2013, 571 Rn. 18.
[239] BGH 09.02.2012, IX ZR 147/09, Rn. 2.
[240] BGH 15.12.2005, IX ZR 156/04, BGHZ 165, 283 (287).
[241] BGH 10.01.2013, IX ZR 161/11, DB 2013, 571 Rn. 20 f.
[242] BGH 10.01.2013, IX ZR 161/11, DB 2013, 571 Rn. 22.
[243] BGH 09.12.2004, IX ZR 108/04, BGHZ 161, 315 (322 f.).

§ 129 InsO Grundsatz

zur Fortführung des Unternehmens erforderlich war.[244] Schließlich ist der Vertragspartner – gleich ob es sich um eine vertraglich begründete oder gesetzliche Schuld handelt – in aller Regel nicht schutzwürdig, wenn der mit Zustimmungsvorbehalt ausgestattete Verwalter sein Einverständnis mit einer Erfüllungshandlung des Schuldners erklärt, die **nicht im Zusammenhang mit einem neuen Vertragsschluss** steht. Hier verlangt der Gläubiger nach Antragstellung noch eine Zahlung, die von keiner eigenen Leistung an den Schuldner mehr abhängig ist. Damit entfällt der sachliche Grund, diese Erfüllungshandlungen des Schuldners gegenüber anderen Rechtshandlungen zu Lasten der Gläubigergesamtheit zu privilegieren.[245] Der Verwalter hat die Umstände **darzulegen und zu beweisen**, die ihn trotz Zustimmung des vorläufigen Verwalters berechtigen, die Befriedigung einer Altforderung anzufechten.[246]

b) Vorläufiger starker Verwalter

61 Infolge der Anordnung eines allgemeinen Verfügungsverbots (§ 21 Abs. 2 Nr. 2) geht die **Verwaltungs- und Verfügungsbefugnis** über das Schuldnervermögen auf den vorläufigen Verwalter über (§ 22). Dann erlangt der vorläufige Verwalter nach §§ 23, 24, 81, 82, 85 Abs. 1 Satz 1, §§ 86, 55 Abs. 2 eine im Wesentlichen eine der eines endgültigen Verwalters angeglichene Rechtsstellung. Rechtshandlungen des vorläufigen Verwalters, durch die Masseverbindlichkeiten geschaffen werden, gehören darum nicht zu den §§ 129 ff. anfechtbaren Rechtshandlungen.[247] Gleichfalls scheidet eine Anfechtung aus, wenn der vorläufige Verwalter durch eine **Einzelermächtigung** des Insolvenzgerichts befugt ist, Masseverbindlichkeiten einzugehen.

8. Endgültiger Verwalter

62 Nur Rechtshandlungen, die **vor Insolvenzeröffnung vorgenommen** wurden, können angefochten werden.[248] Rechtshandlungen des im **eröffneten Verfahren** bestellten endgültigen Verwalters sind selbst im Falle späterer Masselosigkeit oder Masseunzulänglichkeit mangels einer Vornahme vor Verfahrenseröffnung nicht anfechtbar.

F. Gläubigerbenachteiligung

I. Begriff

63 Das Tatbestandsmerkmal der Gläubigerbenachteiligung ist ein **Schlüsselbegriff** der Insolvenzanfechtung. Würde die Beseitigung des durch die angefochtene Rechtshandlung eingetreten Erfolgs die Befriedigungsmöglichkeiten der Gläubiger in keiner Weise verbessern, wäre das Merkmal der Gläubigerbenachteiligung nicht erfüllt.[249] Eine **Benachteiligung der Insolvenzgläubiger** liegt vor, wenn die Insolvenzmasse durch die anfechtbare Rechtshandlung verkürzt wird, so dass sich die Befriedigungsmöglichkeiten der Insolvenzgläubiger ohne die fragliche Handlung bei wirtschaftlicher Betrachtungsweise günstiger gestaltet hätten.[250] Dies ist bei einer **Verkürzung der Aktivmasse** oder

---

244 BGH 15.12.2005, IX ZR 156/04, BGHZ 165, 283 (287 f.).
245 BGH 09.12.2004, IX ZR 108/04, BGHZ 161, 315 (322); 29.11.2007, IX ZR 165/05, ZIP 2008, 372 Rn. 30 f.; 25.04.2013, IX ZR 235/12, WM 2013, 1044 Rn. 35 ff.
246 BGH 15.12.2005, IX ZR 156/04, BGHZ 165, 283 (288 f.).
247 BGH 30.09.2010, IX ZR 117/07, ZInsO 2010, 2133 Rn. 10; MüKo-InsO/*Kirchhof* § 129 Rn. 44; Jaeger/*Henckel* § 129 Rn. 36; HK-InsO/*Kreft* § 129 Rn. 32; a.A. FK-InsO/*Dauernheim* § 129 Rn. 30.
248 BT-Drucks. 12/2443, 157; BGH 04.03.1999, IX ZR 63/98, BGHZ 141, 96 (107).
249 BT-Drucks. 12/2443, 157.
250 BGH 11.11.1993, IX ZR 257/92, BGHZ 124, 76 (78 f.); 27.05.2003, IX ZR 169/02, BGHZ 155, 75 (80 f.); 25.10.2007, IX ZR 157/06, ZInsO 2008, 161 Rn. 9; 09.07.2009, IX ZR 86/08, ZInsO 2009, *1585 Rn. 25;* 23.09.2010, IX ZR 212/09, ZInsO 2010, 1929 Rn. 19; 26.04.2012, IX ZR 146/11, ZInsO 2012, 1127 Rn. 21; 26.04.2012, IX ZR 73/11, ZInsO 2012, 971 Rn. 3; 08.11.2012, IX ZR 77/11, WM 2012, 2340 Rn. 14; 25.04.2013, IX ZR 235/12, WM 2013, 1044 Rn. 16.

einer **Vermehrung der Schuldenmasse** anzunehmen.[251] Eine Gläubigerbenachteiligung ist mit anderen Worten gegeben, wenn die anzufechtende Rechtshandlung die Schuldenmasse vermehrt oder die Aktivmasse verkürzt und dadurch den Zugriff der Gläubiger auf das Vermögen des Schuldners vereitelt, erschwert oder verzögert hat.[252] Begegnet ein Vollstreckungszugriff dritter Gläubiger auf den entäußerten Vermögenswert faktischen Hindernissen, steht dass einer Gläubigerbenachteiligung nicht entgegen.[253] Die Aktivmasse verringert sich durch Verfügungen wie Abtretung, Übereignung, Belastung, Verzicht und Erlass. Die Schuldenmasse wird durch das Eingehen von Verbindlichkeiten vergrößert.

Der Eintritt einer Gläubigerbenachteiligung ist isoliert mit Bezug auf die konkret angefochtene Minderung des Aktivvermögens oder die Vermehrung der Passiva des Schuldners zu beurteilen. Dabei sind lediglich solche Folgen zu berücksichtigen, die an die angefochtene Rechtshandlung selbst anknüpfen; eine **Vorteilsausgleichung** findet grds nicht statt.[254] Ohne Bedeutung ist deshalb, dass die von dem Verwalter angefochtene Vertragskündigung des Vertragsgegners einen aufrechenbaren Ausgleichsanspruch des Schuldners nach § 89b HGB erst begründet hat.[255] Wird durch das Brauen von Bier in Höhe der dadurch entstandenen Biersteuer eine Sachhaftung (§ 76 Abs. 2 AO) anfechtbar begründet, wird das Schuldnervermögen in Höhe der mittels der Sachhaftung gesicherten Biersteuer vermindert, ohne dass die durch den Brauvorgang zugunsten des Schuldners entstandene Wertschöpfung in Form des absetzbaren Bieres zu berücksichtigen ist.[256] Werden Gelder ausgezahlt, ist ungeachtet eines auftragsrechtlichen Rückgewähranspruchs (§§ 675, 667 BGB) eine Gläubigerbenachteiligung gegeben.[257] Die Weggabe völlig wertloser Gegenstände ist anfechtungsrechtlich unerheblich.[258] Dagegen kommt dem arbeitsvertraglichen Anspruch auf die Dienste eines Arbeitnehmers Vermögenswert zu, selbst wenn der Berechtigte für die Dienste selbst keine Verwendung hat, diese aber zugunsten eines Dritten eingesetzt werden könnten.[259]

Die Gläubigerbenachteiligung braucht sich nicht bilanziell niederzuschlagen: Die **langfristige Verleihung** einer zur Masse gehörenden Sache kann ebenfalls zu einer Gläubigerbenachteiligung führen, weil dadurch dem Verwalter für die Dauer der Leihe der Zugriff auf die Sache verwehrt wird. Auch wenn Kapital unentgeltlich oder zu einem **unter dem marktüblichen Zinssatz** liegenden Entgelt zur Nutzung überlassen wird, führt das grds zu einer Benachteiligung der Gläubiger. Denn dadurch entgeht ihnen für die Laufzeit des Darlehens der übliche Zins.[260] Eine Gläubigerbenachteiligung ist auch anzunehmen, wenn der für einen Dritten bestimmter Vermögenswert ohne treuhänderische Bindung zunächst dem Vermögen des Schuldners einverleibt und danach an den Berechtigten ausgekehrt wird.[261] Gleiches gilt, falls der Schuldner – etwa durch die Weiterleitung für einen Dritten

---

251 BGH 16.11.2007, IX ZR 194/04, BGHZ 174, 228 Rn. 18; 07.02.2002, IX ZR 115/99, WM 2002, 561 (562); 19.04.2007, IX ZR 59/06, NJW 2007, 2325 Rn. 15; 23.09.2010 – IX ZR 212/09, ZInsO 2010, 1929 Rn. 19; 17.03.2011, IX ZR 166/08, ZInsO 2011, 782 Rn. 8; 10.01.2013, IX ZR 13/12, WM 2013, 180 Rn. 12; 24.01.2013, IX ZR 11/12, WM 2013, 363 Rn. 19.
252 BGH 26.06.2008, IX ZR 144/05, ZInsO 2008, 801 Rn. 26; 23.10.2008, IX ZB 35/05, ZInsO 2008, 1322 Rn. 9; 18.12.2008, IX ZR 79/07, ZIP 2009, 573 Rn. 10; 20.01.2011, IX ZR 58/10, ZInsO 2011, 421 Rn. 12; 22.11.2012, IX ZR 142/11, DB 2012, 2927 Rn. 11.
253 BGH 23.09.2010, IX ZR 212/09, ZInsO 2010, 1929 Rn. 22.
254 BGH 16.11.2007, IX ZR 194/04, BGHZ 174, 228 Rn. 18; 02.06.2005, IX ZR 263/03, ZIP 2005, 1521 (1523); 20.07.2006, IX ZR 226/03, ZIP 2006, 1639 (1641); 12.07.2007, IX ZR 235/03, ZInsO 2007, 1107 ff.
255 BGH 07.05.2013, IX ZR 191/12, Rn. 7.
256 BGH 09.07.2009, IX ZR 86/08, ZInsO 2009, 1585 Rn. 26.
257 BGH 25.04.2013, IX ZR 235/12, WM 2013, 1044 Rn. 17.
258 BGH 11.12.2003, IX ZR 336/01, ZInsO 2004, 149 f.
259 BGH 11.12.2003, IX ZR 336/01, ZIP 2004, 671 (672); 19.04.2007, IX ZR 79/05, ZIP 2007, 1118 Rn. 14; 26.06.2008, IX ZR 144/05, ZInsO 2008, 801 Rn. 30.
260 BGH 21.04.1988, IX ZR 71/87, NJW 1989, 1037.
261 BGH 17.12.2009, IX ZR 16/09, ZInsO 2010, 521 Rn. 12.

eingenommener Bargelder über sein Geschäftskonto – die treuhänderisch zu verwahrenden Mittel eigenmächtig seinem Vermögen zuführt und sie erst danach an den Berechtigten auskehrt.[262]

II. Art der Gläubigerbenachteiligung

66 Das Gesetz kennt die unmittelbare und die mittelbare Gläubigerbenachteiligung. Grundsätzlich genügt eine mittelbare Gläubigerbenachteiligung, wenn nicht das Gesetz ausdrücklich eine unmittelbare Gläubigerbenachteiligung (§ 132 Abs. 1, § 133 Abs. 2) verlangt. **Unmittelbar** ist eine Benachteiligung, die ohne Hinzukommen späterer Umstände schon mit der Vornahme der angefochtenen Rechtshandlung selbst eintritt.[263] Maßgeblicher Zeitpunkt dafür ist durchweg derjenige der Vollendung der Rechtshandlung. Eine **mittelbare** Benachteiligung ist gegeben, wenn Rechtshandlung selbst noch keinen Nachteil für die Gläubiger bedeutet, aber die Grundlage für eine weitere die Gläubiger schädigende Handlung schafft. Danach kann die Veräußerung eines Grundstücks auch dann anfechtbar sein, wenn sie zu einem angemessenen Preis erfolgt, der Schuldner aber die dem anderen Teil bekannte Absicht hat, das Geld dem Zugriff der Gläubiger zu entziehen.[264]

1. Unmittelbare Benachteiligung

67 Mit dem Erfordernis einer unmittelbaren Benachteiligung behandelt das Gesetz solche Nachteile als unschädlich, die durch den späteren (Wert-)Verlust einer Gegenleistung bei dem Schuldner bedingt sind. Eine unmittelbare Gläubigerbenachteiligung setzt voraus, dass ohne Hinzutreten weiterer Umstände die Befriedigungsmöglichkeiten aus dem Schuldnervermögen bereits durch die angefochtene Rechtshandlung beeinträchtigt wurden.[265] Sie ist stets in einseitigen Vermögensopfern des Schuldners zu erkennen, die nicht durch eine Gegenleistung aufgewogen werden. Zahlungen des Schuldners auf ein ihm persönlich bestelltes dingliches Wohnrecht entfalten eine unmittelbare Benachteiligung, weil die Gegenleistung für die Gläubiger nicht verwertbar ist.[266] Ebenso wirkt eine Zession, auch wenn sie sich auf eine künftige Forderung bezieht, unmittelbar benachteiligend.[267] Bei einem **Bargeschäft** scheidet begrifflich eine unmittelbare Benachteiligung aus, weil eine gleichwertige Gegenleistung vorausgesetzt wird. Weitergehend kann einem Bargeschäft nicht für sich genommen die gläubigerbenachteiligende Wirkung abgesprochen werden, weil seine Besonderheit lediglich in der zeitnahen kongruenten Erfüllung zu erblicken ist. Durch den Abschluss des Vertrages werden die Gläubiger unmittelbar benachteiligt, wenn der gesamte rechtsgeschäftliche Vorgang, der sich aus schuldrechtlichem Verpflichtungs- und dinglichem Erfüllungsgeschäft zusammensetzt, die Zugriffsmöglichkeiten der Gläubiger verschlechtert. Dies ist nicht der Fall, wenn der Schuldner für das, was er aufgibt, eine **gleichwertige Gegenleistung** erhält,[268] indem etwa eine Sicherungsübereignung durch eine Darlehensgewährung[269] oder die Mietzahlungspflicht nach Eintritt in einen Mietvertrag durch das Nutzungsrecht[270] aufgewogen wird. Durch den **Abschluss eines Vertrages** werden die Gläubiger unmittelbar benachteiligt, wenn der gesamte rechtsgeschäftliche Vorgang die Zugriffsmöglichkeiten der Gläubiger verschlechtert.[271] Bei einer Verrechnung scheidet eine unmittelbare Benachteiligung aus.[272]

---

262 BGH 23.09.2010, IX ZR 212/09, ZInsO 2010, 1929 Rn. 21.
263 BGH 15.12.1994, IX ZR 153/93, BGHZ 128, 184 (190); 24.06.2003, KZR 32/02, BGHZ 155, 190 (195); 12.07.2007, IX ZR 235/03, ZIP 2007, 2084 Rn. 9.
264 BT-Drucks. 12/2443, 157.
265 BGH 26.04.2012, IX ZR 146/11, ZInsO 2012, 1127 Rn. 28; 20.12.2012, IX ZR 130/10, WM 2013, 333 Rn. 27; 08.11.2012, IX ZR 77/11, WM 2012, 2340 Rn. 20.
266 BGH 13.07.1995, IX ZR 81/94, BGHZ 130, 314 (318).
267 BGH 20.12.2012 IX ZR 130/10, WM 2013, 333 Rn. 27 f.
268 BGH 15.12.1994, IX ZR 153/93, BGHZ 128, 184 (187).
269 BGH 19.03.2009, IX ZR 39/08, ZInsO 2009, 828 Rn. 17.
270 BGH 26.04.2012, IX ZR 146/11, ZInsO 2012, 1127 Rn. 29 ff.; 08.11.2012, IX ZR 77/11, WM 2012, 2340 Rn. 20 ff.
271 BGH 21.12.2010, IX ZA 14/10, WM 2011, 276 Rn. 2.
272 BGH 18.04.2013, IX ZR 240/12, Rn. 3.

Im Rahmen eines Austauschs von Leistung und Gegenleistung liegt eine unmittelbare Benachteiligung vor, wenn die an den Schuldner erbrachte Gegenleistung – etwa bei einer Vermietung unter Marktpreis oder einer Veräußerung unter Wert – objektiv nicht gleichwertig ist.[273] Im Falle eines nicht vollwertigen Ausgleichs ist die Rechtshandlung – ohne die Möglichkeit der Aufspaltung in einen voll unentgeltlichen und nicht benachteiligenden Teil – insgesamt unmittelbar benachteiligend. Dies gilt etwa bei der Veräußerung eines Gebäudegrundstücks, wenn der Kaufpreis ganz oder teilweise durch die Einräumung eines dem Schuldner zu Gute kommenden **höchstpersönlichen, unübertragbaren Nutzungsrechts** abgegolten werden soll, das unpfändbar ist und darum nicht dem Gläubigerzugriff unterliegt.[274] Unmittelbar gläubigerbenachteiligend ist bereits die Begründung eines Anwartschaftsrechts ohne gleichwertige Gegenleistung.[275] Die Einbringung eines Grundstücks als Sacheinlage in eine GmbH ist unmittelbar gläubigerbenachteiligend, weil ein Geschäftsanteil schwerer als eine Grundstück zu verwerten ist.[276] Die Schenkung eines wertausschöpfend belasteten Grundstücks wirkt unmittelbar benachteiligend, wenn die Belastungen nicht mehr voll valutieren und der Schuldner seine Ansprüche auf **Rückgewähr der nicht valutierten Grundpfandrechte** mitverschenkt hat.[277] 68

Als unmittelbar gläubigerbenachteiligend erweist sich die Übereignung von Sicherungsgut in einem die **gesicherte Forderung übersteigendem Umfang**.[278] Erteilt der Schuldner dem Sicherungsnehmer das Einverständnis zur Verwertung des Sicherungsguts zu einem unter dem Verkehrswert liegenden Preis und wird dem Sicherungsnehmer damit die Verpflichtung, sich um einen angemessenen, höheren Preis zu bemühen, erlassen und zugleich auf etwaige Schadensersatzansprüche aus der Verletzung dieser Pflicht verzichtet, greift eine unmittelbare Gläubigerbenachteiligung ein.[279] Die konkludente Vereinbarung über ein Darlehen kann i.V.m. der sofortigen Überweisung der Mittel eine unmittelbare Benachteiligung beinhalten.[280] Entsprechendes gilt für eine langfristige Darlehensgewährung unter Marktzins.[281] Eine unmittelbare Benachteiligung ist gegeben, wenn der Schuldner den Abnehmer von Ware veranlasst, den Kaufpreis unmittelbar an einen seiner Gläubiger zu entrichten. Zahlt ein Vertragspartner den dem Schuldner geschuldeten Kaufpreis auf ein Bankkonto, für dessen Debet er sich verbürgt hat, ist mit der durch die Zahlung bedingten Verringerung der Bürgenhaftung eine unmittelbare Benachteiligung verbunden.[282] Ein ernsthafter Sanierungsversuch kann unter Umständen als solcher eine in der Zahlung einer Vergütung an einen Berater zu erblickende unmittelbare Gläubigerbenachteiligung objektiv sogar dann ausschließen, wenn er letztlich scheitert.[283] Risikoverträge wie Versicherungs- oder Leibrentenverträge wirken nur unmittelbar benachteiligend, wenn die Ungleichheit der beiderseitigen Leistungen zum Nachteil des Schuldners schon bei Vertragsschluss feststeht. 69

2. Mittelbare Benachteiligung

Eine mittelbare Benachteiligung liegt vor, wenn die angefochtene Rechtshandlung i.V.m. einem weiteren Umstand eine Gläubigerbenachteiligung auslöst.[284] Der Nachteil wird hier erst nach Abschluss der Rechtshandlung durch das Hinzutreten weiterer Umstände hervorgerufen.[285] Der weitere Um- 70

---

273 BGH 13.03.2003, IX ZR 64/02, BGHZ 154, 190 (195).
274 BGH 18.12.2008, IX ZR 79/07, ZIP 2009, 573 Rn. 11.
275 BGH 15.12.1994, IX ZR 153/93, BGHZ 128, 184 (188 f.).
276 BGH 15.12.1994, IX ZR 153/93, BGHZ 128, 184 (189).
277 BGH 10.01.1985, IX ZR 2/84, ZIP 1985, 372.
278 BGH 28.09.1964, VIII ZR 21/61, WM 1964, 1166; 04.12.1997, IX ZR 47/97, NJW 1998, 1561 (1563).
279 BGH 09.01.1997, IX ZR 1/96, NJW 1997, 1063 (1065).
280 BGH 28.02.2008, IX ZR 213/06, ZIP 2008, 701 Rn. 8.
281 BGH 21.04.1988, IX ZR 71/87, NJW 1989, 1037 (1038).
282 BGH 18.05.1995, IX ZR 189/94, NJW 1995, 2783 (2784).
283 BGH 04.12.1997, IX ZR 47/97, NJW 1998, 1561 (1563); 18.07.2002, IX ZR 480/00, NJW 2002, 3252 f.
284 BGH 09.12.1999, IX ZR 102/97, BGHZ 143, 246 (253).
285 BGH 11.11.1993, IX ZR 257/92, BGHZ 124, 76 (79).

§ 129 InsO   Grundsatz

stand muss nicht seinerseits durch die angefochtene Rechtshandlung verursacht sein; schon gar nicht muss er deren adäquate Folge sein. Es reicht aus, dass die Benachteiligung objektiv jedenfalls auch durch die angefochtene Rechtshandlung verursacht wurde.[286]

71 Für eine mittelbare Benachteiligung genügt es, wenn die angefochtene Rechtshandlung im **Zeitpunkt der letzten mündlichen Tatsachenverhandlung in der Berufungsinstanz** die Möglichkeit des Gläubigers, sich aus dem Schuldnervermögen zu befriedigen, beeinträchtigt hat.[287] Dies gilt auch nach Umgestaltung des Berufungsrechts insoweit, als Vorgänge zu bewerten sind, die sich erst nach Schluss der mündlichen Verhandlung erster Instanz zugetragen haben. Der Vortrag, nach Schluss der mündlichen Verhandlung in der Vorinstanz habe die Gegenseite ein grundschuldbesichertes Darlehen durch Tilgungsleistungen (weiter) zurückgeführt, ist nach § 531 Abs. 2 Nr. 3 ZPO zu berücksichtigen, weil Tatsachen, die erst später eingetreten sind, in der Vorinstanz nicht geltend gemacht werden konnten.[288] Scheidet eine Berücksichtigung neuen Vorbringens aus, ist auf den Zeitpunkt der letzten mündlichen Verhandlung vor dem Erstgericht abzustellen.

72 Der typische Fall einer mittelbaren Benachteiligung ist gegeben, wenn die dem Schuldner zugewendete **angemessene Gegenleistung nicht mehr vorhanden** ist:[289] Dies gilt bei der Weggabe von zahlungshalber erhaltenen Schecks.[290] Die Veräußerung von Grundbesitz führt zu einer mittelbaren Benachteiligung der Gläubiger, wenn der von dem Käufer gezahlte Kaufpreis im Zeitpunkt der letzten mündlichen Verhandlung nicht mehr zur Verfügung steht.[291] Ebenso verhält es sich, wenn ein Gegenstand zum Marktwert weggegeben wurde, die Kaufpreisforderung aber uneinbringlich ist.[292] **Aufrechnung** und **Verrechnung** bedingen eine mittelbare Benachteiligung. Bringt der Schuldner ein Grundstück als Sacheinlage in eine GmbH ein, handelt es sich um eine mittelbare Benachteiligung, wenn die GmbH verpflichtet ist, daran zur Sicherung der Finanzierung des Grundstückserwerbs durch den Schuldner eine Grundschuld zu bestellen.[293] Zieht der vorläufige Verwalter dem Schuldner zustehende Forderungen auf ein allein der Verfügungsbefugnis des vorläufigen Verwalters unterliegendes **Anderkonto** ein, verwirklicht sich eine mittelbare Gläubigerbenachteiligung, wenn der vorläufige Verwalter zwecks Deckung seiner Vergütungsforderungen Zahlungen von dem Anderkonto als Treugut des Schuldners auf sein eigenes Konto leistet.[294]

73 Die Übertragung eines wertausschöpfend belasteten Grundstücks durch den Schuldner ist objektiv gläubigerbenachteiligend, wenn die bei der Übertragung noch bestehenden Belastungen im Nachhinein vertragsgemäß von ihm beseitigt werden.[295] Verringern sich nach Übertragung eines Grundstücks die darauf ruhenden dinglichen Belastungen, handelt es sich um eine mittelbare Benachteiligung.[296] Gleiches gilt, wenn der zu einem bei Vertragsschluss angemessenen Preis weggegebene Gegenstand infolge der Marktlage später eine Werterhöhung erfährt.[297] Nur mittelbar benachteiligend ist eine Schenkung, wenn der Schuldner bei ihrer Vollziehung noch über genügend Mittel zur Befriedigung aller Gläubiger verfügt.

---

286 BGH 09.12.1999, IX ZR 102/97, BGHZ 143, 246 (254).
287 BGH 30.09.1993, IX ZR 227/92, BGHZ 123, 320 (323); 09.12.1999, IX ZR 102/97, BGHZ 143, 246 (253 f.); 24.09.1996, IX ZR 190/95, NJW 1996, 3341 (3342); 17.12.1998, IX ZR 196/97, ZIP 1999, 196 (197); 03.05.2007, IX ZR 16/06, ZInsO 2007, 778 Rn. 17; 26.04.2012, IX ZR 146/11, ZInsO 2012, 1127 Rn. 22; 08.11.2012, IX ZR 77/11, WM 2012, 2340 Rn. 15; 21.02.2013, IX ZR 219/12, ZInsO 2013, 608 Rn. 3.
288 BGH 03.05.2007, IX ZR 16/06, ZInsO 2007, 778 Rn. 17.
289 BGH 30.09.1993, IX ZR 227/92, BGHZ 123, 320 (325).
290 BGH 14.05.2009, IX ZR 63/08, BGHZ 181, 132 Rn. 27 ff.
291 BGH 03.03.1988, IX ZR 11/87, WM 1988, 799 (801).
292 RGZ 10, 5 (8).
293 BGH 15.12.1994, IX ZR 153/93, BGHZ 128, 184 (189).
294 BGH 15.12.2011, IX ZR 118/11, WM 2012, 276 Rn. 14 ff.
295 *BGH 19.05.2009, IX ZR 129/06, ZInsO 2009, 1249.*
296 BGH 11.07.1996, IX ZR 226/94, NJW 1996, 3147 (3149).
297 BGH 24.09.1996, IX ZR 190/95, NJW 1996, 3341 (3342).

III. Betroffene Gläubiger

Die benachteiligten Insolvenzgläubiger (§ 38) brauchen nicht schon bei Vornahme der nachteiligen Handlung vorhanden zu sein; es reicht, wenn sie später hinzutreten.[298] Es genügt auch eine Benachteiligung allein der **nachrangigen Gläubiger** (§ 39).[299] Dagegen scheidet eine Anfechtung **leidglich** zum Vorteil der Massegläubiger (§ 53), etwa zur Deckung der Verfahrenskosten (§ 54), aus. Eine Sicherungsübereignung für die Gewährung eines kapitalersetzenden Darlehens ist nicht gläubigerbenachteiligend, wenn ihr nach dem vereinbarten Rang sämtliche Insolvenzforderungen vorgehen.[300] Nicht ausreichend ist eine Benachteiligung lediglich einzelner Gläubiger, selbst wenn ihnen ein Schadensersatzanspruch aus § 826 BGB zusteht. Umgekehrt ist eine Benachteiligung gegeben, wenn durch die Rechtshandlung einzelne Gläubiger volle Befriedigung erhalten, die anderen sich aber mit einer Quote bescheiden müssen.[301]

74

IV. Fallgruppen einer Gläubigerbenachteiligung

1. Erfüllungshandlungen

Wird die Forderung eines Insolvenzgläubigers ganz oder teilweise aus haftendem Vermögen des Schuldners getilgt, so benachteiligt dies die Gläubiger wenigstens mittelbar, weil die für die anderen Gläubiger verbleibende Befriedigungsquote noch geringer wird.[302] Aufgrund von dem Schuldner im Überweisungsweg erbrachter Zahlungen wird die Insolvenzmasse verkürzt. Das Kontoguthaben, aus dem die Zahlungen erbracht werden, gehört zum haftenden Vermögen des Schuldners und steht daher der Vollstreckung durch seine Gläubiger offen.[303] Eine Gläubigerbenachteiligung ist ebenso gegeben, wenn die Befriedigung mit **darlehensweise** in Anspruch genommenen Mitteln erfolgt. Es liegt im Ermessen des Schuldners, ob er von der ihm durch die Bank im Rahmen eines Kontokorrentkredits eröffneten Möglichkeit, Kreditmittel abzurufen, Gebrauch macht.[304] Dabei handelt es sich nicht um einen bloßen Gläubigertausch, weil die Bank nicht etwa die Forderung des befriedigten Gläubigers erwirbt, sondern die Forderungstilgung aus Mitteln erfolgte, die dem Schuldner selbst gebührten und über die dieser frei verfügen konnte.[305]

75

Wird ein Gläubiger mit Mitteln befriedigt, die der Schuldner aus einer lediglich **geduldeten Kontoüberziehung** schöpft, kann die Deckung entgegen früherer Rechtsprechung[306] in der Insolvenz des Schuldners angefochten werden. Zwar besteht für den Schuldner bei Inanspruchnahme eines ungenehmigten Überziehungskredits nur die Chance und Hoffnung, auf diesem Wege an den begünstigten Gläubiger leisten zu können. Die mittelbare Zuwendung kann aber nur infolge und nach Einräumung des vom Schuldner beantragten Überziehungskredits bewirkt werden. Dieser unmittelbar aus dem Vermögen der Bank herrührende Zahlungsfluss ist deshalb dem Schuldner zuzurechnen. In anfechtungsrechtlicher Wertung kann eine solche Direktzahlung grds nicht anders behandelt werden als wenn Geldmittel, auf die der Schuldner keinen Anspruch hatte, ihm durch ein neu gewährtes Darlehen zunächst überlassen und sodann zur Deckung von Verbindlichkeiten verwendet werden. Werden Darlehensmittel an einen Gläubiger des Kreditnehmers durch den Kreditgeber direkt ausgezahlt, ist dieser Gläubiger anfechtungsrechtlich nicht stärker schutzwürdig, als wenn er die so bereit gestellten Gel-

76

---

298 BGH 28.09.1964 VIII ZR 21/61, MDR 1965, 41; 07.05.1987 IX ZR 51/86, WM 1987, 881 (882); 26.04.2012, IX ZR 146/11, ZInsO 2012, 1127 Rn. 24; 08.11.2012, IX ZR 77/11, WM 2012, 2340 Rn. 17.
299 OLG München 23.11.2001, 23 U 2639/01, ZInsO 2002, 538 (540).
300 BGH 02.02.2006, IX ZB 167/04, ZInsO 2006, 254 Rn. 12.
301 BGH 18.04.1991, IX ZR 149/90, NJW 1991, 2144 (2145).
302 BGH 07.05.2013, IX ZR 113/10, WM 2013, 1361 Rn. 9.
303 BGH 23.09.2010, IX ZR 212/09, ZInsO 2010, 1929 Rn. 22.
304 BGH 11.01.2007, IX ZR 31/05, BGHZ 170, 276 Rn. 12; 25.04.2013, IX ZR 235/12, WM 2013, 1044 Rn. 18.
305 BGH 07.02.2002, IX ZR 115/99, NJW 2002, 1574 (1576).
306 BGH 11.01.2007, IX ZR 31/05, BGHZ 170, 276 (280 ff.).

der nach vorausgegangenem Empfang durch den Schuldner erst im zweiten Schritt von diesem erhalten hätte, sofern für den Gläubiger nur erkennbar ist, dass es sich bei der Direktzahlung des Kreditgebers um eine Leistung des Schuldners handelte. Darauf, ob die Bank zur Ausführung eines Überweisungsauftrags oder zur Einlösung von Schecks verpflichtet war, kommt es im Verhältnis der Anfechtungsparteien nicht an. Die Gläubigerbenachteiligung der Direktauszahlung des Überziehungskredits von der Bank an den begünstigten Gläubiger liegt gerade darin, dass die Kreditmittel nicht in das Vermögen des Schuldners gelangt und dort für den Zugriff der Gläubigergesamtheit verblieben sind.[307]

77 Auch Zahlungen, die etwaige Dritte aus ihrem Vermögen – etwa unter Gewährung eines Überziehungskredits – für den Schuldner erbringen, sind der Anfechtung nicht entzogen. Es genügt, wenn sich die Zahlung für den Gläubiger als Leistung des Schuldners darstellt, die dieser unter Einsatz seiner noch bestehenden Bonität bewirkt hat.[308] Für eine mittelbare Gläubigerbenachteiligung ist stets Raum, wenn der Anspruch der Bank auf Rückzahlung des Überziehungskredits für die Insolvenzmasse ungünstiger ist als der Anspruch des befriedigten Gläubigers, etwa weil die Bank für ihren Darlehensrückzahlungsanspruch über (bessere) Sicherheiten verfügt.[309]

78 Es kommt eine unmittelbare Gläubigerbenachteiligung in Betracht, wenn sich die Bank und ihr Kunde konkludent über die Erweiterung der Kreditlinie geeinigt haben.[310] Veranlasst das Kreditinstitut, das für den Schuldner ein überzogenes Konto führt, die einer **Kontopfändung** zugrunde liegende Forderung durch Überweisung an den Pfändungsgläubiger zu begleichen, und erteilt der Schuldner hierauf einen entsprechenden Überweisungsauftrag, kommt in Höhe des überwiesenen Betrages ein Darlehensvertrag zustande; durch die Überweisung werden die Insolvenzgläubiger benachteiligt.[311] Füllt der Schuldner durch Mittel, die dem allgemeinen Gläubigerzugriff offen stehen, ein gepfändetes Konto auf, liegt eine Gläubigerbenachteiligung vor.[312] Die **Aufrechnung** mit einer Insolvenzforderung gegen eine sicherungshalber abgetretene Forderung des Schuldners benachteiligt die Gläubiger.[313] Hat der Schuldner künftige Forderungen sicherungshalber rechtswirksam an ein Kreditinstitut abgetreten, so werden die Gläubiger regelmäßig nicht benachteiligt, soweit das Kreditinstitut die bei ihm eingehenden Zahlungen der Drittschuldner gegen Verbindlichkeiten der Gemeinschuldnerin verrechnet. Ist die Abtretung hingegen unwirksam, liegt eine Benachteiligung auch vor, wenn die Forderungen an einen **inzwischen anderweitig befriedigten Dritten** abgetreten waren, weil die Abtretungen die Forderungen ihrem Bestand nach nicht der Masse entziehen.[314] Die **widerrufliche Bezeichnung** eines Dritten als Bezugsberechtigten aus einer **Lebensversicherung** benachteiligt die Gläubiger des Versicherungsnehmers auch dann, wenn eine **zunächst unwiderrufliche Bezeichnung** mit Zustimmung des Bezugsberechtigten in eine **widerrufliche Bezeichnung geändert** wird und später der Versicherungsfall eintritt.[315]

2. Mittelbare Zahlungen

79 Eine Verkürzung der Masse tritt ein, wenn eine dem Schuldner zustehende Forderung durch Zahlung an einen Dritten getilgt wird, weil der Schuldner für die Befriedigung des Zahlungsempfängers einen Vermögensgegenstand aufgibt, der anderenfalls den Gläubigern insgesamt zur Verfügung ge-

---

[307] BGH 06.10.2009, IX ZR 191/05, ZIP 2009, 2011 Rn. 14, 15; 01.07.2010, IX ZR 70/08, ZInsO 2010, 1598 Rn. 12; 25.04.2013, IX ZR 235/12, WM 2013, 1044 Rn. 18.
[308] BGH 10.12.2009, IX ZR 128/08, ZInsO 2010, 226 Rn. 24.
[309] BGH 11.01.2007, IX ZR 31/05, BGHZ 170, 276 (279 f.); 06.10.2009, IX ZR 191/05, ZIP 2009, 2009 Rn. 10.
[310] BGH 28.02.2008, IX ZR 213/06, ZInsO 2008, 374 Rn. 8.
[311] BGH 28.02.2008, IX ZR 213/06, ZInsO 2008, 374.
[312] BGH 19.09.2013, IX ZR 4/13, Rn. 12.
[313] *BGH 05.04.2001, IX ZR 216/98, BGHZ 147, 233 (238 f.).*
[314] BGH 01.10.2002, IX ZR 360/99, NJW 2003, 360 (362).
[315] BGH 26.01.2012, IX ZR 99/11, WM 2012, 517 Rn. 6 ff.

standen hätte. Mithin liegt eine Gläubigerbenachteiligung vor, wenn der Schuldner als gewerblicher Zwischenmieter den Endmieter zur Mietzahlung an den Vermieter des Schuldners anweist, denn was einem Gläubiger zugewendet wird, kann für die Befriedigung der anderen nicht mehr eingesetzt werden.[316] Die zurückzugewährenden Werte müssen nicht unmittelbar aus dem Vermögen des Schuldners stammen. Anfechtbar können auch solche Rechtshandlungen des Schuldners sein, durch die er Vermögensbestandteile mit Hilfe einer Mittelperson an den gewünschten Empfänger verschiebt, ohne notwendigerweise mit diesem äußerlich in unmittelbare Rechtsbeziehungen zu treten. Für den Dritten muss hierbei erkennbar gewesen sein, dass es sich um eine Leistung des Schuldners gehandelt hat.[317] Wird ein Darlehen eigens zur Begleichung einer bestimmten Schuld aufgenommen und gewährt, schließt die hierin liegende treuhänderische Bindung des Darlehensnehmers eine Gläubigerbenachteiligung und damit eine Insolvenzanfechtung nicht aus. Der Anspruch auf Auszahlung eines Darlehens ist auch dann der (späteren) Insolvenzmasse zuzurechnen, wenn er wegen einer vereinbarten Zweckbindung zunächst unpfändbar ist.[318] Stets ist eine Gläubigerbenachteiligung gegeben, wenn Darlehensmittel tatsächlich in das Vermögen des Schuldners eingehen und von dort an einen Gläubiger weitergeleitet werden.[319] Bei einer Zahlung des Schuldners durch Einschaltung eines Dritten ist zwischen der Anweisung auf Schuld und der Anweisung auf Kredit zu unterscheiden. Im ersten Fall tilgt der Angewiesene mit der Zahlung an den Empfänger eine eigene, gegenüber dem Anweisenden bestehende Verbindlichkeit. Demgegenüber nimmt der Angewiesene im zweiten Fall die Zahlung an den Empfänger ohne eine Verpflichtung gegenüber dem Anweisenden vor, so dass er infolge der Zahlung zum Gläubiger des Anweisenden wird. Handelt es sich um eine **Anweisung auf Schuld**, führt die Zahlung durch den Angewiesenen zu einer Gläubigerbenachteiligung, weil der Schuldner mit der Zahlung an den Dritten seine Forderung gegen den Angewiesenen verliert.[320] Liegt dagegen eine **Anweisung auf Kredit** vor, scheidet eine Gläubigerbenachteiligung grds aus, weil es durch die Zahlung lediglich zu einem Gläubigerwechsel in der Person des Angewiesenen kommt. Die Belastung der Masse mit dem Rückgriffsanspruch des Angewiesenen wird hier durch die Befreiung von der Schuld des Zahlungsempfängers ausgeglichen.[321] Begleicht der hierzu nicht verpflichtete Geschäftsführer der Schuldnerin deren Verbindlichkeit aus eigenen Mitteln, benachteiligt er hierdurch nicht die Insolvenzgläubiger.[322] Eine Gläubigerbenachteiligung scheidet ferner aus, wenn der Dritte zugunsten des Schuldners dessen Gläubiger befriedigt, ohne später bei dem Schuldner Rückgriff nehmen zu wollen. Dann handelt es sich um eine Schenkung an den Schuldner.

Überträgt der Schuldner als Leistungsmittler einen ihm zu diesem Zweck zugewendeten, in sein **Vermögen übergegangenen** und somit für seine Gläubiger pfändbaren Gegenstand an einen Dritten (Leistungsempfänger), so erbringt er eine Leistung aus seinem haftenden Vermögen und benachteiligt dadurch die Gläubigergesamtheit. Dass er auf Anweisung dessen handelt, der dem Schuldner den Gegenstand zuvor zugewendet hat, und der Anweisende den Zweck verfolgt, eigene Verbindlichkeiten gegenüber dem Leistungsempfänger zu tilgen, ist insoweit unerheblich. Dies gilt jedenfalls so lange, wie die Zweckvereinbarung nicht aus Gründen treuhänderischer Bindung zur Unpfändbarkeit des zugewendeten Gegenstands geführt hat.[323]

80

---

316 BGH 20.01.2011, IX ZR 58/10, ZInsO 2011, 421 Rn. 12 ff.; vgl. BGH 29.11.2007, IX ZR 121/06, BGHZ 174, 314 Rn. 27.
317 BGH 17.03.2011, IX ZR 166/08, ZInsO 2011, 782 Rn. 10.
318 BGH 17.03.2011, IX ZR 166/08, ZInsO 2011, 782 Rn. 11; 21.06.2012, IX ZR 59/11, WM 2012, 1448 Rn. 11.
319 BGH 03.11.2011, IX ZR 238/09, Rn. 2.
320 BGH 29.11.2007, IX ZR 121/06, BGHZ 174, 314 Rn. 27.
321 BGH 16.10.2008, IX ZR 147/07, ZInsO 2008, 1200 Rn. 9; 21.06.2012, IX ZR 59/11, WM 2012, 1448 Rn. 12.
322 BGH 21.06.2012, IX ZR 59/11, WM 2012, 1448 Rn. 6 ff.
323 BGH 16.11.2007, IX ZR 194/04, BGHZ 174, 228 Rn. 19; 17.06.2010, IX ZR 186/08, ZInsO 2010, 1379 Rn. 11.

81 Wird dem **konzernangehörigen Vertragspartner** des Schuldners nach seinen Allgemeinen Geschäftsbedingungen die Befugnis eingeräumt, gegen die Hauptforderung des Schuldners mit Gegenforderungen anderer Konzerngesellschaften aufzurechnen, ist die nach Eröffnung des Insolvenzverfahrens erklärte Aufrechnung unwirksam.[324] Eine Vereinbarung mit dem Schuldner, die darauf hinausläuft, eine Aufrechnungsmöglichkeit »für den, der sie in der Krise benötigt«, zu schaffen, mit dem erklärten Ziel der Insolvenzordnung, die Masse im Interesse der Gläubigergleichbehandlung zusammenzuhalten, nicht vereinbar ist.[325] Begleicht der Auftraggeber auf der Grundlage von § 16 Nr. 6 VOB/B die Werklohnforderung direkt gegenüber dem Subunternehmer des Auftragnehmers, werden dessen Gläubiger benachteiligt.[326]

3. Verpflichtungen aus Wechselgeschäften

82 Geht der Schuldner eine Wechselschuld ein, kommt eine Gläubigerbenachteiligung in mehrfacher Hinsicht in Betracht: Die Benachteiligung kann sich etwa aus der Verpflichtung als Aussteller (Art. 9 WG) oder Annehmender (Art. 28 WG), einer mit der abstrakten Verbindlichkeit verbundenen Beweislastumkehr, einer gegenüber Dritterwerbern eintretenden Haftung (Art. 16, 17 WG) oder aus den bei Rückgriff zu zahlenden Zinsen und Kosten (Art. 48, 49, 28 Abs. 2 WG) ergeben. Nimmt der Schuldner einen auf ihn selbst gezogenen Wechsel an, kommt eine Gläubigerbenachteiligung jedoch allenfalls aufgrund der **wechselmäßig verschärften Haftung** (Art. 16, 17 WG) und der zu zahlenden Zinsen und Kosten bei Rückgriff in Betracht. Soweit das Wechselakzept eine Verbindlichkeit des Schuldners begründet (Art. 28 WG), war dies nicht gläubigerbenachteiligend, weil der Schuldner dem Aussteller des Wechsels bereits aus einem anderen Rechtsgrund verpflichtet war und die Annahme des Wechsels zur Begleichung dieser Verbindlichkeit diente. Insoweit führte die Wechselbegebung nur zu einer Stundung der ursprünglichen Schuld, die als solche nicht gläubigerbenachteiligend ist. Während der Laufzeit des Wechsels kann der Schuldner dem Gläubiger und jedem Zessionar der ursprünglichen Schuld (§ 404 BGB) die Einrede der Wechselhingabe entgegenhalten.[327]

4. Überweisungs- und Bankgeschäfte

83 Eine Verkürzung der Masse ist auch dann zu bejahen, wenn der Schuldner mit den Mitteln eines ihm zuvor zur **Disposition gestellten Kredits** einen Gläubiger befriedigt hat.[328] Der Anspruch auf Auszahlung eines zugesagten Darlehens ist mit dessen Abruf pfändbar und daher vom Insolvenzbeschlag erfasst. Durch die isoliert auf ihre gläubigerbenachteiligende Folge zu prüfende Tilgung der Gläubigerforderung mit den gewährten Darlehensmitteln wird das Aktivvermögen des Schuldners grds zu Lasten der übrigen Insolvenzgläubiger verringert, wenn die Masse im eröffneten Verfahren nicht zur Befriedigung aller Gläubiger ausreicht und der Gläubiger einer Insolvenzforderung nicht lediglich unmittelbar durch einen anderen, nicht besser gesicherten gleichartigen Gläubiger ersetzt wird.[329] Für die Annahme einer Gläubigerbenachteiligung ist es ohne Bedeutung, ob ein vollstreckungsrechtlicher Zugriff auf das Kontoguthaben des Schuldners für die Gläubiger etwa wegen eines engen zeitlichen Zusammenhangs der Einzahlung und anschließenden Überweisung mit besonderen Schwierigkeiten verbunden war. Eine Gläubigerbenachteiligung kann gerade in dem mit der angefochtenen Rechtshandlung verbundenen erschwerten Zugriff auf einen Vermögenswert des Schuldners liegen.[330]

84 Verfügt der Schuldner nach Aussetzung der Vollziehung einer Pfändungs- und Einziehungsverfügung der Finanzverwaltung zugunsten eines Dritten über das gepfändete Konto, werden die Insol-

---

324 BGH 15.07.2004, IX ZR 224/03, BGHZ 160, 107 (110).
325 BGH 21.02.2008, IX ZR 255/06, ZInsO 2008, 317 Rn. 21.
326 BGH 23.10.2008, IX ZB 35/05, ZInsO 2008, 1322 Rn. 10.
327 BGH 02.02.2006, IX ZR 67/02, BGHZ 166, 125 Rn. 42 f.
328 BGH 24.01.2013, IX ZR 11/12, WM 2013, 363 Rn. 20.
329 BGH 11.01.2007, IX ZR 31/05, BGHZ 170, 276 Rn. 12; 27.03.2008, IX ZR 210/07, NJW 2008, 1535 Rn. 4.
330 BGH 23.09.2010, IX ZR 212/09, ZInsO 2010, 1929 Rn. 22.

venzgläubiger dadurch benachteiligt.[331] Nimmt die Schuldnerin eine Überweisung zur Tilgung der Verbindlichkeit einer Schwestergesellschaft an den Gläubiger vor, liegt ein Gläubigerbenachteiligung vor, selbst wenn im Rahmen des konzerninternen zentralen **Cash-Pools** für das Schwesterunternehmen bestimmte Überweisungen auf dem Konto der Schuldnerin eingehen, weil eingehende Zahlungen nicht in einem rechtlichen Zusammenhang mit der unentgeltlichen Verfügung stehen.[332] Hat der Schuldner die Zahlung des Drittschuldners auf an eine Bank sicherungshalber abgetretenen Forderungen nur dadurch erlangt, dass er eine über die ursprüngliche vertragliche Verpflichtung hinausgehende Zusatzleistung erbracht hat, so bewirkt die Tilgung der Verbindlichkeit eine Benachteiligung der Gläubigergesamtheit, weil ihr ein die zedierten Forderungen übersteigendes Vermögen entzogen worden ist.[333]

5. Nachteilige Verträge

Die Anfechtung setzt allerdings voraus, dass die einheitliche Rechtshandlung – etwa ein Erbbaurechtsvertrag – als Ganzes die Insolvenzgläubiger benachteiligt.[334] Das schließt aber die Anfechtung nicht aus, wenn ein umfassender Vertrag allgemein in sich ausgewogen ist und gleichwertige Gegenleistungen vorsieht, er aber gerade für den **Fall der Insolvenz eines Teils** für diesen nicht unerhebliche nachteilige Ausnahmen festschreibt, die auch bei einer Gesamtbetrachtung aller Umstände zur Erreichung des Vertragszwecks nicht vorrangig geboten sind.[335] Da der Gläubiger seinen Anspruch auf Erbbauzins in der Insolvenz im Wege der abgesonderten Befriedigung (§ 49) geltend machen kann und daher nur eine Gefährdung seines Anspruchs zu besorgen hat, ist die im Insolvenzfall vertraglich vorgesehene Verpflichtung zur unentgeltlichen Rückübertragung anfechtbar.[336]

85

Gleichfalls wegen Unausgewogenheit anfechtbar ist ein Vertrag, der im Insolvenzfall der anderen Seite die unentgeltliche Übernahme von Anlagen gestattet.[337] Wird die Forderung aus Bürgschaft einer Muttergesellschaft für die Miete eines Tochterunternehmens, die bei Eröffnung des Insolvenzverfahrens nur Insolvenzforderung gemäß § 38 InsO geworden wäre, durch den Eintritt der Muttergesellschaft als Mieterin in den Mietvertrag vor Eröffnung des Insolvenzverfahrens dahin umgestaltet dass die Forderung im Falle der Eröffnung des Insolvenzverfahrens gemäß § 108 Abs. 1 Satz 1, §§ 53, 55 Abs. 1 Nr. 2 als Masseverbindlichkeit zu begleichen ist, wird die Gesamtheit der Insolvenzgläubiger mit der Eröffnung des Insolvenzverfahrens dadurch benachteiligt, dass diese Forderung vor ihren Forderungen befriedigt wird.[338] Die vertragliche Aufgabe eines **Benennungsrechts**, das den Schuldner zur Zulassung am Kauf wertvoller KG-Anteile Interessierter berechtigt, benachteiligt die Gläubiger.[339] Entsprechendes gilt für die Übertragung des Rechts auf Teilnahme einer Mannschaft an der Basketballbundesliga.[340] Benachteiligend kann sich eine Unternehmens- oder Praxisveräußerung darstellen. Die Gewährung eines Entgelts durch den Schuldner für eine von dem Anfechtungsgegner unentgeltlich zu erbringende Leistung ist benachteiligend.[341]

86

Stellt der Schuldner einem Dritten die **Arbeitskraft** eines bei ihm angestellten Arbeitnehmers zur Verfügung, ohne dass der Empfänger dafür eine Gegenleistung zu erbringen hat, so liegt darin regelmäßig auch dann eine unentgeltliche Übertragung von Vermögenswerten, wenn der Schuldner we-

87

---

331 BGH 20.11.2008, IX ZR 130/07, ZIP 2009, 83; 22.11.2012 – IX ZR 142/11, DB 2012, 2927 Rn. 12; a.A. BGH 14.06.2012, IX ZR 145/09, ZInsO 2012, 1318 Rn. 19.
332 BGH 03.03.2005, IX ZR 441/00, BGHZ 162, 276 (283).
333 BGH 28.02.2008, IX ZR 177/05, ZInsO 2008, 375 Rn. 16.
334 Vgl. BGH 11.11.1993, IX ZR 257/92, BGHZ 124, 76 (80).
335 BGH 11.11.1993, IX ZR 257/92, BGHZ 124, 76 (81).
336 BGH 19.04.2007, IX ZR 59/06, NJW 2007, 2325 Rn. 22.
337 BGH 11.11.1993, IX ZR 257/92, BGHZ 124, 76 (81).
338 BGH 26.04.2012, IX ZR 146/11, ZInsO 2012, 1127 Rn. 26; 26.04.2012, IX ZR 73/11, ZInsO 2012, 971 Rn. 4; 08.11.2012, IX ZR 77/11, WM 2012, 2340 Rn. 18 f.
339 BGH 15.10.1975, VIII ZR 62/74, WM 1975, 1182 (1184).
340 BGH 22.03.2001, IX ZR 373/98, NJW-RR 2001, 1552 f.
341 BGH 15.12.1994, IX ZR 18/94, NJW 1995, 1093.

gen Aufgabe des Geschäftsbetriebes für den Arbeitnehmer keine Verwendung mehr hat. Auch ein Gegenstand, mit dem der Schuldner persönlich nichts anzufangen weiß, den er jedoch einem Dritten zur entgeltlichen Nutzung zur Verfügung stellen kann, besitzt einen Vermögenswert im anfechtungsrechtlichen Sinne. Sieht der Schuldner davon ab, für die Nutzung das erzielbare Entgelt zu verlangen, vermindert er die Haftungsmasse, aus der die Gläubigergesamtheit befriedigt werden soll.[342] Unentgeltliche persönliche Arbeitsleistungen des Schuldners wirken ebenfalls benachteiligend. Hat der Schuldner eine fällige und einredefreie Forderung gegen einen Drittschuldner, werden die Gläubiger benachteiligt, wenn diese durch eine nicht fällige und nicht einredefreie Forderung ersetzt wird.[343]

6. Abführen von Sozialversicherungsbeiträgen

88 Beitragszahlungen des Schuldners an einen **Sozialversicherungsträger** benachteiligen die Gläubigergesamtheit auch insoweit, als sie die Arbeitnehmeranteile betreffen.[344] Auch diesen Teil der Sozialversicherungsbeiträge leistet der Arbeitgeber aus seinem Vermögen. Das Interesse der Arbeitnehmer an der Abführung der Beiträge begründet keine in der Insolvenz des Arbeitgebers geschützte Rechtsposition.[345] Die Leistung der von den Arbeitnehmern geschuldeten **Lohnsteuer** ist anfechtungsrechtlich nicht anders zu beurteilen.[346] Mit Hilfe der **Neuregelung des § 28e Abs. 1 Satz 2 SGB IV** verfolgte der Gesetzgeber zwar das Ziel, die Abführung der Arbeitnehmeranteile der Anfechtung zu entziehen. Gleichwohl hat der BGH an seiner Rechtsauffassung festgehalten, dass auch nach dieser Vorschrift die Zahlung der Arbeitnehmeranteile als Rechtshandlung des Arbeitgebers angefochten werden kann. Auch im Falle einer mittelbaren Zuwendung des Arbeitgebers im Wege einer fiktiven Zahlung aus dem Vermögen des Arbeitnehmers erbringt der Arbeitgeber ein eigenes, mit einer Gläubigerbenachteiligung verbundenes Vermögensopfer.[347]

7. Wiedergutmachung strafbarer Vermögensverschiebungen

89 Hat der Schuldner durch strafbare (§ 370a AO) Scheingeschäfte Vorsteuererstattungsbeträge erschlichen, hat der Staat gleichwohl an diesen Beträgen keine Berechtigung erlangt, die im Falle eines Vollstreckungszugriffs auf Vermögenswerte des Schuldners eine objektive Benachteiligung der übrigen Insolvenzgläubiger ausschließt. Wer durch eine vorsätzliche unerlaubte Handlung des Schuldners geschädigt wurde, hat aus diesem Grund in dessen Insolvenz keinen Anspruch auf Sicherung.[348] Abweichendes ist nicht aus § 261 StGB herzuleiten, weil diese Bestimmung ebenso wie sonstige Strafvorschriften dem Geschädigten im Insolvenzverfahren des Täters kein Vorrecht gewährt.[349] Ebenso darf die **Einstellung eines Strafverfahrens** nicht von der Zahlung einer Geldauflage an die Staatskasse abhängig gemacht werden, wenn der Angeschuldigte durch die Erfüllung der Auflage seine Gläubiger benachteiligt.[350]

---

342 BGH 11.12.2003, IX ZR 336/01, ZIP 2004, 671 (672).
343 BGH 24.05.2007, IX ZR 105/05, ZInsO 2007, 658 Rn. 20.
344 BGH 25.10.2001, IX ZR 17/01, BGHZ 149, 100 (105 ff.); 11.04.2002, IX ZR 211/01, ZIP 2002, 1159 (1160); 10.07.2003, IX ZR 89/02, ZIP 2003, 1666 (1667 f.).
345 BGH 22.01.2004, IX ZR 39/03, BGHZ 157, 350 (358).
346 BGH 22.01.2004, IX ZR 39/03, BGHZ 157, 350 (358); 09.12.2004, IX ZR 108/04, BGHZ 161, 315 (317).
347 BGH 05.11.2009, IX ZR 233/08, ZInsO 2009, 2293; 17.06.2010, IX ZR 134/09, ZInsO 2010, 1324 Rn. 6; 30.09.2010, IX ZR 237/09, ZIP 2010, 2209 Rn. 4; 07.04.2011, IX ZR 118/10, WM 2011, 903 Rn. 3.
348 BGH 25.10.2001, IX ZR 17/01, BGHZ 149, 100 (106 f.); 03.03.1959 VIII ZR 176/58, WM 1959, 470 f.; *18.03.2010, IX ZR 57/09, ZInsO 2010, 807 Rn. 17.*
349 BGH 11.10.2007, IX ZB 270/05, ZInsO 2007, 1223 Rn. 2.
350 BGH 05.06.2008, IX ZR 17/07, ZInsO 2008, 738.

V. Fallgruppen einer fehlenden Gläubigerbenachteiligung
1. Eintritt rechtlich unabwendbarer Vermögensnachteile

Es ist nicht Zweck der Insolvenzanfechtung, der Masse Vermögensvorteile zu verschaffen, die sie ohne die anfechtbare Rechtshandlung nicht erlangt hätte.[351] Unanfechtbar ist folglich die Gewährung eines Vorteils, den der Anfechtungsgegner kraft Gesetzes beanspruchen kann.[352] Erlangt der Treuhänder durch eine anfechtbare Handlung eine formelle Rechtsstellung, scheidet eine Anfechtung aus, wenn der Treuhänder über Treugut tatsächlich nicht zu eigenem Vorteil verfügen konnte. Daher fehlt es an einer Gläubigerbenachteiligung, wenn der Treuhänder über ein Treuhandkonto mit Hilfe ihm seitens des Schuldners oder seitens dessen Drittschuldner gezahlter Gelder Verbindlichkeiten des Schuldners getilgt hat. Anfechtungsgegner sind allein die Zahlungsempfänger.[353] Eine Gläubigerbenachteiligung liegt nicht vor, soweit Erwerber, die gegenüber dem Schuldner als Veräußerer die Zahlung des Entgelts bis zur Fertigstellung eines Gebäudes verweigern dürfen, ihre **Gegenrechte durch eine Vereinbarung ablösen** lassen, wonach sie die zurückzubehaltenden Teile des Entgelts an einen Treuhänder zahlen, der daraus offen stehende Forderungen von Handwerkern bezahlen soll, damit diese die Gebäude anstelle des Gemeinschuldners ohne Preisaufschlag fertig stellen.[354]

90

Eine keine Tilgungswirkung auslösende Zahlung des Auftraggebers an einen Gläubiger des Auftragnehmers ist nicht mit einer Gläubigerbenachteiligung verbunden.[355] In der Zahlung von Geldern an einen solventen Leistungsmittler zwecks Weiterleitung an den Empfänger – wie sie auch etwa bei einer Banküberweisung geschieht – liegt keine Gläubigerbenachteiligung, wenn der Schuldner frei über deren Verwendung verfügen kann.[356] Die auftragsgemäß und auf Rechnung des Schuldners vorgenommene Überweisung durch ein Kreditinstitut ist darum nur gegenüber dem Zahlungsempfänger anfechtbar. Die nach Erlass eines allgemeinen Veräußerungsverbots vorgenommene Leistung des Gemeinschuldners kann zu einer Gläubigerbenachteiligung führen, wenn die Realisierung eines auf die Unwirksamkeit der Leistung gestützten Bereicherungsanspruchs zweifelhaft erscheint.[357] Wirkt der Schuldner an der Änderung eines für ihn wirtschaftlich ungünstigen Vertrages mit, um Gewährleistungsansprüche seines Vertragspartners zu vermeiden, und wird der Vertrag durch den anderen Vertragsteil erfüllt, so kann eine Gläubigerbenachteiligung nicht aus der Möglichkeit hergeleitet werden, dass der andere Vertragsteil ohne die Vertragsänderung lediglich den Rücktritt von dem ursprünglichen Vertrag erklärt hätte.[358]

91

Nach der Rechtsprechung zur KO kann eine Benachteiligung der Gläubiger entfallen, wenn mit dem anfechtbar erworbenen Betrag gerade die Gläubiger befriedigt wurden, die auch der **Verwalter** mit diesem Betrag, wäre er im Vermögen des Gemeinschuldners verblieben, hätte **befriedigen müssen**. Voraussetzung ist, dass es außer den ausgezahlten Gläubigern keine anderen Gläubiger mit gleichen oder besseren Vorrechten gibt oder dass die Masse zur Befriedigung aller bevorrechtigten Gläubiger ausreicht.[359] Da die InsO im Gegensatz zu § 61 Nr. 1 bis 5 KO keine Forderungen bevorrechtigt, gewinnt diese Rechtsprechung nur noch im Verhältnis der »übrigen« (§ 39 Abs. 1 Hs. 1) zu den nachrangigen Forderungen des § 39 Abs. 1 Nr. 1 bis 5 Belang. Mithin scheidet eine Gläubigerbenachteiligung aus, wenn eine übrige Forderung befriedigt wird, die Masse zur Befriedigung aller übrigen Forderungen, aber nicht auch der nachrangigen Forderungen ausreicht.[360] Gleiches gilt

92

---

351 BGH 26.01.1983, VIII ZR 254/81, BGHZ 86, 349 (355).
352 BGH 12.10.2006, IX ZR 109/05, ZInsO 2006, 1265 Rn. 7: Übergang der Milchreferenzmenge; 19.04.2007, IX ZR 59/06, NJW 2007, 2325 Rn. 13: Ausübung des dinglichen Heimfallanspruchs.
353 BGH 09.12.1993, IX ZR 100/93, BGHZ 124, 298 (302 f.).
354 BGH 24.01.2002, IX ZR 180/99, BGH ZIP 2002, 535 ff.
355 BGH 17.06.1999, IX ZR 176/98, NJW 1999, 2969 (2970).
356 RGZ 45, 310, 313 f.
357 BGH 04.03.1999, IX ZR 63/98, BGHZ 141, 96 (105 f.).
358 BGH 19.04.2007, IX ZR 199/03, ZInsO 2007, 596.
359 BGH 07.05.1991, IX ZR 30/90, BGHZ 114, 315 (322).
360 BGH 07.02.2013, IX ZR 146/12, ZInsO 2013, 609 Rn. 2 ff.

bei Befriedigung einer nachrangigen Forderung, wenn die Masse zur Befriedigung der übrigen Forderungen und der der befriedigten Forderung im Rang vorgehenden und ihr ranggleichen Forderungen genügt.

2. Kompensation

93 Eine Gläubigerbenachteiligung scheidet aus, wenn einer GmbH nach Verlust einer Forderung eine **gleichwertige vollwertige Forderung** gegen ihre Gesellschafter zusteht.[361] Ebenso verhält es sich, wenn dem Anspruch des Schuldners gegen seine Bank auf Erteilung einer Gutschrift wegen eines verspäteten Widerspruchs gegen eine Abbuchung die Einrede der ungerechtfertigten Bereicherung entgegensteht.[362] Erlangt ein Vertragspartner des Schuldners durch eine Abbuchung Befriedigung, scheidet eine Gläubigerbenachteiligung aus, wenn die Schuldnerbank die nach Erlass eines Veräußerungsverbots eingegangene Lastschrift nicht rechtzeitig zurückgibt und damit die Zahlung zu Lasten der Schuldnerbank geht.[363]

94 Ein **Schenkungsvertrag** über ein Grundstück, in dem zugleich ein durch Vormerkung gesicherter Rückübertragungsanspruch für den Fall des Vermögensverfalls oder der Insolvenz des Begünstigten vereinbart wird, ist im Insolvenzverfahren über das Vermögen des Begünstigten nicht anfechtbar, weil das Grundstück von Anfang an mit dem Rückübertragungsanspruch belastet war und darum eine objektive Gläubigerbenachteiligung ausscheidet.[364] An einer gleichwertigen Kompensation fehlt es, wenn bei der Veräußerung eines Grundstücks der Kaufpreis ganz oder teilweise durch Gewährung eines dem Schuldner zu Gute kommenden höchstpersönlichen unübertragbaren Nutzungsrechts abgelöst werden soll, die Gläubiger darauf aber mangels Pfändbarkeit nicht zugreifen können.[365]

95 Der vorläufige Insolvenzverwalter mit Zustimmungsvorbehalt ist berechtigt, die Genehmigung von Belastungsbuchungen im **Einzugsermächtigungsverfahren** zu versagen. Bei einem debitorisch geführten Konto geht der Anspruch nur auf Korrektur der ungenehmigten Belastung. Weitergehende Rechte stehen dem Kontoinhaber nicht zu; insb. ein Zahlungsanspruch ist nicht entstanden. Es fehlt an einer die Masse beeinträchtigenden Rechtshandlung des Schuldners. Verweigert der Insolvenzverwalter die Genehmigung einer Lastschrift, kann er folglich bei einem debitorischen Konto lediglich eine Korrektur der ungenehmigten Belastung, aber nicht im Wege der Anfechtung Auszahlung des Lastschriftbetrages verlangen.[366] Der Insolvenzverwalter kann sich auch keinen Anspruch auf Wertersatz wegen ungerechtfertigter Bereicherung verschaffen, indem er nach Eröffnung des Insolvenzverfahrens nur eine Buchposition des Gläubigers, nicht aber dessen Lastschrifteinzug selbst genehmigt.[367]

3. Nicht der Insolvenzmasse angehörende Gegenstände

a) Persönlichkeitsrechte

96 Da das allgemeine Persönlichkeitsrecht nicht zu den Vermögensbestandteilen gehört,[368] sind darauf bezogene Rechtshandlungen nicht benachteiligend. Insofern wirken Änderungen des Personenstands durch Eheschließung oder Adoption trotz der damit verbundenen Unterhaltspflichten nicht gläubigerbenachteiligend. Wegen der überwiegend vermögensrechtlichen Rechtsnatur kann dagegen in einer **Unterhaltsvereinbarung** eine Gläubigerbenachteiligung liegen. Entsprechendes gilt

---

361 BGH 17.06.1999, IX ZR 62/98, NJW 1999, 3780 (3781).
362 BGH 15.12.1994, IX ZR 252/93, NJW 1995, 1484.
363 BGH 12.05.1980, VIII ZR 170/79, NJW 1980, 1964.
364 BGH 13.03.2008, IX ZB 39/05, ZInsO 2008, 558.
365 BGH 18.12.2008, IX ZR 79/07, ZIP 2009, 573 Rn. 11.
366 *BGH 05.02.2009, IX ZR 78/07, ZInsO 2009, 659 Rn. 23.*
367 BGH 07.10.2010, IX ZR 209/09, WM 2010, 2275 Rn. 11 ff.
368 BGH 24.03.2011, IX ZR 180/10, ZInsO 2011, 772 Rn. 38.

für die Auseinandersetzung einer Zugewinngemeinschaft.[369] Mangels einer höchstpersönlichen Rechtsnatur sind **Immaterialgüterrechte** wie Patente, Geschmacks- und Gebrauchsmuster, gewerblich ausgewertete Geheimverfahren und ausschließliche Lizenzen dem Insolvenzbeschlag unterworfen, so dass darüber getroffenen Verfügungen eine Gläubigerbenachteiligung auslösen können. Schmerzensgeldansprüche fallen in die Insolvenzmasse;[370] Gleiches dürfte für Ersatzansprüche wegen der Verletzung des Persönlichkeitsrechts gelten.[371]

b) Nicht der Vollstreckung unterworfene Gegenstände

Eine Verfügung des Schuldners über Gegenstände, die aus Rechtsgründen nicht der **Zwangsvollstreckung** unterliegen (§ 811 Nr. 1 bis 3, 5 bis 8, 10 bis 13, §§ 850 ff. ZPO), weil sie nicht gepfändet werden können, bewirkt keine Gläubigerbenachteiligung, weil sie zur Gläubigerbefriedigung von vornherein ungeeignet sind und nicht zur Insolvenzmasse im Sinne der §§ 35 f. gehören.[372]   97

aa) Versorgungsansprüche

Das Recht des Mitglieds eines **Rechtsanwaltsversorgungswerks**, die Mitgliedschaft zu beenden und die Erstattung gezahlter Beiträge zu verlangen, ist unpfändbar und geht nicht in die Verwaltungs- und Verfügungsbefugnis des Verwalters über, weil nur der Leistungsanspruch und nicht das Stammrecht pfändbar ist.[373] Leistungsansprüche gegen das Versorgungswerk für Rechtsanwälte in Baden-Württemberg sind trotz Unabtretbarkeit wegen der Gleichstellung mit sonstigen Rentenbezügen in den Grenzen des § 850c ZPO pfändbar.[374] Ebenso verhält es sich für Ansprüche gegen die Versorgungsanstalt der deutschen Bezirksschornsteinfegermeister.[375] **Beihilfeansprüche** nordrhein-westfälischer Landes- und Kommunalbeamter für Aufwendungen im Krankheitsfall sind für Gläubiger jedenfalls dann unpfändbar, wenn ihre Forderung nicht dem konkreten Beihilfeanspruch zugrunde liegt (keine Anlassforderung) und dessen Anlassgläubiger noch nicht befriedigt sind.[376] Hat der Dienstherr die **Beihilfe** an den Schuldner bereits ausgezahlt, so dass der konkrete Beihilfeanspruch durch die Zahlung erloschen ist, hat sich die Zweckbindung dieses Anspruchs erledigt. Gläubiger des Beihilfeberechtigten können ohne Hinderung durch § 851 Abs. 1 ZPO auf entsprechende Zahlungsmittel oder Kontoguthaben zugreifen. Sie gehören gem. § 36 Abs. 1 Satz 1 auch zur Insolvenzmasse.[377] Eine nach den Vorschriften des Zwangsvollstreckungsrechts bedingt pfändbare Berufsunfähigkeitsrente fällt im Insolvenzverfahren insoweit in die Insolvenzmasse, als sie im Rahmen einer Billigkeitsentscheidung für pfändbar nach den für Arbeitseinkommen geltenden Vorschriften erklärt wird. Die Billigkeitsprüfung obliegt anstelle des Insolvenzgerichts im Rahmen eines Anfechtungsprozesses dem Prozessgericht.[378]   98

bb) Zweckbindung

Ein Anspruch auf Auszahlung von **Baugeld** kann möglicherweise nicht an Baufremde abgetreten werden und ist daher nach § 851 ZPO unpfändbar. Ist der Anspruch ausbezahlt und nicht auf einem Treuhandkonto verbucht worden, unterliegt er der Pfändung[379] und im Falle seiner Weiterleitung   99

---

369 BGH 20.10.1971, VIII ZR 212/69, BGHZ 57, 123 (126 f.).
370 BGH 24.03.2011, IX ZR 180/10, ZInsO 2011, 772 Rn. 35.
371 BGH 24.03.2011, IX ZR 180/10, ZInsO 2011, 772 Rn. 36, 38.
372 Vgl. BGH 08.07.1993, IX ZR 116/92, BGHZ 123, 183 (185); 27.05.2003, IX ZR 169/02, BGHZ 155, 75 (82).
373 BGH 10.01.2008, IX ZR 94/06, ZInsO 2008, 204 Rn. 13 ff.
374 BGH 25.08.2004, IXa ZB 271/03, BGHZ 160, 197.
375 BGH 28.03.2007, VIII ZB 43/06, ZVI 2007, 522.
376 BGH 05.11.2004, IXa ZB 17/04, WM 2005, 181 (182).
377 BGH 08.11.2007, IX ZB 221/03, ZInsO 2007, 1348 Rn. 5.
378 BGH 24.09.2009, IX ZR 189/08, ZInsO 2010, 188 Rn. 8, 10 ff.
379 BGH 13.10.1987, VI ZR 270/86, NJW 1988, 263 (265).

auch an einen Baugläubiger der Anfechtung.[380] Zwar können auch vereinbarte treuhänderische Zweckbindungen nach § 851 ZPO die Pfändbarkeit einer Forderung ausschließen. Eine solche Zeckbindung scheidet aus, wenn dem Schuldner nach der mit seinem Darlehensgeber getroffenen Abrede überlassen bleibt, in welcher Höhe und welche Gläubiger er mit den Darlehensmitteln befriedigt.[381] Ein treuhänderisch gebundener und deshalb möglicherweise unpfändbarer **Darlehensanspruch** ist gleichwohl dem Insolvenzbeschlag unterworfen, soweit die Zweckbindung allein den Interessen des Darlehensgebers und des mit dem Darlehen befriedigten Gläubigers dient.[382] Der Anspruch eines Schuldners aus einem Darlehensvertrag mit der Zweckbindung, den Kreditbetrag einer bestimmten Person zuzuwenden, kann zur Insolvenzmasse gehören. In der Auszahlung des zweckgebundenen Kredits an den Begünstigten hat der Senat eine objektive Gläubigerbenachteiligung gesehen, wenn dadurch sichergestellt werden sollte, dass mit dem Kreditbetrag ein Darlehen des Begünstigten bei der die Zahlung vermittelnden Bank getilgt wurde. Dem Begünstigten ist dabei keine über diesen Zweck hinausgehende insolvenzfeste Sicherung verschafft worden. Das gilt auch dann, wenn der Kredit nicht unmittelbar an den Begünstigten ausgezahlt wird, sondern die Valuta zunächst auf das Fremdgeldkonto eines von Schuldner und Darlehensgeber gemeinsam beauftragten Rechtsanwalts überwiesen und von dort an den Begünstigten weitergeleitet wird.[383] Diese Beurteilung beruht auf der Überlegung, dass Schuldbefreiungsansprüche, obwohl sie nur an den Drittgläubiger abgetreten werden können (§ 399 Alt. 1 BGB) und deshalb gem. § 851 Abs. 1 ZPO unpfändbar sind, sich bei Eröffnung des Insolvenzverfahrens über das Vermögen des Befreiungsgläubigers zu einem in die Masse fallenden Zahlungsanspruch in Höhe der zu tilgenden Schuld verwandeln.[384] Manches spricht dafür, dass es sogar anfechtungsrechtlich unerheblich ist, ob ein Darlehen nach interner Vereinbarung einem bestimmten Zweck dienen soll.[385] Honoraransprüche **freiberuflich tätiger Personen** gegenüber Dritten sind in vollem Umfang pfändbar und fallen ohne Abzüge in die Insolvenzmasse.[386] Vergütungsforderungen von Steuerberatern und Rechtsanwälten sind trotz der sie treffenden Verschwiegenheitspflichten grds pfändbar und gehören zur Insolvenzmasse.[387] Entsprechendes gilt für ärztliche Honorarforderungen.[388] Die vom Europäischen Gerichtshof für Menschenrechte einem Schuldner als Individualbeschwerdeführer zugesprochene Entschädigung wegen der durch eine Menschenrechtsverletzung infolge überlanger Verfahrensdauer erlittenen immateriellen Schäden fällt mangels Abtretbarkeit und Pfändbarkeit einschließlich der Kosten für das dortige Verfahren nicht in die Insolvenzmasse.[389] Dagegen ist der von dem Gerichtshof zuerkannte Anspruch auf Erstattung von Mehrkosten im vorausgegangenen innerstaatlichen Verfahren abtretbar, pfändbar und Bestandteil der Masse.[390] Der Geldentschädigungsanspruch eines Strafgefangenen wegen menschenunwürdiger Haftbedingungen wird wegen Unpfändbarkeit kein Bestandteil der Masse.[391]

---

380 OLG Hamm 12.12.2006, 27 U 98/06, ZIP 2007, 241.
381 BGH 27.05.2003, IX ZR 169/02, BGHZ 155, 76 (81 f.).
382 BGH 07.06.2001, IX ZR 195/00, ZIP 2001, 1248 f.; 01.11.2007, III ZR 302/05, BGHZ 170, 267 Rn. 15; 16.11.2007, IX ZR 194/04, BGHZ 174, 228 Rn. 19.
383 BGH 17.03.2011, IX ZR 166/08, ZInsO 2011, 782 Rn. 16.
384 BGH 07.06.2001, IX ZR 195/00, ZIP 2001, 1248 f.
385 BGH 07.02.2002, IX ZR 115/99, NJW 2002, 1574 (1575).
386 BGH 20.03.2003, IX ZB 388/02, WM 2003, 980 (983); 04.03.2004, IX ZB 133/03, NZI 2004, 312 (313).
387 BGH 25.03.1999, IX ZR 223/97, BGHZ 141, 173 (176 ff.); 17.02.2005, IX ZB 62/04, BGHZ 162, 187 (191).
388 BGH 17.02.2005, IX ZB 62/04, BGHZ 162, 187 (191).
389 *BGH 24.03.2011, IX ZR 180/10, ZInsO 2011, 772 Rn. 41 ff., 47 ff.*
390 BGH 24.03.2011, IX ZR 180/10, ZInsO 2011, 772 Rn. 45 ff.
391 BGH 05.05.2011, VII ZB 17/10, WM 2011, 1141 Rn. 8 ff.

cc) Pflichtteilsanspruch, Zugewinnausgleichsanspruch, Anspruch des Schenkers auf Herausgabe des Geschenks

Der Pflichtteilsanspruch, der Zugewinnausgleichsanspruch und der dem Schenker zustehende Anspruch auf Herausgabe des Geschenks sind nach § 852 ZPO nur der Pfändung unterworfen, wenn sie durch Vertrag anerkannt oder rechtshängig geworden sind. Schon vor der vertraglichen Anerkennung oder Rechtshängigkeit kann der Pflichtteilsanspruch als aufschiebend bedingter Anspruch gepfändet werden.[392] Ist die Pfändung eines durch den Eintritt der Voraussetzungen des § 852 Abs. 1 ZPO aufschiebend bedingt verwertbaren Pflichtteilsanspruchs möglich, kann in der **Abtretung des Pflichtteilsanspruchs** eine Gläubigerbenachteiligung liegen.[393] Gleichwohl können die Gläubiger aber den Anspruch vor Eintritt der Voraussetzungen des § 852 Abs. 1 ZPO nicht zu ihrer Befriedigung verwerten, weil wegen der familiären Verbundenheit zwischen dem Erblasser und dem Pflichtteilsberechtigten allein diesem die Entscheidung darüber vorbehalten ist, ob der Anspruch gegen den Erben durchgesetzt werden soll.[394] Das **Unterlassen der Geltendmachung eines Pflichtteilsanspruchs** unterliegt darum selbst dann nicht der Gläubigeranfechtung, wenn der Berechtigte – zusammen mit dem späteren Erben – zum Zweck der Benachteiligung seiner Gläubiger den Erblasser dazu bewogen hat, einen anderen als Erben einzusetzen und ihm selbst auch das Pflichtteilsrecht grundlos zu entziehen.[395] Diese Rechtsgrundsätze sind auf den Zugewinnausgleichsanspruch und der dem Schenker zustehende Anspruch auf Herausgabe des Geschenks[396] zu übertragen.

100

dd) Beschränkt persönliche Dienstbarkeit

Zwar sind beschränkte persönliche Dienstbarkeiten nach § 1092 Abs. 1 Satz 1 BGB nicht übertragbar und deshalb mangels Pfändbarkeit (§ 857 Abs. 1 ZPO) grds nicht Gegenstand der Insolvenzmasse (§ 36 Abs. 1 Satz 1). Etwas anderes gilt nach § 857 Abs. 3 ZPO jedoch dann, wenn die Ausübung des Rechts einem anderen überlassen werden kann. Die Gestattung kann nach §§ 873, 874, 877 BGB zum dinglichen Rechtsinhalt gehören. Ebenfalls möglich ist eine entsprechende schuldrechtliche Vereinbarung, die auch nachträglich getroffen werden kann. Auch eine nicht im Grundbuch eingetragene Gestattung führt zur Pfändbarkeit. Die Eintragung ist nur insoweit bedeutsam, ob sich ein Grundstückserwerber die Befugnis zur Übertragung der Ausübung entgegen halten lassen muss.[397]

101

c) Fremdgegenstände

aa) Aussonderung

Jede Gläubigerbenachteiligung setzt voraus, dass der Anfechtungsgegner etwas aus dem Vermögen des Schuldners und nicht eines Dritten erlangt hat.[398] Für eine Gläubigerbenachteiligung ist kein Raum, soweit Gegenstände betroffen sind, die im Eigentum eines Dritten stehen und zu dessen Gunsten ein **Aussonderungsrecht** begründen.[399] Im Rahmen eines Kaufs etwa von Kraftstoffen seitens der Erwerber an einen (Handels)-Vertreter gezahltes Bargeld geht unmittelbar in das Eigentum des Unternehmers über; er erlangt Miteigentum, wenn der Handelsvertreter das Geld mit eigenem

102

---

392 BGH 08.07.1993, IX ZR 116/92, BGHZ 123, 183; 26.02.2009, VII ZB 30/08, WM 2009, 710 Rn. 7.
393 BGH 08.07.1993, IX ZR 116/92, BGHZ 123, 183 (189 f.); ebenso bei Abtretung eines gebrauchsmusterschaftlichen Anwartschaftsrechts: BGH 02.04.1998, IX ZR 232/96, ZIP 1998, 830.
394 BGH 08.07.1993, IX ZR 116/92, BGHZ 123, 183 (186).
395 BGH 06.05.1997, IX ZR 147/96, NJW 1997, 2384.
396 BGH 25.04.2001, X ZR 229/99, BGHZ 147, 288 (291).
397 BGH 29.09.2006, V ZR 25/06, WM 2006, 2226 Rn. 9; 05.05.2009, IX ZR 151/08, juris.
398 BGH 11.05.2000, IX ZR 262/98, NJW 2000, 3777 (3778); 06.04.2006, IX ZR 185/04, ZInsO 2006, 544 Rn. 22.
399 BGH 11.05.2000, IX ZR 262/98, NJW 2000, 3777 (3779); 23.09.2010, IX ZR 212/09, ZInsO 2010, 1929 Rn. 11.

Geld in einer Kasse gemeinsam verwahrt.[400] Mit der Einzahlung fremder Gelder auf ein allgemeines Konto des Schuldners geht ein an dem Geld bestehendes Aussonderungsrecht unter.[401] Ebenso ist eine Benachteiligung ausgeschlossen, wenn ein Lieferant auf das ihn zur Aussonderung berechtigende Vorbehaltseigentum gegen eine wertentsprechende Zahlung verzichtet.[402] Guthaben auf einem Treuhandkonto kann einem Aussonderungsrecht unterliegen. Dies gilt allerdings nicht, wenn der Schuldner die Treuhandbindung nicht beachtet und die Gelder als eigenes Vermögen behandelt. Nutzt der Treuhänder das Guthaben auf einem (zunächst) ausschließlich für Fremdgeld bestimmten und genutzten Konto (auch) für eigene Zwecke, entfällt das Aussonderungsrecht regelmäßig auch hinsichtlich des verbliebenen, im Zeitpunkt der Eröffnung des Insolvenzverfahrens noch vorhandenen Bestandes.[403] Beim **verlängerten Eigentumsvorbehalt** unterliegt die Vorausabtretung künftiger Forderungen, die sich auf das mit dem Vorbehaltseigentum Erlangte beschränkt, selbst dann nicht der Insolvenzanfechtung, wenn die Forderungen erst in der kritischen Phase entstanden sind.[404] Es liegt ein bloßer Sicherheitentausch vor, wenn an die Stelle des Sicherungseigentums abgetretene Forderungen entsprechender Höhe treten; anders verhält es sich hinsichtlich der von dem Abnehmer zugeschlagenen eigenen Gewinnmarge.[405]

bb) Absonderung

(1) Dingliche Übertragung

103 Eine Befriedigung, die ein Gläubiger aufgrund eines insolvenzfesten Absonderungsrechts erlangt, benachteiligt die Gesamtheit der Gläubiger nicht. Ist ein Bankguthaben mit einem Pfandrecht belastet, so besitzt das eigene Verwertungsrecht des Insolvenzverwalters wegen des bestehenden Absonderungsrechts keinen wirtschaftlichen Wert, wenn das Guthaben hinter der Höhe der gesicherten Forderung zurückbleibt.[406] Im Unterschied zum früheren Recht (§ 4 Abs. 2 KO) erfolgt die abgesonderte Befriedigung nicht außerhalb, sondern innerhalb (§ 165) des Insolvenzverfahrens. Ein **Absonderungsrecht** entzieht deshalb den betroffenen Vermögensgegenstand nicht seinem Bestand nach der Masse.[407] Darum ist eine Gläubigerbenachteiligung bei Herausgabe eines mit einem Absonderungsrecht belasteten Gegenstandes wegen des Entgangs der Feststellungskosten (§ 171) auch dann möglich, wenn die gesicherte Forderung dem Wert des Gegenstandes entspricht oder ihn übersteigt.[408] Werden zur Sicherheit übereignete Gegenstände im Einverständnis mit dem Sicherungsnehmer an einen Dritten **übertragen**, kann eine Gläubigerbenachteiligung eingreifen.[409] Überdies kann die Belastung mit Umsatzsteuer benachteiligend zu Buche schlagen.[410] Zieht der Zessionar eine ihm von dem Schuldner insolvenzfest abgetretene Forderung ein, liegt eine Gläubigerbenachteiligung vor, weil zur Einziehung dieser Forderung ausschließlich der Insolvenzverwalter berechtigt ist (§ 166 Abs. 2) und dieses Recht einen selbstständigen, im Kern geschützten Vermögenswert bil-

---

400 BGH 23.09.2010 – IX ZR 212/09, ZInsO 2010, 1929 Rn. 13.
401 BGH 23.09.2010 – IX ZR 212/09, ZInsO 2010, 1929 Rn. 14, 15.
402 BGH 03.03.1960, VIII ZR 86/59, WM 1960, 381 (382); 11.07.1991, IX ZR 230/90, NJW 1992, 624 (626).
403 BGH 10.02.2011, IX ZR 49/10, ZInsO 2011, 784 Rn. 15 ff.
404 BGH 14.05.1975, VIII ZR 254/73, BGHZ 64, 312 (314 f.); 06.04.2000, IX ZR 122/99, ZIP 2000, 932 (934).
405 BGH 17.03.2011, IX ZR 63/10, ZInsO 2011, 778 Rn. 32, 33; 26.04.2012, IX ZR 67/09, WM 2012, 1200 Rn. 33.
406 BGH 14.06.2012, IX ZR 145/09, ZInsO 2012, 1318 Rn. 14; 22.11.2012 – IX ZR 142/11, DB 2012, 2927 Rn. 13 f.
407 BGH 05.04.2001, IX ZR 216/98, BGHZ 147, 233 (239); 01.10.2002, IX ZR 360/99, NJW 2003, 360 (362).
408 MüKo-InsO/*Kirchhof* § 129 Rn. 137.
409 BGH 09.10.2003, IX ZR 28/03, ZInsO 2003, 1101 (1102).
410 BGH 29.03.2007, IX ZR 27/06, ZInsO 2007, 605 Rn. 20.

det.[411] Das bloße Entfallen von Kostenbeiträgen gemäß §§ 170, 171 bedeutet hingegen keine objektive Gläubigerbenachteiligung, weil die Kostenbeiträge lediglich die Mehrkosten ausgleichen sollen, die durch die Bearbeitung von Absonderungsrechten innerhalb des Insolvenzverfahrens anfallen.[412]

(2) Ablösung durch Zahlung

Sofern ein Absonderungsrecht insolvenzfest entstanden ist, kann die anschließende **Befriedigung durch Zahlung** nicht mehr angefochten werden, weil sie die Gläubiger nicht benachteiligt, soweit deren Höhe nicht den Erlös überschreitet, den der Absonderungsberechtigte bei einer Verwertung der mit dem Absonderungsrecht belasteten Sache oder Forderung hätte erzielen können.[413] Ist das Pfandrecht dagegen nicht früher als drei Monate vor dem Insolvenzantrag oder danach entstanden, ist es anfechtbar, wenn der Schuldner zur Zeit der Rechtshandlung zahlungsunfähig war.[414] Keine Gläubigerbenachteiligung greift ein, wenn ein in früheren AGB enthaltener verlängerter oder erweiterter Eigentumsvorbehalt durch neue AGB perpetuiert wird.[415]

104

Durch eine Zahlung zur Ablösung eines insolvenzbeständig erworbenen Sicherungsrechts werden die Insolvenzgläubiger nicht benachteiligt. Übereignet der Schuldner Bestandteile seines Geschäftsbetriebs zur Sicherheit an einen Darlehensgeber und veräußert er danach den gesamten Geschäftsbetrieb unter Eigentumsvorbehalt an einen Erwerber mit der Weisung, den Kaufpreis direkt an den Darlehensgeber zu zahlen, werden die Gläubiger nur insoweit benachteiligt, als die Höhe der Zahlung den Wert des dem Darlehensgeber insolvenzfest übereigneten Sicherungsguts übersteigt. Infolge des von dem Schuldner mit dem Erwerber vereinbarten Eigentumsvorbehalts verlor der Darlehensgeber sein Sicherungseigentum erst mit der Zahlung.[416] Ebenso verhält es sich, wenn der Käufer den Kaufpreis zur Ablösung des Sicherungsrechts auf ein im Soll befindliches Kontokorrentkonto leistet, das der Schuldner bei der absonderungsberechtigten Bank führt, wodurch dieser die Befriedigung aus dem Zahlungseingang im Wege der Verrechnung ermöglicht wird.[417]

105

Allerdings bedeutet die Aufgabe eines Sicherungsrechts zu Gunsten eines anderen Rechts kein **anfechtungsrechtlich neutrales Tauschgeschäft**, wenn das eine Recht erloschen ist, bevor das andere Recht begründet worden ist, so dass dem Schuldner in der Zwischenzeit ein dinglich unbelastetes Recht zugestanden hat, auf welches Gläubiger hätten zugreifen können. Eine Verrechnung führt daher in vollem Umfang zu einer objektiven Gläubigerbenachteiligung, wenn die Bank ihr Sicherungseigentum aufgegeben und im Gegenzug hierfür zunächst lediglich einen schuldrechtlichen Anspruch gegen den Schuldner erhalten hat, nach welchem der Erlös aus dem Verkauf auf ein bei ihr geführtes Konto entrichtet werden muss.[418]

Eine Gläubigerbenachteiligung scheidet aus, wenn das Absonderungsrecht von vorneherein an einem Geldbetrag oder einem Bankguthaben besteht. Bleibt in einem solchen Fall der verpfändete Geldbetrag oder das verpfändete Guthaben hinter der Höhe der gesicherten Forderung zurück, ist das eigene Verwertungsrecht des Verwalters ohne jeden wirtschaftlichen Wert.[419] Ebenso ist es zu beurteilen, wenn Überweisungen aus einem Guthaben den Wert des Absonderungsrechts nicht über-

106

---

411 BGH 29.09.2011, IX ZR 74/09, ZInsO 2011, 1979 Rn. 8; 26.04.2012, IX ZR 67/09, WM 2012, 1200 Rn. 28; 20.12.2012 IX ZR 130/10, WM 2013, 333 Rn. 29.
412 BGH 26.04.2012, IX ZR 67/09, WM 2012, 1200 Rn. 28.
413 BGH 22.01.2004, IX ZR 39/03, BGHZ 157, 350 (353); 10.02.2005, IX ZR 211/02, BGHZ 162, 143 (156); 06.04.2006, IX ZR 185/04, ZInsO 2006, 544 Rn. 21; 20.03.2008, IX ZR 2/07, ZInsO 2008, 451 Rn. 6; 19.03.2009, IX ZR 39/08, ZInsO 2009, 828 Rn. 13.
414 BGH 17.09.2009, IX ZR 106/08, ZInsO 2010, 43 Rn. 6.
415 BGH 17.03.2011, IX ZR 63/10, ZInsO 2011, 778 Rn. 26 ff.
416 BGH 19.03.2009, IX ZR 39/08, ZInsO 2009, 828 Rn. 13 f.; 26.04.2012, IX ZR 67/09, WM 2012, 1200 Rn. 22.
417 BGH 26.04.2012, IX ZR 67/09, WM 2012, 1200 Rn. 22.
418 BGH 26.04.2012, IX ZR 67/09, WM 2012, 1200 Rn. 24.
419 BGH 06.04.2006, IX ZR 185/04, ZInsO 2006, 544 Rn. 21.

steigen.⁴²⁰ Ist das durch Pfändung einer Mietforderung entstandene Pfandrecht anfechtbar, weil der Nutzungszeitraum, für den die Mieten geschuldet sind, in der anfechtungsrelevanten Zeit begonnen hat, führt es bis zur Anordnung der Zwangsverwaltung des Grundstücks nicht zur Annahme eines masseneutralen **Sicherheitentauschs**, dass die Mietforderung zugleich in den Haftungsverband einer Grundschuld fällt. Denn bis zur Beschlagnahme unterliegen die Mietforderungen nicht dem Haftungsverband der Grundschuld.⁴²¹

107 **Verrechnet** der Grundschuldgläubiger, dem der Schuldner die Mietzinsforderungen abgetreten hat, bis zur Insolvenzeröffnung eingehende Mietzahlungen mit einer Forderung gegen den Schuldner, so werden die Gläubiger hierdurch nicht benachteiligt, weil der Grundschuldgläubiger mit der Grundschuld ein insolvenzfestes Absonderungsrecht an den Mieten unanfechtbar erworben hat und die Vorausabtretung dieser Rechtslage entspricht.⁴²² In einem echten **Kontokorrent mit vereinbarter Kreditobergrenze** scheidet eine Gläubigerbenachteiligung durch einzelne Kreditrückführungen aus, weil ohne sie die Kreditmittel, die der Schuldner danach tatsächlich noch erhalten hat, ihm nicht mehr zugeflossen wären. Nach der Kreditabrede stehen dort die Leistungen des Schuldners an den Gläubiger in einem unmittelbaren rechtlichen Zusammenhang mit der dem Schuldner eingeräumten Möglichkeit, einen neuen Kredit zu ziehen. Anfechtbar sind solche Kreditrückführungen daher nicht in ihrer **Summe**, sondern nur bis zur **eingeräumten Kreditobergrenze**.⁴²³ Die Verrechnung im Kontokorrentverhältnis benachteiligt die Gläubiger nicht, soweit die eingegangenen Gutschriften auf der Bezahlung solcher Forderungen beruhen, welche der Bank anfechtungsfest zur Sicherheit abgetreten worden waren.⁴²⁴ Dagegen liegt eine Gläubigerbenachteiligung vor, wenn nach Abtretung einer Forderung durch den Schuldner an seine Bank der Drittschuldner die Forderung gegenüber dem Schuldner durch Scheck begleicht und dieser den Scheck bei der Bank eiNr.eicht, weil mit der unmittelbaren Zahlung an den Schuldner wegen der Forderungserfüllung das Sicherungsrecht der Bank untergegangen war und damit kein Fall eines Sicherheitentauschs eingreift.⁴²⁵

108 Ein **Sicherheitenpoolvertrag**, nach dem die einbezogenen Sicherheiten jeweils auch für die anderen am Pool beteiligten Gläubiger zu halten sind, begründet in der Insolvenz des Sicherungsgebers auch dann kein Recht dieser weiteren Gläubiger auf abgesonderte Befriedigung, wenn der Sicherungsgeber dem Vertrag zugestimmt hat. Denn der Poolvertrag ändert nichts an der dinglichen Zuordnung. Deshalb stellt die Verrechnung einer Gutschrift mit dem negativen Saldo eines Kontokorrentkontos eine Benachteiligung der Gesamtheit der Gläubiger dar, wenn die Gutschrift aus der Zahlung auf eine sicherungshalber an eine andere Bank abgetretene Forderung stammt und diese Bank die ihr gestellten Sicherheiten aufgrund eines Sicherheitenpoolvertrags auch treuhänderisch für die kontoführende Bank zu halten hat.⁴²⁶

109 Die nach Aufdeckung der Abtretung vor Insolvenzeröffnung durch den absonderungsberechtigten Gläubiger vorgenommene Einziehung einer Forderung kann nicht mit der Begründung angefochten werden, der Masse sei die Verwertungspauschale entgangen, weil es keine insolvenzrechtliche Norm gibt, die den Sicherungsnehmer bis zur Eröffnung des Insolvenzverfahrens an der Ausübung seiner Rechte hindert. Deshalb sind insoweit Ansprüche der Masse auf eine **Feststellungs- oder Verwertungspauschale** zu verneinen.⁴²⁷ Hat der in der Insolvenz absonderungsberechtigte Gläubiger vor Insolvenzeröffnung sicherungsübereignete Gegenstände in Besitz genommen und verwertet, kann die

---

420 BGH 25.10.2007, IX ZR 157/06, ZInsO 2008, 161 Rn. 10.
421 BGH 17.09.2009, IX ZR 106/08, ZInsO 2010, 43 Rn. 17.
422 BGH 16.11.2006, IX ZR 135/05, ZInsO 2006, 1321 Rn. 6.
423 BGH 24.01.2013, IX ZR 11/12, WM 2013, 363 Rn. 15.
424 BGH 26.04.2012, IX ZR 67/09, WM 2012, 1200 Rn. 20.
425 BGH 19.01.2006, IX ZR 154/03, ZInsO 2006, 493 Rn. 14 f.
426 BGH 02.06.2005, IX ZR 181/03, ZInsO 2005, 932.
427 BGH 20.11.2003, IX ZR 259/02, ZInsO 2003, 1137.

Inbesitznahme ebenfalls nicht mit der Begründung angefochten werden, der Masse sei die **Feststellungskostenpauschale** entgangen.[428]

Mit Beginn des **Brauens von Bier** entsteht die sofort fällige Biersteuer; außerdem unterliegt das Bier der Sachhaftung nach § 76 Abs. 2 AO mit der Folge, dass der Finanzverwaltung gem. § 51 Nr. 4 im eröffneten Insolvenzverfahren ein Absonderungsrecht an dem Bier zusteht. Durch die Zahlung der Biersteuer erreicht der Schuldner, dass die Sachhaftung gem. § 76 Abs. 3 AO erlischt und er über das Bier verfügen und es in der Gastwirtschaft ausschenken kann. Die Deckung von Absonderungsrechten ist jedoch insoweit nicht anfechtbar, als der Empfänger aus dem Absonderungsgegenstand hätte Befriedigung erlangen können. Die Sachhaftung geht privaten Rechten Dritter vor, die Finanzverwaltung hat wegen der hierdurch gesicherten Biersteuerforderung die Stellung eines erstrangigen öffentlich-rechtlichen Pfandgläubigers inne. Etwaige dem Erwerb dieses Rechts entgegenstehende Rechte Dritter sind gem. § 76 Abs. 1 AO nachrangig.[429] Freilich kann die **Sachhaftung** selbst in anfechtbarer Weise entstehen. Durch das Brauen des Bieres als anfechtbare Rechtshandlung und die dadurch entstandene Sachhaftung für die Biersteuer wird das Schuldnervermögen mit einer dinglichen Haftung für eine einfache Insolvenzforderung belastet. Dadurch haben sich die Befriedigungsmöglichkeiten der anderen Insolvenzgläubiger verschlechtert, ohne dass eine durch den Brauvorgang zugunsten Schuldners begründete im Verkauf des Biers zu erblickende Wertschöpfung anspruchsmindernd zu berücksichtigen ist. Da mit der Entstehung der Sachhaftung selbst für die Masse keine anderweitige Mehrung des Aktivvermögens oder Minderung der Passiva einhergeht, ist die durch die Sachhaftung eingetretene Gläubigerbenachteiligung nicht ausgeglichen worden.[430]

d) Wertlose Gegenstände

Die Weggabe völlig wertloser Gegenstände aus dem Schuldnervermögen ist anfechtungsrechtlich unerheblich, weil dadurch das Vermögen des Schuldners nicht zum Nachteil der Gläubiger verkürzt wird.[431] Mit einer bloßen **Besitzübertragung** geht regelmäßig noch keine Gläubigerbenachteiligung einher, wenn der Verwalter gegen den nicht berechtigten Besitzer unmittelbar auf Herausgabe klagen kann. Wird dem Besitzer zugleich – etwa als Mieter – ein Recht zum Besitz eingeräumt, liegt eine Benachteiligung vor. Ebenso verhält es sich, wenn dem Besitzer die Eigentumsvermutung des § 1006 BGB zugute kommt. Keine Gläubigerbenachteiligung ist regelmäßig mit unwirksamen Geschäften verbunden, weil ein materieller Rückforderungsanspruch besteht.

4. Gläubigerforderungen deckende Masse

Eine Gläubigerbenachteiligung scheidet aus, wenn die Masse ohne die Anfechtung ausreichen würde, um alle Gläubiger zu befriedigen.[432] Dies erfordert auch die Deckung solcher Forderungen, gegen die ein Widerspruch erhoben worden ist, weil jener durch eine Feststellungsklage (§ 179) beseitigt werden kann.[433] Allerdings begründet die Insolvenzeröffnung eine gegen eine solche Sachverhaltsgestaltung sprechende tatsächliche Vermutung.[434] Eine zunächst eingetretene Benachteiligung kann nachträglich dadurch wieder beseitigt werden, dass der Anfechtungsgegner den anfechtbar erhaltenen Gegenstand oder dessen vollen Wert in das **Vermögen des Schuldners zurückführt**. Dies setzt voraus, dass die entsprechende »Rückgewähr« des Anfechtungsgegners eindeutig zu dem Zweck erfolgt, dem Schuldner den entzogenen Vermögenswert wieder zu geben und damit die Verkürzung

---

428 BGH 23.09.2004, IX ZR 25/03, ZInsO 2005, 148.
429 BGH 09.07.2009, IX ZR 86/08, ZInsO 2009, 1585 Rn. 12, 13, 17.
430 BGH 09.07.2009, IX ZR 86/08, ZInsO 2009, 1585 Rn. 23, 26, 37.
431 BGH 30.03.1983 VIII ZR 7/82, NJW 1983, 1738 (1739); 22.03.2001, IX ZR 373/98, ZIP 2001, 889 (890); 11.12.2003, IX ZR 336/01, ZIP 2004, 671 (672).
432 BGH 19.09.1988, II ZR 255/87, BGHZ 105, 168 (187); 29.04.1986, IX ZR 145/85, ZIP 1986, 787 (788).
433 BGH 19.09.1988, II ZR 255/87, BGHZ 105, 168 (188).
434 BGH 17.04.2008, IX ZR 77/07, juris Rn. 2.

der Haftungsmasse ungeschehen zu machen. Von der Zweckbestimmung her muss es sich um eine vorweggenommene Befriedigung des individuellen Rückgewähranspruchs handeln.[435]

5. Bloßer Gläubigertausch

113 Begleichen nicht persönlich haftende Gesellschafter die Verbindlichkeit einer Gesellschaft auf deren Anweisung gegenüber einem Gläubiger, scheidet eine Gläubigerbenachteiligung aus, wenn die Gesellschafter durch die Zahlung keine eigene Schuld gegenüber der Gesellschaft getilgt haben. Es liegt bei dieser **Anweisung auf Kredit** ein bloßer Gläubigerwechsel vor, weil die Gesellschafter an die Stelle des von ihnen befriedigten Gläubigers getreten sind.[436] Werden Zahlungen des Schuldners von einem debitorischen auf ein anderes, bei derselben Bank geführtes ebenfalls debitorisches Konto gebucht, liegt eine Gläubigerbenachteiligung nur vor, wenn das Konto, dessen Schuldenstand durch die Umbuchung verringert wurde, über schlechtere Sicherungen verfügte als das Konto, dessen Schuldenstand dadurch erhöht wurde. Das mit dem umgebuchten Betrag belastete Konto ist nicht wegen der zusätzlich von Dritten erteilten Bürgschaften besser gesichert, weil etwaige Leistungen des Bürgen das Schuldnervermögen nicht berühren. Mit seiner Zahlung erwirbt der Bürge die gesicherte Forderung (§ 774 BGB), so dass ein bloßer Gläubigertausch stattfindet. Gehen von dem Schuldner bestellte Sicherungen mit der getilgten Forderung auf den Bürgen über (§ 401 BGB), befindet er sich in derselben wirtschaftlichen Lage wie vorher gegenüber seiner Bank.[437] Wird einer Bank, der die später verkaufte Ware zur Sicherheit übereignet war, die aus deren Verkauf sich ergebende Kaufpreisforderung abgetreten, liegt ein bloßer Sicherheitentausch vor.[438] Soll durch die Zahlung des Kaufpreises ein an der Kaufsache bestehendes Recht der Bank des Verkäufers abgelöst werden, so unterliegt die Kaufpreisforderung einer treuhänderischen Bindung, wenn der Kaufpreis nach der vertraglichen Vereinbarung nur auf das bei der betreffenden Bank im Soll geführte Konto des Verkäufers gezahlt werden darf; diese treuhänderische Bindung müssen auch die Gläubiger des Verkäufers gegen sich gelten lassen. Hat die Bank im Gegenzug für diese Treuhandbindung ihr Sicherungseigentum an verkauften Waren aufgegeben, so liegt im Umfang des Werts des aufgegebenen Sicherungsrechts ein Sicherheitentausch vor, der die Gläubiger nicht benachteiligt.[439] Wird Sicherungseigentum abgelöst, indem die Kaufpreisansprüche aus dem Weiterverkauf an den Sicherungsnehmer abgetreten oder zu dessen Gunsten treuhänderisch gebunden werden, so liegt keine Gläubigerbenachteiligung vor, soweit die Kaufpreisansprüche den **verkehrsüblichen Einkaufspreisen der Waren** (Wiederbeschaffungskosten) entsprechen.[440]

6. Forderungsabtretung an Kreditinstitut

114 Hat der Schuldner künftige Forderungen sicherungshalber rechtswirksam an ein Kreditinstitut abgetreten, so werden die Gläubiger regelmäßig nicht benachteiligt, soweit das Kreditinstitut die bei ihm eingehenden Zahlungen der Drittschuldner gegen Verbindlichkeiten der Gemeinschuldnerin verrechnet. Aufgrund der Sicherungsabtretung hat die Bank den Erlös als wahre Berechtigte erhalten. Zwar sind mit der Zahlung die der Bank als Sicherheit abgetretenen Forderungen erloschen (§§ 362, 407 Abs. 1 BGB). Die Bank hat an deren Stelle jedoch ein Pfandrecht an dem neu entstandenen Anspruch des Schuldners aus § 667 BGB gem. Nr. 14 Abs. 1 AGB-Banken (ebenso AGB-Sparkassen) erworben. Der Austausch der einen insolvenzbeständigen Sicherheit gegen eine andere benachteiligt

---

[435] BGH 12.07.2007, IX ZR 235/03, ZInsO 2007, 1107 Rn. 19.
[436] BGH 16.10.2008, IX ZR 147/07, ZInsO 2008, 1200 f. Rn. 10; 21.06.2012, IX ZR 59/11, WM 2012, 1448 Rn. 12.
[437] BGH 10.07.2008, IX ZR 142/07, ZIP 2008, 1695.
[438] BGH 05.04.2001, IX ZR 216/98, BGHZ 147, 233 (239 f.); 05.12.1985, IX ZR 165/84, NJW-RR 1986, 536 (538 f.).
[439] BGH 26.04.2012, IX ZR 67/09, WM 2012, 1200 Rn. 26.
[440] BGH 26.04.2012, IX ZR 67/09, WM 2012, 1200 Rn. 34.

die Gläubiger nicht.[441] Eine Bank ist deshalb auch in der Krise anfechtungsrechtlich zur Verrechnung von Zahlungseingängen berechtigt, die aus ihr **zur Sicherheit abgetretenen Forderungen** stammen.[442]

Dies gilt auch bei einer **Poolbildung** unter Gläubigerbanken. Sie dient in der Regel dazu, die vorhandenen Sicherheiten bestmöglich zu nutzen, die Sicherheitenbestellung und -verwaltung zu vereinfachen sowie die Gefahren aus einem Zusammentreffen von Sicherungen verschiedener Gläubiger durch deren Beteiligung am Sicherungsgut auszuräumen.[443] Vereinbaren mehrere Gläubiger einen Vertrag über die Zusammenfassung ihrer Sicherheiten (Poolvertrag), ist damit keine Gläubigerbenachteiligung verbunden, falls die beteiligten Gläubiger dadurch nicht mehr Rechte erhalten, als ihnen einzeln zustehen.[444] Eine Gläubigerbenachteiligung tritt jedoch ein, wenn der Schuldner einer Erweiterung des Sicherungszwecks bestehender Sicherheiten zustimmt[445] oder zusätzliche Vermögensstücke des Schuldners als Sicherheit dienen sollen.[446] Wird ein **neuer Gläubiger** in den Poolvertrag einbezogen, hat dieser nur einen schuldrechtlichen Anspruch gegen die bisherigen Sicherungsnehmer, die diesen übertragenen Sicherheiten auch für ihn zu verwalten. Dieser schuldrechtliche Anspruch hat nicht die Absonderungskraft, um im Falle eines mit der Zahlung auf eine abgetretene Forderung verbundenen **Sicherheitentausches** den nur schuldrechtlich Berechtigten an der Ersatzsicherheit wie einen ursprünglich Berechtigten teilhaben zu lassen.[447] Ein anfechtungsrechtlich neutraler Sicherheitentausch kommt auch nicht in Betracht, wenn das eine Recht erloschen ist, bevor das andere Recht begründet wird.[448]

7. Wertausschöpfende Belastung

Eine Gläubigerbenachteiligung kommt nicht in Betracht, wenn Grundstücke wertausschöpfend belastet sind und eine Verwertung durch den Verwalter nicht zu einer – auch nur teilweisen – Befriedigung der Insolvenzgläubiger geführt hätte.[449] An einer Gläubigerbenachteiligung fehlt es, wenn der Schuldner einen wertausschöpfend belasteten Gegenstand überträgt, aus dem der Gläubiger sich auch ohne dessen Übertragung nicht hätte befriedigen können.[450] Anders kann es sich bei einem wertausschöpfend belasteten Gegenstand verhalten, der für die **Betriebsfortführung** von Bedeutung ist.[451] Ob ein Grundstück wertausschöpfend dinglich belastet ist, richtet sich nicht nach dem Nominalbetrag der Grundpfandrechte, sondern nach der **tatsächlichen Höhe der Forderungen**, die durch diese Grundstücksrechte gesichert werden.[452] Eine Ausnahme gilt nur dann, wenn der schuldrechtliche Anspruch auf Rückgewähr eines nicht (mehr) valutierten Teiles der Sicherheit beim Schuldner verblieben ist[453] oder die bei der Übertragung noch bestehenden Belastungen im Nachhinein vertragsgemäß von ihm beseitigt werden.[454] Handelt es sich um die Veräußerung mehrerer Grundstü-

---

441 BGH 05.04.2001, IX ZR 216/98, BGHZ 147, 233 (239 f.); 05.12.1985, IX ZR 165/84, ZIP 1986, 452 (454 f.).
442 BGH 01.10.2002, IX ZR 360/99, NJW 2003, 360 (361); 28.02.2008, IX ZR 177/05, ZInsO 2008, 375 Rn. 12.
443 BGH 12.11.1992, IX ZR 237/91, NJW-RR 1993, 235 f.
444 BGH 10.03.1982, VIII ZR 311/80, ZIP 1982, 543 (544).
445 BGH 12.11.1992, IX ZR 237/91, NJW-RR 1993, 235 f.
446 BGH 19.04.1998, IX ZR 22/97, BGHZ 138, 291 (304 ff.).
447 BGH 02.06.2005, IX ZR 181/03, ZIP 2005, 1651 (1653).
448 BGH 24.05.2007, IX ZR 105/05, ZIP 2007, 1274 Rn. 21.
449 BGH 05.07.2007, IX ZR 256/06, BGHZ 173, 129 Rn. 52.
450 BGH 23.02.1984, IX ZR 26/83, BGHZ 90, 207 (212); 07.06.1988, IX ZR 144/87, BGHZ 104, 355 (357).
451 BGH 26.04.2012, IX ZR 67/09, WM 2012, 1200 Rn. 30.
452 BGH 24.09.1996, IX ZR 190/95, NJW 1996, 3341 (3342); 17.12.1998, IX ZR 196/97, NJW 1999, 1395 (1396).
453 BGH 24.11.2005, V ZB 94/05, ZInsO 2007, 101 Rn. 21.
454 BGH 19.05.2009, IX ZR 129/06, ZInsO 2009, 1249 Rn. 25.

cke, ist für die Frage der Benachteiligung nicht auf deren Gesamtwert, sondern auf den Wert der einzelnen Grundstücke und ihrer Belastungen abzustellen.[455]

117 Die Frage der Benachteiligung kann in Anwendung des **Anfechtungsgesetzes** nicht danach beantwortet werden, welchen Verkehrswert die Grundstücke hatten. Maßgeblich muss vielmehr sein, ob bei einer **Zwangsversteigerung** unter Berücksichtigung der vorrangigen Belastungen und der Kosten des Zwangsversteigerungsverfahrens ein an den Gläubiger auszukehrender Erlös hätte erzielt werden können.[456] Die Übertragung eines belasteten Grundstücks hat – wie der Bezugnahme auf § 129 zu entnehmen sein dürfte – auch im Rahmen einer **Insolvenzanfechtung** nur dann eine objektive Gläubigerbenachteiligung zur Folge, wenn der in der Zwangsversteigerung erzielbare Erlös des Grundstücks die vorrangigen Belastungen und die Kosten des Zwangsversteigerungsverfahrens überstiegen hätte.[457] Da der Verwalter zu einer freihändigen Veräußerung berechtigt ist, spricht gleichwohl manches dafür, dass hier bei der Beurteilung einer Gläubigerbenachteiligung der Verkehrswert anzusetzen ist.[458] Ob eine wertausschöpfende Belastung vorliegt, lässt sich wegen der für diese Bewertung erforderlichen Sachkunde nicht mit Hilfe von Zeugenaussagen, sondern regelmäßig nur eines **Sachverständigengutachtens** klären.[459] Für ein stattgebendes Urteil genügt es, wenn der Verwalter darlegt und notfalls beweist, dass eine Zwangsvollstreckung in den anfechtbar übertragenen Gegenstand nicht aussichtslos erscheint.[460]

VI. Beweislast

118 Darlegungs- und beweispflichtig für das Vorliegen einer Gläubigerbenachteiligung (§ 129) ist der **Verwalter**.[461] Da die Gläubigerbenachteiligung Voraussetzung jedes Anfechtungsanspruchs ist, gehört sie zu den klagebegründenden Umständen.[462] Der Verwalter hat sonach zu beweisen, dass es an einer Gegenleistung des Gläubigers fehlt[463] oder diese mit der Folge einer mittelbaren Benachteiligung untergegangen ist. Beruft sich der Beklagte darauf, der Schuldner habe den der Anfechtung zugrunde liegenden Anspruch abgetreten, hat der Verwalter zu beweisen, dass die Rechte bei dem Schuldner verblieben sind.[464] Wird von dem Anfechtenden zur Ausräumung der von der Gegenseite geltend gemachten wertausschöpfenden Belastung ein höherer Grundstückswert behauptet, hat er Beweis durch den Antrag auf Einholung eines Sachverständigengutachtens anzutreten. In diesem Zusammenhang kann den Anfechtungsgegner eine sekundäre Behauptungslast treffen, zum Stand der Valutierung etwaiger Grundpfandrechte vorzutragen.[465]

119 Hat der Beklagte unstreitig die herausverlangten Zahlungen von dem Schuldner ohne Gegenleistung erhalten, trifft ihn die sekundäre Darlegungslast dafür, dass er die den Zahlungen zugrunde liegenden Forderungen des Schuldners gegen Dritte zuvor erworben hatte.[466] Behauptet der Anfechtungsgegner auf Grund eines früheren **insolvenzfesten Erwerbs**, ohnehin Inhaber des herausverlangten Gegenstands zu sein, so wird eine Gläubigerbenachteiligung und damit der Anfechtungstatbestand bestritten; die dafür vorgetragenen Tatsachen muss deshalb der Anfechtende ausräumen. Allerdings ist

---

455 BGH 11.07.1996, IX ZR 226/94, NJW 1996, 3147 (3149).
456 BGH 20.10.2005, IX ZR 276/02, ZInsO 2006, 151 Rn. 7.
457 BGH 19.05.2009, IX ZR 129/06, ZInsO 2009, 1249 Rn. 19; 10.12.2009, IX ZR 203/06, ZInsO 2010, 225 Rn. 12.
458 MüKo/*Kirchhof* § 129 Rn. 152b; HK-InsO/*Kreft* § 129 Rn. 56.
459 BGH 20.10.2005, IX ZR 276/02, ZIP 2006, 387 Rn. 9.
460 BGH 24.09.1996, IX ZR 190/95, NJW 1996, 3341 (3342).
461 BGH 22.12.1971, VIII ZR 136/70, BGHZ 58, 20 (22 f.) = BGH ZIP 2008, 650 Rn. 19.
462 BGH 20.10.2005, IX ZR 276/02, ZIP 2006, 387 Rn. 9.
463 BGH 11.07.1991, IX ZR 230/90, ZIP 1991, 1014 (1018).
464 BGH 03.03.1988, IX ZR 11/87, WM 1988, 799 (801).
465 BGH 20.10.2005, IX ZR 276/02, ZIP 2006, 387 Rn. 11 ff.
466 BGH 11.07.1991, IX ZR 230/90, NJW 1992, 624 (626); 17.12.1998, IX ZR 196/97, NJW 1999, 1395 (1397); 06.04.2006, IX ZR 185/04, ZIP 2006, 1009 Rn. 23.

es Sache des Anfechtungsgegners, im Rahmen seiner sekundären Darlegungslast die Voraussetzungen des von ihm behaupteten Erwerbstatbestands darzulegen.[467]

Es gibt keine empirische Erfahrung, dass ein späterer Insolvenzschuldner Zahlungen nur aus Mitteln leisten würde, die der Pfändung unterliegen.[468] Bestreitet der Beklagte, dass die Zahlung aus einem **Guthaben** oder im Rahmen einer **genehmigten Kreditlinie** erbracht worden war, muss der Kläger dies beweisen. Für die Schlüssigkeit genügt es jedenfalls, wenn der Anfechtungskläger eine Kontoaufstellung vorlegt, aus der sich ergibt, dass der Kontostand die eingeräumte Kreditlinie nie überschritten hat.[469] Wird das Insolvenzverfahren über das Vermögen einer GmbH wegen **Überschuldung** oder **Zahlungsunfähigkeit** eröffnet, spricht eine tatsächliche Vermutung dagegen, dass die Insolvenzmasse ausreicht, um alle Gläubiger zu befriedigen.[470] Beruft sich der Anfechtungsgegner gleichwohl auf diese Möglichkeit, muss er sich eingehend mit allen zum Vermögen der Gemeinschuldnerin gehörenden Posten befassen und aufzeigen, dass es zur Befriedigung aller Gläubiger ausreicht.[471]

G. Ursachenzusammenhang

I. Natürliche Kausalität

Zwischen der angefochtenen Rechtshandlung und der Beeinträchtigung des Gläubigerzugriffs muss ein **ursächlicher Zusammenhang** in dem Sinne bestehen,[472] dass sich die Masse ohne das Dazwischentreten der angefochtenen Rechtshandlung und die damit verbundene Veräußerung, Weggabe oder Aufgabe von Werten aus dem Schuldnervermögen günstiger gestaltet hätte.[473] Dies ist der Fall, wenn die Befriedigungsmöglichkeiten der Gläubiger ohne die angefochtene Rechtshandlung günstiger wären, sie ohne die Rechtshandlung also eine bessere Befriedigung erlangt hätten. Ein ursächlicher Zusammenhang fehlt dagegen, wenn der Gläubiger auch ohne die angefochtene Rechtshandlung nicht erfolgreich hätte vollstrecken können. Für die Ursächlichkeit genügt es, dass die Rechtshandlung im natürlichen Sinne eine Bedingung für die Gläubigerbenachteiligung darstellt. Da es nicht um einen Schadensersatzanspruch geht, der sich unter Umständen auch auf entfernte Folgen einer Handlung erstrecken kann, bedarf es für die Anfechtbarkeit nicht der Einschränkung durch die **Adäquanztheorie**.[474] Die Frage des ursächlichen Zusammenhangs zwischen der Rechtshandlung des Schuldners und der Gläubigerbenachteiligung ist aufgrund des **realen Geschehens** zu beurteilen.[475] Der Ursachenzusammenhang wird beseitigt, wenn der Anfechtungsgegner das erworbene Gut nachträglich vor der Anfechtung zu vollem Wert und ohne Nachteil für die Masse an den Schuldner zurückgewährt.[476]

An der Kausalität fehlt es, wenn Aufwendungen für ein im Eigentum des Anfechtungsgegners stehendes Hausgrundstück erbracht wurden, die sich nicht in einem höheren Verkaufserlös niederschlagen.[477] Wenn eine Vereinbarung vom 16. März 2002 anfechtbar war, sind auf ihrer Grundlage ge-

---

467 BGH 21.02.2006, 5 O 288/05, ZIP 2006, 1061 (1063).
468 BGH 01.02.2007, IX ZB 248/05, ZIP 2007, 601 Rn. 14.
469 BGH 01.02.2007, IX ZB 248/05, ZIP 2007, 601 Rn. 14; 27.03.2008, IX ZR 210/07, ZIP 2008, 747 Rn. 2.
470 BGH 22.03.2001, IX ZR 407/98, NJW 2001, 2545 (2547).
471 BGH 13.03.1997, IX ZR 93/96, ZIP 1997 (854 f.).
472 BGH 23.02.1984, IX ZR 26/83, BGHZ 90, 207 (212).
473 RGZ 33, 120 (123); BGH 11.05.1989, IX ZR 222/88, NJW-RR 1989, 1010.
474 BGH 09.12.1999, IX ZR 102/97, BGHZ 143, 246 (253).
475 BGH 07.06.1988, IX ZR 144/87, BGHZ 104, 355 (359 f.); 21.01.1993, IX ZR 275/91, BGHZ 121, 179 (187); 08.07.1993, IX ZR 116/92, BGHZ 123, 183 (190 f.); 30.09.1993, IX ZR 227/92, BGHZ 123, 320 (325 f.); 15.12.1994, IX ZR 153/93, BGHZ 128, 184 (192); 18.05.2000, IX ZR 119/99, ZIP 2000, 1550 (1551).
476 BGH 16.08.2007, IX ZR 63/06, NZI 2007, 575 Rn. 57.
477 BGH 20.02.1980, VIII ZR 48/79, NJW 1980, 1580 (1581).

§ 129 InsO Grundsatz

währte Leistungen zu erstatten. Sind Leistungen nur nach Maßgabe einer Vereinbarung vom 16. März 2002 erbracht worden, geht die Anfechtung einer Vereinbarung vom 29. März 2004 mangels eines Ursachenzusammenhangs zwischen der angefochtenen Rechtshandlung und der Gläubigerbenachteiligung ins Leere.[478] Hat ein Tankstelleninhaber bei der Veräußerung seines Betriebes dem ihn beliefernden Mineralölunternehmen für eine Darlehensforderung Befriedigung oder Deckung in der Weise gewährt, dass er den Übernehmer veranlasst hat, die Darlehensschuld unter Anrechnung auf den Kaufpreis zu übernehmen, so ist im Falle seiner Insolvenz eine Anfechtung mangels einer objektiven Benachteiligung ausgeschlossen, wenn auch der Verwalter auf Grund des Belieferungsvertrages bei einer Veräußerung des Betriebes dem Unternehmen die gleiche Befriedigung oder Deckung hätte gewähren müssen.[479] Sichert die Bank durch Anordnung einer zwischenzeitliche Kontensperre, dass der Schuldner zu einem späteren Zeitpunkt ihr gegenüber eine Verbindlichkeit erfüllt, liegt eine Gläubigerbenachteiligung nur vor, wenn das Guthaben im Zeitraum der Kontensperre abgeflossen wäre.[480]

II. Kein Wegfall der Benachteiligung durch hypothetische Betrachtung

123 Durch einen hypothetischen, nur **gedachten Kausalverlauf** können die Wirkungen eines realen, ursächlichen Ereignisses nicht beseitigt werden;[481] vielmehr schließen solche Geschehensabläufe die Ursächlichkeit einer Rechtshandlung für die Benachteiligung der Gläubiger grds nicht aus.[482] Wird der Anfechtungsgegner mit Kreditmitteln befriedigt, kommt es folglich nicht auf die hypothetische Frage an, ob der Verwalter selbst in der Lage gewesen wäre, das Darlehen abzurufen.[483] Handelt es sich um eine verfrühte Zahlung, ist es für die Gläubigerbenachteiligung ohne Bedeutung, ob die Zahlung auch nach Fälligkeit erfolgt wäre.[484] Bei Pfändung einer Mietforderung kann nicht auf die hypothetische Möglichkeit abgestellt werden, dass der Pfändungspfandgläubiger auch in der Lage gewesen wäre, mit Hilfe eines ihm bestellten dinglichen Grundpfandrechts masseneutral auf die Forderung zuzugreifen.[485] Der Anfechtung von Mietzahlungen kann nicht entgegengehalten werden, ohne die Zahlung wäre das Mietverhältnis durch fristlose Kündigung beendet worden.[486] Besteht ein Handelsvertreterverhältnis und scheidet, weil der Handelsvertreter die Ware namens des Unternehmers an die Kunden veräußert, zwischen beiden im Blick auf die Auskehr von dem Handelsvertreter eingenommener Verkaufserlöse ein unmittelbarer Leistungsaustausch aus, kann der Unternehmer nicht verlangen, rechtlich so gestellt zu werden, wie wenn er die Ware an den Handelsvertreter verkauft, dieser sie in eigenem Namen und auf eigene Rechnung weiter veräußert und vor oder nach der Veräußerung, jedenfalls noch in einem unmittelbaren zeitlichen Zusammenhang mit der Lieferung, den Kaufpreis im Rahmen eines Bargeschäfts (§ 142) an den Unternehmer entrichtet hätte.[487]

124 Im Falle einer benachteiligenden unausgewogenen Vertragsklausel kann nicht darauf abgestellt werden, dass der Schuldner, wäre die Unausgewogenheit von den Vertragspartnern erkannt worden, an anderer Stelle hätte nachgeben müssen.[488] Auch kann eine Gläubigerbenachteiligung nicht mit der Erwägung verneint werden, bei Unterbleiben der angefochtenen Handlung hätte der Gläubiger auf

---

478 BGH 21.07.2011, IX ZR 108/11, Rn. 6.
479 BGH 24.11.1959, VIII ZR 220/57, WM 1960, 377.
480 BGH 18.12.2003, IX ZR 9/03, ZInsO 2004, 201 (202).
481 BGH 09.06.2005, IX ZR 152/03, ZInsO 2005, 766 (767).
482 Vgl. BGH 29.06.2004, IX ZR 258/02, BGHZ 159, 397 (401); 07.02.2002, IX ZR 115/99, NJW 2002, 1574 (1576); 02.06.2005, IX ZR 263/03, WM 2005, 1712 (1714); 29.09.2005, IX ZR 184/04, WM 2005, 2193 (2194); 19.04.2007, IX ZR 199/03, ZInsO 2007, 596 Rn. 19.
483 BGH 27.03.2008, IX ZR 220/05, ZInsO 2008, 449 Rn. 5.
484 BGH 09.06.2005, IX ZR 152/03, ZInsO 2005, 766 (767).
485 BGH 17.09.2009, IX ZR 106/08, ZInsO 2010, 43 Rn. 17.
486 *BGH 20.01.2011*, IX ZR 58/10, ZInsO 2011, 421 Rn. 14.
487 BGH 23.09.2010 – IX ZR 212/09, ZInsO 2010, 1929 Rn. 35.
488 BGH 19.04.2007, IX ZR 59/06, NJW 2007, 2325 Rn. 19.

den Gegenstand ebenfalls zugreifen können, weil dann über ihn in nicht anfechtbarer Weise verfügt worden wäre. Mithin kann eine Zahlung an den Gläubiger angefochten werden, obwohl dieser imstande gewesen wäre, sich zu einem früheren Zeitpunkt mittels einer Aufrechnung insolvenzfest zu befriedigen.[489]

Ohne Bedeutung für die Annahme einer Gläubigerbenachteiligung ist es, dass ein Unternehmen infolge der anfechtbaren Zahlung an einen Energieversorger seine Produktion fortsetzen und im Interesse seiner Gläubiger Gewinne verbuchen konnte.[490] Bei Begleichung einer Werklohnforderung durch den Auftraggeber unmittelbar gegenüber dem Subunternehmer des insolventen Auftragnehmers entfällt eine Gläubigerbenachteiligung nicht wegen des gedachten Verlaufs, dass im Falle der Nichterfüllung der Forderung erhebliche Schadensersatzansprüche gegen die Schuldnerin begründet gewesen wären.[491]

125

Wenn der Schuldner einen Gegenstand aus seinem Vermögen weggibt, ist dies die reale Ursache dafür, dass sein Gläubiger nicht in diesen Gegenstand vollstrecken kann. Diese Ursächlichkeit wird nicht durch die Feststellung beseitigt, dass der Schuldner bis zur Vollstreckung des Gläubigers in anderer Weise über den Gegenstand verfügt haben würde, wenn er dies nicht schon vorher getan hätte. Dies berührt die Haftung des Anfechtungsgegners jedenfalls dann nicht, wenn der anfechtbar weggegebene Gegenstand noch im **Vermögen des Anfechtungsgegners** vorhanden ist.[492] Hat der Anfechtungsgegner das zunächst rechtsgeschäftlich erworbene Grundstück nach einer von einem Dritten erwirkten Vollstreckung im Wege der Zwangsversteigerung erworben, bleibt der Anfechtungsanspruch erhalten.[493]

126

Im Fall einer durch eine Zahlung vor Fälligkeit bewirkten inkongruenten Deckung ist es für die dadurch bedingte Ursächlichkeit der Gläubigerbenachteiligung ohne Bedeutung, ob dieselbe Zahlung auch nach Fälligkeit erfolgt wäre. Ob eine wenige Tage später eingetretene Fälligkeit einer Anfechtung in voller Höhe des Zahlungsbetrages entgegensteht, ist keine Frage der Ursächlichkeit, sondern der Zurechenbarkeit. Im Wege **wertender Betrachtung** ist zu beurteilen, ob dieselbe Masseschmälerung durch eine gesetzlich nicht missbilligte Rechtshandlung der Schuldnerin wirksam hätte herbeigeführt werden können und ob die Dauerhaftigkeit der mit der angefochtenen Rechtshandlung erzielten Wirkung mit dem Zweck der Anfechtungsvorschriften vereinbart werden kann.[494] Durfte die Schuldnerin infolge eines zwischenzeitlich angeordneten Zustimmungsvorbehalts im Zeitpunkt der Fälligkeit keine Verfügung treffen, ist die Anfechtung in voller Höhe begründet.[495] Umgekehrt sind hypothetische Abläufe ebenfalls nicht geeignet, die Ursächlichkeit einer Rechtshandlung des Schuldners für die Benachteiligung seiner Gläubiger zu begründen. Hat der Schuldner zur Vermeidung gegen ihn gerichteter Ersatzansprüche einer Vertragsänderung zugestimmt, kann eine Benachteiligung nicht mit Hilfe der hypothetischen Annahme verneint werden, dass der Anfechtungsgegner auf die Vertragverletzung des Schuldners die für ihn ungünstigste Möglichkeit eines Rücktritts ergriffen hätte.[496]

127

---

489 BGH 12.07.2007, IX ZR 235/03, ZInsO 2007, 1107 Rn. 13 ff.
490 BGH 08.10.2009, IX ZR 173/07, ZInsO 2009, 2148 Rn. 17.
491 BGH 23.10.2008, IX ZB 35/05, ZInsO 2008, 1322 Rn. 11.
492 BGH 07.06.1988, IX ZR 144/87, BGHZ 104, 355 (360); 15.12.1994, IX ZR 153/93, BGHZ 128, 184 (192).
493 BGH 29.06.2004, IX ZR 258/02, BGHZ 159, 397.
494 BGH 12.07.2007, IX ZR 235/03, ZInsO 2007, 1107 Rn. 17.
495 BGH 09.06.2005, IX ZR 152/03, ZIP 2005, 1243 (1244).
496 BGH 19.04.2007, IX ZR 199/03, ZInsO 2007, 596 Rn. 19.

H. Anfechtungsprozess

I. Zuständigkeitsfragen

128 Aufgrund seiner bürgerlich-rechtlichen Natur ist der insolvenzrechtliche Anfechtungsstreit dem Rechtsweg vor den Zivilgerichten (§ 13 GVG) zugewiesen. Das gilt auch dann, wenn Gegenstand der Anfechtung eine Leistung bildet, deren Verfolgung – wie Steuer- und Abgabenforderungen,[497] sozialrechtliche Ansprüche[498] oder Ansprüche aus einem Arbeitsverhältnis – einem anderen Rechtsweg zugeordnet ist.[499] Soweit die Anfechtung die Rückgewähr einer Vergütung gegen einen **Arbeitnehmer** zum Gegenstand hat, geht der Gemeinsame Senat der Obersten Gerichtshöfe in Übereinstimmung mit der Arbeitsgerichtsbarkeit[500] von einer Rechtswegzuständigkeit der Arbeitsgerichte aus.[501] Entrichtet dagegen ein Dritter, der seinerseits gegenüber anderen Personen Arbeitgeber sein kann, anstelle des Arbeitgebers die dessen Arbeitnehmer geschuldete Arbeitsvergütung, ist mangels einer Arbeitgeberstellung im Verhältnis zum Anfechtungsgegner für eine Insolvenzanfechtung dieser Zahlung der Rechtsweg zu den ordentlichen Gerichten gegeben.[502] Gleiches gilt mangels eines Bezugs zu dem Arbeitsverhältnis für die Anfechtung von Beitragszahlungen eines Arbeitgebers an eine Sozialeinrichtung des privaten Rechts.[503] Mangels Anwendbarkeit des § 19a ZPO auf Aktivprozesse des Verwalters ist **örtlich zuständig** das Gericht am allgemeinen Gerichtsstand des Beklagten (§§ 12 ff. ZPO); außerdem kommen die Wahlgerichtsstände der §§ 20, 21, 23 ZPO in Betracht. Selbst bei Anfechtung eines Vertrages oder vertraglicher Leistungen ist § 29 ZPO nicht einschlägig, weil der Anfechtungsanspruch gesetzlicher Natur ist; andererseits scheidet auch § 32 ZPO aus, weil der Anfechtungsanspruch keine unerlaubte Handlung betrifft.

129 Die **sachliche Zuständigkeit** bestimmt sich danach, ob der Klageantrag und damit der Streitwert den Betrag von 5.000 € übersteigt (§ 23 Nr. 1, § 71 Abs. 1 GVG). Eine Zuständigkeit der **Kammern für Handelssachen** bei den Landgerichten scheidet aus, weil Anfechtungsstreitigkeiten keine Handelssachen (§§ 94, 95 GVG) darstellen. Im Blick auf die **internationale Zuständigkeit** ist Art. 3 Abs. 1 EuInsVO dahin auszulegen, dass die Gerichte des Mitgliedstaates, in dessen Gebiet das Insolvenzverfahren eröffnet worden ist, für eine Insolvenzanfechtungsklage gegen einen Anfechtungsgegner zuständig sind, der seinen satzungsmäßigen Sitz in einem anderen Mitgliedstaat hat. Sind die deutschen Gerichte für eine Insolvenzanfechtungsklage europarechtlich international zuständig, ohne dass nach den allgemeinen deutschen Gerichtsstandsbestimmungen eine örtliche Zuständigkeit begründet wäre, ist das sachlich zuständige Streitgericht für den Sitz des eröffnenden Insolvenzgerichts ausschließlich örtlich zuständig.[504] Offen ist, ob die Zuständigkeit der Gerichte des Staates, wo das Insolvenzverfahren eröffnet wurde, auch für Anfechtungsklagen gegeben ist, wenn der Anfechtungsgegner seinen Wohnsitz oder satzungsmäßigen Sitz in einem Drittstaat außerhalb der EU hat.[505]

130 Der Verwalter ist an Gerichtsstandsvereinbarungen (§ 38 ZPO) des Schuldners nicht gebunden, weil dieser nicht über künftige Verfahren disponieren kann. Ansprüche aus Insolvenzanfechtung (§§ 129 ff.) werden von einer vom Schuldner getroffenen **Schiedsvereinbarung** nicht erfasst, weil sich der Rückgewähranspruch aus Insolvenzanfechtung (§ 143) nicht aus dem anfechtbar geschlossenen Vertrag ergibt, sondern aus einem selbständigen, der Verfügungsgewalt des Schuldners entzo-

---

497 Zu Unrecht zweifelnd BFH 24.11.2011, V R 13/11, ZIP 2011, 2481 Rn. 32.
498 BGH 24.03.2011, IX ZB 36/09, ZInO 2011, 723.
499 BGH 07.05.1991, IX ZR 30/90, BGHZ 114, 315 (320 f.); 27.07.2006, IX ZB 141/05, ZInsO 2006, 870 Rn. 7; 21.09.2006, IX ZR 89/05, ZInsO 2006, 1219 Rn. 10; 02.04.2009, IX ZB 182/08, ZInsO 2009, 820.
500 BAG 27.02.2008, 5 AZB 43/07, ZIP 2008, 667.
501 Gems-OGB 27.09.2010, GmS-OGB 1/09, ZInsO 2010, 2400.
502 BGH 19.07.2012, IX ZB 27/12, ZInsO 2012, 1538 Rn. 6 ff.
503 *BGH 06.12.2012*, IX ZB 84/12, ZInsO 2013, 30 Rn. 5 ff.; 06.12.2012, IX ZB 89/12, Rn. 5 ff.
504 BGH 19.05.2009, IX ZR 39/06, ZInsO 2009, 1270.
505 BGH 21.06.2012, IX ZR 2/12, WM 2012, 1449.

genen Recht des Insolvenzverwalters.[506] Der auf ein Absonderungsrecht gestützten Schiedsklage, die (allein) auf einer noch mit dem Schuldner getroffenen Schiedsvereinbarung beruht, kann der Insolvenzverwalter Ansprüche aus Insolvenzanfechtung weder im Wege der Einrede noch mit der Schieds(wider)klage entgegensetzen. Der Insolvenzverwalter kann die Einrede der Insolvenzanfechtung aber im Verfahren auf Vollstreckbarerklärung des Schiedsspruchs erheben, durch den der auf ein Absonderungsrecht gestützten Schiedsklage stattgegeben wurde.[507] Freilich können der **Verwalter** oder andere Anfechtungsberechtigte (§ 313 Abs. 2 Satz 1) mit dem Anfechtungsgegner eine Schiedsabrede oder Gerichtsstandsvereinbarung schließen.

II. Klageantrag, Klagebegründung

Der Anfechtungsanspruch wird regelmäßig im Rahmen einer Leistungsklage mit Hilfe eines **Leistungsantrags** verfolgt, der auf Rückgewähr an den Schuldner, für den Verwalter handelt, gerichtet ist. Der Antrag hat den Inhalt der jeweiligen Rückgewährverpflichtung zu konkretisieren. Ein Antrag mit dem Ziel, den Anfechtungsgegner allgemein zum Verzicht auf Rechte aus einem erwirkten Titel zu verurteilen, ist inhaltlich nicht bestimmt genug.[508] Ausnahmsweise ist trotz der Möglichkeit einer Leistungsklage eine **Feststellungsklage** zulässig, wenn schon ein Feststellungsurteil zur endgültigen Streitbeilegung führt und erwartet werden kann, dass der Beklagte auf den Feststellungsausspruch hin leistet.[509] Die Anfechtungsklage muss den Gegenstand der Anfechtung und die **Tatsachen** bezeichnen, aus denen die Anfechtungsberechtigung hergeleitet werden soll.[510] Sie muss also erkennen lassen, welche einzelne Rechtshandlung angefochten werden soll.[511] Jede Anfechtung hat ihren Gegenstand und die Tatsachen zu bezeichnen, aus denen die Anfechtungsberechtigung hergeleitet wird. Ein pauschaler Vortrag, der nicht erkennen lässt, welche Rechtshandlung angefochten werden soll, genügt nicht.[512]

131

Verfolgt der Verwalter vor Gericht (§ 204 Abs. 1 Nr. 1 BGB) das Ziel, dass der Gegner einen erworbenen Gegenstand zumindest wertmäßig wieder der Masse zuführt, stützt er sein Begehren auf einen Sachverhalt, der geeignet sein kann, die Voraussetzungen einer Anfechtungsnorm zu erfüllen, und lässt der Vortrag erkennen, welche Rechtshandlungen angefochten werden, ist den **Darlegungsanforderungen** genügt und wird die Verjährung des Anspruchs bezüglich all dieser Rechtshandlungen gehemmt.[513] Hinweise auf Gesetzesbestimmungen und eine schlüssige rechtliche Subsumtion sind entbehrlich. Stützt der Verwalter das Klagebegehren auf einen Sachverhalt, der möglicherweise die Merkmale eines Anfechtungstatbestandes erfüllt, so hat der Richter ohne weiteres zu prüfen, ob die tatbestandsmäßigen Voraussetzungen einer Anfechtungsnorm erfüllt sind. Die Anfechtungsfrist kann daher auch gewahrt sein, wenn der Verwalter selbst den erhobenen Anspruch nicht aus den Regeln der Insolvenzanfechtung herleitet.[514] Eine Klarstellung, Ergänzung oder Berichtigung des in der Klageschrift enthaltenen Tatsachenvortrages ist, soweit sie nicht auf eine Auswechslung des Anfechtungsgrunds hinausläuft, auch nach Ablauf der Anfechtungsfrist möglich.[515] Wird gegen einen Geschäftsführer einer GmbH wegen trotz Insolvenzreife an sich selbst bewirkter Auszahlungen Rückgriff genommen, betreffen Anfechtungsansprüche und Ansprüche aus § 64 GmbHG den gleichen Streitgegenstand.[516]

132

---

506 BGH 20.11.2003, III ZB 24/03, ZInsO 2004, 88.
507 BGH 17.01.2008, III ZB 11/07, ZIP 2008, 478 (480).
508 BGH 11.07.1991, IX ZR 230/90, NJW 1992, 624 (626).
509 BGH 24.05.2007, IX ZR 105/05, ZInsO 2007, 658 Rn. 11.
510 BGH 19.10.1983, VIII ZR 156/82, WM 1983, 1313 (1315); 29.03.1960, VIII ZR 142/59, WM 1960, 546; 16.05.1969, V ZR 86/68, WM 1969, 888.
511 BGH 11.07.1991, IX ZR 230/90, NJW 1992, 624 (626).
512 BGH 24.10.1996, IX ZR 284/95, ZIP 1996, 2080 (2081).
513 BGH 21.02.2008, IX ZR 209/06, ZIP 2008, 888 Rn. 12.
514 BGH 20.03.1997, IX ZR 71/96, BGHZ 135, 140 (149 f.); 07.11.2000, XI ZR 44/00, NJW 2001, 517 (519).
515 BGH 17.01.1985, IX ZR 29/84, NJW 1985, 1560 (1561).
516 BGH 25.10.2012, IX ZR 52/12, ZInsO 2012, 2406 Rn. 4.

III. Prozesskostenhilfe

133 Prozesskostenhilfe zur Durchsetzung eines Anfechtungsanspruchs, der nicht dazu geeignet ist, eine bereits eingetretene **Massekostenarmut** zu beheben, kann in der Regel nicht gewährt werden. Eine Anfechtungsklage ist nicht schon dann mutwillig i.S.v. § 114 Satz 1 ZPO, wenn der Verwalter **Masseunzulänglichkeit** angezeigt hat. Die Anzeige der Masseunzulänglichkeit hat Auswirkungen auf die Verteilung der vorhandenen Masse (§§ 208, 209), nicht jedoch auf den Aufgabenkreis des Insolvenzverwalters. Der Verwalter bleibt vielmehr verpflichtet, das gesamte zur Insolvenzmasse gehörende Vermögen zu verwalten und zu verwerten (§ 208 Abs. 3). Dazu gehört es, Anfechtungsansprüche durchzusetzen. Anders ist die Lage, wenn sich nach der Eröffnung des Insolvenzverfahrens herausstellt, dass die Insolvenzmasse nicht einmal mehr ausreicht, um die Kosten des Verfahrens zu decken. In einem solchen Fall stellt das Insolvenzgericht das Verfahren ein, wenn nicht ein ausreichender Geldbetrag vorgeschossen wird oder die Kosten nach § 4a gestundet werden (§ 207 Abs. 1). Nach Eintritt der Massekostenarmut ist der Insolvenzverwalter nicht mehr verpflichtet, noch Anfechtungsansprüche durchzusetzen. Das folgt unmittelbar aus § 207 Abs. 3 Satz 2. Ein Rechtsstreit stellt keine naheliegende und risikolose Verwertungsmaßnahme dar, die trotz eingetretener **Massekostenarmut** noch durchgeführt werden könnte.[517]

IV. Grundurteil

134 Ein Grundurteil (§ 304 ZPO) kann ergehen, solange ein Anspruch nach Grund und Betrag streitig und die Sache zum Anspruchsgrund entscheidungsreif ist. Der Erlass eines Grundurteils kommt danach in Betracht, wenn der Anfechtende als Wertersatz eine Geldleistung verlangt.[518] Wird hingegen Leistung in Natur und damit Rückgewähr des veräußerten Gegenstands beansprucht, scheidet ein Grundurteil aus.[519]

V. Auskunft

135 Nach ständiger Rechtsprechung des Bundesgerichtshofs gebieten es Treu und Glauben (§ 242 BGB), dem Anspruchsberechtigten einen Auskunftsanspruch zuzubilligen, wenn die zwischen den Parteien bestehenden Rechtsbeziehungen es mit sich bringen, dass der Anspruchsberechtigte in entschuldbarer Weise über das Bestehen oder den Umfang seines Rechts im Ungewissen ist, und wenn der Verpflichtete in der Lage ist, unschwer die zur Beseitigung dieser Ungewissheit erforderliche Auskunft zu erteilen.[520] In Anfechtungssachen ist ein Auskunftsanspruch des Verwalters gegeben, wenn der Anfechtungsanspruch dem **Grunde nach feststeht**[521] und es nur noch um **Art und Umfang des Rückgewähranspruchs** geht.[522] Ein Auskunftsanspruch besteht jedoch nicht gegenüber Personen, die lediglich im **Verdacht** stehen, sie könnten etwas vom Gemeinschuldner in anfechtbarer Weise erworben haben. Solange ein Rückgewährschuldverhältnis nicht besteht, hat sich der Verwalter wegen aller benötigten Auskünfte an den Schuldner zu halten.[523] Allerdings kann ein Insolvenzverwalter nach den **landesrechtlichen Informationsfreiheitsgesetzen** von der Finanzverwaltung Auskünfte über Jahreskontenauszüge des Insolvenzschuldners verlangen, um die wirtschaftlichen und steuerlichen Verhältnisse des Insolvenzschuldners aufarbeiten und um etwaige Anfechtungsansprüche geltend machen zu können. Einem solchen Anspruch stehen die Vorschriften der AO nicht entgegen.[524]

---

517 BGH 16.07.2009, IX ZB 221/08, ZInsO 2009, 1556 f. Rn. 5 ff.
518 BGH 15.12.1994, IX ZR 18/94, NJW 1995, 1093 (1095).
519 RGZ 73, 426 (428); 138 (84).
520 BGH 06.02.2007, X ZR 117/04, NJW 2007, 1806 Rn. 13.
521 BGH 06.06.1979, VIII ZR 255/78, BGHZ 74, 379 (380 f.).
522 BGH 21.01.1999, IX ZR 429/97, NJW 1999, 1033 (1034).
523 *BGH 15.01.1987, IX ZR 4/86, NJW 1987, 1812 (1813)*; 21.01.1999, IX ZR 429/97 NJW 1999, 1033 (1034); 13.08.2009, IX ZR 58/06, ZIP 2009, 1822 Rn. 7.
524 BVerwG 14.05.2012, 7 B 53/11, ZInsO 2012, 1268.

§ 130 Kongruente Deckung

(1) Anfechtbar ist eine Rechtshandlung, die einem Insolvenzgläubiger eine Sicherung oder Befriedigung gewährt oder ermöglicht hat,
1. wenn sie in den letzten drei Monaten vor dem Antrag auf Eröffnung des Insolvenzverfahrens vorgenommen worden ist, wenn zur Zeit der Handlung der Schuldner zahlungsunfähig war und wenn der Gläubiger zu dieser Zeit die Zahlungsunfähigkeit kannte oder
2. wenn sie nach dem Eröffnungsantrag vorgenommen worden ist und wenn der Gläubiger zur Zeit der Handlung die Zahlungsunfähigkeit oder den Eröffnungsantrag kannte.

Dies gilt nicht, soweit die Rechtshandlung auf einer Sicherungsvereinbarung beruht, die die Verpflichtung enthält, eine Finanzsicherheit, eine andere oder eine zusätzliche Finanzsicherheit im Sinne des § 1 Absatz 17 des Kreditwesengesetzes zu bestellen, um das in der Sicherungsvereinbarung festgelegte Verhältnis zwischen dem Wert der gesicherten Verbindlichkeiten und dem Wert der geleisteten Sicherheiten wiederherzustellen (Margensicherheit).

(2) Der Kenntnis der Zahlungsunfähigkeit oder des Eröffnungsantrags steht die Kenntnis von Umständen gleich, die zwingend auf die Zahlungsunfähigkeit oder den Eröffnungsantrag schließen lassen.

(3) Gegenüber einer Person, die dem Schuldner zur Zeit der Handlung nahestand (§ 138), wird vermutet, dass sie die Zahlungsunfähigkeit oder den Eröffnungsantrag kannte.

Übersicht

	Rdn.			Rdn.
A. Normzweck	1	II.	Beweislast	15
B. Gemeinsame Voraussetzungen der Anfechtungstatbestände	2	III.	Dreimonatsfrist	17
		IV.	Kenntnis der Zahlungsunfähigkeit	18
I. Sicherung oder Befriedigung	2		1. Maßgebliche Tatsachen	19
1. Anfechtbare Deckungshandlungen	2		2. Vertreter	23
2. Begriff der Sicherung und Befriedigung	3		3. Kenntnis von die Zahlungsunfähigkeit nahelegenden Umständen	26
3. Ermöglichen	4		4. Wegfall der Kenntnis	27
II. Insolvenzgläubiger	5	D.	Anfechtung einer Deckung nach Antragstellung (§ 130 Abs. 1 Nr. 2)	28
1. Ungesicherte Gläubiger	5			
2. Gesicherte Gläubiger	7	I.	Zeitpunkt des Antrags	28
C. Anfechtung einer Deckung wegen Zahlungsunfähigkeit (§ 130 Abs. 1 Nr. 1)	9	II.	Kenntnis des Antrags	29
			1. Konkrete Kenntnis	29
I. Voraussetzungen	9		2. Kenntnis von Umständen	30
1. Fällige Verbindlichkeiten	9	E.	Beweiserleichterung des § 130 Abs. 3	31
2. Zahlungsunfähigkeit, Zahlungseinstellung, Zahlungsstockung	11	F.	Finanzsicherheiten (§ 130 Abs. 1 Satz 2)	32

A. Normzweck

Die Vorschrift verwirklicht den Grundsatz der Gleichberechtigung der Gläubiger während des dem Insolvenzantrag vorausgehenden zeitlichen Stadiums der Krise des Schuldners. Zwar anerkennt das Gesetz das Vertrauen des Gläubigers, eine zur rechten Zeit und in der rechten Weise erhaltene **kongruente** Leistung des Schuldners behalten zu dürfen. Deshalb wird eine Sicherung oder Befriedigung (gemeinsamer Oberbegriff: **Deckung**) nur anfechtbar gestellt, wenn der Gläubiger die Krise des Schuldners kannte oder in Kenntnis der Umstände die Augen vor dieser Schlussfolgerung verschlossen hat. Als Folgeregelung zu § 129 setzt die Vorschrift die Vornahme einer Rechtshandlung und eine – wie sich aus dem Gegenschluss zu § 132 Abs. 1, § 133 Abs. 2 ergibt – **mittelbare Gläubigerbenachteiligung**[1] voraus.

1

---

[1] BGH 21.06.2007, IX ZR 231/04, ZInsO 2007, 816 Rn. 44; 29.11.2007, IX ZR 165/05, ZInsO 2008, 209 Rn. 27.

§ 130 InsO Kongruente Deckung

B. Gemeinsame Voraussetzungen der Anfechtungstatbestände

I. Sicherung oder Befriedigung

1. Anfechtbare Deckungshandlungen

2   Die Vorschrift unterwirft die Gewährung einer Sicherung oder Befriedigung (Deckung) der Anfechtung, ohne dass es bei Eintritt einer Gläubigerbenachteiligung darauf ankommt, ob die Rechtseinräumung wirksam ist. Regelungsgegenstand sind kongruente Deckungshandlungen, also eine Art der Erfüllung einer Verbindlichkeit,[2] die der Gläubiger hätte fordern oder zumindest nicht hätte ablehnen dürfen.[3] So ist etwa die Bezahlung einer Schuld durch eigenen Scheck verkehrsüblich.[4] Unanfechtbar ist eine kongruente (nicht auch inkongruente) Deckung, wenn es sich um ein Bargeschäft (§ 142) handelt.[5] Sind sämtliche Voraussetzungen des § 130 erfüllt, erfasst die Regelung als **Auffangtatbestand** auch inkongruente Deckungen i.S.d. § 131.[6] Deswegen bedarf es im Rahmen der Anwendung des § 130 nicht der Unterscheidung zwischen kongruenter und inkongruenter Deckung.

2. Begriff der Sicherung und Befriedigung

3   Das weit zu verstehende Merkmal der **Sicherung**, das alle Rechtspositionen meint, welche die Durchsetzung eines fortbestehenden Anspruchs erleichtern, erstreckt sich sowohl auf vertragliche als auch gesetzliche Sicherungen. Zur ersten Gruppe gehören Sicherungsabtretung, Sicherungsübereignung, Pfandrechtsbestellung, Personalsicherheiten und Vormerkung. Gesetzliche Sicherheiten bestehen etwa an den in eine Wohnung eingebrachten Gegenständen (§ 562 BGB). Auch die Herstellung einer Aufrechungs- oder Verrechnungslage schafft eine Sicherung. Mit **Befriedigung** ist die volle oder teilweise Erfüllung eines Anspruchs gemeint. Sie ist auch gegeben, wenn die Schuldtilgung scheitert, weil es etwa bei einer Fehlüberweisung an einer tatsächlich bestehenden Schuld fehlt. Leistung an Erfüllungs statt (§ 364 BGB), Hinterlegung (§§ 372 ff. BGB) und Erlass (§ 397 BGB) bedeuten eine Befriedigung. Die Erklärung der Aufrechnung mit einer Forderung des Schuldners löst ebenfalls – bezogen auf den Zeitpunkt der Aufrechnungslage – eine Befriedigung aus; sie ist, falls nicht §§ 94 bis 96 eingreifen, kongruent.

3. Ermöglichen

4   Das neben das Gewähren tretende Merkmal des **Ermöglichens** einer Sicherung oder Befriedigung bezieht Rechtshandlungen ein, die dem Gläubiger noch nicht zu einer Deckung verhelfen, ihn aber in den Stand setzen, sich eine solche etwa aufgrund einer Anwartschaft zu verschaffen. Als Beispiele zu nennen sind ein prozessuales Anerkenntnis (§ 307 ZPO), ein Schuldanerkenntnis (§§ 780 ff. BGB) oder ein in einer vollstreckbaren Urkunde (§ 794 Nr. 5 ZPO) verbrieftes Schuldversprechen. Die Kündigung eines Darlehens ermöglicht eine Sicherung, wenn sie ein Pfandrecht kongruent macht. Durch Einlagerung von Wertpapieren bei einer Bank und das damit kraft Nr. 14 AGB-Banken begründete Pfandrecht wird eine Sicherung ermöglicht. Das Unterlassen eines Rechtsbehelfs gegen Vollstreckungsbescheid, Versäumnisurteil oder Vorpfändung kann eine Deckung ermöglichen. Die Ermöglichung einer Sicherung oder Befriedigung außerhalb des kritischen Zeitraums kann bewirken, dass die in kritischer Zeit erfolgte Deckung kongruent und daher nur im Rahmen des § 130 anfechtbar ist.

---

2   BGH 05.06.2008, IX ZR 17/07, NJW 2008, 2506 Rn. 9.
3   BGH 30.09.1993, IX ZR 227/92, BGHZ 123, 320 (324 f.).
4   BGH 30.09.1993, IX ZR 227/92, BGHZ 123, 320 (324); 02.02.2006, IX ZR 67/02, BGHZ 166, 125 Rn. 46.
5   BGH 13.04.2006, IX ZR 158/05, BGHZ 167, 190 Rn. 28.
6   BGH 14.10.2010, IX ZR 16/10, ZInsO 2010, 2295 Rn. 9.

II. Insolvenzgläubiger

1. Ungesicherte Gläubiger

Nach dem Wortlaut des § 130 sind nur die gegenüber einem Insolvenzgläubiger vorgenommenen Rechtshandlungen anfechtbar. Bei mittelbaren Zuwendungen findet die Deckungsanfechtung nicht gegenüber dem Leistungsmittler, sondern allein gegen den Leistungsempfänger statt.[7] Erfüllungsleistungen an den Schuldner selbst können nicht Gegenstand der §§ 130, 131 sein. Gläubiger, die ohne die erlangte Deckung an dem anschließenden Insolvenzverfahren in Bezug auf die befriedigte Forderung nur im Rang der §§ 38, 39 teilgenommen hätten, sind Insolvenzgläubiger i.S.d. § 130.[8] Erfasst werden sowohl vor als auch nach Eintritt der Zahlungsunfähigkeit entstandene Forderungen.[9] Eine Insolvenzforderung i.S.d. § 38 liegt vor, wenn der anspruchsbegründende Tatbestand schon vor Verfahrenseröffnung abgeschlossen ist, mag sich eine Forderung des Gläubigers daraus auch erst nach Beginn des Insolvenzverfahrens ergeben. Nur die schuldrechtliche Grundlage des Anspruchs muss schon vor Eröffnung des Insolvenzverfahrens entstanden sein. Unerheblich ist, ob die Forderung selbst schon entstanden oder fällig ist. Entsprechend geht auch der Bundesfinanzhof davon aus, dass für die Frage, ob Steuerforderungen Insolvenzforderungen sind, entscheidend ist, ob die Hauptforderung ihrem Kern nach bereits vor Eröffnung des Insolvenzverfahrens entstanden ist. Auf die Frage, ob der Anspruch zum Zeitpunkt der Eröffnung des Insolvenzverfahrens im steuerrechtlichen Sinne entstanden ist, kommt es dagegen nicht an.[10] §§ 130, 131 InsO betreffen hingegen nicht Rechtshandlungen, mit denen sich ein Dritter erst zum Insolvenzgläubiger gemacht hat oder bei Unterlassungen gemacht haben würde. Deshalb kann der Insolvenzverwalter im Wege der Anfechtung einen Schuldner des Insolvenzschuldners, etwa einen Darlehensgeber, nicht dazu zwingen, Leistungen, die vor Eröffnung des Insolvenzverfahrens fällig waren, nach der Insolvenzeröffnung noch an die Masse zu erbringen, um ihn sodann wegen der Rückforderung auf die Quote zu verweisen. Die schuldrechtliche Grundlage für den Rückforderungsanspruch gegen die Masse in Form einer Insolvenzforderung ist nicht gegeben, solange der Betrag tatsächlich noch nicht an den Schuldner gezahlt war.[11]

Ob der Empfänger der Leistung des Schuldners tatsächlich an dem Verfahren teilnehmen würde, spielt keine Rolle, weil davon die Gläubigerbenachteiligung durch die Rechtshandlung des Schuldners nicht abhängig ist. Ein Anfechtungsanspruch gegen den neben dem Schuldner Mitverpflichteten kommt daher auch dann in Betracht, wenn dieser gem. § 44 seinen Ausgleichsanspruch nicht geltend machen kann.[12] Die Tilgung einer fremden Verbindlichkeit durch den Schuldner ist nicht nach § 130 anfechtbar, weil der Zahlungsempfänger kein Gläubiger des Schuldners, sondern eines Dritten, in dessen Interesse die Leitung erfolgte, ist.[13] Anders verhält es sich, wenn der Schuldner aus einer eigenen Verbindlichkeit – etwa Bürgschaft – dem Dritten zur Zahlung verpflichtet ist.[14] Bestellt der Schuldner zur Sicherung einer Fremdverbindlichkeit neben einer Bürgschaft noch eine Hypothek, ist die Befriedigung aus dem Grundstück wegen der damit verbundenen Rückführung der Bürgschaft anfechtbar. Begleicht der Schuldner eine durch einen Dritten gesicherte Verbindlichkeit, ist dieser Dritte, weil mit der Zahlung sein Anspruch auf Befreiung von der Sicherheit erfüllt wurde, Insolvenzgläubiger. Inhaber von **Absonderungsrechten** sind nach § 52 wegen ihrer gesamten persönlichen Forderung, nicht nur wegen ihres Ausfalls, Insolvenzgläubiger. Deshalb betreffen Rechtshandlungen, die nicht der Befriedigung des Absonderungsrechts dienen, sondern die durch das Absonderungsrecht gesicherten Forderungen erfüllen, deren Berechtigte in ihrer Eigen-

---

7 BGH 25.04.2013, IX ZR 235/12, WM 2013, 1044 Rn. 11.
8 BGH 06.04.2006, IX ZR 185/04, ZInsO 2006, 544 Rn. 12.
9 BGH 09.02.1955, IV ZR 173/54, WM 1955, 404.
10 BGH 19.01.2012, IX ZR 2/11, ZIP 2012, 280 Rn. 15.
11 BGH 15.03.2011, IX ZA 107/11, ZInsO 2012, 692 Rn. 8 ff.
12 BGH 20.07.2006, IX ZR 44/05, ZIP 2006, 1591 Rn. 10.
13 BGH 03.03.2005, IX ZR 441/00, BGHZ 162, 276 (279); 05.02.2004, IX ZR 473/00, ZInsO 2004, 499 ff.
14 BGH 09.10.2008, IX ZR 59/07, NJW 2008, 3780 f. Rn. 15.

schaft als Insolvenzgläubiger.[15] Insolvenzgläubiger ist auch, wer nach einem früheren gegen den Schuldner gestellten Eröffnungsantrag zum vorläufigen Verwalter bestellt wurde und in dieser Eigenschaft eine Vergütung erhalten hat. Diese Vergütung gehört nicht zu den Massekosten (§§ 53, 54 Nr. 2) des später eröffneten Verfahrens.[16]

2. Gesicherte Gläubiger

7   Die Deckung von **Aussonderungs- oder Ersatzaussonderungsansprüchen** (§§ 47, 48) ist nicht anfechtbar. Dies gilt etwa für die Rückgabe einer Sache an den Verpfänder, Verleiher oder Vermieter. Der **absonderungsberechtigte** Gläubiger als Inhaber seines Sicherungsrechtes ist insoweit nicht Insolvenzgläubiger.[17] Erst recht ist der absonderungsberechtigte Gläubiger, dessen persönliche Forderung sich gegen einen Dritten richtet, nicht Insolvenzgläubiger, weil er ausschließlich als Inhaber des Absonderungsrechts betroffen ist.[18] Andererseits ist der absonderungsberechtigte Gläubiger, dem **allein** auf seine **persönliche Forderung** Sicherung oder Befriedigung gewährt oder ermöglicht wird, als Insolvenzgläubiger betroffen. Werden durch eine Rechtshandlung sowohl die Stellung als Absonderungsberechtigter wie die Stellung als Insolvenzgläubiger berührt, ist der Gläubiger jedenfalls auch in seiner Eigenschaft als Insolvenzgläubiger betroffen. Dies gilt im Zweifel immer dann, wenn eine Rechtshandlung die gesicherte Forderung verringern soll. Verschafft sich der Absonderungsberechtigte in der kritischen Zeit den Besitz an dem beweglichen Sicherungsgut des Schuldners, handelt er auch im Hinblick auf seine gesicherte Forderung, deren Befriedigung er anstrebt.[19] Bis zur Verwertung ist der Sicherungsgeber, weil die Vermögenswerte in ihrem Kern weitere seinem Vermögen zugeordnet sind, berechtigt, das Sicherungsgut auszulösen. Erst im Zeitpunkt der Veräußerung des Sicherungsgutes durch den Absonderungsberechtigten scheidet das Sicherungsgut wirtschaftlich endgültig aus dem Vermögen des Schuldners oder der Masse aus. Wenn sich eine Handlung des Absonderungsberechtigten somit auf das Sicherungsgut und die persönliche Forderung bezieht, kann eine Anfechtung nach §§ 130, 131 nicht ausgeschlossen sein.[20]

8   Der im Rahmen der Deckungsanfechtung (§ 130 Abs. 1, § 131 Abs. 1) verwendete Begriff des Insolvenzgläubigers setzt nicht voraus, dass dem Leistungsempfänger als Anfechtungsgegner eine **rechtsbeständige Forderung** gegen den Schuldner zusteht. Erbringt der Schuldner auf eine **vermeintliche, tatsächlich aber nicht bestehende** Forderung eine Zahlung, ist der Empfänger in Anwendung der §§ 130, 131 als Insolvenzgläubiger zu betrachten, wenn die Leistung aus seiner Warte bei objektiver Betrachtung zur Tilgung der nicht bestehenden Forderung bestimmt ist. Bereits dem Wortlaut des § 131 Abs. 1, der Deckungen der Anfechtung unterwirft, die der Insolvenzgläubiger »nicht«, »nicht in der Art« oder »nicht zu der Zeit« zu beanspruchen hatte, kann entnommen werden, dass auch der Empfänger einer Zuwendung, die eines Rechtsgrundes entbehrt, Insolvenzgläubiger ist. Es ist allgemein anerkannt, dass eine Deckung »nicht« zu beanspruchen ist, wenn unvollkommene (§ 762 f. BGB), verjährte (§§ 194 ff. BGB), durch Irrtum, Täuschung oder Drohung (§§ 119, 123 BGB) anfechtbar begründete sowie solche Verbindlichkeiten beglichen werden, bei denen ein Formmangel durch die Leistungsbewirkung (§ 311b Abs. 1 Satz 2 BGB, § 15 Abs. 1, 5 Satz 2 GmbHG) geheilt wird. Aber auch im Fall der Leistung auf eine nach objektiver Rechtslage unabhängig von einer Einwendung oder Einrede von vornherein nicht bestehende Forderung ist der Zuwendungsempfänger, weil er die Deckung »nicht« zu beanspruchen hat, als Insolvenzgläubiger zu erachten. Es wäre nicht gerechtfertigt, einen Gläubiger, der eine rechtsgrundlose Leistung erlangt, im Vergleich zu einem Gläubiger, der für einen rechtlich begründeten Anspruch lediglich eine inkongruente Deckung erhält, von der Deckungsanfechtung freizustellen.[21]

---

15 BGH 06.04.2006, IX ZR 185/04, ZInsO 2006, 544 Rn. 13.
16 BGH 15.12.2011, IX ZR 118/11, WM 2012, 276 Rn. 10 ff.
17 BGH 06.04.2006, IX ZR 185/04, ZInsO 2006, 544 Rn. 14.
18 BGH 29.03.2007, IX ZB 141/06, ZInsO 2007, 604 Rn. 24.
19 *BGH 29.03.2007*, IX ZB 141/06, ZInsO 2007, 604 Rn. 25.
20 BGH 29.03.2007, IX ZB 141/06, ZInsO 2007, 604 Rn. 26.
21 BGH 19.01.2012, IX ZR 2/11, ZIP 2012, 280 Rn. 11, 12.

C. Anfechtung einer Deckung wegen Zahlungsunfähigkeit (§ 130 Abs. 1 Nr. 1)

I. Voraussetzungen

1. Fällige Verbindlichkeiten

Anfechtbar ist nur eine Deckung, wenn der Schuldner in dem spätestens drei Monate vor Antragstellung liegenden Zeitpunkt ihrer Vornahme (§ 140) zahlungsunfähig war (§ 130 Abs. 1 Nr. 1). Eine Rechtshandlung, die erst die Zahlungsunfähigkeit auslöst, unterliegt nicht der Anfechtung. Eine Forderung, deren Begleichung angefochten wird, muss jedoch bei der Feststellung, ob zum Zeitpunkt der Rechtshandlung Zahlungsunfähigkeit bestand, berücksichtigt werden.[22] Eine nur drohende Zahlungsunfähigkeit (§ 18) oder Überschuldung (§ 19) rechtfertigt die Anfechtung nach §§ 130 bis 132 nicht. Ausreichend ist es, wenn die angefochtene Rechtshandlung die Zahlungsunfähigkeit ausgelöst hat. Zahlungsunfähig ist der Schuldner gem. § 17 Abs. 2 Satz 1, wenn er nicht in der Lage ist, seine fälligen Zahlungspflichten zu erfüllen. Zwar ist unter Geltung der InsO an dem Erfordernis des ernsthaften Einforderns als Voraussetzung einer die Zahlungsunfähigkeit begründenden oder zu dieser beitragenden Forderung festzuhalten. Eine Forderung ist darum in der Regel dann i.S.v. § 17 Abs. 2 **fällig**, wenn eine Gläubigerhandlung feststeht, aus der sich der Wille, vom Schuldner Erfüllung zu verlangen, im Allgemeinen ergibt. Hierfür genügend, aber nicht erforderlich ist die Übersendung einer Rechnung. Das Merkmal des »ernsthaften Einforderns« dient damit lediglich dem Zweck, solche Forderungen auszunehmen, die rein tatsächlich – also auch ohne rechtlichen Bindungswillen oder erkennbare Erklärung – gestundet sind.[23] Im Gegenschluss setzt die Berücksichtigung einer fälligen Forderung nicht voraus, dass sie durch eine **besondere Gläubigerhandlung** geltend gemacht wurde. Eine Zahlungszusage des Schuldners wie auch die kalendermäßige Fälligkeit der Forderung macht ein Zahlungsverlangen ohnehin entbehrlich.[24]

9

Forderungen, deren Gläubiger sich für die Zeit vor Eröffnung eines Insolvenzverfahrens mit einer späteren oder nachrangigen Befriedigung einverstanden erklärt haben, sind bei der Prüfung der Zahlungsunfähigkeit des Schuldners nicht zu berücksichtigen.[25] Dies gilt auch bei Gewährung eines **Vollstreckungsaufschubs**.[26] Forderungen, die rechtlich oder auch nur tatsächlich – also ohne rechtlichen Bindungswillen oder erkennbare Erklärung – gestundet sind, dürfen bei der Feststellung der Zahlungseinstellung und Zahlungsunfähigkeit nicht berücksichtigt werden. Unter eine derartige Stundung fällt auch ein bloßes Stillhalteabkommen.[27] Bei der Prüfung, ob der Schuldner zahlungsunfähig ist, darf eine Forderung, die früher ernsthaft eingefordert war, nicht mehr berücksichtigt werden, wenn inzwischen ein Stillhalteabkommen – das keine Stundung im Rechtssinne enthalten muss – mit dem Gläubiger geschlossen wurde. Hat der Gläubiger das Stillhalten an die Erbringung gewisser Leistungen, insb. Ratenzahlungen, geknüpft, kann der Schuldner allerdings von neuem zahlungsunfähig werden, wenn er nicht in der Lage ist, diese Leistungen zu erbringen.[28] Bei der Annahme, ein Gläubiger habe stillschweigend in eine spätere oder nachrangige Befriedigung seiner Forderung eingewilligt, ist Zurückhaltung geboten. **Erzwungene Stundungen**, die dadurch zustande kommen, dass der Schuldner seine fälligen Verbindlichkeiten mangels liquider Mittel nicht mehr oder nur noch mit Verzögerungen begleicht, die Gläubiger aber nicht sofort klagen und vollstrecken, weil sie dies ohnehin für aussichtslos halten oder sie nicht den sofortigen Zusammenbruch des Schuldners

10

---

22 BGH 14.05.2009, IX ZR 63/08, BGHZ 181, 132 Rn. 24.
23 BGH 14.05.2009, IX ZR 63/08, BGHZ 181, 132 Rn. 22; BGH 14.07.2011, IX ZB 57/11, NZI 2011, 680 Rn. 9; 22.22.2012, IX ZR 62/10, DB 2013, 55 Rn. 8, 12; v. 06.12.2012, IX ZR 3/12, DB 2013, 167, Rn. 26.
24 BGH 14.05.2009, IX ZR 63/08, BGHZ 181, 132 Rn. 24, 26.
25 BGH 19.07.2007, IX ZB 36/07, BGHZ 173, 286 (292 ff.).
26 BGH 08.03.2012, IX ZR 102/11, WM 2012, 665 Rn. 7.
27 BGH 20.12.2007, IX ZR 93/06, ZInsO 2008, 273 Rn. 25; 06.12.2012, IX ZR 3/12, DB 2013, 167, Rn. 29.
28 BGH 20.12.2007, IX ZR 93/06, ZInsO 2008, 273 Rn. 26; 27.09.2012, IX ZR 24/12, ZInsO 2012, 2048 Rn. 4; 06.12.2012 – IX ZR 3/12, DB 2013, 167, Rn. 29.

§ 130 InsO Kongruente Deckung

verantworten wollen, stehen der Zahlungsunfähigkeit nicht entgegen. Dies gilt in besonderem Maße bei Nichtzahlung der Löhne an Arbeitnehmer.[29]

2. Zahlungsunfähigkeit, Zahlungseinstellung, Zahlungsstockung

11 Der Begriff der Zahlungsunfähigkeit beurteilt sich im gesamten Insolvenzrecht und darum auch im Rahmen des **Insolvenzanfechtungsrechts** nach § 17.[30] Beträgt eine innerhalb von drei Wochen nicht zu beseitigende **Liquiditätslücke** des Schuldners **weniger als 10 %** seiner fälligen Gesamtverbindlichkeiten, ist regelmäßig von Zahlungsfähigkeit auszugehen, es sei denn, es ist bereits absehbar, dass die Lücke demnächst mehr als 10 % erreichen wird. Beträgt die **Liquiditätslücke** des Schuldners **10 % oder mehr**, ist regelmäßig von **Zahlungsunfähigkeit** auszugehen, sofern nicht ausnahmsweise mit an Sicherheit grenzender Wahrscheinlichkeit zu erwarten ist, dass die Liquiditätslücke innerhalb überschaubarer Zeit vollständig oder fast vollständig beseitigt werden wird und den Gläubigern ein Zuwarten nach den besonderen Umständen des Einzelfalls zuzumuten ist.[31] Zahlungseingänge des Schuldners sind zu berücksichtigen, auch wenn sie anfechtbar erworben werden oder auf strafbaren Handlungen beruhen.[32] Wegen der für den Anfechtungstatbestand erforderlichen Kenntnis des Gläubigers von der Zahlungsunfähigkeit bzw. der sie auslösenden Umstände (§ 130 Abs. 1 Nr. 1, 2, Abs. 2) wird die Anfechtung vor allem bei einer nach außen erkennbaren Zahlungseinstellung begründet sein. Richtet sich die Insolvenzanfechtung gegen die Absicherung einer Forderung, die der Gläubiger zuvor ernsthaft eingefordert hatte, so ist auch diese Forderung in die Beurteilung einzubeziehen, ob der Schuldner vor der Absicherung seine Zahlungen eingestellt hatte. Dass die Absicherung den Gläubiger veranlasst hat stillzuhalten, ist dabei ohne Bedeutung.[33] Die im Zeitpunkt der Deckungshandlung gegebene Zahlungsunfähigkeit muss bis zur Verfahrenseröffnung fortwirken; wird sie zwischenzeitlich beseitigt und das Verfahren wegen einer abermaligen Zahlungsunfähigkeit eröffnet, scheidet eine Anfechtung aus.[34]

12 Zur Feststellung der Zahlungsunfähigkeit i.S.d. § 17 Abs. 2 Satz 1 kann eine **Liquiditätsbilanz** aufgestellt werden. Dabei sind die im maßgeblichen Zeitpunkt verfügbaren und innerhalb von drei Wochen flüssig zu machenden Mittel in Beziehung zu setzen zu den am selben Stichtag fälligen und eingeforderten Verbindlichkeiten.[35] Eine solche Liquiditätsbilanz ist im Anfechtungsprozess jedoch entbehrlich, wenn eine Zahlungseinstellung (§ 17 Abs. 2 Satz 2) die gesetzliche Vermutung der Zahlungsunfähigkeit begründet.[36] Eine Zahlungseinstellung kann aus einem einzelnen, aber auch aus einer Gesamtschau mehrerer darauf hindeutender, in der Rechtsprechung entwickelter **Beweisanzeichen** gefolgert werden.[37] Sind derartige Indizien vorhanden, bedarf es nicht einer darüber hinausgehenden Darlegung und Feststellung der genauen Höhe der gegen den Schuldner bestehenden Verbindlichkeiten oder gar einer Unterdeckung von mindestens 10 %.[38] **Zahlungseinstellung** ist dasjenige äußere Verhalten des Schuldners, in dem sich typischerweise eine Zahlungsunfähigkeit aus-

---

29 BGH 14.02.2008, IX ZR 38/04, ZInsO 2008, 378 Rn. 22 f.
30 BGH 30.06.2011, IX ZR 134/10, ZInsO 2011, 1410 Rn. 10; 18.07.2013, IX ZR 143/12, DB 2013, 2382 Rn. 7.
31 BGH 24.05.2005, IX ZR 123/04, BGHZ 163, 134 (142 ff.); 08.10.2009, IX ZR 173/07, ZInsO 2009, 2148 Rn. 11; 06.12.2012, IX ZR 3/12, DB 2013, 167, Rn. 19; 07.05.2013, IX ZR 113/10, WM 2013, 1361 Rn. 15.
32 BGH 14.05.2009, IX ZR 63/08, BGHZ 181, 132 Rn. 19.
33 BGH 25.09.1997, IX ZR 231/96, NJW 1998, 607; 03.12.1998, IX ZR 313/97, ZInsO 1999, 107 (108 f.).
34 BGH 15.11.2007, IX ZR 212/06, ZInsO 2008, 159 Rn. 11; 20.03.2008, IX ZR 2/07, ZInsO 2008, 451 Rn. 6; 17.03.2008, II ZR 45/06, NJW 2008, 2190 Rn. 8.
35 BGH 29.03.2012, IX ZR 40/10, ZInsO 2012, 976 Rn. 8; 18.07.2013, IX ZR 143/12, DB 2013, 2382 Rn. 6.
36 BGH 30.06.2011, IX ZR 134/10, ZInsO 2011, 1410 Rn. 10; 15.03.2012, IX ZR 239/09, ZInsO 2012, 696 Rn. 8; 29.03.2012, IX ZR 40/10, ZInsO 2012, 976 Rn. 9; 06.12.2012, IX ZR 3/12, DB 2013, 167, Rn. 20; 07.05.2013, IX ZR 113/10, WM 2013, 1361 Rn. 17; 18.07.2013, IX ZR 143/12, DB 2013, 2382 Rn. 8.
37 *BGH 06.12.2012, IX ZR 3/12, DB 2013, 167, Rn. 20; 18.07.2013, IX ZR 143/12, DB 2013, 2382 Rn. 9.*
38 BGH 30.06.2011, IX ZR 134/10, ZInsO 2011, 1410 Rn. 13; 15.03.2012, IX ZR 239/09, ZInsO 2012, 696 Rn. 9; 29.03.2012, IX ZR 40/10, ZInsO 2012, 976 Rn. 11.

drückt. Es muss sich also mindestens für die beteiligten Verkehrskreise der berechtigte Eindruck aufdrängen, dass der Schuldner nicht in der Lage ist, seine fälligen Zahlungspflichten zu erfüllen.[39] Die tatsächliche Nichtzahlung eines erheblichen Teils der fälligen Verbindlichkeiten reicht für eine Zahlungseinstellung aus. Dies gilt auch dann, wenn tatsächlich noch geleistete Zahlungen beträchtlich sind, aber im Verhältnis zu den fälligen Gesamtschulden nicht den wesentlichen Teil ausmachen.[40] Die Zahlungseinstellung kann auf Grund der Nichtbezahlung nur einer – nicht unwesentlichen – Forderung gegenüber einer einzigen Person erkennbar werden. Für eine erfolgreiche Anfechtung muss diese Person dann allerdings gerade der Anfechtungsgegner sein.[41] Schon eine **dauerhaft schleppende Zahlungsweise** kann Indizwirkung für eine Zahlungseinstellung haben.[42] Durch die Nichtzahlung von Sozialversicherungsbeiträgen, Löhnen oder sonst fälligen Verbindlichkeiten über einen Zeitraum von mehr als drei Wochen nach Fälligkeit kann für die beteiligten Verkehrskreise hinreichend erkennbar werden, dass die Nichtzahlung auf einem objektiven Mangel an Geldmitteln beruht. Gerade Sozialversicherungsbeiträge und Löhne werden typischerweise nur dann nicht bei Fälligkeit bezahlt, wenn die erforderlichen Geldmittel hierfür nicht vorhanden sind.[43] Die mehr als **halbjährige Nichtbegleichung von Sozialversicherungsbeiträgen** bildet ein erhebliches Beweisanzeichen für eine Zahlungseinstellung.[44] Haben im fraglichen Zeitpunkt fällige Verbindlichkeiten bestanden, die bis zur Verfahrenseröffnung nicht mehr beglichen worden sind, ist regelmäßig von Zahlungseinstellung auszugehen.[45] Eine Zahlungseinstellung kann gegeben sein, wenn der Schuldner infolge der ständigen verspäteten Begleichung auch seiner sonstigen Verbindlichkeiten einen Forderungsrückstand vor sich hergeschoben hat und demzufolge ersichtlich am Rande des finanzwirtschaftlichen Abgrunds operierte.[46] Bei fortwährenden Zahlungsrückständen kann nicht ein saisonaler Liquiditätsengpass angenommen werden.[47] Die schleppende Zahlung von Löhnen und Gehältern ist ein Anzeichen für eine Zahlungseinstellung.[48] Die Rückgabe von Lastschriften stellt ein erhebliches Beweisanzeichen für eine Zahlungseinstellung dar, das bei ohnehin bestehenden Liquiditätsschwierigkeiten nicht auf einen lediglich jahreszeitlich bedingten Liquiditätsengpass zurückgeführt werden kann.[49] Gleiches gilt bei einer Nichtzahlung oder schleppenden Zahlung von Steuerforderungen oder Energielieferungen durch den Schuldner.[50] Die Zahlungseinstellung kann sich allein in der Nichtbegleichung der Forderung eines Großgläubigers äußern, auf dessen Lieferungen der Schuldner angewiesen ist.[51] Gegen den Schuldner betriebene Vollstreckungsverfahren oder

---

39 BGH 20.12.2007, IX ZR 93/06, ZInsO 2008, 273 Rn. 21; 30.06.2011, IX ZR 134/10, ZInsO 2011, 1410 Rn. 12; 15.03.2012, IX ZR 239/09, ZInsO 2012, 696 Rn. 9; 29.03.2012, IX ZR 40/10, ZInsO 2012, 976 Rn. 10; 14.06.2012, IX ZR 145/09, ZInsO 2012, 1318 Rn. 32; 18.07.2013, IX ZR 143/12, DB 2013, 2382 Rn. 9.
40 BGH 12.10.2006, IX ZR 228/03, ZInsO 2006, 1210 Rn. 13 ff.; 11.02.2010, IX ZR 104/07, ZInsO 2010, 673 Rn. 42; 30.06.2011, IX ZR 134/10, ZInsO 2011, 1410 Rn. 12; 29.03.2012, IX ZR 40/10, ZInsO 2012, 976 Rn. 10; 06.12.2012, IX ZR 3/12, DB 2013, 167, Rn. 21.
41 BGH 11.02.2010, IX ZR 104/07, ZInsO 2010, 673 Rn. 39; 30.06.2011, IX ZR 134/10, ZInsO 2011, 1410 Rn. 12; 27.09.2012 – IX ZR 24/12, ZInsO 2012, 2048 Rn. 4.
42 BGH 18.07.2013, IX ZR 143/12, DB 2013, 2382 Rn. 12.
43 BGH 12.10.2006, IX ZR 228/03, ZInsO 2006, 1210 Rn. 24; 30.06.2011, IX ZR 134/10, ZInsO 2011, 1410 Rn. 15; 25.10.2012, IX ZR 117/11, WM 2012, 2251 Rn. 30.
44 BGH 18.07.2013, IX ZR 143/12, DB 2013, 2382 Rn. 12.
45 BGH 30.06.2011, IX ZR 134/10, ZInsO 2011, 1410 Rn. 12, 15; 10.01.2013, IX ZR 13/12, WM 2013, 180 Rn. 16; 07.05.2013, IX ZR 113/10, WM 2013, 1361 Rn. 18; 18.07.2013, IX ZR 143/12, DB 2013, 2382 Rn. 9, 12.
46 BGH 30.06.2011, IX ZR 134/10, ZInsO 2011, 1410 Rn. 16; 25.10.2012, IX ZR 117/11, WM 2012, 2251 Rn. 19; 06.12.2012, IX ZR 3/12, DB 2013, 167, Rn. 21; 18.07.2013, IX ZR 143/12, DB 2013, 2382 Rn. 13.
47 BGH 25.10.2012, IX ZR 117/11, WM 2012, 2251 Rn. 30.
48 BGH 14.02.2008, IX ZR 38/04, ZInsO 2008, 378 Rn. 20.
49 BGH 06.12.2012, IX ZR 3/12, DB 2013, 167, Rn. 44.
50 BGH, 30.06.2011, IX ZR 134/10, ZInsO 2011, 1410 Rn. 16; 29.03.2012, IX ZR 40/10, ZInsO 2012, 976 Rn. 15.
51 BGH 06.12.2012 – IX ZR 3/12, DB 2013, 167, Rn. 23; 18.07.2013, IX ZR 143/12, DB 2013, 2382 Rn. 12.

die Nichteinlösung eines von ihm gegebenen Schecks können die Schlussfolgerung der Zahlungseinstellung nahelegen.[52] Die Zahlungseinstellung wird durch eine erzwungene Stundung nicht beseitigt, wenn sich der Gläubiger mit den Zahlungen zufrieden gibt, welche der Schuldner gerade noch aufbringen kann.[53] Gleiches gilt für strategische Zahlungen des Schuldners, der sich zur Schonung seiner schwindenden Liquidität auf Teilzahlungen beschränkt oder wegen seiner ungünstigen Liquiditätslage einzelne Zahlungen mit seinem Gläubiger abstimmt.[54] Eine Zahlungseinstellung ist nicht behoben, wenn der Schuldner allenfalls an einem bestimmten Stichtag zur Befriedigung seiner Gläubiger, aber nicht auf Dauer zu einer allgemeinen Begleichung seiner alsbald fälligen Verbindlichkeiten imstande war.[55] **Eigene Erklärungen** des Schuldners, eine fällige Verbindlichkeit nicht begleichen zu können, deuten auf eine Zahlungseinstellung hin, auch wenn sie mit einer Stundungsbitte versehen sind.[56] Die Nichtzahlung einer einzelnen – nicht unwesentlichen – Forderung kann den Schluss auf eine Zahlungseinstellung rechtfertigen.[57] Die Zahlungseinstellung braucht nicht vom Willen des Schuldners getragen zu sein und es ist auch nicht erforderlich, dass er selbst seine Zahlungsunfähigkeit kennt, sofern diese nur objektiv vorliegt.[58] Verwirklichen sich mehrere gewichtige Beweisanzeichen, ermöglicht dies die Bewertung, dass eine Zahlungseinstellung vorliegt.[59] Eine Zahlungseinstellung begründet eine Vermutung für den Eintritt der Zahlungsunfähigkeit, die von dem Prozessgegner durch den Antrag auf Einholung eines Sachverständigengutachtens zum Nachweis, dass eine Liquiditätsbilanz im maßgeblichen Zeitraum für den Schuldner eine Deckungslücke von weniger als 10 % ausweist, widerlegt werden kann.[60]

13 Liegt eine Zahlungseinstellung vor, kann die Zahlungsfähigkeit nicht durch eine harte **Patronatserklärung** eines Dritten, sondern nur durch die allgemeine Wiederaufnahme der Zahlungen hergestellt werden. Eine harte Patronatserklärung vermag – gleich ob sie dem Schuldner oder dessen Gläubiger erteilt wird – für sich genommen weder eine Zahlungsunfähigkeit noch eine Überschuldung zu beseitigen. Dies kommt vielmehr erst in Betracht, wenn die Patronin ihre gegenüber dem Schuldner oder seinem Gläubiger eingegangen Verpflichtungen durch eine Liquiditätsausstattung des Schuldners tatsächlich erfüllt.[61] Auch in subjektiver Hinsicht lässt eine etwaige wirksame Patronatserklärung nicht die Kenntnis des Gläubigers von Umständen, die zwingend auf die Zahlungsunfähigkeit schließen lassen, entfallen. Haben zunächst Umstände vorgelegen, die zwingend auf die Zahlungsunfähigkeit schließen ließen, weshalb deren Kenntnis der Kenntnis der Zahlungsunfähigkeit gleich stand (§ 130 Abs. 2), kommt ein Wegfall der Kenntnis der Zahlungsunfähigkeit nur in Betracht, wenn diese Umstände nicht mehr gegeben sind.[62]

14 Nach der Vermutungsregel des § 17 Abs. 2 Satz 2 ist Zahlungsunfähigkeit anzunehmen, wenn der Schuldner seine Zahlungen eingestellt hat. Eine bloße **Zahlungsstockung** ist anzunehmen, wenn der Zeitraum nicht überschritten wird, den eine kreditwürdige Person benötigt, um sich die benötigten Mittel zu leihen. Dafür erscheinen drei Wochen erforderlich, aber auch ausreichend.[63] Vermögen

---

52 BGH 30.06.2011, IX ZR 134/10, ZInsO 2011, 1410 Rn. 18; 25.10.2012, IX ZR 117/11, WM 2012, 2251 Rn. 30.
53 BGH IX ZR 3/12, DB 2013, 167, Rn. 34.
54 BGH IX ZR 3/12, DB 2013, 167, Rn. 34.
55 BGH, 25.10.2012, IX ZR 117/11, WM 2012, 2251 Rn. 19.
56 BGH 18.12.2008, IX ZR 79/07, ZIP 2009, 573 Rn. 14; 06.12.2012 – IX ZR 3/12, DB 2013, 167, Rn. 21, 23.
57 BGH 14.06.2007, IX ZR 56/06, NJW 2007, 2640 Rn. 22.
58 BGH 11.02.2010, IX ZR 104/07, ZInsO 2010, 673 Rn. 40.
59 BGH 30.06.2011, IX ZR 134/10, ZInsO 2011, 1410 Rn. 18; 18.07.2013, IX ZR 143/12, DB 2013, 2382 Rn. 10.
60 BGH 30.06.2011, IX ZR 134/10, ZInsO 2011, 1410 Rn. 20.
61 BGH 11.02.2010, IX ZR 104/07, ZInsO 2010, 673 Rn. 48; 19.05.2011, IX ZR 9/10, ZInsO 2011, 1115 Rn. 16 ff., 22.
62 *BGH 11.02.2010, IX ZR 104/07, ZInsO 2010, 673 Rn. 48; 19.05.2011, IX ZR 9/10, ZInsO 2011, 1115 Rn. 16 ff., 23.*
63 BGH 24.05.2005, IX ZR 123/04, BGHZ 163, 134 (139 f.); IX ZR 117/11, WM 2012, 2251 Rn. 22.

und Außenstände können eine Zahlungsunfähigkeit nur abwenden, wenn sie binnen drei Wochen nach Eintritt einer Zahlungsstockung versilbert werden können.[64] Eine bloß vorübergehende Zahlungsstockung liegt nicht vor, wenn es dem Schuldner im Zeitpunkt der angefochtenen Rechtshandlung schon seit mehreren Monaten nicht gelungen war, seine fälligen Verbindlichkeiten spätestens innerhalb von drei Wochen auszugleichen und die rückständigen Beträge insgesamt so erheblich waren, dass von lediglich geringfügigen Liquiditätslücken keine Rede sein kann.[65]

II. Beweislast

Der Verwalter trägt die Darlegungs- und Beweislast für die Zahlungsunfähigkeit. Die Vorlage von Listen über die Verbindlichkeiten der Schuldnerin i.V.m. ergänzenden Anlagen, insb. den Rechnungen der Gläubiger, kann zur Substantiierung genügen, wenn sich hieraus die notwendigen Informationen über den jeweiligen Anspruch und seine Fälligkeit entnehmen lassen.[66] Die Zahlungsunfähigkeit kann mit Hilfe einer **Liquidationsbilanz** nachgewiesen werden. Dazu sind die aktuell verfügbaren und kurzfristig verfügbar werdenden Mittel in Beziehung zu setzen zu den an demselben Stichtag fälligen und eingeforderten Verbindlichkeiten.[67] Eine solche Liquiditätsbilanz ist im Anfechtungsprozess jedoch entbehrlich, wenn eine Zahlungseinstellung (§ 17 Abs. 2 Satz 2) die gesetzliche Vermutung der Zahlungsunfähigkeit begründet.[68] Im Anfechtungsprozess ist eine Liquiditätsbilanz zur Feststellung der Zahlungsunfähigkeit nicht erforderlich, wenn im fraglichen Zeitpunkt fällige Verbindlichkeiten bestanden haben, die bis zur Verfahrenseröffnung nicht mehr beglichen worden sind.[69]

15

Die Nichtabführung von **Sozialversicherungsbeiträgen** stellt ein starkes Indiz für den Eintritt der Zahlungsunfähigkeit dar, weil diese Forderungen in der Regel wegen der drohenden Strafbarkeit gem. § 266a StGB bis zuletzt bedient werden.[70] Anders kann es sich verhalten, wenn die Rückstände immer wieder kurzfristig ausgeglichen werden und die Verspätungen nur auf einen »Schlendrian« oder einen vorübergehenden Liquiditätsengpass deuten.[71] Eine einmal eingetretene Zahlungseinstellung wirkt grds fort.[72] Sie kann nur dadurch wieder beseitigt werden, dass der Schuldner seine Zahlungen allgemein wieder aufnimmt; dies hat derjenige **darzulegen und zu beweisen**, der sich auf den nachträglichen Wegfall einer zuvor eingetretenen Zahlungseinstellung beruft.[73] Von einer Wiederherstellung der Zahlungsfähigkeit kann nicht ausgegangen werden, wenn sich der Schuldner durch die Befriedigung seiner gegenwärtigen Gläubiger der Mittel entäußert, die er zur Begleichung seiner künftigen, alsbald fällig werdenden Verbindlichkeiten benötigt.[74] Die Voraussetzungen der Zah-

16

---

[64] BGH 03.12.1998, IX ZR 313/97, ZInsO 1999, 107 (109) spricht auf der Grundlage des früheren Rechts noch von vier Wochen.
[65] BGH 11.02.2010, IX ZR 104/07, ZInsO 2010, 673 Rn. 43; 30.06.2011, IX ZR 134/10, ZInsO 2011, 1410 Rn. 12, 16; 25.10.2012, IX ZR 117/11, WM 2012, 2251 Rn. 19; 10.01.2013, IX ZR 13/12, WM 2013, 180 Rn. 16.
[66] BGH 12.07.2007, IX ZR 210/04, ZInsO 2007, 1046 Rn. 5.
[67] BGH 24.05.2005, IX ZR 123/04, BGHZ 163, 134 (138).
[68] BGH 30.06.2011, IX ZR 134/10, ZInsO 2011, 1410 Rn. 10; 15.03.2012, IX ZR 239/09, ZInsO 2012, 696 Rn. 8, 9.
[69] BGH 12.10.2006, IX ZR 228/03, NZI 2007, 36 (38); 29.03.2012, IX ZR 40/10, ZInsO 2012, 976 Rn. 10.
[70] BGH 20.11.2001, IX ZR 48/01, BGHZ 149, 178 (187); 10.07.2003, IX ZR 89/02, WM 2003, 1776 (1778); 13.06.2006, IX ZB 238/05, ZInsO 2006, 827 Rn. 6; 25.10.2012, IX ZR 117/11, WM 2012, 2251 Rn. 30.
[71] BGH 17.06.2010, IX ZR 134/09, ZInsO 2010, 1324 Rn. 9.
[72] BGH 25.10.2001, IX ZR 17/01, BGHZ 149, 100 (109); 02.11.2001, IX ZR 48/01, BGHZ 149, 178 (188); 19.05.2011, IX ZR 9/10, ZInsO 2011, 1115 Rn. 26.
[73] BGH 25.10.2001, IX ZR 17/01, BGHZ 149, 100 (109); 02.11.2001, IX ZR 48/01, BGHZ 149, 178 (188); 20.12.2007, IX ZR 93/06, ZInsO 2008, 273 Rn. 24; 27.03.2008, IX ZR 98/07, NJW 2008, 2190 Rn. 23; 19.05.2011, IX ZR 9/10, ZInsO 2011, 1115 Rn. 26; 15.03.2012, IX ZR 239/09, ZInsO 2012, 696 Rn. 10; 25.10.2012, IX ZR 117/11, WM 2012, 2251 Rn. 18; 06.12.2012 – IX ZR 3/12, DB 2013, 167, Rn. 33.
[74] BGH 25.10.2012, IX ZR 117/11, WM 2012, 2251 Rn. 19.

lungseinstellung gelten nach den Grundsätzen der Beweisvereitelung als bewiesen, wenn der Geschäftsführer einer GmbH, der von einem Gesellschaftsgläubiger wegen Insolvenzverschleppung in Anspruch genommen wird, seine Pflicht zur Führung und Aufbewahrung von Büchern und Belegen verletzt hat und dem Gläubiger deshalb die Darlegung näherer Einzelheiten nicht möglich ist.[75] Die Vermutung der Zahlungsunfähigkeit kann nicht durch den **Nachweis der Zahlungsunwilligkeit** des Schuldners widerlegt werden; erforderlich ist der Nachweis der Zahlungsfähigkeit. Die im Insolvenzrecht unerhebliche Zahlungsunwilligkeit liegt nur vor, wenn gleichzeitig **Zahlungsfähigkeit** gegeben ist. Liegt eine Zahlungseinstellung vor, wird gemäß § 17 Abs. 2 Satz 2 InsO gesetzlich vermutet, dass nicht lediglich Zahlungsunwilligkeit, sondern Zahlungsunfähigkeit vorliegt.[76]

III. Dreimonatsfrist

17 Die Anfechtung beschränkt sich auf Deckungshandlungen, die in den letzten **drei Monaten** vor dem Insolvenzantrag vorgenommen wurden (§ 140). Die Frist ist nach § 139 zu berechnen. Der Zeitpunkt der Verfahrenseröffnung ist für die Fristbestimmung ohne Bedeutung. Über den Wortlaut des § 130 Abs. 1 Satz 1 Nr. 1 hinaus sind auch Rechtshandlungen anfechtbar, die **nach der Antragstellung** erfolgten, wenn der Schuldner bei ihrer Vornahme zahlungsunfähig war. Länger zurückliegende Handlungen können unter den Voraussetzungen des § 133 angefochten werden.

IV. Kenntnis der Zahlungsunfähigkeit

18 Die Anfechtbarkeit einer trotz Zahlungsunfähigkeit des Schuldners erlangten Deckung hängt von der Kenntnis des Gläubigers von der Zahlungsunfähigkeit ab. Aus den Gründen des Verkehrsschutzes wird der Gläubiger der Deckungsanfechtung nach § 130 Abs. 1 Satz 1 Nr. 1 erst ausgesetzt, wenn er die Zahlungsunfähigkeit des Schuldners im maßgeblichen Zeitpunkt (§ 140) kennt.[77]

1. Maßgebliche Tatsachen

19 Die Kenntnis der Zahlungsunfähigkeit muss im Zeitpunkt der Vornahme der Rechtshandlung, also spätestens bei Eintritt ihrer Rechtswirkungen (§ 140), gegeben sein; unschädlich ist eine der Rechtshandlung nachfolgende Kenntnisnahme. Umgekehrt kann eine frühere Kenntnis nicht schaden, falls der Gläubiger im Zeitpunkt der Rechtshandlung nicht mehr »bösgläubig« war.[78] Die Kenntnis kann auf einer Unterrichtung des Gläubigers von der Antragstellung durch einen vorläufigen Verwalter beruhen.[79] **Kenntnis der Zahlungseinstellung** begründet zugleich (§ 17 Abs. 2 Satz 2) Kenntnis der Zahlungsunfähigkeit.[80] Kenntnis bedeutet positive Kenntnis, das heißt für **sicher gehaltenes Wissen**.[81] Grob fahrlässige Unkenntnis der Zahlungsunfähigkeit genügt nicht.[82] Gegenstand der Kenntnis kann nur eine tatsächlich bereits eingetretene Zahlungsunfähigkeit sein; jede Kenntnis kann sich nur auf ein bereits verwirklichtes Ereignis beziehen. Die bloße Vermutung oder billigende Inkaufnahme einer Zahlungsunfähigkeit durch den Anfechtungsgegner genügt nicht.[83]

20 Kenntnis der Zahlungsunfähigkeit ist gegeben, wenn der Gläubiger aus den ihm bekannten Tatsachen und dem Verhalten des Schuldners bei **natürlicher Betrachtungsweise** den zutreffenden Schluss gezogen hat, dass der Schuldner wesentliche Teile, dh 10 % und mehr, seiner fällig gestellten

---

75 BGH 24.01.2012, II ZR 119/10, ZInsO 2012, 648 Rn. 16.
76 BGH 15.03.2012, IX ZR 239/09, ZInsO 2012, 696 Rn. 18.
77 BGH 19.02.2009, IX ZR 62/08, WM 2009, 521 Rn. 12.
78 BGH 27.03.2008, IX ZR 98/07, NJW 2008, 2190 Rn. 13.
79 BGH 05.02.2009, IX ZR 78/07, ZInsO 2009, 659 Rn. 16.
80 BGH 19.02.2009, IX ZR 62/08, WM 2009, 521 Rn. 13.
81 BGH 27.03.2008, IX ZR 98/07, NJW 2008, 2190 Rn. 14; 19.02.2009, IX ZR 62/08, WM 2009, 521 Rn. 13.
82 BGH 19.02.2009, IX ZR 62/08, WM 2009, 521 Rn. 13.
83 BGH 19.05.2011, IX ZR 9/10, ZInsO 2011, 1115 Rn. 25.

Verbindlichkeiten in einem Zeitraum von drei Wochen nicht wird tilgen können.[84] Die Kenntnis allein der die Zahlungsunfähigkeit begründenden Tatsachen genügt nicht; vielmehr muss der Gläubiger wenigstens laienhaft das Zahlungsverhalten des Schuldners in diesem Sinne bewerten, weil andernfalls bereits fahrlässige Unkenntnis ausreichen würde.[85] Jedoch ist keine genaue Kenntnis der rechtlichen Zusammenhänge erforderlich. Mithin ist Kenntnis der Zahlungsunfähigkeit für denjenigen zu vermuten, der die zugrundeliegenden Tatsachen kennt, an die **jedermann mit seiner Verkehrserfahrung** verständigerweise die Erwartung knüpft, dass der Schuldner wesentliche Zahlungen so gut wie sicher nicht wird erbringen können.[86] Kennt der Schuldner derartige Umstände, kann er sich nicht darauf berufen, dass er den an sich zwingenden Schluss von den Tatsachen auf den Rechtsbegriff nicht gezogen hat.[87]

Dass ein im Geschäftsleben nicht unerfahrener Gläubiger, der alle für das Vorliegen einer Zahlungsunfähigkeit wesentlichen Tatsachen kennt, die daraus zwingend abzuleitenden Schlussfolgerungen nicht zieht, schließt folglich seine Kenntnis im Rechtssinne nicht aus.[88] Anders kann es sich nur ausnahmsweise verhalten, wenn sich in die Vorstellung des Gläubigers – auch irrtümlich – Tatsachen mischen, die bei einer Gesamtbetrachtung den Schluss auf eine Zahlungsunfähigkeit nicht zwingend nahe legen.[89] Zahlungsunfähigkeit ist auch dann anzunehmen, wenn der Schuldner die Zahlungen eingestellt hat. Kennt der Gläubiger die Tatsachen, aus denen sich die **Zahlungseinstellung** ergibt, kennt er damit auch die Zahlungsunfähigkeit. Bewertet er das ihm vollständig bekannte Tatsachenbild falsch, kann er sich nicht mit Erfolg darauf berufen, dass er diesen Schluss nicht gezogen hat.[90] Bei ständigen Zahlungsrückständen kann nicht ein saisonaler Liquiditätsengpass angenommen werden.[91]

Der Anfechtungsgegner kennt die Zahlungsunfähigkeit, wenn er bei Leistungsempfang seine Ansprüche ernsthaft eingefordert hat, diese verhältnismäßig hoch sind und er weiß, dass der Schuldner nicht in der Lage ist, die Forderungen zu erfüllen.[92] Die **Nichtzahlung von Löhnen und Sozialversicherungsbeiträgen**, die typischerweise nur dann nicht bei Fälligkeit ausgeglichen werden, wenn die erforderlichen Geldmittel hierfür nicht vorhanden sind, deutet auf die Zahlungsunfähigkeit des Unternehmens hin.[93] Dies gilt aber nur für **institutionelle Gläubiger** und **Gläubiger mit Insiderkenntnissen**, aber grds nicht für außerhalb der Finanzbuchhaltung ohne Leitungsaufgaben im kaufmännischen Bereich des Unternehmens eingesetzte **Arbeitnehmer**.[94] Redaktionelle **Presseberichte** können durchaus Umstände sein, die den Verdacht der Zahlungsunfähigkeit begründen, insb. wenn nach ihrem Inhalt – beispielsweise einem Bericht über gesperrte Kreditlinien oder vorübergehende Maßnahmen zur Sicherung der Kredite der Banken – der notwendige kurzfristige Sanierungserfolg des Unternehmens in Frage steht. Derartige Berichte können für einen **Großgläubiger** wie das Finanzamt oder die Sozialkasse eine **Beobachtungs- und Erkundigungspflicht** auslösen.[95] Dies gilt aber nicht für einen **Arbeitnehmer** des Schuldners ohne Einblick in die Liquiditäts- oder Zahlungslage des Unternehmens.[96] Allein das Wissen, dass der Arbeitgeber noch anderen Arbeitneh-

---

84 BGH 12.10.2006, IX ZR 228/03, ZInsO 2006, 1210 Rn. 30; 18.07.2013, IX ZR 143/12, DB 2013, 2382 Rn. 17.
85 BGH 27.04.1995, IX ZR 147/94, NJW 1995, 2103 (2105); 19.02.2009, IX ZR 62/08, WM 2009, 521 Rn. 13.
86 BGH 27.04.1995, IX ZR 147/94, NJW 1995, 2103 (2105).
87 BGH 19.02.2009, IX ZR 62/08, WM 2009, 521 Rn. 13 f.
88 BGH 10.07.2003, IX ZR 89/02, ZInsO 2003, 755 (757).
89 BGH 19.02.2009, IX ZR 62/08, WM 2009, 521 Rn. 14.
90 BGH 11.02.2010, IX ZR 104/07, ZInsO 2010, 673 Rn. 47.
91 BGH 25.10.2012, IX ZR 117/11, WM 2012, 2251 Rn. 30.
92 BGH 25.09.1997, IX ZR 231/96, NJW 1998, 607 (608); 22.01.1998, IX ZR 99/97, NJW 1998, 1318 (1320).
93 BGH 25.10.2012, IX ZR 117/11, WM 2012, 2251 Rn. 30.
94 BGH 19.02.2009, IX ZR 62/08, WM 2009, 521 Rn. 16 f.
95 BGH 19.02.2009, IX ZR 62/08, WM 2009, 521 Rn. 21; 30.06.2011, IX ZR 155/08, WM 2011, 1478 Rn. 21.
96 BGH 19.02.2009, IX ZR 62/08, WM 2009, 521 Rn. 22.

mern Lohn schuldig ist, begründet noch keine Kenntnis der teilweise entlohnten **Arbeitnehmer** von Zahlungsunfähigkeit des Arbeitgebers. Anders mag es sich verhalten, wenn den Beschäftigten auf einer Betriebsversammlung der sichere Eindruck vermittelt wird, dass das Unternehmen zahlungsunfähig ist.[97] Keine Kenntnis der Zahlungsunfähigkeit ist gegeben, wenn auf einer Betriebsversammlung eine Besserung der Wirtschaftslage und baldige Zahlung angekündigt wird.[98] Mangels eines Einblicks in die gesamte Liquiditätslage des Unternehmens wird das erforderliche Wissen nicht allein durch die Kenntnis eigener und gegenüber weiteren Arbeitnehmern bestehender Gehaltsrückstände vermittelt.[99] Dagegen kommt eine Anfechtung der Lohnzahlung gegenüber einem **Bauleiter** in Betracht, der über den wirtschaftlichen Hintergrund des Unternehmens unterrichtet ist und nach einem länger als sechs Monate andauernden Lohnrückstand eine Abstandszahlung von einem Fünftel erhalten hat.[100] Gleiches gilt für Arbeitnehmer, die als Sekretärin oder Chauffeur des Schuldners Umstände erfahren, die zwingend auf seine Zahlungsunfähigkeit schließen lassen.[101] Auch bei Lohnrückständen von sieben bis neun Monaten, die nicht als bloße Zahlungsstockung gelten können, ist trotz voller Auftragsbücher Kenntnis der Zahlungsunfähigkeit gegeben.[102] Die Kenntnis eines bloßen Vermögensverfalls oder von Zahlungsstockungen, auch einer drohenden Zahlungsunfähigkeit (§ 18) oder einer Überschuldung (§ 19), genügt nicht.

2. Vertreter

23 Es entspricht allgemeiner Meinung, dass die Kenntnis eines **Mitglieds des Organs einer juristischen Person** von der Zahlungsunfähigkeit des Schuldners genügt, auch wenn es das angefochtene Geschäft nicht abgeschlossen hat.[103] Zwar hat der Vorstand einer als AG geführten Schuldnerin deren Aufsichtsrat über die Geschäftslage der Gesellschaft zu unterrichten. Aus dieser allgemeinen Verpflichtung kann nicht die **Vermutung** hergeleitet werden, dass der Anfechtungsgegner, dessen Organmitglied dem Aufsichtsrat angehört, über die der Berichtspflicht unterliegende Tatsachen im maßgeblichen Zeitpunkt der Rechtshandlung unterrichtet ist.[104] Ist die benachteiligende Rechtshandlung von einem Vertreter des Erwerbers vorgenommen worden, so kommt es für die Kenntnis der Zahlungsunfähigkeit auf die Person des **Vertreters** an.[105] Das ergibt sich unmittelbar aus § 166 Abs. 1 BGB, soweit der Vertreter rechtsgeschäftliche Willenserklärungen abgegeben hat, die zum Abschluss des angefochtenen Rechtsgeschäfts notwendig waren. Die Kenntnis, die der von einem Filialdirektor oder Prokuristen unterbevollmächtigte Kassierer einer Großbankfiliale bei Erfüllung der ihm übertragenen Aufgaben von der Zahlungsunfähigkeit des späteren Gemeinschuldners erlangt hat, ist der Bank auch ohne Unterrichtung ihrer Repräsentanten zuzurechnen.[106] Wissensvertreter einer Bank ist also der Filialdirektor, aber auch der mit der Abwicklung eines Kreditverhältnisses betraute Sachbearbeiter.[107]

24 Darüber hinaus muss eine Bank **organisatorisch Vorsorge** treffen, dass ihre Kunden betreffende Informationen über die Zahlungsunfähigkeit eines Kunden im Vorfeld der Insolvenzeröffnung von ihren Entscheidungsträgern zur Kenntnis genommen werden. Wird sie dieser Obliegenheit nicht gerecht, muss sie sich Kenntnisse, die bei einem zur Vornahme von Rechtsgeschäften bestellten und ermächtigten Bediensteten vorhanden sind, als ihr bekannt zurechnen lassen.[108] Genügend

---

97 BGH 19.02.2009, IX ZR 62/08, WM 2009, 521 Rn. 20.
98 BAG 06.10.2011, 6 AZR 262/10, ZIP 2011, 2366 Rn. 26.
99 BAG 06.10.2011, 6 AZR 262/10, ZIP 2011, 2366 Rn. 34.
100 BGH 15.10.2009, IX ZR 201/08, ZInsO 2009, 2244 Rn. 13.
101 BAG 06.10.2011, 6 AZR 262/10, ZIP 2011, 2366 Rn. 32.
102 BGH 04.02.2010 IX ZR 32/09, ZInsO 2010, 714 Rn. 6 f.
103 BGH 01.03.1984, IX ZR 34/83, NJW 1984, 1953 (1954).
104 BGH 09.06.2011 IX ZR 102/09, ZIP 2011, 1418 Rn. 2.
105 BGH 10.01.2013, IX ZR 13/12, WM 2013, 180 Rn. 26.
106 BGH 01.03.1984, IX ZR 34/83, NJW 1984, 1953 (1954).
107 *BGH 01.03.1984, IX ZR 34/83, NJW 1984, 1953 (1954); 27.04.1995, IX ZR 147/94, NJW 1995, 2103 (2105).*
108 BGH 15.12.2005, IX ZR 227/04, ZInsO 2006, 92 Rn. 13.

ist auch die Kenntnis eines vollmachtlosen Vertreters, dessen Handeln der Vertretene nachträglich genehmigt.[109] Bei einer Gesamtvertretung reicht die Kenntnis nur eines der Gesamtvertreter.[110] Der Anfechtungsgegner muss auch das Wissen einer für ihn in der Geschäftsleitung des Schuldners zu dessen Kontrolle tätigen Vertrauensperson gegen sich gelten lassen.[111] Der Kenntnis der Zahlungsunfähigkeit steht darum die Kenntnis von Umständen gleich, die zwingend auf die Zahlungsunfähigkeit hinweisen. Es genügt, dass der Anfechtungsgegner die tatsächlichen Umstände kennt, aus denen bei zutreffender rechtlicher Beurteilung die Zahlungsunfähigkeit zweifelsfrei folgt. Zahlungsunfähigkeit ist auch dann anzunehmen, wenn der Schuldner die Zahlungen eingestellt hat. Kennt der Gläubiger die Tatsachen, aus denen sich die Zahlungseinstellung ergibt, kennt er damit auch die Zahlungsunfähigkeit. Bewertet er das ihm vollständig bekannte Tatsachenbild falsch, kann er sich nicht mit Erfolg darauf berufen, dass er diesen Schluss nicht gezogen hat.[112] Ab dem Zeitpunkt, in dem **mehrere Behörden** eines Rechtsträgers bei der **Bezahlung einer Rechnung durch Aufrechnung zusammenwirken**, ist die **Kenntnis einer dieser Behörden** von Umständen, die für die Wirksamkeit der Anfechtung von Bedeutung sind, auch den anderen an der Anfechtung beteiligten Behörden zuzurechnen. Ausreichend ist, dass eine der beteiligten Behörden die erforderliche Kenntnis von den Tatsachen hatte, bei deren Vorliegen die Kenntnis von Tatsachen nach § 130 Abs. 3 vermutet wird. Zwar muss sich ein Rechtsträger grds nicht das Wissen aller seiner Behörden zurechnen lassen. Nutzt jedoch eine Behörde bei ihrer Tätigkeit in Zusammenarbeit mit anderen Behörden gezielt deren Wissen zum Vorteil des gemeinsamen Rechtsträgers bei der Abwicklung eines konkreten Vertrages, besteht insoweit auch eine behördenübergreifende Pflicht, sich gegenseitig über alle hierfür relevanten Umstände zu informieren. Hinsichtlich der Abwicklung dieses Vertrages wird faktisch eine **aufgabenbezogene neue Handlungs- und Informationseinheit** gebildet; innerhalb dieser Einheit muss sichergestellt werden, dass alle bekannten oder zugehenden rechtserheblichen Informationen unverzüglich an die entscheidenden Personen der Handlungseinheit in den anderen Behörden weitergeleitet und von diesen zur Kenntnis genommen werden. Werden **behördenübergreifende Handlungs- und Informationseinheiten** gebildet, um **Aufrechnungen zu ermöglichen**, liegt darin ein **besonderer Umstand**, der eine **Erkundigungs- und Informationspflicht** über alle bekannten Tatsachen im Zusammenhang mit der beabsichtigten Aufrechnung auslöst. Teilt der Fiskus die Abwicklung und Bezahlung eines Bauauftrages, bei dem er routinemäßig die Bezahlung – bei entsprechender Möglichkeit – durch Aufrechnung vornimmt, auf mehrere Behörden auf, macht er sich das Wissen der jeweils beteiligten anderen Behörden systematisch zunutze. Dann kann er sich andererseits nicht darauf berufen, dass eine Wissenszurechnung nicht stattfinden dürfe. Ab dem Zeitpunkt, ab dem er selbst von der Möglichkeit der Wissensbeschaffung bei anderen Behörden Gebrauch macht, hat er sich das gesamte rechtserhebliche Wissen der dadurch einbezogenen Behörden hinsichtlich des abgewickelten Vorgangs zurechnen zu lassen.[113] Beauftragt eine Behörde oder ein Sozialversicherungsträger eine andere zuständige Behörde wie das Hauptzollamt mit der Vollstreckung fälliger Forderungen mit der Folge, dass diese für das Vollstreckungsverfahren als **Gläubigerin der Forderung fingiert** wird, muss sich die ersuchende Behörde das Wissen des Sachbearbeiters der ersuchten Behörde zurechnen lassen.[114] Demgegenüber sind dem Gläubiger Kenntnisse des von ihm beauftragten **Gerichtsvollziehers** nicht zuzurechnen.[115]

Das Wissen des gesetzlichen Vertreters[116] oder eines **Prozessbevollmächtigten** ist dem Gläubiger im Anfechtungsprozess jedenfalls insoweit zuzurechnen, als es der Anwalt im Rahmen des ihm erteilten

25

---

109 BGH 27.09.1990, IX ZR 67/90, ZIP 1990, 1420 (1423).
110 BGH 03.03.1956, IV ZR 314/55, BGHZ 20, 149 (153); 16.11.1987, II ZR 92/87, NJW 1988, 1199 (1200).
111 BGH 15.01.1964, VIII ZR 236/62, BGHZ 41, 17 (22).
112 BGH 18.07.2013, IX ZR 143/12, Rn. 17.
113 BGH 30.06.2011, IX ZR 155/08, WM 2011, 1478 Rn. 19 ff.
114 BGH 14.02.2013, IX ZR 115/12, ZInsO 2013, 608 Rn. 4 ff.
115 BGH 14.02.2013, IX ZR 115/12, ZInsO 2013, 608 Rn. 5, 6.
116 BGH 10.10.1962 – VIII ZR 3/62, BGHZ 38, 65 (66 f.).

Auftrags erlangt hat.[117] Handelt der Geschäftsführer oder Liquidator einer GmbH auf Weisung des Alleingesellschafters, so ist nach § 166 Abs. 2 BGB dessen Kenntnis von der Zahlungsunfähigkeit des Schuldners der GmbH zuzurechnen.[118] Im Falle einer **Mehrvertretung** ist dem Gläubiger das Wissen des Vertreters zuzurechnen, der als Vertreter für ihn selbst und den Schuldners tätig geworden ist. Das Wissen des Schuldners ist ebenfalls dem Gläubiger zuzurechnen, wenn der Schuldner bei einem Insichgeschäft zugleich als Vertreter des Gläubigers gehandelt hat.[119]

3. Kenntnis von die Zahlungsunfähigkeit nahelegenden Umständen

26   Der Kenntnis der Zahlungsunfähigkeit steht nach § 130 Abs. 2 die Kenntnis von Umständen gleich, die zwingend auf die Zahlungsunfähigkeit schließen lassen. Diese Regelung wurde auf Vorschlag des Rechtsausschusses eingefügt, der entgegen dem Regierungsentwurf[120] die Anfechtung nicht schon bei grob fahrlässiger Unkenntnis der Zahlungsunfähigkeit gestatten wollte.[121] Vielmehr greift die Anfechtung erst durch, wenn der Anfechtungsgegner die Tatsachen positiv kennt, aus denen sich die Zahlungsunfähigkeit ergibt. Die Regelung bildet eine unwiderlegliche **Rechtsvermutung**. Vorausgesetzt wird, dass der Gläubiger die tatsächlichen Umstände kennt, aus denen bei zutreffender rechtlicher Bewertung die Zahlungsunfähigkeit zweifelsfrei folgt. Dann vermag er sich nicht mit Erfolg darauf zu berufen, dass er den an sich zwingenden **Schluss von den Tatsachen auf die Rechtsfolge** selbst nicht gezogen habe.[122] Der Kenntnis der Zahlungsunfähigkeit steht darum die Kenntnis von Umständen gleich, die **zwingend auf die Zahlungsunfähigkeit** hinweisen. Es genügt, dass der Anfechtungsgegner die tatsächlichen Umstände kennt, aus denen bei zutreffender rechtlicher Beurteilung die Zahlungsunfähigkeit zweifelsfrei folgt. Zahlungsunfähigkeit ist auch dann anzunehmen, wenn der Schuldner die Zahlungen eingestellt hat. Kennt der Gläubiger die Tatsachen, aus denen sich die **Zahlungseinstellung** ergibt, kennt er damit auch die Zahlungsunfähigkeit. Bewertet er das ihm vollständig bekannte Tatsachenbild falsch, kann er sich nicht mit Erfolg darauf berufen, dass er diesen Schluss nicht gezogen hat.[123] Wenn der Schuldner ein anderer Gläubiger lediglich eine alsbaldige Antragstellung angekündigt hat, kann aus diesem Umstand allein eine Kenntnis noch nicht hergeleitet werden. Auch ist der Anfechtungsgegner in diesem Fall nicht gehalten, bei dem Insolvenzgericht wegen einer etwaigen Antragstellung Nachfrage zu halten.

4. Wegfall der Kenntnis

27   Eine bereits vor der angefochtenen Rechtshandlung gegebene Kenntnis des Anfechtungsgegners von der Zahlungsunfähigkeit des Schuldners entfällt, wenn er aufgrund **neuer, objektiv geeigneter Tatsachen** zu der Ansicht gelangt, nun sei der Schuldner möglicherweise wieder zahlungsfähig. Eine solche Annahme kann durch einen erfolgversprechenden Sanierungsversuch begründet sein. Der Wegfall der Kenntnis von der Zahlungsunfähigkeit ist in zwei Schritten zu prüfen. Als erstes dürfen die darauf hinweisenden Umstände nicht mehr gegeben sein; andernfalls kommt ein Wegfall der Kenntnis der Zahlungsunfähigkeit von vornherein nicht in Betracht. Der Fortfall allein bewirkt nicht zwingend den Verlust der Kenntnis. Vielmehr hat der Tatrichter dann aufgrund aller von den Parteien vorgetragenen Umstände des Einzelfalls zu würdigen, ob eine Kenntnis der Zahlungsunfähigkeit bei Vornahme der Rechtshandlung nicht mehr bestanden hat.[124] Den Wegfall der Kenntnis von

---

117   BGH 22.11.1990, IX ZR 103/90, NJW 1991, 980 (981).
118   BGH 01.04.2004, IX ZR 305/00, ZInsO 2004, 548 (550).
119   BGH 27.09.1990, IX ZR 67/90, ZIP 1990, 1420 (1423).
120   BT-Drucks. 12/2443, 158.
121   BT-Drucks. 12/7302, 173.
122   BGH 20.11.2001, IX ZR 48/01, BGHZ 149, 178 (185); 19.02.2009, IX ZR 62/08, NJW 2009, 1202 Rn. 13; 15.10.2009, IX ZR 201/08, ZInsO 2009, 2244 Rn. 11.
123   *BGH 18.07.2013, IX ZR 143/12, Rn. 17.*
124   BGH 27.03.2008, IX ZR 98/07, NJW 2008, 2190 Rn. 16 ff.; 19.05.2011, IX ZR 9/10, ZInsO 2011, 1115 Rn. 15; 25.10.2012, IX ZR 117/11, WM 2012, 2251 Rn. 16.

der Zahlungsunfähigkeit des Schuldners hat der Anfechtungsgegner zu beweisen;[125] der **Beweis** ist erbracht, wenn feststeht, dass der Anfechtungsgegner infolge der neuen Tatsachen ernsthafte Zweifel am Fortbestand der Zahlungsunfähigkeit hatte.[126] Allein die Erklärung des Schuldners, den Anfechtungsgegner als letzten seiner Gläubiger zu befriedigen, bedeutet keine Änderung der Tatsachengrundlage, weil ihr nicht zu entnehmen ist, dass die Zahlungsfähigkeit abgesehen von den rückständigen auch für laufende, alsbald fällige Verbindlichkeiten nachhaltig wiederhergestellt ist.[127] Ebenso verhält es sich, wenn von der Muttergesellschaft des Schuldners eine Patronatserklärung abgegeben wird, die – gleich ob sie konzerninterner oder konzernexterner Natur hat – ohne konkrete Mittelzufuhr die Liquiditätslage nicht beeinflusst.[128]

D. Anfechtung einer Deckung nach Antragstellung (§ 130 Abs. 1 Nr. 2)

I. Zeitpunkt des Antrags

Rechtshandlungen, die **nach dem Eröffnungsantrag** vorgenommen werden, unterstellt § 130 Abs. 1 Nr. 2 unabhängig von einer Zahlungsunfähigkeit des Schuldners der Anfechtung. Eine von dem Gläubiger vor Antragstellung erklärte Aufrechnung gilt als danach vorgenommen, wenn der Schuldner seine Werklohnforderung nach Antragstellung werthaltig gemacht hat.[129] Infolge der Warnfunktion eines Insolvenzantrags ist es gerechtfertigt, einen Gläubiger, der nach Antragstellung Deckung erlangt, mit einer Anfechtung zu belasten. Die Anfechtung greift darum auch durch, wenn der Antrag nur auf drohende Zahlungsunfähigkeit (§ 18) oder nur auf Überschuldung (§ 19) gestützt war, aber zur Eröffnung – auch nur unter den Gesichtspunkt der Überschuldung – geführt hat. Maßgeblich ist der erste zulässige und begründete Antrag, auch wenn er mangels Masse nicht zur Eröffnung des Verfahrens geführt hat, aber der Insolvenzgrund bis zu der auf einem späteren Antrag beruhenden Eröffnung fortbestand.[130] Liegt eine einheitliche Insolvenz vor, kommt es also auf den ersten Insolvenzantrag an, auch wenn zwischen ihm und dem Antrag, der zur Verfahrenseröffnung führt, ein Zeitraum von mehreren Jahren vergangen ist.[131]

28

II. Kenntnis des Antrags

1. Konkrete Kenntnis

Über positive Kenntnis der Antragstellung verfügt ein Gläubiger, der darüber informiert ist, dass ein Antrag gestellt wurde, also bei Gericht eingegangen ist. Diese Kenntnis kann auf einer Mitteilung des vorläufigen Verwalters beruhen.[132] Die erforderliche Kenntnis ist ferner gegeben, wenn der Gläubiger seine Forderung gegenüber dem nach Antragstellung bestellten vorläufigen Insolvenzverwalter geltend macht.[133] Die bloße Kenntnis, dass ein Antrag gegenwärtig oder alsbald eingereicht werden soll, genügt nicht. Lag zum Zeitpunkt der Rechtshandlung ein **einzelner** Eröffnungsantrag bei Gericht vor, genügt es, wenn dieser Antrag, auch wenn er zunächst unzulässig oder unbegründet war, später zur Eröffnung des Verfahrens geführt hat. Wurden **mehrere** Eröffnungsanträge gestellt, schadet in entsprechender Anwendung des § 139 Abs. 2 die Kenntnis von einem zum Zeitpunkt der Rechtshandlung vorliegenden zulässigen und begründeten Antrag, auch wenn die Eröffnung letzt-

29

---

125 BGH 25.10.2012, IX ZR 117/11, WM 2012, 2251 Rn. 16.
126 BGH 27.03.2008, IX ZR 98/07, NJW 2008, 2190 Rn. 16 ff.; 19.05.2011, IX ZR 9/10, ZInsO 2011, 1115 Rn. 15.
127 BGH, 25.10.2012, IX ZR 117/11, WM 2012, 2251 Rn. 22.
128 BGH, 19.05.2011, IX ZR 9/10, ZInsO 2011, 1115 Rn. 16 ff., 22.
129 BGH 14.02.2013, IX ZR 94/12, ZInsO 2013, 492 Rn. 10 ff., 16.
130 BGH 15.11.2007, IX ZR 212/06, ZInsO 2008, 159 Rn. 11; 27.03.2008, IX ZR 98/07, NJW 2008, 2190 Rn. 8.
131 BGH 20.03.2008, IX ZR 2/07, ZInsO 2008, 451 Rn. 6.
132 BGH 30.09.2010 – IX ZR 178/09, WM 2010, 2023 Rn. 20; 14.02.2013, IX ZR 94/12, ZInsO 2013, 492 Rn. 16.
133 BGH 09.07.2009, IX ZR 86/08, ZInsO 2009, 1585 Rn. 41.

§ 131 InsO Inkongruente Deckung

lich auf einem anderen Antrag beruht. Der Gläubiger braucht nicht die Zulässigkeit und Begründetheit des Antrags zu kennen. Die Annahme, der Antrag sei unzulässig, unbegründet oder habe sich zwischenzeitlich erledigt, entlastet ihn darum nicht.

2. Kenntnis von Umständen

30 § 130 Abs. 2 stellt ebenso wie bei der Zahlungsunfähigkeit im Blick auf den Eröffnungsantrag der Kenntnis die Kenntnis von Umständen gleich, die zwingend auf einen Eröffnungsantrag schließen lassen. Aus der **Kenntnis von Sicherungsmaßnahmen** nach § 21 kann auf die Kenntnis des Antrags geschlossen werden. Entsprechendes gilt, wenn ein vorläufiger Verwalter bestellt wurde.[134] Allein aus der **öffentlichen Bekanntmachung** (§ 9 Abs. 1 Satz 3) der Bestellung eines vorläufigen Insolvenzverwalters ergibt sich nicht die Kenntnis des Anfechtungsgegners vom Eröffnungsantrag gegen den Schuldner. Nicht abgerufene Insolvenzbekanntmachungen begründen keine Kenntnis des Drittschuldners.[135]

E. Beweiserleichterung des § 130 Abs. 3

31 Hinsichtlich der Kenntnis von der Zahlungsunfähigkeit und der Antragstellung verlagert § 130 Abs. 3 die Beweislast) auf Gläubiger, die dem Schuldner nach § 138 Abs. 2 nahe stehen. Das Näheverhältnis muss in dem **Zeitpunkt** bestehen, in dem die Rechtshandlung vorgenommen wird. Die nahestehende Person muss beweisen, dass sie die Zahlungsunfähigkeit oder den Eröffnungsantrag bei Vornahme der Rechtshandlung nicht kannte. Da die Bestimmung eine umfassende Umkehr der Beweislast anordnet, hat eine nahestehende Person auch den Beweis zu führen, dass sie die tatsächlichen Umstände, welche die Kenntnis zwingend ergeben, nicht kannte.

F. Finanzsicherheiten (§ 130 Abs. 1 Satz 2)

32 Die Regelung privilegiert Kreditinstitute, indem die Bestellung von Finanzsicherheiten der Anfechtung entzogen wird. Der Begriff der Finanzsicherheit ist in § 1 Abs. 17 KWG definiert und erstreckt sich etwa auf Barguthaben, Wertpapiere, Geldmarktinstrumente und sonstige Schuldscheindarlehen, die als Sicherheit in Form eines beschränkt dinglichen Sicherungsrechts oder im Wege der Vollrechtsübertragung bestellt werden. Derartige Finanzsicherheiten können nur zwischen Vertragspartnern i.S.d. Art. 1 Abs. 2a) bis e) der Finanzsicherheitenrichtlinie vereinbart werden. Danach sind von der Privilegierung ausgenommen Geschäfte mit natürlichen Personen ohne Kaufmannseigenschaft und Geschäfte, an denen keine Bank im weitesten Sinne beteiligt ist. Darum betrifft die Privilegierung insb. den **Geschäftsverkehr zwischen Banken**. Die Vorschrift gilt nach ihrem Wortlaut nicht für die Gewährung einer Basissicherheit, sondern nur die Bestellung einer **Margensicherheit**. Ausdrücklich ausgeschlossen ist nur die Anfechtbarkeit nach § 130; andere Vorschriften bleiben unberührt. Bislang hat die Regelung in der obergerichtlichen und höchstrichterlichen Rechtsprechung keine praktische Bedeutung erlangt.

§ 131 Inkongruente Deckung

(1) Anfechtbar ist eine Rechtshandlung, die einem Insolvenzgläubiger eine Sicherung oder Befriedigung gewährt oder ermöglicht hat, die er nicht oder nicht in der Art oder nicht zu der Zeit zu beanspruchen hatte,
1. wenn die Handlung im letzten Monat vor dem Antrag auf Eröffnung des Insolvenzverfahrens oder nach diesem Antrag vorgenommen worden ist,
2. wenn die Handlung innerhalb des zweiten oder dritten Monats vor dem Eröffnungsantrag vorgenommen worden ist und der Schuldner zur Zeit der Handlung zahlungsunfähig war oder

---

134 BGH 13.03.2003, IX ZR 64/02, BGHZ 154, 190 (194); BAG 27.10.2004, 10 AZR 123/04, ZInsO 2005, 388 (389).
135 BGH 07.10.2010, IX ZR 209/09, WM 2010, 2275 Rn. 20 ff.

3. wenn die Handlung innerhalb des zweiten oder dritten Monats vor dem Eröffnungsantrag vorgenommen worden ist und dem Gläubiger zur Zeit der Handlung bekannt war, dass sie die Insolvenzgläubiger benachteiligte.

(2) Für die Anwendung des Absatzes 1 Nr. 3 steht der Kenntnis der Benachteiligung der Insolvenzgläubiger die Kenntnis von Umständen gleich, die zwingend auf die Benachteiligung schließen lassen. Gegenüber einer Person, die dem Schuldner zur Zeit der Handlung nahestand (§ 138), wird vermutet, dass sie die Benachteiligung der Insolvenzgläubiger kannte.

Übersicht

	Rdn.
A. Normzweck	1
B. Überblick über die Anfechtungsvoraussetzungen	2
C. Inkongruente Deckung	3
I. Beurteilungszeitpunkt	4
II. Begriff der Inkongruenz	5
III. Inkongruente Befriedigung	6
1. Nicht zu beanspruchende Befriedigung	6
a) Fehlender Rechtsgrund	6
b) Aufrechnung	8
c) Anweisung	9
2. Nicht in der Art zu beanspruchende Befriedigung	10
a) Leistung an Erfüllung statt	11
b) Drittleistungen	14
c) Zwangsvollstreckung	15
3. Nicht zu der Zeit zu beanspruchende Befriedigung	20
a) Fälligkeit	20
b) Verrechnungen im Kreditverhältnis	23
c) Fälligkeitsbegründende Kündigung	26
IV. Inkongruente Sicherung	27
1. Nicht zu beanspruchende Sicherung	27
a) Gesetzlicher Anspruch auf Besicherung	28
b) Vertraglicher Anspruch auf Besicherung	31
aa) Notwendigkeit eigenständiger vertraglicher Regelung	31
bb) Bankmäßige Sicherheiten	34
(1) Verknüpfung von Darlehen mit Sicherheit	34
(2) Bestimmtheit	36
2. Nicht in der Art zu beanspruchende Sicherheit	39
3. Nicht zu der Zeit zu beanspruchende Sicherung	40
D. Weitere Anfechtungsvoraussetzungen	41
I. Ein Monat vor Antragstellung (§ 131 Abs. 1 Nr. 1)	41
II. Innerhalb des zweiten oder dritten Monats vor Antragstellung: Zahlungsunfähigkeit des Schuldners (§ 131 Abs. 1 Nr. 2)	42
III. Innerhalb des zweiten und dritten Monats vor Antragstellung: Kenntnis des Gläubigers von Gläubigerbenachteiligung	43
1. Spezielle Anfechtungsvoraussetzungen	43
2. Nachweis der Kenntnis	44

A. Normzweck

Die Bestimmung unterwirft ebenso wie § 130 bestimmte in zeitlicher Nähe eines Insolvenzantrags vorgenommene Rechtshandlungen der Anfechtung, mildert aber die Anfechtungsvoraussetzungen ab, weil ein Insolvenzgläubiger, der eine ihm nicht gebührende Sicherung oder Befriedigung, also eine inkongruente Deckung, erhält, weniger schutzwürdig ist. Die **Inkongruenz** manifestiert sich im Abweichen der konkreten Deckungshandlung vom Inhalt des Schuldverhältnisses, das zwischen Insolvenzgläubiger und Schuldner besteht.[1] Tatsächlich ist in diesen Konstellationen vielfach die Annahme berechtigt, dass der Gläubiger die angespannte Finanzsituation des Schuldners erkannt und zu seinen Gunsten genutzt hat.[2]

---

[1] BGH 11.03.2004, IX ZR 160/02, ZIP 2004, 1060 (1061); 20.07.2006, IX ZR 44/05, ZIP 2006, 1591 Rn. 12.
[2] BGH 08.10.1998, IX ZR 337/97, ZInsO 1998, 395 (398).

B. Überblick über die Anfechtungsvoraussetzungen

2 Wegen der besonderen Verdächtigkeit inkongruenter Deckungshandlungen[3] verzichtet die Bestimmung für im letzten Monat vor oder gar nach Antragstellung vorgenommene Rechtshandlungen auf weitere objektive Merkmale wie Zahlungsunfähigkeit und jegliche subjektiven Erfordernisse (§ 131 Abs. 1 Nr. 1). Erfolgte die Rechtshandlung innerhalb des zweiten oder dritten Monats vor Antragstellung, ist neben der Inkongruenz allein der weitere objektive Umstand der Zahlungsunfähigkeit[4] anfechtungsbegründend (§ 131 Abs. 1 Nr. 2). Selbst wenn es bei innerhalb des zweiten und dritten Monats vor Eröffnung vorgenommenen Rechtshandlungen am Nachweis der Zahlungsunfähigkeit des Schuldners fehlt, ermöglicht § 131 Abs. 1 Nr. 3 die Anfechtung, wenn der Anfechtungsgegner die Gläubigerbenachteiligung oder die zwingend darauf hindeutenden Umstände (§ 131 Abs. 2) kannte. Die objektiven Tatbestandsmerkmale stimmen mit § 130 im Blick auf die Begriffe »Rechtshandlung«, »Insolvenzgläubiger«, das »Gewähren« oder »Ermöglichen« einer »Sicherung oder Befriedigung« überein. Insolvenzgläubiger ist auch, wer eine Deckung **ohne objektiven Rechtsgrund** erlangt hat und dieser erst nachträglich in der kritischen Zeit geschaffen wurde. Wie jeder Anfechtungstatbestand setzt auch § 131 eine auf der Rechtshandlung beruhende – mittelbare – Gläubigerbenachteiligung voraus. Der wesentliche Unterschied zwischen beiden Normen liegt im Merkmal der Inkongruenz. Der Einwand eines Bargeschäfts (§ 142) steht der Anfechtung nach § 131 nicht entgegen, weil nur kongruente Leistungen als **Bargeschäft** in Betracht kommen.[5]

C. Inkongruente Deckung

3 Eine Sicherung oder Befriedigung ist nach dem Wortlaut der Vorschrift inkongruent, wenn der Sicherungsnehmer sie nicht oder nicht in der Art oder nicht zu der Zeit zu beanspruchen hatte.

I. Beurteilungszeitpunkt

4 Für die Beurteilung der Inkongruenz ist der Zeitpunkt maßgeblich, zu dem der Gläubiger eine benachteiligende Sicherung oder Befriedigung erwirbt. In Anwendung des § 140 ist auf den Zeitpunkt der Vollendung des Rechtserwerbs abzustellen. Ist die Deckung nach Maßgabe der ursprünglichen Abrede inkongruent, kann die Kongruenz durch eine spätere **Kongruenzvereinbarung** hergestellt werden. Im Erbringen der inkongruenten Leistung liegt nicht bereits eine Einigung über eine Abänderung des Schuldgrundes. Freilich kann eine Vertragsänderung die Kongruenz nicht innerhalb der Monatsfrist des § 131 Abs. 1 Nr. 1 begründen. Auch innerhalb der Dreimonatsfrist des § 131 Abs. 1 Nr. 2 und 3 kommt dies nur in Betracht, wenn die dort genannten Voraussetzungen nicht vorliegen, also weder der Schuldner zahlungsunfähig war noch der Gläubiger eine benachteiligende Wirkung erkannte.[6] Außerhalb der Fristen des § 131 kann die Kongruenzvereinbarung nach § 133 anfechtbar sein.[7]

II. Begriff der Inkongruenz

5 Inkongruenz ist gegeben, wenn die Sicherung oder Befriedigung, die der Gläubiger erhalten hat, nicht einem bestehenden Anspruch entspricht, vielmehr von dem mit dem Schuldner vereinbarten Schuldverhältnis abweicht. Die geschuldete Leistung ist in Auslegung der Vereinbarung objektiv zu bestimmen, ohne dass möglicherweise abweichenden subjektiven Vorstellungen der Beteiligten Bedeutung zukommt. Die Kongruenz zwischen Anspruch und Deckungsleistung ist im Interesse der Gläubigergleichbehandlung nach **strengen Maßstäben** zu beurteilen.[8] Das Recht des Gläubigers, die konkrete Leistung einzufordern, unterscheidet kongruente von inkongruenten Rechtshandlun-

---

[3] BT-Drucks. 12/2443, 158.
[4] BT-Drucks. 12/2443, 159.
[5] BGH 13.04.2006, IX ZR 158/05, BGHZ 167, 190 Rn. 28.
[6] BGH 02.02.2006, IX ZR 67/02, BGHZ 166, 125 Rn. 38; 29.09.2005, IX ZR 184/04, ZInsO 2005, 1160 (1161).
[7] BGH 02.02.2006, IX ZR 67/02, BGHZ 166, 125 Rn. 40.
[8] BGH 15.11.1960, V ZR 35/59, BGHZ 33, 389 (393).

gen.[9] Mithin ist eine Leistung kongruent, wenn der Gläubiger die ihm erbrachte Leistung auf der Grundlage des Schuldverhältnisses auch im Klagewege hätte durchsetzen können.[10] Lediglich geringfügige Abweichungen von der nach dem Inhalt des Anspruchs typischen und gesetzmäßigen Erfüllung, die der Verkehrssitte (§§ 157, 242 BGB) oder Handelsbräuchen (§ 346 HGB) entsprechen, schaden nicht. So sind Leistungen durch bargeldlose Überweisung und eigene Schecks kongruent. Das gilt auch für Abbuchungen im Lastschriftverfahren aufgrund einer Einziehungsermächtigung des Schuldners.[11] Zwar ist eine Leistung nicht schon deshalb inkongruent, weil der Schuldner von einer **Ersetzungsbefugnis** Gebrauch macht, obschon der Gläubiger keinen Anspruch auf die ersetzende Leistung hat;[12] unverdächtig ist aber nur die **vor der kritischen Zeit** getroffene Vereinbarung dieser Art.[13] Bei einer **Wahlschuld** ist jede Leistung kongruent, durch die sich der Schuldner befreien darf.[14] Teilleistungen sind trotz § 266 BGB kongruent.

III. Inkongruente Befriedigung

1. Nicht zu beanspruchende Befriedigung

a) Fehlender Rechtsgrund

Eine Befriedigung kann nicht beansprucht werden, wenn es bereits mangels eines Rechtsgrunds an einer wirksamen Forderung fehlt. Insoweit gehen etwaige Ansprüche aus § 812 BGB nicht der Insolvenzanfechtung vor.[15] Folglich ist eine bargeldlose Überweisung des Schuldners inkongruent, wenn der Gläubiger zu dem Zeitpunkt, in dem sein Anspruch gegen das Kreditinstitut auf Gutschrift des Geldeinganges entsteht, keine durchsetzbare Forderung gegen den Schuldner hat.[16] Ebenso verhält es sich in Konstellationen, in denen der Gläubiger zwar eine Forderung hat, daraus aber, wenn der Schuldner die ihm zustehenden Rechte ausübt, keine Befriedigung erlangen kann. Gemeint sind hier die Fälle **unvollkommener Verbindlichkeiten** (z.B. Spiel oder Wette; §§ 762 f. BGB), **verjährter Forderungen**, heilender **Erfüllung formungültiger Verträge** (z.B. § 311b Abs. 1 Satz 2 BGB; § 766 Satz 3 BGB) oder **aufschiebend bedingter Forderungen** vor Bedingungseintritt.[17] Bei einer aufschiebenden Bedingung bewirkt ein Bedingungseintritt nach Verfahrenseröffnung keine Kongruenz. Zahlungen auf eine **auflösend bedingte** Forderung sind nach § 42 kongruent; tritt die Bedingung später ein, besteht zugunsten der Masse ein Bereicherungsanspruch. 6

Die Erfüllung von Forderungen aus infolge Willensmängeln anfechtbarer (§§ 119 ff.) Verträge stellt sich als inkongruent dar; hier könnte die Leistung des Schuldners als Bestätigung (§ 144 BGB) zu werten sein, die jedoch bei Vornahme in kritischer Zeit die Kongruenz nicht herzustellen vermag. Vergleichen sich ein Bauunternehmer, der ein nachbesserungsbedürftiges Werk abgeliefert hat, und der Auftraggeber über die Höhe des geschuldeten Werklohns in der Weise, dass dieser unter Verzicht auf eine rechtlich an sich vorgeschaltete Nachbesserung ermäßigt wird, kann anfechtungsrechtlich in dem Verzicht auf die weitergehende Forderung ein inkongruentes Deckungsgeschäft liegen. Dies kann anzunehmen sein, wenn der Schuldner auf drei Viertel seiner Forderung verzichtet, obwohl nur ein geringer Nachbesserungsaufwand angefallen wäre.[18] Eine Vorschusszahlung an einen Rechtsanwalt nach Beendigung der Angelegenheit ist inkongruent, weil mit der Erledigung seine Gebühren fällig werden und 7

---

9 BGH 10.06.1999, VII ZR 157/98, NJW 1999, 3780 (3781); 09.06.2005, IX ZR 152/03, ZInsO 2005, 766 (767).
10 BGH 03.04.1968, VIII ZR 23/66, WM 1968, 683.
11 BGH 09.01.2003, IX ZR 85/02, ZInsO 2003, 178 (179); 12.10.2006, IX ZR 228/03, ZInsO 2006, 1210 Rn. 9; 13.12.2012, IX ZR 1/12, WM 2013, 213 Rn. 12.
12 Vgl. BGH 21.12.1977, VIII ZR 255/76, BGHZ 70, 177 (183 f.).
13 BGH 29.09.2005, IX ZR 184/04, ZInsO 2005, 1160 (1161).
14 RGZ 71, 89 (91); BGH 29.11.2007, IX ZR 30/07, BGHZ 174, 297 Rn. 30.
15 BGH 04.03.1999, IX ZR 63/98, BGHZ 141, 96 (105 f.).
16 BGH 20.06.2002, IX ZR 177/99, ZInsO 2002, 721.
17 BGH 05.02.2004, IX ZR 473/00, ZInsO 2004, 499 (500).
18 BGH 13.05.2004, IX ZR 128/01, ZInsO 2004, 803 (804 f.).

zugleich der Vorschussanspruch entfällt.[19] Überträgt der Arbeitgeber seine Rechte als Versicherungsnehmer aus einer Direktversicherung auf den versicherten Arbeitnehmer, handelt es sich um eine inkongruente Deckung, wenn der Arbeitnehmer noch keine unverfallbare Anwartschaft erworben hatte.[20]

b) Aufrechnung

8 Der Insolvenzgläubiger hat die Möglichkeit der Aufrechnung durch eine anfechtbare Rechtshandlung erlangt, wenn die **Begründung der Aufrechnungslage** alle nach den Regeln der §§ 129 ff. erforderlichen Merkmale erfüllt. Ob die Begründung der Aufrechnungslage zu einer kongruenten oder einer inkongruenten Deckung führt, richtet danach, ob der Aufrechnende einen Anspruch auf Abschluss der Vereinbarung hatte, welche die Aufrechnungslage entstehen ließ, oder ob dies nicht der Fall war. Die Vorschrift des § 131 bezeichnet jede Rechtshandlung als inkongruent, die dem Insolvenzgläubiger eine Befriedigung gewährt, auf die er keinen Anspruch hatte. Deshalb ist die Herstellung einer Aufrechnungslage inkongruent, soweit die Aufrechnungsbefugnis sich nicht aus dem zwischen dem Schuldner und dem Gläubiger zuerst entstandenen Rechtsverhältnis ergibt.[21] Die Herstellung der Aufrechnungslage führt zu einer inkongruenten Deckung, wenn der Aufrechnende vorher keinen Anspruch auf die Vereinbarung hatte, die die Aufrechnungslage entstehen ließ. Es darf also nicht auf die Aufrechnungserklärung und damit die Rechtslage nach Entstehen der wechselseitigen Forderungen abgestellt werden.[22] Eine Aufrechnungslage wird kongruent geschaffen, wenn der Gläubiger seinerseits durch pflichtgemäßes Verhalten Schuldner geworden ist, etwa indem er durch Wahrnehmung eines außerhalb der Fristen des § 131 vereinbarten Nutzungsrechts ein Nutzungsentgelt schuldet.[23] An der Kongruenz fehlt es hingegen, wenn der Gläubiger durch Abschluss eines Vertrages in kritischer Zeit eine Gegenforderung begründet.[24] Hat eine zwischen dem Schuldner und seiner Bank getroffenen Vereinbarung eine Reduzierung der Kreditlinie auf Null gegen Freigabe der zur Sicherheit bestellten Grundschuld zum Inhalt, so begründet sie möglicherweise keinen selbständig durchsetzbaren Anspruch der Bank auf Rückzahlung des Kredits, wohl aber das Recht, im Falle der von dem Schuldner zur Durchführung der Vereinbarung veranlassten Zahlungseingänge eine Verrechnung mit seinen Kreditverbindlichkeiten vorzunehmen. Indem die Bank von diesem Recht Gebrauch machte, handelte sie vereinbarungsgemäß, mithin kongruent.[25]

c) Anweisung

9 Erfüllt ein Dritter auf **Anweisung des Schuldners** dessen Verbindlichkeit, ohne dass eine insolvenzfeste Vereinbarung zwischen Gläubiger und Schuldner vorgelegen hat, ist die Befriedigung inkongruent. weil der Gläubiger keinen Anspruch auf diese Art der Erfüllung hat.[26] In diesem Fall richtet sich die auf § 131 beruhende Anfechtung ausschließlich gegen den befriedigten Gläubiger, während gegen den Angewiesenen lediglich ein Anspruch aus § 133 bestehen kann.[27] Die Tilgung einer fremden Verbindlichkeit durch den Schuldner kann gegenüber dem Zahlungsempfänger nicht angefochten werden, weil er kein Gläubiger des Schuldners ist.[28]

---

19 BGH 13.04.2006, IX ZR 158/05, BGHZ 167, 190 Rn. 25.
20 BAG 19.11.2003, 10 AZR 110/03, ZInsO 2004, 284 (285).
21 BGH 09.02.2006, IX ZR 121/03, ZIP 2006, 818.
22 BGH 05.04.2001, IX ZR 216/98, BGHZ 147, 233 (240); 29.06.2004, IX ZR 195/03, BGHZ 159, 388 (393 f.).
23 BGH 05.04.2001, IX ZR 216/98, BGHZ 147, 233 (241).
24 BGH 01.04.2004, IX ZR 305/00, ZInsO 2004, 548 (549).
25 BGH 11.02.2009, IX ZR 42/08, ZInsO 2009, 519 Rn. 3.
26 BGH 29.11.2007, IX ZR 121/06, BGHZ 174, 314 Rn. 33; 10.05.2007, IX ZR 146/05, ZInsO 2007, 662 Rn. 8; 14.10.2010 – IX ZR 16/10, ZIP 2010, 2358 Rn. 8.
27 *BGH 29.11.2007, IX ZR 121/06, BGHZ 174, 314 Rn. 36.*
28 BGH 03.03.2005, IX ZR 441/00, BGHZ 162, 276 (279); 05.02.2004, IX ZR 473/00, ZInsO 2004, 499 (500).

2. Nicht in der Art zu beanspruchende Befriedigung

Eine Befriedigung hat der Schuldner der Art nach nicht zu beanspruchen, wenn sie nach dem Inhalt des Schuldverhältnisses von der tatsächlich geschuldeten Leistung abweicht.[29]

a) Leistung an Erfüllung statt

Sowohl die Leistung **erfüllungshalber** als auch an Erfüllungs statt (§ 364 BGB) ist mangels Deckungsgleichheit mit dem Inhalt des Schuldverhältnisses inkongruent: Die Überlassung eines Erbteils zur Erfüllung einer Darlehensverbindlichkeit stellt sich infolge der Verrechnung des Kaufpreises mit der Darlehensschuld wertungsmäßig als Leistung an Erfüllungs statt dar.[30] Die Abtretung einer Forderung anstelle der geschuldeten Zahlung ist inkongruent.[31] Besteht nur ein Anspruch auf Abtretung einer Forderung als Sicherheit, ist die Abtretung zwecks Befriedigung aus der Forderung inkongruent.[32] Ebenso ist die Gewährung einer Sicherung durch Pfandrecht, Sicherungsübereignung u.Ä. anstelle der zu erbringenden Leistung inkongruent, wenn nicht außerhalb der kritischen Zeit ein unanfechtbarer Anspruch auf ihre Bestellung begründet war.[33] Die Befriedigung aus einer insolvenzfesten Sicherung ist kongruent. Stellt der Schuldner, statt einen fälligen und eingeforderten Anspruch zu erfüllen, von sich aus im Wege der Abtretung eine Sicherheit mit der Absicht zur Verfügung, dass der Gläubiger sich daraus befriedigt, so gewährt er damit eine inkongruente Deckung.[34] Als inkongruent erweist sich die Übertragung von Gegenständen zur Abgeltung der Mitarbeit eines Ehegatten.[35]

Die Rückgabe einer ihm übereigneten Sache durch den nicht zur Kaufpreiszahlung fähigen Schuldner an den Käufer ist inkongruent, weil dieser keinen Anspruch auf Aufhebung des Kaufvertrages hat.[36] Anders verhält es sich hingegen, wenn durch einen außerhalb der kritischen Zeit erklärten Rücktritt eines Vertragspartners oder von den Parteien vereinbarten Aufhebungsvertrag ein Rückgewährschuldverhältnis begründet wurde. Die Gewährung nicht eigener, sondern von **Kundenschecks** ist, weil sie einen Zahlungsanspruch auch gegen den Aussteller begründet, inkongruent.[37] Ausnahmsweise ist Kongruenz gegeben, wenn der Schuldner außerhalb der kritischen Zeit mit dem Gläubiger diese Zahlungsart vereinbart hat.[38] Reicht der Schuldner bei seiner Bank zwecks Darlehensrückführung ihm von einem Dritten zur Erfüllung einer Forderung überlassene Kundenschecks ein, erlangt die Bank eine inkongruente Deckung, wenn ihr die den Schecks zugrunde liegenden Kausalforderungen nicht abgetreten waren. Denn nach Nr. 15 Abs. 2 Banken-AGB bzw. Nr. 25 Abs. 2 AGB-Sparkassen ist mit den eingereichten Schecks zugleich die Kausalforderung abzutreten.[39] Leistungen durch bargeldlose **Überweisung** und **eigene Schecks**[40] sind kongruent. Das gilt auch für Abbuchungen im Lastschriftverfahren aufgrund einer Einziehungsermächtigung des Schuldners[41] wie auch das Abbuchungsauftragsverfahren.[42] Die Hingabe eines **Eigenwechsels** ist mangels Verkehrsüblichkeit inkongruent, umso mehr die Zahlung durch einen eine weitere Verbind-

---

29 BGH 21.12.1960, VIII ZR 204/59, BGHZ 34, 254 (258).
30 BGH 19.11.1998, IX ZR 116/97, ZIP 1999, 33 (36).
31 BGH 03.04.1968, VIII ZR 23/66, WM 1968, 683 (684).
32 OLG Brandenburg 26.02.1998, 8 U 73/97, ZIP 1998, 1367.
33 BGH 21.12.1960, VIII ZR 204/59, BGHZ 34, 254 (258 f.); 30.09.1993, IX ZR 227/92, BGHZ 123, 320 (324 f.).
34 BGH 08.10.1998, IX ZR 337/97, ZIP 1998, 2008 (2011).
35 BGH 31.10.1962 VIII ZR 133/61, WM 1962, 1369 (1371).
36 RGZ 31, 134 (136 f.).
37 BGH 30.09.1993, IX ZR 227/92, BGHZ 123, 320 (324).
38 OLG Stuttgart 22.10.2003, 6 W 59/03, ZInsO 2004, 156 (157).
39 BGH 14.05.2009, IX ZR 63/08, BGHZ 181, 132 Rn. 11.
40 BGH 02.02.2006, IX ZR 67/02, BGHZ 166, 125 Rn. 46.
41 BGH 09.01.2003, IX ZR 85/02, ZInsO 2003, 178 (179); 12.10.2006, IX ZR 228/03, ZInsO 2006, 1210 Rn. 9; 13.12.2012, IX ZR 1/12, WM 2013, 213 Rn. 12.
42 BGH 13.12.2012, IX ZR 1/12, WM 2013, 213 Rn. 12.

lichkeit verkörpernden **Kundenwechsel**.[43] Führt der Schuldner durch Einreichung von Kundenwechseln einen Bankkredit zurück, ist die Zahlung kongruent, wenn sich die Bank verpflichtet hatte, solche Wechsel in Zahlung zu nehmen.[44]

13 Bei der **Wahlschuld** ist jede der vom Schuldner zu erbringenden Leistungen kongruent, gleichgültig, wer die Wahl vorzunehmen hat. Stand dem Schuldner aufgrund einer in unkritischer Zeit getroffenen Vereinbarung eine **Ersetzungsbefugnis** zu, so trifft dies für jede Leistung, durch die er sich von seiner Pflicht befreien darf, ebenfalls zu. Ebenso ist bei einer Gattungsschuld (§ 243 Abs. 1 BGB) die Auslieferung der Sache nicht deswegen inkongruent, weil der Gläubiger erst innerhalb des kritischen Zeitraums einen Anspruch auf Übereignung dieser bestimmten Sache (§ 243 Abs. 2 BGB) erhalten hat.[45]

b) Drittleistungen

14 Erfüllt ein Dritter auf Anweisung des Schuldners dessen Verbindlichkeit, ohne dass eine insolvenzfeste Vereinbarung zwischen Gläubiger und Schuldner vorgelegen hat, ist die Befriedigung inkongruent.[46] Die auf Anweisung des zahlungsunfähigen Zwischenmieters erfolgte Direktzahlung des Endmieters an den Vermieter gewährt diesem folglich eine inkongruente Deckung.[47] Die (vorzeitige) Erfüllung des Werklohnanspruchs durch Dritte ist in § 648a Abs. 1 BGB nicht vorgesehen und daher grds inkongruent.[48] Leistet der Dritte nicht an den Schuldner, sondern auf dessen Anweisung an einen seiner Gläubiger so handelt es sich nicht um eine verkehrsübliche Zahlungsweise, sondern im Verhältnis zwischen Gläubiger und Schuldner um eine der Art nach inkongruente Deckung unabhängig davon, ob ein eigenes Forderungsrecht des Insolvenzgläubigers begründet wurde. Vereinbart der Schuldner mit einem Dritten, dieser solle die geschuldete Zahlung an den **Sozialversicherungsträger** des Schuldners zur Tilgung einer fälligen Beitragsforderung vornehmen, bewirkt die Zahlung in der Regel eine inkongruente Deckung.[49] Es ist anerkannt, dass Direktzahlungen des Auftraggebers gem. § 16 Nr. 6 VOB/B an einen Nachunternehmer diesem eine inkongruente Deckung gewähren. Direktzahlungen sind deswegen besonders verdächtig, weil sie an einen Zahlungsverzug des Auftragnehmers und damit typischerweise an dessen Liquiditätsschwierigkeiten anknüpfen.[50] Inkongruent ist eine Drittzahlung, die auf der Abtretung der Forderung des Schuldners gegen den Dritten an den Gläubiger beruht.[51] Vereinbart der Schuldner mit der Bank, durch Drittzahlungen seine noch nicht fällige Darlehensverbindlichkeit zurückzuführen, um die Freigabe eines Sicherungsgegenstandes zu erwirken, ist die Befriedigung kongruent. Denn die Bank ist danach jedenfalls berechtigt, Zahlungseingänge entgegenzunehmen.[52] Zahlt der Dritte auf eine eigene Verbindlichkeit, scheidet eine Anfechtung aus, weil der Leistungsempfänger nicht Insolvenzgläubiger ist.[53]

c) Zwangsvollstreckung

15 Eine während der kritischen Zeit im Wege der **Zwangsvollstreckung** erlangte Sicherheit oder Befriedigung ist als inkongruent anzusehen.[54] Dies gilt auch zu Lasten eines **Arbeitnehmers**, der auf diesem

---

43 OLG Celle 05.05.1958 1 U 23/58, NJW 1958, 1144 (1145).
44 RGZ 71, 89 (90 f.).
45 BGH 29.11.2007, IX ZR 30/07, BGHZ 174, 297 Rn. 30.
46 BGH 10.01.2013, IX ZR 13/12, WM 2013, 180 Rn. 23; 24.10.2013, IX ZR 104/13, Rn. 11.
47 BGH 20.01.2011, IX ZR 58/10, ZInsO 2011, 421 Rn. 17.
48 BGH 10.05.2007, IX ZR 146/05, ZInsO 2007, 662 Rn. 8; 14.10.2010 – IX ZR 16/10, ZIP 2010, 2358 Rn. 8.
49 BGH 09.01.2003, IX ZR 85/02, ZInsO 2003, 178 (179).
50 BGH 23.10.2008, IX ZB 35/05, ZInsO 2008, 1322 Rn. 13.
51 BGH 29.09.2011, IX ZR 74/09, ZInsO 2011, 1979 Rn. 11.
52 BGH 11.02.2010, IX ZR 42/08, ZInsO 2010, 519 Rn. 3.
53 BGH 19.02.2009, IX ZR 16/08, ZInsO 2009, 768 Rn. 8.
54 *BGH 09.09.1997*, IX ZR 14/97, BGHZ 136, 309 (311 ff.); 22.01.2004, IX ZR 39/03, BGHZ 157, 350 (353); 23.03.2006, IX ZR 116/03, BGHZ 167, 11 Rn. 9; 17.09.2009, IX ZR 106/08, ZInsO 2010, 43 Rn. 6.

Weg die ihm geschuldete Lohnzahlung erwirkt.[55] Eine Anfechtung ist auch begründet, nachdem der Gerichtsvollzieher gepfändetes Geld an den Gläubiger ausgehändigt hat.[56] Wird die **Vorpfändung** schon vor der kritischen Zeit ausgebracht, folgt die Hauptpfändung innerhalb der Monatsfrist des § 845 Abs. 2 ZPO nach und fällt sie in den von § 131 geschützten Zeitraum, richtet sich die Anfechtung insgesamt nach der Vorschrift des § 131.[57] Eine zur **Abwendung der Zwangsvollstreckung** innerhalb des Dreimonatszeitraums des § 131 Abs. 1 – selbstbestimmt[58] – erbrachte Leistung ist inkongruent, wenn der Schuldner zur Zeit der Leistung aus seiner – objektivierten – Sicht damit rechnen muss, dass ohne sie der Gläubiger nach dem kurz bevorstehenden Ablauf einer letzten Zahlungsfrist mit der ohne weiteres zulässigen Zwangsvollstreckung beginnt.[59] Das gilt auch dann, wenn der Gläubiger unter Ankündigung der Zwangsvollstreckung zur umgehenden Leistung auffordert, ohne eine letzte konkrete Frist zu setzen.[60] Mithin genügt es, wenn die Zwangsvollstreckung im verfahrensrechtlichen Sinne noch nicht begonnen hatte, sondern lediglich unmittelbar bevorstand.[61] Ein die Inkongruenz begründender Druck einer unmittelbar bevorstehenden Zwangsvollstreckung besteht hingegen noch nicht, wenn der Schuldner nach Zustellung eines Vollstreckungsbescheides die titulierte Forderung erfüllt, ohne dass der Gläubiger die Zwangsvollstreckung zuvor eingeleitet oder angedroht hat.[62]

Eine im Wege der Zwangsvollstreckung erlangte Sicherung oder Befriedigung ist auch dann als inkongruent anzusehen, wenn die Vollstreckung auf einer **spezialgesetzlichen Ermächtigungsgrundlage** der Finanzbehörden beruht.[63] Veranlasst das Kreditinstitut nach Pfändung eines überzogenen Kontos den Schuldner durch Gewährung von Darlehensmitteln, die der Pfändung zugrunde liegende Forderung zu begleichen, liegt eine inkongruente Befriedigung vor, weil der Schuldner keine unmittelbar bevorstehende Zwangsvollstreckung abgewendet, sondern eine bereits **in Gang befindliche Zwangsvollstreckung** durch Leistung an den Vollstreckungsgläubiger erledigt hat.[64] Wird eine Vormerkung für eine Bauhandwerkersicherungshypothek im Wege der einstweiligen Verfügung erwirkt, soll keine inkongruente Deckung vorliegen.[65] Eine im letzten Monat vor der Insolvenzeröffnung im Vollstreckungswege erlangte Sicherung bedarf nicht der Anfechtung, weil bereits § 88 ihrer Wirksamkeit entgegensteht. Ausnahmsweise mag eine Anfechtung angezeigt sein, falls die Sicherheit vor Insolvenzeröffnung bereits verwertet wurde. Erfüllt der Schuldner nach Zustellung eines Vollstreckungsbescheides, der keine Vollstreckungsandrohung, letzte Frist oder Zahlungsaufforderung enthält, die titulierte Forderung innerhalb der gesetzlichen Dreimonatsfrist, ist die Deckung nicht inkongruent, wenn der Gläubiger die Zwangsvollstreckung zuvor weder eingeleitet noch angedroht hat.[66]

16

Zwangsvollstreckungsmaßnahmen sind nur dann als inkongruent anfechtbar, wenn sie – selbst bei schon zuvor gegebener Zahlungsunfähigkeit des Schuldners – in den **letzten drei Monaten vor dem Eröffnungsantrag** vorgenommen wurden.[67] Zwangsvollstreckungsmaßnahmen von Gläubigern vor diesem Zeitraum können daher nicht als inkongruent angesehen werden. Dasselbe gilt dann auch

17

---

55 BAG 19.05.2011, 6 AZR 736/09, ZInsO 2011, 1560 Rn. 12.
56 BGH 09.09.1997, IX ZR 14/97, BGHZ 136, 309 (310 ff.).
57 BGH 23.03.2006, IX ZR 116/03, BGHZ 167, 11 (15 ff.).
58 BGH 10.02.2005, IX ZR 211/02, BGHZ 162, 143 (152); 06.10.2009, IX ZR 191/05, ZIP 2009, 2009 Rn. 8.
59 BGH 18.12.2003, IX ZR 199/02, BGHZ 157, 242 (248); 07.12.2006, IX ZR 157/05, ZInsO 2007, 99 Rn. 8; 17.06.2010, IX ZR 134/09, ZInsO 2010, 1324 Rn. 8.
60 BGH 20.01.2011, IX ZR 8/10, ZInsO 2011, 423 Rn. 6 ff.
61 BGH 11.04.2002, IX ZR 211/01, ZIP 2002, 1159 (1161); 20.11.2008, IX ZR 130/07, ZIP 2009, 83 Rn. 13; 15.05.2003, IX ZR 194/02, WM 2003, 1278 f.; 08.12.2005, IX ZR 182/01, ZInsO 2006, 94 Rn. 10; 17.06.2010, IX ZR 134/09 ZInsO 2010, 1324 Rn. 6.
62 BGH 20.01.2011, IX ZR 8/10, ZInsO 2011, 423 Rn. 8.
63 BGH 22.01.2004, IX ZR 39/03, BGHZ 157, 350 (351, 353); 11.10.2007, IX ZB 270/05, ZInsO 2007, 1223 Rn. 3.
64 BGH 28.02.2008, IX ZR 213/06, ZInsO 2008, 374 Rn. 21.
65 BGH 21.12.1960, VIII ZR 204/59, BGHZ 34, 254; a.A. zu Recht Jaeger/*Henckel* § 131 Rn. 67 ff.
66 BGH 07.12.2006, IX ZR 157/05, ZInsO 2007, 99.
67 BGH 17.09.2009, IX ZR 106/08, ZInsO 2010, 43 Rn. 6.

für Leistungen des Schuldners, die dieser mehr als drei Monate vor dem Eröffnungsantrag auf eine fällige Forderung zur Vermeidung einer unmittelbar bevorstehenden Zwangsvollstreckung erbracht hat.[68] Pfändet ein Gläubiger eine **künftige Mietforderung** des Schuldners gegen einen Dritten, richtet sich der für die Anfechtung des Pfändungspfandrechts maßgebliche Zeitpunkt nach dem Beginn des Nutzungszeitraums, für den die Mietrate geschuldet war, und nicht nach dem früheren Zeitpunkt der Pfändung. Denn der Anspruch auf Entrichtung der Miete entsteht – ähnlich wie der Anspruch auf Vergütung für geleistete Dienste – erst zum Anfangstermin des jeweiligen Zeitraums der Nutzungsüberlassung, weil der Vermieter bis dahin noch keine gesicherte Rechtsposition erlangt hat.[69]

18 Leistet der Schuldner zur **Abwendung eines angekündigten Insolvenzantrags**, den der Gläubiger, auch ein **Arbeitnehmer**,[70] zur Durchsetzung seiner Forderung angedroht hat, bewirkt dies selbst bei Vornahme außerhalb des Zeitraums der gesetzlichen Krise stets eine inkongruente Deckung.[71] Dies gilt ebenso, wenn bereits ein Insolvenzantrag gestellt ist und die Zahlung dessen **Rücknahme** bezweckt.[72] Eine die Inkongruenz begründende Drohung mit einem Insolvenzantrag kann auch dann vorliegen, wenn die Möglichkeit eines solchen Vorgehens im Mahnschreiben nur »zwischen den Zeilen« deutlich gemacht, aber dem Schuldner das damit verbundene Risiko klar vor Augen geführt wird.[73] Unbedenklich ist eine bloße **Klageandrohung**.[74] Die an ein Energieversorgungsunternehmen erbrachten fälligen Zahlungen zur Abwendung einer in Aussicht gestellten Sperre der Versorgungsleistungen unterliegen mangels Androhung von Vollstreckungsmaßnahmen nicht unter dem Gesichtspunkt einer inkongruenten Deckung der Anfechtung.[75] Jedenfalls nicht inkongruent ist die auf Druck mit einem Strafantrag erlangte Zahlung; gleiches gilt bei Bewirkung der Zahlung aufgrund einer außerordentlichen Kündigung des Mietverhältnisses.

19 Die Inkongruenz der **Zahlung einer Geldstrafe** kann aus dem Umstand hergeleitet werden, dass sie erbracht wurde, nachdem die Staatsanwaltschaft ein Gesuch des Schuldners um Zahlungsaufschub abgelehnt, ihn zur sofortigen Überweisung aufgefordert und angekündigt hatte, im Falle nicht fristgerechter Zahlung müsse er mit Zwangsmaßnahmen bis hin zur Vollstreckung der Ersatzfreiheitsstrafe rechnen. Eine Befriedigung unter dem Druck der unmittelbar bevorstehenden Vollstreckung einer Ersatzfreiheitsstrafe (§ 43 StGB), die auch im eröffneten Insolvenzverfahren möglich ist und keinen verfassungsrechtlichen Bedenken begegnet, ist wie im Falle einer unmittelbar bevorstehenden Zwangsvollstreckung inkongruent.[76]

Nach der Rechtsprechung bedarf es auch im Falle der **Drohung** mit einem Insolvenzantrag eines **Zurechnungszusammenhangs** zwischen der Drohung und der Zahlung. Entscheidend ist hierbei, ob die aus objektivierter Sicht zu beurteilende Wirkung der Androhung bis zur Zahlung fortgewirkt hat, gegebenenfalls über die gesetzte Zahlungsfrist hinaus. Ob der ausgeübte Druck im Einzelfall konkret den Entschluss hervorrief, die Leistung zu bewirken, ist ohne Bedeutung. Es genügt, dass die Androhung **objektiv hierzu geeignet** war. Der erforderliche Zurechnungszusammenhang bezieht sich lediglich auf das Zeitmoment. Ist dieses gegeben, hat der Gläubiger eine Leistung erhalten, die er in der Art – nach Androhung eines Insolvenzantrags – nicht zu beanspruchen hatte, weil es den Zwecken eines Insolvenzantrags zuwider läuft, mit diesem Mittel die Durchsetzung von Ansprüchen einzelner Gläubiger zu verfolgen.[77]

---

68 BGH 27.05.2003, IX ZR 169/02, BGHZ 155, 75 (80, 83); 18.06.2009, IX ZR 7/07, ZInsO 2009, 1394 Rn. 6.
69 BGH 17.09.2009, IX ZR 106/08, ZInsO 2010, 43 Rn. 8 ff.
70 BAG 19.05.2011, 6 AZR 736/09, ZInsO 2011, 1560 Rn. 12.
71 BGH 18.12.2003, IX ZR 199/02, BGHZ 157, 242 (245 ff.); 18.06.2009, IX ZR 7/07, ZInsO 2009, 1394 Rn. 6.
72 BGH, 08.12.2005, IX ZR 182/01, ZInsO 2006, 94 Rn. 21.
73 BGH 07.03.2013, IX ZR 216/12, Rn. 10 ff.
74 BGH 07.03.2013, IX ZR 216/12, Rn. 14.
75 *OLG Köln* 02.11.2006, 2 U 86/06, ZInsO 2007, 382.
76 BGH 14.10.2010, IX ZR 16/10, ZIP 2010, 2358 Rn. 8.
77 BGH 07.03.2013, IX ZR 216/12, Rn. 17, 18.

3. Nicht zu der Zeit zu beanspruchende Befriedigung

a) Fälligkeit

Nicht zu der Zeit ist eine Befriedigung zu beanspruchen, die **früher als geschuldet** erfolgt, also vor Fälligkeit,[78] vor Eintritt einer aufschiebenden Bedingung (§ 158 BGB) oder vor Ablauf einer Befristung (§ 163 BGB) bewirkt wird.[79] Gleiches gilt für die Rückzahlung eines Darlehens vor Fälligkeit.[80] Wird ein noch nicht fälliges Darlehen kraft Parteivereinbarung innerhalb der kritischen Frist fällig gestellt, ist die Kongruenzvereinbarung selbst als inkongruent anfechtbar.[81] Die Befugnis des Schuldners, Zahlungen vor Fälligkeit erbringen zu dürfen (§ 271 Abs. 2 BGB), führt nicht zur Kongruenz. Entsprechendes gilt für die nach Zahlung noch vor Verfahrenseröffnung eingetretene Fälligkeit. Eine wegen verfrühter Leistung inkongruente Zahlung benachteiligt die Gläubiger in voller Höhe, wenn noch vor unanfechtbarem Eintritt der Fälligkeit ein vorläufiger Insolvenzverwalter mit Zustimmungsvorbehalt bestellt worden ist, weil dem Schuldner dann eine Verfügung nicht mehr möglich gewesen wäre.[82] Ob in diesem Fall bei verbleibender Verfügungsbefugnis des Schuldners die vorfällige Rückzahlung nur in Höhe des bis zur Fälligkeit entstandenen Zwischenzinses angefochten werden kann, hat der BGH offen gelassen.[83] Soll kraft einer zwischen den Parteien geltenden Regelung die Fälligkeit spätestens zu einem bestimmten Zeitpunkt eintreten, so ist grds allein der spätest mögliche Zeitpunkt maßgeblich, so dass spätestens am 15. eines Monats zu zahlende Sozialversicherungsbeiträge erst mit diesem Tag fällig werden. Soll mit Hilfe einer Banküberweisung der Eingang der Zahlung bei dem Gläubiger am Fälligkeitstag sichergestellt werden, liegt Kongruenz vor, wenn die Überweisung fünf Bankgeschäftstage vor Fälligkeit veranlasst wird. Geht sie dagegen bereits fünf Tage vor Fälligkeit auf dem Konto des Gläubigers ein, ist Inkongruenz gegeben.[84] Eine zeitlich **nach Fälligkeit** bewirkte Leistung ist kongruent. Die Zahlung auf eine **gestundete Forderung** ist inkongruent.[85] Wird die durch einen Abbuchungsauftrag bewirkte Zahlung vor Fälligkeit dem Konto des Gläubigers gutgeschrieben, ist die Befriedigung inkongruent, weil es nicht auf eine nachfolgende Genehmigung des Schuldners ankommt.[86]

Der **Bauvertrag** des BGB kannte bis zu der Einfügung des § 632a BGB keine Abschlagszahlungen, weil die Gesamtvergütung erst mit der Abnahme der Bauleistung fällig wird (§ 641 BGB a.F.), so dass eine zuvor bewirkte Zahlung inkongruent ist. Haben die Bauvertragsparteien die VOB/B zur Grundlage des Vertrags gemacht, ergibt sich der Anspruch auf Abschlagszahlungen aus § 16 Nr. 1 Abs. 1 und 3 VOB/B. Hierzu ist erforderlich, dass die Leistungen durch eine prüfbare Aufstellung nachgewiesen werden. Die Abschlagszahlungen sind dann binnen 18 Werktagen nach Zugang dieser Aufstellung zu leisten. Fehlt es in dem Zeitpunkt, in dem nach Überweisung durch den Besteller der Anspruch des Unternehmers auf Gutschrift gegen seine Bank entstanden ist, an diesen Voraussetzungen, insb. der prüfbaren Aufstellung, ist die Zahlung.[87] Die Fälligkeit des Freistellungsanspruchs eines **Gesamtschuldners** bestimmt sich nach einer Parteivereinbarung oder den Umständen, kann aber nicht aus § 257 Satz 2, § 738 Abs. 1 Satz 3 und § 775 Abs. 2 BGB hergeleitet werden.[88]

Soweit Vorschusszahlungen in bereits abgeschlossenen Angelegenheiten an einen **Rechtsanwalt** erfolgt sind, sind die Leistungen, weil der Vorschussanspruch mit der Erledigung des Auftrags und dem damit entstehenden Vergütungsanspruch erlischt, inkongruent. Sofern an Stelle des Vorschuss-

---

78 BGH 13.04.2006, IX ZR 158/05, BGHZ 167, 190 Rn. 24; 24.10.2011, IX ZR 244/09, Rn. 15.
79 BGH 18.12.2003, IX ZR 9/03, ZInsO 2004, 201 (202).
80 BGH 07.05.2013, IX ZR 113/10, WM 2013, 1361 Rn. 12.
81 BGH 07.05.2013, IX ZR 113/10, WM 2013, 1361 Rn. 13.
82 BGH 09.06.2005, IX ZR 152/03, ZInsO 2005, 766 (767).
83 BGH 09.06.2005, IX ZR 152/03, ZInsO 2005, 766 (767).
84 BGH 09.06.2005, IX ZR 152/03, ZInsO 2005, 766 (767).
85 Vgl. BGH 20.12.2007, IX ZR 93/06, WM 2008, 452 Rn. 25.
86 BGH 13.12.2012, IX ZR 1/12, WM 2013, 213 Rn. 12.
87 Inkongruent: BGH 20.06.2002, IX ZR 177/99, ZInsO 2002, 721 (722).
88 BGH 20.07.2006, IX ZR 44/05, ZIP 2006, 1591 Rn. 14.

§ 131 InsO Inkongruente Deckung

anspruchs ein Vergütungsanspruch besteht und möglicherweise bereits fällig ist, verbleibt es bei der Inkongruenz, wenn der Vergütungsanspruch mangels einer dem Auftraggeber mitgeteilten Berechnung (§ 10 Abs. 1 RVG) noch nicht eingefordert werden konnte. Inkongruent sind ferner Zahlungen, die auf einen Vergütungsanspruch geleistet worden sind, der noch nicht fällig war, weil die Erledigung der Angelegenheit noch ausstand.[89] Zahlt der Schuldner vor Fälligkeit unter Ausnutzung einer befristet eingeräumten **Möglichkeit zum Skontoabzug**, ist die dadurch bewirkte Deckung regelmäßig nicht inkongruent.[90]

b) Verrechnungen im Kreditverhältnis

23 Die Erteilung von Gutschriften auf einem Kontokorrentkonto stellt ein abstraktes Schuldversprechen oder Schuldanerkenntnis der Bank dar, aus welchem der Begünstigte unmittelbar einen Anspruch auf Auszahlung der gutgeschriebenen Beträge erwirbt. In der Insolvenz des Bankkunden kann der Insolvenzverwalter diesen Anspruch gegen die Bank geltend machen, soweit nicht die Bank die Verrechnung mit Gegenforderungen im Rahmen des Kontokorrentverhältnisses oder andere Gegenrechte einwenden kann.[91] In »kritischer Zeit« vorgenommene **Verrechnungen** eines Kreditinstituts von Ansprüchen seines Kunden aus Gutschriften aufgrund von Überweisungen mit Forderungen, die dem Institut gegen den Kunden aus der in Anspruch genommenen Kreditlinie eines Kontokorrentkredits zustehen, sind grds nach §§ 130, 131 anfechtbar und deshalb nach § 96 Abs. 1 Nr. 3 unzulässig. Welche Norm eingreift, hängt davon ab, ob – etwa wegen **Kündigung** des Kreditvertrages – ein Anspruch der Bank auf Rückzahlung des Kredits fällig oder ob ein solcher Rückzahlungsanspruch (noch) nicht entstanden ist.[92] Ein Anspruch der Bank, Gutschriften mit dem Saldo eines Kreditkontos zu verrechnen und dadurch ihre eigene Forderung zu befriedigen, besteht nur dann, wenn sie zum jeweiligen Zeitpunkt der Verrechnung Rückzahlung des Kredits verlangen kann.[93] Die Giro- oder Kontokorrentabrede stellt einen gewährten Kredit allein nicht zur Rückzahlung fällig.[94] Vielmehr wird die Fälligkeit nur durch das Ende einer vereinbarten Laufzeit, eine ordentliche oder außerordentliche Kündigung begründet. Hat der Schuldner den ungekündigten Kontokorrentkredit nicht vollständig ausgeschöpft, führen in der kritischen Zeit eingehende Zahlungen, die dem Konto gutgeschrieben werden, zu einer inkongruenten Deckung.[95] Darum gewährt die Rückführung eines ungekündigten Kredits grds eine inkongruente Deckung.[96]

24 Das Kreditinstitut ist im Rahmen des Girovertrages einerseits berechtigt und verpflichtet, für den Kunden bestimmte Geldeingänge entgegenzunehmen und seinem Konto gutzuschreiben. Andererseits hat das Kreditinstitut Überweisungsaufträge des Kunden zu Lasten seines Girokontos auszuführen, sofern dieses eine ausreichende Deckung aufweist oder eine Kreditlinie nicht ausgeschöpft ist. Setzt das Kreditinstitut unter Beachtung dieser Absprachen den **Giroverkehr** fort, handelt es vertragsgemäß und damit kongruent.[97] Werden Rechtshandlungen nach § 131 Abs. 1 Nr. 2 oder 3 angefochten, kann eine drohende Inkongruenz von Verrechnungen durch die Weiterentwicklung des Kontokorrents im letzten Monat vor der Antragstellung oder danach noch behoben werden.[98] Dies gilt hingegen nicht bei einer auf den letzten Monat vor Antragstellung bezogenen Anfechtung nach

---

89 BGH 13.04.2006, IX ZR 158/05, BGHZ 167, 190 Rn. 25 f.
90 BGH 06.05.2010, IX ZR 114/08, ZInsO 2010, 1090 Rn. 5.
91 BGH, Urt. v. 13.06.2013 – IX ZR 259/12, ZInsO 2013, 1898 Rn. 28.
92 BGH 01.02.2007, IX ZR 96/04, BGHZ 171, 38 Rn. 10.
93 BGH 07.05.2009, IX ZR 140/08, WM 2009, 1101 Rn. 8.
94 BGH 07.03.2002, IX ZR 223/01, BGHZ 150, 122 (127); 01.10.2002, IX ZR 360/99, ZInsO 2002, 1136 (1137); 14.10.2010, IX ZR 160/08, WM 2010, 2368 Rn. 6; 19.01.2012, IX ZR 4/11, ZInsO 2012, 488 Rn. 8.
95 BGH 07.05.2009, IX ZR 140/08, WM 2009, 1101 Rn. 9.
96 BGH 11.10.2007, IX ZR 195/04, ZInsO 2008, 163 Rn. 4; BGH 07.07.2011, IX ZR 100/10, ZInsO 2011, 1500 Rn. 6.
97 BGH 07.07.2011, IX ZR 100/10, ZInsO 2011, 1500 Rn. 6.
98 BGH 07.07.2011, IX ZR 100/10, ZInsO 2011, 1500 Rn. 8.

§ 131 Abs. 1 Nr. 1, weil eine vorangegangene Rechtshandlung oder Gläubigerbenachteiligung für diesen Anfechtungstatbestand ohne Bedeutung ist.[99] Wenn neben den Zahlungseingängen von dem Schuldner veranlasste Überweisungen in eine Kontoverbindung einzustellen sind, liegt insoweit eine durch die Verrechnung bewirkte anfechtbare Kredittilgung vor, als die Summe der Eingänge die der Ausgänge übersteigt. Die Saldierungsvereinbarung deckt nicht die endgültige **Rückführung** des eingeräumten Kredits, sondern lediglich das Offenhalten der Kreditlinie für weitere Verfügungen des Kunden. Anfechtbar sind stets Verrechnungen, mit denen eigene Forderungen der Gläubigerbank getilgt werden.[100]

Kann die Bank kraft besonderer Abrede jederzeit von dem Schuldner die Rückführung des überzogenen Betrages verlangen oder ist ein entsprechender Anspruch durch eine außerhalb der kritischen Zeit erklärte Kündigung fällig geworden, fehlt es an einer inkongruenten Deckung.[101] Ein Anspruch der Bank, Gutschriften mit dem Saldo eines debitorisch geführten Girokontos zu verrechnen und dadurch ihre eigene Forderung zu befriedigen, besteht nur dann, wenn sie zum jeweiligen Zeitpunkt der Verrechnung Rückzahlung des Kredits verlangen kann. Fehlt es an einer Kündigung, so ist dies nur der Fall, wenn gar **kein Kreditvertrag geschlossen** worden ist. Allerdings kann auch eine **Überziehung** vertraglich vereinbart werden, mit der Folge, dass ein fälliger Anspruch der Bank erst nach Kündigung entsteht.[102] Eine solche Vereinbarung kann auch **konkludent** zustande kommen.[103] Fehlt es hingegen an einer Vereinbarung, wird die Überziehung aber dennoch nicht sogleich zurückgefordert, so liegt eine bloße Duldung vor, die dem Kunden kein Recht zur Inanspruchnahme der Kreditsumme gibt. Vielmehr kann die Bank Rückzahlung verlangen, ohne zuvor kündigen zu müssen.[104] Setzt ein Kreditinstitut eine Frist zur Rückführung eines ausgereichten Kontokorrent-Kredits, so stellt die Rückführung des Kredits vor Fristablauf auch dann eine inkongruente Befriedigung dar, wenn das Kreditinstitut gleichzeitig ankündigt, weitere Belastungen schon sofort nicht mehr zuzulassen, weil der Kredit nicht durch eine Kündigung zur Zahlung fällig gestellt wird. Eine Kontokorrentabrede allein rechtfertigt eine Kreditrückführung nicht.[105]

c) Cash-Pool

Durch Umbuchungen auf das **Zielkonto der Muttergesellschaft** erfüllt die insolvente Tochtergesellschaft allein ihre Verpflichtungen aus der **Cash-Pool-Vereinbarung gegenüber der Muttergesellschaft**. Die insolvente Tochtergesellschaft erbringt damit nicht auch eine Leistung an die **Bank**. Die Verrechnung auf dem Zielkonto beruht ausschließlich auf der Kontokorrentabrede zwischen der Muttergesellschaft als Kontoinhaberin und der Bank. Auf diesem Konto wird nur von der Muttergesellschaft Kredit in Anspruch genommen, für den die insolvente Tochtergesellschaft gesamtschuldnerisch haftet. Die Zahlungen der insolventen Tochtergesellschaft an die Muttergesellschaft stellten **keine mittelbaren Zuwendungen an die Bank** dar. Dafür ist zwar ausreichend, dass der Gegenwert für das, was über die Mittelsperson an den Leistungsempfänger gelangt, aus dem Vermögen des Leistenden stammt. Die Muttergesellschaft ist jedoch nicht Leistungsmittlerin der Schuldnerin. Als Leistungsmittlerin kann nur eine Person angesehen werden, die der Schuldner einschaltet, damit sie für ihn eine Zuwendung an einen Dritten bewirkt. Für den Dritten muss es sich erkennbar um eine Leistung des Schuldners handeln. Diese Voraussetzungen liegen nicht vor, weil sich die Schuldnerin nicht der Muttergesellschaft bedient hat, um eine Leistung an die Bank zu erbringen.[106] Viel-

---

99 BGH 07.07.2011, IX ZR 100/10, ZInsO 2011, 1500 Rn. 8.
100 BGH 07.05.2009, IX ZR 140/08, WM 2009, 1101 Rn. 11 f.
101 BGH 22.01.1998, IX ZR 99/97, BGHZ 138, 40 (47 f.).
102 BGH 14.04.1992, XI ZR 196/91, BGHZ 118, 126 (129 f.); 22.01.1998, IX ZR 99/97, BGHZ 138, 40 (47); 13.01.2005, IX ZR 457/00, ZInsO 2005, 373 f.
103 BGH 17.06.1999, IX ZR 62/98, NJW 1999, 3780 (3781).
104 BGH 13.01.2005, IX ZR 457/00, ZInsO 2005, 373 f.; 19.05.2011, IX ZR 9/10, ZInsO 2011, 1115 Rn. 13.
105 BGH 01.10.2002, IX ZR 360/99, NJW 2003, 360 (361).
106 BGH, Urt. v. 13.06.2013 – IX ZR 259/12, ZInsO 2013, 1898 Rn. 30.

mehr war die Bank als bloße Leistungsmittlerin der Muttergesellschaft tätig, das heißt als deren Zahlstelle. Überweisungen auf ein im Soll geführtes Konto eines Gläubigers haben regelmäßig die Befriedigung der Forderung dieses Gläubigers zum Ziel und nicht den Zweck, den Kredit des Gläubigers bei der Bank zurückzuführen. Nur in dem Fall, dass der Schuldner einen Betrag gerade deshalb auf ein debitorisch geführtes Konto des Gläubigers überweist, damit Zinsen gespart werden, ist darin eine mittelbare Zuwendung an die Bank zu sehen.[107]

d) Fälligkeitsbegründende Kündigung

26 Fälligkeit tritt infolge einer Kündigung des **Gläubigers** nur ein, wenn tatsächlich ein rechtswirksamer Kündigungsgrund gegeben ist. Die Ausübung des Kündigungsrechts innerhalb kritischer Zeit bedingt nicht die Inkongruenz, auch nicht der von dem Gläubiger unbeeinflusste Eintritt der Kündigungsvoraussetzungen;[108] anders ist es, wenn der Kündigungsgrund in diesem Zeitraum durch eine Vereinbarung geschaffen wurde. Kongruent ist darum eine auf Nr. 19 AGB-Banken bzw. Nr. 26 AGB-Sparkassen beruhende Kündigung. Wird die Fälligkeit eines Darlehens innerhalb der kritischen Zeit durch eine Rechtshandlung des **Schuldners** – sei es eine Kündigung oder die Mitwirkung an einer Vertragsaufhebung – herbeigeführt, so liegt eine inkongruente Deckung vor. Die Kündigung selbst bildet eine anfechtbare, die Befriedigung erst ermöglichende Rechtshandlung.[109]

IV. Inkongruente Sicherung

1. Nicht zu beanspruchende Sicherung

27 Der Begriff der Sicherheiten ist in einem umfassenden Sinne zu verstehen und meint sowohl Personal- und Realsicherheiten als auch akzessorische, abstrakte oder treuhänderische Sicherheiten, unabhängig ob sie auf gesetzlicher oder vertraglicher Grundlage beruhen.

a) Gesetzlicher Anspruch auf Besicherung

28 Das Gesetz sieht Ansprüche auf Besicherung etwa in § 775 Abs. 2 i.V.m. Abs. 1, § 1039 Abs. 1 Satz 2, §§ 1051, 1067 Abs. 2 und § 2128 BGB vor. Gesetzliche **Pfandrechte** gewähren eine kongruente Sicherung. Ein bedeutsamer gesetzlicher Anspruch auf Sicherung findet sich in § 648 BGB; eine dem Werkunternehmer bestellte **Bauhandwerkersicherungshypothek** ist kongruent. Dagegen bewirkt § 648a BGB mangels hinreichend konkretisierter Sicherungspflicht keine kongruente Sicherung. Die Vorschrift gibt dem Unternehmer ein Leistungsverweigerungsrecht, jedoch keinen durchsetzbaren Anspruch auf Gewährung einer Sicherheit. § 648a BGB begründet nicht einmal die Kongruenz einer **nachträglichen Vereinbarung** über die Abtretung einer Werklohnforderung des Hauptunternehmers gegen den Bauherrn an den Subunternehmer. Für **Direktzahlungen** des Bauherrn an den Subunternehmer gilt das erst recht. Die (vorzeitige) Erfüllung des Werklohnanspruchs durch Dritte ist in § 648a Abs. 1 BGB nicht vorgesehen und daher schon deshalb grds inkongruent.[110]

29 Eine Stundungsvereinbarung der Finanzbehörde mit einem Schuldner, nach der Stundung gegen Abtretung einer Kundenforderung gewährt wird, ist, weil § 222 AO die Art der Sicherheitsleistung offen lässt und darum keinen konkreten Anspruch auf eine bestimmte Sicherheit begründet, auch dann inkongruent, wenn sich die Forderung des Schuldners ebenfalls gegen einen Träger hoheitlicher Gewalt richtet.[111] Wird eine **Grundschuld** als nicht akzessorische Sicherheit bestellt und soll diese auch von dem Sicherungsnehmer später erworbene Forderungen sichern, liegt eine inkongruente Deckung vor, wenn der Sicherungsnehmer in der kritischen Zeit durch Abtretung Drittforderungen er-

---

107 BGH, Urt. v. 13.06.2013 – IX ZR 259/12, ZInsO 2013, 1898 Rn. 31.
108 Offen gelassen von BGH 14.05.2009, IX ZR 63/08, BGHZ 181, 132 Rn. 13.
109 BGH 14.05.2009, IX ZR 63/08, BGHZ 181, 132 Rn. 14.
110 BGH 10.05.2007, IX ZR 146/05, ZInsO 2007, 662 Rn. 8.
111 BGH 29.09.2005, IX ZR 184/04, ZInsO 2005, 1160 (1161).

wirbt.[112] Aus einer Schadensersatzforderung kann ein Anspruch auf Sicherung nur hergeleitet werden, wenn dadurch eine Naturalherstellung bewirkt wird.[113]

Erteilt der Schuldner innerhalb der kritischen Zeit einem Frachtführer unter Überlassung des Transportgutes einen neuen Frachtauftrag, gilt der Erwerb des **Frachtführerpfandrechts** (§ 441 HGB) auch für offene unbestrittene Altforderungen aus früheren Transportgeschäften als kongruent. Da das Frachtführerpfandrecht wegen der wachsenden Umlaufgeschwindigkeit der Güter bei einer Beschränkung auf konnexe Forderungen vielfach leerliefe, ist das Entstehen eines Pfandrechts für Altforderungen als unverdächtig zu erachten.[114] Das Frachtführerpfandrecht für inkonnexe Forderungen aus früheren Transportaufträgen ist nicht deshalb inkongruent, weil der Frachtführer den neuen Transportauftrag (auch) wegen der ihm bewussten Gefahr übernommen hat, der Absender könnte zahlungsunfähig werden, und für diesen Fall ein zusätzliches Sicherungsmittel hinsichtlich seiner Altforderungen hat erwerben wollen.[115] Entsprechendes dürfte für das Pfandrecht des Spediteurs nach § 464 HGB gelten. Die Regelung des § 490 BGB, wonach die Wirksamkeit einer außerordentlichen Darlehenskündigung auch von der Werthaltigkeit der gestellten Sicherheiten abhängt, verleiht dem Darlehensgeber keinen Anspruch auf Bewilligung einer Sicherheit. 30

b) Vertraglicher Anspruch auf Besicherung

aa) Notwendigkeit eigenständiger vertraglicher Regelung

Der Anspruch auf Besicherung ist nicht als minus in dem Anspruch auf Befriedigung enthalten, sondern als aliud anzusehen.[116] Die Gewährung einer Sicherheit ist demgemäß nur dann kongruent, wenn der Sicherungsnehmer einen **Anspruch auf gerade diese Sicherheit** hatte,[117] der im Klagewege durchsetzbar wäre.[118] Die zu sichernde Forderung, das Sicherungsmittel und der Zeitpunkt der Sicherung bedürfen einer vor der kritischen Zeit erfolgten – substantiiert vorzutragenden[119] – vertraglichen Festlegung. Wird ein Anspruch auf Sicherung in demselben Vertrag eingeräumt, durch den der gesicherte Anspruch selbst entsteht, liegt in der späteren Gewährung der Sicherheit keine inkongruente Deckung, weil von Anfang an ein Anspruch auf die Sicherung bestand. Wird hingegen eine bereits bestehende Verbindlichkeit nachträglich besichert, bedeutet dies eine inkongruente Handlung.[120] Eine Sicherungsabtretung ist inkongruent, wenn sie entweder wegen einer Vorabtretung ins Leere ging oder als nachträglich bestellte Sicherung nicht durch die ursprüngliche Vertragsübereinkunft gedeckt ist.[121] 31

Wer durch eine **vorsätzliche unerlaubte Handlung** des Schuldners geschädigt wurde, hat aus diesem Grund in dessen Insolvenz keinen Anspruch auf Sicherung.[122] Inkongruent ist also eine nach Entstehen einer Verbindlichkeit gewährte Sicherung.[123] Mithin handelt es sich um eine kongruente Sicherung, wenn im Vertrag des Werkunternehmers mit dem Subunternehmer diesem der Vergütungsanspruch gegen den Auftraggeber abgetreten wird.[124] Unschädlich ist es, wenn die Sicherung 32

---

112 BGH 25.09.1972, VIII ZR 216/71, BGHZ 59, 230 (233).
113 BGH 03.03.1959 VIII ZR 176/58, WM 1959, 470 f.
114 BGH 18.04.2002, IX ZR 219/00, BGHZ 150, 326 (332 f.).
115 BGH 21.04.2005, IX ZR 24/04, ZInsO 2005, 648.
116 BGH 10.01.2013, IX ZR 13/12, WM 2013, 180 Rn. 21.
117 BGH 02.12.1999, IX ZR 412/98, NJW 2000, 957 (958).
118 BGH 18.11.2004, IX ZR 299/00, ZIP 2005, 769 (771).
119 BGH 23.04.2009, IX ZR 65/08, WM 2009, 1046 Rn. 28.
120 BGH 04.12.1997, IX ZR 47/97, NJW 1998, 1561 (1563); 11.03.2004, IX ZR 160/02, ZInsO 2004, 616 (617); 29.09.2005, IX ZR 184/04, ZInsO 2005, 1160 (1161); 14.02.2008, IX ZR 38/04, ZInsO 2008, 378 Rn. 31; BGH 10.01.2013, IX ZR 13/12, WM 2013, 180 Rn. 21.
121 BGH 29.09.2011, IX ZR 74/09, ZInsO 2011, 1979 Rn. 11.
122 BGH 18.03.2010, IX ZR 57/09, ZInsO 2010, 807 Rn. 17.
123 BGH 18.03.2010, IX ZR 57/09, ZInsO 2010, 807 Rn. 16.
124 BGH 02.07.2001, II ZR 304/00, ZInsO 2001, 706 (707).

nachträglich außerhalb der kritischen Zeit vereinbart wurde.[125] Die Bestellung einer Sicherung nur für den **Insolvenzfall** ist inkongruent; zu diesem Zeitpunkt kann der Gläubiger die Forderung wegen der Benachteiligung anderer Gläubiger aber nur noch in anfechtbarer Weise erwerben.[126] Ist eine Vorausabtretung wirksam, so wäre eine Anfechtung der durch den Abtretungsempfänger veranlassten Pfändung wegen seines bestehenden Absonderungsrechts mangels einer Gläubigerbenachteiligung unbegründet. Bei einer wirksamen Anfechtung der Vorausbetretung wäre hingegen die durch die Pfändung dieser Forderungen zugunsten des Abtretungsempfängers bewirkte Sicherung inkongruent.[127]

33 Verpflichtet sich der Schuldner zur Übereignung eines Maschinenparks mit Ausnahme von zwei nur gemieteten Maschinen, sind die **Bestimmtheitsanforderungen** gewahrt, wenn sich durch eine Ortsbesichtigung sowie eine Prüfung der Eigentumslage zweifelsfrei feststellen lässt, welche Maschinen im Einzelnen zu übereignen sind. Hier ist Umfang, Art und Auswahl der Sicherungsgegenstände nicht offen.[128] Die Inkongruenz kann nicht durch einen **Gläubigerwechsel** beseitigt werden: Zieht der Gläubiger eine seinem Schuldner von einem Drittschuldner gewährte inkongruente Sicherheit an sich, indem er sich von dem Schuldner dessen gegen den Dritten gerichteten Anspruch nebst Sicherheit abtreten lässt, liegt auch in der Person des Gläubigers eine inkongruente Sicherung vor. Das gleiche gilt, wenn der Gläubiger sich von dem Schuldner den Anspruch abtreten und von dem Drittschuldner die Sicherheit gewähren lässt.[129] Auch eine entgeltliche Sicherheit ist inkongruent, wenn ihre Einräumung nicht vom Vertragsinhalt gedeckt ist. Bürgt der Schuldner für Verbindlichkeiten eines Mieters, liegt eine inkongruente Sicherung vor, wenn er in die Mieterstellung einrückt und unmittelbar haftet.[130]

bb) Bankmäßige Sicherheiten

(1) Verknüpfung von Darlehen mit Sicherheit

34 Es handelt sich um eine kongruente Abrede, sofern zur Sicherung eines Darlehensvertrages Ansprüche aus einer Brandschadensversicherung abgetreten werden. Allein eine mögliche Übersicherung begründet noch keine Inkongruenz, solange die zugrunde liegende schuldrechtliche Verpflichtung nicht aus diesem oder anderen Gründen nichtig oder selbst wieder erfolgreich angefochten ist. Eine Sicherung, die der Gläubiger genauso zu beanspruchen hatte, ist nicht inkongruent.[131] Soweit die insolvenzfest abgetretene Forderung die zu sichernde Forderung übersteigt, gebührt der Spitzenbetrag dem Schuldner.[132] Wird zugleich mit dem Darlehensvertrag die Gewährung einer Sicherheit vereinbart, liegt gleichwohl Inkongruenz vor, sofern die Sicherheit auch für frühere, noch offene Darlehen dienen soll.[133] Wird für einen Kredit eine Sicherung gegeben, die zugleich das dafür ausbezahlte Darlehen und ältere Ansprüche des Gläubigers abdecken soll, handelt es sich um ein **insgesamt inkongruentes, in vollem Umfang anfechtbares Deckungsgeschäft**, wenn nicht festgestellt werden kann, ob und in welchem Umfang sich die Sicherungen auf bestimmte Ansprüche beziehen.[134]

35 Anders ist dagegen die Rechtshandlung zu beurteilen, sofern die Sicherheit vorrangig die Forderung aus dem im Gegenzug gewährten Kredit abdecken soll und der Erlös nur zur Tilgung dieser Forderung ausreicht; denn in einem solchen Falle ist der Masse ein dem übereigneten Gegenstand entsprechender

---

125 BGH 12.11.1992, IX ZR 237/91, ZIP 1993, 271 (273 f.).
126 BGH 18.02.1993, IX ZR 129/92, NJW 1993, 1640 (1641).
127 BGH 16.03.1995, IX ZR 72/94, NJW 1995, 1668 (1670 f.).
128 BGH 04.12.1997, IX ZR 47/97, NJW 1998, 1561 (1562).
129 BGH 11.03.2004, IX ZR 160/02, ZInsO 2004, 616 (617).
130 BGH 26.04.2012, IX ZR 73/11, ZInsO 2012, 971 Rn. 9.
131 BGH 22.03.2001, IX ZR 407/98, NJW 2001, 2545 (2547).
132 BGH 02.07.2001, II ZR 304/00, ZInsO 2001, 706 (707).
133 BGH 04.12.1997, IX ZR 47/97, NJW 1998, 1561 (1563); 22.07.2004, IX ZR 183/03, ZInsO 2004, 967 (969).
134 BGH 14.02.2008, IX ZR 38/04, ZInsO 2008, 378 Rn. 31.

Wert zugeflossen.[135] Die Gewährung einer Sicherheit ist anfechtbar, die eine Bank dadurch erlangt, dass sie sich während der kritischen Phase von einem anderen Gläubiger eine bis dahin ungesicherte Forderung gegen den Schuldner abtreten lässt, die nach der zwischen der Bank und dem Schuldner bestehenden Sicherungsabrede in den Deckungsbereich der Sicherung fällt. Denn der Anspruch auf Sicherung ist erst mit dem Erwerb der Forderungen in der kritischen Zeit entstanden.[136] Das **Pfandrecht** aus Nr. 14 Abs. 2 Satz 2 AGB-Banken bzw. Nr. 21 Abs. 3 Satz 3 AGB-Sparkassen an den Guthaben des Kunden sicherte etwaige Ansprüche aus übernommenen Bürgschaften erst ab deren Fälligkeit. Die Ausübung des Pfandrechts im Wege einer Kontensperre ist darum inkongruent. Eine nach Aufhebung der Kontensperre an die Bank vorgenommen Überweisung ist nur inkongruent, wenn sich die Kontosperre auf die Ausführung des Überweisungsauftrags jedenfalls mitursächlich ausgewirkt hat, weil das Guthaben andernfalls abgeflossen wäre.[137] Kongruent ist hingegen eine auf Nr. 14 Abs. 2 Satz 1 AGB-Banken beruhende Kontensperre, weil sie § 1281 Satz 2 Hs. 1 BGB entspricht.[138]

(2) Bestimmtheit

Die vertragliche Vereinbarung verschafft nur dann eine kongruente Sicherheit, wenn der Sicherungsgegenstand, also das Sicherungsgut, bei Abschluss der Abrede eindeutig bestimmt ist. Ein schuldrechtlicher Anspruch auf Bestellung einer Sicherheit wird erst in dem Zeitpunkt auf einen bestimmten Pfandgegenstand konkretisiert, in dem die Sache in den Besitz der Bank gelangt oder die verpfändete Forderung entsteht. Eine frühere **pauschale Einigung** dahin, sämtliche künftig in den Besitz der Bank kommenden Sachen oder für den Kunden entstehenden Ansprüche gegen sie sollten verpfändet werden, genügt nicht, um im Voraus eine kongruente Sicherung (§ 130) zu begründen. Nur solche Vereinbarungen können die insolvenzrechtliche Kongruenz herstellen, welche auf **bestimmte**, sogleich wenigstens **identifizierbare Gegenstände** gerichtet sind. Solange Absprachen es dagegen dem Ermessen der Beteiligten oder dem Zufall überlassen, welche konkrete Sicherheit erfasst werden wird, sind sie nicht geeignet, in der Insolvenz die Besserstellung einzelner Gläubiger unter Durchbrechung des Gleichbehandlungsgrundsatzes zu rechtfertigen. Ein auf Nr. 14 Abs. 1 AGB-Banken beruhendes Pfandrecht an einem Anspruch auf Erteilung einer Gutschrift entsteht, selbst wenn man Nr. 14 Abs. 1 AGB-Banken dahin auslegt, dass die Bank und der Kunde sich nicht nur über die Pfandrechtsbestellung dinglich einig sind, sondern zugleich einen schuldrechtlichen Anspruch darauf begründen, erst mit Eingang der Zahlung auf dem Konto des Kunden.[139]

36

Gehen Überweisungen nach Antragstellung ein, sind die Pfandrechte innerhalb der kritischen Zeit entstanden. Es handelt sich um eine anfechtbare inkongruente Deckung, weil der Pfandgegenstand nicht bereits im Zeitpunkt der Vereinbarung konkretisiert war.[140] Kongruenz ist nur gegeben, wenn das Sicherungsgut so konkret umschrieben ist, dass es **Gegenstand einer** auf seine Übertragung gerichteten **Klage** sein könnte.[141] Folglich zu unbestimmt ist der sich aus Nr. 13 AGB-Banken ergebende **allgemeine Anspruch auf Bestellung oder Verstärkung** bankmäßiger Sicherheiten, weil die Inkongruenz nur durch einen bestimmten Sicherungsanspruch ausgeschlossen wird, der auf einen von vornherein individualisierbaren Gegenstand gerichtet ist.[142] Nach Nr. 15 Abs. 1 AGB-Banken erwirbt die Bank zur Sicherung ihrer Ansprüche aus der Kontoverbindung an einem eingereichten **Scheck** im Zeitpunkt der Einreichung Sicherungseigentum; zugleich geht nach Nr. 15 Abs. 2 AGB-Banken auf sie die zugrunde liegende Forderung über. Da die Abtretung folglich erst zum Zeitpunkt

37

---

135 BGH 19.04.1998, IX ZR 22/97, BGHZ 138, 291 (308); 12.11.1992, IX ZR 237/91, ZIP 1993, 271 (273 f.); 12.11.1992, IX ZR 236/91, ZIP 1993, 276 (278).
136 BGH 25.09.1972, VIII ZR 216/71, BGHZ 59, 230 (233).
137 BGH 18.12.2003, IX ZR 9/03, ZInsO 2004, 201 (202).
138 BGH 12.02.2004, IX ZR 98/03, ZInsO 2004, 342 (343 f.).
139 BGH 07.03.2002, IX ZR 223/01, BGHZ 150, 122 (126); 08.03.2007, IX ZR 127/05, ZIP 2007, 924 Rn. 16.
140 BGH 05.02.2009, IX ZR 78/07, ZInsO 2009, 659 Rn. 16.
141 BGH 12.11.1992, IX ZR 236/91, ZIP 1993, 276 (279).
142 BGH 03.12.1998, IX ZR 313/97, NJW 1999, 645 f.

der Scheckeinreichung Wirksamkeit erlangt, liegt bei Einreichung des Schecks in kritischer Zeit eine inkongruente Deckung vor.[143]

38 Die Anforderungen an die Bestimmtheit des Sicherungsguts hat der BGH im Rahmen zur Sicherheit erteilter **Globalabtretungen** gelockert, um die in der kritischen Zeit entstehenden Forderungen nicht mit dem Verdikt der Inkongruenz zu belegen. Im Zeitpunkt des Globalabtretungsvertrages sind die künftig entstehenden Forderungen zwar nicht konkret bestimmt. Bei Vertragsschluss ist immerhin in allgemeinen Umrissen, jedoch noch nicht in den Einzelheiten erkennbar, wann, woraus und in welchem Umfang neue Forderungen entstehen. Die Begründung zukünftiger Forderungen ist gleichwohl nach Inhalt und Sinn eines Vertrages dem freien Belieben des Schuldners entzogen.[144] Der Umfang der in Zukunft auf die Bank übergehenden Forderungen des Schuldners wird zudem in abstrakter Form bereits rechtlich bindend festgelegt. Die Abtretung der zukünftigen Forderungen enthält bereits selbst alle Merkmale, aus denen der Übertragungstatbestand besteht. Die Entstehung der abgetretenen Forderung gehört sogar dann nicht dazu, wenn noch nicht einmal der Rechtsgrund für sie gelegt ist. Der Zedent nimmt bei der Globalzession die Erfüllungshandlung sofort vor. Die Bezeichnung »sämtliche bestehenden und künftigen Forderungen aus Warenlieferungen und Leistungen von Anfangsbuchstaben A bis Z« genügt dem Bestimmtheitsgebot im Rahmen des § 398 BGB. Für den Globalzessionsvertrag ist eine solche Formulierung allgemein üblich. Globalzessionsverträge sind darum auch hinsichtlich der in der kritischen Zeit entstehenden Forderungen grds nur als **kongruente Deckung** anfechtbar.[145] Sind zukünftige Forderungen hinsichtlich ihrer Entstehung als kongruente Deckung zu behandeln, trifft dies auch für die Leistungen zu, die diese Forderungen **werthaltig** machen.[146] Ein **Bargeschäft** ist hinsichtlich der von der Globalzession erfassten künftigen Forderungen nicht gegeben.[147] Diese Grundsätze gelten auch für **erweiterte** und **verlängerte Eigentumsvorbehalte**: Sie sind hinsichtlich der abgetretenen zukünftig entstehenden oder zukünftig werthaltig gemachten Forderungen grds nur als kongruente Deckung anfechtbar.[148] Diese Grundsätze dürften schließlich auf die **Sicherungsübereignung** eines Warenlagers mit wechselndem Bestand übertragbar sein.[149]

2. Nicht in der Art zu beanspruchende Sicherheit

39 Inkongruenz ist gegeben, wenn der Gläubiger eine Sicherung anderer Art erhält, als er zu beanspruchen hat. Geringfügige Abweichungen gegenüber der Sicherungsabrede sind unschädlich. Kongruent ist die Gewährung einer Grundschuld im gleichen Rang anstelle der eigentlich versprochenen Hypothek. Entsprechendes gilt, wenn statt einer Pfandrechtsbestellung eine Sicherungsübereignung oder anstelle einer Forderungsverpfändung eine Sicherungsabtretung vereinbart wird. Ist der Schuldner zur Verpfändung einer Sache oder zur Bestellung einer Hypothek verpflichtet, soll die Pfändung der Sache bzw. die Eintragung einer Zwangshypothek als kongruent zu bewerten sein[150] (fraglich wegen der Zwangsvollstreckung). Die Bestellung eines Grundpfandrechts an einem anderen als dem vorgesehenen Grundstück ist inkongruent,[151] ebenso die Übereignung von Waren anstelle der geschuldeten Hinterlegung von Wertpapieren.[152] Verpflichtet sich der Schuldner zu einer Hypothekenbestellung, kann sich nach die Abtretung eines entsprechenden Anteils am Versteigerungserlös als kongruent darstellen.

---

143 BGH 08.03.2007, IX ZR 127/05, ZIP 2007, 924 Rn. 17 ff.
144 BGH 29.11.2007, IX ZR 30/07, BGHZ 174, 297 Rn. 26.
145 BGH 29.11.2007, IX ZR 30/07, BGHZ 174, 297 Rn. 27.
146 BGH 29.11.2007, IX ZR 30/07, BGHZ 174, 297 Rn. 38; 26.06.2008, IX ZR 144/05, ZInsO 2008, 801 Rn. 27; 26.06.2008, IX ZR 47/05, ZInsO 2008, 803 Rn. 22.
147 BGH 29.11.2007, IX ZR 30/07, BGHZ 174, 297 (311 ff.).
148 BGH 17.03.2011, IX ZR 63/10, ZInsO 2011, 778 Rn. 34 ff.
149 *Gerhardt* in FS Fischer, 149, 153 ff.
150 Jaeger/*Henckel* § 131 Rn. 47.
151 BGH 03.12.1998, IX ZR 313/97, NJW 1999, 645 f.
152 BGH 25.09.1952, IV ZR 13/52, LM § 30 KO Nr. 1.

3. Nicht zu der Zeit zu beanspruchende Sicherung

Unter diesem Gesichtspunkt greift Inkongruenz ein, wenn der Anspruch auf Bestellung einer Sicherheit noch nicht fällig, aufschiebend bedingt oder befristet ist. Wenn ein entsprechendes Sicherungsbedürfnis besteht, kann eine Bank von ihrem Pfandrecht an den Forderungen eines Kunden aus einem Kontoguthaben auch schon vor Pfandreife Gebrauch machen, indem sie zur Sicherung einer späteren Verwertung keine Verfügungen des Kunden mehr zulässt (»Kontosperre«).[153] Zwar können auch **künftige Forderungen** durch die Bestellung eines Pfandrechts gesichert werden (§ 1204 Abs. 2 BGB). Das Pfandrecht entsteht, auch wenn eine künftige oder bedingte Forderung gesichert werden soll, bereits mit der Bestellung. Der Zeitpunkt des Entstehens der gesicherten Forderung – oder ihres Unbedingtwerdens – ist nicht entscheidend. Sehen die AGB des Gläubigers eine Sicherung erst ab Fälligkeit es Anspruchs vor, ist die frühere Ausübung eines Pfandrechts inkongruent.[154]

40

D. Weitere Anfechtungsvoraussetzungen

I. Ein Monat vor Antragstellung (§ 131 Abs. 1 Nr. 1)

Bei Gewährung einer inkongruenten Deckung innerhalb der Monatsfrist vor Antragstellung oder danach sieht § 131 Abs. 1 Nr. 1 wegen des Zwecks einer Verstärkung der Rückschlagsperre des § 88 keine zusätzlichen Anfechtungsvoraussetzungen vor. Der Zeitpunkt der Vornahme der Rechtshandlung ist nach § 140 zu beurteilen; die Fristberechnung bestimmt sich nach § 139. Die nicht erklärbare doppelte Verwendung einer Rechnungsnummer kann ein manipulatives Vorgehen nahelegen, durch das die Vornahme der Rechtshandlung im letzten Monat vor Antragstellung verschleiert werden soll.[155]

41

II. Innerhalb des zweiten oder dritten Monats vor Antragstellung: Zahlungsunfähigkeit des Schuldners (§ 131 Abs. 1 Nr. 2)

Die Anfechtung innerhalb des zweiten und dritten Monats vor Antragstellung (§ 139) vorgenommener inkongruenter Deckungshandlungen knüpft § 131 Abs. 1 Nr. 2 an das zusätzliche Erfordernis der objektiven **Zahlungsunfähigkeit** des Schuldners. Die Zahlungsunfähigkeit bei Vornahme der Rechtshandlung (§ 140) ist von dem Insolvenzverwalter zu beweisen; eine Kenntnis des Gläubigers von der Zahlungsunfähigkeit bzw. der sie begründenden Umstände ist entbehrlich.

42

III. Innerhalb des zweiten und dritten Monats vor Antragstellung: Kenntnis des Gläubigers von Gläubigerbenachteiligung

1. Spezielle Anfechtungsvoraussetzungen

Anstelle der Zahlungsunfähigkeit des Schuldners gestattet § 131 Abs. 1 Nr. 3 die Anfechtung innerhalb des zweiten und dritten Monats vor Antragstellung (§ 139) vorgenommener Rechtshandlungen (§ 140) bei **Kenntnis** des Gläubigers von der benachteiligenden Wirkung der Deckungshandlung. Auch wenn der Gesetzgeber § 131 Abs. 1 Nr. 3 »als einen auf inkongruenter Deckung bezogenen Sonderfall der Anfechtung wegen vorsätzliche Benachteiligung« charakterisiert hat,[156] kann daraus nicht entnommen werden, dass ebenso wie bei § 133 Rechtshandlungen und damit auch **Vollstreckungshandlungen** des Gläubigers aus dem Anwendungsbereich der Norm herausfallen.[157] Anfechtungsbegründend sind also neben der zeitlichen Schranke die Merkmale der Inkongruenz und der Kenntnis der – auch mittelbaren – Gläubigerbenachteiligung. Kenntnis der Gläubigerbenachteiligung hat der Gläubiger, der weiß, dass der Schuldner wegen seiner finanziell beengten Lage in ab-

43

---

153 BGH 12.02.2004, IX ZR 98/03, ZInsO 2004, 342.
154 BGH 05.11.1998, IX ZR 246/97, ZIP 1999, 79 f.; 18.12.2003, IX ZR 9/03, ZInsO 2004, 201 (202).
155 BGH 27.04.2010, IX ZR 202/08, ZInsO 2010, 1093 Rn. 8.
156 BT-Drucks. 12/2443, 159.
157 HK-InsO/*Kreft* § 131 Rn. 23; MüKo-InsO/*Kirchhof* § 131 Rn. 49.

sehbarer Zeit nicht mehr fähig ist, sämtliche Insolvenzgläubiger zu befriedigen.[158] An der Kenntnis fehlt es hingegen, wenn der Anfechtungsgegner im Zeitpunkt des Wirksamwerdens der Rechtshandlung der sicheren Überzeugung war, das Vermögen des Schuldners werde zur vollen Befriedigung aller seiner Gläubiger ausreichen oder der Schuldner werde die dafür erforderlichen Mittel in absehbarer Zeit erhalten. Hatte der Anfechtungsgegner diese Überzeugung nicht, hat er vielmehr mit der Möglichkeit gerechnet, dass andere Gläubiger leer ausgehen, ist die vorausgesetzte Kenntnis vorhanden.[159] Die Kenntnis der Inkongruenz bildet kein Beweisanzeichen für die Kenntnis von einer Gläubigerbenachteiligung oder eines Benachteiligungsvorsatzes.[160]

2. Nachweis der Kenntnis

44 Nach § 131 Abs. 2 Satz 1 steht der Kenntnis der Benachteiligung der Insolvenzgläubiger die **Kenntnis von Umständen** gleich, die zwingend auf die Benachteiligung schließen lassen. Der Gläubiger muss solche Tatsachen kennen, aus denen sich bei zutreffender rechtlicher Beurteilung zweifelsfrei ergibt, dass der Schuldner infolge seiner Liquiditäts- und Vermögenslage in absehbarer Zeit seine Zahlungspflichten nicht mehr in vollem Umfang erfüllen kann und dass dann Insolvenzgläubiger wenigstens teilweise leer ausgehen. Die Kenntnis der Benachteiligung der Insolvenzgläubiger kann nicht allein wegen der Inkongruenz der Zahlungen bejaht werden. Da die Inkongruenz bereits tatbestandsmäßige Voraussetzung der Vorschrift ist, kann sie nicht zugleich als selbständige, zusätzliche Beweislastregel innerhalb dieser Norm dienen. Ist dem Gläubiger eine finanziell beengte Lage des Schuldners bekannt, kann die **Inkongruenz einer Deckung** gleichwohl auch im Rahmen von § 131 Abs. 1 Nr. 3 ein nach § 286 ZPO zu würdigendes **Beweisanzeichen** für die Kenntnis von einer Gläubigerbenachteiligung sein.[161] Erhält der Gläubiger über Monate trotz der Androhung, Insolvenzantrag zu stellen, nur unvollständige Zahlungen, kennt er die auf eine Benachteiligung hindeutenden Umstände.[162] Kenntnis kann ebenfalls gegeben sein, wenn der Geschäftsführer des Gläubigers ein für den Schuldner entwickeltes Sanierungskonzept als untauglich ansieht und ihm der Ausfall eines Großkunden bekannt ist[163] oder der Gläubiger anhand von Bilanz und Gewinn- und Verlustrechnung über die ernsthafte finanzielle Krisensituation des Schuldners im Bild ist.[164] Die **Beweislast** für die Kenntnis des Gläubigers von der Benachteiligung oder den zwingend darauf hindeutenden Umständen trägt der Insolvenzverwalter.[165]

45 Gegenüber dem Schuldner **nahestehenden Personen** (§ 138) begründet § 131 Abs. 2 Satz 2 die Vermutung, dass sie die Gläubigerbenachteiligung kannten. Die nahestehende Person hat danach ihre Unkenntnis zu beweisen. Gelingt ihr dies, hat sie auch zu beweisen, die **tatsächlichen Umstände** (§ 131 Abs. 2 Satz 1) nicht gekannt zu haben, die zwingend auf eine Gläubigerbenachteiligung schließen lassen.

§ 132 Unmittelbar nachteilige Rechtshandlungen

(1) Anfechtbar ist ein Rechtsgeschäft des Schuldners, das die Insolvenzgläubiger unmittelbar benachteiligt,
1. wenn es in den letzten drei Monaten vor dem Antrag auf Eröffnung des Insolvenzverfahrens vorgenommen worden ist, wenn zur Zeit des Rechtsgeschäfts der Schuldner zahlungsunfähig war und wenn der andere Teil zu dieser Zeit die Zahlungsunfähigkeit kannte oder
2. wenn es nach dem Eröffnungsantrag vorgenommen worden ist und wenn der andere Teil zur Zeit des Rechtsgeschäfts die Zahlungsunfähigkeit oder den Eröffnungsantrag kannte.

---

158 BGH 18.12.2003, IX ZR 199/02, BGHZ 157, 242 (250).
159 BGH 13.01.2005, IX ZR 457/00, ZInsO 2005, 373 (374 f.).
160 BGH 07.05.2013, IX ZR 113/10, WM 2013, 1361 Rn. 10.
161 BGH 18.12.2003, IX ZR 199/02, BGHZ 157, 242 (250, 252).
162 BGH 18.12.2003, IX ZR 199/02, BGHZ 157, 242 (252).
163 BGH 04.12.1997, IX ZR 47/97, NJW 1998, 1561 (1565).
164 BGH 12.11.1992, IX ZR 236/91, ZIP 1993, 276 (279).
165 BT-Drucks. 12/2443, 159.

(2) Einem Rechtsgeschäft, das die Insolvenzgläubiger unmittelbar benachteiligt, steht eine andere Rechtshandlung des Schuldners gleich, durch die der Schuldner ein Recht verliert oder nicht mehr geltend machen kann oder durch die ein vermögensrechtlicher Anspruch gegen ihn erhalten oder durchsetzbar wird.

(3) § 130 Absatz 2 und 3 gilt entsprechend.

Übersicht	Rdn.		Rdn.
A. Normzweck	1	II. Unterlassung	4
B. Anfechtungsvoraussetzungen	2	III. Prozessuales	5
I. Rechtsgeschäft	3		

A. Normzweck

§ 132 Abs. 1 unterwirft als Auffangregelung sämtliche unmittelbar gläubigerbenachteiligenden Rechtsgeschäfte, die nicht bereits unter den Tatbestand der §§ 130, 131 fallen, der Anfechtung. Einmal werden Rechtshandlungen erfasst, die gegenüber Personen vorgenommen wurden, die nicht als Insolvenzgläubiger anzusehen sind. Die Regelung ist vor allem einschlägig, soweit Rechtshandlungen betroffen sind, durch die eine Insolvenzforderung begründet wurde. Im Unterschied zu jenen Bestimmungen, welche die Deckung bereits bestehender Verbindlichkeiten betreffen, richtet sich § 132 damit insb. gegen die Begründung von Verbindlichkeiten durch den Schuldner, die als Notverkäufe zur Schaffung kurzfristiger Liquidität nicht durch eine gleichwertige Gegenleistung aufgewogen werden. Ergänzend verfolgt § 132 Abs. 2 den Zweck, Rechtshandlungen des Schuldners, die keine Rechtsgeschäfte darstellen, aber gleiche Wirkungen auslösen, zu sanktionieren. Damit sind insb. Unterlassungen gemeint, die nicht erst unter den engeren Voraussetzungen der §§ 133, 134 anfechtbar sein sollen.[1] § 132 Abs. 3 stellt durch die Verweisung auf § 130 Abs. 2 der Kenntnis der Zahlungsunfähigkeit und des Eröffnungsantrags die Kenntnis von Umständen gleich, die zwingend darauf schließen lassen; mit der weiteren Verweisung auf § 130 Abs. 3 wird gegenüber dem Schuldner nahestehenden Personen eine Vermutung der Kenntnis begründet.

B. Anfechtungsvoraussetzungen

§ 132 enthält in seinen beiden Absätzen unterschiedliche Voraussetzungen. Während § 132 Abs. 1 an ein Rechtsgeschäft des Schuldners anknüpft, begnügt sich § 132 Abs. 2 mit einem Unterlassen. Für § 132 Abs. 1 ist eine **unmittelbare Gläubigerbenachteiligung** (vgl. § 129 Rdn. 63 ff.) erforderlich, § 132 Abs. 2 bereits im Falle einer mittelbaren Gläubigerbenachteiligung anwendbar. Der **Anfechtungszeitraum** und die **subjektiven Anforderungen** beider Tatbestände korrespondieren mit § 130, auf den insoweit verwiesen werden kann.

I. Rechtsgeschäft

Entsprechend dem Verständnis des BGB bildet ein Rechtsgeschäft einen aus einer oder mehreren Willenserklärungen sowie möglicherweise weiteren Elementen, etwa einem Realakt, bestehenden Tatbestand, an den die Rechtsordnung den Eintritt des in der Willenserklärung liegenden Erfolgs knüpft. Die Vorschrift meint insb. unmittelbar benachteiligende schuldrechtliche **Verträge**, durch die der Schuldner, für den auch ein Vertreter handeln kann, etwa Sachen zu einem überhöhten Preis erwirbt oder zwar zu einem angemessenen Preis, aber verbunden mit der Verpflichtung zur Begleichung nicht mehr durchsetzbarer Altverbindlichkeiten.[2] Ebenfalls anfechtbar ist die Gewähr oder Inanspruchnahme eines Darlehens zu ungünstigen Bedingungen.[3] Erfüllungshandlungen, welche der Sicherung oder Befriedigung eines Insolvenzgläubigers dienen, liegen außerhalb des Anwen-

---

[1] BT-Drucks. 12/2443, 159.
[2] BGH 13.03.2003, IX ZR 64/02, BGHZ 154, 190 (194 f.).
[3] BGH 21.04.1988, IX ZR 71/87, NJW 1989, 1037.

dungsbereichs von § 132. Grundsätzlich unterwirft die Vorschrift darum nur **Kausal- und nicht Verfügungsgeschäfte** der Anfechtung. Verfügungen werden ausnahmsweise von § 132 erfasst, sofern einer nicht zu den Insolvenzgläubigern gehörenden Person eine Sicherung oder Befriedigung verschafft wird. Eine Anfechtung kommt auch in Betracht, wenn der Schuldner eine Forderung an einen Dritten abtritt, der den Erlös unter bestimmten bevorzugten Gläubigern verteilen soll. Der weite Begriff des Rechtsgeschäfts erstreckt sich auf die Ausübung von **Gestaltungsrechten** wie die Kündigung eines dem Schuldner günstigen Vertrages, einen einseitig wirksamen Verzicht oder das Einverständnis mit einer den Gläubigern nachteiligen Verwertungsart.[4] Ist das anfechtbare Rechtsgeschäft noch nicht erfüllt, dient die Anfechtung dem Zweck, mit Hilfe eines auf sie gestützten Widerspruchs die Feststellung der Gläubigerforderung zur Insolvenztabelle (§ 178 Abs. 1) zu verhindern. Ungeklärt ist, ob die Zustimmung des Schuldners zur Einstellung eines Strafverfahrens nach § 153a StPO als Rechtsgeschäft i.S.d. § 132 zu verstehen ist.[5]

II. Unterlassung

4 § 132 Abs. 2 will Regelungslücken schließen, die nach früherem Recht bei **Unterlassungen** zu beobachten waren.[6] Demgemäß sind die Tatbestandsalternativen Bestimmung vor allem auf Unterlassungen zugeschnitten. Die Rechtshandlung muss von dem Schuldner vorgenommen werden; Rechtshandlungen Dritter, etwa im Wege der Zwangsvollstreckung, werden nicht erfasst. Ferner muss es sich um eine **entgeltliche** Rechtshandlung, weil andernfalls die erleichterten Voraussetzungen des § 134 eingreifen, handeln. Der Rechtsverlust muss **unmittelbar durch die Rechtshandlung** des Schuldners eintreten; es genügt nicht, dass aus einem Zahlungsverzug des Schuldners der andere Teil in Ausübung eines Gestaltungsrechts durch die Erklärung einer fristlosen Kündigung die rechtlichen Folgerungen zieht. Davon zu trennen ist die Frage der Gläubigerbenachteiligung; sie kann **mittelbarer** Art sein. Die in § 132 Abs. 2 genannten Tatbestandsalternativen dürften abschließender Art sein. Bereits der Gesetzgeber hat eine Reihe von Beispielen genannt, die sie ausfüllen können (BT-Drucks. 12/2443 S. 160): Ein **Recht verliert** der Schuldner durch den mit der Unterlassung eines Wechselprotests verbundenen Rechtsverlust; ebenso verhält es sich bei einem auf der Duldung einer Ersitzung beruhenden Eigentumsverlust. Ein **Recht kann nicht mehr geltend** gemacht werden infolge der Versäumung einer Rechtsmitteleinlegung, die zur Abweisung eines Aktivprozesses führt; in diesem Sinn ist die Unterlassung verjährungshemmender Maßnahmen zu werten. Der Schuldner **erhält** einen gegen sich gerichteten **Anspruch**, wenn er von einer Irrtumsanfechtung keinen Gebrauch macht (§§ 119 ff. BGB), eine auflösende Bedingung nicht herbeiführt oder von einer Kündigung absieht. Ein **Anspruch** wird **durchsetzbar**, falls der Schuldner von der Erhebung der Verjährungseinrede absieht. Gleiches gilt, wenn der Schuldner in einem Passivprozess gegen ein fehlerhaftes stattgebendes Urteil nicht mit einem Rechtsmittel vorgeht. Die Nichtgeltendmachung von Pflichtteilsansprüchen ist wegen der dem Schuldner verbleibenden Entscheidungsfreiheit nicht anfechtbar.[7]

III. Prozessuales

5 Die Darlegungs- und Beweislast für den Anfechtungstatbestand trägt der Verwalter. § 132 Abs. 3 verweist insoweit auf die Beweiserleichterungen des § 130 Abs. 2 und 3 (vgl. oben § 130 Rdn. 26 ff.).

---

[4] BGH 09.01.1997, IX ZR 1/96, NJW 1997, 1063 (1065).
[5] BGH 05.06.2008, IX ZR 17/07, NJW 2008, 2506 Rn. 9.
[6] BT-Drucks. 12/2443, 159.
[7] BGH 06.05.1997, IX ZR 147/96, NJW 1997, 2384.

§ 133 Vorsätzliche Benachteiligung

(1) Anfechtbar ist eine Rechtshandlung, die der Schuldner in den letzten zehn Jahren vor dem Antrag auf Eröffnung des Insolvenzverfahrens oder nach diesem Antrag mit dem Vorsatz, seine Gläubiger zu benachteiligen, vorgenommen hat, wenn der andere Teil zur Zeit der Handlung den Vorsatz des Schuldners kannte. Diese Kenntnis wird vermutet, wenn der andere Teil wußte, dass die Zahlungsunfähigkeit des Schuldners drohte und dass die Handlung die Gläubiger benachteiligte.

(2) Anfechtbar ist ein vom Schuldner mit einer nahestehenden Person (§ 138) geschlossener entgeltlicher Vertrag, durch den die Insolvenzgläubiger unmittelbar benachteiligt werden. Die Anfechtung ist ausgeschlossen, wenn der Vertrag früher als zwei Jahre vor dem Eröffnungsantrag geschlossen worden ist oder wenn dem anderen Teil zur Zeit des Vertragsschlusses ein Vorsatz des Schuldners, die Gläubiger zu benachteiligen, nicht bekannt war.

Übersicht

	Rdn.
A. Normzweck	1
B. Vorsatzanfechtung	2
I. Anfechtungsgegner	1
II. Rechtshandlung	3
1. Vornahme durch Schuldner	3
2. Leistungen unter Druck einer Zwangsvollstreckung	4
a) Möglichkeit selbstbestimmten Handelns	4
b) Keine Möglichkeit selbstbestimmten Handelns	6
III. Gläubigerbenachteiligung, Anfechtungszeitraum	7
IV. Benachteiligungsvorsatz	8
1. Inhaltliche Anforderungen	9
2. Nachweis des Vorsatzes	13
a) Zahlungsunfähigkeit	14
b) Inkongruente Deckung	15
aa) Beweisanzeichen für Benachteiligungsvorsatz	15
bb) Reichweite des Beweisanzeichens	16
cc) Zeitpunkt der Rechtshandlung	18
c) Wegfall der Beweisanzeichen der Zahlungsunfähigkeit und der Inkongruenz bei Sanierungsversuch	19
d) Unmittelbare Gläubigerbenachteiligung	21
e) Verdächtige Vertragsgestaltung	23
f) Kongruente Deckung	24
g) Anschubfinanzierung	27
h) Bargeschäft	28
i) Anfechtung gegenüber Leistungsmittler	28
V. Kenntnis des Anfechtungsgegners	29
1. Inkongruente Deckung	32
2. Zahlungsunfähigkeit, drohende Zahlungsunfähigkeit	34
a) Tatsächliche Zahlungsaufnahme	34
b) Kenntnis der Zahlungsaufnahme	34
C. Entgeltliche Verträge mit nahestehenden Personen	38
I. Vertrag	39
II. Entgeltlichkeit	40
III. Nahestehende Person	41
IV. Unmittelbare Gläubigerbenachteiligung	42
V. Gesetzliche Vermutung	43

A. Normzweck

Die Bestimmung knüpft an §§ 31 KO, 10 Abs. 1 Nr. 1, 2 GesO an.[1] Ein auf einer vorsätzlichen Gläubigerbenachteiligung beruhender Rechtserwerb ist nach der Einschätzung des Gesetzgebers nicht schützenswert, wenn der Anfechtungsgegner den Vorsatz kannte. Soweit sich § 133 Abs. 1 mit einer vorsätzlichen Gläubigerbenachteiligung begnügt, liegt im Vergleich zum früheren Recht keine Verschärfung vor, weil der in den Vorläuferregelungen verwendete Begriff der »Absicht« einschränkend verstanden wurde. Der Verwalter hat den Benachteiligungsvorsatz des Schuldners zu beweisen, dessen Kenntnis durch den Anfechtungsgegner unter den Voraussetzungen des § 133 Abs. 1 Satz 2 – bei Wissen um die drohende Zahlungsunfähigkeit des Schuldners und die Gläubigerbenachteiligung – vermutet wird. Entsprechend einer allgemein zu beobachtenden Tendenz wurde die An-

---

[1] BT-Drucks. 12/2443, 160.

fechtungsfrist von 30 als »nicht mehr zeitgemäß« auf 10 Jahre verkürzt.[2] In der Rechtsprechung des BGH gewinnt § 133 Abs. 1, kontinuierlich an Bedeutung. § 133 Abs. 2 unterwirft unmittelbar benachteiligende entgeltliche Verträge des Schuldners mit nahestehenden Personen binnen einer Frist von zwei Jahren der Anfechtung. Die Beweislast wird zum Nachteil des Anfechtungsgegners sowohl hinsichtlich der Kenntnis des Benachteiligungsvorsatzes als auch – zur Vorbeugung gegen Rückdatierungen – des Zeitpunkts des Vertragsschlusses umgekehrt.[3] Neben § 133 Abs. 1 können auch Ansprüche aus Existenzvernichtungshaftung in Betracht kommen.[4]

B. Vorsatzanfechtung

2 Die Vorsatzanfechtung richtet sich gegen Rechtshandlungen des Schuldners, die dieser mit einem von dem Gegner, bei dem es sich nicht um einen Insolvenzgläubiger zu handeln braucht, erkannten Gläubigerbenachteiligungsvorsatz vorgenommen hat (§ 133 Abs. 1).

I. Anfechtungsgegner

Anfechtungsgegner ist jeder, der, ohne dass er Vertragspartner oder wie in §§ 130, 131 Insolvenzgläubiger des Schuldners zu sein braucht, eine vermögenswerte Position als **Empfänger** zum Nachteil der Masse erlangt hat.[5] Dies kann auch ein **Drittschuldner** des Schuldners sein, der durch eine von dem Schuldner veranlasste Rechtshandlung von einer Verbindlichkeit befreit wird.[6] Tilgt ein später insolventer Leistungsmittler fremde Schulden, ist die Vorsatzanfechtung seines Insolvenzverwalters gegen den **Gläubiger** der Drittforderung möglich.[7]

II. Rechtshandlung

1. Vornahme durch Schuldner

3 Der Begriff der Rechtshandlung ist i.S.d. § 129 zu verstehen (vgl. § 129 Rdn. 23 ff.) und umfasst auch Unterlassungen. Im Unterschied zu § 129 verlangt § 133 Abs. 1, dass die Rechtshandlung von dem **Schuldner** vorgenommen wurde. Handlungen eines Stellvertreters oder einer Zwischenperson[8] werden dem Schuldner nach allgemeinen Grundsätzen zugerechnet. Ausreichend ist es, wenn die Handlung des Schuldners für die Gläubigerbenachteiligung mitursächlich ist.[9] Dies ist etwa anzunehmen, wenn der Schuldner dem Gläubiger durch den Abschluss eines Kaufvertrages die Aufrechnung mit Insolvenzforderungen ermöglicht,[10] wenn der Schuldner dem Gläubiger eine Einzugsermächtigung erteilt und davon Gebrauch macht,[11] wenn der Schuldner durch die Annahme einer Erfüllungsleistung eines Drittschuldners selbst am Erfüllungseintritt mitwirkt oder wenn der Schuldner einen Dritten zur Übernahme einer Bürgschaft gegenüber einem Drittschuldner veranlasst.[12] Eine ohne oder gar gegen den Willen des Schuldners vorgenommene Rechtshandlung ist nicht tatbestandsausfüllend; vielmehr muss der Schuldner im Rahmen des § 133 an der Rechtshandlung mitgewirkt haben.[13] In der bloßen **Weiterführung eines debitorischen Kontos** liegt darum keine Mitwirkungshandlung des Schuldners. Dies gilt selbst dann, wenn der Schuldner nach Pfän-

---

2 BT-Drucks. 12/2443, 160.
3 BT-Drucks. 12/2443, 160.
4 BGH 21.02.2013, IX ZR 52/10, WM 2013, 763 Rn. 17 ff.
5 BGH 29.09.2011, IX ZR 202/10, WM 2012, 85 Rn. 11; 24.05.2012, IX ZR 142/11, NZI 2012, 713 Rn. 2.
6 BGH 29.11.2007, IX ZR 121/06, BGHZ 174, 314 Rn. 17 ff.
7 BGH 22.11.2012, IX ZR 22/12, WM 2013, 51 Rn. 8 ff.
8 BGH 05.07.2007, IX ZR 256/06, BGHZ 173, 129 Rn. 50.
9 BGH 27.05.2003, IX ZR 169/02, BGHZ 155, 75 (79);10.02.2005, IX ZR 211/02, BGHZ 162, 143 (150 f.).
10 BGH 18.11.2004, IX ZR 299/00, ZInsO 2005, 439 (440).
11 BGH 19.12.2002, IX ZR 377/99, ZInsO 2003, 324 (329).
12 BGH 29.04.1999, IX ZR 163/98, NJW 1999, 3046 (3047).
13 BGH 10.12.2009, IX ZR 128/08, ZInsO 2010, 226 Rn. 6.

dung seiner sämtlichen Konten seine Drittschuldner anweist, zwecks Begünstigung des Pfandgläubigers auf ein bestimmtes Konto Zahlung zuleisten. Erlangt ein Gläubiger Befriedigung im Wege der **Zwangsvollstreckung**, fehlt es an der für eine Vorsatzanfechtung erforderlichen Rechtshandlung des Schuldners. Zwangsvollstreckungshandlungen des Gläubigers sind ohne eine vorsätzliche Rechtshandlung oder eine ihr gleichstehende Unterlassung des Schuldners nicht anfechtbar.[14] Anders verhält es sich freilich, wenn der Schuldner von erfolgversprechenden Rechtsbehelfen gegen Zwangsvollstreckungsmaßnahmen absieht[15] oder solche Maßnahmen durch den Hinweis auf anderen Gläubigern verheimlichte vollstreckbare Gegenstände fördert.[16]

2. Leistungen unter Druck einer Zwangsvollstreckung

a) Möglichkeit selbstbestimmten Handelns

Erbringt der Schuldner **selbst eine Leistung**, sei es auch unter dem Druck und zur Abwendung einer angedrohten Zwangsvollstreckung, liegt grds eine eigene Rechtshandlung des Schuldners vor. Nach Beginn der Einzelzwangsvollstreckung vorgenommene Rechtshandlungen des Schuldners sind nicht etwa generell der Anfechtung aus § 133 entzogen.[17] Maßgebliche Voraussetzung der Vorsatzanfechtung ist in Abgrenzung zu unanfechtbaren einseitigen Gläubigerhandlungen mithin, ob ein willensgesteuertes Handeln des Schuldners zur Befriedigung beigetragen hat.[18] Eine Rechtshandlung des Schuldners ist bei Leistungen zur Abwendung einer angekündigten Zwangsvollstreckung grds gegeben, weil der Schuldner noch in der Lage ist, über den angeforderten Betrag nach eigenem Belieben zu verfügen.[19] In der Einzelzwangsvollstreckung können ratenweise Leistungen des Vollstreckungsschuldners nicht auf einen einheitlichen hoheitlichen Zugriff zurückgeführt werden. Bleibt ein Pfändungsversuch ganz oder teilweise fruchtlos, setzt sich dieser am Beginn des Verfahrens stehende hoheitliche Zugriff nicht fort, wenn der Schuldner einige Zeit später doch Leistungen an den Gerichtsvollzieher erbringt. Der erste Zugriff ist dann vielmehr zunächst erfolglos geblieben, die spätere Leistung beruht auf der eigenen freien Entscheidung des Schuldners.[20] Da eine Unterlassung einer Rechtshandlung gleichsteht (§ 129 Abs. 2), kann eine Rechtshandlung vorliegen, wenn der Schuldner an den ohne richterliche Durchsuchungsanordnung erschienenen Vollziehungsbeamten zur Abwendung der Vollstreckung zahlt, ohne auf einer den Vollstreckungszugriff erst eröffnenden richterlichen Durchsuchungsanordnung zu bestehen.[21] Dies gilt aber nur, wenn dem Schuldner die Möglichkeit der Vereitelung der Vollstreckung durch den Hinweis auf die Notwendigkeit einer Durchsuchungsanordnung bewusst war.[22] Fördert ein Schuldner aktiv eine Vollstreckungsmaßnahme des Gläubigers, kann dies die Bewertung der Vollstreckungsmaßnahme als Rechtshandlung des Schuldners rechtfertigen. In dieser Weise verhält es sich, wenn der Schuldner die Voraussetzungen für eine dann erfolgreiche Vollstreckungshandlung schafft, etwa wenn er den Gläubiger von dem bevorstehenden Zugriff anderer Gläubiger mit der Aufforderung, diesen zuvorzukommen, benachrichtigt, wenn er Pfändungsgegenstände verheimlicht, um sie gerade für den Zugriff des zu begünstigenden Gläubigers bereitzuhalten, oder wenn der Schuldner dem Gläubiger vorzeitig oder beschleunigt einen Vollstreckungstitel gewährt. Ebenso ist es zu bewerten, wenn der Schuldner in Erwartung eines Vollstreckungsversuchs seine Ladenkasse gezielt aufgefüllt hat, um eine Befriedigung des Gläubigers

---

14 BGH 10.02.2005, IX ZR 211/02, BGHZ 162, 143 (147 f.); 23.03.2006, IX ZR 116/03, BGHZ 167, 11 Rn. 7; 19.02.2009, IX ZR 22/07, ZInsO 2009, 717 Rn. 3.
15 BGH 20.01.2000, IX ZR 58/99, BGHZ 143, 332 (334).
16 BGH 15.12.1994, IX ZR 24/94, BGHZ 128, 196 (199); 03.02.2011, IX ZR 213/09, ZInsO 2011, 574 Rn. 11 f.
17 BGH 10.12.2009, IX ZR 128/08, ZInsO 2010, 226 Rn. 7; BGH 26.01.2012, IX ZR 33/09, Rn. 2, 3.
18 BGH 10.12.2009, IX ZR 128/08, ZInsO 2010, 226 Rn. 9.
19 BGH 27.05.2003, IX ZR 169/02, BGHZ 155, 75 (79 f.); 10.12.2009, IX ZR 128/08, ZInsO 2010, 226 Rn. 10.
20 BGH 10.12.2009, IX ZR 128/08, ZInsO 2010, 226 Rn. 13.
21 BGH 03.02.2011, IX ZR 213/09, ZInsO 2011, 574 Rn. 8, 10.
22 BGH 03.02.2011, IX ZR 213/09, ZInsO 2011, 574 Rn. 10.

zu ermöglichen.[23] Stellt der Schuldner einen Scheck aus und übergibt er diesen einem anwesenden und vollstreckungsbereiten Vollziehungsbeamten, so beruht die durch Einlösung des Schecks erfolgte Zahlung auch dann auf einer Rechtshandlung des Schuldners, wenn der Vollziehungsbeamte ohne die Ausstellung des Schecks erfolgreich in das sonstige Vermögen des Schuldners vollstreckt hätte.[24] Danach ist stets von einer Rechtshandlung auszugehen, wenn die von dem Schuldner geleistete konkrete Form der Befriedigung nicht erzwungen werden konnte.

5 **Überweisungen**, **Lastschriften** und **Scheckbegebungen** erfordern zwingend, dass der Schuldner noch freien Zugriff auf sein Girokonto hat. Die fehlgeschlagene Zwangsvollstreckung in körperliche Gegenstände ist nur Anlass für Zahlungen unter Einsatz eines Bankguthabens, bei denen noch ein eigener Willensentschluss des Schuldners hinzutritt. Mithin sind Teilzahlungen des Schuldners, die dieser nach fruchtloser Zwangsvollstreckung im Rahmen einer vom Gerichtsvollzieher herbeigeführten Ratenzahlungsvereinbarung erbringt, wegen vorsätzlicher Gläubigerbenachteiligung anfechtbar.[25] Eine Anfechtung ist mangels einer Zwangslage eröffnet, wenn der Schuldner nach Übersendung einer Vollstreckungsankündigung, aber noch vor Beginn der Vollstreckung den geschuldeten Betrag zahlt.[26] Ebenso verhält es sich, wenn der Schuldner zwar unmittelbar vor Beginn einer Vollstreckung zahlt, diese aber mangels pfändbarer Gegenstände erfolglos verlaufen wäre.[27] Eine Rechtshandlung des Schuldners ist gleichfalls gegeben, wenn er nach einer Kontopfändung den geschuldeten Betrag durch einen auf ein anderes Konto gezogenen Scheck bezahlt.[28] Pfändet der Gläubiger in eine dem Schuldner eröffnete Kreditlinie, so entsteht ein Pfandrecht erst mit dem Abruf der Kreditmittel als Rechtshandlung des Schuldners, weil die Inanspruchnahme der Kreditlinie nur durch den Kontoinhaber erfolgen kann.[29] Ebenso beruht das Pfändungspfandrecht auf einer Rechtshandlung des Schuldners, wenn erst dieser dem Konto durch eine Einzahlung oder Überweisung ein pfändbares Guthaben zuführt.[30] Eine von dem Schuldner bewirkte Überweisung bildet eine Rechtshandlung, auch wenn zuvor zugunsten des Zahlungsempfängers Ansprüche auf Auszahlung gepfändet und ihm zur Einziehung überwiesen wurden.[31]

b) Keine Möglichkeit selbstbestimmten Handelns

6 Ausnahmsweise kann es bei einer Leistung zur Abwendung der Zwangsvollstreckung an einer Rechtshandlung des Schuldners fehlen, wenn jede **Möglichkeit des Schuldners zu einem selbstbestimmten Handeln** ausgeschlossen ist, weil er nur noch die Wahl hat, die geforderte Zahlung sofort zu leisten oder die Vollstreckung durch die bereits anwesende Vollziehungsperson zu dulden.[32] Ist jede Möglichkeit eines selbstbestimmten Handelns ausgeschaltet, fehlt es an einer Rechtshandlung des Schuldners.[33] Übergibt ein Schuldner dem vollstreckungsbereit anwesenden Gerichtsvollzieher Bargeld, auf das dieser andernfalls sogleich zugreifen könnte, liegt kein freier Willensentschluss zur Leistung mehr vor; vielmehr kommt der Schuldner in einer solchen Situation nur dem sonst unabwendbaren Zugriff des Gerichtsvollziehers zuvor. Anderes gälte nur dann, wenn dessen Zugriff mit einiger Wahr-

---

23 BGH 03.02.2011, IX ZR 213/09, ZInsO 2011, 574 Rn. 11 ff.
24 BGH 14.06.2012, IX ZR 145/09, ZInsO 2012, 1318 Rn. 13 ff.
25 BGH 10.12.2009, IX ZR 128/08, ZInsO 2010, 226 Rn. 16, 18.
26 BGH 19.02.2009, IX ZR 22/07, ZInsO 2009, 717 Rn. 4.
27 BGH 19.02.2009, IX ZR 22/07, ZInsO 2009, 717 Rn. 5; 06.10.2009, IX ZR 191/05, ZIP 2009, 2009 Rn. 8.
28 BGH 19.02.2009, IX ZR 22/07, ZInsO 2009, 717 Rn. 6.
29 BGH 09.06.2011, IX ZR 179/08, ZInsO 2011, 1350 Rn. 12 ff.; 14.06.2012, IX ZR 145/09, ZInsO 2012, 1318 Rn. 25.
30 BGH 14.06.2012, IX ZR 145/09, ZInsO 2012, 1318 Rn. 22; 19.09.2013, IX ZR 4/13, Rn. 10.
31 BGH 22.11.2012, IX ZR 142/11, DB 2012, 2927 Rn. 9.
32 BGH 19.02.2009, IX ZR 22/07, ZInsO 2009, 717 Rn. 3; 10.12.2009, IX ZR 128/08, ZInsO 2010, 226 Rn. 10.
33 BGH 10.02.2005, IX ZR 211/02, BGHZ 162, 143 (154); 23.03.2006, IX ZR 116/03, BGHZ 167, 11 Rn. 7.

scheinlichkeit tatsächliche Hindernisse – etwa die Verwahrung in einer »schwarzen Kasse« oder einem Versteck – entgegengestanden hätten.[34] Dies bedeutet, dass vor der kritischen Zeit der §§ 130, 131 vorgenommene Maßnahmen der Zwangsvollstreckung anfechtungsfest sind.[35] Der hoheitliche Erwerb eines Grundstücks im Wege der **Zwangsversteigerung** unterliegt mangels einer Rechtshandlung des Schuldners nicht der Anfechtung.[36] Allerdings kann die Anfechtung auf einen rechtsgeschäftlichen Erwerb gestützt werden, der einem nachfolgenden, durch einen anderen Gläubiger veranlassten Versteigerungserwerb vorausgegangen ist.[37] Ein **Bargeschäft** (§ 142) unterliegt grds der Vorsatzanfechtung; hier wird aber wegen der kongruenten Gegenleistung regelmäßig der Gläubigerbenachteiligungsvorsatz fehlen.

III. Gläubigerbenachteiligung, Anfechtungszeitraum

Der Tatbestand begnügt sich mit einer **mittelbaren,** auch erst künftig eintretenden **Gläubigerbenachteiligung.**[38] Für den auf eine solche Benachteiligung gerichteten Vorsatz des Schuldners ist es daher unerheblich, ob er sich gegen alle oder nur einzelne, gegen bestimmte oder unbestimmte, gegen schon vorhandene oder nur mögliche künftige Gläubiger richtet. Eine Anfechtung nach § 133 Abs. 1 ist selbst dann nicht ausgeschlossen, wenn der Schuldner zum Zeitpunkt der angefochtenen Rechtshandlung noch gar keine Gläubiger hatte, er aber mit künftigen Gläubigern rechnete.[39] Die Gläubigerbenachteiligung muss sich tatsächlich verwirklicht haben; die allein auf diesen objektiv nicht eingetretenen Erfolg gerichtete Absicht ist unschädlich. Freilich braucht die tatsächlich eingetretene Benachteiligung nicht der von dem Schuldner vorgestellten zu entsprechen. Die Rechtshandlung muss in den letzten **zehn Jahren** vor dem Eröffnungsantrag oder in dem Zeitraum zwischen dem Antrag und der Verfahrenseröffnung vorgenommen worden sein. Der maßgebliche Antrag richtet sich nach § 139, der Zeitpunkt der Vornahme der Rechtshandlung nach § 140.

IV. Benachteiligungsvorsatz

Die Bestimmung verlangt, dass der Schuldner die Rechtshandlung mit dem Vorsatz vorgenommen hat, seine Gläubiger zu benachteiligen. Dem Schuldner wird der Vorsatz eines für ihn handelnden **Vertreters** nach § 166 Abs. 1 BGB zugerechnet. Dieses subjektive Element bildet häufig den Schwerpunkt der Normprüfung.

1. Inhaltliche Anforderungen

Der von § 133 Abs. 1 Satz 1 InsO verlangte Benachteiligungsvorsatz des Schuldners knüpft an die von ihm vorgenommene, eine Gläubigerbenachteiligung hervorrufende Rechtshandlung an. Spiegelbildlich muss der Anfechtungsgegner neben der Willensrichtung des Schuldners auch die von ihm ausgehende **Rechtshandlung** nebst der dadurch hervorgerufenen **Gläubigerbenachteiligung** im Allgemeinen erkannt haben. Der Benachteiligungsvorsatz des Schuldners und seine Kenntnis bei dem Anfechtungsgegner sind mithin auf die gläubigerbenachteiligende Rechtshandlung des Schuldners bezogen.[40] Der Schuldner handelt dann mit Benachteiligungsvorsatz, wenn er die Benachteiligung der Gläubiger im Allgemeinen als Erfolg seiner Rechtshandlung gewollt oder als mutmaßliche Folge – sei es auch als unvermeidliche Nebenfolge eines an sich erstrebten anderen Vorteils – erkannt und gebilligt hat.[41] Damit begnügt sich das Gesetz mit der schwächsten Vorsatzform des **dolus eventualis**;

---

34 BGH 10.12.2009, IX ZR 128/08, ZInsO 2010, 226 Rn. 28; 03.02.2011, IX ZR 213/09, ZInsO 2011, 574 Rn. 6; 25.10.2012, IX ZR 117/11, WM 2012, 2251 Rn. 26.
35 BGH 22.11.2012, IX ZR 142/11, DB 2012, 2927 Rn. 15.
36 BGH 15.05.1986, IX ZR 2/85, ZIP 1986, 926.
37 BGH 29.06.2004, IX ZR 258/02, BGHZ 159, 397 (400).
38 BGH 27.05.2003, IX ZR 169/02, BGHZ 155, 75 (81).
39 BGH 13.08.2009, IX ZR 159/06, ZInsO 2009, 1909 Rn. 5.
40 BGH 19.09.2013, IX ZR 4/13, Rn. 18.
41 BGH 27.05.2003, IX ZR 169/02, BGHZ 155, 75 (84); 10.02.2005, IX ZR 211/02, BGHZ 162, 143 (153);

es genügt also, wenn der Schuldner die Benachteiligung der Gläubiger zur Verwirklichung seines eigentlichen Ziels, regelmäßig einer Selbstbegünstigung oder Begünstigung nahestehender Personen, hinnimmt (BT-Drucks. 12/2443 S. 160). Ein **unlauteres Verhalten** des Schuldners[42] oder ein unlauteres Zusammenwirken des Schuldners mit dem begünstigten Gläubiger bzw. irgendeine Art von Treu- oder Sittenwidrigkeit wird nicht vorausgesetzt.[43]

10 Der Gläubigerbenachteiligungsvorsatz des Schuldners muss sich nicht gerade auf die Benachteiligung bezogen haben, die später tatsächlich eingetreten ist.[44] Ohne Bedeutung ist es, ob der Schuldner bei Vornahme der Handlung bereits Gläubiger hatte. Der Benachteiligungsvorsatz muss sich gegen Gläubiger, nicht dritte Personen – wie Erben des Schuldners – richten. Der Schuldner muss entweder wissen, dass er neben dem Anfechtungsgegner nicht alle Gläubiger innerhalb angemessener Zeit befriedigen kann, oder aber sich diese Folge als möglich vorgestellt, sie aber in Kauf genommen haben, ohne sich durch die Vorstellung dieser Möglichkeit von seinem Handeln abhalten zu lassen. Ist der Schuldner im Zeitpunkt der Vornahme der Rechtshandlung bereits zahlungsunfähig, handelt er folglich nur dann nicht mit dem Vorsatz, die Gesamtheit der Gläubiger zu benachteiligen, wenn er aufgrund konkreter Umstände – etwa der sicheren Aussicht, demnächst Kredit zu erhalten oder Forderungen realisieren zu können – mit einer baldigen Überwindung der Krise rechnen kann. Droht die **Zahlungsunfähigkeit**, bedarf es konkreter Umstände, die nahe legen, dass die Krise noch abgewendet werden kann.[45]

11 Ein Benachteiligungsvorsatz kann fehlen, wenn der Schuldner überzeugt ist, mit dem Erlös aus der Veräußerung seines Unternehmens alle Gläubiger befriedigen zu können. Dies gilt aber nur, wenn das Unternehmen binnen einer Frist versilbert werden kann, in welcher noch eine bloße Zahlungsstockung vorliegt, also längstens innerhalb von drei Wochen.[46] Ein Benachteiligungsvorsatz liegt fern, wenn ein Gesellschafter das Stammkapital der GmbH aus eigenen Mitteln aufgestockt und den Rückkaufwert einer gekündigten Lebensversicherung zur Schuldtilgung verwendet hat, weil sich erfahrungsgemäß in dieser Weise kein Schuldner verhält, der sein Unternehmen als verloren ansieht.[47] Der Benachteiligungsvorsatz kann fehlen, wenn der Schuldner meint, eine ihm erbrachte Leistung gleichwertig auszugleichen.[48]

12 Die Kenntnis des Schuldners von Umständen, die zwingend eine Gläubigerbenachteiligung indizieren, gestattet ähnlich wie bei § 130 Abs. 2 die widerlegliche **Vermutung** eines Benachteiligungsvorsatzes.[49] Handelt der Schuldner im Zeitpunkt der Eingehung einer Verpflichtung oder der Sicherung oder Verstärkung einer Verpflichtung mit Benachteiligungsvorsatz, so bildet dieser Umstand regelmäßig ein wesentliches **Beweisanzeichen** dafür, dass der Vorsatz bis zu der Erfüllung der Verpflichtung, der Sicherung oder der Verstärkung fortbesteht. Denn die Eingehung der Verpflichtung, der Sicherung oder der Verstärkung soll die Gläubigerbenachteiligung gerade durch die Erfüllung herbeiführen.[50] Der Gläubigerbenachteiligungsvorsatz ist im Valuta- und Deckungsverhältnis einheitlich zu bestimmen, wenn der Schuldner einen Drittschuldner veranlasst, die von diesem geschuldete Leistung an einen Gläubiger des Schuldners zu erbringen.[51]

13.04.2006, IX ZR 158/05, BGHZ 167, 190 Rn. 14; 08.12.2005, IX ZR 182/01, NZI 2006, 159 (161); 19.04.2007, IX ZR 59/06, NJW 2007, 2325 Rn. 26; 05.03.2009, IX ZR 85/07, ZInsO 2009, 873 Rn. 10.
42 BGH 13.05.2004, IX ZR 190/03, ZInsO 2004, 859 (860).
43 BGH 17.07.2003, IX ZR 272/02, NJW 2003, 3560 (3561); 05.06.2008, IX ZR 17/07, NJW 2008, 2506 Rn. 20.
44 BGH 10.01.2008, IX ZR 33/07, ZInsO 2008, 271 Rn. 19; 19.09.2013, IX ZR 4/14, Rn. 19.
45 BGH 24.05.2007, IX ZR 97/06, ZIP 2007, 1511 f. Rn. 8.
46 BGH 03.12.1998, IX ZR 313/97, ZInsO 1999, 107 (109).
47 BGH 04.12.1997, IX ZR 47/97, NJW 1998, 1561 (1564).
48 BGH 04.12.1997, IX ZR 47/97, NJW 1998, 1561 (1564).
49 BGH 17.07.2003, IX ZR 272/02, NJW 2003, 3560 (3562).
50 BGH 10.01.2008, IX ZR 33/07, ZInsO 2008, 271 Rn. 15.
51 BGH 29.11.2007, IX ZR 121/06, BGHZ 174, 314 Rn. 33.

2. Nachweis des Vorsatzes

Die **Beweislast** für den Benachteiligungsvorsatz wie auch die weiteren Tatbestandsmerkmale des § 133 Abs. 1 trifft Verwalter.[52] Für den Nachweis des Gläubigerbenachteiligungsvorsatzes hat die Rechtsprechung gewisse Fallgruppen und Beweisanzeichen entwickelt. Die subjektiven Tatbestandsmerkmale der Vorsatzanfechtung können – weil es sich um innere, dem Beweis nur eingeschränkt zugängliche Tatsachen handelt – meist nur mittelbar aus objektiven Tatsachen hergeleitet werden. Soweit dabei Rechtsbegriffe wie die Zahlungsunfähigkeit betroffen sind, muss deren Kenntnis außerdem oft aus der Kenntnis von Anknüpfungstatsachen erschlossen werden. Dabei darf aber nicht übersehen werden, dass solche Tatsachen nur mehr oder weniger gewichtige **Beweisanzeichen** darstellen, die eine **Gesamtwürdigung** nicht entbehrlich machen und **nicht schematisch** im Sinne einer vom anderen Teil zu widerlegenden Vermutung angewandt werden dürfen. Die subjektiven Voraussetzungen der Vorsatzanfechtung hat der Tatrichter gem. § 286 ZPO unter Würdigung aller maßgeblichen Umstände des Einzelfalls auf der Grundlage des Gesamtergebnisses der Verhandlung und einer etwaigen Beweisaufnahme zu prüfen. Objektive Tatsachen, aus denen die subjektiven Tatbestandsvoraussetzungen der Vorsatzanfechtung hergeleitet werden, begründen – wie der Bundesgerichtshof klargestellt hat – also keine von dem Anfechtungsgegner zu widerlegende Vermutung, sondern stellen nur mehr oder weniger gewichtige Beweisanzeichen dar.[53] Demgemäß hat der Tatrichter aufgrund des Gesamtergebnisses der Verhandlung und einer etwaigen Beweisaufnahme gem. § 286 Abs. 1 ZPO zu entscheiden, ob im Einzelfall ein Benachteiligungsvorsatz vorliegt und der Anfechtungsgegner hiervon Kenntnis hatte.[54]

a) Zahlungsunfähigkeit

Ein Schuldner, der seine Zahlungsunfähigkeit kennt, handelt in aller Regel mit Benachteiligungsvorsatz.[55] Falls ein Zahlungsunfähigkeit (§ 17 Abs. 1 InsO) nicht mit Hilfe einer Liquiditätsbilanz festgestellt werden kann, gilt die aus einer Zahlungseinstellung herzuleitende Vermutung der Zahlungsunfähigkeit (§ 17 Abs. 2 Satz 2) auch im Rahmen der Vorsatzanfechtung.[56] Ein Vorsatz ist schon dann zu vermuten, wenn der Schuldner seine **drohende Zahlungsunfähigkeit** kennt.[57] Dies ergibt sich mittelbar aus § 133 Abs. 1 Satz 2. Da für den anderen Teil die Kenntnis vom Gläubigerbenachteiligungsvorsatz des Schuldners vermutet wird, wenn er wusste, dass dessen Zahlungsunfähigkeit drohte, können für den Schuldner selbst keine strengeren Anforderungen gelten.[58] Der Bundesgerichtshof geht darum in der Regel davon aus, dass der Schuldner die angefochtene Rechtshandlung mit Benachteiligungsvorsatz vorgenommen hat, wenn er zur Zeit ihrer Wirksamkeit (§ 140) zahlungsunfähig war und dies wusste.[59] Entscheidende Voraussetzung für die Anwendung des § 133 Abs. 1 Satz 2 ist deshalb in der Praxis vor allem die Kenntnis der drohenden Zahlungsunfähig-

---

52 BT-Drucks. 12/2443, 160.
53 BGH 13.08.2009, IX ZR 159/06, ZInsO 2009, 1909 Rn. 8; 18.03.2010, IX ZR 57/09, ZInsO 2010, 807 Rn. 18; 19.09.2013, IX ZR 4/14, Rn. 14.
54 BGH 11.11.1993, IX ZR 257/92, BGHZ 124, 76 (82); 29.11.2007, IX ZR 121/06, BGHZ 174, 314 Rn. 29; 14.01.2010, IX ZR 153/07 Rn. 3.
55 BGH 29.09.2011, IX ZR 202/10, WM 2012, 85 Rn. 14; 27.05.2003, IX ZR 169/02, BGHZ 155, 75 (83 f.); 10.02.2005, IX ZR 211/02, BGHZ 162, 143 (153); 20.12.2007, IX ZR 93/06, ZInsO 2008, 273 Rn. 19; 30.06.2011, IX ZR 134/10, ZInsO 2011, 1410; Rn. 8; 25.10.2012, IX ZR 117/11, WM 2012, 2251 Rn. 28; 06.12.2012, IX ZR 3/12, DB 2013, 167, Rn. 15; 10.01.2013, IX ZR 13/12, WM 2013, 180 Rn. 14; 25.04.2013, IX ZR 235/12, WM 2013, 1044 Rn. 24; 19.09.2013, IX ZR 4/14, Rn. 14; 24.10.2013, IX ZR 104/13, Rn. 11.
56 BGH 15.03.2012, IX ZR 239/09, ZInsO 2012, 696 Rn. 8.
57 BGH 22.11.2012, IX ZR 62/10, DB 2013, 55 Rn. 7; 10.01.2013, IX ZR 13/12, WM 2013, 180 Rn. 14; 25.04.2013, IX ZR 235/12, WM 2013, 1044 Rn. 24.
58 BGH 13.04.2006, IX ZR 158/05, BGHZ 167, 190 Rn. 14; 29.11.2007, IX ZR 121/06, BGHZ 174, 314 Rn. 32; 20.11.2008, IX ZR 188/07, ZInsO 2009, 145 Rn. 10; 05.03.2009, IX ZR 85/07, ZInsO 2009, 873 Rn. 10; 18.12.2008, IX ZR 79/07, ZIP 2009, 573 Rn. 13.
59 BGH 27.05.2003, IX ZR 169/02, BGHZ 155, 75 (84); 13.05.2004, IX ZR 190/03, ZIP 2004, 1512 (1513);

keit.[60] Ein Schuldner, der in Kenntnis seiner Zahlungsunfähigkeit im Allgemeinen noch einzelne Gläubiger befriedigt, rechnet zwangsläufig mit der dadurch eintretenden Benachteiligung der anderen Gläubiger, für die damit weniger übrig bleibt. Er nimmt dies jedenfalls dann billigend in Kauf, wenn er damit den begünstigten Gläubiger von der **Stellung eines Insolvenzantrages** abhalten will.[61] Diese Grundsätze gelten auch, wenn eine **kongruente Leistung** angefochten wird.[62] In diesen Fällen handelt der Schuldner ausnahmsweise nicht mit Benachteiligungsvorsatz, wenn er aufgrund konkreter Umstände – etwa der konkreten Aussicht, demnächst weiteren Kredit zu erhalten oder Forderungen realisieren zu können – mit der **baldigen Überwindung der Krise** rechnen kann. Droht die Zahlungsunfähigkeit, bedarf es konkreter Umstände, die nahe legen, dass die Krise noch abgewandt werden kann.[63] Der Benachteiligungswille wird nicht dadurch ausgeschlossen, dass der zahlungsunfähige Schuldner mit einer Zahlung an die Strafverfolgungsbehörde die Einstellung eines gegen ihn geführten Ermittlungsverfahrens zu erreichen suchte.[64] Hier handelt der Schuldner ausnahmsweise ohne Benachteiligungsvorsatz, wenn er aufgrund besonderer Umstände davon ausgehen durfte, durch eine Verringerung der fälligen Forderungen und durch Erhöhung der Liquidität die fälligen Verbindlichkeiten insgesamt erfüllen zu können.[65]

b) Inkongruente Deckung

aa) Beweisanzeichen für Benachteiligungsvorsatz

15 Nach der ständigen Rechtsprechung des Bundesgerichtshofs bildet eine inkongruente Deckung in der Regel ein **starkes Beweisanzeichen** für den Benachteiligungsvorsatz des Schuldners und für die Kenntnis des Gläubigers von diesem Vorsatz.[66] Dies gilt auch, wenn der Schuldner die gegen einen **Dritten gerichtete Forderung des Gläubigers** begleicht. Wegen der eigenständigen tatbestandlichen Voraussetzungen der Inkongruenz und ihrer Kenntnis sperrt bei (unentgeltlichen) Drittzahlungen nicht § 134 InsO eine Vorsatzanfechtung.[67] Die Einstufung der Inkongruenz als Beweisanzeichen eines Vorsatzes beruht darauf, dass nach allgemeiner Erfahrung im Geschäftsverkehr Schuldner regelmäßig nicht bereit sind, anderes oder gar mehr zu leisten als sie schulden. Tun sie das dennoch, so müssen dafür im Allgemeinen besondere Beweggründe vorliegen. Dies weiß auch der Leistungsempfänger; eine solche Begünstigung muss in ihm entsprechenden Verdacht wecken. Zugleich liegt es auf der Hand, dass wegen der Bevorzugung einzelner Gläubiger über das Maß des ihnen von Rechts wegen Zustehenden hinaus für andere Gläubiger entsprechend weniger übrig bleibt.[68] Nimmt der Schuldner infolge einer Fehlvorstellung der tatsächlichen Gegebenheiten irrtümlich an, eine kongruente Deckung vorzunehmen, ist das Beweisanzeichen nicht anwendbar. Unerheblich ist freilich ein Irrtum in der rechtlichen Bewertung bekannter Tatsachen.[69] Die Indizwirkung einer inkongruenten Deckung wird nicht durch die Beweislastregel des § 133 Abs. 1 Satz 2 verdrängt.[70] Die aufgrund eines **Insolvenzantrags** erzielte Deckung ist auch außerhalb der gesetzlichen Krise stets inkongruent. Der Insolvenzantrag ist niemals

---

08.12.2005, IX ZR 182/01, ZInsO 2006, 94 Rn. 25; 18.03.2010, IX ZR 57/09, ZInsO 2010, 807 Rn. 19; 24.01.2013, IX ZR 11/12, WM 2013, 363 Rn. 23 f.
60 BGH 20.11.2008, IX ZR 188/07, ZInsO 2009, 145 Rn. 10.
61 BGH 20.12.2007, IX ZR 93/06, ZInsO 2008, 273 Rn. 32.
62 BGH 24.01.2013, IX ZR 11/12, WM 2013, 363 Rn. 25; 25.04.2013, IX ZR 235/12, WM 2013, 1044 Rn. 25.
63 BGH 24.01.2013, IX ZR 11/12, WM 2013, 363 Rn. 24.
64 BGH 05.06.2008, IX ZR 17/07, ZInsO 2008, 738 Rn. 19.
65 BGH 10.01.2013, IX ZR 13/12, WM 2013, 180 Rn. 17.
66 BGH 18.12.2003, IX ZR 199/02, BGHZ 157, 242 (250 f.); 05.07.2007, IX ZR 256/06, BGHZ 173, 129 Rn. 50 m.w.N.; 10.01.2013, IX ZR 13/12, WM 2013, 180 Rn. 19; 19.09.2013, IX ZR 4/14, Rn. 14; 24.10.2013, IX ZR 104/13, Rn. 11.
67 BGH 06.12.2012, IX ZR 3/12, DB 2013, 167 Rn. 46 ff.
68 BGH 30.09.1993, IX ZR 227/92, BGHZ 123, 320 (326); 30.01.1997, IX ZR 89/96, ZIP 1997, 513 (515).
69 BGH 11.03.2004, IX ZR 160/02, ZInsO 2004, 616 (618).
70 BGH 11.03.2004, IX ZR 160/02, ZInsO 2004, 616 (618).

ein geeignetes Mittel, um Ansprüche außerhalb eines Insolvenzverfahrens durchzusetzen. Die dadurch bewirkten Leistungen sind inkongruent, weil sie weder dem Inhalt des Schuldverhältnisses entsprechen noch mit Zwangsmitteln erlangt worden sind, die dem einzelnen Gläubiger zur Durchsetzung seiner Ansprüche vom Gesetz zur Verfügung gestellt werden.[71] Eine inkongruente Deckung bildet bare nur dann ein Beweisanzeichen für die Kenntnis des Benachteiligungsvorsatzes, wenn die Wirkungen der Rechtshandlung zu einem Zeitpunkt eintraten, als zumindest aus der Sicht des Empfängers der Leistung Anlass bestand, an der **Liquidität des Schuldners zu zweifeln**.[72] Dies ist bei mit Hilfe eines Insolvenzantrags bewirkten Zahlungen regelmäßig anzunehmen.[73]

bb) Reichweite des Beweisanzeichens

Ist das **Ausmaß einer Inkongruenz** gering, weil etwa dem Gläubiger ein nicht hinreichend konkretisierter Anspruch auf Einräumung einer Sicherheit gewährt worden war, verliert das Beweisanzeichen an Bedeutung.[74] Ebenso verhält es sich, wenn eine neue Sicherheit über den dafür gewährten Kredit hinaus auf ein altes Darlehen erstreckt.[75] Tritt ein zahlungsschwacher Bauhauptunternehmer einem Subunternehmer Forderungsteile gegen seinen Auftraggeber erfüllungshalber ab, zu deren Abtretung er bereits aufgrund einer vorausgegangenen Sicherungsvereinbarung verpflichtet war, so begründet eine solche Abtretung in der Regel kein ausreichend starkes Beweisanzeichen dafür, dass der Bauhauptunternehmer in Gläubigerbenachteiligungsvorsatz gehandelt hat und dem Subunternehmer dies bekannt war. Eine Vereinbarung, in der sich ein zahlungsschwacher Bauhauptunternehmer gegenüber einem Subunternehmer verpflichtet, in einer Höhe, in der dieser werkvertragsrechtlich Sicherheit verlangen kann, ihm einen Teil des Werklohnanspruchs gegen den Bauherrn abzutreten, bildet ebenfalls kein starkes Beweisanzeichen für eine Gläubigerbenachteiligungsvorsatz.[76]

Ebenso kommt der Inkongruenz nur geringe Indizwirkung zu, wenn die von dem Schuldner auf seine Werklohnforderung gewährte Reduktion in etwa dem ihm im Gegenzug erlassenen Nachbesserungsaufwand entspricht; von einer geringfügigen Inkongruenz kann indes keine Rede sein, wenn eine Werklohnforderung über 55.000 € auf 12.500 € herabgesetzt wird, obwohl der Nachbesserungsaufwand nur 5.000 € beträgt.[77] Erhält der Schuldner Kreditmittel in Höhe des Werts sicherungsübereigneter Gegenstände, so besteht gleichwohl eine Gleichwertigkeit von Leistung und Gegenleistung deshalb nicht, weil die sicherungsübereigneten Gegenstände zusätzlich für andere Schulden hafteten, der Anfechtungsgegner selbst nur einen Kredit von 250.000 DM gewährt hat und hinsichtlich der von den übrigen Banken gewährten Leistungen keine eigene Verpflichtung eingegangen ist. Hier kann das geringe Maß der Inkongruenz gegen einen Benachteiligungsvorsatz sprechen.[78] Ferner kann aus der Inkongruenz nicht auf einen Benachteiligungsvorsatz geschlossen werden, wenn der Schuldner im Zeitpunkt der Leistung zweifellos liquide war oder meinte, mit Sicherheit alle Gläubiger befriedigen zu können.[79] Die Inkongruenz eines Abfindungsvergleichs kann ihre indizielle Wirkung verlieren, wenn der Betrag, auf den der Schuldner gegenüber seinem Vertragspartner verzichtet, bei wirtschaftlicher Betrachtungsweise im Wesentlichen durch die Verringerung der von ihm selbst zu erbringenden Leistung abgegolten wird. Ebenso kann bei einem Vergleichsschluss ein Benachteiligungsvorsatz aus-

---

71 BGH 25.10.2012, IX ZR 117/11, WM 2012, 2251 Rn. 10; 07.03.2013, IX ZR 216/12, Rn. 11; 19.09.2013, IX ZR 4/14, Rn. 14, 16.
72 BGH 25.10.2012, IX ZR 117/11, WM 2012, 2251 Rn. 13; 06.12.2012, IX ZR 3/12, DB 2013, 167 Rn. 46; 07.05.2013, IX ZR 113/12, WM 2013, 1361 Rn. 10.
73 BGH 25.10.2012, IX ZR 117/11, WM 2012, 2251 Rn. 14.
74 BGH 11.12.1997, IX ZR 341/95, BGHZ 137, 267 (283).
75 BGH 04.12.1997, IX ZR 47/97, NJW 1998, 1561 (1563).
76 BGH 18.11.2004, IX ZR 299/00, ZInsO 2005, 439 (441).
77 BGH 13.05.2004, IX ZR 128/01, ZInsO 2004, 803 (805).
78 BGH 12.11.1992, IX ZR 236/91, NJW-RR 1993, 238 (241).
79 BGH 19.04.1998, IX ZR 22/97, BGHZ 138, 291 (308); 29.04.1999, IX ZR 163/98, NJW 1999, 3046 (3047); 01.04.2004, IX ZR 305/00, ZInsO 2004, 548 (549).

scheiden, wenn ein von dem Schuldner gewährter Forderungsnachlass wegen der unklaren Rechtslage durch die rechtlichen Risiken der Durchsetzung der Gesamtforderung aufgewogen wird.[80]

cc) Zeitpunkt der Rechtshandlung

18 Die Indizwirkung einer inkongruenten Deckung kommt grds unabhängig davon zu tragen, wann die Rechtshandlung vorgenommen wurde, ob dies innerhalb der in § 131 geregelten **Frist von drei Monaten** vor dem Insolvenzantrag oder **bereits früher** geschah. Freilich ist zu beachten, dass Zahlungen zur **Abwendung der Zwangsvollstreckung** außerhalb des Drei-Monats-Zeitraums nicht zur Indizwirkung der Inkongruenz führen.[81] Dagegen wohnt Zahlungen zur **Abwendung eines Insolvenzantrages** auch außerhalb dieses Zeitraums die Indizwirkung der Inkongruenz inne.[82] Gleiches gilt, wenn bereits ein Insolvenzantrag gestellt ist und die Zahlung dessen **Rücknahme** bezweckt.[83] Da der Tatbestand des § 133 nicht mit dem des § 131 verknüpft werden darf, kommt das Beweisanzeichen der inkongruenten Deckung im Unterschied zum Tatbestand des § 131 auch dann zum Tragen, wenn der Schuldner nicht zahlungsunfähig ist.[84] Erforderlich ist jedoch, dass zumindest Anlass bestand, an der Liquidität des Schuldners zu zweifeln.[85] Darum greift die Indizwirkung nicht ein, wenn die Wirkungen der Handlung zu einer Zeit eintreten, in welcher noch keine ernsthaften Zweifel an der Liquidität des Schuldners bestehen.[86]

c) Wegfall der Beweisanzeichen der Zahlungsunfähigkeit und der Inkongruenz bei Sanierungsversuch

19 Die Beweisanzeichen der Zahlungsunfähigkeit und der inkongruenten Deckung können bei einem ernsthaften Sanierungsversuch zurücktreten.[87] Bei der Anfechtung von Kreditsicherheiten wegen Gläubigerbenachteiligungsvorsatz haben **ernsthafte Sanierungsbemühungen** von Sicherungsgeber und -nehmer – nur – die Bedeutung eines Beweisanzeichens gegen einen Benachteiligungsvorsatz und eine entsprechende Kenntnis des Sicherungsnehmers. Diese subjektiven Voraussetzungen können im Einzelfall auch dann ausgeschlossen sein, wenn die Sanierung mit objektiv unzureichenden Mitteln versucht wurde. Beteiligte, die ernsthaft und mit aus ihrer Sicht tauglichen Mitteln die Sanierung anstreben, handeln subjektiv redlich: Sie wollen typischerweise den Eintritt der Gläubigerbenachteiligung gerade vermeiden, nehmen sie also durchweg nicht in Kauf. Dabei kann die fachgerechte Einleitung des Versuchs allerdings Rückschlüsse auf dessen Ernsthaftigkeit zulassen.[88] Sowohl für die Frage der Erkennbarkeit der Ausgangslage als auch für die Prognose der Durchführbarkeit ist auf die Beurteilung eines unvoreingenommenen – nicht notwendigerweise unbeteiligten –, branchenkundigen Fachmanns abzustellen, dem die vorgeschriebenen oder üblichen Buchhaltungsunterlagen zeitnah vorliegen. Eine solche Prüfung muss die wirtschaftliche Lage des Schuldners im Rahmen seiner Wirtschaftsbranche analysieren und die Krisenursachen sowie die Vermögens-, Ertrags- und Finanzlage erfassen. Ein umsetzbares Sanierungskonzept scheidet aus, wenn neben erheblichen Verlusten und Umsatzrückgängen sowie dem Weggang eines Großkunden auch die Branchenaussichten ungünstig sind.[89]

---

80 BGH 08.03.2012, IX ZR 51/11, ZInsO 2012, 830 Rn. 41, 42.
81 BGH 20.01.2011, IX ZR 8/10, ZInsO 2011, 423 Rn. 13.
82 BGH 18.06.2009, IX ZR 7/07, ZInsO 2009, 1394 Rn. 6.
83 BGH, 08.12.2005, IX ZR 182/01, ZInsO 2006, 94 Rn. 21.
84 BGH 30.01.1997, IX ZR 89/96, ZIP 1997, 513 (515).
85 BGH 02.02.2006, IX ZR 83/02, ZInsO 2006, 371 Rn. 31; 18.03.2010, IX ZR 57/09, ZInsO 2010, 807 Rn. 15; 25.10.2012, IX ZR 117/11, WM 2012, 2251 Rn. 13.
86 BGH 21.01.1999, IX ZR 329/97, ZInsO 1999, 165.
87 BGH 21.02.2013, IX ZR 52/10, WM 2013, 763 Rn. 11.
88 BGH 04.12.1997, IX ZR 47/97, NJW 1998, 1561 (1563, 1564).
89 BGH 04.12.1997, IX ZR 47/97, NJW 1998, 1561 (1563 f.).

Die bloße Hoffnung des Schuldners auf eine Sanierung räumt darum seinen Benachteiligungsvorsatz nicht aus, wenn die dazu erforderlichen Bemühungen über die Entwicklung von Plänen und die Erörterung von Hilfsmöglichkeiten nicht hinausgekommen sind. Es muss vielmehr zu der Zeit der angefochtenen Handlung ein schlüssiges, von den tatsächlichen Gegebenheiten ausgehendes Sanierungskonzept vorliegen, das mindestens in den Anfängen schon in die Tat umgesetzt worden ist und beim Schuldner die ernsthafte und begründete Aussicht auf Erfolg rechtfertigt.[90] Zu fordern ist ein in sich schlüssiges Konzept, das jedenfalls in den Anfängen schon in die Tat umgesetzt ist und infolgedessen auf der Seite des Schuldners zur Zeit der angefochtenen Rechtshandlung ernsthafte und begründete Aussicht auf Erfolg rechtfertigt.[91] Der Benachteiligungsvorsatz fehlt, wenn der Sanierungsversuch für den Schuldner zwar erkennbar mit Risiken belastet ist, die Bemühungen um eine Rettung des Unternehmens jedoch ganz im Vordergrund stehen und aufgrund konkret benennbarer Umstände eine positive Prognose nachvollziehbar und vertretbar erscheint.[92] Ein Erfolg versprechendes Sanierungskonzept setzt zwar nicht in jedem Fall eine Einbeziehung sämtlicher Gläubiger voraus. Ein Sanierungsversuch kann auch aussichtsreich sein, wenn sich die beabsichtigten Maßnahmen nur auf einen Teil der Gläubiger erstrecken, etwa wenn umfangreiche Forderungsverzichte der hauptsächlichen Kreditgeber dem Schuldner neue Liquidität verschaffen sollen, mittels der er in die Lage versetzt wird, seine übrigen Gläubiger vollständig zu befriedigen.[93] Ein Gläubigerbenachteiligungsvorsatz des Schuldners und eine entsprechende Kenntnis des Anfechtungsgegners können auch dann ausgeschlossen sein, wenn lediglich ein Überbrückungskredit mit einer Dauer von höchstens drei Wochen (§ 15a) gewährt wurde, der nicht die Qualität eines Sanierungsversuchs erreicht.[94] Realistische Sanierungsbemühungen lassen den Benachteiligungsvorsatz entfallen.[95] Anders verhält es sich, wenn der Sanierungsversuch lediglich die Begünstigung eines Gläubigers bemänteln soll.[96] Eine Zustimmung aller Gläubiger zu einem Sanierungsversuch kann wegen praktischer Unerreichbarkeit nicht verlangt werden. Im Vergleichswege ausgehandelte unterschiedliche Befriedigungsquoten der Gläubiger hindern ein ernsthaftes Sanierungskonzept nicht, weil die Berücksichtigung verkehrswertbestimmender Faktoren ihrer Forderungen bei der Festlegung der Vergleichsquote zulässig sein muss und den Gläubigern der Abschluss des Vergleichs frei steht.[97] An einem schlüssigen Sanierungskonzept fehlt es, wenn der Finanzierungsbedarf des Schuldners nicht umfassend gedeckt ist.[98] **Drohende Zahlungsunfähigkeit** ist gegeben, wenn Zahlungsunfähigkeit eintritt, sofern gegenwärtig geführte Umschuldungsverhandlungen nicht alsbald mit Erfolg abgeschlossen werden. Ein starkes Beweisanzeichen gegen einen Vorsatz kann dann nur angenommen werden, wenn der Schuldner die sichere Erwartung haben durfte, dass die Ablöseverhandlungen in Bälde erfolgreich abgeschlossen, die Darlehensverbindlichkeiten mit den neu erschlossenen Mitteln getilgt und auch die übrigen dann fälligen Zahlungspflichten erfüllt werden können.[99]

d) Unmittelbare Gläubigerbenachteiligung

Wie den in § 132 und § 133 Abs. 2 geregelten zusätzlichen Anfechtungsvoraussetzungen zu entnehmen ist, kann ein Gläubigerbenachteiligungsvorsatz des Schuldners nicht allein aus einer unmittelbaren Gläubigerbenachteiligung hergeleitet werden. Schließt der Schuldner einen schuldrechtlich verpflichtenden Vertrag, der die Gläubiger unmittelbar benachteiligt, so kann der Tatrichter bei

---

90 BGH 08.12.2011, IX ZR 156/09, DB 2012, 173 Rn. 11; 10.01.2013, IX ZR 13/12, WM 2013, 180 Rn. 17.
91 BGH 21.02.2013, IX ZR 52/10, WM 2013, 763 Rn. 11.
92 BGH 12.11.1992, IX ZR 236/91, NJW-RR 1993, 238 (241); 08.12.2011, IX ZR 156/09, DB 2012, 173 Rn. 11.
93 BGH 08.12.2011, IX ZR 156/09, DB 2012, 173 Rn. 13.
94 BGH 04.12.1997, IX ZR 47/97, NJW 1998, 1561 (1564).
95 BGH 21.06.2007, IX ZR 231/04, ZInsO 2007, 816 (817) Rn. 18.
96 BGH 20.06.1996, IX ZR 314/95, ZIP 1996, 1475.
97 BGH 10.02.2011, IX ZR 176/08, juris Rn. 4, 5.
98 BGH 21.02.2013, IX ZR 52/10, WM 2013, 763 Rn. 13.
99 BGH 22.11.2012, IX ZR 62/10, DB 2013, 55 Rn. 15; 10.01.2013, IX ZR 13/12, WM 2013, 180 Rn. 14.

der Prüfung des Benachteiligungsvorsatzes zwar auch diesen Umstand mit berücksichtigen; ein allgemeingültiges, festes Beweisanzeichen – vergleichbar der Inkongruenz einer Deckung – stellt er aber nicht dar.[100] Eine unmittelbare Gläubigerbenachteiligung kann also neben weiteren Umständen ein **Indiz geringerer Wirkung** für einen Gläubigerbenachteiligungsvorsatz darstellen. Dabei kommt insb. dem Ausmaß der Benachteiligung Bedeutung zu.[101] Allerdings begründet eine **unentgeltliche Leistung** ein Anzeichen für einen Benachteiligungsvorsatz.[102]

22 Eine deutlich über das Sicherungsbedürfnis des Gläubigers hinausgehende Sicherungsübereignung kann einen Benachteiligungsvorsatz nahelegen.[103] Unentgeltliche Zuwendungen[104] und Verschleuderungsverträge deuten auf einen Benachteiligungsvorsatz hin. Insbesondere die Veräußerung von Waren unter Wert gestattet den Schluss auf einen Benachteiligungsvorsatz.[105] Die Weggabe eines wertvollen Vermögensgegenstandes ohne Gegenleistung kann ebenso wie eine inkongruente Deckung ein Indiz für die Absicht des Schuldners darstellen, seine Gläubiger zu benachteiligen.[106] Ein Gläubigerbenachteiligungsvorsatz liegt auch nahe, wenn ein Darlehen aufgrund der mit dem Darlehensnehmer getroffenen Übereinkunft, einen Teil des Darlehensbetrages zur Tilgung eines einer eigenen Tochtergesellschaft des Darlehensgebers eingeräumten Darlehens zu verwenden, unmittelbar an den Darlehensgeber zurückfließt.[107] Wird ein Grundstück unter Wert veräußert und fließt die vereinbarte Gegenleistung als höchstpersönliches unübertragbares Nutzungsrecht in die dem Gläubigerzugriff verschlossene Vermögenssphäre des Schuldners, kann die in dieser Gestaltung liegende unmittelbare Gläubigerbenachteiligung bereits ein gewisses Beweisanzeichen für die Kenntnis des Beklagten von dem Benachteiligungsvorsatz des Schuldners bilden.[108] Ebenso verhält es sich, wenn einem tatsächlich teilzeitbeschäftigten Arbeitnehmer für den Insolvenzfall rückwirkend volle Entlohnung zugesagt wird.[109]

e) **Verdächtige Vertragsgestaltung**

23 Nach neuerer Rechtsprechung kann auch eine besondere, den Gläubiger im Vergleich zu üblichen Abreden über Gebühr begünstigende Vertragsgestaltung auf einen Benachteiligungsvorsatz hindeuten. Die in einem Darlehensvertrag enthaltene Bestimmung, wonach die an den späteren Insolvenzschuldner ausgereichte Darlehensvaluta **mittelbar an den Darlehensgeber** zurückfließen soll, kann den Schluss auf den Gläubigerbenachteiligungsvorsatz rechtfertigen.[110] Wird ein Entgelt für Leistungen versprochen und gezahlt, die aufgrund einer früheren Vereinbarung als unentgeltlich hätten beansprucht werden können, so stellt dies – ebenso wie eine sog. inkongruente Deckung – ein starkes Beweisanzeichen dafür dar, dass der Schuldner sich einer Benachteiligung seiner Gläubiger bewusst ist.[111] Hat der Käufer für ein mit einer Zwangshypothek belastetes Betriebsgrundstück auch unter Berücksichtigung der Übernahme dieser dinglichen Belastung eine **nicht annähernd dem Verkehrswert entsprechende Zahlung** zu erbringen und räumt er hinsichtlich der Differenz zwischen seiner Zahlungspflicht und dem Verkehrswert dem Verkäufer ein entgeltliches, auf den dem Verkehrswert entsprechenden Kaufpreis angerechnetes Nutzungsrecht höchstpersönlicher, unübertragbarer Art ein, kann die einen dringenden Liquiditätsbedarf des Verkäufers nahe legende, zu Lasten seiner Gläu-

---

100 BGH 18.12.2008, IX ZR 79/07, ZIP 2009, 573 Rn. 18.
101 BGH 04.12.1997, IX ZR 47/97, NJW 1998, 1561 (1563).
102 BGH 02.06.2005, IX ZR 217/02, NZI 2005, 678.
103 BGH 04.12.1997, IX ZR 47/97, NJW 1998, 1561 (1563); 22.03.2001, IX ZR 407/98, NJW 2001, 2545 (2547 f.).
104 BGH 15.12.1994, IX ZR 18/94, NJW 1995, 1093 (1094).
105 BGH 18.11.2004, IX ZR 299/00, ZInsO 2005, 439 (441).
106 BGH 06.12.2001, IX ZR 158/00, ZIP 2002, 85 (87).
107 BGH 14.02.2008, IX ZR 38/04, NJW-RR 2008, 870 Rn. 32 ff.
108 BGH 18.12.2008, IX ZR 79/07, ZIP 2009, 573 Rn. 18.
109 *BAG 19.01.2006, 6 AZR 529/04, ZIP 2006, 1367 Rn. 42.*
110 BGH 14.02.2008, IX ZR 38/04, ZInsO 2008, 378 Rn. 34 ff.
111 BGH 15.12.1994, IX ZR 18/94, NJW 1995, 1093 (1094).

biger wirkende Vertragsgestaltung ein Indiz für eine Kenntnis des Käufers sowohl von der drohenden Zahlungsunfähigkeit des Verkäufers und als auch der Gläubigerbenachteiligung bilden.[112] Eine Vereinbarung, die Nachteile für das Schuldnervermögen erst im Insolvenzfall begründet, gestattet den Schluss auf einen Benachteiligungsvorsatz des Schuldners und seine Kenntnis bei dem Anfechtungsgegner.[113] Dies kann anzunehmen sein, wenn ein Schuldner als Bürge von Mietforderungen in die Mieterstellung einrückt und dadurch die Mietforderungen nach Verfahrenseröffnung zu Masseverbindlichkeiten aufgewertet werden.[114]

f) Kongruente Deckung

Hat der Schuldner eine kongruente Deckung erbracht, ist trotz des dabei im Vordergrund stehenden Willens, seine Verbindlichkeit ordnungsgemäß zu erfüllen, ein Benachteiligungsvorsatz möglich, wenn der Schuldner eine Benachteiligung seiner nicht berücksichtigten Gläubiger erkennt und billigt. Den Schuldner trifft grds keine Pflicht, bei zur Tilgung aller Verbindlichkeiten unzureichenden Mitteln seine einzelnen Gläubiger nur anteilig zu befriedigen. Allerdings sind in diesem Fall – auch dem eines Bargeschäfts – an die Darlegung und den Beweis des Benachteiligungsvorsatzes **erhöhte Anforderungen** zu stellen.[115] Dies gilt auch dann, wenn der Schuldner irrig meint, eine wirksame Verpflichtung zu erfüllen, weil er dann in seiner subjektiven Haltung nicht von demjenigen unterscheidet, der eine kongruente Rechtshandlung vornimmt.[116] Darum reicht hier – im Unterschied zur inkongruenten Deckung – grds nicht schon das allgemeine Bewusstsein des Schuldners aus, dass seine Handlung für die unberücksichtigten Gläubiger nachteilig ist.[117] 24

Anders liegt es freilich, wenn die Benachteiligung der anderen Gläubiger aus der Warte des Schuldners unabwendbar ist, weil ihm seine bestehende oder auch nur drohende **Zahlungsunfähigkeit** bekannt ist (vgl. Rdn. 14).[118] Dann ist auch bei kongruenter Leistung grundsätzlich ein Benachteiligungsvorsatz gegeben.[119] Ist eine solche Kenntnis nicht gegeben, wird ein Benachteiligungsvorsatz regelmäßig nur nachzuweisen sein, wenn der Schuldner entweder Gläubiger durch die Entziehung von Vollstreckungsobjekte zu **schädigen** oder den Leistungsempfänger mit einer Zuwendung zu **begünstigen** sucht. Danach liegt Benachteiligungsvorsatz bei kongruenten Deckungsgeschäften etwa vor, wenn es dem Schuldner – in dem maßgeblichen Zeitpunkt – nicht so sehr auf die Erfüllung seiner Vertragspflicht als auf die Vereitelung der Ansprüche anderer Gläubiger angekommen ist.[120] So verhält es sich, wenn der Schuldner durch sein Handeln anderen Gläubigern Zugriffsobjekte vorenthält.[121] 25

Gewährt der Schuldner einem Gläubiger – etwa für den Insolvenzfall – Sondervorteile, ist ein Benachteiligungsvorsatz anzunehmen.[122] Ein weiteres Beispiel bildet die unter der aufschiebenden Bedingung der späteren Insolvenz vereinbarte Sicherung eines bestimmten Gläubigers durch eine Forderungsabtretung oder Übereignung, die sich gegen die anderen Gläubiger des Schuldners richtet.[123] Handelt es sich dagegen um ein sofort wirksames Sicherungsgeschäft, kommt ein Benachteiligungs- 26

---

112 BGH 18.12.2008, IX ZR 79/07, ZIP 2009, 573 Rn. 17 ff.
113 BGH 11.11.1993, IX ZR 257/92, BGHZ 124, 76, 82.
114 BGH 26.04.2012, IX ZR 73/11, ZInsO 2012, 971 Rn. 8.
115 BGH 20.12.2007, IX ZR 93/06, ZIP 2008, 420 Rn. 19.
116 BGH 18.04.1991, IX ZR 149/90, NJW 1991, 2144 (2145).
117 BGH 19.04.1998, IX ZR 22/97, NJW 1998, 2592 (2597).
118 BGH 13.04.2006, IX ZR 158/05, BGHZ 167, 190 Rn. 14; 20.12.2007, IX ZR 93/06, ZIP 2008, 420 Rn. 19.
119 BGH 10.01.2013, IX ZR 13/12, WM 2013, 180 Rn. 15; 24.01.2013, IX ZR 11/12, WM 2013, 363 Rn. 25.
120 BGH 19.04.1998, IX ZR 22/97, NJW 1998, 2592 (2597).
121 BGH 14.07.1969, VIII ZR 109/67, NJW 1969, 1719.
122 BGH 19.04.2007, IX ZR 59/06, ZInsO 2007, 600 Rn. 27.
123 BGH 18.02.1993, IX ZR 129/92, NJW 1993, 1640 (1641); 10.10.1996, IX ZR 333/95, NJW 1997, 52 (53); 02.04.1998, IX ZR 232/96, ZIP 1998, 830 (835).

vorsatz und seine Kenntnis nur in Betracht, wenn die Beteiligten den Eintritt der Insolvenz für **konkret wahrscheinlich** erachten.[124] Ein Benachteiligungsvorsatz ist anzunehmen, falls der Schuldner seine letzten Mittel zur bevorzugten Befriedigung einzelner Gläubiger einsetzt. Umgekehrt liegt auch Vorsatz vor, falls der Schuldner durch die bevorzugte Befriedigung eines Gläubigers Vorteile zu erlangen oder Nachteile abzuwenden sucht.[125] Dies kann etwa bei der Befriedigung eines dem Schuldner wirtschaftlich zuzurechnenden Leistungsempfängers[126] gelten. In diesem Sinne verhält es sich bei einem Verkauf von Vermögensgegenständen zu angemessenen Preisen, wenn der Schuldner den Erlös beiseite zu bringen sucht. Nachteile zu vermeiden sucht der Schuldner, der Zahlung leistet, um außerhalb der Fristen des § 131 einen Insolvenzantrag[127] oder eine unmittelbar drohende Zwangsvollstreckung[128] durch den Gläubiger zu vermeiden.

g) Anschubfinanzierung

27 Überträgt eine neu gegründete GmbH zwecks Erlangung eines Kredits ihr gesamtes Vermögen auf eine Bank, scheidet ein Indiz für einen Gläubigerbenachteiligungsvorsatz aus, weil die GmbH infolge des gewährten Kredits zahlungsfähig ist. Die Entziehung von Haftungsmasse durch die Gestellung von Sicherheiten kann für sich allein einen Gläubigerbenachteiligungsvorsatz noch nicht begründen. Andernfalls wären **Sicherungsgeschäfte** durchweg zehn Jahre lang nach § 133 anfechtbar, wenn der Erhalt eines Kredites unter Einsatz des gesamten Vermögens des Kreditnehmers besichert wird und der Kreditgeber das erkennt. Die Finanzierung von Unternehmensgründungen würde zu einem unkalkulierbaren Risiko, weil damit gerechnet werden müsste, dass die Sicherheitenbestellung auch dann noch anfechtbar ist, wenn die Krise weitab von der in der Gründungsphase geleisteten Anschubfinanzierung eintritt.[129] Ist das Gründungskonzept für das Überleben eines Unternehmens objektiv ungeeignet, ist gleichwohl für einen Benachteiligungsvorsatz kein Raum, wenn der Gründungsgesellschafter tatsächlich von guten Marktchancen ausgeht. War die Hoffnung unberechtigt, begründet dies nur den Vorwurf der groben Fahrlässigkeit. Die für ein **Sanierungsdarlehen** geltenden Grundsätze, wonach das Beweisanzeichen der inkongruenten Deckung entkräftet ist, wenn die Gewährung der inkongruenten Deckung Bestandteil eines ernsthaften, letztlich allerdings fehlgeschlagenen Sanierungsversuchs ist, können auf eine eines tragfähigen Konzepts entbehrende Anschubfinanzierung nicht übertragen werden. Denn es fehlt sowohl an einer Krise als auch an einer inkongruenten Deckung.[130]

h) Bargeschäft

28 Ein Schuldner handelt in der Regel nicht mit Gläubigerbenachteiligungsvorsatz, wenn er eine kongruente Gegenleistung für die von ihm empfangene Leistung erbringt, welche zur Fortführung seines eigenen Unternehmens nötig ist und damit den Gläubigern im Allgemeinen nützt. Dieser Grundsatz gilt auch dann, wenn Schuldner und Anfechtungsgegner Vorkasse für die vom diesem erbrachten Leistungen vereinbart haben.[131] Damit kann der subjektive Tatbestand entfallen, wenn im unmittelbaren Zusammenhang mit der potentiell anfechtbaren Rechtshandlung eine gleichwertige Gegenleistung in das Vermögen des Schuldners gelangt, also ein Leistungsaustausch nach Maßgabe eines **Bargeschäfts** stattfindet.[132]

---

124 BGH 10.07.1997, IX ZR 161/96, NJW 1998, 312 (315).
125 BGH 28.09.2004, IX ZR 155/03, ZInsO 2004, 1201 (1203).
126 OLG Karlsruhe 12.03.1980, 6 U 186/79, ZIP 1980, 260.
127 BGH 17.07.2003, IX ZR 272/02, NJW 2003, 3560 f.
128 BGH 20.12.2007, IX ZR 93/06, DB 2008, 696 Rn. 32.
129 BGH 05.03.2009, IX ZR 85/07, ZInsO 2009, 873 Rn. 13.
130 BGH 05.03.2009, IX ZR 85/07, ZInsO 2009, 873 Rn. 16 ff.
131 BGH 16.07.2009, IX ZR 28/07, NZI 2009, 723 Rn. 2.
132 BGH 24.09.2009, IX ZR 178/07.

i) Anfechtung gegenüber Leistungsmittler

Ein uneigennütziger Treuhänder kann ebenso wie ein Kreditinstitut der Vorsatzanfechtung unterliegen, wenn er nach **Kenntnis der Zahlungsunfähigkeit** des Schuldners ihm überlassene Geldbeträge vereinbarungsgemäß an bestimmte, bevorzugt zu behandelnde Gläubiger des Schuldners weiterleitet. Dabei ist aber zu berücksichtigen, dass eine Bank, sofern ein Guthaben oder eine offene Kreditlinie vorhanden ist, grundsätzlich eine **Überweisung vornehmen muss**, selbst wenn sie von einem Insolvenzantrag oder der Zahlungsunfähigkeit Kenntnis erlangt hat. Setzt die Schuldnerbank als Zahlstelle die Erledigung von Aufträgen des Schuldners lediglich zahlungstechnisch um, kommt deshalb eine Vorsatzanfechtung ihr gegenüber auch bei Kenntnis der Zahlungsunfähigkeit des Schuldners regelmäßig nicht in Betracht, weil es sich bei der Abwicklung des Zahlungsverkehrs durch ein Kreditinstitut um alltägliche Geschäftsvorgänge handelt, denen ein Wille des Überweisenden, seine Gläubiger zu benachteiligen, für die Bank regelmäßig nicht zu entnehmen ist.[133] Sofern sich die Mitwirkung der Bank nicht in der technischen Funktion der Erledigung von Zahlungsvorgängen erschöpft, sondern diese über die allgemein geschuldeten Dienstleistungen einer Zahlstelle hinaus im **Eigen- oder Fremdinteresse aktiv an einer vorsätzlichen Gläubigerbenachteiligung** des Schuldners teilhat, kann aus dieser Mitwirkung in Verbindung mit der Kenntnis der Zahlungsunfähigkeit auf die Kenntnis des Benachteiligungsvorsatzes geschlossen werden. Danach erkennt der Leistungsmittler den Benachteiligungsvorsatz des Schuldners, wenn er über die Kenntnis der Zahlungsunfähigkeit hinaus im Zuge der Verfolgung von Sonderinteressen in eine von dem Schuldner angestrebte Gläubigerbenachteiligung eingebunden ist. Dies ist anzunehmen, wenn es sich um ein zwischen dem Schuldner und dem Leistungsmittler mit Rücksicht auf die wirtschaftliche Zwangslage des Schuldners abgestimmtes, einzelne Gläubiger begünstigendes Zahlungsverhalten handelt. Gleiches gilt, wenn der Leistungsmittler mangels insgesamt hinreichender Deckung in Absprache mit dem Schuldner bestimmte Gläubiger durch eine Zahlung befriedigt, oder wenn eine Bank bei unzureichender Deckung, ohne sich mit dem Schuldner ins Benehmen zu setzen, lediglich einzelne Zahlungsaufträge an von ihr bevorzugte Empfänger zum Zwecke einer selektiven Befriedigung ausführt, wie auch bei Duldung einer Überschreitung der Kreditlinie, die allein deshalb erfolgt, weil die Bank die Befriedigung eines bestimmten Zahlungsempfängers sicherstellen will.[134] Eine Anfechtung kommt in Betracht, wenn der Leistungsmittler bei der Befriedigung des Zahlungsempfängers im **Eigeninteresse** oder im **Interesse des Schuldners** eine eigene **maßgebliche Rolle** übernommen hat, welche die **Zahlung sicherstellen** sollte. Dabei ist von Bedeutung, dass der Leistungsmittler einen **erheblichen eigenen Handlungsspielraum** in Anspruch nimmt und dadurch **selbst in die Gläubigerbenachteiligung eingebunden** ist.[135] Die Vorsatzanfechtung gegenüber einem Leistungsmittler setzt nicht die Anfechtbarkeit der Leistung auch gegenüber dem Leistungsempfänger voraus. Er ist gegebenenfalls **neben dem Zahlungsempfänger gesamtschuldnerisch** zur Rückgewähr des weggegebenen Geldes verpflichtet. Allerdings kann er den Empfänger möglicherweise im Wege des Gesamtschuldnerausgleiches auf Regress in Anspruch nehmen.[136]

28a

V. Kenntnis des Anfechtungsgegners

Die Anfechtung ist nach § 133 Abs. 1 Satz 1 an die Kenntnis des anderen Teils von dem Benachteiligungsvorsatz des Schuldners geknüpft. Dabei wird die Kenntnis eines Vertreters oder auch nur Wissensvertreters dem Anfechtungsgegner gemäß § 166 Abs. 1 BGB zugerechnet.[137] Der Anfechtungsgegner muss mithin gewusst haben, dass die Rechtshandlung des Schuldners dessen Gläubiger benachteiligt und dass der Schuldner dies auch wollte.[138] Darf sich der Anfechtungsgegner als voll ding-

29

---

133 BGH 24.01.2013, IX ZR 11/12, WM 2013, 363 Rn. 30 f.
134 BGH 26.04.2012, IX ZR 74/11, ZInsO 2012, 924 Rn. 19 ff.; 24.01.2013, IX ZR 11/12, WM 2013, 363 Rn. 32 f.
135 BGH, 25.04.2013, IX ZR 235/12, WM 2013, 1044 Rn. 31 ff.
136 BGH 24.01.2013, IX ZR 11/12, WM 2013, 363 Rn. 21.
137 BGH 10.01.2013, IX ZR 13/12, WM 2013, 180 Rn. 26 f.
138 BGH 19.09.2013, IX ZR 4/14, Rn. 18.

lich gesichert ansehen, ist ihm trotz Kenntnis der Zahlungsunfähigkeit des Schuldners dessen Vorsatz nicht bekannt.[139] Es ist nicht erforderlich, dass der Anfechtungsgegner alle Umstände, aus denen sich der Benachteiligungsvorsatz des Schuldners ergibt, im Einzelnen kennt. Vielmehr reicht es aus, wenn er im Allgemeinen von dem Benachteiligungsvorsatz gewusst hat. Deshalb muss der Anfechtungsgegner auch die Rechtshandlung, welche die Gläubigerbenachteiligung ausgelöst hat, nicht in allen Einzelheiten kennen.[140] Im **Interesse der Erfüllung seiner Forderung** ist der Anfechtungsgegner grundsätzlich mit jeder möglichen und gerade auch – wenn eine Vollstreckung aus verschiedensten Gründen, auch etwa einer freiwilligen Zahlung, nicht zum Erfolg führt – mit einer auf einer Rechtshandlung des Schuldners beruhenden Befriedigung einverstanden, welche als Kehrseite die Gläubigergesamtheit benachteiligt.[141] Allgemeine Kenntnis von dem Benachteiligungsvorsatz des Schuldners hat derjenige, der im Wissen um die Willensrichtung des Schuldners auf der Grundlage einer von diesem tatsächlich veranlassten Rechtshandlung befriedigt wird, die unter den **äußerlich zutage getretenen Gegebenheiten** nach **allgemeiner Erfahrung** auf den Schuldner zurückgehen kann. Es ist dann ohne Bedeutung, ob der Anfechtungsgegner über den genauen Hergang des Zahlungsflusses unterrichtet war. Dies gilt auch etwa für einen Gläubiger, der nach einer misslungenen Zwangsvollstreckung mit Hilfe eines Insolvenzantrags eine Zahlung des Schuldners durchsetzt. Eine fehlende Kenntnis kann nur in besonders gelagerten Ausnahmefällen anerkannt werden, in denen der Anfechtungsgegner über den maßgeblichen Geschehensablauf im Ansatz unterrichtet ist, aber auf der Grundlage des für ihn nicht vollständig erkennbaren Sachverhalts – etwa im berechtigten Vertrauen auf einen ihm mitgeteilten Zahlungsweg – bei unvoreingenommener Betrachtung eine Rechtshandlung des Schuldners oder eine Gläubigerbenachteiligung zuverlässig ausschließen darf.[142] Der Anfechtungsgegner kann sich daher nicht der Möglichkeit verschließen, dass der Schuldner ein gepfändetes Konto durch eine Zahlung aufgefüllt hat.[143] Ebenso muss er berücksichtigen, dass der Schuldner eine Zahlung aus eigenen Mitteln über das Konto eines nahen Angehörigen bewirkt. Ebenso hat der Gläubiger eine Zahlung aus einem ungenehmigten Überziehungskredit in Rechnung zu stellen. Bewirkt der Schuldner eine Überweisung, indem er eigene Mittel über das Konto seines Vaters einem Gläubiger zuwendet, so kann sich dieser als Anfechtungsgegner nicht der Möglichkeit verschließen, dass die Zahlung auf einer Rechtshandlung des Schuldners beruht und die Gläubigergesamtheit benachteiligt.[144]

30 Der Benachteiligungsvorsatz des Schuldners und seine Kenntnis bei dem Anfechtungsgegner sind auf die **gläubigerbenachteiligende Rechtshandlung** des Schuldners bezogen.[145] Der Anfechtungsgegner muss zum **Zeitpunkt ihrer Vornahme** (§ 140 InsO) gewusst haben, dass die Rechtshandlung des Schuldners dessen Gläubiger benachteiligt und dass der Schuldner dies auch wollte. Maßgeblicher Beurteilungszeitpunkt ist derjenige der **Vollendung des Rechtserwerbs**, also der Akt, durch den die Masse endgültig geschmälert worden ist. Die anfechtungsrechtliche Schwäche des Rechtserwerbs wird dadurch gerechtfertigt, dass wenigstens im abschließenden Erwerbszeitpunkt ein Benachteiligungsvorsatz des Schuldners vorliegt und der Leistungsempfänger das auch weiß.[146] Das Wissen des Antragsgegners von der drohenden Zahlungsunfähigkeit und der Gläubigerbenachteiligung hat der Insolvenzverwalter zu **beweisen**. Es ist nicht erforderlich, dass der Anfechtungsgegner alle Umstände, aus denen sich der Benachteiligungsvorsatz des Gemeinschuldners ergibt, im Einzel-

---

139 BGH 09.02.2012, IX ZR 48/11, ZInsO 2012, 1264 Rn. 4 f.
140 BGH 19.09.2013, IX ZR 4/13, Rn. 19.
141 BGH 19.09.2013, IX ZR 4/13, Rn. 24.
142 BGH 19.09.2013, IX ZR 4/13, Rn. 24.
143 BGH 19.09.2013, IX ZR 4/13, Rn. 25 f.
144 BGH 24.10.2013, IX ZR 104/13, Rn. 17 ff.
145 BGH 19.09.2013, IX ZR 4/13, Rn. 18; 24.10.2013, IX ZR 104/13 Rn. 13.
146 BGH 12.11.1992, IX ZR 237/91, ZIP 1993, 271, 274 f.; 09.01.1997; IX ZR 47/96, ZIP 1997, 421, 426, 21.01.1999, IX ZR 329/97, NZI 1999, 152, 153; 17.07.2003; IX ZR 272/02, ZIP 2003, 1799, 1800.

nen kennt. Vielmehr reicht es aus, wenn er im Allgemeinen von dem Gläubigerbenachteiligungsvorsatz des Gemeinschuldners gewusst hat.[147]

Der Anfechtungsgegner selbst braucht keinen Benachteiligungsvorsatz zu haben. Ausreichend ist das Wissen eines **Vertreters** bzw. einer von dem Anfechtungsgegner in den Vorgang eingeschalteten Person (vgl. § 130 Rdn. 24). Im Blick auf Beweiserleichterungen gelten die gleichen Grundsätze, welche die Annahme eines Benachteiligungsvorsatzes bei dem Schuldner rechtfertigen, sozusagen **spiegelbildlich** für den Anfechtungsgegner.[148] Die **Nähe des Anfechtungsgegners** zum Schuldner kann nur indizielle Bedeutung haben.[149] Auch hinsichtlich der Kenntnis des Anfechtungsgegners bilden die von der Rechtsprechung entwickelten Fallgruppen keine von der Gegenseite zu widerlegenden Vermutungen, sondern bloße **Beweisanzeichen**, die der Tatrichter im Rahmen seiner Gesamtwürdigung zu berücksichtigen hat.[150]

1. Inkongruente Deckung

Die Kenntnis des Anfechtungsgegners von der Inkongruenz ist ein starkes Beweisanzeichen für eine Kenntnis des Benachteiligungsvorsatzes.[151] Insoweit genügt es, wenn dem Anfechtungsgegner die Tatsachen bekannt sind, die den Rechtsbegriff der Inkongruenz ausfüllen.[152] Als weitere Voraussetzung muss freilich hinzutreten, dass aus Sicht des Gläubigers Veranlassung bestand, an der **Liquidität des Schuldners** zu zweifeln.[153] Eine weitergehende Kenntnis von einer drohenden Zahlungsunfähigkeit ist nicht erforderlich.

Das Beweisanzeichen der Inkongruenz entfällt, wenn der Anfechtungsgegner in laienhafter Auslegung einer Vereinbarung von einem Anspruch auf Sicherung und daher einer kongruenten Deckung ausgeht.[154] Vergleicht sich der Auftraggeber inkongruent mit dem Auftragnehmer wegen Werkmängel auf eine Kürzung des Werklohns, scheidet eine Kenntnis der Inkongruenz aus, je mehr sich der Nachbesserungsaufwand, den der Auftraggeber sich vorstellt, dem Betrag annähert, auf den der Unternehmer verzichtet.[155] Im **Drei-Personen-Verhältnis** tritt das Beweisanzeichen der Inkongruenz im Blick auf die Kenntnis des Anfechtungsgegners von dem Benachteiligungsvorsatz zurück: Die Beweiswirkung der Inkongruenz ist vielmehr im Deckungs- und Valutaverhältnis gesondert zu beurteilen. Veranlasst der spätere Insolvenzschuldner mit Gläubigerbenachteiligungsvorsatz seinen Schuldner, unmittelbar an seinen Gläubiger zu zahlen, kommt die Vorsatzanfechtung auch gegen den Angewiesenen in Betracht. Der Gläubigerbenachteiligungsvorsatz des Schuldners kann im Valuta- und im Deckungsverhältnis nur einheitlich bestimmt werden. Die Kenntnis des **Angewiesenen** (Anfechtungsgegners) von der Inkongruenz der Deckung im Valutaverhältnis begründet jedoch, weil er nicht Leistungsempfänger ist, kein Beweisanzeichen für die Kenntnis vom Gläubigerbenachteiligungsvorsatz des Schuldners.[156]

---

[147] BGH 29.11.2007, IX ZR 121/06, BGHZ 174, 314 Rn. 34; 19.12.2002, IX ZR 377/99, ZInsO 2003, 324 (330).
[148] BGH 04.12.1997, IX ZR 447/97, NJW 1998, 1561 (1564 f.).
[149] BGH 15.11.2012, IX ZR 205/11, DB 2012, 2801 Rn. 7.
[150] BGH 13.08.2009, IX ZR 159/06, ZInsO 2009, 1909 Rn. 8.
[151] BGH 29.04.1999, IX ZR 163/98, NJW 1999, 3046 (3047); 02.12.1999, IX ZR 412/98, NJW 2000, 957 (958); 08.12.2005, IX ZR 182/01, ZInsO 2006, 94 Rn. 23; 20.12.2007, IX ZR 93/06, ZInsO 2008, 273 Rn. 19.
[152] BGH 08.12.2005, IX ZR 182/01, ZInsO 2006, 94 Rn. 23.
[153] BGH 18.12.2003, IX ZR 199/02, BGHZ 157, 242 (251); 05.06.2008, IX ZR 163/07, ZInsO 2008, 811 Rn. 19.
[154] BGH 12.07.1990, IX ZR 245/89, ZIP 1990, 1088 (1090).
[155] BGH 13.05.2004, IX ZR 128/01, ZInsO 2004, 803 (805).
[156] BGH 29.11.2007, IX ZR 121/06, BGHZ 174, 314 Rn. 35 ff.; 11.12.2008, IX ZR 194/07, ZInsO 2009, 143 Rn. 17.

2. Zahlungsunfähigkeit, drohende Zahlungsunfähigkeit

34 Kennt der Gläubiger die **Zahlungsunfähigkeit des Schuldners**, so weiß er auch, dass Leistungen aus dessen Vermögen die Befriedigungsmöglichkeit anderer Gläubiger vereiteln oder zumindest erschweren und verzögern. Mithin ist ein solcher Gläubiger zugleich regelmäßig über den Benachteiligungsvorsatz im Bilde.[157] Dies gilt insbesondere, wenn der Schuldner gewerblich tätig ist, weil der Gläubiger in diesem Fall mit weiteren Gläubigern des Schuldners mit ungedeckten Ansprüchen rechnen muss.[158] Aus Rechtsgründen genügt es, wenn die Zahlungseinstellung aufgrund der Nichtbezahlung nur einer – nicht unwesentlichen – Forderung gegenüber einer einzigen Person erkennbar wird. Für eine erfolgreiche Anfechtung muss das dann allerdings gerade der Anfechtungsgegner sein.[159]

Die Kenntnis des Anfechtungsgegners von dem Benachteiligungsvorsatz wird nach § 133 Abs. 1 Satz 2 vermutet, wenn er bei Vornahme der Rechtshandlung weiß, dass die **Zahlungsunfähigkeit des Schuldners droht** (§ 18 Abs. 2) und dass die Handlung die Gläubiger benachteiligt.[160] Der Kenntnis von der (drohenden) Zahlungsunfähigkeit steht auch im Rahmen des § 133 Abs. 1 die Kenntnis von Umständen gleich, die zwingend auf eine drohende oder bereits eingetretene Zahlungsunfähigkeit hinweisen. Es genügt daher, dass der Anfechtungsgegner die tatsächlichen Umstände kennt, aus denen bei zutreffender rechtlicher Beurteilung die drohende Zahlungsunfähigkeit zweifelsfrei folgt.[161]

35 Zahlungsunfähigkeit droht, wenn eine i.S.v. § 17 Abs. 2 Satz 1 erhebliche Liquiditätslücke unter Berücksichtigung der bestehenden, aber erst künftig fällig werdenden Verbindlichkeiten und der im entsprechenden Zeitraum verfügbaren Zahlungsmittel voraussichtlich eintreten wird.[162] Dies ist in der Regel anzunehmen, wenn die **Verbindlichkeiten** des Schuldners bei dem späteren Anfechtungsgegner über einen **längeren Zeitraum** hinweg ständig in beträchtlichem Umfang nicht ausgeglichen werden und jenem den Umständen nach bekannt ist, dass es noch **weitere Gläubiger** mit ungedeckten Ansprüchen gibt.[163] Gleiches kann gelten, wenn **Lastschriften zurückgegeben** werden.[164] Zahlungsunfähigkeit kann vorliegen, wenn der Schuldner selbst erklärt, zu einer Zahlung seiner fälligen Verbindlichkeiten binnen einer Frist von drei Wochen außerstande zu sein.[165]

36 Freilich darf nicht übersehen werden, dass solche Tatsachen nur mehr oder weniger gewichtige **Beweisanzeichen** darstellen, die eine Gesamtwürdigung nicht entbehrlich machen und nicht schematisch im Sinne einer vom anderen Teil zu widerlegenden Vermutung angewandt werden dürfen. Die subjektiven Voraussetzungen der Vorsatzanfechtung hat der Tatrichter gem. § 286 ZPO unter Würdigung aller maßgeblichen Umstände des Einzelfalls auf der Grundlage des Gesamtergebnisses der Verhandlung und einer etwaigen Beweisaufnahme zu prüfen. Soweit es um die Kenntnis des Gläubigers von einer zumindest drohenden Zahlungsunfähigkeit des Schuldners geht, muss deshalb darauf abgestellt werden, ob sich die schleppende, möglicherweise erst unter dem Druck einer ange-

---

157 BGH 24.01.2013, IX ZR 11/12, WM 2013, 363 Rn. 28; 25.04.2013, IX ZR 235/12, WM 2013, 1044 Rn. 28.
158 BGH 06.12.2012, IX ZR 3/12, DB 2013, 167, Rn. 15.
159 BGH 06.12.2012, IX ZR 3/12, DB 2013, 167, Rn. 21.
160 BGH 17.07.2003, IX ZR 272/02, NJW 2003, 3560 (3561); 30.06.2011, IX ZR 134/10, ZInsO 2011, 1410 Rn. 21; 29.09.2011, IX ZR 202/10, WM 2012, 85 Rn. 15; 10.01.2013, IX ZR 13/12, WM 2013, 180 Rn. 25.
161 BGH 08.10.2009, IX ZR 173/07, ZInsO 2009, 2148 Rn. 10.
162 BGH 08.10.2009, IX ZR 173/07, ZInsO 2009, 2148 Rn. 11.
163 Vgl. BGH 27.05.2003, IX ZR 169/02, BGHZ 155, 75 (85 f.); 17.02.2004, IX ZR 318/01, ZIP 2004, 669 (671); 24.05.2007, IX ZR 97/06, ZInsO 2007, 819 Rn. 24; 20.12.2007, IX ZR 93/06, ZInsO 2008, 273 Rn. 19, 34 ff.; 08.10.2009, IX ZR 173/07, ZInsO 2009, 2148 Rn. 11; 18.03.2010, IX ZR 57/09, ZInsO 2010, 807 Rn. 21.
164 BGH 01.07.2010, IX ZR 70/08, ZInsO 2010, 1598 Rn. 10; 06.12.2012, IX ZR 3/12, DB 2013, 167, Rn. 44.
165 BGH 01.07.2010, IX ZR 70/08, ZInsO 2010, 1598 Rn. 10.

drohten Zwangsvollstreckung erfolgende oder auch ganz ausbleibende Tilgung der Forderung des Gläubigers bei einer Gesamtbetrachtung der ihm bekannten Umstände, insb. der Art der Forderung, der Person des Schuldners und des Zuschnitts seines Geschäftsbetriebs als ausreichendes Indiz für eine solche Kenntnis darstellt.[166]

Aus der Kenntnis der Zahlungsunfähigkeit kann die Kenntnis der Gläubigerbenachteiligung hergeleitet werden, weil der Begünstigte dann weiß, dass Leistungen aus dem Vermögen des Schuldners die Befriedigungsmöglichkeit anderer Gläubiger vereiteln oder zumindest erschweren und verzögern.[167] Dies gilt insbesondere, wenn der Anfechtungsgegner weiß, es mit einem **unternehmerisch tätigen** Schuldner zu tun zu haben, bei dem das Entstehen von Verbindlichkeiten, die er nicht im selben Maße bedienen kann (wobei künftige Verbindlichkeiten ebenfalls in Betracht kommen), auch gegenüber anderen Gläubigern unvermeidlich ist.[168] Mit neuen Verbindlichkeiten kann möglicherweise auch bei einem nicht unternehmerisch tätigen, aber zu **Vermögensdelikten** neigenden Schuldners ausgegangen werden.[169] Angesichts der partiellen Strafbewehrtheit seiner Forderungen muss sich insb. einem Sozialversicherungsträger die allgemeine Erfahrung aufdrängen, dass seine Ansprüche oft vorrangig vor anderen befriedigt werden, deren Nichterfüllung für den insolvenzreifen Schuldner weniger gefährlich ist. Für ihn ist darum offensichtlich, dass die Verbindlichkeiten des gewerblich tätigen Schuldners gegenüber ihm und anderen Sozialversicherungsträgern nicht annähernd die einzigen waren.[170] Hat das schuldnerische Unternehmen über längere Zeit »schwarz« Energieleistungen aus dem öffentlichen Versorgungsnetz bezogen und aufgelaufene Verbindlichkeiten nicht beglichen, ist schon mit Rücksicht auf die durch die unberechtigte Entnahme erzielten Liquiditätsvorteile Zahlungsunfähigkeit anzunehmen. Eine andere Bewertung ist nicht deshalb gerechtfertigt, weil nach **Androhung einer Sperrung** gewisse Teilzahlungen erbracht werden.[171] Kennt ein Gläubiger tatsächliche Umstände, die zwingend auf eine drohende oder bereits eingetretene Zahlungsunfähigkeit des Schuldners hinweisen, spricht eine tatsächliche Vermutung dafür, dass er auch die (drohende) Zahlungsunfähigkeit kennt.[172] Wer die drohende Zahlungsunfähigkeit kennt, ist wegen der normalerweise vorhandenen weiteren Gläubiger **regelmäßig zugleich** über die damit verbundene Gläubigerbenachteiligung im Bilde.[173] Bei ständigen Zahlungsrückständen kann nicht ein saisonaler Liquiditätsengpass angenommen werden.[174] War bei Vornahme der Rechtshandlung bereits ein Eröffnungsantrag gestellt, ist in Kenntnis dieses Umstandes aus der Warte sowohl des Schuldners als auch des Anfechtungsgegners eine Rettung des Unternehmens und eine erfolgreiche Fortsetzung seiner Geschäftstätigkeit ausgeschlossen. Angesichts der unmittelbar zu erwartenden Eröffnung des Insolvenzverfahrens und der von dem Schuldner dem Anfechtungsgegner noch nach der Antragstellung gewährten bevorzugten Befriedigung ergibt sich zwangsläufig, dass der Schuldner mit Benachteiligungsvorsatz handelte und der Anfechtungsgegner dies erkannte.[175]

---

166 BGH 08.10.2009, IX ZR 173/07, ZInsO 2009, 2148 Rn. 11; 24.01.2013, IX ZR 11/12, WM 2013, 363 Rn. 28.
167 BGH 25.10.2012, IX ZR 117/11, WM 2012, 2251 Rn. 28; 25.04.2013, IX ZR 235/12, WM 2013, 1044 Rn. 28.
168 BGH 13.08.2009, IX ZR 159/06, ZInsO 2009, 1909, 1911 Rn. 14.
169 BGH 18.03.2010, IX ZR 57/09, ZInsO 2010, 807 Rn. 21, 22.
170 BGH 27.05.2003, IX ZR 169/02, BGHZ 155, 75 (86); 25.10.2012, IX ZR 117/11, WM 2012, 2251 Rn. 30.
171 BGH 08.10.2009, IX ZR 173/07, ZInsO 2009, 2148 Rn. 13 ff.
172 BGH 24.05.2007, IX ZR 97/06, ZInsO 2007, 819 Rn. 25; 20.11.2008, IX ZR 188/07, ZInsO 2009, 145 Rn. 10.
173 BGH 27.05.2003, IX ZR 169/02, BGHZ 155, 74 (85 f.); 17.07.2003, IX ZR 272/02, NJW 2003, 3560 (3562); 20.12.2007, IX ZR 93/06, ZInsO 2008, 273 Rn. 30; 20.11.2008, IX ZR 188/07, ZInsO 2009, 145 Rn. 10.
174 BGH 25.10.2012, IX ZR 117/11, WM 2012, 2251 Rn. 30.
175 BGH, 29.09.2011, IX ZR 202/10, WM 2012, 85 Rn. 15.

3. Nachträglicher Wegfall der Kenntnis

37a Die Schlussfolgerung des Anfechtungsgegners, wonach die **Zahlungsunfähigkeit des Schuldners zwischenzeitlich behoben** ist, muss von einer ihm nachträglich bekannt gewordenen **Veränderung der Tatsachengrundlage** und nicht von einem bloßen »Gesinnungswandel« getragen sein. Als erstes dürfen die Umstände, welche die Kenntnis des Anfechtungsgegners begründen, nicht mehr gegeben sein. Der Fortfall der Umstände allein bewirkt nicht zwingend den Verlust der Kenntnis. Vielmehr ist auf der Grundlage aller von den Parteien vorgetragenen **Umstände des Einzelfalls** zu würdigen, ob eine Kenntnis der Zahlungsunfähigkeit bei Vornahme der Rechtshandlung nicht mehr bestanden hat.[176] Hat der Anfechtungsgegner gegen den Schuldner einen Insolvenzantrag gestellt, so war ihm die zu diesem Zeitpunkt unstreitig bestehende Zahlungsunfähigkeit des Schuldners geläufig. Da sich der Anfechtungsgegner auf den nachträglichen Wegfall der objektiven Zahlungsunfähigkeit beruft, hat er dies zu **beweisen**. Wenn der anfechtende Insolvenzverwalter für einen bestimmten Zeitpunkt den ihm obliegenden Beweis der Zahlungsunfähigkeit des Schuldners geführt hat, ist es Sache des **Anfechtungsgegners**, seine Behauptung zu **beweisen**, dass diese Voraussetzung zwischenzeitlich wieder entfallen ist. Für den **nachträglichen Wegfall der subjektiven Anfechtungsvoraussetzung** der Kenntnis der Zahlungsunfähigkeit gilt **Entsprechendes**. Ein Gläubiger, der von der einmal eingetretenen Zahlungsunfähigkeit des Schuldners wusste, hat darzulegen und zu beweisen, warum er später davon ausging, der Schuldner habe seine Zahlungen möglicherweise allgemein wieder aufgenommen.[177]

a) Tatsächliche Zahlungsaufnahme

37b Eine einmal nach außen hin in Erscheinung getretene Zahlungseinstellung wirkt grundsätzlich fort. Sie kann nur dadurch wieder beseitigt werden, dass die Zahlungen **im Allgemeinen wieder aufgenommen** werden. Dies erfordert, dass – bis auf unwesentliche Ausnahmen – alle Zahlungen geleistet werden. Dazu reicht es nicht, wenn der Schuldner im Anschluss an einen gegen ihn gestellten Insolvenzantrag über einen Zeitraum von sieben Monaten seine damaligen Gläubiger nach und nach befriedigt. Diese Zeitspanne verdeutlicht, dass dem Schuldner die finanziellen Mittel fehlten, seine **einzelnen Verbindlichkeiten jeweils binnen drei Wochen** nach Fälligkeit zu begleichen. Schiebt der Schuldner ständig einen Forderungsrückstand vor sich her, den er nur schleppend abträgt, verwirklicht sich ein typisches Merkmal einer Zahlungseinstellung. Folglich war der Schuldner allenfalls an einem **bestimmten Stichtag** zur Befriedigung seiner Gläubiger, aber nicht auf Dauer zu einer allgemeinen Begleichung seiner alsbald fälligen Verbindlichkeiten im Stande. Gegen den gewerblich tätigen Schuldner wurden aus verschiedensten Rechtsgründen ständig neue Forderungen begründet, denen er nach der Befriedigung des Anfechtungsgegners und seiner sonstigen Gläubiger nicht mehr im Allgemeinen nachkommen konnte. Von einer Wiederherstellung der Zahlungsfähigkeit kann deshalb nicht ausgegangen werden, wenn sich der Schuldner durch die Befriedigung seiner gegenwärtigen Gläubiger der Mittel entäußert, die er zur Begleichung seiner künftigen, alsbald fällig werdenden Verbindlichkeiten benötigt.[178]

b) Kenntnis der Zahlungsaufnahme

37c Allein die **Tilgung der eigenen Forderungen** bewirkt einen Wegfall der Kenntnis auch dann nicht, wenn der Anfechtungsgegner nur über diese Forderungen positiv unterrichtet ist. Betreibt der Schuldner ein gewerbliches Unternehmen, ist es für den Gläubiger offensichtlich, dass außer ihm weitere Gläubiger vorhanden waren. Ein Gläubiger, der mit dem Schuldner nach Eintritt der Zah-

---

176 BGH 25.10.2012, IX ZR 117/11, WM 2012, 2251 Rn. 21; 06.12.2012, IX ZR 3/12, DB 2013, 167, Rn. 39; 10.01.2013, IX ZR 13/12, WM 2013, 180 Rn. 34.
177 BGH 25.10.2012, IX ZR 117/11, WM 2012, 2251 Rn. 16; 06.12.2012, IX ZR 3/12, DB 2013, 167, Rn. 33.
178 BGH, 25.10.2012, IX ZR 117/11, WM 2012, 2251 Rn. 18 f.

lungseinstellung mehrere Zahlungsvereinbarungen zwecks Abwendung der allein aus seiner Forderung herzuleitenden Insolvenz schließt, darf grundsätzlich nicht davon ausgehen, dass die **Forderungen der anderen Gläubiger** in vergleichbarer Weise bedient werden wie seine eigenen. Der Anfechtungsgegner konnte sich nicht der Erkenntnis verschließen, dass andere Gläubiger davon absahen, in gleicher Weise wie er Druck auf den Schuldner zwecks Eintreibung seiner Forderungen auszuüben. Darum entspricht es einer allgemeinen Lebenserfahrung, dass Schuldner – um ihr wirtschaftliches Überleben zu sichern – unter dem Druck eines **Großgläubigers** Zahlungen bevorzugt an diesen leisten, um ihn zum Stillhalten zu bewegen. Vor diesem Hintergrund verbietet sich im Regelfall ein Schluss des Gläubigers dahin, dass – nur weil er selbst Zahlungen erhalten hat – der Schuldner seine Zahlungen auch im allgemeinen wieder aufgenommen habe.[179]

C. Entgeltliche Verträge mit nahestehenden Personen

§ 133 Abs. 2 statuiert keinen eigenen Anfechtungstatbestand, sondern eine Erweiterung der in § 133 Abs. 1 enthaltenen Grundnorm. Die Bestimmung sieht für die Anfechtung von entgeltlichen, die Gläubiger unmittelbar benachteiligenden Verträgen mit nahen Angehörigen Verschärfungen vor. 38

I. Vertrag

Der Begriff des Vertrages ist in einem **weiten Sinn** zu verstehen und umschließt alle Rechtshandlungen des Schuldners, die in Übereinstimmung mit dem Willen des Anfechtungsgegners vorgenommen werden. Darunter fallen sowohl alle schuldrechtlichen Absprachen wie Kauf-, Miet- und Pachtvertrag einschließlich Schuldanerkenntnis als auch alle dinglichen Vereinbarungen wie Übereignung, Abtretung oder Sicherheitenbestellung. Ebenso werden erfasst auf einer wechselseitigen Willensübereinstimmung beruhende nicht rechtsgeschäftliche Erwerbsvorgänge wie die Bestellung einer vollstreckbaren Urkunde für eine bereits bestehende Forderung oder die einverständliche Eintragung einer Zwangshypothek. Als Vertrag ist auch das Geben und Nehmen einer Leistung als **Erfüllung** oder an Erfüllungs Statt einzuordnen[180] sowie die Mitwirkung an einem Erfüllungssurrogat wie Aufrechnung oder Hinterlegung. Auch eine **güterrechtliche Vereinbarung** ist als Vertrag zu bewerten.[181] Die **Erfüllung einer bestehenden Verpflichtung** bildet hingegen keinen Vertrag.[182] 39

II. Entgeltlichkeit

In Abgrenzung zu § 134 liegt Entgeltlichkeit vor, wenn die Leistung des Schuldners nach der Vorstellung der Beteiligten durch eine darauf bezogene Gegenleistung der nahestehenden Peron ausgeglichen wird.[183] Hierfür kommt jeder wirtschaftliche Vorteil – Zahlungserleichterungen, Stundungen – in Betracht. Bei einem zinslosen Kredit äußert sich die Unentgeltlichkeit nicht in der Gewährung des Geldbetrages, sondern lediglich in der Zinsbefreiung.[184] Handelt es sich um ein Erfüllungsgeschäft, liegt das Entgelt in der Schuldbefreiung.[185] Entgeltlich ist eine Forderungsabtretung, durch die ein Unterhaltsanspruch erfüllt wird.[186] In der Regel wird die **Übernahme der persönlichen Haftung** für die Forderungen, die durch auf dem Grundstück lastende Grundpfandrechte gesichert sind, eine Gegenleistung darstellen; denn der Übernehmer haftet dann nicht nur mit dem übernommenen Grundstück, sondern auch mit seinem übrigen Vermögen für die gesicherten Ver- 40

---

[179] BGH 06.12.2012, IX ZR 3/12, DB 2013, 167, Rn. 42.
[180] BGH 15.02.1990, IX ZR 149/88, NJW 1990, 2687 (2688).
[181] BGH 01.07.2010, IX ZR 58/09, ZInsO 2010, 1489 Rn. 9.
[182] BGH 15.11.2012, IX ZR 205/11, DB 2012, 2801 Rn. 7.
[183] OLG Rostock 26.04.2007, IX ZB 5/06, ZInsO 2007, 713 (715).
[184] OLG Rostock 26.04.2007, IX ZB 5/06, ZInsO 2007, 713 (715).
[185] BGH 15.02.1990, IX ZR 149/88, NJW 1990, 2687 (2688).
[186] BGH 20.12.2012, IX ZR 130/10 WM 2013, 333 Rn. 26.

bindlichkeiten. Anderes mag gelten, wenn der Übernehmer über kein nennenswertes sonstiges Vermögen verfügt, die Übernahme also praktisch wertlos ist.[187]

III. Nahestehende Person

41 Dem Schuldner muss als Vertragspartner im Zeitpunkt des Abschlusses der Vereinbarung eine nahestehende Person i.S.d. § 138 wie die Ehefrau[188] gegenübertreten. Auf beiden Seiten können Stellvertreter mitwirken.

IV. Unmittelbare Gläubigerbenachteiligung

42 Die Anfechtung greift nur durch, wenn eine unmittelbare Gläubigerbenachteiligung vorliegt. Bei Erfüllungshandlungen zeigt sich eine mindestens mittelbare Benachteiligung in der dadurch ausgelösten, die Tilgung der sonstigen Verbindlichkeiten erschwerenden Vermögensminderung.[189] Ist ein kapitalersetzendes Darlehen nicht mehr durchsetzbar, bedeutet seine Rückführung eine unmittelbare Gläubigerbenachteiligung.[190] Eine im Zusammenhang mit der Aufhebung der Zugewinngemeinschaft vereinbarte Regelung der Vermögensauseinandersetzung und deren dinglicher Vollzug lösen eine unmittelbare Gläubigerbenachteiligung aus.[191] Wegen dieses Erfordernisses scheiden Bargeschäfte aus dem Anwendungsbereich der Norm aus.

V. Gesetzliche Vermutung

43 Hat der Verwalter den Abschluss eines unmittelbar benachteiligenden, entgeltlichen Vertrages mit einer nahestehenden Person bewiesen,[192] ist nach der Systematik des § 133 Abs. 2 Satz 1 grds der Anfechtungstatbestand erfüllt.[193] Mehr als diese Tatbestandsmerkmale braucht der Anfechtungskläger nicht vorzutragen. Der Gläubigerbenachteiligungsvorsatz des Schuldners sowie die Kenntnis des Anfechtungsgegners werden gesetzlich vermutet.[194] Dies gilt bei Verträgen gleich welcher Art und darum auch bei Abschluss einer güterrechtlichen Vereinbarung.[195] Die nur sehr schwer zu entkräftende[196] Vermutung wird nicht durch die Behauptung widerlegt, ein über die ungünstige Vermögenslage des Schuldners unterrichteter Zeuge habe die Vertragsschließenden darüber nicht unterrichtet.[197] Ebenso ist eine von dem Schuldner gefertigte – günstige – Vermögensaufstellung zur Widerlegung der Vermutung ungeeignet.[198] Die Kenntnis des Anfechtungsgegners wird nicht durch die Übermittlung der Vermögensaufstellung ausgeräumt, wenn es sich um einen höchst seltenen vorweggenommenen Zugewinnausgleich handelt und der begünstigte Ehegatte nur an der Übertragung unbelasteten Vermögens interessiert ist.[199] Die Vermutung ist ebenfalls nicht widerlegt, wenn der begünstigte Ehegatte über Umstände unterrichtet ist, die auf eine drohende Zahlungsunfähigkeit des Schuldners hindeuten.[200] Der Grund für die Umkehr der Beweislast in derartigen Fällen liegt darin, dass nahestehende Personen in der Regel die wirtschaftlichen Schwierigkeiten des Schuldners kennen, daher seine Absichten leichter durchschauen sowie wegen ihrer wirtschaftlichen und/

---

[187] BGH 20.10.2005, IX ZR 276/02, ZInsO 2006, 151 Rn. 13.
[188] BGH 20.12.2012, IX ZR 130/10, WM 2013, 333 Rn. 26.
[189] BGH 07.02.2002, IX ZR 115/99, NJW 2002, 1574 f.
[190] OLG Koblenz 18.01.2006, 1 U 1082/04, ZInsO 2006, 946 (948).
[191] BGH 01.07.2010, IX ZR 58/09, ZInsO 2010, 1489 Rn. 9.
[192] BGH 06.04.1995, IX ZR 61/94, ZIP 1995, 1021 (1025).
[193] BGH 20.12.2012, IX ZR 130/10, WM 2013, 333 Rn. 30.
[194] Vgl. BGH 20.10.2005, IX ZR 276/02, ZInsO 2006, 151 Rn. 15; 01.07.2010, IX ZR 58/09, ZInsO 2010, 1489 Rn. 11; 20.12.2012, IX ZR 130/10, WM 2013, 333 Rn. 30.
[195] BGH 01.07.2010, IX ZR 58/09, ZInsO 2010, 1489 Rn. 12.
[196] BGH 20.12.2012, IX ZR 130/10, WM 2013, 333 Rn. 31 ff.
[197] BGH 01.07.2010, IX ZR 58/09, ZInsO 2010, 1489 Rn. 16.
[198] BGH 01.07.2010, IX ZR 58/09, ZInsO 2010, 1489 Rn. 18.
[199] BGH 01.07.2010, IX ZR 58/09, ZInsO 2010, 1489 Rn. 24.
[200] BGH 20.12.2012, IX ZR 130/10, WM 2013, 333 Rn. 33.

oder persönlichen Verbundenheit eher bereit sind, mit ihm Verträge zum Schaden seiner Gläubiger abzuschließen Die Vermutung greift nicht durch, wenn die nahestehende Person einen der **Ausnahmetatbestände** des § 133 Abs. 2 Satz 2 beweist, dass ihr also entweder der **Benachteiligungsvorsatz** nicht bekannt bzw. nicht vorhanden war oder der Vertrag **früher als zwei Jahre** vor dem Insolvenzantrag geschlossen wurde.[201] Nicht ausräumbare Zweifel über den Zeitpunkt des Vertrages gehen zu Lasten des Anfechtungsgegners. Kann die nahestehende Person beweisen, dass der Vertrag früher als zwei Jahre vor Antragstellung zustande kam, kommt ebenso wie in Fällen einer nur mittelbaren Gläubigerbenachteiligung eine Anfechtung nach § 133 Abs. 1 in Betracht.

§ 134 Unentgeltliche Leistung

(1) Anfechtbar ist eine unentgeltliche Leistung des Schuldners, es sei denn, sie ist früher als vier Jahre vor dem Antrag auf Eröffnung des Insolvenzverfahrens vorgenommen worden.

(2) Richtet sich die Leistung auf ein gebräuchliches Gelegenheitsgeschenk geringen Werts, so ist sie nicht anfechtbar.

Übersicht

	Rdn.			Rdn.
A. **Normzweck**	1		a) Entgeltlichkeit	17
B. **Unentgeltliche Leistung**	2		b) Unentgeltlichkeit	19
I. Leistung	2	IV. Anfechtungsfrist		21
II. Leistungsempfänger	4	V. Beweislast		22
III. Unentgeltlichkeit	5	VI. Verhältnis von Schenkungs- zu		
1. Zwei-Personen-Verhältnis	6	Deckungsanfechtung bei Drittzahlungen		23
2. Mehrpersonenverhältnis	9			
3. Maßstab für Unentgeltlichkeit	14	C. **Gelegenheitsgeschenk geringen Werts**		24

A. Normzweck

Wie in vielerlei rechtlichem Zusammenhang zum Ausdruck kommt (§§ 528, 822 BGB, 39 Abs. 1 Nr. 4 InsO), wird der Empfänger einer unentgeltlichen Leistung als **weniger schutzwürdig** angesehen als ein Gläubiger, dessen Erwerb auf einem entgeltlichen Geschäft beruht.[1] Aus dieser Erwägung wird der unentgeltliche Erwerb in § 134 unter erleichterten Voraussetzungen anfechtbar gestellt. Den Interessen des Anfechtungsgegners trägt § 134 Abs. 2, der **Gelegenheitsgeschenke** – wie der Gesetzgeber betont[2] – **geringen Werts** der Anfechtung entzieht, und § 143 Abs. 2 Rechnung, der den Einwand der Entreicherung gestattet. Die Bestimmung verfolgt den Zweck, die Gläubiger entgeltlich begründeter Rechte gegen die Folgen unentgeltlicher Verfügungen des Schuldners innerhalb bestimmter Zeiträume vor Erhebung der Anfechtungsklage oder vor Eröffnung des Insolvenzverfahrens zu schützen; das Interesse des durch eine unentgeltliche Verfügung Begünstigten, das Empfangene zu behalten, soll dem Recht des Gläubigers auf Befriedigung seiner vollstreckbaren Forderung weichen.[3] Die Schwäche des unentgeltlichen Erwerbs zeigt sich auch darin, dass bei konkurrierenden Ansprüchen mehrerer Verwalter gegen den selben Empfänger, die teils auf § 130, teils auf § 134 gestützt sind, dem Anspruch aus § 130 Vorrang zukommt.[4] Die **Anfechtungsfrist** von vier Jahren ist nach § 134 Abs. 1 von dem Eröffnungsantrag an rückzurechnen; nach dem Wortlaut der Norm trägt der Anfechtungsgegner die **Beweislast** für eine vier Jahre überschreitende Frist.[5] 1

---

201 Vgl. BGH 20.10.2005, IX ZR 276/02, ZInsO 2006, 151 Rn. 15.
1 BT-Drucks. 12/2443, 161.
2 BT-Drucks. 12/2443, 161.
3 BGH 28.02.1991, IX ZR 74/90, BGHZ 113, 393 (396).
4 BGH 16.11.2007, IX ZR 194/04, BGHZ 174, 228 (239 ff.).
5 BT-Drucks. 12/2443, 161.

B. Unentgeltliche Leistung

I. Leistung

2 Der in § 134 Abs. 1 verwendete Begriff der unentgeltlichen Leistung statt der unentgeltlichen Verfügung verdeutlicht, dass der Tatbestand nicht nur rechtsgeschäftliche Verfügungen im engen materiellrechtlichen Sinn erfasst.[6] Als Leistung ist vielmehr jede **Rechtshandlung** zu verstehen, die dazu dient, einen zugriffsfähigen Gegenstand aus dem Vermögen des Schuldners im Interesse eines anderen zu entfernen.[7] Folglich kommt jede Schmälerung des Schuldnervermögens – gleich ob durch Verträge (auch zugunsten Dritter), mittelbare Zuwendungen[8] oder Unterlassen – in Betracht, die zu einer **mittelbaren** oder **unmittelbaren Gläubigerbenachteiligung** führt.[9] Die Gläubigerbenachteiligung folgt bereits aus der Unentgeltlichkeit, wenn die Verfügung das den Gläubigern haftende Vermögen betrifft.[10] Die Rechtshandlung braucht nicht wirksam zu sein; es genügt, wenn sie dem Begünstigten ermöglicht, den Vermögenswert zu nutzen oder weiter zu übertragen.[11] In der bloßen Umbuchung eines Kontoguthabens auf ein anderes Konto des Kunden liegt keine Leistung.[12]

3 Neben sachenrechtlichen Verfügungen – Übertragung, Belastung, inhaltliche Änderung und Aufgabe eines Rechts – sind der Abschluss von Schenkungen und anderen unentgeltlichen Verträgen, Forderungserlass, Verzicht, Gebrauchsüberlassungen wie Leihe und nicht rechtsgeschäftliche Handlungen im Sinne der § 946 ff. BGB zu nennen. Auch die Durchsetzung einer Schenkung oder eines sonstigen unentgeltlichen Vertrages im Wege der Zwangsvollstreckung stellt eine Leistung dar. Bei einem **Vertrag zugunsten eines Dritten** ist die anfechtbare Leistung bei Insolvenz des Versprechensempfängers nicht in den von ihm aufgewendeten Mitteln, sondern in der von dem Versprechenden bei Fälligkeit zu erbringenden Leistung zu erkennen, also in der Zuwendung, die der Begünstigte aufgrund der Abrede zwischen Versprechensempfänger und Versprechendem erhält. Hat der Schuldner für eine von ihm abgeschlossene **Lebensversicherung** einem Dritten ein widerrufliches Bezugsrecht eingeräumt, richtet sich nach Eintritt des Versicherungsfalls der Anfechtungsanspruch gegen den Dritten auf Auszahlung der vom Versicherer geschuldeten **Versicherungssumme**, nicht bloß auf Rückgewähr der vom Schuldner geleisteten Prämien.[13]

II. Leistungsempfänger

4 Anfechtungsgegner ist, wer die unentgeltliche Leistung als Gläubiger erlangt hat.[14] Es kommt nicht darauf an, dass die Bereicherung zum Zeitpunkt der Geltendmachung des Anspruchs noch vorliegt. Die Folgen eines Wegfalls der Bereicherung ergeben sich vielmehr aus § 143 Abs. 2. Eine **Schenkung unter Auflage** (§§ 525, 527 BGB), deren Vollzug die Bereicherung beeinträchtigt, ist gegenüber dem Beschenkten anzufechten, wenn bei ihm nach dem Parteiwillen ein objektiver, wenn auch nur geringfügiger Vorteil verbleiben soll. Werden Vermögenswerte im Wege einer **uneigennützigen Treuhand** auf einen Treuhänder übertragen, um Gläubiger des Treugebers zu befriedigen, scheidet eine Anfechtung gegen den Treuhänder aus, weil er selbst nichts erlangt hat. Falls er noch nicht über das Treugut verfügt hat, muss er es an die Insolvenzmasse rückübertragen; bei Insolvenz auch des Treuhänders ist gegen ihn ein Aussonderungsanspruch gegeben. Handelt es sich um einen **echten Vertrag zugunsten Dritter**, kann sowohl der Anspruch als auch das in Ausübung seiner

---

6 BT-Drucks. 12/2443, 160.
7 BGH 21.01.1993, IX ZR 275/91, BGHZ 121, 179 (182).
8 BGH 08.07.2003, VI ZR 274/02, BGHZ 155, 350 (355).
9 BGH 19.04.2007, IX ZR 79/05, ZInsO 2007, 598 Rn. 14.
10 BGH 03.03.2005, IX ZR 441/00, BGHZ 162, 276 (283).
11 BGH 22.03.2001, IX ZR 373/98, ZIP 2001, 889 (890).
12 BGH 29.03.2012, IX ZR 207/10, ZInsO 2012, 875 Rn. 13.
13 BGH 23.10.2003, IX ZR 252/01, BGHZ 156, 350 (355); 27.04.2010, IX ZR 245/09, ZInsO 2010, 997 Rn. 2.
14 BGH 17.12.2009, IX ZR 16/09, ZInsO 2010, 521 Rn. 13.

Erfüllung erlangte mittels Anfechtung zur Masse gezogen werden. Dies gilt auch dann, wenn der Begünstigte mehr erlangt als der Versprechensempfänger im Verhältnis zum Versprechenden geleistet hat. Das mit einer **Lebensversicherung** zugunsten eines Dritten begründete Bezugsrecht ist, wenn es nicht ausnahmsweise als Sicherheit oder Vergütung vereinbart wurde, unentgeltlicher Natur.[15] Wurde das unentgeltliche Bezugsrecht **vor** der kritischen Zeit begründet und unwiderruflich, kann mit Hilfe der Anfechtung nicht die Übertragung der Berechtigung oder die Auszahlung der Versicherungssumme verlangt werden; hier ist nur ein Anspruch auf Erstattung der in der kritischen Zeit geleisteten Prämien oder die dadurch bewirkten Mehrungen der Versicherungsleistung eröffnet.[16] Ist das Bezugsrecht hingegen **innerhalb** der kritischen Zeit unwiderruflich geworden, kann der Verwalter Erstattung der Versicherungsleistung und nicht nur der gezahlten Prämien beanspruchen.[17] Solange das Bezugsrecht noch nicht unwiderruflich und der Versicherungsfall noch nicht eingetreten sind, kann der Verwalter das Bezugsrecht ohne die Notwendigkeit einer Anfechtung widerrufen.

III. Unentgeltlichkeit

Nach einer verbreiteten Definition liegt eine unentgeltliche Leistung vor, wenn ein Vermögenswert des Verfügenden zugunsten einer anderen Person aufgegeben wird, ohne dass dem Verfügenden ein entsprechender Gegenwert zufließen soll. Entgeltlich ist eine Verfügung, wenn der Gemeinschuldner für seine Leistungen etwas erhalten hat, was objektiv ein Ausgleich für seine Leistungen war oder jedenfalls subjektiv nach dem Willen der Beteiligten sein sollte.[18] Nicht die subjektiven Vorstellungen und Absichten des Schuldners und seines Vertragspartners, auch soweit sie erklärt worden sind, dürfen entscheidend sein, sondern die **objektive Wertrelation** zwischen der Leistung des Schuldners und der Gegenleistung des Empfängers ist es. Anderenfalls könnten die Beteiligten allein dadurch, dass sie einer für den Schuldner objektiv wertlosen Leistung in ihren rechtsgeschäftlichen Erklärungen einen (subjektiven) Wert beimessen, den Zweck des Gesetzes vereiteln. Erst wenn feststeht, dass, objektiv betrachtet, der Schuldner überhaupt einen **Gegenwert** für seine Zuwendung erhalten hat oder ihm eine werthaltige Gegenleistung versprochen worden ist, besteht Anlass zu prüfen, ob die Beteiligten die erbrachte oder versprochene Gegenleistung als Entgelt angesehen haben oder mit der Verfügung des Schuldners Freigebigkeit, wenn auch nur zum Teil, bezweckt war.[19] Für die Bewertung der Unentgeltlichkeit ist auf den Zeitpunkt der **Vollendung des Rechtserwerbs** abzustellen.[20]

1. Zwei-Personen-Verhältnis

Eine Leistung wird danach im Zwei-Personen-Verhältnis als unentgeltlich angesehen, wenn ihr nach dem Inhalt des Rechtsgeschäfts keine Leistung des Empfängers gegenübersteht, die dem aufgegebenen Vermögenswert entspricht. Hierüber entscheidet grds das **objektive Verhältnis** der ausgetauschten Werte.[21] Typischer Fall der unentgeltlichen Leistung bilden Schenkung und unbenannte Zuwendung.[22] Der Begriff der unentgeltlichen Leistung umfasst im Regelfall sowohl das Grundgeschäft als auch das Erfüllungsgeschäft: Schenkungsversprechen und Schenkungsvollzug bilden zusammen die unentgeltliche Leistung des Schuldners.[23] Im Übrigen beurteilt sich die Entgeltlichkeit eines Ver-

---

15 BGH 27.09.2012, IX ZR 15/12, ZInsO 2012, 2294 Rn. 6.
16 BGH, Urt. v. 20.12.2012, IX ZR 21/12, WM 2013, 215 Rn. 13 ff.
17 BGH 23.10.2003, IX ZR 252/01, BGHZ 156, 350 (355); 26.01.2012 – IX ZR 99/11, WM 2012, 517 Rn. 8.
18 BGH 29.11.1990, IX ZR 29/90, BGHZ 113, 98 (101 f.).
19 BGH 28.02.1991, IX ZR 74/90, BGHZ 113, 393, 396 f.
20 BGH, 03.03.2005, IX ZR 441/00, BGHZ 162, 276, 281; 21.02.2013, IX ZR 219/12, ZInsO 2013, 608 Rn. 3.
21 BGH 29.11.1990, IX ZR 29/90, BGHZ 113, 98 (101); 04.03.1999, IX ZR 63/98, BGHZ 141, 96 (99 f.); 03.03.2005, IX ZR 441/00, BGHZ 162, 276 (279); 16.11.2007, IX ZR 194/04, BGHZ 174, 228 Rn. 8.
22 BGH 21.01.1999, IX ZR 429/97, ZInsO 1999, 163 (164).
23 BGH 24.03.1988, IX ZR 118/87, ZIP 1988, 585 (586).

fügungs- oder Erfüllungsgeschäfts nach der Entgeltlichkeit des Grundgeschäfts. Die Unentgeltlichkeit kann konkludent vereinbart werden, wenn der Empfänger die Leistung im Bewusstsein entgegennimmt, dass von ihm keine Gegenleistung erwartet wird. Eine von dem Schuldner nur erhoffte, aber einer Rechtsgrundlage entbehrende – etwa durch ein Werbegeschenk veranlasste – Gegenleistung führt also nicht zur Entgeltlichkeit.[24] War hingegen eine Gegenleistung vereinbart, wird sie aber vertragswidrig **nicht erbracht**, kann daraus eine Unentgeltlichkeit nicht hergeleitet werden.[25] Trotz vertraglicher Vereinbarung einer Gegenleistung liegt Unentgeltlichkeit vor, sofern die Gegenleistung **objektiv wertlos** ist.[26] Unentgeltlich ist die Begleichung einer Nichtschuld.[27] Das bedeutet, dass entsprechend allgemeinem Verständnis rechtsgrundlose Leistungen als unentgeltliche Zuwendungen zu bewerten sind.

7 Die Unentgeltlichkeit kann nachträglich entfallen, wenn sie durch eine Gegenzuwendung ausgeglichen wird. Jedoch wird die Unentgeltlichkeit nicht dadurch beseitigt, dass an den Schuldner in der Vergangenheit eine Gegenleistung erbracht worden war.[28] Leistung und Gegenleistung müssen nicht durch ein vertragliches Synallagma verknüpft sein. Im Zwei-Personen-Verhältnis hängt die Entgeltlichkeit einer Leistung auch nicht davon ab, ob ihre Gegenleistung – wie bei den meisten Austauschverträgen – dem Vermögen des Leistenden zufließt, wenn sie ihm in anderer Weise zu Gute kommt. Das geschieht insb., wenn der leistende Schuldner Geld aufwendet, um sich eigene Rechtsgüter zu erhalten, so etwa in der Absicht, Gefahren für seine Gesundheit, seine Freiheit oder sein Eigentum durch Dienstleistungen eines Arztes oder Rechtsanwaltes abzuwenden.[29] Da der Schuldner durch die Zahlung einer Geldauflage nach § 153a StPO im Wege der Einstellung des Strafverfahrens einer Bestrafung zu entgehen sucht, liegt darin keine unentgeltliche Leistung.[30] Der Eintritt in einen Mietvertrag stellt keine unentgeltliche Leistung dar, wenn die damit verbundene Mietzahlungspflicht durch die vertragliche Nutzungsmöglichkeit ausgeglichen wird.[31]

8 Ein **Schuldanerkenntnis** ist je nach dem entgeltlich oder unentgeltlich, welchen Charakter die anerkannte Verbindlichkeit hat.[32] Wird ein **Vergleich** abgeschlossen, um die bei verständiger Würdigung des Sachverhalts oder der Rechtslage bestehende Ungewissheit durch gegenseitiges Nachgeben zu beseitigen, so lässt dies vermuten, dass die vereinbarte Regelung die gegenseitigen Interessen ausgewogen berücksichtigt hat. Das vergleichsweise Nachgeben eines Teils kann danach erst dann als unentgeltliche Leistung gewertet werden, wenn der Vergleichsinhalt den Bereich verlässt, der bei objektiver Beurteilung ernstlich zweifelhaft sein kann. Findet sich ein Gläubiger **ohne Ungewissheit** der Sach- oder Rechtslage infolge eines Liquiditätsengpasses oder aus sonstigem Grunde bereit, vergleichsweise einen Teil seiner Forderung(en) aufzugeben, so ist ein solcher Vergleich wegen Unentgeltlichkeit anfechtbar, sofern seine Vorteile das Nachgeben des Gläubigers nicht aufwiegen.[33] Unterliegt die Wirksamkeit eines Vertrages, der einem Dienstleister eine erfolgsunabhängige Vergütung gewährt, wegen eines auffälligen Missverhältnisses von Leistung und Gegenleistung Wirksamkeitsbedenken, kann eine Schenkungsanfechtung ausscheiden, wenn der Dienstleister im Rahmen eines Vergleichs auf seine Forderung teilweise verzichtet.[34] Das **Stehenlassen der Gesellschafterleistung**,

---

24 BGH 13.03.2008, IX ZR 117/07, ZInsO 2008, 505 Rn. 8; OLG Celle 17.10.1989, 20 U 25/89, NJW 1990, 720.
25 BGH 21.01.1999, IX ZR 429/97, ZInsO 1999, 163 (164).
26 BGH 29.11.1990, IX ZR 29/90, BGHZ 113, 98 (103).
27 BGH 21.12.2010, IX ZR 199/10, ZInsO 2011, 183 Rn. 10, 12.
28 BGH 16.11.2007, IX ZR 194/04, BGHZ 174, 228 Rn. 10.
29 BGH 05.06.2008, IX ZR 17/07, NJW 2008, 2506 Rn. 14.
30 BGH 05.06.2008, IX ZR 17/07, NJW 2008, 2506 Rn. 13, 14.
31 BGH 26.04.2012, IX ZR 146/11, ZInsO 2012, 1127 Rn. 36 ff.; 08.11.2012, IX ZR 77/11, WM 2012, 2340 Rn. 28 ff.
32 RGZ 62, 38 (44 f.).
33 BGH 09.11.2006, IX ZR 285/03, ZInsO 2006, 1322 Rn. 16 ff.; 08.03.2012, IX ZR 51/11, ZInsO 2012, 830 Rn. 35.
34 BGH 08.03.2012, IX ZR 51/11, ZInsO 2012, 830 Rn. 37 ff.

das zur Umqualifizierung in Eigenkapital führt, ist in der Insolvenz des Gesellschafters gegenüber der Gesellschaft als unentgeltliche Leistung anfechtbar.[35] Gleiches kann nunmehr im Regelungsbereich des § 39 Abs. 1 Nr. 5 gelten, wenn der Gesellschafter eine andere Forderung – etwa aus einem normalen Umsatzgeschäft oder Ansprüche auf Geschäftsführerbezüge – mit der Folge stehen lässt, dass diese in der Insolvenz der Gesellschaft als eine einem Darlehen gleichgestellte Forderung den Nachrang des § 39 Abs. 1 Nr. 5 erleidet. Ferner kann unter dem MoMiG in Fällen einer Doppelinsolvenz von Gesellschafter und Gesellschaft eine Anfechtung zugunsten des Gesellschafters nach § 134 zu überlegen sein. Das Stehenlassen eines kündbaren Darlehens wie auch die Stundung einer Forderung bilden eine unentgeltliche Leistung, soweit die nachrangige Forderung des Gesellschafters aus § 39 Abs. 1 Nr. 5 das stehengelassene Darlehen unterschreitet.[36]

2. Mehrpersonenverhältnis

Im Zwei-Personen-Verhältnis ist eine Verfügung als unentgeltlich anzusehen, wenn ihr nach dem Inhalt des Rechtsgeschäfts keine Leistung gegenübersteht, dem Verfügenden also keine Gegenleistung zufließen soll, die dem von ihm aufgegebenen Vermögenswert entspricht. Wird eine **dritte Person** in den Zuwendungsvorgang eingeschaltet, kommt es nicht entscheidend darauf an, ob der Schuldner selbst einen Ausgleich für seine Verfügung erhalten hat; maßgeblich ist vielmehr, ob der **Zuwendungsempfänger** seinerseits eine Gegenleistung zu erbringen hat. Bezahlt der Schuldner die gegen einen Dritten gerichtete Forderung des Zuwendungsempfängers, liegt dessen Gegenleistung in der Regel darin, dass er mit der Leistung, die er gem. § 267 Abs. 2 BGB nur bei Widerspruch seines Schuldners ablehnen kann, eine **werthaltige Forderung** gegen diesen verliert. In diesem Fall ist nicht der Leistungsempfänger, sondern dessen **Schuldner** der richtige Beklagte für eine Anfechtung wegen unentgeltlicher Zuwendung. Ist hingegen die Forderung des Zuwendungsempfängers **wertlos**, weil sein Schuldner **überschuldet** (§ 19 Abs. 1 InsO)[37] oder **zahlungsunfähig ist**,[38] verliert dieser wirtschaftlich nichts, was als Gegenleistung für die Zuwendung angesehen werden kann.[39] Die **Überschuldung** kann ausnahmsweise durch eine **Handelsbilanz**, aus der sich ein nicht durch Eigenkapital gedeckter Fehlbetrag ergibt, bewiesen werden, wenn der Verwalter darlegen kann, dass keine stille Reserven oder sonstige aus ihr nicht ersichtliche Vermögenswerte vorhanden sind.[40]

Eine Drittzahlung ist unentgeltlich, wenn der Schuldner des Leistungsempfängers im Zeitpunkt der Bewirkung der Leistung insolvenzreif war. Die Wertlosigkeit und fehlende Durchsetzbarkeit der Forderung im Zeitpunkt ihrer Tilgung wird durch das spätere Ergebnis einer Gesamtbefriedigung und eine **etwaige auf den Gläubiger entfallende Quote** nicht berührt. Kann der Gläubiger seine durch die Insolvenzreife entwertete Forderung nicht mehr isoliert durchsetzen, kann ihr auch im Falle einer Drittleistung ein eigenständiger wirtschaftlicher Wert nicht beigemessen werden. Dem Gläubiger bleibt nach Anfechtung der von dem Dritten erbrachten Leistung nur die Möglichkeit, den Restwert seiner Forderung durch Anmeldung im Insolvenzverfahren seines Schuldners zu realisieren.[41] Unentgeltlich sind Lohnzahlungen der Muttergesellschaft an den Arbeitnehmer einer insolventen Tochtergesellschaft auch dann, wenn der Arbeitnehmer auf Weisung der Tochtergesellschaft seine Arbeitsleistung im Geschäftsbereich der Muttergesellschaft erbracht hat.[42]

---

35 BGH 02.04.2009, IX ZR 236/07, WM 2009, 1042 Rn. 16 ff.
36 *Dahl/Schmitz* NZI 2009, 434.
37 BGH 08.03.2012, IX ZR 102/11, ZInsO 2012, 732 Rn. 3 ff.
38 BGH 30.03.2006, IX ZR 84/05, WM 2006, 1156 Rn. 15.
39 BGH 17.10.2013, IX ZR 10/13, Rn. 6.
40 BGH 08.03.2012, IX ZR 102/11, ZInsO 2012, 732 Rn. 5.
41 BGH 22.10.2009, IX ZR 182/08, ZInsO 2009, 2241 f. Rn. 9; 17.06.2010, IX ZR 186/08, ZInsO 2010, 1379 Rn. 7; 17.10.2013, IX ZR 10/13, Rn. 7.
42 BGH 17.10.2013, IX ZR 10/13, Rn. 8 ff.

11 Begleicht der Schuldner die gegen einen zahlungsunfähigen Dritten gerichtete Forderung des Anfechtungsgegners, liegt ausnahmsweise eine unentgeltliche Leistung nicht vor, wenn dem Dritten ein auf die Tilgung der Verbindlichkeit gerichteter werthaltiger Regressanspruch gegen den Schuldner selbst zustand, auf den der Anfechtungsgegner im Wege der Vollstreckung gegen den Dritten hätte zugreifen können.[43] In entsprechender Weise kann die getilgte Forderung werthaltig sein, wenn sich der Zahlungsempfänger durch Aufrechnung gegen eine Forderung seines Schuldners Befriedigung verschaffen und auf diese Weise seine Forderung trotz Insolvenzreife seines Schuldners durchsetzen kann.[44] Werthaltige Außenstände des Dritten stehen der Unentgeltlichkeit der Zuwendung nur entgegen, wenn der Anfechtungsgegner auf diese trotz der materiellen Insolvenz des Dritten insolvenzbeständig hätte zugreifen können.[45] Die **Darlegungs- und Beweislast** hierfür trägt der Anfechtungsgegner.[46] Die Anfechtung greift hingegen durch, wenn der Rückgriffsanspruch des Dritten gegen den Schuldner wegen dessen Vermögensverfall wertlos war.[47]

12 In diesen Fällen ist die Tilgung einer fremden Schuld als unentgeltliche Leistung anfechtbar. Denn es entspricht der Wertung des § 134, dass der Empfänger einer Leistung dann einen geringeren Schutz verdient, wenn er keine ausgleichende Gegenleistung zu erbringen hat. Der **Zuwendungsempfänger** ist gegenüber den Insolvenzgläubigern des Schuldners (Zuwendenden) nicht schutzwürdig; denn er hätte ohne dessen Leistung, auf die er keinen Anspruch hatte, seine Forderung nicht durchsetzen können. Maßgebender Zeitpunkt für die Beurteilung der Frage, ob in diesem Sinne Unentgeltlichkeit vorliegt, ist der Zeitpunkt des Rechtserwerbs des Anfechtungsgegners infolge der Leistung des Schuldners, also z.B. der Erhalt der Zahlung. Hat der Leistungsempfänger bereits zu einem früheren Zeitpunkt seinem Schuldner eine Leistung etwa als Sozialversicherungsträger erbracht, kann deshalb auf ihren damaligen objektiven Wert nicht abgestellt werden. Folglich ist die frühere Leistungserbringung durch den Empfänger an den Dritten als solche unerheblich. Keine Rolle spielt es, ob der Schuldner gegenüber dem Dritten verpflichtet war, dessen Schuld zu tilgen, oder ob er ein eigenes Interesse an der Leistungserbringung hatte. Ferner kommt es nicht darauf an, ob der Zuwendungsempfänger die Wertlosigkeit seiner Forderung gekannt hat.[48]

13 Ebenso wie bei der Begleichung einer wertlosen Forderung greift die Anfechtung gegen den Leistungsempfänger durch, wenn der Schuldner auf eine **unwirksame** Forderung des Empfängers gegen einen Dritten leistet. Falls der Empfänger im Zeitpunkt der Zahlung des Schuldners verpflichtet ist, erst noch die Gegenleistung – sei es die Gewährung von Versicherungsschutz oder der Gebrauch einer Leasingsache – an seinen insolventen Forderungsschuldner zu erbringen, und erbringt er diese Leistung anschließend vertragsgemäß, kann von einer Unentgeltlichkeit keine Rede sein.[49] Ist die Forderung des Gläubigers rechtswirksam und werthaltig, scheidet eine Schenkungsanfechtung gegen dessen Schuldner aus, wenn der Insolvenzschuldner diesem aus einem **entgeltlichen Vertrag** zur Begleichung der Verbindlichkeit verpflichtet war.[50] Dagegen greift die Anfechtung gegen den Leistungsempfänger ungeachtet der Werthaltigkeit der gegen den Dritten gerichteten Forderung durch, wenn der Schuldner irrig meinte, diesem als Sicherungsgeber aus einem eigenen Rechtsgrund für die Verbindlichkeit des Dritten verpflichtet zu sein. Die **nachträgliche Bestellung einer Sicher-**

---

43 BGH 19.11.2009, IX ZR 9/08, ZInsO 2010, 36 Rn. 11; 17.06.2010, IX ZR 186/08, ZInsO 2010, 1379 Rn. 9.
44 BGH 18.04.2013, IX ZR 90/10, WM 2013, 1079 Rn. 8 ff.
45 BGH 17.06.2010, IX ZR 186/08, ZInsO 2010, 1379 Rn. 10.
46 BGH 17.06.2010, IX ZR 186/08, ZInsO 2010, 1379 Rn. 9.
47 BGH 27.04.2010, IX ZR 122/09, ZInsO 2010, 1091.
48 BGH 15.04.1964, VIII ZR 232/62, BGHZ 41, 298 (302); 03.03.2005, IX ZR 441/00, BGHZ 162, 276 (279 f.); 16.11.2007, IX ZR 194/04, BGHZ 174, 228 Rn. 8 ff.; 30.03.2006, IX ZR 84/05, WM 2006, 1156 (1157); 05.06.2008, IX ZR 163/07, ZInsO 2008, 811 Rn. 11; 11.12.2008, IX ZR 194/07, ZInsO 2009, 143 Rn. 14; 07.05.2009, IX ZR 71/08, WM 2009, 1099 Rn. 6.
49 BGH 05.06.2008, IX ZR 163/07, ZInsO 2008, 811 Rn. 15; 14.02.2013, IX ZR 41/12, ZInsO 2013, 549 Rn. 3.
50 RGZ 50, 134 (136 f.).

heit für eine **eigene, entgeltlich begründete** Verbindlichkeit ist nicht als unentgeltliche Leistung anfechtbar.[51] Eine **Besicherung** ist entgeltlich, wenn der Sicherungsnehmer für die Zuwendung des Schuldners eine ausgleichende Gegenleistung an einen Dritten erbringt, indem er Zug-um-Zug oder später vereinbarungsgemäß einem Dritten ein Darlehen ausreicht. Dabei ist es ohne Bedeutung, ob sich der Sicherungsnehmer gegenüber dem Schuldner zur Darlehensgewährung an den Dritten verpflichtet hatte; maßgeblich ist allein die Darlehensgewährung als tatsächliche Gegenleistung für die Besicherung.[52] Entgeltlichkeit ist ferner gegeben, wenn der Sicherungsnehmer dem Schuldner als Sicherungsgeber für seine Leistung die Kreditgewährung an einen Dritten verspricht,[53] weil der Sicherungsgeber dann mit der Bestellung der Sicherung seine eigene Verbindlichkeit tilgt.[54] **Unentgeltlich** ist hingegen eine **nachträgliche Sicherheitenbestellung** für einen einem **Dritten** bereits gewährten Kredit.[55] Das Stehenlassen der Darlehensforderung infolge der Unterlassung einer Kündigung und einer damit verbundenen Rückforderung stellt keine Zuführung eines neuen Vermögenswerts dar.[56]

3. Maßstab für Unentgeltlichkeit

Eine Leistung ist als unentgeltlich anzusehen, wenn ihr nach dem Inhalt des Rechtsgeschäfts keine Leistung des Empfängers gegenübersteht, die dem aufgegebenen Vermögenswert entspricht.[57] Es ist aber anerkannt, dass der Begriff der unentgeltlichen Leistung zum Schutz der Gläubiger eine weitgehende Ausdeutung erfordert und insb. eine **Einigung** über die Unentgeltlichkeit nicht verlangt.[58] Darum kann der von den tatsächlichen Gegebenheiten und dem wirklichen Willen des Schuldners abweichende objektive Erklärungswert seines Handelns für die Frage der Entgeltlichkeit einer von ihm erbrachten Leistung im Anfechtungsrecht allein nicht ausschlaggebend sein.[59] Anderenfalls könnten die Beteiligten allein dadurch, dass sie einer für den Schuldner objektiv wertlosen Leistung in ihren rechtsgeschäftlichen Erklärungen einen (subjektiven) Wert beimessen, den Zweck des Gesetzes vereiteln. Erst wenn feststeht, dass, objektiv betrachtet, der Schuldner überhaupt einen Gegenwert für seine Zuwendung erhalten hat oder ihm eine werthaltige Gegenleistung versprochen worden ist, besteht Anlass zu prüfen, ob die Beteiligten die erbrachte oder versprochene Gegenleistung als Entgelt angesehen haben oder mit der Verfügung des Schuldners Freigebigkeit, wenn auch nur zum Teil, bezweckt war.[60]

14

Unentgeltlichkeit ist mithin gegeben, wenn dem Empfänger tatsächlich nicht entstandene **(Schein-)Gewinne** ausgezahlt werden, dieser aber infolge einer Täuschung des Schuldners von einem befriedigten Gewinnanspruch ausgeht.[61] **Provisionen** für den Vertrieb eines Anlagemodells unterliegen als objektiv unentgeltliche Leistung der Anfechtung, wenn der Betrag der an Anleger **ausgezahlten Scheingewinne** ihre Berechnungsgrundlage bildet.[62] Entscheidend ist für die Beurteilung

15

---

51 BGH 11.12.1997, IX ZR 341/95, BGHZ 137, 267 (282); 22.07.2004, IX ZR 183/03, ZInsO 2004, 967 (968); 17.09.2009, IX ZR 222/07, Rn. 2; BGH 26.04.2012, IX 149/11, WM 2012, 1205 Rn. 20; 06.12.2012, IX ZR 105/12, ZInsO 2013, 73 Rn. 3.
52 BGH 06.12.2012, IX ZR 105/12, ZInsO 2013, 73 Rn. 4; 20.12.2012, IX ZR 21/12, WM 2013, 215 Rn. 23 ff.
53 BGH 11.12.2008, IX ZR 194/07, ZInsO 2009, 143 Rn. 14; 06.12.2012, IX ZR 105/12, ZInsO 2013, 73 Rn. 4, 5.
54 BGH 15.04.1964, VIII ZR 232/62, BGHZ 41, 298, (302); 06.12.2012, IX ZR 105/12, ZInsO 2013, 73 Rn. 4, 5.
55 BGH 26.04.2012, IX ZR 149/11, WM 2012, 1205 Rn. 21.
56 BGH 07.05.2009, IX ZR 71/08, WM 2009, 1099 Rn. 12; 26.04.2012, IX ZR 149/11, WM 2012, 1205 Rn. 21.
57 BGH 09.11.2006, IX ZR 285/03, ZInsO 2006, 1322 Rn. 15.
58 BGH 21.12.2010, IX ZR 199/10, ZInsO 2011, 183 Rn. 10.
59 BGH 29.11.1990, IX ZR 29/90, BGHZ 113, 98 (102 f.).
60 BGH 28.02.1991, IX ZR 74/90, BGHZ 113, 393 (396 f.); 03.03.2005, IX ZR 441/00, BGHZ 162, 276 (281).
61 BGH 11.12.2008, IX ZR 195/07, ZInsO 2009, 185 Rn. 6.
62 BGH 21.12.2010, IX ZR 199/10, ZInsO 2011, 183 Rn. 10 ff.; 22.09.2011, IX ZR 209/10, WM 2011, 2237 Rn. 14.

der Unentgeltlichkeit ist folgerichtig grds das **objektive Verhältnis** der ausgetauschten Werte, also ob sich Leistung und Gegenleistung in ihrem jeweils objektiv zu ermittelnden Wert entsprechen; subjektive Absichten und Vorstellungen der Beteiligten treten demgegenüber zurück.[63] Die **subjektiven Vorstellungen** der Beteiligten sind für die Frage der Entgeltlichkeit zusätzlich von Bedeutung, wenn zu beurteilen ist, ob die Gegenleistung den Wert der Leistung des Schuldners erreicht. Bei dieser Einschätzung steht den Beteiligten ein **Bewertungsspielraum** zu.

16 Eine **teilweise unentgeltliche Leistung** unterliegt der Anfechtung insoweit, als deren Wert den der Gegenleistung übersteigt und die Vertragsparteien den ihnen zustehenden Bewertungsspielraum überschritten haben.[64] Dies kann anzunehmen sein, wenn ein Darlehen über 150.000 € durch eine Grundschuld von 200.000 € gesichert wird.[65] Der entgeltliche Teil des Geschäfts kann nur unter den Voraussetzungen eines anderen Tatbestandes angefochten werden. Der Umstand, dass Vertragsparteien den Kaufpreis auf 90 % des jeweiligen Grundstücksverkehrswertes festgesetzt haben, ergibt allein noch nicht zwingend, dass eine teilweise Unentgeltlichkeit vorlag, wenn etwa Restitutionsansprüche und Altlasten nicht auszuschließen sind.[66] Gemeinsame irrtümliche Vorstellungen der Parteien über die Gleichwertigkeit von Leistung und Gegenleistung hindern bei einem objektiv gegebenen Missverhältnis nicht die Anfechtung. Die Erfüllung einer **Gewinnzusage** fällt als unentgeltliche Leistung eines Preises in den Anwendungsbereich der Norm.[67] Die Abtretung einer wertlosen Forderung an den Schuldner als Gegenleistung für die von ihm erbrachte Leistung führt nicht deshalb zur Entgeltlichkeit, weil sich der Zedent im Unterschied zu dem Schuldner der Wertlosigkeit nicht bewusst war.[68] Ein mit der Zuwendung verknüpftes eigenständiges wirtschaftliches Interesse des Schuldners führt nicht zur Entgeltlichkeit der Leistung.[69]

a) Entgeltlichkeit

17 Erbringt der Schuldner eine Leistung im Rahmen eines entgeltlichen Vertrags, ist seine Leistung entgeltlich, soweit durch sie eine bestehende Verbindlichkeit erfüllt wird. Gegenleistung ist dann die vom Schuldner erlangte Befreiung von seiner Schuld.[70] Die Erfüllung einer unverjährten durch einen entgeltlichen Vertrag oder einen gesetzlichen Anspruch begründeten Verbindlichkeit ist mithin entgeltlich, weil der Gläubiger im Gegenzug seine Forderung verliert.[71] Folgt eine Zahlungsverpflichtung aus § 73 AO, so wird ein eigenständiger gesetzlicher Anspruch gegen die Organgesellschaft begründet. Die Tilgung von Ansprüchen aus gesetzlichen Schuldverhältnissen ist jedoch nicht unentgeltlicher Natur.[72] Für die Frage der Entgeltlichkeit ist es ohne Bedeutung, ob es sich um eine kongruente oder inkongruente Erfüllung handelt. Auch die Erfüllung **unvollkommener Verbindlichkeiten** (§ 762 f. BGB) ist als entgeltlich einzustufen.[73] Anders verhält es sich aber, wenn auch auf der Grundlage der unvollkommenen Verbindlichkeit kein Anspruch entstanden ist und der Schuldner lediglich Scheingewinne auszahlt; die Auszahlung von in **Schneeballsystemen erzielten Scheingewinnen** durch den späteren Insolvenzschuldner kann als objektiv unentgeltliche Leistung ange-

---

63 BGH 29.11.1990, IX ZR 29/90, BGHZ 113, 98 (102 f.); 28.02.1991, IX ZR 74/90, BGHZ 113, 393 (396); 03.03.2005, IX ZR 441/00, BGHZ 162, 276 (281); 05.06.2008, IX ZR 163/07, ZInsO 2008, 811 Rn. 11; 21.12.2010, IX ZR 199/10, ZInsO 2011, 183 Rn. 10; 22.09.2011, IX ZR 209/10, WM 2011, 2237 Rn. 14.
64 BGH 24.06.1993, IX ZR 96/92, ZIP 1993, 1170 (1173); 02.04.1998, IX ZR 232/96, ZIP 1998, 830 (836); 01.04.2004, IX ZR 305/00, ZInsO 2004, 548 (550).
65 BGH 25.06.1992, IX ZR 4/91, NJW 1992, 2421 (2423).
66 BGH 01.04.2004, IX ZR 305/00, ZInsO 2004, 548 (550).
67 BGH 13.03.2008, IX ZR 117/07, ZInsO 2008, 505.
68 BGH 29.11.1990, IX ZR 29/90, BGHZ 113, 98 (103).
69 BGH 29.11.1990, IX ZR 29/90, BGHZ 113, 98 (103 f.).
70 BGH 09.12.2010, IX ZR 60/10, ZInsO 2011, 428 Rn. 10.
71 Vgl. BGH 05.02.2004, IX ZR 473/00, ZInsO 2004, 499 (500).
72 BGH 19.01.2012, IX ZR 2/11, ZIP 2012, 280 Rn. 35 f.
73 BGH 29.11.1990, IX ZR 29/90, BGHZ 113, 98 (101).

fochten werden.[74] Bei der Bestimmung der unentgeltlich ausgezahlten Scheingewinne ist die ursprüngliche Einzahlung in voller Höhe von den Auszahlungen abzuziehen und nicht nur der noch vorhandene Teil der Einlage.[75] Der aus der Anfechtung von Ausschüttungen im Rahmen eines Schneeballsystems resultierende Rückgewähranspruch erstreckt sich mangels Unentgeltlichkeit nicht auf Auszahlungen, mit denen – etwa nach einer Kündigung der Mitgliedschaft in der Anlegergemeinschaft – vom Anleger erbrachte **Einlagen zurückgewährt** worden sind.[76] Dagegen kann der Insolvenzverwalter die Auszahlung eines **gesellschaftsrechtlichen Scheinauseinandersetzungsguthabens** als unentgeltliche Leistung anfechten, wenn tatsächlich keine Erträge erwirtschaftet worden sind, sondern die Auszahlung aus einer im Schneeballsystem gewonnenen Einlage ermöglicht wird; das gilt auch für eine Gewinnvorauszahlung. Im Unterschied zur Teilnahme an Optionsgeschäften kann bei Beendigung einer stillen Beteiligung die Einlage nur zurückverlangt werden, wenn ein entsprechendes Gesellschaftsvermögen vorhanden ist.[77] Erhält der Anleger, der sich an einem nach dem Schneeballsystem konzipierten betrügerischen Kapitalanlagemodell beteiligt hat, Auszahlungen, die sowohl auf Scheingewinne als auch auf die Einlage erfolgen, so sind diese nur gem. § 134 Abs. 1 anfechtbar, soweit es um Auszahlungen auf Scheingewinne geht. Auszahlungen auf die Einlage – etwa nach einer Kündigung der Beteiligung – sind mangels unentgeltlicher Leistung nicht anfechtbar. Die Rückzahlung der Einlage stellt in diesen Fällen den Gegenwert für die vom Anleger erbrachte Einlage dar.[78] Wurde die Einlage erstattet, scheidet insgesamt eine Anfechtung aus. Insoweit kann der Verwalter nach Treu und Glauben (§ 242 BGB) eine (teilweise) Unentgeltlichkeit nicht daraus herleiten, dass die Einlage durch Verluste und Verwaltungsgebühren teilweise aufgebraucht sei.[79] Ausschüttungen im Rahmen eines als Schneeballsystem geführten Anlagemodells erfolgen i.d.R. zunächst auf ausgewiesene Scheingewinne und erst danach auf die geleistete Einlage.[80]

Die **Besicherung einer eigenen**, durch eine entgeltliche Gegenleistung begründeten Verbindlichkeit ist entgeltlicher Natur.[81] Gleiches gilt für die **nachträgliche** Bestellung einer Sicherheit für eine **eigene**, entgeltlich begründete Verbindlichkeit.[82] Die nachträgliche Bestellung einer Sicherung durch den Schuldner für eine Verbindlichkeit aus einer von ihm begangenen unerlaubten Handlung stellt eine entgeltliche Leistung dar; Gleiches gilt für die Verstärkung des Anspruchs durch Schuldanerkenntnis.[83] Als entgeltlich erweist sich die Besicherung einer **Fremdverbindlichkeit**, wenn dies **vor oder bei Begründung** dieser Verbindlichkeit zwischen dem Schuldner und dem Gläubiger vereinbart wurde.[84] Nicht anders verhält es sich, wenn der Schuldner, um die Refinanzierung seines Darlehensgebers zu ermöglichen, dessen Kreditgeber vertragsgemäß eine Sicherheit bestellt.[85] Die Gewährung einer freiwilligen **Weihnachtsgratifikation** an einen Arbeitnehmer stellt sich als entgeltliche Leistung dar.[86] Ebenso verhält es sich bei der Gewährung einer Betriebsrente. Nicht anders ist es zu bewerten, wenn der Schuldner eine entgeltliche, aber unerkannt unwirksame Vertragsschuld zu begleichen

18

---

74 BGH 29.11.1990, IX ZR 29/90, BGHZ 113, 98 (102 ff.); 11.12.2008, IX ZR 195/07, ZInsO 2009, 185 Rn. 5; 22.04.2010, IX ZR 225/09, ZInsO 2010, 1454 Rn. 7; 10.02.2011, IX ZR 18/10, ZInsO 2011, 728 Rn. 8; 29.03.2012, IX ZR 207/10, ZInsO 2012, 875 Rn. 8.
75 BGH 10.02.2011, IX ZR 18/10, ZInsO 2011, 728 Rn. 14.
76 BGH 29.03.2012, IX ZR 207/10, ZInsO 2012, 875 Rn. 8.
77 BGH 18.07.2013, IX ZR 198/10, WM 2013, 1504 Rn. 10 ff.
78 BGH 22.04.2010, IX ZR 225/09, ZInsO 2010, 1454 Rn. 11 ff.
79 BGH 09.12.2010, IX ZR 60/10, ZInsO 2011, 428 Rn. 13 ff.; 22.09.2011, IX ZR 209/10, WM 2011, 2237 Rn. 19.
80 BGH 10.02.2011, IX ZR 18/10, ZInsO 2011, 728 Rn. 9 ff.
81 BGH 01.06.2006, IX ZR 159/04, ZInsO 2006, 771 Rn. 11.
82 BGH 12.07.1990, IX ZR 245/89, BGHZ 112, 136 (138 f.); 11.12.1997, IX ZR 341/95, BGHZ 137, 267 (282).
83 BGH 18.03.2010, IX ZR 57/09, ZInsO 2010, 807 Rn. 9 ff.
84 BGH 25.06.1992, IX ZR 4/91, NJW 1992, 2421 (2423); 19.04.1998, IX ZR 22/97, NJW 1998, 2592 (2599).
85 BGH 11.12.2008, IX ZR 194/07, ZInsO 2009, 143 Rn. 14.
86 BGH 12.12.1996, IX ZR 76/96, NJW 1997, 866 (867).

sucht; hier kommt § 132 in Betracht. Die Erfüllung einer auflösend bedingten Verpflichtung ist entgeltlich, solange die Bedingung nicht eingetreten ist.

b) Unentgeltlichkeit

19 Die bewusste Erfüllung einer nicht bestehenden[87] oder einer dem Zahlungsempfänger gegen einen Dritten zustehenden, aber wertlosen Forderung[88] ist unentgeltlich. Gleiches gilt für die Erfüllung einer unentgeltlichen Verpflichtung,[89] die Abtretung einer wertlosen Forderung,[90] unbenannte Zuwendungen unter Ehegatten,[91] den Verzicht auf eine Forderung[92] oder ein gesetzliches Pflichtteilsrecht.[93] Unentgeltlich ist eine **verschleierte Schenkung**, bei der ein Geschäft nur zum Schein abgeschlossen wird, um die Freigiebigkeit zu verdecken.[94] Hat der Schuldner ein Grundstück schenkweise übertragen und sich darüber hinaus verpflichtet, den Erwerber von den auf dem Grundstück ruhenden Lasten zu befreien, wird die Schenkung insoweit erst mit Befriedigung der dinglichen Gläubiger vollzogen.[95] Erbringt der Schuldner auf Grund eines »letter of intent« der Gegenseite Werkleistungen, überlässt er den Auftrag jedoch einem Dritten, der den vollen Werklohn erhält, können die vom Schuldner erbrachten Werkleistungen im Verhältnis zum Dritten als unentgeltliche Leistung anfechtbar sein.[96]

20 Die Sicherung einer unentgeltlich begründeten Verpflichtung ist ihrerseits ebenfalls unentgeltlich. Die **Besicherung einer fremden Schuld** ist grds unentgeltlich, wenn der Sicherungsgeber zur Bestellung der Sicherheit nicht auf Grund einer entgeltlich begründeten Verpflichtung gehalten war.[97] Die Schenkung eines Hauses ist insoweit unentgeltlich, als die übernommenen, darauf lastenden Verbindlichkeiten seinen Wert unterschreiten.[98] Vereinbart der Schuldner mit seinem Vertragspartner, dass eine Belohnung für ein bestimmtes Verhalten zur Hälfte an dessen Ehegatten gezahlt wird, um insoweit den Schenkungsteuerfreibetrag auszunutzen, und wird anschließend entsprechend verfahren, so ist die Zahlung an den Ehegatten auch dann als unentgeltliche, ohne Gegenleistung erbrachte Zuwendung anfechtbar, wenn der beabsichtigte steuerliche Erfolg aus Rechtsgründen nicht eingetreten ist.[99] Die Übertragung des Hälfteanteils eines zuvor je zur Hälfte im Eigentum beider Ehegatten stehenden Grundstücks an den anderen Ehegatten ist unentgeltlich, wenn die gleichzeitig getroffene Vereinbarung über einen Zugewinnausgleich im Falle der Durchführung dem übertragenden Ehegatten keinen Vorteil verschafft. Insbesondere erlangt der übertragende Ehegatte keinen Vorteil, wenn sich das für den Zugewinnausgleich maßgebliche Anfangsvermögen des anderen Ehegatten durch die Vereinbarung erhöht.[100] Hat sich der Schuldner verpflichtet, die für die Forderung eines Dritten mithaftende Person von ihrer Ausgleichspflicht im Innenverhältnis schenkungshalber freizustellen, so nimmt der Schuldner mit der Leistung an den Dritten eine unentgeltliche Verfügung vor, obwohl er dadurch zugleich von einer eigenen Verbindlichkeit frei wird.[101] Demzufolge ist der Verzicht eines **Gesamtschuldners** auf den Rückgriff gegen einen anderen Gesamtschuldner un-

---

87 BGH 29.11.1990, IX ZR 29/90, BGHZ 113, 98 (104).
88 BGH 03.03.2005, IX ZR 441/00, BGHZ 162, 276 (280); 16.11.2007, IX ZR 194/04, BGHZ 174, 228 Rn. 8 ff.
89 BGH 24.03.1988, IX ZR 118/87, ZIP 1988, 585 (586).
90 BGH 29.11.1990, IX ZR 29/90, BGHZ 113, 98 (103).
91 BGH 21.01.1999, IX ZR 429/97, ZInsO 1999, 163 (164).
92 BGH 16.09.1999, IX ZR 204/98, NJW 1999, 3626 (3637); 08.03.2012, IX ZR 51/11, ZInsO2012, 830 Rn. 28.
93 BGH 28.02.1991, IX ZR 74/90, BGHZ 113, 393 (397 f.).
94 BGH 24.06.1993, IX ZR 96/92, ZIP 1993, 1170 (1173).
95 BGH 04.03.1999, IX ZR 63/98, BGHZ 141, 96 (103).
96 BGH 19.04.2007, IX ZR 79/05, ZInsO 2007, 598.
97 BGH 01.06.2006, IX ZR 159/04, ZInsO 2006, 771 Rn. 7.
98 BGH 22.09.1982, VIII ZR 293/81, NJW 1983, 1678 (1679).
99 *BGH 20.07.2006, IX ZR 226/03, ZInsO 2006, 937.*
100 BGH 08.12.2011, IX ZR 33/11, WM 2012, 185 Rn. 43 ff.
101 BGH 04.03.1999, IX ZR 63/98, BGHZ 141, 96 (100 ff.).

entgeltlich. Vor Bedingungseintritt ist die Erfüllung einer aufschiebend bedingten Verpflichtung unentgeltlich.

IV. Anfechtungsfrist

Die geringere Bestandskraft unentgeltlichen Erwerbs rechtfertigt es, den Anfechtungszeitraum im Vergleich zu den kürzeren Fristen der §§ 130 bis 132 im Rahmen des § 134 auf **vier Jahre** zu erstrecken.[102] Die Anfechtung einer unentgeltlichen Leistung setzt voraus, dass sie nicht früher als vier Jahre vor dem Insolvenzantrag vorgenommen wurde. Die Frist ist nach § 139 zu berechnen, der Zeitpunkt der Vornahme nach § 140 zu beurteilen. Die Frist ist für jede Leistung – auch Teilleistungen – gesondert zu bestimmen. Wurde die Schenkung eines Grundstücks länger als vier Jahre vor dem Antrag vollzogen, kann die spätere Freistellung von den dinglichen Belastungen unentgeltlich sein.[103] Auch im Fall einer **Drittzahlung** des späteren Insolvenzschuldners auf eine nicht durchsetzbare Forderung des Leistungsempfängers gilt die vierjährige Anfechtungsfrist. Denn hier kann es wegen des Vorrangs einer Deckungsanfechtung regelmäßig nicht zu einer Konkurrenz zwischen der Schenkungsanfechtung des Zuwendenden und einer Deckungsanfechtung des Forderungsschuldners kommen. Beruht die Tilgungsleistung auf der unentgeltlichen Zuwendung eines Dritten, ist kein anerkennenswerter Grund ersichtlich, zu dessen Lasten die Anfechtungsfrist des § 134 zu verkürzen. Bot allein die Drittzahlung die Möglichkeit einer Erfüllung der Forderung, ist es angemessen, dass der Empfänger das mit der unentgeltlichen Leistung verbundene Risiko einer Insolvenz des Zuwendenden zu tragen hat. Der Dritte kann mit seiner Zahlung dem Zuwendungsempfänger das Risiko, dass dessen Schuldner insolvenzbedingt ausfällt, abnehmen, aber nicht sein eigenes Insolvenzrisiko ausschließen. Die Verkürzung der Anfechtungsfrist würde das mit einer unentgeltlichen Drittzahlung naturgemäß verbundene Risiko in sachwidriger Weise zugunsten der Beklagten verringern.[104]

21

V. Beweislast

Die Beweislast für die **Unentgeltlichkeit** hat der Insolvenzverwalter zu tragen; ihr ist nicht durch den bloßen Nachweis einer Leistung des Schuldners, die nichts über den Rechtsgrund besagt, genügt.[105] Richtet sich die Anfechtung gegen einen Ehegatten, kann ihm die Beweiserleichterung des § 1362 BGB zu Gute kommen. Der Anfechtungsgegner trägt die **Beweislast** dafür, dass die Leistung außerhalb der Anfechtungsfrist vollzogen wurde.[106]

22

VI. Verhältnis von Schenkungs- zu Deckungsanfechtung bei Drittzahlungen

Wird eine Forderung im Wege einer Drittleistung beglichen, geht der Schenkungsanfechtung des Zuwendenden die Deckungsanfechtung des Forderungsschuldners vor. Ebenso wie im Fall der Anfechtung einer mittelbaren Zuwendung an den Zuwendungsempfänger die Anfechtung gegen den Zuwendenden ausscheidet, hat es dieser hinzunehmen, dass die von ihm bewirkte Drittleistung vorrangig im **Valutaverhältnis** zwischen dem Forderungsschuldner und dem Zuwendungsempfänger der Anfechtung unterliegt. Diese Würdigung beruht insb. auf der Erwägung, mittelbare Zuwendungen anfechtungsrechtlich so zu behandeln, als habe der Zuwendungsempfänger die Leistung unmittelbar von seinem Forderungsschuldner, der den Zuwendenden als Leistungsmittler angewiesen hat, erhalten. Der **Vorrang der Deckungsanfechtung** folgt außerdem daraus, dass sich die Schenkungsanfechtung auf die Wertlosigkeit der gegen den Forderungsschuldner gerichteten Forderung gründet. Hätte dieser selbst geleistet, unterläge seine Zahlung infolge seiner Insolvenzreife und der damit verbundenen Wertlosigkeit der gegen ihn gerichteten Forderung der Deckungsanfechtung. Hinter diese Deckungsanfechtung hat die ebenfalls auf die Wertlosigkeit der beglichenen Forderung ge-

23

---

102 BT-Drucks. 12/2443, 161.
103 BGH 04.03.1999, IX ZR 63/98, BGHZ 141, 96 (103).
104 BGH 22.10.2009, IX ZR 182/08, ZInsO 2009, 2241 Rn. 10 ff.
105 BGH 17.09.2009, IX ZR 222/07 Rn. 4.
106 BGH 30.03.2006, IX ZR 84/05, WM 2006, 1156 Rn. 15.

stützte Schenkungsanfechtung zurückzutreten. Da die Anfechtung einer mittelbaren Zuwendung voraussetzt, dass der Forderungsschuldner den Gegenwert der Leistung dem Zuwendenden zur Verfügung gestellt hat, erscheint es auch im Blick auf dieses Vermögensopfer und die darum schutzwürdigeren Belange der Gläubiger des Forderungsschuldners angemessen, der Deckungsanfechtung Priorität zu geben. Freilich hat der Leistungsempfänger, der sich unter Hinweis auf eine vorrangige Deckungsanfechtung gegen eine Schenkungsanfechtung wendet, im Streitfall darzulegen und zu beweisen, dass eine Deckungsanfechtung tatsächlich durchgreift. Allerdings hat der Leistungsempfänger eine Anfechtung durch den unentgeltlich handelnden Leistungsmittler auch in Fällen einer mittelbaren Zuwendung zu gewärtigen, wenn die Deckungsanfechtung durch den Leistenden an den Fristen der §§ 130, 131 scheitert.[107]

C. Gelegenheitsgeschenk geringen Werts

24 § 134 Abs. 2 entzieht gebräuchliche Gelegenheitsgeschenke geringen Werts der Anfechtung. Mit der Tatbestandsfassung wird die Privilegierung auf Geschenke im Sinne der §§ 516 ff. BGB unter Ausschluss sonstiger unentgeltliche Leistungen begrenzt. **Gelegenheitsgeschenke** werden regelmäßig zu bestimmten Anlässen wie Geburtstag, Taufe, Kommunion, Konfirmation, Examen, Verlobung, Hochzeit, Jubiläen oder Weihnachten gemacht. Darüber hinaus werden auch zeitlich ungebundene Geschenke zur Förderung gemeinnütziger, mildtätiger oder kirchlicher Zwecke erfasst. Entsprechendes dürfte für Schenkungen gelten, die einer Anstandspflicht oder sittlichen Pflicht entsprechen. Die **Gebräuchlichkeit** eines Geschenks beurteilt sich danach, was als Geschenk nach Art und Umfang in den Gesellschaftskreisen, denen der Schuldner angehört, in dem konkreten Anlass üblich ist. Mithin können die Vermögensverhältnisse des Schuldners im Zeitpunkt der Bewirkung des Geschenks in gewissen Grenzen berücksichtigt werden. Die **Geringwertigkeit** ist im Verhältnis des Geschenks zur Größe der Insolvenzmasse zu bestimmen. Damit verbleibt ein gewisser individueller Spielraum. Eine allgemeine Obergrenze für geringfügige Geschenke sollte nicht zu kleinlich bemessen werden. Falls § 134 Abs. 2 eingreift, kann eine Anfechtung auf der Grundlage der §§ 130 bis 133 in Betracht kommen.

§ 135 Gesellschafterdarlehen

(1) Anfechtbar ist eine Rechtshandlung, die für die Forderung eines Gesellschafters auf Rückgewähr eines Darlehens im Sinne des § 39 Absatz 1 Nr. 5 oder für eine gleichgestellte Forderung
1. Sicherung gewährt hat, wenn die Handlung in den letzten zehn Jahren vor dem Antrag auf Eröffnung des Insolvenzverfahrens oder nach diesem Antrag vorgenommen worden ist, oder
2. Befriedigung gewährt hat, wenn die Handlung im letzten Jahr vor dem Eröffnungsantrag oder nach diesem Antrag vorgenommen worden ist.

(2) Anfechtbar ist eine Rechtshandlung, mit der eine Gesellschaft einem Dritten für eine Forderung auf Rückgewähr eines Darlehens innerhalb der in Absatz 1 Nr. 2 genannten Fristen Befriedigung gewährt hat, wenn ein Gesellschafter für die Forderung eine Sicherheit bestellt hatte oder als Bürge haftete; dies gilt sinngemäß für Leistungen auf Forderungen, die einem Darlehen wirtschaftlich entsprechen.

(3) Wurde dem Schuldner von einem Gesellschafter ein Gegenstand zum Gebrauch oder zur Ausübung überlassen, so kann der Aussonderungsanspruch während der Dauer des Insolvenzverfahrens, höchstens aber für eine Zeit von einem Jahr ab der Eröffnung des Insolvenzverfahrens nicht geltend gemacht werden, wenn der Gegenstand für die Fortführung des Unternehmens des Schuldners von erheblicher Bedeutung ist. Für den Gebrauch oder die Ausübung des Gegenstandes gebührt dem Gesellschafter ein Ausgleich; bei der Berechnung ist der Durchschnitt der im letzten Jahr vor Verfahrenseröffnung geleisteten Vergütung in Ansatz zu bringen, bei kürzerer Dauer der Überlassung ist der Durchschnitt während dieses Zeitraums maßgebend.

---

107 BGH 22.10.2009, IX ZR 182/08, ZInsO 2009, 2241 Rn. 12, 13.

(4) § 39 Absatz 4 und 5 gilt entsprechend.

Übersicht

	Rdn.			Rdn.
A. Normzweck	1	C.	Anfechtung der Befriedigung gesellschafterbesicherter Drittforderungen	18
B. Anfechtung von Befriedigung und Sicherung	2	D.	Anspruch der Masse auf Nutzungsüberlassung	19
I. Rechtshandlung, Gläubigerbenachteiligung	2	I.	Nutzungsanspruch	19
II. Art der Forderung	3		1. Verpflichteter	20
III. Darlehensgeber	5		2. Erhebliche Bedeutung des Gegenstandes	21
1. Gesellschafter	5		3. Nutzungsverhältnis	22
a) Grundsatz	5	II.	Nutzungsentgelt	23
b) Privilegierung	7	III.	Rechtsfolgen für Vertragsverhältnis zwischen Gesellschafter und Gesellschaft	24
aa) Sanierungsprivileg	8			
(1) Anteilserwerb	9	IV.	Beendigung des Nutzungsverhältnisses vor Insolvenz	25
(2) Sanierungseignung	11			
(3) Dauer des Privilegs	12	V.	Nutzungsrecht bei Konkurrenz mit Drittansprüchen	26
bb) Kleinbeteiligtenprivileg	13			
2. Betroffene Gesellschaften	14			
IV. Sicherung, Befriedigung, Frist	15			

A. Normzweck

Gesellschafterdarlehen, die einer GmbH in der Krise gewährt oder belassen werden, waren nach bisheriger, auf einer Analogie zu §§ 30, 31 GmbHG beruhender Rechtsprechung wie haftendes Eigenkapital zu behandeln. Infolge der Gleichsetzung der Kreditmittel mit Stammkapital war es der Gesellschaft verboten, das Darlehen an den Gesellschafter zurückzuzahlen. Gleichwohl erhaltene Darlehenstilgungen hatte der Gesellschafter der GmbH zu erstatten.[1] Diese Rechtsprechungsregeln und damit die Rechtsfigur des **eigenkapitalersetzenden Darlehens** wurden im Rahmen des am 1. November 2008 in Kraft getretenen **MoMiG** zwecks Deregulierung durch die Neufassung des § 30 Abs. 1 Satz 3 GmbHG aufgegeben, wonach Satz 1 der Vorschrift nicht auf Gesellschafterdarlehen und ihnen wirtschaftlich entsprechenden Rechtshandlungen anzuwenden ist.[2] Mit der Streichung der Rechtsprechungsregeln wurden die damit korrespondierenden §§ 32a, 32b GmbHG beseitigt. Das Tatbestandsmerkmal »kapitalersetzend« findet im neuen Recht keinen Platz mehr. Die Behandlung von Gesellschafterdarlehen wird folglich auf eine rein insolvenz- und anfechtungsrechtliche Basis gestellt: In der Insolvenz sind Gesellschafterdarlehen und gleichgestellte Verbindlichkeiten nach § 39 Abs. 1 Nr. 5 nachrangig; Tilgungsleistungen der Gesellschaft auf derartige Forderungen sind nunmehr auch in einer Krise unbedenklich zulässig; umgekehrt kann auch die Rückzahlung des Darlehens von der Gesellschaft nicht mehr unter Berufung auf eine Krise verweigert werden.[3] Durch die Streichung des Kapitalersatzes entstehende Schutzlücken werden durch die Neufassung des § 135 (vgl. außerhalb der Insolvenz § 6 AnfG) geschlossen. § 135 Abs. 1 Nr. 1 unterwirft eine Rechtshandlung der Anfechtung, die innerhalb der letzten zehn Jahre vor dem Eröffnungsantrag für ein Darlehen oder eine gleichgestellte Forderung des Gesellschafters **Sicherung** gewährt hat; Entsprechendes gilt nach § 135 Abs. 1 Nr. 2 für eine Rechtshandlung, durch die dem Gesellschafter im letzten Jahr vor dem Eröffnungsantrag **Befriedigung** gewährt wurde. Damit wird künftig nicht mehr auf eine »Krise«, sondern die Insolvenz der Gesellschaft abgehoben.[4] § 135 Abs. 3 ist an die Stelle der kapitalersetzenden Nutzungsüberlassung getreten. Der anfechtungsrechtliche Regelungszweck des § 135 geht dahin, infolge des gesellschaftsrechtlichen Näheverhältnisses über die finanzielle Lage ihres Betriebs regelmäßig **wohlinformierten Gesellschaftern** die Möglichkeit zu versagen, der Gesell-

---

[1] *Gehrlein* BB 2011, 3.
[2] BR-Drucks. 354/07, 95; *Gehrlein* BB 2011, 3 (5); *Seibert/Decker* ZIP 2008, 1208 (1211).
[3] *Gehrlein* Rn. 61; *Kallmeyer* DB 2007, 2755 (2758); *Oppenhoff* BB 2008, 1630 (1632).
[4] *Noack* DB 2007, 1395 (1398); *Habersack* ZIP 2007, 2145; *Gehrlein* Rn. 62.

schaft zur Verfügung gestellte Kreditmittel zu **Lasten der Gläubigergesamtheit** zu entziehen.[5] Der Bundesgerichtshof geht davon aus, dass die Legitimationsgrundlage auch des neuen Rechts nach dem Inhalt der Gesetzesmaterialien mit der **Finanzierungsfolgenverantwortung** des Gesellschafters harmoniert.[6]

B. Anfechtung von Befriedigung und Sicherung

I. Rechtshandlung, Gläubigerbenachteiligung

2 Die Anfechtung setzt entsprechend den allgemeinen Grundsätzen eine **Rechtshandlung**[7] (vgl. § 129 Rdn. 23 ff.) voraus, durch welche die Gläubiger eine mindestens **mittelbare Benachteiligung** (vgl. § 129 Rdn. 63 ff.) erfahren haben. Es gelten die allgemeinen Grundsätze: Eine Gläubigerbenachteiligung besteht, wenn die Befriedigungsmöglichkeit der Insolvenzgläubiger in irgendeiner Weise objektiv beeinträchtigt worden ist.[8] Wird ein besichertes Gesellschafterdarlehen innerhalb eines Jahres vor Antragstellung zurückgewährt, scheitert eine Anfechtung (§ 135 Abs. 1 Nr. 2) nicht an einer fehlenden Gläubigerbenachteiligung: Denn die Sicherung ist ihrerseits anfechtbar, wenn sie binnen zehn Jahren vor Antragstellung gewährt wurde (§ 135 Abs. 1 Nr. 1). Eine Gläubigerbenachteiligung liegt auch vor, wenn die Insolvenzmasse zur Befriedigung der Masseverbindlichkeiten und der Insolvenzgläubiger (§ 38), aber nicht aller nachrangigen Gläubiger ausreicht. Die Rechtshandlung braucht nicht von dem Schuldner herzurühren; anfechtbar sind auch Vollstreckungsmaßnahmen des Anfechtungsgegners, wegen der in Rede stehenden Forderungen also regelmäßig solche des **Gesellschafters**. Weitere objektive oder subjektive Erfordernisse stellt das Gesetz nicht auf. Die Befriedigung oder Besicherung nicht nachrangiger Insolvenzforderungen bildet keine Gläubigerbenachteiligung, wenn die Insolvenzmasse zur Befriedigung dieser Forderungen ausreicht und lediglich nachrangige Forderungen unberücksichtigt bleiben.[9] **Zahlt ein Gesellschafter**, dem im letzten Jahr vor dem Eröffnungsantrag von der Gesellschaft Darlehen zurückgewährt worden sind, **die erhaltenen Beträge an die Gesellschaft zurück**, um die ursprüngliche Vermögenslage der Gesellschaft wiederherzustellen, entfällt die mit der Rückgewährung eingetretene objektive Gläubigerbenachteiligung. Erfolgt die Rückzahlung auf ein im Soll geführtes Konto einer Bank, für das der Gesellschafter eine Sicherheit bestellt hat oder als Bürge haftet, kann die Rückführung des Saldos nach § 135 Abs. 2 anfechtbar sein.[10] Gewährt ein Gesellschafter seiner Gesellschaft fortlaufend zur Vorfinanzierung der von ihr abzuführenden Sozialversicherungsbeiträge Kredite, die in der **Art eines Kontokorrentkredits** jeweils vor Erhalt des Nachfolgedarlehens mit öffentlichen Beihilfen **abgelöst** werden, ist die Anfechtung wie bei einem Kontokorrentkredit auf die **Verringerung des Schuldsaldos im Anfechtungszeitraum** beschränkt.[11]

II. Art der Forderung

3 Der nach Insolvenzeintritt durch § 39 Abs. 1 Nr. 5 angeordnete Nachrang von Gesellschafterdarlehen wird im Vorfeld der Insolvenz durchgesetzt, indem Rückzahlungen der Gesellschaft auf Forderungen dieser Art gem. § 135 der Anfechtung unterliegen.[12] § 135 Abs. 1 unterwirft mithin die Befriedigung und Sicherung eines **Gesellschafterdarlehens** und **gleichgestellter Forderungen** i.S.d. § 39 Abs. 1 Nr. 5 der Anfechtung. Als Gesellschafterdarlehen ist jedes Darlehen,[13] also auch ein

---

[5] BGH 21.02.2013 – IX ZR 32/12, ZInsO 2013, 543 Rn. 18.
[6] BGH 21.02.2013 – IX ZR 32/12, ZInsO 2013, 543 Rn. 18.
[7] BGH 04.07.2013, IX ZR 229/12, ZInsO 2013, 1577 Rn. 15.
[8] BGH 19.09.1988, II ZR 255/87, BGHZ 105, 168 (187).
[9] BGH 07.02.2013, IX ZR 146/12, ZInsO 2013, 609 Rn. 2 ff.
[10] BGH 04.07.2013, IX ZR 229/12, ZInsO 2013, 1577 Rn. 16.
[11] BGH 07.03.2013 – IX ZR 7/12, DB 2013, 810 Rn. 16 ff.; 04.07.2013, IX ZR 229/12, ZInsO 2013, 1577 Rn. 33 ff.
[12] *Gehrlein* BB 2008, 846 (852).
[13] *Gehrlein* BB 2011, 3, 5.

Sachdarlehen, zinsloses Gefälligkeitsdarlehen oder partiarisches Darlehen, eines an einer Gesellschaft i.S.d. § 39 Abs. 1 Nr. 5 beteiligten Gesellschafters oder diesem gleichgestellten Dritten anzusehen. Infolge der generalisierenden Betrachtungsweise des Gesetzes werden in der Insolvenz sämtliche Gesellschafterdarlehen ohne Rücksicht darauf, ob sich die Gesellschaft im Zeitpunkt ihrer Gewährung oder des späteren Stehenlassens in einer Krise befand, wie Eigenkapital behandelt. Der Nachrang erfasst jedes Darlehen, gleich ob es herkömmlich als kapitalersetzend zu charakterisieren oder mit einer anderen oder überhaupt keiner Zweckbestimmung verknüpft ist, folglich auch ein Überbrückungsdarlehen.[14] Der Nachrang greift naturgemäß nur, wenn das Darlehen auch tatsächlich ausgezahlt wurde; er ist auch zu beachten, wenn der Darlehensbetrag auf der Grundlage eines unwirksamen Vertrages gewährt wurde. In Konsequenz der gesetzlichen Regelung dürfte der Nachrang unabhängig von einer Stundung auch für aus einem Darlehen abgeleitete Zinsansprüche gelten. Ungeachtet des Entstehungsgrundes entsprechen einem Darlehen alle – etwa aus normalen Austauschgeschäften von Kauf bis Miete und Pacht herrührende – Forderungen, die der Gesellschaft – ob auf einem Rechtsgeschäfts beruhend, oder rein faktisch – **gestundet** wurden, weil jede Stundung bei wirtschaftlicher Betrachtungsweise eine Darlehensgewährung bewirkt.[15] Gleiches dürfte gelten, wenn der Gesellschaft ein ungewöhnlich langer, über die Dreißigtagefrist des § 286 Abs. 3 BGB hinausgehender Zahlungstermin für die Begleichung einer Gesellschafterforderung gewährt wird.

Eine ausdrückliche Stundungsabrede zwischen Gesellschafter und Gesellschaft ist entbehrlich, es genügt also vielmehr, dass der Gesellschafter von der Berechtigung, die Forderung einzuziehen, faktisch keinen Gebrauch macht. Die Schwelle zur Stundung ist bereits überschritten, wenn die Forderung länger als bei einem Bargeschäft üblich nicht geltend gemacht wird. Die Begleichung von Nutzungsentgelten unterliegt als gleichgestellte Forderungen mithin nur der Anfechtung, wenn sie im Anschluss an eine mindestens faktische Stundung erfolgte, nicht aber, sofern die Vergütung fristgemäß gezahlt wurde.[16] Keine Stundung dürfte vorliegen, sofern die Forderung innerhalb des für ein Bargeschäft üblichen Zeitraums getilgt wird. Ist im Rahmen eines **cash-pools** die poolführende Konzernmutter Gesellschafterin eines Tochterunternehmens, so bildet die Glattstellung eines Soll-Saldos ein Darlehen. Die Tilgung kurzfristiger, spätestens binnen drei Wochen zurückzuzahlender **Überbrückungskredite**, die nach früherem Recht nicht als Eigenkapitalersatz behandelt wurden, unterliegt wie jede andere Darlehensrückzahlung der Anfechtung.[17] Löst ein Gesellschafter ein der GmbH gewährtes Darlehen ab, kann er seinen Regressanspruch gegen die Gesellschaft nur als **nachrangige Forderung** (§ 39 Abs. 1 Nr. 5 InsO) geltend machen.[18] Wandelt der Gesellschafter sein Darlehen in eine Kapitalrücklage um, fällt deren Auszahlung nicht in den Tatbestand des § 135; vielmehr sind lediglich § 130, 133 einschlägig. Wird bei einem **cash-pool** ein Habensaldo von dem Geschäftskonto der Schuldnerin abgeführt und mittels Verrechnung ein ihr gewährtes Darlehen getilgt, kommt eine Anfechtung in Betracht. Das Bargeschäftsprivileg des § 142 dürfte im Rahmen von § 135 – also auch für einen cash-pool oder kurzfristige Überbrückungskredite – nicht gelten. Davon abgesehen dürfte ohnehin der von § 142 geforderte zeitliche Zusammenhang infolge faktisch gewährter Stundungen regelmäßig fehlen.[19] Die Vorschriften der §§ 130 ff. sind neben § 135 anwendbar. Wird eine Gesellschafterhilfe erst im **Eröffnungsverfahren** oder **nach Verfahrenseröffnung** gewährt, ist § 39 Abs. 1 Nr. 5 unanwendbar.

4

---

14 BGH 07.03.2013, IX ZR 7/12; DB 2013, 810 Rn. 14; 04.07.2013, IX ZR 229/12, ZInsO 2013, 1577 Rn. 29.
15 *Gehrlein* BB 2008, 846 (852).
16 *Rühle* ZIP 2009, 1358 (1360); *G. Fischer* in FS Wellensiek, 2011, S. 443, 445.
17 BGH 07.03.2013, IX ZR 7/12, ZInsO 2013, 717 Rn. 14; 04.07.2013, IX ZR 229/12, ZInsO 2013, 1577 Rn. 29.
18 BGHZ 192, 9 Rn. 9; BGH, Urt. v. 04.07.2013 – IX ZR 229/12, ZInsO 2013, 1577 Rn. 21.
19 *Gehrlein* BB 2011, 3, 6 f.

III. Darlehensgeber

1. Gesellschafter

a) Grundsatz

5   In erster Linie gehören Gesellschafter zu den Normadressaten der Regelung. Ohne Bedeutung ist, ob der Gesellschafter in die Gesellschafterliste aufgenommen ist. Mit Hilfe des Tatbestands der gleichgestellten Forderungen sollen nach dem Willen des Gesetzgebers die personellen und sachlichen Erweiterungen des bisherigen § 32a GmbHG von dem neuen Recht übernommen werden. In personeller Hinsicht ist darum abweichend von § 138 der Kreis der dem Gesellschafter nahestehenden Personen auf der Grundlage der Rechtsprechung zu § 32a Abs. 3 Satz 1 GmbHG a.F. zu determinieren. Auf dieser Grundlage ist etwa ein **Strohmann**, der mit ihm überlassenen Mitteln eines Gesellschafters der Gesellschaft einen Kredit gewährt, in den Normbereich einbezogen. Gleiches dürfte für **Treuhandverhältnisse** sowohl in Bezug auf den Treuhänder als auch den Treugeber, Nießbraucher des Geschäftsanteils, stille Gesellschafter, sowie mittelbar, über eine Obergesellschaft beteiligte Gesellschafter[20] gelten. Ist ein Gesellschafter sowohl an der darlehensnehmenden als auch der darlehensgebenden Gesellschaft beteiligt, unterliegt die Darlehensgeberin der Regelung des § 39 Abs. 1 Nr. 5 nur, wenn der Gesellschafter kraft einer Mehrheitsbeteiligung herrschenden Einfluss auf die darlehensgebende Gesellschaft ausüben kann.[21] Ausreichend ist es, wenn der Gesellschafter der Schuldnerin mit 50 v.H. an der darlehensgebenden GmbH beteiligt und zugleich deren alleinvertretungsberechtigter Geschäftsführer ist.[22] Der **Inhaber eines Pfandrechts** an dem Gesellschaftsanteil ist als gesellschaftsgleicher Dritter zu betrachten, wenn er sich durch weitergehende Nebenabreden eine Position einräumen lässt, die nach ihrer konkreten Ausgestaltung im wirtschaftlichen Ergebnis der Stellung eines Gesellschafters gleich- oder doch jedenfalls nahekommt.[23] Nicht anders ist es zu behandeln, wenn ein Dritter das Darlehen für Rechnung eines Gesellschafters gewährt. Zu den gleichgestellten Forderungen gehören grundsätzlich auch Darlehensforderungen von Unternehmen, die mit dem Gesellschafter **horizontal oder vertikal verbundenen** sind.[24] Ist ein Gesellschafter sowohl an der darlehensnehmenden als auch der darlehensgebenden Gesellschaft beteiligt, unterliegt die Darlehensgeberin der Regelung des § 39 Abs. 1 Nr. 5 nur, wenn der Gesellschafter kraft einer Mehrheitsbeteiligung herrschenden Einfluss auf die darlehensgebende Gesellschaft ausüben kann.[25] Darlehen **naher Familienangehöriger** von Gesellschaftern gehören hingegen nicht zu den gleichgestellten Forderungen; insoweit begründet auch § 138 keine Beweiserleichterungen. Der Anwendbarkeit von § 39 Abs. 1 Nr. 5 steht zwar nicht entgegen, dass es sich bei dem Darlehensgeber nicht um einen Gesellschafter des Schuldners handelt, weil der Anwendungsbereich der durch das MoMiG aufgehobenen Vorschrift des § 32a Abs. 3 Satz 1 GmbHG auch in personeller Hinsicht übernommen werden sollte. Von der Neuregelung werden daher auch Rechtshandlungen Dritter erfasst, welche der Darlehensgewährung durch einen Gesellschafter wirtschaftlich entsprechen. Der **atypisch stille Gesellschafter** einer **GmbH & Co. KG** steht mit seinen Ansprüchen wirtschaftlich dem Gläubiger eines Gesellschafterdarlehens insolvenzrechtlich gleich, wenn in einer Gesamtbetrachtung seine Rechtsposition nach dem Beteiligungsvertrag der eines Kommanditisten im Innenverhältnis weitgehend angenähert ist. Dies ist der Fall, wenn im Innenverhältnis das Vermögen der Geschäftsinhaberin und die Einlage des Stillen als gemeinschaftliches Vermögen behandelt werden, die Gewinnermittlung wie bei einem Kommanditisten stattfindet, die Mitwirkungsrechte des Stillen in der Kommanditgesellschaft der Beschlusskompetenz eines Kommanditisten in Grundlagenangelegenheiten zumindest in ihrer schuldrechtlichen Wirkung nahe kommen und die Informa-

---

20 Vgl. BGH 05.05.2008, II ZR 108/07, NZG 2008, 507 Rn. 9.
21 BGH 05.05.2008, II ZR 108/07, NZG 2008, 507 Rn. 10.
22 BGH, Urt. v. 18.07.2013 – IX ZR 219/11, ZInsO 2013, 1573 Rn. 24 ff.
23 *BGHZ 119, 191, 195.*
24 BGH 21.02.2013 – IX ZR 32/12, ZInsO 2013, 543 Rn. 14 ff.
25 BGH 21.02.2013 – IX ZR 32/12, ZInsO 2013, 543 Rn. 20 ff.

tions- und Kontrollrechte des Stillen denen eines Kommanditisten nachgebildet sind.[26] Eine einem Gesellschafterdarlehen wirtschaftlich entsprechende Rechtshandlung liegt nicht schon vor, wenn es sich bei dem Darlehensgeber um eine nahestehende Person (§ 138 Abs. 1 Nr. 2, Abs. 2 Nr. 3) handelt. Entscheidend gegen die Anwendung des § 138 im Anwendungsbereich des § 39 Abs. 1 Nr. 5 spricht, dass die Vorschrift in der Sache auf einen anderen Regelungsbereich zugeschnitten ist. Hiervon werden Handlungen erfasst, die sich ohnehin durch eine besondere Verdächtigkeit auszeichnen (§ 131 Abs. 2 Satz 2, § 132 Abs. 3 i.V.m. § 130 Abs. 3, § 133 Abs. 2) oder bei denen die in § 138 genannte Person der Insolvenz besonders nahe steht (§ 130 Abs. 3). Gewährt hingegen eine nahestehende Person der Gesellschaft ein Darlehen, ist dies für sich genommen unverdächtig.[27]

Die Einstufung der Leistung als Gesellschafterdarlehen ändert sich auch nach einer Abtretung der Forderung an einen Nichtgesellschafter grds nicht.[28] **Tritt der Gesellschafter** eine gegen die Gesellschaft gerichtete **Darlehensforderung** binnen eines Jahres vor Antragstellung ab und tilgt die Gesellschaft anschließend die Verbindlichkeit gegenüber dem Zessionar, unterliegt nach Verfahrenseröffnung **neben dem Zessionar** auch der **Gesellschafter der Anfechtung**.[29] Freilich ist eine analoge Anwendung des § 135 Nr. 2 zugunsten solcher Zessionare zu erwägen, die ihre Forderung länger als ein Jahr vor dem Eröffnungsantrag erworben haben.[30] Ebenso verhält es sich, wenn ein Gesellschafter seine Beteiligung abgibt, aber seine Stellung als Darlehensgeber behält: Geschah dies innerhalb der Jahresfrist des § 135 Abs. 1 Nr. 2, bleibt er dem Nachrang verhaftet, während er bei einer früheren Veräußerung seiner Beteiligung wie ein sonstiger Darlehensgeber zu behandeln ist.[31] Ein Darlehensgeber, der nach der Darlehensgewährung Anteile an der Gesellschaft erwirbt, unterliegt uneingeschränkt dem Nachrang. Anders verhält es sich, wenn der Darlehensgeber den Kredit vor Erwerb der Gesellschafterstellung abgezogen hat. Ebenfalls von der Regelung nicht betroffen ist, wer isoliert den Geschäftsanteil, aber nicht auch die Darlehensforderung erwirbt. Hat ein Darlehensgeber keine Gesellschafterstellung, werden ihm aber durch Nebenabreden (**financial covenants**) Einflussrechte eingeräumt, die das Gesetz nur einem maßgeblich beteiligten Gesellschafter zubilligt, so sind die Regeln über Gesellschafterdarlehen anwendbar.[32] Falls das Gesellschafterdarlehen länger als ein Jahr vor Insolvenzeröffnung erstattet wurde, kommt eine Anfechtung nach § 133 Abs. 1 in Betracht. Haftet neben der Gesellschaft für die Verbindlichkeit ein **außenstehender Dritter**, kann dieser sich im Falle einer Inanspruchnahme durch den Gesellschafter auf den Nachrang berufen, wenn die Verbindlichkeit im Innenverhältnis von der Gesellschaft zu tragen ist.

b) Privilegierung

Infolge der Verweisung des § 135 Abs. 4 auf § 39 Abs. 4 und 5 ist die Anfechtung ausgeschlossen, wenn der Darlehensgeber unter das Sanierungs- oder Kleinbeteiligtenprivileg fällt.

aa) Sanierungsprivileg

§ 135 Abs. 4, § 39 Abs. 4 Satz 2, Abs. 5 statuieren mit dem Sanierungs- und Kleinbeteiligtenprivileg zwei Ausnahmetatbestände, in denen der insolvenzrechtliche Nachrang von Gesellschafterdarlehen durchbrochen wird.

---

26 BGH 28.06.2012, IX ZR 191/11, ZInsO 2012, 1775 Rn. 10 ff.
27 BGH 17.02.2011, IX ZR 131/10, ZInsO 2011, 626; ebenso bereits zum früheren Kapitalersatzrecht BGH 06.04.2009, II ZR 277/07, NZG 2009, 782.
28 BGH 21.03.1988, II ZR 238/87, BGHZ 104, 33 (43); 05.12.2007, XII ZR 183/02, NJW 2008, 1153 Rn. 29 ff.
29 BGH, Urt. v. 21.02.2013 – IX ZR 32/12, ZInsO 2013, 543 Rn. 28 ff.
30 *Habersack* ZIP 2007, 2145 (2149).
31 BGH 15.11.2011, II ZR 6/11, DB 2012, 47 (48) Rn. 15 f.
32 *Krolop* GmbHR 2009, 397, 400 f.

(1) Anteilserwerb

9 In erster Linie zugeschnitten ist die Regelung über das **Sanierungsprivileg** auf einen von einem Neugesellschafter ab dem Stadium der drohenden Zahlungsunfähigkeit gewährten Kredit. Privilegiert ist – wenngleich dies wenig sachgerecht erscheint – jedenfalls nicht ein reiner Sanierungskredit, sondern nur eine mit einem erstmaligen Anteilserwerb verbundene Kreditgewährung. Mithin profitiert ein Altgesellschafter, der ein Sanierungsdarlehen gewährt, mangels eines Anteilserwerbs nicht von der Regelung. Unschädlich ist es, wenn die Kreditgewährung nicht durch den Gesellschafter, sondern eine ihm **nahestehende dritte Person** (vgl. Rdn. 5 f.), etwa ein Tochterunternehmen, erfolgt. Da das **Sanierungsprivileg** auf den Anteilserwerb und nicht die Kreditvergabe im Zeitpunkt drohender bzw. eingetretener Zahlungsunfähigkeit oder Überschuldung abstellt, werden auch Altkredite begünstigt, wenn der Kreditgeber in einer Sanierungssituation eine Beteiligung erwirbt.[33] In einer solchen Lage wird erwartet, dass der Neugesellschafter jedenfalls das Management austauscht und damit das Unternehmen auf einen besseren Weg führt. Ohne Bedeutung ist es, auf welche Weise die Beteiligung – etwa durch Anteilsabtretung von einem Gesellschafter oder im Zuge einer Kapitalerhöhung – erworben wurde.

10 Obwohl dies dem Wortlaut entspricht, dürfte die Vorschrift nicht Gesellschaftern zugute kommen, die in der Krise ihre Beteiligung geringfügig (symbolisch) aufstocken; mit mehr als 10 % beteiligten Altgesellschaftern bleibt vielmehr das Sanierungsprivileg verschlossen. Das Sanierungsprivileg dürfte allerdings einem kleinbeteiligten Gesellschafter zugute kommen, der seine Beteiligung über die 10 %-Grenze erhöht; nicht ausreichend ist dagegen ein Erwerb bis zu einer Quote von 10 %, weil der Gesellschafter dann als Kleinbeteiligter noch nicht zum Adressatenkreis der Regelung gehörte. Unerheblich ist es, ob die Beteiligung von einem professionellen Sanierer, einer Bank oder einem »einfachen« Gesellschafter übernommen wurde. Lässt sich ein Kreditgeber wegen der Insolvenzreife des Unternehmens durch Nebenabreden (**financial covenants**) weitgehende Mitspracherechte einräumen, kommt ihm, weil er wie ein Gesellschafter zu behandeln ist, auch das Sanierungsprivileg zustatten. Der Anteilserwerb und damit das Darlehen wird nur privilegiert, wenn er ab dem Zeitpunkt **drohender bzw. eingetretener Zahlungsunfähigkeit** oder **Überschuldung** erfolgt. Der zeitliche Korridor für Sanierungsbemühungen dürfte durch die Neuregelung, die nicht mehr an das Merkmal der Krise anknüpft, im Vergleich zum bisherigen Recht verkürzt werden, weil sich eine drohende Zahlungsunfähigkeit vielfach erst nach Eintritt der Krise abzeichnet.

(2) Sanierungseignung

11 Das mit dem Anteilserwerb verbundene Darlehen muss auf der Grundlage einer ex-ante-Betrachtung nach **objektiven Maßstäben zur Sanierung geeignet** sein. Danach müssen – neben dem im Regelfall als selbstverständlich zu vermutenden Sanierungswillen – nach der pflichtgemäßen Einschätzung eines objektiven Dritten im Augenblick des Anteilserwerbs die Gesellschaft (objektiv) sanierungsfähig und die für ihre Sanierung konkret in Angriff genommenen Maßnahmen zusammen objektiv geeignet sein, die Gesellschaft in überschaubarer Zeit durchgreifend zu sanieren. Auf die lediglich subjektive Motivation des Sanierers kann es nach dem Gesetzeszweck schon deshalb nicht entscheidend ankommen, weil andernfalls die schutzwürdigen Interessen der übrigen Gesellschaftsgläubiger in ihrer Wertigkeit nur von dessen Behauptung, er verfolge Sanierungsabsichten, abhingen und deren Befriedigungschancen allein in seiner Hand lägen.[34] War die Sanierung nach diesen Maßstäben objektiv möglich, schadet es nicht, wenn sie gleichwohl gescheitert ist. Die Sanierungseignung könnte hingegen in Fällen eines Anteilserwerbs durch Altkreditgeber fraglich erscheinen.

(3) Dauer des Privilegs

12 Das Sanierungsprivileg kommt Darlehen, aber auch einem Darlehen wirtschaftlich gleichstehenden Gesellschafterhilfen zugute. Die betroffenen Darlehen werden, gleich ob es sich um ein privilegiertes

---

33 Insoweit kritisch *Bork* ZGR 2007, 250 (259).
34 BGH 21.11.2005 II ZR 277/03, BGHZ 162, 106, 112 f.

Alt- oder Neudarlehen handelt, bis zum **Zeitpunkt der »nachhaltigen Sanierung«** und nicht nur – wie noch im Referentenentwurf vorgesehen – bis zur **»Beseitigung der drohenden Zahlungsunfähigkeit«** vom Nachrang verschont. Das Sanierungsprivileg schützt den Gesellschafter also nicht auf Dauer, sondern entbindet das Darlehen nur solange von dem Nachrang, bis die im Zeitpunkt des Anteilserwerbs und der Darlehensgewährung bestehende Schieflage überwunden ist.[35] Dies ist in Anlehnung an § 135 Abs. 1 Nr. 2 anzunehmen, wenn die Kreditwürdigkeit der Gesellschaft über einen Zeitraum von mindestens einem Jahr wiederhergestellt ist. Bei Eintritt einer späteren Krise erlangt das stehengelassene Darlehen nicht abermals das Sanierungsprivileg, wenn der Gesellschafter nunmehr weitere Anteile erwirbt, weil die Regelung maßgeblich beteiligten Gesellschaftern bei einem weiteren Anteilserwerb nicht zustatten kommt.

bb) Kleinbeteiligtenprivileg

Das **Kleinbeteiligtenprivileg** befreit Darlehensgeber von dem Nachrang, die mit bis zu 10 % an dem Haftkapital der Gesellschaft beteiligt sind und nicht zu den geschäftsführenden Gesellschaftern gehören. Infolge der Geschäftsführung werden kleinbeteiligte Gesellschafter/Geschäftsführer oder über ein Aktienpaket verfügende Vorstände von der Privilegierung nicht erfasst. Ein gering beteiligter Gesellschafter profitiert nicht vom Kleinbeteiligtenprivileg, wenn er wie ein **faktischer Geschäftsführer** agiert; gleiches gilt für einen atypisch geschäftsführenden Kommanditisten. Dagegen genießt das Privileg ein Gesellschafter, der nur als Prokurist oder Aufsichtsrat eingesetzt ist. Maßgeblich ist allein die Kapitalbeteiligung, nicht hingegen die Stimmkraft oder die Gewinnbeteiligung.[36] Es kommt als auf das Verhältnis des Nennbetrages zum Haftkapital an. Außer Betracht bleiben auch die Möglichkeiten der Informationsbeschaffung und der Einflussnahme. Der zu mehr als 10 % beteiligte Gesellschafter kann sich nicht darauf berufen, dass die Kreditvergabe in keinem Zusammenhang mit seiner Gesellschafterstellung steht, er die Gesellschafterstellung nur treuhänderisch oder vorübergehend innehat. Bei einer **aufeinander abgestimmten Kreditvergabe durch mehrere Gesellschafter** sind die Beteiligungen zu addieren. Hingegen kommt es nur auf die Beteiligungsverhältnisse eines Mitgesellschafters als Treugeber an, der einem anderen Gesellschafter Mittel zwecks einer Kreditvergabe überlässt. Ferner ist die Beteiligung eines Mutterkonzerns und seiner Tochtergesellschaft an der darlehensnehmenden Gesellschaft zusammenzurechnen. Die Voraussetzungen des Kleinbeteiligtenprivilegs müssen nicht nur im Zeitpunkt der Kreditgabe, sondern während der gesamten Dauer des Darlehensverhältnisses gegeben sein. Ein Gesellschafter kann die Vergünstigung des Kleinbeteiligtenprivilegs folglich nicht nachträglich durch Verringerung seiner Beteiligung oder Aufgabe der Geschäftsführung gewinnen. Umgekehrt verliert ein privilegierter Kreditgeber für sein Darlehen diesen Status, sofern er nachträglich seine Beteiligung erhöht oder die Geschäftsführung übernimmt. Dagegen dürfte der Nachrang ausscheiden, wenn länger als ein Jahr vor Antragstellung die Geschäftsführung niedergelegt oder die Beteiligung auf höchstens 10 % verringert wird. Kommt das Kleinbeteiligungsprivileg einem Gesellschafter zustatten, gilt das auch für **außenstehende Dritte**, die – etwa als Unterbeteiligter, Treuhänder und Treugeber, Pfandgläubiger oder Nießbraucher – einem Gesellschafter gleich behandelt werden.

2. Betroffene Gesellschaften

Die rechtliche Behandlung von Gesellschafterdarlehen wird mit Hilfe von § 135 Abs. 4, § 39 Abs. 4 Satz 1 **rechtsformneutral** auf alle Gesellschaften ausgedehnt, die weder eine natürliche Person noch eine Gesellschaft, bei der ein persönlich haftender Gesellschafter eine natürliche Person ist, als Gesellschafter haben.[37] Vom Anwendungsbereich der Norm ausgenommen sind folglich lediglich Gesellschaften, wo wenigstens eine natürliche Person als persönlich haftender Gesellschafter uneingeschränkter Haftung unterworfen ist. Somit werden von dem Gesetz die Kapitalgesellschaften

---

35 *Gehrlein* BB 2008, 846 (851).
36 *Habersack* ZIP 2007, 2145 (2149).
37 *Gehrlein* BB 2011, 3 (5).

GmbH, AG, KGaA, SE und dank der insolvenzrechtlichen und nicht gesellschaftsrechtlichen Anknüpfung im Inland ansässige ausländische Kapitalgesellschaften wie etwa die Limited erfasst. Entsprechendes gilt für die Genossenschaft, auch diejenige europäischen Rechts (SCE), und eine GmbH & Co KG, aber auch eine OHG und selbst eine GbR ohne natürliche Person als persönlich haftenden Gesellschafter.[38] Der Idealverein fällt ebenso wie die Stiftung mangels einer Beteiligung der Gesellschafter am Haftkapital nicht unter die Regelung. Dagegen dürfte die Vor-GmbH erfasst werden, weil sie keine persönliche Außenhaftung der Gesellschafter kennt.

IV. Sicherung, Befriedigung, Frist

15 Die Gewährung von Gesellschafterdarlehen, die durch das Gesellschaftsvermögen gesichert werden, ist mit einer **ordnungsgemäßen Unternehmensfinanzierung nicht vereinbar**.[39] Unter einer **Sicherung** ist jede dem Gesellschafter für sein Darlehen oder die gleichgestellte Forderung aus Gesellschaftsmitteln gewährte Sicherheit – gleich ob Pfandrecht, Hypothek, Grundschuld, Sicherungsübereignung, Sicherungsabtretung, Patronatserklärung, Zwangshypothek oder Pfändungspfandrecht – zu verstehen. Freilich kann eine Patronatserklärung durch eine vertragsgemäße Kündigung, die allerdings die Einstandspflicht für bereits entstandene Verbindlichkeiten nicht entfallen lässt,[40] für die Zukunft gekündigt werden.[41] Die Verpflichtung des Gesellschafters, dem Kreditgeber von der Gesellschaft zur Sicherung übereignete Güter abzukaufen, stellt in Höhe der Differenz zwischen Preis und Wert der Gegenstände eine Sicherung dar.[42] Für die Anfechtbarkeit ist es ohne Bedeutung, wenn die Sicherung infolge ihrer Verwertung im **Zeitpunkt der Verfahrenseröffnung** nicht mehr bestand.[43] Hat sich der Gesellschafter aus einer für seine Darlehensforderung bestellten Sicherung befriedigt, scheidet auf der Grundlage des maßgeblichen § 135 Abs. 1 Nr. 1 InsO eine Anfechtung nur aus, wenn die **Sicherung länger als zehn Jahre vor dem Eröffnungsantrag** und mithin **anfechtungsfest** bestellt wurde. Erfolgte der **Zugriff auf die Sicherung** jedoch **innerhalb der Frist** des § 135 Abs. 1 Nr. 1 InsO, ist der Wertersatzanspruch wegen Unmöglichkeit der Rückgewähr der nach § 135 Abs. 1 Nr. 1 InsO anfechtbaren Sicherung nicht durch die Jahresfrist des § 135 Abs. 1 Nr. 2 InsO begrenzt.[44] Insoweit sieht die Bestimmung (§ 135 Abs. 1 Nr. 1) eine Anfechtungsfrist von **zehn Jahren** vor. Die Länge der Frist erklärt sich daraus, dass die Sicherung dem Gesellschafter für seine an sich nachrangige Forderung (§ 39 Abs. 1 Nr. 5) nach Verfahrenseröffnung das Recht auf abgesonderte Befriedigung verschafft. Insoweit korrespondiert die Länge der Frist mit dem zeitlich unbeschränkten Nachrang.

16 **Befriedigung** erlangt der Gesellschafter in anfechtbarer Weise, wenn seine Forderung zu Lasten des Gesellschaftsvermögens unmittelbar durch Zahlung oder mit Hilfe eines Erfüllungssurrogats wie Aufrechnung oder Leistung an Erfüllungs Statt beglichen wird. Löst der Gesellschafter einen der GmbH gewährten Kredit ab, ist die binnen Jahresfrist von der Gesellschaft gewährte Befriedigung des Regressanspruchs anfechtbar.[45] Einer Befriedigung steht der **Vollstreckungszugriff** gleich wie auch die Verwertung einer anfechtbar, also innerhalb eines Zeitraums von zehn Jahren vor Antragstellung, erlangten Sicherheit. Wird ein besichertes Gesellschafterdarlehen innerhalb eines Jahres vor Antragstellung zurückgewährt, scheitert eine Anfechtung nicht an einer fehlenden Gläubigerbenachteiligung: Denn die Sicherung ist ihrerseits anfechtbar, wenn sie binnen zehn Jahren vor Antragstellung gewährt wurde. Nach einem Verkauf der gegen die Gesellschaft gerichteten Forderung erlangt der Gesellschafter durch die Kaufpreiszahlung seitens des Erwerbers eine anfechtbare Befriedigung

---

38 BGH 26.01.2009, II ZR 213/07, NJW 2009, 997 Rn. 11 ff.; 14; *Hirte* WM 2008, 1429 (1433).
39 BGH, Urt. v. 18.07.2013 – IX ZR 219/11, ZInsO 2013, 1573 Rn. 19.
40 *Blum* NZG 2010, 1331, 1332.
41 BGH NJW 2010, 3442.
42 *Löser* ZInsO 2010, 28.
43 BGH 18.07.2013, IX ZR 219/11, ZInsO 2013, 1573 Rn. 9.
44 BGH 18.07.2013, IX ZR 219/11, ZInsO 2013, 1573 Rn. 21.
45 BGH 1.12. 201, IX ZR 11/11, BGHZ 192, 9 Rn. 9; BGH 04.07.2013, IX ZR 229/12, ZInsO 2013, 1577 Rn. 21.

nur, wenn die Zahlung zu lasten der Gesellschaft erfolgt.[46] Wird von dem Gesellschafter eine Kreditlinie gewährt, ist nicht jede während des Anfechtungszeitraums von der Gesellschaft darauf geleistete Zahlung, sondern nur der Betrag anfechtbar, um den die Kreditlinie während des Anfechtungszeitraums insgesamt zurückgeführt wurde.[47] Die Anfechtung greift durch, wenn die Rechtshandlung binnen **eines Jahres** vor dem Insolvenzantrag – nicht bereits vor Eintritt der tatsächlichen Insolvenzreife[48] – oder danach vorgenommen wurde (§ 135 Abs. 1 Nr. 2). Die Frist berechnet sich nach § 139, der Zeitpunkt der Vornahme ist nach § 140 zu beurteilen.

Ist die Frist des § 135 Abs. 1 Nr. 2 verstrichen, kommt eine Anfechtung nach § 133 Abs. 1 in Betracht, weil die Kenntnis der Zahlungsunfähigkeit den Schluss auf den Benachteiligungsvorsatz der Gesellschaft und dessen Kenntnis bei dem Gesellschafter gestattet.[49] Außerdem ist eine Anwendung des § 133 zu erwägen, wenn die Gesellschaft **überschuldet** und dies dem **Gesellschafter**, dessen Darlehen befriedigt wird, **bekannt** ist. Zwar bezieht sich das Beweisanzeichen des § 133 Abs. 1 Satz 2 nur auf die Kenntnis der (auch nur drohenden) Zahlungsunfähigkeit. Diese Regel ist aber – wie das Beweisanzeichen der Inkongruenz verdeutlicht – nicht abschließender Natur. Im Falle einer Überschuldung haben die Organe – bei Führungslosigkeit die Gesellschafter – spätestens binnen drei Wochen Insolvenzantrag zu stellen (§ 15a). Es kommt dann ebenso wie bei Zahlungsunfähigkeit zur Gesamtbefriedigung. Ist die Antragstellung nach § 15a geboten, so benachteiligt jede Befriedigung einzelner Gläubiger und damit auch eines Gesellschafters die Gläubigergesamtheit. Dieser Befund könnte die Anwendung des § 133 Abs. 1 bei einer Darlehensrückzahlung in beiderseitiger Kenntnis der Überschuldung des Unternehmens rechtfertigen.[50]

C. Anfechtung der Befriedigung gesellschafterbesicherter Drittforderungen

In Anlehnung an § 32b GmbHG a.F. werden mit Hilfe von § 135 Abs. 2 Rechtshandlungen der Gesellschaft der Anfechtung unterworfen, durch die ein **außenstehender** – also kein gesellschaftergleicher – Dritter für seine Forderung gegen die Gesellschaft Befriedigung erlangt hat, sofern ein Gesellschafter oder ein ihm gleich zu behandelnder Dritter für die Forderung eine Sicherheit übernommen hatte. Die Vorschrift setzt **eine Rechtshandlung der Gesellschaft** voraus, durch die eine Sicherung des Gesellschafters frei wird. Eine Rechtshandlung der Gesellschaft liegt in der mit ihrer Bank getroffenen **Kontokorrentabrede**, nach deren Inhalt Einzahlungen zu einer Verringerung des Kreditsaldos führen. Erbringt der Gesellschafter auf der Grundlage der Kontokorrentvereinbarung aus seinem Vermögen eine Zahlung auf das Kreditkonto, ist dies als Rechtshandlung der Gesellschaft zu bewerten, wenn der Gesellschafter mit der Zahlung einen **(künftigen) Rückgewähranspruch** aus § 135 Abs. 1 Nr. 2 InsO tilgt.[51] Als Sicherung sind neben der ausdrücklich genannten Bürgschaft alle Personal- oder Sachsicherheiten zu berücksichtigen. Zahlungen der Gesellschaft an einen durch einen Gesellschafter gesicherten Gläubiger sind danach innerhalb **eines Jahres** anfechtbar. Freilich richtet sich die Anfechtung, weil der Tatbestand in der Sicherung der Gesellschaftsverbindlichkeit durch den Gesellschafter seine innere Rechtfertigung findet, nicht gegen den Gläubiger des Anspruchs, sondern gem. § 143 Abs. 3 Satz 1 gegen den **Gesellschafter als Sicherungsgeber**.[52] Dies ist nur folgerichtig, weil der Gesellschafter durch die Leistung der Gesellschaft von seiner Sicherheit befreit wurde. Der Anspruch ist nach § 143 Abs. 3 Satz 2 auf die Höhe der übernommenen Bürgschaft, bei einer dinglichen Sicherung auf den Wert der bestellten Sicherheit beschränkt. Handelt es sich um eine Realsicherheit, kann sich der Gesellschafter von der Inanspruchnahme befreien, indem er die als Sicherheit dienenden Gegenstände der Masse zur Verfügung stellt (§ 143 Abs. 3 Satz 3). Wird eine Darlehensverbindlichkeit der GmbH, für welche die GmbH selbst und ein **Gesellschafter** Sicherheit

---

46 BGH 26.06.2006, II ZR 133/05, NJW-RR 2007, 391 Rn. 8 ff.
47 BGH 28.11.1994, II ZR 77/93, NJW 1995, 457.
48 *Gehrlein* BB 2008, 846 (852).
49 *Spliedt* ZIP 2009, 149, 154; *Dahl/Schmitz* NZG 2009, 325, 327.
50 *Gehrlein* BB 2011, 3, 6 f.
51 BGH 04.07.2013, IX ZR 229/12, ZInsO 2013, 1577 Rn. 16.
52 BR-Drucks. 354/07, 132.

geleistet haben, nach Eröffnung des Insolvenzverfahrens über das Vermögen der GmbH infolge der Verwertung der von ihr gegebenen Sicherheit getilgt und die Gesellschaftersicherheit dadurch frei, stellt sich die Frage, ob der Insolvenzverwalter darauf zugreifen kann. Sie ist von den Instanzgerichten kontrovers beurteilt worden.[53] Der Fall, dass ein **doppelt gesicherter Gläubiger** nach der Eröffnung des Insolvenzverfahrens über das Vermögen der Gesellschaft durch Verwertung der Gesellschaftssicherheit befriedigt und die Gesellschaftersicherheit hierdurch frei wird, ist gesetzlich nicht geregelt. Bei wertender Betrachtung besteht kein Unterschied zwischen der Rückzahlung eines gesellschaftergesicherten Darlehens innerhalb der Fristen des § 135 Abs. 1 Nr. 2 und derjenigen nach der Eröffnung des Insolvenzverfahrens. Der gesetzlich geregelte Fall (§ 135 Abs. 2, § 143 Abs. 3) lässt ausreichen, dass Mittel der Gesellschaft aufgewandt wurden und dass die vom Gesellschafter gestellte Sicherheit hierdurch freigeworden ist. Nichts anderes gilt in dem Fall der Befriedigung des Gläubigers nach der Eröffnung des Insolvenzverfahrens. Darum ist der **Gesellschafter entsprechend § 143 Abs. 3** zur Erstattung des an den Gläubiger ausgekehrten Betrages zur Insolvenzmasse verpflichtet.[54]

D. Anspruch der Masse auf Nutzungsüberlassung

I. Nutzungsanspruch

19   Die insolvenzrechtlichen Regelungen über Verträge finden auf Nutzungsverhältnisse zwischen Gesellschaft und Gesellschafter grundsätzlich Anwendung. Wählt der Verwalter Erfüllung des Vertrages, ist der Gesellschafter zur Gebrauchsüberlassung verpflichtet. Fehlt es an einem wirksamen Nutzungsverhältnis oder beendet der Insolvenzverwalter den Vertrag, begründet § 135 Abs. 3 ein gesetzliches Schuldverhältnis zwischen der Masse und dem Gesellschafter.[55]

1. Verpflichteter

20   Der Gesetzgeber hat in Anlehnung an ein österreichisches Vorbild die Fallgruppe der eigenkapitalersetzenden Nutzungsüberlassung eigenständig und damit abweichend von dem in der bisherigen Rechtsprechung entwickelten Modell im Rahmen des unabdingbaren § 135 Abs. 3 rechtsformneutral geregelt. Danach ist der (nicht nach § 39 Abs. 4 und 5 privilegierte) Gesellschafter, ein ihm gleichgestellter Dritter (§ 39 Abs. 1 Nr. 5)[56] wie auch ein Dritterwerber des überlassenen Gegenstands im Interesse sachgerechter Sanierungsbemühungen verpflichtet, seinen Aussonderungsanspruch während der Dauer des Insolvenzverfahrens, längstens aber für eine Frist von **einem Jahr** ab dessen Eröffnung, nicht geltend zu machen.

2. Erhebliche Bedeutung des Gegenstandes

21   Der Nutzungsanspruch ist nur gegeben, wenn der Gegenstand für die Fortführung des Unternehmens des Schuldners – was bei betrieblich genutzten Grundstücken regelmäßig anzunehmen ist, aber auch für bewegliche Sachen, Rechte und immaterielle Gegenstände gelten kann – von **erheblicher Bedeutung** ist (§ 21 Abs. 2 Satz 1 Nr. 5).[57] Sie kann sich daraus ergeben, dass der Betriebsablauf ohne das Wirtschaftsgut tatsächlich oder wirtschaftlich erheblich beeinträchtigt oder gar unmöglich gemacht würde. Ferner muss hinzukommen, dass das Wirtschaftsgut zu dem gleichen (ermäßigten; vgl. Rdn. 23) Entgelt von dritter Seite nicht erlangt werden kann. Entfällt die erhebliche Bedeutung vor Ablauf eines Jahres, ist der Gegenstand an den Gesellschafter herauszugeben. Die Bestimmung ist bei einer masselosen Insolvenz wie auch einer fehlenden Unternehmensfortführung begrifflich unanwendbar. Gleiches dürfte gelten, wenn es zu einer übertragenden Sanierung

---

53   Bejahend OLG Hamm 07.04.2011, I-27 U 94/10, 27 U 94/10, ZInsO 2011, 1602; verneinend OLG Hamm 29.12.2010, 8 U 85/10, I-8 U 85/10, ZInsO 2011, 820.
54   BGH 01.12.2011, IX ZR 11/11, WM 2011, 2376 Rn. 12 ff.
55   *G. Fischer* in FS Wellensiek, 2011, S. 443, 445 f.
56   *Gehrlein* BB 2011, 3, 9; *G. Fischer* in FS Wellensiek, 2011, S. 443, 447.
57   Vgl. *Wälzholz* GmbHR 2008, 841 (848).

kommt.[58] Da die Vorschrift unabdingbar ist, kann sie nicht durch **vertragliche Lösungsklauseln**, wonach das Nutzungsverhältnis infolge der Insolvenz endet, umgangen werden.

3. Nutzungsverhältnis

Die Nutzungsüberlassung kann auf **Miete**, **Pacht**, einem Leasing- oder Lizenzvertrag, aber auch auf unentgeltlicher Leihe oder einem **nicht rechtsgeschäftlichen Gefälligkeitsverhältnis** beruhen. Da die Vorschrift unabdingbar ist, kann sie nicht durch vertragliche Lösungsklauseln, wonach das Nutzungsverhältnis infolge der Insolvenzeröffnung endet, umgangen werden.[59] Der Verwalter muss nicht die Höchstnutzungsdauer von einem Jahr voll ausschöpfen, ist aber zur Vermeidung von Schadensersatzansprüchen gehalten, den Gesellschafter auf eine beabsichtigte Nutzungsbeendigung hinzuweisen, sobald sich diese abzeichnet.[60] Die Bestimmung ist mangels einer Betriebsfortführung im Falle einer masselosen Insolvenz wie auch einer Insolvenzeröffnung ohne Fortsetzung des Unternehmens unanwendbar. Wegen der gehinderten Unternehmensfortsetzung gilt gleiches[61] im Fall einer Kollision mit zugunsten außenstehender Dritter bestellter **Grundpfandrechte**[62] und im Fall einer **Doppelinsolvenz** von Gesellschaft und Gesellschafter.[63] Die Rechtsfolgen des § 135 Abs. 3 verwirklichen sich nur, wenn sich der Verwalter im Rahmen einer formfreien **einseitigen empfangsbedürftigen Willenserklärung** gegenüber dem Gesellschafter ausdrücklich darauf beruft. Der Verwalter hat analog § 103 Abs. 2 Satz 2 und 3 auf Anfrage des Gesellschafters unverzüglich zu erklären, ob der die Rechte aus § 135 Abs. 3 wahrnimmt.

22

II. Nutzungsentgelt

Bis Ablauf der Jahresfrist hat der Gesellschafter die Gegenstände zu den vereinbarten Konditionen, aber im Unterschied zu den bisherigen Rechtsprechungsregeln **nicht unentgeltlich** dem Betrieb zur Verfügung zu stellen. Das für die Überlassung vereinbarte Entgelt bildet einschließlich der verabredeten Zahlungsmodalitäten für die nach der Verfahrenseröffnung liegenden Zeiträume eine **Masseverbindlichkeit** (§ 55 Abs. 1 Nr. 2), während vorherige Rückstände einfache, im Fall der Stundung sogar nach § 39 Abs. 1 Nr. 5 nachrangige Forderungen darstellen. Damit statuiert die Vorschrift ein **gesetzliches, entgeltliches Nutzungsverhältnis** für den Zeitraum nach Insolvenzeröffnung.[64] War zwar eine bestimmte Vergütung vereinbart, diese aber nicht gezahlt worden, bemisst sich die Höhe nach dem im letzten Jahr vor der Insolvenzeröffnung – bei kürzer Überlassungsdauer während dieser Zeit – im **Durchschnitt** tatsächlich Geleisteten.[65] Nachzahlungen in Erwartung der alsbaldigen Verfahrenseröffnung bleiben außer Betracht. Abweichend vom Gesetzeswortlaut und in Einklang mit den sonstigen Anfechtungsnormen sollte auf den im letzten Jahr bis zum **Eröffnungsantrag** und nicht den im letzten Jahr bis zur Verfahrenseröffnung gezahlten Durchschnittsbetrag abgestellt werden, weil im Eröffnungsstadium regelmäßig keine Zahlungen erfolgen.[66] Bei der Berechnung der durchschnittlichen Vergütung sind solche Zahlungen nicht zu berücksichtigen, die der Verwalter angefochten hat.[67] Maßgeblich ist das Entgelt, das der Gesellschafter trotz der Insolvenzeröffnung behalten darf.[68] Abgesehen von § 135 Abs. 1 Nr. 2 kommt in den letzten drei Monaten vor Antragstellung auch eine Anfechtung nach § 130 in Betracht. Ernsthaft eingeforderte, aber verspätet geleistete Zahlungen können nach § 130 anfechtbar sein, wenn die Zahlung innerhalb des Drei-Monats-Zeit-

23

---

58 *Gehrlein* BB 2011, 3, 9.
59 *Marotzke* ZInsO 2008, 1281 (1283).
60 *Karsten Schmidt* DB 2008, 1727 (1734).
61 *Fischer/Knees* ZInsO 2009, 745.
62 BGH 07.12.1998, II ZR 382/96, BGHZ 140, 147 (152 ff.).
63 BGH 28.04.2008, II ZR 207/06, NJW 2008, 2188 Rn. 12 ff.
64 *Karsten Schmidt* DB 2008, 1727 (1733).
65 *Gehrlein* Rn. 73; *Hirte* ZInsO 2008, 689 (693).
66 *Dahl/Schmitz* NZG 2009, 325 ff.; *Gehrlein* BB 2011, 3 (9); *G. Fischer* in FS Wellensiek, 2011, S. 443, 448.
67 *Rühle* ZIP 2009, 1358 (1362).
68 *G. Fischer* in FS Wellensiek, 2011, S. 443, 448.

raums vor Antragstellung stattfand. Einer Anfechtung nach § 130 kann bei pünktlicher Zahlung der Bargeschäftseinwand (§ 142) entgegenstehen. Trotz eines Bargeschäfts kann eine Vorsatzanfechtung (§ 133 Abs. 1) durchgreifen, wenn etwa ein deutlich überhöhtes Nutzungsentgelt gezahlt wird. Von dem Gesellschafter ohne Erfolg verlangte vereinbarte Zahlungen sind nicht zu berücksichtigen.[69] Falls der Gesellschafter tatsächlich die geschuldete Vergütung nicht verlangt hat, wird ihm zugemutet, den Gegenstand der Gesellschaft auch weiter unentgeltlich zu belassen. Außerdem hat die weitere Nutzung auch dann unentgeltlich zu erfolgen, wenn es sich von vornherein um ein unentgeltliches Nutzungsverhältnis – Leihe – gehandelt hat. Wegen der Verweisung des § 135 Abs. 1 auf § 39 Abs. 3 und 4 gelten zugunsten des Gesellschafters das Sanierungs- und Kleinbeteiligtenprivileg. Tritt ein außenstehender Dritter infolge des Erwerbs eines Grundstücks von einem Gesellschafter als Vermieter in dessen Mietverhältnis mit seiner Gesellschaft ein, ist er nicht verpflichtet, der Gesellschaft das Grundstück auf der Grundlage von § 135 Abs. 3 zur Nutzung zu überlassen, auch wenn der Verkäufer hierzu verpflichtet wäre.[70]

III. Rechtsfolgen für Vertragsverhältnis zwischen Gesellschafter und Gesellschaft

24 Auf den Überlassungsvertrag zwischen dem Gesellschafter und der Gesellschaft sind grds §§ 103 ff. anwendbar. Dabei ist zwischen Verträgen über **unbewegliche Sachen** und **sonstige Wirtschaftsgüter** zu unterscheiden: Nach § 109 Abs. 2 besteht ein Mietverhältnis über **Immobilien** fort, sofern Grundstück oder Räumlichkeiten dem Schuldner vor Verfahrenseröffnung überlassen waren. In diesem Fall kann der Insolvenzverwalter die Erfüllung nicht nach § 103 verweigern; das Nutzungsrecht des Verwalters beruht folglich auf dem Vertrag und nicht auf § 135 Abs. 3. Rückständige Nutzungsentgelte kann der Gesellschafter als Insolvenzgläubiger geltend machen (§ 108 Abs. 2); nachrangig i.S.v. § 39 Abs. 1 Nr. 5 sind nur solche Entgeltforderungen, die der Gesellschafter darlehensgleich – faktisch gestundet – stehen gelassen hat. Die Entgeltansprüche des Vermieters bilden ab Insolvenzeröffnung Masseforderungen (§ 55 Abs. 2 Nr. 1, § 108). Allerdings ist der Verwalter berechtigt, das Nutzungsverhältnis mit einer gesetzlichen Kündigungsfrist von drei Monaten zu kündigen (§ 109 Abs. 1 Satz 1). Aus der Insolvenzsituation als solcher kann ein **fristloses Kündigungsrecht** nicht hergeleitet werden.[71] Auch dem Gesellschafter als Vermieter ist ein auf die Insolvenz gestütztes außerordentliches Kündigungsrecht verwehrt (§ 112). Die an das frühere tatsächliche Entgelt angepasste Vergütungspflicht gilt vor allem dann, wenn der Insolvenzverwalter von dem **Sonderkündigungsrecht** des § 109 Gebrauch macht, aber die Weiternutzung des Vermögensgegenstandes beansprucht. Handelt es sich um **bewegliche Sachen** oder **Rechte**, hat der Verwalter nach § 103 die Erfüllungswahl. Entscheidet er sich für eine Erfüllung, gilt das Nutzungsverhältnis **einschließlich der Vergütungsvereinbarung** fort.[72] Lehnt der Verwalter die Erfüllung ab, kann der Gesellschafter als Vermieter, Verpächter, Leasing- oder Lizenzgeber den daraus folgenden Nichterfüllungsschaden als Insolvenzforderung beanspruchen (§ 103 Abs. 2). Selbst wenn der Verwalter Nichterfüllung wählt, kann er einer Aussonderung entgegentreten und die Rechte aus § 135 Abs. 3 erheben. Dann tritt das **gesetzliche Nutzungsverhältnis** des § 135 Abs. 3 an die Stelle des vertraglichen.

IV. Beendigung des Nutzungsverhältnisses vor Insolvenz

25 Ungeklärt ist, wie es sich rechtlich verhält, wenn das Nutzungsrecht vor Antragstellung – etwa durch den von § 181 BGB befreiten Alleingesellschafter/Geschäftsführer – beendet wird.[73] Hier könnte man an eine Anfechtung (§§ 130, 131, 133) der auf die Nutzungsbeendigung gerichteten Rechtshandlung denken;[74] erwogen wird auch, von den Gesellschafter einem Anspruch auf Wertersatz

---

69 *G. Fischer* in FS Wellensiek, 2011, S. 443, 448 f.
70 BGH 02.02.2006, IX ZR 67/02, BGHZ 166, 125 (133).
71 *Karsten Schmidt* DB 2008, 1727 (1733).
72 *Gehrlein* BB 2011, 3 (9).
73 Vgl. *Gehrlein* BB 2011, 3, 10.
74 *Rühle* ZIP 2009, 1358 (1364); *Gruschinske* GmbHR 2010, 179 (181 f.).

für den Entzug auf die Dauer eines Jahres zu unterwerfen.[75] Ferner dürfte § 135 Abs. 3 zu Lasten eines (ehemaligen) Gesellschafters anzuwenden sein, der seine Geschäftsanteile innerhalb der Jahresfrist des § 135 Abs. 1 Nr. 2 veräußert hat. Hat der Gesellschafter den Nutzungsgegenstand auf einen Dritten übertragen, dürfte dieser ebenfalls den Pflichten des § 135 Abs. 3 unterliegen, falls die Veräußerung innerhalb der Jahresfrist des § 135 Abs. 1 Nr. 2 erfolgte.[76] Der Verweisung des § 135 Abs. 4 auf § 39 Abs. 4 und 5, die **Umgehungen** gerade ausschließen sollen, ist nicht zu entnehmen, dass sich der Gesellschafter seiner Verpflichtung durch Übertragung des Vermögensgegenstandes auf Angehörige entziehen kann. Wirkt der **Geschäftsführer** an der vorzeitigen Beendigung des Nutzungsverhältnisses mit, kann er sich Schadensersatzpflichtig machen.

V. Nutzungsrecht bei Konkurrenz mit Drittansprüchen

Im Eigenkapitalersatzrecht war anerkannt, dass das unentgeltliche Nutzungsrecht der Gesellschaft bzw. des Insolvenzverwalters an einem mit einem Grundpfandrecht belasteten Grundstück des Gesellschafters mit dem Beschluss über die Anordnung der Zwangsverwaltung endet.[77] Dies hat auch für das Nutzungsrecht aus § 135 Abs. 3 zu gelten, weil der Grundpfandrechtsgläubiger als außenstehender Dritter nicht verpflichtet sein kann, sich mit einem ermäßigten Entgelt zu begnügen. Allerdings steht dem Verwalter in dieser Lage ein Ausgleichsanspruch gegen den Gesellschafter zu. Im Fall einer **Doppelinsolvenz** über das Vermögen der Gesellschaft und des Gesellschafters endete die Wirkung einer eigenkapitalersetzenden Gebrauchsüberlassung nach bisheriger Rechtsprechung spätestens mit Ablauf des der Insolvenzeröffnung über das Vermögen des Schuldners nachfolgenden Kalendermonat. Der insoweit maßgebliche Gedanke, dass Gläubiger des Gesellschafters nicht den Eigenkapitalersatzregeln unterstehen, ist auch auf das neue Recht übertragbar. Da die Gesellschaft im Vergleich zum Eigenkapitalersatzrecht durch die Verpflichtung zur Zahlung einer Nutzungsvergütung ungünstiger gestellt wird, wäre es nicht einsichtig, ihr im Falle eines Zugriffs von Gesellschaftergläubigern auf ein Grundpfandrecht oder bei Eintritt der Gesellschafterinsolvenz mehr Rechte als unter dem früheren Rechtszustand zuzuerkennen.[78]

26

§ 136 Stille Gesellschaft

(1) Anfechtbar ist eine Rechtshandlung, durch die einem stillen Gesellschafter die Einlage ganz oder teilweise zurückgewährt oder sein Anteil an dem entstandenen Verlust ganz oder teilweise erlassen wird, wenn die zugrundeliegende Vereinbarung im letzten Jahr vor dem Antrag auf Eröffnung des Insolvenzverfahrens über das Vermögen des Inhabers des Handelsgeschäfts oder nach diesem Antrag getroffen worden ist. Dies gilt auch dann, wenn im Zusammenhang mit der Vereinbarung die stille Gesellschaft aufgelöst worden ist.

(2) Die Anfechtung ist ausgeschlossen, wenn ein Eröffnungsgrund erst nach der Vereinbarung eingetreten ist.

Übersicht	Rdn.			Rdn.
A. Normzweck	1	IV.	Jahresfrist	6
B. Anfechtungsvoraussetzungen	2	V.	Anfechtbare Rechtshandlungen	7
I. Stille Gesellschaft	3		1. Rückgewähr der Einlage	8
II. Insolvenz des Geschäftsinhabers	4		2. Erlass der Verlustbeteiligung	9
III. Vereinbarung	5	C.	Ausschluss der Anfechtbarkeit	10

---

75 *Karsten Schmidt* DB 2008, 1727 (1733).
76 *Rühle* ZIP 2009, 1358 (1364 f.).
77 BGHZ 140, 147.
78 *Gehrlein* BB 2011, 3, 10.

§ 136 InsO Stille Gesellschaft

A. Normzweck

1 Die Vorschrift, die in § 237 HGB a.F. eine Vorläuferbestimmung hatte, statuiert im Interesse der Gläubigergesamtheit einen vom Insolvenzverwalter des Geschäftsinhabers wahrzunehmenden **Sondertatbestand** der Insolvenzanfechtung. Die Einlage des stillen Gesellschafters ist, sofern eine Insolvenzanfechtung nicht zum Zuge kommt, als eine der übrigen Forderungen (§ 39 Abs. 1) und nicht erst nachrangig (§ 39 Abs. 1 Nr. 5) geltend zu machen. Mit Hilfe der Bestimmung soll einer Bevorzugung des wegen seiner Kontrollrechte in einem besonderen Näheverhältnis zum Geschäftsinhaber stehenden stillen Gesellschafters vorgebeugt werden. Die Bestimmung kann wegen ihrer gläubigerschützenden Funktion nicht vertraglich abbedungen oder eingeschränkt werden. Umgekehrt kann der Anwendungsbereich der Vorschrift durch Vertragsabreden nicht erweitert und etwa auf eine bürgerlich-rechtliche Innengesellschaft ausgedehnt werden.

B. Anfechtungsvoraussetzungen

2 Als Spezialfall einer inkongruenten Deckung knüpft § 136 die Anfechtung an rein objektive, von dem Verwalter zu beweisende Voraussetzungen. Ein Benachteiligungsvorsatz wird etwa nicht gefordert.

I. Stille Gesellschaft

3 § 136 setzt nach seiner Tatbestandsfassung voraus, dass innerhalb des letzten Jahres vor Antragstellung eine stille Gesellschaft (§ 230 HGB) vorgelegen hat. Ohne Bedeutung ist es, ob die stille Gesellschaft im Zeitpunkt der Eröffnung des Insolvenzverfahrens oder der Ausübung des Anfechtungsrechts noch fortdauert. Ein Anfechtungsrecht scheidet freilich aus, wenn selbst eine fehlerhafte stille Gesellschaft **nie rechtsverbindlich** zustande kam, weil der Gesellschaftsvertrag nach §§ 134, 138 BGB oder wegen fehlerhafter Beteiligung nicht voll Geschäftsfähiger unwirksam ist. Allerdings unterliegt eine **fehlerhafte** stille Gesellschaft grds der Regelung des § 136. Dabei ist aber regelmäßig zu beachten, dass eine fehlerhafte stille Gesellschaft aus wichtigem Grund gekündigt werden kann und die Einlagenrückgewähr dann entgegen dem unanwendbaren § 136 nicht auf einer **besonderen Vereinbarung** beruht.[1] Eine Anfechtung scheidet ferner aus, wenn bei einem Wirksamkeitsmangel die Modalitäten der Rückgewähr der ohnedies zu erstattenden Einlage vergleichsweise geregelt werden.

II. Insolvenz des Geschäftsinhabers

4 Das Anfechtungsrecht kommt nur bei Insolvenz des Geschäftsinhabers und zwar im Zeitraum von der Eröffnung bis zur Beendigung des Verfahrens zum Tragen. Das Anfechtungsrecht geht deshalb **nach Abschluss** des Verfahrens nicht auf den Geschäftsinhaber über. Zur Geltendmachung des Anfechtungsrechts muss das Verfahren über das Vermögen einer Personengesellschaft und nicht bloß gegen einen ihrer Gesellschafter eröffnet werden.[2]

III. Vereinbarung

5 Eine besondere Vereinbarung i.S.d. § 136 erfordert eine freiwillige, nicht durch den Gesellschaftsvertrag oder Gesetz vorgegebene Abmachung. Als anfechtungsbegründende Abmachungen ist die nachträgliche Vereinbarung eines vorzeitigen Kündigungsrechts wie auch eine vorzeitige Auflösungsvereinbarung zu nennen. Die Vereinbarung muss, wie § 136 Abs. 1 Satz 2 verdeutlicht, **nicht notwendig** die Auflösung der stillen Gesellschaft bezwecken. Wird die Einlagenrückgewähr im Wege der Zwangsvollstreckung durchgesetzt, greift die Anfechtung Platz, wenn der Titel auf einer besonderen Vereinbarung beruht. Erhält der stille Gesellschafter aufgrund einer Vereinbarung mehr, als ihm von Rechts wegen zukommt, so ist die überschießende Leistung anfechtbar. Beruht die Rückgewähr auf dem **Gesellschaftsvertrag** oder einem **gesetzlichen Anspruch**, kommt nur eine Anfech-

---

1 BGH 29.04.2003, VI ZR 398/02, BGHZ 55, 5 (10).
2 RGZ 30, 33 (35 f.).

tung nach § 130 in Betracht. Demgemäß greift ein Anfechtungsrecht nicht durch, wenn die Pflicht zur Rückgewähr in dem ursprünglichen Gesellschaftsvertrag, dessen Abschluss kürzer als ein Jahr zurückliegen kann, niedergelegt wurde. Ebenso unschädlich ist eine vor mehr als einem Jahr durch eine Änderung des Gesellschaftsvertrages vereinbarte Rückgewähr der Einlage. Die Gläubiger haben nach dem Willen des Gesetzes keinen Anspruch darauf, besser gestellt zu werden, als es dem ursprünglichen Gesellschaftsvertrag und vor Ablauf der Frist des § 136 getroffenen Abreden der Gesellschafter entspricht.[3] Eine Anfechtung scheidet ebenso aus, wenn die Rückgewähr auf eine berechtigte ordentliche oder außerordentliche Kündigung sowie einen gesetzlichen Auflösungsgrund zurückgeht.[4] Ebenso verhält es sich, falls die Einlage wegen einer Anfechtung des Gesellschaftsvertrages oder einer sonstigen Nichtigkeit ohne Rücksicht auf die Grundsätze der fehlerhaften Gesellschaft gem. § 812 BGB auszugleichen ist. Absprachen, welche die geschilderten gesetzlichen Rechtsfolgen festschreiben, unterliegen nicht der Anfechtung.[5] Erkennt der Geschäftsinhaber dagegen eine **unwirksame** Kündigung an, so handelt es sich um eine anfechtbare Auflösungsvereinbarung.

IV. Jahresfrist

Die Absprache über die Einlagenrückgewähr oder die Verlustbefreiung muss **innerhalb des letzten Jahres** vor Stellung des Antrags auf Eröffnung des Insolvenzverfahrens getroffen worden sein. Die Berechnung der Frist bestimmt sich nach § 139, wobei eine Hemmung der Verjährung ausscheidet.[6] Die Anfechtung dringt nur durch, wenn die besondere Vereinbarung innerhalb der Jahresfrist **verabredet** wurde; der Zeitpunkt ihrer faktischen Vollziehung ist abweichend von den sonstigen Anfechtungsvorschriften nicht entscheidend. Maßgeblich ist also der Zeitpunkt des Abschlusses der Vereinbarung und nicht derjenige ihrer tatsächlichen Umsetzung. Eine vor Beginn der Jahresfrist abgesprochene, aber erst innerhalb der Jahresfrist vollzogene Rückgewähr ist darum nicht nach § 136 anfechtbar.[7] In diesen Fällen ist freilich eine Anfechtung nach anderen Vorschriften in Erwägung zu ziehen. Ebenso kommt ein Bargeschäft in Betracht.

6

V. Anfechtbare Rechtshandlungen

Der Anfechtung unterworfen ist nicht die im letzten Jahr geschlossene besondere Vereinbarung, sondern die auf ihrer Grundlage an den stillen Gesellschafter erbrachte masseschmälernde Leistung.

7

1. Rückgewähr der Einlage

Eine Einlagenrückgewähr liegt vor, wenn dem stillen Gesellschafter zur Erfüllung seines Einlagenrückerstattungsanspruchs aus dem Vermögen des Geschäftsinhabers Werte zufließen, er also eine Deckung für die erbrachte Einlage erhält. Die Rückgewähr umfasst neben der Rückerstattung durch Zahlung jede Art der Erfüllung (§ 362 BGB), also die befreiende Leistung an einen Dritten (§ 362 Abs. 2 BGB), die Leistung an Erfüllungs Statt (§ 364 BGB) durch Hingabe sonstiger Güter wie auch die Aufrechnung (§§ 387, 389 BGB). Im Falle einer anfechtbaren Aufrechnung bedarf es indes nach § 96 Nr. 3 keiner Anfechtung. Die Anfechtung greift nach dem Willen des Gesetzes auch bei einem Ausschluss der Verlustbeteiligung in voller Höhe der Einlage durch. Als anfechtbare Einlagenrückgewähr stellt sich auch die Bestellung von **Sicherheiten** am Vermögen des Unternehmensträgers für den Rückzahlungsanspruch des stillen Gesellschafters dar.[8]

8

---

3 BGH 30.10.1970, IV ZR 125/69, WM 1971, 183 f.; RGZ 84, 434 (437 f.).
4 BGH 29.04.2003, VI ZR 398/02, BGHZ 55, 5 (10); 27.11.2000, II ZR 218/00, WM 2001, 314.
5 BGH 27.11.2000, II ZR 218/00, WM 2001, 314.
6 RGZ 139, 110 (112).
7 RGZ 84, 434 (437 f.).
8 BGH 29.06.1970, II ZR 158/69, NJW 1971, 375 (377 f.).

2. Erlass der Verlustbeteiligung

9 Der Erlass der Verlustbeteiligung des stillen Gesellschafters an einem zum **Zeitpunkt der Einigung** bereits entstandenen, noch nicht notwendig bilanzierten Verlust unterliegt der Anfechtung.[9] Die Abmachung, wonach der stille Gesellschafter an künftigen Verlusten nicht mehr teilnimmt, ist nur nach anderen Vorschriften anfechtbar. Als Erlass des Verlustanteils ist der Verzicht auf eine rückständige Einlage in Höhe der Verlustbeteiligung anfechtbar. Eine im Laufe eines Geschäftsjahres getroffene Vereinbarung, derzufolge der stille Gesellschafter am Verlust dieses Jahres nicht mehr beteiligt sein soll, ist im Blick auf den bereits vergangenen Teil des Geschäftsjahrs anfechtbar. Erforderlichenfalls ist eine Zwischenbilanz zu fertigen.

C. Ausschluss der Anfechtbarkeit

10 Nach § 136 Abs. 2 findet die Anfechtung nicht statt, wenn ein **Eröffnungsgrund** (§§ 17–19) erst **nach** der Vereinbarung eingetreten ist. Die Anfechtung erfordert also, dass im Zeitpunkt der Vereinbarung bereits ein Grund für die Eröffnung des Insolvenzverfahrens verwirklicht war. Der stille Gesellschafter trägt die **Beweislast** für den Ausnahmetatbestand des § 136 Abs. 2. Insoweit bedarf es des Nachweises durch den stillen Gesellschafter, dass bei Abschluss der Vereinbarung Zahlungsunfähigkeit weder drohte noch eingetreten war und in den Fällen des § 19 keine Überschuldung vorlag.

§ 137 Wechsel- und Scheckzahlungen

(1) Wechselzahlungen des Schuldners können nicht auf Grund des § 130 vom Empfänger zurückgefordert werden, wenn nach Wechselrecht der Empfänger bei einer Verweigerung der Annahme der Zahlung den Wechselanspruch gegen andere Wechselverpflichtete verloren hätte.

(2) Die gezahlte Wechselsumme ist jedoch vom letzten Rückgriffsverpflichteten oder, wenn dieser den Wechsel für Rechnung eines Dritten begeben hatte, von dem Dritten zu erstatten, wenn der letzte Rückgriffsverpflichtete oder der Dritte zu der Zeit, als er den Wechsel begab oder begeben ließ, die Zahlungsunfähigkeit des Schuldners oder den Eröffnungsantrag kannte. § 130 Absatz 2 und 3 gilt entsprechend.

(3) Die Absätze 1 und 2 gelten entsprechend für Scheckzahlungen des Schuldners.

Übersicht	Rdn.		Rdn.
A. Normzweck	1	III. Verlust des Rückgriffs	5
B. Voraussetzungen der Befreiung von der Anfechtung	2	C. Ersatzrückgewähr	6
		I. Nachrangigkeit des Anspruchs	6
I. Reichweite des Anfechtungsausschlusses	3	II. Ersatzrückgewährpflichtiger	7
		III. Weitere Anfechtungsvoraussetzungen	8
II. Zahlung auf Wechsel oder Scheck	4	D. Zahlung auf Scheck	9

A. Normzweck

1 Die Bestimmung bildet eine Sondervorschrift, die dazu dient, die Insolvenzanfechtung nach §§ 130, 132 mit den Bestimmungen des Wechsel- und Scheckrechts zu koordinieren. Da der Wechsel- und Scheckgläubiger bei Ablehnung einer ihm angebotenen Zahlung nicht Protest erheben kann und damit die **Rückgriffsansprüche** insb. gegen Aussteller und Indossanten verliert (vgl. Art. 43, 44, 47 WG, Art. 40 ScheckG), wird die Entgegennahme einer Zahlung der Anfechtung entzogen. Unterläge eine Zahlung durch Wechsel oder Scheck gegenüber dem Empfänger uneingeschränkt der Anfechtung, würde dieser nicht nur die von dem Schuldner gezahlte Summe, sondern zugleich die Rückgriffsansprüche gegen andere Mitverpflichtete verlieren. Das mit der Anfechtung verbundene Aufleben der Forderung nach § 144 würde dem Wechsel- oder Scheckgläubiger nicht mehr helfen,

---

9 RGZ 31, 33 (37).

weil zwischenzeitlich die Protestfrist abgelaufen ist. Dies will die Regelung des § 137 Abs. 1, 3 verhindern. Zugleich leitet § 137 Abs. 2 zur **Vermeidung von Missbräuchen** die Anfechtung auf den letzten Regresspflichtigen um, der durch die Zahlung von seiner Regresspflicht befreit wird: Wäre die wertpapierrechtliche Zahlung generell unanfechtbar, würde der letzte Rückgriffsschuldner entlastet, weil er selbst bei Kenntnis der Krise im Genuss des ihm durch die Begebung zugeflossenen Betrages bliebe. Ein Gläubiger könnte sich in Kenntnis der Zahlungsunfähigkeit oder eines Eröffnungsantrages unanfechtbar befriedigen, indem er einen von dem Schuldner ausgestellten Scheck annimmt und weitergibt oder indem er einen auf den Schuldner gezogenen Wechsel verwertet. Dem beugt die Regelung des § 137 Abs. 2 vor, weil der letzte Bereicherte bei Kenntnis der Krise den Betrag herauszugeben hat.

B. Voraussetzungen der Befreiung von der Anfechtung

Die Befreiung von der Anfechtung ist an die nachfolgenden Voraussetzungen (s. Rdn. 4, 5) geknüpft. 2

I. Reichweite des Anfechtungsausschlusses

Die Norm schließt bei Wechsel- und Scheckzahlungen ausdrücklich eine Anfechtung nach § 130 3 aus. Falls Erfüllungshandlungen nicht von dieser Vorschrift erfasst werden, sondern unter § 132 fallen, ist § 137 sinngemäß anzuwenden. Die Anfechtung nach § 131, 133 ff. wird durch die Regelung nicht berührt.[1] Da § 137 nur die Anfechtung der Zahlung, nicht aber die Anfechtung der Wechselverbindlichkeit betrifft, ist die Anfechtung einer **anfechtbar begründeten Wechselverpflichtung** zulässig; das zu ihrer Erfüllung Gezahlte ist dann zu erstatten.

II. Zahlung auf Wechsel oder Scheck

Die Norm privilegiert nur die Zahlung auf Wechsel und Scheck, nicht die auf andere indossable 4 Wertpapiere oder gar sonstige Sicherheiten.[2] Wegen der in Rede stehenden Rückgriffsansprüche muss die Zahlung durch den Schuldner regelmäßig in seiner Eigenschaft als **Hauptverpflichteter** erfolgen:[3] Dies sind der Akzeptant eines gezogenen (Art. 28 WG), der Aussteller eines eigenen Wechsels (Art. 78 WG) sowie der Ehrenannehmer (Art. 58 WG), während der Aussteller eines auf den Schuldner gezogenen Wechsel keinen Rückgriffsanspruch gegen andere Wechselverpflichtete hat.[4] Anfechtungsfrei sind grds nur **nach Verfall** bewirkte Barzahlungen und ihnen nach der Verkehrsauffassung gleichstehende Zahlungsweisen wie eine Überweisung. Eine Aufrechnung durch den Schuldner nach Verfall wird ebenfalls begünstigt.[5] Eine vor Fälligkeit vorgenommen Zahlung wäre hingegen als eine inkongruente Deckung (§ 131) nicht privilegiert; entsprechendes gilt für eine Leistung an Erfüllungs Statt, eine Zwangsvollstreckung aus dem Wechsel und eine Besicherung des Wechsels.

III. Verlust des Rückgriffs

Wäre die Zahlung des Schuldners nicht erfolgt, müsste der Zahlungsempfänger ein Rückgriffsrecht 5 gegen andere Wechselverpflichtete gehabt haben. Für einen Regress ist kein Raum, wenn der Zahlende der einzige Wechselschuldner ist oder an den letzten Rückgriffsberechtigten geleistet wird. Ferner muss eine **notgedrungene Zahlungsannahme** vorliegen. Dies bedeutet, dass Regressansprüche verloren gehen würden, wenn der Empfänger die Annahme der Zahlung verweigerte. Ein solcher Verlust scheidet aus, wenn die Zahlung nach Erlass des Protests, nach rechtzeitiger Protesterhebung oder nach Versäumung der Protestfrist (Art. 44 Abs. 3 WG) erbracht wurde.

---

1 Vgl. BGH 24.10.1973, VIII ZR 82/72, NJW 1974, 57.
2 Vgl. BGH 24.10.1973, VIII ZR 82/72, NJW 1974, 57.
3 BGH 21.06.2007, IX ZR 231/04, ZInsO 2007, 816 Rn. 21.
4 BGH 21.06.2007, IX ZR 231/04, ZInsO 2007, 816 Rn. 21.
5 RGZ 58, 105 (108 f.).

C. Ersatzrückgewähr

I. Nachrangigkeit des Anspruchs

6 § 137 Abs. 2 eröffnet einen selbständigen Anspruch gegen Ersatzrückgewährpflichtige. Die Vorschrift kommt erst zur Anwendung, wenn die Anfechtung gegen den unmittelbaren Zahlungsempfänger nach § 130 oder § 132 begründet wäre, aber an § 137 Abs. 1 scheitert.[6] Im Gegenschluss ist § 137 Abs. 2 ist also nicht einschlägig, sofern die Anfechtung gegen den Empfänger auf **andere Vorschriften** als §§ 130, 132 gestützt werden kann oder sie nicht wegen § 137 Abs. 1 zu versagen ist. Ohne Bedeutung ist es freilich, ob die **subjektiven Erfordernisse** des § 130 in der Person des unmittelbaren Leistungsempfängers eingreifen; sie müssen wegen des Rückgriffs bei dem Ersatzrückgewährpflichtigen gegeben sein.

II. Ersatzrückgewährpflichtiger

7 Letzter Rückgriffsverpflichteter ist diejenige Person, die bei Protesterhebung mangels Zahlung im Rücklauf des Wertpapiers als **letzter Garant** zahlen müsste und nur noch gegen den Schuldner Rückgriff nehmen könnte. Dies ist der Aussteller eines auf den Schuldner gezogenen (Art. 9, 47 WG) oder der erste Indossant eines vom Schuldner ausgestellten eigenen Wechsels (Art. 77, 15, 47 WG). Ist der letzte Regressschuldner seinerseits zahlungsunfähig, scheidet eine Inanspruchnahme anderer, nachrangiger Wechselschuldner aus. Insbesondere beim **Kommissionswechsel** wird der Wechsel vom letzten Rückgriffspflichtigen für Rechnung eines Dritten begeben (Art. 3 Abs. 3 WG), indem der Aussteller den Wechsel im eigenen Namen zieht, aber ein Dritter den Aussteller deckt.

III. Weitere Anfechtungsvoraussetzungen

8 Die Anfechtung gegen den Ersatzrückgewährpflichtigen kommt nur in Betracht, wenn gegenüber dem Leistungsempfänger die objektiven Voraussetzungen des § 130 oder des § 132 eingreifen. Der Anfechtungsgegner muss bereits im Zeitpunkt der **Begebung des Wechsels**, also der Begründung der Wechselverpflichtung, Kenntnis von der Zahlungsunfähigkeit des Schuldners oder dem Insolvenzantrag haben. Eine spätere Kenntnis etwa erst bei Zahlung ist unschädlich. Bei Handeln auf Rechnung eines Dritten wird diesem die Kenntnis des letzten Rückgriffsverpflichteten zugerechnet. Ferner gelten § 130 Abs. 2 und 3 entsprechend.

D. Zahlung auf Scheck

9 Die Regelungen des § 137 Abs. 1 und 2 sind nach § 137 Abs. 3 auf Scheckzahlungen anzuwenden. Ein Regressverlust ist nach Art. 40 ScheckG nur zu befürchten, wenn der Bezogene, also ein Kreditinstitut (Art. 3, 54 ScheckG), den Scheck bei Verfall nicht einlöst. Da der Bezogene, das **Kreditinstitut** zugleich der Insolvenzschuldner sein muss, hat § 137 Abs. 3 geringe praktische Bedeutung.

§ 138 Nahestehende Personen

(1) Ist der Schuldner eine natürliche Person, so sind nahestehende Personen:
1. der Ehegatte des Schuldners, auch wenn die Ehe erst nach der Rechtshandlung geschlossen oder im letzten Jahr vor der Handlung aufgelöst worden ist;
1a. der Lebenspartner des Schuldners, auch wenn die Lebenspartnerschaft erst nach der Rechtshandlung eingegangen oder im letzten Jahr vor der Handlung aufgelöst worden ist;
2. Verwandte des Schuldners oder des in Nummer 1 bezeichneten Ehegatten oder des in Nummer 1a bezeichneten Lebenspartners in auf- und absteigender Linie und voll- und halbbürtige Geschwister des Schuldners oder des in Nummer 1 bezeichneten Ehegatten oder des in Nummer 1a bezeichneten Lebenspartners sowie die Ehegatten oder Lebenspartner dieser Personen;

---

6 RGZ 40, 40 (41 f.).

3. Personen, die in häuslicher Gemeinschaft mit dem Schuldner leben oder im letzten Jahr vor der Handlung in häuslicher Gemeinschaft mit dem Schuldner gelebt haben sowie Personen, die sich auf Grund einer dienstvertraglichen Verbindung zum Schuldner über dessen wirtschaftliche Verhältnisse unterrichten können;
4. eine juristische Person oder eine Gesellschaft ohne Rechtspersönlichkeit, wenn der Schuldner oder eine der in den Nummern 1 bis 3 genannten Personen Mitglied des Vertretungs- oder Aufsichtsorgans, persönlich haftender Gesellschafter oder zu mehr als einem Viertel an deren Kapital beteiligt ist oder auf Grund einer vergleichbaren gesellschaftsrechtlichen oder dienstvertraglichen Verbindung die Möglichkeit hat, sich über die wirtschaftlichen Verhältnisse des Schuldners zu unterrichten.

(2) Ist der Schuldner eine juristische Person oder eine Gesellschaft ohne Rechtspersönlichkeit, so sind nahestehende Personen:
1. die Mitglieder des Vertretungs- oder Aufsichtsorgans und persönlich haftende Gesellschafter des Schuldners sowie Personen, die zu mehr als einem Viertel am Kapital des Schuldners beteiligt sind;
2. eine Person oder eine Gesellschaft, die auf Grund einer vergleichbaren gesellschaftsrechtlichen oder dienstvertraglichen Verbindung zum Schuldner die Möglichkeit haben, sich über dessen wirtschaftliche Verhältnisse zu unterrichten;
3. eine Person, die zu einer der in Nummer 1 oder 2 bezeichneten Personen in einer in Absatz 1 bezeichneten persönlichen Verbindung steht; dies gilt nicht, soweit die in Nummer 1 oder 2 bezeichneten Personen kraft Gesetzes in den Angelegenheiten des Schuldners zur Verschwiegenheit verpflichtet sind.

Übersicht	Rdn.		Rdn.
A. **Normzweck**	1	I. Mitglieder der Vertretungs- und Aufsichtsorgane, Gesellschafter	9
B. **Insolvenz einer natürlichen Person**	2	II. Vergleichbare gesellschaftsrechtliche oder dienstvertragliche Bindung	11
I. Ehegatte, Lebenspartner	3	1. Gesellschaftsrechtliche Verbindung	12
II. Verwandte	4	2. Dienstvertragliche Verbindung	13
III. Häusliche Gemeinschaft, dienstvertragliche Bindung	5	3. Persönliche Beziehungen	14
IV. Juristische Person	7		
C. **Insolvenz über juristische Person oder Gesellschaft ohne Rechtspersönlichkeit**	8		

A. Normzweck

§§ 129 ff. gestatten die Anfechtung gegenüber dem Schuldner nahestehenden Personen unter erleichterten Voraussetzungen: Mit Hilfe von § 130 Abs. 3, § 131 Abs. 2 Satz 2, § 132 Abs. 3, § 137 Abs. 2 Satz 2 wird die **Beweislast** hinsichtlich der Kenntnis von der Zahlungsunfähigkeit, des Eröffnungsantrags und der Gläubigerbenachteiligung zu Lasten nahestehender Personen umgekehrt. Außerdem schafft § 133 Abs. 2 Satz 1 einen speziellen, auf nahestehende Personen zugeschnittenen Anfechtungstatbestand. Außerhalb des Anfechtungsrechts macht § 162 Abs. 1 Nr. 1 eine Betriebsveräußerung an dem Schuldner nahestehende Personen von einer Zustimmung der Gläubigerversammlung abhängig. Als notwendige Ergänzung dieser Regelungen enthält § 138 eine Legaldefinition der **nahestehenden Personen**. Der Grund für die erleichterte Anfechtung liegt einmal darin, dass dieser Personenkreis (**Insider**) besondere Informationsmöglichkeiten über die wirtschaftliche Lage des Schuldners hat.[1] Zum anderen beruht die Vorschrift auf der Erkenntnis, dass nahe Angehörige i.d.R. die wirtschaftlichen Schwierigkeiten des Schuldners tatsächlich kennen, daher seine Absichten leichter durchschauen und wegen ihrer wirtschaftlichen und persönlichen Verbundenheit eher bereit sind, zum Schaden seiner Gläubiger mit ihm Verträge abzuschließen.[2] Beide Gesichtspunkte können bei der Auslegung berücksichtigt werden.

---

[1] BT-Drucks. 12/2443, 161 f.
[2] BGH 06.04.1995, IX ZR 61/94, BGHZ 129, 236 (246).

Gehrlein

B. Insolvenz einer natürlichen Person

2 Ist der Schuldner eine natürliche Person, so kann der Kreis ihm nahestehender Personen § 138 Abs. 1 entnommen werden.

I. Ehegatte, Lebenspartner

3 Der Ehegatte gehört nach § 138 Abs. 1 Nr. 1 zu den nahestehenden Personen, auch wenn die Ehe erst nach der Rechtshandlung geschlossen oder im letzten Jahr davor aufgelöst wurde. Entsprechendes gilt nach § 138 Abs. 1 Nr. 1a für den Lebenspartner. Ohne Bedeutung ist es, ob der Schuldner und sein Ehegatte getrennt oder gemeinsam leben. Da auch eine nach Vornahme der Rechtshandlung zustande gekommene Ehe den Anfechtungsgegner ohne zeitliche Einschränkungen zur nahestehenden Person macht, ist eine bis zum Schluss der letzten mündlichen Verhandlung der Tatsacheninstanzen geschlossene Ehe beachtlich. Ob eine gültige Ehe vorliegt, ist nach dem einschlägigen in- oder (Art. 13 Abs. 1 EGBGB) ausländischen Sachrecht zu beurteilen. Nachdem der deutsche Gesetzgeber nicht mehr an der Notwendigkeit der Zivilehe festhält, reicht auch eine rein kirchliche Eheschließung aus. Handelt es sich um eine Nichtehe, kann § 138 Abs. 1 Nr. 3 eingreifen. **Frühere Ehegatten** sind den nahestehenden Personen zuzuordnen, wenn die Ehe innerhalb des letzten Jahres vor Vornahme der Rechtshandlung aufgelöst wurde. Aufgelöst ist eine Ehe erst mit der **Rechtskraft** des Aufhebungs- oder Scheidungsurteils (§ 1313 Satz 2, § 1664 Satz 2 BGB). Die Jahresfrist, die an die Vornahme der Rechtshandlung (§ 140) anknüpft, ist nach § 139 zu berechnen. Der nichteheliche Partner des Schuldners gehört nicht zu den nahestehenden Personen. Der Wortlaut des § 138 Abs. 1 Nr. 1, 1a, der auf die rechtsverbindliche Schließung einer Ehe oder Lebenspartnerschaft abstellt, kann nicht auf faktische Lebensgemeinschaften erstreckt werden.[3]

II. Verwandte

4 Der in § 138 Abs. 1 Nr. 2 enthaltene Begriff der Verwandtschaft bestimmt sich nach § 1589 BGB. Erfasst werden die Verwandten in auf- (Eltern, Großeltern) und absteigender Linie (Kinder, Enkel), die voll- und halbbürtigen Geschwister des **Schuldners wie auch seines Ehegatten bzw. Lebenspartners** sowie die Ehegatten und Lebenspartner dieser Personen. Nahestehende Personen sind folglich sowohl die eigenen Verwandten des Schuldners als auch die seines Ehegatten bzw. Lebenspartners. Die Anfechtung gegenüber Verwandten des Ehegatten des Schuldners wird nur erleichtert, wenn die Ehe des Schuldners bis zum Schluss der mündliche Verhandlung in den Tatsacheninstanzen geschlossen oder nicht länger als ein Jahr vor der Rechtshandlung aufgelöst wurde. Die Verwandtschaft des Anfechtungsgegners zu dem (früheren oder späteren) Ehegatten des Schuldners muss freilich bereits bei Vornahme der Rechtshandlung bestanden haben. Dagegen setzt die vereinfachte Anfechtung gegenüber dem Ehegatten oder Lebenspartner eines Verwandten des Ehepartners des Schuldners den Bestand der Ehe zum Zeitpunkt der Vornahme der Rechtshandlung voraus.

III. Häusliche Gemeinschaft, dienstvertragliche Bindung

5 Als nahestehend werden auch Personen angesehen, die mit dem Schuldner in häuslicher Gemeinschaft leben oder im letzten Jahr vor der Rechtshandlung gelebt haben (§ 138 Abs. 1 Nr. 3 Alt. 1). Hierzu gehören insb. die Partner einer **nichtehelichen Lebensgemeinschaft**.[4] Einbezogen in die Regelung sind auch andere vergleichbar enge häusliche Gemeinschaften, wie sie etwa zwischen Pflegekindern und Pflegeltern bestehen. Eine bloße **Wohngemeinschaft** ist nicht ausreichend, weil sie nicht den von dem Gesetz typisierend vorausgesetzten Informationsvorsprung verschafft. Unschädlich ist eine nach Vornahme der Rechtshandlung begründete häusliche Gemeinschaft; dagegen begründet eine binnen eines Jahres vor Vornahme der Rechtshandlung beendete häusliche Gemeinschaft in Anlehnung an § 138 Abs. 1 Nr. 1 weiter ein Näheverhältnis.

---

[3] BGH 17.03.2011, IX ZA 3/11, ZInsO 2011, 784 Rn. 3.
[4] BT-Drucks. 12/2443, 162.

Die in § 138 Abs. 1 Nr. 3 Alt. 2 außerdem geregelte dienstvertragliche Bindung begründet ein Näheverhältnis zu **Dienstverpflichteten** des Schuldners, die sich aufgrund ihrer Rechtsbeziehung über dessen wirtschaftliche Lage unterrichten können. Zu diesem Personenkreis gehören nicht Dienstberechtigte des Schuldners, also etwa der Arbeitgeber. Maßgeblich ist, ob sich der Dienstverpflichtete über die wirtschaftlichen Verhältnisse des Schuldners orientieren konnte, nicht, ob er dies auch tatsächlich getan hat. Derartige Einblicke dürften Hausangestellten verschlossen sein, während leitende Angestellte wie Steuersachbearbeiter und Buchhalter über derartige Informationsmöglichkeiten verfügen. 6

IV. Juristische Person

§ 138 Abs. 1 Nr. 4 bezieht juristische Personen und Gesellschaften ohne Rechtspersönlichkeit in den Kreis der einem Schuldner als natürlicher Person nahestehenden Personen ein, wenn der Schuldner Organmitglied, persönlich haftender Gesellschafter oder mit mehr als 25 % beteiligt ist oder sich aufgrund einer vergleichbaren Verbindung über deren wirtschaftlichen Verhältnisse unterrichten kann. die Bestimmung ist auch anwendbar, wenn nicht der Schuldner selbst, sondern eine ihm nach § 138 Abs. 1 Nr. 1 bis 3 nahestehende Person über die Beteiligung verfügt. Im Einzelnen kann auf die Ausführungen zu § 138 Abs. 2 verwiesen werden. 7

C. Insolvenz über juristische Person oder Gesellschaft ohne Rechtspersönlichkeit

Die Regelung des § 138 Abs. 2 betrifft Insolvenzen, in denen es sich bei dem Schuldner entweder um eine **juristische Person**, insb. eine Aktiengesellschaft, KG auf Aktien, Genossenschaft, GmbH oder einen Verein (gleich ob rechtsfähig oder nicht: § 11 Abs. 1 Satz 2), oder um eine **Gesellschaft ohne Rechtspersönlichkeit**, etwa eine OHG, KG, GbR, PartG, Partenreederei oder EWIV, handelt. Die einem solchen Schuldner nahestehenden Personen ergeben sich aus dem Katalog des § 138 Abs. 2. Das maßgebliche Näheverhältnis muss im **Zeitpunkt** der Vornahme der Rechtshandlung bestanden haben. 8

I. Mitglieder der Vertretungs- und Aufsichtsorgane, Gesellschafter

Vertretungsorgane sind bei der Aktiengesellschaft, der Genossenschaft und dem Verein die **Vorstände**, bei einer GmbH und der EWVI die **Geschäftsführer**; außerdem werden die Stellvertreter erfasst. Mitglieder des Aufsichtsorgans sind die Mitglieder eines Aufsichtsrats, gleich ob er auf gesetzlicher oder satzungsmäßiger Grundlage konstituiert wurde. Entsprechendes gilt für die Mitglieder rein **fakultativer Gremien** wie eines Beirats oder Verwaltungsrats.[5] Ausreichend ist auch die Einrichtung eines Beirats für eine Personengesellschaft wie bei einer Publikums-KG. Nahestehend sind auch faktische Organe, die auf der Grundlage eines fehlerhaften Bestellungsakts tatsächlich amtieren. Ein satzungsgemäß zur Entsendung von Organmitgliedern berechtigter Dritter zählt zu den nahestehenden Personen. 9

Persönlich haftende Gesellschafter etwa einer OHG, KG, GbR oder Partenreederei gelten ungeachtet ihrer **Vertretungsberechtigung** und der Höhe ihrer **Beteiligung** als nahestehende Personen. Da bei einer GmbH & Co. KG die GmbH persönlich haftende Gesellschafterin ist und die Vertretungs- und Geschäftsführungsbefugnisse durch ihre Organe wahrnimmt, sind die Mitglieder ihrer Vertretungs- und Aufsichtsorgane im Verhältnis zur KG nahestehende Personen. Gleich ob es sich bei dem Schuldner um eine juristische Person oder eine Gesellschaft ohne Rechtspersönlichkeit handelt, gehört derjenige zu den nahestehenden Personen, der zu mehr als einem **Viertel** am Kapital beteiligt ist. Maßgeblich ist die Beteiligung am Grund- oder Stammkapital, während sonstige Gesellschafterleistungen ohne Bedeutung sind. Demgegenüber werden mittelbare Beteiligungen etwa über ein abhängiges Unternehmen berücksichtigt. Wird die Beteiligung von einer juristischen Person gehalten, erfasst die Regelung deren Vertretungs- und Aufsichtsorgane. Ist die Beteiligungsquote nicht erreicht, 10

---

5 BT-Drucks. 12/2443, 162.

scheidet aus Gründen der Rechtsklarheit die Behandlung als Nahestehender aus, selbst wenn der Gesellschafter kraft Satzung einer qualifizierten Beteiligung entsprechende Einflussmöglichkeiten hat.[6]

II. Vergleichbare gesellschaftsrechtliche oder dienstvertragliche Bindung

11 Als nahestehende Person i.S.d. § 138 Abs. 2 Nr. 2 kommt sowohl eine juristische Person, eine Gesellschaft ohne Rechtspersönlichkeit als auch eine natürliche Person in Betracht. Während § 138 Abs. 2 Nr. 1 die Insiderstellung aus objektiven gesellschaftsrechtlichen Gegebenheiten herleitet, verlangt § 138 Abs. 2 Nr. 2 neben einer gesellschaftsrechtlichen oder dienstvertraglichen Verbindung als **zusätzliches Merkmal**, dass sich die nahestehende Person über die wirtschaftlichen Verhältnisse des Schuldners unterrichten konnte. Darauf, ob diese Möglichkeit wahrgenommen wurde, kommt es nicht an. Kenntnismöglichkeiten, die nicht auf der gesellschaftsrechtlichen oder dienstvertraglichen Verbindung beruhen, sind nicht tatbestandsausfüllend.

1. Gesellschaftsrechtliche Verbindung

12 Nahestehende Person infolge einer gesellschaftsrechtlichen Verbindung ist sowohl das **herrschende** gegenüber dem (insolventen) **abhängigen Unternehmen**, als auch das **abhängige Unternehmen** gegenüber dem (insolventen) **herrschenden Unternehmen**.[7] Die Abhängigkeit beurteilt sich nach § 17 AktG. Insbesondere der Vermutungstatbestand des § 17 Abs. 2 wird kaum zu widerlegen sein. Im Falle einer Mehrheitsbeteiligung greift bereits § 138 Abs. 2 Nr. 1. Eine die Grenze von einem Viertel (§ 138 Abs. 2 Nr. 1) nicht überschreitende Beteiligung begründet für sich genommen keine Näheverhältnis i.S.d. § 138 Abs. 2 Nr. 2.[8] Die Möglichkeit, sich über die wirtschaftlichen Verhältnisse des insolventen Unternehmens zu informieren, kann im Verhältnis eines abhängigen zu einem herrschenden (insolventen) Unternehmen – wenngleich dies nicht der Regelfall sein dürfte[9] – gegeben sein. Die Regelung ist einschlägig, wenn die wesentlichen Gesellschafter verschiedener Unternehmen identisch oder nahe Angehörige sind.[10] Abhängige Unternehmen, die von dem gleichen Unternehmen beherrscht werden und darum Schwestergesellschaften sind, sollen nach der Konzeption des Gesetzgebers nicht von der Regelung erfasst werden.[11] Dem ist nicht zu folgen, weil die gesellschaftsrechtliche Verbindung der Konzerntöchter darauf beruht, dass beide Unternehmen **identische Gesellschafter** haben. Eine andere Frage ist es, ob in dieser Konstellation das weitere Merkmal der Möglichkeit einer Informationsverschaffung besteht.

2. Dienstvertragliche Verbindung

13 Zu den nahestehenden Personen gehört auch, wer aufgrund einer dienstvertraglichen Verbindung die Möglichkeit hat, sich über die wirtschaftlichen Verhältnisse des Schuldners zu unterrichten. Wegen der von dem Normwortlaut geforderten der Stellung von Organmitgliedern »vergleichbaren« dienstvertraglichen Verbindung kommen hier nur Dienstverhältnisse der Prokuristen und anderer leitender Angestellte aus dem kaufmännischen und insb. dem Finanzbereich in Betracht, die kraft **Amtes besondere Informationsmöglichkeiten** über die wirtschaftlichen Verhältnisse des Unternehmens besitzen.[12] Dazu gehört auch ein »Betriebsführer«, der vertraglich die Leitung der Geschäfte übernimmt.[13] Auch eine juristische Person oder eine Gesellschaft ohne Rechtspersönlichkeit kann zu einer dienstvertraglichen Bindung zu dem Schuldner stehen, etwa wenn der Geschäftsführer eines

---

6 BGH 23.11.1995, IX ZR 18/95, BGHZ 131, 189 (193 f.).
7 BGH 23.11.1995, IX ZR 18/95, BGHZ 131, 189 (194).
8 BGH 23.11.1995, IX ZR 18/95, BGHZ 131, 189 (193).
9 BT-Drucks. 12/7302, 174.
10 BGH 22.12.1971, VIII ZR 136/70, BGHZ 58, 20 (25); 06.04.1995, IX ZR 61/94, BGHZ 129, 236 (246).
11 BT-Drucks. 12/2443, 163.
12 BT-Drucks. 12/2443, 163; BGH 30.01.1997, IX ZR 89/96, ZIP 1997, 513 (516); 11.12.1997, IX ZR 278/96, ZIP 1998, 247 (248).
13 BGH 06.04.1995, IX ZR 61/94, BGHZ 129, 236 (245).

Unternehmens zugleich als Betriebsführer bei dem Schuldner verwendet wird.[14] Mangels einer dienstvertraglichen Komponente reicht eine durch **geschäftliche Beziehungen** zu dem Unternehmen begründete Stellung als Hausbank oder Großlieferant nicht aus.[15] Gleiches gilt für freiberufliche Wirtschaftsberater,[16] Rechtsanwälte und Steuerberater.[17] Ausnahmsweise kann ein **Steuerberater** als nahestehende Person angesehen werden, wenn auf ihn die wesentliche Buchhaltung der Schuldners ausgelagert ist und ihm nach der vertraglich eingeräumten Rechtsstellung wie einem in gleicher Zuständigkeit tätigen Angestellten alle über die wirtschaftliche Lage des Auftraggebers erheblichen Daten üblicherweise im normalen Geschäftsgang zufließen. Das Buchhaltungsmandat muss den **typischen Wissensvorsprung über die wirtschaftliche Lage** des Mandanten vermitteln, den sonst nur damit befasste leitende Angestellte des Unternehmens haben.[18] Die Sonderstellung geht abgesehen von einer Vertragskündigung auch verloren, wenn zum Vornahmezeitpunkt der angefochtenen Rechtshandlung der Zufluss von Buchungsunterlagen aus dem betreuten Unternehmen länger als ein Vierteljahr stockte.[19]

3. Persönliche Beziehungen

In Fällen einer Verbundenheit i.S.d. § 138 Abs. 2 Nr. 1 und 2 erstreckt § 138 Abs. 2 Nr. 3 das Näheverhältnis über die nahestehende Person hinaus auf **deren Angehörige** i.S.d. § 138 Abs. 1 Nr. 1 bis 3. Dabei handelt es sich notwendigerweise ausschließlich um natürliche Personen. Die Zurechnung zu Lasten der Angehörigen der Insider setzt voraus, dass diese **nicht kraft Gesetzes zur Verschwiegenheit** verpflichtet sind. Diesen Personen (vgl. etwa § 93 Abs. 1 Satz 2, §§ 116, 404 AktG betreffend Vorstände und Aufsichtsräte, § 85 GmbHG betreffend Geschäftsführer) darf nach Ansicht des Gesetzgebers nicht unterstellt werden, dass sie ihre Verschwiegenheitspflichten verletzen.[20] Eine satzungsmäßige oder **vertragliche Verschwiegenheitspflicht** steht der Anwendung der Norm dagegen nicht im Wege.

14

§ 139 Berechnung der Fristen vor dem Eröffnungsantrag

(1) Die in den §§ 88, 130 bis 136 bestimmten Fristen beginnen mit dem Anfang des Tages, der durch seine Zahl dem Tag entspricht, an dem der Antrag auf Eröffnung des Insolvenzverfahrens beim Insolvenzgericht eingegangen ist. Fehlt ein solcher Tag, so beginnt die Frist mit dem Anfang des folgenden Tages.

(2) Sind mehrere Eröffnungsanträge gestellt worden, so ist der erste zulässige und begründete Antrag maßgeblich, auch wenn das Verfahren auf Grund eines späteren Antrags eröffnet worden ist. Ein rechtskräftig abgewiesener Antrag wird nur berücksichtigt, wenn er mangels Masse abgewiesen worden ist.

Übersicht	Rdn.		Rdn.
A. Normzweck	1	2. Sonderfälle	5
B. Fristberechnung bei einem Antrag	2	C. Fristberechnung bei mehreren Anträgen	6
I. Antragseingang bei Insolvenzgericht	3		
II. Fristberechnung	4	I. Maßgeblichkeit des Erstantrags	7
1. Grundsatz	4	II. Unbeachtliche Anträge	9

---

[14] BGH 06.04.1995, IX ZR 61/94, BGHZ 129, 236 (246 f.).
[15] BT-Drucks. 12/2443, 163.
[16] BGH 30.01.1997, IX ZR 89/96, ZIP 1997, 513 (516).
[17] BGH 11.12.1997, IX ZR 278/96, ZIP 1998, 247 (248).
[18] BGH 15.11.2012, IX ZR 205/11, DB 2012, 2801 Rn. 10 f.
[19] BGH 15.11.2012, IX ZR 205/11, DB 2012, 2801 Rn. 12 f.
[20] BT-Drucks. 12/2443, 163.

A. Normzweck

1 § 139 Abs. 1 legt für sämtliche Anfechtungstatbestände und die Rückschlagsperre des § 88 fest, wie die jeweilige Frist rückzuberechnen ist. Der Unterschied des § 139 im Vergleich zu §§ 187, 188 BGB liegt darin, dass die Frist ausgehend vom Zeitpunkt des Insolvenzantrags **rückwärts** und nicht in die Zukunft gerichtet zu bestimmen ist. Die unter der Geltung der KO mangels einer Sonderregelung unumgängliche entsprechende Anwendung der §§ 187, 188 BGB führte zu identischen Ergebnissen. Bei dieser Sachlage sollte § 139 auch im Rahmen sonstiger Vorschriften angewendet werden, die – etwa wie § 138 Abs. 1 Nr. 1 und 3 – eine **Rückrechnung** vorsehen. § 139 Abs. 2 befasst sich mit der Frage, mit welchem von mehreren, nicht am selben Tag gestellten Anträgen die Frist beginnt. Die Vorschrift betrifft insb. Verfahrensgestaltungen, in denen die allein mangels Masse abgelehnte Eröffnung nach Zahlung eines Kostenvorschusses auf einen späteren Antrag erfolgt oder der spätere abweichend von dem früheren Antrag wegen sofortiger Entscheidungsreife zur Eröffnung führt. Hier ermöglicht die Anknüpfung an den früheren zulässigen und begründeten Antrag, die Anfechtbarkeit zeitlich vorzuverlegen.

B. Fristberechnung bei einem Antrag

2 § 139 Abs. 1 regelt die Fristberechnung, wenn nur ein Insolvenzantrag gestellt wird und dieser zur Verfahrenseröffnung führt.

I. Antragseingang bei Insolvenzgericht

3 Maßgeblich für die Fristberechnung ist – auch wenn die Bearbeitung einvernehmlich für kurze Zeit zurückgestellt wird – der **Tag**, an dem der Eröffnungsantrag bei dem Insolvenzgericht eingegangen ist.[1] Die – etwa im Blick auf § 15a – pflichtwidrige Unterlassung, einen Insolvenzantrag zu stellen, löst keine anfechtungsrechtlichen Folgen aus.[2] Sind mehrere Schuldner konzernrechtlich oder anders miteinander verbunden, ist für jeden Schuldner auf den ihn betreffenden, gesonderten Antrag abzustellen. §§ 2, 3 ist zu entnehmen, welches Gericht zur Entscheidung über einen Eröffnungsantrag örtlich und sachlich zuständig. Ob der Antrag zulässig und begründet ist, beurteilt sich nach dem rechtskräftigen, möglicherweise erst im Beschwerderechtszug ergangenen **Eröffnungsbeschluss**.[3] Darum ist der Eingang des Antrags bei einem unzuständigen Gericht fristauslösend, wenn ihm nach Verweisung an das zuständige Gericht (§ 4 i.V.m. §§ 281, 495 ZPO) stattgegeben wird.[4] Ausnahmsweise beachtlich ist ein unzulässiger oder unbegründeter Antrag, der zur rechtskräftigen Verfahrenseröffnung führt.[5] Im Anfechtungsprozess ist die Zulässigkeit und Begründetheit eines erfolgreichen Antrags nicht erneut zu prüfen. Wird ein eröffnetes Insolvenzverfahren aufgehoben oder eingestellt und auf einen neuerlichen Antrag ein Verfahren eröffnet, sind die früheren Anträge überholt und für die Fristberechnung unbeachtlich.

II. Fristberechnung

1. Grundsatz

4 Für die hier in Rede stehenden Monats- oder Jahresfristen bildet der **Tag des Antragseingangs** seiner Datierung entsprechend den **Stichtag** für die Rückrechnung der jeweils maßgeblichen Frist. § 187 Abs. 1 BGB gilt nicht. Ist der Antrag am 10.4. eingegangen, beginnt die Monatsfrist am 10.3. und die Dreimonatsfrist am 10.1. zu laufen. Jahresfristen sind auf den 10.4. des Vorjahres und länger zurückliegende Jahre jeweils auf den Beginn dieses Tages zurückzuverlegen. Da §§ 193 BGB, 222 Abs. 2 ZPO unanwendbar sind, spielt es keine Rolle, wenn der Fristbeginn auf einen Samstag oder

---

[1] BGH 13.04.2006, IX ZR 158/05, BGHZ 167, 190 Rn. 12.
[2] BGH 10.02.2005, IX ZR 211/02, BGHZ 162, 143 (155).
[3] LG Itzehoe 07.07.2003, 2 O 33/03, ZInsO 2003, 809 (810).
[4] RGZ 131, 197 (202).
[5] BGH 22.01.1998, IX ZR 99/97, BGHZ 138, 40 (42 ff.).

Feiertag fällt. Sowohl eine Hemmung als auch ein Neubeginn der Fristen wie eine Wiedereinsetzung in den vorigen Stand scheiden aus. Im Falle der **Doppelinsolvenz einer Personengesellschaft und eines Gesellschafters** steht das Recht zur Insolvenzanfechtung dem Insolvenzverwalter über das Vermögen des Gesellschafters zu, der von dem Gesellschaftsgläubiger in Anspruch genommen worden ist. Der Anfechtungszeitraum errechnet sich in diesem Fall nach dem früher gestellten Insolvenzantrag.[6]

2. Sonderfälle

Wurde der Antrag an einem Tag gestellt, der in dem **Vormonat keine Entsprechung** findet, ist nach § 139 Abs. 1 Satz 2 auf den folgenden Tag abzustellen. Bei einem Eingang am 31.5 beginnt die Monatsfrist am 1.5. und die Dreimonatsfrist am 1.3. Weitere Besonderheiten gelten im Blick auf den Monat **Februar**: Im Falle eines Antragseingangs am 30. oder 31.3. beginnt die Monatsfrist am 1.3. und die Dreimonatsfrist am 1.1. Bei einem Antragseingang am 29.3. beginnt in einem Schaltjahr die Monatsfrist am 29.2. und die Dreimonatsfrist am 29. 12. In sonstigen Jahren beginnt die Monatsfrist am 1.3. und die Dreimonatsfrist am 1.1.; die Jahresfrist beginnt am 29.2. des Vorjahres, wenn dieses ein Schaltjahr war, andernfalls am 1.3.

C. Fristberechnung bei mehreren Anträgen

Werden an unterschiedlichen Tagen mehrere Anträge auf Insolvenzeröffnung gestellt, so ist der Anfechtungszeitraum gem. § 139 Abs. 2 nach dem **Stichtag des ersten zulässigen und begründeten Antrags** zu berechnen. In diesem Fall ist nicht erforderlich, dass das Verfahren auf der Grundlage des ersten Antrags tatsächlich eröffnet wurde. Maßgeblich ist allein, dass der Antrag zur Verfahrenseröffnung geführt hätte, wenn er nicht mangels Masse abgewiesen (§ 26 Abs. 1) oder das Verfahren aufgrund eines späteren, unmittelbar entscheidungsreifen Antrags eröffnet worden wäre.

I. Maßgeblichkeit des Erstantrags

Die Fristen für die Anfechtung nach §§ 130 ff. werden auf den Tag bezogen, an dem der Eröffnungsantrag beim Insolvenzgericht eingegangen ist (§ 139 Abs. 1 Satz 1). Sind mehrere Eröffnungsanträge gestellt worden, so ist der erste zulässige und begründete Antrag maßgeblich, auch wenn das Verfahren auf Grund eines späteren Antrags eröffnet worden ist (§ 139 Abs. 2 Satz 1). Werden mehrere Anträge gestellt, richtet sich die Fristberechnung nach dem zuerst eingegangenen Antrag, wenn auch auf diesen – etwa neben einem später gestellten – Antrag hin das Insolvenzverfahren eröffnet wird. Wird das Verfahren auf einen an einem späteren Tag als der Erstantrag eingegangenen Antrag eröffnet, hat das mit der Anfechtung befasste **Prozessgericht** nach § 139 Abs. 2 zu prüfen, ob der zuerst gestellte Antrag auf der Grundlage der §§ 11 bis 19 zulässig und begründet und mithin geeignet war, die Verfahrenseröffnung zu erwirken. Auf diese Weise kann die Anfechtung zeitlich vorverlegt werden. Liegt nach Abweisung eines Antrags mangels Masse bis zu einer späteren Eröffnung fortdauernd eine einheitliche Insolvenz vor, ist für die Fristberechnung auf den ersten Antrag abzustellen.[7]

Der frühere Antrag hat nur dann für die Berechnung des Anfechtungszeitraums Bedeutung, wenn entweder eine »einheitliche Insolvenz« oder ein – näher zu bestimmender – zeitlicher Zusammenhang zwischen dem ersten Antrag und demjenigen Antrag bestand, der schließlich zur Eröffnung führte. Ist der Insolvenzgrund zunächst behoben worden, nachdem der Antrag mangels Masse abgewiesen worden war, und später erneut eingetreten, kann der erste Antrag nicht mehr ausschlaggebend sein.[8] Der Erstantrag ist dann, wenn er erst nach Einreichung bei Gericht zulässig oder begründet geworden ist, maßgeblich, wenn die Anfechtung davon abhängt, dass der Schuldner zur Zeit der Rechtshandlung **zahlungsunfähig** war. Hängt dagegen die Anfechtbarkeit davon ab, dass die Rechts-

---

6 BGH 09.10.2008, IX ZR 138/06, NJW 2009, 225 Rn. 13 ff.
7 BGH 15.11.2007, IX ZR 212/06, ZInsO 2008, 159 Rn. 12 f.; 20.03.2008, IX ZR 2/07, NZI 2008, 363.
8 BGH 02.04.2009, IX ZR 145/08, ZInsO 2009, 870 Rn. 7.

handlung in einem bestimmten **Zeitraum** vor Antragseröffnung vorgenommen wurde, reicht es nicht, wenn der Antrag nachträglich Zulässigkeit oder Begründetheit erlangt hat. Der zeitlich zuerst gestellte Antrag ist anfechtungsrechtlich unbeachtlich, wenn er rechtskräftig zurückgewiesen wurde. Dies gilt nach § 139 Abs. 2 ausnahmsweise nicht, wenn die Abweisung ausschließlich mangels Masse erfolgte. In diesem Fall hat das mit der Anfechtung befasste Prozessgericht freilich ohne Bindung an die Würdigung des Insolvenzgerichts selbständig zu prüfen, ob der Antrag tatsächlich nur an der Masselosigkeit scheiterte.[9]

II. Unbeachtliche Anträge

9 Außer Betracht bleibt ein – aus einem anderen Grund als Masselosigkeit – rechtskräftig zurückgewiesener Antrag. Gleiches gilt für einen zulässigen und begründeten Antrag, der bis zur Verfahrenseröffnung unzulässig oder unbegründet wird. Ebenso ist ein **zurückgenommener**[10] oder ein **rechtswirksam für erledigt** erklärter[11] Antrag für die Berechnung der Anfechtungsfrist bedeutungslos, weil er nicht zur Verfahrenseröffnung führen kann. Davon abweichend ist ein im Zeitpunkt des Eröffnungsbeschlusses zulässiger und begründeter Antrag auf Eröffnung des Insolvenzverfahrens für die Berechnung der Anfechtungsfristen maßgeblich, wenn er nach der Eröffnung wegen **prozessualer Überholung** für erledigt erklärt worden ist.[12] Unbeachtlich bleibt ein zurückgenommener Antrag auch dann, wenn der Schuldner danach seine Zahlungsfähigkeit nicht wiedergewonnen hat.[13] Ein früherer Eröffnungsantrag ist ebenfalls nicht zu berücksichtigen, wenn bis zur Stellung des die Eröffnung auslösenden späteren Antrags der Eröffnungsgrund entfallen war.[14] Nicht anders verhält es sich, wenn nach Abweisung mangels Masse der Eröffnungsgrund beseitigt wird.[15]

§ 140 Zeitpunkt der Vornahme einer Rechtshandlung

(1) Eine Rechtshandlung gilt als in dem Zeitpunkt vorgenommen, in dem ihre rechtlichen Wirkungen eintreten.

(2) Ist für das Wirksamwerden eines Rechtsgeschäfts eine Eintragung im Grundbuch, im Schiffsregister, im Schiffsbauregister oder im Register für Pfandrechte an Luftfahrzeugen erforderlich, so gilt das Rechtsgeschäft als vorgenommen, sobald die übrigen Voraussetzungen für das Wirksamwerden erfüllt sind, die Willenserklärung des Schuldners für ihn bindend geworden ist und der andere Teil den Antrag auf Eintragung der Rechtsänderung gestellt hat. Ist der Antrag auf Eintragung einer Vormerkung zur Sicherung des Anspruchs auf die Rechtsänderung gestellt worden, so gilt Satz 1 mit der Maßgabe, dass dieser Antrag an die Stelle des Antrags auf Eintragung der Rechtsänderung tritt.

(3) Bei einer bedingten oder befristeten Rechtshandlung bleibt der Eintritt der Bedingung oder des Termins außer Betracht.

Übersicht	Rdn.		Rdn.
A. Normzweck	1	3. Selbständige Rechtshandlungen	7
B. Grundsatz: Eintritt der Rechtswirkungen	2	II. Mehraktige Rechtshandlungen	8
I. Einaktige Rechtshandlungen	3	1. Verträge	8
1. Vollendung der Rechtshandlung	3	2. Sicherungen	9
2. Unterlassungen	6	3. Zahlungsvorgänge	12

---

9 OLG Schleswig 03.11.2006, 1 U 120/06, ZInsO 2006, 1225 (1227).
10 BGH 20.11.2001, IX ZR 48/01, BGHZ 149, 178 (180); 14.10.1999, IX ZR 142/98, NJW 2000, 211 (212).
11 BGH 20.11.2001, IX ZR 48/01, BGHZ 149, 178 (180); BGH 22.01.2004, IX ZR 39/03, 157, 350 (354).
12 BGH 02.04.2009, IX ZR 145/08, ZInsO 2009, 870 Rn. 11.
13 BGH 08.12.2005, IX ZR 182/01, ZInsO 2006, 94 Rn. 6.
14 BGH 14.10.1999, IX ZR 142/98, NJW 2000, 211 (212).
15 BGH 15.11.2007, IX ZR 212/06, ZInsO 2008, 159 Rn. 11.

		Rdn.			Rdn.
III.	Ermöglichung einer Sicherung oder Befriedigung	13	3.	Wirksamkeitsvoraussetzungen des Rechtsgeschäfts	17
C.	**Eintragungsbedürftige Rechtsgeschäfte**	14	II.	Eintragungsantrag des Erwerbers	18
I.	Voraussetzung einer Vorverlegung auf Zeitpunkt der Antragstellung	15	1.	Antrag auf Eintragung der Rechtsänderung	18
	1. Rechtsgeschäftlicher Erwerb von registerrechtlich eingetragenen Rechten	15	2.	Antrag auf Eintragung einer Vormerkung	19
	2. Vollendung des Rechtserwerbs durch Registereintragung	16	D.	**Bedingung und Befristung**	20
			I.	Regelungsinhalt	20
			II.	Bedingte Verträge	21

A. Normzweck

§ 140 legt den Zeitpunkt fest, in dem eine Rechtshandlung als vorgenommen gilt. Dieser Zeitpunkt hat insb. Bedeutung dafür, ob eine Rechtshandlung innerhalb der Anfechtungsfrist, vor oder nach Antragstellung bzw. Insolvenzeröffnung vorgenommen wurde und von einer Kenntnis des Anfechtungsgegners über bestimmte Umstände ausgegangen werden kann. Alle drei Absätze beruhen auf dem **Grundgedanken**, dass der Zeitpunkt maßgeblich ist, in dem der Anfechtungsgegner infolge der anfechtbaren Rechtshandlung eine Rechtsstellung erlangt hat, die im Falle einer Insolvenzeröffnung – ohne die Möglichkeit einer Anfechtung – beachtet werden müsste.[1] 1

B. Grundsatz: Eintritt der Rechtswirkungen

Entsprechend der herkömmlichen Rechtsprechung knüpft § 140 Abs. 1 den Zeitpunkt der Vornahme einer Rechtshandlung an den Eintritt ihrer rechtlichen Wirkungen.[2] Es kommt also nicht auf den Zeitpunkt der Handlung, sondern auf den der dadurch ausgelösten vermögensmindernden Wirkung an. Die Wirkungen einer Rechtshandlung verwirklichen sich, wenn die gesamten Voraussetzungen vorliegen, an deren Eintritt die Rechtsordnung die Entstehung, Aufhebung oder Änderung eines Rechtsverhältnisses knüpft.[3] Die Rechtswirkungen im anfechtungsrechtlichen Sinne treten ein, wenn eine Rechtsposition begründet worden ist, die im Falle der Eröffnung des Insolvenzverfahrens beachtet werden müsste. Dies ist regelmäßig der Zeitpunkt, in dem die Gläubigerbenachteiligung eintritt.[4] Bei mehreren Rechtshandlungen ist grds jede Handlung auf ihre Anfechtbarkeit zu prüfen. Grund- und Erfüllungsgeschäft sind auch anfechtungsrechtlich selbständige Rechtshandlungen.[5] 2

I. Einaktige Rechtshandlungen

1. Vollendung der Rechtshandlung

Lediglich aus einem Akt bestehende Rechtshandlungen sind mit dessen Vollendung vorgenommen. Dies gilt etwa für die Aufgabe eines Rechts wie des Eigentums. Trotz einer Rückwirkung ist eine einseitige Gestaltungserklärung wie die Anfechtung (§ 142 BGB) oder Genehmigung (§ 182 BGB) erst mit ihrer Abgabe vorgenommen. Die Zahlung per Lastschrift gilt im Abbuchungsverfahren als vorgenommen, wenn die Lastschrift durch die Zahlstelle wirksam eingelöst wird und der dem Gläubiger nur vorläufig gutgeschriebene Betrag endgültig zukommt.[6] Nach den gängigen AGB ist die Einlösung wirksam, wenn sie nicht am zweiten Bankarbeitstag nach Belastung des Schuldnerkontos 3

---

1 BT-Drucks. 12/2443, 166; BGH 14.12.2006, IX ZR 102/03, BGHZ 170, 196 Rn. 13.
2 BT-Drucks. 12/2443, 166.
3 BGH 23.03.2006, IX ZR 116/03, BGHZ 167, 11 Rn. 13.
4 BGH 23.10.2003, IX ZR 252/01, BGHZ 156, 350 (357); 09.07.2009, IX ZR 86/08, ZInsO 2009, 1585 Rn. 35.
5 BGH 24.05.2007, IX ZR 105/05, ZIP 2007, 1274 Rn. 27; 26.01.2012, IX ZR 99/11, WM 2012, 517 Rn. 7.
6 BGH 19.12.2002, IX ZR 377/99, ZInsO 2003, 324 (326); 13.12.2012, IX ZR 1/12, WM 2013, 213 Rn. 12; 17.01.2013, IX ZR 184/10, WM 2013, 315 Rn. 8.

rückgängig gemacht wird.[7] Erfolgt die Zahlung im Einziehungsermächtigungsverfahren, ist eine Vornahme erst nach Genehmigung des Schuldners gegeben.[8]

4 Eine **Forderungspfändung** ist grds zu dem Zeitpunkt vorgenommen, in dem der Pfändungsbeschluss dem Drittschuldner zugestellt wird, weil damit ihre rechtlichen Wirkungen eintreten. Soweit sich die Pfändung jedoch auf eine **künftige Forderung** bezieht, wird ein Pfandrecht erst mit deren Entstehung begründet, so dass auch anfechtungsrechtlich auf diesen Zeitpunkt abzustellen ist.[9] Pfändet ein Gläubiger eine **künftige Mietforderung** des Schuldners gegen einen Dritten, richtet sich der für die Anfechtung des Pfändungspfandrechts maßgebliche Zeitpunkt folglich nach dem Beginn des Nutzungszeitraums, für den die Mietrate geschuldet war, weil die Mietforderung erst mit dem Anfangstermin der jeweiligen Nutzungsperiode entsteht.[10]

5 Die Rechtshandlung der Pfändung der Ansprüche des Schuldners gegen das Kreditinstitut aus einem vereinbarten Dispositionskredit (»offene Kreditlinie«) gilt als vorgenommen, sobald und soweit der Schuldner den ihm zur Verfügung stehenden Kreditbetrag abgerufen hat.[11] Die Pfändungsankündigung nach § 845 Abs. 1 ZPO bedarf zu ihrer Wirksamkeit, dass innerhalb eines Monats die Pfändung der Forderung bewirkt wird (§ 845 Abs. 2 ZPO). Ohne die nachfolgende Pfändung kann kein Pfandrecht entstehen, welches den Gläubiger zur abgesonderten Befriedigung nach § 50 Abs. 1 berechtigt. Damit das Pfändungspfandrecht insolvenzfest ist, müssen alle dafür notwendigen Voraussetzungen schon eingetreten sein, bevor der Schutz des § 131 einsetzt.[12] Nach einer Vorpfändung ist dies erst der Fall, sobald die Hauptpfändung wirksam geworden ist.[13]

2. Unterlassungen

6 Die Rechtsfolgen einer Unterlassung treten frühestens in dem Zeitpunkt ein, in dem die durch die Unterlassung bewirkte Rechtsfolge nicht mehr durch eine positive Handlung abgewendet werden kann.[14] Die Unterlassung einer verjährungshemmenden Handlung verwirklicht sich mit Ablauf der Verjährungsfrist, die Unterlassung einer Anfechtung mit Ablauf der Anfechtungsfrist, die Unterlassung, einen Rechtsbehelf einzulegen, mit Ablauf der Rechtsmittelfrist.

3. Selbständige Rechtshandlungen

7 **Mehrere selbständige** sind einaktige und keine mehraktigen Rechtshandlungen.[15] Dies gilt für die Pfändung und Überweisung einer Forderung einerseits und die Zahlung des Drittschuldners andererseits,[16] ebenso für Grund- und Erfüllungsgeschäft.[17] Bei einer ratenweisen Erfüllung unterliegt jede Teilzahlung für sich genommen der Anfechtung.[18] Eine Treuhandabrede ist von der Weisung, auf das Treuhandkonto zu zahlen, zu unterscheiden. Treuhandvermögen wird erst mit der Zahlung auf das Treuhandkonto geschaffen.[19] Eine **mittelbare Zuwendung** unter Einschaltung eines Dritten ist bereits mit der Übertragung des Gegenstandes auf den Dritten vorgenommen. Maßgeblicher Zeit-

---

7 BGH 17.01.2013, IX ZR 184/10, WM 2013, 315 Rn. 8 f.
8 BGH 04.11.2004, IX ZR 22/03, BGHZ 161, 49 (53 f.); 25.10.2007, IX ZR 217/06, 174, 84 Rn. 13; 29.05.2008, IX ZR 42/07, ZInsO 2008, 749 Rn. 13.
9 BGH 22.01.2004, IX ZR 39/03, BGHZ 157, 350 (354).
10 BGH 17.09.2009, IX ZR 106/08, ZInsO 2010, 43 Rn. 9 ff.
11 BGH 22.01.2004, IX ZR 39/03, BGHZ 157, 350 (355 ff.); 09.06.2011, IX ZR 179/08, ZInsO 2011, 1350 Rn. 15 ff.; 14.06.2012, IX ZR 145/09, ZInsO 2012, 1318 Rn. 21.
12 BGH 17.09.2009, IX ZR 106/08, ZInsO 2010, 43 Rn. 6.
13 BGH 23.03.2006, IX ZR 116/03, BGHZ 167, 11 Rn. 13.
14 BT-Drucks. 12/2443, 166.
15 BGH 23.03.2006, IX ZR 116/03, BGHZ 167, 11 Rn. 6.
16 BGH NJW 2003, 2171.
17 BGH 24.05.2007, IX ZR 105/05, ZIP 2007, 1274 Rn. 27.
18 OLG Karlsruhe 17.09.2003, 1 U 167/02, ZInsO 2003, 999.
19 BGH 24.05.2007, IX ZR 105/05, ZIP 2007, 1274 Rn. 27 f.

punkt für die Zahlung mittels **Scheck** ist der Zeitpunkt der Scheckeinlösung durch die bezogene Bank.[20] Bei einer **Wechselzahlung** auf einen auf den Schuldner bezogenen und von ihm erfüllungshalber akzeptierten Wechsel ist der Tag, an dem der Schuldner den Wechsel bezahlt, ausschlaggebend.[21]

II. Mehraktige Rechtshandlungen

1. Verträge

Eine aus mehrere Teilakten bestehende Rechtshandlung wie die Übereignung gilt erst als vorgenommen, wenn der letzte zur Wirksamkeit erforderliche Teilakt erfolgt ist.[22] Fällt dieser in die Anfechtungsfrist, unterliegt die Rechtshandlung insgesamt der Anfechtung. Bei einer mehraktigen Rechtshandlung kommt es auf deren **Vollendung**, also auf den letzten zur Erfüllung des Tatbestandes erforderlichen Teilakt an. Ein **Verpflichtungsvertrag** kommt durch die einem Angebot folgende Annahme zustande. Wird im Rahmen eines Vertrages zugunsten Dritter die Person des Begünstigten zunächst offen gelassen, wird die Rechtshandlung erst mit dessen Benennung abgeschlossen.[23] Bei Erteilung einer widerruflichen Bezugsberechtigung aus einem **Lebensversicherungsvertrag** an einen Dritten gilt die anfechtbare Rechtshandlung dann als vorgenommen, wenn der Versicherungsfall eingetreten ist.[24] Bedarf ein Rechtsgeschäft der Genehmigung, ist es trotz ihrer materiell-rechtlichen Rückwirkung (§ 184 BGB) erst im Zeitpunkt der tatsächlichen Erteilung vorgenommen.[25]

8

2. Sicherungen

Eine für ein künftiges Darlehen übernommene **Bürgschaft** entfaltet nur in Höhe der jeweils in Anspruch genommenen Darlehensbeträge Rechtswirkungen. Eine **Sicherungsübereignung** ist nach Einigung und Übergabe wirksam; sollen künftig zu erwerbende Sachen einbezogen werden, ist der Abschluss des insoweit erforderlichen Erwerbsvorgangs, etwa die Einbringung in die vorgesehenen Räume, maßgeblich.[26] Die Abtretung bestehender Forderungen vollendet sich mit der Annahme des Abtretungsangebots. In den Fällen der Vorausabtretung einer **künftigen Forderung**, deren **Verpfändung** oder **Pfändung** ist auf den Zeitpunkt abzustellen, in dem die Forderung entsteht.[27] In den Fällen der Vorausabtretung einer künftigen Forderung, deren Verpfändung oder Pfändung ist § 140 Abs. 3 nicht einschlägig.[28] Im Übrigen setzt die Regelung voraus, dass die Rechtshandlung, an die angeknüpft werden soll, dem Gläubiger bereits eine gesicherte Rechtsposition verschafft hat.[29] Bezeichnet der Versicherungsnehmer einer Lebensversicherung einen Dritten **unwiderruflich als Bezugsberechtigten**, erwirbt der Dritte den Anspruch auf die Versicherungsleistung regelmäßig sofort. Im Falle einer **widerruflichen Bezeichnung** erlangt der Bezugsberechtigte hingegen die Rechte aus dem Versicherungsvertrag erst mit dem Ableben der versicherten Person; bis dahin hat er auch keine gesicherte Rechtsstellung, sondern lediglich eine tatsächliche Aussicht auf den Erwerb der Rechte Bezeichnet der Versicherungsnehmer einer Lebensversicherung als Bezugsberechtigten im Todesfall **unwiderruflich seinen Ehegatten**, ist die Zuwendung der Versicherungsleistung regelmäßig bereits mit der Bezeichnung als Bezugsberechtigter vorgenommen. Dies gilt auch dann, wenn die Versiche-

9

---

20 BGH 30.04.1992, IX ZR 176/91, BGHZ 118, 171 (176); 21.06.2007, IX ZR 231/04, ZInsO 2007, 816 Rn. 24.
21 BGH 21.06.2007, IX ZR 231/04, ZInsO 2007, 816 Rn. 25.
22 BT-Drucks. 12/2443, 166.
23 OLG Karlsruhe 03.01.1984, 10 U 388/82, WM 1984, 1193 (1194).
24 BGH 23.10.2003, IX ZR 252/01, BGHZ 156, 350 (357 f.).
25 BT-Drucks. 12/2443 S. 166; BGH 20.09.1978, VIII ZR 142/77, NJW 1979, 102 (103).
26 BGH 18.04.1991, IX ZR 149/90, NJW 1991, 2144 (2145).
27 BGH 14.12.2006, IX ZR 102/03, BGHZ 170, 196 Rn. 14; 29.11.2007, IX ZR 30/07, BGHZ 174, 297 Rn. 13; 22.10.2009, IX ZR 90/08, ZInsO 2009, 2336 Rn. 23; 09.06.2011, IX ZR 179/08, ZInsO 2011, 1350 Rn. 12.
28 BGH IX ZR 106/08, BGHZ 182, 264 Rn. 13.
29 BGH IX ZR 106/08, BGHZ 182, 264 Rn. 14.

§ 140 InsO Zeitpunkt der Vornahme einer Rechtshandlung

rungsleistung im Erlebensfall dem Versicherungsnehmer zustehen soll und das Bezugsrecht des Ehegatten daran geknüpft ist, dass die **Ehe** mit dem Versicherten bei dessen Tod besteht.[30] Pfändet der Gläubiger in eine dem Schuldner eröffnete Kreditlinie, so entsteht ein Pfandrecht erst mit dem Abruf der Kreditmittel als Rechtshandlung des Schuldners.[31] Kann an in ein **Kontokorrent** eingestellten Einzelforderungen ein Pfandrecht nicht erworben werden, kommt für den Erwerb des Pfandrechts von vorneherein nur der Schlusssaldo in Betracht.[32] Die Abtretung **künftiger Mietforderungen** verwirklicht sich mit dem jeweiligen Fälligkeitstermin.[33] Auch der abgetretene oder verpfändete Anspruch auf eine **dienstvertragliche Vergütung** entsteht nicht vor Ableistung der Dienste. Demgegenüber ist jedenfalls der Anspruch auf die in der festen Grundmietzeit zu erbringenden **Leasingraten** als betagte Forderung anzusehen, weil die Leasingraten nicht nur die Gegenleistung für eine zeitlich begrenzte Gebrauchsüberlassung, sondern zugleich das Entgelt für die vom Leasinggeber vorweg erbrachte Finanzierungsleistung darstellen. Ebenso entsteht der gesamte **Rentenanspruch** mit dem Eintritt des Berechtigten in das Rentenalter. Bei Rentenbezügen ist eine Vertragskündigung nicht möglich; ebenso scheiden Störungen der Vertragsabwicklung aufgrund von Leistungsstörungen aus; ferner ist der Erwerb nicht mehr von einer Gegenleistung des Berechtigten abhängig.[34] Bei dem Anspruch des Gesellschafters auf die **Abfindung** oder auf das **Auseinandersetzungsguthaben** handelt es sich nicht um einen bereits bestehenden, nur noch nicht fälligen, also betagten, sondern um einen künftigen Anspruch, der erst mit dem Ausscheiden des Gesellschafters oder der Auflösung der Gesellschaft entsteht.[35]

10 Die Abtretung einer **Saldoforderung** wird erst mit der Anerkennung des Saldos wirksam. Dagegen ist nicht auf den Zeitpunkt, zu dem die einzelnen in das Kontokorrent eingestellten (Kausal-)Forderungen entstanden, maßgeblich, weil diese Forderungen wegen der Kontokorrentbindung nicht selbständig abtretbar sind und der Zessionar wegen der Möglichkeit der Vornahme weiterer Verfügungen des Schuldners keine gesicherte Rechtsstellung erlangt hat. An das Entstehen der in das Kontokorrent eingestellten Einzelforderungen kann bei der Beurteilung der Anfechtbarkeit deshalb selbst dann nicht angeknüpft werden, wenn eine kausale Saldoforderung in Rede steht.[36] Ebenso entsteht ein auf Nr. 14 Abs. 1 AGB-Banken beruhendes Pfandrecht des Kreditinstituts an einer Gutschrift des Kunden erst mit Eingang der Zahlung auf dem Konto des Kunden.[37] Die Verpfändung einer gegen einen Dritten gerichteten Forderung erlangt mit der diesem gegenüber vorzunehmenden Anzeige (§ 1280 BGB) Wirksamkeit. Bei rechtsgeschäftlich begründeten **Pfandrechten** an beweglichen Sachen und an bereits bestehenden Rechten (§§ 1204, 1273 BGB) ist anfechtungsrechtlich der Zeitpunkt ihrer Bestellung maßgebend, auch soweit sie der Sicherung künftiger noch nicht entstandener Forderungen dienen.[38]

11 Das gesetzliche **Vermieterpfandrecht** an eingebrachten pfändbaren Sachen des Mieters entsteht mit der Einbringung, auch soweit es erst künftig entstehende Forderungen aus dem Mietverhältnis sichert.[39] Die **Vorpfändung** (§ 845 ZPO) gehört zu den mehraktigen Rechtshandlungen; ihre Wirksamkeit setzt voraus, dass die Pfändung innerhalb eines Monats bewirkt wird.[40] Hat der Schuldner

---

30 BGH 27.09.2012, IX ZR 15/12, ZInsO 2012, 2294 Rn. 7 ff.
31 BGH 09.06.2011, IX ZR 179/08, ZInsO 2011, 1350 Rn. 13 ff.
32 BGH 18.03.2010, IX ZR 111/08, ZInsO 2010, 710 Rn. 6.
33 OLG Hamm 14.06.2005, 27 U 85/04, ZIP 2006, 433 (434); vgl. BGH 17.09.2009, IX ZR 108/06, ZInsO 2010, 43.
34 BGH 14.01.2010, IX ZR 78/09, ZInsO 2010, 327 Rn. 21 jeweils m.w.N.
35 BGH 14.01.2010, IX ZR 78/09, ZInsO 2010, 327 Rn. 25.
36 BGH 22.10.2009, IX ZR 90/08, ZInsO 2009, 2336 Rn. 23.
37 BGH 07.03.2002, IX ZR 223/01, BGHZ 150, 122 (126).
38 BGH 26.01.1983, VIII ZR 257/81, BGHZ 86, 340 (346 ff.); 29.11.1984, IX ZR 44/84, BGHZ 93, 71 (76); 05.11.1998, IX ZR 246/97, ZIP 1999, 79; zu Recht zweifelnd jedoch BGH 14.12.2006, IX ZR 102/03, *BGHZ 170*, 196 Rn. 14 f.
39 BGH 14.12.2006, IX ZR 102/03, BGHZ 170, 196 Rn. 11.
40 BGH 23.03.2006, IX ZR 116/03, BGHZ 167, 11 Rn. 13.

an einem von ihm erworbenen Grundstück einem Gläubiger eine dem vorgemerkten Rückübertragungsanspruch des Grundstücksverkäufers nachrangige Grundschuld bewilligt und dem Gläubiger auch den Anspruch auf Kaufpreisrückzahlung abgetreten, so beurteilt sich die Anfechtbarkeit dieser Rechtshandlungen nach dem Zeitpunkt der Sicherheitenbestellung, nicht nach dem des Rücktritts vom Kaufvertrag.[41]

3. Zahlungsvorgänge

Eine **Barzahlung** ist mit der Übereignung des Geldes,[42] eine **Überweisung** mit der Kontogutschrift vorgenommen.[43] Zahlungen im Lastschriftverfahren können im Wege des **Einzugsermächtigungsverfahrens**, bei dem der Schuldner seinem Gläubiger eine Ermächtigung erteilt, Forderungen im Lastschriftwege einzuziehen, oder im **Abbuchungsauftragsverfahren** erfolgen, bei dem der Zahlungspflichtige seinem Kreditinstitut den Auftrag erteilt, Lastschriften seines namentlich bezeichneten Gläubigers einzulösen. Beim **Einzugsermächtigungsverfahren** hat der Schuldner die Möglichkeit, der Lastschrift zu widersprechen, solange er sie nicht ausdrücklich oder konkludent genehmigt hat. Mithin ist die Rechtshandlung erst im Zeitpunkt der Genehmigung vorgenommen, weil eine Verkürzung des Schuldnervermögens noch nicht unvermeidlich eingetreten ist, solange eine im Einzugsermächtigungsverfahren erfolgte Lastschrift noch widerrufen werden kann.[44] Dagegen ist eine Anfechtung nach einer Genehmigung eröffnet.[45] Eine konkludente Genehmigung durch den Kontoinhaber kommt insb. in Betracht, wenn es sich für die Zahlstelle erkennbar um regelmäßig wiederkehrende Lastschriften handelt, wozu insb. auch wiederkehrende Abgabenzahlungen gehören können.[46] Auf den Zeitpunkt der Genehmigung ist für den Eintritt der Anfechtungsvoraussetzungen abzustellen.[47] Beim **Abbuchungsauftragsverfahren** ist dem Gläubiger der ihm von seiner Bank zunächst unter Vorbehalt des Eingangs vorläufig gutgeschriebene Einzugsbetrag erst mit wirksamer Einlösung der Lastschrift durch die Zahlstelle vom Schuldner endgültig zugewandt. Die wirksame Einlösung der Lastschrift setzt die Belastung des Kontos nach Maßgabe der Allgemeinen Geschäftsbedingungen des Bankinstituts des Schuldners und die Kundgabe des Einlösungswillens der Zahlstelle voraus.[48] Die Einlösung tritt nach den gängigen AGB ein, wenn sie nicht binnen zwei Bankarbeitstagen nach Belastung des Schuldnerkontos rückgängig gemacht wird.[49]

III. Ermöglichung einer Sicherung oder Befriedigung

§§ 130, 131 unterstellen auch Rechtshandlungen der Anfechtung, die einem Gläubiger eine Sicherung oder Befriedigung ermöglicht haben. In diesen Fällen ist danach zu differenzieren, ob die gläubigerbenachteiligenden Wirkungen **unmittelbar** durch die Rechtshandlung verursacht werden oder ob noch ein **Rechtsakt hinzutreten** muss. In der ersten Alternative ist die Rechtshandlung mit dem Verhalten des Schuldners – etwa dem Anerkenntnis einer nicht bestehenden Forderung – abgeschlossen. Muss hingegen noch ein weiterer Umstand hinzukommen, ist der Vorgang erst mit dem letzten Teilakt abgeschlossen. Ein prozessuales Anerkenntnis wirkt etwa nicht von sich heraus; es muss zusätzlich ein Anerkenntnisurteil (§ 307 ZPO) ergehen.

---

[41] BGH 11.12.2008, IX ZR 194/07, ZInsO 2009, 143 Rn. 13.
[42] BGH 01.03.1984, IX ZR 34/83, ZIP 1984, 809 (811).
[43] BGH 20.06.2002, IX ZR 177/99, ZInsO 2002, 721.
[44] BGH 19.12.2002, IX ZR 377/99, ZInsO 2003, 324 (326); 07.10.2010, IX ZR 209/09, WM 2010, 2275, 2276 f. Rn. 18; 14.10.2010, IX ZR 240/09, ZInsO 2010, 2293 Rn. 8.
[45] BGH 30.09.2010, IX ZR 178/09, WM 2010, 2023 Rn. 11, 19.
[46] BGH 20.07.2010, XI ZR 236/07, WM 2010, 1546 Rn. 48; 14.10.2010, IX ZR 240/09, ZInsO 2010, 2293 Rn. 8.
[47] BGH 30.09.2010. IX ZR 177/07, ZInsO 2010, 2133 Rn. 11.
[48] BGH 19.12.2002, IX ZR 377/99, ZInsO 2003, 324 (326); 13.12.2012, IX ZR 1/12, WM 2013, 213 Rn. 12.
[49] BGH 17.01.2013, IX ZR 184/10, WM 2013, 315 Rn. 8 f.

C. Eintragungsbedürftige Rechtsgeschäfte

14 Für mehraktige Rechtsgeschäfte, deren Wirksamkeit eine Eintragung in das Grundbuch oder ein vergleichbares Register voraussetzt, erklärt § 140 Abs. 2 in Abweichung von dem Grundsatz des § 140 Abs. 1 und der unter der KO geübten Rechtsprechung für die Vornahme bereits den Zeitpunkt als maßgeblich, in dem alle sonstigen Wirksamkeitsvoraussetzungen erfüllt sind, die Einigungserklärung für den Schuldner bindend geworden ist und der andere Teil einen Antrag auf Eintragung einer Rechtsänderung (§ 140 Abs. 2 Satz 1) oder einen Antrag auf Eintragung einer Vormerkung gestellt hat.[50]

I. Voraussetzung einer Vorverlegung auf Zeitpunkt der Antragstellung

1. Rechtsgeschäftlicher Erwerb von registerrechtlich eingetragenen Rechten

15 Die Sonderregelung des § 140 Abs. 2 beschränkt sich auf einen rechtsgeschäftlichen Erwerb. Sie gilt nicht in Fällen eines **gesetzlichen Erwerbs** im Wege der Erbfolge (§ 1922 BGB) oder der **Zwangsvollstreckung** etwa durch Eintragung einer Zwangshypothek (§ 857 ZPO).[51] Als rechtsgeschäftlich ist ein Erwerb anzusehen, der auf einer durch § 894 ZPO erwirkten Willenserklärung beruht. Eine **Grundbucheintragung** erfordert der Erwerb eines Grundstücks bzw. eines realen oder ideellen Anteils daran, der Erwerb eines grundstücksgleichen Rechts an einem Grundstück wie das Erbbaurecht oder ein landesrechtliches Bergwerkseigentum, ferner der Erwerb eines dinglichen Rechts an einem Grundstück (Buchpfandrechte, Dienstbarkeiten, Reallasten, Nießbrauch, dingliche Vorkaufsrechte), schließlich auch die Bestellung eines Rechts an einem solchen Grundstücksrecht. Eintragungspflichtig ist neben der Begründung der genannten Rechte (§ 873 BGB) ihre Übertragung, Inhaltsänderung (§ 877 BGB), Rangänderung (§ 880 Abs. 2 BGB) oder Aufhebung (§§ 875 f. BGB). Hinsichtlich der Eintragungspflichten für Schiffe und Schiffsbauwerke gilt das SchiffsRG und für Luftfahrzeuge das LuftRG.

2. Vollendung des Rechtserwerbs durch Registereintragung

16 Außerdem verlangt § 140 Abs. 2, dass der Rechtserwerb durch die Registereintragung abgeschlossen wird und die Eintragung später auch tatsächlich erfolgt. Handelt es sich um die Übertragung einer **Briefhypothek** oder **Briefgrundschuld**, findet eine Grundbucheintragung nicht statt, weil die Abtretung durch die Übergabe des Grundpfandbriefs (§§ 1154 Abs. 1, 1117, 1192 BGB) vollzogen wird. In diesen Fällen ist § 140 Abs. 1 anzuwenden. Ausnahmsweise ist hingegen § 140 Abs. 2 einschlägig, wenn die Grundbucheintragung die schriftliche Abtretungserklärung ersetzen soll (§ 1154 Abs. 2 BGB) oder das Grundpfandrecht im Zeitpunkt der Abtretung mittels Übergabe des Grundpfandrechtsbriefs noch gar nicht eingetragen war.

3. Wirksamkeitsvoraussetzungen des Rechtsgeschäfts

17 Die zeitliche Vorverlegung des Zeitpunkts der Vornahme der Rechtshandlung erfordert nach § 140 Abs. 2, dass neben dem von dem anderen Teil gestellten **Eintragungsantrag** alle **sonstigen Voraussetzungen für das Wirksamwerden** des Rechtsgeschäfts erfüllt sind und der Schuldner seine Willenserklärung nicht mehr widerrufen kann. Die dingliche Einigung muss formgerecht erfolgt sein, bei einer Auflassung im Wege notarieller Beurkundung (§§ 873, 925 BGB). Wird ein Formmangel erst durch Eintragung geheilt, ist dieser Zeitpunkt maßgeblich. Hat ein vollmachtloser Vertreter gehandelt und bedarf es zur Wirksamkeit der Einigung einer Genehmigung des Vertretenen, ist, wenn sie nach Antragstellung, aber vor Eintragung erklärt wird, auf den Zeitpunkt ihrer Abgabe abzustellen. Bindend ist die Willenserklärung des Schuldners, wenn der Verwalter rechtlich nicht in der Lage ist, den Erwerb rechtmäßig (§ 878 Abs. 3 BGB, § 3 Abs. 2 SchiffsRG, § 5 Abs. 3 LuftRG) zu ver-

---

[50] BT-Drucks. 12/2443, 166.
[51] Vgl. BGH 17.04.1953, V ZB 5/53, BGHZ 9, 250.

hindern.[52] Fehlt es an einer dieser Voraussetzungen, ist § 140 Abs. 1 anzuwenden und auf die Grundbucheintragung abzustellen.[53]

II. Eintragungsantrag des Erwerbers

1. Antrag auf Eintragung der Rechtsänderung

Eine anwartschaftsähnliche Rechtsposition erlangt der **Erwerber** erst, wenn er selbst einen Antrag auf Eintragung des zu erwerbenden Rechts gestellt hat. Daran fehlt es, wenn der Eintragungsantrag von dem selbständig zu dessen Rücknahme berechtigten Schuldner gestellt wurde.[54] Ausreichend ist es, wenn der Antrag von dem Notar namens des anderen Teils oder im Namen beider Beteiligter gestellt wurde.[55] Unschädlich ist es, wenn der andere Teil im Zeitpunkt der Eintragung Kenntnis von der Insolvenzeröffnung hat.[56] Durch einen vom Notar auf der Grundlage des § 15 GBO gestellten Antrag wird hingegen für den anderen Teil keine gesicherte Rechtsposition begründet, wenn der Notar einen solchen Antrag ohne Zustimmung des Berechtigten (vgl. § 24 Abs. 3 Satz 1 BNotO) zurücknehmen kann.[57] In diesen Fällen bestimmt sich der Zeitpunkt der Vornahme nach § 140 Abs. 1. 18

2. Antrag auf Eintragung einer Vormerkung

Betrifft der Antrag die Eintragung einer Vormerkung zur Sicherung des Anspruchs auf die Rechtsänderung, gilt die Rechtshandlung nach § 140 Abs. 2 Satz 2 mit der Stellung des Antrags als vorgenommen, wenn entsprechend § 140 Abs. 2 Satz 1 die sonstigen Voraussetzungen für die Eintragung der Vormerkung vorliegen. Die sind ein sicherungsfähiger Anspruch (§ 883 Abs. 1 BGB) und eine bindende Bewilligung des Schuldners als Inhaber des dinglichen Rechts, auf deren Grundlage der andere Teil – bzw. für ihn der Notar – die Eintragung der Vormerkung beantragt.[58] Der Zeitpunkt des Antrags auf Eintragung einer wirksam bewilligten Vormerkung ist maßgeblich, auch wenn die Auflassung erst später erfolgt.[59] Die Beantragung der Vormerkung ist auch für den mit dem Erwerb eines Grundstücks verbundenen Eintritt in ein Mietverhältnis (§ 566 BGB) maßgeblich.[60] Die **Beweislast** für die Voraussetzungen des § 140 Abs. 2 trägt, wer sich auf die Bestimmung beruft. 19

D. Bedingung und Befristung

I. Regelungsinhalt

§§ 41, 42 ordnen an, dass in der Insolvenz befristete und bedingte Forderungen grds schon vor Eintritt des Termins oder der Bedingung geltend gemacht werden können. Eine aufschiebend bedingte Forderung nimmt gem. § 191 Abs. 1 Satz 1 mit ihrem vollen Betrag an einer Abschlagsverteilung teil, kann folglich im Insolvenzverfahren angemeldet und festgestellt werden.[61] Zudem sind bedingte und befristete Rechtsgeschäfte gem. § 161 Abs. 1 Satz 2, § 163 BGB während des Schwebezustands gegen Zwischenverfügungen – auch des Insolvenzverwalters – geschützt und gewähren dem Gläubiger eine **gesicherte Rechtsstellung**. § 140 Abs. 3 geht aus dieser Erwägung davon aus, dass die Rechtshandlung des Schuldners, an die angeknüpft werden soll, dem Gläubiger unabhängig von dem Bedingungseintritt eine gesicherte Rechtsstellung verschafft hat. Daraus leitet die Bestimmung 20

---

52 BT-Drucks. 12/2443, 166.
53 BGH 09.01.1997, IX ZR 47/96, ZIP 1997, 423 (424 f.).
54 BGH 26.01.2006, III ZB 63/05, BGHZ 166, 123 Rn. 23; 26.04.2001, IX ZR 53/00, NJW 2001, 2477 (2479).
55 BT-Drucks. 12/2443, 166.
56 BT-Drucks. 12/2443, 166.
57 BGH 26.04.2001, IX ZR 53/00, NJW 2001, 2477 (2479).
58 BGH 23.11.1995, IX ZR 18/95, BGHZ 131, 189 (197 f.).
59 BGH 10.12.2009, IX ZR 203/06, ZInsO 2010, 225 Rn. 9 ff.
60 BGH 02.02.2006, IX ZR 67/02, BGHZ 166, 125 Rn. 23.
61 BT-Drucks. 12/2443, 167; BGH 29.06.2004, IX ZR 195/03, BGHZ 159, 388 (396).

die weitere rechtliche Konsequenz ab, dass solche Rechtshandlungen ohne Rücksicht auf den Eintritt der Bedingung oder des Termins schon mit Abschluss der rechtsbegründenden Tatsachen als vorgenommen gelten.[62] Demnach ist § 140 Abs. 1mit der Maßgabe anzuwenden, dass die Bedingung oder Befristung außer Betracht bleibt. Abzustellen ist allein auf den **Abschluss der rechtsbegründenden Tatumstände**.[63] Unter Rechtshandlung i.S.d. § 143 Abs. 3 sind ausschließlich **Rechtsgeschäfte** zu verstehen, weil andere Rechtshandlungen nicht an eine Bedingung oder Befristung gekoppelt werden können.[64] In den Fällen der Vorausabtretung einer künftigen Forderung, deren Verpfändung oder Pfändung ist § 140 Abs. 3 nicht einschlägig.[65] Die **Beweislast** für die Voraussetzungen des § 140 Abs. 1 trägt, wer sich auf die Bestimmung beruft.

II. Bedingte Verträge

21 Für auflösende Bedingungen gewinnt § 140 Abs. 1 nur Bedeutung, wenn die Rechtshandlung noch vor Bedingungseintritt angefochten werden soll. Praktisch bedeutsam sind hingegen **aufschiebende Bedingungen**. Wird ein Eigentumsvorbehalt vereinbart, ist wegen der damit verknüpften Bedingung anfechtungsrechtlich auf den Zeitpunkt von Einigung und Übergabe abzustellen; lag dieser Zeitpunkt außerhalb der Anfechtungsfrist, ist der innerhalb der Frist durch eine später geleistete Zahlung bewirkte Eigentumsübergang nicht anfechtbar. Die mit dem Abschluss des vermittelten Vertrages begründete **Provisionsforderung** ist erst mit der Ausführung des Geschäfts verdient und darum aufschiebend bedingt. Für die Anfechtung ist damit auf den Zeitpunkt der Vereinbarung abzustellen.[66] **Mietforderungen** entstehen nach § 163 aufschiebend befristet zum Anfangstermin des jeweiligen Zeitraums der Nutzungsüberlassung.[67] Der für die Anfechtung des Pfändungspfandrechts maßgebliche Zeitpunkt richtet sich, zumal der Gläubiger zuvor keine gesicherte Rechtsposition erlangt hat, mithin nach dem Beginn des Nutzungszeitraums, für den die Mietrate geschuldet war.[68]

22 Erstattungsforderungen wegen überzahlter Nebenkosten entstehen mit dem Ablauf des Abrechnungszeitraums und eine tatsächlich eingetretene Überzahlung.[69] Aus einem Vermarktungsvertrag geschuldete Monatspauschalen entstehen mit Vertragsschluss.[70] Bei der Abtretung oder Pfändung einer künftigen Forderung bildet deren Entstehung keine Bedingung, so dass § 140 Abs. 3 unanwendbar ist.[71] Die Vertragspflicht aus § 667 BGB, dem Auftraggeber alles, was er aus der Geschäftsbesorgung erlangt, herauszugeben, schuldet der Beauftragte bis zur Einziehung auch nicht bedingt oder betagt, weil die Einziehung weder als eine Bedingung noch als eine Zeitbestimmung anzusehen, sondern Inhalt des Rechtsgeschäfts selbst ist.[72] Da der Versicherungsnehmer bei einer **Lebensversicherung** die widerrufliche Bezugsberechtigung jederzeit beseitigen kann, treten die Rechtswirkungen der Verfügung erst mit seinem den Versicherungsfall auslösenden Tod ein. § 140 Abs. 3 findet keine Anwendung, weil der Dritte durch die Erklärung des Versicherungsnehmers noch kein bedingtes oder befristetes Recht, sondern nur eine tatsächliche Erwerbsaussicht erlangt hat.[73]

---

62 BGH 14.06.2007, IX ZR 56/06, NJW 2007, 2640 Rn. 17.
63 BGH 29.06.2004, IX ZR 195/03, BGHZ 159, 388 (395).
64 BGH 23.03.2006, IX ZR 116/03, BGHZ 167, 11 Rn. 14; 14.12.2006, IX ZR 102/03, BGHZ 196, 201 Rn. 18.
65 BGH IX ZR 106/08, BGHZ 182, 264 Rn. 13.
66 BGH 29.06.2004, IX ZR 195/03, BGHZ 159, 388 (394 f.); 14.06.2007, IX ZR 56/06, NJW 2007, 2640 Rn. 19.
67 BGH 14.12.2006, IX ZR 102/03, BGHZ 170, 196 Rn. 12.
68 BGH 17.09.2009, IX ZR 106/08, ZInsO 2010, 43 Rn. 8 ff.
69 BGH 11.11.2004, IX ZR 237/03, ZInsO 2005, 94 (95).
70 BGH 29.06.2004, IX ZR 195/03, BGHZ 159, 388 (397).
71 BGH 20.03.2003, IX ZR 166/02, NJW 2003, 2171.
72 BGH 14.06.2007, IX ZR 56/06, NJW 2007, 2640 Rn. 16.
73 BGH 23.10.2003, IX ZR 252/01, BGHZ 156, 350 (357); 27.04.2010, IX ZR 245/09, ZInsO 2010, 997 Rn. 3.

Eine auf den **Insolvenzfall** bezogene Bedingung ist unbeachtlich, weil sie zu einer Umgehung der 23
Insolvenzanfechtung dienen könnte.[74] Die Vorschrift des § 140 Abs. 3 ist auch im Rahmen von
§ 96 Abs. 1 Nr. 3 für die Anfechtbarkeit und damit für die Unzulässigkeit von Aufrechnungen
von Bedeutung. Ist zumindest eine der gegenseitigen durch Rechtsgeschäft entstandenen Forderungen befristet oder von einer Bedingung abhängig, so kommt es für die Anfechtbarkeit des Erwerbs
der **Aufrechnungslage** nicht darauf an, wann die Aufrechnung zulässig wurde, sondern auf den Zeitpunkt, zu dem die spätere Forderung entstand und damit das Gegenseitigkeitsverhältnis begründet
wurde.[75] Die mit Abschluss eines Vertrages entstandene Forderung ist erst ab dem Zeitpunkt und
nur insoweit zu berücksichtigen, als sie – etwa durch Erbringung der versprochenen Leistung – werthaltig geworden ist und dem Gläubiger durch die Aufrechnung eine tatsächliche Befriedigung seiner
Forderung ermöglicht.[76] Als befristete Rechtshandlung ist die Kündigung zu einem künftigen Termin anzusehen.[77]

§ 141 Vollstreckbarer Titel

Die Anfechtung wird nicht dadurch ausgeschlossen, dass für die Rechtshandlung ein vollstreckbarer Schuldtitel erlangt oder dass die Handlung durch Zwangsvollstreckung erwirkt worden ist.

Übersicht		Rdn.			Rdn.
A.	Normzweck	1	C.	Zwangsvollstreckung	3
B.	Vollstreckbarer Schuldtitel	2			

A. Normzweck

Die Bestimmung stellt klar, dass die Erwirkung eines Vollstreckungstitels die Anfechtung einer 1
Rechtshandlung des Schuldners nicht ausschließt.[1] Mit anderen Worten hindert ein unter Inanspruchnahme staatlicher Hilfsmittel erzwungener Erwerb nicht die Anfechtung. Leistungen auf titulierte Forderungen können also in gleicher weise wie Leistungen auf nicht titulierte Forderungen angefochten werden. § 141 Alt. 1 betrifft freiwillige Leistungen auf einen Titel, § 141 Alt. 2 im Wege
der der Vollstreckung erwirkte Leistungen.

B. Vollstreckbarer Schuldtitel

Gegenstand der Anfechtung ist nach dem eindeutigen Wortlaut des § 141 Alt. 1 nicht der Schuldtitel, 2
sondern die Rechtshandlung, für die ein Schuldtitel erwirkt wurde. Der Vollstreckungstitel selbst unterliegt als **staatlicher Hoheitsakt** nicht der Anfechtung, sondern kann nur mit verfahrensrechtlichen
Rechtsbehelfen angefochten werden. Freilich kann der Verwalter neben der Einlegung nicht die Verjährungsfrist des § 146 wahrender Rechtsbehelfen zugleich im Wege der Anfechtung vorgehen. Die
Anfechtung richtet sich gegen die einen **Titel erwirkenden** oder **ausnutzenden Rechtshandlungen**
des Gläubigers und **fördernde Rechtshandlungen** des Schuldners. Insbesondere gemeint sind auf
dem Titel aufbauende, durch ihn gedeckte Rechtshandlungen.[2] Die Rechtshandlung kann dem Titel
zugrunde liegen, wenn er aus einem anfechtbaren Geschäft erwirkt wird. Bestand die titulierte Forderung nicht, führt bereits die Titulierung wegen der Erhöhung der Passivmasse zu einer Gläubigerbenachteiligung. Falls die titulierte Forderung wirksam und unanfechtbar ist, führt die Erwirkung des Ti-

---

74 BAG 19.01.2006, 6 AZR 529/04, NZI 2007, 58 (61).
75 BGH 29.06.2004, IX ZR 195/03, BGHZ 159, 388 (395 f.); 14.06.2007, IX ZR 56/06, NJW 2007, 2640 Rn. 15.
76 BGH 11.02.2010, IX ZR 104/07, ZInsO 2010, 673 Rn. 13; 14.02.2013, IX ZR 94/12, ZInsO 2013, 492 Rn. 12 ff.
77 BT-Drucks. 12/2443, 167.
1 BT-Drucks. 12/2443, 167.
2 BT-Drucks. 12/2443, 167.

tels zur Ermöglichung einer Sicherung oder Befriedigung (§§ 130, 131), die eine mittelbare Gläubigerbenachteiligung erst durch den Eintritt der Sicherung oder Befriedigung auslöst. Anfechtbar ist eine freiwillige Zahlung auf eine titulierte Forderung. Als Vollstreckungstitel kommen in Betracht vollstreckbare und rechtskräftige Urteile (§ 704 ZPO), Arrestbefehl und einstweilige Verfügung (§§ 928, 936, 940 ZPO), die in § 794 Nr. 1 bis 5 ZPO genannten Titel, für vollstreckbar erklärte Schiedssprüche (§ 1060 ZPO), der Auszug aus der Tabelle über eine festgestellte Forderung (§ 201 Abs. 2), ein Insolvenzplan (§ 257) und der Zuschlagsbeschluss (§ 93 ZVG).

C. Zwangsvollstreckung

3 § 141 Alt. 2 besagt, dass Vollstreckungsmaßnahmen auch dann anfechtbar sind, wenn sie aufgrund eines Titels (§ 750 ZPO) vorgenommen werden. Als Vollstreckungsmaßnahme kommen die Pfändung beweglicher Sachen und Forderungen, die Begründung von Zwangshypotheken, die Zwangsversteigerung eines Grundstücks wie auch die Vollziehung eines **Arrests** oder einer **einstweiligen Verfügung** in Betracht. Ohne Bedeutung ist es, ob die durch die Vollstreckung erfüllte oder gesicherte Forderung anfechtbar oder unanfechtbar erworben wurde. Die Anfechtbarkeit von Vollstreckungsmaßnahmen kann mithin ohne Bindung an den Titel geprüft werden. Die Anfechtung richtet sich gegen die Wirkung der Vollstreckungshandlung.

§ 142 Bargeschäft

Eine Leistung des Schuldners, für die unmittelbar eine gleichwertige Gegenleistung in sein Vermögen gelangt, ist nur anfechtbar, wenn die Voraussetzungen des § 133 Absatz 1 gegeben sind.

Übersicht	Rdn.		Rdn.
A. Normzweck	1	b) Kontokorrent	9
B. Begriff des Bargeschäfts	2	II. Unmittelbarkeit	11
I. Verknüpfung von Leistung und Gegenleistung	3	1. Enger zeitlicher Zusammenhang	11
1. Leistungsaustausch	3	2. Fortwährende Rechtsbeziehung	15
2. Vertragsmäßige Anbindung	7	3. Keine Kreditgewährung	17
a) Notwendigkeit einer Parteivereinbarung	7	III. Gleichwertigkeit der Gegenleistung	18
		C. Rechtsfolgen	19

A. Normzweck

1 Tauscht der Schuldner mit einem Vertragspartner eine wertäquivalente Leistung und Gegenleistung aus, so scheidet eine unmittelbare Gläubigerbenachteiligung aus. Gleichwohl unterläge die Rechtshandlung der Anfechtung, weil die sich meisten Anfechtungstatbestände (§§ 130, 131, 132 Abs. 2) mit einer mittelbaren Benachteiligung begnügen. Das würde aber praktisch bedeuten, dass ein Schuldner in der Krise vom Geschäftsverkehr abgeschnitten wäre, wenn selbst wertäquivalente im Barzahlungsweg abgewickelte Geschäfte anfechtbar sind.[1] Der Gesetzgeber will deshalb mit der Regelung des § 142 sicherstellen, dass Bargeschäfte nicht der Anfechtung wegen kongruenter Deckung unterliegen und dass eine unmittelbar nachteilige Rechtshandlung nicht vorliegt, wenn der Schuldner für seine Leistung eine gleichwertige Gegenleistung erhält.[2] In diesem Fall findet wegen des ausgleichenden Vermögenswertes keine Vermögensverschiebung zu Lasten des Schuldners, sondern eine bloße Vermögensumschichtung statt.[3] Die Gleichwertigkeit der Leistungen bestimmt sich nach objektiven Maßstäben. Wie in der Formulierung »für die« zum Ausdruck kommt, müssen Leistung und Gegenleistung durch **Parteivereinbarung miteinander verknüpft** sein.[4] Schließlich besagt

---

[1] BGH 13.04.2006, IX ZR 158/05, BGHZ 167, 190 Rn. 30.
[2] BT-Drucks. 12/2443, 167.
[3] BGH 23.09.2010, IX ZR 212/09, ZInsO 2010, 1929 Rn. 24.
[4] BGH 23.09.2010, IX ZR 212/09, ZInsO 2010, 1929 Rn. 26.

der Begriff »unmittelbar«, dass zwischen Leistung und Gegenleistung ein **enger zeitlicher Zusammenhang** bestehen muss.[5] Die Bestimmung kann als Ausnahmevorschrift nicht über ihren Tatbestand hinaus ausgelegt werden.[6]

B. Begriff des Bargeschäfts

Ein Bargeschäft stellt nach dem Parteiwillen, der Verkehrsanschauung und der tatsächlichen Abwicklung ein einheitliches Ganzes dar, bei dem einer geringen zeitlichen Differenz zwischen Leistung und Gegenleistung gerade keine rechtserhebliche Bedeutung zukommt.

I. Verknüpfung von Leistung und Gegenleistung

1. Leistungsaustausch

Die Tatbestandsmerkmale eines Bargeschäfts sind § 142 zu entnehmen. Ein Bargeschäft liegt danach vor, wenn der Schuldner aufgrund einer Vereinbarung mit dem Anfechtungsgegner in engem zeitlichen Zusammenhang mit seiner Leistung eine gleichwertige Gegenleistung erhalten hat.[7] Mangels Gegenleistung können unentgeltliche Leistungen des Schuldners nicht in ein Bargeschäft eingebunden sein. Als Gegenstand der Leistung kommt jeder wirtschaftliche Wert in Betracht. Die Gegenleistung muss in das Aktivvermögen des Schuldners geflossen, dort aber nicht erhalten geblieben sein.[8] Leistung und Gegenleistung können die Erfüllung beliebiger **gegenseitiger Verträge** betreffen; auch länger andauernde Vertragsbeziehungen scheiden nicht von vornherein als Bargeschäft aus,[9] gleich ob Dienst- und Geschäftsbesorgungsverträge[10] oder Kaufverträge.[11]

Zwischen einem **Handelsvertreter** und seinem **Unternehmer** findet beim Warenverkauf kein Bargeschäft statt, weil sich der Leistungstausch zwischen dem Unternehmer und seinen Kunden verwirklicht und der Handelsvertreter daran vermögensneutral nur als Vertreter (§ 164 BGB) durch Warendistribution und als Zahlstelle mitwirkt. Dem Handelsvertreter zustehende Provisionen bilden die Gegenleistung für den Abschluss von Geschäften und nicht für die Abführung eingenommener Erlöse. Veräußert ein Tankstellenbetreiber im Namen und für Rechnung eines Mineralölunternehmens in dessen Eigentum stehende Kraftstoffe an Endkunden und überweist er die zunächst für fremde Rechnung vereinnahmten Barerlöse nach Einzahlung auf seinem allgemeinen Geschäftskonto an das Mineralölunternehmen, so scheidet ein Bargeschäft aus.[12] Die Leistung des Schuldners kann auch dazu dienen, für die erhaltene Gegenleistung eine **Sicherheit** zu gewähren. Um eine der Anfechtung nicht unterliegende Bardeckung kann es sich folglich handeln, wenn der Anfechtungsgegner dem Schuldner einen Darlehensbetrag ausgehändigt hat in der Erwartung, dass dieser unverzüglich vereinbarungsgemäß die Bestellung einer Hypothek als Sicherheit für die Darlehensforderung in die Wege leiten werde, und wenn der Gemeinschuldner sich dementsprechend verhalten hat und die Eintragung der Hypothek alsbald erfolgt.[13] Der Einräumung eines Grundstücks als **Sacheinlage** kann die Verpflichtung der Gesellschaft gegenüberstehen, Zug um Zug eine Grundschuld zu bestellen, um den von dem Gesellschafter zwecks Erwerbs des Grundstücks auf-

---

5 BT-Drucks. 12/2443, 167.
6 BGH 23.09.2010, IX ZR 212/09, ZInsO 2010, 1929 Rn. 35.
7 BGH 22.01.2004, IX ZR 39/03, BGHZ 157, 350 (360); 29.11.2007, IX ZR 30/07, BGHZ 174, 297 Rn. 41.
8 BGH 09.06.2005, IX ZR 152/03, ZInsO 2005, 766 (768); 11.02.2010, IX ZR 104/07, ZInsO 2010, 673 Rn. 36.
9 BGH 13.04.2006, IX ZR 158/05, BGHZ 167, 190 Rn. 32.
10 BGH 17.11.1958, II ZR 224/57, BGHZ 28, 344; 11.06.1980, VIII ZR 62/79, BGHZ 77, 250; 13.04.2006, IX ZR 158/05, BGHZ 167, 190.
11 BGH 30.09.1993, IX ZR 227/92, BGHZ 123, 320; 21.05.1980, VIII ZR 40/79, NJW 1980, 1961; 29.05.2008, IX ZR 42/07, ZInsO 2008, 749.
12 BGH 23.09.2010, IX ZR 212/09, ZInsO 2010, 1929 Rn. 30 ff.
13 BGH 09.02.1955, IV ZR 173/54, WM 1955, 404; 26.01.1977, VIII ZR 122/75, NJW 1977, 718.

Gehrlein

genommenen Kredit zu finanzieren.[14] Ein Bargeschäft ist gegeben, wenn gegen Bestellung einer nach Banken-AGB geschuldeten Sicherheit ein Kredit gewährt wird.[15] Ebenso verhält es sich, wenn Forderungen aus Sammellastschriften gegen Kreditgewährung abgetreten werden.[16] Ein Bargeschäft liegt auch dann vor, wenn der Schuldner eine Darlehensrückzahlung gegen Freigabe einer entsprechend werthaltigen Sicherheit aus seinem Vermögen vornimmt oder die Freigabe der zugunsten des Zahlungsempfängers an einem Bankguthaben des Schuldners bestellten Sicherheit dessen Verfügung über das Guthaben ermöglicht.[17] Barcharakter hat die Bestellung einer Vormerkung zur Sicherung eines Eigentumsübertragungsanspruchs.[18]

5 Wenn der **Frachtführer** mit dem Absender (und späteren Schuldner), der offene (Alt-)Forderungen nicht bezahlen kann, und dem Empfänger vereinbart, den vorerst unter Berufung auf das Frachtführerpfandrecht angehaltenen Transport auszuführen, sofern die bei Ablieferung des Frachtguts zu realisierende Werklohnforderung des Absenders gegen den Empfänger in entsprechender Höhe an den Frachtführer abgetreten oder das Pfandrecht darauf erstreckt wird, bildet die erfolgte Zahlung ein unanfechtbares Bargeschäft, wenn der Wert des Frachtführerpfandrechts dem Wert der abgetretenen oder verpfändeten Forderung entspricht.[19] Dagegen fehlt es mangels eines konkreten Leistungsaustauschs an einem Bargeschäft, wenn der Wert der gestellten Sicherheiten während einer bestimmten Abrechnungsperiode dem gewährten Kredit entspricht. Das Stehenlassen der Darlehensforderung enthält keine ausgleichende Gegenleistung, weil allein damit dem Schuldner kein neuer Vermögenswert zugeführt wird. Der Schuldner hat ihn vielmehr bereits durch die Darlehensgewährung erhalten; das bloße Unterlassen der Rückforderung bedeutet keine Zuführung eines neuen Vermögenswertes.[20]

6 Bei einer **Globalabtretung** künftig entstehender Forderungen scheidet ein Bargeschäft aus. Die notwendige rechtsgeschäftliche Verknüpfung zwischen Leistung und Gegenleistung ist hier hinsichtlich der ausscheidenden und der hinzukommenden Forderungen nicht gegeben. Ferner könnte das Entstehen neuer Forderungen allenfalls eine gleichwertige Sicherheit darstellen, wenn diese nicht nur betragsmäßig, sondern auch in ihrem wirtschaftlichen Wert den untergegangenen Forderungen gleichkämen, so dass bei vergleichender Betrachtung eine Schmälerung des Schuldnervermögens ausgeschlossen wäre. Diese Voraussetzungen sind bei Globalzessionen typischerweise nicht gegeben, weil der Sicherungswert von vielen Faktoren, insb. der Qualität der Leistung des Schuldners sowie der Vertragstreue und finanziellen Leistungsfähigkeit seines Kunden abhängt und deshalb nicht generell, sondern nur bezogen auf die jeweilige Einzelforderung bestimmt werden kann.[21]

2. Vertragsmäßige Anbindung

a) Notwendigkeit einer Parteivereinbarung

7 Das in der Wendung »für die« zum Ausdruck kommende Erfordernis einer vertraglichen Verknüpfung besagt, dass Leistung und Gegenleistung durch eine **Parteivereinbarung** wechselseitig aufeinander bezogen sind.[22] Nur eine der Parteivereinbarung entsprechende Leistung ist kongruent und geeignet, den Bargeschäftseinwand auszufüllen.[23] Eine nachträgliche Vertragsänderung ist un-

---

14 BGH 15.12.1994, IX ZR 153/93, BGHZ 128, 184 (189).
15 BGH 19.04.1998, IX ZR 22/97, NJW 1998, 2592 (2597).
16 BGH 21.12.1977, VIII ZR 255/76, BGHZ 70, 177 (186).
17 BAG 21.02.2008, 6 AZR 273/07, ZIP 2008, 1184 (1188 f.).
18 BGH 27.09.1984, IX ZR 3/84, WM 1984, 1430.
19 BGH 21.04.2005, IX ZR 24/04, ZInsO 2005, 648 (650).
20 BGH 29.11.2007, IX ZR 30/07, BGHZ 174, 297 Rn. 41; 07.05.2009, IX ZR 71/08, WM 2009, 1099 Rn. 12.
21 BGH 29.11.2007, IX ZR 30/07, BGHZ 174, 297 Rn. 42.
22 BGH 30.09.1993, IX ZR 227/92, BGHZ 123, 320 (328); 06.04.2006, IX ZR 185/04, ZInsO 2006, 544 (546).
23 BGH 23.09.2010, IX ZR 212/09, ZInsO 2010, 1929 Rn. 26.

verdächtig, sofern sie vor Erbringung der zeitlich ersten Leistung vereinbart wird, jedoch im Anschluss an eine Vorleistung zur Begründung des Barcharakters nicht geeignet.[24] Ein bloß kausales Ineinanderfallen von Leistung und Gegenleistung genügt nicht, zumal der schadensrechtliche Grundsatz der Vorteilsausgleichung keine Anwendung findet. Toleriert eine Bank – in der Absicht, dem Schuldner bei der Sanierung behilflich zu sein – ständig Kreditüberziehungen in nicht exakt festgelegter Höhe, solange ihr nur Kundenschecks, in welcher Höhe auch immer, avisiert und dann auch bei ihr eingereicht wurden, scheidet mangels einer vertraglichen Absprache ein Bargeschäft aus.[25] Dagegen wird bei der Vergütung eines gerichtlich und daher ohne Vertragsvereinbarung eingesetzten vorläufigen Verwalters ein Bargeschäft erwogen.[26]

Zwischen dem als Handelsvertreter tätigen **Tankstellenbetreiber** und einem **Mineralölunternehmen** besteht keine auf einen wechselseitigen Leistungsaustausch gerichtete Abrede, weil sich die Funktion des Tankstellenbetreibers in der Abwicklung der zwischen den Tankkunden und dem Mineralölunternehmen geschlossenen Verträge erschöpft.[27] Die **Abführung der Lohnsteuer** durch den Arbeitgeber bildet im Verhältnis zum Finanzamt mangels einer Vertragsgrundlage kein Bargeschäft; in der nicht betroffenen Rechtsbeziehung zum Arbeitnehmer würde ein Bargeschäft an dem erforderlichen engen zeitlichen Zusammenhang fehlen.[28] Ebenso verhält es sich bei der **Abführung der Sozialversicherungsbeiträge** durch den Arbeitgeber an den Sozialversicherungsträger; die Verpflichtung, die Beiträge an die Einzugsstelle zu entrichten, ersetzt die notwendige Vereinbarung nicht: Überdies fehlt es an einer Gegenleistung zugunsten der Masse, weil der Versicherungsschutz nicht der Masse zugute kommt und eine ihr tatsächlich zugute gekommene Arbeitsleistung der Arbeitnehmer nicht von dem Sozialversicherungsträger herrührt.[29] Zahlt der Arbeitgeber in der Krise verspätet und lange nach Eintritt der Fälligkeit Arbeitsentgelt für vom Arbeitnehmer in den vorhergehenden drei Monaten erbrachte Arbeitsleistungen, soll grds ein Bargeschäft vorliegen.[30]

b) Kontokorrent

Der Bargeschäftseinwand greift bei einer **Kontokorrentabrede** durch, soweit die Bank dem Schuldner allgemein gestattet, den durch die Gutschriften eröffneten Liquiditätsspielraum wieder in Anspruch zu nehmen, und der Schuldner den ihm schuldrechtlich versprochenen Kredit abruft. Dient die erneute Inanspruchnahme des Kredits der **fremdnützigen Erfüllung von Vertragspflichten** gegenüber sachlich betroffenen Auftraggebern, ist die Deckungsanfechtung einzelner Gutschriften ausgeschlossen. Anfechtbar ist dann nur die Rückführung des ausgereichten Dispositionskredits, zu der es kommt, wenn die Summe der in das Kontokorrent eingestellten Einzahlungen die der **fremdnützigen Auszahlungen** übersteigt. Für die Anfechtung der Rückführung eines Kontokorrentkredits kommt es auf den Betrag an, um den die verrechneten Einzahlungen die berücksichtigungsfähigen Auszahlungen im Anfechtungszeitraum übersteigen; der höchste erreichte Sollstand ist grds unerheblich.[31] Es spielt keine Rolle, ob der Schuldner den eingeräumten Kreditrahmen voll ausschöpft. Unschädlich ist es, wenn die Bank unter Rückgriff auf Zahlungseingänge nicht mehr alle, aber noch einzelne Überweisungen an ausgesuchte Gläubiger vornimmt, solange das Bestimmungs-

---

24 BGH 30.09.1993, IX ZR 227/92, BGHZ 123, 320 (328 f.); 10.05.2007, IX ZR 146/05, ZInsO 2007, 662 Rn. 14.
25 BGH 30.04.1992, IX ZR 176/91, BGHZ 118, 171 (173).
26 BGH 08.12.2011, IX ZR 118/11, WM 2012, 276 Rn. 21 ff.
27 BGH 23.09.2010, IX ZR 212/09, ZInsO 2010, 1929 Rn. 28.
28 BGH 22.01.2004, IX ZR 39/03, BGHZ 157, 350 (360).
29 BGH 09.06.2005, IX ZR 152/03, ZInsO 2005, 766 (768); 08.12.2005, IX ZR 182/01, ZInsO 2006, 94 Rn. 16 f.
30 BAG 06.10.2011, 6 AZR 262/10, ZIP 2011, 2366 Rn. 15 ff.; eine höchst zweifelhafte Überdehnung des Arbeitnehmerschutzes.
31 BGH 15.11.2007, IX ZR 212/06, ZInsO 2008, 159 Rn. 15, 17; 26.04.2012, IX ZR 67/09, WM 2012, 1200 Rn. 13; 24.01.2013, IX ZR 11/12, WM 2013, 363 Rn. 15.

10 Im Fall der Verrechnung einer auf einem debitorischen Konto eingehenden Gutschrift liegt die Leistung des Schuldners in der Rückführung seiner Verbindlichkeit gegenüber der Bank und die Gegenleistung der Bank in der erneuten Gewährung von Kredit. Die Bank erfüllt eine gleichwertige Pflicht aus dem Kontokorrentvertrag jedoch nur dann, wenn die Verfügung des Schuldners fremdnützig wirkt, der finanzielle Vorteil daraus also grds allein einem Dritten zufließt. Daher begründet eine Zahlung aus dem Kontokorrent, die unmittelbar oder auch nur mittelbar der Bank im Wege der Befriedigung ihrer Forderungen zugute kommt, kein Bargeschäft.[33] Die Rückführung eines Kredits, welcher der Ablösung von Verbindlichkeiten des Schuldners dient, für welche die Bank sich verbürgt hat, stellt darum keine gleichwertige Gegenleistung für die Verrechnung von Zahlungseingängen dar, wenn und soweit die Bank endgültig von ihrer Bürgschaftsverbindlichkeit frei geworden ist.[34] Wird die Bank aus der Bürgschaft gar nicht in Anspruch genommen, scheidet ein Bargeschäft ohnehin aus.[35] Werden Zahlungen von dem Schuldner an ein Schwesterunternehmen bewirkt und dadurch dessen Kredit bei dem gemeinsamen Kreditinstitut verringert, scheidet ein Bargeschäft aus.[36] Die Verrechnung einer Gutschrift darf nicht der letzte Akt sein, bevor das Kreditinstitut das Konto des Schuldners schließt. Es müssen vielmehr weitere Verfügungen zugelassen werden.[37] In zeitlicher Hinsicht darf zwischen den Buchungen nur ein Zeitraum von etwa **zwei Wochen** liegen.[38]

II. Unmittelbarkeit

1. Enger zeitlicher Zusammenhang

11 Der bei einem Bargeschäft geforderte unmittelbare Leistungsaustausch meint einen **engen zeitlichen Zusammenhang** beim Austausch von Leistung und Gegenleistung.[39] Für die Beurteilung ist auf den § 140 zu entnehmenden Zeitpunkt der Vornahme der Rechtshandlung abzustellen. Damit wird aber nicht eine Leistung Zug um Zug verlangt.[40] Vielmehr ist ein geringer zeitlicher Abstand zwischen Leistung und Gegenleistung unbedenklich.[41] Freilich lässt sich der für ein Bargeschäft unschädliche Zeitraum nicht generell für alle Geschäfte exakt festlegen. Er hängt wesentlich von der **Art der ausgetauschten Leistungen** und davon ab, in welcher Zeitspanne sich der Austausch nach den **Gepflogenheiten des Geschäftsverkehrs** vollzieht.[42]

12 Bei **Kaufverträgen** über bewegliche Sachen und ähnlichen Verträgen (Leasing) ist eine Zeitspanne von ein bis zwei Wochen zwischen Lieferung und Zahlung nicht zu lang, um ein Bargeschäft anzunehmen;[43] die hinnehmbare Obergrenze dürfte wohl bei 30 Tagen liegen.[44] Zieht der Verkäufer im unmittelbaren Anschluss an eine von ihm erbrachte Lieferung den Kaufpreis aufgrund einer Einzie-

---

[32] BGH 01.10.2002, IX ZR 360/99, NJW 2003, 360 (362); 26.04.2012, IX ZR 67/09, WM 2012, 1200 Rn. 16.
[33] BGH 26.04.2012, IX ZR 67/09, WM 2012, 1200 Rn. 13.
[34] BGH 11.10.2007, IX ZR 195/04, ZInsO 2008, 163 Rn. 9 f.; 05.02.2009, IX ZR 78/07, ZInsO 2009, 659 Rn. 16; 07.05.2009, IX ZR 140/08, WM 2009, 1101 Rn. 13.
[35] BGH WM BGH 07.05.2009, IX ZR 140/08, 2009, 1101 Rn. 13.
[36] BGH 26.04.2012, IX ZR 67/09, WM 2012, 1200 Rn. 16.
[37] BGH 14.01.2010, IX ZR 153/07 Rn. 2.
[38] BGH 13.04.2006, IX ZR 158/05, BGHZ 167, 190 Rn. 34; 17.06.2004, IX ZR 2/01, ZInsO 2004, 854 (855).
[39] BT-Drucks. 12/2443, 167; BGH 02.02.2006, IX ZR 67/02, BGHZ 166, 125 Rn. 48; 13.04.2006, IX ZR 158/05, BGHZ 167, 190 Rn. 31.
[40] BGH 21.05.1980, VIII ZR 40/79, NJW 1980, 1961.
[41] BGH 30.04.1992, IX ZR 176/91, BGHZ 118, 171 (173).
[42] BGH 13.04.2006, IX ZR 158/05, BGHZ 167, 190 Rn. 31.
[43] BGH 21.05.1980, VIII ZR 40/79, NJW 1980, 1961 (1962); 29.05.2008, IX ZR 42/07, ZInsO 2008, 749 Rn. 12; 02.04.2009, IX ZR 171/07, ZInsO 2009, 869 Rn. 10, 11.
[44] BGH 21.06.2007, IX ZR 231/04, ZInsO 2007, 816 Rn. 51.

hungsermächtigung von dem Konto des Schuldners ein und wird der Lastschrifteinzug von dem Schuldner oder dem Insolvenzverwalter nachfolgend genehmigt, ist bei der Beurteilung, ob eine Bardeckung vorliegt, auf den Zeitpunkt des Lastschrifteinzugs und nicht den der späteren Genehmigung abzustellen.[45]

Ein Zeitraum von einem bzw. zweieinhalb Monaten zwischen einer Darlehensauszahlung und der **Eintragung einer Hypothek oder einer Grundschuld** steht der Annahme eines Bargeschäfts nicht entgegen, weil berücksichtigt werden muss, dass es zur Eintragung der Hypothek oder Grundschuld der Mitwirkung eines Notars und des Grundbuchamtes bedarf.[46] Jedenfalls ist ein Zeitraum von sechs Monaten zwischen Darlehensvalutierung und Eintragung der Grundschuld zu lang.[47] Allerdings ist § 140 Abs. 2 zu beachten, der auf den Eingang des Eintragungsantrags abstellt, zu einer Fristverkürzung führen. 13

Bei der Saldierung von Soll- und Habenbuchungen im Rahmen eines **debitorisch geführten Kontos** ist der erforderliche unmittelbare Leistungsaustausch gegeben, wenn zwischen den Buchungen weniger als zwei Wochen vergehen; die Abrechnungsperiode des Kontokorrents wäre zu lang.[48] Werden künftige Forderungen zur Sicherheit abgetreten, setzt ein Bargeschäft voraus, dass sie etwa binnen zwei Wochen entstehen.[49] Falls der enge zeitliche Zusammenhang vorliegt, ist es unschädlich, wenn die Leistung des einen Teils vor, und die des anderen Teils nach Ausbruch der Krise erbracht wird.[50] 14

2. Fortwährende Rechtsbeziehung

Bei **länger währenden Vertragsbeziehungen** ist für die Annahme eines Bargeschäfts zu verlangen, dass die jeweiligen Leistungen und Gegenleistungen zeitlich oder gegenständlich teilbar sind und zeitnah – entweder in Teilen oder abschnittsweise – ausgetauscht werden.[51] 15

Am ehesten kann sich ein Vertragspartner schützen, indem vereinbart wird, dass Teilleistungen gegen entsprechende Vergütung erfolgen.[52] Zahlungen, mit denen ein **Bauunternehmer** nach Baufortschritt entlohnt wird, können Bargeschäfte sein, falls der Abstand zwischen den einzelnen Raten nicht zu groß wird.[53] Wenn zwischen dem Beginn einer **anwaltlichen Tätigkeit** und der Erbringung einer Gegenleistung mehr als 30 Tage liegen, liegt mit Rücksicht auf die Verzugsfrist (§ 286 Abs. 3 BGB) kein Bargeschäft mehr vor. Ebenso sind die Voraussetzungen eines Bargeschäfts nicht erfüllt, wenn der Rechtsanwalt einen Vorschuss in einer Höhe geltend macht, der die wertäquivalente Vergütung für die nächsten 30 Tage überschreitet.[54] Diese Frist gilt auch bei der Prüfung, ob einem vorläufigen Insolvenzverwalter erbrachte Vergütungsleistungen als Bargeschäft unanfechtbar sind.[55] Zur Sicherung der Bargeschäftsausnahme ist ein Rechtsanwalt gehalten, in regelmäßigen Abständen Vorschüsse einzufordern, die in etwa dem Wert seiner inzwischen entfalteten oder der in den nächs- 16

---

45 BGH 29.05.2008, IX ZR 42/07, ZInsO 2008, 749 Rn. 13 ff.
46 BGH 21.05.1980, VIII ZR 40/79, NJW 1980, 1961.
47 BGH 08.05.2008, IX ZR 116/07, MittBayNot 2009, 61 Rn. 5; OLG Brandenburg 21.03.2002, 8 U 71/01 ZInsO 2002, 929 (931).
48 BGH 07.03.2002, IX ZR 223/01, BGHZ 150, 122 (131); 13.04.2006, IX ZR 158/05, BGHZ 167, 190 Rn. 34; 25.02.1999, IX ZR 353/98, NJW 1999, 3264 (3265 f.); 25.01.2001, IX ZR 6/00 NJW 2001, 1650 (1651 f.).
49 OLG Hamm 14.06.2005, 27 U 85/04, ZInsO 2006, 776 (777).
50 BGH 27.09.1984, IX ZR 3/84, WM 1984, 1430; LG Bad Kreuznach 23.03.2005, 3 O 152/04, NZI 2006, 45 f.
51 BGH 13.04.2006, IX ZR 158/05, BGHZ 167, 190 Rn. 34.
52 BGH 13.04.2006, IX ZR 158/05, BGHZ 167, 190 Rn. 36; 06.12.2007, IX ZR 113/06, ZInsO 2008, 101 Rn. 20.
53 BGH 13.04.2006, IX ZR 158/05, BGHZ 167, 190 Rn. 34.
54 BGH 13.04.2006, IX ZR 158/05, BGHZ 167, 190 Rn. 35, 36.
55 BGH 15.12.2011, IX ZR 118/11, WM 2012, 276 Rn. 20 ff.

3. Keine Kreditgewährung

17 Mit dem Normzweck ist – selbst wenn es sich um einen kurzfristigen Leistungsaustausch handelt – jede Art einer Kreditgewährung unvereinbar. Werden Kreditraten pünktlich beglichen, liegt ein mit einer Bardeckung unvereinbares Kreditgeschäft vor.[57] An einem engen zeitlichen Zusammenhang des Leistungsaustausches fehlt es darum grds bereits dann, wenn dem Schuldner in Form einer Kreditgewährung oder **Stundung** ein Zahlungsaufschub gewährt wird. Bei der Stundung einer Forderung um eine Woche handelt es sich bereits um eine Kreditgewährung, die ein Bargeschäft ausschließt.[58] Nicht anders verhält es sich, wenn der Schuldner seinerseits die Leistung auch nur kurzfristig verzögert, um faktisch einen Kredit zu erhalten. Ein krasses Beispiel hierfür ist die Zahlung zwei Monate nach Fälligkeit.[59] Hat der Schuldner vorgeleistet, wird die Gegenleistung aber nicht in engem zeitlichem Zusammenhang erbracht, scheidet ein Bargeschäft aus.[60]

III. Gleichwertigkeit der Gegenleistung

18 Die Gegenleistung des Anfechtungsgegners muss der von dem Schuldner erbrachten gleichwertig sein, weil nur dann bei dem Schuldner keine Vermögensverschiebung zu Lasten seiner Gläubiger, sondern eine bloße **Vermögensumschichtung** eingetreten ist.[61] Maßgeblich ist der **objektive Gegenwert**, nicht eine davon abweichende Einschätzung der Parteien.[62] Selbstverständlich steht es einem Bargeschäft nicht entgegen, wenn die Gegenleistung des Gläubigers höherwertig als die des Schuldners ist. Kann die an den Schuldner erbrachte Leistung – Geld – leichter als die von ihm weggegebene Leistung dem Gläubigerzugriff entzogen werden, scheitert daran nicht die Gleichwertigkeit.[63] Die Zahlung einer offenen Stromrechnung wird nicht durch die dadurch bewirkte Weiterbelieferung ausgeglichen, weil diese Leistung ihrerseits in Rechnung gestellt wird.[64] Gleiches gilt für auf die Fortsetzung einer Geschäftsbeziehung gerichtete Zahlungen; auch hier sind künftige Leistungen gesondert zu entgelten.[65] Gleichwertigkeit ist gegeben, wenn der Wert eines abgelösten Pfandes dem einer im Gegenzug abgetretenen oder verpfändeten Forderung entspricht.[66] Dies gilt auch für eine Kreditgewährung an die Konzernmutter, die den hierfür Sicherheit leistenden Töchtern zugute kommt.[67] Entspricht der Wert des übereigneten Sicherungsguts dem an den Schuldner ausgezahlten Darlehen, liegt keine Gleichwertigkeit vor, wenn das Sicherungsgut weitere Darlehen sichern soll.[68] Ebenfalls einer Kreditsicherheit nicht gleichwertig ist ein Sanierungsdarlehen, dessen Hingabe auf einem von vornherein aussichtslosen Sanierungsversuch beruht.

C. Rechtsfolgen

19 Greifen die von dem **Anfechtungsgegner zu beweisenden**[69] Voraussetzungen des § 142 ein, so kann das damit gegebene Bargeschäft nicht nach §§ 130, 132, 133 Abs. 2, §§ 135 und 136 angefochten

---

[56] BGH 06.12.2007, IX ZR 113/06, ZInsO 2008, 101 Rn. 20.
[57] BGH 16.11.2006, IX ZR 239/04, ZInsO 2007, 31 Rn. 15.
[58] BGH 19.12.2002, IX ZR 377/99, ZInsO 2003, 324 (328 f.).
[59] BGH 18.07.2002, IX ZR 480/00, NJW 2002, 3252 (3253).
[60] BGH 13.04.2006, IX ZR 158/05, BGHZ 167, 190 Rn. 39.
[61] BGH 30.09.1993, IX ZR 227/92, BGHZ 123, 320 (323).
[62] BT-Drucks. 12/2443, 167.
[63] BT-Drucks. 12/2443, 167.
[64] BGH 30.01.1986, IX ZR 79/85, BGHZ 97, 87 (94).
[65] BGH 23.09.2010, IX ZR 212/09, ZInsO 2010, 1929 Rn. 33.
[66] BGH 21.04.2005, IX ZR 24/04, ZInsO 2005, 648 (650).
[67] BGH 19.04.1998, IX ZR 22/97, NJW 1998, 2593 (2599).
[68] BGH 12.11.1992, IX ZR 237/91, ZIP 1993, 271 (273 f.).
[69] BGH 01.10.2002, IX ZR 360/99, NJW 2003, 360 (362).

werden. Für die Beweiserleichterungen des § 132 Abs. 2, § 133 Abs. 2 wäre ohnehin kein Raum, weil bei einem Bargeschäft eine unmittelbare Gläubigerbenachteiligung ausscheidet. Als wichtigste Rechtsfolge hervorzuheben ist die Unanfechtbarkeit einer kongruenten Bardeckung (§ 130). Dagegen bleibt die Anfechtung aus § 133 nach dem Wortlaut der Norm ausdrücklich möglich. Hier dürfte freilich im Blick auf den Gläubigerbenachteiligungsvorsatz und die Kenntnis des Gegners Zurückhaltung angezeigt sein. Nimmt man § 142 wörtlich, der eine Anfechtung von Bardeckungen nur unter den Voraussetzungen des § 133 gestattet, wäre ein Bargeschäft auch der **Anfechtung wegen Inkongruenz nach § 131** entzogen.[70] Nach der Rechtsprechung werden davon abweichend Rechtsgeschäfte nur dann als Bargeschäfte anerkannt, wenn die Leistung des Schuldners kongruent ist.[71] Diese korrigierende Auslegung beruht auf der Erwägung, dass eine anerkennenswerte vertragliche Verknüpfung von Leistung und Gegenleistung bei einer inkongruenten Deckung ausscheidet.

§ 143 Rechtsfolgen

(1) Was durch die anfechtbare Handlung aus dem Vermögen des Schuldners veräußert, weggegeben oder aufgegeben ist, muss zur Insolvenzmasse zurückgewährt werden. Die Vorschriften über die Rechtsfolgen einer ungerechtfertigten Bereicherung, bei der dem Empfänger der Mangel des rechtlichen Grundes bekannt ist, gelten entsprechend.

(2) Der Empfänger einer unentgeltlichen Leistung hat diese nur zurückzugewähren, soweit er durch sie bereichert ist. Dies gilt nicht, sobald er weiß oder den Umständen nach wissen muss, dass die unentgeltliche Leistung die Gläubiger benachteiligt.

(3) Im Fall der Anfechtung nach § 135 Absatz 2 hat der Gesellschafter, der die Sicherheit bestellt hatte oder als Bürge haftete, die dem Dritten gewährte Leistung zur Insolvenzmasse zu erstatten. Die Verpflichtung besteht nur bis zur Höhe des Betrags, mit dem der Gesellschafter als Bürge haftete oder der dem Wert der von ihm bestellten Sicherheit im Zeitpunkt der Rückgewähr des Darlehens oder der Leistung auf die gleichgestellte Forderung entspricht. Der Gesellschafter wird von der Verpflichtung frei, wenn er die Gegenstände, die dem Gläubiger als Sicherheit gedient hatten, der Insolvenzmasse zur Verfügung stellt.

Übersicht

	Rdn.
A. Normzweck	1
B. Rückgewähr entgeltlicher Leistung	2
I. Erstattung in Natur	2
1. Art des Anspruchs	2
2. Inhalt des Anspruchs	5
a) Übertragung von Sachen	6
aa) Bewegliche Sachen	7
bb) Unbewegliche Sachen	8
b) Übertragung von Rechten	10
c) Tilgung schuldrechtlicher Verpflichtungen	12
d) Begründung schuldrechtlicher Verpflichtungen	14
e) Unterlassungen	15
f) Nutzungen	16
g) Kein Anspruchsverlust durch §§ 814, 817 BGB	18
3. Beseitigung der Gläubigerbenachteiligung durch Anfechtungsschuldner	18a
4. Verwendungsersatzanspruch des Gegners	19
II. Wertersatz	20
1. Unmöglichkeit der Herausgabe	20
2. Verschulden	21
3. Berechnung des Wertersatzes	22
a) Ersatz des Substanzwerts	23
b) Nutzungsersatz	25
C. Rückgewähr unentgeltlicher Leistung	26
I. Gutgläubiger Empfänger	27
II. Bösgläubiger Empfänger	29
D. Verwirklichung des Rückgewähranspruchs in der Insolvenz des Empfängers	30
E. Haftung des Gesellschafters	31

---

70 BT-Drucks. 12/2443, 167.
71 BGH 30.09.1993, IX ZR 227/92, BGHZ 123, 320 (328 f.); 07.03.2002, IX ZR 223/01, BGHZ 150, 122 (130); 13.04.2006, IX ZR 158/05, BGHZ 167, 190 Rn. 28; 03.12.1998, IX ZR 313/97, NJW 1999, 645 (646); 17.06.2004, IX ZR 124/03, WM 2004, 1576 (1577); 07.05.2009, IX ZR 140/08, ZIP 2009, 1124 Rn. 13; 24.10.2011, IX ZR 244/09, Rn. 15.

§ 143 InsO   Rechtsfolgen

A. Normzweck

1 Die Vorschrift befasst sich mit den Rechtsfolgen der Anfechtung und regelt den Ausgleich zwischen den von dem Verwalter wahrgenommenen Belangen der Gläubiger einerseits und des Anfechtungsgegners andererseits. § 143 Abs. 1 Satz 1 geht von dem Grundsatz aus, dass die aus dem Vermögen des Schuldners anfechtbar weggegebenen Vermögenswerte **in Natur** zurückzugewähren sind. Dadurch soll die Masse in die Lage zurückversetzt werden, in der sie sich ohne Vornahme der anfechtbaren Handlung befände.[1] Scheidet eine Rückgabe in Natur aus, hat der Anfechtungsgegner kraft der Verweisung des § 143 Abs. 1 Satz 2 ebenso wie ein **bösgläubiger Bereicherungsschuldner** Wertersatz zu leisten, wenn er die Unmöglichkeit der Herausgabe verschuldet hat. Handelt es sich um einen unentgeltlichen Erwerb, mildert § 143 Abs. 2 die Haftung auf die noch vorhandene Bereicherung.[2] Der im Zuge des MoMiG eingefügte § 143 Abs. 3 behandelt den Sonderfall der Sicherung einer Gesellschaftsverbindlichkeit durch einen Gesellschafter. Begleicht die Gesellschaft die Verbindlichkeit gegenüber dem Gläubiger, hat der dadurch von seiner Haftung befreite Gesellschafter die dem Dritten gewährte Leistung der Gesellschaft zu erstatten.

B. Rückgewähr entgeltlicher Leistung

I. Erstattung in Natur

1. Art des Anspruchs

2 Der Anfechtungsanspruch ist als obligatorischer Rückgewähranspruch ausgestaltet. Seiner Rechtsnatur nach handelt es sich um einen schuldrechtlichen Verschaffungsanspruch. Die Anfechtung bewirkt keineswegs die Nichtigkeit der angefochtenen Rechtshandlung; eine Unwirksamkeit ipso iure ist gerade nicht vorgesehen. Die angefochtene Handlung ist also **weder absolut noch relativ unwirksam**[3]. Jede anfechtbare Rechtshandlung begründet vielmehr ein selbständiges schuldrechtliches Rückgewährverhältnis.[4] Erfüllt eine Bank eine eigene, nicht dem Bankvertrag beruhende Verpflichtung gegenüber dem Schuldnerin durch Erteilung einer Gutschrift auf dem bei ihr im Soll geführten Konto, so lässt die Insolvenzanfechtung dieser Verrechnung die zivilrechtliche Erfüllungswirkung der Gutschrift unberührt.[5] Der Rückgewähranspruch entsteht ohne die Notwendigkeit einer Geltendmachung mit der Eröffnung des Insolvenzverfahrens[6] und wird zugleich **fällig**.[7] Ausnahmsweise ist auf einen späteren, nach der Verfahrenseröffnung liegenden Zeitpunkt abzustellen, zu dem erst die benachteiligende Wirkung eintritt. Die anfechtungsrechtlich geschuldete Rückgewähr bedarf eines **dinglichen Vollzugs**, etwa der Rückabtretung einer anfechtbar übertragenen Forderung.[8]

3 **Inhaber des Anspruchs** ist das Sondervermögen Insolvenzmasse; geltend gemacht wird er von dem Verwalter. Anspruchsgegner ist der **Empfänger** der Leistung, also derjenige, der aus dem Vermögen des Schuldners anfechtbar etwas erlangt hat. Die Anfechtung setzt voraus, dass die Leistung aus objektiver Warte des Empfängers die Tilgung einer gegen den Schuldner gerichteten Forderung bezweckte. Soweit auf das Verständnis des Empfängers für die Bewertung abgestellt wird, ob der Schuldner eine Eigen- oder eine Fremdverbindlichkeit tilgt, entsprechen die insolvenzrechtlichen Zuordnungskriterien denen des bereicherungsrechtlichen Leistungsbegriffs. Da die Zahlung durch den Haftungsschuldner gem. § 44 Abs. 2 Satz 1 und Satz 2 AO zu Gunsten des Steuerschuldners

---

1 BT-Drucks. 12/2443, 167.
2 BT-Drucks. 12/2443, 167.
3 BGH 21.09.2006, IX ZR 235/04, ZInsO 2006, 1217 Rn. 15.
4 BGH 15.01.1987, IX ZR 4/86, NJW 1987, 1812 (1813).
5 BGH 14.10.2010, IX ZR 160/08, WM 2010, 2368 Rn. 8.
6 BGH 29.04.2004, IX ZB 225/03, ZInsO 2004, 672 (673).
7 BGH 01.02.2007, IX ZR 96/04, BGHZ 171, 38 Rn. 20; 20.12.2007, IX ZR 93/06, ZInsO 2008, 276 Rn. 8.
8 BGH 21.09.2006, IX ZR 235/04, ZInsO 2006, 1217 Rn. 18; 24.05.2007, IX ZR 105/05, ZInsO 2007, 658 f. Rn. 10.

wirkt, geht das Gesetz bei einer Zahlung durch den Haftenden nicht von der Notwendigkeit einer zum Erlöschen der Steuerschuld führenden **Tilgungsbestimmung** aus. Deswegen wird im Allgemeinen angenommen, dass der **Gesamtschuldner** nur seine eigene Steuerschuld tilgen wollte.[9] Leistet ein Schuldner in anfechtbarer Weise an einen von dem Gläubiger mit dem Empfang der Leistung beauftragten **Dritten**, ist der Gläubiger zur Rückgewähr der Leistung verpflichtet. Die Rückgewährpflicht trifft also auch den Gläubiger, der einen Dritten als »Empfangsbeauftragten« eingeschaltet hat.[10] Zahlt der Darlehensschuldner auf das Konto eines von seinem Gläubiger benannten Dritten, wird er nach § 362 Abs. 2 BGB von seiner Schuld frei, dann ist der Gläubiger Empfänger der Schuldnerleistung und rückgewährverpflichtet.[11]

Die **Krankenkassen** sind als Einzugsstellen von Gesamtsozialversicherungsbeiträgen auch insoweit Anfechtungsgegner, als Beiträge im Innenverhältnis an andere Versicherungsträger auszukehren sind.[12] Diese Rechtsprechung ist ohne weiteres auf den Fall der **Erhebung von Steuern** übertragbar, die von der einziehenden Stelle an einen anderen Rechtsträger abzuführen sind.[13] Im Falle einer **mittelbaren Zuwendung** richtet sich die Anfechtung grds gegen den Endempfänger der Leistung. Ausnahmsweise kommt eine Anfechtung gegen den Angewiesenen in Betracht, falls er die Leistung nicht weiterleitet. Gleiches gilt, wenn der Schuldner den Angewiesenen als seinen Drittschuldner mit Gläubigerbenachteiligungsvorsatz veranlasst, unmittelbar an einen Gläubiger zu zahlen.[14] Ferner kommt eine Anfechtung gegen einen Treuhänder oder eine Zahlstelle in Betracht, wenn diese nach Kenntnis der Zahlungsunfähigkeit des Schuldners überlassene Geldbeträge vereinbarungsgemäß an bestimmte, bevorzugt zu befriedigende Gläubiger des Schuldners weiterleiten.[15] Ein uneigennütziger Treuhänder, der anfechtbar erlangte Gelder des Schuldners weisungsgemäß an dessen Gläubiger auszahlt, ist zum Wertersatz verpflichtet, ohne sich auf einen Wegfall der Bereicherung berufen zu können. Dies folgt entgegen dem früheren Rechtszustand[16] aus der Verweisung des § 143 Abs. 1 Satz 2 InsO auf § 819 Abs. 1, § 818 Abs. 4, § 292 Abs. 1, § 989 BGB, wonach der Anfechtungsgegner wie ein bösgläubiger Bereicherungsschuldner der verschärften Haftung des § 819 Abs. 1 BGB unterworfen ist.[17] Der Rückgewähranspruch richtet sich allein gegen den, der infolge der anfechtbaren Handlung den Gegenstand aus dem Vermögen des Schuldners erhalten hat und nicht gegen den uneigennützigen Treuhänder, der lediglich als Mittelsperson Vermögen des Schuldners auf die Gläubiger übertragen hat. Anders im Sinne einer Erstattungspflicht verhält es sich nur, wenn der Treuhänder persönlich Treugut erlangt hat. Im Fall der **Doppelwirkung einer Leistung**, wenn etwa durch das Werthaltigmachen einer Forderung der Anspruch des Vertragspartners erfüllt und dadurch zugleich bei einer Globalzession die Sicherung eines Zessionars verstärkt wird, hat der Verwalter die Wahl, welchen Leistungsempfänger er in Anspruch nimmt. Es können, sofern die Voraussetzungen vorliegen, beide in Anspruch genommen werden und haften ggf als Gesamtschuldner.[18] Dies gilt auch dann, wenn die Leistung des Schuldners zugleich einem im Verhältnis zu ihm nachrangig Mitverpflichteten zugute kommt.[19] Auch wenn eine Organgesellschaft im Innenverhältnis zu dem Organträger die durch ihre eigene Geschäftstätigkeit ausgelöste Umsatzsteuer zu tragen hat, ändert das interne Ausgleichsverhältnis nichts an der Tatsache, dass die Organgesellschaft im

---

9 BGH 19.01.2012, IX ZR 2/11, ZIP 2012, 280 Rn. 19 f.
10 BGH 16.07.2009, IX ZR 53/08, NZI 2010, 320 Rn. 2.
11 BGH 05.03.2009, IX ZB 148/08, ZInsO 2009, 716 Rn. 2.
12 Vgl. BGH 12.02.2004, IX ZR 70/03, ZIP 2004, 862; 23.09.2004, IX ZR 25/03, ZIP 2005, 38 f.
13 BGH 11.10.2007, IX ZB 270/05, ZInsO 2007, 1223 Rn. 4.
14 BGH 29.11.2007, IX ZR 121/06, BGHZ 174, 314 (317 ff.).
15 BGH 26.04.2012, IX ZR 74/11, ZInsO 2012, 924 Rn. 19 ff.
16 BGH 09.12.1993, IX ZR 100/93, BGHZ 124, 298, 301 ff.; OLG Köln 22.07.2002, 2 W 51/02, NZI 2003, 99.
17 BGH 26.04.2012, IX ZR 74/11, ZInsO 2012, 924 Rn. 30 ff.
18 BGH 29.11.2007, IX ZR 165/05, ZInsO 2008, 209 Rn. 17; 26.06.2008, IX ZR 144/05, ZInsO 2008, 801 Rn. 33; 26.06.2008, IX ZR 47/05, ZInsO 2008, 803 Rn. 23; vgl. auch BGH 29.11.2007, IX ZR 121/06, BGHZ 174, 314 Rn. 25 ff.; 09.10.2008, IX ZR 59/07, ZInsO 2008, 1202 Rn. 23 a.E.
19 BGH 29.04.1999, IX ZR 163/98, ZIP 1999, 973, 974 unter 2d.

Rahmen einer Organschaft Zahlungen an die Finanzverwaltung allein auf der Grundlage des gegen sie gerichteten Haftungsanspruchs (§ 73 AO) erbringt. Dann ist der Sicherungsgeber ebenfalls Insolvenzgläubiger, und die Leistung kann neben der Finanzverwaltung auch ihm gegenüber angefochten werden.[20] Daher ist außer dem Zahlungsempfänger gleichfalls der Dritte Insolvenzgläubiger.

2. Inhalt des Anspruchs

5   Die Verwirklichung des Rückgewähranspruchs soll die Masse in die Lage zu versetzen, in welcher sie sich befunden hätte, wenn das anfechtbare Verhalten unterblieben wäre.[21] Damit können auch einzelne, abtrennbare Wirkungen sogar einer einheitlichen Rechtshandlung erfasst werden; deren Rückgewähr darf nicht mit der Begründung ausgeschlossen werden, dass die Handlung auch sonstige, für sich nicht anfechtbare Rechtsfolgen ausgelöst habe, mögen diese auch – ohne Zutun des Anfechtungsgegners – die Masse erhöht haben. Einen Rechtsgrundsatz, dass mehrere von einer Rechtshandlung verursachte Wirkungen nur insgesamt oder gar nicht anfechtbar seien, gibt es auch für solche Folgen nicht, die im Kausalverlauf ferner liegen als nähere, unanfechtbare Folgen.[22] Es ist das zu erstatten, was durch die anfechtbare Handlung dem Vermögen des Schuldners entzogen worden, nicht etwa nur das, was in das Vermögen des Anfechtungsgegners gelangt ist.[23] Die Rückgewähr ist in Natur zu leisten. Scheidet aus tatsächlichen Gründen eine Rückgewähr in Natur aus, ist – abgesehen von den Fällen der Schuldlosigkeit (§ 143 Abs. 1 Satz 2) – Wertersatz zu leisten.[24] Diese Rechtsgrundsätze gelten auch, wenn eine **Vollstreckungshandlung** angefochten wird.

a) Übertragung von Sachen

6   Eine anfechtbar übereignete Sache hat der Erwerber auf die Anfechtungsklage an den Schuldner rückzuübereignen.[25] Bei einer **beweglichen Sache** bedeutet dies die Einigung über die Rückübereignung und die Besitzeinräumung (§§ 929 ff. BGB), bei einem **Grundstück** die Rückauflassung und die Bewilligung der Eintragung des Schuldners in das Grundbuch (§§ 925, 873 BGB). Grundsätzlich kann der Verwalter im Wege der Anfechtung die Rückübertragung der ganzen Sache verlangen, auch wenn ausnahmsweise nur ein **Teilerlös** für die Gläubiger benötigt wird und der Mehrerlös bei der Schlussverteilung dem Anfechtungsgegner verbleibt. Hier darf sich der Verwalter aber freiwillig darauf beschränken, Duldung der Zwangsvollstreckung in den anfechtbar weggegebenen Gegenstand zu verlangen.[26] Der Rückgewähranspruch kann mit Hilfe einer **einstweiligen Verfügung** (§§ 935, 938 ZPO) gesichert werden.

aa) Bewegliche Sachen

7   Ein **Eigentumsverschaffungsanspruch** ist auch gegeben, wenn sich eine bewegliche Sache im Besitz des Verwalters befindet, weil andernfalls ein Dritter nur gutgläubig Eigentum erwerben könnte (§§ 932 ff. BGB). Verfügte der Schuldner lediglich über ein Anwartschaftsrecht, ist dieses von dem Anfechtungsgegner rückzugewähren. Erlangt der Anfechtungsgegner über einen von dem Schuldner anfechtbar übertragenen schuldrechtlichen Eigentumsverschaffungsanspruch Eigentum an einem Gegenstand, hat der die Sache im Zuge der Anfechtung an den Schuldner zu übereignen.[27]

---

20 BGH 19.01.2012, IX ZR 2/11, Rn. 28 f.
21 BGH 11.11.1993, IX ZR 257/92, BGHZ 124, 76 (84); BGH 12.07.2007, IX ZR 235/03, ZInsO 2007, 1107 Rn. 23.
22 BGH 09.07.2009, IX ZR 86/08, ZInsO 2009, 1585 Rn. 32.
23 BGH 13.03.1978, VIII ZR 241/76, BGHZ 71, 61 (63); 09.12.1993, IX ZR 100/93, BGHZ 124, 298, 302.
24 BGH 09.07.1987, IX ZR 167/86, BGHZ 101, 286 (288 f.); 15.10.1969, VIII ZR 136/67, NJW 1970, 44 (45 f.).
25 BGH 22.03.1982, VIII ZR 42/81, ZIP 1982, 856 (857); 29.04.1986, IX ZR 145/85, NJW-RR 1986, 991 (992).
26 OLG Zweibrücken 09.03.1965, 1 U 312/63, OLGZ 1965, 304 (310 f.).
27 BGH 05.12.1991, IX ZR 270/90, BGHZ 116, 222 (226).

Hat der Anfechtungsgegner lediglich **Besitz** an einer Sache erlangt, ist dieser zu übertragen. Befindet sich die Sache im Besitz eines Dritten, kann sich der Verwalter darauf beschränken, die Zustimmung des Anfechtungsgegners in die Herausgabe zu verlangen.[28] Ist die Erteilung einer Bürgschaft anfechtbar, besteht – auch nach Abtretung der gesicherten Forderung – gegen den Gläubiger ein Anspruch auf Rückgabe der Urkunde.[29]

bb) Unbewegliche Sachen

Ist der Erwerber noch nicht eingetragen, kann der Verwalter den Verzicht auf die Rechte aus der Auflassung und die Rücknahme des Eintragungsantrags verlangen. Wurde bereits eine nach Maßgabe des § 140 Abs. 2 anfechtbare Auflassungsvormerkung eingetragen, kann von dem Gegner der Verzicht auf die Rechte aus der Vormerkung und die Bewilligung ihrer Löschung beansprucht werden. Hat der Schuldner sein ideelles **Miteigentum** auf den Miteigentümer übertragen und dieser auf diese Weise Alleineigentum erlangt, ist im Wege der Anfechtung das Teileigentum des Schuldners wiederherzustellen.[30] Statt einer Wiedereinräumung des Teileigentums kann der Verwalter Duldung der Zwangsvollstreckung in das gesamte Eigentum mit dem Ziel verlangen, den auf den Schuldner entfallenden Vollstreckungserlös zur Masse zu ziehen.[31] Dies ist auch dann möglich, wenn die Miteigentümer das gesamte Grundstück anfechtbar an einen Dritten veräußert haben. Überträgt der Schuldner seinen **Miterbenanteil** an den anderen Miterben, geht dieser durch Vereinigung der beiden Erbteile unter, so dass eine Rückgabe in Natur grds ausscheidet. Bestand der Nachlass nur noch aus einzelnen Grundstücken, kann der Verwalter die Duldung der Zwangsversteigerung verlangen, um auf den dem Schuldner zustehenden Erlösanteil zuzugreifen.[32]

8

Ebenso kann bei der anfechtbaren Veräußerung eines einer GbR gehörenden Grundstücks der Verwalter Zwangsversteigerung des Grundstücks verlangen, um den auf den Schuldner entfallenden Erlös zu realisieren.[33] Der (Rück-) Übereignungsanspruch umfasst die Verpflichtung des Anfechtungsgegners, zwischenzeitlich vorgenommene **Belastungen** zu beseitigen.[34] Die Löschung eines Grundpfandrechts kann nur verlangt werden, wenn zwischenzeitlich keine nachrangigen Belastungen in das Grundbuch eingetragen wurden; in diesem Fall kann nur eine Abtretung des Grundpfandrechts an den Verwalter oder ein rangwahrender Verzicht (§§ 1168, 1177) durchgesetzt werden.[35]

9

b) Übertragung von Rechten

Wird eine Forderung anfechtbar abgetreten, kann der Verwalter im Wege der Anfechtung Rückabtretung an die Masse verlangen.[36] Da die Anfechtbarkeit die Wirksamkeit der Abtretung nicht berührt, hat der Verwalter vor erfolgreicher Durchführung der Anfechtung nicht die Befugnis, die Forderung einzuziehen.[37] Leistet der Schuldner gleichwohl an den Verwalter, kann dieser einem Bereicherungsanspruch des Zessionars aus § 816 Abs. 2, § 407 BGB die Einrede der Anfechtbarkeit entgegenhalten.[38] Der Drittschuldner wird dann durch die Zahlung an den Verwalter von seiner Zahlungspflicht befreit. Tritt der Schuldner die anfechtbar abgetretene Forderung danach ein weiteres Mal unanfechtbar ab, wird die spätere Verfügung nicht wegen der Anfechtung der Erstabtretung wirksam. Zieht der

10

---

28 BGH 11.01.1961, VIII ZR 203/59, WM 1961, 387 (390).
29 BGH 24.05.2005, IX ZR 77/03, NJW-RR 2005, 1283.
30 Vgl. BGH 22.09.1982, VIII ZR 293/81, NJW 1983, 1678.
31 BGH 23.02.1984, IX ZR 26/83, BGHZ 90, 207 (214 ff.).
32 BGH 19.03.1992, IX ZR 14/91, NJW-RR 1992, 733 (734).
33 BGH 05.12.1991, IX ZR 270/90, BGHZ 116, 222 (232).
34 BGH 29.04.1986, IX ZR 145/85, ZIP 1986, 787 (791).
35 BGH 03.12.1998, IX ZR 313/97, NJW 1999, 645, 646 a.E.
36 BGH 01.12.1988, IX ZR 112/88, BGHZ 106, 127 (129).
37 BGH 05.02.1987, IX ZR 161/85, BGHZ 100, 36 (42).
38 BGH 01.12.1988, IX ZR 112/88, BGHZ 106, 127 (132).

Zessionar eine anfechtbar erworbene Forderung ein, kann der Verwalter Zahlung des Forderungsbetrags beanspruchen.[39]

11 Im Falle einer **Sicherungszession** kann der Verwalter die abgetretene Forderung nach § 166 Abs. 2 unabhängig von einer Abtretung verwerten. Dem Anspruch des Sicherungsnehmers auf Auskehr des Erlöses kann der Verwalter mit der Einrede der Anfechtbarkeit begegnen. Wird eine **Firma** anfechtbar übertragen, aber von dem Erwerber nicht benutzt, kann der Verwalter das nicht liquidierte Unternehmen unter der Firma fortführen.[40] Wird die Firma bereits für ein anderes Erwerbsgeschäft benutzt, kann der Verwalter die Führung nur im Wege der Anfechtungsklage durchsetzen. Wurde die Firma mit dem Unternehmen veräußert und kann dieses nicht mehr in Natur rückübertragen werden, ist auch für die Firma Wertersatz zu leisten. Ist ein **Vermieterpfandrecht** in anfechtbarer Weise begründet worden, ist es als nicht entstanden zu behandeln.[41]

c) Tilgung schuldrechtlicher Verpflichtungen

12 Begleicht der Schuldner eine eigene Verbindlichkeit gegenüber einem Gläubiger durch Zahlung, hat dieser nach einer Anfechtung die empfangene Leistung zurückzugewähren.[42] Erfolgte die Erfüllung durch Hinterlegung, so ist Rückgewähr durch Einwilligung in die Auszahlung an die Masse zu leisten. Im Falle einer Leistung an Erfüllungs statt ist diese konkrete Leistung zu erstatten, hilfsweise ihr Wert zu ersetzen. Erbringt der Schuldner eine **Dienst- oder Werkleistung**, wird regelmäßig nur ein Ausgleich durch Wertersatz stattfinden können.[43] Erfüllt der Schuldner die gegen einen Dritten gerichtete Verbindlichkeit, richtet sich, wenn die Forderung werthaltig war, die Rückabwicklung nicht gegen den Empfänger der Leistung, sondern gegen den Dritten. Dieser hat den Wert der Schuldbefreiung zu ersetzen.

13 Eine **Aufrechnung** ist gegenüber der Insolvenzmasse – gleich ob sie vor oder nach Eröffnung erklärt wurde – ohne weiteres unwirksam.[44] Folglich kann der Verwalter die ursprüngliche Forderung einklagen und dem Einwand der Aufrechnung den Gegeneinwand der Anfechtung entgegensetzen.[45] Wendet der Schuldner während der kritischen Zeit dem Anfechtungsgegner etwas im Wege eines **Vertrages zu Gunsten Dritter** zu und handelt es sich dabei im Valutaverhältnis um eine unentgeltliche Leistung, so ist der Verwalter in der Insolvenz des Schuldners als des Versprechensempfängers gem. §§ 134 Abs. 1, 143 berechtigt, den Gegenstand, den der Dritte erhalten hat, zur Masse zurückzufordern. Folglich kommt es anfechtungsrechtlich grds nicht darauf an, welche Mittel der Versprechensempfänger (Schuldner) aufgebracht, sondern welche Leistungen der Versprechende nach dem Inhalt seiner Vertragsbeziehung zum Schuldner bei Eintritt der Fälligkeit zu erbringen hatte, mit anderen Worten, welche Zuwendung an den Dritten der Versprechensempfänger mit den von ihm aufgewendeten Vermögenswerten »erkauft« hat. Hat der Schuldner für eine von ihm abgeschlossene **Lebensversicherung** einem Dritten ein widerrufliches Bezugsrecht eingeräumt, richtet sich nach Eintritt des Versicherungsfalls der Anfechtungsanspruch gegen den Dritten folgerichtig auf Auszahlung der vom Versicherer geschuldeten **Versicherungssumme**, nicht auf Rückgewähr der vom Schuldner geleisteten Prämien.[46]

d) Begründung schuldrechtlicher Verpflichtungen

14 Wird eine Forderung gegen den Schuldner in anfechtbarer Weise begründet, so hat die Anfechtbarkeit zur Folge, dass die Forderung entfällt und hieraus keine Rechte gegen die Insolvenzmasse

---

39 BGH 29.03.2012, IX ZR 207/10, ZInsO 2012, 875 Rn. 16.
40 OLG Düsseldorf 26.10.1988, 3 Wx 403/88, ZIP 1989, 457 (458).
41 BGH 09.07.2009, IX ZR 86/08, ZInsO 2009, 1585 Rn. 34.
42 OLG Stuttgart 13.01.2005, 2 U 164/04, ZIP 2005, 1837 (1841).
43 BGH 13.03.1978, VIII ZR 241/76, BGHZ 71, 61 (63).
44 BGH 28.09.2006, IX ZR 136/05, NJW 2007, 78 (79).
45 BGH 02.06.2005, IX ZB 235/04, ZInsO 2005, 707 (708).
46 BGH 23.10.2003, IX ZR 252/01, BGHZ 156, 350 (355).

hergeleitet werden können. Die Anfechtbarkeit begründet indes keinen Zahlungsanspruch des Verwalters.[47] Wurde anfechtbar eine **Verbindlichkeit des Schuldners begründet**, aber noch nicht erfüllt, haftet die Masse nicht für die Verpflichtung, weil der Verwalter berechtigt ist, den Einwand der Anfechtbarkeit zu erheben. Ist ein von dem Schuldner erklärter **Rechtsverzicht** anfechtbar, bleibt dieser aufgrund des Einwands ebenfalls unberücksichtigt und der Verwalter kann Erfüllung beanspruchen. Ist der Schuldner im Besitz einer anfechtbar veräußerten Sache geblieben, kann der Verwalter den Einwand der Anfechtbarkeit dem Übereignungsverlangen entgegenhalten. Wird die Schuldbegründung wirksam angefochten, ist eine darauf bewirkte Befriedigung oder Sicherung inkongruent.[48] Ist die auf eine angefochtene Leistung erbrachte Befriedigung oder Sicherung nicht anfechtbar, kann die Erfüllungshandlung mangels eines Rechtsgrundes kondiziert werden.

e) Unterlassungen

Eine Unterlassung ist in der Weise rückgängig zu machen, dass der Anfechtungsgegner so zu behandeln ist, wie wenn die gebotene Handlung vorgenommen worden wäre. Hat der Schuldner eine verjährungshemmende Maßnahme unterlassen, kann der Verwalter die von dem Gegner erhobene Verjährungseinrede mit dem **Einwand der Anfechtbarkeit** abwehren. Gleiches gilt bei Nichtausübung von Anfechtungs- oder Kündigungsrechten. Ein mangels Hemmung der Ersitzungsfrist kraft Ersitzung erlangtes Eigentum ist an den Verwalter zu übertragen.

15

f) Nutzungen

Aus dem anfechtbaren Gegenstand tatsächlich gezogene und noch vorhandene Nutzungen (§ 100 BGB) hat der Anfechtungsgegner an den Verwalter herauszugeben (§ 143 Abs. 1 Satz 2, § 818 BGB). Es sind sogar solche vorhandenen Nutzungen herauszugeben, die ohne die anfechtbare Handlung nicht gezogen worden wären. Richtet sich der Anspruch auf die Erstattung von Geld, sind die **ab Vornahme** der angefochtenen Rechtshandlung tatsächlich erzielten Zinsen zu vergüten.[49] Richtet sich die Anfechtung gegen den Fiskus, sind als gezogene Nutzungen herauszugeben Zinserträge von Einnahmeüberschüssen, die im Haushaltsvollzug ausnahmsweise zeitweilig nicht benötigt werden, und **ersparte Zinsen für Kassenverstärkungskredite** oder andere staatliche Refinanzierungsinstrumente, die infolge des Eingangs wirksam angefochtener Steuerzahlungen zurückgeführt oder vermieden worden sind.[50] Die Verpflichtung des Fiskus als Leistungsempfänger besteht ungeachtet der steuerlichen Ertragshoheit.[51] Die Vorschrift des § 143 Abs. 1 Satz 2 erklärt wegen der Rechtsfolgen einer Insolvenzanfechtung allgemein die Vorschriften des Bereicherungsrechts für anwendbar, die **Kenntnis des Empfängers vom Mangel des rechtlichen Grundes** voraussetzen. Infolge dieser gesetzlichen Fiktion wird jeder Anfechtungsgegner so behandelt, wie wenn ihm im konkreten Fall die Anfechtbarkeit bekannt wäre. Der Rückgewähranspruch umfasst in diesem Fall gem. § 819 Abs. 1, § 818 Abs. 4 § 292 Abs. 2, § 987 Abs. 1 oder 2 BGB nicht nur die vom Anfechtungsgegner tatsächlich gezogenen, sondern auch die entgegen den Regeln einer ordentlichen Wirtschaft vorwerfbar nicht gezogenen Nutzungen vom **Zeitpunkt der Weggabe** an.[52]

16

Ist Anfechtungsgegner eine Bank, kann ohne weiteres der marktübliche Zins gefordert werden.[53] Vor Insolvenzeröffnung kann aus Verzug (§ 286 Abs. 2 Nr. 4, § 288 BGB) ein Zinsanspruch von 5 % über dem Basiszinssatz gerechtfertigt sein.[54] Ab **Eröffnung des Insolvenzverfahrens** können jeden-

17

---

47 BGH 29.03.2012, IX ZR 207/10, ZInsO 2012, 875 Rn. 15.
48 BGH 16.03.1995, IX ZR 72/94, NJW 1995, 1668 (1671).
49 BGH 01.02.2007, IX ZR 96/04, BGHZ 171, 38 Rn. 22.
50 BGH 24.05.2012, IX ZR 125/11, WM 2012, 1208 Rn. 11 ff., 14 ff.
51 BGH 24.05.2012, IX ZR 125/11, WM 2012, 1208 Rn. 13.
52 BGH 22.09.2005, IX ZR 271/01, ZIP 2005, 1888 (1889).
53 BGH 24.04.2007, XI ZR 17/06, BGHZ 172, 147 Rn. 35.
54 BGH 20.12.2007, IX ZR 93/06, ZInsO 2008, 276 f. Rn. 9, 13.

falls **Prozesszinsen** von 5 % über dem Basiszinssatz begehrt werden.[55] Diese Grundsätze gelten uneingeschränkt auch für den Fiskus als Anfechtungsgegner.[56] Bei Mieten berechnen sich die Nutzungen nach der Differenz zwischen der Bruttomiete und den Erhaltungskosten unter Einschluss des Verwaltungsaufwands.[57]

g) Kein Anspruchsverlust durch §§ 814, 817 BGB

18 Nach der zu Lasten des Empfängers einer unentgeltlichen (rechtsgrundlosen) Leistung lautenden Rechtsprechung kommt eine entsprechende Anwendung des § 814 BGB auf das anfechtungsrechtliche Rückgewährverhältnis gem. § 143 nicht in Betracht,[58] weil der Insolvenzverwalter nur bei der Verfolgung von Bereicherungsansprüchen den Beschränkungen des § 814 BGB unterliegt. Im Gegensatz hierzu eröffnet die Insolvenzanfechtung eine Rückforderungsmöglichkeit, die nach dem materiellen Recht dem Verfügenden selbst verwehrt ist. Eine Einschränkung dieses originären gesetzlichen Anspruchs allein durch den Normzweck des § 814 BGB ist abzulehnen.[59] Gleiches gilt für § 817 BGB, zumal die Schutzbedürftigkeit eines Leistungsempfängers in den Fällen beiderseitigen Gesetzes- oder Sittenverstoßes noch geringer anzusetzen ist und nicht zu Lasten der Gesamtheit der Insolvenzgläubiger des Leistenden gehen kann.[60]

3. Beseitigung der Gläubigerbenachteiligung durch Anfechtungsschuldner

18a Die verwirklichte Gläubigerbenachteiligung kann von dem Anfechtungsgegner beseitigt werden, indem er den anfechtbar erworbenen Gegenstand oder dessen vollen Wert in das Vermögen des Schuldners zurückführt.[61] Dies ist anzunehmen, wenn ein abgetretenes Recht an den Schuldner rückübertragen wird. Gleiches gilt, wenn das Finanzamt eines Landes ein Steuerguthaben des Schuldners an ein anderes Land, das Steuerforderungen gegen ihn hat, abführt, diese Zahlung jedoch rückabgewickelt wird.[62] Die durch die Rückgewähr eines Darlehensbetrages an den Darlehensgeber begründete Gläubigerbenachteiligung entfällt, wenn dieser den Betrag sodann zu gleichen Bedingungen abermals an den Schuldner ausreicht.[63] Ebenso liegt keine Gläubigerbenachteiligung vor, wenn Zahlungen des Schuldners von einem unentrischen auf ein anderes, bei derselben Bank geführtes ebenfalls debitorisches Konto gebucht werden.[64]

4. Verwendungsersatzanspruch des Gegners

19 § 143 Abs. 1 Satz 2 verweist über §§ 819, 818 Abs. 4 auf §§ 994 bis 996 BGB, welche den Anspruch des Besitzers auf Ersatz von Verwendungen zum Gegenstand haben. **Notwendige Verwendungen** auf eine anfechtbar erlangte Sache und Aufwendungen zur Bestreitung ihrer Lasten kann der Anfechtungsgegner nur dann ersetzt verlangen (§ 994 Abs. 2, §§ 683, 684, 670 BGB), wenn die Ausgabe sowohl dem Interesse als auch – abgesehen von § 679 BGB – dem wirklichen oder mutmaßlichen Willen des Verwalters bzw. der Masse entsprach. Fehlt es an diesen Voraussetzungen besteht lediglich ein Anspruch auf Herausgabe einer bei der Masse verbliebenen Bereicherung (§ 684 Satz 1, § 812 BGB). Handelt es sich um **nützliche Verwendungen**, ist dem Anfechtungsgegner insoweit eine Bereicherungsanspruch zuzuerkennen, als der Anfechtungsgegenstand zum Zeitpunkt

---

55 BGH 01.02.2007, IX ZR 96/04, BGHZ 171, 38 Rn. 12 ff.; 20.12.2007, IX ZR 93/06, ZInsO 2008, 276 Rn. 7.
56 OLG Köln 20.06.2007, 2 U 4/07, ZIP 2007, 1959 (1960).
57 BGH 11.07.1996, IX ZR 226/94, NJW 1996, 3147 (3150).
58 Anders noch BGH 29.11.1990, IX ZR 29/90, BGHZ 113, 98 (105 f.).
59 BGH 11.12.2008, IX ZR 195/07, ZInsO 2009, 185 (186).
60 BGH 16.07.2009, IX ZR 53/08 Rn. 3.
61 BGH 07.02.2013, IX ZR 175/12, Rn. 3.
62 BGH 07.02.2013, IX ZR 175/12, Rn. 4.
63 RG JW 1905, 184 Nr. 33.
64 BGH 10.07.2008, IX ZR 142/07, WM 2008, 1606 Rn. 2.

der Rückgabe im Vergleich zum Zeitpunkt der Weggabe einer Wertsteigerung erfahren hat. Werterhöhungen, die nicht auf Verwendungen des Anfechtungsgegners beruhen, sind von der Masse nicht auszugleichen.[65]

II. Wertersatz

1. Unmöglichkeit der Herausgabe

Ist eine – vollständige – Rückgewähr der anfechtbar weggegebenen Sache nicht mehr möglich,[66] unterliegt der Empfänger nach § 143 Abs. 1 Satz 2 i.V.m. §§ 989, 292, 818 Abs. 4, § 819 Abs. 1 einem **schuldrechtlichen Ersatzanspruch nicht deliktischer Art**. Die Rückgewähr ist unmöglich, wenn eine Sache ihrer Substanz nach untergegangen oder ein Recht erloschen ist. Typische Fälle eines Untergangs sind Verbrauch, Weiterveräußerung, Zerstörung, Vermischung oder Entzug durch Dritte, auch im Wege der Zwangsvollstreckung. Einer Unmöglichkeit der Rückgabe steht es gleich, wenn sie mit unverhältnismäßigen Kosten oder Schwierigkeiten verbunden wäre. Der Zeitpunkt, in dem der Anfechtungsgegner den Gegenstand erlangt hat, entspricht dem der Rechtshängigkeit. 20

2. Verschulden

Eine Haftung des Empfängers nach § 989 setzt voraus, dass diesen am Untergang oder der Verschlechterung der herauszugebenden Sache ein Verschulden trifft. Da der Empfänger nach § 143 Abs. 1 Satz 2 so behandelt wird, wie wenn ihm der **Mangel des rechtlichen Grundes von Anfang an bekannt** gewesen wäre, muss er jederzeit damit rechnen, auf Rückgewähr in Anspruch genommen zu werden. Deswegen ist eine freiwillige Weiterübertragung des Gegenstandes stets als schuldhaft zu bewerten.[67] Infolge der verschärften Haftung kann auch ein Arbeitnehmer nicht der Einwand der Entreicherung geltend gemacht machen.[68] Entsprechendes gilt für einen Verbrauch, aber nicht für eine rechtmäßige Enteignung. Da der Empfänger für seine finanzielle Leistungsfähigkeit einzustehen hat, liegt Verschulden auch vor, wenn seine Gläubiger in den Gegenstand pfänden. 21

3. Berechnung des Wertersatzes

Der Wertersatzanspruch ist nach den Grundsätzen des allgemeinen Schadensersatzrechts zu berechnen.[69] Dabei ist auf den Zeitpunkt der letzten mündlichen Verhandlung in den Tatsacheninstanzen abzustellen. Sicherbar ist der Anspruch mit Hilfe eines dinglichen oder persönlichen Arrests. Ist der Anfechtungsschuldner vor der Eröffnung des Insolvenzverfahrens aufgrund von **Vorschriften des Anfechtungsgesetzes** mit Erfolg in **Anspruch genommen** worden, kann nach Insolvenzanfechtungsrecht eine Rückgewähr zur Insolvenzmasse insoweit nicht verlangt werden, als der Anfechtungsschuldner den durch das Anfechtungsgesetz begründeten Anspruch befriedigt hat.[70] 22

a) Ersatz des Substanzwerts

Der Anfechtungsgegner schuldet bei einer Unmöglichkeit der Rückgabe grds den objektiven Wert des weggegebenen Gegenstandes. Einen durch einen günstigen Verkauf erzielten Übererlös braucht er nicht zu erstatten; andererseits wird die Ersatzpflicht nicht dadurch ausgeschlossen oder gemindert, dass der Gegenstand unentgeltlich oder unter Preis veräußert wird. Neben den **Substanzschaden** kann ein **Vorenthaltungsschaden** treten.[71] Ist an die Stelle der Substanz ein **Surrogat** getreten, 23

---

65 BGH 24.09.1996, IX ZR 190/95, NJW 1996, 3341 (3342).
66 Vgl. BGH 29.06.2004, IX ZR 258/02, BGHZ 159, 397 (400 f.).
67 BGH 26.04.2012, IX ZR 74/11, ZInsO 2012, 924 Rn. 30 ff.; 24.05.2012, IX ZR 142/11, NZI 2012, 713 Rn. 2.
68 BAG 19.05.2011, 6 AZR 736/09, ZInsO 2011, 1560 Rn. 21.
69 OLG Celle 19.03.1999, 18 U 14/95, ZIP 1999, 848.
70 BGH 15.11.2012, IX ZR 173/09, WM 2013, 81 Rn. 15 ff.
71 OLG Celle 19.03.1999, 18 U 14/95, ZIP 1999, 848.

bildet dieses den Gegenstand der Anfechtung (§ 818 Abs. 1 BGB). Erfasst werden nicht nur gesetzliche Surrogate wie Ersatzansprüche bei einer Zerstörung oder Beschädigung, sondern auch ein Surrogat, das aufgrund einer rechtsgeschäftlichen Veräußerung des angefochtenen Gegenstandes erlangt ist, also etwa der durch eine Zahlung mit anfechtbar erworbenen Mitteln erlangte Kaufgegenstand.

24 Tritt der Arbeitgeber in anfechtbarer Weise die Ansprüche aus einer **Lebensversicherung** an den Arbeitnehmer ab und ist dieser im Anschluss an eine von ihm ausgesprochene Kündigung zu einer Rückübertragung nicht in der Lage, hat der Arbeitnehmer Wertersatz in Höhe des an ihn infolge der Kündigung ausgezahlten Rückkaufswerts zu leisten.[72] Eine **Vorteilsausgleichung** findet nicht statt.[73] Nicht ausgeschlossen ist jedoch die Berücksichtigung eines Vorteils, den der Anfechtungsgläubiger erhalten hat. Insoweit fehlt es schon an einer Gläubigerbenachteiligung.[74] Der Anfechtungsgegner kann mit einer gegen die – nicht unzulängliche – Masse gerichteten Forderung gegen den Anspruch auf Wertersatz **aufrechnen**.[75] Jedoch scheidet die Aufrechnung wegen § 393 BGB aus, wenn der Anfechtungsgegner zugleich wegen einer vorsätzlichen unerlaubten Handlung (§§ 823 ff., 826 BGB) Schadensersatz schuldet.[76] Der Aufrechnung des Anfechtungsgegners mit einer Insolvenzforderung steht § 96 entgegen.

b) Nutzungsersatz

25 Können tatsächlich erzielte Nutzungen nicht in Natur herausgegeben werden, ist, gleich ob sie der Schuldner ebenfalls gezogen hätte, deren Wert zu ersetzen. Handelt es sich um ein Unternehmen, ist nicht die Summe der Nutzungswerte der einzelnen Bestandteile maßgeblich. Vielmehr ist auf den **Gewinn** abzustellen, der bei ordnungsgemäßer Geschäftsführung erwirtschaftet werden konnte. Wurden entsprechend den Regeln einer ordnungsgemäßen Wirtschaft Nutzungen schuldhaft nicht gezogen (§ 987 Abs. 2 BGB), berechnet sich der Wertersatz nach dem gewöhnlichen Wert der Nutzungen.

C. Rückgewähr unentgeltlicher Leistung

26 Der Empfänger einer unentgeltlichen Leistung haftet nach § 143 Abs. 2 Satz 1 nur bereicherungsrechtlich. Eine verschärfte Haftung gilt im Falle seiner Bösgläubigkeit (§ 143 Abs. 2 Satz 2).

I. Gutgläubiger Empfänger

27 Der redliche Empfänger einer unentgeltlichen Leistung haftet nur im Umfang des § 143 Abs. 2 Satz 1. Ein solcher Leistungsempfänger haftet nicht für die schuldhafte Unmöglichkeit der Rückgewähr des empfangenen Gegenstandes oder die schuldhafte Verschlechterung desselben. Auch eine Ersatzpflicht für schuldhaft nicht gezogene Nutzungen entfällt.[77] Die Haftung begrenzt sich auf § 818 Abs. 1 bis 3 BGB. Der Empfänger einer unentgeltlichen Leistung haftet nur im **Umfang der vorhandenen Bereicherung**.[78] Ist der anfechtbar erworbene Gegenstand noch vorhanden, ist er herauszugeben. Ist der Gegenstand untergegangen ist, ist eine an seiner Stelle tatsächlich vorhandene Bereicherung herauszugeben. Der Empfänger ist bereichert, wenn er durch die Weggabe des Empfangenen notwendige Ausgaben aus eigenem Vermögen erspart oder eigene Schulden getilgt hat.[79] Gleiches gilt, wenn der Schuldner durch eine Zahlung aus einer anfechtbar erlangten Leistung von einer im Wege eines Forderungsverkaufs übernommenen Verbindlichkeit befreit wurde.[80]

---

72 BAG 19.11.2003, 10 AZR 110/03, NJW 2004, 1196.
73 BGH 30.01.1986, IX ZR 79/85, BGHZ 97, 87 (95); 20.07.2006, IX ZR 226/03, ZInsO 2006, 937 Rn. 14.
74 BGH 13.05.2004, IX ZR 128/01, ZInsO 2004, 803 (806).
75 Vgl. BGH 17.04.1986, IX ZR 54/85, ZIP 1986, 720 (724).
76 BGH 29.04.1986, IX ZR 145/85, ZIP 1986, 787 (790).
77 BT-Drucks. 12/2443, 167.
78 BGH 22.04.2010, IX ZR 163/09, ZInsO 2010, 1185 Rn. 7.
79 BGH 17.12.2009, IX ZR 16/09, ZInsO 2010, 521 Rn. 15.
80 BGH 01.12.2011, IX ZR 44/11, Rn. 5.

Der Einwand des Wegfalls der Bereicherung kann sich auf Luxusaufwendungen und solche Kosten 28
beziehen, die im Zusammenhang mit dem Erwerb stehen, aber nicht auf die lange Zeit zuvor erbrachte Gegenleistung.[81] Nutzungen sind herauszugeben, soweit sie tatsächlich gezogen wurden und im Vermögen des Anfechtungsgegners noch vorhanden sind. Ein an die Stelle des erworbenen anfechtbaren Gegenstandes getretenes noch vorhandenes **Surrogat** ist herauszugeben. Der aus der Anfechtung der Auszahlung von Scheingewinnen resultierende Rückgewähranspruch des Insolvenzverwalters ist nicht mit den als Einlage des Anlegers erbrachten Zahlungen zu **saldieren**. Denn die Scheingewinne stellen keine Gegenleistung für die Einlage des Anlegers dar.[82] Der Einwand des Wegfalls der Bereicherung kann sich – neben Luxusaufwendungen, die der Anfechtungsgegner dem Gläubiger möglicherweise gem. § 143 Abs. 1 Satz 2 oder Abs. 2 Satz 1 InsO und § 818 Abs. 3 BGB entgegenhalten kann – nur auf Kosten beziehen, die im Zusammenhang mit der Auszahlung der Scheingewinne stehen. Die lange Zeit zuvor geleistete Einlage gehört nicht hierzu.[83] Hat der Anfechtungsgegner aufgrund der unentgeltlichen Leistung bleibende steuerliche Belastungen zu tragen, so kann er sich insoweit auf den Einwand der Entreicherung berufen.[84] Dem Anfechtungsgegner obliegt nicht nur der **Nachweis**, dass Rückgewähr in Natur unmöglich ist, sondern weiter, dass und warum er nicht mehr bereichert ist.[85] Die Milderung des § 143 Abs. 2 Satz 1 gilt nur, wenn die Anfechtung ausschließlich auf § 134 beruht, greift also nicht, wenn auch ein anderer Tatbestand wie etwa § 133 vorliegt.[86]

II. Bösgläubiger Empfänger

Der Empfänger einer unentgeltlichen Leistung haftet nach § 143 Abs. 2 Satz 2 im normalen Umfang, wenn er weiß oder den Umständen nach wissen muss, dass die unentgeltliche Leistung die Gläubiger benachteiligt. Diese gesetzliche Definition der Bösgläubigkeit deutet darauf hin, dass dem Anfechtungsgegner bereits **einfache Fahrlässigkeit** (§ 276 Abs. 1 Satz 2) schadet.[87] Dieses Verständnis kommt neben dem Gesetzeswortlaut auch in der Gesetzesbegründung zum Ausdruck, wonach die den Verwalter treffende Beweislast einen Ausgleich für die unter erleichterten Voraussetzungen eingreifende Bösgläubigkeit ist.[88] Haftungsverschärfend wirkt auch eine nach Empfang der anfechtbaren Leistung bis zu ihrem Untergang oder ihrer Verschlechterung eingetretene Bösgläubigkeit. Die Wertersatzpflicht entfällt nur, wenn der Anfechtungsgegner vom Zeitpunkt der Leistungsvornahme bis zum Wegfall der Bereicherung gutgläubig war.[89] Die verschärfte Haftung greift also ab dem Zeitpunkt einer möglichen Kenntniserlangung.[90] Einer uneingeschränkten Haftung unterliegt auch der gutgläubige unentgeltliche Empfänger ab Rechtshängigkeit (§ 818 Abs. 4 BGB, §§ 253, 261 ZPO). Die **Beweislast** für die Bösgläubigkeit des Empfängers trägt der Verwalter.[91] Ist eine nahestehende Person Begünstigter einer unentgeltlichen Leistung ist, sieht das Gesetz keine Beweiserleichterung vor. Das Näheverhältnis kann aber in die Beweiswürdigung (§ 286 ZPO) einfließen.

---

[81] BGH 22.04.2010, IX ZR 163/09, ZInsO 2010, 1185 Rn. 10.
[82] BGH 22.04.2010, IX ZR 163/09, ZInsO 2010, 1185 Rn. 7 ff.; 22.04.2010, IX ZR 225/09, ZInsO 2010, 1454 Rn. 8.
[83] BGH 22.04.2010, IX ZR 163/09, ZInsO 2010, 1185 Rn. 10.
[84] BGH 22.04.2010, IX ZR 163/09, ZInsO 2010, 1185 Rn. 14.
[85] BGH 17.12.2009, IX ZR 16/09, ZInsO 2010, 521 Rn. 17.
[86] BGH 15.11.2012, IX ZR 173/09, WM 2013, 81 Rn. 13.
[87] OLG Rostock 17.12.2007, 3 U 99/07, ZIP 2008, 568 (569); MüKo-InsO/*Kirchhof* § 143 Rn. 107; a.A. im Sinne grober Fahrlässigkeit etwa HK-InsO/*Kreft* § 143 Rn. 28 ff.
[88] BT-Drucks. 12/2443, 168.
[89] BGH 15.11.2012, IX ZR 173/09, WM 2013, 81 Rn. 11.
[90] BT-Drucks. 12/2443, 168.
[91] BT-Drucks. 12/2443, 168.

D. Verwirklichung des Rückgewähranspruchs in der Insolvenz des Empfängers

30 Der Anfechtungsanspruch gewährt in der Insolvenz des Anfechtungsgegners ein **Aussonderungsrecht**, sofern der anfechtbar erworbene Gegenstand noch im Vermögen des Anfechtungsgegners vorhanden ist.[92] Falls an die Stelle des Gegenstandes ein Surrogat getreten ist, kommt eine Ersatzabsonderung (§ 48) in Betracht. Dieses Recht setzt jedenfalls voraus, dass die Gegenleistung noch unterscheidbar im Schuldnervermögen vorhanden ist. Wird die Gegenleistung auf einem **Konto** gutgeschrieben, so bleibt sie grds unterscheidbar, solange sie durch Buchungen belegt und der positive Kontensaldo nicht durch Abbuchungen unter den Betrag der beanspruchten Leistung abgesunken ist. Wird das Konto zur Zeit der Gutschrift im Soll geführt, so wird die Gegenleistung in dieser Höhe zur Schuldentilgung verbraucht mit der Folge, dass insoweit eine gegenständlich fassbare Gegenleistung nicht mehr vorhanden ist.[93]

E. Haftung des Gesellschafters

31 In Anlehnung an § 32b GmbHG a.F. werden mit Hilfe von § 135 Abs. 2 Rechtshandlungen der Anfechtung unterworfen, durch die ein außenstehender Dritter für seine Forderung gegen die GmbH Befriedigung erlangt hat, sofern ein **Gesellschafter für die Forderung eine Sicherheit** übernommen hatte. Zahlungen der Gesellschaft an einen durch einen Gesellschafter gesicherten Gläubiger sind danach innerhalb eines Jahres anfechtbar. Freilich richtet sich die Anfechtung, weil der Tatbestand in der Sicherung der Gesellschaftsverbindlichkeit durch den Gesellschafter seine innere Rechtfertigung findet, nicht gegen den Gläubiger des Anspruchs, sondern gem. § 143 Abs. 3 Satz 1 gegen den Gesellschafter als Sicherungsgeber. Dies ist nur folgerichtig, weil der Gesellschafter durch die Leistung der Gesellschaft von seiner Sicherheit befreit wurde. Der Anspruch ist nach § 143 Abs. 3 Satz 2 auf die Höhe der übernommenen Bürgschaft, bei einer dinglichen Sicherung auf den Wert der bestellten Sicherheit beschränkt. Handelt es sich um eine Realsicherheit, kann sich der Gesellschafter von der Inanspruchnahme befreien, indem er die als Sicherheit dienenden Gegenstände der Masse zur Verfügung stellt (§ 143 Abs. 3 Satz 3). Das Verhältnis zwischen Gesellschaft und Gesellschafter bestimmt und begrenzt den Anspruch; dieser kann nicht über das hinausgehen, was der **Gesellschafter** aus der **übernommenen Sicherheit** geschuldet hätte. Führt die Gesellschaft das besicherte Drittdarlehen nur teilweise zurück und kann es deshalb weiterhin zur Inanspruchnahme des Gesellschafters durch den Gläubiger der Gesellschaft kommen, darf die **Summe** aus dem Anspruch gemäß § 135 Abs. 2, § 143 Abs. 3 und der **fortbestehenden Verpflichtung des Gesellschafters aus der Sicherheit** dessen ohne die teilweise Rückführung des Darlehens bestehende Verpflichtung nicht überschreiten. Ob und gegebenenfalls in welcher Höhe ein Anspruch besteht, kann im Falle einer nur teilweisen Rückführung des besicherten Drittdarlehens durch die Gesellschaft und einer der Höhe nach beschränkten Sicherheit nur beantwortet werden, wenn Feststellungen dazu getroffen sind, in welcher Höhe der Gesellschafter dem Gläubiger aus der Sicherheit weiterhin verpflichtet geblieben ist.[94]

§ 144 Ansprüche des Anfechtungsgegners

(1) Gewährt der Empfänger einer anfechtbaren Leistung das Erlangte zurück, so lebt seine Forderung wieder auf.

(2) Eine Gegenleistung ist aus der Insolvenzmasse zu erstatten, soweit sie in dieser noch unterscheidbar vorhanden ist oder soweit die Masse um ihren Wert bereichert ist. Darüber hinaus kann der Empfänger der anfechtbaren Leistung die Forderung auf Rückgewähr der Gegenleistung nur als Insolvenzgläubiger geltend machen.

---

[92] BGH 23.10.2003, IX ZR 252/01, BGHZ 156, 350 (358 ff.); 16.11.2007, IX ZR 194/04, BGHZ 174, 229 Rn. 44.
[93] BGH 19.01.2006, IX ZR 154/03, ZInsO 2006, 493 Rn. 18.
[94] BGH 04.07.2013, IX ZR 229/12, ZInsO 2013, 1577 Rn. 21 ff.

Übersicht

		Rdn.			Rdn.
A.	Normzweck	1	I.	Gegenleistung	8
B.	Wiederaufleben einer getilgten Forderung	2	II.	Rechtsfolgen	9
			1.	Gegenleistung in Masse vorhanden	10
I.	Schuldtilgung	3	2.	Gegenleistung nicht mehr vorhanden	11
II.	Rechtsfolgen	4			
C.	Gegenleistung des Anfechtungsgegners	7			

A. Normzweck

In Ergänzung zu § 143 regelt § 144 die weiteren rechtlichen Folgen einer erfolgreichen Anfechtung. Falls das anfechtbar Empfangene zurückgewährt wird, lebt nach § 144 Abs. 1 der **anfechtbar getilgte Anspruch** des Anfechtungsgegners ex tunc wieder auf. Handelt es sich um einen gegenseitigen Vertrag, gewährt § 144 Abs. 2 dem Anfechtungsgegner einen Anspruch auf **Rückgewähr seiner Gegenleistung**, die er in Erfüllung des anfechtbaren Geschäfts erbracht hat. Ist diese Gegenleistung noch unterscheidbar in der Masse vorhanden, ist sie dem Anfechtungsgegner zurückzugeben. Fehlt es daran, kann der Anfechtungsgegner den Wert seiner Gegenleistung ersetzt verlangen, soweit die Masse bereichert ist. Andernfalls bildet der Wertersatzanspruch eine bloße Insolvenzforderung. Unberührt bleiben dem Anfechtungsgegner aus anderen Rechtsgründen zustehende Ausgleichs- und Regressforderungen. 1

B. Wiederaufleben einer getilgten Forderung

Das Wiederaufleben der Forderung nach § 144 Abs. 1 kommt dem **Gläubiger** bzw. Rechtsnachfolger zugute, dessen auf einem unanfechtbaren Schuldgrund beruhende Forderung in anfechtbarer Weise erfüllt wurde. 2

I. Schuldtilgung

§ 144 Abs. 1 befasst sich mit anfechtbaren Rechtshandlungen, durch die eine Verbindlichkeit des Schuldners getilgt wurde und die Masse ihrerseits eine Schuldbefreiung erlangt hat. Anwendbar ist die Regelung nur, wenn die von dem Schuldner erfüllte **Verpflichtung** nicht anfechtbar begründet oder wenigstens nicht wirksam angefochten wurde. Andernfalls würde es an einer erfüllbaren Forderung fehlen, die nach Anfechtung der Erfüllung wiederaufleben könnte. Ohne Bedeutung ist sowohl der Anfechtungsgrund als auch der Rechtsgrund der beglichenen Forderung, der auch öffentlich-rechtlicher Natur sein kann. Die Vorschrift gilt auch bei einer Vorleistung des Anfechtungsgegners, wenn der Schuldner seinerseits vor Insolvenzeröffnung die Gegenleistung erbracht hat. Die Vorschrift ist ebenso bei einer Leistung an Erfüllungs Statt, einer Leistung über eine Mittelsperson, einer im Vollstreckungsweg erzwungenen Leistung oder einer Aufrechnung anzuwenden. 3

II. Rechtsfolgen

Nach einer erfolgreichen Anfechtung der Schuldtilgung lebt die erfüllte Forderung einschließlich für sie bestehender Schuldurkunden (§ 952 BGB) wieder auf, wenn das Erlangte **tatsächlich an die Masse zurückgewährt** wird. Ficht der Verwalter eines insolventen Leistungsmittlers die zugunsten eines Dritten bewirkte Zahlung gegenüber dessen Gläubiger erfolgreich an, lebt die Forderung des Gläubigers gegen den mit dem Insolvenzschuldner nicht identischen Dritten wieder auf.[1] Als Ausgleich für die Anfechtung wird also die Forderung des Anfechtungsgegners wiederhergestellt. Das bloße Angebot der Rückgewähr genügt nicht; deshalb ist die Vorschrift im Anfechtungsprozess ohne Bedeutung. Bei einer teilweisen Rückgewähr lebt die Forderung im entsprechenden Verhältnis wieder auf. Die Forderung erstarkt mit der Erstattung rückwirkend in der Form, wie sie vor Erfül- 4

---

1 BGH 22.11.2012, IX ZR 22/12, WM 2013, 51 Rn. 12 f.

lung – etwa verjährt oder als Naturalobligation – bestand.[2] Die Forderung kann zur Insolvenztabelle angemeldet werden. Wurde die Forderung wegen einer anfechtbar erhaltenen Teilzahlung vermindert um diesen Betrag angemeldet und festgestellt, steht dies einer Anfechtung nicht entgegen, weil der Tabelleneintragung lediglich eine positive Feststellung des Anspruchs in der angemeldeten Höhe zukommt und nach der Anfechtung eine Nachtragsanmeldung möglich ist.[3] Bestand die Forderung in einem Anspruch auf Sicherung, entsteht dieser Anspruch nach Anfechtung der erbrachten Sicherheit wieder, findet jedoch im Insolvenzverfahren keine Berücksichtigung. **Verjährungsfristen** gelten als ab der Erfüllungshandlung bis zur Rechtskraft des Anfechtungsurteils gehemmt (§§ 206, 209 BGB).

5 Neben der Forderung werden zugleich die für sie unanfechtbar begründeten Sicherheiten wieder begründet.[4] Von dem Schuldner oder einem Dritten erteilte **akzessorische Sicherheiten** wie Bürgschaften, Hypotheken und Pfandrechte leben mit der getilgten Forderung ohne weiteren Rechtsakt wieder auf.[5] Gleiches gilt für eine gesamtschuldnerische Mithaftung einer dritten Person. Hat der **Schuldner** eine **nicht akzessorische Sicherheit** wie eine Grundschuld, Sicherungsübereignung oder eine Sicherungsabtretung gestellt, lebt diese ebenfalls mit der Forderung wieder auf, weil das Anfechtungsurteil die insoweit notwendigen Willenserklärungen der Parteien (§ 894 ZPO) fingiert.[6]

6 Handelt es sich dagegen um eine von einem **Dritten** erteilte **nicht akzessorische Sicherheit**, lebt die Sicherheit mangels Beteiligung des Drittsicherungsgebers an dem Anfechtungsprozess nicht schon mit der gesicherten Forderung wieder auf. Vielmehr muss das Sicherungerecht neu begründet werden. Eine dahin gehende Verpflichtung des Sicherungsgebers folgt aus der ursprünglichen Sicherungsabrede. Falls der Schuldner zwischen der Tilgung seiner Verbindlichkeit und der erfolgreichen Anfechtung über das Sicherungsrecht wirksam verfügt hat und Erwerber Gutglaubensschutz genießen, ist die Masse zu Wertersatz verpflichtet (§ 55 Abs. 1 Nr. 3), falls der Gegenwert dort noch vorhanden ist.

C. Gegenleistung des Anfechtungsgegners

7 § 144 Abs. 1 und 2 schließen sich in ihrem Tatbestand wechselseitig aus. Im Unterschied zu § 144 Abs. 1, der anfechtbare Leistungen des Schuldners auf ein nicht angefochtenes Kausalgeschäft betrifft, regelt § 144 Abs. 2 die Rechtsfolgen für die Gegenleistung des **Gläubigers**, nachdem das ihr zugrunde liegende **Verpflichtungsgeschäft** wirksam angefochten wurde. Da nunmehr zugunsten der Masse kein Rechtsgrund eingreift, statuiert § 144 Abs. 2 eine grundsätzliche Rückgewährverpflichtung zugunsten des Anfechtungsgegners.

I. Gegenleistung

8 Der Begriff Gegenleistung erfasst all das, was der Anfechtungsgegner in Ausführung des angefochtenen obligatorischen Vertrages an den Schuldner erbracht hat, insb. ein vertragliches Entgelt. Bei einer Schenkung ist die Bestimmung mangels einer Gegenleistung des Anfechtungsgegners nicht einschlägig. Im Falle einer **gemischten Schenkung** des Schuldners liegt die Gegenleistung in dem **Teilentgelt**. Wird nur die Besicherung eines Darlehens angefochten, so bildet die Darlehenshingabe keine Gegenleistung. Aufwendungen des Anfechtungsgegners für den Vertragsschluss oder auf den Anfechtungsgegenstand sind nicht zu berücksichtigen.

---

2 OLG Karlsruhe 18.01.2007, 12 U 185/06, ZIP 2007, 286 (290).
3 BGH 19.01.2012, IX ZR 4/11, ZInsO 2012, 488 Rn. 10 ff.
4 BT-Drucks. 12/2443, 168.
5 BGH 24.10.1973, VIII ZR 82/72, NJW 1974, 57; OLG Brandenburg 09.03.2004, 11 U 95/03, ZInsO 2004, 504 (506).
6 OLG Frankfurt a.M. 25.11.2003, 9 U 127/02, ZInsO 2004, 211 (212).

II. Rechtsfolgen

Inhaber des Rückgewähranspruchs ist, wer als Empfänger einer anfechtbaren Leistung seinerseits eine Gegenleistung an den Schuldner erbracht hat. Der durch § 144 Abs. 2 begründete **Erstattungsanspruch auf die Gegenleistung** entsteht mit dem Vollzug bzw. einem verbindlichen Angebot (§§ 293 ff. BGB) auf Vollzug des Rückgewähranspruchs.[7] 9

1. Gegenleistung in Masse vorhanden

Der Anfechtungsgegner kann Herausgabe in Natur beanspruchen, sofern seine Leistung im Zeitpunkt der Rückgewähr noch **unterscheidbar in der Insolvenzmasse** vorhanden ist (§ 144 Abs. 2 Satz 1). Gezogene Nutzungen sind herauszugeben (§ 818 Abs. 1 BGB). An die Stelle der Gegenleistung tritt ein dafür erlangtes **Surrogat**. Falls die Gegenleistung nachträglich untergegangen ist, kann Wertersatz (§ 818 Abs. 2 BGB) in dem Umfang verlangt werden, in dem der Verwalter den Untergang verschuldet hat oder die Masse bereichert ist. Ein Wegfall der Massebereicherung beurteilt sich nach § 818 Abs. 3 BGB. Bis zur tatsächlichen Rückgewähr trägt der Anfechtungsgegner das Risiko des Untergangs der Gegenleistung. Hingegen ist Wertersatz zu leisten, wenn die Gegenleistung nach Eintritt der Rechtshängigkeit (§ 818 Abs. 4 BGB) oder der Bösgläubigkeit des Verwalters (§ 819 Abs. 1 BGB) untergegangen ist. Der Anspruch schafft kein Aussonderungsrecht, sondern eine **Massebereicherungsforderung** (§ 55 Abs. 1 Nr. 3). § 144 Abs. 2 Satz 1 ist nicht anwendbar, wenn der Anfechtungsgegner die Masse von einer **Verbindlichkeit** befreit hat. 10

2. Gegenleistung nicht mehr vorhanden

Befindet sich die Gegenleistung im Zeitpunkt der Rückgewähr nicht mehr in Natur, als Surrogat oder dem Werte nach unterscheidbar in der Insolvenzmasse und ist diese nicht um den Wert der Leistung bereichert, bildet der Erstattungsanspruch nach § 144 Abs. 2 Satz 2 eine bloße Insolvenzforderung. 11

§ 145 Anfechtung gegen Rechtsnachfolger

(1) Die Anfechtbarkeit kann gegen den Erben oder einen anderen Gesamtrechtsnachfolger des Anfechtungsgegners geltend gemacht werden.

(2) Gegen einen sonstigen Rechtsnachfolger kann die Anfechtbarkeit geltend gemacht werden:
1. wenn dem Rechtsnachfolger zur Zeit seines Erwerbs die Umstände bekannt waren, welche die Anfechtbarkeit des Erwerbs seines Rechtsvorgängers begründen;
2. wenn der Rechtsnachfolger zur Zeit seines Erwerbs zu den Personen gehörte, die dem Schuldner nahestehen (§ 138), es sei denn, dass ihm zu dieser Zeit die Umstände unbekannt waren, welche die Anfechtbarkeit des Erwerbs seines Rechtsvorgängers begründen;
3. wenn dem Rechtsnachfolger das Erlangte unentgeltlich zugewendet worden ist.

Übersicht

	Rdn.
A. Normzweck	1
B. **Gesamtrechtsnachfolge**	2
I. Erbschaft	3
II. Sonstige Gesamtrechtsnachfolge	4
III. Anfechtbarkeit	5
C. **Einzelrechtsnachfolge**	6
I. Mögliche Formen des Erwerbs	6
II. Anfechtbarkeit	9
1. Allgemeine Anfechtungsvoraussetzungen	9
2. Schutzunwürdigkeit des Einzelrechtsnachfolgers	10
a) Kenntnis der Anfechtbarkeit	10
b) Näheverhältnis zu Schuldner	11
c) Unentgeltlicher Erwerb	12
D. **Rechtsfolgen, Prozessuales**	13

---

[7] BGH NJW-RR 29.04.1986, IX ZR 145/85, 1986, 991 (992 f.).

A. Normzweck

1 Die Bestimmung will verhindern, dass der unmittelbare Empfänger die Anfechtung durch Weitergabe der erhaltenen Leistung vereitelt. Darum kann nach § 145 Abs. 1 gegenüber dem Gesamtrechtsnachfolger stets uneingeschränkt angefochten werden, während § 145 Abs. 2 die Reichweite der Anfechtung bei einer Einzelrechtsnachfolge von der Schutzwürdigkeit des Erwerbers abhängig macht. Die Norm gilt gegenüber dem ersten wie auch weiteren Rechtsnachfolgern. Jede Rechtsnachfolge i.S.v. § 145 – sei es eine Einzel- oder Gesamtrechtsnachfolge – setzt voraus, dass der Nachfolger den anfechtbar weggegebenen **Gegenstand selbst** erlangt. Die Norm ist insgesamt nicht anwendbar, wenn schon dem Ersterwerber die Rückgewähr in Natur vor Eintritt der »Rechtsnachfolge« unmöglich geworden war und er nur Wertersatz schuldete.[1] Allerdings kann eine Wertersatzpflicht des Empfängers nach allgemeinen Grundsätzen (§ 1967 BGB, §§ 25, 128 HGB) auf den Rechtsnachfolger übergehen.

B. Gesamtrechtsnachfolge

2 § 145 erfordert eine gegenüber dem Rechtsvorgänger begründete Anfechtung. Deswegen muss die anfechtbare Handlung diesem gegenüber vor Eintritt der Rechtsnachfolge vorgenommen worden sein. Die Anfechtung gegen den Vorgänger muss begründet sein, weil nur dann eine Überleitung auf Rechtsnachfolger in Betracht kommt. Im Falle wiederholter Rechtsnachfolge muss der Erwerb jeder Zwischenperson anfechtbar sein. Unerheblich ist, ob die Anfechtung gegenüber dem Rechtsvorgänger geltend gemacht wurde und ob das Verfahren gegen den Schuldner vor oder nach der Rechtsnachfolge eröffnet wurde. Eine Gesamtrechtsnachfolge liegt vor, wenn der Rechtsnachfolger **kraft Gesetzes in die Verbindlichkeiten** des Rechtsvorgängers eingetreten ist; dabei ist es gleichgültig, ob die Haftung des Rechtsvorgängers neben der des Rechtsnachfolgers fortdauert.[2]

I. Erbschaft

3 Gesamtrechtsnachfolger ist der in § 145 Abs. 1 ausdrücklich genannte Erbe. Wer im Einzelfall Erbe geworden ist, beurteilt sich nach bürgerlichem Recht. Mehrere Erben haften gesamtschuldnerisch (§§ 2032 ff.). Eine **Haftungsbeschränkung** (§ 1975 BGB) kommt nur bezüglich des Wertersatzanspruchs zum Tragen, scheidet hingegen aus, soweit der anfechtbare Gegenstand noch in Natur vorhanden ist. Der Vorerbe haftet bis zum Eintritt des Nacherbfalles (§ 2139 BGB), ab diesem Zeitpunkt der Nacherbe. Ausnahmsweise haftet nach § 2145 Abs. 1 BGB der Vorerbe weiter, soweit der Nacherbe von der Haftung befreit ist. Als Gesamtrechtsnachfolger sind der Erbschaftskäufer (§ 2382 BGB) und der Erwerber eines Miterbenanteils anzusehen. Dagegen begründet eine im **Vertragsweg** ausgestaltete vorweggenommene Erbfolge keine Gesamtrechtsnachfolge. Beerbt der Schuldner selbst den Anfechtungsgegner, fällt der anfechtbar weggegebene Vermögenswert – gleich ob der Erbfall vor oder nach Verfahrenseröffnung stattfand – in die Masse, so dass der Anfechtungsanspruch durch Konfusion erlischt. Die Rückgewähransprüche gelten ausnahmsweise als nicht erloschen (§ 1976 BGB), wenn der Schuldner als Erbe die Haftungsbeschränkung nach § 1975 BGB geltend macht und es dadurch zu einer haftungsrechtlichen Sonderung des Nachlasses kommt. Allerdings scheidet eine Anfechtung gegen den Erben hinsichtlich solcher anfechtbar begründeter Rechte aus, die wie **ein höchstpersönliches Wohnrecht** mit dem Tod des Erblassers erlöschen.[3]

II. Sonstige Gesamtrechtsnachfolge

4 Sonstige Fälle der Gesamtrechtsnachfolge werden von der Regelung erfasst, sofern der Rechtsnachfolger kraft Gesetzes die Verbindlichkeiten des Rechtsvorgängers übernimmt. Dies ist bei Einbringung in das Gesamtgut einer ehelichen Gütergemeinschaft (§§ 1415 ff., 1483 ff. BGB), einer

---

1 BGH 24.06.2003, IX ZR 228/02, BGHZ 155, 199 (203 f.).
2 BT-Drucks. 12/2443, 168.
3 BGH 11.07.1996, IX ZR 81/94, NJW 1996, 3006 (3007).

Firmenfortführung (§ 25 HGB) und dem Anfall des Vermögens eines aufgelösten Vereins an den Fiskus (§§ 45, 46 BGB) anzunehmen. Gleiches gilt bei einer **Verschmelzung** (§§ 20, 36 UmwG) und **Spaltung** (§ 131 UmwG) von Gesellschaften. Dagegen bewirkt der bloße Formwechsel (§§ 190 ff. UmwG) wegen des gleich bleibenden Rechtsträgers keine Rechtsnachfolge. Eine Rechtsnachfolge liegt indessen vor, wenn bei einer Personengesellschaft nach Ausscheiden aller übrigen nur ein Gesellschafter übrig bleibt. Wird über das Vermögen des Leistungsempfängers das Insolvenzverfahren eröffnet, gilt dessen Insolvenzverwalter als Rechtsnachfolger.[4]

III. Anfechtbarkeit

§ 145 Abs. 1 verlangt, dass die Rechtshandlung gegenüber dem Rechtsvorgänger vorgenommen wurde und diesem gegenüber anfechtbar ist. Wurde die Rechtshandlung nach Eintritt der Rechtsnachfolge vorgenommen, ist die Anfechtung unmittelbar gegenüber dem Erben geltend zu machen. Die Anfechtung gegen den Vorgänger muss im **Ergebnis begründet** sein, ohne dass es darauf ankommt, ob sie auch tatsächlich geltend gemacht wurde. Im Fall wiederholter Gesamtrechtsnachfolge muss der Erwerb jeder Zwischenperson anfechtbar sein; die Anfechtung kann allerdings auf unterschiedlichen Rechtsgründen beruhen.[5] Greift die Anfechtung gegen einen Zwischenerwerber nicht durch, gilt dies auch für dessen Rechtsnachfolger, selbst wenn ihnen die Anfechtbarkeit des Ersterwerbs oder etwaiger Zwischenerwerbe bekannt war.

5

C. Einzelrechtsnachfolge

I. Mögliche Formen des Erwerbs

Einzelrechtsnachfolger, der nur unter den einschränkenden Voraussetzungen des § 145 Abs. 2 Nr. 1 bis 3 haftet, ist jeder, der den Gegenstand anders als durch Gesamtrechtsnachfolge von dem Anfechtungsgegner etwa im Wege der §§ 929 ff. bzw. §§ 398 ff. BGB erworben hat. Rechtsnachfolger ist auch ein gutgläubiger Erwerber (§ 892, §§ 932 ff. BGB). Auch ein rechtunwirksamer, etwa auf einem Scheingeschäft (§ 117 BGB) beruhender Erwerb kann eine Rechtsnachfolge begründen. Dem rechtsgeschäftlichen Erwerb gleichgestellt ist ein Erwerb im Wege der Zwangsvollstreckung oder kraft Gesetzes (§ 268 Abs. 3, § 426 Abs. 2, §§ 774, 1143, 1164, 1225 BGB). Werden Vermögenswerte übertragen, so liegt eine Rechtsnachfolge nur vor, wenn das Recht an dem Gegenstand **in derselben Gestalt und mit dem gleichen Inhalt** weitergegeben wird. Eine Anfechtung gegenüber einem »Rechtsnachfolger« kommt nicht in Betracht, wenn die Rückgewähr des anfechtbar übertragenen Gegenstandes in Natur vor Eintritt der Rechtsnachfolge unmöglich geworden ist.[6] Bei der Weitergabe von **Geld** ist nur dann Rechtsnachfolge anzunehmen, wenn die anfechtbar übereignete Geldsumme in denselben Stücken weiterübereignet wird;[7] dies scheidet bei einer Überweisung des Anfechtungsgegners an einen Dritten aus.[8] Eine **Einzelrechtsnachfolge** liegt freilich vor, wenn der Empfänger eines anfechtbar begebenen Schecks diesen über das Konto einer anderen Person zu deren Gunsten einziehen lässt.[9] Die Verwendung einer anfechtbar erworbenen Geldsumme als Kaufpreis begründet für die Anschaffung von Sachen keine Rechtsnachfolge, es sei denn, dass dieselben Geldstücke, die anfechtbar erworben wurden, weiter übereignet werden.[10]

6

Eine **Sonderrechtsnachfolge** ist gegeben, wenn das anfechtbar erworbene Recht in derselben Gestalt und mit demselben Inhalt weiterübertragen wird (**Vollübertragung**), oder wenn ein beschränktes Recht an dem anfechtbar erworbenen Gegenstand bestellt oder sonst besondere, aus dem Recht er-

7

---

4 BGH 24.06.2003, IX ZR 228/02, BGHZ 155, 199 (203).
5 RGZ 103, 113 (117).
6 BGH 28.06.2012, IX ZR 98/11, WM 2012, 1553 Rn. 2.
7 BGH 05.11.1980, VIII ZR 230/79, BGHZ 78, 318 (329 f.).
8 BGH 19.02.2009, IX ZR 22/07, ZInsO 2009, 768 Rn. 12; 28.06.2012, IX ZR 98/11, WM 2012, 1553 Rn. 2.
9 BGH 10.01.2002, IX ZR 61/99, NJW 2002, 1342 (1343).
10 BGH 05.02.1987, IX ZR 161/85, BGHZ 100, 36 (41).

wachsende Befugnisse wie eine Rangänderung (**Teilübertragung**) davon abgezweigt werden.[11] In dieser Weise verhält es sich nach einer anfechtbaren Übertragung eines Grundstücks bei der Begründung eines beschränkt dinglichen Rechts wie einer Reallast oder Grunddienstbarkeit daran.[12] Auch ein Erwerb von Todes wegen durch ein **Vermächtnis** kommt in Betracht. Rechtsnachfolger kann auch der Schuldner selbst sein, wenn er sich an dem einem Dritten übertragenen Gegenstand ein beschränktes dingliches Recht bestellen lässt.[13]

8 Ausreichend ist ferner ein auf einem obligatorischen Schuldverhältnis beruhender **Besitz** an dem anfechtbar weggegebenen Gegenstand. Stets wird ein abgeleiteter Erwerb verlangt, an dem es fehlt, wenn der Gegenstand vor dem Rechtsübergang bei dem Anfechtungsgegner untergeht. Darum ist der Schuldner einer anfechtbar abgetretenen Forderung nicht Rechtsnachfolger des Zessionars, der ihm die Forderung erlässt. Ebenso verhält es sich, wenn der Schuldner die abgetretene Forderung durch Erfüllung, ein Erfüllungssurrogat oder Aufrechnung gegenüber dem Zessionar zum Erlöschen bringt.[14] Wird an einen von dem Gläubiger benannten Dritten geleistet, ist der Gläubiger im Blick auf § 362 Abs. 2 BGB Empfänger der Leistung, ohne dass es eines Rückgriffs auf § 145 Abs. 2 bedarf.[15] Rechtsnachfolger ist nicht, wer den Gegenstand **originär** – sei es den Zuschlag in der Zwangsvollstreckung, Aneignung, Fund, Ersitzung, Verbindung, Vermischung, Verarbeitung – erwirbt.

II. Anfechtbarkeit

1. Allgemeine Anfechtungsvoraussetzungen

9 Der Sonderrechtsnachfolger haftet nur, wenn die **Anfechtung** gegen den ursprünglichen Leistungsempfänger und sämtliche Zwischenerwerber **begründet** und keine Verjährung eingetreten[16] war. Die Übertragung des Gegenstandes auf den Rechtsnachfolger muss die Gläubiger wenigstens **mittelbar benachteiligen**; davon kann bei einer benachteiligenden Entäußerung an den ursprünglichen Empfänger ausgegangen werden, weil dieser Nachteil durch weitere Veräußerungen aufrechterhalten wird.[17] Ferner muss zum Schutz redlicher, entgeltlicher Erwerber ein Fall des § 145 Abs. 2 Nr. 1 bis 3 eingreifen.

2. Schutzunwürdigkeit des Einzelrechtsnachfolgers

a) Kenntnis der Anfechtbarkeit

10 Der Anfechtung gegen den Einzelrechtsnachfolger ist nach § 145 Abs. 2 Nr. 1 begründet, wenn er zur Zeit seines eigenen Erwerbs die Umstände kannte, welche die Anfechtbarkeit des Erwerbs durch seinen Rechtsvorgänger begründen.[18] Ausschlaggebend ist allein die **Kenntnis der die Anfechtung tragenden objektiven und subjektiven Tatsachen**. Sie muss sich demnach auch auf innere Tatsachen erstrecken, die – wie etwa das Wissen um die Zahlungsunfähigkeit oder einen Benachteiligungsvorsatz – die Anfechtbarkeit begründen.[19] Anders verhält es sich natürlich, wenn die Anfechtung allein an objektive Merkmale (§ 131 Abs. 1 Nr. 1, §§ 134 bis 136) anknüpft. Kennt der Rechtsnachfolger die anfechtungsbegründenden Tatsachen, braucht er sich nicht der Rechtsfolge der Anfechtbarkeit bewusst zu sein. Bei einer **Erwerbskette** muss der Rechtsnachfolger die Umstände kennen, aus denen sich gegenüber seinem Rechtsvorgänger die Anfechtbarkeit ergibt. Ferner muss der Rechtsnachfolger über die Kenntnis seines Vorgängers und die zur Anfechtbarkeit führenden Umstände des voran-

---

11 BGH 26.01.1959, II ZR 235/57, BGHZ 29, 230 (233); 05.02.1987, IX ZR 161/85, BGHZ 100, 36 (39 f.).
12 BGH 13.07.1995, IX ZR 81/94, BGHZ 130, 314 (317).
13 BGH 13.07.1995, IX ZR 81/94, BGHZ 130, 314 (317).
14 BGH 05.02.1987, IX ZR 161/85, BGHZ 100, 36 (40).
15 BGH 05.03.2009, IX ZB 148/08, ZInsO 2009, 716 Rn. 1, 2.
16 BGH 24.10.1979, VIII ZR 298/78, NJW 1980, 226.
17 BGH 13.07.1995, IX ZR 81/94, BGHZ 130, 314 (320).
18 BT-Drucks. 12/2443, 168.
19 BGH 05.12.1991, IX ZR 270/90, NJW 1992, 830 (833).

gegangenen, bis zum Vorgänger führenden Erwerbs im Bild sein. Findet die Anfechtung gegen den Vorgänger ihre Grundlage in § 145 Abs. 2 Nr. 3, genügt bereits die Kenntnis des Rechtsnachfolgers von der Unentgeltlichkeit dieses Erwerbs. Er wird, auch wenn er selbst entgeltlich erworben hat, grds nicht geschützt; hier kann man an eine analoge Anwendung des § 143 Abs. 3 Satz 2 denken. Der maßgebliche Zeitpunkt der Kenntnis des Rechtsnachfolgers ist derjenige der **Vollendung seines eigenen Rechtserwerbs**.[20]

b) Näheverhältnis zu Schuldner

Die Kenntnis des Rechtsnachfolgers über die zur Anfechtbarkeit des Erwerbs seines Rechtsvorgängers führenden Umstände wird nach § 145 Abs. 2 Nr. 2 widerlegbar vermutet, wenn er zu den dem Schuldner nahestehenden Personen gehört. Ohne Bedeutung ist das Verhältnis des Rechtsnachfolgers zu dem Ersterwerber, etwaigen Zwischenerwerbern und seinem unmittelbaren Rechtsvorgänger. Dem Rechtsnachfolger obliegt der **Beweis** seiner Unkenntnis, dies gilt auch hinsichtlich der Anfechtbarkeit eines Zwischenerwerbs.[21]

c) Unentgeltlicher Erwerb

Für die Anfechtung gegen den Rechtsnachfolger genügt es gem. § 145 Abs. 2 Nr. 3, dass diesem der anfechtbar weggegebene Gegenstand unentgeltlich zugewendet wurde. Der Rechtsnachfolger braucht also nicht die Umstände zu kennen, welche die Anfechtbarkeit des Erwerbs durch den Ersterwerber und weitere Zwischenerwerber begründen. Die i.S.d. § 134 zu verstehende Unentgeltlichkeit braucht nur im Verhältnis des Anfechtungsgegners zu seinem Rechtsvorgänger gegeben sein; unerheblich ist, auf welcher Grundlage etwaige Zwischenerwerbe beruhten. Entsprechend § 134 Abs. 2 werden **gebräuchliche Gelegenheitsgeschenke geringen Werts** nicht von der Rückgewährpflicht erfasst. Unentgeltlich ist stets ein Erwerb durch **Zwangsvollstreckung** in den bei dem Rechtsvorgänger befindlichen, anfechtbar erlangten Gegenstand, gleich ob die Zwangsvollstreckung wegen eines entgeltlichen oder unentgeltlichen Anspruchs des Rechtsnachfolgers gegen den Rechtsvorgänger betrieben wird. Entscheidend für diese Bewertung ist, dass der Vollstreckungsgegenstand wegen des anfechtbaren Erwerbs haftungsrechtlich dem Vermögen des Schuldners zuzuordnen ist, das nicht der Vollstreckung durch den Rechtsnachfolger unterliegt. § 145 Abs. 2 Nr. 3 InsO enthält eine spezialgesetzliche Regelung, neben der § 822 BGB unanwendbar ist.[22]

D. Rechtsfolgen, Prozessuales

Jeder Rechtsnachfolger haftet nur in dem Umfang, wie sein eigener Erwerb reicht, er also den anfechtbar weggegebenen Gegenstand erlangt hat. Er hat gezogene Nutzungen zu erstatten und im Falle eines Untergangs Wertersatz zu leisten. Eine Unredlichkeit des ursprünglichen Empfängers wird allein einem Gesamtrechtsnachfolger im Rahmen des § 143 Abs. 1 Satz 2 zugerechnet. Die Haftung des Rechtsnachfolgers entfaltet sich neben derjenigen früherer Leistungsempfänger. Soweit die Rückgewährverpflichtungen inhaltlich deckungsgleich sind, liegt eine Gesamtschuld (§§ 421 ff. BGB) vor.[23] – Ersterwerber und Rechtsnachfolger, die keine notwendigen Streitgenossen (§ 62 ZPO) sind, können getrennt an ihrem jeweiligen Gerichtsstand verklagt werden. Eine im Anfechtungsstreit zwischen dem Verwalter und Rechtsvorgänger ergangene Entscheidung übt gegenüber dem Rechtsnachfolger keine Rechtskraft aus; ebenso kann ein gegen den Rechtsvorgänger erwirkter Titel nicht nach § 727 ZPO gegen den Rechtsnachfolger vollstreckt werden. § 265 ZPO ist im Falle einer Einzelrechtsnachfolge unanwendbar, weil der Anfechtungsanspruch gegen den Rechtsvorgänger mit dem gegen den Rechtsnachfolger nicht identisch ist.

---

20 RGZ 103, 113 (118).
21 RGZ 103, 113 (116 f.).
22 BGH 28.06.2012, IX ZR 98/11, WM 2012, 1553 Rn. 2.
23 BGH 29.04.1986, IX ZR 145/85, NJW-RR 1986, 991 (993 f.).

§ 146 Verjährung des Anfechtungsanspruchs

(1) Die Verjährung des Anfechtungsanspruchs richtet sich nach den Regelungen über die regelmäßige Verjährung nach dem Bürgerlichen Gesetzbuch.

(2) Auch wenn der Anfechtungsanspruch verjährt ist, kann der Insolvenzverwalter die Erfüllung einer Leistungspflicht verweigern, die auf einer anfechtbaren Handlung beruht.

Übersicht

	Rdn.			Rdn.
A. Normzweck	1		3. Sonderfälle	15
B. Allgemeine Verjährungsfrist	2	C.	Leistungsverweigerungsrecht	16
I. Anwendungsbereich	2	I.	Voraussetzungen der Anfechtungseinrede	17
II. Beginn	3			
1. Entstehen des Anspruchs	3	II.	Betroffene Rechte	18
2. Kenntnis der Anfechtbarkeit	5	III.	Geltendmachung der Einrede	19
III. Wirkung der Verjährung	6		1. Einrede	20
IV. Hemmung der Verjährung	7		2. Gegeneinrede	21
1. Grundsatz	7	IV.	Rechtsfolgen	22
2. Beispiele	8			

A. Normzweck

1 Die in den §§ 130 ff. geregelten **Anfechtungsfristen** legen den der Insolvenzeröffnung vorgelagerten Zeitraum fest, in dem eine Rechtshandlung vorgenommen werden muss, um überhaupt der Anfechtung zu unterliegen. Davon ist die ab dem Zeitpunkt der Insolvenzeröffnung laufende **Verjährungsfrist** zu unterscheiden, innerhalb derer der Anfechtungsanspruch gerichtlich geltend zu machen ist. Die Koppelung des Anfechtungsanspruchs an eine Verjährungsfrist hat aus Sicht des Gesetzgebers im Vergleich zu dem früheren Model einer Ausschlussfrist den Vorteil, dass der Verwalter im Falle eines Anerkenntnisses durch den Empfänger der Leistung einer Klage enthoben ist (§ 212 Abs. 1 Nr. 1 BGB) und zusätzlich in Ausnahmefällen der Verjährungseinrede mit § 242 BGB begegnen kann.[1] Ebenso wie sonstige Verjährungsvorschriften dient § 146 Abs. 1 sowohl dem allgemeinen Interesse der Rechtssicherheit und des Rechtsfriedens als auch dem Schutzbedürfnis des Anfechtungsgegners vor einer zeitlich unzumutbar langen Inanspruchnahme. § 146 Abs. 2 gewährt dem Verwalter zum Schutz der Masse ein zeitlich unbegrenztes **Leistungsverweigerungsrecht**, das verhindern soll, dass der Masse durch Gläubiger mit Hilfe eines anfechtbaren Anspruchs noch vorhandene Vermögenswerte entzogen werden. In Insolvenzverfahren, die nach dem 31. Dezember 1998 beantragt worden sind, verjährt der Anfechtungsanspruch auch dann gem. § 146, wenn die rechtlichen Wirkungen der anfechtbaren Rechtshandlung vor dem 1. Januar 1999 eingetreten sind.[2]

B. Allgemeine Verjährungsfrist

I. Anwendungsbereich

2 Die Bestimmung gilt für **alle Anfechtungstatbestände** einschließlich der Anfechtung gegen Rechtsnachfolger. Unanwendbar ist § 146 hingegen, wenn der Verwalter mit dem Anfechtungsgegner über den Anfechtungsanspruch eine vertragliche Abrede getroffen hat. Eine **Hauptforderung**, gegen die gem. § 96 Abs. 1 Nr. 3 insolvenzrechtlich unwirksam **aufgerechnet** worden ist, unterliegt der Verjährung analog § 146 Abs. 1.[3] Dies hat zur Folge, dass der Insolvenzverwalter die insolvenzrechtliche Wirkung des § 96 Abs. 1 Nr. 3 nur innerhalb der Frist des § 146 Abs. 1 durchsetzen kann; er muss also den Anspruch aus der Hauptforderung vor Ablauf der Verjährungsfrist des § 146 Abs. 1 durch Erhebung der Klage gerichtlich geltend machen. Wird diese Frist versäumt und beruft sich der Be-

---

1 BT-Drucks. 12/2443, 169.
2 BGH 16.11.2006, IX ZR 239/04, ZInsO 2007, 31.
3 BGH 28.09.2006, IX ZR 136/05, BGHZ 169, 158 Rn. 25.

klagte hierauf, entfaltet § 96 Abs. 1 Nr. 3 insolvenzrechtlich keine Wirkung mehr. Es verbleibt sodann bei dem zivilrechtlichen Erlöschen der Hauptforderung durch die vorgenommene Aufrechnung oder Verrechnung.[4]

II. Beginn

1. Entstehen des Anspruchs

§ 146 Abs. 1 enthält für die Verjährung des Anfechtungsanspruchs eine Generalverweisung auf die einschlägigen Vorschriften des BGB.[5] Mithin verjährt der Anfechtungsanspruch nach Ablauf der regelmäßigen Verjährungsfrist von **drei Jahren** (§ 195 BGB). Diese Frist kann nicht im Wege tarifvertraglicher Ausschlussfristen modifiziert werden.[6] Die jede anfechtbare Rechtshandlung und jeden Anfechtungsgegner gesondert[7] zu bestimmende Verjährungsfrist beginnt gem. § 199 BGB mit dem Ende des Jahres zu laufen, in dem der Anspruch entstanden ist und der Gläubiger von den den Anspruch begründenden Umständen und der Person des Schuldners Kenntnis erlangt hat oder ohne grobe Fahrlässigkeit hätte erlangen müssen. 3

Die Verjährung beginnt frühestens am Ende des Jahres, in dem das Insolvenzverfahren eröffnet wurde. Denn der Anfechtungsanspruch entsteht als fälliger Anspruch der Insolvenzmasse an dem **Tag**, an dem der **Eröffnungsbeschluss erlassen** wird.[8] Ist diese ein 31. Dezember, endet die Frist am 31. Dezember des dritten darauf folgenden Jahres. Ist dies ein Sonn- oder Feiertag, läuft die Frist wegen des am 1. Januar folgenden Feiertags mit dem 2. Januar des Folgejahrs ab. Verwirklicht sich die Gläubigerbenachteiligung ausnahmsweise erst nach Eröffnung, ist dieser Zeitpunkt maßgeblich. Trägt der Eröffnungsbeschluss ein späteres Datum als das der tatsächlichen Unterzeichnung, ist aus Gründen der Rechtssicherheit der im Eröffnungsbeschluss ausgewiesene Zeitpunkt ausschlaggebend.[9] Wurde die Unterschrift des Richters als für jede gerichtliche Entscheidung schlechthin konstitutiver Akt versäumt, ist der dann ausnahmsweise als unwirksam zu erachtende Eröffnungsbeschluss nicht geeignet, den Anfechtungsanspruch zum Entstehen zu bringen und die Verjährungsfrist in Lauf zu setzen.[10] Der Zeitpunkt der **Rechtskraft** des Eröffnungsbeschlusses ist ohne Bedeutung. 4

2. Kenntnis der Anfechtbarkeit

Da der Verwalter die Kenntnis von den Anfechtungsvoraussetzungen und der Person des Anfechtungsgegners regelmäßig erst nach der Eröffnung gewinnt, läuft die Frist erst mit dem Ende des Jahres der Kenntniserlangung. Gleichgestellt ist der Kenntnis die **grob fahrlässige Unkenntnis der tatsächlichen Anfechtungsvoraussetzungen**. Dies ist anzunehmen, wenn der Verwalter einem greifbaren Verdacht nicht nachgeht oder naheliegende Erkenntnismöglichkeiten nicht ausschöpft. Eine Kenntnis des Schuldners ist dem Verwalter schon wegen des regelmäßig bestehenden Interessenkonflikts nicht zuzurechnen. 5

III. Wirkung der Verjährung

Der Eintritt der Verjährung ist nicht von Amts wegen, sondern nur auf **Einrede** zu beachten, deren Erhebung zugunsten des Anfechtungsgegners ein **Leistungsverweigerungsrecht** begründet (§ 214 Abs. 1 BGB). Der materiell nicht beseitigte Anfechtungsanspruch bleibt erfüllbar, so dass in Un- 6

---

4 BGH 05.07.2007, IX ZB 305/04, ZInsO 2007, 813 Rn. 12.
5 BGH 21.02.2008, IX ZR 209/06, ZInsO 2008, 508 Rn. 12.
6 BAG 19.11.2003, 10 AZR 110/03, ZIP 2004, 229 (231).
7 BGH 16.03.1995, IX ZR 72/94, NJW 1995, 1668 (1671).
8 BGH 01.02.2007, IX ZR 96/04, BGHZ 171, 38 Rn. 20; 20.12.2007, IX ZR 93/06, ZInsO 2008, 276 Rn. 8.
9 BGH 17.02.2004, IX ZR 135/03, ZInsO 2004, 387 (388).
10 BGH 23.10.1997, IX ZR 249/96, BGHZ 137, 49 (51 ff.); 17.02.2004, IX ZR 135/03, ZInsO 2004, 387 (388).

kenntnis der Verjährung erbrachte Leistungen nicht zurückgefordert werden können (§ 214 Abs. 2 BGB). Überdies kann der Verwalter nach § 215 BGB mit einem verjährten Anfechtungsanspruch gegen eine insolvenzbeständige (Masse-)Forderung eines Gläubigers aufrechnen, sofern die Aufrechnungslage schon während des Laufs der Verjährungsfrist bestand. Ausnahmsweise kann die Erhebung der Verjährungseinrede **treuwidrig** (§ 242 BGB) und damit unbeachtlich sein, wenn der Anfechtungsgegner den Verwalter von der rechtzeitigen Hemmung abgehalten hat.

IV. Hemmung der Verjährung

1. Grundsatz

7   Die Hemmung der Verjährung beurteilt sich nach §§ 203 bis 211 BGB. Der Zeitraum, in dem die Verjährung gehemmt ist, wird nach § 209 BGB in die Verjährungsfrist nicht eingerechnet. Von besonderer praktischer Bedeutung ist § 204 BGB, der die Fälle der Hemmung der Verjährung durch Rechtsverfolgung zusammenfasst. Allen Fallgruppen der Vorschrift ist gemeinsam, dass der Gläubiger ernsthaft zu erkennen gibt, seinen behaupteten Anspruch durchsetzen zu wollen. Die verschiedenen Hemmungstatbestände sind gleichrangig; der Gläubiger ist nicht gezwungen, eine der Maßnahmen vorrangig zu ergreifen. Die Hemmung endet sechs Monate nach der rechtskräftigen Entscheidung oder der anderweitigen Beendigung des Verfahrens (§ 204 Abs. 2 Satz 2 BGB). Eine neue Hemmung beginnt, wenn eine der Parteien das Verfahren weiter betreibt (§ 204 Abs. 2 Satz 3 BGB). Hat die Anfechtungsklage Erfolg, findet die 30-jährige Verjährungsfrist des § 197 Abs. 1 Nr. 3 BGB Anwendung.

2. Beispiele

8   Die **Erhebung einer Klage bzw. Widerklage** hemmt nach § 204 Abs. 1 Nr. 1 die Verjährung in Höhe der verfolgten Klageforderung. Die Anfechtungsklage muss gem. § 253 Abs. 2 ZPO den Gegenstand der Anfechtung und die **Tatsachen** bezeichnen, aus denen die Anfechtungsberechtigung hergeleitet werden soll.[11] Sie muss also erkennen lassen, welche einzelne Rechtshandlung angefochten werden soll.[12] Jede Anfechtung hat ihren Gegenstand und die Tatsachen zu bezeichnen, aus denen die Anfechtungsberechtigung hergeleitet wird.

9   Ein pauschaler Vortrag, der nicht erkennen lässt, welche Rechtshandlung angefochten werden soll, genügt nicht.[13] Die Darlegung eines auf Existenzvernichtung gestützten Schadensersatzbegehrens erfasst nicht den Anfechtungsanspruch, der auf Rückgewähr desjenigen gerichtet ist, was anfechtbar aus dem Vermögen des Schuldners weggegeben und dadurch dem Zugriff der Gläubiger entzogen wurde.[14]

10 Verfolgt der Verwalter vor Gericht (§ 204 Abs. 1 Nr. 1 BGB) das Ziel, dass der Gegner einen erworbenen Gegenstand zumindest wertmäßig wieder der Masse zuführt, stützt er sein Begehren auf einen Sachverhalt, der geeignet sein kann, die Voraussetzungen einer Anfechtungsnorm zu erfüllen, und lässt der Vortrag erkennen, welche Rechtshandlungen angefochten werden, ist den **Darlegungsanforderungen** genügt und wird die Verjährung des Anspruchs bezüglich all dieser Rechtshandlungen gehemmt.[15] Hinweise auf Gesetzesbestimmungen und eine schlüssige rechtliche Subsumtion sind entbehrlich. Stützt der Verwalter das Klagebegehren auf einen Sachverhalt, der möglicherweise die Merkmale eines Anfechtungstatbestandes erfüllt, so hat der Richter ohne weiteres zu prüfen, ob die tatbestandsmäßigen Voraussetzungen einer Anfechtungsnorm erfüllt sind. Die Anfechtungsfrist

---

11 BGH 19.10.1983, VIII ZR 156/82, WM 1983, 1313 (1315); 29.03.1960, VIII ZR 142/59, WM 1960, 546; 16.05.1969, V ZR 86/68, WM 1969, 888.
12 BGH 11.07.1991, IX ZR 230/90, NJW 1992, 624 (626).
13 BGH 24.10.1996, IX ZR 284/95, ZIP 1996, 2080 (2081).
14 BGH 21.02.2013, IX ZR 52/10, WM 2013, 763 Rn. 18.
15 BGH 17.02.2004, IX ZR 135/03, ZIP 2008, 888 Rn. 12.

kann daher auch gewahrt sein, wenn der Verwalter selbst den erhobenen Anspruch nicht aus den Regeln der Insolvenzanfechtung herleitet.[16]

Eine Klarstellung, Ergänzung oder Berichtigung des in der Klageschrift enthaltenen Tatsachenvortrages ist, soweit sie nicht auf eine **Auswechslung des Anfechtungsgrunds** hinausläuft, auch nach Ablauf der Anfechtungsfrist möglich.[17] Zur Hemmung genügt die rechtzeitige Einreichung der Klage bei Gericht, sofern die Zustellung alsbald erfolgt (§ 167 ZPO). Unschädlich ist die Einreichung bei einem unzuständigen Gericht, wenn dieses bis zur letzten mündlichen Verhandlung zuständig wird oder die Sache an das zuständige Gericht abgibt. Die rechtzeitige Anfechtung wegen des Rückgewähranspruchs in Natur wahrt auch die Frist für die Anfechtung des Wertersatzanspruchs.

Die Zustellung eines Mahnbescheids löst nach § 204 Abs. 1 Nr. 3 die Verjährung nur aus, wenn der Mahnbescheid den Anspruch hinreichend individualisiert. Der im Mahnbescheid bezeichnete Anspruch muss durch die Kennzeichnung von anderen Ansprüchen so unterschieden und abgegrenzt werden können, dass er über einen Vollstreckungsbescheid Grundlage eines Vollstreckungstitels sein kann und dass der Schuldner erkennen kann, welcher Anspruch gegen ihn geltend gemacht wird, damit er beurteilen kann, ob er sich gegen den Anspruch zur Wehr setzen will oder nicht.[18] Nimmt der Gläubiger in einem Mahnantrag auf Rechnungen Bezug, die dem Mahngegner weder zugegangen noch dem Mahnbescheid als Anlage beigefügt sind, so sind die angemahnten Ansprüche nicht hinreichend bezeichnet, soweit sich ihre Individualisierung nicht aus anderen Umständen ergibt.[19] Handelt es sich um mehrere Rechtshandlungen, ist für jede einzelne eine Individualisierung vorzunehmen.[20]

Die **Aufrechnung** im Prozess (§ 204 Abs. 1 Nr. 5 BGB) führt nur und gerade dann zu einer Unterbrechung der Verjährung, wenn die Aufrechnung nicht durchgreift, da andernfalls der zur Aufrechnung gestellte Anspruch erlischt. So tritt Unterbrechung z.B. bei einer Eventualaufrechnung ein, auf die das Gericht nicht einzugehen braucht, weil es die Klage ohnehin abweist. Das gleiche gilt, wenn die Klage als unzulässig abgewiesen wird.[21] Hemmend wirkt also die aus prozessualen oder materiell-rechtlichen Gründen unzulässige Aufrechnung,[22] und zwar nur in Höhe des zur Aufrechnung gestellten Betrages.[23] Eine **Streitverkündung** (§§ 72, 73) durch den Verwalter ist zur Hemmung der Verjährung (§ 204 Abs. 1 Nr. 6 BGB) insb. geeignet, wenn mehrere Anfechtungsgegner in Betracht kommen oder die Verjährung gegen einen Rechtsnachfolger abzulaufen droht. Wurde dem Verwalter der Streit verkündet, so hemmt die Geltendmachung der Anfechtung durch ihn in dem zwischen Anfechtungsgegner und einem Dritten geführten (Fremd-)Prozess nicht die Verjährung.[24]

Auch die **Anmeldung der Forderung** durch den Insolvenzverwalter in der Insolvenz des Schuldners kommt verjährungshemmende Wirkung (§ 204 Abs. 1 Nr. 10 BGB) zu. Der Verwalter muss bei der Anmeldung der Forderung die Anfechtbarkeit des der Forderung entgegengehaltenen Eigenkapitalersatzeinwands nicht schon innerhalb der Anfechtungsfrist geltend machen.[25] Nach dem eindeutigen Wortlaut des § 204 Abs. 1 Nr. 14 Hs. 1 BGB wird die Verjährung (nur) gehemmt durch die Veranlassung der **Bekanntgabe des Antrags auf Gewährung von Prozesskostenhilfe**. Allein die Antragstellung reicht danach nicht aus, um die Verjährungshemmung zu bewirken. Die Einreichung eines Prozesskostenhilfeantrags bewirkt darum keine Verjährungshemmung, wenn das Gericht die

---

16 BGH 20.03.1997, IX ZR 71/96, BGHZ 135, 140 (149 f.); 07.11.2000, XI ZR 44/00, NJW 2001, 517 (519).
17 BGH 17.01.1985, IX ZR 29/84, NJW 1985, 1560 (1561).
18 BGH 05.12.1991, VII ZR 106/91, NJW 1992, 1111.
19 BGH 10.07.2008, IX ZR 160/07, NJW 2008, 3498.
20 Vgl. BGH 22.01.2009, IX ZR 3/08, ZInsO 2009, 381 Rn. 11.
21 BGH 26.03.1981, VII ZR 160/80, BGHZ 80, 222 (225 f.).
22 BGH 24.03.1982, IVa ZR 303/80, BGHZ 83, 260 (270 f.).
23 BGH 11.07.1990, VIII ZR 219/89, NJW 1990, 2680 (2681).
24 BGH 01.12.1988, IX ZR 112/88, BGHZ 106, 127 (131 f.).
25 BGH 02.04.2009, IX ZR 236/07, WM 2009, 1042 Rn. 35 ff.

Bekanntgabe an den Gegner nicht veranlasst. Beantragt der Antragsteller, unabhängig von den Erfolgsaussichten des Prozesskostenhilfegesuchs dessen Bekanntgabe an die Gegenseite zu veranlassen, muss das Gericht diesem Ersuchen entsprechen.[26] Die Verjährung des Anfechtungsanspruchs wird auch durch einen **erfolglosen Antrag des Insolvenzverwalters auf Zuständigkeitsbestimmung** (§ 204 Abs. 1 Nr. 13 BGB) gegenüber den in der Antragsschrift bezeichneten Anfechtungsgegnern bei nachfolgend fristgerechter Klage gehemmt.[27] Ein **Wechsel in der Person des Verwalters** hemmt nach § 210 die Verjährung. Hier beginnt die Frist nicht erneut zu laufen, sondern endet sechs Monate nach Bestellung des neuen Verwalters.

3. Sonderfälle

15 Richtet sich die Anfechtung gegen einen **Einzelrechtsnachfolger**, genügt es, wenn ihm gegenüber die Verjährung rechtzeitig gehemmt wird. Entbehrlich ist es, auch verjährungshemmende Maßnahmen gegen den Rechtsvorgänger zu treffen, falls im Zeitpunkt der Anfechtung gegen den Rechtsnachfolger die Verjährungsfrist gegenüber dem Rechtsvorgänger noch nicht abgelaufen war. Umgekehrt wirkt die gegen den Rechtsvorgänger erfolgte Hemmung der Verjährung nicht gegenüber dem Rechtsnachfolger. Gestattet man die Abtretung des Anfechtungsanspruchs, kommt eine von dem Verwalter veranlasste Hemmung der Verjährung auch dem Zessionar zugute. Hat der Verwalter noch keine verjährungshemmenden Maßnahmen getroffen, obliegt es dem Zessionar, seinerseits vor dem Ende der nach der Abtretung weiter laufenden Frist für einen Hemmungstatbestand Sorge zu tragen.

C. Leistungsverweigerungsrecht

16 § 146 Abs. 2 verleiht dem Insolvenzverwalter zum Schutz der Masse ein **unverjährbares** Leistungsverweigerungsrecht, das seiner Rechtsnatur entsprechend auf die **Dauer des Insolvenzverfahrens** einschließlich schwebender Verfahren beschränkt ist. Ausnahmsweise dürfte die Anfechtungseinrede noch nach Verfahrensbeendigung durchgreifen, wenn dem Erwerber eines Rechts, um sich Ansprüchen eines Dritten zu erwehren, zugleich das Anfechtungsrecht abgetreten wurde.

I. Voraussetzungen der Anfechtungseinrede

17 Die Regelung beruht auf der Billigkeitserwägung, dass es dem Rechtsbewusstsein widersprechen würde, wenn der Anfechtungsgegner die durch eine anfechtbare Handlung begründete Leistungspflicht unter Berufung auf den Ablauf der Anfechtungsfrist verlangen könnte. Eine infolge Ablaufs der Verjährungs- oder Anfechtungsfrist an sich verlustig gegangene Rechtsstellung soll durch Gewährung einer Einrede dann gewahrt werden, wenn noch nicht geleistet ist und der Gläubiger oder Anfechtungsgegner von dem Schuldner oder Anfechtungsberechtigten Erfüllung der verjährten oder anfechtbaren Verbindlichkeit fordert.[28] Voraussetzung der Einrede ist folglich, dass die **Leistungspflicht in kausaler Weise durch eine anfechtbare Handlung begründet** wurde. Sie greift bereits durch, wenn die geforderte Leistung zwar nicht unmittelbar, aber doch im letzten Grunde auf einer anfechtbaren Rechtshandlung beruht.[29] Es genügt, dass das geltend gemachte Recht nicht ohne die anfechtbare Handlung entstanden wäre, diese folglich ein **Tatbestandsmerkmal** des Klageanspruchs darstellt.[30] Die Einrede greift auch, wenn die Leistungspflicht zum Zeitpunkt der Insolvenzeröffnung noch nicht entstanden war, sondern erst nach Eröffnung – und erst nach Eintritt der Verjährung – durch eine Maßnahme des Verwalters begründet wurde. Zieht der Verwalter nach langwierigen Mühen eine Forderung des Schuldners gegen einen Drittschuldner ein, kann ein Sicherungsnehmer mithin aus einer anfechtbaren Sicherungsabtretung keine Rechte herleiten.

---

26 BGH 24.01.2008, IX ZR 195/06, NJW 2008, 1939.
27 BGH 28.09.2004, IX ZR 155/03, BGHZ 160, 259.
28 *BGH 25.10.1972*, VIII ZR 54/71, BGHZ 59, 353 (354).
29 BGH 01.12.1988, IX ZR 112/88, BGHZ 106, 127 (130).
30 BGH 11.06.1992, IX ZR 255/91, BGHZ 118, 374 (382).

II. Betroffene Rechte

Die Verweigerung einer Leistungspflicht erfasst neben schuldrechtlichen auch dingliche Ansprüche,[31] die etwa Aussonderung und Absonderung betreffen, sowie schuldrechtliche Ansprüche, die an die Stelle eines dinglichen Anspruchs getreten sind.[32] Nach diesen Grundsätzen ist die Einrede zugelassen, sofern der Verwalter gegen die Masse gerichtete Ansprüche **gleich welcher Art** abwehrt. Das trifft zu, wenn die Zahlung eines Drittschuldners an den Verwalter gem. § 407 Abs. 1 BGB gegenüber dem Zessionar des Schuldners wirksam ist und deshalb der Gläubiger den Anspruch aus § 816 Abs. 2 BGB gegen den Verwalter erhebt oder wenn der Verwalter, der sich im Besitz der gepfändeten Sache befindet, als Beklagter oder Kläger die Unwirksamkeit eines Pfändungspfandrechts aufgrund einer Konkursanfechtung geltend macht.[33] Die Anfechtungseinrede kann einem auf Übertragung von Erbbaurechten gerichteten Heimfallanspruch entgegengesetzt werden.[34] Ist das Anfechtungsrecht des Verwalters in einem **ersten Konkurs-, Gesamtvollstreckungs- oder Insolvenzverfahren** verfristet oder verjährt, ist dadurch der Anspruch auf anfechtungsrechtliche Rückgewähr zur Masse eines **Zweitverfahrens** nicht mitbetroffen.[35]

18

III. Geltendmachung der Einrede

Die nicht von Amts wegen zu beachtende formfreie Einrede ist auch zu berücksichtigen, wenn sie **außerprozessual** erhoben und diese Tatsache von einer der Parteien in den Rechtsstreit eingeführt wurde. Die Einrede kann auch mittels einer negativen Feststellungsklage verfolgt werden.[36] Der Verwalter kann die Einrede nur als Partei, nicht aber in der Eigenschaft als Streithelfer wirksam erheben.[37]

19

1. Einrede

Für die Anwendung des § 146 Abs. 2 ist zu unterscheiden, ob der Verwalter **angreift**, um eine aufgrund einer anfechtbaren Rechtshandlung erbrachte Leistung wieder der Masse zu verschaffen, oder ob er sich verteidigt, indem er die Rechtsstellung der Masse wahrt. Die Regelung hat den Zweck zu verhindern, dass Gegenstände und Rechte, die noch in der Masse sind, aufgrund eines anfechtbaren Rechtserwerbs deshalb der Masse entzogen werden, weil die Frist des § 146 Abs. 1 versäumt worden ist. Nach diesen Grundsätzen ist die Einrede zulässig, sofern der Konkursverwalter gegen die Masse gerichtete **Ansprüche abwehrt**.[38] Die Rechtsstellung des Verwalters in dem Prozess als Kläger oder Beklagter ist nicht ausschlaggebend, sondern vielmehr, ob er einen dort nicht mehr vorhandenen Gegenstand zugunsten der Masse beizutreiben oder ob er einen in der Masse befindlichen Gegenstand dieser zu erhalten sucht. Nur in der letztgenannten Konstellation hat die Einrede Erfolg. Die **Aufrechnung** fällt als Angriff nicht unter die Privilegierung des § 146 Abs. 2: Mit Hilfe einer auf Anfechtung beruhenden Gegenforderung kann die Hauptforderung nur durch eine vor Ablauf der Verjährungsfrist erklärte Aufrechnung zu Fall gebracht werden.[39] Ist ein Betrag hinterlegt worden, kann der Verwalter dessen Auszahlung nur mit Hilfe einer Klage und nicht der Erhebung der Einrede durchsetzen.[40] Anders mag es sich verhalten, wenn sich der »hinterlegte Betrag« faktisch (etwa als Depot) in der Verfügung des Verwalters befindet.[41]

20

---

31 RGZ 95, 224 (226).
32 BT-Drucks. 12/2443, 169; RGZ 62, 197 (200).
33 BGH 01.12.1988, IX ZR 112/88, BGHZ 106, 127 (131).
34 BGH 19.04.2007, IX ZR 59/06, ZInsO 2007, 600 Rn. 7.
35 BGH 11.04.2013, IX ZR 268/12, WM 2013, 1035 Rn. 8.
36 BGH 01.03.1982, VIII ZR 75/81, BGHZ 83, 158 (161).
37 BGH 01.12.1988, IX ZR 112/88, BGHZ 106, 127 (131 f.).
38 BGH 01.12.1988, IX ZR 112/88, BGHZ 106, 127 (130).
39 BGH 02.07.2001, II ZR 304/00, ZInsO 2001, 706 (708).
40 BGH 25.10.1972, VIII ZR 54/71, BGHZ 59, 353; 01.03.1982, VIII ZR 75/81, BGHZ 83, 158 (159 f.); offen gelassen in BGH 19.09.1996, XI ZR 249/95, BGHZ 133, 298 (307).
41 HK-InsO/*Kreft* § 146 Rn. 14.

2. Gegeneinrede

21 Verteidigt sich auf eine von dem Verwalter erhobene Klage der Gegner mit einem anfechtbar begründeten Recht, kann der Verwalter die **Gegeneinrede der Anfechtbarkeit** erheben. Da die Gegeneinrede auf die Verteidigung des eingeklagten Rechts gerichtet ist, bleibt § 146 Abs. 2 anwendbar. Klagt der Verwalter eine Forderung ein und beruft sich der Gegner auf einen Erlass oder eine Stundung, den Erwerb eines Pfandrechts oder den Einwand des Kapitalersatzes, kann der Verwalter diesem Vorbringen nach Ablauf der Verjährungsfrist mit der Einrede des § 146 Abs. 2 begegnen.[42] Ebenso ist es zu beurteilen, wenn der Beklagte einer Zahlungsforderung eine anfechtbare Erfüllung oder einem Herausgabeverlangen ein anfechtbares Besitzrecht gegenüberstellt. Anders verhält es sich hingegen, wenn der Beklagte kein Gegenrecht erhebt, sondern die anspruchsbegründenden Tatsachen bestreitet, indem er etwa dem Eigentumsherausgabeanspruch einen eigenen Eigentumserwerb entgegensetzt. Die Anfechtbarkeit der von dem Schuldner an den Beklagten vorgenommenen Übereignung kann der Verwalter hier nur innerhalb der Frist des § 146 Abs. 1 geltend machen.

IV. Rechtsfolgen

22 Die Anfechtungseinrede schafft kein dauerndes, sondern nur ein **aufschiebendes**, auf den Zeitraum des Insolvenzverfahrens begrenztes **Leistungsverweigerungsrecht**. Die Einrede greift nur durch, soweit ein Leistungsanspruch abgewehrt und ein in der Masse vorhandener Vermögenswert erhalten bleiben soll (vgl. Rdn. 19 ff.). Darum kann die Klage auf Duldung der Zwangsvollstreckung aus einem anfechtbaren Grundpfandrecht einredeweise abgewehrt werden. Im Wege der Einrede kann aber nicht weitergehend der Verzicht auf ein anfechtbar bestelltes Grundpfandrecht (§ 1169 BGB) oder die Rückgabe einer anfechtbar verpfändeten Sache (§ 1254 BGB) verlangt werden,[43] ebenso nicht die Beseitigung einer anfechtbar erlangten Vormerkung (§ 886 BGB). Keinen Erfolg hat darum die Einrede, wenn der Anspruch des Anfechtungsgegners eine selbständige, von der Anfechtung unberührte Rechtsgrundlage hat.[44]

§ 147 Rechtshandlungen nach Verfahrenseröffnung

Eine Rechtshandlung, die nach der Eröffnung des Insolvenzverfahrens vorgenommen worden ist und die nach § 81 Absatz 3 Satz 2, §§ 892, 893 des Bürgerlichen Gesetzbuchs, §§ 16, 17 des Gesetzes über Rechte an eingetragenen Schiffen und Schiffsbauwerken und §§ 16, 17 des Gesetzes über Rechte an Luftfahrzeugen wirksam ist, kann nach den Vorschriften angefochten werden, die für die Anfechtung einer vor der Verfahrenseröffnung vorgenommenen Rechtshandlung gelten. Satz 1 findet auf die den in § 96 Absatz 2 genannten Ansprüchen und Leistungen zugrunde liegenden Rechtshandlungen mit der Maßgabe Anwendung, dass durch die Anfechtung nicht die Verrechnung einschließlich des Saldenausgleichs rückgängig gemacht wird oder die betreffenden Zahlungsaufträge, Aufträge zwischen Zahlungsdienstleistern oder zwischengeschalteten Stellen oder Aufträge zur Übertragung von Wertpapieren unwirksam werden.

Übersicht	Rdn.		Rdn.
A. Normzweck 1		II. Rechtsfolgen 4
B. Anfechtbarkeit nach gutgläubigem Erwerb 2		C. Anfechtbarkeit bei Verrechnungen . . . 5
I. Wirksame Verfügung 2		D. Verjährung 6

---

[42] BGH 17.07.2008, IX ZR 148/07, WM 2008, 1606 Rn. 25 ff.; 02.04.2009, IX ZR 236/07, WM 2009, 1042 Rn. 36.
[43] OLG Hamm 25.06.1976, 23 U 32/75, MDR 1977, 668 (669).
[44] BGH 02.07.1959, VIII ZR 194/58, BGHZ 30, 248 (254 f.).

A. Normzweck

Grundsätzlich unterliegen nach § 129 nur vor Verfahrenseröffnung vorgenommene Rechtshandlungen der Anfechtung. Danach vorgenommene Rechtshandlungen sind regelmäßig gem. §§ 81, 82, 89, 91 Abs. 1 unwirksam. Allerdings enthalten § 81 Abs. 1, § 91 Abs. 2 Ausnahmevorschriften, nach denen Rechtshandlungen wegen des **öffentlichen Glaubens von Registern** gleichwohl wirksam werden können. Vor diesem Hintergrund erweitert § 147 Satz 1 die Anfechtung über § 129 hinaus auf Rechtshandlungen, die infolge des öffentlichen Glaubens des Grundbuchs, des Schiffsregisters, des Schiffbauregisters und des Registers für Luftfahrzeuge noch nach der Insolvenzeröffnung Gültigkeit erlangen. Hier handelt es sich um mehraktige Rechtshandlungen, die bei einer Grundbucheintragung nach Insolvenzeröffnung erst als zu diesem Zeitpunkt vorgenommen gelten. Die Regelung verdrängt einen gutgläubigen Erwerb, wenn die subjektiven und objektiven Merkmale eines Anfechtungstatbestandes erfüllt sind. § 147 Satz 2 soll die Beständigkeit der Verrechnung in bestimmten **Zahlungssystemen** sichern.

B. Anfechtbarkeit nach gutgläubigem Erwerb

I. Wirksame Verfügung

Die Regelung des § 147 Satz 1 betrifft ausschließlich Rechtshandlungen, die Immobilien (nicht auch Fahrnis) oder Finanzsicherheiten (§ 81 Abs. 3 Satz 2) zum Gegenstand haben und in Anwendung von § 140 **nach Insolvenzeröffnung vorgenommen** wurden. Keine Bedeutung hat es, ob der Schuldner selbst oder eine Dritter – namentlich der begünstigte Erwerber – die abschließende Rechtshandlung, insb. den Antrag auf Grundbucheintragung, vorgenommen hat. Die Wirksamkeit der Rechtshandlung muss für Grundstücke aus §§ 892, 893 BGB, für Schiffe und Luftfahrzeuge jeweils aus §§ 16, 17 der einschlägigen Regelungswerke folgen. Der **allein geschützte rechtsgeschäftliche** Erwerb muss auf dem öffentlichen Glauben des Grundbuchs oder des jeweiligen Registers beruhen, wo die Insolvenzeröffnung noch nicht eingetragen ist (vgl. §§ 32, 33). Eine entsprechende Anwendung der Vorschrift bietet sich auf an den Schuldner bewirkte Leistungen an, die nach § 82 Erfüllungswirkung genießen. Hier kommt bei Eintritt einer Gläubigerbenachteiligung eine Anfechtung in Betracht, wenn der Dritten zwar die Insolvenzeröffnung nicht kannte, er aber über die Zahlungsunfähigkeit oder einen Benachteiligungsvorsatz des Schuldners im Bilde war. **Bewegliche Sachen** fallen nicht in den Regelungsbereich des § 147 Satz 1, weil ein solcher Erwerb stets ungeachtet eines guten Glaubens unwirksam ist (§ 81 Abs. 1 Satz 1). Ebenso vermitteln **Zwangsvollstreckungen** nach Verfahrenseröffnung keinen Rechtserwerb.

§ 147 Satz 1 erwähnt ausdrücklich nicht § 878 BGB sowie die insoweit inhaltsgleichen § 3 Abs. 3 SchiffsRG, § 5 Abs. 3 LuftRG. Eine Beschränkung der Verfügungsbefugnis hindert nach diesen Vorschriften nicht den Erwerb an einem Grundstücksrecht, wenn sie eingetreten ist, nachdem die Erklärung für den Verfügenden bindend geworden ist und ein Eintragungsantrag bei dem Grundbuchamt gestellt wurde. Die Regelung ist unabhängig davon anwendbar, ob der Veräußerer (Schuldner) oder der Erwerber (Gläubiger) den Antrag gestellt hat. Wurde der Eintragungsantrag von dem Erwerber als anderem Teil vor Insolvenzeröffnung gestellt, gilt die Rechtshandlung nach § 140 Abs. 2 als zu diesem Zeitpunkt vorgenommen und unterliegt der Anfechtung. Wurde der Eintragungsantrag von dem Schuldner gestellt, kommt es, weil § 140 Abs. 2 in diesem Fall nicht einschlägig ist, für die Anfechtung nach § 140 Abs. 1 auf den Zeitpunkt der Eintragung an. Wurde der Rechtsübergang nach Verfahrenseröffnung eingetragen, käme eine Anfechtung des nach § 91 Abs. 2 wirksamen Erwerbs nach dem Wortlaut des § 147 Satz 1 nicht in Betracht. Dieses Ergebnis führt zu dem **Wertungswiderspruch**, dass der auf einem Schuldnerantrag basierende besser als der auf einem Eigenantrag des Gläubigers basierende Erwerb geschützt wäre. Er lässt sich sachgerecht am ehesten dadurch beseitigen, dass § 147 Satz 1 auf einen Erwerb nach § 878 BGB, § 3 Abs. 3 SchiffsRG, § 5 Abs. 3 LuftRG entsprechend anwendbar ist und die Anfechtung gestattet, wenn der Eintragungsantrag allein von dem **Schuldner** gestellt wurde. Die Rechtshandlung ist nur dann unanfechtbar, wenn der Eintragungsantrag von dem Gläubiger gestellt wurde und zugleich auch § 140 Abs. 2 eingreift, so dass der Vornahmezeitpunkt auf die Zeit vor Begründung der Anfechtbarkeit zurückzubeziehen ist.[1] Auf diese Weise erfährt § 140 Abs. 2 eine Einschränkung durch § 147 Satz 1.

II. Rechtsfolgen

4 Die Regelung des § 147 Satz 1 besagt, dass die Anfechtung nicht allein daran scheitert, dass ein grundbuchmäßiger Erwerb erst nach Insolvenzeröffnung vollendet wird. Die Vorschrift eröffnet die Anfechtung für alle Tatbestände der § 130 ff. Da die Rechtshandlung erst nach Insolvenzeröffnung als vorgenommen gilt, sind alle zeitlichen Erfordernisse unbeachtlich, die eine Zeitspanne vor oder bis zum Eröffnungsantrag voraussetzen. Die übrigen subjektiven und objektiven Anfechtungsvoraussetzungen müssen aber jeweils gegeben sein. Die Anfechtung kann an eine Rechtshandlung des Schuldners oder dritter Personen, etwa den von dem Erwerber gestellten Eintragungsantrag, anknüpfen. Trotz Gutgläubigkeit des Erwerbers ist die Anfechtung begründet, wenn zum Zeitpunkt der Antragstellung ein Anfechtungsgrund vorlag. Hingegen scheidet eine Anfechtung aus, wenn ein Anfechtungstatbestand erst **nach der Antragstellung** verwirklicht wurde (vgl. Rdn. 1 ff.). Der nach Eröffnung des Verfahrens entstehende gesetzliche Löschungsanspruch aus § 1179a Abs. 1 BGB soll nicht nach § 147 Satz 1 anfechtbar sein, weil er seine Grundlage nicht im Gutgläubigkeitsschutz findet.[2] Gleichwohl behandelt die Rechtsprechung den gesetzlichen Löschungsanspruch des nachrangigen Grundschuldgläubigers nicht als insolvenzfest, wenn die vorrangige Sicherungsgrundschuld zwar zum Zeitpunkt der Eröffnung des Insolvenzverfahrens nicht mehr valutiert ist, das Eigentum an dem Grundstück und die Grundschuld jedoch zu diesem Zeitpunkt noch nicht zusammengefallen sind.[3]

C. Anfechtbarkeit bei Verrechnungen

5 Verfügungen des Schuldners über Finanzsicherheiten (§ 1 Abs. 17 KWG) ist gem. § 81 Abs. 3 Satz 2 wirksam, wenn sie am Tag der Eröffnung erfolgen und der andere Teil nachweist, dass er die Eröffnung des Verfahrens weder kannte noch kennen musste. Die Anfechtung dieser Verrechnungen nach §§ 129 ff. bliebt durch § 147 Satz 2 vorbehalten. Verrechnungen einschließlich des Saldenausgleichs innerhalb der in § 96 Abs. 2 genannten Zahlungssystemen bleiben gleichwohl wirksam, wenn sie spätestens am Tage der Eröffnung erfolgten. Damit wird nicht die Anfechtung nachteiliger Verrechnungen ausgeschlossen, sondern dahin modifiziert, dass anstelle einer Rückgewähr in Natur innerhalb des Zahlungssystems nur **Wertersatz** verlangt werden kann. Dieser Anspruch ist gegen denjenigen begründet, zu dessen Gunsten der Vorgang verrechnet wurde.

D. Verjährung

6 Die Verjährung bestimmt sich im Rahmen des § 147 ebenfalls nach den Grundsätzen des § 146. Da die von § 147 erfassten Rechtshandlungen erst nach Verfahrenseröffnung vorgenommen werden, kann der Lauf der Verjährung jedoch nicht mit der Verfahrenseröffnung einsetzen. Darum ist für den Verjährungsbeginn auf den Zeitpunkt der Wirksamkeit der Rechtshandlung abzustellen. Demnach beginnt die dreijährige Verjährungsfrist des § 195 BGB mit dem Ende des Jahres zu laufen, in dem die Rechtshandlung wirksam geworden ist und der Verwalter von der Rechtshandlung und dem Anfechtungsgegner Kenntnis erlangte oder ohne grobe Fahrlässigkeit erlangen konnte. In den Fällen des § 140 Abs. 2 ist das Ende des Jahres maßgeblich, in dem der Eintragungsantrag durch den anderen Teil gestellt wurde. Im Rahmen des § 140 Abs. 3 kommt es darauf an, wann der Anfechtungsgegner eine gesicherte Rechtsstellung erworben und der Verwalter dies erkannt bzw. ohne grobe Fahrlässigkeit erkennen konnte.

---

1 MüKo-InsO/*Kirchhof* § 147 Rn. 8.
2 OLG Köln 22.12.2004, 2 U 103/04, ZInsO 2005, 268 (271).
3 BGH 09.03.2006, IX ZR 11/05, BGHZ 166, 319 (324 ff.).

Vierter Teil Verwaltung und Verwertung der Insolvenzmasse

Erster Abschnitt Sicherung der Insolvenzmasse

§ 148 Übernahme der Insolvenzmasse

(1) Nach der Eröffnung des Insolvenzverfahrens hat der Insolvenzverwalter das gesamte zur Insolvenzmasse gehörende Vermögen sofort in Besitz und Verwaltung zu nehmen.

(2) Der Verwalter kann auf Grund einer vollstreckbaren Ausfertigung des Eröffnungsbeschlusses die Herausgabe der Sachen, die sich im Gewahrsam des Schuldners befinden, im Wege der Zwangsvollstreckung durchsetzen. § 766 der Zivilprozessordnung gilt mit der Maßgabe, daß an die Stelle des Vollstreckungsgerichts das Insolvenzgericht tritt.

Übersicht Rdn.		Rdn.
A. Normzweck 1	I. Sachen 8
B. Zur Insolvenzmasse gehörendes Vermögen 3	II. Forderungen und sonstige Rechte 11
	III. Geschäftsunterlagen 13
C. Ermittlung des Vermögens 5	IV. Auslandsvermögen 18
I. Allgemeines 5	E. Verwaltung 19
II. Auskunft durch öffentliche Stellen ... 6	F. Zwangsweise Durchsetzung 21
D. Inbesitznahme 8

A. Normzweck

§ 148 normiert die Verpflichtung des Insolvenzverwalters das zur Masse gehörende Vermögen zu ermitteln, in Besitz zu nehmen, zu erfassen und zu verwalten. Die Regelung tritt neben § 80 und dient der tatsächlichen Umsetzung der danach auf den Insolvenzverwalter übergegangenen Rechtsmacht über die dem Insolvenzverfahren nach § 35 zuzurechnenden Gegenstände und Vermögenswerte. Ziel ist es vor allem, verteilungsfähiges Vermögen gegen Zugriffe von Gläubiger- und Schuldnerseite zu bewahren. Verletzt der Verwalter seine Verpflichtung zur Sicherung und Verwaltung der Masse und entsteht hierdurch ein Schaden, ist er den Gläubigern nach der § 60 zum Ersatz verpflichtet (vgl. § 60 Rdn. 11 ff.). **1**

Der Verwalter kann diese Pflicht nicht eigenmächtig durchsetzen, sondern muss sich der vollstreckungsrechtlichen Behelfe bedienen. Als Titel genügt der Eröffnungsbeschluss (Abs. 2). Weiter wird das Verfahren dadurch modifiziert, dass das Insolvenzgericht zur Entscheidung über die Vollstreckungserinnerung zuständig ist (Abs. 2 Satz 2). **2**

B. Zur Insolvenzmasse gehörendes Vermögen

§ 148 erfasst alle Gegenstände, welche der Insolvenzmasse – auch nur möglicherweise – nach § 35 zuzurechnen sind, einschließlich des Neu- und Auslandsvermögens. Zwar kann sich die Besitzergreifung nur auf Sachen i.S.v. § 90 BGB beziehen, die Sicherung umfasst aber auch unkörperliche Gegenstände wie Rechte und Daten. Unbeachtlich ist grds., ob die Gegenstände einen Erlös- bzw. Fortführungswert haben, oder allein der Informationsbeschaffung dienen. **3**

Erfasst werden alle **massezugehörigen** Gegenstände i.S.v. §§ 35, 36. Dies schließt auch mit Absonderungsrechten belastete oder Gegenstände, bei denen die Massezugehörigkeit zweifelhaft ist, mit ein. Dem Verwalter wird somit die Möglichkeit eröffnet, die Rechtslage sorgfältig zu prüfen. Erkennbar massefremde Gegenstände dürfen grds. nicht in Besitz genommen werden.[1] Etwas anderes gilt **4**

---

1 BGH 05.10.1994, XII ZR 53/93, ZIP 1994, 1700 (1702).

nur dann, wenn der Schuldner hieran u.U. ein für die Masse verwertbares Nutzungsrecht, etwa bei Vermietung oder Verpachtung beanspruchen kann.

C. Ermittlung des Vermögens

I. Allgemeines

5 Der Verwalter hat die zur Sollmasse (§ 35 Rdn. 10) gehörenden Vermögensgegenstände und -rechte zu ermitteln. Hierzu stehen ihm zunächst Auskunftsansprüche gegen den Schuldner bzw. seine organschaftlichen Vertreter (§§ 97, 101).[2] Zur Ermittlung dürfen weiter die **Geschäftsräume des Schuldners** – auch gegen dessen Willen – betreten und dort Nachforschungen angestellt werden (vgl. § 22 Abs. 3 Satz 1). Die Wohn- und Privaträume des Schuldners dürfen nicht ohne dessen Zustimmung betreten werden. Hierfür ist der Gerichtsvollzieher zu beauftragen. Das Insolvenzgericht kann den (vorläufigen) Verwalter auch nicht ermächtigen, Räume eines Dritten zu durchsuchen.[3] Allerdings schließt deren Mitbesitz eine Durchsuchung der Wohn- und Geschäftsräume des Schuldners nicht aus (§ 758a Abs. 3 ZPO).[4]

II. Auskunft durch öffentliche Stellen

6 Der Verwalter hat grds. einen Anspruch auf **Auskunft durch öffentliche Stellen**. So ist ihm etwa Einsicht in strafrechtliche Ermittlungs- oder Gerichtsakten (§ 406e StPO),[5] die bei der Kfz-Zulassungsstelle gespeicherten Fahrzeugdaten des Schuldners[6] oder in die Unterlagen des Gerichtsvollziehers zu gewähren. Von einem Notar kann die Erteilung von Ausfertigungen und Abschriften von Urkunden sowie die Einsicht in die Urschrift (§ 51 BeurkG), nicht aber allgemein die Auskunft verlangt werden, welche Urkunden ein Notar errichtet hat.[7] Weiter bestehen Ansprüche nach dem Informationsfreiheitsgesetz (IFG)[8] (vgl. a. § 22a Rdn. 155; § 97 Rdn. 2a), wenn es sich bei dem Informationsträger um eine Behörde des Bundes, etwa um ein Hauptzollamt[9] handelt. Gegenüber Sozialversicherungsträgern kommt das IFG zur Anwendung[10], wenn sich deren Zuständigkeitsbereich über mehr als drei Länder hinaus erstreckt oder wenn die beteiligten Länder kein aufsichtführendes Land bestimmt haben (Art. 87 Abs. 2 GG). Bei Landesbehörden und anderen Sozialversicherungsträger kommen die IFG der Länder zur Anwendung, wenn solche erlassen wurden und im Einzelfall keine Ausnahmen vorsehen. Bisher haben die meisten Bundesländer für ihren Zuständigkeitsbereich jeweils eigene dem IFG ähnliche Gesetze erlassen (s. § 97 Fn. 5).

7 Nach dem maßgeblichen IFG kann der Verwalter von einem **Sozialversicherungsträger** etwa Einsicht in die bei diesem geführten Akten des Schuldners verlangen.[11] Dies gilt auch dann, wenn sich hieraus Sachverhalte ergeben, welche Rückforderungsansprüche, insb. aus Anfechtung begründen.[12] Die Sub-

---

2 Vgl. a. zur Pflicht des Schuldners anfechtbare Sachverhalte oder Massegegenstände zu offenbaren: BGH 21.07.2011, IX ZB 39/11; 23.09.2010, IX ZB 16/10, ZInsO 2010, 2101; 11.02.2010, IX ZB 126/08, ZInsO 2010, 477; LG Bielefeld 08.06.2010, 23 T 348/10; LG Potsdam 21.04.2009, 5 T 263/09, ZInsO 2009, 1415.
3 BGH 24.09.2009, IX ZB 38/08, ZIP 2009, 2068.
4 BGH 17.01.2008, IX ZB 41/07, ZIP 2008, 476.
5 LG Hildesheim 06.02.2009, 25 Qs 1/09, NJW 2009, 3799.
6 AA VG Braunschweig 04.09.2009, 6 A 46/09, ZIP 2010, 1256 für Auskunftsansprüche nach den §§ 35, 39 StVG.
7 OLG Schleswig 14.05.2013, 11 U 46/12, ZIP 2013, 1633; vgl. a. Bous DNotZ 2005, 261 (266).
8 Hierzu *Blank* ZInsO 2013, 663 ff.; *Schmittmann* NZI 2012, 633 ff., *Eisolt* DStR 2013, 439 ff.
9 Hierzu OVG Koblenz 23.04.2010, 10 A 10091/10.OVG, ZIP 2010, 1091, rechtskräftig BVerwG 09.11.2010, BVerwG 7 B 43.10, ZIP 2011, 41.
10 Vgl. etwa VG Freiburg 21.09.2011, 1 K 734/10, ZInsO 2011, 1956.
11 OVG Hamburg 16.04.2012, 5 Bf 241/10.Z, ZInsO 2012, 989.
12 LSG Nordrhein-Westfalen 26.04.2010, L 16 B 9/09 SV; VG Hamburg 07.05.2010, 19 K 974/10 und 24.02.2010, 9 K 3062/09, ZInsO 2010, 577; OVG Hamburg 16.04.2012, 5 Bf 241/10.Z, ZInsO 2012, 989 (990 f.).

sidiaritätsklausel des maßgeblichen IFG schließt dies nicht aus.[13] Neben und unbeachtlich dessen besteht weiter ein Anspruch nach § 25 SGB X auf Akteneinsicht.

Auch ein gegenüber den **Finanzbehörden** von dem Verwalter geltend gemachter Informationsanspruch, der anschließend einen Anfechtungsanspruch durchsetzen will, ist wegen der Subsidiaritätsklausel nicht ausgeschlossen.[14] Nach dem maßgeblichen IFG kann daher ein Anspruch des Verwalters auf Auskunftserteilung zu Speicherkontenauszügen mit Daten über Steuerschulden und Umbuchungen bestehen.[15] Neben und unbeachtlich des IFG besteht ein eingeschränkter Anspruch aus Art. 19 Abs. 4 GG auf ermessensfehlerfreie Entscheidung über die Einsicht in die Steuerakte[16], insbesondere auch die Erteilung eines Kontoauszuges, aus dem sich Fälligkeit und Tilgung von Abgabeforderungen ergeben[17]. Das Informationsrecht des Verwalters reicht aber grundsätzlich nicht weiter als das zunächst dem Insolvenzschuldner (Steuerpflichtigen) zustehende Akteneinsichts- und Auskunftsrecht.[18] Ein berechtigtes Interesse besteht grds. dann, wenn der Verwalter die Informationen benötigt, um seine Pflichten aus § 155 zu erfüllen oder um die angemeldeten Abgabeforderungen prüfen zu können.[19] Dieses, auf das Steuerrechtsverhältnis bezogene Interesse hat der Verwalter substantiiert darzulegen. Allein der Verweis auf die ordnungsgemäße Bearbeitung des Insolvenzverfahrens ist nicht ausreichend.[20] § 30 AO hindert dabei Auskünfte an den Verwalter selbst dann nicht, wenn dadurch zugleich die steuerlichen Verhältnisse eines anderen Gesamtschuldners, etwa des zusammenveranlagten Ehegatten offenbart werden.[21] Ein berechtigtes Interesse kann von dem Finanzamt im Rahmen seines Ermessen verneint werden, wenn die Auskunft dazu dienen kann, zivilrechtliche Ansprüche, etwa solche aus Insolvenzanfechtung gegen den Bund oder ein Land durchzusetzen. Anders hat die Beurteilung dann auszufallen, wenn das Finanzamt bereits zivilrechtlich zur Auskunft verpflichtet ist (vgl. § 129 Rdn. 135).[22] Solches wurde auch bereits angenommen, wenn ein anfechtungsrechtlicher Rückgewähranspruch in anderem Zusammenhang von dem Finanzamt anerkannt wurde.[23] Unbeachtlich ist es, ob Informationen bereits ausgegeben wurden, aber beim Schuldner oder Insolvenzverwalter verloren gegangen sind.[24] Praxistipp: Da der Schuldner selbst bzw. dessen Steuerberater, insb. über die elektronische Steuerkontoabfrage, Beitrags- bzw. Steuerkontenauszüge noch im Eröffnungsverfahren zumeist unproblematisch erlangen, sollte der Gutachter zur Vermeidung späterer, langwieriger Verwaltungsverfahren den Schuldner im Wege des § 97 zum Beschaffen der Informationen anhalten.

Verweigert die auskunftspflichtige Behörde die Auskunft oder Einsicht in die Akten, ist nach Durchlaufen des Widerspruchs- bzw. -Einspruchsverfahrens der **Rechtsweg** zu beschreiten. Für Streitigkeiten allein nach dem IFG ist grds. der Rechtsweg zu den Verwaltungsgerichten,[25] für Ansprüche nach

7a

7b

---

13 OVG Hamburg 16.04.2012, 5 Bf 241/10.Z, ZInsO 2012, 989 (990).
14 BVerwG 14.05.2012, 7 B 53.11, ZIP 2012, 1258 zum IFG NRW; VG Berlin 30.08.2012, 2 K 147.11, ZInsO 2012, 1843 zum IFG Berlin.
15 OVG Münster 15.06.2011, 8 A 1150/10, ZIP 2011, 1426 zum IFG NRW rk; VG Berlin 30.08.2012, 2 K 147.11, ZInsO 2012, 1843 zum IFG Berlin.
16 FG Rheinland-Pfalz 24.11.2009, 1 K 1752/07, ZIP 2010, 892, rkr BFH 15.09.2010, II B 4/10.
17 BFH 19.03.2013, II R 17/11, ZIP 2013, 1133.
18 BFH 19.03.2013, II R 17/11, ZIP 2013, 1133 Rn. 14.
19 BFH 19.03.2013, II R 17/11, ZIP 2013, 1133 Rn. 15 ff.
20 BFH 19.03.2013, II R 17/11, ZIP 2013, 1133 Rn. 20.
21 BFH 28.03.2007, III B 10/07; vgl. a. FG Rheinland-Pfalz 24.11.2009, 1 K 1752/07, ZIP 2010, 892 (894).
22 FG Sachsen 12.08.2009, 8 K 1002/09, rechtskräftig BFH 26.04.2010, VII B 229/09, ZIP 2010, 1660; vgl. a FG Münster 17.09.2009, 3 K 1514/08, ZIP 2009, 2400; FG Rheinland-Pfalz 24.11.2009, 1 K 1752/07, ZIP 2010, 892 (895).
23 FG Sachsen 12.08.2009, 8 K 1002/09, rechtskräftig BFH 26.04.2010, VII B 229/09, ZIP 2010, 1660: Bekanntgabe von Pfändungs- und Einziehungsverfügungen (Nr. 44 IV Vollstreckungsanweisung), ohne dass es der konkreten Benennung einer Pfändung und von getilgten Rückständen bedarf.
24 FG Sachsen 12.08.2009, 8 K 1002/09, rechtskräftig BFH 26.04.2010, VII B 229/09, ZIP 2010, 1660.
25 Klage gegen Sozialversicherungsträger: BSG 04.04.2012, B 12 SF 1/10 R, ZIP 2012, 2321. Klage gegen Fiskus: BVerwG 17.04.2013, 7 B 6.13, ZIP 2013, 1252; BFH 08.01.2013, VII ER-S 1/12, ZIP 2013, 1252; jeweils zu § 4 IFG Hamburg, jetzt § 1 Abs. 2 HmbTG; OVG Berlin-Brandenburg 09.03.2012, OVG 12 L

dem SGB X derjenige zu den Sozialgerichten[26], für Ansprüche nach dem GG gegenüber dem Fiskus derjenige zu den Finanzgerichten und zivilrechtliche Auskunftsansprüche der Rechtsweg zu den Zivilgerichten eröffnet.[27] Anspruchsgrundlagen, die dem jeweils gewählten Rechtsweg fremd sind, sind ebenfalls umfassend zu würdigen (§ 17 Abs. 2 Satz 1 GVG). Für die Durchführung einer Klage nach dem IFG kann dem Verwalter grds. PKH gewährt werden.[28] In Verfahren vor den Finanzgerichten hat der Verwalter als Kläger kein Einsichtsrecht (§ 78 FGO) in die dem Gericht unaufgefordert von der Finanzverwaltung vorgelegten Steuerakten.[29]

D. Inbesitznahme

I. Sachen

8 Sachen (§ 90 BGB) sind grds. sofort in unmittelbaren Besitz zu nehmen (§ 854 Abs. 1 BGB). § 857 BGB (Vererblichkeit des Besitzes) findet keine Anwendung. Hat der Schuldner über einen Besitzdiener (§ 855 BGB), insb. bei gewerblichen Unternehmen über einen Arbeitnehmer Besitz, geht dieser nach § 80 auf den Verwalter über. Dritte sind zur Herausgabe aufzufordern. Durch die Inbesitznahme wird der Verwalter unmittelbarer Fremdbesitzer, der Schuldner mittelbarer Besitzer (§ 868 BGB).[30] Überlässt der Verwalter dem Schuldner Gegenstände ohne sie freizugeben, ist dieser Besitzdiener.[31] Als Besitzer stehen dem Verwalter die Besitzschutzrechte aus § 859 ff., § 1007 BGB zu.

9 Die **Inbesitznahme** hat so zu erfolgen, dass der Schuldner auf die Sache keinen Zugriff nehmen kann. Die Anforderungen hieran steigen dabei mit dem Wert der Sache und der Gefahr des Schuldnerzugriffs (vgl. a. § 149). Andererseits kann die Inbesitznahme entfallen, wenn die Belassung beim Schuldner die Gläubigerbefriedigung nicht gefährdet[32] oder wegen der hierdurch entstehenden Kosten diese nicht verbessert wird (vgl. § 807 Abs. 2 ZPO),[33] etwa bei wertlosen oder wertausschöpfend belasteten Gegenständen. Im letzteren Fall ist der Verwalter auch gegenüber dem Absonderungsberechtigten nicht zur Inbesitznahme verpflichtet, es genügt diesen darauf hinzuweisen.[34] Bei Immobilien ist zunächst für die Eintragung des Insolvenzvermerks (§ 32) Sorge zu tragen. Die Inbesitznahme erfolgt durch Besitzeinweisung und Räumung (hierzu Rdn. 21 ff.). Bei Verdacht auf Altlasten ist vordringlich eine Freigabe zu prüfen.

10 Im Falle eines **Verwalterwechsels** (vgl. § 56 Rdn. 29) geht der Besitz rechtlich unmittelbar, ohne Übertragungsakt auf den neuen Verwalter über.[35] Im Falle des Todes erhalten zunächst die Erben nach § 857 BGB Besitz. Der Bestellungsbeschluss ist Vollstreckungstitel i.S.v. Abs. 2 Satz 1, einer gesonderten Klage bedarf es nicht.

II. Forderungen und sonstige Rechte

11 Bei **Forderungen** und sonstigen Rechten sind etwaig hierüber erstellte Urkunden, wie Grundschuldbriefe, Wertpapiere oder Sparkassenbücher in Besitz zu nehmen. Die Übernahme erfolgt durch Anzeige an den Drittschuldner und dem Hinweis, dass nur noch schuldbefreiend an den Verwalter geleistet werden kann. Ansprüche gegen Dritte müssen schon dem Insolvenzschuldner zugestanden haben. Er kann daher von Angehörigen des Schuldners nur dann Entschädigung für die Nutzung von

---

67.11, ZIP 2012, 945 zu § 3 IFG Bln; FG Münster 25.06.2012, 15 K 874/10, ZIP 2012, 2323 zu § 4 IFG NRW; VG Trier 26.06.2012, 5 K 504/12.TR, ZInsO 2012, 1639 zu § 4 LIFG Rheinland-Pf.
26 LSG Nordrhein-Westfalen 26.04.2010, L 16 B 9/09 SV.
27 BFH 26.04.2010, VII B 229/09, ZIP 2010, 1660.
28 OVG Berlin-Brandenburg 26.01.2011, OVG 12 M 67.10, ZIP 2011, 447 zum IFG Bln.
29 BFH 09.09.2011, VII B 73/11, ZIP 2012, 141.
30 FK-InsO/*Wegener* Rn. 6.
31 *Uhlenbruck* Rn. 12; a.A. FK-InsO/*Wegener* Rn. 6.
32 MüKo-InsO/*Füchsl/Weishäupl* Rn. 26.
33 OLG Köln 20.07.2000, 7 U 218/99, ZIP 2000, 1498 (1500).
34 OLG Hamburg 14.12.1995, 10 U 103/94, ZIP 1996, 386.
35 *Uhlenbruck* Rn. 27; a.A. FK-InsO/*Wegener* Rn. 10a.

Massegegenständen verlangen, wenn dies besonders vereinbart war oder sie dem Schuldner zur Zahlung von Unterhalt verpflichtet sind.[36]

Fallen **Gesellschaftsanteile** in die Masse stehen dem Verwalter die Mitgliedschafts- und Stimmrechte in vollem Umfang zu. Dies gilt auch soweit eine nicht vermögensrechtliche Angelegenheit der Gesellschaft betroffen oder die Ausübung von Stimmrechten in der Insolvenz gesellschaftsrechtlich untersagt ist.[37] Um einen gutgläubigen Erwerb von GmbH-Anteilen auszuschließen (§ 16 Abs. 3 Satz 1 GmbHG), hat der Verwalter die Richtigkeit der Gesellschafterliste (§ 40 GmbHG) zu überprüfen und erforderlichenfalls berichtigen zu lassen. 12

III. Geschäftsunterlagen

Die Geschäftsbücher müssen zur Kenntnis genommen und gesichert werden (vgl. a. § 36 Abs. 2 Nr. 1). Aus § 149 folgt die Vermutung, dass der Verwalter dieser Pflicht nachkommt, so dass er sich in einem Prozess, auch gegen nahestehende Personen auf zulässige Unkenntnis berufen kann, wenn er zugleich nicht substantiiert zum Fehlen bestimmter Unterlagen vorträgt.[38] Daher hat der Verwalter auch zu dokumentieren, welche Geschäftsunterlagen er bei dem Schuldner vorfindet. Nach Verfahrensende sind die Geschäftsbücher wieder an den Schuldner herauszugeben, soweit sie nicht für die Nachtragsverteilung benötigt werden.[39] 13

Das Sichern der Geschäftsbücher schließt die Zugangsdaten zu der schuldnerischen EDV-Anlage oder externen Diensten, etwa des Onlinebanking ein. Die in der **EDV-Buchhaltung** gespeicherten Daten sollten elektronisch übertragen werden. Muss die Buchhaltung aufgearbeitet werden oder verwendet der Schuldner eine nicht marktgängige Buchhaltungssoftware, sind die Daten auf ein übliches System zu migrieren. Sind Unregelmäßigkeiten im schuldnerischen Unternehmen zu vermuten, kann es auch geboten sein, gelöschte Daten wieder sichtbar zu machen. Um Daten dauerhaft, einschließlich der u.U. speziellen, verarbeitenden Software zu erhalten, kann es geboten sein, die EDV-Systeme des Schuldners zu spiegeln. Letzteres kommt insb. dann in Betracht, wenn die EDV-Anlage geleast und daher auszusondern ist. 14

Zu Problemen kann es kommen, wenn die Geschäftsunterlagen zu **Strafverfolgungszwecken (§ 98 StPO, § 393 Abs. 1 Satz 1 AO)** bei dem Schuldner beschlagnahmt wurden. Erfolgt dies vor Verfahrenseröffnung, ist die Beschlagnahme vorrangig vor dem Besitzrecht des Verwalters. Praktisch lässt sich zumeist eine Abstimmung mit der Staatsanwaltschaft erzielen, dass dem Verwalter Einsicht gewährt wird oder die Unterlagen herausgegeben werden, aber der Staatsanwaltschaft weiter zur Verfügung stehen. Die Beschlagnahmeanordnung kann im letzteren Fall sogar aufrecht erhalten bleiben, da es sich um eine Sicherstellung in anderer Weise handelt. Eine **Durchsuchung der Geschäftsräume des Insolvenzverwalters** im Rahmen eines Ermittlungsverfahrens ist grds. zulässig.[40] § 97 Abs. 2 Satz 1 StPO steht auch dann nicht entgegen, wenn es sich bei dem Verwalter um einen Rechtsanwalt handelt.[41] Es müssen jedoch Anhaltspunkte dafür vorliegen, dass Beweismittel ohne Durchsuchung verlorengehen könnten und dadurch die Ermittlungen beeinträchtigt würden.[42] Vor einer Durchsuchung ist der Verwalter grds. nach § 95 StPO zur Herausgabe aufzufordern.[43] 15

Befinden sich **Unterlagen des Schuldners bei Dienstleistern**, insb. Rechts- und Steuerberatern können diese dem Herausgabeanspruch keine (gesetzlichen oder vertraglichen) Zurückbehaltungs- 16

---

36 OLG Nürnberg 24.06.2005, 5 U 215/05, ZInsO 2005, 892.
37 FK-InsO/*Wegener* Rn. 6.
38 Vgl. KG 18.03.2009, 2 W 39/09, ZIP 2009, 2171 (2172).
39 OLG Stuttgart 30.09.1998, 20 U 21/98, ZIP 1998, 1880.
40 Ausf. hierzu *Stiller* ZInsO 2011, 1633 ff.
41 LG Saarbrücken 02.02.2010, 2 Qs 1/10, ZInsO 2010, 431 (432).
42 LG Neubrandenburg 09.11.2009, 8 Qs 190/09, NZI 2010, 280; a.A. LG Ulm 15.01.2007, 2 Qs 2002/07 Wik, ZIP 2008, 383.
43 LG Saarbrücken 02.02.2010, 2 Qs 1/10, ZInsO 2010, 431 (433).

rechte, etwa wegen rückständiger Vergütungsansprüche entgegenhalten.[44] Zur Durchsetzung der Überlassung ist dem Verwalter der einstweilige Rechtschutzes eröffnet.[45] Herauszugeben sind – mit Ausnahme von privaten Aufzeichnungen – die Geschäftsunterlagen, einschließlich der selbst angelegten Akten, sonstigen Unterlagen und Dateien.[46] Keine Herausgabepflicht besteht hinsichtlich des Arbeitsergebnisses, das der Dienstleister nach dem Geschäftsbesorgungsvertrag schuldet.[47] Zu überlassen sind danach etwa die Handakten des Rechtsanwalts.[48] Weiter sind durch den Steuerberater die zur Erstellung einer Bilanz überreichten Unterlagen, nicht aber die Bilanz selbst herauszugeben. Die von den bei einem Rechenzentrum (etwa DATEV) zum Zwecke der Buchführung gespeicherten Daten sind, insb. durch Datenübertragung, zu überlassen, wenn der Dienstleister diese zwar eingegeben hat, sie ihm aber von dem Schuldner zum Zwecke der Geschäftsbesorgung zur Verfügung gestellt worden waren.[49] Unbeachtlich ist es, ob der Dienstleister die von dem Schuldner gelieferten Daten und Unterlagen ausgewertet und für die noch zu leistende eigentliche Buchführung geordnet und rechnerisch aufbereitet hat.[50] Nicht ohne Vergütung herauszugeben sind demgegenüber abgespeicherte Daten, wenn sie unmittelbar Bestandteil der Buchführung oder der Jahresabschlussarbeiten sind.[51]

17 Zu etwaigen Geheimhaltungspflichten des Schuldners oder des Dritten vgl. § 97 Rdn. 10 und 12.

IV. Auslandsvermögen

18 Nach dem Universalitätsprinzip ist auch das Auslandsvermögen des Schuldners in Besitz zu nehmen, unabhängig davon, ob die Rechtsmacht des Verwalters nach § 80 im Ausland anerkannt wird.[52] Im räumlichen Anwendungsbereich der EUInsVO folgt die Berechtigung des Verwalters hierzu aus Art. 16, Art. 18 Abs. 1 Satz 1 EUInsVO, die Anerkennung des Eröffnungsbeschluss als Vollstreckungstitel aus Art. 25 Abs. 1 EUInsVO. Werden die Befugnisse des Verwalters im Ausland nicht ohne weiteres, etwa auch erst nach Durchlaufen eines formellen Anerkennungsverfahren anerkannt, ist der Schuldner nach § 98 Abs. 2 verpflichtet, den Verwalter bei der Übernahme zu unterstützen. Insb. hat er dem Verwalter eine sog. Auslandsvollmacht zu erteilen, mit deren Hilfe der Verwalter Auskünfte im Ausland einholen und über dort belegene Vermögensgegenstände verfügen kann.[53]

E. Verwaltung

19 Der Verwalter hat nach Besitznahme das Vermögen zu sichern und zu verwalten. Er hat Einwirkungen von Dritten oder durch Natureinflüsse abzuwenden und die Gegenstände gegen die üblichen Risiken abzusichern. Eine Verwertung ist vor dem Berichtstermin regelmäßig ausgeschlossen (§ 159). Ausnahmen bestehen dann, wenn etwa der Betrieb bereits eingestellt ist, nicht betriebsnotwendiges Vermögen veräußert oder Umlaufvermögen eingezogen wird. Bei der Übernahme des schuldnerischen Unternehmens hat der Verwalter zur Meidung der Haftung nach § 61 einen Finanzplan (vgl. § 61 Rdn. 8 f.) aufzustellen. Über die weitere Fortführung beschließt die Gläubigerversammlung im Berichtstermin (§ 157). Muss der Verwalter bereits vorher den Betrieb stilllegen, hat er die Zustimmung des Gläubigerausschusses einzuholen und den Schuldner zu informieren (§ 158).

---

44 LG Hannover 04.03.2009, 44 StL 19/06, NZI 2010, 119.
45 OLG Düsseldorf 12.03.1982, 24 U 81/82, ZIP 1982, 471.
46 BGH 11.03.2004, IX ZR 178/03, ZIP 2004, 1267.
47 BGH 11.03.2004, IX ZR 178/03, ZIP 2004, 1267 (1268).
48 OLG Hamburg 18.02.2005, 12 W 3/04, ZInsO 2005, 550.
49 BGH 11.03.2004, IX ZR 178/03, ZIP 2004, 1267 (1268); LG Hannover 04.03.2009, 44 StL 19/06, NZI 2010, 119: DATEV-Stammdaten.
50 BGH 11.03.2004, IX ZR 178/03, ZIP 2004, 1267 (1268).
51 BGH 11.03.2004, IX ZR 178/03, ZIP 2004, 1267 (1268).
52 BGH 18.09.2003, IX ZB 75/03, ZIP 2003, 2123 (2124).
53 BGH 18.09.2003, IX ZB 75/03, ZIP 2003, 2123: Bankverbindungen in der Schweiz; OLG Koblenz 30.03.1993, 4 W 91/93, ZIP 1993, 844.

Im Einzelnen hat der Verwalter zu prüfen, ob für die Gegenstände der übliche **Versicherungsschutz** 20
besteht, und im negativen Falle eine solche abzuschließen. Bei Immobilien muss i.d.R. eine Gebäudehaftpflicht oder Betriebshaftpflichtversicherung und eine Versicherung für Feuer, Sturm und Leitungswasserschäden bestehen und die laufenden Prämien beglichen werden.[54] Weiter sind die Grundsteuern und Grundbesitzabgaben zu entrichten, um eine Zwangsversteigerung zu verhindern (§ 10 Abs. 1 Nr. 3 ZVG).

F. Zwangsweise Durchsetzung

Dem Verwalter ist eine eigenmächtige Wegnahme nicht gestattet, dies wäre verbotene Eigenmacht 21
(§ 858 Abs. 1 BGB). Er hat vielmehr den **Gerichtsvollzieher** mit der Wegnahme zu beauftragen
(§ 90 GVGA). Die vollstreckbare Ausfertigung des Eröffnungsbeschlusses ist hierzu Vollstreckungstitel i.S.v. § 794 Abs. 1 Nr. 3 ZPO gegen den Schuldner. Für eine weitere Leistungsklage ist kein Rechtsschutzbedürfnis gegeben.[55] Die Vollstreckung erfolgt nach §§ 883, 885 ZPO, notfalls gewaltsam nach § 758 Abs. 3 ZPO. Ein hierauf gerichteter Prozesskostenhilfeantrag ist von dem Verwalter bei dem Insolvenzgericht zu stellen.[56] Der Titel erfasst sowohl die Ermittlung als auch die Sicherung und Verwaltung von Massegegenständen. In ihm sind allerdings die herauszugebenden Objekte nicht i.S.v. § 253 Abs. 1 ZPO hinreichend bestimmt bezeichnet. Der Gerichtsvollzieher hat daher von Amts wegen die Massezugehörigkeit anhand der äußerlich erkennbarer Umstände und der offensichtlichen Gegebenheiten zu prüfen.[57] Für das Betreten der Wohn- und Geschäftsraume des Schuldners bedarf es keiner zusätzlichen richterlichen Anordnung nach Art. 13 Abs. 2 GG.[58]

Gegenüber Dritten begründet der Eröffnungsbeschluss keinen Titel. Vielmehr muss ein in die 22
Masse fallender Anspruch gesondert im Zivilrechtsweg tituliert werden. Mitbesitzende Ehegatten oder eingetragene Lebenspartner stellen keine Dritte dar (§ 739 ZPO, § 1362 BGB, § 8 Abs. 1 LPartG).

Der Eröffnungsbeschluss berechtigt auch zur Einleitung der **Räumungsvollstreckung** der Immobilie 23
des Schuldners. Dem Schuldner kann auf Antrag durch das Insolvenzgericht (Abs. 2 Satz 3 entsprechend) Vollstreckungsschutz nach § 765a ZPO gewährt werden, jedenfalls soweit dies zur Erhaltung von Leben und Gesundheit des Schuldners erforderlich ist.[59] Für die Räumungsvollstreckung gegenüber erwachsenen Familienangehörigen des Schuldners bzw. dessen Lebensgefährten, die in der zur Masse gehörenden Wohnimmobilie des Schuldners wohnen, bedarf es eines gesonderten Vollstreckungstitels.[60] Mietwohnungen sind regelmäßig nach § 109 Abs. 1 Satz 2 freizugeben.

Als **Rechtsbehelf** für Einwendungen gegen die Art und Weise der Vollstreckung ist die Vollstre- 24
ckungserinnerung gegeben. Prüfungsmaßstab sind dabei die Vorschriften der ZPO. Die Vollstreckungserinnerung ist nur statthaft, wenn der Verwalter die Sache mithilfe staatlicher Zwangsmittel weggenommen hat oder dies bevorsteht.[61] Hat der Schuldner sie noch in Besitz oder der Verwalter sie »einfach weggenommen«, ist bei Streit über die Unpfändbarkeit nach den §§ 850c ff. ZPO die Masseumfangseinwendung (§ 36 Abs. 4), im Übrigen die Leistungs-, Feststellungs- oder Unterlassungsklage einschlägig.[62] Zuständiges Gericht bei der Vollstreckungserinnerung ist das Insolvenzgericht

---

54 BGH 29.09.1988, IX ZR 39/88, ZIP 1988, 1411 (1413).
55 BGH 03.11.2011, IX ZR 46/11, Rn. 6.
56 BGH 26.04.2012, IX ZB 273/11, ZIP 2012, 1096.
57 LG Stendal 23.08.2007, 25 T 85/07, DGVZ 2008, 77.
58 *Uhlenbruck* Rn. 30; MüKo-InsO/*Füchsl/Weishäupl* Rn. 66.
59 BGH 16.10.2008, IX ZB 77/08, ZIP 2008, 2441.
60 LG Trier 04.04.2005, 4 T 4/05, ZInsO 2005, 780; a.A. HambK-InsR/*Jarchow* Rn. 29; FK-InsO/*Wegener* Rn. 12.
61 AG Hamburg 23.07.2008, 68c IK 46/07, ZInsO 2008, 1150 (1151) rechtskräftig LG Hamburg 23.02.2009, 326 T 83/08, ZInsO 2009, 774; LG Stendal 23.08.2007, 25 T 85/07, DGVZ 2008, 77.
62 AG Duisburg 09.05.2000, 60 IK 23/99, ZInsO 2000, 346; AG Hamburg 23.07.2008, 68c IK 46/07, ZInsO 2008, 1150 (1151) rechtskräftig LG Hamburg 23.02.2009, 326 T 83/08, ZInsO 2009, 774.

anstelle des Vollstreckungsgerichts (Abs. 2 Satz 2). Funktionell zuständig ist der Richter (§ 20 Nr. 17 Satz 2 RPflG). Das Insolvenzgericht entscheidet kraft besonderer Zuweisung funktional als Vollstreckungsgericht, daher ist die Sofortige Beschwerde nach § 793 ZPO eröffnet.[63]

§ 149 Wertgegenstände

(1) Der Gläubigerausschuß kann bestimmen, bei welcher Stelle und zu welchen Bedingungen Geld, Wertpapiere und Kostbarkeiten hinterlegt oder angelegt werden sollen. Ist kein Gläubigerausschuß bestellt oder hat der Gläubigerausschuß noch keinen Beschluß gefaßt, so kann das Insolvenzgericht entsprechendes anordnen.

(2) Die Gläubigerversammlung kann abweichende Regelungen beschließen.

Übersicht	Rdn.		Rdn.
A. Normzweck	1	D. Bestimmung einer anderweitigen	
B. Wertgegenstände	2	Hinterlegung oder Anlage	9
C. Hinterlegung und Anlage	3		

A. Normzweck

1 Grds. ist der Verwalter bei der Verwaltung von Wertgegenständen frei (§§ 80, 148). § 149 gibt den Gläubigern bzw. dem Insolvenzgericht bei leicht entziehbaren Gegenständen die Befugnis, die Verwaltungsmacht des Verwalters über Wertgegenstände einzuschränken und damit konkret in die Verwaltungsbefugnis des Verwalters einzugreifen.

B. Wertgegenstände

2 **Geld** (vgl. auch § 245 BGB) ist jedes Wertäquivalent, welches als Zahlungsmittel oder zur Wertaufbewahrung dient, unbeachtlich dessen, ob es sinnlich wahrnehmbar (Bargeld) oder nur virtuell (Buchgeld) vorhanden und ob es in inländischer oder ausländische Währung ausgedrückt ist. **Wertpapiere** (vgl. a. §§ 793 ff. BGB) sind in einem weiteren Sinne nicht nur solche Urkunden, deren Vorlage für das Geltendmachen des verbrieften Rechts erforderlich sind, sondern auch qualifizierte Legitimationspapiere (§ 808 BGB), etwa Sparbücher oder Versicherungsscheine. **Kostbarkeiten** sind alle beweglichen Sachen, die mit Rücksicht auf ihren Wert einer besonders sorgsamen Verwahrung bedürfen, hierzu gehören neben wertvollen Metallen (Gold, Silber), Briefmarken, Münzen oder Schmuck auch größere Sachen, wie wertvolle Gemälde, Möbel, Pkw oder etwa Kleidungsstücke.

C. Hinterlegung und Anlage

3 Vorbehaltlich einer Einschränkung durch den Gläubigerausschuss/-versammlung oder das Gericht kann der Verwalter Wertgegenstände bei jeder tauglichen Stelle hinterlegen und anlegen. Der Verwalter hat Geld, Wertpapiere und Kostbarkeiten vorrangig werterhaltend, aber auch wertmehrend, etwa durch Erzielen von Zinseinkünften zu verwahren. Eine verfahrenswidrige, etwa zu risikoreiche Anlage kann zu Aufsichtsmaßnahmen und bei Eintritt eines Schadens zu Haftungsansprüchen nach § 60 führen. Die Pflicht insolvenzzweckgemäß zu verfahren, trifft den Verwalter uneingeschränkt, erst eine anderweitige Anordnung nach § 149, nicht bereits deren Möglichkeit reduziert seine Haftung. Tauglich ist jede Stelle, die eine Gewähr für die Sicherheit und etwaige Verzinsung des Wertgegenstandes bildet, neben den in § 1 Abs. 2 HinterlO genannten Stellen, danach insb. auch Kreditinstitute i.S.v. § 1807 Abs. 1 Nr. 5 BGB.

---

[63] BGH 21.09.2006, IX ZB 127/05, ZIP 2006, 2008; vgl. a. LG Stendal 23.08.2007, 25 T 85/07, DGVZ 2008, 77: Rechtsmittel bei Entscheidung durch unzuständiges Vollstreckungsgericht.

Geld und Wertpapiere werden praktisch oft durch die Einrichtung von **Anderkonten** (bzw. -depots) gesichert.[1] Hierbei handelt es sich um eine Unterform des offenen Treuhandkontos, bei welchem der Treuhänder Vollrechtsinhaber ist. Daher ist nicht die Masse, sondern der Verwalter persönlich bei Überzahlung des Schuldners einer Masseforderung oder einer Fehlüberweisung auf das Anderkonto für den Bereicherungsanspruch passivlegitimiert.[2] Dem Treuhänder sind – nach außen hin erkennbar – die ihm anvertrauten Vermögen nur zu Zwecken der gesetzlichen Verwaltung überlassen, ohne dass dies aber von dem Kreditinstitut überwacht werden muss. Für das Anderkonto gelten besondere Geschäftsbedingungen. Das Konto steht nur besonderen Berufsgruppen, insb. Rechtsanwälten und Steuerberatern zur Verfügung (Nr. 1 AGB Anderkonto), deren Standesrecht eine besondere Vertrauensstellung begründet. Gehört der Verwalter nicht zu einer solchen Berufsgruppe kann u.U. durch Individualvereinbarung ein solches Konto eröffnet werden. Der Kontoinhaber darf Werte, die seinen eigenen Zwecken dienen, nicht einem Anderkonto zuführen oder auf einem Anderkonto belassen (Nr. 4 AGB Anderkonto). Diese Werte sind auf ein Eigenkonto zu übertragen. Dem Kreditinstitut steht weder das Recht der Aufrechnung noch ein Pfand- oder Zurückbehaltungsrecht zu, es sei denn wegen Forderungen, die in Bezug auf das Anderkonto selbst entstanden sind (Nr. 12 AGB Anderkonto). Ob die Verwendung von Anderkonten zulässig ist, ist strittig.[3] Gegen ihre Verwendung spricht, dass bei einem Verwalterwechsel der neue Verwalter nicht unmittelbar auf das Konto zugreifen kann und Kontenpfändungen von Privatgläubigern des Verwalters nur dann unterbunden werden, wenn der Treugeber, hier also die Masse vertreten durch einen Sonderinsolvenzverwalter die Drittwiderspruchsklage betreibt.[4] Nach der ablehnenden Auffassung sind Sondertreuhandkonten zu verwenden (dazu Rdn. 5). 4

Der Verwalter kann statt einem Anderkonto auch ein **Sondertreuhandkonto** einrichten. Bei diesem ist die Masse Vollrechtsinhaber,[5] der Verwalter ist lediglich ermächtigt über das Konto zu verfügen (sog Ermächtigungstreuhand). Gegen Vollstreckungen von Alt-Massegläubigern bei Masseunzulänglichkeit bietet § 210 Schutz. 5

Kapitalerträge aus den Verwalterkonten unterliegen der **Abgeltungssteuer** (§§ 43 ff. EStG).[6] Ist der Schuldner eine Personengesellschaft stellt der Zinsabschlag eine Vorauszahlung auf die Einkommensteuer des Gesellschafters dar, so dass diesem ein, an die Masse abzutretender[7] Steuererstattungsanspruch zusteht, wenn seine individuelle Steuerschuld niedriger ist. Bei Masseunzulänglichkeit steht dem Verwalter zur Herstellung der Rangfolge nach § 209 ein Erstattungsanspruch gegen den Fiskus für zu viel vereinnahmte Abgeltungssteuer zu.[8] Zur Meidung der Abgeltungssteuer kann der Verwalter Geldbeträge auch auf Konten von Tochtergesellschaften inländischer Banken im Ausland anlegen. Ist die Sicherheit der Einlage ebenso wie im Inland gewährleistet, etwa durch eine Garantie des Inlandsinstituts, bedarf es keiner Zustimmung des Gläubigerausschusses bzw. der Gläubigerversammlung.[9] 6

Durch ihre Benennung wird die **Hinterlegungsstelle Beteiligte des Insolvenzverfahrens** und ist zur Beachtung etwaiger, ihr zur Kenntnis gebrachter Anordnungen nach § 149 verpflichtet, etwa wenn die Mitzeichnung des Gläubigerausschusses beschlossen wird (vgl. Rdn. 12). Sie hat ein Recht auf Einsicht in die Insolvenzakten, um festzustellen, ob Beschlüsse und ggf. mit welchem Inhalt Be- 7

---

1 Zur Kontenführung im Insolvenzverfahren vgl. a. *Kießling* NZI 2006, 440; *Kuder* ZInsO 2009, 584; *Schulte-Kaubrügger* ZIP 2011, 1400.
2 BGH 20.09.2007, IX ZR 91/96, ZIP 2007, 2279; 18.12.2008, IX ZR 192/07, ZIP 2009, 531.
3 Dafür MüKo-InsO/*Füchsl/Weishäupl* Rn. 13 ff.; dagegen *Uhlenbruck* Rn. 12; FK-InsO/*Wegener* Rn. 6; ausf. *Ringstmeier* FS Hans P. Runkel 2009, 187 ff.
4 Näher Mohrbutter/Ringstmeier/*Voigt-Salus/Pape* § 21 Rn. 117 ff.
5 Vgl. BGH 18.12.2008, IX ZR 192/07, ZIP 2009, 531.
6 Vgl. näher *Uhlenbruck* Rn. 17; MüKo-InsO/*Füchsl/Weishäupl* Rn. 21 ff.; insb. zur Verbuchung *Endres* ZInsO 2011, 258 ff.
7 LG Freiburg 03.08.1999, 12 O 39/99, ZIP 1999, 2063.
8 *Uhlenbruck* Rn. 17 a.E.
9 MüKo-InsO/*Füchsl/Weishäupl* Rn. 24.

schlüsse des Gläubigerausschusses oder der -versammlung bzw. des Gerichts nach § 149 vorliegen.[10] Beim Anderkonto prüft das Kreditinstitut nicht die Rechtmäßigkeit der Verfügungen des Kontoinhabers in seinem Verhältnis zu Dritten, auch wenn es sich um Überweisungen von einem Anderkonto auf ein Eigenkonto handelt (Nr. 9 AGB Anderkonto). Sie haftet danach außer bei Vorsatz nicht, wenn durch Fehlverhalten des Treuhänders Schäden für den Treugeber entstehen. Beim Sondertreuhandkonto haftet sie für Veruntreuungen, wenn konkrete Verdachtsmomente vorliegen, wie z.B. der Transfer eines hohen Betrages auf ein Privatkonto des Verwalters oder das unübliche Abheben eines hohen Barbetrages.[11]

8   Wird das Kreditinstitut durch Einrichten eines Ander- oder Sondertreuhandkontos als Hinterlegungsstelle i.S.d. § 149 bestimmt, wird das **Bankgeheimnis**[12] durch die Aufsichtsregeln der InsO (§ 58, § 69 Satz 2) begrenzt. Gegenüber dem Gericht und dem Gläubigerausschuss ist das Kreditinstitut daher von seiner Verschwiegenheitspflicht entbunden. Ein gegenüber der Bank geäußerter, entgegenstehender Wille des Verwalters ist insolvenzzweckwidrig und daher unbeachtlich.[13] Zur Klarstellung sollte der Verwalter, notfalls auf eine Anordnung des Gerichts nach § 58 entsprechende Freistellungserklärungen abgeben.

D. Bestimmung einer anderweitigen Hinterlegung oder Anlage

9   Zuständig für die Bestimmung eine anderweitigen Hinterlegung ist grds. der **Gläubigerausschuss**. Praktisch sind Anordnungen selten, zumeist ist es ausreichend, wenn der Gläubigerausschuss nach § 69 die Hinterlegung und Anlage durch den Verwalter überwachen. Er kann etwa anordnen, dass der Verwalter Wertgegenstände nur dann in Empfang nehmen darf, wenn ein Mitglied des Gläubigerausschusses die Quittung mitzeichnet (vgl. § 149 Abs. 2 in der bis zum 30.06.2007 geltenden Fassung).

10 Ist ein Gläubigerausschuss nicht bestellt oder hat er keinen Beschluss gefasst, kann das **Gericht** eine Anordnung treffen (Abs. 1 Satz 2). Dies kann bereits im Eröffnungsbeschluss erfolgen.[14] Praktisch genügt zumeist die Überwachung des Vorgehens des Verwalters im Rahmen der Aufsicht (§ 58). Anordnungen des Gerichts erfolgen durch Beschluss. Zuständig ist grds. der Rechtspfleger (vgl. § 58 Rdn. 7). Ein Rechtsmittel ist gegen den Beschluss des Richters nicht, gegen denjenigen des Rechtspflegers im Form der befristeten Erinnerung (§ 11 Abs. 2 RPflG) eröffnet.

11 Abs. 2 eröffnet der **Gläubigerversammlung** die Möglichkeit eine von Abs. 1 abweichende Regelung zu treffen. Die Gläubigerversammlung kann Anordnungen des Gläubigersausschusses oder des Gerichts aufheben und/oder anderweitige Bestimmungen treffen. Entgegen dem missverständlichen Wortlaut (»Abweichung«) bedarf es keiner vorhergehenden Anordnung des Ausschusses oder des Gerichts. Ein solcher Beschluss kann nur durch das Gericht nach Maßgabe von § 78 aufgehoben werden.

12 Anordnungen durch Ausschuss, Gericht oder Gläubigerversammlung sind **für den Verwalter verbindlich und von einem bestellten Gläubigerausschuss zu überwachen (§ 69)**[15]. Beschließt etwa die Gläubigerversammlung, dass eingehende Gelder auf einem bestimmten Bankkonto anzulegen sind, ist das Vorhalten weiterer Konten oder die Bildung eines Poolkontos unter Einbeziehung anderer Verfahren untersagt, etwaige bereits bestehende Bankguthaben sind auf das bestimmte Konto zu überführen.[16] Eine Abweichung ist formal auch dann nicht zulässig, wenn eine anderweitige, ebenso

---

10 OLG Naumburg 27.05.2010, 5 VA 11/10, ZIP 2010, 1765.
11 Vgl. MüKo-InsO/*Füchsl/Weishäupl* Rn. 26.
12 Zum Bankgeheimnis im Insolvenzverfahren vgl. allgemein *Stephan* WM 2009, 241.
13 *Uhlenbruck* Rn. 26; einschränkend auf den Ausschuss: MüKo-InsO/*Füchsl/Weishäupl* Rn. 29; a.A. FK-InsO/*Wegener* Rn. 10.
14 *Vgl.* AG Krefeld 21.01.1999, 92 IN 3/99, DZWIR 1999, 109.
15 vgl. hierzu BGH 21.03.2013, IX ZR 109/10, ZInsO 2013, 986.
16 LG Freiburg (Breisgau) 13.07.1983, 9 T 37/81, ZIP 1983, 1098.

sichere Anlage bessere Hinterlegungskonditionen bietet. Mangels erwartbaren Schadens ist im letztgenannten Fall das Haftungsrisiko allerdings begrenzt, so dass der Verwalter sich sein Vorgehen zumeist nachgenehmigen lassen kann.[17]

§ 150 Siegelung

Der Insolvenzverwalter kann zur Sicherung der Sachen, die zur Insolvenzmasse gehören, durch den Gerichtsvollzieher oder eine andere dazu gesetzlich ermächtigte Person Siegel anbringen lassen. Das Protokoll über eine Siegelung oder Entsiegelung hat der Verwalter auf der Geschäftsstelle zur Einsicht der Beteiligten niederzulegen.

Übersicht	Rdn.		Rdn.
A. Normzweck	1	C. Rechtsfolgen der Siegelung	7
B. Siegelung	2		

A. Normzweck

Die Vorschrift gestattet es dem (»starken« vorläufigen)[1] Verwalter durch Anbringen einer Siegelung die Massezugehörigkeit von Gegenständen deutlich zu machen.[2] Der Nutzen der Siegelung liegt in dem bewirkten höheren strafrechtlichen Schutz (vgl. Rdn. 7) gegen die gerade bei der Insolvenz erhöhte Versuchung der Entwendung oder Manipulation von Sachen. Praktisch ist sie selten. Zur Sicherung der Masse sind andere Maßnahmen zumeist zweckmäßiger, etwa die Bewachung oder das Verbringen an einen sicheren Ort. Die Siegelung kommt etwa bei der Sicherstellung von Geschäftspapieren des Schuldners in Betracht, wenn der Verwalter, insb. wegen ihres Umfangs diese nicht in gesicherten Gewahrsam überführen kann.   1

B. Siegelung

Der **Auftrag zur Siegelung** ist durch den Verwalter an den Gerichtsvollzieher oder eine andere dazu gesetzlich ermächtigte Person zu richten. Eine andere gesetzliche Ermächtigung kann sich aus Landesrecht ergeben.[3] Solche Regelung finden sich etwa in § 16 Abs. 2 AGGVG Bayern oder Art. 44 Abs. 1 Nr. 5 Hess. FGG. Danach können Urkundsbeamten der Geschäftsstelle bei den Amtsgerichten Siegelungen vornehmen, wenn ein Richter die Übernahme dieser Geschäfte anordnet. Der Auftrag zur Siegelung kann auf einzelne Sachen beschränkt werden. Neben dem Auftrag des Verwalters bedarf es keiner gesonderten Anordnung des Gerichts,[4] erfolgt sie trotzdem, hat sie lediglich deklaratorische Bedeutung.[5] Das Gericht kann lediglich den Verwalter nach § 58 anweisen, eine Siegelung zu veranlassen. Allein im Eröffnungsverfahren kann es nach § 21 Abs. 2 direkt eine Siegelung anordnen.   2

Gegenstand des Auftrags können alle **Sachen** sein, die zur Insolvenzmasse gehören (vgl. näher § 148 Rdn. 3 ff., 8 ff.). Hierzu gehören neben beweglichen Sachen, auch Immobilien, insb. kann der Verwalter auch Räume versiegeln lassen. Schlüssel zu versiegelten Räumen und Behältnissen sind dem Verwalter, nicht dem Insolvenzgericht auszuhändigen.   3

---

17 MüKo-InsO/*Füchsl/Weishäupl* Rn. 20.
1 *Uhlenbruck* Rn. 3; vgl. LG Baden-Baden 31.01.1983, 1 T 5/83, ZIP 1983, 345.
2 Allgemein hierzu auch *Holzer* DGVZ 2003, 147: Die Siegelung durch den Gerichtsvollzieher im Insolvenzverfahren.
3 Solche Regelung finden sich etwa in § 16 Abs. 2 AGGVG Bayern oder Art. 44 Abs. 1 Nr. 5 Hess. FGG. Danach können Urkundsbeamten der Geschäftsstelle bei den Amtsgerichten Siegelungen vornehmen, wenn ein Richter die Übernahme dieser Geschäfte anordnet.
4 OLG Düsseldorf 09.06.2008, I-24 W 33/08, ZIP 2008, 1930.
5 LG Baden-Baden 31.01.1983, 1 T 5/83, ZIP 1983, 345.

4 Über die Siegelung ist durch den Gerichtsvollzieher ein **Protokoll** aufzunehmen, welches in Urschrift durch den Verwalter auf der Geschäftsstelle zur Einsicht der Beteiligten (vgl. § 154 Rdn. 3) auszulegen ist (Satz 2).

5 Der Verwalter hat für eine **Entsiegelung** den Gerichtsvollzieher zu beauftragen, eine eigenmächtige Entfernung des Siegels ist ihm nicht gestattet. Auch über die Entsiegelung ist ein Protokoll zu fertigen, welches auf der Geschäftsstelle auszulegen ist.

6 Die **Kosten** der Siegelung oder Entsiegelung (vgl. § 12 Gerichtsvollzieherkostengesetz) sind Massekosten i.S.v. § 55 Abs. 1 Nr. 1 bzw. § 55 Abs. 2 Satz 2. Gegen den Auftrag des Verwalters stehen weder dem Schuldner noch einem Dritten mangels gerichtlicher Entscheidung ein **Rechtsmittel** zu. Einwendungen gegen die Art und Weise der Siegelung durch den Gerichtsvollzieher sind, da die Siegelung Sicherungsmaßnahme und kein Vollstreckungsakt ist, analog § 766 ZPO beim Insolvenzgericht anzubringen.[6] Rechte an der, der Siegelung unterliegenden Sache sind im ordentlichen Rechtsweg, auch im Wege einer einstweiligen Verfügung[7] gegen den Verwalter zu verfolgen.[8]

C. Rechtsfolgen der Siegelung

7 Bereits vor einer Siegelung sind aufgrund der Wirkungen der §§ 80, 81 Massegegenstände nach § 136 Abs. 1 (Verstrickungsbruch) gegen Zerstörung, Beschädigung und Entziehung **strafrechtlich** geschützt (vgl. näher Anh. VII § 136 StGB). Wird ohne Begehen eines Verstrickungsbruches allein ein angebrachtes Siegel beschädigt, abgelöst oder unkenntlich gemacht, unterliegt dies als Siegelbruch einer Freiheitsstrafe bis zu einem Jahr oder einer Geldstrafe (§ 136 Abs. 2 StGB).

§ 151 Verzeichnis der Massegegenstände

(1) Der Insolvenzverwalter hat ein Verzeichnis der einzelnen Gegenstände der Insolvenzmasse aufzustellen. Der Schuldner ist hinzuzuziehen, wenn dies ohne eine nachteilige Verzögerung möglich ist.

(2) Bei jedem Gegenstand ist dessen Wert anzugeben. Hängt der Wert davon ab, ob das Unternehmen fortgeführt oder stillgelegt wird, sind beide Werte anzugeben. Besonders schwierige Bewertungen können einem Sachverständigen übertragen werden.

(3) Auf Antrag des Verwalters kann das Insolvenzgericht gestatten, daß die Aufstellung des Verzeichnisses unterbleibt; der Antrag ist zu begründen. Ist ein Gläubigerausschuß bestellt, so kann der Verwalter den Antrag nur mit Zustimmung des Gläubigerausschusses stellen.

Übersicht	Rdn.		Rdn.
A. Normzweck	1	C. Bewertung	4
B. Massegegenstände	2	D. Verfahren	7

A. Normzweck

1 Die Regelung ist Teil der internen Rechnungslegungspflicht des Verwalters (vgl. § 155 Rdn. 3). Das Masseverzeichnis (Aktivseite) ist zusammen mit dem Gläubigerverzeichnis nach § 152 (Passivseite) Grundlage für die Vermögensübersicht (§ 153), die den Insolvenzgläubigern eine Beurteilung der Vermögenslage des Schuldners und des Verfahrensfortgangs (§ 157) ermöglichen soll.[1] In dem Verzeichnis sind inventarähnlich alle Vermögenswerte vollständig, übersichtlich und i.E. wiederzuge-

---

6 MüKo-InsO/*Füchsl/Weishäupl* Rn. 7; a.A. HambK-InsR/*Jarchow* Rn. 9.
7 OLG Düsseldorf 09.06.2008, I-24 W 33/08, ZIP 2008, 1930: Siegelung von Mieträumen ohne einen entsprechenden Titel und gegen den Willen des Mieters.
8 LG Baden-Baden 31.01.1983, 1 T 5/83, ZIP 1983, 345.
1 BT-Drucks. 12/2443, 171.

ben. Zugleich ist es damit sowohl für die Verfahrensbeteiligten als auch den Verwalter selbst Kontrollinstrument einer vollständigen Verwertung der Masse (vgl. §§ 159, 196 Abs. 1).

B. Massegegenstände

Zu erfassen sind die **Vermögensgegenstände**, welche nach den §§ 35 ff. zur Insolvenzmasse gehören, seien es Immobilien, Mobilien, Forderungen, Rechte oder immaterielle Gegenstände. Eingeschlossen sind neben den bei Verfahrenseröffnung zur Masse gehörenden Gegenständen auch solche, welche der Schuldner erst während des Verfahrens erlangt oder die erst durch die Eröffnung entstehen, wie Ansprüche nach den §§ 129 ff. Handels- oder steuerrechtliche Ansatzverbote sind unbeachtlich. 2

Aufzunehmen sind auch mit **Absonderungsrechten** belastete Gegenstände, unbeachtlich ob der Verwalter sie in seinem Besitz hat.[2] Gegenstände an denen **Aussonderungsrechte** bestehen, sind grds. nicht in das Masseverzeichnis aufzunehmen. Sie sollten jedoch in einem gesonderten Verzeichnis aufgenommen werden, um den Beteiligten einen vollständigen Überblick zu ermöglichen. Dies gilt jedenfalls deshalb, weil auch solche Gegenstände nach § 21 Abs. 2 Nr. 5 InsO bzw. § 30d Abs. 1 Nr. 1 ZVG jedenfalls zeitweise für eine Fortführung nutzbar gemacht werden können. 3

C. Bewertung

Bei jedem einzelnen Gegenstand ist dessen Wert anzugeben. Das Gesetz unterscheidet dabei zwischen dem Liquidations- und dem Fortführungswert, welche nebeneinander aufzuführen sind (Abs. 2 Satz 1). Der Verwalter ist nicht berechtigt, bei der Bewertung nach seinem Ermessen die Fortführung oder die Einzelveräußerung zugrunde zu legen und dadurch die Entscheidung der Gläubiger über den Fortgang des Verfahrens vorwegzunehmen.[3] Eine Angabe des Fortführungswertes kann nur dann unterbleiben, wenn eine Fortführung des Unternehmens ausgeschlossen ist, etwa weil es schon vor Eröffnung stillgelegt wurde. 4

Als **Liquidationswert** ist der am Markt bei der Verwertung (vgl. § 159 Rdn. 3) des einzelnen Gegenstandes erzielbare Preis anzusetzen. Dabei ist der zur Verfügung stehende Zeitraum (»Zerschlagungsgeschwindigkeit«) ebenso einzubeziehen, wie die konkrete Möglichkeit, einzelne Gegenstände zusammen als Einheit zu veräußern (»Zerschlagungsintensität«). Der Buchwert ist unerheblich. Von dem ermittelten Wert sind die Verwertungskosten, nicht aber die Umsatzsteuer in Abzug zu bringen, da diese als Masseschuld im Gläubigerverzeichnis aufgeführt wird (§ 152 Abs. 3 Satz 2).[4] Der Wert eines **Grundstücks** kann danach etwa über die Richtwerte der Gutachterausschüsse für Immobilienwerte ermittelt werden. **Maschinen, Fahrzeuge oder Rohstoffe** sind mit den einschlägigen Marktwerten anzugeben, wobei neutrale Bewertungsportale, etwa DAT, Schwacke hilfreich sein können. Halbfertigerzeugnisse sind mit dem Schrottwert anzugeben, wenn eine Fertigstellung nicht erfolgt. **Forderungen** sind mit dem Nennwert anzugeben. Sind sie rechtlich zweifelhaft oder schwer einbringlich, müssen Abschläge vom Forderungsbetrag vorgenommen werden. Bei den **insolvenzspezifischen Ansprüchen** ist zumeist ein Abschlag wegen der rechtlichen Risiken vorzunehmen. Bei solchen gegen die Gesellschafter oder Organe sollte auch deren Bonität berücksichtigt werden, da sie über Personalsicherheiten zumeist auch den Banken verhaftet sind. 5

Der **Fortführungswert** aller Vermögensgegenstände liegt zumeist über der Summe der Zerschlagungswerte, da in ihm die zukünftigen Einnahmeüberschüsse aus der Fortsetzung der Unternehmenstätigkeit Eingang finden. Der einzelne Gegenstand hat allerdings nur in der Zusammenschau mit dem Unternehmen oder einem Teil hiervon, insb. erst bei einer Fortführung nutzbar zu machender Faktoren, wie Kundenstamm, Know-How, Betriebsstruktur etc., einen Fortführungswert. Ein isolierter Fortführungswert für jeden einzelnen Gegenstand ist danach praktisch kaum zu ermitteln.[5] 6

---

2 BT-Drucks. 12/2443, 171.
3 BT-Drucks. 12/2443, 171.
4 HambK-InsR/*Jarchow* Rn. 19.
5 Mohrbutter/Ringstmeier/*Voigt-Salus* Rn. 48.

Zur Erfüllung der gesetzlichen Vorgabe[6] wird daher eine Orientierung an der Teilwertbestimmung nach § 6 Abs. 1 Nr. 1 Satz 3 EStG,[7] eine Fortschreibung der Werte aus der Handelsbilanz,[8] die Feststellung des Aufwands für die Wiederbeschaffung des Gegenstandes[9] oder der Ansatz des Zerschlagungswertes zzgl. des Vorteils des ersparten Aufwandes zur Beräumung, Demontage und zum Abtransport[10] empfohlen.[11]

D. Verfahren

7   Der Verwalter hat die **Pflicht** zur Aufstellung eines Masseverzeichnisses. Dies hat spätestens eine Woche vor dem Berichtstermin zu erfolgen (vgl. § 154). Die letzte Inventur des Schuldners kann eine erste Grundlage hierfür sein. Der Schuldner ist nach § 97 Abs. 1 auskunftspflichtig und hat diese Angaben (Richtigkeit und Vollständigkeit) nach § 98 Abs. 1 an Eides statt zu versichern. Befinden sich Gegenstände nicht in seinem Besitz kann er jedenfalls nach §§ 809, 811 BGB verlangen, dass ihm die Besichtigung der Sache gestattet wird.[12] Das Insolvenzgericht kann den Verwalter auf seinen, zu begründenden Antrag hin von der Aufstellung des Verzeichnisses freistellen (Abs. 3 Satz 1). Ein bestellter Gläubigerausschuss muss dem Antrag zustimmen (Abs. 3 Satz 2). Die Vorschrift ist auf wenige Ausnahmefälle, etwa auf Kleinstverfahren zu beschränken, in welchen zuverlässige Aufzeichnungen des Schuldners vorliegen oder keine Vermögensgegenstände vorzufinden sind.[13] Ein weiterer Fall ist anzunehmen, wenn das Unternehmen als Ganzes verkauft werden kann.[14]

8   Der **Schuldner** ist bei der Ermittlung und Bewertung grds. hinzuzuziehen (Abs. 1 Satz 2). Ist der Schuldner verhindert, liegt die Verschiebung des Aufzeichnungstermins im Ermessen des Verwalters.[15] Bei besonders schwierigen Bewertungen kann der Verwalter auf Kosten der Masse (§ 55 Abs. 1 Nr. 1, 1. Alt., § 4 Abs. 1 Satz 3 InsVV) einen **Sachverständigen** beauftragen. Von einem solchem Fall ist allerdings bereits dann auszugehen, wenn eine sachgerechte Bewertung von Massegegenständen nur unter Inanspruchnahme von allgemein zugänglichen Bewertungsportalen nicht zu erbringen ist. Von dem Verwalter kann nicht eingefordert werden, sämtliche benötigten, insb. branchenspezifischen Sachkenntnisse vorzuhalten.[16]

9   Erforderlich ist eine **genaue und vollständige Aufnahme** jedes einzelnen Vermögensgegenstandes, die auch einem Dritten eine möglichst eindeutige Identifizierung ermöglicht. So ist etwa bei Grundstücken das Grundbuchblatt und bei Kfz die Fahrzeug-Identifizierungsnummer anzugeben. Entsprechend § 240 Abs. 4 HGB können gleichartige Gegenstände zu einer Gruppe zusammengefasst und mit dem gewogenen Durchschnittswert angesetzt werden. Weiter können Inventurvereinfachungsverfahren nach § 241 HGB, etwa eine Warenwirtschaftssystemgestützte Sachaufnahme angewendet werden, wenn die schuldnerische Buchführung den entsprechenden Anforderungen genügt und belastbar erscheint.

10 Die formale **Gliederung des Masseverzeichnisses** hat sich an dem Interesse der Beteiligten an einer klaren und übersichtlichen Darstellung auszurichten. Zwingend anzugeben sind die Liquidations- und Fortführungswerte jedes einzelnen Gegenstands. Im Übrigen liegt die detaillierte Ausgestaltung im Ermessen des Verwalters. Für die vertikale Gliederung lehnt sich die Praxis an das handels-

---

6   AA Uhlenbruck/*Maus* Rn. 8, der die Angabe von Fortführungswerten für verzichtbar hält.
7   Kübler/Prütting/Bork/*Holzer* Rn. 21.
8   Nerlich/Römermann/*Andres* Rn. 15.
9   FA-InsR/*Gietl* Kap. 22 Rn. 47.
10 Mohrbutter/Ringstmeier/*Voigt-Salus* Rn. 51. Zusätzlich soll dann ein weiterer Wert für den Goodwill oder Firmenwert gesondert in dem Masseverzeichnis ausgewiesen werden.
11 Ausf. hierzu FA-InsR/*Gietl* Kap. 22 Rn. 45 ff.; Mohrbutter/Ringstmeier/*Voigt-Salus* Rn. 43 ff.
12 BT-Drucks. 12/2443, 171.
13 HambK-InsR/*Jarchow* Rn. 25.
14 Uhlenbruck/*Maus* Rn. 10.
15 MüKo-InsO/*Füchsl/Weishäupl* Rn. 5, die zutr. darauf hinweisen, dass die Regelung praktisch irrelevant ist.
16 Nerlich/Römermann/*Andres* Rn. 24.

rechtliche Schema in § 266 HGB an. Bei der horizontalen Gliederung sollten neben den Spalten für die Liquidations- und Fortführungswerte auch solche für die Rechte Dritter aufgenommen werden. Weiter sollten in zwei zusätzlichen Spalten die sich hieraus ergebende freie Masse unter Ansatz von Liquidations- und Fortführungswerten aufgeführt werden.

In der Übersicht kann danach ein Masseverzeichnis etwa wie folgt ausgestaltet sein:[17]

11

Verzeichnis der Massegegenstände nach § 151 InsO					
Insolvenzgericht und -verwalter Aktz.	Wert bei Ansatz von		Rechte Dritter	Freier Wert bei Ansatz von	
	Liquidations-werten	Fortführungs-werten		Liquidations-werten	Fortführungs-werten
A. Ausstehende Einlagen *genaue Beschreibung*					
B. Anlagevermögen I. Immaterielle Vermögens-gegenstände *genaue Beschreibung* II. Sachanlagen *genaue Identifizierung* III. Finanzanlagen *genaue Beschreibung*					
C. Umlaufvermögen I. Vorräte *genaue Identifizierung* II. Andere Gegenstände des Umlaufvermögens *genaue Beschreibung*					
D. Sonstige Vermögenswerte (u.a. Anfechtung §§ 129 ff.; Haftung § 64 GmbHG) *genaue Beschreibung*					

§ 152 Gläubigerverzeichnis

(1) Der Insolvenzverwalter hat ein Verzeichnis aller Gläubiger des Schuldners aufzustellen, die ihm aus den Büchern und Geschäftspapieren des Schuldners, durch sonstige Angaben des Schuldners, durch die Anmeldung ihrer Forderungen oder auf andere Weise bekannt geworden sind.

(2) In dem Verzeichnis sind die absonderungsberechtigten Gläubiger und die einzelnen Rangklassen der nachrangigen Insolvenzgläubiger gesondert aufzuführen. Bei jedem Gläubiger sind die Anschrift sowie der Grund und der Betrag seiner Forderung anzugeben. Bei den absonderungsberechtigten Gläubigern sind zusätzlich der Gegenstand, an dem das Absonderungsrecht besteht, und die Höhe des mutmaßlichen Ausfalls zu bezeichnen; § 151 Abs. 2 Satz 2 gilt entsprechend.

(3) Weiter ist anzugeben, welche Möglichkeiten der Aufrechnung bestehen. Die Höhe der Masseverbindlichkeiten im Falle einer zügigen Verwertung des Vermögens des Schuldners ist zu schätzen.

---

17 Ausf. Muster bei FA-InsR/*Gietl* Kap. 22 Rn. 50; *Breuer* Insolvenzrechts-Formularbuch, B I 2. Weiter sind Vorlagen in allen einschlägigen Insolvenzverwaltungssoftwareprogrammen enthalten.

§ 152 InsO Gläubigerverzeichnis

Übersicht

	Rdn.		Rdn.
A. Normzweck	1	C. Verfahren	3
B. Forderungen	2		

A. Normzweck

1 Während das Masseverzeichnis (§ 151) einen möglichst vollständigen Überblick über das zur Befriedigung der Gläubiger zur Verfügung stehende Aktivvermögen verschaffen soll, so soll das Gläubigerverzeichnis die diesem Vermögen gegenüberstehenden Belastungen und Verbindlichkeiten so vollständig wie möglich aufzeigen (vgl. § 155 Rdn. 3). Weiter soll es Auskunft über bestehende Absonderungsrechte und Aufrechnungsmöglichkeiten geben. Das Gläubigerverzeichnis unterscheidet sich dabei von der Tabelle (§ 175) und dem Verteilungsverzeichnis (§ 188) dadurch, dass sämtliche dem Verwalter bekannten Forderungen, unbeachtlich ihrer Anmeldung aufzunehmen sind.

B. Forderungen

2 Zu erfassen sind nach Abs. 1 alle Insolvenzforderungen (vgl. § 38). Dies schließt die nachrangigen Insolvenzgläubiger (§ 39) ebenso ein, wie die absonderungsberechtigten Gläubiger, denen keine persönliche Forderung gegen den Schuldner zusteht. Unbeachtlich ist es, ob es sich nur um streitige oder auf Geld gerichtete (vgl. § 45) oder Eventualverbindlichkeiten, etwa aus Gewährleistung handelt. Aussonderungsrechte müssen nicht aufgenommen werden, es sei denn die betroffenen Gegenstände werden im Masseverzeichnis erfasst (vgl. § 151 Rdn. 3). Weiter anzugeben sind die Masseverbindlichkeiten (§ 53). Ihre Höhe ist zu schätzen, wobei eine zügige Verwertung des Vermögens des Schuldners zu unterstellen ist (Abs. 3 Satz 2).

C. Verfahren

3 Der Verwalter hat die **Pflicht** zur Aufstellung des Gläubigerverzeichnisses bis spätestens zum Beginn der letzten Woche vor dem Berichtstermin. Hierzu hat er vollständig und daher selbstständig die Forderungen zu ermitteln. Als Informationsgrundlage stehen ihm vor allem die Bücher und Geschäftspapiere des Schuldners, dessen sonstige Angaben sowie die Forderungsanmeldungen zur Verfügung. Von der Pflicht zur Aufstellung eines Gläubigerverzeichnisses kann der Verwalter auch durch das Gericht nicht entbunden werden (vgl. § 151 Abs. 3).

4 Die formale **Gliederung des Gläubigerverzeichnisses** hat sich am Informationsbedürfnis der Beteiligten zu orientieren (vgl. § 151 Rdn. 10). Die Auflistung der Forderungen hat einzeln zu erfolgen. Vertikal ist die Aufstellung nach Massegläubigern, Insolvenz-, absonderungsberechtigten und nachrangigen Gläubigern zu gliedern. Bei jedem Gläubiger sind die Anschrift (Abs. 2 Satz 2) und etwaige Verfahrensbevollmächtigte aufzuführen. Zusätzlich können Angaben zu etwaigen Kontoverbindungen erfolgen. Horizontal sind bei den (nachrangigen) Insolvenzgläubigern der Grund und die Höhe der Forderung aufzulisten. Weiter sind bei den nachrangigen Insolvenzgläubigern die in § 39 Abs. 1 u. 2, § 327 genannten Rangklassen gesondert auszuweisen. Bei den absonderungsberechtigten Gläubigern kann horizontal nach dem Absonderungsrecht, dessen Rechtsgrund, dem abzusondernden Gegenstand sowie nach Grund und Höhe einer etwaigen Insolvenzforderung gegliedert werden. Weiter sind nach Abs. 2 Satz 2 2. Hs. der mutmaßliche Ausfall nach Maßgabe des Liquidations- als auch des Fortführungswertes des Absonderungsgutes anzugeben (vgl. § 151 Rdn. 4 ff.). Ist das Absonderungsrecht nach den §§ 129 ff. anfechtbar, ist ein hinweisender Vermerk sowie in dem Masseverzeichnis ein korrespondierender Rückgewähranspruch (§ 143) aufzunehmen.[1] Bei allen Forderungen ist anzugeben, ob, aus welchem Grund und in welcher Höhe die Möglichkeit für eine **Aufrechnung** mit Gegenansprüchen des Schuldners besteht (Abs. 3 Satz 1). Eine bestehende Aufrechnungslage hat eine einem Absonderungsrecht gleiche Wirkung. Ist die Aufrechnung nach § 96 unzulässig, sollte lediglich ein dahingehender Hinweis erfolgen. Zusätzlich können die zu Grunde liegenden Be-

---

[1] MüKo-InsO/*Füchsl/Weishäupl* Rn. 19; FK-InsO/*Wegener* Rn. 12; a.A. HambK-InsR/*Jarchow* Rn. 8.

weismittel sowie die Forderungen nach Hauptforderung, Zinsen und Kosten unterschieden werden. Weiter kann eine Spalte dafür vorgesehen werden, ob die Forderung streitig oder etwa anfechtbar ist. In der Übersicht kann danach ein Gläubigerverzeichnis etwa wie folgt ausgestaltet sein:[2]   5

Gläubigerverzeichnis nach § 152 InsO *Insolvenzschuldner Insolvenzgericht und -verwalter, Aktz.*							
I. Insolvenz-gläubiger *Name, Anschrift, Kontoverbindung, Bevollmächtigter*	Forderung	Betrag		Grund		Beweisstücke	
	Hauptforderung						
	Zinsen						
	Kosten						
	Aufrechnungsbefugnis						
II. Absonderungsberechtigte *Name, Anschrift, Kontoverbindung, Bevollmächtigter*	Absonderungsrecht	Forderung	Betrag	Grund	Beweisstücke	Ausfall bei Ansatz von	
						Liquidationswerten	Liquidationswerten
	Gegenstand		Hauptforderung				
		Zinsen					
	Beweisstücke		Kosten				
	Aufrechnungsbefugnis						
III. Nachrangige Insolvenzgläubiger *(Rangklasse: § 39 Abs. 1 Nr. 1, 2, 3, 4, 5 o. Abs. 2, § 327) Name, Anschrift, Kontoverbindung, Bevollmächtigter*	Forderung	Betrag		Grund		Beweisstücke	
	Hauptforderung						
	Zinsen (§ 39 Abs. 3)						
	Kosten (§ 39 Abs. 3)						
	Aufrechnungsbefugnis						
IV. Massegläubiger *Name, Anschrift, Kontoverbindung, Bevollmächtigter*		Betrag		Grund			
	Forderung						

§ 153 Vermögensübersicht

(1) Der Insolvenzverwalter hat auf den Zeitpunkt der Eröffnung des Insolvenzverfahrens eine geordnete Übersicht aufzustellen, in der die Gegenstände der Insolvenzmasse und die Verbindlichkeiten des Schuldners aufgeführt und einander gegenübergestellt werden. Für die Bewertung der Gegenstände gilt § 151 Abs. 2 entsprechend, für die Gliederung der Verbindlichkeiten § 152 Abs. 2 Satz 1.

---

2 Ausf. Muster bei FA-InsR/*Gietl* Kap. 22 Rn. 66; *Breuer* Insolvenzrechts-Formularbuch, B I 3. Weiter sind Vorlagen in allen einschlägigen Insolvenzverwaltungssoftwareprogrammen enthalten.

§ 153 InsO Vermögensübersicht

(2) Nach der Aufstellung der Vermögensübersicht kann das Insolvenzgericht auf Antrag des Verwalters oder eines Gläubigers dem Schuldner aufgeben, die Vollständigkeit der Vermögensübersicht eidesstattlich zu versichern. Die §§ 98, 101 Abs. 1 Satz 1, 2 gelten entsprechend.

Übersicht	Rdn.		Rdn.
A. Normzweck	1	C. Verfahren	3
B. Inhalt der Vermögensübersicht	2		

A. Normzweck

1 Die Vermögensübersicht nach § 153 fasst das Verzeichnis der Massegegenstände und das Gläubigerverzeichnis (§§ 151, 152) zum Zwecke einer besseren Übersicht zusammen. Der Unterschied zu diesen Verzeichnissen besteht vor allem darin, dass in der Vermögensübersicht Mengenangaben fehlen und einzelne Posten zu bestimmten Gruppen zusammengefasst sind. Die Vermögensübersicht soll den Gläubigern einen Überblick über die wirtschaftlichen Verhältnisse des Schuldners zum Zeitpunkt der Insolvenzeröffnung vermitteln und das voraussichtliche wirtschaftliche Ergebnis des Insolvenzverfahrens erkennen lassen (vgl. § 155 Rdn. 3). Wegen der besonderen Bedeutung der Vermögensübersicht für das Verfahren stellt Abs. 2 mit der eidesstattlichen Versicherung des Schuldners ein spezielles Zwangsmittel zur Verfügung, um auf die Richtigkeit und Vollständigkeit hinzuwirken.

B. Inhalt der Vermögensübersicht

2 In der Vermögensübersicht werden die Massegegenstände und die Forderungen bilanzähnlich gegenübergestellt. In einer Erweiterung können auch die auszusondernden Gegenstände und die korrespondierenden Ansprüche aufgenommen werden (vgl. § 151 Rdn. 3). Die Vermögensübersicht ist von dem Überschuldungsstatus (§ 19) zu unterscheiden, da dieser weder die Angabe der Fremdrechte noch die insolvenzspezifischen Verfahrenskosten enthält. Stichtag für die Vermögensübersicht ist der Tag der Verfahrenseröffnung.

C. Verfahren

3 Der Verwalter hat die **Pflicht** zur Aufstellung des Vermögensverzeichnisses. Dieses ist spätestens eine Woche vor dem Berichtstermin in der Geschäftsstelle des Gerichts niederzulegen (vgl. § 154).

4 Auf Antrag kann das Insolvenzgericht dem Schuldner bzw. seinen organschaftlichen Vertretern (Abs. 1 Satz 2 i.V.m. § 101 Abs. 1 Satz 1 u. 2) aufgeben, die Vollständigkeit des Vermögensverzeichnisses **an Eides statt zu versichern**. Die Regelung ist eine Spezialvorschrift zu § 98, welche aber durch Abs. 2 im Übrigen nicht verdrängt wird. Antragsberechtigt sind die Gläubiger oder der Verwalter, nicht aber Aussonderungsberechtigte oder Absonderungsberechtigte, sofern ihnen der Schuldner nicht auch persönlich verpflichtet ist. Das Insolvenzgericht kann die Pflicht des Schuldners entsprechend § 98 durchsetzen (Abs. 1 Satz 2). Der Schuldner kann die eidesstattliche Versicherung nicht unter Berufung auf Unrichtigkeiten oder Unvollständigkeiten des von dem Verwalter gefertigten Vermögensverzeichnisses verweigern.[1] Es obliegt ihm, die von dem Verwalter vorgelegte Übersicht entsprechend seinen Erkenntnissen zu korrigieren oder zu vervollständigen. Ihm oder seinem Bevollmächtigten ist hierzu Akteneinsicht zu gewähren. Zudem ist der Schuldner in dem Termin zur Abgabe der Eidesstattlichen Versicherung über den Umfang des Verfahrens und den Zweck seiner Erklärung zu belehren. Anschließend hat der Richter die Vermögensübersicht mit dem Schuldner i.E. durchzugehen.[2] Kann sich der Schuldner trotz gehöriger Anspannung seines Gedächtnisses nicht zu bestimmten Buchungen erklären, kann er sich ohne die Gefahr einer Straf-

---

[1] BGH 21.10.2010, IX ZB 24/10, ZInsO 2010, 2292.
[2] BGH 21.10.2010, IX ZB 24/10, ZInsO 2010, 2292 Rn. 9.

barkeit auf seine Unkenntnis berufen. Vermag der Schuldner keine sicheren Auskünfte zu geben, ist seiner Offenbarungspflicht genügt, wenn er dabei nach »bestem Wissen« gehandelt hat.[3]

Die **formale Gliederung** der Vermögensübersicht folgt grds. auf der Aktivseite dem Masse- und auf der Passivseite dem Gläubigerverzeichnis. In der Übersicht werden diese Verzeichnisse unter Verzicht auf die genaue Bezeichnung des Massegegenstandes oder des Gläubigers konsolidiert.[4] 5

§ 154 Niederlegung in der Geschäftsstelle

Das Verzeichnis der Massegegenstände, das Gläubigerverzeichnis und die Vermögensübersicht sind spätestens eine Woche vor dem Berichtstermin in der Geschäftsstelle zur Einsicht der Beteiligten niederzulegen.

Übersicht	Rdn.		Rdn.
A. Normzweck	1	C. Einsichtnahme	3
B. Niederlegung	2		

A. Normzweck

Durch die Niederlegung der in §§ 151–153 genannten Aufstellungen soll allen am Verfahren Beteiligten ermöglicht werden, sich rechtzeitig vor dem Berichtstermin über die Vermögensverhältnisse des Schuldners zu unterrichten. Eine entsprechende Regelung besteht nach § 234 im Planverfahren. 1

B. Niederlegung

Die Niederlegung des Verzeichnis der Massegegenstände (§ 151), des Gläubigerverzeichnisses und der Vermögensübersicht hat durch den Verwalter jedenfalls eine Woche vor dem im Eröffnungsbeschluss bestimmten Berichtstermin (§ 29 Abs. 1 Nr. 1, § 156) zu erfolgen. Diese sind vom Verwalter zu unterzeichnen. 2

C. Einsichtnahme

Die Beteiligten können die niedergelegten Aufstellungen einsehen. Für andere Unterlagen, etwa den Bericht zur Gläubigerversammlung gilt die Vorschrift nicht. Die Beteiligten können sich von der Geschäftsstelle auf ihre Kosten Fotokopien fertigen lassen (§ 4 InsO i.V.m. § 299 Abs. 1 ZPO). Beteiligt sind der Schuldner, Gläubiger, die Mitglieder des Gläubigerausschusses, Aussonderungsberechtigte und Absonderungsberechtigte, selbst wenn ihnen der Schuldner nicht persönlich haftet. Die Einsicht kann auch durch einen bevollmächtigten Vertreter erfolgen. Das Gericht kann durch Beschluss eine Einsichtnahme verweigern, wenn die Gefahr besteht, dass die Informationen zu anderen als den Verfahrenszwecken, etwa zur Werbung oder zu Wettbewerbshandlungen missbraucht werden sollen.[1] Ein Rechtsbehelf hiergegen ist nur in Form der befristeten Erinnerung (§ 11 Abs. 2 RPflG) bei Anordnung des Rechtspflegers, ansonsten nicht eröffnet. Dritten kann die Einsichtnahme gestattet werden, wenn diese ein berechtigtes Interessen glaubhaft machen (§ 4 InsO i.V.m. § 299 Abs. 2 ZPO). Solches ist etwa den in § 156 Abs. 2 weiter genannten Gremien, etwa dem Betriebsrat regelmäßig einzuräumen. Kein Einsichtsrecht ist etwaigen Erwerbsinteressenten an dem schuldnerischen Unternehmen. zuzugestehen.[2] Diese haben sich im Verkaufsprozess erforderliche Informationen unmittelbar von dem Verwalter einzuholen. 3

---

3 BGH 21.10.2010, IX ZB 24/10, ZInsO 2010, 2292 Rn. 9.
4 Ausf. Muster bei FA-InsR/*Gietl* Kap. 22 Rn. 73; *Breuer* Insolvenzrechts-Formularbuch, B I 4; vgl. a. *Langer/Bausch* Modell des AG Aachen zur fortgeschriebenen Vermögensübersicht, ZInsO 2011, 1287 (1290 f.); Weiter sind Vorlagen in allen einschlägigen Insolvenzverwaltungssoftwareprogrammen enthalten.
1 FK-InsO/*Wegener* Rn. 6.
2 FK-InsO/*Wegener* Rn. 2; a.A. HambK-InsR/*Jarchow* Rn. 6.

§ 155 Handels- und steuerrechtliche Rechnungslegung

(1) Handels- und steuerrechtliche Pflichten des Schuldners zur Buchführung und zur Rechnungslegung bleiben unberührt. In bezug auf die Insolvenzmasse hat der Insolvenzverwalter diese Pflichten zu erfüllen.

(2) Mit der Eröffnung des Insolvenzverfahrens beginnt ein neues Geschäftsjahr. Jedoch wird die Zeit bis zum Berichtstermin in gesetzliche Fristen für die Aufstellung oder die Offenlegung eines Jahresabschlusses nicht eingerechnet.

(3) Für die Bestellung des Abschlußprüfers im Insolvenzverfahren gilt § 318 des Handelsgesetzbuchs mit der Maßgabe, daß die Bestellung ausschließlich durch das Registergericht auf Antrag des Verwalters erfolgt. Ist für das Geschäftsjahr vor der Eröffnung des Verfahrens bereits ein Abschlußprüfer bestellt, so wird die Wirksamkeit dieser Bestellung durch die Eröffnung nicht berührt.

Übersicht	Rdn.		Rdn.
A. Normzweck	1	D. Steuerrechtliche Buchführungspflichten	
B. Dualismus der Rechnungslegung	2	(§§ 140 ff. AO)	14
C. Handelsrechtliche Rechnungslegungspflichten (§§ 238 ff. HGB)	5		

A. Normzweck

1 Die Regelung stellt klar, dass die Bestimmungen über die insolvenzrechtliche Rechnungslegung die Buchführungs- und Rechnungslegungspflichten des Handels- und Steuerrechts unberührt lassen und dass auch diese Pflichten, soweit es um die Insolvenzmasse geht, vom Verwalter zu erfüllen sind.[1] An die Verfahrenssituation angepasst werden jedoch die Regeln zum Geschäftsjahr, zu den Aufstellungs- und Offenlegungsfristen und zur Bestellung der Abschlussprüfer (Abs. 2 und 3).

B. Dualismus der Rechnungslegung

2 Der Verwalter hat interne und externe Rechnungspflichten nebeneinander zu erfüllen (Dualismus der Rechnungslegung). Beide Rechenwerke verfolgen unterschiedliche Zielrichtungen und dienen dabei der Information anderer, wenn auch u.U. personenidentischer Kreise.

3 Bei den Pflichten zur **internen Rechnungslegung** handelt es sich um solche, die sich unmittelbar und ausschließlich aus der InsO ergeben. Mit ihr erfüllt der Verwalter die seinem Amt unmittelbar innewohnenden Rechenschaftspflichten (vgl. § 666 BGB). Die interne Rechnungslegung soll den Gläubigern, dem Schuldner und dem Insolvenzgericht Informationen über den Stand und die Durchführung des Insolvenzverfahrens geben. In ihr sollen die Vermögensverhältnisse des Schuldners bei Verfahrenseröffnung sowie die Maßnahmen der Verwaltung, Verwertung und Verteilung durch den Verwalter dokumentiert werden. Hierdurch ist sie notwendiger Teil und Grundlage einer wirksamen Überwachung des Verwalters, insb. durch das Insolvenzgericht (§ 58). Weiter stellt sie die notwendigen Daten für die Entscheidungen der Gläubiger, insb. über den Fortgang des Verfahrens (§ 157) zur Verfügung. Regelungen zu internen Rechenschaftspflichten des Verwalters finden sich in § 22 Abs. 1 Satz 2 Nr. 3 (Eröffnungsgrund, Massekostendeckung und Aussichten einer Fortführung), §§ 151–153 (Verzeichnisse der Massegegenstände und Vermögensübersicht, vgl. a. § 305 Abs. 1 Nr. 3), § 58 Abs. 1 Satz 2, § 69 Satz 2, § 79 Satz 1, § 156 Abs. 1 (Berichte an Gericht, Gläubigerausschuss und -versammlung), § 66 (Zwischen- und Schlussrechnungslegung, vgl. a. § 211 Abs. 2) und § 229 (Vermögensübersicht, Ergebnis- und Finanzplan im Planverfahren). Neben den in der InsO genannten gibt es keine allgemeinen Auskunfts- oder Rechnungslegungspflichten des (vorläufigen) Insolvenzverwalters, insbesondere gegenüber dem Schuldner; eine Ausnahme

---

[1] BT-Drucks. 12/2443, 172.

besteht, wenn besondere Pflichten, wie etwa im (später erledigten) Eröffnungsverfahren die Führung eines Treuhandkontos zum Forderungseinzug übernommen werden.[2]

Bei der **externen Rechnungslegung** erfüllt der Verwalter die den Insolvenzschuldner an sich unmittelbar treffenden, handels- und steuerrechtlichen Rechenschaftspflichten in Bezug auf die Insolvenzmasse. Diese unbeachtlich der Insolvenz bestehenden Pflichten sollen die Gesellschafter und die externen Gläubiger, im Falle der letzteren den Fiskus zu Zwecken der Besteuerung informieren. 4

C. Handelsrechtliche Rechnungslegungspflichten (§§ 238 ff. HGB)

Der Verwalter hat die handelsrechtliche Rechnungslegungspflichten **entsprechend dem Schuldner** zu erfüllen. Ist der Schuldner Istkaufmann (§ 1 HGB) oder Kaufmann kraft Eintragung (§§ 2 ff. HGB) bzw. eine Handelsgesellschaft (§ 6 Abs. 1) sind danach zunächst die Buchführungs- und Rechnungslegungspflichten nach den § 238 ff. einzuhalten. Bei Kapitalgesellschaften sind diese wiederum durch die Vorschriften über die Rechnungslegung bei der Liquidation modifiziert (§ 71 GmbHG; § 270 AktG). Ist der Schuldner Nichtkaufmann oder hat er diese Eigenschaft vor oder nach der Verfahrenseröffnung verloren, entfallen grds. die Pflichten zur Rechnungslegung und Buchführung. Der Schuldner verliert die Kaufmannseigenschaft jedoch nicht automatisch mit Verfahrenseröffnung. Dies gilt nicht nur bei einer Fortführung, sondern auch bei einer Liquidation des Unternehmens, da auch diese mit Gewinnerzielungsabsicht erfolgt. In jedem Fall bestehen Rechnungslegungspflichten nicht, wenn beim Schuldner an zwei aufeinander folgenden Abschlussstichtagen die Umsatzerlöse 500.000 € und der Jahresüberschuss 50.000 € nicht überschreiten (§ 241a, § 242 Abs. 4). 5

Inhalt der Rechnungslegungspflichten ist zunächst das Führen der Bücher nach den Grundsätzen ordnungsgemäßer Buchführung (§ 239 HGB). Weiter ist eine Bilanz (§ 242 Abs. 1 Satz 1, §§ 246 ff., §§ 266 ff. HGB) sowie eine Gewinn- und Verlustrechnung (§ 242 Abs. 2, §§ 275 ff. HGB) aufzustellen (§ 242 Abs. 3 HGB: Jahresabschluss). Bei mittleren und großen Kapitalgesellschaften (§ 267 HGB) ist diese um einen Anhang (§§ 284 ff. HGB) und einen Lagebericht (§§ 289 f. HGB) zu erweitern (§ 264 Abs. 1 Satz 1 und 4 HGB). Weitere Pflichten kommen im Konzern (§§ 290 ff. HGB) und bei kapitalmarktorientieren Kapitalgesellschaften hinzu (§ 264 Abs. 1 Satz 2 HGB). 6

Für **Ansatz und Bewertung** der einzelnen Vermögensgegenstände gelten grds. die §§ 246 ff., § 252 ff., §§ 279 ff. HGB. Bei Kapitalgesellschaften sind Vermögensgegenstände des Anlagevermögens in das Umlaufvermögen zu überführen, soweit ihre Veräußerung innerhalb von einem Jahr[3] nach Verfahrenseröffnung beabsichtigt ist oder diese Vermögensgegenstände bereits nicht mehr dem Geschäftsbetrieb dienen (§ 71 Abs. 2 Satz 3 GmbHG, § 270 Abs. 2 Satz 3 AktG). Die Bewertung hat grds. bis zum Berichtstermin (§ 157) nach dem going-concern-concept zu erfolgen (§ 252 Abs. 1 Nr. 2 HGB), soweit nicht bereits zuvor eine Stilllegung oder Veräußerung des Geschäftsbetriebes beabsichtigt ist (§ 158). Entscheidet sich die Gläubigerversammlung gegen eine Fortführung durch Innensanierung sind die Wertansätze anzupassen (Wertaufhellungsprinzip) und Liquidationswerte anzusetzen. Die Berücksichtigung steuerlicher Wahlrechte in der Handelsbilanz (»umgekehrte Maßgeblichkeit«; vgl. § 254 HGB a.F.) ist nach dem Bilanzrechtsmodernisierungsgesetz nicht mehr zulässig. 7

Mit dem Tag der Verfahrenseröffnung, nicht erst mit dem Folgetag beginnt ein neues, grundsätzlich zwölf Monate dauerndes Geschäftsjahr (Abs. 2).[4] Folglich ist für ein (Rumpf-)**Geschäftsjahr** bis zur Eröffnung eine Schlussbilanz und ab dem Tag der Eröffnung eine Eröffnungsbilanz aufzustellen. Der Verwalter kann aber das mit Eröffnung laufende (Insolvenz-)Geschäftsjahr zu einem weiteren Rumpfgeschäftsjahr verkürzen und zum bisherigen Geschäftsjahr zurückkehren, wobei er dies in 8

---

2 OLG Oldenburg 20.12.2012, 1 U 70/12, ZIP 2013, 786.
3 FK-InsO/*Boochs* Rn. 69.
4 OLG Frankfurt 21.05.2012, 20 W 65/12, ZIP 2012, 1617, 1618; anders noch die Vorauflage.

das Handelsregister eintragen lassen muss.[5] Die Ansätze in der Schlussbilanz müssen dabei denjenigen in der Eröffnungsbilanz entsprechen (§ 252 Abs. 1 Nr. 1 HGB). Durch die Verfahrenseröffnung zu erwartende Wertminderungen sind daher bereits in der Schlussbilanz zu berücksichtigen. Für jedes, dem Tag der Verfahrenseröffnung nachfolgende Geschäftsjahr sind periodisch Jahresabschlüsse zu fertigen. Auf den Zeitpunkt der Schlussverteilung oder, im Falle eines Insolvenzplanes, des Aufhebungsbeschlusses nach § 258 Abs. 1 ist abschließend eine Schlussbilanz aufzustellen.

9   Mittlere und große Kapitalgesellschaften (§ 267 HGB) haben den Jahresabschluss und den Lagebericht durch einen **Abschlussprüfer** prüfen zu lassen (§ 316 Abs. 1 Satz 1 HGB). Diese Pflicht besteht über die Verfahrenseröffnung auch für noch nicht geprüfte Jahresabschlüsse früherer Geschäftsjahre fort. Nach Abs. 3 Satz 1 erfolgt die Bestellung des Abschlussprüfers ausschließlich auf Antrag des Verwalters durch das Registergericht. Auf dessen Antrag hin kann das Registergericht auch von der Prüfungspflicht befreien (§ 270 Abs. 3 AktG; § 71 Abs. 3 GmbHG).[6] Eine bereits vor der Verfahrenseröffnung vorgenommene Bestellung eines Abschlussprüfers bleibt durch die Eröffnung unberührt (§ 155 Abs. 3 Satz 2), wenn sie sich auf das mit ihr endende (Rumpf-)Geschäftsjahr bezieht.[7] Der Prüfungsauftrag für vorherige Geschäftsjahre endet demgegenüber jedenfalls dann mit der Verfahrenseröffnung, wenn der Verwalter nicht die Erfüllung des Prüfungsauftrags wählt.[8] In diesem Fall oder wenn ein Abschlussprüfer durch die Gesellschafter nicht gewählt wurde, kann allein das Registergericht auf Antrag des Verwalters diesen bestellen (Abs. 3 Satz 1). Bei **Genossenschaften** ist die umfassende Pflichtprüfung durch den Prüfungsverband (§ 53 Abs. 1 GenG) jedenfalls dann nicht mehr durchzuführen, wenn der Geschäftsbetrieb eingestellt worden ist.[9] Für die Jahresabschlussprüfung mittlerer und großer Genossenschaften (§ 53 Abs. 2 GenG) ist der Prüfungsverband nur auf Vorschlag des Verwalters zuständig (§ 155 Abs. 3).[10] Zum Einlegen einer **Beschwerde** in diesem Zusammenhang (§ 59 FamFG) ist der Verwalter, nicht die Gesellschaft berechtigt.[11]

10 Der Jahresabschluss nebst Lagebericht sind beim Betreiber des elektronischen Bundesanzeigers elektronisch einzureichen und **offenzulegen** (§ 325 Abs. 1 HGB). Bei kleinen Kapitalgesellschaften genügt es, die Bilanz nebst Anhang ohne Angaben zur GuV offenzulegen (§ 326 HGB).

11 Die **Frist zur Aufstellung des Jahresabschlusses** beträgt grds. bei großen und mittleren Kapitalgesellschaften drei, bei kleinen u.U. sechs Monate nach dem Abschluss des Geschäftsjahres (§ 264 Abs. 1 Satz 3 und 4 HGB). Für die **Offenlegung** ist grds. (vgl. § 325 Abs. 4 HGB) ein Zeitraum von zwölf Monaten eröffnet. Abs. 2 Satz 2 verlängert diese Fristen, indem die Zeit bis zum Berichtstermin in diese Fristen nicht eingerechnet wird.

12 Der Verwalter hat die **Pflicht** zur Aufstellung der handelsrechtlichen Rechnungslegung. Dies gilt auch dann, wenn die vorhandene Buchhaltung des Schuldners Mängel hat oder die Jahresabschlüsse gerichtlich für nichtig erklärt werden.[12] Der Verwalter unterliegt dabei der Aufsicht des Insolvenzgerichts. Diese Aufsicht ist ausschließlich, so dass das Registergericht weder verpflichtet noch berechtigt ist, den Verwalter unter Androhung von Zwangsmitteln hierzu anzuhalten.[13] Auch finden die

---

5   OLG Frankfurt 21.05.2012, 20 W 65/12, ZIP 2012, 1617, 1618.
6   BT-Drucks. 12/2443, 172; OLG München 09.01.2008, 31 Wx 66/07, ZIP 2008, 219 zur GmbH & Co. KG; OLG München 10.08.2005, 31 Wx 61/05, ZIP 2005, 2068 nicht für die Geschäftsjahre vor Verfahrenseröffnung.
7   Vgl. OLG Frankfurt 04.12.2003, 20 W 232/03, ZIP 2004, 1114.
8   OLG Dresden 30.09.2009, 13 W 281/09, ZIP 2009, 2458.
9   BGH 21.06.2011, II ZB 12/10, ZIP 2011, 1673.
10 BGH 21.06.2011, II ZB 12/10, ZIP 2011, 1673, wobei offen gelassen wird (Rn. 27), ob weitergehend bei § 53 Abs. 2 GenG die Regeln in § 270 Abs. 3 AktG und § 71 Abs. 3 GmbHG analog heranzuziehen sind.
11 OLG Frankfurt 21.05.2012, 20 W 65/12, ZIP 2012, 1617, 1618.
12 Vgl. *OLG Dresden 30.09.2009*, 13 W 281/09, ZIP 2009, 2458, vorgehend LG Dresden 26.02.2009, 41 HK T 3/08, ZInsO 2009, 1921.
13 LG Mönchengladbach 19.08.2003, 9 T 7/02, ZInsO 2005, 948.

Buß- und Ordnungsgeldvorschriften (§§ 334 f. HGB) auf den Verwalter keine Anwendung.[14] Die für die Aufstellung der Rechenwerke entstehenden **Kosten** sind von der Masse zu tragen.

Die **Pflicht des Schuldners** bzw. seiner gesetzlichen Vertreter zur Rechnungslegung besteht neben § 155 grds. fort.[15] Diese Pflicht beschränkt sich allerdings auf das nicht zur Insolvenzmasse gehörende Vermögen der Schuldnerin, sodass im praktischen Regelfall eine sog. Nullbilanz zu erstellen und offenzulegen ist.[16] Ferner ist etwa die unterlassene Offenlegung des Jahresabschlusses nicht schuldhaft, wenn der gesetzliche Vertreter auf Rücklagen zur Aufbringung der Rechnungs- und Offenlegungskosten wegen der Verfahrenseröffnung nicht mehr zugreifen kann.[17] Er ist nicht verpflichtet, diese Kosten aus seinem Privatvermögen zu tragen.[18] 13

D. Steuerrechtliche Buchführungspflichten (§§ 140 ff. AO)

Als Vermögensverwalter i.S.v. § 34 Abs. 3 AO hat der (»starke« vorläufige) Verwalter die steuerlichen Pflichten[19] zu erfüllen, soweit sie sich auf die Insolvenzmasse beziehen. Dies umfasst auch die Mitwirkungspflichten nach den §§ 140 ff. AO, insb. die Buchführungs- und Aufzeichnungspflicht (§ 140 f. AO) sowie diejenige zur Abgabe von Steuererklärungen (§ 149 AO). Zur Erfüllung seiner Pflichten aus § 149 Abs. 1 AO hat der Verwalter einen Anspruch auf ermessensfehlerfreie Entscheidung über seinen Antrag auf Einsicht in die Steuerakte.[20] Weiter ist der Schuldner auf Verlangen des Verwalters gem. § 97 Abs. 1 Satz 1 verpflichtet, dem Verwalter die, insb. zur Erstellung der Steuererklärung notwendigen Unterlagen vorzulegen und die erforderlichen Auskünfte über alle relevanten Umstände zu geben.[21] 14

Für die **Aufstellung der Steuerbilanz** gelten die Grundsätze ordnungsgemäßer Buchführung des Handelsgesetzbuchs, d.h. die Handelsbilanz ist maßgeblich für die Steuerbilanz (§ 140 AO). Allerdings ist man nach dem BilMoG bei der Erstellung der Steuerbilanz nicht mehr nicht zwingend an die Ansätze und die Bewertung aus der Handelsbilanz gebunden (vgl. § 5 Abs. 1 Satz 1 EStG). Unbeachtlich der handelsrechtlichen Buchführungspflicht kann sich eine steuerrechtliche, originäre Buchführungspflicht aus § 141 AO ergeben. 15

Der Verwalter hat **Steuererklärungen** auch für die vor der Verfahrenseröffnung liegenden Abschnitte abzugeben. Bestehen Anhaltspunkte dafür, dass eine noch von dem Schuldner abgegebene Steuererklärung unrichtig ist, hat der Verwalter diese zu berichtigen (§ 153 AO). 16

Der Verwalter hat die **Pflicht** zur steuerrechtlichen Rechnungslegung. Er ist berechtigt hiermit einen Steuerberater zu beauftragen, wenn diese besondere Kenntnis erfordert oder dem Umfang nach über das hinausgeht, was mit der Erstellung einer Steuererklärung allgemein verbunden ist.[22] Die Pflicht besteht auch dann, wenn Masseunzulänglichkeit eingetreten ist und mutmaßlich die Erklärung keine steuerlichen Auswirkungen hat bzw. das Finanzamt die Möglichkeit der Schätzung hätte wahrnehmen können.[23] Nimmt das Finanzamt trotz eines Hinweises auf die Masseunzulänglichkeit die Verfügung nicht zurück, so steht dem Insolvenzverwalter bei Kostenstundung ein Anspruch auf Vorschuss und Erstattung der den Umständen nach angemessenen Kosten für die Beauftragung eines 17

---

14 Vgl. LG Frankfurt 01.10.2007, 3–16 T 30/07, ZIP 2007, 2325.
15 LG Bonn 13.11.2008, 30 T 275/08, ZIP 2009, 332.
16 LG Bonn 13.11.2008, 30 T 275/08, ZIP 2009, 332.
17 LG Bonn 16.09.2009, 30 T 366/09, ZIP 2009, 2108.
18 LG Bonn 16.09.2009, 30 T 366/09, ZIP 2009, 2108.
19 Zum Steuerrecht in der Insolvenz vgl. ausf. FK-InsO/*Boochs* § 155 Rn. 162 ff.; Mohrbutter/Ringstmeier/*Vortmann* Kap 31; FA-InsR/*Boochs* Kap. 8; Pape/Uhländer/*Farr/Uhländer/Waza* Rn. 1 ff. .
20 Vgl. FG Neustadt 24.11.2009, 1 K 1752/07, ZIP 2010, 892 (894).
21 BGH 18.12.2008, IX ZB 197/07, ZInsO 2009, 300; LG Duisburg 22.04.2010, 7 T 8/10, ZInsO 2011, 1252 (1253 f.): Versagung der Restschuldbefreiung bei Verletzung der Pflicht.
22 BGH 22.07.2004, IX ZB 161/03, ZIP 2004, 1717.
23 BFH 06.11.2012, VII R 72/11, ZIP 2013, 83 zur Zwangsgeldfestsetzung; a.A. noch die Vorauflage unter Bezugnahme auf die Vorinstanz FG Gotha 01.09.2011, 1 K 355/10, ZIP 2011, 2021.

Steuerberaters als Auslagen aus der Staatskasse zu.[24] Die steuerrechtliche Pflicht zur Buchführung besteht nicht nur gegenüber dem Fiskus, sondern grds. auch gegenüber dem jeweiligen Gemeinschuldner, seinem persönlich haftenden Gesellschafter und dem Kommanditisten.[25] Der Verwalter hat sie allerdings nur so weit wahrzunehmen, wie seine Verwaltung reicht.[26] Er ist daher nicht zur Buchführung hinsichtlich solcher Vermögensteile verpflichtet, die er wirksam aus der Masse freigegeben hat.[27]

---

24 BGH 22.07.2004, IX ZB 161/03, ZIP 2004, 1717.
25 BGH 16.09.2010, IX ZR 121/09, ZIP 2010, 2164 (2166 f.): Erstellung eines Jahresabschlusses, damit die persönlich haftenden Gesellschafter hierauf aufbauend ihre Steuererklärung abgegeben können.
26 BGH 16.09.2010, IX ZR 121/09, ZIP 2010, 2164 (2168).
27 BGH 16.09.2010, IX ZR 121/09, ZIP 2010, 2164 (2168).

Zweiter Abschnitt Entscheidung über die Verwertung

§ 156 Berichtstermin

(1) Im Berichtstermin hat der Insolvenzverwalter über die wirtschaftliche Lage des Schuldners und ihre Ursachen zu berichten. Er hat darzulegen, ob Aussichten bestehen, das Unternehmen des Schuldners im ganzen oder in Teilen zu erhalten, welche Möglichkeiten für einen Insolvenzplan bestehen und welche Auswirkungen jeweils für die Befriedigung der Gläubiger eintreten würden.

(2) Dem Schuldner, dem Gläubigerausschuß, dem Betriebsrat und dem Sprecherausschuß der leitenden Angestellten ist im Berichtstermin Gelegenheit zu geben, zu dem Bericht des Verwalters Stellung zu nehmen. Ist der Schuldner Handels- oder Gewerbetreibender oder Landwirt, so kann auch der zuständigen amtlichen Berufsvertretung der Industrie, des Handels, des Handwerks oder der Landwirtschaft im Termin Gelegenheit zur Äußerung gegeben werden.

Übersicht	Rdn.		Rdn.
A. Normzweck	1	C. Berichtstermin	6
B. Bericht zur Gläubigerversammlung	2		

A. Normzweck

Der Berichtstermin ist regelmäßig die erste Gläubigerversammlung. In ihr entscheiden die Gläubiger über den weiteren Fortgang des Verfahrens nach Maßgabe von § 157. Grundlage hierfür ist ein umfassender Bericht des Verwalters über die Krisenursachen und -lage des Unternehmens und die sich hieraus ergebenden Verfahrensalternativen für das Ziel der bestmöglichen Befriedigung der Gläubiger. Ob die Gläubiger tatsächlich noch Einfluss nehmen können, ist praktisch zu bezweifeln, da die wesentlichen Verfahrensentscheidungen bereits im eröffneten Verfahren oder kurz nach Eröffnung getroffen werden müssen (vgl. § 158).[1] Im Verbraucherinsolvenzverfahren gibt es keinen Berichtstermin (§ 312 Abs. 1 Satz 2). 1

B. Bericht zur Gläubigerversammlung

Der Bericht des Verwalters in der Gläubigerversammlung hat in mündlicher **Form** zu erfolgen. Es handelt sich um eine höchstpersönliche Aufgabe (vgl. § 56 Rdn. 14), so dass der Verwalter zur Anwesenheit verpflichtet ist.[2] Bei der Eigenverwaltung hat der Schuldner den Bericht zu erstatten, der Sachwalter hat hierzu Stellung zu nehmen (§ 281 Abs. 2). Der Bericht hat sich an den Informationsbedürfnissen der Gläubiger auszurichten.[3] Zur weiteren Erläuterung und Vertiefung bestimmter Einzelsachverhalte kann der Verwalter auch einem Mitarbeiter den Vortrag überlassen. Ist der Bericht unzureichend kann das Gericht den Termin als Aufsichtsmaßnahme (§ 58) vertagen, damit der Verwalter nachbessert. Ehrverletzende Äußerungen des Verwalters in seinem Bericht sind nicht nach den von der Rechtsprechung für Äußerungen in einem gerichtlichen Erkenntnisverfahren entwickelten Grundsätzen einer Ehrenschutzklage entzogen.[4] Allerdings nimmt der Verwalter berechtigte Interessen wahr, so dass die nach den § 193 StGB und § 824 Abs. 2 BGB bestehende Grenze überschritten sein muss.[5] Der mündliche Bericht sollte, wenn auch gesetzlich nicht zwingend, durch einen **schriftlichen Bericht** vorbereitet werden. Der schriftliche Bericht ist vor dem eigentlichen Ter- 2

---

1 *Uhlenbruck* Rn. 1.
2 Vgl. OLG Hamburg 19.10.2005, 2 Va 2/05, ZIP 2005, 2165.
3 Mustergliederung sowie Muster eines Berichtes nach § 156 InsO bei *Frege/Keller/Riedel* Insolvenzrecht Rn. 1285, 1046.
4 BGH 18.10.1994, VI ZR 74/94, ZIP 1994, 1963.
5 BGH 18.10.1994, VI ZR 74/94, ZIP 1994, 1963 (1965).

min dem Gericht vorbereitend zu übersenden. Der schriftliche Bericht wird dem Protokoll beigefügt (§ 4 InsO i.V.m. § 160 Abs. 5 ZPO).

3 In dem Bericht ist nach Abs. 1 Satz 1 zunächst **die wirtschaftliche Lage des Schuldners und ihre Ursachen** darzustellen und zu analysieren.[6] Der Bericht schließt dabei an das Sachverständigengutachten (vgl. § 22 Rdn. 83) und das Verzeichnis der Massegegenstände (§ 151), das Gläubigerverzeichnis (§ 152) sowie die Vermögensübersicht (§ 153) an und baut auf diesen auf. Die Darstellung beinhaltet die Rechtsverhältnisse bei natürlichen Personen (Familien- und Güterstand, Unterhaltspflichten) und Gesellschaften (aktuelle und frühere Gesellschafter/Geschäftsführer, Gründung etc.). Weiter ist über die Unternehmung oder berufliche Tätigkeit des Schuldners, einschließlich der betrieblichen Organisation in sächlicher und personeller Hinsicht sowie dessen wesentlichen Geschäftsverhältnissen einzugehen. Hierauf aufbauend ist zur Vermögens- und Ertragssituation der letzten Jahre, jedenfalls beginnend mit den ersten Krisenmerkmalen, auszuführen. Dies beinhaltet vor allem Ausführungen zu denen für die Krise maßgeblichen exogenen und endogenen Faktoren, etwa unternehmerischer Fehlentscheidungen.

4 Die vorgenannte Darstellung ist Grundlage für die Erörterung, ob sowie in welcher Art und Weise das schuldnerische **Unternehmen im ganzen oder in Teilen erhalten werden kann**. Dabei ist eine Innensanierung unter Erhalt des bestehenden Rechtsträgers oder die Veräußerung (übertragende Sanierung) auch nur eines Unternehmensteils, sei es an Dritte oder die bisherige Geschäftsleitung, zu erwägen. Hierzu bedarf es einer detaillierten betriebswirtschaftlichen Analyse, insb. auch unter Einbeziehung des Marktumfeldes. Kommt eine übertragende Sanierung grds. in Betracht ist darauf einzugehen, welche Vermarktungsbemühungen unternommen wurden. Einer Fortführung ist die Zerschlagung des schuldnerischen Unternehmens gegenüber zu stellen. Aufgrund der besonderen gesetzlichen Anordnung ist besonders darauf einzugehen, ob statt einer Abwicklung nach den gesetzlichen Vorschriften die Durchführung eines Insolvenzplanverfahrens (§§ 217 ff.) in Betracht kommt. Hierauf ist insb. bei den Möglichkeiten für eine Innensanierung einzugehen.

5 Aufbauend auf den Optionen für den Fortgang des Verfahrens sind die **Auswirkungen auf die Gläubigerbefriedigung** darzulegen. Dies beinhaltet zunächst die Quotenerwartung der Gläubiger, einschließlich der Verteilungszeitpunkte in Ansehung der Alternativen. Weiter ist auf die Auswirkungen für die absonderungsberechtigten Gläubiger einzugehen, insb. wenn es bei einer Fortführung zu einem Werteverfall kommt (vgl. § 172). Die Auswirkungen auf Aussonderungsberechtigte oder Massegläubiger sind nicht darzustellen, da diese nicht teilnahmeberechtigt sind (vgl. § 74 Rdn. 6).[7]

C. Berichtstermin

6 Für die **Einberufung des Berichtstermins** gilt grds. § 74. Der Termin wird im Eröffnungsbeschluss festgelegt und sollte nicht über sechs Wochen, in keinem Fall jedoch über drei Monate nach Eröffnung stattfinden (§ 29). Er kann und wird praktisch zumeist mit dem Prüfungstermin verbunden, wenn eine Prüfung aller Forderungen in Ansehung der Anmeldefrist (§ 28 Abs. 1) bis dahin mutmaßlich gewährleistet ist. Auch ist eine Verbindung mit dem Termin für die Erörterung und ggf. Abstimmung über einen Insolvenzplan grds. möglich (vgl. § 236 Satz 2).[8] Die Tagesordnung (vgl. § 74 Rdn. 3) hat sich an dem Sachverständigengutachten zu orientieren. Der Termin wird mit dem Eröffnungsbeschluss im Internet bekannt gemacht (§ 30 Abs. 1 Satz 1) als auch den Gläubigern und dem Schuldner besonders zugestellt (§ 30 Abs. 2). Die in Abs. 2 genannten Gruppen sind nicht besonders zu laden, allerdings möglichst unter Beifügung des schriftlichen Verwalterberichts auf den Termin hinzuweisen.[9] Spätestens eine Woche vor dem Berichtstermin sind durch

---

[6] Zur betriebswirtschaftlichen Sicht insb. *Möhlmann* NZI 1999, 433 ff.
[7] AA *Uhlenbruck* Rn. 11.
[8] FK-InsO/*Wegener* Rn. 1a.
[9] *Uhlenbruck* Rn. 15, FK-InsO/*Wegener* Rn. 10.

den Verwalter die Verzeichnisses nach den §§ 151 f. sowie die Vermögensübersicht (§ 153) in der Geschäftsstelle zur Einsicht der Beteiligten niederzulegen (§ 154).

Für die **Durchführung des Berichtstermins** gilt grds. § 76. Die Gläubigerversammlung kann von dem Verwalter ergänzende Erläuterungen zu seinem Bericht verlangen (§ 79). Aufbauend auf dem Bericht entscheiden die Gläubiger über den weiteren Fortgang des Verfahrens. Da es sich bei dem Berichtstermin praktisch zumeist um die erste Gläubigerversammlung handelt, können sie zunächst einen anderen Insolvenzverwalter wählen (§ 57). Weiter kann ein Beschluss über die Einsetzung eines Gläubigerausschusses (§ 68) oder über die Eigenverwaltung (§ 271 Satz 1, § 272 Abs. 1 Nr. 1) gefasst werden. Schließlich hat sie über die Stilllegung oder Fortführung des Unternehmens (§ 157 Satz 1), die Ausarbeitung eines Insolvenzplanes (§ 157 Satz 2), etwaige unter die §§ 160ff. fallende Rechtshandlungen, die weiteren Berichtspflichten des Verwalters (vgl. § 79 Rdn. 4) oder z.B. den Unterhalt des Schuldners (§ 100) zu entscheiden. Das Gericht hat über die Gläubigerversammlung ein Protokoll aufzunehmen (§ 4 InsO i.V.m. §§ 159 ff. ZPO).[10] 7

Um die Gläubiger möglichst umfassend, insb. unter Heranziehung besonderer Fachkunde zu informieren, besteht nach Abs. 2 Satz 1 zu dem Bericht des Verwalters ein **Anhörungsrecht** des Schuldners, des Gläubigerausschusses, des Betriebsrates und des Sprecherausschusses der leitenden Angestellten. Eine Missachtung der Regelung beeinflusst nicht die Wirksamkeit gefasster Beschlüsse, sondern kann allein im Dienstaufsichtsweg geltend gemacht werden.[11] Weiter kann die zuständige amtliche Berufsvertretung angehört werden, wenn der Schuldner Handels- oder Gewerbetreibender oder Landwirt ist (Abs. 2 Satz 2). Anders als bei Abs. 1 Satz 1 hat die Berufsvertretung jedoch keinen Anspruch auf Anhörung. Die Anhörung ist hier in das Ermessen des Gerichts gestellt. In keinem der Fälle des Abs. 2 besteht eine Pflicht zur Teil- bzw. Stellungnahme im Berichtstermin. 8

§ 157 Entscheidung über den Fortgang des Verfahrens

Die Gläubigerversammlung beschließt im Berichtstermin, ob das Unternehmen des Schuldners stillgelegt oder vorläufig fortgeführt werden soll. Sie kann den Verwalter beauftragen, einen Insolvenzplan auszuarbeiten, und ihm das Ziel des Plans vorgeben. Sie kann ihre Entscheidungen in späteren Terminen ändern.

Übersicht	Rdn.			Rdn.
A. Normzweck	1	C.	Verfahren	8
B. Verwaltungsalternativen	2			

A. Normzweck

Die Vorschrift bestimmt, dass die wichtigste Entscheidung des Verfahrens, die Fortführung des schuldnerischen Unternehmens, der Gläubigerversammlung und nicht anderen, etwa dem Gericht obliegt. Die Vorschrift ist damit die zentrale Norm der Verwirklichung des Grundsatzes der Gläubigerautonomie. 1

B. Verwaltungsalternativen

Der Gesetzgeber gibt kein bestimmtes Verfahrensziel vor. Liquidation, übertragende Sanierung und Innensanierung als Grundformen sind gleichrangig.[1] Die Erhaltung des Unternehmens ist kein *Selbstzweck*, sondern nur dann erstrebenswert, wenn der Fortführungswert den Zerschlagungswert übersteigt.[2] Das Verfahren soll lediglich ein neutraler, durch das Planverfahren anzupassender 2

---

10 Muster des Protokolls eines Berichtstermins bei *Frege/Keller/Riedel* Insolvenzrecht Rn. 1285.
11 MüKo-InsO/*Görg* Rn. 11.
1 Vgl. BT-Drucks. 12/2443, 77 ff.
2 Vgl. RegE-ESUG BR-Drucks 127/11, 22.

Rechtsrahmen sein, in dem die Beteiligten die für sie vorteilhafteste Lösung entdecken und durchsetzen können.[3] Die Gläubiger werden sich dabei auf der Grundlage des Berichts des Verwalters für die Lösung entscheiden, welche die Masse am effektivsten, d.h. auch unter Berücksichtigung der Dauer und Risiken der Maßnahmen mehrt. Für einzelne Betriebs- oder Unternehmensteile können unterschiedliche Verwertungsmaßnahmen vorgesehen werden.

3 Eine **Liquidation** durch Zerschlagung des Unternehmens und Veräußerung der einzelnen Vermögensgegenstände hat immer dann zu erfolgen, wenn auch bei einer veränderten Unternehmensfortführung Einnahme- und Liquiditätsüberschüsse nicht zu erwarten sind oder sich trotz dessen niemand findet, der das Unternehmen dauerhaft fortführen möchte.

4 Bei der **übertragenden Sanierung**[4] als Sonderform der Liquidation werden die Vermögensgegenstände des Schuldners ganz oder teilweise in ihrem betrieblichen Zusammenhang auf einen anderen, oft auch neu gegründeten Rechtsträger übertragen. Das Unternehmen wird hierdurch von seinen Altschulden getrennt. Durch die übertragende Sanierung kann anders als bei der Einzelzerschlagung zumeist auch das immaterielle Vermögen des Schuldners verwertet werden und insgesamt ein höherer Verwertungserlös als bei der Zerschlagung erzielt werden.

5 Bei der **Sanierung des Unternehmensträgers** (Innensanierung) bleibt der Schuldner Inhaber des Unternehmens und der einzelnen Vermögensgegenstände. Seine Ertragskraft soll durch leistungs- und finanzwirtschaftliche Umstrukturierung und Reorganisation wiederhergestellt werden. Ihre Umsetzung kann wegen des zumeist erforderlichen Schuldenschnitts nur durch einen Insolvenzplan (vgl. § 224) erfolgen.

6 Es ist bei allen Verwertungsalternativen zu überprüfen, ob und wann eine **Fortführung oder Stilllegung des Betriebes** (Satz 1) sinnvoll ist (vgl. hierzu § 158 Rdn. 3). Die Alternative einer Betriebsfortführung stellt sich nicht mehr, wenn bereits vor Antragstellung, im Eröffnungsverfahren (vgl. § 22 Abs. 1 Nr. 2) oder nach Eröffnung vor dem Berichtstermin (vgl. § 158) der Geschäftsbetrieb eingestellt wurde. Die Fortführung ist nur zulässig, wenn dies insb. für eine massemehrende Liquidation (Ausproduktion), übertragende Sanierung oder ein Planverfahren vorübergehend notwendig ist. Eine dauernde Fortführung des Betriebes mit dem Ziel der sukzessiven, wenigstens teilweisen Befriedigung der Gläubiger ist unzulässig.[5] Auch wenn sich die Gläubiger für eine Stilllegung entscheiden, hat der Verwalter zu prüfen, ob eine Fortführung zur Ausproduktion sinnvoll ist, den Gläubigern zur Entscheidung zu stellen. Übt der Schuldner eine selbständige Tätigkeit aus oder beabsichtigt er solches, kann eine nachteilhafte Fortführung zu Lasten der Masse durch Freigabe vermieden werden (§ 35 Abs. 2).

7 Die Umsetzung der vorgegebenen Verwertung kann nach Maßgabe der InsO oder hiervon abweichend in einem **Insolvenzplan** geregelt werden (§ 217). Der Insolvenzplan kommt sowohl zur Regelung einer Liquidation, einer übertragenden und insb. zur Sanierung unter Erhalt des Rechtsträgers in Betracht. Die Gläubigerversammlung kann dem Verwalter den Auftrag zur Ausarbeitung eines Insolvenzplans (Satz 2) geben.

C. Verfahren

8 Die **Entscheidung der Gläubigerversammlung** erfolgt auf der Grundlage des Verwalterberichts durch Beschluss (§ 76). Grundlage für die Entscheidung sind der Bericht des Verwalters (§ 156) sowie die spätestens eine Woche vor dem Berichtstermin zur Einsichtnahme ausgelegten Verzeichnisse nach den §§ 151–153. Hinsichtlich des Inhalts des Beschlusses sind die Gläubiger frei. Die Gläubigerversammlung kann dem Verwalter eine Verwertungsalternative in groben Zügen oder detailliert vorgeben. Die Gläubigerversammlung kann durch Beschluss auf den Gläubigerausschuss oder auf

---

[3] Vgl. BT-Drucks. 12/2443, 78.
[4] Ausf. FA-InsR/*Thiele* Kap. 13.
[5] BGH 10.04.1979, VI ZR 77/77, NJW 1980, 55 Rn. 21; FK-InsO/*Wegener* Rn. 2.

den Verwalter, nicht aber auf das Gericht ihre Kompetenz vollständig, teilweise oder unter Bedingungen übertragen, über den Fortgang des Verfahrens zu entscheiden (vgl. § 69 Rdn. 8).[6]

Der **Auftrag zur Ausarbeitung eines Insolvenzplanes** (Satz 2) allein initiativ durch die Gläubiger ist praktisch kaum denkbar. Vielmehr bedarf es regelmäßig einer Vorbereitung der Grundzüge eines Planes durch den Verwalter oder den Schuldner. Der Verwalter hat nach dem Auftrag binnen angemessener Frist dem Gericht den ausgearbeiteten Plan vorzulegen (gem. § 218 Abs. 2). Bei der Aufstellung wirken der Gläubigerausschuss, der Schuldner und die weiteren in § 218 Abs. 3 genannten Gremien beratend mit. Umgekehrt zum Auftrag kann dem Verwalter auch die Vorlage eines eigenen, von den Vorstellungen der Gläubiger abweichenden Planes untersagt werden. 9

Eine Änderung oder **Aufhebung des Beschlusses** kann zunächst durch die Gläubigerversammlung in einem späteren Termin durch Beschluss erfolgen (Satz 3). Auf die Einberufung einer entsprechenden Gläubigerversammlung hat der Verwalter anzutragen (vgl. § 75 Abs. 1 Nr. 1), wenn sich etwa die den Beschluss begründenden Umstände maßgeblich geändert haben. Schließlich ist auf Antrag der Beschluss aufzuheben, wenn er den gemeinsamen Interessen der Insolvenzgläubiger widerspricht (§ 78). **Weicht der Beschluss von den Vorgaben des Verwalters ab** oder hält er diesen gar für wirtschaftlich unsinnig, kann dieser nur sogleich auf Aufhebung beantragen (§ 78 Abs. 1). Ist der Antrag erfolglos, kann er nur seine Entlassung beantragen (§ 59 Abs. 1 Satz 2), wenn er den Beschluss nicht umsetzen möchte. Setzt er ihn um, wird seine Haftung im Außenverhältnis in jedem Falle nicht beseitigt (vgl. § 61 Rdn. 11). Die Umsetzung rechtlich undurchführbarer oder rechtswidriger Beschlüsse kann der Verwalter grds. verweigern, allerdings wird auch dann regelmäßig ein Aufhebungsgrund nach § 78 anzunehmen sein. 10

Fassen die Gläubiger **keinen Beschluss** (vgl. § 76 Rdn. 3) oder wird ihm die Entscheidungskompetenz durch Beschluss übertragen (vgl. Rdn. 8), hat der Verwalter in eigenem pflichtgemäßen Ermessen die Verwertung vorzunehmen (§ 159). Das Gericht ist nicht berechtigt an Stelle der Gläubiger das Verfahrensziel festzulegen. Der Verzicht der Gläubiger auf ihre Entscheidungskompetenz reduziert die Haftung ihnen gegenüber für die hierauf von dem Verwalter nach eigenem Ermessen getroffenen Maßnahmen. Unbenommen bleibt die Möglichkeit des Gerichts, auch auf Antrag des Verwalters, die Versammlung zu vertagen, um einen Beschluss nach § 157 herbeizuführen. Insb. dem Verwalter eröffnet sich hierdurch die Möglichkeit, Gläubiger für eine Teilnahme zu gewinnen und seine geplante Vorgehensweise mit den Gläubigern abzustimmen. 11

§ 158 Maßnahmen vor der Entscheidung

(1) Will der Insolvenzverwalter vor dem Berichtstermin das Unternehmen des Schuldners stilllegen oder veräußern, so hat er die Zustimmung des Gläubigerausschusses einzuholen, wenn ein solcher bestellt ist.

(2) Vor der Beschlußfassung des Gläubigerausschusses oder, wenn ein solcher nicht bestellt ist, vor der Stillegung oder Veräußerung des Unternehmens hat der Verwalter den Schuldner zu unterrichten. Das Insolvenzgericht untersagt auf Antrag des Schuldners und nach Anhörung des Verwalters die Stillegung oder Veräußerung, wenn diese ohne eine erhebliche Verminderung der Insolvenzmasse bis zum Berichtstermin aufgeschoben werden kann.

Übersicht	Rdn.		Rdn.
A. Normzweck	1	C. Verfahren	5
B. Maßnahmen vor der Entscheidung	2		

---

[6] Vgl. ausf. *Uhlenbruck* Rn. 21 ff.

§ 158 InsO Maßnahmen vor der Entscheidung

A. Normzweck

1 Erst die Gläubigerversammlung soll im Berichtstermin über den Fortgang des Insolvenzverfahrens entscheiden (§ 157). Die Fortführung bis dahin ist der gesetzliche Regelfall. Eine Entscheidung des Verwalters, das Unternehmen des Schuldners stillzulegen oder zu veräußern, ist zumeist unumkehrbar und beseitigt die den Gläubigern offen stehenden Verwertungsalternativen. In manchen Fällen sind solche Maßnahmen vor dem Berichtstermin aus wirtschaftlichen Gründen jedoch zwingend und unaufschiebbar geboten.[1] Für diese Fälle eröffnet § 158 dem Verwalter die Möglichkeit von dem Fortführungsführungsgebot abzuweichen. Zur Wahrung der Interessen der Gläubiger und des Schuldners ist eine Zustimmungspflicht des Gläubigerausschusses bzw. eine Pflicht vorgesehen, den Schuldner zu unterrichten.

B. Maßnahmen vor der Entscheidung

2 Erfasst sind die Stilllegung oder Veräußerung des **Unternehmens oder einzelner Unternehmensteile** (vgl. § 160 Rdn. 4). Dies schließt Maßnahmen bei einzelnen Betrieben oder Betriebsteilen ein (vgl. § 160 Rdn. 4), wenn diese für das Unternehmen erheblich sind.

3 Als **Stilllegung** ist jede Maßnahme des Verwalters tatsächlicher Art zu sehen, durch welche der betriebliche Leistungsprozess zum Erliegen kommt. Regelmäßig handelt es sich um die Einstellung der Produktionstätigkeit. Dies kann durch aktives Tun (etwa Freistellung von Mitarbeitern, Herausgabe von betriebsnotwendigen Gegenständen des Anlagevermögens an Absonderungsberechtige) oder Unterlassen (Verzicht auf Neuaufträge oder Materialeinkauf) erfolgen.[2] Sich nicht auf den Unternehmensbestand auswirkende Handlungen, wie der Umsatz von Umlaufvermögen[3] gehören nicht hierzu. Eine **Stilllegung hat zu erfolgen**, wenn die Fortführung aus tatsächlichen, insb. betriebswirtschaftlichen oder rechtlichen Gründen nicht sinnvoll oder möglich erscheint. Eine Fortführung kann etwa ordnungsrechtlich (vgl. § 14 Abs. 2 Nr. 7 BRAO, aber a. § 12 GewO) oder faktisch ausscheiden, weil die handelnden Personen an dieser nicht mitwirken möchten oder können. Aus betriebswirtschaftlichen Gründen ist sie veranlasst, wenn durch eine Fortführung gegenüber einer Stilllegung eine erhebliche Verminderung der Masse zu besorgen ist (vgl. Abs. 2 Satz 2). Eine Stilllegung ist auch möglich, wenn der Schuldner eine selbständige Tätigkeit i.S.v. § 35 Abs. 2 ausübt.[4]

4 Die **Veräußerung des Unternehmens** vor dem Berichtstermin erfolgt durch eine übertragende Sanierung (vgl. § 157 Rdn. 4). § 158 verdrängt damit in seinem zeitlichen Anwendungsbereich § 160 Abs. 2 Nr. 1. Oft wird eine übertragende Sanierung unter Ausnutzung des Insolvenzgeldzeitraumes im Eröffnungsverfahren vorbereitet und auf den Zeitpunkt der Verfahrenseröffnung geschlossen. Um den Zustimmungserfordernissen zu genügen und damit Haftungsansprüche zu vermeiden, sollte sie unter der auflösenden Bedingung der Zustimmung durch den Gläubigerausschuss bzw. der Gläubigerversammlung vereinbart werden. Alternativ kann das Unternehmen auch bis zur Entscheidung nach § 160 Abs. 2 Nr. 1 zunächst verpachtet werden.[5]

C. Verfahren

5 Der Verwalter hat die **Zustimmung des Gläubigerausschusses** einzuholen, wenn ein solcher durch das Gericht bestellt wurde (§ 67 Abs. 1). Die Zustimmung erfolgt durch Beschluss (§ 72). Ist ein Ausschuss nicht bestellt, entscheidet der Verwalter nach pflichtgemäßem Ermessen. Weder muss er auf die vorzeitige Einberufung einer Gläubigerversammlung antragen, noch die Zustimmung des Insolvenzgerichts einholen. Sofern dies zeitlich möglich und umsetzbar ist, sollte er jedoch zur

---

1 BT-Drucks. 12/2443, 173.
2 HambK-InsR/*Decker* Rn. 3.
3 Vgl. BGH 20.02.2003, IX ZR 81/02, ZIP 2003, 632 (635).
4 Ausf. *Zimmermann* ZInsO 2011, 2057.
5 OLG Rostock 08.04.2011, 5 U 31/08, ZInsO 2011, 1511.

Vermeidung von Haftungsansprüchen (vgl. § 60 Rdn. 33) bei dem Gericht die Einsetzung eines vorläufigen Ausschusses (§ 67) anregen.[6]

Vor der Beschlussfassung des Gläubigerausschusses oder, wenn ein solcher nicht bestellt ist, vor der Maßnahme hat eine **Unterrichtung des Schuldners** zu erfolgen. Dies muss so rechtzeitig geschehen, dass der Schuldner noch sein Antragsrecht wahrnehmen kann. Eine Unterrichtung kann analog §§ 10 Abs. 1 Satz 1, § 161 Satz 1 unterbleiben, wenn der Schuldner nicht zu erreichen oder hieraus eine nachteilige Verzögerung[7] zu besorgen ist.[8] Nicht erforderlich ist die Zustimmung des Schuldners. Im Falle einer Stilllegung, nicht aber bei einer Veräußerung, sind die **Mitbestimmungsrechte des Betriebsrates** nach §§ 111 ff. BetrVG i.V.m. §§ 121 f. einzuhalten.[9] 6

Der Schuldner kann bei dem Insolvenzgericht auf die **Untersagung der Maßnahme** antragen. Der Antrag sollte, muss aber nicht Gründe angeben, warum entgegen der Ansicht des Verwalters durch die Verschiebung der Maßnahme bis zum Berichtstermin eine erhebliche Verminderung der Insolvenzmasse nicht zu besorgen ist. Im Falle der Veräußerung des Geschäftsbetriebes ist dabei die Fortführung durch den Verwalter selbst bis zum Berichtstermin als auch die Möglichkeit einer Veräußerung zu jedenfalls gleichwertigen Konditionen einzubeziehen. Nur selten wird dabei eine erhebliche Masseminderung nicht festzustellen sein. Der Verwalter ist **zu dem Antrag anzuhören**, damit er den geltend gemachten Gründen entgegentreten kann. Der Antrag ist erledigt, wenn der Verwalter hierauf von der Maßnahme Abstand nimmt. Ansonsten entscheidet das Gericht durch **Beschluss**. Dem Gericht steht kein Ermessen, wohl aber ein Beurteilungsspielraum hinsichtlich des Merkmals »Erheblichkeit« zu. Hat der Verwalter die Maßnahme bereits durchgeführt, ist er anzuweisen, diese rückgängig zu machen, soweit dies rechtlich möglich und wirtschaftlich sinnvoll ist.[10] 7

Gegen den Beschluss ist ein **Rechtsbehelf** nur in Form der befristeten Erinnerung (§ 11 Abs. 2 RPflG) bei Anordnung des Rechtspflegers, ansonsten nicht eröffnet. Die Wirkung der gerichtlichen Entscheidung ist unbeachtlich ihres Inhalts zeitlich begrenzt bis zur Beschlussfassung der Gläubigerversammlung im Berichtstermin. Dies gilt auch dann, wenn diese keinen Beschluss fasst.[11] 8

Eine **Verletzung der Beteiligtenrechte**, insb. die Durchführung der Maßnahme ohne Zustimmung des Ausschusses berührt nicht die Wirksamkeit im Außenverhältnis. Etwaige hierunter vorgenommene Rechtshandlungen sind daher wirksam.[12] Hierin kann jedoch ein wichtiger Grund für die Entlassung (§ 59 Abs. 1 Satz 1) liegen. Daneben eröffnen sich u.U. Haftungsansprüche, wenn die vorzeitige Maßnahme die Masse vermindert. 9

§ 159 Verwertung der Insolvenzmasse

Nach dem Berichtstermin hat der Insolvenzverwalter unverzüglich das zur Insolvenzmasse gehörende Vermögen zu verwerten, soweit die Beschlüsse der Gläubigerversammlung nicht entgegenstehen.

Übersicht	Rdn.		Rdn.
A. Normzweck	1	B. Verwertung	2

---

[6] FK-InsO/*Wegener* Rn. 3.
[7] Insofern a.A. HambK-InsR/*Decker* Rn. 8.
[8] Nerlich/Römermann/*Balthasar* Rn. 22.
[9] FK-InsO/*Wegener* Rn. 5 f.
[10] MüKo-InsO/*Görg* Rn. 24.
[11] *Uhlenbruck* Rn. 20.
[12] FK-InsO/*Wegener* Rn. 7.

§ 159 InsO Verwertung der Insolvenzmasse

A. Normzweck

1 Aus der Vorschrift folgt, dass der Verwalter grds. nicht vor dem Berichtstermin mit der Verwertung der Insolvenzmasse beginnen darf. Die bereits in § 157 angeordnete Entscheidungskompetenz der Gläubiger über den Verfahrenfortgang zu entscheiden, wird hierdurch nochmals bestätigt. Erst nach dem Berichtstermin darf und muss der Verwalter die Insolvenzmasse unter Beachtung und nach Maßgabe der Beschlüsse der Gläubigerversammlung verwerten.

B. Verwertung

2 Der **Begriff** »**Verwertung**« steht im Gegensatz zu der von der Gläubigerversammlung anzuordnenden Unternehmensfortführung. Verwertung ist die endgültige Umwandlung realen Schuldnervermögens in Geld unmittelbar zum Zwecke der Gläubigerbefriedigung, sei es durch Liquidation einzelner Bestandteile oder einheitliche übertragende Sanierung.[1] Der laufende Umsatz der Erzeugnisse eines fortgeführten Unternehmens, mit dem dieses aufrechterhalten werden soll, bereitet die spätere Verwertung nur vor.[2] Gegenstand der Verwertung ist das **zur Insolvenzmasse gehörende Vermögen** (§§ 35 ff.), einschließlich der in den §§ 165, 166 genannten, mit Absonderungsrechten belasteten Gegenständen (zum Treuhänder vgl. a. § 313 Abs. 3).

3 Die **Art und Weise der Verwertung** erfolgt in Ansehung des jeweiligen Vermögensgegenstandes, grds. durch freihändige Veräußerung. **Forderungen** sind regelmäßig einzuziehen oder zu veräußern. **Bewegliche Gegenstände** sind zu veräußern, auch durch eine private oder öffentliche (§ 383 Abs. 3 Satz 1 BGB) Versteigerung. Durch letztere können vor allem die Regeln zum Verbrauchsgüterkauf ausgeschlossen werden (§ 474 Abs. 1 Satz 2 BGB). Insb. bei Insolvenzverkäufen sind die wettbewerbsrechtlichen Vorschriften (§§ 3 ff. UWG) zu beachten. Eine freihändige Veräußerung kann auch bei **unbeweglichen Gegenständen** erfolgen. Sind diese belastet, bedarf es für eine erfolgreiche Vermarktung jedoch regelmäßig der Mitwirkung des Grundpfandgläubigers, um eine lastenfreie Veräußerung zu ermöglichen. Weiter kann der Verwalter die Zwangsversteigerung oder die Zwangsverwaltung betreiben (§ 165). Durch die Zwangsversteigerung kann ein Gewährleistungsanspruch ausgeschlossen werden (§ 56 Satz 3). Möglich ist schließlich eine sog. »kalte Zwangsverwaltung«, bei welcher der Verwalter aufgrund Vereinbarung für den Grundpfandgläubiger die Immobilie wie ein gerichtlich bestellter Zwangsverwalter gegen eine Beteiligung aus dem Nettoertrag bewirtschaftet. Auch **immaterielle Gegenstände** sind zumindest mit dem Unternehmen als Ganzes veräußerbar (vgl. § 23 HGB zur Firma). Domains können zumeist auch einzeln über Handelsplattformen im Internet veräußert werden. Eine **einheitliche Veräußerung** des Unternehmens oder Unternehmensteilen durch übertragende Sanierung hat dann zu erfolgen, wenn der Fortführungswert des Unternehmens größer ist als sein Liquidationswert.

4 Bis zum Berichtstermin hat der Verwalter die Aufgabe, das Unternehmen möglichst zu erhalten. Ist eine Verwertung bereits zuvor veranlasst, hat er die Beteiligtenrechte nach § 158 einzuhalten. Nach dem Berichtstermin hat er die Aufgabe, das zur Insolvenzmasse gehörende Vermögen **unverzüglich**, d.h. ohne schuldhaftes Zögern (vgl. § 121 Abs. 1 BGB) zu verwerten. Eine zu erwartende, u.U. erst später mögliche Erlöserwartung, etwa bei Saisonware ist bei der Bestimmung des bestmöglichen Verwertungszeitpunkts einzubeziehen. Weiter ist dem Verwalter ein hinreichender Zeitraum einzuräumen, einen Markt und einen bestmöglichen Veräußerungspreis zu finden. Dies schließt die Möglichkeit einer zeitlich begrenzten Unternehmensfortführung ein.

5 Der Verwalter hat die **Pflicht**, die ihm nach § 80 übertragene Rechtsmacht zur Verwertung auszuüben. Zu beachten sind etwaig gefasste Beschlüsse der Gläubigerversammlung. Ansonsten ist die Verwertung nach pflichtgemäßen Ermessen mit dem Ziel einer effizienten Massemehrung durchzuführen (vgl. § 163 Rdn. 2). Dabei hat der Verwalter auch eine Freigabe zu erwägen, wenn die Verwertung eines Gegenstandes höchstwahrscheinlich die Masse nicht mehrt, etwa weil er nicht ver-

---

1 BGH 20.02.2003, IX ZR 81/02, ZIP 2003, 632 (635).
2 BGH 20.02.2003, IX ZR 81/02, ZIP 2003, 632 (635).

äußerbar oder wertausschöpfend (vgl. a. § 170 Abs. 1 Satz 1) belastet ist. Bestimmte Verwertungshandlungen bedürfen der Zustimmung der Gläubigerversammlung bzw. des -ausschusses (§§ 160, 162, 163) oder Dritter (vgl. § 203 StGB im Falle von Berufsgeheimnissen).

§ 160 Besonders bedeutsame Rechtshandlungen

(1) Der Insolvenzverwalter hat die Zustimmung des Gläubigerausschusses einzuholen, wenn er Rechtshandlungen vornehmen will, die für das Insolvenzverfahren von besonderer Bedeutung sind. Ist ein Gläubigerausschuß nicht bestellt, so ist die Zustimmung der Gläubigerversammlung einzuholen. Ist die einberufene Gläubigerversammlung beschlussunfähig, gilt die Zustimmung als erteilt; auf diese Folgen sind die Gläubiger bei der Einladung zur Gläubigerversammlung hinzuweisen.

(2) Die Zustimmung nach Absatz 1 ist insbesondere erforderlich,
1. wenn das Unternehmen oder ein Betrieb, das Warenlager im ganzen, ein unbeweglicher Gegenstand aus freier Hand, die Beteiligung des Schuldners an einem anderen Unternehmen, die der Herstellung einer dauernden Verbindung zu diesem Unternehmen dienen soll, oder das Recht auf den Bezug wiederkehrender Einkünfte veräußert werden soll;
2. wenn ein Darlehen aufgenommen werden soll, das die Insolvenzmasse erheblich belasten würde;
3. wenn ein Rechtsstreit mit erheblichem Streitwert anhängig gemacht oder aufgenommen, die Aufnahme eines solchen Rechtsstreits abgelehnt oder zur Beilegung oder zur Vermeidung eines solchen Rechtsstreits ein Vergleich oder ein Schiedsvertrag geschlossen werden soll.

Übersicht	Rdn.		Rdn.
A. Normzweck	1	C. Verfahren	11
B. Besonders bedeutsame Rechtshandlungen	2		

A. Normzweck

Besonders bedeutsame und damit zumeist für das Verfahren weichenstellende Rechtshandlungen soll der Verwalter nur mit Zustimmung der Gläubiger vornehmen. Durch § 160 wird nochmals bestätigt, dass die Grundsatzentscheidungen des Verfahrens durch die Gläubiger getroffen werden, auch wenn dies zumeist auf Anregung des Verwalters erfolgt. 1

B. Besonders bedeutsame Rechtshandlungen

In Abs. 1 Satz 1 wird zunächst allgemein bestimmt, wann eine Rechtshandlung des Verwalters zustimmungspflichtig ist. Abs. 2 führt Regelbeispiele auf, in denen dies insb. anzunehmen ist. Die aufgeführten Fälle lehnen sich dabei an die §§ 133, 134 KO an, so dass die hierzu ergangene Rechtsprechung und Literatur ergänzend herangezogen werden kann.[1] Der in Abs. 1 enthaltene unbestimmte Rechtsbegriff schafft für den Verwalter gewisse Unsicherheiten bei der Verwaltung. Die Aufzählung in Abs. 2 gibt daher zumindest einen Anhaltspunkt, da in den Beispielen vergleichbaren Fällen zumeist eine für das Insolvenzverfahren besonders bedeutsame Rechtshandlung anzunehmen sein wird. Im Zweifelsfalle wird der Verwalter eine Zustimmung einholen, sofern dies nicht untunlich ist. 2

Nach der **Generalklausel** (Abs. 1 Satz 1) ist eine Zustimmung einzuholen, wenn der Verwalter eine Rechtshandlung vornehmen will, die für das Insolvenzverfahren von besonderer Bedeutung ist. Erforderlich ist eine Einzelfallbetrachtung, die sowohl absoluten als auch relativen Schwellenwerten nicht zugänglich ist. Maßgeblich ist, welche unmittelbaren oder, durch ihren mutmaßlichen Einfluss auf das weitere Verfahren mittelbaren Auswirkungen die Rechtshandlung für die Befriedigung der 3

---
[1] BT-Drucks. 12/2443, 174.

Gläubigergesamtheit hat. Besonders bedeutsam kann danach die Veräußerung eines Grundstücks im Hinblick auf seinen Wert ebenso sein wie die Weggabe eines geringwertigen, für die Betriebsfortführung aber maßgeblichen Gegenstandes. Weiter zustimmungsbedürftig können etwa der Abschluss eines Sozialplans,[2] maßgeblicher Dauerschuldverhältnisse oder eines In-Sich-Geschäfts des Verwalters sein.

4 Bei der **Veräußerung des Unternehmens oder eines Betriebes** (Abs. 2 Nr. 1 1. Alt) verfügt der Verwalter über den Fortführungswert, der über die Summe der Einzelwerte der diesen Gebilden zuzurechnenden Vermögensgegenstände hinausgeht. Insb. werden hierdurch immaterielle Werte, wie das Know-How, die betriebliche Organisationsstruktur oder der Kundenstamm verwertet, die sich ansonsten nicht oder nur schwierig und mit Abschlägen in Geld umsetzen lassen. Möchte der Verwalter bereits vor dem Berichtstermin eine Veräußerung vornehmen, wird die Regelung durch § 158 verdrängt. **Unternehmen** ist dabei ein wirtschaftlich organisatorisches Gebilde, das die vermögenswerten Rechte umfasst, die für die wirtschaftliche Tätigkeit notwendig sind.[3] Erfasst ist jedwede gewerbliche, freiberufliche und auch künstlerische Tätigkeit, unabhängig davon, in welcher rechtlichen Form sie durchgeführt wird. Ein Unternehmen kann aus mehreren Betrieben bestehen. Der Begriff des **Betriebes** orientiert sich am Arbeitsrecht (vgl. § 613a BGB) und beschreibt die organisatorische Zusammenfassung von sachlichen und immateriellen Mitteln, die einem bestimmten arbeitstechnischen Zweck dienen.[4] § 160 gilt auch für die wesentlichen Teile von Unternehmen oder Betrieben.[5]

5 Die **Veräußerung des Warenlagers im Ganzen** (Abs. 2 Nr. 1 2. Alt.) steht im Gegensatz zum sukzessiven Abverkauf etwa im Rahmen der Ausproduktion oder eines Räumungsverkaufs. Das vorherige Einholen einer Zustimmung kann unterbleiben, wenn das Warenlager aus verderblichen Produkten oder seine Erhaltung über seinem eigentlichen Wert liegende Kosten oder Risiken verursacht.[6] Die insofern für den Verwalter bestehende Pflichtenkollision ist i.S.d. Masseerhalts aufzulösen. Der Verwalter sollte sich dann zur formellen Haftungsfreistellung nachträglich die Rechtshandlung genehmigen lassen.

6 Mit der **Veräußerung eines unbeweglichen Gegenstandes aus freier Hand** (Abs. 2 Nr. 1 3. Alt) werden solche Fälle umfasst, in denen insb. die Preisfindung nicht auf der Basis objektiver Kriterien, sondern nach der Einschätzung des Verwalters erfolgt. Zustimmungsfrei ist daher neben der Verwertung in der Zwangs- oder auch öffentlichen Versteigerung (vgl. § 159 Rdn. 3) auch die freihändige Veräußerung auf Grundlage eines Verkehrswertgutachtens eines anerkannten Sachverständigen. Ebenfalls bedarf es keiner Zustimmung, wenn das Grundstück wertausschöpfend belastet ist und sich das Masseinteresse auf eine vereinbarte Erlösbeteiligung für die Durchführung der Verwertung beschränkt.[7]

7 Die **Veräußerung einer Unternehmensbeteiligung** (Abs. 2 Nr. 1 4. Alt), die der Herstellung einer dauernden Verbindung zu diesem Unternehmen dienen soll, ist begrifflich an § 271 Abs. 1 Satz 1 HGB angelehnt. Eine Beteiligung ist danach im Zweifel anzunehmen, wenn die zu veräußernden Anteile 20 % des Nennkapitals dieser Gesellschaft überschreiten (§ 271 Abs. 1 Satz 3 HGB).

8 Die **Veräußerung des Rechts auf den Bezug wiederkehrender Einkünfte** (Abs. 2 Nr. 1 5. Alt) zielt insb. auf den Verkauf von Niesbrauchsrechten und Renten zu ihrem abgezinsten Barwert ab, soweit diese in die Insolvenzmasse fallen. Zu Recht wird diese, aus der KO übernommene Anordnung als überholt angesehen.[8]

---

2 Vgl. *Uhlenbruck* Rn. 27.
3 Nerlich/Römermann/*Balthasar* Rn. 31.
4 Nerlich/Römermann/*Balthasar* Rn. 31.
5 FK-InsO/*Wegener* Rn. 6.
6 MüKo-InsO/*Görg* Rn. 16.
7 HambK-InsR/*Decker* Rn. 7.
8 *Uhlenbruck* Rn. 25.

Zustimmungsbedürftig ist **eine die Insolvenzmasse erheblich belastende Darlehensaufnahme** 9
(Abs. 2 Nr. 2). Einzubeziehen sind die wesentlichen Darlehenskonditionen, wie Höhe, Laufzeit sowie Sicherheiten. Bewusst verzichtet das Gesetz auf eine feste Wertgrenze.[9] Kurzfristige, lediglich eine Zahlungsstockung (vgl. § 17 Rdn. 4) behebende Überbrückungskredite fallen nicht hierunter.[10]

Auch für die Annahme einer **Entscheidung über einen Rechtsstreit mit erheblichem Streitwert** 10
(Abs. 2 Nr. 3) besteht keine feste Wertgrenze. Vielmehr sind die Chancen und Risiken des Rechtsstreits mit dem Gesamtumfang des Insolvenzverfahrens, insb. der ansonsten vorhandenen oder zu erwartenden Masse in Relation zu setzen. Bezugspunkte sind dabei vor allem die Prozesskosten oder, im Falle des Vergleiches, die aus Nachgeben erwachsenden Massenachteile. Dies gilt wegen § 120 Abs. 4 Satz 1 ZPO auch dann, wenn ein Anspruch im Wege der PKH geführt wird.[11] Um Unsicherheiten im Einzelfall zu beseitigen, sollte der Verwalter im Berichtstermin auf die Bestimmung einer Wertuntergrenze für die Zustimmungspflicht durch die Gläubiger hinwirken. Keiner Zustimmung bedarf die Rechtsverteidigung in nach der Verfahrenseröffnung gegen die Masse erhobene Klagen.

C. Verfahren

Die Zustimmung erfolgt durch **Beschluss** (vgl. §§ 72, 76). Vor der Beschlussfassung hat der Verwal- 11
ter das entscheidende Gläubigerorgan umfassend von der Rechtshandlung und ihren Auswirkungen auf das Verfahren zu informieren. Zuständig für die Entscheidung ist grds. der Gläubigerausschuss. Ist ein solcher nicht bestellt, entscheidet die Gläubigerversammlung. Auch kann sie eine Zustimmung des Ausschusses vor der Vornahme der Rechtshandlung aufheben[12] bzw. dem Ausschuss von vornherein die Zustimmungskompetenz entziehen.[13] Demgegenüber kann der Ausschuss den Verwalter nicht auf die Gläubigerversammlung verweisen. Ist die Gläubigerversammlung nicht beschlussfähig (vgl. § 76 Rdn. 3), insb. weil kein Gläubiger an der Versammlung teilnimmt, gilt die Zustimmung als erteilt (**Zustimmungsfiktion**) . Sowohl der Ausschuss als auch die Gläubigerversammlung können bis zur Vornahme der Rechtshandlung ihre Entscheidung ändern oder widerrufen. Die Gläubigerversammlung,[14] nicht aber der Ausschuss[15] kann eine **generelle Zustimmung** insgesamt bzw. für einzelne Sachverhalte oder eine Befreiung von der Zustimmungspflicht erteilen.[16] Umgekehrt kann die Gläubigerversammlung nicht durch Beschluss zustimmungsfreie Rechtshandlungen ihrem Vorbehalt unterstellen.[17] Eine nach Vornahme der Rechtshandlung eingeholte **Genehmigung** stellt keine Zustimmung i.S.d. der Regelung dar. Sie kann jedoch haftungsentlastende Wirkung haben (vgl. § 60 Rdn. 33).

Das **Einholen der Zustimmung** ist die Aufgabe des Verwalters. Hierzu wird er bei den Mitgliedern 12
die Einberufung einer Sitzung (vgl. § 69 Rdn. 12) oder das Umlaufverfahren (vgl. § 72 Rdn. 5) anregen. Ist ein Ausschuss nicht bestellt, wird die Gläubigerversammlung zumeist im Berichtstermin, ansonsten in einem auf Antrag des Verwalters (§ 75 Abs. 1 Nr. 1) besonders einzuberufenden Termin hierüber beschließen. Das Gericht hat in seiner Terminsladung auf die Zustimmungsfiktion hinzuweisen (Abs. 1 Satz 3 2. Hs.). Der konkrete Antrag oder weitere Erläuterungen müssen nicht in die Terminsladung aufgenommen werden. Ausreichend ist es vielmehr, wenn die Rechtshandlung schlagwortartig beschrieben wird. Ein unterlassener Hinweis berührt die Zustimmungsfiktion nicht,

---

9 BT-Drucks. 12/2443, 174.
10 Vgl. *Uhlenbruck* Rn. 26.
11 AA HambK-InsR/*Decker* Rn. 11.
12 *Uhlenbruck* Rn. 3; LG Göttingen 15.05.2000, 10 T 42/00, ZInsO 2000, 349.
13 BT-Drucks. 12/2443, S. 174.
14 Nerlich/Römermann/*Balthasar* Rn. 22; FK-InsO/*Wegener* Rn. 19.
15 FK-InsO/*Wegener* Rn. 19.
16 Str. vgl. FK-InsO/*Wegener* Rn. 19; *Zimmermann*, ZInsO 2012, 245 ff. Vgl. a. BGH 21.07.2011, IX ZB 128/10, ZIP 2011, 1626 zur Abfassung der Ladung in einem solchen Fall.
17 AA HambK-InsR/*Decker* Rn. 5.

sondern kann allein Amtshaftungsansprüche zur Folge haben. Verneint der Verwalter entgegen den Gläubigern das Zustimmungserfordernis können diese Aufsichtsmaßnahmen durch das Gericht (§ 58) anregen oder auf die Einberufung einer Gläubigerversammlung mit dem Tagesordnungspunkt einer Abstimmung nach § 160 antragen (§ 75). Ein Beschwerderecht steht ihnen im Rahmen des § 160 nicht zu.[18]

13 Eine **ohne Zustimmung vorgenommene Rechtshandlung** ist im Außenverhältnis trotzdem wirksam (§ 164). Auch wird hierdurch nicht ohne weiteres die Entlassung des Verwalters gerechtfertigt (vgl. § 59 Rdn. 8).[19] Allerdings macht er sich u.U. schadensersatzpflichtig (vgl. § 60 Rdn. 33).

§ 161 Vorläufige Untersagung der Rechtshandlung

In den Fällen des § 160 hat der Insolvenzverwalter vor der Beschlußfassung des Gläubigerausschusses oder der Gläubigerversammlung den Schuldner zu unterrichten, wenn dies ohne nachteilige Verzögerung möglich ist. Sofern nicht die Gläubigerversammlung ihre Zustimmung erteilt hat, kann das Insolvenzgericht auf Antrag des Schuldners oder einer in § 75 Abs. 1 Nr. 3 bezeichneten Mehrzahl von Gläubigern und nach Anhörung des Verwalters die Vornahme der Rechtshandlung vorläufig untersagen und eine Gläubigerversammlung einberufen, die über die Vornahme beschließt.

Übersicht	Rdn.		Rdn.
A. Normzweck	1	C. Untersagungsantrag	3
B. Unterrichtung des Schuldners	2		

A. Normzweck

1 Von besonders bedeutsamen Rechtshandlungen soll der Schuldner im Voraus unterrichtet werden, damit er Gelegenheit hat, seine Auffassung gegenüber dem Verwalter darzulegen. Sowohl er als auch eine qualifizierte Gläubigergruppe können beim Gericht beantragen, dass anstelle des Gläubigerausschusses eine Gläubigerversammlung über die Zweckmäßigkeit der Handlung entscheidet und bis dahin die Vornahme der Rechtshandlung zurückgestellt wird. Dies eröffnet dem Antragsteller insb. die Möglichkeit, seine Bedenken gegen die Rechtshandlung vorzutragen. Eine entsprechende Regelung findet sich in § 233 für den Insolvenzplan.

B. Unterrichtung des Schuldners

2 Für den Inhalt sowie die Form und Frist der Unterrichtung sind keine Vorgaben bestimmt. Sie unterliegen dem pflichtgemäßen Ermessen des Verwalters und haben sich an dem möglichen Antragsrecht des Schuldners nach Satz 2 zu orientieren. Sie muss es dem Schuldner ermöglichen, Einwendungen zu erheben, Gegenvorschläge zu unterbreiten oder die Aussetzung zu beantragen (vgl. § 158 Rdn. 7). Sie hat sich daher an der Unterrichtung des Ausschusses (§ 69 Rdn. 4) bzw. der Gläubigerversammlung (§ 160 Rdn. 11) zu orientieren. Die Unterrichtung kann unterbleiben, wenn sie zu einer nachteiligen Verzögerung führen würde. Dies ist anzunehmen, wenn sich hierdurch die Durchführung der Rechtshandlung verzögern und die Masse geschädigt würde. Unbeachtlich bleiben die Zeiträume, die eine zeitgerechte Unterrichtung und ein eventuelles Untersagungsverfahren in Anspruch nehmen würden. Eine Verzögerung nach § 160 kann danach nur angenommen werden, wenn der Grund in der Person des Schuldners, etwa seinem unbekannten Aufenthaltsort begründet ist.

---

[18] BGH 16.05.2013, IX ZB 198/11, Rn. 5.
[19] Vgl. a. BGH 09.12.2010, IX ZB 152/09, Rn. 5: Keine grundsätzliche, klärungsbedürftige Frage, wenn zusätzliche, erschwerende Umstände vorlagen.

C. Untersagungsantrag

Der **Schuldner** kann beantragen, die Vornahme der Rechtshandlung vorläufig zu untersagen. Der Antrag sollte Gründe angeben. Das Gericht hat den Verwalter anzuhören (vgl. § 158 Rdn. 7). Auch die in § 75 Abs. 1 Nr. 3 (nicht aber in Nr. 4) bezeichnete **qualifizierte Gläubigergruppe** kann einen Antrag stellen. Anders als bei dem Schuldner korrespondiert jedoch mit dem Antragsrecht kein Informationsrecht. Mangels Kenntnis über die beabsichtigte Maßnahme ist die Regelung daher weitgehend funktionslos, sofern der Gläubiger diese nicht über eine Vertretung im Ausschuss erlangt. 3

Das Gericht entscheidet durch **Beschluss**. Hat die Gläubigerversammlung bereits dem Antragsgegenstand zugestimmt, ist dieser als unzulässig zurückzuweisen. Entsprechendes gilt, wenn dem Verwalter (vgl. § 160 Rdn. 11) oder dem Gläubigerausschuss (vgl. § 157 Rdn. 8) die Zustimmungskompetenz der Gläubigerversammlung hinsichtlich des Gegenstands des Antrags übertragen, oder wenn die Rechtshandlung bereits vorgenommen wurde. Unbeachtlich ist es, ob der Gläubigerausschuss zu der Rechtshandlung bereits einen Beschluss gefasst hat. Ist ein Ausschuss überhaupt nicht bestellt, ist ein Antrag unzulässig, da in diesen Fällen bereits nach § 160 die Entscheidung der Gläubigerversammlung einzuholen ist. Für eine Untersagung bedarf es **erheblicher Gründe**, die trotz der erforderlichen Zustimmung des Gläubigerausschusses eine jedenfalls zeitweilige Verschiebung der Maßnahme rechtfertigen (vgl. § 158 Rdn. 7). Sind die aus der Verzögerung mutmaßlich drohenden Risiken und Schäden vertretbar, untersagt das Gericht vorläufig die Maßnahme und ruft nach § 74 eine Gläubigerversammlung ein. Ist bereits eine Gläubigerversammlung, insb. der Berichtstermin terminiert, genügt es die Tagesordnung zu ergänzen. Ist ein Zuwarten dergestalt nicht möglich, sollte die Gläubigerversammlung spätestens innerhalb von drei Wochen terminiert werden (§ 75 Abs. 3). Gegen den Beschluss ist ein **Rechtsbehelf** nur in Form der befristeten Erinnerung (§ 11 Abs. 2 RPflG) bei Anordnung des Rechtspflegers, ansonsten nicht eröffnet. 4

Verletzt der Verwalter das Verfahren nach § 161 oder handelt einem Beschluss des Gerichts entgegen, ist die trotzdem vorgenommene Maßnahme nach § 164 wirksam (vgl. § 160 Rdn. 13). Die Verletzung der Pflicht zur Unterrichtung des Schuldners kann Schadensersatzpflichten gegenüber allen Beteiligten, nicht nur gegenüber dem Schuldner begründen.[1] 5

§ 162 Betriebsveräußerung an besonders Interessierte

(1) Die Veräußerung des Unternehmens oder eines Betriebs ist nur mit Zustimmung der Gläubigerversammlung zulässig, wenn der Erwerber oder eine Person, die an seinem Kapital zu mindestens einem Fünftel beteiligt ist,
1. zu den Personen gehört, die dem Schuldner nahestehen (§ 138),
2. ein absonderungsberechtigter Gläubiger oder ein nicht nachrangiger Insolvenzgläubiger ist, dessen Absonderungsrechte und Forderungen nach der Schätzung des Insolvenzgerichts zusammen ein Fünftel der Summe erreichen, die sich aus dem Wert aller Absonderungsrechte und den Forderungsbeträgen aller nicht nachrangigen Insolvenzgläubiger ergibt.

(2) Eine Person ist auch insoweit im Sinne des Absatzes 1 am Erwerber beteiligt, als ein von der Person abhängiges Unternehmen oder ein Dritter für Rechnung der Person oder des abhängigen Unternehmens am Erwerber beteiligt ist.

Übersicht

		Rdn.			Rdn.
A.	Normzweck	1	C.	Besonders Interessierte	3
B.	Betriebsveräußerung	2	D.	Verfahren	7

---

[1] FK-InsO/*Wegener* Rn. 5; a.A. MüKo-InsO/*Görg* Rn. 6.

§ 162 InsO Betriebsveräußerung an besonders Interessierte

A. Normzweck

1 Die §§ 162, 163 sollen übertragende Sanierungen zu nicht marktgerechten Preisen und damit eine Verschleuderung zu Lasten des Schuldners und seiner Gläubiger verhindern. Das Zustimmungserfordernis nach § 160 Abs. 2 Nr. 1 wird nach § 162 verschärft, wenn die Veräußerung des Unternehmens oder eines Betriebs an einen besonders Interessierten erfolgt. In diesen Fällen ist die Zustimmung des Gläubigerausschusses nicht ausreichend, es sei denn, die Gläubigerversammlung hat das Zustimmungserfordernis auf den Ausschuss delegiert (vgl. § 69 Rdn. 7). Die Veräußerung an einen »Insider« legt nahe, dass der bei der Veräußerung erzielte Preis nicht dem Marktpreis entspricht.[1] § 162 steht danach im Kontext zu § 163, bei welchem die bei § 162 unwiderlegbar vermutete Betriebsveräußerung unter Wert glaubhaft zu machen ist. Praktisch erscheint es allerdings zweifelhaft, ob die Gläubigerversammlung zutreffend beurteilen kann, ob das Geschäft einem Drittvergleich standhält, bzw. ob bessere Alternativen überhaupt vorliegen. Die Wirkung von § 162 beschränkt sich auf das Innenverhältnis (§ 164).

B. Betriebsveräußerung

2 § 162 ist nur einschlägig bei der Veräußerung des Unternehmens oder eines Betriebs, also im Falle einer nach § 160 Abs. 2 Nr. 1 Alt. 1 besonders bedeutsamen Rechtshandlung. Für die sonstigen zustimmungsbedürftigen Rechtshandlungen nach § 160 gelten die §§ 162, 163 nicht. Das Tatbestandsmerkmal der Unternehmens- oder Betriebsveräußerung ist identisch mit § 160 (vgl. § 160 Rdn. 4).

C. Besonders Interessierte

3 Die Einordnung eines Erwerbers als besonders Interessierter wird in Abs. 1 Nr. 1 und 2 legal definiert. Besonders Interessierte sind dem Schuldner nahe stehende Personen sowie Gläubiger mit zusammen mindestens 20 % der Forderungen. Ausreichend ist es nach Abs. 1 Satz 1 Alt. 2, Abs. 2 auch, wenn der besonders Interessierte an dem Erwerber zu mindestens einem Fünftel beteiligt ist. Aus dem Erst-Recht-Schluss zu Abs. 2 Alt. 2 kann schließlich gefolgert werden, dass auch der Erwerb durch einen für Rechnung der besonders interessierten Person handelnden Dritten zustimmungsbedürftig ist.

4 Die Einordnung als **nahe stehende Person** (§ 162 Abs. 1 Nr. 1) bestimmt sich nach § 138. Bei diesen Personen ist zu vermuten, dass sie ihr Wissen über nicht öffentlich bekannte, insb. wertbildende Umstände ausnutzen und es damit in einem nicht marktgerechten Prozess zu einer Veräußerung unter Wert kommt. Hinsichtlich der Einzelheiten wird auf die Kommentierung zu § 138 wird verwiesen.

5 Besonders interessiert ist weiter ein **absonderungsberechtigter Gläubiger oder ein nicht nachrangiger Insolvenzgläubiger**, wenn dessen Rechte insgesamt mindestens 20 % der Summe beträgt, der sich aus dem Wert aller Absonderungsrechte und den Forderungsbeträgen aller nicht nachrangigen Insolvenzgläubiger ergibt. Für die Ermittlung der notwendigen Verfahrensbeteiligung kann auf die einschlägige Kommentierung zu § 75 Abs. 1 Nr. 3 (vgl. § 75 Rdn. 3) verwiesen werden.

6 Ausreichend ist es schließlich, wenn die nach Abs. 1 Nr. 1 oder 2 besonders interessierte Person zu mindestens 20 % an dem Erwerber und hiernach an dem Erwerb ein **mittelbares Interesse** hat (Abs. 1 Satz 1 Alt. 2). Hierdurch soll eine Umgehung des Zustimmungserfordernisses verhindert werden. Bei dem Erwerber kann es sich um eine Kapital- oder Personengesellschaft handeln. Im letzteren Fall kommt es darauf an, ob die Person im Falle der Liquidation mindestens ein Fünftel des Gesellschaftsvermögens zu beanspruchen hätte.[2] Nach Abs. 2 Alt. 1 kann die Verbindung zwischen der besonders interessierten Person und dem Erwerber auch durch weitere Unternehmen oder Per-

---

1 BT-Drucks. 12/2443, 174.
2 BT-Drucks. 12/2443, 175.

sonen aufgrund gesellschaftsrechtlicher oder vertraglicher Vereinbarungen verbunden sein. So ist es ausreichend, wenn ein von der besonders interessierten Person abhängiges Unternehmen i.S.v. §§ 16–18 AktG an dem Erwerber zu mindestens 20 % beteiligt ist. Schließlich kann das Interesse weiter dadurch vermittelt werden, dass der besonders Interessierte (Abs. 2 Alt. 2) oder das von ihm abhängige Unternehmen (Abs. 2 Alt. 3) einen Dritten (Treuhänder) einschaltet, der für seine Rechnung zu mindestens 20 % an dem Erwerber beteiligt ist. Es ist auch ausreichend, wenn durch mehrere der alternativ genannten Fälle zusammen die Mindestbeteiligung erreicht wird.

D. Verfahren

Die erforderliche Zustimmung erfolgt durch Beschluss der Gläubigerversammlung (hierzu § 160 Rdn. 11). Der Verwalter hat zunächst selbstständig zu prüfen, ob die Voraussetzungen nach § 162 erfüllt sind und auf Anberaumung einer Gläubigerversammlung anzutragen (§ 75 Abs. 1 Nr. 1). Im Fall von Abs. 1 Nr. 2 obliegt dem Gericht die Schätzung der notwendigen Verfahrensbeteiligung. Unbeachtlich dessen können auch das Gericht von Amts oder die anderen nach § 75 Abs. 1 Nr. 2 bis 4 Antragsberechtigten auf Einberufung einer Gläubigerversammlung hinwirken. 7

§ 163 Betriebsveräußerung unter Wert

(1) Auf Antrag des Schuldners oder einer in § 75 Abs. 1 Nr. 3 bezeichneten Mehrzahl von Gläubigern und nach Anhörung des Insolvenzverwalters kann das Insolvenzgericht anordnen, daß die geplante Veräußerung des Unternehmens oder eines Betriebs nur mit Zustimmung der Gläubigerversammlung zulässig ist, wenn der Antragsteller glaubhaft macht, daß eine Veräußerung an einen anderen Erwerber für die Insolvenzmasse günstiger wäre.

(2) Sind dem Antragsteller durch den Antrag Kosten entstanden, so ist er berechtigt, die Erstattung dieser Kosten aus der Insolvenzmasse zu verlangen, sobald die Anordnung des Gerichts ergangen ist.

Übersicht	Rdn.		Rdn.
A. Normzweck	1	C. Verfahren	3
B. Betriebsveräußerung unter Wert	2		

A. Normzweck

Während bei § 162 die Betriebsveräußerung unter Wert bei der Veräußerung an besonders Interessierte unwiderlegbar vermutet wird (vgl. § 162 Rdn. 1), bedarf es bei der Veräußerung an sonstige Personen deren Glaubhaftmachung durch Aufzeigen einer besseren Alternative durch die in Satz 1 genannten Verfahrensbeteiligten. Der Antragsteller wird hierzu häufig einen Sachverständigen konsultieren oder ähnliche Kosten aufwenden müssen. Ist der Antrag hierauf erfolgreich, ist es gerechtfertigt, die Masse mit diesen Kosten zu belasten (Abs. 2). Die Vorschrift ist praktisch bedeutungslos, da die Antragsberechtigten bereits über § 161 Satz 2 die Zustimmung der Gläubigerversammlung erzwingen.[1] Die Wirkung von § 163 beschränkt sich auf das Innenverhältnis (§ 164). 1

B. Betriebsveräußerung unter Wert

Wie § 162 ist die Vorschrift nur einschlägig bei der Veräußerung des Unternehmens- oder eines Betriebs (vgl. § 162 Rdn. 2). Bei der Abwägung, ob eine **Veräußerung an einen anderen Erwerber für die Insolvenzmasse günstiger wäre**, sind alle für die Gläubigerbefriedigung relevanten Aspekte mit einzuschließen. Zu berücksichtigen sind neben dem Veräußerungspreis auch etwa der Zahlungstermin, die Bonität des Erwerbers, etwaig bei einer Stundung des Kaufpreises gewährte Sicherheiten, sonstige Vertragsbedingungen (Gewährleistung, Vertragskosten) sowie die Auswirkungen der Alter- 2

---

[1] *Uhlenbruck* Rn. 1; FK-InsO/*Wegener* Rn. 1 m.w.N zur Entstehungsgeschichte.

nativen für die weitere Verfahrensabwicklung, insb. deren Dauer. Zu vergleichen ist auch, wie konkret und ernsthaft die unterschiedlichen Angebote sind. Etwaige im Verzeichnis der Massegegenstände oder durch einen Sachverständigen ermittelte Marktpreise bleiben unberücksichtigt, wenn ihnen keine ernsthafte Veräußerungsalternative entspricht. Auf andere, u.U. nicht für die Gläubigerbefriedigung erhebliche Gesichtspunkte, etwa die Anzahl der erhaltenen Arbeitsplätze kommt es nicht an.

C. Verfahren

3 Das Gericht kann nicht von Amts wegen, sondern **nur auf Antrag** des Schuldners oder von mindestens fünf Gläubigern mit zusammen mindestens 20 % der Forderungen (hierzu § 74 Rdn. 3) anordnen, dass die Betriebsveräußerung der Zustimmung der Gläubigerversammlung bedarf. Ein Antrag ist unzulässig, wenn die Gläubigerversammlung bereits zugestimmt hat. Für die **Glaubhaftmachung** der Betriebsveräußerung unter Wert kann sich der Antragsteller aller präsenten Beweismittel bedienen (§ 4 InsO i.V.m. § 294 ZPO), welche die überwiegende Wahrscheinlichkeit einer massegünstigeren Alternative belegen. Praktisch ist insb. bei Anträgen des Schuldners eine kritische Prüfung vorzunehmen, ob die dargelegten Alternativen realisierbar oder lediglich ein Versuch ist, die Führung über die Unternehmung nicht zu verlieren.[2] Die **Anhörung** des Verwalters erfolgt durch Übersendung des Antrags und der hierzu überreichten Unterlagen durch das Gericht unter Setzung einer angemessenen Frist zur Stellungnahme. Das Gericht entscheidet nach pflichtgemäßem Ermessen durch **Beschluss,** der dem Antragsteller und dem Verwalter zuzustellen ist. Zugleich hat das Gericht von Amts wegen eine Gläubigerversammlung einzuberufen (§ 74). Eine stattgebende Entscheidung hat aufschiebende Wirkung. Ein Rechtsbehelf ist nur in Form der befristeten Erinnerung (§ 11 Abs. 2 RPflG) bei Entscheidung des Rechtspflegers, ansonsten nicht eröffnet. Wird der Antrag wegen nicht hinreichender Glaubhaftmachung zurückgewiesen, kann der Antragsteller weiter nach § 161 Satz 2 antragen.

4 Bei einer stattgebenden Entscheidung des Gerichts hat der Antragsteller grds. einen **Anspruch auf Kostenerstattung** (Abs. 2). Unbeachtlich ist die nachfolgende Entscheidung der Gläubigerversammlung. Zu erstatten sind die durch die Antragstellung entstandenen Kosten, etwa Rechtsanwaltskosten oder Gutachterkosten, um die Vorteilhaftigkeit des Alternativangebots glaubhaft zu machen. Nicht erstattungsfähig sind solche Kosten, welche dem Antragsteller für die Erstellung des alternativen Erwerbsangebots (z.B. für einen Unternehmensberater) entstanden sind. Der Anspruch stellt eine Masseverbindlichkeit dar und ist im Zivilrechtsweg zu verfolgen.

§ 164 Wirksamkeit der Handlung

Durch einen Verstoß gegen die §§ 160 bis 163 wird die Wirksamkeit der Handlung des Insolvenzverwalters nicht berührt.

Übersicht	Rdn.		Rdn.
A. Normzweck	1	C. Abweichende Vereinbarungen	5
B. Wirksamkeit der Handlungen	2		

A. Normzweck

1 Nach der Vorschrift hat die Nichtbeachtung der Vorschriften der §§ 160–163 Wirkungen nur im Innenverhältnis. Sie kann zu aufsichtsrechtlichen Maßnahmen (§§ 58, 59) oder Haftungsansprüchen (§ 60) gegen den Verwalter führen. Im Außenverhältnis wird die Wirksamkeit der Handlungen des Verwalters in Ausübung seiner Verwaltungs- und Verfügungsbefugnis (§ 80) jedoch nicht be-

---

[2] Vgl. FK-InsO/*Wegener* Rn. 1.

rührt. Die hierdurch bewirkte Rechtssicherheit unterstützt die Verwertung der Insolvenzmasse, da der Verwalter uneingeschränkt am Rechtsverkehr teilnehmen kann.

B. Wirksamkeit der Handlungen

Verstöße gegen die §§ 160 bis 163 können darin liegen, dass der Verwalter eine erforderliche Zustimmung bereits nicht einholt oder den Schuldner nach § 161 nicht informiert, bzw. entgegen einer versagten Zustimmung oder eines Untersagungsbeschlusses nach § 161 handelt. 2

Die **Wirksamkeit** der Handlung im Außenverhältnis ist uneingeschränkt. Weder der Verwalter[1] noch der Dritte können wegen eines Verstoßes gegen die §§ 160 bis 163 die Erfüllung verweigern. Die positive Kenntnis des Dritten von dem Verfahrensverstoß oder sogar seine Hinwirken hierauf stehen dem nicht entgegen. Die Wirksamkeit gilt sowohl für zivilrechtliche als auch öffentlich-rechtliche Sachverhalte sowie sowohl im materiell-rechtlichen als auch prozessualen[2] Bereich. 3

Unberührt bleibt die **Unwirksamkeit** nach allgemeinen Vorschriften. Hierzu gehören auch Fälle kollusiven Zusammenwirkens zwischen Verwalter und Drittem zum Nachteil der Masse oder evident insolvenzzweckwidrige Handlungen (hierzu § 80 Rdn. 36). Ob dann zugleich die §§ 160 bis 163 verletzt sind oder nicht, ist grds. unerheblich. 4

C. Abweichende Vereinbarungen

Der Verwalter kann – und sollte zur Vermeidung einer Haftung im Innenverhältnis – die Wirksamkeit der Handlung unter die aufschiebende Bedingung der Zustimmung des zuständigen Gläubigerorgans stellen. Ist dies nicht möglich oder durchsetzbar, kann auch eine auflösende Bedingung bzw. ein Rücktrittsrecht vereinbart werden. Zum Schutz des Dritten ist der mögliche Eintritt der Bedingung oder das Rücktrittsrecht zeitlich zu befristen. Eine entsprechende Abrede ist auch dann sinnvoll, wenn unklar ist, ob die Handlung unter die §§ 160 bis 163 fällt oder nicht. 5

---

1 OLG Koblenz 26.02.1962, 5 W 264/61, KTS 1962, 123.
2 Vgl. etwa BGH 05.01.1995, IX ZR 241/93, ZIP 1995, 290 (291).

§ 165 InsO Verwertung unbeweglicher Gegenstände

Dritter Abschnitt Gegenstände mit Absonderungsrechten

§ 165 Verwertung unbeweglicher Gegenstände

Der Insolvenzverwalter kann beim zuständigen Gericht die Zwangsversteigerung oder die Zwangsverwaltung eines unbeweglichen Gegenstands der Insolvenzmasse betreiben, auch wenn an dem Gegenstand ein Absonderungsrecht besteht.

Übersicht

		Rdn.			Rdn.
A.	Allgemeines	1		2. Die Zwangsverwaltung	13
B.	Voraussetzungen	3		3. Sondervorschriften §§ 172–174a ZVG	16
C.	Verwertung durch Zwangsversteigerung oder Zwangsverwaltung	5	II.	Zuständigkeit des Vollstreckungsgerichts	19
I.	Antrag auf Zwangsversteigerung oder -verwaltung	8	III.	Die kalte Zwangsverwaltung	21
	1. Die Zwangsversteigerung	9			

A. Allgemeines

1 Neben der dem Insolvenzverwalter zustehenden Möglichkeit der freihändigen Verwertung eines unbeweglichen Gegenstandes der Insolvenzmasse, gibt ihm die Vorschrift des § 165 die Befugnis, beim zuständigen Vollstreckungsgericht die **Zwangsversteigerung oder Zwangsverwaltung** des Gegenstandes zu betreiben. Die Einzelheiten der Vollstreckung richten sich nach den Regelungen des ZVG. Unberührt von § 165 bleibt das Recht der an dem Grundstück gesicherten Gläubiger, die Zwangsversteigerung und/oder -verwaltung zu betreiben (zum Recht des Verwalters nach § 30d ZVG die einstweilige Einstellung der Zwangsvollstreckung zu beantragen vgl. Rdn. 12); unberührt bleibt auch das Recht eines Massegläubigers in den unbeweglichen Gegenstand zu vollstrecken.

2 In der **Praxis** findet die Vorschrift nur selten Anwendung, da es entweder zu einer zwischen dem Verwalter und den gesicherten Gläubigern abgestimmten freihändigen Verwertung kommt oder, wenn es nicht zu einer Einigung kommt, die Zwangsverwertung durch die Gläubiger betrieben wird. Häufig sind Grundstücke auch wertausschöpfend belastet, so dass eine Zwangsversteigerung aus der Sicht der Masse keinen Vorteil bietet.

B. Voraussetzungen

3 § 165 erfasst solche Gegenstände, die der Zwangsverwaltung in das **unbewegliche Vermögen** unterliegen, (vgl. auch § 49) – vornehmlich also Grundstücke, Miteigentumsanteile[1] an Grundstücken und grundstücksgleiche Rechte (z.B. Erbbaurecht, Wohnungs- und Teileigentum) sowie die zum Haftungsverbund der §§ 1120 ff. BGB gehörenden Gegenstände. Ebenfalls erfasst sind Flugzeuge, Schiffe und Schiffsbauwerke.[2]

4 Der unbewegliche Gegenstand muss Massebestandteil nach § 35 sein. Nicht erforderlich ist allerdings, dass der Verwalter das Grundstück in seinen **Besitz** genommen hat.[3]

C. Verwertung durch Zwangsversteigerung oder Zwangsverwaltung

5 Sofern sich Grundstücksanteile in der Insolvenzmasse befinden, hat der Insolvenzverwalter zwischen der freihändigen Verwertung, der Zwangsversteigerung des Anteils nach §§ 172 ff. ZVG und der

---

1 Bei Miteigentumsanteilen kann der Verwalter nach § 165 allerdings nicht die Zwangsversteigerung des gesamten Grundstücks betreiben, BGH ZIP 2012, 1245.
2 *Hess* Rn. 3.
3 FK-InsO/*Wegener* Rn. 3; a.A. allerdings ohne Begründung Uhlenbruck/*Brinkmann* Rn. 2; Kübler/Prütting/Bork/*Flöther* Rn. 5.

Teilungsversteigerung nach §§ 180 ff ZVG zu wählen.[4] Die Wahl der Verwertung steht in **pflichtgemäßen Ermessen** des Insolvenzverwalters.

Die Einzelheiten bzgl. der Zwangsversteigerung und Zwangsverwaltung sind dem ZVG zu entnehmen. Gem. § 172 ZVG gelten die allgemeinen Vorschriften in entsprechender Anwendung mit der Besonderheit der §§ 173–174a ZVG.

Ein zum Zeitpunkt der Insolvenzeröffnung vom Gläubiger betriebenes Vollstreckungsverfahren wird **nicht gem. § 240 ZPO unterbrochen**, es bleibt vielmehr wirksam.[5] Zwingende Voraussetzung für die Fortsetzung des Verfahrens ist jedoch die wirksame **Beschlagnahme** des Grundstücks **vor Eröffnung des Insolvenzverfahrens**.[6] Der Beschluss über die Anordnung der Zwangsversteigerung muss dem Insolvenzschuldner daher bereits vor Verfahrenseröffnung zugestellt bzw. der Zwangsversteigerungsvermerk in das Grundbuch eingetragen worden sein.[7] Wenn die Beschlagwirkung vor Verfahrenseröffnung noch nicht eingetreten war, muss der betreibende Gläubiger seinen **dinglichen Titel** auf den Insolvenzverwalter gem. **§ 727 ZPO umschreiben** lassen.[8] Unterschiedlich beurteilt wird, wie der Nachweis i.S.d. § 727 ZPO geführt werden kann.[9]

I. Antrag auf Zwangsversteigerung oder -verwaltung

Die Voraussetzungen des Antrags des Insolvenzverwalters richten sich nach §§ 172 i.V.m. 16 ZVG. Insb. hat der Verwalter den Nachweis des Antragsrechts und seiner Eigenschaft als Insolvenzverwalter durch die Vorlage der **Bestellungsurkunde**, § 56 Abs. 2, nachzuweisen. Der im Grundbuch eingetragene Insolvenzvermerk (§ 32) ist für den Nachweis, dass das Grundstück zur Insolvenzmasse gehört, ausreichend.[10]

1. Die Zwangsversteigerung

Die **Vorteile der Zwangsversteigerung** gegenüber der freihändigen Verwertung liegen in dem Ausschluss der Gewährleistung (§ 56 ZVG), dem Wegfall einzelner öffentlich-rechtlicher Genehmigung, der Nichtausübbarkeit des dinglichen Vorkaufsrechts (§ 1098 Abs. 1 Satz 2 BGB), sowie dem Erlöschen nachrangiger Grundpfandrechte (§ 52 Abs. 1 Satz 2 ZVG).[11]

Sofern ein absonderungsberechtigter Gläubiger bereits ein Verfahren zur Zwangsversteigerung eingeleitet hat, kann der Insolvenzverwalter diesem Verfahren **beitreten**.[12] Die gleiche Möglichkeit hat der absonderungsberechtigte Gläubiger, wenn der Insolvenzverwalter bereits ein Verfahren eingeleitet hat.[13]

Sofern sowohl ein Verfahren des absonderungsberechtigten Gläubiger, wie auch des Insolvenzverwalters, ohne die Möglichkeit des Beitritts, betrieben wird, so geht die **Insolvenzverwalterversteigerung** dann **vor**, wenn ein Massebeitrag nach § 10 Abs. 1 Nr. 1a ZVG anfällt.[14]

---

4 Uhlenbruck/*Brinkmann* Rn. 2.
5 *Hess* Rn. 18; Uhlenbruck/*Brinkmann* Rn. 3.
6 *Hess* Rn. 19; Uhlenbruck/*Brinkmann* Rn. 3.
7 Uhlenbruck/*Brinkmann* Rn. 3.
8 Grundlegend BGH WM 2005, 1324.
9 Besonders streng: LG Stuttgart NZI 2008, 192, das die Vorlage der Originalbestallungsurkunde verlangt, da aus dem Eröffnungsbeschluss oder dessen Veröffentlichung nicht der Nachweis entnommen werden kann, dass die Bestellung als Verwalter im relevanten Zeitpunkt noch fortbesteht.
10 Braun/*Dithmar/Schneider* Rn. 5.
11 Vgl. Uhlenbruck/*Brinkmann* Rn. 8; FK-InsO/*Wegener* Rn. 2.
12 Gottwald/*Gottwald/Adolphsen* § 42 Rn. 97; Nerlich/Römermann/*Becker* Rn. 48; Uhlenbruck/*Brinkmann* § 165, Rn. 8.
13 Nerlich/Römermann/*Becker* Rn. 26.
14 Braun/*Dithmar/Schneider* Rn. 6.

12 Ferner kann der Insolvenzverwalter durch einen Antrag auf **einstweilige Einstellung nach § 30d ZVG**, die Fortsetzung eines bereits vor Insolvenzeröffnung begonnenen Zwangsversteigerungsverfahrens eines absonderungsberechtigten Gläubigers nach den §§ 30d–30f ZVG unterbinden. Voraussetzung hierfür ist, dass der Berichtstermin noch aussteht und das Grundstück für eine beschlossene **Fortführung benötigt** wird oder die Durchführung eines vorgelegten Insolvenzplans oder die angemessene Verwertung der Masse gefährdet ist. Das Vollstreckungsgericht wägt bei einem Antrag nach § 30d ZVG die Interessen der Insolvenzmasse einerseits und die der absonderungsberechtigten Gläubiger andererseits gegeneinander ab. Dabei kann es eine Einstellung nach § 30e ZVG von der Zahlung eines Betrages für Zins- und Wertverluste durch den Insolvenzverwalter abhängig machen. Der Gläubiger kann unter den Voraussetzungen des § 30f ZVG die einstweilige Einstellung aufheben lassen.

2. Die Zwangsverwaltung

13 Sofern der Antrag aus Zwangsverwaltung vor Eröffnung des Insolvenzverfahren gestellt wurde, wird das **Besitz-, Verwertungs-, wie auch Nutzungsrecht** des Zwangsverwalters durch die Eröffnung nicht berührt, §§ 150, 148 ZVG, § 80 Abs. 2 Satz 2 InsO. Der Insolvenzverwalter ist daher nicht zum Entzug des Grundbesitzes oder des beschlagnahmten Zubehörs berechtigt.[15]

14 Dem Verwalter steht ein Antragsrecht auf **vollständige oder einstweilige Einstellung der Zwangsverwaltung** zu, sofern ansonsten eine wirtschaftlich sinnvolle Nutzung der Insolvenzmasse wesentlich erschwert werden würde, § 153n Abs. 1 ZVG. Wegen der Nachteile stehen dem betroffenen Gläubiger ebenso wie im Rahmen der Zwangsversteigerung u.U. Ausgleichsansprüche zu, § 153b Abs. 2 ZVG. Die einstweilige Einstellung kann nach § 153c ZVG auf Antrag des Gläubigers wieder aufgehoben werden.

15 Auch der Insolvenzverwalter kann die Zwangsverwaltung beantragen. Praktisch ist dies allerdings nur selten sinnvoll, da der Verwalter die Erlöse nur bekommt, wenn keine Grundpfandrechte vorgehen; dann aber dürfte regelmäßig die Veräußerung vorrangiges Ziel sein.[16]

3. Sondervorschriften §§ 172–174a ZVG

16 Nach § 173 Satz 1 ZVG stellt der aufgrund eines Verwalterantrages ergangene gerichtliche Anordnungsbeschluss **keine Beschlagnahme** dar. Dies begründet sich damit, dass bereits die Anordnung des Insolvenzverfahrens die Beschlagnahme des gesamten Vermögens des Insolvenzschuldners zugunsten der Gläubiger bewirkt. Der Insolvenzverwalter ist daher bis zum Eigentumsübergang im Rahmen der Zwangsversteigerung weiterhin zur Verfügung über das Grundstück oder dessen Zubehör berechtigt.[17]

17 Die §§ 174 und 174a ZVG enthalten Sondervorschriften zum **geringsten Gebot** nach § 33 ZVG. Gem. § 174 ZVG kann der absonderungsberechtigte Gläubiger bis zum Schluss des Versteigerungstermins beantragen, dass bei der Feststellung nur die seinem Anspruch vorgehenden Rechte Berücksichtigung finden. Hierdurch kann die Höhe des Mindestgebots entscheidend reduziert und damit die Verwertungswahrscheinlichkeit deutlich erhöht werden.[18]

18 Der Insolvenzverwalter hat nach § 174a ZVG die Möglichkeit zu beantragen, dass bei der Feststellung des geringsten Gebots nur die den Ansprüche aus § 10 Abs. 1 Nr. 1a ZVG vorgehenden Rechte berücksichtigt werden. Vom geringsten Gebot umfasst sind dann lediglich die **Verfahrenskosten** und die Rechte nach § 10 Abs. 1 Nr. 2–8 ZVG, die **Feststellungskosten** gem. § 74a Abs. 5 Satz 2

---

15 Braun/*Dithmar/Schneider* Rn. 8.
16 FK-InsO/*Wegener* Rn. 3.
17 FK-InsO/*Wegener* Rn. 4.
18 Braun/*Dithmar/Schneider* Rn. 10.

ZVG.[19] Gläubiger können allerdings den durch den Antrag nach § 174a ZVG drohenden Verlust ihrer Rechte durch die **Ablösung** des Anspruches nach § 10 Abs. 1 Nr. 1a ZVG abwenden.

II. Zuständigkeit des Vollstreckungsgerichts

Das **Amtsgericht der belegenen Sache** ist als Vollstreckungsgericht für die Anordnung des Vollstreckungsverfahrens zuständig.[20]

Der Insolvenzschuldner ist nicht mehr **Beteiligter** i.S.d. § 9 ZVG.[21] Umstritten ist jedoch, ob das Gericht den Anordnungsbeschluss lediglich dem Insolvenzverwalter zuzustellen hat, § 8 ZVG. Eine Zustellung an den Schuldner ist zu empfehlen, da er im Falle der Einstellung des Insolvenzverfahrens oder der Freigabe des Grundstücks in die Lage versetzt werden soll, die Zwangsversteigerung fortzusetzen.[22]

III. Die kalte Zwangsverwaltung

Von einer kalten Zwangsverwaltung spricht man, wenn der Insolvenzverwalter aufgrund einer Abrede mit dem Grundpfandgläubiger wie ein Zwangsverwalter handelt, ohne dass der Gläubiger die Einleitung eines Zwangsverwaltungsverfahrens betreibt.

Für den Grundpfandgläubiger bietet dieses Vorgehen einige **Vorteile**, da es unkomplizierter und schneller ist. Der Gläubiger muss bspw. nicht die formellen Voraussetzungen einer Zwangsvollstreckung schaffen, wie die Umschreibung und Zustellung des Vollstreckungstitels; es reicht der Nachweis des Bestehens des Grundpfandrechtes gegenüber dem Verwalter. Zudem ist der Insolvenzverwalter zumeist im Besitz aller relevanten Unterlagen, so dass kalte Zwangsverwaltung ohne Zeitverzug in Gang gesetzt werden kann.

Der Vorteil der Insolvenzmasse liegt darin, dass diese aufgrund der Einigung[23] mit dem Absonderungsgläubiger eine **Vergütung** für die Tätigkeit als kalter Zwangsverwalter erhält. Diese Vergütung orientiert sich in der Praxis an der Höhe der Vergütung des Zwangsverwalters, ist aber zwischen den Parteien frei verhandelbar.

§ 166 Verwertung beweglicher Gegenstände

(1) Der Insolvenzverwalter darf eine bewegliche Sache, an der ein Absonderungsrecht besteht, freihändig verwerten, wenn er die Sache in seinem Besitz hat.

(2) Der Verwalter darf eine Forderung, die der Schuldner zur Sicherung eines Anspruchs abgetreten hat, einziehen oder in anderer Weise verwerten.

(3) Die Absätze 1 und 2 finden keine Anwendung
1. auf Gegenstände, an denen eine Sicherheit zu Gunsten des Teilnehmers eines Systems nach § 1 Abs. 16 des Kreditwesengesetzes zur Sicherung seiner Ansprüche aus dem System besteht,
2. auf Gegenstände, an denen eine Sicherheit zu Gunsten der Zentralbank eines Mitgliedstaats der Europäischen Union oder Vertragsstaats des Europäischen Wirtschaftsraums oder zu Gunsten der Europäischen Zentralbank besteht, und
3. auf eine Finanzsicherheit im Sinne des § 1 Abs. 17 des Kreditwesengesetzes.

---

19 Braun/*Dithmar*/*Schneider* Rn. 10.
20 Braun/*Dithmar*/*Schneider* Rn. 5; *Hess* Rn. 30; Nerlich/Römermann/*Becker* Rn. 20.
21 Uhlenbruck/*Brinkmann* Rn. 10.
22 Vgl. hierzu: Uhlenbruck/*Brinkmann* Rn. 11; a.A. *Hess* Rn. 29.
23 OLG Schleswig-Holstein DZWIR 2013, 43: keine Vergütung ohne Einigung zwischen den Parteien.

§ 166 InsO Verwertung beweglicher Gegenstände

Übersicht

		Rdn.			Rdn.
A.	Normzweck	1	III.	Arten der Verwertung	20
B.	Anwendungsbereich	6	D.	Verwertung von Forderungen nach § 166 Abs. 2	22
C.	Verwertung beweglicher Sachen nach § 166 Abs. 1	8	E.	Verwertung sonstiger Rechte nach § 166 analog	29
I.	Verwertungsrecht des Insolvenzverwalters	10	F.	Ausgeschlossenes Verwertungsrecht nach § 166 Abs. 3	32
II.	Besitz des Insolvenzverwalters	14			

A. Normzweck

1 Die Norm regelt die Verwertung von beweglichen Gegenständen und Forderungen, an denen ein Absonderungsrecht besteht, und **ergänzt** insofern die allgemeinen Vorschriften der §§ 49–51.

2 Abs. 1 normiert ein **Verwertungsrecht** des Insolvenzverwalters an beweglichen Sachen sofern sich diese in seinem Besitz befinden und in Abs. 2 ein **Einzugsrecht** an zur Sicherung abgetretenen Forderungen. Der Absonderungsberechtigte ist dadurch im Grundsatz während des laufenden Insolvenzverfahrens vom Zugriff auf seinen Sicherungsgegenstand ausgeschlossen, vgl. § 173 Abs. 1. Dadurch wird ihm der Eingriff in die wirtschaftliche Einheit des schuldnerischen Vermögens verwehrt, um für die Gläubigergesamtheit die Chance zu erhalten, das Vermögen des Schuldners insgesamt als wirtschaftliche Einheit fortzuführen und/oder verwerten zu können.

3 Im Gegenzug für den Verlust des Verwertungsrechts enthält das Gesetz in den §§ 167 ff. verschiedenste Rechte für den Absonderungsgläubiger. Zudem profitiert freilich auch der Absonderungsberechtigte häufig von einer Aufrechterhaltung der wirtschaftlichen Einheit des Vermögens, da der Verwalter dadurch auch für das betroffene Absonderungsgut einen höheren Kaufpreis erzielen kann, als der Gläubiger dies bei einer Einzelveräußerung könnte.

4 In technischer Hinsicht enthält § 166 eine **Veräußerungsermächtigung** i.S.d. § 185 BGB, da das Eigentum an den beweglichen Sachen und die Inhaberschaft an den abgetretenen Forderungen beim Sicherungsgläubiger liegen, nicht beim Insolvenzschuldner oder beim Insolvenzverwalter.

5 Das aus § 166 folgende Verwertungsrecht des Insolvenzverwalters kann **nicht** im Vorfeld der Insolvenz durch eine Parteivereinbarung **abbedungen** werden.[1]

B. Anwendungsbereich

6 § 166 findet außer im Regelinsolvenzverfahren auch im Nachlassinsolvenzverfahren Anwendung und gilt auch für den Eigenverwalter.[2] Nur dem **Treuhänder im Verbraucherinsolvenzverfahren** steht kein Verwertungsrecht nach § 166 zu, vgl. § 313 Abs. 2 Satz 2.[3]

7 In **zeitlicher Hinsicht** setzt § 166 die Eröffnung des Verfahrens voraus; der vorläufige Insolvenzverwalter hat also kein Verwertungsrecht aus § 166.[4] Allerdings kann das Insolvenzgericht nach § 21 Abs. 2 Nr. 5 bereits in der **Antragsphase** anordnen, dass die nach Verfahrenseröffnung in den Anwendungsbereich des § 166 fallenden Gegenstände vom Gläubiger nicht verwertet oder eingezogen werden dürfen und vom vorläufigen Verwalter für die Betriebsfortführung eingesetzt werden können, wenn sie dafür von erheblicher Bedeutung sind (vgl. näher § 21 Rdn. 47 ff.). Auch wenn nach der Konzeption der Insolvenzordnung die Verwertung grds erst nach dem **Berichtstermin** erfolgen soll (vgl. § 159), steht dem Verwalter auch schon vor dem Berichtstermin das Verwertungsrecht des § 166 zu.

---

[1] Vgl. BGH 24.03.2009, IX ZR 112/08, ZIP 2009, 768.
[2] Nerlich/Römermann/*Becker* Rn. 3; Uhlenbruck/*Brinkmann* Rn. 1a.
[3] Braun/*Dithmar* Rn. 3; Nerlich/Römermann/*Becker* Rn. 3.
[4] Braun/*Dithmar* Rn. 3; *Hess* Rn. 33; Nerlich/Römermann/*Becker* Rn. 3.

Durch die Zuweisung des Verwertungsrechts an den Insolvenzverwalter entsteht zwischen diesem und dem absonderungsberechtigten Gläubiger ein gesetzliches Schuldverhältnis, aus dem sich Nebenpflichten ergeben können, wie z.B. die Pflicht des an einem KFZ zur Absonderung Berechtigten zur Herausgabe des Fahrzeugscheins an den Insolvenzverwalter.[5]

C. Verwertung beweglicher Sachen nach § 166 Abs. 1

Dem Insolvenzverwalter steht bzgl. der in seinem Besitz befindlichen beweglichen Sachen trotz Bestehens eines Absonderungsrechts das Recht zur freihändigen Verwertung zu. Unter Sachen sind körperliche Gegenstände i.S.d. § 90 BGB zu verstehen.

Von § 166 Abs. 1 ausgenommen sind Gegenstände, die zum **Haftungsverband einer Hypothek** oder Grundschuld gehören; die Verwertung dieser Gegenstände soll im Rahmen des § 165 erfolgen.[6] In der Praxis kommt es allerdings auch in diesen Fällen häufig zu einer Einigung zwischen dem Verwalter und den Grundpfandgläubigern über eine freihändige Veräußerung des Zubehörs ohne Verwertung des Grundstücks. Wenn der Verwalter freihändig dem Haftungsverband unterfallende Gegenstände ohne eine Zustimmung des Grundpfandgläubigers verwertet, verletzt er damit die Sicherungsrechte des Grundpfandgläubigers; dieser kann dann Schadensersatz im Rang einer Masseverbindlichkeit verlangen.[7]

I. Verwertungsrecht des Insolvenzverwalters

In der Praxis ist das **Sicherungseigentum** der wichtigste Anwendungsfall des § 166 Abs. 1. Das Sicherungseigentum wird nach § 51 Nr. 1 wie ein gesetzlich normiertes Pfandrecht behandelt. Umfasst ist ebenso der dem Sicherungseigentum wirtschaftlich nahe stehende **erweiterte Eigentumsvorbehalt**.[8] Von der Regelung des § 166 Abs. 1 nicht umfasst, sind Sachen an denen ein **einfacher Eigentumsvorbehalt** besteht.[9] Dieses Recht begründet ein Aussonderungsrecht des Sicherungsnehmers nach § 47.

Ein Verwertungsrecht des Insolvenzverwalters besteht ferner auch dann, wenn schon ein **Pfändungspfandrecht** im Wege der Einzelzwangsvollstreckung begründet wurde,[10] das dem Gläubiger nach § 50 Abs. 1 ein Recht zur abgesonderten Befriedigung zuspricht. Sofern der Insolvenzverwalter die Sache freihändig verwerten will, hat der Gerichtsvollzieher das **Pfandsiegel zu entfernen**, da der Übergang des Verwertungsrechts auf den Insolvenzverwalter nicht die öffentlich-rechtliche Verstrickung bricht.[11]

Von dem Verwertungsrecht des Insolvenzverwalters sind ebenso Sachen umfasst, an denen ein **gesetzliches Pfandrecht** besteht, zu denken ist hier insb. an das Vermieterpfandrecht.[12]

Verwertet der Sicherungsgläubiger trotz des § 166 Abs. 1 das Sicherungsgut selbst, so ist die Verfügung unwirksam, da § 166 Abs. 1 InsO ein **absolutes Verfügungsverbot** i.S.d. § 134 BGB darstellt.[13]

---

[5] OLG Stuttgart ZInsO 2012, 1526.
[6] Braun/*Dithmar* Rn. 4.
[7] OLG Dresden 25.07.2002, 13 U 833/02, ZInsO 2003, 472.
[8] Braun/*Dithmar* Rn. 5.
[9] Braun/*Dithmar* Rn. 5; *Hess* Rn. 11; Nerlich/Römermann/*Becker* Rn. 14; Uhlenbruck/*Brinkmann* Rn. 3.
[10] Braun/*Dithmar* Rn. 5; *Hess* Rn. 19; Nerlich/Römermann/*Becker* Rn. 13; Uhlenbruck/*Brinkmann* Rn. 3.
[11] Braun/*Dithmar* Rn. 5; a.A. Nerlich/Römermann/*Becker* Rn. 13.
[12] *Hess* Rn. 19.
[13] Nerlich/Römermann/*Becker* Rn. 8 ff.

II. Besitz des Insolvenzverwalters

14 Nach ganz h.M. genügt für die Anwendbarkeit des § 166 Abs. 1 neben dem unmittelbaren Besitz des Insolvenzverwalters auch der **mittelbare Besitz**.[14] Für eine Einbeziehung des mittelbaren Besitzes spricht der Zweck der Regelung, nämlich die wirtschaftliche Einheit des Schuldnervermögens zusammenzuhalten. Hierfür ist es aber unerheblich, ob der Schuldner unmittelbaren oder nur mittelbaren Besitz an den Gegenständen hat (man denke z.B. an ein Kommissionslager oder Waren, die sich beim Spediteur befinden oder vermietete oder verpachtete Gegenstände usw.).

15 Eine **Ausnahme** gilt allerdings dann, wenn der Absonderungsberechtigte selbst den unmittelbaren Besitz an dem Absonderungsgut hat; in diesem Fall kann der mittelbare Besitz des Insolvenzverwalters nicht ausreichen, da sonst das Regelungsgefüge der Norm in sein Gegenteil verkehrt würde.[15]

16 Damit fällt das **rechtsgeschäftlich eingeräumte Pfandrecht** nach §§ 1204 ff. BGB notwendigerweise nicht unter § 166, da zur Bestellung des Pfandrechts die Übergabe des Sicherungsgut an den Pfandgläubiger nach § 1205 Abs. 1 Satz 1 BGB erforderlich ist und die Rückgabe nach § 1253 BGB das Erlöschen des Pfandrechts bewirkt.

17 Verschafft sich der Absonderungsberechtigte nach § 858 BGB durch **verbotene Eigenmacht** vor oder nach Einleitung des Insolvenzverfahrens Besitz an der Sache, so kann der Insolvenzverwalter von ihm die Rückgabe des Besitzes nach § 861 BGB verlangen. Ihm steht auch in diesem Fall das Verwertungsrecht nach § 166 Abs. 1 zu.[16]

18 Das Verwertungsrecht des Insolvenzverwalters geht ferner nicht dadurch unter, dass der Absonderungsberechtigte auf den Besitzmittler dergestalt einwirkt, dass dieser daraufhin den **Besitzmittlungswillen** zugunsten des Insolvenzverwalters **aufgibt**.[17]

19 Für das Verwertungsrecht des Insolvenzverwalters reicht es auch, wenn dieser den unmittelbaren Besitz erst **im laufenden Verfahren** erlangt, wenn er diesen z.B. aufgrund einer Insolvenzanfechtung oder Besitzschutzklage zurück erlangt.[18] Nimmt allerdings der Absonderungsberechtigte selbst vor Insolvenzeröffnung die sicherungsübereignete Sache in Besitz und verwertet diese, kann die Inbesitznahme vom Insolvenzverwalter jedenfalls nicht mit der Begründung angefochten werden, dass der Masse die Feststellungskostenpauschale nach § 170 Abs. 1 entgangen sei.[19] Bis zur Eröffnung des Insolvenzverfahrens ist der Sicherungsnehmer insofern nicht an der Ausübung seiner Rechte gehindert. Um eine Wegnahme in der Antragsphase zu verhindern, kann das Insolvenzgericht eine Anordnung nach § 21 Abs. 2 Nr. 5 erlassen.

III. Arten der Verwertung

20 Die Verwertung beweglicher Sachen nach § 166 Abs. 1 erfolgt regelmäßig durch **freihändigen Verkauf** – einzeln oder als Bestandteil eines Unternehmenskaufes. Die Verwertung kann bei Rohstoffen oder Teilen auch durch **Weiterverarbeitung** im Rahmen der Betriebstätigkeit erfolgen; denkbar ist auch, dass der Verwalter das Sicherungsgut aus anderen Mitteln der Masse auslöst, um es für diese weiter zu verwenden. In jedem Fall muss der Verwalter die Regelung des § 168 berücksichtigen.

21 Anstelle einer Verwertung kann der Verwalter die beweglichen Sachen auch aus der Masse **freigeben**. Dies ist immer dann sinnvoll, wenn bei der Verwertung mit einem Massezufluss nicht zu rechnen ist.

---

[14] BGH 16.11.2006, IX ZR 135/05, NZI 2007, 95; Gottwald/Gottwald/*Adolphsen* § 42 Rn. 140; Nerlich/Römermann/*Becker* Rn. 17; Uhlenbruck/*Brinkmann* Rn. 4; a.A. Kübler/Prütting/Bork/*Kemper* Rn. 4; Haunschild DZWIR 1999, 60 (61).
[15] BGH 20.11.2003, IX ZR 259/02, ZIP 2004, 42; Uhlenbruck/*Brinkmann* Rn. 7a.
[16] Gottwald/Gottwald/*Adolphsen* § 42 Rn. 143; *Hess* § 169 Rn. 22; Uhlenbruck/*Brinkmann* Rn. 4c.
[17] Uhlenbruck/*Brinkmann* Rn. 4a.
[18] Nerlich/Römermann/*Becker* Rn. 21.
[19] BGH 23.09.2004, IX ZR 25/03, ZIP 2005, 40.

Letztlich kann der Verwalter den Gegenstand auch dem Absonderungsberechtigten **zur Verwertung überlassen**, § 170 Abs. 2.

D. Verwertung von Forderungen nach § 166 Abs. 2

§ 166 Abs. 2 gibt dem Insolvenzverwalter das Recht sicherungszedierte Forderungen des Schuldners **einzuziehen** oder in anderer Weise zu verwerten. Die Sicherungszession findet sich häufig in der Form einer Globalzession, eines verlängerten Eigentumsvorbehaltes oder aber auch als Einzelabtretung genau bezeichneter Forderungen. Das Verwertungsrecht ist unabhängig davon, ob der Gläubiger die Abtretung gegenüber dem Drittschuldner **offengelegt** hat oder nicht.[20]

Die Forderung muss im **Zeitpunkt** der Eröffnung des Insolvenzverfahrens noch bestehen. Mit der Eröffnung des Insolvenzverfahrens ist der Sicherungszessionar zur Verwertung nicht mehr berechtigt. **Vor Verfahrenseröffnung eingezogene Forderungen** und der dazugehörige Erlös werden nicht vom Verwertungsrecht umfasst. Für Forderungen, die nach Antragsstellung aber noch vor Insolvenzeröffnung getilgt wurden, entsprach es älterer Rechtsprechung, dass keine Feststellungs- und Verwertungskosten nach § 170 anfallen.[21] Nachdem der BGH in dieser Konstellation aber in einer Entscheidung aus 2010 einen Anspruch des Absonderungsberechtigten auch nach Verfahrenseröffnung auf eine analoge Anwendung des § 170 gestützt hat, ist die Frage ungeklärt – der BGH hat sie in den Entscheidungsgründen ausdrücklich offen gelassen.[22] Eine Einziehung der abgetretenen Forderungen durch den Sicherungsnehmer kann das Gericht in der Antragsphase durch einen **Beschluss nach § 21 Abs. 2 Nr. 5** untersagen.

Ist eine bereits vor Eröffnung des Insolvenzverfahrens begonnene Verwertung zum Zeitpunkt der Eröffnung noch nicht abgeschlossen, darf der Sicherungsnehmer die Verwertung **nicht fortsetzen**.[23]

Von dem Verwertungsrecht des § 166 Abs. 2 nicht umfasst sind solche Forderungen, bei denen die Abtretung nicht zur Sicherheit, sondern **unbedingt** erfolgte (z.B. bei Verkauf der Forderung, beim echten Factoring, bei der Abtretung erfüllungshalber usw.). In diesen Fällen steht die Forderung vollständig dem Zessionar zu. Häufig wird in diesem Kontext von einem **Aussonderungsrecht** des Zessionars gesprochen, was aber dogmatisch nicht ganz richtig ist: der Zessionar muss die Forderung nicht erst aus der Insolvenzmasse aussondern; vielmehr steht ihm diese bereits ohne jedes weitere Zutun des Verwalters uneingeschränkt zu.

Auf ver- oder **gepfändete Forderungen** wird § 166 Abs. 2 nicht analog angewendet; der Sicherungsnehmer ist in diesem Fall nach § 173 Abs. 1 selbst zur Verwertung berechtigt.[24] Vor dem **Eintritt der Pfandreife** liegt das Verwertungsrecht nach den allgemeinen Grundsätzen beim Insolvenzverwalter, da die Insolvenzmasse Inhaber der verpfändeten Forderung ist.[25] Allerdings setzt sich das Pfandrecht an dem Erlös fort; der Insolvenzverwalter darf den Forderungsbetrag nicht zur Masse ziehen, er darf aber die Feststellungs- und Verwertungskostenpauschale entnehmen.[26]

Zahlt der Drittschuldner entgegen § 166 Abs. 2 an den Zessionar, wird der Drittschuldner nur dann frei, wenn er bzgl. der Eröffnung des Insolvenzverfahrens **gutgläubig** war (§ 82 analog).[27] War er nicht gutgläubig, kann der Verwalter beim Drittschuldner **erneut** die Zahlung auf die Forderung verlangen. Alternativ kann er die Zahlung an den Sicherungsgläubiger gem. § 185 Abs. 2 BGB geneh-

---

20 Braun/*Dithmar* Rn. 12; *Hess* § 169 Rn. 33.
21 BGH 20.02.2003, IX ZR 81/02, BGHZ 154, 72.
22 BGH 21.01.2010, IX ZR 65/09, BGHZ 184, 101 = ZIP 2010, 739.
23 BGH 11.07.2002, IX ZR 262/01, ZInsO 2002, 826.
24 BGH 01.07.2002, IX ZR 262/01, ZIP 2002, 1630; 07.04.2005, IX ZR 138/04, NZI 2005, 384.
25 BGH 07.04.2005, IX ZR 138/04, NZI 2005, 384 – häufiger Anwendungsfall sind Lebensversicherungen, die zur Sicherung einer Rentenleistung an den Arbeitnehmer verpfändet wurden.
26 BGH ZIP 2013, 987.
27 BGH 23.04.2009, IX ZR 65/08, ZIP 2009, 1075.

migen und dadurch die Wirksamkeit herbeiführen.[28] Dies kann sinnvoll sein, wenn der Sicherungsgläubiger zur Abführung der Kostenpauschale an die Masse bereit ist.

28   Die Verwertung der Forderung erfolgt i.d.R. durch **Einziehung**.[29] In Betracht kommt aber auch die **Veräußerung** der Forderung (z.B. an eine Factoring-Bank).

E. Verwertung sonstiger Rechte nach § 166 analog

29   Nicht geklärt ist, inwieweit sich das Verwertungsrecht des § 166 **analog** auf andere, im Gesetz nicht genannte Rechte anwenden lässt. Zu nennen sind hier etwa Erbteile, Mitgliedschaften, Geschäftsanteile, Marken oder Patente.

30   Der **Sinn und Zweck** der Vorschrift, nämlich die Wahrung der Chancen einer Betriebsfortführung und Gesamtveräußerung durch den Insolvenzverwalter, spricht deutlich dafür, auch die nicht genannten Rechte einzubeziehen, da diese häufig für die Aufrechterhaltung der wirtschaftlichen Einheit von zentraler Bedeutung sind, man denke nur an die Patente. Dagegen wird aber nachvollziehbar argumentiert, dass es an einer **planwidrigen Regelungslücke** fehle, weil der Gesetzgeber andere Rechte bewusst nicht in die Regelung einbezogen hätte.[30]

31   In der Praxis ist diese **Rechtsunsicherheit** sehr hinderlich, weil ein Unternehmenserwerber sich für belastete Rechtsgüter regelmäßig nicht auf eine verbleibende Rechtsunsicherheit einlassen kann. Dies führt dazu, dass die Sicherungsgläubiger in die Verträge einbezogen werden müssen und so eine sehr starke Druckposition erhalten, die ihnen nicht selten zu einem erheblichen Vorteil gegenüber anderen (gesicherten) Gläubigern verhilft.

F. Ausgeschlossenes Verwertungsrecht nach § 166 Abs. 3

32   § 166 Abs. 3 normiert **Ausnahmen** von dem Verwertungsrecht des Insolvenzverwalters. Die Vorschrift beruht auf dem Gesetz zur Umsetzung der Richtlinie 2002/47/EG vom 06.06.2002 über Finanzsicherheiten und zur Änderung des Hypothekenbankgesetzes und anderer Rechte.

33   Die Nr. 3 der Regelung entzieht dem Verwertungsrecht des Verwalters Finanzsicherheiten i.S.d. § 1 Abs. 17 Satz 1 KWG, also insb. Barguthaben, Wertpapiere, Geldmarktinstrumente oder sonstige Schuldscheindarlehen. Diese Ausnahmen gem. § 166 Abs. 3 Nr. 1 und Nr. 2 werden nur im Insolvenzverfahren über das Vermögen eines **Kreditinstitutes** relevant; die Bedeutung der Vorschrift in der täglichen Abwicklungspraxis ist daher gering.

§ 167 Unterrichtung des Gläubigers

(1) Ist der Insolvenzverwalter nach § 166 Abs. 1 zur Verwertung einer beweglichen Sache berechtigt, so hat er dem absonderungsberechtigten Gläubiger auf dessen Verlangen Auskunft über den Zustand der Sache zu erteilen. Anstelle der Auskunft kann er dem Gläubiger gestatten, die Sache zu besichtigen.

(2) Ist der Verwalter nach § 166 Abs. 2 zur Einziehung einer Forderung berechtigt, so hat er dem absonderungsberechtigten Gläubiger auf dessen Verlangen Auskunft über die Forderung zu erteilen. Anstelle der Auskunft kann er dem Gläubiger gestatten, Einsicht in die Bücher und Geschäftspapiere des Schuldners zu nehmen.

---

28 Nerlich/Römermann/*Becker* Rn. 10.
29 Erteilung einer Einziehungsermächtigung ist zulässig, BGH ZIP 2013, 35.
30 Einen guten Überblick zum Streitstand findet sich z.B. bei Uhlenbruck/*Brinkmann* Rn. 14; vgl. auch *Berger* ZInsO 2013, 569.

Übersicht	Rdn.			Rdn.
A. Allgemeines	1	D.	Grenzen des Auskunftsanspruchs	21
B. Auskunftsrecht bei beweglichen Sachen	13	E.	Durchsetzung des Auskunftsanspruchs/	
C. Auskunftsrecht bei Forderungen	17		Einsichtsrechts	23

A. Allgemeines

Nach § 167 ist der absonderungsberechtigte Gläubiger berechtigt, von dem Insolvenzverwalter Auskunft über das Sicherungsgut zu verlangen. Die Vorschrift korreliert mit der Übertragung des Verwertungsrechts auf den Insolvenzverwalter nach § 166. Demzufolge bezieht sich das Auskunftsrecht gegenständlich auf Absonderungsgegenstände, die § 166 unterfallen. Das Auskunftsrecht ist für den Absonderungsberechtigten erforderlich, damit dieser seine Schutzrechte (Eintrittsrecht nach § 168 Abs. 3 und Schutz vor einer Verzögerung der Verwertung nach § 169) auch tatsächlich ausüben und durchsetzen kann. Er kann sich daher über den **Zustand der Sachen** und über die **Höhe und Fälligkeiten der Forderungen**, an denen er eine Sicherheit hat, unterrichten lassen. 1

Im Grundsatz hat der Insolvenzverwalter die Informationen selbst zu erteilen. Die Vorschrift erlaubt ihm aber ausdrücklich auch, dass er dem Gläubiger stattdessen gestatten kann, die bewegliche Sache selbst zu **besichtigen** (§ 167 Abs. 1 Satz 2), oder im Falle der abgetretenen Forderung in die **Bücher und Geschäftspapiere des Schuldners Einsicht** zu nehmen (§ 167 Abs. 2 Satz 2). Der besicherte Gläubiger kann und muss sich die erforderlichen Informationen dann selbst heraussuchen. 2

Die Art der Auskunftserteilung steht im **Ermessen** des Insolvenzverwalters.[1] Der Gläubiger hat kein Recht auf eine bestimmte Art der Kenntniserlangung. Der Insolvenzverwalter kann auch neben der Erteilung einer Auskunft die Besichtigung oder Einsichtnahme erlauben oder auf die Einsichtnahme verweisen, wenn die geleistete Auskunft dem Gläubiger nicht ausreichend erscheint. Ein Alternativverhältnis zwischen den Informationswegen besteht insofern nicht. 3

Die Auskunftsverpflichtung nach § 167 steht selbständig **neben** den allgemeinen Vorschriften gegenüber den Verfahrensbeteiligten; etwaige andere Informationsrechte bleiben davon unberührt. 4

Entscheidet der Insolvenzverwalter sich für die Besichtigung bzw. Einsichtnahme durch den Absonderungsberechtigten, so ist er berechtigt **Ort und Zeitpunkt** dafür zu bestimmen.[2] Die Auskunftserteilung bzw. die Schaffung einer Möglichkeit zur eigenständigen Auskunftserlangung hat innerhalb einer **angemessenen Frist** zu erfolgen.[3] 5

Ist der Insolvenzverwalter tatsächlich nicht in der Lage, die Auskunft zu erteilen, etwa aufgrund einer unsauberen vorhergehenden Verwaltung durch einen anderen Insolvenzverwalter, so hat er dies dem Absonderungsberechtigten anstelle der Auskunft mitzuteilen.[4] Der Insolvenzverwalter hat dann die Gründe hierfür nachvollziehbar darzulegen, um etwa dem Gläubiger die Inanspruchnahme des verursachenden vorläufigen Insolvenzverwalters nach § 60 zu ermöglichen.[5] 6

Das Auskunftsverlangen ist **formlos** möglich[6] und **nicht fristgebunden**.[7] 7

Die mit der Auskunftserteilung verbundenen **Kosten** kann die Insolvenzmasse nach überwiegender Meinung nicht ersetzt verlangen, da diese grds mit der Feststellungskostenpauschale i.R.d. § 170 abgegolten werden.[8] Die mit der eigenständigen Informationsbeschaffung durch den Gläubiger einhergehenden eigenen Kosten hat er selbst zu tragen.[9] 8

---

1 *Hess* Rn. 8; Nerlich/Römermann/*Becker* Rn. 12.
2 Nerlich/Römermann/*Becker* Rn. 12; Uhlenbruck/*Brinkmann* Rn. 6.
3 Braun/*Dithmar* Rn. 3; Uhlenbruck/*Brinkmann* Rn. 5.
4 Smid/*Smid* Rn. 8.
5 Smid/*Smid* Rn. 8.
6 Andres/Leithaus/*Andres* Rn. 3; Smid/*Smid* Rn. 6.
7 Nerlich/Römermann/*Becker* Rn. 7; Uhlenbruck/*Brinkmann* Rn. 4.
8 ZB FK-InsO/*Wegener* Rn. 8, a.A. *Lwowski/Heyn* WM 1998, 473 (477).
9 Uhlenbruck/*Brinkmann* Rn. 9 m.w.N.

9 Im Falle der Verwertung der Sache setzt sich das Auskunftsrecht des Absonderungsberechtigten auf den Verbleib des **Erlöses** fort.[10]

10 Sofern der Insolvenzverwalter selbst Auskunft erteilt, hat dies **keine Anerkennstniswirkung** in Bezug auf das Absonderungsrecht.[11] Der Insolvenzverwalter ist daher sofern die Prüfung inwieweit ein Absonderungsrecht besteht noch nicht endgültig erfolgt ist, berechtigt, jedoch nicht verpflichtet[12] Auskunftserteilung unter Vorbehalt der Klärung zu erteilen.[13]

11 Der Anspruch auf Auskunfterteilung kann **klageweise** gegen den Insolvenzverwalter betrieben werden.[14] Aufsichtsmaßnahmen seitens des Gerichts kommen für solche Auskunftsansprüche grds nicht in Betracht, da es Sache des einzelnen Gläubigers ist, seine Ansprüche gegen die Insolvenzmasse zu verfolgen.[15] Streitigkeiten über die Rechte nach § 167 sind vor den **ordentlichen Gerichten** auszutragen.[16]

12 Sofern der Insolvenzverwalter die Informationsansprüche des Gläubigers schuldhaft verletzt, kommt eine **Haftung** nach § 60 in Betracht, da auch diese Pflichten zu den insolvenzspezifischen Pflichten des Verwalters i.S.d. § 60 zählen.[17]

B. Auskunftsrecht bei beweglichen Sachen

13 Der Absonderungsberechtigte hat in seinem **Auskunftsverlangen** das Absonderungsrecht[18] und insb. die Sache an der es besteht **genau zu bezeichnen**.[19]

14 Die Auskunftserteilung beschränkt sich auf die Mitteilung des **Zustandes der Sache**.[20] Hierunter ist die quantitative und qualitative Beschaffenheit der Sache zu verstehen.[21] Er hat die hierfür erheblichen Umstände detailliert mitzuteilen. Entsprechende Auskünfte muss der Verwalter erteilen, wenn die Sache weiter verarbeitet oder vermischt wurde.[22]

15 Eine Auskunftserteilung zu den beweglichen Sachen kann regelmäßig durch die Überlassung der zuvor ohnehin vom Verwalter eingeholten **Wertgutachten** erbracht werden. In den Gutachten finden sich regelmäßig Feststellungen zum Zustand und Verbleib der vorhandenen Sachen und zu deren Liquidations- und Fortführungswerten. Bei geringwertigen Gegenständen dürfte auch die Überlassung der bloßen Inventurliste ausreichen.

16 Genügen die vorhandenen Unterlagen nicht, wählt der Insolvenzverwalter aufgrund des oftmals hohen Arbeitsaufwands in der Praxis häufig die Alternative der **eigenen Besichtigung** durch den Gläubiger.[23] In diesem Fall, ist es dem Gläubiger gestattet, einen Sachverständigen mitzubringen und den Zustand des Sicherungsguts etwa durch Fotografien zu dokumentieren.[24] Der Insolvenzverwalter kann dies nur dann untersagen, wenn ein **berechtigtes Interesse** daran besteht, z.B. weil Geschäfts-

---

10 Hess/*Hess* Rn. 15.
11 MüKo-InsO/*Lwowski/Tetzlaff* Rn. 9.
12 Braun/*Dithmar* Rn. 2; Uhlenbruck/*Brinkmann* Rn. 5.
13 *Hess* Rn. 10.
14 Andres/Leithaus/*Andres* Rn. 6; MüKo-InsO/*Lwowski/Tetzlaff* Rn. 16.
15 Ähnlich FK-InsO/*Wegener* Rn. 10; a.A. MüKo-InsO/*Lwowski/Tetzlaff* Rn. 16.
16 *Hess* Rn. 10; Uhlenbruck/*Brinkmann* Rn. 10.
17 Braun/*Dithmar* Rn. 10; MüKo-InsO/*Lwowski/Tetzlaff* Rn. 15.
18 Uhlenbruck/*Brinkmann* Rn. 4.
19 MüKo-InsO/*Lwowski/Tetzlaff* Rn. 17.
20 *Hess* Rn. 9.
21 Smid/*Smid* Rn. 7; weitergehend: MüKo-InsO/*Lwowski/Tetzlaff* Rn. 11.
22 MüKo-InsO/*Lwowski/Tetzlaff* Rn. 33.
23 Nerlich/Römermann/*Becker* Rn. 11.
24 Nerlich/Römermann/*Becker* Rn. 14; Smid/*Smid* Rn. 9.

geheimnisse durch eine Dokumentation gefährdet würden.[25] Er ist dann u.U. zu weiterer persönlicher Auskunftserteilung verpflichtet.[26]

C. Auskunftsrecht bei Forderungen

Der Absonderungsberechtigte hat in seinem Auskunftsverlangen sein Absonderungsrecht und die Forderung **hinreichend zu bestimmen**.[27]

Die Auskunft des Insolvenzverwalters hat diejenigen Tatsachen zu enthalten, die die **Bonität und Verität** der Forderung betreffen.[28] Mitteilen muss der Verwalter ferner, ob er die Forderung bereits eingezogen hat und wenn ja, wann welche **Zahlungen** geflossen sind. Die wesentlichen Informationen ergeben sich hier bereits aus der **Debitorenbuchhaltung** des Schuldners, soweit diese fortgeschrieben wurde, bzw. aus der eigenen Buchhaltung des Insolvenzverwalters.

Statt der eigenen Auskunftserteilung, kann der Insolvenzverwalter dem Gläubiger gestatten, in die Bücher und Geschäftspapiere **Einsicht** zu nehmen, § 167 Abs. 2 Satz 2. Unter Einsichtnahme ist der Zugang zu den Büchern und Geschäftspapieren zu verstehen. Die Einsichtnahme begrenzt sich lediglich auf die für die Forderung **erforderlichen** Unterlagen.

Ein Anspruch auf Überlassung der Unterlagen oder Zusendung besteht nicht, dem Gläubiger muss jedoch ermöglicht werden, **Kopien** anzufertigen,[29] soweit dies nicht im Einzelfall mit vorrangigen Wettbewerbsinteressen des schuldnerischen Unternehmens kollidiert. Der Insolvenzverwalter kann in diesem Fall das Kopieren untersagen.[30] Auch in diesem Fall ist der Insolvenzverwalter dann u.U. zur weiteren Auskunftserteilung verpflichtet.[31] Der Gläubiger ist ebenso wie i.R.d. § 167 Abs. 1 Satz 2 berechtigt einen **Sachverständigen** zur Einsichtnahme mitzubringen.

D. Grenzen des Auskunftsanspruchs

Auch wenn dies im Gesetz nicht ausdrücklich erwähnt ist, besteht ein Auskunftsanspruch nur in den Grenzen der **Zumutbarkeit** für den Insolvenzverwalter bzw. die Insolvenzmasse im Einzelfall.[32] Auskunft und Einsicht kann dann nicht mehr verlangt werden, wenn die Bearbeitung des Auskunftsverlangens **unverhältnismäßige Kosten** für die Masse oder eine **übermäßige zeitliche Belastung** der Bearbeitung der Insolvenzverwaltung bewirken.[33]

Eine weitere Begrenzung des Anspruchs ist angezeigt, wenn die Informationsbeschaffung **Geschäftsgeheimnisse** des Schuldners offenlegt und hierdurch ein im Vergleich zum Informationsbedürfnis unverhältnismäßiger Schaden für den Gläubiger drohen.[34] Ein geeignetes Mittel zum Ausgleich der kollidierenden Interessen kann in diesen Fällen jedoch die Einsichtnahme durch einen zur **Verschwiegenheit verpflichteten Dritten** sein.[35]

E. Durchsetzung des Auskunftsanspruchs/Einsichtsrechts

Erfüllt der Verwalter den Auskunftsanspruch nicht und erlaubt dem Gläubiger auch die persönliche Inaugenscheinnahme bzw. Einsicht in die Unterlagen nicht, kann dieser vor der ordentlichen Zivil-

---

25 Nerlich/Römermann/*Becker* Rn. 15.
26 Nerlich/Römermann/*Becker* Rn. 15.
27 Uhlenbruck/*Brinkmann* Rn. 4, 7.
28 Smid/*Smid* Rn. 11.
29 *Hess* Rn. 18; Nerlich/Römermann/*Becker* Rn. 20; Uhlenbruck/*Brinkmann* Rn. 8.
30 Nerlich/Römermann/*Becker* Rn. 20; Smid/*Smid* Rn. 12.
31 Nerlich/Römermann/*Becker* Rn. 20.
32 BGH 04.12.2003, IX ZR 222/02, ZIP 2004, 326.
33 Braun/*Dithmar* Rn. 2; MüKo-InsO/*Lwowski/Tetzlaff* Rn. 14 ff.; Smid/*Smid* Rn. 13.
34 Wohl ebenso Braun/*Dithmar* Rn. 5.
35 Braun/*Dithmar* Rn. 3; MüKo-InsO/*Lwowski/Tetzlaff* Rn. 30; Uhlenbruck/*Brinkmann* Rn. 8.

gerichtsbarkeit nach den allgemeinen Grundsätzen **Auskunftsklage** erheben. Solange der Verwalter die Inaugenscheinnahme/Einsichtnahme nicht gestattet hat, hat der Gläubiger hierauf keinen durchsetzbaren Anspruch, so dass er mit der Auskunftsklage beginnen muss. Nur wenn eine Abwägung im Einzelfall ergibt, dass die Auskunftserteilung für den Verwalter unzumutbar ist, kann der Gläubiger direkt mit Erfolg auf die Duldung der Inaugenscheinnahme/Einsichtnahme klagen.

§ 168 Mitteilung der Veräußerungsabsicht

(1) Bevor der Insolvenzverwalter einen Gegenstand, zu dessen Verwertung er nach § 166 berechtigt ist, an einen Dritten veräußert, hat er dem absonderungsberechtigten Gläubiger mitzuteilen, auf welche Weise der Gegenstand veräußert werden soll. Er hat dem Gläubiger Gelegenheit zu geben, binnen einer Woche auf eine andere, für den Gläubiger günstigere Möglichkeit der Verwertung des Gegenstands hinzuweisen.

(2) Erfolgt ein solcher Hinweis innerhalb der Wochenfrist oder rechtzeitig vor der Veräußerung, so hat der Verwalter die vom Gläubiger genannte Verwertungsmöglichkeit wahrzunehmen oder den Gläubiger so zu stellen, wie wenn er sie wahrgenommen hätte.

(3) Die andere Verwertungsmöglichkeit kann auch darin bestehen, daß der Gläubiger den Gegenstand selbst übernimmt. Günstiger ist eine Verwertungsmöglichkeit auch dann, wenn Kosten eingespart werden.

Übersicht

		Rdn.			Rdn.
A.	Allgemeines	1	D.	Hinweis auf günstigere Verwertungsmöglichkeiten, Abs. 2	16
B.	Mitteilung der Veräußerungsabsicht, Abs. 1 Satz 1	8	E.	Eigene Übernahme des Sicherungsguts	19
C.	Erklärungsfrist nach Abs. 1 Satz 2, Abs. 2	13	F.	Ausgleich des Differenzbetrages	23
			G.	Beweislast	25

A. Allgemeines

1 Die Mitteilungspflicht der Veräußerungsabsicht durch den Insolvenzverwalter und die durch § 168 Abs. 1 Satz 2, Abs. 2 und 3 bewirkte Einbindung des Absonderungsberechtigten bezweckt zum einen den **Schutz des Absonderungsberechtigten** vor einer schlechten Verwertung des Sicherungsguts durch den Insolvenzverwalter und zum anderen die **Vermeidung späterer Streitigkeiten** über die Vorteilhaftigkeit der vom Verwalter durchgeführten Verwertung.[1]

2 Der wesentliche Anwendungsbereich der Vorschrift liegt im **freihändigen Verkauf** von beweglichen Gegenständen. Bei abgetretenen Forderungen ist die Vorschrift anwendbar, wenn diese an einen Factor veräußert werden sollen. Bei bloßer Einziehung ausstehender Forderungen greift die Mitteilungspflicht jedenfalls dann nicht, wenn diese zu hundert Prozent realisiert werden können.[2] Die Mitteilung wäre hier reiner Formalismus. In allen anderen Fällen, etwa wenn der Verwalter sich aufgrund von Einwendungen oder Gegenrechten mit dem Drittschuldner **vergleichen** will, empfiehlt sich zur Vermeidung einer späteren Auseinandersetzung dennoch die Mitteilung an den Gläubiger.[3]

3 Auf die Mitteilung der Veräußerungsabsicht ist zu verzichten, sollte es sich um einen **Notverkauf** handeln.[4] Nach *Becker*[5] ist unter Verwertung ferner nicht die Veräußerung von Sicherungsgut im

---

1 *Hess* Rn. 13; Uhlenbruck/*Brinkmann* Rn. 1 f.
2 Andres/Leithaus/*Andres* Rn. 2; Braun/*Dithmar* Rn. 2; MüKo-InsO/*Lwowski/Tetzlaff* Rn. 9 f.; Uhlenbruck/*Brinkmann* Rn. 4; a.A. *Hess* Rn. 11.
3 Uhlenbruck/*Brinkmann* Rn. 4.
4 Andres/Leithaus/*Andres* Rn. 2; Gottwald/Gottwald/*Adolphsen* § 42 Rn. 167; *Hess* Rn. 16; MüKo-InsO/*Lwowski/Tetzlaff* § 170 Rn. 11; Uhlenbruck/*Brinkmann* Rn. 3.
5 Nerlich/Römermann/*Becker* Rn. 6.

allgemeinen Geschäftsverkehr zu verstehen. Hierfür spricht, dass andernfalls der Betrieb des schuldnerischen Unternehmens in seiner Handlungsfähigkeit maßgeblich aufgrund der zeitlichen Vorgaben des § 168 beschränkt wäre. Dies kann auch nicht durch den Vorschlag von *Lwowski/Peter*[6] ausgeglichen werden, der Insolvenzverwalter habe sich um eine Rahmenvereinbarung zu bemühen, da eine solche Regelung auf das Einverständnis des Absonderungsberechtigten angewiesen ist.

Sofern der Insolvenzverwalter die **Verbindung, Vermischung oder Verarbeitung** des Sicherungsguts beabsichtigt, ist dies nicht nach Abs. 1 Satz 1 dem Absonderungsberechtigten anzuzeigen.[7] 4

§ 168 findet grds auch Anwendung im Falle der **öffentlichen Versteigerung**, hier muss der Verwalter freilich nur die Durchführung als solche im Vorfeld anzeigen, nicht das konkrete höchste Gebot.[8] Gibt der Absonderungsberechtigte daraufhin ein Kaufangebot ab, ist dies als Angebot zum Selbsteintritt nach § 169 Abs. 3 Satz 1 zu werten. Der Insolvenzverwalter hat diesen Betrag als Mindestgebot im Rahmen der Versteigerung anzusetzen. 5

Aus Praktikabilitätsgründen steht es dem Absonderungsberechtigten und dem Insolvenzverwalter frei, eine **Rahmenvereinbarung** zu schließen, nach der der Verwalter ermächtigt wird, jede Verwertungsmöglichkeit zu einem festzulegenden Mindestpreis zu ergreifen.[9] In der Praxis bietet sich eine solche Rahmenabstimmung insb. bei der Durchführung eines Forderungseinzuges an, da dort auch Untergrenzen für die gerichtliche Geltendmachung oder pauschale Vergleichsquoten vereinbart werden können. 6

In der Praxis ist zu beobachten, dass die gesicherten Gläubiger nur sehr **selten** von ihrem Recht zum Nachweis eines besseren Angebotes Gebrauch machen. Dabei empfiehlt es sich häufig für den Absonderungsberechtigten, eine eigene Verwertungsmöglichkeit aufzutun, um so einen geringen Kaufpreis – insb. auch im Rahmen einer Gesamtveräußerung – zu verhindern. 7

B. Mitteilung der Veräußerungsabsicht, Abs. 1 Satz 1

Der Insolvenzverwalter hat bevor er das Sicherungsgut an einen Dritten veräußert, den absonderungsberechtigten Gläubiger davon in Kenntnis zu setzen. Der Anwendungsbereich der Mitteilungspflicht begrenzt sich auf Sicherungsgüter die unter § 166 fallen. 8

Das Gesetz sieht für die Mitteilung durch den Insolvenzverwalter **keine** besondere **Form** vor; sie kann daher formlos erfolgen. Aus Beweisgründen ist dem Insolvenzverwalter jedoch die schriftliche Mitteilung anzuraten.[10] 9

Die Mitteilung muss dem Sicherungsnehmer grds zugehen. Sind **mehrere Sicherungsnehmer** vorhanden, so hat die Mitteilung an sämtliche zu ergehen.[11] Hierfür ist auf die allgemeinen Regeln des BGB zum Zugang zu verweisen. Da der Gläubiger eine Woche Zeit hat eine günstigere Verwertungsalternative aufzuzeigen, ist der Zugang daher mindestens eine Woche vor der angedachten Verwertung durch den Insolvenzverwalter zu bewirken. Für die Einhaltung der erforderlichen **Wochenfrist** ist der Insolvenzverwalter im Streitfall darlegungs- und beweisbelastet.[12] 10

Die Mitteilung muss angeben, zu **welchen Konditionen** die Veräußerung erfolgen soll, damit der Absonderungsberechtigte in die Lage versetzt wird, eine alternative Verwertungsmöglichkeit aufzuzeigen[13] bzw. den Selbsteintritt nach Abs. 3 zu beurteilen. Die Mitteilung hat zwingend die Art der Ver- 11

---

6 MüKo-InsO/*Lwowski/Tetzlaff* Rn. 44.
7 *Hess* Rn. 13 m.w.N.; MüKo-InsO/*Lwowski/Tetzlaff* Rn. 12; a.A. Braun/*Dithmar* Rn. 2; Nerlich/Römermann/*Becker* Rn. 2 sofern die Sicherheit des Gläubigers beeinträchtigt wird.
8 Vgl. hierzu OLG Celle DZWIR 2004, 243.
9 Braun/*Dithmar* Rn. 2; MüKo-InsO/*Lwowski/Tetzlaff* Rn. 44.
10 Braun/*Dithmar* Rn. 2; *Hess* Rn. 14; Uhlenbruck/*Brinkmann* Rn. 6.
11 Nerlich/Römermann/*Becker* Rn. 2; Uhlenbruck/*Brinkmann* Rn. 7.
12 Uhlenbruck/*Brinkmann* Rn. 7a.
13 *Hess* Rn. 10; Smid/*Smid* Rn. 7.

äußerung, den Zeitpunkt des Vertragsschlusses, die Höhe des Veräußerungserlöses sowie die Angabe der Zahlungsmodalitäten und Nebenabreden zu enthalten. Ferner sind die mit dem Verkauf verbundenen Kosten darzulegen.[14] Weitere mitteilungsbedürftige Tatsachen sind dem jeweiligen Einzelfall zu entnehmen.

12 Wird dem Verwalter vom Absonderungsberechtigten auf die Aufforderung hin eine **Veräußerungsmöglichkeit nachgewiesen** und erhöht daraufhin der Gesprächspartner des Verwalters sein Angebot noch einmal, muss der Verwalter dem Absonderungsberechtigten seine Verkaufsabsicht **nicht ein weiteres Mal** anzeigen.[15]

C. Erklärungsfrist nach Abs. 1 Satz 2, Abs. 2

13 Der Absonderungsberechtigte hat nach der Mitteilung **innerhalb einer Woche** Gelegenheit, den Insolvenzverwalter auf eine für ihn günstigere Möglichkeit hinzuweisen. Die kurze Frist dient der Verfahrensbeschleunigung und soll einen potentiellen Käufer nicht übermäßig im Unklaren lassen.[16]

14 Der Lauf der Hinweispflicht regelt sich nach §§ 187 Abs. 1, 188 Abs. 2 BGB i.V.m. § 222 ZPO. Entscheidend für die Fristwahrung ist demnach der **Zugang des Alternativvorschlages** nach § 130 BGB beim Insolvenzverwalter.[17] Die Frist beginnt mit **Zugang der Veräußerungsabsicht** beim Absonderungsberechtigten.[18]

15 Die Wochenfrist stellt **keine Ausschlussfrist** dar.[19] Nach Abs. 2 hat der Hinweis jedoch rechtzeitig vor Veräußerung durch den Insolvenzverwalter zu erfolgen. Als rechtzeitig ist der Hinweis anzusehen, sollte der Insolvenzverwalter ohne weitere Kostenverursachung noch eine anderweitige Verwertung vornehmen können.[20] Auch nach Ablauf der Frist hat der Insolvenzverwalter dann die Verwertungsalternative des Absonderungsberechtigten zu berücksichtigen, sofern ihm hierfür ein zumutbarer Zeitrahmen verbleibt.[21] Die Wiedereinsetzung in den vorherigen Stand kommt im Falle der Versäumung der Frist nicht in Betracht.[22]

D. Hinweis auf günstigere Verwertungsmöglichkeiten, Abs. 2

16 Der Absonderungsberechtigte hat die von ihm vorgetragene Verwertungsmöglichkeit **konkret zu belegen**.[23] Dabei hat er sämtliche Faktoren mitzuteilen und ggf. nachzuweisen, die für die Bewertung des Drittangebots relevant sind.[24] Insofern ist auf das zum Inhalt der Mitteilung des Insolvenzverwalters Gesagte zu verweisen. Der Gläubigerhinweis unterliegt, wie die Mitteilung des Insolvenzverwalters, keinem Formerfordernis, aus Beweisgründen ist die Schriftform jedoch anzuraten.[25]

17 **Inhaltlich** hat der Nachweis des Absonderungsberechtigten die konkrete Verwertungsart, den zu erwartenden Mehrerlös sowie die geschätzten Verwertungskosten zu enthalten.[26] Nicht ausreichend ist

---

14 Uhlenbruck/*Brinkmann* Rn. 6; FK-InsO/*Wegener* Rn. 2.
15 BGH 22.04.2010, IX ZR 208/08, ZIP 2010, 1089.
16 Smid/*Smid* Rn. 5.
17 Braun/*Dithmar* Rn. 4; Smid/*Smid* Rn. 5; Nerlich/Römermann/*Becker* Rn. 12; Uhlenbruck/*Brinkmann* Rn. 12.
18 *Hess* Rn. 16; Uhlenbruck/*Brinkmann* Rn. 12.
19 Andres/Leithaus/*Andres* Rn. 9; Gottwald/Gottwald/*Adolphsen* § 42 Rn. 164; *Hess* Rn. 17; Nerlich/Römermann/*Becker* Rn. 13; Uhlenbruck/*Brinkmann* Rn. 16.
20 *Hess* Rn. 17; MüKo-InsO/*Lwowski/Tetzlaff* Rn. 19; Smid/*Smid* Rn. 5.
21 MüKo-InsO/*Lwowski/Tetzlaff* Rn. 19; Uhlenbruck/*Brinkmann* Rn. 12.
22 Nerlich/Römermann/*Becker* Rn. 16; Uhlenbruck/*Brinkmann* Rn. 12.
23 *Hess* § 169 Rn. 18; Uhlenbruck/*Brinkmann* Rn. 9.
24 Uhlenbruck/*Brinkmann* Rn. 9.
25 Uhlenbruck/*Brinkmann* Rn. 13.
26 Gottwald/*Gottwald/Adolphsen* § 42 Rn. 166; *Hess* Rn. 19; sehr weitgehende Inhaltsanforderung nach *Ehlenz* ZInsO 2003, 155 (166).

der Verweis auf eine **abstrakte Veräußerungsmöglichkeit** unter Hinweis auf abstrakte Schätzungs-/ Marktwerte (Bsp. Schwackeliste). Der Absonderungsberechtigte hat vielmehr darzulegen, dass eine genau benannte Person auch bereit ist, den höheren Wert tatsächlich zu bezahlen.[27]

Der Vergleich der beiden Veräußerungsalternativen muss anhand einer **Vergleichsrechnung** erfolgen, die nicht lediglich den Preis sondern auch weitere relevante Faktoren, wie die Stundung, die Bonität des Vertragspartners oder die Verwertungskosten nach Abs. 3 Satz 2 berücksichtigt.[28] An dieser Stelle liegt bei unterschiedlichen Verwertungsmethoden regelmäßig Streitpotential. 18

E. Eigene Übernahme des Sicherungsguts

Anstelle der Mitteilung einer günstigeren Verwertungsmöglichkeit kann der Gläubiger das Sicherungsgut auch zu den vom Verwalter mitgeteilten Konditionen **selbst übernehmen**. Die Übernahme des Sicherungsguts muss **nicht günstiger** sein als die Verwertungsmöglichkeit des Insolvenzverwalters.[29] Der Gläubiger hat vielmehr lediglich den von dem Insolvenzverwalter angezeigten Preis zu zahlen.[30] 19

Zeigt der Absonderungsberechtigte an, dass er den Gegenstand zu den gleichen Konditionen selbst übernehmen will, hat der Insolvenzverwalter ein **Wahlrecht**.[31] Gerade wenn er den Gesamtverkauf des Betriebsvermögens beabsichtigt, wird er sich regelmäßig gegen eine Veräußerung an den Absonderungsberechtigten entscheiden.[32] 20

Im Falle des Selbsteintritts ist der Gläubiger dazu berechtigt, seine Zahlungspflicht aus der Übernahme des Sicherungsguts mit seiner Forderung auf Auskehrung des Verwertungserlöses zu **verrechnen**. Wenn der Absonderungsgläubiger das Sicherungsgut durch Selbsteintritt erwirbt, trägt er natürlich alleine das Risiko und die Chancen eines möglichen Weiterverkaufs. Ein erzielter Mehrerlös ist ebenso wie ein Mindererlös nicht mehr bei der Feststellung des Ausfalls (§ 52) zu berücksichtigen. 21

Auch der Selbsteintritt des Absonderungsberechtigten stellt eine **Verwertung des Insolvenzverwalters** dar. Von dem zu zahlenden Betrag sind daher vorweg neben den Kosten der Feststellung, die Kosten der Verwertung abzuziehen.[33] Einen Ausfall kann der Gläubiger i.R.d. § 52 geltend machen.[34] 22

F. Ausgleich des Differenzbetrages

Der Insolvenzverwalter ist an die durch den Absonderungsberechtigten mitgeteilte (günstigere) Verwertungsalternative nicht gebunden. Entscheidet er sich an seiner ursprünglichen Verwertungsabsicht festzuhalten, hat er den Gläubiger aber **so zu stellen**, als habe der die günstigere Verwertungsalternative des Gläubigers wahrgenommen (Abs. 2 a.E.). Der Insolvenzverwalter hat sodann die Differenz zwischen dem erzielten Veräußerungserlös und dem Erlös, der nach dem Gläubigervorschlag hätte realisiert werden können, als Masseverbindlichkeit aus der Masse zu zahlen.[35] 23

Sinnvoll für die Masse ist eine solche Veräußerung zu schlechteren Konditionen häufig im Rahmen der Veräußerung von wirtschaftlichen Einheiten. Gerade bei der Gesamtveräußerung z.B. eines laufenden Unternehmens ist es für den Absonderungsgläubiger von besonderer Bedeutung, seine Rechte aus § 168 ernst zu nehmen. Dem Käufer des Betriebes ist es nämlich häufig nicht wichtig, wie der 24

---

27 *Hess* Rn. 18; MüKo-InsO/*Lwowski/Tetzlaff* Rn. 30; Uhlenbruck/*Brinkmann* Rn. 13.
28 *Hess* Rn. 23.
29 *Hess* Rn. 24; a.A. BK-InsR/*Breutigam* Rn. 7.
30 Uhlenbruck/*Brinkmann* Rn. 10.
31 *Hess* Rn. 25; Smid/*Smid* Rn. 15; Uhlenbruck/*Brinkmann* Rn. 10a.
32 *Hess* Rn. 25.
33 *Hess* Rn. 26; Uhlenbruck/*Brinkmann* Rn. 10a.
34 *Hess* Rn. 3.
35 *Hess* Rn. 28; MüKo-InsO/*Lwowski/Tetzlaff* Rn. 41; Uhlenbruck/*Brinkmann* Rn. 14.

Gesamtkaufpreis auf die einzelnen Kaufgegenstände aufgeteilt wird, so dass dies einer gewissen Zufälligkeit unterliegen kann. Seine berechtigten Interessen kann der Absonderungsberechtigte hierbei nur wahren, wenn er einen **Mindestwert** für sein Sicherungsgut durch den Nachweis einer Veräußerungsmöglichkeit oder eines Selbsteintritts zu bestimmten Konditionen bestimmt.

G. Beweislast

25 Der Absonderungsberechtigte trägt die Beweislast dafür, dass eine bessere Verwertungsmöglichkeit bestand und zudem ein höherer Erlös erzielt worden wäre.[36] Ferner hat er den Zugang der Mitteilung der Verwertungsmöglichkeit beim Verwalter zu beweisen.[37] Den Zugang der Mitteilung über die Veräußerungsabsicht ist vom Insolvenzverwalter zu beweisen.[38]

§ 169 Schutz des Gläubigers vor einer Verzögerung der Verwertung

Solange ein Gegenstand, zu dessen Verwertung der Insolvenzverwalter nach § 166 berechtigt ist, nicht verwertet wird, sind dem Gläubiger vom Berichtstermin an laufend die geschuldeten Zinsen aus der Insolvenzmasse zu zahlen. Ist der Gläubiger schon vor der Eröffnung des Insolvenzverfahrens auf Grund einer Anordnung nach § 21 an der Verwertung des Gegenstands gehindert worden, so sind die geschuldeten Zinsen spätestens von dem Zeitpunkt an zu zahlen, der drei Monate nach dieser Anordnung liegt. Die Sätze 1 und 2 gelten nicht, soweit nach der Höhe der Forderung sowie dem Wert und der sonstigen Belastung des Gegenstands nicht mit einer Befriedigung des Gläubigers aus dem Verwertungserlös zu rechnen ist.

Übersicht	Rdn.		Rdn.
A. Allgemeines	1	B. Nachteilsausgleich	3

A. Allgemeines

1 Der Insolvenzverwalter ist dazu gehalten, die Verwertung von Sicherungsgut frühzeitig zu bewirken. § 169 verpflichtet den Insolvenzverwalter die Verwertung **unverzüglich nach dem Berichtstermin** einzuleiten. Verzögert der Verwalter eine unverzügliche Verwertung, so darf hierdurch dem absonderungsberechtigten Gläubiger kein Nachteil entstehen.

2 § 169 **ergänzt** den Schutz des Absonderungsberechtigten aus § 172, der ihm im Falle der Nutzung des Gegenstandes durch die Insolvenzmasse unter den dortigen Voraussetzungen eine über die Verzinsungspflicht hinausgehende Ausgleichszahlung zuspricht. Der Anwendungsbereich der Vorschrift begrenzt sich auf die Sicherungsgüter des § 166.

B. Nachteilsausgleich

3 Dem Gläubiger sind von einem bestimmten Tage an (dazu sogleich) **laufende Zinsen** als Masseverbindlichkeiten vorab aus der Masse zu zahlen.[1] § 169 verdrängt als lex specialis insofern § 39 Abs. 1 Nr. 1, der die Nachrangigkeit nach Verfahrenseröffnung laufender Zinsansprüche normiert.[2]

4 Der **Höhe** nach sind diejenigen Zinsen zu zahlen, die sich aus dem der Sicherung zugrunde liegenden Rechtsverhältnis ergeben; § 169 stellt insofern jedenfalls dann keine eigenständige Anspruchsgrundlage zur Zahlung von Zinsen dar, wenn es sich ein Anspruch aus dem Rechtsverhältnis ergibt.

---

36 Braun/*Dithmar* Rn. 7; *Hess* Rn. 33; Nerlich/Römermann/*Becker* Rn. 39; Smid/*Smid* Rn. 15; Uhlenbruck/*Brinkmann* Rn. 7a.
37 Uhlenbruck/*Brinkmann* Rn. 9.
38 Andres/Leithaus/*Andres* Rn. 4.
1 Braun/*Dithmar* Rn. 6; *Hess* Rn. 2; Nerlich/Römermann/*Becker* Rn. 40; Smid/*Smid* Rn. 1, 4 f.
2 *Hess* Rn. 3; Uhlenbruck/*Brinkmann* Rn. 3b.

Auch die **Zahlungsmodalitäten** richten sich daher primär nach der vertraglichen Vereinbarung zwischen den Parteien.[3] Fehlte eine solche Regelung ist der gesetzliche Zinssatz als Mindestbetrag in Ansatz zu bringen.[4] Sofern Verzug vorliegt, sind auch Verzugszinsen zu zahlen.[5]

Nach oben ist der Anspruch auf Zinszahlung allerdings auf den Betrag begrenzt, in der der **Wert des Sicherungsgegenstandes die Forderung des Sicherungsnehmers** auch tatsächlich deckt.[6] Wenn das Sicherungsrecht wirtschaftlich also wertlos ist, entfällt auch eine Verzinsung. Wenn der zu erwartende auf den Absonderungsgläubiger entfallende Veräußerungserlös nur einen Teil seiner Forderung ausmacht, ist auch nur dieser Teil zu verzinsen.[7]

Hierzu ein **Beispiel**: Die Forderung des Gläubigers beläuft sich auf 1.000 €, der zu erwartende Verwertungserlös des Sicherungsguts beläuft sich auf 100 € Netto. Zinsen sind danach zu zahlen auf einen Betrag von 91 €, weil dies derjenige Betrag ist, der dem Gläubiger nach Abzug der Feststellungs- und Verwertungskostenpauschalen aus der Verwertung tatsächlich zufließt.

Im Grundsatz beginnt die Verzinsungspflicht mit dem **Tag nach dem Berichtstermin**. Dieser Grundsatz greift aber nicht, wenn sich keine **realen Verwertungsmöglichkeiten** für den Verwalter bieten.[8] In diesem Fall entsteht dem Gläubiger kein ausgleichsbedürftiger Schaden durch die unterlassene Verwertung. Eine Verzinsungspflicht ergibt sich ebenfalls nicht, wenn die Verwertung nicht aus **insolvenzspezifischen Gründen** verzögert wird[9] oder wenn der Absonderungsberechtigte die Verwertung **selbst** verzögert.[10] Die Einschätzung inwieweit eine Verwertung nicht möglich ist und eine Zinszahlungspflicht für diesen Zeitraum nicht geschuldet ist, ist stetig zu **aktualisieren**.[11]

Für eine fehlende Verwertungsmöglichkeit oder eine nicht insolvenzspezifische Verzögerung trägt der Insolvenzverwalter die **Beweislast**,[12] im Übrigen trifft die Beweislast den Absonderungsberechtigten.[13]

Für die Konstellation des **Forderungseinzugs** beginnt eine Verzinsungspflicht erst zu dem Zeitpunkt, zu dem bei Durchführung eines ordnungsgemäßen Forderungseinzugs mit dem Eingang der Zahlung jeweils zu rechnen gewesen wäre.[14]

Ist der Sicherungsnehmer bereits durch eine Anordnung nach § 21 vor Eröffnung des Insolvenzverfahrens an der Verwertung gehindert, so beginnt die Zinszahlungspflicht spätestens **drei Monate nach der Anordnung**, § 169 Satz 2. Sofern der Berichtstermin vor Ablauf der drei Monate nach der Anordnung erfolgt, ist auf diesen Zeitpunkt abzustellen.[15] Eine Zinszahlungspflicht entfällt für die Dauer der **Aussetzung nach § 233**, sofern eine Verwertung deshalb nicht erfolgen kann.[16]

Der Nachteilsausgleich durch die Zinszahlung **endet** mit der Befriedigung des gesicherten Gläubigers.[17] Ferner aufgrund einer Absprache zwischen dem persönlichen Schuldner der Zinsschuld

---

3 BGH 12.02.2006, IX ZR 26/05, BGHZ 166, 215 (218); Uhlenbruck/*Brinkmann* Rn. 10.
4 Uhlenbruck/*Brinkmann* Rn. 5; diff. Nerlich/Römermann/*Becker* Rn. 38 f.
5 Str. vgl. hierzu Uhlenbruck/*Brinkmann* Rn. 5; a.A. Nerlich/Römermann/*Becker* Rn. 24.
6 *Hess* Rn. 11.
7 Vgl. Uhlenbruck/*Brinkmann* Rn. 11.
8 Braun/*Dithmar* Rn. 7; Nerlich/Römermann/*Becker* Rn. 14 f.; Smid/*Smid* Rn. 13.
9 BGH 16.02.2006, IX ZR 26/05, ZInsO 2006, 433.
10 Uhlenbruck/*Brinkmann* Rn. 2.
11 Nerlich/Römermann/*Becker* Rn. 45 ff.
12 Smid/*Smid* Rn. 13.
13 Uhlenbruck/*Brinkmann* Rn. 14.
14 BGH 20.02.2003, IX ZR 81/02, ZInsO 2003, 318.
15 *Hess* Rn. 9.
16 *Hess* Rn. 13; Uhlenbruck/*Brinkmann* Rn. 8.
17 Braun/*Dithmar* Rn. 6; *Hess* Rn. 7; Nerlich/Römermann/*Becker* Rn. 31; Uhlenbruck/*Brinkmann* Rn. 8; a.A. LG Stendal DZWIR 2002, 294.

und dem Sicherungsnehmer.[18] Die Zinspflicht kann auch durch die **Freigabe** des Gegenstandes aus der Insolvenzmasse beendet werden.

13 Nicht geregelt ist, in welchen **Zeitabständen** die Zinszahlungen geleistet werden müssen. Im Grundsatz wird man von einer Pflicht zur monatlichen Zahlung ausgehen müssen.[19] Abweichungen können sich im Einzelfall ergeben, insb., wenn der monatliche Zinsbetrag so niedrig liegt, dass eine Abrechnung unverhältnismäßig ist.

14 **Streitigkeiten** über den Zinszahlungsanspruch sind vor den ordentlichen Gerichten auszutragen.[20]

§ 170 Verteilung des Erlöses

(1) Nach der Verwertung einer beweglichen Sache oder einer Forderung durch den Insolvenzverwalter sind aus dem Verwertungserlös die Kosten der Feststellung und der Verwertung des Gegenstands vorweg für die Insolvenzmasse zu entnehmen. Aus dem verbleibenden Betrag ist unverzüglich der absonderungsberechtigte Gläubiger zu befriedigen.

(2) Überläßt der Insolvenzverwalter einen Gegenstand, zu dessen Verwertung er nach § 166 berechtigt ist, dem Gläubiger zur Verwertung, so hat dieser aus dem von ihm erzielten Verwertungserlös einen Betrag in Höhe der Kosten der Feststellung sowie des Umsatzsteuerbetrages (§ 171 Abs. 2 Satz 3) vorweg an die Masse abzuführen.

Übersicht

	Rdn.		Rdn.
A. Allgemeines	1	D. Unverzügliche Befriedigung des Gläubigers, Abs. 1 Satz 2	18
B. Anwendungsbereich	5	E. Auskunftsanspruch des Gläubigers	23
C. Entnahme der Kostenbeiträge, Abs. 1 Satz 1	8	F. Überlassene Verwertung durch den Gläubiger, Abs. 2	24
I. Feststellungskosten	10	G. Abweichende Vereinbarungen	31
II. Verwertungskosten	11	H. Unrechtmäßige Verwertung des Sicherungsgutes	32
III. Erhaltungskosten	12		
IV. Allgemeine Verfahrenskosten	17		

A. Allgemeines

1 Nach § 170 sind die Kosten der Feststellung und der Verwertung eines Gegenstandes an dem ein Absonderungsrecht besteht, ebenso wie die u.U. anfallende Umsatzsteuer, vorab für die Insolvenzmasse zu entnehmen. Lediglich der verbleibende Betrag dient der unverzüglichen Befriedigung des absonderungsberechtigten Gläubigers. Dem absonderungsberechtigten Gläubiger wird damit ein Beitrag zur Feststellung und Verwertung der eigenen Rechte abverlangt. Zum einen werden mit dieser Regelung die ungesicherten Gläubiger davor geschützt, dass ihre Quote durch die mit der Feststellung und Verwertung von Absonderungsgut entstehenden Kosten geschmälert wird; zum anderen wird so ein Kompromiss gefunden, nach dem auch die gesicherten Gläubiger mit dem Sicherungsgut einen Teil der Verfahrenskosten finanzieren.

2 Mit der Verpflichtung zur Leistung eines finanziellen Beitrages kommt es wirtschaftlich natürlich zu einer entsprechenden **Entwertung des Sicherungsguts**. Bei der Frage nach einer sittenwidrigen Übersicherung des Sicherungsnehmers ist daher natürlich zu berücksichtigen, dass dieser im Verwertungsfalle die Kostenpauschalen und die Umsatzsteuer nicht bekommt.[1]

3 § 170 findet im Rahmen des **Eröffnungsverfahrens analoge Anwendung**, sofern das Gericht dem vorläufigen Verwalter die Einziehung abgetretener Forderungen durch Beschluss gem. § 21 Abs. 2

---

[18] Nerlich/Römermann/*Becker* Rn. 33; Uhlenbruck/*Brinkmann* Rn. 8.
[19] Uhlenbruck/*Brinkmann* Rn. 10.
[20] Braun/*Dithmar* Rn. 7; Uhlenbruck/*Brinkmann* Rn. 14.
[1] Vgl. zur Problematik der Übersicherung: Uhlenbruck/*Brinkmann* Rn. 3 f.

Nr. 5 gestattet hat. Der BGH geht aber weitergehend auch von einer analogen Anwendung aus, wenn ein solcher Beschluss fehlt und der vorläufige Verwalter dennoch abgetretene Forderungen eingezogen hat.[2]

Sofern die **Eigenverwaltung** angeordnet wurde, ist § 282 Abs. 1 Satz 2 u. 3 zu beachten. Hiernach werden Feststellungskosten grds nicht erhoben, § 282 Abs. 2 Satz 1. Kosten der Verwertung stellen lediglich entstandene, für die Verwertung erforderliche Kosten sowie ein möglicher Umsatzsteuerbetrag dar, § 282 Abs. 2 Satz 2. Eine Pauschalisierung der Verwertungskosten wird nicht vorgenommen. Aus der Sicht der Sicherungsgläubiger kann in dieser Regelung ein erheblicher Anreiz liegen, sich für eine Eigenverwaltung einzusetzen. Im Rahmen des **vereinfachten Verbraucherinsolvenzverfahrens** findet § 170 keine Anwendung, da die Absonderungsberechtigten das Absonderungsgut selber verwerten dürfen, § 313 Abs. 3.[3] 4

B. Anwendungsbereich

Die Kostenbeitragspflicht des § 170 entsteht nur für die nach § 166 dem Verwertungsrecht des Verwalters unterliegenden Gegenständen. Sie bezieht sich damit auf die Verwertung von mit Absonderungsrechten belasteten beweglichen Sachen, die sich im Besitz des Verwalters befinden und auf Forderungen, die der Schuldner zur Sicherung eines Anspruches abgetreten hat. 5

Aussonderungsberechtigte sind von der Kostenbeitragspflicht des § 170 nicht betroffen.[4] 6

Die Konsequenz ist freilich, dass insb. für die Aussonderung von unter **einfachem Eigentumsvorbehalt** gelieferten Gegenständen keine Kostenbeitragspflicht nach § 170 anfällt.[5] Der Gesetzgeber begründet dies damit, dass die Feststellung des Aussonderungsrechts leichter sei, als die Feststellung im Rahmen des § 166 und erachtete daher eine Kostenbeitragspflicht des Aussonderungsberechtigten als unnötig. 7

C. Entnahme der Kostenbeiträge, Abs. 1 Satz 1

Nach Abs. 1 sind nach der Verwertung des Sicherungsgutes aus dem Verwertungserlös die Kosten für die Feststellung und Verwertung des Gegenstandes zugunsten der Masse zu entnehmen. Aus dem Wortlaut ergibt sich, dass der Insolvenzverwalter den Erlös von der Masse durchgängig **separat zu verwahren** hat und nur die Kostenbeiträge in die Masse überführen darf. Zwar ergibt sich bei der Vermischung des Erlöses mit der Insolvenzmasse ein schuldrechtlicher Erstattungsanspruch im Rang einer Masseverbindlichkeit; problematisch wird es dann allerdings, wenn danach Massearmut eintritt und der Absonderungsberechtigte dadurch nicht mehr befriedigt werden kann. In diesem Fall haftet der Verwalter persönlich nach § 60, weil er den Verwertungserlös nicht hätte mit der Masse vermischen dürfen.[6] 8

Teilweise wird dem Insolvenzverwalter das Recht zuerkannt von dem Gläubiger einen **Vorschuss für die Kosten** einzufordern.[7] Eine Klärung der Frage steht allerdings noch aus. In der Praxis ist dieses Problem allerdings selten relevant, da auch der Absonderungsberechtigte ein Interesse an einer guten und zügigen Verwertung des Sicherungsgutes hat und daher zu erforderlichen Hilfeleistungen regelmäßig bereit ist. 9

---

2 BGH 21.01.2010, IX ZR 65/09, ZIP 2010, 739; MüKo-InsO/*Lwowski/Tetzlaff* Rn. 14; Uhlenbruck/*Brinkmann* Rn. 5; a.A. *Mitlehner* ZIP 2010, 1934.
3 *Hess* Rn. 3; Uhlenbruck/*Brinkmann* Rn. 8.
4 Braun/*Dithmar/Schneider* § 171 Rn. 4; vgl. ferner ausf. zu Kostentragung bei Aussonderungsberechtigten *Hess* 8 ff.
5 Smid/*Smid* Rn. 6; Nerlich/Römermann/*Becker* Rn. 5; Uhlenbruck/*Brinkmann* Rn. 1.
6 MüKo-InsO/*Lwowski/Tetzlaff* Rn. 41.
7 Uhlenbruck/*Brinkmann* Rn. 9b; *Lwowski/Heyn* WM 1998, 473 (474).

I. Feststellungskosten

10 Nach § 171 Abs. 1 Satz 1 sind Feststellungskosten die **Kosten der tatsächlichen Feststellung des Objekts** und die Kosten der Feststellung **der Rechte an dem Objekt**. Die Legaldefinition dient der Abgrenzung zu anderen Kostenposten und damit das verbindliche Unterfallen unter die Pauschalisierung nach § 171 Abs. 1 Satz 2 (vgl. näher die dortige Kommentierung).

II. Verwertungskosten

11 Der Pflicht zur Leistung eines Kostenbeitrages besteht auch in Bezug auf Verwertungskosten des Sicherungsgutes. Verwertungskosten sind **Aufwendungen**, die im Rahmen der **Verwertungshandlung üblicherweise** entstehen.[8]

III. Erhaltungskosten

12 Kostenbeiträge für den **Erhalt des Absonderungsguts** hat der Absonderungsberechtigte nach § 170 nicht zu tragen, da der Gesetzgeber Streitigkeiten zwischen Gläubiger und Insolvenzverwalter vermeiden wollte. Ebenso nicht beitragspflichtig sind die **Gemeinkosten** der Insolvenzmasse, die bspw. durch die Bewachung des Betriebsgeländes auch anteilsmäßig auf das Sicherungsgut entfallen.[9] Dies gilt trotz Erhaltungspflicht des Insolvenzverwalters und drohender Haftung bei Missachtung nach § 60 Abs. 1.[10]

13 »Erhaltungskosten« können allerdings Verwertungskosten darstellen, sollte etwa eine Reparatur in unmittelbaren Zusammenhang mit der Verwertung und der Herstellung der Verwertungsfähigkeit dienen.[11]

14 Teilweise wird angenommen, der Absonderungsgläubiger habe nach den Regeln der **Geschäftsführung ohne Auftrag** zumindest die Kosten zu tragen, die den Erhalt und damit die Verwertung des Sicherungsguts überhaupt ermöglichen.[12] Dieser Ansicht steht allerdings der eindeutige Verzicht des Gesetzgebers, eine derartige Regelung zu normieren, entgegen.[13]

15 Konflikte können zwischen dem Sicherungsnehmer und dem Insolvenzverwalter über die **Einordnung bestimmter Kostenposten** als Verwertung- und Erhaltungskosten entstehen. Zur Erhöhung des Kostenbeitrages und damit der Mehrung der Masse wird der Insolvenzverwalter Kosten als Verwertungskosten ansehen, um eine Erhöhung nach § 171 Abs. 2 Satz 2 zu bewirken. Der Sicherungsnehmer wird hingegen Kosten eher den nicht erstattungsfähigen Erhaltungskosten zurechnen.

16 In problematischen Fällen kommt es in der Praxis daher regelmäßig gleich zu Beginn der Verfahrensabwicklung zu einer **Absprache** zwischen dem Verwalter und dem Absonderungsgläubiger. Grds macht es aus der Sicht des Verwalters natürlich keinen Sinn, das Absonderungsgut mit Mitteln der Masse zu erhalten, wenn dieser Aufwand nicht von der späteren Verwertungskostenpauschale abgedeckt wird; der Gläubigergemeinschaft entstünde durch ein solches Verhalten ein Schaden. Der Insolvenzverwalter könnte den Gegenstand in diesen Fällen **freigeben**, um die Kosten für die Masse zu sparen. Anders wird er in diesen Fällen nur dann entscheiden, wenn das Absonderungsgut zur Aufrechterhaltung des Geschäftsbetriebes oder der wirtschaftlichen Einheit einen über den Substanzwert hinausgehenden Wert hat. Die **Vereinbarung** einer von § 170 abweichenden Kostentragung ist jedenfalls **zulässig**.[14]

---

8 Braun/*Dithmar/Schneider* § 171 Rn. 9; vgl. hierzu die Kommentierung zu § 171.
9 Smid/*Smid* § 171 Rn. 3.
10 Smid/*Smid* § 171 Rn. 21.
11 *Hess* § 171 Rn. 19.
12 FK-InsO/*Wegener* § 171 Rn. 5; Braun/*Dithmar/Schneider* § 171 Rn. 9; Gottwald/Gottwald/*Adolphsen* § 42 Rn. 184; MüKo-InsO/*Lwowski/Tetzlaff* Rn. 34; Nerlich/Römermann/*Becker* Rn. 13; Smid/*Smid* § 171 Rn. 23.
13 Uhlenbruck/*Brinkmann* Rn. 11.
14 Smid/*Smid* Rn. 4, § 171 Rn. 4; MüKo-InsO/*Lwowski/Tetzlaff* Rn. 23.

IV. Allgemeine Verfahrenskosten

Eine Kostenbeteiligung an den **allgemeinen Kosten des Insolvenzverfahrens** hat der Sicherungsgläubiger nicht zu tragen. Die Beteiligung an dem Zusatzhonorar des Insolvenzverwalters für die Feststellung und Verwertung von mit Absonderungsrechten belasteten Gegenständen nach § 1 Abs. 2 Nr. 1 InsVV ist mit der Feststellungskostenpauschale kompensiert.[15] 17

D. Unverzügliche Befriedigung des Gläubigers, Abs. 1 Satz 2

Aus dem nach Abzug der Kosten verbleibenden Betrag ist der absonderungsberechtigte Gläubiger **unverzüglich** zu befriedigen, Abs. 1 Satz 2. »Unverzüglich« bedeutet ohne schuldhaftes Zögern des Insolvenzverwalters.[16] Nimmt der Insolvenzverwalter eine unverzügliche Auskehr der Erlöse nicht vor, kommt die Masse gegenüber dem Gläubiger u.U. in **Schuldnerverzug**; der entstehende Verzugsschaden ist im Rang eine Masseverbindlichkeit. 18

Der Insolvenzverwalter hat den Erlös von der Masse **durchgängig separat** zu verwahren. Das Absonderungsrecht setzt sich zunächst an dem Erlös fort, solange dieses unterscheidbar in der Masse vorhanden ist. Wird der Erlös mit der Masse vermischt, ergibt sich ein schuldrechtlicher Erstattungsanspruch gegen die Insolvenzmasse im Rang einer Masseverbindlichkeit. Problematisch wird es dann allerdings, wenn danach Massearmut eintritt und der Absonderungsberechtigte dadurch nicht mehr befriedigt werden kann. In diesem Fall **haftet** der Verwalter persönlich nach § 60.[17] 19

Das **Zurückhalten** des Erlöses zum Zwecke der Liquiditätsschaffung oder zur Vornahme weiterer Geschäfte für die Insolvenzmasse ist unzulässig.[18] 20

Ist das Sicherungsgut **mehrfach besichert**, so hat der Insolvenzverwalter die Rangfolge der Befriedigung der einzelnen Gläubiger zu beachten.[19] Kann der Verwalter die Rangfolge mehrere Gläubiger nicht mit ausreichender Sicherheit feststellen, sollte er über eine **schuldbefreiende Hinterlegung** des Betrages nachdenken, da es für ihn keinen Sinn macht, dass der Streit zwischen den Absonderungsberechtigten mit einer Kostentragungspflicht der Insolvenzmasse geklärt wird. 21

Sofern nach Abzug der Kostenbeiträge und Befriedigung des besicherten Gläubigers noch ein **Überschuss** verbleibt, so kommt dieser der Masse zugute.[20] 22

E. Auskunftsanspruch des Gläubigers

Der Absonderungsberechtigte hat im Falle der Verwertung des Sicherungsgutes durch den Insolvenzverwalter einen Auskunftsanspruch hinsichtlich des erzielten Erlöses entsprechend § 167. Ferner ist der Insolvenzverwalter zur **Rechnungslegung** verpflichtet,[21] die dem Gläubiger die Möglichkeit bietet, im Rahmen einer Klage auf Auskehr die verwerteten Gegenstände und konkrete Beträge konkret anzugeben.[22] 23

F. Überlassene Verwertung durch den Gläubiger, Abs. 2

Nach Abs. 2 kann der Insolvenzverwalter die Entscheidung treffen, von seinem Verwertungsrecht **keinen Gebrauch** zu machen und den Gegenstand stattdessen dem Gläubiger zu Verwertung zu überlassen. Dies bietet sich insb. dann an, wenn sich dem Gläubiger **bessere Verwertungsmöglichkeiten** als dem Insolvenzverwalter bieten oder wenn der Verwalter dadurch die Masse **von Kosten** 24

---

15 Smid/*Smid* § 171 Rn. 5; Uhlenbruck/*Brinkmann* Rn. 12.
16 Braun/*Dithmar/Schneider* § 171 Rn. 5; *Hess* Rn. 32; Nerlich/Römermann/*Becker* Rn. 15.
17 MüKo-InsO/*Lwowski/Tetzlaff* Rn. 41.
18 MüKo-InsO/*Lwowski/Tetzlaff* Rn. 38; Uhlenbruck/*Brinkmann* Rn. 16.
19 MüKo-InsO/*Lwowski/Tetzlaff* Rn. 20; Uhlenbruck/*Brinkmann* Rn. 9a.
20 MüKo-InsO/*Lwowski/Tetzlaff* Rn. 20; Uhlenbruck/*Brinkmann* Rn. 9a.
21 *Hess* Rn. 38; Uhlenbruck/*Brinkmann* Rn. 9a.
22 Vgl. zu den Anforderungen einer Klage auf Auskehr des Erlöses: BGH NZI 2008, 558.

freihalten kann. Häufig liegt nämlich die als Masseverbindlichkeit zu zahlende **Miete** oder Nutzungsentschädigung für die Räume, in denen das Absonderungsgut lagert, schnell höher, als die Verwertungskostenpauschale, die nach Abzug des Vermieterpfandrechts noch verbleibt. Hier bietet sich eine Überlassung der Gegenstände an den absonderungsberechtigten Vermieter an.

25 Von der Verwertung durch den Gläubiger nach Abs. 2 ist der Fall des § 168 Abs. 3 Satz 1 zu unterscheiden: bei § 170 Abs. 2 betreibt der Gläubiger die Veräußerung an einen Dritten (**auf Rechnung der Insolvenzmasse**); im Falle des § 168 Abs. 3 Satz 1 erwirbt er den Gegenstand für sich selbst (und betreibt eine etwaige Weiterverwertung **auf eigene Rechnung**).

26 Eine **Pflicht des Gläubigers** zur Übernahme des Sicherungsguts und zur Verwertung begründet Abs. 2 nicht.[23] Der Gläubiger hat seinerseits **keinen Rechtsanspruch** auf die Überlassung des Sicherungsguts zur Verwertung.[24]

27 Sofern der Gläubiger die Übernahme und Verwertung ablehnt und die Verwertung des Sicherungsguts für die Insolvenzmasse als unwirtschaftlich erscheint, kommt für den Verwalter insb. die **Freigabe** in Betracht, um das Entstehen weiterer Kosten zu verhindern. Hierdurch kommt freilich der Absonderungsgläubiger in einen gewissen Zugzwang, weil ihm immerhin im Regelfall 91 % des Veräußerungserlöses zufließen würden; der Insolvenzmasse hingegen nur 9 %. Aus Sicht des Gläubigers sind im Rahmen der Verwertung nach Abs. 2 freilich im Vorfeld auch mögliche rechtliche **Risiken**, die etwa mit der Besitzerlangung einhergehen, zu bedenken.[25]

28 Übernimmt der Sicherungsnehmer das Sicherungsgut, so hat er die **Feststellungskosten** und die **angefallene Umsatzsteuer** zu ermitteln und an die Masse **vorweg abzuführen**. Diese Kosten sind bereits zum Zeitpunkt der Überlassung der Masse angefallen und durch das Absonderungsrecht verursacht. Die **Verwertungskostenpauschale** ist aufgrund der nicht vom Verwalter durchgeführten Verwertung nicht abzuführen. Dieses gilt auch für Kosten vergeblicher Verwertungsversuche des Insolvenzverwalters.[26]

29 Nach richtiger Auffassung dient als **Berechnungsmaßstab** der tatsächliche Verwertungserlös des Gläubigers.[27] Aufgrund des Gleichlaufs der Formulierungen in Abs. 1 und Abs. 2 ist unter »vorweg«, die vorrangige Abführung der Kosten an die Masse zu verstehen, **nicht eine Vorschusspflicht** des Gläubigers.[28]

30 Da das Sicherungsrecht der Höhe nach begrenzt ist, hat der Insolvenzverwalter gegenüber dem verwertenden Absonderungsberechtigten einen Anspruch auf **Mitteilung** des erzielten Erlöses.[29] Der die gesicherte Forderung übersteigende Betrag ist an die Insolvenzmasse abzuführen.[30]

G. Abweichende Vereinbarungen

31 Nach der Rspr. des BGH[31] kann der Insolvenzverwalter mit dem Sicherungsnehmer **abweichende Vereinbarungen** über die Kostenbeiträge treffen. Dieses Recht des Insolvenzverwalters begründet

---

23 MüKo-InsO/*Lwowski/Tetzlaff* Rn. 22; Nerlich/Römermann/*Becker* Rn. 21; Uhlenbruck/*Brinkmann* Rn. 13b; a.A. BK-InsR/*Breutigam* Rn. 13; unklar insofern Smid/*Smid* Rn. 8.
24 MüKo-InsO/*Lwowski/Tetzlaff* Rn. 23.
25 MüKo-InsO/*Lwowski/Tetzlaff* Rn. 22.
26 HK-InsO/*Landfermann* Rn. 18; BK-InsR/*Breutigam* Rn. 10; Nerlich/Römermann/*Becker* Rn. 23; Uhlenbruck/*Brinkmann* Rn. 14.
27 MüKo-InsO/*Lwowski/Tetzlaff* Rn. 37; Uhlenbruck/*Brinkmann* Rn. 14.
28 Braun/Dithmar/*Schneider* § 171 Rn. 6; MüKo-InsO/*Lwowski/Tetzlaff* Rn. 37; a.A. Smid/*Smid* Rn. 9, der annimmt, dass mit der Überlassung zu zahlen sei und daher ein fiktiver zu erzielender Verwertungserlös als Bemessungsgrundlage für die Kosten zu dienen habe.
29 *Hess* Rn. 42.
30 Uhlenbruck/*Brinkmann* Rn. 14.
31 BGH 11.07.2002, IX ZR 262/01, ZIP 2002, 1630.

sich aus seiner allgemeinen Aufgabe, die Abwicklung effizient zu besorgen und dabei situationsgerecht und streitvermeidend zu agieren.[32]

H. Unrechtmäßige Verwertung des Sicherungsgutes

Sofern der Sicherungsnehmer eine Forderung nach Insolvenzeröffnung einzieht ohne von dem Insolvenzverwalter ermächtigt worden zu sein, so schuldet er den Feststellungskostenbetrag.[33] Dies gilt freilich nur dann, wenn die Zahlung durch den Drittschuldner **befreiende Wirkung** hatte, entweder weil dieser sich auf Gutglaubensschutz berufen kann oder weil der Verwalter die Zahlung im Nachhinein genehmigt hat (vgl. dazu § 166 Rdn. 31). Da in diesen Fällen der Masse keine Kosten durch die Verwertung entstanden sind, fällt die **Verwertungskostenpauschale** nicht an.[34]   32

§ 171 Berechnung des Kostenbeitrags

(1) Die Kosten der Feststellung umfassen die Kosten der tatsächlichen Feststellung des Gegenstands und der Feststellung der Rechte an diesem. Sie sind pauschal mit vier vom Hundert des Verwertungserlöses anzusetzen.

(2) Als Kosten der Verwertung sind pauschal fünf vom Hundert des Verwertungserlöses anzusetzen. Lagen die tatsächlich entstandenen, für die Verwertung erforderlichen Kosten erheblich niedriger oder erheblich höher, so sind diese Kosten anzusetzen. Führt die Verwertung zu einer Belastung der Masse mit Umsatzsteuer, so ist der Umsatzsteuerbetrag zusätzlich zu der Pauschale nach Satz 1 oder den tatsächlich entstandenen Kosten nach Satz 2 anzusetzen.

Übersicht	Rdn.			Rdn.
A. Allgemeines	1	II.	Bemessung anhand der tatsächlichen	
B. Feststellungskosten	4		Kosten, Abs. 2 Satz 2	11
C. Verwertungskosten	9	D.	Umsatzsteuer	19
I. Pauschalisierung nach Abs. 2 Satz 1 ..	9	E.	Zuständigkeit	24

A. Allgemeines

§ 171 regelt die Berechnung der von § 170 vorgesehenen Kostenbeiträge des absonderungsberechtigten Gläubigers nach Verwertung des Sicherungsgutes. Die Höhe des Kostenbetrages richtet sich nach dem Wortlaut des § 171 Abs. 1 Satz 1 grds nach den tatsächlich entstandenen Kosten. Aus Praktikabilitätsgründen sind für die Feststellungskosten (Abs. 1 Satz 2), wie auch die Verwertungskosten (Abs. 2 Satz 1) jedoch **Pauschalen** vorgegeben, wobei die Feststellungskostenpauschale unwiderleglich immer gilt, von der Verwertungskostenpauschale aber nach oben oder unten abgewichen wird, wenn ein höherer oder niedriger tatsächlicher Aufwand festgestellt wird.   1

Bei der Anwendung des § 171 muss man drei **Kostenpositionen** unterscheiden: die Kosten der Feststellung der Sicherheiten (Abs. 1 Satz 1), die der Verwertung des Sicherungsgutes (Abs. 2 Satz 1) und die aus der Verwertung anfallende Umsatzsteuer (Abs. 2 Satz 3).   2

Als **Berechnungsgrundlage** für die pauschalen Kostenbeiträge ist der erzielte **Bruttoerlös** des Sicherungsguts heranzuziehen.[1]   3

---

32 Nerlich/Römermann/*Becker* Rn. 3.
33 BGH WM 2004, 39.
34 BGH WM 2004, 39.
1 Begr. RegE-InsO 1992 zu § 196, BT-Drucks. 12/2443,181; MüKo-InsO/*Lwowski/Tetzlaff* Rn. 37; Uhlenbruck/*Brinkmann* Rn. 3; diff. LG Halle/Saale 05.01.2001, 5 O 87/00, ZInsO 2001, 270.

B. Feststellungskosten

4 Feststellungskosten sind die Kosten, die der Masse durch die **tatsächliche Ermittlung** und **Trennung** des belasteten Gegenstandes und der Prüfung der Rechtsverhältnisse an dem Sicherungsgut entstehen.[2]

5 Diese Kosten entstehen regelmäßig durch die **Zuschläge zur Vergütung** des Insolvenzverwalters nach § 1 Abs. 2 Nr. 1 InsVV. Die konkrete Höhe solcher Zuschläge steht zum Zeitpunkt der Abrechnung gegenüber dem Sicherungsgläubiger aber noch nicht fest, weswegen mit einer Pauschalierung gearbeitet werden muss. Auch wenn die Feststellung des Rechts mit keinem besonderen Aufwand verbunden ist, sind die pauschalisierten Kosten dem Erlös zu entnehmen.[3]

6 Der Gesetzgeber hat den 4 %igen Aufschlag der üblicherweise in der Gerichtspraxis nach § 1 Abs. 2 Nr. 1 InsVV festgesetzten zusätzlichen Vergütung entnommen.[4]

7 Die Feststellungspauschale ist aus dem **Bruttoerlös** zu zahlen (vgl. Rdn. 3). Eine Vorsteuerabzugsberechtigung des Gemeinschuldners ist daher für die Höhe der Feststellungskosten ohne Belang.[5]

8 Die Feststellungskostenpauschale fällt auch dann unvermindert an, wenn es klar ist, dass die tatsächlichen Aufwendungen für die Feststellung deutlich niedriger lagen. Ein **Abweichen** von der Pauschale ist im Gesetz nicht vorgesehen.[6]

C. Verwertungskosten

I. Pauschalisierung nach Abs. 2 Satz 1

9 Die Verwertungskosten sind nach Abs. 2 Satz 1 grds mit pauschal 5 % zu berechnen.

10 Ebenso wie die Feststellungspauschale ist die Verwertungspauschale anhand des **Bruttoerlöses** zu ermitteln (vgl. Rdn. 3). Eine Vorsteuerabzugsberechtigung des Gemeinschuldners ist daher auch hier ohne Belang.

II. Bemessung anhand der tatsächlichen Kosten, Abs. 2 Satz 2

11 Im Gegensatz zu den grds zu pauschalisierenden Feststellungskosten besteht im Rahmen der Verwertungskosten die Möglichkeit die Kosten, dem Grundsatz des Abs. 1 Satz 1 entsprechend, anhand der tatsächlichen Kosten auszurichten, sollten diese **erheblich niedriger** oder **erheblich höher** als der pauschalisierte Kostenbetrag sein (Abs. 2 Satz 2).

12 Zu den Verwertungskosten zählen grds alle Aufwendungen, die **unmittelbar im Zusammenhang** mit der Verwertung des Gegenstande zählen, bspw. Vergütungen Dritter (Auktionatoren, Makler, Verwerter), Porto/Verpackung/Versicherung und Notar- und Rechtsanwaltsgebühren. Ebenso zählen hierzu die getätigten Aufwendungen, wenn der Gegenstand noch vom Insolvenzverwalter fertig produziert werden musste oder wenn bei einer Forderung im Rahmen des gegenseitigen Vertrages noch die Leistung der Insolvenzmasse erbracht werden musste. **Nicht** erfasst sind hingegen bloße **Gemeinkosten** des Schuldners, die dem konkreten Veräußerungsvorgang nicht zugeordnet werden können.[7]

13 Die entstandenen Kosten müssen ferner **erforderlich** für die Durchführung der Verwertung gewesen sein. Das Risiko nutzloser Aufwendungen trägt also die Insolvenzmasse, nicht der Absonderungsgläubiger. An der Erforderlichkeit scheitert es auch, wenn der Verwalter zu hohe Kosten produziert,

---

2 *Hess* Rn. 2; Smid/*Smid* Rn. 5.
3 BGH WM 2002, 1797.
4 Beschl.-Empfehlung des Rechtsausschusses zu § 196 Abs. 1 RegE-InsO, BT-Drucks. 12/7302, 177.
5 Smid/*Smid* Rn. 7.
6 BGH 11.07.2002, IX ZR 262/01, ZIP 2002, 1630.
7 Smid/*Smid* Rn. 11.

wenn also z.B. ein Verwerter eine überdurchschnittliche Provision erhält, obwohl eine entsprechende Leistung auch günstiger zu haben gewesen wäre.

Nach dem Gesetzeswortlaut müssen die tatsächlichen Kosten für eine Abweichung von der Pauschale »**erheblich** niedriger oder erheblich höher« als diese sein. Der Gesetzgeber wollte durch die Pauschalisierung Rechtsstreitigkeiten zwischen dem absonderungsberechtigten Gläubiger und dem Insolvenzverwalter vermeiden. Die Erheblichkeitsbestimmung obliegt daher weder dem einseitigen Ermessen des Insolvenzverwalters noch des Absonderungsberechtigten. Die Erheblichkeit muss daher tatsächlich vorliegen. Beiden steht jedoch die Initiative frei, die Prüfung der tatsächlichen Kosten zu betreiben.[8] In einem Prozess über die Höhe der tatsächlichen Kosten findet § 287 Abs. 2 ZPO Anwendung.[9]

Als erheblich i.S.d. § 171 Abs. 2 Satz 2 sind niedrigere Kosten anzusehen, sollten die tatsächlichen Kosten einen Bereich von **50 % des Pauschalbetrages oder weniger** betragen.[10]

Maßgeblich höhere Kosten sollen vorliegen, wenn die tatsächlichen Kosten den Pauschalbetrag um mindestens **100 % überschreiten**.[11] Der Unterschied der Bewertung lässt sich als Motivation für den Insolvenzverwalter begreifen, die Kosten der Verwertung, an dem nicht selten ihm nahestehende Unternehmen beteiligt sind, gering zu halten.[12]

Den Insolvenzverwalter trifft im Falle der Geltendmachung höherer Verwertungskosten für das tatsächliche Vorliegen die **Beweislast**. Sofern der Absonderungsberechtigte niedrigere Verwertungskosten behauptet, so erscheint es sachgerecht, mangels Kenntnis des Gläubigers dem Insolvenzverwalter aufzuerlegen, die für die Bestimmung der tatsächlichen Kosten maßgeblichen Unterlagen vorzulegen.[13]

Im Interesse der optimalen Gläubigerbefriedigung obliegt es dem Insolvenzverwalter, die tatsächliche Feststellung der Verwertungskosten zu berechnen, um diese ggf. im Rahmen des Abs. 2 Satz 2 vorweg aus dem Bruttoerlös zu entnehmen.[14]

D. Umsatzsteuer

Nach der Rechtsprechung[15] stellt die Verwertung von Sicherungsgut durch den Insolvenzverwalter im eröffneten Verfahren gleich in **doppelter Hinsicht** einen umsatzsteuerpflichtigen Vorgang nach § 3 Abs. 1 UStG dar: es handelt sich in einem ersten Schritt um eine Leistung zwischen dem Schuldner und dem Absonderungsberechtigten und in einem zweiten Schritt um eine Leistung zwischen dem Absonderungsberechtigten und dem Erwerber.[16]

Sofern das Sicherungsgut durch den Absonderungsberechtigten unmittelbar verwertet wird, ist § 13b UStG zu beachten. Der Sicherungsnehmer hat hiernach die an den Schuldner zu zahlende Umsatzsteuer nicht an ihn, sonder **direkt an das Finanzamt** abzuführen; die Insolvenzmasse erhält über den Umsatzsteuerbetrag eine Gutschrift.

---

8 Nerlich/Römermann/*Becker* Rn. 11.
9 Nerlich/Römermann/*Becker* Rn. 22; Smid/*Smid* Rn. 10.
10 Amtl. Begr. zu § 196 RegE-InsO, BT-Drucks. 12/2443, 181; a.A. Gottwald/*Gottwald/Adolphsen* § 42 Rn. 177, der von 2,5 % bis 10 % ausgeht, nach dieser Auffassung ist ein Streit regelmäßig vorprogrammiert.
11 Amtl. Begr. zu § 196 RegE-InsO, BT-Drucks. 12/2443, 181; *Hess* Rn. 4; Smid/*Smid* Rn. 14.
12 Smid/*Smid* § 170 Rn. 14.
13 Braun/*Dithmar/Schneider* Rn. 4; *Hess* Rn. 23; wohl ebenso MüKo-InsO/*Lwowski/Tetzlaff* Rn. 21; a.A. Andres/Leithaus/*Andres* Rn. 16; Nerlich/Römermann/*Becker* Rn. 22; Smid/*Smid* Rn. 15; Uhlenbruck/ Brinkmann Rn. 4; vgl. auch OLG Nürnberg 04.03.2005, 4 U 3471/04, ZInsO 2005, 380.
14 Gottwald/*Gottwald/Adolphsen* § 42 Rn. 178; Nerlich/Römermann/*Becker* Rn. 15; Smid/*Smid* Rn. 20.
15 BGH BGHZ 77, 139 (148 f.); ZIP 1991, 1293.
16 Uhlenbruck/*Maus* Rn. 5 ff.; *de Weerth* ZInsO 2004, 190; MüKo-InsO/*Kling* Rn. 165.

21 Im Rahmen der Verwertung nach Verfahrenseröffnung anfallende Umsatzsteuer ist im Rang eine **Masseverbindlichkeit**.

22 Nach bisherigem Verständnis war es so, dass bei Soll-Versteuerern keine Umsatzsteuer anfällt, wenn der Insolvenzverwalter Forderungen aus Lieferungen und Leistungen des Schuldners einzieht, bei denen die Leistung des Schuldners bereits **vor der Eröffnung des Insolvenzverfahrens** erbracht wurde.[17] Der BGH hat dieser Sichtweise kürzlich eine Absage erteilt und im Grundsatz festgestellt, dass die Umsatzsteuer in allen Fällen auch bei den Forderungen anfällt, die nach Verfahrenseröffnung eingezogen werden – unabhängig vom Zeitpunkt der Erbringung der Gegenleistung und davon, ob es sich um einen Ist- oder Soll-Versteuerer handelt.[18]

23 Bei der **Freigabe** von beweglichen Sachen aus der Insolvenzmasse fällt **keine Umsatzsteuer** an. Auf die **Verwertungskostenpauschale** ist **Umsatzsteuer zu erheben**.[19]

E. Zuständigkeit

24 Für **Rechtsstreitigkeiten** über das Vorliegen einer Verpflichtung zur Zahlung eines Kostenbeitrages nach § 170 Abs. 2 sowie wegen der Höhe des Kostenbeitrages ist das nach allgemeinen Regeln der §§ 12 ff. ZPO zu ermittelnde Prozessgericht zuständig.[20]

§ 172 Sonstige Verwendung beweglicher Sachen

(1) Der Insolvenzverwalter darf eine bewegliche Sache, zu deren Verwertung er berechtigt ist, für die Insolvenzmasse benutzen, wenn er den dadurch entstehenden Wertverlust von der Eröffnung des Insolvenzverfahrens an durch laufende Zahlungen an den Gläubiger ausgleicht. Die Verpflichtung zu Ausgleichszahlungen besteht nur, soweit der durch die Nutzung entstehende Wertverlust die Sicherung des absonderungsberechtigten Gläubigers beeinträchtigt.

(2) Der Verwalter darf eine solche Sache verbinden, vermischen und verarbeiten, soweit dadurch die Sicherung des absonderungsberechtigten Gläubigers nicht beeinträchtigt wird. Setzt sich das Recht des Gläubigers an einer anderen Sache fort, so hat der Gläubiger die neue Sicherheit insoweit freizugeben, als sie den Wert der bisherigen Sicherheit übersteigt.

Übersicht

		Rdn.			Rdn.
A.	Allgemeines	1		Verarbeitung durch den Insolvenzverwalter, Abs. 2	19
B.	Ausgleichszahlung für Nutzung des Sicherungsguts	5	D.	Freigabe der neuen Sicherheit nach Abs. 2 Satz 1	21
I.	Nutzungsrecht des Insolvenzverwalters	5	E.	Abweichende Regelungen	23
II.	Zu ersetzender Wertverlust	9	F.	Zinsaufwendungen, § 169	24
III.	Ausgleichszahlungen	14			
C.	Verbindung, Vermischung und				

A. Allgemeines

1 Bei der Fortführung des schuldnerischen Unternehmens ist der Insolvenzverwalter regelmäßig darauf angewiesen, auch mit Absonderungsrechten belastete Gegenstände, die der wirtschaftlichen Einheit des Unternehmens angehören, weiter zum Betrieb des Unternehmens zu nutzen. Ein derartiges **Nutzungsrecht** verschafft § 172.

---

17 *Hess* Rn. 9; Smid/*Smid* § 171 Rn. 19.
18 BFH 09.12.2010, V R 22/10, ZIP 2011, 782.
19 BFH 28.07.2011, V R 28/09, ZIP 2011, 1923.
20 Smid/*Smid* Rn. 25.

Eine analoge Anwendung der Vorschrift auf **Aussonderungsrechte** ist nicht möglich, da an Aussonderungsrechten kein Verwertungsrecht des Insolvenzverwalters besteht und auch sonst keine vergleichbare Interessenlage gegeben ist.[1] 2

Sofern der Insolvenzverwalter nach § 173 Abs. 2 zur Verwertung berechtigt ist, ist er auch zur **Nutzung** der Sache berechtigt.[2] Als Korrelat für das Nutzungsrecht des Verwalters müssen die Interessen des Sicherungsnehmers gewahrt werden. Hierbei schützt § 169 den Absonderungsberechtigten vor finanziellen Einbußen durch die verzögerte Verwertung, § 172 schützt ihn vor **Verschlechterungen aufgrund der Nutzung** des Sicherungsguts durch den Insolvenzverwalter. Den durch die Nutzung eintretenden Wertverlust muss der Verwalter ausgleichen. 3

Ein Wertverlust, der im Zusammenhang mit der Nutzung in der **Antragsphase** eingetreten ist, ist nicht auszugleichen, da der Wortlaut des Abs. 1 Satz 1 ausdrücklich auf den Zeitpunkt ab Verfahrenseröffnung abstellt.[3] 4

B. Ausgleichszahlung für Nutzung des Sicherungsguts

I. Nutzungsrecht des Insolvenzverwalters

Nach Abs. 1 ist der Insolvenzverwalter zur Nutzung von in seinem Besitz befindlichen Sachen, an denen ein Absonderungsrecht besteht, berechtigt. Dieses Recht besteht unabhängig von einer Ausgleichszahlungspflicht.[4] 5

Das Nutzungsrecht soll ferner in Bezug auf **Immaterialgüterrechte** bestehen,[5] da auch sie für die Fortführung des schuldnerischen Unternehmens von wesentlicher Bedeutung sein können. Nicht gestattet ist dem Verwalter allerdings die entgeltliche Übertragung des Nutzungsrechts an Dritte.[6] 6

Sofern das Sicherungsgut dem Insolvenzverwalter durch den Verwertungsberechtigten **nach der Verfahrenseröffnung** erst zur Nutzung überlassen wird, greift § 172 nicht ein. Es ist dann eine Vereinbarung zwischen Gläubiger und Insolvenzverwalter oder ein Ausgleich nach Bereicherungsrecht vonnöten.[7] 7

Inwieweit das **schlichte Liegenlassen** des Gegenstandes insb. um bessere Verwertungschancen abzuwarten als Nutzung i.S.d. Vorschrift anzusehen ist, erscheint fraglich.[8] 8

II. Zu ersetzender Wertverlust

Der Insolvenzverwalter hat einen Wertverlust nur auszugleichen, sofern durch ihn die **Sicherung des Gläubigers beeinträchtigt** wird. Der Wertverlust muss ferner auf die Nutzung zurückzuführen sein. Sind trotz des Wertverlusts die Haupt- und Nebenforderung des Gläubigers weiterhin durch den Wert des Sicherungsguts abgedeckt, besteht daher keine Verpflichtung zur Zahlung.[9] Nutzungen sind daher nur auszugleichen, wenn die **Befriedigungsaussichten** des Gläubigers dadurch im Ergebnis **gemindert** werden. Liegt bereits keine Abnutzung der Sache vor und damit auch kein Wertverlust, ist eine Ausgleichszahlung ebenso nicht zu leisten. 9

---

1 FK-InsO/*Wegener* Rn. 2a; MüKo-InsO/*Lwowski/Tetzlaff* Rn. 31; Nerlich/Römermann/*Becker* Rn. 5; Uhlenbruck/*Brinkmann* Rn. 1a, 9 ff.; a.A. BK-InsR/*Breutigam* Rn. 7.
2 Uhlenbruck/*Brinkmann* Rn. 13.
3 *Hess* Rn. 13; unklar insofern Braun/*Dithmar* Rn. 3; a.A. im Falle des § 21 Abs. 2 Nr. 5 Gottwald/*Gottwald/Adolphsen* § 42 Rn. 136; Uhlenbruck/*Brinkmann* Rn. 6.
4 Nerlich/Römermann/*Becker* Rn. 16.
5 *Hess* Rn. 2; Nerlich/Römermann/*Becker* Rn. 47 f.; Smid/*Smid* Rn. 2; a.A. Andres/Leithaus/*Andres* Rn. 2.
6 FK-InsO/*Wegener* Rn. 3; MüKo-InsO/*Lwowski/Tetzlaff* Rn. 14; Uhlenbruck/*Brinkmann* Rn. 2.
7 *Hess* Rn. 10.
8 So MüKo-InsO/*Lwowski/Tetzlaff* Rn. 12; Nerlich/Römermann/*Becker* Rn. 11.
9 Braun/*Dithmar* Rn. 5; Smid/*Smid* Rn. 13.

10 Der zu ersetzende Wertverlust ergibt sich der Höhe nach durch einen Vergleich der **Befriedigungschancen vor und nach der Nutzung** durch den Insolvenzverwalter. Abzustellen ist grds auf den unterstellten Wertverlust, nicht auf die gezogenen Nutzungen. Abs. 1 Satz 2 will nicht die Nutzung vergüten, sondern lediglich einen Verlust an Befriedigungsmöglich aus Sicherheit auf Gläubigerseite. Es handelt sich daher nicht um eine mietähnliche Zahlungsverpflichtung. Es ist daher nicht richtig auf die Regelungen des §§ 987 Abs. 2, 988 BGB zur Bemessung der Zahlungshöhe abzustellen.

11 Wertverluste, die durch **höhere Gewalt** oder **mutwillige Beschädigung Dritter** eintreten, hat der Verwalter nicht zu ersetzen.[10] Etwas anderes kann jedoch dann gelten, wenn sich eine **Gefahr realisiert**, die gerade durch die vorgenommene Nutzung geschaffen wird.[11]

12 Den Wertverlust hat der Insolvenzverwalter durch **laufende Zahlungen** auszugleichen. Die Zahlungshöhe bemisst sich an der durch die Nutzung eintretende Minderung der Sicherung durch den Wertverlust. Zur Bestimmung des Wertverlustes dient der Verkehrswert des Gegenstandes zum Zeitpunkt der Verfahrenseröffnung.[12] Bei späterer Nutzung ist der Zeitpunkt des erstmaligen Nutzungsbeginns ausschlaggebend, da lediglich der Verlust durch Nutzung, nicht durch unterlassene Verwertung kompensiert werden soll, vgl. § 169.

13 Der Gläubiger ist für das Vorliegen des Wertverlustes **beweisbelastet**.[13] Ihm steht jedoch ein **Auskunftsanspruch** gegen den Insolvenzverwalter zu, um die relevanten Umstände der Nutzung und der Verschlechterung in Erfahrung bringen zu können.[14] Die Beweislast für das Vorliegen einer fehlenden Beeinträchtigung der Sicherheit durch die Nutzung trägt der Insolvenzverwalter.[15]

III. Ausgleichszahlungen

14 Die Ausgleichszahlungen sind **aus der Masse** und mit Beginn der Nutzung zu leisten.[16] Sofern keine Wertminderung mehr erfolgt, **endet** die Zahlungspflicht ebenso wie im Falle der Verwertung durch Verbrauch oder Veräußerung.[17] Die zu leistenden Ausgleichszahlungen enden ferner, sollten die gezahlten Beträge die **Höhe des Betrages erreichen**, für den der Gläubiger Sicherheit beanspruchen konnte.[18]

15 Die laufenden Zahlungen sind in einem dem Einzelfall entsprechenden **angemessenen zeitlichen Abstand** zu leisten; im Zweifel wohl monatlich.[19]

16 Die unterlassenen Zahlungen oder zu wenig gezahlte Beträge kann der Absonderungsberechtigte als Masseforderungen geltend machen.[20] Tritt Masseunzulänglichkeit ein, **haftet** der Insolvenzverwalter daher u.U. nach der Vorschrift des § 61 persönlich, wenn er schuldhaft vor Eintritt der Masseunzulänglichkeit zu wenig gezahlt hat.[21]

---

10 Andres/Leithaus/*Andres* Rn. 4; a.A. Hess Rn. 16 sofern diese im Rahmen der Nutzung geschehen.
11 Nerlich/Römermann/*Becker* Rn. 18 ff.
12 *Hess* Rn. 19.
13 Andres/Leithaus/*Andres* Rn. 8; MüKo-InsO/*Lwowski/Tetzlaff* Rn. 17; Uhlenbruck/*Brinkmann* Rn. 1b, 4.
14 MüKo-InsO/*Lwowski/Tetzlaff* Rn. 17; Uhlenbruck/*Brinkmann* Rn. 4.
15 MüKo-InsO/*Lwowski/Tetzlaff* Rn. 27.
16 Andres/Leithaus/*Andres* Rn. 4; MüKo-InsO/*Lwowski/Tetzlaff* Rn. 19; Nerlich/Römermann/*Becker* Rn. 30; Uhlenbruck/*Brinkmann* Rn. 6.
17 Smid/*Smid* Rn. 6.
18 Nerlich/Römermann/*Becker* Rn. 34.
19 MüKo-InsO/*Lwowski/Tetzlaff* Rn. 39; Nerlich/Römermann/*Becker* Rn. 25.
20 Braun/*Dithmar* Rn. 4; Hess Rn. 3; Nerlich/Römermann/*Becker* Rn. 27; Smid/*Smid* Rn. 9; Uhlenbruck/ *Brinkmann* Rn. 5.
21 MüKo-InsO/*Lwowski/Tetzlaff* Rn. 23; Smid/*Smid* Rn. 16.

Bei einem Ausbleiben der Zahlungen kann der Gläubiger die **Unterlassung der weiteren Nutzung** 17
über den allgemeinen Rechtsweg betreiben.[22] Bestehen Streitigkeiten über die Höhe des Wertanspruches kann das Prozessgericht die Höhe nach § 287 ZPO schätzen.[23]

Manchmal bietet es sich an, dass der Insolvenzverwalter mit dem Gläubiger eine **Ersatzsicherheit** ver- 18
einbart, dann kann er den Sicherungsgegenstand nutzen, ohne die laufende Liquidität mit Ausgleichszahlungen zu belasten.[24]

C. Verbindung, Vermischung und Verarbeitung durch den Insolvenzverwalter, Abs. 2

Neben der Nutzung des Sicherungsguts, steht dem Insolvenzverwalter nach Abs. 2 das Recht zu, das 19
Sicherungsgut zu verbinden, zu vermischen oder zu bearbeiten, sofern hierdurch die Sicherheiten des Gläubigers nicht beeinträchtigt werden.

Eine Beeinträchtigung der Sicherung ist insb. im Hinblick auf die Rechtsfolgen des §§ 946–950 20
BGB zu befürchten. Bzgl. des Vorliegens einer Beeinträchtigung gilt das oben unter Rdn. 10 ff. Gesagte. Der Verwalter ist trotz der drohenden Beeinträchtigung der Sicherung zur Verbindung, Vermischung und Verarbeitung berechtigt, wenn er dem Sicherungsnehmer eine Ersatzsicherheit stellt.[25]

D. Freigabe der neuen Sicherheit nach Abs. 2 Satz 1

Nach den allgemeinen Vorschriften über die Verbindung, Vermischung und Verarbeitung nach 21
§§ 946–950 BGB kann sich neben einem Nachteil ferner ein **Vorteil** für die Besicherung des Gläubigers ergeben. So kann etwa durch die Verbindung des Sicherungsguts mit einer anderen Sache, die Sicherheit sich auf die neue Sache »ausweiten«, sofern das Sicherungsgut als Hauptsache i.S.d. § 947 Abs. 2 BGB anzusehen ist. Ergibt sich ein solcher Vorteil, so ist der Gläubiger verpflichtet, den zusätzlichen erworbenen Teil der Sicherheit **freizugeben**.

Der Gläubiger darf daher auf die neue Sicherheit nur insoweit zugreifen, als er aus der alten Sicherheit 22
Befriedigung hätte erlangen können.[26] Eine (zulässige) Übersicherung die an dem ursprünglichen Sicherungsgut bestand, verbleibt dem Gläubiger.[27]

E. Abweichende Regelungen

Der Insolvenzverwalter ist berechtigt mit dem Sicherungsgläubiger von dem § 172 **abweichende Re-** 23
gelungen zu vereinbaren.[28] Im Übrigen geht die Regelung des § 172 jedoch abweichenden vertraglichen Regelungen etwa in AGB bzgl. der Verarbeitungsklausel oder bzgl. der Nutzung vor.[29]

F. Zinsaufwendungen, § 169

Die Zinszahlungspflicht nach § 169 steht **selbständig neben** der Verpflichtung zum Ausgleich nach 24
§ 172.[30]

---

22 *Hess* Rn. 3; Smid/*Smid* Rn. 10; a.A. Andres/Leithaus/*Andres* Rn. 6; Braun/*Dithmar* Rn. 4.
23 Smid/*Smid* Rn. 16.
24 Nerlich/Römermann/*Becker* Rn. 29; Smid/*Smid* Rn. 12; Uhlenbruck/*Brinkmann* Rn. 5.
25 Smid/*Smid* Rn. 14.
26 *Hess* Rn. 6.
27 Nerlich/Römermann/*Becker* Rn. 61.
28 Andres/Leithaus/*Andres* Rn. 7; Braun/*Dithmar* Rn. 10; MüKo-InsO/*Lwowski/Tetzlaff* Rn. 34 ff.
29 Andres/Leithaus/*Andres* Rn. 7; *Hess* Rn. 5; MüKo-InsO/*Lwowski/Tetzlaff* Rn. 7 f.; Uhlenbruck/*Brinkmann* Rn. 1a; a.A. wohl Nerlich/Römermann/*Becker* Rn. 55 f.
30 *Hess* Rn. 9; MüKo-InsO/*Lwowski/Tetzlaff* Rn. 37.

§ 173 Verwertung durch den Gläubiger

(1) Soweit der Insolvenzverwalter nicht zur Verwertung einer beweglichen Sache oder einer Forderung berechtigt ist, an denen ein Absonderungsrecht besteht, bleibt das Recht des Gläubigers zur Verwertung unberührt.

(2) Auf Antrag des Verwalters und nach Anhörung des Gläubigers kann das Insolvenzgericht eine Frist bestimmen, innerhalb welcher der Gläubiger den Gegenstand zu verwerten hat. Nach Ablauf der Frist ist der Verwalter zur Verwertung berechtigt.

Übersicht

		Rdn.			Rdn.
A.	Allgemeines	1	C.	Fristsetzung zur Verwertung	5
B.	Verwertungsberechtigung des Gläubigers	3	D.	Rechtsmittel	11

A. Allgemeines

1 Das Recht des Gläubigers zur Verwertung des Sicherungsgutes besteht weiter, soweit dies nicht nach den vorangegangenen Vorschriften dem Insolvenzverwalter zugewiesen wurde. Abs. 1 hat insofern nur eine klarstellende Bedeutung. Ein Verwertungsrecht des Gläubigers besteht also grds dann, wenn der Tatbestand des § 166 nicht einschlägig ist,[1] also wenn er einen beweglichen Gegenstand selbst in Besitz hat oder wenn ihm Forderungen verpfändet wurden. Auf die Ausführungen zu § 166 Rdn. 8 ff., 26 ff. wird hier verwiesen.

2 Auch im **Verbraucherinsolvenzverfahren** hat der Treuhänder die Möglichkeit durch Fristsetzung das Verwertungsrecht an sich zu ziehen (vgl. § 313 Abs. 3 Satz 3).

B. Verwertungsberechtigung des Gläubigers

3 Der besicherte Gläubiger ist grds **nicht** zur Verwertung des Sicherungsgutes **verpflichtet**. Er kann also auch seinerseits dem Insolvenzverwalter das Verwertungsrecht übertragen oder eine Verwertung unterlassen.

4 Sofern der Gläubiger die Verwertung im Anwendungsbereich des Abs. 1 selbst vornimmt, fallen weder **Feststellungs- noch Verwertungskostenbeiträge** an.[2] Auch wenn dies im Gesetz nicht ausdrücklich geregelt ist, so hat der Gläubiger, der die Verwertung selbst vornimmt, die anfallende **Umsatzsteuer** an die Insolvenzmasse abzuführen.[3]

C. Fristsetzung zur Verwertung

5 Betreibt der Gläubiger die Verwertung nicht, muss es für den Verwalter möglich sein, dies zu beschleunigen, da ein etwaiger Übererlös aus der Verwertung auch im Anwendungsbereich des § 173 der Insolvenzmasse zusteht. Hierfür kann er einen Antrag beim Insolvenzgericht stellen, dass dieses dem Gläubiger eine **Frist zur Vornahme der Verwertung** setzt, Abs. 2.

6 Der Antrag hat die betroffenen Absonderungsgegenstände in bestimmbarer Weise zu nennen.[4] Er bedarf keiner bestimmten **Form**. Da die **Fristbestimmung** im Ermessen des Gerichts steht, muss der Insolvenzverwalter im Antrag keine Frist benennen. Auf die **Anhörung** des Gläubigers kann u.U. nach § 10 analog verzichtet werden.[5]

---

[1] Braun/*Dithmar* § 173 Rn. 2; Nerlich/Römermann/*Becker* Rn. 7; Smid/*Smid* Rn. 1.
[2] *Hess* Rn. 5.
[3] BGH 29.03.2007, IX ZR 27/06, ZIP 2007, 1126; Uhlenbruck/*Brinkmann* Rn. 4.
[4] Nerlich/Römermann/*Becker* Rn. 18.
[5] Andres/Leithaus/*Andres* Rn. 8; Nerlich/Römermann/*Becker* Rn. 23.

Das Gericht hat bei der Fristsetzung die konkreten **Umstände des Einzelfalls** zu beachten.[6] Den antragstellenden Insolvenzverwalter trifft die Darlegungs- und Beweislast, dass es einer Fristsetzung bedarf.[7] Die Entscheidung hat vor allem die Schwierigkeit der Verwertung durch den Gläubiger, die Dringlichkeit einer anderweitigen Verwertung durch den Insolvenzverwalter sowie die Auswirkungen auf das Insolvenzverfahren zu berücksichtigen.[8]

Das Verstreichen der Frist führt dazu, dass das **Verwertungsrecht** des Gläubigers **auf den Insolvenzverwalter übergeht**.[9] Der Gläubiger ist sodann zur **Herausgabe** des Gegenstandes verpflichtet,[10] der Insolvenzverwalter ferner zur Verwertung (§ 159) berechtigt.[11]

Da der Verwalter nach dem fruchtlosen Ablauf der Frist den Gegenstand noch nicht im Besitz hat, sind seine Möglichkeiten zur Verwertung faktisch sehr eingeschränkt. Aufgrund des übergegangenen Verwertungsrechts hat der Verwalter daher einen Anspruch auf Herausgabe des Sicherungsgutes gegen den Absonderungsgläubiger.[12]

Sofern der Insolvenzverwalter nach Fristsetzung von seinem Recht auf Verwertung Gebrauch macht, ist zu beachten, dass aufgrund des trotz des insofern eindeutigen Anwendungsbereichs des § 170 ein **Verwertungskostenbeitrag** dem Erlös dennoch zu entnehmen ist.[13]

D. Rechtsmittel

Gegen die Entscheidung des Richters sieht das Gericht **keinen Rechtsbehelf** vor, § 6 Abs. 1.[14] Die entsprechende Anordnung des Rechtspflegers kann mit der **Erinnerung** nach § 11 Abs. 2 Satz 1 RPflG angegriffen werden.[15]

---

6 Braun/*Dithmar* Rn. 3; *Hess* Rn. 11; MüKo-InsO/*Lwowski/Tetzlaff* Rn. 19.
7 Vgl. hierzu Smid/*Smid* Rn. 9.
8 Andres/Leithaus/*Andres* Rn. 9; Braun/*Dithmar* Rn. 3.
9 Braun/*Dithmar* Rn. 3; MüKo-InsO/*Lwowski/Tetzlaff* Rn. 22; Nerlich/Römermann/*Becker* Rn. 1; Smid/*Smid* Rn. 8; Uhlenbruck/*Brinkmann* Rn. 10.
10 MüKo-InsO/*Lwowski/Tetzlaff* Rn. 22; Nerlich/Römermann/*Becker* Rn. 36.
11 Braun/*Dithmar* Rn. 3.
12 Nerlich/Römermann/*Becker* Rn. 32; vgl. auch BGH 07.04.2005, IX ZR 138/04, ZInsO 2005, 535.
13 Braun/*Dithmar* Rn. 3; Nerlich/Römermann/*Becker* Rn. 33; a.A. *Hess* Rn. 12; vgl. zum Meinungsstand: MüKo-InsO/*Lwowski/Tetzlaff* Rn. 23 ff.; zu den übrigen Rechten des Verwalters bei Verzögerung der Verwertung durch den Gläubiger s. Schlichting/*Graser* NZI 2000, 206.
14 Braun/*Dithmar* Rn. 4; MüKo-InsO/*Lwowski/Tetzlaff* Rn. 21; Smid/*Smid* Rn. 12; Uhlenbruck/*Brinkmann* Rn. 9.
15 Andres/Leithaus/*Andres* Rn. 11; Braun/*Dithmar* Rn. 4; *Hess* Rn. 11; MüKo-InsO/*Lwowski/Tetzlaff* Rn. 21; Nerlich/Römermann/*Becker* Rn. 31; Uhlenbruck/*Brinkmann* Rn. 9.

Fünfter Teil Befriedigung der Insolvenzgläubiger. Einstellung des Verfahrens

Erster Abschnitt Feststellung der Forderungen

§ 174 Anmeldung der Forderungen

(1) Die Insolvenzgläubiger haben ihre Forderungen schriftlich beim Insolvenzverwalter anzumelden. Der Anmeldung sollen die Urkunden, aus denen sich die Forderung ergibt, in Abdruck beigefügt werden. Zur Vertretung des Gläubigers im Verfahren nach diesem Abschnitt sind auch Personen befugt, die Inkassodienstleistungen erbringen (registrierte Personen nach § 10 Abs. 1 Satz 1 Nr. 1 des Rechtsdienstleistungsgesetzes).

(2) Bei der Anmeldung sind der Grund und der Betrag der Forderung anzugeben sowie die Tatsachen, aus denen sich nach Einschätzung des Gläubigers ergibt, dass ihr eine vorsätzlich begangene unerlaubte Handlung des Schuldners zu Grunde liegt.

(3) Die Forderungen nachrangiger Gläubiger sind nur anzumelden, soweit das Insolvenzgericht besonders zur Anmeldung dieser Forderungen auffordert. Bei der Anmeldung solcher Forderungen ist auf den Nachrang hinzuweisen und die dem Gläubiger zustehende Rangstelle zu bezeichnen.

(4) Die Anmeldung kann durch Übermittlung eines elektronischen Dokuments erfolgen, wenn der Insolvenzverwalter der Übermittlung elektronischer Dokumente ausdrücklich zugestimmt hat. In diesem Fall sollen die Urkunden, aus denen sich die Forderung ergibt, unverzüglich nachgereicht werden.

Übersicht	Rdn.		Rdn.
A. Normzweck	1	VI. Rechtsgrund »vorsätzlich begangene unerlaubte Handlung«	14
B. Anmeldeberechtigte Gläubiger	3	D. Behandlung von Fehlern bei der Anmeldung	16
C. Anforderungen an die Anmeldung	6		
I. Form der Anmeldung	7	E. Vorliegen einer unwirksamen Anmeldung	19
II. Sprache der Anmeldung	9		
III. Frist der Anmeldung	10	F. Wirkung einer fehlerfreien Anmeldung	20
IV. Der Anmeldung beizufügende Unterlagen	12	G. Sonderregelung für nachrangige Forderungen	22
V. Inhalt der Anmeldung	13		

A. Normzweck

§ 174 ist an den früheren § 139 KO angelehnt, wobei allerdings nunmehr die Anmeldung der Forderungen nicht mehr gegenüber dem Insolvenzgericht, sondern gegenüber dem Insolvenzverwalter vorgenommen werden muss.[1] Ab Eröffnung des Insolvenzverfahrens haben die Insolvenzgläubiger nur noch die Möglichkeit, ihre persönlichen Forderungen gegen den Schuldner nach den Vorschriften über das Insolvenzverfahren geltend zu machen, § 87.[2] Insolvenzgläubiger müssen ihre Forderungen zur Tabelle anmelden, unabhängig davon, ob diese bereits rechtskräftig festgestellt, ob diese vollstreckbar ist oder diese unbestritten oder bestritten ist.[3]   1

Die Anmeldungen sind die Grundlage für die Erstellung der Tabelle nach § 175 Satz 1, die wiederum zur Vorbereitung des Prüfungstermins (§§ 29 Abs. 1 Nr. 2 Hs. 2, 176 Satz 1) benötigt wird. In diesem Prüfungstermin werden Betrag und Rang nebst dem Bestand der Forderung summarisch und auf Verlangen auch im Einzelnen geprüft.   2

---

1 FK-InsO/*Kießner* Rn. 1; FA-InsR/*Bruder* Kap. 2 Rn. 461.
2 FA-InsR/*Bruder* Kap. 2 Rn. 451.
3 FK-InsO/*App* § 87 Rn. 8.

B. Anmeldeberechtigte Gläubiger

3 **Anmeldeberechtigt** sind die Insolvenzgläubiger i.S.d. Legaldefinition des § 38,[4] die absonderungsberechtigten Gläubiger, soweit der Schuldner ihnen auch persönlich haftet[5], Gläubiger nicht fälliger Forderungen i.S.d. § 41, Gläubiger auflösend bedingter Forderungen i.S.d. § 42 bzw. von Forderungen, für die mehrere Personen nach § 43 haften sowie Gläubiger aufschiebend bedingter Forderungen.[6] Für nachrangige Gläubiger i.S.d. § 39 gilt Abs. 3: Diese sind nur anmeldeberechtigt, wenn das Insolvenzgericht sie zur Anmeldung ihrer Forderungen besonders auffordert.[7]

3a **Nicht anmeldeberechtigt** sind Gläubiger von Masseforderungen, Aussonderungs- und absonderungsberechtigte Gläubiger, die keine persönliche Forderung gegen den Schuldner haben. Melden nicht anmeldeberechtigte Gläubiger irrtümlich ihre Forderung zur Tabelle an, ist dies grundsätzlich kein Verzicht auf die vorrangige Befriedigung.[8] Nicht anmeldeberechtigt sind zudem Gläubiger, die zur Aufrechnung berechtigt sind.[9]

4 Für **Bürgen** und **Gesamtschuldner** gilt Folgendes: Bürgen und Gesamtschuldner sind anmeldeberechtigt, wenn sie zum Zeitpunkt der Anmeldung den Gläubiger vollständig befriedigt haben, sie im Innenverhältnis gegen den Schuldner Ausgleichsansprüche haben (§§ 426 Abs. 2 Satz 1, 774 Abs. 1 Satz 1 BGB) und der Hauptgläubiger seine Forderung noch nicht angemeldet hat, vgl. § 44.[10] Bei teilweiser Befriedigung vor Insolvenzeröffnung ist eine Anmeldung mit dem übergegangenen Teil der Forderung möglich.[11] Erfolgt eine teilweise oder vollständige Befriedigung nach Eröffnung des Insolvenzverfahrens ist nach § 44 eine Anmeldung nicht möglich. Bei vollständiger Befriedigung kommt eine Umschreibung des Tabelleneintrags auf den Bürgen gem. § 727 ZPO in Betracht.[12]

5 In der Literatur ist die Behandlung der **Haftungsansprüche nach § 93** durch den Insolvenzverwalter der Gesellschaft in der Insolvenz des persönlich haftenden Gesellschafters umstritten. Eine Meinung (sog. Vollanmeldungsmodell) geht davon aus, dass der Insolvenzverwalter der Gesellschaft die Gläubigeransprüche in voller Höhe beim Insolvenzverfahren des persönlich haftenden Gesellschafters anmelden kann.[13] Die andere Meinung (sog. Ausfallmodell) geht dagegen davon aus, dass der Insolvenzverwalter der Gesellschaft gegen den persönlich haftenden Gesellschafter lediglich den auf den Eröffnungsstichtag berechneten Unterdeckungsbetrag geltend machen kann.[14] Der BGH hat dahingehend entschieden, dass während der Dauer einer Doppelinsolvenz das Einzugsrecht gegenüber dem persönlich haftenden Gesellschafter ausschließlich dem Insolvenzverwalter der Gesellschaft zusteht.[15] Eine Form der Einziehung sei die Anmeldung der Ansprüche im Insolvenzverfahren über das Vermögen des persönlich haftenden Gesellschafters.[16] Im Falle der Anfechtung einer Zahlung des persönlich haftenden Gesellschafters hat der begünstigte Gläubiger das Erhaltene zur Masse der Gesellschafterinsolvenz zurück zu gewähren. Eine Anmeldung ist dann ausschließlich im Insolvenzverfahren über das Gesellschaftsvermögen möglich. Der Insolvenzverwalter über das Gesell-

---

4 MüKo-InsO/*Nowak* Rn. 3; Graf-Schlicker/*Graf-Schlicker* Rn. 3.
5 HambK-InsR/*Preß/Henningsmeier* Rn. 2.
6 Vgl. Braun/*Specovius* Rn. 5, 8.
7 MüKo-InsO/*Nowak* Rn. 3; Graf-Schlicker/*Graf-Schlicker* Rn. 3.
8 BGH 13.06.2006, IX ZR 15/04, ZInsO 2006, 829 (830); Kübler/Prütting/Bork/*Pape/Schaltke* Rn. 27.
9 Kübler/Prütting/Bork/*Pape/Schaltke* Rn. 28; HambK-InsR/*Preß/Henningsmeier* Rn. 4; a.A. Karsten Schmidt-InsO/*Jungmann* Rn. 10.
10 Uhlenbruck/*Sinz* Rn. 11.
11 Braun/*Bäuerle* § 44 Rn. 3.
12 Uhlenbruck/*Sinz* Rn. 11.
13 *K. Schmidt/Bitter* ZIP 2000, 1077 (1083).
14 *K. Schmidt/Bitter* ZIP 2000, 1077 (1087).
15 BGH 09.10.2008, IX ZR 138/06, ZInsO 2008,1276.
16 BGH 31.10.2001, VIII ZR 177/00, Rpfleger 2002, 94.

schaftsvermögen muss dann den entsprechenden Anspruch gegenüber dem persönlich haftenden Gesellschafter geltend machen.

C. Anforderungen an die Anmeldung

Die Anmeldung ist gegenüber dem Insolvenzverwalter vorzunehmen. Bei Anordnung der Eigenverwaltung erfolgt die Anmeldung beim Sachwalter und im vereinfachten Verfahren beim Treuhänder.[17] Sollte die Forderungsanmeldung zu Unrecht beim Insolvenzgericht vorgenommen worden sein, wird diese Forderungsanmeldung an den Insolvenzverwalter weitergeleitet. Die Anmeldung entfaltet erst dann rechtliche Wirkung, wenn sie beim Verwalter eingegangen ist.[18] 6

I. Form der Anmeldung

Die Anmeldung erfolgt schriftlich, wobei die Übermittlung per Telefax oder E-Mail zulässig ist.[19] Die Formvorschrift des § 126 Abs. 1 BGB muss nicht eingehalten werden.[20] Die Zulässigkeit einer elektronischen Anmeldung ist in Abs. 4 ausdrücklich zugelassen, sofern der Insolvenzverwalter dieser Form der Anmeldung ausdrücklich zugestimmt hat. Das Gesetz sieht keine Form dieser ausdrücklichen Zustimmung vor und nennt auch keinen Zeitpunkt, zu dem diese ausdrückliche Zustimmung vorliegen muss. Bei der Form der elektronischen Anmeldung sollen nach § 174 Abs. 4 Satz 2 Urkunden zur Substantiierung des Anspruchs nachgereicht werden.[21] Die Möglichkeit der mündlichen Anmeldung zu Protokoll des Urkundsbeamten der Geschäftsstelle – früher nach § 139 Satz 2 KO zugelassen – ist nunmehr ausgeschlossen, da die Anmeldung beim Insolvenzgericht nicht mehr zulässig ist. 7

Der Gläubiger kann sich (anwaltlich oder nichtanwaltlich) vertreten lassen, so dass der Gläubiger die Anmeldung nicht höchstpersönlich vornehmen muss. Die Vollmacht ist der Anmeldung beizufügen, für Anwälte gilt § 88 Abs. 2 ZPO.[22] Eine Anmeldung durch ein nach § 10 Abs. 1 Satz 1 Nr. 1 RDG registriertes Inkassounternehmen ist nach Abs. 1 Satz 3 ausdrücklich zulässig. Gemeinschaftliche oder von einem Beteiligten bzw. einem gemeinsam bestellten Dritten vorgelegte Sammelanmeldungen sind zulässig, so dass bspw. die Arbeitnehmer des Schuldners sich an einer solchen Sammelanmeldung beteiligen können.[23] 8

II. Sprache der Anmeldung

Erforderlich ist die Abfassung grds in deutscher Sprache.[24] Allerdings gilt für den EU-Bereich folgendes: Nach Art. 42 Abs. 1 Satz 1 der EG-VO des Rates Nr. 1346/2000[25] ist jeder Gläubiger, der seinen gewöhnlichen Wohnsitz, Aufenthalt oder Sitz in einem anderen Mitgliedstaat als dem Staat der Verfahrenseröffnung hat, berechtigt, seine Forderung in der Amtssprache oder einer der Amtssprachen dieses anderen Staates anzumelden. Zwingend ist allerdings die Überschrift »Anmeldung einer Forderung« in einer Amtssprache. Es kann nach Art. 42 Abs. 2 Satz 3 EG-VO vom Gläubiger eine Übersetzung der Anmeldung in die Amtssprache oder eine der Amtssprachen des Staates der Verfahrenseröffnung verlangt werden. 9

---

17 FK-InsO/*Kießner* Rn. 48; Graf-Schlicker/*Graf-Schlicker* Rn. 9.
18 HambK-InsR/*Preß/Henningsmeier* Rn. 8.
19 FK-InsO/*Kießner* Rn. 12 f.
20 HambK-InsR/*Preß/Henningsmeier* Rn. 9
21 Vgl. Uhlenbruck/*Sinz* Rn. 18; Graf-Schlicker/*Graf-Schlicker* Rn. 3.
22 HambK-InsR/*Preß/Henningsmeier* Rn. 9.
23 Zur Sammelanmeldung: BGH 22.01.2009 IX ZR 3/08 ZIP 2009, 483; OLG Brandenburg 04.12.2007 6 U 109/06 NJW-Spezial 2008, 278.
24 FK-InsO/*Kießner* Rn. 14; MüKo-InsO/*Nowak* Rn. 8.
25 Abgedruckt in ABlEG Nr. L 160/1 v. 30.06.2000.

III. Frist der Anmeldung

10 Eine Frist für die Anmeldung ergibt sich aus der Vorschrift selbst nicht. Es gibt allerdings nachträgliche Anmeldungen, für die die Vorschrift des § 177 gilt. § 177 Abs. 1 Satz 1 setzt voraus, dass eine Anmeldefrist gesetzt wurde. Bei dieser Anmeldefrist handelt es sich um eine Frist, die das Insolvenzgericht im Eröffnungsbeschluss gem. § 28 Abs. 1 Satz 1 festlegt und die Gläubiger gleichzeitig auffordert, ihre Forderungen beim Insolvenzverwalter anzumelden. Die Anmeldung muss also unter Einhaltung der vom Insolvenzgericht im Eröffnungsbeschluss i.S.d. § 28 Abs. 1 Satz 2 gesetzten Frist von längstens drei Monaten erfolgen. Es handelt sich bei dieser Frist um keine Ausschlussfrist.[26] Ein Gläubiger, der nicht innerhalb dieser Frist seine Forderung anmeldet, kann seine Forderung längstens noch bis zum Schlusstermin anmelden.[27] Aufgrund der gesondert anfallenden Gerichtskosten drohen dem verspätet anmeldenden Gläubiger jedoch Kostennachteile.[28]

11 Umstritten ist, ob die Anmeldung erst nach Eröffnung des Verfahrens beim Insolvenzverwalter[29] oder bereits schon vor Verfahrenseröffnung beim vorläufigen Insolvenzverwalter[30] erfolgen kann. Jedoch sollen auch bei Forderungsanmeldungen, die vor Verfahrenseröffnung beim vorläufigen Insolvenzverwalter eingehen, die Rechtswirkungen, wie z.B. die Verjährungshemmung, frühestens mit Insolvenzeröffnung eintreten. ME spricht der Gläubigerschutz, insb. für Kleingewerbetreibende und Verbraucher, für die zweite Auslegung, denn einem privaten Gläubiger ist oftmals der Unterschied zwischen einem vorläufigen und einem eröffneten Insolvenzverfahren nicht bekannt. Es darf daher diesem nicht zum Nachteil gereichen, wenn er bereits im vorläufigen Verfahren seine Ansprüche anmeldet und dann davon ausgeht, dass er seinen Pflichten nachgekommen ist.

IV. Der Anmeldung beizufügende Unterlagen

12 Nach Abs. 1 Satz 2 »sollen« Urkunden beigefügt werden, aus denen sich die Forderung ergibt. Aus dieser »Soll«-Vorschrift leitet das LAG Hamm[31] ein »Muss« ab.[32] Der Begriff der Urkunde ist weit auszulegen, so dass hierunter jegliche Unterlage zählt, deren Vorlage zur Qualifizierung der angemeldeten Forderung nützlich ist. Als Urkunde sind damit bspw. anzusehen: schriftliche Verträge, Korrespondenz, Rechnungen, Kontoauszüge, Mahnbescheide, Urteile, Lieferscheine.[33] Im Original müssen diese Urkunden nicht vorgelegt werden.[34] Eine Kopie in Papierform oder elektronischer Form ist ausreichend.

12a Werden bei der Anmeldung keine Beweisurkunden vorgelegt, ist die Anmeldung trotzdem wirksam (»Soll-Vorschrift«).[35] Ist aber der Verwalter wegen des Fehlen von Beweisurkunden nicht in der Lage, die Anmeldung abschließend zu prüfen, wird er der Anmeldung widersprechen. Eine Hinweispflicht hat der Verwalter nicht. Legt der Gläubiger in einem späteren Feststellungsverfahren die Beweisunterlagen vor und nimmt der Verwalter daraufhin seinen Widerspruch zurück, trägt der Gläubiger das Kostenrisiko.[36]

---

26 MüKo-InsO/*Nowak* Rn. 7, FA-InsR/*Bruder* Kap. 2 Rn. 464.
27 AG Krefeld 28.11.2000 93, IK 29/99, NZI 2001, 45.
28 HambK-InsR/*Preß*/*Henningsmeier* Rn. 11; MüKo-InsO/*Nowak* Rn. 7.
29 So FK-InsO/*Kießner* Rn. 49.
30 So Uhlenbruck/*Sinz* Rn. 14.
31 Vgl. LAG Hamm 23.09.2004, 4 Sa 2037/03, ZInsO 2005, 1120.
32 AA Braun/*Specovius* Rn. 22, wonach auch im Falle fehlender Unterlagen die Anmeldung wirksam bleiben soll und der Verwalter dann gehalten ist, die fehlenden Unterlagen anzumahnen, ehe im Prüfungstermin durch ihn die Forderung bestritten wird.
33 Zu den Beispielen s. Nerlich/Römermann/*Becker* Rn. 3; FK-InsO/*Kießner* Rn. 17.
34 BGH 01.12.2005, IX ZR 95/04, ZInsO 2006, 102.
35 *BGH 01.12.2005, IX ZR 95/04, ZInsO 2006, 102;* OLG Stuttgart 29.04.2008, 10 W 21/08, ZInsO 2008, 627 f.
36 OLG Stuttgart 29.04.2008, 10 W 21/08, ZInsO 2008, 627 f.

V. Inhalt der Anmeldung

Die Forderungsanmeldung sollte grds den Anforderungen an vorbereitende Schriftsätze i.S.d. §§ 4 InsO, 130 Nr. 1 ZPO entsprechen.[37] Es sind der **Grund**[38] und die **Höhe** der Forderung in Euro[39] anzugeben. Der in der Anmeldung angegebene Anspruchsgrund ist in einem späteren Feststellungsprozess maßgeblich. Eine Feststellungsklage, die auf einem anderen Anspruchsgrund gestützt wird, ist unzulässig.[40] Nicht auf Geld gerichtete Forderungen und Forderungen, die in fremder Währung oder in einer Recheneinheit vorliegen, sind unter Berücksichtigung des § 45 umgerechnet anzugeben.[41] Anmeldefähig sind auch zunächst noch nicht bezifferbare Forderungen. Der Gläubiger muss die Höhe der Forderung schnellstmöglich klären und dann die spezifizierte Forderung entsprechend nachreichen.[42] Im Falle einer Sammelanmeldung, der Anmeldung einer Mehrzahl von Forderungen, betrifft die Darlegungslast jede Einzelforderung.[43]

13

VI. Rechtsgrund »vorsätzlich begangene unerlaubte Handlung«

Besondere Anforderungen gelten bei der Anmeldung einer Forderung mit dem Rechtsgrund »vorsätzliche unerlaubte Handlung«. Erforderlich ist ein Tatsachenvortrag, aus dem sich schlüssig der Rechtsgrund einer vorsätzlich unerlaubten Handlung ergibt.[44] Der anmeldende Gläubiger hat einen Sachverhalt darzulegen, der – seine Richtigkeit unterstellt – die Voraussetzungen einer vorsätzlich begangenen unerlaubten Handlung erfüllt. Eine Glaubhaftmachung der Tatsachen ist aber nicht erforderlich.[45] Diese Voraussetzungen sind nicht erfüllt, wenn nur schlagwortartig einschlägige Straftatbestände aufgeführt werden (z.B. »Betrug«, »Scheck- bzw. Kreditkartenmissbrauch«, »Vorenthalten von Sozialversicherungsbeiträgen«) bzw. lediglich entsprechende Vorschriften benannt werden (z.B. § 266a StGB, § 826 BGB) oder nur im Anmeldeformular die Anmeldung als vorsätzlich begangene unerlaubte Handlung angekreuzt wird.[46] Auch die Darlegung allgemeiner Rechtsausführungen, die z.B. von Krankenkassen häufiger verwendet werden, genügt den gesetzlichen Anforderungen nicht. Dort findet man Regelungen, dass ein Arbeitgeber nach den §§ 28e und 28f SGB IV, bzw. gem. § 823 Abs. 2 BGB i.V.m. § 266a StGB zu einem bestimmten Verhalten verpflichtet ist. Dies erfüllt streng genommen nicht die Anforderungen an einen konkreten Sachvortrag.[47] Es ist hier oft zu beachten, dass der Sachvortrag ggf sogar unschlüssig ist, weil lediglich behauptet wird, der Schuldner habe die Beiträge nicht bezahlt und sei schon im Zeitpunkt der Fälligkeit zahlungsunfähig gewesen.[48] Die bloße Nichtzahlung der Arbeitnehmeranteile erfüllt aber noch nicht den Tatbestand des § 266a StGB, erst recht nicht, wenn der Schuldner bei Fälligkeit schon zahlungsunfähig ist.[49]

14

Ausreichend wäre dagegen zB: »Bestellung erfolgte, obwohl der Schuldner wusste, dass die Rechnungen zum Fälligkeitszeitpunkt nicht ausgeglichen werden können (Betrugsvorwurf). Des Weiteren konnte der Schuldner schon vor der ersten Rechnung unserer Mandantschaft Rechnungen anderer Gläubiger nicht bezahlen«. Stimmt dieser Sachverhalt, hat der Gläubiger aus § 823 Abs. 2 BGB i.V.m. § 263 StGB einen Anspruch aus vorsätzlicher begangener unerlaubter Handlung. Es ist

15

---

37 Vgl. *Commandeur/Nienerza* NZG 2008, 587.
38 Konkretisierter und individualisierter Sachverhalt, OLG Stuttgart 29.04.2009, 10 W 21/08, NZG 2008, 587.
39 FK-InsO/*Kießner* Rn. 16; MüKo-InsO/*Nowak* Rn. 11.
40 BGH 27.09.2001, IX ZR 71/00, ZInsO 2001, 1050
41 FK-InsO/*Kießner* Rn. 16, FA-InsR/*Bruder* Kap. 2 Rn. 467.
42 Vgl. Nerlich/Römermann/*Becker* Rn. 14.
43 BGH 22.01.2009, IX ZR 03/08, ZInsO 2009, 381.
44 Ausführlich zum Ganzen Uhlenbruck/*Sinz* Rn. 37 ff.; *Brückl* ZInsO 2005, 16.
45 MüKo-InsO/*Nowak* Rn. 23.
46 Braun/*Specovius* Rn. 39.
47 Uhlenbruck/*Sinz* Rn. 38.
48 So Uhlenbruck/*Sinz* Rn. 38.
49 BGH 18.01.2007, IX ZR 176/05, NZI 2007, 416.

aber nicht Aufgabe des Insolvenzverwalters, sondern die des Insolvenzschuldners, die Richtigkeit dieses Vortrages zu prüfen. Der Insolvenzverwalter soll verpflichtet sein, den anmeldenden Gläubiger auf den unzureichenden Tatsachenvortrag hinzuweisen.[50] Im Fall einer fehlenden Ergänzung darf die Forderung nicht als solche aus vorsätzlich begangener unerlaubter Handlung aufgenommen werden.[51] Dies gilt auch dann, wenn ein unschlüssiger Tatsachenvortrag vorliegt, der den Tatbestand einer vorsätzlich begangenen unerlaubten Handlung i.S.v. § 302 Nr. 1 nicht erfüllen kann, z.B. der Vortrag, der Schuldner habe eine Steuerhinterziehung gem. § 370 AO begangen.[52] Die fehlerhafte Aufnahme einer Forderung aus vorsätzlich begangener unerlaubter Handlung durch den Verwalter in die Tabelle kann zu einer Haftung des Verwalters nach § 60 führen.[53]

D. Behandlung von Fehlern bei der Anmeldung

16 Im Falle von Fehlern bei der Anmeldung haben der Insolvenzverwalter und auch das Insolvenzgericht ein Vorprüfungs-, Beanstandungs- und Zurückweisungsrecht.[54] Ob und in welchem Umfang der Insolvenzverwalter verpflichtet ist, den Gläubiger auf Mängel seiner Anmeldung hinzuweisen, ist umstritten.[55] Der Insolvenzverwalter muss jedenfalls auf offensichtliche Mängel hinweisen und diesbezüglich die Möglichkeit zur Nachbesserung gewähren, bevor er die Forderung endgültig nicht in die Tabelle einträgt. Zu solchen offensichtlichen Mängeln zählen Schlüssigkeitsmängel wie offensichtlich unsubstantiierte Forderungen, die ohne Nennung eines konkreten und individualisierten Sachverhalts angemeldet wurden.

17 Ein Mangel ist durch Neuanmeldung der Forderung zu beheben.[56] Umstritten ist der zulässige Zeitpunkt der Änderung oder Ergänzung.[57] Hierbei ist zu unterscheiden, ob die Anmeldefrist bereits abgelaufen ist oder ob sie noch nicht abgelaufen ist. Ist die Anmeldefrist noch nicht abgelaufen, so kann der Gläubiger sämtliche Mängel beheben, indem er Fehler verbessert bzw. Lücken schließt.[58] Es ist dem Gläubiger möglich, noch fehlende Angaben zur Höhe der Forderung zu machen. Des Weiteren kann der Gläubiger auch eine vollkommen neue Forderung anmelden. Eine fehlerhafte Anmeldung können der Insolvenzverwalter und das Insolvenzgericht vor dem Prüfungstermin nicht zurückweisen. Ist die Anmeldefrist bereits abgelaufen, so sind Mängelbeseitigungen als nachträgliche Anmeldungen i.S.d § 177 zu betrachten.[59]

18 Ist die festgestellte Forderung in die Tabelle bereits eingetragen, so kommt der Eintrag einem rechtskräftigen Urteil nach § 178 Abs. 3 gleich. Dies führt dazu, dass keine Rücknahmemöglichkeit mehr besteht. Der Gläubiger kann jedoch mit dem Insolvenzverwalter eine Übereinkunft treffen, zugunsten der übrigen Gläubiger auf die Erlösausschüttung zu verzichten.[60]

---

50 Vgl. OLG Stuttgart 29.04.2008, 10 W 21/08, ZIP 2008, 1781; OLG Dresden 03.02.2004, 14 U 1830/03, ZInsO 2004, 810, MüKo-InsO/*Nowak* Rn. 30, Kübler/Prütting/Bork/*Pape/Schaltke* Rn. 22, FK-InsO/*Kießner* § 175 Rn. 3.
51 Vgl. FK-InsO/*Kießner* Rn. 27.
52 Uhlenbruck/*Sinz* Rn. 39.
53 Uhlenbruck/*Sinz* Rn. 39.
54 Vgl. Uhlenbruck/*Sinz* Rn. 44; a.A. Graf-Schlicker/*Graf-Schlicker* Rn. 5, diese Rechte sollen lediglich dem Insolvenzverwalter, nicht jedoch auch dem Insolvenzgericht, zustehen.
55 Zum Meinungsstand s. OLG Stuttgart 29.04.2008, 10 W 21/08, ZIP 2008, 1781.
56 BGH 22.01.2009, IX ZR 3/08, ZIP 2009, 483.
57 S. Uhlenbruck/*Sinz* Rn. 46 m. zutr. Differenzierung.
58 FK-InsO/*Kießner* Rn. 22; Braun/*Specovius* Rn. 30.
59 Sehr ausf. hierzu FK-InsO/*Kießner* Rn. 22–29.
60 Vgl. Nerlich/Römermann/*Becker* Rn. 20.

E. Vorliegen einer unwirksamen Anmeldung

Sofern die Anmeldung auch im Prüfungstermin noch weniger als einen »Rumpf an identifizierbaren Angaben«[61] aufweist, ist die Anmeldung unwirksam. Eine unwirksame Anmeldung führt nicht dazu, dass die Verjährung nach § 209 Abs. 2 Nr. 2 BGB unterbrochen wird.[62] 19

F. Wirkung einer fehlerfreien Anmeldung

Durch eine fehlerfreie und damit ordnungsgemäße, rechtzeitige und vollständige Anmeldung des Anspruchs im Insolvenzverfahren nimmt der Insolvenzgläubiger am Insolvenzverfahren teil und ist damit stimmberechtigt und kann bei der Verteilung berücksichtigt werden.[63] 20

Eine ordnungsgemäße, rechtzeitige und vollständige Forderungsanmeldung hemmt gem. § 204 Nr. 10 BGB die Verjährung.[64] Aufgrund der verjährungshemmenden Wirkung der Forderungsanmeldung muss der Zeitpunkt des Eingangs der Forderungsanmeldung durch den Insolvenzverwalter dokumentiert werden. Dies geschieht i.d.R. dadurch, dass das Dokument mit einem Eingangsstempel versehen wird, aus dem das Datum des Eingangs ersichtlich ist.[65] Keine Hemmung der Verjährung tritt ein, wenn die Anmeldung fehlerhaft ist.[66] Eine Ausnahme liegt dann vor, wenn die Ergänzung oder Berichtigung noch vor Eintritt der Verjährung erfolgt.[67] 20a

Erforderlich für die Hemmung der Verjährung ist des Weiteren, dass die Anmeldung nach Eröffnung des Verfahrens und vor Eintritt der Verjährung beim Insolvenzverwalter eingereicht wird. Die Hemmung der Verjährung dauert auch nach Beendigung des Insolvenzverfahrens noch mindestens weitere sechs Monate gem. § 204 Abs. 2 Satz 1 BGB an.[68] Sofern der Schuldner einen Antrag bzgl. der Restschuldbefreiung gestellt hat, so ist von einer Beendigung des Insolvenzverfahrens i.S.d. § 204 Abs. 2 Satz 1 BGB erst dann auszugehen, wenn das Insolvenzgericht über deren Versagung entschieden hat.[69] 21

G. Sonderregelung für nachrangige Forderungen

Nachrangige Insolvenzforderungen gem § 39 sind grds nicht anzumelden. Hat ein Gläubiger eine solche Forderung trotzdem angemeldet, so entfaltet diese keine Wirkung und der Gläubiger ist im Insolvenzverfahren auch kein Verfahrensbeteiligter.[70] 22

Nach Abs. 3 Satz 1 sind nachrangigen Forderungen nur dann anzumelden, wenn das Insolvenzgericht den Gläubiger einer solchen Forderung zur Anmeldung besonders auffordert. Die Aufforderung ist entsprechend §§ 9, 30 zu veröffentlichen.[71] Nach der Begründung des Regierungsentwurfs soll das Insolvenzgericht dann zur Anmeldung auffordern, wenn die Chance auf zumindest teilweise Befriedigung besteht. Im Falle der Aufforderung des Insolvenzgerichts zur Anmeldung muss der Gläubiger seine Forderung anmelden, um diese Chance auf Befriedigung zu erhalten. Eine solche Aufforderung des Gerichtes kann auch erst zu einem späteren Zeitpunkt während des Verfahrens erfolgen, wenn sich nachträglich herausstellt, dass entgegen der ursprünglichen Einschätzung auch nachrangige Insolvenzgläubiger mit einer Befriedigung rechnen können.[72] Hinsichtlich des In- 23

---

61 Vgl. Nerlich/Römermann/*Becker* Rn. 23.
62 FK-InsO/*Kießner* Rn. 49; Braun/*Specovius* Rn. 32.
63 HambK-InsR/*Preß/Henningsmeier* Rn. 29; MüKo-InsO/*Nowak* Rn. 7; FK-InsO/*Kießner* Rn. 47.
64 BGH 21.03.2013, IX ZR 92/12, ZInsO 2013, 602.
65 HK-InsO/*Depré* Rn. 18; Braun/*Specovius* Rn. 36.
66 LAG Hamburg 15.06.1988, 8 Sa 22/88, ZIP 1988, 1271.
67 LAG Düsseldorf 09.02.1984, 14 Sa 1807/83, ZIP 1984, 858 (860).
68 MüKo-InsO/*Nowak* Rn. 24; Graf-Schlicker/*Graf-Schlicker* Rn. 24.
69 S. Uhlenbruck/*Sinz* Rn. 56; Braun/*Specovius* Rn. 37; HambK-InsR/*Preß/Henningsmeier* Rn. 30.
70 Vgl. AG Göttingen 30.12.2005, 74 IN 262/00, ZIP 2006, 629.
71 Kübler/Prütting/Bork/*Pape/Schaltke* Rn. 69.
72 FK-InsO/*Kießner* Rn. 45.

halts der Anmeldung ist es erforderlich, dass der Nachrang gekennzeichnet und auch die Platzierung innerhalb aller nachrangigen Forderungen angegeben wird. Werden solche nachrangigen Insolvenzforderungen im Anmeldeverfahren als reguläre Insolvenzforderungen ohne einen Hinweis auf den Nachrang angemeldet, sind diese zwar in die Tabelle aufzunehmen, im Prüfungstermin aber zu bestreiten.[73]

§ 174 n.F. Anmeldung der Forderungen
[Tritt zum 01.07.2014 in Kraft]

(1) Die Insolvenzgläubiger haben ihre Forderungen schriftlich beim Insolvenzverwalter anzumelden. Der Anmeldung sollen die Urkunden, aus denen sich die Forderung ergibt, in Abdruck beigefügt werden. Zur Vertretung des Gläubigers im Verfahren nach diesem Abschnitt sind auch Personen befugt, die Inkassodienstleistungen erbringen (registrierte Personen nach § 10 Abs. 1 Satz 1 Nr. 1 des Rechtsdienstleistungsgesetzes).

(2) Bei der Anmeldung sind der Grund und der Betrag der Forderung anzugeben sowie die Tatsachen, aus denen sich nach Einschätzung des Gläubigers ergibt, dass ihr eine vorsätzlich begangene unerlaubte Handlung, eine vorsätzliche pflichtwidrige Verletzung einer gesetzlichen Unterhaltspflicht oder eine Steuerstraftat des Schuldners nach den §§ 370, 373 oder § 374 der Abgabenordnung zu Grunde liegt.

(3) Die Forderungen nachrangiger Gläubiger sind nur anzumelden, soweit das Insolvenzgericht besonders zur Anmeldung dieser Forderungen auffordert. Bei der Anmeldung solcher Forderungen ist auf den Nachrang hinzuweisen und die dem Gläubiger zustehende Rangstelle zu bezeichnen.

(4) Die Anmeldung kann durch Übermittlung eines elektronischen Dokuments erfolgen, wenn der Insolvenzverwalter der Übermittlung elektronischer Dokumente ausdrücklich zugestimmt hat. In diesem Fall sollen die Urkunden, aus denen sich die Forderung ergibt, unverzüglich nachgereicht werden.

1 Von der Restschuldbefreiung ausgenommen sind nach § 302 Nr. 1 Verbindlichkeiten des Schuldners aus einer vorsätzlich begangenen unerlaubten Handlung. Zukünftig, konkret ab 01.07.2014, sind von der Restschuldbefreiung ausgenommen auch Verbindlichkeiten aus rückständigem Unterhalt, der auf einer gesetzlichen Grundlage beruht und vom Schuldner vorsätzlich pflichtwidrig nicht gewährt worden ist; zudem auch Verbindlichkeiten des Schuldners aus einem Steuerschuldverhältnis, sofern der Schuldner wegen einer Steuerstraftat nach den §§ 370, 373 oder § 374 AO rechtskräftig verurteilt worden ist. Voraussetzung ist in allen drei Fällen, dass der Gläubiger die entsprechende Forderung unter Angabe eines der drei vorgenannten Rechtsgründe nach § 174 Abs. 2 angemeldet hat.

§ 175 Tabelle

(1) Der Insolvenzverwalter hat jede angemeldete Forderung mit den in § 174 Abs. 2 und 3 genannten Angaben in eine Tabelle einzutragen. Die Tabelle ist mit den Anmeldungen sowie den beigefügten Urkunden innerhalb des ersten Drittels des Zeitraums, der zwischen dem Ablauf der Anmeldefrist und dem Prüfungstermin liegt, in der Geschäftsstelle des Insolvenzgerichts zur Einsicht der Beteiligten niederzulegen.

---

[73] *FK-InsO/Kießner* Rn. 40; diff. *Kübler/Prütting/Bork/Pape/Schaltke* Rn. 70, wonach dem Insolvenzverwalter ein Zurückweisungsrecht zustehen soll, wenn der Nachrang offensichtlich ist. Bei einem nicht offensichtlichen Nachrang müsse die Forderung im Prüfungstermin bestritten werden.

(2) Hat ein Gläubiger eine Forderung aus einer vorsätzlich begangenen unerlaubten Handlung angemeldet, so hat das Insolvenzgericht den Schuldner auf die Rechtsfolgen des § 302 und auf die Möglichkeit des Widerspruchs hinzuweisen.

Übersicht

	Rdn.			Rdn.
A. Normzweck	1	I.	Forderung aus einer vorsätzlich begangenen unerlaubten Handlung	12
B. Führung der Tabelle	2	II.	Isoliertes Bestreiten des Forderungsgrundes durch den Insolvenzverwalter	13
C. Niederlegung der Tabelle	5	III.	Zeitpunkt der Hinweispflicht	13a
D. Rechtsmittel	10	IV.	Informationspflicht des Insolvenzverwalters	15
E. Besonderheiten bei angemeldeter Forderung aus vorsätzlich begangener unerlaubter Handlung	11			

A. Normzweck

§ 175 entspricht seinem Inhalt nach dem früheren § 140 KO, wobei nunmehr die Eintragungen in die Tabelle vom Insolvenzverwalter selbst vorzunehmen sind, anstatt vom Urkundsbeamten der Geschäftsstelle. Nach der Intention des Gesetzgebers soll dies zu einer Entlastung der Insolvenzgerichte führen[1]. Bei einer angeordneten Eigenverwaltung ist der Sachverwalter gem. §§ 175 Abs. 1 Satz 1, 270 Abs. 2 Satz 1, 2 zuständig; in Verbraucherinsolvenzverfahren obliegt die Zuständigkeit dem Treuhänder nach §§ 175 Abs. 1 Satz 1, 313 Abs. 1 Satz 1. Die Tabelle ist Grundlage des gerichtlichen Prüfungsverfahrens. Nur die in der Tabelle eingetragenen Forderungen können geprüft werden.[2]   1

B. Führung der Tabelle

Die Führung der Tabelle richtet sich nach § 174 Abs. 2 und 3 und umfasst folgende Punkte: Der **Gläubiger** der Forderung ist mit Vor- und Zunamen sowie Wohnsitz bzw. die Firma mit Sitz anzugeben.[3] Sofern der Gläubiger sich vertreten lässt, so ist auch der Vertreter des Gläubigers unter Hinweis auf die Vollmacht in den beigefügten Unterlagen zu benennen[4]. Unerheblich ist in diesem Zusammenhang, ob es ein gesetzlicher oder gewillkürter Vertreter ist.[5]   2

Der **Grund der Forderung** ist schlagwortartig anzugeben (z.B. Werklohnforderung).[6] Erforderlich ist des Weiteren die Angabe des Entstehungszeitpunkts der Forderung (z.B. Lohnforderung für die Monate Januar und Februar 2010). Möglich ist auch eine entsprechende Urkunde als Nachweis beizufügen.[7] Im Falle von nachrangigen Forderungen muss ein Hinweis auf den Nachrang und die Rangstelle der einzelnen Nachrangforderung aufgenommen werden.[8]   2a

Der angemeldete **Betrag der Forderung** ist durch den Insolvenzverwalter in die Tabelle einzutragen.[9] Etwaige Nebenforderungen sind ebenfalls aufzunehmen, wobei die Zinsen sowie die sonstigen Nebenleistungen bestimmbar sein müssen (z.B. 5 %-Punkte über dem Basiszinssatz für die Zeit vom 01.01.2010 bis 31.03.2010).   3

Der **Tag der Anmeldung** der Forderung muss ebenfalls genau erfasst werden.[10] Dies ist von Wichtigkeit, da eine fehlerfreie und damit ordnungsgemäße, rechtzeitige und vollständige Anmeldung des   3a

---

1 Kübler/Prütting/Bork/*Pape/Schaltke* Rn. 1.
2 FK-InsO/*Kießner* Rn. 1.
3 So auch MüKo-InsO/*Nowak* Rn. 4; Uhlenbruck/*Sinz* Rn. 5.
4 Kübler/Prütting/Bork/*Pape/Schaltke* Rn. 1c; HambK-InsR/*Preß/Henningsmeier* Rn. 2.
5 Vgl. MüKo-InsO/*Nowak* Rn. 5.
6 HambK-InsR/*Preß/Henningsmeier* Rn. 2; Kübler/Prütting/Bork/*Pape/Schaltke* Rn. 1c.
7 Vgl. MüKo-InsO/*Nowak* Rn. 8.
8 Graf-Schlicker/*Graf-Schlicker* Rn. 3, HambK-InsR/*Preß/Henningsmeier* Rn. 3.
9 FA-InsR/*Bruder* Kap. 2 Rn. 488; Braun/*Specovius* Rn. 2.
10 Braun/*Specovius* Rn. 2; Uhlenbruck/*Sinz* Rn. 5.

Anspruchs im Insolvenzverfahren nach § 204 Abs. 1 Nr. 10 Alt. 1 BGB die Verjährung hemmt (vgl. § 174 Rdn. 20a). Es ist daher von erheblicher Bedeutung, dass der Verwalter durch Büroorganisation dafür Sorge trägt, dass der Zeitpunkt einer Anmeldung korrekt und zweifelsfrei dokumentiert wird.[11] Unerheblich für die Hemmung der Verjährung ist der Zeitpunkt der Eintragung der Forderung in die Insolvenztabelle.

4 Ausgehend von der Reihenfolge ihrer Anmeldung sind die Forderungen mit einer **fortlaufenden Nummerierung** in die Tabelle einzutragen.[12] Zur Vereinfachung der Zuordnung sollte diese laufende Nummer bereits auf der Anmeldung notiert werden.[13] Weiterhin ist in die Tabelle einzutragen, ob und ggf in welcher Höhe einer Forderung widersprochen wurde.[14] Da die Tabelle als Grundlage für den Prüfungstermin dient, sollte die Tabelle auch über Spalten zur Eintragung des Ergebnisses der Prüfung verfügen.[15]

C. Niederlegung der Tabelle

5 Die Tabelle wird vom Insolvenzverwalter bis zum Prüfungstermin geführt. Danach verbleibt die Tabelle auf der Geschäftsstelle des Insolvenzgerichts. Änderungen sind danach vom Insolvenzgericht vorzunehmen.[16] Der Insolvenzverwalter ist verpflichtet, jede wirksam angemeldete Forderung in die Tabelle einzutragen. Dabei muss die Forderung in der Art und Weise eingetragen werden, wie der jeweilige Gläubiger diese angemeldet hat. Der Insolvenzverwalter hat weder ein Recht, Angaben kraft besseren Wissens zu korrigieren[17] noch eine Vorprüfung vorzunehmen, um bestimmte Forderungen nicht einzutragen.[18] So hat der Insolvenzverwalter bspw. auch eigenkapitalersetzende und folglich nachrangige Forderungen i.S.d. § 174 Abs. 3 einzutragen, die ohne notwendige Aufforderung durch den Gläubiger angemeldet wurden.[19] Ändert oder ergänzt der Gläubiger seine angemeldete Forderung, so hat der Insolvenzverwalter diese Änderungen oder Ergänzungen in seiner Tabelle ebenfalls vorzunehmen und zwar bis zum Feststellungseintrag nach dem Prüfungstermin.[20]

6 Meldet ein Massegläubiger seine Forderung ausdrücklich als Masseschuld an, darf der Insolvenzverwalter diese nicht in die Tabelle eintragen. Vielmehr muss er den Gläubiger auf die vorrangige Befriedigungsmöglichkeit des § 53 hinweisen.[21] Wenn die Masseverbindlichkeit als Insolvenzforderung angemeldet und in die Tabelle aufgenommen wurde, kann der Gläubiger diese dennoch unter Berufung auf § 55 gegen die Masse einklagen.[22] Dies gilt auch dann, wenn die Masseforderung im Verfahren der Feststellungsklage durch rechtskräftiges Urteil festgestellt und daraufhin in die Tabelle eingetragen worden ist.[23]

7 Der Insolvenzverwalter kann frei wählen, in welcher Form er die Tabelle führt. So kann er bspw. gem. § 5 Abs. 4 die Tabelle auch in elektronischer Form führen. Die gewählte Form muss allerdings eine Einsichtnahme ermöglichen.[24] Innerhalb des ersten Drittels des Zeitraums, der zwischen dem Ablauf der Anmeldefrist und dem Prüfungstermin liegt, hat der Insolvenzverwalter die Tabelle mit

---

11 Vgl. HambK-InsR/*Preß*/*Henningsmeier*, § 174 Rn. 30; HK-InsO/*Depré* Rn. 18.
12 Uhlenbruck/*Sinz* Rn. 5; Kübler/Prütting/Bork/*Pape*/*Schaltke* Rn. 1c.
13 So der praktische Hinweis bei MüKo-InsO/*Nowak* Rn. 3.
14 Braun/*Specovius* Rn. 3;
15 HambK-InsR/*Preß*/*Henningsmeier* Rn. 2; Uhlenbruck/*Sinz* Rn. 5.
16 Braun/*Specovius* Rn. 4; Graf-Schlicker/*Graf-Schlicker* Rn. 11.
17 Vgl. Nerlich/Römermann/*Becker* 3.
18 LG Waldshut-Tiengen 26.01.2005, 1 T 172/03, NZI 2005, 396 (397).
19 So LG Waldshut-Tiengen 26.01.2005, 1 T 172/03, NZI 2005, 396 (397), wonach die Forderung sodann im Prüfungstermin zu bestreiten ist.
20 FA-InsR/*Bruder* Kap. 2 Rn. 490.
21 FK-InsO/*Kießner* Rn. 6; Braun/*Specovius* Rn. 11.
22 BGH 13.06.2006, IX ZR 15/04, ZInsO 2006, 829 ff.
23 BGH 13.06.2006, IX ZR 15/04, ZInsO 2006, 829, 831.
24 Vgl. Nerlich/Römermann/*Becker* Rn. 5.

den Anmeldungen und den entsprechenden Urkunden in der Geschäftsstelle des Insolvenzgerichts zur Einsicht der Beteiligten niederzulegen.[25] Die nicht rechtzeitige Niederlegung ist ein Grund für die Verlegung oder Vertagung des Prüfungstermins.[26]

Ein anderer Ort für die Niederlegung als die Geschäftsstelle des Insolvenzgerichts ist mangels ausdrücklicher gesetzlicher Zulassung nicht möglich.[27] Eine zusätzliche Auslage an einer anderen Stelle ist nach dem Wortlaut des Abs. 1 Satz 2 nicht ausgeschlossen.[28] Als Orte für eine zusätzliche Auslage kommen andere Insolvenzgerichte oder andere Amtsgerichte in Betracht, sofern der Insolvenzverwalter ein entsprechendes Ersuchen stellt. Der Wortlaut des Abs. 1 schließt des Weiteren nicht aus, dass der Insolvenzverwalter einen zusätzlichen Zugang auf eine etwaig elektronisch geführte Tabelle gewährt.[29] Da nur Verfahrensbeteiligte Zugang haben dürfen, ist es zwingend erforderlich, dass der Zugang nur mit einem Passwort zugänglich ist.[30]

Die Verfahrensbeteiligten haben ein Recht zur Einsicht in die Tabelle, so dass der Insolvenzverwalter nicht nur die Tabelle einreichen muss, sondern auch die Anmeldungen mit den beigefügten Urkunden. Verfahrensbeteiligte sind der Insolvenzschuldner, die Mitglieder eines Gläubigerausschusses, die nicht nachrangigen Insolvenzgläubiger, die nachrangigen Insolvenzgläubiger, wenn eine Aufforderung zur Anmeldung erfolgt, die Absonderungsberechtigten und die Massegläubiger.[31] Nicht am Verfahren beteiligt und damit ohne Einsichtsrecht sind Mitglieder bzw. Gesellschafter einer insolventen Gesellschaft.[32] Die Verfahrensbeteiligten erhalten auf Antrag gem. § 4 InsO i.V.m. § 299 Abs. 1 ZPO Abschriften der Tabelle, ohne ein besonderes rechtliches Interesse glaubhaft machen zu müssen.[33]

D. Rechtsmittel

Unterlässt der Insolvenzverwalter die Eintragung einer angemeldeten Forderung, hat der betroffene Gläubiger keinen Rechtsbehelf.[34] Er kann nur im Aufsichtswege nach § 58 das Insolvenzgericht anrufen. Um einen effektiven Rechtsschutz trotzdem zu gewährleisten, ist die Weigerung des Insolvenzverwalters, die Forderung in die Tabelle einzutragen, als Weigerung der gerichtlichen Zulassung der Forderung im Rahmen der gerichtlichen Vorprüfung umzudeuten. Lehnt das Insolvenzgericht es ab, gegen den Insolvenzverwalter einzuschreiten, hat der antragstellende Gläubiger den Rechtsbehelf der sofortigen Erinnerung gem. § 11 Abs. 2 Satz 1 RPflG.[35] Weist das Gericht den Insolvenzverwalter an, die Forderung einzutragen, steht diesem, falls er der Auffassung ist, dass die Forderung nicht eingetragen werden müsse, nach § 58 Abs. 2 Satz 3 die sofortige Beschwerde zu.[36]

E. Besonderheiten bei angemeldeter Forderung aus vorsätzlich begangener unerlaubter Handlung

Nach Abs. 2 trifft das Insolvenzgericht und nicht den Insolvenzverwalter im Falle der Anmeldung einer Forderung aus vorsätzlich begangener unerlaubter Handlung zwei Hinweispflichten. Zunächst ist das Insolvenzgericht verpflichtet, den Schuldner darauf hinzuweisen, dass ein Insolvenzgläubiger eine Forderung angemeldet hat, der eine vorsätzlich begangene unerlaubte Handlung zugrunde liegen soll und – sofern diese festgestellt wird – diese Forderung nicht an der Restschuldbefreiung gem.

---

25 Kübler/Prütting/Bork/*Pape/Schaltke* Rn. 6; Uhlenbruck/*Sinz* Rn. 21.
26 HambK-InsR/*Preß/Henningsmeier* Rn. 7; Uhlenbruck/*Sinz* Rn. 21.
27 HambK-InsR/*Preß/Henningsmeier* Rn. 7.
28 Nerlich/Römermann/*Becker* Rn. 8; Karsten Schmidt/InsO/*Jungmann* Rn. 3.
29 Uhlenbruck/*Sinz* Rn. 22
30 So auch Nerlich/Römermann/*Becker* Rn. 8.
31 Übersicht s. HambK-InsR/*Preß/Henningsmeier* Rn. 8; vgl. § 74 I 2; Uhlenbruck/*Sinz* Rn. 22.
32 So auch Nerlich/Römermann/*Becker* Rn. 7.
33 Vgl. MüKo-InsO/*Nowak* Rn. 13; Kübler/Prütting/Bork/*Pape/Schaltke* Rn. 6.
34 FK-InsO/*Kießner* Rn. 8; Uhlenbruck/*Sinz* Rn. 14.
35 HambK-InsR/*Preß/Henningsmeier* Rn. 11; Uhlenbruck/*Sinz* Rn. 14.
36 Braun/*Specovius* Rn. 25.

§ 302 Nr. 1 teilnehmen wird.[37] Darüber hinaus trifft das Insolvenzgericht die Pflicht, über die Möglichkeit des Widerspruchs zu belehren, wobei der Widerspruch sich auch lediglich auf den Rechtsgrund beziehen kann.[38]

I. Forderung aus einer vorsätzlich begangenen unerlaubten Handlung

12 Erforderlich ist, dass die Forderung aus einer vorsätzlich begangenen unerlaubten Handlung besteht. Gem. § 5 Abs. 1 Satz 1 hat das Insolvenzgericht von Amts wegen alle Umstände zu ermitteln, die für das Insolvenzverfahren von Bedeutung sind. Eine ausdrückliche Bezeichnung als »Forderung aus vorsätzlich begangener unerlaubter Handlung« ist damit nicht notwendig. Die Anmeldung des Insolvenzgläubigers muss lediglich so ausgelegt werden können, dass der Forderung eine Vorsatztat zugrunde liegt. In Zweifelsfällen muss das Insolvenzgericht mit dem Gläubiger zur Sachverhaltsermittlung Rücksprache nehmen.[39] Die Amtsermittlungspflicht geht jedoch nicht so weit, dass das Insolvenzgericht ohne einen entsprechenden Hinweis in der Anmeldung, in den Angaben des Insolvenzverwalters oder in den Gerichtsakten das Vorliegen einer Vorsatztat das Vorliegen einer vorsätzlich begangenen unerlaubten Handlung ermitteln muss.

II. Isoliertes Bestreiten des Forderungsgrundes durch den Insolvenzverwalter

13 Für den Fall einer Anspruchskonkurrenz – Insolvenzforderung wird auf einen vertraglichen Anspruch und auf eine vorsätzlich begangene unerlaubte Handlung gestützt – ist der Insolvenzverwalter nicht berechtigt, die Forderung aus dem vertraglichen Anspruch festzustellen und dem Forderungsgrund der unerlaubten Handlung zu widersprechen, weil er ggf deren Voraussetzungen für nicht gegeben hält.[40] Der Insolvenzverwalter ist zwar verpflichtet, die Forderungsanmeldung unter allen rechtlichen Gesichtspunkten zu prüfen. Ist aber nach seiner Auffassung die Forderungsanmeldung aus einem Rechtsgrund begründet, hat er die Forderung in die Insolvenztabelle einzutragen. Der Insolvenzverwalter hat über den Rechtsgrund der Forderung keine Entscheidung zu treffen.[41]

III. Zeitpunkt der Hinweispflicht

13a Die Hinweise werden i.d.R. schriftlich erteilt. Damit das Insolvenzgericht über einen Nachweis für die Einhaltung seiner Hinweispflicht verfügt, sollte das Schreiben dem Schuldner zugestellt werden.[42]

14 Der Vorschrift des Abs. 2 ist nicht zu entnehmen, wann die gerichtlichen Hinweise erfolgen sollen. Es ist jedoch zu berücksichtigen, dass das Insolvenzgericht grds erst durch Niederlegung der Tabelle unter Beifügung der Unterlagen die Forderung aus unerlaubter Handlung erkennen kann. So kann i.d.R. das Insolvenzgericht auch erst dann seine Hinweispflicht erfüllen.[43] Da der Schuldner aber die Möglichkeit des Widerspruchs haben muss, sollten die gerichtlichen Hinweise so früh wie möglich vor dem Prüfungstermin erfolgen.[44] Aus diesem Grund ist in Anlehnung an § 217 ZPO eine Frist von mindestens 3 Tagen einzuhalten.[45] Es würde für den Schuldner eine erhebliche Härte darstellen, wenn er erst nach Ende der Wohlverhaltensperiode die Mitteilung erhält, dass die betreffende Forde-

---

37 Kübler/Prütting/Bork/*Pape/Schaltke* Rn. 7; Graf-Schlicker/*Graf-Schlicker* Rn. 3; FK-InsO/*Kießner* Rn. 17.
38 Kübler/Prütting/Bork/*Pape/Schaltke* Rn. 7; Graf-Schlicker/*Graf-Schlicker* Rn. 3; FK-InsO/*Kießner* Rn. 17.
39 So Nerlich/Römermann/*Becker* Rn. 14.
40 BGH 17.01.2008, IX ZR 220/06, ZInsO 2008, 325; 12.06.2008, IX ZR 100/07, NZI 2008, 569.
41 BGH 12.06.2008, IX ZR 100/07, NZI 2008, 569; zust. FK-InsO/*Kießner* Rn. 13.
42 Vgl. HambK-InsR/Preß/*Henningsmeier* Rn. 9.
43 HambK-InsR/*Preß/Henningsmeier* Rn. 9.
44 Kübler/Prütting/Bork/*Pape/Schaltke* Rn. 7; Graf-Schlicker/*Graf-Schlicker* Rn. 3.
45 AG Düsseldorf 26.01.2010, 502 IN 246/09 ZInsO 2010, 1707 ff.; HambK-InsR/*Preß/Henningsmeier* Rn. 9.

rung nicht von der Restschuldbefreiung umfasst wäre. Im Umkehrschluss ergibt sich daher, dass eine Forderung aus einer vorsätzlich begangenen unerlaubten Handlung auch dann an der Restschuldbefreiung teilnimmt, wenn der Gläubiger bei der Anmeldung der Forderung nicht auf die zugrunde liegende Vorsatztat hingewiesen hat.[46]

Beim Fehlen einer ordnungsgemäßen Belehrung hat die Feststellung des Haftungsgrundes »aus einer vorsätzlich begangenen unerlaubten Handlung« keine Rechtswirkung,[47] denn die Belehrungspflicht des § 175 Abs. 2 soll den unkundigen Schuldner vor einem Rechtsverlust schützen. Das Insolvenzgericht hat daher die ordnungsgemäße Belehrung des Schuldners nachzuholen und einen neuen Prüfungstermin zu bestimmen.[48] 14a

IV. Informationspflicht des Insolvenzverwalters

Eine Hinweis- oder Informationspflicht des Insolvenzverwalters sieht das Gesetz nicht vor, so dass auch keine Hinweis- oder Informationspflicht des Insolvenzverwalters anzunehmen ist. Aufgrund der sich für den Gläubiger und Schuldner ergebenden besonderen Rechtsfolgen einer Anmeldung als vorsätzlich begangene unerlaubte Handlung soll sich eine gesonderte Informationspflicht des Insolvenzverwalters gegenüber dem Insolvenzgericht ergeben.[49] 15

§ 175 n.F. Tabelle

[Tritt zum 01.07.2014 in Kraft]

(1) Der Insolvenzverwalter hat jede angemeldete Forderung mit den in § 174 Abs. 2 und 3 genannten Angaben in eine Tabelle einzutragen. Die Tabelle ist mit den Anmeldungen sowie den beigefügten Urkunden innerhalb des ersten Drittels des Zeitraums, der zwischen dem Ablauf der Anmeldefrist und dem Prüfungstermin liegt, in der Geschäftsstelle des Insolvenzgerichts zur Einsicht der Beteiligten niederzulegen.

(2) Hat ein Gläubiger eine Forderung aus einer vorsätzlich begangenen unerlaubten Handlung, aus einer vorsätzlich pflichtwidrig verletzten gesetzlichen Unterhaltspflicht oder aus einer Steuerstraftat des Schuldners nach den §§ 370, 373 oder § 374 der Abgabenordnung angemeldet, so hat das Insolvenzgericht den Schuldner auf die Rechtsfolgen des § 302 und auf die Möglichkeit des Widerspruchs hinzuweisen.

Von der Restschuldbefreiung ausgenommen sind nach § 302 Nr. 1 Verbindlichkeiten des Schuldners aus einer vorsätzlich begangener unerlaubten Handlung. Zukünftig, konkret ab 01.07.2014, sind von der Restschuldbefreiung auch ausgenommen Verbindlichkeiten aus rückständigem Unterhalt, der auf einer gesetzlichen Grundlage beruht und vom Schuldner vorsätzlich pflichtwidrig nicht gewährt worden ist; zudem auch Verbindlichkeiten des Schuldners aus einem Steuerschuldverhältnis, sofern der Schuldner wegen einer Steuerstraftat nach den §§ 370, 373 oder § 374 AO rechtskräftig verurteilt worden ist. Voraussetzung ist in allen drei Fällen, dass der Gläubiger die entsprechende Forderung unter Angabe eines der drei vorgenannten Rechtsgründe nach § 174 Abs. 2 angemeldet hat. 1

---

46 Vgl. *Fuchs* NZI 2002, 298 (300).
47 Uhlenbruck/*Sinz* § 175 Rn. 29.
48 Uhlenbruck/*Sinz* § 175 Rn. 29.
49 Vgl. HambK-InsR/*Preß*/*Henningsmeier* Rn. 10; a.A. Braun/*Specovius* Rn. 29, der keine Pflicht des Insolvenzverwalters. annimmt.

§ 176 Verlauf des Prüfungstermins

Im Prüfungstermin werden die angemeldeten Forderungen ihrem Betrag und ihrem Rang nach geprüft. Die Forderungen, die vom Insolvenzverwalter, vom Schuldner oder von einem Insolvenzgläubiger bestritten werden, sind einzeln zu erörtern.

Übersicht

	Rdn.		Rdn.
A. Normzweck	1	III. Umfang des Prüfungsrechts im Termin	11
B. Vorprüfung des Insolvenzgerichts	2	IV. Widerspruch im Termin	11a
I. Umfang des Prüfungsrechts	2	V. Ergebnis der Einzelerörterung nach	
II. Gerichtliche Maßnahmen	4	Widerspruch	14
C. Der Prüfungstermin	5	VI. Protokollierung und Vertagung	14a
I. Verfahrensgrundsätze	6	D. Schriftliches Verfahren	15
II. Teilnehmer am Prüfungstermin	9		

A. Normzweck

1 Die Vorschrift entspricht dem früheren § 141 KO, wobei nach dieser Vorschrift noch jede angemeldete Forderung separat geprüft wurde. Zur Straffung des Prüfungstermins müssen nunmehr nur noch die Forderungen einzeln erörtert werden, die von den berechtigten Personen bestritten wurden. Durch eine Einzelprüfung sollen mögliche Streitpunkte zur Vermeidung eines Zivilprozesses beseitigt werden.[1]

B. Vorprüfung des Insolvenzgerichts

I. Umfang des Prüfungsrechts

2 Das Insolvenzgericht hat ein Prüfungsrecht hinsichtlich der formalen Zulässigkeit der Anmeldung, so dass der Prüfungsumfang dem Prüfungsrecht des Insolvenzverwalters im Anmeldeverfahren entspricht.

3 Das Insolvenzgericht hat daher von Amts wegen die Parteifähigkeit gem. § 50 ZPO, die Prozessfähigkeit gem. §§ 51 ff. ZPO, die ordnungsgemäße Vertretung, Betragsangaben zur Hauptforderung und Nebenforderungen in Euro und die Bestimmtheit des Anspruchsgrundes zu prüfen. Umstritten ist, ob dem Insolvenzgericht ein eigenes Zurückweisungsrecht bei »nicht anmeldbaren« Forderungen zukommt.[2] Da im Prüfungstermin bestrittene Forderungen einer Prüfung unterzogen werden müssen, würde diese Möglichkeit leer laufen, wenn dem Insolvenzgericht ein eigenes Zurückweisungsrecht bei »nicht anmeldbaren« Forderungen zukommen würde. Ein eigenes Zurückweisungsrecht des Insolvenzgerichts bei »nicht anmeldbaren« Forderungen ist daher abzulehnen.

II. Gerichtliche Maßnahmen

4 Stellt das Insolvenzgericht einen formalen Mangel fest, so hat es den Anmeldenden hierauf hinzuweisen und ihm die Möglichkeit zur Berichtigung des Mangels oder Ergänzung zu geben. Wird der Mangel nach Einschätzung des Gerichts nicht beseitigt, wird die Forderung nicht zur Erörterung im Prüfungstermin angenommen. Es erfolgt eine Zurückweisung der Anmeldung durch förmlichen Beschluss des Insolvenzgerichts.[3]

---

[1] MüKo-InsO/*Nowak* Rn. 1.
[2] Zust. *Eickmann* Rpfleger 1970, 319; *Eckardt* ZIP 1993, 1765 (1767); abl. LG München I 23.06.1995, 13 T 8695/95, ZIP 1995, 1373; *Gerhardt* ZIP 1991, 273 (276); diff. Uhlenbruck/*Sinz* Rn. 6.
[3] Vgl. Uhlenbruck/*Sinz* Rn. 7.

C. Der Prüfungstermin

Der Prüfungstermin stellt eine Gläubigerversammlung i.S.d. § 29 Abs. 1 Nr. 2 Hs. 1 dar. Dieser 5
Termin wird durch das Insolvenzgericht im Eröffnungsbeschluss festgelegt.[4] Der Prüfungstermin
und der Berichtstermin können gemeinsam abgehalten werden.[5]

I. Verfahrensgrundsätze

Der Grundsatz des **fairen Verfahrens** ist auch im Prüfungstermin zu beachten.[6] Danach muss das 6
Insolvenzgericht einen effektiven Rechtsschutz ermöglichen. Hierzu gehört eine faire Verfahrensführung, wozu auch die Anhörung der Teilnehmer am Prüfungstermin zählt. Das Willkürverbot muss
ebenfalls beachtet werden. Des Weiteren hat das Insolvenzgericht das richterliche Fragerecht auszuüben. Außerdem hat das Insolvenzgericht seine Aufklärungspflicht nach § 139 ZPO zu befolgen,
um die Interessen aller Beteiligten zu wahren und im konkreten Einzelfall Recht und auch Gesetz zu
realisieren.[7]

Der Prüfungstermin ist **nicht öffentlich**.[8] Da es sich bei dem Prüfungstermin um eine Termin der 7
Gläubigerversammlung handelt, muss die Bestimmung des Termins jedoch öffentlich bekannt gemacht werden, §§ 29 Abs. 1 Nr. 2, 30 Abs. 1 Satz 1. Die Leitung des Termins obliegt dem Rechtspfleger (§§ 4, 76 Abs. 1, 136 ZPO) oder ggf dem Richter (§ 18 Abs. 2 RPflG).[9] Beide haben die
Befugnis zu sitzungspolizeilichen Maßnahmen einschließlich des Ausschlusses von der Sitzung. Es
gelten die allgemeinen Vorschriften, §§ 176 ff. GVG.[10]

Nach § 4 InsO gelten die **Vorschriften** der **ZPO** entsprechend. Im Hinblick auf den Prüfungstermin 8
sind die Vorschriften der §§ 136, 138, 139, 156, 157, 159, 160a, 162 Abs. 1, 163 bis 165, 214, 216
bis § 226, 227 Abs. 1 Satz 1, 2, Abs. 2 und 3, 233 bis 236, 241, 245 bis 248, 250, 272 III, 273 I, II,
274 I und 278 IV ZPO anwendbar.[11]

II. Teilnehmer am Prüfungstermin

Gem. § 74 Abs. 1 Satz 2 haben ein **Recht zur Teilnahme** der nach § 56 bestellte Insolvenzverwalter, 9
die Mitglieder des nach § 67 eingesetzten Gläubigerausschusses, der Schuldner, die absonderungsberechtigten Gläubiger i.S.d. § 52, denen der Schuldner daneben persönlich haftet, jeder Insolvenzgläubiger i.S.d. § 38 und auch die nachrangigen Insolvenzgläubiger, selbst wenn sie noch nicht aufgefordert worden sind, ihre Forderungen anzumelden (§ 174 Abs. 3).[12]

Umstritten ist, ob es für den Insolvenzverwalter eine Anwesenheitspflicht gibt oder sich dieser durch 9a
Dritte vertreten lassen kann.[13] Da die Prüfung der angemeldeten Insolvenzforderungen eine originäre Aufgabe des Insolvenzverwalters ist, ist seine persönliche Anwesenheit unverzichtbar. Ist der Insolvenzverwalter verhindert, kommt nach hiesiger Auffassung nur eine Verlegung des Prüfungstermins in Betracht.[14]

---

4 FK-InsO/*Kießner* Rn. 2; HambK-InsR/*Preß/Henningsmeier* Rn. 2.
5 FK-InsO/*Kießner* Rn. 2; HambK-InsR/*Preß/Henningsmeier* Rn. 3.
6 MüKo-InsO/*Nowak* Rn. 2.
7 Ausf. hierzu MüKo-InsO/*Nowak* Rn. 2.
8 FK-InsO/*Kießner* Rn. 4; Uhlenbruck/*Sinz* Rn. 22; HambK-InsR/*Preß/Henningsmeier* Rn. 3; a.A. MüKo-InsO/*Nowak* Rn. 12.
9 Uhlenbruck/*Sinz* Rn. 10.
10 MüKo-InsO/*Nowak* Rn. 4; Uhlenbruck/*Sinz* Rn. 10.
11 Auflistung entnommen von MüKo-InsO/*Nowak* Rn. 4.
12 OLG München 27.07.2010, 7 U 241/10, ZInsO 2010, 1603; ebenso MK-InsO/*Schumacher* § 178 Rn. 21.
13 MüKo-InsO/Nowak Rn. 7; FK-InsO/*Kießner* Rn. 5; Kübler/Prütting/Bork/*Pape/Schaltke* Rn. 19; a.A. BK-InsR/*Breutigam* Rn. 9; HambK-InsR/*Preß-Henningsmeier* Rn. 5.
14 Karsten Schmidt-InsO/*Jungmann* Rn. 9.

10 Der Schuldner muss nicht am Prüfungstermin teilnehmen. Kann er jedoch zu den angemeldeten Forderungen Angaben machen, so kann – falls erforderlich – die Anwesenheit des Schuldners nach §§ 97, 98, 101 zwangsweise bewirkt werden. Will der Schuldner einzelnen Forderungen widersprechen, ist dies nur im Prüfungstermin möglich. Aus diesem Grund muss er persönlich anwesend sein oder sich wirksam vertreten lassen. Hat der Schuldner schuldlos nicht am Prüfungstermin teilgenommen, hat er die Möglichkeit, die Wiedereinsetzung in den vorigen Stand zu beantragen (§ 186 Abs. 1).[15]

III. Umfang des Prüfungsrechts im Termin

11 Das Prüfungsrecht umfasst den angegebenen Grund der Forderung, den angemeldeten Betrag der Forderung und den korrekten Rang, mit dem die Forderung geltend gemacht wurde.[16] Nicht unter das Prüfungsrecht fallen Aussonderungsrechte nach §§ 47, 48, Absonderungsrechte nach §§ 49 bis 52 sowie Masseansprüche nach §§ 53 bis 55. Eine abschließende Prüfung in der Sache, etwa im Hinblick auf das Bestehen der Forderung, bleibt den Prozessgerichten vorbehalten. Es handelt sich vielmehr um eine summarische Prüfung. Die Prüfung des **Grundes der Forderung** ist zwar in Satz 1 nicht ausdrücklich vorgesehen. Da die Forderung jedoch durch die Nennung des Grundes erst identifizierbar wird und auch eine Feststellung nach § 178 Abs. 1 Satz 1 eindeutig erfolgen muss, umfasst das Prüfungsrecht auch den Grund der Forderung.[17] Der Grund der Forderung ist auch für natürliche Personen als Schuldner von Bedeutung, weil im Falle von Forderungen aus vorsätzlich begangener unerlaubter Handlung eine Restschuldbefreiung gem. § 302 Nr. 1 nicht in Betracht kommt. Die Prüfung des **Betrages der Forderung** umfasst lediglich das Ergebnis, dass niemand die Forderung ihrer Höhe nach bestreitet. Die Prüfung des **Ranges der Forderung** umfasst die Einteilung nach § 38 als Insolvenzgläubiger oder § 39 als nachrangige Insolvenzgläubiger mit der weiteren Stufung von § 39 Abs. 1 Nr. 1 bis 5 bzw. in Nachlassinsolvenzverfahren nach § 327.

IV. Widerspruch im Termin

11a Ein Widerspruchsrecht haben der Insolvenzverwalter, der Schuldner in seiner Position als Schuldner oder in seiner Doppelfunktion als Schuldner und ggf. als Eigenverwalter und jeder Insolvenzgläubiger; auch der nachrangige Insolvenzgläubiger, selbst dann, wenn eine Aufforderung zur Anmeldung der Forderungen nach § 174 Abs. 3 nicht vorliegt.[18]

12 Der angemeldeten Forderung kann nur im Termin und nur mündlich widersprochen werden.[19] Ein schriftlicher Widerspruch eines abwesenden Insolvenzgläubigers wird nicht berücksichtigt.[20] Eine Ausnahme gilt nur bei der Prüfung im schriftlichen Verfahren und von nachträglich angemeldeten Forderungen im schriftlichen Verfahren.[21] Im Gesetz wird ein solches »Widersprechen« auch als »bestreiten« bezeichnet.

13 Erfolgt ein Widerspruch, so hat dies eine Einzelerörterung der betreffenden angemeldeten Forderung zur Folge. Auch ein »vorsorgliches« oder »vorläufiges« Bestreiten ist – so nunmehr die höchstrichterliche Rechtsprechung – als ein Widerspruch auszulegen.[22] Ein Bestreiten des Schuldners hindert, anders als ein Bestreiten des Insolvenzverwalters oder eines Insolvenzgläubigers, nicht die Feststellung der Forderung und die Eintragung derselben in die Tabelle.[23] Der Insolvenzgläubiger nimmt an einem möglichen insolvenzrechtlichen Verteilungsverfahren teil. Der Insolvenzgläubiger erhält,

---

[15] FK-InsO/*Kießner* Rn. 6, Graf-Schlicker/*Graf-Schlicker* Rn. 4.
[16] Braun/*Specovius* Rn. 7.
[17] So auch Nerlich/Römermann/*Becker* Rn. 14.
[18] OLG München 27.07.2010, 7 U 241/10, ZInsO 2010, 1603; ebenso MK-InsO/*Schumacher* § 178 Rn. 21.
[19] Uhlenbruck/*Sinz* Rn. 28; Graf-Schlicker/*Graf-Schlicker* Rn. 13.
[20] Braun/*Specovius* Rn. 12; Uhlenbruck/*Sinz* Rn. 28.
[21] MüKo-InsO/*Nowak* Rn. 29; FK-InsO/*Kießner* Rn. 11; HambK-InsR/*Preß/Henningsmeier* Rn. 11.
[22] Vgl. BGH 09.02.2006, IX ZB 160/04, NZI 2006, 295.
[23] Kübler/Prütting/Bork/*Pape/Schaltke* Rn. 29; Uhlenbruck/*Sinz* Rn. 21.

wenn der Widerspruch nicht beseitigt wird, nach Aufhebung des Verfahrens jedoch keinen Auszug aus der Tabelle für mögliche Zwangsvollstreckungsmaßnahmen.[24]

V. Ergebnis der Einzelerörterung nach Widerspruch

Die Einzelerörterung kann zu folgenden Ergebnissen führen: Nimmt der Widersprechende seinen Widerspruch zurück, so kann die Forderung festgestellt werden. Die Einzelerörterung kann dazu führen, dass der Gläubiger seine Forderungsanmeldung zurücknimmt. Hält der Widersprechende nach der Einzelerörterung seinen Widerspruch aufrecht, so muss der Gläubiger dies im Zivilverfahren nach §§ 179 Abs. 1, 180, 184 klären. Der aufrechterhaltene Widerspruch ist nach § 178 Abs. 2 Satz 1, 2 in der Tabelle zu vermerken. Die Rücknahme des Widerspruchs kann auch nach dem Prüfungstermin schriftlich gegenüber dem Insolvenzgericht oder zu Protokoll der Geschäftsstelle erfolgen.[25]

14

VI. Protokollierung und Vertagung

Das Insolvenzgericht hat das Ergebnis der Prüfung für jede angemeldete Forderung in die Tabelle einzutragen (§ 178 Abs. 2). Bei einem Widerspruch hat das Gericht auch einzutragen, wer der Feststellung widersprochen hat.

14a

Ist der Insolvenzverwalter nicht in der Lage gewesen, mehrere Forderungsanmeldungen abschließend zu prüfen, ist eine Vertagung des Prüfungstermins gem. § 4 i.V.m. §§ 136 Abs. 3, 227 ZPO möglich.[26] In der Praxis wird von dieser Möglichkeit auch Gebrauch gemacht, wenn kurzfristig mit weiteren Forderungsanmeldungen zu rechnen ist. Da der Vertagungsbeschluss nach § 74 Abs. 2 nicht öffentlich bekannt gemacht werden muss, werden Nichtanwesende i.d.R. keine Kenntnis von diesem neuen Termin haben und somit auch praktisch keine Möglichkeit der Teilnahme haben.

14b

D. Schriftliches Verfahren

Unter Beachtung der in § 5 Abs. 2 genannten Voraussetzungen kann das Insolvenzgericht anordnen, dass das Insolvenzverfahren ganz oder einzelne Teile schriftlich durchgeführt wird. Bei einem schriftlich durchgeführten Prüfungstermin ist sicherzustellen, dass die Gläubiger die Möglichkeit haben, Kenntnis von den angemeldeten Forderungen zu nehmen, dies zu prüfen und ggf zu bestreiten.[27]

15

§ 177 Nachträgliche Anmeldungen

(1) Im Prüfungstermin sind auch die Forderungen zu prüfen, die nach dem Ablauf der Anmeldefrist angemeldet worden sind. Widerspricht jedoch der Insolvenzverwalter oder ein Insolvenzgläubiger dieser Prüfung oder wird eine Forderung erst nach dem Prüfungstermin angemeldet, so hat das Insolvenzgericht auf Kosten des Säumigen entweder einen besonderen Prüfungstermin zu bestimmen oder die Prüfung im schriftlichen Verfahren anzuordnen. Für nachträgliche Änderungen der Anmeldung gelten die Sätze 1 und 2 entsprechend.

(2) Hat das Gericht nachrangige Gläubiger nach § 174 Abs. 3 zur Anmeldung ihrer Forderungen aufgefordert und läuft die für diese Anmeldung gesetzte Frist später als eine Woche vor dem Prüfungstermin ab, so ist auf Kosten der Insolvenzmasse entweder ein besonderer Prüfungstermin zu bestimmen oder die Prüfung im schriftlichen Verfahren anzuordnen.

---

24 FK-InsO/*Kießner* Rn. 15 f.; HambK-InsR/*Preß/Henningsmeier* Rn. 13.
25 Kübler/Prütting/Bork/*Pape/Schaltke* Rn. 27.
26 FK-InsO/*Kießner* Rn. 24–26.
27 Uhlenbruck/*Sinz* Rn. 36.

§ 177 InsO Nachträgliche Anmeldungen

(3) Der besondere Prüfungstermin ist öffentlich bekanntzumachen. Zu dem Termin sind die Insolvenzgläubiger, die eine Forderung angemeldet haben, der Verwalter und der Schuldner besonders zu laden. § 74 Abs. 2 Satz 2 gilt entsprechend.

Übersicht	Rdn.		Rdn.
A. Normzweck	1	1. Besonderer Prüfungstermin	4a
B. Nachträglich angemeldete Forderungen	2	2. Prüfung im schriftlichen Verfahren	5
		C. Kosten	6
I. Nach Ablauf der Anmeldefrist, aber bis zum Ende des Prüfungstermins angemeldete Forderungen	3	D. Nachträgliche Änderungen der Anmeldung	7
II. Nach dem Prüfungstermin angemeldete Forderungen	4	E. Nachrangige Insolvenzgläubiger	8

A. Normzweck

1 Die Vorschrift entspricht – ausgehend von ihrem Inhalt – dem früheren § 142 KO. Die Vorschrift stellt klar, dass die im Eröffnungsbeschluss nach § 28 Abs. 1 zu bestimmende Anmeldefrist **keine Ausschlussfrist** darstellt.[1] Daraus folgt, dass Forderungen, die nach Ablauf der Anmeldefrist angemeldet wurden, auch noch grds im Prüfungstermin zu prüfen sind. Folglich können Gläubiger ihre Forderungen nach Ablauf der Anmeldefrist oder nach dem Prüfungstermin anmelden. Des Weiteren enthält die Norm Regelungen, wie die Prüfung verspätet angemeldeter Forderungen vorzunehmen ist und zwar nach Wahl des Gerichts entweder in einem besonderen Prüfungstermin oder aber im schriftlichen Verfahren. Hierbei ist zu beachten, dass die Weiterführung des Prüfungstermins nicht verzögert oder gar aufgehalten werden soll.

B. Nachträglich angemeldete Forderungen

2 Die Anmeldefrist ist keine Ausschlussfrist. Hinsichtlich der Prüfung der nach Ablauf der Anmeldefrist angemeldeten Forderungen ist zwischen Forderungen, die nach Ablauf der Anmeldefrist, aber bis zum Ende des Prüfungstermins angemeldet werden, und Forderungen, die erst nach dem Prüfungstermin angemeldet werden, zu unterscheiden.

I. Nach Ablauf der Anmeldefrist, aber bis zum Ende des Prüfungstermins angemeldete Forderungen

3 Forderungen, die nach Ablauf der Anmeldefrist, aber bis zum Ende des Prüfungstermins angemeldet werden, können noch im Prüfungstermin selbst einer Prüfung unterzogen werden. Voraussetzung hierfür ist aber, dass weder der Insolvenzverwalter noch ein Insolvenzgläubiger der Prüfung widerspricht. Sofern diese Forderung unbestritten bleibt, erfolgt eine Feststellung der Forderung. Ein Widerspruch des Schuldners steht einer Prüfung nicht entgegen.[2] Erhebt der Insolvenzverwalter oder ein Insolvenzgläubiger mit der Begründung einer zu kurzen Vorbereitungszeit Widerspruch gegen die Prüfung dieser Forderung, hat das Insolvenzgericht entweder einen neuen weiteren Prüfungstermin festzulegen oder aber die Prüfung im schriftlichen Verfahren zu bestimmen. Der Widerspruch gegen die Prüfung muss nicht begründet werden.[3]

3a Umstritten ist, ob ein solcher Widerspruch auch schon schriftlich vor dem Prüfungstermin erklärt werden kann. Für die Möglichkeit eines früheren Widerspruchs wird von der Mindermeinung der Wortlaut des § 177 Abs. 1 Satz 2 angeführt. § 177 Abs. 1 Satz 2 enthalte nicht die Worte »im Prüfungstermin«. Aus dem Umkehrschluss zu den §§ 178 Abs. 1 Satz 1, 184 Abs. 1 und 290 Abs. 1, in denen jeweils die explizite Einlegung des Widerspruchs im Prüfungs- oder Schlusstermin gefordert

---

1 Braun/*Specovius* Rn. 1; FK-InsO/*Kießner* Rn. 1.
2 FK-InsO/*Kießner* Rn. 4; Uhlenbruck/*Sinz* Rn. 4.
3 Kübler/Prütting/*Bork*/*Pape* Rn. 13; Uhlenbruck/*Sinz* Rn. 5.

wird, ergebe sich, dass im Falle des § 177 die Einlegung des Widerspruchs nicht nur im Prüfungstermin erfolgen könne.[4] Die herrschende Meinung geht jedoch davon aus, dass lediglich ein im Termin erhobener mündlicher Widerspruch ausreichend ist.[5] Wird ein neuer weiterer Prüfungstermin festgelegt, so handelt es sich im Ergebnis um eine Vertagung des Prüfungstermins, so dass es nach Abs. 3 Satz 3 i.V.m. § 74 Abs. 2 Satz 2 keiner öffentlichen Bekanntmachung mehr bedarf.[6]

II. Nach dem Prüfungstermin angemeldete Forderungen

Werden Forderungen erst nach dem Prüfungstermin angemeldet, so hat das Insolvenzgericht ein Wahlrecht, entweder einen neuen weiteren Prüfungstermin zu bestimmen oder aber das schriftliche Verfahren anzuordnen. Die Entscheidung liegt im Ermessen des Insolvenzgerichts. Bei der Ausübung des Ermessens ist zu berücksichtigen, dass das schriftliche Verfahren zur Entlastung der Gerichte eingeführt wurde.[7]   4

1. Besonderer Prüfungstermin

Nach Abs. 3 Satz 1 ist der besondere Prüfungstermin öffentlich bekanntzumachen. Besonders zu laden sind der Insolvenzverwalter und der Schuldner. Umstritten ist, ob alle Gläubiger zu dem Termin zu laden sind oder nur die Gläubiger, die eine Forderung nachträglich angemeldet haben. Der Wortlaut der Vorschrift (»... die Insolvenzgläubiger, die eine Forderung angemeldet haben, ...«) spricht eher für die Ladung aller Gläubiger.[8] Hiergegen wird argumentiert, dass bei dieser Auslegung die angeordnete öffentliche Bekanntmachung überflüssig wäre. Nach überwiegender Meinung sind daher nur die Gläubiger zu laden, die nachträglich eine Forderung angemeldet haben.[9] Die Zustellung an die vorgenannten Beteiligten kann nach § 8 Abs. 3 dem Insolvenzverwalter übertragen werden.[10]   4a

Umstritten ist zudem, ob der weitere Prüfungstermin mit dem Schlusstermin zusammengelegt und die Prüfung der Forderung im Schlusstermin vorgenommen werden kann.[11] Der BGH[12] hat nunmehr entschieden, dass eine nach Veröffentlichung und Niederlegung des Schlussverzeichnisses angemeldete Forderung an der Schlussverteilung nicht mehr teilnimmt. Der BGH unterscheidet hier streng zwischen der Eintragung der Forderung in die Tabelle und ihrer Berücksichtigung bei der Schlussverteilung. Nach Veröffentlichung des Schlussverzeichnisses können Änderungen ausschließlich nur noch nach den Regelungen der §§ 189–193 erfolgen.   4b

2. Prüfung im schriftlichen Verfahren

Der Ablauf der Prüfung im schriftlichen Verfahren ist gesetzlich nicht geregelt. Beteiligte am schriftlichen Verfahren sind identisch mit denen, die bei einem Prüfungstermin teilnehmen. Nicht gesetzlich vorgeschrieben ist die öffentliche Bekanntmachung der Anordnung des schriftlichen Verfahrens. Sie sollte analog der Vorschrift des § 74 Abs. 2 Satz 1 jedoch vorgenommen werden.[13] Im Rahmen   5

---

4 Uhlenbruck/*Sinz* Rn. 4.
5 Kübler/Prütting/*Bork/Pape* Rn. 13; FK-InsO/*Kießner* Rn. 4; Braun/*Specovius* Rn. 6; HambK-InsR/*Preß/Henningsmei*er Rn. 7.
6 Vgl. Begr. des Rechtsausschusses, BT-Drucks. 14/120, 29.
7 Vgl. Braun/*Specovius* Rn. 8; FK-InsO/*Kießner* Rn. 13.
8 So Nerlich/Römermann/*Becker* Rn. 39.
9 Kübler/Prütting/Bork/*Pape*/Schaltke Rn. 15; FK-InsO/*Kießner* Rn. 10; Uhlenbruck/*Sinz* Rn. 28.
10 FK-InsO/*Kießner* Rn. 10.
11 Bejahend Kübler/Prütting/*Bork/Pape* Rn. 2; abl MüKo-InsO/*Nowak* Rn. 4; vermittelnd Braun/*Specovius* Rn. 10, wonach dies jedenfalls dann zulässig sein soll, wenn die Anmeldung so verspätet vorgenommen wurde, dass ein besonderer Prüfungstermin vor Ablauf der Ausschlussfrist des § 189 I nicht mehr anberaumt werden kann.
12 BGH 22.03.2007, IX ZB 8/05, ZInsO 2007, 493.
13 So auch Nerlich/Römermann/*Becker* Rn. 40; MüKo-InsO/*Schumacher* Rn. 8.

des schriftlichen Verfahrens müssen die Insolvenzgläubiger nachträglich angemeldete Forderungen prüfen und ihrer Feststellung im Einzelfall widersprechen können. Folglich muss das Insolvenzgericht eine entsprechende Frist bestimmen, die auch öffentlich bekannt zu machen ist.[14] Die Einzelzustellung ist als Alternative bei Verfahren mit nur wenigen Beteiligten möglich.[15]

5a Damit die Gläubiger die Möglichkeit haben, die nachträglich angemeldeten Forderungen zu prüfen und eventuell rechtzeitig zu widersprechen, ist die Insolvenztabelle mit den nachträglich angemeldeten Forderungen rechtzeitig vor der vom Insolvenzgericht gesetzten Frist bei Gericht niederzulegen.[16] Ein schriftliches Bestreiten ist nach Ablauf der vom Gericht gesetzten Frist ausgeschlossen.[17]

C. Kosten

6 Der Gläubiger, der seine Forderung verspätet angemeldet hat, hat damit die Säumnis zu vertreten und trägt die Kosten eines neuen weiteren Prüfungstermins oder einer Prüfung im schriftlichen Verfahren; es handelt sich um eine verschuldungsunabhängige Kostentragungspflicht.[18] Die Kosten umfassen eine Festgebühr von 15, € je Gläubiger (§ 3 GKG i.V.m. Nr. 2340 des Kostenverzeichnisses). Kosten, die durch die öffentliche Bekanntmachung entstehen, sind nicht zu erstatten.[19]

6a Verspätete Anmeldungen von Finanzbehörden, der Deutschen Rentenversicherung Bund und der Knappschaft Bahn See (Minijobzentrale) sind kostenfrei (§ 2 Abs. 1 GKG), nicht dagegen verspätete Anmeldungen von Sozialversicherungsträgern und der Bundesagentur für Arbeit.[20]

6b Die weiteren Kosten und Auslagen, die dem Insolvenzverwalter durch die Teilnahme an einem weiteren Prüfungstermin entstehen, sind nicht zu ersetzen.[21] Auch nicht die außergerichtlichen Kosten, die anderen Gläubigern ggf. durch die Teilnahme entstehen.[22]

D. Nachträgliche Änderungen der Anmeldung

7 Für nachträgliche Änderungen der Anmeldung gelten die Ausführungen zu den Rdn. 2–5 entsprechend, denn nachträgliche Änderungen der Anmeldung sind den nachträglichen Anmeldungen der Forderung gleichgestellt. Änderungen der Anmeldung betreffen den Betrag, den Grund und/oder den Rang der angemeldeten Forderung.[23] Zu den Änderungen der Anmeldung zählt auch der Wechsel des Gläubigers der angemeldeten Forderung.[24] Reduziert ein Gläubiger seine bereits angemeldete Forderung nach Ablauf der Anmeldefrist, so liegen eine teilweise Rücknahme der Anmeldung und keine Änderung der Anmeldung vor.[25] Entscheidend ist der Zeitpunkt der nachträglichen Änderung der Anmeldung, denn die Änderung der angemeldeten Forderung muss nach Ablauf der Anmeldefrist erfolgen. Für vorgenommene Änderungen der angemeldeten Forderung nach Durchführung des Prüfungstermins bedarf es der Anberaumung eines neuen Prüfungstermins oder der Anordnung der Prüfung im schriftlichen Verfahren.

---

14 MüKo-InsO/*Schumacher* Rn. 8.
15 Vgl. Braun/*Specovius* Rn. 15.
16 Uhlenbruck/*Sinz* Rn. 35; FK-InsO/*Kießner* Rn. 16; Kübler/Prütting/Bork/*Pape/Schaltke* Rn. 18.
17 Vgl. Braun/*Specovius* Rn. 16; Uhlenbruck/*Sinz* Rn. 38.
18 Kübler/Prütting/Bork/*Pape/Schaltke* Rn. 20; FK-InsO/*Kießner* Rn. 29.
19 HambK-InsR/*Preß/Herchen* Rn. 14.
20 FK-InsO/*Kießner* Rn. 30.
21 Kübler/Prütting/Bork/*Pape/Schaltke* Rn. 23.
22 FK-InsO/*Kießner* Rn. 32aA HambK-InsO/*Preß/Henningsmeier* Rn. 14.
23 FK-InsO/*Kießner* Rn. 34; HambK-InsR/*Preß/Henningsmeie*r Rn. 15.
24 FK-InsO/*Kießner* Rn. 34; HambK-InsR/*Preß/Henningsmeie*r Rn. 15.
25 Vgl. HambK-InsR/*Preß/Henningsmeier* Rn. 15; MüKo-InsO/*Nowak* Rn. 11.

E. Nachrangige Insolvenzgläubiger

§ 177 Abs. 2 gilt nur für den Fall, dass die nachrangigen Gläubiger im Eröffnungsbeschluss oder 8
später vom Insolvenzgericht zur Anmeldung ihrer Forderungen aufgefordert wurden und die zur Anmeldung gesetzte Frist knapper als eine Woche vor dem Prüfungstermin oder später abläuft. In diesem Fall ist ein gesonderter Prüfungstermin zu bestimmen oder die Prüfung im schriftlichen Verfahren anzuordnen.

Endet die Anmeldefrist vor der letzten Woche vor dem Prüfungstermin, werden die Forderungen der 9
nachrangigen Gläubiger – zusammen mit den anderen Forderungen – im (bereits festgelegten und damit eigentlichen) Prüfungstermin geprüft. Auf den Zeitpunkt der Anmeldung der nachrangigen Forderung kommt es nicht an, so dass es ohne Bedeutung ist, ob ein nachrangiger Gläubiger seine Anmeldung schon früher als eine Woche vor dem Prüfungstermin vornahm.[26] Für die nicht nachrangigen Gläubiger erscheint die Anmeldung nachrangiger Forderungen als verspätet, so dass die Vorschrift des Abs. 2 allein deshalb unter die Regelung »Nachträgliche Anmeldungen« aufgenommen wurde.[27] Die verspätete Anmeldung fällt nicht in den Verantwortungsbereich des nachrangigen Gläubigers, so dass er die Kosten des besonderen Prüfungstermins oder des schriftlichen Verfahrens nicht zu tragen hat. Sofern ein nachrangiger Gläubiger seine Forderung verspätet anmeldet, gelten die Ausführungen zu den Rdn. 2–5 entsprechend.

§ 178 Voraussetzungen und Wirkungen der Feststellung

(1) Eine Forderung gilt als festgestellt, soweit gegen sie im Prüfungstermin oder im schriftlichen Verfahren (§ 177) ein Widerspruch weder vom Insolvenzverwalter noch von einem Insolvenzgläubiger erhoben wird oder soweit ein erhobener Widerspruch beseitigt ist. Ein Widerspruch des Schuldners steht der Feststellung der Forderung nicht entgegen.

(2) Das Insolvenzgericht trägt für jede angemeldete Forderung in die Tabelle ein, inwieweit die Forderung ihrem Betrag und ihrem Rang nach festgestellt ist oder wer der Feststellung widersprochen hat. Auch ein Widerspruch des Schuldners ist einzutragen. Auf Wechseln und sonstigen Schuldurkunden ist vom Urkundsbeamten der Geschäftsstelle die Feststellung zu vermerken.

(3) Die Eintragung in die Tabelle wirkt für die festgestellten Forderungen ihrem Betrag und ihrem Rang nach wie ein rechtskräftiges Urteil gegenüber dem Insolvenzverwalter und allen Insolvenzgläubigern.

Übersicht	Rdn.		Rdn.
A. Normzweck	1	D. Feststellungsvermerk auf Wechseln und sonstigen Schuldurkunden	10
B. Feststellung der Forderung	2	E. Rechtskraftwirkung der Eintragung in die Tabelle	11
I. Grundsatz	2		
II. Möglichkeit der Teilfeststellung	3	F. Rechtsbehelfe gegen die Eintragung in die Tabelle	13
III. Gegenstand der Feststellung	4		
IV. Kein Widerspruch	5		
C. Eintragung in die Tabelle	9		

A. Normzweck

Die Vorschrift entspricht im Wesentlichen den Regelungen der §§ 144 Abs. 1, 145 KO, wobei 1
§ 178 Abs. 2 Satz 1 InsO im Gegensatz zu § 145 Abs. 1 Satz 1 KO die notwendigen Eintragungen in die Tabelle präzisiert. Sinn und Zweck des Feststellungsverfahrens ist die Beantwortung der Fragen, ob der anmeldende Gläubiger ein Recht auf Teilnahme an der Verteilung der Insolvenzmasse und an der Verteilung des Treuhänders in einem möglichen Restschuldbefreiungsverfahren

---

[26] Vgl. Nerlich/Römermann/*Becker* Rn. 23; MüKo-InsO/*Nowak* Rn. 5.
[27] Vgl. Nerlich/Römermann/*Becker* Rn. 23.

hat.¹ Die Teilnahme an diesen Verteilungen erfordert, dass die Forderung besteht, im Insolvenzverfahren verfolgbar ist und den beanspruchten Rang einnimmt. Die Vorschrift sieht Regelungen für die Voraussetzungen und Wirkungen der unstreitigen Feststellung des Rechts des Insolvenzgläubigers vor. Wichtig ist die Feststellung der angemeldeten Forderung zur Insolvenztabelle für die Teilnahme an der Schlussverteilung. Entscheidende Bedeutung kommt Abs. 3 zu, wonach der Eintragung der festgestellten Forderung in die Insolvenztabelle die Wirkung eines rechtskräftigen Urteils gegenüber dem Insolvenzverwalter und allen Insolvenzgläubigern zukommt.

B. Feststellung der Forderung

I. Grundsatz

2   Nach Abs. 1 Satz 1 gilt eine Forderung, die ordnungsgemäß angemeldet wurde, als festgestellt, soweit weder im Prüfungstermin noch im schriftlichen Verfahren vom Insolvenzverwalter oder einem Insolvenzgläubiger ein Widerspruch erhoben wird oder soweit ein Widerspruch beseitigt ist. Keine Voraussetzung für die Feststellung der Forderung ist – ausgehend vom Wortlaut der Vorschrift – eine ausdrückliche Zustimmung des Insolvenzverwalters oder der Insolvenzgläubiger zu der angemeldeten Forderung, denn das Nichtbestreiten gilt vielmehr als stillschweigendes Anerkenntnis.² Ebenfalls keine Voraussetzung für die Feststellung der Forderung ist die Vorlage der Originalurkunde.³

II. Möglichkeit der Teilfeststellung

3   Aus dem Wortlaut »soweit« des Abs. 1 Satz 1 ergibt sich, dass auch eine Teilfeststellung möglich ist.⁴ Eine solche Teilfeststellung kann jedenfalls erfolgen, wenn allein der Höhe der angemeldeten Forderung widersprochen wird oder die Nachrangigkeit der angemeldeten Forderung bestritten wird.⁵ Ob auch eine Teilfeststellung bezogen auf einzelne Voraussetzungen des Insolvenzgläubigerrechts (wie bspw. bezogen auf den Bestand oder den Rang der Forderung) möglich ist, ist umstritten und hängt davon, was unter dem »Gegenstand der Feststellung« zu verstehen ist.

III. Gegenstand der Feststellung

4   Nach überwiegender Auffassung⁶ ist Gegenstand der Feststellung die Forderung als Insolvenzforderung und zwar gegen den Schuldner, die einen bestimmten Rang einnimmt und einen bestimmten Betrag aufweist. Hinsichtlich der Präjudizwirkung kommt diese Auffassung dazu, dass weder der Insolvenzverwalter noch die Gläubiger nachträglich den Bestand der Forderung bestreiten können, wenn diese Forderung bereits als nachrangige Forderung angemeldet und danach festgestellt wurde und der Gläubiger danach einen besseren Rang für die Forderung beansprucht. Des Weiteren ist es bspw. dem Verwalter in einem späteren Absonderungsrechtsstreit mit dem Gläubiger nicht mehr möglich, den Bestand der zuvor festgestellten Forderung wirksam zu bestreiten. Daher sind auch im Zusammenhang mit der Anmeldung der Forderung von dem jeweiligen Gläubiger Rang und Betrag der Forderung anzugeben. Diese beiden Rechtsverhältnisse sind bindend mit der Eintragung in die Insolvenztabelle festgestellt, um diesbezüglich Rechtssicherheit zu erlangen.

4a Nach der konträren Auffassung ist Gegenstand der Feststellung lediglich die Teilnahmebefugnis des Gläubigers an der Verteilung der Insolvenzmasse bzw. sein insolvenzspezifisches Haftungsrecht an der Masse.⁷ Hinsichtlich der Präjudizwirkung kommt diese Auffassung zu dem Ergebnis, dass der Bestand der Forderung nicht rechtskräftig festgestellt wird. Folglich geht von der Feststellung keine

---

1 Vgl. MüKo-InsO/*Schumacher* Rn. 11.
2 Vgl. MüKo-InsO/*Schumacher* Rn. 2.
3 BGH 01.12.2005, IX ZR 95/04, ZInsO 2006, 102 (103).
4 S. MüKo-InsO/*Schumacher* Rn. 10; FK-InsO/*Kießner* Rn. 6.
5 Vgl. MüKo-InsO/*Schumacher* Rn. 10.
6 Vgl. RGZ 55, 157 (160); *Häsemeyer* Rn. 22.03 ff., 22.20, 22.41.
7 Ausf. MüKo-InsO/*Schumacher* Rn. 15, 16.

Bindungswirkung in einem späteren Absonderungsrechtsstreit zwischen Gläubiger und Insolvenzverwalter aus. In einem isolierten Rangwiderspruch wird deshalb auch nur das nachrangige Haftungsrecht des Gläubigers an der Masse festgestellt und nicht die Forderung als solche.

IV. Kein Widerspruch

Voraussetzung für die Feststellung der angemeldeten Forderung ist, dass gegen sie im Prüfungstermin oder im schriftlichen Verfahren weder vom Insolvenzverwalter noch von einem Insolvenzgläubiger ein Widerspruch erhoben wird (Abs. 1 Satz 1 Alt. 1) oder ein erhobener Widerspruch beseitigt ist (Abs. 1 Satz 1 Alt. 2). 5

Nur ein **wirksamer Widerspruch** durch den Insolvenzverwalter oder einen Insolvenzgläubiger verhindert die Feststellung der Forderung zur Tabelle. Ein solcher Widerspruch bewirkt die Nichtfeststellung der Forderung. Ein Widerspruch des Schuldners hindert nach Abs. 1 S. 2 die Feststellung der Forderung nicht. Der Widerspruch des Schuldners steht jedoch einer Vollstreckung nach Verfahrensbeendigung entgegen. 6

Hinsichtlich der Form des Widerspruchs ist zu unterscheiden. Im Prüfungstermin ist erforderlich, dass der Widerspruch mündlich in diesem Prüfungstermin erhoben wird.[8] Unzulässig ist ein schriftlich eingereichter Widerspruch. Im Falle der Prüfung im schriftlichen Verfahren muss der Widerspruch schriftlich bis zum Ablauf der vom Insolvenzgericht gesetzten Frist eingelegt werden.[9] Keine Wirkung kommt in diesem Fall dann dem mündlich erhobenen Widerspruch zu. 6a

Nicht erforderlich ist, dass der Widerspruch mit einer Begründung versehen ist. Eine vorgenommene Begründung ist nicht zur Tabelle aufzunehmen. Der Widersprechende muss jedoch angeben, wogegen er seinen Widerspruch einlegt. So kommt ein Widerspruch gegen die Anspruchsberechtigung des Anmeldenden, den Betrag, das beanspruchte Vollrecht oder gegen die Anmeldung als Insolvenzforderung in Betracht.[10] 6b

Sofern ein Widerspruch bereits erhoben wurde, muss dieser im Falle der Feststellung der Forderung beseitigt worden sein. Die **Beseitigung** des Widerspruchs ist durch Rücknahme des Widerspruchs und zwar gegenüber dem Insolvenzgericht möglich.[11] Für diese Rücknahme als Prozesshandlung – wie auch für den Widerspruch bereits selbst – müssen die allgemeinen Prozesshandlungsvoraussetzungen vorliegen.[12] Die Rücknahme ist bedingungsfeindlich und darf folglich nicht unter einem Vorbehalt erfolgen.[13] Im Prüfungstermin muss die Rücknahme des Widerspruchs mündlich vorgenommen werden; außerhalb des Prüfungstermins hat die Rücknahme schriftlich oder zu Protokoll der Geschäftsstelle zu erfolgen. Dies gilt auch, wenn die Prüfung im schriftlichen Verfahren erfolgt. 7

Möglich ist des Weiteren, dass der Widerspruch durch einen Feststellungsrechtsstreit beseitigt wird. Die Beseitigung des Widerspruchs erfolgt auch dann, wenn die Forderung des widersprechenden Gläubigers erlischt.[14] 8

---

8 So auch MüKo-InsO/*Schumacher* Rn. 40; HambK-InsR/*Preß/Henningsmeier* § 177 Rn. 10; a.A. Nerlich/Römermann/*Becker* § 176 Rn. 21.
9 So für das schriftliche Verfahren auch Nerlich/Römermann/*Becker* § 176 Rn. 22, wobei ergänzend noch darauf verwiesen wird, dass der Widerspruch auch zur Niederschrift der Geschäftsstelle des Insolvenzgerichts oder vermittelt durch die Geschäftsstelle eines jeden anderen Amtsgerichts eingelegt werden kann.
10 Braun/*Specovius* Rn. 9; Uhlenbruck/*Sinz* Rn. 7.
11 AG Bremen 04.02.2005, 40 IN 881/02, NZI 2005, 399; offengelassen BGH 06.03.2013, III ZR 261/12, ZInsO 2013, 950; Uhlenbruck/*Sinz* Rn. 23; Rücknahme gegenüber Anmelder ausreichend: MüKo-Inso/*Schumacher* Rn. 43.
12 Vgl. MüKo-InsO/*Schumacher* Rn. 39.
13 S. HambK-InsR/*Preß/Henningsmeier* § 177 Rn. 13; Braun/*Specovius* Rn. 11; offengelassen BGH 06.03.2013 III ZR 261/12, ZInsO 2013, 950.
14 So die wohl überwiegende Meinung in der Literatur Gottwald/*Eickmann* § 64 Rn. 12; HambK-InsR/*Preß/Henningsmeier* § 177 Rn. 12; a.A. MüKo-InsO/*Schumacher* Rn. 46.

C. Eintragung in die Tabelle

9 Nach Abs. 2 Satz 1 trägt das Insolvenzgericht jede angemeldete Forderung in die Tabelle ein, inwieweit die Forderung ihrem Betrag und ihrem Rang nach festgestellt ist oder wer der Feststellung widersprochen hat. Einzutragen ist damit auch die Rücknahme eines Widerspruchs.[15] Die Eintragung hat beurkundenden Charakter. Auch die Forderungen von absonderungsberechtigten Gläubigern sind in die Tabelle einzutragen. Diese Forderungen sind jedoch in der Tabelle mit einem Vermerk zu versehen, aus dem hervorgeht, dass es sich um einen absonderungsberechtigten Gläubiger handelt.[16] Entsprechendes gilt für aufschiebend bedingte Forderungen.[17] Nach Abs. 2 Satz 2 ist auch ein Widerspruch des Schuldners einzutragen.

D. Feststellungsvermerk auf Wechseln und sonstigen Schuldurkunden

10 Nach Abs. 2 Satz 3 ist vom Urkundsbeamten der Geschäftsstelle auf Wechseln und sonstigen Schuldurkunden die Feststellung zu vermerken. Es soll damit verhindert werden, dass der Gläubiger über weitere Urkunden neben dem vollstreckbaren Tabellenauszug nach § 201 Abs. 2 verfügt, aus denen die Vollstreckung gegen den Schuldner aufgrund derselben Forderung betrieben werden kann.[18] Des Weiteren hat der Vermerk auch eine Schutzfunktion. Im Falle einer Abtretung soll ein Zessionar erkennen, dass es sich um eine Insolvenzforderung handelt.[19] Der Feststellungsvermerk hat nur deklaratorische Wirkung.[20] Eine doppelte Vollstreckung wird dadurch verhindert, dass ein vollstreckbarer Tabellenauszug nur bei Vorlage der Originalurkunde zur Entwertung erteilt wird.[21]

E. Rechtskraftwirkung der Eintragung in die Tabelle

11 Nach Abs. 3 wirkt die Eintragung in die Tabelle für die festgestellten Forderungen ihrem Betrag und ihrem Rang nach wie ein rechtskräftiges Urteil gegenüber dem Insolvenzverwalter und allen Insolvenzgläubigern. Es gelten die allgemeinen zu § 322 Abs. 1 ZPO entwickelten Grundsätze.[22] Gegenüber Dritten entfaltet die Eintragung in die Tabelle diese Wirkung nicht.[23]

11a Im Verhältnis zwischen dem Insolvenzverwalter und sämtlichen Insolvenzgläubigern steht folglich mit vorgenommener Eintragung in die Tabelle fest, dass die angemeldete Forderung besteht. Daher können Insolvenzverwalter und Insolvenzgläubiger in späteren Gläubigerversammlungen das Bestehen dieser Forderung nicht mehr bestreiten. Erst die Eintragung in die Tabelle entfaltet – so der Wortlaut des Abs. 3 – Urteilswirkung und nicht schon die bloße Feststellung der Forderung als solche oder das fehlende Bestreiten bzw. das stillschweigende Anerkenntnis durch den Insolvenzverwalter oder die Insolvenzgläubiger im Prüfungstermin.[24] Die Eintragung hat damit konstitutive Wirkung.[25] Die Eintragung in die Insolvenztabelle bewirkt aber lediglich die positive Feststellung des Anspruchs in der angemeldeten Höhe; dagegen keine Rechtskrafterstreckung darauf, dass die festgestellte Forderung nicht höher als angemeldet ist.[26]

11b Die Rechtskraftwirkung der Eintragung bezieht sich allein auf Insolvenzforderungen und somit bspw. nicht auf Aus- oder Absonderungsrechte oder Masseforderungen. Masseforderungen werden

---

15 Vgl. HambK-InsR/*Preß/Henningsmeier* § 177 Rn. 14; Braun/*Specovius* Rn. 14.
16 FK-InsO/*Kießner* Rn. 9 f.; Graf-Schlicker/*Graf-Schlicker* Rn. 7.
17 FK-InsO/*Kießner* Rn. 11; Braun/*Specovius* Rn. 20.
18 BGH 01.12.2005 IX ZR 95/04, ZInsO 2006, 102; FK-InsO/*Kießner* Rn. 15.
19 Nerlich/Römermann/*Becker* Rn. 18–22; Uhlenbruck/*Sinz* Rn. 8; FK-InsO/*Kießner* Rn. 15.
20 FK-InsO/*Kießner* Rn. 19.
21 Uhlenbruck/*Sinz* Rn. 8; Kübler/Prütting/Bork/*Pape/Schaltke* Rn. 9; a.A. FK-InsO/*Kießner* Rn. 16, wonach es hierfür keine rechtliche Grundlage gibt
22 BGH 19.01.2012, IX ZR 4/11 ZInsO 2012, 488.
23 FK-InsO/*Kießner* Rn. 20; Braun/*Specovius* Rn. 21.
24 Ausf. hierzu mit Überblick über den Meinungsstand s. MüKo-InsO/*Schumacher* Rn. 56–58.
25 Uhlenbruck/*Sinz* Rn. 27.
26 BGH 19.01.2012, IX ZR 4/11 ZInsO 2012, 488.

auch im Falle der Anmeldung, Anerkennung und Feststellung nicht zu Insolvenzforderungen, so dass die Rechtskraftwirkung der späteren Geltendmachung desselben Anspruchs als Masseforderung nicht entgegensteht.[27]

Die Rechtskraftwirkung einer zur Tabelle festgestellten Steuerforderung ist umstritten.[28] Die Feststellung einer Steuerforderung soll entweder die Wirkung eines bestandskräftigen Feststellungsbescheides gem. § 251 Abs. 3 AO[29] haben, die Wirkung eines Finanzgerichtsurteils[30] oder die Wirkung eines Steuerbescheides.[31] Auswirkungen hat der Meinungsstreit im Hinblick darauf, ob und unter welchen Voraussetzungen Änderungen vorgenommen werden können.[32]   12

F. Rechtsbehelfe gegen die Eintragung in die Tabelle

Als Rechtsbehelfe gegen die Eintragung der festgestellten Forderung in die Tabelle kommen dieselben Rechtsbehelfe in Betracht, die auch gegen rechtskräftige Urteile gegeben sind. So kommt die Vollstreckungsabwehrklage nach § 767 ZPO in Betracht, sofern nachträglich Einwendungen gegen die Forderung geltend gemacht werden, wie bspw. durch Geltendmachung der Einwendung, die Forderung sei zwischenzeitlich durch Dritte erfüllt worden.[33] Die Restitutionsklage nach §§ 578 ff. ZPO ist die statthafte Klageart für den Fall, dass neue Urkunden im Hinblick der Forderung aufgefunden wurden. Die Arglistklage nach § 826 BGB bietet sich als Rechtsbehelf dann an, wenn der Gläubiger die Feststellung seiner Forderung arglistig erschlichen hat oder in sittenwidriger Weise ausnutzt.   13

Für den **Schuldner** kommt als Rechtsbehelf die Vollstreckungsabwehrklage nach § 767 ZPO in Betracht, wenn er sich gegen die Vollstreckung aus der Eintragung in die Tabelle nach Beendigung des Insolvenzverfahrens wehren will.[34]   13a

§ 179 Streitige Forderungen

(1) Ist eine Forderung vom Insolvenzverwalter oder von einem Insolvenzgläubiger bestritten worden, so bleibt es dem Gläubiger überlassen, die Feststellung gegen den Bestreitenden zu betreiben.

(2) Liegt für eine solche Forderung ein vollstreckbarer Schuldtitel oder ein Endurteil vor, so obliegt es dem Bestreitenden, den Widerspruch zu verfolgen.

(3) Das Insolvenzgericht erteilt dem Gläubiger, dessen Forderung bestritten worden ist, einen beglaubigten Auszug aus der Tabelle. Im Falle des Absatzes 2 erhält auch der Bestreitende einen solchen Auszug. Die Gläubiger, deren Forderungen festgestellt worden sind, werden nicht benachrichtigt; hierauf sollen die Gläubiger vor dem Prüfungstermin hingewiesen werden.

Übersicht	Rdn.		Rdn.
A. Normzweck	1	II. Bereits titulierte Forderung	6
B. Bestrittene Forderungen	2	D. Erteilung eines beglaubigten Auszugs aus der Tabelle	9
I. Wirksamer Widerspruch	2a		
II. Widerspruchsberechtigte	3	E. Unterbleibende Benachrichtigung der Gläubiger festgestellter Forderungen	10
C. Vorgehensweise	4		
I. Nicht titulierte Forderung	5		

---

27 BGH 13.06.2006, IX ZR 15/04, ZInsO 2006, 829 (830).
28 Ausf. zu den Auswirkungen eines solchen Tabelleneintrags von Steuerforderungen s. *Roth/Schütz* ZInsO 2008, 186 ff.
29 BFH 18.05.2007, VII R 18/05, ZIP 2007, 1514.
30 *Hübschmann/Hepp/Spitzler/Beermann* § 251 AO Rn. 422.
31 Kübler/Prüting/Bork/*Pape/Schaltke* Rn. 12.
32 Ausf. hierzu Uhlenbruck/*Sinz* Rn. 39–41.
33 Detailliert MüKo-InsO/*Schumacher* Rn. 77–80.
34 FK-InsO/*Kießner* Rn. 21; Braun/*Specovius* Rn. 25; Uhlenbruck/*Sinz* Rn. 50 ff.

§ 179 InsO   Streitige Forderungen

A. Normzweck

1 Die Vorschrift entspricht überwiegend den Regelungen des § 146 Abs. 1 und 6 KO. Sie regelt, wer die Feststellungs- bzw. Betreibungslast für die gerichtliche Feststellung einer bestrittenen Forderung trägt. Voraussetzung für die Anwendbarkeit des § 179 Abs. 1 ist, dass die Forderung bestritten wurde. Dieser Widerspruch muss nach § 178 Abs. 1 Satz 1 der Feststellung der angemeldeten Forderung entgegenstehen. Abs. 3 Satz 2 sieht ausdrücklich vor, dass im Falle eines Widerspruchs gegen eine titulierte Forderung auch der Bestreitende einen beglaubigten Auszug aus der Tabelle erhält. Denn ihm obliegt in dieser Konstellation grds die Verfolgung der Feststellung. Außerdem stellt Abs. 3 Satz 3 klar, dass Gläubiger festgestellter Forderungen keine Benachteiligung durch das Ergebnis der Prüfung erfahren, worauf sie bereits vor dem Prüfungstermin – zur Vermeidung überflüssiger Nachfragen – hinzuweisen sind.

B. Bestrittene Forderungen

2 Die Forderung des Gläubigers muss in einem Prüfungsverfahren bestritten worden sein.[1] Folglich liegt keine bestrittene Forderung vor, wenn der Insolvenzverwalter oder das Insolvenzgericht die angemeldete Forderung im Rahmen der Vorprüfung nicht zur Prüfung zugelassen haben.[2]

I. Wirksamer Widerspruch

2a Voraussetzung hierfür ist ein **Widerspruch i.S.d. § 178 Abs. 1** gegen diese Forderung. Ein Bestreiten ist zu bejahen, wenn sich der Widerspruch auf das Bestehen der Forderung nach Grund oder Betrag bezieht. Ein Bestreiten liegt auch dann vor, wenn sich der Widerspruch auf die Eigenschaft der Forderung als Insolvenzforderung richtet oder den geltend gemachten Rang betrifft.

2b In der Praxis werden Forderungen von dem Insolvenzverwalter vielfach »**vorläufig bestritten**«. Grund hierfür ist, dass der Insolvenzverwalter ggf. bis zum Prüfungstermin noch nicht in der Lage war, Grund und Höhe der angemeldeten Forderung abschließend zu prüfe. In der InsO selbst ist die Möglichkeit eines vorläufigen Bestreitens aber nicht vorgesehen. Vorläufiges Bestreiten ist daher endgültiges Bestreiten i.S.d. § 179.[3] Aus diesem Grund ist die Feststellungsklage gegen eine vorläufig bestrittene Forderung zulässig.[4] Der Gläubiger ist vor Erhebung der Feststellungsklage oder vor Wiederaufnahme eines anhängigen Prozesses aber gehalten, beim Insolvenzverwalter nachzufragen, ob dieser den Widerspruch aufrecht erhält, und ihm eine angemessene Frist zur abschließenden Prüfung zu gewähren.[5] Andernfalls trägt der Gläubiger bei einer sofortigen Rücknahme des Widerspruchs oder bei einem sofortigen prozessualen Anerkenntnis grundsätzlich die Verfahrenskosten.[6]

II. Widerspruchsberechtigte

3 Der Widerspruch muss entweder vom Insolvenzverwalter oder aber von einem Insolvenzgläubiger eingelegt worden sein. Widerspruchsberechtigt ist auch ein nachrangiger Insolvenzgläubiger, auch wenn das Insolvenzgericht nicht besonders zur Anmeldung von Forderungen nachrangiger Gläubiger nach § 174 Abs. 3 aufgefordert hat.[7]

3a Haben mehrere gegen die Forderung Widerspruch eingelegt, muss der Gläubiger den Widerspruch aller Widersprechenden beseitigen[8] Der Gläubiger hat die Wahl, den Widerspruch in getrennten Pro-

---

1 Kübler/Prütting/Bork/*Pape/Schaltke* Rn. 4.
2 Vgl. Uhlenbruck/*Sinz* Rn. 2.
3 BGH 09.02.2006, IX ZB 160/04, NZI 2006, 295.
4 HambK-InsR/*Herchen* Rn. 14.
5 LG Mönchengladbach 02.08.2012, 1 O 201/01 ZInsO 2002, 1103.
6 h.M.: vgl. nur HambK-InsR/*Herchen* Rn. 15.; Kübler/Prütting/Bork/*Pape/Schaltke* Rn. 7.
7 OLG München 28.07.2010, 7 U 2417/10, ZInsO 2010, 1603; MüKo-InsO/*Schumacher* Rn. 21.
8 Uhlenbruck/*Sinz* Rn. 13; Nerlich/Römermann/*Becker* Rn. 28; HambK-InsR/*Herchen* Rn. 39.

zessen oder in einem gemeinsamen Prozess zu beseitigen.⁹ In einem gemeinsamen Prozess sind die Bestreitenden notwendige Streitgenossen i.S.d. § 62 Abs. 1 1. Alt. ZPO.¹⁰ Bei getrennten Prozessen wirkt ein rechtskräftiges Urteil, dass die Klage auf Feststellung abweist, auch zugunsten des Insolvenzverwalters und aller Insolvenzgläubiger.¹¹ Ein stattgebendes Urteil wirkt dagegen nur im Verhältnis zu dem unterliegenden Gläubiger und nicht gegenüber sonstigen Dritten, da § 178 Abs. 1 Satz 1 die Beseitigung aller erhobenen Widersprüche verlangt.¹²

Nicht unter die Vorschrift fällt der vom Schuldner eingelegte Widerspruch. Denn nach § 178 Abs. 1 Satz 2 steht ein solcher vom Schuldner eingelegter Widerspruch der Feststellung der angemeldeten Forderung zur Tabelle nicht entgegen. Ein solcher Widerspruch des Schuldners steht lediglich nach § 201 Abs. 2 der nachinsolvenzlichen Zwangsvollstreckung aus dem Tabellenauszug entgegen und führt zur Anwendung der Regelung des § 184. Auch wenn der Schuldner die Qualifikation des Rechtsgrundes der vorsätzlich begangenen unerlaubten Handlung bestritten hat, muss der Gläubiger die Feststellungsklage nach § 184 betreiben.¹³ **3b**

C. Vorgehensweise

Im Falle des Vorliegens einer vom Insolvenzverwalter oder von einem Insolvenzgläubiger bestrittenen Forderung wird die Feststellung der Forderung aus dem Insolvenzverfahren ausgelagert. Es ist diesbezüglich ein Zivilprozess zu führen. Die konkrete Vorgehensweise hängt davon ab, ob es sich um eine **nicht titulierte** oder aber um eine **titulierte** Forderung handelt. **4**

I. Nicht titulierte Forderung

Bei einem Widerspruch gegen eine nicht titulierte Forderung obliegt die Feststellungslast dem Gläubiger. Der Gläubiger hat eine Klage auf Feststellung zur Tabelle zu erheben, wobei es sich um eine echte positive Feststellungsklage i.S.d. § 256 ZPO handelt. Diese Klage muss mit der Anmeldung der Forderung übereinstimmen, so dass der Gläubiger die Feststellung nach Grund, Betrag und Rang der Forderung nur in dem Umfang beantragen kann, wie die Forderung bereits in der Anmeldung oder im Prüfungstermin bezeichnet wurde. Weicht die Klage von dieser Anmeldung ab, so ist sie als unzulässig abzuweisen. Notwendige Zulässigkeitsvoraussetzung ist, dass die streitgegenständliche Forderung bereits vor Klageerhebung zur Tabelle angemeldet, geprüft und bestritten wurde.¹⁴ Im Gegensatz zur allgemeinen Feststellungsklage ergibt sich das Feststellungsinteresse aus insolvenzspezifischen Gründen.¹⁵ Ein nach Landesrecht vorgeschriebener außergerichtlicher Schlichtungsversuch ist nicht durchzuführen (vgl. § 182 Rdn. 7). **5**

Die Feststellungsklage des Gläubigers hemmt die Verjährung gem. § 204 Abs. 1 Nr. 1 BGB,¹⁶ und zwar nochmals, da bereits die ordnungsgemäße und vollständige Forderungsanmeldung die Verjährung nach § 204 Abs. 1 Nr. 10 BGB hemmt. Aber keine Hemmung nach § 204 Abs. 1 Nr. 1 BGB, wenn die insolvenzrechtliche Feststellungsklage auf der Grundlage einer unwirksamen Anmeldung erhoben wurde.¹⁷

---

9 Kübler/Prütting/Bork/*Pape/Schaltke* Rn. 9; Uhlenbruck/*Sinz* Rn. 13.
10 FK-InsO/*Kießner* Rn. 12; MüKo-InsO/*Schumacher* Rn. 17; Uhlenbruck/*Sinz* Rn. 13.
11 MüKo-InsO/*Schumacher* Rn. 16; Kübler/Prütting/Bork/*Pape/Schaltke* Rn. 9.
12 Graf-Schlicker/*Graf-Schlicker* Rn. 6; Uhlenbruck/*Sinz* Rn. 13; MüKo-InsO/*Schumacher* Rn. 16.
13 FK-InsO/*Kießner* Rn. 8.
14 S. BGH 27.03.1996, II ZR 140/93, ZIP 1995, 643 (644).
15 Vgl. *Uhlenbruck/Sinz* Rn. 10.
16 BGH 21.02.2013, IX ZR 92/12, ZInsO 2013, 602.
17 BGH 21.02.2013, IX ZR 92/12, ZInsO 2013, 602.

II. Bereits titulierte Forderung

6 Handelt es sich um eine bereits titulierte Forderung, so gilt Abs. 2 und die Feststellungslast kehrt sich um. Als eine solche bereits titulierte Forderung nennt Abs. 2 vollstreckbare Schuldtitel (Alt. 1) oder Endurteile (Alt. 2). Entscheidend ist, dass gerade die angemeldete und bestrittene Forderung bereits tituliert war. Erforderlich ist die Identität des Haftungsgrundes und nicht der Wortlaut des Urteilstenors.[18]

7 **Vollstreckbare Schuldtitel** sind die in §§ 704, 794 ZPO aufgezählten Vollstreckungstitel wie bspw. Endurteile, Teilurteile, Versäumnisurteile, Vorbehaltsurteile, Vollstreckungsbescheide, gerichtliche Vergleiche, anwaltliche Vergleiche, vollstreckbare gerichtliche oder notarielle Urkunden und Kostenfestsetzungsbeschlüsse.[19] Damit Alt. 2 eine eigenständige Bedeutung gegenüber der Alt. 1 hat, muss ein **Endurteil** i.S.d. Alt. 1 lediglich bereits erlassen sein, aber noch nicht für rechtskräftig oder vorläufig vollstreckbar erklärt sein.[20] Für **Steuerforderungen** erfolgt keine Titulierung i.S.d. ZPO. Auf Steuerforderungen i.S.d. §§ 155, 157 AO, Vorauszahlungsbescheide, formlose Bescheide, Steueranmeldungen i.S.d. § 168 AO und Rechtsbehelfs- oder Rechtsmittelentscheidungen ist Abs. 2 entsprechend anzuwenden.[21]

8 Erforderlich ist grds, dass der Titel im Zeitpunkt der Eröffnung des Insolvenzverfahrens bereits vorliegt. Spätestens im Prüfungstermin sollte der Gläubiger diesen Titel vorlegen, um dem Insolvenzverwalter und den Insolvenzgläubigern die Möglichkeit zur Prüfung zu geben, wobei die Vorlage des Originaltitels nicht erforderlich ist.[22] Wird der Titel nicht vorgelegt, wird diese Forderung wie eine nicht titulierte betrachtet. Wird der Titel erst verspätet vorgelegt, kann der Gläubiger analog § 177 Abs. 1 Satz 2 einen Antrag auf Anordnung eines besonderen Termins oder eines schriftlichen Verfahrens zur Prüfung dieses Titels stellen.[23] Es liegt nunmehr nach Abs. 2 beim Bestreitenden, den Widerspruch zu verfolgen. Liegt also eine solche bereits titulierte Forderung vor, so muss der Bestreitende – und nicht der Gläubiger – einen Zivilprozess mit dem Klageantrag führen, den Widerspruch des Bestreitenden gegen die angemeldete Forderung für begründet zu erklären.[24] Hierbei handelt es sich um eine negative Feststellungsklage i.S.d. § 256 ZPO.

8a Auch der Gläubiger selbst kann (positive) Feststellungsklage gegen den Bestreitenden erheben[25] oder den Rechtsstreit aufnehmen, auch wenn für die Forderung bereits ein Endurteil vorlag.[26]

D. Erteilung eines beglaubigten Auszugs aus der Tabelle

9 Wurde eine Forderung bestritten, ist durch das Insolvenzgericht dem betreffenden Gläubiger nach Abs. 3 Satz 1 ein beglaubigter Auszug aus der Tabelle zu erteilen. Dies erfolgt von Amts wegen. Es soll dem Gläubiger durch diesen Auszug erleichtert werden, den Nachweis der Anmeldung und Prüfung der Forderung sowie den Widerspruch gegen diese Forderung zu erbringen. Sofern für die bestrittene Forderung ein vollstreckbarer Schuldtitel oder ein Endurteil vorliegt, so ist auch dem Bestreitenden ein beglaubigter Auszug aus der Tabelle nach Abs. 3 Satz 2 zu erteilen. Nach Abs. 2 muss im Falle einer titulierten Forderung der Bestreitende durch Klage oder Prozessaufnahme seinen Widerspruch weiter betreiben, wofür er die Anmeldung, Prüfung und seinen Widerspruch gegen die Forderung belegen muss. Auch dem Gläubiger kann ein Auszug aus der Tabelle

---

18 Siehe *Uhlenbruck/Sinz* Rn. 22.
19 So Übersicht bei Uhlenbruck/*Sinz* Rn. 20.
20 So zu § 146 KO BGH 26.06.1953, V ZR 71/52, § 146 KO LM Nr. 1.
21 S. BFH 07.03.2006, VII R 11/05, ZIP 2006, 968 Rn. 12.
22 BGH 01.12.2005, IX ZR 95/04, ZInsO 2006, 102.
23 Vgl. MüKo-InsO/*Schumacher* Rn. 26.
24 S. BGH 29.06.1994, VIII ZR 28/94, ZIP 1994, 1193.
25 MüKo-InsO/*Schumacher* Rn. 43; Kübler/Prütting/Bork/*Pape*/Schaltke/ Rn. 17; a.A. HambK-InsO/*Herchen* Rn. 32.
26 BGH 31.10.2012, III ZR 204/12 ZInsO 2013, 251.

erteilt werden. Der Gläubiger kann selbst Feststellungsklage erheben, sofern der Widersprechende den Widerspruch nicht verfolgt.[27]

Die Insolvenztabelle und die diesbezüglich eingereichten Anmeldungen nebst beigefügten Unterlagen verbleiben als Bestandteil der Gerichtsakte beim Insolvenzgericht. Der beglaubigte Auszug aus der Tabelle soll dem Gläubiger bzw. dem Bestreitenden den Nachweis der Anmeldung der betreffenden Forderung sowie des diesbezüglichen Widerspruchs für den anschließenden Zivilprozess erleichtern. 9a

E. Unterbleibende Benachrichtigung der Gläubiger festgestellter Forderungen

Nach Abs. 3 Satz 3 Hs. 1 unterbleibt eine Benachrichtigung der Gläubiger festgestellter Forderungen. Zur Vermeidung unnötiger Nachfragen beim Insolvenzgericht und damit zur Entlastung des Insolvenzgerichts sollen diese Gläubiger nach Abs. 3 Satz 3 Hs. 2 auf die unterbleibende Benachrichtigung vor dem Prüfungstermin bereits hingewiesen werden. Ein solcher Hinweis kann bspw. bereits zusammen mit der Zustellung des Eröffnungsbeschlusses erfolgen. Im schriftlichen Verfahren soll ein solcher Hinweis spätestens mit dem Schreiben des Insolvenzgerichts vorgenommen werden, dass die nachträgliche Anmeldung im schriftlichen Verfahren geprüft wird. Ausgehend vom Wortlaut der Vorschrift (»sollen«) besteht keine Hinweispflicht, so dass ein unterlassener Hinweis ohne Folgen bleibt.[28] 10

§ 180 Zuständigkeit für die Feststellung

(1) Auf die Feststellung ist im ordentlichen Verfahren Klage zu erheben. Für die Klage ist das Amtsgericht ausschließlich zuständig, bei dem das Insolvenzverfahren anhängig ist oder anhängig war. Gehört der Streitgegenstand nicht zur Zuständigkeit der Amtsgerichte, so ist das Landgericht ausschließlich zuständig, zu dessen Bezirk das Insolvenzgericht gehört.

(2) War zur Zeit der Eröffnung des Insolvenzverfahrens ein Rechtsstreit über die Forderung anhängig, so ist die Feststellung durch Aufnahme des Rechtsstreits zu betreiben.

Übersicht	Rdn.		Rdn.
A. Normzweck	1	3. Feststellung im Mahnverfahren	7
B. Erhebung einer (neuen) Klage im ordentlichen Verfahren	3	4. Feststellung im Kostenfestsetzungsverfahren	8
I. Feststellungsklage	4	II. Örtliche und sachliche Zuständigkeit als ausschließliche Zuständigkeit	9
1. Feststellung im Urkunden-, Wechsel- bzw. Scheckprozess	5	C. Aufnahme eines bereits anhängigen Rechtsstreits	11
2. Feststellung durch Schiedsvereinbarungen	6		

A. Normzweck

Diese Zuständigkeitsnorm entspricht den Regelungen des § 146 Abs. 2 und 3 KO. Die Feststellung der bestrittenen Forderung erfolgt nur außerhalb des Insolvenzverfahrens im Klagewege. Abs. 1 Satz 1 enthält die grundlegende Abkehr von der sog. »vis attractiva concursus«, die eine Bündelung der Zuständigkeit insolvenzrechtlicher Streitigkeiten beim Insolvenzgericht selbst vorsieht.[1] Ein Feststellungsprozess steht der Fortführung des Insolvenzverfahrens nicht entgegen.[2] Die Norm sieht eine Zuständigkeitskonzentration vor, wodurch eine zu große Zersplitterung der Feststellungsprozesse vermieden werden soll.[3] 1

---

27 Vgl. MüKo-InsO/*Schumacher* Rn. 45.
28 Vgl. Nerlich/Römermann/*Becker* Rn. 35.
1 HambK-InsR/*Herchen* Rn. 1; MüKo-InsO/*Schumacher* Rn. 1; Uhlenbruck/*Sinz* Rn. 1.
2 Uhlenbruck/*Sinz* Rn. 1: MüKo-InsO/*Schumacher* Rn. 1.
3 MüKo-InsO/*Schumacher* Rn. 2.

2 Ein zur Zeit der Eröffnung des Insolvenzverfahrens anhängiger Rechtsstreit über die Forderung zur Feststellung dieser Forderung ist aus Gründen der Prozessökonomie wieder aufzunehmen. Der Kostenaufwand als auch der Zeitaufwand eines selbständigen und damit neuen Feststellungsprozesses sollen vermieden und die bisherigen Ergebnisse des bereits anhängigen Rechtsstreits bewahrt werden.[4]

B. Erhebung einer (neuen) Klage im ordentlichen Verfahren

3 Nach Abs. 1 Satz 2 ist eine (neue) Klage im ordentlichen Verfahren und damit vor den ordentlichen Gerichten zu erheben, soweit zur Zeit der Eröffnung des Insolvenzverfahrens noch kein Rechtsstreit über die bestrittene Forderung anhängig war. Eine Ausnahme gilt nach § 185 lediglich dann, wenn ein anderer Rechtsweg (z.B. zu den Finanzgerichten oder Verwaltungsgerichten) eröffnet ist.

I. Feststellungsklage

4 Der Gläubiger hat positive und der Bestreitende negative Feststellungsklage i.S.d. § 256 ZPO zu erheben. Es handelt sich um eine echte Feststellungsklage i.S.d. § 256 ZPO.[5] Das für jede Feststellungsklage erforderliche Feststellungsinteresse ergibt sich aus den Rechtsfolgen des Widerspruchs für das Verteilungsverfahren.[6] Aus diesem Grund ist das Feststellungsinteresse auch bei Masseunzulänglichkeit[7] oder bei einer zu erwartenden Nullquote gegeben. Nicht erforderlich ist die vorherige Durchführung eines Verfahrens der obligatorischen außergerichtlichen Streitschlichtung.[8]

1. Feststellung im Urkunden-, Wechsel- bzw. Scheckprozess

5 Umstritten ist, ob die Feststellung der streitigen Forderung auch im Wege des Urkunden-, Wechsel- bzw. Scheckprozesses möglich ist. Nach Auffassung der Rechtsprechung[9] und von Teilen der Literatur[10] ist die Feststellung im Wege des Urkunden-, Wechsel- bzw. Scheckprozesses unstatthaft. Die gegenteilige Auffassung[11] geht von der Zulässigkeit des Urkunden-, Wechsel- bzw. Scheckprozesses zur Feststellung der bestrittenen Forderung aus. Der ersten Auffassung ist zuzustimmen. Im Urkunden-, Wechsel- oder Scheckprozess kann der Kläger – ausgehend vom Wortlaut des § 592 ZPO – nicht zur Feststellung, sondern lediglich zur Leistung verurteilt werden. Auszugehen ist des Weiteren vom Sinn und Zweck des Feststellungsprozesses. Danach ist das Haftungsrecht des Gläubigers an der Masse abschließend zu klären. Eine solche abschließende Klärung kann jedoch im Urkunden-, Wechsel- oder Scheckprozess durch das darin ergehende Vorbehaltsurteil nicht erreicht werden.

2. Feststellung durch Schiedsvereinbarungen

6 Die Feststellung der strittigen Forderung kann durch Vereinbarung zwischen Gläubiger und Bestreitendem einem Schiedsgericht nach §§ 1029, 1030 Abs. 1 ZPO übertragen werden.[12] Der Insolvenzverwalter ist an Schiedsabreden des Schuldners gebunden, da er die Rechtslage übernimmt, die bei Eröffnung des Verfahrens besteht.[13] Dies gilt jedoch dann nicht, soweit es um Rechte des Insolvenz-

---

[4] OLG Brandenburg 10.06.2010, 12 U 198/09, ZInsO 2010, 1600.
[5] FK-InsO/*Kießner* Rn. 4.
[6] MüKo/*Schumacher* Rn. 5.
[7] LG Stuttgart 13.01.2010, 42 O 51/05, NZI 10, 573.
[8] BGH 09.06.2011, IX ZR 213/10, ZInsO 2011, 1551.
[9] BGH 21.03.1979, II ZR 91/78, WM 1979, 614 (zur VerglO); OLG München 19.10.1984, 23 U 3153/84, ZIP 1985,297.
[10] So z.B. HambK-InsR/*Herchen* Rn. 10; FK-InsO/*Kießner* Rn. 5; Kübler/Prütting/Bork/*Pape/Schaltke* Rn. 7.
[11] Vgl. MüKo-InsO/*Schumacher* Rn. 7; Uhlenbruck/*Sinz* Rn. 11.
[12] Uhlenbruck/*Sinz* Rn. 15; HK/*Depré* Rn. 2.
[13] BGH 29.01.2009, III ZB 88/07, ZInsO 2009, 662; 17.01.2008, III ZB 11/07, NJW-RR 2008, 558; 20.11.2003, III ZB 24/03, ZInsO 2004, 88; Uhlenbruck/*Sinz* Rn. 16; FK-InsO/*Kießner* Rn. 3.

verwalters geht, die sich nicht unmittelbar aus dem vom Gemeinschuldner abgeschlossenen Vertrag ergeben, sondern auf der Insolvenzordnung beruhen; zu diesen selbständigen, der Verfügungsgewalt des entzogenen Rechten gehört nicht nur die Insolvenzanfechtung, sondern auch das Wahlrecht des Insolvenzverwalters aus § 103 InsO.[14] Umstritten ist, ob der Bestreitende im Feststellungsrechtsstreit an eine zwischen einem anderen Gläubiger und dem Schuldner geschlossene Schiedsvereinbarung gebunden ist.[15] Die Bindungswirkung ist abzulehnen, da dem Schuldner die Dispositionsbefugnis über das vom Insolvenzverwalter zu entscheidende insolvenzrechtliche Haftungsrecht fehlt.

3. Feststellung im Mahnverfahren

Eine Feststellung im Mahnverfahren ist **nicht möglich**, da im Mahnverfahren der Vollstreckungsbescheid auf eine Leistung und nicht auf eine Feststellung gerichtet ist.[16]   7

4. Feststellung im Kostenfestsetzungsverfahren

Eine Feststellung im Kostenfestsetzungsverfahren ist möglich.[17]   8

II. Örtliche und sachliche Zuständigkeit als ausschließliche Zuständigkeit

Nach Abs. 1 Satz 2 ist für die Feststellungsklage örtlich **ausschließlich**[18] das Amtsgericht zuständig,   9
bei dem das Insolvenzverfahren **anhängig ist** oder **war**. Ist nach dem Streitwert das Landgericht sachlich zuständig, ist nach Abs. 1 Satz 3 das Landgericht ausschließlich[19] zuständig, zu dessen Bezirk das Insolvenzgericht gehört. Die sachliche Zuständigkeit bestimmt sich nach §§ 23, 71 GVG.[20] Der Streitwert wird gem. § 182 nach der voraussichtlichen Quote des Anspruchs ermittelt. Auch die sachliche Zuständigkeit des Landgerichts ist nach dem eindeutigen Wortlaut des Abs. 1 Satz 3 eine ausschließliche Zuständigkeit.[21] Nach § 95 GVG kann eine Zuständigkeit der Kammer für Handelssachen begründet sein. Eine Prorogation ist daher nicht möglich.[22]

Bedingt durch die ausschließliche örtliche und sachliche Zuständigkeit begründen Gerichtsstandsvereinbarungen[23] und rügeloses Verhandeln[24] nach § 40 Abs. 2 Satz 1 Nr. 2, Satz 2 ZPO nicht die   10
Zuständigkeit des angerufenen Gerichts. Wenn zwei ausschließliche Gerichtsstände kollidieren (z.B. § 29a ZPO) hat der Kläger ein Wahlrecht.[25]

C. Aufnahme eines bereits anhängigen Rechtsstreits

Nach Abs. 2 ist die Feststellung der bestrittenen Forderung durch Aufnahme des Rechtsstreits vor-   11
zunehmen, der zur Zeit der Eröffnung des Insolvenzverfahrens über denjenigen Anspruch bereits an-

---

14 BGH 30.06.2011, III ZB 59/10, DZWIR 2011, 433 ff.
15 Die Bindung bejaht das überwiegende Schrifttum vgl. *Ehricke* ZIP 2006, 1847; *Kück* ZInsO 2006, 11. Dies abl. HambK-InsR/*Herchen* Rn. 12; Uhlenbruck/*Sinz* Rn. 16. Eine höchstrichterliche Entscheidung liegt noch nicht vor.
16 So auch Nerlich/Römermann/*Becker* Rn. 12, 18; Kübler/Prütting/Bork/*Pape*/Schaltke Rn. 7.
17 So auch OLG München 29.09.2003, 11 W 1353/02, ZIP 2003, 2318; OLG Brandenburg 03.07.2006, 6 W 17/06, ZInsO 2007, 105 (106); MüKo-InsO/*Schumacher* Rn. 8, 30; Nerlich/Römermann/*Becker* Rn. 18; a.A. HambK-InsR/*Herchen* Rn. 13; Uhlenbruck/*Sinz* Rn. 14.
18 Uhlenbruck/*Sinz* Rn. 3.
19 MüKo-InsO/*Schumacher* Rn. 12.
20 FK-InsO/*Kießner* Rn. 4; Uhlenbruck/*Sinz* Rn. 8.
21 Kübler/Prütting/Bork/*Pape*/Schaltke Rn. 4; HambK-InsR/*Herchen* Rn. 8; Uhlenbruck/*Sinz* Rn. 8; a.A. MüKo-InsO/*Schumacher* Rn. 14.
22 Uhlenbruck/*Sinz* Rn. 8.
23 Kübler/Prüting/Bork/*Pape*/Schaltke Rn. 4; FK-InsO/*Kießner* Rn. 4.
24 Uhlenbruck/*Sinz* Rn. 3.
25 Kübler/Prütting/Bork/*Pape*/Schaltke Rn. 5; Uhlenbruck/*Sinz* Rn. 3.

hängig war. Aus Gründen der Prozessökonomie ist dem Gläubiger die Erhebung einer neuen, selbstständigen Feststellungsklage verwehrt.[26] Der Begriff der Anhängigkeit i.S.d. Abs. 2 entspricht dem der Rechtshängigkeit gem. §§ 261 Abs. 1, 253 Abs. 1 ZPO.[27] Die Zuständigkeit des bisher mit dem Fall befassten Gerichts bleibt erhalten.[28] Die Zuständigkeitsregelung des § 180 I gilt in diesem Fall nicht. Der Rechtsstreit muss aufgenommen werden, da er aufgrund der Eröffnung des Insolvenzverfahrens nach § 240 ZPO unterbrochen wurde.

Der Rechtsstreit kann im Falle des § 179 Abs. 1 lediglich durch den anmeldenden Gläubiger aufgenommen werden.[29] Haben mehrere Personen i.S.d. § 178 Abs. 1 Satz 1 ganz oder teilweise widersprochen, ist die uneingeschränkte Aufnahme des Rechtsstreits durch den Gläubiger nur wirksam, wenn der Rechtsstreit gegenüber allen Widersprechenden aufgenommen wird.[30]

Im Falle des § 179 Abs. 2 kann der Rechtsstreit sowohl durch den Gläubiger als auch durch den Bestreitenden aufgenommen werden.[31]

12 Unerheblich ist, um welche Klageart es sich bei dem bereits anhängigen Rechtsstreit handelt. Der anhängige Rechtsstreit kann sowohl als Leistungsklage oder aber als Feststellungsklage des Gläubigers gegen den Schuldner geführt worden sein. Erforderlich ist, dass der Klageantrag auf eine Feststellungsklage umgestellt wird.[32] Falls z.B. ein noch nicht rechtskräftiges Leistungsurteil zu Gunsten des Insolvenzgläubigers besteht und die Feststellungslast deshalb nach § 179 Abs. 2 beim Bestreitenden liegt, muss der Widerspruchsführer in der Rechtsmittelinstanz einen Antrag auf negative Feststellung im Hinblick auf die bestrittene Forderung stellen.[33] Die Aufnahme des Rechtsstreits ist auch möglich, wenn der Rechtsstreit zur Zeit der Eröffnung des Insolvenzverfahrens in der Revisionsinstanz anhängig war.[34] Dies gilt auch für den Fall einer in der Revisionsinstanz anhängigen Nichtzulassungsbeschwerde.[35]

13 Mit der Aufnahme des Prozesses durch den Gläubiger tritt der Bestreitende, also der Insolvenzverwalter oder der Insolvenzgläubiger, in die Parteirolle des Insolvenzschuldners ein.[36] Es ist somit an die bisherigen Prozesshandlungen und -ergebnisse des Insolvenzschuldners gebunden.[37] Der Insolvenzverwalter muss daher die vorherige Prozessführung des Schuldners, einschließlich eventueller Anerkenntnisse, Verzichte, Geständnisse und Fristversäumnisse, gegen sich gelten lassen.[38] Dies gilt auch, wenn die Forderung vor Insolvenzeröffnung bereits rechtskräftig festgestellt war.[39] Eine Ausnahme von dieser Bindung tritt nur dann ein, wenn der Insolvenzverwalter die Rechtshandlungen gem. § 129 ff. anfechten kann.[40] Diese Grundsätze gelten auch, wenn sich der Rechtsstreit in der Revisionsinstanz befindet.[41] Bei einem neuen Tatsachenvortrag, der für die Anmeldbarkeit oder die Rangfolge von Bedeutung sind, ist der Rechtsstreit nach der Aufnahme an das Berufungsgericht zurück zu verweisen.[42]

---

26 Uhlenbruck/*Sinz* Rn. 20; MüKo-InsO/*Schumacher* Rn. 15.
27 Vgl. MüKo-InsO/*Schumacher* Rn. 15.
28 FK-InsO/*Kießner* Rn. 10; Uhlenbruck/*Sinz* Rn. 23.
29 Kübler/Prütting/Bork/*Pape/Schaltke* Rn. 12; Uhlenbruck/*Sinz* Rn. 26.
30 BGH 06.03.2013, III ZR 261/12, ZInsO 2013, 950.
31 Kübler/Prütting/Bork/*Pape/Schaltke* Rn. 12; FK-InsO/*Kießner* Rn. 7; Uhlenbruck/*Sinz* Rn. 16.
32 Uhlenbruck/*Sinz* Rn. 24; FK-InsO/*Kießner* Rn. 9.
33 So das Beispiel bei Nerlich/Römermann/*Becker* Rn. 15.
34 BGH 06.03.2013, III ZR 261/12, ZInsO 2013, 950.
35 BGH 06.03.2013, III ZR 261/12, ZInsO 2013, 950.
36 Uhlenbruck/*Sinz* Rn. 22; MüKo-InsO/*Schumacher* Rn. 22.
37 BGH 28.09.2006, IX ZB 312/04, ZInsO 2006, 1214.
38 FK-InsO/*Kießner* Rn. 8; MüKo-InsO/*Schumacher* Rn. 15.
39 MüKo-InsO/*Schumacher* § 179 Rn. 34.
40 BGH 28.09.2006, IX ZB 312/04, ZInsO 2006, 1214; FK-InsO/*Kießner* Rn. 8.
41 BGH 15.10.2004, V ZR 100/04, ZInsO 2005, 95.
42 BGH 21.12.1953, VI ZP 203/52, LM § 146 KO Nr. 4; MüKo-InsO/*Schumacher* Rn. 24.

Diese Bindung des Insolvenzverwalters gilt nach Ansicht des BGH auch dann, wenn der Schuldner 14
vor Verfahrenseröffnung lediglich die Klageabweisung beantragt hat. In diesem Fall soll dem Insolvenzverwalter ein sofortiges Anerkenntnis nach § 93 ZPO nicht mehr möglich sein. Etwas anderes ergibt sich nur dann, wenn es sich bei der Handlung des Schuldners um eine anfechtbare Rechtshandlung gehandelt hat.[43] Eine solche Auslegung dürfte zu weit sein, da dadurch dem Insolvenzverwalter von vorneherein die Möglichkeit eines sofortigen Anerkenntnisses abgeschnitten sei und die Masse daher mit weiteren Kosten belastet wird.[44]

Aus der Problematik der Kostentragungspflicht ergibt sich die Streitfrage, ob für das Verfahren eine 15
einheitliche Kostenentscheidung ergeht oder ob kostenrechtlich zwischen dem Stadium »vor« der Eröffnung und »nach« der Eröffnung getrennt werden muss. Nach Ansicht des BGH wird kostenrechtlich nicht zwischen dem Verfahren »vor« und »nach« der Eröffnung getrennt. Vielmehr ergeht für das Verfahren eine einheitliche Kostenentscheidung.[45] Umstritten ist ferner, ob die Kosten die durch die Fortführung des Prozesses entstanden sind Masseverbindlichkeiten oder Insolvenzforderungen sind. Nach der Rechtsprechung des BGH handelt es sich aufgrund der einheitlichen Kostenentscheidung um Masseverbindlichkeiten.[46] Die Literatur dagegen führt an, dass eine Belastung der Masse nur nach dem Verursachungsprinzip erfolgen solle. Die Masse soll also nur mit solchen Kosten belastet werden, die aus der Aufnahme des Rechtsstreits entstanden seien. Nach dieser Auffassung muss zwischen den Kosten vor Verfahrenseröffnung und den Kosten, die nach Verfahrenseröffnung angefallen sind, unterschieden werden. Lediglich die Kosten, die durch die Wiederaufnahme als Feststellungsprozess entstehen, sind demnach Masseverbindlichkeiten.[47]

§ 181 Umfang der Feststellung

Die Feststellung kann nach Grund, Betrag und Rang der Forderung nur in der Weise begehrt werden, wie die Forderung in der Anmeldung oder im Prüfungstermin bezeichnet worden ist.

Übersicht

		Rdn.			Rdn.
A.	Normzweck	1	I.	Grund der Forderung	7
B.	Identität von Prüfungsgegenstand und Streitgegenstand	3	II.	Betrag der Forderung	8
			III.	Rang der Forderung	9
C.	Sachurteilsvoraussetzung	6	IV.	Rechtsnachfolge	10

A. Normzweck

Die Vorschrift entspricht im Wesentlichen § 146 Abs. 4 KO. Der Feststellungsantrag des Klägers ist 1
nach Grund, Betrag und Rang auf den Umfang beschränkt, der in der Anmeldung oder im Prüfungstermin bezeichnet worden ist. Klageziel der insolvenzrechtlichen Feststellungsklage ist die Aufhebung des Widerspruchs gegen die angemeldete Forderung, damit die Feststellung der betreffenden Forderung zur Tabelle möglich ist. Erforderlich ist, dass die bestrittene Forderung angemeldet, geprüft und bestritten wurde.[1] Auch ein vorläufiges Bestreiten reicht für die Zulässigkeit einer Feststellungsklage aus.[2]

---

43 BGH 28.09.2006, IX ZB 312/04, ZInsO 2006, 1214; zust. Braun/*Specovius* §§ 179–181 Rn. 30; HK-InsO/*Depré* Rn. 3; im Ergebnis auch Kübler/Prütting/Bork/*Pape/Schalte* Rn. 22, die dem Verwalter bei Taktieren des Gläubigers den Einwand des § 242 BGB oder einen Schadensersatzanspruch nach § 826 BGB zugestehen.
44 So auch Uhlenbruck/*Sinz* Rn. 22.
45 BGH 09.02.2006, IX ZB 160/04, NZI 2006, 295 (296).
46 BGH 29.05.2009, IX ZR 45/07 NZI 2008, 565 (567).
47 FK-InsO/*Kießner* Rn. 13; Uhlenbruck/*Sinz* Rn. 44.
1 FK-InsO/*Kießner* Rn. 1.
2 Uhlenbruck/*Sinz* Rn. 4.

2   Die Vorschrift legt eine besondere und von Amts wegen zu prüfende **Sachurteilsvoraussetzung** fest, wonach einer Klage, mit der ein Antrag auf Feststellung einer noch nicht angemeldeten und noch nicht geprüften Forderung gestellt wird, das Feststellungsinteresse fehlt, woraufhin diese Klage als unzulässig abzuweisen ist.[3] Die Anmeldung und Prüfung der Forderung kann auch noch während des Feststellungsprozesses bis zu letzten Tatsacheninstanz oder in der Revisionsinstanz nachgeholt werden.[4]

Die Vorschrift findet Anwendung bei positiven Feststellungsklagen i.S.d. § 179 Abs. 1, negativen Feststellungsklagen i.S.d. § 179 Abs. 2, Feststellung durch eine neue Klage i.S.d. § 180 Abs. 1, Feststellung durch Aufnahme eines anhängigen Rechtsstreits i.S.d. § 180 Abs. 2, durch Klage oder durch Widerklage.[5]

B. Identität von Prüfungsgegenstand und Streitgegenstand

3   Das Feststellungsurteil im ordentlichen Verfahren entfaltet sowohl gegenüber dem Insolvenzverwalter als auch gegenüber allen Gläubigern Wirkung nach § 183 Abs. 1, so dass aufgrund dessen vorrangig das Anmeldungs- und Prüfungsverfahren zu betreiben ist, denn dadurch haben der Insolvenzverwalter und alle Gläubiger zunächst selbst die Möglichkeit, die angemeldete Forderung zu prüfen und – falls für erforderlich gehalten – zu bestreiten. Folglich müssen der Prüfungsgegenstand und der Streitgegenstand identisch sein. Der Nachweis der Identität zwischen der angemeldeten und der rechtshängigen Forderung wird durch Vorlage des beglaubigten Tabellenauszuges geführt.[6] Dieser beglaubigte Tabellenauszug ist dem Gläubiger vom Insolvenzgericht nach dem Bestreiten im Prüfungstermin gem. § 179 Abs. 3 Satz 3 zu erteilen.

4   Die Norm stellt sicher, dass das Feststellungsbegehren im Prozess dem Grunde, dem Betrag und dem Rang nach der Bezeichnung in der Anmeldung bzw. dem Prüfungstermin entspricht, weil nur in diesem Umfang ein Interesse an der Feststellung zu verzeichnen ist. Das bloße Ergänzen oder Berichtigen tatsächlicher Angaben, die den Anspruchsgrund unberührt lassen, ist jedoch zulässig.[7] Ferner kann, sofern der Gläubiger eine Forderung aus vorsätzlich begangener unerlaubter Handlung des Schuldners angemeldet hat, der Feststellungsrechtsstreit auf die Beseitigung des Widerspruchs des Schuldners gegen die Qualifizierung als vorsätzlich begangene unerlaubte Handlung begrenzt werden.[8] Dies gilt auch dann, wenn der Gläubiger über einen vollstreckbaren Schuldtitel verfügt und der Schuldner seinen Widerspruch gegen die Qualifizierung nicht binnen der Monatsfrist des § 184 weiter verfolgt hat, das Insolvenzgericht eine Berichtigung der Tabelle jedoch ablehnt. Der Gläubiger hat in diesem Fall dann ein Rechtsschutzbedürfnis an der Eintragung des Rechtsgrundes der unerlaubten Handlung in die Tabelle, da ihm ansonsten, aufgrund einer möglichen Restschuldbefreiung, der Verlust des Anspruchs droht.[9]

5   Als entscheidender Zeitpunkt ist auf den letzten Prüfungstermin abzustellen, in dem die Forderung behandelt wurde. Obwohl in der Norm keine Angabe enthalten ist, auf welchen Zeitpunkt für die Prüfung im schriftlichen Verfahren abzustellen ist, kann der Zeitpunkt nur entsprechend für die Prüfung im schriftlichen Verfahren gelten.[10] Bei Abweichungen zwischen Anmeldung und Eintrag in der Tabelle ist nach dem eindeutigen Wortlaut des § 181 die Anmeldung maßgeblich.[11]

---

3   BGH 05.07.2007, IX ZR 221/05, NZI 2007, 647.
4   BGH 21.02.2000, II ZR 231/98, ZIP 2000, 705; MüKo-InsO/*Schumacher* Rn. 4.
5   Vgl. Uhlenbruck/*Sinz* Rn. 2.
6   Kübler/Prütting/Bork/*Pape/Schaltke* Rn. 3.
7   Uhlenbruck/*Sinz* Rn. 5; FK-InsO/*Kießner* Rn. 6.
8   BGH 18.01.2007, IX ZR 176/05, ZIP 2007, 541 ff.
9   BGH 02.10.2010, IX ZR 41/10 ZInsO 2011, 39.
10 Vgl. Andres/Leithaus/*Leithaus* Rn. 2.
11 HambK-InsR/*Herchen* Rn. 9; Uhlenbruck/*Sinz* Rn. 3.

C. Sachurteilsvoraussetzung

Hinsichtlich der durch die Regelung normierten Sachurteilsvoraussetzung ist Folgendes zu beachten: 6

I. Grund der Forderung

Grund der Forderung umfasst den Lebenssachverhalt, aus dem die Forderung entspringt.[12] Sofern der Gläubiger im ordentlichen Verfahren Tatsachen für einen anderen als in der Anmeldung bezeichneten Rechtsgrund vorträgt, fehlt die Sachurteilsvoraussetzung der Norm. Die Klage ist dann als unzulässig abzuweisen. Eine Änderung des Grundes der Forderung liegt vor, wenn eine Forderung aus Rückgewährschuldverhältnis angemeldet wurde, gerichtlich geltend gemacht wurde ein Nichterfüllungsanspruch.[13] Zulässig soll es dagegen sein, wenn der Gläubiger zunächst eine Forderung für den Ausfall angemeldet hat, nach Bestreiten dieser Forderung dagegen Klage auf uneingeschränkte Feststellung der Forderung zur Tabelle erhebt.[14] 7

Will ein Gläubiger einen Fehler bei der Anmeldung korrigieren, muss er die ursprünglich angemeldete Forderung zurücknehmen und erneut mit dem richtigen Forderungsgrund anmelden. Diese erneut angemeldete Forderung muss dann erneut geprüft und bestritten werden. Ohne die neue Anmeldung und Prüfung ist eine auf den anderen Anspruchsgrund gestützte Feststellungsklage ebenso unzulässig wie eine Klage ohne jede Anmeldung.[15] Bloße Ergänzungen oder Berichtigungen der tatsächlichen Angaben, die keine Änderung des Anspruchsgrundes darstellen, werden von dem Änderungsverbot nicht umfasst.[16] 7a

II. Betrag der Forderung

Unzulässig ist es, einen höheren Betrag geltend zu machen. Will der Gläubiger einen höheren Betrag festgestellt wissen, so muss er zunächst diesen höheren Betrag wieder anmelden.[17] Hat der Gläubiger einen höheren Betrag bereits in seiner ursprünglichen Anmeldung der Forderung geltend gemacht und diese Forderung dann im Laufe des Insolvenzverfahrens bereits reduziert, so steht diese Vorgehensweise einer nochmaligen Anmeldung des höheren Betrags der Forderung nicht entgegen.[18] Wenn der Gläubiger bereits voreilig diesen höheren Betrag im Rahmen eines Feststellungsprozesses geltend gemacht haben sollte, ist diese Sachurteilsvoraussetzung und der sich daraus ergebende Zulässigkeitsmangel mit nachträglicher Anmeldung der höheren Forderung, die dann geprüft und bestritten wurde, geheilt.[19] Der Schutzzweck der Norm steht einer Beschränkung des Betrages jedoch nicht entgegen, so dass ein Begehren zulässig ist, einen geringeren als den angemeldeten Betrag festzustellen.[20] Außerdem folgt aus dem Wortlaut »nur«, dass es dem Gläubiger nicht verwehrt ist, weniger als die angemeldete Forderung feststellen zu lassen.[21] 8

III. Rang der Forderung

Ebenfalls unzulässig ist es, einen besseren Rang der Forderung geltend zu machen. Die Geltendmachung eines schlechteren Rangs ist allerdings – wie aus den gleichen Gründen, aufgrund derer die Beschränkung der Klage auf einen geringeren Betrag der Forderung zulässig ist – zulässig. Vorausset- 9

---

12 BGH 22.01.2009, IX ZR 3/308, ZIP 2009, 483; MüKo-InsO/*Schumacher* Rn. 6
13 BGH, 23.10.2003 IX ZR 165/02 ZInsO 2003, 1138.
14 MüKO-InsO/*Schumacher* Rn. 9; HambK-InsR/*Herchen* Rn. 4; a.A. LG Bonn 15.06.1996, 18 O 2/96; ZIP 1996, 1672; LG Bonn 26.11.1996, 13 T 67/96 ZIP 1997, 934.
15 BGH 05.07.2007, IX ZR 221/05, NZI 2007, 647.
16 Kübler/Prütting/Bork/*Pape/Schaltke* Rn. 6.
17 Nerlich/Römermann/*Becker* Rn. 4; Kübler/Prütting/Bork/*Pape/Schaltke* Rn. 7.
18 Nerlich/Römermann/*Becker* Rn. 4.
19 LAG Hamm 23.09.2004, 4 Sa 2037/03, ZInsO 2005, 1120.
20 LAG Niedersachsen 10.07.2003, 4 Sa 3/03, NZA-RR 2004, 317; FK-InsO/*Kießner* Rn. 3.
21 Nerlich/Römermann/*Becker* Rn. 6.

zung ist allerdings, dass das Gericht nach § 174 Abs. 3 zur Anmeldung der nachrangigen Forderung aufgefordert hatte. Bei fehlender Aufforderung ist das Rechtsschutzinteresse nicht gegeben.[22]

IV. Rechtsnachfolge

10 Wenn sich die Person des Forderungsberechtigten durch Rechtsnachfolge ändert, ist es umstritten, ob für die Geltendmachung der Forderung durch den Rechtsnachfolger eine Neuanmeldung notwendig ist oder ob der Nachweis der Rechtsnachfolge in Form des § 727 ZPO genügt. Für eine Neuanmeldung wird angeführt, dass ansonsten den übrigen Gläubigern die Möglichkeit genommen werde, die Rechtsnachfolge zu bestreiten.[23] Die Gegenseite führt an, dass ein Nachweis nach § 727 ZPO ausreichend sei.[24] Die Gefahr, dass ein unberechtigter Dritter eine Forderung gegen die Insolvenzmasse geltend mache, sei bei dieser Form des Nachweises als gering anzusehen.[25]

§ 182 Streitwert

Der Wert des Streitgegenstands einer Klage auf Feststellung einer Forderung, deren Bestand vom Insolvenzverwalter oder von einem Insolvenzgläubiger bestritten worden ist, bestimmt sich nach dem Betrag, der bei der Verteilung der Insolvenzmasse für die Forderung zu erwarten ist.

Übersicht

	Rdn.		Rdn.
A. Normzweck	1	D. Bestimmung des Streitwerts	5
B. Anwendungsbereich	2	E. Korrektur des Streitwertbeschlusses	9
C. Zeitpunkt der Streitwertbestimmung	4		

A. Normzweck

1 Nach § 148 KO erfolgte die Bestimmung des Streitwerts nach freiem Ermessen seitens des Gerichts. In § 182 erfolgt eine Präzisierung, wonach sich der Streitwert ausschließlich nach der insgesamt zu erwartenden Quote richtet. Die Parteien eines Feststellungsrechtsstreits sollen ihr Kostenrisiko zuverlässiger einschätzen können;[1] zudem soll der Streitwert in einem angemessenen Verhältnis zur wirtschaftlichen Bedeutung des Verfahrens stehen.[2]

B. Anwendungsbereich

2 Die Norm gilt für die Berechnung des Zuständigkeitsstreitwerts, des Rechtsmittelstreitwerts und des Gebührenstreitwerts.[3] Die Vorschrift gilt grds für alle Klagen gem. §§ 179, 180 auf Feststellung einer bestrittenen Insolvenzforderung.[4] Ausgehend von ihrem Wortlaut ist die Vorschrift nur für Klagen um die Feststellung der Forderung insgesamt anwendbar. Die Vorschrift findet jedoch entsprechende Anwendung, wenn nur ein Teilbetrag oder der Rang der Forderung bestritten wird.[5] Der Streitwert bestimmt sich dann nach dem Unterschied zwischen den Beträgen, die der Gläubiger bei einem Obsiegen bzw. bei einem Unterliegen gegenüber dem Bestreitenden erlangen würde.[6] Ebenfalls entsprechend ist die Norm anwendbar, wenn der Bestreitende gem. § 179 Abs. 2 auf Fest-

---

[22] Uhlenbruck/*Sinz* Rn. 12.
[23] HambK-InsR/*Herchen* Rn. 5; MüKo-InsO/*Schumacher* Rn. 8
[24] Kübler/Prütting/Bork/*Pape/Schaltke* Rn. 11; Uhlenbruck/*Sinz* Rn. 10.
[25] Kübler/Prütting/Bork/*Pape/Schaltke* Rn. 11.
[1] MüKo-InsO/*Schumacher* Rn. 1.
[2] Kübler/Prütting/Bork/*Pape/Schaltke* Rn. 1; FK-InsO/*Kießner* Rn. 3.
[3] BGH 21.12.2006, VII ZR 200/05, NZI 2007, 175; 28.01.2002, II ZB 23/01, NZI 2002, 459; Uhlenbruck/*Sinz* Rn. 2; HambK-InsR/*Herchen* § 181 Rn. 1; Kübler/Prütting/Bork/*Pape/Schaltke* Rn. 3.
[4] MüKo-InsO/*Schumacher* Rn. 3; Uhlenbruck/*Sinz* Rn. 2.
[5] So auch Braun/*Specovius* Rn. 9 unter Hinweis auf das Gesetzgebungsverfahren.
[6] Vgl. Braun/*Specovius* Rn. 9.

stellung der Begründetheit seines Widerspruchs klagt. Zwar sind weiterhin die allgemeinen Regeln der §§ 2, 3 ZPO anwendbar, jedoch ist die Norm in der Hinsicht entsprechend anwendbar, als sie das freie Ermessen nach § 3 ZPO insoweit einschränkt, weil nunmehr die voraussichtliche Aussicht auf Befriedigung für die Berechnung des Streitwerts zu berücksichtigen ist.[7]

Die Vorschrift gilt **nicht** für Klagen gegen den Widerspruch des Schuldners nach § 184.[8] Der Streitwert dieser Klage entspricht dem Wert des Vollstreckungsanspruchs nach § 201 Abs. 2.[9] Keine Anwendung findet die Norm auch im Falle von Klagen auf Aussonderung, abgesonderte Befriedigung und Zahlung von Masseverbindlichkeiten.[10] 3

C. Zeitpunkt der Streitwertbestimmung

Entscheidend ist nach § 4 Abs. 1 Hs. 1 Alt. 1 ZPO die Quote zu dem Zeitpunkt, zu dem der Gläubiger seine insolvenzrechtliche Feststellungsklage einreicht.[11] Liegt keine Neuklage vor, sondern wird nach § 180 II ein unterbrochenes Verfahren wieder aufgenommen, so ist aufgrund entsprechender Anwendung des § 4 Abs. 1 Hs. 1 Alt. 1 ZPO der Zeitpunkt maßgeblich, zu dem der Gläubiger nach § 250 ZPO den Aufnahmeschriftsatz bei Gericht einreicht.[12] Die zu erwartende Quote, die für die Streitwertbestimmung maßgeblich ist, kann sich möglicherweise im Laufe des Verfahrens ändern. Hieraus resultieren jedoch keine ständig wechselnden Zuständigkeiten, denn es gilt der Grundsatz der Verstetigung des Gerichtsstandes, sog. perpetuatio fori. Eine Korrektur erfolgt nur bei einer offensichtlich grob fehlerhaften Schätzung.[13] Auch bei einem bereits anhängigen Rechtsstreit verbleibt es bei der ursprünglichen Zuständigkeit des zuständigen Gerichtes.[14] 4

D. Bestimmung des Streitwerts

Der Streitwert bestimmt sich nach der Höhe der für die Forderung zu erwartenden Verteilungsquote im Insolvenzverfahren, dh nach vorgenommener Abschlags- und Schlussverteilung.[15] Die Quote berechnet sich nach dem Verhältnis der Teilungsmasse zur Schuldenmasse unter Hinzurechnung des Nennwertes der festzustellenden Forderung.[16] Entscheidend ist allein diese Quote. Unerheblich ist in diesem Zusammenhang, ob die Forderung durch sonstige Rechte gesichert ist. Deshalb erhöht sich der Streitwert nicht, wenn die Forderung des Gläubigers dinglich gesichert ist oder eine Bürgschaft für die Forderung besteht.[17] Grundsätzlich erfolgt kein Abschlag wegen des Feststellungsinteresses der Klage[18] oder wegen der fehlenden Vollstreckbarkeit.[19] Steht der Masse eine (aufrechenbare) Gegenforderung gegen den Kläger einer Feststellungsklage zu, so ist der Streitwert der Feststellungsklage grds nach dem Betrag festzusetzen, der bei einer Verteilung der um die Gegenforderung erhöhten Masse auf die Klageforderung entfiele.[20] 5

---

7   S. Braun/*Specovius* Rn. 10.
8   Kübler/Prütting/Bork/*Pape/Schaltke* Rn. 12; Uhlenbruck/*Sinz* Rn. 5; MüKo-InsO/*Schumacher* Rn. 4.
9   Hierzu ausf. Uhlenbruck/*Sinz* Rn. 5 m.w.N.; LG Mühlhausen 14.04.2004, 2 T 77/04, ZInsO 2004, 1046 f.
10 MüKo-InsO/*Schumacher* Rn. 4.
11 OLG Köln 20.01.2003, 2 W 14/03, NZI 2003, 568; MüKo-InsO/*Schumacher* Rn. 10; Uhlenbruck/*Sinz* Rn. 15.
12 OLG Hamm 31.12.2007, 26 W 24/07, DZWIR 2008, 219; OLG Dresden 23.01.2006, 13 W 1185/05, OLGR 2007, 760.
13 Uhlenbruck/*Sinz* Rn. 15; Kübler/Prütting/Bork/*Pape/Schaltke* Rn. 4.
14 FK-InsO/*Kießner* Rn. 8
15 BGH 28.01.2002, II ZB 23/01, NZI 2002, 549.
16 MüKo-InsO/*Schumacher* Rn. 8 HK-InsO/*Herchen* Rn. 8.
17 BGH 12.11.1992, VII ZB 13/92, ZIP 1993, 50.
18 FK-InsO/*Kießner* Rn. 5.
19 OLG Naumburg 23.01.1995, 7 W 34/94, ZIP 1995, 575.
20 BGH 16.12.1999, IX ZR 197/99, ZInsO 2000, 99.

6 Zum Zeitpunkt der Erhebung der Feststellungsklage wird sich die voraussichtliche Quote in den überwiegenden Fällen noch nicht ermitteln lassen. Folglich ist vom Gericht die voraussichtliche Quote gem. § 287 ZPO auf der Grundlage des Berichts des Insolvenzverwalters nach § 156 zu schätzen.[21] Im Rahmen dieser Schätzung hat das Gericht auch andere Erkenntnisquellen zu nutzen und so z.B. die Insolvenzakten beizuziehen und auszuwerten, wobei es im Einzelfall auch notwendig sein kann, erneut eine Auskunft des Insolvenzverwalters einzuholen.[22] Diese Erkenntnisse binden das Gericht jedoch nicht.[23] Für den Fall, dass die Schätzung zu mehreren Quoten führt, die in gleichem Maße wahrscheinlich sind, so ist der höchste Wert als Streitwert zu bestimmen, weil hierauf das Interesse des Gläubigers abzielt.[24]

7 Eine angezeigte Masseunzulänglichkeit bedeutet nicht automatisch, dass der Streitwert für die Klage auf Feststellung einer Geldforderung zur Insolvenztabelle nach der niedrigsten Gebührenstufe zu bestimmen ist, wenn z.B. der Insolvenzverwalter eine materiell-rechtlich aussichtsreiche und auch durchsetzbare Forderung der Masse verfolgt.[25] Sofern eine Insolvenzquote nicht erwartet werden kann, ist der Streitwert auf den Wert der niedrigsten Gebührenstufe festzusetzen.[26] Weitere Befriedigungsmöglichkeiten des klagenden Gläubigers, außerhalb des Insolvenzverfahrens, z.B. aus Bürgschaft sind in diesem Zusammenhang nicht zu berücksichtigen. Ein nach Landesrecht i.V.m. § 15a EGZPO notwendiges Schlichtungsverfahren muss, unabhängig vom Streitwert, nicht durchgeführt werden.[27] Dies ergibt sich insb. auch daraus, dass mit einem Schlichtungsverfahren nicht die Rechtsfolgen herbeigeführt werden können, die mit einer gerichtlichen Feststellung verbunden sind. Weiterhin ist das Schlichtungsverfahren nicht für nominal hohe Streitwerte vorgesehen. Das Schlichtungsverfahren soll nach dem Willen des Gesetzgebers vornehmlich für Bagatellstreitigkeiten[28] gelten, die keine besonderen rechtlichen oder tatsächlichen Schwierigkeiten aufwerfen.[29]

8 Wird gem. § 180 Abs. 2 der vor Verfahrenseröffnung bereits anhängige Rechtsstreit nach Unterbrechung und Bestreiten im Prüfungstermin wieder aufgenommen, so ist der nach dieser Norm zu bestimmende Streitwert maßgeblich und nicht der ursprüngliche Streitwert des anhängigen Verfahrens.[30] Die Höhe der zu erwartenden Quote ist dann auch für den Wert der Beschwer und somit für die Zulässigkeit eines Rechtsmittels maßgeblich.[31] Übersteigt z.B. der vom Gericht bestimmte Streitwert, der mit der Revision geltend gemacht werden soll, nicht den erforderlichen Betrag von zwanzigtausend Euro, ist eine Revision nicht zulässig. Hierbei kommt es ebenfalls auf den Zeitpunkt der Einlegung des Rechtsmittels an. War die Höhe der Forderung für die Einlegung des Rechtsmittels im Zeitpunkt der Einlegung ausreichend, bleibt die Zulässigkeit trotz möglicher niedrigerer Quote bestehen.[32]

---

[21] BGH 09.09.1999, IX ZR 80/99, ZIP 1999, 1811; Kübler/Prütting/Bork/*Pape/Schaltke* Rn. 14; Braun/*Specovius* Rn. 4.
[22] BGH 21.12.2006, VII ZR 200/05, NZI 2007, 175; noch zu § 148 KO: BGH 09.09.1999, IX ZR 80/99, NZI 1999, 447; Uhlenbruck/*Sinz* Rn. 8; HK-InsO/*Depré* Rn. 1; a.A. Kübler/Prütting/Bork/*Pape/Schaltke* Rn. 14.
[23] BGH 21.12.2006, VII ZR 200/05, NZI 2007, 175.
[24] LAG Hamm 06.09.2001, 4 Sa 466/01, ZInsO 2001, 1072; HambK-InsR/*Herchen* Rn. 7; Kübler/Prütting/Bork/*Pape/Schaltke* Rn. 15.
[25] OLG Rostock 28.04.2003, 3 W 43/03, NZI 2004, 320.
[26] BGH 16.12.1999, IX ZR 197/99, NZI 2000, 115.
[27] BGH 09.06.2011, IX ZR 213/10; a.A. noch Braun/*Specovius* §§ 179–181 Rn. 10.
[28] BT-Drucks. 14/980, 8
[29] BGH 09.06.2011, IX ZR 213/10.
[30] *BGH 27.02.1980, I ZR 13/78, ZIP 1980, 429.*
[31] BGH 21.12.2006, VII ZR 200/05, NZI 2007, 175
[32] FK-InsO/*Kießner* Rn. 8.

E. Korrektur des Streitwertbeschlusses

Hat das Gericht zum Zeitpunkt der Streitwertbestimmung bekannte oder erkennbare Tatsachen unberücksichtigt gelassen, so darf das Gericht den Streitwertbeschluss von Amts wegen nach § 63 GKG ändern.[33] Hiergegen sind Erinnerung und Beschwerde nach den §§ 66 ff. GKG gegeben. 9

§ 183 Wirkung der Entscheidung

(1) Eine rechtskräftige Entscheidung, durch die eine Forderung festgestellt oder ein Widerspruch für begründet erklärt wird, wirkt gegenüber dem Insolvenzverwalter und allen Insolvenzgläubigern.

(2) Der obsiegenden Partei obliegt es, beim Insolvenzgericht die Berichtigung der Tabelle zu beantragen.

(3) Haben nur einzelne Gläubiger, nicht der Verwalter, den Rechtsstreit geführt, so können diese Gläubiger die Erstattung ihrer Kosten aus der Insolvenzmasse insoweit verlangen, als der Masse durch die Entscheidung ein Vorteil erwachsen ist.

Übersicht	Rdn.		Rdn.
A. Normzweck	1	II. Erstreckung auf den Schuldner	4
B. Rechtskrafterstreckung	2	C. Tabellenberichtigung	7
I. Erstreckung auf Insolvenzgläubiger und Insolvenzverwalter	3	D. Kostenerstattung	10

A. Normzweck

§ 183 Abs. 1 und 2 entsprechen der früheren Regelung in § 147 KO, § 183 Abs. 3 dem früheren § 146 Abs. 7 KO. Abs. 1 normiert die subjektive Rechtskrafterstreckung des Feststellungsurteils. Im Gegensatz zur früheren Regelung des § 147 Satz 1 KO erfolgt ergänzend eine Klarstellung, dass die Wirkungen des Feststellungsurteils auch im Verhältnis zum Insolvenzverwalter gelten. § 183 Abs. 2 regelt das Verfahren der Tabellenberichtigung. § 183 Abs. 3 sieht vor, dass unter bestimmten Voraussetzungen eine Prozesskostenbeteiligung der Masse erfolgt. 1

B. Rechtskrafterstreckung

Nach § 183 Abs. 1 erstreckt sich die Rechtskraft des Feststellungsurteils **auf den Verwalter und die Insolvenzgläubiger**. 2

I. Erstreckung auf Insolvenzgläubiger und Insolvenzverwalter

Stellt das Gericht die Begründetheit eines Widerspruchs fest, wirkt das Urteil **zugunsten** aller Insolvenzgläubiger und des Insolvenzverwalters, auch wenn diese nicht Partei des Feststellungsverfahrens gewesen sind.[1] Im Falle eines rechtskräftigen Urteils, das einen Widerspruch als begründet feststellt oder das Begehren der Feststellung zurückweist, entfaltet dieses Urteil Wirkung für alle weiteren Feststellungsprozesse, so dass etwaige weitere Klagen aufgrund entgegenstehender Rechtskraft als unzulässig abzuweisen sind.[2] 3

Für die umgekehrte Konstellation, also für den Fall, dass der Gläubiger obsiegt, tritt die Wirkung des Abs. 1 erst dann ein, wenn alle weiteren Widersprüche von Insolvenzgläubigern oder dem Insolvenzverwalter beseitigt worden sind,[3] denn hier könnten von den anderen Bestreitenden noch weitere Einwendungen vorgebracht werden. 3a

---

33 Siehe HambK-InsR/*Herchen* Rn. 12.
1 FK-InsO/*Kießner* Rn. 3.
2 HambK-InsO/*Herchen* Rn. 2.
3 Kübler/Prütting/Bork/*Pape/Schaltke* Rn. 11; MüKo-InsO/*Schuhmacher* Rn. 4.

II. Erstreckung auf den Schuldner

4 Umstritten ist, ob die Entscheidung über die Feststellung der Forderung nach Abs. 1 auch gegenüber dem Schuldner Rechtskraft entfaltet. Zwar sind nach dem ausdrücklichen Wortlaut der Norm von der Rechtskrafterstreckung nur der Insolvenzverwalter und sämtliche Insolvenzgläubiger betroffen. Der Schuldner als Eigenverwalter steht allerdings dem Insolvenzverwalter gleich. Außerdem ist der Schuldner betroffen, da sein dem Insolvenzverfahren unterliegendes Vermögen vom Insolvenzverwalter verkörpert und zugunsten der Forderungen genutzt wird, die gegenüber dem Verwalter festgestellt sind.[4]

5 Nach Auffassung des BGH[5] und von Teilen der Literatur[6] ist hinsichtlich der Erstreckung der Rechtskraft auf den Schuldner wie folgt zu differenzieren. Die Rechtskraft der Feststellung des Nichtbestehens einer Forderung zugunsten eines Gläubigers erstreckt sich auch auf den Schuldner, wobei es unerheblich ist, ob der Schuldner der Feststellung selbst widersprochen hat. Keine subjektive Rechtskraft entfaltet das Urteil nach Abs. 1 gegenüber dem Schuldner, wenn die Feststellung des Bestehens einer Forderung zugunsten eines Gläubigers rechtskräftig erfolgt ist. In diesem Fall tritt die Rechtskraft gegenüber dem Schuldner lediglich nach § 201 Abs. 2 ein, wenn der Schuldner der Forderung nicht widersprochen hat.

6 Nach anderer Ansicht lässt sich die subjektive Rechtskraftwirkung gegenüber dem Schuldner nicht auf Abs. 1 stützen.[7] Dies ergebe sich zu Lasten des Schuldners aus § 178 Abs. 1 Satz 1, Abs. 3, wobei die Feststellung einer Forderung einem rechtskräftigen Urteil gleichkommt.

C. Tabellenberichtigung

7 Nach § 178 Abs. 2 Satz 1 ist die Feststellung der Forderung ein in die Insolvenztabelle einzutragender Umstand. Dies gilt auch für den Widerspruch. Aus dem Sinn und Zweck des § 178 Abs. 2 Satz 1 ergibt sich, dass die nach dieser Vorschrift erforderlichen Einträge fortlaufend vorzunehmen und damit zu pflegen sind.[8] Die Berichtigung bezieht sich damit auf die Feststellung der bestrittenen Forderung, die Begründetheit des Widerspruchs, das Scheitern des Gläubigers, die Feststellung zu betreiben und das Scheitern des Bestreitenden, die Begründetheit seines Widerspruchs feststellen zu lassen.

8 Nach Abs. 2 erfolgt die Berichtigung der Tabelle nur auf Antrag der obsiegenden Partei; eine Berichtigung von Amts wegen erfolgt nicht.[9] Dem Antrag ist eine Urteilsausfertigung mit Rechtskraftvermerk beizufügen.[10] Eine Berichtigung kann auch nach Aufhebung des Insolvenzverfahrens unter den Voraussetzungen des § 189 Abs. 2 erfolgen.[11]

9 Die Berichtigung hat lediglich deklaratorische Wirkung, denn die Feststellungswirkung tritt bereits – ohne dass es einer Eintragung bedarf – mit Rechtskraft des Urteils ein.[12] Ein Rechtsmittel ist gegen die Berichtigung nicht gegeben.[13] Für den Fall, dass der Rechtspfleger die Berichtigung verweigert, ist nach §§ 6 Abs. 1, 11 RPflG Erinnerung möglich.[14]

---

4 In diesem Sinne Nerlich/Römermann/*Becker* Rn. 1.
5 BGH 24.04.1958, II ZR 38/75, WM 1958, 696 (697).
6 Braun/*Specovius* Rn. 4.
7 Vgl. HambK-InsR/*Herchen* Rn. 5; Uhlenbruck/*Sinz* Rn. 6.
8 So Nerlich/Römermann/*Becker* Rn. 11–16.
9 Kübler/Prütting/Bork/*Pape/Schlatke* Rn. 15; Nerlich/Römermann/*Becker* Rn. 11; Uhlenbruck/*Sinz* Rn. 11.
10 Kübler/Prütting/Bork/*Pape/Schlatke* Rn. 15; MüKo-InsO/*Schumacher* Rn. 8; Graf-Schlicker/*Graf-Schlicker* Rn. 8.
11 BFH 24.10.2008, VII R 30/08, BFH/NV 2009, 414 Rn. 7; Kübler/Prütting/Bork/*Pape/Schlatke* Rn. 17; Uhlenbruck/*Sinz* Rn. 12.
12 AG Hamburg 12.09.2006, 67g IN 478/04, ZIP 2006, 1915; Uhlenbruck/*Sinz* Rn. 14; HambK-InsR/*Herchen* Rn. 7; Graf-Schlicker/*Graf-Schlicker* Rn. 8.
13 Vgl. HambK-InsR/*Herchen* Rn. 8.
14 Uhlenbruck/*Sinz* Rn. 14; Graf-Schlicker/*Graf-Schlicker* Rn. 9; HambK-InsR/*Herchen* Rn. 8.

D. Kostenerstattung

§ 183 Abs. 3 regelt nicht die Kostenverteilung im Feststellungsprozess.[15] Diese Kostentragung richtet sich gem. §§ 91 ff. ZPO nach den allgemeinen Regeln. Sofern der widersprechende Gläubiger obsiegt, steht ihm unter bestimmten Voraussetzungen ein prozessualer Kostenerstattungsanspruch gegen die Insolvenzmasse zu, der nach § 55 Abs. 1 Nr. 1 eine Masseverbindlichkeit darstellt.[16]

Die Insolvenzmasse muss aus der Aktivität eines bestreitenden Gläubigers im Falle der Passivität des Verwalters einen Vorteil erlangt haben. Folglich kommt ein Kostenerstattungsanspruch nach Abs. 3 dann nicht in Betracht, wenn und soweit der Verwalter ebenfalls gegen die Forderung gerichtlich – entweder in einem isolierten oder aber im selben Prozess – vorging. Umstritten ist jedoch, ob diese strikte Auslegung des Wortlauts dann noch gilt, wenn der Insolvenzverwalter den Prozess verliert, der Insolvenzgläubiger den Prozess jedoch gewinnt. Sinn und Zweck der Vorschrift spricht für eine Anwendung, da der Vorteil für die Masse nur vom Widerspruchsgläubiger erstritten worden ist.[17] Gewinnt ein Gläubiger den Feststellungsprozess gegen den widersprechenden Verwalter, hat die Masse die Kosten des Rechtsstreits gem. § 91 ZPO als Masseverbindlichkeit (§ 55 Abs. 1 Nr. 1) zu tragen.[18]

Einen Vorteil erhält die Masse dann, wenn durch das vom Gläubiger erstrittene Ergebnis die Forderung überhaupt nicht oder jedenfalls nicht in dem angemeldeten Umfang zu bedienen ist,[19] denn für den Fall, dass es einem Gläubiger gelingt, seinen Widerspruch im Feststellungsprozess bestätigen zu lassen, nimmt der unterlegene Gläubiger mit dieser bestrittenen Forderung nicht mehr am Insolvenzverfahren teil.[20] Der Vorteil für die Masse besteht dann in der Quotenerhöhung aller Insolvenzgläubiger. Ausgehend vom Wortlaut »soweit« ist der Erstattungsanspruch gegen die Masse der Höhe nach auf den erlangten Vorteil begrenzt.[21]

Zwischen dem Erstattungsanspruch gegen die Masse und der Erstattungsverpflichtung des unterlegenen Gläubigers besteht eine Akzessorietät in folgender Weise: Zahlt der unterlegene Gläubiger dem Obsiegenden die Kosten des Zivilprozesses, so erlischt der Erstattungsanspruch gegen die Masse nach § 183 Abs. 3 automatisch.[22] Werden dem Gläubiger aus der Masse die Kosten erstattet, so muss der Obsiegende seinen Erstattungsanspruch gegen den unterlegenen Gläubiger analog § 255 BGB an die Masse abtreten.[23]

§ 184 Klage gegen einen Widerspruch des Schuldners

(1) Hat der Schuldner im Prüfungstermin oder im schriftlichen Verfahren (§ 177) eine Forderung bestritten, so kann der Gläubiger Klage auf Feststellung der Forderung gegen den Schuldner erheben. War zur Zeit der Eröffnung des Insolvenzverfahrens ein Rechtsstreit über die Forderung anhängig, so kann der Gläubiger diesen Rechtsstreit gegen den Schuldner aufnehmen.

---

15 Kübler/Prütting/Bork/*Pape/Schaltke* Rn. 18; Uhlenbruck/*Sinz* Rn. 15; Graf-Schlicker/*Graf-Schlicker* Rn. 11; HambK-InsR/*Herchen* Rn. 11.
16 Kübler/Prütting/Bork/*Pape/Schaltke* Rn. 19; MüKo-InsO/*Schumacher* Rn. 11; Uhlenbruck/*Sinz* Rn. 14; Graf-Schlicker/*Graf-Schlicker* Rn. 12.
17 MüKo-InsO/*Schumacher* Rn. 11; Graf-Schlicker/*Graf-Schlicker* Rn. 13; a.A. Uhlenbruck/*Sinz* Rn. 17.
18 MüKo-InsO/*Schumacher* Rn. 10.
19 Vgl. Nerlich/Römermann/*Becker* Rn. 20.
20 S. Braun/*Specovius* Rn. 9.
21 FK-InsO/*Kießner* Rn. 6; Uhlenbruck/*Sinz* Rn. 16; MüKo-InsO/*Schumacher* Rn. 11; Kübler/Prütting/Bork/*Pape/Schlatke* Rn. 19.
22 MüKo-InsO/*Schumacher* Rn. 11; Uhlenbruck/*Sinz* Rn. 16; HambK-InsR/*Herchen* Rn. 9; Graf-Schlicker/*Graf-Schlicker* Rn. 12.
23 FK-InsO/*Kießner* Rn. 6; Uhlenbruck/*Sinz* Rn. 16; MüKo-InsO/*Schumacher* Rn. 11; Kübler/Prütting/Bork/*Pape/Schlatke* Rn. 19.

§ 184 InsO   Klage gegen einen Widerspruch des Schuldners

(2) Liegt für eine solche Forderung ein vollstreckbarer Schuldtitel oder ein Endurteil vor, so obliegt es dem Schuldner binnen einer Frist von einem Monat, die mit dem Prüfungstermin oder im schriftlichen Verfahren mit dem Bestreiten der Forderung beginnt, den Widerspruch zu verfolgen. Nach fruchtlosem Ablauf dieser Frist gilt ein Widerspruch als nicht erhoben. Das Insolvenzgericht erteilt dem Schuldner und dem Gläubiger, dessen Forderung bestritten worden ist, einen beglaubigten Auszug aus der Tabelle und weist den Schuldner auf die Folgen einer Fristversäumung hin. Der Schuldner hat dem Gericht die Verfolgung des Anspruchs nachzuweisen.

Übersicht

	Rdn.		Rdn.
A. Normzweck	1	II. Titulierte Forderungen	10
B. Widerspruch des Schuldners	1b	III. Verfolgung des Widerspruchs durch den Schuldner	13
C. Feststellung nicht titulierter Forderungen	4	E. Forderungen aus vorsätzlich begangener unerlaubter Handlung	15a
I. Klage auf Feststellung	5	I. Nicht titulierte Forderung	15b
II. Aufnahme des anhängigen Rechtsstreits	7	II. Titulierte Forderung	15c
D. Feststellung titulierter Forderungen	8	F. Berichtigung der Tabelle	16
I. Zweck	9		

A. Normzweck

1   Die Vorschrift entspricht grds § 144 Abs. 2 KO, wobei dort jedoch nur die Alternative der Prozessaufnahme geregelt war. Sofern der Schuldner im Prüfungstermin oder im schriftlichen Verfahren eine Forderung bestreitet, wird nach § 178 Abs. 1 Satz 2 die Forderung trotzdem zur Tabelle festgestellt. Sofern der Schuldner nur dem Schuldgrund der vorsätzlich begangenen, unerlaubten Handlung widerspricht, wird die Forderung ebenfalls zur Tabelle eingetragen, wobei allerdings dieser Forderungsgrund nicht aufgenommen wird. Der Insolvenzgläubiger kann jedoch nur aus dem Tabelleneintrag gegen den Schuldner gem. § 201 Abs. 2 Satz 1 vollstrecken bzw. die Erteilung der Restschuldbefreiung verhindern, wenn ein solcher Widerspruch des Schuldners bis zum Ende des Verfahrens beseitigt wird. Folglich verhindert der Schuldner durch seinen Widerspruch, dass der Gläubiger aus dem Tabelleneintrag gegen ihn persönlich die Zwangsvollstreckung betreiben kann. Der Widerspruch muss sich daher gegen den Bestand oder die Durchsetzbarkeit der Forderung außerhalb des Insolvenzverfahrens richten.[1]

1a   Durch das am 01.07.2007 in Kraft getretene Vereinfachungsgesetz ist nach § 184 Abs. 2 nunmehr der Schuldner bei Vorliegen eines vollstreckbaren Schuldtitels oder eines Endurteils verpflichtet, innerhalb einer bestimmten Frist Feststellungsklage zu erheben. § 184 Abs. 2 entspricht dem Rechtsgedanken des § 179 Abs. 2, wonach bei Vorliegen eines vollstreckbaren Schuldtitels oder eines Endurteils der Bestreitende Feststellungsklage zu erheben hat.

B. Widerspruch des Schuldners

1b   Der Schuldner hat im Prüfungstermin (§ 176) mündlich und im schriftlichen Verfahren (§ 177 Abs. 1, 2) schriftlich Widerspruch zu erheben. Der Schuldner kann sämtliche Einwendungen gegen Grund, Höhe und Durchsetzbarkeit der Forderung geltend machen;[2] z.B. die Verjährungseinrede.[3] Insolvenzspezifische Einwendungen, wie z.B. Widerspruch gegen die Eigenschaft als Insolvenzforderung oder gegen den Rang der angemeldeten Forderung, können dagegen nicht wirksam geltend gemacht werden.[4]

2–3   Derzeit unbesetzt

---

[1] Uhlenbruck/*Sinz* Rn. 4; HambK-InsR/*Herchen* Rn. 2.
[2] OLG Naumburg 07.01.2004, 5 W 98/03, NZI 2004, 630; HambK-InsR/*Herchen* Rn. 2.
[3] BGH 29.03.2007, IX ZB 141/06, ZIP 2007, 1226.
[4] Kübler/Prütting/Bork/*Pape/Schaltke* Rn. 7; MüKo-InsO/*Schumacher* Rn. 2; HambK-InsR/*Herchen* Rn. 2.

C. Feststellung nicht titulierter Forderungen

Abs. 1 befasst sich – im Falle des durch den Schuldner erhobenen Widerspruchs – mit der Feststellung noch nicht titulierter Forderungen, wobei zu unterscheiden ist, ob zur Zeit der Eröffnung des Insolvenzverfahrens ein Rechtsstreit über die Forderung anhängig ist.

I. Klage auf Feststellung

Der Gläubiger kann Klage auf Feststellung der Forderung gegen den Schuldner nach Abs. 1 Satz 1 erheben, wenn für die vom Schuldner bestrittene Forderung kein vollstreckbarer Schuldtitel oder ein Endurteil vorliegt und zur Zeit der Eröffnung des Insolvenzverfahrens ein Rechtsstreit über die Forderung nicht anhängig war. Bei dieser Klage handelt es sich um eine **Feststellungsklage** nach § 256 ZPO. Gegenstand der Feststellung ist der Anspruch des Gläubigers gegen den Schuldner persönlich und nicht – wie im Rahmen der Insolvenzfeststellungsklage – das Haftungsrecht des Gläubigers an der Masse.[5] § 184 Abs. 1 Satz 1 enthält keine Frist, innerhalb derer die Feststellungsklage zu erheben ist.[6] Aus diesem Grund ist auch noch eine Klageerhebung während der Wohlverhaltensphase möglich.[7]

Das **Feststellungsinteresse** ist gegeben, da der Schuldnerwiderspruch durch die gerichtliche Feststellung beseitigt wird und damit dem Gläubiger die Zwangsvollstreckung in das Schuldnervermögen aus der Eintragung der Feststellung in die Tabelle nach Beendigung des Insolvenzverfahrens offen steht.[8] Der Schuldner selbst kann keine negative Feststellungsklage erheben, da ihm das Feststellungsinteresse fehlt.[9]

Die für die Insolvenzfeststellungsklage geltenden §§ 179 bis 183 finden vorliegend keine Anwendung. Für die Zuständigkeit des Gerichts, die Streitwertberechnung und die Urteilswirkungen gelten die allgemeinen prozessualen Vorschriften.

Der **Streitwert** einer Klage, mit der die Feststellung begehrt wird, eine zur Insolvenztabelle angemeldete Forderung beruhe auf einer vorsätzlichen unerlaubten Handlung, bemisst sich – ausgehend vom Nennwert der Forderung – nach den voraussichtlichen Vollstreckungsaussichten nach Beendigung des Insolvenzverfahrens und Erteilung der Restschuldbefreiung. Wenn diese als zu gering anzusehen sind, kann ein Abschlag von 75 Prozent des Nennwerts der Forderung angemessen sein.[10]

Im Falle der rechtskräftigen Feststellung der Forderung ist der Widerspruch des Schuldners beseitigt und die Insolvenztabelle ist analog § 183 Abs. 2 zu berichtigen.[11]

II. Aufnahme des anhängigen Rechtsstreits

Der Gläubiger kann den bereits anhängigen Rechtsstreit gegen den Schuldner nach Abs. 1 Satz 2 aufnehmen. Mit der Eröffnung des Insolvenzverfahrens werden alle gerichtlichen Verfahren des Schuldners bezogen auf die Insolvenzmasse nach § 240 Satz 1 ZPO unterbrochen. Im Falle der Anhängigkeit eines solchen Rechtsstreits ist eine neue Klage gegen den Schuldner unzulässig. Wird das Verfahren wieder aufgenommen, so ist die Klage des Gläubigers nunmehr hinsichtlich des Klageantrags auf Feststellung der Forderung umzustellen[12], so dass der Klageantrag wie folgt gestellt werden kann:

---

5 Vgl. MüKo-InsO/*Schumacher* Rn. 3.
6 So auch MüKo-InsO/*Schumacher* Rn. 3; *Vallender* ZInsO 2002, 110; a.A. *Hattwig* ZInsO 2004, 636, der insoweit von einer Regelungslücke ausgeht.
7 HambK-InsR/*Herchen* Rn. 9.
8 Vgl. MüKo-InsO/*Schumacher* Rn. 3.
9 Uhlenbruck/*Sinz* Rn. 9; HambK-InsR/*Herchen* Rn. 6.
10 BGH 22.01.2009, IX ZR 235/08, ZInsO 2009, 398; OLG Hamm 12.04.2012, 6 W 11/12, ZInsO 2012, 1638.
11 FK-InsO/Kießner 11 f.
12 FK-InsO/*Kießner* Rn. 7

§ 184 InsO Klage gegen einen Widerspruch des Schuldners

> **Beispiel:**
> Es wird beantragt, den Widerspruch des ... vom ... in dem Insolvenzverfahren, Aktenzeichen ..., hinsichtlich der Forderung des ... über ... € für unbegründet zu erklären.[13]

Der Schuldner hat keine Befugnis, einen Prozess wieder aufzunehmen. Dem Schuldner fehlt das Rechtsschutzinteresse, da sein Bestreiten ihn bis zu einer möglichen Klage des Insolvenzgläubigers vor einer späteren Zwangsvollstreckung schützt.[14] Das Interesse frühzeitig Klarheit darüber zu gewinnen, ob nach Ablauf des Insolvenzverfahrens noch Zwangsvollstreckungen drohen, reicht ebenfalls nicht aus.[15]

D. Feststellung titulierter Forderungen

8   Sofern für die betreffende Forderung ein vollstreckbarer Schuldtitel oder ein Endurteil vorliegt, muss der Schuldner innerhalb einer Frist von einem Monat nach Abs. 2 Satz 1 seinen Widerspruch verfolgen. Nach Abs. 2 Satz 2 gilt nach fruchtlosem Ablauf dieser Monatsfrist der Widerspruch als nicht erhoben.

I. Zweck

9   Hat der Gläubiger bereits einen Titel in einem Verfahren erlangt, so ist es unbillig, wenn er einen weiteren Prozess führen müsste. Des Weiteren muss der Gläubiger sich nicht nochmals dem Risiko aussetzen, auch im Falle eines erfolgreichen Prozesses seinen Kostenerstattungsanspruch gegen den Schuldner – bedingt durch dessen wirtschaftliche Lage – möglicherweise nicht durchsetzen zu können.[16] Die Regelung wird in der Literatur[17] jedoch im Hinblick auf im Einzelfall unnötige Prozesskosten aus folgendem Grund zu Recht als kritisch angesehen. Der Gläubiger hat auch nach Beendigung des Insolvenzverfahrens weiterhin die Möglichkeit, aus dem betreffenden Schuldtitel die Zwangsvollstreckung gegen den Schuldner zu betreiben, wenn der Schuldner bzgl. der Feststellung der Forderung zur Insolvenztabelle Widerspruch erhebt. Bedingt durch die Regelung des Abs. 2 Satz 1 i.V.m. Satz 2 besteht für den Schuldner ein Zwang, zur Verhinderung der Vollstreckung nach § 201 Abs. 2 selbst gegen einen nicht rechtskräftigen Titel wie ein vorläufig vollstreckbares Endurteil oder ein Versäumnisurteil vorzugehen, wobei noch nicht feststeht, ob eine solche Vollstreckung überhaupt möglich ist. Bedingt durch diesen Zwang können im Einzelfall für den Schuldner unnötige Prozesskosten entstehen.

II. Titulierte Forderungen

10   Als titulierte Forderungen i.S.d. Abs. 2 Satz 1 kommen vollstreckbare **Schuldtitel und Endurteile** in Betracht. Vollstreckbare **Schuldtitel** nach Abs. 2 Satz 1 sind die in §§ 704, 794 ZPO genannten Vollstreckungstitel, der Auszug aus der Insolvenztabelle, Entscheidungen bzw. Vergleiche der Arbeitsgerichte, landesrechtliche Vollstreckungstitel.[18] Ist ein ergangenes Endurteil noch nicht rechtskräftig, wird das Verfahren durch die Eröffnung des Insolvenzverfahrens oder durch den Übergang der Verwaltungs- und Verfügungsbefugnis über das Vermögen des Schuldners auf einen vorläufigen Insolvenzverwalter nach § 240 ZPO unterbrochen. Bestreitet der Schuldner dann im Prüfungstermin die geltend gemachte Forderung, so hat er seinen Widerspruch durch Aufnahme des unterbrochenen Verfahrens weiter zu verfolgen.[19]

---

13 So das Antragsbeispiel bei HambK-InsR/*Herchen* Rn. 6a.
14 Uhlenbruck/*Sinz* Rn. 12.
15 Uhlenbruck/*Sinz* Rn. 9.
16 Vgl. die Begr. des RegE BT-Drucks. 16/3227, 21.
17 So MüKo-InsO/*Schumacher* Rn. 8a.
18 Vgl. MüKo-InsO/*Schumacher* Rn. 8b; Uhlenbruck/*Sinz* Rn. 16.
19 FK-InsO/*Kießner* Rn. 9.

Keine vollstreckbaren Schuldtitel nach dieser Norm sind Vollstreckungsbescheide. Das Bestehen einer vorsätzlich begangenen unerlaubten Handlung wird nämlich aufgrund eines Vollstreckungsbescheids nicht präjudiziert, denn es wird im Rahmen eines Mahnverfahrens nur das Vorliegen des Zahlungsanspruchs rechtskräftig festgestellt. Ein solches Verfahren kann keinen deliktischen Schuldgrund feststellen.[20]

Endurteile nach Abs. 2 Satz 1 sind Teilurteile, Versäumnisurteile und Vorbehaltsurteile. Entsprechend ist Abs. 2 Satz 1 auch anwendbar, wenn ein isolierter Widerspruch gegen den behaupteten Anspruchsgrund der vorsätzlichen unerlaubten Handlung vorliegt und sowohl die Forderung als auch der Deliktsgrund durch Feststellungsurteil, Vergleich oder notarielle Schuldanerkenntnis bereits tituliert sind.[21] Abs. 2 Satz 1 ist ebenfalls entsprechend anwendbar, wenn durch einen Titel zwar die Forderung, nicht jedoch der Schuldgrund der vorsätzlichen unerlaubten Handlung rechtskräftig festgestellt wurde.[22]

III. Verfolgung des Widerspruchs durch den Schuldner

Der Schuldner muss seinen Widerspruch innerhalb einer bestimmten Frist verfolgen. Diesbezüglich muss er entweder Klage erheben oder den über die Forderung bereits anhängigen Rechtsstreit wieder aufnehmen. Bei der Klage des Schuldners handelt es sich um eine **Feststellungsklage**, wobei der bestrittene Anspruch den Klagegegenstand darstellt. Gegen nicht rechtskräftige Titel hat der Schuldner die üblichen Rechtsmittel. Gegen rechtskräftige Titel stehen dem Schuldner nur noch die Klagen gem. §§ 767 ZPO, 578 ff. ZPO oder nach § 826 BGB zur Verfügung.[23] Für die Klage des Schuldners kommt folgender Antrag in Betracht:

▶ **Beispiel:**

Es wird beantragt, den Widerspruch des ... vom ... in dem Insolvenzverfahren, Aktenzeichen ..., hinsichtlich der durch ... (Angabe des vorliegenden Titels) titulierten Forderung des ... über ... € für begründet zu erklären.[24]

Die zu beachtende **Monatsfrist** beginnt mit dem Prüfungstermin und damit mit dem Zugang des Widerspruchs beim Insolvenzgericht.[25] Umstritten ist, ob dies auch für das schriftliche Verfahren gilt. So wird teilweise angenommen, dass die Monatsfrist in diesem Fall erst mit Ablauf der Ausschlussfrist beginnt, da der schriftliche Widerspruch erst dann wirksam werde.[26] Nach h.M. ist jedoch für den Fristbeginn alleine auf den Zugang des Widerspruchs beim Insolvenzgericht abzustellen.[27] Dieser Meinung ist aufgrund des eindeutigen Wortlautes des Abs. 2 Satz 1 zu folgen. Da dem Schuldner der in Abs. 2 Satz 3 vorgesehene Tabellenauszug und die Belehrung über die Folgen der Fristversäumung erst nach dem Prüfungstermin übersandt werden, besteht für den Schuldner jedoch die Gefahr, dass die Monatsfrist bis zum Erhalt dieser Schreiben bereits abgelaufen ist. Da es sich um keine Notfrist handelt, ist auch eine Wiedereinsetzung in den vorigen Stand nicht möglich. Daher muss der Hinweis des Gerichts über die Folgen der Fristversäumung nach Abs. 2 Satz 3 zeitlich früher erfolgen, so dass dem Schuldner noch eine rechtzeitige Klageerhebung möglich ist.[28] Sofern der Schuldner nicht fristgerecht seinen Widerspruch verfolgt, gilt dieser nach Abs. 2 Satz 2 als nicht erhoben. Folglich ist der Widerspruch des Schuldners beseitigt i.S.d. § 201 Abs. 2 Satz 2. Analog

---

20 AG Berlin-Charlottenburg 27.11.2009, 207 C 326/09, NZI 2010, 154.
21 Vgl. MüKo-InsO/*Schumacher* Rn. 8b.
22 OLG Brandenburg 11.02.2010, 12 U 164/09, NZI 2010, 266.
23 Uhlenbruck/*Sinz* Rn. 16; FK-InsO/*Kießner* Rn. 9.
24 So das Antragsbeispiel bei HambK-InsR/*Herchen* Rn. 11d; HK-InsO/*Depré* Rn. 4.
25 MüKo-InsO/*Schumacher* Rn. 8c, FK-InsO/*Kießner* Rn. 9; Uhlenbruck/*Sinz* Rn. 17.
26 Uhlenbruck/*Sinz* Rn. 17.
27 MüKo-InsO/*Schumacher* Rn. 8c, FK-InsO/*Kießner* Rn. 9
28 HambK-InsR/*Herchen* Rn. 11b; a.A. MüKo-InsO/*Schumacher* Rn. 8c der von der Möglichkeit der Wiedereinsetzung in den vorigen Stand ausgeht.

§ 183 Abs. 2 ist die Insolvenztabelle zu berichtigen. Nach Abs. 2 Satz 3 Hs. 2 muss das Insolvenzgericht den Schuldner auf die Folgen einer Versäumung der Frist hinweisen.

15 Das Insolvenzgericht erteilt dem Schuldner und auch dem Gläubiger, dessen Forderung bestritten wurde, einen beglaubigten Auszug aus der Tabelle (Abs. 2 Satz 3 Hs. 1). Hierdurch kann der Schuldner sein Feststellungsinteresse durch Nachweis der Anmeldung, Prüfung und Einlegung des Widerspruchs gegen die Forderung nachweisen. Nach Abs. 2 Satz 4 hat der Schuldner dem Gericht die Verfolgung seines Widerspruchs nachzuweisen. Nach dem Wortlaut des Abs. 2 Satz 4 ist die Verfolgung des »Anspruchs« nachzuweisen, wobei es sich allerdings nur um ein Redaktionsversehen handeln wird,[29] denn erforderlich ist der Nachweis der Verfolgung des Widerspruchs.

E. Forderungen aus vorsätzlich begangener unerlaubter Handlung

15a Große praktische Bedeutung kommt dem Widerspruch des Schuldners gegen den Schuldgrund der vorsätzlichen begangener unerlaubten Handlung zu. Forderungen aus vorsätzlich begangener begangener unerlaubter Handlung sind gem. § 302 Nr. 1 von der Restschuldbefreiung ausgenommen, wobei die Angabe des Rechtsgrundes der unerlaubten Handlung im Rahmen der Anmeldung der Forderung vorgenommen werden muss. Um zu vermeiden, dass die Forderung auch nach erteilter Restschuldbefreiung nach § 201 Abs. 2 Satz 1 noch gegen ihn im Wege der Zwangsvollstreckung beigetrieben werden kann, kann der Schuldner nach § 176 Satz 2 im Prüfungstermin oder im schriftlichen Verfahren die Forderung insgesamt oder isoliert den Rechtsgrund der Forderung bestreiten.[30]

I. Nicht titulierte Forderung

15b Der Gläubiger kann in diesem Fall analog § 184 Klage auf Feststellung des Rechtsgrundes der vorsätzlich unerlaubten Handlung erheben.[31] Die Erhebung der Feststellungsklage ist nicht fristgebunden. Nicht geklärt ist, bis wann der Gläubiger die Klage zu erheben hat. Es wird vertreten, dass der Gläubiger eine Feststellungsklage auch noch nach Erteilung der Restschuldbefreiung werden kann.[32] Da dies beim Schuldner zu einer großen Rechtsunsicherheit führt, wird diesem die Möglichkeit einer negativen Feststellungsklage eingeräumt,[33] wobei hier die Monatsfrist des § 184 Abs. 2 Satz 1 entsprechend gelten soll.[34]

II. Titulierte Forderung

15c Unstreitig gilt die Monatsfrist des § 184 Abs. 2 analog, wenn sich die Deliktseigenschaft aus dem Tenor des zugrunde liegenden Urteils ergibt. Dies ist dann gegeben, wenn der Gläubiger vorher ein Feststellungsurteil gegen den Schuldner erwirkt hat. Eine analoge Anwendung des § 184 Abs. 2 und des § 183 Abs. 2 ist aber nicht möglich, wenn der Anspruchsgrund der vorsätzlich begangenen unerlaubten Handlung vom Schuldner bestritten und die Forderung tituliert ist, nicht aber der Anspruchsgrund selbständig festgestellt ist.[35] In diesem Fall trägt der Gläubiger analog § 184 Abs. 1 die Beitreibungslast.[36] Im Fall einer Leistungsklage ist dem Gläubiger daher zu raten, auch einen Feststellungsantrag zu stellen.

---

29 In diesem Sinne auch HambK-InsR/*Herchen* Rn. 11c.
30 Zulässigkeit des isolierten Bestreitens: BGH 18.01.2007, IX ZR 176/05, ZInsO 2007, 265 ff.
31 BGH 18.01.2007, IX ZR 176/05, ZInsO 2007, 265 ff.; Formulierungsvorschlag vgl. HambK-InsR/*Herchen* Rn. 16c.
32 Karsten Schmidt-InsO/*Jungmann* Rn. 17.
33 BGH 18.12.2008, IX ZR 124/08, NZI 2009, 189.
34 so Karsten Schmidt-InsO/*Jungmann* Rn. 17.
35 BGH 02.12.2010, IX ZR 41/10, ZInsO 2011, 39.
36 BGH 02.12.2010, IX ZR 41/10, ZInsO 2011, 39.

§ 184 Abs. 2 gilt generell nicht für Titel, in denen der Schuldgrund der vorsätzlich unerlaubten Handlung nicht rechtskräftig tituliert ist.[37] In einem rechtskräftigen Vollstreckungsbescheid oder in einem rechtskräftigen Versäumnisurteil ist nicht mit der für § 184 Abs. 2 erforderlichen Rechtskraftwirkung festgestellt, dass die Forderung auf einer vorsätzlich unerlaubten Handlung beruht.[38] Gleiches gilt auch für ein Anerkenntnisurteil[39], einen Prozessvergleich, der die Feststellung einer vorsätzlich begangenen unerlaubten Handlung nicht enthält und sich auch durch Auslegung nicht ergibt, dass die Parteien auch den Rechtsgrund der vorsätzlich begangenen unerlaubten Handlung außer Streit stellen wollten.[40]

15d

In den vorgenannten Fällen muss der Gläubiger den Widerspruch des Schuldners beseitigen und zwar durch Erhebung einer Feststellungsklage zur Erlangung eines Feststellungsurteils analog Abs. 1, um nach Erteilung der Restschuldbefreiung auch noch die Möglichkeit zur Zwangsvollstreckung seiner Forderung gegen den Schuldner zu haben. Für die Feststellungsklage des Gläubigers gibt es keine Klagefrist. Die Klage kann daher auch nach dem Schlusstermin oder nach Aufhebung des Verfahrens erfolgen.[41] Der Anspruch des Gläubigers auf Feststellung des Rechtsgrundes einer vollstreckbaren Forderung als solcher aus vorsätzlich begangener unerlaubter Handlung verjährt nicht nach den Vorschriften, welche für die Verjährung des Leistungsanspruchs gelten.[42] Der Feststellungsanspruch ist nicht verjährbar.[43] Diese Situation ist für den Schuldner unbefriedigend. Der Schuldner muss damit rechnen, dass der Gläubiger ggf. eine »normale Feststellungsklage« erhebt oder deutlich nach Beendigung des Insolvenzverfahrens den Widerspruch des Schuldners durch Feststellungsklage beseitigen wird. Aus diesem Grund ist es sachgerecht, dass der Schuldner in diesem Fall die Möglichkeit hat, mit Hilfe einer negativen Feststellungsklage die bestehende Rechtsunsicherheit zu beseitigen.[44]

15e

F. Berichtigung der Tabelle

Bei der Berichtigung der Tabelle ist zu unterscheiden, wer im Feststellungsprozess obsiegt hat. Bei einem Obsiegen des Schuldners braucht dieser nichts zu unternehmen, denn der eingetragene Widerspruch schützt ihn nach Verfahrensbeendigung ausreichend. Der obsiegende Gläubiger dagegen muss die Berichtigung der Tabelle beantragen, um nach Beendigung des Insolvenzverfahrens vollstrecken zu können.[45] Da die Einlegung eines Widerspruchs durch den Schuldner die Feststellung der Forderung zur Tabelle nicht verhindert, muss der Insolvenzgläubiger die Berichtigung für die Auskehrung seiner Quote an der Insolvenzmasse jedoch nicht beantragen. Auch im Fall des § 184 Abs. 2 Satz 2 – der Schuldner verfolgt seinen Widerspruch nicht bis zum Ablauf der Monatsfrist – erfolgt eine Löschung des Widerspruches nur auf Antrag des Gläubigers.[46] Für den Fall, dass der Gläubiger über einen vollstreckbaren Schuldtitel verfügt, der Schuldner seinen Widerspruch gegen die Qualifizierung nicht binnen der Monatsfrist des § 184 weiter verfolgt hat und das Insolvenzgericht eine Berichtigung der Tabelle jedoch ablehnt, kann der Gläubiger die Feststellung beantragen, dass der Widerspruch des Schuldners unbegründet sei. Dies ist für den Gläubiger möglich, da ihm ansonsten aufgrund einer möglichen Restschuldbefreiung der Verlust des Anspruchs droht.[47]

16

---

37 Kohte/Ahrens/Grote/*Ahrens* Rn. 18.
38 BGH 28.06.2012, IX ZR 160/11, ZInsO 2012, 1614.
39 OLG Brandenburg 31.03.2009, 6 U 150/07, ZInsO 2009, 1503.
40 BGH 25.06.2009, IX 154/08, NZI 2009, 612.
41 BGH 18.12.2008, IX ZR 124/08, ZInsO 2009, 278.
42 BGH 02.12.2010, IX ZR 247/09, ZInsO 2011, 41.
43 BGH 02.12.2010, IX ZR 247/09, ZInsO 2011, 41
44 BGH 18.12.2008, IX ZR 124/08, NZI 2009, 189.
45 FK-InsO/*Kießner* 11; Uhlenbruck/*Sinz* Rn. 23.
46 Uhlenbruck/*Sinz* Rn. 23.
47 BGH 02.10.2010, IX ZR 41/10, ZInsO 2011, 39

§ 185 Besondere Zuständigkeiten

Ist für die Feststellung einer Forderung der Rechtsweg zum ordentlichen Gericht nicht gegeben, so ist die Feststellung bei dem zuständigen anderen Gericht zu betreiben oder von der zuständigen Verwaltungsbehörde vorzunehmen. § 180 Abs. 2 und die §§ 181, 183 und 184 gelten entsprechend. Ist die Feststellung bei einem anderen Gericht zu betreiben, so gilt auch § 182 entsprechend.

Übersicht

	Rdn.		Rdn.
A. Normzweck	1	C. Feststellung von Forderungen aus Verwaltungsverhältnis	4
B. Besondere Zuständigkeiten	2	D. Örtliche und sachliche Zuständigkeit	6

A. Normzweck

1 Die Vorschrift entspricht der früheren Regelung in § 146 Abs. 5 KO. Streitigkeiten um Forderungen, für deren Feststellung die ordentlichen Gerichte nicht zuständig sind, sollen von den zuständigen anderen Gerichten oder der zuständigen Verwaltungsbehörde entschieden werden.[1] Die Norm gilt für jegliches Bestreiten i.S.d. § 176 Satz 2. Dieses Bestreiten kann vom Insolvenzverwalter, Eigenverwalter, Sachwalter, Treuhänder, Insolvenzgläubiger oder Schuldner vorgenommen werden.

B. Besondere Zuständigkeiten

2 Als mögliche besondere Zuständigkeiten kommen Verfahren der freiwilligen Gerichtsbarkeit (§ 43 WEG), Verfahren der Arbeitsgerichte (§ 2 ArbGG), Verfahren der Sozialgerichte (§ 51 SGG), Verfahren der Verwaltungsgerichte (§ 40 VwGO), Verfahren der Finanzgerichte (§ 33 FGO) und Verfahren der Krankenkassen als Einzugsstellen i.S.d. § 28h Abs. 2 Satz 1 SGB IV in Betracht.

3 Die Norm enthält keine eigenständige Kompetenzzuweisung an die Fachgerichte, sondern lediglich eine Rechtswegzuständigkeit.[2] Danach richtet sich die Rechtswegzuständigkeit nach den allgemeinen Regeln.[3] Für einen Arbeitnehmer, der seine Lohnforderung zu Tabelle angemeldet hat, ist im Falle des Bestreitens für die Erhebung der Feststellungsklage der Rechtsweg zu den Gerichten für Arbeitssachen gegeben.[4] Die **Verfolgungslast**, dh wer hat den Widerspruch zu beseitigen bzw. zu verfolgen, richtet sich nach den allgemeinen Regeln des § 179.[5] Ist es nach § 179 Abs. 1 der Gläubiger, dem die Verfolgung obliegt, so ist die Verfahrensart maßgebend, die sich nach den Fachgesetzen richtet. Sofern die Behörde als Gläubigerin durch Verwaltungsakt zur Entscheidung selbst befugt ist, ist eine Klage mangels Rechtsschutzinteresse unzulässig.[6] Ist es nach § 179 Abs. 2 der Bestreitende, dem die Verfolgung obliegt, so ist der Rechtsbehelf an die zuständige Behörde oder das zuständige Gericht zu richten. In den Fällen, in denen zunächst ein Widerspruchsverfahren vor der zuständigen Verwaltungsbehörde durchgeführt werden muss, ist der Rechtsweg zu den Fachgerichten erst nach erfolglosen Widerspruchsverfahren eröffnet.[7] Die Fachgerichte sind auch für die Feststellung einer Forderung als vorsätzlich unerlaubte Handlung zuständig.[8] Dies gilt auch dann, wenn allein das Bestehen einer vorsätzlichen unerlaubten Handlung fraglich ist.[9]

---

1 Begr. zu § 213 RegE (= § 185) BR-Drucks. 1/92, 185.
2 MüKo-InsO/*Schumacher* Rn. 3.
3 MüKo-InsO/*Schumacher* Rn. 3.
4 GmS-OGB 27.09.2010, 1/09, DZWIR 2011, 56 f.
5 Uhlenbruck/*Sinz* Rn. 3; Kübler/Prütting/Bork/*Pape*/Schaltke Rn. 3.
6 Uhlenbruck/*Sinz* Rn. 3; Kübler/Prütting/Bork/*Pape*/Schaltke Rn. 3.
7 Braun/*Specovius* Rn. 4; FK-InsO/*Kießner* Rn. 2.
8 AG Hamburg 12.09.2006, 67g IN 478/04, NZI 2007, 123; SG Gelsenkirchen 29.05.2006, S 2 SO 26/05, ZfF 2007, 252; Uhlenbruck/*Sinz* Rn. 1; a.A. Kübler/Prütting/Bork/*Pape*/Schaltke Rn. 7f; VG Schleswig 25.05.2009, 15 A 56/09, NZI 2009, 699.
9 So auch Uhlenbruck/*Sinz* Rn. 1.; a.A. Kübler/Prütting/Bork/*Pape*/Schaltke Rn. 7 f.

C. Feststellung von Forderungen aus Verwaltungsverhältnis

Ist eine Behörde zur Feststellung der Forderung befugt, so ist eine Klage unzulässig. Die Feststellung erfolgt durch Verwaltungsakt, soweit auch außerhalb des Insolvenzverfahrens die Feststellung gegenüber dem Schuldner durch Verwaltungsakt vorgesehen ist.[10] Dies ist bspw. für Beitragsansprüche eines Sozialversicherungsträgers oder gemeindliche Grund- und Gewerbesteuerforderungen möglich.[11] Bei Steuerforderungen, die bei Insolvenzeröffnung noch nicht durch die Finanzbehörde mit Steuerbescheid festgesetzt oder durch Feststellungsbescheid festgestellt worden sind, erfolgt die Feststellung durch einen Steuerfeststellungsbescheid nach § 251 Abs. 3 AO.[12]

4

Bei angemeldeten Forderungen aus vorsätzlich begangener unerlaubter Handlung i.S.d. § 174 Abs. 2 ist das Finanzamt ebenfalls befugt, einen isolierten Widerspruch des Schuldners gegen den deliktischen Schuldgrund nach § 251 Abs. 3 AO durch einen Steuerfeststellungsbescheid zu beseitigen. Aufgrund besonderer Zuständigkeit kann das Finanzamt auch in einem solchen Verfahren öffentlich-rechtlich vorgehen.[13] Für den Fall, dass ein solcher Feststellungsbescheid bestandskräftig wird, wirkt er wie eine rechtskräftige Entscheidung nach § 183, wobei die Tabelle dann vom Rechtspfleger entsprechend auf Antrag zu berichtigen ist.[14]

5

D. Örtliche und sachliche Zuständigkeit

§ 185 Satz 2 verweist nicht auf § 180 Abs. 1. Die ausschließlich örtliche Zuständigkeit des Gerichts gilt daher nicht.[15] Die örtliche und auch die sachliche Zuständigkeit richten sich daher ausschließlich nach den Prozessordnungen der Fachgerichte.

6

§ 186 Wiedereinsetzung in den vorigen Stand

(1) Hat der Schuldner den Prüfungstermin versäumt, so hat ihm das Insolvenzgericht auf Antrag die Wiedereinsetzung in den vorigen Stand zu gewähren. § 51 Abs. 2, § 85 Abs. 2, §§ 233 bis 236 der Zivilprozessordnung gelten entsprechend.

(2) Die den Antrag auf Wiedereinsetzung betreffenden Schriftsätze sind dem Gläubiger zuzustellen, dessen Forderung nachträglich bestritten werden soll. Das Bestreiten in diesen Schriftsätzen steht, wenn die Wiedereinsetzung erteilt wird, dem Bestreiten im Prüfungstermin gleich.

Übersicht	Rdn.		Rdn.
A. Normzweck	1	I. Gewährung der Wiedereinsetzung	12
B. Voraussetzungen	2	II. Versagung der Wiedereinsetzung	13
C. Anwendungsbereich	4	F. Rechtsmittel/Kosten	14
D. Verfahren	8	I. Ablehnung der Wiedereinsetzung	14
E. Entscheidung	11	II. Gewährung der Wiedereinsetzung	14a

---

10 Graf-Schlicker/*Graf-Schlicker* Rn. 3.
11 Beispiele bei HambK-InsR/*Herchen* Rn. 3.
12 PräsK-InsO/*Heyrath* Rn. 6.
13 AG Hamburg 12.09.2006, 67g IN 478/04, ZInsO 2006, 1231.; a.A. Kübler/Prütting/Bork/*Pape/Schaltke* Rn. 6–9, wonach für die Feststellung der Delikthaftung einer Forderung die Feststellung durch VA nicht zulässig sein soll, da die Feststellung des deliktischen Grundes nicht zu den Aufgaben der Behörde zählt. Hier müsse der Rechtsweg beschritten werden. Für die Bestimmung des zuständigen Gerichts sei dann die Natur des Rechtsverhältnisses entscheidend. Wenn der Widerspruch sich nur gegen den Rechtsgrund der unerlaubten Handlung richte, seien die Zivilgerichte zuständig (Rdn. 8); wenn die Forderung selbst bestritten sei, seien die Fachgerichte zuständig.
14 AG Hamburg 12.09.2006, 67g IN 478/04, ZInsO 2006, 1231.
15 Kübler/Prütting/Bork/*Pape/Schaltke* Rn. 24.

§ 186 InsO Wiedereinsetzung in den vorigen Stand

A. Normzweck

1 Die Vorschrift entspricht inhaltlich § 165 KO. Versäumt der Schuldner ohne sein Verschulden den Prüfungstermin, hat er die Möglichkeit, Wiedereinsetzung in den vorigen Stand entsprechend den Bestimmungen der Zivilprozessordnung über die Wiedereinsetzung wegen Fristversäumung zu beantragen. Dies ist für den Schuldner im Hinblick auf § 201 Abs. 2 von Wichtigkeit.[1] Des Weiteren verlangt der Anspruch auf rechtliches Gehör nach Art. 103 GG, dass der ohne sein Verschulden säumige Schuldner die Möglichkeit auf Wiedereinsetzung hat.[2]

B. Voraussetzungen

2 Der Schuldner war im Prüfungstermin säumig[3] und diese Säumnis erfolgte ohne eigenes Verschulden. **Säumig** ist der Schuldner nur dann, wenn er im Termin tatsächlich nicht anwesend war bzw. im schriftlichen Verfahren die Ausschlussfrist hat verstreichen lassen.[4] Eine Säumnis scheidet dann aus, wenn der Schuldner zwar anwesend war, jedoch die Forderung nicht bestritten hat.[5]

3 Eine **unverschuldete** Säumnis ist dann gegeben, wenn der Schuldner auch bei Anwendung äußerster Sorgfalt nicht in der Lage war, den Prüfungstermin wahrzunehmen.[6] Dem eigenen Verschulden des Schuldners steht das Verschulden des gesetzlichen Vertreters nach Abs. 1 Satz 2 i.V.m. § 51 Abs. 2 ZPO gleich.[7] Dies gilt auch für das Verschulden des Bevollmächtigten nach Abs. 1 Satz 2 i.V.m. § 85 Abs. 2 ZPO.[8] Folglich scheidet eine Wiedereinsetzung aus, wenn eigenes Verschulden des Schuldners oder Verschulden seines gesetzlichen Vertreters oder Bevollmächtigten gegeben ist. Eine Wiedereinsetzung ist auch dann nicht möglich, wenn die vorgetragenen unverschuldeten Umstände nicht ursächlich für die Säumnis waren.[9] Die übrigen Verfahrensbeteiligten (der Insolvenzverwalter und die Insolvenzgläubiger) haben keine Möglichkeit, im Falle der Säumnis einen Antrag auf Wiedereinsetzung in den vorigen Stand zu stellen.[10]

C. Anwendungsbereich

4 Neben der direkt in § 186 geregelten Versäumung des Bestreitens im Prüfungstermin findet die Vorschrift noch bei folgenden Konstellationen entsprechende Anwendung:

5 Eine entsprechende Anwendung des § 186 ist dann möglich, wenn der Schuldner die Widerspruchsfrist im schriftlichen Verfahren versäumt hat.[11] Es handelt sich um eine unerkannte Gesetzeslücke.[12]

6 Weiterhin ist eine entsprechende Anwendung des § 186 möglich, wenn der Schuldner der Anmeldung einer Forderung aus vorsätzlicher unerlaubter Handlung nicht widersprochen hat und das Insolvenzgericht den Schuldner nicht nach § 175 Abs. 2 auf die Rechtsfolgen des § 302 und die

---

1 Graf-Schlicker/*Graf-Schlicker* Rn. 1; Braun/*Specovius* Rn. 1; MüKo-InsO/*Schumacher* Rn. 1; Kübler/Prütting/Bork/*Pape/Schalkte* Rn. 1.
2 AG Duisburg 26.07.2008, 62 IN 36/02, NZI 2008, 628; MüKo-InsO/*Schumacher* Rn. 1; Kübler/Prütting/Bork/*Pape/Schaltke* Rn. 1.
3 AG Göttingen 15.03.2004, 74 IN 438/02, ZInsO 2004, 516.
4 Vgl. HambK-InsR/*Preß* Rn. 3.
5 FK-InsO/*Kießner* Rn. 4; MüKo-InsO/*Schumacher* Rn. 1; Graf-Schlicker/*Graf-Schlicker* Rn. 1; HambK-InsR/*Preß* Rn. 3.
6 Kübler/Prütting/Bork/*Pape/Schaltke* Rn. 7; Nerlich/Römermann/*Becker* Rn. 6; Graf-Schlicker/*Graf-Schlicker* Rn. 2.
7 FK-InsO/*Kießner* Rn. 5; Kübler/Prütting/Bork/*Pape/Schaltke* Rn. 2.
8 HambK-InsR/*Preß* Rn. 2.
9 AG Göttingen 15.03.2004, 74 IN 438/02, ZInsO 2004, 516.
10 Uhlenbruck/*Sinz* Rn. 3; Kübler/Prütting/Bork/*Pape/Schaltke* Rn. 2; Braun/*Specovius* Rn. 3.
11 AG Düsseldorf 26.01.2010, 502 ILN 246/09, ZInsO 2010, 1707; FK-InsO/*Kießner* Rn. 8; Kübler/Prütting/Bork/*Pape/Schaltke* Rn. 4; Uhlenbruck/*Sinz* Rn. 2/.
12 FK-InsO/*Kießner* Rn. 7; MüKo-InsO/*Schumacher* Rn. 1.

Möglichkeit eines Widerspruches hingewiesen hat.[13] Aufgrund der Haftung des Schuldners trotz Erteilung der Restschuldbefreiung muss dem Schuldner auch in dieser Konstellation das Recht zustehen, den Restgrund der vorsätzlich unerlaubten Handlung zu bestreiten.[14]

Ebenso muss dem Schuldner bei einer fehlenden Belehrung des Insolvenzgerichtes über die Ausschlussfrist des § 184 Abs. 2 die Möglichkeit einer nachträglichen Klageerhebung zugestanden werden,[15] denn auch hier normiert das Gesetz Pflichten für das Gericht und setzt gleichzeitig dem Schuldner eine Frist, bei deren Versäumung ihn haftungsrechtliche Folgen treffen. Daher ist auch in diesem Fall eine entsprechende Anwendung des § 186 möglich, da dem Schuldner nicht die Versäumnisse des Gerichts zuzurechnen sind.

D. Verfahren

Innerhalb einer Frist von zwei Wochen nach Wegfall des Hindernisses ist nach Abs. 1 Satz 2 i.V.m. § 234 Abs. 1 ZPO der Antrag auf Wiedereinsetzung in den vorigen Stand zu stellen und zwar entweder schriftlich oder zu Protokoll der Geschäftsstelle des Insolvenzgerichts, §§ 236 Abs. 1, 496 ZPO.[16] Es genügt zur Fristwahrung der Eingang des Antrags bei Gericht. Es ist nicht möglich, diese Frist von zwei Wochen durch Vereinbarung oder durch gerichtliche Verfügung zu verlängern.[17] Der Antrag ist unzulässig, wenn seit dem Prüfungstermin ein Jahr verstrichen ist. Der Wiedereinsetzung steht nicht entgegen, dass das Insolvenzverfahren bereits aufgehoben ist.[18] In diesem Fall ist der Widerspruch des Schuldners nach Erteilung der Wiedereinsetzung außerhalb des Verfahrens vom Insolvenzgericht einzutragen.[19] Etwas anderes gilt nur dann, wenn es sich um einen Fehler des Gerichts handelt, z.B. durch eine unvollständige oder fehlerhafte Belehrung des Insolvenzschuldners durch das Insolvenzgericht.[20] Gem. Abs. 1 Satz 2 i.V.m. § 234 Abs. 2 ZPO beginnt die Frist mit dem Tag, an dem das Hindernis behoben ist. Wird auch diese Wiedereinsetzungsfrist versäumt, so ist wiederum die Wiedereinsetzung möglich. Der Wiedereinsetzung ist auch noch nach Aufhebung des Insolvenzverfahrens möglich.[21]

Inhaltlich müssen im Antrag auf Wiedereinsetzung in den vorigen Stand die Wiedereinsetzungsgründe, die zu ihrer Glaubhaftmachung nötigen Tatsachen und die Forderungen bzw. die einzelne Forderung, die bestritten werden soll, genannt werden.[22] Die Wiedereinsetzungsgründe sind die Gründe, die dem Schuldner das Bestreiten im Termin oder im schriftlichen Verfahren unmöglich gemacht haben. Der Schuldner muss innerhalb der Antragsfrist die von ihm versäumte Prozesshandlung in Form des Widerspruchs nachholen.[23] Der Widerspruch kann folglich auch in dem Antrag auf Wiedereinsetzung bereits enthalten sein.[24]

Nach Abs. 2 Satz 1 sind die Schriftsätze, aus denen sich der Antrag auf Wiedereinsetzung in den vorigen Stand ergibt, dem Gläubiger zuzustellen, dessen Forderung von dem Schuldner nachträglich

---

13 AG Duisburg 26.07.2008, 62 IN 36/02, NZI 2008, 628; FK-InsO/*Kießner* Rn. 6; Kübler/Prütting/Bork/ *Pape/Schaltke* Rn. 5; Uhlenbruck/*Sinz* Rn. 2.
14 Kübler/Prütting/Bork/*Pape/Schaltke* Rn. 5.
15 Kübler/Prütting/Bork/*Pape/Schaltke* Rn. 6; Uhlenbruck/*Sinz* Rn. 2.
16 FK-InsO/*Kießner* Rn. 8; MüKo-InsO/*Schumacher* Rn. 6; Kübler/Prütting/Bork/*Pape/Schaltke* Rn. 11.
17 Kübler/Prütting/Bork/*Pape/Schaltke* Rn. 9.
18 AG Duisburg 26.07.2008, 62 IN 36/02, NZI 2008, 628; MüKo-InsO/*Schumacher* Rn. 5; Kübler/Prütting/Borg/*Pape/Schaltke* Rn. 4.
19 AG Duisburg 26.07.2008, 62 IN 36/02, NZI 2008, 628.
20 AG Duisburg 26.07.2008, 62 IN 36/02, NZI 2008, 628.
21 AG Duisburg 26.07.2008, 62 IN 36/02, NZI 2008, 628; MK-InsO/*Schumacher* Rn. 5; Kübler/Prütting/ Bork/*Pape/Schaltke* Rn. 4.
22 Kübler/Prütting/Bork/*Pape/Schaltke* Rn. 11; Graf-Schlicker/*Graf-Schlicker* Rn. 2.
23 Kübler/Prütting/Bork/*Pape/Schaltke* Rn. 12; Graf-Schlicker/*Graf-Schlicker* Rn. 2.
24 HambK-InsR/*Preß* Rn. 5; Kübler/Prütting/Bork/*Pape/Schaltke* Rn. 12.

bestritten wird.[25] Die Zustellung an den Gläubiger muss nicht innerhalb der Frist von zwei Wochen erfolgen.[26] Dem Gläubiger ist sodann Gelegenheit zur Stellungnahme zu geben.[27]

E. Entscheidung

11 Wird die Wiedereinsetzung erteilt, so steht nach § 186 Abs. 2 das Bestreiten (d.h. der Widerspruch) des Schuldners dem Bestreiten im Prüfungstermin gleich. Der Widerspruch ist von Amts wegen in die Insolvenztabelle einzutragen. Der Gläubiger hat zur Wahrung seiner Rechts aus § 302 Nr. 1 InsO die Möglichkeit, gegen den Schuldner Klage auf Feststellung des behaupten deliktischen Forderungsgrundes zu erheben (§ 184 Abs. 1).[28]

Wird dem Antrag des Schuldners auf Wiedereinsetzung in den vorigen Stand entsprochen, so ersetzt nach Abs. 2 Satz 2 sein nachträgliches Bestreiten den im Prüfungstermin oder im schriftlichen Verfahren nicht erhobenen Widerspruch.[29] Es ist nicht notwendig, dass ein gesonderter Prüfungstermin anberaumt wird, in dem der Schuldner dann den Widerspruch im Hinblick auf die zu bestreitende Forderung erheben muss.[30] Die Entscheidung über den Antrag auf Wiedereinsetzung in den vorigen Stand trifft das Insolvenzgericht. Von Amts wegen ist diese Entscheidung dem Schuldner und auch dem Gläubiger der bestrittenen Forderung zuzustellen.

I. Gewährung der Wiedereinsetzung

12 Im Falle der Gewährung der Wiedereinsetzung durch das Insolvenzgericht wird das Bestreiten des Schuldners von Amts wegen als Widerspruch in die Insolvenztabelle eingetragen. Nach dem Wortlaut des Abs. 2 Satz 2 steht das Bestreiten in den Schriftsätzen dem Bestreiten im Prüfungstermin gleich. Es wird nicht erwähnt, dass ein erneuter Prüfungstermin anberaumt werden muss. Dieser Eintrag benötigt daher keinen erneuten Prüfungstermin.[31] Dies ist auch dann nicht notwendig, wenn im Prüfungstermin – aufgrund fehlenden Bestreitens der betreffenden Forderung – eine Erörterung der jeweiligen Forderung nicht vorgenommen wurde. Die Feststellung der Forderung zur Insolvenztabelle wird durch den Eintrag des Widerspruchs des Schuldners in die Insolvenztabelle und die Aufnahme in das Schlussverzeichnis nicht vereitelt. Der Gläubiger muss aber zur Wahrung seiner Rechte aus § 302 Nr. InsO gegen den Schuldner Klage auf Feststellung erheben (§ 184 Abs. 1).

II. Versagung der Wiedereinsetzung

13 Der Wiedereinsetzungsantrag ist als unzulässig abzuweisen, wenn der Schuldner die Frist zur Wiedereinsetzung versäumt hat. Liegen die Voraussetzungen des § 233 ZPO nicht vor, ist der Wiedereinsetzungsantrag als unbegründet abzuweisen.[32]

F. Rechtsmittel/Kosten

I. Ablehnung der Wiedereinsetzung

14 Versagt der Rechtspfleger die Wiedereinsetzung in den vorigen Stand, so kann der Schuldner dagegen Erinnerung (§ 11 Abs. 2 Satz 1 RPflG) einlegen. Versagt der Richter die Wiedereinsetzung in

---

25 FK-InsO/*Kießner* Rn. 11; Kübler/Prütting/Bork/*Pape/Schaltke* Rn. 13.
26 Uhlenbruck/*Sinz* Rn. 5.
27 FK-InsO/*Kießner* Rn. 11.
28 BGH 18.01.2007, IX ZR 176/05, ZIP 2007,541.
29 Braun/*Specovius* Rn. 7; MüKo-InsO/*Schumacher* Rn. 9.
30 FK-InsO/*Kießner* Rn. 13; a.A. Nerlich/Römermann/*Becker* Rn. 19.
31 So auch HambK-InsR/*Preß* Rn. 7; a.A. Nerlich/Römermann/*Becker* Rn. 21, wonach die Einzelerörterung, die Wiedereinsetzung in den vorigen Stand sowie der Widerspruch bewirken, in entsprechender Anwendung des § 177 Abs. 1 S. 2 und 3, Abs. 2 in einem gesonderten Prüfungstermin oder im schriftlichen Verfahren stattfinden soll.
32 Kübler/Prütting/Bork/*Pape/Schaltke* Rn. 16.

den vorigen Stand, so ist gegen diese Entscheidung nach § 6 Abs. 1 kein Rechtsmittel möglich, denn die Norm sieht keine Beschwerde vor.[33] Der Säumige trägt die Kosten der Wiedereinsetzung in den vorigen Stand (§ 4 InsO i.V.m. § 238 Abs. 4 ZPO).[34] Obwohl Abs. 1 Satz 2 zwar auf einzelne Vorschriften der ZPO, jedoch nicht auf § 238 ZPO verweist, sollen trotzdem grds die Regeln des Zivilprozesses anwendbar sein.[35] Für diese Kosten haftet nicht die Insolvenzmasse, sondern der Schuldner hat diesen Betrag aus seinem insolvenzfreien Vermögen zu begleichen.[36]

II. Gewährung der Wiedereinsetzung

Wird die Wiedereinsetzung nach § 186 Abs. 1 erteilt, ist der gerichtliche Beschluss kraft Gesetz unanfechtbar (§§ 6 Abs. 1, 4 InsO, 238 ZPO).[37]   14a

---

33 BGH 20.04.2011, IX ZA 52/10, ZIP 2011, 1170; Kübler/Prütting/Bork/*Pape/Schaltke* Rn. 17; Uhlenbruck/*Sinz/Uhlenbruck* Rn. 12.
34 MüKo-InsO/*Schumacher* Rn. 8.
35 FK-InsO/*Kießner* Rn. 15; Nerlich/Römermann/*Becker* Rn. 29.
36 FK-InsO/*Kießner* Rn. 15; Kübler/Prütting/Bork/*Pape/Schaltke* Rn. 19; a.A. Nerlich/Römermann/*Becker* Rn. 30.
37 MK-InsO/*Schumacher* Rn. 8; Uhlenbruck/*Sinz* Rn. 8.

Zweiter Abschnitt Verteilung

§ 187 Befriedigung der Insolvenzgläubiger

(1) Mit der Befriedigung der Insolvenzgläubiger kann erst nach dem allgemeinen Prüfungstermin begonnen werden.

(2) Verteilungen an die Insolvenzgläubiger können stattfinden, sooft hinreichende Barmittel in der Insolvenzmasse vorhanden sind. Nachrangige Insolvenzgläubiger sollen bei Abschlagsverteilungen nicht berücksichtigt werden.

(3) Die Verteilungen werden vom Insolvenzverwalter vorgenommen. Vor jeder Verteilung hat er die Zustimmung des Gläubigerausschusses einzuholen, wenn ein solcher bestellt ist.

Übersicht	Rdn.		Rdn.
A. Normzweck	1	II. Zuständigkeit und Aufgabe des Insolvenzverwalters	4
B. Abschlagsverteilung	2	III. Rangfolge	6
I. Zeitpunkt der Verteilung	3	IV. Durchführung der Abschlagsverteilung	7

A. Normzweck

1 Die Verteilung des Erlöses an die Insolvenzgläubiger erfolgt im Laufe des Insolvenzverfahrens durch den Insolvenzverwalter (Abs. 3), nachdem die Aussonderung erfolgt und etwaige Absonderungsberechtigte befriedigt worden sind (vgl. § 52). Dabei werden die aus der Verwertung gewonnenen Mittel ausgeschüttet (vgl. §§ 159, 165 ff., 313 Abs. 3) sowie Gelder, die der Insolvenzverwalter aus der Bewirtschaftung des Schuldnervermögens angesammelt hat (vgl. §§ 80 Abs. 1, 148 Abs. 1, 22 Abs. 1). Die Verteilungen können in Form der Abschlagsverteilung (§ 187 Abs. 2), der Schlussverteilung (§ 196) oder der Nachtragsverteilung (§§ 203, 211 Abs. 3) erfolgen.[1]

B. Abschlagsverteilung

2 Abschlagsverteilungen sind Verteilungen, die frühestens nach dem allgemeinen Prüfungstermin stattfinden und den Gläubigern eine möglichst baldige Teilbefriedigung gewähren.

I. Zeitpunkt der Verteilung

3 Die Verteilungen können stattfinden, wenn **hinreichende Barmittel** in der Insolvenzmasse vorhanden sind (§ 187 Abs. 1 Satz 1). Hinreichende Barmittel sind dann vorhanden, wenn die Ansprüche der absonderungsberechtigten Gläubiger, die Kosten des Verfahrens und die Ansprüche der Massegläubiger (§ 55) gedeckt sind.[2] Das Gesetz sieht insoweit eine schrittweise Erlösauskehr vor. Die Verwertung der Insolvenzmasse muss noch nicht vollständig abgeschlossen sein. Die Insolvenzgläubiger sollen möglichst schnell befriedigt werden, sobald in nennenswertem Umfang Erlöse angefallen sind.

3a Mit der Befriedigung der Gläubiger kann gem. § 187 Abs. 1 jedoch **frühestens nach Abhaltung des allgemeinen Prüfungstermins** (§ 176 Satz 1) begonnen werden. Erst zu diesem Zeitpunkt steht fest, welche Forderungen bestritten und welche festgestellt sind (vgl. §§ 174–186).[3] Das Ende des allgemeinen Prüfungstermins ist der früheste Zeitpunkt für die Durchführung von Verteilungen. Vor diesem Zeitpunkt dürfen keine Verteilungen an die Insolvenzgläubiger erfolgen, da noch nicht einmal das finanzielle Korsett feststeht, nach dem die Verteilungen aus der Insolvenzmasse vorzunehmen sind.

---

[1] MüKo-InsO/*Füchsl/Weishäupl* Rn. 3; HambK-InsR/*Preß* Rn. 2; Kübler/Prütting/Bork/*Holzer* Rn. 4.
[2] Braun/*Kießner* Rn. 5; Uhlenbruck/*Uhlenbruck* Rn. 1; FK-InsO/*Kießner* Rn. 1.
[3] Uhlenbruck/*Uhlenbruck* Rn. 4; MüKo-InsO/*Füchsl/Weishäupl* Rn. 6; Graf-Schlicker/*Mäusezahl* Rn. 2.

II. Zuständigkeit und Aufgabe des Insolvenzverwalters

Die Verteilung des Erlöses fällt in die Zuständigkeit des Insolvenzverwalters (§ 187 Abs. 3 Satz 1). Das Gericht wirkt bei einer solchen Verteilung nicht mit. Es hat lediglich den Insolvenzverwalter zu überwachen (§ 58 Abs. 1).[4] Der Insolvenzverwalter hat die Aufgabe, nach **pflichtgemäßem Ermessen** über die Durchführung von Abschlagsverteilungen sowie über Zeit und Umfang der Verteilung zu entscheiden.[5] Nach III. Ziffer 19 der Grundsätze ordnungsgemäßer Insolvenzverwaltung (GOI) des Verbandes Insolvenzverwalter e.V. soll der Insolvenzverwalter von der Möglichkeit von Abschlagsverteilungen frühzeitig Gebrauch machen. Der Insolvenzverwalter ist danach gehalten, den Aufwand einer Abschlagsverteilung abzuwägen gegen den Vorteil für den einzelnen Gläubiger, vor der Schlussverteilung einen Liquiditätszufluss zu erhalten.[6] Zu berücksichtigen ist zudem, in welcher Höhe eine Abschlagsverteilung überhaupt rechnerisch möglich ist.

Voraussetzung für die Durchführung der Abschlagsverteilung ist, dass genügend Barmittel vorhanden sind. Die Durchführung einer Abschlussverteilung muss wirtschaftlich sinnvoll sein. Die Insolvenzmasse soll nicht mit unnötigen Kosten belastet werden.[7] Der Insolvenzverwalter darf den Insolvenzgläubigern die zur Verfügung stehenden Barmittel nicht über Gebühr lange vorenthalten. Es besteht allerdings keine Verpflichtung zur Abschlagsverteilung, da vorhandene Barmittel auch anderweitig benötigt werden können, etwa um das Unternehmen fortzuführen oder um durch die Ablösung von Sicherungsrechten Zinszahlungen an gesicherte Gläubiger zu vermeiden.[8]

Für die Gläubiger besteht **kein klagbarer Anspruch** auf Durchführung einer Abschlagsverteilung.[9] Nimmt der Insolvenzverwalter willkürlich keine Abschlagsverteilung vor, so kann lediglich das Insolvenzgericht den Insolvenzverwalter im Wege der Aufsicht dazu anhalten, die Abschlagsverteilung durchzuführen. Das Insolvenzgericht ist aber nicht berechtigt, eine Abschlagsverteilung selbst anzuordnen.[10] Der Insolvenzverwalter hat vor jeder Abschlagsverteilung die Zustimmung des Gläubigerausschusses einzuholen, sofern ein solcher bestellt ist (§ 187 Abs. 3 Satz 2). Der Prüfungsumfang des Gläubigerausschusses ist darauf gerichtet, ob überhaupt eine Verteilung stattfinden soll. Der Gläubigerausschuss entscheidet hingegen nicht darüber, ob bestimmte Forderungen aufgenommen oder nicht berücksichtigt werden sollen.[11] Er hat auch nicht die Befugnis, eine vom Insolvenzverwalter nicht beabsichtigte Verteilung anzuordnen.[12] Der Gläubigerausschuss bestimmt bei einer Abschlagsverteilung nach § 195 den zu zahlenden Bruchteil. Eine ohne Zustimmung des Gläubigerausschusses durchgeführte Abschlags-, Schluss oder Nachtragsverteilung ist aber wirksam.[13] Eine vom Gläubigerausschuss verweigerte Zustimmung kann weder durch einen Beschluss des Insolvenzgerichts noch der Gläubigerversammlung ersetzt werden.[14]

III. Rangfolge

Eine Rangfolge der Insolvenzforderungen ist bei der Verteilung grds unbeachtlich. Die Verteilungen erfolgen also nicht unterschiedlich je nach Rang. Vielmehr werden die Insolvenzgläubiger gleich behandelt, so dass es nur einheitliche Verteilungen an sämtliche Insolvenzgläubiger gibt. Allerdings werden die Insolvenzgläubiger innerhalb der einzelnen Abschlagsverteilungen anteilsmäßig nach dem

---

4 FK-InsO/*Kießner* Rn. 2; Kübler/Prütting/Bork/*Holzer* Rn. 6.
5 MüKo-InsO/*Füchsl/Weishäupl* Rn. 9; Uhlenbruck/*Uhlenbruck* Rn. 9; HK-InsO/*Depré* Rn. 4.
6 Nr. 19 (Grundsatz 64) der Motive/Erläuterungen zur GOI und Prüfungsordnung, Fassung 01/2013.
7 FK-InsO/*Kießner* Rn. 12; Uhlenbruck/*Uhlenbruck* Rn. 9.
8 Vgl. Begr. zu § 215 RegE BT-Drucks. 12/2443, 186; MüKo-InsO/*Füchsl/Weishäupl* Rn. 9; Uhlenbruck/*Uhlenbruck* Rn. 8.
9 FK-InsO/*Kießner* Rn. 8; HK-InsO/*Depré* Rn. 5; MüKo-InsO/*Füchsl/Weishäupl* Rn. 15.
10 FK-InsO/*Kießner* Rn. 9; Kübler/Prütting/Bork/*Holzer* Rn. 14.
11 MüKo-InsO/*Füchsl/Weishäupl* Rn. 11.
12 MüKo-InsO/*Füchsl/Weishäupl* Rn. 12.
13 Uhlenbruck/*Uhlenbruck* Rn. 10; Nerlich/Römermann/*Westphal* Rn. 13; HambK-InsR/*Preß* Rn. 11.
14 Kübler/Prütting/Bork/*Holzer* Rn. 14; BK-InsR/*Breutigam* Rn. 10; Uhlenbruck/*Uhlenbruck* Rn. 11.

Verhältnis ihrer Forderungsbeiträge berücksichtigt, dh die Insolvenzgläubiger erhalten die gleiche Quote. Die Quote besteht in einem Prozentsatz des dem jeweiligen Insolvenzgläubiger zustehenden Betrages. Bei den Abschlagsverteilungen sind die **nachrangigen Insolvenzgläubiger** nicht zu berücksichtigen (§ 187 Abs. 2 Satz 2).[15] Im Rang nach den übrigen Forderungen der Insolvenzgläubiger werden die Forderungen gem. § 39 in der dort aufgeführten Reihenfolge berichtigt. Die in einer späteren Rangklasse platzierten Forderungen werden bei der Verteilung nur dann berücksichtigt, wenn die Insolvenzgläubiger einer früheren Rangklasse vollständig befriedigt worden sind.[16] Der Insolvenzverwalter kann die nachrangigen Insolvenzgläubiger bei den Abschlagsverteilungen nur dann berücksichtigen, wenn sichergestellt ist, dass sämtliche Insolvenzgläubiger uneingeschränkt aus der Insolvenzmasse befriedigt werden können.[17] Dies wird in der Praxis aber kaum vorkommen.

IV. Durchführung der Abschlagsverteilung

7 Der Insolvenzverwalter führt die Verteilung an die Insolvenzgläubiger durch Auszahlung durch. Mit der Auszahlung werden alle berücksichtigten Forderungen gleichmäßig getilgt. Die materiell-rechtlichen Vorschriften der §§ 366, 367 BGB finden somit auf Zahlungen des Insolvenzverwalters im Verteilungsverfahren keine Anwendung.[18] Für Streitigkeiten der Insolvenzgläubiger darüber, ob und in welchem Umfang sie bei den Abschlagsverteilungen zu berücksichtigen sind, gilt das Einwendungsverfahren nach § 194.[19]

§ 188 Verteilungsverzeichnis

Vor einer Verteilung hat der Insolvenzverwalter ein Verzeichnis der Forderungen aufzustellen, die bei der Verteilung zu berücksichtigen sind. Das Verzeichnis ist auf der Geschäftsstelle zur Einsicht der Beteiligten niederzulegen. Der Verwalter zeigt dem Gericht die Summe der Forderungen und den für die Verteilung verfügbaren Betrag aus der Insolvenzmasse an; das Gericht hat die angezeigte Summe der Forderungen und den für die Verteilung verfügbaren Betrag öffentlich bekannt zu machen.

Übersicht	Rdn.		Rdn.
A. Normzweck	1	V. Aufschiebend bedingte Forderungen	10
B. Publizität des Verteilungsverzeichnisses	2	VI. Gesamtschuldnerschaft	11
C. Die zu berücksichtigenden Forderungen	3	D. Rechtsfolgen des Verteilungsverzeichnisses	12
I. Festgestellte Forderungen	4	I. Erstellung des Verteilungsverzeichnisses	13
II. Bestrittene Forderungen	5	II. Niederlegung des Verteilungsverzeichnisses	16
III. Forderungen absonderungsberechtigter Gläubiger	7	III. Öffentliche Bekanntmachung des Verteilungsverzeichnisses	16a
IV. Auflösend bedingte Forderungen	9		

A. Normzweck

1 Vor jeder Verteilung hat der Insolvenzverwalter ein Verteilungsverzeichnis aufzustellen (Satz 1) und dieses beim Insolvenzgericht niederzulegen (Satz 2). Satz 3 regelt die Veröffentlichung: Der Insolvenzverwalter hat dem Gericht die Summe der Forderungen und den für die Verteilung verfügbaren Betrag anzuzeigen; diese Anzeige hat das Gericht öffentlich bekannt zu machen. Diese Vorgehensweiset für Abschlags-, Schluss- und Nachtragsverteilungen.[1] Das Verteilungsverzeichnis ist die

---

15 Nach HK-InsO/*Depré* handelt es sich hier um ein Redaktionsversehen des Gesetzgebers.
16 Braun/*Kießner* Rn. 9; Uhlenbruck/*Uhlenbruck* Rn. 5.
17 MüKo-InsO/*Füchsl/Weishäupl* Rn. 10; Pape/Uhlenbruck/*Voigt-Salus* Kap. 35 III 4 Rn. 13.
18 BGH 12.02.1985, VI ZR 68/83, NJW 1985, 3064 (3066); Uhlenbruck/*Uhlenbruck* Rn. 16.
19 MüKo-InsO/*Füchsl/Weishäupl* Rn. 22; Uhlenbruck/*Uhlenbruck* Rn. 5.
1 MüKo-InsO/*Füchsl/Weishäupl* Rn. 2; Braun/*Kießner* Rn. 4.

Grundlage für die Verteilung an die Insolvenzgläubiger. Der Insolvenzverwalter muss sämtliche Forderungen aufnehmen, die bei der Verteilung zu berücksichtigen sind.

B. Publizität des Verteilungsverzeichnisses

Die Niederlegung und die öffentliche Bekanntmachung dient dem Zweck, eine **ordnungsgemäße Verfahrensabwicklung** zu gewährleisten und allen Beteiligten ihre Rechte auf Einsichtnahme in das Verteilungsverzeichnis zu ermöglichen.[2] Vor allem sollen die Insolvenzgläubiger die Gelegenheit erhalten nachzuprüfen, ob sie im Verteilungsverzeichnis berücksichtigt worden sind.[3] Der Insolvenzverwalter muss das Verteilungsverzeichnis zur Einsicht der Beteiligten auf der Geschäftsstelle niederlegen (§ 188 Satz 2). Beteiligte des Insolvenzverfahrens sind alle Insolvenzgläubiger und absonderungsberechtigten Gläubiger, die eine Forderung angemeldet haben, sowie der Insolvenzschuldner. Die öffentliche Bekanntmachung erfolgt gem. § 9 Abs. 1 Satz 1 ausschließlich durch Veröffentlichung in dem für amtliche Bekanntmachungen des Gerichts bestimmten Blatt oder in einem für das Gericht bestimmten elektronischen Informations- und Kommunikationssystem. Die Veröffentlichung im Internet erfolgt auf der Seite des Justizministeriums Nordrhein-Westfalen, unter www.insolvenzbekanntmachungen.de.

Die Veröffentlichungen erfolgen nach § 188 Satz 3 durch das **Insolvenzgericht**. Der Zeitpunkt der Bekanntmachung ist von entscheidender Bedeutung, da dadurch die Ausschlussfrist gem. § 189 Abs. 1 in Gang gesetzt wird.[4] Innerhalb dieser Zwei-Wochen-Frist muss ein Insolvenzgläubiger, dessen Forderung nicht festgestellt ist und für dessen Forderung kein vollstreckbarer Titel oder kein Endurteil vorliegt, dem Insolvenzverwalter nachweisen, dass er für eine bestrittene Forderung Feststellungsklage erhoben oder einen früheren Rechtsstreit aufgenommen hat. Außerdem richtet sich auch die Ausschlussfrist gem. § 194 Abs. 1 nach dem Zeitpunkt der öffentlichen Bekanntmachung des Verteilungsverzeichnisses. Bei Abschlagsverteilungen besteht eine Ausschlussfrist von einer Woche nach dem Ende der in § 189 Abs. 1 vorgesehenen Ausschlussfrist, mithin von drei Wochen nach der öffentlichen Bekanntmachung des Verteilungsverzeichnisses, für Einwendungen eines Insolvenzgläubigers gegen das Verzeichnis.

C. Die zu berücksichtigenden Forderungen

Das Verteilungsverzeichnis ist die Berechnungsgrundlage für die an die Insolvenzgläubiger auszuschüttenden Beträge und entspricht inhaltlich der Insolvenztabelle (§ 175), die jedoch nach Maßgabe der §§ 189 ff. zu bereinigen ist.[5] Es können also nur Forderungen in das Verteilungsverzeichnis aufgenommen werden, die bereits geprüft worden sind. Gibt es bei Verfahrensabschluss noch ungeprüfte Forderungen, sind diese vor Niederlegung des Schlussverzeichnisses noch in einem besonderen Prüfungstermin oder im schriftlichen Verfahren zu prüfen. Der nachträgliche Prüfungstermin und der Schlusstermin können daher zeitlich nicht zusammen erfolgen, falls die nachträglich geprüften Forderungen noch in das Schlussverzeichnis aufgenommen werden sollen.[6] Die Aufnahme der Forderungen in das Verteilungsverzeichnis bedeutet noch nicht, dass sie auch befriedigt werden. Vielmehr werden die Forderungen durch Auszahlung oder Zurückbehaltung berücksichtigt (vgl. §§ 189 Abs. 2, 190 Abs. 2, 191 Abs. 1 Satz 2).[7]

---

2 Nerlich/Römermann/*Westphal* Rn. 2; Andres/Leithaus/*Leithaus* Rn. 3.
3 MüKo-InsO/*Füchsl/Weishäupl* Rn. 1.
4 FK-InsO/*Kießner* Rn. 19; Uhlenbruck/*Uhlenbruck* Rn. 16; Graf-Schlicker/*Mäusezahl* Rn. 4.
5 Andres/Leithaus/*Leithaus* Rn. 2; Uhlenbruck/*Uhlenbruck* Rn. 5 ff.
6 BGH 22.03.2007, IX ZB 8/05, NZI 2007, 401; FK-InsO/*Kießner* Rn. 2.
7 MüKo-InsO/*Füchsl/Weishäupl* Rn. 4; Uhlenbruck/*Uhlenbruck* Rn. 7.

I. Festgestellte Forderungen

4 In dem Verteilungsverzeichnis zu berücksichtigen sind alle zur Insolvenztabelle (§ 175) **festgestellten Forderungen**. Regulär festgestellte Forderungen sind unbedingte und ungesicherte Forderungen, also Forderungen, die ordnungsgemäß zur Tabelle angemeldet worden sind und die im allgemeinen Prüfungstermin ohne Widerspruch von dem Insolvenzverwalter oder von einem Insolvenzgläubiger geblieben sind (§ 178 Abs. 1 Satz 1), oder bei denen ein erhobener Widerspruch durch rechtskräftige Entscheidung des Prozessgerichts beseitigt worden ist (§§ 178 Abs. 1 Satz 1, 183 Abs. 1). Ein Widerspruch des Schuldners kann hingegen die Feststellung nicht verhindern (vgl. § 178 Abs. 1 Satz 2). Der Insolvenzverwalter ist bei einer Abschlagsverteilung verpflichtet, alle festgestellten Forderungen uneingeschränkt zu berücksichtigen. Der Eintrag einer Forderung in der Insolvenztabelle hat für den Insolvenzverwalter Bindungswirkung, gegen die er nur mit einer Vollstreckungsgegenklage (§ 767 ZPO) vorgehen kann.[8] Die festgestellten Forderungen werden durch Auszahlung berücksichtigt.[9]

II. Bestrittene Forderungen

5 Bei bestrittenen Forderungen ist zu unterscheiden, ob diese tituliert sind oder nicht. **Bestrittene titulierte Forderungen**, sind gem. § 179 Abs. 2 im Verteilungsverzeichnis zu berücksichtigen, da es dem Bestreitenden obliegt, die Forderung durch Verfolgung des Widerspruchs zu beseitigen. Titulierte Forderungen sind u.a. rechtskräftige Urteile, Titel, die gem. §§ 708 ff. ZPO vorläufig vollstreckbar erklärt wurden, Vollstreckungsbescheide und mit Vollstreckungsklausel versehene Vergleiche (§ 794 Abs. 1 Nr. 1 ZPO).[10] Der Titel muss zum Zeitpunkt der Forderungsprüfung vorgelegen haben.[11] Entgegen dem Wortlaut des § 189 Abs. 1 erfolgt nach § 189 Abs. 2 keine Ausschüttung, wenn der Widersprechende bis zum Tage der Verteilung nachweist, dass er Feststellungsklage nach § 179 Abs. 2 erhoben hat. Der Betrag ist in diesem Fall zurückzubehalten.[12] Sollte der Widersprechende den Nachweis der Klageerhebung bis zum Tage der Verteilung unterlassen haben, sind auch die bestrittenen, aber titulierten Forderungen durch Auszahlung zu berücksichtigen.[13] Dies ergibt sich aus dem Umkehrschluss zu § 189 Abs. 1.[14]

6 Die **sonstigen bestrittenen Forderungen (§ 179)** sind nach § 189 Abs. 1 zu berücksichtigen. Nicht titulierte Forderungen müssen noch durch ein Gericht festgestellt werden. Die nicht titulierten Forderungen sind daher nur zu berücksichtigen, wenn innerhalb einer Ausschlussfrist von zwei Wochen nach der öffentlichen Bekanntmachung gem. § 188 Satz 3 dem Insolvenzverwalter nachgewiesen wird, dass und für welchen Betrag Feststellungsklage erhoben oder das Verfahren in dem früher anhängigen Rechtsstreit aufgenommen ist (§ 189 Abs. 1).[15] Der Insolvenzgläubiger muss also die gerichtliche Feststellung einleiten und dies innerhalb der zweiwöchigen Ausschlussfrist nachweisen. Sind diese Voraussetzungen erfolgt, so wird die bestrittene Forderung berücksichtigt, solange der Rechtsstreit anhängig ist (§ 189 Abs. 2). Die Forderung bleibt vollkommen bei der Verteilung unberücksichtigt, wenn der Insolvenzgläubiger den Nachweis der Erhebung der Feststellungsklage nicht bzw. nicht rechtzeitig erbringt (§ 189 Abs. 3). Versäumt der Insolvenzgläubiger die Erhebung der Feststellungsklage innerhalb der zweiwöchigen Ausschlussfrist, holt aber den Nachweis nach versäumter Frist nach, so wird die Forderung nicht sofort in das Verteilungsverzeichnis aufgenommen, sondern der betreffende Insolvenzgläubiger erhält erst bei der nächsten Verteilung einen Betrag be-

---

[8] BGH 11.12.2008, IX ZR 156/07, NZI 2009, 167; MüKo-InsO/*Füchsl/Weishäupl* Rn. 4.
[9] FK-InsO/*Kießner* Rn. 14; MüKo-InsO/*Füchsl/Weishäupl* Rn. 4.
[10] Uhlenbruck/*Uhlenbruck* Rn. 8; Kübler/Prütting/Bork/*Holzer* Rn. 6.
[11] Kübler/Prütting/Bork/*Holzer* Rn. 6.
[12] FK-InsO/*Kießner* Rn. 7; Kübler/Prütting/Bork/*Holzer* Rn. 7; Uhlenbruck/*Uhlenbruck* Rn. 8.
[13] Uhlenbruck/*Uhlenbruck* Rn. 8.; MüKo-InsO/*Füchsl/Weishäupl* Rn. 4.
[14] Kübler/Prütting/Bork/*Holzer* Rn. 7.
[15] HK-InsO/*Depré* Rn. 2; Braun/*Kießner* Rn. 5; FK-InsO/*Kießner* Rn. 8.

rücksichtigt, der ihn den übrigen Gläubigern gleichstellt (§ 192).[16] Der Insolvenzverwalter ist verpflichtet, bei der Erstellung des Verteilungsverzeichnisses die Regelungen der §§ 189 ff. zu beachten. Er muss vor allem die Vollständigkeit und Richtigkeit des Verzeichnisses anhand der ihm vorliegenden Unterlagen überprüfen.[17] Die auf die bestrittenen, nicht titulierten Insolvenzforderungen entfallenden Anteile werden nicht ausgezahlt. Vielmehr wird der Anteil des betreffenden Insolvenzgläubigers zurückbehalten, solange der Rechtsstreit anhängig ist (§ 189 Abs. 2).[18] Die Zurückbehaltung bedeutet nicht zwangsläufig, dass mit der Aufnahme der bestrittenen, nicht titulierten Forderungen in das Verteilungsverzeichnis die für die Abschlagsverteilung vorgesehene Quote auch tatsächlich ausgeschüttet wird. Die Zurückbehaltung ist vielmehr eine Sicherstellung für die Insolvenzgläubiger.[19]

III. Forderungen absonderungsberechtigter Gläubiger

Forderungen **absonderungsberechtigter Insolvenzgläubiger** werden nach Maßgabe des § 190 berücksichtigt. Absonderungsberechtigte Forderungen sind solche gem. §§ 49 ff. Diese sind nach § 190 Abs. 1 nur dann uneingeschränkt zu berücksichtigen, wenn die Insolvenzgläubiger dem Insolvenzverwalter innerhalb der Ausschlussfrist von zwei Wochen gem. § 189 Abs. 1 nachweisen, dass sie auf ihr Recht auf abgesonderte Befriedigung wirksam verzichtet haben oder bei der abgesonderten Befriedigung ausgefallen sind. Bei einer Abschlagsverteilung genügt es zum Nachweis des Ausfalls der absonderungsberechtigten Forderung, dass der Insolvenzgläubiger gegenüber dem Insolvenzverwalter die Verwertungshandlung anzeigt und den mutmaßlichen Ausfall glaubhaft macht (§ 190 Abs. 2 Satz 1).[20]

7

Hinsichtlich der Berücksichtigung absonderungsberechtigter Forderungen im Verteilungsverzeichnis ist danach zu unterscheiden, wer das Absonderungsgut zu verwerten hat. Ist der Insolvenzgläubiger befugt, die zur Absonderung berechtigende Forderung zu verwerten, so wird bei einer Abschlagsverteilung seine Forderung berücksichtigt, wenn er innerhalb der Ausschlussfrist gem. § 189 Abs. 1 seinen Ausfall oder Verzicht nachweist (§ 190 Abs. 1 Satz 1). Die Quote der Abschlagsverteilung ist an den Insolvenzgläubiger auszuzahlen.[21] Weist der absonderungsberechtigte Gläubiger lediglich nach, dass er die Verwertung betreibt und macht er nur seinen mutmaßlichen Ausfall glaubhaft, kommt nur ein Zurückbehalt in Betracht (§ 190 Abs. 2 Satz 2). Ist allein der Insolvenzverwalter zur Verwertung des Absonderungsguts befugt (§§ 166 ff.), so muss er den mutmaßlichen Ausfall des Insolvenzgläubigers schätzen und den der Quote der Abschlagsverteilung entsprechenden Betrag von Amts wegen zurückbehalten (§ 190 Abs. 3 Satz 2). Der verwertungsbefugte Insolvenzverwalter hat also die Möglichkeit, durch zügige Verwertung Klarheit über den Ausfall des Absonderungsgläubigers zu schaffen.[22] Hat der Insolvenzverwalter das Absonderungsgut falsch taxiert und überbewertet und behält er deshalb zu wenig Geld zurück, so ist er ggf gem. § 60 zum Schadensersatz verpflichtet. Dies gilt jedenfalls für Abschlagsverteilungen. Bis zur Schlussverteilung (§ 190 Abs. 3) hat der Insolvenzverwalter das Absonderungsgut zwingend zu verwerten, damit der Ausfall des Gläubigers rechtzeitig und zuverlässig feststeht.[23] Bei gleichzeitiger Verwertungsbefugnis von Absonderungsgläubiger und Insolvenzverwalter, was insb. bei der Sicherung von Grundstücken vorkommt, bleibt es dabei, dass der Gläubiger gem. §§ 190 Abs. 1, 2 handeln muss.

8

---

16 Nerlich/Römermann/*Westphal* Rn. 10; FK-InsO/*Kießner* Rn. 8.
17 FK-InsO/*Kießner* Rn. 21; Pape/Uhlenbruck/*Voigt-Salus* Kap. 35 III Rn. 9.
18 Nerlich/Römermann/*Westphal* Rn. 10; Uhlenbruck/*Uhlenbruck* Rn. 7.
19 FK-InsO/*Kießner* Rn. 9; MüKo-InsO/*Füchsl/Weishäupl* § 189 Rn. 11.
20 Uhlenbruck/*Uhlenbruck* Rn. 9; Kübler/Prütting/Bork/*Holzer* Rn. 12.
21 FK-InsO/*Kießner* Rn. 10; MüKo-InsO/*Füchsl/Weishäupl* § 190 Rn. 3 ff.
22 Uhlenbruck/*Uhlenbruck* InsO Rn. 9; FK-InsO/*Kießner* Rn. 9.
23 FK-InsO/*Kießner* § 190 Rn. 21; MüKo-InsO/*Füchsl/Weishäupl* § 190 Rn. 15.

IV. Auflösend bedingte Forderungen

9 **Festgestellte, auflösend bedingte Forderungen** (§ 158 Abs. 2 BGB) sind zu berücksichtigen, solange die Bedingung nicht eingetreten ist (§ 42). Die auflösend bedingten Forderungen werden bis zum Bedingungseintritt wie unbedingte Forderungen behandelt, dh die Berücksichtigung erfolgt durch Auszahlung der Quote an den Insolvenzgläubiger.[24] Bei Eintritt der Bedingung erlischt die Forderung und bereits ausgezahlte Beträge sind ohne Rechtsgrund an den Insolvenzgläubiger erfolgt. Der Insolvenzverwalter hat einen Rückforderungsanspruch. Rechtsgrundlage ist ein eigenständiger vertraglicher Rückabwicklungsanspruch[25] oder § 812 Abs. 1 Satz 2 BGB.[26] Fließen die Beträge nach der Schlussverteilung in die Insolvenzmasse zurück, so kommt es zur Nachtragsverteilung (§ 203 Abs. 1 Nr. 2).[27] Bei zukünftigen Abschlagsverteilungen werden schon ausgeschüttete Beträge nicht mehr berücksichtigt.

V. Aufschiebend bedingte Forderungen

10 Aufschiebend bedingte Forderungen (§ 158 Abs. 1 BGB) werden bei **Abschlagsverteilungen** nach Maßgabe des § 191 voll berücksichtigt. Bei Abschlagszahlungen werden die aufschiebend bedingten Forderungen unabhängig von der Wahrscheinlichkeit des Bedingungseintritts in voller Höhe berücksichtigt. Der auf sie entfallende Anteil wird jedoch durch Zurückbehalt sichergestellt, solange die aufschiebende Bedingung noch nicht eingetreten ist (§ 191 Abs. 1). Eine Auskehrung kommt insoweit nicht in Betracht.[28] Tritt die aufschiebend bedingte Forderung endgültig nicht ein, so führt dies zum Ausfall der Forderung. Sie wird vom Insolvenzverwalter nicht berücksichtigt.[29] Bei der **Schlussverteilung** kommt es zusätzlich auf den Grad der Wahrscheinlichkeit des Bedingungseintritts an. Gem. § 191 Abs. 2 sind bei der Schlussverteilung aufschiebend bedingte Forderungen nur zu berücksichtigen, wenn die Möglichkeit des Bedingungseintritts nicht so fern liegt, dass der Forderung zum Zeitpunkt der Verteilung kein Vermögenswert mehr hat, anderenfalls wird ein bei der Abschlagsverteilung zurückbehaltener Anteil unter Berichtigung des Verzeichnisses frei. Den Insolvenzverwalter trifft insoweit die Beweislast.[30] Er muss trotz der Schwebesituation hinsichtlich der aufschiebend bedingten Forderung eine endgültige Entscheidung treffen, damit das Insolvenzverfahren zu Ende geführt werden kann. Fraglich ist, wie eine Forderung zu behandeln ist, die zur Zeit der Schlussverteilung nicht wertlos ist. Insoweit ist das in § 191 Abs. 1 zum Ausdruck kommende Prinzip anzuwenden, so dass der Anteil zurückbehalten wird (§ 191 Abs. 1 analog, § 198).[31]

VI. Gesamtschuldnerschaft

11 In den Fällen der **Gesamtschuldnerschaft** ergibt sich aufgrund des in den §§ 43, 44 geregelten Grundsatzes der Doppelberücksichtigung die Besonderheit, dass der Gläubiger bis zu seiner vollen Befriedigung berechtigt ist, den gesamten Betrag gegenüber jedem der Schuldner geltend zu machen.[32] Der Insolvenzverwalter muss daher stets prüfen, ob bereits Zahlungen eines anderen Schuldners auf die Schuld erfolgt sind und ob der Gläubiger durch die Verteilung mehr als den gesamten Betrag erhalten würde. In einem solchen Fall müsste der Insolvenzverwalter die Auszahlungsquote entsprechend kürzen.[33] Etwaige Überzahlungen kann der Insolvenzverwalter als ungerechtfertigte

---

24 Nerlich/Römermann/*Westphal* Rn. 8; Uhlenbruck/*Uhlenbruck* Rn. 11; Kübler/Prütting/Bork/*Holzer* Rn. 14.
25 Uhlenbruck/*Uhlenbruck* § 43 Rn. 4; MüKo-InsO/*Bitter* § 42 Rn. 9.
26 Nerlich/Römermann/*Andres* § 42 Rn. 4; HambK-InsR/*Lüdtke* § 42 Rn. 10.
27 MüKo-InsO/*Hintzen* § 203 Rn. 14; FK-InsO/*Kießner* § 203 Rn. 10; HambK-InsR/*Lüdtke* § 42 Rn. 11.
28 Nerlich/Römermann/*Westphal* Rn. 6; Uhlenbruck/*Uhlenbruck* Rn. 10.
29 MüKo-InsO/*Füchsl/Weishäupl* § 191 Rn. 6.
30 HambK-InsR/*Herchen* § 191 Rn. 10; Uhlenbruck/*Uhlenbruck* § 191 Rn. 10.
31 HambK-InsR/*Herchen* § 191 Rn. 10; Kübler/Prütting/Bork/*Holzer* Rn. 7.
32 Braun/*Kießner* Rn. 9; Uhlenbruck/*Uhlenbruck* Rn. 12.
33 Uhlenbruck/*Uhlenbruck* Rn. 12; Braun/*Kießner* Rn. 9.

Bereicherung zurückfordern.[34] Ist eine festgestellte und in die Tabelle aufgenommene Forderung des Gläubigers getilgt worden oder aus anderen Gründen weggefallen, bleibt die Forderung in voller Höhe in der Tabelle enthalten.[35] Der Insolvenzverwalter darf diese Forderung nicht eigenständig streichen oder sie unberücksichtigt lassen.[36] Der Insolvenzverwalter hat jedoch die Möglichkeit, Vollstreckungsgegenklage nach § 767 ZPO zu erheben und ist nach Klageerhebung berechtigt, die Auszahlung der Quote zurückzuhalten und zu hinterlegen.[37]

D. Rechtsfolgen des Verteilungsverzeichnisses

Hinsichtlich der Rechtsfolgen des Verteilungsverzeichnisses ist zu unterscheiden zwischen der Erstellung, der Niederlegung und der öffentlichen Bekanntmachung. 12

I. Erstellung des Verteilungsverzeichnisses

Der Insolvenzverwalter ist verpflichtet, sämtliche Forderungen in das Verteilungsverzeichnis aufzunehmen, die bei der Verteilung zu berücksichtigen sind. Ist eine Forderung in das Verteilungsverzeichnis aufgenommen worden, so hat der Insolvenzgläubiger einen verfahrensrechtlichen Anspruch auf Teilnahme an der Verteilung.[38] Einwendungen gegen das Verteilungsverzeichnis können die Insolvenzgläubiger vor dem Insolvenzgericht geltend machen (§ 194). Der Insolvenzverwalter hat für die Richtigkeit und Vollständigkeit des Verteilungsverzeichnisses einzustehen.[39] Für Fehler bei der Erstellung des Verteilungsverzeichnisses haftet der Insolvenzverwalter den übrigen Insolvenzgläubigern gegenüber auf Schadensersatz gem. § 60 Abs. 1. Der Insolvenzverwalter haftet insb. gem. § 60 Abs. 1, wenn er eine nicht geprüfte Forderung oder eine absonderungsberechtigte Forderung ohne entsprechenden Ausfallnachweis in das Verzeichnis aufgenommen hat.[40] Ist ein Insolvenzgläubiger zu Unrecht in das Verteilungsverzeichnis aufgenommen worden, so haben weder die benachteiligten Insolvenzgläubiger noch der Insolvenzverwalter gegen den zu Unrecht berücksichtigten Insolvenzgläubiger einen Bereicherungsanspruch gem. § 812 Abs. 1 Satz 1 Fall 1 BGB, da die Feststellung der Insolvenzforderungen in dem Verteilungsverzeichnis unangreifbar und daher mit Rechtsgrund erfolgt ist.[41] Dabei sind Bereicherungsansprüche der benachteiligten Insolvenzgläubiger bereits wegen des Subsidiaritätsprinzips im Bereicherungsrecht ausgeschlossen, da die Leistungskondiktion gegen den Insolvenzverwalter gem. § 812 Abs. 1 Satz 1 Fall 1 BGB Vorrang hat vor einem etwaigen Bereicherungsanspruch in sonstiger Weise gem. § 812 Abs. 1 Satz 1 Fall 2 BGB gegen den zu Unrecht bevorzugten Insolvenzgläubiger.[42] 13

Eine Haftung des Insolvenzverwalters gem. § 60 Abs. 1 ist aber auch dann gegeben, wenn er es schuldhaft unterlassen hat, eine berechtigte Forderung in das Verteilungsverzeichnis aufzunehmen.[43] Bereicherungsansprüche sind insoweit ebenfalls ausgeschlossen.[44] Bei der Schadensersatzforderung gem. § 60 gegen den Insolvenzverwalter kann aber ein Mitverschulden des Insolvenzgläubigers gem. § 254 BGB zu berücksichtigen sein, wenn dieser es unterlassen hat, das bei der Geschäftsstelle des Insolvenzgerichts niedergelegte Verteilungsverzeichnis zu überprüfen und ein Einwendungsverfahren gem. § 194 herbeizuführen.[45] Hingegen besteht keine Verpflichtung des Insolvenzgerichts zur 14

---

34 BGH 11.12.2008, IX ZR 156/07, ZInsO 2009, 142.
35 HambK-InsR/*Preß* Rn. 8; Braun/*Kießner* Rn. 10.
36 Uhlenbruck/*Uhlenbruck* Rn. 13; HK-InsO/*Depré* Rn. 4.
37 Uhlenbruck/*Uhlenbruck* Rn. 13; HambK-InsR/*Preß* Rn. 8; Braun/*Kießner* Rn. 10; HK-InsO/*Depré* Rn. 4.
38 Nerlich/Römermann/*Westphal* Rn. 18; FK-InsO/*Kießner* Rn. 14.
39 Nerlich/Römermann/*Westphal* Rn. 31; FK-InsO/*Kießner* Rn. 21.
40 MüKo-InsO/*Füchsl*/*Weishäupl* Rn. 8; Andres/Leithaus/*Leithaus* Rn. 3.
41 MüKo-InsO/*Füchsl*/*Weishäupl* Rn. 10.
42 Vgl. MüKo-InsO/*Füchsl*/*Weishäupl* Rn. 10; *Weber* JZ 1984, 1027.
43 Uhlenbruck/*Uhlenbruck* Rn. 22; Hess/*Pape* Rn. 476; HK-InsO/*Depré* Rn. 7.
44 MüKo-InsO/*Füchsl*/*Weishäupl* Rn. 10; BK-InsR/*Gruber* Rn. 38; Nerlich/Römermann/*Westphal* Rn. 20.
45 FK-InsO/*Kießner* Rn. 22; BK-InsR/*Gruber* Rn. 9; Uhlenbruck/*Uhlenbruck* Rn. 22; HK-InsO/*Depré* Rn. 7.

Überprüfung des Verteilungsverzeichnisses auf Richtigkeit und Vollständigkeit.[46] Es bestehen daher keine Amtshaftungsansprüche gem. § 839 BGB, Art. 34 GG gegen das Insolvenzgericht, wenn das Insolvenzgericht das Verteilungsverzeichnis nicht auf Richtigkeit und Vollständigkeit überprüft.[47] Das Insolvenzgericht ist mit der Überprüfung des Verteilungsverzeichnisses nur im Rahmen des Einwendungsverfahrens gem. § 194 befasst.

15 Wird eine zu berücksichtigende Forderung zwar in das Verteilungsverzeichnis aufgenommen, bei der Verteilung selbst aber nicht berücksichtigt, haben die begünstigten Insolvenzgläubiger durch die Nichtberücksichtigung des im Verzeichnis ebenfalls aufgeführten Insolvenzgläubigers bei der Verteilung Zahlungen erhalten, die über die nach dem bestandskräftigen Verteilungsverzeichnis errechnete Quote hinausgehen. Da sie somit ohne Rechtsgrund mehr erhalten, als ihnen zusteht, sind sie verpflichtet, den zu viel erhaltenen Betrag nach § 812 Abs. 1 BGB herauszugeben. Nach Auffassung des BGH[48] soll der bei der Auszahlung nicht berücksichtigte Insolvenzgläubiger einen Bereicherungsanspruch (§ 812 Abs. 1 BGB) gegen die übrigen Insolvenzgläubiger in Höhe des Anteils haben, der bei der Berücksichtigung seiner Forderung auf ihn entfallen wäre. Danach hat der Insolvenzgläubiger, der bei der Verteilung mehr erhalten hat, als ihm nach dem Verteilungsverzeichnis zusteht, den zu viel erhaltenen Betrag herauszugeben. Dies soll jedenfalls dann gelten, wenn der benachteiligte Insolvenzgläubiger keine Gleichstellung über § 192 mehr erreichen kann. Nach anderer Auffassung stellen die Zahlungen aus der Insolvenzmasse an die übrigen Insolvenzgläubiger Leistungen des Insolvenzverwalters dar. Die hiernach gegebene Leistungskondiktion der benachteiligten Insolvenzgläubiger gegen den Insolvenzverwalter gem. § 812 Abs. 1 Satz 1 Fall 1 BGB hat danach gegenüber einem möglichen Bereicherungsanspruch in sonstiger Weise gegen die begünstigten Insolvenzgläubiger gem. § 812 Abs. 1 Satz 1 Fall 2 BGB Vorrang.[49]

II. Niederlegung des Verteilungsverzeichnisses

16 Eine unterlassene Niederlegung des Verteilungsverzeichnisses bei der Geschäftsstelle des Insolvenzgerichts hat zur Folge, dass die Ausschlussfrist gem. §§ 189, 190 nicht zu laufen beginnt.[50] Eine nachfolgende öffentliche Bekanntmachung des Verteilungsverzeichnisses ist unwirksam.

III. Öffentliche Bekanntmachung des Verteilungsverzeichnisses

16a Die Veröffentlichung erfolgt nach Satz 3 der Vorschrift zweistufig: der Insolvenzverwalter zeigt dem Insolvenzgericht gem. Satz 3 Halbs. 1 die Summe der Forderungen und den für die Verteilung verfügbaren Betrag aus der Insolvenzmasse an. Das Insolvenzgericht hat die angezeigte Summe und den für die Verteilung verfügbaren Betrag öffentlich bekannt zu machen. Das Insolvenzgericht ist das allein zuständige Organ zur Veröffentlichung. Bei einer Veröffentlichung durch den Insolvenzverwalter fehlt es an einer ordnungsgemäßen öffentlichen Bekanntmachung. Die öffentliche Bekanntmachung ist mangelhaft; die Frist des § 189 Abs. 1 beginnt nicht zu laufen.[51]

17 Die öffentliche Bekanntmachung des Verteilungsverzeichnisses ohne vorherige Niederlegung beim Insolvenzgericht führt ebenso wie das gänzliche Fehlen der öffentlichen Bekanntmachung zur Unwirksamkeit der Verteilung.[52] Zahlungen, die der Insolvenzverwalter im Rahmen der Verteilung an die Insolvenzgläubiger getätigt hat, sind ohne Rechtsgrund erfolgt, da erst nach Ablauf der Ausschlussfrist gem. §§ 189, 190 eine Berechtigung für die Insolvenzgläubiger vorliegt, die empfangenen Zahlungen zu behalten. Der Insolvenzverwalter hat daher gegen die Insolvenzgläubiger einen Bereicherungsanspruch gem. § 812 Abs. 1 Satz 1 Fall 1 BGB.[53]

---

46 HambK-InsR/*Preß* Rn. 10; Kübler/Prütting/Bork/*Holzer* Rn. 19; Uhlenbruck/*Uhlenbruck* Rn. 18.
47 MüKo-InsO/*Füchsl/Weishäupl* Rn. 9.
48 BGH 17.05.1984, VII ZR 333/83, NJW 1984 2154 (2156).
49 MüKo-InsO/*Füchsl/Weishäupl* Rn. 11; Nerlich/Römermann/*Westphal* Rn. 20.
50 Uhlenbruck/*Uhlenbruck* Rn. 20; MüKo-InsO/*Füchsl/Weishäupl* Rn. 7.
51 BGH 07.02.2013, IX ZR 145/12, ZInsO 2013, 496.
52 MüKo-InsO/*Füchsl/Weishäupl* Rn. 7; HambK-InsR/*Preß* Rn. 12; Kübler/Prütting/Bork/*Holzer* Rn. 17.
53 Nerlich/Römermann/*Westphal* Rn. 20.

§ 189 Berücksichtigung bestrittener Forderungen

(1) Ein Insolvenzgläubiger, dessen Forderung nicht festgestellt ist und für dessen Forderung ein vollstreckbarer Titel oder ein Endurteil nicht vorliegt, hat spätestens innerhalb einer Ausschlussfrist von zwei Wochen nach der öffentlichen Bekanntmachung dem Insolvenzverwalter nachzuweisen, dass und für welchen Betrag die Feststellungsklage erhoben oder das Verfahren in dem früher anhängigen Rechtsstreit aufgenommen ist.

(2) Wird der Nachweis rechtzeitig geführt, so wird der auf die Forderung entfallende Anteil bei der Verteilung zurückbehalten, solange der Rechtsstreit anhängig ist.

(3) Wird der Nachweis nicht rechtzeitig geführt, so wird die Forderung bei der Verteilung nicht berücksichtigt.

Übersicht	Rdn.		Rdn.
A. Normzweck	1	II. Nach Ablauf der Ausschlussfrist	7
B. Nachweis der Rechtsverfolgung	2	III. Entsprechende Anwendung	8
C. Rechtsfolgen	5	D. Rechtsmittel	9
I. Innerhalb der Ausschlussfrist	6		

A. Normzweck

Bei der Verteilung werden bestrittene, nicht titulierte Forderungen nur berücksichtigt, wenn dem Insolvenzverwalter innerhalb einer Ausschlussfrist von **zwei Wochen** nach der öffentlichen Bekanntmachung gem. § 188 S. 3 nachgewiesen wird, dass und für welchen Betrag Feststellungsklage erhoben oder das Verfahren in dem früher anhängigen Rechtsstreit aufgenommen ist (§ 189 Abs. 1). Die Aufnahme bestrittener Forderungen, die nicht festgestellt sind und über die zum Zeitpunkt der Verfahrenseröffnung kein vollstreckbarer Schuldtitel vorliegt, wird vom Nachweis der Klageerhebung abhängig gemacht. Diese Forderungen werden nur dann im Verteilungsverzeichnis berücksichtigt, wenn die Erhebung der Feststellungsklage nachgewiesen ist.[1] Auf diese Weise werden die Gläubiger gezwungen, die Aufnahme in das Verteilungsverzeichnis rechtzeitig innerhalb der vorgesehenen Ausschlussfrist von zwei Wochen geltend zu machen. Dadurch soll die reibungslose Durchführung eines Verteilungsverfahrens gewährleistet werden.[2] **Betroffen** vom Regelungsbereich des § 189 sind nur solche Forderungen, die vom Insolvenzverwalter oder von einem anderen Insolvenzgläubiger im Prüfungstermin **bestritten worden** sind (vgl. § 178 Abs. 1) und die zum Zeitpunkt der Verfahrenseröffnung **nicht tituliert** waren (vgl. § 179 Abs. 2). Dazu reicht auch ein vorläufiges Bestreiten, da auch dadurch die Feststellungswirkung gem. § 178 Abs. 1, 3 nicht eintritt.[3] Ist der Schuldtitel nur vorläufig vollstreckbar, weil die Zwangsvollstreckung von einer Sicherheitsleistung abhängig gemacht wurde, kann der Insolvenzverwalter vor der Ausschüttung eine entsprechende Sicherheitsleistung verlangen, bezogen auf den ausgeschütteten Betrag (vgl. § 109 ZPO).[4]

B. Nachweis der Rechtsverfolgung

Der Insolvenzgläubiger einer nicht festgestellten, nicht titulierten Forderung muss dem Insolvenzverwalter nachweisen, dass und für welchen Betrag er eine entsprechende **Feststellungsklage** erhoben hat oder ob er einen Rechtsstreit wieder aufgenommen hat (vgl. § 180 Abs. 2). Die **Frist** für den Nachweis der Klageerhebung bzw. der Aufnahme des bereits vorher rechtshängigen Klageverfahrens beträgt gem. § 189 Abs. 1 Satz 1 **zwei Wochen** nach der öffentlichen Bekanntmachung der Verteilung (§ 188 S. 3). Für den Beginn der Frist ist die Fiktion des § 9 Abs. 1 S. 3 maßgeblich, wonach mit dem Ablauf des zweiten Tages nach der Veröffentlichung des Verteilungsverzeichnisses die Be-

---
1 Braun/*Kießner* Rn. 1; HK-InsO/*Depré* Rn. 2; FK-InsO/*Kießner* Rn. 11.
2 Andres/Leithaus/*Leithaus* Rn. 2.
3 Nerlich/Römermann/*Westphal* Rn. 5; HambK-InsR/*Preß* Rn. 4; Graf-Schlicker/*Mäusezahl* Rn. 2.
4 Andres/Leithaus/*Leithaus* Rn. 2.

kanntmachung als bewirkt gilt. Der Lauf der Zwei-Wochen-Frist des § 189 Abs. 1 Satz 1 beginnt also mit Beginn des dritten Tages nach der Veröffentlichung. Für die Berechnung der Frist gilt gem. § 4 InsO über § 222 Abs. 1 ZPO die allgemeine Regelung des § 187 Abs. 2 BGB.[5] Das Ende der Nachweisfrist bestimmt sich nach § 4 InsO i.V.m. §§ 222 Abs. 1 ZPO, 188 Abs. 2 BGB. Fristende ist demnach der Ablauf des dritten Tages der zweiten Woche nach der Veröffentlichung des Verteilungsverzeichnisses.[6]

3 Bei der Nachweisfrist des § 189 Abs. 1 Satz 1 handelt es sich um eine **Ausschlussfrist.** Das bedeutet, dass eine Verlängerung der Frist durch Parteivereinbarung gem. § 4 InsO i.V.m. § 224 Abs. 2 ZPO nicht möglich ist. Auch eine Wiedereinsetzung in den vorigen Stand (§ 233 ZPO) ist ausgeschlossen, da es sich nicht um eine Notfrist handelt.[7] Eine besondere Form für den Nachweis der Klageerhebung ist in § 189 Abs. 1 Satz 1 nicht ausdrücklich vorgesehen.[8] Zu unterscheiden ist, ob sich die Feststellungsklage gegen den Insolvenzverwalter selbst richtet oder gegen einen anderen Insolvenzgläubiger. Richtet sich die Feststellungsklage gegen den Insolvenzverwalter, so reicht für den Nachweis i.d.R. die Zustellung der Klageschrift oder des Aufnahmeschriftsatzes an den Insolvenzverwalter.[9] Ist die Zustellung noch nicht erfolgt, so muss der Insolvenzgläubiger gegenüber dem Insolvenzverwalter durch Vorlage von Belegen nachweisen, dass er die Klage bei Gericht eingereicht hat.[10]

3a Die Vorschrift enthält keine Aussage, wie die rechtzeitige Klageerhebung nachzuweisen ist. Besondere formale Erfordernisse müssen nicht beachtet werden. Erforderlich ist vielmehr, dass der Insolvenzverwalter Gewissheit darüber erlangt, dass die Klage innerhalb der Ausschlussfrist des Abs. 1 erhoben worden ist. Der Nachweis ist unstreitig erbracht, wenn innerhalb der Frist des Abs. 1 dem Insolvenzverwalter, nicht dem Insolvenzgericht, die Feststellungsklage des Insolvenzgläubigers zugestellt wird. Liegt dagegen noch keine Zustellung der Klageerhebung vor, treffen den Insolvenzgläubiger erhöhte Anforderungen. Es ist nicht ausreichend, wenn der Insolvenzgläubiger dem Insolvenzverwalter die Klageschrift übersandt hat und ihm erkennbar gemacht, wie welchem Gericht Klage eingereicht ist.[11] Erforderlich ist zusätzlich, dass der Nachweis geführt werden muss, dass die Klage auch tatsächlich beim Prozessgericht eingegangen ist und alsbald die Zustellung an den Insolvenzverwalter erfolgt[12] Der Nachweis kann durch Vorlage einer schriftlichen Eingangsbestätigung des Prozessgerichts, Übersendung einer Kopie der Klageschrift mit dem Eingangsstempel des Gerichts, aber auch durch eidesstattliche Versicherung geführt werden. Der Insolvenzgläubiger hat zudem zur Wahrung der Ausschlussfrist des Abs. 1 auch die Einzahlung des Vorschusses innerhalb der Frist nachzuweisen.[13]

4 Bei mehreren Widersprechenden muss der Insolvenzgläubiger nachweisen, dass er gegen alle Widersprechenden die Feststellungsklage betreibt, denn nur nach Beseitigung aller Widersprüche kann die Forderung zur Insolvenztabelle festgestellt werden.[14]

C. Rechtsfolgen

5 Hinsichtlich der Rechtsfolgen ist zu unterscheiden, ob der Insolvenzgläubiger den Nachweis der erhobenen bzw. aufgenommenen Feststellungsklage innerhalb der Ausschlussfrist des § 189 Abs. 1 erbringt oder erst nach Ablauf der Frist.

---

5   Kübler/Prütting/Bork/*Holzer* Rn. 6 ff.; MüKo-InsO/*Füchsl/Weishäupl* Rn. 2; HambK-InsR/*Preß* Rn. 6.
6   Braun/*Kießner* Rn. 6; MüKo-InsO/*Füchsl/Weishäupl* Rn. 2; HambK-InsR/*Preß* Rn. 6.
7   FK-InsO/*Kießner* Rn. 14; MüKo-InsO/*Füchsl/Weishäupl* Rn. 4; Uhlenbruck/*Uhlenbruck* Rn. 7.
8   FK-InsO/*Kießner* Rn. 12; Kübler/Prütting/Bork/*Holzer* Rn. 10.
9   Braun/*Kießner* Rn. 7; MüKo-InsO/*Füchsl/Weishäupl* Rn. 6.
10 Andres/Leithaus/*Leithaus* Rn. 6.
11 so FK-InsO/*Kießner* Rn. 12.
12 BGH 13.09.2012, IX ZR 143/11, ZInsO 2012, 1987; MüKo-InsO/*Füchsl/Weishäupl* Rn. 5.
13 BGH 13.09.2012, IX ZR 143/11, ZInsO 2012, 1987.
14 BGH 18.05.2006, IX ZR 187/04, NJW 1998, 2364 (2365); FK-InsO/*Kießner* Rn. 16; Uhlenbruck/*Uhlenbruck* Rn. 5.

I. Innerhalb der Ausschlussfrist

Erbringt der Insolvenzgläubiger den Nachweis rechtzeitig innerhalb der Ausschlussfrist von zwei Wochen gem. § 189 Abs. 1 Satz 1, muss der Insolvenzverwalter während der Rechtshängigkeit des Feststellungsverfahrens den auf die Forderung entfallenden Anteil bis zum Abschluss des Rechtsstreits zurückbehalten (§ 189 Abs. 2). Eine Ausschüttung erfolgt erst dann, wenn die Forderungen endgültig durch ein obsiegendes Urteil rechtskräftig festgestellt sind und die Insolvenztabelle entsprechend berichtigt worden ist (§ 183 Abs. 2). Sind die anteiligen Beträge bei der Schlussverteilung zurückzubehalten, hat der Insolvenzverwalter den Betrag zu hinterlegen (§ 198). 6

II. Nach Ablauf der Ausschlussfrist

Erbringt der Insolvenzgläubiger den Nachweis verspätet erst nach Ablauf der Ausschlussfrist des § 189 Abs. 1, so bleibt die Forderung bei der Verteilung unberücksichtigt, sofern es sich um die Schlussverteilung handelt (§ 189 Abs. 3). Bei nicht rechtzeitigem Nachweis bei einer Abschlagsverteilung kommt allerdings eine nachträgliche Berücksichtigung bei der nächsten Verteilung in Betracht (§ 192). 7

III. Entsprechende Anwendung

Auf titulierte, aber vom Insolvenzverwalter oder anderen Gläubigern bestrittene Forderungen, findet § 189 keine unmittelbare Anwendung[15]. Bestrittene titulierte Forderungen sind daher in das Verteilungsverzeichnis aufzunehmen.[16] Die Vorschrift des § 189 Abs. 2 findet jedoch ausnahmsweise entsprechende Anwendung auf bestrittene, aber titulierte Forderungen, wenn der Widersprechende bis zur Durchführung der Auszahlung nachgewiesen hat, dass ein Klageverfahren eingeleitet oder wieder aufgenommen worden ist.[17] Der auf die Forderung entfallende Betrag ist dann während der Rechtshängigkeit des Verfahrens zurückzubehalten, analog § 189 Abs. 2. Allerdings gilt für diese Fälle die Ausschlussfrist gem. § 189 Abs. 1 nicht.[18] Die analoge Anwendung scheidet jedoch wiederum für Forderungen aus, die mit der Qualifikation der vorsätzlich begangenen, unerlaubten Handlung angemeldet worden sind und denen der Schuldner im Prüfungstermin widersprochen hat (vgl. §§ 174 Abs. 2, 175 Abs. 2). Solche Forderungen werden ohne die Qualifikation zur Insolvenztabelle festgestellt und in das Schlussverzeichnis aufgenommen.[19] Der Schuldner muss sich vielmehr gem. § 184 Abs. 2 innerhalb der dort vorgesehenen Monatsfrist gegen die Qualifikation der Forderung als aus vorsätzlich begangener, unerlaubter Handlung herrührend, wehren. Anderenfalls wird die titulierte Forderung mit diesem Zusatz zur Insolvenztabelle festgestellt. Eine entsprechende Anwendung der Ausschlussfrist nach § 189 Abs. 1 scheidet aus.[20] Eine Bindungswirkung für den Insolvenzverwalter tritt jedoch dann ein, wenn der Schuldner die in einem gerichtlichen Vergleich titulierte Forderung als vorsätzlich begangene, unerlaubte Handlung außer Streit gestellt hat.[21] 8

D. Rechtsmittel

Weigert sich der Insolvenzverwalter, den von einem Insolvenzgläubiger geführten Nachweis als rechtzeitig oder ordnungsgemäß anzuerkennen und in das Verteilungsverzeichnis aufzunehmen, so kann der Insolvenzgläubiger hiergegen Einwendungen beim Insolvenzgericht gem. § 194 Abs. 1 erheben.[22] 9

---

15 Redaktionsversehen, so Kübler/Prütting/Bork/ *Holzer* Rn. 3.
16 Uhlenbruck/*Uhlenbruck* Rn. 14; Nerlich/Römermann/*Westphal* Rn. 14; Braun/*Kießner* Rn. 12.
17 Braun/*Kießner* Rn. 13; HambK-InsR/*Preß* Rn. 2; MüKo-InsO/*Füchsl/Weishäupl* Rn. 10.
18 Uhlenbruck/*Uhlenbruck* Rn. 8; Nerlich/Römermann/*Westphal* Rn. 18.
19 Braun/*Kießner* Rn. 13a.
20 BGH 18.12.2008, IX ZR 124/08, NZI 2009, 189.
21 BGH 25.06.2009, IX ZR 154/08, ZInsO 2009, 1494.
22 Nerlich/Römermann/*Westphal* Rn. 11; MüKo-InsO/*Füchsl/Weishäupl* Rn. 13.

§ 190 Berücksichtigung absonderungsberechtigter Gläubiger

(1) Ein Gläubiger, der zur abgesonderten Befriedigung berechtigt ist, hat spätestens innerhalb der der in § 189 Abs. 1 vorgesehenen Ausschlussfrist dem Insolvenzverwalter nachzuweisen, dass und für welchen Betrag er auf abgesonderte Befriedigung verzichtet hat oder bei ihr ausgefallen ist. Wird der Nachweis nicht rechtzeitig geführt, so wird die Forderung bei der Verteilung nicht berücksichtigt.

(2) Zur Berücksichtigung bei einer Abschlagsverteilung genügt es, wenn der Gläubiger spätestens innerhalb der Ausschlussfrist dem Verwalter nachweist, dass die Verwertung des Gegenstands betrieben wird, an dem das Absonderungsrecht besteht, und den Betrag des mutmaßlichen Ausfalls glaubhaft macht. In diesem Fall wird der auf die Forderung entfallende Anteil bei der Verteilung zurückbehalten. Sind die Voraussetzungen des Absatzes 1 bei der Schlussverteilung nicht erfüllt, so wird der zurückbehaltene Anteil für die Schlussverteilung frei.

(3) Ist nur der Verwalter zur Verwertung des Gegenstands berechtigt, an dem das Absonderungsrecht besteht, so sind die Absätze 1 und 2 nicht anzuwenden. Bei einer Abschlagsverteilung hat der Verwalter, wenn er den Gegenstand noch nicht verwertet hat, den Ausfall des Gläubigers zu schätzen und den auf die Forderung entfallenden Anteil zurückzubehalten.

Übersicht

		Rdn.			Rdn.
A.	Normzweck	1	I.	Verwertungsrecht des Insolvenzgläubigers	7
B.	Absonderungsberechtigte Forderungen	3	II.	Verwertungsrecht des Insolvenzverwalters	13
C.	Voraussetzungen für die Berücksichtigung von absonderungsberechtigten Insolvenzgläubigern	6			

A. Normzweck

1 Bei einer Verteilung werden absonderungsberechtigte Forderungen nur dann uneingeschränkt berücksichtigt, wenn die Insolvenzgläubiger dem Insolvenzverwalter innerhalb der Ausschlussfrist von zwei Wochen gem. § 189 Abs. 1 nachweisen, dass sie auf ihr Recht auf abgesonderte Befriedigung wirksam verzichtet haben oder dass sie bei der abgesonderten Befriedigung ausgefallen sind (§ 190 Abs. 1, 2). Zwingende Voraussetzung ist, dass die persönliche Forderung zuvor zur Tabelle angemeldet, geprüft und festgestellt worden ist. Die Befriedigung der Insolvenzgläubiger soll nicht durch Schwierigkeiten bei der Verwertung von Gegenständen, an denen Absonderungsrechte bestehen, verzögert werden.[1] Da das Gesetz von einer vollständigen Befriedigung der Absonderungsgläubiger ausgeht, wird diesen die Darlegungslast dafür auferlegt, dass sie die Verwertung betreiben. Der vermutliche Ausfall ist glaubhaft zu machen.[2]

2 Derzeit unbesetzt

B. Absonderungsberechtigte Forderungen

3 Betroffen vom Regelungsbereich des § 190 sind absonderungsberechtigte Forderungen gem. §§ 49 ff., allerdings nur, sofern der Schuldner den absonderungsberechtigten Gläubigern auch persönlich haftet (§ 52 Satz 1). Berücksichtigt werden nur solche Absonderungsgläubiger, die in Abweichung von §§ 165, 166 ihr Verwertungsrecht an dem Absonderungsgut behalten haben.[3] Dazu gehören vor allem Inhaber von **Rechten an unbeweglichen Gegenständen**, also Gläubiger, denen ein Recht auf Befriedigung aus Gegenständen zusteht, die der Zwangsvollstreckung in das unbewegliche Vermögen unterliegen (§ 49).

---

1 BGH 02.07.2009, IX ZR 126/08, NZI 2009, 565; MüKo-InsO/*Füchsl/Weishäupl* Rn. 1.
2 Andres/Leithaus/*Leithaus* Rn. 2.; MüKo-InsO/*Füchsl/Weishäupl* Rn. 2; HambK-InsR/*Herchen* Rn. 11.
3 Andres/Leithaus/*Leithaus* Rn. 4.

Absonderungsberechtigt sind außerdem Gläubiger, die an einem **beweglichen Gegenstand** der Insolvenzmasse ein rechtsgeschäftliches Pfandrecht, ein durch Pfändung erlangtes Pfandrecht oder ein gesetzliches Pfandrecht haben (§ 50 Abs. 1), also Inhaber eines Pfandrechts an beweglichen Sachen. In Betracht kommen rechtsgeschäftlich bestellte, durch Pfändung erlangte und gesetzliche Pfandrechte. Dabei ist zu unterscheiden zwischen **rechtsgeschäftlich bestellten Pfandrechten** durch Verpfändung beweglicher Sachen gem. §§ 1204 ff. BGB und solchen durch Verpfändung von Forderungen gem. §§ 1273 ff., 1279 ff. BGB. 3a

Zu den absonderungsberechtigten beweglichen Pfandrechten gehören auch **Pfändungspfandrechte**, also Pfandrechte, die die Insolvenzgläubiger durch Pfändung erlangt haben, entweder durch Zwangsvollstreckung des Gerichtsvollziehers in das bewegliche Vermögen des Insolvenzschuldners gem. § 808 ZPO oder durch Pfändung von Forderungen des Insolvenzschuldners im Wege der Zwangsvollstreckung durch das Vollstreckungsgericht gem. §§ 828, 846, 857 ZPO.

Gem. § 50 Abs. 2 sind auch die Inhaber **gesetzlicher Pfandrechte** absonderungsberechtigt, soweit diese bis zur Eröffnung des Insolvenzverfahrens begründet wurden. Dies betrifft vor allem das Pfandrecht des Vermieters oder Verpächters (§§ 559, 580 f., 592 BGB). Dieses Pfandrecht kann im Insolvenzverfahren über das Vermögen des Mieters aber nicht geltend gemacht werden wegen rückständigen Miet- oder Pachtzinses für eine frühere Zeit als die letzten zwölf Monate vor der Eröffnung des Insolvenzverfahrens sowie wegen der Entschädigung, die infolge einer Kündigung des Insolvenzverwalters zu zahlen ist. Als absonderungsberechtigte gesetzliche Pfandrechte kommen außerdem in Betracht das Werkunternehmerpfandrecht (§ 647 BGB), das Pfandrecht des Gastwirts an den vom Gast eingebrachten Sachen (§ 704 BGB) sowie die handelsrechtlichen Pfandrechte des Kommissionärs (§ 397 HGB), des Spediteurs (§ 410 HGB), des Lagerhalters (§ 421 HGB) und des Frachtführers (§ 440 HGB). 4

Die **sonstigen** zu berücksichtigenden **Absonderungsrechte** sind in § 51 aufgeführt. Zu berücksichtigen sind gem. § 51 Nr. 1 vor allem Gläubiger, denen der Schuldner zur Sicherung eines Anspruchs eine bewegliche Sache übereignet oder ein Recht übertragen hat, also die Inhaber von **Sicherungseigentum** an einer beweglichen Sache bzw. die Zessionare einer **Sicherungsabtretung**. Diese sind ausdrücklich den in § 50 aufgeführten Pfandrechtsinhabern gleichgestellt, da die Sicherungsübereignung bzw. die Sicherungsabtretung bei wirtschaftlicher Betrachtung dem Pfandrecht näher stehen als dem Eigentum.[4] Unter das Absonderungsrecht gem. § 51 Nr. 1 fallen auch der verlängerte und der erweiterte Eigentumsvorbehalt.[5] In § 51 Nr. 2 sind als absonderungsberechtigte Forderungen die **Zurückbehaltungsrechte** an einer Sache wegen Verwendungen benannt (vgl. §§ 994 ff. BGB). Voraussetzung ist, dass die Gläubiger etwas zum Nutzen der Sache verwendet haben, soweit ihre Forderung aus der Verwendung den noch vorhandenen Vorteil nicht übersteigt. Auch Zurückbehaltungsrechte von Gläubigern, denen nach dem Handelsgesetzbuch ein Zurückbehaltungsrecht zusteht (§ 51 Nr. 3) sind absonderungsberechtigt. Bund, Länder, Gemeinden und Gemeindeverbände sind ebenfalls den Absonderungsberechtigten gleichgestellt, soweit ihnen zoll- und steuerpflichtige Sachen nach gesetzlichen Vorschriften als Sicherheit für öffentliche Abgaben dienen (§ 51 Nr. 4).

Derzeit unbesetzt 5

C. Voraussetzungen für die Berücksichtigung von absonderungsberechtigten Insolvenzgläubigern

Hinsichtlich der Voraussetzungen für die Berücksichtigung von absonderungsberechtigten Insolvenzgläubigern ist zu unterscheiden zwischen dem **Verwertungsrecht der Insolvenzgläubiger** und dem des **Insolvenzverwalters**. Des Weiteren ist auf die Besonderheiten bei der Schlussverteilung zu achten. 6

---

4 *Kübler/Prütting* Band I S. 219.
5 *Kübler/Prütting* Band I S. 219; Uhlenbruck/*Brinkmann* § 51 Rn. 18 ff.; FK-InsO/*Imberger* § 51 Rn. 23 ff.

§ 190 InsO   Berücksichtigung absonderungsberechtigter Gläubiger

I. Verwertungsrecht des Insolvenzgläubigers

7 Ist der Insolvenzgläubiger selbst zur Verwertung berechtigt, so finden die Regelungen in § 190 Abs. 1, 2 Anwendung. Dies gilt sowohl für Abschlagsverteilungen als auch für die Schlussverteilung.[6] Allerdings sind bei der Schlussverteilung Besonderheiten zu beachten. Ein Verwertungsrecht des Insolvenzgläubigers besteht bei Immobilien (§ 49).[7] Bei beweglichen Sachen oder Forderungen hat der Insolvenzgläubiger nur dann ein Verwertungsrecht, soweit nicht der Insolvenzverwalter zur Verwertung berechtigt ist und er die Sachen in unmittelbarem[8] Besitz hat (§§ 166, 173). Der absonderungsberechtigte Gläubiger kann seine Forderung im Prüfungstermin im vollen Umfang, also ohne Beschränkung auf die Höhe, anmelden. Die Forderung wird in voller Höhe zur Insolvenztabelle festgestellt und tituliert, und zwar auch dann, wenn sie nur »in Höhe des Ausfalls« anerkannt wird. Trotz eines solchen eingeschränkten Tabellenvermerks erstreckt sich die Rechtskraft der Feststellung auf die gesamte Insolvenzforderung (§ 178 Abs. 3).[9] Absonderungsberechtigte Insolvenzgläubiger sind aber nur dann zur Befriedigung ihrer Forderung aus der Insolvenzmasse berechtigt, wenn sie nachweisen, dass sie auf eine abgesonderte Befriedigung verzichten oder bei einer abgesonderten Befriedigung ausgefallen sind (§ 52 Satz 2).

8 Bei einer Abschlagsverteilung wird die Forderung des verwertungsbefugten, absonderungsberechtigten Insolvenzgläubigers in voller Höhe berücksichtigt, wenn er innerhalb der Ausschlussfrist gem. § 189 Abs. 1 seinen Verzicht oder Ausfall nachweist (§ 190 Abs. 1 Satz 1; vgl. § 188 Rdn. 7 f.). Die **Verzichtserklärung** ist bindend und unwiderruflich.[10] Der einmal erklärte Verzicht bleibt auch nach Abschluss des Insolvenzverfahrens bindend.[11] Grds kann die Verzichtserklärung formfrei und vor allem auch konkludent erfolgen.[12] Der Verzicht auf die abgesonderte Befriedigung aus einer Grundschuld des Gläubigers muss nicht zwingend in der von den §§ 1168, 1192 Abs. 1 BGB, § 29 GBO geforderten grundbuchmäßigen Form erfolgen. Ausreichend ist der Verzicht bzw. die Entlassung auf den schuldrechtlichen Sicherungsanspruch aus der Zweckerklärung mit dem Sicherungsgeber.[13]

9 Eine absonderungsberechtigte Forderung wird auch dann bei der Verteilung berücksichtigt, wenn der Insolvenzgläubiger bei einer **abgesonderten Befriedigung ausgefallen** ist (§ 52 Satz 2). Ausgefallen ist der Insolvenzgläubiger mit dem Teil der Forderung, der bei Ausübung des Absonderungsrechts und bei der Realisierung der Sicherheit nicht befriedigt wurde.[14] Im Regelfall besteht der Ausfall in der Differenz zwischen der Gläubigerforderung und dem Verkehrswert des Gegenstandes, auf den sich das Absonderungsrecht bezieht.[15] Das Absonderungsrecht erlangt somit eigentliche Bedeutung erst bei der Verwertung und der Verteilung.[16] Erst dann lässt sich der Ausfall des absonderungsberechtigten Gegenstandes genau beziffern.

9a Zur Berücksichtigung bei einer **Abschlagsverteilung** genügt es, wenn der Insolvenzgläubiger spätestens innerhalb der Ausschlussfrist dem Insolvenzverwalter nachweist, dass die Verwertung des Gegenstandes betrieben wird, an dem das Absonderungsrecht besteht, und den Betrag des mutmaßlichen Ausfalls glaubhaft macht (§ 190 Abs. 2 Satz 1). Dazu muss der Insolvenzgläubiger den Nachweis der laufenden, aber noch nicht abgeschlossenen Verwertung erbringen, also zumindest des Beginns einer tatsächlichen, realen Verwertungshandlung, die auf eine Realisierung des Sicherungs-

---

6 MüKo-InsO/*Füchsl/Weishäupl* Rn. 3; HambK-InsR/*Herchen* Rn. 2.
7 MüKo-InsO/*Füchsl/Weishäupl* Rn. 3.
8 Mittelbarer Besitz ist nicht ausreichend: MüKo-InsO/*Füchsl/Weishäupl* Rn. 3.
9 MüKo-InsO/*Füchsl/Weishäupl* Rn. 2; Nerlich/Römermann/*Westphal* Rn. 17.
10 Braun/*Kießner* Rn. 7; HambK-InsR/*Herchen* Rn. 12; FK-InsO/*Kießner* Rn. 7.
11 *Hess* Rn. 16; FK-InsO/*Kießner* Rn. 7.
12 BK-InsR/*Breutigam* Rn. 5; Nerlich/Römermann/*Westphal* Rn. 22; Uhlenbruck/*Uhlenbruck* Rn. 6.
13 BGH 02.12.2010, IX ZB 61/09. ZInsO 2011, 707.
14 Uhlenbruck/*Brinkmann* § 52 Rn. 18; FK-InsO/*Kießner* Rn. 8; MüKo-InsO/*Füchsl/Weishäupl* Rn. 9.
15 Nerlich/Römermann/*Westphal* Rn. 24.
16 Uhlenbruck/*Uhlenbruck* Rn. 7.

gegenstandes gerichtet ist. Dabei ist auch eine laufende Verwertung durch einen anderen Absonderungsberechtigten oder einen Dritten zu berücksichtigen.[17] Der Insolvenzgläubiger muss den Betrag des mutmaßlichen Ausfalls glaubhaft machen. Für die Glaubhaftmachung gilt § 294 ZPO entsprechend. Der Gläubiger kann sich demnach aller Beweismittel bedienen (Urkundenbeweis, Sachverständigengutachten, Zeugenaussagen), insb. der Versicherung an Eides statt. Der Nachweis des mutmaßlichen Ausfalls muss innerhalb der Frist des § 189 Abs. 1 erfolgen. Insoweit gelten die Ausführungen zur Verzichtserklärung entsprechend.

Rechtsfolge des Verzichts oder des Ausfalls der absonderungsberechtigten Forderung ist die anteilige Auszahlung an den Insolvenzgläubiger. Die absonderungsberechtigte Forderung wird bei der Verteilung aber nur dann in voller Höhe berücksichtigt, wenn der Insolvenzgläubiger den Nachweis des Verzichts bzw. des Ausfalls rechtzeitig erbracht hat.[18] Wird der Nachweis des Verzichts oder Ausfalls nicht rechtzeitig geführt, so wird die absonderungsberechtigte Forderung bei der Verteilung nicht berücksichtigt (§ 190 Abs. 2 Satz 2). Damit der Insolvenzverwalter das Schlussverzeichnis aufstellen kann, muss der absonderungsberechtigte Gläubiger ihm zumindest rechtzeitig die Informationen liefern, die der Insolvenzverwalter zur wenigstens vorläufigen Bemessung der Quote benötigt.[19] Bei einer Abschlagsverteilung kommt gem. § 192 eine nachträgliche Berücksichtigung in Betracht. Bei der Schlussverteilung ist die Nichtberücksichtigung jedoch endgültig. 10

Weist der absonderungsberechtigte Gläubiger lediglich nach, dass er die Verwertung betreibt und macht er nur seinen mutmaßlichen Ausfall glaubhaft, so erfolgt eine Berücksichtigung lediglich in Form der **Zurückbehaltung** (§ 190 Abs. 2 Satz 2; vgl. § 188 Rdn. 7 f.). Da gerade bei frühzeitigen Abschlagsverteilungen der Ausfall meist noch nicht feststeht, kann vor der Verwertung der Wert des Gegenstandes, der zur Absonderung berechtigt, nur geschätzt werden. Der Insolvenzverwalter muss das Verteilungsverzeichnis gem. § 193 innerhalb einer Frist von drei Tagen berichtigen. Stellt sich später heraus, dass der einbehaltene Anteil des absonderungsberechtigten Gläubigers höher als die endgültige Verteilungsquote war, so fließt der überschießende Betrag in die nächste Verteilungsmasse ein. War der einbehaltene Anteil hingegen zu gering, so kommt gem. § 192 eine nachträgliche Berücksichtigung in Betracht.[20] 11

Hat der absonderungsberechtigte Insolvenzgläubiger den tatsächlichen Ausfall erst verspätet nach abgeschlossener Verwertung nachgewiesen, so muss der Insolvenzverwalter von dem zurückbehaltenen Betrag den Betrag an den Insolvenzgläubiger auszahlen, der auf den nachgewiesenen Ausfall entfällt. Dabei ist es unerheblich, ob eine Abschlagsverteilung oder eine Schlussverteilung nachfolgt, da es sich nicht um einen Fall des § 192 handelt.[21] Kann der absonderungsberechtigte Insolvenzgläubiger den konkreten Ausfall bis zur Durchführung der Schlussverteilung nicht nachweisen, so wird die Forderung nicht berücksichtigt und die zurückbehaltenen Beträge werden endgültig für die Schlussverteilung an die übrigen Insolvenzgläubiger frei.[22] 11a

Bei der **Schlussverteilung** gilt die Besonderheit, dass der absonderungsberechtigte Insolvenzgläubiger den tatsächlichen Ausfall nachweisen muss.[23] Die Beweiserleichterung der Glaubhaftmachung reicht insoweit nicht aus. Demnach muss der absonderungsberechtigte Insolvenzgläubiger die Verwertung des Absonderungsgegenstandes bereits durchgeführt haben. Kann der Insolvenzgläubiger bis zur Schlussverteilung nicht den tatsächlichen Ausfall nachweisen, so werden auch Anteile, die zuvor bei Abschlagsverteilungen gem. § 190 Abs. 1 Satz 2 zurückbehalten worden waren, für die Schlussverteilung frei (§ 190 Abs. 2 Satz 3). 12

---

17 *Hess* Rn. 19.
18 Braun/*Kießner* Rn. 5: Uhlenbruck/*Uhlenbruck* Rn. 9.
19 BGH 02.07.2009, IX ZR 126/08, NZI 2009, 565.
20 Nerlich/Römermann/*Westphal* Rn. 34.
21 Nerlich/Römermann/*Westphal* Rn. 34.
22 Braun/*Kießner* Rn. 10: HambK-InsR/*Herchen* Rn. 17; FK-InsO/*Kießner* Rn. 14.
23 MüKo-InsO/*Füchsl/Weishäupl* Rn. 12; FK-InsO/*Kießner* Rn. 14; Kübler/Prütting/Bork/*Holzer* Rn. 6.

12a Sollte die Verwertung eines Sicherungsgutes sich als schwieriger und langwieriger erweisen und daher bis zur Schlussverteilung noch nicht abgeschlossen sein, kann der Insolvenzgläubiger den Umfang seines zukünftig zu realisierenden Absonderungsrechts schätzen und in Höhe der Differenz zur angemeldeten Forderung auf sein Absonderungsrecht verzichten.[24] Sollte das Absonderungsrecht im Schlusstermin dann als unverwertbar freigegeben werden, steht ein später erzielter Übererlös dem Schuldner zu.[25] Wird das Absonderungsrecht nicht freigegeben, kann ein etwaiger Übererlös durch eine Nachtragsverteilung nach § 203 Abs. 1 Nr. 3 analog verteilt werden.[26]

II. Verwertungsrecht des Insolvenzverwalters

13 Derzeit unbesetzt

14 Soweit ein **alleiniges Verwertungsrecht des Insolvenzverwalters** besteht, entfallen die Nachweispflichten des absonderungsberechtigten Insolvenzgläubigers (§ 190 Abs. 3 Satz 1), denn die Insolvenzgläubiger können eine Verwertung solcher Gegenstände, die der Insolvenzgläubiger in seinem Besitz hat und die er nicht nachträglich zur Verwertung durch den Gläubiger gem. § 170 Abs. 2 freigegeben hat, nicht selbst durchführen. Sie werden daher von der Darlegungslast gem. § 190 Abs. 1, 2 befreit.[27] Hinsichtlich der Pflichten des Insolvenzverwalters bei der Berücksichtigung der absonderungsberechtigten Forderungen bei eigenem Verwertungsrecht ist im Übrigen zwischen der Abschlagsverteilung und der Schlussverteilung zu unterscheiden. Bei einer Abschlagsverteilung muss der Insolvenzverwalter dann, wenn er den Absonderungsgegenstand noch nicht verwertet hat, den Ausfall des Gläubigers schätzen und den auf die Forderung entfallenden Anteil zurückbehalten (§ 190 Abs. 3 Satz 2). Der Insolvenzverwalter muss den Absonderungsgegenstand bis zur Schlussverteilung verwerten. Bei der Schlussverteilung gelten daher keine Besonderheiten, wenn der Insolvenzverwalter den Absonderungsgegenstand verwertet hat. Damit steht der tatsächliche Ausfall des Insolvenzgläubigers bei der Schlussverteilung fest. Der Insolvenzverwalter muss das Verteilungsverzeichnis entsprechend berichten. Hat der Insolvenzverwalter hingegen den Absonderungsgegenstand nicht verwertet, steht der Ausfall des Insolvenzgläubigers nicht fest. Der absonderungsberechtigte Insolvenzgläubiger nimmt nicht an der Schlussverteilung teil. Beträge, die gem. § 190 Abs. 2 Satz 2 bei vorangegangenen Abschlagsverteilungen zurückbehalten worden sind, werden dann für die Schlussverteilung frei (§ 190 Abs. 2 Satz 3).

§ 191 Berücksichtigung aufschiebend bedingter Forderungen

(1) Eine aufschiebend bedingte Forderung wird bei einer Abschlagsverteilung mit ihrem vollen Betrag berücksichtigt. Der auf die Forderung entfallende Anteil wird bei der Verteilung zurückbehalten.

(2) Bei der Schlussverteilung wird eine aufschiebend bedingte Forderung nicht berücksichtigt, wenn die Möglichkeit des Eintritts der Bedingung so fernliegt, dass die Forderung zur Zeit der Verteilung keinen Vermögenswert hat. In diesem Fall wird ein gemäß Absatz 1 Satz 2 zurückbehaltener Anteil für die Schlussverteilung frei.

Übersicht

		Rdn.			Rdn.
A.	Normzweck	1	C.	Berücksichtigung von aufschiebend bedingten Forderungen	6
B.	Anwendungsbereich	3	D.	Rechtsfolgen	7
I.	Aufschiebend bedingte Forderungen	3	I.	Abschlagsverteilung	8
II.	Auflösend bedingte Forderungen	4	II.	Schlussverteilung	10
III.	Analoge Anwendung auf Erlösanteile aus Sicherheitenverwertungen	5			

---

[24] Braun/*Kießner* Rn. 15; MüKo-InsO/*Füchsl/Weishäupl* Rn. 12; HambK-InsR/*Herchen* Rn. 22.
[25] FK-InsO/*Kießner* Rn. 16.
[26] Braun/*Kießner* Rn. 15.
[27] Andres/Leithaus/*Leithaus* Rn. 4.

A. Normzweck

Der Gläubiger einer **aufschiebend bedingten Forderung** hat noch keinen Anspruch gegen den Schuldner, solange die Bedingung noch nicht eingetreten ist. Es hängt vielmehr von dem Eintritt eines zukünftigen Ereignisses ab, ob die Forderung dem Gläubiger tatsächlich zusteht. Die Wahrscheinlichkeit der Werthaltigkeit der bedingten Forderung steigt jedoch, je näher der Bedingungseintritt rückt. Tritt die Bedingung für das Entstehen der Forderung erst nach dem Verteilungstermin ein, käme der Gläubiger aber bei der Verwertung gar nicht zum Zuge. Es ist daher nicht gerechtfertigt, Gläubiger von aufschiebend bedingten Forderungen völlig von der Verteilung auszuschließen. 1

Die Aufnahme aufschiebend bedingter Forderungen in das **Verteilungsverzeichnis** darf jedoch nicht zu einer Benachteiligung der übrigen Insolvenzgläubiger führen. Der aufschiebend bedingt Berechtigte muss vor Eröffnung des Insolvenzverfahrens damit rechnen, dass die Gläubiger unbedingter Forderungen vorzugsweise befriedigt werden.[1] Aus diesem Grund werden die Gläubiger aufschiebend bedingter Forderungen während des Insolvenzverfahrens uneingeschränkt durch Zurückbehaltung gesichert (§ 191 Abs. 1 Satz 2). Bei der Schlussverteilung werden die Gläubiger aufschiebend bedingter Forderungen hingegen nur dann berücksichtigt, wenn der Bedingungseintritt nicht so fern liegt, dass die Forderung zur Zeit der Verteilung keinen Vermögenswert hat (§ 191 Abs. 2 Satz 1). Es erfolgt also eine abgestufte Berücksichtigung aufschiebend bedingter Forderungen nach der Wahrscheinlichkeit des Bedingungseintritts.[2] 1a

Derzeit unbesetzt 2

B. Anwendungsbereich

I. Aufschiebend bedingte Forderungen

Aufschiebend bedingte Forderungen sind solche Forderungen, die ihre Rechtswirksamkeit erst bei Eintritt der Bedingung entfalten (vgl. § 158 Abs. 1 BGB). Bis zum Bedingungseintritt hat der Forderungsberechtigte ein Anwartschaftsrecht, das mit dem Eintritt der Bedingung zum Vollrecht erstarkt.[3] Von der Regelung des § 191 werden vor allem die rechtsgeschäftlichen Bedingungen gem. § 158 Abs. 1 BGB erfasst. Der insolvenzrechtliche Begriff der bedingten Forderung geht jedoch über den der rechtsgeschäftlichen Bedingung hinaus. Unter den Begriff der aufschiebend bedingten Forderung fallen daher auch sog unechte gesetzliche Bedingungen, bei denen das Entstehen der Forderung von noch fehlenden gesetzlichen Voraussetzungen abhängt, sowie die sog Rechtsbedingungen.[4] Dazu gehören auch befristete Forderungen und Forderungen mit ungewissem Fälligkeitstermin (vgl. § 163 BGB). 3

II. Auflösend bedingte Forderungen

Im Insolvenzverfahren werden auflösende bedingte Forderungen wie unbedingte Forderungen behandelt, solange die auflösende Bedingung noch nicht eingetreten ist (§ 42). Bei auflösend bedingt abgeschlossenen Rechtsgeschäften endigt die Wirkung mit dem Eintritt der Bedingung und der frühere Rechtszustand tritt wieder ein (§ 158 Abs. 2). Auf solche Forderungen erfolgt daher eine Ausschüttung gem. § 187.[5] 4

III. Analoge Anwendung auf Erlösanteile aus Sicherheitenverwertungen

Die Regelung des § 191 ist entsprechend anwendbar auf den Fall, dass der Insolvenzverwalter eine vom Schuldner sicherheitshalber abgetretene Forderung einzieht, ohne dass der Schuldner für die 5

---

1 MüKo-InsO/*Füchsl/Weishäupl* Rn. 2.
2 Nerlich/Römermann/*Westphal* Rn. 2.
3 Palandt/*Heinrichs* § 158 BGB Rn. 1.
4 MüKo-InsO/*Füchsl/Weishäupl* Rn. 5; Uhlenbruck/*Uhlenbruck* § 38 Rn. 25.
5 Andres/Leithaus/*Leithaus* Rn. 3; FK-InsO/*Kießner* Rn. 9; Uhlenbruck/*Uhlenbruck* Rn. 12.

gesicherte Verbindlichkeit persönlich haftet.[6] Diese zur Insolvenzmasse geflossenen Beträge dürfen noch nicht an die Gläubiger ausgekehrt werden. Sie können aber, wenn sich später herausstellt, dass sie in der Insolvenzmasse verbleiben können, der Nachtragsverteilung zugeführt werden. Solange aber noch nicht feststeht, ob diese Beträge an die Sicherungsgläubiger tatsächlich ausgekehrt werden müssen, ist der Gläubiger aus dem einbezogenen Betrag nur dann unverzüglich zu befriedigen, wenn die Sicherheit auch ohne die Insolvenz verwertungsreif gewesen wäre. Steht dieser Umstand noch nicht fest, so ist der möglicherweise dem Gläubiger verbleibende Betrag aus der Verteilung zurückzubehalten.[7]

C. Berücksichtigung von aufschiebend bedingten Forderungen

6 Hinsichtlich der Voraussetzungen des § 191 ist zu unterscheiden zwischen den Abschlagsverteilungen und der Schlussverteilung. Damit die aufschiebend bedingten Forderungen bei der Verteilung überhaupt berücksichtigt werden können, müssen zum maßgeblichen Zeitpunkt der Eröffnung des Insolvenzverfahrens (vgl. § 38) bereits die anspruchsbegründenden Tatsachen für das Entstehen der Forderung vorliegen. Nur dann können diese Forderungen als Insolvenzforderungen in voller Höhe beim Insolvenzverwalter zur Insolvenztabelle angemeldet werden. Im Prüfungstermin wird die Forderung als »aufschiebend bedingte Insolvenzforderung« festgestellt.[8]

6a Aufschiebend bedingte Forderungen werden bei der **Abschlagsverteilung** bis zum Eintritt der Bedingung mit ihrem vollen Betrag berücksichtigt (§ 190 Abs. 1). Bei den Abschlagsverteilungen erfolgt die Berücksichtigung aufschiebend bedingter Forderungen unabhängig von der Wahrscheinlichkeit des Bedingungseintritts.[9] Auch bei der Schlussverteilung werden die aufschiebend bedingten Forderungen grds mit ihrem vollen Betrag berücksichtigt. Entscheidend ist die Wahrscheinlichkeit des Bedingungseintritts.[10]

6b Eine aufschiebend bedingte Forderung wird bei der **Schlussverteilung** dann nicht berücksichtigt, wenn die Möglichkeit des Eintritts der Bedingung so fern liegt, dass die Forderung zur Zeit der Verteilung keinen Vermögenswert hat (§ 190 Abs. 2 Satz 1). Der Insolvenzverwalter muss also feststellen, wie wahrscheinlich der Eintritt der Bedingung ist. Der Insolvenzverwalter trägt die Beweislast für eine mögliche Wertlosigkeit der Forderung.[11]

D. Rechtsfolgen

7 Die Rechtsfolgen bei der Berücksichtigung von aufschiebend bedingten Forderungen richten sich ebenfalls danach, ob es sich um eine Abschlagsverteilung oder eine Schlussverteilung handelt. Außerdem ist zu berücksichtigen, ob die aufschiebende Bedingung eintritt oder ausfällt.

I. Abschlagsverteilung

8 Die volle Berücksichtigung der aufschiebend bedingten Forderung bei der **Abschlagsverteilung** führt aber wegen des anhaltenden Schwebezustands nur zur Sicherung des Gläubigers im Wege der Zurückbehaltung der auf die aufschiebend bedingte Forderung entfallenden Quote, solange die Bedingung noch nicht eingetreten ist (§ 191 Abs. 1). Eine Auskehrung scheidet insoweit aus.[12]

8a Eine Berücksichtigung durch Auszahlung der Forderung erfolgt erst nach Bedingungseintritt. Dabei kommt es auf den Zeitpunkt des Bedingungseintritts an. Tritt die von der Bedingung abhängig gemachte Wirkung vor der Bestandskraft des Verteilungsverzeichnisses ein, so muss der Insolvenzver-

---

6 BGH 11.12.2008, IX ZR 194/07, NZI 2009, 165 Rn. 20 f.
7 FK-InsO/*Kießner* Rn. 10.
8 Nerlich/Römermann/*Westphal* Rn. 4; FK-InsO/*Kießner* Rn. 1.
9 Andres/Leithaus/*Leithaus* Rn. 2; HambK-InsR/*Herchen* Rn. 9.
10 Braun/*Kießner* Rn. 4; Kübler/Prütting/Bork/*Holzer* Rn. 6 ff.
11 Uhlenbruck/*Uhlenbruck* Rn. 10; HambK-InsR/*Herchen* Rn. 10.
12 Uhlenbruck/*Uhlenbruck* Rn. 7; HambK-InsR/*Herchen* Rn. 9.

walter die auf die Forderung entfallende Quote bei der anschließenden Verteilung auszahlen.[13] Tritt die Bedingung erst nach der Bestandskraft des Verteilungsverzeichnisses ein, aber noch vor dem Vollzug der Verteilung, wird der auf die Forderung entfallende Anteil sofort ausgezahlt. Dasselbe gilt bei einem Bedingungseintritt nach Vollzug der Verteilung, aber vor Aufhebung des Insolvenzverfahrens.[14] Die Auszahlung der Quote an den Gläubiger der aufschiebend bedingten Forderung ist auch dann vorzunehmen, wenn die Bedingung bereits vor der Feststellung der Forderung eingetreten ist, diese aber trotzdem als bedingte Forderung festgestellt worden ist.[15]

Tritt die aufschiebende Bedingung endgültig nicht ein, so führt dies zum Ausfall der Forderung. Die Forderung wird dann vom Insolvenzverwalter nicht berücksichtigt.[16] Wird die Forderung trotzdem als unbedingte Forderung festgestellt, so kann der Bedingungsausfall wegen der Rechtskraftwirkung der Feststellung nicht mehr geltend gemacht werden.[17] 9

II. Schlussverteilung

Auch bei der **Schlussverteilung** wird der auf die aufschiebend bedingten Forderungen entfallende Anteil in voller Höhe berücksichtigt, wird aber wegen des ungewissen Bedingungseintritts zunächst zurückgehalten. Dabei kommt es aber zusätzlich auf den Grad der Wahrscheinlichkeit an (§ 191 Abs. 2). Besteht nur eine so fern liegende Möglichkeit des Bedingungseintritts, dass der Forderung zum Zeitpunkt der Verteilung kein Vermögenswert beikommt, wird ein bei der Abschlagsverteilung zurückbehaltener Anteil unter Berichtigung des Verzeichnisses frei und kann an die übrigen Gläubiger ausgeschüttet werden (§ 191 Abs. 2 Satz 2).[18] Der Insolvenzverwalter muss trotz des Schwebezustandes eine endgültige Entscheidung treffen, damit das Insolvenzverfahren zu Ende geführt werden kann. 10

Bei einer Forderung, die zur Zeit der Schlussverteilung jedoch nicht wertlos ist, weil der Bedingungseintritt noch hinreichend wahrscheinlich erscheint, ist der auf sie entfallende Anteil zurückzubehalten und zu hinterlegen, analog §§ 191 Abs. 1, 198.[19] Auch bei der Schlussverteilung erfolgt eine Berücksichtigung durch Auszahlung der Forderung erst nach Bedingungseintritt. Tritt die Bedingung während des Insolvenzverfahrens ein, werden die Beträge frei und können ausgezahlt werden. Tritt die aufschiebende Bedingung während des Insolvenzverfahrens nicht ein, so muss der Insolvenzverwalter den Anteil gem. § 198 hinterlegen.[20] Tritt die Bedingung endgültig nicht ein, so erfolgt die Nachtragsverteilung gem. § 203.[21] 10a

§ 192 Nachträgliche Berücksichtigung

Gläubiger, die bei einer Abschlagsverteilung nicht berücksichtigt worden sind und die Voraussetzungen der §§ 189, 190 nachträglich erfüllen, erhalten bei der folgenden Verteilung aus der restlichen Insolvenzmasse vorab einen Betrag, der sie mit den übrigen Gläubigern gleichstellt.

Übersicht	Rdn.		Rdn.
A. Normzweck	1	I. Abschlagsverteilung	5a
B. Voraussetzungen	3	II. Schlussverteilung	8
C. Rechtsfolgen	5		

---

13 FK-InsO/*Kießner* Rn. 4.
14 MüKo-InsO/*Füchsl/Weishäupl* § 191 Rn. 7.
15 MüKo-InsO/*Füchsl/Weishäupl* § 191 Rn. 7.
16 Uhlenbruck/*Uhlenbruck* Rn. 10; MüKo-InsO/*Füchsl/Weishäupl* 6.
17 MüKo-InsO/*Füchsl/Weishäupl* 6.
18 Braun/*Kießner* Rn. 7; Kübler/Prütting/Bork/*Holzer* Rn. 9.
19 Andres/Leithaus/*Leithaus* Rn. 2; Braun/*Kießner* Rn. 6.
20 BK-InsR/*Breutigam* Rn. 7; FK-InsO/*Kießner* Rn. 5; Nerlich/Römermann/*Westphal* Rn. 10.
21 Uhlenbruck/*Uhlenbruck* Rn. 9; Kübler/Prütting/Bork/*Holzer* Rn. 7; Nerlich/Römermann/*Westphal* Rn. 10.

§ 192 InsO Nachträgliche Berücksichtigung

A. Normzweck

1 Der Gläubiger soll bei einer Fristversäumnis gem. §§ 189 Abs. 1, 190 Abs. 1 möglichst keinen Nachteil erleiden, wenn der Grund für die Nichtberücksichtigung weggefallen ist.[1] Durch die Ausschlussfrist des § 189 Abs. 1, 190 Abs. 1 soll erreicht werden, dass die Gläubiger ihre bestrittenen, nicht titulierten Forderungen bzw. ihre absonderungsberechtigten Forderungen möglichst zeitnah im Klagewege geltend machen, um die möglichst reibungslose Durchführung eines Verteilungsverfahrens zu gewährleisten und die Insolvenzgläubiger frühzeitig an den Erlösen teilnehmen zu lassen, die bei der Verwertung der Insolvenzmasse erzielt wurden (vgl. § 189 Rdn. 1).

2 Erbringen die betroffenen Gläubiger den dafür notwendigen Nachweis nicht innerhalb der vorgesehenen Zwei-Wochen-Frist, so werden sie zwar bei der anstehenden Abschlagsverteilung nicht berücksichtigt; dies hat jedoch nicht den endgültigen und vollständigen Verlust der Befriedigungsaussicht zur Folge, sondern gilt nur für den jeweiligen Abschnitt des Insolvenzverfahrens.[2] In einem Verfahren, in dem weitere Insolvenzmasse erwirtschaftet wird, ist es nicht gerechtfertigt, Insolvenzgläubiger, die die Voraussetzungen für eine Berücksichtigung im Verteilungsverfahren nachträglich erfüllen, vollständig auszuschließen.[3] Um das Verfahren zu vereinfachen, soll der betroffene Gläubiger jedoch erst bei der nächsten Verteilung Berücksichtigung finden.

B. Voraussetzungen

3 Von dem Anwendungsbereich des § 192 werden die Gläubiger erfasst, die bei einer Abschlagsverteilung nicht berücksichtigt worden sind und die die Voraussetzungen der §§ 189, 190 nachträglich erfüllen. Zu den Gläubigern, die gem. § 192 einen Anspruch darauf haben, den bereits berücksichtigten Gläubigern gleichgestellt zu werden, gehören die Inhaber bestrittener Forderungen und die Gläubiger von absonderungsberechtigten Forderungen. Die Vorschrift gilt aber entsprechend auch für Gläubiger von Insolvenzforderungen, die verspätet angemeldet wurden[4] und für Gläubiger die zu Unrecht von der Abschlagsverteilung ausgeschlossen wurden.[5]

4 Voraussetzung für die nachträgliche Berücksichtigung gem. § 192 ist, dass die betroffenen Gläubiger die Voraussetzungen der **§§ 189, 190 nachträglich erfüllen**. Der säumige Gläubiger muss innerhalb der Ausschlussfrist des § 189 Abs. 1 den Nachweis erbringen, dass und für welchen Betrag die Feststellungsklage erhoben oder das Verfahren in dem früher anhängigen Rechtsstreit aufgenommen ist bzw. dass und für welchen Betrag er auf abgesonderte Befriedigung verzichtet hat oder bei ihr ausgefallen ist (§ 190 Abs. 1).

4a § 192 findet analog Anwendung auf Gläubiger, die bei einer Abschlagsverteilung zu Unrecht nicht berücksichtigt worden sind, obwohl ihre Forderungen geprüft und festgestellt und damit die Voraussetzungen für eine Berücksichtigung gem. §§ 187 ff. erfüllt waren.[6] Eine rechtswidrige Nichtberücksichtigung liegt auch dann vor, wenn die Gläubiger das Fristversäumnis nicht selbst zu verantworten haben, etwa auf Grund eines Versehens des Insolvenzverwalters. Die entsprechende Anwendung des § 192 ist in diesem Fall gerechtfertigt, da bei der Verwertung eine gleichmäßige Befriedigung der gleichberechtigten Insolvenzgläubiger erreicht werden soll.[7] Hierbei ist zu unterscheiden, ob die Forderung in das Verteilungsverzeichnis aufgenommen war oder nicht. Ist die zu berücksichtigende Forderung erst gar nicht in das Verteilungsverzeichnis aufgenommen worden, so erfolgt eine Gleichstellung des Gläubigers bei der nächsten Verteilung gem. § 192 analog. War dagegen die Forderung im Verteilungsverzeichnis aufgenommen worden, bei der Verteilung aber versehentlich nicht berück-

---

1 Braun/*Kießner* Rn. 1.
2 FK-InsO/*Kießner* Rn. 2.
3 Nerlich/Römermann/*Westphal* Rn. 2.
4 FK-InsO/*Kießner* Rn. 3; Nerlich/Römermann/*Westphal* Rn. 6.
5 MüKo-InsO/*Füchsl/Weishäupl* Rn. 8; Uhlenbruck/*Uhlenbruck* Rn. 3.
6 Braun/*Kießner* Rn. 7; Uhlenbruck/*Uhlenbruck* Rn. 3; HambK-InsR/*Herchen* Rn. 6.
7 MüKo-InsO/*Füchsl/Weishäupl* Rn. 8; HambK-InsR/*Herchen* Rn. 6.

sichtigt worden, kann der betroffene Gläubiger jederzeit eine sofortige Auszahlung aus der Insolvenzmasse verlangen, ohne auf eine nachfolgende Verteilung warten zu müssen.[8]

C. Rechtsfolgen

Bei der nachträglichen Berücksichtigung von Gläubigern gem. § 192 ist zu differenzieren, ob es sich bei der nachfolgenden Verteilung um eine Abschlagsverteilung oder um eine Schlussverteilung handelt. 5

I. Abschlagsverteilung

Bei einer nachfolgenden **Abschlagsverteilung** erhalten die Gläubiger, die die Voraussetzungen der §§ 189, 190 nachträglich erfüllen, bei der folgenden Verteilung aus der restlichen Insolvenzmasse vorab einen Betrag, der sie mit den übrigen Gläubigern gleichstellt. Anschließend nimmt der nachträglich berücksichtigte Gläubiger wie alle anderen Gläubiger auch an der weiter anstehenden Verteilung teil. Dies gilt auch in dem Fall der verspäteten Anmeldung von Forderungen. Die Gleichstellung des nachträglich berücksichtigten Gläubigers erfolgt grds nur auf Antrag.[9] Anders ist es nur in dem Fall der rechtswidrigen Nichtberücksichtigung des Gläubigers. Dort muss der Insolvenzverwalter die Gleichstellung von Amts wegen vornehmen.[10] 5a

Die nachträgliche Gleichstellung des Gläubigers setzt aber voraus, dass noch eine **ausreichende Insolvenzmasse** vorhanden ist. Reicht die restliche Insolvenzmasse nicht aus, um dem Gläubiger vorab eine gleich hohe Quote auszuzahlen, wie sie die übrigen Gläubiger in der vorangegangenen Abschlagsverteilung erhalten haben, so ist sein Anteil entsprechend zu reduzieren.[11] Damit trägt der nachträglich berücksichtigte Gläubiger das Risiko der nicht ausreichenden Insolvenzmasse. Diesen Gläubigern bleibt lediglich die Nachhaftung des Schuldners nach § 201 Abs. 1, die i.d.R. aber wertlos ist.[12] Einen bereicherungsrechtlichen Rückforderungsanspruch gegen Insolvenzgläubiger, die im Rahmen der Abschlagsverteilung berücksichtigt worden sind, hat der nachträglich berücksichtigte Gläubiger, für den nicht mehr genügend Restmasse vorhanden ist, nicht. Er kann allenfalls einen Schadensersatzanspruch gegen den Insolvenzverwalter gem. § 60 geltend machen, sofern die Voraussetzungen hierfür vorliegen.[13] Die nachträgliche Gleichstellung ist gegenüber dem Insolvenzverwalter auch nicht einklagbar.[14] 6

Umstritten ist, ob in den Fällen, in denen ein Gläubigerausschuss bestellt worden ist, dessen Zustimmung für die nachträgliche Berücksichtigung notwendig ist. 7

Da sich die Zustimmung des Gläubigerausschusses auf ein inhaltlich konkretisiertes Teilungsverzeichnis bezogen hat, ist die vorherige Zustimmung des Gläubigerausschusses erforderlich.[15]

II. Schlussverteilung

Ist die nachfolgende Verteilung eine **Schlussverteilung,** so kommt ein Zurückbehalt für den nachträglich berücksichtigten Gläubiger nur dann in Betracht, wenn die Voraussetzungen des § 189 Abs. 1 vorliegen, da Beträge, die gem. § 190 Abs. 2 Satz 2 bei vorangegangenen Abschlagsverteilungen für den absonderungsberechtigten Insolvenzgläubiger zurückbehalten worden sind, 8

---

8 Nerlich/Römermann/*Westphal* Rn. 16; Braun/*Kießner* Rn. 7.
9 So auch Kübler/Prütting/Bork/*Holzer* Rn. 4; a.A. MüKo-InsO/*Füchsl/Weishäupl* Rn. 12; HambK-InsR/ *Herchen* Rn. 8 FK-InsO/*Kießner* Rn. 6; offen gelassen bei Uhlenbruck/*Uhlenbruck* Rn. 5.
10 Uhlenbruck/*Uhlenbruck* Rn. 6; Kübler/Prütting/Bork/*Holzer* Rn. 6.
11 MüKo-InsO/*Füchsl/Weishäupl* Rn. 14; FK-InsO/*Kießner* Rn. 7.
12 Uhlenbruck/*Uhlenbruck* Rn. 7; FK-InsO/*Kießner* Rn. 7.
13 FK-InsO/*Kießner* Rn. 8; Nerlich/Römermann/*Westphal* Rn. 17.
14 HambK-InsR/*Herchen* Rn. 7; Kübler/Prütting/Bork/*Holzer* Rn. 5.
15 Hamb-InsR/*Herchen* Rn. 9; HK-InsO/*Depré* Rn. 4; a.A. MüKo-InsO/*Füchsl/Weishäupl* Rn. 13.

bei der Schlussverteilung nicht berücksichtigt, sondern für die Insolvenzmasse frei werden (§ 190 Abs. 2 Satz 3; vgl. § 190 Rdn. 12).

§ 193 Änderung des Verteilungsverzeichnisses

Der Insolvenzverwalter hat die Änderungen des Verzeichnisses, die auf Grund der §§ 189 bis 192 erforderlich werden, binnen drei Tagen nach Ablauf der in § 189 Abs. 1 vorgesehenen Ausschlussfrist vorzunehmen.

Übersicht	Rdn.		Rdn.
A. Normzweck	1	C. Änderungsfrist	3
B. Änderungsgründe	2	D. Rechtsfolgen	4

A. Normzweck

1 Änderungen des Verteilungsverzeichnisses, die auf Grund der §§ 189 bis 192 erforderlich werden, müssen im Verzeichnis berichtigt werden.

B. Änderungsgründe

2 Der Insolvenzverwalter muss das Verteilungsverzeichnis von Amts wegen abändern, wenn nachträglich Forderungen aufgenommen oder gestrichen werden. Als Abänderungsgründe kommen nur die in §§ 189–192 genannten Fälle in Betracht.

– § 189 Abs. 1:
Die Abänderung des Verteilungsverzeichnisses wird nach § 189 Abs. 1 erforderlich, wenn der Gläubiger einer nicht titulierten und nicht festgestellten Insolvenzforderung den Nachweis der Erhebung einer Feststellungsklage oder der Aufnahme eines früher anhängigen Verfahrens innerhalb der Ausschlussfrist von zwei Wochen erbracht hat.

– § 190 Abs. 1
Zu beachten ist der Verzicht eines Gläubigers auf das Recht zur abgesonderten Befriedigung oder der Nachweis der Höhe des endgültigen Ausfalls des Gläubigers, § 190 Abs. 1. Ein absonderungsberechtigter Gläubiger macht bei laufenden, noch nicht abgeschlossenen Verwertungen seinen mutmaßlichen Ausfall innerhalb der Ausschlussfrist geltend, § 190 Abs. 2.

– § 191
Bei dem Ausfall einer aufschiebenden Bedingung bzw. bei einem Eintritt einer auflösenden Bedingung während der Frist des § 189 Abs. 1 ist eine nachträgliche Streichung dieser Forderung im Verteilungsverzeichnis vorzunehmen, § 191.[1]

– § 192
In das Verteilungsverzeichnis aufzunehmen ist auch die nachträgliche Berücksichtigung eines Gläubigers gem. § 192, weil er die Voraussetzungen der §§ 189, 190 nachträglich erfüllt hat.

Aus anderen Gründen sind Abänderungen des Verteilungsverzeichnisses nicht zulässig, es sei denn, es handelt sich um offensichtliche Unrichtigkeiten, wie Schreib- oder Rechenfehler sowie um die versehentliche Nichtaufnahme einer festgestellten Forderung oder um die Aufnahme von Masseansprüchen in das Verzeichnis.[2]

---

[1] AA MüKo-InsO/*Füchsl/Weishäupl* Rn. 6.
[2] Uhlenbruck/*Uhlenbruck* Rn. 2 f.; HambK-InsR/*Preß* Rn. 6.

C. Änderungsfrist

Der Insolvenzverwalter muss die notwendigen Änderungen des Verteilungsverzeichnisses innerhalb einer Ausschlussfrist von drei Tagen nach Ablauf der in § 189 Abs. 1 vorgesehenen Zweiwochenfrist vornehmen. Diese kurze Frist ist unerlässlich, damit die Gläubiger die Möglichkeit haben, bei Abschlagsverteilungen mögliche Einwendungen innerhalb der Wochenfrist gem. § 194 Abs. 1 zu erheben.[3] Nach Ablauf der Dreitagefrist können sachliche Änderungen mit Ausnahme von offensichtlichen Schreib- und Rechenfehlern nicht mehr vorgenommen werden.[4] Eine Wiedereinsetzung ist nicht möglich, da es sich um keine Notfrist handelt.[5] Nach Ablauf der Frist sind Änderungen unzulässig und gesetzeswidrig.[6] 3

D. Rechtsfolgen

Sofern Änderungsgründe nach §§ 189–192 eingetreten sind, ist der Insolvenzverwalter verpflichtet, diese Änderungen in das Verteilungsverzeichnis aufzunehmen. Die Änderung geschieht in Form eines Änderungsvermerks in dem Exemplar des Verteilungsverzeichnisses, das auf der Geschäftsstelle des Insolvenzgerichts niedergelegt ist (§ 188 Satz 2). Eine erneute öffentliche Bekanntmachung der Änderungen gem. § 188 Satz 3 ist nicht erforderlich.[7] Bei EDV-mäßiger Führung der Insolvenztabelle und des Verteilungsverzeichnisses ist das früher niedergelegte Exemplar durch einen neuen Ausdruck mit den Änderungen zu ersetzen.[8] 4

§ 194 Einwendungen gegen das Verteilungsverzeichnis

(1) Bei einer Abschlagsverteilung sind Einwendungen eines Gläubigers gegen das Verzeichnis bis zum Ablauf einer Woche nach dem Ende der in § 189 Abs. 1 vorgesehenen Ausschlussfrist bei dem Insolvenzgericht zu erheben.

(2) Eine Entscheidung des Gerichts, durch die Einwendungen zurückgewiesen werden, ist dem Gläubiger und dem Insolvenzverwalter zuzustellen. Dem Gläubiger steht gegen den Beschluss die sofortige Beschwerde zu.

(3) Eine Entscheidung des Gerichts, durch die eine Berichtigung des Verzeichnisses angeordnet wird, ist dem Gläubiger und dem Verwalter zuzustellen und in der Geschäftsstelle zur Einsicht der Beteiligten niederzulegen. Dem Verwalter und den Insolvenzgläubigern steht gegen den Beschluss die sofortige Beschwerde zu. Die Beschwerdefrist beginnt mit dem Tag, an dem die Entscheidung niedergelegt worden ist.

Übersicht	Rdn.		Rdn.
A. Normzweck	1	III. Einwendungsverfahren	6
B. Einwendungen	2	C. Entscheidung des Insolvenzgerichts	7
I. Einwendungsberechtigte	3	D. Rechtsmittel	8
II. Einwendungsfrist	5		

A. Normzweck

Die Vorschrift regelt das Verfahren bei Einwendungen gegen das Verteilungsverzeichnis. In den Geltungsbereich der Vorschrift fallen aber nur Einwendungen die Vollständigkeit und Richtigkeit des 1

---

3 BK-InsR/*Breutigam* Rn. 2; Nerlich/Römermann/*Westphal* Rn. 9.
4 FK-InsO/*Kießner* Rn. 10; Kübler/Prütting/Bork/*Holzer* Rn. 5.
5 MüKo-InsO/*Füchsl/Weishäupl* Rn. 2; HambK-InsR/*Preß* Rn. 2.
6 MüKo-InsO/*Füchsl/Weishäupl* Rn. 2; Kübler/Prütting/Bork/*Holzer* Rn. 5.
7 FK-InsO/*Kießner* Rn. 4; HambK-InsR/*Preß* Rn. 8; Kübler/Prütting/Bork/*Holzer* Rn. 5.
8 Uhlenbruck/*Uhlenbruck* Rn. 4; Braun/*Kießner* Rn. 3.

Verteilungsverzeichnisses, nicht dagegen materiell-rechtliche Einwendungen. Abs. 1 gilt unmittelbar nur für Abschlagsverteilungen; Abs. 2 und 3 über § 197 Abs. 3 auch für die Schlussverteilung.

B. Einwendungen

2 Einwendungen im Rahmen des Einwendungsverfahrens gem. § 194 können nur gegen das Abschlagsverzeichnis selbst geltend gemacht werden. Das Insolvenzgericht überprüft ausschließlich, ob das Verteilungsverzeichnis bei einer Abschlagsverteilung vom Insolvenzverwalter vollständig und richtig aufgestellt und fortgeführt bzw. berichtigt wurde. Hingegen sind materiell-rechtliche Einwendungen gegen den Bestand bzw. die Höhe der berücksichtigten Forderung unzulässig.[1] Die vom Insolvenzgläubiger erhobenen Einwendungen haben keine aufschiebende Wirkung.[2] Aufgrund von § 197 Abs. 3 sind für die Schlussverteilung § 194 Abs. 2 und 3 entsprechend anwendbar.

I. Einwendungsberechtigte

3 Einwendungsberechtigt sind nur **Insolvenzgläubiger**, die ihre Forderung zur Insolvenztabelle angemeldet haben (vgl. § 38). Nicht notwendig ist, dass die Forderungen auch geprüft sind. Ebenso ist es unbeachtlich, ob die Forderung bestritten ist.[3] Nicht einwendungsberechtigt sind daher Massegläubiger (§ 53) und Gläubiger mit Aussonderungsansprüchen, da deren Ansprüche vorweg aus der Insolvenzmasse befriedigt werden, sowie nachrangigen Insolvenzgläubiger (§ 39), da sie gem. § 187 Abs. 2 Satz 2 bei Abschlagsverteilungen nicht berücksichtigt werden sollen. Auch der Schuldner ist nicht einwendungsberechtigt.[4]

4 Die Insolvenzgläubiger können verfahrensrechtliche Einwendungen nur dahingehend erheben, dass das Abschlagsverteilungsverzeichnis nicht den Vorschriften des Verteilungsverfahrens entsprechend erstellt wurde. Dazu gehört, dass eine eigene angemeldete Forderung des Insolvenzgläubigers trotz Feststellung zu Unrecht nicht im Abschlagsverteilungsverzeichnis berücksichtigt worden ist. Möglich ist auch, dass der Insolvenzgläubiger geltend macht, dass seine Forderung trotz des rechtzeitigen oder nachträglichen Nachweises gem. §§ 189, 190 bzw. § 192 unberücksichtigt geblieben ist.[5] Der Insolvenzgläubiger kann aber auch die Einwendung erheben, dass die Forderung eines anderen Insolvenzgläubigers berücksichtigt worden ist, obwohl dieser die Nachweise gem. §§ 189, 190 nicht oder nicht rechtzeitig geführt oder den mutmaßliche Ausfall nicht glaubhaft gemacht hat. Der Insolvenzgläubiger kann geltend machen, dass diese zu Unrecht aufgenomme Forderung aus dem Verteilungsverzeichnis gestrichen wird. Maßgeblich ist, dass sich die Quote des berücksichtigten Insolvenzgläubigers durch die zu Unrecht erfolgte Aufnahme einer anderen Forderung im Verteilungsverzeichnis reduziert.[6] Im Einwendungsverfahren gem. § 194 kann ein Insolvenzgläubiger auch eine Vorabgleichstellung gem. § 192 verfolgen oder geltend machen, dass Vorabgleichstellung gerade nicht erfolgen darf.[7]

II. Einwendungsfrist

5 Die Einwendungsfrist beträgt **eine Woche** nach dem Ende der in § 189 Abs. 1 vorgesehenen zweiwöchigen Ausschlussfrist. Die Insolvenzgläubiger müssen also ihre Einwendungen innerhalb einer Frist von drei Wochen nach der öffentlichen Bekanntmachung gem. § 188 S. 3 beim Insolvenzgericht erheben. Es handelt sich auch insoweit um eine Ausschlussfrist.[8] Für die Berechnung der Frist gilt gem. § 4 InsO über § 222 Abs. 1 ZPO die allgemeine Regelung des § 187 Abs. 2 BGB. Nach

---

1 Uhlenbruck/*Uhlenbruck* Rn. 5; FK-InsO/*Kießner* Rn. 1.
2 Kübler/Prütting/Bork/*Holzer* Rn. 2.
3 Uhlenbruck/*Uhlenbruck* Rn. 2; FK-InsO/*Kießner* Rn. 4.
4 FK-InsO/*Kießner* Rn. 8; HambK-InsR/*Preß* Rn. 5 ff.; MüKo-InsO/*Füchsl/Weishäupl* Rn. 6.
5 Braun/*Kießner* Rn. 4; MüKo-InsO/*Füchsl/Weishäupl* Rn. 4; Graf-Schlicker/*Mäusezahl* Rn. 3.
6 Nerlich/Römermann/*Westphal* Rn. 6.
7 MüKo-InsO/*Füchsl/Weishäupl* Rn. 4.
8 Braun/*Kießner* Rn. 6; HambK-InsR/*Preß* Rn. 7; Uhlenbruck/*Uhlenbruck* Rn. 6.

Ablauf der Einwendungsfrist sind die Insolvenzgläubiger mit ihren Einwendungen ausgeschlossen. Die Präklusion gilt jedoch nur für die jeweilige Abschlagsverteilung.[9] Die Insolvenzgläubiger, die bei der Abschlagsverteilung nicht berücksichtigt worden sind und die auch die Fristen der §§ 189 Abs. 1, 194 versäumt haben, haben die Möglichkeit, bei der nächsten Abschlagsverteilung vorab gem. § 192 gleichgestellt zu werden. Bis zu diesem Zeitpunkt müssen allerdings die Voraussetzungen gem. §§ 189, 190 erfüllt sein.[10]

III. Einwendungsverfahren

Der Insolvenzgläubiger muss seine Einwendungen gegen das Verteilungsverzeichnis schriftlich oder zu Protokoll der Geschäftsstelle bei dem nach §§ 2, 3 zuständigen Insolvenzgericht erheben.[11] Funktionell zuständig ist dort der Rechtspfleger (§ 18 RPflG). Es gelten die allgemeinen Verfahrensgrundsätze gem. § 5.[12] Danach hat das Insolvenzgericht von Amts wegen alle Umstände zu ermitteln, die für die Beurteilung der Einwendung von Bedeutung sind. Es gilt der Amtsermittlungsgrundsatz, § 5 Abs. 1 Satz 1. Hierzu kann das Insolvenzgericht auch Zeugen und Sachverständige vernehmen (§ 5 Abs. 1 Satz 2). Im Einwendungsverfahren ist dem Insolvenzverwalter rechtliches Gehör zu gewähren, ebenso dem Gläubiger, gegen dessen Forderung sich die Einwendung richtet.[13] Die Entscheidung des Insolvenzgerichts erfolgt gem. § 5 Abs. 2 i.d.R. ohne vorherige mündliche Verhandlung und ergeht durch einen beschwerdefähigen Beschluss, § 194 Abs. 2, 3.[14]

C. Entscheidung des Insolvenzgerichts

Das Insolvenzgericht kann bei seiner Entscheidung die Einwendung zurückweisen oder ihr stattgeben. Weist das Insolvenzgericht die Einwendung gegen das Verteilungsverzeichnis als unzulässig oder unbegründet zurück, so ist die Entscheidung nach Maßgabe des § 8 dem Insolvenzverwalter und dem Insolvenzgläubiger zuzustellen, der die Einwendung erhoben hat (§ 194 Abs. 2 Satz 1). Da die übrigen Insolvenzgläubiger nicht beschwert sind, wird die ablehnende Entscheidung ihnen nicht zugestellt.[15] Ist die Einwendung des Insolvenzgläubigers begründet, ordnet das Insolvenzgericht gem. § 194 Abs. 3 Satz 1 durch Beschluss die Berichtigung des Verteilungsverzeichnisses an. Die Berichtigung durch den Insolvenzverwalter kann in der Weise geschehen, dass eine bisher nicht berücksichtigte Forderung in das Verteilungsverzeichnis aufgenommen bzw. eine zu Unrecht aufgenommene Forderung gestrichen wird. Der Beschluss ist dem Gläubiger, der die Einwendung erhoben hat, und dem Insolvenzverwalter nach Maßgabe des § 8 zuzustellen. Darüber hinaus wird der Beschluss auf der Geschäftsstelle des Insolvenzgerichts zur Einsichtnahme der Beteiligten niedergelegt. Dadurch wird auch die Zustellung an die übrigen Insolvenzgläubiger ersetzt.[16]

D. Rechtsmittel

Auch bei den Rechtsmitteln ist zu unterscheiden, ob die Einwendung zurückgewiesen oder ob ihr stattgegeben wurde. Gegen die zurückweisende Entscheidung des Insolvenzgerichts steht dem Insolvenzgläubiger die **sofortige Beschwerde** zu (§§ 6, 194 Abs. 2 Satz 2, § 572 ZPO). **Beschwerdebefugt** ist der Insolvenzgläubiger, der die Einwendung erhoben hat. Dies gilt auch dann, wenn die Entscheidung durch den Rechtspfleger ergangen ist, da die Rechtspflegererinnerung (§ 11 RPflG)

---

9 Andres/Leithaus/*Leithaus* Rn. 3.
10 Nerlich/Römermann/*Westphal* Rn. 11.
11 HambK-InsR/*Preß* Rn. 8.
12 Nerlich/Römermann/*Westphal* Rn. 12; MüKo-InsO/*Füchsl/Weishäupl* Rn. 8 f.
13 Kübler/Prütting/Bork/*Holzer* Rn. 11; HambK-InsR/*Preß* Rn. 9; MüKo-InsO/*Füchsl/Weishäupl* Rn. 9.
14 HK-InsO/*Depré* Rn. 6 ff.; HambK-InsR/*Preß* Rn. 10; Graf-Schlicker/*Mäusezahl* Rn. 10.
15 Uhlenbruck/*Uhlenbruck* Rn. 13; Kübler/Prütting/Bork/*Holzer* Rn. 14; FK-InsO/*Kießner* Rn. 13.
16 Braun/*Kießner* Rn. 8; Graf-Schlicker/*Mäusezahl* Rn. 12; Uhlenbruck/*Uhlenbruck* Rn. 16.

durch die Beschwerdemöglichkeit gem. § 194 ausgeschlossen ist.[17] Die **Beschwerdefrist** beträgt zwei Wochen (§ 4 InsO, § 569 ZPO) und beginnt mit Verkündung des Beschlusses bzw. Zustellung an den Beschwerdeführer (§ 6 Abs. 2). Das Insolvenzgericht ist gem. § 4 InsO, § 572 Abs. 1 ZPO befugt, der sofortigen Beschwerde abzuhelfen. Anderenfalls entscheidet das übergeordnete Landgericht. Die Entscheidung des Beschwerdegerichts wird erst mit Rechtskraft wirksam (§ 6 Abs. 3 Satz 1). Allerdings kann das Beschwerdegericht die sofortige Wirksamkeit der Entscheidung anordnen (§ 6 Abs. 3 Satz 2).

9 Gegen die Entscheidung des Insolvenzgerichts, mit der eine Berichtigung des Verzeichnisses angeordnet wird, ist ebenfalls die **sofortige Beschwerde** möglich (§ 194 Abs. 3 Satz 1). **Beschwerdebefugt** sind gem. § 194 Abs. 3 Satz 2 der Insolvenzverwalter und jeder Insolvenzgläubiger, dessen Quotenanspruch beeinträchtigt ist. Die **Beschwerdefrist** beträgt auch bei dem stattgebenden Beschluss zwei Wochen. Gem. § 194 Abs. 3 Satz 3 beginnt die Frist jedoch mit dem Tag, an dem die Entscheidung niedergelegt worden ist, da die erforderliche Information der Insolvenzgläubiger über das geänderte Verteilungsverzeichnis erfolgt.[18] Die Beschwerdefrist wird nicht etwa dadurch verkürzt, dass die Entscheidung des Insolvenzgerichts dem Insolvenzverwalter oder dem zurückgewiesenen Insolvenzgläubiger zugestellt wurde.[19]

10 Gegen die Entscheidung des Beschwerdegerichts ist unter den Voraussetzungen des § 7 eine weitere Beschwerde möglich.

§ 195 Festsetzung des Bruchteils

(1) Für eine Abschlagsverteilung bestimmt der Gläubigerausschuss auf Vorschlag des Insolvenzverwalters den zu zahlenden Bruchteil. Ist kein Gläubigerausschuss bestellt, so bestimmt der Verwalter den Bruchteil.

(2) Der Verwalter hat den Bruchteil den berücksichtigten Gläubigern mitzuteilen.

Übersicht	Rdn.		Rdn.
A. Normzweck	1	III. Berechnung der Höhe des Bruchteils	4
B. Festsetzung des Bruchteils	2	C. **Mitteilung an die berücksichtigten**	
I. Zuständigkeit	2	**Insolvenzgläubiger**	5
II. Zeitpunkt der Festsetzung des Bruchteils	3	D. **Rechtsbehelfe**	6

A. Normzweck

1 Die Festsetzung des Bruchteils, der an die Insolvenzgläubiger zu verteilen ist, ist eine reine Verwaltungsmaßnahme des Insolvenzverwalters.[1] Die Vorschrift des § 195 gilt nur für Abschlagsverteilungen; für Schlussverteilungen gilt § 196.

B. Festsetzung des Bruchteils

I. Zuständigkeit

2 Die Zuständigkeit für die Festsetzung des Bruchteils liegt gem. § 195 Abs. 1 Satz 1 grds beim **Gläubigerausschuss**. Ist kein Gläubigerausschuss bestellt, so bestimmt allein der **Insolvenzverwalter** den Bruchteil. Der Insolvenzverwalter ist an die Entscheidung des Gläubigerausschusses gebunden.

---

17 MüKo-InsO/*Füchsl/Weishäupl* Rn. 13; Nerlich/Römermann/*Westphal* Rn. 17; a.A. Uhlenbruck/*Uhlenbruck* Rn. 14.
18 Braun/*Kießner* Rn. 10; MüKo-InsO/*Füchsl/Weishäupl* Rn. 17; Uhlenbruck/*Uhlenbruck* Rn. 17.
19 Nerlich/Römermann/*Westphal* Rn. 22.
1 Uhlenbruck/*Uhlenbruck* Rn. 4; Braun/*Kießner* Rn. 2.

Keine Bindungswirkung besteht nur dann, wenn der Gläubigerausschuss eine gesetzeswidrige Quotenfestsetzung beschließt (z.B. wenn die Befriedigung der Massegläubiger beeinträchtigt wird).[2] Der Gläubigerausschuss bestimmt auf Vorschlag des Insolvenzverwalters, welcher Bruchteil bei der Verteilung an die zu berücksichtigenden Insolvenzgläubiger ausgezahlt bzw. zurückbehalten wird. Damit erhält der Gläubigerausschuss die Kontrolle über das »Ob« und »Wie« der Verteilung.[3] Ohne einen Vorschlag des Insolvenzverwalters darf der Gläubigerausschuss daher keine Festsetzung vornehmen.[4] Falls kein Gläubigerausschuss bestellt ist, hat der Insolvenzverwalter die Kompetenz, den Bruchteil nach eigenem Ermessen selbst festzusetzen.[5] Der Insolvenzverwalter steht bei der Festsetzung des Bruchteils unter der Aufsicht des Insolvenzgerichts gem. § 58. Dabei nimmt das Insolvenzgericht keine Prüfung der Richtigkeit der Festsetzungen des Insolvenzverwalters vor, sondern überwacht lediglich die Ermessensausübung des Insolvenzverwalters.[6]

II. Zeitpunkt der Festsetzung des Bruchteils

Bei einer Abschlagsverteilung kann der Bruchteil erst dann festgesetzt werden, wenn das **Verteilungsverzeichnis rechtskräftig** geworden ist, wenn also die Einwendungsfrist gem. § 194 Abs. 1 abgelaufen ist oder wenn ein Einwendungsverfahren gem. § 194 abgeschlossen ist. Zu einem früheren Zeitpunkt ist die Festsetzung der Quote nicht zulässig. Dies ergibt sich aus der systematischen Stellung des § 195 im Rahmen des Verteilungsverfahrens.[7] Teilweise wird im Schrifttum davon ausgegangen, dass bereits vor der Rechtskraft des Verteilungsverzeichnisses eine Festlegung des Bruchteils zulässig sei, es sei lediglich nicht zweckmäßig, den Bruchteil vor Erledigung aller Einwendungen gegen das Verteilungsverzeichnis festzusetzen.[8] Dagegen spricht jedoch, dass eine Vorverlegung der Festsetzung der Quote zu einer unbegründeten Benachteiligung der Massegläubiger nach § 206 Nr. 1 führen würde.[9]

3

III. Berechnung der Höhe des Bruchteils

Der Insolvenzverwalter ermittelt die Höhe des Bruchteils, der auf die einzelnen Forderungen der Insolvenzgläubiger entfällt, indem er die zur Verfügung stehenden Barmittel für die Abschlagsverteilung in Verhältnis setzt zu der Summe der endgültig zu berücksichtigenden Forderungen (vgl. § 187 Abs. 2 Satz 1). Grundlage für die Berechnung ist das Abschlagsverteilungsverzeichnis gem. § 188, nachdem etwaige erforderliche Änderungen vorgenommen (vgl. §§ 189, 190) und etwaige Einwendungen gegen das Verzeichnis vorgebracht worden sind (vgl. § 194).[10] Die Höhe ist nach oben hin begrenzt durch die gem. § 188 zur Verteilung verfügbaren Barmittel.

4

C. Mitteilung an die berücksichtigten Insolvenzgläubiger

Der Insolvenzverwalter muss den berücksichtigten Insolvenzgläubigern den Bruchteil mitteilen (§ 195 Abs. 2). Für die Mitteilung ist keine besondere Form vorgeschrieben. Sie kann mündlich, schriftlich oder durch öffentliche Bekanntmachung erfolgen, insb. auch durch Mitteilung auf den Überweisungsträgern.[11] Mit der Mitteilung an die berücksichtigten Insolvenzgläubiger tritt die Wirksamkeit der Festsetzung des Bruchteils ein. Dazu reicht die Mitteilung an einen der Insolvenz-

5

---

2 Uhlenbruck/*Uhlenbruck* Rn. 3; FK-InsO/*Kießner* Rn. 4; HambK-InsR/*Preß* Rn. 3.
3 Andres/Leithaus/*Leithaus* Rn. 1.
4 MüKo-InsO/*Füchsl/Weishäupl* Rn. 2.
5 FK-InsO/*Kießner* Rn. 5; HambK-InsR/*Preß* Rn. 4; Kübler/Prütting/Bork/*Holzer* Rn. 6.
6 FK-InsO/*Kießner* Rn. 2; HambK-InsR/*Preß* Rn. 4.
7 Gottwald/*Eickmann* § 65 Rn. 9; MüKo-InsO/*Füchsl/Weishäupl* Rn. 3; Kübler/Prütting/Bork/*Holzer* Rn. 2.
8 So: Nerlich/Römermann/*Westphal* Rn. 3.
9 MüKo-InsO/*Füchsl/Weishäupl* Rn. 3.
10 Braun/*Kießner* Rn. 3; Uhlenbruck/*Uhlenbruck* Rn. 5.
11 Andres/Leithaus/*Leithaus* Rn. 2; Kübler/Prütting/Bork/*Holzer* Rn. 10; Uhlenbruck/*Uhlenbruck* Rn. 7.

gläubiger aus.[12] Massegläubiger, deren Ansprüche dem Insolvenzverwalter erst nach der Festsetzung des Bruchteils bekannt geworden sind, sind gem. § 206 Nr. 1 präkludiert und können Befriedigung nur aus den Mitteln verlangen, die nach der Verteilung in der Insolvenzmasse verbleiben. Nach der wirksamen Festsetzung können Änderungen nur noch aus wichtigen Gründen erfolgen. Dies ist z.B. bei einer offensichtlich fehlerhaften Berechnung der Fall.[13]

D. Rechtsbehelfe

6 Die Insolvenzgläubiger haben keinen einklagbaren Anspruch gegen den Insolvenzverwalter wegen der Festsetzung einer bestimmten Höhe des Bruchteils. Es besteht auch kein Anspruch auf Auszahlung der festgesetzten Quote. Bei einer fehlerhaften Durchführung der Abschlagsverteilung kommen allenfalls Haftungsansprüche gegen den Insolvenzverwalter gem. § 60 in Betracht, des Weiteren bei einer pflichtwidrigen Verzögerung einer Abschlagsverteilung Aufsichtsmaßnahmen des Gerichts gegen den Insolvenzverwalter (§ 58) oder gegen den Gläubigerausschuss (§ 70).[14]

§ 196 Schlussverteilung

(1) Die Schlussverteilung erfolgt, sobald die Verwertung der Insolvenzmasse mit Ausnahme eines laufenden Einkommens beendet ist.

(2) Die Schlussverteilung darf nur mit Zustimmung des Insolvenzgerichts vorgenommen werden.

Übersicht	Rdn.		Rdn.
A. Normzweck	1	C. Zustimmung des Insolvenzgerichts	6
B. Schlussverteilung	3	D. Rechtsmittel	8
I. Zeitpunkt der Schlussverteilung	3	E. Widerruf der Zustimmung	9
II. Voraussetzungen	4	F. Haftung des Insolvenzverwalters	10

A. Normzweck

1 Durch die Schlussverteilung wird das Insolvenzverfahren zum Abschluss gebracht.[1] Auch die Schlussverteilung soll so bald wie möglich erfolgen (vgl. § 187 Abs. 2), um die Vermögenssituation des Schuldners zügig zu bereinigen und die Insolvenzgläubiger möglichst zeitnah an den erzielten Verwertungserlösen zu beteiligen.[2]

2 Derzeit unbesetzt

B. Schlussverteilung

I. Zeitpunkt der Schlussverteilung

3 Die Schlussverteilung erfolgt gem. § 196 Abs. 1, sobald die Verwertung der Insolvenzmasse mit Ausnahme eines laufenden Einkommens beendet ist. Zu den laufenden Einkünften des Schuldners gehören Arbeitseinkünfte, nicht aber Zinseinkünfte aus Kapitalanlagen oder Mieteinkünfte und der zu Grunde liegende Vermögensstamm. Dabei handelt es sich um Vermögen, das der Schuldner während des Insolvenzverfahrens erlangt (§ 35 Abs. 1 Satz 1, Fall 2) und das die Insolvenzmasse vergrößert. Die Schlussverteilung ist gem. § 196 Abs. 1 dann zulässig, wenn nur noch laufendes Einkommen verwertbar ist.

---

[12] MüKo-InsO/*Füchsl/Weishäupl* Rn. 7; FK-InsO/*Kießner* Rn. 7.
[13] HambK-InsR/*Preß* Rn. 7; Uhlenbruck/*Uhlenbruck* Rn. 6.
[14] HambK-InsR/*Preß* Rn. 5; MüKo-InsO/*Füchsl/Weishäupl* Rn. 8.
[1] Braun/*Kießner* Rn. 1.
[2] Uhlenbruck/*Uhlenbruck* Rn. 1.

II. Voraussetzungen

Bei der Schlussverteilung wird die gesamte noch verbleibende Verteilungsmasse an die Insolvenzgläubiger ausgeschüttet. Der Insolvenzverwalter ist verpflichtet, die Schlussverteilung durchzuführen, sobald die Voraussetzungen erfüllt sind. Wegen der besonderen Bedeutung der Schlussverteilung steht dem Insolvenzverwalter insoweit kein Ermessen zu.[3]   4

Die verbleibende Verteilungsmasse ergibt sich aus dem Betrag, der nach den vorangegangenen Abschlagsverteilungen noch übrig bleibt. Dazu gehören auch die Anteile, die dadurch frei geworden sind, dass absonderungsberechtigte oder aufschiebend bedingte Forderungen gem. §§ 190 Abs. 2 Satz 3 bzw. 191 Abs. 2 Satz 2 nicht mehr berücksichtigungsfähig sind. Auch auf die Schlussverteilung finden die allgemeinen Vorschriften über die Verteilung Anwendung, insb. werden für nicht auszahlungsberechtigte Forderungen die notwendigen Beträge zurückbehalten (§§ 189 Abs. 2; 190 Abs. 1, 191 Abs. 2, 198).[4] Grds kann die Schlussverteilung nur durchgeführt werden, wenn alle Massegegenstände verwertet worden sind.   4a

Von diesem Grundsatz gibt es aber Ausnahmen: **Unverwertbare Massegegenstände** stehen einer Schlussverteilung nicht entgegen, da sie die Teilungsmasse nicht erhöhen.[5] Dies gilt auch für Massegegenstände, die an sich noch verwertbar sind, deren Verwertung voraussichtlich aber noch längere Zeit in Anspruch nimmt.[6] Typisches Beispiel hierfür sind Gewährleistungseinbehalte, bei denen der Vertragspartner des Schuldners bis zum Ablauf der oft mehrjährigen Gewährleistungsfristen nicht zur Zahlung verpflichtet ist.[7] In den vorgenannten Fällen kommt bei Zuflüssen in die Insolvenzmasse die Anordnung einer Nachtragsverteilung in Betracht.   4b

Auch anhängige **Aktiv- oder Passivprozesse** stehen einer Schlussverteilung nicht entgegen.[8] Der Insolvenzverwalter muss nicht abwarten, bis alle anhängigen Aktivprozesse beendet sind.[9] Der Insolvenzverwalter bleibt auch nach Aufhebung des Insolvenzverfahrens aktiv legitimiert und prozessführungsbefugt.[10] Zuflüsse hieraus können noch bei einer Nachtragsverteilung ausgeschüttet werden (vgl. § 203 Abs. 1 Nr. 1).[11] Vereinzelt wird aber vertreten, dass ein noch nicht abgeschlossener Aktivprozess ein Grund sei, die Schlussverteilung zurückzustellen, da die Durchsetzung von in die Insolvenzmasse fallenden, bereits entstandenen und fälligen Forderungen in die Insolvenzmasse gehöre.[12] Diese Auffassung ist jedoch mit dem eindeutigen Zweck des Verteilungsverfahrens, die Vermögenssituation des Schuldners möglichst schnell zu bereinigen und die Insolvenzgläubiger zeitnah an der Verteilung des erzielten Erlöses zu beteiligen, nicht zu vereinbaren.   5

Der Insolvenzverwalter muss aber Rückstellungen bilden für den Fall eines Prozessverlustes. Sind noch Feststellungsprozesse anhängig, muss der Insolvenzverwalter die streitigen Quoten gem. § 189 Abs. 2 bis zum Abschluss des Rechtsstreits zurückbehalten und nach dem Schlusstermin gem. § 198 hinterlegen.[13] Etwas anderes gilt jedoch, wenn durch den Prozess Hauptanliegen des Insolvenzverfahrens betroffen sind oder von dem Ausgang des Prozesses die Entwicklung des Massebestandes im Wesentlichen abhängt. In diesen Fällen hat das Gericht seine Zustimmung zur Schlussverteilung zu untersagen.[14]   5a

---

3 MüKo-InsO/*Füchsl/Weishäupl* Rn. 1; Nerlich/Römermann/*Westphal* Rn. 4.
4 Braun/*Kießner* Rn. 3; MüKo-InsO/*Füchsl/Weishäupl* Rn. 1.
5 Uhlenbruck/*Uhlenbruck* Rn. 4; Braun/*Kießner* Rn. 7.
6 FK-InsO/*Kießner* Rn. 5; HambK-InsR/*Preß* Rn. 5.
7 FK-InsO/*Kießner* Rn. 6; HambK-InsR/*Preß* Rn. 5.
8 Uhlenbruck/*Uhlenbruck* Rn. 6; Kübler/Prütting/Bork/*Holzer* Rn. 6; MüKo-InsO/*Füchsl/Weishäupl* Rn. 3.
9 HambK-InsR/*Preß* Rn. 6; HK-InsO/*Depré* Rn. 1.
10 Uhlenbruck/*Uhlenbruck* Rn. 3; MüKo-InsO/*Füchsl/Weishäupl* Rn. 3.
11 Uhlenbruck/*Uhlenbruck* Rn. 5; MüKo-InsO/*Füchsl/Weishäupl* Rn. 3; FK-InsO/*Kießner* Rn. 7.
12 Nerlich/Römermann/*Westphal* Rn. 10.
13 Braun/*Kießner* Rn. 14; Uhlenbruck/*Uhlenbruck* Rn. 6.
14 HambK-InsR/*Preß* Rn. 6.

C. Zustimmung des Insolvenzgerichts

6 Die Schlussverteilung darf gem. § 196 Abs. 2 nur mit **Zustimmung des Insolvenzgerichts** durchgeführt werden. Die Zustimmung muss vor der Schlussverteilung erteilt werden.[15] Der Insolvenzverwalter beantragt beim Insolvenzgericht die Zustimmung zur Schlussverteilung.[16] § 196 Abs. 2 enthält keine gesetzlichen Regelungen, welche Unterlagen der Insolvenzverwalter mit seinem Antrag auf Zustimmung zur Schlussverteilung einzureichen hat. Es ist aber gängige Praxis, dass der Insolvenzverwalter gleichzeitig mit dem Antrag auf Genehmigung der Schlussverteilung die Schlussrechnung einreicht.[17] Die Schlussrechnung ist ein vollständiger Tätigkeitsbericht, nicht dagegen ein Rechenschaftsbericht.[18] Die Unterlagen müssen ein vollständiges Bild der Tätigkeit des Insolvenzverwalters abgeben und dem Insolvenzgericht die Möglichkeit geben, die ordnungsgemäße Verfahrensabwicklung zu prüfen.[19] Die Schlussrechnung im weiteren Sinne besteht i.d.R. aus einem Schlussbericht, einer Schlussrechnung im engeren Sinne (Einnahmen-Ausgaben-Rechnung) und einem Schlussverzeichnis.[20] Der Schlussbericht enthält i.d.R. Angaben über die Verwertung der Massegegenstände, die Vertragsabwicklungen sowie die schwebenden Prozesse Sinnvoll ist auch eine Aufstellung über die nicht verwertbaren Massegegenstände.[21]

7 Das Insolvenzgericht entscheidet über die Zustimmung zur Schlussverteilung durch **Beschluss**. Dieser Beschluss ist dem Insolvenzverwalter zuzustellen (§§ 166 ff. ZPO i.V.m. § 4 InsO). Mit Erteilung der Zustimmung bestimmt das Insolvenzgericht den Schlusstermin für eine abschließende Gläubigerversammlung (§ 197 Abs. 1 Satz 1).[22]

D. Rechtsmittel

8 Ein Rechtsmittel gegen den Beschluss des Insolvenzgerichts ist nur dann zulässig, wenn die Entscheidung durch den Rechtspfleger ergeht. Statthaft ist dann die **befristete Beschwerde** gem. § 11 Abs. 2 Satz 1 RPflG. Gegen die Entscheidung des Richters selbst besteht kein Rechtsmittel (vgl. § 6 Abs. 1).

E. Widerruf der Zustimmung

9 Das Insolvenzgericht kann die erteilte Zustimmung zur Schlussverteilung nur in Ausnahmefällen im Interesse der Gläubigergemeinschaft und nur aus zwingenden Gründen widerrufen.[23] Ein solch zwingender Grund kann vorliegen, wenn sich nach der Schlussverteilung herausstellt, dass in erheblichem Umfang noch verwertbare Massegegenstände vorhanden sind.[24] Der Widerruf erfolgt im Wege einer Aufsichtshandlung gem. § 58.[25]

---

15 FK-InsO/*Kießner* Rn. 15; Uhlenbruck/*Uhlenbruck* Rn. 14.
16 MüKo-InsO/*Füchsl/Weishäupl* Rn. 4; HambK-InsR/*Preß* Rn. 8.
17 Uhlenbruck/*Uhlenbruck* Rn. 10; Kübler/Prütting/Bork/*Holzer* Rn. 9.
18 Kübler/Prütting/Bork/*Holzer* Rn. 10; a.A. Uhlenbruck/*Uhlenbruck* Rn. 11, der einen Rechenschaftsbericht für erforderlich hält.
19 Kübler/Prütting/Bork/*Holzer* Rn. 10.
20 FA-InsR/*Bruder* Kap. 2 Rn. 562; HambK-InsR/*Preß* Rn. 8.
21 MüKo-InsO/*Füchsl/Weishäupl* Rn. 4; HambK-InsR/*Preß* Rn. 8.
22 HambK-InsR/*Preß* Rn. 9.
23 AG Düsseldorf 08.02.2006, 514 IK 8/04, ZIP 2006, 1107 (1108); Nerlich/Römermann/*Westphal* Rn. 27; Uhlenbruck/*Uhlenbruck* Rn. 12.
24 HK-InsO/*Depré* Rn. 9; MüKo-InsO/*Füchsl/Weishäupl* Rn. 4.
25 Andres/Leithaus/*Leithaus* Rn. 4.

F. Haftung des Insolvenzverwalters

Führt der Insolvenzverwalter die Schlussverteilung durch, ohne dass die Zustimmung durch das Insolvenzgericht vorliegt, so ist diese Verteilung nicht unwirksam;[26] für den Insolvenzverwalter besteht aber die Gefahr einer persönlichen Haftung.[27] 10

§ 197 Schlusstermin

(1) Bei der Zustimmung zur Schlussverteilung bestimmt das Insolvenzgericht den Termin für eine abschließende Gläubigerversammlung. Dieser Termin dient
1. zur Erörterung der Schlussrechnung des Insolvenzverwalters,
2. zur Erhebung von Einwendungen gegen das Schlussverzeichnis und
3. zur Entscheidung der Gläubiger über die nicht verwertbaren Gegenstände der Insolvenzmasse.

(2) Zwischen der öffentlichen Bekanntmachung des Termins und dem Termin soll eine Frist von mindestens einem Monat und höchstens zwei Monaten liegen.

(3) Für die Entscheidung des Gerichts über Einwendungen eines Gläubigers gilt § 194 Abs. 2 und 3 entsprechend.

Übersicht

	Rdn.			Rdn.
A. Normzweck	1	III.	Entscheidung über nicht verwertbare Massegegenstände	8
B. Vorbereitung des Schlusstermins	3	IV.	Antrag auf Restschuldbefreiung	9
C. Inhalt des Schlusstermins	4	D.	Rechtsfolge	10
I. Erörterung der Schlussrechnung	5	E.	Rechtsmittel	11
II. Einwendungen gegen das Schlussverzeichnis	6			

A. Normzweck

Der Schlusstermin bildet den Abschluss des Insolvenzverfahrens. Für den Fall, dass ein Insolvenzplanverfahren durchgeführt wird, gelten allerdings die §§ 258 ff. 1

Gem. § 197 Abs. 1 findet eine abschließende Gläubigerversammlung statt. Der Schlusstermin hat vor allem den Zweck der Erörterung der Schlussrechnung des Insolvenzverwalters, der Erhebung von Einwendungen gegen das Schlussverzeichnis und der Entscheidung der Insolvenzgläubiger über die nicht verwertbaren Gegenstände der Insolvenzmasse (§ 197 Abs. 1 Satz 1, 2 Nr. 1–3). 2

B. Vorbereitung des Schlusstermins

Der Schlusstermin wird gem. § 74 Abs. 1 Satz 1 vom Insolvenzgericht einberufen. Mit der Zustimmung zur Schlussverteilung bestimmt das Insolvenzgericht von Amts wegen auch den Schlusstermin (§ 197 Abs. 1 Satz 1). Der Schlusstermin soll gem. § 197 Abs. 2 mindestens einen Monat und höchstens zwei Monate nach Bekanntmachung des Termins stattfinden. Das Insolvenzgericht muss Zeit, Ort und Tagesordnung des Schlusstermins öffentlich bekannt machen (§§ 9, 74 Abs. 2 Satz 1). Eine Forderung, die erst nach Veröffentlichung und Niederlegung des Schlussverzeichnisses angemeldet wird, nimmt an der Schlussverteilung nicht mehr teil.[1] Vor dem Schlusstermin prüft das Insolvenzgericht die Schlussrechnung (§ 66), den Schlussbericht und das Schlussverzeichnis (§ 188). Eine Frist für die Vorlage von Schlussrechnung und Schlussbericht ist gesetzlich nicht zwingend vorgeschrieben. Die erforderlichen Unterlagen müssen dem Insolvenzgericht aber rechtzeitig zugehen, so dass es vor dem Schlusstermin ausreichend Gelegenheit hat, die Schlussrech- 3

---

26 MüKo-InsO/*Füchsl/Weishäupl* Rn. 5; HK-InsO/*Depré* Rn. 10.
27 Uhlenbruck/*Uhlenbruck* Rn. 19; Nerlich/Römermann/*Westphal* Rn. 36.
1 BGH 22.03.2007, IX ZB 8/05, NZI 2007, 401.

§ 197 InsO Schlusstermin

nung zu prüfen.² Schlussrechnung und Schlussbericht sollen allerdings mindestens eine Woche vor dem Schlusstermin beim Insolvenzgericht ausgelegt werden (§ 66 Abs. 2 Satz 2).

C. Inhalt des Schlusstermins

4 Das Insolvenzgericht leitet den Schlusstermin (§ 76 Abs. 1). Der Insolvenzverwalter muss zwingend persönlich an dem Schlusstermin teilnehmen.³ Der Schlusstermin hat folgenden Inhalt:

I. Erörterung der Schlussrechnung

5 Der Insolvenzverwalter muss der Gläubigerversammlung gem. § 66 Abs. 1 abschließend **Rechnung legen**, da sein Amt mit dem Ablauf des Insolvenzverfahrens endet. Die Insolvenzgläubiger sollen die Gelegenheit erhalten, sich umfassend über den Ablauf des Insolvenzverfahrens und über vorgenommene Maßnahmen des Insolvenzverwalters zu informieren.⁴ Zu diesem Zweck wird die Schlussrechnung des Insolvenzverwalters vom Insolvenzgericht geprüft und im Schlusstermin erörtert (§ 197 Abs. 1 Satz 2 Nr. 1).

II. Einwendungen gegen das Schlussverzeichnis

6 Der Schlusstermin dient außerdem der Erhebung von **Einwendungen gegen das Schlussverzeichnis** durch die Insolvenzgläubiger (§ 197 Abs. 1 Satz 2 Nr. 2). Einwendungen gegen das Schlussverzeichnis können nur nach Maßgabe des § 197 im Schlusstermin selbst erhoben werden, nicht aber gem. § 194 Abs. 1.⁵ Die Insolvenzgläubiger haben also im Schlusstermin letztmalig die Gelegenheit, Einwendungen geltend zu machen.⁶ Die Einwendungen müssen im Schlusstermin mündlich und vollständig vorgetragen werden. Anderenfalls wird der Gläubiger mit seinen Einwendungen nicht gehört.⁷ Die Bezugnahme auf einen vorangegangenen Schriftsatz im Schlusstermin ist jedoch möglich.⁸ Der Schuldner⁹ und die Massegläubiger¹⁰ sind nicht einwendungsberechtigt. § 197 Abs. 1 Satz 2 Nr. 2 erfasst nur die Einwendungen, die sich gegen die Ordnungsmäßigkeit des Schlussverzeichnisses richten. Nicht erfasst werden hingegen inhaltliche Einwendungen gegen sonstige Teile der Schlussrechnung oder materiell-rechtliche Einwendungen gegen den Bestand der Forderung.¹¹ Eine Einwendung gegen das Schlussverzeichnis kann auch darin bestehen, dass der Insolvenzgläubiger seine Forderung erst nach Bestimmung des Schlusstermins nachträglich angemeldet hat.¹² Haben Insolvenzgläubiger, deren Forderung nicht in das Schlussverzeichnis aufgenommen wurde, im Schlusstermin keine Einwendungen gegen das Schlussverzeichnis erhoben, sind sie in diesem Insolvenzverfahren mit ihrer Forderung ausgeschlossen und werden bei der Verteilung endgültig nicht berücksichtigt.¹³ Der Ausschluss gilt auch für ein etwaiges Nachtragsverteilungsverfahren.¹⁴

7 Der ausgeschlossene Insolvenzgläubiger hat **keine Rechtsmittel** gegen die Insolvenzgläubiger, die durch die Nichtaufnahme seiner Forderung begünstigt worden sind.¹⁵ Ein Bereicherungsanspruch

---

2 Pape/Uhlenbruck/*Voigt-Salus* Kap. 35 Rn. 19.
3 Uhlenbruck/*Uhlenbruck* Rn. 6; FK-InsO/*Kießner* Rn. 7; MüKo-InsO/*Füchsl/Weishäupl* Rn. 7.
4 Braun/*Kießner* Rn. 10; HambK-InsR/*Preß* Rn. 8.
5 Andres/Leithaus/*Leithaus* Rn. 4; HambK-InsR/*Preß* Rn. 10.
6 Pape/Uhlenbruck/*Voigt-Salus* Kap 35 Rn. 19; MüKo-InsO/*Füchsl/Weishäupl* Rn. 6.
7 AG Duisburg 14.10.2005, 60 IN 136/02, NZI 2006, 112; MüKo-InsO/*Füchsl/Weishäupl* Rn. 4.
8 Nerlich/Römermann/*Westphal* Rn. 8; HambK-InsR/*Preß* Rn. 10; FK-InsO/*Kießner* Rn. 17.
9 HK-InsO/*Depré* Rn. 4; MüKo-InsO/*Füchsl/Weishäupl* Rn. 5.
10 MüKo-InsO/*Füchsl/Weishäupl* Rn. 5; HambK-InsR/*Preß* Rn. 9; Uhlenbruck/*Uhlenbruck* Rn. 7.
11 AG Duisburg 14.10.2005, 60 IN 136/02, NZI 2006, 112; *Hahn* ZInsO 2010, 1056.
12 BGH 22.03.2007, IX ZR 8/05, NJW-RR 2007, 1064; LG Frankfurt/O. 20.07.2006, 19T 224/06, ZInsO 2006, 1111.
13 BGH 17.05.1984, VII ZR 333/83, BGHZ 91, 198 (201); MüKo-InsO/*Füchsl/Weishäupl* Rn. 6.
14 Uhlenbruck/*Uhlenbruck* Rn. 12; MüKo-InsO/*Füchsl/Weishäupl* Rn. 6.
15 BGH 17.05.1984, VII ZR 333/83, BGHZ 91, 198 (204 ff.); Braun/*Kießner* Rn. 16.

kommt allenfalls dann in Betracht, wenn eine Forderung, die im Schlussverzeichnis aufgeführt war, bei der Verteilung im Schlusstermin nicht bedient worden ist.[16] Das Insolvenzgericht entscheidet über die im Schlusstermin erhobenen Einwendungen gegen das Schlussverzeichnis durch Beschluss. Die Entscheidung ist anfechtbar. Über § 197 Abs. 3 gilt insoweit § 194 Abs. 2, 3 hinsichtlich der Zustellung, Niederlegung und Beschwerde.[17]

III. Entscheidung über nicht verwertbare Massegegenstände

Der Schlusstermin dient außerdem der **Entscheidung über nicht verwertbare Massegegenstände**, § 197 Abs. 1 Satz 2 Nr. 3. Die Entscheidung der Gläubigerversammlung über nicht verwertbare Massegegenstände hat den Zweck, die Freigabe zu billigen und den Insolvenzverwalter von den Folgen der Freigabe zu entlasten.[18] Gegenstände, die der Insolvenzverwalter während des Insolvenzverfahrens aus der Insolvenzmasse freigegeben hat, fallen nicht unter Abs. 1 Satz 2 Nr. 3. Gegenstand der Beschlussfassung der Gläubigerversammlung sind nur solche Gegenstände der Insolvenzmasse, die aus rechtlichen und tatsächlichen Gründen nicht verwertbar sind, bei denen eine generelle Realisierbarkeit jedoch nicht ausgeschlossen werden kann.[19] Dies gilt auch für Gegenstände, deren Verwertung durch den Insolvenzverwalter versehentlich unterblieben ist.[20]   8

Die Gläubigerversammlung trifft ihre Entscheidung durch **Beschluss** (§ 76 Abs. 2). Der Beschluss über die Freigabe der nicht verwertbaren Massegegenstände kann darin bestehen, dass der Insolvenzverwalter angewiesen wird, eine bestimmte Form der Verwertung vorzunehmen, etwa indem er einem Insolvenzgläubiger einen unverwertbaren Gegenstand zur Anrechnung auf seine Insolvenzquote oder gegen Zahlung eines bestimmten Übernahmepreises in bar überlässt.[21] Die Gläubigerversammlung kann den Insolvenzverwalter auch zu einem erneuten Verwertungsversuch verpflichten, wenn der Gegenstand zwar nicht grds unverwertbar, in absehbarer Zeit aber nicht zu verwerten ist.[22] Beschließt die Gläubigerversammlung die zukünftige Realisierung durch den Insolvenzverwalter, so erfolgt keine endgültige Freigabe. Vielmehr ordnet das Insolvenzgericht die Nachtragsverteilung für diese Vermögensgegenstände an.[23] Die Freigabe der nicht verwertbaren Massegegenstände kann auch konkludent erfolgen, indem die Insolvenzgläubiger sich nicht für irgendeine Art der Verwertung entscheiden. Eine konkludente Beschlussfassung kann auch darin bestehen, dass keiner der Insolvenzgläubiger im Schlusstermin erscheint.[24] Der Gegenstand ist dann an den Schuldner herauszugeben.   8a

IV. Antrag auf Restschuldbefreiung

Ist der Schuldner eine natürliche Person und hat er zu Beginn des Insolvenzverfahrens einen Antrag auf Restschuldbefreiung gestellt, so dient der Schlusstermin gem. § 289 Abs. 1 Satz 1 auch der Anhörung der Insolvenzgläubiger und des Insolvenzverwalters zu diesem Antrag. Die Insolvenzgläubiger haben die Gelegenheit, Versagungsanträge gem. § 290 zu stellen, und zwar auch dann, wenn sie nicht an der Schlussverteilung teilnehmen.[25] Es kommt allein darauf an, dass die Forderung angemeldet wurde. Eine Forderungsanmeldung, die durch unterlassene Angaben des Schuldners erst verspätet erfolgte, soll nicht im Nachhinein zur Begünstigung des Schuldners führen.   9

---

16 BGH 17.05.1984, VII ZR 333/83, BGHZ 91, 198 (202).
17 Braun/*Kießner* Rn. 15; Jauernig/*Berger* § 58 IV Rn. 12; FK-InsO/*Kießner* Rn. 19 f.
18 Andres/Leithaus/*Leithaus* Rn. 5; FK-InsO/*Kießner* Rn. 26; MüKo-InsO/*Füchsl/Weishäupl* Rn. 7.
19 Braun/*Kießner* Rn. 19.
20 BGH 06.12.2007, IX ZB 229/06, WM 2008, 305.
21 Uhlenbruck/*Uhlenbruck* Rn. 14; HambK-InsR/*Preß* Rn. 14; MüKo-InsO/*Füchsl/Weishäupl* Rn. 8.
22 Nerlich/Römermann/*Westphal* Rn. 11; MüKo-InsO/*Füchsl/Weishäupl* Rn. 8.
23 Braun/*Kießner* Rn. 19; HambK-InsR/*Preß* Rn. 14.
24 Nerlich/Römermann/*Westphal* Rn. 11; Kübler/Prütting/Bork/*Holzer* Rn. 14; Uhlenbruck/*Uhlenbruck* Rn. 14.
25 BGH 08.10.2008, IX ZB 257/08, NJW-Spezial 2010, 118; Pape/Uhlenbruck/*Voigt-Salus* Kap. 35 Rn. 19.

D. Rechtsfolge

10 Ist das Schlussverzeichnis bestandskräftig geworden, so steht auch die Verteilungsquote fest und der Insolvenzverwalter kann die Verteilung vollziehen. Beträge, die noch zurückbehalten werden müssen, hat der Insolvenzverwalter gem. § 198 bei einer geeigneten Stelle zu hinterlegen.

E. Rechtsmittel

11 Bei Einwendungen entscheidet das Gericht durch Beschluss im Termin.[26] Im Übrigen gilt § 194 Abs. 2 und 3 entsprechend. Rechtsmittel ist daher die sofortige Beschwerde.[27]

§ 198 Hinterlegung zurückbehaltener Beträge

Beträge, die bei der Schlussverteilung zurückzubehalten sind, hat der Insolvenzverwalter für Rechnung der Beteiligten bei einer geeigneten Stelle zu hinterlegen.

Übersicht	Rdn.		Rdn.
A. Normzweck	1	C. Durchführung der Hinterlegung	3
B. Voraussetzungen	2		

A. Normzweck

1 Der Insolvenzverwalter soll das Verfahren auch schon dann abschließen können, wenn Feststellungsklagen zur Insolvenztabelle noch nicht rechtkräftig abgeschlossen sind oder eine nicht gänzlich fern liegende aufschiebende Bedingung noch nicht eingetreten ist.[1] Die hiervon betroffenen Insolvenzgläubiger haben durch die Hinterlegung der zurückbehaltenen Beträge keinen Nachteil, da sie in Höhe der Verteilungsquote abgesichert sind.[2]

B. Voraussetzungen

2 Die Regelung des § 198 erfasst nur die Hinterlegung zurückbehaltener Beträge, die bis zur Schlussverteilung geltend gemacht worden sind. Das sind die bestrittenen Forderungen, für die die Insolvenzgläubiger den Nachweis gem. § 189 Abs. 2 rechtzeitig geführt haben, außerdem die aufschiebend bedingten Forderungen, bei denen die Bedingung zum Zeitpunkt noch nicht eingetreten ist, § 191 Abs. 1, 2. Die Hinterlegung gem. § 198 erfolgt nach insolvenzrechtlichen Regelungen. Geeignete Hinterlegungsstelle sind daher neben der amtlichen Hinterlegungsstelle (§ 372 BGB, § 1 HinterlO) auch Banken und Sparkassen.[3]

Der Insolvenzverwalter behält die Verfügungsbefugnis; die Hinterlegung erfolgt daher auch ohne Rücknahmeverzicht.[4] Die Hinterlegung dient lediglich der sicheren Aufbewahrung der zurückbehaltenen Beträge.[5] Werden die hinterlegten Beträge frei, so werden sie in der Nachtragsverteilung (§ 203) berücksichtigt.

2a § 198 gilt dagegen nicht bei sog. nicht erhobener Beträge; dh für die Fälle, bei denen eine Quotenzahlung durch den Insolvenzverwalter bei unbekanntem Aufenthalt bzw. fehlender Kenntnis einer aktuellen Kontoverbindung des Insolvenzgläubigers nicht möglich ist. Nicht erhobene Beträge wer-

---

26 Kübler/Prütting/Bork*Holzer* Rn. 11.
27 Vgl. Ausführungen unter § 194 Rn. 8–10.
1 FK-InsO/*Kießner* Rn. 1; HambK-InsR/*Preß* Rn. 1.
2 Nerlich/Römermann/*Westphal* Rn. 3; Uhlenbruck/*Uhlenbruck* Rn. 1; Kübler/Prütting/Bork/*Holzer* Rn. 2.
3 FK-InsO/*Kießner* Rn. 2.
4 HambK-InsR/*Preß* Rn. 3.
5 Nerlich/Römermann/*Westphal* Rn. 4; Kübler/Prütting/Bork/*Holzer* Rn. 2.

den nach den allgemeinen Hinterlegungsvorschriften gem. §§ 372 ff. BGB hinterlegt. Eine Hinterlegung ist nur bei einer amtlichen Hinterlegungsstelle zulässig.[6] Die Hinterlegung erfolgt stets auf Kosten des Gläubigers.

C. Durchführung der Hinterlegung

Der Insolvenzverwalter führt die Hinterlegung in eigener Verantwortung durch. Eine Zustimmung des Insolvenzgerichts zur Hinterlegung ist nicht erforderlich. Die Hinterlegung erfolgt ohne Rücknahmeverzicht, da die zurückbehaltenen und hinterlegten Beträge frei werden können und dann der Nachtragsverteilung gem. § 203 unterliegen. Der Insolvenzverwalter muss die zurückbehaltenen Beträge bei einer geeigneten Stelle hinterlegen. Dabei kommt vor allem, aber nicht notwendigerweise, die amtliche Hinterlegungsstelle beim Amtsgericht in Betracht. Der Insolvenzverwalter kann die Beträge aber auch bei einer Bank auf den Namen der Insolvenzmasse hinterlegen.[7] Die Hinterlegung erfolgt für Rechnung der Beteiligten. Die jeweiligen Insolvenzgläubiger der zurückbehaltenen Beträge haben also die Kosten der Hinterlegung zu tragen.[8] Dies gilt jedoch nur für die Hinterlegung für die Schlussverteilung. Erfolgt die Hinterlegung für eine Abschlagsverteilung, so treffen die Hinterlegungskosten die Insolvenzmasse.[9]

3

§ 199 Überschuss bei Schlussverteilung

Können bei der Schlussverteilung die Forderungen aller Insolvenzgläubiger in voller Höhe berichtigt werden, so hat der Insolvenzverwalter einen verbleibenden Überschuss dem Schuldner herauszugeben. Ist der Schuldner keine natürliche Person, so hat der Verwalter jeder am Schuldner beteiligten Person den Teil des Überschusses herauszugeben, der ihr bei einer Abwicklung außerhalb des Insolvenzverfahrens zustünde.

Übersicht	Rdn.		Rdn.
A. Normzweck	1	C. Rechtsfolge	4
B. Voraussetzungen	3		

A. Normzweck

Verbleibt nach der Schlussverteilung noch ein Überschuss, so hat der Insolvenzverwalter diesen dem Schuldner, bei einer Gesellschaft den Gesellschaftern herauszugeben (§ 199).[1] Dieser Fall tritt in der Praxis jedoch höchst selten ein.[2]

1

Die Regelung hat bloß klarstellenden Charakter dahingehend, dass dem Insolvenzverwalter die Verteilung des Überschusses obliegt. Handelt es sich bei dem Schuldner um eine juristische Person bzw. eine Gesellschaft, so soll verhindert werden, dass nach erfolgter Schlussverteilung eine zusätzlich doppelte Liquidation der Gesellschaft durchgeführt werden muss.[3]

2

B. Voraussetzungen

Entgegen dem Wortlaut der Vorschrift ist es nicht erforderlich, dass alle Insolvenzgläubiger in voller Höhe befriedigt worden sind. Es ist auf die vollständige Befriedigung der im endgültigen Schlussverzeichnis aufgeführten Insolvenzgläubiger abzustellen. Der Insolvenzverwalter hat einen vorhandenen

3

---

6 MüKo-InsO/*Füchsl/Weishäupl* Rn. 3; Uhlenbruck/*Uhlenbruck* Rn. 9.
7 MüKo-InsO/*Füchsl/Weishäupl* Rn. 3; HambK-InsR/*Preß* Rn. 4; Graf-Schlicker/*Mäusezahl* Rn. 3.
8 Uhlenbruck/*Uhlenbruck* Rn. 10.
9 Braun/*Kießner* Rn. 4.
1 HambK-InsR/*Preß* Rn. 1 f.; FK-InsO/*Kießner* Rn. 4f; MüKo-InsO/*Hintzen* Rn. 1 f.
2 Braun/*Kießner* Rn. 1; Uhlenbruck/*Uhlenbruck* Rn. 1.
3 Andres/Leithaus/*Leithaus* Rn. 2; MüKo-InsO/*Hintzen* Rn. 2; FK-InsO/*Kießner* Rn. 4.

Überschuss auch dann herauszugeben, wenn Insolvenzgläubiger vorhanden sind, die im Schlussverzeichnis nicht berücksichtigt worden sind.[4] Werden nach dem Abschluss des Schlusstermins Masseverbindlichkeiten bekannt, so sind diese gem. § 206 Nr. 2 vorab aus dem Überschuss zu befriedigen.[5] Noch nicht geklärte Ansprüche, die gem. §§ 189, 191 vom Verwalter zurückzuhalten sind, sowie nicht abgeholte Quotenanteile sind zu hinterlegen.[6]

C. Rechtsfolge

4   Hinsichtlich der Herausgabepflicht des Insolvenzverwalters ist zu unterscheiden, ob es sich bei dem Schuldner um eine natürliche Person oder um eine juristische Person oder Gesellschaft handelt. Bei einer **natürlichen Person**, ist dem Schuldner nach § 199 Satz 1 der gesamte verbleibende Überschuss herauszugeben.

5   Auch bei einer **juristischen Person** muss der Insolvenzverwalter den Überschuss ausschütten. Allerdings muss er den Anteilseignern den Teil des Überschusses herausgeben, der ihr bei einer Abwicklung außerhalb des Insolvenzverfahrens zustünde (§ 199 Satz 2). Der Insolvenzverwalter hat hierbei die für die Liquidation der Gesellschaft geltenden vertraglichen oder gesetzlichen Bestimmungen zu beachten[7]:
– § 49 Abs. 1 Satz 1 BGB für den eingetragenen Verein;
– § 734 BGB für die Gesellschaft bürgerlichen Rechts;
– § 155 HGB für Personenhandelsgesellschaften;
– § 271 AktG für Aktiengesellschaften;
– § 72 GmbHG für Gesellschaft mit beschränkter Haftung;
– §§ 91 f. GenG für Genossenschaften.

Der Insolvenzverwalter hat zudem die steuerlichen Erfordernisse zu beachten; z.B. die bei der Ausschüttung an Gesellschafter entstehende Körperschaftsteuer zu erklären und ggf abzuführen.[8]

6   Die Verteilung des Überschusses gehört noch zu den Aufgaben des Insolvenzverwalters, der hierbei auch unter der Aufsicht des Insolvenzgerichts steht.[9] Pflichtverletzungen des Verwalters können zu einer Haftung nach § 60 führen.[10]

§ 200 Aufhebung des Insolvenzverfahrens

(1) Sobald die Schlussverteilung vollzogen ist, beschließt das Insolvenzgericht die Aufhebung des Insolvenzverfahrens.

(2) Der Beschluss und der Grund der Aufhebung sind öffentlich bekanntzumachen. Die Bekanntmachung ist, unbeschadet des § 9, auszugsweise im Bundesanzeiger zu veröffentlichen. Die §§ 31 bis 33 gelten entsprechend.

Übersicht

		Rdn.			Rdn.
A.	Normzweck	1	II.	Wirkungen der Aufhebung	7
B.	Voraussetzungen	2	1.	Befugnisse des Insolvenzverwalters	8
C.	Aufhebungsbeschluss	3	2.	Verfügungsbefugnis des Schuldners	9
D.	Rechtsfolgen	5	3.	Rechte der Gläubiger	10
I.	Wirksamkeit des Aufhebungsbeschlusses	5	4.	Anhängige Prozesse	11

---

4 MüKo-InsO/*Hintzen* Rn. 1; FK-InsO/*Kießner* Rn. 2.
5 Braun/*Kießner* Rn. 4; HambK-InsR/*Preß* Rn. 4.
6 HambK-InsR/*Preß* Rn. 4.
7 Vgl. Aufzählung bei MüKo-InsO/*Hintzen* Rn. 2.
8 FK-InsO/*Kießner* Rn. 6; Uhlenbruck/*Uhlenbruck* Rn. 3.
9 FK-InsO/*Kießner* Rn. 7; Uhlenbruck/*Uhlenbruck* Rn. 1.
10 FK-InsO/*Kießner* Rn. 7.

A. Normzweck

Das Insolvenzverfahren wird formell durch gerichtlichen Beschluss eröffnet; die Aufhebung erfolgt ebenfalls durch Beschluss. Die Vorschrift regelt die Voraussetzungen der Aufhebung und die durchzuführenden Veröffentlichungen. **1**

B. Voraussetzungen

Voraussetzungen für die Aufhebung des Insolvenzverfahrens ist, dass die Schlussverteilung vollzogen ist (§ 200 Abs. 1). Das ist dann der Fall, wenn die Schlussverteilung gem. § 196 durchgeführt worden ist, wenn die bei der Schlussverteilung zurückbehaltenen Beträge gem. § 198 hinterlegt sind und ein ggf. vorhandener Überschuss gem. § 199 herausgegeben wurde. Des Weiteren muss über die Einwendungen der Insolvenzgläubiger (vgl. § 197 Abs. 1 Satz 2 Nr. 3 i.V.m. § 194 Abs. 2, 3) rechtskräftig entschieden worden sein.[1] **2**

C. Aufhebungsbeschluss

Die Aufhebung des Insolvenzverfahrens erfolgt durch **Beschluss des Insolvenzgerichts**. Der Aufhebungsbeschluss muss nicht begründet werden.[2] Der Beschluss ist grds **nicht anfechtbar** (vgl. § 6 Abs. 1). IdR wird der Aufhebungsbeschluss jedoch vom Rechtspfleger erlassen und kann daher mit dem Rechtsmittel der sofortigen Erinnerung (§ 11 Abs. 1 Satz 1 RPflG) angegriffen werden.[3] Hilft der Rechtspfleger der Erinnerung nicht ab, so legt er die Erinnerung dem Richter zur Entscheidung vor (§ 11 Abs. 2 Satz 3 RPflG). Der Richter trifft sodann eine abschließende Entscheidung.[4] Der Aufhebungsbeschluss und der Grund der Aufhebung (»unter Vollzug der Schlussverteilung«) sind **öffentlich bekannt** zu machen, § 200 Abs. 2 Satz 1. Die Veröffentlichung erfolgt gem. § 9 Abs. 1 Satz 1 durch eine zentrale und länderübergreifende Veröffentlichung im Internet, und zwar auf der Seite des Justizministeriums Nordrhein-Westfalen unter www.insolvenzbekanntmachungen.de. Eine persönliche Zustellung an die Beteiligten ist gem. § 9 Abs. 3 entbehrlich. Zusätzlich sieht § 200 Abs. 2 Satz 2 vor, dass die Bekanntmachung auszugsweise im Bundesanzeiger zu veröffentlichen ist. **3**

Gem. § 200 Abs. 2 Satz 3 gelten die §§ 31–33 entsprechend. Danach bestehen Mitteilungspflichten an öffentliche Register hinsichtlich der Eintragung der Eröffnung des Insolvenzverfahrens, sog. **Insolvenzvermerk.** In einem actus contrarius sind die erfolgten Eintragungen nach Aufhebung des Insolvenzverfahrens wieder zu löschen.[5] Die Mitteilung über die Aufhebung des Insolvenzverfahrens erfolgt durch Übersendung einer Ausfertigung des Aufhebungsbeschlusses. Die Löschung des Insolvenzvermerks im Handels-, Genossenschafts-, Partnerschafts- oder Vereinsregister sowie im Grundbuch, im Schiffsregister, im Schiffbauregister oder im Register für Pfandrechte an Luftfahrzeugen erfolgt durch ein Löschungsersuchen des Insolvenzgerichts von Amts wegen oder auf Antrag des Insolvenzverwalters (§§ 32 Abs. 2, 33 Satz 1), allerdings nur, soweit die Löschung nicht bereits während des Insolvenzverfahrens im Rahmen der Verwertung durchgeführt worden ist.[6] Eine sonstige Verpflichtung zur Mitteilung kann auf Grund der Anordnung über Mitteilungen in Zivilsachen bestehen.[7] **4**

---

1 Braun/*Kießner* Rn. 5; MüKo-InsO/*Hintzen* Rn. 6.
2 MüKo-InsO/*Hintzen* Rn. 9.
3 Uhlenbruck/*Uhlenbruck* Rn. 8; FK-InsO/*Kießner* Rn. 19.
4 Braun/*Kießner* Rn. 15; HambK-InsR/*Preß* Rn. 23.
5 Uhlenbruck/*Uhlenbruck* Rn. 8; MüKo-InsO/*Hintzen* Rn. 18 ff.; HambK-InsR/*Preß* Rn. 10.
6 Nerlich/Römermann/*Westphal* Rn. 6; FK-InsO/*Kießner* Rn. 6.
7 MiZi XIIa Nr. 4, BAnz Nr. 218 v.18.11.1967.

D. Rechtsfolgen

I. Wirksamkeit des Aufhebungsbeschlusses

5 Die Verfahrensaufhebung wird im **Zeitpunkt der Beschlussfassung** wirksam, nicht erst im Zeitpunkt der Bekanntmachung.[8] Aus diesem Grund ist auch in dem Aufhebungsbeschluss die Stunde der Aufhebung anzugeben; ist die Stunde der Aufhebung nicht angegeben, so gilt als Zeitpunkt der Aufhebung die Mittagsstunde des Tages, an dem der Beschluss erlassen worden ist.[9]

6 Hat der Richter den Aufhebungsbeschluss erlassen, so wird der Beschluss mit Ablauf der Frist in § 200 Abs. 1 Satz 1 unanfechtbar.[10] Hat der Rechtspfleger den Aufhebungsbeschluss erlassen, wird durch die Bekanntmachung des Aufhebungsbeschlusses die Frist für die sofortige Erinnerung in Gang gesetzt. Die Entscheidung über die Aufhebung des Insolvenzverfahrens wird dann erst zwei Wochen nach der Zustellungsfiktion gem. § 9 Abs. 1 Satz 3 InsO i.V.m. § 11 Abs. 2 RPflG rechtskräftig. Nicht erforderlich ist, dass der Aufhebungsbeschluss formell rechtskräftig ist. Dies ergibt die Regelung in § 11 Abs. 2 Satz 4 RPflG i.V.m. § 570 ZPO, wonach die Erinnerung keine aufschiebende Wirkung hat. Die Wirkungen des Aufhebungsbeschlusses treten nur für die Zukunft ein (ex nunc), nicht aber für die Vergangenheit.[11]

II. Wirkungen der Aufhebung

7 Die Aufhebung des Insolvenzverfahrens hat zur Folge, dass das Amt des Insolvenzverwalters endet und der Schuldner die Verfügungsbefugnis über sein noch vorhandenes Vermögen zurückerhält.

1. Befugnisse des Insolvenzverwalters

8 Die Befugnisse des Insolvenzverwalters enden mit der Aufhebung des Insolvenzverfahrens. Der Insolvenzverwalter ist lediglich noch berechtigt, eine Nachtragsverteilung durchzuführen (§§ 203 Abs. 2, 205).

2. Verfügungsbefugnis des Schuldners

9 Die Wirkungen der Verfahrenseröffnung, insb. die Beschlagnahme des Vermögens, enden. Der Schuldner kann also wieder über sein Vermögen verfügen und es eigenständig verwalten. IdR wird aber kaum noch Vermögensmasse vorhanden sein, lediglich Gegenstände, die der Insolvenzverwalter weder verwertet noch freigegeben hat, oder Gegenstände, die versehentlich nicht zur Insolvenzmasse gelangt sind.[12] Ausnahmsweise bleibt jedoch der Insolvenzbeschlag bestehen, wenn der Insolvenzverwalter einen Gegenstand noch vor der Aufhebung des Insolvenzverfahrens einer Nachtragsverteilung vorbehalten hat (§ 197 Abs. 1 Satz 2 Nr. 3 i.V.m. § 203 Abs. 2). Dies betrifft Geldbeträge, die der Insolvenzverwalter zurückbehalten (§§ 189 Abs. 2, 190 Abs. 2 Satz 2) oder nach § 198 hinterlegt hat.[13] Der Insolvenzbeschlag dieser Gegenstände endet erst dann, wenn das Insolvenzgericht von der Anordnung einer Nachtragsverteilung absieht und den zur Verfügung stehenden Betrag oder den ermittelten Gegenstand mit Rücksicht auf die Geringfügigkeit des Betrags oder den geringen Wert des Gegenstands dem Schuldner überlässt (§ 203 Abs. 3 Satz 1).

9a Der Insolvenzverwalter ist nach Aufhebung des Insolvenzverfahrens verpflichtet, dem Schuldner sämtliche zur Insolvenzmasse gehörenden **Geschäftsunterlagen** zurückzugeben (§ 36 Abs. 2 Nr. 1). Dementsprechend ergibt sich die Verpflichtung des Schuldners, die Geschäftsbücher und Unterla-

---

8 BGH 15.07.2010 IX ZB 229/07, ZInsO 2010, 1496.
9 BGH 15.07.2010 IX ZB 229/07, ZInsO 2010, 1496.
10 Uhlenbruck/*Uhlenbruck* Rn. 10; FK-InsO/*Kießner* Rn. 19; Kübler/Prütting/Bork/*Holzer* Rn. 18.
11 Uhlenbruck/*Uhlenbruck*, Rn. 12.
12 Kübler/Prütting/Bork/*Holzer* Rn. 7.
13 FK-InsO/*Kießner* Rn. 8; Kübler/Prütting/Bork/*Holzer* Rn. 7.

gen zurückzunehmen.[14] Mit der Aufhebung des Insolvenzverfahrens entfällt auch das Verbot der Zwangsvollstreckung für einzelne Insolvenzgläubiger (§ 89). Gläubiger von festgestellten Forderungen, die der Schuldner im Prüfungstermin nicht bestritten hat, können nunmehr die Einzelzwangsvollstreckung betreiben, sofern sie im Insolvenzverfahren nicht befriedigt worden sind und sofern keine Restschuldbefreiung durchgeführt wird (§ 201 Abs. 2, 3).[15]

3. Rechte der Gläubiger

Auch die Gläubigerversammlung und der Gläubigerausschuss verlieren ihre Befugnisse.[16] Mit der Aufhebung des Insolvenzverfahrens endet auch die Unterbrechung der Verjährung, die durch die Anmeldung der Forderung zur Insolvenztabelle eingetreten war (§ 204 Abs. 1 Nr. 10 BGB). Die Hemmung der Verjährung endet sechs Monate nach der Aufhebung des Insolvenzverfahrens (§ 204 Abs. 2 Satz 1 BGB).[17]   10

4. Anhängige Prozesse

Anhängige Prozesse, die der Insolvenzverwalter für oder gegen die Insolvenzmasse geführt hat und die bis zur Aufhebung des Insolvenzverfahrens nicht abgeschlossen sind, werden i.d.R. **unterbrochen**, da der Insolvenzverwalter seine Prozessführungsbefugnis verliert (§§ 239, 242 ZPO analog).[18] Dies gilt nicht für Prozesse, deren streitbefangene Vermögensgegenstände für eine Nachtragsverteilung zurückbehalten wurden. Der Schuldner erhält die Prozessführungsbefugnis und kann die unterbrochene Rechtsstreitigkeit aufnehmen und im eigenen Namen weiterführen (§ 250 ZPO).[19] Ein Anfechtungsrecht, das einer Nachtragsverteilung nicht vorbehalten wurde, fällt mit Beendigung des Insolvenzverfahrens ersatzlos weg. Wird die Klage in der Hauptsache fortgesetzt, so ist sie abzuweisen.[20] Der Schuldner ist aber berechtigt, den Rechtsstreit in der Hauptsache für erledigt zu erklären und mit dem Ziel einer für ihn günstigen Kostenentscheidung fortzuführen.   11

§ 201 Rechte der Insolvenzgläubiger nach Verfahrensaufhebung

(1) Die Insolvenzgläubiger können nach der Aufhebung des Insolvenzverfahrens ihre restlichen Forderungen gegen den Schuldner unbeschränkt geltend machen.

(2) Die Insolvenzgläubiger, deren Forderungen festgestellt und nicht vom Schuldner im Prüfungstermin bestritten worden sind, können aus der Eintragung in die Tabelle wie aus einem vollstreckbaren Urteil die Zwangsvollstreckung gegen den Schuldner betreiben. Einer nicht bestrittenen Forderung steht eine Forderung gleich, bei der ein erhobener Widerspruch beseitigt ist. Der Antrag auf Erteilung einer vollstreckbaren Ausfertigung aus der Tabelle kann erst nach Aufhebung des Insolvenzverfahrens gestellt werden.

(3) Die Vorschriften über die Restschuldbefreiung bleiben unberührt.

Übersicht	Rdn.		Rdn.
A. Normzweck	1	II. Nicht angemeldete und nicht durchsetzbare Forderungen	3
B. Nachforderungsrecht der Insolvenzgläubiger	2	III. Forderungen von Neugläubigern	4
I. Unbeschränkte Nachhaftung für Insolvenzforderungen	2	IV. Masseansprüche	5

---

14 Ausf. MüKo-InsO/*Hintzen* Rn. 42, 43; FK-InsO/*Kießner* Rn. 15; Nerlich/Römermann/*Westphal* Rn. 13.
15 FK-InsO/*Kießner* Rn. 9; HambK-InsR/*Preß* Rn. 16; FA-InsR/*Bruder* Kap. 2 Rn. 604.
16 HambK-InsR/*Preß* Rn. 14; Uhlenbruck/*Uhlenbruck* Rn. 12.
17 Uhlenbruck/*Uhlenbruck* Rn. 15; MüKo-InsO/*Hintzen* Rn. 36.
18 BGHZ 83, 102 (104 f.); FK-InsO/*Kießner* Rn. 12.
19 Uhlenbruck/*Uhlenbruck* Rn. 14; Nerlich/Römermann/*Westphal* Rn. 11.
20 BGHZ 83, 102 (106); Uhlenbruck/*Uhlenbruck* Rn. 11.

		Rdn.			Rdn.
C.	**Vollstreckbarer Auszug aus der Insolvenztabelle**	7	III.	Zusammentreffen von früherem Vollstreckungstitel und Tabellenauszug	11
I.	Grundsatz	7	D.	**Vorbehalt der Restschuldbefreiung**	12
II.	Inhaltsänderung i.S.d. §§ 41, 45, 46 InsO	9			

A. Normzweck

1 Die Vorschrift regelt die Rechte der Insolvenzgläubiger nach Aufhebung des Insolvenzverfahrens. Nach Aufhebung des Insolvenzverfahrens können die Insolvenzgläubiger ihre restlichen Forderungen wieder unbeschränkt gegen den Schuldner geltend machen (§ 201 Abs. 1), soweit sie durch die Erlösverteilung im Insolvenzverfahrens nicht befriedigt worden sind. Die Insolvenzgläubiger haben ein unbeschränktes Nachforderungsrecht.[1] Die Zwangsvollstreckung der noch offenen Forderungen kann mit einem vollstreckbaren Auszug aus der Insolvenztabelle durchgeführt werden (§ 201 Abs. 2). Das Nachforderungsrecht besteht nicht, wenn die Rechtschuldbefreiung angekündigt worden ist (§ 201 Abs. 3).

B. Nachforderungsrecht der Insolvenzgläubiger

I. Unbeschränkte Nachhaftung für Insolvenzforderungen

2 Sobald das Insolvenzverfahren beendet ist, entfallen gem. § 201 Abs. 1 die Beschränkungen für die Insolvenzgläubiger; diese haben wieder einen unbeschränkten Zugriff auf das Schuldnervermögen (**Prinzip der uneingeschränkten Nachhaftung** des Schuldners).[2] Die ehemaligen Insolvenzgläubiger können ihre Restforderungen uneingeschränkt gegen den Schuldner geltend machen. Das unbeschränkte Nachforderungsrecht gem. § 201 Abs. 1 besteht für Insolvenzgläubiger i.S.d. §§ 38, 39, die gem. § 89 Abs. 1 während des Insolvenzverfahrens dem Vollstreckungsverbot unterliegen und dadurch während der Dauer des Insolvenzverfahrens ihre Forderungen nicht im Wege der Zwangsvollstreckung durchsetzen können. Dies gilt unabhängig davon, ob sie ihre Forderungen zur Insolvenztabelle angemeldet haben oder nicht.[3] Mit der Aufhebung des Insolvenzverfahrens fällt das Vollstreckungsverbot wieder weg und der haftungsrechtliche Zustand vor Eröffnung des Insolvenzverfahrens wird wieder hergestellt.[4] Die Insolvenzgläubiger, deren Forderungen festgestellt und nicht vom Schuldner im Prüfungstermin bestritten worden sind, erhalten einen vollstreckbaren Tabellenauszug, mit dem die Vollstreckung gegen den Schuldner betrieben werden kann, § 201 Abs. 2 Satz 1.[5]

II. Nicht angemeldete und nicht durchsetzbare Forderungen

3 Ist eine Forderung hingegen nicht zur Insolvenztabelle angemeldet worden oder hat der Schuldner der Anmeldung widersprochen und ist der Widerspruch nicht in einem Feststellungsprozess für unbegründet erklärt worden (§ 178 Abs. 3), so besteht die Nachhaftung des Schuldners gem. § 201 mit der Möglichkeit der Vollstreckung aus einem vollstreckbaren Tabellenauszug nicht. Der Gläubiger muss vielmehr seine Forderung weiter gegen den Schuldner einklagen oder aus einem bereits vorhandenen sonstigen Titel vollstrecken.[6] Auch für nachrangige Forderungen (§ 39) ist eine Nachhaftung des Schuldners nicht gegeben, da diese Forderungen grds nicht am Insolvenzverfahren teilnehmen. Daher kann für diese Forderungen auch kein Tabellenauszug gem. § 201 Abs. 2 erstellt werden. Der

---

1 FK-InsO/*Kießner* Rn. 12; HambK-InsR/*Herchen* Rn. 1.
2 Uhlenbruck/*Uhlenbruck* Rn. 3; Kübler/Prütting/Bork/*Holzer* Rn. 1; HambK-InsR/*Herchen* Rn. 1.
3 Andres/Leithaus/*Leithaus* Rn. 2; MüKo-InsO/*Hintzen* Rn. 7.
4 Nerlich/Römermann/*Westphal* §§ 201, 202 Rn. 4.
5 MüKo-InsO/*Hintzen* Rn. 7; HambK-InsR/*Herchen* Rn. 8; Pape/Uhlenbruck/*Voigt-Salus* Kap. 35 Rn. 20
6 MüKo-InsO/*Hintzen* Rn. 17; FK-InsO/*Kießner* Rn. 16.

Gläubiger muss diese Forderungen ebenfalls nach Aufhebung des Insolvenzverfahrens im Klagewege bzw. durch Einzelzwangsvollstreckung gegen den Schuldner verfolgen.

III. Forderungen von Neugläubigern

§ 201 gilt nur für Gläubiger, die bereits zum Zeitpunkt der Eröffnung des Insolvenzverfahrens einen begründeten Vermögensanspruch gegen den Schuldner hatten; andernfalls sind sie keine Insolvenzgläubiger. Die Regelung gilt daher nicht für Forderungen, die erst nach Eröffnung des Insolvenzverfahrens neu begründet werden. Die Forderungen dieser sog Neugläubiger unterliegen nicht dem Vollstreckungsverbot gem. § 89 Abs. 1 und sind grds auch während des Insolvenzverfahrens durchsetzbar, es haftet aber nur das insolvenzfreie Vermögen.[7] Eine Ausnahme gilt allerdings für die Zwangsvollstreckung in künftige Forderungen auf Bezüge aus einem Dienstverhältnis des Schuldners oder an deren Stelle tretende laufende Bezüge, § 89 Abs. 2 Satz 1.   4

IV. Masseansprüche

Die Vorschrift des § 201 gilt ebenfalls nicht für Masseansprüche, die während des Insolvenzverfahrens nicht erfüllt wurden, da diese nicht in der Insolvenztabelle eingetragen werden. Nach Aufhebung des Insolvenzverfahrens nicht erfüllte Masseverbindlichkeiten können gegeben sein bei Massearmut (§ 207), bei Masseunzulänglichkeit (§ 208) oder bei versehentlicher Nichtzahlung durch den Insolvenzverwalter. Die Gläubiger von Masseansprüchen nehmen nicht am Insolvenzverfahren teil und sind daher auch keine Insolvenzgläubiger i.S.d. § 38. Die Massegläubiger unterliegen auch nicht dem Vollstreckungsverbot gem. § 89 Abs. 1.[8]   5

Dies ist jedenfalls unproblematisch bei Masseforderungen, die vor der Eröffnung des Insolvenzverfahrens ggf. nach § 55 Abs. 1 Nr. 2 begründet wurden. Wird die Erfüllung dieser Verbindlichkeiten während des Insolvenzverfahrens zur Insolvenzmasse verlangt, so bleibt die Haftung des Schuldners auch nach der Beendigung des Insolvenzverfahrens weiter bestehen.[9]   5a

Umstritten ist allerdings, ob der Schuldner auch für Masseansprüche haftet, die erst nach Insolvenzeröffnung begründet worden und die nicht im Laufe des Insolvenzverfahrens befriedigt worden sind.   6

Nach Ansicht der h.M.[10] haftet der Schuldner nicht mit seinem gesamten Vermögen, sondern lediglich gegenständlich beschränkt mit den Massegegenständen, die gem. § 199 als Überschuss herausgegeben worden sind oder mit den gem. § 197 Abs. 1 Nr. 3 freigegebenen, unverwertbaren Gegenständen der Insolvenzmasse.[11]

Nach einer vereinzelten Gegenmeinung soll der Schuldner für alle Masseverbindlichkeiten uneingeschränkt mit seinem gesamten Vermögen haften.[12] Anderenfalls wäre der Massegläubiger gegenüber den Insolvenzgläubigern benachteiligt, die auf Grund der Nichterfüllung der Masseverbindlichkeiten eine höhere Quote erhalten haben. Vielmehr hafte der Schuldner mit seinem gesamten pfändbaren Vermögen für die Kosten des Insolvenzverfahrens.[13] Bei einer unbeschränkten Haftung des Schuldners wird jedoch übersehen, dass der Schuldner auf das Verhalten des Insolvenzverwalters keinen Einfluss hat, der allein für die Eingehung und Begleichung der Masseforderungen verantwortlich ist. Es besteht keine Veranlassung, den Schuldner für Masseverbindlichkeiten in die Haftung zu nehmen, die erst nach der Eröffnung des Insolvenzverfahrens begründet wurden. In Betracht kommt in solchen Fällen eine persönliche Haftung des Insolvenzverwalters auf Schadensersatz gem. § 61.

---

7 Nerlich/Römermann/*Westphal* §§ 201, 202 Rn. 5; MüKo-InsO/*Hintzen* Rn. 8.
8 Nerlich/Römermann/*Westphal* §§ 201, 202 Rn. 6; MüKo-InsO/*Hintzen* Rn. 15.
9 BGH 28.06.2007, IX ZR 73/06, NZI 2007, 670; FK-InsO/*Kießner* Rn. 4.
10 MüKo-InsO/*Hintzen* Rn. 15a; HK-InsO/*Depré* Rn. 3; offen gelassen: Uhlenbruck/*Uhlenbruck* Rn. 6.
11 Nerlich/Römermann/*Westphal* §§ 201, 202 Rn. 7; MüKo-InsO/*Hintzen* Rn. 16.
12 HambK-InsR/*Herchen* Rn. 6.
13 *Häsemeyer* Rn. 25.30 f.

Eine Beschränkung der Haftung des Schuldners auf die ggf noch vorhandene Restmasse ist dem Massegläubiger daher zumutbar.[14]

C. Vollstreckbarer Auszug aus der Insolvenztabelle

I. Grundsatz

7 Gläubiger von festgestellten Forderungen, die im Insolvenzverfahren nicht befriedigt worden sind, können nach der Beendigung des Insolvenzverfahrens gegen den Schuldner mit einer vollstreckbaren Ausfertigung des Auszugs aus der Insolvenztabelle die Zwangsvollstreckung betreiben, sofern der Schuldner im Prüfungstermin der Forderung nicht widersprochen hat oder sein Widerspruch beseitigt worden ist (§ 201 Abs. 2).[15] Die vollstreckbare Ausfertigung des Auszugs aus der Insolvenztabelle dient als Vollstreckungstitel und ist einem vollstreckbaren Urteil gleichgestellt (§§ 201, 202, 178 Abs. 3).[16] Die Erteilung der vollstreckbaren Ausfertigung des Auszugs aus der Insolvenztabelle erfolgt durch das Insolvenzgericht. Erforderlich ist ein Antrag auf Erteilung einer vollstreckbaren Ausfertigung aus der Tabelle an das Insolvenzgericht. Dieser Antrag kann erst nach Aufhebung des Insolvenzverfahrens gestellt werden (§ 203 Abs. 2 Satz 3). Ausschließlich örtlich zuständig ist das Gericht am Sitz des Insolvenzgerichts, § 202. Die vollstreckbare Ausfertigung des Titels erfolgt durch Erteilung der Vollstreckungsklausel durch den Urkundsbeamten des Insolvenzgerichts (vgl. § 4 InsO i.V.m. § 724 Abs. 1, 2 ZPO). Da die Ausfertigung des Auszugs aus der Insolvenztabelle als Vollstreckungstitel einem vollstreckbaren Urteil gleichgestellt ist, ist kein gesondertes Rechtskraftzeugnis erforderlich.[17]

8 Aus der Insolvenztabelle können nur festgestellte und nicht bestrittene Forderungen vollstreckt werden. Einer nicht bestrittenen Forderung steht es gleich, wenn ein erhobener Widerspruch zwischenzeitlich beseitigt worden ist (§ 201 Abs. 2 Satz 2). Hat der Schuldner der Forderung widersprochen, muss der Gläubiger der betreffenden Forderung Klage auf Feststellung der Forderung gegen den Schuldner erheben (§ 184 Abs. 1 Satz 1), um seine Forderung durchsetzen zu können. Der Gläubiger ist auch dann auf den Rechtsweg verwiesen, wenn der Schuldner sein Bestreiten der Forderung nach der Aufhebung des Insolvenzverfahrens aufgibt.[18]

II. Inhaltsänderung i.S.d. §§ 41, 45, 46 InsO

9 Eine Besonderheit besteht bei Forderungen, die mit der Anmeldung zur Insolvenztabelle eine **Inhaltsänderung** erfahren haben. Betroffen sind die Forderungen gem. §§ 41, 45, 46. Danach sind nicht fällige Forderungen als fällige Forderungen anzumelden (§ 41 Abs. 1). Nicht auf Geld gerichtete Forderungen oder Forderungen, deren Geldbetrag unbestimmt ist, sind mit dem Wert geltend zu machen, der für die Zeit der Eröffnung des Insolvenzverfahrens geschätzt werden kann (§ 45 Satz 1). Forderungen in ausländischer Währung sind nach dem zur Zeit der Verfahrenseröffnung für den Zahlungsort maßgeblichen Kurswert in inländische Währung umzurechnen (§ 45 Satz 2). Forderungen auf wiederkehrende Leistungen, deren Betrag und Dauer bestimmt sind, sind mit dem Betrag geltend zu machen, der sich ergibt, wenn die noch ausstehenden Leistungen unter Abzug des in § 41 bezeichneten Zwischenzinses zusammengerechnet werden (§ 46 Satz 1). Ist die Dauer der Leistungen unbestimmt, so gilt § 45 Satz 1 entsprechend, so dass diese Forderungen ebenfalls mit ihrem Schätzwert zu berücksichtigen sind (§ 46 Satz 2).

10 Nach h.M.[19] bezieht sich das Nachforderungsrecht der Insolvenzgläubiger nach der Aufhebung des Insolvenzverfahrens auf den Bestand der Forderungen in ihrer veränderten Form, da die Forderung

---

[14] So auch: Nerlich/Römermann/*Westphal* §§ 201, 202 Rn. 8.
[15] Kübler/Prütting/Bork/*Holzer* Rn. 11.
[16] Braun/*Kießner* Rn. 9; HambK-InsR/*Herchen* Rn. 8.
[17] Uhlenbruck/*Uhlenbruck* Rn. 7; FK-InsO/*Kießner* Rn. 13.
[18] Andres/Leithaus/*Leithaus* Rn. 4; Braun/*Kießner* Rn. 10.
[19] Braun/*Kießner* Rn. 14; Uhlenbruck/*Uhlenbruck* Rn. 14.

durch die rechtskräftige Feststellung zur Insolvenztabelle in der umgewandelten Form rechtswirksam wurde. Diese Ansicht hat zur Folge, dass der Schuldner im Rahmen der Nachhaftung eine ursprünglich, also bis zur Eröffnung des Insolvenzverfahrens, noch nicht fällige Forderung sofort zu erfüllen hat. Eine ausländische Forderung muss der Schuldner in inländischer Währung nach dem Kurswert zum Zeitpunkt der Eröffnung des Insolvenzverfahrens auch dann erfüllen, wenn während der Dauer des Insolvenzverfahrens ein Kursverlust eingetreten ist.[20] Forderungen, die vor der Eröffnung des Insolvenzverfahrens nur auf eine wiederkehrende Leistung gerichtet waren, müssen nunmehr bei einer Zwangsvollstreckung mit dem gesamten abgezinsten Kapitalisierungsbetrag berücksichtigt werden.[21] Die Ansicht der h.M. wird in der Lit. zunehmend kritisiert, da eine auffällige Chancenungleichheit zwischen den Gläubigern und dem Schuldner bestehe, der wegen der Haftung mit seinem gesamten Vermögen unangemessen benachteiligt werde.[22] Der Gläubiger soll daher die Möglichkeit erhalten, die Änderung der Forderung durch eine Anmeldung mit abgestuftem Inhalt auf das Insolvenzverfahren zu beschränken. Er könne dann nach der Beendigung des Insolvenzverfahrens wieder auf die Forderung in ihrer ursprünglichen Form zurückgreifen.[23] Im Gegenzug dazu könne der Schuldner in eingeschränkter Form gegen die Forderung Widerspruch einlegen, was sich auf seine Nachhaftung auswirke.[24] Diese Auffassung verkennt, dass es keine rechtliche Möglichkeit gibt, die materielle Rechtskraft einer Forderung durch die Eintragung in der Insolvenztabelle zu gestalten. Durch die Eintragung in der Insolvenztabelle und die damit verbundene Titulierung der Forderung tritt lediglich eine formelle Rechtskraft ein, so dass die Forderung in der abgeänderten Form rechtskräftig wird. Der Gläubiger kann daher nicht rechtswirksam die Änderung der Forderung durch eine Anmeldung mit abgestuftem Inhalt auf das Insolvenzverfahren beschränken.[25]

III. Zusammentreffen von früherem Vollstreckungstitel und Tabellenauszug

War der Insolvenzgläubiger bereits vor Eröffnung des Insolvenzverfahrens im Besitz eines Vollstreckungstitels, erlangt er bei Anmeldung der bereits titulierten Forderung durch Auszug aus der Insolvenztabelle einen weiteren Vollstreckungstitel, aus dem er vollstrecken kann. Die h.M.[26] vertritt die Auffassung, dass ein schon vor dem Insolvenzverfahren erlangter Vollstreckungstitel durch den Tabelleneintrag »aufgezehrt« wird. Der früher erlangte Vollstreckungstitel ist also nicht mehr vollstreckbar. Er wird vielmehr durch den vollstreckbaren Auszug aus der Insolvenztabelle ersetzt, und zwar sowohl dem Umfang nach als auch in einer etwaigen Veränderung der Forderung durch die Eröffnung des Insolvenzverfahrens (§§ 41, 45, 46).[27] Eine Doppeltitulierung soll es somit nicht geben. Betreibt der Gläubiger dennoch aus dem früheren Titel die Zwangsvollstreckung, so ist die Vollstreckungserinnerung gem. § 766 ZPO gegeben.[28] Eine »Aufzehrung« ist aber möglich, als der frühere Titel mit dem Auszug aus der Insolvenztabelle deckungsgleich ist.[29] Titulierte Forderungen, die von dem Auszug aus der Insolvenztabelle nicht erfasst werden, müssen nach der Aufhebung des Insolvenzverfahrens auch weiterhin vollstreckbar sein. Dies betrifft vor allem Zinsansprüche wegen Verzugs für den Zeitraum ab Eröffnung des Insolvenzverfahrens (§ 288 BGB).[30] Solche Forderungen sind i.d.R. nachrangig gem. § 39 Abs. 1 Nr. 1 und können erst gar nicht zur Insolvenztabelle angemeldet werden (vgl. § 174 Abs. 3). Vollstreckungsgrundlage für diese Forderungen ist daher immer noch der frühere Vollstreckungstitel.

11

---

20 Braun/*Kießner* Rn. 14.
21 Vgl. Nerlich/Römermann/*Westphal* §§ 201, 202 Rn. 11.
22 Nerlich/Römermann/*Westphal* §§ 201, 202 Rn. 14; *Häsemeyer* Rn. 25.11 ff.
23 *Häsemeyer* Rn. 25.18 f.
24 *Häsemeyer* Rn. 25.21.
25 So auch: MüKo-InsO/*Hintzen* Rn. 13.
26 RGZ 112, 297 (300); Uhlenbruck/*Uhlenbruck* Rn. 17; FK-InsO/*Kießner* Rn. 15; HambK-InsR/*Herchen* Rn. 12.
27 MüKo-InsO/*Hintzen* Rn. 36.
28 MüKo-InsO/*Hintzen* Rn. 38; HambK-InsR/*Herchen* Rn. 13.
29 So auch: MüKo-InsO/*Hintzen* Rn. 36 f.
30 FK-InsO/*Kießner* Rn. 16; HambK-InsR/*Herchen* Rn. 12.

D. Vorbehalt der Restschuldbefreiung

12 Eine Ausnahme von dem unbeschränkten Nachforderungsrecht der Insolvenzgläubiger nach der Beendigung des Insolvenzverfahrens besteht jedoch dann, wenn eine Restschuldbefreiung angekündigt wurde (§§ 201 Abs. 3, 291). Das Prinzip der uneingeschränkten Nachhaftung wird also eingeschränkt, wenn der Schuldner eine natürliche Person ist, die Durchführung eines Restschuldbefreiungsverfahrens beantragt hat und dieses bis zur Erteilung der Restschuldbefreiung gem. § 300 durchgeführt wird.[31] Noch nicht abschließend geklärt ist, ob offen gebliebene Masseverbindlichkeiten durch eine später erteilte Restschuldbefreiung mit umfasst werden. Der Wortlaut des § 301 (»Wirkung gegenüber Insolvenzgläubigern«) spricht dagegen. Andererseits soll die Restschuldbefreiung dem redlichen Schuldner einen Neubeginn ermöglichen.[32] Der Bundesgerichtshof hat zu dieser Frage noch nicht Stellung genommen.[33]

§ 202 Zuständigkeit bei der Vollstreckung

(1) Im Falle des § 201 ist das Amtsgericht, bei dem das Insolvenzverfahren anhängig ist oder anhängig war, ausschließlich zuständig für die Klagen:
1. auf Erteilung der Vollstreckungsklausel;
2. durch die nach der Erteilung der Vollstreckungsklausel bestritten wird, dass die Voraussetzungen für die Erteilung eingetreten waren;
3. durch die Einwendungen geltend gemacht werden, die den Anspruch selbst betreffen.

(2) Gehört der Streitgegenstand nicht zur Zuständigkeit der Amtsgerichte, so ist das Landgericht ausschließlich zuständig, zu dessen Bezirk das Insolvenzgericht gehört.

Übersicht	Rdn.		Rdn.
A. Normzweck	1	II. Klauselgegenklage	4
B. Klagearten	2	III. Vollstreckungsabwehrklage	5
I. Klage auf Erteilung der Vollstreckungsklausel	3	C. Zuständigkeit	6
		D. Rechtsbehelfe	7

A. Normzweck

1 Die Vorschrift des § 202 regelt die ausschließliche örtliche Zuständigkeit des Gerichts am Sitz des Insolvenzgerichts für die Klagen, die sich auf den vollstreckbaren Auszug aus der Insolvenztabelle gem. § 201 Abs. 2 beziehen.[1]

B. Klagearten

2 Erfasst werden die folgenden Klagearten, die in § 202 abschließend aufgezählt sind:[2]

I. Klage auf Erteilung der Vollstreckungsklausel

3 Gem. § 202 Abs. 2 Nr. 1 ist das Gericht ausschließlich zuständig für die Klage auf Erteilung der Vollstreckungsklausel gem. § 731 ZPO, sofern es um die Erteilung des vollstreckbaren Auszugs aus der Insolvenztabelle geht. Diese Klage ist statthaft, wenn der Gläubiger die nach § 726 Abs. 1 ZPO und §§ 727 bis 729 ZPO erforderlichen Nachweise nicht durch öffentliche oder öffentlich beglaubigte Urkunden führen kann.[3]

---

31 FK-InsO/*Kießner* Rn. 20; Kübler/Prütting/Bork/*Holzer* Rn. 2 ff.
32 Für eine Erledigung: HK-InsO/*Depré* Rn. 10; dagegen: Graf-Schlicker/*Kexel* Rn. 5; Kübler/Prütting/Bork/*Wenzel* § 301 Rn. 3.
33 BGH 28.06.2007, IX ZR 73/06, NZI 2007, 670.
1 MüKo-InsO/*Hintzen* Rn. 1; Kübler/Prütting/Bork/*Holzer* Rn. 1.
2 Andres/Leithaus/*Leithaus* Rn. 2.
3 FK-InsO/*Kießner* Rn. 4.

II. Klauselgegenklage

Die Zuständigkeit des Gerichts gem. § 202 Abs. 1 Nr. 2 betrifft Klagen, bei denen nach der Erteilung der Vollstreckungsklausel bestritten wird, ob die Voraussetzungen für die Erteilung eingetreten waren. Dabei handelt es sich um Klagen wegen der Unzulässigkeit einer erteilten Vollstreckungsklausel gem. § 768 ZPO. Mit der Klauselgegenklage werden materielle Einwendungen i.S.d. § 726 Abs. 1 ZPO oder nach §§ 727 bis 729, 738, 742, 744 ZPO, nach § 745 Abs. 2 ZPO oder § 749 ZPO erhoben.[4] Außerdem hat der Gläubiger die Möglichkeit, formelle Fehler bei der Erteilung der Vollstreckungsklausel mit der Klauselerinnerung gem. § 732 ZPO anzugreifen.[5] 4

III. Vollstreckungsabwehrklage

Die Zuständigkeit des Gerichts gem. § 202 Abs. 1 Nr. 3 gilt für Vollstreckungsabwehrklagen gem. § 767 Abs. 1 ZPO, mit denen Gläubiger materielle Einwendungen gegen die in der Insolvenztabelle festgestellten Forderung erheben können. Zu beachten ist dabei die Präklusion des § 767 Abs. 2 ZPO. Danach kann der Gläubiger seine Einwendungen nur auf Gründe stützen, die nach der Feststellung der Forderung zur Insolvenztabelle entstanden sind. Hinsichtlich des maßgeblichen Zeitpunkts ist zu unterscheiden: 5

– **Widerspruchslose Feststellung**
  Hat der Insolvenzverwalter die Forderung widerspruchslos anerkannt und wurde die Forderung im Prüfungstermin zur Insolvenztabelle festgestellt, so kommt es auf den Zeitpunkt des Prüfungstermins an.

– **Erhobener Widerspruch**
  Hat der Schuldner einen Widerspruch erhoben, so kommt es auf den Zeitpunkt an, in dem der Widerspruch rechtskräftig beseitigt wurde bzw. der Zeitpunkt der letzten mündlichen Verhandlung in einem gem. § 184 eingeleiteten Feststellungsprozess.[6]

C. Zuständigkeit

Bei der Zuständigkeit des Gerichts ist zwischen der sachlichen und der örtlichen Zuständigkeit zu unterscheiden. Die **sachliche Zuständigkeit** richtet sich nach der Höhe des Streitwerts (§§ 23, 71 GVG). Maßgeblich ist die Höhe der festgestellten Forderung in der Insolvenztabelle.[7] Die Vorschrift des § 202 Abs. 1 bestimmt die **örtliche Zuständigkeit** in Anlehnung an § 802 ZPO als ausschließliche Zuständigkeit.[8] Danach ist das Amtsgericht örtlich zuständig, bei dem das Insolvenzverfahren anhängig ist oder anhängig war. Innerhalb des Amtsgerichts ist das Prozessgericht zuständig. Ergibt sich auf Grund der Höhe des Streitwerts die sachliche Zuständigkeit des Landgerichts, so ist örtlich das Landgericht zuständig, in dessen Bezirk das Insolvenzgericht gehört, bei dem das Insolvenzverfahren anhängig war (§ 202 Abs. 2). 6

D. Rechtsbehelfe

Rechtsbehelfe können sich im Zusammenhang mit der Klauselerteilung hinsichtlich des Auszugs aus der Insolvenztabelle ergeben. Verweigert der Urkundsbeamte der Geschäftsstelle die Erteilung der Klausel, ist die Erinnerung nach § 573 Abs. 1 Satz 1 ZPO statthaft. Über die Erinnerung entscheidet das Prozessgericht. Gegen diese Entscheidung kann die sofortige Beschwerde gem. §§ 573 Abs. 2, 567 ff. ZPO eingelegt werden.[9] Entscheidet der Rechtspfleger, so ist die unbefristete Rechtspflegererinnerung gem. § 11 Abs. 1 RPflG statthaft.[10] 7

---

4 Braun/*Kießner* Rn. 5; HambK-InsR/*Herchen* Rn. 5; MüKo-InsO/*Hintzen* Rn. 3.
5 MüKo-InsO/*Hintzen* Rn. 3; Braun/*Kießner* Rn. 5.
6 MüKo-InsO/*Hintzen* Rn. 4; Nerlich/Römermann/*Westphal* §§ 201, 202 Rn. 24.
7 MüKo-InsO/*Hintzen* Rn. 5; FK-InsO/*Kießner* Rn. 3.
8 Braun/*Kießner* Rn. 1; Andres/Leithaus/*Leithaus* Rn. 5.
9 Braun/*Kießner* Rn. 8; Uhlenbruck/*Uhlenbruck* Rn. 5; Kübler/Prütting/Bork/*Holzer* Rn. 13.
10 Kübler/Prütting/Bork/*Holzer* Rn. 13; Uhlenbruck/*Uhlenbruck* Rn. 5.

§ 203 Anordnung der Nachtragsverteilung

(1) Auf Antrag des Insolvenzverwalters oder eines Insolvenzgläubigers oder von Amts wegen ordnet das Insolvenzgericht eine Nachtragsverteilung an, wenn nach dem Schlusstermin
1. zurückbehaltene Beträge für die Verteilung freiwerden,
2. Beträge, die aus der Insolvenzmasse gezahlt sind, zurückfließen oder
3. Gegenstände der Masse ermittelt werden.

(2) Die Aufhebung des Verfahrens steht der Anordnung einer Nachtragsverteilung nicht entgegen.

(3) Das Gericht kann von der Anordnung absehen und den zur Verfügung stehenden Betrag oder den ermittelten Gegenstand dem Schuldner überlassen, wenn dies mit Rücksicht auf die Geringfügigkeit des Betrags oder den geringen Wert des Gegenstands und die Kosten einer Nachtragsverteilung angemessen erscheint. Es kann die Anordnung davon abhängig machen, dass ein Geldbetrag vorgeschossen wird, der die Kosten der Nachtragsverteilung deckt.

Übersicht

	Rdn.		Rdn.
A. Normzweck	1	III. Absehen von der Nachtragsverteilung wegen Geringfügigkeit	11
B. Nachtragsverteilung	2	C. Nachtragsverteilung bei Masseunzulänglichkeit und Massearmut	13
I. Voraussetzungen	2		
II. Durchführung der Nachtragsverteilung	4	I. Einstellung wegen Masseunzulänglichkeit	14
1. Frei werdende Beträge	5		
2. Zurückfließende Beträge	7	II. Einstellung mangels Masse	15
3. Nachträglich ermittelte Massegegenstände	8		

A. Normzweck

1 Die Nachtragsverteilung ermöglicht auch nach der Schlussverteilung und auch nach Aufhebung des Insolvenzverfahrens eine Auszahlung auf die im Schlussverzeichnis aufgenommenen Forderungen, wenn das beschlagnahmte Schuldnervermögen aus rechtlichen oder tatsächlichen Gründen nicht vollständig verteilt werden konnte, später noch Beträge oder Gegenstände frei bzw. ermittelt werden, die der Insolvenzmasse zuzuordnen sind.[1] Abs. 2 stellt ausdrücklich klar, dass die Aufhebung des Insolvenzverfahrens der Anordnung einer Nachtragsverteilung nicht entgegensteht. Bei Geringfügigkeit der zu verteilenden Beträge oder Gegenstände kann das Insolvenzgericht von der Anordnung der Nachtragsverteilung absehen (Abs. 3).

B. Nachtragsverteilung

I. Voraussetzungen

2 Die Nachtragsverteilung erfolgt auf Anordnung des Insolvenzgerichts, wenn die in § 203 Abs. 1 Nr. 1–3 abschließend aufgezählten Beträge oder Gegenstände, die der Nachtragsverteilung unterliegen, später, also nach erfolgter Schlussverteilung, zur Verteilung zur Verfügung stehen.[2] Das Verfahren der Nachtragsverteilung wird eingeleitet durch die Anordnung des Insolvenzgerichts. Das Gericht wird von Amts wegen oder auf Antrag des Insolvenzverwalters oder eines Insolvenzgläubigers tätig (§ 203 Abs. 1 Satz 1). Das Insolvenzgericht ist verpflichtet, die Nachtragsverteilung anzuordnen, wenn es Kenntnis von den in § 203 Abs. 1 Nr. 1–3 aufgeführten Massezuflüssen erlangt, insb. dann, wenn eine Anregung durch einen Massegläubiger erfolgt, der selbst nicht antragsberechtigt ist.[3]

---

[1] FK-InsO/*Kießner* Rn. 1; Braun/*Kießner* Rn. 1.
[2] Andres/Leithaus/*Leithaus* Rn. 3; Nerlich/Römermann/*Westphal* §§ 203, 204 Rn. 2.
[3] Andres/Leithaus/*Leithaus* Rn. 4; Braun/*Kießner* Rn. 15.

Die Anordnung der Nachtragsverteilung erfolgt durch einen anordnenden **Beschluss** des Insolvenz- 3
gerichtes. Funktional zuständig ist der Rechtspfleger gem. § 18 Abs. 1 RPflG.[4] Die Anordnung ist
gem. § 9 Abs. 1 öffentlich bekannt zu machen (vgl. § 206 Nr. 3).[5] Gegen den Beschluss des Insolvenzgerichts steht dem Antragsteller bzw. dem Schuldner die **sofortige Beschwerde** zu (§§ 6 Abs. 1, 204 Abs. 1, 2 Satz 2). Die Anordnung kann nur nach Beendigung des Schlusstermins erfolgen.[6] In der Nachtragsverteilung können daher nur solche Forderungen berücksichtigt werden, die in das Schlussverzeichnis aufgenommen worden sind. Andere Insolvenzgläubiger, die nicht im Schlussverzeichnis aufgenommen worden sind, werden bei der Nachtragsverteilung nicht berücksichtigt.[7] Nach der ausdrücklichen Klarstellung in § 203 Abs. 2 ist die Nachtragsverteilung auch nach der Aufhebung des Insolvenzverfahrens (§ 200) möglich.[8]

II. Durchführung der Nachtragsverteilung

Zuständig für die Durchführung der Nachtragsverteilung ist der Insolvenzverwalter (§ 205). In 4
§ 203 Abs. 1 Nr. 1–3 sind die Beträge und Vermögensgegenstände **abschließend**[9] aufgezählt, wegen derer eine Nachtragsverteilung stattfindet.

1. Frei werdende Beträge

Eine Nachtragsverteilung findet gem. § 201 Abs. 1 Nr. 1 statt, wenn zurückbehaltene Beträge nach 5
dem Schlusstermin frei werden. Dabei handelt es sich vor allem um Beträge, die der Insolvenzverwalter im Rahmen der Schlussverteilung gem. § 198 zur Sicherstellung der Befriedigung der Gläubiger bestrittener Forderungen bis zur rechtskräftigen Entscheidung des Feststellungsrechtsstreits hinterlegt hat und die später frei geworden sind.[10] Dazu gehören auch die hinterlegten Beträge, auf die ein Insolvenzgläubiger später verzichtet.[11] Hinterlegte und auszuzahlende Anteile werden dann nicht gem. § 203 Abs. 1 Nr. 1 für die Nachtragsverteilung frei, wenn der Insolvenzgläubiger diese nicht abholt. Voraussetzung hierfür wäre, dass der Insolvenzverwalter nicht gem. § 372 BGB auf das Rücknahmerecht verzichtet hat. Da für die Hinterlegung gem. § 198 die allgemeinen Vorschriften der §§ 372 ff. BGB nicht gelten (vgl. § 198 Rdn. 2), ist dies i.d.R. nicht der Fall.[12] Die Forderungen können dadurch frei geworden sein, dass der Gläubiger im **Feststellungsprozess** über seine bestrittene Forderung unterliegt (§ 189 Abs. 2) oder seine Klage und damit auch seine Forderungsanmeldung zurücknimmt.[13] Beträge fallen auch dann in die Nachtragsverteilung, wenn die **aufschiebende Bedingung**, unter der eine Forderung stand, **endgültig ausfällt** oder wenn der Eintritt der Bedingung unmöglich wird (§ 191 Abs. 1, 2).[14] In den Regelungsbereich des § 203 Abs. 1 Nr. 1 fallen auch Beträge und Vermögensgegenstände, die die **Gläubigerversammlung** durch einen Beschlusses im Schlusstermin gem. § 197 Abs. 1 Nr. 3 ausdrücklich einer Nachtragsverteilung vorbehalten haben.[15]

Für eine Nachtragsverteilung können zudem solche Beträge zur Verfügung stehen, die aus der Insol- 6
venzmasse ausgezahlt worden sind und die nach dem Schlusstermin an die Masse zurückfließen, § 201 Abs. 1 Nr. 2. Dabei handelt es sich vor allem um bestrittene titulierte Forderungen, für die Beträge aus der Insolvenzmasse gezahlt worden sind, für die danach aber ein eingelegter Widerspruch

---

4 FK-InsO/*Kießner* Rn. 23; Braun/*Kießner* Rn. 16.
5 MüKo-InsO/*Hintzen* Rn. 11; HK-InsO/*Depré* Rn. 9.
6 MüKo-InsO/*Hintzen* Rn. 7; Braun/*Kießner* Rn. 5.
7 MüKo-InsO/*Hintzen* Rn. 9; FK-InsO/*Kießner* Rn. 8; HambK-InsR/*Preß/Henningsmeier* Rn. 3.
8 Braun/*Kießner* Rn. 6; HambK-InsR/*Preß/Henningsmeier* Rn. 3.
9 HambK-InsR/*Preß/Henningsmeier* Rn. 6.
10 Pape/Uhlenbruck/*Voigt-Salus* Kap. 35 Rn. 21; Kübler/Prütting/Bork/*Holzer* Rn. 9.
11 MüKo-InsO/*Hintzen* Rn. 13; HK-InsO/*Irschlinger* Rn. 3.
12 Vgl. Braun/*Kießner* Rn. 8; Nerlich/Römermann/*Westphal* §§ 203, 204 Rn. 5.
13 FK-InsO/*Kießner* Rn. 8; Kübler/Prütting/Bork/*Holzer* Rn. 10.
14 MüKo-InsO/*Hintzen* Rn. 13; HambK-InsR/*Preß/Henningsmeier* Rn. 7.
15 Braun/*Kießner* Rn. 9; Uhlenbruck/*Uhlenbruck* Rn. 5.

erfolgreich war.[16] Für die Nachtragsverteilung zu berücksichtigen sind auch irrtümlich geleistete Zahlungen, die der Empfänger zurückerstattet.[17] Dabei kann es sich etwa um einen zu hoch ermittelten Quotenanteil handeln oder um einen irrtümlich auf eine nicht festgestellte Forderung ausgezahlten Betrag.[18]

2. Zurückfließende Beträge

7 Als Rückerstattung i.S.d. § 203 Abs. 1 Nr. 2 gelten auch Erlöse, die an Insolvenzgläubiger mit einer auflösend bedingten Forderung ausgeschüttet wurden und die dieser nach Eintritt der auflösenden Bedingung (§ 42) nach der Schlussverteilung zurückzahlt.[19] In Betracht für eine Nachtragsverteilung kommt auch eine zu hoch veranschlagte Ausfallforderung eines Absonderungsberechtigten.[20] In die Nachtragsverteilung gem. § 203 Abs. 1 Nr. 2 kommen auch Beträge, die auf Grund einer ungerechtfertigten Bereicherung zu Lasten der Insolvenzmasse wieder zurückfließen. Hierzu gehören etwa Vergütungen des Insolvenzverwalters oder der Mitglieder des Gläubigerausschusses, die vom Gericht gekürzt wurden und die daher an die Insolvenzmasse zurückzuzahlen sind.[21] In die Insolvenzmasse fließen auch Erstattungsansprüche auf Grund von Umsatzsteuer-Voranmeldungen oder -Erklärungen, die der Insolvenzverwalter für Zeiträume abgegeben hat, die in die Dauer des Insolvenzverfahrens fallen.[22] Zu den Rückzahlungsansprüchen gem. § 203 Abs. 1 Nr. 2 gehört auch ein Anspruch des Schuldners auf Rückzahlung einer Mietkaution für eine Mietwohnung, wenn diese vor der Eröffnung des Insolvenzverfahrens geleistet wurde und nach dem Schlusstermin fällig wird.

3. Nachträglich ermittelte Massegegenstände

8 Schließlich kommt es gem. § 203 Abs. 1 Nr. 3 zur Nachtragsverteilung, wenn **nachträglich Gegenstände** der Masse **ermittelt** werden. Folgende Fallvarianten sind hier möglich:
– Bei den nachträglich ermittelten Gegenständen der Masse kann es sich auch um **versteckte Vermögensgegenstände** handeln, die der Schuldner verborgen gehalten oder über die er verbotswidrig verfügt hat (vgl. § 81 Abs. 1), und von deren Existenz oder Aufenthaltsort der Insolvenzverwalter keine Kenntnis hatte und die er deshalb nicht der Verteilung zuführen konnte.[23] Handelt es sich bei dem verschwiegenen Gegenstand um ein Sparkonto des Schuldners, so fallen in die Insolvenzmasse das Sparbuch und der darin verbriefte Rückzahlungsanspruch sowie die während des Insolvenzverfahrens aufgelaufenen Zinsen (vgl. § 35 Abs. 1, Fall 2). Zieht der Schuldner nach Aufhebung des Insolvenzverfahrens eine Forderung ein, die zur Masse gehörte, ist zwar eine Nachtragsverteilung hinsichtlich des Erstattungsanspruchs nicht mehr möglich, da der Schuldner den Betrag bereits eingezogen hat. Zulässig ist aber eine Nachtragsverteilung hinsichtlich des an den Schuldner erstatteten Betrages.[24] Der Nachtragsverteilung unterliegt auch ein während des Insolvenzverfahrens entstandener Pflichtteilsanspruch, der erst nach Aufhebung des Insolvenzverfahrens anerkannt oder rechtshängig gemacht wird.[25]

8a – Die Nachtragsverteilung wird auch dann angeordnet, wenn der Insolvenzverwalter Gegenstände zur Masse gezogen hatte, deren **Verwertung** aber **unterlassen** hat, weil er die Gegenstände bei der Verwertung vergessen hat oder weil er sie irrtümlich als nicht werthaltig oder durch Aufrechnung als erloschen angesehen hat.[26] Die Verwertung ist dann im Rahmen der Nachtragsverteilung nach-

---

16 Uhlenbruck/*Uhlenbruck* Rn. 9.
17 MüKo-InsO/*Hintzen* Rn. 14; HambK-InsR/*Preß/Henningsmeier* Rn. 8.
18 MüKo-InsO/*Hintzen* Rn. 14; FK-InsO/*Kießner* Rn. 11.
19 MüKo-InsO/*Hintzen* Rn. 14; HambK-InsR/*Preß/Henningsmeier* Rn. 8; Uhlenbruck/*Uhlenbruck* Rn. 9.
20 MüKo-InsO/*Hintzen* Rn. 14.
21 FK-InsO/*Kießner* Rn. 11; Braun/*Kießner* Rn. 11; Kübler/Prütting/Bork/*Holzer* Rn. 12.
22 Nerlich/Römermann/*Westphal* §§ 203, 204 Rn. 7; FK-InsO/*Kießner* Rn. 14 f.
23 BGH 06.12.2007, IX ZB 229/06, WM 2008, 305 (Rn. 6); Braun/*Kießner* Rn. 12.
24 BGH 26.01.2012, IX ZB 111/10, ZIP 2012, 437.
25 BGH 02.12.2010, IX ZB 184/09, ZInsO 2011, 45.
26 BGH 21.09.2006, IX ZB 287/05, ZInsO 2006, 1105; Braun/*Kießner* Rn. 12.

zuholen.²⁷ Hierzu gehören auch Forderungen, deren Vorhandensein dem Insolvenzverwalter zwar bekannt waren, die er aber zunächst für nicht verwertbar hielt und sie deshalb nicht verwertet hat.²⁸ Gegenstände, die zur Insolvenzmasse gehören, vor Aufhebung des Insolvenzverfahrens aber nicht verwertet wurden, sind gem. § 203 Abs. 1 Nr. 3 der Nachtragsverteilung zuzuführen, und zwar selbst wenn die Verwertung nur auf Grund einer Nachlässigkeit des Verwalters unterblieben ist.²⁹ Gegenstände, die der Insolvenzverwalter zeitlich vorher irrtümlich an den Schuldner freigegeben hat, sog. unechte Freigabe, sind ebenfalls der Nachtragsverteilung zuzuführen.³⁰ Bei einer rechtswirksamen Freigabe eines Gegenstandes ist dagegen eine spätere Anordnung der Nachtragsverteilung nicht möglich.³¹

– Nachträglich zur Masse ermittelte Gegenstände sind auch Vermögenswerte, die aufgrund einer Insolvenzanfechtung zur Masse gezogen werden können.³² Voraussetzung ist allerdings, dass der Insolvenzverwalter erst nach dem Schlusstermin von der Anfechtungsmöglichkeit Kenntnis erlangt.³³ Unter die für die Nachtragsverteilung erforderlichen nachträglich ermittelten Gegenstände gem. § 203 Abs. 1 Nr. 3 fällt auch ein **Erlös**, den ein **absonderungsberechtigter Gläubiger** bei der Verwertung der Sicherheiten erzielt, die ihm der Schuldner gestellt hat, und der über dem Betrag liegt, der zunächst erwartet wurde.³⁴ 8b

– Nachträglich ermittelte Zuflüsse zur Insolvenzmasse gem. § 203 Abs. 1 Nr. 3 können sich auch daraus ergeben, dass sich nach der Aufhebung des Insolvenzverfahrens **Schadensersatzansprüche** gegen den Insolvenzverwalter (§ 60) herausstellen.³⁵ 8c

Nicht in den Anwendungsbereich des § 203 Abs. 1 Nr. 3 fallen allerdings individuelle Schadensersatzansprüche, die der Schuldner gegen den Insolvenzverwalter hat. Diese bilden einen neuen Vermögensgegenstand.³⁶ Auch unterliegen Vermögensgegenstände, die der Schuldner nach dem Abschluss des Insolvenzverfahrens erworben hat, nicht dem Insolvenzbeschlag und können damit auch nicht in die Nachtragsverteilung fallen.³⁷ 8d

Derzeit unbesetzt 9–10

III. Absehen von der Nachtragsverteilung wegen Geringfügigkeit

Das Insolvenzgericht kann von der Anordnung absehen und den zur Verfügung stehenden Betrag oder den ermittelten Gegenstand dem Schuldner überlassen, wenn dies mit Rücksicht auf die Geringfügigkeit des Betrags oder den geringen Wert des Gegenstands und die Kosten einer Nachtragsverteilung angemessen erscheint, § 203 Abs. 3 Satz 1. Insoweit steht dem Gericht im Rahmen des § 203 Abs. 3 ein Ermessen zu.³⁸ Ob sich die Durchführung einer Nachtragsverteilung lohnt, ist anhand einer Kosten-Nutzen-Rechnung zu ermitteln.³⁹ Dabei ist abzuwägen, ob der Wert der zu verteilenden Beträge in einem **angemessenen Verhältnis** zu den Kosten, Aufwand und Umfang der Nachtragsverteilung steht.⁴⁰ Der Gesetzgeber hat diese Regelung in § 203 Abs. 3 gewählt, um den Bedürfnissen der Praxis entgegenzukommen. Die Durchführung des Verfahrens der Nachtragsverteilung ist nur dann angemessen, wenn sich unter Berücksichtigung der auf die einzelnen 11

---

27 Uhlenbruck/*Uhlenbruck* Rn. 10; HambK-InsR/*Preß/Henningsmeier* Rn. 9.
28 BGH 01.12.2005, IX ZB 17/04, NZI 2006, 180 .
29 BGH 06.12.2007, IX ZB 229/06, WM 2008, 305 Rn. 6.
30 MüKo-InsO/*Hintzen* Rn. 18; Nerlich/Römermann/*Westphal* §§ 203, 204 Rn. 6.
31 LG Dortmund 21.06.2010, 9 T 212/10, ZInsO 2010, 1615.
32 BGH 10.02.1982, VIII ZR 158/80, BGHZ 83, 102 (103); 01.12.2005, IX ZB 17/04, NZI 2006,
33 MüKo-InsO/*Hintzen* Rn. 17; Uhlenbruck/*Uhlenbruck* Rn. 9.
34 Nerlich/Römermann/*Westphal* §§ 203, 204 Rn. 8.
35 Braun/*Kießner* Rn. 13; HambK-InsR/*Preß/Henningsmeier* Rn. 9; Kübler/Prütting/Bork/*Holzer* Rn. 13.
36 BGH 10.07.2008, IX ZB 172/07, NZI 2008, 560 Rn. 15.
37 HambK-InsR/*Preß/Henningsmeier* Rn. 9.
38 HK-InsO/*Irschlinger* Rn. 7; Andres/Leithaus/*Leithaus* Rn. 4.
39 HambK-InsR/*Preß/Henningsmeier* Rn. 15.
40 Braun/*Kießner* Rn. 22; HambK-InsR/*Preß/Henningsmeier* Rn. 1.

Gläubiger entfallenden Quote eine Verteilung überhaupt lohnt.[41] Dabei ist jedoch der **Gleichheitsgrundsatz** zu beachten. Insb. dürfen nicht nur die Insolvenzgläubiger mit den umfangreicheren Forderungen bei der Nachtragsverteilung berücksichtigt werden. Das Insolvenzgericht muss deshalb bei seiner Entscheidung von dem insgesamt zu verteilenden Betrag ausgehen, nicht aber von dem an die einzelnen Gläubiger auszuschüttenden Betrag. Das Gericht darf die Durchführung der Nachtragsverteilung nicht davon abhängig machen, dass der vorhandene Betrag zumindest die Kosten der Überweisung oder eine Benachrichtigung durch den Verwalter übersteigt.[42]

12 Sieht das Insolvenzgericht von der Durchführung der Nachtragsverteilung ab, so muss der Insolvenzverwalter den zur Verfügung stehenden Betrag oder den ermittelten Gegenstand dem Schuldner überlassen. Keineswegs dürfen die geringfügigen Vermögenswerte an den Insolvenzverwalter als zusätzliche Vergütung ausgekehrt oder einer gemeinnützigen Einrichtung als Spende zugeführt werden.[43] Das Insolvenzgericht kann nach freiem Ermessen die Anordnung der Nachtragsverteilung von der Zahlung eines Kostenvorschusses abhängig machen (§ 203 Abs. 2 Satz 2), wenn der zu verteilende Betrag nur geringfügig ist bzw. wenn ungewiss ist, welcher Erlös bei der Nachtragsverteilung erzielt werden kann. Der Vorschuss soll dann zumindest die Kosten der Nachtragsverteilung decken und wird dem antragstellenden Insolvenzgläubiger auferlegt.[44]

C. Nachtragsverteilung bei Masseunzulänglichkeit und Massearmut

13 Eine besondere Problematik stellt eine mögliche Nachtragsverteilung bei Einstellung des Insolvenzverfahrens wegen Masseunzulänglichkeit (§ 208) und Massearmut (§ 207) dar.

I. Einstellung wegen Masseunzulänglichkeit

14 Werden nach Einstellung des Insolvenzverfahrens wegen Masseunzulänglichkeit weitere Massegegenstände zur Insolvenzmasse ermittelt, so kann eine Nachtragsverteilung auch zu Gunsten der Massegläubiger stattfinden. Gem. § 211 Abs. 3 Satz 1 finden die Vorschriften für die Nachtragsverteilung gem. §§ 203 Abs. 3, 204, 205 entsprechende Anwendung. Antragsberechtigt ist auch der Massegläubiger.

II. Einstellung mangels Masse

15 Eine dem § 211 Abs. 3 entsprechende Regelung fehlt in § 207, so dass der Gesetzgeber die Anordnung einer Nachtragsverteilung für diesen Fall nicht ausdrücklich vorgesehen hat.[45] Die h.M.[46] geht davon aus, dass bei § 207 eine Regelungslücke bzw. ein Redaktionsversehen des Gesetzgebers vorliegt. Diese Regelungslücke sei durch eine entsprechende Anwendung des § 211 Abs. 3 auch für den Fall der Einstellung des Insolvenzverfahrens mangels Masse zu schließen.[47] Zur Begründung wird angeführt, dass die Interessen der Massegläubiger in einem Verfahren nach Einstellung mangels Masse weitgehend deckungsgleich seien mit den Interessen der Insolvenzgläubiger nach dem Schlusstermin. Aus dem Willen des Gesetzgebers ergebe sich außerdem, dass er offensichtlich nicht zwischen den Folgen einer Einstellung nach Anzeige der Masseunzulänglichkeit oder einer Einstellung mangels Masse unterscheiden wollte, sondern dass es ihm darum gegangen sei, »nach einer Einstellung mangels Masse« die Verteilung nachträglich ermittelter Masse zu ermöglichen, weshalb er die

---

41 MüKo-InsO/*Hintzen* Rn. 25; FK-InsO/*Kießner* Rn. 26; Kübler/Prütting/Bork/*Holzer* Rn. 16.
42 Nerlich/Römermann/*Westphal* §§ 203, 204 Rn. 14, 22; Kübler/Prütting/Bork/*Holzer* Rn. 16.
43 Braun/*Kießner* Rn. 23; Kübler/Prütting/Bork/*Holzer* Rn. 16; Uhlenbruck/*Uhlenbruck* Rn. 21.
44 Braun/*Kießner* Rn. 24; Uhlenbruck/*Uhlenbruck* Rn. 22.
45 Braun/*Kießner* Rn. 26, 27; HambK-InsR/*Preß/Henningsmeier* Rn. 20.
46 LG Darmstadt 29.05.2001, 5 T 794/2000, Rpfleger 2001, 512; Braun/*Kießner* Rn. 27; Kübler/Prütting/Bork/*Holzer* Rn. 28; HambK-InsR/*Preß/Henningsmeier* Rn. 20; Uhlenbruck/Uhlenbruck Rn. 28.
47 Braun/*Kießner* Rn. 27; Pape/Uhlenbruck/*Voigt-Salus* Kap 35 Rn. 21; HambK-InsR/*Preß/Henningsmeier* Rn. 20.

Vorschriften über die Nachtragsverteilung für entsprechend anwendbar erklärt hat.[48] Allerdings sei die gesetzliche Umsetzung misslungen. Der Gegenansicht[49] ist nicht zu folgen. Für das Argument, bei der Einstellung gem. § 207 werde in Kauf genommen, dass der Schuldner Teile der Insolvenzmasse unverwertet zurückerhalte, bei der Einstellung gem. § 211 jedoch nicht, lassen sich im Gesetz keine Anhaltspunkte erkennen. Vielmehr ist darauf abzustellen, dass sowohl die Einstellung mangels Masse als auch die Einstellung wegen Masseunzulänglichkeit vor der Schlussverteilung erfolgen und dass die Interessenlage der Gläubiger in beiden Fällen gleich ist und dass der Gesetzgeber die Verteilung nachträglich ermittelter Masse ermöglichen wollte.

§ 204 Rechtsmittel

(1) Der Beschluss, durch den der Antrag auf Nachtragsverteilung abgelehnt wird, ist dem Antragsteller zuzustellen. Gegen den Beschluss steht dem Antragsteller die sofortige Beschwerde zu.

(2) Der Beschluss, durch den der Antrag auf Nachtragsverteilung angeordnet wird, ist dem Insolvenzverwalter, dem Schuldner und, wenn ein Gläubiger die Verteilung beantragt hatte, diesem Gläubiger zuzustellen. Gegen den Beschluss steht dem Schuldner die sofortige Beschwerde zu.

Übersicht	Rdn.		Rdn.
A. Normzweck	1	C. Anordnung der Nachtragsverteilung	3
B. Ablehnende Entscheidung	2		

A. Normzweck

§ 204 Abs. 1 Satz 2, Abs. 2 Satz 2 bestimmt, dass sowohl gegen den ablehnenden Beschluss auf Durchführung der Nachtragsverteilung als auch gegen den stattgebenden Beschluss einheitlich das Rechtsmittel der sofortigen Beschwerde (§ 6 Abs. 1) gegeben ist, und zwar unabhängig davon, ob der Beschluss des Insolvenzgerichts auf Antrag des Insolvenzverwalters bzw. eines Insolvenzgläubigers oder von Amts wegen ergangen ist. 1

B. Ablehnende Entscheidung

Lehnt das Insolvenzgericht den Antrag auf Durchführung der Nachtragsverteilung ab, ist der Beschluss dem Antragsteller, konkret dem Insolvenzverwalter oder dem Insolvenzgläubiger, zuzustellen, Abs. 1 Satz 1. Der Antragsteller hat die Möglichkeit der sofortigen Beschwerde, Abs. 1 Satz 2. Dies gilt gem. § 11 Abs. 1 RPflG auch dann, wenn der Rechtspfleger die Entscheidung getroffen hat.[1] Die Frist für die sofortige Beschwerde beträgt zwei Wochen, § 4 InsO i.V.m. § 569 Abs. 2 ZPO. 2

C. Anordnung der Nachtragsverteilung

Der stattgebende Beschluss mit der Anordnung der Nachtragsverteilung ist dem Insolvenzverwalter, dem Schuldner und ggf. auch dem Antragsteller zuzustellen, Abs. 2 Satz 1. Eine öffentliche Bekanntmachung der Anordnung erfolgt nicht.[2] Allein dem Schuldner steht jedoch gegen den Anordnungsbeschluss das Rechtsmittel der sofortigen Beschwerde zu, Abs. 2 Satz 2. Nur der Schuldner wird durch die Anordnung der Durchführung der Nachtragsverteilung beschwert, da er an den Insolvenzverwalter die Verwaltungs- und Verfügungsbefugnis über die Vermögensgegenstände ver- 3

---

48 RegE zu § 324; MüKo-InsO/*Hintzen* Rn. 29.
49 LG Marburg 27.11.2002, § T 214/02, ZInsO 2003, 288; K.Schmidt/*Jungmann* Rn. 16; Nerlich/Römermann/*Westphal* §§ 203, 204 Rn. 21a.
1 Nerlich/Römermann/*Westphal* §§ 203, 204 Rn. 17; MüKo-InsO/*Hintzen* Rn. 3.
2 FK-InsO/*Kießner* Rn. 2; Uhlenbruck/*Uhlenbruck* Rn. 2; a.A. HambK-InsR/*Preß/Henningsmeier* Rn. 5.

liert, die der Nachtragsverteilung unterliegen.³ Auch beim Anordnungsbeschluss gilt, dass die sofortige Beschwerde auch dann gegeben ist, wenn der Rechtspfleger den Beschluss erlassen hat (§ 6 Abs. 1 InsO i.V.m. § 11 Abs. 1 RPflG).⁴

§ 205 Vollzug der Nachtragsverteilung

Nach der Anordnung der Nachtragsverteilung hat der Insolvenzverwalter den zur Verfügung stehenden Betrag oder den Erlös aus der Verwertung des ermittelten Gegenstands auf Grund des Schlussverzeichnisses zu verteilen. Er hat dem Insolvenzgericht Rechnung zu legen.

Übersicht	Rdn.		Rdn.
A. Normzweck	1	C. Rechnungslegung	3
B. Durchführung der Nachtragsverteilung	2	D. Haftung des Insolvenzverwalters	4

A. Normzweck

1 Der Vollzug der Nachtragsverteilung erfolgt nach der rechtskräftigen Anordnung durch das Insolvenzgericht (§ 203 Abs. 1, 204 Abs. 1). Die Nachtragsverteilung wird i.d.R. von dem bisherigen Insolvenzverwalter durchgeführt. Das Insolvenzgericht kann jedoch für den Vollzug der Nachtragsverteilung auch einen neuen Insolvenzverwalter bestellen. Dies ist vor allem dann erforderlich, wenn ein Schadensersatz gegen den bisherigen Insolvenzverwalter gem. § 60 besteht, der zur Insolvenzmasse zu ziehen und gem. § 202 Abs. 2 Nr. 3 an die Insolvenzgläubiger zu verteilen ist.¹ Sobald der Anordnungsbeschluss der Nachtragsverteilung rechtskräftig geworden ist, muss der Insolvenzverwalter sein Amt wieder aufnehmen, um die Nachtragsverteilung durchzuführen.² Hinsichtlich der Vermögenswerte, die von § 203 Abs. 2 Nr. 2 und 3 erfasst werden, besteht die Verwaltungs- und Verfügungsbefugnis des Insolvenzverwalters ohnehin über die Aufhebung des Insolvenzverfahrens hinaus fort.

B. Durchführung der Nachtragsverteilung

2 Der Vollzug der Nachtragsverteilung richtet sich nach dem Schlussverzeichnis (§ 205 Satz 1). Die Aufgabe des Insolvenzverwalters besteht darin, die Beträge entsprechend dem Schlussverzeichnis zu verteilen. Insoweit gelten die Regeln über die Schlussverteilung (§ 196).³ Ein gesondertes Verteilungsverzeichnis für die Nachtragsverteilung wird nicht erstellt, da es sich nicht um ein neues Verfahren handelt.⁴ Die Präklusionswirkung des Schlussverzeichnisses führt dazu, dass es unverändert auch für die Nachtragsverteilung gilt. Eine Veränderung des Schlussverzeichnisses ist nach rechtskräftiger Aufhebung des Insolvenzverfahrens unzulässig.⁵ Ein Verfahren, in dem über die Berücksichtigung oder nachträgliche Berücksichtigung von Insolvenzforderungen verhandelt wird, findet nicht statt.⁶ Die Nachtragsverteilung ist im Internet zu veröffentlichen (§ 188 Satz 3). Allerdings ist eine erneute Auslegung des Schlussverzeichnisses auf der Geschäftsstelle des Insolvenzgerichts zur Einsichtnahme für die Insolvenzgläubiger (§ 188 Satz 2) nicht erforderlich.⁷ An der Nachtragsverteilung nehmen ohnehin nur die Insolvenzgläubiger teil, die im Schlussverzeichnis aufgenommen wur-

---

3 Braun/*Kießner* Rn. 4; Kübler/Prütting/Bork/*Holzer* Rn. 4.
4 MüKo-InsO/*Hintzen* Rn. 6; HambK-InsR/*Preß/Henningsmeier* Rn. 6.
1 HK-InsO/*Depré* Rn. 1; Braun/*Kießner* Rn. 4.
2 MüKo-InsO/*Hintzen* Rn. 6.
3 BGH 10.02.1982, VIII ZR 158/80, BGHZ 83, 102 (103); Pape/Uhlenbruck/*Voigt-Salus* Kap. 35 Rn. 22.
4 Nerlich/Römermann/*Westphal* Rn. 5; HambK-InsR/*Preß/Henningsmeier* Rn. 3.
5 Kübler/Prütting/Bork/*Holzer* Rn. 7; MüKo-InsO/*Hintzen* Rn. 3; HambK-InsR/*Preß/Henningsmeier* Rn. 3.
6 OLG Frankfurt 02.09.1991, 20 W 267/91, ZIP 1991, 1365; HK-InsO/*Depré* Rn. 2.
7 MüKo-InsO/*Hintzen* Rn. 5; Uhlenbruck/*Uhlenbruck* Rn. 4.

den. Neue Forderungen können nicht angemeldet werden.[8] Der Insolvenzverwalter zahlt die Beträge entsprechend der ermittelten Quote für die Nachtragsverteilung aus. Für zurückbehaltene Beträge gilt § 198 mit der Möglichkeit, für unbekannte Forderungsberechtigte den Betrag unter Verzicht auf die Rücknahme zu hinterlegen (§§ 372, 376, 378 BGB).[9]

C. Rechnungslegung

Der Insolvenzverwalter muss dem Insolvenzgericht gegenüber in Anlehnung an § 66 Abs. 1 gesondert über die durchgeführte Nachtragsverteilung Rechnung legen.[10] Im Gegenzug erhält der Insolvenzverwalter eine besondere Vergütung für den Vollzug der Nachtragsverteilung. Die Höhe der Vergütung ist unter Berücksichtigung des Wertes der verteilten Masse nach billigem Ermessen festzusetzen (§ 6 Abs. 1 Satz 1 InsVV). Von einer gesonderten Vergütung kann abgesehen werden, wenn die Nachtragsverteilung voraussehbar war und schon bei der Festsetzung der Vergütung für das Insolvenzverfahren berücksichtigt worden ist (§ 6 Abs. 1 Satz 2 InsVV). 3

D. Haftung des Insolvenzverwalters

Der Insolvenzverwalter ist zur sorgfältigen Durchführung der Nachtragsverteilung verpflichtet. Für die Sorgfaltspflichten und die Haftung des Insolvenzverwalters gelten die §§ 59, 60. 4

§ 206 Ausschluss von Massegläubigern

Massegläubiger, deren Ansprüche dem Insolvenzverwalter
1. bei einer Abschlagsverteilung erst nach der Festsetzung des Bruchteils,
2. bei der Schlussverteilung erst nach der Beendigung des Schlusstermins oder
3. bei einer Nachtragsverteilung erst nach der öffentlichen Bekanntmachung

bekannt geworden sind, können Befriedigung nur aus den Mitteln verlangen, die nach der Verteilung in der Insolvenzmasse verbleiben.

Übersicht	Rdn.		Rdn.
A. Normzweck	1	II. Der maßgebliche Zeitpunkt für die Kenntnis	5
B. Kenntnis des Insolvenzverwalters	2	III. Rechtsfolge	9
C. Präklusion	3	D. Nachhaftung des Schuldners	10
I. Die Präklusionstatbestände	4		

A. Normzweck

Ansprüche von Massegläubigern sind gem. § 53 grds vorweg zu befriedigen. § 206 regelt die Fälle, in denen dem Insolvenzverwalter Masseansprüche nicht rechtzeitig bekannt geworden sind. Die Massegläubiger sind dann mit ihren Ansprüchen ausgeschlossen und können Befriedigung ihrer Ansprüche nur aus den Mitteln verlangen, die nach der Verteilung in der Insolvenzmasse verbleiben. Die Regelung des § 206 dient dem Schutz der Insolvenzgläubiger, die anderenfalls Bereicherungsansprüchen der Massegläubiger ausgesetzt wären, wenn diese nach der Verteilung Ansprüche gegen die Insolvenzgläubiger geltend machen könnten.[1] 1

B. Kenntnis des Insolvenzverwalters

Der Insolvenzverwalter darf zum maßgeblichen Zeitpunkt gem. § 206 Nr. 1–3 keine positive Kenntnis von den Masseansprüchen haben, damit deren Ausschluss eintreten kann. Nicht ausrei- 2

---

8 Braun/*Kießner* Rn. 7; Kübler/Prütting/Bork/*Holzer* Rn. 7.
9 MüKo-InsO/*Hintzen* Rn. 9; HK-InsO/*Depré* Rn. 6.
10 Kübler/Prütting/Bork/*Holzer* Rn. 8 ff.; MüKo-InsO/*Hintzen* Rn. 10.
1 Braun/*Kießner* Rn. 1; MüKo-InsO/*Hintzen* Rn. 1.

chend ist hingegen ein Kennen müssen i.S.d. § 122 Abs. 2 BGB bzw. die fahrlässige Unkenntnis des Insolvenzverwalters.[2]

C. Präklusion

3 Der Ausschluss der Befriedigung der Massegläubiger ist begrenzt auf die Insolvenzmasse, die für die jeweilige Verteilung zur Verfügung steht.

I. Die Präklusionstatbestände

4 Dabei wirkt die Präklusion stufenweise, je nach Verteilung in dem laufenden Insolvenzverfahren. Abzustellen ist auf die Abschlagsverteilung, die Schlussverteilung und die Nachtragsverteilung. Ist der Massegläubiger von einer Verteilung auf einer bestimmten Stufe ausgeschlossen, kann er immer noch auf der nächsten Stufe an der Verteilung teilnehmen, also z.B. an der Schlussverteilung, wenn er in der Abschlagsverteilung präkludiert war.[3]

II. Der maßgebliche Zeitpunkt für die Kenntnis

5 Je nach Art der Verteilung ist hinsichtlich der Präklusionswirkung jeweils ein unterschiedlicher Zeitpunkt für die Kenntnis des Insolvenzverwalters entscheidend.

6 Bei der **Abschlagsverteilung** ist der Zeitpunkt der Festsetzung des Bruchteils durch den Gläubigerausschuss oder durch den Insolvenzverwalter gem. § 195 maßgeblich, § 206 Nr. 1. Dabei kommt es auf die Bekanntgabe an mindestens einen der Insolvenzgläubiger an.[4]

7 Bei der **Schlussverteilung** wird auf den Zeitpunkt nach der Beendigung des Schlusstermins (§ 197) abgestellt, § 206 Nr. 2. Dies ist der Zeitpunkt der Schließung der Gläubigerversammlung durch das Insolvenzgericht.[5] Der Schlusstermin darf auch nicht zu dem ausschließlichen Zweck der nachträglichen Zulassung einer Forderung eines Massegläubigers wieder eröffnet werden.[6]

8 Bei einer **Nachtragsverteilung** kommt es maßgeblich auf die wirksame öffentliche Bekanntmachung durch das Insolvenzgericht an, § 206 Nr. 3. Dabei müssen nach dem Tag der Veröffentlichung im Internet zwei weitere Tage verstrichen sein gem. § 9 Abs. 1 Satz 3.

III. Rechtsfolge

9 Hat der Insolvenzverwalter zum maßgeblichen Zeitpunkt keine positive Kenntnis von den Masseansprüchen, ist der Massegläubiger für die jeweilige Verteilung ausgeschlossen. Der Insolvenzverwalter muss die Forderung aber zur jeweils nächsten Verteilung erfüllen.[7]

D. Nachhaftung des Schuldners

10 Der Ausschluss von Massegläubigern gem. § 206 wirkt jedoch nur zu Gunsten der Insolvenzmasse. Das bedeutet, dass die Massegläubiger ihre Ansprüche weiterhin gegen den Schuldner persönlich geltend machen können, und zwar auch nach Aufhebung des Insolvenzverfahrens.[8] Die Haftung des Schuldners beschränkt sich aber nach h.M. auf Massengegenstände, die gem. § 199 als Überschuss an den Schuldner herauszugeben sind oder die gem. § 197 Abs. 1 Nr. 3 freigegebenen, unverwertbaren Gegenstände der Insolvenzmasse (vgl. § 201 Rdn. 6).[9]

---

[2] Kübler/Prütting/Bork/*Holzer* Rn. 2; Uhlenbruck/*Uhlenbruck* Rn. 3; MüKo-InsO/*Hintzen* Rn. 7.
[3] Braun/*Kießner* Rn. 6; Uhlenbruck/*Uhlenbruck* Rn. 4.
[4] Nerlich/Römermann/*Westphal* Rn. 3; FK-InsO/*Kießner* Rn. 7; HambK-InsR/*Preß/Henningsmeier* Rn. 4.
[5] Braun/*Kießner* Rn. 7; HambK-InsR/*Preß/Henningsmeier* Rn. 4; MüKo-InsO/*Hintzen* Rn. 4.
[6] Nerlich/Römermann/*Westphal* Rn. 4; FK-InsO/*Kießner* Rn. 8.
[7] Braun/*Kießner* Rn. 8; Uhlenbruck/*Uhlenbruck* Rn. 4; HambK-InsR/*Preß/Henningsmeier* Rn. 5.
[8] MüKo-InsO/*Hintzen* Rn. 8; Uhlenbruck/*Uhlenbruck* Rn. 5.
[9] MüKo-InsO/*Hintzen* § 201 Rn. 16; Uhlenbruck/*Uhlenbruck* Rn. 5.

Wird gem. § 301 die Restschuldbefreiung für den Schuldner erteilt, so hat dies auf die Ansprüche 11
von Massegläubigern keine Auswirkungen, da die Restschuldbefreiung, ausschließlich auf die Forderungen von Insolvenzgläubigern beschränkt ist.[10]

---

[10] MüKo-InsO/*Hintzen* Rn. 8; Nerlich/Römermann/*Westphal* Rn. 9a.

Dritter Abschnitt Einstellung des Verfahrens

§ 207 Einstellung mangels Masse

(1) Stellt sich nach der Eröffnung des Insolvenzverfahrens heraus, dass die Insolvenzmasse nicht ausreicht, um die Kosten des Verfahrens zu decken, so stellt das Insolvenzgericht das Verfahren ein. Die Einstellung unterbleibt, wenn ein ausreichender Geldbetrag vorgeschossen wird oder die Kosten nach § 4a gestundet werden; § 26 Abs. 3 gilt entsprechend.

(2) Vor der Einstellung sind die Gläubigerversammlung, der Insolvenzverwalter und die Massegläubiger zu hören.

(3) Soweit Barmittel in der Masse vorhanden sind, hat der Verwalter vor der Einstellung die Kosten des Verfahrens, von diesen zuerst die Auslagen, nach dem Verhältnis ihrer Beträge zu berichtigen. Zur Verwertung von Massegegenständen ist er nicht mehr verpflichtet.

Übersicht

	Rdn.			Rdn.
A. Normzweck	1		2. Stundung der Verfahrenskosten	11
I. Einführung	1	IV.	Anhörungen gem. § 207 Abs. 2	15
II. Masselosigkeit	2	C.	Rechtsfolgen	16
III. Stundung	4	I.	Aufgaben des Insolvenzverwalters	16
B. Tatbestandsvoraussetzungen	5		1. Verteilung der Barmittel	16
I. Kosten des Verfahrens	5		2. Weitere Verwertungsmaßnahmen	17
1. Allgemein	5		3. Rechnungslegung	18
2. »Unausweichliche Verwaltungskosten«	6	II.	Weitere Rechtsfolgen	19
			1. Eintragungen und Löschungen	19
II. Feststellung der Masselosigkeit	7		2. Geltung des § 210	20
1. Aufgaben des Insolvenzverwalters	7		3. Zulässigkeit einer Nachtragsverteilung	21
2. Aufgaben des Insolvenzgerichts	8		4. Erneuter Insolvenzantrag einer natürlichen Person	22
III. Keine Einstellung bei Vorschuss oder Stundung	9	D.	Rechtsmittel	24
1. Vorschuss nach § 207 Abs. 1 Satz 2	9			

A. Normzweck

I. Einführung

1 Die Regelfälle der Beendigung eines Insolvenzverfahrens sind gem. §§ 200, 258 die Aufhebung nach vollzogener Schlussverteilung und die Bestätigung eines Insolvenzplanes. Die §§ 207 bis 216 enthalten Regelungen zur Beendigung des Verfahrens, wenn Abweichungen von diesem Regelverlauf auftreten. Dies können die nach Eröffnung auftretende Masselosigkeit (auch Massekostenarmut oder Massearmut) gem. § 207, die Masseunzulänglichkeit (auch Masseinsuffizienz) gem. § 208 ff., der Wegfall des Eröffnungsgrundes gem. § 212 und die Einstellung des Verfahrens mit Zustimmung der Gläubiger gem. § 213 sein. Bedingt unter diese Vorschriften fällt der zumeist nur in Verfahren der natürlichen Personen auftretende Fall, dass gar keine Forderungsanmeldungen vorliegen. Diese Verfahren werden grds regulär beendet. Dem Schuldner wird allerdings bei Deckung der Verfahrenskosten sofort im Schlusstermin die Restschuldbefreiung erteilt.[1]

II. Masselosigkeit

2 § 207 regelt das Auftreten der Masselosigkeit, dh die vorhandene Insolvenzmasse deckt noch nicht einmal die Kosten des Verfahrens i.S.d. § 54. Die Vorschrift ist damit Gegenstück zu § 26.[2] Der Fall der Masselosigkeit bedarf einer besonderen Regelung, da mit ihrem Eintritt die Durchführung des

---

1 BGH 17.03.2005, IX ZB 214/04, WM 2005, 1129.
2 Karsten Schmidt/*Jungmann* § 207 InsO Rn. 1

Verfahrens seinen Sinn verliert und eine unnötige Kostenbelastung des Fiskus droht. Ohne Aussicht auf Befriedigung der Gläubiger und ohne Kostensicherung soll das Verfahren nicht durchgeführt werden.[3] Die Ordnungsfunktion des Insolvenzverfahrens hat hier zurückzutreten bzw. wird durch die entsprechende Geltung des § 26 Abs. 3 den Betroffenen zugewiesen. Wer die Durchführung des Verfahrens trotz Masselosigkeit für angebracht hält, kann diese durch Leistung eines Vorschusses erreichen. Der geleistete Vorschuss kann u.U. von denjenigen zurückverlangt werden, die pflichtwidrig die Stellung eines Insolvenzantrages unterlassen haben.

Der Praktiker sollte beachten, dass § 207 masselose Verfahren nur »bruchstückhaft« regelt.[4] Ein »Weiterdenken« über die Vorschrift hinaus ist also stets geboten. So wird die Geltung des Vollstreckungsverbotes des § 210 entgegen dem Wortlaut dieser Vorschrift auch im masselosen Verfahren angenommen.[5]

III. Stundung

Es ist nicht Sinn oder Ziel der Vorschrift, bei Masselosigkeit die Restschuldbefreiung des Schuldners zu verhindern.[6] Von daher hat die Einstellung ausdrücklich zu unterbleiben, wenn die Verfahrenskosten auf Antrag gem. § 4a gestundet werden. Die Mehrzahl der Verfahren über das Vermögen natürlicher Personen mit beantragter Restschuldbefreiung sind masselos und werden allein durch die Stundung weitergeführt. Bestrebungen in diesen Fällen eine Restschuldbefreiung ohne Eröffnung und Durchführung eines Verfahrens zu erreichen,[7] sind bislang daran gescheitert, dass ein allgemein überzeugendes Alternativverfahren nicht gefunden wurde. Auch das »Gesetz zur Verkürzung des Restschuldbefreiungsverfahrens und zur Stärkung der Gläubigerrechte«[8], deren Änderung zum 01.07.2014 in Kraft treten, hält an der Eröffnung eines Verfahrens fest.

B. Tatbestandsvoraussetzungen

I. Kosten des Verfahrens

1. Allgemein

Die Einstellung erfolgt, wenn die Kosten i.S.d. § 54 nicht gedeckt sind. Hier sind also die Gerichtskosten (dreifache Gebühr nach 2330 GKG-KV nach dem Wert der Aktivmasse), die Bekanntmachungskosten sowie die Vergütung und die Auslagen eines Sachverständigen, des vorläufigen Insolvenzverwalters, des Insolvenzverwalters und der Mitglieder des Gläubigerausschusses zu berücksichtigen.

2. »Unausweichliche Verwaltungskosten«

Streitig und durch den BGH noch nicht abschließend geklärt ist die Frage, was zu den Auslagen des vorläufigen Insolvenzverwalters und des Insolvenzverwalters zu zählen ist. Eine starke Literaturmeinung rechnet auch die sog. »unausweichlichen Verwaltungskosten«, das können z.B. Verkehrssicherungskosten oder Kosten für die Erhaltung der Masse sein, zu diesen.[9] Der BGH hat zwar einerseits unvermeidbare Steuerberatungskosten unter bestimmten Voraussetzungen in Verfahren mit Kostenstundung als Auslagen angesehen,[10] hat aber andererseits Umsatzsteuerzahlungen nicht den Auslagen zugerechnet und eine gewisse Skepsis gegenüber der Zuordnung der »unausweichlichen Verwaltungskosten« zu den Auslagen erkennen lassen.[11] Der Praktiker sollte den Auslagenbegriff daher

---

3 MüKo-InsO/*Hefermehl* Rn. 1.
4 So BGH 21.09.2006, IX ZB 11/04, ZInsO 2006, 1049.
5 So BGH 21.09.2006, IX ZB 11/04, ZInsO 2006, 1049.
6 MüKo-InsO/*Hefermehl* Rn. 5.
7 S. zuletzt BT-Drucks. 16/7416.
8 BGBl. I 2013, 2379
9 Ua FK-InsO/*Kießner* Rn. 7 ff. und HK-InsO/*Kreft* Rn. 5; a.A. MüKo-InsO/*Hefermehl* Rn. 29.
10 BGH 22.07.2004, IX ZB 161/03, BGHZ 160, 176.
11 BGH 14.10.2010, IX ZB 224/08, DB 2010, 2553.

zurzeit eher eng auslegen und sich nicht ohne Not in haftungs- und vergütungsrelevante ungeklärte Bereiche begeben.[12] Vorteil einer engen Auslegung ist zudem der Erhalt einer klaren Konturierung des Begriffes.

II. Feststellung der Masselosigkeit

1. Aufgaben des Insolvenzverwalters

7 Der Insolvenzverwalter hat laufend die vorhandenen und sicher realisierbaren Massewerte mit den Massekosten abzugleichen.[13] Ein gewisser Aufwand mit übersichtlicher Darstellung und Berichterstattung ist zur Vermeidung einer späteren Haftung angeraten.[14] Auch möglichen Neuerwerb, z.B. das pfändbare Einkommen des Schuldners, hat er gem. § 35 Abs. 1 hierbei zu berücksichtigen. In den Verfahren natürlicher Personen sind auch noch nicht geltend gemachte Ansprüche gegenüber dem Ehepartner des Schuldners nach § 1360a Abs. 4 BGB zu prüfen.[15] Der Wert der Masse ist eher vorsichtig zu schätzen. Es sind die Zerschlagungs- und nicht die Fortführungswerte anzunehmen.[16] Forderungen des Schuldners sind auch hinsichtlich ihrer Durchsetzbarkeit zu prüfen. Eine besondere Kostendeckungsbilanz ist nicht zu erstellen; es hat aber laufend eine nachvollziehbare Gegenüberstellung des Massewertes mit den Kosten zu erfolgen.[17]

2. Aufgaben des Insolvenzgerichts

8 Das Insolvenzgericht hat nicht die Aufgabe, von sich aus eine mögliche Masselosigkeit im Blick zu behalten.[18] Es hat allerdings das Vorliegen der Masselosigkeit nach Anzeige durch den Insolvenzverwalter oder durch andere Kenntniserlangung selbstständig zu prüfen und festzustellen.[19] Ein alleiniges Abstellen auf die Darlegungen des Insolvenzverwalters genügt nicht. Die Prüfung kann ggf auch einem Sachverständigen übertragen werden.[20]

III. Keine Einstellung bei Vorschuss oder Stundung

1. Vorschuss nach § 207 Abs. 1 Satz 2

9 Die Vorschussleistung kann durch einen Insolvenzgläubiger, einen Massegläubiger, den Schuldner oder nicht am Verfahren beteiligte Dritte erfolgen. Geleisteten Vorschuss hat der Insolvenzverwalter als Sondermasse zu behandeln,[21] der zurückzuerstatten ist, wenn im Verfahren doch eine ausreichende Masse zusammen kommt. Der Vorschuss kann bis zur Rechtskraft des Aufhebungsbeschlusses, also auch noch im Beschwerdeverfahren, eingezahlt werden.[22]

10 Streitig ist, ob auch der Insolvenzverwalter Vorschuss leisten kann.[23] Dies ist allerdings mit der vom Insolvenzverwalter zu Recht zu fordernden Unabhängigkeit nicht zu vereinbaren.[24] Die Gegenansicht[25] stellt wirtschaftliche Eigeninteressen des Verwalters zu sehr in den Vordergrund.

---

12 Vgl. MüKo-InsO/*Hefermehl* Rn. 29.
13 Mohrbutter/Ringstmeier/*Pape* § 12 Rn. 10; Karsten Schmidt/*Jungmann* § 207 InsO Rn. 7
14 HambK-InsR/*Weitzmann* Rn. 29.
15 BGH 24.07.2003, IX ZB 539/02, BGHZ 156, 92.
16 HambK-InsR/*Weitzmann* Rn. 14.
17 Vgl. Mohrbutter/Ringstmeier/*Pape* § 12 Rn. 22.
18 HambK-InsR/*Weitzmann* Rn. 3.
19 HK-InsO/*Landfermann* Rn. 16.
20 HambK-InsR/*Weitzmann* Rn. 10.
21 FK-InsO/*Kießner* Rn. 25.
22 HK-InsO/*Kirchhof* § 26 Rn. 24.
23 Dafür: FK-InsO/*Kießner* Rn. 26; dagegen: HambK-InsR/*Weitzmann* Rn. 15; HK-InsO/*Landfermann* Rn. 14.
24 So auch Mohrbutter/Ringstmeier/*Pape* § 12 Rn. 35.
25 FK-InsO/*Kießner* Rn. 26.

2. Stundung der Verfahrenskosten

Die Einstellung unterbleibt auch, wenn die Kosten nach § 4a gestundet werden. Eine Stundung setzt zunächst gem. § 4a Abs. 1 Satz 1 einen Antrag des Schuldners voraus.[26] Eine Verhinderung der Einstellung über eine Stundung ist also von Amts wegen nicht möglich. Da die Stundung der Verfahrenskosten gem. § 4a Abs. 1 Satz 1 einen Antrag auf Restschuldbefreiung voraussetzt, muss der Schuldner einen entsprechenden Antrag gestellt haben, der nur innerhalb der Frist des § 287 Abs. 1 bzw. unter bestimmten Voraussetzungen bis zur Eröffnung des Verfahrens gestellt werden kann. Belehrt das Gericht den Schuldner über die Möglichkeit der Restschuldbefreiung nicht, kann der Antrag allerdings noch bis zum Schlusstermin gestellt werden.[27] Bei auftretender Masselosigkeit in einem Verfahren ohne bislang beantragte Restschuldbefreiung kann also nur der nach § 20 Abs. 2 noch nicht belehrte Schuldner Antrag auf Restschuldbefreiung und Stundung stellen. 11

Hat der Schuldner einen Antrag auf Restschuldbefreiung gestellt und stellt sich im Verfahren Masselosigkeit heraus, so hat das Gericht den Schuldner mit angemessener Fristsetzung auf die Möglichkeit der Stundung hinzuweisen.[28] Dies folgt schon aus der dem Gericht gem. § 4 Abs. 2 Satz 1 im Stundungsverfahren besonders obliegenden Fürsorge dem Schuldner gegenüber. Die Verfahrenseinstellung kann dann erst nach Ablauf der gesetzten Frist erfolgen. 12

Der Stundungsantrag muss gem. § 4a Abs. 1 nur eine Erklärung des Schuldners zu möglichen Versagensgründen gem. § 290 Abs. 1 und 3 enthalten. Ein Formularzwang besteht für diese und für weitere Erklärungen nicht. Diese sind bei durch den Verwalter angezeigter Masselosigkeit wohl meist auch entbehrlich. Hat der Insolvenzverwalter die Masselosigkeit nachvollziehbar belegt, wäre es unnötige Förmelei, vom Schuldner noch einmal eine ausf. Darstellung der Vermögens- und Einkommensverhältnisse zu verlangen. Der Schuldner kann zur Begründung seines Stundungsantrages auf aktuelle Ausführungen des Verwalters Bezug nehmen.[29] Ist der Stundungsantrag nach Ansicht des Gerichts unvollständig, hat es das konkret Fehlende zu benennen und eine angemessene Frist zur Vervollständigung des Antrages einzuräumen.[30] 13

Der Stundungsantrag kann bis zur Rechtskraft des Einstellungsbeschlusses, also auch noch im Beschwerdeverfahren, gestellt werden.[31] Eine Befristung des Antrags ergibt sich weder aus den gesetzlichen Regelungen, noch aus einem Vergleich mit der Möglichkeit der Vorschussleistung. Auch diese ist nach allgemeiner Ansicht bis zur Rechtskraft des Einstellungsbeschlusses zulässig (vgl. Rdn. 9). Eine zeitliche Einschränkung würde dem mit der Stundung beabsichtigten Ziel, auch dem vermögenslosen Schuldner die Restschuldbefreiung zu ermöglichen, widersprechen, denn häufig ist es für Schuldner, die im eröffneten Verfahren von Schuldnerberatungsstellen nicht mehr vertreten werden dürfen,[32] schon schwierig, eine zeitnahe Beratung zu den Fragen der Einstellung des Verfahrens und der Stundung zu erhalten. Es darf also nicht verwundern, dass Schuldner immer wieder relativ spät auf Mitteilungen des Gerichts reagieren. Das Beschwerdegericht ist zudem vollständige zweite Tatsacheninstanz und damit auch Insolvenzgericht i.S.d. Vorschriften der InsO.[33] Neues Vorbringen des Schuldners auch zu seinem Stundungsantrag ist daher durch das Beschwerdegericht uneingeschränkt zu berücksichtigen. 14

---

26 BGH 5.5.11, IX ZB 136/09, WM 2011, 1082.
27 BGH 17.02.2005, IX ZB 176/03, BGHZ 162, 181.
28 FK-InsO/*Schmerbach* § 26 Rn. 57.
29 BGH 04.11.2004, IX ZB 70/03, NJW-RR 2005, 199.
30 BGH 04.11.2004, IX ZB 70/03, NJW-RR 2005, 199.
31 HambK-InsR/*Weitzmann* Rn. 14; HK-InsO/*Kirchhof* § 26 Rn. 24; OLG Köln 30.01.2002, 2 W 11/02, NZI 2002, 167.
32 BGH 29.04.2004, IX ZB 30/04, ZInsO 2004, 547.
33 BGH 02.04.2009, IX ZB 245/08, WuM 2009, 313.

IV. Anhörungen gem. § 207 Abs. 2

15 Gläubigerversammlung, Insolvenzverwalter und Massegläubiger sind gem. § 207 Abs. 2 zur Einstellung anzuhören. Nach dem eindeutigen Wortlaut der Vorschrift ist die Gläubigerversammlung zur Frage der Einstellung zumindest dann einzuberufen, wenn das Verfahren mündlich geführt wird,[34] was gem. § 5 Abs. 2 nicht zwingend der Fall sein muss. Die Gegenansicht will eine vorherige, vorsorgliche Anhörung in der ersten Gläubigerversammlung genügen lassen,[35] was allerdings dem klaren Wortlaut der Vorschrift widerspricht.[36] Die schriftliche Verfahrensführung gem. § 5 Abs. 2 ist hier der geeignetere Weg, um eine Verfahrensvereinfachung zu erreichen.

C. Rechtsfolgen

I. Aufgaben des Insolvenzverwalters

1. Verteilung der Barmittel

16 Nach Einstellung des Verfahrens hat der Insolvenzverwalter die Kosten und Auslagen mit den vorhandenen Barmitteln nach der Verteilungsregelung des § 207 Abs. 3 zu begleichen. Die Verteilungsrangfolge der Kosten und Auslagen ist auch in Verfahren mit Kostenstundung zu berücksichtigen.[37] Die Verteilungsrangfolge nach § 209 Abs. 1 ändert sich also durch die Stundung auch dann nicht, wenn trotz Stundung etwas Masse vorhanden ist. Die Gegenansicht will bei vorliegender Stundung die Verfahrenskosten bei der Verteilung ganz ausklammern.[38]

2. Weitere Verwertungsmaßnahmen

17 Nach Eintritt der Massenlosigkeit ist der Insolvenzverwalter gem. § 207 Abs. 3 Satz 2 nicht mehr verpflichtet, Verwertungsmaßnahmen durchzuführen.[39] Er ist allerdings berechtigt, »naheliegende Verwertungsmöglichkeiten zu nutzen (...), wenn die Masse dadurch nicht mit zusätzlichen Kosten belastet und die Verfahrenseinstellung nicht verzögert wird«.[40] Prozesskostenhilfe für einen Anfechtungsprozess kann ihm demnach grundsätzlich nicht mehr bewilligt werden, denn ein Rechtsstreit stellt schon keine naheliegende und risikolose Verwertungsmöglichkeit dar.[41] Ausnahmsweise kommt die Bewilligung von Prozesskostenhilfe in Betracht, wenn durch den Rechtsstreit die Massekostenarmut sicher überwunden werden kann. Hierfür ist auch erforderlich, dass Ansprüche gegen den Beklagten wirtschaftlich durchgesetzt werden können.[42] Zudem fordert § 207 Abs. 1 die baldige Einstellung des Verfahrens.

3. Rechnungslegung

18 Masselosigkeit entbindet den Verwalter nicht von der Verpflichtung zur Schlussrechnungslegung nach § 66 Abs. 1.[43]

---

34 Mohrbutter/Ringstmeier/*Pape* § 12 Rn. 39.
35 FK-InsO/*Kießner* Rn. 22.
36 MüKo-InsO/*Hefermehl* Rn. 5.
37 BGH 19.11.2009, IX ZB 261/08, ZIP 2010, 145.
38 FK-InsO/*Kießner* Rn. 30.
39 HK-InsO/*Landfermann* Rn. 21.
40 BGH 16.07.2009, IX ZB 221/08, ZIP 2009, 1591.
41 *BGH 16.07.2009, IX ZB 221/08, ZIP 2009, 1591.*
42 BGH 22.11.12, IX ZB 62/12, ZInsO 2013, 249
43 HambK-InsR/*Weitzmann* Rn. 23.

II. Weitere Rechtsfolgen

1. Eintragungen und Löschungen

Die Einstellung ist gem. § 215 öffentlich bekannt zu machen. Vermögenslose Gesellschaften (AG, KGaA, GmbH und Genossenschaft) werden nach § 394 Abs. 1 FamFG im Register gelöscht. Der Schuldner wird, anders als bei der Abweisung mangels Masse nach § 26 Abs. 2, nicht ins Schuldnerverzeichnis eingetragen.[44] 19

2. Geltung des § 210

Das Vollstreckungsverbot des § 210 gilt auch im masselosen Verfahren.[45] Nur so lässt sich die in § 207 Abs. 3 Satz 1 festgelegte Verteilungsrangfolge sichern und verhindern, dass sich einzelne Gläubiger unangemessene Vorteile verschaffen.[46] 20

3. Zulässigkeit einer Nachtragsverteilung

§ 207 sieht bei Masselosigkeit anders als § 211 Abs. 3 bei Masseunzulänglichkeit eine Nachtragsverteilung nicht vor. Es ist streitig, ob sie gleichwohl aus wirtschaftlichen Gründen zulässig sein sollte.[47] Es wird wohl den Interessen aller Beteiligten am ehesten gerecht, wenn der jeweils angemessen erscheinende Weg gewählt wird.[48] So kann die Durchführung eines weiteren Insolvenzverfahrens den Schuldner im Gegensatz zu einer Anordnung der Nachtragsvereilung unnötig belasten. In komplexeren Fällen mag die Durchführung eines weiteren Verfahrens angebracht sein. 21

4. Erneuter Insolvenzantrag einer natürlichen Person

Wird das Verfahren über das Vermögen einer natürlichen Person eingestellt, kann Restschuldbefreiung nicht mehr erreicht werden. Strebt der Schuldner nach der Einstellung ein neues Verfahren an, um seine Restschuldbefreiung doch noch zu erreichen, hat er die Rspr des BGH zur Zulässigkeit einer erneuten Antragstellung zu beachten.[49] 22

Wurde dem Schuldner die Stundung verweigert, so kann er einen erneuten Insolvenzantrag mit Antrag auf Restschuldbefreiung erst drei Jahre nach Rechtskraft des die Stundung verweigernden Beschlusses stellen,[50] hat der Schuldner einen Antrag auf Restschuldbefreiung »vergessen« oder aus anderen Gründen nicht gestellt, kann ein erneuter Antrag erst drei Jahre nach Eröffnung des vorherigen Insolvenzverfahrens gestellt werden[51] und wurde ein Antrag auf Restschuldbefreiung als unzulässig verworfen, kann ein erneuter Antrag erst drei Jahre nach Rechtskraft des versagenden Beschlusses gestellt werden.[52] 23

D. Rechtsmittel

Gem. § 216 Abs. 1 können Schuldner und jeder Insolvenzgläubiger gegen die Einstellung mit der sofortigen Beschwerde vorgehen. 24

---

44 Mohrbutter/Ringstmeier/*Pape* § 12 Rn. 62.
45 BGH 21.09.2006, IX ZB 11/04, ZInsO 2006, 1049.
46 FK-InsO/*Kießner* Rn. 32.
47 Dafür: Mohrbutter/Ringstmeier/*Pape* § 12 Rn. 60; FK-InsO/*Kießner* Rn. 38; dagegen: MüKo-InsO/*Hefermehl* Rn. 87.
48 Mohrbutter/Ringstmeier/*Pape* § 12 Rn. 60.
49 Ua BGH 16.07.2009, IX ZB 219/08, BGHZ 183, 13; 03.12.2009 IX ZB 89/09, WM 2010, 225; 21.01.2010, IX ZB 174/09, ZInsO 2010, 344.
50 BGH 11.02.2010, IX ZA 45/09, ZInsO 2010, 490.
51 BGH 21.1.10, IX ZB 174/09, NZI 2010, 195.
52 BGH 03.12.2009, IX ZB 89/09, NZI 2010, 153.

§ 208 Anzeige der Masseunzulänglichkeit

(1) Sind die Kosten des Insolvenzverfahrens gedeckt, reicht die Insolvenzmasse jedoch nicht aus, um die fälligen sonstigen Masseverbindlichkeiten zu erfüllen, so hat der Insolvenzverwalter dem Insolvenzgericht anzuzeigen, dass Masseunzulänglichkeit vorliegt. Gleiches gilt, wenn die Masse voraussichtlich nicht ausreichen wird, um die bestehenden sonstigen Masseverbindlichkeiten im Zeitpunkt der Fälligkeit zu erfüllen.

(2) Das Gericht hat die Anzeige der Masseunzulänglichkeit öffentlich bekanntzumachen. Den Massegläubigern ist sie besonders zuzustellen.

(3) Die Pflicht des Verwalters zur Verwaltung und zur Verwertung der Masse besteht auch nach der Anzeige der Masseunzulänglichkeit fort.

Übersicht

	Rdn.		Rdn.
A. Normzweck	1	1. Aufgaben und Pflichten des Verwalters	12
I. Allgemeines	1	2. Folgen der Anzeige der Masseunzulänglichkeit	13
II. Stundung und Restschuldbefreiung	2	3. Haftung des Verwalters	15
B. Tatbestandsvoraussetzungen	3	4. Wiederholte Anzeige	16
I. Die sonstigen Masseverbindlichkeiten	3	5. Rücknahme der Anzeige	17
1. Die zu berücksichtigenden Masseverbindlichkeiten	4	6. Aufgaben des Gerichts	18
2. Die nicht zu berücksichtigenden Verbindlichkeiten	5	**C. Rechtsfolgen**	19
3. Einzelfragen	9	I. Verteilung nach § 209	19
a) Das Wohnungsmietverhältnis des Schuldners	9	II. Verwaltung nach Anzeige der Masseunzulänglichkeit	20
b) Hausgeldforderungen	10	III. Weitere Rechtsfolgen	23
c) Das anwaltliche Anderkonto	11	**D. Masseunzulänglichkeit und Restschuldbefreiung**	24
II. Anzeige der Masseunzulänglichkeit	12	**E. Rechtsmittel**	27

A. Normzweck

I. Allgemeines

1 Von der in § 207 geregelten Massearmut ist die Masseunzulänglichkeit (Masseinsuffizienz) zu unterscheiden. Bei der Masseunzulänglichkeit sind zwar die Kosten des Verfahrens i.S.d. § 54 gedeckt, aber die sonstigen Masseverbindlichkeiten nach § 55 können nicht bzw. nicht vollständig befriedigt werden. Normzweck ist die Schaffung der Möglichkeit der Fortführung des Verfahrens mit möglichst umfassender Verwertung und Verteilung des schuldnerischen Vermögens ohne Befriedigung sämtlicher Masseverbindlichkeiten bei gleichzeitiger haftungsmäßiger Absicherung des Verwalters.[1] Hierdurch ändert sich der Zweck des Insolvenzverfahrens von der Gläubiger- zur Massegläubigerbefriedigung,[2] was für die Bewertung der weiteren Tätigkeit des Insolvenzverwalters von Belang ist. Die §§ 208–211 enthalten hierfür ein eigenständiges Verfahren, ohne dass gerade eine Betriebsfortführung, bei der das Auftreten nicht gedeckter Masseverbindlichkeiten nie ausgeschlossen werden kann, kaum möglich wäre. Auch dringend erforderliche Sicherungsmaßnahmen zum Erhalt der Masse können Masseunzulänglichkeit auslösen. Der Insolvenzverwalter wäre in diesen Fällen ohne die §§ 208 ff. einer nicht gerechtfertigten Haftungsgefahr ausgesetzt.

---

[1] MüKo-InsO/*Hefermehl* Rn. 1 und 6; FK-InsO/*Kießner* Rn. 1.
[2] MüKo-InsO/*Hefermehl* Rn. 1.

II. Stundung und Restschuldbefreiung

Durch die Verfahrenskostenstundung der §§ 4a ff. ist die Anzahl der masseunzulänglichen Verfahren stark angestiegen. Da die Stundung ausdrücklich nur die Kosten des Verfahrens sichert, können Masseverbindlichkeiten in den meisten dieser Verfahren von vornherein nicht befriedigt werden.[3] Die Restschuldbefreiung kann aber gem. § 289 Abs. 3 ausdrücklich erreicht werden. Dadurch entsteht im Grunde im eigenständigen Verfahren der §§ 208–211 ein weiteres wiederum eigenständiges Verfahren, das die Besonderheiten regelt, die daraus folgen, dass es sich um das Verfahren einer natürlichen Person handelt (s. bspw. § 109 Abs. 1), in dem auf die Einstellung des Verfahrens noch die sog. Wohlverhaltensphase (Rest der Laufzeit der Abtretung gem. § 287 Abs. 2) folgt (vgl. ausf. Rdn. 24 ff.).

B. Tatbestandsvoraussetzungen

I. Die sonstigen Masseverbindlichkeiten

Masseunzulänglichkeit liegt vor, wenn die Kosten des Verfahrens[4] gedeckt sind, aber die sonstigen, fälligen Masseverbindlichkeiten nicht oder nach § 208 Abs. 2 Satz 2 voraussichtlich nicht befriedigt werden können. § 208 findet nach § 285 auch bei der Eigenverwaltung[5] und auch im vereinfachten Verbraucherverfahren Anwendung, da in den §§ 304–314 nichts anderes bestimmt ist.

1. Die zu berücksichtigenden Masseverbindlichkeiten

Die hier maßgeblichen sonstigen Masseverbindlichkeiten:[6]
- Verbindlichkeiten aus Verwertungs-, Verwaltungs- und Verteilungshandlungen des Insolvenzverwalters, 55 Abs. 1 Nr. 1,
- Verbindlichkeiten aus zur Masse genommenen gegenseitigen Verträgen, § 55 Abs. 1 Nr. 2,
- Verbindlichkeiten aus ungerechtfertigter Bereicherung der Insolvenzmasse, § 55 Abs. 1 Nr. 3,
- Verbindlichkeiten aus Verwertungs-, Verwaltungs- und Verteilungshandlungen eines vorläufigen starken Insolvenzverwalters, § 55 Abs. 2,
- Verbindlichkeiten aus oktroyierten gegenseitigen Verträgen, § 209 Abs. 1 Nr. 3,
- Verbindlichkeiten aus Dauerschuldverhältnissen, soweit der vorläufige starke Insolvenzverwalter die Gegenleistung in Anspruch genommen hat, § 55 Abs. 2 Satz 2,
- Verbindlichkeiten aus Unterhaltspflichten nach §§ 100 und 101 Abs. 1 Satz 3, 209 Abs. 1 Nr. 3,
- Verbindlichkeiten aus Steuerschuldverhältnis begründet durch einen schwachen vorläufigen Insolvenzverwalter oder durch den Schuldner mit Zustimmung des vorläufigen Verwalters, § 55 Abs. 4.

§ 55 Abs. 4 wurde neu eingeführt durch das Haushaltbegleitgesetz 2011 zum 01.01.2011.[7] Gem. Art. 4 Haushaltbegleitgesetz gilt § 55 Abs. 4 in allen ab dem 01.01.2011 beantragten Verfahren; unter Umständen können auch Masseverbindlichkeiten aus Umsatzsteuerforderungen aus nach Eröffnung des Verfahrens eingenommenen Entgelten für vor Eröffnung erbrachten Leistungen folgen.[8]

2. Die nicht zu berücksichtigenden Verbindlichkeiten

Nicht zu den sonstigen Masseverbindlichkeiten zählen gem. § 55 Abs. 3 Arbeitnehmerforderungen, für die Insolvenzausfallgeld gezahlt wurde.[9] Die Ansprüche der Bundesagentur sind lediglich Insolvenzforderungen.

---

[3] FK-InsO/*Kießner* Rn. 2.
[4] Es gilt bei §§ 207 und 208 ein einheitlicher Kostenbegriff; siehe daher zu den Kosten § 207 Rdn. 5.
[5] MüKo-InsO/*Hefermehl* Rn. 73.
[6] Vgl. FK-InsO/*Kießner* Rn. 6; HambK-InsR/*Weitzmann* Rn. 9.
[7] BGBl. 2010 I Nr. 63, 1885.
[8] Vgl. hierzu BFH 09.12.2010, V R 22/10, ZIP 2011, 782; siehe auch § 55 Rdn. 29 ff.
[9] FK-InsO/*Kießner* Rn. 7.

6 Aus einem nach Eröffnung des Verfahrens aufgestellten Insolvenzplan entstehen gem. § 123 Abs. 2 zwar Masseverbindlichkeiten. Da jedoch gem. § 123 Abs. 2 Satz 2 Zahlungen aus dem Sozialplan nur erfolgen dürfen, wenn auch Zahlungen an die Insolvenzgläubiger geleistet werden können, spielen Sozialplanforderungen bei der Feststellung der Masseunzulänglichkeit keine Rolle.[10]

7 Unklar ist die Rechtslage nach wie vor zur Frage der Beseitigung von Altlasten, bspw. dem kontaminierten Grundstück oder den nicht entsorgten Giftstoffen einer chemischen Reinigung.[11] Zwar hat der Verwalter diesen Zustand nicht durch eigenes Handeln verursacht, er kann aber als öffentlich-rechtlicher Zustandsstörer mit Kostenfolge für die Masse in Anspruch genommen werden. Dem kann sich der Verwalter nur durch Verkauf oder Freigabe der betroffenen Gegenstände aus der Masse entziehen.[12]

8 Keine Masseverbindlichkeiten sind die Verbindlichkeiten, die der Schuldner ohne Zustimmung oder Kenntnis des Verwalters eingeht. Sie spielen in den Verfahren natürlicher Personen häufig eine Rolle, wenn der Schuldner, ohne Absprache mit dem Verwalter, neue Mietverhältnisse begründet oder eine selbstständige Tätigkeit aufnimmt. Die hierdurch entstehenden Verbindlichkeiten, bspw. Umsatzsteuerforderungen, sind Neuverbindlichkeiten des Schuldners und keine Masseverbindlichkeiten.[13]

3. Einzelfragen

a) Das Wohnungsmietverhältnis des Schuldners

9 Der Mietvertrag über die Wohnung des Schuldners bleibt gem. § 108 Abs. 1 Satz 1 nach Eröffnung des Verfahrens bestehen. Die vor Eröffnung entstandenen Mietrückstände sind Insolvenzforderungen und berechtigen den Vermieter gem. § 112 nicht mehr zur Kündigung. Nach Eröffnung entstandene Mietrückstände sind grds Masseverbindlichkeiten. Allerdings hat der Insolvenzverwalter die Möglichkeit diese über die Erklärung gegenüber dem Vermieter gem. § 109 Abs. 1 zu verhindern. Die zwischen Eröffnung und Abgabe der Erklärung entstehenden Ansprüche bleiben aber Masseverbindlichkeiten. Dies gilt neben den eigentlichen Mietforderungen auch für Nebenkosten.[14] Ist der Abrechnungszeitraum für die Nebenkosten vor Insolvenzeröffnung abgelaufen, handelt es sich bei möglichen Nachforderungen auch dann um Insolvenzforderungen, wenn die Abrechnung erst nach Insolvenzeröffnung erfolgt.[15] Bei sonstigen Forderungen aus dem Mietverhältnis, z.B. Kosten wegen notwendiger Renovierungen nach Auszug, ist aber zu differenzieren, da diese regelmäßig bereits vor Antragstellung entstanden sind.[16] Nach Abgabe der Erklärung entstehende Ansprüche des Vermieters sind nach § 109 Abs. 1 Satz 3 lediglich Insolvenzforderungen. Der Verwalter muss in dem Verfahren einer natürlichen Person die Erklärung nach § 109 also möglichst unverzüglich nach Eröffnung abgeben, um das Entstehen unnötiger Masseverbindlichkeiten zu verhindern.

b) Hausgeldforderungen

10 Nach Insolvenzeröffnung fällig werdende Hausgeldforderungen zu einer nicht aus der Insolvenzmasse freigegebenen Eigentumswohnung sind Masseverbindlichkeiten.[17] Die Fälligkeit der Hausgeldforderung ergibt sich aus dem Wirtschaftsplan der Gemeinschaft der Wohnungseigentümer.[18] Hausgeldnachforderungen aus der Jahresabrechnung entstehen erst durch einen entsprechenden Beschluss der Gemeinschaft der Wohnungseigentümer. Liegt der Abrechnungszeitraum vor Eröffnung

---

10 FK-InsO/*Kießner* Rn. 8.
11 Mohrbutter/Ringstmeier/*Pape* § 12 Rn. 73.
12 BVerwG 22.07.2004, 7 C 17/03, ZInsO 2004, 917; BGH 21.04.2005, IX ZR 281/03, BGHZ 163, 32.
13 BFH 18.05.2010, X R 11/09, ZInsO 2010, 1556.
14 HambK-InsR/*Jarchow* § 55 Rn. 32.
15 BGH 13.04.2011, VIII ZR 295/10, ZInsO 2011, 968.
16 *BGH 05.07.2001, IX ZR 327/99, BGHZ 148, 252.*
17 OLG Düsseldorf 28.04.2006, 3, WX 299/05, NZI 2007, 50.
18 BGH 21.07.2011, IX ZR 120/10, WM 2011, 1710.

des Insolvenzverfahrens, liegen daher Masseverbindlichkeiten vor, wenn der Beschluss der Gemeinschaft der Wohnungseigentümer über eine Nachzahlung erst nach Eröffnung ergeht.[19] Der Verwalter sollte zu einer Eigentumswohnung des Schuldners daher zeitnah nach Eröffnung eindeutige Erklärungen abgeben. Gibt er die Wohnung nicht ausdrücklich aus der Insolvenzmasse frei und nimmt er sie auch nicht ausdrücklich in Besitz, wird diese Unentschlossenheit zu seinen Lasten gehen. Im Zweifel entstehen dann Masseverbindlichkeiten. Dies gilt insb., wenn Mieteinnahmen zur Masse gezogen werden. Den Insolvenzverwalter trifft aber nicht die Pflicht, Masseunzulänglichkeit anzuzeigen, damit die danach folgenden Hausgeldforderungen als Neumasseschulden bevorzugt zu behandeln sind.[20] Die Gemeinschaft der Wohnungseigentümer hat wegen der nach Eröffnung des Insolvenzverfahrens fällig gewordenen Hausgeldforderungen kein Recht auf Befriedigung gem. § 10 Abs. 1 Nr. 2 ZVG.[21]

c) Das anwaltliche Anderkonto

Zahlungen auf ein anwaltliches Anderkonto fallen nicht automatisch in die Insolvenzmasse.[22] Leistet ein Dritter versehentlich oder unter Nichtbeachtung von Pfändungsschutzbestimmungen (z.B. § 850b Abs. 1 Nr. 4 ZPO Sterbegeldversicherung) auf ein solches Anderkonto, kann sich der Insolvenzverwalter/Treuhänder daher gegen einen Rückzahlungs- bzw. Auskehrungsanspruch nicht mit dem Einwand einer vorliegenden Masseunzulänglichkeit zur Wehr setzen. 11

II. Anzeige der Masseunzulänglichkeit

1. Aufgaben und Pflichten des Verwalters

Die Feststellung der Masseunzulänglichkeit und ihre Anzeige gegenüber dem Gericht erfolgt ausschließlich durch den Insolvenzverwalter.[23] Dies gilt im Falle der Eigenverwaltung gem. § 285 auch für den Sachwalter und im vereinfachten Verfahren für den Treuhänder, da in den §§ 304–314 nichts anderes bestimmt ist. Das Gericht überprüft weder von sich das mögliche Vorliegen der Masseunzulänglichkeit, noch prüft es die Anzeige durch den Verwalter. Anders als bei § 207 sind auch die weiteren Verfahrensbeteiligten, insb. Insolvenz- und Massegläubiger, nicht zur Anzeige anzuhören. Dennoch werden Gericht und Gläubiger in der Praxis zu Recht vom Umgang des Verwalters mit der Masseunzulänglichkeit und dem Zeitpunkt ihrer Anzeige Rückschlüsse auf die Qualität des Verwalters ziehen.[24] Um dem Gericht die Zustellung an die Massegläubiger gem. § 208 Abs. 2 Satz 2 zu ermöglichen, hat der Verwalter mit seiner Anzeige auch eine Liste der Massegläubiger samt Anschrift einzureichen.[25] 12

2. Folgen der Anzeige der Masseunzulänglichkeit

Die Anzeige der Masseunzulänglichkeit hat einerseits bindende Wirkung für das Insolvenzgericht und ein später mit der Masseunzulänglichkeit befasstes Prozessgericht.[26] Andererseits hat die Anzeige aber keine konstitutive Bedeutung hinsichtlich der Pflicht des Verwalters zur besonderen Verteilung nach § 209. Der Verwalter hat es also nicht in der Hand, durch die Anzeige die Berichtigungsreihenfolge des § 209 in Gang zu setzen.[27] Liegt vielmehr Masseunzulänglichkeit vor, angezeigt oder nicht, hat der Verwalter zur Vermeidung einer Haftung gem. § 209 zu verteilen.[28] Dieser 13

---

19 BGH 21.07.2011, IX ZR 120/10, WM 2011, 1710.
20 BGH 21.10.2010, IX ZR 220/09, ZIP 2010, 2356.
21 BGH 21.07.2011, IX ZR 120/10, WM 2011, 1710; a.A. LG Berlin ZWE 2010, 228.
22 BGH 18.12.2008, IX ZR 192/07, ZIP 2009, 531.
23 Karsten Schmidt/*Jungmann* § 208 InsO Rn. 19
24 Vgl. *Klaas* ZInsO 2011, 666.
25 Mohrbutter/Ringstmeier/*Pursche* § 13 Rn. 76.
26 BGH 19.11.2009, IX ZB 261/08, ZIP 2010, 145.
27 BGH 19.11.2009, IX ZB 261/08, ZIP 2010, 145; a.A. MüKo-InsO/*Hefermehl* Rn. 30.
28 Karsten Schmidt/*Jungmann* § 208 InsO Rn. 8

Umstand verdeutlicht das besondere haftungsrechtliche Interesse des Verwalters an einer ständigen Kontrolle der Kosten und Masseverbindlichkeiten durch eine laufende und fortzuschreibende Liquiditätsplanung.[29] Nur durch eine solche wird ihm auch die nach § 152 Abs. 3 Satz 2 abzugebende Schätzung erst möglich sein. Zeigt der Verwalter Masseunzulänglichkeit an, obwohl sie nicht vorliegt, sei es zur Haftungsvermeidung oder aus Irrtum, gilt die Verteilungsrangfolge des § 209 aber.[30] Die entgegen der tatsächlichen Situation zu Altmassegläubigern herabgestuften Massegläubiger können Haftungsansprüche gegen den Verwalter haben.

14 Die Liquiditätsplanung wird in den ab dem 01.01.2011 beantragten Verfahren durch die neu geschaffene Regelung des § 55 Abs. 4[31] jetzt auch Steuerverbindlichkeiten aus dem Vorverfahren berücksichtigen müssen, die nicht von einem starken Insolvenzverwalter begründet wurden. Dies wird aufgrund der noch offenen Fragen einige Schwierigkeiten bereiten.[32] Im Zweifel wird der Verwalter wohl Masseunzulänglichkeit zeitnah nach Eröffnung anzeigen müssen.[33] Ebenso müssen mögliche Umsatzsteuermasseverbindlichkeiten aus nach Eröffnung des Verfahrens eingenommenen Entgelten für vor Eröffnung erbrachte Leistungen beachtet werden.[34]

3. Haftung des Verwalters

15 Der Verwalter muss bei der Liquiditätsplanung auf die Aktivmasse abstellen. Begründet er Masseverbindlichkeiten nach eingetretener Masseunzulänglichkeit, die er nur durch unsichere, z.B. noch einklagbare Ansprüche gedeckt sieht, haftet er gem. § 61, wenn er die Ansprüche nicht realisieren kann.[35] Er muss seine Liquiditätsplanung zudem an den Beweislasten zu §§ 60, 61 orientieren. Bei der Haftung nach § 60 muss der Gläubiger beweisen, dass die Anzeige/Nichtanzeige der Masseunzulänglichkeit fehlerhaft war. Bei § 61 hat der Massegläubiger zunächst zu beweisen, dass er nicht vollständig befriedigt wird; der Insolvenzverwalter hat anschließend nach der Beweislastumkehr des § 61 Satz 2 zu beweisen, dass er die Masseunzulänglichkeit bei Begründung der Verbindlichkeit nicht erkennen konnte. Der Verwalter hat keine besondere Verpflichtung, Masseunzulänglichkeit anzuzeigen, damit die danach entstehenden Forderungen als Neumasseschulden bevorzugt zu behandeln sind.[36]

4. Wiederholte Anzeige

16 Nach Anzeige der Masseunzulänglichkeit kann im weiteren Verlauf des Verfahrens die Situation eintreten, dass auch die Neumassegläubiger nicht mehr befriedigt werden können. Die förmliche Anzeige einer erneuten Masseunzulänglichkeit ist aber nicht zulässig. Der Verwalter kann den Neumassegläubigern nur den Einwand der erneuten Masseunzulänglichkeit entgegenhalten. Das Rechtsschutzbedürfnis für eine Leistungsklage entfällt dann.[37]

5. Rücknahme der Anzeige

17 Wenn die Voraussetzungen der Masseunzulänglichkeit entfallen, alle Massegläubiger also wieder befriedigt werden können, ist eine förmliche Rückkehr in das reguläre Verfahren weder vorgesehen,

---

29 MüKo-InsO/*Hefermehl* Rn. 17.
30 MüKo-InsO/*Hefermehl* Rn. 31.
31 BGBl. 2010 I Nr. 63, 1885.
32 S. *Zimmer* ZInsO 2010, 2299.
33 S. *Zimmer* ZInsO 2010, 2299 (2305), V.
34 Vgl. hierzu BFH 09.12.2010, V R 22/10, ZIP 2011, 782; siehe auch § 55 Rdn. 29 ff.
35 *BGH 06.05.2004, IX ZR 48/03, BGHZ 159, 104.*
36 BGH 21.10.2010, IX ZR 220/09, ZIP 2010, 2356.
37 BGH 03.04.2003, IX ZR 101/02, BGHZ 154, 358.

noch erforderlich.[38] Der Insolvenzverwalter befriedigt in diesem Falle die Massegläubiger ohne Beachtung der besonderen Verteilungsregelung des § 209.

6. Aufgaben des Gerichts

Das Insolvenzgericht hat weder von sich auf eine mögliche Masseunzulänglichkeit zu achten, noch hat es die Anzeige durch den Insolvenzverwalter zu prüfen. Es macht die Anzeige nur bekannt. Gem. § 9 Abs. 1 Satz 1 erfolgt die Bekanntmachung im Internet. Den Massegläubigern ist die Anzeige gem. § 208 Abs. 2 Satz 1 besonders zuzustellen. Die Zustellung kann gem. § 8 Abs. 1 Satz 2 durch Aufgabe zur Post erfolgen und kann auch gem. § 8 Abs. 3 dem Insolvenzverwalter übertragen werden. 18

C. Rechtsfolgen

I. Verteilung nach § 209

Die Masseunzulänglichkeit setzt die Verteilungsregel des § 209 in Gang. Diese gilt auch in Verfahren mit Kostenstundung.[39] Der Gegenansicht,[40] die Kosten des Verfahrens seien bei Stundung erst nach Befriedigung aller anderen Masseverbindlichkeiten auszugleichen, ist der BGH zu Recht nicht gefolgt. Die Stundung der Verfahrenskosten hat lediglich die Aufgabe, sicherzustellen, dass auch vollständig vermögenslose natürliche Personen ein Insolvenzverfahren mit anschließender Restschuldbefreiung durchlaufen können. Sie soll nicht zu einer Änderung der Verteilungsregelungen bei Masseunzulänglichkeit zu Gunsten der Massegläubiger führen. Beachtet der Insolvenzverwalter die Verteilungsregeln nicht, indem er bspw. Steuerforderungen begleicht, bevor die Verfahrenskosten ausgeglichen sind, ist seine Vergütung als Bestandteil der Verfahrenskosten entsprechend zu kürzen.[41] 19

II. Verwaltung nach Anzeige der Masseunzulänglichkeit

Der Verwalter hat die Verwaltung und Verwertung im masseunzulänglichen Verfahren gem. § 208 Abs. 3 ausdrücklich fortzusetzen. Er hat hierbei aber die aus der Anzeige der Masseunzulänglichkeit folgende Änderung des Verfahrenszwecks besonders zu beachten. Jetzt stehen die Massegläubiger im Vordergrund. Der Verwalter läuft daher Gefahr, in die Haftung genommen zu werden, wenn er nach Anzeige der Masseunzulänglichkeit mehr neue Masseschulden begründet, als er abbaut.[42] 20

Der Verwalter kann für durchzuführende Prozesse anders als im Falle der Masselosigkeit auch Prozesskostenhilfe erhalten.[43] Kostenerstattungsansprüche der Gegenseite braucht der Verwalter bei der Prozessführung nicht zu berücksichtigen. Gewinnt der Gegner den Prozess, wird er wegen der Masseunzulänglichkeit auf den Kosten sitzen bleiben. Der Verwalter haftet für die Kosten nicht persönlich.[44] Grenze ist das Vorliegen einer vorsätzlichen sittenwidrigen Schädigung nach § 826 BGB. 21

Die Steuererklärungspflichten des Verwalters gem. §§ 34 Abs. 3 AO, 155 Abs. 1 bleiben auch bei Masseunzulänglichkeit grds bestehen.[45] Kosten der Steuerberatung sowie der Erledigung der Erklärungspflichten sind Auslagen des Verwalters gem. § 4 Abs. 2 InsVV. Sie sind im masseunzuläng- 22

---

38 FK-InsO/*Kießner* Rn. 27 ff.; Karsten Schmidt/Jungmann § 208 InsO Rn. 24; a.A. MüKo-InsO/*Hefermehl* Rn. 55.
39 BGH 19.11.2009, IX ZB 261/08, ZIP 2010, 145.
40 FK-InsO/*Kießner* § 209 Rn. 10.
41 BGH 14.10.2010, IX ZB 224/08, DB 2010, 2553.
42 Mohrbutter/Ringstmeier/*Pape* § 12 Rn. 110.
43 BGH 28.02.2008, IX ZB 147/07, ZInsO 2008, 378; OLG Celle, 02.07.2012, 9 W 92/12, ZIP 2012, 1881
44 BGH 12.02.2004, IX ZR 146/03.
45 MüKo-InsO/*Hefermehl* Rn. 71.

lichen Verfahren mit Kostenstundung als solche abrechenbar.[46] In massearmen Verfahren ist die Finanzverwaltung aber in der Regel gehalten, die Besteuerungsgrundlagen zu schätzen.[47]

III. Weitere Rechtsfolgen

23 Altmassegläubiger, deren Forderungen bis zur Masseunzulänglichkeit entstanden sind, verlieren das Rechtsschutzbedürfnis für eine Leistungsklage.[48] Eine Nachtragsverteilung ist gem. § 211 Abs. 3 ausdrücklich möglich. Gem. § 210a[49] ist ein Insolvenzplan auch bei Masseunzulänglichkeit ausdrücklich zulässig. Die Gegenmeinung, die unter Verweis auf § 258 Abs. 2, eine vollständige Befriedigung der Massegläubiger verlangte und die Zulässigkeit eines Insolvenzplans ablehnte, konnte sich nicht durchsetzen.[50]

D. Masseunzulänglichkeit und Restschuldbefreiung[51]

24 Die Verfahrenskostenstundung hat eine neue Variante des masseunzulänglichen Verfahrens geschaffen. Da jede Stundungsentscheidung gem. § 4a Abs. 1 zugleich die Feststellung enthält, dass das Vermögen des Schuldners voraussichtlich nicht ausreichen werden, die Kosten zu decken, sind die Verfahren schon durch diese Feststellung masseunzulänglich. Da die Verfahren durch die Stundung trotz Massenlosigkeit nicht eingestellt werden, werden sie als masseunzulängliche Verfahren fortgeführt. Der Insolvenzverwalter/Treuhänder hat die Verteilungsregeln des § 209 von Beginn an zu beachten.

25 Trotz Anzeige der Masseunzulänglichkeit findet aber im Grunde ein reguläres Verfahren statt. Erst nach Anzeige der Masseunzulänglichkeit angemeldete Forderungen sind noch zu prüfen, da in der sich anschließenden Wohlverhaltensphase ein Verteilungsverzeichnis erforderlich ist.[52] Ein Schlusstermin findet zwar nicht statt, da die Gläubiger aber gem. § 290 die Möglichkeit zur Stellung eines Antrags auf Versagung der Restschuldbefreiung haben müssen, sind sie noch in einer Gläubigerversammlung anzuhören.[53] Die Anhörung kann gem. § 5 Abs. 2 Satz 1 allerdings im schriftlichen Verfahren durchgeführt werden.

26 Eine weitere Besonderheit für die Massegläubiger folgt aus dem Umstand der sich an das eigentliche Verfahren anschließenden Wohlverhaltenszeit (Restlaufzeit der Abtretungserklärung gem. § 287 Abs. 2), denn obwohl der einschlägige § 292 Abs. 1 hierzu keine besondere Aussage trifft, sind nach einhelliger Ansicht bei der Verteilung der vom Treuhänder nach Aufhebung des Verfahrens eingenommenen Gelder die Masseverbindlichkeiten vorrangig zu bedienen.[54] Zunächst sind hier die Kosten des Verfahrens einschließlich der Kosten der Wohlverhaltensphase, dann die Masseverbindlichkeiten und erst abschließend die Forderungen der Insolvenzgläubiger zu berücksichtigen.

E. Rechtsmittel

27 Ein Rechtsmittel gegen die Anzeige der Masseunzulänglichkeit ist nicht gegeben, da auch die Einstellung gem. § 211 nicht angreifbar ist.[55] Es bleibt im Streitfall die Geltendmachung von Schadensersatzansprüchen.

---

46 BGH 22.07.2004, IX ZB 161/03, BGHZ 160, 176.
47 § 251 AEAO Nr. 4.2 i.d.F. des BMF-Schreibens vom 31.1.13 -IV A 3-S 0062/08/10007–15
48 BGH 03.04.2003, IX ZR 101/02, BGHZ 154, 358.
49 In Kraft getreten zum 01.03.2012, BGBl. I 2011, 2582 ff.
50 LG Dresden 05.07.2005, 5 T 830/02, ZInsO 2005, 831.
51 Vgl. Rdn. 2.
52 HambK-InsR/*Weitzmann* § 211 Rn. 3.
53 *BGH 19.3.09, IX ZB 134/08, ZVI 2009, 346.*
54 BGH 17.03.2005, IX ZB 214/04, WM 2005, 1129; MüKo-InsO/*Hefermehl* Rn. 59.
55 BGH 25.01.2007, IX ZB 234/05, BB 2007, 520.

§ 209 Befriedigung der Massegläubiger

(1) Der Insolvenzverwalter hat die Masseverbindlichkeiten nach folgender Rangordnung zu berichtigen, bei gleichem Rang nach dem Verhältnis ihrer Beträge:
1. die Kosten des Insolvenzverfahrens;
2. die Masseverbindlichkeiten, die nach der Anzeige der Masseunzulänglichkeit begründet worden sind, ohne zu den Kosten des Verfahrens zu gehören;
3. die übrigen Masseverbindlichkeiten, unter diesen zuletzt der nach den §§ 100, 101 Abs. 1 Satz 3 bewilligte Unterhalt.

(2) Als Masseverbindlichkeiten im Sinne des Absatzes 1 Nr. 2 gelten auch die Verbindlichkeiten
1. aus einem gegenseitigen Vertrag, dessen Erfüllung der Verwalter gewählt hat, nachdem er die Masseunzulänglichkeit angezeigt hatte;
2. aus einem Dauerschuldverhältnis für die Zeit nach dem ersten Termin, zu dem der Verwalter nach der Anzeige der Masseunzulänglichkeit kündigen konnte;
3. aus einem Dauerschuldverhältnis, soweit der Verwalter nach der Anzeige der Masseunzulänglichkeit für die Insolvenzmasse die Gegenleistung in Anspruch genommen hat.

Übersicht

	Rdn.
A. Normzweck	1
B. Tatbestandsvoraussetzungen	2
I. Kosten nach § 209 Abs. 1 Nr. 1	4
1. Rang der Kosten bei Stundung der Verfahrenskosten	5
2. Unausweichliche Verwaltungskosten	6
3. Steuerberatungskosten	7
4. Forderungen aus ungerechtfertigter Bereicherung	8
II. Masseverbindlichkeiten nach § 209 Abs. 1 Nr. 2	9
III. Die übrigen Masseverbindlichkeiten nach § 209 Abs. 1 Nr. 3	11
IV. Masseverbindlichkeiten aus gegenseitigen Verträgen und Dauerschuldverhältnissen nach § 209 Abs. 2	13
1. Verbindlichkeiten aus gegenseitigen Verträgen nach § 209 Abs. 2 Nr. 1	14
2. Verbindlichkeiten aus Dauerschuldverhältnissen nach § 209 Abs. 2 Nr. 2	15
3. Verbindlichkeiten aus Dauerschuldverhältnissen nach § 209 Abs. 2 Nr. 3	17
C. Besonderheiten der Verteilung in den Verfahren natürlicher Personen mit Restschuldbefreiung	18
D. Rechtsfolgen	22

A. Normzweck

Die Vorschrift enthält die Rangfolge der Verteilung an die Massegläubiger in masseunzulänglichen Verfahren und macht so die Abwicklung der masseunzulänglichen Verfahren möglich.[1] Eine Fortführung dieser Verfahren, die zur bestmöglichen Verwertung der, wenn auch geringen, Masse angebracht ist, setzt eine Verteilungsregelung hinsichtlich der nicht für alle Massegläubiger ausreichenden Masse voraus. Wichtigstes Kriterium[2] ist hierbei die Unterscheidung zwischen Altmasse- und Neumassegläubiger, also zwischen Verbindlichkeiten die vor und die nach Eintritt der Masseunzulänglichkeit begründet wurden. Die Unterscheidung ist zwingend erforderlich, da eine Gleichbehandlung aller Massegläubiger bei Eintritt der Masseunzulänglichkeit die Begründung von zur Verfahrensfortführung erforderlichen Neuverbindlichkeiten unmöglich machen würde. Die Altmassegläubiger nehmen im Grunde die Position der Insolvenzgläubiger, die jetzt mit keinen Ausschüttungen mehr rechnen können, ein.

1

---

[1] FK-InsO/*Kießner* Rn. 1.
[2] MüKo-InsO/*Hefermehl* Rn. 3.

B. Tatbestandsvoraussetzungen

2 Die Rangordnung der Verteilung in masseunzulänglichen Verfahren wird in § 209 Abs. 1 festgelegt. Erst wenn ein Rang vollständig befriedigt ist, ist der nächste zu berücksichtigen.[3] Die Verteilungsregelung gilt für alle Masseverbindlichkeiten, so dass ggf gem. § 45 umzurechnen ist.[4] Die Rangfolge kann ein Massegläubiger nicht durch Aufrechnung umgehen. Der Insolvenzverwalter kann der Aufrechnung gem. § 390 BGB die Einrede der Masseunzulänglichkeit entgegenhalten. Auch wegen § 394 BGB i.V.m. § 210 kann eine Aufrechung nicht erfolgen.[5]

3 Keine Masseverbindlichkeiten sind die Verbindlichkeiten, die der Schuldner ohne Zustimmung oder Kenntnis des Verwalters eingeht. Sie spielen in den Verfahren natürlicher Personen häufig eine Rolle, wenn der Schuldner, ohne Absprache mit dem Verwalter, neue Mietverhältnisse begründet oder eine selbstständige Tätigkeit aufnimmt. Die hierdurch entstehenden Verbindlichkeiten, bspw. Umsatzsteuerforderungen, sind Neuverbindlichkeiten des Schuldners und keine Masseverbindlichkeiten.[6] Sie sind folglich bei der Verteilung nach § 209 nicht zu berücksichtigen.

I. Kosten nach § 209 Abs. 1 Nr. 1

4 Die Kosten des Verfahrens (vgl. § 207 Rdn. 5) stehen absolut im ersten Rang und sind stets vor allen anderen Forderungen zu befriedigen.[7]

1. Rang der Kosten bei Stundung der Verfahrenskosten

5 Die Kosten stehen auch in Verfahren mit Verfahrenskostenstundung nach §§ 4a ff. im ersten Rang.[8] Der Gegenansicht,[9] die Kosten des Verfahrens seien bei Stundung erst nach Befriedigung aller anderen Masseverbindlichkeiten auszugleichen, ist der BGH zu Recht nicht gefolgt. Die Stundung der Verfahrenskosten hat lediglich den Sinn und Zweck, sicherzustellen, dass auch vollständig vermögenslose natürliche Personen ein Insolvenzverfahren mit anschließender Restschuldbefreiung durchlaufen können. Der Fiskus stellt faktisch nur einen Kostenvorschuss zur Verfügung. Eine Änderung der Verteilungsregelungen bei Masseunzulänglichkeit zu Gunsten der Massegläubiger ist mit dieser Regelung nicht beabsichtigt worden. Auch eine unzumutbare Gefahr der persönlichen Haftung für den Verwalter[10] dürfte in Verfahren der natürlichen Personen kaum vorliegen. Der Insolvenzverwalter/Treuhänder hat es hier über die Erklärungen nach §§ 35 Abs. 2, 109 Abs. 1 oder auch über die Freigabe einer kostenträchtigen Immobilie aus der Masse in der Hand, Haftungen zu vermeiden. Auf Gerichtskosten und festgesetzte Verwaltervergütung ist auch bei Verfahrenskostenstundung dieselbe Quote zu zahlen.[11]

2. Unausweichliche Verwaltungskosten

6 Eine starke Literaturmeinung[12] rechnet auch die sog. »unausweichlichen Verwaltungskosten« (vgl. ausf. § 207 Rdn. 6), das können z.B. Verkehrssicherungskosten oder Kosten für die Erhaltung der Masse sein, zu den Kosten. Dieser Ansicht ist in der Praxis jedoch mit Skepsis zu begegnen, zumal höchstrichterlich über sie noch nicht entschieden ist.

---

3 MüKo-InsO/*Hefermehl* Rn. 13.
4 FK-InsO/*Kießner* Rn. 5.
5 HambK-InsR/*Weitzmann* Rn. 2.
6 BFH 18.05.2010, X R 11/09, ZInsO 2010, 1556.
7 MüKo-InsO/*Hefermehl* Rn. 15.
8 BGH 19.11.2009, IX ZB 261/08, ZIP 2010, 145.
9 Ua FK-InsO/*Kießner* Rn. 9–11.
10 So FK-InsO/*Kießner* Rn. 9.
11 BGH, 07.02.2013, IX ZB 175/11, ZInsO 2013, 563
12 Ua HambK-InsR/*Weitzmann* Rn. 3.

3. Steuerberatungskosten

Kosten der Steuerberatung sowie der Erledigung der Erklärungspflichten können Auslagen des Verwalters i.S.d. § 4 Abs. 2 InsVV sein.[13] Sie sind dann Kosten des Verfahrens und stehen im ersten Rang.

4. Forderungen aus ungerechtfertigter Bereicherung

Verbindlichkeiten aus ungerechtfertigter Bereicherung sind keine Kosten nach §§ 54, 209 Abs. 1 Nr. 1, sondern je nach dem Zeitpunkt ihrer Begründung Neu- oder Altmasseverbindlichkeiten.[14]

II. Masseverbindlichkeiten nach § 209 Abs. 1 Nr. 2

Die Masseverbindlichkeiten nach § 209 Abs. 1 Nr. 2 sind die sog. Neumasseverbindlichkeiten. Sie liegen vor, wenn die Verbindlichkeiten nach Eintritt der Masseunzulänglichkeit begründet wurden, wobei der Entstehungsgrund keine Rolle spielt.[15] Hier kann daher auf die Erläuterung zu § 38 verwiesen werden.[16] Liegt nach diesen eine Insolvenzforderung vor, wäre in Bezug auf den Eintritt der Masseunzulänglichkeit eine Altmasseverbindlichkeit anzunehmen. So wird bspw. ein erst im Falle des Obsiegens entstehender Kostenerstattungsanspruch bereits mit Zustellung der Klage begründet.[17]

Maßgeblicher Zeitpunkt ist nicht die Anzeige der Masseunzulänglichkeit durch den Verwalter,[18] sondern ihr tatsächlicher Eintritt. Die Verteilungsregelung des § 209 Abs. 1 Nr. 2 ist schon zu beachten, wenn Masseunzulänglichkeit vorliegt, und nicht erst, wenn sie angezeigt wird.[19] Der Insolvenzverwalter hat es also nicht in der Hand, den Zeitpunkt der Geltung des § 209 über die Anzeige an das Gericht festzusetzen. Demnach gilt Folgendes: Zeigt der Verwalter Masseunzulänglichkeit an, sind die anschließend begründeten Verbindlichkeiten Neumasseverbindlichkeiten, auch wenn keine Masseunzulänglichkeit vorliegt. Tritt Masseunzulänglichkeit ein, ohne dass diese vom Verwalter angezeigt wird, und begründet er anschließend weitere Verbindlichkeiten, handelt es sich um Neumasseverbindlichkeiten. Die Beweislast für eine von der Anzeige abweichend vorliegende oder nicht vorliegende Masseunzulänglichkeit trägt der Gläubiger.

III. Die übrigen Masseverbindlichkeiten nach § 209 Abs. 1 Nr. 3

Hierunter fallen alle weiteren Masseverbindlichkeiten, die Altmasseverbindlichkeiten genannt werden und vor Eintritt der Masseunzulänglichkeit begründet wurden. Die Unterhaltsansprüche des Schuldners nach §§ 100, 101 Abs. 1 nehmen in dieser Gruppe den letzten Rang ein. Alle anderen Ansprüche sind davor gleichrangig zu behandeln.

Oktroyierte Masseverbindlichkeiten sind aufgezwungene Masseverbindlichkeiten, deren Begründung vom Verwalter nicht beeinflussbar war.[20] Sie können z.B. aus Dauerschuldverhältnissen folgen. Sie sind Altmasseverbindlichkeiten nach § 209 Abs. 1 Nr. 3 und sind abzugrenzen von Verbindlichkeiten, die der Schuldner ohne Kenntnis und Zustimmung des Verwalters begründet hat. Diese sind keine Masseverbindlichkeiten, sondern Neuverbindlichkeiten des Schuldners (vgl. Rdn. 3).

---

13 BGH 22.07.2004, IX ZB 161/03, BGHZ 160, 176.
14 BGH 13.04.2006, IX ZR 22/05, BGHZ 167, 178; MüKo-InsO/*Hefermehl* Rn. 17.
15 BGH 13.04.2006, IX ZR 22/05, BGHZ 167, 178.
16 MüKo-InsO/*Hefermehl* Rn. 24.
17 BGH 22.09.2005, IX ZB 91/05, ZIP 2005, 1983.
18 So aber u.a. FK-InsO/*Kießner* Rn. 22 und HK-InsO/*Landfermann* Rn. 11.
19 BGH 19.11.2009, IX ZB 261/08, ZIP 2010, 145.
20 HambK-InsR/*Weitzmann* Rn. 10.

IV. Masseverbindlichkeiten aus gegenseitigen Verträgen und Dauerschuldverhältnissen nach § 209 Abs. 2

13 Verbindlichkeiten aus gegenseitigen Verträgen und aus Dauerschuldverhältnissen können sowohl Alt- als auch Neumasseverbindlichkeiten sein. § 209 Abs. 2 spezifiziert, wann Neumasseverbindlichkeiten vorliegen.

1. Verbindlichkeiten aus gegenseitigen Verträgen nach § 209 Abs. 2 Nr. 1

14 Ist ein gegenseitiger Vertrag zum Zeitpunkt der Eröffnung des Verfahrens noch nicht erfüllt, so steht dem Verwalter gem. § 103 Abs. 1 die Erfüllungswahl zu. Nimmt er dieses Recht vor Eintritt der Masseunzulänglichkeit wahr, entstehen aus dem gegenseitigen Vertrag lediglich Altmasseverbindlichkeiten i.S.d. § 209 Abs. 1 Nr. 3. Nimmt er das Recht nach Eintritt der Masseunzulänglichkeit wahr, entstehen Neumasseverbindlichkeiten i.S.d. § 209 Abs. 1 Nr. 2. Lehnt der Insolvenzverwalter die Erfüllung des Vertrages ab, entstehen unabhängig davon, ob die Ablehnung vor oder nach Eintritt der Masseunzulänglichkeit erfolgt, gem. § 103 Abs. 1 immer nur Insolvenzforderungen.[21] Der Eintritt der Masseunzulänglichkeit gibt dem Verwalter kein erneutes Wahlrecht nach § 103 Abs. 1.[22]

2. Verbindlichkeiten aus Dauerschuldverhältnissen nach § 209 Abs. 2 Nr. 2

15 Dauerschuldverhältnisse des Schuldners werden durch die Insolvenzeröffnung nicht berührt.[23] Mietverhältnisse oder auch Dienstverhältnisse bleiben nach §§ 108, 113 mit Wirkung für die Insolvenzmasse bestehen. Dem Insolvenzverwalter steht aber ein Kündigungsrecht zu. Kündigt der Verwalter sofort nach Eintritt der Masseunzulänglichkeit, können gem. § 209 Abs. 2 Nr. 2 keine Neumasseverbindlichkeiten aus den Dauerschuldverhältnissen entstehen. Nimmt er dieses Kündigungsrecht nach Eintritt der Masseunzulänglichkeit nicht in Anspruch, entstehen Neumasseverbindlichkeiten, auch wenn er die Sache nicht nutzt.[24] Eine besondere weitere Erklärung des Verwalters neben dem Verstreichenlassen der Kündigungsmöglichkeit muss nicht vorliegen.[25]

16 § 90 enthält ein Vollstreckungsverbot bei Masseverbindlichkeiten. Es gilt für Masseverbindlichkeiten aus Dauerschuldverhältnissen gem. § 90 Abs. 2 Nr. 2 nur bis zum ersten möglichen Kündigungstermin. Auch das Vollstreckungsverbot des § 210 gilt für Forderungen aus nach Eintritt der Masseunzulänglichkeit ungekündigten Dauerschuldverhältnissen nicht.[26] Zeigt der Insolvenzverwalter aber gesondert an, dass er die Neumasseverbindlichkeiten auch nicht mehr befriedigen kann, können die Neumassegläubiger nur noch mit der Feststellungsklage vorgehen.[27]

3. Verbindlichkeiten aus Dauerschuldverhältnissen nach § 209 Abs. 2 Nr. 3

17 Hat der Insolvenzverwalter nach Eintritt der Masseunzulänglichkeit zum frühestmöglichen Termin gekündigt, kommt es für die Einordnung der zwischen dem Eintritt der Masseunzulänglichkeit und der Wirksamkeit der Kündigung entstehenden Verbindlichkeit als Neumasseverbindlichkeit gem. § 209 Abs. 2 Nr. 3 entscheidend darauf an, ob der Verwalter die Gegenleistung in Anspruch nimmt, also Miträume nutzt oder Leistungen der Arbeitnehmer entgegen nimmt.[28] Der Insolvenzverwalter hat die Initiative zu übernehmen und Klarheit zu schaffen. Unklarheiten gehen zu seinen Lasten.[29] Verhält sich der Insolvenzverwalter so, dass sein Verhalten Dritten gegenüber als ein Nutzen verstan-

---

21 FK-InsO/*Kießner* Rn. 27.
22 FK-InsO/*Kießner* Rn. 29/30; a.A. HK/*Landfermann* Rn. 12.
23 MüKo-InsO/*Hefermehl* Rn. 30.
24 BAG 31.03.2004, 10 AZR 253/03, BAGE 110, 135; HK-InsO/*Landfermann* Rn. 15.
25 HambK-InsR/*Weitzmann* Rn. 10.
26 FK-InsO/*Kießner* Rn. 36.
27 BAG 31.03.2004, 10 AZR 253/03, BAGE 110, 135; FK-InsO/*Kießner* Rn. 36.
28 BGH 29.04.2004, IX ZR 141/03, ZInsO 2004, 674; MüKo-InsO/*Hefermehl* Rn. 33.
29 BGH 29.04.2004, IX ZR 141/03, ZInsO 2004, 674.

den werden kann, reicht dies aus. Es ist also Sache und Interesse des Verwalters durch eigene Schritte wie Freistellung des Arbeitnehmers oder Angebot der Nutzung der Mietsache durch Einräumung des unmittelbaren Besitzes an den Vermieter deutlich zu machen, dass keine weitere Nutzung gewollt ist. Es reicht nicht aus, wenn der Verwalter sich auf eine bereits vom Schuldner vollzogene Räumung der Mietsache beruft.[30]

C. Besonderheiten der Verteilung in den Verfahren natürlicher Personen mit Restschuldbefreiung

Verfahren natürlicher Personen mit beantragter Restschuldbefreiung sind zumeist masseunzulänglich, in vielen Fällen sogar masselos. Die Stundung der Verfahrenskosten verhindert die Einstellung nach § 207. Werden die Verfahren nach §§ 208–211 fortgeführt, kann die Restschuldbefreiung gem. § 289 Abs. 3 erreicht werden.[31] **18**

Hinsichtlich der Verteilung möglicher Masse vor Einstellung nach § 211 ergibt sich keine Besonderheit. Sie ist auch in diesen Verfahren nach § 209 zu verteilen.[32] Allerdings enden diese Verfahren nicht mit Einstellung, sondern wechseln bis zur Erteilung der Restschuldbefreiung in den nächsten Verfahrensabschnitt. Da in diesem Verfahrensabschnitt, der sog. Wohlverhaltensphase (Zeitraum von der Aufhebung des Verfahrens bis zum Ablauf der Sechsjahresfrist des § 287 Abs. 2), ebenfalls Verteilungen an die Gläubiger gem. § 292 möglich sind, wird im Unterschied zum regulären masseunzulänglichen Verfahren ein Verteilungsverzeichnis benötigt. Die Insolvenzforderungen müssen also geprüft und in ein Verzeichnis aufgenommen werden. Auch wenn die Notwendigkeit der Erstellung dieses Verteilungsverzeichnisses vereinzelt nicht gesehen wird,[33] ist sie doch alternativlos, da ansonsten eine Verteilung in der Wohlverhaltensphase kaum möglich scheint.[34] **19**

Gleichzeitig muss aber auch die für die Verteilung nach § 209 erforderliche Massetabelle[35] in jedem Fall, also auch bei Masselosigkeit, erstellt werden, denn eine weitere Besonderheit der Verteilung in der Wohlverhaltensphase ergibt sich zwar nicht aus dem Wortlaut des § 292 Abs. 1, wird aber gleichwohl ganz überwiegend angenommen. Die Masseverbindlichkeiten aus dem vorhergehenden Insolvenzverfahren sind bei der Verteilung nach § 292 vorrangig zu berücksichtigen.[36] Verteilungen an die Insolvenzgläubiger erfolgen also erst, wenn die Masseverbindlichkeiten befriedigt sind. Des Weiteren kann dem Schuldner gem. § 292 Abs. 1 Satz 4 in den bis zum 30.06.2014 beantragten Verfahren ein Bonus zustehen, der bei der Verteilung ebenfalls einen besonderen Rang einnimmt. **20**

Es ergibt sich daher für die Wohlverhaltensphase bei vorausgegangenem masselosen oder masseunzulänglichem Verfahren folgende Verteilungsrangfolge: **21**
– Bonuszahlungen gem. § 292 Abs. 1 Satz 5 in den bis zum 30.06.2014 beantragten Verfahren sind vorrangig,[37] wenn die Voraussetzungen des § 292 Abs. 1 Satz 5 vorliegen, der Schuldner also bedürftig i.S.d. § 115 ZPO ist.
– Dann folgen die Verfahrenskosten, auch bei Kostenstundung.[38] Dies sind die Kosten des vorausgegangenen Insolvenzverfahrens und die Kosten der Wohlverhaltensphase einschließlich der Treuhändervergütung.
– An nächster Stelle folgen in den bis zum 30.06.2014 beantragten Verfahren mögliche Bonuszahlungen an den Schuldner gem. § 292 Abs. 1 Satz 4, wenn die Voraussetzungen des § 292 Abs. 1

---

30 BGH 26.6.08, IX ZR 146/07.
31 BGH 19.03.2009, IX ZB 134/08, ZVI 2009, 346.
32 BGH 19.11.2009, IX ZB 261/08, ZIP 2010, 145.
33 *Uhlenbruck* NZI 2001, 408.
34 FK-InsO/*Kießner* § 211 Rn. 11.
35 S. hierzu Beck/Depré/*Ringstmeier* Praxis der Insolvenz, 2. Aufl., Rn. 75.
36 BGH 17.03.2005, IX ZB 214/04, m. Hinw. auf Begr. zu § 329 RegE, BT-Drucks. 12/2443, 222, WM 2005, 1129; Uhlenbruck/*Vallender* § 292 Rn. 33.
37 Uhlenbruck/*Vallender* § 292 Rn. 47.
38 BGH 19.11.2009, IX ZB 261/08, ZIP 2010, 145.

Satz 5 nicht vorliegen, da die Bonuszahlungen nach dem Wortlaut des § 292 Abs. 1 einen besonderen Rang einnehmen.
– Dann sind die sonstigen Masseverbindlichkeiten nach § 55 in der Rangfolge des § 209 Abs. 1 Nr. 2, 3 zu bedienen, da nur die Verfahrenskosten gem. § 292 Abs. 1 Satz 4, 5 vor den Bonus des Schuldners gestellt werden.
– Anschließend folgen die Wohlverhaltensphasengläubiger, deren Forderungen durch eine Handlung des Treuhänders begründet wurden oder auf andere Weise, bspw. aus ungerechtfertigter Bereicherung, entstanden sind.
– An letzter Stelle folgen schließlich die Forderungen der Insolvenzgläubiger nach dem erstellten Verteilungsverzeichnis.

D. Rechtsfolgen

22 Beachtet der Insolvenzverwalter die Verteilungsregeln des § 209 nicht, indem er bspw. aus Insolvenzmasse Steuerforderungen begleicht, bevor die Verfahrenskosten ausgeglichen sind, ist seine Vergütung als Bestandteil der Verfahrenskosten entsprechend zu kürzen.[39] Andererseits scheidet aber eine Haftung des Verwalters gem. § 61 für Steuermasseverbindlichkeiten aus, wenn er die Verteilungsrangfolge einhält.[40]

§ 210 Vollstreckungsverbot

Sobald der Insolvenzverwalter die Masseunzulänglichkeit angezeigt hat, ist die Vollstreckung wegen einer Masseverbindlichkeit im Sinne des § 209 Abs. 1 Nr. 3 unzulässig.

Übersicht

	Rdn.		Rdn.
A. Normzweck	1	II. Altmassegläubiger	7
B. Tatbestandsvoraussetzungen	3	III. Neumassegläubiger	12
I. Übersicht Vollstreckungs- und Leistungsklageverbote für Masse- und Wohlverhaltensphasengläubiger	3	IV. Alt- und Neumassegläubiger in der Wohlverhaltensphase	16
		V. Wohlverhaltensphasengläubiger	20

A. Normzweck

1 Massegläubiger unterliegen nicht dem Vollstreckungsverbot der Insolvenzgläubiger aus § 89 Abs. 1. Sie können daher ihre Ansprüche gegen die Masse grds auch im Wege der Zwangsvollstreckung geltend machen. Nach Anzeige der Masseunzulänglichkeit ist daher zu Sicherung der Verteilungsrangfolge des § 209 ein Vollstreckungsverbot für Altmassegläubiger i.S.d. § 209 Abs. 1 Nr. 3 erforderlich. Die Norm vervollständigt den Vollstreckungsschutz im Insolvenzverfahren aus §§ 89 Abs. 1, 90 I und § 123 Abs. 2 Satz 2. Sie gewährleistet eine ordnungsgemäße Abwicklung masseunzulänglicher Verfahren. Ihrem Wortlaut nach gilt die Vorschrift nur bei Masseunzulänglichkeit i.S.d. § 208. Bei Masselosigkeit i.S.d. § 207 ist sie aber entsprechend anzuwenden.[1] Die Vorschrift sichert daher auch die Verteilungsrangfolge des § 207 Abs. 3.

2 § 210 enthält nur ein Vollstreckungsverbot und keine Regelung zu anhängigen Erkenntnisverfahren. Ebenfalls nicht geregelt ist die Frage der Zulässigkeit der Vollstreckung durch Neumassegläubiger bei erneutem Eintritt der Masseunzulänglichkeit. Diese Fragen hat die Rechtsprechung geklärt.

---

39 BGH 14.10.2010, IX ZB 224/08, DB 2010, 2553.
40 Vgl. *Hueb/Webel* NZI 2011, 389 (393).
1 BGH 21.09.2006, IX ZB 11/04, ZInsO 2006, 1049; HambK-InsR/*Weitzmann* Rn. 7.

B. Tatbestandsvoraussetzungen

I. Übersicht Vollstreckungs- und Leistungsklagenverbote für Masse- und Wohlverhaltensphasengläubiger

Altmassegläubiger (§ 209 Abs. 1 Nr. 3) unterliegen nach Eingang der Anzeige der Masseunzulänglichkeit bei Gericht einem Vollstreckungs- und Leistungsklagenverbot. Anhängige Leistungsklagen sind auf Feststellungsklagen umzustellen; auch ein Kostenfeststellungsbeschluss kann nicht mehr erwirkt werden. 3

Neumassegläubiger (§ 209 Abs. 1 Nr. 2) fallen grds nicht unter das Vollstreckungsverbot des § 210. Legt in einem laufenden Leistungsklageverfahren eines Neumassegläubigers der Verwalter aber erneute Masseunzulänglichkeit dar, wird die Leistungsklage in entsprechender Anwendung des § 210 unzulässig; sie kann auf eine Feststellungsklage umgestellt werden. Entsprechendes gilt im Kostenfestsetzungsverfahren.[2] Ist das Erkenntnisverfahren bereits abgeschlossen, kann der Verwalter Vollstreckungen des Neumassegläubigers nur mit der Vollstreckungsgegenklage abwehren. 4

Altmasse- und Neumassegläubiger in einem Verfahren mit Restschuldbefreiung sind in der sog. Wohlverhaltensphase vor den Insolvenzgläubigern zu befriedigen (vgl. § 209 Rdn. 20). Sie dürfen in das vom Treuhänder verwaltete Sondervermögen des § 292 Abs. 1 nach der hier vertretenen Ansicht aber nicht vollstrecken. Das Vollstreckungsverbot des § 210 gilt fort. 5

Wohlverhaltensphasengläubiger, deren Forderungen durch den Treuhänder der Wohlverhaltensphase verursacht wurden, unterliegen grds keinem Vollstreckungs- und Leistungsklagenverbot. Zum Schutz der Verteilungsrangfolge (vgl. hierzu § 209 Rdn. 21) in der Wohlverhaltensphase kann der Treuhänder aber im Erkenntnisverfahren die Unzulänglichkeit des Sondervermögens des § 292 Abs. 1 darlegen. Die Leistungsklage wird dann unzulässig. Gleiches gilt im Kostenfeststellungsverfahren. Vollstreckungen nach dem Erkenntnisverfahren kann der Treuhänder mit der Vollstreckungsgegenklage abwehren. 6

II. Altmassegläubiger

Der Vollstreckungsschutz setzt mit Eingang der Anzeige der Masseunzulänglichkeit des Verwalters bei Gericht ein.[3] Die Anzeige ist alleinige Voraussetzung des Vollstreckungsverbotes.[4] Die Masseunzulänglichkeit muss nicht tatsächlich vorliegen.[5] Wird nach einer bereits erfolgten Anzeige nochmals Masseunzulänglichkeit angezeigt, können hierdurch, abseits der Frage, ob die erneute Anzeige überhaupt zulässig ist, auf jeden Fall Neumasse- nicht zu Altmassegläubigern zurückgestuft werden.[6] Erfasst wird jede Maßnahme, die noch nicht zur Sicherung oder Befriedigung geführt hat. Bereits begründete Rechte sind nicht betroffen[7] und werden nach Anzeige der Masseunzulänglichkeit wie absonderungsberechtigte Gläubiger berücksichtigt.[8] 7

Das Vollstreckungsverbot ist von Amts wegen zu beachten. Es ist mit der Vollstreckungserinnerung nach § 766 ZPO durchzusetzen, da es sich nicht um einen materiellen Einwand, sondern um einen Einwand gegen die Zulässigkeit der Vollstreckung handelt.[9] Aufgrund der größeren Sachnähe ist das Insolvenzgericht in entsprechender Anwendung des § 89 Abs. 3 zuständig.[10] 8

---

2 BGH 09.10.2008, IX ZB 129/07, WM 2008, 2177; Uhlenbruck/*Berscheid* Rn. 17.
3 FK-InsO/*Kießner* Rn. 3; Mohrbutter/Ringstmeier/*Pape* § 12 Rn. 113.
4 MüKo-InsO/*Hefermehl* Rn. 9.
5 HK-InsO/*Landfermann* Rn. 2.
6 BGH 09.10.2008, IX ZB 129/07, WM 2008, 2177; a.A. HambK-InsR/*Weitzmann* Rn. 5.
7 FK-InsO/*Kießner* Rn. 4.
8 HK-InsO/*Landfermann* Rn. 4; LG Berlin 18.12.2007, 86 T 700/07, NZI 2008, 108.
9 BGH 21.09.2006, IX ZB 11/04, ZInsO 2006, 1049.
10 BGH 21.09.2006, IX ZB 11/04, ZInsO 2006, 1049.

9 § 210 regelt nicht ausdrücklich, was bei Anzeige der Masseunzulänglichkeit für bereits anhängige Erkenntnisverfahren gelten soll. Es ist aber einhellige Meinung, dass der Altmassegläubiger mit Anzeige der Masseunzulänglichkeit sein Rechtsschutzinteresse hinsichtlich einer Leistungsklage verliert.[11] Da er durch die erklärte Masseunzulänglichkeit und das Vollstreckungsverbot des § 210 seinen Anspruch nicht mehr vollständig durchsetzen kann, kann sein Interesse nur noch darauf gerichtet sein, seinen Anspruch für die quotale Beteiligung nach § 209 Abs. 1 feststellen zu lassen. Er hat seine Leistungsklage folglich auf eine Feststellungsklage umzustellen.

10 Im Kostenfeststellungsverfahren gilt Entsprechendes. Es ist daher zu unterscheiden, ob die Kosten Alt- oder Neumasseverbindlichkeiten sind. Kostenansprüche entstehen aufschiebend bedingt bereits mit Rechtshängigkeit des Verfahrens.[12] Nimmt der Verwalter ein Verfahren auf, ist dagegen auf den Zeitpunkt der Aufnahme abzustellen.[13] Lediglich bei der Festsetzung der Kraftfahrzeugsteuer soll nach Ansicht des BFH wegen der Unterschiede zwischen Zivilprozess und steuerlichem Erhebungs- und Festsetzungsverfahren der Erlass eines Bescheides auch hinsichtlich einer Altmasseverbindlichkeit noch zulässig sein.[14]

11 Aus dem Vollstreckungsverbot folgt gem. § 394 BGB auch ein Aufrechnungsverbot.[15]

III. Neumassegläubiger

12 § 210 beschränkt das Vollstreckungsverbot von seinem Wortlaut her ausdrücklich auf Altmasseverbindlichkeiten. Nach einer ersten Erklärung der Masseunzulänglichkeit kann aber erneut Unzulänglichkeit auftreten, so dass nicht alle Neumasseverbindlichkeiten befriedigt werden können. § 210 gilt hier zur Sicherung des Vorrangs der Kostengläubiger entsprechend auch für Neumassegläubiger.[16] Um den Vollstreckungsschutz gegenüber den Neumassegläubigern zu erhalten, muss der Verwalter im laufenden Erkenntnisverfahren die erneute Masseunzulänglichkeit darlegen. Eine Zurückstufung der Neumassegläubiger zu Altmassegläubigern allein durch eine erneute Anzeige erfolgt nicht. Gelingt dem Verwalter die Darlegung können die Neumassegläubiger nur noch mit der Feststellungsklage vorgehen.[17] Entsprechendes gilt im Kostenfestsetzungsverfahren.[18]

13 Ist das Erkenntnisverfahren bereits abgeschlossen, kann der Verwalter Vollstreckungen des Neumassegläubigers nur mit der Vollstreckungsgegenklage abwehren, da nur auf diesem Wege der materielle Einwand der erneuten Unzulänglichkeit zu prüfen ist.

14 Die Vereinbarung eines Sozialplanes nach Anzeige der Masseunzulänglichkeit führt nicht dazu, dass die Sozialplanansprüche zu Neumassegläubigerforderungen werden. § 123 Abs. 2 Satz 2 geht hier vor, § 209 Abs. 1 Nr. 2 hat keine Bedeutung.[19]

15 Aus dem Vollstreckungsverbot in entsprechender Anwendung des § 210 folgt gem. § 394 BGB auch ein Aufrechnungsverbot.[20]

IV. Alt- und Neumassegläubiger in der Wohlverhaltensphase

16 In einem Verfahren mit Restschuldbefreiung wechselt der Schuldner nach der Verfahrensbeendigung in den zweiten Verfahrensabschnitt, die sog. Wohlverhaltensphase (Restlaufzeit der Abtre-

---

11 Ua HK-InsO/*Landfermann* Rn. 6; MüKo-InsO/*Hefermehl* Rn. 18.
12 BGH 17.03.2005, IX ZB 247/03, ZIP 2005, 817; MüKo-InsO/*Hefermehl* Rn. 15.
13 BGH 09.10.2008, IX ZB 129/07, WM 2008, 2177.
14 BFH 29.08.2007, IX R 58/06, BFHE 218, 432.
15 HambK-InsR/*Weitzmann* Rn. 6.
16 BGH 13.4.06, IX ZR 22/05, BGHZ 167, 178; FK-InsO/*Kießner* Rn. 11.
17 BAG 31.03.2004, 10 AZR 253/03, BAGE 110, 135.
18 BGH 09.10.2008, IX ZB 129/07, WM 2008, 2177; HK-InsO/*Landfermann* Rn. 9.
19 BAG 21.01.2010, 6 AZR 785/08, DB 2010, 567.
20 HambK-InsR/*Weitzmann* Rn. 6.

tungserklärung des § 287 Abs. 2). In diesem Abschnitt zieht der Treuhänder die pfändbaren Einkommensanteile des Schuldners über die ihm erteilte Abtretung ein. Des Weiteren hat der Schuldner gem. § 295 Abs. 1 Nr. 2 ein Erbe zur Hälfte an den Treuhänder herauszugeben. Das Erhaltene verteilt der Treuhänder nach § 292 Abs. 1. Bei dieser Verteilung hat er die im vorausgegangenen Verfahren unbefriedigt gebliebenen Alt- und Neumassegläubiger vorrangig zu befriedigen.[21]

Daneben sind die Bonuszahlungen an den Schuldner gem. § 292 Abs. 1 Satz 5 (nur in den bis zum 30.6.14 beantragten Verfahren), die Verfahrenskosten, auch bei Kostenstundung[22] und einschließlich der Kosten der Wohlverhaltensphase, die Bonuszahlungen an den Schuldner gem. § 292 Abs. 1 Satz 4, die Forderungen der Wohlverhaltensphasengläubiger, die durch eine Handlung des Treuhänders und auf andere Weise, z.B. ungerechtfertigte Bereicherung, verursacht wurden, und schließlich die Insolvenzgläubiger nach dem im Insolvenzverfahren erstellten Verteilungsverzeichnis zu berücksichtigen. 17

Das Vollstreckungsverbot in der Wohlverhaltensphase aus § 294 Abs. 1 erfasst nur die Insolvenzgläubiger. § 210 muss daher zur Sicherung der Verteilung der vom Treuhänder verwalteten Gelder in der Wohlverhaltensphase fortgelten. Ansonsten könnte ein Alt- oder Neumassegläubiger seine Forderung nach Aufhebung des Verfahrens titulieren lassen und die Verteilungsrangfolge des § 292 Abs. 1 gefährden. Ohne Fortgeltung des Vollstreckungsverbotes könnte der Treuhänder in einem Verbraucherinsolvenzverfahren im eröffneten Verfahren zwar den Erlass eines Kostenfestsetzungsbeschlusses verhindern, müsste diesen in der Treuhandperiode aber hinnehmen und dann auch die Zwangsvollstreckung in das von ihm verwaltete Sondervermögen dulden. Die Verteilungsrangfolge in der Treuhandphase wäre nicht abgesichert. 18

Hiervon zu unterscheiden ist die Geltendmachung einer oktroyierten Masseverbindlichkeit gegen den Schuldner während der Wohlverhaltensphase. Die Zahlungsklage ist hier zulässig.[23] § 294 Abs. 1 greift hier nicht, die Vollstreckung ist aber nur in den Neuerwerb möglich, der nicht von §§ 287 Abs. 2, 295 Abs. 1 Satz 2 und 295 Abs. 2 erfasst wird.[24] 19

V. Wohlverhaltensphasengläubiger

Während der Treuhänderschaft der Wohlverhaltensphase können Forderungen gegen das vom Treuhänder verwaltete Sondervermögen insb. aus Streitigkeiten über die an den Treuhänder abzuführenden pfändbaren Einkommensanteile entstehen. Der Drittschuldner kann bspw. nicht oder zu viel geleistet haben. Ebenso können Ansprüche aus ungerechtfertigter Bereicherung entstehen, wenn der Arbeitgeber als Drittschuldner die Pfändungsgrenzen des § 850c ZPO nicht beachtet und Unpfändbares an den Treuhänder abgeführt hat. 20

Die gegen das Sondervermögen aus diesen Verfahren entstehenden Forderungen müssen zur Sicherung der Verteilungsrangfolge in der Wohlverhaltensphase einem Vollstreckungsverbot unterliegen, das dem der Neumassegläubiger im eröffneten Verfahren entspricht. Obwohl diese Wohlverhaltensphasengläubiger grds keinem Vollstreckungs- und Leistungsklagenverbot unterliegen, kann der Treuhänder daher im Erkenntnis- oder Kostenfestsetzungsverfahren die Unzulänglichkeit des Sondervermögens des § 292 Abs. 1 darlegen. Die Leistungsklage wird dann unzulässig. Gleiches gilt im Kostenfeststellungsverfahren. Vollstreckungen nach dem Erkenntnisverfahren kann der Treuhänder mit der Vollstreckungsgegenklage abwehren. 21

---

21 BGH 17.03.2005, IX ZB 214/04, WM 2005, 1129; Uhlenbruck/*Vallender* § 292 Rn. 33.
22 BGH 19.11.2009, IX ZB 261/08, ZIP 2010, 145.
23 BGH 28.06.2007, IX ZR 73/06, NZI 2007, 670.
24 Vgl. Anm. NJW-Spezial 2007, 486.

§ 210a Insolvenzplan bei Masseunzulänglichkeit

Bei Anzeige der Masseunzulänglichkeit gelten die Vorschriften über den Insolvenzplan mit der Maßgabe, dass
1. an die Stelle der nicht nachrangigen Insolvenzgläubiger die Massegläubiger mit dem Rang des § 209 Absatz 1 Nummer 3 treten und
2. für die nicht nachrangigen Insolvenzgläubiger § 246 Nummer 2 entsprechend gilt.

1 Die Vorschrift, die zum 01.03.2012 in Kraft getreten ist,[1] hat ausschließlich klarstellenden Charakter und soll für Rechtssicherheit sorgen.[2] Zum Teil hielten Rspr und Literatur die Vorlage eines Planes im masseunzulänglichen Verfahren für unzulässig,[3] da das Gesetz nach § 258 Abs. 2 eine vollständige Befriedigung aller Masseverbindlichkeiten fordere. Für Rechtsunsicherheit hatte der Umstand gesorgt, dass § 323 Abs. 3 des Regierungsentwurfs der Insolvenzordnung[4] noch vorgesehen hatte, dass bei Masseunzulänglichkeit die Vorlage eines Plans nicht ausgeschlossen sein sollte. Diese Regelung wurde dann allerdings auf Vorschlag des Rechtsausschusses nicht in die InsO übernommen.

2 Die jetzige Gesetzesbegründung[5] weist zu Recht darauf hin, dass gute Gründe für die Möglichkeit des Insolvenzplanes auch im masseunzulänglichen Verfahren sprechen. Als Beispiel wird der höhere Fortführungswert eines Unternehmens im Gegensatz zu seinem Zerschlagungswert genannt. So kann der Insolvenzplan auch den Massegläubigern im masseunzulänglichen Verfahren wirtschaftliche Vorteile bringen.

3 Da im masseunzulänglichen Verfahren durch den Insolvenzplan in die Rechte der Massegläubiger eingegriffen wird, nehmen diese die Position der nicht nachrangigen Insolvenzgläubiger ein, denen damit nur die Rechte der nachrangigen Insolvenzgläubiger bleiben.[6] Für Altmassegläubiger nach § 209 Abs. 1 Nr. 3 muss eine Gruppe gebildet werden, ansonsten richtet sich die Gruppenbildung nach § 222.[7]

§ 211 Einstellung nach Anzeige der Masseunzulänglichkeit

(1) Sobald der Insolvenzverwalter die Insolvenzmasse nach Maßgabe des § 209 verteilt hat, stellt das Insolvenzgericht das Insolvenzverfahren ein.

(2) Der Verwalter hat für seine Tätigkeit nach der Anzeige der Masseunzulänglichkeit gesondert Rechnung zu legen.

(3) Werden nach der Einstellung des Verfahrens Gegenstände der Insolvenzmasse ermittelt, so ordnet das Gericht auf Antrag des Verwalters oder eines Massegläubigers oder von Amts wegen eine Nachtragsverteilung an. § 203 Abs. 3 und die §§ 204 und 205 gelten entsprechend.

Übersicht	Rdn.		Rdn.
A. Normzweck	1	2. Verfahren einer natürlichen Person mit Restschuldbefreiung	10
B. Tatbestandsvoraussetzungen	2	II. Gesonderte Rechnungslegung	13
I. Verfahrenseinstellung	2	III. Nachtragsverteilung	14
1. Reguläres Verfahren einer juristischen Person	4	C. Rechtsfolgen	17

---

1 BGBl. I 2011, 2582 ff.
2 Karsten Schmidt/*Jungmann* § 210a InsO Rn. 1
3 LG Dresden 15.07.2005, 5 T 830/02, ZInsO 2005, 831.
4 BT-Drucks. 12/2443, 60 Rn. 220 f.
5 BT-Drucks. 17/5712, 43.
6 FK-InsO/*Kießner* § 210 Rn. 23.
7 Zu Einzelheiten siehe FK-InsO/*Kießner* § 210a Rn. 4, 6

A. Normzweck

§ 211 regelt die geordnete Beendigung des Verfahrens bei Masseunzulänglichkeit gem. §§ 208 ff. Die Vorschrift schützt die Altmassegläubiger durch das Erfordernis der besonderen Rechnungslegung in § 211 Abs. 2,[1] erklärt die Nachtragsverteilung entgegen der Konkursordnung auch im Falle der Einstellung wegen Masseunzulänglichkeit für ausdrücklich zulässig, lässt aber den konkreten Verfahrensablauf bei der Einstellung offen und bietet so Gestaltungsspielraum.

B. Tatbestandsvoraussetzungen

I. Verfahrenseinstellung

Im Gegensatz zum Eintritt der Masselosigkeit nach § 207 bedeutet die auftretende Masseunzulänglichkeit zumeist nicht die zeitnahe Einstellung des Verfahrens. Gem. § 208 Abs. 3 hat der Verwalter ausdrücklich seine Tätigkeit fortzusetzen.[2] Insb. die Verfahren der natürlichen Personen sind in ihrer großen Mehrheit bereits seit Eröffnung masseunzulänglich, werden aber wegen der Besonderheiten dieser Verfahren gleichwohl wie reguläre fortgeführt (vgl. § 209 Rdn. 19 ff.).

Das bei der Verfahrenseinstellung konkret durchzuführende Verfahren ist weder in § 211 noch in §§ 214, 215 abschließend geregelt. Der Wortlaut des § 211 Abs. 1 verlangt nur die Verteilung der Masse nach den Vorgaben des § 209 vor der Einstellung. Dieser Spielraum sollte und darf genutzt werden, um den konkreten Ablauf der Verfahrenseinstellung den Anforderungen des jeweiligen Verfahrens anzupassen.[3]

1. Reguläres Verfahren einer juristischen Person

Der Verwalter schließt seine Verwaltungs- und Verwertungstätigkeiten wie üblich ab. Er hat die vorhandene Masse zu verwerten und ggf auch eine Betriebsfortführung im noch angemessenen Rahmen fortzusetzen. Allerdings sollte er hierbei beachten, dass sich mit Anzeige der Masseunzulänglichkeit der Verfahrenszweck ändert. Die Befriedigung der Insolvenzgläubiger tritt jetzt hinter die zumindest anteilmäßige Befriedigung der Altmassegläubiger zurück. Der Verwalter läuft daher Gefahr, in die Haftung genommen zu werden, wenn er nach Anzeige der Masseunzulänglichkeit mehr neue Masseschulden begründet, als er abbaut.[4]

Der Verwalter stellt anschließend den Antrag, seine Vergütung und Auslagen festzusetzen, da ohne diese Festsetzung die Kosten des Verfahrens nicht feststehen.[5] Nachdem das Gericht über diesen Antrag entschieden hat, kann der Verwalter dem Gericht seine Schlussrechnung vorlegen, die den Anforderungen des § 211 Abs. 2 genügen, die Zeiträume bis zur Anzeige der Masseunzulänglichkeit und danach also gesondert darstellen muss. Er sollte für diese Zeiträume getrennte Tätigkeitsberichte, Einnahmen-/Ausgabenlisten sowie Altmasse- und Neumassegläubigerlisten vorlegen. Diese Unterlagen hat das Gericht anschließend gem. § 66 Abs. 2, der hier wie im regulären Verfahren gilt,[6] zu prüfen.

Streitig ist, ob nach der Prüfung durch das Gericht noch eine Prüfung gem. § 66 Abs. 2 durch einen Gläubigerausschuss stattzufinden hat und ob eine besondere Gläubigerversammlung einzuberufen ist. Überzeugend wird zu dieser Frage darauf hingewiesen, dass sich der Verfahrenszweck mit Anzeige der Masseunzulänglichkeit von der gemeinschaftlichen Befriedigung der Insolvenzgläubiger zugunsten des Schutzes der Altmassegläubiger, die nun zumindest anteilmäßig befriedigt werden sol-

---

1 MüKo-InsO/*Hefermehl* Rn. 1.
2 FK-InsO/*Kießner* Rn. 4.
3 MüKo-InsO/*Hefermehl* Rn. 5.
4 Mohrbutter/Ringstmeier/*Pape* § 12 Rn. 110.
5 Mohrbutter/Ringstmeier/*Pape* § 12 Rn. 144.
6 MüKo-InsO/*Hefermehl* Rn. 15.

len, verschiebt.[7] Damit macht die Beteiligung der Insolvenzgläubiger, deren Interessen nicht mehr berührt sind, am Einstellungsverfahren nach § 211 wenig Sinn. Auch der BGH geht davon aus, dass im Falle der Einstellung nach § 211 zumindest der Schlusstermin nicht mehr stattfindet.[8] Nach der hier vertretenen Ansicht prüft daher allein das Gericht die Schlussrechnungen. Besondere Gläubigerversammlung und Schlusstermin werden nicht mehr durchgeführt.

7 Allein das Einzelinteresse eines Insolvenzgläubigers an einem vollstreckbaren Tabellenauszug rechtfertigt auch nicht die Durchführung eines weiteren Prüfungstermins.[9] Nach Aufhebung des Verfahrens und Wegfall der Beschränkung des § 87 kann der betroffene Gläubiger wieder im Zivilprozess einen Titel erwirken. Vor Verjährung ist er bereits mit der Anmeldung der Forderung gem. § 204 Abs. 1 Nr. 10 BGB geschützt.

8 Ebenso rechtfertigt die grds Möglichkeit einer Nachtragsverteilung gem. § 211 Abs. 3 es nicht, in jedem masseunzulänglichen Verfahren eine vollständige und abschließende Forderungsprüfung durchzuführen und ein Schlussverzeichnis für den doch zumeist nur theoretischen Fall einer Nachtragsverteilung zu erstellen,[10] denn schließlich handelt es sich um masseunzulängliche Verfahren, in denen nur in den seltensten Fällen die Insolvenzgläubiger noch Befriedigung erlangen werden.[11] Tritt tatsächlich der Fall einer nachträglichen Verteilung eines hohen Betrages ein, sollte daher eher ein neues Insolvenzverfahren durchgeführt werden, als pauschal alle masseunzulänglichen Verfahren mit zumeist unnötigen Arbeiten zu überfrachten.

9 Nach der alleinigen Prüfung durch das Gericht verteilt der Verwalter schließlich an die Alt- und Neumassegläubiger entsprechend den erstellten Verzeichnissen und teilt dies dem Gericht mit. Zu dieser Mitteilung ist der Verwalter verpflichtet,[12] da die Verteilung Voraussetzung der Einstellung ist. Das Gericht stellt anschließend von Amts wegen mit gem. § 216 Abs. 1 grds nicht anfechtbarem[13] Beschluss das Verfahren ein. Die Einstellung hat zeitnah nach der Anzeige zu erfolgen und steht nicht im Ermessen des Gerichts.[14]

2. Verfahren einer natürlichen Person mit Restschuldbefreiung

10 Diese Verfahren sind im Grunde trotz Masseunzulänglichkeit wie reguläre Verfahren zu durchzuführen, da die eingetretene Masseunzulänglichkeit gem. § 289 Abs. 3 die Erteilung der Restschuldbefreiung ausdrücklich nicht ausschließt. Auf das eigentliche Verfahren folgt hier nach Einstellung die sog. Wohlverhaltensphase. Da wegen der Verfahrensdauer von sechs Jahren nicht absehbar ist, ob es noch zu Verteilungen an die Insolvenzgläubiger kommen wird, wird ein Schlussverzeichnis zwingend benötigt und ist zu erstellen. Damit sind auch die noch nicht erfolgten Forderungsprüfungen durchzuführen. Gleichzeitig werden aber auch die Alt- und Neumassegläubigerlisten zur Verteilung gem. § 209 benötigt, da bei Verteilungen in der Wohlverhaltensperiode nach ganz h.M. zunächst die noch bestehenden Masseverbindlichkeiten zu befriedigen sind.[15] Daher entlässt der Umstand, dass die Verfahren mit beantragter Restschuldbefreiung im Grunde wie reguläre Verfahren durchzuführen sind, den Verwalter nicht aus der Verpflichtung, die spätere Verteilung entsprechend § 209 vorzunehmen.

---

7 MüKo-InsO/*Hefermehl* Rn. 17.
8 BGH 19.3.09, IX ZB 134/08, ZVI 2009, 346.
9 HK-InsO/*Landfermann* Rn. 3.
10 AA FK-InsO/*Kießner* § 211 Rn. 13 m. Hinw. auf die angebliche Praxis der Insolvenzgerichte.
11 Mohrbutter/Ringstmeier/*Pape* § 12 Rn. 149.
12 FK-InsO/*Kießner* § 211 Rn. 5.
13 Die Möglichkeit der Rechtspflegererinnerung gem. § 11 Abs. 2 RPflG besteht aber.
14 MüKo-InsO/*Hefermehl* Rn. 9.
15 BGH 17.03.2005, IX ZB 214/04, m. Hinw. auf Begr. zu § 329 RegE, BT-Drucks. 12/2443, 222, WM 2005, 1129 ff.

Auch ein dem Schlusstermin zumindest entsprechender Termin zur Anhörung der Insolvenzgläubiger zur Frage der Erteilung der Restschuldbefreiung ist durchzuführen. Diese Anhörung kann und sollte allerdings gem. § 5 Abs. 2 zur allseitigen Entlastung im schriftlichen Verfahren durchgeführt werden. Alt- und Neumassegläubiger sind im Übrigen nicht berechtigt, die Versagung der Restschuldbefreiung zu beantragen. **11**

Die Verteilung von erst in der Wohlverhaltensperiode eingegangenen Beträgen hat die noch offenen Masseverbindlichkeiten aus dem vorausgegangenem Verfahren nach der Rangordnung des § 209, die Bonuszahlungen an den Schuldner gem. § 292 Abs. 1, die Verfahrenskosten der Wohlverhaltensperiode, die eher seltenen, aber möglichen Forderungen von Wohlverhaltensphasengläubigern, die der Treuhänder verursacht hat, und schließlich die Insolvenzgläubiger zu beachten (vgl. § 209 Rdn. 21). **12**

II. Gesonderte Rechnungslegung

Der Verwalter hat bei Einstellung des Verfahrens nach § 211 die üblichen Rechnungslegungspflichten aus § 66 Abs. 1. Er hat hierbei aber zusätzlich gesondert Rechnung zu legen für die Zeit vor und nach Anzeige der Masseunzulänglichkeit. Dem Gericht und vor allen Dingen auch den Massegläubigern soll so eine Prüfung der Tätigkeit des Verwalters ermöglicht werden. Neben einem Tätigkeitsbericht hat der Verwalter Einnahmen- und Ausgabenlisten getrennt für die Zeit vor und nach Anzeige sowie Alt- und Neumassegläubigerlisten zu erstellen.[16] Nur so kann die ordnungsgemäße Verteilung gem. § 209 geprüft werden. Ob diese Alt- und Neumassegläubigerlisten dem Gericht vorgelegt werden müssen oder ob sie nur dringend anzuratende Arbeitspapiere des Verwalters sind, die nicht vorgelegt werden müssen,[17] ist streitig. Fraglich ist aber, warum der Verwalter von ihm mit Aufwand erstellte Unterlagen dem Gericht vorenthalten sollte. Auch die erst durch diese Listen mögliche genaue Prüfung spricht für eine Vorlage. **13**

III. Nachtragsverteilung

Seinem Wortlaut nach erfasst § 211 Abs. 3 nur die Fälle des § 203 Abs. 1 Nr. 3, also Fälle der nachträglichen Ermittlung von Massegegenständen. Es wird aber zutreffend darauf hingewiesen, dass die Regelungen der §§ 207–215 ersichtlich keinen abschließenden Charakter haben.[18] Auch i.S.d. vom Gesetzgeber gewollten vollständigen Haftungsrealisierung[19] macht eine Beschränkung der Nachtragsverteilung auf den Fall des § 203 Abs. 1 Nr. 3 keinen Sinn. Die Nachtragsverteilung nach § 211 Abs. 1 ist daher in allen Fällen des § 203 Abs. 1 zulässig.[20] **14**

Damit eröffnet sich auch in einem masseunzulänglichen Verfahren die Möglichkeit, das Verfahren trotz eines noch laufenden, aber absehbar langwierigen Prozesses zu beenden. Rückstellungen[21] können gebildet werden, die entweder entsprechend verwandt werden oder an die Massegläubiger ausgeschüttet werden. Dies gilt auch für Anfechtungsprozesse.[22] **15**

Kommt es tatsächlich zu einer Nachtragsverteilung, sollte zunächst anhand der vorliegenden Alt- und Neumassegläubigerlisten geprüft werden, ob die vorhandenen Beträge über diese Masseverbindlichkeiten hinausgehen. Ist dies der Fall, sollte geprüft werden, ob § 203 Abs. 3 Anwendung findet, eine Verteilung also wegen Geringfügigkeit unangemessen wäre. Erst wenn auch dies nicht der Fall ist, besteht nach der hier vertretenen Ansicht hinsichtlich der Verteilung das Problem, dass ein Schlussverzeichnis nicht angefertigt wurde und damit auch nicht vorliegt. Eine nachträgliche Erstel- **16**

---

16 MüKo-InsO/*Hefermehl* Rn. 15.
17 So FK-InsO/*Kießner* Rn. 14.
18 Mohrbutter/Ringstmeier/*Pape* § 12 Rn. 147.
19 MüKo-InsO/*Hefermehl* Rn. 20; HK-InsO/*Landfermann* Rn. 7.
20 Karsten Schmidt/*Jungmann* § 211 InsO Rn. 19
21 Mohrbutter/Ringstmeier/*Pape* § 12 Rn. 148
22 Vgl. FK-InsO/*Kießner* Rn. 20 ff.

lung ist wegen der bereits erfolgten Aufhebung des Verfahrens nicht zulässig. Es bleibt aber die Möglichkeit eines erneuten Insolvenzverfahrens, soweit die Insolvenzgläubiger hieran durch Antragstellung Interesse zeigen. Hierzu sind die Insolvenzgläubiger über das nachträglich bekannt gewordene Massevermögen zu informieren.

C. Rechtsfolgen

17 Nach Verteilung gem. § 209 und Einstellung des Verfahrens nach § 211 kann der Schuldner gem. § 289 Abs. 3 die Restschuldbefreiung erlangen. Nach Einstellung des Verfahrens wechselt der Schuldner daher für den verbleibenden Rest der sechs Jahre aus § 289 Abs. 2 in die sog. Wohlverhaltensphase. Ist im Einstellungsbeschluss keine Uhrzeit angegeben, vollzieht sich der Wechsel vom eröffneten Verfahren in die Wohlverhaltensphase gem. § 27 Abs. 3 analog am Tag des Erlasses des Aufhebungsbeschlusses zur Mittagsstunde.[23]

18 Die sofortige Beschwerde ist nach § 6 nicht zulässig, da § 216 die Einstellung nach § 211 nicht aufführt. Zulässig ist aber die Rechtspflegererinnerung gem. § 11 Abs. 2 RPflG, so dass ggf abschließend der Richter entscheidet.

§ 212 Einstellung wegen Wegfalls des Eröffnungsgrunds

Das Insolvenzverfahren ist auf Antrag des Schuldners einzustellen, wenn gewährleistet ist, dass nach der Einstellung beim Schuldner weder Zahlungsunfähigkeit noch drohende Zahlungsunfähigkeit noch, soweit die Überschuldung Grund für die Eröffnung des Insolvenzverfahrens ist, Überschuldung vorliegt. Der Antrag ist nur zulässig, wenn das Fehlen der Eröffnungsgründe glaubhaft gemacht wird.

Übersicht

		Rdn.			Rdn.
A.	Normzweck	1	V.	Pflichten des Gerichts	17
B.	Tatbestandsvoraussetzungen	2	VI.	Pflichten des Verwalters	18
I.	Verfahren	2	VII.	Restschuldbefreiung	21
II.	Antrag des Schuldners	3	C.	**Rechtsfolgen**	22
III.	Wegfall des Eröffnungsgrundes	5	D.	**Rechtsmittel**	24
IV.	Glaubhaftmachung	11			

A. Normzweck

1 § 212 ermöglicht die Einstellung des Verfahrens, wenn die Voraussetzungen der Eröffnung entweder gar nicht vorgelegen haben oder wenn sie nach Eröffnung weggefallen sind. In den Verfahren der natürlichen Personen entfällt der Eröffnungsgrund des Öfteren, da der Schuldner über eine Erbschaft zu neuem Vermögen kommt.[1] Die KO sah für diesen Fall keine Lösung vor, was im Gesetzgebungsverfahren der InsO zu Recht als Mangel angesehen wurde.[2] Die KO kannte in § 202 KO nur die Einstellung des Verfahrens mit Zustimmung der Gläubiger. Die mit der Durchführung eines Verfahrens verbundenen erheblichen Beschränkungen und Rechtsverluste für den Schuldner erfordern aber eine Einstellung auch ohne Zustimmung der Gläubiger, wenn der Eröffnungsgrund nicht mehr vorliegt oder nie vorgelegen hat.[3]

---

23 BGH 05.07.2010, IX ZB 229/07, NZI 2010, 741.
1 Vgl. BGH 15.07.2010, IX ZB 229/07, ZIP 2010, 1610.
2 Begr. RegE BT-Drucks. 12/2443, 221.
3 MüKo-InsO/*Hefermehl* Rn. 1.

B. Tatbestandsvoraussetzungen

I. Verfahren

§ 212 sieht ein zweistufiges Verfahren vor. Zunächst hat der Schuldner gem. § 212 Satz 2 glaubhaft zu machen, dass der Eröffnungsgrund nie vorlag oder nach Eröffnung entfallen ist und nicht mehr droht. Gelingt diese Glaubhaftmachung nicht, verwirft das Gericht den Antrag als unzulässig. Gelingt die Glaubhaftmachung, hat das Gericht in der nächsten Stufe gem. § 5 Abs. 1 von Amts wegen zu ermitteln, ob die Einstellungsvoraussetzungen vorliegen. Liegen die Einstellungsgründe nicht vor, wird der Antrag als unbegründet abgewiesen, liegen sie vor, erfolgt die Einstellung. Sowohl bei der Glaubhaftmachung als auch bei der gerichtlichen Prüfung sind gem. § 214 Abs. 2 die Masseverbindlichkeiten, also insb. die Vergütungsansprüche des Verwalters, zu berücksichtigen.[4] Zum Verfahren i.E. vgl. auch §§ 214, 215.

II. Antrag des Schuldners

Die Einstellung erfolgt nur auf Antrag des Schuldners. Das Gericht kann das Verfahren nicht von Amts wegen einstellen, wenn es von sich aus den Wegfall des Eröffnungsgrundes feststellt. Für juristische Personen oder Gesellschaften ohne Rechtspersönlichkeit kann der Antrag von jeder vertretungsberechtigten Person gestellt werden.[5] Es ist kein Grund ersichtlich, aus dem der Antrag eines einzelnen Vertreters des Schuldners, der die Einstellungsvoraussetzungen glaubhaft macht, unzulässig sein sollte, weil die Zustimmung einer weiteren vertretungsberechtigten Person des Schuldners fehlt.[6] Entscheidend sollte vielmehr allein der Umstand sein, ob die Überschuldung beseitigt wurde.

Der Antrag kann unmittelbar ab Eröffnung[7] bis zur Aufhebung des Verfahrens[8] gestellt werden. Nach Aufhebung des Insolvenzverfahrens kann der Antrag zwar nicht mehr gestellt werden, aber einem Antrag auf Nachtragsverteilung nach § 203 kann der Schuldner mit glaubhaft gemachtem Vortrag entgegenhalten, dass die Voraussetzungen des § 212 vorliegen. Eine Nachtragsverteilung ist dann ausgeschlossen. Dies gilt allerdings nicht in Verfahren mit beantragter Restschuldbefreiung, wenn sich der Schuldner nach Aufhebung des Verfahrens in der sog. Wohlverhaltensphase befindet. Beantragte Restschuldbefreiung und behaupteter Wegfall des Eröffnungsgrundes widersprechen sich. Beruft sich der Schuldner daher in diesem Fall auf § 212, so sieht der BGH hierin zugleich die Rücknahme des Antrages auf Restschuldbefreiung.[9]

III. Wegfall des Eröffnungsgrundes

§ 212 Satz 1 führt die Eröffnungsgründe der §§ 17 bis 19 auf. Fallen also Zahlungsunfähigkeit, drohende Zahlungsunfähigkeit oder Überschuldung weg, ist das Verfahren einzustellen. Die Eröffnungsgründe können zunächst nie vorgelegen haben,[10] was der Fall sein kann, wenn die wirtschaftlichen Verhältnisse des Schuldners vor Insolvenzeröffnung von ihm selbst, dem Gericht oder auch einem Sachverständigen falsch bewertet wurden.[11]

Die Eröffnungsgründe können auch nach Eröffnung des Verfahrens wegfallen. Eine Erbschaft oder ein anderer unerwarteter Vermögenszuwachs können Grund hierfür sein. Ebenso kann der Schuldner »Bürgschaften, Patronatserklärungen, Rangrücktritte, Besserungsabreden, Garantieerklärungen oder unbedingte Kapitalerhöhungserklärungen«[12] beibringen. Es muss sich allerdings um verbind-

---

4 Vgl. BGH 09.12.2010, IX ZB 66/10 n.v.
5 Str. wie hier HK-InsO/*Landfermann* Rn. 3; a.A. HambK-InsR/*Weitzmann* Rn. 3.
6 HK-InsO/*Landfermann* Rn. 3.
7 HambK-InsR/*Weitzmann* Rn. 3, MüKo-InsO/*Hefermehl* Rn. 8.
8 BGH 15.07.2010, IX ZB 229/07, ZIP 2010, 1610.
9 BGH 15.07.2010, IX ZB 229/07, ZIP 2010, 1610.
10 Begr. RegE BT-Drucks. 12/2443, 221.
11 FK-InsO/*Kießner* Rn. 2.
12 OLG Celle 07.09.2000, 2W 69/00, ZIP 2000, 1943.

liche Erklärungen handeln. Unverbindliche Absichtserklärungen reichen nicht aus. Fällt lediglich die Forderung des antragstellenden Gläubigers weg, da sie beglichen wurde, ist hieraus noch nicht auf den Wegfall des Eröffnungsgrundes zu schließen.[13] »Vielmehr muss sichergestellt sein«, so der BGH, »dass es auf absehbare Zeit nach Einstellung des Verfahrens nicht zu einer erneuten drohenden Zahlungsunfähigkeit des Schuldners kommen kann«.[14]

7 Bei Prüfung des Wegfalls der Überschuldung ist der bis zum 31.12.2013 geltende modifizierte Überschuldungstatbestand des § 19 Abs. 1 zu beachten.[15] Eine günstige Fortführungsprognose und Zahlungsfähigkeit schließen demnach die Überschuldung aus.

8 Bei der Prüfung, ob die Voraussetzungen einer Einstellung vorliegen, werden im ersten Schritt die im Verfahren bekannt gewordenen Forderungen zzgl der Verfahrenskosten und der sonstigen Masseverbindlichkeiten mit dem aktuell vorhandenen Vermögen abzugleichen sein. Verfügt der Schuldner durch eine Erbschaft über ein Nachlassgrundstück, dessen Wert zur vollständigen Befriedigung der Gläubiger bei weitem ausreichen wird, sind die Einstellungsvoraussetzungen erfüllt.[16] Zur Ermittlung der vorliegenden Forderungen ist auf die Aktenlage und damit auf die angemeldeten Forderungen und die vom Schuldner in einem Schuldenbereinigungsplan oder in seinem Antrag angegebenen Forderungen abzustellen.[17] In einem weiteren Schritt wird gerade bei gewerblichen Schuldnern eine Zukunftsprognose zu erstellen sein, nach der das erneute Auftreten eines Eröffnungsgrundes in absehbarer Zeit ausgeschlossen ist.

9 Streitpunkt im Einstellungsverfahren kann erfahrungsgemäß der Vergütungsanspruch des Verwalters sein, der gem. § 214 Abs. 3 ebenfalls gesichert sein muss. Nach § 3 Abs. 2c) und § 13 Satz 2 InsVV ist bei vorzeitiger Beendigung des Verfahrens eine geringere Vergütung vorgesehen. Die Einstellung des Verfahrens gem. § 212 ist eine vorzeitige Beendigung i.S. dieser Vorschriften.[18] Der Schuldner wird aber akzeptieren müssen, dass dem Verwalter gleichwohl eine angemessene Vergütung zusteht. Der Verwalter muss andererseits hinnehmen, dass ein plötzlich massereiches Verfahren von ihm nicht weitergeführt werden kann, auch wenn hiermit ein gewisser Vergütungsverlust verbunden ist. Er sollte das berechtigte Interesse des Schuldners an einer zügigen Einstellung des Verfahrens nicht zur Durchsetzung überzogener Vergütungsforderungen ausnutzen. Ist eine Einigung über die Vergütung nicht möglich, stellt sich die Frage, ob eine Einstellung gem. § 212 nur möglich ist, wenn über die Vergütung rechtskräftig entschieden ist. Der BGH hat diese Frage bislang offen gelassen.[19] Fraglich ist, wie der Schuldner die konkreten Verfahrenskosten vorab in Erfahrung bringen kann. Antragsberechtigt nach § 8 InsVV ist er nicht. Aber der Schuldner dürfte einen Anspruch auf eine Vorabberechnung der Vergütung durch den Verwalter haben, damit er den berechneten Betrag oder entsprechende Sicherheit leisten kann, wenn dieser nicht durch die Masse gedeckt ist.[20] Würde dem Schuldner dieser Anspruch nicht zugebilligt, würde letztlich über die Anforderung des § 214 Abs. 3 die Möglichkeit der Einstellung nach §§ 212, 213 leerlaufen.

10 Auch der Schuldner kann gem. § 214 Abs. 3 Sicherheit leisten[21] und eine nach seiner Ansicht überhöhte Vergütungsfestsetzung gem. § 64 Abs. 3 überprüfen lassen, ohne dass das Einstellungsverfahren hierdurch verzögert wird.[22]

---

13 BGH 07.10.2010, IX ZB 1/10 NZI 2011, 20.
14 BGH 07.10.2010, IX ZB 1/10 NZI 2011, 20.
15 FK-InsO/*Kießner* Rn. 6.
16 BGH 15.07.2010, IX ZB 229/07, ZIP 2010, 1610.
17 BGH 15.07.2010, IX ZB 229/07, ZIP 2010, 1610.
18 BGH 16.10.08, IX ZB 247/06, NZI 2009, 57.
19 BGH 09.12.2010, IX ZB 66/10 n.v.
20 Vgl. BGH 24.03.2011, IX ZB 67/10, ZInsO 2011, 777; LG Stuttgart, 7.9.12, 2 T 199/12
21 Vgl. BGH 24.03.2011, IX ZB 67/10, ZInsO 2011, 777.
22 Vgl. LG Stuttgart, 7.9.12, 2 T 199/12 n.v.

IV. Glaubhaftmachung

Der Schuldner hat den Wegfall des Eröffnungsgrundes glaubhaft zu machen. Er hat sich hierzu gem. § 294 ZPO der üblichen Beweismittel einschließlich der eidesstattlichen Versicherung zu bedienen.[23] Die Beweismittel müssen gem. § 294 Abs. 2 ZPO bei der Glaubhaftmachung grds präsent sein.

Der Schuldner sollte im eigenen Interesse seinen Antrag und die Glaubhaftmachung sorgfältig vorbereiten. Überstürzte Anträge, seien sie auch durch die belastende Situation im Insolvenzverfahren noch so verständlich, helfen ebenso wenig weiter wie vorschnell eingelegte Rechtsmittel. Sie verzögern im Zweifel das Einstellungsverfahren eher.[24] Ebenso sollte der Antrag zur Vermeidung einer vorschnellen Verwerfung nicht den Eindruck erwecken, lediglich der Verschleppung oder Störung der Insolvenzabwicklung zu dienen.[25]

Die Anforderungen an die Glaubhaftmachung orientieren sich an den Möglichkeiten des Schuldners. Der Verbraucherschuldner wird seiner Pflicht zur Glaubhaftmachung genügen, wenn er Belege über seinen Vermögenszuwachs, bspw. den Erbschein und eine beim Nachlassgericht eingereichte Aufstellung des Vermögens des Erblassers, einreicht. Angaben zu den Gläubigern dürften im Regelfall kaum erforderlich sein, da der Verbraucherschuldner diese in seinem Antrag gem. § 305 Abs. 1 Nr. 3 bereits aufzuführen, und zu versichern hat, dass seine Angaben zutreffen.[26] ggf. kann der Schuldner zusätzlich bestätigen, dass ihm nach Antragstellung keine weiteren Gläubiger bekannt geworden sind.

An den gewerblichen Schuldner sind höhere Ansprüche zu stellen. Liquiditätsplanung,[27] Angabe der Geldbezugsquellen und aktuelle Bilanz[28] oder entsprechende Unterlagen sollten hier vorgelegt werden. Eine bloße eidesstattliche Versicherung reicht gerade hier nicht aus. Der Schuldner muss vielmehr darlegen, dass der Eröffnungsgrund nachhaltig weggefallen ist.[29]

Auch das Zeugnis oder eine Stellungnahme des Insolvenzverwalters können als Beweismittel angeboten werden. Das Gericht wird diese Beweismittel nicht mit Hinweis auf § 294 Abs. 2 ZPO zurückweisen können, da der Insolvenzverwalter gem. § 214 Abs. 2 sowieso anzuhören ist.

Hält das Gericht die Glaubhaftmachung für nicht ausreichend, hat es den Schuldner in einer Zwischenverfügung zur Nachbesserung aufzufordern.[30]

V. Pflichten des Gerichts

Dem Insolvenzgericht steht bei der Prüfung nach § 212 kein Ermessen zu. Kommt es zu dem Ergebnis, dass der Eröffnungsgrund weggefallen ist, hat es von daher das Verfahren einzustellen. Es hat hierzu den Sachverhalt von Amts wegen zu ermitteln. Es kann ggf den Insolvenzverwalter mit einer Begutachtung beauftragen.[31] Ebenso steht es nicht im Ermessen des Gerichts, wann es den Antrag des Schuldners bearbeitet. Die gravierenden Nachteile, die für den Schuldner mit dem Verfahren verbunden sind, gebieten vielmehr eine unverzügliche Bearbeitung des Antrages.[32] Kommt das Gericht dieser Amtspflicht nicht nach, indem es den Antrag des Schuldners nicht oder verzögert bearbeitet, lehnt es den Antrag im Grunde i.S.d. § 216 Abs. 2 ab. Dem Schuldner steht dann das

---

23 MüKo-InsO/*Hefermehl* Rn. 10.
24 Vgl. BGH 09.12.2010, IX ZB 66/10 n.v.
25 OLG Celle 07.09.2000, 2 W 69/00, ZIP 2000, 1943.
26 S. Erklärung zu Rn. 29 des amtlichen Antragsformulars.
27 HambK-InsR/*Weitzmann* Rn. 3.
28 *Frege/Keller/Riedel* Kap. 8 Rn. 1810.
29 MüKo-InsO/*Hefermehl* Rn. 11.
30 *Frege/Keller/Riedel* Kap. 8 Rn. 1811.
31 *Frege/Keller/Riedel* Kap. 8 Rn. 1818.
32 Vgl. BGH 22.04.2010, IX ZB 196/09, ZInsO 2010, 1011 zur ähnlich gelagerten Problematik bei § 300.

Rechtsmittel der sofortigen Beschwerde zu.[33] Folgt man dieser Ansicht nicht, bleibt nur die Rechtspflegererinnerung gem. § 11 Abs. 2 RPflG[34] oder die Geltendmachung von Amtshaftungsansprüchen.

VI. Pflichten des Verwalters

18 Der Insolvenzverwalter ist nicht allgemeiner Berater des Schuldners. Er hat von daher keine auch haftungsbelegte Verpflichtung, den Schuldner auf die Möglichkeit einer Einstellung gem. § 212 hinzuweisen, wenn sich dieser Hinweis aufgrund der Umstände anbietet.[35] Verzögert der Verwalter die Einstellung des Verfahrens allerdings bewusst oder aufgrund unzutreffender Rechtsansichten, kann dies zu einer Haftung gem. § 60 führen.[36]

19 Streitpunkt in der Praxis kann sein, ob der Verwalter Verwertungsmaßnahmen zurückzustellen hat, wenn der Schuldner einen Antrag nach § 212 gestellt hat.[37] Der Verwalter hat zunächst allgemein gem. § 159 vor einer Verwertung den Berichtstermin abzuwarten. Hat der Schuldner bis zu diesem Termin oder anschließend einen Antrag nach § 212 gestellt, der die Voraussetzungen der Glaubhaftmachung erfüllt, dürfte eine Fortsetzung der Verwertung von Massegegenständen nicht mehr in Frage kommen. Sie ist dann bis zur Entscheidung des Gerichts einzustellen, denn sie ist nicht mehr erforderlich und damit eine den Schuldner unverhältnismäßig belastende Maßnahme, wenn die Möglichkeit der vollständigen Befriedigung aller Insolvenzgläubiger glaubhaft gemacht wurde.

20 Die Schlussrechnung ist nach allgemeinen Regeln zu erstellen und gegenüber dem Insolvenzgericht abzugeben.[38]

VII. Restschuldbefreiung

21 Die Einstellung des Verfahrens nach § 212 schließt eine Restschuldbefreiung aus. Der Schuldner muss daher vor einem Antrag gem. § 212 diese Folge mit der Wirkung der Restschuldbefreiung, die gem. § 301 Abs. 1 gegenüber allen Insolvenzgläubigern gilt, vergleichen.[39] Problematisch sind hier vor allen Dingen unbekannte Gläubiger, die nicht am Verfahren teilgenommen haben. Während ihre Forderungen von der Restschuldbefreiung erfasst werden, können sie nach einer Einstellung gem. § 212 ihre Forderungen weiterhin geltend machen.

C. Rechtsfolgen

22 Die Verfahrenseinstellung nach § 213 wirkt nicht zurück.[40] Eine Nachtragsverteilung nach Einstellung gem. § 212 ist ausgeschlossen, eine erneute Insolvenzantragstellung nicht.

23 Der Schuldner kann in einem weiteren Insolvenzverfahren auch erneut die Erteilung der Restschuldbefreiung beantragen. Fraglich ist allerdings, ob auch in diesem Fall eine Sperrfrist von drei Jahren[41] zu beachten ist. Die Sperrfrist-Rspr des BGH stellt auf ein Fehlverhalten des Schuldners, eine unterlassene Antragstellung oder auf die durch ihn erfolgte Rücknahme des Restschuldbefreiungsantrags ab. Diese Umstände sind mit dem Wegfall des Eröffnungsgrundes, zumal wenn dieser fälschlicherweise angenommen wurde, nicht zu vergleichen. Eine Sperrfrist für einen erneuten Antrag auf Restschuldbefreiung ist daher nicht zu beachten.

---

33 AA BGH. 22.04.2010, IX ZB 196/09, ZInsO 2010, 1011 zur ähnlich gelagerten Problematik bei § 300.
34 Vgl. *Schmidt* Privatinsolvenz, 3. Aufl., § 5 Rn. 52 zu § 300.
35 Vgl. HambK-InsR/*Weitzmann* § 60 Rn. 17.
36 Vgl. BGH 15.07.2010, IX ZB 229/07, ZIP 2010, 1610 Rn. 18.
37 S. LG Traunstein 13.07.2009, 4 T 1939/09 – 4 T 1990/09, NZI 2009, 654.
38 HK-InsO/*Landfermann* § 214 Rn. 3.
39 S. BGH 15.07.2010, IX ZB 229/07, ZIP 2010, 1610–1612 Rn. 18.
40 FK-InsO/*Kießner* § 215 Rn. 7.
41 Vgl. BGH 16.07.2009, IX ZB 219/08, NZI 2009, 691 und aktuell BGH 12.05.2011, IX ZB 221/09, WM 2011, 1084.

D. Rechtsmittel

Die Rechtsmittel folgen aus § 216. Wird das Verfahren eingestellt, steht jedem Insolvenzgläubiger die sofortige Beschwerde zu. Der Insolvenzverwalter hat kein Beschwerderecht. Wird der Antrag auf Einstellung abgelehnt, steht dem Schuldner gem. § 216 Abs. 2 die sofortige Beschwerde zu. 24

§ 213 Einstellung mit Zustimmung der Gläubiger

(1) Das Insolvenzverfahren ist auf Antrag des Schuldners einzustellen, wenn er nach Ablauf der Anmeldefrist die Zustimmung aller Insolvenzgläubiger beibringt, die Forderungen angemeldet haben. Bei Gläubigern, deren Forderungen vom Schuldner oder vom Insolvenzverwalter bestritten werden, und bei absonderungsberechtigten Gläubigern entscheidet das Insolvenzgericht nach freiem Ermessen, inwieweit es einer Zustimmung dieser Gläubiger oder einer Sicherheitsleistung gegenüber ihnen bedarf.

(2) Das Verfahren kann auf Antrag des Schuldners vor dem Ablauf der Anmeldefrist eingestellt werden, wenn außer den Gläubigern, deren Zustimmung der Schuldner beibringt, andere Gläubiger nicht bekannt sind.

Übersicht	Rdn.		Rdn.
A. Normzweck	1	4. Pflichten des Verwalters	17
B. Tatbestandsvoraussetzungen	3	V. Einstellung ohne Zustimmung bestimmter Gläubiger	19
I. Verfahren	3	1. Bestrittene Forderungen	20
II. Antrag des Schuldners	6	2. Absonderungsberechtigte Gläubiger	21
III. Zeitpunkt der Antragstellung	8	3. Ermessen	22
IV. Einstellung mit Zustimmung aller Gläubiger	10	VI. Weitere Einstellungsvoraussetzungen	24
1. Die beteiligten Gläubiger	10	VII. Restschuldbefreiung	25
2. Die Zustimmung	13	C. Rechtsfolgen	28
3. Pflichten des Gerichtes	15	D. Rechtsmittel	30

A. Normzweck

Die Regelung hat § 202 KO mit einigen Ergänzungen in die InsO übernommen. Sie folgt aus dem durch die InsO gestärkten Grundsatz der Gläubigerautonomie im Gesamtvollstreckungsverfahren. Wenn seitens der Gläubiger, zu deren Befriedigung gem. § 1 das Verfahren durchgeführt wird, an einer Fortführung des Verfahrens kein Interesse mehr besteht, ist es einzustellen.[1] 1

Besondere Bedeutung hat die Einstellung nach § 213 dadurch, dass in ihrem Rahmen dem Schuldner auch die Restschuldbefreiung erteilt werden kann.[2] Gerade der Verbraucherschuldner, der gem. § 312 Abs. 2 die Möglichkeiten eines Insolvenzplanes nach §§ 217–269 nicht nutzen kann, hat damit ein weiteres Gestaltungsmittel im Insolvenzverfahren an der Hand. 2

B. Tatbestandsvoraussetzungen

I. Verfahren

Die Einstellung nach § 213 setzt voraus, dass der Schuldner dem Gericht die Zustimmung aller Insolvenzgläubiger vorlegt. Anders als bei der Einstellung nach § 212 muss der Schuldner also nicht das Gericht von dem Vorliegen der Einstellungsgründe überzeugen, sondern er muss außergerichtlich die Gläubiger zu einer Zustimmung zur Einstellung des Verfahrens bewegen. Dies ist wohl nur durch 3

---

1 HK-InsO/*Landfermann* § 212 Rn. 1; FK-InsO/*Kießner* Rn. 1.
2 BGH 17.03.2005, IX ZB 214/04, WM 2005, 1129; LG Berlin 19.01.2009, 86 T 24/09, ZInsO 2009, 443; Braun/*Kießner* Rn. 16; *Haarmeyer* ZInsO 2009, 556; Andres/Leithaus/*Andres* Rn. 6.

Vergleichsverhandlungen zu erreichen.³ Der Schuldner wird die Gläubiger für eine Zustimmung davon überzeugen müssen, mit einer Einstellung des Verfahrens besser zu stehen als mit dessen Fortführung. Der Schuldner wird den Gläubigern hierfür eine bessere Quote bei Einstellung des Verfahrens belegen müssen.⁴ Klassisches Überzeugungsmittel sind nichtmassezugehörige Gelder, die von nichtmithaftenden Dritten zur Verfügung gestellt werden, und die zur Glaubhaftmachung der Ernsthaftigkeit des schuldnerischen Ansinnens hinterlegt und damit zur Ausschüttung bereit gehalten werden sollten.

4 Legt der Schuldner die Zustimmung aller Gläubiger vor, hat das Gericht das Verfahren einzustellen, wenn die Anhörung nach § 214 Abs. 2 die Zustimmung bestätigt. Eine Sachprüfung findet hinsichtlich der Zustimmungen nicht statt. Zu berücksichtigen sind allerdings gem. § 214 Abs. 3 die Masseverbindlichkeiten.

5 Verweigern Gläubiger, deren Forderungen vom Verwalter oder vom Schuldner bestritten wurden oder die absonderungsberechtigt sind, die Zustimmung, kann das Gericht gem. § 213 Abs. 1 Satz 2 die Zustimmung dieser Gläubiger, ggf gegen Sicherheitsleistung, für nicht erforderlich erklären. Zum Verfahren i.E. s.a. §§ 214, 215.

II. Antrag des Schuldners

6 Die Einstellung erfolgt nur auf Antrag des Schuldners. Für juristische Personen oder Gesellschaften ohne Rechtspersönlichkeit kann der Antrag von jeder vertretungsberechtigten Person gestellt werden. Antragstellung durch alle Vertreter ist nicht erforderlich.⁵ Es ist kein Grund ersichtlich, aus dem der Antrag eines einzelnen Vertreters des Schuldners, der die Zustimmungen aller Gläubiger vorlegt, unzulässig sein sollte, weil die Zustimmung einer weiteren vertretungsberechtigten Person des Schuldners fehlt.⁶

7 Dem Insolvenzverwalter steht kein eigenes Antragsrecht zu. Mit einer gewissen Skepsis ist daher der in der Literatur vertretenen Ansicht zu begegnen, § 213 stelle gerade auch dem Insolvenzverwalter ein interessantes Instrumentarium zur Gestaltung und vor allen Dingen zur schnellen Beendigung der Verfahren zur Verfügung.⁷ Es ist kaum nachvollziehbar, wie der gem. § 56 unabhängige Insolvenzverwalter außergerichtliche Verhandlungen als Vertreter des Schuldners mit den Insolvenzgläubigern führen will, ohne hierbei seine Unabhängigkeit zu gefährden und in Interessenkonflikte zu geraten.⁸ Auch vergütungsrechtliche Fragen⁹ dürften kaum befriedigend zu lösen sein, da der Verwalter, auch wenn er Rechtsanwalt ist, ein gesondertes Mandat vom Schuldner nicht annehmen darf. Der Schuldner sollte die gem. § 213 erforderlichen Verhandlungen mit den Gläubigern daher eher mit Hilfe einer Schuldnerberatungsstelle oder eines eigenen Rechtsanwaltes führen. Die Schuldnerberatungsstellen dürfen den Schuldner zwar nicht im eröffneten Insolvenzverfahren vertreten,¹⁰ hierdurch ist aber eine außergerichtliche Vertretung, die gem. § 8 Rechtsdienstleistungsgesetz zulässig ist, nicht ausgeschlossen. Die Mandatierung eines Anwaltes ist durch §§ 115–117 nicht ausgeschlossen, da die Insolvenzmasse nicht betroffen ist.¹¹

---

3 *Haarmeyer* ZInsO 2009, 556 (558).
4 *Haarmeyer* ZInsO 2009, 556 (558).
5 Str. wie hier HK-InsO/*Landfermann* Rn. 3; a.A. HambK-InsR/*Weitzmann* § 212 Rn. 3.
6 HK-InsO/*Landfermann* Rn. 3.
7 *Haarmeyer* ZInsO 2009, 556; *Lauck* InsbürO 2009, 131.
8 S. auch die kritischen Anmerkungen bei Karsten Schmidt/*Jungmann* § 213 InsO Rn. 20
9 Vgl. *Lauck* InsbürO 2009, 131 (133).
10 BGH 29.04.2004, IX ZB 30/04, ZInsO 2004, 547.
11 OLG Dresden 23.07.2002, 13 W 1466/01, ZIP 2002, 2000.

III. Zeitpunkt der Antragstellung

Gem. § 213 Abs. 1 Satz 1 kann die Antragstellung nach Ablauf der Anmeldefrist des § 28 Abs. 1 erfolgen. Diese Frist beträgt mindestens zwei Wochen und höchstens drei Monate ab Eröffnung des Verfahrens. Der Schuldner wird die Anmeldefrist abwarten, um anschließend den Gläubigern, die Forderungen angemeldet haben, ein verbindliches Angebot zu unterbreiten. Dieses Angebot kann durch Vorverhandlungen vorbereitet werden, um die Einstellung möglichst zügig zu erreichen.

8

Gem. § 213 Abs. 2 kann der Antrag bereits ab Eröffnung des Verfahrens vor Ablauf der Anmeldefrist gestellt werden, wenn der Schuldner dem Gericht belegen kann, dass weitere Gläubiger, als die von ihm angegebenen, nicht bekannt sind. Eine gesonderte Glaubhaftmachung durch den Schuldner fordert die Vorschrift nicht. Der Schuldner wird aber zumindest einen geordneten und glaubwürdigen Vortrag leisten müssen.[12] Das Gericht entscheidet nach pflichtgemäßem Ermessen, wird aber wohl zumeist die Anmeldefrist gem. § 213 Abs. 1 Satz 1 abwarten.[13]

9

IV. Einstellung mit Zustimmung aller Gläubiger

1. Die beteiligten Gläubiger

Der Schuldner muss eine Zustimmung aller Gläubiger vorlegen, die eine Forderung angemeldet haben.[14] Dies können neben den Insolvenzgläubigern auch die absonderungsberechtigten Gläubiger[15] und die Gläubiger mit betagten oder bedingten Insolvenzforderungen sein[16]. **Gläubiger mit** betagten oder bedingten Insolvenzforderungen, **die ihre Forderungen angemeldet haben, müssen der Einstellung ebenfalls zustimmen**. Ausreichend ist die Forderungsanmeldung. **Es ist** nach dem insofern eindeutigen Wortlaut der Vorschrift **nicht erforderlich**, dass die Forderungen auch **festgestellt** wurden.[17]

10

Auch nachrangige Gläubiger können bereits ihre Forderungen anmelden, die dann auch zu berücksichtigen sind. Die nachrangigen Gläubiger sind aber nicht gesondert nach § 174 Abs. 3 zur Anmeldung aufzufordern.[18] Dies entspricht der Besonderheit der Einstellung nach § 213, die auf Grund freiwilliger Einigung zwischen Schuldner und Gläubiger und nicht auf Grund unerwarteter vollständiger Befriedigung aller Insolvenzgläubiger erfolgt. Die Aufforderung zur Forderungsanmeldung an die nachrangigen Gläubiger würde das Verfahren nach § 213 dem regulären Verfahren gleichstellen, es verzögern und damit unattraktiver machen. Das vom Gesetzgeber gewollte beschleunigte Einstellungsverfahren wäre nicht mehr gegeben.[19] Eine besondere Rücksicht auf die nachrangigen Gläubiger, die im Verfahren auch an anderer Stelle, bspw. gem. § 75 Abs. 1 Nr. 3 und 4, eher zurückzustehen haben, würde ebenfalls der ausdrücklichen Einschränkung in § 213 Abs. 1 1 auf die Gläubiger, die eine Forderung angemeldet haben, widersprechen. Masseläubiger sind nicht zu berücksichtigen, da sie über § 214 Abs. 3 geschützt sind.

11

Der Schuldner hat nach Ablauf der Anmeldefrist einen gesonderten Anspruch auf Mitteilung der angemeldeten Forderungen, um die ihm durch § 213 eingeräumte Möglichkeit der vorzeitigen Verfahrensbeendigung auch wahrnehmen zu können.[20] Ohne diesen Anspruch würde die Wahrnehmung seines Antragsrechtes ohne nachvollziehbaren Grund erschwert. Der Verwalter kann das Auskunfts-

12

---

12 HambK-InsR/*Weitzmann* Rn. 6.
13 *Haarmeyer* ZInsO 2009, 556 (558).
14 HambK-InsR/*Weitzmann* Rn. 4.
15 *Haarmeyer* ZInsO 2009, 556, 557.
16 Uhlenbruck/*Vallender* Rn. 5.
17 *Haarmeyer* ZInsO 2009, 556 (559).
18 Str. wie hier FK-InsO/*Kießner* Rn. 8; a.A. HK-InsO/*Landfermann* Rn. 6 und *Frege/Keller/Riedel* Kap. 8 Rn. 1831; diff. Uhlenbruck/*Vallender* Rn. 5.
19 Uhlenbruck/*Vallender* Rn. 5.
20 Vgl. *Ringstmeier* EWiR 2001, 31 zu § 212.

begehren daher nicht mit Hinweis auf eine dem Schuldner mögliche Teilnahme am Prüfungstermin abweisen.

2. Die Zustimmung

13 Die vom Schuldner beizubringenden Zustimmungen sind an keine Form gebunden. Sie müssen als Prozesserklärungen unbedingt und unwiderruflich sein.[21] Dies schließt aber eine zeitliche Begrenzung der Zustimmung nicht aus, die zur Verfahrensbeschleunigung hilfreich sein kann.[22] Eine Anfechtung der Zustimmung gem. §§ 119 ff. BGB kommt nicht in Frage, da die Zustimmung Prozesshandlung ist.[23] Dem Gläubiger bleiben aber Widerspruch oder sofortige Beschwerde nach §§ 214, 216.[24] Der Schuldner hat auch die Zustimmung der Gläubiger beizubringen, die erst nach Ablauf der Anmeldefrist angemeldet haben,[25] da der Ablauf der Anmeldefrist hier nur den Zeitpunkt des frühestmöglichen Beginns des Einstellungsverfahrens markiert.

14 Die Zustimmung der Gläubiger stellt ohne weitere besondere Erklärungen keinen Forderungsverzicht dar, sondern nur die Zustimmung zur Einstellung des Verfahrens.[26] Strebt der Schuldner also nicht nur die Verfahrenseinstellung, sondern über einen Antrag auf Restschuldbefreiung seine vollständige Entschuldung auch gegenüber den Gläubiger an, die keine Forderung angemeldet haben, benötigt er entsprechend ergänzende Erklärungen der Gläubiger.

3. Pflichten des Gerichtes

15 Liegen die Zustimmungen aller Gläubiger vor, die eine Forderung angemeldet haben, hat das Gericht das Verfahren unter Beachtung der Verfahrensvorschriften der §§ 214, 215 einzustellen. Das Gericht hat weder ein Prüfungsrecht, noch eine Prüfungspflicht hinsichtlich des Zustandekommens oder der Hintergründe der Zustimmungen der Gläubiger.[27] Dem Insolvenzgericht steht bei seiner Entscheidung auch kein Ermessen zu.[28]

16 Die gravierenden Nachteile, die für den Schuldner mit dem Verfahren verbunden sind, gebieten eine unverzügliche Bearbeitung des Antrages.[29] Kommt das Gericht dieser Amtspflicht nicht nach, indem es den Antrag des Schuldners nicht oder verzögert bearbeitet, lehnt es den Antrag im Grunde i.S.d. § 216 Abs. 2 ab. Dem Schuldner steht dann das Rechtsmittel der sofortigen Beschwerde zu.[30] Folgt man dieser Ansicht nicht, bleibt nur die Rechtspflegererinnerung gem. § 11 Abs. 2 RPflG[31] oder die Geltendmachung von Amtshaftungsansprüchen.

4. Pflichten des Verwalters

17 Der Insolvenzverwalter ist nicht allgemeiner Berater des Schuldners. Er hat von daher auch keine haftungsbelegte Verpflichtung, den Schuldner auf die Möglichkeit einer Einstellung gem. § 213 hinzuweisen, wenn sich dieser Hinweis aufgrund der Umstände anbietet.[32] Verzögert der Verwalter die Einstellung des Verfahrens allerdings bewusst oder aufgrund unzutreffender Rechtsansichten, kann dies zu einer Haftung gem. § 60 führen.[33]

---

21 *Haarmeyer* ZInsO 2009, 556 (557); HK-InsO/*Landfermann* Rn. 4.
22 HambK-InsR/*Weitzmann* Rn. 4.
23 FK-InsO/*Kießner* Rn. 7.
24 HambK-InsR/*Weitzmann* Rn. 4.
25 HK-InsO/*Landfermann* Rn. 4.
26 FK-InsO/*Kießner* Rn. 7.
27 *Haarmeyer* ZInsO 2009, 556 (558).
28 FK-InsO/*Kießner* Rn. 19.
29 Vgl. BGH 22.04.2010, IX ZB 196/09, ZInsO 2010, 1011 zur ähnlich gelagerten Problematik bei § 300.
30 AA BGH 22.04.2010, IX ZB 196/09, ZInsO 2010, 1011 zur ähnlich gelagerten Problematik bei § 300.
31 Vgl. *Schmidt* Privatinsolvenz, 3. Aufl., § 5 Rn. 52 zu § 300.
32 HambK-InsR/*Weitzmann* § 60 Rn. 17.
33 Vgl. BGH 15.07.2010, IX ZB 229/07, ZIP 2010, 1610 Rn. 18.

Streitpunkt in der Praxis kann sein, ob der Verwalter Verwertungsmaßnahmen zurückzustellen hat, wenn der Schuldner einen Antrag nach § 213 gestellt hat.[34] Der Verwalter hat zunächst gem. § 159 vor einer Verwertung den Berichtstermin abzuwarten. Hat der Schuldner bis zu diesem Termin oder anschließend Zustimmungserklärungen aller Gläubiger vorgelegt, die den formalen Voraussetzungen genügen, kommt eine Verwertung bei entsprechender Anwendung des § 159 Hs. 2 nicht mehr in Frage. Den Beschlüssen der Gläubigerversammlung gegen eine Verwertung, die sich auch aus schlüssigem Verhalten der Gläubiger[35] ergeben können, sind die weitergehenden Zustimmungen aller Gläubiger zur Einstellung des Verfahrens gleichzustellen.

V. Einstellung ohne Zustimmung bestimmter Gläubiger

§ 213 Abs. 1 Satz 2 regelt die Ausnahmen von der Verpflichtung des Schuldners, Zustimmungen der Gläubiger zur Verfahrenseinstellung beibringen zu müssen. Bei bestrittenen Forderungen und bei Forderungen absonderungsberechtigter Gläubiger kann das Gericht nach freiem Ermessen auf die Vorlage der Zustimmungen verzichten. Aussonderungsberechtigte und Massegläubiger sind hier nicht zu beachten.[36]

1. Bestrittene Forderungen

Bestreiten Schuldner oder Verwalter die Forderung, muss das Gericht hinsichtlich des Erfordernisses der Zustimmung die Erfolgsaussichten einer Feststellungsklage des Gläubigers nach §§ 179 ff. beurteilen.[37] Dies kann nur eine überschlägige Prüfung sein, die in den meisten Fällen und gerade bei komplizierterem Sachverhalt oder unklarer Rechtslage zumindest zur Anordnung einer Sicherheitsleistung führen wird. Diese Anordnung dürfte letztendlich auch im Interesse des Schuldners sein, da der Gläubiger, der sich zu Unrecht ausgeschlossen sieht, über sein Rechtsmittel nach § 216 Abs. 1 die Einstellung insgesamt gefährden oder zumindest verzögern kann.

2. Absonderungsberechtigte Gläubiger

Absonderungsberechtigte Gläubiger sind hier zu berücksichtigen, gleich ob sie ebenfalls Insolvenzgläubiger sind oder nicht. Die Zustimmung des durch das Absonderungsrecht vollständig gesicherten Insolvenzgläubigers ist nicht erforderlich, da ein wirtschaftliches Interesse an der Fortführung des Verfahrens zumeist nicht vorliegen wird.[38] Bei dem Absonderungsgläubiger, der nicht zugleich Insolvenzgläubiger ist, kann ein berechtigtes Interesse an der Fortsetzung des Verfahrens bestehen, wenn seine Forderung durch das Absonderungsrecht nicht voll gedeckt ist oder andere wirtschaftliche Vorteile aus einer bereits begonnenen Verwertung bestehen.[39]

3. Ermessen

Das freie Ermessen nach Abs. 1 S. 2 ist kein rechtlich ungebundenes Ermessen und findet nicht im rechtsfreien Raum statt.[40] Ein vollständig freies Ermessen wäre unserer Rechtsordnung fremd. Die Ermessensausübung ist daher auch überprüfbar, aber es besteht ein sehr weiter Spielraum des Gerichts. Das Gericht muss nicht die beste, zweckmäßigste oder vernünftigste Entscheidung treffen. Fehlerhaft kann die Ermessensausübung sein, wenn das Gericht annimmt gar kein Ermessen zu haben (»Ermessensnichtgebrauch«), oder in Fällen des Missbrauchs und der Willkür. Auch eine Ermessensreduzierung auf Null ist in ganz eindeutigen Fällen denkbar.

---

[34] S. LG Traunstein 13.07.2009, 4 T 1939/09-/4 T 1990/09, NZI 2009, 654.
[35] HambK-InsR/*Decker* § 159 Rn. 7.
[36] *Frege/Keller/Riedel* Kap. 8 Rn. 1830.
[37] HK-InsO/*Landfermann* Rn. 7.
[38] FK-InsO/*Kießner* Rn. 10; LG Wuppertal 28.04.2009, 6 T 223/09, ZInsO 2009, 1113.
[39] BT-Drucks. 12/2443, 221 (222); FK-InsO/*Kießner* Rn. 12.
[40] Vgl. ausf. zu dem Ermessen nach § 213 *Haarmeyer* ZInsO 2009, 556 (559).

23 Die Ermessensentscheidung des Gerichts (des Rechtspflegers), ist selbstständig nur mit der Rechtspflegererinnerung gem. § 11 Abs. 2 RPflG angreifbar.[41] Das Rechtsmittel aus § 216 Abs. 1 steht dem Gläubiger nur gegen die Einstellungsentscheidung zu.[42]

VI. Weitere Einstellungsvoraussetzungen

24 Auch im Einstellungsverfahren nach § 213 kann der Vergütungsanspruch des Verwalters, der gem. § 214 gesichert sein muss, ein Streitpunkt sein. Nach §§ 3 Abs. 2c) und 13 Satz 2 InsVV ist bei vorzeitiger Beendigung des Verfahrens eine geringere Vergütung vorgesehen. Auch die Einstellung des Verfahrens gem. § 213 ist eine vorzeitige Beendigung i.S. dieser Vorschriften (vgl. i.E. § 212 Rdn. 9).[43]

VII. Restschuldbefreiung

25 Grds ist eine Restschuldbefreiung im Falle der Einstellung eines Verfahrens gem. § 289 Abs. 3 nur zu erreichen, wenn die Einstellung gem. § 211 erfolgt. Der BGH hat allerdings im Wege der analogen Anwendung des § 299 eine Ausnahme zugelassen, wenn entweder überhaupt keine Forderungsanmeldungen vorliegen oder wenn alle Forderungen nach Eröffnung befriedigt werden.[44] Diese Rspr ist auch auf den Fall der Einstellung des Verfahrens nach § 213 anzuwenden.[45] Der Befriedigung aller Gläubiger steht es hierbei gleich, wenn die Gläubiger nur teilweise befriedigt werden und auf den verbleibenden Rest ihrer Forderungen durch ausdrückliche weitere Erklärung verzichten.[46]

26 Der Schuldner kann daher im Verfahren mit beantragter Restschuldbefreiung sowohl im eröffneten Verfahren als auch nach Aufhebung des Verfahrens in der sog. Wohlverhaltensphase[47] die Zustimmungen der Gläubiger zur Verfahrenseinstellung und ergänzend weitere Erklärungen zum vollständigen Forderungsverzicht vorlegen. Gestützt auf Zustimmungen und Verzichtserklärungen der Gläubiger, kann er dann die Einstellung des Verfahrens verbunden mit einer Erteilung der Restschuldbefreiung gem. § 300 beantragen. Diese hat die Wirkungen des § 301 und gilt gem. § 301 Abs. 1 Satz 2 auch gegenüber den Insolvenzgläubigern, die nicht am Verfahren teilgenommen haben.

27 Der Schuldner wird allerdings sorgfältig abzuwägen haben, ob er den Antrag auf Restschuldbefreiung stellt, denn die Erteilung der Restschuldbefreiung ist gem. § 300 Abs. 3 zu veröffentlichen und wird erfahrungsgemäß gem. § 35 BDSG in das Schufa-Verzeichnis aufgenommen. Die alleinige Einstellung des Verfahrens nach § 213 ohne Erteilung der Restschuldbefreiung ist gem. § 215 Abs. 1 mit Angabe des Einstellungsgrundes zu veröffentlichen und kann so die wirtschaftliche Rehabilitation des Schuldners fördern.[48] Ist sich der Schuldner daher sicher, keine weiteren Gläubiger zu haben, als die, die auch ihre Forderungen im Verfahren angemeldet haben, sollte er den zusätzlichen Antrag auf Restschuldbefreiung unterlassen.

C. Rechtsfolgen

28 Die Verfahrenseinstellung nach § 213 wirkt nicht zurück.[49] Eine Nachtragsverteilung nach Einstellung gem. § 213 ist ausgeschlossen, eine erneute Insolvenzantragstellung nicht.

---

41 LG Wuppertal 19.11.2008, 6 T 770/08.
42 FK-InsO/*Kießner* Rn. 9.
43 BGH 16.10.2008, IX ZB 247/06, NZI 2009, 57.
44 BGH 17.03.2005, IX ZB 214/04, WM 2005, 1129.
45 LG Berlin 19.01.2009, 86 T 24/09, ZInsO 2009, 443; Braun/*Kießner* Rn. 16; *Haarmeyer* ZInsO 2009, 556; Andres/Leithaus/*Andres* Rn. 6.
46 LG Berlin 19.01.2009, 86 T 24/09, ZInsO 2009, 443.
47 BGH 29.09.2011, IX ZB 219/10; LG Berlin 19.01.2009, 86 T 24/09, ZInsO 2009, 443.
48 FK-InsO/*Kießner* § 215 Rn. 2.
49 FK-InsO/*Kießner* § 215 Rn. 7.

Der Schuldner kann in einem weiteren Insolvenzverfahren auch erneut die Erteilung der Restschuldbefreiung beantragen. Fraglich ist allerdings, ob auch in diesem Fall eine Sperrfrist von drei Jahren[50] zu beachten ist. Die Sperrfrist-Rspr des BGH stellt auf ein Fehlverhalten des Schuldners, eine unterlassene Antragstellung oder auf die durch den Schuldner erfolgte Rücknahme des Restschuldbefreiungsantrags ab. Da der Schuldner im Verfahren nach § 213 die Möglichkeit der Stellung eines Antrages auf Restschuldbefreiung hat, greift die Sperrfrist hier. Die Frist beginnt mit der Einstellung des Verfahrens. 29

D. Rechtsmittel

Dem Insolvenzgläubiger steht die sofortige Beschwerde gem. § 216 Abs. 1 gegen die Einstellung des Verfahrens zu. Wird der Antrag abgelehnt, steht dem Schuldner die sofortige Beschwerde gem. § 216 Abs. 2 zu. Die Ermessensentscheidung gem. § 213 Abs. 1 Satz 2 ist selbstständig nur mit der Rechtspflegererinnerung gem. § 11 Abs. 2 RPflG angreifbar.[51] 30

§ 214 Verfahren bei der Einstellung

(1) Der Antrag auf Einstellung des Insolvenzverfahrens nach § 212 oder § 213 ist öffentlich bekanntzumachen. Er ist in der Geschäftsstelle zur Einsicht der Beteiligten niederzulegen; im Falle des § 213 sind die zustimmenden Erklärungen der Gläubiger beizufügen. Die Insolvenzgläubiger können binnen einer Woche nach der öffentlichen Bekanntmachung schriftlich Widerspruch gegen den Antrag erheben.

(2) Das Insolvenzgericht beschließt über die Einstellung nach Anhörung des Antragstellers, des Insolvenzverwalters und des Gläubigerausschusses, wenn ein solcher bestellt ist. Im Falle eines Widerspruchs ist auch der widersprechende Gläubiger zu hören.

(3) Vor der Einstellung hat der Verwalter die unstreitigen Masseansprüche zu berichtigen und für die streitigen Sicherheit zu leisten.

Übersicht

	Rdn.			Rdn.
A. Normzweck	1	III.	Widerspruch	4
B. Tatbestandsvoraussetzungen	2	IV.	Anhörung	9
I. Verfahrensablauf	2	V.	Berichtigung der Masseverbindlich-	
II. Bekanntmachung	3		keiten	10

A. Normzweck

Die Vorschrift sichert die Rechte der Insolvenz- und Massegläubiger bei Einstellung des Verfahrens nach §§ 212 und 213. § 214 Abs. 3 stellt klar, dass die Einstellung gem. §§ 212, 213 insb. dann nicht erfolgen kann, wenn nicht die Vergütung des Verwalters festgestellt und gedeckt ist.[1] 1

B. Tatbestandsvoraussetzungen

I. Verfahrensablauf

Bei der Einstellung nach §§ 212, 213 prüft das Gericht zunächst von Amts wegen die Zulässigkeit des Antrages. Im Falle des § 212 muss der Wegfall des Eröffnungsgrundes glaubhaft gemacht werden, im Falle des § 213 müssen die Zustimmungen der Gläubiger vorliegen. Sind diese Vorausset- 2

---

50 Vgl. BGH 16.07.2009, IX ZB 219/0, NZI 2009, 691 und aktuell BGH 12.05.2011, IX ZB 221/09, WM 2011, 1084.
51 LG Wuppertal 19.11.2008, 6 T 770/08.
1 Vgl. BGH 24.3.11, IX ZB 67/10, ZInsO 2011, 777.

zungen nicht erfüllt, weist das Gericht den Antrag als unzulässig zurück. Ist ein Antrag zulässig, erfolgt die öffentliche Bekanntmachung und die Niederlegung des Antrags in der Geschäftsstelle. Die Insolvenzgläubiger können anschließend innerhalb einer Woche Widerspruch erheben. Nach Ablauf der Frist hört das Gericht Antragsteller, Verwalter, Gläubigerausschuss und widersprechende Insolvenzgläubiger an, prüft die Begleichung aller Masseverbindlichkeiten, insb. der Verfahrenskosten und entscheidet danach von Amts wegen über den Antrag.

II. Bekanntmachung

3 Die Bekanntmachung des Antrages erfolgt gem. § 9 Abs. 1 Satz 1 durch Veröffentlichung im Internet. Gem. § 9 Abs. 2 sind im Regelinsolvenzverfahren weitere Veröffentlichungen zulässig. Im Verbraucherinsolvenzverfahren findet § 9 Abs. 2 gem. § 312 Abs. 1 1 keine Anwendung. Die Bekanntmachung gilt gem. § 9 Abs. 1 Satz 3 als erfolgt, wenn nach dem Tag der Veröffentlichung zwei weitere Tage verstrichen sind. Bei der Bekanntmachung ist aus Gründen der Rechtsklarheit anzugeben, ob es sich um einen Antrag nach § 212 oder § 213 handelt.[2]

III. Widerspruch

4 Der Widerspruch nach § 211 Abs. 1 Satz 3 ist kein Rechtsmittel. Die Insolvenzgläubiger haben über ihn nur die Möglichkeit, Gründe vorzutragen, die das Gericht bei seiner amtswegigen Entscheidung berücksichtigen kann. Von daher darf das Gericht nicht vor Ablauf der Wochenfrist entscheiden. Da die Bekanntmachung gem. § 9 Abs. 1 Satz 3 als bewirkt gilt, sobald nach der Veröffentlichung zwei weitere Tage verstrichen sind, handelt es sich insgesamt um eine Frist von zwei Tagen und einer Woche. Das Gericht kann aber durchaus Widersprüche, die verfristet eingehen, noch berücksichtigen, soweit die abschließende Entscheidung noch nicht gefallen ist. Die Möglichkeit der Widerspruchseinlegung zu Protokoll der Geschäftsstelle ist durch das ESUG zum 01.03.2012 weggefallen.

5 Zum Widerspruch sind alle Insolvenzgläubiger berechtigt. Eine Forderungsanmeldung ist nicht erforderlich.[3] Sie kann mit dem Widerspruch nachgeholt werden. Handelt es sich offensichtlich nicht um einen Insolvenzgläubiger, kann das Gericht den Widerspruch im Rahmen seiner Ermessensentscheidung unberücksichtigt lassen.

6 Absonderungsgläubiger ohne persönliche Forderung gegen den Schuldner sind mangels wirtschaftlichen Interesses nicht zum Widerspruch berechtigt.[4] Sie befriedigen sich aus der Sicherheit. Massegläubiger sind ebenfalls nicht zum Widerspruch berechtigt, aber durch § 214 Abs. 3 geschützt. Nachrangige Gläubiger i.S.d. § 39 sind solange nicht zum Widerspruch berechtigt, solange sie nicht gem. § 174 Abs. 3 am Verfahren beteiligt sind.[5]

7 Der Widerspruch muss keine Begründung enthalten,[6] macht aber ohne eine solche wenig Sinn. Auch Gläubiger, die zuvor der Einstellung zugestimmt haben, können widersprechen und bspw. vortragen, sie seien zur Zustimmung durch Täuschung gebracht worden.[7]

8 Die Rücknahme des Widerspruchs ist möglich, hat aber im Grunde keine Auswirkung auf das Verfahren, da das Gericht von Amts wegen entscheidet.[8] Die Anhörung des widersprechenden Gläubigers gem. § 214 Abs. 2 Satz 2 entfällt aber nach Rücknahme des Widerspruchs.

---

2 FK-InsO/*Kießner* Rn. 3.
3 MüKo-InsO/*Hefermehl* Rn. 6
4 MüKo-InsO/*Hefermehl* Rn. 7
5 HK-InsO/*Kießner* Rn. 2
6 FK-InsO/*Kießner* Rn. 6.
7 MüKo-InsO/*Hefermehl* Rn. 9
8 FK-InsO/*Kießner* Rn. 7.

IV. Anhörung

Nach Ablauf der Widerspruchsfrist hat das Gericht vor einer Entscheidung gem. § 214 Abs. 2 Antragsteller, Insolvenzverwalter, Gläubigerausschuss und widersprechenden Gläubiger anzuhören. Es wird bei dieser Anhörung insb. dem Antragsteller mögliche Widersprüche zur Stellungnahme zuleiten und dem zu widersprechenden Gläubiger sinnvollerweise die Möglichkeit zur Replik auf die Stellungnahme des Antragstellers einräumen. 9

V. Berichtigung der Masseverbindlichkeiten

Gem. § 214 Abs. 3 kommt eine Einstellung ohne Begleichung der Masseverbindlichkeiten und insb. der Verfahrenskosten nicht in Frage. Dies wird in der Praxis vom Schuldner häufig nicht bedacht und führt dann zu an sich unnötigen Frustrationen.[9] Es gilt also für den Schuldner, bei seinen Anträgen nach §§ 212, 213 von vornherein neben den Forderungen der Insolvenzgläubiger auch die Verfahrenskosten und hier wiederum besonders die Verwaltervergütung im Blick zu behalten. Gem. §§ 3 Abs. 2c) und 13 Satz 2 InsVV ist bei vorzeitiger Beendigung des Verfahrens immerhin eine geringere Vergütung vorgesehen. Die Einstellung des Verfahrens gem. §§ 212, 213 ist eine vorzeitige Beendigung i.S.d. Vorschriften.[10] Fraglich ist, wie der Schuldner die konkreten Verfahrenskosten in Erfahrung bringen kann. Antragsberechtigt nach § 8 InsVV ist er nicht. Aber dem Schuldner ist gleichwohl ein Anspruch auf eine Vorabberechnung der Vergütung durch den Verwalter zuzugestehen,[11] damit er den berechneten Betrag oder entsprechende Sicherheit leisten kann, wenn die Kosten nicht durch die Masse gedeckt sind. Würde dem Schuldner dieser Anspruch nicht zugebilligt, würde letztlich über § 214 Abs. 3 die Möglichkeit der Einstellung nach §§ 212, 213 leerlaufen können. Verzögert der Verwalter hier das Verfahren grundlos, kommt eine Haftung nach § 60 in Frage. 10

§ 215 Bekanntmachung und Wirkungen der Einstellung

(1) Der Beschluss, durch den das Insolvenzverfahren nach § 207, 211, 212 oder 213 eingestellt wird, und der Grund der Einstellung sind öffentlich bekanntzumachen. Der Schuldner, der Insolvenzverwalter und die Mitglieder des Gläubigerausschusses sind vorab über den Zeitpunkt des Wirksamwerdens der Einstellung (§ 9 Abs. 1 Satz 3) zu unterrichten. § 200 Abs. 2 Satz 2 gilt entsprechend.

(2) Mit der Einstellung des Insolvenzverfahrens erhält der Schuldner das Recht zurück, über die Insolvenzmasse frei zu verfügen. Die §§ 201, 202 gelten entsprechend.

Übersicht	Rdn.		Rdn.
A. Normzweck	1	C. Rechtsfolgen	5
B. Tatbestandsvoraussetzungen	2		

A. Normzweck

Die Vorschrift dient dem Interesse der am wirtschaftlichen Verkehr Beteiligten.[1] Die Angabe des Grundes der Einstellung des Insolvenzverfahrens kann die wirtschaftliche Rehabilitation des Schuldners fördern.[2] 1

---

9 S. BGH 24.03.2011, IX ZB 67/10, ZInsO 2011, 777.
10 BGH 16.10.2008, IX ZB 247/06, NZI 2009, 57.
11 Vgl. BGH 24.03.2011, IX ZB 67/10, ZInsO 2011, 777.
1 HK-InsO/*Landfermann* Rn. 1.
2 FK-InsO/*Kießner* Rn. 2.

§ 216 InsO Rechtsmittel

B. Tatbestandsvoraussetzungen

2 Die öffentliche Bekanntmachung des Einstellungsbeschlusses hat unmittelbar im Anschluss an seinen Erlass zu erfolgen. Sie erfolgt gem. § 9 Abs. 1 Satz 1 durch Veröffentlichung im Internet. Gem. § 9 Abs. 2 sind im Regelinsolvenzverfahren weitere Veröffentlichungen zulässig. Im Verbraucherinsolvenzverfahren findet § 9 Abs. 2 gem. § 312 Abs. 1 Satz 1 allerdings keine Anwendung. Die Bekanntmachung gilt gem. § 9 Abs. 1 Satz 3 als erfolgt, wenn nach dem Tag der Veröffentlichung zwei weitere Tage verstrichen sind. Der Einstellungsbeschluss wird also um 24.00 Uhr des zweiten auf die Veröffentlichung folgenden Tages wirksam.

3 Schuldner, Insolvenzverwalter und die Mitglieder des Gläubigerausschusses sind vorab über den Zeitpunkt der Wirksamkeit des Beschlusses zu informieren. Diese Vorabinformation soll den reibungslosen Rückübertrag der Verwaltungs- und Verfügungsbefugnis über das noch vorhandene Massevermögen vom Insolvenzverwalter auf den Schuldner sichern.[3] Durch die Schnelligkeit der Veröffentlichung im Internet wird das Gericht zur Sicherung dieses Zwecks die Vorabinformation schon vor der eigentlichen Veröffentlichung übersenden müssen oder einen ebenfalls schnellen Informationsweg über das Telefon, das Telefax oder die elektronische Nachricht wählen.

4 Die Einstellung ist gem. §§ 215 Abs. 1 Satz 3, 200 Abs. 2 Satz 2 und §§ 31–33 in die Register und das Grundbuch aufzunehmen.

C. Rechtsfolgen

5 Die Verwaltungs- und Verfügungsbefugnis über das Massevermögen, das mit der Eröffnung gem. § 80 Abs. 1 auf den Verwalter übergegangen ist, erhält der Schuldner zurück. Noch anhängige Prozesse des Verwalters werden gem. § 239 ZPO unterbrochen, außer eine entsprechende Nachtragsverteilung wurde angeordnet. Anfechtungsprozesse sind mit der Einstellung erledigt, da der Schuldner sie nicht fortsetzen kann. Die Unterbrechung gem. § 240 ZPO der vor Insolvenzeröffnung anhängigen Verfahren endet.[4]

6 Für offene Masseverbindlichkeiten haftet der Schuldner nur mit der auf ihn zurückübertragenen Masse (vgl. § 209 Rdn. 12). Für oktroyierte Masseverbindlichkeiten gilt dies allerdings nicht. Eine nachträgliche Stundung der Verfahrenskosten nach Einstellung des Verfahrens kommt nicht in Frage.[5]

7 Die Erteilung der Restschuldbefreiung ist bei einer Einstellung nach § 211 oder § 213 möglich. Im Falle der Einstellung nach § 211 wechselt der Schuldner für die von den sechs Jahren des § 287 Abs. 2 noch verbleibende Zeit in die sog. Wohlverhaltensphase. Den Rechten der Gläubiger aus §§ 201, 202 steht dann zunächst das Zwangsvollstreckungsverbot aus § 294 Abs. 1 und schließlich die Erteilung der Restschuldbefreiung gem. § 300 entgegen. Erfolgt die Einstellung nach § 213 kann die Restschuldbefreiung bereits vor dem Einstellungsbeschluss erteilt worden sein oder auch zur Verfahrensvereinfachung in einem gemeinsamen Beschluss mit der Einstellung erteilt werden. Ein Widerruf der Restschuldbefreiung nach § 303 kann hier nur beantragt werden, wenn die Einstellung in der Wohlverhaltensphase erfolgt, da nur die Verletzung einer Obliegenheit aus § 295 Abs. 1 den Widerruf nach § 303 rechtfertigen kann.

§ 216 Rechtsmittel

(1) **Wird das Insolvenzverfahren nach § 207, 212 oder 213 eingestellt, so steht jedem Insolvenzgläubiger und, wenn die Einstellung nach § 207 erfolgt, dem Schuldner die sofortige Beschwerde zu.**

---

[3] MüKo-InsO/*Hefermehl* Rn. 1.
[4] Zöller/*Greger* § 240 ZPO Rn. 15.
[5] BGH 05.05.2011, IX ZB 136/09, ZInsO 2011, 1064.

(2) Wird ein Antrag nach § 212 oder § 213 abgelehnt, so steht dem Schuldner die sofortige Beschwerde zu.

Übersicht	Rdn.		Rdn.
A. Normzweck	1	B. Tatbestandsvoraussetzungen	2

A. Normzweck

§ 216 regelt die Rechtsmittelmöglichkeiten bei Entscheidungen nach §§ 207–213 und sichert damit zum einen die Rechte der Verfahrensbeteiligten, dient zum anderen über die Einschränkung der Beschwerdemöglichkeiten aber auch der Verfahrensbeschleunigung.[1] Die Regelung ist erforderlich, da gem. §§ 6 Rechtsmittel gegen Entscheidungen des Insolvenzgerichts nur zulässig sind, wenn sie gesetzlich ausdrücklich vorgesehen sind. 1

B. Tatbestandsvoraussetzungen

Rechtsmittel sind nur gegen die Entscheidungen nach §§ 207, 212 und 213 gegeben. Die Einstellung gem. § 211 kann nicht angegriffen werden, da § 211 nicht aufgeführt wird.[2] Dies gilt auch, wenn der Schuldner, dessen Antrag auf Restschuldbefreiung rechtskräftig abgewiesen wurde, danach einen erneuten Antrag auf Restschuldbefreiung stellt.[3] 2

Dem Schuldner muss die Beschwerdemöglichkeit gegen die Entscheidung gem. § 207 zustehen, da bei der Einstellung wegen Masselosigkeit keine Restschuldbefreiung mehr erteilt werden kann. Der Schuldner kann im Beschwerdeverfahren noch die Stundung der Verfahrenskosten beantragen (vgl. § 207 Rdn. 12 ff.) und so die Einstellung wegen Masselosigkeit verhindern. 3

Antragsberechtigt nach § 216 Abs. 1 sind nur die Insolvenzgläubiger, nicht aber die Massegläubiger, die über § 214 Abs. 3 und §§ 60, 61 ausreichend geschützt sind.[4] Nachrangige Insolvenzgläubiger nach § 39 sind nur beschwerdeberechtigt, wenn sie durch Aufforderung zur Forderungsanmeldung in das Verfahren einbezogen wurden.[5] Absonderungsberechtigte Insolvenzgläubiger sind nicht beschwerdebefugt.[6] 4

Lehnt das Gericht den Antrag des Insolvenzverwalters auf Einstellung des Verfahrens wegen Masselosigkeit nach § 207 ab, hat der Verwalter hiergegen kein Rechtsmittel.[7] 5

Die befristete Rechtspflegererinnerung gem. § 11 Abs. 2 RPflG kann von den Beteiligten eingelegt werden, wenn ein Rechtsmittel nicht gegeben ist.[8] 6

Die sofortige Beschwerde hat gem. § 570 Abs. 1 ZPO, § 4 InsO keine aufschiebende Wirkung. Die Vollziehung der Entscheidung kann aber durch das Beschwerdegericht ausgesetzt werden. 7

Die sofortige Beschwerde ist gem. § 569 Abs. 1 ZPO innerhalb von zwei Wochen beim Insolvenz- oder beim Beschwerdegericht einzulegen. Die Frist beginnt mit der Zustellung der Entscheidung. Die Zustellung kann auch über die öffentliche Bekanntmachung nach § 9 Abs. 3 erfolgen. In diesem Falle beginnt die Frist gem. § 9 Abs. 1 Satz 3 zwei Tage nach der Veröffentlichung im Internet. Dies gilt auch, wenn später noch eine weitere Zustellung durch Aufgabe zur Post erfolgt.[9] 8

---

1 MüKo-InsO/*Hefermehl* Rn. 1.
2 BGH 25.01.2007, IX ZB 234/05, ZVI 2007, 320.
3 BGH 25.01.2007, IX ZB 234/05, ZVI 2007, 320.
4 FK-InsO/*Kießner* Rn. 2.
5 MüKo-InsO/*Hefermehl* Rn. 6; HK-InsO/*Landfermann* Rn. 2.
6 FK-InsO/*Kießner* Rn. 3; Braun/*Kießner* Rn. 4.
7 MüKo-InsO/*Hefermehl* Rn. 6; BGH 26.04.2007, IX ZB 221/04, ZInsO 2007, 541.
8 Uhlenbruck/*Vallender* Rn. 6.
9 LG Göttingen 03.09.2007, 10 T 108/07, NZI 2007, 735; HK-InsO/*Landfermann* Rn. 3.

Sechster Teil Insolvenzplan

Erster Abschnitt Aufstellung des Plans

§ 217 Grundsatz

Die Befriedigung der absonderungsberechtigten Gläubiger und der Insolvenzgläubiger, die Verwertung der Insolvenzmasse und deren Verteilung an die Beteiligten sowie die Verfahrensabwicklung und die Haftung des Schuldners nach der Beendigung des Insolvenzverfahrens können in einem Insolvenzplan abweichend von den Vorschriften dieses Gesetzes geregelt werden. Ist der Schuldner keine natürliche Person, so können auch die Anteils – oder Mitgliedschaftsrechte der am Schuldner beteiligten Personen in den Plan einbezogen werden.

Übersicht

	Rdn.		Rdn.
A. Überblick	1	D. Normzweck	28
I. Der Insolvenzplan	1	E. Normadressaten	31
II. Ablauf des Insolvenzplanverfahrens	5	F. Zulässige Regelungen	33
B. Aktuelle Entwicklungen	8	G. Plantypen	38
I. Entwicklungen durch die Wirtschaftskrise	8	I. Liquidationsplan	39
		II. Übertragungsplan	41
II. Weiterentwicklung des Diskussionsentwurf des BMJ für ein Gesetz zur weiteren Erleichterung der Sanierung von Unternehmen zum ESUG	11	III. Fortführungsplan	46
		IV. Verfahrensabwicklungsplan	51
		H. § 217 Grundsatz a.F.	54
		I. Normzweck	55
C. Die Norm	23	II. Normadressaten	57

A. Überblick

I. Der Insolvenzplan

Das Insolvenzplanverfahren wurde als Herzstück der letzten Insolvenzrechtsreform angesehen.[1] Eine ebensolche gewichtige Rolle soll dem Insolvenzplanverfahren bei der nächsten Novelle des Insolvenzrechts zukommen, wie der Diskussionsentwurf des Bundesministerium der Justiz für ein Gesetz zur weiteren Erleichterung von Sanierungen von Unternehmen vom 01.09.2010 sowie alle späteren Entwürfe bis hin zum ESUG zeigen. 1

Bei der letzten Reform sollte ein Rechtsrahmen geschaffen werden, der es den Beteiligten ermöglicht, die Insolvenz einvernehmlich im Wege von Verhandlungen und privatautonomen Austauschprozessen zu bewältigen. Darin kommt entscheidend das Prinzip der Gläubigerautonomie zum Tragen. Zugleich besteht hier aber auch der entscheidende Unterschied zu dem Vergleich oder dem »alten« Zwangsvergleich nach der Konkurs- und Vergleichsordnung. Der Zwangsvergleich hatte nur ein sehr eingeschränktes Regelinstrumentarium: Er sah keine anderen gestalterischen Möglichkeiten vor als die Zahlung einer festgelegten Vergleichsquote für die Gläubiger. Im Ergebnis kam es daher so gut wie nie zu einer erfolgreichen Durchführung eines Zwangsvergleiches weil die festen Vergleichsquoten zu hoch waren und deswegen nicht erreicht wurden. Die Besonderheit des Insolvenzplanverfahrens besteht darin, dass es innerhalb des Insolvenzverfahrens, in das es eingebettet ist, neben der Liquidation auch die Sanierung ermöglicht. Aber eines darf dabei nicht vergessen werden: Die Sanierung ist hierbei nicht etwa als Zweck der Regelung anzusehen, sondern nur als eines der Mittel zur Verwirklichung des Primärzieles der Haftungsverwirklichung i.S.d. bestmöglichen Gläubigerbefriedigung i.S.d. § 1 Satz 1.[2] Letztlich ist abzuwägen, ob dieses Ziel im Wege der Sanierung erreicht werden soll. Eine Unternehmensfortführung in Form einer Reorganisation ist geboten, wenn 2

---

[1] Kübler/Prütting/Bork/*Otte* Rn. 1.
[2] *Westpfahl/Janjuah* Beil. zu ZIP 3/2008, 2.

§ 217 InsO Grundsatz

der Fortführungswert bei Reorganisation größer ist als derjenige bei einer übertragenden Sanierung (hier: Liquidationswert). Wenn die Wahl des Mittels zur Bewältigung der Insolvenz auf eine Sanierung im Wege des Insolvenzplanverfahrens fällt und dabei neben der größtmöglichen Gläubigerbefriedigung noch Anderes erreicht wird, wie z.B. der Erhalt von Arbeitsplätzen, die Reorganisation von unwirtschaftlichen Strukturen, der Erhalt von Lieferantenverbindlichkeiten, die Restschuldbefreiung der am Verfahren Beteiligten und vieles mehr, so ist dies nach der gesetzlichen Konzeption nur ein wünschenswerter Nebeneffekt. Meist führt die Sicherstellung solcher positiven Nebeneffekte allerdings überhaupt erst zu einer erfolgreichen Umsetzung des Insolvenzplanverfahrens und ermöglicht dadurch überhaupt erst die bestmögliche Gläubigerbefriedigung.

3 Erst allmählich gewinnt das Insolvenzplanverfahren, das nach dem Vorbild des US-amerikanischen Reorganisationsverfahrens nach Chapter 11 des Bankruptcy Code gestaltet worden ist, in der Rechtspraxis an Bedeutung. Wenn von der Vorbildhaftigkeit des US-amerikanischen Verfahrens die Rede ist, dürfen die ihm zugesprochenen umfassenden Heilungswirkungen allerdings nicht verwechselt werden mit dem weitreichenden Vollstreckungsschutz, den das Planverfahren in den USA genießt. Auch ist das dortige Planverfahren nicht frei von Kritik angesichts des hohen Missbrauchspotentials, welches ihm dort inne wohnt.[3]

4 Wurde dem Insolvenzplanverfahren anfangs in der Literatur noch weitgehend ablehnend begegnet, so hat sich das Meinungsbild in den letzten Jahren gewandelt.[4] Möglicherweise lag die anfängliche Ablehnung der Insolvenzpläne in der Literatur auch darin begründet, dass Musterinsolvenzpläne vorgelegt worden sind, die weit über 1.000 Seiten hatten und damit völlig praxisuntauglich waren. In der Praxis hat sich gezeigt, dass Insolvenzpläne – sollen sie denn eine Chance auf Umsetzung haben – schlank und übersichtlich konzipiert sein müssen. Die allmähliche Umsetzung dieser Erkenntnis zerstreut auch die Bedenken, das Insolvenzplanverfahren würde die Gerichte überfordern. Erkennbar ist aber doch, dass zahlreiche Insolvenzgerichte mit der Umsetzung eines Insolvenzplanes Schwierigkeiten haben, so dass es oftmals zu unerwünschten Verzögerungen kommt. Dies ist umso misslicher, da die schnelle Umsetzung des Insolvenzplans sein Erfolgsgeheimnis ist.

II. Ablauf des Insolvenzplanverfahrens

5 Entsprechend der gesetzlichen Gliederung kann unterschieden werden zwischen der Planaufstellung, der Annahme und der Bestätigung des Plans. Die Einleitung des Verfahrens erfolgt durch die Vorlage eines Insolvenzplans. Zur Vorlage eines solchen Plans sind gem. § 218 Abs. 1 der Insolvenzverwalter und der Schuldner, bzw. dessen Vertreter berechtigt. Die Gläubiger können frühestens im Berichtstermin den Verwalter beauftragen, einen Insolvenzplan auszuarbeiten, den der Insolvenzverwalter dann in einer angemessenen Frist dem Gericht vorzulegen hat (§§ 157 Satz 2, 218 Abs. 2). Hier wird die Gläubigerautonomie eingeschränkt, da die Gläubiger erst relativ spät in das Verfahren eingreifen können. Die Möglichkeiten der Gläubiger, zu diesem Zeitpunkt das Verfahren noch in Richtung eines Insolvenzplanes beeinflussen zu können, kommen zu spät, da eine Beauftragung des Insolvenzverwalters frühestens drei bis vier Monate nach Insolvenzantragstellung ins Leere geht. Die Weichen für eine Verfahrensabwicklung durch einen Insolvenzplan müssen am Anfang mit allen Beteiligten gestellt werden, da ansonsten die wirtschaftliche Entwicklung über den Insolvenzplan häufig hinweggeht. Jedoch stellt sich die Frage, ob es in der Praxis einer Änderung dahingehend bedarf, dass die Gläubiger ebenso bereits zu Beginn des Verfahrens in ein Planverfahren einbezogen werden können und sollen, und ob dies die Anzahl der Verfahren und deren Erfolgsaussichten nachhaltig erhöht. Zumindest derzeit ist die Bereitschaft von Gläubigerseite einen Insolvenzplan zu initiieren kaum gegeben. Dazu fehlt ihnen schon a priori der vollständige Einblick in die wirtschaftlichen Daten des schuldnerischen Unternehmens. Häufiger werden die Gläubiger vom Insolvenzverwalter oder Schuldnervertreter in die Planaufstellung mit eingebunden um frühzeitig die Mehrheiten für einen Abstimmungstermin zu sichern, aber auch um wirtschaftlich die Umsetzung des Plans zu er-

---

3 Vgl. *Hay* US-Amerikanisches Recht, Rn. 535.
4 FK-InsO/*Jaffé* Rn. 8.

leichtern. Es besteht daher wohl kaum die Notwendigkeit der früheren Einbindung der Gläubiger in die Planaufstellung.

Der Plan enthält einen darstellenden und einen gestaltenden Teil (§§ 219 ff.). Unter bestimmten Voraussetzungen (§ 231) muss das Gericht den Plan zurückweisen. Erfolgt keine Zurückweisung, stimmen die Gläubiger (soweit sie unterschiedliche Rechtsstellungen innehaben) in Gruppen über den Plan ab (§ 243). Das Obstruktionsverbot (§ 245) verhindert, dass eine Einigung am Widerstand einzelner Gläubiger (Akkordstörer) scheitert, selbst wenn die erforderlichen Mehrheiten bei der Abstimmung nicht zustande kommen. Daneben sind noch die Zustimmung des Schuldners (§ 247) und die Bestätigung durch das Gericht (§ 248) erforderlich. Mit Rechtskraft der gerichtlichen Bestätigung treten die im gestaltenden Teil des Plans niedergelegten Wirkungen ein. Der Plan dient als Vollstreckungstitel (§ 257). Zuletzt wird das Verfahren aufgehoben (§ 258 Abs. 1), ggf. werden noch Regelungen bzgl. der Planüberwachung getroffen. 6

Parallel besteht die Möglichkeit für den Schuldner, einen Antrag auf Eigenverwaltung zu stellen. Diese Regelungen in den §§ 270 ff. fristen bisher ein Mauerblümchendasein, da zwar der Antrag auf Eigenverwaltung relativ häufig in Zusammenhang mit einem Insolvenzantrag verbunden mit einem Insolvenzplan gestellt wird, die Insolvenzgerichte diesem Antrag aber in den seltensten Fällen stattgeben. Vermutlich sollen diejenigen Personen, die den wirtschaftlichen Niedergang des Insolvenzschuldners mit verursacht haben nicht zu Mitverantwortlichen bei der Abwicklung des Insolvenzverfahrens gemacht werden (»Der Bock soll nicht zum Gärtner gemacht werden«). Hier steht aber in Anlehnung an das US-amerikanische Recht zu erwarten, dass Anträgen auf Eigenverwaltung häufiger stattgegeben wird. Dies natürlich vor dem gesetzgeberischen Hintergrund, dass die Eigenverwaltung gefördert werden soll und auch ausdrücklich gewünscht wird. 7

B. Aktuelle Entwicklungen

I. Entwicklungen durch die Wirtschaftskrise

In jüngerer Zeit hat vor allem die Finanzmarktkrise der Diskussion um den Reformbedarf der Insolvenzordnung im Allgemeinen und des Insolvenzplanverfahrens im Besonderen neue Nahrung gegeben. Ausgangspunkt war die finanzielle Notlage einiger Banken, der man zunächst mittels des Finanzmarktstabilisierungsfonds im Rahmen des Finanzmarktstabilisierungsgesetzes beizukommen versuchte, und die in der Verstaatlichung der Immobilienbank Hypo Real Estate kulminierte. Nunmehr gilt es, die richtigen Lehren aus der Finanzmarktkrise zu ziehen. Das Insolvenzrecht, ein Reorganisationsverfahren für Kreditinstitute und eine Verbesserung des Insolvenzplanverfahrens stehen daher an vorderster Stelle, um Finanzkrisen dieses Ausmaßes künftig zu verhindern und die betroffenen Unternehmen einfacher und effektiver zu sanieren. So war es auch ausweislich des Koalitionsvertrages Ziel der 2009 gewählten Bundesregierung, die Restrukturierung und Fortführung von sanierungsfähigen Unternehmen zu erleichtern und dazu die rechtlichen Rahmenbedingungen für außergerichtliche Sanierungsverfahren im Vorfeld einer drohenden Insolvenz zu verbessern. Das Insolvenzplanverfahren soll vereinfacht und im Sinne eines Restrukturierungsrechts stärker auf die Frühsanierung von Unternehmen ausgerichtet werden. Allerdings bleibt abzuwarten, inwieweit diese sicherlich zu begrüßenden Reformbemühungen wieder konterkariert werden durch die Regierungsentwürfe zur Wiedereinführung des Fiskusprivilegs und der Verbesserung der Rangstellung der Sozialversicherungsträger. Auch die Versuche die vor Insolvenzeröffnung entstandenen Umsatzsteuern als Masseschulden zu qualifizieren, dürfte die Sanierungschancen verringern. 8

Häufig Gegenstand der Diskussion ist auch die Frage, inwieweit ein sog. Debt-Equity-Swap im Rahmen des Insolvenzplanverfahrens auch gegen den Willen der Gesellschafter möglich sein soll. Der Sache nach handelt es sich hierbei um die Umwandlung von Fremd- in Eigenkapital. Im US-amerikanischen Recht ist diese Möglichkeit vorgesehen. Technisch soll der Gläubiger seine gegen den Schuldner bestehende Forderung bei einer Kapitalerhöhung in die Gesellschaft als Sacheinlage einbringen. Gleichzeitig soll der Schuldner die Forderung abgetreten erhalten, um somit im Wege der Konfusion zu erreichen, dass die Forderung untergeht und damit die Verbindlichkeit des Schuldners 9 erlischt.[5] Durch diese Umwandlung von Fremd- in Eigenkapital wird die Überschuldungssituation des Schuldners verbessert und mögliche Finanzierungskosten für das Fremdkapital gesenkt.[6] Die ursprünglichen Fremdkapitalgeber gewinnen auf diese Weise Einfluss auf die Geschicke des Schuldners. Unumstritten ist, dass sich die Gesellschafter eines insolventen Rechtsträgers freiwillig einer Planregelung unterwerfen können, die zum Verlust ihrer Gesellschafterstellung führt. Angesichts der Tatsache, dass § 217 nach alter Rechtslage die Gesellschafter des Schuldners nicht in den Kreis der zwangsweise Planunterworfenen zieht, herrscht Uneinigkeit darüber, ob nach bisher geltender Rechtslage auch ein zwangsweiser Eingriff in Gesellschafterrechte zulässig ist. Überwiegend wird dies unter Hinweis auf den Wortlaut des § 217 a.F. verneint.[7] Nur vereinzelt wird vertreten, dass dem Insolvenzverwalter ein schuldrechtlicher Anspruch auf Abtretung der Anteile zusteht.[8] Ansatzpunkt ist hierbei, dass die Gesellschafteranteile im Falle der Überschuldung bei wirtschaftlicher Betrachtung wertlos sind.[9] Der Umstand, dass die Gesellschafter eine erfolgreiche Sanierung im Wege der Umwandlung von Fremd- in Eigenkapital sonst erfolgreich blockieren könnten und als Alternative dann nur die Liquidation mit der Konsequenz des Untergangs der Anteile nach Auflösung der Gesellschaft bliebe, lässt es in jedem Fall als angezeigt erscheinen, am Gesetz nachzubessern. In weiten Teilen der Literatur wird hier Handlungsbedarf gesehen, nicht zuletzt vor dem Hintergrund eines zunehmenden Wettbewerbs der Insolvenzordnungen, den die Einführung der EUInsO mit sich gebracht hat.[10]

10 Sollte der Gesetzgeber wie angekündigt den Reformforderungen diesbezüglich nachgeben, stellt sich materiell die Frage, inwieweit ein zwangsweiser Eingriff in die Gesellschafterstellung das Eigentumsrecht aus Art. 14 GG berührt. Überwiegend wird darin keine Enteignung, sondern lediglich eine Inhalts- und Schrankenbestimmung i.S.d. Art. 14 Abs. 1 Satz 2 GG gesehen, bei deren Festlegung der Gesetzgeber lediglich angehalten wäre, die Interessen der Beteiligten in einen gerechten Ausgleich zu bringen. Sollten sich die Anteilsrechte bei wirtschaftlicher Betrachtung nicht als wertlos erweisen, ließe sich hier mit dem Instrument einer Entschädigungszahlung operieren.[11]

II. Weiterentwicklung des Diskussionsentwurf des BMJ für ein Gesetz zur weiteren Erleichterung der Sanierung von Unternehmen zum ESUG

11 Wie die Bundesministerin der Justiz Leutheusser-Schnarrenberger auf dem 7. Deutschen Insolvenzrechtstag am 17.03.2010 in Berlin verkündete, gehört die Reform des Insolvenzrechts, welcher mit diesem Gesetzesentwurf der entscheidende Anstoß gegeben wurde, zu den wichtigsten Vorhaben der Bundesregierung im Wirtschaftsrecht nicht nur für die nächste Legislaturperiode, sondern gleichsam für das nächste Jahrzehnt. Auch im Wettbewerb der Rechtsordnungen soll das deutsche Recht durch die Änderungen an Attraktivität gewinnen.

12 Hiernach soll vor allem die Sanierung durch das Planverfahren gestärkt werden; mit dem Gesetzesentwurf soll es nach Meinung der Bundesministerin der Justiz zu einem regelrechten Umdenken kommen »Die Kultur der zweiten Chance soll gestärkt werden«. Der Diskussionsentwurf enthält damit zahlreiche Änderungen der §§ 217 ff., welche neben rein redaktionellen Änderungen auch vor allem die Stärkung des Gläubigereinflusses beinhaltet. Durch den verstärkten Gläubigereinfluss verspricht man sich eine verstärkte Sanierungsbereitschaft.

13 Die Reformbemühungen resultieren aus der oben dargestellten Diskussion der Rechtswissenschaft der letzten Jahre und aus den Erfahrungen, welche aus der Wirtschaftskrise gezogen werden. Eine

---

[5] *Vallender* NZI 2007, 129 (132).
[6] *Buth/Herrmanns* Restrukturierung, Sanierung, Insolvenz, § 13 Rn. 53.
[7] FK-InsO/*Jaffé* Rn. 83; MüKo-InsO/*Eidenmüller* Rn. 65; vgl. hierzu noch HK-InsO/*Flessner* § 221 Rn. 3 ff., HambK-InsR/*Thies* § 221 Rn. 3 a.E.
[8] Nerlich/Römermann/*Braun* Rn. 41 ff.
[9] FK-InsO/*Jaffé* Rn. 82; a.A. Uhlenbruck/*Lüer* Rn. 18.
[10] *Vallender* NZI 2007, 129.
[11] Ausf. *Sassenrath* ZIP 2003, 1517 (1523 f.).

weitere Angleichung an das US-amerikanische Chapter 11-Verfahren soll im Hinblick auf die Sanierungskultur in den U.S.A. die Anwendung des Planverfahrens stärken. Die Änderungen im Diskussionsentwurf zielen vor allem darauf ab, die Hürde eines in Schwierigkeiten geratenen Unternehmens zur Stellung des Insolvenzantrages mit dem Ziel der Sanierung herabzusetzen um diese frühzeitig zu beginnen, solange noch Kapital i.S.v. Liquidität bei dem Unternehmen vorhanden ist. Dies soll dadurch erzielt werden, dass Schuldner und Gläubiger bei der Auswahl der maßgeblichen Akteure, wie dem Insolvenzverwalter, mit einbezogen werden und die Möglichkeiten im Planverfahren ausgeweitet werden um dieses für die Beteiligten berechenbarer und attraktiver zu gestalten. Es handelt sich bei den durch den Regierungsentwurf eingeführten Maßnahmen damit um erprobte Mechanismen aus anderen Rechtsordnungen. Deshalb ist es in der Vergangenheit immer wieder vorgekommen, dass bei der Sanierung von Unternehmen sog. »Forum Shopping« betrieben wurde. In Betracht kommt hier die Anwendung des US-amerikanischen Chapter 11-Verfahrens und das britische Scheme of Arrangement.[12] Durch die neue Gesetzeslage soll und wird das »Forum Shopping« sicherlich eingedämmt werden, da das deutsche Recht durch die Reform auch für ausländische Investoren sanierungsfreundlicher und interessanter weil auch vorhersehbar geworden ist.

Der »Trend« des deutschen Insolvenzrechts geht daher immer weiter in Richtung eines Schuldnerschutzrechts, weg von der tradierten Vorstellung aus dem römischen Rechtskreis kommend, den Insolvenzantrag als letzten Schritt im Rahmen einer Vollstreckung gegen den Schuldner zu begreifen. Die Insolvenzordnung verliert damit immer mehr ihre Funktion als gläubigerschützende Vorschrift. Noch gilt aber immer noch das Prinzip der bestmöglichen Gläubigerbefriedigung bei allen Sanierungsmaßnahmen. Erst bei Einführung eines Restrukturierungsgesetzes wären wohl die Grundsätze des deutschen Rechtes mit der Insolvenzordnung als Teil des Zwangsvollstreckungsrechts aufgegeben und damit die Basis des römischen Rechts endgültig verlassen. 14

Des Weiteren soll das Planverfahren durch einzelne Straffungen für die Beteiligten berechenbarer werden und somit an Attraktivität gewinnen. So sollen derzeitig bestehende »Blockademöglichkeiten« des Plans durch Rechtsmittel einzelner Gläubiger eingegrenzt werden, für die Beschwerde nach § 253 sind neue Hürden eingeführt worden. Bislang können Gläubiger, sofern sie eine Schlechterstellung glaubhaft machen, den Plan blockieren. Dies ist nach dem neuen § 251 Abs. 3 des ESUG nicht mehr möglich, wenn Mittel bereitgestellt werden, die eine solche Schlechterstellung ausgleichen. Das Vorliegen einer solchen salvatorischen Klausel beseitigt also die materielle Schlechterstellung eines Gläubigers/Anteileigners.[13] Die Frage, ob letztendlich eine Entschädigung aus einem solchen Fonds geleistet wird und in welcher Höhe die Schlechterstellung zu bewerten ist, unterliegt der Beurteilung der ordentlichen Zivilgerichte, das Planverfahren wird also mit diesen Fragen nicht belastet. Es wird zwar davon ausgegangen, dass schon nach bisher geltendem Recht solche salvatorischen Klauseln möglich sind, die gesetzliche Fixierung beseitigt aber die weit verbreitete Unsicherheit bei vielen Insolvenzgerichten und führt sicherlich zur Beschleunigung des Planverfahrens. 15

Als besonders wichtiges Instrument zur Stärkung der Sanierung im Insolvenzverfahren wurde mit dem neu eingefügten § 225a Abs. 2 der lang diskutierte »Debt-Equity-Swap« in die Insolvenzordnung eingeführt. Hiernach sollen in der Krise schwer durchsetzbare Forderungen in Anteile an dem Unternehmen umgewandelt werden. Dies ist für die Gläubiger immer noch attraktiver als eine nicht durchsetzbare Forderung und stärkt das Gläubigerinteresse am Erfolg des durchzuführenden Planverfahrens, da diese nun selbst Anteilseigner am zu sanierenden Unternehmen sind. Hierdurch wird erwartet, dass das Unternehmen in der Krise nicht nur über neue Kapitalmittel verfügt, da durch die Umwandlung von Schulden in Gesellschaftsanteile noch vorhandenes Unternehmensvermögen nicht mehr zur Schuldentilgung verbraucht wird sondern es kann auch durch die hierdurch engere Zusammenarbeit mit den Gläubigern zu Synergieeffekten kommen. Ob der »Debt-Equity-Swap«, das zentrale Instrument zur Förderung des Planverfahrens sein wird, wird sich erst herausstellen, wenn ein solcher in der Praxis erprobt wurde. Der allein glückselig machende Weg 16

---

12 S. zur Voraussetzung für eine solche Vorgehensweise: *Gebler* NZI 2010, 665 ff.
13 *Smind* DZWIR 2010, 397 (405).

§ 217 InsO Grundsatz

dürfte der über den »Debt-Equity-Swap« sicherlich kaum sein, da juristische Personen des öffentlichen Rechts, aber auch der Staat selbst mit seiner Finanzverwaltung kaum Anteile an vielen mittelständischen und kleinen Betrieben übernehmen kann und darf.[14] Auch ist bisher kein Fall nach Einführung des ESUG bekannt geworden bei dem sich die Bankenseite an einem schuldnerischen Unternehmen beteiligt hätte. Jedenfalls bleibt bisher die praktische Bedeutung des Debt-Equity-Swap erheblich hinter dem zurück welchen Raum er in der Literatur einnimmt.

17 Über den »Debt-Equity-Swap« hinaus können im Plan durch den neuen § 225a Abs. 3 des ESUG jegliche gesellschaftsrechtlich zulässige Regelungen aufgenommen werden, die die Strukturen des Unternehmens dem Plan anpassen.[15] Im Zusammenspiel mit § 254a Abs. 3 des ESUG, nach dem durch den Plan gesellschaftsrechtlich notwendige Formalien ersetzt werden, eröffnen sich dem Planersteller neue weitreichende Gestaltungsmöglichkeiten. Erst die praktische Umsetzung wird zeigen, inwieweit hiervon Gebrauch gemacht werden wird, nachdem die Möglichkeit sachenrechtliche Änderungen gem. § 228 in den Plan mit aufzunehmen nur sehr zurückhaltend eingesetzt wird, teilweise auch auf Drängen der Insolvenzgerichte aus Sorge vor Amtshaftungsprozessen. Kaum ein Insolvenzgericht hat sich bisher in der Praxis dazu durchringen können, im Insolvenzplan eine Umwandlung oder eine Grundstücksübertragung zu beurkunden. Dies kann sich möglicherweise in der Praxis noch ändern nachdem nicht mehr die Rechtspfleger für Insolvenzpläne, sondern die Richter zuständig sind.

18 Neben den örtlichen Zuständigkeiten ist für das Planverfahren auch die funktionelle Zuständigkeit geändert worden. Dies erfolgt neben der Änderung der InsO auch durch Änderungen des § 18 RPflG indem das Planverfahren nur dem Richter vorbehalten bleibt. Dieser Richtervorbehalt soll dazu dienen, den Verfahrensablauf noch weiter zu beschleunigen, da davon ausgegangen wird, dass ein Richter schneller über die Zulassung eines Planes entscheiden kann als ein Rechtspfleger. Ob dies aber tatsächlich in der Praxis eine Verbesserung bringen wird, bleibt abzuwarten nachdem schon in der Vergangenheit die Rechtspfleger sich erst langjährige Erfahrung aneignen mussten um ein Planverfahren schnell und effizient abzuwickeln.

19 Weitere Änderungen im Gesetzesentwurf sind die Vereinfachung des Zugangs zur Eigenverwaltung, des Weiteren wird die Position von Clearinghäusern gestärkt. Außerdem wird durch eine Änderung im vierten Sozialgesetzbuch eine nicht zu rechtfertigende Privilegierung der Sozialversicherungsträger im Anfechtungsrecht beseitigt.

20 Der Diskussionsentwurf ist, da er den in den letzten Jahren in der Rechtswissenschaft gesetzten Tendenzen folgt, von der Literatur größtenteils begrüßt worden, insb. die Einführung des zwangsweise durchführbaren »Debt-Equity-Swap« findet große Zustimmung.[16] Ansonsten enthält der Entwurf einige Änderungen, welche die Miteinbeziehung von Inhabern von Mitgliedschaftsrechten und Anteilseignern in das Planverfahren zum Inhalt hat, indem das Wort »Gläubiger« gegen das Wort »Beteiligte« ersetzt wird. Des Weiteren sind Änderungen notwendig geworden um den »neu Beteiligten« am Planverfahren dieselben Rechte zukommen zu lassen wie den Gläubigern nach alter Regelung.

21 Letztendlich ist der Diskussionsentwurf nach intensiver Diskussion in Wissenschaft und Praxis überraschend schnell in einen Gesetzesentwurf umgesetzt worden. Das ESUG konnte so mit nur wenigen Änderungen zum 01.03.2012 in Kraft treten.

22 In der Folge wird bei der Kommentierung der Hauptaugenmerk auf die neue Fassung gelegt, wobei auch die bisherige Fassung des Gesetzes – soweit sie wesentlich verändert wurde – zusätzlich kommentiert wird, da die bisherige Fassung auch in den nächsten Jahren in der Rechtsprechung eine Rolle spielen dürfte.

---

14 S. zur ultra vires Lehre und deren Auswirkungen *Silcher* Die juristische Person des öffentlichen Rechts und *deren beschränkter Wirkungskreis beim Handeln im Privatrecht*, 1993.
15 *Schelo* DB 2010, 2209 (2210).
16 *Schelo* DB 2010, 2009 ff.; krit. *Frind* ZInsO 2010, 1524 (1530).

C. Die Norm

Nach bisher geltendem Recht, konnte durch das Planverfahren nicht in Rechtspositionen von Anteilseignern des insolventen Unternehmens eingegriffen werden. Dies soll sich mit dieser Neuregelung ändern. Willenserklärungen von gesellschaftsrechtlich am Unternehmen Beteiligten können durch den Plan ersetzt werden um auf diese Weise gegen ihren Willen in deren Rechtspositionen einzugreifen. Rechtliche Wirkung entfalten gesellschaftliche Änderungen im Unternehmen also ohne Mitwirkung der betroffenen Organe durch Rechtskraft des Plans. 23

Damit soll Blockadepotenzial im Verfahren abgebaut, das Verfahren gestrafft und für die Gläubiger berechenbarer werden. Die Neuerung beruht auch auf Erfahrungen im Insolvenzrecht anderer Staaten, wie z.B. Großbritannien, welche solche Regelungen kennen. Die fehlende Einbeziehung von Anteilseignern wurde nach altem Recht vor ESUG als Standortnachteil des deutschen Insolvenzrechts gesehen und soll durch den neuen Satz 2 beseitigt werden. 24

Anteilseigner können nach bisher geltendem Recht die Durchführung des Plans bspw. blockieren in dem sie nach Stellung des Insolvenzantrages, aus welchem ipso jure die Auflösung der Gesellschaft folgt,[17] der Fortführung der Gesellschaft nicht zustimmen. 25

Vor allem unter dem Gesichtspunkt der Einführung des »Debt-Equity-Swap« ist es sinnvoll, Anteilseigner am Schuldner in den gestaltenden Teil des Plans mit einzubeziehen, da es sich bei ihnen ja letztendlich um ehemalige Gläubiger handeln könnte, welche ohne eine Umwandlung ihrer Forderung in Anteile als Gläubiger am Plan zu beteiligen gewesen wären. Durch eine Beteiligung am Plan wird ja nicht nur in die Rechte der Anteilseigner eingegriffen, daraus erwachsen zudem Mitwirkungs- und Gestaltungsrechte. 26

So sind, soweit in die Rechte der Anteilsinhaber eingegriffen wird, diese auch bei der Gruppenbildung und Abstimmung zu beteiligen. Plausibel erscheint dies vor allem, wenn man sich auch jenseits des »Debt-Equity-Swap« vor Augen führt, dass die Grenze zwischen einer Beteiligung an einem Unternehmen und einer Forderung gegen diese fließend sein kann und daher eine Gleichbehandlung im Plan von Anteilseignern und Gläubigern geboten sein kann. Dies wird deutlich an den gesamten, den Eigenkapitalersatz regelnden Vorschriften. Die Vorschriften sind lediglich der Tatsache geschuldet, dass Fremdkapital in Eigenkapital umqualifiziert werden soll. Eine Beteiligung der Anteilseigner am Plan ist nur notwendig, wenn tatsächlich in ihre Rechte eingegriffen wird. Ist dies der Fall, so führt letztendlich deren Beteiligung zur Erhöhung der Erfolgschancen des Plans, da wirtschaftlich sinnvolle Lösungen nur mit allen an dem Unternehmen Beteiligten erarbeitet werden können. Diese Neuregelung ist daher zu begrüßen. 27

D. Normzweck

§ 217 konkretisiert den Rechtsrahmen für die zweite Option, die § 1 neben der Liquidation zum Zwecke der gemeinschaftlichen bestmöglichen Gläubigerbefriedigung vorsieht. Hier ist geregelt, welche Bereiche sich im Rahmen der Insolvenzplanerstellung eignen, von der InsO abweichenden Regelungen zugänglich zu treffen. 28

Das Insolvenzplanverfahren ist kein Recht, welches als neues »Sanierungsrecht« über der Insolvenzordnung steht. Es gibt zwar Bestrebungen auch innerhalb der verfassten Insolvenzverwalterschaft zur Schaffung eines neuen Gesetzes außerhalb der Insolvenzordnung als Gesetz zur Sanierung von Firmen (Restrukturierungsgesetz). Dieser Weg führt aber in die falsche Richtung, da ein Insolvenzplan insofern ein integraler Bestandteil des Insolvenzverfahrens bleiben muss als es richtigerweise immer noch primär um die bestmögliche Gläubigerbefriedigung und nicht um den Erhalt von Unternehmenseinheiten geht. Das Insolvenzrecht ist immer noch ein integraler Bestandteil des Zwangsvollstreckungsrechts und dient immer noch auch der Gläubigerbefriedigung. Auch wenn die Wirtschafts- und Finanzkrise rechtspolitisch temporär zu einer Verschiebung des Blickwinkels zwingt, 29

---

17 S. z.B. § 262 Abs. 1 Nr. 3 AktG, § 60 Abs. 1 Nr. 4 GmbHG.

§ 217 InsO Grundsatz

darf an dieser Grundkonzeption i.S. einer funktionierenden Wirtschaftsordnung nicht gerüttelt werden. Das Insolvenzverfahren muss auch zur Marktbereinigung dienen, indem nichtlukrative und untaugliche Marktteilnehmer vom Markt genommen werden und sich damit die Markt- und Marktzutrittschancen der Wettbewerber verbessern. Nur so ist gewährleistet, dass sich bei diesen Marktteilnehmern die Chancen zum Erhalt und Ausbau von Arbeitsplätzen verbessern. Ein Insolvenzverfahren war und ist nichts anderes als die Fortsetzung der Zwangsvollstreckung mit anderen Mitteln. Dies sollte es auch bleiben. Sich von diesen Wurzeln zu lösen und die Sanierung als Selbstzweck zu propagieren, verschlechtert im Endeffekt die Sanierungschancen, denn auf diese Weise würden die Gläubiger in ihren Rechten zu stark beschnitten und ihre Bereitschaft, Sanierungsbeiträge zu leisten, würde sinken. Insbesondere Überlegungen, von staatlicher Seite feste Sanierungsbeiträge zu verordnen, wie mittlerweile im österreichischen Recht verankert, muss entschieden entgegengetreten werden, da sie zu einer Überreglementierung führten und schon Züge einer Planwirtschaft tragen. Ein Insolvenzplan auf dem Boden der Insolvenzordnung ist ein Instrument zur privatautonomen Regelung der Vermögens- und Haftungsverhältnisse[18] und muss ein solches bleiben. Die Mehrheit der Gläubiger soll immer noch in gewissen Rahmen noch selbst entscheiden was für sie am besten ist. Der Staat soll sich dafür hüten zu meinen alles am besten zu wissen.

30 Für Verbraucher- oder Kleininsolvenzen kommt ein Insolvenzplanverfahren nicht in Betracht (§§ 304, 312 Abs. 2). Dies soll allerdings auch mit dem neusten Reformentwurf des Bundesjustizministeriums geändert werden.

E. Normadressaten

31 Der Insolvenzplan kann gem. § 217 für die Absonderungsberechtigten und die Insolvenzgläubiger aufgestellt werden. Massegläubiger sind dem Insolvenzplan nicht unterworfen, da ihre Ansprüche gem. § 53 vorab zu befriedigen sind. Eine Ausnahme gilt insofern jedoch für den Fall der Masseunzulänglichkeit. Angesichts der Tatsache, dass die volle Befriedigung der Massegläubiger in diesem Fall nicht möglich ist, mithin auch für sie der Grundsatz der bestmöglichen Masseverwertung zum Tragen kommt, ist nicht einzusehen, warum hier die Möglichkeit der Unternehmensfortführung (die einzig im Rahmen eines Insolvenzplanverfahrens realisiert werden kann) ausscheiden soll.[19] Umstrittener ist die Frage, ob Regelungen eines Insolvenzsozialplans dem Insolvenzplan unterworfen werden können. Angesichts des Status als Masseverbindlichkeiten (vgl. § 123 Abs. 2 Satz 1) und der mangelnden Öffnung in § 217 ist für eine solche Auffassung[20] kein Raum.[21] Allerdings ist dies sicher ein Punkt, bei dem der Gesetzgeber zur Nachbesserung aufgerufen ist.

Durch das ESUG wurden erstmals auch die Anteilseigner an juristischen Personen zu Beteiligte im Insolvenzplanverfahren. Durch die Neufassung der §§ 217 S. 2 und 225a wurde der Personenkreis der Beteiligten erheblich und entscheidend erweitert. Auf diese Weise kann nun in die Anteils- und Mitgliedschaftsrechts der Gesellschafter, die an schuldnerischen juristischen Personen beteiligt sind eingegriffen werden.

31a Aussonderungsberechtigte Gläubiger gem. § 47 gehören nicht zu den Beteiligten im Sinne dieses Paragraphen. Der Anspruch dieser Gläubiger bestimmt sich nach den allgemeinen Vorschriften gem. § 47 Abs. 2. Dies war noch anders in der Konkursordnung. Dort ging man von einem formellen Beteiligten Begriff aus.[22] Jeder der in irgendeiner Form am Verfahren beteiligt ist, ist auch Beteiligter im Sinne der KO.

32 Auch die Haftung des Geschäftsführers oder Gesellschafters kann in einem Insolvenzplan nicht direkt geregelt werden. In der Praxis wurde vereinzelt der Versuch unternommen, im Insolvenzplan

---

18 *Häsemeyer* Rn. 28.07.
19 Ganz h.M.: vgl. MüKo-InsO/*Eidenmüller* vor § 217 Rn. 33 m.w.N.
20 Nerlich/Römermann/*Braun* Rn. 30 ff.
21 FK-InsO/*Jaffé* Rn. 66 m.w.N.
22 BGH, BGHZ 105, 230, 234

festzulegen, dass Ersatzansprüche gegen die vorgenannten Personen nicht geltend gemacht werden dürfen. Solche Regelungen wurden von den Insolvenzgerichten indes gar nicht erst zur Abstimmung zugelassen, mit dem Argument, dass sie mit der Pflicht des Insolvenzverwalters zur bestmöglichen Verwertung der Insolvenzmasse kollidieren. Dies dürfte im Ergebnis nicht richtig sein, da es den Insolvenzgläubigern als Betroffene im Zweifel auch hier offensteht, ihre Zustimmung zu verweigern. Dies dürfte sich schon aus dem Prinzip der Gläubigerautonomie ergeben, nachdem die Mehrheit selbst darüber entscheidet, was für sie sinnvoll und gewollt ist.

Immerhin werden solche Ansprüche indirekt in die Planregelung mit einbezogen indem sie eine Aufnahme in die Vergleichsrechnung finden. Der Insolvenz- oder Sachwalter muss bei seiner Beurteilung des Plans berücksichtigen, ob die Gläubiger bei der Lösung ohne Plan aber mit Verfolgung von Haftungsansprüchen oder bei der Planlösung eine wirtschaftliche Besserstellung haben.

F. Zulässige Regelungen

Das Gesetz nennt pauschal die Befriedigung der absonderungsberechtigten Gläubiger und der Insolvenzgläubiger, die Verwertung der Masse, deren Verteilung an die Beteiligten sowie die Haftung des Schuldners nach Verfahrensbeendigung als dispositive Materien. 33

Angesichts der inhaltlichen Überschneidung mit der Verwertung und des unterschiedlichen Gebrauchs in der InsO ist die Reichweite des Begriffs »Befriedigung« in § 217 umstritten. In der Literatur wird darin zum Teil ein Auffangtatbestand i.S. einer Dispositionsmöglichkeit auch hinsichtlich solcher Vorschriften angesehen, die nicht mit Fragen der Verwertung der Insolvenzmasse, der Verteilung, der Verfahrensabwicklung oder der Haftung des Schuldners nach der Beendigung des Insolvenzverfahrens im Zusammenhang stehen.[23] Dem ist entgegenzuhalten, dass ein solches Verständnis ohne Not an anderer Stelle wieder zu einer Einengung der Reichweite führen muss. Daher scheint es richtiger, die Reichweite des Begriffs von vornhinein wenigstens zu beschränken auf alle Regeln der Insolvenzordnung, die sich auf die Höhe der Zahlungen auswirken, die Absonderungsberechtigte bzw. Insolvenzgläubiger aus dem Schuldnervermögen erwarten können.[24] 34

Von den Vorschriften, die die Verwertung der Insolvenzmasse regeln (§§ 156–173), sind lediglich diejenigen über den Berichtstermin nicht dispositiv. Dass diese zwingend gelten müssen ergibt sich daraus, dass erst der Berichtstermin die Beteiligten ausreichend darüber informiert, ob ein Insolvenzplan überhaupt sinnvollerweise aufgestellt werden soll. 35

Die Möglichkeit der Abweichung von den Vorschriften über die Verteilung (§§ 187–200, 203–206) ist teilweise umstritten. Überwiegend werden solche Vorschriften als zwingend angesehen, die wesentliche Verfahrensregeln enthalten.[25] Zu nennen sind in diesem Zusammenhang vor allem die §§ 194, 200, 204. Übereinstimmend wird eine Abweichung von der Festlegung des Schlusstermins, § 197 nicht als zulässig betrachtet. 36

Von den Vorschriften über die Haftung des Schuldners kann weitestgehend abgewichen werden. Dies gilt nicht für die Zuständigkeitsregel des § 202. 37

G. Plantypen

Das Ziel der größtmöglichen Gläubigerbefriedigung kann nicht immer im Wege der Sanierung erreicht werden. Der Insolvenzplan stellt ein universelles Instrument der Masseverwertung dar.[26] Demzufolge können auch bei den anderen Möglichkeiten der Insolvenzbewältigung anhand eines Insolvenzplans vom Gesetz abweichende Regelungen getroffen werden. Im Einzelnen kann nach dem jeweiligen Planungsziel unterschieden werden, wobei es sich bei den dargestellten Planarten 38

---

23 HK-InsO/*Flessner* Rn. 3; HamK-InsR/*Thies* Rn. 3.
24 So: MüKo-InsO/*Eidenmüller* Rn. 104.
25 MüKo-InsO/*Eidenmüller* Rn. 119; HK-InsO/*Flessner* Rn. 4.
26 BT-Drucks. 12/2443, 90.

um keine abschließende Aufzählung handeln soll. Es sind durchaus auch Mischformen und Varianten aus mehreren Plantypen denkbar, die dem jeweiligen Einzelfall am besten gerecht werden können:

I. Liquidationsplan

39 Namentlich die Liquidation, also die Zerschlagung des schuldnerischen Unternehmens kann nicht nur auf dem Gesetz, sondern eben auch auf einem aufzustellenden Insolvenzplan basieren. Ein solcher Liquidationsplan ist ebenfalls auf die Verwertung der Insolvenzmasse und ihre Verteilung an die Beteiligten gerichtet, allerdings mit der Besonderheit gegenüber der gesetzlichen Regelung, dass hier die Gläubiger im Plan über die Art und Weise der Verwertung entscheiden. Ob dieser Vorteil den Zeit- und Kostenaufwand aufwiegt, den ein Planverfahren mit sich bringt, muss im Einzelfall entschieden werden. Dieser Plantypus mag seine Vorteile darin haben, dass er mit einer Restschuldbefreiung des Schuldners verknüpft sein kann und dieser deswegen einen großen Anreiz hat, den Plan bestmöglich mit umzusetzen.

40 In der Praxis sind solche Pläne jedoch eher selten anzutreffen, da die Verwertung in aller Regel schon vor dem Berichtstermin soweit in der Wege geleitet ist, dass es für einen Plan mit spezieller Verwertungsregelung keinen Raum mehr gibt. Häufiger ist der Fall anzutreffen, dass der Schuldner nach Verwertung der Insolvenzmasse noch einen Plan einbringt um dann mit einer Einmalzahlung (i.d.R. von Seite eines Dritten) versucht zu erreichen, dass das Verfahren sofort beendet wird und nicht die Restschuldbefreiungsphase durchlaufen werden muss. Es wird dadurch eine erhebliche Verfahrensbeschleunigung, i.d.R. von fast fünf Jahren, für den Schuldner erreicht. Die Gläubiger erlangen so i.d.R. eine viel schnellere Quotenzahlung. Darin liegt der Charme eines solchen Planes.

II. Übertragungsplan

41 Trotz des universellen Charakters gewinnt der Insolvenzplan seine herausragende Bedeutung in seiner Eigenschaft als Sanierungsinstrument. Die sog. übertragende Sanierung ist eine Ausprägung dieser Eigenschaft. Dabei werden die Aktiva eines Unternehmens an einen Dritten verkauft, der das Unternehmen saniert und fortführt. Die Gläubiger werden entweder direkt aus dem erzielten Kaufpreis befriedigt oder alternativ dadurch, dass ihnen schuldrechtliche Ansprüche gegen den übernehmenden Rechtsträger oder sogar Mitgliedschaftsrechte an letzterem eingeräumt werden. Auch im Hinblick auf die übertragende Sanierung führt der regelungstechnische Aufwand, den die Erstellung eines Insolvenzplans mit sich bringt, nicht selten zum Rückgriff auf die althergebrachte Vorgehensweise. Schon unter der Geltung der KO wurde mit Hilfe der übertragenden Sanierung »saniert«, obwohl das gesetzlich so gar nicht vorgesehen war. In der KO war an keiner Stelle die Rede davon, dass ein Betrieb in einer anderen Rechtsform oder in einem anderen Rechtsträger erhalten werden soll. Dieses Instrument hat sich erst im Laufe der Jahre herausgebildet als Instrument der bestmöglichen Gläubigerbefriedigung.

42 Bei den langjährigen Diskussionen über die Reform des Insolvenzrechts und auch im späteren Gesetzgebungsverfahren wurde die übertragende Sanierung eher als nachrangiges Instrument behandelt. Dies liegt wohl in ihrem Ruf begründet, den sie sich in der Praxis unter Geltung der KO und GesO erworben hat. Die übertragende Sanierung wurde in aller Regel nicht dazu eingesetzt, das schuldnerische Unternehmen an völlig unbeteiligte Dritte zu veräußern, sondern es erfolgte ein Verkauf an den Geschäftsführer, Gesellschafter oder diesem nahe stehende Personen. Dabei drängte sich oftmals der Verdacht eines Missbrauchs auf, obwohl objektiv gesehen für die Konkursmasse dieser Weg über die übertragende Sanierung letztendlich sogar in aller Regel der beste war, denn nur so konnte überhaupt ein Kaufpreis für das schuldnerische Unternehmen erzielt werden. Folglich war dieses Instrument auch bei den Konkursverwaltern sehr beliebt.

43 Aufgrund der vorgenannten Erwägungen ist schließlich auch die übertragende Sanierung in die gesetzliche Neuregelung eingeflossen. Letztlich sind doch erhebliche Vorteile damit verbunden, die den Verdacht eines Missbrauchs wohl bei weitem überwiegen. Zudem werden die nunmehr gelten-

den Vorschriften über das Zustandekommen eines »Insolvenz**übertragungs**planes« als ausreichende Legitimation für eine übertragende Sanierung gesehen.

Gleichwohl wird diese Planart in der Praxis von Insolvenzverwaltern immer noch relativ selten eingesetzt, da er mit sich bringt, dass das schuldnerische Unternehmen nach Insolvenzeröffnung zumindest bis zum Abstimmungstermin weitergeführt werden muss. Dadurch erhöht sich für den Insolvenzverwalter die Gefahr einer Haftung für möglicherweise entstandene Masseverbindlichkeiten, die nicht später bedient werden können. Dieser Zeitfaktor bzw. das relativ langsame Insolvenzplanverfahren ist wohl einer der Hauptgründe, warum das Planverfahren bisher noch ein Mauerblümchendasein fristet. Auch ist der Aufwand für die Weiterführung des schuldnerischen Unternehmens bis zum Abstimmungstermin groß und steht i.d.R. nicht im Verhältnis zur hierfür vorgesehen Erhöhung der Vergütung des Insolvenzverwalters. Daher versuchen Insolvenzverwalter meist, solche Pläne zu vermeiden und setzen eher auf die übertragende Sanierung. 44

Solche Sanierungspläne kommen i.d.R. nur zur Umsetzung, wenn sie von Schuldnerseite vorgelegt werden. In diesem Fall hat der Schuldner zumindest gesteigerte Aussichten, auf die Entwicklung und den Ablauf des Insolvenzverfahrens Einfluss nehmen zu können. Durch den schon bei Insolvenzantragstellung vorgelegten Insolvenzplan »prepackaged plan« ist gewährleistet, dass der Insolvenzverwalter bzw. vorläufige Insolvenzverwalter nicht ohne weiteres den Geschäftsbetrieb einstellen kann. Eine Einstellung des Geschäftsbetriebes kann nur mit Zustimmung des Insolvenzgerichtes erfolgen. Ein Ausstieg ist für den Insolvenzverwalter über die übertragende Sanierung nur unter erschwerten Bedingungen möglich. Hauptvorteil eines solchen Insolvenzplans für den Schuldner ist, dass bestehende vertragliche Vereinbarungen mit Kunden und Lieferanten erhalten bleiben, da der Rechtsträger im Gegensatz zu einer übertragenden Sanierung nicht gewechselt wird. Dies spielt insb. bei langfristigen Liefervereinbarungen in der Automobilindustrie eine große Rolle. 45

III. Fortführungsplan

Ein Fortführungsplan kommt zur Anwendung, wenn die Befriedigung der Gläubiger nicht unmittelbar aus der Verwertung des schuldnerischen Vermögens bewirkt werden soll, sondern aus den Erträgen des sanierungsbedürftigen Unternehmens selbst. Im Rahmen der vorangehenden Sanierungsprüfung wird festgestellt, ob die Sanierung für die Gläubiger günstiger ist als die Liquidation. Das Ergebnis hängt davon ab, ob der langfristige Ertragswert höher ist als der Liquidationswert. Ist dies der Fall, so wird versucht, das Unternehmen anders als bei Liquidation und übertragender Sanierung aus sich selbst heraus und gerade nicht durch eine Unternehmensübertragung zu sanieren. 46

Diese »Eigensanierung« in ihrer Reinform stellt hohe Ansprüche an die vorzulegenden Unterlagen und das Potential des schuldnerischen Unternehmens. Es muss durch einen Sachverständigen nachgewiesen sein, dass es sehr wahrscheinlich ist, dass die Gläubiger die im Insolvenzplan angedachten Ratenzahlungen erhalten werden. Dies kann i.d.R. nur dann gelingen, wenn die Ursachen, die zur Insolvenz geführt haben, nach Insolvenzantragstellung für die Gläubiger glaubhaft beseitigt wurden. Die Gläubiger gehen kein unerhebliches Risiko ein, da sie erst einmal auf eine Quote verzichten, die bei Zerschlagung des Unternehmens durch den Insolvenzverwalter ausbezahlt werden würde, in der Hoffnung bei Fortführung des Unternehmens eine höhere Quote zu erhalten. Für die Gläubiger ist diese Alternative dann sehr interessant, wenn der Insolvenzverwalter aufgrund der vorliegenden Tatsachen sowieso das Verfahren mangels Masse einstellen würde. In diesem Fall tauschen die Gläubiger eine Nullquote gegen die Hoffnung auf eine spätere höhere Quote, sie verlieren also zumindest nichts. Diese Art von Plan ist in der Praxis aber extrem selten, da diese oft durch den Zeitablauf überholt werden. Die Kunden verlieren das Vertrauen in ein Unternehmen, welches seit Monaten in der Insolvenz ist und ziehen Aufträge zurück. 47

In der Praxis am häufigsten anzutreffen ist die Variante des Fortführungsplans mit einer Einmalzahlung: Im Insolvenzplan ist hier die Fortführung des schuldnerischen Unternehmens vorgesehen, allerdings nicht unter der Prämisse einer Zahlung von Quoten aufgrund von zukünftigen Erträgen aus dem schuldnerischen Unternehmen, sondern einer Sofortzahlung von dritter Seite. Diese Zahlung 48 soll sicherstellen, dass die Gläubiger besser gestellt sind als bei einer Zerschlagung. Die Quote orientiert sich demnach daran, was der Insolvenzverwalter ausschütten könnte, falls er den Betrieb sofort einstellen und das vorhandene Vermögen verwerten würde. Dabei sind auch die Kosten mit einzubeziehen, die dem Insolvenzverwalter aufgrund der Verwertung bzw. Einstellung des Geschäftsbetriebes entstehen würden. Als erheblicher Faktor erweisen sich hier weiterlaufende Fixkosten. Zu nennen sind insb. die Miet- und Arbeitnehmerkosten, die aufgrund der längeren Kündigungsfristen von bis zu drei Monaten einen erheblichen Betrag ausmachen können. Andere Kosten wie z.B. Entsorgungskosten für die Räumung eines Grundstücks können noch hinzukommen. Diese sog. Auslaufkosten können teilweise erhebliche Summen erreichen.

49 Sollte sich aufgrund dieser erheblichen Masseverbindlichkeiten ergeben, dass der Insolvenzverwalter gar keine Quote ausschütten kann, also das Verfahren mangels Masse eingestellt werden müsste, dürften die Gläubiger auch bei einer garantierten geringen Quote von dritter Seite zufrieden zu stellen sein. In der Praxis hat es sich erwiesen, dass solche Pläne mit Quoten von teilweise unter 10 % umsetzbar sind, solange für die Gläubiger feststeht, dass diese Quote sicher ist und sofort bezahlt wird. Solange die Gläubiger wegen einer sonst drohenden Einstellung mangels Masse noch schlechter gestellt wären, ist in jedem Fall auch der gesetzlichen Regelung Genüge getan, die vorsieht, dass die Gläubiger durch den Insolvenzplan nicht schlechter stehen dürfen als bei der Regelabwicklung.

50 Aufgrund dieser Rechtslage sind solche Pläne zwischenzeitlich am häufigsten anzutreffen, da die Geschäftsführer und Gesellschafter mit diesen in der Lage bleiben, das Geschehen auch in der Insolvenz zu steuern.

IV. Verfahrensabwicklungsplan

51 Durch einen Insolvenzplan können nicht nur materiell-rechtliche Regelungen getroffen werden, sondern auch Regelungen über das WIE einer Verfahrensabwicklung. Dem Insolvenzverwalter wird vorgegeben, auf welche Weise ein Verfahren abgewickelt werden soll. Meistens geht es um Regelungen über die Verwertung der Insolvenzmasse, also auf welchem Wege bestimmte Gegenstände, auch bspw. offene Forderungen, verwertet werden. Oftmals werden diese Regelungen mit materiell-rechtlichen Regelungen vermischt.

52 Alleine sind solche Pläne sehr selten anzutreffen, i.V.m. einem Fortführungsplan sind solche Regelungen relativ häufig.

53 Die ausdrückliche Zulassung eines Verfahrensabwicklungsplanes durch das ESUG war notwendig geworden, nachdem der Bundesgerichtshof in seinem Beschluss vom 05.02.2009[27] ausdrücklich offen gelassen hatte, ob solche Regelungen in einem Insolvenzplan möglich sind.

H. § 217 Grundsatz a.F.

54 *»Die Befriedigung der absonderungsberechtigten Gläubiger und der Insolvenzgläubiger, die Verwertung der Insolvenzmasse und deren Verteilung an die Beteiligten sowie die Haftung des Schuldners nach der Beendigung des Insolvenzverfahrens können in einem Insolvenzplan abweichend von den Vorschriften dieses Gesetzes geregelt werden.«*

I. Normzweck

55 Nach alter Fassung des § 217 war ein Eingreifen in die Rechte der Anteilseigner wohl nicht möglich (s. dazu Rdn. 23 ff.). Es wurde in der Literatur zwar vereinzelt diskutiert, ob auch schon nach bisheriger Rechtslage die Anteilseigner »enteignet« werden konnten durch die Regelungen eines Insolvenzplanes. Dies mit der Begründung, dass den Anteilen im Falle der Insolvenz ohnehin kein Wert mehr zugemessen werden kann sowie dessen Forderungen nicht mehr durchsetzbar seien. Sicherlich ist in der Mehrzahl der Fälle der Anteil wirtschaftlich auf Null zu korrigieren. Dies bedeutet aber nicht,

---

27 BGH 05.02.2009, IX ZB 230/07, EWiR 2009, 251.

dass die Forderung durch einen Insolvenzplan einfach aufgehoben werden kann. Es können durchaus noch schützenswerte Positionen dieser Forderungen inne wohnen. Wenn es auch nur die Position sein kann, dass der Anteilseigner verhindern möchte, dass ein Plan zur Umsetzung kommt. Einem Gesellschafter steht nach bisheriger Rechtslage das Recht auf einen wirtschaftlichen Selbstmord zu, dieses kann ihm nicht durch einen Insolvenzplan genommen werden.

Gerichtsentscheidungen sind zu diesem Thema nicht bekannt geworden. 56

II. Normadressaten

Gesellschafter eines schuldnerischen Unternehmens sind keine ausdrücklichen Normadressaten des § 217. Im Weiteren wird auf die obige Kommentierung der neuen Fassung verwiesen. 57

§ 218 Vorlage des Insolvenzplans

(1) Zur Vorlage eines Insolvenzplans an das Insolvenzgericht sind der Insolvenzverwalter und der Schuldner berechtigt. Die Vorlage durch den Schuldner kann mit dem Antrag auf Eröffnung des Insolvenzverfahrens verbunden werden. Ein Plan, der erst nach dem Schlusstermin beim Gericht eingeht, wird nicht berücksichtigt.

(2) Hat die Gläubigerversammlung den Verwalter beauftragt, einen Insolvenzplan auszuarbeiten, so hat der Verwalter den Plan binnen angemessener Frist dem Gericht vorzulegen.

(3) Bei der Aufstellung des Plans durch den Verwalter wirken der Gläubigerausschuss, wenn ein solcher bestellt ist, der Betriebsrat, der Sprecherausschuss der leitenden Angestellten und der Schuldner beratend mit.

Übersicht	Rdn.		Rdn.
A. Normzweck	1	II. Originäres Planinitiativrecht	3
B. Planvorlegung durch den Insolvenzverwalter	2	C. Planvorlegung durch den Schuldner	4
		D. Mitwirkung bei der Planaufstellung	6
I. Derivatives Planinitiativrecht	2		

A. Normzweck

Die Norm hat die Einleitung des Insolvenzplanverfahrens zum Gegenstand und regelt, wer das Recht hat, es in Gang zu setzen und wer bei der Aufstellung zu beteiligen ist. Die Frage, wer das Planinitiativrecht haben sollte, war im Vorfeld der Einfügung des Insolvenzplanverfahrens in die Insolvenzordnung umstritten. Während die eine Seite ein weit gefasstes Initiativrecht befürwortete und insb. in Anlehnung an das US-amerikanische Recht im Bankruptcy Code auch den Gläubigern ein Planvorlagerecht zubilligen wollte, fürchtete die andere Seite, das Bestreben nach größtmöglichem Wettbewerb auf dem Weg zur maximalen Masseverwertung würde zu einer praxisfremden Insolvenzplanspielerei werden und letztlich nur verfahrenshemmend wirken.[1] In der geltenden Fassung hat der Gesetzgeber das Initiativrecht begrenzt auf Insolvenzverwalter und Schuldner, wobei die Gläubiger über den Umweg der Beauftragung des Insolvenzverwalters in der Gläubigerversammlung ein »Quasi-Initiativrecht« haben. 1

B. Planvorlegung durch den Insolvenzverwalter

I. Derivatives Planinitiativrecht

Die Planvorlegung durch den Insolvenzverwalter kann aufgrund eines entsprechenden Auftrags der Gläubigerversammlung gem. § 157 Satz 2, also derivativ, erfolgen. Die Gläubigerversammlung kann dem Insolvenzverwalter hierbei auch Ziele des Plans vorgeben. Wird ein solcher Auftrag durch 2

---

1 Eingehend FK-InsO/*Jaffé* Rn. 1.

die Gläubigerversammlung erteilt, so hat der Verwalter den Plan binnen angemessener Frist dem Gericht vorzulegen. Hierbei dürfte jedenfalls ein Zeitraum von 1–2 Monaten noch angemessen sein. Kommt der Verwalter dieser Vorlagepflicht nicht nach, kann das Insolvenzgericht Aufsichtsmaßnahmen (z.B. Zwangsgeld) ergreifen (§§ 58 f.). Außerdem droht dem Verwalter die Haftung nach § 60, wenn er Sanierungschancen untätig verstreichen lässt.[2] In der Praxis ist aber kaum ein Fall denkbar, bei dem ein Insolvenzverwalter haftbar gemacht werden könnte, weil er keinen Plan vorgelegt hat. Eine Schadenshöhe dürfte in diesen Fällen nur schwer nachweisbar sein. Gerichtsentscheidungen sind zu einem etwaigen Schadensersatzprozess gegen einen Insolvenzverwalter wegen Nichtvorlage eines Plans nicht bekannt geworden.

II. Originäres Planinitiativrecht

3   Bis zum Berichtstermin steht dem Verwalter ein originäres Recht zu, einen Insolvenzplan vorzulegen.[3] Angesichts der Tatsache, dass ein Zuwarten bis zu einer offiziellen Beauftragung im Berichtstermin zum Verstreichen wertvoller Zeit führt, ist das originäre Initiativrecht für den Insolvenzverwalter und vor allem das im Wege des Planverfahrens zu sanierende Unternehmen in der Praxis immens wichtig. Idealerweise stimmen die Verwalterziele überein mit denen der Gläubigerversammlung, was durch eine entsprechende Abstimmung im Vorfeld des Berichtstermins erreicht werden kann. Ist dies nicht der Fall, stellt sich die Frage, ob der Verwalter seinen eigenen Plan auch dann weiterverfolgen darf, wenn die Gläubigerversammlung ihm im Berichtstermin einen Auftrag zur Ausarbeitung eines Plans entsprechend ihren abweichenden Planzielen erteilt. Nach überzeugender Auffassung erlischt in einem solchen Fall das originäre Planvorlagerecht des Verwalters, so dass er seinen abweichenden Plan nicht fortentwickeln darf. Dies wird zum einen mit dem freilich nicht zwingenden Wortlautargument begründet, der Verwalter sei gem. § 218 Abs. 1 Satz 1 »zur Vorlage eines Insolvenzplans« berechtigt.[4] Jedenfalls in Zusammenschau mit dem Grundsatz der Gläubigerautonomie bleibt kein Spielraum für ein Fortbestehen des originären Initiativrechts des Verwalters nach Beauftragung durch die Gläubigerversammlung.[5] Auch vor diesem Zeitpunkt, an dem das Vorlagerecht des Verwalters somit quasi automatisch erlischt, ist den Gläubigern vor diesem Hintergrund das Recht zuzugestehen, den Verwalter durch einen »Negativbeschluss« von der Erarbeitung eines eigenen Plans abzuhalten.[6] Dies sicherlich auch vor dem Hintergrund, dass die Ausarbeitung eines Insolvenzplans die Gebühren des Verwalters erhöht. Diese Erhöhung kann zu Lasten der Quote der Gläubiger gehen. Von daher sollen diese selbst das Recht haben, über die Ausarbeitung eines Plans zu entscheiden.

C. Planvorlegung durch den Schuldner

4   Mit dem Antrag auf Eröffnung des Insolvenzverfahrens kann der Schuldner einen Insolvenzplan vorlegen. Angesichts der Tatsache, dass das Vertrauen der Gläubiger in den Schuldner bis dahin im Zweifel schon beachtlichen Schaden genommen hat, kommt der zeitlichen Vorverlagerung des schuldnerischen Initiativrechts besondere Bedeutung zu. Realistische Aussichten auf Erfolg wird ein schuldnerischer Plan nur haben, wenn er als sog. »prepackaged plan« dem Gericht bereits mit dem Antrag auf Eröffnung des Insolvenzverfahrens vorgelegt wird.[7] Das Planvorlagerecht beschränkt sich dabei nicht auf den Fall des Eigenantrags.[8] Handelt es sich beim Schuldner um eine juristische Person oder um eine Gesellschaft ohne Rechtspersönlichkeit (§ 11 Abs. 2 Nr. 1), so richtet sich die Vorlageberechtigung nach der gesetzlichen bzw. vertraglichen Ausgestaltung der Vertre-

---

2   *Lüke* FS Uhlenbruck 2000, 523 (527).
3   HM MüKo-InsO/*Eidenmüller* Rn. 25 m.w.N.
4   *Eidenmüller* Unternehmenssanierung zwischen Markt und Gesetz, S. 64.
5   FK-InsO/*Jaffé* Rn. 39 ff.; a.A. HambK-InsR/*Thies* Rn. 11.
6   MüKo-InsO/*Eidenmüller* Rn. 30; a.A. HambK-InsR/*Thies* Rn. 11.
7   FK-InsO/*Jaffé* Rn. 18.
8   Nerlich/Römermann/*Braun* Rn. 39; a.A. *Smid/Rattunde* Der Insolvenzplan, S. 101.

tungsbefugnisse.⁹ § 15 ist nicht auf die Vorlageberechtigung anwendbar, wie sich aus einem systematischen Vergleich mit dem Antragsrecht bei drohender Zahlungsunfähigkeit einerseits und der Antragspflicht bei bestehender Zahlungsunfähigkeit bzw. Überschuldung andererseits ergibt.¹⁰ In der Praxis werden die meisten erfolgreichen Insolvenzpläne vom Schuldner bzw. dessen anwaltlichen Vertreter vorgelegt. Hierbei ist zu beachten, dass in diesen Fällen der zeitliche Vorsprung sowie der Wissensvorsprung über die Unternehmensinterna gegenüber einem erst später tätig werdenden Insolvenzverwalter die Erfolgschancen erhöhen. Auf diese Art kann das Vertrauen der Gläubiger zurückgewonnen werden.

Der Schuldner kann den Ersatz der Kosten, die hinsichtlich der Planerstellung entstehen, nicht aus der Masse beanspruchen. Das schließt nicht aus, dass im Einzelfall mit Zustimmung des Insolvenzverwalters angemessene Kosten für die Erstellung eines Insolvenzplans auf Initiative des Schuldners ersetzt werden.¹¹ Dies sicherlich aber nur, wenn es im Interesse der Gläubiger erscheint, einen solchen Plan weiter zu verfolgen. Möglich ist auch, dass der Schuldner in den Insolvenzplan die Regelung mit aufnimmt, dass die Kosten der Planerstellung durch die Insolvenzmasse getragen werden. Sofern die Gläubigerversammlung dieser Regelung zustimmt, muss der Insolvenzverwalter diese Kosten begleichen. 5

Teilweise wird in der Literatur die Auffassung schon vertreten, dass eine Haftung des Geschäftsführers zu diskutieren sei, wenn er in der Krise der Gesellschaft keinen prepackaged-plan vorbereiten lässt.¹² Wenn dies auch durch aus erwägenswert ist, weil dadurch die Chancen einer Sanierung erhöht werden wenn ein solcher Plan frühzeitig verbunden mit einem Insolvenzantrag vorgelegt wird, dürfte dies noch nicht Stand der Rechtsprechung sein, da die Häufigkeit in dem ein Planverfahren durchgeführt wird schlichtweg noch zu gering ist um eine Pflicht daraus zu konstruieren. Das mag sich aber zukünftig ändern wenn der Geschäftsführer es unterlässt aussichtsreiche Sanierungschancen zu ergreifen.

D. Mitwirkung bei der Planaufstellung

Wenn es sich um eine Planvorlage des Insolvenzverwalters handelt, so sind gem. Abs. 3 der Gläubigerausschuss, ggf. der Betriebsrat und der Sprecherausschuss der leitenden Angestellten sowie der Schuldner mit einzubeziehen. Unabhängig von dieser Vorschrift wird bei jedem Insolvenzplan, der Aussicht auf eine erfolgreiche Umsetzung haben soll, eine Abstimmung zumindest mit den wesentlichen Gläubigern stattfinden. Vor allem für den »prepackaged plan« ist sie ein entscheidender Erfolgsfaktor. Die inhaltliche Anforderung für die Einbeziehung beschränkt sich nicht etwa auf eine einmalige Anhörung der Gremien. Vielmehr muss eine laufende Abstimmung gewährleistet sein. Die beratende Funktion begründet jedoch keine erzwingbare inhaltliche Einwirkungsmöglichkeit; der Insolvenzverwalter ist an die Stellungnahme der Mitwirkenden nicht gebunden.¹³ Ob die Vorschrift auf Seiten der Mitwirkenden mit einer entsprechenden Pflicht korrespondiert, ist strittig.¹⁴ Der insoweit offene Wortlaut ließe eine solche Lesart zwar zu, indes lassen die Gesetzesmaterialien keinerlei Schluss auf eine absichtliche Pflichtenbegründung für die Mitwirkenden zu. Vor diesem Hintergrund ist eine Pflicht abzulehnen.¹⁵ 6

---

9 Nerlich/Römermann/*Braun* Rn. 8 ff.
10 Eingehend: MüKo-InsO/*Eidenmüller* Rn. 71 ff.
11 BGH 06.12.2007, IX ZR 113/06, ZIP 2008, 232; FK-InsO/*Jaffé* Rn. 26, Lies BB 2003, 1185.
12 FK-InsO/*Jaffe* Rn. 1
13 So für Betriebsrat und Sprecherausschuss: *Moll* Die GmbH in Krise, Sanierung und Insolvenz, 4. Aufl., S. 895 f.
14 Bejahend: MüKo-InsO/*Eidenmüller* Rn. 47 ff.; HambK-InsR/*Thies* Rn. 14.
15 IE ebenso: HK-InsO/*Flessner* Rn. 14; *Lüke* FS Uhlenbruck 2000, 519 (533).

§ 219 Gliederung des Plans

Der Insolvenzplan besteht aus dem darstellenden Teil und dem gestaltenden Teil. Ihm sind die in den §§ 229 und 230 genannten Anlagen beizufügen.

Übersicht	Rdn.		Rdn.
A. Normzweck	1	B. Überblick über die Plangliederung ..	2

A. Normzweck

1 Die Vorschrift beschreibt die zwingende Gliederung des Insolvenzplans in einen darstellenden Teil (§ 220) und einen gestaltenden Teil (§ 230). Weiterhin bestimmt die Norm, dass dem Plan ggf eine Vermögensübersicht, ein Ergebnis- und Finanzplan (§ 229) und eine Fortführungserklärung (§ 230) beizufügen ist.

B. Überblick über die Plangliederung

2 Dem darstellenden Teil kommt eine Informationsfunktion zu. Auf der Grundlage der darin enthaltenen Informationen sollen die Gläubiger in die Lage versetzt werden, eine Entscheidung über den Plan zu treffen. Der Inhalt variiert je nach Plantyp und Größe des Unternehmens. Damit die Umsetzungschancen eines Plans möglichst hoch sind, sollte er aber generell allgemein verständlich formuliert sein, immer orientiert am Verständnishorizont der Gläubiger. Gruppen sollten möglichst wenige gebildet werden.[1] Auch hier gilt, umso schlanker der Plan ist, umso höher sind dessen Chancen auf Umsetzung und Akzeptanz. In der Praxis gehen die Planeinreicher immer mehr dazu über, nur eine Plangruppe aufzunehmen um die Gefahr der Ungleichbehandlung zwischen den Gläubigergruppen und den einzelnen Gläubigern klein zu halten.

3 Der darstellende Teil enthält eine Krisenursacheanalyse sowie als Kernelement die Prüfung der Sanierungsfähigkeit und das Konzept zur Bewältigung der Krise.

4 Der gestaltende Teil gibt Auskunft darüber, wie durch den Plan die Rechtsstellung der Beteiligten geändert werden soll. Die beiden zwingenden Bestandteile des Insolvenzplans sind auch äußerlich klar voneinander abzugrenzen. Grobe Verstöße können ggf sogar zur Zurückweisung des Plans durch das Gericht gem. § 231 Abs. 1 Nr. 1 führen. Allerdings wird dem Planeinreicher immer rechtliches Gehör und damit die Möglichkeit zur Nachbesserung des Planes gegeben werden müssen. Bzgl der Details wird auf die Ausführung zu §§ 220 f. verwiesen.

§ 220 Darstellender Teil

(1) Im darstellenden Teil des Insolvenzplans wird beschrieben, welche Maßnahmen nach der Eröffnung des Insolvenzverfahrens getroffen worden sind oder noch getroffen werden sollen, um die Grundlagen für die geplante Gestaltung der Rechte der Beteiligten zu schaffen.

(2) Der darstellende Teil soll alle sonstigen Angaben zu den Grundlagen und den Auswirkungen des Plans enthalten, die für die Entscheidung der Beteiligten über die Zustimmung zum Plan und für dessen gerichtliche Bestätigung erheblich sind.

Übersicht	Rdn.		Rdn.
A. Normzweck	1	B. Anforderungen an die Darstellung im Einzelfall	2

---

[1] So auch *Bilgery* DZWIR 2001, 316.

A. Normzweck

Die Vorschrift konkretisiert den Inhalt des darstellenden Teils des Insolvenzplanes, indem sie darin alle Angaben verlangt, die zum Verständnis des Plans, zur Vertrauensbildung und Werbung um Zustimmung zu dem Plan erforderlich sind.[1] Um welche es sich dabei im Einzelfall handelt, hängt vor allem vom Plantypus ab. Die Anforderungen unterscheiden sich deutlich, je nachdem ob Planziel die Liquidation oder die Sanierung ist. Der Informationsbedarf ist bei beabsichtigter Sanierung und innerhalb dieser bei einer Unternehmensfortführung höher als bei einer übertragenden Sanierung. Dies kommt auch schon im Gesetz dadurch zum Ausdruck, dass dem Plan im Falle der Unternehmensfortführung die zusätzlichen Unterlagen gem. §§ 229, 230 beizufügen sind, aber nur dann. § 219 ist nicht so zu verstehen, dass die Anlagen aus §§ 229, 230 auf jeden Fall beizulegen sind. Dies immer nur im Falle der Sanierung aus zukünftigen Unternehmenserlösen.

1

B. Anforderungen an die Darstellung im Einzelfall

Aufgrund der Verschiedenartigkeit und Vielschichtigkeit der Unternehmensinsolvenzen kann ein einheitliches Schema nicht empfohlen werden. Die Vorschrift selbst gibt keine Auskunft darüber, welche inhaltlichen Anforderungen im Einzelfall bestehen. Der Gesetzgeber ist den Vorschlägen im Regierungsentwurf,[2] Angaben und Erläuterungen im Detail zu regeln nicht gefolgt. Dieses Vorgehen war von der Idee getragen, der Planaufsteller werde ohnehin freiwillig umfassend informieren, wenn er die Zustimmung des Gläubiger zu seinem Plan erhalten wolle.[3] Nichtsdestotrotz können die im Regierungsentwurf konkretisierten Angaben als Anhaltspunkte für den Mindestinhalt des Insolvenzplans genommen werden.[4] Danach sollten im darstellenden Teil zwingend Betriebsänderungen und andere organisatorische und personelle Maßnahmen innerhalb des Unternehmens, der Gesamtbetrag der Sozialplanforderungen sowie eine für künftige Sozialpläne getroffene Vereinbarung sowie die Höhe und die Bedingungen der Darlehen, die während des Insolvenzverfahrens aufgenommen werden sollten, angegeben werden. Weiterhin sah der Regierungsentwurf vor, dass in einer Vergleichsrechnung ermittelt werden sollte, in welchem Umfang die Gläubiger voraussichtlich bei einer Verwertung der Insolvenzmasse ohne einen Insolvenzplan befriedigt werden könnten. Daran anknüpfend hat der Plan somit mindestens alle Informationen zu enthalten, die für eine sachgerechte Beurteilung der Frage, ob das Regelinsolvenzverfahren den Gläubigerinteressen nicht eher gerecht wird, notwendig sind. Daraus wurde von der Rechtsprechung die Pflicht abgeleitet, rechtskräftige Verurteilungen des Schuldners im Insolvenzplan anzugeben, soweit sie Auswirkungen auf die Restschuldbefreiung haben können.[5] Diese Auslegung würde auch der Detailregelung des Regierungsentwurfs entsprechen, wonach generell auch Strafverfahren angegeben werden sollten, die gegen den Schuldner wegen Konkurs-/Insolvenzdelikten anhängig sind oder zu einer Verurteilung geführt haben.

2

Nach der höchstrichterlichen Rechtsprechung umfasst die Informationspflicht nach Abs. 2 allerdings nicht Angaben zu sämtlichen Versagungsgründen, die von einzelnen Gläubigern geltend gemacht werden könnten.[6] Dieser Versuch, unter Hinweis auf die gesetzlichen Vorgaben der Darlegungs- und Beweislast, die Informationspflichten im Insolvenzplan zu begrenzen, wird in der Praxis wegen seiner Unschärfe kaum die Empfehlung beseitigen, möglichst umfassend über mögliche Versagungsgründe zu informieren. In der Praxis betrifft dies naturgemäß nur die Insolvenzpläne in Verfahren über das Vermögen natürlicher Personen. Bei juristischen Personen kann das »strafrechtliche« Problem nicht auftreten, da eine strafrechtliche Vorverurteilung naturgemäß nicht in Betracht kommt. Allerdings dürften die juristischen Personen gezwungen sein, über ihre Vergangenheit zu be-

3

---

1 *Häsemeyer* S. 766.
2 BT-Drucks. 12/2443, 50.
3 BT-Drucks. 12/7302, 182.
4 HK-InsO/*Flessner* Rn. 3.
5 LG Berlin 27.12.2007, 86 T 657/07, ZInsO 2008, 324.
6 BGH 19.05.2009, IX ZB 236/07, NZI 2009, 515.

richten, falls Verstöße in erheblichem Umfang gegen das Ordnungswidrigkeitengesetz aufgetreten sind, was durchaus bei Verstößen im kartellrechtlichen und umweltrechtlichen Bereich in Betracht kommt.

Jedenfalls dürfte dann ein wesentlicher Verstoß gegen die Verfahrensvorschriften für den darstellenden Teil des Insolvenzplanes vorliegen, wenn es sich um einen Mangel handelt, der Einfluss auf die Annahme des Insolvenzplanes durch die Gläubiger gehabt haben könnte. (BGH NZI 2010, S. 35). Dies dürfte insbesondere dann der Fall sein, wenn solche Informationen fehlen, die für die Vergleichsberechnung erforderlich sind um zu beurteilen zu können, inwieweit der Plan die Befriedigungschancen der Gläubiger erhöht. (BGH NZI 2010, S. 734) Bei einer vom Schuldner begangenen Insolvenzstraftat, die nicht in den darstellenden Teil des Insolvenzplanes aufgenommen wurde, ist eine Bestätigung des Planes durch das Insolvenzgericht nur zu versagen, wenn der Plan auf eine Unternehmensfortführung gerichtet ist. (BGH NZI 2012, S. 139)

Genau aus den gleichen Gründen ist der Schuldner oder Insolvenzverwalter, der einen Insolvenzplan vorlegt nicht verpflichtet in dem darstellenden Teil des Insolvenzplanes die möglichen Versagungsgründe für die Restschuldbefreiung dar zu legen. Da außerhalb eines Insolvenzplanverfahrens die Gläubiger den Versagungsgrund glaubhaft machen müssen, kann im Fall einer Insolvenzplanvorlage durch den Schuldner oder Insolvenzverwalter nichts anderes gelten. (BGH ZInSO 2009, S. 1252)

4 Diese Änderung in Abs. 2, die durch das ESUG eingeführt wurde, ist logische Konsequenz aus den Änderungen im Rahmen von § 217 (siehe dort), Inhaber von Anteils und Mitgliedschaftsrechten am Schuldner werden nun am Plan beteiligt. Daher sind sie den Gläubigern gleichzusetzen, Gläubiger und Anteileigner werden daher unter dem Begriff Beteiligte zusammengefasst.

§ 221 Gestaltender Teil

Im gestaltenden Teil des Insolvenzplans wird festgelegt, wie die Rechtsstellung der Beteiligten durch den Plan geändert werden soll. Der Insolvenzverwalter kann durch den Plan bevollmächtigt werden, die zur Umsetzung notwendigen Maßnahmen zu ergreifen und offensichtliche Fehler des Plans zu berichtigen.

Übersicht	Rdn.		Rdn.
A. Normzweck	1	C. Änderungen der Rechtsstellung	5
B. Beteiligte	4	D. Sonstiger möglicher Planinhalt	7

A. Normzweck

1 Vergleicht man den Insolvenzplan mit einem Urteil, so entspricht der gestaltende Teil dem Urteilstenor, der darstellende Teil entspricht der Urteilsbegründung nach Beschlussfassung.[1] Ihm kommt mit der Rechtskraft der gerichtlichen Bestätigung unmittelbare Gestaltungswirkung zu (§ 254 Abs. 1 Satz 1). Er trägt den vollstreckbaren Inhalt (§ 257).

2 Durch den Satz 2, der in letzter Sekunde durch das ESUG in das Gesetz eingefügt wurde, soll erreicht werden, dass der Insolvenzverwalter in Abstimmung mit dem Insolvenzgericht etwaige Unzulänglichkeiten im Insolvenzplan korrigieren kann. Es soll ihm möglich sein diese Entscheidungen zu treffen, ohne eine Gläubigerversammlung einzuberufen. Die Gläubigerversammlung könnte immer mit den notwendigen Mehrheiten über eine Planänderung entscheiden.

3 Die dem Insolvenzverwalter eingeräumte Befugnis soll nicht dazu dienen, wesentliche Änderungen am Insolvenzplan vorzunehmen. Es geht nur um die Umsetzung des von der Gläubigerversammlung beschlossenen Insolvenzplans, der möglicherweise Formfehler enthält, die einer Eintragung von im Insolvenzplan vorgesehenen, eintragungspflichtigen Umständen in das jeweilige Register verhin-

---

1 HK-InsO/*Flessner* § 219 Rn. 24.

dern. Durch die vorgesehene Möglichkeit, dem Insolvenzverwalter zu erlauben, solche Korrekturen vorzunehmen und umzusetzen, wird eine praktikable Lösung geschaffen, um dem im Plan zum Ausdruck gekommenen Willen der Beteiligten nachzukommen.

B. Beteiligte

Beteiligt i.S.d. § 221 sind diejenigen, deren Rechte und Pflichten nach § 217 durch einen Insolvenzplan, abweichend von den Vorschriften der InsO, geregelt werden können.[2] Neben den Insolvenzgläubigern sind dies die Absonderungsberechtigten, die Inhaber von Anteils- und Mitgliedschaftsrechten und der Schuldner, i.d.R. jedoch nicht die Massegläubiger (vgl. jedoch § 217 Rdn. 31), ebenso wenig wie die Sozialplangläubiger und die Aussonderungsberechtigten. Zusammengefasst handelt es sich bei den Beteiligten i.S.d. Vorschrift um die Gruppe der zwangsweise Planunterworfenen. Neben diese Beteiligten treten Dritte, die sich freiwillig dem Plan unterwerfen. Auch die Gesellschafter des Schuldners können sich allenfalls freiwillig dem Plan unterwerfen, wenn sie nicht schon Beteiligte aufgrund des ESUG geworden sind und dementsprechend durch den Plan in ihre Rechte eingegriffen wird.

4

C. Änderungen der Rechtsstellung

Gegenstand des gestaltenden Teils des Insolvenzplans sind solche die Rechtsstellung eines Beteiligten ändernde Regelungen, die abweichen von dem, was sonst nach materiellem Recht und der InsO für ihn gelten würde.[3] Zulässig sind insoweit mangels gesetzlicher Einschränkung jegliche Änderungen, die auch außerhalb des Insolvenzverfahrens vollzogen werden könnten. Bspw. können Forderungen erlassen oder gestundet werden, Gläubigern kann als Gegenleistung für Verzichte eine Gesellschafterstellung eingeräumt werden, Dritte können für die Erfüllung des Plans einstehen und sich aus freien Stücken in den Plan einbeziehen lassen. Bei Absonderungsberechtigten muss eine solche Änderung ausdrücklich Teil des gestaltenden Teils sein (§ 223). Demgegenüber treten die Änderungen für die nachrangigen Insolvenzgläubiger bereits kraft Gesetzes ein (§ 225 Abs. 1). Bei Insolvenzgläubigern ist die Änderung oft eine Stundung oder Kürzung der Forderungen (§ 224). Hinsichtlich des Schuldners kann die Änderung z.B. in einer Abweichung zur ansonsten von Gesetzes wegen (§ 227) eintretenden Restschuldbefreiung liegen.

5

Da der Gesetzgeber in § 221 keine inhaltlichen Gestaltungsmöglichkeiten aufgezählt hat, wohl weil diese sehr vielfältig sein können, ist der Kreativität des Plangestalters in der Praxis Tür und Tor geöffnet. Es ist daher müßig, zu versuchen, auch nur annähernd eine abschließende Aufstellung vorzulegen.

6

D. Sonstiger möglicher Planinhalt

Als weiterer Inhalt des gestaltenden Teils kommen insb. Regelungen bzgl. der Überwachung der Planerfüllung (§§ 260 ff.) oder des Kreditrahmens (§ 264) in Betracht. Ohne eine Änderung der Rechtsstellung darzustellen können zusätzliche Erklärungen, die zusammen mit dem Insolvenzplan wirksam werden sollen, abgegeben werden. Ein Beispiel hierfür ist eine Verfügung über nicht zur Masse gehörende Gegenstände. Derlei Erklärungen können gem. § 228 in den gestaltenden Teil aufgenommen werden. Mit Zustimmung des Eigentümers kann bspw. ein Grundstück im Insolvenzplan an die Schuldnerin zur Stärkung der Eigenkapitalbasis übertragen werden.

7

---

2 HK-InsO/*Flessner* Rn. 2.
3 HK-InsO/*Flessner* Rn. 6

§ 222 Bildung von Gruppen

(1) Bei der Festlegung der Rechte der Beteiligten im Insolvenzplan sind Gruppen zu bilden, soweit Beteiligte mit unterschiedlicher Rechtsstellung betroffen sind. Es ist zu unterscheiden zwischen
1. den absonderungsberechtigten Gläubigern, wenn durch den Plan in deren Rechte eingegriffen wird;
2. den nicht nachrangigen Insolvenzgläubigern;
3. den einzelnen Rangklassen der nachrangigen Insolvenzgläubiger, soweit deren Forderungen nicht nach § 225 als erlassen gelten sollen;
4. den am Schuldner beteiligten Personen, wenn deren Anteils – oder Mitgliedschaftsrechte in den Plan einbezogen werden.

(2) Aus den Beteiligten mit gleicher Rechtsstellung können Gruppen gebildet werden, in denen die Beteiligten mit gleichartigen wirtschaftlichen Interessen zusammengefasst werden. Die Gruppen müssen sachgerecht voneinander abgegrenzt werden. Die Kriterien für die Abgrenzung sind im Plan anzugeben.

(3) Die Arbeitnehmer sollen eine besondere Gruppe bilden, wenn sie als Insolvenzgläubiger mit nicht unerheblichen Forderungen beteiligt sind. Für Kleingläubiger und geringfügig beteiligte Anteilsinhaber mit einer Beteiligung am Haftkapital von weniger als einem Prozent oder weniger als 1 000 Euro können besondere Gruppen gebildet werden.

Übersicht

	Rdn.		Rdn.
A. Normzweck	1	E. Kleingläubiger	15
B. Zwingende Gruppenbildung	11	F. Geringfügig beteiligte Anteilsinhaber	16
C. Fakultative Gruppenbildung	13	G. Verfahren der Gruppenbildung	17
D. Arbeitnehmer	14	H. Wirkungen der Gruppenbildung	18

A. Normzweck

1 Die Norm schreibt in Abs. 1 die unterschiedliche Berücksichtigung der beteiligen Gläubiger in Abhängigkeit von ihrer jeweiligen rechtlichen Stellung vor. Danach sind zwingend Gruppen zu bilden, soweit Gläubiger mit unterschiedlicher Rechtsstellung betroffen sind. Ausgangspunkt ist hierbei die Prämisse, dass der Plan keinen Beteiligten gegen seinen Willen wirtschaftlich schlechter stellen darf, als er im Falle der Verwertung des Schuldnervermögens nach den gesetzlichen Vorschriften stünde. Allerdings ist zu beachten, dass nicht jedes Planverfahren eine Gruppenbildung erforderlich macht. Mitunter gibt es auch Pläne, die unter Verzicht auf Eingriffe in die Rechtsstellung der absonderungsberechtigten Gläubiger und unter Beachtung der Regelung für nachrangige Gläubiger gem. § 225 zustande kommen und für die eine Gruppenbildung daher entbehrlich sind.

2 Werden Gruppen gebildet, so kommt der Abstimmung über den Plan besondere Bedeutung zu. Diese hat nämlich gem. § 243 getrennt nach Gruppen stattzufinden. Auf diese Weise gewinnt der Plan erst seine Legitimation: Dadurch ist sichergestellt, dass zumindest nicht eine gesamte Gruppe übergangen wird (vgl. aber die Regelungen zum Obstruktionsverbot, § 245).

3 Daneben bietet Abs. 2 die Möglichkeit, auch innerhalb der nach Abs. 1 zwingend zu bildenden Gruppen noch zu differenzieren. Diese Möglichkeit soll die wirtschaftliche Effektivität des Plans steigern, indem sie dem Umstand Rechnung trägt, dass auch innerhalb einer Gruppe Einzelne ein stärkeres finanzielles Interesse an der Sanierung haben können und demzufolge zu größeren Opfern bereit sein mögen.

4 Schließlich erwähnt Abs. 3 die Besonderheiten, die für Arbeitnehmer als Gläubiger beachtet werden sollen und für *Kleingläubiger* sowie geringfügig beteiligte Anteilseigner gelten können.

In der Praxis tendieren die Planersteller immer mehr dazu, auf eine Gruppenbildung zu verzichten, 5
da eine Gruppenbildung nach dieser Vorschrift nicht zwingend vorgeschrieben ist. Dadurch wird die
Abstimmung über den Plan i.d.R. erheblich erleichtert. Die Verständigung mit allen Beteiligten gestaltet sich erheblich einfacher. Eine Benachteiligung eines Beteiligten ist damit nicht verbunden, da
ihm seine Minderheitenrechte auf jeden Fall voll umfänglich verbleiben.

Durch das ESUG wurden folgende Änderungen an § 222 InsO vorgenommen: »§ 222 wird wie 6
folgt geändert:
a) Absatz 1 wird wie folgt geändert:
aa) In Satz 1 wird das Wort »Gläubiger« durch das Wort »Beteiligte« ersetzt.«
Diese Änderung ist logische Konsequenz aus den Änderungen im Rahmen von § 217. Inhaber von
Anteils- und Mitgliedschaftsrechten am Schuldner werden nun am Plan beteiligt, aus diesem Grund
sind sie den Gläubigern gleichzusetzen. Gläubiger und Anteilseigner werden daher unter dem Begriff
»Beteiligte« zusammengefasst.

»bb) Satz 2 wird wie folgt geändert: 7
aaa) In Nummer 3 wird der Punkt am Ende durch ein Semikolon ersetzt.«
Diese Änderung ist dem Anfügen einer Nr. 4 geschuldet.

»cc) Folgende Nummer 4 wird angefügt: 8
4. den am Schuldner beteiligten Personen, wenn deren Anteils- oder Mitgliedschaftsrechte in den
Plan einbezogen werden.«
Nr. 4 stellt klar, dass Inhaber-, Anteils- oder Mitgliedschaftsrechte in einer eigenen Gruppe zusammengefasst werden können, soweit durch den Plan in ihre Rechte eingegriffen wird. Die Regelung ist
damit im Zusammenhang des neuen § 225a Abs. 3 zu sehen, wonach in grundlegende gesellschaftsrechtliche Strukturen des Schuldners eingegriffen werden kann.
Bei der Gruppenbildung sind gleichartige wirtschaftliche Interessen zu berücksichtigen, auch wenn
die Rechtsstellung von Gläubigern und Anteilseignern des Schuldners formal gleich ist, kann
eine verschiedenartige wirtschaftliche Interessenlage vorliegen, was eine Gruppenbildung sinnvoll
macht.

»b) In Absatz 2 Satz 1 werden das Wort »Gläubigern« durch das Wort »Beteiligten« und das Wort 9
»Gläubiger« durch das Wort »Beteiligte« ersetzt.«
Diese Änderung ist der Miteinbeziehung der Inhaber von Anteils- oder Mitgliedschaftsrechten geschuldet.

»c) Absatz 3 Satz 2 wird wie folgt gefasst: 10
Für Kleingläubiger und geringfügig beteiligte Anteilsinhaber mit einer Beteiligung von weniger als
einem Prozent oder 1.000 Euro am Haftkapital können besondere Gruppen gebildet werden.«
Die Vorschrift gilt für Kleingläubiger und Inhaber von Anteilen am Schuldner. Sie gilt nicht für Mitgliedschaftsrechte. Eine besondere Behandlung von Kleingläubigern und Anteilsinhabern mit besonders geringen Anteilen rechtfertigt sich aus dem geringen unternehmerischen Einfluss, welchen diese
haben. Die Grenze von einem Prozent bzw. 1.000 € ist an das Aktienrecht angelehnt. Die Regelung
ist vor allem für den bei börsennotierten Aktiengesellschaften anzutreffenden Streubesitz gemacht
worden. Dass hier die wirtschaftliche Interessenlage eine ganz andere ist als bei einem Hauptanteilsinhaber, liegt auf der Hand.

B. Zwingende Gruppenbildung

Was mit der unterschiedlichen Rechtsstellung gemeint ist, an die die zwingende Gruppenbildungs- 11
pflicht des Abs. 1 Satz 1 anknüpft, wird in Satz 2 konkretisiert. Danach sind von Gesetzes wegen
eigene Gruppen zu bilden für die absonderungsberechtigten Gläubiger, die vorrangigen Gläubiger
und die nachrangigen Gläubiger. Eine weitergehende Differenzierung kann im Einzelfall als Voraussetzung für den Erfolg eines Insolvenzplans dringend geboten sein. Eine solche, weitergehende Differenzierung auch innerhalb der vorgenannten Gruppen wird bspw. für die Grundpfandgläubiger

gefordert.[1] Sie spielt sich aber jeweils im Rahmen der fakultativen Gruppenbildung nach Abs. 2 ab.

12 Absonderungsberechtigte Gläubiger sind die in den §§ 49–51 genannten Beteiligten nach überwiegender Auffassung dann, wenn sie zugleich Insolvenzgläubiger sind, allerdings jeweils nur bis zum Wert des Absonderungsgegenstandes bzw. dem Betrag des Absonderungsrechts.[2] Der Praktikabilität halber plädiert eine sich im Vordringen befindliche Auffassung[3] dafür, die gesicherte Forderung grds vollständig als nachrangig i.S.d. Nr. 2 zu klassifizieren. Diese Auffassung ist allerdings nur schwerlich mit dem Wortlaut des § 222 in Einklang zu bringen und daher abzulehnen. Eingegriffen wird in die Rechte der absonderungsberechtigten Gläubiger durch jede Regelung, die das Recht verändert. Die nachrangigen Gläubiger müssen ggf nach ihren jeweiligen Rangklassen in weitere Gruppen unterteilt werden.

C. Fakultative Gruppenbildung

13 Für den Fall, dass innerhalb einer Gruppe mit derselben Rechtsstellung unterschiedliche wirtschaftliche Interessen bestehen, sieht Abs. 2 die fakultative weitere Gruppeneinteilung vor. Dies soll dazu dienen, die jeweils vorherrschenden Interessen besser zu koordinieren. Bspw. kann so Berücksichtigung finden, dass Geschäftspartner des Schuldners regelmäßig ein größeres Interesse an einer Unternehmensfortführung haben werden als sonstige Gläubiger und demzufolge häufig zu größerem Entgegenkommen gegenüber etwa dem Erwerber des Unternehmens bereit sein werden. Ein größeres Interesse an der Sanierung haben auch solche absonderungsberechtigten Gläubiger, deren Forderungen zwar vom Fortführungswert der Sicherheit gedeckt sind, nicht jedoch von deren jeweiligem Veräußerungswert.[4] Die Voraussetzungen für die Gruppenbildung nach Abs. 2 sind das Vorliegen wirtschaftlich gleichartiger Interessen und eine sachgerechte Abgrenzung gegen andere Gruppen. Letztere muss gem. Abs. 2 S. 3 im darstellenden Teil des Plans mit einer Begründung versehen werden. Von einer sachgerechten Abgrenzung kann dann nicht mehr die Rede sein, wenn eine Gruppe, deren wichtigste wirtschaftliche Interessen gleich gelagert sind, gleichsam künstlich aufgespalten wird.[5] In der Literatur wird der Begriff der sachgerechten Abgrenzung kritisiert als wenig schlagkräftig gegen das erhebliche Missbrauchspotential, das die Gruppenbildung zum Zwecke der Mehrheitserlangung bietet.[6] In der Tat lassen sich beinahe beliebig Abgrenzungskriterien finden, die eine Gruppenbildung auch jeweils plausibel erscheinen lassen. Eine einheitliche Willensbildung an sich gleichgerichteter Gläubigerinteressen lässt sich so deutlich erschweren. Allerdings bietet die Regelung des § 245 Abs. 2 Nr. 2 ausreichenden Schutz für einzelne Gläubigergruppen, so dass die Gefahr einer beliebigen Gruppenbildung nicht zu groß erscheint. Im Gegensatz zu den umfangreichen Diskussionen, die zu dieser Regelung in der Literatur geführt worden sind und werden, ist in der Praxis bisher nicht bekannt geworden, dass aufgrund einer nicht sachgerechten Gruppenbildung jemals ein Rechtsmittel gegen einen Insolvenzplan eingelegt worden ist. Dies liegt sicherlich aber auch an der Tendenz immer weniger Gruppen zu bilden und damit den Plan schlank zu halten.

Das Landgericht Neuruppin stellt in seinem Beschluss vom 19.04.2013 (Aktenzeichen: 2 T 33/13) klar, dass fakultativ die Gruppenbildung zwar möglich ist, es aber nicht erlaubt sei, die Bildung einer beliebigen Anzahl von Kleingläubigergruppen vorzunehmen. Anderenfalls hätte es der Planersteller in der Hand, gegebenenfalls durch Bildung einer hinreichenden Anzahl von Kleingläubigergruppen, die Gruppenmehrheit bei der Abstimmung erlangen zu können. Die Vorschrift des § 222 Abs. 3 S. 2, ist daher dahingehend einschränkend auszulegen, dass bei der Bildung mehrerer Kleingläubigergruppen deren Sachgerechte Abgrenzung erforderlich ist und die Abgrenzungskriterien im Insolvenzplan klar anzugeben sind. Dies bedeutet im Ergebnis, dass eine Gruppenbildung nur dann zulässig

---

1 HK-InsO/*Flessner* Rn. 5; *Smid* FS Gerhardt 2004, S. 948–952.
2 Nerlich/Römermann/*Braun* Rn. 101.
3 HK-InsO/*Flessner* Rn. 6; MüKo-InsO/*Eidenmüller* Rn. 54 ff.
4 Vgl. diese und weitere Beispiele im RegE, BT-Drucks. 12/2443, 199.
5 MüKo-InsO/*Eidenmüller* Rn. 91.
6 FK-InsO/*Jaffé* Rn. 13 ff.

ist, wenn sie sich erstens auf gleichartige, wirtschaftliche Interessen der Beteiligten stützen kann und wenn sie zweitens sachgerecht ist. Gläubiger mit gleicher Rechtsstellung und gleichartigen wirtschaftlichen Interessen dürfen nicht mehreren Untergruppen zugeordnet werden, weil dann eine sachgerechte Abgrenzung nicht möglich ist.

D. Arbeitnehmer

Die Arbeitnehmer nehmen insoweit eine besondere Position unter den Gläubigern ein, als ihre Arbeitsverhältnisse über den Zeitpunkt der Verfahrenseröffnung hinaus fortbestehen und erst im Verfahren über deren Erhaltung entschieden wird.[7] Aus diesem Grund sollen sie jedenfalls dann eine eigene Gruppe bilden, wenn sie mit erheblichen Forderungen beteiligt sind. Allerdings nehmen sie am Verfahren nur mit den Forderungen teil, die vor Verfahrenseröffnung entstanden sind und nicht Kraft cessio legis aufgrund Bezahlung des Insolvenzausfallgeldes auf die Bundesagentur für Arbeit übergegangen sind. Deswegen dürften die verbliebenen Forderungen der Arbeitnehmer in der Praxis kaum mehr erheblich sein. Wann die Erheblichkeitsschwelle erreicht wird, wird in der Literatur unterschiedlich beantwortet. Einerseits wird gefordert, zumindest einige Arbeitnehmer müssten mindestens mit 10 % des jeweiligen Jahreseinkommens betroffen sein.[8] Andererseits[9] wird angesichts des Wortlauts »die Arbeitnehmer« zumindest das Bestehen einer Mehrheit (dann aber ohne Mindestbetroffenheit des Einzelnen) der Arbeitnehmer als Voraussetzung für eine eigenständige Gruppe gesehen. In der Praxis kommt es daher kaum zu einer eigenen Gruppe für die Mitarbeiter, da – wenn nach der cessio legis noch Forderungen vorhanden sind – es sich aufgrund einer verwirklichten Insolvenzverschleppung um einen Fall für den Staatsanwalt handelt und nicht um einen für einen Insolvenzplan handelt. Dies bedeutet, dass sich Insolvenzverfahren bzw. Sanierungen bei denen mehr als drei Monatsgehälter der Arbeitnehmer rückständig sind sich schwerlich über einen Insolvenzplan abwickeln lassen.

14

E. Kleingläubiger

Kleingläubiger können eine eigene Gruppe bilden. Der Begriff muss jeweils anhand des Einzelfalls geklärt werden. Als Anhaltspunkt kann dienen, dass von der Gruppe der Kleingläubiger nur gesprochen werden kann, wenn sich selbst unter der Annahme ihrer vollständigen Befriedigung die Quoten für die Normalgläubiger nicht nennenswert ändern. Der Sinn der Kleingläubigerregelung entfaltet sich i.d.R. vor allem bei deren voller Befriedigung, da nur so die Durchführung des Verfahrens signifikant vereinfacht werden kann. In diesem Fall ist eine Abstimmung der Kleingläubiger über den Plan nämlich entbehrlich (§ 237 Abs. 2). Sie dürfen nicht mit abstimmen. Nach dem ESUG ist die Möglichkeit, eine eigene Gruppe der Kleingläubiger zu schaffen, explizit beibehalten worden, um diese Verfahrensvereinfachung zu gewährleisten.[10] Wäre die Kleingläubigergruppenbildung nämlich anderenfalls zweifelhaft gewesen, hätte das Gleichbehandlungsgebot des § 226 diese Form der Verfahrensvereinfachung u.U. verhindert.

15

F. Geringfügig beteiligte Anteilsinhaber

Hierzu wurde oben bereits bei den gesetzlichen Neuregelungen (vgl. Rdn. 10) ausgeführt. Diese Regelung betrifft nicht die Mitgliedschaftsrechte.

16

G. Verfahren der Gruppenbildung

Der Planersteller teilt die Gruppen ein und wird zum Zwecke des Erfolgs des Plans strategisch operieren. Eine optimale Gruppenbildung ist wegen des gruppenbezogenen Abstimmungsverfahrens als Schlüssel für den Erfolg des vorgelegten Plans anzusehen. Der Gruppeninitiator hat die »erste Chan-

17

---

7 RegE BT-Drucks. 12/2443, 200.
8 MüKo-InsO/*Eidenmüller* Rn. 119.
9 Nerlich/Römermann/*Braun* Rn. 101.
10 Regierungsentwurf, BT-Drucks. 12/2443, 200.

ce« bei der Abstimmung innerhalb einer Gruppe. Hier gilt es die zustimmende Mehrheit zu erlangen. Gelingt dies nicht, so kann der Widerspruch dieser Gruppe ggf noch über das Obstruktionsverbot überwunden werden, wenn die Mehrheit der abstimmenden Gruppen dem Plan zugestimmt hat (§ 245 Abs. 1 Nr. 3). Das Insolvenzgericht prüft die Gruppeneinteilung einmal im Rahmen der Vorprüfung (§ 231), ein weiteres Mal vor der Planbestätigung (§ 250). Mit Rechtskraft der Insolvenzplanbestätigung werden etwaige Mängel der Gruppenbildung oder der verfahrensmäßigen Planbehandlung geheilt.[11] Erst im Erörterungstermin können Beteiligte Einwände gegen die Gruppenbildung erheben, allerdings wird der Planersteller die Abstimmung mit den Gläubigern bereits bei der Planerstellung suchen, um den Erfolg des Plans zu gewährleisten.

H. Wirkungen der Gruppenbildung

18 Die wichtigste Folge der Gruppenbildung ist die, dass das Gleichbehandlungsgebot des § 226 nur noch innerhalb der einzelnen Gruppen zu berücksichtigen ist. Weiterhin sind die Zahl und die Zusammensetzung der Gruppen ausschlaggebend für die gem. §§ 244, 245 zu erzielenden Mehrheiten.

§ 223 Rechte der Absonderungsberechtigten

(1) Ist im Insolvenzplan nichts anderes bestimmt, so wird das Recht der absonderungsberechtigten Gläubiger zur Befriedigung aus den Gegenständen, an denen Absonderungsrechte bestehen, vom Plan nicht berührt. Eine abweichende Bestimmung ist hinsichtlich der Finanzsicherheiten im Sinne von § 1 Abs. 17 des Kreditwesengesetzes sowie der Sicherheiten ausgeschlossen, die
1. dem Teilnehmer eines Systems nach § 1 Abs. 16 des Kreditwesengesetzes zur Sicherung seiner Ansprüche aus dem System oder
2. der Zentralbank eines Mitgliedstaats der Europäischen Union oder der Europäischen Zentralbank

gestellt wurden.

(2) Soweit im Plan eine abweichende Regelung getroffen wird, ist im gestaltenden Teil für die absonderungsberechtigten Gläubiger anzugeben, um welchen Bruchteil die Rechte gekürzt, für welchen Zeitraum sie gestundet oder welchen sonstigen Regelungen sie unterworfen werden sollen.

Übersicht	Rdn.		Rdn.
A. Normzweck	1	II. Abs. 1 Satz 2	11
B. Voraussetzungen	8	III. Abs. 2	13
I. Abs. 1 Satz 1	8	C. Rechtsfolgen	16

A. Normzweck

1 Nach der Rechtslage der KO, VglO und GesO wurden Gläubiger mit dinglichen Rechtspositionen nicht an einem Vergleich oder Zwangsvergleich beteiligt. In deren Rechte konnte nicht gegen ihren Willen eingegriffen werden.

2 Nach § 223 kann nun in die Rechte der absonderungsberechtigten Gläubiger gegen ihren Willen eingegriffen werden. Diese Regelung ist im Hinblick auf die grundsätzliche (freilich verfehlte) Unantastbarkeit der Absonderungsrechte im Insolvenzverfahren konsequent.[1] Wer absonderungsberechtigt ist bestimmt sich nach den §§ 49–51.[2] In Betracht kommen daher dingliche Rechtspositionen der Gläubiger, § 49 betrifft Immobiliarvermögen, § 50 das rechtsgeschäftliche Pfändungspfandrecht sowie das gesetzliches Pfandrecht, § 51 ergänzt die §§ 49, 50; es werden weitere Tatbestände aufgezählt, welche zur Absonderung berechtigen wie z.B. die Sicherungsübereignung, die Siche-

---

11 MüKo-InsO/*Eidenmüller* Rn. 151.

1 *Häsemeyer* 28.20.

2 Hierzu weiterführend: MüKo-InsO/*Breuer* Rn. 8 ff.

rungsabtretung oder die Verlängerungs- und Erweiterungsformen des Eigentumsvorbehalts. Ein einfacher Eigentumsvorbehalt hingegen gewährt ein Aussonderungsrecht nach § 47. Der Aussonderungsberechtigte kann nicht zwangsweise – dh ohne Zustimmung – am Plan beteiligt werden,[3] daher fehlt es diesbezüglich an einer mit § 223 vergleichbaren Reglung für den aussonderungsberechtigten Gläubiger; eine analoge Anwendung des § 223 ist nicht möglich.[4] Dies wäre auch gesetzlich nicht darstellbar, da ansonsten nicht nur der Eigentumsvorbehalt, sondern auch die Miete und Leihe nur ein Absonderungsrecht begründen würden, was schon Art. 12 GG diametral entgegenlaufen würde.

Der praktische Anwendungsfall dieser Norm, bzw. der Einbeziehung der Absonderungsberechtigten ist vor allem dann gegeben, wenn die Sicherheiten bei einer Fortführung des Unternehmens erheblich werthaltiger werden oder bleiben als bei einer Regelzerschlagung des Unternehmens. Hier ist häufig zu erleben, dass Kreditinstitute bereit sind ihre Sicherheiten bei Fortführung des Unternehmens in einem Plan »stehen zu lassen«, bzw. neu zu kreditieren ohne die Sicherheiten im Insolvenzfall zu realisieren. Die Neukreditierung erfolgt dann auf den tatsächlichen Fortführungswert der Sicherheit. Dies macht aber für das Kreditinstitut nur Sinn, wenn der Zerschlagungswert erheblich unter dem Fortführungswert liegt, da ansonsten durch die Fortführung nichts gewonnen wird. Es dürfte aber der Regelfall sein, dass der Zerschlagungswert erheblich unter dem Fortführungswert liegt, so dass die Neukreditierung in der Praxis für die Absonderungsberechtigten meistens Sinn macht. 3

Es ist auch zu beobachten, dass in Plänen ein höherer fiktiver Wert als der Fortführungswert für die Sicherheit angeboten wird um die Zustimmung des Absonderungsberechtigten zum Plan zu erlangen. Dies ist indes kritisch zu würdigen, weil dadurch versucht wird die Zustimmung eines Gläubigers durch Zusagen zu erlangen, die nicht in seiner Person oder Rechtsposition begründet sind. Ob darin ein Verstoß gegen § 226 Abs. 3 gesehen werden kann muss sicherlich im Einzelfall geprüft werden, hängt aber immer davon ab, wie der Wert einer Sicherheit letztendlich bewertet werden kann. 4

In einem »prepackaged plan« ist es naturgemäß äußerst schwierig, die Position eines absonderungsberechtigten Gläubigers, bzw. des ihm angedachten Verzichts im Vorhinein festzulegen, da vor Insolvenzantragstellung, also zum Zeitpunkt der Aufstellung des Plans, gar nicht der Wert einer Sicherheit, die das betroffene Absonderungsrecht gewährt, ermittelt werden kann. IdR kann der Zerschlagungs- und Fortführungswert erst nach Insolvenzantragstellung zutreffend ermittelt werden, da erst dann der Markt für die Verwertung von Sicherheiten in der Insolvenz zuverlässig beurteilt werden kann. Daher muss entweder der Plan in so einem Fall nach Insolvenzeröffnung nachgebessert werden, sobald die Werte vorliegen oder es werden separate Regelungen außerhalb des Planes mit den Kreditinstituten in bilateralen Verhandlungen getroffen. Dies hat den Vorteil, dass die Verhandlungen flexibler durch den Planeinreicher geführt werden können. Nachteilig ist aber, dass eine Einstimmigkeit bei den Absonderungsberechtigten erzielt werden muss und nicht die Möglichkeit besteht, opponierende Absonderungsgläubiger durch eine Mehrheitsentscheidung zu zwingen dem Plan zu folgen. 5

Auch kann es Sinn machen für die absonderungsberechtigten Gläubiger eine separate Gruppe aufzustellen, wenn absehbar ist, dass die Mehrheit der Gruppen in Gefahr ist und durch Schaffung einer weiteren zustimmenden Gruppe die Mehrheit gesichert werden muss. Natürlich würde der Planersteller in diesem Fall nur äußerst gering in die Rechte der Absonderungsberechtigten eingreifen um deren Zustimmung zu sichern, bzw. zu erhalten. 6

Nicht übersehen werden darf aber, dass die absonderungsberechtigten Gläubiger gem. § 52 als »normale« Gläubiger im Range des § 38 am Insolvenzverfahren und damit am Insolvenzplan teilnehmen, insoweit ihre persönliche Forderung gegen den Insolvenzschuldner nicht aus der Sicherheit befriedigt wird. Für die Geltendmachung dieser Restforderung werden die Gläubiger in eine andere Gruppe »einsortiert«. Es ist also durchaus üblich, dass eine Forderung aufgeteilt und in verschiedene Gruppen einsortiert wird und so zweimal am Verfahren teilnimmt. 7

---

3 Dazu LG Frankfurt/M. 29.10.2007, 2/9 T 198/07, ZIP 2007, 2229 ff.
4 BK-InsR/*Breutigam/Kahlert* Rn. 7a.

B. Voraussetzungen

I. Abs. 1 Satz 1

8 § 223 Abs. 1 hat nur in bestimmten Fällen praktische Relevanz, die Regelung ist im Zusammenspiel mit dem Minderheitenschutz des § 251 Abs. 1 zu sehen. D.h. der absonderungsberechtigte Gläubiger darf dem Plan widersprechen, wenn er nach dem Regelverfahren wirtschaftlich besser stünde, als nach dem Planverfahren. Freilich wird die Klärung der Frage, ob ein Gläubiger mit oder ohne Plan besser steht im Einzelfall schwer sein.

9 Interessant wird das Planverfahren nur für den schlecht gesicherten Gläubiger, so z.B. wenn er eine Immobiliarsicherheit mit ungünstigem Rang hat, so dass er seine Forderung aus dieser nicht voll befriedigen kann und eine Fortführung des Unternehmens attraktiver erscheint. Ansonsten können diese dinglich gesicherten Gläubiger nicht in den Plan einbezogen werden, wenn sie diesem nicht zustimmen.[5]

10 Ein absonderungsberechtigter Gläubiger kann jedoch innerhalb einer Gruppe nach § 244 Nr. 1 und 2 überstimmt werden. Er muss durch das Planverfahren nur 1 € mehr erhalten, als er nach der Zerschlagung und Veräußerung des Unternehmens im Regelverfahren erhalten hätte, so dass ihm ein Recht nach § 251 Abs. 1 nicht zusteht.[6] Aus taktischen Erwägungen kann es daher sinnvoll sein, einen absonderungsberechtigten Gläubiger, welcher durch Geltendmachung seines Absonderungsrechts dem fortzuführenden Unternehmen essentielle Werte entziehen würde, nach § 226 Abs. 1 Satz 1 mit Zustimmung der anderen Gläubiger aus der nach § 222 eingeteilten Gruppe, mehr zuzusprechen als den anderen Gruppengläubigern um der Anwendung des § 251 Abs. 1 vorzubeugen.

II. Abs. 1 Satz 2

11 Durch Abs. 1 Satz 2 wird die EU-Richtlinie 98/26 EG umgesetzt. Hiernach sind Eingriffsmöglichkeiten in die Absonderungsrechte ausgenommen, soweit es sich um Finanzsicherheiten nach § 1 Abs. 17 KWG oder Sicherheiten für Teilnehmer eines Systems nach § 1 Abs. 16 KWG handelt. Mit Finanzsicherheiten sind Sicherheiten gemeint, welche einem Unternehmen des Finanzsektors zur Sicherung von Forderungen aus dem Erwerb von Finanztiteln gestellt werden.[7] Sicherheiten im normalen Kreditgeschäft bleiben aber von dieser Regelung ausgenommen und daher für die Plangestaltung offen.[8]

12 Die Regelung dient dazu, EU-weit die Wirksamkeit und Verwertbarkeit von Sicherheiten in Zahlungs- sowie Wertpapierlieferungs- und -abrechnungssystemen im Falle der Insolvenz einer ihrer Teilnehmer einer Krise im internationalen Bankensystem vorzubeugen.[9] Letztlich hat diese Regelung zumindest keinen erkennbaren Beitrag zur Verhinderung der weltweiten Finanzkrise geleistet.

III. Abs. 2

13 § 223 Abs. 2 enthält die Klarstellung, dass bei Abweichung von den Rechten der absonderungsberechtigten Gläubiger, dies einer hinreichend bestimmbaren detaillierten ausdrücklichen Regelung im Plan bedarf, ansonsten führt dies zur Zurückweisung des Plans durch das Insolvenzgericht nach § 231 Abs. 1 Nr. 1. Typische Eingriffe stellen solche in die Regelungen der §§ 165–173 dar.

14 Unter einer detaillierten Regelung wird verstanden, dass exakt angegeben werden muss:
— um welchen Prozentsatz die Forderung reduziert werden soll (auch ein Forderungserlass fällt hierunter),

---

5 FK-InsO/*Jaffé* Rn. 6.
6 MüKo-InsO/*Breuer* Rn. 3.
7 HK-InsO/*Flessner* Rn. 7.
8 Hierzu BK-InsR/*Breutigam/Kahlert* Rn. 6b.
9 FK-InsO/*Jaffé* Rn. 4.

- wann eine Auszahlung der Restsumme erfolgen soll,
- ob eine Auszahlung in Raten erfolgen soll,
- ob die Auszahlung von weiteren Faktoren abhängig ist und
- welchen weiteren Regelungen die Forderungen unterliegen sollen,

damit alle Gläubiger, die in das Planverfahren einbezogen werden sollen, gleichermaßen informiert sind.

Eine Kürzung der Forderung um einen bestimmten einheitlichen Betrag für alle Gläubiger, stellt keine zulässige Regelung dar, da keine Quote festgelegt ist und führt zum anderen dazu, dass innerhalb der Gruppe keine gleichen Rechte geboten werden.[10] Die Regelung des Abs. 2 fordert eine für jeden Gläubiger eindeutig zu bestimmende Eingriffsregelung.[11]

15

C. Rechtsfolgen

Eine Teilhabe des absonderungsberechtigten Gläubigers am Plan, führt zu einem Stimmrecht nach § 238, also innerhalb der Gruppe der absonderungsberechtigten Gläubiger.

16

§ 224 Rechte der Insolvenzgläubiger

Für die nicht nachrangigen Gläubiger ist im gestaltenden Teil des Insolvenzplans anzugeben, um welchen Bruchteil die Forderung gekürzt, für welchen Zeitraum sie gestundet, wie sie gesichert oder welchen sonstigen Regelungen sie unterworfen werden sollen.

Übersicht	Rdn.		Rdn.
A. Normzweck	1	B. Bedeutung für den Insolvenzplan ...	6

A. Normzweck

Die Vorschrift benennt Gläubiger i.S.d. § 38, also solche, deren Forderung zum Zeitpunkt der Eröffnung des Insolvenzverfahrens bereits entstanden waren. Ein solcher weder absonderungs- noch aussonderungsberechtigter Gläubiger wird am meisten Interesse haben mit dem Schuldner weiterhin zusammenzuarbeiten. Die Gestaltung der Rechte dieser Gläubiger ist auch aus diesem Grund Hauptgegenstand des Insolvenzplans.

1

Der Begriff der nicht nachrangigen Gläubiger bringt im Vergleich zu den nicht bevorrechtigten Gläubigern i.S.d. § 61 Abs. 1 Nr. 6 KO und § 17 Abs. 3 Nr. 4 GesO eine Ausweitung, indem unter § 38 nunmehr auch alle Gläubiger fallen, die nach bisherigem Recht bevorrechtigte Gläubiger waren. Durch die Abschaffung der Vorrechte für bestimmte Gläubigergruppen (hauptsächlich die öffentliche Hand) ist die Gruppe der nicht nachrangigen Gläubiger nach § 38 im Vergleich zu der Gruppe der ehemals nicht bevorrechtigten Gläubiger stark angewachsen. Durch diese rechtspolitisch sicher zu begrüßende Maßnahme wird eine gleichmäßigere und gemeinschaftlichere Befriedigung der Gläubiger i.S.d. § 1 erreicht. Dieser Grundsatz war zwar auch schon in der KO und der GesO niedergelegt, wurde aber durch die bevorrechtigten Gläubigergruppen i.S.d. § 61 Abs. 1 Nr. 6 KO und § 17 Abs. 3 Nr. 4 GesO stark entwertet, da nach Befriedigung dieser Gläubigergruppen die Masse so stark erschöpft war, dass i.d.R. keine Verteilung mehr auf diese Gläubiger zustande kam und das Verfahren ohne Quotenzahlung an diese Gläubigergruppe eingestellt werden musste. Nicht zu Unrecht wird daher gesagt, dass die rechtspolitisch fragwürdigen Vorrechte viel zur Funktionslosigkeit der althergebrachten Konkurs- und Gesamtvollstreckungsordnung beigetragen haben.[1]

2

---

10 Nerlich/Römermann/*Braun* Rn. 18, 19.
11 Nerlich/Römermann/*Braun* Rn. 18, 19.
1 *Kilger* KTS 1975, 142.

3 Trotzdem führt kein Weg daran vorbei festzustellen, dass den nicht nachrangigen Gläubigern gem. § 38 der größte Verzicht in einem Insolvenzplan zugemutet wird. Dies ist aber auch folgerichtig, da diese ohne einen Insolvenzplan kaum eine Chance auf Befriedigung ihrer Forderungen haben. Die Besserstellung durch den Insolvenzplan ist schon sichergestellt durch die Minderheitenschutzklausel des § 251 Abs. 1 Nr. 2.

4 Keinesfalls konnten nach bisherigem Recht irgendwelche Masseverbindlichkeiten gem. § 53 durch einen Insolvenzplan geregelt werden. Masseverbindlichkeiten mussten immer durch den Insolvenzverwalter beglichen werden und sind keiner Regelung durch einen Insolvenzplan zugänglich, da § 258 Abs. 2 vorsieht, dass der Insolvenzverwalter die unstreitigen Masseansprüche zu berichtigen und für die streitigen Masseforderungen Sicherheit zu leisten hat.

5 Nach dem ESUG ist zumindest vorgesehen, ein Insolvenzplanverfahren auch zuzulassen, wenn zwar die Massekosten gedeckt sind, aber die sonstigen Masseverbindlichkeiten gem. § 209 Abs. 1 Nr. 3 nicht bedient werden können. Dies ist sicherlich zu begrüßen um auch den Schuldnern einen Neustart zu ermöglichen, bei welchen die »aufgezwungenen« Masseverbindlichkeiten so groß sind, dass diese vorerst nicht bedient werden können und so verhindert wird, dass ein Schuldner sich mit einem aktuell operativ erfolgreichen Unternehmen aus der Insolvenz löst. In der gesetzlichen Neuregelung ist auch dafür Sorge getragen worden, dass die sonstigen Masseverbindlichkeiten in einer angemessenen, wohl vorrangigen Weise an dem künftigen Ertrag des schuldnerischen Unternehmens beteiligt sind. Auch ist sichergestellt, dass keine Schlechterstellung mit den »normalen« Gläubigern gem. § 38 erfolgt. Diese gesetzliche Neuregelung war wünschenswert, um das Insolvenzplanverfahren einfacher und attraktiver zu machen.

B. Bedeutung für den Insolvenzplan

6 Der Eingriff in die Rechte der nicht nachrangigen Insolvenzgläubiger ist der wichtigste Teil des gestaltenden Teils des Plans. § 224 normiert, dass diese Eingriffe in die Gläubigerrechte im Plan anzugeben sind. Hier wird der Privatautonomie ein weiter Spielraum gelassen, die Intensität der Eingriffe in die Rechte der Gläubiger wird nur durch den Minderheitenschutz des § 251 Abs. 1 begrenzt. Letztendlich stehen die Rechte der nichtnachrangigen Gläubiger im Rahmen des Abstimmungstermins zur Disposition. Die Aufzählung der Gestaltungsmöglichkeiten in § 224 ist exemplarischer Natur, die Kürzung einer Forderung kann auch deren Erlass bedeuten.

7 Des Weiteren sind die detaillierten Angaben über die Eingriffe in die Rechte der nicht nachrangigen Gläubiger notwendig, um dem Gericht die von Amts wegen erfolgende Vorprüfung des Plans nach § 231 zu ermöglichen. Hier kann das Gleichbehandlungsgebot des § 226 eine weitere Grenze der Gestaltungsmöglichkeiten darstellen.

8 In § 224 ist nicht geregelt, in welchem Umfang, auf welche Weise oder wie stark in die Rechte der nicht nachrangigen Gläubiger eingegriffen werden darf. Er regelt, dass die vorgesehenen Eingriffe klar erkenntlich für alle, also für die nicht nachrangigen Gläubiger und das Insolvenzgericht, dokumentiert werden müssen. Das Insolvenzgericht hat die Aufgabe zu prüfen, ob ein Insolvenzplan gem. § 231 Abs. 1 Nr. 1 von Amts wegen zurückzuweisen ist, da bspw. ein Verstoß gegen das Gleichbehandlungsgebot gem. § 226 vorliegt. Dieser Amtsprüfungspflicht kann das Insolvenzgericht nur nachkommen, wenn die entsprechenden Angaben auch im Insolvenzplan offen gelegt sind.

9 Im Gegensatz zu den starren Quoten, wie sie in der Vergleichsordnung oder bspw. auch im österreichischen Recht ausgewiesen sind, verzichtet die InsO auf diese. Es gibt daher kein »Mindestangebot«, welches den Gläubigern unterbreitet werden muss. Vom Gesetzgeber wurde bewusst darauf verzichtet auf diese starren Quoten aufzubauen angesichts der schlechten Erfahrungen mit § 7 Abs. 1 VglO. Es gab so gut wie kein erfolgreiches Vergleichsverfahren. Die Gläubiger sollen im Rahmen der ihnen gegebenen Selbstbestimmung über die Quoten eigenverantwortlich entscheiden, also über den Verlust, den sie bereit sind zu tragen.

Allerdings hat diese Eigenverantwortung der Gläubiger im Rahmen einer Gläubigermehrheitsentscheidung ihre Grenze, wenn die Planquote unterhalb der Quote liegen soll, die bei einer Regelabwicklung, also i.d.R. bei einer Zerschlagung entstehen würde. Etwas anderes würde nur gelten, wenn die Gläubiger einstimmig einer Zurücksetzung ihrer Quote unter die der Zerschlagungsquote zustimmen würden. Ein Verzicht ist immer möglich, innerhalb wie außerhalb eines Insolvenzverfahrens. 10

Die Regelungen müssen hinsichtlich § 257 einen vollstreckungsfähigen Inhalt haben. Dies bedeutet, dass aus dem Insolvenzplan i.V.m. der geprüften Forderung klar erkennbar sein muss, was und wann, möglicherweise auch wie, in einem etwaigen Zwangsvollstreckungsverfahren vom Schuldner oder von einem Dritten gefordert wird. Es reicht daher aus, wenn in einem Insolvenzplan angeben wird, die Forderungen einer Gruppe werden frühestens einen Monat nach Rechtskraft des Insolvenzplans zu 8 % bedient. Das Insolvenzgericht kann in diesem Fall aus den eigenen Unterlagen bestimmen, wann Rechtskraft eingetreten ist und dies entsprechend auf dem Tabellenblatt bei der Vollstreckungsklausel vermerken. Auch kann problemlos berechnet werden, was 8 % einer festgestellten Forderung sind. Dies ist lediglich ein mathematischer Vorgang, der auch nachprüfbar ist. 11

Häufiger zu beobachten ist, dass im gestaltenden Teil eines Plans angegeben wird, dass ein bestimmter absoluter Betrag, also bspw. 50.000 € von dritter Seite zur Erfüllung der Verbindlichkeiten aus dem Insolvenzplan zur Verfügung gestellt werden. In diesem Fall kann der einzelne Gläubiger oder das Insolvenzgericht nicht selbst bestimmen was ein Gläubiger tatsächlich zu bekommen hat. Da diese Regelung keinen vollstreckungsfähigen Inhalt hat, dürfte sie auch nicht zulässig sein. Dies ist in der Praxis allerdings bei vielen Insolvenzgerichten umstritten, da auch der absolute Zahlbetrag mit Hilfe des Schlussverzeichnisses in einem materiell-rechtlichen Vorgang in eine Quote umgesetzt werden kann. 12

Aus den gleichen Gründen dürfte eine Regelung im Insolvenzplan unzulässig sein, in der die Auszahlung an ein bestimmtes Ereignis in der Zukunft angeknüpft wird, dessen Eintritt aber ungewiss ist. Demzufolge sind Regelungen unwirksam, in denen festgelegt wird, dass die Quote nur ausbezahlt wird, wenn eine wirtschaftliche Besserung des Schuldners eingetreten ist. Diese Tatsache ist schlichtweg nicht exakt nachprüfbar und damit nicht vollstreckungsfähig. Möglich ist aber, die Auszahlung an ein sicher eintretendes Ereignis zu koppeln wie bspw. »Ostern 2013«. 13

§ 225 Rechte der nachrangigen Insolvenzgläubiger

(1) Die Forderungen nachrangiger Insolvenzgläubiger gelten, wenn im Insolvenzplan nichts anderes bestimmt ist, als erlassen.

(2) Soweit im Plan eine abweichende Regelung getroffen wird, sind im gestaltenden Teil für jede Gruppe der nachrangigen Gläubiger die in § 224 vorgeschriebenen Angaben zu machen.

(3) Die Haftung des Schuldners nach der Beendigung des Insolvenzverfahrens für Geldstrafen und die diesen in § 39 Abs. 1 Nr. 3 gleichgestellten Verbindlichkeiten kann durch einen Plan weder ausgeschlossen noch eingeschränkt werden.

Übersicht	Rdn.		Rdn.
A. Normzweck	1	I. Zweck	6
B. § 225 Abs. 1	4	II. Voraussetzungen	8
C. § 225 Abs. 2	6	D. § 225 Abs. 3	10

A. Normzweck

Nach der alten Rechtslage der KO oder VerglO wurden nachrangige Gläubiger i.S.d. § 39 uneinheitlich behandelt. So konnten Gläubiger, die eine Forderung aus (eigen-) kapitalersetzenden Darlehen hatten, also Gesellschafter und gesellschafternahe Personen, ihre Forderung im Verfahren gar nicht geltend machen. Dasselbe galt für Forderungen, für welche rechtsgeschäftlich ein Nachrang verein- 1 bart worden war,[1] also solche Forderungen, für die ein Rangrücktritt erklärt worden war um in aller Regel die Überschuldung einer juristischen Person zu vermeiden und damit die Insolvenzantragspflicht aufzuheben oder zu verschieben. Weiterhin können nunmehr auch Geldstrafen, Geldbußen, Zwangs- und Ordnungsgelder als nachrangige Forderungen im Verfahren berücksichtigt werden. Dies gilt ebenso für die seit Verfahrenseröffnung laufenden Zinsen und die Teilnahmekosten am Verfahren, also i.d.R. die Kosten, die dem Gläubiger durch seine anwaltliche Vertretung im Insolvenzverfahren und für die Forderungsanmeldung entstehen.

2 Teilweise konnten die vorgenannten Gläubiger ihre Forderungen aus dem Übererlös (meist nur theoretisch denkbar) nach Verteilung der Masse an die Verfahrensgläubiger geltend machen. Diese Gläubiger hatten aber alle die Möglichkeit, ihre Forderung außerhalb des Konkursverfahrens geltend zu machen, da es ihnen verwehrt war, ihre Forderung innerhalb des Verfahrens geltend zu machen. Außerhalb bedeutet aber auch, dass ein möglicher Neuerwerb des Schuldners nach Konkurseröffnung dem Zugriff dieser Gläubiger unterlag. Da aber der Gesetzgeber entschieden hat, dass in der Insolvenzordnung der Neuerwerb auch zur Insolvenzmasse gehört, musste für die bisher außerhalb des Verfahrens stehenden Gläubiger ein Ausgleich geschaffen werden. Dieser Ausgleich ist die Aufnahme als nachrangige Gläubiger i.S.d. § 39 in das Insolvenzverfahren.[2]

3 Nach § 225 werden nun alle Gläubiger i.S.d. § 39 innerhalb des Insolvenzverfahrens gleich behandelt.

B. § 225 Abs. 1

4 Diese Regelung beruht auf dem Gedanken, dass meist die Insolvenzgläubiger i.S.d. § 38, also die nicht nachrangigen Gläubiger, nicht voll befriedigt werden können, so dass die Forderungen der nachrangigen Insolvenzgläubiger aufgrund ihrer schlechteren Rechtsstellung als erlassen gelten müssen.[3] § 246 Abs. 1 Nr. 1 fingiert hierzu die Zustimmung von nachrangigen Gläubigern i.S.d. § 39 Abs. 1 Nr. 1 und 2. Die Vorschrift dient damit der Verfahrenserleichterung.

5 Die gesetzliche Vermutung des § 225 Abs. 1[4] stellt zwar einen Eingriff in eine gültige Rechtsposition eines Gläubigers dar (Art. 9 GG), dies schränkt sich aber schon dadurch ein, dass es sich wohl in der Rechtspraxis in aller Regel nur um eine entfernt liegende Möglichkeit eines Eingriffs handeln dürfte. Außer in den Fällen, in denen bei der Abwicklung des Insolvenzverfahrens so hohe Übererlöse erwirtschaftet werden, dass alle nicht nachrangigen Gläubiger vollständig befriedigt werden, könnten Rechte der nachrangigen Gläubiger theoretisch überhaupt berührt werden. Sollte dies der Fall sein, gilt für die Behandlung der nachrangigen Insolvenzgläubiger im gestaltenden Teil dasselbe wie für die nicht nachrangigen Gläubiger.[5]

C. § 225 Abs. 2

I. Zweck

6 Der Tatbestand des Abs. 2 betrifft den Fall, dass im Gegensatz zu Abs. 1 die Forderungen der nachrangigen Gläubiger nicht erlassen werden. Diese Regelung trägt dem seltenen Umstand Rechnung, dass eine volle Befriedigung der nicht nachrangigen Insolvenzgläubiger durch einen besonders erfolgreichen Plan zu erwarten ist. Hier wäre es ungerecht, den Überschuss an den Schuldner (und damit an dessen Gesellschafter, sofern es sich um eine juristische Person handelt) und nicht an die nachrangigen Gläubiger auszuzahlen. Aus § 237 Abs. 1 Satz 1 ergibt sich, dass im Planverfahren auch nachrangige Gläubiger grds stimmberechtigt sein können, sofern die Tatbestände des § 246 nicht einschlägig sind, welche eine Zustimmung zum Plan fingieren.

---

1 Vgl. *Hess/Obermüller* Rn. 1266.
2 BT-Drucks. 12/2442, 201.
3 *Braun/Braun* Rn. 2.
4 *Kübler/Prütting/Otte* Rn. 3.
5 *Kübler/Prütting/Otte* Rn. 3.

Die Regelung des § 225 Abs. 2 kann auch als taktisches Instrument zur beschleunigten Plan- 7
annahme genutzt werden, wenn die Mehrheit der Gruppen in Gefahr ist und durch die Einbeziehung der nachrangigen Gläubiger eine weitere zustimmende Gruppe geschaffen werden soll. Dies hilft aber auch nicht über den Minderheitenschutz gem. § 245 Abs. 1 Nr. 1 hinweg, nach dem keine Gruppe oder kein Gläubiger ohne Plan besser gestellt sein darf als durch die Planregelungen. Wenn dies der Fall sein sollte, kann auch nicht durch das Obstruktionsverbot dem Plan zur Annahme verholfen werden. Es würde ansonsten in verfassungsrechtlich geschützte Positionen (Art. 9 GG) eingegriffen werden.

II. Voraussetzungen

Die nachrangigen Gläubiger müssen in die Gruppen des § 39 eingeteilt werden, sofern der Plan die 8
volle Befriedigung der nicht nachrangigen Insolvenzgläubiger vorsieht und auch dann noch ein Überschuss zu erwarten ist. Es müssen gem. § 225 Abs. 2 die Angaben nach § 224 im Plan getroffen werden. Für jede Gruppe der nachrangigen Gläubiger sind die in § 224 vorgeschriebenen Angaben gesondert vorzunehmen. Die nachrangigen Insolvenzgläubiger müssen nach den Rangklassen des § 39 in Gruppen eingeteilt werden, falls ihre Forderungen nicht erlassen sein sollen.[6]

Gesetzlich normiert wurde damit auch, dass sollte der Schuldner durch den Plan wirtschaftliche 9
Werte erhalten, er also durch den Plan sein Unternehmen zu günstigeren Bedingungen zurückerhält als ein fremder Dritter für die Übernahme des Unternehmens bezahlen müsste, auch für die nachrangigen Insolvenzgläubiger im Insolvenzplan Zuwendungen vorzunehmen sind, bevor der Schuldner in die Wohltat dieser Zuwendungen im Insolvenzplan gelangen kann.[7]

D. § 225 Abs. 3

Abs. 3 stellt eine Ausnahme zu Abs. 1 dar, die in § 39 Abs. 1 Nr. 3 genannten Verbindlichkeiten 10
stehen wegen ihrer besonderen Rechtsnatur nicht zur Disposition im Planverfahren und damit einer Gläubigermehrheit. Dies entspricht dem Rechtsgedanken, der in § 63 Nr. 3 KO und § 29 Nr. 3 VglO festgelegt worden war.[8] Der Hintergrund für diese Festschreibung der Forderungen gem. § 39 Abs. 1 Nr. 3 mag wahrscheinlich darin liegen, dass es sich um staatliche oder quasi staatliche Forderungen handelt, die teilweise aus dem Strafrechtsbereich stammen, bei dem sicherlich nicht nur monetäre Erwägungen eine Rolle spielen, sondern auch strafrechtliche Erwägungen, wie General- und Spezialprävention, die eigentlich im Insolvenzbereich keine Rolle spielen sollten. Der Staat hat sich zudem noch weitere Druckmittel erhalten bzw. verschafft, in dem er für diese Forderungen losgelöst von der Insolvenz weitere Sanktionsmöglichkeiten vorgesehen hat, um dem Forderungseinzug entsprechenden Nachdruck zu verleihen. Dementsprechend ist in § 43 StGB normiert, dass an Stelle einer uneinbringlichen Geldstrafe eine Ersatzfreiheitsstrafe tritt. Ein Tagessatz einer Geldstrafe entspricht dabei einem Tag Freiheitsstrafe.

Ähnliche Möglichkeiten sind gem. § 96 Abs. 2, § 95 Abs. 2 OWiG für die Vollstreckung von Geld- 11
bußen, bzw. nach § 888 Abs. 1 Satz 1 ZPO für die Ersetzung eines Zwangsgeldes durch Zwangshaft vorgesehen.[9]

Wenn im Insolvenzplan keine Regelung erfolgt, sind Zinsen für den Zeitraum ab der Insolvenzeröff- 12
nung und auch nach Planbestätigung erlassen, sofern es sich um Zinsen aus Kapitalansprüchen handelt. Dazu gehören ausdrücklich die vertraglich vereinbarten Zinsen, sowie Provisionen und Verwaltungskostenzuschläge, sofern sie als Zinserweiterungen zu qualifizieren sind.

---

6 Vgl. auch Braun/*Braun* Rn. 3.
7 BT-Drucks. 12/2443, 201.
8 Vgl. *Böhle/Stamschräder/Kilger* VglO, § 29 Rn. 3.
9 BT-Drucks. 12/2443, 201.

§ 225a Rechte der Anteilsinhaber

(1) Die Anteils- oder Mitgliedschaftsrechte der am Schuldner beteiligten Personen bleiben vom Insolvenzplan unberührt, es sei denn, dass der Plan etwas anderes bestimmt.

(2) Im gestaltenden Teil des Plans kann vorgesehen werden, dass Forderungen von Gläubigern in Anteils- oder Mitgliedschaftsrechte am Schuldner umgewandelt werden. Eine Umwandlung gegen den Willen der betroffenen Gläubiger ist ausgeschlossen. Insbesondere kann der Plan eine Kapitalherabsetzung oder -erhöhung, die Leistung von Sacheinlagen, den Ausschluss von Bezugsrechten oder die Zahlung von Abfindungen an ausscheidende Anteilsinhaber vorsehen.

(3) Im Plan kann jede Regelung getroffen werden, die gesellschaftsrechtlich zulässig ist, insbesondere die Fortsetzung einer aufgelösten Gesellschaft oder die Übertragung von Anteils- oder Mitgliedschaftsrechten.

(4) Maßnahmen nach Abs. 2 oder 3 berechtigen nicht zum Rücktritt oder zur Kündigung von Verträgen, in denen der Schuldner beteiligt ist. Sie führen auch nicht zu einer anderweitigen Beendigung der Verträge. Entgegenstehende vertragliche Vereinbarungen sind unwirksam. Von den Sätzen 1 und 2 bleiben Vereinbarungen unberührt, welche an eine Pflichtverletzung des Schuldners anknüpfen, sofern sich diese nicht darin erschöpft, dass eine Maßnahme nach Abs. 2 oder 3 in Aussicht genommen oder durchgeführt wird.

(5) Stellt eine Maßnahme nach Abs. 2 oder 3 für eine am Schuldner beteiligte Person einen wichtigen Grund zum Austritt aus der juristischen Person oder Gesellschaft ohne Rechtspersönlichkeit dar und wird von diesem Austrittsrecht Gebrauch gemacht, so ist für die Bestimmung der Höhe eines etwaigen Abfindungsanspruches die Vermögenslage maßgeblich, die sich bei einer Abwicklung des Schuldners eingestellt hätte. Die Auszahlung des Abfindungsanspruches kann zur Vermeidung einer unangemessenen Belastung der Finanzlage des Schuldners über einen Zeitraum von bis zu drei Jahren gestundet werden. Nicht ausgezahlte Abfindungsguthaben sind zu verzinsen.

Übersicht

	Rdn.		Rdn.
A. Normzweck	1	III. Abs. 3	8
B. Voraussetzungen	5	IV. Abs. 4	10
I. Abs. 1	5	V. Abs. 5	12
II. Abs. 2	6		

A. Normzweck

1 Durch den neuen § 225a wird der lange diskutierte »Debt-Equity-Swap« in das Insolvenzrecht eingeführt (s.a. § 217). Er wird im Allgemeinen als taugliches Instrument zur Abwendung einer drohenden Insolvenz eines Unternehmens angesehen.[1] Nun soll er auch im Planverfahren zur Sanierung eines insolventen Unternehmens gebraucht werden. Eine feste Definition für den »Debt-Equity-Swap« gibt es nicht, meist wird hierunter jedoch die Umwandlung von Forderungen der Gläubiger in Anteils- oder Mitgliedschaftsrechte gesehen. So sieht es auch Abs. 2 der neuen Vorschrift vor.

2 Die rechtliche Konstruktion des »Debt-Equity-Swap« ist Folgende: Die Forderung des Gläubigers wird im Wege der Kapitalerhöhung in das Unternehmen als Sacheinlage eingebracht. Wird nun der Gläubiger Anteilseigner des Schuldners, so erlischt die Forderung durch Konfusion. Möglich ist auch die Forderung durch Erlassvertrag nach § 397 BGB zum Erlöschen zu bringen.

3 Ein solcher Austausch von Forderungen gegen Anteile am Schuldner kann für den Gläubiger attraktiv sein, da er durch die Gesellschafterstellung Einfluss auf das Unternehmen nehmen kann und so dessen Sanierung mitgestalten.

---

[1] *Eilers* GWR 2009, 3 ff.

Auch profitiert der Gläubiger von einer erfolgreichen Umsetzung des Plans, da er dann Anteilseigner 4
eines sanierten Unternehmens geworden ist, statt Inhaber einer zum Zeitpunkt der Eröffnung des
Insolvenzverfahrens schlecht durchsetzbaren Forderung zu sein.

B. Voraussetzungen

I. Abs. 1

Abs. 1 hat klarstellende Funktion dahingehend, dass Anteils- und Mitgliedschaftsrechte von am 5
Schuldner Beteiligten, wie schon nach alter Rechtslage, durch das Planverfahren unberührt bleiben.
Etwas anderes gilt nur, wenn der Plan abweichende Bestimmungen hierzu trifft. Wird nicht in die
Rechte von Inhabern von Anteils- oder Mitgliedschaftsrechten eingegriffen, haben diese Personen
auch keine Mitbestimmung oder Abstimmungsrechte über den Plan.

II. Abs. 2

Abs. 2 behandelt Regelungen zum »Debt-Equity-Swap«. Die Umwandlung von Fremd- zu Eigen- 6
kapital muss im gestaltenden Teil des Plans festgehalten werden. Damit wird sichergestellt, dass
die Rechte der Alteigentümer gewahrt werden und dass die neuen Anteilseigner an der Abstimmung
über den Plan teilhaben können; auch haben sie sonstige, den Gläubigern zustehende, Rechte wie
Minderheitenschutz und Rechtsmittelbefugnis.

Des Weiteren ist aus Gründen der Rechtsklarheit anzugeben, welche Kapitalmaßnahmen zur Anteils- 7
übertragung durchgeführt werden und welchen Wert die Gläubigerforderung hat, wobei hierbei
nicht der ursprüngliche Nennwert der Forderung angesetzt werden kann, da die Insolvenz des
Schuldners sich wertmindernd auf diese auswirkt.

III. Abs. 3

Abs. 3 trifft die deklaratorische Aussage, dass allgemeine gesellschaftsrechtliche Regelungen in ihrer 8
Wirkung unberührt bleiben. In diesem Rahmen jedoch können die gesellschaftsrechtlichen Strukturen des Schuldners grundlegend umgestaltet werden, um sie den Bedürfnissen des Planverfahrens
anzupassen. Aufgrund des etwaigen Eingriffs der Regelung in das Anteilseigentum der am Schuldner
Beteiligten wurde dem § 222 mit Abs. 1 Nr. 4 eine weitere Gruppe hinzugefügt, um so diesen Personen die Möglichkeit zu geben, an der Abstimmung über den Plan teilzunehmen oder Rechtsmittel
einzulegen. Aktuell ist umstritten, ob durch die bloße Mehrheitsentscheidung einem Minderheitsgesellschafter Rechte entzogen werden können, die ihm im Gesellschaftsvertrag vorbehalten worden
sind. Das Landgericht Frankfurt geht in seinem Urteil in einem einstweiligen Verfügungsverfahren
vom 10.09.2013 (Aktenzeichen: 3–09 O 96/13) davon aus, dass durch die Insolvenzeröffnung die
gesellschaftsrechtlichen Treuepflichten der Gesellschafter untereinander nicht beendet sind. Anderenfalls würde die Eröffnung des Insolvenzverfahrens zu einem »Reinwaschen« einer vor Eröffnung
liegenden schweren Pflichtverletzung der gesellschaftsrechtlichen Treuepflicht führen.

Dieser Ansicht des Landgerichts Frankfurt kann aber nicht gefolgt werden. Sie würde dazu führen,
dass es zu mehrschichtigen Prozessverfahren kommen könnte. Es kann nicht sein, dass indirekt über
ein Prozessgericht Einfluss auf die Abstimmung über einen Insolvenzplan genommen wird. Die Planbeteiligten sollen und müssen versuchen ihre Rechte ausschließlich in dem Verfahren vor dem Insolvenzgericht zu wahren. Dort sind die entsprechenden Rechtsmittel vorgesehen einschließlich der
rechtsförmlichen Verfahren. Da kann es nicht angehen, dass Gesellschafter die Planbeteiligte sind,
sich untereinander ihr Abstimmungsverhalten durch einstweilige Verfügungsverfahren vorschreiben
lassen können. Dies widerspricht eklatant dem Zweck des Insolvenzplanverfahrens und ist damit
abzulehnen.

Die Regelung ist auch losgelöst vom »Debt-Equity-Swap« sinnvoll. Sie dient vielmehr der allgemeinen 9
Vereinfachung von im Sanierungsverfahren notwendigen gesellschaftsrechtlichen Vorgängen. So
kann z.B. im Plan der Fortsetzungsbeschluss von Gesellschaftern ersetzt werden, welcher bisher not-

wendig ist, da mit Eröffnung des Insolvenzverfahrens die Gesellschaft aufgelöst wird (s. z.B. § 262 Abs. 1 Nr. 3 AktG, § 60 Abs. 1 Nr. 4 GmbHG). Dies erspart die Kosten für die notarielle Beglaubigung eines Fortsetzungsbeschlusses sowie den zeitlichen und organisatorischen Aufwand, der nach alter Rechtslage notwendig war, da nach alter Rechtslage die insolvente Firma als aufgelöst galt.

IV. Abs. 4

10 Die Neuregelungen in Abs. 4 sollen dafür sorgen, dass Vertragspartner des Schuldners bei Vorgehen nach Abs. 2 und 3 nicht die Gelegenheit ergreifen, und bestehende Vertragsverhältnisse beenden. Bei Beendigung mehrerer Vertragsverhältnisse würde die Gefahr bestehen, dass die Sanierung über den Insolvenzplan scheitern würde, da der Schuldner mangels Vertragspartner gar nicht weiter wirtschaften könnte.

11 Vor diesem Hintergrund hat der Gesetzgeber diese Klausel eingefügt um sicherzustellen, dass die in der Praxis üblichen Change-of-Control-Klauseln im Falle der Durchführung eines Debt-Equity-Swap oder anderer Kapitalmaßnahmen nicht angewendet werden können. Deshalb ist in Abs. 4 festgelegt, dass solche Klauseln unwirksam sind. Klargestellt werden muss aber, dass Vertragsklauseln, die nicht oder nicht nur an die Durchführung von Maßnahmen nach Abs. 2 und 3 anknüpfen, sondern an weitergehende Pflichtverletzungen, hiervon unberührt bleiben.

V. Abs. 5

12 In Abs. 5 ist eine Regelung für den Fall getroffen worden, dass es bei einem Vorgehen nach Abs. 2 und 3 zu einem Wechsel im Kreis der Anteilsinhaber oder Mitglieder kommen kann. Bspw. besteht die Möglichkeit, dass Gläubiger nach einem Debt-Equity-Swap in den Kreis der Anteilsinhaber oder Mitglieder eintreten. Diese Veränderung des Gesellschafterkreises kann insb. bei personalistisch strukturierten Gesellschaften dazu führen, dass aus Sicht der bisherigen Anteilsinhaber oder Mitglieder ein wichtiger Grund zum Austritt bestehen kann. Sofern ein Anteilsinhaber oder ein Mitglied von seinem Kündigungs- bzw. Austrittsrecht Gebrauch macht, muss zu Gunsten der Sanierung geregelt sein, dass Abfindungsansprüche, sofern sie denn bestehen sollten, die Sanierung nicht durch zu große Belastung gefährden. Entsprechend dieser Regelung ist die Höhe des Abfindungsanspruchs geregelt und auf eine Höhe beschränkt, die sich ergeben hätte, wäre der Betrieb des Schuldners eingestellt und abgewickelt worden. Im Regelfall dürfte sich gar kein Abfindungsanspruch ergeben, da sich ein Abfindungsanspruch nur ergeben kann, wenn alle Gläubiger gem. § 38 voll befriedigt sind, was so gut wie nie der Fall sein wird. Ein Abfindungsanspruch dürfte sich nur ergeben, wenn dieser vorher auch in seiner Höhe vertraglich vereinbart worden war. Auch soll im Plan vorgesehen werden können, dass die Fälligkeit eines etwaigen Abfindungsanspruchs über einen Zeitraum von bis zu drei Jahren gestreckt oder aufgeschoben werden kann.

§ 226 Gleichbehandlung der Beteiligten

(1) Innerhalb jeder Gruppe sind allen Beteiligten gleiche Rechten anzubieten.

(2) Eine unterschiedliche Behandlung der Beteiligten einer Gruppe ist nur mit Zustimmung aller betroffenen Beteiligten zulässig. In diesem Fall ist dem Insolvenzplan die zustimmende Erklärung eines jeden betroffenen Beteiligten beizufügen.

(3) Jedes Abkommen des Insolvenzverwalters, des Schuldners oder anderer Personen mit einzelnen Beteiligten, durch das diesen für ihr Verhalten bei Abstimmungen oder sonst im Zusammenhang mit dem Insolvenzverfahren ein nicht im Plan vorgesehener Vorteil gewährt wird, ist nichtig.

Übersicht	Rdn.		Rdn.
A. **Normzweck**	1	II. Ausnahme des Abs. 2	6
B. **Voraussetzungen**	5	III. Unzulässige Abkommen Abs. 3	8
I. Abs. 1	5		

A. Normzweck

Für das Insolvenzverfahren gilt der Gleichbehandlungsgrundsatz wie sich schon aus § 1 Satz 1 ergibt. § 226 macht von diesem Grundsatz der »pars conditio creditorum« eine Ausnahme insofern, dass die Gleichbehandlung nur innerhalb der nach § 222 gebildeten Gruppen gilt.

Der Grundsatz der Gleichbehandlung der Beteiligten des Plans nach § 226 gibt der durch die Abstimmung angestrebte Bindung der Gläubiger an den Plan seine innere Berechtigung.[1]

Die Ungleichbehandlung der einzelnen Gruppen rechtfertigt sich in der unterschiedlichen Rechtsstellung der Insolvenzgläubiger, § 222 Abs. 1 Satz 1, oder der unterschiedlichen wirtschaftlichen Interessen, § 222 Abs. 2 Satz 1, der Gläubiger.

§ 226 ist daher auch Ausdruck der Privatautonomie der Gläubiger im Planverfahren, so kann auch innerhalb einer Gruppe mit Zustimmung der Beteiligten vom Plan abgewichen werden.

B. Voraussetzungen

I. Abs. 1

Wie schon der Wortlaut der Vorschrift aussagt, ist das Gleichbehandlungsgebot gruppenbezogen Der Planverfasser kann daher das Gleichbehandlungsgebot des § 226 Abs. 1 umgehen, indem er verschiedene Gruppen im Rahmen des § 222 bildet.[2] Ob Gleichbehandlung erfolgt, beurteilt sich nach wirtschaftlicher Betrachtungsweise. Es verbietet sich hier eine schematische formal juristische Betrachtungsweise.

II. Ausnahme des Abs. 2

Hiernach kann mit Zustimmung der betroffen Beteiligten vom Abs. 1 abgewichen werden. Mit der Formulierung »betroffenen Beteiligten« ist entgegen dem Wortlaut nur der Gläubiger gemeint, zu dessen Nachteil vom Gleichbehandlungsgebot abgewichen wird; einer Zustimmung des begünstigten Gläubigers bedarf es daher nicht.[3] Vor einer Besserstellung muss nicht geschützt werden. Ein einseitiger Verzicht könnte jederzeit erfolgen.

Wird aufgrund der Zustimmungen der betroffenen Gläubiger von dem Grundsatz der Gleichbehandlung abgewichen, so muss diese Zustimmung nach Abs. 2 Satz 2 dem Insolvenzplan beigefügt werden. Dieses formale Kriterium dient einerseits der Rechtssicherheit, außerdem wird so vermieden, dass das Gericht den Plan bei seiner Vorprüfung nach § 231 Abs. 1 Nr. 1 zurückweist weil es einen Verstoß gegen § 226 Abs. 1 annimmt.

III. Unzulässige Abkommen Abs. 3

Es handelt sich um ein Verbotsgesetz i.S.d. § 134 BGB. Die Vorschrift untersagt jegliche, im Plan nicht offen gelegte, Abkommen. Damit dient sie der Rechtsklarheit und soll eine Benachteiligung der anderen am Plan Beteiligten vermeiden. Der Begriff Abkommen ist weit auszulegen. Er erfasst jegliche Absprachen auch sog. »gentlemen agreement«. Erfasst werden auch Dritte, welche den Gläubigern für ihr Verhalten bei der Abstimmung über den Plan einen Vorteil gewähren.[4] Es muss sich um verfahrensbezogene Abkommen handeln. Ob diese für einen zukünftigen Insolvenzplan getroffen werden spielt für die Wirksamkeit von Abs. 3 keine Rolle. Verfahrensbezogen sind Abkommen immer dann, wenn eine Absprache getroffen wird, welche neben dem Plan Geltung haben soll.

---

1 *Kuhn/Uhlenbruck* § 181 Rn. 1.
2 FK-InsO/*Jaffé* Rn. 2.
3 MüKo-InsO/*Breuer* Rn. 10.
4 MüKo-InsO/*Breuer* Rn. 13.

9 Aus dem Sinn und Zweck der Regelung, welche das Gleichbehandlungsgebot des Abs. 1 absichern soll, folgt, dass ein Abkommen i.S.d. Vorschrift so auszulegen ist, dass dadurch einem Gläubiger ein Vorteil gegenüber den anderen am Plan beteiligten gewährt werden soll. Verzichtet bspw. ein Gläubiger gegenüber dem Schuldner auf einen Teil seiner Forderung, so ist diese Absprache zulässig, da diese nicht der Bevorteilung dient sondern vielmehr der Gläubiger einen Nachteil freiwillig in Kauf nimmt.[5]

10 Ein solches Abkommen entgegen § 226 Abs. 3 kann unter Umständen den Tatbestand der Gläubigerbegünstigung nach § 283c StGB erfüllen und ist damit strafbar.

§ 227 Haftung des Schuldners

(1) Ist im Insolvenzplan nichts anderes bestimmt, so wird der Schuldner mit der im gestaltenden Teil vorgesehenen Befriedigung der Insolvenzgläubiger von seinen restlichen Verbindlichkeiten gegenüber diesen Gläubigern befreit.

(2) Ist der Schuldner eine Gesellschaft ohne Rechtspersönlichkeit oder eine Kommanditgesellschaft auf Aktien, so gilt Absatz 1 entsprechend für die persönliche Haftung der Gesellschafter.

Übersicht	Rdn.		Rdn.
A. Normzweck, § 227 Abs. 1	1	C. § 227 Abs. 2	5
B. Praktische Bedeutung des § 227 Abs. 1	2		

A. Normzweck, § 227 Abs. 1

1 Abs. 1 bezweckt den Schutz des Schuldners und enthält die Klarstellung, dass die Haftung des Schuldners nur so weit geht, wie sie im gestaltenden Teil des Plans vorgesehen ist. Die Vorschrift dient damit dem Schuldnerschutz. Hauptinteresse des Schuldners am Planverfahren ist es, abschließend von seinen Verbindlichkeiten gegenüber den Gläubigern befreit zu werden.

B. Praktische Bedeutung des § 227 Abs. 1

2 Verbindlichkeiten, welche nicht von der im gestaltenden Teil vorgesehenen Befriedigung erfasst sind, gelten nach § 227 Abs. 1 als erlassen. Wegen § 254 Abs. 1 tritt der Erlass der nicht vom Plan erfassten Forderungen bereits mit der Rechtskraft der Bestätigung des Plans ein und nicht erst mit der Erfüllung der im Plan weiter bestehenden Forderungen. Jedoch ist die Wiederaufleberklausel des § 255 zu beachten. Erfüllt der Schuldner die Forderungen nicht fristgerecht, wird der Erlass hinfällig.

3 Die Vorschrift muss im Zusammenhang mit § 247 Abs. 1 gesehen werden. Hiernach kann der Schuldner dem Plan widersprechen, wenn er durch den Plan voraussichtlich schlechter gestellt wird als im Regelinsolvenzverfahren. Dies ist zu beachten, wenn es sich bei dem Schuldner um eine natürliche Person, welche die Restschuldbefreiung nach § 286 anstrebt, handelt. In diesem nicht häufig vorkommenden Fall muss die fiktive Belastung des Schuldners durch das Regelinsolvenzverfahren bis zur Restschuldbefreiung errechnet werden, um einen Vergleich der Belastung des Schuldners durch das Planverfahren zu haben.

4 Abs. 1 1. Alt. sieht die Möglichkeit einer abweichenden Regelung vor. Diese Reglung ist Ausfluss der Privatautonomie. In Betracht kommt eine Regelung, welche eine Weiterhaftung des Schuldners vorsieht. Handelt es sich bei dem Schuldner um eine natürliche Person, schützt ihn § 247 Abs. 2 Nr. 1, dh der Schuldner muss schlechter gestellt sein als er ohne Plan stünde. In einem solchen Fall ist zu errechnen, was der Schuldner fiktiv zu erbringen hat bis er Restschuldbefreiung beantragen kann.

---

[5] FK-InsO/*Jaffé* Rn. 14.

C. § 227 Abs. 2

Abs. 2 erstreckt die Regelung des § 227 Abs. 1 auch auf persönlich haftende Gesellschafter. Die Regelung entspricht damit der überkommenen Gesetzeslage nach § 211 Abs. 2 KO, § 109 Abs. 1 VglO. 5

Erfasst sind alle Gesellschaften, bei denen Gesellschafter dem Kollektiv der Gesellschaftsgläubiger persönlich haften, also neben der Gesellschaft ohne Rechtspersönlichkeit (vgl. § 11 Abs. 2 Nr. 1), die Kommanditgesellschaft auf Aktien und auch die Vorgründungsgesellschaft und die Vorgesellschaft.[1] 6

Freilich gilt bei Abs. 2 auch die Regelung des Abs. 1 1. Alt., wonach eine neben dem Plan weitergehende Haftung vereinbart werden kann. So z.B. unter der Bedingung, dass das Unternehmen sich wirtschaftlich besser entwickelt als im Plan vorgesehen. Die Norm hat ihre praktische Bedeutung dann darin, dass im Planverfahren mit extrem geringen Quoten für nicht nachrangige Forderungen gearbeitet wird, wobei mit noch niedrigeren Quoten in der Regelabwicklung argumentiert wird. Eine solch hohe Entlastung kann von den Gläubigern häufig schwer akzeptiert werden, hier können Nachhaftungsklauseln abhelfen.[2] 7

Eine Regelung für die Haftung der Anteilseigner an juristischen Personen, bspw. aus Durchgriffshaftung oder abgegebenen Bürgschaften, ist durch den Plan nicht möglich. Gleiches gilt für die Haftung der Geschäftsführer der juristischen Personen; auch hier ist eine Enthaftung durch den Insolvenzplan nicht möglich. Dies wird von der herrschenden Meinung damit begründet, dass der Insolvenzverwalter die Pflicht zur vollständigen Verwertung der Insolvenzmasse hat und daher auf die Geltendmachung solcher Aktivforderungen im Insolvenzplan auch nicht durch die Gläubigerversammlung verzichtet werden kann. 8

§ 228 Änderung sachenrechtlicher Verhältnisse

Sollen Rechte an Gegenständen begründet, geändert, übertragen oder aufgehoben werden, so können die erforderlichen Willenserklärungen der Beteiligten in den gestaltenden Teil des Insolvenzplans aufgenommen werden. Sind im Grundbuch eingetragene Rechte an einem Grundstück oder an eingetragenen Rechten betroffen, so sind diese Rechte unter Beachtung des § 28 der Grundbuchordnung genau zu bezeichnen. Für Rechte, die im Schiffsregister, im Schiffsbauregister oder im Register für Pfandrechte an Luftfahrzeugen eingetragen sind, gilt Satz 2 entsprechend.

Übersicht	Rdn.		Rdn.
A. Normzweck	1	B. Voraussetzungen/Anwendungsbereich	4

A. Normzweck

Die Vorschrift dient der erleichterten Änderung sachenrechtlicher Verhältnisse. Durch die Änderung von Art. 33 Nr. 26 EGInsO und dem neuen § 925 Abs. 1 Satz 3 BGB läuft nun Insolvenzrecht und allgemeines Zivilrecht gleich. Eine Auflassung kann hiernach auch durch den Insolvenzplan erfolgen. Wie § 254 Abs. 1 Satz 2 klarstellt, gelten die im gestaltenden Teil des Plans abgegebenen Willenserklärungen, mit der Rechtskraft des gerichtlich bestätigten Plans, als in der vorgeschriebenen Form abgegeben. Die Bestätigung des Plans ist daher aufschiebende Bedingung i.S.d. § 158 Abs. 1 BGB für die Wirksamkeit der Willenserklärung. Um bei der Auflassung § 925 Abs. 2 BGB nicht zuwiderzulaufen wurde in § 925 Abs. 1 Satz 3 BGB klargestellt, dass eine Auflassung durch einen Plan möglich ist. 1

Im Wesentlichen handelt es sich bei den von § 228 gemeinten Willenserklärungen um die des BGB Sachenrechts, also die §§ 873, 929, 1205, 875 BGB, aber auch Abtretungserklärungen nach §§ 389 ff. BGB werden von der Regelung erfasst. 2

---

1 Braun/*Frank* Rn. 3.
2 S.a. Braun/*Frank* Rn. 9.

3 Die Reglung dient der Kosten- und Zeitersparnis. Dies gilt insb. für Willenserklärungen, welche sonst der notariellen Form bedürften, diese wird durch eine Erklärung nach § 228 ersetzt. Die für die sachenrechtlichen Änderungen notwendigen Willenserklärungen müssen nicht, nachdem sich die Beteiligten hierzu im gestaltenden Teil des Plans geeinigt haben, nochmals abgegeben werden, da die Auflassung schon durch den Plan erfolgt. Die Vorschrift dient damit auch der beschleunigten Umsetzung des Planverfahrens, da sämtliche Rechtsänderungen auf einmal mit der Planbestätigung erfolgen.

B. Voraussetzungen/Anwendungsbereich

4 Satz 2 verweist auf § 28 GBO. Die betroffenen Grundstücke müssen in der für das Grundbuch erforderlichen Form genau bezeichnet werden, sonst ist die Eintragung nicht wirksam. Die Regelung ist Ausfluss des sachenrechtlichen Bestimmtheitsgrundsatzes, wird dem nicht genügt, so ist der Plan vom Gericht nach § 231 Nr. 1 zurückzuweisen.

5 Der Anwendungsbereich des § 228 Satz 1, welcher nach seinem Wortlaut nur Gegenstände und damit Sachen erfasst, ist weiter als der Wortlaut impliziert. Unter Gegenständen i.S.d. § 228 sind alle Objekte von Rechten zu verstehen, also damit auch die Übertragung oder Verpfändung von Geschäftsanteilen, immaterielle Rechte (z.B. auch Patente), Forderungen oder sonstige Vermögensrechte.[1] Willenserklärungen i.S.d. § 228 Satz 1 sind daher auch Abtretungserklärungen i.S.d. §§ 398 ff. BGB.

6 Von der Regelung werden nicht nur Massegegenstände sondern auch massefremde Gegenstände erfasst. So z.B. wenn ein Dritter zur Unterstützung des Plans ein Sicherungsrecht gibt um die Forderung eines Insolvenzgläubigers abzusichern.[2] Was die Willenserklärungen Dritter angeht, so muss deren Zustimmung auch tatsächlich vorliegen, da diese nicht an der Abstimmung über den Plan teilnehmen und damit auch nicht überstimmt werden können.[3]

§ 229 Vermögensübersicht. Ergebnis- und Finanzplan

Sollen die Gläubiger aus den Erträgen des vom Schuldner oder von einem Dritten fortgeführten Unternehmens befriedigt werden, so ist dem Insolvenzplan eine Vermögensübersicht beizufügen, in der die Vermögensgegenstände und die Verbindlichkeiten, die sich bei einem Wirksamwerden des Plans gegenüberstünden, mit ihren Werten aufgeführt werden. Ergänzend ist darzustellen, welche Aufwendungen und Erträge für den Zeitraum, während dessen die Gläubiger befriedigt werden sollen, zu erwarten sind und durch welche Abfolge von Einnahmen und Ausgaben die Zahlungsfähigkeit des Unternehmens während dieses Zeitraums gewährleistet werden soll. Dabei sind auch die Gläubiger zu berücksichtigen, die zwar ihre Forderungen nicht angemeldet haben, jedoch bei der Ausarbeitung des Plans bekannt sind.

Übersicht	Rdn.		Rdn.
A. Normzweck	1	III. Liquiditätsplan § 229 Satz 2 2. Alt . . .	7
B. Voraussetzungen	4	C. § 229 Satz 3	8
I. Vermögensübersicht nach § 229 Satz 1	4	D. § 229 Vermögensübersicht. Ergebnis-	
II. Ergebnisplan § 229 Satz 2 1. Alt	5	und Finanzplan a.F.	10

A. Normzweck

1 Die Vorschrift dient der Information der Gläubiger, sie ergänzt daher § 220. Die Information über betriebswirtschaftliche Daten ist für die Gläubiger zwingend notwendig um die künftige wirtschaftliche Entwicklung des Unternehmens zu beurteilen. Auch benötigen die Gläubiger die Informationen nach § 229 um eine Vergleichsrechnung vorzunehmen, um zu prüfen, ob die Regelverwertung

---
1 *MüKo-InsO/Breuer* Rn. 2.
2 Braun/*Frank* Rn. 3.
3 S. hierzu *MüKo-InsO/Breuer* Rn. 6.

des Unternehmens, also dessen Zerschlagung und Verwertung, für Sie günstiger ist. Auch das Gericht benötigt bei seiner Entscheidung nach §§ 245 Abs. 1 Nr. 1, 247 Abs. 2 Nr. 1, 251 Abs. 1 Nr. 2, 248 diese Daten als Grundlage.[1]

Zwar handelt es sich bei den Angaben nur um Daten, die einer Prognose der wirtschaftlichen Entwicklung des Unternehmens zugrunde liegen, diese Daten jedoch ermöglichen es den Gläubigern zu beurteilen, ob die Einschätzung über den zukünftigen wirtschaftlichen Erfolg des Unternehmens realistisch ist. Also ob die Prognose anhand objektiv vernünftiger und nachvollziehbarer Kriterien vorgenommen wurde.

Die Regelung des § 229 findet nur auf Fortführungspläne Anwendung. Liquidationspläne und Übertragungspläne sind naturgemäß nicht von der Regelung betroffen. Es gibt in diesen Fällen für den Gläubiger keinen zukünftigen Zeitraum, zu dem eine nähere Betrachtung Sinn machen würde. Es kommt hier nur auf die Gegenwart an. Beim Liquidationsplan wird die Masse verwertet und der Erlös nach Plan verteilt. Beim Übertragungsplan haftet der Erwerber des Betriebes für die vertraglich geschuldete Gegenleistung und nicht der insolvente Betrieb selbst.[2] Es sei denn, es handelt sich um einen Übertragungsplan, bei dem die Gläubiger aus künftigen Einnahmen, des von einem Dritten fortgeführten Unternehmens, befriedigt werden sollen. Auch in dieser Regelung kommt der Grundsatz der bestmöglichen Gläubigerbefriedigung wieder zum Ausdruck. Die Gläubiger selbst, aber auch das Insolvenzgericht sollen die Möglichkeit haben, die Besserstellung durch den Insolvenzplan durch Vorlage der Unterlagen beurteilen zu können. Da es in der Praxis nicht zu reinen Fortführungsplänen, sondern meist zu Plänen mit von dritter Seite garantierten Quoten kommt, spielt diese Vorschrift kaum eine Rolle.

B. Voraussetzungen

I. Vermögensübersicht nach § 229 Satz 1

Es ist eine Vermögensübersicht zu erstellen, welche sich nach Aktiva und Passiva untergliedert. Diese kann an die Bilanz nach § 266 HGB angelehnt werden.[3] Die Übersicht stellt auf den voraussichtlichen Zeitpunkt des Wirksamwerdens des Plans nach § 254 ab und ist daher prognostischer Natur; hierdurch unterscheidet sie sich auch von der Übersicht nach § 153, welche auf den Zeitpunkt der Eröffnung des Verfahrens abstellt.[4]

II. Ergebnisplan § 229 Satz 2 1. Alt

Die Vorschrift dient dazu, es den Gläubigern zu ermöglichen, während der Sanierung zu beurteilen, ob diese sich planmäßig entwickelt. Daher stellt der Ergebnisplan einen prognostischen fiktiven Ablauf der Sanierung mit dem zu erwartenden Ergebnis dar.

In dem Ergebnisplan werden die zu erwartenden Erträge und Aufwendungen über die gesamte Sanierungsperiode einander gegenübergestellt. Es sollen also die Gewinn- und Verlustprognosen über die gesamte Sanierung, welche einen Zeitraum von mehreren Jahre umfassen kann, angegeben werden.[5] Der Plan enthält neben Gewinn- und Verlustrechnungen, Planbilanzen.

III. Liquiditätsplan § 229 Satz 2 2. Alt

Der Liquiditätsplan dient dazu festzustellen, ob die Liquidität des Unternehmens über den Sanierungszeitraum gesichert ist. Derartige Pläne können sinnvoll nur über einen Zeitraum von maximal 12 Monaten erfolgen. Der Plan ist deshalb vom Insolvenzverwalter während der Sanierung in Zusam-

---

1 Braun/*Frank* Rn. 3.
2 FK-InsO/*Jaffé* Rn. 1.
3 Beispiel bei FK-InsO/*Jaffé* Rn. 8 ff.
4 HK-InsO/*Flessner* Rn. 3.
5 Zum Aufbau des Plans: *Hess* Rn. 12 ff.

menarbeit mit der Unternehmensführung fortzuführen.[6] Der Liquiditätsplan dient demnach der Kontrolle der Liquidität des Unternehmens zu bestimmten Zeitpunkten, welche bei Planerstellung festgelegt werden. Die genannten Planungen aufzustellen dürfte eigentlich für jeden Betrieb selbstverständlich sein, da zumindest für einen Zeitraum von 12 Monaten geplant werden muss, wie sich die Situation entwickelt.

C. § 229 Satz 3

8   Durch das ESUG wurde Satz 3 dieser Norm angefügt. Die Änderung soll dazu beitragen, eines der großen Ziele der Insolvenzrechtsreform umzusetzen: Das Planverfahren transparenter und damit für alle Beteiligten kalkulierbarer und somit attraktiver zu machen. Bei der Planaufstellung sind alle bekannten Gläubiger zu berücksichtigen, auch wenn diese ihre Forderungen nicht angemeldet haben. Diese dem Planersteller, aus welchen Gründen auch immer, bekannten Forderungen, sind sowohl in der Vermögensübersicht sowie im Ergebnis- und Finanzplan zu berücksichtigen. Vermieden werden soll damit, dass der Plan durch nachträglich angemeldete Forderungen zu Fall gebracht wird, weil diese in der Finanz- und Liquiditätsplanung nicht vorgesehen waren. In der Praxis dürfte sich diese Änderung kaum auswirken, da der Schuldner von vorneherein bemüht sein wird, alle Gläubiger zu erfassen um eine vollständige Finanzplanung erstellen zu können.

9   Die Regelung wird noch ergänzt durch die neu eingeführten Regelungen des § 259a, welcher Vollstreckungsschutz gegenüber nachträglich auftretenden Gläubigern vorsieht und § 259b, welcher die Verjährung für Insolvenzforderungen, die nicht beim Abstimmungstermin angemeldet wurden, verkürzt.

D. § 229 Vermögensübersicht. Ergebnis- und Finanzplan a.F.

10 »*Sollen die Gläubiger aus den Erträgen des vom Schuldner oder von einem Dritten fortgeführten Unternehmens befriedigt werden, so ist dem Insolvenzplan eine Vermögensübersicht beizufügen, in der die Vermögensgegenstände und die Verbindlichkeiten, die sich bei einem Wirksamwerden des Plans gegenüberstünden, mit ihren Werten aufgeführt werden. Ergänzend ist darzustellen, welche Aufwendungen und Erträge für den Zeitraum, während dessen die Gläubiger befriedigt werden sollen, zu erwarten sind und durch welche Abfolge von Einnahmen und Ausgaben die Zahlungsfähigkeit des Unternehmens während dieses Zeitraums gewährleistet werden soll.*«

11 Auch nach alter Rechtslage dürfte es die Pflicht eines jeden seriösen Planerstellers gewesen sein, alle bekannten Gläubiger in die Planungen gem. § 229 einzubinden. Nur so ließ sich bereits nach alter Rechtslage abschätzen, ob der Betrieb zukünftig in der Lage sein würde, die auf ihn zukommenden Lasten zu tragen. Selbst wenn ein Gläubiger nach alter Rechtslage nicht in die Planungen mit aufgenommen wurde weil er seine Forderung nicht zur Tabelle angemeldet hatte, so erlangte er auch bisher schon einen Quotenanspruch, unabhängig davon ob er bekannt war oder nicht. Ansonsten sei auf die Kommentierung zur Neufassung verwiesen.

§ 230 Weitere Anlagen

(1) Ist im Insolvenzplan vorgesehen, dass der Schuldner sein Unternehmen fortführt, und ist der Schuldner eine natürliche Person, so ist in dem Plan die Erklärung des Schuldners beizufügen, dass er zur Fortführung des Unternehmens auf der Grundlage des Plans bereit ist. Ist der Schuldner eine Gesellschaft ohne Rechtspersönlichkeit oder eine Kommanditgesellschaft auf Aktien, so ist dem Plan eine entsprechende Erklärung der Personen beizufügen, die nach dem Plan persönlich haftende Gesellschafter des Unternehmens sein sollen. Die Erklärung des Schuldners nach Satz 1 ist nicht erforderlich, wenn dieser selbst den Plan vorlegt.

---

6 MüKo-InsO/*Eilenberger* Rn. 16.

(2) Sollen Gläubiger, Anteils- oder Mitgliedschaftsrechte oder Beteiligungen an einer juristischen Person, einem nicht rechtsfähigen Verein oder einer Gesellschaft ohne Rechtspersönlichkeit übernehmen, so ist dem Plan die zustimmende Erklärung eines jeden dieser Gläubiger beizufügen.

(3) Hat ein Dritter für den Fall der Bestätigung des Plans Verpflichtungen gegenüber den Gläubigern übernommen, so ist dem Plan die Erklärung des Dritten beizufügen.

Übersicht	Rdn.		Rdn.
A. Normzweck	1	Gesellschaft ohne Rechtspersönlichkeit, Abs. 1 Satz 2	3
B. Voraussetzungen, Abs. 1	2	III. Ausnahmeregelung des Abs. 1 Satz 3	5
I. Unternehmensfortführung durch den Schuldner, Abs. 1 Satz 1	2	C. Voraussetzungen Abs. 2	6
II. Unternehmensfortführung durch eine		D. Voraussetzungen des Abs. 3	8

A. Normzweck

Wie § 229 spezifiziert § 230 die Anlagen, welche dem Insolvenzplan beizufügen sind. Dabei verfolgt jeder der drei Absätze eigene Regelungen mit unterschiedlicher Zielrichtung. Abs. 1 soll die Fortführungsbereitschaft des Unternehmers, bzw. der Gesellschafter, belegen. Abs. 2 schützt die Gläubiger davor, gegen ihren Willen in eine Gesellschafterstellung gedrängt zu werden, auch wenn diese Rechtsstellung nicht die persönliche Haftung des Gläubigers beinhaltet. Abs. 3 bestätigt die Bindungswilligkeit eines Dritten, der den Plan unterstützt. 1

B. Voraussetzungen, Abs. 1

I. Unternehmensfortführung durch den Schuldner, Abs. 1 Satz 1

Wenn der Unternehmer eine natürliche Person ist, kommt Satz 1 zur Anwendung. Dies gilt auch in dem Fall, dass das Unternehmen von einer Gesellschaft fortgeführt wird, an welcher der Unternehmer als persönlich haftender Gesellschafter beteiligt ist. Es geht vorwiegend darum, die Haftungskontinuität des Schuldners sicherzustellen. Die Fortführungserklärung ist als materiell-rechtliche Willenserklärung zu deuten, es kommen daher für die Wirksamkeit der Erklärung die entsprechenden Regelungen des BGB zur Anwendung.[1] Fehlt die Fortführungserklärung, so hat der Plan einen behebbaren Mangel. Dieser führt dazu, dass der Plan nach § 231 Abs. 1 Nr. 1 im Vorprüfungsverfahren durch das Gericht zurückgewiesen wird, wenn der Mangel nicht innerhalb einer durch das Gericht festgesetzten Frist behoben wird. 2

II. Unternehmensfortführung durch eine Gesellschaft ohne Rechtspersönlichkeit, Abs. 1 Satz 2

Satz 2 soll ebenfalls die Haftungskontinuität bei Fortführung des Unternehmens sicherstellen. Gesellschaften ohne Rechtspersönlichkeit werden legal definiert in § 11 Abs. 2 Nr. 1. Des Weiteren wird eine Kommanditgesellschaft auf Aktien von der Regelung erfasst. Diese wurde, obwohl sie eine juristische Person ist, in den Regelungsgehalt mit einbezogen, da mindestens ein Gesellschafter den Gesellschaftsgläubigern persönlich haftet. Zweck der Vorschrift ist es, die Unternehmensfortführung unter persönlicher Haftung des Schuldners oder der Gesellschafter des Unternehmens sicherzustellen. Sind daher die persönlich haftenden Gesellschafter keine natürlichen Personen, findet diese Regelung auf oben genannte Gesellschaften keine Anwendung. 3

Durch das ESUG wurde Abs. 1 Satz 2 geändert. Die Änderung ist notwendige Konsequenz aus den mit der Reform möglich werdenden gesellschaftsrechtlichen Änderungen; werden sich z.B. im Zuge des »Debt-Equity-Swap« die persönlich haftenden Gesellschafter der Gesellschaft ändern, so sind entsprechende Erklärungen dieser Gesellschafter dem Plan beizufügen. Wird hingegen durch den »Debt-Equity-Swap« keine persönliche Haftung mit den Anteilen am Schuldner übernommen, so 4

---

1 Weiterführend hierzu MüKo-InsO/*Eidenmüller* Rn. 13 ff.

bedarf es keiner Zustimmungserklärung der Gläubiger. Die Zustimmung kann in diesem Fall durch die Neuregelung in Abs. 2 fingiert werden. Es ist auch keine Zustimmung erforderlich von Personen, die nach dem Plan ihre Stellung als persönlich haftender Gesellschafter verlieren werden.

III. Ausnahmeregelung des Abs. 1 Satz 3

5   Die Fortführungserklärung wird hiernach ersetzt, wenn der Schuldner den Plan dem Gericht selbst vorlegt, dies wird als konkludente Fortführungserklärung gesehen. Der persönliche Anwendungsbereich des Satz 3 trifft nur auf Schuldner zu, die natürliche Personen sind, also Schuldner des Satz 1. Auf persönlich haftende Gesellschafter des Satz 2 trifft die Regelung nicht zu, diese müssen immer eine Fortführungserklärung abgeben.

C. Voraussetzungen Abs. 2

6   Die Vorschrift ist Ausfluss des allgemeinen Grundsatzes, dass Verträge zu Lasten Dritter nicht zulässig sind. So können Gläubigern nicht gegen ihren Willen Unternehmensbeteiligungen an dem fortzuführenden Unternehmen aufgezwungen werden. Dies gilt nicht nur wenn der Gläubiger persönlich haftender Gesellschafter des fortzuführenden Unternehmens werden soll, oder ihm sonst Pflichten durch eine Mitgliedschaft erwachsen, vielmehr ist die Vorschrift auch unter dem Gesichtspunkt der grundgesetzlich gewährten negativen Vereinigungsfreiheit nach Art. 9 Abs. 1 GG zu sehen, also keine zwangsweise Einbindung in eine wie auch immer geartete Kooperation.

7   Dieser und der nächste Absatz der Norm stellen eigentlich eine Selbstverständlichkeit dar und werden nur aufgenommen, um dies explizit klarzustellen.

D. Voraussetzungen des Abs. 3

8   Die Vorschrift dient der Rechtsklarheit. Die Gläubiger sollen bei der Abstimmung über den Plan hinreichend informiert sein, inwiefern sich Dritte für den Plan einsetzen wollen. Des Weiteren dient die Regelung zur Beweissicherung der Erklärung des Dritten. Die Vorschrift ist im Zusammenhang mit § 257 Abs. 2 zu sehen. Erklärungen i.S.d. S. 3 können hiernach auch noch zu einem späteren Zeitpunkt abgegeben werden.

9   Wird die Erklärung des Dritten schon zum Zeitpunkt der Planeinreichung nach Abs. 3 abgegeben, hat dies den Vorteil, dass die Gläubiger die Werthaltigkeit der Erklärung des Dritten beurteilen können, indem sie bspw. seine Bonität überprüfen. So können sie die wirtschaftlichen Erfolgsaussichten des Plans besser beurteilen und entsprechend ihr Verhalten bei der Abstimmung über den Plan anpassen.

§ 231 Zurückweisung des Plans

(1) Das Insolvenzgericht weist den Insolvenzplan von Amts wegen zurück,
1. wenn die Vorschriften über das Recht zur Vorlage und den Inhalt des Plans, insbesondere zur Bildung von Gruppen nicht beachtet sind und der Vorlegende den Mangel nicht beheben kann oder innerhalb einer angemessenen, vom Gericht gesetzten Frist nicht behebt,
2. wenn ein vom Schuldner vorgelegter Plan offensichtlich keine Aussicht auf Annahme durch die Beteiligten oder auf Bestätigung durch das Gericht hat oder
3. wenn die Ansprüche, die den Beteiligten nach dem gestaltenden Teil eines vom Schuldner vorgelegten Plans zustehen, offensichtlich nicht erfüllt werden können.

Die Entscheidung des Gerichts soll innerhalb von zwei Wochen nach Vorlage des Planes erfolgen.

(2) Hatte der Schuldner in dem Insolvenzverfahren bereits einen Plan vorgelegt, der von den Beteiligten abgelehnt, vom Gericht nicht bestätigt oder vom Schuldner nach der öffentlichen Bekanntmachung des Erörterungstermins zurückgezogen worden ist, so hat das Gericht einen neuen

Plan des Schuldners zurückzuweisen, wenn der Insolvenzverwalter mit Zustimmung des Gläubigerausschusses, wenn ein solcher bestellt ist, die Zurückweisung beantragt.

(3) Gegen den Beschluß, durch den der Plan zurückgewiesen wird, steht dem Vorlegenden die sofortige Beschwerde zu.

Übersicht

		Rdn.
A.	Normzweck	1
B.	Voraussetzungen der Zurückweisung des Plans	2
I.	Planzurückweisung Abs. 1	2
1.	Abs. 1 Nr. 1	2
2.	Vom Schuldner vorgelegter Plan	11
a)	Abs. 1 Nr. 2	11
b)	Abs. 1 Nr. 3	12
3.	»Zwei-Wochen-Frist«, Abs. 1 S. 2	13
II.	Abs. 2	16
III.	Rechtsmittel gegen die Planzurückweisung, Abs. 3	18

A. Normzweck

Nur vom Gericht nach § 231 von Amts wegen geprüfte Pläne sind der Abstimmung nach § 235 zugänglich. Dies gewährleistet, dass die gesetzlichen Mindeststandards bei der Abstimmung schon vorliegen. Zudem setzt § 231 der Privatautonomie im Planverfahren ihre Grenzen, welche in weiten Teilen zur Disposition der Beteiligten steht. Die Vorschrift dient der Verfahrensbeschleunigung, da fehlerhafte Pläne oder Pläne ohne Erfolgsaussichten frühzeitig zurückgewiesen werden können. 1

B. Voraussetzungen der Zurückweisung des Plans

I. Planzurückweisung Abs. 1

1. Abs. 1 Nr. 1

Hier prüft das Insolvenzgericht von Amts wegen, ob die Voraussetzungen des Vorlagerechts des § 218 und die inhaltlichen Anforderungen nach §§ 217, 219 bis 230 erfüllt sind. Es genügt, wenn nur gegen die Vorschriften über den Inhalt des Plans verstoßen wurde, so dass das »und« im Gesetzestext wie ein »oder« zu lesen ist. Es findet bei den Tatbeständen des Abs. 1 Nr. 1 eine Detailprüfung durch das Gericht statt. Die Vorschrift des § 218 kann verletzt sein, wenn der Plan nicht von den dort abschließend aufgezählten Vorlageberechtigten vorgelegt wurde. 2

Für die inhaltlichen Anforderungen des Plans gilt, dass dieser inhaltlich vollständig und bestimmt sein muss. Wird im gestaltenden Teil des Plans in Rechte von Gläubigern oder Dritten eingegriffen, so muss dies im Plan aufgeführt werden. 3

So sind im Besonderen folgende Regelungen zu beachten: 4
- Eingriffe in Rechte von Insolvenzgläubigern und nachrangigen Insolvenzgläubigern sind nach den §§ 224, 225 darzulegen.
- Wird in den Gleichbehandlungsgrundsatz eingegriffen, so ist eine Zustimmung der Gläubiger erforderlich, § 226 Abs. 2.
- Änderungen sachenrechtlicher Verhältnisse sind aufgrund des sachenrechtlichen Bestimmtheitsgrundsatzes exakt aufzuführen, § 228.
- Plananlagen nach §§ 229, 230 sind auf Schlüssigkeit und rechnerische Richtigkeit zu prüfen.

Ein Mangel ist behebbar, wenn dies nicht zu einem neuen Plan führt und wenn dies rechtlich möglich ist. Nichtbehebbar sind Mängel, wenn gegen § 218 verstoßen wird, wenn in Rechte von Aussonderungsberechtigten oder in Sicherheiten nach § 223 Abs. 1 Satz 2 eingegriffen wird.[1] 5

Problematisch ist auch nach der Gesetzesänderung durch das ESUG, inwieweit das Gericht die Gruppenbildung nach § 222 zu prüfen hat und wann eine Gruppenbildung dem Gesetz zuwiderläuft. Hierbei sind die Gläubigerinteressen zu berücksichtigen sowie das Interesse des Planinitiators, 6

---

[1] MüKo-InsO/*Breuer* Rn. 14.

§ 231 InsO   Zurückweisung des Plans

dass er die Gruppe so einteilt, dass sein Plan auch in der Abstimmung angenommen wird. Zu beachten ist zudem, dass die Gläubigerinteressen auch dadurch gewahrt werden, dass die Gläubiger sich im Abstimmungstermin nach § 235 zum Plan äußern können und Minderheitenschutz nach § 251 genießen.

7 Im Ergebnis wird man wohl sagen müssen, dass das Gericht nur die Bildung der Gruppen auf Willkür überprüfen kann. Der Planvorleger wird ansonsten ein weites Ermessen haben bei der Bildung der verschiedenen Gruppen. Amerikanische Verhältnisse die eine extreme Zersplitterung der Gruppen im Einzelfall dulden, wären für das deutsche Planverfahren kontraproduktiv.[2]

8 Das Gericht prüft, ob die Pflichtgruppen gebildet sind (§ 222 Abs. 1) und ob die Optionsgruppen (§ 222 Abs. 2 und 3) sachgerecht voneinander abgegrenzt werden.[3] Eine nicht sachgerechte Abgrenzung liegt z.B. vor, wenn nur scheinbar wirtschaftlich gleichwertige Interessen die Gläubiger verbindet und diese nur in eine Gruppe nach § 222 Abs. 2 eingeteilt wurden um ein günstiges Abstimmungsergebnis zu erzielen. Letztendlich kommt es hier auf eine Einzelfallbetrachtung an. Eine Frist von zwei bis vier Wochen ist angemessen, da die Planzurückweisung das Verfahren nicht unnötig verschleppen soll und bei einer Verzögerung auch Gläubigerinteressen zu beachten sind,[4] falls das Gericht dem Planvorleger die Möglichkeit zur Nachbesserung des Plans auferlegt.

9 Durch das ESUG wurde § 231 wie folgt geändert:

»a) Absatz 1 wird wie folgt geändert:

aa) In Nummer 1 werden nach dem Wort ›Plans‹ die Wörter, insbesondere zur Bildung von Gruppen eingefügt.«

Diese Änderung bringt inhaltlich nichts Neues. Sie dient nur der Klarstellung in der Praxis vereinzelt aufgetretener Unsicherheiten, was den Umfang der gerichtlichen Vorprüfung des Plans angeht. Die Neuerung weist darauf hin, dass insb. zu prüfen ist, ob die Gruppenbildung nach § 222 nach sagerechten Kriterien erfolgt ist, da hierdurch die Mehrheiten bei der Abstimmung über den Plan manipuliert werden können. Der Prüfungsumfang des Gerichts kann sich aber trotz der Änderung nur darauf beschränken, ob die Bildung von Gruppen nach sachgerechten Kriterien erfolgt ist. Ein gewisser Ermessensspielraum bleibt dem Planersteller trotzdem erhalten. Die Gruppeneinteilung ist für den Erfolg des Plans maßgeblich und keiner kennt die Verhältnisse besser als der Planersteller. Die Auffassung, dass das Gericht überhaupt keine Prüfungsbefugnis hinsichtlich der Gruppenbildung hat, lässt sich jedoch nach der Änderung nicht mehr vertreten.[5]

10 »bb) In Nummer 2 wird das Wort ›Gläubiger‹ durch das Wort ›Beteiligten‹ ersetzt.«

Die Änderung ist Konsequenz der nun möglichen Beteiligung von Anteils- und Mitgliedschaftsrechten am Plan. Daher sind sie den Gläubigern gleichzusetzen und werden unter dem Begriff Beteiligte zusammengefasst.

2. Vom Schuldner vorgelegter Plan

a) Abs. 1 Nr. 2

11 Im Rahmen der Prüfung von Abs. 1 Nr. 2 werden vom Gericht evident ersichtliche Mängel geprüft, wie bspw. die extrem geringen Erfolgsaussichten des Plans, oder wenn die wirtschaftliche Lage des Schuldners nicht mit den im Plan dargelegten prognostischen Entwicklungen des Unternehmens in Einklang zu bringen sind oder sonstige essentielle Voraussetzungen für die Unternehmensfortführung nach dem Plan nicht mehr bestehen. Eine Nachbesserungsmöglichkeit des Schuldners besteht

---

[2] FK-InsO/*Jaffé* zu § 217 Rn. 37
[3] Nerlich/Römermann/*Braun* Rn. 14 ff.
[4] FK-InsO/*Jaffé* Rn. 13.
[5] So: *Hess/Weis/Wienberg* Rn. 5.

im Gegensatz zu Nr. 1 nicht. Das Gericht sollte jedoch mit dieser Zurückweisungsmöglichkeit vorsichtig umgehen, da ansonsten in die Gläubigerautonomie über die Planzurückweisung sehr leicht einschneidend eingegriffen wird.

Bei der Prognose des Insolvenzgerichts, ob der vom Schuldner vorgelegte Insolvenzplan offensichtlich keine Aussicht auf Annahme durch die Gläubiger oder auf Bestätigung durch das Gericht hat, können auch im Verfahren bereits erfolgte Stellungnahmen der Gläubiger einbezogen werden.[6]

b) Abs. 1 Nr. 3

Diese Zurückweisungsmöglichkeit ist ebenfalls vorsichtig anzuwenden und kommt nur zum Tragen, wenn die den Gläubigern zugesagten Ansprüche rein rechnerisch nicht erfüllt werden können. Ansonsten steht es im Ermessen der Gläubiger, einen wirtschaftlich riskanten Plan anzunehmen oder nicht.

Das Ermessen des Insolvenzgerichts kann sicherlich nicht so weit gehen, dass vom Schuldner verlangt werden kann, die aus zu zahlende Quote auf ein Treuhandkonto im vor hinein zu hinterlegen. Es muss der Entscheidung der Gläubigerversammlung vorbehalten bleiben, ob diese einem riskanten Plan zustimmt oder nicht. Dazu gehört auch, dass die zu zahlende Quote möglicherweise nicht gesichert ist.

3. »Zwei-Wochen-Frist«, Abs. 1 S. 2

»cc) Durch das ESUG wurde folgender Satz angefügt:

Die Entscheidung des Gerichts nach Satz 1 soll innerhalb von zwei Wochen nach Vorlage des Plans erfolgen.«

Die Vorschrift dient der Verfahrensbeschleunigung und damit letztendlich der Steigerung der Attraktivität des Planverfahrens, da dessen Dauer für die Beteiligten vorhersehbarer wird. In der praktischen Abwicklung besteht derzeit oftmals das Problem, dass durch die Gerichte sehr verzögert über die Zulassung des Insolvenzplans entschieden wird. Zukünftig sollte sich dies erheblich beschleunigen. Da es sich um eine Sollvorschrift handelt und auch nicht normiert ist was passiert, wenn sich das Gericht nicht an diese Frist hält – das Verstreichen der Frist also ohne Sanktion bleibt –, dürfte sich durch die Neufassung des Gesetzes in der Praxis keine spürbare Beschleunigung ergeben.

»bb) In Absatz 2 wurde das Wort »Gläubigern« durch das Wort »Beteiligten« ersetzt.«

Die Änderung ist Konsequenz der nun möglichen Beteiligung von Anteils- und Mitgliedschaftsrechten am Plan. Daher sind sie den Gläubigern gleichzusetzen und werden daher unter dem Begriff Beteiligte zusammengefasst.

II. Abs. 2

Abs. 2 dient dazu, der Verfahrensverzögerung durch den Schuldner vorzubeugen. Grds ist das Planinitiativrecht nach § 218 nicht auf die anzahlmäßige Vorlage eines Plans beschränkt. Dies könnte der Schuldner ausnutzen um das Verfahren zu verzögern. Hiernach weist das Insolvenzgericht auf Antrag des Verwalters den Plan bei Verstoß gegen Abs. 2 ohne sachliche Prüfung zurück, und dem folgend auch ohne Begründung.

Aufgrund der Schutzfunktion der Vorschrift wird vorgeschlagen, dass bei Scheitern des ersten Plans des Schuldners, welches nicht auf in seiner Sphäre liegenden Gründen beruht, in einem solchen Fall die Vorschrift einschränkend dahingehend ausgelegt wird, dass der Schuldner trotz Zurückweisungsantrag des Verwalters ein zweites Planinitiativrecht hat.[7] Dieser Meinung ist zuzustimmen, da durch-

---

6 BGH, ZIP 2011, S. 340
7 Nerlich/Römermann/*Braun* Rn. 32.

aus die Situation entstehen kann, dass der erste Plan nicht schuldhaft gescheitert ist und der Schuldner einen geänderten sinnvollen Plan vorlegt.

III. Rechtsmittel gegen die Planzurückweisung, Abs. 3

18 Es steht nur dem Vorlegenden das Rechtsmittel der sofortigen Beschwerde zu, § 4 i.V.m. §§ 567 ff. ZPO. Zuständig ist zunächst das Amtsgericht als Insolvenzgericht, § 2 InsO i.V.m. § 569 Abs. 1 ZPO. Die Beschwerdefrist beträgt zwei Wochen und beginnt mit der Zustellung des Zurückweisungsbeschlusses, § 6 Abs. 2 InsO, § 596 Abs. 1 Satz 2 ZPO. Gegen die Planzulassung gibt es kein Rechtsmittel, § 6 Abs. 1. Bei Nichtabhilfe durch das Amtsgericht entscheidet das Landgericht als Beschwerdegericht gem. § 76 GVG.

§ 232 Stellungnahmen zum Plan

(1) Wird der Insolvenzplan nicht zurückgewiesen, so leitet das Insolvenzgericht ihn zur Stellungnahme zu:
1. dem Gläubigerausschuss, wenn ein solcher bestellt ist, dem Betriebsrat und dem Sprecherausschuss der leitenden Angestellten;
2. dem Schuldner, wenn der Insolvenzverwalter den Plan vorgelegt hat;
3. dem Verwalter, wenn der Schuldner den Plan vorgelegt hat.

(2) Das Gericht kann auch der für den Schuldner zuständigen amtlichen Berufsvertretung der Industrie, des Handels, des Handwerks oder der Landwirtschaft oder anderen sachkundigen Stellen Gelegenheit zur Äußerung geben.

(3) Das Gericht bestimmt eine Frist für die Abgabe der Stellungnahmen. Die Frist soll zwei Wochen nicht überschreiten.

Übersicht	Rdn.		Rdn.
A. Normzweck	1	D. Frist	6
B. Abs. 1	2	E. § 232 InsO Stellungnahmen zum Plan	
C. Abs. 2	5	a.F.	8

A. Normzweck

1 Die Norm dient der Sicherstellung der Information aller am Plan Beteiligten. Auch dient sie mittelbar der Verfahrensbeschleunigung, da sich die Beteiligten dadurch, dass sie den Plan erhalten, auf den Erörterungs- und Abstimmungstermin vorbereiten können.

B. Abs. 1

2 In Abs. 1 werden die vom Verfahren Betroffenen genannt; die Betroffenen nach Abs. 1 Nr. 1 natürlich nur soweit diese vorhanden sind.

3 Das Gericht ist verpflichtet, den Plan allen Betroffenen zur Stellungnahme zuzuleiten, Zusammenfassungen des Planinhalts sind nicht ausreichend. Es muss den Beteiligten ermöglicht werden, sich fundiert mit dem Plan zu befassen. Nicht eingeholte Stellungnahmen können, wenn Sie nicht geheilt werden, einen wesentlichen Verfahrensverstoß i.S.d. § 250 Nr. 1 darstellen.[1] Nach anderer Ansicht ist eine nicht eingeholte Stellungnahme immer sanktionslos, da mit der Ladung zum Termin nach § 235 der Plan allen Beteiligten bekannt und zugänglich wird.[2]

4 Folgenlos bleibt es jedoch immer dann, wenn nach erfolgter Aufforderung zur Stellungnahme keine solche abgegeben wird. In der Praxis werden Insolvenzpläne den Beteiligten nach Abs. 1 schon früh-

---

[1] FK-InsO/*Jaffé* Rn. 4.
[2] Nerlich/Römermann/*Braun* Rn. 5.

zeitig bekannt sein, da diese i.d.R. nur in enger Abstimmung zwischen Schuldner und Verwalter schnell und effektiv umgesetzt werden können.

C. Abs. 2

Eine Stellungnahme der in Abs. 2 Genannten ist im Gegensatz zur alten Rechtslage nach § 14 VglO nicht mehr zwingend, sondern steht im Ermessen des Gerichts. Dies dient der Verfahrensbeschleunigung. In der Praxis wird meist auf die Stellungnahmen verzichtet, da diese Institutionen häufig nicht in der Lage sind, zeitnah eine Stellungnahme abzugeben. Sind diese Stellungnahmen in der Vergangenheit eingeholt und abgegeben worden, so waren sie meist wenig zielführend, da nicht erkannt wurde, dass Hauptziel eines Insolvenzplans – wie auch bei der Regelabwicklung – die bestmögliche Gläubigerbefriedigung ist und der Plan nur sekundär anderen Interessen dient. 5

D. Frist

Durch das ESUG wurde eine feste Stellungnahmefrist von zwei Wochen in Abs. 3 S. 2 eingeführt. 6

Auch diese Neuerung der Vorschrift dient, wie bei § 231, der Verfahrensbeschleunigung und damit der Steigerung der Attraktivität des Planverfahrens. Ebenso wird die Erfolgswahrscheinlichkeit erhöht. Die Stellungnahmen zum Plan sollen schnellstmöglich abgegeben werden, damit möglichst zeitnah der Erörterungs- und Abstimmungstermin nach § 235 abgehalten werden kann. Die Vorschrift ist jedoch als Ermessensvorschrift ausgestaltet um dem Gericht, bei begründeten Einzelfällen, auch die Möglichkeit zu geben, eine längere Frist einzuräumen. Inhaltlich bringt die Vorschrift also insofern nur etwas Neues, insoweit sie zur Verfahrensbeschleunigung auffordert ohne hieran Rechtsfolgen zu knüpfen. 7

E. § 232 InsO Stellungnahmen zum Plan a.F.

»(1) *Wird der Insolvenzplan nicht zurückgewiesen, so leitet das Insolvenzgericht ihn zur Stellungnahme zu:*
1. *dem Gläubigerausschuss, wenn ein solcher bestellt ist, dem Betriebsrat und dem Sprecherausschuss der leitenden Angestellten;*
2. *dem Schuldner, wenn der Insolvenzverwalter den Plan vorgelegt hat;*
3. *dem Verwalter, wenn der Schuldner den Plan vorgelegt hat.*

(2) *Das Gericht kann auch der für den Schuldner zuständigen amtlichen Berufsvertretung der Industrie, des Handels, des Handwerks oder der Landwirtschaft oder anderen sachkundigen Stellen Gelegenheit zur Äußerung geben.*

(3) *Das Gericht bestimmt eine Frist für die Abgabe der Stellungnahmen.*« 8

Nach bisheriger Rechtslage gab es keine feste Frist für die Abgabe der Stellungnahmen. 9

Die Frist nach Abs. 3 zur Abgabe der Stellungnahme steht im Ermessen des Gerichts, es wird eine möglichst kurze Frist gesetzt um den Ablauf und Erfolg des Planverfahrens nicht zu gefährden. Die Frist wird sich wohl in den meisten Fällen im Rahmen von zwei bis vier Wochen bewegen. Nachdem durch das Gericht keine Ausschlussfristen gesetzt werden, können auch Fristverlängerungen gewährt werden, was den Ablauf des Verfahrens weiter verzögern würde. 10

Im Übrigen kann auf die Kommentierung der neuen Fassung verwiesen werden. 11

§ 233 Aussetzung von Verwertung und Verteilung

Soweit die Durchführung eines vorgelegten Insolvenzplans durch die Fortsetzung der Verwertung und Verteilung der Insolvenzmasse gefährdet würde, ordnet das Insolvenzgericht auf Antrag des Schuldners oder des Insolvenzverwalters die Aussetzung der Verwertung und Verteilung an. Das Gericht sieht von der Aussetzung ab oder hebt sie auf, soweit mit ihr die Gefahr erheblicher Nach-

§ 233 InsO Aussetzung von Verwertung und Verteilung

teile für die Masse verbunden ist oder soweit der Verwalter mit Zustimmung des Gläubigerausschusses oder der Gläubigerversammlung die Fortsetzung der Verwertung und Verteilung beantragt.

Übersicht

	Rdn.			Rdn.
A. Normzweck	1	I.	§ 233 Satz 2 1. Alt.	7
B. Voraussetzungen, § 233 Satz 1	3	II.	§ 233 Satz 2 2. Alt	9
C. Absehen oder Aufheben der Aussetzung, § 233 Satz 2	7	D.	Rechtsmittel	10

A. Normzweck

1   Die Vorschrift soll die wirtschaftlichen Grundlagen zur Durchführung des Planes sichern, da diesem durch Verwertung der Masse seine Grundlagen entzogen werden könnten. Die Aussetzung der Verwertung stellt dabei den Regelfall dar, damit soll die Gläubigerautonomie im Interesse der Deregulierung des Insolvenzverfahrens geschützt werden.[1]

2   Satz 2 hingegen schränkt Satz 1 wiederum ein und soll vermeiden, dass eine, für die Gläubiger günstige, Verwertung durch Einreichen eines Insolvenzplans blockiert wird. Die Vorschrift dient daher auch der Gläubigerautonomie bzw. der effizienten Abwicklung des Insolvenzverfahrens. In der Praxis sind Entscheidungen zu dieser Vorschrift nicht bekannt geworden. Dies liegt wohl auch daran, dass ein Insolvenzplan kaum Aussicht auf Erfolg hat, wenn es zu einer Konfrontation von Schuldner und Verwalter kommt.

B. Voraussetzungen, § 233 Satz 1

3   Es handelt es sich um ein Antragsverfahren. Antragsberechtigt sind Schuldner und Verwalter. Wer den Plan initiiert hat spielt für die Antragsberechtigung keine Rolle. Ein Antrag kann erst erfolgen, wenn der Plan die gerichtliche Prüfung nach § 231 erfolgreich durchlaufen hat. Ein Plan, welcher die Hürde der gerichtlichen Planprüfung nach § 231 nicht erfolgreich durchläuft, verdient auch nicht den Schutz des § 233.

4   Auch dient das Aussetzungsverfahren dem Schutz des Verwalters. Dieser unterliegt der Verwertungspflicht des § 159. Legt der Verwalter den Plan ohne Auftrag der Gläubigerversammlung vor und besteht die Möglichkeit das Unternehmen statt einer Zerschlagung fortzuführen, so ist aus haftungsrechtlichen Gründen ein Antrag nach § 233 Satz 1 geboten.[2]

5   Eine Gefährdung der Plandurchführung durch Verwertung liegt vor, wenn wesentliche Massegegenstände veräußert werden sollen. Dies ist bspw. der Fall bei einer Unternehmensveräußerung. Ob die Verwertung »fortgesetzt« wird oder mit ihr erst begonnen wird ist entgegen dem Gesetzeswortlaut gleichgültig. Ein Antrag nach § 233 Satz 1 kann unter Berücksichtigung der Ratio der Norm zu jedem Zeitpunkt gestellt werden, maßgeblich ist nur, ob durch die Veräußerungshandlung eine Gefährdung der Masse eintritt.[3] Dies bedeutet, dass zumindest eine gewisse Wahrscheinlichkeit dafür sprechen muss, durch den Insolvenzplan eine höhere Quote als durch Veräußerung des Unternehmens zu erzielen.

6   Die Aussetzung der Verwertung kann auf die Teile der Masse beschränkt werden, welche zur Unternehmensfortführung nach dem Plan benötigt werden. Gegenstände, welche der Aussonderung nach § 47 unterliegen, werden nicht von § 233 Satz 1 erfasst, da sie nicht Teil der Masse sind. Eine Herausgabe dieser Gegenstände kann daher nach dieser Vorschrift nicht verhindert werden.

---

1   Smid/*Rattunde* Rn. 1.
2   MüKo-InsO/*Breuer* Rn. 3.
3   HK-InsO/*Kreft* Rn. 6.

C. Absehen oder Aufheben der Aussetzung, § 233 Satz 2

I. § 233 Satz 2 1. Alt.

Nach Satz 2 1. Alt. wird die Aussetzung aufgehoben oder es wird von ihr abgesehen, wenn »erhebliche Nachteile« für die Masse drohen. Was erhebliche Nachteile für die Masse sind, ist im Einzelnen nicht geklärt; eine gesetzliche Definition existiert nicht. Hiermit sind jedenfalls Nachteile für die am Verfahren Beteiligten gemeint, bspw. wird in der Literatur eine für die Masse günstige Unternehmensveräußerung genannt, welche durch die Aussetzung vereitelt wird.[4] Letztendlich wird das Gericht bei der Entscheidung, ob erhebliche Nachteile für die Masse vorliegen eine Einzelfallbetrachtung vornehmen müssen. 7

Ausreichend für ein Aufheben der Aussetzung ist es allerdings nicht, dass die Masseverwertung durch einen Insolvenzplan – ein hypothetisches Scheitern des Plans unterstellt – verzögert wird. Dies folgt daraus, dass ein Antrag nach Satz 1 nur nach Prüfung des Plans i.S.d. § 231 erfolgen kann und diesem damit eine gewisse Erfolgsaussicht unterstellt wird. Des Weiteren handelt es sich bei der Aussetzungsentscheidung von Satz 1 um eine einstweilige Maßnahme, daher ist die Aufhebung der Aussetzung nach Satz 2 einschränkend anzuwenden, da durch Satz 1 keine endgültigen Tatsachen geschaffen werden, durch eine Veräußerung von Massegegenständen jedoch schon. 8

II. § 233 Satz 2 2. Alt

Nach Satz 2 2. Alt. setzt das Gericht die Verwertung fort, wenn dies beantragt wird. Antragsberechtigt ist nur der Verwalter mit Zustimmung des Gläubigerausschusses oder der Gläubigerversammlung. Hier lässt das Gericht die Verwertung ohne eigene Sachprüfung durch den Insolvenzverwalter fortzusetzen. Ein Antrag allein der Gläubiger genügt hierfür nicht. Die Vorschrift ist daher Ausdruck der Gläubigerautonomie. Damit kann vermieden werden, dass der Schuldner eine Fortführung des Unternehmens erzwingt und damit eine vorteilhafte Masseverwertung vereitelt. 9

D. Rechtsmittel

Rechtsmittel gegen die gerichtliche Entscheidung existieren nicht.[5] 10

§ 234 Niederlegung des Plans

Der Insolvenzplan ist mit seinen Anlagen und den eingegangenen Stellungnahmen in der Geschäftsstelle zur Einsicht der Beteiligten niederzulegen.

Übersicht	Rdn.		Rdn.
A. Normzweck	1	I. Niederlegung in der Geschäftsstelle . .	2
B. Voraussetzungen	2	II. Beteiligte	3

A. Normzweck

Die Vorschrift soll die Information aller am Verfahren Beteiligten sicherstellen, dh diesen die Möglichkeit geben, den vollständigen Plan mit Anlagen und Stellungnahmen nach § 232 einzusehen. Der Informationsgewinn ist dadurch höher, da die einzelnen Verfahrensbeteiligten die Stellungnahmen der anderen Beteiligten einsehen können und so eine effektivere Vorbereitung auf den Erörterungs- und Abstimmungstermin nach § 235 möglich ist. Des Weiteren gibt die öffentliche Bekanntmachung der Niederlegung den unbekannten Gläubigern Gelegenheit von dem Plan Kenntnis zu erhalten, so dass diese gegen die Planbestätigung nicht die fehlende Bekanntmachung einwenden können.[1] 1

---

[4] So z.B. Uhlenbruck/*Lüer* Rn. 12.
[5] FK-InsO/*Jaffé* Rn. 19.
[1] LG Hannover 07.07.2003, 20 T 36/03, ZInsO 2003, 719 f.

B. Voraussetzungen

I. Niederlegung in der Geschäftsstelle

2 Diese sollte zum Zeitpunkt der Weiterleitung zur Stellungnahme erfolgen, § 232, spätestens jedoch zum Zeitpunkt der Festlegung des Erörterungs- und Abstimmungstermins, § 235 Abs. 1 Satz 1. Eine frühzeitige Niederlegung des Plans dient der Verfahrensbeschleunigung. Diese rechtfertigt es auch, dass einzelne Beteiligte Einsicht genommen haben, bevor alle Stellungnahmen eingegangen sind.[2]

II. Beteiligte

3 Es existiert keine gesetzliche Definition für den Beteiligten i.S.d. § 234. Geht man von der Ratio der Vorschrift aus, sind diejenigen die Beteiligten, die sich auf den Termin nach § 235 vorzubereiten haben, dann drängt sich auf, die Beteiligten i.S.d. § 234 den in § 235 Abs. 3 Satz 1 genannten gleichzusetzen.[3] Dies ist unter dem Gesichtspunkt sinnvoll, dass in dem Plan hoch vertrauliche Informationen über den Schuldner enthalten sind. Auch ermöglicht eine solche Abgrenzung es dem Gericht einzuschätzen, wer Beteiligter ist. Da über § 4 auch die ZPO zur Anwendung kommt, kann das Gericht nach § 299 Abs. 2 ZPO bei Vorliegen eines rechtlichen Interesses den Kreis der Einsichtsberechtigten nach seinem Ermessen erweitern; hierbei ist allerdings § 172 Nr. 2 GVG zu beachten. Die Einsichtnahme ist gebührenfrei.

---

[2] HamK-InsO/*Thies* Rn. 3.
[3] MüKo-InsO/*Breuer* Rn. 6.

Zweiter Abschnitt Annahme und Bestätigung des Plans

§ 235 Erörterungs- und Abstimmungstermin

(1) Das Insolvenzgericht bestimmt einen Termin, in dem der Insolvenzplan und das Stimmrecht der Beteiligten erörtert werden und anschließend über den Plan abgestimmt wird (Erörterungs- und Abstimmungstermin). Der Termin soll nicht über einen Monat hinaus angesetzt werden. Er kann gleichzeitig mit der Einholung der Stellungnahmen nach § 232 anberaumt werden.

(2) Der Erörterungs- und Abstimmungstermin ist öffentlich bekannt zu machen. Dabei ist darauf hinzuweisen, dass der Plan und die eingegangenen Stellungnahmen in der Geschäftsstelle eingesehen werden können. § 74 Abs. 2 Satz 2 gilt entsprechend.

(3) Die Insolvenzgläubiger, die Forderungen angemeldet haben, die absonderungsberechtigten Gläubiger, der Insolvenzverwalter, der Schuldner, der Betriebsrat und der Sprecherausschuss der leitenden Angestellten sind besonders zu laden. Mit der Ladung ist ein Abdruck des Plans oder eine Zusammenfassung seines wesentlichen Inhalts, die der vorlegende auf Aufforderung einzureichen hat, zu übersenden. Sind die Anteils- oder Mitgliedschaftsrechte der am Schuldner beteiligten Personen in den Plan einbezogen, so sind auch diese Personen gemäß den Sätzen 1 und 2 zu laden; dies gilt nicht für Aktionäre oder Kommanditaktionäre. Für börsennotierte Gesellschaften findet § 121 Absatz 4a des Aktiengesetzes entsprechende Anwendung; sie haben eine Zusammenfassung des wesentlichen Inhalts des Plans über ihre Internetseite zugänglich zu machen.

Übersicht

		Rdn.			Rdn.
A.	Normzweck	1	G.	Erörterungstermin	35
B.	Terminsbestimmung	7	I.	Zweck	35
C.	Öffentliche Bekanntmachung	16	II.	Ablauf	39
D.	Ladung der Beteiligten	22	H.	Abstimmungstermin	54
E.	Durch das ESUG wurde § 235 Abs. 3 Satz 3 eingefügt	25	I.	Mehrere Pläne	58
F.	Informationspflicht	29	J.	§ 235 Erörterungs- und Abstimmungstermin a.F.	61

A. Normzweck

§ 235 geht von einem einheitlichen Erörterungs- und Abstimmungstermin aus. Diese Zusammenfassung der beiden Termine war im ursprünglichen Regierungsentwurf, § 279 RegE, nicht enthalten. Ursprünglich war vielmehr geplant, dass die beiden Termine separat zu erfolgen haben. Im Erörterungstermin sollte lediglich der Insolvenzplan und das Stimmrecht der Beteiligten erörtert werden. Erst im darauf folgenden Abstimmungstermin sollte sodann über den Plan abgestimmt werden. 1

Grund hierfür war, den Beteiligten ausreichend Zeit zwischen den beiden Terminen einzuräumen, damit diese über den Planinhalt, das Planziel und Änderungsvorschläge nachdenken können. 2

Für Ausnahmefälle sollte § 286 RegE dienen. Demgemäß sollte in Fällen, in denen die Vermögensverhältnisse des Schuldners überschaubar und die Zahl der Gläubiger oder die Höhe der Verbindlichkeiten gering sind, eine Zusammenfassung beider Termine durch das Gericht möglich sein. 3

Von dieser Vorstellung zweier separater Termine ist der Gesetzgeber aber nunmehr mit § 235 abgekommen. Der Gesetzgeber hat sich der überwiegenden Auffassung angeschlossen, dass aufgrund der Zeitintensität von zwei separaten Terminen einer wirtschaftlichen und damit praxisorientierten sinnvollen Lösung nicht Rechnung getragen werden kann. Um zu einem für die Beteiligten praxisgerechten Ergebnis zu gelangen, ist die zeitliche Verzögerung durch Trennung der beiden Termine wenig hilfreich, vielmehr ist eine schnelle Lösung gefragt. Dies bedeutet aber nicht, dass das Insolvenzgericht in begründeten Einzelfällen nicht den Abstimmungstermin separat ansetzen oder den Erörterungstermin vertagen kann. 4

5 Die Zusammenlegung der beiden Termine führt aber nicht zu einer einheitlichen Gläubigerversammlung. Es handelt sich dennoch um zwei eigenständige Gläubigerversammlungen.

6 Der Erörterungs- und Abstimmungstermin dient dazu, festzustellen, ob der Insolvenzplan von den entscheidungsberechtigten Beteiligten mehrheitlich akzeptiert wird. Damit wird im Erörterungs- und Abstimmungstermin eine wesentliche Entscheidung bzgl. des Fortgangs des Verfahrens getroffen.

B. Terminsbestimmung

7 Der Termin ist nicht öffentlich und wird vom Insolvenzgericht bestimmt.[1]

8 Der Termin darf nicht vor dem Prüfungstermin stattfinden, § 246.

9 Gem. § 235 Abs. 1 Satz 2 soll der Termin nicht über einen Monat hinaus angesetzt werden. Die Monatsfrist rechnet sich ab dem Termin, an dem die öffentliche Bekanntmachung gem. § 235 Abs. 2 Satz 1 als bewirkt gilt.

10 Zweck der Vorschrift ist einerseits eine zügige Durchführung des Verfahrens und weiter den Beteiligten ausreichend Zeit für eine Unterrichtung und Entscheidungsfindung zu geben.

11 Bei § 235 Abs. 1 Satz 2 handelt es sich um eine Sollvorschrift. Aus der Entstehungsgeschichte der Norm ergibt sich, dass die Monatsfrist nicht überschritten werden soll. Es handelt sich aber genauso wie im bisherigen § 179 KO lediglich um eine Ordnungsvorschrift, mit der Folge, dass eine Überschreitung nicht einen wesentlichen Verfahrensmangel i.S.d. § 250 darstellt.[2] Folglich wird das Insolvenzgericht bei Überschreitung der Frist nicht haften. Eine Einhaltung der Frist kann auch nicht erzwungen werden.

12 In der Praxis treten immer wieder Fälle auf, in denen bspw. aufgrund dessen, dass es sich um eine größere Unternehmensinsolvenz handelt, Räumlichkeiten durch das Insolvenzgericht angemietet werden oder ähnliche Vorkehrungen getroffen werden müssen, die außerhalb des Einflussbereichs des Insolvenzgerichts liegen, sodass eine Haftung für eine Verzögerung nicht praxisgerecht wäre.

13 Grds läuft die Monatsfrist ab der öffentlichen Bekanntmachung, § 9 Abs. 1. In Fällen, in denen das Insolvenzgericht den Termin bereits mit der Aufforderung zur Stellungnahme an die Beteiligten bestimmt, beginnt die Frist im Anschluss an die in § 232 Abs. 3 gesetzte Frist zur Stellungnahme.

14 Mit dem ESUG wurde eingeführt, dass der Termin für den Erörterungs- und Abstimmungstermin gleichzeitig mit der Einholung der Stellungnahmen anberaumt wird.

15 Auch diese Neuerung dient der Verfahrensbeschleunigung und ist ausdrücklich zu begrüßen Es bietet sich an, den Erörterungstermin mit der Einholung der Stellungnahmen anzuberaumen. Die Frist zur Stellungnahme wird hierauf abgestimmt. Bei der Vorschrift handelt es sich um eine Ermessensvorschrift. Ein Rechtsmittel dagegen ist nicht möglich. Auch ist die Einhaltung der Vorschrift nicht erzwingbar, da es sich bei ihr lediglich um eine Ordnungsvorschrift handelt.

C. Öffentliche Bekanntmachung

16 Entsprechend der bisherigen Regelung in der Konkursordnung, § 179 Abs. 2 KO, ist der Erörterungstermin nach den Regeln über die Einberufung der Gläubigerversammlung, § 74, öffentlich bekannt zu machen.

17 Hinsichtlich des Inhalts der öffentlichen Bekanntmachung wird auf § 9 verwiesen.

---

[1] *Häsemeyer* Rn. 28, 29.
[2] *Kuhn/Uhlenbruck* § 179 KO Rn. 2.

Zweck der öffentlichen Bekanntmachung ist die Information der Beteiligten über die Terminsbestimmung, den Beteiligten die Teilnahmemöglichkeit am Termin einzuräumen und ihnen dadurch Äußerungsmöglichkeiten im Termin zu verschaffen. 18

Bei der öffentlichen Bekanntmachung ist gesondert darauf hinzuweisen, dass der Plan samt Anlagen und Stellungnahmen in der Geschäftsstelle des Insolvenzgerichtes eingesehen werden kann. Auch der gesonderte Hinweis soll bezwecken, den Beteiligten schon im Voraus die Möglichkeit zu bieten, sich ausgiebig zu informieren, sodass der Plan sogleich im Termin erörtert und darüber abgestimmt werden kann, ohne dass es zu weiteren Verzögerungen kommt. 19

Die öffentliche Bekanntmachung ist nur für den ersten Erörterungs- und Abstimmungstermin erforderlich. Bei Vertagung ist eine öffentliche Bekanntmachung nicht erforderlich, auch dann nicht, wenn ein Gläubiger an dem ersten Termin nicht teilnimmt. Eine Benachteiligung der Beteiligten ist nicht gegeben, da die Gläubiger im ersten Termin anwesend waren oder zumindest die Möglichkeit der Anwesenheit für diese bestand und sie sich damit ausreichend informieren konnten. Im Zweifel kann ein im ersten Termin nicht anwesender Gläubiger sich beim Gericht über das Ergebnis oder die Vertagung informieren. 20

Ein Verstoß gegen die öffentliche Bekanntmachung stellt einen wesentlichen Verfahrensmangel dar. Kein Verfahrensmangel ist der fehlende Hinweis auf die Niederlegung des Plans, § 234. 21

D. Ladung der Beteiligten

Im Gegensatz zu der Regelung in der Konkursordnung, § 179 KO, wonach alle nicht berechtigten Konkursgläubiger, der Konkursverwalter, der Gemeinschuldner, die Mitglieder des Gläubigerausschusses und die Vergleichsbürgen zu laden waren, hat sich der Kreis der zu ladenden Beteiligten in der InsO deutlich erweitert.³ 22

So sind neben dem Insolvenzverwalter und dem Schuldner, deren Ladung eine Selbstverständlichkeit darstellt, sämtliche Insolvenzgläubiger, die Forderungen angemeldet haben, auch nachrangige Insolvenzschuldner, wenn sie vom Insolvenzgericht besonders zur Anmeldung der Forderungen aufgefordert worden sind sowie absonderungsberechtigte Gläubiger zu laden.⁴ 23

Darüber hinaus sind der Betriebsrat und der Sprecherausschuss der leitenden Angestellten zu laden. Dies in Konsequenz dessen, dass das Insolvenzgericht diese Gremien zuvor gem. § 232 Abs. 1 Nr. 1 zur Stellungnahme zum Plan auffordert sowie aufgrund der Gruppenbildung auch die Arbeitnehmer, § 222 Abs. 3.⁵ 24

E. Durch das ESUG wurde § 235 Abs. 3 Satz 3 eingefügt

Auch diese Änderung ist notwendig, um den sog. »Debt-Equity-Swap« in das Planverfahren integrieren zu können. Da hierdurch Gläubiger zu Inhabern von Anteils- oder Mitgliedschaftsrechten gemacht werden und diese als Konsequenz hieraus in das Planverfahren einzubeziehen sind, ist es erforderlich, diese am Verfahren Beteiligten gesondert zu laden. 25

Abs. 3 Satz 3 2. Hs. der neuen Vorschrift macht bei der Einbeziehung von Inhabern von Anteils- und Mitgliedschaftsrechten eine Ausnahme. Dies betrifft Aktionäre oder Kommanditaktionäre von börsennotierten Gesellschaften. 26

Dieser Personenkreis ist aus Praktikabilitätserwägungen nicht gesondert zu laden. Bei börsennotierten Aktiengesellschaften und Kommanditgesellschaften auf Aktien handelt es sich oftmals um Publikumsgesellschaften, dh die Anteile sind breit gestreut. In diesen Fällen sind der Gesellschaft oftmals nicht alle Anteilsinhaber bekannt und damit auch nicht dem Gericht. Eine Ladung ist schon gar 27

---

3 *Kuhn/Uhlenbruck* § 179 KO Rn. 3.
4 Nerlich/Römermann/*Braun* § 235 Rn. 7, 8.
5 Uhlenbruck/*Lüer* § 235 Rn. 12.

nicht möglich. Die Regelungen des Aktienrechts zur Ladung zur Hauptversammlung sind entsprechend anzuwenden. § 121 Abs. 4a AktG sieht vor, dass eine entsprechende Mitteilung an europaweit erscheinende Medien zu machen ist. Ausreichend ist es sicherlich, wenn die Mitteilung entsprechend der insolvenzrechtlichen öffentlichen Bekanntmachung nach § 9 Abs. 1 auf den entsprechenden Internetseiten bekannt gemacht wird, wie dem bundesweiten Justizportal www.insolvenzbekanntmachungen.de.

28 Des Weiteren sollte noch eine entsprechende Mitteilung auf der Internetseite des Schuldners erfolgen, um zu gewährleisten, dass Kleinaktionäre überhaupt von der Insolvenz des Schuldners unterrichtet werden, bzw. über die mögliche Durchführung eines Planverfahrens. Eine solche Bekanntmachung findet im Übrigen auch ihre Parallele im Aktienrecht § 124a AktG.

F. Informationspflicht

29 In § 235 Abs. 3 Satz 2 ist eine Informationspflicht normiert. Demnach muss mit der Ladung ein Abdruck des Plans oder eine Zusammenfassung seines wesentlichen Inhalts übersandt werden.

30 Obwohl gem. des Wortlauts ausreichend ist, wenn eine Zusammenfassung des wesentlichen Inhalts des Plans übersandt wird, ist es grds ratsam, den Plan vollständig einzureichen. Eine Zusammenfassung birgt das Risiko, unvollständig zu sein und damit das Folgerisiko, dass Beteiligte den Inhalt des Plans wegen eines Mangels rügen. Wird dennoch lediglich eine Zusammenfassung übersandt, sollte dieser ein Hinweis darauf beigefügt werden, dass auf der Geschäftsstelle die vollständige Stellungnahme mit sämtlichen Anlagen niedergelegt ist, § 234.

31 Obwohl diese Informationspflicht in der Literatur teilweise kritisiert wird, handelt es sich um eine für die Praxis äußerst relevante Pflicht, deren Auswirkungen nicht unterschätzt werden dürfen.

32 Zwar sorgt sie, wie Kritiker bemängeln, für einen nicht ganz geringen Verwaltungsaufwand und erhöhte Kosten.[6] Der Umfang des bedruckten Papiers nimmt leicht mehrere 10.000 Seiten ein. Diese Negativauswirkungen der entstehenden Druck- und Portokosten sind aber im Vergleich zum Vorteil im Hinblick auf das Verfahren kaum nennenswert.

33 Durch die Informationspflicht werden die Beteiligten bereits vor dem Termin dahingehend informiert, dass sie dementsprechend vorbereitet am Termin teilnehmen können. Dadurch wird erst ein effektives Planverfahren gewährleistet, denn nur ein gut informierter Gläubiger wird bereits im ersten Abstimmungstermin dem Plan zustimmen. Ohne die vorhergehenden Informationen wird es im Termin zu ausufernden Diskussionen kommen, die eine Verzögerung des Verfahrens zur Folge haben und damit dem in der Praxis gewünschten wirtschaftlichen Ergebnis, einem zügigen Verfahrensablauf, gerade entgegenstehen.

34 Abgesehen davon kann auch im Berichtstermin, durch Beschluss, auf die Ladung und Beifügung von Unterlagen verzichtet werden. Ein derartiges Vorgehen wird von Kritikern des § 235 Abs. 3 Satz 2 vertreten,[7] stellt sich aber aus oben genannten Gründen als wenig sinnvoll dar. Im Ergebnis wird dies aufgrund vieler Nachfragen zu unnötigen Verzögerungen führen und sollte vermieden werden.

G. Erörterungstermin

I. Zweck

35 Zweck des Erörterungstermins ist, durch eine Entscheidung der Beteiligten über den Insolvenzplan von den gesetzlichen Regelungen abzuweichen. Es handelt sich dabei um eine privatautonome Entscheidung der Beteiligten, unter Leitung des Gerichts, über die Verwertung des haftenden Schuldnervermögens unter Garantie des Werts der Beteiligtenrechte.[8]

---

[6] *Haarmeyer/Wutzke/Förster* InsO, S. 669, Rn. 6.
[7] *Haarmeyer/Wutzke/Förster* InsO, Kap. 9 Rn. 6.
[8] *Kübler/Prütting* Das Insolvenzrecht, S. 114.

Im Erörterungstermin werden der Plan und das Stimmrecht der Beteiligten erörtert und den Beteiligten wird die Möglichkeit geboten, sich über den Plan zu informieren und Änderungs- und Ergänzungsvorschläge zu diskutieren. Ziel des Planerstellers ist es, den Insolvenzplan möglichst zügig zur Abstimmung zu bringen. 36

Sollte es im Termin zu Änderungsvorschlägen kommen, kann gem. § 240 noch im selben Termin über den geänderten Plan abgestimmt werden. Hierbei handelt es sich aber nur um eine Regelung hinsichtlich einzelner Modifikationen, die der Flexibilität des Planerstellers dienen soll. Eine beliebige Änderung des Plans ist hiervon nicht erfasst. Inwieweit eine Änderung aber noch den Grenzen des § 240 standhält, kann an dieser Stelle dahingestellt bleiben. Hinsichtlich näherer Ausführungen wird auf die Erläuterungen zu § 240 verwiesen. 37

Aufgrund dessen, dass Ziel des Planerstellers eine möglichst zügige Abstimmung ist, stellen für diesen die während des Erörterungstermins häufig auftretenden vielschichtigen Diskussionen hinsichtlich des Plans eine große Hürde dar. Daher ist für den Planersteller ratsam, schon im Vorfeld solchen Diskussionen vorzubeugen und auf die Beteiligten im Rahmen von Einzelgesprächen vorab Einfluss zu nehmen. Ggf. kann auch noch eine Plananpassung gem. § 240 vorgenommen werden um eine Planakzeptanz zu erreichen. Wobei immer darauf hingewiesen werden muss, dass diese Einzelgespräche nicht dazu führen dürfen, dass einzelnen Beteiligten Vorteile gewährt werden. Dies würde zu einer Unwirksamkeit des gesamten Plans führen (§ 226 Abs. 3). 38

II. Ablauf

Das Insolvenzgericht, welches die Leitung innehat, eröffnet den Erörterungs- und Abstimmungstermin, § 76 Abs. 1. 39

Der Rechtspfleger ist zuständig für Verfahren nach der Insolvenzordnung, § 3 Nr. 2 lit. e) RPflG. Allerdings kann auch der Richter sich das Insolvenzverfahren vorbehalten, wenn er es für geboten hält, § 18 Abs. 2 RPflG. Dies wird er insb. bei Großinsolvenzen tun. 40

Nach dem Aufruf zur Sache, wird im Termin die Ordnungsmäßigkeit des bisherigen Verfahrens und die Anwesenheit, insb. auch die Legitimation etwaiger Vertreter, festgestellt. 41

Verfahrensvertreter müssen eine schriftliche Vollmacht vorlegen, es sei denn, ein Anwalt tritt auf und der Mangel der Vollmacht wird nicht gerügt, § 88 Abs. 2 ZPO.[9] 42

Weiter wird die Beschlussfähigkeit festgestellt und protokolliert. 43

Sodann erläutert der Planvorlegende den Insolvenzplan. Dabei wird der Schwerpunkt auf den aktuellen Planrealisierungschancen liegen. Die Beteiligten kennen nämlich bisher nur die Situation zum Zeitpunkt der Planniederlegung. 44

An die Erläuterungen des Planvorlegenden schließen die Diskussionen der Beteiligten hinsichtlich des Plans an. Den Beteiligten wird Möglichkeit gegeben, zu den Regelungen des Insolvenzplans Stellung zu nehmen. 45

Der Planvorlegende hat die Möglichkeit, den Plan aufgrund der Einwände der Beteiligten noch zu modifizieren, § 240, sodass ein Scheitern des Plans vermieden wird. Hierzu kann auch die Sitzung jederzeit unterbrochen werden um den Beteiligten die Gelegenheit zu geben, in separaten Gesprächen eine Lösung zu finden. 46

Eine Änderung des Plans kann allerdings nur durch den Planinitiator, nicht aber durch sonstige Beteiligte erfolgen. Die Gläubiger können aber mittels Beschluss einen Änderungsvorschlag machen. 47

---

9 *Uhlenbruck* MDR 1978, 8 f.

48 Nach Planerörterung und Feststellung durch das Gericht, dass weitere Erörterungen zum vorgelegten Plan seitens der Beteiligten nicht mehr gewünscht werden, genauso wie in gewöhnlichen Gläubigerversammlungen, § 77, werden die Stimmrechte der Gläubiger festgestellt.

49 Der Urkundsbeamte der Geschäftsstelle ist verpflichtet in einem Verzeichnis, der sog. Stimmliste, festzuhalten, welche Stimmrechte den Gläubigern zustehen, § 239.

50 Durch die Festlegung des Stimmrechts wird eine Zuordnung zu den Gruppen i.S.d. § 222 Abs. 1 durchgeführt. Anders stellt sich die Situation nur dann dar, wenn eine andere Regelung nach § 222 Abs. 2 getroffen wird.

51 Den Gläubigern steht allerdings nur dann ein Stimmrecht nach den §§ 237, 238 zu, wenn deren Forderungen durch den Plan beeinträchtigt werden, das bedeutet durch den Insolvenzplan verschlechtert sind.

52 Forderungen werden nicht berücksichtigt, wenn Gläubiger im Termin nicht anwesend sind, nicht ordnungsgemäß vertreten werden oder trotz festgestellten Stimmrechts nicht an der Abstimmung teilnehmen.

53 Wird gegen die Pflicht zur öffentlichen Bekanntmachung verstoßen, so stellt dies einen wesentlichen Verfahrensmangel dar. Anders ist dies bzgl. des Fehlens des Hinweises auf die nach § 234 erfolgte Niederlegung des Plans.[10] Dies dürfte rechtlich keine Auswirkung auf das weitere Schicksal des Insolvenzplans haben.

H. Abstimmungstermin

54 Im Abstimmungstermin wird über den Insolvenzplan abgestimmt. Sind mehrere Pläne vorhanden, so wird über sämtliche vorliegenden und zugelassenen Pläne abgestimmt.

55 Gem. § 241 ist die Möglichkeit einer Trennung des Abstimmungstermins vom Erörterungstermin möglich, wenn dies dem Verfahren im Einzelfall dienlich ist, so insb. weil Art und Umfang des Plans einen separaten Termin erforderlich machen.

56 Die Reihenfolge der Abstimmung wird vom Insolvenzgericht nach seinem Ermessen bestimmt, wobei auch die Gläubiger aufgrund ihrer Privatautonomie auf Antrag eine andere Reihenfolge bestimmen können. Der Beschluss erfolgt nach § 76 Abs. 2. Das Gericht ist gehalten darauf hinzuweisen.

57 Die Abstimmung erfolgt nach Köpfen und Summen.

I. Mehrere Pläne

58 Das Problem mehrerer, insb. auch konkurrierender Pläne ist im Hinblick auf die Abstimmung in der Literatur ein häufig problematisiertes und umstrittenes Thema.

59 Diesbezüglich lässt sich aber feststellen, dass mehrere bzw. konkurrierende Pläne in der Praxis extrem selten anzutreffen sind und dieses Thema daher lediglich von theoretischer Relevanz ist. Entscheidungen von Gerichten sind bisher hierzu nicht bekannt geworden.

60 Wissenswert ist diesbezüglich, dass im Fall konkurrierender Pläne für alle Pläne ein gemeinsamer Termin zu bestimmen ist, denn auch hier ist aufgrund des Interesses an einem zügigen Verfahren eine getrennte Terminierung abzulehnen. Sollte ein Plan angenommen werden, so ist damit automatisch klar, dass die anderen Pläne abgelehnt sind und die Abstimmung wird abgebrochen.

---

10 *Kuhn/Uhlenbruck* § 179 KO Rn. 4.

J. § 235 Erörterungs- und Abstimmungstermin a.F.

»(1) Das Insolvenzgericht bestimmt einen Termin, in dem der Insolvenzplan und das Stimmrecht der Gläubiger erörtert werden und anschließend über den Plan abgestimmt wird (Erörterungs- und Abstimmungstermin). Der Termin soll nicht über einen Monat hinaus angesetzt werden. 61

(2) Der Erörterungs- und Abstimmungstermin ist öffentlich bekanntzumachen. Dabei ist darauf hinzuweisen, dass der Plan und die eingegangenen Stellungnahmen in der Geschäftsstelle eingesehen werden können. § 74 Abs. 2 Satz 2 gilt entsprechend.

(3) Die Insolvenzgläubiger, die Forderungen angemeldet haben, die absonderungsberechtigten Gläubiger, der Insolvenzverwalter, der Schuldner, der Betriebsrat und der Sprecherausschuss der leitenden Angestellten sind besonders zu laden. Mit der Ladung ist ein Abdruck des Plans oder eine Zusammenfassung seines wesentlichen Inhalts, die der Vorlegende auf Aufforderung einzureichen hat, zu übersenden.«

In weiten Zügen kann auf die Kommentierung zur Neufassung des § 235 verwiesen werden. Die gleichzeitige Ladung zum Erörterungs- und Abstimmungstermin und die Einholung der Stellungnahmen nach § 232 war nach bisher geltendem Recht schon möglich, wurde aber in der Praxis nur selten genutzt, was zu einer wünschenswerten Verfahrensbeschleunigung geführt hätte. Durch die Neufassung dürfte der Ausnahmefall zum Regelfall werden. 62

Nach alter Rechtslage war eine Ladung der Inhaber von Anteils- und Mitgliedschaftsrechten nicht vorgesehen, da über deren Rechtsstellung ohnehin nicht entschieden werden konnte. 63

§ 236 Verbindung mit dem Prüfungstermin

Der Erörterungs- und Abstimmungstermin darf nicht vor dem Prüfungstermin stattfinden. Beide Termine können jedoch verbunden werden.

Übersicht	Rdn.		Rdn.
A. Normzweck 1		B. Terminsverbindung 5	

A. Normzweck

Schon in der KO, §§ 173, 180, war geregelt, dass der Zwangsvergleich erst nach dem allgemeinen Prüfungstermin und vor Genehmigung der Vornahme der Schlussverteilung abgeschlossen werden konnte. Doch auch nach den bisherigen Regelungen vor der InsO konnte der Erörterungs- und Abstimmungstermin mit dem Prüfungstermin zusammengefasst werden. 1

Auch nach der InsO darf der Erörterungs- und Abstimmungstermin erst nach dem Prüfungstermin stattfinden. Dies ergibt sich denknotwendig schon aus der Tatsache, dass die Ergebnisse des Prüfungstermins Basis für die Beurteilung der Frage sind, ob der vorgelegte Insolvenzplan sachgerecht und angemessen ist,[1] es muss mithin Klarheit über den Umfang und die Inhaberschaft angemeldeter Forderungen bestehen. Mit der Normierung dieser logischen Tatsache wird bezweckt, klarzustellen, dass auch die Vorlage eines Insolvenzplans die vorhergehende Prüfung sowie Feststellung der Insolvenzforderungen nicht entbehrlich macht. Ohne die Kenntnis der Höhe der festgestellten Forderung könnte im Insolvenzplan auch gar keine Quote benannt werden, was notwendig für den vollstreckbaren Inhalt des Planes ist. An einer exakten Bezifferung der Quote scheitert die Zusammenlegung der Termine, wenn von dritter Seite ein Betrag für die Quote und deren Bezahlung zur Verfügung gestellt wird. Erst nach dem Prüfungstermin ist bekannt, wie viele Forderungen in welcher Höhe festgestellt sind. Aufgrund dessen kann nur dann errechnet werden, welcher Anteil auf die einzelnen Gläubiger entfällt. Dies wird sich kaum in einem einzigen Gerichtstermin ermitteln lassen. 2

---

1 Nerlich/Römermann/*Braun* Rn. 2.

3 Im Prüfungstermin werden sämtliche Forderungen hinsichtlich Höhe und Rang geprüft, sodass sämtliche Beteiligten einen Überblick über den Umfang der Verbindlichkeiten des Schuldners erhalten. Am Ergebnis des Prüfungstermins orientiert sich auch die Festlegung des Stimmrechts für die Abstimmung. Erst dann kann in die Entscheidungsphase über den Insolvenzplan eingetreten werden.[2]

4 Nur bei Vorliegen der Ergebnisse des Prüfungstermins können die wirtschaftlichen Verhältnisse des Insolvenzschuldners überblickt werden und auch nur dann kann ein wirtschaftlich sinnvolles Sanierungskonzept entwickelt werden.

B. Terminsverbindung

5 Werden der Erörterungs- und Abstimmungstermin mit dem Prüfungstermin verbunden, so muss denknotwendig auch dann die Prüfung der Forderungen dem Erörterungs- und Abstimmungstermin vorangehen.[3]

6 Die Möglichkeit den Erörterungs- und Abstimmungstermin mit dem Prüfungstermin zu verbinden dient der Straffung des Verfahrens, die für das Insolvenzplanverfahren von erheblicher Bedeutung, insb. im Hinblick auf die Akzeptanz des Plans durch die Beteiligten, ist.

7 In der öffentlichen Bekanntmachung der Terminsbestimmung hat das Insolvenzgericht darauf hinzuweisen, dass eine Verbindung der Termine stattfindet. In der Praxis wird dann zunächst mit Eröffnung des Verfahrens der Prüfungstermin, und später der Erörterungs- und Abstimmungstermin auf denselben Tag und dieselbe Stunde bestimmt[4].

8 Zur Verbindung der Termine ist erforderlich, dass der Insolvenzplan rechtzeitig vor dem Prüfungstermin vorgelegt wird, es sich um ein überschaubares Verfahren, insb. im Hinblick auf die Gläubiger und Forderungen handelt und sich die rechtlichen Schwierigkeiten so in Grenzen halten, dass eine Erörterung an einem Tag als ausreichend erscheint.

9 Insb. können nicht nur der Erörterungs- und Abstimmungstermin mit dem Prüfungstermin verbunden werden, sondern diese Termine können wiederum mit dem Berichtstermin, § 29, verbunden werden. In einem solchen Fall findet zunächst der Berichtstermin, dann der Prüfungstermin und im Anschluss daran der Erörterungs- und Abstimmungstermin statt. Hierzu ist jedoch erforderlich, dass der Schuldner mit Antrag auf Insolvenzeröffnung einen Insolvenzplan vorlegt.[5] In der Praxis ist eine solche Terminkonzentration jedoch extrem selten. Insb. bei mittleren und großen Insolvenzen kommt eine solche überhaupt nicht in Betracht, bei kleinen Insolvenzen nur dann, wenn sowohl die Anzahl der Gläubiger als auch die Verbindlichkeiten überschaubar sind.

§ 237 Stimmrecht der Insolvenzgläubiger

(1) Für das Stimmrecht der Insolvenzgläubiger bei der Abstimmung über den Insolvenzplan gilt § 77 Abs. 1 Satz 1, Abs. 2 und 3 Nr. 1 entsprechend. Absonderungsberechtigte Gläubiger sind nur insoweit zur Abstimmung als Insolvenzgläubiger berechtigt, als ihnen der Schuldner auch persönlich haftet und sie auf die abgesonderte Befriedigung verzichten oder bei ihr ausfallen; solange der Ausfall nicht feststeht, sind sie mit dem mutmaßlichen Ausfall zu berücksichtigen.

(2) Gläubiger, deren Forderungen durch den Plan nicht beeinträchtigt werden, haben kein Stimmrecht.

---

2 *Kuhn/Uhlenbruck* § 173 KO Rn. 1.
3 LG Düsseldorf 23.04.1985, 25 T 135–138/85, ZIP 1985, 628 ff.
4 *Kuhn/Uhlenbruck* § 181 Rn. 2.
5 *Kübler/Prütting* Das neue Insolvenzrecht, S. 473.

Übersicht

		Rdn.			Rdn.
A.	Normzweck	1	C.	Abs. 2	15
B.	Abs. 1	2			

A. Normzweck

In § 237 findet sich ein Verweis auf die Vorschriften der Gläubigerversammlung, sodass ein Gleichlauf der Stimmen im Abstimmungstermin und in der Gläubigerversammlung hergestellt wird. 1

B. Abs. 1

Im Abstimmungstermin oder im schriftlichen Abstimmungsverfahren stimmen die Gläubiger über den vom Planersteller vorgelegten Plan ab. In § 237 ist die Erörterung und Festsetzung der Stimmrechte der Insolvenzgläubiger geregelt. Demgegenüber ist in § 238 das Stimmrecht der absonderungsberechtigten Gläubiger geregelt. In § 246 ist das Stimmrecht der nachrangigen Insolvenzgläubiger geregelt. Für die nachrangigen Insolvenzgläubiger gelten jedoch dann die Vorschriften für die nicht nachrangigen Insolvenzgläubiger entsprechend, wenn die nachrangigen Insolvenzgläubiger im Plan eine Quote erhalten sollen. In der Praxis dürfte dies aber äußerst selten der Fall sein. 2

Aufgrund des Verweises auf die Vorschriften der Gläubigerversammlung, § 77 Abs. 1 Satz 1, Abs. 2 und 3 Nr. 1, gewähren die angemeldeten Forderungen, die weder vom Insolvenzverwalter noch von einem anderen stimmberechtigten Dritten bestritten wurden, in ihrer Höhe ein Stimmrecht.[1] Dahingegen dürfen Gläubiger, deren Stimmrecht bestritten wurde, nicht an der Abstimmung teilnehmen, sofern ihr Stimmrecht nicht gem. § 77 festgestellt worden ist. Wird das Vorliegen einer angemeldeten Forderung von einem Schuldner bestritten, so hat dies keinerlei Auswirkungen auf das Stimmrecht. 3

Die Anmeldung der Forderungen muss vor Beginn der Abstimmung über den Insolvenzplan erfolgen, ansonsten wäre das Stimmrechtsverhältnis im Zeitpunkt der Abstimmung offen. Das Insolvenzgericht ist aber bei der Feststellung des Stimmrechts zur Abstimmung über den Plan in keiner Weise an die Ergebnisse der allgemeinen Forderungsprüfung bzw. Forderungsaufstellung gebunden. Die Stimmrechte sind neu festzustellen. Hinsichtlich der Praxis muss jedoch festgestellt werden, dass die Stimmrechtsfestsetzung so gut wie immer auf Basis der Ergebnisse der Forderungsprüfung erfolgen wird.[2] 4

Die Entscheidung über das Stimmrecht ist unanfechtbar. Gem. § 6 Abs. 1 ist insb. keine sofortige Beschwerde vorgesehen. 5

Gem. Abs. 1 Satz 2 stehen absonderungsberechtigte Gläubiger den ungesicherten, nicht nachrangigen Gläubigern hinsichtlich ihres Ausfalls gleich, wenn ihnen der Schuldner persönlich haftet und diese hinsichtlich der abgesonderten Befriedigung ausfallen oder auf ihre abgesonderte Befriedigung verzichtet haben. 6

In der Praxis kommt der Fall, dass ein Gläubiger auf seine abgesonderte Befriedigung verzichtet hat, jedoch extrem selten vor. Demgegenüber ist das Absonderungsrecht oftmals geringer als die Forderungshöhe, sodass trotzdem häufig ein geteiltes Stimmrecht und daher eine doppelte Abstimmung in Höhe der Gesamtforderung gegeben sind. 7

Sollte trotz allem ein Verzicht auf das Absonderungsrecht seitens eines absonderungsberechtigten Gläubiger stattfinden, so steht diesem ein volles Stimmrecht zu, sofern nicht ein Widerspruch erhoben wird.[3] 8

---

[1] Nerlich/Römermann/*Braun* Rn. 9, Gottwald/*Braun* § 68 Rn. 36.
[2] Nerlich/Römermann/*Braun* Rn. 15, 16, 17.
[3] *Hess* KO, § 96 Rn. 2.

9 Hinsichtlich der Höhe des Ausfalls ist der mutmaßliche Ausfall zu berücksichtigen.[4]

10 Ist der absonderungsberechtigte Gläubiger in vollem Umfang gesichert, so scheidet eine Abstimmung in der Gruppe der nicht nachrangigen Insolvenzgläubiger aus.[5]

11 Zum Zeitpunkt des Abstimmungstermins kann der Ausfall nur in den seltensten Fällen bestimmt werden. Daher wird das Stimmrecht des absonderungsberechtigten Gläubigers in der Gruppe der Insolvenzgläubiger nach dem mutmaßlichen Ausfall festgelegt. Dieser richtet sich allein nach den Angaben des absonderungsberechtigten Gläubigers. Das bedeutet, dass der absonderungsberechtigte Gläubiger ohne die Höhe des Ausfalls nachzuweisen, in der Gruppe der nicht nachrangigen Insolvenzgläubiger in Höhe seines mutmaßlichen Ausfalls mit abstimmen kann. Für den Fall, dass der Insolvenzverwalter oder ein stimmberechtigter Gläubiger der Höhe des angemeldeten Ausfalls widerspricht, so entscheidet hierüber das Insolvenzgericht und bestimmt den mutmaßlichen Ausfall. Hierfür spricht insb. der Verweis in § 237 auf § 77 Abs. 2 sowie die Tatsache, dass dies bereits so gem. der KO (§ 96 Abs. 1 KO) geregelt war. Die Entscheidung des Gerichts beschränkt sich auf das Stimmrecht, eine materielle Berechtigung des Gläubigers bleibt unberührt. Die Entscheidung ist nicht mit Rechtsmitteln anfechtbar.

12 Bei einer Unternehmensfortführung bereitet der mutmaßliche Ausfall noch stärkere Probleme. Der mutmaßliche Ausfall wird durch Insolvenzplan endgültig festgelegt, es kommt darauf an, ob dieser eine Liquidation, eine Fortführung oder eine Übertragung des Unternehmens vorsieht. Je nachdem kann der Ausfall unterschiedlich hoch sein. Daher ist der mutmaßliche Ausfall von den Prognosen im Insolvenzplan abhängig.

13 Für die Praxis ist daher für den Planersteller ratsam, sich ausgiebig mit dem mutmaßlichen Ausfall der absonderungsberechtigten Gläubiger auseinanderzusetzen. Andernfalls kommt es regelmäßig hinsichtlich dieses Themas zu unerwünschten langwierigen Diskussionen im Erörterungstermin oder unter Umständen zu einer gerichtlichen Entscheidung hierüber, was dem Grundsatz des zügigen Verfahrens widerspräche und daher nicht wünschenswert ist. Da es sich bei den absonderungsberechtigten Gläubigern oftmals um Banken handelt, und diese eine im Verhältnis zu den übrigen Gläubigern große Forderung inne haben, ist eine Abstimmung mit diesen für einen Planerfolg unerlässlich.

14 Die Entscheidung des Rechtspflegers über die Gewährung des Stimmrechts ist nicht mit der Erinnerung anfechtbar, § 11 Abs. 5 Satz 2 RPflG, Art. 14 Nr. 2 EGInsO und auch § 6 Abs. 1 findet keine Anwendung. In einem Fall, in dem die Stimmrechtsfestsetzung sich auf das Ergebnis der Abstimmung auswirkt, kann der Richter das Stimmrecht neu festsetzen und die Wiederholung der Abstimmung anordnen, § 18 Abs. 3 Satz 2 RPflG. Der Antrag kann bis zum Schluss des Abstimmungstermins gestellt werden, § 18 Abs. 3 Satz 2 RPflG i.d.F. v. Art. 14 Nr. 5 EGInsO (Rechtspflegererinnerung).

C. Abs. 2

15 Gem. Abs. 2 haben Gläubiger, deren Stimmrecht nicht durch den Insolvenzplan beeinträchtigt ist, kein Stimmrecht. Die Norm entspricht § 72 Abs. 2 VerglO. Für nicht beeinträchtigte absonderungsberechtigte Gläubiger ist dies in § 238 Abs. 2 normiert.

16 Die Versagung des Stimmrechts dient der Vereinfachung des Insolvenzverfahrens, es stimmen nur diejenigen Gläubiger mit ab, die durch den Plan Vermögenseinbußen hinnehmen müssen. Dies dient auch der Beschleunigung des Verfahrens und ist gerade im Falle von Großinsolvenzen besonders wichtig.

---

4 Smid/*Rattunde* Rn. 5.
5 BGH BGHZ 31, 174.

Keine Beeinträchtigung i.S.d. Vorschrift liegt insb. dann vor, wenn der Gläubiger bei Verwertung 17
oder Befriedigung gem. Insolvenzplan in gleicher Weise und Höhe befriedigt würde oder mit seinem
Anspruch ausfallen wie bei der Liquidation[6] oder wenn die Befriedigung des Gläubigers durch das
Planverfahren lediglich verzögert würde.[7] Anders war die Rechtslage nach der VglO, dort wurde
auch noch die Verzögerung als Beeinträchtigung in diesem Sinne gesehen.[8]

Nicht beeinträchtigt sind daher unbesicherte Gläubiger, so Kleingläubiger, deren Ansprüche nach dem 18
Insolvenzplan ohne Stundung voll erfüllt werden. Aufgrund dessen, dass die Forderungen nachrangiger Insolvenzgläubiger gem. § 225 Abs. 1 grds als erlassen gelten, sind auch diese nicht beeinträchtigt
i.S. dieser Vorschrift, es sei denn, es wurde diesbezüglich eine abweichende Regelung getroffen, § 222
Abs. 2 Satz 2. Absonderungsberechtigte Gläubiger sind dann nicht vom Plan beeinträchtigt, wenn
keine abweichenden Regelungen zum materiellen Sicherungs- oder Verwertungsrecht getroffen wurden.[9]

§ 238 Stimmrecht der absonderungsberechtigten Gläubiger

(1) Soweit im Insolvenzplan auch die Rechtsstellung absonderungsberechtigter Gläubiger geregelt wird, sind im Termin die Rechte dieser Gläubiger einzeln zu erörtern. Ein Stimmrecht gewähren die Absonderungsrechte, die weder vom Insolvenzverwalter noch von einem absonderungsberechtigten Gläubiger noch von einem Insolvenzgläubiger bestritten werden. Für das Stimmrecht bei streitigen, aufschiebend bedingten oder nicht fälligen Rechten gelten die §§ 41, 77 Abs. 2, 3 Nr. 1 entsprechend.

(2) § 237 Abs. 2 gilt entsprechend.

Übersicht	Rdn.		Rdn.
A. Allgemeines	1	D. Festsetzung des Stimmrechts	5
B. Normzweck	3	I. Abs. 1 Satz 2 und 3	6
C. Umfang des Stimmrechts	4	II. Abs. 2	7

A. Allgemeines

Gem. § 238 sind die Rechte der Gläubiger einzeln zu erörtern, sofern die Rechtsstellung der absonderungsberechtigten Gläubiger durch den Plan berührt wird. Hierbei handelt es sich um eine Norm, die weitgehend mit § 237 übereinstimmt und lediglich in diesem einen Punkt einen Zusatz enthält. 1

Anders als § 237 findet diese Regelung keine Entsprechung im bisherigen Recht, am Vergleichsverfahren waren die Absonderungsberechtigten nicht beteiligt. 2

B. Normzweck

Zweck der Norm ist, den Gläubigern die für diese besonders wichtigen Kenntnisse über Art und Umfang vorhandener Absonderungsrechte zu vermitteln und zu erfahren, inwiefern absonderungsberechtigte Gläubiger Zugeständnisse machen um den Insolvenzplan zu unterstützen. Es soll durch die Norm auch ermöglicht werden, Kenntnis von eventuell bestehenden Sicherheitenkollisionen zu erhalten, denn in einem Fall, in dem Sicherheitenkollisionen nicht im Erörterungstermin geklärt werden können, kann auch nicht der Abstimmungstermin im Anschluss an den Erörterungstermin stattfinden, sondern es muss nach Klärung der dinglichen Sicherheitenlage ein gesonderter Abstimmungstermin einberufen werden. Unter Umständen wird auch nur ein Teil eines Stimmrechts bestritten, auch dies bedarf einer Erörterung in diesem Sinne. 3

---

6 *Schiessler* Der Insolvenzplan, S. 149.
7 *Nerlich/Römermann/Braun* § 23 Rn. 36.
8 *Bley/Mohrbutter* VglO, § 72 Rn. 13 f.
9 *Schiessler* Der Insolvenzplan, S. 149.

C. Umfang des Stimmrechts

4 Grds wird das Bestehen des Absonderungsrechts einzeln erörtert werden. Die Einzelerörterung ist erforderlich, weil Absonderungsrechte nicht im Forderungsfeststellungsverfahren nach §§ 174 ff. angemeldet und geprüft werden. Darüber hinaus muss festgestellt werden, inwiefern schon ein Stimmrecht gem. § 237 besteht, damit dem absonderungsberechtigten Gläubiger aufgrund des geteilten Stimmrechts nicht ein zu hohes Stimmrecht erteilt wird.

D. Festsetzung des Stimmrechts

5 Je nachdem welches Vorhaben für den Gegenstand des Absonderungsrechts mit dem Insolvenzplan verfolgt wird, ist das Stimmrecht des absonderungsberechtigten Gläubigers festzusetzen.[1] Daher wird das Stimmrecht anders festgesetzt werden, wenn ein Verkauf des schuldnerischen Betriebes im Insolvenzplan beabsichtigt ist, als wenn eine Fortführung des Unternehmens geplant ist. In einem Fall, in dem mehrere Insolvenzpläne vorhanden sind, muss jeder Insolvenzplan Beachtung finden und der Wert jedes Absonderungsrechts gesondert bestimmt werden.

I. Abs. 1 Satz 2 und 3

6 Hinsichtlich Abs. 1 Satz 2 und 3 wird auf die Ausführungen zu § 237 verwiesen.

II. Abs. 2

7 Durch den Verweis in Abs. 2 wird klargestellt, dass, sofern gem. des Insolvenzplans kein Stimmrecht des absonderungsberechtigten Gläubiger besteht, keine Erörterung hinsichtlich der Rechtsstellung des absonderungsberechtigten Gläubigers erforderlich ist, da in einem solchen Fall keine Beeinträchtigung der Forderung des absonderungsberechtigten Gläubigers gegeben ist.

§ 238a Stimmrecht der Anteilsinhaber

(1) Das Stimmrecht der Anteilsinhaber des Schuldners bestimmt sich allein nach deren Beteiligung am gezeichneten Kapital oder Vermögen des Schuldners. Stimmrechtsbeschränkungen, Sonder- oder Mehrstimmrechte bleiben außer Betracht.

(2) § 237 Absatz 2 gilt entsprechend.

1 § 238a ist durch das ESUG[1] neu in die InsO eingefügt worden. Zweck der Norm ist es, zu regeln, wie sich das Stimmgewicht der neu am Plan zu beteiligenden Anteilsinhaber an Kapitalgesellschaften bemisst. Insoweit hat die neue Norm denselben Regelungsgehalt wie §§ 237, 238. Die Vorschrift findet überhaupt nur dann Anwendung, wenn die Rechtsstellung der Anteilseigner verändert werden soll.

2 Abs. 1 der Vorschrift verweist hierfür auf die Höhe der gesellschaftsrechtlich festgelegten Beteiligung. Zu beachten ist jedoch, dass das Stimmrecht hinsichtlich des Insolvenzplans nicht mit dem gesellschaftsrechtlichen Stimmrecht einhergeht. Für Vorzugsaktien kann nach § 139 AktG das Stimmrecht ausgeschlossen werden; dies ist jedoch nicht im Insolvenzrecht möglich. Rechtseingriffe durch das Planverfahren, wie z.B. die Verminderung der Beteiligung am Schuldner, werden die Vorzugsaktionäre ebenso treffen wie sonstige Aktionäre. Eine Ungleichbehandlung dieser im Insolvenzplanverfahren wäre durch nichts zu rechtfertigen. Der Verzicht auf ein Stimmrecht der Vorzugsaktionäre im Gesellschaftsrecht wird durch die Gewährung von finanziellen Vorteilen erkauft, welche im Insolvenzrecht nicht gelten.

---

1 *Braun/Uhlenbruck* Unternehmensinsolvenz, S. 598.
1 Gesetz zur weiteren Erleichterung der Sanierung von Unternehmen v. 07.12.2011, BGBl. I 2011, 2582 ff.

Für das Stimmgewicht der einzelnen Anteilseigner gilt, dass auf die Höhe der Kapitalbeteiligung am Schuldner abzustellen ist. Für Kapitalgesellschaften gilt der Anteil des im Handelsregister eingetragenen Haftungskapitals als maßgeblich. 3

§ 239 Stimmliste

Der Urkundsbeamte der Geschäftsstelle hält in einem Verzeichnis fest, welche Stimmrechte den Beteiligten nach dem Ergebnis der Erörterung im Termin zustehen.

Über die Abstimmung über den Insolvenzplan wird vom Insolvenzgericht auf Basis des Gläubigerverzeichnisses eine Stimmliste geführt.[1] Auch schon nach der Vergleichsordnung, § 71 Abs. 4 VglO, wurde das Ergebnis der Erörterung des Stimmrechts in einer Stimmrechtsliste festgehalten. 1

In Fällen, in denen über die Gewährung des Stimmrechts Widerspruch eingelegt worden ist und das Insolvenzgericht über die Gewährung des Widerspruchs entscheiden musste, müssen neben der Entscheidung auch der erhobene Widerspruch und die vorgetragenen Gründe in der Stimmliste protokolliert werden. Dieser Vermerk ist zwingend erforderlich, da der Widerspruch nur von dem Bestreitenden zurückgenommen werden kann.[2] Wird kein Widerspruch eingelegt oder kommt es trotz diesem letztendlich zu einer Einigung der Beteiligten über die Höhe des Stimmrechts, ist lediglich das Ergebnis der Abstimmung zu protokollieren. 2

Nur nach festgestelltem Stimmrecht kann eine Abstimmung über den Plan erfolgen. 3

In der Praxis ist es Aufgabe des Insolvenzverwalters, eine Stimmliste vorzubereiten. Der Insolvenzverwalter wird auf Basis der Forderungsprüfungstabelle und des Verzeichnisses der Absonderungsrechte ein EDV-gestütztes Programm vorbereiten, so dass auch schon während des Termins die Entscheidungen eingegeben werden können und eine dementsprechende Stimmliste erstellt werden kann.[3] Dies dürfte insoweit wichtig sein, als das Insolvenzgericht sofort sehen kann, ob der Plan aufgrund der Stimmrechtsverhältnisse auch bei mehreren Gruppen angenommen ist. 4

Die bisher gültige Fassung des § 239 wurde nur insoweit geändert, als aufgrund der Neufassung durch das ESUG[4] die Inhaber von Anteils- und Mitgliedschaftsrechten in das Planverfahren mit einbezogen sind. Die Kommentierung zur neuen Fassung gilt daher auch vollständig für die bisher gültige mit Ausnahme der in Satz 2 bezeichneten Gruppe. 5

§ 240 Änderung des Plans

Der Vorlegende ist berechtigt, einzelne Regelungen des Insolvenzplans auf Grund der Erörterung im Termin inhaltlich zu ändern. Über den geänderten Plan kann noch in demselben Termin abgestimmt werden.

Übersicht	Rdn.		Rdn.
A. Normzweck	1	C. Abstimmung im selben Termin	15
B. Umfang der Planänderung	6	D. Gesonderter Abstimmungstermin	18

A. Normzweck

§ 240 dient der Flexibilität des Planerstellers. In der Praxis sind oftmals Fallgestaltungen gegeben, in denen ein Insolvenzplan allein aufgrund eines unbedeutenden Punktes zu scheitern droht. Um dies zu vermeiden, bietet § 240 dem Planersteller die Möglichkeit Änderungen des Plans vorzunehmen, 1

---

1 Kübler/Prütting/Bork/*Otte* Rn. 2.
2 *Bley/Mohrbutter* VglO, §§ 70, 71 Rn. 14.
3 HambK-InsR/*Flessner* § 238 Rn. 5; *Hess* Rn. 6.
4 Gesetz zur weiteren Erleichterung der Sanierung von Unternehmen v. 07.12.2011, BGBl. I 2011, 2582 ff.

sofern im Termin erkennbar ist, dass der Insolvenzplan unter seinen bisherigen Voraussetzungen nicht mehrheitsfähig ist, dies aber durch entsprechende Änderungen erfolgen könnte. Auch bietet die Norm die Möglichkeit der Vornahme von Änderungen am Insolvenzplan um neuen Erkenntnissen Rechnung zu tragen.

2 Insb. in Fällen, in denen der Schuldner der Planinitiator ist, kommt § 240 eine besondere Bedeutung zu, da der Schuldner aufgrund von § 231 Abs. 2 nur selten eine Möglichkeit haben wird, nach Ablehnung des von ihm vorgelegten Plans nochmals einen Insolvenzplan vorzulegen.

3 In der Praxis dürfen die emotionalen Auswirkungen eines geänderten Plans auf die Beteiligten nicht unterschätzt werden. Die Beteiligten haben sich bis zur Planänderung auf den ursprünglichen Plan eingestellt, sodass sie durch einen geänderten Plan nicht selten verunsichert werden, sich überrannt fühlen. Es ist Sache des Planerstellers zu bewerten und abzuwägen, ob eine Planänderung tatsächlich das gewünschte Ergebnis zur Folge hat.

4 Die Planänderung kann nur durch den Planersteller vorgenommen werden.[1] Die Beteiligten können die Planänderung lediglich anregen. Sollte der Planersteller auf die Anregung eines Beteiligten nicht eingehen, so kann dieser lediglich bei der Abstimmung den Plan ablehnen.

5 Zu beachten ist aber auch bei der Planänderung der Grundsatz des zügigen Verfahrens. Die Planänderung soll, im Gegensatz zur ursprünglichen Konzeption des Rechts zur Änderung des Insolvenzplans, keinesfalls zu einem gesonderten Abstimmungstermin, § 241, führen. Ursprünglich war geplant, dass dem Planersteller nach Ankündigung der Planänderung im Erörterungstermin eine Frist zur Änderung gesetzt werden und dann ein gesonderter Abstimmungstermin bestimmt werden sollte. Davon hat der Gesetzgeber aber Abstand genommen zu Gunsten einer schnellen Planabwicklung. Es soll nunmehr sofort im selben Termin abgestimmt werden.

B. Umfang der Planänderung

6 Gem. § 240 können »einzelne Regelungen« des Plans geändert werden. Eine darüber hinausgehende Erklärung, welche Änderungen genau vorgenommen werden, ist im Gesetz nicht anzutreffen. In der Literatur ist höchst umstritten, wie weitgehend Änderungen am Plan vorgenommen werden können.

7 Insgesamt wird eine Änderung eines vom Schuldner vorgelegten Plans jedenfalls zulässig sein, wenn die Gläubiger nicht benachteiligt werden, wenn also deren Planquote erhöht wird oder zumindest gleich bleibt. Eine Änderung zum Nachteil ist nach § 240 nicht möglich.

8 Geringfügige Änderungen sind zweifelsohne zulässig, so bspw.:
– wenn der Termin zur Auszahlung der Planquote unerheblich verschoben wird,
– die Höhe der Planquote unerheblich verändert wird,
– wenn Sicherheiten ausgetauscht oder verändert werden,
– oder Stundungen vereinbart werden.

9 Aus der Begründung des Rechtsausschusses zu § 284 geht hervor, dass der Kern des ursprünglichen Insolvenzplans erhalten bleiben muss. Wann dies der Fall ist, kann jedoch nicht abschließend und vor allem nicht allgemeingültig festgestellt werden. Hierzu bedarf es vielmehr einer Abwägung im Einzelfall durch das Insolvenzgericht.[2]

10 Klar dürfte aufgrund des Sinn und Zwecks des § 235 Abs. 3 Satz 2 sein, dass eine zu weitgehende Änderung nicht stattfinden darf. Ansonsten wäre die demnach erforderliche Zusendung des Plans oder einer Zusammenfassung überflüssig, da dieser im Termin ohnehin grenzenlos geändert werden könnte.[3] Trotzdem sind viele Insolvenzgerichte aus Sicherheitsgründen zur Gewährung des rechtlichen Gehörs dazu übergegangen, auch nach einer zulässigen Planänderung gem. § 240 den Plan

---

[1] Kübler/Prütting/Bork/*Otte* Rn. 2, Uhlenbruck/*Lüer* Rn. 4.
[2] Kübler/Prütting/Bork/*Otte* Rn. 4; Nerlich/Römermann/*Braun* Rn. 5–8.
[3] HK-InsO/*Flessner* Rn. 7.

erneut an die Gläubiger zustellen zu lassen. Nur so haben die in dem Abstimmungstermin nicht anwesenden Beteiligten die Chance zu erfahren, wie sich die Bedingungen des Plans geändert haben und ggf dagegen Rechtsmittel einzulegen.

Jedenfalls dürfen keine Änderungen erfolgen, die dazu führen, dass Beteiligte, deren Rechte vom bisherigen Plan nicht betroffen waren, nun plötzlich betroffen werden, denn dadurch dass sie bisher nicht betroffen waren, haben sie kein Stimmrecht und sind daher regelmäßig an der Erörterung des Plans auch nicht beteiligt. 11

Teilweise wird die Ansicht vertreten, der Erörterungs- und Abstimmungstermin sei gerade dafür gedacht, zu einer autonomen Gläubigerentscheidung und damit zu einer geeigneteren Lösung für die Beteiligten zu kommen, so dass eine weitreichende Änderung des Plans für möglich erachtet wird, solange diese nur nicht die Verfahrensverschleppung ermöglicht, die Planstruktur aufgehoben oder der Plan unübersichtlich wird.[4] Diese Ansicht erscheint zu weitgehend, insb. in Anbetracht oben genannter Argumentation. Diese Ansicht scheint auch schon deswegen verfehlt, weil viele Gläubiger unter Umständen gar nicht an dem Termin teilgenommen haben im Vertrauen darauf, dass über ihre Rechte nicht abgestimmt wird. Insoweit kann über deren Rechte nicht ohne Verletzung des Prinzips des rechtlichen Gehörs entschieden werden. 12

Zu weitgehend dürfte eine Änderung jedenfalls auch dann sein, wenn sie die Zielrichtung des Plans ändert.[5] Bspw. die Änderung eines Sanierungsplans in einen Liquidationsplan sprengt den Rahmen des § 240.[6] 13

Eine Planänderung erscheint jedenfalls dann als akzeptabel, wenn der Plan in Bezug auf Stundungsvereinbarungen, Fälligkeiten, der Zusammenfassung mehrerer Gruppen in eine Gruppe, der Änderung des Kreditrahmens oder der Änderung von angebotenen Sicherheiten erfolgt. Gerichtliche Entscheidungen zu der Frage der Planänderung im Abstimmungstermin sind bisher nicht bekannt geworden. Einhellige Meinung ist jedoch, dass lediglich eine Planquotenverbesserung zulässig ist. 14

C. Abstimmung im selben Termin

Grds erfolgt eine Abstimmung über den geänderten Insolvenzplan im selben Termin, § 240 Satz 2. Dies ergibt sich nicht nur aus dem Wortlaut der Vorschrift, sondern schon aus dem Grundsatz des zügigen Verfahrens. Sofern alle Beteiligten die Änderungen verstanden haben und niemand Vertagung bzw. einen gesonderten Abstimmungstermin verlangt hat, kann daher eine Abstimmung über den geänderten Plan im selben Termin stattfinden, denn die Nachvollziehbarkeit der Änderungen für die Betroffenen ist denknotwendig Grundlage für die Abstimmung.[7] Selbstredend müssen hierzu die Änderungen den Kriterien der Vorprüfung, § 231, und den rechtsstaatlichen Grundsätzen standhalten. 15

In Fällen, in denen Änderungen vom Gericht nicht zugelassen werden und sich aber der Planersteller weigert, diese zurückzunehmen, wird der unveränderte Plan zur Abstimmung gestellt. 16

Ein selbstständiges Rechtsmittel gegen die Entscheidung des Gerichts gibt es nicht, jedoch ist die Erinnerung gem. § 11 RPflG zulässig. Rechtsfehler können nur mit der sofortigen Beschwerde gegen den Bestätigungsbeschluss des Plans, § 253, gerügt werden[8]. 17

---

4 Nerlich/Römermann/*Braun* Rn. 8.
5 Uhlenbruck/*Lüer* Rn. 5.
6 Kübler/Prütting/Bork/*Otte* § 240.
7 *Braun/Uhlenbruck* Unternehmensinsolvenz, S. 634.
8 HK-InsO/*Flessner* Rn. 10.

D. Gesonderter Abstimmungstermin

18 Aufgrund dessen, dass auch diejenigen Beteiligten, die nicht zum Erörterungstermin erschienen sind, die Möglichkeit erhalten müssen über den Inhalt der Änderung unterrichtet zu werden, kann das Insolvenzgericht einen gesonderten Abstimmungstermin bestimmen. Auf einen solchen kann allerdings dann verzichtet werden, wenn die Rechtsstellung der Betroffen verbessert wird oder wenn alle diejenigen Gläubiger, die aufgrund der Planänderung nachteilig und wesentlich betroffen werden im Erörterungstermin anwesend waren.

§ 241 Gesonderter Abstimmungstermin

(1) Das Insolvenzgericht kann einen gesonderten Termin zur Abstimmung über den Insolvenzplan bestimmen. In diesem Fall soll der Zeitraum zwischen dem Erörterungstermin und dem Abstimmungstermin nicht mehr als einen Monat betragen.

(2) Zum Abstimmungstermin sind die stimmberechtigten Beteiligten und der Schuldner zu laden. Dies gilt nicht für Aktionäre oder Kommanditaktionäre. Für diese reicht es aus, den Termin öffentlich bekannt zu machen. Für börsennotierte Gesellschaften findet § 121 Absatz 4a des Aktiengesetzes entsprechende Anwendung. Im Fall einer Änderung des Plans ist auf die Änderung besonders hinzuweisen.

Übersicht

	Rdn.			Rdn.
A. Normzweck	1	D.	Hinweis auf Planänderung	14
B. Monatsfrist	8	E.	Rechtsmittel	19
C. Ladung zum Termin	10			

A. Normzweck

1 Zweck der Vorschrift ist, den Erörterungs- und Abstimmungstermin voneinander zu trennen, wenn dies im Einzelfall dienlich ist oder wenn im Erörterungstermin festgestellt wird, dass noch keine Abstimmung erfolgen kann.

2 § 241 bietet dem Gericht im Rahmen einer Ermessensentscheidung diese Möglichkeit in Ausnahme zu § 235. Hiervon ist jedoch äußerst zurückhaltend Gebrauch zu machen, da der einheitliche Termin den Regelfall darstellt.[1] Weiter spricht aber nicht nur die Stellung im Gesetz, sondern auch schon die Praxis dafür, hinsichtlich der Anwendung des § 241 Zurückhaltung zu üben. In der Praxis ist aus Gründen der Wirtschaftlichkeit Ziel aller Beteiligten immer ein zügiges Verfahren. Kommt es nun aber zur Anwendung des § 241, so wird das Verfahren aufgrund des zusätzlichen Termins verzögert.

3 Trotz allem gibt es auch in der Praxis Fälle, bei denen auch bei restriktiver Auslegung eine Trennung der beiden Termine erforderlich ist.

4 Dies kommt insb. vor, bei Vorliegen von Großinsolvenzen mit kompliziertem Sachverhalt, beim Auftreten neuer Gesichtspunkte bzgl. des Abwicklungskonzepts bzw. neuen Vorschlägen im Erörterungstermin, aufgrund derer sich die Beteiligten zuerst darüber klar werden müssen, ob der Inhalt des Plans geändert werden muss und in Fällen, in denen im Erörterungstermin der Insolvenzplan durch den Planvorlegenden in seinem Wesen gem. § 240 geändert wird, sodass Gläubiger, die nicht im Erörterungstermin anwesend waren, die Möglichkeit erhalten müssen, über den Plan abzustimmen.

5 Ratsam kann in manchen Fällen eine Trennung aber auch schon vor Bestimmung eines einheitlichen Erörterungs- und Abstimmungstermins sein, vor allem, wenn schon von vornherein absehbar ist, dass

---

[1] Nerlich/Römermann/*Braun* Rn. 5.

zwei getrennte Termine erforderlich sind. Insb. ist dies denkbar, wenn eine schriftliche Abstimmung ermöglicht werden soll, was durchaus sinnvoll sein kann, wenn bspw. der Sitz zahlreicher Gläubiger vom zuständigen Insolvenzgericht weit entfernt liegt.

Die Änderung korrespondiert mit dem durch das ESUG[2] neu eingefügten Satz 3 in § 235 Abs. 3. Die Vorschrift dient dazu, klarzustellen, dass auch die neu am Planverfahren zu beteiligenden Inhaber von Anteils- und Mitgliedschaftsrechten am Schuldner, zu einem gesondert anberaumten Abstimmungstermin geladen werden. 6

Die Ausnahme der Ladungspflicht für Aktionäre und Kommanditaktionäre von börsennotierten Gesellschaften ist auf die Tatsache zurückzuführen, dass solche, wenn es sich um Namensaktien handelt, dem Schuldner meist nicht bekannt sind und dies eine Ladung durch das Gericht unmöglich macht. Für die öffentliche Bekanntmachung gilt § 9 und die Ausführungen zu § 235 Abs. 3 Satz 3 entsprechend. 7

B. Monatsfrist

Der Zeitraum zwischen Erörterungs- und Abstimmungstermin soll nicht mehr als einen Monat betragen. Hierdurch soll gewährleistet werden, dass sich die Beteiligten an die Sachzusammenhänge erinnern. Daher handelt es sich hierbei um einen maximalen Zeitrahmen. In der Praxis sollte stets versucht werden, diesen nicht voll auszuschöpfen.[3] Trotzdem handelt es sich bei der Monatsfrist, im Gegensatz zur ursprünglichen zweistufigen Konzeption, gem. derer die Terminierung zur Abstimmung als »Muss«-Vorschrift ausgestaltet war,[4] lediglich um eine Soll-Vorschrift, also um eine Ordnungsvorschrift, so dass eine Verletzung der Vorschrift keinen wesentlichen Verfahrensmangel i.S.d. § 250 darstellt.[5] Eine Beschwerde kann daher bei Verletzung nicht darauf gestützt werden, da es sich lediglich um eine Ordnungsvorschrift handelt. 8

Die Vorschrift dient dem zügigen Verfahren und soll dazu beitragen, dass die Ergebnisse des Erörterungstermins den Beteiligten während des Abstimmungstermins in Erinnerung sind. 9

C. Ladung zum Termin

Gem. § 241 Abs. 2 Satz 1 sind nur die stimmberechtigten Beteiligten und der Schuldner zu laden. Es müssen also nicht sämtliche Beteiligten, die zum Erörterungstermin zu laden sind, auch zum gesonderten Abstimmungstermin geladen werden. Insb. müssen Gläubiger oder Anteilseigner, deren Rechte nicht durch den Plan berührt werden auch nicht geladen werden. 10

Der Schuldner ist gesondert zu laden, dies insb. auch deshalb, weil er spätestens im Abstimmungstermin von seinem Widerspruchsrecht Gebrauch machen kann, § 247. Ist der Schuldner keine natürliche Person, so muss gem. Regierungsentwurf die an ihm beteiligte natürliche Person nicht gesondert geladen werden, da für diese die Möglichkeit besteht, sich ausreichend beim Insolvenzgericht zu informieren. Diesbezüglich wird von einer anderen Ansicht vertreten, dies stelle einen Verstoß gegen Art. 103 Abs. 1 GG dar. Dies natürlich nur, wenn der Plan nicht selbst vom Schuldner eingebracht worden ist. 11

Der Insolvenzverwalter muss nicht gesondert geladen werden, da er ohnehin beim Erörterungstermin teilnimmt und damit Kenntnis vom Abstimmungstermin hat. 12

Auch die Vertreter von Betriebsrat und Sprecherausschuss der leitenden Angestellten sind zum Abstimmungstermin zu laden, diese stimmen aber nicht über den Insolvenzplan ab. 13

---

2 Gesetz zur weiteren Erleichterung der Sanierung von Unternehmen v. 07.12.2011, BGBl. I 2011, 2582 ff.
3 Nerlich/Römermann/*Braun* Rn. 8.
4 Text des RegE zu § 285.
5 FK-InsO/*Jaffé* Rn. 6.

D. Hinweis auf Planänderung

14 Gem. § 241 Abs. 2 Satz 2 ist bei einer Planänderung, § 240, ein gesonderter Hinweis erforderlich, damit die Gläubiger und der Schuldner über die Änderungen informiert sind.[6] Je nachdem, in welchem Umfang Änderungen vorgenommen werden, muss entweder der gesamte Plan oder nur der geänderte Teil zugesandt werden.

15 Zwar kann bei einem einheitlichen Erörterungs- und Abstimmungstermin der geänderte Plan unmittelbar zur Abstimmung gestellt werden, da alle anwesenden Beteiligten ohnehin bei der Erörterung und damit bei Änderung dabei waren und damit ausreichend informiert sind. Bei Vorliegen eines gesonderten Abstimmungstermins ist dies aber nicht unbedingt der Fall, sodass auf den geänderten Plan hingewiesen werden muss.[7]

16 Zwar wird teilweise davon ausgegangen, dass im Abstimmungstermin auch noch der vorgelegte Insolvenzplan erörtert werden kann.[8] Dies entspricht aber nicht dem Wortlaut des Gesetzes und würde in Fällen, in denen Gläubiger ihr Stimmrecht schriftlich ausüben und damit von einer Erörterung ausgeschlossen wären, einen Verstoß gegen den Grundsatz der Gewährung rechtlichen Gehörs, Art. 103 Abs. 1 GG, und gegen den des Rechts auf ein faires Verfahren, Art. 20 Abs. 3 GG, darstellen.

17 Abgesehen aber von diesem Aspekt, spricht auch die Praxis gegen die Möglichkeit der Erörterung des Plans im Abstimmungstermin. Würde man eine solche Erörterung erneut zulassen, bestünde die Gefahr der Verzögerung des Verfahrens, was dem Grundsatz der beschleunigten Abstimmung entgegensteht.

18 Daher wird im Abstimmungstermin nur noch über den vorgelegten Insolvenzplan mit den zuvor erörterten und durch den Planverfasser vorgenommenen Planänderungen abgestimmt. Eine erneute Erörterung des Plans findet gerade nicht statt.

E. Rechtsmittel

19 Die Gläubiger haben kein Antragsrecht. Sie können aber die Entscheidung des Gerichts anregen.

20 Rechtsmittel gegen die Entscheidung des Gerichts sind nicht eröffnet. Umstritten ist, ob die sofortige Beschwerde gem. § 11 Abs. 2 RPflG in Betracht kommt. Dies ist aber mit dem LG Göttingen zu verneinen, da es sich um eine verfahrensleitende Maßnahme und nicht um eine Sachentscheidung handelt.[9] Dieses Ergebnis ist so auch in der Praxis wünschenswert, da die Einlegung der sofortigen Erinnerung zur Verschleppung des Verfahrens und damit zur Erschwerung der Planrealisierung führen würde.

21 Aufgrund des Verfahrensbeschleunigungsgrundsatzes gibt es im Gegensatz zu § 182 Abs. 2 KO und § 77 Abs. 1 VglO keinen zweiten Abstimmungstermin, was für die Praxis sinnvoll ist.

§ 242 Schriftliche Abstimmung

(1) Ist ein gesonderter Abstimmungstermin bestimmt, so kann das Stimmrecht schriftlich ausgeübt werden.

(2) Das Insolvenzgericht übersendet den stimmberechtigten Beteiligten nach dem Erörterungstermin den Stimmzettel und teilt ihnen dabei ihr Stimmrecht mit. Die schriftliche Stimmabgabe wird nur berücksichtigt, wenn sie dem Gericht spätestens am Tag vor dem Abstimmungstermin zugegangen ist; darauf ist bei der Übersendung des Stimmzettels hinzuweisen.

---

[6] Uhlenbruck/*Lüer* Rn. 13.
[7] Uhlenbruck/*Lüer* Rn. 13.
[8] Begr. Rechtsausschuss § 285, Nerlich/Römermann/*Braun* Rn. 7.
[9] LG Göttingen 21.08.2000, 10 T 68/00, ZIP 2000, 1945.

Übersicht

		Rdn.			Rdn.
A.	Normzweck	1	C.	Widerruf der Stimmabgabe	13
B.	Rechtzeitige Stimmabgabe	7	D.	§ 242 a.F.	15

A. Normzweck

Nach stattgefundenem Erörterungstermin und Feststellung des Stimmrechts ist eine Teilnahme der Beteiligten am Abstimmungstermin nicht erforderlich. Dies ist in der Praxis eine erhebliche Erleichterung des Verfahrens, da für die Beteiligten die schriftliche Abstimmung eine nicht nur finanzielle Erleichterung darstellt. Trotzdem die schriftliche Abstimmung in der Praxis für alle Beteiligten eine erhebliche Erleichterung darstellt, wird diese i.d.R. sehr selten von den Insolvenzgerichten angeordnet. Meist schrecken die Gerichte wohl vor dem organisatorischem Aufwand zurück, an alle Beteiligten einen Stimmzettel zu versenden. 1

Ein rein schriftliches Verfahren, in dem auf eine mündliche Abstimmung verzichtet wird, ist nicht vorgesehen. Es ist lediglich möglich auch schriftlich abzustimmen. Es dürfte zudem auch keinen Sinn machen, auf die mündliche Verhandlung zu verzichten, da in einem Erörterungstermin immer noch die besten Aussichten bestehen, für alle Beteiligten in einem unmittelbaren Gespräch die beste Lösung zu finden. 2

Diese Möglichkeit besteht aber nur, wenn es sich um einen gesonderten Abstimmungstermin handelt. Nur in einem solchen Fall ist die Übersendung eines Stimmzettels entsprechend dem Verzeichnis des Urkundsbeamten der Geschäftsstelle, § 239, möglich. 3

Ob eine schriftliche Abstimmung durchgeführt wird, steht im Ermessen des Gerichts; dieses kann darüber frei entscheiden, ob es eine schriftliche Abstimmung anordnet oder nicht. 4

Die schriftlichen Erklärungen sind an das Insolvenzgericht zu richten. Richtet derjenige, der von seinem Recht auf schriftliche Abstimmung Gebrauch macht, seine Erklärung an den Insolvenzverwalter, ist dieser verpflichtet, sie an das Insolvenzgericht weiterzuleiten. 5

Die Erklärung des Abstimmenden bedarf der Schriftform. Hierzu gelten die allgemeinen Regeln des BGB. So kann auch eine Abstimmung per E-Mail möglich sein, wenn dies durch die landesgesetzlichen Ausführungsvorschriften vorgesehen ist. 6

B. Rechtzeitige Stimmabgabe

Die Stimmabgabe muss spätestens am Tag vor dem Abstimmungstermin dem Gericht zugegangen sein. Nach der Vergleichsordnung, § 73 VerglO, konnte die schriftliche Zustimmung auch noch während des laufenden Abstimmungstermins bis zum Schluss der Abstimmung eingereicht werden. Dies hat allerdings in der Praxis zu erheblichen Schwierigkeiten geführt, insb. in Fällen, in denen die Geschäftsstelle während des laufenden Abstimmungsverfahrens nicht mehr besetzt war oder wenn der Abstimmungstermin außerhalb des Gerichtsgebäudes stattfand. Es konnte dann nicht gewährleistet werden, dass unmittelbar nach Zugang eine Vorlage an den Versammlungsleiter des Abstimmungstermins erfolgte.[1] Hierauf hat das Gericht in seinem Stimmzettel, den es zweckmäßigerweise mit der Ladung zum Abstimmungstermin übersendet, hinzuweisen. Die stimmberechtigten Gläubiger müssen dann jedoch dafür sorgen, dass ihr Stimmzettel rechtzeitig dem Gericht zugeht.[2] 7

Das Gericht hat hinsichtlich des Eingangs des Stimmzettels Tag, Stunde und Minute genau zu vermerken. 8

In Fällen, in denen das Stimmrecht rechtzeitig schriftlich ausgeübt wird, sodann aber beim Insolvenzgericht dem zuständigen Richter oder Rechtspfleger verspätet vorgelegt wird, liegt, sofern der 9

---

1 *Böhle-Stamschräder/Kilger* VglO, § 73 Rn. 2.
2 *Uhlenbruck/Lüer* Rn. 5.

Mangel nicht behoben werden kann, ein Verfahrensverstoß i.S.d. § 250 Nr. 1 vor, der grds zur Versagung der Planbestätigung führt. Dies aber natürlich nur dann, wenn ein wesentlicher Punkt nicht beachtet worden ist. Dies ist der Fall, wenn die zu Unrecht nicht gewertete Stimme einen Einfluss auf das Abstimmungsergebnis gehabt hätte.

10 Gleiches gilt, wenn die Stimmabgabe erst am Tag des Abstimmungstermins bei Gericht eingeht, der stimmberechtigte Beteiligte aber nicht darauf hingewiesen worden ist, dass die Stimmabgabe schon am Tag vor dem Termin bei Gericht eingehen muss.

11 Das Gericht kann allerdings, wenn sich die nicht berücksichtigte Stimmabgabe auf die Abstimmung ausgewirkt hätte, die Wiederholung der schriftlichen Abstimmung anordnen.[3]

12 Die Stimmabgabe kann grds nicht unter einer Bedingung erfolgen. Möglich ist jedoch die Zustimmung unter der Bedingung, dass die Forderung des Gläubigers nicht vom Schuldner und dem Verwalter bestritten wird.[4]

C. Widerruf der Stimmabgabe

13 Die abgegebene Zustimmung oder Ablehnung kann von dem Beteiligten bis zum Beginn der Abstimmung widerrufen werden. Dies kann schriftlich durch abgeänderte Erklärung, in der er mitteilt, dass diese die ursprüngliche Erklärung ersetzen soll, oder im Abstimmungstermin erfolgen.

14 Durch persönliches Erscheinen des abstimmungsberechtigten Gläubigers oder seines Vertreters werden auch sämtliche Fehler in Bezug auf die schriftliche Stimmabgabe geheilt.

D. § 242 a.F.

15 Der Unterschied zur durch das ESUG[5] neu gefassten Bestimmung des § 242 Abs. 2 Satz 1 liegt darin, dass nach altem Recht lediglich die stimmberechtigten Gläubiger ein Stimmrecht hatten und nicht auch die sonstigen Beteiligten. Dies deshalb, da ohnehin nicht in ihre Rechte eingegriffen werden konnte, was jetzt nach neuem Recht möglich ist.

§ 243 Abstimmung in Gruppen

Jede Gruppe der stimmberechtigten Beteiligten stimmt gesondert über den Insolvenzplan ab.

Übersicht

	Rdn.		Rdn.
A. Normzweck	1	B. Abstimmung	2

A. Normzweck

1 Die Vorschrift ist im Zusammenhang mit § 222 zu sehen. Sie kommt also nur zum Tragen, wenn Gruppen gebildet wurden. Die Gruppenbildung ist einer der wichtigsten Teile des gestaltenden Teils des Plans, die Abstimmung der einzelnen Gruppen gibt dem Plan erst seine Legitimation. Sind keine Gruppen gebildet worden, so gilt das Mehrheitserfordernis für die Gesamtheit der stimmberechtigten Beteiligten (also auch der Inhaber der Anteilsrechte).

B. Abstimmung

2 Die Abstimmung erfolgt für jede der gebildeten Gruppen gesondert. Ein Gläubiger kann auch in mehreren Gruppen gleichzeitig vertreten sein. So kann ein Grundpfandgläubiger in der Gruppe der absonderungsberechtigten Gläubiger und auch in der Gruppe der nicht nachrangigen Insolvenz-

---

3 *Andres/Leithaus* Rn. 2.
4 *Nerlich/Römermann/Braun* Rn. 6.
5 Gesetz zur weiteren Erleichterung der Sanierung von Unternehmen v. 07.12.2011, BGBl. I 2011, 2582 ff.

gläubiger vertreten sein und zwar für den Teil seiner Forderung, für den er nicht werthaltig über sein Grundpfandrecht abgesichert ist.[1]

Das Prozedere der Abstimmung wird von der Insolvenzordnung nicht weiter vorgegeben. 3

Die Stimmabgabe erfolgt i.d.R. mündlich, indem der Stimmberechtigte bzw. sein Vertreter nach 4
Aufruf gem. der Stimmliste erklärt, ob er für oder gegen den Plan stimmt. Als Vertreter sind die gesetzlichen Vertreter zu sehen. Nach der ZPO-Novelle ist eine Vertretung durch sonstige Personen nicht mehr zulässig, es sei denn, es handelt sich um Rechtsanwälte. Eine Reihenfolge der Stimmabgabe ist dabei nicht gesetzlich vorgeschrieben, sie steht daher grds im Ermessen des Insolvenzgerichts. Mit einem wirksamen Beschluss (§ 76 Abs. 2) kann die Gläubigerversammlung jedoch eine Abstimmungsreihenfolge festlegen. Eine einmal wirksam abgegebene Stimme ist nicht mehr widerruflich. Dies würde zu unnötigen Verzögerungen führen, gegen die sich der Gesetzgeber bewusst entschieden hat. Das beweist die Streichung einer Regelung im Regierungsentwurf, wonach unter bestimmten Voraussetzungen ein zweiter Abstimmungstermin anzuberaumen war.[2] Soweit auch eine schriftliche Stimmabgabe zulässig ist (§ 242), richtet sich das Verfahren nach § 242 Abs. 2. Die Stimmabgabe sowie das Ergebnis der Abstimmung sind im Protokoll festzuhalten.

Zulässig ist daher auch, wenn der Schuldner versucht für seinen Plan Werbung zu machen und den 5
Gläubigern anbietet, einem auf seine Kosten beauftragten Rechtsanwalt Vollmacht zu erteilen, dem von ihm vorgelegten Plan zuzustimmen. In der Praxis kommt es daher häufiger vor, dass solche Stimmrechtsvertreter die Abstimmung dominieren, weil sie schon von vorneherein die Kopf- und Summenmehrheit auf sich vereinen.

Nach Abgabe ist das Stimmrecht verbraucht. Dies entspricht der verfahrensrechtlichen Bedeutung 6
der Abstimmung und § 130 BGB. Nach der alten Rechtslage zu § 182 KO war ein Widerruf der abgegebenen Stimme noch möglich und zwar bis zum Schluss der Abstimmung. Hiermit und mit der Tatsache, dass die Abstimmung sich längere Zeit hinziehen kann, plädiert die Gegenauffassung für eine Widerruflichkeit des Stimmrechts bis zum Ende der Abstimmung.[3] Die Widerruflichkeit dürfte aber nicht der ratio legis entsprechen. Dem Gesetzgeber ging es immer um eine schnelle Abwicklung des Verfahrens. Dem steht die Möglichkeit des Widerrufs entscheidend entgegen, da er taktischem Vorgehen und damit der Verfahrensverzögerung Tür und Tor öffnet.

Enthaltungen sind möglich, werden bei der Feststellung der Mehrheiten nach § 244 jedoch nicht 7
mitberücksichtigt.

Eine schriftliche Abstimmung ist unter den Voraussetzungen des § 242 möglich, eine so abgegebene 8
Stimme ist endgültig, wenn Sie im Termin verlesen worden ist.

Im Gegensatz zur neuen Fassung des § 243 sind nach altem Recht lediglich die Gläubiger in die ver- 9
schiedenen Gruppen einzuteilen. Die durch das ESUG[4] erfolgte Änderung ist der Einbeziehung von am Schuldner Beteiligten in das Planverfahren zuzuschreiben, wie Inhabern von Anteils- und Mitgliedschaftsrechten.

---

[1] MüKo-InsO/*Hintzen* Rn. 3.
[2] Vgl. BT-Drucks. 12/7302, 184.
[3] Uhlenbruck/*Lüer* Rn. 6.
[4] Gesetz zur weiteren Erleichterung der Sanierung von Unternehmen v. 07.12.2011, BGBl. I 2011, 2582 ff.

§ 244 Erforderliche Mehrheiten

(1) Zur Annahme des Insolvenzplans durch die Gläubiger ist erforderlich, dass in jeder Gruppe
1. die Mehrheit der abstimmenden Gläubiger dem Plan zustimmt und
2. die Summe der Ansprüche der zustimmenden Gläubiger mehr als die Hälfte der Summe der Ansprüche der abstimmenden Gläubiger beträgt.

(2) Gläubiger, denen ein Recht gemeinschaftlich zusteht oder deren Rechte bis zum Eintritt des Eröffnungsgrunds ein einheitliches Recht gebildet haben, werden bei der Abstimmung als ein Gläubiger gerechnet. Entsprechendes gilt, wenn an einem Recht ein Pfandrecht oder ein Nießbrauch besteht.

(3) Für die am Schuldner beteiligten Personen gilt Absatz 1 Nummer 2 entsprechend mit der Maßgabe, dass an die Stelle der Summe der Ansprüche die Summe der Beteiligungen tritt.

Übersicht

	Rdn.			Rdn.
A. Normzweck	1	C.	Einstimmigkeit der Gruppen	6
B. Mehrheiten in den Gruppen	2	D.	Gemeinschaftliche Rechte	7
I. Kopfmehrheit	4	E.	Am Schuldner beteiligte Personen	12
II. Summenmehrheit	5	F.	Verfahren	17

A. Normzweck

1 Die Vorschrift legt fest, welche Mehrheiten für die Annahme des Plans erforderlich sind. Sie ist im Zusammenspiel mit den §§ 245, 246 zu sehen, durch die sie inhaltlich ergänzt wird.

B. Mehrheiten in den Gruppen

2 Abs. 1 stimmt insoweit mit der früheren Rechtslage überein, als das Gesetz für die Zustimmung der Gläubiger eine Doppelmehrheit verlangt. Einerseits fordert es eine Mehrheit nach Köpfen, andererseits eine Summenmehrheit. Das Kopfmehrheitserfordernis schützt die Interessen der Kleingläubiger gegenüber den Großgläubigern, das Summenmehrheitserfordernis schützt umgekehrt die Großgläubigerinteressen gegenüber den Kleingläubigerinteressen. Anders als nach alter Rechtslage wird dabei allerdings nicht auf die Mehrheit der Anwesenden bzw. der Stimmberechtigten abgestellt, sondern nur auf diejenige der Abstimmenden. Der Gesetzgeber wollte damit verhindern, dass passives Verhalten eine Auswirkung auf die Abstimmung hat. Weiterhin hat sich der Gesetzgeber hinsichtlich des erforderlichen Quorums jeweils für eine einfache Mehrheit entschieden. Diesbezüglich unterbietet das deutsche Recht sogar den US-amerikanischen Bankruptcy Code, der neben einer einfachen Kopfmehrheit eine qualifizierte Summenmehrheit (2/3) fordert (§ 1126 BC).

3 Da nur anwesende Personen abstimmen können, besteht teilweise die Gefahr, dass sich zufällige Mehrheiten ergeben, wenn nur sehr wenige Gläubiger am Abstimmungstermin teilnehmen. Es ist aber wohl besser dieses Risiko in Kauf zu nehmen, als das Quotenkriterium noch höher anzusetzen. Ansonsten würde das Instrumentarium des Insolvenzplans wohl zu unflexibel.

I. Kopfmehrheit

4 Die Mehrheit der Abstimmenden muss dem Plan zustimmen. Innerhalb einer Gruppe wird einer Person dabei auch dann nur eine einzige Stimme gewährt, wenn sie gegen den Schuldner mehrere Forderungen aus unterschiedlichen Rechtsgründen hat.

II. Summenmehrheit

5 Innerhalb einer Gruppe muss die Summe der Ansprüche der Zustimmenden außerdem höher sein als die derer, die gegen den Plan gestimmt haben. Die Summe bezieht sich dabei auf die Anspruchsbeträge.

C. Einstimmigkeit der Gruppen

Für die Annahme des Plans ist es grds erforderlich, dass alle Gruppen dem Plan zustimmen (»... in jeder Gruppe«). Eine nicht anwesende Gläubigergruppe wird dabei ebenso wenig berücksichtigt wie abwesende Einzelgläubiger. Eine schriftliche Abstimmung ist nur unter den Voraussetzungen des § 242 möglich. Andernfalls könnte eine Gläubigergruppe die Annahme des Plans verhindern, denn § 245 greift hier nicht. Es gilt daher das oben angeführte Argument, dass Passivität das Abstimmungsergebnis nicht beeinflussen soll. Haben nicht alle Gruppen dem Plan zugestimmt, kann die Annahme des Plans dennoch unter den Voraussetzungen der §§ 245 bis 247 zu Stande kommen. Die Mehrheit der abstimmenden Gruppen muss dem Plan aber immer zustimmen. 6

D. Gemeinschaftliche Rechte

Wenn Gläubigern ein Recht gemeinschaftlich zusteht oder sie bis zum Eintritt des Insolvenzeröffnungsgrundes ein einheitliches Recht innehatten, werden sie rechnerisch als ein einziger Gläubiger behandelt. Es soll so verhindert werden, dass Mehrheitsverhältnisse im Hinblick auf die bevorstehende Insolvenz manipuliert werden. 7

Gläubiger, denen ein Recht gemeinschaftlich zusteht, sind bspw. Gesamtgläubiger (§ 428 BGB), Gesamthandsgläubiger (§ 432 BGB), die Gesellschafter einer BGB-Gesellschaft (§§ 718, 719 BGB), die Erben- und die Gütergemeinschaft (§ 2032 bzw. § 1416 BGB). 8

Steht ein Recht mehreren Gläubigern gemeinschaftlich zu und können sie sich nicht auf eine einheitliche Stimmabgabe einigen, wird die Stimme nicht gewertet. Dasselbe gilt, wenn nach materiellem Recht jeder Mitberechtigte für die anderen handeln kann und mehrere Mitberechtigte gegensätzlich votieren.[1] 9

Gläubiger, die sich zur Durchsetzung und Geltendmachung ihrer Rechte in einem Pool zusammengeschlossen haben, haben nur eine gemeinsame Stimme. 10

Etwas anderes gilt für den Pensionssicherungsverein, der aufgrund einer Legalzession die Ansprüche der Arbeitnehmer auf Betriebsrenten treuhänderisch übertragen erhalten hat. Diese Forderungen werden durch den Pensionssicherungsverein einzeln zur Insolvenztabelle angemeldet.[2] Deswegen ist eine frühzeitige Einbindung des Pensionssicherungsvereins notwendig. 11

E. Am Schuldner beteiligte Personen

Die Neuregelung in Abs. 3 ist im Zusammenhang mit dem neuen § 238a Abs. 1 zu sehen. Hiernach bestimmt sich das Stimmrecht nicht nach Kopfteilen, sondern nach der Höhe der jeweiligen gesellschaftsrechtlichen Beteiligung. § 244 Abs. 1 Nr. 1 findet daher keine Anwendung. Das Gewicht der Stimme eines Anteilsinhabers bestimmt sich demnach nach dem Wert seiner Beteiligung an der Kapitalgesellschaft. Die Zustimmung innerhalb einer Gruppe liegt vor, wenn eine Anzahl von Anteilsinhabern für den Plan stimmt, welche die Kapitalmehrheit innehat. 12

Da eine Kopfmehrheit nach § 244 Abs. 1 Nr. 1 aufgrund der Berücksichtigung von gesellschaftlichen Wertungen hier nicht erforderlich ist, wird die Gruppenbildung zur Interessenwahrung von am Schuldner mit geringem »Kapitalgewicht« Beteiligten umso wichtiger, da »Kleinaktionäre« oder ähnliche am Schuldner nur mit geringem Kapitalwert Beteiligte, sich nicht gegen kapitalschwere Inhaber von Anteils- oder Mitgliedschaftsrechten in ihrer Gruppe wehren können. 13

In diesem Zusammenhang ist auch zu sehen, dass § 222 neu gefasst wurde. So sieht § 222 Abs. 3 Satz 2 vor, eine eigene Gruppe für geringfügig beteiligte Anteilsinhaber zu bilden. Die Vorschrift zielt darauf ab, Kleinaktionäre zu schützen. Bei der Gruppenbildung nach § 222 ist zu beachten, dass sich losgelöst von der Rechtsstellung der Beteiligten, Inhaber von Anteils- 14

---

1 HM MüKo-InsO/*Hintzen* Rn. 18; HK-InsO/*Flessner* Rn. 9.
2 LAG Baden-Württemberg 19.02.1991, 7 Sa 99/90.

oder Mitgliedschaftsrechten mit ähnlicher wirtschaftlicher Interessenlage in einer Gruppe befinden. Dies ist nur logische Konsequenz aus der Tatsache, dass bei dem neuen Abs. 3 des § 244 nicht nach Kopfmehrheiten sondern nach dem Gewicht des Kapitalwertes der Beteiligung abgestimmt wird.

15 Aufgrund dessen, dass nunmehr insgesamt die Stellung der Anteilsinhaber im Insolvenzverfahren konkretisiert worden ist, ist die Anfügung des Abs. 3 erforderlich. Hierdurch wird festgestellt, welche Mehrheiten für die Annahme des Plans in Bezug auf Anteilsinhaber erforderlich sind.

16 Aufgrund des Verweises auf Abs. 1 Nr. 2 kann auf die unter Rdn. 2 ff. dargestellten Ausführungen verwiesen werden. Anstelle der Summe der Ansprüche tritt die Summe der Beteiligungen.

F. Verfahren

17 Das Gericht stellt das Ergebnis der Abstimmung fest, nimmt es in das Protokoll auf und gibt es bekannt. Das weitere Verfahren bestimmt sich in Abhängigkeit vom Abstimmungsergebnis. Ggf. kann die fehlende Zustimmung der den Plan ablehnenden Gruppen noch unter den Voraussetzungen der §§ 245, 246 durch gerichtlichen Beschluss ersetzt werden.

§ 245 Obstruktionsverbot

(1) Auch wenn die erforderlichen Mehrheiten nicht erreicht worden sind, gilt die Zustimmung einer Abstimmungsgruppe als erteilt, wenn
1. die Angehörigen dieser Gruppe durch den Plan voraussichtlich nicht schlechter gestellt werden, als sie ohne einen Plan stünden.
2. die Angehörigen dieser Gruppe angemessen an dem wirtschaftlichen Wert beteiligt werden, der auf der Grundlage des Plans den Beteiligten zufließen soll, und
3. die Mehrheit der abstimmenden Gruppen dem Plan mit den erforderlichen Mehrheiten zugestimmt hat.

(2) Für eine Gruppe der Gläubiger liegt eine angemessene Beteiligung im Sinne des Absatzes 1 Nummer 2 vor, wenn nach dem Plan
1. kein anderer Gläubiger wirtschaftliche Werte erhält, die den vollen Betrag seines Anspruchs übersteigen,
2. weder ein Gläubiger, der ohne einen Plan mit Nachrang gegenüber den Gläubigern der Gruppe zu befriedigen wäre, noch der Schuldner oder eine an ihm beteiligte Person einen wirtschaftlichen Wert erhält und
3. kein Gläubiger, der ohne einen Plan gleichrangig mit den Gläubigern der Gruppe zu befriedigen wäre, besser gestellt wird als diese Gläubiger.

(3) Für eine Gruppe der Anteilsinhaber liegt eine angemessene Beteiligung im Sinne des Absatzes 1 Nummer 2 vor, wenn nach dem Plan
1. kein Gläubiger wirtschaftliche Werte erhält, die den vollen Betrag seines Anspruchs übersteigen, und
2. kein Anteilsinhaber, der ohne einen Plan den Anteilsinhabern der Gruppe gleichgestellt wäre, besser gestellt wird als diese.

Übersicht	Rdn.		Rdn.
A. Normzweck	1	III. Mehrheitliche Zustimmung (Abs. 1	
B. Norminhalt	2	Nr. 3)	8
I. Keine Schlechterstellung (Abs. 1 Nr. 1)	3	IV. Änderungen durch das ESUG	9
II. Angemessene Beteiligung (Abs. 1 Nr. 2)	4		

A. Normzweck

Die Vorschrift bezweckt die Abschwächung des Einstimmigkeitsprinzips in § 244, denn die Tatsache, dass alle Abstimmungsgruppen dem Insolvenzplan zustimmen müssen, birgt die Gefahr, dass im Extremfall ein einziger Gläubiger den Plan durch sein dissentierendes Votum zu Fall bringen kann. § 245 gibt ein Instrument an die Hand, diese Blockadeposition zu überwinden, wenn das abweichende Votum unter Berücksichtigung der Mehrheitsinteressen als missbräuchlich einzustufen ist, wenn die Gruppe, die abweichend votiert hat, einem Obstruktionsverbot unterworfen ist. Zu Recht wird diese gesetzliche Bezeichnung in der Literatur kritisiert.[1] Es kann kaum missbräuchlich sein, wenn Gläubiger nach Abwägung ihrer wirtschaftlichen Interessen eine Entscheidung treffen, durch die sie ihre persönlichen Interessen am besten gewahrt sehen und die das Gesetz ihnen auch einräumt. Allerdings ist insofern für die Gläubiger noch ein Schutzmechanismus eingebaut worden, als sie durch den Plan nicht schlechter gestellt werden dürfen als ohne ihn (§ 251 Abs. 1 Nr. 2).

1

B. Norminhalt

Zur Überwindung des oben genannten Widerstands gegen den Insolvenzplan sieht das Gesetz in bestimmten Konstellationen die Fiktion der Zustimmung vor. Die Ersetzung der verweigerten Zustimmung wird dann durch das Gericht festgestellt, in das Protokoll aufgenommen und bekannt gegeben. Die Voraussetzungen der Zustimmungsfiktion sind in Abs. 1 abschließend aufgeführt.

2

I. Keine Schlechterstellung (Abs. 1 Nr. 1)

Bei Ersetzung der Zustimmung darf die ablehnende Gruppe voraussichtlich nicht schlechter gestellt werden, als sie ohne einen Plan stünde. Gemeint ist der Vergleich mit der wirtschaftlichen Situation bei einer Liquidation des Schuldners. An dieser Stelle wird nicht der Vergleich zwischen eventuell mehreren vorgelegten Plänen oder auch mit einem Fortführungsszenario gezogen. Es handelt sich um die Gegenüberstellung von Planquote und einer Quote bei der klassischen Zerschlagung des Unternehmens. Die Formulierung »voraussichtlich« macht deutlich, dass das Insolvenzgericht insoweit eine Prognose anzustellen hat. Für diese kann das Gericht einen Sachverständigen heranziehen. In der Literatur wird diskutiert, dem mit der Entscheidung möglicherweise überforderten Gericht mit salvatorischen Klauseln zur Hilfe zu eilen.[2] Aus praktischer Sicht kann der Aufnahme einer solchen Klausel nur zugestimmt werden. Allerdings macht dieses Vorgehen eine Prüfung des Gläubigerschutzes durch das Insolvenzgericht nicht entbehrlich, da der Minderheitenschutz als grundlegender Verfahrensbestandteil andernfalls allzu leicht umgangen werden könnte.[3] Bleiben Zweifel daran bestehen, ob die Planabwicklung nicht möglicherweise zu einer Schlechterstellung gegenüber der Regelabwicklung führt, gehen diese zu Lasten des Plans. Die Schwierigkeit in der Bewertung liegt regelmäßig darin, dass das Gericht den Fortführungswert nicht sicher einschätzen kann. Insb. nutzt ihm die Übersicht der einzelnen Fortführungswerte gem. § 151 Abs. 2 Satz 2 wenig, da sich der tatsächliche Wert regelmäßig nur über deren Anteil am Gesamtwert des Unternehmens bestimmt. Regelmäßig wird der Fortführungswert zwischen dem Liquidationswert als Untergrenze und dem Widerbeschaffungswert als Obergrenze anzusiedeln sein.[4]

3

II. Angemessene Beteiligung (Abs. 1 Nr. 2)

Die Gläubiger sind weiterhin angemessen an dem wirtschaftlichen Wert zu beteiligen, der auf der Grundlage des Plans den Beteiligten zufließen soll. Was hierfür erforderlich ist, setzt Abs. 2 abschließend fest.

4

Es darf kein Gläubiger über die Höhe seines Anspruchs hinaus befriedigt werden (Abs. 2 Nr. 1).

5

---

1 HK-InsO/*Flessner* Rn. 2.
2 *Eidenmüller* Jahrbuch 15 für Neue politische Ökonomie, 183–190.
3 FK-InsO/*Jaffé* Rn. 33.
4 FK-InsO/*Jaffé* Rn. 19.

6 Weiterhin dürfen weder nachrangige Gläubiger, noch der Schuldner oder an ihm beteiligte Personen einen wirtschaftlichen Wert erhalten (Abs. 2 Nr. 2). Sieht man in der Unternehmensfortführung durch den Schuldner einen Zufluss, so ist dieser jedenfalls dann mit der Vorschrift vereinbar, wenn der Schuldner diesen wirtschaftlichen Wert durch Eigenbeiträge neutralisiert.[5] Umstritten ist die Frage, ob auch die ungesicherten Gläubiger im Verhältnis zu den Absonderungsberechtigten als Gläubiger mit Nachrang i.S.d. Nr. 2 einzustufen sind. Vertreten wird dies zumindest in Bezug auf den Mehrwert, den der Gegenstand des Absonderungsrechts durch den Insolvenzplan erfährt.[6]

7 Schließlich dürfen auch andere gleichrangige Gläubiger nicht besser gestellt werden (Abs. 2 Nr. 3). Diese unscheinbare Regelung entpuppt sich als eine wesentliche Schranke der strategischen Gruppenbildung. Das Vorhaben, sich die Mehrheit einer Gruppe durch eine günstige Quote zu erkaufen, scheitert hieran regelmäßig, denn verweigert eine andere, konsequenterweise – relativ – benachteiligte Gruppe ihre Zustimmung zu dem Plan, hilft auch das Obstruktionsverbot des § 245 nicht mehr weiter. Dieser Vorschrift kommt somit eine zentrale Bedeutung im gesamten Insolvenzplanrecht zu. Gleichzeitig dürften sich, bei richtiger Anwendung der Vorschrift, alle Bedenken hinsichtlich einer missbräuchlichen Gruppenbildung zerschlagen.[7] Die oft zitierte Gruppe der Klein- und Kleinstgläubiger kann nach dieser Vorschrift auch nicht die anderen Gruppen überstimmen, sollte ihnen im Plan eine höhere Quote versprochen worden sein als den übrigen Gläubigergruppen. Bei dieser engen Auslegung der Vorschrift dürfte es sich wahrscheinlich erübrigen, mehrere Gruppen zu bilden, da allen Gruppen nach dieser Vorschrift dasselbe geboten werden muss.

III. Mehrheitliche Zustimmung (Abs. 1 Nr. 3)

8 Die Mehrheit der abstimmenden Gruppen muss dem Plan zugestimmt haben. Relevant sind dabei nur die stimmberechtigten Gruppen (z.B. nicht die absonderungsberechtigten Gläubiger, in deren Rechte der Insolvenzplan gar nicht eingreift, § 222 Abs. 1 Nr. 1) und solche, deren Zustimmung nicht bereits von Gesetzes wegen fingiert wird (§ 246). Weiterhin kommen nur solche Gruppen in Betracht, in denen auch tatsächlich abgestimmt wurde. Sollte niemand dieser Gruppe an der Abstimmung teilnehmen, wird diese auch bei der Berechnung der Mehrheiten nicht eingerechnet. Wie beim gesamten Planverfahren zählen nur die Stimmen der Gläubiger, die im Abstimmungstermin anwesend oder vertreten sind.

IV. Änderungen durch das ESUG

9 Durch das ESUG wurde die Ausweitung des Obstruktionsverbotes auf neu am Planverfahren zu beteiligende Anteilseigner am Schuldner sprachlich klargestellt.

10 In Abs. 1 wurde lediglich das Wort Gläubiger durch Angehörige ersetzt.

11 Inhaltliche Neuregelungen wurden in Abs. 2 nicht durchgeführt, er wurde lediglich dem neuen Abs. 3 sprachlich angepasst.

12 Abs. 3 bringt inhaltlich nur insofern eine Neuerung, als er das Obstruktionsverbot als logische Konsequenz der Beteiligung von am Schuldner beteiligten Personen am Planverfahren auf diese ausweitet. Er konkretisiert die »angemessenen Beteiligung« i.S.d. § 245 Abs. 1 Nr. 2, also inwiefern Anteilseigner zu befriedigen sind, damit sie nicht den Plan als Gruppe blockieren können.

13 D.h., dass keiner der Anteilseigner Werte erhält, welche den Wert seines Anteils übersteigen. Dies soll gewährleisten, dass nicht vereinzelte Gläubiger zu Lasten der Gesamtheit der Gläubiger, aufgrund der Gewährung von Sondervorteilen in ihrem Abstimmungsverhalten manipuliert werden.

---

5 HK-InsO/*Flessner* Rn. 21.
6 *Eidenmüller* FS Drukarczyk, 2003, 194; *Smid* FS Gerhardt, 2004, 956; HK-InsO/*Flessner* Rn. 22; a.A. *Braun* Rn. 9; HambK-InsR/*Flessner* Rn. 12.
7 FK-InsO/*Jaffé* § 222 Rn. 11 ff.

Nr. 2 des neuen Abs. 3 soll eine Gleichbehandlung der Gruppen untereinander gewährleisten, so dass die verweigerte Zustimmung einer Gruppe nur überwunden werden kann, wenn nicht Gläubiger einer anderen Gruppe mehr bekommen, als die Gläubiger der Gruppe, welche die Zustimmung verweigert. Weitere Voraussetzung ist sicherlich, dass diese in verschiedenen Gruppen befindlichen Gläubiger ohne Plan abgesehen vom wirtschaftlichen Wert ihrer Forderung gleichstehen. 14

Dieser Fall würde bspw. eintreten, wenn Anteilseigner, welche einen Anteil in nur geringer Höhe haben und demnach in einer Gruppe nach dem neuen § 222 Abs. 3 Satz 2 zusammengefasst werden, mehr erhalten als Anteilseigner, die aufgrund differierender wirtschaftlicher Größenordnung ihrer Beteiligung einer anderen Gruppe zugeordnet worden sind. 15

Gem. Abs. 1 soll die Fiktion der Zustimmung, wie unter Rdn. 2 ff. beschrieben nun auch für Anteilsinhaber gelten. Daher wird der Wortlaut »Gläubiger« in Abs. 1 Nr. 1 und Nr. 2 ersetzt durch »Angehörige«. 16

In Abs. 2 wird weiterhin definiert, wann eine angemessene Beteiligung der Gläubiger i.S.d. Abs. 1 Nr. 2 vorliegt. Konsequenterweise wird dem § 245 daher ein dritter Absatz angehängt, der sich auf Anteilsinhaber bezieht und im Wesentlichen mit Abs. 2 Nr. 1 und Nr. 2 übereinstimmt. 17

Hinsichtlich des Inhalts des Abs. 3 Nr. 1 kann daher auf die Ausführungen zu Abs. 2 Nr. 1 verwiesen werden. 18

Hinsichtlich des Inhalts des Abs. 3 Nr. 2 wird verwiesen auf die Ausführungen zu Abs. 2 Nr. 2. 19

§ 246 Zustimmung nachrangiger Insolvenzgläubiger

Für die Annahme des Insolvenzplans durch die nachrangigen Insolvenzgläubiger gelten ergänzend folgende Bestimmungen:
1. Die Zustimmung der Gruppen mit einem Rang hinter § 39 Abs. 1 Nr. 3 gilt als erteilt, wenn kein Insolvenzgläubiger durch den Plan besser gestellt wird als die Gläubiger dieser Gruppen.
2. Beteiligt sich kein Gläubiger einer Gruppe an der Abstimmung, so gilt die Zustimmung der Gruppe als erteilt.

Übersicht	Rdn.		Rdn.
A. Normzweck	1	C. Änderungen durch das ESUG	8
B. Voraussetzungen	2		

A. Normzweck

Die Norm tritt ergänzend neben § 245 und ersetzt die Zustimmung der nachrangigen Insolvenzgläubiger und dient damit der Vereinfachung der Abstimmung nach § 243 und letztendlich der Verfahrensökonomie. Dies macht insoweit auch Sinn, da es sich bei den Forderungen nach § 39 um meist wirtschaftlich wertlose Forderungen handelt, warum sollte man also Inhabern von wirtschaftlich wertlosen Forderungen die Möglichkeit geben das Verfahren zu blockieren. Die Norm ist in Ansehung der Regelung des § 225, wonach in den meisten Fällen nachrangige Forderungen sowieso als erlassen gelten, in ihrer praktischen Anwendung sehr beschränkt. 1

B. Voraussetzungen

§ 246 Nr. 1 meint mit seinem Verweis auf § 39 Abs. 1 Nr. 3 Geldstrafen und ihnen gleichgestellte Forderungen. Diese Arten von Forderungen stehen aufgrund ihrer besonderen Rechtsnatur nicht zur Disposition im Planverfahren. Eine Abstimmung hierüber ist daher nicht möglich. 2

Des Weiteren meint die Vorschrift, da auch Gläubiger hinter dem Rang von § 39 Abs. 1 Nr. 3 vom Wortlaut erfasst sind, nachrangige Gläubiger i.S.d. § 39 Abs. 1 Nr. 4 und Nr. 5. 3

4 Die Leistung eines Schuldners ist nur unentgeltlich i.S.d. § 39 Abs. 1 Nr. 4 wenn dies für einen objektiven Betrachter erkennbar ist und der Schuldner einen solchen subjektiven Willen hat.

5 § 39 Abs. 1 Nr. 5 bezieht sich nur auf Darlehen von Gesellschaftern oder wirtschaftlich gleichgestellte Darlehen, nicht aber von dritten Personen.

6 Die Zustimmung dieser Gruppen gilt als erteilt, wenn diese den höherrangigen Insolvenzgläubigern gleichgestellt werden, dh bei einer quotalen Befriedigung der nicht nachrangigen Gläubiger die Gläubiger i.S.d. § 246 Nr. 2 dieselbe Quote erhalten wie diese.[1] In diesem Fall sind die Gläubiger wirtschaftlich so gut gestellt, dass eine fiktive Zustimmung zum Plan unterstellt werden kann.

7 § 246 Nr. 3 ist missverständlich formuliert. Gemeint ist mit Gruppe nur die Gruppe nachrangiger Gläubiger. Fingiert wird deren Zustimmung, wenn diese sich nicht an der Abstimmung beteiligen. Dies ist insoweit auch sinnvoll, da es sich hierbei um eine Gruppe mit meist wirtschaftlich wertlosen Forderungen handelt, welche daher kein gehobenes Interesse an einer aktiven Beteiligung habt. Die Vorschrift dient daher der Verfahrensbeschleunigung.

C. Änderungen durch das ESUG

8 Die frühere Nr. 1 ist obsolet und wird daher zur Klarstellung gestrichen. Im Schrifttum wurde sich bisher mit der Deutung von Sinn und Zweck der Vorschrift schwer getan.[2] Eine Streichung ist daher zu begrüßen.

9 Der Grund für die Überflüssigkeit der Norm ergibt sich wie folgt: Es gilt eine nachrangige Forderung gem. § 225 Abs. 1 als erlassen, solange der Plan nichts anderes bestimmt. Für eine erlassene Forderung wird keine extra Gruppe gebildet. Dies ist insofern logisch und wird von § 222 Abs. 1 Nr. 3 klargestellt.

10 Gibt es keine solche Gruppe, bedarf es auch keiner Zustimmungsfiktion zum Plan. Der Tatbestand von § 246 Nr. 1 a.F. kann also schon mangels existierender Gruppe nicht einschlägig sein.

11 Aufgrund der Streichung der Nr. 1 a.F. rücken Nr. 2 und Nr. 3 entsprechend vor. Eine inhaltliche Änderung wurde nicht vorgenommen.

D. § 246 Zustimmung nachrangiger Insolvenzgläubiger a.F.

12 »Für die Annahme des Insolvenzplans durch die nachrangigen Insolvenzgläubiger gelten ergänzend folgende Bestimmungen:

1. Die Zustimmung der Gruppen mit dem Rang des § 39 Abs. 1 Nr. 1 oder 2 gilt als erteilt, wenn die entsprechenden Zins- oder Kostenforderungen im Plan erlassen werden oder nach § 225 Abs. 1 als erlassen gelten und wenn schon die Hauptforderungen der Insolvenzgläubiger nach dem Plan nicht voll berichtigt werden.

2. Die Zustimmung der Gruppen mit einem Rang hinter § 39 Abs. 1 Nr. 3 gilt als erteilt, wenn kein Insolvenzgläubiger durch den Plan besser gestellt wird als die Gläubiger dieser Gruppen.

3. Beteiligt sich kein Gläubiger einer Gruppe an der Abstimmung, so gilt die Zustimmung der Gruppe als erteilt.«

13 Die Regelung des § 246 Nr. 1 a.F. ist in ihrer Aussage fehlerhaft, weil widersprüchlich. Dies ergibt sich daraus, dass nach § 222 Abs. 1 Satz 2 Nr. 3 für nach § 225 erlassene Forderungen keine Gruppen gebildet werden. Es handelt sich wohl hierbei um ein Versehen des Gesetzgebers.[3]

---

1 FK-InsO/*Jaffé* Rn. 10.
2 S. nur z.B. MüKo-InsO/*Sinz* Rn. 11.
3 Näheres hierzu MüKo-InsO/*Sinz* Rn. 5.

Relevant wird daher die Vorschrift nur für nachrangige Insolvenzgläubiger, für welche die Forderungen nach § 225 nicht als erlassen gelten, also in Fällen einer nach § 222 Abs. 2 fakultativ gebildeten Gruppe mit nachrangigen Gläubigern. Ein solcher Fall entspricht dem des § 245 Abs. 1 Nr. 1,[4] wobei die Vorschrift analog angewandt wird.

§ 246a Zustimmung der Anteilsinhaber

Beteiligt sich keines der Mitglieder einer Gruppe der Anteilsinhaber an der Abstimmung, so gilt die Zustimmung der Gruppe als erteilt.

Die Vorschrift ist Ausfluss des Gedankens, dass das Planverfahren aufgrund von Vereinfachungen und Verfahrensbeschleunigungen transparenter hinsichtlich seines zeitlichen Abschlusses werden soll und damit für alle Beteiligten attraktiver.

Die Vorschrift fingiert die Zustimmung von Anteilsinhabern zum Plan, auch wenn diese nicht bei der Abstimmung mitwirken. Es gibt verschiedene Fallkonstellationen, bei denen es aus der Sicht der Anteilseigner wenig Sinn macht, an einer mit Aufwand verbundenen Abstimmung teilzunehmen. Dies kann bspw. der Fall sein, wenn es sich um, aufgrund der Eröffnung des Insolvenzverfahrens, wertlose Forderungen handelt. Dies ist zudem denkbar, wenn der Anteilseigner nur Anteile in geringfügiger Höhe hat, für die es sich nicht lohnt den Aufwand für die Abstimmung zu betreiben. Dies könnte bspw. auf Mitglieder einer Gruppe nach dem neuen § 222 Abs. 3 Satz 2 zutreffen.

Eine weitere verfahrensbeschleunigende Wirkung der Vorschrift ist im Zusammenhang mit dem neuen § 241 Abs. 2 Satz 2 zu sehen, wonach eine Ladung zum Abstimmungstermin von Anteilsinhabern börsennotierter Gesellschaften nicht erfolgt. Diese werde aus praktikablen Gründen nur über öffentliche Bekanntmachungen i.S.d. § 9 bzw. durch Mitteilung auf der Internetpräsenz des Schuldners informiert. Dies kann dazu führen, dass solche Anteilseigner im Einzelfall nichts von der Abstimmung mitbekommen. Da bei nicht bekannten Anteilsinhabern am Schuldner nichts anders möglich ist, als diese durch öffentliche Bekanntmachung zu laden, darf als Konsequenz hieraus auch ein Ausbleiben selbiger beim Abstimmungstermin nicht zu einem Scheitern des Plans führen.

Aufgrund dessen, dass nunmehr insgesamt die Stellung der Anteilsinhaber im Insolvenzplanverfahren konkretisiert wurde, ist die Einführung der Norm notwendig. Die Vorschrift fingiert die Zustimmung des Anteilsinhabers, solange sich kein Mitglied einer Gruppe der Anteilsinhaber an der Abstimmung beteiligt. Von der Konstruktion her ist diese Zustimmungsfiktion vergleichbar mit der Fiktion der Zustimmung der nachrangigen Gläubiger bei Nichterscheinen gem. § 246 Nr. 3.

§ 247 Zustimmung des Schuldners

(1) Die Zustimmung des Schuldners zum Plan gilt als erteilt, wenn der Schuldner dem Plan nicht spätestens im Abstimmungstermin schriftlich widerspricht.

(2) Ein Widerspruch ist im Rahmen des Abs. 1 unbeachtlich, wenn
1. **der Schuldner durch den Plan voraussichtlich nicht schlechter gestellt wird, als er ohne einen Plan stünde, und**
2. **kein Gläubiger einen wirtschaftlichen Wert erhält, der den vollen Betrag seines Anspruchs übersteigt.**

Übersicht

		Rdn.			Rdn.
A.	Normzweck	1	II.	Abs. 2	7
B.	Voraussetzungen	3	C.	Rechtsschutz	13
I.	Abs. 1	3			

---

4 HambK-InsO/*Flessner* Rn. 2.

§ 247 InsO Zustimmung des Schuldners

A. Normzweck

1 Die Vorschrift macht die Zustimmung des Schuldners zum Plan erforderlich und fingiert diese solange der Schuldner nicht widerspricht. Die Vorschrift ist Ausfluss des Gedankens, dass trotz der in § 1 vorrangig statuierten Ziele der Gläubigerbefriedigung, dem Schuldner auch Rechte einzuräumen sind, wenngleich die Voraussetzungen für einen erfolgreichen Widerspruch des Schuldners hoch sind. Die Zustimmungsbedürftigkeit des Schuldners zum Plan ergibt sich daraus, dass dieser im Vergleich zum Regelverfahren schlechter gestellt werden kann, wenn bspw. von den Regelungen zur Restschuldbefreiung nach § 286 zu seinem Nachteil abgewichen wird oder ihm sein etwaiger Anspruch auf den Übererlös nach § 199 durch den Plan genommen wird.

2 Gemeint sind nur vom Insolvenzverwalter vorgelegte Pläne; hat der Schuldner den Plan selbst vorgelegt, ist ein Widerspruch nach § 247 nicht möglich. Dies ergibt sich nicht aus dem Wortlaut der Vorschrift, sondern aus dem Verbot widersprüchlichen Verhaltens, venire contra factum proprium. Das Vertrauen von Gläubigern und Gericht zu einem solchen Plan bzw. dessen Umsetzung bei erfolgreicher Abstimmung ist vorrangig.[1] Einen selbst vorgelegten Plan kann der Schuldner nur noch bis zur Abstimmung über den Plan zurücknehmen. Danach hat er ihn sozusagen aus der Hand gegeben und muss den Inhalt gelten lassen, aufgrund des Vertrauenstatbestandes den er geschaffen hat.

B. Voraussetzungen

I. Abs. 1

3 Der Widerspruch nach Abs. 1 muss spätestens im Abstimmungstermin schriftlich eingelegt werden, ein verspäteter Widerspruch ist präkludiert. Inhaltliche Anforderungen werden an den Widerspruch durch das Gesetz nicht gestellt, insb. muss der Schuldner den Widerspruch nicht begründen. Das Gericht hat von Amts wegen zu prüfen, ob ein Widerspruch im Interesse des Schuldners beachtlich ist oder ob die Vorrausetzungen des Abs. 2 vorliegen. Im eigenen Interesse ist jedoch dem Schuldner anzuraten, die Gründe für seinen Widerspruch anzugeben.

4 Der Widerspruch ist kein Rechtsbehelf, er hat keinen Devolutiveffekt, er ist lediglich eine Verfahrenserklärung.[2] Ist der Widerspruch unbegründet, kann das Gericht ihn zurückweisen. Ein isoliertes Rechtsmittel ist dagegen nicht gegeben.

5 § 247 wurde durch das ESUG dahingehend geändert, dass die bisher geregelte Möglichkeit des Schuldners dem Plan schriftlich oder zu Protokoll der Geschäftsstelle zu widersprechen, darauf beschränkt wird, dass dem Schuldner nunmehr ausschließlich die Möglichkeit zusteht, dem Plan schriftlich zu widersprechen. Hierdurch wird Rechtssicherheit gewährleistet.

6 Bisher konnten telefonisch gestellte Anträge auch protokolliert werden. Die Geschäftsstelle war jedoch nicht verpflichtet, telefonische Anträge und Mitteilungen zu protokollieren, tat dies aber in der Regel. Durch die Neufassung ist jeder Schuldner verpflichtet, schriftlich zu widersprechen, was zu einer Vereinheitlichung des Verfahrens führt und folglich auch der Beschleunigung des Verfahrens dient.

II. Abs. 2

7 Die Regelung des Abs. 2, welche einen Widerspruch unbeachtlich macht, ist an das Obstruktionsverbot des § 245 angelehnt, da sich die Unbeachtlichkeit des Widerspruchs dort auch an einer wirtschaftlichen Betrachtungsweise orientiert, wobei vorliegend auch der Verzicht auf Verfahrensrechte des Schuldners zu einer Unbeachtlichkeit führen kann. Die Voraussetzungen im Abs. 2 Nr. 1 und

---

1 Nerlich/Römermann/*Braun* Rn. 9 f.
2 FK-InsO/*Jaffé* Rn. 3.

Nr. 2 müssen kumulativ vorliegen, der klare Gesetzeswortlaut lässt hier keine andere Deutung zu, auch wenn statt des »und« wohl ein »oder« vom Gesetzgeber gemeint war.[3]

Im Rahmen des Abs. 2 Nr. 1 ist eine Prognoseentscheidung erforderlich, ob der Schuldner im Vergleich zum Regelverfahren nach dem Plan voraussichtlich schlechter gestellt sein wird. 8

Eine Schlechterstellung kann vorliegen, wenn es sich bei dem Schuldner um eine natürliche Person handelt und ihm durch den Plan die Restschuldbefreiung, §§ 286 ff., versagt wird, soweit nicht einer der Tatbestände des § 290 gegeben ist. Bei juristischen Personen kommt eine Restschuldbefreiung aufgrund von § 286 nicht in Betracht. 9

Was eine abweichende Regelung von einer Überschussverteilung nach § 199 angeht, so ist dies zwar theoretisch eine Schlechterstellung des Schuldners aber praktisch ein sehr seltener Fall, da durch einen Plan selten alle Gläubiger in voller Höhe befriedigt werden können und es damit auch nicht zu einer Auskehr des Überschusserlöses an den Schuldner kommt. 10

Des Weiteren liegt eine Schlechterstellung vor, wenn durch den Plan in nach §§ 36, 37 von der Masse ausgenommenes Vermögen eingegriffen wird, also i.d.R. bei natürlichen Personen in die unpfändbaren Gegenstände, es können aber auch die Namensrechte bei einem einzelkaufmännischen Unternehmen (»Metzgerei Schumacher«) hierunter fallen. 11

Abs. 2 Nr. 2 liegt vor wenn einer der Gläubiger durch den Plan mehr erhalten soll als ihm zivilrechtlich zusteht. Hier ist anders als in Abs. 2 Nr. 1 eine rein wirtschaftliche Betrachtungsweise angezeigt. 12

C. Rechtschutz

Die Entscheidung über die Zustimmung ist nicht selbständig anfechtbar. Die einzige Möglichkeit ist, die sofortige Beschwerde nach § 253 zu erheben und die Bestätigung des Plans als Ganzes anzugreifen. Es sind allerdings bisher keine Fälle bekannt geworden, in denen ein Schuldner Rechtsmittel gegen die Zustimmungsersetzung eingelegt hat, da kaum Fälle denkbar sind in denen ein Insolvenzplan ohne Einigung mit dem Schuldner im Vorfeld der Planabstimmung überhaupt Sinn macht. 13

§ 248 Gerichtliche Bestätigung

(1) Nach der Annahme des Insolvenzplans durch die Beteiligten (§§ 244 bis 246a) und der Zustimmung des Schuldners bedarf der Plan der Bestätigung durch das Insolvenzgericht.

(2) Das Gericht soll vor der Entscheidung über die Bestätigung den Insolvenzverwalter, den Gläubigerausschuss, wenn ein solcher bestellt ist, und den Schuldner hören.

Übersicht	Rdn.		Rdn.
A. Normzweck 1		I. Annahme und Bestätigung des Plans . . 3	
B. Voraussetzungen 3		II. Abs. 2 Anhörungen 7	

A. Normzweck

Die Norm dient letztendlich dem Schutz aller Verfahrensbeteiligten, da das Gericht bevor es den Plan bestätigt, diesen nochmals auf Fehler überprüft. Daher ist die Vorschrift im Zusammenhang mit den §§ 249–253 zu sehen. §§ 249, 250 setzen Prüfungspunkte fest, welche vom Gericht von Amtswegen geprüft werden und bei deren Nichtvorliegen die Planbestätigung zu versagen ist. Der Minderheitenschutz des § 251 hingegen, erfordert einen Antrag des Gläubigers zur Prüfung der Voraussetzungen. Willens- oder Verfahrensmängel des Plans werden durch die Bestätigung geheilt.[1] 1

---

3 S. hierzu MüKo-InsO/*Sinz* Rn. 22.
1 FK-InsO/*Jaffé* Rn. 2.

2   In diesem Zusammenhang steht auch Abs. 2 der Vorschrift, wonach die wesentlichen Verfahrensbeteiligten nochmals zu hören sind bevor der Plan bestätigt wird. Bei der Planbestätigung durch das Insolvenzgericht handelt es sich nicht nur um die Beurkundung eines Vertrages zwischen Gläubigern und Schuldner. Der Beschluss des Insolvenzgerichts hat insofern rechtsgestaltende Kraft über den Insolvenzplan selbst.[2]

B. Voraussetzungen

I. Annahme und Bestätigung des Plans

3   Nach Annahme des Plans durch die Gläubiger und Zustimmung des Schuldners, bedarf der Plan zu seiner Wirksamkeit der Bestätigung durch das Gericht. Wie der Verweis in Abs. 1 auf die §§ 244–246a klarstellt, gelten auch die Tatbestände der fingierten Zustimmung als von der Vorschrift miterfasst. Sind Widersprüche im Verfahren eingelegt worden, muss das Gericht über diese entscheiden bevor es den Plan bestätigt.

4   Das Gericht ist in seinem Prüfungsumfang begrenzt, dh es muss den Plan bestätigen soweit die §§ 249–251 dem nicht entgegenstehen. Dem Gericht ist damit kein eigenes Ermessen eingeräumt. Eine Prüfung auf Zweckmäßigkeit und die wirtschaftliche Erfolgsaussicht des Plans fand bereits bei der Vorprüfung nach § 231 statt und findet daher hier keine Berücksichtigung. Auch entspricht es der Grundkonzeption der InsO, dass sich das Gericht wirtschaftlichen Entscheidungen soweit als möglich entzieht.[3] Sind alle maßgeblichen materiellen und formellen Vorschriften beachtet worden, muss das Gericht, in Übereinstimmung mit dem bisherigen Recht, die Bestätigung des Plans erteilen.[4] Ein Ermessen kann das Insolvenzgericht nicht ausüben. Das Verfahren wurde weitgehend in die Entscheidungsfreiheit der Gläubiger gestellt.

5   Das Gericht prüft demnach:
   – ob die Voraussetzungen der Gläubiger- und Anteilseignerzustimmung nach den §§ 244–246a tatsächlich vorliegen und ob der Schuldner wirksam nach § 247 widersprochen bzw. zugestimmt hat;
   – ob die Bedingungen gem. § 249 im Plan erfüllt wurden;
   – gem. § 250 Nr. 1 von Amts wegen, ob gegen Verfahrensvorschriften verstoßen wurde, bzw., ob der Plan unlauter zustande gekommen ist gem. § 250 Nr. 2;
   – gem. § 251 Minderheitenschutz: auf Antrag eines Gläubigers oder Anteilseigners prüft das Gericht, ob eine Schlechterstellung des Gläubigers im Vergleich zum Regelverfahren besteht, also gem. § 251 ein Verstoß gegen Minderheitenschutzrechte gegeben ist.

6   Sind mehrere Pläne eingereicht worden, so z.B. einer des Schuldners und einer des Insolvenzverwalters, so ist klar, dass das Gericht nur einen der Pläne bestätigen darf. In der Literatur werden verschiedene Ansätze verfolgt welcher Plan zu bevorzugen ist.[5] Liegen mehrere Pläne vor, ist der Tatbestand des § 248 in Wirklichkeit noch nicht erfüllt. Das Gericht hat jedem der Pläne die Annahme zu versagen, bis sich die Gläubiger auf einen der Pläne geeinigt haben. Dies entspricht auch dem Grundsatz der Gläubigerautonomie.[6] Notfalls muss die Entscheidung im Wege einer zweiten Abstimmung herbeigeführt werden. Bei einer zweiten Abstimmung muss das Gericht notfalls entscheiden über welchen Plan zuerst abgestimmt wird. Sobald ein Plan die Mehrheit hat, ist die Abstimmung abzubrechen und der Plan mit der Mehrheit zu bestätigen.

---

2   FK-Inso/*Jaffé* zu § 217 Rn. 49
3   FK-InsO/*Jaffé* Rn. 5.
4   Vgl. *Kilger/Schmidt* KO, § 184 Rn. 1.
5   S. Überblick bei MüKo-InsO/*Sinz* Rn. 7a.
6   HambK-InsR/*Flessner* Rn. 5.

II. Abs. 2 Anhörungen

Nach dem Wortlaut handelt es sich bei dem Anhörungserfordernis um eine Sollvorschrift. Dies wird jedoch bezweifelt, da eine Anhörung aufgrund der Rechtswirkungen der Planbestätigung und aufgrund der Anforderungen von Art. 103 Abs. 1 GG zwingend erforderlich ist. Die Vorschrift wird in der Literatur daher teilweise als »Muss-Vorschrift« verstanden.[7] Eine solche Interpretation von Abs. 2 ergibt sich daraus, dass durch die rechtskräftige Bestätigung des Plans nach § 254 allgemeinverbindlich Rechtswirkungen des gestaltenden Teils des Plans eintreten und diese auch nicht angefochten werden oder durch ein Votum der Gläubiger abgewendet werden können. Aufgrund der für die Beteiligten damit verbundenen weitreichenden Rechtsfolgen, müssen diese nochmals zwingend angehört werden, um so etwaige Mängel aufzudecken.

Dem kann jedoch nicht Folge geleistet werden, da eine solche Sichtweise dem Wortlaut widerspricht und nach § 232 Abs. 1 die Gelegenheit zur Stellungnahme bestand, wodurch die Beteiligten die Möglichkeit des rechtlichen Gehörs hatten. Außerdem kann die Anhörung faktisch erzwungen werden, wenn nach § 253 sofortige Beschwerde erhoben wird. Die Vorschrift ist daher in Einklang mit dem Wortlaut als »Soll-Vorschrift« zu verstehen.

Die Bestätigung erfolgt durch Beschluss, welcher noch im Abstimmungstermin verkündet werden kann. Im Regelfall wird das Insolvenzgericht aber davon absehen, den Plan im Termin direkt zu bestätigen, da das Abstimmungsergebnis vorab noch einmal überprüft werden soll. Wünschenswert wäre es aber trotzdem, wenn die Insolvenzgerichte versuchen würden, den Beschluss über die Insolvenzplanbestätigung gleich im Abstimmungstermin zu fassen. Normalerweise müsste es den Gerichten im Abstimmungstermin möglich sein, die Mehrheiten und die Stimmberechtigungen nachzuprüfen und darüber zu entscheiden. Der Erfolg eines Insolvenzplanes hängt nun mal auch daran, wie schnell er umgesetzt werden kann. Es geht darum das Vertrauen aller Beteiligten möglichst schnell zurückzugewinnen.

§ 248a Gerichtliche Bestätigung einer Planberichtigung

(1) Eine Berichtigung des Insolvenzplans durch den Insolvenzverwalter nach § 221 Satz 2 bedarf der Bestätigung durch das Insolvenzgericht.

(2) Das Gericht soll vor der Entscheidung über die Bestätigung den Insolvenzverwalter, den Gläubigerausschuss, wenn ein solcher bestellt ist, die Gläubiger und die Anteilsinhaber, sofern ihre Rechte betroffen sind, sowie den Schuldner hören.

(3) Die Bestätigung ist auf Antrag zu versagen, wenn ein Beteiligter durch die mit der Berichtigung einhergehende Planänderung voraussichtlich schlechter gestellt wird, als er nach den mit dem Plan beabsichtigten Wirkungen stünde.

(4) Gegen den Beschluss, durch den die Berichtigung bestätigt oder versagt wird, steht den in Absatz 2 genannten Gläubigern und Anteilsinhabern sowie dem Verwalter die sofortige Beschwerde zu. § 253 Absatz 4 gilt entsprechend.

Übersicht	Rdn.		Rdn.
A. Normzweck	1	C. Rechtsmittel	4
B. Umsetzung der Norm	2		

A. Normzweck

Durch diese Vorschrift soll die Möglichkeit des Insolvenzverwalters eingeschränkt werden, den Insolvenzplan gem. § 221 Satz 2 zu ändern. Ebenso soll die tatsächlich erfolgte Änderung durch das

---

[7] So FK-InsO/*Jaffé* Rn. 10.

Insolvenzgericht überprüft werden und es wird den betroffenen Beteiligten ein Anhörungsrecht eingeräumt. Um zu vermeiden, dass Beteiligte in ihren Rechten beeinträchtigt werden, muss das Insolvenzgericht ergänzend prüfen, ob ein Beteiligter durch die Vorgehensweise des Insolvenzverwalters schlechter gestellt wird, als er ohne die Änderungen stünde.

B. Umsetzung der Norm

2 Die in § 221 Satz 2 neu geregelte Befugnis des Insolvenzverwalters zur Planberichtigung ist notwendigerweise durch das Insolvenzgericht zu überprüfen um sicherzustellen, dass durch den Insolvenzverwalter die Grenzen seiner Befugnisse eingehalten wurden. Das Insolvenzgericht hat die Aufgabe, die vom Insolvenzverwalter beabsichtigte Änderung zu bestätigen, nachdem die Beteiligten angehört wurden. Damit durch die Bestätigung des Insolvenzgerichts i.S. einer effektiven Verfahrensabwicklung keine unnötige Zeit verloren wird, hört das Insolvenzgericht neben dem Verwalter, dem vorläufigen oder endgültigen Gläubigerausschuss und dem Schuldner nur diejenigen Gläubiger und Anteilseigner an, die von der beabsichtigten Änderung betroffen sind. Nicht notwendig scheint es zu sein, alle Gläubiger und Anteilseigner umfassend anzuhören, sofern nicht durch die Änderung in ihre Rechte eingegriffen wird, da diese bereits vor der eigentlichen Planabstimmung zum Insolvenzplan angehört wurden.

3 Die Zustimmung bzw. Bestätigung gem. § 251 Abs. 1 Nr. 2 ist zu versagen, wenn die Berichtigung des Insolvenzplans durch den Insolvenzverwalter einen in den Plan einbezogenen Gläubiger oder Anteilsinhaber voraussichtlich schlechter stellt, als diese nach dem ursprünglich vorgelegten Plan stünden.

C. Rechtsmittel

4 Gegen den Beschluss des Insolvenzgerichts steht den Beteiligten und dem Verwalter die sofortige Beschwerde zu. Allerdings unterliegt diese Beschwerde jedoch dem Verfahren des § 253 Abs. 4 im Interesse einer zügigen Umsetzung des Insolvenzplans.

§ 249 Bedingter Plan

Ist im Insolvenzplan vorgesehen, dass vor der Bestätigung bestimmte Leistungen erbracht oder andere Maßnahmen verwirklicht werden sollen, so darf der Plan nur bestätigt werden, wenn diese Voraussetzungen erfüllt sind. Die Bestätigung ist von Amts wegen zu versagen, wenn die Voraussetzungen auch nach Ablauf einer angemessenen, vom Insolvenzgericht gesetzten Frist nicht erfüllt sind.

Übersicht	Rdn.		Rdn.
A. Normzweck	1	I. Fristsetzung	4
B. Zulässige Bedingungen	2	II. Folgen bei Nichteintritt der Bedingung	5
C. Bestätigung des Plans	4	D. Rechtsbehelf	6

A. Normzweck

1 Die Vorschrift bezweckt die Erfüllung bestimmter Voraussetzungen im Vorfeld des Wirksamwerdens des Plans.

B. Zulässige Bedingungen

2 Die Bestätigung des Plans kann von der Erfüllung bestimmter Leistungen oder anderer Maßnahmen abhängig gemacht werden. Fälle im Vorfeld zu erbringender Leistungen sind etwa die Bestellung von Sicherheiten oder die Gewährung weiterer Kredite. Ansonsten fallen darunter alle zivilrechtlich denkbaren Leistungen, solange sie ausreichend bestimmt sind. Unter anderen Maßnahmen sind vor allem gesellschaftsrechtliche Maßnahmen zu nennen, die ein Mitwirken der schuldnerischen Ge-

sellschafter erfordern, wie z.B. die Änderung von Gesellschaftsverträgen, der Ausschluss oder die Aufnahme von Gesellschaftern und Kapitalveränderungen. Zu unterscheiden ist der Anwendungsbereich der Vorschrift insb. von dem Fall, dass die Wirkungen bestimmter Leistungen erst nach der Bestätigung des Insolvenzplans eintreten sollen. Die Norm erfasst nur die Fälle, dass Leistungen vor der gerichtlichen Bestätigung erfolgen sollen.

Friktionen zwischen dem Gesellschafts- und Insolvenzrecht bestehen im Zusammenhang mit dem Erfordernis eines Fortsetzungsbeschlusses (z.B. für die GmbH § 60 Abs. 1 Nr. 4 a.E.). Gesellschaftsrechtlich setzt die Fortsetzung der Gesellschaft die Beseitigung des Auflösungsgrundes – sprich, die Planbestätigung – voraus. Insolvenzrechtlich darf der Plan gem. § 249 jedoch nur bestätigt werden, wenn die im Insolvenzplan vorgesehenen Voraussetzungen (also auch ein wirksamer Fortsetzungsbeschluss) erfüllt sind. Daraus wird vereinzelt gefolgert, die Wirkungen des Insolvenzplans könnten vor diesem Hintergrund nur unter die auflösende Bedingung gestellt werden, dass binnen einer bestimmten Frist nach der Planbestätigung der Fortsetzungsbeschluss nicht gefasst wird.[1] Angesichts des Erpressungspotenzials, das auf diese Weise den Gesellschaftern erwüchse, scheint es praktikabler, den Fortsetzungsbeschluss bereits vor der gerichtlichen Bestätigung zu fordern, gleichzeitig jedoch den Fortsetzungsbeschluss unter die aufschiebende Bedingung der Bestätigung des Insolvenzplans durch das Insolvenzgericht zu stellen.[2] 3

C. Bestätigung des Plans

I. Fristsetzung

Da das Gericht den Plan nicht bestätigen darf, bis die genannten Voraussetzungen erfüllt sind, setzt es für die Erfüllung eine Frist (Satz 2). Diese muss angemessen sein. Zur Beurteilung der Frage, wann sie angemessen ist, ist einerseits zu berücksichtigen, wie viel Zeit realistischerweise für die Erfüllung benötigt wird. Andererseits darf der Maßstab des § 252 nicht unberücksichtigt bleiben. Demzufolge ist noch im Abstimmungstermin das Ende der Frist festzusetzen und so zu wählen, dass die Entscheidung noch »alsbald« i.S.d. § 252 Abs. 1 verkündet werden kann. 4

II. Folgen bei Nichteintritt der Bedingung

Tritt die Bedingung nicht ein, hat das Insolvenzgericht die Bestätigung des Plans von Amts wegen zu versagen. Ein Ermessensspielraum kommt dem Gericht insoweit nicht zu. 5

D. Rechtsbehelf

Gegen die Entscheidung des Gerichts hinsichtlich der Nachfristsetzung ist kein Rechtsmittel gegeben (§ 6). Gegen den Versagungsbeschluss findet das Rechtsmittel der Beschwerde nach § 253 statt. 6

§ 250 Verstoß gegen Verfahrensvorschriften

Die Bestätigung ist von Amts wegen zu versagen,
1. wenn die Vorschriften über den Inhalt und die verfahrensmäßige Behandlung des Insolvenzplans sowie über die Annahme durch die Beteiligten und die Zustimmung des Schuldners in einem wesentlichen Punkt nicht beachtet worden sind und der Mangel nicht behoben werden kann oder
2. wenn die Annahme des Plans unlauter, insbesondere durch Begünstigung eines Beteiligten, herbeigeführt worden ist.

---

[1] Uhlenbruck/*Lüer* 12. Aufl., Rn. 5.
[2] MüKo-InsO/*Sinz* Rn. 14a.

§ 250 InsO Verstoß gegen Verfahrensvorschriften

Übersicht

	Rdn.		Rdn.
A. Normzweck	1	2. Vorschriften über das Zustandekommen des Plans	7
B. Regelungsgehalt	3	3. Vorschriften über die Annahme des Plans	9
I. Verstoß nach § 250 Nr. 1	3	4. Zustimmung des Schuldners	10
1. Vorschriften über den Inhalt des Plans	6	II. Verstoß nach § 250 Nr. 2	11

A. Normzweck

1   Sie dient dem Schutz aller Verfahrensbeteiligten und soll gewährleisten, dass der Plan im Einklang mit den gesetzlichen Vorschriften zustande gekommen ist. Die Vorschrift steht daher auch nicht zur Disposition der Verfahrensbeteiligten. Andererseits beschränkt sich die Vorschrift auf wesentliche Verstöße, sie ist daher abschließend. § 250 soll also einerseits das rechtsstaatliche Verfahren gewährleisten, andererseits soll durch den Regelungsgehalt der Vorschrift, welche sich nur auf grobe Verstöße beschränkt, die Privatautonomie der am Plan Beteiligten nicht unnötig eingeschränkt werden.

2   Durch das ESUG wurde der Begriff Gläubiger durch den Begriff Beteiligte ersetzt. Die Änderungen verändern die Vorschrift ihrem Inhalt nach jedoch nicht, bis auf die mögliche Einbeziehung von am Schuldner beteiligten Personen (Anteilseignern) in das Planverfahren.

B. Regelungsgehalt

I. Verstoß nach § 250 Nr. 1

3   Die Vorschrift muss im Zusammenhang mit § 231 gesehen werden, hiernach erfolgt eine gerichtliche Vorprüfung des Plans. Diese Vorprüfung übernimmt eine Filterfunktion für fehlerhafte Pläne, so dass es in den meisten Fällen gar nicht mehr zur Anwendung von § 250 Abs. 1 Nr. 1 kommen kann.

4   Jedoch kann sich zwischenzeitlich eine Änderung des Plans ergeben haben. § 240 macht eine Änderung nach dem Erörterungstermin möglich, wobei keine Prüfung nach § 231 mehr erfolgt.

5   Auch unterliegt das Gericht keiner Selbstbindung bei einmal bei der Prüfung nach § 231 getroffenen Entscheidungen. § 250 kann daher auch der Selbstkorrektur des Gerichts dienen. Letztendlich wird die Prüfung nach § 250 durch die Vorprüfung nach § 231 erleichtert. Ein neuer Prüfungs- oder Beurteilungsspielraum ergibt sich dadurch nicht.

1. Vorschriften über den Inhalt des Plans

6   Hierbei handelt es sich um die §§ 217–230; mit Ausnahme von § 218. Die Vorschriften über die Gruppenbildung, § 222, und Gleichbehandlung, § 226, sind zwingend. Wurde gegen andere Vorschriften betr. den Planinhalt verstoßen, so ist ausschlaggebend für eine Anwendbarkeit von § 250 Nr. 1, ob dieser Mangel wesentlich für die Annahme des Plans durch die Beteiligten gewesen sein könnte, dh ob der Mangel tatsächlich ursächlich für die Zustimmung der Beteiligten war ist unerheblich.[1] Es kommt nur auf den reinen Verstoß gegen diese Ordnungsvorschrift an.

2. Vorschriften über das Zustandekommen des Plans

7   Hierbei handelt es sich um die Vorschriften der §§ 218, 231, 232, 234–243. Es ist ausschlaggebend, ob ein Verstoß gegen einen wesentlichen Punkt erfolgte oder nicht. Generalisierungen betr. Verstoßes gegen einzelne Paragraphen sind nicht möglich. Vielmehr liegt das Merkmal der Wesentlichkeit vor, wenn Mängel nicht anderweitig behoben worden sind. Abzustellen ist daher auf die Ratio der

---

[1] S. LG Berlin 20.10.2004, 86 T 578/04, NZI 2005, 335 (337).

jeweiligen Vorschrift und wie sich der Mangel letztendlich ausgewirkt hat.[2] Ein solcher Fall liegt bspw. vor, wenn gegen § 232 verstoßen wurde, weil den Beteiligten der Plan nicht durch das Gericht zugeleitet wurde. Haben jedoch die Beteiligten den Plan anderweitig erhalten, so liegt kein wesentlicher Verstoß mehr vor.

Auch liegt schon eine formelle Beschwer eines Gläubigers vor, wenn er dem Insolvenzplan nur deshalb nicht widersprechen konnte, weil er gegen § 235 Abs. 3 gar nicht zum Erörterungs- und Abstimmungstermin geladen wurde.[3] Wobei die Rspr. ausdrücklich darauf hinweist, dass nicht jeder Gläubiger, der nicht zum Abstimmungstermin geladen wird formell beschwert ist. Es kann Ausnahmen geben. Dies gilt aber sicherlich für jeden bekannten Gläubiger.

Eine Behebbarkeit des Mangels liegt vor, wenn der Mangel behoben werden kann, ohne dass dabei der Verfahrensabschnitt, in welchem der Mangel seinen Ursprung hatte, wiederholt werden muss. 8

3. Vorschriften über die Annahme des Plans

Es handelt sich hierbei um die §§ 243–246. Verstöße gegen §§ 245, 246 sind immer als wesentlich anzusehen. 9

4. Zustimmung des Schuldners

Wird gegen § 247 verstoßen, welcher die Zustimmung des Schuldners regelt bzw. diese unter bestimmten Voraussetzungen fingiert, liegt immer ein wesentlicher Mangel vor. Dieser wird aber erst durch die fehlerhafte Planbestätigung des Gerichts geschaffen, wenn es – nicht wie § 250 es fordert – von Amts wegen die Planbestätigung versagt, da die Voraussetzungen für den § 247 nicht vorliegen. Ein Verstoß gegen § 247 wird daher erst tatsächlich im Rechtsmittelverfahren relevant, wenn das Gericht diesen Mangel bei der Prüfung i.S.d. § 250 Nr. 1 nicht beachtet hat. 10

II. Verstoß nach § 250 Nr. 2

§ 250 Nr. 2 sieht eine Versagung vor, wenn der Plan aufgrund unlauterer Verhaltensweisen zustande gekommen ist. Es muss also Kausalität zwischen der Verhaltensweise und dem Zustandekommen des Plans vorliegen. Unlauter ist jedes gegen Treu und Glauben verstoßende Verhalten. 11

Für den unbestimmten Rechtsbegriff unlauter haben sich bestimmte Fallgruppen herausgebildet, im Wesentlichen betreffen diese alle die Begünstigung eines Beteiligten. So z.B. der Stimmenkauf, dh die Zustimmung Einzelner zum Plan wird mit Zuwendungen erreicht, welche nicht im Plan ausgewiesen sind. Des Weiteren gibt es die Möglichkeit, die Mehrheitsverhältnisse bei der Abstimmung über den Plan durch Aufteilung einer Forderung zu verändern, indem diese unter mehreren Beteiligten geteilt wird. 12

Wie der Forderungskauf, welcher zur Gläubigerauswechselung und veränderten Abstimmungsmehrheiten führt, zu behandeln ist, ist nicht unumstritten.[4] Jedenfalls ist ein solcher nach Ansicht des BGH unlauter i.S.d. § 250 Nr. 2, wenn die Forderung von einem Dritten zu einem höheren Preis als der im Plan vorgesehenen Quote erworben wurde, um so die Abstimmungsmehrheit zu erhalten.[5] 13

Umstritten ist weiter, ob die unlautere Handlung vom Planvorlegenden oder von Personen deren Verhalten ihm zurechenbar ist stammen muss, um eine Versagung nach § 250 Nr. 2 zu bejahen: Dies wird mit dem Strafcharakter der Vorschrift begründet, oder[6] dass es gleichgültig ist, wer die unlautere 14

---

[2] MüKo-InsO/*Seitz* Rn. 12 ff. versucht eine Differenzierung vorzunehmen.
[3] BGH, ZIP 2011, S. 781
[4] S. Nachw. bei MüKo-InsO/*Seitz* Rn. 26 ff.
[5] BGH 18.11.2004, IX ZR 299/00, BGHZ 162, 283 ff.
[6] Braun/Nerlich/*Römermann* Rn. 12.

Handlung begeht.[7] Letztendlich wird man aufgrund Gerechtigkeitserwägungen und der Vorschrift des § 226 Abs. 3 der erstgenannten Auffassung folgen müssen. Der Planvorleger kann nur dann mit der Nichtbestätigung des Plans bestraft werden, wenn das unlautere Verhalten durch ihn oder ihm zurechenbar geschehen ist. Es wäre nicht sachgerecht, einen Plan dann scheitern zu lassen, wenn ein unbeteiligter Dritter versucht Stimmen zu kaufen, sich also unlauter verhält. Dieses nicht zurechenbare Verhalten würde zu Lasten der Gläubigermehrheit und des Schuldners gehen, obwohl diese hiervon unter Umständen noch nicht einmal etwas wissen. Als unlauter ist von Insolvenzgerichten auch schon eingestuft worden, wenn im Vorfeld einer Insolvenzplanabstimmung der Verfahrensbevollmächtigte des Schuldners den Gläubigern mitgeteilt hatte, der Insolvenzverwalter würde den Insolvenzplan unterstützen und befürworten. Tatsächlich hatte der Insolvenzverwalter nur keine Einwände gegen den Plan geäußert. Dies dürfte aber nicht schon für die Annahme einer Unlauterkeit ausreichen, da diese Information keine unzulässige Beeinflussung der Gläubiger darstellen dürfte.

§ 251 Minderheitenschutz

(1) Auf Antrag eines Gläubigers oder, wenn der Schuldner keine natürliche Person ist, einer am Schuldner beteiligten Person ist die Bestätigung des Insolvenzplans zu versagen, wenn
1. der Antragsteller dem Plan spätestens im Abstimmungstermin schriftlich oder zu Protokoll widersprochen hat und
2. der Antragsteller durch den Plan voraussichtlich schlechter gestellt wird, als er ohne einen Plan stünde.

(2) Der Antrag ist nur zulässig, wenn der Antragsteller spätestens im Abstimmungstermin glaubhaft macht, dass er durch den Plan voraussichtlich schlechter gestellt wird.

(3) Der Antrag ist abzuweisen, wenn im gestaltenden Teil des Plans Mittel für den Fall bereitgestellt werden, dass ein Beteiligter eine Schlechterstellung nachweist. Ob der Beteiligte einen Ausgleich aus diesen Mitteln erhält, ist außerhalb des Insolvenzverfahrens zu klären.

Übersicht

	Rdn.		Rdn.
A. Normzweck	1	II. Abs. 2	16
B. Voraussetzungen der Norm	7	III. Abs. 3	17
I. Abs. 1	7	C. § 251 Minderheitenschutz a.F.	23
1. Antrag des Gläubigers oder einer am Schuldner beteiligten Person	11	I. Voraussetzungen der Norm	24
		1. Antrag des Gläubigers	24
2. Widerspruchsfrist nach Nr. 1	13	2. Widerspruchsfrist nach Nr. 1	25
3. Schlechterstellung des Gläubigers oder einer am Schuldner beteiligten Person durch den Insolvenzplan, Nr. 2	14	3. Schlechterstellung des Gläubigers, Nr. 2	26
		4. Salvatorische Klausel	28
		II. Abs. 2	30

A. Normzweck

1 Die Norm schützt unter bestimmten Voraussetzungen die Gläubiger und sonstige Beteiligte, welche bei der Abstimmung nach § 244 von den anderen Beteiligten überstimmt wurden und gegen den Plan sind. Die Norm grenzt daher die Privatautonomie der Gläubigermehrheit zugunsten des einzelnen Gläubigers bzw. Anteilseigners ein, welcher durch den Plan nachteilig behandelt wird. Dies ist auch notwendig, da aufgrund der Regelungen des § 244 Bindungswirkung durch den Plan gegenüber dem Plan widersprechender Gläubiger eintreten kann. Es werden durch den Plan die Interessen des Einzelnen der Mehrheit untergeordnet. § 251 setzt diesem Gedanken Grenzen und dient dem Schutz des Einzelnen. Die Norm ist daher aus Sicht der überstimmten Minderheit eine Schutznorm

---

[7] MüKo-InsO/*Seitz* Rn. 27.

zum Erhalt der Rechtsstaatlichkeit des Planverfahrens. Sie ist im Grunde genommen eine einfache gesetzliche Ausprägung des Art. 14 GG.

Eine Zustimmung der Gläubigermehrheit kann sich auch aus Vorteilen ergeben, welche über die reine Befriedigung ihrer Ansprüche hinausgehen und daher nicht unmittelbar Ausfluss des Plans sind.

Handelt es sich bspw. um einen Fortführungsplan eines Unternehmens, so können Gläubiger oftmals weitergehende Interessen haben, wie bspw. die Fortführung von Geschäftsbeziehungen.

Die Minderheit der Gläubiger, welche keine dieser Vorteile hat und damit kein Interesse an der Fortführung eines Unternehmens, sondern nur an der bestmöglichen Befriedigung ihrer Forderungen interessiert ist, wird daher über § 251 geschützt.

§ 251 wurde durch das ESUG weitgehend neu gefasst. Neben den notwendig gewordenen inhaltlichen Änderungen zur Einbeziehung von am Schuldner Beteiligten, soll der neue Abs. 3 darüber hinaus den Rückhalt von Finanzmitteln ermöglichen, welche den Ausgleich von etwaigen Schlechterstellungen von Gläubigern oder Anteilseignern sicherstellen, damit der Plan trotzdem bestätigt und das Insolvenzverfahren schnell durch Aufhebung beendet werden kann.

In Abs. 2 ist zur Verfahrensbeschleunigung zudem geregelt, dass die Glaubhaftmachung der Schlechterstellung zwingend bis zum Ende des Abstimmungstermins erfolgt sein muss. Es genügt nicht, nur den Antrag zu stellen und die Begründung nachträglich einzureichen.

B. Voraussetzungen der Norm
I. Abs. 1

§ 251 wurde weitgehend neu gefasst. Inhaltliche Änderungen ergeben sich hinsichtlich der nun möglichen Einbeziehung in den Plan von am Schuldner beteiligten Personen. Auch diese müssen Minderheitenschutz genießen aufgrund des Grundrechts des Eigentums, Art. 14 GG. Ob die am Unternehmen beteiligten Personen erst durch das Insolvenzverfahren aufgrund der Durchführung eines »Debt-Equity-Swap«, bei welchem die Forderung eines Gläubigers in einen Anteil am Schuldner umgewandelt wird, zum Anteilseigner wurden, oder dies schon vor Eröffnung des Insolvenzverfahrens waren, spielt für die Gewährung des Minderheitenschutzes keine Rolle.

Es muss jedoch unterschieden werden, ob es sich bei dem am Unternehmen Beteiligten um einen Anteilsinhaber oder um einen Inhaber von Mitgliedschaftsrechten handelt.

Der Verlust oder die Einschränkung eines Mitgliedschaftsrechtes ist unproblematisch, da dieser Verlust auch bei der Regelabwicklung aufgrund der erfolgenden Liquidation der Gesellschaft eintreten würde. Da der Inhaber des Mitgliedschaftsrechtes daher durch den Plan nicht schlechter steht, als es bei Regelabwicklung der Fall wäre, kann er auch hinsichtlich des Verlusts des Mitgliedschaftsrechts keinen Minderheitenschutz geltend machen. Würde sich aus dem Mitgliedschaftsrecht bei Liquidation nach Regelabwicklung ein fortbestehender restlicher Vermögenswert ergeben, ist dem im Plan durch finanziellen Ausgleich Rechnung zu tragen. In den meisten Fällen wird der Inhaber des Mitgliedschaftsrechts jedoch in einem Planverfahren besser gestellt sein, auch wenn das Recht eingeschränkt wird. Dies ergibt sich z.B., wenn es sich bei dem Mitgliedschaftsrecht um ein Verwaltungsrecht handelt, dadurch, dass dieses fortbesteht und der Inhaber weiterhin Einfluss auf das Unternehmen ausüben kann.

Geht es um Anteilsrechte, ist eine hypothetische Betrachtung anzustellen zwischen Liquidationswert des Anteils und dem, was der Anteilsinhaber voraussichtlich aus dem Planverfahren erhalten wird. Eine inhaltliche Änderung im Vergleich zu gewöhnlichen Insolvenzgläubigern erfolgt damit nicht.

1. Antrag des Gläubigers oder einer am Schuldner beteiligten Person

11 Antragsberechtigt ist jeder Gläubiger der berechtigt ist, über den Plan abzustimmen. Auch Gläubiger welche bei der Abstimmung für den Plan gestimmt haben können gegen diesen stimmen, ohne dass Sie den Grund für ihren Sinneswandel angeben müssen.[1] Auch nachrangige Gläubiger sind antragsbefugt, da es theoretisch denkbar ist, dass diese durch einen Insolvenzplan schlechter gestellt werden als bei der klassischen Regelabwicklung. Dies ist aber nur bei sehr großen Insolvenzmassen denkbar.

12 Ebenso sind nach der Gesetzesfassung am Schuldner beteiligte Personen durch diese Vorschrift geschützt. Dies ist auch konsequent, da auch in deren Rechte eingegriffen werden kann.

2. Widerspruchsfrist nach Nr. 1

13 Stellt der Antragsteller den Widerspruch nicht spätestens im Abstimmungstermin, so ist er präkludiert. Später erfolgte Widersprüche sind daher wirkungslos. Der Widerspruch muss ausdrücklich schriftlich oder zu Protokoll der Geschäftsstelle erklärt werden. Ein mündlich eingelegter Widerspruch reicht nicht aus.

3. Schlechterstellung des Gläubigers oder einer am Schuldner beteiligten Person durch den Insolvenzplan, Nr. 2

14 Der Widerspruch des Gläubigers oder einer am Schuldner beteiligten Person führt nur zur Versagung der Bestätigung des Plans, wenn er durch diesen voraussichtlich schlechter gestellt wird, als durch die Regelabwicklung im Insolvenzverfahren. Anhaltspunkt ist damit der Liquidationswert, welcher mit dem verglichen wird, was der betroffene Anteilseigner durch den Plan erhält. Maßgeblich ist eine rein wirtschaftliche Betrachtungsweise. Fühlt sich der Anteilseigner schlechter gestellt, ist dies nicht ausschlaggebend. Wichtig als Beurteilungsgrundlage ist auch der nach § 229 vorzulegende Ergebnis- und Finanzplan und die Vermögensübersicht.

15 Das Gericht prüft nur die vom Anteilseigner glaubhaft gemachten Tatsachen, weitere Ermittlungen von Amts wegen finden nicht statt. Ein Anteilseigner muss daher möglichst viele Tatsachen vortragen und glaubhaft machen, will er, dass sein Antrag Erfolg hat.[2] Die Beweislast trägt der Anteilseigner. Bei der Prüfung durch das Gericht trifft dieses eine Prognoseentscheidung, wie schon das Wort »voraussichtlich« deutlich macht. Damit verbleibt für den antragstellenden Anteilseigner ein gewisses Restrisiko, dass, wenn der Plan nicht die Erwartungen des Gerichts erfüllt, er wider Erwarten schlechter gestellt wird als durch die Regelabwicklung. Dies ist jedoch unter dem Gesichtspunkt des rechtsstaatlichen Verfahrens, welches § 251 garantieren soll, unbedenklich, da es dem allgemeinen Lebensrisiko wirtschaftlich handelnder Personen zuzuordnen ist.

II. Abs. 2

16 Der Antrag ist glaubhaft zu machen, insoweit gilt § 294 ZPO. Sieht das Gericht die Voraussetzungen der Glaubhaftmachung durch den Antragsteller nicht gegeben, so erfolgt eine Zurückweisung des Antrags. Nach neuer Rechtslage dürfte das Gericht dem Antragsteller keine Frist mehr einräumen, um die versäumte Glaubhaftmachung nachzuholen. Eine Fristgewährung dürfte dem ausdrücklichen Wortlaut des Gesetzes widersprechen.

III. Abs. 3

17 Abs. 3 wurde durch das ESUG neu eingefügt und bringt auch über die Einbeziehung von am Schuldner beteiligten Personen in das Planverfahren hinaus Neuerungen. Zweck des Abs. 3 ist es, die Erfolgschancen des Planverfahrens zu erhöhen. Macht ein Beteiligter bei Vorliegen der Tatbestandsvoraussetzungen des Abs. 1 Minderheitenschutz geltend, kann der Antrag abgelehnt werden,

---

[1] FK-InsO/*Jaffé* Rn. 6.
[2] Uhlenbruck/*Lüer* Rn. 17.

wenn im gestaltenden Teil des Plans für einen solchen Fall Mittel bereitgestellt werden, um eine Schlechterstellung auszugleichen.

Wie und in welcher Höhe der Ausgleich stattfinden hat, wird nach der Vorschrift außerhalb des Insolvenzverfahrens geklärt. Es kann also zu der Situation kommen, dass zunächst der Plan bestätigt wird und danach ein Rechtsstreit über einen Ausgleichsanspruch vor einem ordentlichen Gericht erfolgt. Sinn und Zweck dieser Regelung ist eine Verfahrensbeschleunigung zu erreichen. 18

Damit eine solche Ausgleichsklausel ihre Wirksamkeit erlangt, muss die Sicherheit in ausreichender Höhe für alle etwaigen Gläubiger bzw. Teilhaber, welche Minderheitenschutz geltend machen könnten, schon im gestaltenden Teil des Plans berücksichtigt werden. Wie die Finanzierung eines etwaigen Ausgleichsanspruches erfolgt, bleibt dem Schuldner überlassen. In Betracht kommen Bankbürgschaften oder Rücklagen. 19

Da die Möglichkeit einer solchen Sonderklausel nun »de lege ferenda« durch Abs. 3 festgeschrieben wird, kann auch kein Verstoß gegen das Gleichbehandlungsgebot nach § 226 Abs. 1 in dieser gesehen werden. 20

Dies kann aber auch »de lege lata« bei Vorliegen einer solchen Klausel angenommen werden. Eine Ungleichbehandlung wird bspw. gesehen, wenn einerseits Beteiligte aus einer Gruppe an künftigen Erträgen des Schuldners durch den Plan partizipieren und andererseits andere Beteiligte aus der Gruppe Barabfindungen erhalten.[3] Nach der neuen Regelung des Abs. 3 kann es zu einer solchen Situation kommen. 21

Zu beachten ist des Weiteren, dass im Falle von Zahlungen an einzelne Beteiligte, die sich auf den Minderheitenschutz berufen, während der Durchführung des Planverfahrens diese Zahlungen für alle Beteiligten offen gelegt werden müssen. Dies folgt aus § 226 Abs. 3, welcher ein Transparenzgebot festschreibt. 22

C. § 251 Minderheitenschutz a.F.

»(1) Auf Antrag eines Gläubigers ist die Bestätigung des Insolvenzplans zu versagen, wenn der Gläubiger 23
1. *dem Plan spätestens im Abstimmungstermin schriftlich oder zu Protokoll der Geschäftsstelle widersprochen hat und*
2. *durch den Plan voraussichtlich schlechter gestellt wird, als er ohne einen Plan stünde.*

(2) Der Antrag ist nur zulässig, wenn der Gläubiger glaubhaft macht, dass er durch den Plan schlechter gestellt wird.«

I. Voraussetzungen der Norm

1. Antrag des Gläubigers

Antragsberechtigt ist jeder Gläubiger der berechtigt ist, über den Plan abzustimmen, auch Gläubiger welche bei der Abstimmung für den Plan gestimmt haben können für diesen stimmen, ohne dass sie den Grund für ihren Sinneswandel angeben müssen.[4] Auch nachrangige Gläubiger sind antragsbefugt, da es theoretisch denkbar ist, dass diese durch einen Insolvenzplan schlechter gestellt werden als bei der klassischen Regelabwicklung. Dies ist aber nur bei sehr großen Insolvenzmassen denkbar. 24

2. Widerspruchsfrist nach Nr. 1

Stellt der Gläubiger den Widerspruch nicht spätestens im Abstimmungstermin, so ist er präkludiert. Später erfolgte Widersprüche sind daher wirkungslos. Der Widerspruch muss ausdrücklich schrift- 25

---

3 MüKo-InsO/*Breuer* § 226 Rn. 10.
4 FK-InsO/*Jaffé* Rn. 6.

lich oder zu Protokoll der Geschäftsstelle erklärt werden. Ein mündlich eingelegter Widerspruch reicht nicht aus.

3. Schlechterstellung des Gläubigers, Nr. 2

26 Der Widerspruch des Gläubigers führt nur zur Versagung der Bestätigung des Plans, wenn er durch diesen voraussichtlich schlechter gestellt wird als durch die Regelabwicklung durch das Insolvenzverfahren. Anhaltspunkt ist damit der Liquidationswert, welcher mit dem verglichen wird, was der betroffene Gläubiger durch den Plan erhält. Maßgeblich ist eine rein wirtschaftliche Betrachtungsweise. Fühlt sich der Gläubiger tatsächlich schlechter gestellt, ist dies nicht ausschlaggebend. Wichtig als Beurteilungsgrundlage ist auch der nach § 229 vorzulegende Ergebnis- und Finanzplan und die Vermögensübersicht.

27 Das Gericht prüft nur die vom Gläubiger glaubhaft gemachten Tatsachen, weitere Ermittlungen von Amts wegen finden nicht statt. Ein Gläubiger muss daher möglichst viele Tatsachen vortragen wenn er glaubhaft machen will er, dass sein Antrag Erfolg hat.[5] Die Beweislast für diese Tatsachen trägt der Gläubiger. Bei der Prüfung durch das Gericht trifft dieses eine Prognoseentscheidung, wie schon das Wort voraussichtlich deutlich macht. Damit verbleibt für den antragstellenden Gläubiger ein gewisses Restrisiko, sodass er, wenn der Plan nicht die Erwartungen des Gerichts erfüllt, wider Erwarten schlechter gestellt wird als durch die Regelabwicklung. Dies ist jedoch unter dem Gesichtspunkt des rechtsstaatlichen Verfahrens, welches § 251 garantieren soll, unbedenklich, da es dem allgemeinen Lebensrisiko wirtschaftlich handelnder Personen zuzuordnen ist.

4. Salvatorische Klausel

28 Um einen Widerspruch nach § 251 zu vermeiden, welcher – wenn er auch keinen Erfolg haben mag – zumindest das Verfahren verzögert, besteht die Möglichkeit von salvatorischen Klauseln. Diese in den Plan eingefügt, machen es möglich, Gläubigern, welche den Antrag nach § 251 stellen, eine Ausgleichsmöglichkeit aus der Masse zu bieten um sie wirtschaftlich gleich zur Regelverwertung zu stellen. Dies geschieht i.d.R. außerhalb des Planverfahrens. Zu beachten ist hierbei das Gleichbehandlungsgebot: werden einzelnen »widerspenstigen« Gläubigern Sondervorteile versprochen, so kann eine solche Vereinbarung gegen § 226 Abs. 3 und § 250 Nr. 2 verstoßen und damit nichtig sein.

29 Eine solche Klausel muss also offen, allgemein und unbestimmt formuliert werden um nicht mit den Regelungen des § 226 in Kollision zu treten. Sie soll nur dazu dienen, die Schlechterstellung der Beteiligten aufzuheben und dem Plan zur Bestätigung verhelfen.

II. Abs. 2

30 Der Antrag ist glaubhaft zu machen, insoweit gilt § 294 ZPO. Sieht das Gericht die Voraussetzungen der Glaubhaftmachung durch den Antragsteller als nicht gegeben, so erfolgt richterlicher Hinweis und es wird dem Antragsteller die Möglichkeit gegeben, Versäumtes nachzuholen. Wird der Antrag zugelassen, so erfolgt dies durch Beschluss.

§ 252 Bekanntgabe der Entscheidung

(1) Der Beschluß, durch den der Insolvenzplan bestätigt oder seine Bestätigung versagt wird, ist im Abstimmungstermin oder in einem alsbald zu bestimmenden besonderen Termin zu verkünden. § 74 Abs. 2 Satz 2 gilt entsprechend.

(2) Wird der Plan bestätigt, so ist den Insolvenzgläubigern, die Forderungen angemeldet haben, und den absonderungsberechtigten Gläubigern unter Hinweis auf die Bestätigung ein Abdruck des Plans oder eine Zusammenfassung seines wesentlichen Inhalts zu übersenden. Sind die Anteils-

---

5 Uhlenbruck/*Lüer* Rn. 17.

oder Mitgliedschaftsrechte der am Schuldner beteiligten Personen in den Plan einbezogen, so sind auch diesen die Unterlagen zu übersenden; dies gilt nicht für Aktionäre oder Kommanditaktionäre. Börsennotierte Gesellschaften haben eine Zusammenfassung des wesentlichen Inhalts des Plans über ihre Internetseite zugänglich zu machen.

Die durch das ESUG erweiterte Norm bezieht die neu in das Planverfahren miteinbezogenen Beteiligten am Schuldner in die Regelung des § 252 Abs. 2 ein. Eine Ausnahme wird aufgrund der praktischen Schwierigkeiten bei Aktionären oder Kommanditaktionären von börsennotierten Gesellschaften gemacht. Diese sind dem Schuldner und dem Insolvenzgericht oftmals nicht bekannt. Sie können aufgrund ihres Akteneinsichtsrechts von der Planbestätigung Kenntnis nehmen und den Planinhalt auf der Internetseite des Schuldners einsehen. Die Vorschrift bildet insofern eine Parallele zu dem neuen § 235 Abs. 3 Satz 3. 1

Der Plan wird durch Beschluss bestätigt oder dessen Bestätigung wird durch einen solchen versagt. Diese Entscheidung muss insb. wegen der hiernach laufenden Rechtsmittelfrist nach § 253 einheitlich bekannt gegeben werden. Liegen keine Versagungsgründe vor, so kann die Entscheidung des Gerichts noch mündlich im Abstimmungstermin erfolgen. 2

Das Erfordernis der besonderen Unterrichtung der Gläubiger über den Plan nach Abs. 2 der Vorschrift dient dazu, es ihnen und sonstigen Beteiligten während der Rechtsmittelfrist zu ermöglichen, eine Entscheidung hinsichtlich des Einlegens von Rechtsmitteln zu treffen. 3

Ein besonderer Verkündungstermin wird notwendig, wenn das Gericht keine Entscheidung im Abstimmungstermin getroffen hat, falls einzelne Gläubiger oder am Schuldner beteiligte Personen nach § 251 oder der Schuldner nach § 247 widersprochen haben. 4

§ 253 Rechtsmittel

(1) Gegen den Beschluss, durch den der Insolvenzplan bestätigt oder durch den die Bestätigung versagt wird, steht den Gläubigern, dem Schuldner und, wenn dieser keine natürliche Person ist, den am Schuldner beteiligten Personen die sofortige Beschwerde zu.

(2) Die sofortige Beschwerde gegen die Bestätigung ist nur zulässig, wenn der Beschwerdeführer
1. dem Plan spätestens im Abstimmungstermin schriftlich oder zu Protokoll widersprochen hat,
2. gegen den Plan gestimmt hat und
3. glaubhaft macht, dass er durch den Plan wesentlich schlechtergestellt wird, als er ohne einen Plan stünde, und dass dieser Nachteil nicht durch eine Zahlung aus den in § 251 Absatz 3 genannten Mitteln ausgeglichen werden kann.

(3) Absatz 2 Nummer 1 und 2 gilt nur, wenn in der öffentlichen Bekanntmachung des Termins (§ 235 Absatz 2) und in den Ladungen zum Termin (§ 235 Absatz 3) auf die Notwendigkeit des Widerspruchs und der Ablehnung des Plans besonders hingewiesen wurde.

(4) Auf Antrag des Insolvenzverwalters weist das Landgericht die Beschwerde unverzüglich zurück, wenn das alsbaldige Wirksamwerden des Insolvenzplans vorrangig erscheint, weil die Nachteile einer Verzögerung des Planvollzugs nach freier Überzeugung des Gerichts die Nachteile für den Beschwerdeführer überwiegen; ein Abhilfeverfahren nach § 572 Absatz 1 Satz 1 der Zivilprozessordnung findet nicht statt. Dies gilt nicht, wenn ein besonders schwerer Rechtsverstoß vorliegt. Weist das Gericht die Beschwerde nach Satz 1 zurück, ist dem Beschwerdeführer aus der Masse der Schaden zu ersetzen, der ihm durch den Planvollzug entsteht; die Rückgängigmachung der Wirkungen des Insolvenzplans kann nicht als Schadensersatz verlangt werden. Für Klagen, mit denen Schadensersatzansprüche nach Satz 3 geltend gemacht werden, ist das Landgericht ausschließlich zuständig, das die sofortige Beschwerde zurückgewiesen hat.

Übersicht	Rdn.			Rdn.
A. Normzweck	1	C.	Mögliche Gerichtsentscheidungen	32
B. Voraussetzungen	5	D.	§ 253 Rechtsmittel a.F.	34
I. Abs. 1	10	I.	Normzweck	35
II. Abs. 2	11	II.	Voraussetzungen	38
III. Rechtsmittelbelehrung, Abs. 3	23	III.	Mögliche Gerichtsentscheidungen	45
IV. Unverzügliche Beschwerdezurückweisung	24			

A. Normzweck

1 § 253 nennt die Voraussetzungen für den Rechtschutz und entspricht damit der Garantie des effektiven Rechtsschutzes, Art. 19 Abs. 4 GG. Das Rechtsmittel hat Suspensiveffekt, § 254 Abs. 1. Erst mit Rechtskraft des Plans treten die Wirkungen ein. So lange also über das Rechtsmittel nicht entschieden worden ist, treten die Wirkungen des Plans nicht ein. Dies birgt natürlich erhebliche Risiken für die Erfolgschancen des Plans, vor allem, wenn es sich um einen Fortführungsplan handelt. Sanierungsmaßnahmen können in dieser Zeit nicht umgesetzt werden, so kann auch ein erfolgloses Rechtsmittel den Plan zum Scheitern bringen. Der erfahrene Verwalter oder Schuldner als Planvorleger versucht das Einlegen von Rechtsmitteln schon im Vorfeld zu vermeiden.

2 Unter diesen Gesichtspunkten birgt das Rechtsmittel, wenn es auch aus rechtsstaatlichen Gesichtspunkten unverzichtbar ist, ein gewisses Drohpotential. Um dies zu vermeiden, sind schnelle gerichtliche Entscheidungen wünschenswert. In der Praxis ist ein Rechtsmittel gegen einen Insolvenzplan schon eine große Herausforderung für die Insolvenzgerichte, da sie teilweise in kürzester Zeit erhebliche betriebswirtschaftliche Zusammenhänge zu beurteilen haben, um die Schlechterstellung eines Gläubigers beurteilen zu können.

3 Wird hingegen nicht innerhalb der Frist sofortige Beschwerde erhoben, so wird der Plan durch den bestätigenden Beschluss rechtskräftig und eine Heilung aller Mängel tritt ein. Diese Rechtskraft kann nur nach denselben Voraussetzungen durchbrochen werden wie bei normalen zivilgerichtlichen Urteilen.

4 Der § 253 ist durch das ESUG deutlich erweitert worden. So steht nicht nur den Gläubigern und dem Schuldner die sofortige Beschwerde zu, sondern nun auch den am Schuldner beteiligten Personen. Sinn und Zweck dieser Erweiterung ist, das Recht zur sofortigen Beschwerde auch solchen Personen zuzusprechen, die nicht unmittelbar Schuldner sind, sondern nur an dem schuldnerischen Unternehmen beteiligt sind. Diese Konstellation tritt dann ein, wenn der Schuldner keine natürliche Person ist.

B. Voraussetzungen

5 Die Entscheidung des Gerichts ist mit der Beschwerde unabhängig davon anfechtbar, ob der Rechtspfleger entschieden hat, §§ 3 Nr. 2 lit. e) i.V.m. 18 Abs. 1 RPflG, oder der Richter. Siehe hierzu den geänderten § 11 Abs. 1 RPflG, wonach nicht mehr die sofortige Erinnerung statthaft ist, sondern das allgemeine Rechtsmittel und damit vorliegend, die sofortige Beschwerde.

6 Für Frist und Form gelten die allgemeinen ZPO Vorschriften, §§ 6, 4, § 569 ZPO. Es handelt sich demnach um eine Notfrist von zwei Wochen, welche sich auch nicht verlängert, wenn das Gericht fehlerhaft über die Beschwerdefrist belehrt hat.[1] Die Frist beginnt mit der Verkündung und Zustellung bzw. der Bekanntgabe des planbestätigenden Beschlusses zu laufen.

7 Beschwerdegericht i.S.d. § 569 ZPO ist als nächsthöheres Gericht das Landgericht, die Beschwerde kann hier oder beim Insolvenzgericht selbst eingelegt werden.

---

1 BGH 16.10.2003, IX 36/03, ZIP 2003, 2382.

Beschwerdeberechtigt sind Gläubiger, alle am Schuldner beteiligte Personen und Schuldner, auch wenn sie nicht stimmberechtigt waren bei der Abstimmung über den Plan. Ein Gläubiger muss auch durch den Plan belastet sein, damit er stimmberechtigt ist. Daran fehlt es schon, wenn er durch den Plan voll befriedigt werden soll.

Der Insolvenzverwalter ist nicht beschwerdeberechtigt. Will er den Plan verhindern, so bleibt ihm nur die Möglichkeit frühzeitig auf die Gläubiger einzuwirken, dass diese Beschwerde einlegen.

I. Abs. 1

Die Vorschrift wird der neuen Einbeziehung von am Schuldner beteiligten Personen angepasst, daher steht diesen nun auch das Rechtsmittel der Beschwerde zu, ansonsten hat Abs. 1 der Vorschrift keine weitere inhaltliche Neuerung erfahren. Es gilt daher das zuvor Genannte ohne Einschränkungen.

II. Abs. 2

Der neu angefügte Abs. 2 bringt inhaltliche Neuerungen. Die Voraussetzungen für eine sofortige Beschwerde sollen deutlich verschärft werden. Der Hintergrund dessen ist, dass durch die Beschränkung von Rechtsmitteln das Störpotential von sog. »Akkordstörern« beschränkt werden wird und daraus eine Effizienzsteigerung für das Planverfahren erreicht werden soll. Ein Rechtsmittel kann von Gläubigern oder anderen Beteiligten eingelegt werden, nur um den Plan nicht rechtskräftig werden zu lassen. Auch wenn das Rechtsmittel im Ergebnis keinen Erfolg hat, kann der Plan aufgrund dessen, dass er mit zeitlicher Verzögerung (Suspensiveffekt) rechtskräftig wird, scheitern. Diese Störmöglichkeiten sollen mit den neuen erhöhten Anforderungen an die Beschwerde vermieden werden. Dieser Beschleunigungseffekt wird natürlich nur teilweise erreicht, da es immer noch eingeschränkt möglich bleibt, ein Rechtsmittel einzulegen und damit einen Suspensiveffekt zu erreichen.

In Abs. 2 Nr. 1 wird nun ausdrücklich das Vorliegen einer formellen Beschwer verlangt. Damit eine solche Beschwerdeberechtigung vorliegt, müssen die im Verfahren liegenden Möglichkeiten ausgeschöpft worden sein den Plan zu verhindern. Das Vorliegen einer formellen Beschwer wurde nach alter Rechtslage nicht für notwendig gehalten.[2]

Weiterhin muss der Beschwerdeführer bereits im Abstimmungstermin gegen den Plan gestimmt haben. Dies nach dem altrömischen Grundsatz »venire contra factum proprium«, also ein Verbot widersprüchlichen Verhaltens.

Eine Schlechterstellung ist nicht schon dann ausgeschlossen weil die Forderung des Gläubigers nach Grund und Höhe bestritten und dessen Stimmrecht auf Null festgesetzt wurde. Ein solcher Gläubiger kann durch die Bestätigung des Insolvenzplans materiell beschwert und beschwerdebefugt sein, solange nicht rechtskräftig feststeht, dass ihm keine Forderung zusteht.[3] Solange also ein Feststellungsprozess zur Insolvenztabelle läuft kann der Gläubiger durch eine falsche Planbestätigung beschwert sein.

Des Weiteren wird in Nr. 3 festgelegt, dass ein Beschwerdegrund nur gegeben ist, wenn die materielle Beschwer in Form einer nicht unwesentlichen wirtschaftlichen Benachteiligung durch den Plan vorliegt. Nach der Rechtsprechung zum alten Recht ist es gerade nicht erforderlich, dass der Gläubiger eine Beschwer in Form einer Schlechterstellung zum Regelinsolvenzverfahren nachweist.[4]

Von Interesse ist auch noch das Tatbestandsmerkmal »wesentlich schlechter gestellt«, im Vergleich zur Regelabwicklung. Wie der unbestimmte Rechtsbegriff auszulegen ist, kann erst nach Umsetzung des Gesetzes durch Rechtsprechung und Praxis endgültig geklärt werden.

---

2 S. z.B. MüKo-InsO/*Sinz* Rn. 20.
3 BGH, ZIP 2011, S. 781
4 BGH 15.07.2010, IX ZB 65/10, ZIP 2010, 1499.

16 Auch hier scheint Zweck dieser weiteren Hürde zur Beschwerdeeinlegung zu sein, die Beschwerde nicht zum Instrument für Störer zu machen. Diese Gefahr kann vor allem in der neuen Beteiligung von Aktionären am Planverfahren wurzeln. Sind Personen, aus welchen Gründen auch immer, daran interessiert, das Planverfahren zu stören, können diese im Streubesitz befindliche Aktien erwerben und so am Planverfahren mitwirken bis hin zur Beschwerdeeinlegung. Ob eine solche Befürchtung begründet ist, wird sich freilich noch herausstellen. Jedenfalls trägt die Vorschrift dazu bei, ein Planverfahren zügiger zum Abschluss zu bringen und so attraktiver für alle Beteiligten zu machen.

17 Das Tatbestandsmerkmal »wesentlich« kann also nach der Ratio der Vorschrift ausgelegt werden in dem Sinne, dass es dem Beschwerdeberechtigten gerade auf Beseitigung einer ihn treffenden Schlechterstellung ankommt und nicht offensichtlich das Rechtsmittel einlegt wird, um außerhalb des Planverfahrens liegende Ziele zu verfolgen. Es ist der Maßstab eines vernünftigen Durchschnittsgläubigers anzulegen, der nach rationalen Gesichtspunkten handelt.

18 Anderseits darf das Tatbestandsmerkmal unter Beachtung des Gebots des effektiven Rechtsschutzes des Art. 19 Abs. 4 GG nicht zu weit ausgelegt werden. Im Zweifel ist ein Antragsteller daher als beschwerdebefugt anzusehen, da der vom Staat zu gewährende Justizgewährungsanspruch schwerer wiegt als das Interesse an der Effektivität des Insolvenzplanverfahrens.

19 Des Weiteren ist in diesem Zusammenhang zu beachten, dass aufgrund der neuen Regelung des ESUG nach § 251 Abs. 3 Ausgleichfonds für am Plan beteiligte Personen, welche Minderheitenschutz aufgrund wirtschaftlicher Schlechterstellungen geltend machen, gebildet werden können. Allein die Zurverfügungstellung solcher Ausgleichsmittel, die dem Betroffenen aber noch nicht gewährt wurden, kann aber eine materielle Schlechterstellung wohl noch nicht beheben.

20 Dies folgt daraus, dass der Beschwerdeführer seinen Ausgleich aus einem nach § 251 Abs. 3 gegründeten Fonds nicht im Beschwerdeverfahren erreichen kann, sondern erst in einem gesondert zu führenden Zivilprozess vor den ordentlichen Gerichten. Dieser Zivilprozess ist dem Beschwerdeverfahren i.d.R. zeitlich nachgelagert. Freilich kann, wenn es einen solchen Fonds gibt, um eine Beschwerdebefugnis des Einlegenden entfallen zu lassen, dem Beschwerdeführer eine schnelle Zusage zur Gewährung von solchen Mitteln gewährt werden. Der Beschwerdeführer muss sich auch hinsichtlich der Regelung des § 253 Abs. 2 Nr. 2 2. Alt. um Ausgleich aus einem solchen Fonds bemühen, da er glaubhaft zu machen hat, dass seine materielle Beschwer gerade nicht aus dem Fonds ausgeglichen werden kann. Aber auch hier sind die Anforderungen an den Beschwerdeführer nicht zu überspannen, da ihm nach § 251 Abs. 3 die Möglichkeit genommen wurde, die Planbestätigung zu verhindern, nur weil ein Ausgleichsfonds gebildet wurde, dessen konkrete Auswirkungen auf die wirtschaftliche Schlechterstellung des Beschwerdeführers bzw. dessen Ausgleich noch nicht abzusehen sind.

21 Trotzdem ist diese Regelung sehr zu begrüßen, da sie den Gerichten die Möglichkeit gibt, über die meisten Rechtsmittel sehr schnell zu entscheiden, da eine materielle Schlechterstellung des Gläubigers wahrscheinlich in den meisten Fällen durch den Ausgleichsfonds nach § 251 Abs. 3 ausgeglichen werden wird.

22 Der neu eingefügte Abs. 2 gestattet das Rechtsmittel der sofortigen Beschwerde gegen die Planbestätigung nur unter den Voraussetzungen der nachfolgenden Nr. 1–3. Der Widerspruch gegen die Bestätigung muss also spätestens im Abstimmungstermin schriftlich vorliegen und der Beschwerdeführer muss zudem noch glaubhaft machen, dass der Plan für ihn eine erhebliche Schlechterstellung bedeuten würde und dieser Nachteil nicht durch eine Zahlung nach § 251 Abs. 3 ausgeglichen werden wird. Wichtig hierbei ist, dass beide Voraussetzungen kumulativ vorliegen müssen, um die sofortige Beschwerde in zulässiger Weise erheben zu können. Dies wird durch das Wort »und« deutlich.

III. Rechtsmittelbelehrung, Abs. 3

Der ebenfalls neu eingefügte Abs. 3 lässt die Wirkungen der Nr. 1 und 2 des Abs. 2 nur eintreten, wenn bei der Bekanntmachung des Erörterungs- und Abstimmungstermins und in den Ladungen zu diesem Termin eine Rechtsmittelbelehrung mit dem Verweis auf die Notwendigkeit eines schriftlichen Widerspruchs gegen den Plan sowie dessen Ablehnung im Termin enthalten ist. Anderenfalls treten die Einschränkungen des Abs. 2 nicht ein und es bleibt bei der Beschwerdebefugnis wie nach dem geltenden Recht. 23

IV. Unverzügliche Beschwerdezurückweisung

Erst mit Rechtskraft des Bestätigungsbeschlusses des Insolvenzgerichtes über den Insolvenzplan kann der gestaltende Teil des Planes überhaupt Wirkung entfalten. Bei Einlegung eines Rechtsmittels gegen den Bestätigungsbeschluss kann der Vollzug des Insolvenzplans und damit auch die Umsetzung des dem Insolvenzplan zu Grunde liegenden Sanierungskonzeptes erheblich verzögert und gerade durch die Verzögerung auch gefährdet werden. Der Gesetzgeber bringt mit dem ESUG zum Ausdruck, dass die Notwendigkeit bestehen soll, das Rechtsschutzinteresse der Rechtsmittelführer gegen das Vollzugsinteresse der übrigen Beteiligten in Ausgleich zu bringen. Zu diesem Zweck sieht das Gesetz bereits in § 251 Abs. 3 Satz 1 die Einschränkung der Beschwerdemöglichkeit vor, sofern der Beschwerdeführer ausschließlich finanzielle Nachteile geltend macht und diese durch Mittel kompensiert werden können, die schon im Insolvenzplan für diesen Zweck zur Verfügung gestellt werden. 24

Weiterhin ist in dieser Vorschrift eine Möglichkeit des beschleunigten Planvollzugs geschaffen worden dadurch, dass das Landgericht die Beschwerde auf Antrag des Insolvenzverwalters zurückweist, sofern das Vollzugsinteresse der Beteiligten das Aufschubinteresse des Beschwerdeführers überwiegt. 25

Eine weitere Planbeschleunigung soll nach Ansicht des Gesetzgebers dadurch erreicht werden, dass die Abhilfebefugnis des Insolvenzgerichts nach § 572 Abs. 1 Satz 1 ZPO ausgeschlossen wird. Sollte das Vollzugsinteresse an dem Insolvenzplan überwiegen, so hat das Insolvenzgericht die Beschwerde zur sofortigen Entscheidung dem Landgericht vorzulegen. Falls der Insolvenzverwalter seinen Antrag gem. Abs. 4 nicht beim Insolvenzgericht sondern beim Beschwerdegericht stellt, so hat entsprechend der Regelung in § 541 ZPO die Geschäftsstelle des Landgerichts beim Insolvenzgericht unverzüglich die Gerichtsakten anzufordern. 26

Warum der Gesetzgeber diese Beschleunigungsmöglichkeit nur dem Insolvenzverwalter und nicht jedem Planeinreicher, als auch dem Schuldner, eingeräumt hat, bleibt unklar. Die Interessenlage dürfte die gleiche sein. Sowohl Schuldner als auch Insolvenzverwalter haben ein schutzwürdiges Interesse an der schnellen Umsetzung des Insolvenzplans. Von daher sollte diese Vorschrift de lege ferenda angepasst werden. 27

Die Möglichkeit der beschleunigten Umsetzung des Insolvenzplans ist dem Vorbild des aktienrechtlichen Freigabeverfahrens (§ 246a AktG) nachgebildet, in dessen Rahmen ausgesprochen werden kann, dass angefochtene Beschlüsse ungeachtet der Anhängigkeit von Anfechtungsklagen in das Handelsregister eingetragen und damit vollzogen werden können. 28

Das Beschwerdegericht muss in seiner Entscheidung, sofern der Insolvenzverwalter den Antrag nach Abs. 4 stellt, das Vollzugsinteresse gegen das Aufschubinteresse des Beschwerdeführers stellen und gewichten. Sofern dem Vollzugsinteresse nach Überzeugung des Beschwerdegerichts der Vorrang gebührt, wird es die Beschwerde zurückweisen (Abs. 4 S. 1). Bei schweren Rechtsverstößen kommt allerdings nur eine Entscheidung zu Gunsten des Beschwerdeführers in Betracht (Abs. 4 S. 2). 29

Falls die Beschwerde Aussicht auf Erfolg hat und trotzdem das Beschwerdegericht auf Antrag des Insolvenzverwalters die Beschwerde unverzüglich zurückweist, hat der Beschwerdeführer einen Anspruch auf Ersatz des Schadens, der ihm durch den Vollzug des Plans entstanden ist (Abs. 4 S. 3). Der Beschwerdeführer hat keine Möglichkeit die Rückgängigmachung der Wirkung des Insolvenzplans zu verlangen. Dies ist abschließend festgelegt. 30

31 Für die Geltendmachung des Schadensersatzanspruchs ist das Landgericht örtlich und funktionell als Prozessgericht erster Instanz zuständig, das die sofortige Beschwerde zurückgewiesen hat (Abs. 4 S. 4).

C. Mögliche Gerichtsentscheidungen

32 Wird aufgrund Beschwerde der planbestätigende Beschluss des Insolvenzgerichts aufgehoben so befindet sich das Verfahren hierdurch auf dem Stand vor der gerichtlichen Bestätigung von § 248. Das Beschwerdegericht kann dann selbst nach den §§ 248–250 über den Plan entscheiden oder die Sache zurückweisen.[5]

33 Gegen die Entscheidung des Beschwerdegerichts ist die Rechtsbeschwerde nach § 7 i.V.m. § 574 ZPO statthaft. Das zuständige Gericht ist nach § 133 GVG der BGH. Es bestehen keine weiteren Rechtsmittel hiergegen, eine Entscheidung des BGH wird sofort rechtskräftig.

D. § 253 Rechtsmittel a.F.

34 »*Gegen den Beschluss, durch den der Insolvenzplan bestätigt oder die Bestätigung versagt wird, steht den Gläubigern und dem Schuldner die sofortige Beschwerde zu.*«

I. Normzweck

35 § 253 a.F. nennt die Voraussetzungen für den Rechtschutz und entspricht damit der Garantie des effektiven Rechtsschutzes, Art. 19 Abs. 4 GG. Das Rechtsmittel hat Suspensiveffekt, § 254 Abs. 1. Erst mit Rechtskraft des Plans treten die Wirkungen ein. So lange also über das Rechtsmittel nicht entschieden worden ist, treten die Wirkungen des Plans nicht ein. Dies birgt natürlich erhebliche Risiken für die Erfolgschancen des Plans, vor allem, wenn es sich um einen Fortführungsplan handelt. Sanierungsmaßnahmen können in dieser Zeit nicht umgesetzt werden, so kann auch ein erfolgloses Rechtsmittel den Plan zum Scheitern bringen. Der erfahrene Verwalter oder Schuldner als Planvorleger versucht das Einlegen von Rechtsmitteln schon im Vorfeld zu vermeiden.

36 Unter diesen Gesichtspunkten birgt das Rechtsmittel, wenn es auch aus rechtsstaatlichen Gesichtspunkten unverzichtbar ist, ein gewisses Drohpotential. Um dies zu vermeiden, sind schnelle gerichtliche Entscheidungen wünschenswert. In der Praxis ist ein Rechtsmittel gegen einen Insolvenzplan schon eine große Herausforderung für die Insolvenzgerichte, da sie teilweise in kürzester Zeit erhebliche betriebswirtschaftliche Zusammenhänge beurteilen sollen um die Schlechterstellung eines Gläubigers beurteilen zu können.

37 Wird hingegen nicht innerhalb der Frist sofortige Beschwerde erhoben, so wird der Plan durch den bestätigenden Beschluss rechtskräftig und eine Heilung aller Mängel tritt ein. Diese Rechtskraft kann nur nach denselben Voraussetzungen durchbrochen werden wie bei normalen zivilgerichtlichen Urteilen.

II. Voraussetzungen

38 Die Entscheidung des Gerichts ist mit der Beschwerde unabhängig davon anfechtbar, ob der Rechtspfleger entschieden hat, §§ 3 Nr. 2 lit. e) i.V.m. 18 Abs. 1 RPflG, oder der Richter. Siehe hierzu den geänderten § 11 Abs. 1 RPflG, wonach nicht mehr die sofortige Erinnerung statthaft ist, sondern das allgemeine Rechtsmittel und damit vorliegend, die sofortige Beschwerde.

39 Für Frist und Form gelten die allgemeinen ZPO Vorschriften, §§ 6, 4; § 569 ZPO. Es handelt sich demnach um eine Notfrist von zwei Wochen, welche sich auch nicht verlängert, wenn das Gericht

---

5 Braun/*Frank* Rn. 9.

fehlerhaft über die Beschwerdefrist belehrt hat.[6] Die Frist beginnt mit der Verkündung und Zustellung bzw. der Bekanntgabe des planbestätigenden Beschlusses zu laufen.

Beschwerdegericht i.S.d. § 569 ZPO ist als nächsthöheres Gericht das Landgericht, die Beschwerde kann hier oder beim Insolvenzgericht selbst eingelegt werden. 40

Beschwerdeberechtigt sind Gläubiger und Schuldner, auch wenn sie nicht stimmberechtigt waren bei der Abstimmung über den Plan. Ein Gläubiger muss auch durch den Plan belastet sein, damit er stimmberechtigt ist. Daran fehlt es schon, wenn er durch den Plan voll befriedigt werden soll. 41

Der Insolvenzverwalter ist nicht beschwerdeberechtigt. Will er den Plan verhindern, so bleibt ihm nur die Möglichkeit, frühzeitig auf die Gläubiger einzuwirken, dass diese Beschwerde einlegen. 42

Der Beschwerdeführer muss auch beschwerdebefugt sein. Die Beschwerdebefugnis ist bspw. zu verneinen für den Schuldner, wenn dieser einen Plan selbst vorgelegt hat und dieser bestätigt wird oder für einen Gläubiger, wenn dieser dem Plan zugestimmt hat.[7] Dies folgt dem Verbot des widersprüchlichen Verhaltens, »venire contra factum proprium«. Die Gegenauffassung hält auch Gläubiger, welche dem Plan zugestimmt haben, generell für beschwerdebefugt und führt als Beispiel an, dass diese ja Mängel i.S.d. § 250 rügen könnten.[8] 43

Dem kann aufgrund der Missbrauchsgefahr und im Interesse der Rechtssicherheit und schnellen Abwicklung des Planverfahrens nicht uneingeschränkt gefolgt werden. Eine Beschwerdebefugnis des dem Plan zustimmenden Gläubigers kann nur ausnahmsweise gewährt werden, wenn ein Mangel i.S.d. § 250 Nr. 1 vorliegt, welcher in der Abstimmung selbst wurzelt und so naturgemäß erst nach dieser geltend gemacht wurde, oder wenn der Gläubiger arglistig getäuscht wurde i.S.d. § 123 BGB um seine Zustimmung zum Plan zu erhalten und der Gläubiger von diesem Mangel i.S.d. § 250 Nr. 2 erst später Kenntnis erlangen konnte. Ansonsten ist das notwendige Kriterium der Beschwerdebefugnis restriktiv zu handhaben. 44

III. Mögliche Gerichtsentscheidungen

Wird aufgrund der Beschwerde der planbestätigende Beschluss des Insolvenzgerichts aufgehoben so befindet sich das Verfahren hierdurch auf dem Stand vor der gerichtlichen Bestätigung von § 248. Das Beschwerdegericht kann dann selbst nach den §§ 248–250 über den Plan entscheiden oder die Sache zurückweisen.[9] 45

Gegen die Entscheidung des Beschwerdegerichts ist die Rechtsbeschwerde nach § 7 i.V.m. § 574 ZPO statthaft. Das zuständige Gericht ist nach § 133 GVG der BGH. Es bestehen natürlich keine weiteren Rechtsmittel hiergegen, eine Entscheidung des BGH wird sofort rechtskräftig. 46

---

6 BGH 16.10.2003, IX 36/03, ZIP 2003, 2382.
7 Uhlenbruck/*Lüer* Rn. 2.
8 MüKo-InsO/*Sinz* Rn. 6.
9 Braun/*Frank* Rn. 9.

Dritter Abschnitt Wirkungen des bestätigten Plans. Überwachung der Planerfüllung

§ 254 Allgemeine Wirkungen des Plans

(1) Mit der Rechtskraft der Bestätigung des Insolvenzplans treten die im gestaltenden Teil festgelegten Wirkungen für und gegen alle Beteiligten ein.

(2) Die Rechte der Insolvenzgläubiger gegen Mitschuldner und Bürgen des Schuldners sowie die Rechte dieser Gläubiger an Gegenständen, die nicht zur Insolvenzmasse gehören, oder aus einer Vormerkung, die sich auf solche Gegenstände bezieht, werden durch den Plan nicht berührt. Der Schuldner wird jedoch durch den Plan gegenüber dem Mitschuldner, dem Bürgen oder anderen Rückgriffsberechtigten in gleicher Weise befreit wie gegenüber dem Gläubiger.

(3) Ist ein Gläubiger weiter gehend befriedigt worden, als er nach dem Plan zu beanspruchen hat, so begründet dies keine Pflicht zur Rückgewähr des Erlangten.

(4) Werden Forderungen von Gläubigern in Anteils- oder Mitgliedschaftsrechte am Schuldner umgewandelt, kann der Schuldner nach der gerichtlichen Bestätigung keine Ansprüche wegen einer Überbewertung der Forderungen im Plan gegen die bisherigen Gläubiger geltend machen.

Übersicht

	Rdn.			Rdn.
A. Normzweck	1	C. § 254 Allgemeine Wirkungen des Plans a.F.		22
B. Voraussetzung	2	I. Normzweck		23
I. Absatz 1	2	II. Voraussetzung		24
1. Die Planwirkung	2	1. Absatz 1		24
2. Dingliche Rechtsänderungen	7	a) Die Planwirkung		24
3. Anwendungsbereich	9	b) Dingliche Rechtsänderungen		30
II. Absatz 2	11	c) Anwendungsbereich		32
1. Planwirkungen gegenüber Drittsicherungsgeber	11	2. Absatz 2		34
2. Befreiung des Schuldners von Regressansprüchen	13	a) Planwirkungen gegenüber Drittsicherungsgeber		34
III. Absatz 3	15	b) Befreiung des Schuldners von Regressansprüchen		36
IV. Absatz 4	19	3. Absatz 3		38

A. Normzweck

1 Normzweck des § 254 ist, dass die im gestaltenden Teil des Insolvenzplans festgelegten Wirkungen materiell-rechtlich für und gegen alle Beteiligten eintreten.

B. Voraussetzung

I. Absatz 1

1. Die Planwirkung

2 Die festgelegten Wirkungen im gestaltenden Teil treten mit Rechtskraft der Bestätigung des Plans nach § 254 Abs. 1 Satz 1 für und gegen alle Beteiligten ein. Sobald die Wirkungen eingetreten sind, sind sie endgültig und führen zu keiner Novation. Die rechtliche Eigenschaft der Forderung ändert sich nicht. Die Ansprüche bleiben als bspw. Kaufpreis- oder Werklohnforderung bestehen.[1]

---

1 *Jäger/Weber* KO, § 193 Rn. 2.

Mit der rechtskräftigen Bestätigung des Plans werden die materiellen Wirkungen des gestaltenden 3
Teils, wie z.B. Stundung oder Erlass von Forderungen gegenüber den Beteiligten wirksam.[2] Die
Rechtsnatur des Insolvenzplans wird unterschiedlich beurteilt. Zum einen wird der Insolvenzplan
als rein privatrechtlicher Vertrag angesehen, zum anderen wird eine Doppelnatur des Insolvenzplans
angenommen, bestehend aus materiell-rechtlichen und verfahrensrechtlichen Elementen. Da Dritte,
die unter Umständen ihre Forderung gar nicht im Insolvenzverfahren geltend gemacht haben, auch
von den Wirkungen des Plans erfasst werden, kann der Insolvenzplan nicht rein vertraglicher Rechtsnatur sein.

Läuft die Beschwerdefrist gem. § 253 Abs. 2, § 577 ZPO ab oder wurde über die sofortige Be- 4
schwerde rechtskräftig entschieden, treten die konkreten Rechtsfolgen des Insolvenzplans unmittelbar ein. Es bedarf dazu keines Vollstreckungsaktes oder einer irgendwie gearteten Umsetzung.
Deswegen treten die Folgen auch erst mit Rechtskraft ein. Deswegen sind die Insolvenzgerichte
auch verpflichtet, auf einem Insolvenzplan nach Antrag einen Rechtskraftvermerk anzubringen.

Masseforderungen werden allerdings von der Wirkung des Plans nur begrenzt erfasst. Die Unter- 5
scheidung von Insolvenz- und Masseforderung erfolgt nach dem Zeitpunkt, in dem die Forderung
nach § 38 begründet wurde. bspw. liegt eine Insolvenzforderung vor, wenn der Anspruchsgrund
schon vor Verfahrenseröffnung besteht.[3] Masseforderungen gem. § 209 Abs. 1 Nr. 3 können nur
durch den Insolvenzplan geregelt werden.

Hinsichtlich der Strafbarkeit für Insolvenzdelikte ist anzumerken, dass die Bestätigung des Insolvenz- 6
plans dem Schuldner oder dessen Vertreter nicht zur Straffreiheit verhilft. Der staatliche Strafanspruch steht nicht zur Disposition der Gläubiger.[4] Allerdings wird in der Praxis bei der Strafzumessung i.d.R. sehr wohl gewürdigt, wenn es dem Schuldner oder dessen organschaftlichem Vertreter
gelungen ist, eine Einigung mit den Gläubigern zu erzielen. In der Praxis ist zu beachten, dass die
Strafgerichte und die Staatsanwaltschaften einen Insolvenzplan als erheblichen Strafmilderungs-
grund betrachten.

2. Dingliche Rechtsänderungen

Enthält ein Insolvenzplan eine dingliche Rechtsänderung, so wird diese nicht direkt mit Rechtskraft 7
des bestätigten Plans wirksam. Insoweit ist § 254a Abs. 2 eine Einschränkung zu § 254 Abs. 1
Satz 1. Bzgl der dinglichen Rechtsänderung ist zwischen der in der Verfügung enthaltenen Willenserklärung und dem eigentlichen Vollzugsakt zu trennen. Die Willenserklärung wird mit der Rechtskraft gem. § 254 Abs. 1 Satz 1 wirksam. Die Vollzugsakte werden durch den rechtskräftigen Plan
nicht automatisch bewirkt. Sie bleiben für die Rechtsänderung weiterhin unentbehrlich.[5] Bspw. genügt es für die Eintragung ins Grundbuch, wenn die Eintragungsbewilligung des Gläubigers im Insolvenzplan enthalten ist. Eine Ausfertigung von Bestellungsbeschluss und Insolvenzplan gilt als zu
erbringender Nachweis gem. § 29 GBO. Diese Regelung war notwendig geworden, um zu vermeiden, dass sich die dingliche Rechtslage außerhalb des Grundbuches ändern kann, ohne im Grundbuch ersichtlich zu sein.

Sind für die dingliche Rechtsänderung schuldrechtliche Verpflichtungen notwendig, so gelten diese 8
als formwirksam, wenn sie in den Plan mit aufgenommen werden.[6]

---

2 *Bley/Mohrbutter* VglO, § 82 Rn. 2.
3 BGH NJW 1979, 310 ff.
4 *Hess* Rn. 1.
5 *Bork* in: Leipold, S. 52.
6 Kübler/Prütting/Bork/*Otte* Rn. 11.

3. Anwendungsbereich

9   Die in § 254 Abs. 1 Satz 1 und § 254a Abs. 2 getroffenen Regelungen gelten für Insolvenzgläubiger und Beteiligte unabhängig davon, ob sie ihre Forderung angemeldet haben oder dem Plan widersprochen haben. § 254b spiegelt das Mehrheitsprinzip nach § 244 wider. Für die Frage, ob ein Beteiligter aus dem Plan befriedigt wird, kommt es allein auf die materielle Rechtslage an und nicht auf die Aufnahme in die Insolvenztabelle.

10 Die Forderungen, die nicht oder nicht rechtzeitig angemeldet worden sind, unterliegen zwar dem Plan, können aber die Planverwirklichung stören, denn die Leistungen aus dem Insolvenzplan richten sich nach der vorhandenen Plansumme. Eine Präklusionsklausel kann dies verhindern,[7] sie muss allerdings mit dem Verbot der Schlechterstellung zu vereinbaren sein. Ein Gläubiger darf mit Insolvenzplan nicht schlechter stehen, als ohne Plan. Die Präklusionsklauseln können wirksam so ausgestaltet sein, dass die Forderungen, die nicht spätestens zum Erörterungs- und Abstimmungstermin angemeldet sind, ausgeschlossen werden.

Eine Aufrechnungsbefugnis eines Insolvenzgläubigers, die schon vor der Insolvenzeröffnung bestand, besteht auch nach rechtskräftiger Insolvenzplanbestätigung fort.[8] Dies liegt darin begründet, dass die Forderungen der Insolvenzgläubiger zwar durch den rechtskräftigen Insolvenzplan als erlassen gelten, aber nicht als erloschen. Sie bleiben bestehen nur als natürliche, unvollkommene Verbindlichkeiten. Dies folgt im Gegenschluss aus den Regelungen in § 254 Abs. 3 und § 255 Abs. 1 Satz 1.[9] Trotzdem soll nach der Rspr. eine Aufrechnung möglich sein, da in der Zustimmung zum Insolvenzplan kein Verzicht zu sehen ist.

II. Absatz 2

1. Planwirkungen gegenüber Drittsicherungsgeber

11 Inhalt des § 254 Abs. 2 Satz 1 ist, dass persönliche Ansprüche der Gläubiger gegen Dritte als Sicherungsgeber nicht vom Insolvenzplan berührt werden. Ebenso bleibt die Vormerkung unberührt. Wird eine Forderung im Insolvenzplan erlassen, so erlischt die Verbindlichkeit des Schuldners hierdurch nicht. Sie wird als natürliche, aber nicht erzwingbare Verbindlichkeit aufrechterhalten. Die Forderung bleibt zu diesem Zweck bestehen, ist aber nicht mehr durchsetzbar. Damit bleiben auch die akzessorischen Sicherungsrechte bestehen.[10]

12 Dritte werden grds nicht von der Wirkung des Plans erfasst. Deshalb haftet bspw. der Bürge bis zur vollen Höhe des geschuldeten Betrags.[11] Auch hier gilt das Prinzip, dass nur Beteiligte des Insolvenzplans auch an diesen gebunden sind. Etwas anderes gilt nur, wenn sich der Dritte freiwillig den Regelungen des Insolvenzplans unterwirft.

Dementsprechend hat auch das OLG Dresden[12] entschieden, dass Dritte, die für den Schuldner gegenüber den Gläubigern Sicherheiten eingeräumt haben, keine Beteiligte des Insolvenzplanes und des zugrunde liegenden Verfahrens sind. Ihnen gegenüber bestehen die gesicherten Forderungen (gegenüber dem Insolvenzschuldner) als erfüllbare, aber nicht erzwingbare Naturalobligationen fort.

2. Befreiung des Schuldners von Regressansprüchen

13 Nach § 254 Abs. 2 Satz 2 ist der Schuldner in gleicher Weise gegenüber Mitschuldnern, Bürgen oder anderen Rückgriffsberechtigten befreit, wie gegenüber dem Insolvenzgläubiger. Die Freistel-

---

[7] *Otte/Wiester* NZI 2005, 70 ff.
[8] BGH, ZIP 2011, S. 1271
[9] *Häsemeyer*, Insolvenzrecht, 4. Aufl., Rz. 28,80
[10] *Böhle-Stamschräder/Kilger* VglO, § 82 Rn. 3.
[11] Kübler/Prütting/Bork/*Otte* Rn. 12.
[12] BeckRS 2013, S. 01610, auch abgedruckt in ZIP 2013, Seite 1341.

lung von Regressansprüchen erfolgt daher in gleicher Höhe wie gegenüber dem Gläubiger. Der Schuldner muss somit Rückgriffsansprüche nur noch in der Höhe erfüllen, in der der Insolvenzgläubiger seine Quote nicht in Anspruch genommen hat.[13] D.h., dass der am Verfahren unbeteiligte Dritte seinen Anspruch gegen den Schuldner nur noch insoweit verwirklichen kann, wie der Verfahrensgläubiger auf seine Quote verzichtet hat. Unter dieser Bedingung wird der Dritte ausnahmsweise von der Wirkung des Plans erfasst.[14]

Durch diese Regelung sollen dem Schuldner nicht die Vorteile des Plans durch Rückgriffsforderungen Dritter genommen werden. Ohne diese Regelung wäre ein Plan in der Praxis regelmäßig wirtschaftlich nicht umsetzbar, da zumeist Rückgriffsansprüche Dritter gegen den Schuldner bestehen, speziell von Bankenseite. 14

III. Absatz 3

Nach § 254 Abs. 3 kann eine weitergehende als im Plan vorgesehene Befriedigung des Gläubigers nicht mehr kondiziert werden. Dies bedeutet, dass ein Gläubiger den Betrag, der über seiner Quote liegt, nicht zurückgewähren muss. 15

Der Rechtsgrund für das Behaltendürfen des überzahlten Betrags ist nun ausdrücklich gesetzlich geregelt. 16

Durch die Naturalobligation kann der Gläubiger mit seiner Forderung gegen die des Schuldners aufrechnen.[15] Dies betrifft natürlich nur Forderungen, die sich schon vor Insolvenzeröffnung aufrechenbar gegenüberstanden. Diese Aufrechnungen treten meist in Zusammenhang mit Forderungen des Finanzamtes auf. 17

Da die Naturalobligation einen Rechtsgrund für das Behaltendürfen darstellt, entfällt diese, wenn der Gläubiger fälschlicherweise mehr als seine ursprüngliche Forderung erhält.[16] 18

IV. Absatz 4

Die Vorschrift hat den Zweck, den betroffenen Gläubiger bei Durchführung eines »Debt-Equity-Swap« (Einzelheiten hierzu s. § 225a) vor der sog. gesellschaftsrechtlichen Differenzhaftung zu schützen. Diese greift immer nach gesellschaftsrechtlichen Kapitalaufbringungsregeln ein, wenn im Rahmen einer Kapitalerhöhung der Wert der Forderung, welche als Sacheinlage eingesetzt wurde, zu hoch bewertet wurde. 19

Würde die Differenzhaftung nicht durch den Abs. 4 ausgeschlossen werden, bestünde die Gefahr für den durch den »Debt-Equity-Swap« am Schuldner beteiligten Gläubiger, dass der Schuldner bei Scheitern des Plans und einer späteren zweiten Insolvenz geltend machen könnte, dass die in Anteile umgewandelte Forderung zu hoch bewertet werden würde. 20

Die übrigen Beteiligten am Plan, sei es Schuldner oder andere Gläubiger, sind auch auf eine Differenzhaftung des mit seiner Forderung überbewerteten Gläubigers nicht angewiesen, da sie die Möglichkeit haben, bevor der Plan rechtskräftig wird, gegen eine Überbewertung des Gläubigers Rechtsmittel einzulegen. 21

---

13 BGHZ 55, 117 [119].
14 Vgl. Kübler/Prütting/Bork/*Otte* Rn. 13.
15 *Kilger/Schmidt* VglO, § 54 Rn. 3.
16 Kübler/Prütting/Bork/*Otte* § 256 Rn. 13.

C. § 254 Allgemeine Wirkungen des Plans a.F.

22 »(1) Mit der Rechtskraft der Bestätigung des Insolvenzplans treten die im gestaltenden Teil festgelegten Wirkungen für und gegen alle Beteiligten ein. Soweit Rechte an Gegenständen begründet, geändert, übertragen oder aufgehoben oder Geschäftsanteile einer Gesellschaft mit beschränkter Haftung abgetreten werden sollen, gelten die in den Plan aufgenommenen Willenserklärungen der Beteiligten als in der vorgeschriebenen Form abgegeben; entsprechendes gilt für die in den Plan aufgenommenen Verpflichtungserklärungen, die einer Begründung, Änderung, Übertragung oder Aufhebung von Rechten an Gegenständen oder einer Abtretung von Geschäftsanteilen zugrunde liegen. Die Sätze 1 und 2 gelten auch für Insolvenzgläubiger, die ihre Forderungen nicht angemeldet haben.

(2) Die Rechte der Insolvenzgläubiger gegen Mitschuldner und Bürgen des Schuldners sowie die Rechte dieser Gläubiger an Gegenständen, die nicht zur Insolvenzmasse gehören, oder aus einer Vormerkung, die sich auf solche Gegenstände bezieht, werden durch den Plan nicht berührt. Der Schuldner wird jedoch durch den Plan gegenüber dem Mitschuldner, dem Bürgen oder anderen Rückgriffsberechtigten in gleicher Weise befreit, wie gegenüber dem Gläubiger.

(3) Ist ein Gläubiger weitergehend befriedigt worden, als er nach dem Plan zu beanspruchen hat, so begründet dies keine Pflicht zur Rückgabe des Erlangten.«

I. Normzweck

23 Normzweck des § 254 a.F. ist, dass die im gestaltenden Teil des Insolvenzplans festgelegten Wirkungen materiell-rechtlich für und gegen alle Beteiligten eintreten.

II. Voraussetzung

1. Absatz 1

a) Die Planwirkung

24 Die festgelegten Wirkungen im gestaltenden Teil treten mit Rechtskraft der Bestätigung des Plans nach § 254 Abs. 1 Satz 1 für und gegen alle Beteiligten ein. Sobald die Wirkungen eingetreten sind, sind sie endgültig und führen zu keiner Novation. Die rechtliche Eigenschaft der Forderung ändert sich nicht. Die Ansprüche bleiben als bspw. Kaufpreis- oder Werklohnforderung bestehen.[17]

25 Nach § 254 Abs. 1 Satz 3 a.F. tritt die Wirkung auch gegenüber Insolvenzgläubigern, die ihre Forderungen nicht angemeldet haben oder gegenüber Beteiligten, die dem Plan widersprochen haben, ein. Die Beteiligten müssen an dem Insolvenzplanverfahren nicht teilgenommen haben.

26 Mit der rechtskräftigen Bestätigung des Plans werden die materiellen Wirkungen des gestaltenden Teils, wie z.B. Stundung oder Erlass von Forderungen gegenüber den Beteiligten wirksam.[18] Die Rechtsnatur des Insolvenzplans wird unterschiedlich beurteilt. Zum einen wird der Insolvenzplan als rein privatrechtlicher Vertrag angesehen, zum anderen wird eine Doppelnatur des Insolvenzplans angenommen, bestehend aus materiell-rechtlichen und verfahrensrechtlichen Elementen. Da Dritte, die unter Umständen ihre Forderung gar nicht im Insolvenzverfahren geltend gemacht haben, auch von den Wirkungen des Plans erfasst werden, kann der Insolvenzplan nicht rein vertraglicher Rechtsnatur sein.

27 Läuft die Beschwerdefrist gem. § 253 Abs. 2, § 577 ZPO ab oder wurde über die sofortige Beschwerde rechtskräftig entschieden, treten die konkreten Rechtsfolgen des Insolvenzplans unmittelbar ein. Es bedarf dazu keines Vollstreckungsaktes oder auch irgendwie gearteten Umsetzung. Deswegen treten die Folgen auch erst mit Rechtskraft ein. Deswegen sind die Insolvenzgerichte auch verpflichtet, auf einem Insolvenzplan nach Antrag einen Rechtskraftvermerk anzubringen.

---

17 *Jäger/Weber* KO, § 193 Rn. 2.
18 *Bley/Mohrbutter* VglO, § 82 Rn. 2.

Masseforderungen werden allerdings von der Wirkung des Plans nicht erfasst. Die Unterscheidung von Insolvenz- und Masseforderung erfolgt nach dem Zeitpunkt, in dem die Forderung nach § 38 begründet wurde. bspw. liegt eine Insolvenzforderung vor, wenn der Anspruchsgrund schon vor Verfahrenseröffnung besteht.[19] Masseforderungen können nicht durch den Insolvenzplan geregelt werden. 28

Hinsichtlich der Strafbarkeit für Insolvenzdelikte ist anzumerken, dass die Bestätigung des Insolvenzplans dem Schuldner oder dessen Vertreter nicht zur Straffreiheit verhilft. Der staatliche Strafanspruch steht nicht zur Disposition der Gläubiger.[20] Allerdings wird in der Praxis bei der Strafzumessung i.d.R. sehr wohl gewürdigt, wann es dem Schuldner oder dessen organschaftlichem Vertreter gelungen ist, eine Einigung mit den Gläubigern zu erzielen. 29

b) Dingliche Rechtsänderungen

Enthält ein Insolvenzplan eine dingliche Rechtsänderung, so wird diese nicht direkt mit Rechtskraft des bestätigten Plans wirksam. Insoweit ist § 254 Abs. 1 Satz 2 eine Einschränkung zu § 254 Abs. 1 Satz 1. Bzgl der dinglichen Rechtsänderung ist zwischen der in der Verfügung enthaltenen Willenserklärung und dem eigentlichen Vollzugsakt zu trennen. Die Willenserklärung wird mit der Rechtskraft gem. § 254 Abs. 1 Satz 1 wirksam. Die Vollzugsakte werden durch den rechtskräftigen Plan nicht automatisch bewirkt. Sie bleiben für die Rechtsänderung weiterhin unentbehrlich.[21] Bspw. genügt es für die Eintragung ins Grundbuch, wenn die Eintragungsbewilligung des Gläubigers im Insolvenzplan enthalten ist. Eine Ausfertigung von Bestellungsbeschluss und Insolvenzplan gilt als der zu erbringender Nachweis gem. § 29 GBO. Diese Regelung war notwendig geworden, um zu vermeiden, dass sich die dingliche Rechtslage außerhalb des Grundbuches ändern kann, ohne im Grundbuch ersichtlich zu sein. 30

Sind für die dingliche Rechtsänderung schuldrechtliche Verpflichtungen notwendig, so gelten diese als formwirksam, wenn sie in den Plan mit aufgenommen werden.[22] 31

c) Anwendungsbereich

Die in § 254 Abs. 1 Satz 1 und Satz 2 getroffenen Regelungen gelten für Insolvenzgläubiger und Beteiligte unabhängig davon, ob sie ihre Forderung angemeldet oder dem Plan widersprochen haben. § 254 Abs. 1 Satz 3 spiegelt das Mehrheitsprinzip nach § 244 wider. Für die Frage, ob ein Beteiligter aus dem Plan befriedigt wird, kommt es allein auf die materielle Rechtslage an und nicht auf die Aufnahme in die Insolvenztabelle. 32

Die Forderungen, die nicht oder nicht rechtzeitig angemeldet worden sind, unterliegen zwar dem Plan, sie können aber die Planverwirklichung stören, denn die Leistungen aus dem Insolvenzplan richten sich nach der vorhandenen Plansumme. Eine Präklusionsklausel kann dies verhindern,[23] sie muss allerdings mit dem Verbot der Schlechterstellung zu vereinbaren sein. Ein Gläubiger darf mit Insolvenzplan nicht schlechter stehen, als ohne Plan. Die Präklusionsklauseln können wirksam so ausgestaltet sein, dass Forderungen, die nicht spätestens zum Erörterungs- und Abstimmungstermin angemeldet sind, ausgeschlossen werden. 33

---

19 BGH NJW 1979, 310 ff.
20 *Hess* Rn. 1.
21 *Bork* in: Leipold, S. 52.
22 Kübler/Prütting/Bork/*Otte* Rn. 11.
23 *Otte/Wieser* NZI 2005, 70 ff.

2. Absatz 2

a) Planwirkungen gegenüber Drittsicherungsgeber

34 Inhalt des § 254 Abs. 2 Satz 1 ist, dass persönliche Ansprüche der Gläubiger gegen Dritte als Sicherungsgeber nicht vom Insolvenzplan berührt werden. Ebenso bleibt die Vormerkung unberührt. Wird eine Forderung im Insolvenzplan erlassen, so erlischt die Verbindlichkeit des Schuldners hierdurch nicht. Sie wird als natürliche, aber nicht erzwingbare Verbindlichkeit aufrechterhalten. Die Forderung bleibt zu diesem Zweck bestehen, ist aber nicht mehr durchsetzbar. Damit bleiben auch die akzessorischen Sicherungsrechte bestehen.[24]

35 Dritte werden grds nicht von der Wirkung des Plans erfasst. Deshalb haftet bspw. der Bürge bis zur vollen Höhe des geschuldeten Betrags.[25] Auch hier gilt das Prinzip, dass nur Beteiligte des Insolvenzplans auch an diesen gebunden sind.

b) Befreiung des Schuldners von Regressansprüchen

36 Nach § 254 Abs. 2 Satz 2 ist der Schuldner in gleicher Weise gegenüber Mitschuldner, Bürgen oder anderen Rückgriffsberechtigten befreit, wie gegenüber dem Insolvenzgläubiger. Die Freistellung von Regressansprüchen erfolgt daher in gleicher Höhe wie gegenüber dem Gläubiger. Der Schuldner muss somit Rückgriffsansprüche nur noch in der Höhe erfüllen, in der der Insolvenzgläubiger seine Quote nicht in Anspruch genommen hat.[26] d.h., dass der am Verfahren unbeteiligte Dritte seinen Anspruch gegen den Schuldner nur noch insoweit verwirklichen kann, wie der Verfahrensgläubiger auf seine Quote verzichtet hat. Unter dieser Bedingung wird der Dritte ausnahmsweise von der Wirkung des Plans erfasst.[27]

37 Durch diese Regelung sollen dem Schuldner nicht die Vorteile des Plans durch Rückgriffsforderungen Dritter genommen werden. Ohne diese Regelung wäre ein Plan in der Praxis regelmäßig wirtschaftlich nicht umsetzbar, da zumeist Rückgriffsansprüche Dritter gegen den Schuldner bestehen, speziell von Bankenseite.

3. Absatz 3

38 Nach § 254 Abs. 3 kann eine weitergehende als im Plan vorgesehene Befriedigung des Gläubigers nicht mehr kondiziert werden. Dies bedeutet, dass ein Gläubiger den Betrag, der über seiner Quote liegt, nicht zurückgewähren muss.

39 Der Rechtsgrund für das Behaltendürfen des überzahlten Betrags ist nun ausdrücklich gesetzlich geregelt.

40 Durch die Naturalobligation kann der Gläubiger mit seiner Forderung gegen die des Schuldners aufrechnen.[28] Dies betrifft natürlich nur Forderungen, die sich schon vor Insolvenzeröffnung aufrechenbar gegenüberstanden. Diese Aufrechnungen treten meist in Zusammenhang mit Forderungen des Finanzamtes auf.

41 Da die Naturalobligation einen Rechtsgrund für das Behaltendürfen darstellt, entfällt diese, wenn der Gläubiger fälschlicherweise mehr als seine ursprüngliche Forderung erhält.[29]

---

24 *Böhle-Stamschräder/Kilger* VglO, § 82 Rn. 3.
25 Kübler/Prütting/Bork/*Otte* Rn. 12.
26 BGHZ 55, 117 [119]
27 Vgl. Kübler/Prütting/Bork/*Otte* Rn. 13.
28 Kilger/Schmidt VglO, § 54, Rn. 3
29 Kübler/Prütting/*Otte* InsO, § 256 Rn. 13

§ 254a Rechte an Gegenständen. Sonstige Wirkungen des Plans

(1) Wenn Rechte an Gegenständen begründet, geändert, übertragen oder aufgehoben oder Geschäftsanteile an einer Gesellschaft mit beschränkter Haftung abgetreten werden sollen, gelten die in den Insolvenzplan aufgenommenen Willenserklärungen der Beteiligten als in der vorgeschriebenen Form abgegeben.

(2) Wenn die Anteils- oder Mitgliedschaftsrechte der am Schuldner beteiligten Personen in den Plan einbezogen sind (§ 225a), gelten die in den Plan aufgenommenen Beschlüsse der Anteilsinhaber oder sonstigen Willenserklärungen der Beteiligten als in der vorgeschriebenen Form abgegeben. Gesellschaftsrechtlich erforderliche Ladungen, Bekanntmachungen und sonstige Maßnahmen zur Vorbereitung von Beschlüssen der Anteilsinhaber gelten als in der vorgeschriebenen Form bewirkt. Der Insolvenzverwalter ist berechtigt, die erforderlichen Anmeldungen beim jeweiligen Registergericht vorzunehmen.

(3) Entsprechendes gilt für die in den Plan aufgenommenen Verpflichtungserklärungen, die einer Maßnahme nach Absatz 1 oder 2 zugrunde liegen.

Der neu eingefügte § 254a ergänzt § 254 hinsichtlich der Wirkungen des Plans. Mit der Planbestätigung gelten Willenserklärungen, welche im Plan enthalten sind, als mit der notwendigen Form abgegeben. Ein Formmangel nach § 125 BGB kann damit geheilt werden. Abs. 1 der neuen Vorschrift ersetzt § 254 Abs. 1 Satz 2 in seiner bisher gültigen Fassung. 1

Abs. 2 der neuen Vorschrift ergänzt die bisherigen Regelungen hinsichtlich der durch einen »Debt-Equity-Swap« nach § 225a durchzuführenden Maßnahmen. Alle vom einschlägigen Gesellschaftsrecht geforderten Formvorschriften gelten als gewahrt. Auch gilt dies für etwaige notwendige Bekanntmachungen wie sie das Aktienrecht kennt. Wie § 254a Abs. 2 Satz 3 klarstellt, ist der Insolvenzverwalter berechtigt, notwendige konstituierende Publizitätsakte beim jeweiligen Gericht vorzunehmen. Das Registergericht hat dann, da das Insolvenzgericht schon eine prüfende Funktion bei Planbestätigung eingenommen hat, lediglich Beurkundungsfunktion inne. Warum nur der Insolvenzverwalter und nicht der Schuldner die erforderlichen Anmeldungen beim Registergericht vornehmen kann, wenn der Insolvenzplan durch ihn vorgelegt wurde, wird aus der Neufassung des Gesetzes nicht deutlich. Es sind auch keine Regelungen ersichtlich, die den Insolvenzverwalter zwingen könnten, die Anmeldung vorzunehmen. 2

§ 254b Wirkung für alle Beteiligten

Die §§ 254 und 254a gelten auch für Insolvenzgläubiger, die ihre Forderungen nicht angemeldet haben, und für Beteiligte, die dem Insolvenzplan widersprochen haben.

Ursprünglich war in § 254 Abs. 1 Satz 3 a.F. geregelt, dass die Wirkung des Insolvenzplans auch gegenüber den Insolvenzgläubigern eintritt, die ihre Forderungen nicht angemeldet haben oder gegenüber den Beteiligten, die dem Plan widersprochen haben. Durch die Neuregelung des ESUG wurde diese Vorschrift in § 254b überführt. Eine Änderung des Regelungsgehalts ist damit nicht verbunden. Die Regelung gilt selbst für die Beteiligten, die nicht an dem Insolvenzplanverfahren teilgenommen haben. 1

Die Wirkungen des § 254b treten selbst gegen unbekannte Insolvenzgläubiger ein. Voraussetzung ist allein, dass sie einer der im Insolvenzplan gebildeten Gruppe zugerechnet werden können.[1] Auch eine aus Unkenntnis unterbliebene Anmeldung wird von § 254b erfasst. Diese Gläubiger gehen aber nicht ganz leer aus. Sie haben immerhin noch einen Anspruch auf die im Insolvenzplan festgelegte Quote.

---

1 LAG Düsseldorf, ZIP 2011, S. 2487

§ 255 InsO Wiederauflebensklausel

Dem widerspricht die Entscheidung des OLG Celle[2] nur scheinbar. Dort wird darauf abgehoben, dass die Forderung nach Verfahrensaufhebung noch geltend gemacht werden kann. Allerdings ist die Forderung nicht mehr durchsetzbar wenn der Schuldner die Quote aus dem Plan bezahlt. Damit kommt das OLG im Ergebnis zur gleichen Rechtslage.

2 Sollte ein Gläubiger, der am Insolvenzplanverfahren nicht beteiligt war, die Zwangsvollstreckung gegen den Schuldner nach Aufhebung des Insolvenzverfahrens betreiben, so kann sich der Schuldner dagegen nur mit der Vollstreckungsgegenklage nach § 767 ZPO und nicht mit der Erinnerung nach § 766 ZPO wehren, da die Einwendungen gegen den ursprünglichen Titel materiell rechtlicher Natur sind.[3]

§ 255 Wiederauflebensklausel

(1) Sind auf Grund des gestaltenden Teils des Insolvenzplans Forderungen von Insolvenzgläubigern gestundet oder teilweise erlassen worden, so wird die Stundung oder der Erlass für den Gläubiger hinfällig, gegenüber dem der Schuldner mit der Erfüllung des Plans erheblich in Rückstand gerät. Ein erheblicher Rückstand ist erst anzunehmen, wenn der Schuldner eine fällige Verbindlichkeit nicht bezahlt hat, obwohl der Gläubiger ihn schriftlich gemahnt und ihm dabei eine mindestens zweiwöchige Nachfrist gesetzt hat.

(2) Wird vor vollständiger Erfüllung des Plans über das Vermögen des Schuldners ein neues Insolvenzverfahren eröffnet, so ist die Stundung oder der Erlass für alle Insolvenzgläubiger hinfällig.

(3) Im Plan kann etwas anderes vorgesehen werden. Jedoch kann von Absatz 1 nicht zum Nachteil des Schuldners abgewichen werden.

Übersicht	Rdn.		Rdn.
A. Normzweck	1	2. Der Begriff des erheblichen Rückstands	7
B. Voraussetzungen	5		
I. Absatz 1	5	II. Absatz 2	11
1. Allgemeine Voraussetzungen	5	III. Absatz 3	13
		C. Rechtsfolgen	15

A. Normzweck

1 § 255 regelt die Folgen der Nichterfüllung der im Insolvenzplan festgelegten Forderungen durch den Schuldner, indem gestundete oder teilweise erlassene Forderungen dann wieder aufleben. § 255 wird ergänzt durch §§ 256 und 257.

2 Ein Wiederaufleben der Forderungen ist deshalb möglich, da diese durch den Plan nicht erloschen sind, hingegen in Form von unvollkommenen Verbindlichkeiten fortgelebt haben. Diese Vorschrift unterstützt die Ansicht, dass der Insolvenzplan durch Elemente des Prozessvergleichs geprägt ist und somit eine Doppelnatur aufweist.

3 § 255 dient dazu, den Schuldner zur Erfüllung seiner ihm obliegenden Verpflichtungen aus dem Plan anzuhalten. Der Insolvenzgläubiger ist bei Nichterfüllung durch den Schuldner nicht länger verpflichtet, an seinem Entgegenkommen in Form von Forderungserlass oder Forderungsstundung festzuhalten. Grundsatz insolvenzrechtlicher Privatautonomie ist es, dass sich der Schuldner an die im Plan festgelegten Vereinbarungen hält. Wenn sich der Schuldner nicht mehr an seinen Teil der Vereinbarung hält, so soll in logischer Konsequenz auch der Gläubiger nicht mehr daran gebunden sein.

4 Von der Regelung des § 255 kann mit der Einschränkung des Abs. 3 abgewichen werden.

---

2 OLG Celle, 13. Zivilsenat, vom 14.07.2011, 13 U 26/11
3 AG Leipzig, ZIP 2011, S. 2210

B. Voraussetzungen

I. Absatz 1

1. Allgemeine Voraussetzungen

Eine gestundete oder erlassene Forderung lebt dann nach § 255 Abs. 1 wieder auf, wenn der Schuldner die im Plan festgelegten Pflichten nicht ordnungsgemäß erfüllt. Die Verpflichtungen des Schuldners können reine Zahlungsverpflichtungen oder sonstige Hauptpflichten sein. Eine Verletzung von Nebenpflichten soll für die Folgen des § 255 nicht genügen.[1] Wichtiges Kriterium für die Pflichten des Schuldners ist, dass sie zur Planerfüllung dienen sollen.[2] Regelmäßig sind die Zahlungspflichten die im Plan geregelten Hauptpflichten.

Keine Anwendung findet § 255 auf bereits vollständig erlassene Forderungen,[3] also Forderungen die vor dem Insolvenzplanverfahren schon erlassen waren.

2. Der Begriff des erheblichen Rückstands

Der Begriff des »Rückstandes« meint den Zahlungsrückstand des Schuldners bzgl. einer im Insolvenzplan ausgewiesenen Forderung. Dieser kann nur dann vorliegen, wenn der Gläubiger einen fälligen und einredefreien Anspruch gegen den Schuldner hat. Der Einwand des Schuldners er habe den Zahlungsrückstand nicht verschuldet, scheidet deshalb aus, da § 255 Abs. 1 nur die »fälligen Verbindlichkeiten« nennt. Der Rückstand ermittelt sich durch den Vergleich von Ist- und Sollzustand der Zahlung auf fällige Verbindlichkeiten.

Um die Diskussion über das Verschulden beim Zahlungsrückstand zu vermeiden, hat der Gesetzgeber bewusst nicht auf den Verzug gem. § 284 BGB abgehoben, sondern spricht vom erheblichen Rückstand, was einen neuen gesetzlichen Begriff darstellt, der jedoch bereits aus Vergleichsschlüssen vor Gericht bekannt ist. Dort wird meist formuliert, dass eine zugestandene Ratenzahlung für den Schuldner unwirksam wird, sollte er mit mehr als zwei Raten in Rückstand (und nicht in Verzug) geraten.

Die »Erheblichkeit« richtet sich nach den dazu im Plan genannten Anforderungen. Diese sollten allerdings hinsichtlich des Verschuldens höher als der zivilrechtliche Verzugsbegriff sein. In der Praxis sollten die Voraussetzungen eines erheblichen Rückstandes jederzeit von einem unabhängigen Dritten objektiv nachprüfbar sein.

Die Mahnung muss in Schriftform nach § 126 BGB mit gleichzeitiger Nachfristsetzung erfolgen. Die Nachfrist kann frühestens mit der Fälligkeit der Verbindlichkeit in Gang gesetzt werden. Sinn der Mahnung ist es, den Schuldner vor den Folgen der Wiederauflebensklausel zu warnen und ihn zur Pflichterfüllung aus dem Plan anzuhalten. Für die Fristwahrung ist der Zeitpunkt der Absendung des Geldes durch den Schuldner entscheidend.[4]

Der Schuldner gerät nicht mit der Erfüllung des Insolvenzplanes in Rückstand, wenn die nicht erfüllte Forderung nicht zu Tabelle festgestellt worden war und keine Entscheidung des Insolvenzgerichts über die vorläufige Berücksichtigung der Forderung ergangen ist.[5] Der Gläubiger muss daher eine rechtskräftige Entscheidung eines Prozessgerichtes herbeiführen um den Schuldner in Verzug gem. Abs. 1 setzen zu können um sich dann auf die Wiederauflebensklausel berufen zu können.

---

1 Nerlich/Römermann/*Braun* Rn. 4.
2 Vgl. *Bley/Mohrbutter* VglO, § 9 Rn. 11.
3 HK-InsO/*Flessner* Rn. 4.
4 BGH WM 1958, 1053.
5 BGH 10.05.2012, IX ZR 206/11.

II. Absatz 2

11 Zweck des § 255 Abs. 2 ist es, dass Altgläubiger in einer weiteren, neuen Insolvenz nicht schlechterstehen sollen, als die neuen Insolvenzgläubiger. Bei Eröffnung eines neuen Insolvenzverfahrens ist die eigentlich ursprünglich beabsichtigte Planerfüllung endgültig missglückt. Damit fällt auch die Grundlage für die Stundung oder den Erlass weg. Anders als in Abs. 1, ist der Schuldner nun allen Gläubigern gegenüber verpflichtet. Im Übrigen bleibt der Insolvenzplan unverändert bestehen. Die im Plan im Wege der Privatautonomie, wie z.B. die Änderung der Gesellschafterstruktur oder die Einbringung eines Grundstücks in das schuldnerische Vermögen, getroffenen Vereinbarungen bleiben weiter gültig.

12 § 255 Abs. 2 gelangt auch dann zur Anwendung, wenn der Schuldner bisher seinen Verpflichtungen aus dem Plan ordnungsgemäß nachkam.

III. Absatz 3

13 § 255 Abs. 3 lässt keine Abweichung zum Nachteil des Schuldners zu. Bspw. ist eine Vereinbarung unwirksam, in der eine gestundete Forderung im Fall der Nichterfüllung durch den Schuldner direkt und ohne eine Fristsetzung wiederaufleben soll.

14 Auf die Eröffnung eines neuen Insolvenzverfahrens ist § 255 Abs. 3 Satz 2 nicht anwendbar.

C. Rechtsfolgen

15 Sofern ein erheblicher Rückstand zwischen Gläubiger und Schuldner vorliegt, leben die gestundeten oder teils erlassenen Forderungen zwischen ihnen im Falle erfolgloser Mahnung unter Nachfristsetzung wieder auf. Durch das Erfordernis der Mahnung ist der Gläubiger zur Mitwirkung verpflichtet. Andernfalls kommt die Wiederauflebensklausel nicht zum Tragen. Die Rechtsfolge dieser Klausel tritt immer nur im Verhältnis zwischen Schuldner und demjenigen Gläubiger ein, gegenüber dem der Schuldner in erheblichen Zahlungsrückstand gerät. Alle übrigen Gläubiger sind davon nicht betroffen, der Inhalt des Plans ist für sie weiterhin gültig.

16 Mit Ausnahme der Ausfallforderungen ist § 255 auf absonderungsberechtigte Gläubiger nicht anwendbar. Dingliche Rechte leben somit nicht wieder auf.[6] Die absonderungsberechtigten Gläubiger sind allerdings gewöhnlich unabhängig vom Insolvenzplan geschützt.

17 Mit § 255 leben auch die Nebenforderungen, insb. die Zinsen nach Insolvenzeröffnung, wieder auf.

18 Ein pflichtwidriges Verhalten Dritter hat keinen Einfluss auf das Wiederaufleben der Forderung.

§ 256 Streitige Forderungen. Ausfallforderungen

(1) Ist eine Forderung im Prüfungstermin bestritten worden oder steht die Höhe der Ausfallforderung eines absonderungsberechtigten Gläubigers noch nicht fest, so ist ein Rückstand mit der Erfüllung des Insolvenzplans im Sinne des § 255 Abs. 1 nicht anzunehmen, wenn der Schuldner die Forderung bis zur endgültigen Feststellung ihrer Höhe in dem Ausmaß berücksichtigt, das der Entscheidung des Insolvenzgerichts über das Stimmrecht des Gläubigers bei der Abstimmung über den Plan entspricht. Ist keine Entscheidung über das Stimmrecht getroffen worden, so hat das Gericht auf Antrag des Schuldners oder des Gläubigers nachträglich festzustellen, in welchem Ausmaß der Schuldner vorläufig die Forderung zu berücksichtigen hat.

(2) Ergibt die endgültige Feststellung, dass der Schuldner zu wenig gezahlt hat, so hat er das Fehlende nachzuzahlen. Ein erheblicher Rückstand mit der Erfüllung des Plans ist erst anzunehmen, wenn der Schuldner das Fehlende nicht nachzahlt, obwohl der Gläubiger ihn schriftlich gemahnt und ihm dabei eine mindestens zweiwöchige Nachfrist gesetzt hat.

---

6 BT-Drucks. 12/2443, 213 f.

(3) Ergibt die endgültige Feststellung, dass der Schuldner zu viel gezahlt hat, so kann er den Mehrbetrag nur insoweit zurückfordern, als dieser auch den nicht fälligen Teil der Forderung übersteigt, die dem Gläubiger nach dem Insolvenzplan zusteht.

Übersicht

	Rdn.		Rdn.
A. Normzweck	1	1. Grundsatz	5
B. Voraussetzungen	2	2. Rechtsfolge	6
I. Allgemeines	2	IV. Absatz 3	8
II. Die Entscheidung des Insolvenzgerichts nach Absatz 1	3	1. Zuvielzahlung des Schuldners	8
III. Absatz 2	5	2. Rückgewähranspruch	9

A. Normzweck

§ 256 soll den Schuldner dahingehend schützen, dass er die Folgen des § 255 nicht zu befürchten hat, wenn er die streitige Forderung oder Ausfallforderung vorläufig in einem bestimmten Umfang erfüllt. § 256 ergänzt § 255 und dient dem Schuldnerschutz. Ohne diese Regelung könnten sehr leicht die Voraussetzungen des § 255 Abs. 1 bei Ausfallforderungen gegeben sein und damit die Rechtsfolgen der Wiederauflebensklausel eintreten, ohne dass der Schuldner dies erkennen kann. 1

B. Voraussetzungen

I. Allgemeines

Der Schuldner unterliegt dann dem Schutz des § 256, wenn er auf streitige Forderungen oder Ausfallforderungen die Summe zahlt, die der Entscheidung des Insolvenzgerichts über das Stimmrecht des Gläubigers im Abstimmungstermin entspricht. § 256 bezieht sich also auf die Sonderfälle der bestrittenen Forderung und Ausfallforderung. 2

II. Die Entscheidung des Insolvenzgerichts nach Absatz 1

Die Entscheidung des Insolvenzgerichts zum Stimmrecht bei der Planentscheidung folgt aus § 77 Abs. 2 Satz 2 und ergeht durch unanfechtbaren Beschluss. Die Entscheidung des Insolvenzgerichts hat keinen Einfluss auf den materiellen Anspruch des Gläubigers. Sie ergeht nur im Falle der Uneinigkeit von Gläubigern und Insolvenzverwalter über das Stimmrecht. 3

Um das Ausmaß der vom Schuldner vorläufig zu berücksichtigten Forderungen bestimmen zu können, kann die gerichtliche Entscheidung nach § 256 Abs. 1 Satz 2 entweder vom Gläubiger oder vom Schuldner beantragt werden. Die endgültige Zahlungspflicht des Schuldners ist in Abs. 2 und Abs. 3 geregelt. Dem Schuldner steht es grds frei, ob er der gerichtlichen Stimmrechtsentscheidung Beachtung schenken möchte.[1] Tut er dies nicht, so trägt der Schuldner das Risiko der in § 255 normierten Rechtsfolgen. 4

Bei einer unbekannten Forderung, also eine Forderung, die nicht zur Tabelle angemeldet wurde und in Folge dessen auch nicht festgestellt wurde gilt die vorstehende Regelung analog. Die Forderung gilt nach wie vor als streitig. Die Forderung lebt nicht dadurch wieder auf, dass der Schuldner keine Entscheidung des Insolvenzgerichts über die vorläufige Berücksichtigung der Forderung beantragt.[2] Diese Folge kann daher erst eintreten, wenn ein Prozessgericht rechtskräftig über diese Forderung entschieden hat.

---

[1] *Bley/Mohrbutter* VglO, § 97 Rn. 14.
[2] BGH 10.05.2012, IX ZR 206/11.

III. Absatz 2

1. Grundsatz

5 Wenn der Schuldner auf eine festgestellte Forderung zu wenig gezahlt hat, treten die Rechtsfolgen des § 256 Abs. 2 ein. Ist dann eine streitige Forderung rechtskräftig bestätigt worden, so bedarf es keiner gesonderten Regelung. Die Zahlungsverpflichtung steht damit fest. Die endgültige Feststellung der Forderungen erfolgt entweder durch eine nachträgliche Anerkennung durch den Insolvenzverwalter oder in einem rechtskräftigen Feststellungsurteil.

2. Rechtsfolge

6 Wenn der Schuldner zu wenig gezahlt hat, so muss er den fehlenden Betrag ausgleichen. Erfüllt der Schuldner die Nachzahlungspflicht nicht, so kann die Wiederauflebensklausel nach § 255 eingreifen.

7 Sowohl in § 256 Abs. 2 Satz 2, wie in § 255 Abs. 1 Satz 2 ist der Eintritt des Zahlungsrückstandes erst dann gegeben, wenn der Schuldner trotz Mahnung und Nachfristsetzung nicht ausgleicht. Damit bleibt dem Schuldner noch genügend Zeit, seine Zahlungsverpflichtungen auch nach Ende des Feststellungsprozesses nachzuzahlen. Es bedarf immer einer qualifizierten Mahnung durch den Gläubiger, schon aus rechtsstaatlichen Gründen heraus.

IV. Absatz 3

1. Zuvielzahlung des Schuldners

8 § 256 Abs. 3 regelt die Zuvielzahlung des Schuldners auf eine dem Gläubiger nach dem Plan nicht in der Höhe zustehende Forderung. Der Gläubiger ist nur insoweit bereichert und muss Rückzahlung leisten, wenn er mehr empfangen hat, als er zusammen mit den noch nicht fälligen Forderungen beanspruchen könnte. Kann der Gläubiger allerdings eine erhaltene Zahlung mit einer noch nicht fälligen Forderung verrechnen, muss er das Empfangene nicht zurückgewähren. In diesem Fall erhält der Gläubiger nicht mehr, als ihm ohnehin zusteht.[3] Aus diesem Grund wird der Schuldner mit der Zahlung auf die Ausfallforderung auch bis zur endgültigen gerichtlichen Klärung des Ausfalls zuwarten, es sei denn, es gibt eine Einigung mit dem Ausfallgläubiger.

2. Rückgewähranspruch

9 Liegt nach endgültiger Feststellung eine Zuvielzahlung des Schuldners vor, steht ihm ein Rückgewähranspruch als Leistungskondiktion nach § 256 Abs. 3 InsO i.V.m. § 812 Abs. 1 Satz 1 BGB zu. Die Rechtsfolgen ergeben sich aus §§ 812 ff. BGB. Damit findet auch § 820 Abs. 1 Satz 1 BGB Anwendung. Die in § 820 Abs. 1 Satz 1 BGB vorausgesetzte Ungewissheit resultiert aus der nur vorläufigen Entscheidung des Insolvenzgerichts.[4]

§ 257 Vollstreckung aus dem Plan

(1) Aus dem rechtskräftig bestätigten Insolvenzplan in Verbindung mit der Eintragung in die Tabelle können die Insolvenzgläubiger, deren Forderungen festgestellt und nicht vom Schuldner im Prüfungstermin bestritten worden sind, wie aus einem vollstreckbaren Urteil die Zwangsvollstreckung gegen den Schuldner betreiben. Einer nicht bestrittenen Forderung steht eine Forderung gleich, bei der ein erhobener Widerspruch beseitigt ist. § 202 gilt entsprechend.

---

3 *Böhle-Stamschräder/Kilger* VglO, § 97 Rn. 7.
4 *Bley/Mohrbutter* VglO, § 98 Rn. 3.

(2) Gleiches gilt für die Zwangsvollstreckung gegen einen Dritten, der durch eine dem Insolvenzgericht eingereichte schriftliche Erklärung für die Erfüllung des Plans neben dem Schuldner ohne Vorbehalt der Einrede der Vorausklage Verpflichtungen übernommen hat.

(3) Macht ein Gläubiger die Rechte geltend, die ihm im Falle eines erheblichen Rückstands des Schuldners mit der Erfüllung des Plans zustehen, so hat er zur Erteilung der Vollstreckungsklausel für diese Rechte und zur Durchführung der Vollstreckung die Mahnung und den Ablauf der Nachfrist glaubhaft zu machen, jedoch keinen weiteren Beweis für den Rückstand des Schuldners zu führen.

Übersicht

	Rdn.		Rdn.
A. Normzweck	1	C. Die Vollstreckung gegen Dritte gem. Absatz 2	8
B. Die Zwangsvollstreckung gegen den Schuldner nach Absatz 1	3	D. Durchführung der Vollstreckung im Fall des § 257 nach Absatz 3	10

A. Normzweck

Die Insolvenzgläubiger können im Fall der Nichtleistung des Schuldners nach § 257 die Zwangsvollstreckung aus dem Plan i.V.m. dem Tabelleneintrag betreiben. Die Vollstreckung aus dem Titel belegt die Einordnung der Rechtsnatur des Insolvenzplans als ein Institut mit Doppelnatur, welches sowohl vertragsrechtliche, als auch prozessrechtliche Elemente aufweist. Daraus wird wieder deutlich, dass der Plan in seiner Rechtsnatur einem Prozessvergleich sehr ähnlich ist. 1

Der Vollstreckungstitel ergibt sich entgegen der Überschrift des § 257 »Vollstreckung aus dem Plan« gerade nicht aus dem Plan, sondern aus dem Tabelleneintrag der festgestellten Forderungen.[1] Ein rechtskräftiger Tabellentitel verbraucht einen früheren rechtskräftigen Titel vollkommen.[2] Nur die Höhe der Forderung und der Zeitpunkt der Erfüllung sind im Plan geregelt. Aus dem ursprünglichen Titel ist die Vollstreckung vollkommen ausgeschlossen. Sollte der Gläubiger trotzdem versuchen, nach Abschluss des Insolvenzverfahrens daraus zu vollstrecken, könnte der Schuldner sich hiergegen mit einer Vollstreckungsgegenklage wehren. 2

B. Die Zwangsvollstreckung gegen den Schuldner nach Absatz 1

Die Zwangsvollstreckung kann nur durch Vorlage einer vollstreckbaren Ausfertigung der Tabelle betrieben werden.[3] Der Insolvenzverwalter und die Gläubiger haben die Möglichkeit, gegen die Forderung im Prüfungstermin Widerspruch einzulegen. Die Folge ist, dass dem Gläubiger, der sich auf die Forderung beruft, gegen diesen Widerspruch die Klagemöglichkeit offen steht. Wird kein Widerspruch eingelegt, so gilt die Forderung im Prüfungstermin als festgestellt. Die Vollstreckungswirkung kann entweder durch Protokollierung des Prüfungsergebnisses oder im Fall des Widerspruchs durch rechtskräftiges Urteil eintreten.[4] 3

Kein Vollstreckungstitel ist der Insolvenzplan selbst, denn bei Anwendung des § 255 ist ein höherer Betrag, als im Plan festgesetzt wurde, vollstreckbar.[5] 4

Die Vollstreckungsklausel ist auf der vollstreckbaren Ausfertigung der Tabelle zu vermerken. Die Wirksamkeit der Vollstreckungsklausel kann nur durch Urteil aufgehoben werden. Rechtsnachfolger des Schuldners i.S.d. § 727 ZPO kann nicht ein Dritter sein, der im gesellschaftsrechtlichen Zusammenhang mit dem Schuldner steht. Die Klausel selbst muss Angaben zur Höhe des zu vollstrecken- 5

---

1 Vgl. *Hess* KO, § 194 Rn. 3.
2 RG RGZ 112, 297 (300).
3 *Hess* Rn. 6.
4 Vgl. *Bley/Mohrbutter* VglO, § 85 Rn. 1.
5 HK-InsO/*Flessner* Rn. 2.

den Betrags und zum Vollstreckungszeitpunkt enthalten. Der Vollstreckungsbetrag ergibt sich aus der im Prüfungstermin festgestellten Forderung. Insoweit ergibt sich die Vollstreckungsklausel aus dem gestaltenden Teil des Insolvenzplans. Somit werden in der Klausel auch Stundungen oder ein Forderungserlass berücksichtigt.

6 Aus diesem Grund muss auch der Insolvenzplan im gestaltenden Teil so klar gefasst sein, dass sich der zu vollstreckende Betrag aus ihm, unter Umständen i.V.m. mit dem Schlussverzeichnis, ergibt. Ansonsten kann das Insolvenzgericht keinen vollstreckbaren Auszug aus der Insolvenztabelle erteilen mit einem absoluten Betrag, den es zu vollstrecken gilt. So sind Regelungen im gestaltenden Teil unwirksam, in denen die Rede davon ist, dass der Verkaufserlös eines bestimmten Massegegenstandes an die Gläubiger mit verteilt wird. Mangels Bestimmtheit ist diese Klausel nicht vollstreckbar.

7 Das Vollstreckungsverfahren richtet sich im Übrigen nach den allgemeinen Vorschriften.[6] Einwendungen des Schuldners können im Wege der Vollstreckungsabwehrklage gem. § 767 Abs. 1 ZPO geltend gemacht werden.

C. Die Vollstreckung gegen Dritte gem. Absatz 2

8 § 257 Abs. 2 regelt die Vollstreckungsmöglichkeit gegen den Dritten, der zur Erfüllung des Plans neben dem Schuldner Verpflichtungen übernommen hat. Solch eine Verpflichtung kann z.B. die Übernahme einer Bürgschaft sein. Dazu muss der Dritte eine schriftliche Erklärung abgeben, die gem. § 230 Abs. 3 als Anlage dem Insolvenzplan beizufügen ist. Dieses Schriftformerfordernis gibt den Beteiligten Rechtssicherheit. Ist der Dritte Bürge, so kann gegen ihn nur vollstreckt werden, wenn er die Verpflichtungserklärung ohne Vorbehalt der Einrede der Vorausklage abgegeben hat.

9 Wird der Dritte wirksam in Anspruch genommen, gehen die Forderungen gesetzlich auf den Dritten über.[7] Der Haftungsumfang des Dritten richtet sich nach den durch dessen Erklärung übernommenen Verpflichtungen. Sofern gegen den Dritten direkt vollstreckt werden kann, ist eine gegen ihn gerichtete Klage mangels Rechtsschutzbedürfnis unzulässig.[8]

D. Durchführung der Vollstreckung im Fall des § 257 nach Absatz 3

10 Zweck des § 257 Abs. 3 ist, dass die Gläubiger, die sich auf die Wiederauflebensklausel berufen, schneller und einfacher die gesamte Forderung die in der Insolvenztabelle festgestellt wurde, vollstrecken können. Erfüllt der Schuldner seine Verpflichtungen aus dem Plan nicht, so soll es den Gläubigern auch nicht weiter erschwert werden, einen wirksamen Vollstreckungstitel zu erlangen.

11 Da die teils erlassenen oder gestundeten Forderungen nach § 255 wiederaufleben, ermöglicht § 257 Abs. 3 eine Erweiterung der Vollstreckungsklausel auf die volle Höhe des Anspruchs. Hierzu muss der Gläubiger die Mahnung und den Fristablauf glaubhaft machen. Die Glaubhaftmachung erfolgt gem. § 294 ZPO nach den allgemeinen Regeln, bspw. durch Vorlage der Mahnung, der Einschreibenbelege und einer Versicherung an Eides Statt.

12 Gegen die Entscheidung über die Erteilung der erweiterten Vollstreckungsklausel sind für Schuldner und Gläubiger die allgemeinen zivilprozessrechtlichen Rechtsbehelfe statthaft.

§ 258 Aufhebung des Insolvenzverfahrens

(1) Sobald die Bestätigung des Insolvenzplans rechtskräftig ist und der Insolvenzplan nicht etwas anderes vorsieht, beschließt das Insolvenzgericht die Aufhebung des Insolvenzverfahrens.

---

6 Vgl. *Hess KO*, § 194 Rn. 8.
7 Vgl. *Bley/Mohrbutter* VglO, § 85 Rn. 23.
8 *Böhle-Stamschräder/Kilger* VglO, § 85 Rn. 6.

(2) Vor der Aufhebung hat der Verwalter die unstreitigen fälligen Masseansprüche zu berichtigen und für die streitigen oder nicht fälligen Sicherheit zu leisten. Für die nicht fälligen Masseansprüche kann auch ein Finanzplan vorgelegt werden, aus dem sich ergibt, dass ihre Erfüllung gewährleistet ist.

(3) Der Beschluß und der Grund der Aufhebung sind öffentlich bekannt zu machen. Der Schuldner, der Insolvenzverwalter und die Mitglieder des Gläubigerausschusses sind vorab über den Zeitpunkt des Wirksamwerdens der Aufhebung (§ 9 Abs. 1 Satz 3) zu unterrichten. § 200 Abs. 2 Satz 2 gilt entsprechend.

Übersicht

		Rdn.			Rdn.
A.	Normzweck	1	C.	Die Bekanntmachung des Aufhebungsbeschlusses	12
B.	Die Aufhebung des Verfahrens	2	D.	§ 258 Aufhebung des Insolvenzverfahrens a.F.	13
I.	Allgemeine Grundsätze	2			
II.	Stellung und Aufgaben des Insolvenzverwalters	3			

A. Normzweck

Ist der Insolvenzplan rechtskräftig bestätigt, so wird das Insolvenzverfahren aufgehoben. Diese Aufhebung dient der Rechtssicherheit aller Beteiligten und erfolgt durch Gerichtsbeschluss. Die Wirkungen der Aufhebung sind in § 259 geregelt. Durch den Aufhebungsbeschluss erhalten die Beteiligten die Möglichkeit, sich auf die Folgen nach § 259 einzustellen. Dies gilt nur dann nicht, wenn der Insolvenzplan selbst etwas anderes vorsieht. Es kann Ausnahmefälle geben, in denen der Plan vorsieht, dass die Aufhebung des Insolvenzverfahrens dem Regelinsolvenzverfahren vorbehalten bleibt. Dies kann bspw. den Sinn haben, den Gläubigern erst später, aber immer noch im eröffneten Verfahren, ihre Quote zukommen zu lassen.

1

B. Die Aufhebung des Verfahrens

I. Allgemeine Grundsätze

Die Aufhebung erfolgt durch Hoheitsakt. Das Insolvenzverfahren wird dadurch materiell-rechtlich beendet, denn wird der Insolvenzplan rechtskräftig bestätigt, so bedarf es keiner Weiterführung des Insolvenzverfahrens. Die Planerfüllung ist nicht mehr Bestandteil des Insolvenzverfahrens. Die Vollstreckung aus dem Plan erfolgt somit außerhalb des Insolvenzverfahrens. Daraus folgt, dass die Gläubiger ihre Ansprüche nun selbstständig weiterverfolgen müssen. Ein vormaliger Insolvenzverwalter hat nach Aufhebung des Insolvenzverfahrens keine weiterführende Verwaltungs- und Verfügungsbefugnis.[1] Daher kann der Insolvenzverwalter eine Masseforderung nach Aufhebung des Verfahrens nicht mehr in Form seiner Amtsstellung als Insolvenzverwalter geltend machen.[2] Dies gilt bspw. auch für die eigene Vergütung des Insolvenzverwalters, die auch eine Masseforderung darstellt. Ist diese bei Verfahrensaufhebung nicht bedient worden, kann der Insolvenzverwalter diese Forderung nur wie ein normaler Gläubiger im Wege der Zwangsvollstreckung durchsetzen, da er ja den Vergütungsbeschluss des Insolvenzgerichts als Vollstreckungstitel einsetzen kann.

2

Zwei Tage nach der Veröffentlichung des Aufhebungbeschlusses im Internet wird dieser ohne weiteres wirksam gem. § 9 Abs. 1 Satz 3. Abgesehen von der Rechtspflegererinnerung gem. § 11 Abs. 2 RpflG ist dieser Beschluß nicht rechtsmittelfähig gem. § 6 Abs. 1. Nachdem seit 01.01.2013 der Insolvenzrichter für Insolvenzplanverfahren ausschließlich zuständig ist, dürfte dieses Rechtsmittel auch endgültig weg gefallen sein.

---

1 OLG Celle FD-InsR 2006, 204714.
2 BGH 07.01.2008, II ZR 283/06, ZIP 2008, 546.

II. Stellung und Aufgaben des Insolvenzverwalters

3 Aufgrund der fehlenden Verfügungsbefugnis des Insolvenzverwalters ist dieser auch nicht mehr befugt, Informationen von Behörden, Ämtern oder Banken zu erhalten. Die ursprüngliche Verschwiegenheitspflicht der Behörden gegenüber dem Unternehmen lebt sodann wieder auf. Allerdings ist es in der Praxis häufig ratsam, dass Gläubiger entsprechende Vereinbarungen über die Auskunftserteilung treffen, um die Planerfüllung sicherzustellen. Dies ist auch im Hinblick auf §§ 262, 263 wichtig. Die danach dem Insolvenzverwalter übertragenen Pflichten kann er nicht erfüllen, wenn er zum einen keine Informationen erhält und zum anderen nicht selbst Auskünfte einholen kann.

4 Da die Planerfüllung für das plansanierte Unternehmen auch mit wirtschaftlichen Schwierigkeiten verbunden sein kann, kann es vorkommen, dass das Unternehmen dem Insolvenzverwalter möglicherweise keine oder unvollständige Informationen überlässt. Um dem vorzubeugen, ist es wichtig, den Insolvenzverwalter bereits im Insolvenzplan mit Auskunftsrechten zu versehen.

5 Eine Schlussrechnung mit nachträglicher Prüfung im Gläubigerausschuss wird nach Aufhebung dieses Insolvenzverfahrens nicht durchgeführt. § 66 ist hier nicht anwendbar. Sinn und Zweck des § 258 ist, dass der Schuldner möglichst schnell seine ursprüngliche Verfügungsbefugnis wieder erhält.[3] Die Erstellung und Prüfung der Schlussrechnung durch den Gläubigerausschuss oder das Insolvenzgericht würde das Insolvenzverfahren unnötig und zum Nachteil des Schuldners verzögern. Ferner würde eine Schlussrechnung im Insolvenzplanverfahren mangels Verwertung von Vermögensteilen keinen Aufschluss über die wirtschaftlichen Verhältnisse geben. Die Frage der Anwendbarkeit des § 66 auf § 258 hat auch praktische Bedeutung. Wird durch Erstellung und Prüfung der Schlussrechnung das Insolvenzverfahren hinausgezögert, so hat derjenige Gläubiger, dessen Forderung erst innerhalb des Verzögerungszeitraums entsteht, keinen Anspruch nach § 258 Abs. 2.[4] Das Landgericht Stuttgart hat dies damit begründet, dass die Forderung zwar entstanden, allerdings noch nicht fällig ist.

6 In der Praxis wird dies von den Insolvenzgerichten allerdings regelmäßig anders gehandhabt. Es wird von den Verwaltern eine Schlussrechnung verlangt, die dann auch geprüft wird. Bei größeren Verfahren erfolgt diese Schlussrechnungsprüfung nicht durch die Gerichte selbst, sondern durch externe Sachverständige, was unter Umständen einen Zeitraum über mehrere Monate einnehmen kann. Währenddessen kann das Verfahren nicht aufgehoben werden, was einer Verfahrensbeschleunigung eher abträglich ist, da die Beteiligten in dieser Zeit weiterhin keine Sicherheit der Umsetzung haben. Vor allem für den Verwalter stellt sich die Situation kritisch dar, da er den schuldnerischen Betrieb weiter fortführen muss und neue Masseverbindlichkeiten begründet, für welche er haftet und unter Umständen Sicherheit nach § 258 Abs. 2 leisten muss. Gedankenlogisch müsste für diesen Zeitraum wiederum eine Prüfung stattfinden, was zu einer immer wiederkehrenden Prüfung und damit zu keinem Abschluss führen würde. Es würden auch immer wieder neue Masseansprüche entstehen, für die regelmäßig ein neuer Finanzplan aufgestellt werden müsste. Der Gesetzgeber sollte klarstellend regeln, dass nach Planannahme eine Schlussrechnungsprüfung gar nicht mehr oder nur noch sehr verkürzt im Rahmen einer stichprobenartigen Kontrolle bis zu einem längstens festzulegenden Termin nach Planaufhebung stattfinden sollte.

7 Hinsichtlich der Sicherheitsleistung sind §§ 232 ff. BGB analog anwendbar.[5] Nach § 258 Abs. 2 muss der Verwalter die unstreitigen Masseansprüche berichtigen. Dabei ist allerdings eine Unterscheidung der Masseansprüche nach § 54 und § 55 vorzunehmen. Sind die Ansprüche nach § 55 aus der Fortführung des Unternehmens entstanden, unterliegen sie nicht der Anwendung des § 258 Abs. 2.[6] Wenn die Masseansprüche nach § 55 berücksichtigt würden, dann wäre die Unternehmensfortführung infolge mangelnder Zahlungsfähigkeit aus der Insolvenzmasse erheblich ge-

---

[3] Vgl. *Balz/Landfermann* S. 377, 378.
[4] LG Stuttgart 11.12.2002, 27 O 295/02, DZWIR 2003, 171 ff.
[5] *Kuhn/Uhlenbruck* KO, § 191 Rn. 1a.
[6] Nerlich/Römermann/*Braun* Rn. 3; FK-InsO/*Jaffé* Rn. 20.

fährdet. Für die Praxis ist es sinnvoll, die entsprechenden Gläubiger darauf aufmerksam zu machen, dass sie ihre Ansprüche aus der Betriebsfortführung direkt gegen das Unternehmen geltend machen müssen und nicht aus der Insolvenzmasse beanspruchen können.

Durch das ESUG wurde in Abs. 2 ein zweiter Satz eingefügt. 8

Die Änderung dient der Klarstellung, dass der Verwalter nur bereits fällige Masseansprüche zu begleichen hat. Für die noch nicht fälligen Ansprüche genügt es, wenn diese im Ergebnis- und Finanzplan nach § 229 berücksichtigt werden und ihre Erfüllung bei Fälligkeit demnach gesichert ist. 9

Die Neufassung des § 258 Abs. 2 sieht eine zusätzliche Differenzierung für fällige und nicht fällige Masseansprüche vor. Damit wurde nun eine ausdrückliche Regelung geschaffen, die die nicht fälligen Forderungen dem Anwendungsbereich des § 258 Abs. 2 entzieht. Zukünftig ist für solche Masseforderungen ein Finanzplan vorgesehen. 10

Im Gegensatz zum alten Recht muss der Insolvenzverwalter jetzt nur noch die fälligen Masseverbindlichkeiten und nicht mehr alle Masseverbindlichkeiten bedienen. Dies ist eine gewisse Erleichterung gegenüber dem bisherigen Recht und dürfte den Verfahrensablauf beschleunigen. 11

C. Die Bekanntmachung des Aufhebungsbeschlusses

Der Aufhebungsbeschluss ist gem. § 258 Abs. 3 öffentlich bekannt zu machen. Einer Zustellung des Aufhebungsbeschlusses bedarf es somit nicht mehr. Die vorläufige Unterrichtung des Schuldners, Insolvenzverwalters und der Mitglieder des Gläubigerausschusses ist zur Vervollständigung in § 258 Abs. 3 Satz 2 geregelt. 12

D. § 258 Aufhebung des Insolvenzverfahrens a.F.

»(1) Sobald die Bestätigung des Insolvenzplans rechtskräftig ist, beschließt das Insolvenzgericht die Aufhebung des Insolvenzverfahrens. 13

(2) Vor der Aufhebung hat der Verwalter die unstreitigen Masseansprüche zu berichtigen und für die streitigen Sicherheit zu leisten.

(3) ¹Der Beschluss und der Grund der Aufhebung sind öffentlich bekanntzumachen. ²Der Schuldner, der Insolvenzverwalter und die Mitglieder des Gläubigerausschusses sind vorab über den Zeitpunkt des Wirksamwerdens der Aufhebung (§ 9 Abs. 1 Satz 3) zu unterrichten. ³§ 200 Abs. 2 Satz 2 gilt entsprechend.«

Nach der bisherigen Gesetzesfassung musste der Insolvenzverwalter alle bestehenden Masseansprüche bedienen. Dies stellte bisher schon in der Praxis ein großes Problem dar, weil Barmittel für die auch nicht fälligen Masseverbindlichkeiten in einem Unternehmen in der Insolvenz kaum vorhanden waren. Schon nach alter Rechtslage ist man in der Praxis dazu übergegangen Ersatzlösungen zu finden, da die gesetzlichen Vorgaben kaum umsetzbar waren. Die Insolvenzgerichte haben sich i.d.R. damit begnügt, wenn der Insolvenzverwalter ihnen bestätigt hat, dass die Masseansprüche bedient sind. Die Verwalter selbst haben sich durch entsprechende Erklärungen bzw. Haftungsübernahmegarantien des Schuldners, dessen Geschäftsführers und Gesellschafters abgesichert. Dies war dann eher eine praktische als eine gesetzeskonforme Lösung. 14

§ 259 Wirkungen der Aufhebung

(1) Mit der Aufhebung des Insolvenzverfahrens erlöschen die Ämter des Insolvenzverwalters und der Mitglieder des Gläubigerausschusses. Der Schuldner erhält das Recht zurück, über die Insolvenzmasse frei zu verfügen.

(2) Die Vorschriften über die Überwachung der Planerfüllung bleiben unberührt.

§ 259 InsO Wirkungen der Aufhebung

(3) Einen anhängigen Rechtsstreit, der die Insolvenzanfechtung zum Gegenstand hat, kann der Verwalter auch nach der Aufhebung des Verfahrens fortführen, wenn dies im gestaltenden Teil des Plans vorgesehen ist. In diesem Fall wird der Rechtsstreit für Rechnung des Schuldners geführt, wenn im Plan keine abweichende Regelung getroffen wird.

Übersicht

		Rdn.			Rdn.
A.	Normzweck	1	II.	Die Aufhebungswirkung nach Absatz 2	9
B.	Die Voraussetzungen	3	III.	Der Anfechtungsrechtsstreit und die	
I.	Aufhebungswirkungen nach Absatz 1	3		Verfahrensaufhebung	11

A. Normzweck

1 Zu unterscheiden gilt, ob im gestaltenden Teil des Insolvenzplans eine Überwachung der Planerfüllung vereinbart wird, oder nicht. Wird keine Überwachung vorgesehen, soll der Schuldner nach § 259 Abs. 1 möglichst schnell seine Rechte zurückerlangen. Nach Aufhebung des Verfahrens hat er somit wieder die Verwaltungs- und Verfügungsbefugnis über die Insolvenzmasse. Im Fall der Anordnung der Planüberwachung gelten die Vorschriften der §§ 260 ff.

2 Die in § 259 Abs. 1 geregelten Wirkungen treten demnach gem. § 259 Abs. 2 hinter die Überwachung der Planerfüllung zurück.

B. Die Voraussetzungen

I. Aufhebungswirkungen nach Absatz 1

3 Sofern keine Überwachung der Planabwicklung vorgesehen wurde, ist § 261 nicht anwendbar und die Ämter des Insolvenzverwalters und der Mitglieder des Gläubigerausschusses erlöschen. Der Schuldner kann wieder frei über die Masse verfügen. Abs. 1 des § 259 ist zwingend. Eine Regelung, in der der Schuldner nur eine teilweise Rückübertragung seiner Rechte erhalten soll und die Insolvenzorgane weiterhin mit Rechten ausgestattet bleiben sollen, ist unzulässig.[1] Ist eine solche Regelung in einem Plan getroffen worden, ist diese unwirksam und führt zum vollständigen Erlöschen des Amtes und der Befugnisse des Insolvenzverwalters.

4 § 259 Abs. 1 Satz 2 regelt die vom Schuldner wiedererlangte Verfügungsbefugnis nach Aufhebung des Verfahrens. Von dieser Regelung kann im Insolvenzplan nicht abgewichen werden. Zum einen können die Altgläubiger mit der Aufhebung ihre Forderung gem. dem Plan gegen den Schuldner geltend machen. Die Neugläubiger, deren Forderungen nach Insolvenzeröffnung entstanden sind, können ihre Forderungen unbeschränkt geltend machen. Zum anderen erhält der Schuldner das Recht, alle ihm zustehenden Ansprüche wieder selbst geltend zu machen. Sofern Verfügungsverbote während der Insolvenz vereinbart wurden, werden diese mit der Verfahrensaufhebung wirkungslos. Die Beschlagnahme durch den Insolvenzverwalter ist ebenfalls beendet.

5 Der Insolvenzverwalter verliert durch die Verfahrensaufhebung die Prozessführungsbefugnis.[2] Ist allerdings ein Rechtsstreit hinsichtlich der Insolvenzanfechtung anhängig, so gilt § 259 Abs. 3. Beachtet werden muss aber ebenso, dass der Insolvenzverwalter nach Maßgabe des Plans nur einen bereits rechtshängigen Anfechtungsstreit fortsetzen kann, nicht aber einen neuen Rechtsstreit eröffnen.[3]

6 Mit Ausnahme von Schadensersatzansprüchen gegen den Insolvenzverwalter bleiben Verfügungen und Handlungen des Insolvenzverwalters auch nach Aufhebung des Verfahrens wirksam. Der Schuldner hat nach Aufhebung die Möglichkeit, seine innerhalb des Insolvenzverfahrens mangels Verfügungsbefugnis vorgenommenen unwirksamen Handlungen nun zu heilen.[4]

---

1 OLG Celle 20.11.2006, 4 U 166/06, ZInsO 2006, 1327 f.
2 *Kuhn/Uhlenbruck* KO, § 163 Rn. 7.
3 BGH 10.12.2009, IX ZR 206/08, NZI 2010, 99.
4 *Kilger/Schmidt* KO, § 192 Rn. 3.

Durch die Wiedererlangung des Verfügungsrechts kann der Schuldner die Rückübertragung der Masse verlangen und dies auch gerichtlich durchsetzen.[5] Aus dieser Insolvenzmasse können auch nach Aufhebung alle Gläubiger und Neugläubiger befriedigt werden.[6] Wie die Quote aufgebracht wird ist für den Gläubiger in diesem Stadium unerheblich. Wichtig ist nur, dass eine solche gesichert ist. Die Quotenzahlung kann von dritter Seite oder über Darlehen dargestellt werden. Eine Abweichung vom darstellenden Teil des Insolvenzplans ist insoweit unschädlich. Wichtig ist nur, dass die Regelungen aus dem gestaltenden Teil eingehalten werden. Möglich sind aber auch individuelle Regelungen mit einzelnen Gläubigern über deren Ansprüche aus dem Insolvenzplan.

Eine Nachtragsverteilung nach Aufhebung des Insolvenzverfahrens durch den Insolvenzverwalter ist nicht mehr möglich, da der Schuldner die Verfügungs- und Verwaltungsbefugnis über sein gesamtes Vermögen zurück erhält. Für eine Nachtragsverteilung fehlt die gesetzliche Grundlage.[7]

II. Die Aufhebungswirkung nach Absatz 2

Nach § 259 Abs. 2 findet § 259 Abs. 1 keine Anwendung, wenn im Insolvenzplan die Überwachung der Planerfüllung vereinbart wurde. Insoweit sind dann §§ 260 ff. vorrangig.

An dieser Stelle sei angemerkt, dass die Planüberwachung ein sehr schwaches Instrument darstellt, etwaige Fehlentwicklungen zu erkennen. Der Gesetzgeber hat sich hierbei für die unternehmerische Freiheit, statt für die Sicherung nachwirkender Gläubigerinteressen entschieden, was sicherlich im Ergebnis richtig ist, um die unternehmerische Freiheit zu stärken und für den Schuldner einen größeren Anreiz zu schaffen, wirtschaftlich aktiv zu werden.

III. Der Anfechtungsrechtsstreit und die Verfahrensaufhebung

In der ehemals geltenden KO bewirkte die Aufhebung des Verfahrens innerhalb eines Anfechtungsprozesses die Erledigung der Hauptsache. Diese Regelung war für den Anfechtungsgegner günstig, da er somit einem möglichen Rückgewähranspruch nach § 37 Abs. 1 KO entkam. Nach § 259 Abs. 3 können Anfechtungsprozesse nunmehr durch die im gestaltenden Teil des Plans vereinbarten Befugnisse des Insolvenzverwalters nach Verfahrensaufhebung weitergeführt werden. Im Insolvenzplan kann auch geregelt werden, dass nur bestimmte Anfechtungsprozesse fortgeführt werden. Es ist nicht zwingend, dass im Insolvenzplan die Fortführung aller Prozesse vorgesehen ist.[8] Dies steht immer zur Dispositionsfreiheit der Gläubiger.

Das Anfechtungsrecht geht nach Aufhebung des Insolvenzverfahrens nicht auf den Schuldner über. Damit dieses Recht nicht verloren geht, ist es erforderlich, dem Insolvenzverwalter eine entsprechende Befugnis zur Weiterführung von Anfechtungsprozessen einzuräumen. Die Gläubiger werden dadurch auch nicht benachteiligt, da das Insolvenzverfahren dem Schutz aller Gläubiger dienen soll. Auch wenn die Gläubiger dem Plan zugestimmt haben, müssen sie sich einem eventuellen Anfechtungsanspruch stellen,[9] denn wer etwas durch anfechtbare Handlung erlangt, muss dies auch zurückgewähren.

Die Fortführungsberechtigung des Insolvenzverwalters gem. der Festlegung im Plan bestimmt sich allein nach dem Zeitpunkt der Aufhebung des Verfahrens. Das Prozessrisiko trägt grds der Schuldner, allerdings kann eine abweichende Regelung im Plan vereinbart werden. Es können im Plan Rückstellungen für die zu erwartenden Kosten eines Anfechtungsprozesses über mehrere Instanzen gebildet werden.

---

5 *Kuhn/Uhlenbruck* KO, § 192 Rn. 1 f.
6 HK-InsO/*Flessner* Rn. 2.
7 Uhlenbruch/*Lüer* 12. Aufl., § 259 Rn. 11.
8 BGH vom 7.3.213, IX ZR 222/12
9 *Michels* EWiR 2002, 293 f.

14 Der Insolvenzverwalter muss die Weiterführung eines Anfechtungsprozesses genau prüfen. Ist bspw. das schuldnerische Unternehmen auf einen Gläubiger, der gleichzeitig Anfechtungsbeklagter ist, nach Aufhebung des Verfahrens angewiesen, so hat der Insolvenzverwalter die Rechtsfolgen eines gegen diesen weiterverfolgten Anfechtungsprozesses präzise zu untersuchen. Hierbei ist es sinnvoll, nicht nur den Gläubigerausschuss, sondern auch die Geschäftsführung des Unternehmens anzuhören. Dies selbstverständlich vor Aufhebung des Verfahrens. Danach muss der Prozess zu Ende geführt werden.

Unter dem Begriff »anhängig« im Sinne des Abs. 3 ist die Rechtshängigkeit zu verstehen.[10] Es reicht nicht aus, wenn eine Klage vor Aufhebung des Insolvenzverfahrens bei Gericht eingereicht wird, aber erst nach Aufhebung des Insolvenzverfahrens zugestellt wird. In einem solchen Fall ist die Klage als unzulässig wegen fehlender Prozessführungsbefugnis des Insolvenzverwalters ab zu weisen.

15 § 259 Abs. 3 gilt nur für Anfechtungsprozesse. In anderen Prozessen erhält der Schuldner mit Verfahrensaufhebung seine Aktivlegitimation zurück. Diese Prozesse werden regulär vom Schuldner weitergeführt.

16 Der Erlös bei einem obsiegenden Urteil im Anfechtungsprozess kommt dem Schuldner zu Gute, wenn nicht im Insolvenzplan eine andere Regelung getroffen worden ist. Es findet eine wirtschaftliche Verteilung der neu erzielten Masse an die Gläubiger entsprechend dem festgestellten Schlussverzeichnis nur statt, wenn dies im Insolvenzplan sinnvoller Weise so vorgesehen ist.

§ 259a Vollstreckungsschutz

(1) Gefährden nach der Aufhebung des Verfahrens Zwangsvollstreckungen einzelner Insolvenzgläubiger, die ihre Forderungen bis zum Abstimmungstermin nicht angemeldet haben, die Durchführung des Insolvenzplans, kann das Insolvenzgericht auf Antrag des Schuldners eine Maßnahme der Zwangsvollstreckung ganz oder teilweise aufheben oder längstens für drei Jahre untersagen. Der Antrag ist nur zulässig, wenn der Schuldner die tatsächlichen Behauptungen, die die Gefährdung begründen, glaubhaft macht.

(2) Ist die Gefährdung glaubhaft gemacht, kann das Gericht die Zwangsvollstreckung auch einstweilen einstellen.

(3) Das Gericht hebt seinen Beschluss auf Antrag auf oder ändert ihn ab, wenn dies mit Rücksicht auf eine Änderung der Sachlage geboten ist.

Übersicht	Rdn.		Rdn.
A. Normzweck 1		B. Voraussetzung der Norm 2	

A. Normzweck

1 § 259a soll in Zukunft den Insolvenzplan bzw. dessen Verwirklichung und Durchführung vor eventuellen Zwangsvollstreckungsmaßnahmen schützen. Solch eine Gefährdung könnte dann eintreten, wenn ein Gläubiger seine Forderung bis zum Abstimmungstermin nicht angemeldet hat und deshalb nach Verfahrensaufhebung die Vollstreckung betreibt. In diesen Fällen soll die Bestandskraft des Plans und dessen Umsetzung geschützt werden. Der Schuldner muss dafür einen Antrag an das Insolvenzgericht stellen, die Vollstreckungsmaßnahmen zu untersagen oder einstweilen einzustellen. Die Vorschrift hat den Zweck, den Bestand der Sanierung des Unternehmens nach Aufhebung des Plans zu schützen.

---

10 BGH 11.04.2103, IX ZR 122/12 = ZIP 2013, S. 998

B. Voraussetzung der Norm

Nach Aufhebung des Plans kann der Schuldner wieder frei über sein Vermögen verfügen, § 259 Abs. 1. Er ist damit vorbehaltlich der Vorschriften über die Überwachung des Plans, insb. § 260 Abs. 2, frei. Der neue § 259a stellt ebenso wie § 260 eine Vorschrift dar, welche aufgrund der dem Plan nachgreifenden Wirkung eine Ausnahme zu § 259 Abs. 1 darstellt. Im Unterschied zu § 260 Abs. 2, welcher dem Gläubigerschutz dient, ist § 259a eine den Schuldner schützende Norm.

Da zwar auch Gläubiger, welche sich nicht zur Teilnahme am Planverfahren gemeldet haben, den Beschränkungen des Planverfahrens nach dessen Abschluss unterliegen, § 254b, heißt dies auch, dass ihre Forderungen in gleicher Höhe gekürzt werden wie Forderungen von Gläubigern, welche am Planverfahren teilgenommen haben. Jedoch bestehen diese in restlicher Höhe weiter. Deswegen soll durch diese Vorschrift die Gleichbehandlung der Gläubiger gesichert werden. Auch soll durch die Zuständigkeit des Insolvenzgerichts eine schnelle und fachkundige Entscheidung ermöglicht werden.

Sind die Forderungen nicht verjährt, dann können auf den Schuldner noch erhebliche Forderungen zukommen und den Sanierungserfolg des Plans zunichtemachen. In der Praxis handelt es sich meist um Haftpflichtfälle des Schuldners, die zeitlich vorgelagert begründet wurden, aber erst nach Verfahrensaufhebung bekannt werden. Auf diese Schadensersatzforderungen ist ebenfalls eine Quote zu bezahlen, wie im Insolvenzplan festgelegt wurde. Diese Quote, die bisher in dem erstellten Finanz- und Liquiditätsplan nicht eingeplant war, kann den Schuldner in Schwierigkeiten bringen. Deswegen wurde § 259a als Schuldnerschutzvorschrift eingeführt. In diesem Zusammenhang ist auch die neue kurze Verjährungsfrist des § 259b zu sehen, welcher damit eine Ausnahme zur grds 30-jährigen Verjährungsfrist von titulierten Ansprüchen nach § 197 BGB darstellt. Da es sich, will ein Gläubiger die Zwangsvollstreckung betreiben, immer um einen Verjährungstatbestand nach § 197 Abs. 1 Nr. 3 oder 4 handelt, wird die Verjährungsdauer in diesem Fall meist erheblich verkürzt.

Die Vorschrift ist unter Berücksichtigung des Spannungsfeldes der Gläubigerinteressen und der Interessen von Schuldner und der Allgemeinheit an einer erfolgreichen Plansanierung auszulegen. Demnach kann sie schon nur dann eingreifen, wenn die Forderung eines verspäteten Gläubigers in einer Größenordnung liegt, welche den Sanierungserfolg des Schuldners gefährden kann. Für Kleingläubiger ist die Regelung nicht anwendbar, da der Tatbestand nicht erfüllt ist.

Der Vollstreckungsschutz erfolgt nur auf Antrag des Schuldners. Systematisch ist die Vorschrift dem 8. Buch der ZPO zuzuordnen. Für die Möglichkeiten des Gerichts, die Zwangsvollstreckung zu untersagen oder einstweilen einzustellen, gelten die einschlägigen Vorschriften der ZPO entsprechend.

Das Gericht muss hierbei unter Berücksichtigung der Gläubigerinteressen geeignete Maßnahmen treffen. So kommt vor allem die einstweilige Einstellung der Vollstreckung in Betracht um dem Schuldner Zeit zu geben, die Forderung begleichen zu können oder eine Finanzierung dafür zu finden.

§ 259b Besondere Verjährungsfrist

(1) Die Forderung eines Insolvenzgläubigers, die nicht bis zum Abstimmungstermin angemeldet worden ist, verjährt in einem Jahr.

(2) Die Verjährungsfrist beginnt, wenn die Forderung fällig und der Beschluss rechtskräftig ist, durch den der Insolvenzplan bestätigt wurde.

(3) Die Absätze 1 und 2 sind nur anzuwenden, wenn dadurch die Verjährung einer Forderung früher vollendet wird als bei Anwendung der ansonsten geltenden Verjährungsvorschriften.

§ 259b InsO Besondere Verjährungsfrist

(4) **Die Verjährung einer Forderung eines Insolvenzgläubigers ist gehemmt, solange wegen Vollstreckungsschutzes nach § 259a nicht vollstreckt werden darf. Die Hemmung endet drei Monate nach Beendigung des Vollstreckungsschutzes.**

1 Der neu durch das ESUG eingefügte § 259b schafft spezielle Verjährungsregeln im Zusammenhang mit der Planaufhebung. Nach Abs. 1 verjähren Insolvenzforderungen, die nicht rechtzeitig, also bis zum Abstimmungstermin, angemeldet wurden, in einem Jahr.

2 Die einjährige Verjährungsfrist für Insolvenzforderungen, welche nicht bis zum Abstimmungstermin angemeldet worden sind, schafft Klarheit über die Erfolgsaussichten des Plans, da nach diesem Zeitraum nicht mehr mit einer Störung der Planerfüllung durch eine neue Forderung, welche Liquiditätsprobleme bringen kann, gerechnet werden muss. Die neue Vorschrift wird mithin dazu beitragen, das Planverfahren aufgrund erhöhter Transparenz attraktiver zu machen.

3 Voraussetzung für den Beginn der Verjährung muss allerdings sein, dass die Insolvenzforderung auch wirklich entstanden ist und dass der Planbestätigungsbeschluss rechtskräftig ist. Nur dann erscheint es auch sachgerecht, die nicht rechtzeitig angemeldeten Forderungen einer Verjährung zu unterwerfen. Der Eintritt des Verjährungsbeginns ist mit Bestätigung des Plans vorgesehen. Dies ist auch sinnvoll, da eine Verjährungsregelung gerade den Plan als insolvenzrechtliches Instrument zusätzlich schützen soll. § 259b Abs. 2 regelt zukünftig besagten Verjährungsbeginn.

4 Die Frist nach Abs. 2 beginnt mit Rechtskraft des Bestätigungsbeschlusses, wenn keine Rechtsmittel nach §§ 253 Abs. 1 eingelegt werden, zwei Wochen, § 569 Abs. 1 ZPO, nach dem gem. § 252 Abs. 1 zu bestimmenden Termin.

5 Abs. 3 legt nach einem allgemeinen verjährungsrechtlichen Grundsatz fest, dass immer die im Vergleich kürzere Verjährungsfrist gilt. Würde es nicht die Vorschrift des § 259b geben, gilt bei vollstreckungsfähigen Forderungen § 197 BGB. Die Frist beträgt 30 Jahre, so dass meist § 259b zur Anwendung kommen wird.

6 Handelt es sich um Ansprüche, welche der regelmäßigen dreijährigen Verjährungsfrist des § 195 BGB unterliegen, gilt demnach die zuerst endende Frist.

7 Des Weiteren ist in § 259b Abs. 3 bestimmt, dass die Verjährungsregeln des Abs. 1 und 2 nur dann anwendbar sind, wenn die Insolvenzforderung unter den Voraussetzungen der Abs. 1 und 2 auch wirklich früher enden, als nach den üblichen Verjährungsvorschriften. Diese zusätzliche Regelung macht Sinn, denn endet die Verjährung einer Forderung vor der in Abs. 1 genannten Jahresfrist oder beginnt die Verjährung entgegen Abs. 2 früher, so bedarf es dieser besonderen Verjährungsfristen nicht mehr. In solchen Fällen genügen die sonst geltenden Verjährungsregeln. Sinn des § 259b ist, die Durchführungssicherheit des Plans nach Verfahrensaufhebung so gut wie möglich aufrecht zu erhalten.

8 Abs. 4 stellt darüber hinaus klar, dass die Verjährung einer Forderung eines Insolvenzgläubigers gehemmt sein soll, solange wegen Vollstreckungsschutzes nach § 259a nicht vollstreckt werden darf. Die Hemmung soll drei Monate nach Beendigung des Vollstreckungsschutzes enden. Für den Fall, dass die Hemmung durch eine Vollstreckungsschutzanordnung nach § 259a Abs. 1 kurz vor Ablauf der Verjährungsfrist eintritt, ist es aus Rechtsstaatsgründen geboten, dem Gläubiger nach dem Ende des Vollstreckungsschutzes ausreichend Zeit zu verschaffen, seinen Anspruch gerichtlich durchzusetzen.[1]

Es ist bisher schon diskutiert worden, ob die Möglichkeit besteht durch eine Regelung im gestaltenden Teil des Insolvenzplans verschärfende Verjährungs- bzw. Ausschlussfristen zu schaffen. Es wurde teilweise festgelegt, dass nur noch solche Gläubiger im Insolvenzplan berücksichtigt werden, die ihre Forderung spätestens zwei Wochen vor dem Abstimmungstermin zur Tabelle angemeldet haben. Die

---

[1] S. RefE, Gesetz zur weiteren Erleichterung der Sanierung von Unternehmen v. 25.01.2011.

Lösung hat sicherlich den Charme, dass dadurch sehr schnell Klarheit über die beteiligten Gläubiger geschaffen wird. Allerdings dürfte diese Klausel schon verfassungsrechtlich keinen Bestand haben. Der völlige Verlust einer Forderung als Folge einer Ausschlussfrist stellt einen erheblichen Eingriff in das Eigentumsrecht des Gläubigers nach Art. 14 Abs. 1 GG dar, der einer ausdrücklichen gesetzlichen Grundlage bedarf.[2]

§ 260 Überwachung der Planerfüllung

(1) Im gestaltenden Teil des Insolvenzplans kann vorgesehen werden, dass die Erfüllung des Plans überwacht wird.

(2) Im Falle des Absatz 1 wird nach der Aufhebung des Insolvenzverfahrens überwacht, ob die Ansprüche erfüllt werden, die den Gläubigern nach dem gestaltenden Teil gegen den Schuldner zustehen.

(3) Wenn dies im gestaltenden Teil vorgesehen ist, erstreckt sich die Überwachung auf die Erfüllung der Ansprüche, die den Gläubigern nach dem gestaltenden Teil gegen eine juristische Person oder Gesellschaft ohne Rechtspersönlichkeit zustehen, die nach der Eröffnung des Insolvenzverfahrens gegründet worden ist, um das Unternehmen oder einen Betrieb des Schuldners zu übernehmen und weiterzuführen (Übernahmegesellschaft).

Übersicht	Rdn.		Rdn.
A. Normzweck	1	C. Erstreckung der Überwachung auf	
B. Wirkungen der Überwachung	2	Übernahmegesellschaften	6

A. Normzweck

§ 260 dient der Überwachung der Erfüllung des Insolvenzplans. Zweck ist somit, den Gläubigern eine gewisse Kontrolle der Planerfüllung einzuräumen. Die Überwachung ist sowohl für die Gläubiger als auch für den Schuldner ein Instrument zur Sicherung des Plans. Da die Überwachungsmöglichkeiten aber vom Gesetzgeber relativ schwach ausgebildet sind, kann i.d.R. nach Planaufhebung nur wenig Einfluss auf den Schuldner genommen werden. Bei der Planüberwachung geht es darum, die Gläubiger möglichst frühzeitig vor einer drohenden negativen Entwicklung zu warnen. 1

B. Wirkungen der Überwachung

Die Überwachung der Planerfüllung ist nicht mehr Bestandteil des Insolvenzverfahrens. Die Anordnung einer Überwachung im gestaltenden Teil des Plans ist frei wählbar. Die Überwachung beginnt ab Aufhebung des Insolvenzverfahrens, beeinflusst aber nicht den Aufhebungszeitpunkt.[1] 2

Sofern die Überwachung im Plan vorgesehen wird, erfasst sie nur die Erfüllung der Gläubigeransprüche. Die Gläubiger können aus den im bestätigten Plan festgesetzten Ansprüchen kein subjektives Recht herleiten, weshalb sich daher die Überwachung ausschließlich auf die Gläubigeransprüche bezieht.[2] Festlegungen aus dem darstellenden Teil des Plans können nicht überwacht werden. 3

Sinn dieser Beschränkung ist, dem Schuldner nicht wieder das Verfügungsrecht zu nehmen, welches er durch die Verfahrensaufhebung zurück erwarb. 4

Durch die Vertragsfreiheit ist es möglich, die Überwachung abweichend von §§ 260–269 zu regeln. Allerdings dürfen diese Abweichungen den Schuldner nicht stärker benachteiligen, als bei der gesetzlich normierten Planüberwachung. 5

---

2 Vgl. hierzu BVerfGE 92, 262, 271 ff. = ZIP 1995, 923, S. 924 f. noch zu § 14 GesO
1 *Haarmeyer/Wutzke/Förster* S. 686, Rn. 48.
2 *Bork* in: Leipold, S. 60.

C. Erstreckung der Überwachung auf Übernahmegesellschaften

6 Führt eine juristische Person oder Gesellschaft ohne Rechtspersönlichkeit den Betrieb des Schuldners fort, so gilt für die Überwachung § 260 Abs. 3. Die Übernahmegesellschaft wird nach Eröffnung des Insolvenzverfahrens mit dem Ziel gegründet, das schuldnerische Unternehmen fortzuführen. Der Dritte, der die Übernahmegesellschaft gründet und den Betrieb des Schuldners weiterführt, wird somit von der Überwachung mit erfasst. Dies ist auch sachgerecht, denn der Dritte kennt zum Zeitpunkt seiner Entscheidung über die Fortführung des Unternehmens die mit der Überwachung zusammenhängenden Folgen.

7 Entscheidender Zeitpunkt für die Übernahmegesellschaft ist deren Gründung und somit die Eintragung in das Handelsregister. Eine Gesellschaft, die bereits vor Eröffnung des Insolvenzverfahrens im Handelsregister eingetragen war und den Betrieb des Schuldners fortführt, wird nicht von der Überwachung erfasst, denn in diesem Fall ist eine Erstreckung der Überwachung auf die Gesellschafter und Gläubiger, der schon vor dem Insolvenzverfahren gegründeten Gesellschaft, nicht zumutbar.[3]

8 Eine Übernahmegesellschaft, auf die § 260 Abs. 3 nicht anwendbar ist, kann jederzeit im Übernahmevertrag freiwillig eine Regelung treffen, in der sich die Überwachung auf die Übernahmegesellschaft erstrecken soll.[4]

9 Nach § 267 Abs. 2 Nr. 1 ist die Überwachung öffentlich bekannt zu machen.

§ 261 Aufgaben und Befugnisse des Insolvenzverwalters

(1) Die Überwachung ist Aufgabe des Insolvenzverwalters. Die Ämter des Verwalters und der Mitglieder des Gläubigerausschusses und die Aufsicht des Insolvenzgerichts bestehen insoweit fort. § 22 Abs. 3 gilt entsprechend.

(2) Während der Zeit der Überwachung hat der Verwalter dem Gläubigerausschuss, wenn ein solcher bestellt ist, und dem Gericht jährlich über den jeweiligen Stand und die weiteren Aussichten der Erfüllung des Insolvenzplans zu berichten. Unberührt bleibt das Recht des Gläubigerausschusses und des Gerichts, jederzeit einzelne Auskünfte oder einen Zwischenbericht zu verlangen.

Übersicht	Rdn.		Rdn.
A. Normzweck	1	C. Berichtspflicht des Insolvenzverwalters	4
B. Die Überwachung durch den Insolvenzverwalter	2		

A. Normzweck

1 Die Norm des § 261 bestimmt die Zuständigkeit der Überwachung. Diese obliegt dem Insolvenzverwalter, unabhängig davon, ob er an der Plangestaltung mitgewirkt hat. Sinn der in Abs. 2 normierten regelmäßigen Berichterstattung ist, den Gläubigern einen Überblick über die Planerfüllung zu geben.

B. Die Überwachung durch den Insolvenzverwalter

2 § 261 Abs. 1 Satz 1 normiert, dass der Insolvenzverwalter für die Überwachung zuständig ist. Dies ist allerdings nicht obligatorisch. Es kann auch eine andere Person als der Insolvenzverwalter für die Überwachung beauftragt werden. In diesem Fall sind dann die §§ 260 ff. nicht anwendbar. Wenn aber der Insolvenzverwalter mit der Überwachung beauftragt wird, dann bleiben, entgegen § 259 Abs. 1 Satz 1, die Ämter des Verwalters und der Mitglieder des Gläubigerausschusses, sowie die Aufsicht des Gerichts bestehen. Die Gläubiger sollten bei ihrer Entscheidung über die Einsetzung

---

3 BT-Drucks. 12/2443, 214 f.
4 BT Drucks. 12/2443, 214 f.

der mit der Überwachung beauftragten Person beachten, dass insb. § 263 und § 264 im Fall der Einsetzung einer anderen Person als den Verwalter nicht anwendbar ist. Entscheiden sich die Gläubiger gegen die Einsetzung des Insolvenzverwalters, so kann dies die Wirkkraft der Überwachung erheblich beeinflussen. Nur der Insolvenzverwalter verfügt über eine entsprechende verfahrensrechtliche Befähigung und ist mit dem Insolvenzplaninhalt entsprechend betraut. Aus diesen Gründen hat der Gesetzgeber grds dem Insolvenzverwalter die Aufgabe der Überwachung übertragen.[1]

§ 261 Abs. 1 Satz 3 verweist auf § 22 Abs. 3. Der Insolvenzverwalter verfügt während der Überwachung über die Rechte des vorläufigen Insolvenzverwalters. Der Insolvenzverwalter ist daher berechtigt, die Geschäftsräume des Schuldners zu betreten und dort Nachforschungen anzustellen, während der Schuldner zur Erteilung von Einsicht und Auskunft verpflichtet ist. Der Verwalter kann die gesamte Planerfüllung nicht erzwingen. Seine Handlungsmöglichkeiten sind während der Überwachung eingeschränkt. Diese Einschränkung resultiert aus der mit der Aufhebung eintretenden Rückübertragung der Verfügungsbefugnis auf den Schuldner. Allerdings ist die Einschränkung der Rechte des Verwalters nicht praktikabel. Die Anzeigepflicht nach § 262 und die Pflicht zur Berichterstattung genügen in der Praxis oft nicht, um dem Insolvenzverwalter die Möglichkeit zu geben, einer eventuellen Nichterfüllung des Plans entgegenzuwirken. Die Folge ist, dass der Insolvenzverwalter dann machtlos ist, sofern der Schuldner nach Aufhebung des Verfahrens in gleicher Weise unseriös, unfähig oder in sonstiger Weise nicht im Interesse der Gläubiger weiter agiert, wie vor der Insolvenz. Es ist daher zweckmäßig, dass der Insolvenzverwalter bzw. der Planaufsteller dafür Sorge trägt, dass entsprechende Sicherungsmaßnahmen im Insolvenzplan verankert werden. 3

C. Berichtspflicht des Insolvenzverwalters

Gemäß § 261 Abs. 2 ist der Verwalter den Gläubigern und dem Gericht jährlich zur Berichterstattung verpflichtet. Dadurch erhalten die Gläubiger eine Kontrolle, ob eine gestundete oder teilweise erlassene Forderung wiederauflebt, indem der Schuldner mit der Erfüllung des Plans erheblich in Rückstand gerät. Werden die Ansprüche aus dem Plan nicht erfüllt, so kann die Zwangsvollstreckung durch die einzelnen Gläubiger aus dem Plan eingeleitet werden. 4

Das Eingreifen der Wiederauflebensklausel nach § 255 hat keinen Einfluss auf die Überwachung. 5

Im Gegensatz zum Insolvenzverwalter steht den Gläubigern das Recht zur Beantragung eines neuen Insolvenzverfahrens zu. In diesem Fall wird ein neuer Insolvenzverwalter bestimmt, womit die Überwachung des bisherigen Verwalters endet. 6

§ 262 Anzeigepflicht des Insolvenzverwalters

Stellt der Insolvenzverwalter fest, dass Ansprüche, deren Erfüllung überwacht wird, nicht erfüllt werden oder nicht erfüllt werden können, so hat er dies unverzüglich dem Gläubigerausschuss und dem Insolvenzgericht anzuzeigen. Ist ein Gläubigerausschuss nicht bestellt, so hat der Verwalter an dessen Stelle alle Gläubiger zu unterrichten, denen nach dem gestaltenden Teil des Insolvenzplans Ansprüche gegen den Schuldner oder die Übernahmegesellschaft zustehen.

Übersicht	Rdn.		Rdn.
A. Normzweck	1	II. Überwachung	5
B. Voraussetzungen	3	C. Rechtsfolgen	6
I. Die Nichterfüllung des Plans	3		

---

[1] BT-Drucks. 12/2443, 214 f.

§ 263 InsO Zustimmungsbedürftige Geschäfte

A. Normzweck

1 Durch die in § 262 normierte Anzeigepflicht des Insolvenzverwalters sollen die Gläubiger frühzeitig über Unregelmäßigkeiten hinsichtlich der Erfüllung des Plans informiert werden. Diese Vorschrift dient dem Gläubigerschutz. Ist ein Gläubigerausschuss bestellt, wird diesem unverzüglich die Nichterfüllung des Plans angezeigt. Ist kein Gläubigerausschuss bestellt, so hat der Insolvenzverwalter das Insolvenzgericht zu informieren.

2 Durch die unverzügliche Informationspflicht des Insolvenzverwalters können die Gläubiger auf verschiedene Weise von ihren Rechten Gebrauch machen. Sie haben im Falle der Nichterfüllung des Plans die Möglichkeit, die Zwangsvollstreckung aus dem Insolvenzplan zu betreiben oder einen Antrag auf Eröffnung eines neuen Insolvenzverfahrens zu stellen. Außerdem sind die Voraussetzungen des § 255 zu prüfen.

B. Voraussetzungen

I. Die Nichterfüllung des Plans

3 Voraussetzung für die Anzeigepflicht ist die Nichterfüllung des Plans durch den Schuldner. Sobald der Schuldner nur einen Anspruch aus dem Insolvenzplan nicht erfüllt, liegt der Tatbestand der Nichterfüllung bereits vor.[1] Die bloße Fälligkeit des Anspruchs begründet bereits die Pflicht zur Erfüllung. Auf einen Verzug oder ein Verschulden kommt es insoweit nicht an.

4 Der Verwalter darf jedoch mit seinen Überwachungsmaßnahmen nicht erst warten bis Fälligkeit eintritt, er muss vielmehr im Vorfeld prüfen, ob der Schuldner fähig ist, die Verpflichtung bei Fälligkeit zu erfüllen.[2] Allerdings sicherlich in den Grenzen des Zumutbaren. Es kann nicht die Aufgabe sein, die Liquiditätspläne des Schuldners in allen Einzelheiten zu überprüfen.

II. Überwachung

5 Der Verwalter hat, da er bei fehlerhafter Überwachung auch gewissen Haftungsrisiken nach § 60 ausgesetzt wird, die Überwachung möglichst gewissenhaft zu gestalten. Es ist daher notwendig, die im Plan erfassten Ziele in regelmäßigen kurzen Abständen mit den Ist-Zahlen zu vergleichen, um so schnell auf Negativentwicklungen reagieren zu können. Eine monatliche Überprüfung von Bankkonten, Kostenerfassung und die Verpflichtung neu eingegangene Dauerschuldverhältnisse sich anzuzeigen zu lassen, ist Minimalvoraussetzung.[3] Allerdings dürfen die Anforderungen an den Insolvenzverwalter als Planüberwacher nicht überspannt werden, da er sicherlich nicht als weiterer Geschäftsführer des schuldnerischen Betriebes angesehen werden kann.

C. Rechtsfolgen

6 Die Anzeige der Nichterfüllung an die Gläubiger dient nur deren Information und entfaltet nicht von sich aus schon Rechtsfolgen. Die Gläubiger haben daher die Wahl bspw. nach den §§ 257, 255 vorzugehen.

§ 263 Zustimmungsbedürftige Geschäfte

Im gestaltenden Teil des Insolvenzplans kann vorgesehen werden, dass bestimmte Rechtsgeschäfte des Schuldners oder der Übernahmegesellschaft während der Zeit der Überwachung nur wirksam sind, wenn der Insolvenzverwalter ihnen zustimmt. § 81 Abs. 1 und § 82 gelten entsprechend.

---

1 Nerlich/Römermann/*Braun* Rn. 2.
2 HamK-InsR/*Flessner* Rn. 1.
3 FK-InsO/*Jaffé* Rn. 6.

Übersicht	Rdn.			Rdn.
A. Normzweck	1	C.	Bestimmte Rechtsgeschäfte	8
B. Regelungsgehalt	7	D.	Rechtsfolgen	10

A. Normzweck

Die Norm dient dazu, die Verwirklichung des Plans zu schützen. Es liegt auf der Hand, dass der Schuldner durch riskante Rechtsgeschäfte dem Plan schnell die wirtschaftliche Grundlage entziehen kann. 1

Anderseits wird dem Schuldner durch die rechtskräftige Bestätigung des Plans nach §§ 258, 259 Abs. 1 die volle Verfügungsmacht über sein Vermögen zurückgegeben, das Amt des Insolvenzverwalter erlischt, mit Ausnahme der Tätigkeit der Planüberwachung, § 259 Abs. 2. 2

Die Norm stellt damit eine Ausgleichsfunktion dar zwischen der wiederhergestellten Privatautonomie des Schuldners und dem Interesse der Gläubiger, dass der Plan so erfüllt wird, wie die Gläubiger diesem zugestimmt haben. 3

Die Überwachung durch den Verwalter tritt nicht von Amts wegen ein und ist nicht per se für bestimmte Arten von Geschäften vorgesehen, vielmehr muss sie im gestaltenden Teil des Plans besonders geregelt werden. 4

Nicht zu unterschätzen ist die psychologische Komponente der Planüberwachung durch den Verwalter. Nicht selten werden Gläubiger aufgrund der Insolvenz des Schuldners in ihrem Vertrauen gegenüber diesem erschüttert sein und einem im Vergleich zur Regelabwicklung risikoreichen Plan nur zustimmen, wenn dessen Realisierung durch die Überwachung eines erfahrenen Verwalters erfolgt. 5

Aus diesem Grund werden vom Schuldner i.d.R. auch Pläne bevorzugt, bei denen durch eine Einmalzahlung eine sofortige vollständige Entlassung aus der Insolvenz erfolgt. Dies ohne eine Planüberwachung. Deshalb ist das Instrument der Planüberwachung wenig praxisrelevant und wird kaum angeordnet. Rechtsprechung dazu ist so gut wie gar nicht bekannt geworden. 6

B. Regelungsgehalt

Das Gesetz sieht keine bestimmte Überwachungsmaßnahme vor. Die Überwachungsmaßnahmen müssen sich aber auf bestimmte Rechtsgeschäfte beziehen. 7

C. Bestimmte Rechtsgeschäfte

Der Begriff des Rechtsgeschäfts ist weit zu fassen, damit gemeint sind solche i.S.d. §§ 104 ff. BGB, also einseitige und mehrseitige Rechtsgeschäfte, z.B. Verträge, Kündigungen oder Anfechtungen von Willenserklärungen.[1] Es spielt demnach auch keine Rolle, ob es sich um Verfügungs- oder Verpflichtungsgeschäfte handelt, dh schon das Verpflichtungsgeschäft ist, wenn es vom Regelungsgehalt des Zustimmungsvorbehalts erfasst ist, absolut unwirksam. 8

Das Tatbestandsmerkmal dient der Rechtsklarheit, es muss also die Art des Rechtsgeschäfts im gestaltenden Teil des Plans genannt werden, oder ein Verfügungsverbot über bestimmte Gegenstände, welche sich im Schuldnervermögen befinden. Dies bedeutet, dass dritten Personen, welche mit dem Schuldner kontrahieren wollen, allein aus dem Plan ersichtlich sein muss, ob das betreffende Rechtsgeschäft mit dem Schuldner der Genehmigung des Verwalters bedarf oder nicht. Um eine praktikable Handhabung der Erfordernisse des § 263 zu gewährleisten, wird sich die Beschränkung der Rechtsgeschäfte regelmäßig auf Verpflichtungsgeschäfte ab einer bestimmten Wertschwelle oder Geschäfte über die Veräußerung und Belastung von Grundstücken beschränken.[2] Zu beachten ist des 9

---

[1] Nerlich/Römermann/*Braun* Rn. 2.
[2] FK-InsO/*Jaffé* Rn. 2.

Weiteren, dass es sich bei der Norm um einen Ausnahme zu § 259 Abs. 1 handelt, wonach der Schuldner grds die Verfügungsbefugnis über sein Vermögen zurück erhält. Daher muss der Zustimmungsvorbehalt ein Ausnahmefall zum freien Verfügungsrecht des Schuldners sein.[3] Keinesfalls kann dem Schuldner mit einer solchen Regelung untersagt werden, die Geschäfte im normalen Geschäftsgang abzuwickeln. Es geht immer nur darum, die Gläubiger durch diese Regelung vor außergewöhnlichen Risiken zu schützen.

D. Rechtsfolgen

10 Die Norm verweist auf § 81 Abs. 1 und § 82, dh Verfügungen des Schuldners werden so behandelt, als wenn sie während des Insolvenzverfahrens stattgefunden hätten. Die Verfügung ist demnach absolut unwirksam gegen Jedermann. Gutglaubensschutz gibt es nicht, mit Ausnahme des öffentlichen Glaubens des Grundbuches wie der Verweis in § 81 Abs. 1 auf § 892 BGB klarstellt. Verfügt jedoch der Schuldner entgegen des Verfügungsverbots über einen Gegenstand, kann der Verwalter diese Verfügung analog § 185 BGB genehmigen.

11 Der Verwalter ist, wenn er einzelnen Geschäften zustimmt, dem Gericht und dem Gläubigerausschuss, wenn ein solcher nach § 261 Abs. 2 bestellt ist, Rechenschaft schuldig.[4] Geht der Verwalter mit seiner Zustimmungsmacht pflichtwidrig um, kommt eine Haftung nach § 60 in Betracht. Pflichtwidrigkeit liegt immer dann vor, wenn der Verwalter einem Geschäft zustimmt oder nicht zustimmt, ohne es auf seinen wirtschaftlichen Sinngehalt in angemessener, den Umständen des Einzelfalles entsprechender, Weise zu prüfen.

§ 264 Kreditrahmen

(1) Im gestaltenden Teil des Insolvenzplans kann vorgesehen werden, dass die Insolvenzgläubiger nachrangig sind gegenüber Gläubigern mit Forderungen aus Darlehen und sonstigen Krediten, die der Schuldner oder die Übernahmegesellschaft während der Zeit der Überwachung aufnimmt oder die ein Massegläubiger in die Zeit der Überwachung hinein stehen lässt. In diesem Fall ist zugleich ein Gesamtbetrag für derartige Kredite festzulegen (Kreditrahmen). Dieser darf den Wert der Vermögensgegenstände nicht übersteigen, die in der Vermögensübersicht des Plans (§ 229 Satz 1) aufgeführt sind.

(2) Der Nachrang der Insolvenzgläubiger gemäß Absatz 1 besteht nur gegenüber Gläubigern, mit denen vereinbart wird, dass und in welcher Höhe der von ihnen gewährte Kredit nach Hauptforderung, Zinsen und Kosten innerhalb des Kreditrahmens liegt, und gegenüber denen der Insolvenzverwalter diese Vereinbarung schriftlich bestätigt.

(3) § 39 Abs. 1 Nr. 5 bleibt unberührt.

Übersicht	Rdn.		Rdn.
A. Normzweck	1	II. Kreditrahmen, Abs. 1 Satz 2 und Satz 3	6
B. Voraussetzungen	4	III. Formale Voraussetzungen, Abs. 2	7
I. Voraussetzung der Privilegierung, Abs. 1 S. 1	4	C. Insolvenzanfechtung	8
		D. Abs. 3	9

A. Normzweck

1 Um die Planziele zu erreichen sind meist Kredite von Dritten nötig. Jedoch ist ein Unternehmen, welches nach Eröffnung des Insolvenzverfahrens einem Fortführungsplan unterliegt, nicht besonders attraktiv für Kreditgeber. Die Gründe hierfür liegen auf der Hand.

---

3 Nerlich/Römermann/*Braun* Rn. 2.
4 MüKo-InsO/*Stephan* Rn. 7.

Meist sind in einer solchen Situation alle Sicherungsmittel, wie Grundpfandrechte und Sicherungsübereignungen von Warenbeständen des Unternehmens ausgereizt. Auch besteht von Gesellschafterseite bei juristischen Personen kaum eine Möglichkeit, weitere Geldmittel aufzubringen, da diese bereits zeitlich der Insolvenz vorgelagert in die spätere Insolvenzschuldnerin eingebracht wurden. Zudem werden die Gläubiger des Unternehmens laufende Gewinne, welche dieses erwirtschaftet, in gewissem Umfang abschöpfen zur Befriedigung ihrer – ihnen durch den Plan zugestandenen – Forderungen. Kreditgeber müssten sich daher ohne die Regelung des § 264 hinten anstellen um dabei noch meist unattraktive oder gar keine Sicherheiten zu bekommen. Nach dieser Norm treten die Insolvenzgläubiger hinter den Gläubigern aus neu gegebenen Krediten zur Planfinanzierung zurück.

§ 264 soll daher die Kreditwürdigkeit eines Unternehmens, welches einem Fortführungsplan unterliegt und sich in der höchstens dreijährigen Phase der Planüberwachung befindet, heben. Letztendlich dient die Norm also der Sicherung der Planfinanzierung.

B. Voraussetzungen

I. Voraussetzung der Privilegierung, Abs. 1 S. 1

Der Nachrang der Insolvenzgläubiger gegenüber Kreditgebern muss im gestaltenden Teil des Plans festgelegt werden, er tritt also nicht schon kraft Gesetzes ein. Diese Privilegierung gilt nur für die Zeit der Überwachung. Diese beträgt längstens drei Jahre, § 268 Abs. 1 Nr. 2, oder endet sobald die Ansprüche aus dem Plan erfüllt sind, § 268 Abs. 1 Nr. 1. Der Nachrang der Insolvenzgläubiger gilt nur solange, bis ein neues Insolvenzverfahren über das Vermögen des Schuldners eröffnet wird oder solange der Plan noch unter Überwachung des Insolvenzverwalters steht, § 266 Abs. 1.

Der Kreditgeber sollte die Privilegierung, die ihm § 264 Abs. 1 verschafft, daher unter dem Licht der zeitlichen Limitierung sehen, welche §§ 268 Abs. 1 und 266 Abs. 1 vorgeben und dies daher bei den Laufzeiten des Krediters berücksichtigen.

II. Kreditrahmen, Abs. 1 Satz 2 und Satz 3

Der Kreditrahmen wird im gestaltenden Teil des Plans festgelegt und setzt die Höchstsumme aller Kredite, welche den Insolvenzforderungen vorrangig sein sollen, fest. Des Weiteren wird die Summe der Kredite noch durch die Regelung des Abs. 1 Satz 3 beschränkt. Dieser beschränkt sich demnach auf das Aktivvermögen des ehemals insolventen Unternehmens. Das Insolvenzgericht prüft das Verhältnis zwischen der Höhe des Kreditrahmens und dem Vermögen des Unternehmens bei seiner Prüfung nach § 231 Abs. 1 Nr. 1 und § 250 Abs. 1 Nr. 1.[1]

III. Formale Voraussetzungen, Abs. 2

Der Kreditgeber muss damit ihm die Privilegierung des Abs. 1 zuteilwird, mit dem Schuldner oder seinem Rechtsnachfolger genaue Vereinbarungen über Hauptforderung, Zinsen und Kosten treffen. Des Weiteren muss der Insolvenzverwalter die Vereinbarung schriftlich genehmigen. Diese Regelung dient der Rechtsklarheit und dem Schutz der Beteiligten. Nur durch eine zentrale Überwachung der Kredite ist gewährleistet, dass der Kreditrahmen, der im Insolvenzplan vorgesehen ist und durch die Gläubiger genehmigt wurde, nicht überschritten wird. Der Verwalter prüft daher nicht nur, ob die formalen Erfordernisse des Abs. 2 bei der Kreditvergabe berücksichtigt wurden, sondern ob sich der Kredit im vorgeben Rahmen bewegt. Die Bestätigung des Verwalters ist zwingende Voraussetzung für eine Privilegierung des Kreditgebers nach Abs. 1. Eine Zweckmäßigkeitsprüfung des Kredits durch den Verwalter im Rahmen des Abs. 2 muss und darf nicht erfolgen.[2] Die Bestätigung des Kre-

---

[1] FK-InsO/*Jaffé* Rn. 11.
[2] Braun/*Frank* Rn. 9.

§ 265 InsO Nachrang von Neugläubigern

dits durch den Verwalter kann auch noch nachträglich erfolgen.[3] Der Verwalter ist auf die Prüfung der formellen Voraussetzungen beschränkt.

C. Insolvenzanfechtung

8 Sollte es nach dem Planverfahren zu einem weiteren Insolvenzverfahren kommen, ist die Insolvenzanfechtung hinsichtlich des nach den Voraussetzungen des § 264 gegebenen Krediets ausgeschlossen, da diese Vorschrift nach Sinn und Zweck ohne eine solche Bevorzugung nicht funktionieren könnte. § 264 ist damit lex specialis zu den §§ 129 ff[4].

D. Abs. 3

9 Abs. 3 stellt einen Verweis auf § 39 Abs. 1 Nr. 5 dar. Hiernach sind kapitalersetzende Gesellschafterdarlehen im Insolvenzverfahren nachrangig. Diese Reglung wird demnach auch nicht durch § 264 Abs. 1 abgeändert.

10 Die Regelung dient dazu, zu vermeiden, dass das mit dem Kreditrahmen zur Verfügung gestellte Finanzierungsinstrument dazu benutzt werden könnte, nachrangigen Krediten Privilegierungen zukommen zu lassen, ohne für eine ordnungsgemäße Kapitalausstattung des sanierten Unternehmens zu sorgen.[5]

11 Rechtspolitisch ist diese Vorschrift eher zweifelhaft, da eine Privilegierung für jeden Darlehensgeber gegeben sein müsste, der für eine Finanzierung eines Insolvenzplans frisches Geld gibt. Warum in diesem Fall zwischen Gesellschaftern und Dritten differenziert werden soll, ist nicht einsichtig. Das Risiko welches die Geldgeber eingehen ist dasselbe, unabhängig davon, wer die Planumsetzung finanziert.

§ 265 Nachrang von Neugläubigern

Gegenüber den Gläubigern mit Forderungen aus Krediten, die nach Maßgabe des § 264 aufgenommen oder stehen gelassen werden, sind nachrangig auch die Gläubiger mit sonstigen vertraglichen Ansprüchen, die während der Zeit der Überwachung begründet werden. Als solche Ansprüche gelten auch die Ansprüche aus einem vor der Überwachung vertraglich begründeten Dauerschuldverhältnis für die Zeit nach dem ersten Termin, zu dem der Gläubiger nach Beginn der Überwachung kündigen konnte.

Übersicht

	Rdn.		Rdn.
A. Normzweck	1	1. Vertragliche Ansprüche und vertragsähnliche Ansprüche	6
B. Einzelheiten	4	2. Andere Ansprüche	8
I. Art der Ansprüche	6	II. Einschränkung, Satz 2	10

A. Normzweck

1 Nach Beendigung des Insolvenzverfahrens soll die Privatautonomie des Schuldners wieder hergestellt werden und dieser soll uneingeschränkt vertragliche Verpflichtungen eingehen dürfen. Andererseits wird in gewissem Umfang, soweit notwendig, die Erfüllung des Plans überwacht. Dieser Rechtsgedanke ist in § 259 Abs. 1 und Abs. 2 niedergelegt. Die §§ 263 und 264 schränken die Privatautonomie des Schuldners ein. § 265 ist als eine Art Hilfsnorm zu § 264 anzusehen, ohne die Privatautonomie des Schuldners weiter einzuschränken.

---

3 FK-InsO/*Jaffé* Rn. 13.
4 Uhlenbruck/*Lüer* Rn. 32.
5 BT-Drucks. 12/2243, 216.

Die Norm ist im Zusammenhang mit der Rangprivilegierung von § 264 zu sehen. § 265 schützt 2
Neukredite, welche unter § 264 fallen, vor sonstigen Ansprüchen, die während der Zeit der Überwachung begründet werden. Mithin ist die Norm, ebenso wie § 264, dazu da, die wirtschaftliche Umsetzung des Plans zu gewährleisten, da die Solvenz des Unternehmens oftmals erst durch Vergabe von Neukrediten wieder hergestellt wird und damit erst wieder Handlungsfähigkeit eintritt.

Der Nachrang der Neugläubiger gegenüber den Kreditgebern ist den Neugläubigern auch zumutbar, 3
da die Überwachung öffentlich bekannt gemacht wurde und der Kreditrahmen nach § 267 Abs. 2 Nr. 3 im Handelsregister ersichtlich ist.[1] Sinn und Zweck ist es, die Möglichkeit der Neukreditaufnahme zu verbessern.

B. Einzelheiten

Die Norm schützt den von § 264 Abs. 1 privilegierten Kreditgeber vor Konkurrenz von vertraglichen 4
Ansprüchen, welche der Schuldner oder die Übernahmegesellschaft während der Zeit der Überwachung eingegangen ist. Dabei wirkt sich der Regelungsgehalt der Norm erst in einer weiteren Insolvenz des überwachten Unternehmens aus.

Erst § 265 ermöglicht die mit § 264 intendierte Förderung der Vergabe von Neukrediten. Dies zum 5
einen, da der Schuldner es sonst in der Hand hätte die Regelung des Kreditrahmens zu umgehen, § 264 Abs. 1 Satz 3, da das Eingehen von vertraglichen Schuldverhältnissen nicht der Überwachung des Verwalters, § 264 Abs. 2, unterliegt und zum anderen bietet diese Regelung den privilegierten Kreditgläubigern eine gewisse Sicherheit, dass die durch den Kreditrahmen abgesteckte Vermögenssubstanz auch in einem weiteren Insolvenzverfahren nicht durch konkurrierende vertragliche Ansprüche verbraucht wird.

I. Art der Ansprüche

1. Vertragliche Ansprüche und vertragsähnliche Ansprüche

Der Nachrang bezieht sich nur auf vertragliche Ansprüche. Dies begründet sich darin, dass die Gläubiger 6
aus solchen Ansprüchen bewusst unter dem Risiko des Nachrangs in einer etwaigen Folgeinsolvenz mit dem Schuldner kontrahiert haben. Aufgrund der öffentlichen Bekanntmachung kannten die Neugläubiger das Risiko, welches sie eingingen.

Der Nachrang wird auch für vertragsähnliche Ansprüche wie aus c.i.c, also § 311 Abs. 2 i.V.m. 7
§ 280 Abs. 1 BGB, wenn sie einem vertraglichen Anspruch gleichgesetzt werden können oder Nebenleistung aus einem solchen darstellen, befürwortet. So bspw., wenn der Gläubiger vom Schuldner Schadensersatz wegen schuldhafter Verletzung aus Vertragsverhandlungen aus dem Zeitraum der Planüberwachung fordert. Dies erklärt sich daraus, dass dieser Gläubiger hier nicht schutzwürdiger ist als ein Gläubiger, welcher Forderungen aus einem vollendeten Vertrag hat. Beide kannten die Lage des Schuldners während der Planüberwachung.

2. Andere Ansprüche

Der Nachrang der vertraglichen Forderung wird damit begründet, dass der Gläubiger weiß oder wissen 8
kann, worauf er sich einlässt. Für deliktische Forderungen gilt dies nicht, da der Gläubiger durch Zufall mit dem Schuldner in Verbindung gebracht wurde. Gleiches gilt daher auch für Ansprüche aus Gefährdungshaftung. Diese Art von Ansprüchen wird mit denen aus § 264 Abs. 1 gleichgesetzt.

Auch gesetzliche Ansprüche, wie aus dem Eigentümer/Besitzerverhältnis (§§ 985 ff. BGB), sind 9
nach dem Willen des Gesetzgebers nicht nachrangig.[2] Durch die Nichteinbeziehung gesetzlicher Ansprüche in das Privileg, kann im Einzelfall eine erhebliche Schmälerung desselbigen eintreten, was

---

1 Braun/*Frank* Rn. 1.
2 BT Drucks. 12/2443, 217.

aber so vom Gesetzgeber bewusst in Kauf genommen worden ist.[3] Dabei wird es sich jedoch um seltene Ausnahmefälle handeln. Die Regelung ist damit Ausdruck des allgemeinen Lebensrisikos, dass jeder Gläubiger mit anderen Gläubigern aus dem deliktischen Handeln seines Schuldners zu konkurrieren hat. Die größten Gefahrenquellen deliktischen Handelns sind sowieso meist versichert, wie z.B. die Haftung für Verkehrsunfälle. Daher schränkt sich dieses allgemeine Lebensrisiko erheblich ein.

II. Einschränkung, Satz 2

10 Durch die Regelung werden Dauerschuldverhältnisse in den Anwendungsbereich des § 265 Abs. 1 mit einbezogen, auch wenn diese vor der Überwachung begründet wurden. Eine Einbeziehung findet allerdings erst statt ab der ersten Kündigungsmöglichkeit nach Beginn der Überwachung. Dies wird damit begründet, dass der Gläubiger mit Forderungen aus einem Dauerschuldverhältnis, da er von der Überwachung weiß oder wissen muss, ab diesem Zeitpunkt wie ein Neugläubiger zu behandeln ist, da er auf die durch die Überwachung geänderten Umstände mit einer Kündigung reagieren kann.

§ 266 Berücksichtigung des Nachrangs

(1) Der Nachrang der Insolvenzgläubiger und der in § 265 bezeichneten Gläubiger wird nur in einem Insolvenzverfahren berücksichtigt, das vor der Aufhebung der Überwachung eröffnet wird.

(2) In diesem neuen Insolvenzverfahren gehen diese Gläubiger den übrigen nachrangigen Gläubigern im Range vor.

Übersicht	Rdn.		Rdn.
A. Normzweck	1	I. Abs. 1	2
B. Voraussetzungen	2	II. Abs. 2	4

A. Normzweck

1 Die Vorschrift muss im Zusammenhang mit den §§ 264, 265 betrachtet werden. Ratio der Vorschrift ist es, die Privilegierung der Gläubiger eines Neukredites einer zeitlichen Beschränkung zu unterwerfen. Dies ist aus mehreren Gesichtspunkten notwendig. Zum einen aus wettbewerbspolitischen Gründen, so soll das Insolvenzrecht nicht auf Dauer in die Chancengleichheit des Wettbewerbs eingreifen.[1] Andererseits werden durch die Privilegierung andere Gläubiger benachteiligt, weil sie den kreditgebenden Gläubigern gegenüber nachrangig sind. Diese Benachteiligung Dritter zugunsten der Neukreditgeber hat einzig und alleine den Hintergrund, dem nach Plan neu fortgeführten Unternehmen eine »Starthilfe« zu geben, indem die Neukreditvergabe gefördert wird um das Unternehmen solvent und wirtschaftlich handlungsfähig zu machen. Die Überwachungsphase beträgt nach § 268 Abs. 1 Nr. 2 höchstens drei Jahre. Hiernach muss sich das Unternehmen insoweit stabilisiert haben, dass es den freien Kräften des Marktes ausgesetzt werden kann.

B. Voraussetzungen

I. Abs. 1

2 Der Nachrang der in § 265 genannten Gläubiger, also solche aus schuldrechtlichen Verbindungen mit dem Schuldner, welche während der Zeit der Überwachung begründet wurden oder Dauerschuldverhältnissen, welche während der Zeit der Überwachung nicht gekündigt wurden (Einzelheiten s. § 265), kommt nur zum Tragen, wenn es während der Überwachungsphase des Planverfahrens

---

3 FK-InsO/*Jaffé* Rn. 5.
1 BT-Drucks. 12/2443, 217.

zu einem weiteren Insolvenzverfahren über das überwachte fortgeführte Unternehmen kommt. Wie lange die Überwachungsphase läuft, richtet sich nach § 268 und beträgt hiernach höchstens drei Jahre. In diesem Zeitraum muss, auch damit der Neukreditgläubiger zu den Rangprivilegien des § 264 kommt, das neue Insolvenzverfahren eröffnet worden sein.

Zu beachten ist, dass die Rangprivilegierung nur in der engen zeitlichen Begrenzung von drei Jahren gilt, und nicht gegenüber Gläubigern aus gesetzlichen Schuldverhältnissen. Diese Gläubiger sind gleichrangig mit den »Altgläubigern« aus der ersten Insolvenz. Des Weiteren gehen die Kreditgläubiger, Massegläubiger und Absonderungsberechtigten in einem neuen Verfahren vor. Die praktische Relevanz der Vorschrift ist daher eher gering.[2] 3

II. Abs. 2

Hier wird klargestellt, dass die Neugläubiger und die in § 265 bezeichneten Gläubiger in einer weiteren Insolvenz, welche den Kreditgläubigern gem. § 265 nachrangig sind, den nachrangigen Gläubigern i.S.d. § 39 vorgehen. Die weitere Rangfolge bleibt damit unverändert, es gibt somit in einem solchen Insolvenzverfahren, welches einem Planverfahren folgt, mindestens drei Ränge.[3] 4

§ 267 Bekanntmachung der Überwachung

(1) Wird die Erfüllung des Insolvenzplans überwacht, so ist dies zusammen mit dem Beschluss über die Aufhebung des Insolvenzverfahrens öffentlich bekanntzumachen.

(2) Ebenso ist bekanntzumachen:
1. im Falle des § 260 Abs. 3 die Erstreckung der Überwachung auf die Übernahmegesellschaft;
2. im Falle des § 263, welche Rechtsgeschäfte an die Zustimmung des Insolvenzverwalters gebunden werden;
3. im Falle des § 264, in welcher Höhe ein Kreditrahmen vorgesehen ist.

(3) § 31 gilt entsprechend. Soweit im Falle des § 263 das Recht zur Verfügung über ein Grundstück, ein eingetragenes Schiff, Schiffsbauwerk oder Luftfahrzeug, ein Recht an einem solchen Gegenstand oder ein Recht an einem solchen Recht beschränkt wird, gelten die §§ 32 und 33 entsprechend.

Übersicht	Rdn.		Rdn.
A. Normzweck	1	2. Abs. 2 Nr. 2	6
B. Einzelheiten	2	3. Abs. 2 Nr. 3	7
I. Abs. 1	2	III. Abs. 3	8
II. Abs. 2	3	1. Abs. 3 Satz 1	8
1. Abs. 2 Nr. 1	5	2. Abs. 3 Satz 2	9

A. Normzweck

Durch die Überwachung des Plans werden die Rechtsbeziehungen des Schuldners zu Dritten erheblich beeinträchtigt. Insb. Neugläubiger sind wegen der §§ 265, 266 erheblich beeinträchtigt, mit Ausnahme der kreditgebenden Neugläubiger, welche nach § 264 privilegiert werden. Die Nachteile, die Neugläubiger, welche schuldrechtliche Verbindungen mit dem Schuldner während der Zeit der Überwachung hinzunehmen haben, werden damit gerechtfertigt, dass diese die Nachteile bewusst in Kauf nehmen. Den Neugläubigern steht es aufgrund der Vertragsfreiheit offen, einen solchen Vertragsabschluss mit dem aus der Insolvenz entlassenen Schuldner abzulehnen. Dass die Neugläubiger eben diese Informationsmöglichkeit der Überwachung bekommen regelt § 267, indem Abs. 1 bestimmt, dass die Überwachung öffentlich bekannt zu machen ist. 1

---

2 MüKo-InsO/*Wittig* Rn. 5.
3 FK-InsO/*Jaffé* Rn. 5.

B. Einzelheiten

I. Abs. 1

2 Die öffentliche Bekanntmachung richtet sich nach § 9, hierfür wurde eine länderübergreifende Internetseite unter www.insolvenzbekanntmachungen.de eingerichtet.

II. Abs. 2

3 Die Vorschrift erweitert die Überwachungspflicht auf die Planbestandteile, welche für die potentiellen Neugläubiger des Unternehmens von Bedeutung sind. Diese Neugläubiger wurden am Plan nicht beteiligt, die in Abs. 2 Nr. 1 bis 3 aufgeführten Regelungen greifen dennoch in ihren Rechtskreis ein. Ohne diese Informationen wäre dies den Neugläubigern nicht zumutbar.[1]

4 Im Einzelnen handelt es sich um folgende Tatsachen:

1. Abs. 2 Nr. 1

5 Abs. 2 Nr. 1 verweist auf § 260 Abs. 3, welcher vorsieht, dass eine zur Fortführung des Unternehmens neu gegründete Gesellschaft genauso überwacht wird, wie wenn der Schuldner das Unternehmen selbst fortführen würde. Eine solche Regelung ist wichtig, damit Neugläubiger darüber informiert werden, dass die aus der Überwachung resultierenden Beschränkungen immer noch fortwirken, obwohl es sich um eine neue Gesellschaft handelt.

2. Abs. 2 Nr. 2

6 Nach § 263 können bestimmte Rechtsgeschäfte unter einen Zustimmungsvorbehalt des Insolvenzverwalters gestellt werden. D.h., Rechtsgeschäfte, welche unter diesen im Plan bezeichneten Vorbehalt fallen, sind absolut unwirksam. Meist handelt es sich dabei um Verpflichtungs- oder Verfügungsgeschäfte, welche gewisse Wertschwellen überschreiten. Aufgrund dieser weitreichenden Rechtsfolgen ist eine Bekanntmachung unumgänglich.

3. Abs. 2 Nr. 3

7 Hier wird bekannt gemacht, in welcher Höhe der Schuldner die von § 264 privilegierten Kredite aufnehmen kann und darf. Die Vorschrift dient daher vor allem der Information der kreditgebenden Gläubiger. Eine darüber hinausgehende Kreditaufnahme ist zwar nicht unwirksam, wenn sie nicht gegen § 263 verstößt, für sie kann aber kein Vorrang mehr wirksam vereinbart werden.

III. Abs. 3

1. Abs. 3 Satz 1

8 Nach Abs. 3 Satz 1 findet § 31 entsprechend Anwendung. Hiernach ist, wenn der Schuldner im Handels-, Genossenschafts-, Partnerschafts- oder Vereinsregister eingetragen ist, vom Insolvenzgericht das Registergericht über die Überwachung zu informieren, indem eine Ausfertigung des Überwachungsbeschlusses übersandt wird. Zweck ist es, die interessierte Öffentlichkeit über die Überwachung zu informieren. Weitere Informationen werden aber nicht in dem Register (meist das Handelsregister) eingetragen

2. Abs. 3 Satz 2

9 Nach Abs. 3 Satz 2 ist, wenn nach § 263 eine absolute Verfügungsbeschränkung über ein Grundstück, ein eingetragenes Schiff, Schiffsbauwerk oder Luftfahrzeug zu Lasten des Schuldners im ge-

---

[1] FK-InsO/*Jaffé* Rn. 2.

staltenden Teil des Plans vorgesehen wurde, dies unter der entsprechenden Anwendung von § 32 und § 33 in das Grundbuch oder entsprechende Register einzutragen.

Die Vorschrift ist zwingend dazu da, gutgläubigen Erwerb zu verhindern, da ansonsten ein solcher nach § 892 ff. BGB möglich wäre. Das Grundbuchamt ist nach dem Eintrag des Überwachungsvermerks, aufgrund des grundbuchrechtlichen Legalitätsprinzips, nicht mehr in der Lage Eintragungen vorzunehmen, welche dem Überwachungsvermerk entgegenstehen.[2] 10

Der Überwachungsvermerk wird erst nach Aufhebung der Überwachung, § 268, gelöscht. 11

Für Schiffsregister und Register für Pfandrechte an Luftfahrzeugen gilt das oben Gesagte sinngemäß, da auch hier Gutglaubensvorschriften bestehen. 12

§ 268 Aufhebung der Überwachung

(1) Das Insolvenzgericht beschließt die Aufhebung der Überwachung,
1. wenn die Ansprüche, deren Erfüllung überwacht wird, erfüllt sind oder die Erfüllung dieser Ansprüche gewährleistet ist oder
2. wenn seit der Aufhebung des Insolvenzverfahrens drei Jahre verstrichen sind und kein Antrag auf Eröffnung eines neuen Insolvenzverfahrens vorliegt.

(2) Der Beschluss ist öffentlich bekanntzumachen. § 267 Abs. 3 gilt entsprechend.

Übersicht	Rdn.		Rdn.
A. Normzweck	1	2. Überwachungshöchstdauer, Abs. 1	
B. Einzelheiten	2	Nr. 2	3
I. Aufhebungsgründe Abs. 1	2	II. Aufhebungsbeschluss, Abs. 2	9
1. Abs. 1 Nr. 1	2		

A. Normzweck

Die Überwachung hat aufgrund der in §§ 260 ff. enthaltenen Regelungen weit reichende Rechtsfolgen für den Schuldner und für Dritte, welche mit ihm in Rechtsbeziehungen stehen. Insb. hervorzuheben sind die Zustimmungsbedürftigkeit bestimmter Rechtsgeschäfte, § 263, und der Nachrang von Neugläubigern, § 266. Diese Regelungen entfallen mit Aufhebung der Überwachung. I.S.d. Rechtsklarheit ist es daher geboten, die Aufhebung der Überwachung richtig, und wie die Anordnung der Überwachung des Plans, bekannt zu machen, dies regelt § 268. 1

B. Einzelheiten

I. Aufhebungsgründe Abs. 1

1. Abs. 1 Nr. 1

Hat der Schuldner den Plan erfüllt, haben die Gläubiger kein Interesse mehr den Schuldner zu überwachen, da ihre Ansprüche erfüllt sind. Abs. 1 Nr. 1 2. Alt. stellt der Erfüllung des Plans deren Gewährleistung gleich. Gemeint ist, dass die Ansprüche der Gläubiger durch Dritte garantiert werden. In Betracht kommen z.B. Bürgschaften oder Hinterlegung des Geldbetrages. Im Interesse der Rechtssicherheit sollte der Plan Regelungen enthalten, inwiefern Sicherheiten die Planerfüllung gewährleisten und damit diese ersetzen.[1] Ansonsten obliegt es der Entscheidung des Insolvenzgerichts, ob bspw. durch eine Bürgschaft, ausreichend Sicherheit geleistet wurde. 2

---

2 FK-InsO/*Jaffé* Rn. 7.
1 FK-InsO/*Jaffé* Rn. 1.

2. Überwachungshöchstdauer, Abs. 1 Nr. 2

3   Die Überwachung ist nach drei Jahren zwingend aufzuheben. Die Parteien sind nicht in der Lage, eine längere Laufzeit zu vereinbaren.[2]

4   Teilweise wird vertreten, die Überwachung kann auch über die drei Jahre hinweg weiterhin verlängert werden, wenn dies mit Zustimmung des Schuldners geschieht. Nur hinsichtlich solcher Reglungen, welche Dritte benachteiligen, also die §§ 264 bis 266, soll die Überwachungsdauer von drei Jahren als zwingend gelten. Hinsichtlich anderer Regelungen, wie z.B. die Einschränkung der Verfügungsbefugnisse des Schuldners, soll die Überwachung über den Zeitraum des § 268 Abs. 1 Nr. 2 fortdauern können.[3] Diese Ansicht ist abzulehnen. Dies ergibt sich schon daraus, dass der Gesetzgeber die Vorschrift als zwingend ausgestaltet hat. Sinn und Zweck des Planverfahrens ist es, nicht den Schuldner auf ewig zu überwachen. Nach drei Jahren muss seine Privatautonomie vollständig wiederhergestellt sein, wenn kein neues Verfahren beantragt wurde.

5   Des Weiteren würde, wenn man die Vorschrift des § 268 Abs. 1 Nr. 2 dahingehend auslegt, dass eine Verlängerung der Überwachung mit Zustimmung des Schuldners möglich ist, ein gewisses Erpressungspotential schaffen. So könnten die Gläubiger ihre Zustimmung zum Plan verweigern, wenn der Schuldner nicht einer längeren Überwachung zustimmt.[4]

6   Eine abweichende Vereinbarung zugunsten des Schuldners ist aber immer möglich.[5]

7   Die Aufhebung ist nicht an die Begleichung der Kosten der Überwachung nach § 269 gebunden.[6]

8   Die Überwachung wird jedoch verlängert, wenn ein neuer Insolvenzantrag gestellt wird, bis über diesen rechtskräftig entschieden wurde. Hierbei kann auch die Höchstdauer von drei Jahren überschritten werden.

II. Aufhebungsbeschluss, Abs. 2

9   Nach Abs. 2 erfolgt die Aufhebung durch förmlichen Beschluss; nach § 6 ist dieser nicht anfechtbar. Zuvor werden Gläubiger, Schuldner und Verwalter angehört. Zuständig für die Entscheidung ist der Rechtspfleger, wenn sich der Richter nicht die Entscheidung nach § 18 Abs. 2 RPflG vorbehalten hat.

10 Der Beschluss über die Aufhebung der Planüberüberwachung ist ebenso bekannt zu machen wie die Überwachung und richtet sich daher nach § 9. Hierfür wurde eine länderübergreifende Internetseite eingerichtet unter www.insolvenzbekanntmachungen.de.

11 Des Weiteren verweist Abs. 2 auf § 267 Abs. 3. d.h., entsprechende Registereinträge nach §§ 31, 32 sind zu löschen, da Verfügungsbeschränkungen nach § 263 nicht mehr gelten.

§ 269 Kosten der Überwachung

Die Kosten der Überwachung trägt der Schuldner. Im Falle des § 260 Abs. 3 trägt die Übernahmegesellschaft die durch ihre Überwachung entstehenden Kosten.

Übersicht	Rdn.		Rdn.
A. Normzweck	1	I. Ersatzpflichtige Kosten	2
B. Einzelheiten	2	II. Durchsetzungsrisiko	4

---

2 Uhlenbruck/*Lüer* Rn. 4.
3 AG Duisburg 27.03.2003, 62 IN 187/02, NZI 2003, 447 f.
4 FK-InsO/*Jaffé* Rn. 4.
5 MüKo-InsO/*Stephan* Rn. 16.
6 Braun/*Frank* Rn. 7.

A. Normzweck

Da der Schuldner nach Aufhebung des Verfahrens grds frei über die Masse verfügen kann, § 259 Abs. 1, können die Kosten nicht einfach als Masseverbindlichkeit abgewickelt werden, da das Verfahren ja beendet ist und somit § 53 nicht mehr gilt. Daher bedurfte es einer Regelung, welche die Kostentragungspflicht dem Schuldner aufbürdet.

B. Einzelheiten

I. Ersatzpflichtige Kosten

Zu ersetzen sind die durch die Überwachung anfallenden Kosten. Hierunter fallen im Einzelnen:
– die Vergütung für den Verwalter, geregelt in § 6 Abs. 2 InsVV,
– gerichtliche Auslagen; es handelt sich meist um Kosten für die notwendigen öffentlichen Bekanntmachungen,
– die Vergütung für die Mitglieder des Gläubigerausschusses,
– anfallende Reise- und Kommunikationskosten der an der Überwachung beteiligten Personen.

Das Insolvenzgericht setzt die Vergütung für den Verwalter nach § 63 fest, für den Gläubigerausschuss nach § 73.

II. Durchsetzungsrisiko

Das Durchsetzungsrisiko lässt sich durch Regelungen im Insolvenzplan und durch Vorschuss verhindern.[1] Ansonsten könnte es wohl schon aus verfassungsrechtlichen Gründen dem Verwalter nicht zugemutet werden, dieses Amt zu übernehmen. Es dürfte wohl auch die Möglichkeit bestehen, die Vergütung vor Aufhebung zu hinterlegen. In jedem Fall hat das Gericht darauf hinzuweisen, dass vor einer Aufhebung der Überwachung des Plans, die Vergütung des Verwalters abgegolten wird.[2] Der Kostenfestsetzungsbeschluss stellt einen Vollstreckungstitel dar. Die nicht mehr benötigten Geschäftsunterlagen hat der Verwalter dem Schuldner herauszugeben.

---

[1] HK-InsO/*Flessner* Rn. 1.
[2] *Haarmeyer/Wutzke/Förster* § 6 Abs. 2 InsVV, Rn. 24.

Siebter Teil Eigenverwaltung

§ 270 Voraussetzungen

(1) Der Schuldner ist berechtigt, unter der Aufsicht eines Sachwalters die Insolvenzmasse zu verwalten und über sie zu verfügen, wenn das Insolvenzgericht in dem Beschluss über die Eröffnung des Insolvenzverfahrens die Eigenverwaltung anordnet. Für das Verfahren gelten die allgemeinen Vorschriften, soweit in diesem Teil nichts anderes bestimmt ist.[1]

(2) Die Anordnung setzt voraus,
1. dass sie vom Schuldner beantragt worden ist und
2. dass keine Umstände bekannt sind, die erwarten lassen, dass die Anordnung zu Nachteilen für die Gläubiger führen wird.

(3) Vor der Entscheidung über den Antrag ist dem vorläufigen Gläubigerausschuss Gelegenheit zur Äußerung zu geben, wenn dies nicht offensichtlich zu einer nachteiligen Veränderung in der Vermögenslage des Schuldners führt. Wird der Antrag von einem einstimmigen Beschluss des vorläufigen Gläubigerausschusses unterstützt, so gilt die Anordnung nicht als nachteilig für die Gläubiger.

(4) Wird der Antrag abgelehnt, so ist die Ablehnung schriftlich zu begründen; § 27 Absatz 2 Nummer 5[2] gilt entsprechend.

Übersicht

	Rdn.			Rdn.
A. Normzweck	1	F.	Wirkungen der Anordnung	27
B. Voraussetzungen der Entscheidung, Abs. 2	5	I.	Funktionsweise der Eigenverwaltung	27
I. Anwendbarkeit	5	II.	Der eigenverwaltende Schuldner	29
II. Antrag des Schuldners, Abs. 2 Nr. 1	7	III.	Verwaltungs- und Verfügungsbefugnis des Schuldners	30
III. Keine Umstände bekannt, die zu Nachteilen für die Gläubiger führen, Abs. 2 Nr. 2	11	G.	Rechtslage bis 29.02.2012 zu § 270 Abs. 2 Nr. 2 und 3 a.F.	32
C. Beteiligung eines vorläufigen Gläubigerausschusses, Abs. 3	15	I.	Voraussetzungen der Anordnung der Eigenverwaltung	32
D. Begründungszwang bei Ablehnung, Abs. 4	21	II.	Zustimmung des Gläubigers bei Eröffnung auf Gläubigerantrag, § 270 Abs. 2 Nr. 2 a.F.	35
E. Rechtsmittel	23	III.	Wirkungen der Anordnungsentscheidung	38
I. Rechtsmittel des Schuldners	23			
II. Rechtsmittel der Gläubiger	26			

A. Normzweck

Das Institut der Eigenverwaltung berechtigt den Schuldner, die Insolvenzmasse unter der Aufsicht eines Sachwalters selbst zu verwalten, § 270 Abs. 1 Satz 1. Eine Übertragung der Verwaltungs- und Verfügungsbefugnis auf den Insolvenzverwalter unterbleibt. Vielmehr ist es der Schuldner selbst, der die verfahrensleitenden Entscheidungen – ggf. im Einvernehmen mit dem Sachwalter – trifft und umsetzt. Gerade die deshalb relativ starke Position des Schuldners bzw. des organschaftlichen oder gesetzlichen Vertreters des Schuldners hat freilich zu teilweise erheblichem Unbehagen

1

---

[1] Durch das Gesetz zur Verkürzung des Restschuldbefreiungsverfahrens und zur Stärkung der Gläubigerrechte vom 15.07.2013 wird in Absatz 1 der folgende Satz eingefügt: »Die Vorschriften dieses Teils sind auf Verbraucherinsolvenzverfahren nach § 304 nicht anzuwenden.«

[2] Durch das Gesetz zur Verkürzung des Restschuldbefreiungsverfahrens und zur Stärkung der Gläubigerrechte vom 15.07.2013 wird in Absatz 4 die Angabe »Nummer 5« durch die Angabe »Nummer 4« ersetzt.

§ 270 InsO Voraussetzungen

bei manchen Gläubigern und nicht zuletzt auch bei manchen Insolvenzgerichten geführt.[3] In der Tat ist zutreffend, dass die Gläubiger einem nicht unerheblichen Risiko ausgesetzt sind, dass der Schuldner die ihm durch die Eigenverwaltung zuerkannte Macht zum Vorteil der Gesellschafter einer insolventen Gesellschaft oder zu seinem eigenen Vorteil walten lässt, anstatt die Gläubigerinteressen zu verfolgen. So ist denn auch festzustellen, dass die Zahl der von Insolvenzgerichten angeordneten Eigenverwaltungen nach Einführung der InsO deutlich hinter den Erwartungen zurück geblieben ist. Im Schnitt wurden nur ca. 0,5 % der jährlichen Unternehmensinsolvenzverfahren über das Rechtsinstitut der Eigenverwaltung abgewickelt.[4] Andererseits zeigen diverse Großverfahren (*Agfa-Photo, Babcock Borsig AG, Herlitz, Kirch Media AG, Sinn-Leffers*), dass die Eigenverwaltung als wirksames Mittel zur Bewältigung einer Krisensituation oder als wirtschaftlich sinnvolle Alternative innerhalb eines Liquidationsverfahrens seine Berechtigung hat.

2 Besorgt durch die in der Mitte des ersten Jahrzehnts dieses Jahrhunderts zu beobachtenden Migrationen von Unternehmen in Insolvenznähe von Deutschland ins Ausland, vorwiegend nach England, um das abzusehende Insolvenzverfahren lieber unter der Geltung eines ausländischen Insolvenzrechts abwickeln zu wollen, berief das Bundesjustizministerium im Jahre 2007 eine Expertenkommission ein, um nach Möglichkeiten zu suchen, den Insolvenzstandort Deutschland zu stärken. Ziel war es, die Gründe dafür zu ermitteln, welche Nachteile das deutsche Insolvenzrecht gegenüber ausländischem, vorwiegend gegenüber dem englischen, Insolvenzrecht hat. Einer der in diesem Zusammenhang genannten Gründe war die in anderen Jurisdiktionen mögliche bessere Planbarkeit eines anstehenden Insolvenzverfahrens für den Schuldner und seine Gläubiger. So wurde etwa bemängelt, dass nach der seinerzeit geltenden Rechtslage keine Möglichkeit bestanden hat, einen gesetzlich abgesicherten Einfluss auf die Auswahl des Insolvenzverwalters nehmen zu können. Selbst eine Allianz zwischen dem Schuldner und seinen Gläubigern, die sich auf einen bestimmten Insolvenzverwalter verständigt haben, konnte keine Gewissheit verschaffen. Dabei hatte schon die Einleitung eines Insolvenzverfahrens für den Schuldner u.U. erhebliche Eingriffe infolge der Anordnung von Sicherungsmaßnahmen, wie z.B. einer »starken« vorläufigen Insolvenzverwaltung, zur Folge, ohne zu wissen, in wessen Hände man das Wohl und Wehe des Schuldners legte. Spätestens die Insolvenzeröffnung entmachtete den Schuldner, der seine Verwaltungs- und Verfügungsbefugnis an den Insolvenzverwalter verlor; dieses konnte zwar auch schon vor den Änderungen, die das ESUG gebracht hat, durch die Anordnung einer Eigenverwaltung verhindert werden. Die oben bereits beschriebene Zurückhaltung bei der Anordnung einer vom Schuldner beantragten Eigenverwaltung hat den Gang zum Insolvenzgericht zum Glücksspiel für den Schuldner gemacht.

3 Neben diversen anderen Verbesserungen, die das ESUG der InsO gebracht hat, wurde insb. auch das Institut der Eigenverwaltung gestärkt und für den Schuldner attraktiver gemacht. Die Eröffnung des Verfahrens in Eigenverwaltung soll bei einem entsprechenden Antrag des Schuldners nicht mehr die Ausnahme, sondern die Regel sein. Es sollten auf diese Weise Anreize dafür geschaffen werden, den inländischen Schuldner zu einer früheren Insolvenzantragstellung in Deutschland zu bewegen. Erreicht werden soll dies zunächst durch eine niedrigere Eingangsschwelle in ein Insolvenzverfahren mit Eigenverwaltung, durch einen weitgehenden Verzicht auf sofortige Anordnung von Sicherungsmaßnahmen, die zur teilweisen oder vollständigen Entmachtung des Schuldners oder seiner Vertreter schon im Antragsverfahren führen, und durch die Möglichkeit zur Rücknahme des Insolvenzantrages unter den Voraussetzungen des § 270a Abs. 2 sowie durch eine Reihe zusätzlicher Änderungen der Eigenverwaltungsvorschriften. Gleichzeitig – so hoffte man – führt dies zu einer Entstigmatisierung der Insolvenz, so dass das Insolvenzverfahren als valide Sanierungsalternative angenommen wird. Mit dem sog. »Schutzschirmverfahren« in § 270b wird dem Schuldner sogar die Möglichkeit gegeben, das Verfahren und die in ihm agierenden Personen weitgehend selbst bestimmen zu können; allerdings werden diese Optionen nur demjenigen Schuldner geboten, der zumindest bei Antragstellung noch nicht insolvenzantragspflichtig gewesen ist.

---

3 »... den Bock zum Gärtner machen ...«; ausf. zu den Gründen: *Huntemann/Dietrich* ZInsO 2001, 13 ff.
4 Quelle: Statistisches Bundesamt, Insolvenzstatistik, Stand 2009.

Die Eigenverwaltung durch den Insolvenzschuldner dient der Verfahrensvereinfachung durch Vermeidung von Einarbeitungszeit und allgemein der Kostensenkung. Dem Sachwalter steht als Regelvergütung lediglich 60 % der Vergütung des Insolvenzverwalters zu, § 12 InsVV, zudem entfallen etwa die Kostenpauschalen bei der Verwertung von Sicherungsgut, § 282 Abs. 1 Satz 3. Dadurch wird das Verfahren insgesamt kostengünstiger. Allerdings darf das für eine Reihe von Fällen auch bezweifelt werden. Gerade bei Verfahren ab einer bestimmten Größe, die in Eigenverwaltung abgewickelt werden sollen, ist es erforderlich, das Management durch die Hinzunahme eines insolvenzerfahrenen Beraters zu verstärken; nicht selten übernimmt ein solcher Berater die Geschäftsleitung zumindest für die Dauer des laufenden Insolvenzverfahrens. Für diese Aufgabe in Frage kommende Berater müssen über ein fundiertes Abwicklungs-know-how verfügen, sind daher oftmals selbst (in anderen Fällen) als Insolvenzverwalter tätig und können für ihre Beratungsleistungen im Rahmen der Eigenverwaltung eine ihren Fähigkeiten entsprechend hohe Vergütung verlangen, was den Kostenvorteil wieder zunichte machen kann. Das offenbart ein grundsätzliches Dilemma der Eigenverwaltung, dass nämlich der normalerweise als Unternehmer tätige Geschäftsleiter in Wirklichkeit nicht über die Kenntnisse, Erfahrungen, Kontakte und in seinem Unternehmen auch nicht über dafür ausgebildete Mitarbeiter verfügt, um ein Insolvenzverfahren selbst abwickeln zu können. Der Sachwalter kann dabei nicht helfen, denn er soll schließlich überwachen und nicht selbst das Verfahren führen. 4

B. Voraussetzungen der Entscheidung, Abs. 2

I. Anwendbarkeit

Für Verbraucherinsolvenzverfahren nach § 304 ist das Rechtsinstitut der Eigenverwaltung gem. Abs. 1 Satz 3[5] ausdrücklich ausgeschlossen. D.h. aber nicht, dass es deswegen grds für natürliche Personen nicht in Frage kommt. Im Gegenteil ist die durch den Schuldner selbst verwaltete Insolvenz gerade bei natürlichen Personen der vom Gesetzgeber gedachte Idealfall.[6] Die Eigenverwaltung bietet sich vor allem in solchen Fällen an, in denen dem Schuldner besondere Berufsausübungsermächtigungen erteilt sind, die ein »Berufsinsolvenzverwalter« typischerweise nicht hat. Ein Konflikt zwischen Berufsrecht und Insolvenzverwaltung wird dadurch vor allem bei Freiberuflern vermieden.[7] Für Regelinsolvenzverfahren hingegen ist die Eigenverwaltung uneingeschränkt einsetzbar. Gleiches gilt für Nachlassinsolvenzverfahren, bei denen der Erbe die Schuldnerrolle wahrnimmt und daher auch die Verwaltungs- und Verfügungsbefugnis für den Insolvenzfall erlangen kann; zweifelhaft erscheint dies allerdings dann, wenn der Erblasser von einer Erbengemeinschaft beerbt wird, weil diese gemeinschaftlich handeln müsste. 5

Anders als vom Gesetzgeber geplant, wurde die Eigenverwaltung häufig bei Großinsolvenzverfahren (vgl. Rdn. 1) eingesetzt und hat sich dort bewährt. Im Automold-Fall[8] wurde die Eigenverwaltung sogar zur Bewältigung einer Konzerninsolvenzlage eingesetzt. Dort wurde zunächst das Insolvenzverfahren über das Vermögen einer Muttergesellschaft eröffnet, in dem ein *administrator* nach englischem Recht bestellt wurde. Im kurz darauf eröffneten deutschen Insolvenzverfahren über das Vermögen der Tochtergesellschaft wurde sodann vom Amtsgericht Köln die Eigenverwaltung angeordnet; im Automold-Fall führte das dazu, dass der *administrator* der Muttergesellschaft zugleich Eigenverwalter der Tochtergesellschaft wurde. Auf diese Weise konnte eine aus dem Konzernaspekt folgende, gemeinschaftliche Unternehmensstrategie in beiden Insolvenzverfahren verfolgt werden.[9] 6

---

5 § 270 Abs. 1 Satz 3 ist eingefügt durch das Gesetz zur Verkürzung des Restschuldbefreiungsverfahrens und zur Stärkung der Gläubigerrechte vom 15.07.2013, BGBl. 2013, Teil I Nr. 38.
6 BT-Drucks. 12/2443, 226.
7 Uhlenbruck/*Uhlenbruck* Rn. 5.
8 AG Köln 23.01.2004, 71 IN 1/04, ZIP 2004, 471.
9 Zur Eigenverwaltung bei Konzernlagen vgl. Kübler/Prütting/Bork/*Pape* Rn. 24 ff.; MüKo-InsO/*Wittig/Tetzlaff* vor Rn. 23; FK-InsO/*Foltis* vor Rn. 21 ff.

II. Antrag des Schuldners, Abs. 2 Nr. 1

7 Die Anordnung der Eigenverwaltung setzt als unabdingbare Voraussetzung einen Antrag des Schuldners voraus. Eine Anordnung gegen den Willen des Schuldners würde dem Ziel der bestmöglichen Gläubigerbefriedigung zuwiderlaufen. Die bezweckte Verfahrensvereinfachung durch die Eigenverwaltung könnte gegen den Handlungswillen des Schuldners nicht bewirkt werden.

8 Handelt es sich bei dem Schuldner um eine juristische Person, so sind in Anlehnung an § 18 Abs. 3 deren vertretungsbefugte gesellschaftsrechtliche Organe berechtigt, den Antrag auf Anordnung der Eigenverwaltung nach § 270 Abs. 2 Nr. 1 zu stellen.[10] Die analoge Anwendung des § 15, nach dem jedes Mitglied des Vertretungsorgans oder jeder vertretungsberechtige Gesellschafter einen Antrag auf Insolvenzeröffnung zu stellen berechtigt ist, ist abzulehnen; es liegt keine vergleichbare Interessenlage vor, da das Antragsrecht nach § 15 auf der drohenden Haftung des Einzelnen wegen Insolvenzverschleppung beruht, wohingegen der zwingende Antrag nach § 270 Abs. 2 Nr. 1 die Bereitschaft des Schuldners bzw. seiner handelnden Organe zur Eigenverwaltung sicherstellen will.[11]

9 Der Antrag des Schuldners auf Anordnung der Eigenverwaltung stellt eine Prozesshandlung dar.[12] Er ist folglich bedingungsfeindlich. Das gilt immer und auch dann, wenn der Schuldner den Insolvenzantrag nur wegen drohender Zahlungsunfähigkeit gestellt hat. Für einen solchen Fall gilt aber § 270a Abs. 2, wonach das Gericht seine Bedenken, die Eigenverwaltung anzuordnen, dem Schuldner mitteilen und ihm Gelegenheit geben muss, den Insolvenzantrag wieder zurückzunehmen (vgl. dazu näher § 270a Rdn. 10).

10 Das Insolvenzgericht ordnet die Eigenverwaltung in dem Beschluss über die Eröffnung des Insolvenzverfahrens an, § 270 Abs. 1 Satz 1. Der Schuldner muss daher seinen Eigenverwaltungsantrag spätestens bis zur Entscheidung des Insolvenzgerichts über die Verfahrenseröffnung stellen. Ob der Insolvenzantrag selbst auch vom Schuldner oder von einem Gläubiger gestellt worden war, spielt keine Rolle. Nach altem Recht musste der antragstellende Gläubiger noch einem Eigenverwaltungsantrag des Schuldners gem. § 270 Abs. 2 Nr. 2 a.F. ausdrücklich zustimmen; diese Regelung ist durch das ESUG zu Recht abgeschafft worden. Es darf bei der Entscheidung über die Eigenverwaltung nur auf die Interessen der Gesamtgläubigerschaft bzw. auf deren Gefährdung ankommen. Dem ist durch § 270 Abs. 2 Nr. 2 hinreichend Rechnung getragen.

III. Keine Umstände bekannt, die zu Nachteilen für die Gläubiger führen, Abs. 2 Nr. 2

11 Das Insolvenzverfahren dient der gemeinschaftlichen Befriedigung der Gläubiger. Das gilt auch in Verfahren mit Eigenverwaltung. Wegen der potentiell für die Gesamtgläubigerschaft größeren Gefährdungslage bei Verfahren mit Eigenverwaltung soll eine Prüfung durch das Insolvenzgericht erfolgen, ob Umstände bekannt sind, die im Falle der Anordnung der Eigenverwaltung zu Nachteilen für die Gläubiger führen. Damit hat ein Paradigmenwechsel zur Rechtslage bis zum 29.02.2012 stattgefunden. Nach der alten Rechtslage musste das Gericht im Wege der Amtsermittlung feststellen, ob »*nach den Umständen zu erwarten ist, dass die Anordnung nicht zu einer Verzögerung des Verfahrens oder zu sonstigen Nachteilen für die Gläubiger führen wird.*« Nunmehr stellt das Gesetz auf dem Insolvenzgericht bekannte Umstände ab, die bei Anordnung der Eigenverwaltung Nachteile für die Gläubiger erwarten lassen.

12 Eine bloße Verzögerung des Verfahrens ist seit der Streichung dieses Umstandes durch das ESUG kein Umstand mehr, der gegen eine Anordnung der Eigenverwaltung spricht. Solche Umstände können aber sein:

---

10 Andres/Leithaus/*Andres* § 270; Gottwald/*Haas* § 87 Rn. 9; MüKo-InsO/*Wittig/Tetzlaff* Rn. 15; Uhlenbruck/*Uhlenbruck* Rn. 18; a.A. Hess/*Hess* Rn. 81; Nerlich/Römermann/*Riggert* Rn. 20.
11 Vgl. zur Problematik Gottwald/*Haas* § 87 Rn. 7 ff.
12 Hess/*Hess* Rn. 84.

- mangelnde Kenntnisse des Schuldners oder Schuldnervertreters über Insolvenzabwicklungsgrundsätze und -praktiken,[13] die wiederum durch die Hereinnahme eines Insolvenzrechtsexperten in die Geschäftsführung überwunden werden können;
- gläubigerbenachteiligende Handlungen des Schuldners;[14]
- Haftungstatbestände gegen organschaftliche Vertreter des Schuldners, wenn diese noch im Amt sind;[15]
- Notwendigkeit der Durchsetzung von Vermögensansprüchen gegen den Schuldnervertreter, Gesellschafter oder nahestehende Personen;[16]
- Insolvenzantrag des Schuldners erst als Reaktion auf einen Gläubigerantrag;[17]
- frühere Insolvenzanträge des Schuldners oder gegen den Schuldner;[18]
- Vorstrafen des Managements wegen Bankrottdelikten;[19]
- Hinweise auf eine Insolvenzverschleppung;[20]
- Umstände, die sich aus einem Sachverständigengutachten ergeben, welches das Insolvenzgericht im Antragsverfahren beauftragt hat;[21]
- mangelnde Unterstützung des Gerichts oder des vom Gericht beauftragten Sachverständigen während des Insolvenzeröffnungsverfahrens;
- keine Vorlagen der gem. § 13 Abs. 1 vorzulegenden Unterlagen;
- mangelhaftes, insb. nicht zeitnah gebuchtes Rechnungswesen;
- grobe Missachtung der Auskunfts- und Informationspflichten über die Sanierungstätigkeit im Eröffnungsverfahren.[22]

Die Umstände müssen erwarten lassen, dass sie zu »*Nachteilen für die Gläubiger*« (Masse- und Insolvenzgläubiger, sowie aus- und absonderungsberechtigte Gläubiger) führen. Bei den vorstehend aufgezählten Umständen ist der drohende Nachteil evident. Die Aufzählung ist aber nicht abschließend und kann ergänzt werden. Immer ist erforderlich, dass gegen den Schuldner oder seine Vertreter sprechende Umstände daraufhin zu untersuchen sind, ob sie tatsächlich auch zu Nachteilen für die Gläubiger führen können. Eine bloß abstrakte, weit entfernt liegende Möglichkeit einer Gefährdung der Gläubigerinteressen reicht indes nicht aus. Das Gesetz spricht davon, dass die Umstände das Eintreten von Nachteilen »erwarten« lassen. Es muss deshalb eine gewisse Wahrscheinlichkeit für den Eintritt von Nachteilen sprechen. Die Grenzen sind fließend; dabei sollte nicht unberücksichtigt bleiben, dass der Gesetzgeber durch die Neufassung des § 270 Abs. 2 die Eingangsschwelle für die Anordnung von Eigenverwaltungen niedriger machen wollte. 13

Die Umstände müssen dem Gericht »*bekannt*« sein. Soweit sich für das Gericht Hinweise zeigen, die Umstände der vorstehenden Art erkennbar werden lassen, muss das Gericht dem im Rahmen der Amtsermittlung gem. § 5 folgen und dies weiter aufklären. Darüber hinaus ist das Gericht aber nicht berechtigt[23] und erst recht nicht verpflichtet, im Rahmen der allgemeinen Amtsermittlung ohne vorgängige Hinweise nach Umständen zu suchen, die gegen eine Anordnung der Eigenverwaltung sprechen könnten. Unklarheiten darüber, ob Nachteile zu erwarten sind oder nicht, gehen seit der Neufassung des § 270 aber nicht mehr zu Lasten des Schuldners,[24] was die Aussichten des Schuldners auf Eigenverwaltung erhöhen sollte. 14

---

13 Uhlenbruck/*Uhlenbruck* Rn. 27.
14 Uhlenbruck/*Uhlenbruck* Rn. 27.
15 Uhlenbruck/*Uhlenbruck* Rn. 27.
16 FK-InsO/*Foltis* Rn. 58.
17 Uhlenbruck/*Uhlenbruck* Rn. 27; a.A. *Pape* ZInsO 2011, 2154 (2157).
18 Uhlenbruck/*Uhlenbruck* Rn. 27.
19 Uhlenbruck/*Uhlenbruck* Rn. 26.
20 *Frind* ZInsO 2011, 2249 (2260).
21 Uhlenbruck/*Uhlenbruck* Rn. 27.
22 AG Potsdam 13.12.2012, 35 IN 748/12, ZIP 2013, 181; zustimmend *Rendels/Körner* EWiR 2013, 157 (158).
23 *Brinkmann*/Zipperer ZIP 2011, 1337 (1341).
24 BT- Drucks. 17/5712, 59.

C. Beteiligung eines vorläufigen Gläubigerausschusses, Abs. 3

15 Abs. 3 ist aufgrund des ESUG in § 270 eingefügt worden. Damit soll dem Umstand, dass das Insolvenzverfahren ein gläubigerorientiertes Verfahren ist, in dem die Vorstellungen und Wünsche der Gläubiger möglichst frühzeitig im Verfahren Berücksichtigung finden sollen, stärker als früher Rechnung getragen werden. Abs. 3 setzt voraus, dass das Insolvenzgericht einen vorläufigen Gläubigerausschuss bestellt hat bzw. die Voraussetzungen dafür vorliegen, einen vorläufigen Gläubigerausschuss bestellen zu müssen.[25]

16 Die Einsetzung eines vorläufigen Gläubigerausschusses hat nach § 22a Abs. 1 zu erfolgen, wenn zwei der drei in § 22a Abs. 1 genannten Merkmale erfüllt sind. Liegen mindestens zwei der Merkmale vor, ist der Ausschuss zwingend einzusetzen; davon kann nur unter den Voraussetzungen des § 22a Abs. 3 abgesehen werden, wenn nämlich entweder der Geschäftsbetrieb des Schuldners bei Insolvenzantragstellung bereits eingestellt ist, wenn die Einsetzung eines Gläubigerausschusses im Hinblick auf die zu erwartende Insolvenzmasse unverhältnismäßig (hoch) ist oder die mit Einsetzung des vorläufigen Gläubigerausschusses zu erwartende Verzögerung des Verfahrensablaufs zu einer nachteiligen Veränderung der Vermögenslage des Schuldners führt (wegen der Einzelheiten vgl. § 22a Rdn. 4 ff.). Außerdem ist das Insolvenzgericht gehalten (»soll«), einen vorläufigen Gläubigerausschuss einzusetzen, wenn dies vom Schuldner, dem vorläufigen Insolvenzverwalter oder einem Gläubiger beantragt wurde und dabei Namensvorschläge für die Besetzung des Ausschusses gemacht werden, § 22a Abs. 2.

17 Existiert ein vorläufiger Gläubigerausschuss, kann das Insolvenzgericht dessen Anhörung zum Antrag des Schuldners auf Anordnung der Eigenverwaltung zugleich mit der Anhörung zur Auswahl des vorläufigen Insolvenzverwalters oder Sachwalters verbinden.[26] Im Übrigen trifft der Ausschuss seine Entscheidung nach Maßgabe des § 56a; auf die dortigen Ausführungen wird verwiesen. Aus ihnen ergibt sich auch, wie zu verfahren ist, wenn ein nicht einstimmiger Beschluss zustande kommt bzw. was gilt, wenn der vorläufige Gläubigerausschuss überhaupt keine Entscheidung trifft.

18 Der vorläufige Gläubigerausschuss muss im Falle seiner Mitwirkung gem. § 270 Abs. 3 vor der Entscheidung über die Anordnung der Eigenverwaltung angehört werden. Wird der Anordnungsbeschluss in unmittelbarem zeitlichen Zusammenhang mit der Insolvenzeröffnung erlassen, muss die Einbeziehung des vorläufigen Gläubigerausschusses so rechtzeitig erfolgt sein, dass dessen Stellungnahme zum erwarteten Eröffnungszeitpunkt dem Gericht vorliegt. Ist das ausnahmsweise nicht der Fall, weil die Anhörung des Gläubigerausschusses zu spät erfolgt ist, kann die Insolvenzeröffnung nicht zum vorgesehenen Zeitpunkt stattfinden, denn in der Eröffnungsentscheidung muss das Gericht entweder einen Insolvenzverwalter bestellen oder die Eigenverwaltung anordnen. Wie die Gelegenheit zur Äußerung erfolgen soll, ist im Gesetz nicht näher bestimmt. Klar ist nur, dass der vorläufige Gläubigerausschuss eine Äußerung als Gremium abzugeben hat.[27] Daher muss ein Beschluss des Ausschusses gefasst worden sein, der dem Gericht bekannt zu geben ist. Eine Einzelstellungnahme jedes einzelnen Mitgliedes des vorläufigen Gläubigerausschusses dürfte selbst dann nicht reichen, wenn alle Mitglieder eine Stellungnahme abgegeben haben, denn dann mangelt es immer noch an einer Äußerung des Gremiums und es hat die für eine Beschlussfassung erforderliche interne Diskussion im Ausschuss nicht stattgefunden, welche für die Willensbildung im Gläubigerausschuss erheblich sein kann.

19 Votiert der vorläufige Gläubigerausschuss gegen die Anordnung einer Eigenverwaltung, kann darin eine mehrheitliche Einschätzung aller Gläubiger zum Ausdruck kommen, dass die Eigenverwaltung nicht gewünscht ist und eine Anordnungsentscheidung in der ersten Gläubigerversammlung aufgehoben werden wird. Auch kann vermutet werden, dass dem Gericht durch den Gläubigerausschuss Umstände bekannt werden, die Nachteile für die Gläubiger bei Anordnung der Eigenverwaltung erwarten lassen. Ein negatives Votum des vorläufigen Gläubigerausschusses ist nach dem Wortlaut des Gesetzes aber kein Hinderungsgrund für das Gericht, von der Anordnung von Siche-

---

25 *Obermüller* ZInsO 2011, 1809 (1814).
26 BT-Drucks. 17/5712, 60, vgl. hierzu *Frind* ZIP 2012, 1381 (1384).
27 Vgl. AG München 14.06.2012, 1506 IN 1851/12, ZIP 2012, 1308.

rungsmaßnahmen im Antragsverfahren abzusehen und die Eigenverwaltung dennoch anzuordnen.[28] Ein durch die Entscheidung der Gläubiger ausgedrückter Vertrauensverlust in das Management des Schuldners führt jedoch in der Regel zur Ablehnung des Antrags durch das Gericht.[29] Ein positives Votum des vorläufigen Gläubigerausschusses, das aber nicht einstimmig ist, begründet wie ein negatives Votum die Pflicht des Insolvenzgerichts, die Prüfung, ob Umstände bekannt sind, wonach durch die Anordnung der Eigenverwaltung Nachteile für die Gläubiger zu erwarten sind; die Fiktion des § 270 Abs. 3 Satz 2 gilt nicht.

Ein einstimmiger Beschluss des vorläufigen Gläubigerausschusses hat gem. § 270 Abs. 3 Satz 2 sogar noch weiter reichende Wirkungen. Er hat zur Folge, dass das Insolvenzgericht keine Prüfung vornehmen kann, ob die Anordnung der Eigenverwaltung etwa zu Nachteilen für die Gläubiger führen wird. Die einstimmige Unterstützung des Schuldnerantrages durch den vorläufigen Gläubigerausschuss bewirkt nämlich eine Fiktion, nach der die Anordnung nicht als nachteilig für die Gläubiger gilt. Das Gericht dürfte ihm etwa positiv bekannte Nachteile, die durch die Anordnung der Eigenverwaltung für die Gläubiger eintreten werden, nicht als Argument für eine ablehnende Entscheidung heranziehen. Waren den Mitgliedern des vorläufigen Gläubigerausschusses die Gründe nicht bekannt, aus denen sich Nachteile für die Gläubiger ergeben, so ist der Beschluss des Gremiums dennoch wirksam und beachtlich. Die Gläubiger können freilich in der ersten Gläubigerversammlung gem. § 272 Abs. 1 Nr. 1 eine andere Entscheidung treffen und die Eigenverwaltung wieder beenden. Bis zur Entscheidung des Gerichts über die Anordnung der Eigenverwaltung besteht außerdem die Möglichkeit, dass der vorläufige Gläubigerausschuss eine einmal beschlossene Unterstützung des Schuldnerantrags durch neuen Beschluss widerruft und nunmehr anders votiert. Hingegen ist eine widersprechende Entschließung des vorläufigen Gläubigerausschusses nach der Anordnung der Eigenverwaltung nicht mehr relevant. Nicht verschwiegen werden soll die zwischenzeitliche Erkenntnis, dass manche Schuldner einen bestimmenden Einfluss auf die Zusammensetzung des vorläufigen Gläubigerausschusses nehmen und diesen mit unkritisch handelnden und abstimmenden Personen besetzen lassen (»family and friends«). Deren einstimmige Beschlüsse sind nicht weniger weitreichend wie die der anders zusammengesetzten Ausschüsse. Die vom Gesetzgeber angenommene Wahrung der Interessen der Gesamtgläubigerschaft durch den vorläufigen Gläubigerausschuss findet in solchen Fällen jedoch tatsächlich nicht statt. Dem kann nur durch besondere Aufmerksamkeit des Gerichts bei der Bestellung der Ausschussmitglieder begegnet werden.

D. Begründungszwang bei Ablehnung, Abs. 4

Lehnt das Insolvenzgericht den Antrag des Schuldners auf Anordnung der Eigenverwaltung ab, so ist die ablehnende Entscheidung nach Abs. 4 schriftlich zu begründen. Dies erfolgt in der Entscheidung über die Eröffnung des Insolvenzverfahrens wie der Verweis auf § 27 Abs. 2 Nr. 4 zeigt. Dabei handelt es sich um einen Rechtsfolgenverweis. Die schriftliche Begründung ist deshalb auch notwendig, wenn es keinen vorläufigen Gläubigerausschuss gibt oder es zwar einen vorläufigen Gläubigerausschuss gibt, dieser aber den Antrag des Schuldners auf Anordnung der Eigenverwaltung nicht gestützt hat. Die Begründung hat immer zu erfolgen.

Mit der Begründung wird zweierlei bewirkt. Zum einen muss nicht die Anordnung begründet werden, sondern die Ablehnung des Antrags. Damit wird die Hemmschwelle für eine ablehnende Entscheidung des Gerichts erhöht. Zum anderen wird durch die Begründung eine Basis geschaffen, auf deren Grundlage die Gläubiger in der ersten Gläubigerversammlung eine Entscheidung darüber treffen können, ob es bei der vom Gericht getroffenen ablehnenden Entscheidung bleiben soll oder ob die Gläubigerversammlung im Einvernehmen mit dem Schuldner die Abwicklung des Verfahrens in Eigenverwaltung entscheiden möchte.[30]

---

28 *Obermüller* ZInsO 2011, 1809 (1814).
29 AG Köln 01.06.2012, 73 IN 125/12, ZInsO 2013, 353.
30 BT-Drucks. 17/5712, 60.

E. Rechtsmittel

I. Rechtsmittel des Schuldners

23 Entscheidungen des Insolvenzgerichts unterliegen nur in den Fällen einem Rechtsmittel, in denen das Gesetz die sofortige Beschwerde vorsieht, § 6 Abs. 1. Eine derartige Beschwerde sieht das Gesetz für die Ablehnung der Eigenverwaltung nicht vor, sie ist demnach nicht anfechtbar.[31] Der Gesetzgeber hat bei den Änderungen der InsO durch das ESUG bewusst davon Abstand genommen, ein Rechtsmittel für den Schuldner in das Gesetz aufzunehmen, obwohl ein solcher Vorschlag diskutiert worden ist.[32] Vielmehr wurde auf die kurz nach der Insolvenzeröffnung stattfindende Gläubigerversammlung verwiesen, auf der die gerichtliche Entscheidung durch die Gläubiger revidiert werden könne.[33] Dieser Hinweis ist in der Praxis nicht hilfreich, weil die Eröffnung eines Regelinsolvenzverfahrens und der Verlust der Verwaltungs- und Verfügungsbefugnis oftmals einen nachhaltigen Einfluss auf das Verhalten der Vertragspartner hat, der durch eine später durch die Gläubiger initiierte Anordnung der Eigenverwaltung nur schwer rückgängig gemacht werden kann. Das gilt bei Insolvenzverfahren mit erheblicher Beteiligung ausländischer Gläubiger umso mehr, weil die Eigenverwaltung gern mit einem Restrukturierungsverfahren nach Art des Chapter XI gleichgestellt wird, während die Regelinsolvenz vielfach als Liquidationsverfahren verstanden wird. Dem Schuldner ist deshalb anzuraten, seinen Antrag auf Eigenverwaltung möglichst so zu stellen, dass er entweder unter den Schutz des § 270b fällt, oder dass er auf die Einsetzung eines vorläufigen Gläubigerausschusses hinwirkt, um es nicht erst zu einer ablehnenden Entscheidung des Insolvenzgerichts kommen zu lassen.

24 Eine isolierte Anfechtung der Ablehnung der Eigenverwaltung ist auch dann nicht zulässig, sollte das Insolvenzgericht mehrere Maßnahmen, hierunter auch eine anfechtbare, in einem einheitlichen Beschluss zusammenfassen. Die Anfechtbarkeit einer Maßnahme innerhalb des Beschlusses erweitert nicht die Rechtsschutzmöglichkeit gegenüber anderen enthaltenen Maßnahmen.[34] Die Abweisung der Eigenverwaltung ist auch in diesem Fall als gesonderte Entscheidung anzusehen und nicht isoliert anfechtbar.

25 Eine inzidente Überprüfung der Voraussetzungen für die Anordnung der Eigenverwaltung gem. § 270 Abs. 2 ist auch dann nicht zulässig, sollte der Schuldner im Rahmen einer sofortigen Beschwerde gegen die Abweisung eines Insolvenzantrages geltend machen, der angeforderte, aber nicht gezahlte Vorschuss sei fehlerhaft berechnet worden. Nach verbreiteter Ansicht schützt § 13 zwar das Recht des Schuldners auf eine geordnete Abwicklung seines Vermögens durch die Eröffnung des Insolvenzverfahrens, dennoch erstreckt sich die Entziehung der Überprüfbarkeit der Entscheidung über die Anordnung oder Ablehnung der Eigenverwaltung durch das Beschwerdegericht auch auf die Höhe des angeforderten Vorschusses, soweit dieser von der Eigenverwaltung abhängt.[35] Eine Korrektur dieser Entscheidung kann lediglich durch die Gläubigerversammlung erfolgen.

II. Rechtsmittel der Gläubiger

26 Ein Rechtsbehelf der Gläubiger gegen die Anordnung der Eigenverwaltung durch das Gericht im Eröffnungsbeschluss ist abzulehnen[36] und wurde auch durch das ESUG bewusst nicht eingeführt.[37] Ein ausreichender Schutz gegen die Anordnung der Eigenverwaltung stellt § 272 Abs. 1 Nr. 1, 2

---

31 BGH 11.01.2007, IX ZB 10/05, NZI 2007, 240.
32 BT-Drucks. 17/5712, 59.
33 BT-Drucks. 17/5712, 59.
34 BGH 11.01.2007, IX ZB 85/05, ZInsO 2007, 207.
35 BGH 11.01.2007, IX ZB 85/05, ZInsO 2007, 207.
36 AG Köln 22.08.2005, 71 IN 426/05, ZInsO 2005, 1006 (1007); MüKo-InsO/*Wittig/Tetzlaff* Rn. 117; a.A. *Smid* WM 1998, 2489 (2510).
37 BT-Drucks. 17/5712, 59.

dar.[38] Das Gericht hat hiernach die Eigenverwaltung aufzuheben und einen Insolvenzverwalter zu bestellen, § 272 Abs. 3.

F. Wirkungen der Anordnung

I. Funktionsweise der Eigenverwaltung

Nach dem Wortlaut des § 270 Abs. 1 Satz 1 führt die Anordnung der Eigenverwaltung durch das Insolvenzgericht dazu, dass der Schuldner berechtigt ist, die Insolvenzmasse zu verwalten und über sie zu verfügen, wobei er unter der Aufsicht eines sog. Sachwalters steht. Im Regelinsolvenzverfahren steht die Verwaltungs- und Verfügungsbefugnis dem Insolvenzverwalter zu, bei der Eigenverwaltung also dem Schuldner (zur Verwaltungs- und Verfügungsbefugnis bei der Eigenverwaltung i.E. vgl. Rdn. 30). Damit wird die vornehmste, eigentlich einem Insolvenzverwalter vorbehaltene Aufgabe, Herr der Insolvenzmasse zu sein, dem Schuldner selbst zugewiesen. Zwar war er auch schon vor der Insolvenzeröffnung berechtigt, über sein Vermögen zu verfügen und es zu verwalten, und doch muss sich durch die Insolvenzeröffnung die Interessensbeachtung des Schuldners verändern. Während er vor der Insolvenzeröffnung nur sein eigenes Interesse verfolgen durfte und dabei die diligentia quam in suis oder bei Gesellschaften die Sorgfalt gegenüber der vertretenen Gesellschaft bzw. gegenüber ihren Gesellschaftern (»shareholders value«) zu beachten hatte, treffen den Schuldner mit Anordnung der Eigenverwaltung diejenigen Pflichten, die ansonsten von dem Insolvenzverwalter im Regelinsolvenzverfahren zu beachten sind. Insb. hat der Schuldner sein zukünftiges Handeln allein an den Interessen der Gläubigergesamtheit auszurichten.[39] Bei Gesellschaften hat diese veränderte Interessenlage auch Auswirkungen auf die anderen Organe der Gesellschaft, was in der Vorschrift des § 276a seinen Ausdruck findet. 27

Die Einhaltung vor allem dieses Grundsatzes soll unter der Aufsicht eines Sachwalters stehen (zur Person des Sachwalters und zu dessen Rechte und Pflichten s. insbes. § 270c). Das Gesetz weist dem Sachwalter bestimmte Aufgaben im Rahmen der Eigenverwaltung zu, z.B. Prüfung der wirtschaftlichen Lage des Schuldners, Überwachung der Geschäftsführung, Adressat für Forderungsanmeldungen zur Insolvenztabelle, Durchsetzung von Anfechtungsansprüchen, Zustimmungsbedürftigkeit bei Begründung von nicht zum gewöhnlichen Geschäftsbetrieb gehörenden Verbindlichkeiten usw. und die Gläubigerversammlung ist berechtigt, den Aufgabenkreis zu erweitern. Auf diese Weise ergibt sich ein Geflecht von Mitwirkung, Überwachung und eigener Handlung des Sachwalters, wodurch eine weitgehende Durchdringung der Rechtsverhältnisse des Schuldners durch den Sachwalter sowie eine effektive Überwachung der Schuldnertätigkeit erreicht werden soll. 28

II. Der eigenverwaltende Schuldner

Die im Rahmen einer Eigenverwaltung handelnden Personen auf Schuldnerseite, also der Schuldner selbst oder aber die Geschäftsleiter bei Gesellschaften müssen das Vertrauen der Gläubiger genießen, die Insolvenz in Eigenverwaltung abwickeln zu können.[40] Eine Geeignetheit i.S.d. § 56 setzt § 270 indes nicht voraus. Insb. mangelt es an der Unabhängigkeit des eigenverwaltenden Schuldners, was auch häufig der Grund dafür sein wird, dass es nicht zur Anordnung der Eigenverwaltung kommt oder eine einmal angeordnete Eigenverwaltung wieder aufgehoben wird. Problematisch ist darüber hinaus ganz grds, dass die Schuldner bzw. ihre Geschäftsleiter oftmals keine ausreichenden Kenntnisse von der InsO haben, was per se als nachteilig angesehen werden muss. Immerhin setzt der wirksame Einsatz der Sanierungsinstrumente der Insolvenzordnung (z.B. Erfüllungsablehnung gem. § 103, Sonderkündigungsrechte gem. §§ 109, 113, Sozialplangrenzen gem. § 123 oder Wirkung des § 128, die Regelungen zum Insolvenzplan usw.) eine vertiefte Kenntnis des Gesetzes voraus. 29

---

38 AG Köln 22.08.2005, 71 IN 426/05, ZInsO 2005, 1006 (1007).
39 BGH 08.02.2007, IX ZB 88/06, ZInsO 2007, 207; BGH 06.12.2007, IX ZB 229/06, ZInsO 2007, 100; FK-InsO/*Foltis* Rn. 21; Uhlenbruck/*Uhlenbruck* Rn. 39.
40 Uhlenbruck/*Uhlenbruck* Rn. 6.

Das Fehlen dieser Kenntnis kann daher gegen die Anordnung der Eigenverwaltung sprechen, wenn es gerade um deren Anwendbarkeit im Verfahren geht. In größeren Insolvenzverfahren werden oftmals Sanierungsexperten mit besonderen Kenntnissen in der Insolvenzabwicklung zu Geschäftsleitern gemacht, um diese Lücke zu füllen. Ein solches Vorgehen stellt keine Umgehung des in § 56 verankerten Grundsatzes der Unabhängigkeit dar.[41]

III. Verwaltungs- und Verfügungsbefugnis des Schuldners

30 Nicht ganz einheitlich beantwortet wird die Frage, ob der Schuldner verwaltungs- und verfügungsbefugt *bleibt* oder ob er die Befugnisse infolge der Insolvenzeröffnung erst verliert und sie ihm dann durch den Anordnungsbeschluss des Insolvenzgerichts wieder *neu verliehen* werden. Der RegE ging augenscheinlich davon aus, dass dem Schuldner seine vorinsolvenzlich bestehende Verwaltungs- und Verfügungsbefugnis durch die Insolvenzeröffnung mit gleichzeitiger Anordnung der Eigenverwaltung nicht genommen, sondern durchgängig belassen wird. So heißt es in der Begründung zum Institut der Eigenverwaltung vor § 331 RegE, dem heutigen § 270 InsO: »... Auf der anderen Seite zeigt das bisherige Vergleichsverfahren, dass es Vorteile haben kann, den Schuldner im Grundsatz verfügungs- und verwaltungsbefugt zu lassen und ihn lediglich unter die Aufsicht eines Verwalters zu stellen ...«,[42] und an späterer Stelle: »... Solange der Schuldner verfügungsbefugt bleibt, ...«.[43] Dem gegenüber wird darauf hingewiesen, dass der Schuldner vor der Insolvenzeröffnung nur seine eigenen Interessen oder die seiner Gesellschafter zu vertreten hatte; nach der Insolvenzeröffnung sind demgegenüber die Interessen der Gesamtgläubigerschaft maßgeblich und zur Erreichung dieses Zweckes regelt die Insolvenzordnung Befugnisse, die der Schuldner zuvor nicht hatte. Sie müssen ihm verliehen worden sein, weshalb der Schuldner durch die Insolvenzeröffnung zunächst die Verwaltungs- und Verfügungsbefugnis verliert, die ihm durch den Anordnungsbeschluss der Eigenverwaltung (nur eine logische Sekunde später) wieder, dann allerdings mit den weiter reichenden Befugnissen nach der Insolvenzordnung neu übertragen wird.[44] Der »Wechsel« in der Verwaltungs- und Verfügungsbefugnis ist denn auch die dogmatische Begründung dafür, dass die Unterbrechung eines Verfahrens gem. § 240 Satz 1 ZPO eintritt.[45]

31 Neben der verbliebenen Verwaltungs- und Verfügungsmacht stehen dem Schuldner infolge der Insolvenzeröffnung die insolvenzverwalterlichen Gestaltungsrechte zu, etwa das Wahlrecht bei gegenseitigen Verträgen, § 279 Satz 1. Die Ausübung der Befugnisse steht unter der Aufsicht des Sachwalters nach §§ 274–285. Nach § 270 Abs. 1 Satz 2 gelten im Rahmen der Eigenverwaltung grds. die gleichen Vorschriften wie für das Regelinsolvenzverfahren, es sei denn, die folgenden Paragraphen bestimmen etwas anderes.

G. Rechtslage bis 29.02.2012 zu § 270 Abs. 2 Nr. 2 und 3 a.F.

I. Voraussetzungen der Anordnung der Eigenverwaltung

32 Die Anordnung der Eigenverwaltung durfte nach der bis zum 29.02.2012 geltenden Rechtslage aufgrund der damaligen Fassung des § 270 Abs. 2 Nr. 3 a.F. zu keiner Verfahrensverzögerung führen und auch anderweitige Nachteile durften den Gläubigern nicht entstehen. Diese vom Gericht aufzustellende Prognose hatte sämtliche den konkreten Einzelfall betreffenden Besonderheiten zu berücksichtigen. Aufgrund des Sonderdharakters der Verwaltung und Verfügung der Insolvenzmasse durch den Schuldner hatte sich die Prüfung insb. auf die Person des Schuldners zu beziehen. Sowohl persönliche Eigenschaften des Schuldners, wie die Zuverlässigkeit und Geschäftserfahrenheit, wie

---

41 Uhlenbruck/*Uhlenbruck* Rn. 7.
42 BT-Drucks. 12/2443, 222.
43 BT-Drucks. 12/2443, 223.
44 So auch FK-InsO/*Foltis* Rn. 21; HK-InsO/*Landfermann* Rn. 23; MüKo-InsO/*Wittig/Tetzlaff* Rn. 69; Nerlich/Römermann/*Riggert* Rn. 3.
45 BGH 08.02.2007, IX ZB 88/06, ZInsO 2007, 207; Uhlenbruck/*Uhlenbruck* Rn. 14.

etwa auch die Frage des Verhältnisses des Schuldners zu wichtigen Vertragspartnern, hatten in die Entscheidung einzufließen.[46]

Auch im Rahmen der Prüfung der Voraussetzungen nach § 270 Abs. 2 Nr. 3 a.F. galt der im Insolvenzeröffnungsverfahren geltende Amtsermittlungsgrundsatz, § 5. Die Nachforschungspflicht des Gerichts war jedoch darauf begrenzt, dass gewisse Anhaltspunkte bestehen mussten, die dafür sprachen, dass die Anordnung der Eigenverwaltung nicht zu einem Nachteil der Gläubiger führen würde.[47] Dieser Grundsatz entband den Schuldner daher nicht von seiner Verpflichtung, die für die Entscheidung notwendigen Informationen zu erteilen, §§ 97 ff., 101, 20 Satz 2. 33

Aus dem Ausnahmecharakter der Eigenverwaltung folgte, dass eine besonders strenge Prognoseerstellung der drohenden Nachteile zu erfolgen hatte.[48] Das Gericht hatte das Nichtvorliegen solcher Umstände zu bestimmen. Die Prognose, im Vergleich zur Regelinsolvenz eine besonders hohe Masseanreicherung zu erzielen, hatte daher zurückzustehen, wenn besondere Risiken mit der Eigenverwaltung einhergingen. Bei Zweifeln darüber, ob die Eigenverwaltung zu Nachteilen der Gläubiger führen würde, hatte das Insolvenzgericht den Antrag auf Anordnung daher abzulehnen. 34

II. Zustimmung des Gläubigers bei Eröffnung auf Gläubigerantrag, § 270 Abs. 2 Nr. 2 a.F.

Nach der bis zum 29.02.2012 geltenden Rechtslage war die Zustimmung des antragstellenden Gläubigers erforderlich, wenn das Insolvenzverfahren durch einen Gläubigerantrag eingeleitet worden war. Die Zustimmung des Gläubigers war hingegen entbehrlich, wenn der Eigenantrag des Schuldner zeitlich vor einem Gläubigerantrag gestellt worden war.[49] Der Gläubiger war sodann auf das Verfahren der nachträglichen Aufhebung der Eigenverwaltung nach § 272 Abs. 1 Nr. 2 zu verweisen. Die drohende Zustimmungsbedürftigkeit, die lediglich den zeitlich vorgelagerten Insolvenzantrag des Gläubigers voraussetzte und die im Gegensatz zur nachträglichen Aufhebung keine Glaubhaftmachung des Wegfalls der Voraussetzungen nach § 270 Abs. 2 Nr. 3 verlangte, § 272 Abs. 2 Satz 1, sollte den Schuldner zu einer möglichst frühzeitigen Antragstellung motivieren. Das war indes nicht der Fall. 35

Fraglich war ferner, sofern es mehrere, dem Schuldnerantrag vorgelagerte, Gläubigeranträge gab, ob sämtliche Gläubiger zuzustimmen hatten[50] oder lediglich derjenige, dessen Insolvenzantrag Grundlage der Insolvenzeröffnung sein sollte.[51] Die in § 270 Abs. 2 Nr. 2 a.F. normierte Zustimmungspflicht sollte den Schuldner lediglich dahingehend motivieren, dass er frühzeitig selbst den Eröffnungsantrag stellt. Ein allgemeiner Schutz sämtlicher antragstellender Gläubiger war der Vorschrift indes nicht zu entnehmen. Es war daher lediglich die Zustimmung des Gläubigers einzuholen, dessen Insolvenzantrag Grundlage der Insolvenzeröffnung war. 36

Der Gläubiger konnte seine Zustimmung, wenn diese denn erforderlich war, bis zum Zeitpunkt der Entscheidung des Insolvenzgerichts über die Anordnung der Eigenverwaltung widerrufen,[52] da die Voraussetzungen der Anordnung zum Zeitpunkt des Eröffnungsbeschlusses vorliegen mussten. Die Zustimmungserklärung des Gläubigers war, ebenso wie der Antrag des Schuldners nach § 270 Abs. 2 Nr. 1, eine Prozesshandlung[53] und daher grds bedingungsfeindlich. 37

---

46 S. Auflistung möglicher Indizien: *Bichelmeier* DZWIR 2000, 65.
47 Str. AG Potsdam 07.06.2000, 35 IN 224/00, DZWIR 2000, 343; AG Darmstadt 26.02.1998, 9 IN 1/99, ZInsO 1999, 176 (177); a.A. Uhlenbruck/*Uhlenbruck* Rn. 25.
48 Hess/*Hess* Rn. 104.
49 AG Köln 22.08.2005, 71 IN 426/05, ZInsO 2005, 1006 (1008); Hess/*Hess* § 270, Rn. 88 ff.; a.A. AG Charlottenburg 22.12.2004, 101 IN 2808/04, DZWIR 2005, 168 (169); AG Potsdam 07.06.2000, 35 IN 224/00, DZWIR 2000, 343.
50 So FK-InsO/*Foltis* Rn. 46 f.; Hess/*Hess* Rn. 91; Uhlenbruck/*Uhlenbruck* Rn. 19.
51 So Braun/*Riggert* Rn. 4; HambK-InsR/*Fiebig* Rn. 18; Kübler/Prütting/Bork/*Pape* Rn. 90; Nerlich/Römermann/*Riggert* Rn. 21.
52 Stellv. Uhlenbruck/*Uhlenbruck* Rn. 19 m.w.N.
53 Str. FK-InsO/*Foltis* Rn. 38; Graf-Schlicker/*Graf-Schlicker* Rn. 5; Uhlenbruck/*Uhlenbruck* Rn. 19; a.A. Haarmeyer/*Wutzke/Förster* Handbuch, Rn. 10.6; *Vallender* WM 1998, 2129 (2131).

III. Wirkungen der Anordnungsentscheidung

38 Einer Eintragung des Eröffnungsbeschlusses in das Grundbuch nach § 32 bzw. in das Luftfahrzeug- bzw. Schiffsregister, § 33, bedurfte es nicht, § 270 Abs. 3 Satz 3, da der Schuldner die Verfügungsbefugnis weiterhin innehatte, § 270 Abs. 1 Satz 1. Die Anordnung sowie die Aufhebung der Eigenverwaltung war jedoch in das Handels- und Genossenschaftsregister einzutragen.

39 Nicht einheitlich beantwortet wurde die Frage, ob die gesellschaftsrechtlichen Beschränkungen der Geschäftsführung auch bei der Anordnung der Eigenverwaltung bestehen.[54] Dieser Streit ist durch die Einführung des § 276a durch den Gesetzgeber beendet worden.

40 Schon nach alter Rechtslage waren im Falle der Anordnung der Eigenverwaltung die Forderungen der Insolvenzgläubiger beim Sachwalter anzumelden. Diese Regelung wurde durch das ESUG in § 270c Satz 2 verschoben. Auf die dortigen Ausführungen kann auch wegen der Rechtslage vor dem 01.03.2012 verwiesen werden.

§ 270a Eröffnungsverfahren

(1) Ist der Antrag des Schuldners auf Eigenverwaltung nicht offensichtlich aussichtslos, so soll das Gericht im Eröffnungsverfahren davon absehen,
1. dem Schuldner ein allgemeines Verfügungsverbot aufzuerlegen oder
2. anzuordnen, dass alle Verfügungen des Schuldners nur mit Zustimmung eines vorläufigen Insolvenzverwalters wirksam sind.

Anstelle des vorläufigen Insolvenzverwalters wird in diesem Fall ein vorläufiger Sachwalter bestellt, auf den die §§ 274 und 275 entsprechend anzuwenden sind.

(2) Hat der Schuldner den Eröffnungsantrag bei drohender Zahlungsunfähigkeit gestellt und die Eigenverwaltung beantragt, sieht das Gericht jedoch die Voraussetzungen der Eigenverwaltung als nicht gegeben an, so hat es seine Bedenken dem Schuldner mitzuteilen und diesem Gelegenheit zu geben, den Eröffnungsantrag vor der Entscheidung über die Eröffnung zurückzunehmen.

Übersicht	Rdn.		Rdn.
A. Normzweck	1	II. Rechtsfolge des Abs. 1 Satz 1	6
B. Maßnahmen im Eröffnungsverfahren; Abs. 1	2	III. Vorläufiger Sachwalter, Abs. 1 Satz 2	9
		C. Hinweiszwang für das Gericht, Abs. 2	10
I. Offensichtlich aussichtsloser Antrag	2		

A. Normzweck

1 Die Vorschrift wurde in das Gesetz durch das ESUG eingefügt und gilt seit dem 01.03.2012. Es handelt sich um einen Teilaspekt des ESUG, durch den eine frühere Insolvenzantragstellung durch insolvenzbedrohte Schuldner erreicht werden soll. Ganz zu Recht wird in der Begründung zum RegE des ESUG[1] darauf hingewiesen, dass die nach alter Rechtslage für Schuldner bestehende Unsicherheit darüber, ob das Gericht dem Antrag auf Anordnung der Eigenverwaltung stattgeben wird, ein wesentlicher Grund dafür gewesen ist, dass Insolvenzanträge zu spät gestellt worden sind. Damit im Zusammenhang stand die Befürchtung, dass durch die Anordnung einer sog. »starken« vorläufigen Insolvenzverwaltung die Verwaltungs- und Verfügungsbefugnis über das Schuldnervermögen auf eine dritte Person, die typischerweise gerade nicht das Vertrauen des Schuldners genoss, übertragen wurde. Dies konnte bereits unmittelbar nach der Insolvenzantragstellung, nämlich noch im Insolvenzeröffnungsverfahren geschehen. Durch die Einführung des § 270a sollte diesen Bedenken Rechnung getragen und ein Anreiz für eine frühere Insolvenzantragstellung gesetzt werden. Während

---

54 Zum Streitstand: HK-InsO/*Landfermann* Rn. 20.
1 BT-Drucks. 17/5712, 59.

Abs. 1 der Vorschrift einen breiten Anwendungsbereich haben wird, ist dies bei Abs. 2 des § 270a InsO nicht zu erwarten, denn man kann skeptisch sein, ob es wegen der Änderungen, die das ESUG gebracht hat, zu einer höheren Anzahl von Insolvenzanträgen allein wegen drohender Zahlungsunfähigkeit kommen wird.

B. Maßnahmen im Eröffnungsverfahren; Abs. 1

I. Offensichtlich aussichtsloser Antrag

Die Vorschrift setzt voraus, dass der Antrag des Schuldners auf Anordnung der Eigenverwaltung gem. § 270 Abs. 2 nicht offensichtlich aussichtslos ist. Mit der »offensichtlichen« Aussichtslosigkeit stellt das Gesetz auf die besondere Situation des Insolvenzgerichts ab, dem zunächst meist nichts anderes vorliegt als der Schuldnerantrag, vielleicht noch ergänzt um die mündlichen Erläuterungen, die der Schuldner zum Antrag gegeben hat. In dieser Situation kann sich für das Gericht bereits die Frage stellen, ob Sicherungsmaßnahmen angeordnet werden müssen, insb. ob ein vorläufiger Insolvenzverwalter, ggf. mit welchen Befugnissen bestellt werden muss. Indem das Gesetz nur auf die »offensichtliche« Aussichtslosigkeit des Antrags abstellt, wird deutlich, dass nur ganz augenscheinlich nicht wirksame oder mit überwiegender Wahrscheinlich nicht erfolgreiche Eigenverwaltungsanträge zur Anwendung des Abs. 1 führen. Eine unklare Situation oder die nicht genügend vorhersehbare Entscheidung über die Aussichtslosigkeit des Antrages geht nicht zu Lasten des Schuldners; das Gericht, das ohnehin nicht durch § 270a Abs. 1 verpflichtet wird (»soll«), kann selbst bei Vorliegen der Voraussetzungen Sicherungsmaßnahmen anordnen. 2

Allerdings bedeutet »offensichtlich« nicht unbedingt, dass die Aussichtslosigkeit dem Antrag »auf die Stirn geschrieben« sein muss. Die offensichtliche Aussichtslosigkeit kann sich insb. auch auf die Erkenntnisse gründen, die ein vom Gericht eingesetzter Sachverständiger hat, der das Vorliegen eines Insolvenzgrundes und das Vorhandensein der Massekostendeckung überprüfen soll. Stellt dieser im Verlauf seiner Ermittlungen keine Umstände fest, die den Antrag offensichtlich aussichtslos erscheinen lassen, soll das Insolvenzgericht ab diesem Zeitpunkt von § 270a Abs. 1 abweichende Sicherungsmaßnahmen nicht mehr anordnen. Stellt der Sachverständige umgekehrt fest, dass Umstände vorliegen, die den Antrag als offensichtlich nicht (mehr) erfolgreich erscheinen lassen, muss das Gericht ohne Einschränkungen durch § 270a die gebotenen Sicherungsmaßnahmen ergreifen. 3

Geht das Insolvenzgericht schon von Anfang an davon aus, dass der Antrag offensichtlich aussichtslos ist, kann und muss es diejenigen Sicherungsmaßnahmen anordnen, die notwendig und geboten sind, um das Schuldnervermögen vor nachteiligen Veränderungen zu schützen. Hatte das Insolvenzgericht die offensichtliche Aussichtslosigkeit aber zu Unrecht angenommen oder stellt sich später heraus, dass sich die Verhältnisse geändert haben oder in einem anderen Licht betrachtet werden müssen, und meint das Gericht deshalb, dass es den Antrag doch für aussichtsreich hält, bestehen keine Bedenken, die zunächst angeordneten Sicherungsmaßnahmen wieder aufzuheben. Eine Pflicht dazu besteht nicht, aber das Gericht muss Ermessen ausüben, für das der Wortlaut der Vorschrift eine Richtung vorgibt (»soll«). 4

Auch bei Vorliegen der Voraussetzung des § 270a Abs. 1 verbietet das Gesetz die Anordnung von Sicherungsmaßnahmen nicht (»soll«). Nach der Vorstellung des Gesetzgebers führt aber die Anordnung von Sicherungsmaßnahmen, insb. die Anordnung einer »starken« vorläufigen Insolvenzverwaltung zu einer Vorentscheidung gegen die Anordnung der Eigenverwaltung.[2] Und gerade das ist nicht beabsichtigt. Dies wird das Gericht bei seiner Entscheidung zu berücksichtigen haben. 5

II. Rechtsfolge des Abs. 1 Satz 1

Das Gericht soll davon absehen, dem Schuldner ein allgemeines Verfügungsverbot aufzuerlegen. Dadurch würde gem. § 22 Abs. 1 Satz 1 die Verwaltungs- und Verfügungsbefugnis in Bezug auf das 6

---

2 BT-Drucks. 17/5712, 59.

Schuldnervermögen auf den vorläufigen Insolvenzverwalter übergehen. In der Tat wäre es misslich, wenn dem Schuldner im Eröffnungsverfahren, also zu einem Zeitpunkt, zu dem noch nicht entschieden ist, ob es zur Anordnung der Eigenverwaltung kommt oder nicht, die Verwaltungs- und Verfügungsbefugnis über sein Vermögen genommen würde, während sie ihm im Falle der Anordnung der Eigenverwaltung wieder übertragen würde. Bis zum 01.03.2012 bestand nur die Möglichkeit, dem Schuldner einen »schwachen« vorläufigen Insolvenzverwalter an die Seite zu stellen oder von der Sicherungsmaßnahme der Anordnung einer vorläufigen Insolvenzverwaltung gänzlich Abstand zu nehmen.

7 Darüber hinaus soll nach § 270a Abs. 1 Nr. 2 auch kein vorläufiger Insolvenzverwalter mit Zustimmungsvorbehalt bestellt werden. Die Einwirkungen, die sich aus einem Zustimmungsvorbehalt für den Schuldner ergeben, sind weitreichender als diejenigen, die sich durch die Bestellung eines Sachwalters nach der Anordnung einer Eigenverwaltung ergeben. Deshalb ist es berechtigt, in solchen Fällen von dem weitreichenderen Eingriff Abstand zu nehmen, wenn keine Gründe ersichtlich sind, die gegen eine Anordnung der Eigenverwaltung sprechen. Auch an dieser Stelle kommt zum Ausdruck, dass die Anordnung der Eigenverwaltung die Regel sein soll, während die Ablehnung des Anordnungsantrages die Ausnahme darstellen soll, welche gem. § 270 Abs. 4 schriftlich zu begründen ist. Möglich ist aber, dass das Gericht dem Schuldner auferlegt, bestimmte Rechtsgeschäfte gem. § 277 Abs. 1 nur mit Zustimmung des vorläufigen Sachwalters einzugehen. *Obermüller*[3] weist darauf hin, dass solche Beschränkungen nach Eröffnung des Insolvenzverfahrens in Eigenverwaltung nur durch die Gläubigerversammlung veranlasst werden können, dass während des Antragsverfahrens eine solche Anordnung aber mit Blick auf § 21 Abs. 1 zulässig ist.

8 Der Verzicht auf die Bestellung eines vorläufigen Insolvenzverwalters wirft allerdings die Frage auf, inwieweit die Möglichkeit besteht, im Rahmen des Antragsverfahrens nach § 270a Masseverbindlichkeiten begründen zu können. Die Ansichten in der Literatur und der Rechtsprechung durchlaufen hier alle Facetten und reichen von einer schon dem Gesetz innewohnenden Befugnis des Schuldners zur Begründung von Masseschulden im Eröffnungsverfahren[4] über eine Begründung von Masseverbindlichkeiten durch den Schuldner via Einzelermächtigung[5] bis hin zur generellen Versagung[6]. Das *AG Hamburg*[7] sieht darüber hinaus nicht den Schuldner, sondern den vorläufigen Sachwalter als richtigen Adressaten der Einzelermächtigung an. Dessen Aufgabenbereich ist indes in Abs. 2 festgelegt und beschränkt sich auf die in den §§ 274 und 275 erwähnten Befugnisse; diese lassen eine Befugnis zur Begründung von Masseverbindlichkeiten nicht erkennen. Daher kommt als Berechtigter für die Begründung von Masseverbindlichkeiten im Eigenverwaltungseröffnungsverfahren nur der Schuldner selbst in Betracht. Zu seinen Gunsten fehlt aber eine Sonderregelung wie in § 270b Abs. 3 und diese kann als Spezialnorm im Schutzschirmverfahren auch nicht auf das »normale« Eröffnungsverfahren übertragen werden. Daher wird vorgeschlagen[8], auf die allgemeinen Vorschriften, insb. § 22 Abs. 2 zurückzugreifen und dem Gericht die Möglichkeit zu eröffnen, die Befugnisse des Schuldners wie im Falle einer vorläufigen Insolvenzverwaltung zu bestimmen. Der Schuldner und nicht etwa ein vorläufiger Insolvenzverwalter muss die Befugnisse im Eigenverwaltungseröffnungsverfahren erhalten können, weil die Bestellung eines vorläufigen Insolvenzverwalters nach Abs. 1 in dieser Phase gerade nicht erfolgen soll. Dieses Ergebnis ist auch stimmig mit der Kompetenzverteilung im Übrigen: im Regelinsolvenzverfahren begründet der Insolvenzverwalter Masse-

---

3 *Obermüller* ZInsO 2011, 1809 (1815); so auch Kübler/Prütting/Bork/*Pape* Rn. 18.
4 AG Montabaur 27.12.2012, 14 IN 282/12, ZInsO 2013, 397; *Frind* ZInsO 2012, 1099 (1102); *Opermann/Smid* ZInsO 2012, 862 (869).
5 AG Köln 26.03.2012, 73 IN 125/12, ZIP 2012 (788); AG München 27.06.2012, 15106 IN 1851/12, ZIP 2012, 1470; LG Duisburg 29.11.2012, 7 T 185712, ZIP 2012, 2453, *Buchalik/Kraus* ZInsO 2012, 2330 (2332); *Klinck* ZIP 2013, 853 (860).
 Kübler/Prütting/Bork/*Pape* Rn. 21; HambK-InsR/*Fiebig* Rn. 10; *Graf-Schlicker* Rn. 15.
6 AG Fulda 28.03.2012, 91 IN 9/12; *Nöll* ZInsO 2013, 745 (753).
7 AG Hamburg 04.04.2012, 67g IN 74/12, ZIP 2012, 787.
8 AG Köln 26.03.2012, 73 IN 125/12, ZIP 2012, 788; *Graf-Schlicker* Rn. 15.

verbindlichkeiten und im vorgelagerten Antragsverfahren der vorläufige »starke« oder – aufgrund gerichtlich erteilter Einzelermächtigung – der vorläufige »schwache« Insolvenzverwalter; im Eigenverwaltungsverfahren begründet der Schuldner Masseverbindlichkeiten und im vorgelagerten Antragsverfahren ebenfalls, allerdings folgerichtig nur aufgrund gerichtlich erteilter Einzelermächtigung. Damit ist die Meinung, dem Schuldner müsse eine generelle Befugnis zur Begründung von Masseverbindlichkeiten im Eigenverwaltungsantragsverfahren zustehen, abzulehnen. Die hier vertretene Auffassung, das Gericht könne den Schuldner in begründeten Einzelfällen ermächtigen, Masseverbindlichkeiten zu begründen, wird darüber hinaus dem Risiko gerecht, welches bei § 270a höher ist als bei § 270b, weil § 270a vom einer weiter vorangeschrittenen Insolvenzreife als im Falle des § 270b ausgeht. Somit ist auch das Schutzbedürfnis der zukünftigen Insolvenzmasse im Falle des § 270a größer und dem kann das Gericht durch eine der Erteilung einer Einzelermächtigung vorhergehende Prüfung dahingehend, ob die Begründung einer Masseverbindlichkeit dem gemeinsamen Interesse aller Gläubiger entspricht, Rechnung tragen. Dem steht die Entscheidung des BGH vom 07.02.2013[9] nicht entgegen. Der BGH hatte ein Rechtsmittel gegen die Entscheidung des LG Fulda für unstatthaft gehalten, weil bereits die sofortige Beschwerde gegen die Grundentscheidung des AG Fulda unzulässig war. Das AG hatte einen Antrag des Schuldners zurückgewiesen, ihn zu ermächtigen, mit Zustimmung des vorläufigen Sachwalters eine Masseschuld begründen zu können. Gegen die ablehnende Entscheidung des AG legte der Schuldner sofortige Beschwerde zum LG Fulda ein, die erfolglos blieb. Die Rechtsbeschwerde zum BGH war unstatthaft, und zwar deshalb, weil es schon gegen die Entscheidung des AG kein Rechtsmittel gegeben hat. Der BGH hat somit keinerlei Ausführungen dazu gemacht, wie nach seiner Ansicht der Streit über die Begründung von Masseverbindlichkeiten im § 270a-Verfahren zu entscheiden ist. Er hätte die Gelegenheit zu einem obiter dictum gehabt, hat davon aber keinen Gebrauch gemacht. Eine höchstrichterliche Meinung fehlt daher immer noch.

III. Vorläufiger Sachwalter, Abs. 1 Satz 2

Anstelle eines vorläufigen Insolvenzverwalters soll ein vorläufiger Sachwalter eingesetzt werden. Die Rechtsfigur des vorläufigen Sachwalters hat es vor dem 01.03.2012 nicht gegeben und wurde erst durch die Änderungen des ESUG in das Gesetz eingeführt. Das Gesetz selbst regelt den vorläufigen Sachwalter nicht, sondern ordnet für ihn nur die entsprechende Anwendung der §§ 274, 275 an. Daraus können die folgenden Befugnisse und Aufgaben eines vorläufigen Sachwalters sowie die für ihn geltenden Bestimmungen wie folgt entnommen werden:

9

– Für die Auswahl der Person des vorläufigen Sachwalters gelten die Kriterien der Geschäftskunde und der Unabhängigkeit nach Maßgabe des § 56 und über die Verweisung kommt auch die Beteiligung eines vorläufigen Gläubigerausschusses gem. § 56a zur Anwendung.[10] Gibt es keinen vorläufigen Gläubigerausschuss, ist das Gericht an Anregungen der Gläubiger nicht gebunden, sondern kann frei entscheiden.[11]
– Er untersteht der Aufsicht des Insolvenzgerichts gem. § 58.
– Der vorläufige Sachwalter haftet über die entsprechende Anwendung des § 274 gem. §§ 60, 62.
– Ihm steht nach Maßgabe der §§ 63 bis 65 ein Anspruch auf Vergütung zu, die aber in der InsVV offenbar versehentlich nicht geregelt wurde. In Anlehnung an § 12 InsVV bietet es sich an, die Vergütung des vorläufigen Sachwalters mit 60 % der Normalvergütung eines »starken« vorläufigen Insolvenzverwalters anzunehmen, wobei freilich Erschwerniszuschläge in Betracht kommen können.[12] Damit wird dem Umstand Rechnung getragen, dass der in §§ 274, 275 geregelte Aufgabenumfang nicht etwa nur teilweise, sondern vollständig vom vorläufigen Sachwalter wahrgenommen

---

9 ZIP 2013, 525.
10 BT-Drucks. 17/5712, 59; *Obermüller* ZInsO 2011, 1809 (1815).
11 *Obermüller* ZInsO 2011, 1809 (1815).
12 Im Ergebnis so auch AG Köln 13.11.2012, 71 IN 109/12, ZIP 2013, 741; a.A. AG Göttingen 28.11.2012, 74 In 160/12, ZIP 2013, 36, das auch dem vorläufigen Sachwalter grundsätzlich die Vergütung des Sachwalters analog § 12 InsVV gewährt.

werden muss, dass aber andererseits weitergehende Pflichten des Sachwalters den vorläufigen Sachwalter noch nicht treffen und außerdem die Dauer der Tätigkeit derjenigen eines vorläufigen Insolvenzverwalters gleichkommt.
- Der vorläufige Sachwalter hat entspr. § 274 Abs. 2 die wirtschaftliche Lage des Schuldners zu prüfen.
- Er hat die Geschäftsführung sowie die Ausgaben für die Lebensführung des Schuldners zu überwachen.
- Über die Verweisung von § 270a Abs. 1 Satz 2 auf § 274 Abs. 2 Satz 2 und von dort auf § 22 Abs. 3 ist der vorläufige Sachwalter berechtigt, die Geschäftsräume des Schuldners zu betreten und dort Nachforschungen anzustellen. Der vorläufige Sachwalter ist weiter berechtigt, in die Geschäftspapiere des Schuldners Einsicht zu nehmen und Auskünfte vom Schuldner und Unterstützungshandlungen von ihm zu verlangen.
- Der vorläufige Sachwalter ist verpflichtet, das Insolvenzgericht und einen vom Insolvenzgericht eingesetzten vorläufigen Gläubigerausschuss unverzüglich zu unterrichten, wenn er Umstände feststellt, die erwarten lassen, dass die spätere Anordnung einer Eigenverwaltung zu Nachteilen für die Gläubiger führt. Existiert ein vorläufiger Gläubigerausschuss nicht, hat der vorläufige Sachwalter an dessen Stelle die ihm bekannten Insolvenzgläubiger und Absonderungsgläubiger zu informieren.[13] Im Eröffnungsverfahren kann noch nicht auf die Insolvenzgläubiger, die eine Forderung zur Insolvenztabelle angemeldet haben, als Adressaten einer Information des vorläufigen Sachwalters abgestellt werden, weil die Forderungsanmeldungen erst nach der Verfahrenseröffnung erfolgen werden. Stattdessen ist es sinnvoll, auf die dem vorläufigen Sachwalter bekannten Gläubiger abzustellen. Dazu kann er auf den Inhalt der Gerichtsakte zurückgreifen, vor allem aber auf das Rechnungswesen des Schuldners und seine Geschäftspapiere. Mit Blick auf § 21 Abs. 2 Nr. 1a sind auch die dem vorläufigen Sachwalter bekannten Personen zu benachrichtigen, die erst mit der Eröffnung des Verfahrens Gläubiger werden.
- Der Schuldner hat die Zustimmung des vorläufigen Sachwalters einzuholen, wenn er nicht zum gewöhnlichen Geschäftsbetrieb gehörende Verbindlichkeiten begründen will. Eine Verbindlichkeit, selbst wenn sie zum gewöhnlichen Geschäftsbetrieb gehört, soll der Schuldner nicht begründen, wenn der vorläufige Sachwalter widerspricht.
- Der vorläufige Sachwalter kann den Geldverkehr während des Eröffnungsverfahrens an sich ziehen, § 270a Abs. 1 Satz 2 i.V.m. § 275 Abs. 2.

C. Hinweiszwang für das Gericht, Abs. 2

10 Abs. 2 der Vorschrift will dazu beitragen, dass die Hemmschwelle, einen Insolvenzantrag mit Antrag auf Anordnung der Eigenverwaltung zu stellen, sinkt und wurde als »Herzstück« der durch das ESUG eingeführten Änderungen zur Eigenverwaltung bezeichnet.[14] Vor allem die frühzeitige Stellung eines Antrages ist für den Schuldner mit dem Risiko verbunden, die Kontrolle und Herrschaft über sein Vermögen und ggf. über sein Unternehmen dadurch zu verlieren, dass das Insolvenzgericht eine Eröffnung des Verfahrens verfügt, die beantragte Anordnung der Eigenverwaltung aber ablehnt. Dann übernimmt ein Insolvenzverwalter das Regiment, was für den Schuldner vor allem dann unerwünscht ist, wenn eine Verpflichtung, Insolvenzantrag stellen zu müssen, noch nicht besteht. Um für einen frühzeitig den Antrag stellenden Schuldner Transparenz zu schaffen, muss das Insolvenzgericht den Schuldner informieren, wenn es Bedenken hat, die Eigenverwaltung anzuordnen und es muss dem Schuldner Gelegenheit geben, den gestellten Antrag zurückzunehmen. Der Hinweis ist so frühzeitig zu stellen, dass dem Schuldner noch eine angemessene Reaktionszeit verbleibt. Das Gericht sollte im Interesse der vom Gesetzgeber gewollten Transparenz eine Frist für den Schuldner setzen, innerhalb dessen er den Antrag zurück nehmen kann. Erst nach Ablauf der Frist soll das Insolvenzgericht dann die Verfahrenseröffnung verfügen und gleichzeitig den Antrag auf Anordnung der Eigenverwaltung abweisen. Dem Schuldner bleibt es unbenommen, schon vor Ablauf der Frist

---

13 BT-Drucks. 17/5712, 59.
14 BR-Drucks. 127/11, 58.

den Antrag auf Anordnung der Eigenverwaltung zurückzunehmen, den Insolvenzantrag aber bestehen zu lassen; dann braucht das Insolvenzgericht nicht über den Eigenverwaltungsantrag zu entscheiden.

Nach der Begründung zum RegE[15] soll weitere Voraussetzung sein, dass der Schuldner seinen Antrag auf Anordnung der Eigenverwaltung mit dem Insolvenzantrag verbunden hat. Dem ist insoweit zuzustimmen als dass dies der Regelfall sein wird. Ein Schuldner, der trotz fehlender Insolvenzantragspflicht freiwillig den Antrag stellt, wird in aller Regel auch einen Eigenverwaltungsantrag stellen, jedenfalls wenn er Sanierungsabsichten hat. Zwingend ist das nicht. Eine Voraussetzung der Verbindung beider Anträge, die sich auch nicht im Wortlaut der Norm niedergeschlagen hat, besteht mithin nicht. 11

In diesen Genuss kommt aber nur derjenige Schuldner, der bei Insolvenzantragstellung noch nicht zahlungsunfähig gewesen ist, es darf vielmehr nur drohende Zahlungsunfähigkeit vorgelegen haben. Es reicht aber nicht aus, dass der Schuldner den Insolvenzantrag mit einer angeblich nur drohenden Zahlungsunfähigkeit »begründet« hat. Nach dem Wortlaut des § 270 Abs. 2 (»bei drohender Zahlungsunfähigkeit« im Gegensatz z.B. zu »wegen«) darf bei Antragstellung noch keine Zahlungsunfähigkeit vorgelegen haben. Es muss also tatsächlich nur eine bloß drohende Zahlungsunfähigkeit vorgelegen haben. Keinen Hinweis lässt sich dem Gesetzeswortlaut entnehmen, wie diese Voraussetzung festgestellt werden soll. Nach § 270b Abs. 1 Satz 3 hat der Schuldner die Bescheinigung eines in Insolvenzsachen erfahrenen Steuerberaters, Wirtschaftsprüfers, Rechtsanwalts oder einer sonstigen Person mit vergleichbarer Qualität vorzulegen, aus der sich ergibt, dass keine Zahlungsunfähigkeit, sondern nur drohende Zahlungsunfähigkeit oder Überschuldung vorliegt. Eine solche Bescheinigung würde für das Bestehen der Voraussetzung des § 270a Abs. 2 streiten. Der Hinweis- und Begründungszwang des Gerichts besteht indes nicht nur in Fällen, in denen ein Schuldner seinen Antrag auf Anordnung der Eigenverwaltung auf die Vorschrift des § 270b gestützt hat; § 270a Abs. 2 gilt vielmehr auch für andere Fälle eines Eigenverwaltungsantrages. Ob tatsächlich nur eine drohende Zahlungsunfähigkeit vorgelegen hat, ist außerhalb von § 270b-Verfahren vom Gericht zu prüfen und festzustellen. Das wird in der Praxis nur durch Einholung eines Sachverständigengutachtens möglich sein. Das Gericht kann dem entgehen, indem es ohne nähere Prüfung vom Vorliegen der Voraussetzung ausgeht und den Hinweis vorsorglich erteilt. 12

Dabei ist abzustellen auf den Zeitpunkt der Insolvenzantragstellung, ein späterer Eintritt der Zahlungsunfähigkeit spielt ebenso wenig eine Rolle wie eine etwa vorliegende Überschuldung, selbst wenn diese wegen der Rechtsform des Schuldners zur Insolvenzantragspflicht führt. Das ist nicht ungewöhnlich, denn auch außerhalb von Insolvenzanträgen, die mit einem Antrag auf Anordnung der Eigenverwaltung verbunden werden, bleibt der Schuldner Herr des Insolvenzeröffnungsverfahrens und kann seinen Antrag wieder zurück nehmen, sofern er selbst den Antrag gestellt hat. 13

Eine davon zu unterscheidende Frage ist, ob der Schuldner nach einem Hinweis des Gerichts gem. § 270a Abs. 2 tatsächlich seinen Insolvenzantrag zurücknehmen darf. Liegt der Insolvenzgrund der Zahlungsunfähigkeit oder Überschuldung vor und besteht für den Schuldner in einem solchen Fall eine Insolvenzantragspflicht, so wäre die Rücknahme des Antrags nicht zulässig und der Schuldner bzw. Schuldnervertreter würde sich zivil- und strafrechtlich dafür verantworten müssen. Dennoch muss das Gericht eine Antragsrücknahme beachten. Und nicht immer geht eine Antragsrücknahme mit einem unlauteren Verhalten des Schuldners oder Schuldnervertreters einher, weil der Hinweis des Gerichts auch einen Anstoß für eine außergerichtliche Sanierung sein kann. Den Gläubigern bleibt ohnehin die Möglichkeit, einen Insolvenzantrag gegen den Schuldner zu stellen. 14

---

15 BT-Drucks. 17/5712, 59.

§ 270b Vorbereitung einer Sanierung

(1) Hat der Schuldner den Eröffnungsantrag bei drohender Zahlungsunfähigkeit oder Überschuldung gestellt und die Eigenverwaltung beantragt und ist die angestrebte Sanierung nicht offensichtlich aussichtslos, so bestimmt das Insolvenzgericht auf Antrag des Schuldners eine Frist zur Vorlage eines Insolvenzplans. Die Frist darf höchstens drei Monate betragen. Der Schuldner hat mit dem Antrag eine mit Gründen versehene Bescheinigung eines in Insolvenzsachen erfahrenen Steuerberaters, Wirtschaftsprüfers oder Rechtsanwalts oder einer Person mit vergleichbarer Qualifikation vorzulegen, aus der sich ergibt, dass drohende Zahlungsunfähigkeit oder Überschuldung, aber keine Zahlungsunfähigkeit vorliegt und die angestrebte Sanierung nicht offensichtlich aussichtslos ist.

(2) In dem Beschluss nach Absatz 1 bestellt das Gericht einen vorläufigen Sachwalter nach § 270a Absatz 1, der personenverschieden von dem Aussteller der Bescheinigung nach Absatz 1 zu sein hat. Das Gericht kann von dem Vorschlag des Schuldners nur abweichen, wenn die vorgeschlagene Person offensichtlich für die Übernahme des Amtes nicht geeignet ist; dies ist vom Gericht zu begründen. Das Gericht kann vorläufige Maßnahmen nach § 21 Absatz 1 und 2 Nummer 1a, 3 bis 5 anordnen; es hat Maßnahmen nach § 21 Absatz 2 Nummer 3 anzuordnen, wenn der Schuldner dies beantragt.

(3) Auf Antrag des Schuldners hat das Gericht anzuordnen, dass der Schuldner Masseverbindlichkeiten begründet. § 55 Absatz 2 gilt entsprechend.

(4) Das Gericht hebt die Anordnung nach Absatz 1 vor Ablauf der Frist auf, wenn
1. die angestrebte Sanierung aussichtslos geworden ist;
2. der vorläufige Gläubigerausschuss die Aufhebung beantragt oder
3. ein absonderungsberechtigter Gläubiger oder ein Insolvenzgläubiger die Aufhebung beantragt und Umstände bekannt werden, die erwarten lassen, dass die Anordnung zu Nachteilen für die Gläubiger führen wird; der Antrag ist nur zulässig, wenn kein vorläufiger Gläubigerausschuss bestellt ist und die Umstände vom Antragsteller glaubhaft gemacht werden.

Der Schuldner oder der vorläufige Sachwalter haben dem Gericht den Eintritt der Zahlungsunfähigkeit unverzüglich anzuzeigen. Nach Aufhebung der Anordnung oder nach Ablauf der Frist entscheidet das Gericht über die Eröffnung des Insolvenzverfahrens.

Übersicht

		Rdn.
A.	Normzweck	1
B.	Voraussetzungen für den Eintritt in das Schutzschirmverfahren, Abs. 1 Satz 1 und 3	6
I.	Insolvenzantrag des Schuldners	6
II.	Keine Zahlungsunfähigkeit	8
III.	Bescheinigung gem. Abs. 1 Satz 3	11
IV.	Antrag des Schuldners auf Eigenverwaltung	15
V.	Nicht offensichtlich aussichtslose Sanierung	18
VI.	Antrag des Schuldners auf Bestimmung einer Schutzfrist	19
C.	Entscheidungen des Insolvenzgerichts	20
I.	Bestimmung einer Schutzfrist	20
II.	Einsetzung eines vorläufigen Sachwalters, Abs. 2 Satz 1, 2	21
III.	Sonstige Sicherungsmaßnahmen, Abs. 2 Satz 3	25
IV.	Öffentliche Bekanntmachung	29a
V.	Ermächtigung zur Begründung von Masseverbindlichkeiten, Abs. 3	30
VI.	Rechtsmittel gegen die Entscheidungen des Gerichts	32
D.	Aufhebung der Anordnung, Abs. 4	33
I.	Aussichtslosigkeit der angestrebten Sanierung	35
II.	Antrag des vorläufigen Gläubigerausschusses	36
III.	Antrag einzelner Gläubiger	37
IV.	Entscheidung über Insolvenzeröffnung, Abs. 4 Satz 3	39

A. Normzweck

Mit § 270b wird seit der Einführung der Insolvenzordnung erstmals ein Verfahren zur Sanierung von Personen und Unternehmen angeboten, bei dem der Schuldner zwar unter dem Schutz des Gerichtes, aber ansonsten weitgehend frei von Beschränkungen agieren kann. Dabei schwebte dem Gesetzgeber eine Situation vor, bei der der Schuldner vielleicht rechtlich überschuldet, aber jedenfalls noch nicht zahlungsunfähig ist, er also seine laufenden Verpflichtungen noch zeitgerecht erfüllen und dies auch während der Schutzschirmperiode aufrecht erhalten kann. Der Schuldner kann bei dieser Ausgangslage einen Insolvenzantrag mit einem Antrag auf Anordnung der Eigenverwaltung stellen und außerdem – das ist die Besonderheit am sog. Schutzschirmverfahren des § 270b – einen weiteren Antrag stellen, nämlich ihm eine Frist zu setzen, innerhalb derer er die Sanierungsbemühungen fortsetzen und einen Insolvenzplan vorlegen kann. Liegen die Voraussetzungen für einen solchen Antrag vor und gewährt das Gericht die erbetene Sanierungsfrist, werden dem (zu diesem Zeitpunkt noch zahlungsfähigen) Schuldner keine verfügungsausschließenden oder verfügungsbeschränkenden Sicherungsmaßnahmen auferlegt. Er erlangt aber durch Vollstreckungsschutz weitgehende Sicherheit vor Gläubigern, die innerhalb der vom Gericht gesetzten Frist Zwangsvollstreckungsmaßnahmen gegen den Schuldner ergreifen oder fortsetzen wollen. Es wird auch während der Schutzfrist ein vorläufiger Sachwalter eingesetzt werden, allerdings hat der Schuldner weitreichende Mitwirkungsrechte in Bezug auf die Auswahl der Person, die zum vorläufigen Sachwalter bestellt wird – ein weiterer Aspekt, der dem Schuldner den Weg in das Verfahren erleichtern soll.

Das sog. Schutzschirmverfahren setzt aber dennoch einen Insolvenzantrag voraus und es entspricht allgemeiner Sanierungserfahrung, dass die Vertragspartner des Schuldners an diesen Umstand in aller Regel Konsequenzen knüpfen, die einen erhöhten Liquiditätsbedarf beim Schuldner auslösen. Dies z.B., weil Lieferanten und Dienstleister nur noch gegen Vorkasse oder bestenfalls Zug-um-Zug gegen Zahlung liefern oder leisten, Banken und Warenkreditversicherungen die Verträge kündigen usw. Nach der Begründung zum RegE[1] hat der Gesetzgeber diese Umstände bei Schaffung des § 270b gesehen; er meint dazu, dass dem Schuldner ohnehin nur eine durch Insolvenzplan beabsichtigte Sanierung gelingen kann, wenn dieses Vorhaben durch die wichtigsten Gläubiger mitgetragen wird und sie über die Sanierungsbemühungen des Schuldners informiert worden sind. Stimmen diese Gläubiger dem Vorhaben des Schuldners, auch wenn noch nicht alle Details des einzubringenden Insolvenzplans abschließend geklärt und besprochen sind, zu, werden sie von den ihnen zur Verfügung stehenden Möglichkeiten wie z.B. einer Vertragskündigung absehen. Das Verfahren nach § 270b setzt also ein mit den wichtigsten Gläubigern des Schuldners abgestimmtes Verfahren voraus. Gelingt dem Schuldner eine Überzeugung dieser Gläubiger nicht, besteht nach der Vorstellung des Gesetzgebers ohnehin keine realistische Chance darauf, dass die beabsichtigte Sanierung gelingen wird.

Selbst wenn aber die wichtigsten Gläubiger an der Sanierung mitwirken wollen, wird sich infolge der Insolvenzantragstellung ein erhöhter Liquiditätsbedarf des Schuldners ergeben. Einmal ist eine Abstimmung mit wirklich allen Gläubigern kaum möglich und außerdem wird eine Insolvenzantragstellung zwangsläufig die oben schon beschriebenen Konsequenzen hervorrufen. Der Eintritt der Zahlungsunfähigkeit infolge der Stellung eines Antrags gem. § 270b ist daher wahrscheinlich. Dies hindert die Durchführung eines Schutzschirmverfahrens jedoch nicht, denn das Gesetz verlangt eine noch nicht eingetretene Zahlungsunfähigkeit lediglich im Zeitpunkt der Antragstellung nach § 270b. Dass die Zahlungsunfähigkeit infolge des Antrags unmittelbar danach eintritt, steht dem nicht entgegen.

Derzeit unbesetzt

Das Schutzschirmverfahren bietet dem Schuldner innerhalb der Schutzfrist weitgehende Bewegungsfreiheit und Schutz vor seinen Gläubigern. Daher ist das Risiko, dass das Verfahren zu unlau-

---

1 BT-Drucks. 17/5712, 60.

teren Zwecken missbraucht wird, potentiell hoch. Dem tritt das Gesetz dadurch entgegen, dass es für den Eintritt in das Verfahren die Bestätigung eines in Insolvenzsachen erfahrenen Steuerberaters, Wirtschaftsprüfers, Rechtsanwalts oder einer anderen Person mit vergleichbarer Qualifikation verlangt, dass die Eintrittsvoraussetzungen vorliegen. Des Weiteren überwachen Gericht und vorläufiger Gläubigerausschuss oder, wenn es einen solchen nicht gibt, die Gläubiger selbst, ob die Schutzfrist beendet werden muss, weil die zunächst vorliegenden Voraussetzungen nachträglich weggefallen sind.

B. Voraussetzungen für den Eintritt in das Schutzschirmverfahren, Abs. 1 Satz 1 und 3

I. Insolvenzantrag des Schuldners

6 Die Vorschrift geht wie selbstverständlich davon aus, dass das Schutzschirmverfahren einen Antrag des Schuldners auf Eröffnung eines Insolvenzverfahrens voraussetzt. Das ist konsequent, weil das Verfahren nach § 270b dazu dient, den Schuldner letztendlich durch einen Insolvenzplan zu sanieren und ein Insolvenzplan kann nur im Rahmen eines Insolvenzverfahrens zustande kommen. Wegen der Übergangsregelung in Art. 103g EGInsO sind nur Insolvenzanträge relevant, die nach dem 29.02.2012 gestellt worden sind. Der Antrag selbst muss zulässig, insb. muss der Schuldner bei Insolvenzantragstellung ordnungsgemäß vertreten sein, wofür auf die allgemeinen Vorschriften verwiesen werden kann.

7 Durch das ESUG wurde auch § 13, der diverse Einzelbestimmungen für einen wirksamen Antrag enthält, ergänzt. Danach müssen gem. § 13 Abs. 1 Satz 6 Nr. 1 die in Abs. 1 Satz 4 des § 13 aufgeführten Angaben gemacht werden, weil der Insolvenzantrag nach § 270b mit einem Antrag auf Eigenverwaltung verknüpft werden muss. Außerdem wird der Schuldner oftmals zugleich die Einsetzung eines vorläufigen Gläubigerausschusses beantragen, so dass auch die Angaben gem. § 13 Abs. 1 Satz 6 Nr. 3 gemacht werden müssen. Es sind somit die höchsten, die höchsten gesicherten Forderungen, die Forderungen der Finanzverwaltung, die der Sozialversicherungsträger und die Forderungen wegen betrieblicher Altersversorgung anzugeben. Wegen der Einzelheiten wird auf die Kommentierung zu § 13 verwiesen.

II. Keine Zahlungsunfähigkeit

8 Nach Satz 1 der Vorschrift kann der Eigenantrag des Schuldners auf drohende Zahlungsunfähigkeit oder auf Überschuldung gestützt werden. Zumindest die drohende Zahlungsunfähigkeit ist allgemeiner Insolvenzgrund, so dass alle Schuldner, gleich welcher Rechtsform, den Weg in das Schutzschirmverfahren gehen können. Das Schutzschirmverfahren kommt aber nicht mehr in Betracht, wenn der Schuldner bereits zahlungsunfähig ist. Gleiches soll gelten, wenn die bereits vorliegende Zahlungsunfähigkeit allein durch eine Stundungsvereinbarung mit den Gläubigern kurzfristig aufgeschoben wurde.[2] Wegen der Einzelheiten zur Zahlungsunfähigkeit und zum Zeitpunkt seines Eintritts sowie zur Abgrenzung von der Zahlungsstockung kann auf die Kommentierung zu § 17 verwiesen werden. Maßgebend ist nach dem Wortlaut des § 270b Abs. 1 Satz 1 der Zeitpunkt der Antragstellung. Dass Zahlungsunfähigkeit zu einem späteren Zeitpunkt eintritt, ist hingegen irrelevant. Im Gegenteil wird der spätere Eintritt der Zahlungsunfähigkeit sogar die Regel sein, weil Zahlungen auf Verpflichtungen aus der Zeit vor der Insolvenzantragstellung ab dem Antrag nicht mehr zulässig sind und auch die Nutzung des Insolvenzgeldeffektes zur Folge hat, dass Löhne und Gehälter nicht mehr gezahlt werden. Auf diese Umstände ist auch im Gesetzgebungsverfahren hingewiesen worden, denn in der Fassung von § 270b Abs. 4 des RegE war als Aufhebungsgrund für die Schutzfrist noch der Eintritt der Zahlungsunfähigkeit enthalten. Das ist im weiteren Gesetzgebungsverfahren gestrichen worden, weil es sonst einzelne Gläubiger in der Hand gehabt hätten, durch Fälligstel-

---

2 AG Erfurt 13.04.2012, 172 IN 190/12, ZInsO 2012 944; zustimmend *Siemon* ZInsO 2012, 1045 (1046); a.A. *Ganter* NZI 2012, 985 (988).

lung ihrer Forderung die Zahlungsunfähigkeit herbeizuführen, so dass es von einem einzelnen Gläubiger abhängen könnte, ob das Schutzschirmverfahren durchgeführt werden kann oder nicht.[3]

Ob also im späteren Verlauf des Schutzschirmverfahrens Zahlungsunfähigkeit eintritt, ist unerheblich. Das mag auf den ersten Blick verwundern, zumal das § 270b-Verfahren dem Schuldner weitgehende Freiheiten belässt, einschließlich der Möglichkeit, den vorläufigen Sachwalter »mitbringen« zu können. Auch ist das Schutzschirmverfahren nicht etwa vorzeitig zu beenden und in ein »normales« Insolvenzeröffnungsverfahren umzuwandeln. Ein Insolvenzantrag liegt schließlich vor, so dass einer evtl. bestehenden Insolvenzantragspflicht Genüge getan ist, und der Schuldner steht bereits unter der Aufsicht des Gerichts sowie eines vorläufigen Sachwalters. Allerdings ist mit späterem Eintritt der Zahlungsunfähigkeit eine Verschärfung der Krisensituation eingetreten und die Gläubigerinteressen sind dadurch stärker gefährdet. Daher bedarf es besonderer Aufmerksamkeit, weshalb dem Gericht gem. Abs. 4 Satz 2 der Eintritt der Zahlungsunfähigkeit anzuzeigen ist. Eine zusätzliche Anzeige an den vorläufigen Gläubigerausschuss oder an alle Gläubiger wäre ebenfalls angezeigt, weil sie es wären, die eine Aufhebung des Schutzschirmverfahrens gem. Abs. 4 Satz 1 Nr. 2 und 3 bewirken könnten, wenn sie dies wegen der nunmehr größeren Gefährdung der Gläubigerinteressen für notwendig befinden würden; eine Information des vorl. Gläubigerausschusses oder aller Gläubiger ist im Gesetz aber nicht vorgesehen.

9

Ob Zahlungsunfähigkeit bei Antragstellung vorliegt oder nicht, ist der gerichtlichen Überprüfung zugänglich. Zwar muss der Schuldner nach Abs. 1 Satz 3 eine Bescheinigung vorlegen, wonach keine Zahlungsunfähigkeit vorliegt und diese Bescheinigung ist auch zu begründen. Hat aber das Gericht etwa Kenntnis davon, dass ein so erheblicher Zahlungsrückstand fälliger Verbindlichkeiten vorhanden ist, dass nicht mehr von einer Zahlungsstockung ausgegangen werden kann und nach der Definition des § 17 und der zu dieser Vorschrift ergangenen Rechtsprechung Zahlungsunfähigkeit tatsächlich vorliegt, ist der Weg in das Verfahren nach § 270b trotz einer vom Schuldner beigebrachten Bescheinigung versperrt. Andererseits darf sich das Insolvenzgericht bei Prüfung der Voraussetzungen des § 270b Abs. 1 auf die vom Schuldner beigebrachte Bescheinigung stützen und muss, wenn sich aus der Begründung der Bescheinigung ergibt, dass – die Richtigkeit der dortigen Sachverhalte unterstellt – keine Zahlungsunfähigkeit vorliegt, keine weitergehenden amtswegigen Ermittlungen anstellen. Das Gericht darf also von der Richtigkeit der Bescheinigung ausgehen, anderenfalls die Beibringung einer Bescheinigung keinen Beschleunigungseffekt hätte.[4] Wenn die Bescheinigung aber nicht plausibel, wenn sie unvollständig oder nicht schlüssig ist oder wenn dem Gericht Umstände bekannt sind, wonach die Begründung in der Bescheinigung von einem falschen Sachverhalt oder z.B. von einer falschen Rechtsauffassung zur Frage der Zahlungsunfähigkeit ausgeht, dann kann zweierlei die Folge sein[5]:
— Das Gericht kann abweichend von der Bescheinigung feststellen, dass der Schuldner zahlungsunfähig ist. Dies hat dann zur Folge, dass das Schutzschirmverfahren für die Sanierungsbemühungen des Schuldners grds. nicht mehr zur Verfügung steht. Das Gericht muss sodann über die ihm vorliegenden Anträge auf Insolvenzeröffnung und Anordnung der Eigenverwaltung entscheiden.
— Alternativ kann das Gericht in der Frage, ob Zahlungsunfähigkeit vorliegt oder nicht, unschlüssig sein; alsdann mangelt es an einer Bescheinigung, »... *aus der sich ergibt, dass ... keine Zahlungsunfähigkeit vorliegt ...*«. Das Gericht muss den Antrag auf Bestimmung einer Schutzfrist abweisen.

10

---

3 BT-Drucks. 17/7511, 41.
4 Kübler/Prütting/Bork/*Pape* Rn. 51; *Schmidt/Linker* ZIP 2012 963 (964); *Smid* ZInsO 2013, 209 (216); *Gutmann/Laubereau* ZInsO 2012, 1861 (1866); a.A. *Frind* ZInsO 2012, 1546 (1550); *Buchalik* ZInsO 2012 349 (352).
5 So auch *Smid* ZInsO 2013, 209 (216).

Zuvor ist dem Schuldner freilich die Möglichkeit einzuräumen, eine fehlerfreie Bescheinigung beizubringen. Verzögerungen, die sich daraus für die Sanierungsabsichten des Schuldners ergeben, gehen zu seinen Lasten.

III. Bescheinigung gem. Abs. 1 Satz 3

11 Die in § 270b Abs. 1 Satz 3 erwähnte Bescheinigung muss sich dazu äußern, dass drohende Zahlungsunfähigkeit und/oder Überschuldung vorliegen, dass aber eine Zahlungsunfähigkeit des Schuldners nicht besteht und die angestrebte Sanierung nicht offensichtlich aussichtslos ist. Dazu muss sie Ausführungen über die Insolvenzgründe enthalten, denn beim Eigenantrag ist die Darlegung von Tatsachen, die die wesentlichen Merkmale eines Eröffnungsgrundes erkennen lassen, erforderlich.[6] Die Bescheinigung muss von einem in Insolvenzsachen erfahrenen Steuerberater, Wirtschaftsprüfer oder Rechtsanwalt stammen oder von einer Person, mit vergleichbarer Qualifikation. Ausweislich der Begründung zum RegE[7] kommen als vergleichbare Personen Steuerbevollmächtigte oder vereidigte Buchprüfer, die nach § 3 Nr. 1 StBerG ebenso wie Steuerberater zur geschäftsmäßigen Hilfeleistung in Steuersachen befugt sind. In Betracht kommen außerdem Angehörige eines anderen Mitgliedstaates der EU oder eines Vertragsstaates des Abkommens über den Europäischen Wirtschaftsraum und Personen, die in einem dieser Staaten ihre berufliche Niederlassung haben und über eine vergleichbare Qualifikation verfügen. Allen gemein ist, dass sie über Erfahrungen in Insolvenzsachen verfügen müssen. Im Besonderen ist in dieser Hinsicht vom Aussteller zu verlangen, dass er auf Grund seiner bisherigen beruflichen Praxis zuverlässig die Insolvenzgründe feststellen und die Sanierungsaussichten eines Unternehmens beurteilen kann.[8] Notwendig sind zudem nachweisbare Fähigkeiten zur Fertigung und Aufstellung von Überschuldungs- und Liquidationsbilanzen nach insolvenzrechtlichen Grundsätzen und der Erstellung und Beurteilung von Sanierungskonzepten.[9] Ein Erfahrungsschatz, der aus mindestens vier Jahren Berufspraxis[10] besteht, ist hingegen nicht zu verlangen, da er kein valides Kriterium zur Feststellung der Qualifikation darstellt.

11a Umstritten ist die Frage über die Unabhängigkeit des Ausstellers der Bescheinigung. So wird gefordert, dass es sich beim Aussteller analog einem vorläufigen Insolvenzverwalter gemäß §§ 21 Abs. 2 Nr. 1, 56 Abs. 1 InsO um eine neutrale und vom Schuldner unabhängige Person handeln müsse.[11] Der Aussteller werde schließlich auch im Gläubigerinteresse tätig, was eine neutrale Begutachtung unabhängig von Mandanteninteressen und -zielen voraussetze.[12] Dem ist nicht zu folgen.[13] Weder gibt es für diese strengen Anforderungen eine gesetzliche Grundlage noch besteht eine Notwendigkeit für ein solches Erfordernis. Bereits im Rahmen der Erstellung der Bescheinigung ergibt sich zwischen Schuldner und Aussteller zwangsläufig ein Näheverhältnis.[14] Der Aussteller wird zudem vom Schuldner entlohnt, so dass auch eine gewisse finanzielle Abhängigkeit besteht. Damit die Aussagekraft der Bescheinigung dennoch gewährleistet ist, kommen nahe stehende Personen im Sinne des § 138 als Aussteller allerdings nicht in Betracht.[15] Aus diesen Gründen ist es auch einem langjährigen Berater des Schuldners nicht verwehrt, die Bescheinigung auszustellen.[16] Die Vorteile eines

---

6 *Brinkmann/Zipperer* ZIP 2011, 1337 (1344).
7 BT-Drucks. 17/5712, 60.
8 *Zipperer/Vallender* NZI 2012, 729 (730).
9 *Zipperer/Vallender* NZI 2012, 729 (730), *Hölzle* ZIP 2012, 158 (161), Kübler/Prütting/Bork/*Pape* Rn. 48.
10 *Zipperer/Vallender* NZI 2012, 729 (730).
11 AG München 29.03.2012, 1125/12, ZInsO 2012, 745; AG München 14.06.2012, 1506 IN 1851/12, ZIP 2012, 1308; *Hölzle* ZIP 2012, 158 (162); *Hölzle* EWiR 2012, 465 (466), Kübler/Prütting/Bork/*Pape* Rn. 44.
12 *Hölzle* ZIP 2012, 158 (162); Kübler/Prütting/Bork/*Pape* Rn. 42.
13 *Zipperer/Vallender* NZI 2012, 729 (731); *Gutmann/Laubereau* ZInsO 2012, 1861 (1867); *Buchalik* ZInsO 2012, 349 (351); *Schmidt/Linker* ZIP 2012, 963 (964).
14 *Zipperer/Vallender* NZI 2012, 729 (731); *Gutmann/Laubereau* ZInsO 2012, 1861 (1867).
15 *Zipperer/Vallender* NZI 2012, 729 (731).
16 *Vallender* EWiR 2012, 495 (496).

geringeren Zeit- und Kostenaufwands überwiegen gegenüber der Gefahr einer Gefälligkeitsbescheinigung zu Ungunsten der Gläubiger. Zudem ist die Kontrolle des Schuldners im Schutzschirmverfahren durch den unabhängigen vorläufigen Sachwalter ausreichend, um dieser Gefahr erfolgreich zu begegnen.

Die Überprüfung der Qualifikation desjenigen, der die Bescheinigung ausgestellt hat, wird dem Gericht Schwierigkeiten bereiten, denn unklar ist, woraus sich das im Einzelfall ergeben und wie das Gericht das überprüfen soll.[17] Bei z.B. Rechtsanwälten, die eine Fachanwaltsbezeichnung für Insolvenzrecht führen dürfen, ist die Prüfung und Feststellung durch das Gericht noch einfach. Gleiches gilt, wenn die Bescheinigung von einer Person ausgestellt wurde, die dem Gericht im Zusammenhang mit Insolvenzverfahren bekannt ist, weil sie z.B. auf der Vorauswahlliste für die Bestellung von Insolvenzverfahren dieses oder eines anderen Gerichtes steht. Ansonsten wird man von dem Aussteller verlangen müssen, dass er in der Bescheinigung oder anlässlich ihrer Übermittlung an das Gericht Ausführungen zu seiner Erfahrung in Insolvenzsachen macht. Hierbei empfiehlt es sich für den Aussteller, dass er seine insolvenznahen Fertigkeiten und eine verifizierbare Anzahl Mandate in Sanierungsfällen substantiiert darlegt.[18] Die dabei unter Umständen entstehende Kollision mit berufsständischen Verschwiegenheitspflichten ist mit einer Befreiung durch die Mandanten gegenüber dem Insolvenzgericht zu lösen.[19] Fehlt hingegen jegliche Feststellungsmöglichkeit für das Gericht, ob die Bescheinigung von einer i.S.d. § 270b Abs. 1 Satz 3 qualifizierten Person ausgestellt ist, sind die Voraussetzungen der Vorschrift nicht erfüllt. Allerdings ist dem Schuldner Gelegenheit zu geben, die erforderlichen Angaben nachzuliefern oder durch den Aussteller der Bescheinigung nachliefern zu lassen.

12

Die Bescheinigung muss mit Gründen versehen sein, so dass sie einer Überprüfung zugänglich ist.[20] Aus der Begründung zum RegE des ESUG[21] ist ausdrücklich davon abgesehen worden, im Rahmen des § 270b die Vorlage eines umfassenden Sanierungsgutachtens, zumal mit formalisiertem Standard zu verlangen, weil dies mit erheblichen Kosten verbunden wäre und damit für kleinere und mittlere Unternehmen eine zusätzliche Hürde zum Verfahren darstellen. Mindestens aber muss die Bescheinigung Auskunft über die Insolvenzgründe anhand einer Liquiditätsplanung[22] geben sowie die Ursachen der Krise und ein Konzept zur Überwindung dieser beschreiben[23], wobei die Skizzierung der wesentlichen Eckpunkte des Sanierungskonzepts ausreichend ist.[24] Ferner muss die Begründung die rechtlichen Grundlagen darlegen, nach denen der Verfasser geprüft hat. Sie muss in sich schlüssig und von Fehlern frei sein, so dass das Gericht in die Lage versetzt wird, im Rahmen einer Plausibilitätskontrolle die Antragsvoraussetzungen abschließend zu prüfen.

13

Die Bescheinigung muss aktuell sein. Dem Wortlaut des § 270b lässt sich keine Zeitspanne entnehmen, die seit dem Stichtag der Prüfung, auf die sich die Bescheinigung bezieht, verstrichen sein darf. Die Bescheinigung stützt sich als Zahlenwerk jedoch auf sich laufend verändernde Tatsachen, so dass nur eine zeitnahe Beurteilung den gewünschten Zweck erfüllen kann. Ob im Zeitpunkt der Antragstellung eine drei Tage[25], eine Woche[26] oder 3 Wochen[27] alte Bescheinigung noch das Kriterium der Aktualität erfüllt, muss im Einzelfall vom Gericht beurteilt werden.

14

---

17 Vgl. dazu *Brinkmann/Zipperer* ZIP 2011, 1337 (1344).
18 *Frind* ZinsO 2012, 1546 (1549); *Schmidt/Linker* ZIP 2012, 963 (964); *Gutmann/Laubereau* ZInsO 2012, 1861 (1867), *Hölzle*, ZIP 2012, 158 (161).
19 *Frind* ZinsO 2012, 1546 (1549).
20 *Kammel/Staps* NZI 2010, 791 (796).
21 BT-Drucks. 17/5712, 61.
22 Kübler/Prütting/Bork/*Pape* Rn. 45.
23 *Zipperer/Vallender* NZI 2012, 729 (735).
24 *Schmidt/Linker* ZIP 2012, 963 (964), *Zipperer/Vallender* NZI 2012, 729 (735); zu weitgehend *Buchalik* ZInsO 2012 349 (352).
25 *Schmidt/Linker* ZIP 2012, 963 (963).
26 *Zipperer/Vallender* NZI 2012, 729 (735); *Gutmann/Laubereau* ZInsO 2012, 1861 (1870).
27 Kübler/Prütting/Bork/*Pape* Rn. 52.

IV. Antrag des Schuldners auf Eigenverwaltung

15 Der Insolvenzantrag muss, damit der Schuldner in das Schutzschirmverfahren gelangt, zwingend mit einem Antrag auf Anordnung der Eigenverwaltung verbunden werden. Diese Voraussetzung beruht darauf, dass der in § 270b geregelte besondere Umgang mit dem Schuldner deshalb gerechtfertigt ist, weil das Gesetz die Sanierungsbemühungen des Schuldners stützen will. Von Sanierungsbemühungen des Schuldners ist indes nicht auszugehen, wenn er sich selbst nicht um Sanierung bemühen will und aus diesem Grund davon absieht, das Verfahren in Eigenverwaltung abwickeln zu wollen. Der Antrag auf Eigenverwaltung darf nicht unzulässig oder unbegründet sein, d.h. die Voraussetzungen, die sich aus § 270 ergeben, müssen vom Gericht geprüft und bejaht werden. Insb. ist zu prüfen, ob Umstände bekannt sind, die gem. § 270 Abs. 2 Nr. 2 im Falle einer Anordnung der Eigenverwaltung zu Nachteilen für die Gläubiger führen werden.

16 Des Weiteren ist die Hürde des § 270a zu überspringen, d.h. der Antrag auf Anordnung der Eigenverwaltung darf nicht offensichtlich aussichtslos sein (wegen der Einzelheiten vgl. § 270a Rdn. 2). Ist das einmal doch der Fall, werden die Voraussetzungen des § 270a Abs. 2 vorliegen, so dass das Gericht verpflichtet ist, seine Bedenken zu offenbaren und dem Schuldner Gelegenheit zu geben, den Antrag zurückzunehmen. Im Falle des § 270b bezöge sich der Hinweis freilich darauf, auch den Antrag auf Bestimmung einer Schutzfrist zurückzunehmen.

17 Auch in sonstiger Hinsicht sind die Bestimmungen über die Eigenverwaltung einzuhalten. Insb. ist ein vorläufiger Sachwalter einzusetzen und die Einsetzung eines vorläufigen Gläubigerausschusses ist zu prüfen und zu bewerkstelligen. Auf die Ausführungen dazu in § 270 wird verwiesen (vgl. insb. § 270 Rdn. 15 ff.).

V. Nicht offensichtlich aussichtslose Sanierung

18 Nach Satz 1 der Vorschrift ist weiterhin Voraussetzung, dass die angestrebte Sanierung nicht offensichtlich aussichtslos ist. Während in § 270a Voraussetzung ist, dass der Antrag auf Eigenverwaltung nicht offensichtlich aussichtslos ist (nicht etwa die angestrebte Sanierung), geht es bei § 270b Abs. 1 Satz 1 darum, ob die angestrebte Sanierung nicht offensichtlich aussichtslos ist. Der sich daraus ergebende Prüfungsumfang muss deutlich niedriger liegen als bei der Zurückweisung eines Insolvenzplans gem. § 231 Abs. 1 Nr. 1 und 2, denn zum Zeitpunkt der Antragstellung durch den Schuldner liegt bestimmungsgemäß noch kein Plan vor. Bei der Prüfung offensichtlicher Aussichtslosigkeit der Sanierungsabsicht des Schuldners kann es mithin nur um eine kursorische Einschätzung gehen, die sich dem sachkundigen Betrachter gleichsam aufdrängt (»offensichtlich«). Zu denken ist an ersichtlich rechtsfehlerhafte Grundannahmen oder an die Unterstellung einer Mitwirkung wesentlicher Gläubiger, wenn dem Gericht bereits positiv bekannt ist, dass die Mitwirkung nicht gewährt wird. Nicht erforderlich ist es, dass das Gericht die Sanierungsbemühungen für aussichtsreich hält.

VI. Antrag des Schuldners auf Bestimmung einer Schutzfrist

19 Schließlich muss der Schuldner einen Antrag auf Bestimmung einer Frist zur Vorlage eines Insolvenzplans stellen. Dieser Antrag ist der wichtigste Teil des Schutzschirmverfahrens, denn er führt bei positiver Bescheidung dazu, dass dem Schuldner Zeit dafür eingeräumt wird, einen Insolvenzplan als *pre-package-plan* vorzubereiten. Das Gesetz verlangt ausdrücklich die Fristbestimmung zur Vorlage eines Insolvenzplans. Erklärt der Schuldner, er wolle keinen Insolvenzplan entwerfen, sondern die Schutzfrist dazu verwenden, weitere Verhandlungen mit seinen Gläubigern führen zu können oder um weitere Zeit für die Verhandlung eines anstehenden Großauftrages zu gewinnen, so ist der Antrag nicht zulässig. Die Schutzfrist dient nicht der Verlängerung der Insolvenzantragsfrist von drei Wochen, sondern soll aussichtsreiche Sanierungsbemühungen des Schuldners ermöglichen und begünstigen. Solche Sanierungsbemühungen sieht das Gesetz in dem Vorhaben, einen Insolvenzplan zu entwerfen. Ist allerdings dem Antrag des Schuldners stattgegeben und die Frist gewährt worden, dann ist die Aufgabe des Schuldnervorhabens, einen Insolvenzplan zu entwerfen, kein eigener und zwingen-

der Grund für die Aufhebung der Anordnung einer Schutzfrist, es sei denn, dass damit gleichzeitig auch die angestrebte Sanierung aussichtslos geworden ist.

C. Entscheidungen des Insolvenzgerichts

I. Bestimmung einer Schutzfrist

Ist der Antrag zulässig, bestimmt das Insolvenzgericht eine Frist, innerhalb derer der Insolvenzplan vorzulegen ist. Das Gesetz selbst schreibt vor, dass die Schutzfrist nicht länger als drei Monate sein darf, was von Manchen als zu kurz angesehen wird.[28] Innerhalb dieser Zeitspanne muss das Gericht die »richtige« Frist suchen und festsetzen. Dabei wird es auch auf die Äußerungen des Schuldners ankommen, welche Zeit er für die Ausarbeitung des Plans veranschlagt. Dieses Interesse des Schuldners an der Vorbereitung einer erfolgreichen Sanierung ist dem Interesse der Gläubiger gegenüber zu stellen, die während der Schutzfrist im Zweifel keine Zwangsvollstreckungen durchführen können. Hat das Gericht eine unterhalb von drei Monaten liegende Frist bestimmt, bestehen keine Bedenken, die Frist zu verlängern, solange nicht insgesamt ein Zeitraum von drei Monaten überschritten wird. **20**

II. Einsetzung eines vorläufigen Sachwalters, Abs. 2 Satz 1, 2

Nach Abs. 2 Satz 1 bestellt das Gericht einen vorläufigen Sachwalter gem. § 270a Abs. 1 Satz 2. Auf die dortigen Ausführungen kann verwiesen werden (vgl. § 270a Rdn. 9). Allerdings schränkt § 270b Abs. 2 Satz 1 die Auswahl der in Frage kommenden Personen insofern ein, als zum vorläufigen Sachwalter nicht derjenige bestellt werden kann, der die Bescheinigung nach Abs. 1 Satz 3 ausgestellt hat. Diese erst im späteren Verlauf des Gesetzgebungsverfahrens hinzu gekommene Einschränkung ist zu Recht vor allem mit einer drohenden Interessenkollision begründet worden. Dann allerdings ist es konsequent, wenn auch die mit dem Aussteller zum Zweck einer gemeinsamen Berufsausübung verbundenen weiteren Personen, insb. also die Sozien, Vorgesetzten oder Angestellten als vorläufiger Sachwalter ausscheiden.[29] **21**

Eine weitere Besonderheit des Schutzschirmverfahrens ist in Abs. 2 Satz 2 enthalten. Aus diesem Teil der Bestimmung ergibt sich, dass der Schuldner eine Person als vorläufigen Sachwalter vorschlagen kann. Damit – und durch andere Regelungen (dazu s. Rdn. 1) – soll dem Schuldner die Sorge genommen werden, mit dem Eröffnungsantrag die Kontrolle über sein Unternehmen zu verlieren. Wenngleich das Gesetz dem Schuldner keine weiteren Vorgaben zur Person des vorläufigen Sachwalters macht als die Personenverschiedenheit zum Aussteller der Bescheinigung, ist besonderes Augenmerk auf den Vorschlag des Schuldners zu legen. Der vorläufige Sachwalter soll die Einhaltung der bereits mit dem Insolvenzantrag eintretenden Regeln der Insolvenzordnung überwachen und vermeiden, dass durch die Belassung der Verwaltungs- und Verfügungsbefugnis beim Schuldner und schließlich durch den Verzicht auf Sicherungsmaßnahmen während des Schutzschirmverfahrens keine Nachteile für die Gläubiger eintreten; er muss das Gericht und den Gläubigerausschuss über den Eintritt der Zahlungsunfähigkeit gem. § 270b Abs. 4 Satz 2 informieren und die sonstigen Pflichten eines vorläufigen Sachwalters (s. § 270a Rdn. 9) erfüllen. Damit nimmt der vorläufige Sachwalter wichtige Funktionen zum Schutz der Gläubiger wahr. Auch die vom Schuldner vorgeschlagene Person muss die Wahrnehmung dieser Aufgaben gewährleisten. Diesen Spagat, nämlich vertrauensvolle Zusammenarbeit mit dem Schuldner einerseits und Beachtung der Gläubigerinteressen andererseits, muss der vorläufige Sachwalter leisten können. **22**

Allerdings kann das Gericht im Rahmen des § 270b-Verfahrens nicht nach Gutdünken entscheiden. Vielmehr muss es die vom Schuldner vorgeschlagene Person zum vorläufigen Sachwalter bestellen, wenn diese nicht offensichtlich ungeeignet ist. Die Ungeeignetheit muss offensichtlich sein. Das wäre etwa der Fall, wenn der Schuldner seinen langjährigen anwaltlichen oder steuerlichen Berater oder eine ihm nahestehende Person vorschlägt. Ebenso kann sich die Ungeeignetheit aus einer um- **23**

---

28 *Brinkmann/Zipperer* ZIP 2011, 1337 (1344).
29 So auch Kübler/Prütting/Bork/*Pape* Rn. 63; *Zipperer/Vallender* NZI 2012, 729 (735).

fangreichen früheren Geschäftsbeziehung ergeben.[30] Ungeeignet sind zudem mit Blick auf § 56 Abs. 1 Satz 1 nicht natürliche Personen und Gesellschaften, und außerdem insolvenzunerfahrene Personen. Eine vorherige Tätigkeit als Insolvenzverwalter wird man hingegen nicht verlangen können.[31] Die offensichtliche Ungeeignetheit kann sich m.E. daraus ergeben, dass die als vorläufiger Sachwalter vorgeschlagene Person keine hinreichende Gewähr dafür bietet, im Falle einer Pflichtverletzung auch werthaltig haften zu können. Da eine Haftung des Schuldners entfällt bzw. keinen wirtschaftlichen Sinn ergibt, kommt als Garant für die Beachtung der Pflichten im Schutzschirmverfahren vorwiegend der vorläufige Sachwalter in Betracht. Ist dieser nicht vermögen genug oder hat er keine ausreichend hohe Haftpflichtversicherung für diese spezielle Tätigkeit abgeschlossen, bietet er den Gläubigern keine ausreichende persönliche Sicherheit, das Amt übernehmen zu können. Daher muss eine Haftpflichtversicherung für die Tätigkeit als vorläufiger Sachwalter in Anlehnung an die GOI des VID im Mindestumfang von € 2,0 Mio[32] oder die Hinterlegung eines gleich hohen Sicherheitsbetrages zur Absicherung der Gläubiger nachgewiesen werden.

24 Will das Gericht eine vom Schuldner vorgeschlagene Person nicht zum vorläufigen Sachwalter bestellen, ist dies durch das Gericht schriftlich zu begründen, was die Anforderungen an die gerichtliche Tätigkeit erhöht. Damit sollen die Gläubiger später, nämlich nach der Eröffnung des Insolvenzverfahrens in Kenntnis dieser Begründung entscheiden können, ob sie die Abwahl des vom Gericht Bestellten betreiben und stattdessen die ursprünglich vom Schuldner vorgeschlagene Person zum Sachwalter wählen wollen (§ 57 i.V.m. § 274).

III. Sonstige Sicherungsmaßnahmen, Abs. 2 Satz 3

25 Der Katalog der ansonsten vom Insolvenzgericht während der Schutzfrist anzuordnenden Sicherungsmaßnahmen ist durch § 270b Abs. 2 Satz 3 beschränkt. So sind wegen des Verweises auf § 21 Abs. 1 diejenigen Maßnahmen außerhalb von dessen Abs. 2 auch im Schutzschirmverfahren zulässig, die erforderlich erscheinen, um bis zur Entscheidung über den Antrag eine den Gläubigern nachteilige Veränderung in der Vermögenslage des Schuldners zu verhüten. Möglich und gerade im Schutzschirmverfahren sicherlich häufig anzuordnen ist die Einsetzung eines vorläufigen Gläubigerausschusses gem. § 21 Abs. 2 Satz 1 Nr. 1a. Darüber hinaus wird das Gericht regelmäßige Berichte des vorläufigen Sachwalters dazu anfordern, ob Zahlungsunfähigkeit eingetreten oder die angestrebte Sanierung aussichtslos geworden ist;[33] ersteres erhöht die Gefahrenlage für Gläubiger (vgl. Rdn. 8 ff.), letzteres ist ein Aufhebungsgrund (§ 270b Abs. 4 Nr. 1).

26 Ebenfalls zulässig ist die Einstellung von Zwangsvollstreckungsmaßnahmen, soweit nicht unbewegliche Gegenstände betroffen sind, § 21 Abs. 2 Satz 1 Nr. 3. Die Einstellung der Zwangsvollstreckung muss vom Insolvenzgericht sogar während des § 270b-Verfahrens angeordnet werden, wenn der Schuldner das beantragt; dieser Antrag muss nicht mit dem Antrag gestellt werden, mit dem das § 270b-Verfahren eingeleitet wird, sondern kann auch später im weiteren Verlauf vom Schuldner beantragt werden. Die Einstellung von Zwangsvollstreckungsmaßnahmen gehört zu den wichtigsten Sicherungsmitteln, die im Interesse des Schuldners und seinen Sanierungsbemühungen erforderlich sein werden. Nur bei hinreichendem Schutz vor laufenden Zwangsvollstreckungsmaßnahmen wird der Schuldner seine Sanierungsbemühungen erfolgreich abschließen können. Bei Zwangsvollstreckungen in das unbewegliche Vermögen kann das Insolvenzgericht auf Antrag des Schuldners Maßnahmen nach § 30d ZVG anordnen und auf diesem Wege eine Zwangsversteigerung einstweilen einstellen. Bei Zwangsverwaltungen besteht diese Möglichkeit nicht, § 153b ZVG.

---

30 AG Stendal v. 31.08.2012, 7 IN 164/12, ZIP 2012, 1875.
31 a.A. *Schmidt/Linker* ZIP 2012, 963 (964); HambK-InsR/*Fiebig* Rn. 22.
32 Vgl. Nr. II. 5 der GOI – Grundsätze ordnungsgemäßer Insolvenzverwaltung des VID Verbandes der Insolvenzverwalter Deutschland e.V. i.d.F. v. 04.06.2011.
33 *Brinkmann/Zipperer* ZIP 2011, 1337 (1344).

Als weitere Sicherungsmaßnahmen ist zulässig die Anordnung einer Postsperre gem. § 22 Abs. 2 Satz 1 Nr. 4, was vermutlich nur selten vorkommen wird. Sollte das Gericht die Verhängung einer Postsperre für erforderlich halten, scheint der Schuldner keine Gewähr für eine Sanierung leisten zu können oder scheint die Überwachung des Schuldners durch den vorläufigen Sachwalter nicht gewährleistet zu sein und dies könnte zu Nachteilen für die Gläubiger führen, so dass ein Aufhebungsgrund für die Anordnung der Schutzfrist vorliegt. Schließlich ist als eigenständige Sicherungsmaßnahme auch die Anordnung gem. § 21 Abs. 2 Satz 1 Nr. 5 zulässig, dass Gegenstände, die im Falle der Eröffnung von § 166 erfasst würden oder deren Aussonderung verlangt werden könnte, vom Gläubiger nicht eingezogen oder verwertet werden dürfen und dass solche Gegenstände zur Fortführung des Unternehmens des Schuldners eingesetzt werden dürfen, soweit sie hierfür von erheblicher Bedeutung sind; § 21 Abs. 1 Satz 1 Nr. 5 ist in diesem Fall ergänzend zu beachten.

27

Nicht zulässig sind im Schutzschirmverfahren die Bestellung eines vorläufigen Insolvenzverwalters (§ 21 Abs. 2 Satz 1 Nr. 1), die Auferlegung eines allgemeinen Verfügungsverbotes oder die Anordnung eines Zustimmungsvorbehaltes (§ 21 Abs. 2 Satz 1 Nr. 2), und zwar auch nicht vor einer Entscheidung des Gerichts darüber, ob der Antrag nach § 270b überhaupt zulässig ist.[34] Würde das Gericht in der Phase zwischen der Einreichung des Antrags durch den Schuldner und Bestimmung der Frist gem. § 270b Abs. 1 Satz 2 diese Sicherungsmaßnahmen ergreifen können, würde dies wiederum zu der vom Gesetz nicht gewollten Zurückhaltung der Schuldner führen und die Akzeptanz des Schutzschirmverfahrens nachhaltig beeinträchtigen.

28

Trotzdem ist der Antrag nach § 270b ein Insolvenzantrag und wird Auswirkungen auf das Verhalten von Vertragspartnern haben. So müssen Kreditinstitute, denen der Schuldner revolvierende Sicherheiten (Warenlager mit wechselndem Bestand, Globalzession) bestellt hatte, dafür sorgen, dass der Schuldner nicht über das Sicherungsgut im Antragsverfahren verfügt, denn dadurch würde sich der Bestand an Sicherheit verringern. Zwar werden durch Fortführung des Geschäftsbetriebes andererseits neue Sicherheiten begründet, nur unterliegen diese der kongruenten Deckungsanfechtung.[35] Dem kann durch eine Anordnung nach Abs. 3 begegnet werden (dazu Rdn. 30).[36]

29

IV. Öffentliche Bekanntmachung

Das Gesetz sieht in § 270b keine Verpflichtung für das Gericht vor, die Beschlüsse über die Einräumung einer Schutzfrist, über die Bestellung eines vorläufigen Sachwalters oder über die Anordnung von Sicherungsmaßnahmen öffentlich bekanntmachen zu müssen. Insbesondere kann nicht auf § 23 Abs. 1 Satz 1 zurückgegriffen werden, weil die Anordnung der dort genannten Verfügungsbeschränkungen im Schutzschirmverfahren gerade unterbleiben soll. Trotzdem wird teilweise[37] gefordert, eine öffentliche Bekanntmachung müsse erfolgen, weil die Nichtveröffentlichung wenig Sinn mache und einzelnen Gläubigern einen Informationsvorsprung verschaffe. Dem ist entgegen zu halten, dass das Schutzschirmverfahren die Sanierungsbemühungen des Schuldners ermöglichen bzw. unterstützen[38] soll und es sich damit nicht verträgt, alle Beschlüsse veröffentlichen zu müssen. Stattdessen ist der in der Literatur[39] vorherrschenden Meinung zu folgen, dass es gem. § 21 Abs. 1 Satz 1 im Ermessen des Gerichts liegen muss, im Einzelfall eine Entscheidung über die öffentliche Bekanntmachung zu treffen. Pauschalierungen wie z.B. die Meinung[40], es seien zwar nicht die Beschlüsse über die Einräumung einer Schutzfrist oder über die Einsetzung eines vorläufigen Sachwalters zu veröffentlichen, wohl aber die Anordnung sonstiger Sicherungsmaßnahmen, sind zu vermei-

29a

---

34 BT-Drucks. 17/5712, 61.
35 *Obermüller* ZInsO 2011, 1809 (1816 f.).
36 S. dazu BGH 18.07.2002, IX ZR 195/01, ZInsO 2002, 819; in diesem Sinne auch *Obermüller* ZInsO 2011, 1809 (1816).
37 *Buchalik* ZInsO 2012, 349 ff (354).
38 siehe dazu *Vallender* GmbHR 2012, 450 ff (452).
39 *Graf-Schlicker* Rn. 22; *Horstkotte*, ZInsO 2012, 1161; AGR-*Sander*, § 23 Rn. 11.
40 Münch-Komm-InsO/*Haarmeyer* § 23 Rn. 9 ff.

den. Es hat eine Einzelabwägung stattzufinden, wobei z.B. die Erhöhung des Wirkungsgrades einer angeordneten Maßnahme mit zu berücksichtigen sein wird[41].

V. Ermächtigung zur Begründung von Masseverbindlichkeiten, Abs. 3

30 Nach Abs. 3 kann das Insolvenzgericht den Schuldner ermächtigen, Masseschulden für das nachfolgende Insolvenzverfahren zu begründen, für die § 55 Abs. 2 entsprechend gilt. Abs. 3 ist nachträglich, nämlich kurz vor der Verabschiedung des Gesetzes in das ESUG aufgenommen worden, weil anderenfalls keine Chance bestanden hätte, die Unternehmensfortführung während der Insolvenzantragsphase finanzieren zu können. Die Möglichkeit, während des Eröffnungsverfahrens Masseschulden begründen zu können, insb. also Darlehen aufnehmen zu können, hat sich seit der Entscheidung des BGH[42] zu einem wichtigen und inzwischen unverzichtbaren Instrument entwickelt, welches von den potentiellen Kreditgebern auch regelmäßig eingefordert wird. Allerdings fordert der BGH in der vorstehend zitierten Entscheidung, dass sich der Ermächtigungsbeschluss auf konkrete Geschäfte bzw. Verbindlichkeiten, die zu Masseschulden werden, bezieht. § 270b Abs. 3 indes stellt den Schuldner mit dem sog. »starken« vorläufigen Insolvenzverwalter gleich, der bei all seinen Handlungen Masseschulden für das spätere Insolvenzverfahren begründet. Hinzu kommt, dass das Gericht die Anordnung nach § 270b Abs. 3 treffen muss, wenn der Schuldner dies beantragt. Ein Ermessen steht dem Gericht nicht zur Verfügung. Allerdings kann der Schuldner – und dies ist von ihm als oftmals vorzugswürdige Alternative pflichtgemäß zu prüfen – seinen Antrag auf Erteilung einer Befugnis zur Begründung von Masseverbindlichkeiten auf einzelne Geschäfte ermächtigen[43].

31 Damit bekommt der Schuldner ein Instrument in die Hand, das auf die Befriedigung der Gläubiger einen immensen Einfluss nehmen kann und deshalb ein hohes Gefährdungspotential beinhaltet. Bedenkt man, dass der Schuldner letztlich für seine Fehlentscheidungen nicht einmal haften muss[44], ist der Gesetzgeber über das Ziel hinausgeschossen. Dadurch aber werden die Anforderungen an den vorläufigen Sachwalter, die Geschäftsführung des Schuldners zu überwachen, steigen. Immerhin ist der Schuldner verpflichtet, die Zustimmung des vorläufigen Sachwalters einzuholen, wenn er nicht zum gewöhnlichen Geschäftsbetrieb gehörende Verbindlichkeiten begründen will. Eine Verbindlichkeit, selbst wenn sie zum gewöhnlichen Geschäftsbetrieb gehört, soll der Schuldner nicht begründen, wenn der vorläufige Sachwalter widerspricht.

VI. Rechtsmittel gegen die Entscheidungen des Gerichts

32 Gegen die Anordnung einer Sicherungsmaßnahme steht dem Schuldner die sofortige Beschwerde gem. § 21 Abs. 1 Satz 2 zu. Auch aus- und absonderungsberechtigte Gläubiger haben nach derselben Regelung ein Recht zur sofortigen Beschwerde, wenn das Insolvenzgericht Sicherungsmaßnahmen nach § 21 Abs. 2 Satz 1 Nr. 5 anordnet. Hingegen sieht das Gesetz kein Rechtsmittel gegen die Bestimmung einer Frist zur Vorlage eines Insolvenzplans vor. Weder der Schuldner kann eine ihm zu kurz vorkommende Schutzfrist durch Rechtsmittel angreifen, noch kann dies ein Gläubiger, wenn er eine kürzere Frist wünscht.

D. Aufhebung der Anordnung, Abs. 4

33 § 270b Abs. 4 regelt die Aufhebung der Anordnung einer Schutzfrist durch das Insolvenzgericht. Liegen die im Gesetz geregelten Voraussetzungen des Abs. 4 Satz 1 vor, hat das Gericht keinen Ermessensspielraum, sondern muss von der Aufhebungsmöglichkeit Gebrauch machen. Dadurch soll

---

41 AGR-*Sander*, § 23 Rn. 11.
42 BGH 18.07.2002, IX ZR 195/01, ZInsO 2002, 819.
43 siehe dazu Entscheidung des AG Köln vom 26.03.2012, ZIP 2012, 788.
44 § 61 ist mangels Verweis nicht anwendbar und seine Haftungsmasse ist identisch mit dem später insolvenzbefangenen Vermögen.

insb. verhindert werden, dass der Schuldner unter dem Schutzschirm der gerichtlichen Anordnung das letzte Vermögen vernichtet.[45] Liegt ein für das Gericht relevanter Antrag auf Aufhebung der Anordnung vor, muss diese unverzüglich verfügt werden.

In Abs. 4 Satz 1 ist geregelt, dass der Schuldner und der vorläufige Sachwalter dem Gericht unverzüglich anzeigen müssen, wenn beim Schuldner Zahlungsunfähigkeit eingetreten ist. Diese Hinweispflicht ist beibehalten worden, obgleich die Aufhebung des Schutzschirmverfahrens infolge des Eintritts der Zahlungsunfähigkeit noch vom RegE vorgesehen, vom Rechtsausschuss aber gestrichen wurde. Der Eintritt der Zahlungsunfähigkeit hat also nach der geltenden Rechtslage keine Aufhebung des Verfahrens zur Folge. Die Mitteilung des Eintritts der Zahlungsunfähigkeit ist trotzdem vorzunehmen; daraus ergeben sich für das Gericht veränderte Rahmenbedingungen. Eine Gefährdung der Gläubiger ist unwahrscheinlicher, solange Zahlungsfähigkeit beim Schuldner besteht und wahrscheinlicher, wenn Zahlungsunfähigkeit eingetreten ist (s. dazu auch Rdn. 8 ff.). 34

I. Aussichtslosigkeit der angestrebten Sanierung

Nach Nr. 1 ist Aufhebungsgrund, wenn die angestrebte Sanierung erkennbar aussichtslos geworden ist. Als Beispiel dafür nennt die Begründung zum RegE des ESUG den Fall, dass die Bank, mit der der Schuldner über eine weitere Finanzierung verhandelt hat, die Verhandlungen endgültig abbricht und damit für den Schuldner keine Möglichkeit mehr besteht, an neues Kapital zu gelangen. Nicht im Gesetz geregelt ist, wie das Gericht an die Erkenntnis, dass die angestrebte Sanierung aussichtslos geworden ist, kommen soll. Zur Mitteilung solcher Umstände ist der vorläufige Sachwalter verpflichtet. Das ergibt sich aus der allgemeinen für den vorläufigen Sachwalter geltenden Bestimmung des § 274 Abs. 3, weil die Aufrechterhaltung des Schutzschirms trotz fehlender Sanierungsmöglichkeiten zu Nachteilen für die Gläubiger führen wird; die Gläubiger haben nämlich ein vorrangiges Interesse daran, dass das Insolvenzverfahren alsbald eröffnet wird und dies nicht aus Gründen verzögert wird, die den Gläubigerinteressen nicht nützen. Zwar bezieht sich § 274 Abs. 3 auf die Frage ob die Beibehaltung der Eigenverwaltung, nicht des Schutzschirmes, zu Nachteilen für die Gläubiger führen wird. Die entsprechende Anwendung der Vorschrift auf die Umstände, die zum Wegfall der Anordnung einer Schutzfrist führen, ist aber geboten. Die Interessenlage ist vergleichbar, im Falle des Schutzschirmverfahrens sogar noch stärker ausgeprägt als in dem vom Gesetz in § 274 Abs. 3 geregelten Fall. Außerdem liegt eine planwidrige Regelungslücke vor, weil nicht angenommen werden kann, dass der Gesetzgeber gerade in dem für Gläubiger nicht ungefährlichen Schutzschirmverfahren, das zudem ein Ausnahmeverfahren im Gegensatz zu den Regelverfahren darstellt, ein Informationsdefizit entstehen lassen wollte. 35

II. Antrag des vorläufigen Gläubigerausschusses

Ein weiterer Grund für die Aufhebung der Schutzfristanordnung ist, dass der vorläufige Gläubigerausschuss dies beantragt, § 270b Abs. 4 Satz 1 Nr. 2. Das Gesetz stellt für den Antrag des vorläufigen Gläubigerausschusses keine weiteren Voraussetzungen auf, weil es davon ausgeht, dass die Mitglieder des Gläubigerausschusses die ihnen eröffneten Entscheidungsvarianten im eigenen wohlverstandenen Interesse ausüben werden. Da das Insolvenzverfahren ein gläubigerorientiertes Verfahren ist und dies infolge der vom ESUG begründeten erheblichen Stärkung des Gläubigereinflusses auf das Eröffnungsverfahren auch dort gilt, ist das Antragsrecht des vorläufigen Gläubigerausschusses ohne vom Gericht zu überprüfende Voraussetzungen auch angemessen. Der Gläubigerausschuss muss als Gremium entscheiden, wobei die Regelung des § 72 Anwendung findet. Wird ein solcher Antrag gestellt, muss das Gericht die Aufhebung der angeordneten Schutzfrist verfügen. 36

---

45 BT-Drucks. 17/5712, 61.

III. Antrag einzelner Gläubiger

37 Nur wenn ein vorläufiger Gläubigerausschuss nicht existiert, kann die Aufhebung auch durch einen einzelnen Insolvenzgläubiger oder durch einen absonderungsberechtigten Gläubiger beantragt werden. Dieser muss allerdings glaubhaft machen, dass ihm Umstände bekannt geworden sind, die erwarten lassen, dass die Anordnung der Schutzfrist zu Nachteilen für die Gläubiger führen wird. Solche Umstände müssen nicht schon bei Beginn der Anordnung vorgelegen haben, der Gläubiger kann sich auf solche auch berufen, wenn diese erst später entweder aufgetreten oder bekannt geworden sind.

38 Das Gericht muss inhaltlich prüfen, ob die vom Gläubiger vorgetragenen und glaubhaft gemachten Umstände tatsächlich vorliegen. Des Weiteren muss das Gericht feststellen, dass die Umstände tatsächlich erwarten lassen, dass Nachteile eintreten werden. Anders als bei den Aufhebungsgründen gem. Nr. 1 und 2 muss das Gericht beim Antrag eines einzelnen Gläubigers eine auch inhaltliche Entscheidung treffen. Das ist im Gegensatz zum Antrag des vorläufigen Gläubigerausschusses auch richtig, weil die Entscheidung des Einzelnen eher von Singularinteressen getrieben sein kann als die Gremienentscheidung des vorläufigen Gläubigerausschusses.

IV. Entscheidung über Insolvenzeröffnung, Abs. 4 Satz 3

39 Ist die Schutzfrist abgelaufen und nicht verlängert worden (vgl. Rdn. 20), muss das Insolvenzverfahren eröffnet werden. Idealerweise hat der Schuldner bis zu diesem Zeitpunkt den beabsichtigten Insolvenzplan ausgearbeitet und kann ihn dem Gericht rechtzeitig vor der Insolvenzeröffnung vorlegen. Alsdann wird das Insolvenzverfahren in Eigenverwaltung eröffnet und nach den allgemeinen Regelungen der InsO und insb. nach den besonderen Regelungen zum Insolvenzplan abgewickelt.

40 Hebt das Insolvenzgericht die Anordnung einer Schutzfrist vorzeitig aufgrund eines Antrages nach Abs. 4 Satz 1 auf, bleiben der Insolvenzantrag und der Antrag auf Anordnung der Eigenverwaltung dennoch bestehen. Über diese Anträge ist zu entscheiden, wenn dem Gericht die dafür erforderlichen Kenntnisse, insb. über das Vorliegen eines Insolvenzgrundes und das Vorhandensein der Massekostendeckung vermittelt worden sind. Bis zu dieser Entscheidung müssen dem Schuldner keine sich aus § 270b ableitenden Vergünstigungen mehr belassen werden. Daher können auch die nach § 270b Abs. 2 Satz 2 nicht gestatteten Sicherungsmaßnahmen nun angeordnet werden.[46] Das Insolvenzverfahren wird sodann nach den allgemeinen Vorschriften eröffnet. Dabei ist das Gericht, wenn die Eigenverwaltung angeordnet wird, auch nicht mehr an den Vorschlag des Schuldners bei der Bestellung des Sachwalters gebunden. Diese Bindung gilt nur für ein Verfahren nach § 270b (arg. § 270b Abs. 2 Satz 2), dessen Voraussetzungen aber nicht mehr vorliegen. Indes wird nach den allgemeinen Vorschriften ein etwa existierender vorläufiger Gläubigerausschuss einzubeziehen sein. Dieser kann auch bei der Eigenverwaltung von seinem Vorschlagsrecht nach § 274 i.V.m. § 56 Abs. 1 Gebrauch machen.[47]

§ 270c Bestellung des Sachwalters

Bei Anordnung der Eigenverwaltung wird anstelle des Insolvenzverwalters ein Sachwalter bestellt. Die Forderungen der Insolvenzgläubiger sind beim Sachwalter anzumelden. Die §§ 32 und 33 sind nicht anzuwenden.

Übersicht

	Rdn.			Rdn.
A. Normzweck	1	C.	Anmeldung von Forderungen und Führung der Tabelle	5
B. Bestellung eines Sachwalters	2	D.	Registereintragungen nach § 31	7

---

46 *Kammel/Staps* NZI 2010, 791 (796).
47 BT-Drucks. 17/5712, 62.

A. Normzweck

Der Wortlaut des § 270c entspricht dem früheren § 270 Abs. 3 und ist lediglich aus redaktionellen Gründen in eine eigene Vorschrift übertragen worden. Es kann daher die zu § 270 Abs. 3 a.F. ergangene Rechtsprechung und Kommentierung herangezogen werden. 1

B. Bestellung eines Sachwalters

Nach § 270c Satz 1 wird anstelle eines Insolvenzverwalters ein Sachwalter bestellt. Die wichtigste Besonderheit eines Sachwalters ist, dass die Befugnis, das Schuldnervermögen zu verwalten und über es zu verfügen nicht auf ihn, sondern auf den Schuldner selbst übergeht (dazu, dass die Verwaltungs- und Verfügungsbefugnis nicht beim Schuldner »bleibt«, sondern auf ihn »übergeht« vgl. § 270 Rdn. 30). Dem gegenüber ist der Sachwalter ein Mitwirkungs- und Überwachungsorgan. Zum Sachwalter kann nur eine natürliche Person bestellt werden.[1] Zuständig für die Einsetzung des Sachwalters ist der Richter, nicht der Rechtspfleger.[2] 2

Der Sachwalter muss unabhängig i.S.d. § 56 sein,[3] vielfach wird sogar ausgeführt, dass mit Blick auf die Gefahr, dass Großgläubiger die Eigenverwaltung unter Aufsicht eines Sachwalters für eigene Zwecke und Interessen instrumentalisieren könnten, die Unabhängigkeit des Sachwalters noch wichtiger sei als die des Insolvenzverwalters. *Vallender*[4] wies noch darauf hin, dass es gängige gerichtliche Praxis sei, dass bei einer vom Schuldner oder einem Gläubiger vorgeschlagenen Person besonderes Augenmerk auf die Unabhängigkeit gelegt werden müsse. Die Abwicklungs- und Beratungspraxis zeigt, dass dieser Hinweis zutreffend war und ist. Andererseits ist durch das zum 01.03.2012 in Kraft getretene ESUG ein Paradigmenwechsel eingetreten. Die Einflussnahme der Gläubiger auf die Bestimmung derjenigen Person, die Insolvenzverwalter oder Sachwalter werden soll, ist in der Form der Mitwirkung eines vorläufigen Gläubigerausschusses nach § 56a deutlich gesteigert geworden. Beim Schutzschirmverfahren kann der Schuldner eine Person als Sachwalter vorschlagen und das Gericht ist nur unter bestimmten Umständen berechtigt, von diesem Vorschlag abzuweichen. An der Notwendigkeit der grundsätzlichen Unabhängigkeit ändert das nichts. Dass diese beim Sachwalter vorhanden ist, wird eine der wichtigsten Prüfungsaufgaben der Insolvenzgerichte auch seit Änderung der InsO durch das ESUG bleiben. 3

Wegen weiterer Einzelheiten zur Bestellung des Sachwalters, zur Aufsicht über den Sachwalter, zu seinen Pflichten und zu seiner Haftung sowie der ihm zustehenden Vergütung darf auf die Kommentierung zu § 274 verwiesen werden (vgl. § 274 Rdn. 1 ff.). 4

C. Anmeldung von Forderungen und Führung der Tabelle

Im Falle einer Verfahrensabwicklung mit Eigenverwaltung sind die Forderung der Insolvenzgläubiger beim Sachwalter anzumelden. Für die Anmeldung der Forderungen gelten die allgemeinen Regelungen der §§ 174 ff., vgl. § 270 Abs. 1 Satz 2. Für die Feststellung der Forderungen wird auf die Sonderregelung des § 283 Abs. 1 verwiesen. Aus der Anmeldepflicht der Forderungen beim Sachwalter ergibt sich zugleich dessen Pflicht, die Insolvenztabelle zu führen. Für die Aufstellung der Tabelle hat sich der Sachwalter an die allgemeine Regelung des § 175, vgl. § 270 Abs. 1 Satz 2, zu halten. Während somit der Sachwalter zuständig ist für das Forderungsfeststellungsverfahren, ist der Schuldner gem. § 283 Abs. 2 für das Verteilungsverfahren zuständig.[5] 5

Die Zuständigkeit des Sachwalters für die Führung der Insolvenztabelle wirkt sich auch darauf aus, dass der Sachwalter berechtigt und verpflichtet ist zu entscheiden, ob eine Forderung in die Tabelle 6

---

1 *Pape* ZIP 1993, 737 ff.; Uhlenbruck/*Uhlenbruck* § 270 Rn. 49.
2 HK-InsO/*Landfermann* § 270 Rn. 14.
3 Uhlenbruck/*Uhlenbruck* § 270 Rn. 49.
4 *Vallender* WM 1998, 2129.
5 Uhlenbruck/*Uhlenbruck* § 270 Rn. 51.

aufgenommen oder etwa wegen mangelhafter Anmeldung zurückgewiesen werden muss, § 175 Abs. 1 Satz 1. Dabei steht der Sachwalter unter der Aufsicht des Insolvenzgerichts, so dass ein Insolvenzgläubiger, dessen Forderung nicht in die Tabelle eingetragen worden ist, über § 58 beantragen kann, den Sachwalter zur Aufnahme der Forderung anzuhalten. Der Sachwalter ist auch zuständig für die rechtzeitige Niederlegung der Tabelle gem. § 175 Abs. 1 Satz 2. Aber nicht er, sondern der Schuldner ist der richtige Adressat für die Nachweise gem. §§ 189, 190, dass und in welcher Höhe ein Insolvenzgläubiger bei der Verwertung von Absonderungsrechten ausgefallen ist und ob eine Feststellungsklage gegen den Bestreitenden erhoben wurde (vgl. § 283 Rdn. 11). Zum Recht, einer angemeldeten Forderung im Prüfungstermin widersprechen zu dürfen, vgl. § 283 Abs. 1.

D. Registereintragungen nach § 31

7   Einer Eintragung des Eröffnungsbeschlusses in das Grundbuch nach § 32 bzw. in das Luftfahrzeug- bzw. Schiffsregister nach § 33 bedarf es nicht, § 270c Satz 3, da der Schuldner die Verfügungsbefugnis auch während des laufenden Insolvenzverfahrens innehat. Die Anordnung sowie die Aufhebung der Eigenverwaltung sind jedoch in das Handels- und Genossenschaftsregister einzutragen.

8   Im Gegensatz dazu sind allerdings Verfügungsbeschränkungen, die die Gläubigerversammlung nach § 277 Abs. 1 Satz 1 beschließt und das Insolvenzgericht deshalb anordnet, gem. § 277 Abs. 3 öffentlich bekannt zu machen und in den entsprechenden Registern einzutragen. Wegen weiterer Einzelheiten vgl. § 277 Rdn. 16.

§ 271 Nachträgliche Anordnung

Beantragt die Gläubigerversammlung mit der in § 76 Absatz 2 genannten Mehrheit und der Mehrheit der abstimmenden Gläubiger die Eigenverwaltung, so ordnet das Gericht diese an, sofern der Schuldner zustimmt. Zum Sachwalter kann der bisherige Insolvenzverwalter bestellt werden.

Übersicht

		Rdn.			Rdn.
A.	Normzweck	1	D.	Bestellung des Sachwalters	8
B.	Voraussetzung der nachträglichen Anordnung	3	E.	Rechtshandlungen des bisherigen Insolvenzverwalters	9
C.	Anfechtung des Beschlusses durch einzelne Gläubiger	6	F.	Rechtslage bis zum 29.02.2012	10

A. Normzweck

1   Schon immer sah § 271 das Recht der Gläubigerversammlung vor, die einen Eigenantrag des Schuldners ablehnende Entscheidung des Insolvenzgerichts abzuändern und das Gericht zur Anordnung einer Eigenverwaltung zu verpflichten. Nicht hinreichend geklärt war hingegen nach der bis zum 29.02.2012 geltenden Rechtslage der InsO, ob die Gläubigerversammlung eine Anordnung der Eigenverwaltung auch dann beantragen kann, wenn der Schuldner bis zur Insolvenzeröffnung selbst keinen Antrag auf Anordnung der Eigenverwaltung gestellt hatte. Um in diesem Punkt Rechtsklarheit zu schaffen, ist § 271 mit Wirkung ab dem 01.03.2012 in Satz 1 neu gefasst worden.

2   Damit stellt die Norm ein Korrelat zur Möglichkeit der Gläubigerversammlung, einen anderen Insolvenzverwalter zu wählen (§ 57), dar. Sofern die Anordnung einer Eigenverwaltung später korrigiert, also wieder rückgängig gemacht werden soll, ist ein Antrag nach § 272 zu stellen.

B. Voraussetzung der nachträglichen Anordnung

3   Nach Satz 1 ist lediglich Voraussetzung, dass ein Beschluss der Gläubigerversammlung zustande kommt, wonach die Gläubigerversammlung beantragt, die Eigenverwaltung anzuordnen. Dabei gibt die Vorschrift vor, unter welchen Abstimmungsbedingungen ein solcher Beschluss der Gläubi-

gerversammlung zustande kommt, nämlich unter denselben Bedingungen, unter denen die erste auf die Bestellung des Insolvenzverwalters folgende Gläubigerversammlung gem. § 57 einen neuen Insolvenzverwalter wählen kann. Wie dort setzt der Antrag der Gläubigerversammlung nach § 271 voraus, dass neben der Summenmehrheit gem. § 76 Abs. 2 auch die Kopfmehrheit erreicht ist. Nach der Begründung zum RegE[1] sollten mit der Angleichung an § 57 im Interesse der Gläubigergesamtheit die früher im Rahmen des § 271 geltenden Mehrheitsverhältnisse geändert werden, weil man die Gefahr sah, dass wenige Großgläubiger oder geschickt agierende Kleingläubigergruppen das Abstimmungsergebnis einseitig beeinflussen könnten.

Weitere Voraussetzung ist, dass der Schuldner einem Verfahren in Eigenverwaltung zustimmt. Eines förmlichen Antrages des Schuldners bedarf es anders als bei Anordnung der Eigenverwaltung bereits zur Eröffnung des Insolvenzverfahrens nicht. Es reicht vielmehr aus, dass der Schuldner zustimmt. Eine gegen den Willen des Schuldners angeordnete Eigenverwaltung würde nicht funktionieren. Die Zustimmung des Schuldners kann nicht mit Bedingungen versehen werden.

Dem Insolvenzgericht steht keine der § 270 Abs. 2 Nr. 2 vergleichbare Prüfungskompetenz zu. Der bindende Antrag der Gläubigerversammlung ist vielmehr Ausfluss der Gläubigerautonomie.

C. Anfechtung des Beschlusses durch einzelne Gläubiger

Verstößt der Beschluss auf nachträgliche Anordnung gegen die gemeinsamen Interessen der Insolvenzgläubiger, so soll es einem der in § 78 genannten Gläubiger nach einer in der Literatur bestehenden Meinung freistehen, die Aufhebung des Beschlusses zu verlangen.[2] Dem ist allerdings der BGH[3] in einer Entscheidung zu § 272 entgegengetreten und hat darauf abgestellt, dass ein Beschluss der Gläubigerversammlung über die Aufhebung der Eigenverwaltung gem. § 272 Abs. 1 Nr. 1 nicht begründet werden muss und dennoch vom Gericht zu beachten ist. Darin, so der BGH, komme das Prinzip der Gläubigerautonomie zum Ausdruck, dass es eben die Gläubiger sind, die letztentscheidend über die Wahl des Insolvenzverwalters oder die Aufhebung der Anordnung der Eigenverwaltung bestimmen. Vor diesem Hintergrund wäre es nach Meinung des BGH nicht sachgerecht, wenn ein einzelner Gläubiger eine Entscheidung des Gerichts mit der dann auch notwendigen Abwägung von Vor- und Nachteilen des Beschlusses der Gläubigerversammlung vornehmen müsste, während die Gläubigerversammlung ihre Entscheidung eben nicht begründen muss. Das würde im Ergebnis nämlich dazu führen, dass die Gläubigerversammlung schließlich doch begründen müsste, warum sie wie geschehen entschieden hat. Dem ist *Smid*[4] entgegengetreten und meint u.a., das Risiko eines sich durchsetzenden Großgläubigers müsse begrenzbar sein. Letzteres Argument ist durch die Einführung auch der Kopfmehrheit sowohl in § 272 Abs. 1 Nr. 1 als auch in dem hier interessierenden § 271 Satz 1 überholt. Für die Praxis ist die Meinung des BGH zu beachten. Sie ist auch auf § 271 übertragbar, weil die Gründe, auf die sich der BGH maßgeblich gestützt hat, auch für den Fall des nachträglichen Antrags auf Anordnung der Eigenverwaltung gelten. Das schränkt die Möglichkeiten eines einzelnen Gläubigers, ein Rechtsmittel gegen den Beschluss der Gläubigerversammlung einlegen zu können, stark ein. Allenfalls formale Mängel in der Beschlussfassung sind denkbar, außerdem die Behauptung, die nach § 271 erforderliche Zustimmung des Schuldners fehle oder sei nicht wirksam abgegeben worden.

Das Insolvenzgericht hat im Rahmen des § 78 Abs. 1 nicht die Voraussetzungen des § 270 Abs. 2 Nr. 3 zu prüfen, da ansonsten die Entscheidungskompetenz der Gläubigerversammlung unterlaufen würde.[5] Eine Überprüfung des Vorliegens der Voraussetzungen des § 270 Abs. 2 Nr. 3 hat lediglich

---

1 BT-Drucks. 17/5712, 62.
2 So Kübler/Prütting/Bork/*Pape* Rn. 7; Uhlenbruck/*Uhlenbruck* Rn. 3.
3 BGH 21.07.2011, IX ZB 64/10, ZIP 2011, 1622.
4 *Smid* jurisPR-InsR 21/2011 Anm. 2.
5 Graf-Schlicker/*Graf-Schlicker* Rn. 5.

im Rahmen des § 272 Abs. 1 Nr. 2, Abs. 2 Satz 1 zu erfolgen, der den Schutz des einzelnen Gläubigers im Rahmen der Eigenverwaltung bewirken will.

D. Bestellung des Sachwalters

8 Nach Satz 2 der Vorschrift kann der bisherige Insolvenzverwalter zum Sachwalter bestellt werden. Damit wird freilich nur klargestellt, dass der bisherige Insolvenzverwalter nicht wegen seiner bisherigen Tätigkeit als Sachwalter ausgeschlossen ist.[6] Eine davon verschiedene Frage ist, ob die Gläubigerversammlung sich zur Person des Sachwalters ausdrücklich erklären muss, sie insb. eine konkrete Person zu benennen hat. Die h.M.[7] will das Erstbestimmungsrecht des Insolvenzgerichts nicht beschneiden und verweist auf die Möglichkeit, dass die Gläubigerversammlung in der ersten auf die Bestellung des Sachwalters folgenden weiteren Gläubigerversammlung gem. § 57 von ihrem Abwahlrecht Gebrauch machen kann. Dem ist entgegenzuhalten, dass ein Insolvenzverfahren, zumal in Eigenverwaltung nicht mehr abwicklungsfähig ist, wenn auf die Eröffnung als Regelinsolvenzverfahren mit einem vom Gericht bestellten Insolvenzverwalter die Eigenverwaltung angeordnet und ein – vielleicht sogar noch personenverschiedener – Sachwalter eingesetzt wird, den die Gläubigerversammlung in der darauf folgenden Sitzung (absehbar!) wieder abwählt. Stattdessen sollte das Insolvenzgericht in der Versammlung, in der über die Anordnung der Eigenverwaltung entschieden wird, die Frage nach der Person des Sachwalters stellen. Kommt darüber ein Beschluss mit der Mehrheit des § 57 zustande, muss das Gericht die gewählte Person zum Sachwalter bestellen. In entsprechender Anwendung des § 57 Satz 3 kann es davon nur absehen, wenn die gewählte Person offensichtlich ungeeignet ist. Für diesen Fall bestimmt das Gericht eine andere Person als Sachwalter und beraumt eine weitere Gläubigerversammlung an, in der dann über die Abwahl des bestellten Sachwalters entschieden werden kann. Die von der h.M. vorgeschlagene Handhabung ist umständlich und unnötig, denn in den meisten Fällen wird eine Einigung auf die Person des Sachwalters mit der Mehrheit in § 271 Satz 1 möglich sein.

E. Rechtshandlungen des bisherigen Insolvenzverwalters

9 Wird die Eigenverwaltung aufgrund des Beschlusses der Gläubigerversammlung vom Insolvenzgericht angeordnet, müssen der Schuldner und der Sachwalter das Verfahren in demjenigen Zustand übernehmen, in dem es sich zu diesem Zeitpunkt befindet. Insb. bleiben Handlungen des bis dahin agierenden Insolvenzverwalters wirksam, was etwa auch für eine erklärte Insolvenzanfechtung oder Erklärungen gem. §§ 103 ff. gilt. Wird das Verfahren masseunzulänglich, haftet der frühere Insolvenzverwalter für die von ihm begründeten Verbindlichkeiten nach Maßgabe des § 61 nur, wenn für ihn schon bei Begründung der Masseverbindlichkeit wahrscheinlicher war, dass die Masse zur Befriedigung dieser Masseverbindlichkeit nicht ausreichen würde, als die Zulänglichkeit der Masse.[8]

F. Rechtslage bis zum 29.02.2012

10 Nach der bis zum 29.02.2012 geltenden Rechtslage war Voraussetzung für die nachträgliche Anordnung der Eigenverwaltung die *Ablehnung des Antrages des Schuldners auf Eigenverwaltung* durch Beschluss des Insolvenzgerichts anlässlich der Eröffnung des Insolvenzverfahrens. Die nachträgliche Anordnung der Eigenverwaltung setzte demnach ebenso wie die Anordnung nach § 270 zwingend einen Schuldnerantrag voraus, der nach der Verfahrenseröffnung auch nicht wieder zurückgenommen worden sein durfte (str.).

---

6 FK-InsO/*Foltis* Rn. 8.
7 So FK-InsO/*Foltis* Rn. 8; a.A. die h.M., z.B. Uhlenbruck/*Uhlenbruck* Rn. 8; MüKo-InsO/*Wittig/Tetzlaff* Rn. 24; Kübler/Prütting/Bork/*Pape* Rn. 23.
8 Kübler/Prütting/Bork/*Pape* Rn. 26; Uhlenbruck/*Uhlenbruck* Rn. 9.

§ 272 Aufhebung der Anordnung

Das Insolvenzgericht hebt die Anordnung der Eigenverwaltung auf,
1. wenn dies von der Gläubigerversammlung mit der in § 76 Absatz 2 genannten Mehrheit und der Mehrheit der abstimmenden Gläubiger beantragt wird;
2. wenn dies von einem absonderungsberechtigten Gläubiger oder von einem Insolvenzgläubiger beantragt wird, die Voraussetzung des § 270 Absatz 2 Nummer 2 weggefallen ist und dem Antragsteller durch die Eigenverwaltung erhebliche Nachteile drohen;
3. wenn dies vom Schuldner beantragt wird.

(2) Der Antrag eines Gläubigers ist nur zulässig, wenn die in Absatz 1 Nummer 2 genannten Voraussetzungen glaubhaft gemacht werden. Vor der Entscheidung über den Antrag ist der Schuldner zu hören. Gegen die Entscheidung steht dem Gläubiger und dem Schuldner die sofortige Beschwerde zu. Zum Insolvenzverwalter kann der bisherige Sachwalter bestellt werden.

Übersicht

	Rdn.		Rdn.
A. Normzweck	1	II. Antrag einzelner Gläubiger	8
B. Aufhebungsvoraussetzungen	3	III. Antrag des Schuldners	14
I. Antrag der Gläubigerversammlung	4	C. Rechtsfolgen	15

A. Normzweck

Dem Prinzip der Gläubigerautonomie folgend haben die Gläubigerversammlung sowie einzelne Gläubiger die Möglichkeit, die Aufhebung der Eigenverwaltung durch das Insolvenzgericht zu bewirken. Das gleiche Recht steht dem Schuldner zu, der nicht gegen seinen Willen die Eigenverwaltung weiter betreiben muss. Damit kommt das Gesetz dem Bedürfnis nach, den Gläubigern die Option zu geben, das laufende Insolvenzverfahren unter veränderten Bedingungen, die eine weitere Abwicklung in Eigenverwaltung nicht mehr tunlich erscheinen lassen, nach den Regeln des normalen Insolvenzverfahrens mit Fremdverwaltung fortsetzen zu lassen. *Uhlenbruck*[1] weist zu Recht darauf hin, dass mit den Nr. 1 und 2 des Abs. 1 außerdem ein wirksames Sanktionsmittel für die Gläubiger bereit steht, etwaigen Verstößen des eigenverwaltenden Schuldners zu begegnen und die Interessen der Gläubiger für die Zukunft wahren zu können. 1

Durch die Änderungen in Abs. 1 Nr. 1 und 2, die zu einer Anhebung der Voraussetzungen für einen Aufhebungsantrag geführt haben, hat das ESUG auch bei § 272 »an einer Stellschraube gedreht«, um das Verfahren in Eigenverwaltung für Schuldner attraktiver, beständiger und damit auch für Schuldner und Gläubiger planbarer und transparenter zu gestalten. Dies wird zu einer größeren Attraktivität der Eigenverwaltung beitragen. 2

B. Aufhebungsvoraussetzungen

Die Aufhebung der Anordnung der Eigenverwaltung setzt entweder einen hierauf gerichteten Antrag der Gläubigerversammlung, eines Gläubigers oder des Schuldners voraus. Eine Aufhebung von Amts wegen ist nicht möglich, da die Entscheidung Ausfluss der Gläubigerautonomie bzw. des Schuldnerwillens ist. 3

I. Antrag der Gläubigerversammlung

Das Antragsrecht der Gläubigerversammlung ist Ausfluss der Gläubigerautonomie. Wenn auch zukünftig wegen § 22a häufig Gläubigerausschüsse bestehen werden und das Gesetz den Sachwalter z.B. verpflichtet, gem. § 274 Abs. 3 Satz 1 den Gläubigerausschuss über Umstände zu unterrichten, die Nachteile für die Gläubiger befürchten lassen, ist der Gläubigerausschuss dennoch nicht berechtigt, eine Entscheidung über Beibehaltung oder Beendigung der Eigenverwaltung zu treffen. Wohl 4

---

1 Uhlenbruck/*Uhlenbruck* Rn. 1.

kann der Gläubigerausschuss, nachdem er solche Informationen erhalten hat, gem. § 75 Abs. 1 Nr. 2 eine Gläubigerversammlung einberufen lassen und diese Möglichkeit stellt eine aus Schuldnersicht beachtliche Sanktion dar. Unabhängig davon bedarf es aufgrund der fehlenden direkten Beteiligung des Gläubigerwillens innerhalb der Entscheidung nach § 270 Abs. 2 der Möglichkeit, jederzeit die Anordnung der Eigenverwaltung aufzuheben. Auf Antrag der Gläubigerversammlung ist daher die Anordnung der Eigenverwaltung nach § 272 Nr. 1 zwingend aufzuheben.

5 Abweichend von der bis einschließlich 29.02.2012 geltenden Rechtslage ist erforderlich für die Wirksamkeit eines Antrages nicht mehr nur ein Beschluss der Gläubigerversammlung mit einfacher Summenmehrheit, § 76 Abs. 2, sondern nunmehr muss außerdem die Kopfmehrheit hinzutreten. Damit sind dieselben Mehrheitsverhältnisse erforderlich wie bei der Abwahl eines Insolvenzverwalters im Regelinsolvenzverfahren gem. § 57. Der Antrag nach § 272 Abs. 1 Nr. 1 ist auch nicht auf eine bestimmte Gläubigerversammlung begrenzt, sondern kann vielmehr jederzeit gefasst werden.

6 Der Gläubigerautonomie folgend hat das Gericht die Anordnung der Eigenverwaltung aufzuheben, weil in § 272 Abs. 1 Nr. 1 keine weiteren Voraussetzungen mehr für einen wirksamen Antrag erforderlich sind, insb. eine Prüfung etwa der Voraussetzungen des § 270 Abs. 2 Nr. 2 hat nicht zu erfolgen. Ebenso kommt dem Gericht keinerlei Ermessensspielraum zu.[2] Es ist ferner ohne Belang, ob die Eigenverwaltung im Eröffnungsbeschluss nach § 270 oder nachträglich nach § 271 angeordnet wurde.

7 Streitig ist, ob ein Beschluss der Gläubigerversammlung mit dem Antrag eines einzelnen Gläubigers gem. § 78 Abs. 1 angreifbar ist. Dafür hatte sich die h.M. in der Literatur ausgesprochen.[3] Dem ist im Jahre 2011 der BGH[4] entgegengetreten und hat darauf abgestellt, dass der Beschluss in § 272 Abs. 1 Nr. 1 nicht begründet und dennoch vom Gericht beachtet werden muss. Vor diesem Hintergrund ist es nach Meinung des BGH nicht sachgerecht, wenn sich das Insolvenzgericht aufgrund eines Antrages nach § 78 Abs. 1 mit den Gründen für die Entscheidung der Gläubigerversammlung befassen soll, die es nicht einmal kennt, sondern erst noch in Erfahrung bringen müsste. Die Gläubigerversammlung hätte auf diesem Umweg ihre Entscheidung doch zu begründen, was ersichtlich nicht gewollt war. Stattdessen habe das Insolvenzgericht die autonome Entscheidung der Gläubigerversammlung hinzunehmen. Nach Einführung der zusätzlichen Kopfmehrheit in § 272 ist die Entscheidung des BGH umso richtiger. Außerdem kann ein einzelner Gläubiger einen Aufhebungsantrag nach Nr. 2 stellen; der Minderheitenschutz ist also gewahrt.

II. Antrag einzelner Gläubiger

8 Mit der Ermächtigung der absonderungsberechtigten Gläubiger (§§ 49 ff.) und Insolvenzgläubiger (§ 38), einen Antrag auf Aufhebung der Eigenverwaltung zu stellen, bringt der Gesetzgeber die Notwendigkeit zum Ausdruck, schnell und ohne die zeitintensive Einberufung einer Gläubigerversammlung auf drohende Nachteile für die Gläubiger zu reagieren. Einen Nachweis, dass eine Gläubigerversammlung nicht hätte rechtzeitig einberufen werden können, hat der Gläubiger nicht zu erbringen.[5] Nachrangige Gläubiger haben kein Antragsrecht nach § 272 Abs. 2 Nr. 2.[6]

9 Die Voraussetzung für eine Anordnung nach § 270 Abs. 2 Nr. 2 muss weggefallen sein. Das gilt auch dann, wenn die Eigenverwaltung nicht zusammen mit der Insolvenzeröffnung angeordnet, sondern später – von der Gläubigerversammlung beantragt – verfügt wurde. Der auch in diesem Fall festzustellende Wegfall der Voraussetzungen des § 270 Abs. 2 Nr. 2 ist dennoch zu prüfen, weil dies zu der vom Gesetzgeber gewollten Abwägung der Interessen des einzelnen Gläubigers und denen

---

2 Stellv.: HambK-InsR/*Fiebig* Rn. 8.
3 So Kübler/Prütting/Bork/*Pape* § 271 Rn. 7; Uhlenbruck/*Uhlenbruck* § 271 Rn. 3, jeweils m.w.N.
4 BGH 21.07.2011, IX ZB 64/10, ZIP 2011, 1622.
5 Graf-Schlicker/*Graf-Schlicker* Rn. 5.
6 Kübler/Prütting/Bork/*Pape* Rn. 7; FK-InsO/*Foltis* Rn. 13; Uhlenbruck/*Uhlenbruck* Rn. 4; Mohrbutter/Ringstmeier/*Bähr/Landry* § 15 Rn. 91; a.A. HK-InsO/*Landfermann* Rn. 4.

der Gläubigergesamtheit führen muss. Dabei ist die Prüfung so zu durchzuführen wie bei § 270 Abs. 2 Nr. 2 sonst auch (wegen der Einzelheiten dazu vgl. § 270 Rdn. 11). Schon zur alten Rechtslage galt aber, dass das Aufstellen nachvollziehbarer Behauptungen oder der Hinweis auf mögliche Verfahrensverzögerungen hierfür noch nicht ausreicht.[7]

Als weitere »Hürde« für einen Gläubigerantrag nach § 272 Abs. 1 Nr. 2 ist durch das ESUG mit Wirkung für Verfahren, die ab dem 01.03.2012 beantragt wurden, die Voraussetzung geschaffen worden, dass dem antragstellenden Gläubiger durch eine Fortgeltung der Eigenverwaltung »erhebliche Nachteile« drohen müssen. Solche Nachteile werden sich in aller Regel aus dem bisherigen Verhalten des Schuldners im Rahmen der Eigenverwaltung ableiten lassen müssen. Insb. ist ein Fehlverhalten des Schuldners vor der Anordnung der Eigenverwaltung bereits bei der Entscheidung für die Eigenverwaltung berücksichtigt worden. Unerheblich hingegen ist, ob eine Gläubigerversammlung bereits über Umstände entschieden hat, und zwar in dem Sinne, dass diese für eine Entscheidung, die Aufhebung der Eigenverwaltung gem. § 272 Abs. 1 Nr. 1 zu beantragen, nicht ausgereicht haben. Ein einzelner Gläubiger kann sich im Rahmen eines Antrags nach Nr. 2 dennoch auch auf solche Umstände beziehen.[8] 10

Die in Nr. 2 genannte Voraussetzung, dass nämlich die in § 270 Abs. 2 Nr. 2 genannte Voraussetzung weggefallen ist, und dass dem antragstellenden Gläubiger erhebliche Nachteile drohen, hat der Gläubiger glaubhaft zu machen. Dabei kann er alle Möglichkeiten einer Glaubhaftmachung heranziehen. Bleibt unklar, ob dem Gläubiger erhebliche Nachteile drohen, geht dies zu Lasten des Antragstellers. Damit soll eine gegenüber der bisherigen Fassung des § 272 höhere Schwelle für die Beendigungsmöglichkeit der Eigenverwaltung erreicht werden.[9] 11

Vor einer Entscheidung hat das Insolvenzgericht den Schuldner zu hören, § 272 Abs. 2 Satz 2. Dabei finden die Regelungen des § 10 Anwendung,[10] was bei einem Verfahren in Eigenverwaltung wohl nur selten anzutreffen sein wird. Macht der Schuldner eine Gegendarstellung auch seinerseits glaubhaft, kann sich ein solcher Streit zu einem quasi-streitigen Parteiverfahren auswachsen.[11] Dabei sollte der Sachwalter angehört werden, was sich für das Gericht in jedem Falle anbietet. 12

Im Falle der Aufhebung der Eigenverwaltung aufgrund eines Gläubigerantrags nach § 272 Abs. 1 Nr. 2 (nicht auch in den Fällen der Nr. 1 oder Nr. 3!) hat der Schuldner die Möglichkeit der sofortigen Beschwerde, § 272 Abs. 2 Satz 3. Dieses Recht steht auch dem antragstellenden Gläubiger zu, sollte das Gericht die Aufhebung der Eigenverwaltung aufgrund seines Antrages ablehnen. 13

III. Antrag des Schuldners

Der Schuldner kann jederzeit ohne die Angabe von Gründen die Aufhebung der Eigenverwaltung beantragen. Das Gericht hat dem Antrag zu entsprechen. Es besteht keinerlei Zwang zur Fortführung der Eigenverwaltung gegen den Willen des Schuldners.[12] Handelt es sich bei dem Schuldner um eine juristische Person oder um eine Gesellschaft ohne Rechtspersönlichkeit, sind die allgemeinen Vertretungsregelungen hinsichtlich der Antragsstellung zu beachten.[13] Der Ansicht *Foltis*,[14] die auf die Bedeutung der Entscheidung abstellt, ist nicht zu entsprechen, da eine derartige Bestimmung praktischen Problemen unterliegt und zu einer unnötigen Rechtsunsicherheit führen würde. 14

---

7 LG Potsdam 16.05.2001, 5 T 239/00, ZIP 2001, 1689 (1690).
8 HK-InsO/*Landfermann* Rn. 6.
9 BT-Drucks. 17/5712, 63.
10 Uhlenbruck/*Uhlenbruck* Rn. 4; MüKo-InsO/*Wittig/Tetzlaff* Rn. 23.
11 Uhlenbruck/*Uhlenbruck* Rn. 4.
12 Hess/*Hess* Rn. 25.
13 Graf-Schlicker/*Graf-Schlicker* Rn. 8; HambK-InsR/*Fiebig* Rn. 7.
14 FK-InsO/*Foltis* Rn. 19.

C. Rechtsfolgen

15 Sofern die Voraussetzungen des § 272 Abs. 1 und Abs. 2 vorliegen, hat das Insolvenzgericht (zuständig wird normalerweise gem. § 18 RPflG der Rechtspfleger sein) die Anordnung der Eigenverwaltung aufzuheben. Ein Ermessensspielraum steht dem Insolvenzgericht nicht zu, die Entscheidung ist vielmehr Ausfluss der Gläubigerautonomie und des Gläubigerschutzes. Das Insolvenzgericht hat für die Durchführung einen Insolvenzverwalter zu bestellen. Als Insolvenzverwalter kann der bisherige Sachwalter bestimmt werden, § 273 Abs. 3. Ergänzend dazu wird auf die Ausführungen in § 271 Rdn. 8 f. verwiesen.

§ 273 Öffentliche Bekanntmachung

Der Beschluss des Insolvenzgerichts, durch den nach der Eröffnung des Insolvenzverfahrens die Eigenverwaltung angeordnet oder die Anordnung aufgehoben wird, ist öffentlich bekanntzumachen.

Übersicht

	Rdn.			Rdn.
A. Normzweck	1	C.	Beginn der Rechtsmittelfrist	3
B. Art und Weise der öffentlichen Bekanntmachung	2	D.	Registereintragungen	5

A. Normzweck

1 Der Beschluss des Insolvenzgerichts, die Eigenverwaltung nachträglich anzuordnen oder die Eigenverwaltung aufzuheben, ist öffentlich bekannt zu machen. Die Vorschrift umfasst somit die Entscheidungen nach § 271 und § 272. Die Veröffentlichung dient der Befriedigung des Informationsinteresses des Rechtsverkehrs, der darüber im Klaren sein muss, wer die Verwaltungs- und Verfügungsbefugnis über die Insolvenzmasse hat. Sofern die Anordnung der Eigenverwaltung gleichzeitig mit der Eröffnung des Insolvenzverfahrens erfolgt, ist sie zusammen mit dem Eröffnungsbeschluss nach § 30 Abs. 1 zu veröffentlichen.

B. Art und Weise der öffentlichen Bekanntmachung

2 Die Bekanntmachung hat nach Maßgabe des § 9 zu erfolgen. Sie wird mithin wirksam mit Ablauf des zweiten Tages nach der Veröffentlichung.

C. Beginn der Rechtsmittelfrist

3 Dieser Zeitpunkt ist für den Beginn der Rechtsmittelfrist maßgeblich, wenn gegen den Beschluss, mit dem die Eigenverwaltung aufgehoben werden soll, das richtige Rechtsmittel der sofortigen Beschwerde eingelegt werden soll. Allerdings kann die Rechtsmittelfrist für den Schuldner auch schon früher beginnen, wenn ihm der Beschluss über die Aufhebung der Eigenverwaltung individuell zugestellt worden ist, nämlich dann mit dieser Zustellung.[1] Wird der Beschluss auch den Gläubigern zugestellt, treten die Wirkungen der §§ 81, 82 u.U. schon früher ein als nach der öffentlichen Bekanntmachung; das setzt allerdings ein schnell handelndes Insolvenzgericht voraus und da die Veröffentlichungen heute über das Internet erfolgen, ist ein Zeitvorteil durch unmittelbare Zustellung an die Gläubiger nur in Ausnahmefällen zu erreichen. Eine Übertragung der Zustellung durch Aufgabe zur Post an den Sachwalter ist nicht möglich, weil dieser in § 8 Abs. 3 nicht ausdrücklich vorgesehen ist. Allerdings kann die Zustellung des die Eigenverwaltung aufhebenden Beschlusses dem Insolvenzverwalter übertragen werden.

---

1 BGH 20.03.2003, IX ZB 140/02, ZInsO 2003, 374.

Der Beginn der Rechtsmittelfrist ist zu trennen von dem Eintritt der Wirksamkeit des Beschlusses. 4
Der Anordnungsbeschluss des § 271 sowie der Aufhebungsbeschluss des § 272 wird nämlich wirksam bereits mit Abgabe des Beschlusses in den Geschäftsgang des Gerichts.[2] Der die Eigenverwaltung aufhebende Beschluss wird deshalb schon vor einer öffentlichen Bekanntmachung oder vor einer Zustellung an Schuldner und Gläubiger wirksam, so dass die Verwaltungs- und Verfügungsbefugnis auf den Insolvenzverwalter – meist wird es sich um den bisherigen Sachwalter handeln – mit Abgabe des Beschlusses in den Geschäftsgang des Insolvenzgerichts übergeht. Dieser ist gem. § 8 Abs. 3 tauglich, die sodann gewünschte Zustellung für das Gericht vorzunehmen.

D. Registereintragungen

Bei der nachträglichen Anordnung gem. § 271 sind die zuvor veranlassten Eintragungen des Insolvenzvermerks im Handelsregister sowie in den Registern gem. §§ 32, 33 (Grundbücher und gleichgestellte Register) zu löschen.[3] Im Falle der vorzeitigen Aufhebung der Eigenverwaltung gem. § 272 ist der Insolvenzvermerk hingegen im Handelsregister und den Registern unverzüglich einzutragen. 5

§ 274 Rechtsstellung des Sachwalters

(1) Für die Bestellung des Sachwalters, für die Aufsicht des Insolvenzgerichts sowie für die Haftung und die Vergütung des Sachwalters gelten § 27 Absatz 2 Nummer 5[1], § 54 Nummer 2 und die §§ 56 bis 60, 62 bis 65 entsprechend.

(2) Der Sachwalter hat die wirtschaftliche Lage des Schuldners zu prüfen und die Geschäftsführung sowie die Ausgaben für die Lebensführung zu überwachen. § 22 Abs. 3 gilt entsprechend.

(3) Stellt der Sachwalter Umstände fest, die erwarten lassen, dass die Fortsetzung der Eigenverwaltung zu Nachteilen für die Gläubiger führen wird, so hat er dies unverzüglich dem Gläubigerausschuss und dem Insolvenzgericht anzuzeigen. Ist ein Gläubigerausschuss nicht bestellt, so hat der Sachwalter an dessen Stelle die Insolvenzgläubiger, die Forderungen angemeldet haben, und die absonderungsberechtigten Gläubiger zu unterrichten.

Übersicht	Rdn.		Rdn.
A. Normzweck	1	F. Unterrichtungspflicht bei drohenden Nachteilen	16
B. Bestellung des Sachwalters	2	G. Keine Eilmaßnahmen gegen den Schuldner	19
C. Aufsicht über den Sachwalter	7	H. Vergütung des Sachwalters	20
D. Haftung des Sachwalters	9		
E. Prüfungs- und Überwachungsrecht des Sachwalters	13		

A. Normzweck

Die Vorschrift regelt Grundlagen zur Rechtsstellung des Sachwalters. Seine Position innerhalb des Machtgefüges von Insolvenzverfahren ist schwierig zu bestimmen. *Pape*[2] weist zu Recht darauf hin, dass die Figur des Sachwalters der des Vergleichsverwalters nach der 1999 abgeschafften Vergleichsordnung ähnelt. Ansonsten ist gelegentlich zu lesen, dass der Sachwalter dem Insolvenzverwalter »angenähert« ist.[3] Die Erfahrungen in der Praxis zeigen, dass sich die Sachwaltertätigkeit eher wie eine vorläufige Insolvenzverwaltung mit Zustimmungsvorbehalt »anfühlt«. Allerdings übernimmt der Sachwalter auch Aufgaben, die im Regelinsolvenzverfahren vom Insolvenzverwalter wahrgenom- 1

---

2 BGH 01.03.1982, VIII ZR 75/81, ZIP 1982, 464.
3 FK-InsO/*Foltis* § 274 Rn. 4.
1 Durch das Gesetz zur Verkürzung des Restschuldbefreiungsverfahrens und zur Stärkung der Gläubigerrechte vom 15.07.2013 wird in Absatz 1 die Angabe »Nummer 5« durch die Angabe »Nummer 4« ersetzt.
2 Kübler/Prütting/Bork/*Pape* Rn. 2.
3 Kübler/Prütting/Bork/*Pape* Rn. 1; Haarmeyer/Wutzke/Förster/*Haarmeyer* Rn. 5.

men werden und die deshalb über die eines vorläufigen Insolvenzverwalters mit Zustimmungsvorbehalt hinausgehen. Dazu zählt etwa, dass die Insolvenzforderungen gem. § 270c Satz 2 beim Sachwalter anzumelden sind oder dass der Sachwalter für die Durchsetzung von Gesamtansprüchen und Insolvenzanfechtungen zuständig ist. Doch fehlen dem Sachwalter vor allem die das Amt eines Insolvenzverwalters prägenden Befugnisse, insb. gehen Verwaltungs- und Verfügungsbefugnisse nicht auf den Sachwalter über und er ist kraft seines Amtes nicht befugt, die Geschicke des Schuldnerunternehmens oder auch nur des Insolvenzverfahrens zu lenken; nicht er, sondern der Schuldner sitzt im »driver seat«. Der Sachwalter hingegen prüft, kontrolliert, überwacht und – je nach Aufgabenumfang – genehmigt; das alles im Interesse der Gesamtgläubigerschaft, was § 274 in seinen Abs. 2 und 3 durch Generalklauseln zum Ausdruck bringt. In diesem Spannungsfeld zwischen eigenverwaltendem Schuldner einerseits, auf ihn selbst übergegangene Teilaufgaben eines Insolvenzverwalters andererseits und drittens den Gläubigerinteressen wird der Sachwalter tätig.

B. Bestellung des Sachwalters

2 Für die Stellung des Sachwalters innerhalb des Systems der InsO verweist Abs. 1 der Vorschrift in Bezug auf Auswahl, Aufsicht, Haftung und Vergütung auf Vorschriften, die im Regelinsolvenzverfahren für den Insolvenzverwalter gelten und ordnet deren entsprechende Anwendung auf den Sachwalter an.

3 Die Auswahl des Sachwalters hat sich nach den im Rahmen des § 56 Abs. 1 ermittelten Grundsätzen zur Bestellung des Insolvenzverwalters zu orientieren. Es ist demnach eine für den konkreten Einzelfall geeignete, insb. geschäftskundige und von den Gläubigern und dem Schuldner unabhängige natürliche Person als Sachwalter zu bestellen. Die in § 56 Abs. 1 Satz 3 erwähnten Aspekte, die die Unabhängigkeit einer in Frage kommenden Person nicht ausschließen, können auf den Sachwalter übertragen werden. Weitergehende Lockerungen bei der Unabhängigkeit sind aber zu vermeiden. Weil die Verwaltungs- und Verfügungsgewalt bei der Eigenverwaltung bereits nicht bei einer neutralen Person, sondern beim Schuldner liegt, ist zum Schutz der übrigen Beteiligten sogar in besonderem Maße auf die Unabhängigkeit des Sachwalters zu achten.[4] Einem vormals Verfahrensbevollmächtigten des Schuldners ist diese Unabhängigkeit i.d.R. abzusprechen.[5]

4 Im Übrigen sollten die Anforderungen an die Kenntnisse und Fähigkeiten des Sachwalters nicht hinter denen eines für ein Regelinsolvenzverfahren zu bestellenden Insolvenzverwalters zurückbleiben. Eine in entsprechender Anwendung des § 56 geeignete Person muss in der Phase der Eigenverwaltung in der Lage sein, das Verfahren im jeweiligen Zustand »übernehmen« zu können. Zwar ist es – wie ein Blick auf § 272 Abs. 3 zeigt – keineswegs zwingend, dass im Falle der Aufhebung der Eigenverwaltung und Überleitung des Verfahrens in das Regelinsolvenzverfahren der bisherige Sachwalter immer der Insolvenzverwalter wird, aber eine solche Kontinuität bei der handelnden Person ist wünschenswert, vermeidet Einarbeitungsverzögerungen durch Dritte und dürfte in den meisten Fällen auch den Interessen der Gläubiger entsprechen, die dem Sachwalter bereits einmal ihr Vertrauen ausgesprochen haben. Das bedeutet für die Bestellungsentscheidung aber zugleich, dass die Person des Sachwalters auch unter dem Aspekt ausgewählt werden sollte, dass die in Frage kommende Person das Verfahren auch als Insolvenzverwalter abwickeln können muss. Daher reichen intellektuelle Fähigkeiten allein nicht aus, um sich für das Amt des Sachwalters zu prädestinieren, es muss beim Ausgewählten auch ein der Verfahrensgröße entsprechend technisch und personell ausgestattetes Büro für Abwicklungsarbeiten vorhanden sein. Für das Insolvenzgericht bietet es sich deshalb an, die Person des Sachwalters aus dem Kreis der ohnehin auf der Vorauswahlliste stehenden Bewerber auszuwählen.

5 Das Insolvenzgericht ist nicht verpflichtet, die von einem vorläufigen Gläubigerausschuss mehrheitlich vorgeschlagene Person zum Sachwalter zu bestellen, selbst ein einstimmiges Votum des vorläufigen Gläubigerausschusses ist für das Insolvenzgericht nicht bindend, § 56a Abs. 2. Entscheiden

---

4 Stellv.: HambK-InsR/*Fiebig* Rn. 3; LG Cottbus 17.07.2001, 7 T 421/00, ZInsO 2002, 296.
5 AA LG Cottbus 17.07.2001, 7 T 421/00, ZInsO 2002, 296.

sich die Mitglieder eines vorläufigen Gläubigerausschusses einstimmig für eine bestimmte Person, kann das Insolvenzgericht von dessen Einsetzung nur absehen, wenn die vorgeschlagene Person (derzeit oder grundsätzlich) nicht geeignet ist. Das könnte etwa eine mangelnde Verfügbarkeit des Vorgeschlagenen sein, weil dieser gerade einen längeren Urlaub angetreten hat und nicht zurückgerufen werden kann, oder weil er vor kurzer Zeit mit einem anderen Verfahren betraut worden ist und von ihm deshalb die ihm zugedachte Funktion als Sachwalter nicht wahrgenommen werden kann. Bei einstimmigen Vorschlägen des vorläufigen Gläubigerausschusses ist außerdem der Verweis auf § 27 Abs. 2 Nr. 4 beachtlich. Damit wird zum Ausdruck gebracht, dass auch bei der Person des Sachwalters das Abweichen des Insolvenzgerichts von einem einstimmigen Vorschlag des vorläufigen Gläubigerausschusses dem Begründungszwang unterworfen ist.

Hat das Gericht einen Sachwalter bestellt, beginnt dessen Amt mit der Annahme. Dem Sachwalter ist gem. § 274 Abs. 1 i.V.m. § 56 Abs. 2 bei seiner Bestellung eine Urkunde auszuhändigen, die er nach Beendigung seines Amtes dem Insolvenzgericht zurückzugeben hat. Das Amt endet mit der Beendigung des Insolvenzverfahrens, mit der Aufhebung der Eigenverwaltung sowie mit der Entlassung des bisherigen und der Bestellung oder Wahl eines neuen Sachwalters. Die Abwahlentscheidung der ersten auf die Bestellung des Sachwalters folgenden Gläubigerversammlung ist wie beim Insolvenzverwalter nicht gem. § 78 Abs. 1 überprüfbar.[6] 6

C. Aufsicht über den Sachwalter

Die Aufsicht des Sachwalters steht wie beim Insolvenzverwalter dem Insolvenzgericht zu, § 274 Abs. 1 i.V.m. § 58 Abs. 1 Satz 1. Auf Verlangen des Insolvenzgerichts hat der Sachwalter jederzeit Auskünfte oder einen Bericht über den Sachstand und die Geschäftsführung vorzulegen. Zu beachten ist freilich, dass sich die Aufsicht des Gerichts nur auf die dem Sachwalter tatsächlich übertragenen Aufgaben beziehen kann. Dem Sachwalter stehen in der »Basisversion« der Eigenverwaltung die Überwachungspflichten des § 274 Abs. 2 zu, also die Prüfung der wirtschaftlichen Lage des Schuldners und die Überwachung der Geschäftsführung sowie der Lebenshaltung des Schuldners. Die Erfüllung dieser Aufgaben kann das Gericht überwachen und sich dazu etwa auch Berichte vom Sachwalter geben lassen. Da der Sachwalter auch umfassende Auskunftsansprüche gegenüber dem eigenverwaltenden Schuldner hat, kann das Gericht verlangen, dass der Sachwalter dazu berichtet, welche Auskünfte er gefordert und bekommen hat. Auf diese Weise kann das Insolvenzgericht durch die vom Sachwalter regelmäßig angeforderten Berichte feststellen, ob die Überwachung durch den Sachwalter tatsächlich erfolgt und ob sie intensiv und tiefgehend genug ist. Eine allgemein höhere Kontrolldichte als beim Insolvenzverwalter im Regelinsolvenzverfahren ist aber nicht notwendig.[7] 7

Pflichtverletzungen des Sachwalters können gem. § 274 Abs. 1 i.V.m. § 58 Abs. 2 nach vorheriger Androhung mit Zwangsgeld belegt werden. Als ultima ratio steht dem Insolvenzgericht die Möglichkeit zu, den Sachwalter aus wichtigem Grund zu entlassen. § 274 Abs. 1 verweist in diesem Zusammenhang ausdrücklich auch auf § 59, der das Verfahren vorgibt, das für die Entlassung einzuhalten ist. 8

D. Haftung des Sachwalters

Der Sachwalter haftet allen am Insolvenzverfahren Beteiligten gegenüber wie ein Insolvenzverwalter, § 274 Abs. 1 i.V.m. § 60. Die schuldhafte Verletzung von Pflichten, die ihm nach der Insolvenzordnung obliegen, begründet die Haftung. Für den Sorgfaltsmaßstab gilt § 60 Abs. 1 Satz 1 entsprechend, § 274 Abs. 1. Schuldhaft handelt er demnach, sollte sein Handeln nicht der Sorgfalt eines ordentlichen und gewissenhaften Sachwalters entsprechen. Für das Verschulden Dritter ist der Sachwalter nach § 274 Abs. 1 i.V.m. § 60 Abs. 2 verantwortlich. 9

---

6 Kübler/Prütting/Bork/*Pape* Rn. 14; BGH 17.07.2003 IX ZB 530/02, NJW-RR 2003, 1416.
7 *Graf-Schlicker* Rn. 3.

10 Zu beachten ist, dass im Gegensatz zum Insolvenzverwalter dem Sachwalter keine Verwaltungs- und Verfügungsbefugnis zusteht. Der insolvenzrechtliche Pflichtenkreis des Sachwalters i.S.d. § 60 ist im Vergleich zum Insolvenzverwalter daher wesentlich eingeschränkt. Dem Sachwalter stehen lediglich Überwachungsaufgaben gem. § 274 Abs. 2, § 281 Abs. 1 Satz 2, § 283 Abs. 2 Satz 3 sowie die Pflicht zur Information über drohende Nachteile zu und außerdem die Rechte zur Mitwirkung an der Geschäftsführung, § 275. Im Rechtsverkehr dagegen tritt lediglich der Insolvenzschuldner als Vertragspartner auf, nicht der Sachwalter.

11 Praktisch einem Insolvenzverwalter gleichgestellt ist der Sachwalter hinsichtlich seiner Haftung in denjenigen Fällen, in denen er Teilaufgaben eines Insolvenzverwalters wahrnimmt. Das ist etwa bei der Anmeldung von Forderungen durch die Insolvenzgläubiger (§ 270 Abs. 3 Satz 2), bei der Durchsetzung von Haftungsansprüchen gem. §§ 92, 93 (§ 280 Abs. 1 Halbs. 1) und von Anfechtungsansprüchen gem. §§ 129 ff. (§ 280 Abs. 1 Halbs. 2) sowie bei der Anzeige der Masseunzulänglichkeit (§ 285) der Fall.

12 Eine Haftung für die Nichterfüllung von Masseverbindlichkeiten gem. § 61 ist nach § 274 Abs. 1 hingegen ausgeschlossen. Die Haftung nach § 61 kommt lediglich in Betracht, sollte das Insolvenzgericht die Wirksamkeit einer Rechtshandlung nach § 277 I 1 von der Zustimmung des Sachwalters abhängig machen und durch die erteilte Zustimmung nicht erfüllbare Masseverbindlichkeiten begründet werden, § 277 Abs. 1 Satz 3. Alsdann ergeben sich Probleme für den Sachwalter, den Entlastungsbeweis gem. § 61 Satz 2 führen zu können (vgl. dazu § 277 Rdn. 19 f.).

E. Prüfungs- und Überwachungsrecht des Sachwalters

13 Dem Sachwalter obliegt es, die wirtschaftliche Lage des Schuldners zu prüfen, sowie die Geschäftsführung und die Ausgaben für die Lebensführung des Schuldners zu überwachen. Zur Erfüllung dieser Aufgabe ist der Sachwalter berechtigt, die Geschäftsräume des Schuldners zu betreten und dort Nachforschungen zu betreiben, § 274 Abs. 2 Satz 2 i.V.m. § 22 Abs. 3 Satz 1. Ferner hat der Schuldner dem Sachwalter Einsicht in die Bücher und Geschäftspapiere zu gestatten und ihm alle erforderlichen Auskünfte zu erteilen, sowie ihn allgemein bei der Erfüllung seiner Aufgaben zu unterstützen, § 274 Abs. 2 Satz 2 i.V.m. § 22 Abs. 3 Satz 2, 3.

14 Im Gegensatz zum Insolvenzverwalter steht dem Sachwalter nicht das Recht zu, eine Postsperre zu beantragen, § 99. Dies ergibt sich bereits aus der Tatsache, dass die Geschäftsführung dem Schuldner obliegt, diese zwingend eine Postzuleitung voraussetzt und die in § 99 geforderte Erforderlichkeit der Anordnung einer Postsperre regelmäßig den Sachwalter zur Anzeige nach § 274 Abs. 3 verpflichten würde.[8]

15 Die Prüfung der wirtschaftlichen Lage und die Überwachung der Geschäftsführung setzen einen weitgehend vollständigen Überblick des Sachwalters über den Geschäftsbetrieb des Schuldners und die diversen Planrechnungen des Schuldners voraus. Der Sachwalter muss deshalb einen Informationsstand haben, der dem des Insolvenzverwalters weitgehend entspricht.[9] Nur dann ist er in der Lage, für die Gläubiger etwa nachteilige Folgen z.B. aus einer defizitären Fortführung des schuldnerischen Geschäftsbetriebs zu erkennen. Dies verlangt einen intensiven Kontakt zwischen Schuldner und Sachwalter, auf Grund dessen der Sachwalter die Überzeugung gewinnen kann, über alle für das Verfahren maßgeblichen Umstände vollständig und richtig informiert zu sein. Dabei muss die Prüfungs- und Überwachungsintensität umso größer sein je weniger die Geschäftsleitung des Schuldners z.B. in der Fortführung eines Unternehmens unter Insolvenzbedingungen erfahren ist. Werden größere Unternehmen in Eigenverwaltung abgewickelt, wird die Geschäftsleitung des Schuldners oftmals durch Personen unterstützt oder ausgetauscht, die selbst Erfahrung in der Abwicklung von Insolvenzverfahren haben; nicht selten sind dann eigenverwaltender Geschäftsführer und Sachwalter direkte Konkurrenten in der Insolvenzverwalterbranche. Dies entbindet den Sachwalter kei-

---

8 HambK-InsR/*Fiebig* Rn. 5.
9 Kübler/Prütting/Bork/*Pape* Rn. 49 ff.

neswegs davon, seiner Prüfungs- und Überwachungspflicht nachzukommen und es entbindet den Schuldner ebenso wenig, auch in dieser Konstellation, dem Sachwalter einen vollständigen Einblick in die Abwicklung des Eigenverwaltungsverfahrens zu gewähren.

F. Unterrichtungspflicht bei drohenden Nachteilen

Das Anordnen bzw. Aufrechterhalten der Eigenverwaltung setzt die Überzeugung der Gläubiger voraus, dass der Schuldner die ihm trotz Eröffnung des Insolvenzverfahrens weiterhin zustehende Verwaltungs- und Verfügungsbefugnis über die den Gläubigern haftende Insolvenzmasse nicht missbraucht oder durch Unwissenheit, mangelnde Erfahrung oder aus anderen Gründen verringert. Die Prüfungs- und Überwachungsfunktion nach § 274 Abs. 2 stellt somit die wichtigste Kontrollfunktion zum Schutze der Gläubiger dar. Es handelt sich um die insolvenzspezifische Kernpflicht eines Sachwalters.

Sollte der Sachwalter im Rahmen seiner Untersuchungen Umstände feststellen, nach denen die Fortführung der Eigenverwaltung zu Nachteilen der Gläubiger führen wird, so hat er unverzüglich den Gläubigerausschuss und das Insolvenzgericht zu informieren, § 274 Abs. 3 Satz 1. Sofern ein Gläubigerausschuss nicht bestellt ist, hat der Sachwalter sämtliche Insolvenzgläubiger, die Forderungen angemeldet haben, sowie die absonderungsberechtigten Gläubiger zu unterrichten, § 274 Abs. 3 Satz 2. Der Sachwalter kann sich im Rahmen der Unterrichtungspflicht der öffentlichen Bekanntmachung bedienen[10] bzw. beim Insolvenzgericht eine Veröffentlichung seiner Anzeige anregen. Bei Verfahren ohne Gläubigerausschuss und mit vielen Gläubigern ist die öffentliche Bekanntmachung vor allem sinnvoll.

Der Gläubigerausschuss kann sodann je nach Beurteilung der Schwere des drohenden Nachteils die Gläubigerversammlung einberufen, § 75 Abs. 1 Nr. 2. Gleiches gilt unter den Voraussetzungen des § 75 Abs. 1 Nr. 3 bzw. 4 für die Insolvenzgläubiger bzw. absonderungsberechtigten Gläubiger. Streitig ist, ob der Sachwalter selbst gem. § 75 Abs. 1 eine Gläubigerversammlung einberufen kann.[11] Dagegen spricht, dass § 274 Abs. 1 auf § 75 gerade nicht verweist und die Unterrichtungspflicht an den Gläubigerausschuss oder an die Insolvenz- und Absonderungsgläubiger (alles Antragsberechtigte gem. § 75 Abs. 1) gerade bewirken soll, dass diese von ihrem Antragsrecht Gebrauch machen können. Das wäre entbehrlich, könnte der Sachwalter selbst die Gläubigerversammlung einberufen. In der Gläubigerversammlung kann sodann die Aufhebung der Anordnung der Eigenverwaltung nach § 272 Abs. 2 Nr. 1 beschlossen werden.

G. Keine Eilmaßnahmen gegen den Schuldner

Teilweise wird die Meinung vertreten, dass der Sachwalter sich nicht auf eine Anzeige gem. § 274 Abs. 3 beschränken darf, sondern berechtigt sein soll, Eilmaßnahmen gegen den Schuldner einzuleiten, wenn er masseschädigende Verhaltensweisen des Schuldners feststellt.[12] In der Tat besteht das Risiko, dass zwischen der Feststellung solchen Verhaltens durch den Sachwalter und einer Abwahlentscheidung der Gläubigerversammlung eine Verschlechterung der Insolvenzmasse eintreten kann. Ein derartiger Eingriff des Sachwalters ist indes gesetzlich nicht vorgesehen und würde dem Leitbild des Sachwalters als dem Prüfungs-, Überwachungs- und Meldeorgan in der Eigenverwaltung nicht entsprechen, einmal ganz abgesehen davon, dass unklar ist, wie eine vom Sachwalter erfolgreich umzusetzende Eilmaßnahme eigentlich aussehen soll.

---

10 HambK-InsR/*Fiebig* Rn. 8.
11 Dafür: Kübler/Prütting/Bork/*Pape* Rn. 62.
12 FK-InsO/*Foltis* Vor § 270 Rn. 63; Haarmeyer/Wutzke/Förster/*Haarmeyer* Rn. 14.

H. Vergütung des Sachwalters

20 Die Vergütung des vorläufigen Sachwalters, die gesetzlich nicht geregelt ist, soll 25 % einer Sachwaltervergütung betragen[13]. Für die Bestimmung der Vergütung des Sachwalter sind § 54 Nr. 2 sowie die §§ 63 bis 65 entsprechend anzuwenden, § 274 Abs. 1. Die Vergütung des Sachwalters beträgt demnach gem. § 65 InsO i.V.m. § 12 Abs. 1 InsVV i.d.R. 60 % der Regelvergütung eines Insolvenzverwalters.

21 Die Festsetzung einer höheren Vergütung kommt in Betracht, sollte die Stellung des Sachwalters sich der des Insolvenzverwalters tatsächlich nähern.[14] Eine Erhöhung sieht der Verordnungsgeber etwa vor, sollte das Insolvenzgericht die Wirksamkeit bestimmter Rechtsgeschäfte nach § 277 Abs. 1 der Zustimmung des Sachwalters unterwerfen. Die Erhöhung der Vergütung geht in diesem Fall mit der Haftungserweiterung nach § 277 Abs. 1 Satz 3 einher.

§ 275 Mitwirkung des Sachwalters

(1) Verbindlichkeiten, die nicht zum gewöhnlichen Geschäftsbetrieb gehören, soll der Schuldner nur mit Zustimmung des Sachwalters eingehen. Auch Verbindlichkeiten, die zum gewöhnlichen Geschäftsbetrieb gehören, soll er nicht eingehen, wenn der Sachwalter widerspricht.

(2) Der Sachwalter kann vom Schuldner verlangen, dass alle eingehenden Gelder nur vom Sachwalter entgegengenommen und Zahlungen nur vom Sachwalter geleistet werden.

Übersicht	Rdn.		Rdn.
A. Normzweck	1	C. Kassenführung, Abs. 2	7
B. Zustimmung, Abs. 1	2		

A. Normzweck

1 § 275 spricht dem Sachwalter, an die Rechte zur Überwachung nach § 274 Abs. 2 Satz 2 i.V.m. § 22 Abs. 3 anknüpfend, Mitwirkungs- und Eingriffsrechte im Rahmen der Geschäftsführung des Schuldners zu. Die Norm bezweckt ebenso wie § 274 Abs. 2 das Handeln des Schuldners gewissen Kontrollmechanismen des Sachwalters zu unterwerfen, um die Gläubiger vor Masseschädigungen durch die beim Schuldner während der Eigenverwaltung zustehende Verwaltungs- und Verfügungsbefugnis zu schützen.

B. Zustimmung, Abs. 1

2 Der Schuldner soll nach Abs. 1 Satz 1 Verbindlichkeiten, die nicht zum gewöhnlichen Geschäftsbetrieb gehören, nur mit Zustimmung des Sachwalters eingehen. Ferner soll der Schuldner auch gewöhnliche Geschäftsvorfälle nicht eingehen, sollte der Sachwalter widersprochen haben, Abs. 1 Satz 2. Damit wird ein Stufenverhältnis zwischen »gewöhnlichen« Geschäften (Widerspruchsrecht des Sachwalters) und »nicht gewöhnlichen« Geschäften (Zustimmungsgebot des Sachwalters) deutlich. Damit wird die Definition des gewöhnlichen Geschäftes wichtig.

3 Der Begriff des gewöhnlichen Geschäftsbetriebs ist i.S.d. Normzwecks, des Gläubigerschutzes, eng auszulegen. Unter den Begriff fallen insb. alle Geschäftsvorfälle des typischen Tagesgeschäfts.[1] Die Abgrenzung hat nach der Art und dem Umfang des bisherigen Schuldnergeschäfts zu erfolgen.[2] Generell ungewöhnlich hingegen sind Rechtsgeschäfte, die auf einen An- oder Verkauf oder auf eine

---

13 AG Köln, 13.11.2012, ZIP 2013, 426.
14 HambK-InsR/*Fiebig* Rn. 13.
1 Graf-Schlicker/*Graf-Schlicker* Rn. 2.
2 MüKo-InsO/*Wittig/Tetzlaff* Rn. 7.

Belastung von Immobilien gerichtet sind, außerdem Kreditaufnahmen[3] und wohl auch Betriebs- oder auch nur Teilbetriebsstilllegungen sowie wesentliche Änderungen im Produktionsablauf. Auch eine Darlehensgewährung durch den Schuldner an Dritte kann, wenn der Schuldner nicht gerade eine Bank ist, nicht als gewöhnliches Geschäft angesehen werden.[4]

Dem Sachwalter und dem Schuldner steht es frei, sich vorab abzustimmen, welche Geschäftsvorfälle mit dem Sachwalter abzustimmen sind. Diese Entscheidung ist sodann für die Zustimmungspflicht maßgeblich.[5] Eine generelle Zustimmung zu allen ungewöhnlichen Geschäften darf der Sachwalter dem Schuldner indes nicht geben.[6] Eine Verpflichtung des Sachwalters, sich vor seiner Zustimmung zu ungewöhnlichen Geschäften mit einem im Verfahren bestehenden Gläubigerausschuss abzustimmen, besteht nicht.[7] Auf die Verpflichtung des Schuldners gem. § 276 sei hingewiesen.

Das Vorliegen einer Zustimmungspflicht bzw. die Missachtung des Widerspruchs führt nicht zu einer Begrenzung der Verpflichtungs- bzw. Verfügungsmacht des Schuldners in Bezug auf die Masse. Die Rechtshandlungen sind im Außenverhältnis trotz fehlender Zustimmung wirksam.[8] Eine Ausnahme hiervon sieht der Gesetzgeber lediglich in bestimmten arbeitsrechtlichen Bereichen (§§ 120, 122 und 126) vor, § 279 Satz 3. Die dort angeführten Rechte, etwa die Kündigung von Betriebsvereinbarungen nach § 120, bedürfen für ihre Wirksamkeit der Zustimmung des Sachwalters. Gleiches gilt, sollte das Insolvenzgericht die Zustimmung des Sachwalters für bestimmte Rechtsgeschäfte nach § 277 anordnen.

Der Verstoß gegen die Einholung der Zustimmung und insb. die Missachtung des Widerspruchs können aufgrund des unterlaufenen Gläubigerschutzes den Sachwalter zur Annahme drohender Nachteile i.S.d. § 274 Abs. 3 Satz 1 veranlassen. Der Sachwalter hat dieses sodann anzuzeigen, § 274 Abs. 3 Satz 1 und dem Schuldner droht die nachträgliche Aufhebung der Eigenverwaltung nach § 272.

C. Kassenführung, Abs. 2

Der Sachwalter kann ferner vom Schuldner verlangen, dass ihm die Kassenführung übertragen wird, Abs. 2. Die Kassenführung verhindert einen rechtswidrigen Geldabfluss und dient gleichzeitig der Erleichterung der Überwachung des Geschäftsbetriebs durch den Sachwalter durch Kenntnis der aktuellen Vermögenslage und -bewegungen. Die Entscheidung darüber, die Kassenführung an sich zu ziehen, trifft der Sachwalter nach pflichtgemäßem Ermessen,[9] ohne dies begründen zu müssen.[10] Nach der Vorstellung des Verordnungsgebers ist einziges Motiv für die einseitige Forderung des Sachwalters zur Kassenführung die Begrenzung der Verfügungsmacht des Schuldners. Indes sprechen gute Gründe dafür, dass sich Schuldner und Sachwalter freiwillig darauf verständigen, dass die Kassenführung durch den Sachwalter übernommen wird, weil damit Gläubigern und Vertragspartnern des Schuldners, insb., wenn diese nach der Eröffnung des Verfahrens weitere Leistungen erbringen sollen, ein »Vier-Augen-Prinzip« angeboten wird, was eine vertrauensbildende Maßnahme sein kann.

Mit der Übernahme der Kassenführung wird der Sachwalter nicht Partei kraft Amtes, vielmehr handelt er im Rahmen der Kassenführung als gesetzlicher Vertreter des Schuldners.[11] Der Sachwalter ist sodann für alle Schuldnerkonten allein verfügungsberechtigt und muss ein vom sonstigen Vermögen

---

3 Graf-Schlicker/*Graf-Schlicker* Rn. 2.
4 AA Kübler/Prütting/Bork/*Pape* Rn. 8.
5 HambK-InsR/*Fiebig* Rn. 3.
6 Kübler/Prütting/Bork/*Pape* Rn. 16.
7 FK-InsO/*Foltis* Rn. 9; Uhlenbruck/*Uhlenbruck* Rn. 4.
8 AG Duisburg 01.09.2002, 62 IN 167/02, ZInsO 2002, 1046.
9 Graf-Schlicker/*Graf-Schlicker* Rn. 5.
10 Kübler/Prütting/Bork/*Pape* Rn. 25.
11 FK-InsO/*Foltis* Rn. 23.

getrenntes Konto einrichten und davon die vom Schuldner begründeten Masseverpflichtungen bei Fälligkeit bezahlen. Er ist umgekehrt zum Einzug von Forderungen auf sein Ander- oder Sonderkonto berechtigt, nicht aber zur gerichtlichen Geltendmachung von Forderungen.[12] Die Unterlagen, die der Sachwalter aus der Kassenführung erlangt, insb. also die Kontoauszüge zu den von ihm eingerichteten Sonder- oder Anderkonten nebst Belegen hat der Sachwalter dem Schuldner zur Verfügung zu stellen, damit dieser seiner ihm obliegenden Rechnungslegungspflicht gem. § 281 Abs. 3 nachkommen kann (vgl. § 281 Rdn. 18). Ebenso wie die Missachtung der Zustimmungspflicht bzw. des Widerspruchs wirkt die Anordnung der Kassenführung nicht nach außen auf die Wirksamkeit von Handlungen im Rechtsverkehr. Sowohl Zahlungen von als auch Zahlungen an den Schuldner sind wirksam.

9 Mit der Übertragung bzw. der Aufnahme der Kassenführung durch den Sachwalter endet eine zuvor bestehende steuerliche Organschaft.[13]

§ 276 Mitwirkung des Gläubigerausschusses

Der Schuldner hat die Zustimmung des Gläubigerausschusses einzuholen, wenn er Rechtshandlungen vornehmen will, die für das Insolvenzverfahren von besonderer Bedeutung sind. § 160 Abs. 1 Satz 2, Abs. 2, § 161 Satz 2 und § 164 gelten entsprechend.

Übersicht	Rdn.		Rdn.
A. Normzweck	1	D. Weitere Rechte und Pflichten des Gläubigerausschusses	10
B. Zustimmungspflicht zu Rechtshandlungen von besonderer Bedeutung	4	E. Vorläufige Untersagung der Rechtshandlung	11
C. Folgen der fehlenden Zustimmung	8		

A. Normzweck

1 Dem Schuldner sollen in der Eigenverwaltung keine weitergehenden Befugnisse zustehen als dem Insolvenzverwalter im Regelinsolvenzverfahren. § 276 stellt klar, dass bestimmte Rechtshandlungen nach § 160 Abs. 1 Satz 2, Abs. 2, § 161 Satz 2 und § 164 im Rahmen der Eigenverwaltung der Zustimmung des Gläubigerausschusses bedürfen. Die Vorschrift ist erforderlich geworden, weil die Einbeziehung des Gläubigerausschusses bzw. der Gläubigerversammlung in § 160 sowie die vorläufige Untersagung in § 161 nach dem Wortlaut jener Vorschriften einen Antrag des Insolvenzverwalters voraussetzen, den es bei der Eigenverwaltung nicht gibt. Um die Mitwirkung der Gläubigerorgane gleichwohl sicherzustellen, verpflichtet § 276 den Schuldner anstelle des Insolvenzverwalters zur Anhörung in den genannten Fällen.

2 Der Gesetzgeber nimmt somit im Rahmen der Eigenverwaltung eine Abstufung der Zustimmungsverpflichtung vor: Verbindlichkeiten, die zum gewöhnlichen Geschäftsbetrieb des Schuldners gehören, bedürfen keiner Zustimmung. Sofern Verbindlichkeiten nicht lediglich zum gewöhnlichen Geschäftsbetrieb des Schuldners gehören, jedoch keine besondere Bedeutung i.S.d. § 276 aufweisen, bedarf es der Zustimmung des Sachwalters (»soll«). Ist eine für das Insolvenzverfahren besonders bedeutsame Entscheidung beabsichtigt, so ist außerdem die Zustimmung des Gläubigerausschusses, hilfsweise der Gläubigerversammlung, § 276, einzuholen.

3 Zu beachten ist, dass die fehlende Erwähnung der §§ 162, 163 in § 276 nicht zur Folge hat, dass jene Vorschriften in der Eigenverwaltung etwa nicht anwendbar wären. Die Anwendung der §§ 162, 163 im Rahmen der Eigenverwaltung folgt vielmehr aus der allgemeinen Verweisungsnorm des § 270 Abs. 1 Satz 2.[1]

---

12 *Kübler/Prütting/Bork/Pape* Rn. 27.
13 OFD Hannover 11.10.2004, S 7105 49 StO 171, DStR 2005, 157.
1 *Graf-Schlicker*, Rn. 10; Nerlich/Römermann/*Riggert*, Rn. 6.

B. Zustimmungspflicht zu Rechtshandlungen von besonderer Bedeutung

Die Zustimmung des Gläubigerausschusses ist lediglich einzuholen, wenn es sich um eine Rechtshandlung von besonderer Bedeutung für das Insolvenzverfahren handelt. Eine Rechtshandlung i.S.d. § 276 stellt jedes verfügende und verpflichtende Rechtsgeschäft, jede Prozesshandlung, sowie jede tatsächliche Handlung, die rechtliche Wirkung auslöst, dar.[2] Bedeutsam ist eine solche Rechtshandlung neben den in § 160 Abs. 2 genannten Fällen immer dann, wenn mit ihnen eine »Weiche« für das Insolvenzverfahren gestellt wird und nicht lediglich eine reine Wirtschaftlichkeitskontrolle stattfinden soll.[3]

Sofern kein Gläubigerausschuss bestellt wurde, ist die Zustimmung der Gläubigerversammlung einzuholen, §§ 276 Satz 2, 160 Abs. 1 Satz 2. Der Schuldner ist nach § 75 Abs. 1 Satz 1 berechtigt, einen Antrag auf Einberufung der Gläubigerversammlung zu stellen, da es ihm ansonsten verwehrt wäre, eine Zustimmung einzuholen.[4]

Ob unter der Zustimmung lediglich die vorherige Einwilligung des Gläubigerausschusses oder auch die nachträgliche Genehmigung zu verstehen ist, ist strittig.[5] Der Wortlaut spricht für die vorherige Beschlussfassung des Gläubigerorgans. Und auch der Zweck verlangt eine Beteiligung des Gläubigerausschusses vor der Vornahme der Rechtshandlung. Umgekehrt mag sein, dass die Gläubiger bzw. die Mitglieder des Gläubigerausschusses kein Interesse an einer Rüge des Schuldners haben werden, wenn sie zwar erst nachträglich um Genehmigung gebeten werden, diese aber dann erteilen, weil die Rechtshandlung des Schuldners wirtschaftlich richtig war. Dennoch liegt ein erheblicher Unterschied vor. Die Mitwirkung der Gläubigerorgane ist schließlich nicht etwa auf die Geltendmachung von Schadensersatzansprüchen reduziert; vielmehr sollen die Gläubiger vor »Überfahren der Weiche« angehört werden, damit sie die Fahrtrichtung des Zuges bestimmen können. Die nachträgliche Genehmigung im Rahmen der Zustimmung nach § 276 ist aus diesen Gründen abzulehnen.[6] Das bedeutet aber nur, dass der Schuldner bei einer nachträglichen Einbindung der Gläubigerorgane dem Normbefehl des § 276 nicht gefolgt ist. Dies wiederum kann – zumindest im Wiederholungsfalle oder in dem Fall, dass auch die Zustimmung des Sachwalters gem. § 275 Abs. 1 Satz 1 nicht eingeholt wurde – ein Anlass dafür sein, einen Aufhebungsantrag nach § 272 zu stellen. Die Missachtung des Zustimmungsvorbehalts nach § 160 ist daher von dem Sachwalter dem Gläubigerausschuss und dem Insolvenzgericht anzuzeigen, § 274 Abs. 3.[7]

Die Zustimmung des Gläubigerausschusses ersetzt nicht die Zustimmung des Sachwalters nach § 275, ebenso ersetzt die Zustimmung des Sachwalters nicht die des Gläubigerausschusses.[8] Zwar bezwecken beide Vorschriften allgemein den Gläubigerschutz. § 275 betrifft jedoch nicht die Wirksamkeit der Rechtshandlung und dient allgemein der besseren Kontrolle der Geschäftsführung des Schuldners durch den Sachwalter.

C. Folgen der fehlenden Zustimmung

Holt der Schuldner die Zustimmung des Gläubigerausschusses bzw. der Gläubigerversammlung nicht ein, bevor er die Rechtshandlung i.S.d. § 160 Abs. 2 bewirkt, so berührt die fehlende Zustimmung nicht die Wirksamkeit der Rechtshandlung[9]. Dieses folgt aus der entsprechenden Anwendung

---

2 Kübler/Prütting/Bork/*Pape* Rn. 7.
3 Graf-Schlicker/*Graf-Schlicker* Rn. 4.
4 Kübler/Prütting/Bork/*Pape* Rn. 14.
5 Vgl. Kübler/Prütting/Bork/*Pape* Rn. 8.
6 Graf-Schlicker/*Graf-Schlicker* Rn. 5; MüKo-InsO/*Wittig/Tetzlaff* Rn. 8; Nerlich/Römermann/*Riggert* Rn. 4; a.A. Kübler/Prütting/Bork/*Pape* Rn. 9; FK-InsO/*Foltis* Rn. 7; Uhlenbruck/*Uhlenbruck* Rn. 3.
7 Kübler/Prütting/Bork/*Pape* Rn. 22.
8 HambK-InsR/*Fiebig* Rn. 3; HK-InsO/*Landfermann* Rn. 1; MüKo-InsO/*Wittig/Tetzlaff* Rn. 8; a.A. Graf-Schlicker/*Graf-Schlicker* Rn. 6.
9 *Graf-Schlicker*, Rn. 7.

des § 164. Die Unwirksamkeit einer Rechtshandlung aufgrund der fehlenden Zustimmung des Gläubigerorgans kann sich lediglich indirekt über die Anordnung der Zustimmungsbedürftigkeit des Schuldners nach § 277 ergeben.

9 Die Anwendbarkeit des § 164 stößt auf rechtspolitische Bedenken.[10] Den durch eine wirksame Rechtshandlung des Schuldners u.U. geschädigten Gläubigern steht anders als im Rahmen des Regelinsolvenzverfahrens kein kompensierender Haftungsanspruch nach § 60 zu, weil der Schuldner, der ohnehin nicht nach § 60 haftet, bereits insolvent ist.[11] Der mit der Regelung bezweckte Schutz des Rechtsverkehrs geht insofern einseitig zu Lasten der Gläubiger.

D. Weitere Rechte und Pflichten des Gläubigerausschusses

10 Der Gläubigerausschuss hat im Rahmen der Eigenverwaltung nicht nur den Sachwalter, sondern auch den Schuldner zu unterstützen und zu überwachen, § 69 Satz 1.[12] Dies folgt daraus, dass die Geschäftsführung dem Schuldner obliegt. Der Gläubigerausschuss ist somit etwa berechtigt, die Geschäftspapiere des Schuldners in Augenschein zu nehmen und den Geldverkehr des Schuldners zu überprüfen.[13] Der Überwachung des Schuldners durch den Gläubigerausschuss kommt im Rahmen der Eigenverwaltung aufgrund der drohenden Gefahr, dass der Schuldner Eigeninteressen wahrnimmt und insb. die Insolvenzmasse schädigt, ohne dass eine haftungsrechtliche Kompensation i.S.d. § 60 vorliegt, besondere Bedeutung zu.

E. Vorläufige Untersagung der Rechtshandlung

11 Sofern der Gläubigerausschuss einer Rechtshandlung des Schuldners vor der Vornahme zugestimmt hat, kann eine i.S.d. § 75 Abs. 1 Nr. 3 ausreichende Minderheit die Vornahme der Rechtshandlung durch das Insolvenzgericht vorläufig untersagen lassen und die Einberufung einer Gläubigerversammlung zur Beschlussfassung über die Rechtshandlung bewirken, § 162 Satz 2. Dieses Recht folgt aus der Verweisung des § 276 Satz 2. Anstelle des Insolvenzverwalters ist der Sachwalter zu hören.

12 Fraglich ist ferner, ob der Schuldner ebenso anzuhören ist. Da im Rahmen der Eigenverwaltung die Berechtigung Rechtshandlungen i.S.d. § 160 vorzunehmen auf den Schuldner verlagert wird, ist eine Anhörung durchzuführen.[14]

§ 276a Mitwirkung der Überwachungsorgane

Ist der Schuldner eine juristische Person oder eine Gesellschaft ohne Rechtspersönlichkeit, so haben der Aufsichtsrat, die Gesellschafterversammlung oder entsprechende Organe keinen Einfluss auf die Geschäftsführung des Schuldners. Die Abberufung und Neubestellung von Mitgliedern der Geschäftsleitung ist nur wirksam, wenn der Sachwalter zustimmt. Die Zustimmung ist zu erteilen, wenn die Maßnahme nicht zu Nachteilen für die Gläubiger führt.

Übersicht	Rdn.		Rdn.
A. Normzweck	1	C. Abberufung und Neubestellung von Geschäftsleitern/Zustimmung des Sachwalters	6
B. Kein Einfluss der Gesellschaftsorgane auf Geschäftsführung	2		

---

10 BK-InsR/*Blersch* Rn. 4.
11 Kübler/Prütting/Bork/*Pape* Rn. 20.
12 HK-InsO/*Landfermann* Rn. 1.
13 Kübler/Prütting/Bork/*Pape* Rn. 13.
14 Kübler/Prütting/Bork/*Pape* Rn. 16.

A. Normzweck

Die Vorschrift ist durch das ESUG mit Wirkung für Insolvenzverfahren, die ab dem 01.03.2012 beantragt wurden, neu eingeführt worden. Sie schafft Klarheit für die unter der vorherigen Rechtslage umstrittene Behandlung des Verhältnisses zwischen den Organen Haupt- und Gesellschafterversammlung, Aufsichtsrat und Beirat juristischer Personen und Gesellschaften ohne Rechtspersönlichkeit einerseits, deren Geschäftsleitern andererseits und schließlich den Organen im Insolvenzverfahren (Gläubigerausschuss, Gläubigerversammlung, Sachwalter). Die Vorschrift will gesellschaftsrechtliche Maßnahmen im Insolvenzplan nicht beschränken.[1]

B. Kein Einfluss der Gesellschaftsorgane auf Geschäftsführung

Das Insolvenzverfahren dient den Gläubigern und ihren Interessen. Diese wahrzunehmen, ist vornehmlichste Aufgabe der Schuldnerin im Eigenverwaltungsverfahren.[2] Es kann nicht allein auf den Sachwalter abgestellt werden, denn er überwacht die Abwicklung durch den Schuldner nur, der seinerseits die Gläubigerinteressen zu wahren hat. Damit wird von der Schuldnerin bzw. den für sie handelnden Personen verlangt, dass sie die bis zur Insolvenz bestehende Interessenlage aufgeben, das Unternehmen zum Wohle der Gesellschafter (»shareholder value«) zu führen. Damit tritt auch ein grundsätzlicher Konflikt in Verfahren mit Eigenverwaltung zutage, denn zumindest die Gesellschafter werden, wenn sie nicht persönlich für die Verbindlichkeiten der Schuldnerin haften müssen, eigene Vermögens- und Wirtschaftsinteressen haben und verfolgen, während ihre Gesellschaft und deren Vertreter die der Gläubiger zu verfolgen haben.

Ein solcher Interessenwiderspruch ließe sich auch dadurch lösen, dass von den Anteilseignern und Aufsichtsorganen verlangt wird, ebenfalls die Interessen der Gläubiger in den Mittelpunkt des Schuldnerhandelns zu stellen, weil die Schuldnerin anderenfalls nicht für ein Eigenverwaltungsverfahren geeignet ist.[3] Vorgeschlagen wurde auch eine Verpflichtung der Gesellschafter und Aufsichtsorgane, mit dem Sachwalter kooperieren zu müssen.[4] Der Gesetzgeber hat sich indes dafür entschieden, die anders gelagerte Interessenlage der Anteilseigner und gesellschaftsrechtlichen Aufsichtsorgane als potentiell abweichend zu respektieren. Das muss dann freilich zur Konsequenz haben, dass diese keinen Einfluss auf die für die Schuldnerin handelnden Geschäftsleiter mehr haben dürfen. Das bewirkt § 276a Satz 1. Den Geschäftsleitern hingegen wird abverlangt und dafür werden sie von § 276a Satz 2 geschützt, dass sie den Wechsel in der Interessenwahrungspflicht mitgehen können und werden. Sollten daran einmal Zweifel bestehen, läge ein Umstand vor, der Nachteile für die Gläubiger erwarten lassen würde und die Eigenverwaltung würde gar nicht erst angeordnet oder eine bereits angeordnete Eigenverwaltung könnte auf entsprechenden Antrag wieder aufgehoben werden.

Auch die gesellschaftsrechtliche Notwendigkeit, die Geschäftsleitung bei ihrer Tätigkeit zu überwachen, ist in Insolvenzverfahren mit Eigenverwaltung ausnahmsweise nicht erforderlich, weil die Überwachungsleistung bereits durch den Sachwalter, das Insolvenzgericht, den Gläubigerausschuss und die Gläubigerversammlung, ja sogar – wegen des Antragsrechts nach § 272 Abs. 1 Nr. 2 – durch jeden einzelnen Gläubiger wahrgenommen wird. In der Begründung zum RegE wird deshalb auch darauf hingewiesen, dass eine zusätzliche Einwirkungsmöglichkeit von Aufsichtsrat und Gesellschafterversammlung auf die Geschäftsleitung nichts mehr nützen kann, wohl aber hemmend und blockierend wirkt.[5]

---

1 BT-Drucks. 17/5712, 64.
2 *Prütting/Huhn* ZIP 2002, 777; *Uhlenbruck* FS Metzeler, S. 85 (96 ff.); *Ringstmeier/Homann* NZI 2002, 406; FK-InsO/*Foltis* Vor §§ 270 ff. Rn. 66 ff.
3 So *Ringstmeier/Homann* NZI 2002, 406 ff., ähnlich Uhlenbruck/*Uhlenbruck* § 274 Rn. 5 f.
4 *Hofmann* NZI 2010, 798 (804).
5 BT-Drucks. 17/5712, 63.

5 Für die Geschäftsleiter entfallen damit alle Zustimmungs- und Mitwirkungsbedürfnisse durch gesetzliche oder gesellschaftsvertraglich begründete Organe, was sich vor allem auf die Beschränkungen bezieht, bestimmte Verträge, z.B. über Grundstücke oder über bestimmte Summen, abschließen zu dürfen. Selbst die Veräußerung von Betriebsteilen oder gar des gesamten Betriebes ist ohne Einflussmöglichkeiten der Gesellschaftsorgane möglich und wirksam; die Beschränkungen, die die InsO für solche Geschäfte regelt, wie etwa die Zustimmung des Sachwalters gem. § 275 Abs. 1 Satz 1 sind hingegen zu beachten. Kommt es zwischen dem Geschäftsleiter und den Gesellschaftern wegen dieser »Freiheiten« des Geschäftsleiters zu Streit oder steht zu befürchten, dass der Geschäftsleiter wegen der Aussicht auf eine Auseinandersetzung mit den Gesellschaftern die Interessen der Gesamtgläubigerschaft nicht oder nicht ausreichend wahrnimmt, kann darin ein Grund liegen, die Eigenverwaltung aufheben zu lassen.

C. Abberufung und Neubestellung von Geschäftsleitern/Zustimmung des Sachwalters

6 Schuldner im Insolvenzverfahren über das Vermögen einer juristischen Person oder einer Gesellschaft ohne Rechtspersönlichkeit ist die jeweilige juristische Person oder Gesellschaft, nicht der für diese handelnde Geschäftsleiter (Geschäftsführer, Vorstand usw.). Daher wird es auch während des Eigenverwaltungsverfahrens vorkommen, dass ein Geschäftsleiter ausgetauscht werden muss, soll oder will, ohne dass dies einen unmittelbaren Einfluss darauf hat, dass das Insolvenzverfahren in Eigenverwaltung weiterläuft. Gesellschaftsrechtlich sind dafür die jeweiligen Organe zuständig. An dieser Zuständigkeit ändert die InsO nichts. Allerdings will die Vorschrift einerseits den agierenden Geschäftsleiter vor den Organen, die ihn abberufen können, schützen; andererseits will es einen den Ablauf des Insolvenzverfahrens beeinträchtigenden missbräuchlichen Wechsel verhindern. Daher werden Abberufung und Neubestellung von Mitgliedern der Geschäftsleitung unter Zustimmungsvorbehalt des Sachwalters gestellt. Dies betrifft jedoch nicht den insolvenzneutralen Bereich der Gesellschaft, so dass die Hauptversammlung der AG weiter gemäß § 101 AktG die Mitglieder des Aufsichtsrates wählen kann.[6] Für die Amtsniederlegung durch einen Geschäftsleiter bestehen indes keine Mitwirkungserfordernisse.

7 Der Sachwalter ist bei seiner Entscheidung über die Zustimmung nicht frei, sondern muss diese erteilen, wenn die vom gesellschaftsrechtlich zuständigen Organ beabsichtigte Abberufung bzw. Neubestellung nicht zu Nachteilen für die Gläubiger führt. Das belegt, dass die originäre Entscheidung über die Person des Geschäftsleiters bei dem gesellschaftsrechtlich zuständigen Organ auch während des Eigenverwaltungsverfahrens bleibt. Der Sachwalter ist auch bei dieser Mitwirkungshandlung allein im Gläubigerinteresse tätig. Die im Interesse der Gläubiger liegende richtige Entscheidung muss der Sachwalter pflichtgemäß treffen, wofür er notfalls gem. § 60 auch haftet.

8 Mit Nachteilen für die Gläubiger ist insb. dann zu rechnen, wenn diejenige natürliche Person, die als Geschäftsleiter neu bestellt werden soll, über keine oder nicht hinreichende Erfahrung bei der Abwicklung eines Insolvenzverfahrens verfügt und dieses Manko nicht dadurch behoben wird, dass eine insolvenzerfahrene Person die Lücken schließen kann. Auch kann ein Nachteil für die Gläubiger dann zu befürchten sein, wenn die insolvenzerfahrene Person, die vor Beginn des Verfahrens gerade deshalb in die Geschäftsleitung berufen wurde, um eine ordnungsgemäße Abwicklung im Eigenverwaltungsverfahren zu gewährleisten, abberufen werden soll, ohne dass der Ausscheidende, wenn auch auf anderer rechtlicher Grundlage (z.B. einem Beratungsvertrag) auch zukünftig zur Verfügung steht oder dass eine mit vergleichbarerer Qualifikation ausgestattete andere Person den freiwerdenden Platz übernimmt. Wann die Grenze einer Gefährdung der Gläubigerinteressen überschritten wird, ist eine Frage des Einzelfalles und hängt auch vom Stand der Abwicklung des Verfahrens und den noch wahrzunehmenden Aufgaben ab.

---

6 OLG Düsseldorf 11.04.2013, 3 Wx 36/13, ZIP 2013, 1022; a.A. AG Montabur 19.06.2012, HRB 20744, ZIP 2012, 1307.

Um dem Sachwalter eine Entscheidung überhaupt zu ermöglichen, sind ihm die Organe, die einen (oder mehrere) Geschäftsleiter abberufen oder entlassen wollen, zur Auskunft darüber verpflichtet, was die Beweggründe dafür sind, einen bestellten Geschäftsleiter abzuberufen und welches die Beweggründe dafür sind, den designierten neuen Geschäftsleiter berufen zu wollen. Rechtsgrundlage sind dafür die §§ 97, 98 und vor allem § 101. Der Sachwalter hat sich auch über die Persönlichkeit des neu zu bestellenden Geschäftsleiters und über seine Vorstellungen darüber, wie das Insolvenzverfahren weiter abgewickelt werden soll, durch Gespräch mit diesem zu informieren. 9

Stimmt der Sachwalter der Maßnahme zu, handelt es sich bei der Zustimmung um eine für die Wirksamkeit der Maßnahme formelle Willenserklärung, die den ansonsten für Abberufung und Neubestellung geltenden Formerfordernissen folgt, ggf. also der Schriftform oder einem Beurkundungs- oder Beglaubigungszwang unterliegt. Das Vorliegen der Zustimmung ist anlässlich der Eintragung im Handelsregister zu prüfen. Stimmt der Sachwalter nicht zu, ist die beschlossene Abberufung oder Neubestellung nicht wirksam. Kommt es zwischen dem Organ und dem Sachwalter zum Streit darüber, ob die beabsichtigte Maßnahme zu Nachteilen für die Gläubiger führt oder nicht, ob also der Sachwalter zustimmen muss oder nicht, wird der Sachwalter nach § 274 Abs. 3 vorgehen und das Insolvenzgericht sowie den Gläubigerausschuss oder, wenn ein solcher nicht bestellt ist, die Insolvenzgläubiger und die Absonderungsgläubiger informieren müssen. 10

§ 277 Anordnung der Zustimmungsbedürftigkeit

(1) Auf Antrag der Gläubigerversammlung ordnet das Insolvenzgericht an, dass bestimmte Rechtsgeschäfte des Schuldners nur wirksam sind, wenn der Sachwalter ihnen zustimmt. § 81 Abs. 1 Satz 2 und 3 und § 82 gelten entsprechend. Stimmt der Sachwalter der Begründung einer Masseverbindlichkeit zu, so gilt § 61 entsprechend.

(2) Die Anordnung kann auch auf den Antrag eines absonderungsberechtigten Gläubigers oder eines Insolvenzgläubigers ergehen, wenn sie unaufschiebbar erforderlich ist, um Nachteile für die Gläubiger zu vermeiden. Der Antrag ist nur zulässig, wenn diese Voraussetzung der Anordnung glaubhaft gemacht wird.

(3) Die Anordnung ist öffentlich bekanntzumachen. § 31 gilt entsprechend. Soweit das Recht zur Verfügung über ein Grundstück, ein eingetragenes Schiff, Schiffsbauwerk oder Luftfahrzeug, ein Recht an einem solchen Gegenstand oder ein Recht an einem solchen Recht beschränkt wird, gelten die §§ 32 und 33 entsprechend.

Übersicht	Rdn.		Rdn.
A. Normzweck	1	C. Zustimmung des Sachwalters	13
B. Voraussetzungen	2	D. Verstoß gegen die Zustimmungspflicht	14
I. Antragsinhalt	3	E. Bekanntmachung der Zustimmungsbedürftigkeit	16
II. Antrag der Gläubigerversammlung, Abs. 1	5	F. Sachwalterhaftung, Abs. 1 Satz 3	19
III. Antrag einzelner Gläubiger, Abs. 2	8	G. Rechtsmittel gegen die Anordnung	21

A. Normzweck

Die Missachtung der Mitwirkungsbefugnis nach § 275 und § 276 im Rahmen seiner Geschäftsführungsbefugnis nach § 270 Abs. 1 führt zu keiner Unwirksamkeit der Rechtshandlungen im Außen*verhältnis*. Um die Verwaltungs- und Verfügungsbefugnis des Schuldners und damit das wirtschaftliche Risiko für die Masse zu begrenzen, kann das Gericht unter den Voraussetzungen des § 277 Abs. 1 bzw. Abs. 2 anordnen, dass die Wirksamkeit bestimmter Rechtsgeschäfte der Zustimmung des Sachwalters bedürfen. Eine fehlende Zustimmung führt sodann zur Unwirksamkeit des Rechtsgeschäfts. 1

Ringstmeier

B. Voraussetzungen

2 Die Anordnung der Zustimmungsbedürftigkeit setzt dem Grundsatz der Gläubigerautonomie folgend einen Antrag der Gläubigerversammlung voraus. Sofern die Anordnung unaufschiebbar ist, ist ausnahmsweise der Antrag eines absonderungsberechtigten Gläubigers oder eines Insolvenzgläubigers ausreichend, vgl. § 277 Abs. 2. Eine Anordnung von Amts wegen in analoger Anwendung des § 21 Abs. 2 Nr. 2 ist hingegen abzulehnen.[1] Es mangelt bereits an der planwidrigen Regelungslücke. Ein Sicherungsbedarf kann zwar bereits vor der Gläubigerversammlung bestehen und somit eine Anordnung rechtfertigen, jedoch hat der Gesetzgeber diese Problematik erkannt und die gerichtliche Anordnung nicht zwingend an einen Antrag der Gläubigerversammlung geknüpft. Vielmehr besteht im Falle der Unaufschiebbarkeit die Möglichkeit des Antrages einzelner Gläubiger nach § 277 Abs. 2.

I. Antragsinhalt

3 Der Antrag nach § 277 Abs. 1 oder Abs. 2 hat sich somit auf bestimmte Rechtsgeschäfte zu beziehen und kann sowohl bestimmte Verträge wie auch einseitige Rechtsgeschäfte, etwa Kündigungen oder Anfechtungen, betreffen. Um den Schutz des Rechtsverkehrs zu gewährleisten, sind die Rechtsgeschäfte im Antrag ebenso wie der Zeitpunkt der Anordnung[2] so genau zu bezeichnen, dass Dritte zweifelsfrei erkennen können, ab welchem Zeitpunkt welche Rechtsgeschäfte vom Zustimmungsvorbehalt nach § 277 erfasst sind. Eine Benennung konkreter Rechtsgeschäfte bedarf es im Antrag hingegen nicht,[3] da der Gläubigerversammlung bzw. dem einzelnen Antragssteller regelmäßig die hierzu nötige Kenntnis, welche Rechtsgeschäfte ganz konkret anstehen, fehlen wird.

4 Die Anordnung einer »allgemeinen Zustimmungsbedürftigkeit« ist vom Gesetz nicht vorgesehen. Eine derartige Anordnung würde dem Sinn und Zweck der Eigenverwaltung auch zuwiderlaufen. Sofern die Gläubiger dem Schuldner ein derartiges Misstrauen entgegenbringen, dass sie alle Rechtsgeschäfte unter einen Zustimmungsvorbehalt stellen wollen, steht ihnen die Möglichkeit frei, die Eigenverwaltung durch einen Antrag nach § 272 Abs. 1 Nr. 1 aufzuheben.

II. Antrag der Gläubigerversammlung, Abs. 1

5 Der vom Gesetzgeber als Regelfall angesehene Fall ist die Anordnung der Zustimmungsbedürftigkeit auf Grund eines Beschlusses der Gläubigerversammlung. Der Beschluss hat mit der erforderlichen Mehrheit zu ergehen, § 76 Abs. 2. Der Antrag der Gläubigerversammlung bedarf aufgrund des fehlenden Entscheidungsermessens auf Seiten des anordnenden Gerichts keiner Begründung (vgl. Rdn. 12).

6 Es erscheint dem § 277 zugrunde liegenden Prinzip der Gläubigerautonomie folgend sachgerecht, der Gläubigerversammlung auch das Recht zur Aufhebung der Anordnung zuzuerkennen, insb. im Hinblick auf eine Eilanordnung nach § 277 Abs. 2. § 277 Abs. 1 Satz 2 ist daher im Falle der Aufhebung der Zustimmungsbedürftigkeit analog anzuwenden.[4]

7 Das Gericht hat im Falle eines Antrages der Gläubigerversammlung die Zustimmungsbedürftigkeit nach § 277 Abs. 1 Satz 1 anzuordnen. Eine Überprüfung, ob die Maßnahme zum Schutze der Gläubiger vonnöten ist, hat das Gericht nicht durchzuführen.[5]

---

1 MüKo-InsO/*Wittig/Tetzlaff* Rn. 7; vgl. allgemein zur Ablehnung einer Analogie: Graf-Schlicker/*Graf-Schlicker* Rn. 3; a.A. AG Duisburg 01.09.2002, 62 IN 167/02, NZI 2002, 556 (558).
2 HK-InsO/*Landfermann* Rn. 1.
3 HambK-InsR/*Fiebig* Rn. 4; MüKo-InsO/*Wittig/Tetzlaff* Rn. 15; a.A. *Köchling* ZInsO 2003, 53 (54).
4 HK-InsO/*Landfermann* Rn. 10; Hess/*Hess* Rn. 38.
5 HK-InsO/*Landfermann* Rn. 1.

III. Antrag einzelner Gläubiger, Abs. 2

§ 277 Abs. 2 will sicherstellen, dass auch dann durch Anordnung einer Zustimmungsbedürftigkeit 8
drohende Nachteile für die Gläubiger verhindert werden können, falls bis zur Durchführung der
Gläubigerversammlung nicht zugewartet oder falls die Gläubigerversammlung kurzfristig nicht einberufen werden kann. Der Antrag einzelner Gläubiger ist daher nur in Eilfällen vorgesehen und bedarf daher der Glaubhaftmachung, dass durch die im Antrag bestimmten Rechtsgeschäfte Nachteile für die Gläubiger drohen, Abs. 2 Satz 2.

Antragsberechtigt ist jeder Insolvenzgläubiger und jeder absonderungsberechtigte Gläubiger, Abs. 2 9
Satz 1. Nachrangige Insolvenzgläubiger sind nicht antragsberechtigt.[6] Gerade in einem sehr frühen
Stadium des Insolvenzverfahrens, insb. also vor Abhaltung der ersten Gläubigerversammlung und
vor der Durchführung eines Prüfungstermins kann streitig werden, ob der Antragsteller überhaupt
Insolvenzgläubiger ist. Auch dieser Umstand ist der Glaubhaftmachung zugänglich.

Die Anordnung ist »unaufschiebbar«, sollte ein nachteiliges Rechtsgeschäft unmittelbar bevorstehen 10
und die rechtzeitige Einberufung der Gläubigerversammlung nicht mehr möglich sein.[7] Den Gläubigern droht ein »Nachteil«, wenn das Rechtsgeschäft ihre Befriedigung erschwert oder vereitelt.[8] Für
die Glaubhaftmachung der drohenden Nachteile ist § 294 ZPO heranzuziehen, § 4 InsO.

Dem Schuldner sollte Gelegenheit gegeben werden, eine Gegenglaubhaftmachung vorzutragen. Ergibt sich danach für das Insolvenzgericht wegen differierender Erklärungen ein Aufklärungsbedarf, 11
kann und muss das Gericht gem. § 5 von Amts wegen weitere Ermittlungen durchführen.[9]

Sofern die Voraussetzungen glaubhaft gemacht sind, ist die Zustimmungspflicht anzuordnen. Ein 12
Ermessen des Gerichts besteht anders als der Wortlaut vermuten lässt (»kann«) nicht.[10]

C. Zustimmung des Sachwalters

Die Zustimmung des Sachwalters kann, unabhängig von einer eventuellen Formbedürftigkeit des 13
Rechtsgeschäfts, formlos erfolgen.[11] Der Schuldner ist grds auch verpflichtet, die Zustimmung
des Sachwalters vor Abschluss des Rechtsgeschäfts einzuholen.[12] Möglich ist jedoch eine Genehmigung, die erst nach Abschluss erfolgt, um die Wirksamkeit des Rechtsgeschäfts herbeizuführen.[13]

D. Verstoß gegen die Zustimmungspflicht

Anders als der Verstoß gegen die Zustimmungspflicht nach § 275 Abs. 1 und § 276 bewirkt der Verstoß gegen die vom Gericht angeordnete Zustimmungspflicht des Sachwalters gem. § 277 die absolute, also gegenüber jedermann wirkende Unwirksamkeit des betroffenen Rechtsgeschäfts. Die Unwirksamkeit bezieht sich dabei auch auf das dingliche Geschäft, wobei in Bezug auf Mobilien ein 14
guter Glaube des Vertragspartners ausgeschlossen ist.[14]

Sofern in Registern eine Eintragung des Insolvenzvermerks nach §§ 32, 33 unterblieben ist, wird lediglich der gutgläubige Erwerb dinglicher Rechte an Grundstücken sowie eingetragenen Schiffen, 15
Schiffsbauwerken und Luftfahrzeugen geschützt. Leistungen an den Schuldner wirken schuldbefreiend, sofern der Leistende von der Anordnung der Zustimmungsbedürftigkeit nichts wusste,

---

6 Kübler/Prütting/Bork/*Pape* Rn. 29.
7 Hess/*Hess* Rn. 28.
8 Hess/*Hess* Rn. 31.
9 Graf-Schlicker/*Graf-Schlicker* Rn. 8.
10 HK-InsO/*Landfermann* Rn. 5.
11 Hess/*Hess* Rn. 42.
12 HambK-InsR/*Fiebig* Rn. 9.
13 Hess/*Hess* Rn. 42.
14 Kübler/Prütting/Bork/*Pape* Rn. 19.

§ 277 Abs. 1 Satz 2, § 82 Satz 1. Die fehlende Kenntnis des Leistenden wird bis zur öffentlichen Bekanntmachung vermutet, § 277 Abs. 1 Satz 2, § 82 Satz 2.

E. Bekanntmachung der Zustimmungsbedürftigkeit

16 Aufgrund der Drittwirkung der Anordnung der Zustimmungsbedürftigkeit ist der Rechtsverkehr hiervon in Kenntnis zu setzen. Das Gesetz sieht hierfür die öffentliche Bekanntmachung vor, § 277 Abs. 3 Satz 1 i.V.m. § 9. Zudem hat eine Eintragung im Handels-, Genossenschafts-, Partnerschafts- oder Vereinsregister zu erfolgen, sofern der Schuldner hierin bereits eingetragen ist, § 277 Abs. 3 Satz 2 i.V.m. § 31.

17 Sofern sich die Anordnung des Zustimmungsvorbehalts auf Verfügungen über Grundstücke, eingetragene Schiffe, Schiffsbauwerke oder Luftfahrzeuge bezieht, ist ferner eine Eintragung ins Grundbuch, § 277 Abs. 3 Satz 3 i.V.m. § 32, bzw. Register, § 277 Abs. 3 Satz 3 i.V.m. § 33, zu bewirken. Der Beschluss hat den Zeitpunkt des Beginns der Anordnung zu enthalten.

18 Der Beschluss ist zudem aufgrund der Auswirkungen der Anordnung dem Schuldner, wie auch dem Sachwalter zuzustellen.[15]

F. Sachwalterhaftung, Abs. 1 Satz 3

19 Die Zustimmung des Sachwalters bewirkt die Wirksamkeit des Rechtsgeschäfts. Werden mit dem Rechtsgeschäft Masseverbindlichkeiten begründet, so haftet der Sachwalter gem. § 61 wie der Insolvenzverwalter persönlich, wenn die Verbindlichkeit von der Masse nicht erfüllt werden kann. Konnte der Sachwalter zum Zeitpunkt der Zustimmung[16] nicht erkennen, dass die Masse voraussichtlich nicht für die Erfüllung der Masseverbindlichkeiten ausreicht, so ist eine Haftung ausgeschlossen, § 277 Satz 3, § 61 Satz 2.

20 Im Rahmen der Haftung des Sachwalters nach § 277 Abs. 1 Satz 3 i.V.m. § 61 ist zu beachten, dass dem Sachwalter im Gegensatz zum Insolvenzverwalter nicht die Verwaltungs- und Verfügungsbefugnis über die Insolvenzmasse zusteht. Es wird für ihn daher regelmäßig schwerer möglich sein, die gesamte Belastung für die Masse zu überblicken. Dieser Umstand ist im Rahmen der Haftung nach § 61 zu berücksichtigen.[17] Im Normalfall kann sich der Sachwalter auf die Prüfung ihm vorgelegter Berechnungen stützen. Wenn diese in sich schlüssig und hinreichend aussagekräftig sind und außerdem belegen, dass die Erfüllung der Masseverbindlichkeit, deren Begründung der Sachwalter zugestimmt hatte, erwartet werden kann, dann konnte er gerade nicht erkennen, dass die Masse für die Erfüllung nicht ausreichen würde. Erkennbarkeit i.S.d. § 61 Satz 2 meint in Bezug auf den Sachwalter, dass dieser mit den ihm vom Gesetz eingeräumten Befugnissen erkennen können muss, dass die Masse voraussichtlich nicht zur Erfüllung einer Masseverbindlichkeit ausreichen würde. Wird z.B. der Sachwalter durch den Schuldner über die Massezulänglichkeit getäuscht und war dies für den Sachwalter nicht erkennbar, scheidet dessen Haftung aus.[18]

G. Rechtsmittel gegen die Anordnung

21 Die sofortige Beschwerde gegen die Anordnung der Zustimmungspflicht ist nicht zulässig, vgl. § 6 Abs. 1. Sofern der Rechtspfleger entschieden hat, ist die Erinnerung zulässig, § 11 Abs. 2 Satz 1 RPflG.[19]

---

15 Graf-Schlicker/*Graf-Schlicker* § 276 Rn. 6; Hess/*Hess* Rn. 28; MüKo-InsO/*Wittig/Tetzlaff* Rn. 28 f., Uhlenbruck/*Uhlenbruck* Rn. 11.
16 Graf-Schlicker/*Graf-Schlicker* Rn. 12.
17 Ebenso Kübler/Prütting/Bork/*Pape* Rn. 22.
18 So wohl auch Kübler/Prütting/Bork/*Pape* § 274 Rn. 39.
19 HK-InsO/*Landfermann* Rn. 6.

§ 278 Mittel zur Lebensführung des Schuldners

(1) Der Schuldner ist berechtigt, für sich und die in § 100 Abs. 2 Satz 2 genannten Familienangehörigen aus der Insolvenzmasse die Mittel zu entnehmen, die unter Berücksichtigung der bisherigen Lebensverhältnisse des Schuldners eine bescheidene Lebensführung gestatten.

(2) Ist der Schuldner keine natürliche Person, so gilt Absatz 1 entsprechend für die vertretungsberechtigten persönlich haftenden Gesellschafter des Schuldners.

Übersicht

	Rdn.		Rdn.
A. Normzweck	1	D. Höhe der Entnahme, Abs. 1	4
B. Verhältnis zur Unterhaltsgewährung nach §§ 100, 101	2	E. Überhöhte Entnahme	9
		F. Entnahme als Masseverbindlichkeit	10
C. Verhältnis zum pfändungsfreien Vermögen	3	G. Anspruchsberechtigter und zu versorgender Personenkreis	12

A. Normzweck

§ 278 bietet dem Schuldner bzw. dem vertretungsberechtigt persönlich haftenden Gesellschafter des Schuldners als Anreiz für die aktive Mitwirkung an der Eigenverwaltung eine Mittelzuwendung für sich und bestimmte Familienangehörige. Die Norm berechtigt ihn zur Entnahme von Geld aus der Insolvenzmasse, allerdings nur im Rahmen einer bescheidenen Lebensführung. 1

B. Verhältnis zur Unterhaltsgewährung nach §§ 100, 101

§ 278 gewährt dem Schuldner nicht mehr, aber auch nicht weniger als einen ihm nicht entziehbaren Mindestanspruch. Im Gegensatz zur Unterhaltsgewährung nach § 100 steht die Höhe der Unterhaltsgewährung nach § 278 nicht im Ermessen der Gläubiger.[1] Allerdings steht es der Gläubigerversammlung frei, dem Schuldner Unterhalt nach § 100 zu gewähren, selbst wenn er darauf keinen Anspruch hat. § 278 schließt also die Unterhaltsgewährung nach §§ 100, 101 nicht aus.[2] 2

C. Verhältnis zum pfändungsfreien Vermögen

§ 36, der die unpfändbaren und damit nicht in die Insolvenzmasse fallenden Gegenstände regelt, gilt auch im Verfahren mit Eigenverwaltung. Der Schuldner kann also, wenn er Einkünfte aus anderen Quellen hat, den nicht pfändbaren Teil ohnehin für sich behalten, denn er stammt nicht aus der Masse, so dass die §§ 100, 101 und 278 darauf keine Anwendung finden. Der im Interesse der Masse tätige Schuldner kann gem. § 36 Abs. 1 Satz 2 InsO i.V.m. § 850i ZPO einen Antrag stellen, dass ihm aus seiner selbständigen Tätigkeit ein vom Gericht festzusetzender Betrag als pfändungsfreies Einkommen zugebilligt wird.[3] Gibt das Gericht einem solchen Antrag statt, dann fällt der so festgesetzte Betrag nicht in die Insolvenzmasse. Er steht neben dem Anspruch aus § 278, denn diese Vorschrift billigt dem Schuldner Mittel zu, die aus der Masse stammen. Freilich sind die dem Schuldner schon als unpfändbar zufließenden Mittel für die bescheidene Lebensführung zu verwenden, so dass die Anwendung des § 278 entweder ganz entfällt[4] oder aber nur noch für einen darüber hinausgehenden Betrag heranzuziehen ist. Ein eigenverwaltender Schuldner braucht – wie im Folgenden noch zu zeigen sein wird – einen Antrag nach § 850i ZPO indes nicht zu stellen, weil ihm § 278 InsO ohnehin einen unentziehbaren Anspruch aus der Masse zubilligt, der jedenfalls nicht niedriger sein kann als das, was auch als unpfändbar festgesetzt werden müsste. 3

---

1 HK-InsO/*Landfermann* Rn. 1.
2 Graf-Schlicker/*Graf-Schlicker* Rn. 8.
3 Kübler/Prütting/Bork/*Pape* Rn. 4.
4 Hess/*Hess* Rn. 2.

D. Höhe der Entnahme, Abs. 1

4 In der Praxis bereitet es Schwierigkeiten, die »richtige« Höhe der Entnahme zu bestimmen. Das Gesetz verwendet den Begriff der »bescheidenen Lebensführung« und rekuriert z.B. nicht auf den »notwendigen Unterhalt«.[5] Auch Pfändungsschutzvorschriften sind nicht als Maßstab erwähnt. Andererseits gibt § 278 dem Schuldner ein vom Votum der Gläubiger unabhängiges Entnahmerecht, so dass die Entnahme unterhalb der Regelung der §§ 100, 101 liegen müsste, weil jene Vorschriften die Gläubiger gerade berechtigen soll, dem Schuldner mehr zuzubilligen, als ihm gesetzlich zusteht.

5 Die Höhe der Entnahme richtet sich nach dem vom Gesetz verwendeten Wortlaut einerseits nach den bisherigen Lebensverhältnissen des eigenverwaltenden Schuldners sowie andererseits nach dem für eine bescheidene Lebensführung notwendigen Bedarf.[6] Mit dem Hinweis auf die bisherigen Lebensverhältnisse ist nicht gemeint, dass ein Schuldner, der wegen seines verschwenderischen Lebensstils in die Insolvenz geraten ist, diesen zu Lasten der Gläubiger nach § 278 auch während des Insolvenzverfahrens fortsetzen darf. Es soll damit vielmehr auf die Lebensumstände abgestellt werden, die individuell festgestellt werden müssen. Daher verbieten sich fixe Werte, die für jeden Fall gelten können. Die Höhe der Entnahme ist daher individuell zu bestimmen.[7]

6 Die Grenze nach oben wird durch die »bescheidene Lebensführung« gezogen. Was darunter zu verstehen ist, kann der InsO nicht entnommen werden. Es wurde bereits darauf hingewiesen, dass darunter keine Mindestgrenzen i.S.v. Pfändungsschutzvorschriften oder von Sozialhilfesätzen verstanden werden können. Immerhin soll auch durch § 278 dem Schuldner ein Anreiz dafür geboten werden, sich tatkräftig im Interesse der Gläubiger für eine Massemehrung einzusetzen. Dies muss sich im Umfang der Entnahme niederschlagen.

7 Für die Praxis bleiben Unsicherheiten, die für den Schuldner durchaus unangenehme Konsequenzen haben könnten, weil die Gläubiger im Falle eines Übermaßes an Entnahme die Aufhebung der Eigenverwaltung beantragen könnten. Es wird daher empfohlen, dass zwischen dem Schuldner und dem Sachwalter, der wegen § 274 Abs. 2 die Entnahme für Lebensführung ohnehin überwachen muss, eine Entnahmehöhe abgesprochen wird.[8]

8 Das Entnahmerecht knüpft an die Mitarbeit im Zusammenhang mit der Eigenverwaltung an. Es beginnt daher mit der Anordnung der Eigenverwaltung und endet mit deren Aufhebung.[9] Eines Beschlusses der Gläubigerversammlung bedarf es nicht. Wenn auch wegen der Entnahmehöhe eine Absprache mit dem Sachwalter empfohlen wird (vgl. Rdn. 7), so muss dennoch der Sachwalter nicht zustimmen oder gar mitwirken.

E. Überhöhte Entnahme

9 § 278 enthält keine unmittelbaren Rechtsfolgen für den Fall, dass der Schuldner eine übermäßige Mittelentnahme durchführt. Eine Rückzahlung in die Masse dürfte zumeist nicht durchsetzbar sein, weil der Schuldner sich bereits in der Insolvenz befindet oder er im Falle einer Komplementärstellung des Entnahmeberechtigten schon für alle Verbindlichkeiten der Personengesellschaft haften muss. Eine übermäßige Entnahme hat als Konsequenz auch nicht zwangsläufig zur Folge, dass die Gläubiger deshalb einen Antrag auf Aufhebung der Eigenverwaltung stellen werden. Das Risiko für den Schuldner, dass dies dennoch geschieht, ist groß, zumal es neben der Erwirkung eines Zustimmungsvorbehalts gem. § 277 Abs. 1 und Abs. 2 die praktisch einzige Maßnahme ist, die gegen den Schuldner ergriffen werden kann. Die unzulässige Entnahme stellt einen Nachteil i.S.d. § 270 Abs. 2 Nr. 3 dar und berechtigt demnach sogar die in § 272 Abs. 1 Nr. 2 genannten Minderheitsgläubiger zur

---

5 Mohrbutter/Ringstmeier/*Bähr/Landry* § 15 Rn. 64.
6 Str. vgl. hierzu MüKo-InsO/*Wittig/Tetzlaff* Rn. 12.
7 Hess/*Hess* Rn. 3.
8 Mohrbutter/Ringstmeier/*Bähr/Landry* § 15 Rn. 65.
9 Graf-Schlicker/*Graf-Schlicker* Rn. 2.

Beantragung der Aufhebung der Eigenverwaltung.[10] Der Sachwalter, der gem. § 274 Abs. 3 die Gläubiger über die Zuvielentnahme informieren muss, kann als Sofortmaßnahme den Schuldner auffordern, zukünftige Entnahmen geringer anzusetzen oder er kann gem. § 275 Abs. 2 die Kassenführung an sich ziehen. Das Gericht indes hat keinerlei Befugnisse in diesem Zusammenhang.[11]

F. Entnahme als Masseverbindlichkeit

Die Entnahme als Mittel zur Lebensführung ist Masseschuld im Verfahren mit Eigenverwaltung und entsprechend in der Insolvenzbuchhaltung zu verbuchen. Wie sich die Insolvenzmasse im Einzelnen zusammen setzt, woraus also die Mittel der Masse resultieren, ist nicht entscheidend,[12] sei es dass sie aus der Verwertung von massezugehörigen Vermögenswerten stammen, aus Neuvermögen oder auch aus einem Darlehen, welches die Insolvenzmasse aufgenommen hat. Ob dem eigenverwaltenden Schuldner nur für die Entnahmezwecke gem. § 278 ein Darlehen gewährt wird, darf bezweifelt werden, vorstellbar ist aber, dass im Zuge einer Betriebsfortführung ein Darlehen gewährt wird und Teil der betriebsfortführungsbedingten Kosten auch der Unterhalt des mitarbeitenden Schuldners ist. 10

Für den Fall der Masseunzulänglichkeit des Verfahrens stellt sich die Frage, welchen Rang die Entnahme gem. § 278 einnimmt. Teilweise wird dazu vertreten, dass es sich um denselben Rang handeln muss, den auch der Unterhalt gem. §§ 100, 101 einnimmt, nämlich den Nachrang des § 209 Abs. 1 Nr. 3 letzter HS.[13] In diesem Zusammenhang sollte aber berücksichtigt werden, dass der von der Gläubigerversammlung gem. § 100, 101 gewährte Unterhalt eine freiwillige Leistung der Masse ist, während es sich bei der Entnahme gem. § 278 um einen unentziehbaren Anspruch für die Abwicklungstätigkeit des Schuldners handelt. Daher liegt ein Vergleich zu einem nach Anzeige der Masseunzulänglichkeit fortbeschäftigten Arbeitnehmer näher, weshalb die Entnahme nach Anzeige der Masseunzulänglichkeit als Neumasseschuld gem. § 209 Abs. 1 Nr. 2 behandelt werden sollte. 11

G. Anspruchsberechtigter und zu versorgender Personenkreis

Der Kreis der von dem Unterhalt erfassten Familienangehörigen richtet sich wie im Falle der Unterhaltsgewährung im Regelinsolvenzverfahren nach § 100 Abs. 2 Satz 2. Unterhaltsberechtigt ist hiernach grds. der Schuldner selbst, sofern er eine natürliche Person ist, andernfalls der vertretungsberechtigte persönlich haftende Gesellschafter des Schuldners, sofern es sich hierbei um eine OHG, KG oder KGaA handelt. Der Anspruchsberechtigte kann ferner Unterhalt für seinen Ehegatten oder früheren Ehegatten, seinen Lebenspartner oder früheren Lebenspartner, seine minderjährigen unverheirateten bzw. volljährigen behinderten Kinder, die nicht erwerbstätig sind und auf eine Versorgung angewiesen sind, sowie für die Mutter des nichtehelichen Kindes nach § 1615l BGB fordern. 12

Die Aufzählung im Rahmen des § 100 Abs. 2 Satz 2 ist als abschließend anzusehen. Der Schuldner ist also nicht berechtigt, für weitere Angehörige Unterhalt zu entnehmen (etwa nichtehelicher Lebensgefährte).[14] 13

Nach dem ausdrücklichen Wortlaut steht somit weder dem Vorstand einer AG noch dem Geschäftsführer einer GmbH ein Unterhaltsanspruch zu. Dies gilt auch dann, sollte die Person wirtschaftlich als Schuldner anzusehen sein, wie etwa bei der Einmann-Gesellschaft.[15] Auch eine analoge Anwendung auf solche Fälle kommt nicht in Betracht.[16] 14

---

10 Graf-Schlicker/*Graf-Schlicker* Rn. 9.
11 Graf-Schlicker/*Graf-Schlicker* Rn. 9.
12 FK-InsO/*Foltis* Rn. 8; Kübler/Prütting/Bork/*Pape* Rn. 8.
13 Kübler/Prütting/Bork/*Pape* Rn. 10 m. Verw. auf HambK-InsR/*Fiebig* Rn. 10.
14 Str. a.A. Hess/*Hess* Rn. 9; wie hier: MüKo-InsO/*Wittig/Tetzlaff* Rn. 17; Graf-Schlicker/*Graf-Schlicker* Rn. 7.
15 Hess/*Hess* Rn. 10; MüKo-InsO/*Wittig/Tetzlaff* Rn. 16.
16 Graf-Schlicker/*Graf-Schlicker* Rn. 6.

§ 279 Gegenseitige Verträge

Die Vorschriften über die Erfüllung der Rechtsgeschäfte und die Mitwirkung des Betriebsrats (§§ 103 bis 128) gelten mit der Maßgabe, dass an die Stelle des Insolvenzverwalters der Schuldner tritt. Der Schuldner soll seine Rechte nach diesen Vorschriften im Einvernehmen mit dem Sachwalter ausüben. Die Rechte nach den §§ 120, 122 und 126 kann er wirksam nur mit Zustimmung des Sachwalters ausüben.

Übersicht	Rdn.			Rdn.
A. Normzweck	1	C.	Ausübung der Rechte im Einvernehmen mit dem Sachwalter, Satz 2	5
B. Wahl- und Kündigungsrechte des Schuldners	2	D.	Zustimmungsbedürftigkeit, Satz 3	8
		E.	Verhältnis von § 279 zu § 277	10

A. Normzweck

1 Im Eigenverwaltungsverfahren gelten auch die Wahl- und Kündigungsrechte der §§ 103 bis 128. Da die Abwicklung des Verfahrens in der Hand des Schuldners liegt, spricht § 279 konsequenterweise dem Schuldner zu, diese Rechte ausüben zu können. Die Ausübung der Rechte durch den Schuldner wird abgestuft der Beteiligung des Sachwalters unterworfen. Danach bedarf es grundsätzlich nur eines Einvernehmens mit dem Sachwalter (§ 279 Satz 2). Besondere Rechtsgeschäfte, bei denen es jeweils um eine größere Anzahl von Arbeitnehmern geht, bedürfen ferner der Zustimmung des Sachwalters (§ 279 Satz 3).

B. Wahl- und Kündigungsrechte des Schuldners

2 Die Behandlung von nicht vollständig erfüllten oder fortdauernden Verträgen in der Insolvenz gehört zu den wichtigsten und effektivsten Sanierungsinstrumenten von in wirtschaftliche Not geratenen Unternehmen. Man denke nur an nicht richtig kalkulierte Aufträge, an nicht mehr benötigte oder nicht marktgerecht verhandelte Mietverträge oder die Notwendigkeit, aufgrund veränderter wirtschaftlicher Rahmenbedingungen einen Teil der Belegschaft entlassen zu müssen. Mit den §§ 103 bis 128 ist dem Schuldner auch in der Eigenverwaltung dieses wichtige Sanierungswerkzeug in die Hand gelegt. Die Eingriffe, die sich daraus für die Vertragspartner ergeben können, sind mitunter erheblich, erlangen sie doch etwa durch die Erfüllungsablehnung gegenseitiger Verträge bzw. durch vorzeitige Kündigung eigentlich noch länger laufender Miet- oder Arbeitsverträge als Kompensation nur Schadensersatzansprüche mit der Qualität von Insolvenzforderungen. Nach § 279 Satz 2 soll der Schuldner bei Ausübung der Wahl- und Kündigungsrechte Einvernehmen mit dem Sachwalter herstellen.

3 Der Schuldner darf sich bei der Ausübung der Wahl- und Kündigungsrechte wie der Insolvenzverwalter im Regelinsolvenzverfahren nur von einer optimalen Gläubigerbefriedigung leiten lassen. Die Entscheidungen des Schuldners daraufhin zu überprüfen, ob diese sich tatsächlich an diesem Maßstab orientieren, ist eine der insolvenzspezifischen Pflichten des Sachwalters. Dabei liegt eine der schwierigen Herausforderungen für den Sachwalter darin, nicht nur die vom Schuldner an ihn herangetragenen Entscheidungen daraufhin zu prüfen, ob diese im allgemeinen Gläubigerinteresse liegen, sondern er muss auch nach den nicht vollständig erfüllten oder fortdauernden Verträgen fragen, zu denen der Schuldner keine Erklärung abgeben will, denn das Absehen von der Kündigung eines Mietvertrages hat ebenso finanzielle Auswirkungen auf die Gläubigerbefriedigung wie der ausdrückliche Eintritt in einen nicht vollständig erfüllten Vertrag.

4 Insb. darf sich der Schuldner nicht von anderen Motiven als denen der größtmöglichen Gläubigerbefriedigung leiten lassen. Die Berücksichtigung eigener Interessen ist unzulässig und kann die Gläubigerversammlung dazu motivieren, einen Antrag auf Aufhebung der Eigenverwaltung nach § 272 Abs. 1 Nr. 1 zu stellen.

C. Ausübung der Rechte im Einvernehmen mit dem Sachwalter, Satz 2

Die Ausübung der in § 279 Satz 1 aufgeführten Wahl- bzw. Kündigungsrechte soll lediglich im Einvernehmen mit dem Sachwalter geschehen, § 279 Satz 2. Der Schuldner hat den Insolvenzverwalter daher vor der Ausübung des Wahlrechts zu informieren. Der Verstoß gegen diese Pflicht hat keine Auswirkung auf die Wirksamkeit des vorgenommenen Rechtsgeschäfts selbst.[1] Der Gläubigerversammlung und in Eilfällen einzelnen Gläubigern ist es aber unbenommen, die Anordnung der Zustimmungsbedürftigkeit für die in § 279 genannten Rechtsgeschäfte zu bewirken, § 277 Abs. 1 und Abs. 2. Die Wirksamkeit wäre sodann gem. § 277 Abs. 1 Satz 1 abhängig von der Zustimmung des Sachwalters.

5

Bindet der Schuldner den Sachwalter nicht in die Entscheidung ein, so hat der Sachwalter dies außerdem dem Gläubigerausschuss sowie dem Insolvenzgericht mitzuteilen, § 274 Abs. 3. Der Gläubigerversammlung steht es sodann auch aus diesem Grunde frei, die Missachtung mit der Anordnung der Aufhebung der Eigenverwaltung zu sanktionieren, § 272 Abs. 1 Nr. 1.

6

Falls der Sachwalter seine Pflicht, die Entscheidung des Schuldners an den Gläubigerinteressen zu messen, nicht erfüllt und sich z.B. nicht hinreichend über die Vor- und Nachteile einer Erfüllungswahl, Erfüllungsablehnung oder Kündigung informiert, soll eine persönliche Haftung des Sachwalters in Betracht kommen.[2] Dem tritt *Pape*[3] mit dem Argument entgegen, dass der Sachwalter nur dann kausal für einen Schaden haften kann, wenn der Gläubiger bei pflichtgemäßer Information durch den Sachwalter hätte verhindern können, dass der Schuldner das Wahl- oder Kündigungsrecht ausübt. Daran ist richtig, dass die aktiven Entscheidungen des Schuldners (bis zur Grenze der Insolvenzzweckwidrigkeit) rechtswirksam sind und bleiben, selbst wenn es deswegen zu einer Aufhebung der Eigenverwaltung kommen sollte. Eine Haftung des Sachwalters ist deshalb in der Tat nicht naheliegend.

7

D. Zustimmungsbedürftigkeit, Satz 3

Auch die Arbeitgeberfunktion behält der Schuldner in der Eigenverwaltung bei. Im stehen daher auch die speziellen arbeitsrechtlichen Gestaltungsrechte zu. Allerdings sieht § 279 Satz 3 für die Ausübung bestimmter Rechte ausnahmsweise die Zustimmung des Sachwalters vor. Zu diesen Rechten gehören die frühzeitige Kündigung von Betriebsvereinbarungen (§ 120), der Antrag auf gerichtliche Zustimmung zur Durchführung einer Betriebsänderung (§ 122), sowie der Antrag auf gerichtliche Feststellung der sozialen Rechtfertigung von Kündigungen (§ 126).

8

Liegt eine Zustimmung des Sachwalters in einem der genannten Fälle nicht vor, so führt dies bei nicht zugestimmter Kündigung einer Betriebsvereinbarung gem. § 120 zur Nichtigkeit der Kündigung.[4] Dies folgt aus der Einseitigkeit des Rechtsgeschäfts, dem eine schwebende Unwirksamkeit abträglich ist.[5] In den Fällen des § 122 und § 126 führt die fehlende Zustimmung des Sachwalters hingegen zur Unzulässigkeit der Beschlussverfahren, wobei in diesen Fällen nach allgemeinen prozessualen Grundsätzen[6] die Zustimmung bis zum Schluss der mündlichen Verhandlung nachgeholt werden kann.[7]

9

E. Verhältnis von § 279 zu § 277

Die Gläubiger können beantragen, dass zur Ausübung der Wahlrechte gem. § 277 die Zustimmung des Sachwalters eingeholt werden muss. Eine solche Anordnung der Zustimmungsbedürftigkeit hat

10

---

1 Graf-Schlicker/*Graf-Schlicker* Rn. 4.
2 MüKo-InsO/*Wittig/Tetzlaff* Rn. 10; BK-InsR/*Blersch* Rn. 2.
3 Kübler/Prütting/Bork/*Pape* Rn. 8.
4 Graf-Schlicker/*Graf-Schlicker* Rn. 6.
5 HK-InsO/*Landfermann* Rn. 4.
6 BGH 08.07.1955, I ZR 201/53, BGHZ 18, 98; 08.03.1979, VII ZR 48/78, NJW 1980, 520.
7 Uhlenbruck/*Uhlenbruck* Rn. 4.

Rechtswirkungen für den Fall, dass die Zustimmung nicht eingeholt worden ist (s. dazu § 277 Rdn. 14 f.); die Erklärung wäre dann unwirksam. Der Verstoß gegen die Zustimmungsbedürftigkeit nach § 279 hingegen spielt sich nicht im Außenverhältnis ab – die Erklärungen des Schuldners sind mit Ausnahme derjenigen gem. § 279 Satz 3 (vgl. Rdn. 9) trotzdem wirksam –, sondern nur im Innenverhältnis, indem die Gläubiger etwa von der Möglichkeit des § 277 für die Zukunft Gebrauch machen wollen oder einen Antrag auf Aufhebung der Eigenverwaltung stellen. Beide Vorschriften, § 277 und § 279, stehen selbständig nebeneinander und schließen sich gegenseitig nicht aus. Insbesondere ist § 279 nicht als speziellere Regelung zu verstehen, die zur Unanwendbarkeit des § 277 führen würde.[8]

§ 280 Haftung. Insolvenzanfechtung

Nur der Sachwalter kann die Haftung nach den §§ 92 und 93 für die Insolvenzmasse geltend machen und Rechtshandlungen nach den §§ 129 bis 147 anfechten.

Übersicht	Rdn.			Rdn.
A. Normzweck	1	C.	Haftung des Sachwalters	8
B. Geltendmachung durch den Sachwalter	4			

A. Normzweck

1 Der Gesetzgeber erachtet den Sachwalter als besser geeignet, Ansprüche auf Ersatz eines Gesamtschadens (§ 92) oder aufgrund der persönlichen Haftung der Gesellschafter (§ 93) geltend zu machen sowie ein Anfechtungsrecht nach §§ 129 bis 147 auszuüben. Diese Rechte stehen deshalb entgegen der allgemein dem Schuldner zustehenden Verwaltungs- und Verfügungsbefugnis daher ausschließlich dem Sachwalter zu (§ 280). Die Notwendigkeit, den Sachwalter als eine unabhängige Person einzuschalten, wird insb. im Rahmen der Haftungsrealisierung gegenüber Vertretungsorganen des Schuldners nach § 92 deutlich,[1] denn solche Ansprüche richten sich in aller Regel gegen denjenigen, der für die Schuldnerin auch die Eigenverwaltung betreibt, und Ansprüche gem. § 93 richten sich gegen die persönlich haftenden Gesellschafter selbst, damit im Falle einer OHG, KG oder KGaA wiederum gegen die die Eigenverwaltung betreibende Person.

2 Notwendig erscheint die Entscheidung durch einen unabhängigen Sachwalter ferner bei der Anfechtung von Rechtshandlungen, da häufig Rechtshandlungen angefochten werden müssen, an denen der Schuldner selbst beteiligt gewesen ist.[2]

3 Die praktische Bedeutung des § 280 ist, worauf *Fiebig* hingewiesen hat, als gering einzuschätzen, da Haftungs- und Anfechtungskonstellationen oftmals bereits zur Ablehnung der Eigenverwaltung[3] oder deren nachträglicher Anordnung führen werden. Allerdings wird dadurch auch belegt, dass die Gläubiger augenscheinlich die Regelungen der Eigenverwaltung nicht ausreichend genug kennen, denn gerade die Existenz des § 280 belegt, dass der Gesetzgeber die Konfliktlage des eigenverwaltenden Schuldners gesehen hat und deshalb für diese Fälle den Sachwalter mit der Durchsetzung solcher Ansprüche betraut. Die ansonsten bestehenden Vorteile einer Eigenverwaltung müssen also keineswegs wegen vielfältiger Haftungsforderungen oder wegen bestehender Anfechtungslagen aufgegeben werden.

---

8 Kübler/Prütting/Bork/*Pape* Rn. 9.
1 Hess/*Hess* Rn. 3.
2 Hess/*Hess* Rn. 5.
3 Ausf. hierzu HambK-InsR/*Fiebig* Rn. 3.

B. Geltendmachung durch den Sachwalter

Die genannten Haftungsansprüche und Anfechtungsrechte werden vom Sachwalter, nicht vom eigenverwaltenden Schuldner durchgesetzt. Insoweit liegt für diese Vermögenspositionen die Verwaltungs- und Verfügungsbefugnis beim Sachwalter, der insoweit wie ein Insolvenzverwalter im Regelinsolvenzverfahren als Partei kraft Amtes tätig wird.[4] Damit ist der Sachwalter nicht nur zur Abgabe einer Anfechtungserklärung zuständig, sondern auch für die gerichtliche Durchsetzung des sich als Rechtsfolge der Anfechtung ergebenden Rückforderungsanspruchs[5] und auch für die sich anschließende Zwangsvollstreckung gegen den Prozessgegner. Dabei wird der Sachwalter ohne weiteres für und gegen die Insolvenzmasse tätig. Sollten sich daraus Ansprüche gegen den Sachwalter ergeben, so haftet dafür die Masse, gegen die und nicht gegen den Sachwalter etwaige Zwangsvollstreckungen zu richten sind. Dazu muss der Titel nicht gesondert auf den Schuldner umgeschrieben werden.[6]

Der Schuldner muss den Sachwalter bei der Erfüllung der diesem aus § 280 folgenden Pflichten unterstützen. Das folgt aus § 274 Abs. 2 Satz 2, § 22 Abs. 3, §§ 97 ff.[7] Diese Pflichten sind notfalls auch zwangsweise gegen den Schuldner durchzusetzen, obgleich bereits die Notwendigkeit einer zwangsweisen Durchsetzung ein für die Gläubiger hinreichender Grund sein wird, die Aufhebung der Eigenverwaltung zu betreiben.

Die durch den Sachwalter realisierten Beträge aus Anfechtung sind sodann freilich regulärer Bestandteil der Insolvenzmasse, so dass die eingezogenen Ansprüche dem jeweiligen Konto zugeführt werden müssen, normalerweise also dem Schuldner zur Verfügung zu stellen sind, wenn nicht gem. § 275 Abs. 2 die Kassenführung beim Sachwalter liegt. Bei der Durchsetzung von Ansprüchen gem. §§ 92 und 93 handelt es sich jeweils um Rechte, die eigentlich nicht dem Schuldner zustehen, sondern den geschädigten Gläubigern und die nur aus Gründen der Praktikabilität vom Insolvenzverwalter bzw. im Falle der Eigenverwaltung vom Sachwalter geltend gemacht werden (vgl. dazu die Ausführungen zu §§ 92, 93). Die daraus fließenden Erlöse sind von der sonstigen Insolvenzmasse als Sondermasse getrennt zu verwahren und an die eigentlich Berechtigten zu verteilen. In diesem Zusammenhang wird der Sachwalter die Beachtung dieser Besonderheiten durch den Schuldner im Auge haben müssen.

Sofern die Insolvenzanfechtung einredeweise geltend gemacht werden muss (§ 146 Abs. 2), liegt die Einziehungsbefugnis z.B. für Forderungen, denen eine anfechtbare Einwendung entgegen gesetzt werden kann, ebenfalls beim Sachwalter, denn die Konstellation ist von der Konfliktlage her nicht anders als bei der aktiven Durchsetzung von Insolvenzanfechtungsansprüchen. Gleiches gilt auch für Leistungsverweigerungsrechte, die auf Insolvenzanfechtung beruhen, denn § 280 nimmt keine Unterscheidung danach vor, ob sich der Schuldner in der Aktiv- oder in der Passivrolle befindet.

C. Haftung des Sachwalters

Bei der Durchsetzung von Haftungsansprüchen gem. §§ 92, 93 sowie von Anfechtungsansprüchen gem. §§ 129 ff wird der Sachwalter in gleicher Weise tätig wie ein Insolvenzverwalter im Regelinsolvenzverfahren. Der Sachwalter haftet daher in gleicher Weise wie ein Insolvenzverwalter.[8] Der Sachwalter kann sich deshalb ausnahmsweise nicht auf die Verweisungsnorm des § 274 Abs. 1 berufen, in der § 61 nicht genannt ist. Vielmehr ist auf § 270 Abs. 1 Satz 2 abzustellen, der auf alle allgemeinen Vorschriften und damit auf die §§ 60–62 verweist. In diesem Rahmen haftet deshalb der Sachwalter auch für von ihm begründete, nicht gedeckte Masseschulden.[9]

---

4 Graf-Schlicker/*Graf-Schlicker* Rn. 2.
5 *Huhn* Die Eigenverwaltung im Insolvenzverfahren, Rn. 975–979.
6 Wimmer-*Foltis*, FK-InsO, Rn. 11 m.w.N.
7 *Huhn* Die Eigenverwaltung im Insolvenzverfahren, Rn. 974.
8 Graf-Schlicker/*Graf-Schlicker* Rn. 5.
9 Graf-Schlicker/*Graf-Schlicker* Rn. 5.

§ 281 Unterrichtung der Gläubiger

(1) Das Verzeichnis der Massegegenstände, das Gläubigerverzeichnis und die Vermögensübersicht (§§ 151 bis 153) hat der Schuldner zu erstellen. Der Sachwalter hat die Verzeichnisse und die Vermögensübersicht zu prüfen und jeweils schriftlich zu erklären, ob nach dem Ergebnis seiner Prüfung Einwendungen zu erheben sind.

(2) Im Berichtstermin hat der Schuldner den Bericht zu erstatten. Der Sachwalter hat zu dem Bericht Stellung zu nehmen.

(3) Zur Rechnungslegung (§§ 66, 155) ist der Schuldner verpflichtet. Für die Schlussrechnung des Schuldners gilt Absatz 1 Satz 2 entsprechend.

Übersicht

	Rdn.
A. Normzweck	1
B. Aufstellung von Vermögensübersichten, Abs. 1 Satz 1	4
I. Verzeichnis der Massegegenstände, § 152	5
II. Aufstellung des Gläubigerverzeichnisses	8
III. Aufstellung der Vermögensübersicht, § 153	11
IV. Niederlegung in der Geschäftsstelle, § 154	13
V. Prüfungs- und Erklärungspflicht des Sachwalters, § 281 Abs. 1 Satz 2	14
C. Berichterstattung, Abs. 2	16
D. Rechnungslegung, Abs. 3	18

A. Normzweck

1 § 281 regelt das Verhältnis zwischen Schuldner und Sachwalter im Zusammenhang mit bestimmten Pflichten bei Aufstellung von Listen und Verzeichnissen sowie bei der Berichterstattung und der Rechnungslegung. Die dabei vom Gesetz angeordnete Aufgabenverteilung orientiert sich an der auch sonst vorherrschenden Kompetenzverteilung in der Eigenverwaltung. Der Schuldner führt die Geschäfte, der Sachwalter überwacht ihn dabei. Wichtige, normalerweise den Insolvenzverwalter treffende Pflichten werden durch § 281 konsequent auf den eigenverwaltenden Schuldner übertragen.

2 Daher hat der Schuldner sowohl das Gläubigerverzeichnis wie auch die Vermögensübersicht zu erstellen (Abs. 1 Satz 1). Ferner hat der Schuldner im Berichtstermin Bericht zu erstatten (Abs. 2). Er ist zudem zur Rechnungslegung verpflichtet (Abs. 3). Dem die Aufsicht führenden Sachwalter obliegt es sodann, die Verzeichnisse und Vermögensübersichten sowie die Schlussrechnung kritisch zu prüfen und sich schriftlich darüber zu erklären, ob Einwendungen zu erheben sind. Ferner hat er zu dem Bericht im Berichtstermin Stellung zu nehmen.

3 Die Aufgabenverteilung dient der vollständigen und korrekten Unterrichtung der Gläubiger bzw. des Gerichts.[1] Die Aufsicht des neutralen Sachwalters soll zum einen eine weitreichende Kontrolle und zum anderen eine objektive Betrachtung des Vorbringens des Schuldners gewährleisten.

B. Aufstellung von Vermögensübersichten, Abs. 1 Satz 1

4 Zur Vorbereitung der ersten Gläubigerversammlung (Berichtstermin) hat der Schuldner ein Verzeichnis über die Massegegenstände nach Maßgabe des § 151, ein Gläubigerverzeichnis wie in § 152 beschrieben sowie hieraus eine Vermögensübersicht gem. § 153 zu erstellen (§ 281 Abs. 1 Satz 1). Sofern die Anordnung der Eigenverwaltung nicht bereits im Zeitpunkt der Insolvenzeröffnung getroffen wird, das Insolvenzgericht zunächst also einen Insolvenzverwalter bestellt, treffen die Pflichten zur Erstellung der hier relevanten Verzeichnisse natürlich den Insolvenzverwalter, selbst wenn die Absicht besteht, im Berichtstermin einen Beschluss der Gläubiger zur Anordnung der Eigenverwaltung herbeizuführen.

---

1 Begr. zu § 342 RegE.

I. Verzeichnis der Massegegenstände, § 152

Das Verzeichnis über die Massegegenstände hat die genaue Bezeichnung der Gegenstände zu enthalten. Bei der Bewertung hat der Schuldner sowohl den Fortführungs- wie auch den Zerschlagungswert anzugeben, § 151 Abs. 2 Satz 2.[2] Nur aus der Angabe beider Werte ergeben sich die für eine Gläubigerentscheidung z.B. zur Frage der Fortführung oder Einstellung des Schuldnerbetriebes relevanten Informationen. Zwar ist die Anordnung der Eigenverwaltung i.d.R. mit der Intention der Fortführung verbunden, dennoch wird diese nicht zwangsweise mit der Anordnung vorausgesetzt; so ist es ein Ausfluss der Gläubigerautonomie, jederzeit und insb. auch schon im Berichtstermin die Aufhebung der Eigenverwaltung zu beantragen und ggf. die Abwicklung des Unternehmens zu bewirken.

Bei der Bewertung der Massegegenstände hat sich der Schuldner an dieselben Regeln zu halten, die auch für einen Insolvenzverwalter gelten. So reicht die Angabe von Buchwerten keinesfalls aus, vielmehr sind wahre Sachwerte anzugeben, einmal unter der Prämisse einer Zerschlagung des Betriebes oder Unternehmens, zum anderen unter Fortführungsaspekten. Zur Bestimmung der anzuführenden Werte kann sich der Schuldner in besonders schwierigen Fällen der Hilfe eines Sachverständigen bedienen, § 152 Abs. 2 Satz 3. In der Praxis ist leider oft zu beobachten, dass die Zerschlagungswerte unangemessen niedrig und die Fortführungswerte dagegen viel zu optimistisch angegeben werden, scheinbar um auf diese Weise das Gericht und die Gläubiger wohlwollend für die Eigenverwaltung zu stimmen. Dies kann (und soll ja auch) die Gläubiger täuschen und zu Entscheidungen verleiten, die sie bei vollständiger und richtiger Information so nicht getroffen hätten. Stellt der Sachwalter ein solches Vorgehen des Schuldners fest, muss er dies gem. § 274 Abs. 3 anzeigen.

Auch der Schuldner kann eine Freistellung der Pflicht zur Aufstellung des Masseverzeichnisses nach § 151 Abs. 3 Satz 1 beantragen, was er begründen müsste. Sofern ein Gläubigerausschuss existiert, ist dessen Zustimmung zum Antrag des Schuldners einzuholen, § 151 Abs. 3 Satz 2. Besteht ein solcher nicht, bedarf es nach einer starken im Schrifttum verbreiteten Meinung stattdessen der Zustimmung des Sachwalters.[3] Dies soll aus der allgemeinen Überwachungsfunktion und der besonderen Bedeutung des Verzeichnisses der Masse für den Vermögensbericht und damit für den durch die Überwachungsfunktion zu bewirkenden Gläubigerschutz folgen. Indes findet sich im Gesetz keine Stütze für diese Meinung[4] und eine Zustimmung des Sachwalters ist auch gar nicht erforderlich, weil er ohnehin zur Angabe des Schuldners über die Insolvenzmasse eine Stellungnahme abgeben muss. Indes sollte das Insolvenzgericht mit einem auf Dispens gerichteten Antrag des Schuldners äußerst restriktiv umgehen,[5] um der Gefahr, dass nicht inventarisierte Massegegenstände dem Zugriff der Gläubiger entzogen werden, vorzubeugen. Überdies würde eine Freistellung von der Verpflichtung zur Aufstellung des Masseverzeichnisses womöglich zu einer Verunsicherung der Gläubiger führen, was dazu beitragen könnte, dass diese gegen eine Eigenverwaltung votieren.

II. Aufstellung des Gläubigerverzeichnisses

Das Gläubigerverzeichnis hat die Belastungen und Verbindlichkeiten des Schuldners vollständig darzustellen. Es hat daher sämtliche Insolvenzgläubiger, d.h. nachrangige und nicht nachrangige, aufgeteilt in Rangklassen, zu enthalten, die dem Schuldner durch seine geschäftsführende Tätigkeit, aus dem schuldnerischen Rechnungswesen, durch die Anmeldung von Forderungen beim Sachwalter oder in sonstiger Weise bekannt sind. Das Gläubigerverzeichnis hat die Anschrift der Gläubiger, sofern diese dem Schuldner bekannt sind, sowie den Grund und die Höhe des jeweiligen Anspruches zu enthalten (§ 152 Abs. 2 Satz 2).

---

2 Stellv. MüKo-InsO/*Wittig*/*Tetzlaff* Rn. 7.
3 FK-InsO/*Foltis* Rn. 13; Uhlenbruck/*Uhlenbruck* Rn. 2.
4 Graf-Schlicker/*Graf-Schlicker* Rn. 4.
5 Graf-Schlicker/*Graf-Schlicker* Rn. 4; Kübler/Prütting/Bork/*Pape* Rn. 9.

9 Das Gläubigerverzeichnis hat zudem gesondert die absonderungsberechtigten Gläubiger sowie den Gegenstand, an dem das Absonderungsrecht besteht, aufzuführen. Ferner ist die Höhe eines mutmaßlichen Ausfalls anzugeben, notfalls zu schätzen (§ 152 Abs. 2 Satz 3). Der Schuldner kann sich hierbei der Hilfe eines Sachverständigen bedienen, wenn es um schwierige Bewertungen geht, §§ 152 Abs. 3 a.E. i.V.m. § 151 Abs. 2 Satz 3.

10 Die voraussichtlich entstehenden Masseverbindlichkeiten hat der Schuldner zu schätzen (§ 152 Abs. 3 Satz 2) und in das Gläubigerverzeichnis einzubeziehen. Bestehende Aufrechnungslagen sind, um die Aussagekraft des Gläubigerverzeichnisses zu erhöhen, ebenso aufzuführen (§ 152 Abs. 3 Satz 1).

III. Aufstellung der Vermögensübersicht, § 153

11 Auf der Basis des Verzeichnisses der Massegegenstände und des Gläubigerverzeichnisses hat der Schuldner eine Vermögensübersicht aufzustellen. Die Vermögensübersicht hat sich an den Bewertungsregeln des § 151 Abs. 2 zu orientieren. Sowohl der Zerschlagungs- wie auch Fortführungswert haben Eingang in die Vermögensübersicht zu finden. Die Gliederung der Übersicht hat sich ferner an § 152 Abs. 2 Satz 1 zu orientieren. Absonderungsberechtigte Gläubiger sowie die Rangklassen der nachrangigen Insolvenzgläubiger sind demnach gesondert aufzuführen.

12 Sofern Zweifel an der Richtigkeit der in der Vermögensübersicht aufgeführten Tatsachen bestehen, hat der Schuldner auf Antrag eines Gläubigers die Vollständigkeit der Vermögensübersicht eidesstattlich zu versichern (§ 153 Abs. 3 Satz 1). Gleiches Recht sollte anstelle des Insolvenzverwalters im Rahmen der Eigenverwaltung auch dem Sachwalter zuerkannt werden,[6] denn der Sachwalter kann Hinweise darauf haben, dass die Angaben des Schuldners unzutreffend sein können. Zur Vorbereitung seines Berichtes in der Gläubigerversammlung sollte ihm daher das Antragsrecht zugebilligt werden, letztlich auch, um seiner Überwachungsaufgabe vollständig nachkommen zu können.

IV. Niederlegung in der Geschäftsstelle, § 154

13 Trotz fehlender ausdrücklicher Erwähnung des § 154 in der Aufzählung des § 281 Abs. 1 Satz 1 hat der Schuldner die Verzeichnisse der Masse, das Gläubigerverzeichnis sowie die Vermögensübersicht spätestens eine Woche vor dem Berichtstermin in der Geschäftsstelle zur Einsicht der Beteiligten niederzulegen.[7] Die Verzeichnisse und Übersichten des Schuldners dienen der rechtzeitigen Information der Gläubiger, um die Entscheidungen z.B. über die Frage, ob das Unternehmen fortgeführt wird oder nicht, ob es der Einrichtung eines Gläubigerausschusses bedarf, wo die Grenze für die Erheblichkeit von Streitwerten oder Vergleichen liegt, ob ein Auftrag zur Ausarbeitung eines Insolvenzplans nach § 284 erteilt wird usw., vorzubereiten.

V. Prüfungs- und Erklärungspflicht des Sachwalters, § 281 Abs. 1 Satz 2

14 Der allgemeinen Überwachungsfunktion des Sachwalters folgend hat dieser die vom Schuldner nach §§ 151–153 erstellten Verzeichnisse zu prüfen und sich schriftlich darüber zu erklären, ob nach dem Ergebnis seiner Prüfung Einwendungen zu erheben sind, § 281 Abs. 1 Satz 2. Sofern Einwendungen vorgebracht werden, sind diese i.S. einer vollständigen Gläubigerinformation substantiiert darzulegen.[8] Auch die schriftliche Stellungnahme des Sachwalters ist mit den Vermögensübersichten bei der Geschäftsstelle des Insolvenzgerichts niederzulegen.[9] Allerdings kann für den Sachwalter nicht die Wochenfrist des § 154 gelten. Die Niederlegung dient nur der Vervollständigung der Gerichts-

---

6 Kübler/Prütting/Bork/*Pape* Rn. 11; Uhlenbruck/*Uhlenbruck* Rn. 5; a.A. Graf-Schlicker/*Graf-Schlicker* Rn. 7.
7 Kübler/Prütting/Bork/*Pape* Rn. 5; MüKo-InsO/*Wittig/Tetzlaff* Rn. 18.
8 FK-InsO/*Foltis* Rn. 18; Uhlenbruck/*Uhlenbruck* Rn. 3.
9 MüKo-InsO/*Wittig/Tetzlaff* Rn. 16.

akte, damit Gläubiger sich auch außerhalb des Berichtstermins über die Erkenntnisse des Sachwalters anhand der Gerichtsakte informieren können.

Die Pflicht zur Prüfung- und Erklärung über die Aufstellung der Vermögensübersichten des Schuldners stellt eine insolvenzspezifische Pflicht des Sachwalters dar, für deren ordnungsgemäße Erfüllung er nach §§ 274 Abs. 1, 60 persönlich haftet. 15

C. Berichterstattung, Abs. 2

Die Pflicht des Schuldners zur Berichterstattung nach § 281 Abs. 2 Satz 1 richtet sich nach der allgemeinen Vorschrift des § 156. Der Schuldner hat hiernach über die wirtschaftliche Lage des Unternehmens und die Ursachen der Krise zu berichten, § 156 Abs. 1 Satz 1. Zur Vorbereitung der Entscheidungen der Gläubigerversammlung nach § 157, hat er ferner darzulegen, ob Aussicht besteht, das Unternehmen im Ganzen oder in Teilen zu erhalten, welche Möglichkeiten für einen Insolvenzplan bestehen und welche Auswirkungen die jeweiligen Alternativen für die Befriedigung der Gläubiger haben würden, § 156 Abs. 1 Satz 2. 16

Zur Wahrung der Objektivität der Information der Gläubigerversammlung hat der Sachwalter kritisch zu dem Bericht Stellung zu nehmen, § 281 Abs. 2 Satz 2. Der Sachwalter hat insb. Stellung zu der Frage der fortführenden Sanierung zu nehmen, um einer allzu positiven Einschätzung des selbstverwaltenden Schuldners entgegenzuwirken. Auf die in der Praxis gelegentlich zu beobachtende allzu optimistische Darstellung wurde (vgl. Rdn. 6) bereits hingewiesen. 17

D. Rechnungslegung, Abs. 3

Ist schon die Aufstellung der zuvor beschriebenen Verzeichnisse sowie die Vermögensübersicht von einem insolvenzrechtlich nicht erfahrenen Schuldner nur schwer zu bewältigen, erfordert die im Folgenden zu beschreibende Pflicht der insolvenzrechtlichen Rechnungslegung externe Hilfe. Zu den weiteren den Schuldner treffenden Aufgaben zählt nämlich die Pflicht zur insolvenzrechtlichen Rechnungslegung § 281 Abs. 3 i.V.m. § 66. Der Schuldner ist damit wie der Insolvenzverwalter zu einer dualen Rechnungslegung verpflichtet. Zum einen wird ihm die interne Rechnungslegung gegenüber den Gläubigern und dem Gericht auferlegt, zum anderen hat er die externe Rechnungslegung nach handels- und steuerrechtlichen Grundsätzen durchzuführen, § 281 Abs. 3 i.V.m. § 155. An beiden Werken ist der Sachwalter nicht beteiligt, und zwar selbst dann nicht, wenn er die Kassenführung gem. § 275 Abs. 2 an sich gezogen hat. In einem solchen Fall muss der Sachwalter dem Schuldner die Kontounterlagen, also Auszüge und Belege zur Verfügung stellen, damit der Schuldner unter Zuhilfenahme auch dieser Unterlagen die Rechenwerke erstellen kann (vgl. § 275 Rdn. 8). 18

Der Wortlaut des § 281 Abs. 3 Satz 2 begrenzt die Überprüfungs- und Erklärungspflicht des Sachwalters auf die insolvenzrechtliche Schlussrechnung. Eine Überprüfung der externen Rechnungslegung hat daher nicht zu erfolgen, sie kann sich allenfalls aus der allgemeinen Überwachungsverpflichtung des § 274 Abs. 2 ergeben.[10] 19

Der Schuldner ist verpflichtet, sofern die Gläubigerversammlung dies von ihm verlangt, während des Verfahrens Zwischenrechnungen zu legen, § 281 Abs. 3 i.V.m. § 66 Abs. 3. Nach § 281 Abs. 3 Satz 2 bezieht sich die Pflicht des Sachwalters zur Prüfung und zur Stellungnahme nur auf die Schlussrechnung, nicht auch auf etwaige Zwischenrechnungen. Nach einer im Schrifttum verbreiteten Meinung sollte sich die Überprüfungspflicht des Sachwalters trotz des entgegenstehenden Wortlautes auch auf die Zwischenrechnungen beziehen.[11] Das erscheint nicht sachgerecht, denn es ist der 20

---

10 So etwa MüKo-InsO/*Wittig/Tetzlaff* Rn. 30.
11 FK-InsO/*Foltis* Rn. 32; HK-InsO/*Landfermann* Rn. 5; Hess/*Hess* Rn. 18; Uhlenbruck/*Uhlenbruck* Rn. 5; a.A. Graf-Schlicker/*Graf-Schlicker* Rn. 14; Kübler/Prütting/Bork/*Pape* Rn. 13; MüKo-InsO/*Wittig/Tetzlaff* Rn. 30.

Schuldner, der das Verfahren abwickelt und darüber berichten und Zwischenrechnung legen soll, nicht der Sachwalter. Letzterer hat bereits eine eigene Berichtspflicht, die dann eingreift, wenn er Umstände feststellt, die zu Nachteilen für die Gläubiger führen können oder wenn er andere Unregelmäßigkeiten zur Kenntnis bekommt.

§ 282 Verwertung von Sicherungsgut

(1) Das Recht des Insolvenzverwalters zur Verwertung von Gegenständen, an denen Absonderungsrechte bestehen, steht dem Schuldner zu. Kosten der Feststellung der Gegenstände und der Rechte an diesen werden jedoch nicht erhoben. Als Kosten der Verwertung können nur die tatsächlich entstandenen, für die Verwertung erforderlichen Kosten und der Umsatzsteuerbetrag angesetzt werden.

(2) Der Schuldner soll sein Verwertungsrecht im Einvernehmen mit dem Sachwalter ausüben.

Übersicht

	Rdn.		Rdn.
A. Normzweck	1	C. Im Einvernehmen mit dem Sachwalter, Abs. 2	7
B. Verwertungsrecht, Abs. 1 Satz 1	3	D. Kostenbeiträge, Abs. 1 Satz 2	10

A. Normzweck

1 Das Verwertungsrecht an mit Absonderungsrechten belasteten Gegenständen, das im Regelinsolvenzverfahren dem Insolvenzverwalter zukommt, steht im Rahmen der Eigenverwaltung nach § 282 dem Schuldner zu. Die Norm will verhindern, dass durch unkontrollierten Zugriff absonderungsberechtigter Gläubiger die Sanierung eines Unternehmens unmöglich gemacht wird.[1] Darüber hinaus ist die Vorschrift auch deshalb erforderlich gewesen, weil ohne sie die Anwendbarkeit der §§ 165 ff. überhaupt fraglich gewesen wäre; schließlich muss geregelt sein, wer die Verwertung des Absonderungsguts durchführt und nach welchen Regeln.

2 Der Gesetzgeber geht davon aus, dass der eigenverwaltende Schuldner über die Rechte der Gläubiger an Gegenständen der Insolvenzmasse ausreichend Kenntnis besitzt. Aus diesem Grund soll es zu keiner Geltendmachung von Feststellungskosten kommen. Dies macht die Eigenverwaltung für absonderungsberechtigte Gläubiger attraktiv, weil der Verwertungserlös vor der Auskehr an ihn nur um die Verwertungskosten (und ggfls. um die Umsatzsteuer) geschmälert wird.

B. Verwertungsrecht, Abs. 1 Satz 1

3 Nach Abs. 1 Satz 1 ist im Rahmen der Eigenverwaltung dem Schuldner das Recht zur Verwertung von Sicherungsgut übertragen; dazu gehört auch die Einziehung von sicherungshalber abgetretenen Forderungen. Durch die ausdrückliche Verweisung in Abs. 1 Satz 1 hat sich die Ausübung der Rechte daher an die für den Insolvenzverwalter geltenden Vorschriften der §§ 165 ff. zu orientieren. Es kann daher an dieser Stelle auf die genannten Vorschriften einschließlich deren Voraussetzungen und Rechtsfolgen sowie auf die dortigen Kommentierungen verwiesen werden. Hingegen gelten die in allgemeinen Geschäftsbedingungen der Sicherungsnehmer enthaltenen Begünstigungen und Beschränkungen in Bezug auf den Umgang mit Sicherungsgut für den eigenverwaltenden Schuldner nicht (mehr), der aus der Sicht der Absonderungsgläubiger wie ein Insolvenzverwalter im Regelinsolvenzverfahren agiert. Daher ist der Schuldner auch zur Auskunft über den Bestand des Sicherungsguts verpflichtet und muss z.B. vor einer Verwertung gem. § 168 den Absonderungsgläubiger über die beabsichtigte Verwertung unterrichten und ihm Gelegenheit einräumen, eine bessere Verwertungsalternative aufzuzeigen; weiter ist der Schuldner nach § 169 zur Zinszahlung bei Verwertungs-

---

1 Begr. RegE § 343/§ 282 InsO, BT-Drucks. 12/2443, 226.

verzögerungen und zur Zahlung gem. § 172 im Falle einer Nutzung des Sicherungsguts für die Masse verpflichtet.²

Man wird den Schuldner auch für berechtigt halten müssen, die Entscheidung darüber treffen zu können, ob einem absonderungsberechtigten Gläubiger die Verwertung des Sicherungsguts überlassen werden soll, § 170 Abs. 2. Alsdann wird der Schuldner auch berechtigt sein, einen Gegenstand, gleich ob Sicherungsrechte an ihm bestehen oder nicht, aus der Insolvenzmasse freigeben zu können. Dieses Recht gebührt dem eigenverwaltenden Schuldner schon deshalb, weil er der Träger der Verwaltungs- und Verfügungsbefugnis ist (§ 170 Abs. 1 Satz 1), denn »Freigabe« ist nichts anderes als der Verzicht auf die dem Schuldner von der Insolvenzordnung eingeräumte Verwaltungs- und Verfügungsbefugnis. Ein solchermaßen freigegebener Gegenstand fällt in das insolvenzfreie Vermögen des Schuldners. Das muss auch bei der Eigenverwaltung möglich sein, weil anderenfalls die Eigenverwaltung bereits strukturell einen Nachteil gegenüber der Regelabwicklung haben würde, was vom Verordnungsgeber nicht beabsichtigt gewesen sein kann. Bei einem insb. auf Sanierung bedachten Schuldner mag die Freigabe eines dem Insolvenzbeschlag unterfallenden Gegenstandes mit der Folge, dass für ihn das insolvenzfreie Vermögen zuständig ist, welches in aller Regel nicht liquide sein wird, häufig nicht sinnvoll sein; möglich ist es aber dennoch. 4

Eine Verletzung der ihn treffenden Verpflichtungen birgt für den eigenverwaltenden Schuldner das Risiko, dass darin ein Nachteil für die Gläubiger gesehen wird, welcher die Aufhebung der Eigenverwaltung begründen kann. Der Sachwalter wird eine Missachtung der Vorschriften der §§ 165 ff. zu melden haben. 5

Soweit Aussonderungs- oder Ersatzaussonderungsrechte von einem Gläubiger geltend gemacht werden, ist der eigenverwaltende Schuldner zur Herausgabe des Aussonderungsguts bzw. des Ersatzes verpflichtet. Ein Verstoß gegen diese Pflicht kann einen Grund für die Aufhebung der Eigenverwaltung darstellen; eine Haftung des eigenverwaltenden Schuldners nach den insolvenzspezifischen Vorschriften, also gem. § 60 oder gem. analoger Anwendung dieser Vorschrift kommt indes nicht in Frage. 6

C. Im Einvernehmen mit dem Sachwalter, Abs. 2

Der Schuldner hat das Verwertungsrecht im Einvernehmen mit dem Sachwalter auszuüben, Abs. 2. Bei der Pflicht zur Einbeziehung des Sachwalters handelt es sich um eine Pflicht im Innenverhältnis, deren Missachtung zu keiner Unwirksamkeit der Verwertungshandlungen des eigenverwaltenden Schuldners im Außenverhältnis führt.³ Weder der Vertragspartner des Verwertungsgeschäftes noch der Absonderungsberechtigte haben zu prüfen, ob tatsächlich ein Einvernehmen mit dem Sachwalter hergestellt worden ist oder nicht. Eine Grenze kann allenfalls die Insolvenzzweckwidrigkeit eines Verwertungsgeschäftes sein, die zu einer Unwirksamkeit auch im Außenverhältnis führt.⁴ Sofern die Wirksamkeit der Verwertungshandlung auch im Außenverhältnis von der Einholung des Einvernehmens abhängig gemacht werden soll, so hat die Gläubigerversammlung die Zustimmungsbedürftigkeit der Rechtsgeschäfte im Rahmen des § 282 Abs. 1 durch den Sachwalter nach § 277 Abs. 1 bei Gericht anzuordnen.⁵ 7

Das Unterlassen der Herstellung des Einvernehmens mit dem Sachwalters wird regelmäßig die Annahme drohender Nachteile durch die Eigenverwaltung begründen, § 270 Abs. 2 Nr. 3. Der Sachwalter ist dann verpflichtet, die Gläubigerversammlung und das Insolvenzgericht zu unterrichten, § 274 Abs. 3. Zudem droht die nachträgliche Aufhebung der Eigenverwaltung aufgrund eines Antrags eines absonderungsberechtigten Gläubigers nach § 272 Abs. 1 Nr. 2.⁶ 8

---

2 Vgl. Graf-Schlicker/*Graf-Schlicker* Rn. 4.
3 MüKo-InsO/*Wittig/Tetzlaff* Rn. 18; Uhlenbruck/*Uhlenbruck* Rn. 7.
4 Uhlenbruck/*Uhlenbruck* Rn. 7.
5 Kübler/Prütting/Bork/*Pape* Rn. 1.
6 Kübler/Prütting/Bork/*Pape* Rn. 1; MüKo-InsO/*Wittig/Tetzlaff* Rn. 19.

9 In Insolvenzverfahren mit Eigenverwaltung kommen Verwertungshandlungen vermutlich nicht so oft vor, wie wenn ein Insolvenzverwalter mit der Liquidation eines Betriebes bzw. Unternehmens befasst ist, denn meistens wird das Instrument der Eigenverwaltung bei Insolvenzverfahren mit Sanierungscharakter eingesetzt. Das ist nach der gesetzlichen Konstruktion aber keineswegs zwingend. Es ist daher durchaus vorstellbar, dass der eigenverwaltende Schuldner in großem Umfang Vermögen der Insolvenzmasse verwertet. In solchen Fällen ist es angezeigt, dass der Sachwalter mit dem Schuldner Regelungen trifft, die ihm die Einhaltung des § 282 auch in der Praxis ermöglicht. Dies kann etwa durch Pauschalregelungen erfolgen.

D. Kostenbeiträge, Abs. 1 Satz 2

10 Die Verwertungskosten werden nicht pauschal, sondern nur nach den tatsächlich entstandenen erforderlichen Kosten zzgl. des Umsatzsteuerbetrages angesetzt. Im Vergleich zum regulären Insolvenzverfahren kommt es daher zu einer durchaus gewollten geringeren Kostenbelastung der absonderungsberechtigten Gläubiger. Aus diesem Grund wird ein für die übrigen stimmberechtigten Gläubiger negatives Sonderinteresse der absonderungsberechtigten Gläubiger an der Anordnung der Eigenverwaltung befürchtet.[7]

11 Die Kostenbelastung der absonderungsberechtigten Gläubiger bemisst sich anhand der Verwertungskosten sowie der Umsatzsteuerbelastung. Feststellungskosten werden in der Eigenverwaltung nach § 282 Abs. 1 Satz 2 nicht erhoben. Dies gilt auch für eine Kostenpauschale nach § 10 Abs. 1 Nr. 1a ZVG für die Feststellung von Grundstückzubehör im Rahmen der Zwangsvollstreckung von Immobilien, da diese die Bestellung eines Insolvenzverwalters voraussetzt.[8]

12 Verwertungskosten sind lediglich an die Insolvenzmasse abzuführen, sollten diese tatsächlich entstanden und für die Verwertung erforderlich gewesen sein, § 282 Abs. 1 Satz 3. Die Abführung der Umsatzsteuer richtet sich nach den für die Verwertung durch den Insolvenzverwalter im Regelverfahren entwickelten Grundsätzen.[9] Der Betrag der Umsatzsteuer ist von dem Verwertungserlös zugunsten der Masse vorweg zu entnehmen.[10]

§ 283 Befriedigung der Insolvenzgläubiger

(1) Bei der Prüfung der Forderungen können außer den Insolvenzgläubigern der Schuldner und der Sachwalter angemeldete Forderungen bestreiten. Eine Forderung, die ein Insolvenzgläubiger, der Schuldner oder der Sachwalter bestritten hat, gilt nicht als festgestellt.

(2) Die Verteilungen werden vom Schuldner vorgenommen. Der Sachwalter hat die Verteilungsverzeichnisse zu prüfen und jeweils schriftlich zu erklären, ob nach dem Ergebnis seiner Prüfung Einwendungen zu erheben sind.

Übersicht

		Rdn.			Rdn.
A.	Forderungsanmeldung und Prüfung der Forderung	1	D.	Titulierte Forderungen	10
B.	Feststellungsklage bei Widerspruch	5	E.	Vorbereitung der Verteilung und Prüfung durch den Sachwalter, Abs. 2	11
C.	Anhängige Prozesse	6	F.	Durchführung der Verteilung	14

A. Forderungsanmeldung und Prüfung der Forderung

1 Aus der Verpflichtung der Gläubiger, ihre Forderungen beim Sachwalter anzumelden (§ 270c Satz 2) folgt, dass der Sachwalter die Insolvenztabelle zu führen und auch beim Insolvenzgericht nie-

---

[7] Vgl. zur Problematik: MüKo-InsO/*Wittig/Tetzlaff* Rn. 6.
[8] MüKo-InsO/*Wittig/Tetzlaff* Rn. 22; Uhlenbruck/*Uhlenbruck* Rn. 5.
[9] Nerlich/Römermann/*Riggert* Rn. 5.
[10] Hess/*Hess* Rn. 15; Uhlenbruck/*Uhlenbruck* Rn. 6.

derzulegen hat – eine Aufgabe, die im Regelinsolvenzverfahren dem Insolvenzverwalter zukommt. Für die Feststellung von Insolvenzforderungen sind grds. die allgemeinen Regelungen der §§ 174–186 maßgeblich, § 270 Abs. 1 Satz 2. Ausnahmen dazu sind im Falle der Eigenverwaltung in § 283 geregelt.

Gem. § 178 Abs. 1 Satz 1 führt im Regelinsolvenzverfahren der Widerspruch des Insolvenzverwalters oder eines Insolvenzgläubigers dazu, dass die Forderung nicht als festgestellt gilt. Im Verfahren mit Eigenverwaltung gibt es keinen Insolvenzverwalter, so dass Regelungsbedarf besteht, wer bei der Eigenverwaltung an die Stelle des Insolvenzverwalters in § 178 Abs. 1 Satz 1 tritt. § 283 Abs. 1 löst dies in der Weise, dass sowohl der Sachwalter als auch der eigenverwaltende Schuldner an die Stelle des Insolvenzverwalters treten. In Abweichung zu § 178 Abs. 1 Satz 2 hindert der Widerspruch des Schuldners im Verfahren mit Eigenverwaltung die Feststellung der Forderung, § 283 Abs. 1 Satz 2. Der Schuldner wird in diesem Aufgabenbereich wie ein Insolvenzverwalter im Regelinsolvenzverfahren als Amtswalter tätig. Damit geht die Wirkung eines Widerspruchs des Schuldners in Eigenverwaltungsverfahren weiter als im Falle einer Regelabwicklung, denn dort bewirkt der Widerspruch des Schuldners lediglich, dass dem Insolvenzgläubiger kein vollstreckbarer Tabellenauszug erteilt werden kann, § 201 Abs. 2 Satz 1.

Aufgrund der unterschiedlichen Wirkungen des Widerspruchs des Schuldners als Amtswalter im Rahmen der Eigenverwaltung (§ 283 Abs. 1 Satz 2) und als Träger der Insolvenzmasse (§ 201 Abs. 1 Satz 1) ist es strittig, ob der Schuldner die Wahrnehmung seiner Rechte spalten kann, um beide Rechtsfolgen bewirken zu können. So soll es nach einer Auffassung zulässig sein, dass der Schuldner als Amtswalter eine Forderung anerkennt, jedoch durch einen Widerspruch die Rechtswirkung des § 201 Abs. 2 Satz 1 herbeiführt.[1] Eine derartige Aufspaltung ist nach dem insofern eindeutigen Wortlaut des § 283 Abs. 1 Satz 2 abzulehnen. Auch ist ein praktisches Bedürfnis für solche in sich widersprüchliche Erklärungen des Schuldners nicht erkennbar.

Bei einer natürlichen Person als eigenverwaltendem Schuldner muss es indes möglich sein, dass er eine Forderung als aus der Insolvenzmasse quotenberechtigt anerkennt und insofern keinen Widerspruch erhebt, während er gleichzeitig einer Qualifizierung dieser Forderung als aus einer vorsätzlich begangenen unerlaubten Handlung resultierend entgegen tritt. Das praktische Bedürfnis ergibt sich mit Blick auf den Ausschluss von vorsätzlich begangenen unerlaubten Handlungen von der Restschuldbefreiung gem. § 302 Nr. 1. Außerdem kann eine Verbindlichkeit aus der Sicht eines Schuldners bestehen, aber andere Rechtsgründe anstatt einer vorsätzlich begangenen unerlaubten Handlung haben; in sich widersprüchliche Erklärungen des Schuldners liegen in einem solchen Fall mithin nicht vor.

B. Feststellungsklage bei Widerspruch

Sofern ein Widerspruch der in § 283 Abs. 1 Satz 1 genannten Personen erfolgt, ist nach §§ 179 ff. zu verfahren. Dies gilt wegen § 283 Abs. 1 Satz 2 auch für einen Widerspruch des Schuldners, der im Gegensatz zum Regelinsolvenzverfahren also ausnahmsweise nicht nach § 184 anzugreifen ist. Ein Feststellungsprozess ist zwar nur gegen den Bestreitenden zu richten. Die Wirkungen einer rechtskräftigen Entscheidung, durch die eine Forderung festgestellt oder ein Widerspruch für begründet erklärt wurde, ist wegen der Wirkungen des Widerspruchs des Schuldners nach § 283 Abs. 1 Satz 2 auch auf seine Person zu übertragen.[2] Weitere Einzelheiten ergeben sich aus § 183.

---

[1] *Häsemeyer* Rn. 8.16; MüKo-InsO/*Schumacher* § 178 Rn. 30; a.A. Graf-Schlicker/*Graf-Schlicker* Rn. 5; HK-InsO/*Landfermann* Rn. 5; FK-InsO/*Foltis* Rn. 3; MüKo-InsO/*Wittig/Tetzlaff* Rn. 11.
[2] Kübler/Prütting/Bork/*Pape* Rn. 14.

C. Anhängige Prozesse

6 Die Unterbrechungswirkung des § 240 ZPO tritt mit Insolvenzeröffnung auch dann ein, wenn gleichzeitig die Eigenverwaltung angeordnet wird.[3]

7 Anhängige Aktivprozesse sind von dem Schuldner gem. § 85 aufzunehmen, da er im Rahmen der Eigenverwaltung die Verwaltungs- und Verfügungsmacht über die Insolvenzmasse hat, § 270 Abs. 1 Satz 1.[4] Sofern der Schuldner die Aufnahme des Rechtsstreits ablehnt, kommt eine Aufnahme durch ihn außerhalb des Insolvenzverfahrens nicht mehr in Betracht.[5]

8 Die Aufnahme von Passivprozessen steht neben dem Prozessgegner ebenso dem Schuldner zu.[6] Er hat auch die Möglichkeit des sofortigen Anerkenntnisses (§ 86 Abs. 2), wovon der Schuldner gelegentlich Gebrauch machen wird; nach der Insolvenzeröffnung muss der eigenverwaltende Schuldner nämlich nur noch die Interessen der Gläubiger vertreten und will vor diesem Hintergrund u.U. überflüssige Prozesskosten verhindern.[7] § 86 Abs. 2 gilt auch für den eigenverwaltenden Schuldner.[8]

9 Eine Freigabe des Prozessgegenstandes durch den Schuldner soll nicht in Betracht kommen.[9] Dies ist für Passivprozesse – von dem Streit darüber, ob ein Prozessgegenstand überhaupt freigegeben werden kann – naheliegend, denn der Schuldner kann sich seinen Verpflichtungen nicht durch »Freigabe« entledigen. Bzgl. eines Vermögensgegenstandes, um den im anhängigen Prozess gestritten wird, z.B. eine Forderung des Schuldners, sollte die Freigabe hingegen möglich sein (vgl. dazu auch § 282 Rdn. 4).

D. Titulierte Forderungen

10 Soweit eine streitig gebliebene Forderung bereits tituliert ist, trifft den Bestreitenden die Betreibenslast, gem. § 179 Abs. 2 durch Klage oder im Verwaltungsverfahren seinen Widerspruch gegen die Forderung zu betreiben.[10]

E. Vorbereitung der Verteilung und Prüfung durch den Sachwalter, Abs. 2

11 Aus § 283 Abs. 2 geht hervor, dass der Schuldner sowohl das Verteilungsverzeichnis erstellen als auch die Verteilungen vornehmen muss. Beim Sachwalter sind gem. § 270c Satz 2 zwar die Insolvenzforderungen anzumelden und er erstellt auch zunächst die Insolvenztabelle, nach Abhaltung des Prüfungstermins indes wird die für das Verfahren maßgebliche Tabelle durch das Insolvenzgericht geführt. Sie ist daher auch Grundlage des Verteilungsverzeichnisses. Das vom Schuldner erstellte Verteilungsverzeichnis ist auf der Geschäftsstelle des Insolvenzgerichts zur Einsicht aller Beteiligten niederzulegen, § 188 Satz 2. Der Schuldner hat dem Gericht die Summe der Forderungen und den zur Verteilung verfügbaren Betrag anzuzeigen, § 188 Satz 3 Halbs. 1. Das Gericht hat sodann die angezeigte Forderungssumme und den für die Verteilung verfügbaren Betrag öffentlich bekannt zu machen, § 188 Satz 3 Halbs. 2.

12 Zuvor, und zwar schon vor der Niederlegung durch den Schuldner[11] hat der Sachwalter das Verteilungsverzeichnis zu prüfen und sich schriftlich darüber zu erklären, ob nach seiner Prüfung Einwen-

---

3 BGH 07.12.2006, V ZB 93/06, NZI 2007, 188 (189).
4 Kübler/Prütting/Bork/*Pape* Rn. 5; Uhlenbruck/*Uhlenbruck* Rn. 4.
5 Kübler/Prütting/Bork/*Pape* Rn. 8.
6 Kübler/Prütting/Bork/*Pape* Rn. 10; Uhlenbruck/*Uhlenbruck* Rn. 4.
7 Kübler/Prütting/Bork/*Pape* Rn. 10.
8 Uhlenbruck/*Uhlenbruck* Rn. 4.
9 Kübler/Prütting/Bork/*Pape* Rn. 10.; Uhlenbruck/*Uhlenbruck* Rn. 4.
10 Uhlenbruck/*Uhlenbruck* Rn. 3; FK-InsO/*Foltis* Rn. 4.
11 FK-InsO/*Foltis* Rn. 7.

dungen durch die Gläubiger zu erheben sind § 283 Abs. 2 Satz 2. Das Gesetz sagt nichts dazu, wie und wem gegenüber der Sachwalter seine Prüfungsergebnisse mitzuteilen hat. Die h.M.[12] sagt, der Sachwalter müsse sein Prüfungsergebnis auf der Geschäftsstelle des Insolvenzgerichts niederlegen. *Graf-Schlicker*[13] meint, der Sachwalter müsse sein Prüfungsergebnis auch den Gläubigern unmittelbar bekannt geben. Da der Sachwalter nach dem Wortlaut des § 283 Abs. 2 Satz 2 nicht seine Einwendungen darlegen soll, sondern nur darlegen muss, »ob« Einwendungen zu erheben sind, wird die Mitteilung des Sachwalters oftmals auch für den Fall erwartet, dass keine Einwendungen zu erheben sind. Dass eine solche Negativerklärung jedem einzelnen Gläubiger gegenüber abzugeben ist, kann das Gesetz nicht gewollt haben, da es ja auch an anderer Stelle, z.B. § 274 Abs. 3 Satz 2, jeweils nur diejenigen Mitteilungen an die Gläubiger unmittelbar ergehen lässt, die zu Anträgen der Gläubiger führen könnten. Daher sollte der h.M. folgend die Niederlegung beim Insolvenzgericht ausreichen.

Der Sachwalter selbst kann Einwendungen gegen das Verteilungsverzeichnis nicht erheben. Strittig ist, wie zu verfahren ist, sollten die vom Sachwalter dargelegten Einwendungen zwischen dem Schuldner und dem Sachwalter nicht ausgeräumt werden können. Die Insolvenzordnung billigt dem Sachwalter kein ausdrückliches Recht zu, rechtlich gegen das Verteilungsverzeichnis vorzugehen. Das Recht, Einwendungen gegen ein Verteilungsverzeichnis zu erheben, dient hingegen gem. § 194 Abs. 1 dem Individualinteresse des betroffenen Gläubigers. Die vom Sachwalter ermittelten Einwendungsgründe sollen daher lediglich der Entscheidungsfindung der betroffenen Gläubiger dienen und begründen insb. kein eigenes Antragsrecht des Sachwalters.[14] Die Erhebung von Einwendungen ist also ausschließlich den Gläubigern vorbehalten. Können sich Schuldner und Sachwalter über Einwendungen des Sachwalters nicht einigen bzw. solche nicht ausräumen, muss dieser Konflikt offengelegt werden. Es ist dann Sache der Gläubiger, Einwendungen gegen das Verteilungsverzeichnis des Schuldners zu erheben oder nicht. 13

F. Durchführung der Verteilung

Die Verteilung wird sodann vom Schuldner vorgenommen. Dabei kann das Insolvenzgericht auf Antrag der Gläubigerversammlung anordnen, dass sie von der Zustimmung des Sachwalters abhängig sein soll.[15] Liegt die Kassenführung beim Sachwalter (§ 275 Abs. 2), wird der Schuldner mangels Zugriff auf die liquide Insolvenzmasse nicht imstande sein, die Verteilung durchführen zu können. In diesem Fall muss der kassenführende Sachwalter die vom Schuldner veranlasste Verteilung jedenfalls technisch durchführen oder muss dem Schuldner den für die Verteilung erforderlichen Geldbetrag zur Verfügung stellen. 14

Kommt es zu einer Nachtragsverteilung, ist der Schuldner auch für diese zuständig.[16] 15

§ 284 Insolvenzplan

(1) Ein Auftrag der Gläubigerversammlung zur Ausarbeitung eines Insolvenzplans ist an den Sachwalter oder an den Schuldner zu richten. Wird der Auftrag an den Schuldner gerichtet, so wirkt der Sachwalter beratend mit.

(2) Eine Überwachung der Planerfüllung ist Aufgabe des Sachwalters.

---

12 HK-InsO/*Landfermann* Rn. 7; FK-InsO/*Foltis* Rn. 7; Uhlenbruck/*Uhlenbruck* Rn. 6.
13 *Graf-Schlicker* Rn. 11.
14 Graf-Schlicker/*Graf-Schlicker* Rn. 11; HK-InsO/*Landfermann* Rn. 7; MüKo-InsO/*Wittig/Tetzlaff* Rn. 23; a.A. FK-InsO/*Foltis* Rn. 8; Uhlenbruck/*Uhlenbruck* Rn. 6.
15 Graf-Schlicker/*Graf-Schlicker* Rn. 12; MüKo-InsO/*Wittig/Tetzlaff* Rn. 24.
16 HK-InsO/*Landfermann* Rn. 8.

§ 284 InsO Insolvenzplan

Übersicht	Rdn.		Rdn.
A. Normzweck	1	I. Beauftragung des Schuldners und Beratungspflicht des Sachwalters	5
B. Planinitiativrecht	2	II. Beauftragung des Sachwalters	10
C. Planbeauftragung und Planerstellung, Abs. 1	4	D. Überwachungspflicht des Sachwalters, Abs. 2	13

A. Normzweck

1 Die Ausarbeitung eines Insolvenzplans wird vielfach auf die Initiative des Schuldners selbst zurückgehen. Gerade in Verfahren mit Eigenverwaltung wird der Schuldner die oftmals schon bei Beantragung des Insolvenzverfahrens bestehende Absicht haben, sich oder das Unternehmen durch Insolvenzplan zu sanieren. Allerdings kann in einem auf Liquidation gerichteten Insolvenzverfahren mit Eigenverwaltung die Initiative zur Ausarbeitung eines Insolvenzplans auch von der Gläubigerversammlung ausgehen, § 157 Satz 2 und 3, § 218 Abs. 2. Dort richtet sich – da § 157 den Normalfall eines Insolvenzverfahrens in Regelabwicklung vor Augen hat – die Aufforderung zur Erstellung eines Insolvenzplans an den Insolvenzverwalter. Ein solcher ist bei Verfahren mit Eigenverwaltung nicht vorhanden. Es stellt sich daher die Frage, an wen die Gläubigerversammlung die Aufforderung zur Erstellung eines Insolvenzplans gem. § 157 Satz 2 zu richten hat. Diese Frage beantwortet § 284 Abs. 1 Satz 1 dahingehend, dass die Aufforderung an den Schuldner selbst und alternativ auch an den Sachwalter gerichtet werden kann. Ergeht sie an den Schuldner, muss der Sachwalter mitwirken, § 284 Abs. 1 Satz 2. Die Überwachung der Planerfüllung hingegen ist immer eine Aufgabe nur des Sachwalters, § 284 Abs. 2.

B. Planinitiativrecht

2 Der Schuldner hat, sei es im Regelinsolvenzverfahren, sei es in Verfahren mit Eigenverwaltung, immer ein Planinitiativrecht gem. § 218 Abs. 1 Satz 1 ggf. durch Verweis in § 270 Abs. 1 Satz 2.[1] Dieses Recht wird der Schuldner gerade in Verfahren, in denen er auch die Eigenverwaltung beantragt, oftmals wahrnehmen. *Graf-Schlicker*[2] weist zu Recht darauf hin, dass dies vor allem bei Konzernlagen ein probates Mittel sein kann, die Einflussmöglichkeit des herrschenden Unternehmens auch in der Insolvenz mit den Mitteln der Insolvenzordnung sicherzustellen. Auch für Freiberufler, die für ihre Berufsausübung eine Zulassung benötigen, werden im Interesse der Erhaltung der Zulassung praktisch immer einen Insolvenzplan mit Antragstellung einreichen. Das Schutzschirmverfahren nach § 270b ist geradezu darauf angelegt, die Eigenverwaltung mit einem Insolvenzplan zu koppeln. Eigenverwaltung und vom Schuldner ausgearbeiteter oder noch auszuarbeitender Plan gehen in der Insolvenzpraxis daher oft einher.

3 Im Regelinsolvenzverfahren hat gem. § 28 Abs. 2 Satz 1 auch der Insolvenzverwalter das Recht, aus eigenem Antrieb einen Insolvenzplan vorzulegen. Im Verfahren mit Eigenverwaltung tritt aber an die Stelle des Insolvenzverwalters nicht etwa der Sachwalter, da in Eigenverwaltungsverfahren der Sachwalter per se nicht Abwicklungsaufgaben, sondern nur Überwachungsfunktionen hat.[3] Nach der Konzeption der Eigenverwaltung obliegt es dem Schuldner, die Insolvenz zu bewältigen und dafür die Mittel auszuwählen. Der Sachwalter hat deshalb kein Planinitiativrecht.[4] *Hölzle*[5] hingegen billigt dem vorläufigen Sachwalter im Schutzschirmverfahren nach § 270b ebenfalls ein Planinitiativrecht zu, soweit dieser vom vorläufigen Gläubigerausschuss damit beauftragt wird.

---

1 Graf-Schlicker/*Graf-Schlicker* Rn. 5; MüKo-InsO/*Wittig/Tetzlaff* Rn. 9 ff.; Nerlich/Römermann/*Riggert* Rn. 3.
2 *Graf-Schlicker* Rn. 3.
3 Graf-Schlicker/*Graf-Schlicker* Rn. 6.
4 Graf-Schlicker/*Graf-Schlicker* Rn. 6; MüKo-InsO/*Wittig/Tetzlaff* Rn. 12; Nerlich/Römermann/*Riggert* Rn. 2; Uhlenbruck/*Uhlenbruck* Rn. 3; a.A. Hess/*Hess* Rn. 4.
5 *Hölzle* ZIP 2012, 855 (859).

C. Planbeauftragung und Planerstellung, Abs. 1

Als Ausfluss der Gläubigerautonomie ist indes auch im Eigenverwaltungsverfahren die Gläubigerversammlung berechtigt, die Ausarbeitung eines Insolvenzplans zu beauftragen und dessen Ziele vorzugeben. Der Gläubigerversammlung steht es frei, den Sachwalter oder den Schuldner mit der Ausarbeitung eines Insolvenzplans zu beauftragen, § 284 Abs. 1 Satz 1. Die Planerstellung hat sich gem. § 270 Abs. 1 Satz 2 an den allgemeinen Regelungen zum Insolvenzplan gem. §§ 217 ff. zu orientieren. Der Beauftrage hat daher den Insolvenzplan binnen angemessener Frist vorzulegen, § 218 Abs. 2. Die Gläubigerversammlung kann dem Beauftragten ferner nach § 157 Satz 2 Zielvorgaben für den Insolvenzplan auferlegen. Die Beauftragung zur Vorlage eines Insolvenzplans kann durch die Gläubigerversammlung im ersten Berichtstermin (§ 156) und auch zu einem späteren Zeitpunkt erfolgen, §§ 270 Abs. 1 Satz 2, 157.[6]   4

I. Beauftragung des Schuldners und Beratungspflicht des Sachwalters

Aufgrund seiner geschäftsführenden Tätigkeit werden sich die Gläubiger bei der Beauftragung zur Erstellung eines Insolvenzplans i.d.R. an den Schuldner halten. Die Beauftragung des Schuldners, einen Insolvenzplan auszuarbeiten, erlischt nicht etwa dadurch, dass der Schuldner bereits aus eigenem Antrieb einen Plan vorgelegt hat. Insb. kann die Gläubigerversammlung den Schuldner beauftragen, einen anderen als den von ihm bereits ausgearbeiteten Plan zu erstellen.[7] Der Schuldner unterliegt bei der Erstellung des Insolvenzplans dann den gleichen Rechten und Pflichten wie ein Insolvenzverwalter, § 270 Abs. 1 Satz 2.   5

Der Sachwalter hat bei der Ausarbeitung des Insolvenzplans beratend mitzuwirken. Damit soll der beim Sachwalter vermutete größere Sachverstand bei der Anfertigung des Insolvenzplans genutzt werden, da der Schuldner i.d.R. die nötigen Sachkenntnisse nicht wird vorweisen können. In der Insolvenzpraxis sind bei Unternehmensinsolvenzen, die in Eigenverwaltung abgewickelt werden, häufig Insolvenzspezialisten in der Geschäftsführung des Schuldners zu finden, so dass ein ebenso ausgeprägter Sachverstand für die Ausarbeitung von Insolvenzplänen vorhanden ist, ohne dass es des Sachverstandes auch des Sachwalters bedarf. Dennoch ist die beratende Mitwirkung des Sachwalters auch in diesem Fall vorteilhaft, weil bereits bei der Ausarbeitung des Insolvenzplans die neutrale Stellung des Sachwalters die Wirkungen entfalten kann, dass die Akzeptanz eines Insolvenzplans bei den Gläubigern erhöht wird.   6

Nach § 232 Abs. 1 Nr. 3 muss im Regelinsolvenzverfahren der Insolvenzverwalter eine Stellungnahme zum Plan abgeben, wenn dieser vom Schuldner vorgelegt worden ist. Nach Nr. 2 derselben Vorschrift muss der Schuldner Stellung nehmen, wenn der Insolvenzplan vom Insolvenzverwalter vorgelegt wurde. Nach der h.M. handelt der eigenverwaltende Schuldner wie ein Insolvenzverwalter, wenn er von der Gläubigerversammlung aufgefordert worden ist, einen Insolvenzplan vorzulegen. Das würde für die Stellungnahme gem. § 232 Abs. 1 bedeuten, dass Nr. 2 anwendbar wäre, so dass der Schuldner zu dem von ihm selbst vorgelegten Plan angehört werden müsste. Indes tritt an die Stelle des Schuldners in diesem Falle der Sachwalter, und zwar auch dann, wenn er beratend an der Erstellung des Insolvenzplans gem. § 284 Abs. 1 Satz 2 mitgewirkt hat.   7

Umstritten ist, ob die nach § 284 Abs. 1 Satz 2 angeordnete Beratung des Sachwalters die Mitwirkungsrechte des Gläubigerausschusses, des Betriebsrats und des Sprecherausschusses der leitenden Angestellten nach § 218 Abs. 3 verdrängt. Aufgrund der unterschiedlichen Schutzrichtung, § 284 Abs. 1 Satz 2 soll allgemein die Gläubigerinteressen schützen, wohingegen § 218 Abs. 3 der Verfahrensförderung durch Mitwirkung der vom Insolvenzplan i.d.R. besonders betroffenen   8

---

6 FK-InsO/*Foltis* Rn. 6; MüKo-InsO/*Wittig/Tetzlaff* Rn. 14.
7 Uhlenbruck/*Uhlenbruck* Rn. 2.

Gläubigergruppen bewirken soll, bestehen die Mitwirkungsrechte des § 218 Abs. 3 auch, sofern der Schuldner zur Aufstellung des Insolvenzplans beauftragt wird.[8]

9 Die Ausweitung der dem Sachwalter zugewiesenen Aufgaben und der damit verbundene gestiegene Arbeitsaufwand durch die Gläubigerversammlung rechtfertigt es, die Vergütung des Sachwalters nach § 12 Abs. 2 InsVV durch einen Zuschlag zu erhöhen.[9]

II. Beauftragung des Sachwalters

10 Die Gläubigerversammlung kann ferner den Sachwalter damit beauftragen, einen Insolvenzplan zu erstellen. Die Zielvorgaben sind nicht, wie mit der Durchführung der Eigenverwaltung intendiert, auf die Fortführung des Unternehmens beschränkt, vielmehr kann etwa auch die Aufstellung eines Liquidationsplans angeordnet werden.[10] Die Beauftragung des Sachwalters mit der Erstellung eines Insolvenzplans steht dem Grundprinzip, dass bei Verfahren in Eigenverwaltung eigentlich der Schuldner und nicht ein neutraler Dritter die Mittel und Wege für die Insolvenzbewältigung vorgeben soll, entgegen. Die Beauftragung des Sachwalters mit der Erstellung des Insolvenzplans ist indes Ausfluss der Gläubigerautonomie und gibt den Gläubigern die Möglichkeit, eine Alternative zur Verfahrensabwicklung nach den Plänen des Schuldners erarbeiten zu lassen. Der Gesetzgeber war ohnehin der Meinung, dass wegen der sich teilweise widersprechenden Interessen im Insolvenzverfahren ohnehin der Sachwalter die geeignetere Person für die Ausarbeitung eines Insolvenzplans sei.[11]

11 Der Sachwalter hat die Mitwirkungsrechte des Gläubigerausschusses, des Betriebsrats, des Sprecherausschusses der leitenden Angestellten und des Schuldners nach § 218 Abs. 3 bei der Aufstellung des Insolvenzplans zu berücksichtigen.[12]

12 Die Ausarbeitung des Insolvenzplans ist durch einen Zuschlag zusätzlich zu vergüten, die sich an der Vergütung durch den Insolvenzverwalter zu orientieren hat, §§ 11 Abs. 2, 3 Satz 1 InsVV.[13]

D. Überwachungspflicht des Sachwalters, Abs. 2

13 Der Sachwalter hat im Rahmen der Eigenverwaltung die Erfüllung des Insolvenzplans zu überwachen. Dies gilt unabhängig davon, ob die Planerstellung durch den Schuldner oder durch den Sachwalter selbst durchgeführt wurde.[14] Für die Dauer der Planüberwachung bleibt der Sachwalter im Amt, das des eigenverwaltenden Schuldners hingegen endet mit dem Beschluss über die Planbestätigung.[15]

14 Fraglich ist, ob die Pflicht zur Überwachung der Durchführung des Insolvenzverfahrens den Sachwalter grds. trifft oder ob diese ausdrücklich im Insolvenzplan anzuordnen ist.[16] Einer Regelüberwachung bei der Durchführung des Insolvenzplans bedarf es nicht, vielmehr sollte es der Regelung des § 260 Abs. 1 folgend der Gläubigerautonomie vorbehalten bleiben, eine Überwachung ausdrücklich im Insolvenzplan anzuordnen.[17]

---

8 Ebenso: HK-InsO/*Landfermann* Rn. 2; MüKo-InsO/*Wittig/Tetzlaff* Rn. 15, 20; a.A. bei Beauftragung des Schuldners: MüKo-InsO/*Eidenmüller* § 218 Rn. 106.
9 FK-InsO/*Foltis* Rn. 12; Uhlenbruck/*Uhlenbruck* Rn. 4.
10 Uhlenbruck/*Uhlenbruck* Rn. 3.
11 Begr. RA zu § 345, RegE § 284 InsO, BT-Drucks. 12/7302, 186.
12 HK-InsO/*Landfermann* Rn. 2; MüKo-InsO/*Wittig/Tetzlaff* Rn. 20.
13 Kübler/Prütting/Bork/*Pape* Rn. 18.
14 FK-InsO/*Foltis* Rn. 13; MüKo-InsO/*Wittig/Tetzlaff* Rn. 27.
15 MüKo-InsO/*Wittig/Tetzlaff* Rn. 28.
16 FK-InsO/*Foltis* Rn. 14; Kübler/Prütting/Bork/*Pape* Rn. 21; MüKo-InsO/*Wittig/Tetzlaff* Rn. 27; Uhlenbruck/*Uhlenbruck* Rn. 5.
17 Kübler/Prütting/Bork/*Pape* Rn. 21; MüKo-InsO/*Wittig/Tetzlaff* Rn. 27.

Die Überwachungspflicht des Sachwalters ist mit einer zusätzlichen Zulage zu vergüten, § 11 Abs. 3 InsVV.[18]

§ 285 Masseunzulänglichkeit

Masseunzulänglichkeit ist vom Sachwalter dem Insolvenzgericht anzuzeigen.

Übersicht	Rdn.		Rdn.
A. Allgemeines	1	E. Wirkung der Anzeige der (drohenden)	
B. Masseunzulänglichkeit	2	Masseunzulänglichkeit	8
C. Anzeige durch den Sachwalter	4	F. Einstellung des Verfahrens	10
D. Keine Anzeigeberechtigung für den Schuldner	7	G. Masselosigkeit gem. § 207	11

A. Allgemeines

Die Abwicklung von Insolvenzverfahren im masseunzulänglichen Zustand ist rechtstatsächliche Wirklichkeit und hat nicht zwangsläufig etwas mit fehlerhafter oder auch nur verfehlter Abwicklung durch den eigenverwaltenden Schuldner zu tun. Oftmals geraten Insolvenzverfahren auch ohne Zutun des Schuldners oder Verwalters in ein masseunzulängliches Stadium; man denke etwa an Änderungen der Rechtsprechung, die zu nicht eingeplanten Verpflichtungen der Insolvenzmasse führen können und derentwegen ein Insolvenzverwalter wie ein eigenverwaltender Schuldner vorsorglich Rückstellungen bildet, die zusammen mit anderen planmäßigen Masseverbindlichkeiten zur Masseunzulänglichkeit führen können. Es ist deshalb keineswegs klar, dass mit der Anzeige der Masseunzulänglichkeit die Eigenverwaltung ihr Ziel der Sanierung des Unternehmens verfehlt hat.[1] Insb. können Zustände der Masseunzulänglichkeit auch nur vorübergehender Natur sein – ein in der praktischen Insolvenzabwicklung nicht selten vorkommender Fall. Andererseits ist die Masseunzulänglichkeit des Insolvenzverfahrens gerade in der Eigenverwaltung, die typischerweise auf die Sanierung des Schuldners gerichtet ist, kein gewöhnlicher, sondern ein i.d.R. alarmierender Zustand. Das gilt vor allem dann, wenn der Schuldner durch die selbstverwaltende Tätigkeit Masseverbindlichkeiten begründet hat, die eine vormals zur Teilbefriedigung der Insolvenzgläubiger ausreichende Masse nunmehr übersteigen. Zu dieser Situation sollte es ohne besondere Umstände aufgrund der weit reichenden Überwachungspflicht des Sachwalters und wegen der möglichen Beschränkungsrechte der Gläubigerversammlung, wie etwa der Möglichkeit, die Wirksamkeit bestimmter Rechtsgeschäfte von der Zustimmung des Sachwalter abhängig zu machen (§ 277 Abs. 1 Satz 1), nicht kommen.

B. Masseunzulänglichkeit

§ 285 regelt seinem Wortlaut nach den Fall der Masseunzulänglichkeit. Damit ist der Fall der bereits eingetretenen Masseunzulänglichkeit i.S.d. § 208 Abs. 1 Satz 1 gemeint, dass nämlich die vorhandene Insolvenzmasse nicht ausreicht, um nach Deckung der Massekosten die sonstigen fälligen Masseverbindlichkeiten bezahlen zu können. Dem ist in § 208 Abs. 1 Satz 2 der Fall gleichgestellt, dass die Insolvenzmasse »voraussichtlich« nicht ausreichen wird, die später fälligen Masseverbindlichkeiten decken zu können. § 285 macht zwischen den beiden Varianten in § 208 Abs. 1 keinen Unterschied.

Die Anzeige der Masseunzulänglichkeit hat weit reichende Folgen, die vor allem in § 209 geregelt sind, insb. die Unterscheidung der Masseschulden in sog. Neumasseschulden und sog. Altmasseschulden. Das Gesetz lässt diese Konsequenzen in § 209 aufgrund der beim Insolvenzgericht eingegangenen Anzeige der Masseunzulänglichkeit eintreten, ohne dass die rechtstatsächlichen Vorausset-

---

18 Uhlenbruck/*Uhlenbruck* Rn. 5.
1 So aber MüKo-InsO/*Wittig/Tetzlaff* Rn. 4.

zungen dazu, ob tatsächlich Masseunzulänglichkeit eingetreten ist oder nicht, geprüft werden. Dies wird in der Literatur kritisiert.[2]

C. Anzeige durch den Sachwalter

4 Die Pflicht zur Anzeige der Masseunzulänglichkeit beim Insolvenzgericht obliegt nach § 285 dem Sachwalter. Der Sachwalter ist im Rahmen seiner Tätigkeit ohnehin verpflichtet, die Tätigkeit des eigenverwaltenden Schuldners zu überwachen und gem. § 274 Abs. 2 die wirtschaftliche Lage des Schuldners zu prüfen. Über die in § 274 Abs. 2 Satz 2 enthaltene Verweisung auf § 22 Abs. 3 ist der Sachwalter außerdem berechtigt und im Rahmen seiner Überwachungstätigkeit auch verpflichtet, Einsicht in die Bücher und Geschäftspapiere des Schuldners zu nehmen. Der Sachwalter sollte aus dieser Kenntnis heraus in der Lage sein, die Massezulänglichkeit des Verfahrens selbständig beurteilen zu können. Der Überwachungspflicht hat der Sachwalter so nachzugehen, dass er jederzeit in der Lage ist, eine (drohende) Masseunzulänglichkeit zu erkennen und diese sodann nach § 285 dem Gericht anzuzeigen.[3]

5 Wenngleich es schon nach dem Wortlaut des § 285 nicht ausgeschlossen ist, wird es in der Praxis die Regel sein, dass Schuldner und Sachwalter im Zusammenwirken gemeinsam feststellen, dass ein Fall des § 208 vorliegt. Denn die beim Insolvenzgericht eingehende Anzeige der Masseunzulänglichkeit führt zu den Konsequenzen des § 209, die vom Schuldner zu beachten ist. Insb. darf er ab dem Eingang der Anzeige beim Gericht bis zur Überwindung der Masseunzulänglichkeit keine vollständige Leistung mehr an Altmassegläubiger erbringen. Er muss deshalb über den Umstand der Anzeige durch den Sachwalter, aber auch über den exakten Zeitpunkt des Eingangs der Anzeige beim Insolvenzgericht informiert sein. Deshalb sollte das Insolvenzgericht die mit Eingangsdatum und -uhrzeit versehene Kopie der Anzeige nicht nur dem Sachwalter, sondern auch dem Schuldner zustellen.

6 Unterlässt der Sachwalter die rechtzeitige Anzeige der Masseunzulänglichkeit, so verletzt er die ihn treffende insolvenzspezifische Pflicht aus § 285, was zu seiner Haftung gem. § 60 führt.[4] Hingegen scheidet eine Haftung gem. § 61 wegen einer Verletzung des § 285 aus, da der Sachwalter keine Verwaltungs- und Verfügungsbefugnisse hat. Eine Schadensersatzpflicht gem. § 61 wegen der Zustimmung zur Begründung von Masseverbindlichkeiten auf Basis des § 277 Abs. 1 Satz 3 bleibt unberührt.

D. Keine Anzeigeberechtigung für den Schuldner

7 Eine Antragsbefugnis des eigenverwaltenden Schuldners besteht hingegen nicht.[5] Er wird seinerseits als verpflichtet anzusehen sein, den Sachwalter auf eine eingetretene oder drohende Masseunzulänglichkeit hinzuweisen. Eine Verletzung dieser Pflicht, die sodann auch zur Folge haben würde, dass die erforderliche Konsequenz des § 209 nicht oder nicht rechtzeitig eintritt, führt unmittelbar zu Nachteilen der Masse- und Insolvenzgläubiger und stellt somit einen Grund für die Beantragung der Aufhebung der Eigenverwaltung gem. § 272 dar.

E. Wirkung der Anzeige der (drohenden) Masseunzulänglichkeit

8 Die Anzeige der (drohenden) Masseunzulänglichkeit hat die allgemeinen Rechtsfolgen nach §§ 208 ff. zur Folge. Das tatsächliche Vorliegen einer (drohenden) Masseunzulänglichkeit ist nicht durch das Gericht zu überprüfen.[6] Der Schutz der Gläubiger vor einer Fehlbeurteilung durch den Sachwalter wird lediglich durch dessen persönliche Haftung bewirkt.

---

[2] Stellv.: Uhlenbruck/*Uhlenbruck* Rn. 2.
[3] HambK-InsR/*Fiebig* Rn. 2.
[4] MüKo-InsO/*Wittig/Tetzlaff* Rn. 7.
[5] MüKo-InsO/*Wittig/Tetzlaff* Rn. 8; Uhlenbruck/*Uhlenbruck* Rn. 2; FK-InsO/*Foltis* Rn. 1.
[6] Kübler/Prütting/Bork/*Pape* Rn. 7 f.

Die Anzeige der (drohenden) Masseunzulänglichkeit führt zu keiner Aufhebung der Eigenverwal- 9
tung. Die Durchführung des massearmen Verfahrens liegt weiterhin in der Hand des Schuldners.[7]
Jedoch hat der Sachwalter Anlass zur Prüfung, ob die Fortsetzung der Eigenverwaltung im Rahmen
des masseunzulänglichen Verfahrens zu Nachteilen für die Gläubiger führen wird, § 274 Abs. 3
Satz 1.[8] Da die Altmassegläubiger nach § 209 Abs. 1 Nr. 3 auf Grund der Anzeige der Masseunzulänglichkeit wie Insolvenzgläubiger behandelt werden, ist ein derartiger Nachteil infolge der Begründung von weiteren Neumasseverbindlichkeiten oftmals anzunehmen.[9] Aus diesem Grund
kann sich ferner die Zulässigkeit eines Antrages auf Aufhebung der Eigenverwaltung nach
§ 272 Abs. 1 Nr. 2, Abs. 2 Satz 1 ergeben. Es ist jedoch zu bedenken, dass mit der Aufhebung
der Eigenverwaltung durch die Einsetzung eines neuen Insolvenzverwalters zusätzliche Kosten entstehen,[10] die ebenso wie die zu verhindern gesuchten Neumasseverbindlichkeiten primär aus der
Masse zu befriedigen sind, § 209 Abs. 1 Nr. 1.

F. Einstellung des Verfahrens

Bis zur Einstellung des Insolvenzverfahrens gem. § 211 bleibt die Eigenverwaltung bestehen, wenn 10
sie nicht durch gesonderten Beschluss nachträglich aufgehoben wird. Die Einstellung hat sodann zur
Folge, dass das Insolvenzverfahren endet, etwa vom Insolvenzgericht erlassene Verfügungsbeschränkungen sind aufzuheben.[11] In Bezug auf eine Nachhaftung des Schuldners ist eine Begrenzung auf
die bei ihm verbliebenen Vermögenswerte der Insolvenzmasse angezeigt.[12] Anderenfalls ist für die
natürlichen Personen eine Entlastung auch durch Restschuldbefreiung nicht möglich, obgleich sie
die Masseverbindlichkeit nur im Interesse der Gesamtgläubigerschaft eingegangen sind, denn trotz
der Einstellung des Insolvenzverfahrens in Eigenverwaltung gem. § 211 ist den natürlichen Personen
der Weg in das Restschuldbefreiungsverfahren grds. eröffnet, § 289 Abs. 3.

G. Masselosigkeit gem. § 207

§ 285 verhält sich nicht zum Fall des § 207, nämlich zum Eintritt der Masselosigkeit, bei der von der 11
Masse nicht einmal die Kosten des Insolvenzverfahrens gedeckt sind. Es stellt sich deshalb die Frage,
ob der Sachwalter verpflichtet ist, auch die Masselosigkeit dem Gericht anzuzeigen und auf die Einberufung einer Gläubigerversammlung gem. § 207 Abs. 2 hinzuwirken, damit über einen Massekostenvorschuss entschieden werden kann. Auch ist der Frage nachzugehen, ob der Schuldner selbst berechtigt ist, seinerseits das Gericht zu informieren und die Einberufung der Gläubigerversammlung
zu bewirken.

Eine Pflicht des Sachwalters besteht nicht nach dem Wortlaut des § 285, jedoch wird man *Wittig/* 12
Tetzlaff[13] folgend aus dem argumentum a maiore ad minus eine solche Verpflichtung entnehmen
können. Wenn schon der Sachwalter die Masseunzulänglichkeit dem Gericht anzuzeigen hat,
dann muss das für die Masselosigkeit erst recht gelten.[14] Zudem wird sich die Verpflichtung des Sachwalters zur Information des Insolvenzgerichts auch aus § 273 Abs. 3 Satz 1 entnehmen lassen.

Eine Verpflichtung zur Anzeige der Masselosigkeit beim Insolvenzgericht besteht – anders als bei der 13
Masseunzulänglichkeit – aber wohl auch für den eigenverwaltenden Schuldner selbst. Er wickelt
schließlich das Verfahren ab und wird dabei durch den Sachwalter (»nur«) überwacht. Der Eintritt
der Masselosigkeit ist ein für die Verfahrensabwicklung so einschneidender Umstand, dass der
Schuldner nicht nur zur Information des Sachwalters darüber verpflichtet ist, sondern auch selbst

---

[7] HambK-InsR/*Fiebig* Rn. 3; Hess/*Hess* Rn. 5.
[8] HambK-InsR/*Fiebig* Rn. 3; HK-InsO/*Landfermann* Rn. 4.
[9] HK-InsO/*Landfermann* Rn. 4.
[10] MüKo-InsO/*Wittig/Tetzlaff* Rn. 4.
[11] Uhlenbruck/*Uhlenbruck* Rn. 4; Kübler/Prütting/Bork/*Pape* Rn. 31; MüKo-InsO/*Wittig/Tetzlaff* Rn. 23.
[12] FK-InsO/*Foltis* Rn. 3.
[13] MüKo-InsO/*Wittig/Tetzlaff* Rn. 21.
[14] So wohl auch Uhlenbruck/*Uhlenbruck* Rn. 3.

beim Insolvenzgericht die Einberufung der Gläubigerversammlung gem. § 207 Abs. 2 veranlassen kann. Dass das Insolvenzgericht dazu eine Stellungnahme des Sachwalters einholen wird, steht zu erwarten, widerspricht aber der Informationspflicht des Schuldners nicht. Auch ist eine in Bezug auf das Antragsrecht des Schuldners unterschiedliche Behandlung von Masselosigkeit und Masseunzulänglichkeit wie sie von *Foltis*[15] vorgeschlagen wird, in der Sache gerechtfertigt, weil – anders als die Masseunzulänglichkeitsanzeige – die Anzeige der Masselosigkeit keine unmittelbaren, gleichsam automatisch eintretenden Wirkungen zur Folge hat.[16]

---

15 FK-InsO/*Foltis* Rn. 2.
16 AA Uhlenbruck/*Uhlenbruck* Rn. 3.

Achter Teil Restschuldbefreiung

§ 286 Grundsatz

Ist der Schuldner eine natürliche Person, so wird er nach Maßgabe der §§ 287 bis 303 von den im Insolvenzverfahren nicht erfüllten Verbindlichkeiten gegenüber den Insolvenzgläubigern befreit.

Übersicht

	Rdn.		Rdn.
A. Normzweck	1	1. Geschäftsunfähige und beschränkt geschäftsfähige Personen	6
B. Verfassungsmäßigkeit der Restschuldbefreiung	2	2. Straf- oder Untersuchungshäftlinge	7
C. Systematik des Restschuldbefreiungsverfahrens	3	3. Angehörige	8
I. Allgemeine Grundsätze	3	II. Juristische Personen und Gesellschaften ohne Rechtspersönlichkeit	9
II. Unterschiede zwischen den beiden Verfahrensabschnitten	4	E. Zulässigkeit von Verfahren nur mit einem Gläubiger	10
D. Anwendungsbereich	5	F. Wirkung der Restschuldbefreiung	11
I. Natürliche Personen	5	G. Zwingendes Recht	12

A. Normzweck

Die Vorschrift enthält den Grundsatz der Restschuldbefreiung. Mit der Verweisung auf die einzelnen Regelungen des Restschuldbefreiungsverfahrens wird die **Restschuldbefreiung** als **materiell- und verfahrensrechtliches Institut** bestimmt[1] und zugleich dessen **Anwendungsbereich** abgegrenzt.[2] Die Erfüllung der tatbestandlichen Voraussetzungen des Restschuldbefreiungsverfahrens begründet für jeden insolventen Schuldner einen **Rechtsanspruch** auf eine Restschuldbefreiung.[3] Der das neue Insolvenzrecht maßgeblich prägende Gedanke, dass dem Schuldner mit dem Durchlaufen eines Insolvenzverfahrens eine Perspektive auf eine dauerhaft gesicherte wirtschaftliche Existenz (Ausweg aus dem »modernen Schuldturm«, »fresh start«) gegeben werden soll,[4] wird insb. durch das Institut der Restschuldbefreiung verwirklicht. 1

B. Verfassungsmäßigkeit der Restschuldbefreiung

Die Einführung der Restschuldbefreiung stellt einen erheblichen Eingriff in die Rechtsposition der Gläubiger dar. Zu Recht wird aber im Schrifttum ganz überwiegend die Ansicht vertreten, dass die Restschuldbefreiung vor dem Hintergrund des **Sozialstaatsgebots** und des Schutzes der **Menschenwürde** eine **verfassungskonforme Inhalts- und Schrankenbestimmung der Eigentumsgarantie** darstellt.[5] Das BVerfG hat sich hierzu inhaltlich noch nicht geäußert. Die in vier alljährlichen Anläufen in den Jahren 2002 bis 2005 eingebrachten Richtervorlagen des AG München nach Art 100 Abs. 1 GG, § 80 Abs. 2 Satz 1 BVerfGG, die in der bundesrepublikanischen Judikatur als einmaliger Vorgang erscheinen, scheiterten an der unzureichenden Darlegung zur Verfassungswidrigkeit der zur Überprüfung gestellten Normen sowie ihrer mangelnden Entscheidungserheblichkeit.[6] Dem BGH ist es verwehrt, im Wege der Rechtsbeschwerde die von einem Gläubiger für verfassungswidrig 2

---

1 FK-InsO/*Ahrens* Rn. 1; Uhlenbruck/*Vallender* Rn. 1.
2 FK-InsO/*Ahrens* Rn. 1; MüKo-InsO/*Stephan* Rn. 58; Uhlenbruck/*Vallender* Rn. 1.
3 MüKo-InsO/*Stephan* Rn. 58; *G.Pape*/Uhländer Rn. 1.
4 BGH 07.12.2004, AnwZ (B) 40/04, NJW 2005, 1271 (1272); Uhlenbruck/*G. Pape* § 1 Rn. 15; Kübler/Prütting/Bork/*Wenzel* Rn. 1.
5 FK-InsO/*Ahrens* Rn. 6 ff.; HK-InsO/*Landfermann* Vor §§ 286 ff. Rn. 13; Uhlenbruck/*Vallender* Rn. 56; Mohrbutter/Ringstmeier/*G. Pape* § 17 Rn. 4; ferner HambK-InsR/*Streck* Rn. 3.
6 FK-InsO/*Ahrens* Rn. 7.

angesehene gesetzgeberische Konzeption der Restschuldbefreiung auf seine Vereinbarkeit mit der Verfassung überprüfen zu lassen.[7]

C. Systematik des Restschuldbefreiungsverfahrens

I. Allgemeine Grundsätze

3 Das gesetzliche Schuldbefreiungsverfahren bildet ein in der Insolvenzordnung geregeltes **selbständiges Verfahren**, das gleichwohl mit dem allgemeinen Insolvenzverfahren eng verknüpft ist.[8] Das Restschuldbefreiungsverfahren weist **zwei unterschiedliche Verfahrensabschnitte** auf. Im **ersten Abschnitt**, der parallel zum eigentlichen Insolvenzverfahren verläuft und als **Zulassungs- oder Vorverfahren** ausgestaltet ist,[9] stellt die Restschuldbefreiung für den Schuldner lediglich eine abstrakte Möglichkeit dar.[10] Im **zweiten Verfahrensabschnitt**, der sich nach der Beendigung des Insolvenzverfahrens und nach der Ankündigung der Restschuldbefreiung durch Beschluss des Insolvenzgerichts (§ 291 Abs. 1) anschließt und als **Wohlverhaltensphase** oder Treuhandphase bezeichnet wird,[11] verdichtet sich die Restschuldbefreiung zu einer konkreten Aussicht für den Schuldner.[12] Dieser Abschnitt bildet das eigentliche **Schuldbefreiungs- oder Hauptverfahren**.[13] Der Schuldner darf nunmehr davon ausgehen, dass er am Ende der Wohlverhaltensphase die Restschuldbefreiung erlangen wird, falls er den **Obliegenheiten nach § 295** nachkommt und die Voraussetzungen einer Versagung nach § 297 oder § 298 nicht vorliegen.[14] Aufgrund der nach § 287 Abs. 2 obligatorischen **Abtretung** ist das pfändbare Einkommen des Schuldners an den vom Gericht bestellten Treuhänder abzuführen. Damit wahrt der Schuldner nicht nur die Aussicht auf die Restschuldbefreiung am Ende der Wohlverhaltensphase, sondern er schützt sich obendrein vor Zwangsvollstreckungsmaßnahmen einzelner Gläubiger (§ 294 Abs. 1).[15] Die Wohlverhaltensphase dient einerseits dazu, die Insolvenzgläubiger so weit zu befriedigen, als es dem Schuldner möglich und zumutbar ist, und andererseits dazu, den Schuldner im Wirtschaftsleben wieder Fuß fassen zu lassen. Beiden Interessen kommt es entgegen, wenn der Schuldner in seinem »erlernten Beruf« vollwertig tätig sein darf und somit die Erwerbsmöglichkeiten, die dieser Beruf bietet, in vollem Umfang ausschöpfen kann.[16]

II. Unterschiede zwischen den beiden Verfahrensabschnitten

4 Die Versagung der Restschuldbefreiung nach § 290 und die Obliegenheitsverletzungen des Schuldners nach Aufhebung des Verfahrens, die während der Wohlverhaltensphase zur Versagung führen können, betreffen **unterschiedliche Sachverhalte**.[17] Nach dem eindeutigen Wortlaut des § 290 Abs. 1 können **Anträge auf Versagung** der Restschuldbefreiung grds **nur im Schlusstermin** gestellt werden. Begehrt ein Gläubiger vorher die Versagung der Restschuldbefreiung, so handelt es sich lediglich um die Ankündigung eines Antrags nach § 290 Abs. 1, die noch nicht zur Versagung der Restschuldbefreiung führen kann.[18] Können Anträge auf Versagung der Restschuldbefreiung nur im Schlusstermin gestellt werden, ist dies stets der richtige Zeitpunkt. Die Antragstellung kann daher nicht von anderen Fristen, etwa der Kenntniserlangung vom Versagungsgrund durch den Gläubiger,

---

7 BGH 29.06.2004, IX ZB 30/03, NZI 2004, 510; Uhlenbruck/*Vallender* Vor § 286 Rn. 56c.
8 FK-InsO/*Ahrens* Rn. 29.
9 FK-InsO/*Ahrens* Rn. 32.
10 BGH 07.12.2004, AnwZ (B) 40/04, NJW 2005, 1271.
11 FK-InsO/*Ahrens* Rn. 34.
12 BGH 07.12.2004, AnwZ (B) 40/04, NJW 2005, 1271.
13 FK-InsO/*Ahrens* Rn. 34.
14 BGH 07.12.2004, AnwZ (B) 40/04, NJW 2005, 1271.
15 BGH 07.12.2004, AnwZ (B) 40/04, NJW 2005, 1271 (1272).
16 BGH 07.12.2004, AnwZ (B) 40/04, NJW 2005, 1271 (1272).
17 BGH 03.02.2011, IX ZB 288/08, NZI 2011, 193 Rn. 3.
18 BGH 20.03.2003, IX ZB 388/02, NJW 2003, 2167 (2168); 03.02.2011, IX ZB 288/08, NZI 2011, 193 Rn. 3.

abhängig gemacht werden.[19] Bis zum Schlusstermin kann der unredliche Schuldner nicht darauf vertrauen, dass ihm Restschuldbefreiung erteilt werde. Er muss mit der Stellung eines Versagungsantrags im Schlusstermin rechnen. Nach dem Schlusstermin kann ein Gläubiger wegen der in § 290 Abs. 1 genannten Gründe die Versagung der Restschuldbefreiung nicht mehr beantragen. Es findet sich nur eine entsprechende Regelung in § 297 für den Fall, dass der Schuldner im Zeitraum zwischen Schlusstermin und Aufhebung des Insolvenzverfahrens beziehungsweise während der **Laufzeit der Abtretungserklärung** wegen einer Straftat nach §§ 283 bis 283c StGB rechtskräftig verurteilt worden ist. Im Übrigen kann der **Versagungsantrag** nur auf **neue Obliegenheitsverstöße des Schuldners**, welche die Befriedigung des Schuldners beeinträchtigen, gestützt werden. Im Hinblick auf die den Schuldner allein in diesem Verfahrensabschnitt gem. § 295 treffenden Obliegenheiten hat der Gesetzgeber einerseits aus Gründen der Rechtssicherheit, aber auch aus Gründen des Schuldnerschutzes die **einjährige Antragsfrist** eingeführt.[20]

D. Anwendungsbereich

I. Natürliche Personen

Nach der gesetzlichen Ausgestaltung gilt die Restschuldbefreiung nur für **natürliche Personen**. Der sozialen Stellung kommt hierbei keine Bedeutung zu. Die Restschuldbefreiung kann mithin vom Einzelkaufmann oder Freiberufler ebenso wie vom Arbeitnehmer oder Rentner und sonstigen nicht erwerbstätigen Personen wie Schüler, Lehrlinge oder Studierende erlangt werden.[21] Unterschiede zwischen den einzelnen Personengruppen ergeben sich lediglich hinsichtlich des vorgeschalteten Insolvenzverfahrens.[22] Für einen Verbraucher i.S.d. § 304 führt der Weg über das Verbraucherinsolvenzverfahren in das einheitliche Restschuldbefreiungsverfahren. Für den übrigen Personenkreis schließt sich das Restschuldbefreiungsverfahren an das Regelinsolvenzverfahren an.[23]

1. Geschäftsunfähige und beschränkt geschäftsfähige Personen

Dieser Personenkreis, wozu insb. auch die **Minderjährigen** gehören, ist insolvenzfähig. Da sie nicht prozessfähig sind, bedarf es der Vertretung im Insolvenzverfahren; ggf. ist ein Prozesspfleger zu bestellen.[24] Gleiches gilt für rechtlich Betreute.[25]

2. Straf- oder Untersuchungshäftlinge

Die Auffassung, jeder zu einer längeren Freiheitsstrafe verurteilte **Straftäter** sei von vornherein von der Möglichkeit ausgeschlossen, Restschuldbefreiung zu erlangen,[26] ist weder mit dem Willen des Gesetzgebers noch mit dem Regelungszusammenhang der Versagungsgründe vereinbar.[27] Der Wille des Gesetzgebers der Insolvenzordnung ging erkennbar dahin, **auch Strafgefangenen die Möglichkeit der Restschuldbefreiung zu eröffnen**. Im Regierungsentwurf für die Insolvenzordnung wird das Arbeitsentgelt eines Strafgefangenen ausdrücklich als abzutretende Forderung im Sinne des § 287 Abs. 2 Satz 1 genannt[28]. Sollte ein Strafgefangener keine Restschuldbefreiung erlangen können, bedürfte es der Abtretung nicht; sie wird einem Schuldner ausschließlich zu diesem Zweck abver-

---

19 BGH 03.02.2011, IX ZB 288/08, NZI 2011, 193 Rn. 3.
20 Begr. RegE, abgedr. in *Kübler/Prütting* Das neue Insolvenzrecht, 2. Aufl., S. 557; BGH 03.02.2011, IX ZB 288/08, NZI 2011, 193 Rn. 4; FK-InsO/*Ahrens* § 296 Rn. 2.
21 FK-InsO/*Ahrens* Rn. 44; HK-InsO/*Landfermann* Rn. 4; MüKo-InsO/*Stephan* Rn. 60.
22 HambK-InsR/*Streck* Rn. 5.
23 MüKo-InsO/*Stephan* Rn. 61.
24 FK-InsO/*Ahrens* Rn. 45.
25 FK-InsO/*Ahrens* Rn. 45.
26 LG Hannover 12.02.2002, 20 T 2225/01 –80-, ZInsO 2002, 449 f. m.Anm. *Wilhelm*; AG Hannover 20.01.2004, 905 IK 643/03, ZVI 2004, 501 f.; *Foerste* Insolvenzrecht, 4. Aufl., Rn. 552.
27 BGH 01.07.2010, IX ZB 148/09, NZI 2010, 911 Rn. 12.
28 BT-Drucks. 12/2443, 136 (189).

langt.²⁹ Des Weiteren hat der Gesetzgeber den Kreis der Straftaten, die einer Restschuldbefreiung von vornherein entgegenstehen, in § 290 Abs. 1 Nr. 1 und § 297 eng begrenzt. Mit dieser Begrenzung ist es unvereinbar, jede Straftat, die zu einer Inhaftierung geführt hat, gleichsam durch die »Hintertür« zu einem Versagungsgrund zu erheben, weil der Schuldner infolge der Haft in seinen Möglichkeiten beschränkt ist, die ihn gemäß § 295 Abs. 1 Nr. 1 treffende Erwerbsobliegenheit zu erfüllen.³⁰

3. Angehörige

8 **Angehörige aus dem Haushalt des Schuldners** und insb. dessen **Ehepartner** nehmen an seinem Restschuldbefreiungsverfahren nicht teil.³¹ Sie müssen auch dann ein eigenes Insolvenz- und Restschuldbefreiungsverfahren durchlaufen, wenn sie eine Mithaftung für die Verbindlichkeit des insolventen Partners übernommen haben und davon befreit werden wollen.³²

II. Juristische Personen und Gesellschaften ohne Rechtspersönlichkeit

9 Das Restschuldbefreiungsverfahren findet weder Anwendung auf juristische Personen noch auf Gesellschaften ohne Rechtspersönlichkeit.³³ Die Vereine, Stiftungen und Gesellschaften des Bürgerlichen Rechts und des Handelsrechts werden durch die Eröffnung des Insolvenzverfahrens aufgelöst.³⁴

E. Zulässigkeit von Verfahren nur mit einem Gläubiger

10 Auch wenn der Wortlaut der Norm bzgl. der Gläubiger den Plural verwendet, kann ein Schuldner auch dann, wenn nur ein Gläubiger vorhanden ist, die Eröffnung eines Insolvenzverfahrens mit dem Ziel der Restschuldbefreiung beantragen.³⁵

F. Wirkung der Restschuldbefreiung

11 Die Erteilung der Restschuldbefreiung bewirkt, dass der Schuldner von allen Forderungen der Insolvenzgläubiger i.S.d. § 38 befreit wird.³⁶ Ohne Belang ist, ob sich die Gläubiger am Verfahren beteiligt haben oder nicht.³⁷ Forderungen, die nach der Eröffnung des Insolvenzverfahrens begründet werden, sind nicht erfasst.³⁸ Ausgenommen von den Wirkungen der Restschuldbefreiung sind auch die in § 302 angeführten Forderungen, wie bspw. Forderungen aus einer vorsätzlich verübten unerlaubten Handlung, sofern der Gläubiger die entsprechende Forderung unter Angabe dieses Rechtsgrundes nach § 174 Abs. 2 angemeldet hat.³⁹ Die Vorschrift des § 302 Nr. 1 regelt nicht näher, welche Forderungen als Ansprüche aus Vorsatzdelikt von der Restschuldbefreiung ausgenommen werden, sondern setzt eine solche Begriffsbestimmung voraus.⁴⁰

---

29 BGH 01.07.2010, IX ZB 148/09, NZI 2010, 911 Rn. 12; FK-InsO/*Ahrens* Rn. 46; *Brei* Entschuldung Straffälliger durch Verbraucherinsolvenz und Restschuldbefreiung, S. 595; *Zimmermann* VuR 2009, 150.
30 BGH 01.07.2010, IX ZB 148/09, NZI 2010, 911 Rn. 12; LG Koblenz 02.07.2008, 2 T 444/08, ZVI 2008, 473 f.; HK-InsO/*Landfermann* § 295 Rn. 7; HambK-InsR/*Streck* § 295 Rn. 6; *Heyer* NZI 2010, 81; *Riedel* ZVI 2002, 131 f.; *Kohte* EWiR 2002, 491 (492); *Menge* ZInsO 2010, 2347 (2349).
31 FK-InsO/*Ahrens* Rn. 47.
32 FK-InsO/*Ahrens* Rn. 47; Mohrbutter/Ringstmeier/*G. Pape* § 17 Rn. 23.
33 Mohrbutter/Ringstmeier/*G. Pape* § 17 Rn. 25.
34 FK-InsO/*Ahrens* Rn. 43.
35 HK-InsO/*Landfermann* Rn. 6; HambK-InsR/*Streck* Rn. 6; Uhlenbruck/*Vallender* Rn. 19; Mohrbutter/Ringstmeier/*G. Pape* § 17 Rn. 24.
36 Uhlenbruck/*Vallender* Rn. 18.
37 MüKo-InsO/*Stephan* Rn. 78; HK-InsO/*Landfermann* Rn. 5; HambK-InsR/*Streck* Rn. 6; Uhlenbruck/*Vallender* Rn. 18.
38 HK-InsO/*Landfermann* Rn. 5; HambK-InsR/*Streck* Rn. 6; Uhlenbruck/*Vallender* Rn. 20.
39 MüKo-InsO/*Stephan* Rn. 79; HambK-InsR/*Streck* Rn. 6.
40 BGH 21.07.2011, IX ZR 151/10, ZVI 2011, 334 Rn. 6.

G. Zwingendes Recht

Die gesetzliche Regelung der Restschuldbefreiung kann nicht zum Nachteil des Schuldners abgeändert werden. So ist eine Abrede in einem Darlehensvertrag, die den Schuldner verpflichtet, keinen Antrag auf Restschuldbefreiung zu stellen, nichtig.[41] Zulässig sind dagegen einvernehmliche Regelungen über die Beseitigung einer eingetretenen Zahlungsunfähigkeit.[42]

12

§ 287 Antrag des Schuldners

(1) Die Restschuldbefreiung setzt einen Antrag des Schuldners voraus, der mit seinem Antrag auf Eröffnung des Insolvenzverfahrens verbunden werden soll. Wird er nicht mit diesem verbunden, so ist er innerhalb von zwei Wochen nach dem Hinweis gemäß § 20 Abs. 2 zu stellen.

(2) Dem Antrag ist die Erklärung beizufügen, daß der Schuldner seine pfändbaren Forderungen auf Bezüge aus einem Dienstverhältnis oder an deren Stelle tretende laufende Bezüge für die Zeit von sechs Jahren nach der Eröffnung des Insolvenzverfahrens an einen vom Gericht zu bestimmenden Treuhänder abtritt. Hatte der Schuldner diese Forderungen bereits vorher an einen Dritten abgetreten oder verpfändet, so ist in der Erklärung darauf hinzuweisen.

(3) Vereinbarungen, die eine Abtretung der Forderungen des Schuldners auf Bezüge aus einem Dienstverhältnis oder an deren Stelle tretende laufende Bezüge ausschließen, von einer Bedingung abhängig machen oder sonst einschränken, sind insoweit unwirksam, als sie die Abtretungserklärung nach Absatz 2 Satz 1 vereiteln oder beeinträchtigen würden.

Übersicht

		Rdn.
A.	Normzweck	1
B.	Antrag des Schuldners (§ 287 Abs. 1)	2
I.	Antragsberechtigung	2
II.	Antragsform	3
III.	Zeitpunkt der Antragstellung, Fristen	4
	1. Bei Eigenantrag des Schuldners auf Insolvenzeröffnung	4
	2. Bei Gläubigerantrag auf Insolvenzeröffnung	5
IV.	Isolierter Restschuldbefreiungsantrag nach Verfahrenseröffnung	6
V.	Keine hilfsweise Antragstellung	7
VI.	Zulässigkeitsprüfung	8
C.	Rücknahme des Antrags	9
I.	Grundsätzliches	9
II.	Besonderheiten bei etwaiger Nachtragsverteilung, konkludente Antragsrücknahme	10
D.	Erneuter Antrag auf Restschuldbefreiung (Folgeantrag; Zweitantrag)	11
I.	Regelung des § 290 Abs. 1 Nr. 3	11
II.	Anwendungsbereich des § 290 Abs. 1 Nr. 5	12
	1. Gesetzliche Regelungslücke	12
	2. Bisherige Rechtsprechung	13
	3. Gesichtspunkte für Rechtsprechungsänderung	14
	4. Voraussetzungen für eine Analogie	15

		Rdn.
	5. Beginn der Drei-Jahres-Sperrfrist	16
III.	Anwendungsbereich des § 290 Abs. 1 Nr. 4	17
IV.	Anwendungsbereich des § 290 Abs. 1 Nr. 6	18
V.	Verwerfung des Antrags als unzulässig	19
VI.	Kostenstundung	20
VII.	Fehlender Eigenantrag	21
VIII.	Rücknahme des Restschuldbefreiungsantrags	22
IX.	Weitere Fallgruppen	23
X	Anwendungsbereich des § 290 Abs. 1 Nr. 2	23a
E.	Abtretungserklärung (§ 287 Abs. 2)	24
I.	Rechtscharakter der Abtretungserklärung	25
	1. Materiell-rechtliche Theorie	25
	2. Prozessuale Theorie	26
II.	Auslegungsgrundsätze	27
III.	Erfasste Forderungen	28
	1. Ausgangslage	28
	2. Bezüge aus abhängiger Tätigkeit	29
	3. Leistungen zur Altersversorgung	30
	4. Erstattung von Lohn- und Einkommensteuer	31
	5. Einkünfte aus selbständiger Tätigkeit	32
IV.	Wirksamwerden der Abtretung	33

---

[41] HK-InsO/*Landfermann* Rn. 7.
[42] HK-InsO/*Landfermann* Rn. 7.

	Rdn.		Rdn.
F. Altfälle mit Verfahrenseröffnung vor 01.12.2001	34	G. Abtretungsverbote (§ 287 Abs. 3)	35

A. Normzweck

1 § 287 begründet das Erfordernis der **Antragstellung** durch den Schuldner und bestimmt zugleich, dass der Antrag auf Erteilung der Restschuldbefreiung mit dem Antrag auf Eröffnung des Insolvenzverfahrens zu verbinden ist. Hierdurch wird die **Eigeninitiative des Schuldners** angesprochen und ein **zügiges Verfahren** gefördert.[1] § 287 Abs. 2 verfolgt den Zweck, dem redlichen Schuldner sechs Jahre nach Eröffnung des Insolvenzverfahrens einen **wirtschaftlichen Neuanfang** zu ermöglichen.[2] Dem Erfordernis, die pfändbaren Bezüge abzutreten, kommt eine **Warnfunktion** zu; es soll dem Schuldner verdeutlichen, dass er die Restschuldbefreiung nur erlangen kann, wenn er sich für den Abtretungszeitraum mit dem pfändungsfreien Einkommen begnügt.[3] Die vom Gesetz vorgesehene **Verknüpfung zwischen dem Eigeninsolvenzantrag und dem Restschuldbefreiungsantrag** hat ihren Sinn darin, dass der Schuldner in seinem Eigenantrag den Eröffnungsgrund einräumt und sich bereit erklärt, sein verbleibendes Vermögen den Gläubigern zur gemeinschaftlichen Befriedigung zur Verfügung zu stellen.[4]

B. Antrag des Schuldners (§ 287 Abs. 1)

I. Antragsberechtigung

2 Den Antrag auf Restschuldbefreiung kann nur der **Schuldner** stellen.[5] Gläubiger, Treuhänder oder Insolvenzverwalter haben diese Befugnis nicht, weil ansonsten der Schuldner in ein Verfahren gedrängt wird, dessen Obliegenheiten er unter Umständen nicht erfüllen will.[6]

II. Antragsform

3 Eine besondere Form ist für die Antragstellung nicht vorgeschrieben. Nach allgemeinen Grundsätzen kann der **Antrag** entweder **schriftlich** beim Insolvenzgericht eingereicht **oder zu Protokoll der Geschäftsstelle** erklärt werden.[7] Im **Verbraucherinsolvenzverfahren** gilt **Schriftform** sowie der Formularzwang des § 305 Abs. 5.

III. Zeitpunkt der Antragstellung, Fristen

1. Bei Eigenantrag des Schuldners auf Insolvenzeröffnung

4 Für den **Restschuldbefreiungsantrag** ist die **Frist des § 287 Abs. 2, Satz 2** einzuhalten. Hierauf hat das Insolvenzgericht den Schuldner – sowohl im Regel- als auch im Verbraucherinsolvenzverfahren[8] – hinzuweisen[9]. Diese **gesetzliche, nicht verlängerbare Zwei-Wochen-Frist** (§ 4 InsO i.V.m. § 224 ZPO) ist auf die Stellung des Restschuldbefreiungsantrags nach **vorausgegangenem Eröff-**

---

1 FK-InsO/*Ahrens* Rn. 2; MüKo-InsO/*Stephan* Rn. 1; Uhlenbruck/*Vallender* Rn. 1.
2 BGH 03.12.2009, IX ZB 247/08, BGHZ 183, 258 Rn. 21; 11.04.2013, IX ZB 94/12, WM 2013, 1029 Rn. 10.
3 BT-Drucks. 12/1443, 189.
4 BGH 08.07.2004, IX ZB 209/03, ZInsO 2004, 974 (975); 11.03.2010, IX ZB 110/09, ZVI 2010, 300 Rn. 9.
5 FK-InsO/*Ahrens* Rn. 6; MüKo-InsO/*Stephan* Rn. 11; Uhlenbruck/*Vallender* Rn. 7.
6 Kübler/Prütting/Bork/*Wenzel* Rn. 6; Uhlenbruck/*Vallender* Rn. 7.
7 FK-InsO/*Ahrens* Rn. 10; HK-InsO/*Landfermann* Rn. 5; MüKo-InsO/*Stephan* Rn. 23, 24; Uhlenbruck/*Vallender* Rn. 11; HambK-InsR/*Streck* Rn. 4.
8 Im Verbraucherinsolvenzverfahren wird die Zweiwochenfrist allerdings durch die Monatsfrist des § 305 Abs. 3 Satz 2 verdrängt, HK-InsO/*Landfermann* Rn. 6.
9 BGH 17.02.2005, IX ZB 176/03, BGHZ 162, 181 (184).

nungsantrag des Schuldners bezogen.[10] Bei einer derartigen Lage reicht eine **kurze Frist** ohne Verlängerungsmöglichkeit im Allgemeinen aus, weil der Schuldner hier keine längere Überlegungszeit benötigt.[11] Ein **nach Ablauf der Frist** gestellter Restschuldbefreiungsantrag ist, soweit eine ordnungsgemäße Belehrung vorlag, **unzulässig**.[12] Stellt der Schuldner trotz fehlerhafter Belehrung einen fristgerechten Antrag auf Restschuldbefreiung und nimmt er diesen später aus Gründen, die mit dem Inhalt der gerichtlichen Belehrung nichts zu tun hatten, zurück, kann ein nochmals gestellter zweiter Antrag an der **Ausschlussfrist** des § 287 Abs. 1 Satz 2 scheitern.[13]

2. Bei Gläubigerantrag auf Insolvenzeröffnung

Liegt lediglich ein **Gläubigerantrag auf Insolvenzeröffnung** vor, ist der **Schuldner** nach § 20 Abs. 2 darauf hinzuweisen, dass er zur Erlangung der Restschuldbefreiung auch einen **eigenen Antrag auf Insolvenzeröffnung** stellen muss.[14] Ein Eigenantrag des Schuldners ist grds Voraussetzung für die Gewährung der Restschuldbefreiung. Für das Verbraucherinsolvenzverfahren ergibt sich dies unmittelbar aus dem Gesetz (§ 305 Abs. 1, § 306 Abs. 3). Aber auch für das Regelinsolvenzverfahren darf der Schuldner, der die Restschuldbefreiung anstrebt, nach der höchstrichterlichen Rechtsprechung auf einen Eigenantrag nicht verzichten.[15] Hat bereits ein Gläubigerantrag zur Insolvenzeröffnung geführt, ist bis zum Abschluss des Verfahrens ein Eigenantrag des Schuldners nicht mehr zulässig.[16] Auch wenn § 20 Abs. 2 dem Wortlaut nach lediglich als »Sollvorschrift« ausgestaltet ist, handelt es sich hierbei um eine zwingend zu beachtende **Hinweispflicht**.[17] Für die eigene Antragstellung ist dem Schuldner im Hinblick auf etwa einzuholenden Rechtsrat eine **angemessene richterliche Frist** zu setzen, die wegen des Gebots der Verfahrensbeschleunigung i.d.R. nicht mehr als vier Wochen ab Zustellung der Verfügung betragen sollte.[18] Diese Frist, die bei Bedarf auch verlängert werden kann, ist **keine Ausschlussfrist**; § 287 Abs. 1 Satz 2 gilt insoweit nicht.[19] Auch §§ 4 InsO, 230 ZPO ist auf die Nichteinhaltung der für die Eigenantragstellung zu setzenden richterlichen Frist nicht anzuwenden.[20] Vielmehr kann der Eigenantrag auf Insolvenzeröffnung auch nach Ablauf dieser Frist bis zur Eröffnung des Insolvenzverfahrens wirksam gestellt werden.[21] Die für den Restschuldbefreiungsantrag laufende nicht verlängerbare Zwei-Wochen-Frist steht dem nicht entgegen. Denn diese wird erst in Lauf gesetzt, wenn der Eigenantrag auf Insolvenzeröffnung gestellt ist.[22]

---

10 BGH 17.02.2005, IX ZB 176/03, BGHZ 162, 181 (185).
11 BGH 17.02.2005, IX ZB 176/03, BGHZ 162, 181 (185).
12 FK-InsO/*Ahrens* Rn. 13; HK-InsO/*Landfermann* Rn. 7; Uhlenbruck/*Vallender* Rn. 16; HambK-InsR/ *Streck* Rn. 8.
13 BGH 01.07.2010, IX ZA 20/10, Rn. 4 nv.
14 BGH 17.02.2005, IX ZB 176/03, BGHZ 162, 181 (184); 07.05.2009, IX ZB 202/07, ZVI 2009, 368 Rn. 6.
15 BGH 25.09.2003, IX ZB 24/03, NZI 2004, 511; 08.07.2004, IX ZB 209/03, NZI 2004, 593; 17.02.2005, IX ZB 176/03, BGHZ 162, 181 (183).
16 BGH 17.02.2005, IX ZB 176/03, BGHZ 162, 181 (183).
17 BGH 17.02.2005, IX ZB 176/03, BGHZ 162, 181 (184).
18 BGH 17.02.2005, IX ZB 176/03, BGHZ 162, 181 (186); 07.05.2009, IX ZB 202/07, ZVI 2009, 368 Rn. 6.
19 BGH 08.07.2004, IX ZB 209/03, ZVI 2004, 492 (493); 17.02.2005, IX ZB 176/03, BGHZ 162, 181 (186); 03.07.2008, IX ZB 182/07, NJW 2008, 3494 Rn. 14–15; 07.05.2009, IX ZB 202/07, ZVI 2009, 368 Rn. 6.
20 BGH 17.02.2005, IX ZB 176/03, BGHZ 162, 181 (186); 03.07.2008, IX ZB 182/07, NJW 2008, 3494 Rn. 16.
21 BGH 03.07.2008, IX ZB 182/07, NJW 2008, 3494 Rn. 14–18; 07.05.2009, IX ZB 202/07, ZVI 2009, 368 Rn. 6.
22 BGH 17.02.2005, IX ZB 176/03, BGHZ 162, 181 (186).

IV. Isolierter Restschuldbefreiungsantrag nach Verfahrenseröffnung

6 Der Grundsatz, dass ein Eigenantrag des Schuldners Voraussetzung für die Gewährung der Restschuldbefreiung ist, gilt dann nicht, wenn das Insolvenzgericht seiner Hinweispflicht nach § 20 Abs. 2 nicht ordnungsgemäß nachkommt. Ein fehlerhafter, unvollständiger oder verspäteter Hinweis des Insolvenzgerichts, durch den regelmäßig das **Recht des Schuldners auf das rechtliche Gehör** verletzt wird, darf jenem nicht zum Nachteil gereichen.[23] Hat es das Insolvenzgericht versäumt, dem Schuldner für die Nachholung des Insolvenzantrags eine Frist zu setzen oder ist dem Schuldner die Fristsetzung nicht bekannt gemacht worden, läuft die Frist nicht. Hat der **Gläubigerantrag** in einem derartigen Fall bereits zur **Verfahrenseröffnung** geführt und ist ein Eigenantrag des Schuldners deshalb nicht mehr zulässig, muss es zur Erhaltung der Aussicht auf Restschuldbefreiung genügen, dass der Schuldner nunmehr lediglich einen **isolierten Antrag auf Restschuldbefreiung** stellt.[24] Dies gilt sowohl im Regel- als auch im Verbraucherinsolvenzverfahren.[25] Ein isolierter Restschuldbefreiungsantrag kann unter dem Gesichtspunkt der Verletzung des rechtlichen Gehörs des Schuldners auch dann in Betracht kommen, wenn bei mehreren Insolvenzgerichten Verfahren hinsichtlich eines Schuldners anhängig sind und vor einer abschließenden Klärung der Zuständigkeit eines dieser Gerichte, bei dem kein Eigenantrag gestellt wurde, die Verfahrenseröffnung anordnet.[26]

V. Keine hilfsweise Antragstellung

7 Einem Schuldner ist es verwehrt, sich gegen den Antrag eines Gläubigers auf Eröffnung des Insolvenzverfahrens hauptsächlich mit dem Einwand zu verteidigen, der Antrag sei unzulässig oder unbegründet, und nur hilfsweise für den Fall, dass das Insolvenzgericht den Antrag des Gläubigers für zulässig und begründet hält, einen eigenen Insolvenzantrag verbunden mit einem Antrag auf Restschuldbefreiung zu stellen.[27]

VI. Zulässigkeitsprüfung

8 Ist der Antrag auf Restschuldbefreiung unzulässig, etwa wegen **fehlenden Rechtsschutzbedürfnisses** oder wegen Nichtbeachtens der dreijährigen Sperrfrist, dann ist hierüber bereits im **Eröffnungsverfahren** zu befinden. Die Zulässigkeit des Antrags auf Restschuldbefreiung ist aber auch **später noch prüffähig**, wenn der Beschluss über die Eröffnung des Insolvenzverfahrens bestandskräftig geworden ist. Mit der Eröffnung des Insolvenzverfahrens trifft das Insolvenzgericht keine der Rechtskraft fähige Entscheidung über die Zulässigkeit des Antrags auf Restschuldbefreiung.[28] Dass einem Eröffnungsbeschluss die Annahme, der Antrag auf Restschuldbefreiung sei nicht von vornherein unzulässig, zugrunde liegt, schließt die **Nachprüfbarkeit in späteren Verfahrensabschnitten** nicht aus.[29]

C. Rücknahme des Antrags

I. Grundsätzliches

9 Der Schuldner ist grds berechtigt, seinen Antrag auf Erteilung der Restschuldbefreiung zurückzunehmen.[30] Dies gilt sowohl für das **Zulassungs- oder Vorverfahren**[31] als auch für die **Wohlverhal-**

---

[23] BGH 17.02.2005, IX ZB 176/03, BGHZ 162, 181 (186); 03.07.2008, IX ZB 182/07, NJW 2008, 3494 Rn. 20.
[24] BGH 17.02.2005, IX ZB 176/03, BGHZ 162, 181 (186); 03.07.2008, IX ZB 182/07, NJW 2008, 3494 Rn. 20.
[25] BGH 17.02.2005, IX ZB 176/03, BGHZ 162, 181 (186).
[26] BGH 03.07.2008, IX ZB 182/07, NJW 2008, 3494 Rn. 21.
[27] BGH 11.03.2010, IX ZB 110/09, ZVI 2010, 300 Rn. 9.
[28] BGH 12.05.2011, IX ZB 221/09, ZInsO 2011, 1127 Rn. 5.
[29] BGH 12.05.2011, IX ZB 221/09, ZInsO 2011, 1127 Rn. 5.
[30] BGH 17.03.2005, IX ZB 214/04, NZI 2005, 399 (400).
[31] FK-InsO/*Ahrens* Rn. 32; HK-InsO/*Landfermann* Rn. 18; Uhlenbruck/*Vallender* Rn. 20; HambK-InsR/*Streck* Rn. 6.

tensphase.[32] Die bisherige Annahme, für den Schuldner bestehe die Möglichkeit, bis zur Aufhebung des Insolvenzverfahrens seinen Antrag auf Restschuldbefreiung zurückzunehmen, um der Sperrfrist des § 290 Abs. 1 Nr. 3 zu entgehen,[33] ist allerdings im Hinblick auf die analoge Anwendung der dreijährigen Sperrfrist auch für den Fall der Rücknahme des Restschuldbefreiungsantrags[34] nicht mehr zutreffend.

II. Besonderheiten bei etwaiger Nachtragsverteilung, konkludente Antragsrücknahme

Wenn dem Schuldner auf seinen Antrag gem. § 289 Abs. 1 die Restschuldbefreiung angekündigt worden ist, ist den noch nicht vollständig befriedigten Gläubigern der Zugriff auf eine weitere Masse im Wege der Einzelzwangsvollstreckung nach § 294 Abs. 1 verwehrt. Sie können Befriedigung aus der weiteren Masse nur durch Nachtragsverteilung erlangen.[35] Beruft sich demgegenüber ein Schuldner darauf, dass das Verfahren einzustellen war und deshalb Nachtragsverteilung nicht angeordnet werden dürfe, so liegt hierin notwendig die trotz rechtskräftiger Ankündigung noch mögliche Rücknahme seines Antrags auf Restschuldbefreiung.[36] Wenn der Schuldner infolge Neuerwerbs, etwa durch eine Erbschaft, während des Verfahrens wieder zahlungsfähig geworden und sowohl willens als auch imstande ist, alle seine Verbindlichkeiten demnächst außerhalb des Insolvenzverfahrens zu berichtigen, kann die soziale Rechtfertigung einer Schuldbefreiung nicht mehr greifen.[37] Ebenso kann ein Schuldner, was dem Einstellungseinwand gleichkommt, in dieser Lage ausdrücklich seinen Antrag auf Restschuldbefreiung zurücknehmen und geltend machen, dass damit die Vollstreckungssperre des § 294 I beseitigt sei und die nach der Tabelle festgestellten Insolvenzgläubiger aufgrund der Wiedererlangung seiner Zahlungsfähigkeit das Rechtsschutzbedürfnis für eine Nachtragsverteilung verloren hätten.[38]

D. Erneuter Antrag auf Restschuldbefreiung (Folgeantrag; Zweitantrag)

I. Regelung des § 290 Abs. 1 Nr. 3

Nach § 290 Abs. 1 Nr. 3 ist dem Schuldner die Restschuldbefreiung zu versagen, wenn ihm in den letzten **zehn Jahren** vor dem Antrag auf Eröffnung des Insolvenzverfahrens oder nach diesem Antrag Restschuldbefreiung erteilt oder nach § 296 oder § 297 versagt worden ist.

II. Anwendungsbereich des § 290 Abs. 1 Nr. 5

1. Gesetzliche Regelungslücke

Eine **Sperrfrist** für eine erneute Antragstellung im Fall der Versagung der Restschuldbefreiung nach § 289 Abs. 1 Satz 2, § 290 Abs. 1 Nr. 5 sieht das Gesetz nicht vor. Ein **Rechtsschutzbedürfnis** für die Stellung eines erneuten Antrags auf Restschuldbefreiung ist gleichwohl nur gegeben, wenn seit Rechtskraft der Entscheidung über die Versagung nach den vorgenannten Vorschriften **drei Jahre** vergangen sind. § 290 Abs. 1 Nr. 3 enthält für den Fall der Versagung der Restschuldbefreiung im Schlusstermin eine **Regelungslücke**, die bei Verletzung von Auskunfts- oder Mitwirkungspflichten in einem früheren Verfahren durch eine Sperrfrist zu schließen ist, die sich an der Frist für die Berücksichtigung von Falschangaben des Schuldners im Rahmen des § 290 Abs. 1 Nr. 2 orientiert.[39]

---

32 BGH 15.07.2010, IX ZB 229/07, BGHZ 186, 223 Rn. 15; FK-InsO/*Ahrens* Rn. 33 m. der zutr. Einschränkung, solange noch kein Versagungsverfahren eingeleitet ist.
33 BGH 11.05.2010, IX ZB 167/09, ZVI 2010, 345 Rn. 17; Mohrbutter/Ringstmeier/*G. Pape* § 17 Rn. 65.
34 BGH 12.05.2011, IX ZB 221/09, ZInsO 2011, 1127 Rn. 7; *G. Pape* FS Ganter 2010, 315 (335 f.).
35 BGH 15.07.2010, IX ZB 229/07, BGHZ 186, 223 Rn. 15.
36 BGH 15.07.2010, IX ZB 229/07, BGHZ 186, 223 Rn. 15 unter Bezugnahme auf BGH 11.05.2010, IX ZB 167/09, ZVI 2010, 345 Rn. 17.
37 BGH 15.07.2010, IX ZB 229/07, BGHZ 186, 223 Rn. 15.
38 BGH 15.07.2010, IX ZB 229/07, BGHZ 186, 223 Rn. 15.
39 BGH 16.07.2009, IX ZB 219/08, BGHZ 183, 13 Rn. 8; 11.02.2010, IX ZA 45/09, ZVI 2010, 100 Rn. 7; 10.02.2011, IX ZB 237/09, WM 2011, 839 Rn. 11; 07.05.2013, IX ZB 51/12, WM 2013, 1516 Rn. 5; vgl. ferner AG Hamburg 18.07.2008, 68g IK 562/06, ZVI 2009, 224.

2. Bisherige Rechtsprechung

13 Nach der bisherigen Rechtsprechung des BGH fehlt dem Schuldner, der in einem früheren Verfahren versäumt hat, rechtzeitig Restschuldbefreiung zu beantragen, oder dem diese rechtskräftig versagt worden ist, das **Rechtsschutzbedürfnis** für einen erneuten Antrag auf Restschuldbefreiung »jedenfalls dann«, wenn seit Abschluss des früheren Verfahrens **keine weiteren Gläubiger** hinzugekommen sind.[40] Zur Begründung dieser Rechtsprechung wurde ausgeführt, durch die Befugnis zu einer uneingeschränkten Antragswiederholung würde die Rechtskraft einer die Restschuldbefreiung versagenden Entscheidung zur Disposition des Schuldners gestellt. Dieser könnte nach Belieben immer neue Verfahren einleiten. Ein unredlicher Schuldner würde dadurch in den Stand gesetzt, im Anschluss an eine zu Recht ergangene Versagung der Restschuldbefreiung durch eine Anpassung der tatsächlichen Grundlagen nachträglich eine Restschuldbefreiung zu erwirken. Mit Hilfe einer erneuten Antragstellung könnte er die an zeitliche Fristen geknüpften Versagungsgründe des § 290 Abs. 1 Nr. 2 bis 4 umgehen. Selbst ein Schuldner, dem wegen Verletzung der Auskunfts- und Mitwirkungspflichten die Restschuldbefreiung versagt wurde (§ 290 Abs. 1 Nr. 5 und 6), könnte durch Wohlverhalten in einem neuen Insolvenzverfahren die Restschuldbefreiung erlangen. Es bedürfe keiner näheren Darlegung, dass die **Versagungsgründe des § 290 Abs. 1 Nr. 5 und 6** ihrer **verfahrensfördernden Funktion** beraubt würden, wenn Verstöße des Schuldners wegen der Befugnis zur Einleitung eines weiteren Insolvenzverfahrens nicht dauerhaft sanktioniert würden. Vielmehr bestünde geradezu ein Anreiz, Auskunfts- und Mitwirkungspflichten nicht allzu genau zu nehmen, weil stets aufs Neue die Möglichkeit eines weiteren Antrags eröffnet wäre. Damit wäre der Zweck der Versagungsgründe des § 290 Abs. 1, nur einem redlichen Schuldner die Vergünstigung einer Restschuldbefreiung zuteilwerden zu lassen, verfehlt.[41]

3. Gesichtspunkte für Rechtsprechungsänderung

14 Die Gründe, die nach den vorzitierten Entscheidungen das Rechtsschutzbedürfnis des Schuldners für einen **Folgeantrag** in Frage stellen, gelten aber auch dann, wenn ein neuer Gläubiger hinzukommt. Ansonsten hätte es der Schuldner in der Hand, durch Begründung neuer Forderungen und erforderlichenfalls Herbeiführung eines Fremdantrags die Rechtskraft des die Restschuldbefreiung versagenden Beschlusses zu unterlaufen.[42] Würde allein das Vorhandensein eines neuen Gläubigers ausreichen, um das **Rechtsschutzbedürfnis des Schuldners** für einen erneuten Antrag zu bejahen, könnte der Zweck der Versagungsgründe nicht erreicht werden. Die vorsätzliche oder grob fahrlässige Verletzung von Auskunfts- und Mitwirkungspflichten (§ 290 Abs. 1 Nr. 5) in einem vorausgegangenen Verfahren sowie vorsätzliche oder grob fahrlässige unrichtige oder unvollständige Angaben in den Verzeichnissen des Schuldners (§ 290 Abs. 1 Nr. 6) blieben ohne Konsequenzen, weil sie dem Schuldner in einem nachfolgenden Verfahren nicht mehr vorgehalten werden könnten. Dem Schuldner müssten die Verfahrenskosten innerhalb kurzer Zeit ein weiteres Mal gestundet werden, selbst wenn in dem früheren Verfahren die Kostenstundung aufgrund seines unredlichen Verhaltens aufgehoben und ihm die Restschuldbefreiung versagt worden ist. Der Schuldner könnte sein Interesse an der Durchführung des neuen Verfahrens sogar auf die nach Aufhebung der Verfahrenskostenstundung nicht bezahlten Kosten des vorangegangenen Verfahrens stützen. Auch im Anschluss an eine Versagung der Restschuldbefreiung nach § 289 Abs. 1 Satz 2, § 290 Abs. 1 Nr. 5 besteht deshalb ein **unabweisbares Bedürfnis für eine Sperrfrist**. Die **bestehende Regelungslücke** kann nur geschlossen werden, indem die Vorschrift des § 290 Abs. 1 Nr. 3 entsprechend angewendet wird.[43]

---

40 BGH 06.07.2006, IX ZB 263/05, ZInsO 2006, 821; 11.10.2007, IX ZB 270/05, ZInsO 2007, 1223.
41 BGH 11.10.2007, IX ZB 270/05, ZInsO 2007, 1223 Rn. 12; 22.11.2012, IX ZB 194/11, ZVI 2013, 23 Rn. 8; 07.05.2013, IX ZB 51/12, WM 2013, 1516 Rn. 10.
42 BGH 16.07.2009, IX ZB 219/08, BGHZ 183, 13 Rn. 10; vgl. ferner AG Göttingen 27.04.2005, 74 IN 130/05, ZVI 2005, 278 (279); AG Leipzig 01.02.2007, 401 IN 4702/06, ZVI 2007, 280 (281); *Hackenberg* ZVI 2005, 468 (469 f.); *Büttner* ZVI 2007, 229 (231 f.); jeweils gegen LG Koblenz 16.08.2004, 2 T 600/04, ZVI 2005, 91.
43 BGH 16.07.2009, IX ZB 219/08, BGHZ 183, 13 Rn. 11.

4. Voraussetzungen für eine Analogie

Die Voraussetzungen für eine Analogie zu § 290 Abs. 1 Nr. 3 liegen vor. Eine Analogie setzt eine Gesetzeslücke i.S. einer **planwidrigen Unvollständigkeit des Gesetzes** voraus. Ob eine derartige Lücke vorhanden ist, ist vom Standpunkt des Gesetzes und der ihm zugrunde liegenden Regelungsabsicht zu beurteilen.[44] Für das Vorliegen einer planwidrigen Regelungslücke, die durch Rechtsfortbildung zu schließen ist, kann auch sprechen, dass der Gesetzgeber beabsichtigt, ein planwidrig unvollständiges Gesetz durch eine Reform zu schließen.[45] Die **planwidrige Regelungslücke** folgt aus der dargelegten Unvollständigkeit des Gesetzes für den Fall der Versagung der Restschuldbefreiung im Schlusstermin auf Grund der Verletzung der Auskunfts- und Mitwirkungspflichten des Schuldners. Die Gründe, die eine »vorweggenommene Versagung« nach § 290 Abs. 1 rechtfertigen, wiegen nicht leichter als die dieselbe Sanktion (§§ 295, 296) auslösenden Verstöße in der Wohlverhaltensphase. Es gibt **keinen sachlichen Grund** dafür, dass nur letztere zu einer Sperre nach § 290 Abs. 1 Nr. 3 führen, während die Versagung nach § 289 Abs. 1 Satz 2, § 290 Abs. 1 Nr. 5 folgenlos bleibt.[46] Der Gesetzgeber hat seine Absicht, den Katalog des § 290 Abs. 1 um einen Versagungstatbestand »Nr. 3a« zu erweitern, im »Regierungsentwurf eines Gesetzes zur Entschuldung mittelloser Personen, zur Stärkung der Gläubigerrechte sowie zur Regelung der Insolvenzfestigkeit von Lizenzen« vom 22.08.2007[47] zu erkennen gegeben. Danach sollte der Schuldner auch dann keine Restschuldbefreiung erlangen können, wenn ihm in den letzten drei Jahren vor dem Antrag auf Eröffnung des Insolvenzverfahrens oder danach Restschuldbefreiung nach § 290 Abs. 1 Nr. 5 oder 6 versagt wurde. Die Begründung des Regierungsentwurfs, soweit sie die Einführung einer Sperrfrist im Fall der Versagung wegen Verletzung der Pflichten des Schuldners aus § 290 Abs. 1 Nr. 5 und 6 betrifft, rechtfertigt es, schon vor Verabschiedung eines Gesetzes, die derzeit nicht absehbar ist, im **Wege der richterlichen Rechtsfortbildung** eine entsprechende Sperrfrist zu bestimmen.

5. Beginn der Drei-Jahres-Sperrfrist

Dies gilt auch für die Frist, innerhalb derer ein neuer Restschuldbefreiungsantrag unzulässig sein soll, wenn dem Schuldner die Restschuldbefreiung aus einem der beiden genannten Gründe versagt worden ist. Sie **beginnt mit Rechtskraft der Versagungsentscheidung** in dem früheren Verfahren zu laufen und beträgt drei Jahre bis zur erneuten Antragstellung.[48] Im Hinblick auf die Verletzung verfahrensrechtlicher Fristen wäre es nicht angemessen, den Schuldner mit einer längeren Sperre – in Betracht kämen etwa zehn Jahre entsprechend dem Wortlaut des § 290 Abs. 1 Nr. 3 – zu belegen. Eine kürzere Sperre würde ihren Zweck verfehlen.[49] Die Einführung einer Sperrfrist im Wege der richterlichen Rechtsfortbildung ist erforderlich, um die für die Beurteilung der Zulässigkeit von Folgeanträgen notwendige **Rechtsklarheit und -sicherheit** zu schaffen. Wird dem Schuldner wegen der Verwirkung von Versagungsgründen in früheren Verfahren das Rechtsschutzbedürfnis für einen erneuten Antrag versagt, kann dies nicht zeitlich unbegrenzt gelten. Dies belegt § 290 Abs. 1 Nr. 3. Im unmittelbaren Anwendungsbereich dieser Regelung kann der Schuldner nach Ablauf von zehn Jahren erneut ein Restschuldbefreiungsverfahren einleiten, ohne dass die Versagung in dem früheren Verfahren dem noch entgegensteht. Weitere besondere Voraussetzungen für die wiederholte Stellung eines Restschuldbefreiungsantrags nach Ablauf der Frist sind dem Gesetz nicht zu entnehmen. Entsprechendes muss auch im Anschluss an die Drei-Jahres-Sperre analog der Vorschrift gelten.[50] Andere Anknüpfungspunkte, wie etwa die zwischenzeitliche Wiederherstellung der Zahlungsfähigkeit

---

44 BGH 13.11.2001, X ZR 134/00, BGHZ 149, 165 (174); vgl. auch BGH, 26.11.2008, VIII ZR 200/05, ZIP 2009, 176 Rn. 22 ff; 19.05.2009, IX ZR 39/06, ZInsO 2009, 1270 Rn. 18.
45 BGH 26.11.2008, VIII ZR 200/05, ZIP 2009, 176 Rn. 22 ff.
46 BGH 16.07.2009, IX ZB 219/08, BGHZ 183, 13 Rn. 15; 07.05.2013, IX ZB 51/12, WM 2013, 1516 Rn. 5, 10.
47 Abgedr. ZVI 2007, Beil. 2.
48 BGH 16.07.2009, IX ZB 219/08, BGHZ 183, 13 Rn. 17.
49 BGH 16.07.2009, IX ZB 219/08, BGHZ 183, 13 Rn. 17.
50 BGH 16.07.2009, IX ZB 219/08, BGHZ 183, 13 Rn. 18.

des Schuldners[51] oder die Feststellung, dass für ein weiteres Verfahren verwertbares Vermögen zur Verfügung steht,[52] finden im Gesetz keine Stütze und sind nicht geeignet, die erforderliche Rechtssicherheit herbeizuführen.[53]

III. Anwendungsbereich des § 290 Abs. 1 Nr. 4

17 Die Sperrfrist von drei Jahren gilt ferner, wenn die Restschuldbefreiung im ersten Verfahren rechtskräftig nach § 290 Abs. 1 Nr. 4 wegen Vermögensverschwendung versagt worden ist.[54]

IV. Anwendungsbereich des § 290 Abs. 1 Nr. 6

18 Auch für die Versagung der Restschuldbefreiung nach § 290 Abs. 1 Nr. 6 gelten die vorstehenden Rechtsprechungsgrundsätze.[55]

V. Verwerfung des Antrags als unzulässig

19 Diese Grundsätze sind auch dann anwendbar, wenn der Restschuldbefreiungsantrag des Schuldners in einem früheren Verfahren als unzulässig verworfen worden ist.[56] Auch in diesem Fall gilt für den Schuldner die dreijährige Sperrfrist, die mit der Rechtskraft der Entscheidung über die Verwerfung des Restschuldbefreiungsantrages zu laufen beginnt. Innerhalb dieser Frist scheidet ein mit dem Antrag auf Restschuldbefreiung verbundener Eigenantrag auf Eröffnung des Insolvenzverfahrens aus.

VI. Kostenstundung

20 Nichts anderes kann gelten, wenn im ersten Verfahren bereits die beantragte Kostenstundung wegen der schon feststehenden Voraussetzungen für die Versagung der Restschuldbefreiung analog § 4a Abs. 1 Satz 3 und 4 versagt, die Eröffnung des Insolvenzverfahrens aus diesem Grund mangels Masse gem. § 26 Abs. 1 abgelehnt und der Antrag auf Restschuldbefreiung gegenstandslos geworden ist.[57] Auch hier besteht eine dreijährige Sperrfrist für einen erneuten Antrag, deren Lauf mit Rechtskraft der Entscheidung über die Ablehnung der Verfahrenskostenstundung in dem früheren Verfahren beginnt.[58] Dem steht nicht entgegen, dass es hierfür einer **doppelten Analogie**, nämlich der **Anwendung aller Versagungsgründe des § 290 Abs. 1 Nr. 1 bis 6 im Eröffnungsverfahren auf die Entscheidung über die Verfahrenskostenstundung** und der **entsprechenden Anwendung des § 290 Abs. 1 Nr. 3** nach Maßgabe der Vorschläge des Regierungsentwurfs eines Entschuldungsgesetzes bedarf. Die entsprechende Anwendung aller Versagungsgründe im Eröffnungsverfahren ist im Fall deren zweifelsfreien Vorliegens schon seit langem anerkannt.[59] Zur **Sicherung einer maßvollen Inanspruchnahme des zeit- und kostenaufwändigen Restschuldbefreiungsverfahrens** ist es gebo-

---

[51] Vgl. AG Duisburg 09.06.2008, 64 IN 3/07, ZVI 2008, 306 (307 f.).
[52] So *Hackländer* ZInsO 2008, 1308 (1315).
[53] BGH 16.07.2009, IX ZB 219/08, BGHZ 183, 13 Rn. 18.
[54] BGH 14.01.2010, IX ZB 257/09, ZVI 2010, 145 Rn. 6; 10.02.2011, IX ZB 237/09, WM 2011, 839 Rn. 11; 22.11.2012, IX ZB 194/11, ZVI 2013, 23 Rn. 6; 07.05.2013, IX ZB 51/12, WM 2013, 1516 Rn. 5, 13.
[55] BGH 16.07.2009, IX ZB 219/08, BGHZ 183, 13 Rn. 9; 11.02.2010, IX ZA 45/09, ZVI 2010, 100 Rn. 6; 10.02.2011, IX ZB 237/09, WM 2011, 839 Rn. 11; 22.11.2012, IX ZB 194/11, ZVI 2013, 23 Rn. 6; 07.05.2013, IX ZB 51/12, WM 2013, 1516 Rn. 5.
[56] BGH 16.07.2009, IX ZB 219/08, BGHZ 183, 13 Rn. 11; 03.12.2009, IX ZB 89/09, ZInsO 2010, 140 Rn. 6; 12.05.2011, IX ZB 221/09, ZInsO 2011, 1127 Rn. 6.
[57] BGH 11.02.2010, IX ZA 45/09, ZVI 2010, 100 Rn. 7; 18.02.2010, IX ZA 39/09, ZInsO 2010, 587 Rn. 6; 06.10.2011, IX ZB 114/11, WM 2011, 2187 Rn. 2; 22.11.2012, IX ZB 194/11, ZVI 2013, 23 Rn. 6; 07.05.2013, IX ZB 51/12, WM 2013, 1516 Rn. 5.
[58] BGH 18.02.2010, IX ZA 39/09, ZInsO 2010, 587 Rn. 6; 09.03.2010, IX ZA 7/10, ZInsO 2010, 783 Rn. 6.
[59] BGH 18.02.2010, IX ZA 39/09, ZInsO 2010, 587 Rn. 7; 09.03.2010, IX ZA 7/10, ZInsO 2010, 783 Rn. 7.

ten, auch bei schon vor Verfahrenseröffnung zweifelsfrei festgestellten Verstößen die **übermäßige Inanspruchnahme des Verfahrens** zu verhindern.[60]

VII. Fehlender Eigenantrag

Hat der Schuldner auf den ihm in Anschluss an den Antrag eines Gläubigers erteilten gerichtlichen Hinweis, er könne einen eigenen Antrag auf Eröffnung des Insolvenzverfahrens verbunden mit einem Antrag auf Restschuldbefreiung stellen, bis zur Entscheidung über den Eröffnungsantrag des Gläubigers nicht mit eigenen Anträgen reagiert, so kann er erst nach Ablauf einer Sperrfrist von drei Jahren nach Insolvenzeröffnung einen erneuten Insolvenz-, Stundungs- und Restschuldbefreiungsantrag stellen, vorausgesetzt ein auf Antrag des Gläubigers eröffnetes Verfahren ist zwischenzeitlich aufgehoben.[61]

21

VIII. Rücknahme des Restschuldbefreiungsantrags

Stellt der Schuldner im Erstverfahren einen Antrag auf Restschuldbefreiung, nimmt er diesen Antrag dann aber zurück, um so eine Entscheidung des Insolvenzgerichts über einen Versagungsantrag zu verhindern, kommt die Sperrfrist gleichfalls zur Anwendung.[62] Es steht nicht im Belieben des Schuldners, neue Verfahren einzuleiten, um die an zeitliche Fristen geknüpften Versagungstatbestände des § 290 Abs. 1 Nr. 2 bis 4 zu umgehen und durch eine Anpassung der tatsächlichen Grundlagen nachträglich eine Restschuldbefreiung zu erreichen.[63] Die **Sperrfrist von drei Jahren** beginnt in einem solchen Fall **mit der Rücknahme des Antrags auf Restschuldbefreiung**.[64]

22

IX. Weitere Fallgruppen

Nimmt der Schuldner seinen Antrag auf Verfahrenseröffnung und Kostenstundung zurück, nachdem ihm wegen eines Verstoßes gegen § 290 Abs. 1 Nr. 5 die Kostenstundung versagt wurde, ist ein neuer Antrag auf Restschuldbefreiung erst nach Ablauf einer Sperrfrist von drei Jahren zulässig.[65] Eine Übertragung dieser Grundsätze auf weitere Fallgruppen ist in Betracht zu ziehen.[66]

23

X Anwendungsbereich des § 290 Abs. 1 Nr. 2

Die Frage, ob auch die Versagung der Restschuldbefreiung nach § 290 Abs. 1 Nr. 2 im Erstverfahren eine (weitere) Sperrfrist von drei Jahren für das Zweitverfahren auslöst, die mit Rechtskraft des Versagungsbeschlusses beginnt, hat der BGH in seinem Beschluss vom 21.02.2008 noch nicht abschließend entschieden[67]. Soweit in jener Entscheidung die Verneinung einer Sperrfrist auch für die Fälle des § 290 Abs. 1 Nr. 2 gesehen werden konnte, hat der BGH hieran später nicht mehr festgehalten.[68] Im Fall des § 290 Abs. 1 Nr. 2 kann im Wege der Rechtsfortbildung keine zusätzliche Sperrfrist entwickelt werden, weil dies zu einer unverhältnismäßig langen Sperre führen könnte. Denn zu der in dem Tatbestand selbst geregelten Frist müsste die Sperrfrist von drei Jahren hinzugerechnet werden, wobei jene Frist mit der Rechtskraft des Versagungsbeschlusses im Erstverfah-

23a

---

60 BGH 18.02.2010, IX ZA 39/09, ZInsO 2010, 587 Rn. 7; 09.03.2010, IX ZA 7/10, ZInsO 2010, 783 Rn. 7.
61 BGH 21.01.2010, IX ZB 174/09, ZVI 2010, 101 Rn. 8; 22.11.2012, IX ZB 194/11, ZVI 2013, 23 Rn. 6; 07.05.2013, IX ZB 51/12, WM 2013, 1516 Rn. 5.
62 BGH 12.05.2011, IX ZB 221/09, ZInsO 2011, 1127 Rn. 7; 06.10.2011, IX ZB 114/11, WM 2011, 2187 Rn. 2; 22.11.2012, IX ZB 194/11, ZVI 2013, 23 Rn. 6; *G. Pape* FS Ganter 2010, 315 (335 f.).
63 BGH 16.07.2009, IX ZB 219/08, BGHZ 183, 13 Rn. 9f; 12.05.2011, IX ZB 221/09, ZInsO 2011, 1127 Rn. 7; 07.05.2013, IX ZB 51/12, WM 2013, 1516 Rn. 5.
64 BGH 12.05.2011, IX ZB 221/09, ZInsO 2011, 1127 Rn. 7.
65 BGH 06.10.2011, IX ZB 114/11, WM 2011, 2187 Rn. 3; 22.11.2012, IX ZB 194/11, ZVI 2013, 23 Rn. 6.
66 Vgl. hierzu eingehend *G. Pape* FS Ganter 2010, 315 ff.
67 BGH IX ZB 52/07, ZInsO 2008, 319 Rn. 10.
68 BGH 16.07.2009 – IX ZB 219/08, BGHZ 183, 13 Rn. 13.

ren beginnt, unter Umständen erst nach einem mehrjährigen Insolvenzverfahren.[69] Dem Schuldner ist daher das Rechtsschutzinteresse an einen zweiten Antrag auf Erteilung der Restschuldbefreiung nicht deshalb abzusprechen, weil sein erster Antrag in einem vorausgegangenen Verfahren nach § 290 Abs. 1 Nr. 2 abgelehnt worden ist.[70]

E. Abtretungserklärung (§ 287 Abs. 2)

24 Die Erteilung der Restschuldbefreiung ist an die Voraussetzung geknüpft, dass der Schuldner seine **pfändbaren Forderungen** auf **Bezüge aus einem Dienstverhältnis** oder an deren Stelle tretende laufende Bezüge **für die Dauer von sechs Jahren** ab Eröffnung des Insolvenzverfahrens an einen vom Gericht zu bestimmenden Treuhänder abtritt (§ 287 Abs. 2).[71] Da die Abtretungserklärung nur das pfändbare Arbeitseinkommen erfasst, hat der Treuhänder, soweit die Berechtigung von Pfändungsfreibeträgen fraglich erscheint, die Befugnis, hierüber die Entscheidung des Insolvenzgerichts herbeizuführen.[72] Dies kommt etwa in Betracht, wenn bei der Berechnung des pfändungsfreien Betrages des Arbeitseinkommens des Schuldners der Ehegatte wegen eigener Einkünfte als Unterhaltsberechtigter nicht zu berücksichtigen ist.[73] Übt der Schuldner während der Laufzeit der Abtretungserklärung hingegen keine abhängige Beschäftigung aus und erzielt er auch keine an die Stelle von Arbeitseinkommen tretenden Bezüge im Sinne des § 287 Abs. 2 Satz 1, so läuft die Abtretungserklärung regelmäßig leer, weil Einkünfte aus selbständiger Tätigkeit von der Abtretung grundsätzlich nicht erfasst werden.[74] Dem selbständig berufstätigen Schuldner obliegt demgegenüber nach der Regelung des § 295 Abs. 2, die Insolvenzgläubiger durch regelmäßige Zahlungen an den Treuhänder so zu stellen, wie wenn er ein angemessenes Dienstverhältnis eingegangen wäre[75].

I. Rechtscharakter der Abtretungserklärung

1. Materiell-rechtliche Theorie

25 Teilweise wird die Abtretungserklärung als **materiell-rechtliche Erklärung** angesehen, die zu einem **Abtretungsvertrag mit dem Treuhänder** führt, sobald dieser gem. § 291 Abs. 2 vom Gericht bestellt worden ist, und mit der Übernahme des Amtes konkludent sein Einverständnis mit dem Abtretungsangebot erklärt hat.[76] Auch die Begründung zum Regierungsentwurf der Insolvenzordnung hat die Abtretung als materiell-rechtlichen Vertrag gem. § 398 BGB qualifiziert.[77] Da die Abtretungserklärung gegenüber dem Gericht abgegeben wird, nicht gegenüber dem regelmäßig noch gar nicht bestimmten Treuhänder, müsste sie als Blankozession und das Gericht als Erklärungsbote angesehen werden. Der Zugang und die konkludente Annahme des Angebots auf Abschluss des Abtretungsvertrages durch den Treuhänder kann nur generell fingiert werden. Um bei einem Wechsel in der Person des Treuhänders den Übergang der Bezüge auf den neuen Treuhänder zu gewährleisten, müsste die Abtretungserklärung zudem als Angebot zum Abschluss einer unbestimmten Anzahl von Verträgen ausgelegt werden.[78] Diese **konstruktiven Schwierigkeiten** werden von vornherein vermieden, wenn

---

[69] BGH, 22.11.2012, IX ZB 194/11, ZVI 2013, 23 Rn. 9. Im dort entschiedenen Fall hätte der Schuldner, der im April 2006 eine unrichtige Steuererklärung abgegeben hatte, erst ab April 2013, mithin erst nach sieben Jahren, einen neuen Antrag auf Verfahrenskostenstundung und Restschuldbefreiung stellen können, vgl. ferner *Grote/G. Pape*, ZInsO 2012, 409, 411; *Stephan*, ZVI 2012, 85, 88.
[70] BGH 22.11.2012, IX ZB 194/11, ZVI 2013, 23 Rn. 9f; 07.05.2013, IX ZB 51/12, WM 2013, 1516 Rn. 10.
[71] BGH 15.10.2009, IX ZR 234/08, ZVI 2010, 28 Rn. 8.
[72] Vgl. BGH 03.11.2011, IX ZR 45/11, WM 2011, 2372 Rn. 12 f.
[73] Vgl. BGH 03.11.2011, IX ZR 45/11, WM 2011, 2372 Rn. 15.
[74] BGH 15.10.2009, IX ZR 234/08, WM 2010, 127 Rn. 11 ff.; 22.09.2011, IX ZB 133/08, ZInsO 2011, 2101 Rn. 9; 19.07.2012, IX ZB 188/09, ZVI 2012,386 Rn. 7.
[75] BGH 19.07.2012, IX ZB 188/09, ZVI 2012,386 Rn. 7, 13.
[76] Nerlich/Römermann/*Römermann* Rn. 27; Uhlenbruck/*Vallender* Rn. 38a.
[77] BT-Drucks. 12/2443, 189.
[78] BGH 13.07.2006, IX ZB 117/04, ZVI 2006, 404 Rn. 15.

die Abtretungserklärung als an das Insolvenzgericht adressierte und von diesem auszulegende Prozesserklärung angesehen wird.

2. Prozessuale Theorie

Nach Ansicht des BGH handelt es sich im Hinblick auf die vorstehenden Erwägungen **vorrangig** um eine **prozessuale Erklärung des Schuldners**, die eine besondere Voraussetzung für die Durchführung des Restschuldbefreiungsverfahrens darstellt. Danach findet der **Rechtsübergang nach § 291** Abs. 2 als **gesetzlich angeordnete Folge der Treuhänderbestellung** durch das Insolvenzgericht und dessen Amtsübernahme statt.[79] Für die prozessuale Theorie spricht ferner, dass der Schuldner eine rechtsgeschäftliche Erklärung wegen Willensmängeln anfechten und damit der Zession die Grundlage entziehen könnte.[80] Die materiell-rechtliche Auffassung vermag auch weder befriedigend zu erklären, weshalb der Schuldner noch nach dem Beschluss gem. § 291 im Zeitraum der Wohlverhaltensphase jederzeit einseitig von der Abtretung Abstand nehmen kann, wenn er – aus welchen Gründen auch immer – auf die Restschuldbefreiung verzichten will, noch auf welche Weise nach der Abberufung oder dem Tod des Treuhänders sein Nachfolger in dessen Rechtsstellung einrückt.[81] Ebenso wenig verträgt es sich mit einer vertraglichen Konstruktion, dass die Abtretung nach § 299 bei Versagung der Restschuldbefreiung durch das Insolvenzgericht in den Fällen der §§ 296 bis 298 endet; dasselbe gilt, wenn es dem Schuldner gelingt, seine sämtlichen Verbindlichkeiten vorzeitig zu tilgen.[82] Auch nach der prozessualen Theorie genießen frühere Abtretungen im Umfang des § 114 Abs. 1 den Vorrang. Die Abtretungserklärung entfaltet zwar auch **materiell-rechtliche Konsequenzen**, die jedoch gegenüber den verfahrensrechtlichen Wirkungen in den Hintergrund treten.[83] Nur die prozessuale Theorie ermöglicht schließlich auch eine angemessene Auslegung der Abtretungserklärung des Schuldners, weil **Adressat** bei dieser Betrachtungsweise nicht der Treuhänder, sondern das **Insolvenzgericht** ist.[84]

II. Auslegungsgrundsätze

Im Zweifel ist davon auszugehen, dass die Partei mit einer Prozesserklärung das anstrebt, was nach den Maßstäben der Rechtsordnung vernünftig ist und ihrer recht verstandenen Interessenlage entspricht.[85] Dementsprechend ist eine Erklärung, die hinsichtlich des Umfangs der abgetretenen Forderungen oder der Laufzeit der Abtretung über die gesetzlichen Anforderungen hinausgeht, so auszulegen, dass der Schuldner die Restschuldbefreiung unter den jeweils gültigen gesetzlichen Bedingungen anstrebt.[86] Daher findet der **Übergang** der Forderungen nach § 291 Abs. 2 als Folge der gerichtlichen Treuhänderbestellung auch dann **nur in dem gesetzlich vorgegebenen Umfang** statt, wenn der Schuldner in seiner Abtretungserklärung eine längere Laufzeit angibt, denn es ist anzunehmen, dass er die der geltenden Rechtslage entsprechende Abtretungserklärung abgeben wollte und bei Kenntnis der Gesetzesänderung auch abgegeben hätte.

---

79 BGH 13.07.2006, IX ZB 117/04, ZVI 2006, 404 Rn. 15; 15.10.2009, IX ZR 234/08, ZVI 2010, 28 Rn. 19; FK-InsO/*Ahrens* Rn. 48 ff.; MüKo-InsO/*Stephan* Rn. 34; HambK-InsR/*Streck* Rn. 16.
80 BGH 13.07.2006, IX ZB 117/04, ZVI 2006, 404 Rn. 16.
81 BGH 13.07.2006, IX ZB 117/04, ZVI 2006, 404 Rn. 16.
82 BGH 13.07.2006, IX ZB 117/04, ZVI 2006, 404 Rn. 16.
83 BGH 13.07.2006, IX ZB 117/04, ZVI 2006, 404 Rn. 17; FK-InsO/*Ahrens* Rn. 48.
84 BGH 13.07.2006, IX ZB 117/04, ZVI 2006, 404 Rn. 18; FK-InsO/*Ahrens* Rn. 49.
85 BGH 22.05.1995, II ZB 2/95, NJW-RR 1995, 1183f; 24.11.1999, XII ZR 94/98, NJW-RR 2000, 1446; 13.07.2006, IX ZB 117/04, ZVI 2006, 404 Rn. 19; 15.10.2009, IX ZR 234/08, ZVI 2010, 28 Rn. 19.
86 BGH 13.07.2006, IX ZB 117/04, ZVI 2006, 404 Rn. 19; 15.10.2009, IX ZR 234/08, ZVI 2010, 28 Rn. 19; FK-InsO/*Ahrens* Rn. 49.

III. Erfasste Forderungen

1. Ausgangslage

28 Die in § 287 Abs. 2 verwendete Formulierung »Forderungen auf Bezüge aus einem Dienstverhältnis oder an deren Stelle tretende laufende Bezüge« spricht dafür, dass ein **Vertragsverhältnis** gemeint ist, das auf eine **gewisse Dauer** angelegt und mit **regelmäßigen Einkünften** verbunden ist. Dies ist bei selbständiger Tätigkeit nur ausnahmsweise der Fall. Eine Erweiterung entsprechend § 850 Abs. 2 ZPO auf sonstige Vergütungen für Dienstleistungen aller Art, die die Erwerbstätigkeit des Schuldners vollständig oder zu einem wesentlichen Teil in Anspruch nehmen, fehlt in § 287 Abs. 2.[87]

2. Bezüge aus abhängiger Tätigkeit

29 Die Abtretung nach § 287 Abs. 2 erstreckt sich auf Bezüge aus abhängiger Tätigkeit.[88] Hierunter fallen **alle Arten von Arbeitseinkommen** aus einer derartigen Tätigkeit.[89] Hierzu zählt auch der Anspruch eines **Strafgefangenen** auf Auszahlung seines **Arbeitsentgelts**.[90] Ferner erfasst die dem Restschuldbefreiungsantrag beizufügende Abtretung der pfändbaren Forderungen auf Bezüge aus einem Dienstverhältnis auch Naturalleistungen wie die Überlassung eines Dienstwagens.[91]

3. Leistungen zur Altersversorgung

30 Leistungen zur Altersversorgung von selbständig Tätigen können als laufende Bezüge von der Abtretung nach § 287 Abs. 2 erfasst sein.[92]

4. Erstattung von Lohn- und Einkommenssteuer

31 Lohn- oder Einkommenserstattungsansprüche stellen keine Forderungen auf Bezüge aus einem Dienstverhältnis dar. Im Fall einer Rückerstattung wird aus dem Steueranspruch des Staates der Erstattungsanspruch des Steuerpflichtigen (§ 37 Abs. 2 AO), ohne dabei seinen öffentlich-rechtlichen Charakter zu verlieren. Der an den Steuerpflichtigen zu erstattende Betrag erlangt, auch wenn er wirtschaftlich betrachtet das auf den Veranlagungszeitraum entfallende Einkommen erhöht, nicht wieder den Charakter eines Einkommens, das dem Berechtigten aufgrund einer Arbeits- oder Dienstleistung zusteht.[93] Steuererstattungsansprüche unterfallen deshalb grds nicht der Abtretungserklärung gem. § 287 Abs. 2 Satz 1.[94]

5. Einkünfte aus selbständiger Tätigkeit

32 Einkünfte des Schuldners aus selbständiger Tätigkeit[95] werden **von der Abtretung** nach § 287 Abs. 2 i.d.R. **nicht erfasst**.[96] Dies gilt auch für Einkünfte aus selbständiger Tätigkeit, die als Einkom-

---

87 BGH 15.10.2009, IX ZR 234/08, ZVI 2010, 28 Rn. 13.
88 BGH 15.10.2009, IX ZR 234/08, ZVI 2010, 28 Rn. 9.
89 Uhlenbruck/*Vallender* Rn. 29.
90 BT-Drucks. 12/2443, 189; FK-InsO/*Ahrens* Rn. 46; *Heyer* NZI 2010, 81 (84); *Menge* ZInsO 2010, 2347 (2350 f.).
91 BGH, 18.10.2012, IX ZB 61/10, ZVI 2013, 74 Rn. 3; MüKo-InsO/*Stephan* Rn. 37.
92 BGH 15.10.2009, IX ZR 234/08, ZVI 2010, 28 Rn. 15.
93 BGH 21.07.2005, IX ZR 115/04, BGHZ 163, 391 (393); BFH 21.11.2006, VII R 1/06, ZVI 2007, 137 (138).
94 BGH 21.07.2005, IX ZR 115/04, BGHZ 163, 391 (393); BFH 21.11.2006, VII R 1/06, ZVI 2007, 137 (138).
95 Vgl. zu diesem Begriff BGH 22.09.2005, IX ZB 55/04, WM 2005, 2191.
96 *BGH* 15.10.2009, IX ZR 234/08, ZVI 2010, 28 Rn. 11; 22.09.2011, IX ZB 133/08, ZInsO 2011, 2101 Rn. 9; 19.07.2012, IX ZB 188/09, ZVI 2012, 386 Rn. 10; HambK-InsO/*Streck* Rn. 18 und § 295 Rn. 22; HK-InsO/*Landfermann* § 295 Rn. 8; Graf-Schlicker/*Kexel* Rn. 11 und § 295 Rn. 18.

men i.S.v. § 850 Abs. 2 ZPO anzusehen sind.[97] Gegen einen Ausschluss von Einkünften aus selbständiger Tätigkeit lässt sich allerdings anführen, dass nach der Begründung zum Entwurf der Insolvenzordnung die Formulierung »Bezüge aus einem Dienstverhältnis« jede Art von Arbeitseinkommen i.S.d. § 850 ZPO erfasst.[98] Zum Arbeitseinkommen i.S.v. § 850 ZPO zählen nach dessen Abs. 2 auch sonstige Vergütungen für Dienstleistungen aller Art, die die Erwerbstätigkeit des Schuldners vollständig oder zu einem wesentlichen Teil in Anspruch nehmen. Ob solche Einkünfte aus einem abhängigen oder einem freien Dienstverhältnis erzielt werden, ist für die Einordnung als Arbeitseinkommen nach § 850 Abs. 2 ZPO nicht von entscheidender Bedeutung.[99] **Entscheidend gegen eine Einbeziehung von Einkünften aus selbständiger Tätigkeit** in den Umfang der Abtretung nach § 287 Abs. 2 spricht die **Gesetzessystematik**. Nach § 295 Abs. 2 gehört es zu den Obliegenheiten des Schuldners, der eine selbständige Tätigkeit ausübt, während der Laufzeit der Abtretungserklärung die Insolvenzgläubiger durch Zahlungen an den Treuhänder so zu stellen, wie wenn er ein angemessenes Dienstverhältnis eingegangen wäre. Das Gesetz geht demnach davon aus, dass die Abtretungserklärung nach § 287 Abs. 2 die Einkünfte des selbständig tätigen Schuldners nicht erfasst. Die Begründung zum Gesetzesentwurf, eine Zuweisung der Einkünfte des Schuldners an die Gläubiger im Wege der Vorausabtretung sei im Falle einer selbständigen Tätigkeit nicht möglich, bestätigt dies.[100] Dass auch der selbständig tätige Schuldner seinem Antrag auf Restschuldbefreiung eine Abtretungserklärung nach § 287 Abs. 2 beizufügen hat, steht diesem Verständnis nicht entgegen, denn die Abtretung kann sich auf Ansprüche beschränken, die erst künftig möglicherweise entstehen.[101] Die Verpflichtung zur Vorlage einer Abtretungserklärung ist mithin deshalb sinnvoll, weil der Schuldner während der Laufzeit der Abtretungserklärung von der selbständigen in eine abhängige Tätigkeit wechseln oder beide Tätigkeiten nebeneinander ausüben kann.[102]

IV. Wirksamwerden der Abtretung

Die Sechsjahresfrist beginnt mit dem Wirksamwerden des Eröffnungsbeschlusses, dessen Rechtskraft ist nicht maßgeblich.[103] Wird die Abtretungserklärung erst einige Zeit nach der Verfahrenseröffnung abgegeben, verschiebt sich der Fristbeginn nicht.[104] Die Abtretung wird dagegen erst nach Erlass des Aufhebungsbeschlusses und dem damit verbundenen Ende des Insolvenzbeschlags wirksam, in dem sie auf den Treuhänder in der Wohlverhaltensphase übergeht.[105]   33

F. Altfälle mit Verfahrenseröffnung vor 01.12.2001

Der Gesetzgeber hat mit der Neufassung des § 287 Abs. 2, wonach die Abtretung für die Zeit von sechs Jahren nach der Eröffnung des Insolvenzverfahrens erfolgt, eine Verkürzung der bisherigen langen Verfahrensdauer angestrebt.[106] Gleichwohl wurde davon abgesehen, die neue Regelung auf die Altfälle zu erstrecken. Die Überleitungsvorschrift des Art. 103a EGInsO ordnet ausnahmslos an, dass auf Insolvenzverfahren, die vor dem 01.12.2001 eröffnet worden sind, die bis dahin geltenden   34

---

97 BGH 15.10.2009, IX ZR 234/08, ZVI 2010, 28 Rn. 11; 22.09.2011, IX ZB 133/08, ZInsO 2011, 2101 Rn. 9; a.A. FK-InsO/*Ahrens* Rn. 50; MüKo-InsO/*Stephan* § 287 Rn. 38; MüKo-InsO/*Ehricke* § 295 Rn. 103; Braun/*Lang* Rn. 15.
98 BT-Drucks. 12/2443, 189 zu § 236 i.V.m. S. 136 zu § 92, a.E.
99 BGH 05.12.1985, IX ZR 9/85, BGHZ 96, 324 (327); 12.12.2003, IXa ZB 165/03, NJW-RR 2004, 644; 15.10.2009, IX ZR 234/08, ZVI 2010, 28 Rn. 12.
100 BT-Drucks. 12/2443, 192 zu § 244; BGH 15.10.2009, IX ZR 234/08, ZVI 2010, 28 Rn. 16.
101 BGH 15.10.2009, IX ZR 234/08, ZVI 2010, 28 Rn. 17.
102 BGH 15.10.2009, IX ZR 234/08, ZVI 2010, 28 Rn. 17.
103 HK-InsO/*Landfermann* Rn. 26; Graf-Schlicker/*Kexel* Rn. 17; MüKo-InsO/*Stephan* Rn. 59; a.A. Uhlenbruck/*Vallender* Rn. 43.
104 HK-InsO/*Landfermann* Rn. 26.
105 BGH 03.11.2011, IX ZR 45/11, WM 2011, 2372 Rn. 16; HK-InsO/*Landfermann* Rn. 26; Uhlenbruck/*Vallender* Rn. 38.
106 BT-Drucks. 14/6468, 18; BGH 11.10.2007, IX ZB 72/06, ZVI 2007, 621 Rn. 8.

gesetzlichen Vorschriften weiter anzuwenden sind. Die Verfassungsmäßigkeit des Art. 103a EGInsO ist nicht zu bezweifeln. Der BGH geht in ständiger Rechtsprechung von der Wirksamkeit dieser Vorschrift aus.[107] Dies gilt auch für § 287 Abs. 2 Satz 1 in der bis zum 30.11.2001 geltenden Fassung, nach der die Laufzeit der Abtretungserklärung – die sog. Wohlverhaltensphase – **sieben Jahre, gerechnet ab Aufhebung des Insolvenzverfahrens**, beträgt.[108] Ein Schuldner der die Eröffnung des Insolvenzverfahrens über sein Vermögen und die Restschuldbefreiung vor Einführung der Neuregelung beantragt hat, musste sich darauf einrichten, dass die Wohlverhaltensphase erst mit der Verfahrensbeendigung beginnen und sieben Jahre betragen würde. Irgendwelche Erwartungen des Schuldners sind somit nicht enttäuscht worden. Es ist Gesetzesänderungen mit stichtagsbezogenen Übergangsregelungen immanent, dass vergleichbare Fälle aufgrund eines von dem Betroffenen oft nicht beeinflussbaren zeitlichen Moments unterschiedlich behandelt werden müssen. Dies stellt **keine willkürliche Ungleichbehandlung** dar.[109] Eine Verkürzung der gesetzlich vorgesehenen Laufzeit im Wege richterlicher Rechtsfortbildung scheidet unter diesen Umständen aus.[110]

G. Abtretungsverbote (§ 287 Abs. 3)

35 Abtretungsverbote für künftige Gehaltsforderungen können sowohl durch Einzelvertrag nach § 399 BGB als auch durch Tarifvertrag oder Betriebsvereinbarung begründet werden.[111] Vereinbarungen dieser Art stehen der Abtretungsregelung des § 287 Abs. 2 Satz 1 entgegen. Daher ordnet § 287 Abs. 3 an, dass **Abtretungsverbote unwirksam** sind, als hierdurch die Abtretungserklärung des Schuldners vereitelt oder beeinträchtigt werden würde.[112] Es handelt sich hierbei um einen Fall der **relativen Unwirksamkeit** nach §§ 135, 136 BGB.[113]

§ 287 n.F. Antrag des Schuldners

[Tritt zum 01.07.2014 in Kraft]

(1) Die Restschuldbefreiung setzt einen Antrag des Schuldners voraus, der mit seinem Antrag auf Eröffnung des Insolvenzverfahrens verbunden werden soll. Wird der nicht mit diesem verbunden, so ist er innerhalb von zwei Wochen nach dem Hinweis gemäß § 20 Abs. 2 zu stellen. Der Schuldner hat dem Antrag eine Erklärung beizufügen, ob ein Fall des § 287a Absatz 2 Satz 1 Nummer 1 oder 2 vorliegt. Die Richtigkeit und Vollständigkeit der Erklärung nach Satz 3 hat der Schuldner zu versichern.

(2) Dem Antrag ist die Erklärung beizufügen, dass der Schuldner seine pfändbaren Forderungen auf Bezüge aus einem Dienstverhältnis oder an deren Stelle tretende laufende Bezüge für die Zeit von sechs Jahren nach der Eröffnung des Insolvenzverfahrens (Abtretungsfrist) an einem vom Gericht zu bestimmenden Treuhänder abtritt.

(3) Vereinbarungen des Schuldners sind insoweit unwirksam, als sie die Abtretungserklärung nach Absatz 2 vereiteln oder beeinträchtigen würden.

(4) Die Insolvenzgläubiger, die Forderungen angemeldet haben, sind bis zum Schlusstermin zu dem Antrag des Schuldners zu hören.

---

107 BGH 21.05.2004, IX ZB 274/03, NZI 2004, 452 (453); 23.07.2004, IX ZA 9/04, NZI 2004, 635; 17.02.2005, IX ZB 237/04, n.v.
108 BGH 30.03.2006, IX ZB 255/05, mitgeteilt bei *Ganter* NZI 2007, Beil. zu Heft 5/2007, 19.
109 BGH 11.10.2007, IX ZB 72/06, ZVI 2007, 621 Rn. 8; FK-InsO/*Ahrens* Rn. 126; MüKo-InsO/*Stephan* Rn. 58; Uhlenbruck/*Vallender* Rn. 52.
110 BGH 11.10.2007, IX ZB 72/06, ZVI 2007, 621 Rn. 8.
111 FK-InsO/*Ahrens* Rn. 139; Uhlenbruck/*Vallender* Rn. 56.
112 Uhlenbruck/*Vallender* Rn. 56.
113 FK-InsO/*Ahrens* Rn. 140; Uhlenbruck/*Vallender* Rn. 57; Graf-Schlicker/*Kexel* Rn. 20; a.A. HK-InsO/ *Landfermann* Rn. 28.

Übersicht	Rdn.		Rdn.
I. Erklärungspflicht des Schuldners	1	III. Regelungsgehalt des § 287 Abs. 3 ...	3
II. Neue Legaldefinition Abtretungsfrist .	2	IV. Anhörungspflicht des Insolvenzgerichts	4

I. Erklärungspflicht des Schuldners

Die Vorschrift tritt am 01.07.2014 in Kraft.[1] Die Neufassung des § 287 Abs. 1 weist in Satz 3 und 4 eine neugeschaffene Erklärungspflicht des Schuldners auf. Um dem Insolvenzgericht die Entscheidungsfindung im Rahmen der in § 287a Abs. 1 Satz 1 n.F. geregelten Eingangsentscheidung über die Zulässigkeit des Antrags auf Restschuldbefreiung zu erleichtern, hat jeder Schuldner eine Erklärung abzugeben, ob die Zulässigkeitsvoraussetzungen des § 287a Abs. 2 n.F. vorliegen.[2] Die Richtigkeit und Vollständigkeit der Erklärung hat der Schuldner zu versichern. Die Erklärungspflicht bezweckt, den Schuldner auf die Bedeutung seiner **Wahrheitspflicht** hinzuweisen.[3] Es handelt sich hierbei aber nicht um eine eidesstattliche Versicherung.[4] Ist die Erklärung inhaltlich unzutreffend, begründet dies bei grobfahrlässigem oder vorsätzlichem Fehlverhalten des Schuldners den Versagungsgrund des § 290 Abs. 1 Nr. 6.[5]

1

II. Neue Legaldefinition Abtretungsfrist

Der bisher in den §§ 294 bis 300 gebräuchliche Begriff »Laufzeit der Abtretungserklärung« wird durch den neuen **Rechtsbegriff der** »**Abtretungsfrist**« abgelöst. Mit der Begrifflichkeit »Laufzeit der Abtretungsfrist« wurde ursprünglich die mit Inkrafttreten der Insolvenzordnung eingeführte siebenjährige »Wohlverhaltensperiode« nach Aufhebung des Insolvenzverfahrens bezeichnet. Seitdem der Fristbeginn des § 287 Abs. 2 und damit auch die Laufzeit der Abtretungserklärung jedoch mit dem Gesetz zur Änderung der Insolvenzordnung und anderer Gesetze vom 26.10.2001[6] auf die Eröffnung des Insolvenzverfahrens vorverlegt wurde, war zwischen der Dauer des Abtretungsverfahrens und der erst mit Ankündigung der Restschuldbefreiung sich entfaltenden Rechtswirksamkeit der Abtretung zu unterscheiden. Diese Änderung wurde in den §§ 294 bis 300 bislang nicht nachvollzogen. Durch die Einführung einer Legaldefinition und entsprechende Folgeänderungen in den §§ 294 bis 300 wird die mit dem Gesetz vom 26.10.2001 vollzogene Änderung auch in den §§ 294 ff. umgesetzt. Mit dem Begriff »Abtretungsfrist« soll verdeutlicht werden, dass in diesen Fällen der gesamte Zeitraum der in § 287 Abs. 2 genannten Frist maßgeblich ist. Der verwendete Begriff »in dem Zeitraum zwischen Beendigung des Insolvenzverfahrens und dem Ende der Abtretungsfrist« stellt demgegenüber auf den Zeitraum nach der Aufhebung oder im Falle des § 211 der Einstellung des Insolvenzverfahrens ab, der nach überwiegender Meinung für die Wirksamkeit der Abtretungserklärung bestimmend ist.[7] Bei der Aufhebung von Absatz 2 Satz 2 handelt es sich um eine Folgeänderung zur Aufhebung von § 114 Abs. 1.[8]

2

III. Regelungsgehalt des § 287 Abs. 3

Die Neufassung von § 287 Abs. 3 weist keine inhaltlichen Abänderungen zur bisherigen Fassung des § 287 Abs. 3 auf.

3

---

1 Art. 9 Satz 1 des Gesetzes zur Verkürzung des Restschuldbefreiungsverfahrens und zur Stärkung der Gläubigerrechte, BGBl. I, 2385.
2 BT-Drucks. 17/11268, 23.
3 BT-Drucks. 17/13535, 39.
4 *Grote/G.Pape* ZInsO 2013, 1433 (1440).
5 BT-Drucks. 17/13535, 39; *Grote/G.Pape* ZInsO 2013, 1433 (1440).
6 BGBl. I, 2710.
7 BT-Drucks. 17/11268, 24.
8 BT-Drucks. 17/11268, 24.

IV. Anhörungspflicht des Insolvenzgerichts

4 § 287 Abs. 4 enthält die Verpflichtung des Gerichts, die Gläubiger unabhängig von der Eingangsentscheidung auch zur Zulässigkeit des Antrags des Schuldners auf Restschuldbefreiung zu hören. Diese **Anhörung** hat spätestens im Schlusstermin zu erfolgen. Es sind jedoch, wie § 290 Abs. 1 S. 1 n.F. nunmehr klarstellt, nur die Insolvenzgläubiger anzuhören, die Forderungen im Insolvenzverfahren angemeldet haben, weil nur diese einen zulässigen Versagungsantrag stellen können.[9] Die Regelung entspricht im Wesentlichen dem bisherigen § 289 Abs. 1 Satz 1. Allerdings sieht § 287 Abs. 4 n.F. nunmehr nicht mehr vor, dass die Gläubiger erst im Schlusstermin zu hören sind. Dieser späte Zeitpunkt für die Anhörung der Insolvenzgläubiger und des Insolvenzverwalters war ursprünglich gewählt worden, um für die gesamte Verfahrensdauer überprüfen zu können, ob der Schuldner seinen Auskunfts- und Mitwirkungspflichten nachgekommen ist.[10] Nunmehr können Versagungsanträge bereits während des gesamten eröffneten Verfahrens schriftlich gestellt werden. Diese Anträge werden vom Insolvenzgericht zunächst nur **gesammelt und aufgehoben**[11]; die Entscheidung hierüber fällt wie bisher im Schlusstermin oder nach Ablauf einer an dessen Stelle tretenden Frist. Die **Konzentrationsfunktion des Schlusstermins**[12] bleibt hierdurch zwar erhalten, Belastungen der Insolvenzgerichte durch zeitaufwändige Beantwortungen von Anfragen nach dem Zeitpunkt der Entscheidung über die bereits gestellten Versagungsanträge werden wohl nicht ausbleiben.[13]

§ 287a n.F. Entscheidung des Insolvenzgerichts
[Tritt zum 01.07.2014 in Kraft]

(1) Ist der Antrag auf Restschuldbefreiung zulässig, so stellt das Insolvenzgericht durch Beschluss fest, dass der Schuldner Restschuldbefreiung erlangt, wenn er den Obliegenheiten nach § 295 nachkommt und die Voraussetzungen für eine Versagung nach den §§ 290, 297 bis 298 nicht vorliegen. Der Beschluss ist öffentlich bekannt zu machen. Gegen den Beschluss steht dem Schuldner die sofortige Beschwerde zu.

(2) Der Antrag auf Restschuldbefreiung ist unzulässig, wenn
1. dem Schuldner in den letzten zehn Jahren vor dem Antrag auf Eröffnung des Insolvenzverfahrens oder nach diesem Antrag die Restschuldbefreiung erteilt oder wenn ihm die Restschuldbefreiung in den letzten fünf Jahren vor dem Antrag auf Eröffnung des Insolvenzverfahrens oder nach diesem Antrag nach § 297 versagt worden ist oder
2. dem Schuldner in den letzten drei Jahren vor dem Antrag auf Eröffnung des Insolvenzverfahrens oder nach diesem Antrag Restschuldbefreiung nach § 290 Absatz 1 Nummer 5, 6, oder 7 oder nach § 296 versagt worden ist; dies gilt auch im Fall des § 297a, wenn die nachträgliche Versagung auf Gründe nach § 290 Absatz 1 Nummer 5, 6 oder 7 gestützt worden ist.

In diesen Fällen hat das Gericht dem Schuldner Gelegenheit zu geben, den Eröffnungsantrag vor der Entscheidung über die Eröffnung zurückzunehmen.

Übersicht

	Rdn.			Rdn.
I. Eingangsentscheidung	1	III.	Abgestufte Sperrfristen	3
II. Zulässigkeitsvoraussetzung	2	IV.	Inhalt der Eingangsentscheidung	4

---

9 BT-Drucks. 17/11268, 24 bezieht sich hierbei auf BGH 22.02.2007, IX ZB 120/05, ZVI 2007, 327 f.; 08.10.2009, IX ZB 257/08, ZVI 2010, 30. Zur Frage der Zulässigkeit der Antragstellung nach bisherigem Recht vgl. § 290 Rdn. 2.
10 BT-Drucks. 17/11268, 24 unter Bezugnahme auf BT-Drucks. 12/2443, 189.
11 *Grote/G.Pape* ZInsO 2013, 1433 (1442).
12 Vgl. § 290 Rdn. 7.
13 *Grote/G.Pape* ZInsO 2013, 1433 (1441).

I. Eingangsentscheidung

Die Vorschrift tritt am 01.07.2014 in Kraft.[1] Mit der Eröffnung des Insolvenzverfahrens wird das Insolvenzgericht künftig eine **Eingangsentscheidung über die Zulässigkeit des Antrags des Schuldners** auf Restschuldbefreiung treffen. Ziel dieser Entscheidung ist es, frühzeitig **Rechtssicherheit** herzustellen.[2] Im Rahmen der Entscheidung hat das Insolvenzgericht **von Amts wegen** zu prüfen, ob dem Schuldner innerhalb von zehn Jahren vor dem Antrag auf Eröffnung des Insolvenzverfahrens oder nach diesem Antrag Restschuldbefreiung erteilt oder ihm die Restschuldbefreiung in den letzten fünf Jahren vor dem Antrag oder nach diesem gemäß § 297 n.F. wegen einer Insolvenzstraftat bzw. in den letzten drei Jahren vor dem Antrag oder nach diesem nach § 290 Nr. 5, 6 oder 7 n.F. oder nach § 296 n.F. versagt worden ist.

II. Zulässigkeitsvoraussetzung

Der vormals als zusätzlicher Versagungsgrund ausgestaltete § 290 Nr. 3 wird zu einer Zulässigkeitsvoraussetzung umgewandelt. In diesem Zusammenhang ist zu berücksichtigen, dass über die Stundung bereits bisher in der Mehrzahl der Verbraucherinsolvenzverfahren entschieden wurde. Zudem ist im Rahmen der Eingangsentscheidung keine Anhörung der Gläubiger erforderlich. Zum einen steht zu diesem frühen Zeitpunkt des Verfahrens die Gläubigereigenschaft häufig noch nicht fest. Zum anderen werden durch die Eingangsentscheidung spätere Einwendungen der Gläubiger **nicht präkludiert**. Vielmehr können die Gläubiger Versagungsgründe nach § 290 Abs. 1 n.F. und damit auch eine Falschauskunft des Schuldners über die als Zulässigkeitsvoraussetzung ausgestaltete frühere Erteilung oder Versagung der Restschuldbefreiung als Verstoß gegen die Mitteilungspflichten nach § 290 Abs. 1 Nr. 6 n.F. bis zum Schlusstermin und nach Maßgabe des § 297a n.F. sogar darüber hinaus geltend machen.[3]

III. Abgestufte Sperrfristen

Nach § 287a Abs. 2 Nr. 1 n.F. ist ein Restschuldbefreiungsverfahren unzulässig, wenn dem Schuldner innerhalb der letzten zehn Jahre eine Schuldbefreiung erteilt oder innerhalb der letzten fünf Jahre nach § 297 n.F. versagt worden ist. Die **zehnjährige Sperrfrist** soll verhindern, dass ein Schuldner, der bereits in einem früheren Verfahren diese Rechtswohltat erlangt hat, die Restschuldbefreiung zur wiederholten Verminderung seiner Schuldenlast einsetzt.[4] Wird dem Schuldner dagegen die Restschuldbefreiung nach § 297 n.F. versagt, ist ein erneuter Antrag künftig nur noch für **fünf Jahre** ausgeschlossen. Die verkürzte Frist trägt dem Umstand Rechnung, dass der Schuldner bislang noch keine Aussicht für einen wirtschaftlichen Neuanfang erhalten hat.[5] Die Sperrfrist steht in Einklang mit der Frist des § 290 Abs. 1 Nr. 1 n.F. Mit der Zulässigkeitsvoraussetzung des § 287a Abs. 2 Nr. 2 n.F. wird die im Wege richterlicher Rechtsfortbildung[6] entwickelte **Sperrfrist von drei Jahren** hinsichtlich **missbräuchlich wiederholten Restschuldbefreiungsverfahren** kodifiziert.[7] Der Gesetzgeber hat hierbei aber nicht die gesamte Rechtsprechung zu den einzelnen Fallgruppen[8] übernommen, sondern die Sperre auf die **materiellen Versagungsgründe** des § 290 Abs. 1 Nr. 5, 6 oder 7 n.F. beschränkt. Die gesetzliche Konzeption führt damit zu einer deutlichen Lockerung der Voraus-

---

1 Art. 9 Satz 1 des Gesetzes zur Verkürzung des Restschuldbefreiungsverfahrens und zur Stärkung der Gläubigerrechte, BGBl. I, 2385.
2 BT-Drucks. 17/11268, 24.
3 BT-Drucks. 17/11268, 24.
4 BT-Drucks. 17/11268, 24.
5 BT-Drucks. 17/11268, 25.
6 BGH 16.07.2009, IX ZB 219/08, BGHZ 183, 13 Rn. 8; 11.02.2010, IX ZA 45/09, ZVI 2010, 100 Rn. 7; 10.02.2011, IX ZB 237/09, WM 2011, 839 Rn. 11; 22.11.2012, IX ZB 194/11, ZVI 2013, 23 Rn. 8.
7 BT-Drucks. 17/11268, 25 bezieht sich auf die Grundsatzentscheidung BGH 16.07.2009, IX ZB 219/08, BGHZ 183, 13 sowie auf BGH 11.02.2010, IX ZA 45/09, ZVI 2010, 100.
8 Vgl. hierzu die Kommentierung zu § 287 a.F. Rdn. 11 ff.; *G.Pape*/Uhländer § 290 Rn. 46 ff.

setzungen für einen Folgeantrag im Vergleich zur bisherigen Rechtslage.[9] Einer Umgehung der Antragssperre, etwa durch Rücknahme des Restschuldbefreiungsantrags bei einem voraussichtlich aussichtsreichen Versagungsantrag[10], wird hierdurch nicht hinreichend entgegengewirkt.[11] Da auch nach dem Schlusstermin Restschuldbefreiung gemäß § 297a n.F. nachträglich versagt werden kann, wird zur **Schaffung eines Gleichlaufs**[12] auch diese Vorschrift einbezogen, jedoch auch insoweit beschränkt darauf, dass die nachträgliche Versagung auf die Gründe nach § 290 Abs. 1 Nr. 5, 6 oder 7 n.F. gestützt worden ist.[13]

IV. Inhalt der Eingangsentscheidung

4   Liegen die Zulässigkeitsvoraussetzungen für die Durchführung des Restschuldbefreiungsverfahrens vor, so stellt das Insolvenzgericht in dem Beschluss fest, dass der Schuldner Restschuldbefreiung erlangt, wenn er den Obliegenheiten des § 295 n.F. nachkommt und die Voraussetzungen einer Versagung nicht vorliegen.[14] Dieser Beschluss kann mit dem Eröffnungsbeschluss verbunden werden. In jedem Fall ist der Beschluss über die Durchführung eines Restschuldbefreiungsverfahrens zu veröffentlichen.[15] Hierdurch werden die Gläubiger hinreichend darüber unterrichtet, dass der Schuldner Restschuldbefreiung beantragt hat. Gegen einen Beschluss, mit dem die Durchführung des Restschuldbefreiungsverfahrens versagt wird, kann der Schuldner sofortige Beschwerde einlegen.[16]

§ 287b n.F. Erwerbsobliegenheit des Schuldners

[Tritt zum 01.07.2014 in Kraft]

Ab Beginn der Abtretungsfrist bis zur Beendigung des Insolvenzverfahrens obliegt es dem Schuldner, eine angemessene Erwerbstätigkeit auszuüben und, wenn er ohne Beschäftigung ist, sich um eine solche zu bemühen und keine zumutbare Tätigkeit abzulehnen.

1   Die Vorschrift tritt am 01.07.2014 in Kraft.[1] Im **Interesse systematischer Klarheit** wird die neugeschaffene Erwerbsobliegenheit des Schuldners während des Insolvenzverfahrens aufgrund der Beschlussempfehlung des Rechtsausschusses des Deutschen Bundestags in einer eigenständigen Vorschrift geregelt. Während § 295 Abs. 1 n.F. die Erwerbsobliegenheit des Schuldners für das Restschuldbefreiungsverfahren vorsieht, soll die Bestimmung des § 287b n.F. diese Obliegenheit für das Insolvenzverfahren festschreiben.[2] Damit wird klargestellt, dass **unterschiedliche Verfahrensabschnitte** angesprochen sind. Die Verletzung der Erwerbsobliegenheit während des Insolvenzverfahrens unterfällt § 290 Abs. 1 n.F. und während des Restschuldbefreiungsverfahrens § 296 n.F.[3]

§ 288 Vorschlagsrecht

Der Schuldner und die Gläubiger können dem Insolvenzgericht als Treuhänder eine für den jeweiligen Einzelfall geeignete natürliche Person vorschlagen.

---

9 *Grote/G.Pape* ZInsO 2013, 1433 (1440).
10 *Grote/G.Pape* ZInsO 2013, 1433 (1440).
11 BT-Drucks. 17/11268, 25.
12 BT-Drucks. 17/11268, 25.
13 BT-Drucks. 17/11268, 25.
14 BT-Drucks. 17/11268, 25 f.
15 BT-Drucks. 17/11268, 26.
16 BT-Drucks. 17/11268, 26.

1 Art. 9 Satz 1 des Gesetzes zur Verkürzung des Restschuldbefreiungsverfahrens und zur Stärkung der Gläubigerrechte, BGBl. I, 2385.
2 BT-Drucks. 17/13535, 39.
3 BT-Drucks. 17/13535, 39; *Grote/G. Pape* ZInsO 2013, 1433 (1443).

Übersicht

	Rdn.		Rdn.
A. Normzweck	1	C. Person des Treuhänders	3
B. Vorschlagsrecht	2		

A. Normzweck

Das Vorschlagsrecht dient dem Ziel, die Verfahrenskosten möglichst gering zu halten. Hierdurch soll erreicht werden, dass dem Gericht auch Personen als Treuhänder benannt werden, die bereit sind, ihre Tätigkeit unentgeltlich auszuüben.[1] Daneben ist die Vorschrift auch geeignet, dem Schuldner die Möglichkeit zu eröffnen, eine Person seines Vertrauens als Treuhänder vorzuschlagen.[2] In der Praxis kommt dem unentgeltlichen Treuhänder allerdings keine Bedeutung zu.[3] **1**

Die Vorschrift des § 288 erlangt Bedeutung vor allem im **Regelinsolvenzverfahren**, wenn mit der Aufhebung des Insolvenzverfahrens das Amt des Insolvenzverwalters endet und für die Laufzeit der Abtretungserklärung ein Treuhänder zu bestellen ist, der mit dem bisherigen Insolvenzverwalter nicht personenidentisch sein muss.[4] Im **vereinfachten Insolvenzverfahren** wird der Treuhänder nach der den allgemeinen Vorschriften gemäß § 304 Abs. 1 Satz 1 vorgehenden Norm des § 313 Abs. 1 Satz 2 bereits bei der Eröffnung des Insolvenzverfahrens bestimmt. Das Vorschlagsrecht des § 288 kann sich deshalb nur auf diesen Zeitpunkt beziehen.[5] **1a**

B. Vorschlagsrecht

Hierbei handelt es sich rechtlich gesehen lediglich um eine **Anregung**.[6] Das Insolvenzgericht ist mithin an den Vorschlag nicht gebunden.[7] Auch bei einem übereinstimmenden Vorschlag von Schuldner und Gläubigern besteht für das Gericht keine Verpflichtung, dem Vorschlag zu folgen.[8] Auch insoweit ist eine **Entscheidung nach freiem Ermessen** zu treffen.[9] Trifft sie der Richter, ist sie **unanfechtbar**, weil ein Beschwerderecht nicht vorgesehen ist.[10] Für den Vorschlag ist eine besondere **Form** nicht zu beachten; er kann sowohl **mündlich** als auch **schriftlich** erklärt werden.[11] **Inhaltlich** sollte der Vorschlag neben der zustellungsfähigen Anschrift[12] auch nähere Angaben zur beruflichen Stellung des Vorgeschlagenen enthalten.[13] In der Praxis wird vom Vorschlagsrecht kaum Gebrauch gemacht.[14] Ganz überwiegend werden als Treuhänder diejenigen Personen eingesetzt, die bereits als Insolvenzverwalter oder Treuhänder im Hauptverfahren tätig sind.[15] **2**

---

1 BT-Drucks. 12/7302, 187; FK-InsO/*Grote* Rn. 1; HK-InsO/*Landfermann* Rn. 1; Nerlich/Römermann/*Römermann* Rn. 2; HambK-InsR/*Streck* Rn. 1; Uhlenbruck/*Vallender* Rn. 1.
2 MüKo-InsO/*Ehricke* Rn. 2; Nerlich/Römermann/*Römermann* Rn. 3.
3 HK-InsO/*Landfermann* Rn. 1; HambK-InsR/*Streck* Rn. 1.
4 BGH, 26.01.2012, IX ZB 15/11, ZInsO 2012, 455 Rn. 7.
5 BGH, 26.01.2012, IX ZB 15/11, ZInsO 2012, 455 Rn. 7.
6 MüKo-InsO/*Ehricke* Rn. 12; Nerlich/Römermann/*Römermann* Rn. 10; Uhlenbruck/*Vallender* Rn. 2; Mohrbutter/Ringstmeier/*G. Pape* § 17 Rn. 109.
7 FK-InsO/*Grote* Rn. 14; HK-InsO/*Landfermann* Rn. 2.
8 Braun/*Lang* Rn. 3.
9 AG Göttingen 22.11.2004, 74 IN 137/02, NZI 2005, 117; Uhlenbruck/*Vallender* Rn. 2.
10 AG Göttingen 22.11.2004, 74 IN 137/02, NZI 2005, 117 (118); MüKo-InsO/*Ehricke* Rn. 28; Braun/*Lang* Rn. 3.
11 MüKo-InsO/*Ehricke* Rn. 7; Uhlenbruck/*Vallender* Rn. 4; HambK-InsR/*Streck* Rn. 2.
12 MüKo-InsO/*Ehricke* Rn. 8; Uhlenbruck/*Vallender* Rn. 4.
13 Uhlenbruck/*Vallender* Rn. 4.
14 FK-InsO/*Grote* Rn. 1; HambK-InsR/*Streck* Rn. 1.
15 FK-InsO/*Grote* Rn. 1; Braun/*Lang* Rn. 4; HambK-InsR/*Streck* Rn. 1.

C. Person des Treuhänders

3 Durch das Tatbestandsmerkmal »natürliche Person« schließt die Norm aus, das Amt des Treuhänders auf eine juristische Person zu übertragen.[16] Als geeignete natürliche Personen kommen für das Restschuldbefreiungsverfahren wie auch für das vereinfachte Verfahren insb. **Rechtsanwälte, Steuerberater, Wirtschaftsprüfer**, Betriebswirte sowie Buchführungshelfer in Betracht, weil dieser Personenkreis über besondere Erfahrungen und Kenntnisse im Insolvenzrecht verfügt.[17] Mögliche **Interessenkollisionen** sind zu vermeiden. Eine Person, die den Schuldner bereits im außergerichtlichen Verfahren vertreten hat, ist für die Tätigkeit als Treuhänder regelmäßig ungeeignet.[18] Gleiches gilt für Personen, die Gläubiger vertreten haben.[19]

§ 288 n.F. Bestimmung des Treuhänders

[Tritt am 01.07.2014 in Kraft]

Der Schuldner und die Gläubiger können dem Insolvenzgericht als Treuhänder eine für den jeweiligen Einzelfall geeignete natürliche Person vorschlagen. Wenn noch keine Entscheidung über die Restschuldbefreiung ergangen ist, bestimmt das Gericht zusammen mit der Entscheidung, mit der es die Aufhebung oder die Einstellung des Insolvenzverfahrens wegen Masseunzulänglichkeit beschließt, den Treuhänder, auf den die pfändbaren Bezüge des Schuldners nach Maßgabe der Abtretungserklärung (§ 287 Absatz 2) übergehen.

1 Die Vorschrift tritt am 01.07.2014 in Kraft.[1] Es handelt sich um eine **Folgeänderung** zur Aufhebung des § 291 a.F. Der Treuhänder ist künftig mit dem Aufhebungsbeschluss zu bestimmen, im Fall der Einstellung des Verfahrens wegen Masseunzulänglichkeit mit der Einstellungsentscheidung.[2] Im Übrigen wird hinsichtlich des **Normzwecks**, dem **Vorschlagrecht** und der **Person des Treuhänders** auf die Kommentierung zu § 288 a.F. Bezug genommen werden.

§ 289 Entscheidung des Insolvenzgerichts

(1) Die Insolvenzgläubiger und der Insolvenzverwalter sind im Schlußtermin zu dem Antrag des Schuldners zu hören. Das Insolvenzgericht entscheidet über den Antrag des Schuldners durch Beschluß.

(2) Gegen den Beschluß steht dem Schuldner und jedem Insolvenzgläubiger, der im Schlußtermin die Versagung der Restschuldbefreiung beantragt hat, die sofortige Beschwerde zu. Das Insolvenzverfahren wird erst nach Rechtskraft des Beschlusses aufgehoben. Der rechtskräftige Beschluß ist zusammen mit dem Beschluß über die Aufhebung des Insolvenzverfahrens öffentlich bekanntzumachen.

(3) Im Falle der Einstellung des Insolvenzverfahrens kann Restschuldbefreiung nur erteilt werden, wenn nach Anzeige der Masseunzulänglichkeit die Insolvenzmasse nach § 209 verteilt worden ist und die Einstellung nach § 211 erfolgt. Absatz 2 gilt mit der Maßgabe, daß an die Stelle der Aufhebung des Verfahrens die Einstellung tritt.

---

16 FK-InsO/*Grote* Rn. 7; MüKo-InsO/*Ehricke* Rn. 18; Nerlich/Römermann/*Römermann* Rn. 15; Graf-Schlicker/*Kexel* Rn. 2; Uhlenbruck/*Vallender* Rn. 7; Mohrbutter/Ringstmeier/*G. Pape* § 17 Rn. 108; a.A. Kübler/Prütting/Bork/*Wenzel* Rn. 2.
17 Kübler/Prütting/Bork/*Wenzel* Rn. 2; Uhlenbruck/*Vallender* Rn. 10.
18 FK-InsO/*Grote* Rn. 10.
19 AG Göttingen 22.11.2004, 74 IN 137/02, NZI 2005, 117 (118); FK-InsO/*Grote* Rn. 11; Kübler/Prütting/Bork/*Wenzel* Rn. 2; MüKo-InsO/*Ehricke* Rn. 31; Braun/*Lang* Rn. 2.
1 Art. 9 Satz 1 des Gesetzes zur Verkürzung des Restschuldbefreiungsverfahrens und zur Stärkung der Gläubigerrechte, BGBl. I, 2385.
2 BT-Drucks. 17/11268, 26.

§ 289 InsO — Entscheidung des Insolvenzgerichts

Übersicht

	Rdn.
A. Normzweck	1
B. Verfahren erster Instanz	2
I. Schlusstermin	2
1. Bedeutung des Schlusstermins	2
2. Präklusion	3
3. Hinweispflicht des Insolvenzgerichts	4
II. Entscheidung des Insolvenzgerichts	5
1. Entscheidung durch den Richter	5
2. Inhalt der Entscheidung	6
3. Überlange Verfahrensdauer	7
III. Schriftliches Verfahren	8
C. Verfahren der sofortigen Beschwerde	9
D. Rechtsbeschwerdeverfahren	10
I. Übergangsregelung	11
II. Erfordernis der Zulassung	12
III. Keine Beschwerde gegen die Nichtzulassung	13
IV. Wiedergabe des maßgeblichen Sachverhalts	14
V. Bindungswirkung	15
1. Feststellungen des Beschwerdegerichts	15
2. Rückbindung des Rechtsbeschwerdegerichts	16
VI. Mehrere voneinander unabhängige Versagungsgründe	17
E. Restschuldbefreiungsverfahren bei Einstellung des Insolvenzverfahrens wegen Masselosigkeit	18

A. Normzweck

§ 289 enthält die **Verfahrensregelungen für die Entscheidung des Insolvenzgerichts** über den Antrag des Schuldners auf Erteilung der Restschuldbefreiung. Der Beschluss nach § 289 Abs. 1 Satz 1 beendet den ersten Abschnitt des Restschuldbefreiungsverfahrens (Zulassungsverfahren).[1] Im Hinblick auf die Bedeutung der Entscheidung für den Schuldner und die Insolvenzgläubiger ordnet Abs. 1 eine **Anhörung der Verfahrensbeteiligten** an; Abs. 2 eröffnet für den durch die nach Abs. 1 zu treffende Entscheidung beschwerten Verfahrensbeteiligten den **Rechtsmittelweg** der Beschwerde.[2] 1

B. Verfahren erster Instanz

I. Schlusstermin

1. Bedeutung des Schlusstermins

Der **Schlusstermin** ist die **abschließende Gläubigerversammlung** (§ 197).[3] Der Schlusstermin dient 2 als Sperre, um ein Nachschieben von Versagungsgründen zu unterbinden.[4] Nach der Rechtsprechung des BGH müssen im Hinblick auf die **Sperrfunktion des Schlusstermins** Anträge auf Versagung der Restschuldbefreiung im eröffneten Insolvenzverfahren in diesem Termin gestellt werden.[5] Dem **Schuldner** ist es zuzumuten, im Schlusstermin zu **erscheinen** und sich zu dem Antrag des Gläubigers zu erklären, weil die Gründe, die zur Versagung der Restschuldbefreiung führen können, Gegenstand seiner eigenen Wahrnehmung sind.[6] Grds. hat sich der Schuldner im Schlusstermin zu zulässigen Versagungsanträgen zu erklären.[7] Nachträgliche Erklärungen des Schuldners sind jedoch nur dann ausgeschlossen, wenn dieser rechtzeitig auf die Folgen des unentschuldigten Fernbleibens oder der Nichterklärung zu Versagungsanträgen hingewiesen worden ist.[8]

---

1 MüKo-InsO/*Stephan* Rn. 1.
2 MüKo-InsO/*Stephan* Rn. 2.
3 HK-InsO/*Landfermann* Rn. 10.
4 BGH 23.10.2008, IX ZB 53/08, WM 2008, 2301 Rn. 11.
5 BGH 23.10.2008, IX ZB 53/08, WM 2008, 2301 Rn. 11.
6 BGH 05.02.2009, IX ZB 185/08, WM 2009, 619 Rn. 9; 10.02.2011, IX ZB 237/09, WM 2011, 839 Rn. 6.
7 BGH 05.02.2009, X ZB 185/08, WM 2009, 619 Rn. 9 f.; 10.02.2011, IX ZB 237/09, WM 2011, 839 Rn. 6.
8 BGH 10.02.2011, IX ZB 237/09, WM 2011, 839 Rn. 7 ff.

2. Präklusion

3 Entsprechend dem Verbot des Nachschiebens von Versagungsgründen und der Glaubhaftmachung nach Beendigung des Schlusstermins kommt auch ein erstmaliges Bestreiten des Versagungsgrundes nach diesem Termin nicht mehr in Betracht. Das nach dem Schlusstermin nicht mehr mögliche Bestreiten des Versagungsgrundes bedeutet im Ergebnis die Präklusion des Schuldners mit einem Verteidigungsvorbringen, weil mit dem Nichtbestreiten der Versagungsgrund zumindest in objektiver Hinsicht unabänderlich feststeht.[9] Nach den zivilprozessualen Regeln setzt die Zurückweisung verspäteten Vorbringens (§ 296 Abs. 1 ZPO) die **Belehrung über die Folgen einer Fristversäumung** nach § 276 Abs. 2, § 277 Abs. 2 ZPO voraus.[10] Der **Wortlaut** der Insolvenzordnung kennt allerdings **keine ausdrückliche Belehrungspflicht** über die Folgen eines Ausbleibens im Schlusstermin (vgl. § 289 Abs. 1; § 290 Abs. 1). Auch der Ausschluss eines Bestreitens ist nicht in der Insolvenzordnung geregelt, sondern im Wege der Rechtsfortbildung entwickelt worden.[11] Die Zurückweisung von nach dem Schlusstermin gehaltenen Vortrag des Schuldners setzt jedoch unter dem verfassungsrechtlichen Gesichtspunkt des rechtlichen Gehörs voraus, dass dieser rechtzeitig vor dem Termin in geeigneter Weise darauf hingewiesen wird, dass Versagungsanträge gestellt werden können und er i.d.R. nur in dem Termin Gelegenheit zur Stellungnahme zu diesen Anträgen erhält.[12]

3. Hinweispflicht des Insolvenzgerichts

4 Diese Pflicht des Insolvenzgerichts ergibt sich aus der **verfassungskonformen Auslegung** des § 289 Abs. 1 Satz 1. Danach ist dem Schuldner zu etwa gestellten Versagungsanträgen der Gläubiger **wirksames rechtliches Gehör** (Art. 103 Abs. 1 GG) zu gewähren.[13] Das Insolvenzgericht muss daher, den Schuldner **bei Anberaumung des Schlusstermins** ausdrücklich darauf hinzuweisen, dass der Gläubiger einen Versagungsantrag nur im Schlusstermin stellen und der Schuldner die geltend gemachten Versagungsgründe nur in diesem Termin bestreiten kann.[14] Durch diesen Hinweis wird der meist rechtsunkundige Schuldner in die Lage versetzt, sich darauf einzurichten, dass er möglicherweise noch im Schlusstermin mit einem nicht schriftsätzlich angekündigten Versagungsantrag konfrontiert werden kann, zu dem er sich grds noch im Termin erklären muss.[15] Es steht nicht im Belieben des Insolvenzgerichts, bei Anberaumung des Schlusstermins einen solchen Hinweis zu erteilen oder dies zu unterlassen und dann ein nachträgliches Bestreiten des Schuldners zuzulassen. Mit dem Ende des Schlusstermins muss feststehen, ob der geltend gemachte Versagungsgrund vom Schuldner bestritten wird oder nicht.[16] Das Insolvenzgericht ist daher verpflichtet, den erforderlichen Hinweis zu erteilen und den Schlusstermin auf diese Weise sachgerecht vorzubereiten. Wenn der Gläubiger im Schlusstermin schriftsätzlich einen **umfangreichen Versagungsantrag** vorlegt, zu dem sich der Schuldner im Termin nicht erklären kann, dann kann dem Schuldner **ausnahmsweise** auf seinen Antrag gestattet werden, zu dem Antrag noch **nachträglich schriftlich Stellung zu nehmen**.[17]

---

9 BGH 10.02.2011, IX ZB 237/09, WM 2011, 839 Rn. 8; *Vallender* Verbraucherinsolvenz aktuell 2009, 1 (2).
10 BGH 12.01.1983, IVa ZR 135/81, BGHZ 86, 218 (225 f.); 10.02.2011, IX ZB 237/09, WM 2011, 839 Rn. 8; Zöller/*Greger* § 296 ZPO Rn. 9c.
11 BGH 10.02.2011, IX ZB 237/09, WM 2011, 839 Rn. 8.
12 BGH 10.02.2011, IX ZB 237/09, WM 2011, 839 Rn. 7, 12; ferner FK-InsO/*Ahrens* § 290 Rn. 89; Gottwald/*Ahrens* § 77 Rn. 91; *Vallender* Verbraucherinsolvenz aktuell 2009, 1 (2).
13 BGH 10.02.2011, IX ZB 237/09, WM 2011, 839 Rn. 12.
14 BGH 10.02.2011, IX ZB 237/09, WM 2011, 839 Rn. 12.
15 *BGH 10.02.2011, IX ZB 237/09, WM 2011, 839 Rn. 12.*
16 BGH 05.02.2009, IX ZB 185/08, WM 2009, 619 Rn. 8.
17 *Vallender* Verbraucherinsolvenz aktuell 2009, 1 (3).

II. Entscheidung des Insolvenzgerichts

1. Entscheidung durch den Richter

Über zulässige Versagungsanträge hat gem. § 18 Abs. 1 Nr. 2 RPflG der Insolvenzrichter zu entscheiden.[18]

2. Inhalt der Entscheidung

Wird der Versagungsantrag für begründet erachtet, so wird der Restschuldbefreiungsantrag des Schuldners abgelehnt und die **Restschuldbefreiung versagt**.[19] Damit endet das Restschuldbefreiungsverfahren; das Hauptverfahren über die Restschuldbefreiung wird nicht eröffnet.[20] Bei unbegründetem Versagungsantrag ist dieser zurückzuweisen und dem Schuldner gem. § 291 die **Restschuldbefreiung anzukündigen**.[21] Gleiches gilt, falls kein Versagungsantrag gestellt wird. Mit der Ankündigung endet das Zulassungsverfahren. Das anschließende Hauptverfahren, die Wohlverhaltensphase, wird mit der Bestimmung des Treuhänders und der Überleitung der pfändbaren Bezüge auf ihn, eröffnet.[22] Die Ankündigung der Restschuldbefreiung erfolgt zeitlich vor der Aufhebung des Insolvenzverfahrens.[23] Entsprechend regelt § 289 Abs. 2 Satz 2, dass das Insolvenzverfahren erst nach Rechtskraft des Beschlusses über die Ankündigung der Restschuldbefreiung aufgehoben wird. Solange das Verfahren nicht aufgehoben ist, beginnt die Wohlverhaltensphase nicht zu laufen. Neuerwerb, den der Schuldner bis zur Aufhebung des Insolvenzverfahrens erlangt, fällt nach den §§ 35, 36 auch dann noch in die Masse, wenn bereits die Restschuldbefreiung angekündigt worden ist.[24]

3. Überlange Verfahrensdauer

Wird über den Versagungsantrag nicht sofort nach Entscheidungsreife entschieden, wie bei ordnungsgemäßer Verfahrensweise geboten, entfällt der Versagungsgrund nicht durch eine überlange Verfahrensdauer.[25]

III. Schriftliches Verfahren

Anstelle des Schlusstermins kann das Insolvenzgericht auch das schriftliche Verfahren anordnen, was insb. im **Verbraucherinsolvenzverfahren** in Betracht kommt (vgl. § 290 Rdn. 9).

C. Verfahren der sofortigen Beschwerde

Das Beschwerdegericht kann die Versagung der Restschuldbefreiung auf andere vorgebrachte Tatsachen stützen als das Amtsgericht. Der Beschwerderechtszug ist eine **vollwertige zweite Tatsacheninstanz**[26] und das Beschwerdegericht ist als solches im Insolvenzverfahren ebenfalls Insolvenzgericht.[27] Es ist nicht gehindert, die angefochtene Entscheidung mit einer anderen Begründung zu bestätigen.[28] Legt der Schuldner Beschwerde gegen die Versagung der Restschuldbefreiung ein, müssen dem Versagungsantragsteller die Nichtabhilfeentscheidung sowie die Beschwerdebegründung

---

18 FK-InsO/*Ahrens* Rn. 20; Graf-Schlicker/*Kexel* Rn. 7.
19 Graf-Schlicker/*Kexel* Rn. 7.
20 FK-InsO/*Ahrens* Rn. 9.
21 FK-InsO/*Ahrens* Rn. 11; Graf-Schlicker/*Kexel* Rn. 7.
22 FK-InsO/*Ahrens* Rn. 16.
23 BGH 30.09.2010, IX ZB 85/10, WM 2010, 2126 Rn. 3; FK-InsO/*Ahrens* Rn. 17; Uhlenbruck/*Vallender* Rn. 32; MüKo-InsO/*Stephan* Rn. 32.
24 BGH 15.07.2010, IX ZB 229/07, WM 2010, 1610 Rn. 4; 30.09.2010, IX ZB 85/10, WM 2010, 2126 Rn. 3.
25 Vgl. BGH 23.09.2010, IX ZB 16/10, NZI 2010, 999 Rn. 2.
26 BGH 21.12.2006, IX ZB 81/06, ZIP 2007, 188 (190); 17.09.2009, IX ZB 62/08, NZI 2009, 864 Rn. 3.
27 BGH 17.09.2009, IX ZB 62/08, NZI 2009, 864 Rn. 3.
28 BGH 17.09.2009, IX ZB 62/08, NZI 2009, 864 Rn. 3.

zugeleitet werden, weil anderenfalls das Verfahrensgrundrecht auf Gewährung rechtlichen Gehörs verletzt wird.[29] Gleiches gilt bei einer Beschwerde des Versagungsantragstellers gegen die Erteilung der Restschuldbefreiung.

D. Rechtsbeschwerdeverfahren

10 Nach der Aufhebung des § 7 durch Gesetz vom 21.10.2011,[30] ist eine Rechtsbeschwerde nur noch im Falle der Zulassung durch das Beschwerdegericht statthaft (§ 4 InsO, § 574 Abs. 1 Satz 1 Nr. 2 ZPO).

10a Durch das am 27.10.2011 in Kraft getretene Gesetz zur Änderung des § 522 ZPO[31] ist die Vorschrift des § 7 aufgehoben worden. Während gemäß §§ 4, 6 Abs. 1, § 7 a.F. i.V.m. § 574 Abs. 1 Satz 1 Nr. 1 ZPO gegen die Entscheidung des Beschwerdegerichts im Verfahren nach der Insolvenzordnung die Rechtsbeschwerde stets stattfand, wenn die sofortige Beschwerde statthaft gewesen war,[32] setzt die Statthaftigkeit der Rechtsbeschwerde nach neuem Recht gemäß § 4 InsO, § 574 Abs. 2 Satz 1 Nr. 2 ZPO deren Zulassung durch das Beschwerdegericht voraus.[33]

Zum früheren Rechtszustand gem. § 7 a.F. wird auf die Kommentierung in der 1. Aufl. § 289 Rdn. 11–14 Bezug genommen.

I. Übergangsregelung

11 Gemäß Art. 103f 1 EGInsO ist das vor dem 27.10.2011 geltende Recht auf Beschwerdeentscheidungen weiter anzuwenden, bei denen die Frist des § 575 ZPO am 27.10.2011 noch nicht abgelaufen ist. Ausweislich der Gesetzesbegründung sollte durch diese Übergangsregelung das Zulassungserfordernis des neuen Rechts auf Rechtsbeschwerden gegen solche Beschwerdeentscheidungen bezogen werden, die nach dem Inkrafttreten des neuen Rechts erlassen worden sind, während die Rechtsbeschwerde gegen zuvor ergangene Beschwerdeentscheidungen zulassungsfrei bleiben sollte.[34] Bei streng am Wortlaut haftender Auslegung der Übergangsregelung wäre die Vorschrift des § 7 jedoch dauerhaft weiter anzuwenden, weil die Frist zur Einlegung der Rechtsbeschwerde (§ 575 Abs. 1 Satz 1 ZPO) und zu deren Begründung (§ 575 Abs. 2 ZPO) am 27.10.2011 noch nicht abgelaufen sein kann, wenn die anzufechtende Entscheidung des Beschwerdegerichts bis zu diesem Zeitpunkt noch gar nicht ergangen ist. Daher hat der BGH die Regelung des Art. 103f S. 1 EGInsO entsprechend der Vorstellung des Gesetzgebers dahingehend ausgelegt, dass das Zulassungserfordernis sich auf Rechtsbeschwerden gegen solche Beschwerdeentscheidungen bezieht, die seit dem Inkrafttreten des neuen Rechts erlassen worden sind.[35]

II. Erfordernis der Zulassung

12 Bedarf die Rechtsbeschwerde gemäß § 574 Abs. 1 Satz 1 Nr. 2 ZPO der **Zulassung durch das Beschwerdegericht**, so findet dieses Rechtsmittel nur statt, wenn es in der Beschwerdeentscheidung ausdrücklich zugelassen worden ist.[36] Enthält eine Beschwerdeentscheidung keine Ausführungen über die Zulassung der Rechtsbeschwerde, ist der Rechtsweg erschöpft. Der BGH kann mit der Sa-

---

29 BGH, 07.04.2011, IX ZB 68/10, BeckRS 2011, 12162 Rn. 5; FK-InsO/*Ahrens* Rn. 22.
30 BGBl. I, 2082.
31 Gesetz zur Änderung des § 522 der Zivilprozessordnung v. 21. Oktober 2011, BGBl. I, 2082.
32 Vgl. BGH 25.06.2009, IX ZB 161/08, ZInsO 2009, 1463 Rn. 5; 10.01.2013, IX ZB 293/11, Rn. 4, nv.
33 BGH 10.01.2013, IX ZB 293/11, Rn. 4, nv.
34 BT-Drucks. 17/5334, 9.
35 BGH 20.12.2011, IX ZB 294/11, WM 2012, 276 Rn. 5; 18.01.2012, IX ZB 1/12, Rn. 2; 25.1 2012 – IX ZB 301/11, Rn. 2; 10.05.2012, IX ZB 295/11, ZInsO 2012, 1085 Rn. 9.
36 *BGH* 24.11.2003, II ZB 37/02, WM 2004, 1698, 1699; 19.05.2004, IXa ZB 182/03, NJW 2004, 2529; 14.09.2004, VI ZB 61/03, NJW 2005, 156; 12.03.2009, IX ZB 193/08, WM 2009, 1058 Rn. 5; 10.05.2012, IX ZB 295/11, ZInsO 2012, 1085 Rn. 15.

che nicht mehr in statthafter Weise befasst werden.[37] Das gilt unabhängig davon, welche Erwägungen der Entscheidung des Beschwerdegerichts zu Grunde lagen, die Rechtsbeschwerde nicht zuzulassen.[38] An einer Zulassung fehlt es auch, wenn das Beschwerdegericht sich über sie keine Gedanken gemacht hat, weil es die grundsätzliche Bedeutung der Sache oder die Abweichung von einer Entscheidung des BGH nicht erkannt hat[39] oder rechtsirrig davon ausgegangen ist, die Rechtsbeschwerde sei kraft Gesetzes statthaft[40]

Die Zulassung darf nach gefestigter höchstrichterlicher Rechtsprechung nur die **gesamte Zivilkammer** aussprechen.[41] Entscheidet der **originäre Einzelrichter** in einer Sache, der er rechtsgrundsätzliche Bedeutung beimisst, über die Beschwerde und lässt er die Rechtsbeschwerde zu, so ist die Zulassung wirksam.[42] Auf die Rechtsbeschwerde unterliegt die Entscheidung jedoch wegen **fehlerhafter Besetzung des Beschwerdegerichts** der Aufhebung von Amts wegen, weil der Einzelrichter in Rechtssachen, denen er grundsätzliche Bedeutung beimisst, zwingend das Verfahren an das Kollegium zu übertragen hat. Bejaht er mit der Zulassungsentscheidung zugleich die grundsätzliche Bedeutung der Rechtssache, ist seine Entscheidung objektiv willkürlich und verstößt gegen das Verfassungsgebot des gesetzlichen Richters nach Art. 101 Abs. 1 Satz 2 GG.[43]

12a

III. Keine Beschwerde gegen die Nichtzulassung

Der Gesetzgeber hat bewusst von der Möglichkeit einer Beschwerde gegen die Nichtzulassung der Rechtsbeschwerde abgesehen.[44] Es widerspräche der gesetzlichen Unanfechtbarkeit auch der Entscheidung über die Zulassung, wenn diese im Rechtsmittelweg daraufhin überprüft werden könnte, ob das Beschwerdegericht die ihm obliegende Verantwortung für die Zulassungsentscheidung erkannt hat.[45]

13

IV. Wiedergabe des maßgeblichen Sachverhalts

Beschlüsse, die der Rechtsbeschwerde unterliegen, müssen den maßgeblichen Sachverhalt, über den entschieden wird, wiedergeben und den Streitgegenstand sowie die in den Vorinstanzen gestellten Anträge erkennen lassen.[46] Fehlen die erforderlichen tatsächlichen Feststellungen, ist der Beschluss aufzuheben, weil das Rechtsbeschwerdegericht, das grundsätzlich von dem vorinstanzlich festgestellten Sachverhalt auszugehen hat (§ 577 Abs. 2 Satz 4, § 559 ZPO), zu einer rechtlichen Überprüfung der angefochtenen Entscheidung nicht in der Lage ist. Ein derartiger Verfahrensfehler liegt

14

---

37 BGH 10.05.2012, IX ZB 295/11, ZInsO 2012, 1085 Rn. 15.
38 BGH 10.05.2012, IX ZB 295/11, ZInsO 2012, 1085 Rn. 15.
39 BGH 24.11.2003, II ZB 37/02, WM 2004, 1698, 1699; 10.05.2012, IX ZB 295/11, ZInsO 2012, 1085 Rn. 15; 19.07.2012, IX ZB 31/12, Rn. 2, nv.
40 BGH 24.07.2003 – IX ZB 539/02, WM 2003, 1871, 1872 [insoweit nicht in BGHZ 156, 92 abgedruckt]); 12.03.2009, IX ZB 193/08, WM 2009, 1058 Rn. 9f; 20.12.2011, IX ZB 294/11, WM 2012, 276 Rn. 7; 10.05.2012, IX ZB 295/11, ZInsO 2012, 1085 Rn. 15; 19.07.2012, IX ZB 31/12, Rn. 2, nv; vgl. auch BGH, 20.07.2011, XII ZB 445/10, NJW-RR 2011, 1569 Rn. 17 [zu § 70 I FamFG]).
41 BGH 13.03.2003, IX ZB 134/02, BGHZ 154, 200 (202); 10.11.2003, II ZB 147/02, NJW 2004, 448; 24.11.2011, VII ZB 33/11, WM 2012, 140 Rn. 10; 25.10.2012, IX ZB 263/11, ZInsO 2013, 1274 Rn. 5; 07.05.2013, IX ZB 51/12, WM 2013, 1516 Rn. 5; *Kirchhof* ZInsO 2012, 16.
42 BGH 25.10.2012, IX ZB 263/11, ZInsO 2013, 1274 Rn. 5; 07.05.2013, IX ZB 51/12, WM 2013, 1516 Rn. 5.
43 BGH 13.03.2003, IX ZB 134/02, BGHZ 154, 200 (201 ff.); 03.02.2011, IX ZB 168/10, nv; 22.11.2011, VIII ZB 81/11, NJW-RR 2012, 125 Rn. 8f; 28.06.2012, IX ZB 298/11, ZInsO 2012, 1439 Rn. 3; 25.10.2012, IX ZB 263/11, ZInsO 2013, 1274 Rn. 5; 07.05.2013, IX ZB 51/12, WM 2013, 1516 Rn. 5.
44 BT-Drucks. 14/4722, 69, 116; BGH, 07.03.2002, IX ZB 11/02, BGHZ 150, 133, 135; 16.11.2006, IX ZA 26/06, WuM 2007, 41 Rn. 2; 10.05.2012, IX ZB 295/11, ZInsO 2012, 1085 Rn. 16.
45 BGH 10.05.2012, IX ZB 295/11, ZInsO 2012, 1085 Rn. 16.
46 BGH 20.06.2002, IX ZB 56/01, WM 2003, 101; 14.06.2010, II ZB 20/09, NJW-RR 2010, 1582 Rn. 5; 13.01.2011, IX ZB 113/10, Rn. 2, nv.

insbesondere dann vor, wenn weder dem Beschluss des Insolvenzgerichts, auf den das Beschwerdegericht sich bezieht, noch demjenigen des Beschwerdegerichts sich entnehmen lässt, welche Obliegenheitsverletzung der Gläubigerin dem Schuldner vorgeworfen und glaubhaft gemacht hat und in welchem Verfahrensstadium sich das Insolvenzverfahren im Zeitpunkt des behaupteten Pflichtverstoßes sowie im Zeitpunkt der Antragstellung befand.[47]

V. Bindungswirkung

1. Feststellungen des Beschwerdegerichts

15 Das Rechtsbeschwerdegericht ist an die tatsächlichen Feststellungen des Beschwerdegerichts gebunden, wenn der Rechtsbeschwerdeführer es versäumt hat, einen Tatbestandsberichtigungsantrag zu stellen.[48] § 320 ZPO ist auch auf Endentscheidungen anzuwenden, die als möglicher Gegenstand einer Rechtsbeschwerde einer Sachverhaltsdarstellung nebst rechtlicher Begründung bedürfen[49] und in einem Beschlussverfahren ergehen.[50] Mit der Gehörsrüge kann die Bindungswirkung des Tatbestandes nicht mehr ausgeräumt werden.[51]

2. Rückbindung des Rechtsbeschwerdegerichts

16 Hebt das Beschwerdegericht einen mit der sofortigen Beschwerde angefochtenen Beschluss auf und verweist die Sache zur erneuten Entscheidung an das Ausgangsgericht zurück, ist dieses an die vom Beschwerdegericht vertretene Rechtsansicht, welche der Aufhebung zugrunde lag, gebunden (§ 563 Abs. 2, § 577 Abs. 4 Satz 4 ZPO analog). Mittelbar gilt diese **Bindungswirkung auch für** ein zweites Beschwerde- und ein sich etwa anschließendes **Rechtsbeschwerdeverfahren** (sog. Rückbindung).[52] Die im Gesetz nicht geregelte, auch für die Rückbindung maßgebliche **Bindung der Vorinstanz** an eine zurückverweisende Entscheidung des Gerichts der sofortigen Beschwerde ist grds. analog § 563 Abs. 2 Satz 2, § 577 Abs. 4 Satz 4 ZPO auf die der Aufhebung zugrunde gelegte rechtliche Beurteilung beschränkt.[53]

VI. Mehrere voneinander unabhängige Versagungsgründe

17 Nach der höchstrichterlichen Rechtsprechung kann eine Rechtsbeschwerde nur Erfolg haben, wenn bei **mehreren voneinander unabhängigen Versagungsgründen** sämtliche mit Erfolg angegriffen werden.[54]

E. Restschuldbefreiungsverfahren bei Einstellung des Insolvenzverfahrens wegen Masselosigkeit

18 Ein Restschuldbefreiungsverfahren kann gem. § 289 Abs. 3 Satz 1 auch durchgeführt werden, wenn nach **Anzeige der Masseunzulänglichkeit** die Insolvenzmasse nach § 209 verteilt und anschließend das Insolvenzverfahren wegen **Masselosigkeit** eingestellt wird. Die Einstellung des Verfahrens hat gem. § 289 Abs. 3 Satz 2 i.V.m. § 289 Abs. 2 nach Rechtskraft des Beschlusses über die Restschuldbefreiung zu erfolgen.[55] In dieser Konstellation wird das Restschuldbefreiungsverfahren mit

---

47 13.01.2011, IX ZB 113/10, Rn. 3, nv.
48 BGH 15.04.2010, IX ZB 175/09, WM 2010, 976 Rn. 7 unter Bezugnahme auf BGH 05.02.2009, IX ZR 78/07, WM 2009, 662 Rn. 13; 10.12.2009, IX ZR 206/08, ZInsO 2010, 82 Rn. 11.
49 BGH 15.04.2010, IX ZB 175/09, WM 2010, 976 Rn. 7 unter Bezugnahme auf BGH 07.04.2005, IX ZB 63/03, WM 2005, 1246; 05.03.2009, IX ZB 141/08, WM 2009, 856 f. Rn. 4 ff.
50 BGH 15.04.2010, IX ZB 175/09, WM 2010, 976 Rn. 7.
51 BGH 15.04.2010, IX ZB 175/09, WM 2010, 976 Rn. 7.
52 BGH 12.02.2009, IX ZB 215/08, WM 2009, 712 Rn. 9.
53 BGH 14.04.2011, IX ZB 18/10, ZInsO 2011, 1566 Rn. 6.
54 BGH 29.09.2005, IX ZB 430/02, ZInsO 2005, 1162; 13.01.2011, IX ZB 163/10, ZInsO 2011, 396 Rn. 7.
55 BGH 19.03.2009, IX ZB 134/08, ZVI 2009, 346 Rn. 3; FK-InsO/*Ahrens* Rn. 29; HK-InsO/*Landfermann* Rn. 9.

der Einstellung des Insolvenzverfahrens bereits in den zweiten Verfahrensabschnitt übergeleitet.[56] Da bei einer Einstellung wegen Masseunzulänglichkeit kein Schlusstermin stattfindet, hat vor der Ankündigung der Restschuldbefreiung eine **Anhörung der Insolvenzgläubiger sowie des Insolvenzverwalters bzw. Treuhänders** in einer **Gläubigerversammlung** zu erfolgen.[57] Die notwendige Anhörung kann auch in einem **Anhörungstermin** durchgeführt werden.[58] Versäumen die Gläubiger im Anhörungstermin Versagungsanträge zu stellen, kann dies nicht nachgeholt werden.[59]

§ 289 n.F. Einstellung des Insolvenzverfahrens

[Tritt am 01.07.2014 in Kraft]

Im Falle der Einstellung des Insolvenzverfahrens kann Restschuldbefreiung nur erteilt werden, wenn nach Anzeige der Masseunzulänglichkeit die Insolvenzmasse nach § 209 verteilt worden ist und die Einstellung nach § 211 erfolgt.

Übersicht	Rdn.		Rdn.
I. Normzweck	1	II. Bisheriger Regelungsbereich	2

I. Normzweck

Die Vorschrift tritt am 01.07.2014 in Kraft.[1] Wegen der Aufhebung der Bestimmung des § 291 a.F. entfällt künftig die obligatorische Entscheidung über die Ankündigung der Restschuldbefreiung. Eine Entscheidung des Insolvenzgerichts über die Versagung der Restschuldbefreiung wird nach dem Schlusstermin nur noch stattfinden, wenn ein Gläubiger die Versagung nach § 290 n.F. beantragt hat. Aus Klarstellungsgründen wurden daher die bislang in § 289 a.F. enthaltenen Verfahrensregelungen in § 287 Abs. 4 n.F. und § 290 n.F. verschoben. Die **Verpflichtung zur Anhörung der Gläubiger** ist künftig dem Versagungsverfahren vorgelagert in § 287 Abs. 4 n.F. enthalten, **Rechtsmittel und die öffentliche Bekanntmachung** sind künftig in § 290 Abs. 3 n.F. geregelt. Die Vorschrift des § 289 n.F. enthält damit nur noch die bislang in § 289 Abs. 3 a.F. geregelte **Restschuldbefreiung im Fall der Einstellung des Insolvenzverfahrens**. Die amtliche Überschrift wurde entsprechend angepasst.[2] Hinsichtlich des Restschuldbefreiungsverfahrens bei Einstellung des Insolvenzverfahrens wegen Masselosigkeit wird auf die Kommentierung zu § 289 a.F. Rdn. 18 Bezug genommen. 1

II. Bisheriger Regelungsbereich

Die Regelung des § 289 Abs. 2 Satz 2 a.F. entfällt infolge des Verzichts auf eine Ankündigung der Restschuldbefreiung ersatzlos. Nach dieser Vorschrift wird das Insolvenzverfahren erst aufgehoben, wenn der Beschluss über die Ankündigung der Restschuldbefreiung rechtskräftig ist. Mit dieser Regelung sollte ursprünglich verhindert werden, dass die Laufzeit der Abtretungserklärung beginnt, bevor die Entscheidung über den Antrag des Schuldners auf Restschuldbefreiung rechtskräftig ist.[3] Diese Funktion ist mit der bereits im Jahre 2001 in Kraft getretenen Vorverlagerung des Fristbeginns auf den Zeitpunkt der Eröffnung hinfällig geworden. Künftig gilt für alle Insolvenzverfah- 2

---

56 BGH 19.03.2009, IX ZB 134/08, ZVI 2009, 346 Rn. 3; FK-InsO/*Ahrens* Rn. 29.
57 BGH 19.03.2009, IX ZB 134/08, ZVI 2009, 346 Rn. 3; FK-InsO/*Ahrens* Rn. 30; MüKo-InsO/*Stephan* Rn. 25, 56.
58 BGH 19.03.2009, IX ZB 134/08, ZVI 2009, 346 Rn. 4.
59 BGH 19.03.2009, IX ZB 134/08, ZVI 2009, 346 Rn. 4.
1 Art. 9 Satz 1 des Gesetzes zur Verkürzung des Restschuldbefreiungsverfahrens und zur Stärkung der Gläubigerrechte, BGBl. I, 2385.
2 BT-Drucks. 17/11268, 26.
3 BT-Drucks. 12/2443, 189 f.

ren – unabhängig davon, ob Restschuldbefreiung beantragt wurde – die Regelung des § 200 Abs. 1 n.F.[4]

§ 290 Versagung der Restschuldbefreiung

(1) In dem Beschluß ist die Restschuldbefreiung zu versagen, wenn dies im Schlußtermin von einem Insolvenzgläubiger beantragt worden ist und wenn

1. der Schuldner wegen einer Straftat nach den §§ 283 bis 283c des Strafgesetzbuchs rechtskräftig verurteilt worden ist,
2. der Schuldner in den letzten drei Jahren vor dem Antrag auf Eröffnung des Insolvenzverfahrens oder nach diesem Antrag vorsätzlich oder grob fahrlässig schriftlich unrichtige oder unvollständige Angaben über seine wirtschaftlichen Verhältnisse gemacht hat, um einen Kredit zu erhalten, Leistungen aus öffentlichen Mitteln zu beziehen oder Leistungen an öffentliche Kassen zu vermeiden,
3. in den letzten zehn Jahren vor dem Antrag auf Eröffnung des Insolvenzverfahrens oder nach diesem Antrag dem Schuldner Restschuldbefreiung erteilt oder nach § 296 oder § 297 versagt worden ist,
4. der Schuldner im letzten Jahr vor dem Antrag auf Eröffnung des Insolvenzverfahrens oder nach diesem Antrag vorsätzlich oder grob fahrlässig die Befriedigung der Insolvenzgläubiger dadurch beeinträchtigt hat, daß er unangemessene Verbindlichkeiten begründet oder Vermögen verschwendet oder ohne Aussicht auf eine Besserung seiner wirtschaftlichen Lage die Eröffnung des Insolvenzverfahrens verzögert hat,
5. der Schuldner während des Insolvenzverfahrens Auskunfts- oder Mitwirkungspflichten nach diesem Gesetz vorsätzlich oder grob fahrlässig verletzt hat oder
6. der Schuldner in den nach § 305 Abs. 1 Nr. 3 vorzulegenden Verzeichnissen seines Vermögens und seines Einkommens, seiner Gläubiger und der gegen ihn gerichteten Forderungen vorsätzlich oder grob fahrlässig unrichtige oder unvollständige Angaben gemacht hat.

(2) Der Antrag des Gläubigers ist nur zulässig, wenn ein Versagungsgrund glaubhaft gemacht wird.

Übersicht

	Rdn.
A. Normzweck	1
B. Versagungsantrag	1a
I. Grundsätzliches zum Verfahren	1a
II. Antrag des Gläubigers	2
1. Gläubiger angemeldeter Forderungen	2
2. Keine Versagung von Amts wegen	3
3. Antrag als Verfahrensvoraussetzung	4
4. Inhalt und Sachvortrag	5
5. Glaubhaftmachung	6
III. Zeitpunkt der Antragstellung	7
1. Schlusstermin	7
2. Gesetzgebung	8
3. Schriftliches Verfahren	9
4. Vorzeitige Entscheidung über den Restschuldbefreiungsantrag bei Ende der Laufzeit der Abtretungserklärung	10
IV. Glaubhaftmachung	11
1. Normzweck	11
2. Begriff	12
3. Zeitpunkt der Glaubhaftmachung	13
4. Anforderungen an den Gläubigervortrag	14
a) Allgemeines	14
b) Besonderheiten	15
5. Mittel der Glaubhaftmachung	16
6. Prüfung von Amts wegen und Feststellungslast	17
7. Überlange Verfahrensdauer des Versagungsantragsverfahrens	18
V. Antragsrücknahme	19
1. Grundsätzliches	19
2. Erklärungsempfänger	20
3. Wirkung der Rücknahmeerklärung	21
C. Allgemeine Versagungsgrundsätze	22
I. Abschließender Katalog des § 290 Abs. 1	22
II. Keine Haftung für Hilfspersonen	23
D. Die einzelnen Versagungstatbestände	23a
I. Insolvenzstraftaten (§ 290 Abs. 1 Nr. 1)	23a

---

[4] BT-Drucks. 17/11268, 26.

	Rdn.
1. Normzweck	23a
2. Rechtskräftige Verurteilung wegen einer Insolvenzstraftat	24
a) Kein Zusammenhang mit Insolvenzverfahren erforderlich	25
b) Zeitpunkt der Rechtskraft	26
3. Zeitliche Begrenzung	27
4. Besonderheiten bei Versagungsverfahren vor Beendigung des Insolvenzverfahrens	27b
5. Keine Anwendung der Jahresfrist des § 296 Abs. 1 Satz 2	28
II. Unrichtige oder unvollständige Angaben (§ 290 Abs. 1 Nr. 2)	29
1. Normzweck	29a
2. Zeitlicher Anwendungsbereich der Norm	29b
3. Verhältnis zu § 290 Abs. 1 Nr. 1	30
4. Schriftliche Erklärung des Schuldners	31
a) Grundsatz der Schriftlichkeit	31
b) Von Dritten niedergelegte Angaben	32
5. Wirtschaftliche Verhältnisse des Schuldners	33
6. Einzelne Fallbeispiele	34
a) Nicht abgeführte Lohnsteuer	34
b) Steuerhinterziehungen	35
c) Angaben hinsichtlich Personengesellschaften	36
d) Angaben hinsichtlich personalistisch strukturierten Familiengesellschaften	37
7. Zweigliedriger subjektiver Tatbestand	38
8. Vorsatz	39
9. Grobe Fahrlässigkeit	40
a) Begriff	40
b) Verfahrensrechtliche Fragen	41
10. Antragsbefugnis	41a
11. Keine Beeinträchtigung der Gläubiger erforderlich	41b
III. Frühere Restschuldbefreiungsverfahren (§ 290 Abs. 1 Nr. 3)	42
1. Normzweck	43
2. Keine einschränkende Auslegung der Vorschrift	44
3. Ablauf der Zehn-Jahresfrist	45
4. Sperrfrist außerhalb des Anwendungsbereichs des § 290 Abs. 1 Nr. 3	46
IV. Verringerung der Insolvenzmasse (§ 290 Abs. 1 Nr. 4)	47
1. Begründung unangemessener Verbindlichkeiten	48
2. Vermögensverschwendung	49
a) Verschwendung, Einzelfälle	50

	Rdn.
b) Keine Verschwendung	51
3. Verzögerung der Eröffnung des Insolvenzverfahrens	52
4. Vorsatz	53
5. Grobe Fahrlässigkeit	54
a) Begriff	54
b) Verfahrensrechtliche Fragen	55
V. Verletzung von Auskunfts- und Mitwirkungspflichten (§ 290 Abs. 1 Nr. 5)	56
1. Normzweck	56
2. Grundsätzliches	57
3. Zeitlicher Anwendungsbereich der Norm	58
4. Umfang der Auskunfts- und Mitwirkungspflichten	59
a) Allgemeine Grundsätze	60
b) Eröffnungsverfahren	61
c) Insolvenzverfahren	62
5. Nichterfüllung einer Anordnung	63
6. Einzelne auskunfts- und mitwirkungspflichtige Umstände	64
a) Abtretung	64
b) Anfechtungsrelevante Umstände	65
c) Freigegebene selbständige Tätigkeit (§ 35 Abs. 2)	65a
d) Geschäftsanteile	66
e) Übernahme eines Geschäftsführeramtes	67
f) Steuerangelegenheiten	68
g) Selbständige wirtschaftliche Tätigkeit	69
h) Offenlegung von Patientendaten	70
i) Private Nutzung eines Kraftfahrzeugs	71
j) Geldzuflüsse	72
k) Pfändbares Arbeitseinkommen	72a
l) Berichtigung unrichtiger oder unvollständiger Angaben	73
m) Wohnsitzwechsel	74
n) Zulage	75
o) Schenkungen und Veräußerungen an nahe Angehörige	76
p) Herausgabe von Gegenständen	76a
7. Keine Beeinträchtigung der Befriedigungsaussichten der Gläubiger erforderlich	77
a) Allgemeines	77
b) Wortlaut der Vorschrift	78
c) Sinn und Zweck der Vorschrift	79
d) Auseinandersetzung mit der Begründung des Regierungsentwurfs	80
e) Voraussetzungen	81
8. Vorsatz	82
a) Begriff	82

	Rdn.		Rdn.
b) Rechtswidrigkeit	83	2. Umfang der Mitteilungspflichten	95
9. Grobe Fahrlässigkeit	84	3. Antragsbefugnis	96
a) Begriff	84	4. Keine Beeinträchtigung der Gläubiger erforderlich	97
b) Allgemeines	85		
c) Einzelfälle	86	5. Vorsatz	98
d) Verfahrensrechtliche Fragen	87	6. Grobe Fahrlässigkeit	99
10. Einfache Fahrlässigkeit	88	a) Begriff	99
11. Verhältnismäßigkeitsgrundsatz	89	b) Zurechnung fremden Fehlverhaltens	100
a) Grundsatz	89		
b) Heilung	90	c) Einzelfälle	101
c) Geringfügiger Verstoß	91	d) Verfahrensrechtliche Fragen	102
d) Kein unwesentlicher Verstoß	92	7. Einfache Fahrlässigkeit	103
e) Rechtsbeschwerdeverfahren	93	8. Entlastende Umstände	104
VI. Unzutreffende Verzeichnisse (§ 290 Abs. 1 Nr. 6)	94	9. Verhältnismäßigkeitsgrundsatz	105
		a) Grundsatz	105
1. Normzweck	94	b) Einzelfälle	106

A. Normzweck

1 Nach der gesetzlichen Zielsetzung soll nur dem **redlichen Schuldner** (§ 1 S. 2), der sich gegenüber seinen Gläubigern nichts hat zuschulden kommen lassen, die Gelegenheit gegeben werden, sich von seinen restlichen Verbindlichkeiten zu befreien.[1] Die **Versagung der Restschuldbefreiung** stellt daher eine **Sanktion für schuldhaftes Fehlverhalten des Schuldners** dar.[2] Aus Gründen der **Rechtssicherheit** wurde davon abgesehen, die Versagung der Restschuldbefreiung über eine Generalklausel zu gestalten.[3] Die **Bildung von konkreten Versagungstatbeständen** soll sowohl dem Schuldner als auch seinen Gläubigern verdeutlichen, unter welchen Voraussetzungen der Schuldner in den Genuss der Restschuldbefreiung gelangen kann.[4] Auch soll die Erteilung oder Versagung der Restschuldbefreiung nicht in ein weites Ermessen des Gerichts gestellt sein.[5] Die Frage, ob ein Versagungsantrag vorliegt, soll schnell geklärt werden. Deshalb kommt dem **Schlusstermin** eine **Sperrfunktion** zu, um ein Nachschieben von Versagungsgründen zu unterbinden.[6] Der **Entlastung des Insolvenzgerichts** dient es, dass die Versagung nur auf Antrag und nur bei Glaubhaftmachung zu prüfen ist.[7] Insb. soll das Gebot der Glaubhaftmachung auf bloße Vermutungen gestützte **aufwändige Ermittlungen des Insolvenzgerichts verhindern**.[8]

B. Versagungsantrag

I. Grundsätzliches zum Verfahren

1a Das **Verfahren** über den Antrag, die Restschuldbefreiung zu versagen, ist weitgehend **kontradiktorisch** ausgestaltet.[9] Der **Insolvenzverwalter** ist nicht Partei dieses Verfahrens.[10] Er ist selbst nicht an-

---

1 BT-Drucks. 12/1443, 190; BGH 08.01.2009, IX ZB 73/08, WM 2009, 515 Rn. 14; 10.02.2011, IX ZB 250/08, ZVI 2011, 209 Rn. 8.
2 BGH 19.07.2012, IX ZB 188/09, ZVI 2012, 386 Rn. 10.
3 BT-Drucks. 12/1443, 190; BGH 08.01.2009, IX ZB 73/08, WM 2009, 515 Rn. 14; 16.02.2012, IX ZB 113/11, NZI 2012, 278 Rn. 18; FK-InsO/*Ahrens* Rn. 5.
4 BT-Drucks. 12/1443, 190; BGH 08.01.2009, IX ZB 73/08, WM 2009, 515 Rn. 14.
5 BT-Drucks. 12/1443, 190; BGH 08.01.2009, IX ZB 73/08, WM 2009, 515 Rn. 14; 16.02.2012, IX ZB 113/11, NZI 2012, 278 Rn. 18.
6 BGH 23.10.2008, IX ZB 53/08, WM 2008, 2301 Rn. 11.
7 HK-InsO/*Landfermann* Rn. 1.
8 BGH 11.09.2003, IX ZB 73/03, BGHZ 156, 139 (142); 14.05.2009, IX ZB 33/07, WM 2009, 1294 Rn. 5.
9 *BGH 11.09.2003, IX ZB 37/03, BGHZ 156, 139 (142);* 16.02.2012, IX ZB 113/11, NZI 2012, 278 Rn. 24.
10 BGH 16.02.2012, IX ZB 113/11, NZI 2012, 278 Rn. 24.

tragsbefugt.[11] Er kann den Antrag des Gläubigers nicht zurücknehmen oder in anderer Weise einer Erledigung zuführen und er ist schließlich nicht berechtigt, sofortige Beschwerde gegen die Entscheidung des Insolvenzgerichts einzulegen (vgl. § 289 Abs. 2 Satz 1). Soweit der Insolvenzverwalter um **Stellungnahme zum Versagungsantrag** gebeten wird oder von sich aus in seinen Berichten auf die tatsächlichen Voraussetzungen des einen oder anderen Versagungsgrundes hinweist, gehört dies zu den üblichen **Aufgaben eines Insolvenzverwalters** in einem Privatinsolvenzverfahren, in welchem der Schuldner die Restschuldbefreiung beantragt hat; eine Parteistellung im Verfahren der Restschuldbefreiung wird hierdurch nicht begründet.[12]

II. Antrag des Gläubigers

1. Gläubiger angemeldeter Forderungen

Das auf eine Versagung der Restschuldbefreiung nach § 290 gerichtete Verfahren findet, wie sich aus § 290 Abs. 1 ergibt, nur auf **Antrag eines Insolvenzgläubigers** statt. Versagungsanträge können nur diejenigen Gläubiger stellen, die Forderungen im Insolvenzverfahren angemeldet haben.[13] Erst die Teilnahme am Insolvenzverfahren begründet die Antragsberechtigung.[14]

Für einen **absonderungsberechtigten Gläubiger** gilt grundsätzlich nichts anderes.[15] Ein Absonderungsberechtigter, der seine persönliche Forderung nicht zumindest in Höhe des Ausfalls anmeldet, nimmt allerdings am Insolvenzverfahren nicht teil.[16] Hat der Gläubiger dagegen seine Forderung angemeldet und der Insolvenzverwalter die Forderung für den Fall des Ausfalls zur Tabelle festgestellt, so ist der absonderungsberechtigte Gläubiger befugt, einen Versagungsantrag zu stellen.[17] Ist über die Restschuldbefreiung im Hinblick auf das Ende der Laufzeit der Abtretungserklärung bereits vor Aufhebung des Insolvenzverfahrens zu entscheiden, so genügt es, wenn der absonderungsberechtigte Gläubiger seinen Ausfall glaubhaft macht.[18] Auch ist es nicht erheblich, wenn der Schuldner die zur Tabelle festgestellte Forderung bestritten hat. Für die Beurteilung der Berechtigung eines Gläubigers, einen Versagungsantrag zu stellen, ist dies ohne Belang.[19]

Auf die Frage, ob dem Versagungsantrag desjenigen stattgegeben werden dürfe, dessen vermeintliche Forderung zur Insolvenztabelle festgestellt worden, der aber materiell-rechtlich nicht mehr Insolvenzgläubiger sei, ohne dass dies auf eine nachträgliche Befriedigung der Forderung durch den Schuldner zurückzuführen sei, kommt es nicht an.[20] Nicht erforderlich ist ferner, dass die **angemeldeten Forderungen** an der Schlussverteilung teilnehmen.[21]

Ein Gläubiger hat jedenfalls dann ein **rechtlich geschütztes Interesse** daran, einen Antrag auf Versagung der Restschuldbefreiung zu stellen, wenn der Schuldner dem angemeldeten Grund der Forderung als solcher aus einer vorsätzlich begangenen unerlaubten Handlung widersprochen hat und der Widerspruch nicht beseitigt worden ist.[22]

---

11 BGH 16.02.2012, IX ZB 113/11, NZI 2012, 278 Rn. 24.
12 BGH 16.02.2012, IX ZB 113/11, NZI 2012, 278 Rn. 24.
13 BGH 22.02.2007, IX ZB 120/05, ZVI 2007, 327 f.; 08.10.2009, IX ZB 257/08, ZVI 2010, 30 Rn. 3; 10.08.2010, IX ZB 127/10, NZI 2010, 865 Rn. 4; 11.10.2012, IX ZB 230/09, ZVI 2012, 469 Rn. 10; LG Göttingen 18.09.2007, 10 T 117/07, NZI 2007, 734; MüKo-InsO/*Stephan* Rn. 14; HK-InsO/*Landfermann* Rn. 35; HambK-InsR/*Streck* Rn. 2; Graf-Schlicker/*Kexel* Rn. 2.
14 BGH 11.10.2012, IX ZB 230/09, ZVI 2012, 469 Rn. 10; ferner *G. Pape* in Pape/Uhlenbruck/Voigt-Salus, Insolvenzrecht, 2. Aufl, Kap 41 Rn. 21.
15 BGH 11.10.2012, IX ZB 230/09, ZVI 2012, 469 Rn. 10.
16 BGH 17.03.2005, IX ZB 214/04, ZVI 2005, 322, 324; 11.10.2012, IX ZB 230/09, ZVI 2012, 469 Rn. 10.
17 BGH 11.10.2012, IX ZB 230/09, ZVI 2012, 469 Rn. 10.
18 BGH 11.10.2012, IX ZB 230/09, ZVI 2012, 469 Rn. 14.
19 BGH 11.10.2012, IX ZB 230/09, ZVI 2012, 469 Rn. 15 f.
20 BGH 10.08.2010, IX ZB 127/10, NZI 2010, 865 Rn. 4.
21 BGH 08.10.2009, IX ZB 257/08, ZVI 2010, 30 Rn. 3.
22 BGH 20.06.2013, IX ZB 208/11, WM 2013, 1364 Rn. 2.

2. Keine Versagung von Amts wegen

3 Ohne einen Gläubigerantrag darf das Insolvenzgericht die Restschuldbefreiung auch dann **nicht von Amts wegen** versagen, wenn die tatsächlichen Voraussetzungen eines Versagungsgrundes offensichtlich vorliegen.[23] Das Insolvenzgericht darf ferner die Entscheidung über die Versagung der Restschuldbefreiung **nicht von Amts wegen auf andere als die vom Antragsteller geltend gemachten Versagungsgründe stützen**, selbst wenn diese erst nach dem Schlusstermin bekannt geworden sind.[24]

3. Antrag als Verfahrensvoraussetzung

4 Der Antrag stellt eine **Verfahrensvoraussetzung** dar.[25] Der Antrag muss daher bis zum rechtskräftigen Abschluss des durch ihn eingeleiteten Verfahrens aufrechterhalten bleiben.[26]

4. Inhalt und Sachvortrag

5 Wird vom Gläubiger lediglich mitgeteilt, es liege ein Versagungsgrund vor, ohne hierbei einen ausdrücklichen Versagungsantrag zu stellen, kann zweifelhaft sein, ob ein **hinreichender Versagungsantrag** vorliegt.[27] Der für die Zulässigkeit des Versagungsantrags notwendige Sachvortrag kann auch mittels einer **konkreten Bezugnahme auf andere Schriftstücke** erfolgen.[28] So kann der Antragsteller sich auf einen **Verwalterbericht** beziehen, aus dem sich konkrete Hinweise auf einen Versagungsgrund ergeben.[29] Entsprechendes gilt für einen **Strafbefehlsantrag**, wobei auch eine indirekte Bezugnahme auf eine entsprechende Anlage im Schlussbericht des Verwalters ausreichen kann.[30] Auch die Bezugnahme auf eine im anhängigen Insolvenzverfahren ergangene Entscheidung, mit der dem Schuldner die Kostenstundung wegen eines Verstoßes gegen die Mitwirkungspflichten des § 290 Abs. 1 Nr. 5 versagt wird, genügt diesen Anforderungen.[31]

5. Glaubhaftmachung

6 Der gesetzlich geforderte **Gläubigerantrag** ist nur **zulässig**, wenn der Versagungsgrund **glaubhaft gemacht** wird (§ 290 Abs. 2; vgl. hierzu Rdn. 11).[32] Eine **Glaubhaftmachung** ist ausnahmsweise dann **entbehrlich**, wenn die Tatsachen, auf die der Gläubiger seinen Antrag stützt, von dem Schuldner nicht in Abrede gestellt werden.[33]

---

23 BGH 20.03.2003, IX ZB 388/02, NZI 2003, 389, 391; 15.07.2010, IX ZB 269/09, ZVI 2010, 400 Rn. 3.
24 BGH 08.02.2007, IX ZB 88/06, ZInsO 2007, 322 Rn. 8; 25.10.2007, IX ZB 187/03, ZVI 2007, 574 Rn. 3; 08.03.2012, IX ZB 70/10, ZInsO 2012, 751 Rn. 15.
25 BGH 15.07.2010, IX ZB 269/09, ZVI 2010, 400 Rn. 3.
26 BGH 15.07.2010, IX ZB 269/09, ZVI 2010, 400 Rn. 4; LG Dresden 22.01.2007, 5 T 0032/07, ZInsO 2007, 557 (558); Uhlenbruck/*Vallender* Rn. 4; Graf-Schlicker/*Kexel* Rn. 6; HambK-InsR/*Streck* Rn. 5a; vgl. a. LG Krefeld 15.12.2007, 6 T 253/07, ZVI 2008, 86 zur Rücknahme eines Versagungsantrags nach § 298.
27 BGH 12.05.2011, IX ZB 229/10, ZInsO 2011, 1126 Rn. 10.
28 BGH 11.09.2003, IX ZB 73/03, BGHZ 156, 139 (144); 08.01.2009, IX ZB 73/08, WM 2009, 515 Rn. 6 unter Bezugnahme auf BGH 17.07.2003, I ZR 295/00, NJW-RR 2004, 639 (640); 19.05.2011, IX ZB 94/09, ZInsO 2011, 1412 Rn. 2.
29 BGH 08.01.2009, IX ZB 73/08, WM 2009, 515 Rn. 6; 19.05.2011, IX ZB 94/09, ZInsO 2011, 1412 Rn. 2; 23.03.2012, IX ZB 267/10, Rn. 2 nv; HambK-InsR/Streck Rn. 6.
30 BGH 19.05.2011, IX ZB 94/09, ZInsO 2011, 1412 Rn. 2; 23.03.2012, IX ZB 267/10, Rn. 2 nv.
31 BGH 23.03.2012, IX ZB 267/10, Rn. 2 nv.
32 BGH 11.09.2003, IX ZB 73/03, BGHZ 156, 139 (141).
33 BGH 11.09.2003, IX ZB 73/03, BGHZ 156, 139 (143); 29.09.2005, IX ZB 178/02, ZVI 2005, 614; 08.01.2009, IX ZB 80/08, ZInsO 2009, 298 Rn. 4; 05.02.2009, IX ZB 185/08, ZVI 2009, 308 Rn. 7–8; 19.05.2011, IX ZB 94/09, ZInsO 2011, 1412 Rn. 3; 09.06.2011, IX ZA 21/11, Rn. 3, nv; 21.02.2013, IX ZB 164/11, Rn. 3, nv; 31.07.2013, IX ZA 37/12, WM 2013, 1656 Rn. 4.

III. Zeitpunkt der Antragstellung

1. Schlusstermin

Der Schlusstermin dient als **Sperre**, um ein Nachschieben von Versagungsgründen zu unterbinden.[34] Damit kommt ihm eine eigenständige **Konzentrationsfunktion** zu.[35] Nach der Rechtsprechung des BGH müssen daher Anträge auf Versagung der Restschuldbefreiung im eröffneten Insolvenzverfahren gem. § 290 Abs. 1 **im Schlusstermin** gestellt werden.[36] Begehrt ein Gläubiger **vorher** die Versagung der Restschuldbefreiung, so handelt es sich lediglich um die **Ankündigung eines Antrages** nach § 290 Abs. 1, die noch nicht zur Versagung der Restschuldbefreiung führen kann.[37] Es ist daher notwendig, dass ein verfrüht gestellter Antrag im Schlusstermin zumindest erneuert wird.[38] Ein **nach dem Schlusstermin gestellter Antrag**, mit dem einer der Versagungsgründe des § 290 Abs. 1 Nr. 1 bis 6 geltend gemacht wird, ist **unzulässig**.[39] Das **Nachschieben eines weiteren Versagungsgrundes**, etwa im **Beschwerdeverfahren**,[40] ist – selbst wenn der Antragsteller erst nach dem Schlusstermin hiervon Kenntnis erlangt – gleichfalls unzulässig.[41] Das gilt auch dann, wenn die Obliegenheitsverletzung des Schuldners zugleich einen Straftatbestand erfüllt.[42]

7

2. Gesetzgebung

Der **Entwurf eines Gesetzes zur Entschuldung mittelloser Personen**, zur Stärkung der Gläubigerrechte sowie zur Regelung der Insolvenzfestigkeit von Lizenzen vom 05.12.2007,[43] der in Abschn. 1 Nr. 28 eine Berücksichtigung nachträglich bekannt gewordener Versagungsgründe nach § 290 Abs. 1 vorsah,[44] ist nicht Gesetz geworden. Der Entwurf beruht im Übrigen auf der Annahme, dass das geltende Recht eine Berücksichtigung nachträglich bekannt gewordener Versagungsgründe nicht zulässt.[45] Der **Gesetzgeber der Insolvenzordnung** hat bewusst entschieden, dass auf § 290 gestützte Versagungsanträge nur zulässig sind, wenn sie im Schlusstermin gestellt werden.[46] Ist einem Schuldner rechtskräftig die Erteilung der Restschuldbefreiung angekündigt worden, soll ein Fehlverhalten in der Vergangenheit keine Rolle mehr spielen.[47] An diese Entscheidung des Gesetzgebers haben sich die Gerichte zu halten.[48]

8

---

34 BGH 23.10.2008, IX ZB 53/08, WM 2008, 2301 Rn. 11.
35 BGH 11.04.2013, IX ZB 94/12, WM 2013, 1029 Rn. 10.
36 BGH 16.02.2012, IX ZB 209/11, NZI 2012, 330 Rn. 11.
37 BGH 20.03.2003, IX ZB 388/02, ZVI 2003, 170 (171); 12.05.2011, IX ZB 229/10, ZInsO 2011, 1126 Rn. 8.
38 BGH 17.09.2009, IX ZB 284/08, ZVI 2009, 46 Rn. 8.
39 BGH 20.03.2003, IX ZB 388/02, ZVI 2003, 170 (171); 18.05.2006, IX ZB 103/05, NZI 2006, 538; 27.07.2006, IX ZB 234/03, zit. bei *Ganter* NZI 2007, Beil. zu Heft 5, S. 18 Fn. 169; 23.10.2008, IX ZB 53/08, WM 2008, 2301 Rn. 9; 03.12.2009, IX ZB 226/06, VuR 2010, 187 Rn. 2; 02.12.2010, IX ZB 110/10, Rn. 2, nv; 16.12.2010, IX ZR 24/10, ZInsO 2011, 244 Rn. 25; 16.02.2012, IX ZB 209/11, NZI 2012, 330 Rn. 11.
40 BGH 24.09.2009, IX ZB 285/08, Rn. 2, nv.
41 BGH 23.10.2008, IX ZB 53/08, WM 2008, 2301 Rn. 9; 12.02.2009, IX ZB 158/08, WM 2009, 714 Rn. 6; 24.09.2009, IX ZB 285/08, Rn. 2, nv; 03.12.2009, IX ZB 226/06, VuR 2010, 187 Rn. 2; 16.12.2010, IX ZR 24/10, ZInsO 2011, 244 Rn. 25.
42 BGH 21.01.2010, IX ZB 127/0, Rn. 9, nv. Die gegenteiligen Entscheidungen des Amtsgerichts Leipzig aus dem Jahre 2007 (ZVI 2007, 138 (140); ZVI 2007, 141 (142 f.); ZVI 2007, 143 (145); vgl. a. *Büttner* ZVI 2007, 116 (118) unter 3.2 sind vereinzelt geblieben.
43 BT-Drucks. 16/7416.
44 Vgl. BT-Drucks. 16/7416, 10 f., 38 f.
45 BT-Drucks. 16/7416, 38.
46 BT-Drucks. 12/2443, 189 zu § 237 RegE; BGH 21.01.2010, IX ZB 127/09, Rn. 9, nv.
47 BT-Drucks. 12/2443, 191 zu § 240 RegE; BGH 21.01.2010, IX ZB 127/09, Rn. 9, nv.
48 BGH 21.01.2010, IX ZB 127/09, Rn. 9, nv.

3. Schriftliches Verfahren

9 Wird anstelle des Schlusstermins das **schriftliche Verfahren** angeordnet und eine Frist zur Stellung von Anträgen auf Versagung der Restschuldbefreiung gesetzt, wie dies im Verbraucherinsolvenzverfahren nach § 5 Abs. 2 Satz 1 zulässig ist,[49] so muss der **Antrag innerhalb der Frist** gestellt werden.[50] Wird vor diesem Zeitraum ein Versagungsantrag gestellt, liegt lediglich die **Ankündigung eines Versagungsantrages** vor.[51] Es ist daher notwendig, dass ein verfrüht gestellter Antrag innerhalb der gesetzten Frist zumindest erneuert wird.[52]

4. Vorzeitige Entscheidung über den Restschuldbefreiungsantrag bei Ende der Laufzeit der Abtretungserklärung

10 Nach Ende der Laufzeit der Abtretungserklärung muss das Insolvenzgericht trotz des noch laufenden Insolvenzverfahrens über den Antrag des Schuldners auf Restschuldbefreiung gemäß § 300 entscheiden.[53] Da bei einer derartigen Verfahrenslage ein Schlusstermin noch nicht abgehalten werden kann, muss die Anhörung der Insolvenzgläubiger, des Verwalters bzw. des Treuhänders und des Schuldners in einer Form durchgeführt werden, die dem Schlusstermin entspricht.[54] Dies kann in einer Gläubigerversammlung oder gem. § 5 Abs. 2 im schriftlichen Verfahren erfolgen.[55] Ein Antrag auf Versagung der Restschuldbefreiung kann nur im Schlusstermin gestellt werden. Ein schon zuvor gestellter Antrag ist lediglich als Ankündigung eines Antrags zu werten.[56] Dies gilt entsprechend für einen **vorzeitig abgehaltenen, dem Schlusstermin entsprechenden Termin** zur Entscheidung über die Restschuldbefreiung.[57] Die Gläubiger können zwar hierbei nicht die Versagungsgründe des § 296 geltend machen, weil der Schuldner die Obliegenheiten des § 295 nur in der Wohlverhaltensphase zu beachten hat. Sie können sich aber auf die Versagungsgründe des § 290 berufen.[58] Erst nach diesem Termin gestellte oder begründete oder nachgebesserte Anträge sind unbeachtlich.[59]

IV. Glaubhaftmachung

1. Normzweck

11 Das Gebot, den Versagungsgrund glaubhaft zu machen (§ 290 Abs. 2), soll verhindern, dass das Insolvenzgericht auf bloße Vermutungen gestützte aufwändige Ermittlungen führen muss. Daher hat es in die sachliche Prüfung des Antrags nur einzutreten, wenn nach dem Vortrag des Gläubigers die Voraussetzungen eines der in § 290 Abs. 1 aufgeführten Versagungstatbestände wahrscheinlich gegeben sind.[60]

---

49 BGH 23.10.2008, IX ZB 53/08, WM 2008, 2301 Rn. 9 zu § 314 Abs. 2 a.F.
50 BGH 02.12.2010, IX ZB 110/10, Rn. 10, nv.
51 Vgl. BGH 20.03.2003, IX ZB 388/02, ZVI 2003, 170 (171); 12.05.2011, IX ZB 229/10, ZInsO 2011, 1126 Rn. 9.
52 BGH 17.09.2009, IX ZB 284/08, ZVI 2009, 46 Rn. 8.
53 BGH 03.12.2009, IX ZB 247/08, BGHZ 183, 258 Rn. 14; 12.05.2011, IX ZB 229/10, ZInsO 2011, 1126 Rn. 6; 16.02.2012, IX ZB 209/11, NZI 2012, 330 Rn. 7; 16.02.2012, IX ZB 268/10 Rn. 6, nv; 11.10.2012, IX ZB 230/09, ZVI 2012, 469 Rn. 8.
54 BGH 12.05.2011, IX ZB 229/10, ZInsO 2011, 1126 Rn. 7; 16.02.2012, IX ZB 209/11, NZI 2012, 330 Rn. 12.
55 BGH 03.12.2009, IX ZB 247/08, BGHZ 183, 258 Rn. 28; 12.05.2011, IX ZB 229/10, ZInsO 2011, 1126 Rn. 8.
56 BGH 20.03.2003, IX ZB 388/02, ZInsO 2003, 413 (414); 12.05.2011, IX ZB 229/10, ZInsO 2011, 1126 Rn. 8.
57 BGH 12.05.2011, IX ZB 229/10, ZInsO 2011, 1126 Rn. 8; 16.02.2012, IX ZB 209/11, NZI 2012, 330 Rn. 12.
58 BGH 03.12.2009, IX ZB 247/08, BGHZ 183, 258 Rn. 23 f; 11.10.2012, IX ZB 230/09, ZVI 2012, 469 Rn. 8.
59 BGH 16.02.2012, IX ZB 209/11, NZI 2012, 330 Rn. 12.
60 BGH 11.09.2003, IX ZB 73/03, BGHZ 156, 139 (142); 14.05.2009, IX ZB 33/07, WM 2009, 1294 Rn. 5.

2. Begriff

Der Begriff der Glaubhaftmachung ist im **prozessrechtlichen Sinne** zu verstehen. Über die Generalverweisung des § 4 findet **§ 294 ZPO entsprechende Anwendung**.[61] Danach ist es allein Sache der Partei, der die Last der Glaubhaftmachung obliegt, die Beweismittel beizubringen; sie müssen in der mündlichen Verhandlung präsent sein. Die **Partei** kann sich grds aller Beweismittel bedienen, auch zur **eidesstattlichen Versicherung** zugelassen werden. Es genügt ein **geringerer Grad der richterlichen Überzeugungsbildung**; die Behauptung ist glaubhaft gemacht, sofern eine **überwiegende Wahrscheinlichkeit** dafür besteht, dass sie zutrifft.[62]

12

3. Zeitpunkt der Glaubhaftmachung

Die Glaubhaftmachung des Versagungsgrundes muss im Hinblick auf den Normzweck, aufwendige Ermittlungen des Insolvenzgerichts zu verhindern, im **Schlusstermin** erfolgen und kann – auch im Beschwerdeverfahren – nicht nachgeholt werden.[63]

13

4. Anforderungen an den Gläubigervortrag

a) Allgemeines

Der **Gläubiger** ist **allein** dafür **verantwortlich**, die an die Glaubhaftmachung des Versagungsgrundes gestellten Anforderungen zu erfüllen. Ebenso wie im Stadium der Prüfung, ob ein Eröffnungsantrag zulässig ist,[64] greift die Amtsermittlungspflicht des Insolvenzgerichts (§ 5) in diesem Verfahrensabschnitt nicht ein[65]. Es ist ausschließlich Sache des Gläubigers, bis zum Schlusstermin die zur Glaubhaftmachung notwendigen Beweismittel beizubringen. Eine **schlüssige Darstellung** des Sachverhalts **genügt**, soweit der Schuldner diesen **nicht bestreitet**.[66]

14

b) Besonderheiten

Die gerichtliche Würdigung der Darstellung und der beigebrachten Beweismittel hat auch die für den Gläubiger im Einzelfall bestehenden **Schwierigkeiten**, den Sachverhalt hinreichend aufzuklären, zu berücksichtigen.[67] Gelegentlich wird dieser seinen Antrag auf einen **Tatsachenstoff** stützen müssen, in den er nur begrenzten Einblick gewonnen hat. Schon deshalb ist grds davon auszugehen, dass er die aus den vorgelegten **Urkunden** ersichtlichen Tatsachen zum Gegenstand seines Sachvortrags macht, sofern sich aus seiner Darstellung nicht ausnahmsweise etwas anderes ergibt.[68] Eventuelle **Unklarheiten** in diesem Bereich hat das **Insolvenzgericht** durch **Fragen und Hinweise** (§ 4 InsO, § 139 ZPO) möglichst zu beseitigen.[69] Spricht bei umfassender Würdigung aller Umstände des Ein-

15

---

61 BGH 11.09.2003, IX ZB 73/03, BGHZ 156, 139 (142).
62 BGH 05.05.1976, IV ZB 49/75, VersR 1976, 928; 15.06.1994, IV ZB 6/94, NJW 1994, 2898; 11.09.2003, IX ZB 73/03, BGHZ 156, 139 (141 f.).
63 BGH 11.09.2003, IX ZB 73/03, BGHZ 156, 139 (142 f.); 05.04.2006, IX ZB 227/04, ZVI 2006, 596 (597) Rn. 6; 18.05.2006, IX ZB 103/05, NZI 2006, 538; 23.10.2008, IX ZB 53/08, ZInsO 2008, 1272 Rn. 8 ff.; 05.02.2009, IX ZB 185/08, ZInsO 2009, 481 (482) Rn. 6; 14.01.2010, IX ZB 78/09, ZVI 2010, 203 Rn. 7.
64 BGH 12.12.2002, IX ZB 426/02, BGHZ 153, 205 (207); 14.05.2009, IX ZB 33/07, WM 2009, 1294 Rn. 5 .
65 BGH 11.09.2003, IX ZB 73/03, BGHZ 156, 139 (142).
66 BGH 11.09.2003, IX ZB 73/03, BGHZ 156, 139 (143); 08.01.2009, IX ZB 73/08, WM 2009, 515 Rn. 6; 19.05.2011, IX ZB 94/09, ZInsO 2011, 1412 Rn. 3; 21.02.2013, IX ZB 164/11, Rn. 3, nv; 31.07.2013, IX ZA 37/12, WM 2013, 1656 Rn. 4.
67 BGH 11.09.2003, IX ZB 73/03, BGHZ 156, 139 (143).
68 BGH 11.09.2003, IX ZB 73/03, BGHZ 156, 139 (143).
69 BGH 11.09.2003, IX ZB 73/03, BGHZ 156, 139 (143).

zelfalls mehr für die Erfüllung eines Versagungstatbestandes (§ 290 Abs. 1 Nr. 1 bis 6) als dagegen, ist dem Gläubiger die Glaubhaftmachung gelungen.[70]

5. Mittel der Glaubhaftmachung

16 Hierfür kommen **eidesstattliche Versicherungen** des Gläubigers sowie dritter Personen in Betracht.[71] Die Glaubhaftmachung kann auch durch die Vorlage der **schriftlichen Erklärung eines Insolvenzverwalters oder Treuhänders** erfolgen.[72] Auch die **Bezugnahme auf den Schlussbericht** des Verwalters oder Treuhänders ist zulässig, sofern hierin ein konkreter Versagungstatbestand dargelegt ist.[73] Gleiches gilt für sonstige Berichte des Verwalters.[74] Als Mittel der Glaubhaftmachung sind auch **einfache Abschriften von Urkunden** zuzulassen.[75] Ein **rechtskräftiger Strafbefehl** oder eine sonstige aufgrund richterlicher Prüfung ergangene **rechtskräftige Entscheidung** kann mit der gem. § 294 ZPO ausreichenden Wahrscheinlichkeit belegen, dass die tatbestandlichen Voraussetzungen des § 290 Abs. 1 Nr. 2 gegeben sind.[76] Gleiches kann für eine gerichtlich nach § 203 StPO zugelassene **Anklageschrift** gelten.[77] Auch die Bezugnahme auf eine im anhängigen Insolvenzverfahren ergangene Entscheidung, mit der dem Schuldner die Kostenstundung wegen eines Verstoßes gegen die Mitwirkungspflichten des § 290 Abs. 1 Nr. 5 versagt wurde, genügt diesen Anforderungen.[78] Unzureichend ist allerdings die **Vorlage eines etwa hundertseitigen Strafurteils**, aus dem sich an einer von dem Versagungsantragsteller nicht in Bezug genommenen Stelle der Versagungsgrund des § 290 Abs. 1 Nr. 2 ergibt. Eine Glaubhaftmachung liegt unter diesen Umständen nur vor, wenn der Versagungsantragsteller den Sachverhalt, aus dem sich der Versagungsgrund ergibt, in das Verfahren einführt, gegebenenfalls auch unter ergänzender Bezugnahme auf das Strafurteil.[79]

6. Prüfung von Amts wegen und Feststellungslast

17 Ist dem Gläubiger die Glaubhaftmachung des Versagungsgrundes gelungen, so gilt für das weitere Verfahren, in dem die Begründetheit des Versagungsantrags zu prüfen ist, die **Amtsermittlungspflicht** des Insolvenzgerichts.[80] Art und Umfang der Ermittlungen richten sich nach seinem pflichtgemäßen Ermessen und nach den jeweiligen Behauptungen und Beweisanregungen der Verfahrensbeteiligten im Versagungsverfahren.[81] Da die Versagung der Restschuldbefreiung für den Schuldner von einschneidender Bedeutung ist, muss das Insolvenzgericht seiner Ermittlungspflicht gewissenhaft nachkommen.[82] Dementsprechend darf es im Rahmen der Amtsermittlung nach § 5 Abs. 1 die **Erhebung von Zeugenbeweis** über einen glaubhaft gemachten Versagungsgrund nicht deswegen

---

70 BGH 11.09.2003, IX ZB 73/03, BGHZ 156, 139 (143).
71 FK-InsO/*Ahrens* Rn. 90; Kübler/Prütting/Bork/*Wenzel* Rn. 5; Uhlenbruck/*Vallender* Rn. 10; Graf-Schlicker/*Kexel* Rn. 4; HambK-InsR/*Streck* Rn. 6.
72 BGH 17.07.2008, IX ZB 183/07, WM 2008, 1693 Rn. 7 zu § 296; 08.01.2009, IX ZB 73/08, WM 2009, 515 Rn. 6.
73 BGH 05.06.2008, IX ZB 119/06, Rn. 8, nv; 08.01.2009, IX ZB 73/08, WM 2009, 515 Rn. 6; 19.05.2011, IX ZB 94/09, ZInsO 2011, 1412 Rn. 2; 23.03.2012, IX ZB 267/10, Rn. 2 nv.; 31.07.2013, IX ZA 37/12, WM 2013, 1656 Rn. 4.
74 BGH 19.05.2011, IX ZB 94/09, ZInsO 2011, 1412 Rn. 2; 23.03.2012, IX ZB 267/10, Rn. 2 nv.
75 BGH 11.09.2003, IX ZB 73/03, BGHZ 156, 139 (143); 06.05.2010, IX ZB 216/07, ZVI 2010, 278 Rn. 7.
76 BGH 11.09.2003, IX ZB 73/03, BGHZ 156, 139 (144); 06.05.2010, IX ZB 216/07, ZVI 2010, 278 Rn. 7.
77 BGH 06.05.2010, IX ZB 216/07, ZVI 2010, 278 Rn. 8.
78 BGH 23.03.2012, IX ZB 267/10, Rn. 2 nv.
79 BGH 16.02.2012, IX ZB 209/11, NZI 2012, 330 Rn. 13.
80 BGH 11.09.2003, IX ZB 73/03, BGHZ 156, 139 (146); 13.01.2011, IX ZB 199/09, ZInsO 2011, 301 Rn. 8; 21.02.2013, IX ZB 164/11, Rn. 4, nv; 11.04.2013, IX ZB 170/11, WM 2013, 1030 Rn. 10; 20.06.2013, IX ZB 11/12, WM 2013, 1364 Rn. 10; HK-InsO/*Landfermann* Rn. 36; Uhlenbruck/*Vallender* Rn. 13a.
81 BGH 11.04.2013, IX ZB 170/11, WM 2013, 1030 Rn. 10; 20.06.2013, IX ZB 11/12, WM 2013, 1364 Rn. 10.
82 BGH 11.04.2013, IX ZB 170/11, WM 2013, 1030 Rn. 10.

unterlassen, weil der unter Beweis gestellte Vortrag des Schuldners in Widerspruch zu von ihm selbst im Verfahren gefertigten Schriftstücken steht, zumal wenn sich der Schuldner unter Beweisangebot darauf berufen hat, erst durch seinen Geschäftspartner an einen maßgeblichen Umstand erinnert worden zu sein.[83] Bei der **Ermittlung von Amts wegen**, ob dem Schuldner der Vorwurf der groben Fahrlässigkeit gemacht werden kann, darf der Tatrichter auch nicht vom Insolvenzgläubiger gerügtes Verhalten berücksichtigen, um festzustellen, dass der Verstoß des Schuldners nicht auf einer leichten Nachlässigkeit oder auf einem Rechtsirrtum beruht.[84]

Die weitgehend **kontradiktorische Ausprägung des Versagungsverfahrens**[85] hat nicht zur Folge, dass über die Begründetheit des Antrags nach den Regeln der Dispositionsmaxime zu entscheiden ist. Der Amtsermittlungsgrundsatz ändert allerdings nichts daran, dass den **Gläubiger im Versagungsverfahren** die **Feststellungslast** trifft.[86] Verbleiben nach Ausschöpfung der gem. § 5 gebotenen Maßnahmen Zweifel am Vorliegen des geltend gemachten Versagungstatbestandes, ist der Antrag des Gläubigers zurückzuweisen. Die Gesetzesstruktur geht vom **redlichen Schuldner als Regelfall** aus.[87] Die Restschuldbefreiung darf daher nach § 290 nur versagt werden, wenn das Insolvenzgericht **die volle Überzeugung** (§ 286 ZPO) gewonnen hat, dass der vom Gläubiger behauptete Versagungsgrund tatsächlich besteht.[88]

7. Überlange Verfahrensdauer des Versagungsantragsverfahrens

Eine erhebliche Verfahrensdauer des Versagungsantragsverfahrens ändert nichts an der Begründetheit des Versagungsantrags.[89]

V. Antragsrücknahme

1. Grundsätzliches

Der **Antrag auf Versagung der Restschuldbefreiung** kann bis zum Eintritt der Rechtskraft der über ihn ergangenen Entscheidung zurückgenommen werden.[90] Aus der Ansicht, der Antrag könne »bis zu dem Beschluss über die Ankündigung oder Versagung der Restschuldbefreiung« zurückgenommen werden,[91] ergibt sich nicht ohne weiteres das Gegenteil. Sollte damit gemeint sein, dass bereits der Erlass, nicht erst die Rechtskraft des betreffenden Beschlusses eine Rücknahme ausschließe, fehlt dafür jede Begründung.[92] Eine § 13 Abs. 2 entsprechende Regelung, welche die Rücknahme eines Eröffnungsantrages nach der Eröffnung des Insolvenzverfahrens verbietet, enthalten die §§ 286 ff. nicht.[93] Auch systematische Gründe stehen einer **Antragsrücknahme bis zur Rechtskraft der Entscheidung über den Versagungsantrag** nicht entgegen. § 13 Abs. 2 enthält, soweit er eine Rücknahme des Eröffnungsantrags bereits mit Erlass des Eröffnungsbeschlusses ausschließt, eine Ausnahmebestimmung, welche die amtliche Begründung des Regierungsentwurfs aus Gründen der Rechts-

---

83 BGH 11.04.2013, IX ZB 170/11, WM 2013, 1030 Rn. 13.
84 BGH 11.04.2013, IX ZB 170/11, WM 2013, 1030 Rn. 23.
85 BGH 11.09.2003, IX ZB 37/03, BGHZ 156, 139 (142); 16.02.2012, IX ZB 113/11, NZI 2012, 278 Rn. 24.
86 BGH 11.09.2003, IX ZB 73/03, BGHZ 156, 139 (147); 21.07.2005, IX ZB 80/04, ZVI 2005, 503; 09.02.2006, IX ZB 218/04, ZVI 2006, 258 (259); FK-InsO/*Ahrens* Rn. 99; Uhlenbruck/*Vallender* Rn. 13a.
87 BGH 11.09.2003, IX ZB 73/03, BGHZ 156, 139 (147).
88 BGH 11.09.2003, IX ZB 73/03, BGHZ 156, 139 (147); 21.07.2005, IX ZB 80/04, ZVI 2005, 503; 06.05.2010, IX ZB 216/07, ZVI 2010, 278 Rn. 10.
89 BGH 17.03.2011, IX ZB 276/09, Rn. 3, nv; vgl. ferner BGH 23.09.2010, IX ZB 16/10, NZI 2010, 999 Rn. 2.
90 BGH 08.06.2010, IX ZA 15/08, Rn. 4, nv; 15.07.2010, IX ZB 269/09, ZVI 2010, 400 Rn. 4; 12.05.2011, IX ZB 229/10, ZInsO 2011, 1126 Rn. 11; HambK-InsR/*Streck* Rn. 5a.
91 MüKo-InsO/*Stephan* Rn. 15.
92 BGH 15.07.2010, IX ZB 269/09, ZVI 2010, 400 Rn. 4.
93 BGH 15.07.2010, IX ZB 269/09, ZVI 2010, 400 Rn. 4.

sicherheit wegen der Wirkungen der Eröffnung auch gegenüber Dritten für erforderlich hielt.[94] Das Versagungsverfahren ist insoweit nicht vergleichbar.[95] Der Beschluss über die Ankündigung oder die Versagung der Restschuldbefreiung wird erst veröffentlicht, wenn er rechtskräftig geworden ist (§ 289 Abs. 2 Satz 3).

2. Erklärungsempfänger

20 Nach der Entscheidung vom 15.07.2010 ist die Rücknahme des Versagungsantrags gegenüber demjenigen Gericht zu erklären, bei dem das Verfahren anhängig ist.[96] Aus Praktikabilitätsgründen sollte auch eine Rücknahmeerklärung, die gegenüber einer nicht mehr mit der Sache befassten Instanz erklärt wird, Berücksichtigung finden. Dies setzt freilich voraus, dass die Erklärung dem zuständigen (Rechtsmittel-)Gericht zugeleitet wird. Erfolgt die **Antragsrücknahme gegenüber dem BGH**, bedarf es hierzu keiner anwaltlichen Vertretung.[97] § 78 Abs. 1 3 ZPO findet keine Anwendung.

3. Wirkung der Rücknahmeerklärung

21 Mit der Rücknahme des Versagungsantrags werden **bereits über ihn ergangene Entscheidungen** der Vorinstanzen **wirkungslos**,[98] ohne dass es einer ausdrücklichen Aufhebung bedarf (vgl. § 269 Abs. 3 Satz 1 ZPO).[99] Jedenfalls dann, wenn zwischen den Beteiligten – dem Gläubiger und dem Schuldner – kein Streit über die Wirksamkeit der Antragsrücknahme besteht, ist ein rechtlich schützenswertes Interesse an einer Entscheidung des Rechtsmittelgerichts nicht ersichtlich.[100] Auf Antrag ist die **Feststellung der Wirkungslosigkeit** auszusprechen.[101]

C. Allgemeine Versagungsgrundsätze

I. Abschließender Katalog des § 290 Abs. 1

22 Andere als die in § 290 Abs. 1 aufgeführten Versagungsgründe rechtfertigen eine Versagung der Restschuldbefreiung nicht. **§ 290 I umschreibt die Verhaltensweisen**, die eine Versagung rechtfertigen, **abschließend**. Andere Verhaltensweisen bleiben **sanktionslos**, selbst wenn sie ebenfalls als unredlich anzusehen sind.[102] Schuldner und Insolvenzgläubiger sollen von vornherein wissen, unter welchen Bedingungen das Privileg der Restschuldbefreiung erteilt oder versagt werden kann.[103]

II. Keine Haftung für Hilfspersonen

23 Die Versagungstatbestände des § 290 Abs. 1 sind Ausdruck des Grundsatzes, dass nur dem redlichen Schuldner Gelegenheit gegeben werden soll, sich von seinen restlichen Verbindlichkeiten zu befreien (§ 1 S. 2).[104] Kommt es auf die Redlichkeit des Schuldners an, können Versagungsgründe nur in seiner Person entstehen. Verstößt ein vom Schuldner hinzugezogener, seiner Qualifikation nach grds geeigneter **Berater** vorsätzlich oder grob fahrlässig gegen seine Beratungspflichten,

---

94 Vgl. BT-Drucks. 12/2443, 115.
95 BGH 15.07.2010, IX ZB 269/09, ZVI 2010, 400 Rn. 4.
96 BGH 15.07.2010, IX ZB 269/09, ZVI 2010, 400 Rn. 5.
97 BGH 15.07.2010, IX ZB 269/09, ZVI 2010, 400 Rn. 5; 12.05.2011, IX ZB 229/10, ZInsO 2011, 1126 Rn. 11.
98 BGH 08.06.2010, IX ZA 15/08, Rn. 4, nv.
99 BGH 15.07.2010, IX ZB 269/09, ZVI 2010, 400 Rn. 6; 12.05.2011, IX ZB 229/10, ZInsO 2011, 1126 Rn. 13.
100 BGH 15.07.2010, IX ZB 269/09, ZVI 2010, 400 Rn. 6.
101 BGH 15.07.2010, IX ZB 269/09, ZVI 2010, 400 Rn. 7; 12.05.2011, IX ZB 229/10, ZInsO 2011, 1126 Rn. 13.
102 BGH 22.05.2003, IX ZB 456/02, WM 2003, 1382 (1383); 12.01.2006, IX ZB 29/04, ZVI 2006, 162 (163).
103 Begr. zu § 239 RegE, BT-Drucks. 12/2443, 190; BGH 12.01.2006, IX ZB 29/04, ZVI 2006, 162 (163).
104 BT-Drucks. 12/2443, 190; BGH 10.02.2011, IX ZB 250/08, WM 2011, 503 Rn. 8.

lässt dies keinen Rückschluss auf die Redlichkeit oder Unredlichkeit des Schuldners zu.[105] Eine Versagung der Restschuldbefreiung allein wegen des **Fehlverhaltens einer Hilfsperson** kommt daher nicht in Betracht.[106]

D. Die einzelnen Versagungstatbestände

I. Insolvenzstraftaten (§ 290 Abs. 1 Nr. 1)

1. Normzweck

Grund für die Versagung der Restschuldbefreiung ist das unredliche Verhalten des Schuldners zum Nachteil seiner Gläubiger, welches die objektiven und subjektiven Voraussetzungen eines Insolvenzstraftatbestandes erfüllt.[107] Auf die Strafe, welche der Strafrichter verhängt, kommt es grundsätzlich nicht an. Das Erfordernis der rechtskräftigen strafgerichtlichen Verurteilung ist nur zur Entlastung des Insolvenzgerichts in den Versagungstatbestand des § 290 Abs. 1 Nr. 1 aufgenommen worden. Dass der Schuldner eine Insolvenzstraftat begangen hat, kann nur durch ein rechtskräftiges Strafurteil nachgewiesen werden, nicht aber durch andere Beweismittel wie etwa Zeugen oder sonstige Urkunden.[108]

23a

2. Rechtskräftige Verurteilung wegen einer Insolvenzstraftat

Gem. § 290 Abs. 1 Nr. 1 ist die Restschuldbefreiung auf Antrag zu versagen, wenn der Schuldner wegen einer **Straftat** wegen Bankrotts (§ 283 StGB), Bankrotts in besonders schwerem Fall (§ 283a StGB), Verletzung der Buchführungspflicht (§ 283b StGB) oder Gläubigerbegünstigung (283c StGB) **rechtskräftig verurteilt** worden ist.[109] Die in § 290 Abs. 1 Nr. 1 aufgeführten Versagungstatbestände sind abschließend.[110] Bestandteile des zur späteren Insolvenzmasse gehörenden Vermögens werden bspw. nach § 283 Abs. 1 Nr. 1, VI StGB beiseite geschafft oder verheimlicht, wenn der Schuldner nach Abgabe der eidesstattlichen Versicherung eine ihm zustehende Provisionsforderung von seiner Lebensgefährtin in Rechnung stellen lässt.[111]

24

Die **Aussetzung einer Freiheitsstrafe zur Bewährung** reicht aus.[112] Gleiches gilt für eine **Verurteilung wegen Versuchs**.[113] Keine Verurteilung stellt die Verwarnung unter Strafvorbehalt dar, solange der verwarnte Täter nicht rechtskräftig zu der vorbehaltenen Strafe verurteilt worden ist.[114]

24a

a) Kein Zusammenhang mit Insolvenzverfahren erforderlich

Die rechtskräftige Verurteilung muss **nicht in einem Zusammenhang mit dem Insolvenzverfahren** stehen, in welchem die Restschuldbefreiung beantragt wird.[115] Hierfür spricht bereits der Wortlaut des § 290 Abs. 1 Nr. 1, der keinerlei Einschränkung im Hinblick auf einen möglichen Zusammen-

25

---

105 BGH 10.02.2011, IX ZB 250/08, WM 2011, 503 Rn. 8.
106 BGH 10.02.2011, IX ZB 250/08, WM 2011, 503 Rn. 8; im Ergebnis ebenso HambK-InsR/*Streck* Rn. 40.
107 BGH 16.02.2012, IX ZB 113/11, NZI 2012, 278 Rn. 11; 11.04.2013, IX ZB 94/12, WM 2013, 1029 Rn. 10.
108 BGH 16.02.2012, IX ZB 113/11, NZI 2012, 278 Rn. 11.
109 BGH 13.01.2011, IX ZB 199/09, InsO 2011, 301 Rn. 5; 16.02.2012, IX ZB 113/11, NZI 2012, 278 Rn. 11.
110 BGH 13.01.2011, IX ZB 199/09, InsO 2011, 301 Rn. 5.
111 BGH 16.02.2012, IX ZB 113/11, NZI 2012, 278 Rn. 6.
112 AG Duisburg 31.08.2001, 60 IK 77/99, ZInsO 2001, 1020; FK-InsO/*Ahrens* Rn. 15; Kübler/Prütting/Bork/*Wenzel* Rn. 14; MüKo-InsO/*Stephan* Rn. 24; Uhlenbruck/*Vallender* Rn. 21;
113 Kübler/Prütting/Bork/*Wenzel* Rn. 14; MüKo-InsO/*Stephan* Rn. 24.
114 FK-InsO/*Ahrens* Rn. 15; MüKo-InsO/*Stephan* Rn. 24; Uhlenbruck/*Vallender* Rn. 21; a.A. BGH 16.02.2012, IX ZB 113/11, NZI 2012, 278 Rn. 9; Kübler/Prütting/Bork/*Wenzel* Rn. 14.
115 BGH 18.12.2002, IX ZB 121/02, ZVI 2003, 34 (35); 18.02.2010, IX ZB 180/09, ZVI 2010, 280 Rn. 6.

hang der früheren Verurteilung mit dem jetzigen Insolvenzverfahren nennt.[116] Insoweit unterscheidet sich die Vorschrift von Nr. 4 desselben Absatzes; danach ist die Versagung der Restschuldbefreiung wegen Vermögensverschwendung des Schuldners nur zulässig, wenn dieser dadurch »die Befriedigung der Insolvenzgläubiger... beeinträchtigt hat«. Auch § 296 Abs. 1 gestattet die Versagung der Restschuldbefreiung wegen Obliegenheitsverletzung nur, »wenn der Schuldner... dadurch die Befriedigung der Insolvenzgläubiger beeinträchtigt«. In dieser Hinsicht deutet dagegen § 290 Abs. 1 Nr. 1 keinerlei Einschränkung an.[117] Systematischer Zusammenhang und Entstehungsgeschichte der Vorschrift bestätigen diese Auslegung.[118]

b) Zeitpunkt der Rechtskraft

26 Die Rechtskraft muss zum Zeitpunkt der Geltendmachung im Schlusstermin vorliegen,[119] es genügt nicht, dass die Verurteilung vor der Entscheidung über die Restschuldbefreiung Rechtskraft erlangt hat.[120] Tritt die Rechtskraft der strafrechtlichen Verurteilung erst nach dem Schlusstermin, aber vor Aufhebung des Insolvenzverfahrens oder noch später während der Wohlverhaltensphase bis zum Ende der Laufzeit der Abtretungserklärung ein, ist § 297 anzuwenden.[121] Eine Aussetzung des Verfahrens nach § 4 InsO, § 148 ZPO, um den Eintritt der Rechtskraft der strafrechtlichen Entscheidung abwarten zu können, kommt nicht in Betracht.[122]

3. Zeitliche Begrenzung

27 Die Regelung des § 290 Abs. 1 Nr. 1 enthält nach ihrem Wortlaut keine zeitliche Beschränkung. Sie ist aber nicht zuletzt im Hinblick auf den **Verhältnismäßigkeitsgrundsatz** nur tragbar, wenn eine **zeitliche Begrenzung** eingeführt wird.[123] Diese ist anhand der **Vorschriften des Bundeszentralregistergesetzes** zu bestimmen.[124] Die Verwertbarkeit einer Verurteilung richtet sich allerdings nicht allein nach den Tilgungs- und Verwertungsregeln der §§ 45 ff., 51 BZRG und danach, ob die Verurteilung noch im Registerauszug enthalten ist.[125] Vielmehr ist bei einer Verurteilung wegen mehrerer Straftaten **allein die aufgrund des Insolvenzdelikts verhängte Strafe maßgebend**. Herangezogen werden muss die **Einzelstrafe**, die im Hinblick auf einen der Tatbestände der §§ 283 bis 283c StGB verhängt worden ist.[126] Die Berücksichtigung anderer Verurteilungen hätte zur Folge, dass nicht nur Verurteilungen wegen Insolvenzstraftaten, sondern auch solche wegen anderer Delikte zumindest mittelbar zur Versagung der Restschuldbefreiung führen könnten. Dies ist mit der Absicht des Gesetzgebers nicht zu vereinbaren. Danach soll die scharfe Sanktion der Versagung der Restschuldbefreiung nur bei der Begehung von Insolvenzstraftaten greifen, weil ein Schuldner, der solche Hand-

---

116 BGH 18.12.2002, IX ZB 121/02, ZVI 2003, 34 (35).
117 BGH 18.12.2002, IX ZB 121/02, ZVI 2003, 34 (35).
118 Hierzu i.E. BGH 18.12.2002, IX ZB 121/02, ZVI 2003, 34 (35).
119 BGH 11.04.2013, IX ZB 94/12, WM 2013, 1029 Rn. 10; FK-InsO/*Ahrens* Rn. 14; Uhlenbruck/*Vallender* Rn. 21.
120 So allerdings BGH 16.02.2012, IX ZB 113/11, NZI 2012, 278 LS.
121 BGH 11.04.2013, IX ZB 94/12, WM 2013, 1029 Rn. 8.
122 FK-InsO/*Ahrens* Rn. 14, a.A. MüKo-InsO/*Stephan* Rn. 30; HK-InsO/*Landfermann* Rn. 6.
123 BGH 18.12.2002, IX ZB 121/02, ZVI 2003, 34 (36); 18.02.2010, IX ZB 180/09, ZVI 2010, 280 Rn. 8; FK-InsO/*Ahrens* Rn. 17, MüKo-InsO/*Stephan* Rn. 27; HK-InsO/*Landfermann* Rn. 7; Uhlenbruck/*Vallender* Rn. 24; a.A. Kübler/Prütting/Bork/*Wenzel* Rn. 15.
124 BGH 18.12.2002, IX ZB 121/02, ZVI 2003, 34 (36); 18.02.2010, IX ZB 180/09, ZVI 2010, 280 Rn. 8; FK-InsO/*Ahrens* Rn. 17, MüKo-InsO/*Stephan* Rn. 27; HK-InsO/*Landfermann* Rn. 7; Uhlenbruck/*Vallender* Rn. 25; a.A. Kübler/Prütting/Bork/*Wenzel* Rn. 15.
125 So allerdings AG Duisburg 31.08.2001, 60 IK 77/99, NZI 2001, 669; AG München 02.01.2004, 1502 IN 876/03, ZVI 2004, 129; AG Dresden 29.05.2009, 531 IN 1090/09, ZVI 2009, 330.
126 BGH 18.02.2010, IX ZB 180/09, ZVI 2010, 280 Rn. 8; OLG Celle ZInsO 2001, 414 (416 f.); LG Düsseldorf 02.09.2002, 25 T 144/02, 25 T 145/02, NZI 2002, 674; AG Stuttgart 08.02.2005, 5 IN 1261/04, NZI 2005, 641; FK-InsO/*Ahrens* Rn. 17; HK-InsO/*Landfermann* Rn. 7; MüKo-InsO/*Stephan* Rn. 27; Uhlenbruck/*Vallender* Rn. 26; Mohrbutter/Ringstmeier/*G. Pape* § 17 Rn. 57.

lungen zum eigenen Vorteil und zum Nachteil der Gläubiger vornimmt, nach dem Grundgedanken der Regelung keine Restschuldbefreiung beanspruchen kann.[127] Andere Straftatbestände – seien es auch Eigentums- und Vermögensdelikte – weisen diesen gerade auf das Insolvenzverfahren bezogenen Unwertgehalt nicht auf. Eine Gesamtstrafenbildung, bei der neben der Insolvenzstraftat andere Tatbestände einfließen, kann deshalb für die Dauer des Ausschlusses des Schuldners von der Restschuldbefreiung auch nicht (mit-)entscheidend sein. Es kann nicht allein darauf ankommen, ob eine Tilgung im Bundeszentralregister nach § 47 Abs. 3 BZRG aufgrund neuer Verurteilungen ausscheidet. Ist die für die **isoliert betrachtete Insolvenzstraftat** nach § 46 BZRG maßgebliche **Tilgungsfrist** verstrichen, darf sie bei der Versagung der Restschuldbefreiung nicht mehr berücksichtigt werden.[128]

Offen war bisher die Frage, ob die »**Tilgungsreife**« im Zeitpunkt des Eröffnungsantrags,[129] im Zeitpunkt des Schlusstermins[130] oder im Zeitpunkt der Beschlussfassung über den Versagungsantrag[131], damit im Zeitpunkt der letzten Tatsachenentscheidung vorliegen muss. Diese Frage hat der BGH nunmehr zu Recht dahingehend entschieden, dass die »Tilgungsreife« bereits **im Zeitpunkt des Eröffnungsantrags** eingetreten sein muss.[132] Dafür sind in erster Linie systematische Überlegungen maßgebend. Die Versagungstatbestände in § 290 Abs. 1 Nr. 2 bis 4 beschreiben Handlungen vor der Eröffnung des Insolvenzverfahrens und berechnen die Fristen, innerhalb derer das sanktionierte Verhalten stattgefunden haben muss, von der Eröffnung an. Es liegt nahe, hinsichtlich der Insolvenzstraftat, die Grundlage des Versagungstatbestandes des § 290 Abs. 1 Nr. 1 ist, ebenso zu verfahren. Die Anknüpfung an den Eröffnungsantrag hat den **Vorzug der Rechtssicherheit** für sich[133]. Dieses Datum steht mit Antragstellung fest. Der Gesetzgeber der Insolvenzordnung hat der Rechtssicherheit einen hohen Stellenwert beigemessen. Er hat aus Gründen der Rechtssicherheit davon abgesehen, die Versagung der Restschuldbefreiung durch eine Generalklausel zu gestalten. Die Umschreibung der verschiedenen Fallgruppen sollte der Gerechtigkeit dienen und es zugleich verhindern, die Entscheidung über Schuldbefreiung oder Haftung in ein weites Ermessen des Insolvenzgerichts zu stellen. Schuldner und Insolvenzgläubiger sollen von vornherein wissen, unter welchen Bedingungen das Privileg der Restschuldbefreiung erteilt oder versagt werden kann, damit sie die Folgen bestimmter Verhaltensweisen erkennen und vorausberechnen können.[134] Dieses Ziel wird am besten dadurch erreicht, dass bereits im Zeitpunkt des Eröffnungsantrags feststeht oder jedenfalls feststellbar ist, welche Tatbestände, die nicht an die in der Insolvenzordnung geregelten, vom Eröffnungsantrag oder von der Eröffnung an geltenden Pflichten anknüpfen (vgl. hierzu § 290 Abs. 1 Nr. 5 und 6), zu einer Versagung der Restschuldbefreiung führen können.[135]

4. Besonderheiten bei Versagungsverfahren vor Beendigung des Insolvenzverfahrens

Werden die Verfahrensbeteiligten nach Ablauf der Abtretungsfrist vor Beendigung des Insolvenzverfahrens in einem besonderen Anhörungstermin nach § 300 Abs. 1 zum Antrag des Schuldners auf Restschuldbefreiung angehört, müssen die Gläubiger dort die Versagungsanträge stellen und glaubhaft machen, der Schuldner muss dazu im Termin Stellung nehmen. Ein erst nach diesem Termin gestellter oder begründeter Antrag ist ebenso unbeachtlich wie eine erst danach abgegebene Stellung-

---

127 BT-Drucks. 12/2443, 190; BGH 18.02.2010, IX ZB 180/09, ZVI 2010, 280 Rn. 8.
128 BGH 18.02.2010, IX ZB 180/09, ZVI 2010, 280 Rn. 8.
129 So *G. Pape*, ZInsO 2001, 1044, 1045.
130 So LG Offenburg 14.02.2011, 4 T 33/11, ZVI 2011, 265 (266).
131 So *Wiedemann*, ZVI 2011, 203 (206); *Ahrens*, ZVI 2011, 273 (276).
132 BGH 16.02.2012, IX ZB 113/11, NZI 2012, 278 Rn. 18.
133 BGH 16.02.2012, IX ZB 113/11, NZI 2012, 278 Rn. 18.
134 BT-Drucks. 12/2443, 190 zu § 239 RegE-InsO.
135 BGH 16.02.2012, IX ZB 113/11, NZI 2012, 278 Rn. 18.

nahme des Schuldners.[136] Entsprechendes gilt im schriftlichen Verfahren.[137] Stellt ein Gläubiger in diesem Termin oder dem entsprechenden schriftlichen Verfahren den Antrag, dem Schuldner nach § 290 Abs. 1 Nr. 1 die Restschuldbefreiung zu versagen, kommt zusätzlich der Rechtsgedanke des § 297 zum Tragen. Wenn in dem gesetzlich geregelten Normalverfahren dem Schuldner eine strafrechtliche Verurteilung nur dann zum Nachteil gereicht, wenn sie bis zum Ende der Laufzeit der Abtretungserklärung rechtskräftig wird, kann für das hier in Rede stehende, vom Normalverfahren abweichende Verfahren nichts Anderes gelten. Es käme sonst zu einem nicht begründbaren Wertungswiderspruch bei der Behandlung der strafrechtlichen Verurteilung eines Schuldners, die erst nach Ende der Laufzeit der Abtretungserklärung ergeht oder in Rechtskraft erwächst. Denn der Schuldner hat regelmäßig keinen Einfluss auf die Dauer von Insolvenz- und Restschuldbefreiungsverfahren. Eine Berücksichtigung späterer Verurteilungen widerspräche dem von § 287 Abs. 2 verfolgten Gesetzeszweck.[138]

5. Keine Anwendung der Jahresfrist des § 296 Abs. 1 Satz 2

28   Die Ansicht, § 290 Abs. 1 Nr. 1 müsse im Hinblick auf §§ 297, 296 Abs. 1 Satz 2 aus Gründen der Gleichbehandlung verfassungsgemäß dahingehend ausgelegt werden, dass der Gläubiger einen Antrag auf Versagung der Restschuldbefreiung gem. § 290 nur innerhalb eines Jahres nach Kenntniserlangung von den Versagungsgründen stellen könne, ist unzutreffend.[139] Die Antragstellung kann im Hinblick auf die Konzentrationsfunktion des Schlusstermins nicht von anderen Fristen, etwa der Kenntniserlangung vom Versagungsgrund durch den Gläubiger, abhängig gemacht werden.[140]

II. Unrichtige oder unvollständige Angaben (§ 290 Abs. 1 Nr. 2)

29   Dem Schuldner ist die Restschuldbefreiung gem. § 290 Abs. 1 Nr. 2 zu versagen, wenn er in den **letzten drei Jahren vor dem Antrag auf Eröffnung des Insolvenzverfahrens** oder **nach diesem Antrag schriftlich** unrichtige oder unvollständige Angaben **über seine wirtschaftlichen Verhältnisse** gemacht hat, um einen Kredit zu erhalten, Leistungen aus öffentlichen Mitteln zu beziehen oder um Leistungen an öffentliche Kassen zu vermeiden.

1. Normzweck

29a Grund für die Aufnahme des Versagungstatbestandes des § 290 Abs. 1 Nr. 2 war es, dass ein Schuldner, der die in der genannten Vorschrift näher konkretisierten Falschangaben tätigt, ebenso wenig wie in den Fällen des § 290 Abs. 1 Nr. 1 als redlich angesehen werden kann.[141]

2. Zeitlicher Anwendungsbereich der Norm

29b § 290 Abs. 1 Nr. 2 ist so zu verstehen, dass **Falschangaben des Schuldners**, die dieser macht, um einen Kredit zu erlangen oder öffentliche Leistungen zu beziehen oder zu vermeiden, auch über die Eröffnung des Insolvenzverfahrens hinaus **bis zum Schlusstermin** erheblich sind.[142] Zwar enthält der Wortlaut der Vorschrift keine ausdrückliche Regelung der Frage, bis zu welchem Zeitpunkt unrichtige schriftliche Angaben zur Erlangung eines Kredits oder von Leistungen aus öffentlichen Mit-

---

136 BGH 11.04.2013, IX ZB 94/12, WM 2013, 1029 Rn. 12 mit Bezugnahme auf BGH, 16.02.2012, IX ZB 209/11, ZInsO 2012, 597 Rn. 11 f m.w.N.; zur Erklärungspflicht des Schuldners vgl. BGH 22.09.2011, IX ZB 133/10, ZInsO 2011, 2046 Rn. 7 m.w.N.
137 BGH 11.04.2013, IX ZB 94/12, WM 2013, 1029 Rn. 12.
138 BGH 11.04.2013, IX ZB 94/12, WM 2013, 1029 Rn. 13 unter Bezugnahme auf BGH 03.12.2009, IX ZB 247/08, BGHZ 183, 258 Rn. 20, 21.
139 BGH 03.02.2011, IX ZB 228/08, NZI 2011, 193, Rn. 2.
140 BGH 03.02.2011, IX ZB 228/08, NZI 2011, 193, Rn. 3.
141 vgl. BT-Drucks. 12/2443, 190, Begründung zu § 239 RegEInsO; BGH 01.12.2011, IX ZB 260/10, NZI 2012, 145 Rn. 13.
142 BGH 01.12.2011, IX ZB 260/10, NZI 2012, 145 Rn. 11.

teln oder zur Vermeidung von Leistungen an öffentliche Kassen für den Antrag des Schuldners auf Restschuldbefreiung schädlich sein können. Von dem Wortlaut werden sowohl Angaben bis zur Verfahrenseröffnung als auch solche bis zur Einstellung des Verfahrens oder sogar darüber hinaus während des Laufs der Wohlverhaltensphase erfasst. Nach der Entstehungsgeschichte und dem Sinn und Zweck der Regelung muss aber davon ausgegangen werden, dass der Schuldner bis zu dem Zeitpunkt, zu dem der Versagungsgrund geltend gemacht werden muss, sich redlich im Sinne des § 290 Abs. 1 Nr. 2 zu verhalten hat.[143] Dies ist nach der ständigen Rechtsprechung des BGH der Schlusstermin oder aber eine im schriftlichen Verfahren an dessen Stelle tretende Frist, innerhalb derer Versagungsanträge nach § 290 InsO zu stellen sind.[144]

3. Verhältnis zu § 290 Abs. 1 Nr. 1

Die Voraussetzungen des § 290 Abs. 1 Nr. 2 sind unabhängig davon zu prüfen, ob das entsprechende Verhalten des Schuldners einen Straftatbestand erfüllt, der in § 290 Abs. 1 Nr. 1 genannt oder nicht genannt ist. § 290 Abs. 1 Nr. 1 entfaltet insoweit keine Sperrwirkung.[145] Anderenfalls würden zu vorsätzlich unrichtige Angaben in einem (schriftlichen) Kreditantrag nicht von § 290 Abs. 1 1 Nr. 2 erfasst, weil sie den Straftatbestand des § 263 StGB erfüllen, diese Vorschrift in § 290 Abs. 1 Nr. 1 aber nicht genannt ist.[146]   30

4. Schriftliche Erklärung des Schuldners

a) Grundsatz der Schriftlichkeit

Mündliche Erklärungen reichen nicht aus. Der Gesetzgeber hat die Rechtsfolge »Versagung der Restschuldbefreiung« ausdrücklich deshalb von **unrichtigen schriftlichen Angaben** abhängig gemacht, um **Beweisschwierigkeiten** vorzubeugen.[147] Die Entstehungsgeschichte des § 290 Abs. 1 sowie Sinn und Zweck dieser Norm verbieten eine zu weitgehende Interpretation von schriftlichen Erklärungen des Schuldners.[148] Der Zweck, Rechtssicherheit zu schaffen, schließt es aus, schriftlichen Erklärungen des Schuldners über ihren Wortlaut und eindeutigen Inhalt hinausgehende Bedeutungen beizumessen und auf dieser Grundlage im Rahmen des § 290 Abs. 1 Nr. 2 zum Nachteil des Schuldners zu berücksichtigen.[149] Das **Unterlassen von Angaben**, zu denen der Schuldner verpflichtet ist, wie etwa eine unterlassene Mitteilung über einen Wohnsitzwechsel an das Arbeitsamt, fällt, soweit nicht eine unvollständige schriftliche Erklärung vorliegt, nicht unter § 290 Abs. 1 Nr. 2.[150]   31

b) Von Dritten niedergelegte Angaben

Der Schuldner hat aber auch dann schriftlich unrichtige Angaben gemacht, wenn er die entsprechenden Erklärungen nicht selbst formuliert, sondern durch einen **Dritten** hat abfassen lassen. § 290 Abs. 1 Nr. 2 setzt kein vom Schuldner **unterzeichnetes eigenhändiges Schriftstück** voraus. Unrichtige schriftliche Angaben, die der Schuldner zwar nicht persönlich niedergelegt hat, die jedoch mit seinem Wissen und seiner Billigung an den Empfänger weitergeleitet worden sind, entsprechen daher dem Unrechtsgehalt, den § 290 Abs. 1 Nr. 2 sanktionieren will; sie werden von der Vorschrift in gleicher Weise erfasst.[151] Darauf, ob der Schuldner seine von einem Dritten niedergelegten Angaben nochmals durchgelesen hat, bevor dieser sie an den Gläubiger weitergeleitet hat, kommt es nicht   32

---

143 BGH 01.12.2011, IX ZB 260/10, NZI 2012, 145 Rn. 11.
144 vgl. BGH 20.03.2003, IX ZB 388/02, ZInsO 2003, 413, 414f; 12.05.2011, IX ZB 229/10, ZInsO 2011, 1126 Rn. 8.
145 BGH 13.01.2011, IX ZB 199/09, InsO 2011, 301 Rn. 6.
146 BGH 13.01.2011, IX ZB 199/09, InsO 2011, 301 Rn. 6.
147 Begr. zu § 239 RegE, BT-Drucks. 12/2443, 190; BGH 12.01.2006, IX ZB 29/04, ZVI 2006, 162 (163).
148 BGH 12.01.2006, IX ZB 29/04, ZVI 2006, 162 (163).
149 BGH 12.01.2006, IX ZB 29/04, ZVI 2006, 162 (163).
150 LG Koblenz, 09.10.2012, 2 T 568/12, ZVI 2013, 247 (248).
151 BGH 11.09.2003, IX ZB 73/03, BGHZ 156, 139 (144); 09.03.2006, IX ZB 19/05, ZVI 2007, 206 (207).

an.[152] Eine schriftliche Erklärung des Schuldners liegt daher auch dann vor, wenn eine **Urkundsperson** dessen Erklärungen im Rahmen ihrer Zuständigkeit in einer **öffentlichen Urkunde** niederlegt.[153] Dies trifft etwa für unrichtige Angaben gegenüber dem **Vollstreckungsbeamten des Finanzamtes** zu.[154]

5. Wirtschaftliche Verhältnisse des Schuldners

33 Der Begriff der wirtschaftlichen Verhältnisse erfasst das **gesamte Einkommen und Vermögen des Schuldners**.[155] Beziehen sich dagegen die unrichtigen Erklärungen des Schuldners allein auf Dritte, dann können sie auch dann nicht dem Vermögen des Schuldners zugerechnet werden, wenn sie für ihn von wirtschaftlichem Interesse sind.[156] Dies gilt etwa für eine unrichtige Erklärung des Schuldners hinsichtlich der Bonität eines Bürgen.[157]

6. Einzelne Fallbeispiele

a) Nicht abgeführte Lohnsteuer

34 Der Tatbestand erfasst auch **falsche Angaben des Arbeitgebers** über die in seinem Betrieb geleisteten Lohnzahlungen, denn der Arbeitgeber hat die Lohnsteuer vom Arbeitslohn einzubehalten (§ 38 Abs. 3 Satz 1 EStG), die Lohnsteuer gegenüber dem Finanzamt anzumelden und sie dorthin abzuführen (§ 41a Abs. 1 Satz 1 EStG).[158] Zwar ist der Arbeitnehmer Steuerschuldner (§ 38 Abs. 2 Satz 1 EStG); der Arbeitgeber hat jedoch selbst die Zahlleistung aus dem Lohn zu erbringen und dem Fiskus für die Erfüllung dieser Pflicht einzustehen.[159]

b) Steuerhinterziehungen

35 Dem Schuldner angelastete Steuerverkürzungen können eine **Leistungsvermeidung** i.S.d. § 290 Abs. 1 Nr. 2 darstellen.[160] Dass Steuerhinterziehungen unter § 290 Abs. 1 Nr. 2 fallen können, also nicht durch § 290 Abs. 1 Nr. 1 von vornherein vom Anwendungsbereich dieser Vorschrift ausgeschlossen sind, ist allgemein anerkannt.[161] Schon die amtliche Begründung des Regierungsentwurfs einer Insolvenzordnung vom 15.04.1992 führt unrichtige Angaben zur Vermeidung von Steuerzahlungen als Beispiel einer unter § 290 Abs. 1 Nr. 2 fallenden Verhaltensweise an.[162] Eine teilweise auf **Schätzungen des Schuldners** beruhende Einkommensteuererklärung ist nur dann »unrichtig« i.S.v. § 290 Abs. 1 Nr. 2, wenn die Unrichtigkeit von in ihr enthaltenen Angaben feststeht.[163] Ein bestandskräftiger, teilweise auf **Schätzungen des Finanzamts** beruhender Steuerbescheid beweist für sich genommen nicht die Unrichtigkeit der Steuererklärung des Steuerpflichtigen.[164] Eine **rechtskräftige Verurteilung des Schuldners** ist im Gegensatz zu § 290 Abs. 1 Nr. 1, wie

---

152 BGH 21.07.2005, IX ZB 80/04, WM 2005, 1858 (1859); 09.03.2006, IX ZB 19/05, ZVI 2007, 206 (207).
153 BGH 09.03.2006, IX ZB 19/05, ZVI 2007, 206 (207).
154 BGH 09.03.2006, IX ZB 19/05, ZVI 2007, 206 (207).
155 BGH 11.09.2003, IX ZB 73/03, BGHZ 156, 139 (145).
156 BGH 11.09.2003, IX ZB 73/03, BGHZ 156, 139 (145); 06.05.2010, IX ZB 216/07, ZVI 2010, 278 Rn. 12; FK-InsO/*Ahrens* Rn. 22; MüKo-InsO/*Stephan* Rn. 37; Nerlich/Römermann/*Römermann* Rn. 43.
157 BGH 11.09.2003, IX ZB 73/03, BGHZ 156, 139 (145); FK-InsO/*Ahrens* Rn. 22; MüKo-InsO/*Stephan* Rn. 37.
158 BGH 11.09.2003, IX ZB 73/03, BGHZ 156, 139 (143).
159 BGH 11.09.2003, IX ZB 73/03, BGHZ 156, 139 (143).
160 BGH 06.05.2010, IX ZB 216/07, ZVI 2010, 278 Rn. 10; HK-InsO/*Landfermann* Rn. 8.
161 BGH 13.01.2011, IX ZB 199/09, InsO 2011, 301 Rn. 6; LG Lüneburg 09.04.2002, 3 T 4/02, ZVI 2005, 614; Uhlenbruck/*Vallender* Rn. 28; HK-InsO/*Landfermann* Rn. 8; Graf-Schlicker/*Kexel* Rn. 13.
162 BT-Drucks. 12/2443, 190 zu § 239 RegE; BGH 13.01.2011, IX ZB 199/09, InsO 2011, 301 Rn. 6.
163 BGH 12.01.2006, IX ZB 29/04, ZVI 2006, 162 (163).
164 BGH 12.01.2006, IX ZB 29/04, ZVI 2006, 162 (163).

der unterschiedliche Wortlaut ausweist, für die Fallgruppe des § 290 Abs. 1 Nr. 2 **nicht erforderlich**.[165]

c) Angaben hinsichtlich Personengesellschaften

In der Rechtsprechung des BGH ist anerkannt, dass nach § 290 Abs. 1 Nr. 2 maßgebliche Falschangaben auch dann vorliegen können, wenn sie sich auf eine teilrechtsfähige Personengesellschaft beziehen.[166] Maßgeblich ist, ob die Umstände, die sich auf das Vermögen der Gesellschaft auswirken, zugleich unmittelbar die wirtschaftlichen Verhältnisse des einzelnen Gesellschafters betreffen. 36

d) Angaben hinsichtlich personalistisch strukturierten Familiengesellschaften

Bei einer Kapitalgesellschaft im Zuschnitt einer personalistisch strukturierten Familiengesellschaft ist dies ebenfalls anzunehmen.[167] 37

7. Zweigliedriger subjektiver Tatbestand

Der zweigliedrige subjektive Tatbestand erfordert, dass der Schuldner vorsätzlich oder grob fahrlässig unrichtige Angaben gemacht hat, um einen Kredit oder öffentliche Leistungen zu erhalten. Neben vorsätzlich oder grob fahrlässig gemachten unrichtigen Angaben verlangt die Vorschrift, wie der Wortlaut »um ... zu« verdeutlicht, ein **finales Handeln zur Verwirklichung der Zielsetzung**, hier einer Leistungsvermeidung.[168] Nach der eindeutigen Tatbestandsfassung des § 290 Abs. 1 Nr. 2 kann auch im Fall grob fahrlässiger Falschangaben auf diesen – eher mit vorsätzlichem Handeln korrespondierenden – **finalen Zusammenhang** nicht verzichtet werden.[169] Da sich die Unredlichkeit des Schuldners in dem zielgerichteten Handeln hinreichend manifestiert, ist es, wenn zwischen den unrichtigen Angaben und den tatbestandlich vorausgesetzten Leistungen ein objektiver Zusammenhang besteht, ohne Bedeutung, ob der Schuldner mit Hilfe der Falschangaben sein Ziel tatsächlich erreicht hat.[170] 38

8. Vorsatz

Vorsatz bedeutet **Wissen und Wollen der objektiven Voraussetzungen des Versagungstatbestands**.[171] Zum zivilrechtlichen Vorsatzbegriff gehört nicht nur die **Kenntnis der Tatbestandsmerkmale** der verletzten Norm, sondern auch das **Bewusstsein der Rechtswidrigkeit**.[172] Diese Anforderungen gelten auch für vorsätzliches Handeln i.S.d. § 290 Abs. 1.[173] 39

---

165 BGH 06.05.2010, IX ZB 216/07, ZVI 2010, 278 Rn. 10; Uhlenbruck/*Vallender* Rn. 42; Nerlich/Römermann/*Römermann* Rn. 61.
166 BGH 11.09.2003, IX ZB 73/03, BGHZ 156, 139 (145); 06.05.2010, IX ZB 216/07, ZVI 2010, 278 Rn. 13; FK-InsO/*Ahrens* Rn. 22; Uhlenbruck/*Vallender* Rn. 29; HambK-InsR/*Streck* Rn. 12.
167 BGH 06.05.2010, IX ZB 216/07, ZVI 2010, 278 Rn. 13; FK-InsO/*Ahrens* Rn. 22.
168 BGH 20.12.2007, IX ZB 189/06, ZVI 2008, 83 Rn. 10.
169 BGH 20.12.2007, IX ZB 189/06, ZVI 2008, 83 Rn. 10; *Döbereiner* Die Restschuldbefreiung nach der Insolvenzordnung, 1997, S. 126; MüKo-InsO/*Stephan* Rn. 40.
170 BGH 20.12.2007, IX ZB 189/06, ZVI 2008, 83 Rn. 10; FK-InsO/*Ahrens* Rn. 26; MüKo-InsO/*Stephan* Rn. 41.
171 FK-InsO/*Ahrens* Rn. 28; MüKo-InsO/*Stephan* Rn. 44.
172 BGH 27.03.1995, II ZR 30/94, NJW 1995, 1960 (1961); 16.07.2002, X ZR 250/00, BGHZ 151, 337 (343).
173 BGH 05.02.2009, IX ZB 85/08, NJW 2009, 1603 Rn. 6.

9. Grobe Fahrlässigkeit

a) Begriff

40 Der Verschuldensgrad der groben Fahrlässigkeit ist in § 290 Abs. 1 nicht definiert. Die höchstrichterliche Rechtsprechung versteht unter grober Fahrlässigkeit ein Handeln, bei dem die im Verkehr erforderliche Sorgfalt **in ungewöhnlich hohem Maße verletzt** wurde, wenn ganz nahe liegende Überlegungen nicht angestellt oder beiseite geschoben wurden und dasjenige unbeachtet geblieben ist, was im gegebenen Fall sich jedem aufgedrängt hätte.[174] Bei der groben Fahrlässigkeit handelt es sich um eine auch **subjektiv schlechthin unentschuldbare Pflichtverletzung**.[175] Ist der Schuldner nicht im Stande, die inhaltliche Richtigkeit des von seiner von ihm getrennt lebenden Ehefrau seinem Anwalt übersandten Kontoauszuges zu überprüfen, ist die Anweisung an seinen Anwalt, etwaige von der Ehefrau übersandte Unterlagen an einen Dritten weiterzuleiten, nur dann grob fahrlässig, wenn es sich ihm – unterhalb der Schwelle eines kollusiven Zusammenwirkens mit seiner Ehefrau – aufgrund konkreter Verdachtsmomente aufdrängen musste, seine Ehefrau werde gegenüber dem Dritten unredlich vorgehen.[176]

b) Verfahrensrechtliche Fragen

41 Die **Feststellung** dieser Voraussetzungen ist Sache des **Tatrichters**. Der **Nachprüfung** durch das **Rechtsbeschwerdegericht** unterliegt nur, ob der Tatrichter **den Rechtsbegriff der groben Fahrlässigkeit** verkannt oder bei der Beurteilung des Grades der Fahrlässigkeit **wesentliche Umstände** außer Acht gelassen hat.[177] Bei der **Ermittlung von Amts wegen**, ob dem Schuldner der Vorwurf der groben Fahrlässigkeit gemacht werden kann, darf der Tatrichter auch nicht vom Insolvenzgläubiger gerügtes Verhalten berücksichtigen, um festzustellen, dass der Verstoß des Schuldners nicht auf einer leichten Nachlässigkeit oder auf einem Rechtsirrtum beruht.[178] Ist dem Schuldner im Zusammenhang um ein nicht angegebenes Sparkonto und die Aufnahme der selbstständigen Tätigkeit unmissverständlich durch den Insolvenzverwalter und das Insolvenzgericht vor Augen geführt worden, dass jedes Sparguthaben in die Masse fällt und er jedes Sparkonto und die Aufnahme selbstständiger Tätigkeit unverzüglich mitzuteilen hat, so kann der Tatrichter aus diesem vorangegangenen Verhalten, auch wenn der Versagungsantrag hierauf nicht gestützt wurde, gegebenenfalls Schlüsse auf die grobe Fahrlässigkeit des Schuldners im Fall des geltend gemachten Versagungsgrundes ziehen.[179]

10. Antragsbefugnis

41a Der antragstellende Gläubiger muss nicht selbst Opfer des unredlichen Verhaltens des Schuldners gewesen sein.[180] Nach der maßgeblichen generalisierende Betrachtungsweise kann der Versagungsantrag des § 290 Abs. 1 Nr. 6 von jedem Gläubiger geltend gemacht werden, der eine Forderung angemeldet hat, ohne dass es darauf ankommt, ob der Antragsteller durch die Falschangaben des Schuldners betroffen ist.[181]

---

174 BGH 17.03.2011, IX ZB 174/08, ZVI 2011, 263 Rn. 8f; 08.03.2012, IX ZB 70/10, ZInsO 2012, 751 Rn. 17.
175 BGH 09.02.2006, IX ZB 218/04, WM 2006, 1438 Rn. 10; 27.09.2007, IX ZB 243/06, WM 2007, 2122 Rn. 9; 19.03.2009, IX ZB 212/08, WM 2009, 857 Rn. 7; 17.03.2011, IX ZB 174/08, ZVI 2011, 263 Rn. 9; 11.04.2013, IX ZB 170/11, WM 2013, 1030 Rn. 22.
176 BGH 01.12.2011, IX ZB 260/10, NZI 2012, 145 Rn. 21.
177 BGH 09.02.2006, IX ZB 218/04, WM 2006, 1438 Rn. 9; 27.09.2007, IX ZB 243/06, WM 2007, 2122 Rn. 10; 19.03.2009, IX ZB 212/08, WM 2009, 857 Rn. 7; 07.10.2010, IX ZA 29/10, NZI 2011, 66 Rn. 5; 19.04.2012, IX ZB 192/11, Rn. 4, nv.
178 BGH 11.04.2013, IX ZB 170/11, WM 2013, 1030 Rn. 23.
179 BGH 11.04.2013, IX ZB 170/11, WM 2013, 1030 Rn. 23.
180 BGH 01.12.2011, IX ZB 260/10, NZI 2012, 145 Rn. 14; Uhlenbruck/*Vallender* Rn. 15a; Mohrbutter/Ringstmeier/*G. Pape* § 17 Rn. 53.
181 BGH 01.12.2011, IX ZB 260/10, NZI 2012, 145 Rn. 14.

11. Keine Beeinträchtigung der Gläubiger erforderlich

Ob die unrichtigen Schuldnerangaben Bedeutung für die Befriedigung der Insolvenzgläubiger haben, ist unerheblich.[182] Maßgeblich ist, dass es dem Schuldner weder vor noch während des eröffneten Verfahrens gestattet werden darf, sich durch unrichtige oder unvollständige Angaben vermögensrechtliche Vorteile zu verschaffen.[183] 41b

III. Frühere Restschuldbefreiungsverfahren (§ 290 Abs. 1 Nr. 3)

Nach dieser Regelung ist dem Schuldner die Restschuldbefreiung zu versagen, wenn ihm in den **letzten zehn Jahren** vor dem Antrag auf Eröffnung des Insolvenzverfahrens oder nach diesem Antrag **entweder** die Restschuldbefreiung gem. § 300 erteilt **oder** nach den § 296 oder § 297 versagt worden ist.[184] 42

1. Normzweck

Der Zweck dieses Versagungsgrunds liegt darin, einen **Missbrauch des Insolvenzverfahrens** als Mittel zur wiederholten Reduzierung der Schuldenlast **zu verhindern**. Die Restschuldbefreiung soll als Hilfe für unverschuldet in Not geratene Personen dienen, nicht als Zuflucht für diejenigen, die bewusst finanzielle Risiken auf andere abwälzen wollen. Deshalb ist eine **Sperrwirkung** der einmal erteilten Befreiung **zweckmäßig**.[185] Wird keine Restschuldbefreiung erteilt, greift der Versagungstatbestand folgerichtig nicht ein.[186] 43

2. Keine einschränkende Auslegung der Vorschrift

Der Versagungstatbestand des § 290 Abs. 1 Nr. 3 sieht nicht vor, dass dann, wenn seine tatbestandlichen Voraussetzungen erfüllt sind, zusätzlich noch anhand der besonderen Umstände des einzelnen Falles geprüft wird, ob dem Schuldner tatsächlich ein unredliches Verhalten vorgeworfen werden kann oder ob eine Ausnahme von der Sperrfrist möglich oder sogar geboten ist. Die Gründe, die zu der erneuten Verschuldung geführt haben, sind unerheblich.[187] Selbst wenn ein Schuldner also nach Erteilung der Restschuldbefreiung unverschuldet – etwa wegen Krankheit – erneut in Not gerät, greift die Sperrfrist des § 290 Abs. 1 Nr. 3.[188] Eine einschränkende Auslegung der klaren und eindeutigen Vorschrift des § 290 Abs. 1 Nr. 3 dahingehend, dass eine **vorzeitige Erteilung der Restschuldbefreiung** von ihr nicht erfasst wird, weil die Gläubiger, die ihre Forderungen im ersten Insolvenzverfahren angemeldet hatten, vollständig befriedigt wurden oder einer vergleichsweisen Erledigung ihrer Forderungen zugestimmt haben, ist ebenso wenig möglich.[189] 44

3. Ablauf der Zehn-Jahresfrist

Der Schuldner kann nach Ablauf von zehn Jahren erneut ein Restschuldbefreiungsverfahren einleiten, ohne dass die Versagung in dem früheren Verfahren dem noch entgegensteht. Weitere besondere Voraussetzungen für die wiederholte Stellung eines Restschuldbefreiungsantrags nach Ablauf der Frist sind dem Gesetz nicht zu entnehmen.[190] 45

---

182 vgl. BGH 23.07.2004, IX ZB 174/03, ZInsO 2004, 920 (921); 17.03.2005, IX ZB 260/03, ZVI 2005, 641; 08.01.2009, IX ZB 73/08, ZInsO 2009, 395 Rn. 10, für die Versagungsgründe des § 290 Abs. 1 Nr. 5 und 6.
183 BGH 01.12.2011, IX ZB 260/10, NZI 2012, 145 Rn. 15.
184 BGH 16.07.2009, IX ZB 219/08, BGHZ 183, 13 Rn. 8; Mohrbutter/Ringstmeier/*G. Pape*, § 17 Rn. 63.
185 BT-Drucks. 12/2443, 190; BGH 11.05.2010, IX ZB 167/09, ZVI 2010, 345 Rn. 16.
186 BGH 11.05.2010, IX ZB 167/09, ZVI 2010, 345 Rn. 16.
187 BGH 11.05.2010, IX ZB 167/09, ZVI 2010, 345 Rn. 18; MüKo-InsO/*Stephan* Rn. 49; Graf-Schlicker/*Kexel* Rn. 16; Uhlenbruck/*Vallender* Rn. 49; a.A. HK-InsO/*Landfermann* Rn. 16.
188 BGH 11.05.2010, IX ZB 167/09, ZVI 2010, 345 Rn. 18.
189 BGH 11.05.2010, IX ZB 167/09, ZVI 2010, 345 Rn. 18; Uhlenbruck/*Vallender* Rn. 44.
190 BGH 16.07.2009, IX ZB 219/08, BGHZ 183, 13 Rn. 18.

4. Sperrfrist außerhalb des Anwendungsbereichs des § 290 Abs. 1 Nr. 3

46 Zur Sicherung einer maßvollen Inanspruchnahme des zeit- und kostenaufwändigen Restschuldbefreiungsverfahrens ist es außerhalb des Anwendungsbereichs des § 290 Abs. 1 Nr. 3 geboten, auch bei schon vor Verfahrenseröffnung zweifelsfrei festgestellten Verstößen die übermäßige Inanspruchnahme des Verfahrens zu verhindern. Andere Abgrenzungskriterien haben sich als nicht tragfähig erwiesen.[191] In Betracht kommt nur eine **zeitlich begrenzte Sperrfrist**.[192] Insoweit hält die höchstrichterliche Rechtsprechung außerhalb des Anwendungsbereichs des § 290 Abs. 1 Nr. 3 einen Zeitabstand von drei Jahren für angemessen (vgl. § 290 Abs. 1 Nr. 2).[193] Eine übermäßige Beeinträchtigung des Schuldners ist im Hinblick auf die übrigen Anforderungen der Rechtsprechung damit nicht verbunden.[194] Zu den weiteren Einzelheiten vgl. § 287 Rdn. 11–23.

IV. Verringerung der Insolvenzmasse (§ 290 Abs. 1 Nr. 4)

47 Diese Bestimmung erfasst in den **drei tatbestandlichen Alternativen** der Begründung unangemessener Verbindlichkeiten, der Vermögensverschwendung und eines verzögerten Insolvenzverfahrens unterschiedliche Verhaltensweisen des Schuldners, die jeweils geeignet sind, die **Befriedigungsmöglichkeiten seiner Gläubiger zu beeinträchtigen**.[195]

1. Begründung unangemessener Verbindlichkeiten

48 Die Eingehung von Verbindlichkeiten alleine genügt nicht. Es muss sich um Verbindlichkeiten handeln, deren Begründung als unangemessen zu bewerten ist. Dies ist dann anzunehmen, wenn die Verbindlichkeiten in der konkreten Lebenssituation des Schuldners **außerhalb einer nachvollziehbaren Nutzentscheidung** stehen[196] oder zum sonstigen Lebenszuschnitt des Schuldners in kein angemessenes Verhältnis gebracht werden können.[197]

2. Vermögensverschwendung

49 Der Versagungsgrund des § 290 Abs. 1 Nr. 4 greift ferner ein, wenn der Schuldner im letzten Jahr vor dem Eröffnungsantrag die Befriedigung der Gläubiger vorsätzlich oder grob fahrlässig dadurch beeinträchtigt hat, dass er Vermögen verschwendet hat. Nach der Begründung des Regierungsentwurfs zur Insolvenzordnung sollten mit diesem Begriff vor allem Ausgaben für Luxusaufwendungen erfasst werden.[198]

a) Verschwendung, Einzelfälle

50 Eine Verschwendung liegt vor, wenn der Schuldner einen **unangemessen luxuriösen Lebensstil** führt.[199] Ebenso verhält es sich, wenn Werte außerhalb einer sinnvollen und nachvollziehbaren Verhaltensweise verbraucht werden oder Ausgaben im Verhältnis zum Gesamtvermögen und dem Einkommen des Schuldners als **grob unangemessen und wirtschaftlich nicht nachvollziehbar** er-

---

191 Vgl. BGH 16.07.2009, IX ZB 219/08, BGHZ 183, 13 Rn. 18; 18.02.2010, IX ZA 39/09, ZInsO 2010, 587 Rn. 7.
192 BGH 18.02.2010, IX ZA 39/09, ZInsO 2010, 587 Rn. 7.
193 BGH 16.07.2009, IX ZB 219/08, BGHZ 183, 13 Rn. 16; 18.02.2010, IX ZA 39/09, ZInsO 2010, 587 Rn. 7.
194 BGH 18.02.2010, IX ZA 39/09, ZInsO 2010, 587 Rn. 7.
195 FK-InsO/*Ahrens* Rn. 43; MüKo-InsO/*Stephan* Rn. 58.
196 FK-InsO/*Ahrens* Rn. 44; MüKo-InsO/*Stephan* Rn. 59; Uhlenbruck/*Vallender* Rn. 53.
197 Mohrbutter/Ringstmeier/*G. Pape* § 17 Rn. 66.
198 BT-Drucks. 12/2443, 190; BGH 20.06.2013, IX ZB 11/12, WM 2013, 1364 Rn. 7.
199 BT-Drucks. 12/2443, 190; BGH 09.12.2004, IX ZB 132/04, ZInsO 2005, 146; 05.03.2009, IX ZB 141/08, WM 2009, 856 Rn. 10; 30.06.2011, IX ZB 169/10, WM 2011, 1481 Rn. 10.

scheinen.[200] Als **Verschwendung** können ferner Ausgaben von Summen im Rahmen von **Glücksspiel**,[201] **Wetten** oder **Differenzgeschäften** anzusehen sein.[202] Auch die **schenkweise Hergabe von Vermögensgegenständen ohne nachvollziehbaren Anlass** kommt als Verschwendung in Betracht,[203] wenngleich eine nach § 134 anfechtbare Schenkung für sich genommen nicht ohne weiteres den Versagungsgrund ausfüllt.[204] Dass die Weggabe des Vermögensgegenstandes anfechtbar ist, schließt die Annahme einer »Verschwendung« nicht aus. Schenkungen, die nicht nur gebräuchliche Gelegenheitsgeschenke von geringem Wert darstellen, sind nach § 4 AnfG oder § 134 InsO anfechtbar, können aber durchaus unter den Tatbestand des § 290 Abs. 1 Nr. 4 fallen, weil sich das Vermögen des Schuldners hierdurch verringert hat.[205] Ob die Zuwendung kondiziert werden kann, was im Hinblick auf § 814 BGB durchaus in Frage stehen kann, ist ebenfalls unerheblich.[206] Ein Schuldner, der Restschuldbefreiung beantragen will, mag die sein Vermögen mindernde Verfügung rückgängig machen, wenn dies noch möglich ist, um sich nicht dem Vorwurf der Vermögensverschwendung auszusetzen; tut er dies nicht, bleibt es also bei der **Vermögenseinbuße**, hat er die Folge – die (mögliche) Versagung der Restschuldbefreiung – hinzunehmen.[207] Daher stellt die **Belastung eines Grundstücks mit einer Fremdgrundschuld**, die keine Forderung sichert, eine Vermögensverschwendung dar.[208] Als Verschwendung ist es ferner anzusehen, wenn ein **Haus unentgeltlich einem Dritten zur Nutzung** überlassen[209] oder eine **Gaststätte**, die einen Wert von mindestens 10.000 € hat, unentgeltlich vom Schuldner übertragen wird.[210] Der Tatbestand des § 290 Abs. 1 Nr. 4 kann schließlich gegeben sein, wenn der Schuldner **ohne zwingenden wirtschaftlichen Grund Waren erheblich unter dem Einkaufs-, Gestehungs- oder Marktpreis veräußert** oder **Leistungen** weit unter Wert erbringt.[211]

b) Keine Verschwendung

Die **Erfüllung von Verbindlichkeiten** kann ohne Hinzutreten besonderer Umstände nicht als Unredlichkeit gewertet werden, die den Versagungsgrund des § 290 Abs. 1 Nr. 4 begründet.[212] Aus dieser Bestimmung kann **keine »Kapitalerhaltungspflicht« des Schuldners** hergeleitet werden, die es ihm verbietet, im Stadium der Zahlungsunfähigkeit einzelne Gläubiger zu befriedigen.[213] Eine Obliegenheit des Schuldners, sein Vermögen nach Eintritt der Zahlungsunfähigkeit bis zur Verfahrenseröffnung zum Zwecke der gleichmäßigen Gläubigerbefriedigung wertmäßig in seinem Bestand zu erhalten, kann dem Versagungstatbestand nicht entnommen werden.[214] Eine derartige, zusätzlich mit

51

---

200 BGH 21.09.2006, IX ZB 24/06, ZVI 2006, 511 Rn. 9; 05.03.2009, IX ZB 141/08, WM 2009, 856 Rn. 10; 30.06.2011, IX ZB 169/10, WM 2011, 1481 Rn. 10; 20.06.2013, IX ZB 11/12, WM 2013, 1364 Rn. 7.
201 BGH 05.03.2009, IX ZB 141/08, WM 2009, 856 Rn. 10; vgl. feRn.er LG Hagen 07.12.2006, 10a T 75/06, ZInsO 2007, 387.
202 BGH 05.03.2009, IX ZB 141/08, WM 2009, 856 Rn. 10; Nerlich/Römermann/*Römermann* Rn. 82.
203 BGH 05.03.2009, IX ZB 141/08, WM 2009, 856 Rn. 10; 20.06.2013, IX ZB 11/12, WM 2013, 1364 Rn. 7; Nerlich/Römermann/*Römermann* Rn. 82.
204 BGH 05.03.2009, IX ZB 141/08, WM 2009, 856 Rn. 10; 30.06.2011, IX ZB 169/10, WM 2011, 1481 Rn. 10; 20.06.2013, IX ZB 11/12, WM 2013, 1364 Rn. 7; FK-InsO/*Ahrens* Rn. 46.
205 BGH 30.06.2011, IX ZB 169/10, WM 2011, 1481 Rn. 11; 20.06.2013, IX ZB 11/12, WM 2013, 1364 Rn. 12.
206 BGH 30.06.2011, IX ZB 169/10, WM 2011, 1481 Rn. 11.
207 BGH 30.06.2011, IX ZB 169/10, WM 2011, 1481 Rn. 11.
208 BGH 30.06.2011, IX ZB 169/10, WM 2011, 1481 Rn. 9, 11.
209 BGH 10.12.2009, IX ZB 20/08, Rn. 2, nv; 30.06.2011, IX ZB 169/10, WM 2011, 1481 Rn. 10.
210 BGH 20.06.2013, IX ZB 11/12, WM 2013, 1364 Rn. 11.
211 BGH 05.03.2009, IX ZB 141/08, WM 2009, 856 Rn. 10; 20.06.2013, IX ZB 11/12, WM 2013, 1364 Rn. 7; FK-InsO/*Ahrens* Rn. 46; MüKo-InsO/*Stephan* Rn. 60.
212 BGH 05.03.2009, IX ZB 141/08, WM 2009, 856 Rn. 11.
213 So aber AG Hamburg 17.12.2007, 68c IK 910/07, ZInsO 2008, 51 (52); vgl. a. AG Duisburg 16.04.2007, 62 IK 391/06, NZI 2007, 473 (474).
214 BGH 05.03.2009, IX ZB 141/08, WM 2009, 856 Rn. 11; HK-InsO/*Landfermann* Rn. 20.

einem Ersatzanspruch eigener Art[215] verknüpfte Massesicherungspflicht sehen lediglich § 64 S. 1 GmbHG, § 92 Abs. 2 Satz 1 AktG, § 99 S. 1 GenG für die Geschäftsleiter von Kapitalgesellschaften vor.[216] Das **schlichte Verbergen eines Vermögensgegenstandes** erfüllt nicht den Begriff der »Verschwendung« i.S.v. § 290 Abs. 1 Nr. 4, auch dann nicht, wenn dadurch der Zugriff von Gläubigern auf diesen Gegenstand erschwert oder sogar vereitelt wird.[217] Ein Gegenstand, über den der Schuldner noch verfügen kann, kann schon begrifflich nicht verschwendet worden sein.[218] Ein Schuldner verschwendet kein Vermögen, wenn er das **Mobiliar einer gepachteten Gaststätte** unentgeltlich auf einen Erwerber in der Erwartung überträgt, dass der Verpächter diesem die Gaststätte nur verpachten wird, wenn er die in Höhe des Verkehrswerts des Mobiliars offen stehenden Ansprüche auf Zahlung der Pacht begleicht[219].

3. Verzögerung der Eröffnung des Insolvenzverfahrens

52 Mit dieser Regelung sollte **keine Insolvenzantragspflicht für natürliche Personen** begründet werden.[220] Es muss sich vielmehr um ein **aktives Verhalten des Schuldners,** wie etwa eine Täuschung, gehandelt haben,[221] mit dem er Gläubiger von der Stellung eines Insolvenzantrages abgehalten hat.[222]

4. Vorsatz

53 Zum Begriff vgl. Rdn. 39. Überträgt der Schuldner einen werthaltigen Gegenstand unentgeltlich an einen Dritten, obgleich er weiß, dass ein Nachbar kaufinteressiert ist, liegt die Schlußfolgerung auf den subjektiven Tatbestand des Versagungsgrundes der Verschwendung nahe.[223]

5. Grobe Fahrlässigkeit

a) Begriff

54 Zum Begriff vgl. Rdn. 40. Der Versagungsgrund des § 290 Abs. 1 Nr. 4 setzt **keine »Verschwendungsabsicht«** oder eine auf das Tatbestandsmerkmal der Verschwendung bezogene **besondere Fahrlässigkeit** voraus. Zu prüfen ist, ob der Schuldner infolge der Verschwendung vorsätzlich oder grob fahrlässig die Befriedigung der Insolvenzgläubiger beeinträchtigt hat.[224]

b) Verfahrensrechtliche Fragen

55 Vgl. hierzu Rdn. 41.

V. Verletzung von Auskunfts- und Mitwirkungspflichten (§ 290 Abs. 1 Nr. 5)

1. Normzweck

56 Durch § 290 Abs. 1 Nr. 5 soll erreicht werden, dass der Schuldner die sich aus den §§ 97, 20 Abs. 1 ergebenden Auskunfts- und Mitwirkungspflichten uneingeschränkt und vorbehaltlos erfüllt. Ein Schuldner, der von seinen Verbindlichkeiten befreit werden will, hat seine Vermögensverhältnisse of-

---

215 *Gehrlein/Witt* GmbH-Recht in der Praxis, 2. Aufl. Kap. 5 Rn. 101.
216 BGH 05.03.2009, IX ZB 141/08, WM 2009, 856 Rn. 11.
217 BGH 30.06.2011, IX ZB 169/10, WM 2011, 1481 Rn. 11.
218 BGH 30.06.2011, IX ZB 169/10, WM 2011, 1481 Rn. 11.
219 BGH 20.06.2013, IX ZB 11/12, WM 2013, 1364 Rn. 8.
220 BT-Drucks. 12/2443, 190; BGH 16.02.2012, IX ZB 209/11, NZI 2012, 330 Rn. 9; Mohrbutter/Ringstmeier/*G. Pape* § 17 Rn. 68.
221 FK-InsO/*Ahrens* Rn. 47; HK-InsO/*Landfermann* Rn. 21; Mohrbutter/Ringstmeier/*G. Pape* § 17 Rn. 68.
222 FK-InsO/*Ahrens* Rn. 47; MüKo-InsO/*Stephan* Rn. 61.
223 BGH 20.06.2013, IX ZB 11/12, WM 2013, 1364 Rn. 11.
224 BGH 30.06.2011, IX ZB 169/10, WM 2011, 1481Rn. 12.

fen zu legen, alle verlangten Auskünfte zu erteilen und sich auf Anordnung des Insolvenzgerichts jederzeit zur Verfügung zu stellen.[225]

2. Grundsätzliches

Der Versagungsgrund des § 290 Abs. 1 Nr. 5 greift nach seinem Wortlaut ein, wenn der Schuldner entweder **Auskunfts- oder Mitwirkungspflichten** vorsätzlich oder grob fahrlässig verletzt hat. Der **Tatbestand der Norm** unterscheidet ausdrücklich zwischen der Verletzung von – jeweils für sich genommen die Versagung rechtfertigenden – **Auskunftspflichten** einerseits und **Mitwirkungspflichten** andererseits.[226] Die **Auskunftspflicht** beschränkt sich nicht auf die Verpflichtung auf konkrete Fragen substantiiert zu antworten, sondern schließt auch die Pflicht des Schuldners ein, Umstände offen zu legen, die für das Verfahren von Bedeutung sind und für die übrigen Beteiligten nicht klar zu Tage liegen.[227] Eine solche **Offenbarungspflicht** kommt insb. in Betracht, wenn der Schuldner kurz vor Antragstellung bedeutsame Vermögenswerte ins Ausland verschiebt.[228] Die **Mitwirkungspflichten** können sich auf **aktive Handlungen des Schuldners** beziehen.[229] Hierzu gehören aber auch die **Unterlassungspflicht** aus § 97 Abs. 3 Satz 2 sowie die **Bereitschaftspflicht** nach § 97 Abs. 3 Satz 1.[230]

57

3. Zeitlicher Anwendungsbereich der Norm

Nach dem Wortlaut der Bestimmung greift der Versagungsgrund nur ein, wenn der Schuldner während des **Insolvenzverfahrens** aus der Insolvenzordnung sich ergebende Auskunfts- oder Mitwirkungspflichten vorsätzlich oder grob fahrlässig verletzt hat. Es besteht aber Einigkeit darüber, dass – **über den Wortlaut der Vorschrift** hinaus – nicht nur Auskunfts- oder Mitwirkungspflichten im eröffneten Verfahren, sondern auch solche **bis zur Verfahrenseröffnung** erfasst werden.[231] Daher können auch **unvollständige Angaben** über die Gläubiger in einem **Insolvenzantrag** grds den Versagungsgrund des § 290 Abs. 1 Nr. 5 ausfüllen.[232] Demgegenüber sind verletzte Auskunfts- oder Mitwirkungspflichten in einem etwaigen vorausgegangenen Verfahren unbeachtlich.[233] Die Verletzungshandlung kann aber u.U. im Folgeverfahren als auskunftspflichtiger Umstand von Bedeutung sein. Dies ist bspw. anzunehmen, wenn der Schuldner einen Grundschuldbrief vor Antragstellung ins Ausland verbringt und hierauf bei Antragstellung nicht hinweist.[234]

58

---

225 BGH 08.01.2009, IX ZB 73/08, WM 2009, 515 Rn. 12; 17.03.2011, IX ZB 276/09, Rn. 2, nv; Mohrbutter/Ringstmeier/*G. Pape* § 17 Rn. 74.
226 BGH 15.11.2007, IX ZB 159/06, Rn. 10, nv.
227 BGH 08.01.2009, IX ZB 73/08, WM 2009, 515 Rn. 12; 11.02.2010, IX ZB 126/08, ZVI 2010, 281 Rn. 5; 15.04.2010, IX ZB 175/09, WM 2010, 976 Rn. 9; 13.01.2011, IX ZB 163/10, ZInsO 2011, 396 Rn. 3; FK-InsO/*Ahrens* Rn. 57; HK-InsO/*Landfermann* Rn. 24; HambK-InsR/*Streck* Rn. 32.
228 BGH 05.05.2011, IX ZB 88/10, Rn. 2, nv: Verbringung eines Inhabergrundschuldbriefs nach Sarajevo.
229 FK-InsO/*Ahrens* Rn. 59.
230 FK-InsO/*Ahrens* Rn. 59.
231 BGH 16.12.2004, IX ZB 72/03, ZVI 2005, 124 (125); 15.11.2007, IX ZB 159/06, Rn. 8, nv; 09.10.2008, IX ZB 212/07, ZVI 2009, 38 Rn. 6; 13.01.2011, IX ZB 163/10, ZInsO 2011, 396 Rn. 3; 19.05.2011, IX ZB 142/11, ZInsO 2011, 1223 Rn. 5; FK-InsO/*Ahrens* Rn. 55; HK-InsO/*Landfermann* Rn. 28; MüKo-InsO/*Stephan* Rn. 75; Uhlenbruck/*Vallender* Rn. 71; HambK-InsR/*Streck* Rn. 31.
232 BGH 16.12.2004, IX ZB 72/03, ZVI 2005, 124 (125); 09.10.2008, IX ZB 212/07, ZVI 2009, 38 Rn. 6; 19.05.2011, IX ZB 142/11, ZInsO 2011, 1223 Rn. 5.
233 Kübler/Prütting/Bork/*Wenzel* Rn. 43.
234 Vgl. BGH 05.05.2011, IX ZB 88/10, Rn. 2, nv.

4. Umfang der Auskunfts- und Mitwirkungspflichten

59 Der Umfang der Auskunfts- und Mitwirkungspflichten ergibt sich im Wesentlichen für das **Eröffnungsverfahren** aus § 20[235] und für das **eröffnete Verfahren** aus § 97.[236] Ferner sind § 98 und § 101 von Bedeutung.[237]

a) Allgemeine Grundsätze

60 Auskunft ist danach über **alle das Verfahren betreffenden Verhältnisse** zu erteilen. Dieser Begriff ist weit auszulegen und umfasst alle **rechtlichen, wirtschaftlichen und tatsächlichen Verhältnisse**, die für das Verfahren in irgendeiner Weise von Bedeutung sein können.[238] Dazu gehört insb. das gesamte Vermögen des Schuldners.[239] Die Auskunftspflicht kann auch die Vorlage von Belegen und sonstigen Unterlagen umfassen.[240] Die Verpflichtung zur Auskunft ist nicht stets davon abhängig, dass an den Schuldner entsprechende Fragen gerichtet werden. Der Schuldner muss vielmehr die betroffen Umstände von sich aus, **ohne besondere Nachfrage**, offen legen, soweit sie offensichtlich für das Insolvenzverfahren von Bedeutung sein können und nicht klar zu Tage liegen.[241] Der Informationspflicht muss der Schuldner unverzüglich nach Verwirklichung des anzeigepflichtigen Sachverhalts nachkommen.[242] Werden vom Schuldner seitens des Insolvenzverwalters oder des Insolvenzgerichts bestimmte Auskünfte verlangt, muss er hierauf **konkret antworten**.[243] Es **ist nicht Sache des Schuldners, seine Aktiva zu bewerten** und von Angaben zu vermeintlich wertlosen Gegenständen abzusehen.[244] Der Schuldner muss auch gegen ihn gerichtete Forderungen angeben, deren Bestehen er bestreitet.[245] Er erfüllt seine Pflichten nicht, wenn er nur ankreuzt, gegen ihn seien Zivilklagen anhängig. Gläubiger rechtshängiger Forderungen können in einem solchen Fall nicht sachgerecht am Verfahren beteiligt werden.[246]

b) Eröffnungsverfahren

61 Gemäß § 20 I hat der Schuldner dem Insolvenzgericht die Auskünfte zu erteilen, die zur Entscheidung über den Antrag erforderlich sind, und es insoweit auch zu unterstützen, wobei § 97, § 98, § 101 Abs. 1 Satz 1, Abs. 2 entsprechend gelten.[247] Hieraus ergibt sich, dass der Schuldner dem Insolvenzgericht im Eröffnungsverfahren umfassend Auskunft über seine Vermögensverhältnisse zu er-

---

235 BGH 13.01.2011, IX ZB 163/10, ZInsO 2011, 396 Rn. 3.
236 BGH 13.01.2011, IX ZB 163/10, ZInsO 2011, 396 Rn. 3.
237 BGH 09.10.2008, IX ZB 212/07, ZVI 2009, 38 Rn. 7.
238 BGH 11.02.2010, IX ZB 126/08, ZVI 2010, 281 Rn. 5; 15.04.2010, IX ZB 175/09, WM 2010, 976 Rn. 9; 13.01.2011, IX ZB 163/10, ZInsO 2011, 396 Rn. 3; 17.03.2011, IX ZB 174/08, ZVI 2011, 263 Rn. 7; 08.03.2012, IX ZB 70/10, ZInsO 2012, 751 Rn. 13; 22.11.2012, ZInsO 2013, 138 Rn. 4; 11.04.2013, IX ZB 170/11, WM 2013, 1030 Rn. 18; zum Begriff ferner i.E. Jaeger/*Schilken* § 97 Rn. 17.
239 BGH 07.10.2010, IX ZA 29/10, NZI 2011, 66 Rn. 5.
240 BGH 17.02.2005, IX ZB 62/04, BGHZ 162, 187, 198; 19.01.2006, IX ZB 14/03, ZInsO 2006, 264f; 19.07.2012, IX ZB 6/12, ZInsO 2012, 1472 Rn. 11.
241 BGH 08.01.2009, IX ZB 73/08, WM 2009, 515 Rn. 12; 11.02.2010, IX ZB 126/08, ZVI 2010, 281 Rn. 5; 15.04.2010, IX ZB 175/09, WM 2010, 976 Rn. 9; 13.01.2011, IX ZB 163/10, ZInsO 2011, 396 Rn. 3; 17.03.2011, IX ZB 174/08, ZVI 2011, 263 Rn. 7; 08.03.2012, IX ZB 70/10, ZInsO 2012, 751 Rn. 13; 22.11.2012, ZInsO 2013, 138 Rn. 4; 11.04.2013, IX ZB 170/11, WM 2013, 1030 Rn. 18; MüKo-InsO/*Stephan* Rn. 72.
242 BGH 15.04.2010, IX ZB 175/09, WM 2010, 976 Rn. 10.
243 BGH 03.02.2011, IX ZB 3/10, WuM 2011, 321 Rn. 4; 17.03.2011, IX ZB 174/08, ZVI 2011, 263 Rn. 7.
244 BGH 07.12.2006, IX ZB 11/06, ZInsO 2007, 96 Rn. 8; 15.04.2010, IX ZB 175/09, WM 2010, 976 Rn. 10; 03.02.2011, IX ZB 3/10, WuM 2011, 321 Rn. 4; 10.02.2011, IX ZB 250/08, ZVI 2011, 209 Rn. 11; 08.03.2012, IX ZB 70/10, ZInsO 2012, 751 Rn. 17.
245 BGH 02.07.2009, IX ZB 63/08, ZInsO 2009, 1459 Rn. 6 ff.; 08.10.2009, IX ZB 257/08, ZVI 2010, 30 Rn. 4.
246 BGH 08.10.2009, IX ZB 257/08, ZVI 2010, 30 Rn. 4.
247 Vgl. BGH 08.10.2009, IX ZB 257/08, ZVI 2010, 30 Rn. 7.

teilen, insb. ein Verzeichnis seiner Gläubiger und Schuldner vorzulegen und eine geordnete Übersicht seiner Vermögensgegenstände einzureichen hat.[248] Die Auskunftspflicht kann auch die Vorlage von Belegen und sonstigen Unterlagen umfassen.[249] Das Insolvenzgericht kann dem Schuldner aufgeben, diese Pflichten unmittelbar gegenüber dem Sachverständigen zu erfüllen.[250] Die Nennung der Gläubiger im Verzeichnis ist schon deswegen erforderlich, um das Insolvenzgericht in den Stand zu setzen, entsprechend seiner gesetzlichen Verpflichtung (§ 30 Abs. 2) den Eröffnungsbeschluss den Gläubigern durch Zustellung bekannt zu machen.[251] Dieser **umfassenden Auskunftspflicht** genügt der Schuldner nicht, wenn er einen über erhebliche Forderungen verfügenden Gläubiger bei der Antragstellung verschwiegen hat.[252]

Voraussetzung für das Entstehen der Auskunftspflicht ist gem. § 20 Abs. 1 Satz 1 die Zulässigkeit des Eröffnungsantrags. Die umfassende Auskunftspflicht des Schuldners setzt ein, sobald er einen zulässigen Antrag einreicht.[253] Ist der Antrag aufgrund eines ernsthaften Eröffnungsverlangens und der Darlegung eines Eröffnungsgrundes zulässig,[254] entsteht die Auskunftspflicht mit der Antragstellung.[255] Die Auskunftspflicht setzt also nicht die ausdrückliche Feststellung der Zulässigkeit des Antrags durch das Insolvenzgericht voraus.[256]   61a

c) Insolvenzverfahren

Die **Abführungspflicht** des selbständig tätigen Schuldners nach § 35 Abs. 2 ist eine **Mitwirkungspflicht** i.S.d. § 290 Abs. 1 Nr. 5.[257] Kommt der Schuldner seiner Verpflichtung, den pfändbaren Betrag seines Arbeitseinkommen an die Masse abzuführen[258] nicht nach, kann eine Mitwirkungspflichtverletzung i.S.d. § 290 Abs. 1 Nr. 5 vorliegen.[259] Auch insoweit besteht eine Abführungspflicht.[260] Aus § 97 Abs. 3 Satz 1 ist eine **passive Mitwirkungspflicht** des Schuldners abzuleiten.[261] Danach ist er insb. verpflichtet, verfahrenswidrige Handlungen, wie etwa die **Vernichtung von Unterlagen** oder die **Verschiebung von Vermögen**, zu unterlassen.[262] Gleiches gilt für verfahrenswidrige Verfügungen des Schuldners über zur Masse gehörende Vermögenswerte.[263] So kann der Versagungsgrund des § 290 Abs. 1 Nr. 5 eingreifen, wenn der Schuldner während des Insolvenzverfahrens ohne Genehmigung des Insolvenzverwalters eine Kapitallebensversicherung in eine unpfändbare Renten-   62

---

248 BGH 24.03.2003, IX ZB 539/02, BGHZ 156, 92 (94); 09.10.2008, IX ZB 212/07, ZVI 2009, 38 Rn. 7.
249 BGH 17.02.2005, IX ZB 62/04, BGHZ 162, 187, 198; 19.01.2006, IX ZB 14/03, ZInsO 2006, 264f; 19.07.2012, IX ZB 6/12, ZInsO 2012, 1472 Rn. 11.
250 BGH 19.07.2012, IX ZB 6/12, ZInsO 2012, 1472 Rn. 11.
251 BGH 09.10.2008, IX ZB 212/07, ZVI 2009, 38 Rn. 7; Jaeger/*Gerhardt* § 20 Rn. 3.
252 BGH 09.10.2008, IX ZB 212/07, ZVI 2009, 38 Rn. 7.
253 BGH 03.02.2005, IX ZB 37/04, ZInsO 2005, 264; 09.10.2008, IX ZB 212/07, ZVI 2009, 38 Rn. 9.
254 BGH 12.12.2002, IX ZB 426/02, BGHZ 153, 205 (207).
255 BGH 09.10.2008, IX ZB 212/07, ZVI 2009, 38 Rn. 7; Nerlich/Römermann/*Mönning* § 20 Rn. 11; Braun/*Kind* § 20 Rn. 7; Jaeger/*Gerhardt* § 20 Rn. 3.
256 BGH 09.10.2008, IX ZB 212/07, ZVI 2009, 38 Rn. 7; MüKo-InsO/*Schmahl/Vuia* § 20 Rn. 11.
257 BGH 13.06.2013, IX ZB 38/10, NJW 2013, 2973 Rn. 20; FK-InsO/*Bornemann* § 35 Rn. 24a; HambK-InsR/*Lüdtke* § 35 Rn. 264; *Ahrens* NZI 2007, 622 (626); *G. Pape* WM 2013, 1145 (1150).
258 Arbeitseinkommen des Schuldners ist in den Grenzen der Pfändbarkeit dem Insolvenzbeschlag unterworfen, vgl. BGH 15.11.2007, IX ZB 99/05, WM 2008, 256 Rn. 7; zur Abführungspflicht vgl. auch *G. Pape*/Uhländer, § 287 Rn. 22.
259 BGH 31.07.2013, IX ZA 37/12, WM 2013, 1656 Rn. 6; LG Wiesbaden, 02.10.2012, 4 T 292/12, nv; AG Bonn, 11.11.2005, 97 IN 79/02, ZInsO 2006, 49; FK-InsO/*Ahrens* Rn. 59.
260 BGH 31.07.2013, IX ZA 37/12, WM 2013, 1656 Rn. 7.
261 Kübler/Prütting/Bork/*Lüke* § 97 Rn. 12.
262 BT-Drucks. 12/2443, 142; BGH, 09.06.2011, IX ZA 21/11, Rn. 3, nv; FK-InsO/*Ahrens* Rn. 59; Jaeger/*Schilken* § 97 Rn. 36; Kübler/Prütting/Bork/*Lüke* § 97 Rn. 12; MüKo-InsO/*Passauer/Stephan* § 97 Rn. 40; *Uhlenbruck* § 97 Rn. 21.
263 BGH, 09.06.2011, IX ZA 21/11, Rn. 3, nv.

versicherung umwandelt.[264] Wird die dem Insolvenzverwalter nach inländischem Insolvenzrecht zukommende Rechtsmacht im Ausland nicht beachtet, ist der Insolvenzverwalter zur Erfüllung seiner Verpflichtung aus § 148 auf die Mitwirkung des Schuldners angewiesen. Die in § 97 festgelegten Auskunfts- und Mitwirkungspflichten des Schuldners umfassen daher auch die Erteilung einer sog. **Auslandsvollmacht**.[265] Kommt der Schuldner hinsichtlich von Gegenständen, die sich in seinem unmittelbaren Besitz befinden, einem **Herausgabeverlangen des Insolvenzverwalters** nicht unverzüglich nach, so kann hierin eine **Mitwirkungspflichtverletzung** liegen.[266]

5. Nichterfüllung einer Anordnung

63 Der Versagungsgrund des § 290 Abs. 1 Nr. 5 setzt eine Verletzung von Auskunfts- oder Mitwirkungspflichten »nach diesem Gesetz« voraus. Die Nichterfüllung einer Anordnung kann daher nur dann zur Versagung der Restschuldbefreiung nach dieser Vorschrift führen, wenn die **erteilte Auflage rechtmäßig** gewesen ist, also selbst den Vorschriften der Insolvenzordnung entsprach.[267] So kann aus der Missachtung der Auflage des Verwalters, der Schuldner solle eine Steuererklärung bei der Finanzbehörde abgeben, ein Versagungsgrund i.S.d. § 290 Abs. 1 Nr. 5 nicht hergeleitet werden, weil im Hinblick auf den Verlust der steuerlichen Handlungsfähigkeit hierzu nur der Verwalter für den Schuldner tätig werden kann.[268]

6. Einzelne auskunfts- und mitwirkungspflichtige Umstände

a) Abtretung

64 So wie ein Schuldner gehalten ist, die Veräußerung von Geschäftsanteilen zu offenbaren, weil bei rechtzeitiger Mitteilung die Möglichkeit besteht, Vermögenswerte zur Masse zu ziehen,[269] besteht auch die Verpflichtung, unverzüglich den Treuhänder über die (unwirksame) **Abtretung von vermögenswerten Persönlichkeitsrechte zur kommerziellen Nutzung** zu unterrichten.[270]

b) Anfechtungsrelevante Umstände

65 Zu den Umständen, die für das Insolvenzverfahren von Bedeutung sein können, zählen auch solche, die eine **Insolvenzanfechtung** begründen können, denn eine erfolgreiche Anfechtung führt zu einer Mehrung der Insolvenzmasse.[271] Die Pflicht zur Auskunft setzt in einem solchen Fall nicht voraus, dass die Voraussetzungen einer Insolvenzanfechtung tatsächlich vorliegen. Bereits konkrete Anhaltspunkte, die eine Anfechtbarkeit möglich erscheinen lassen, begründen die Pflicht des Schuldners, den Sachverhalt zu offenbaren.[272] Die in diesem Zusammenhang maßgeblichen Auskunftspflichten des Schuldners dienen auch dazu, den Verwalter oder Treuhänder in die Lage zu versetzen, einerseits **Ansprüche der Masse** gegen Dritte **durchzusetzen**, andererseits **sinnlose**, mit Kosten verbundene **Streitigkeiten zu vermeiden**.[273]

---

264 BGH, 09.06.2011, IX ZA 21/11, Rn. 3, nv.
265 BGH 18.09.2003, IX ZB 75/03, ZVI 2003, 666 (667).
266 BGH 03.11.2011, IX ZB 149/10, Rn. 2.
267 BGH 20.03.2003, IX ZB 388/02, ZVI 2003, 170 (173); 18.12.2008, IX ZB 197/07, ZVI 2009, 124 Rn. 7.
268 BGH 18.12.2008, IX ZB 197/07, ZVI 2009, 124 Rn. 7.
269 BGH 23.09.2010, IX ZB 16/10, NZI 2010, 999 Rn. 6.
270 BGH 14.04.2011, IX ZA 15/11, Rn. 3, nv.
271 BGH 11.02.2010, IX ZB 126/08, ZVI 2010, 281 Rn. 6; 23.09.2010, IX ZB 16/10, NZI 2010, 999 Rn. 5; 21.07.2011, IX ZB 39/11, Rn. 4, nv; 08.03.2012, IX ZB 70/10, ZInsO 2012, 751 Rn. 14.
272 BGH 11.02.2010, IX ZB 126/08, ZVI 2010, 281 Rn. 6; 23.09.2010, IX ZB 16/10, NZI 2010, 999 Rn. 5; *08.03.2012*, IX ZB 70/10, ZInsO 2012, 751 Rn. 14.
273 LG Freiburg 16.12.2010, 3 T 280/10, die hiergegen gerichtete Rechtsbeschwerde wurde mit Beschluss, BGH 21.07.2011, IX ZB 39/11, verworfen.

c) Freigegebene selbständige Tätigkeit (§ 35 Abs. 2)

Die Freigabe einer selbständigen Tätigkeit während des Insolvenzverfahrens nach § 35 Abs. 2 löst für den Schuldner zusätzliche Verpflichtungen aus, deren Nichtbeachtung zur Versagung der Restschuldbefreiung führen kann. Hierbei handelt es sich im Gegensatz zur Wohlverhaltensphase nicht um Obliegenheiten, sondern um im Insolvenzverfahren zu beachtende Mitwirkungspflichten des Schuldners, deren grobfahrlässige oder vorsätzliche Verletzung unmittelbar den Versagungsgrund des § 290 Abs. 1 Nr. 5 eröffnen.[274] Eine entsprechende Anwendung des andersartigen Versagungsverfahrens nach § 296 scheidet daher bereits aus systematischen Gründen aus.[275] Zu den vom Schuldner nach § 35 Abs. 2 Satz 2 zu beachtenden Pflichten gehört insbesondere, die nach § 295 Abs. 2 maßgeblichen Beträge an den Insolvenzverwalter abzuführen. Hierbei handelt es sich um eine eigenständige Abführungspflicht, auf deren Einhaltung der Insolvenzverwalter einen unmittelbaren Anspruch hat und die im Regelfall eine jährliche Zahlung gebietet.[276] Kommt der leistungsfähige Schuldner dieser Verpflichtung nicht nach, liegt eine **Mitwirkungspflichtverletzung** i.S.d. § 290 Abs. 1 Nr. 5 vor. Im Zusammenhang mit der Abführungspflicht aus § 35 Abs. 2 Satz 2, § 295 Abs. 2 ist der Schuldner gegenüber dem Insolvenzverwalter und dem Insolvenzgericht auch **auskunftspflichtig**. Insbesondere hat der Schuldner die für die Ermittlung des fiktiven Maßstabs notwendigen Angaben gegenüber dem Insolvenzgericht und dem Insolvenzverwalter zu machen, aus denen sich die ihm mögliche abhängige Tätigkeit und das anzunehmende fiktive Nettoeinkommen ableiten lassen.[277]

65a

Liegt der Gewinn aus der selbständigen Tätigkeit unterhalb des pfändbaren Betrages bei abhängiger Tätigkeit, besteht keine Abführungspflicht.[278] Der Schuldner hat aber im Rahmen seiner **Auskunftspflicht** umfassend über seine Einnahmen Mitteilung zu geben. Insbesondere ist er gehalten, gegenüber dem Insolvenzverwalter und dem Insolvenzgericht überprüfbare Angaben zur Gewinnermittlung aus seiner selbständigen Tätigkeit zu machen, damit festgestellt werden kann, ob der Schuldner tatsächlich nicht in der Lage ist, ganz oder teilweise hieraus abführungspflichtige Beträge nach § 295 Abs. 2 aufzubringen.[279]

65b

Liegt das Einkommen des Schuldners aus selbständiger Tätigkeit über dem pfändbaren Betrag aus dem von ihm erzielbaren Einkommen aus unselbständiger Tätigkeit, hat er den pfändbaren Betrag aus dieser Tätigkeit an den Insolvenzverwalter abzuführen. Auskunft über etwaige Gewinne aus seiner selbständigen Tätigkeit muss er, wenn er seiner Abführungspflicht genügt, nicht erteilen.[280]

65c

d) Geschäftsanteile

Der Schuldner hat den **Erwerb von Geschäftsanteilen** an einer GmbH im Laufe des Insolvenzverfahrens unverzüglich dem Insolvenzverwalter anzuzeigen;[281] er muss mithin seine Auskunftspflicht im unmittelbaren Anschluss an den Erwerb der Geschäftsanteile erfüllen und darf nicht abwarten, wie

66

---

[274] BGH 13.06.2013, IX ZB 38/10, NJW 2013, 2973 Rn. 20; FK-InsO/*Bornemann* § 35 Rn. 24a; HambK-InsR/*Lüdtke* § 35 Rn. 264; Uhlenbruck/*Hirte* § 35 Rn. 105.
[275] BGH 13.06.2013, IX ZB 38/10, NJW 2013, 2973 Rn. 20; *Ahrens* NJW-Spezial 2013, 85 (86); a.A. *Grote* ZInsO 2011, 1489 (1493 f).
[276] BGH 13.06.2013, IX ZB 38/10, NJW 2013, 2973 Rn. 20.
[277] BGH 13.06.2013, IX ZB 38/10, NJW 2013, 2973 Rn. 20 unter Bezugnahme auf BGH, 14.05.2009, IX ZB 116/08, ZInsO 2009, 1268 Rn. 9; 26.02.2013, IX ZB 165/11, WM 2013, 579 Rn. 9.
[278] BGH 13.06.2013, IX ZB 38/10, NJW 2013, 2973 Rn. 21.
[279] BGH 13.06.2013, IX ZB 38/10, NJW 2013, 2973 Rn. 21.
[280] BGH 13.06.2013, IX ZB 38/10, NJW 2013, 2973 Rn. 22 unter Bezugnahme auf BGH 26.02.2013, IX ZB 165/11, WM 2013, 579 Rn. 8.
[281] BGH 15.04.2010, IX ZB 175/09, WM 2010, 976 Rn. 10; 13.01.2011, IX ZB 163/10, ZInsO 2011, 396 Rn. 4; 11.04.2013, IX ZB 170/11, WM 2013, 1030 Rn. 18.

sich die Geschäftstätigkeit der Gesellschaft entwickelt.[282] Für die Annahme eines Verstoßes gegen seine Auskunftspflicht ist es ohne Bedeutung, wenn der Schuldner aus seiner Tätigkeit im Ergebnis keinen wirtschaftlichen Erfolg erzielt hat.[283] Der Schuldner ist auch verpflichtet, die **Veräußerung von Geschäftsanteilen** zu offenbaren, weil bei rechtzeitiger Mitteilung die Möglichkeit besteht, Vermögenswerte im Wege der Anfechtung zur Masse zu ziehen.[284] Bei dieser Sachlage kann sich ein Schuldner, der die Veräußerung durch eine vorsätzliche Manipulation des Antrags zu verheimlichen sucht, nicht darauf berufen, wegen der Annahme der Wertlosigkeit der Anteile nicht grob fahrlässig gehandelt zu haben.[285] Ebenso hat der Schuldner unverzüglich die **Gründung einer Gesellschaft** mitzuteilen, insbesondere dann, wenn er sich im Gesellschaftsvertrag verpflichtet, Bareinlagen in die Gesellschaft zu erbringen, und dem auch nachkommt.[286] Denn die nach Insolvenzeröffnung erworbenen Gesellschaftsanteile unterfallen nach § 35 Abs. 1 als Neuerwerb dem Insolvenzbeschlag und sind deswegen für das Insolvenzverfahren von Belang.[287] Das Verschweigen dieser gesellschaftlichen Beteiligungen ist daher der Art nach geeignet, die Befriedigung der Gläubiger zu beeinträchtigen.[288] Auch wenn der Schuldner die Einlagen aus angesparten pfändungsfreien Beträgen gezahlt haben will, ist dies unerheblich. Denn auch so angesparte Geldbeträge fielen nach § 35 Abs. 1, § 36 in die Masse.[289] **Weitere anzeigepflichtige Umstände** können die Aufnahme eines Darlehens zur Finanzierung eines Stammkapitals einer zu gründenden Gesellschaft sowie die beabsichtigte Sicherungsübereignung eines Gesellschaftsanteils sein.[290]

e) Übernahme eines Geschäftsführeramtes

67 Die vorstehenden Grundsätze gelten auch dann, wenn der Schuldner im Laufe eines Insolvenzverfahrens ein Geschäftsführeramt übernimmt.[291]

f) Steuerangelegenheiten

68 Da der Schuldner durch die Eröffnung des Insolvenzverfahrens seine steuerliche Handlungsfähigkeit verliert,[292] kann nur der Verwalter für ihn eine **Steuererklärung** bei dem Finanzamt abgeben.[293] Dieser Umstand befreit den Schuldner nicht von seiner Pflicht, den Verwalter von **Steuererstattungen** zu unterrichten.[294] Auf Verlangen des Verwalters ist der Schuldner ferner zur **Vorlage der zur Erstellung der Steuererklärung notwendigen Unterlagen** verpflichtet.[295] Ein Versagungsgrund kann auch dann vorliegen, wenn der Schuldner dem Verwalter wahrheitswidrig verspricht, ihm die Steuererklärung zu übersenden, und dadurch den Verwalter an der Geltendmachung von Steuererstattungsansprüchen hindert.[296] Der Schuldner kann den Verwalter nicht auf die ihm obliegende Verpflichtung, die Steuererklärung zu fertigen, verweisen, wenn er ihm trotz der Zusage, selbst die Steuererklärung

---

282 BGH 13.01.2011, IX ZB 163/10, ZInsO 2011, 396 Rn. 4; 11.04.2013, IX ZB 170/11, WM 2013, 1030 Rn. 18; HambK-InsR/*Streck* Rn. 32.
283 BGH 15.04.2010, IX ZB 175/09, WM 2010, 976 Rn. 10; 13.01.2011, IX ZB 163/10, ZInsO 2011, 396 Rn. 4.
284 BGH 23.09.2010, IX ZB 16/10, NZI 2010, 999 Rn. 6; 14.04.2011, IX ZA 15/11, Rn. 3, nv; 08.03.2012, IX ZB 70/10, ZInsO 2012, 751 Rn. 13.
285 BGH 23.09.2010, IX ZB 16/10, NZI 2010, 999 Rn. 6.
286 BGH 11.04.2013, IX ZB 170/11, WM 2013, 1030 Rn. 19.
287 BGH 11.04.2013, IX ZB 170/11, WM 2013, 1030 Rn. 19.
288 BGH 11.04.2013, IX ZB 170/11, WM 2013, 1030 Rn. 19.
289 BGH 11.04.2013, IX ZB 170/11, WM 2013, 1030 Rn. 19.
290 BGH 22.11.2012, IX ZB 23/10, ZInsO 2013, 138 Rn. 4.
291 BGH 15.04.2010, IX ZB 175/09, WM 2010, 976 Rn. 10.
292 BGH 18.12.2008, IX ZB 197/07, ZVI 2009, 124 Rn. 8; Kübler/Prütting/Bork/*Kübler* § 155 Rn. 81.
293 BGH 18.12.2008, IX ZB 197/07, ZVI 2009, 124 Rn. 8; HambK-InsR/*Streck* Rn. 34.
294 BGH 03.02.2011, IX ZB 192/09, Rn. 2, nv.
295 BGH 18.12.2008, IX ZB 197/07, ZVI 2009, 124 Rn. 8; HambK-InsR/*Streck* Rn. 34.
296 BGH 18.12.2008, IX ZB 197/07, ZVI 2009, 124 Rn. 10; LG Mönchengladbach 22.10.2004, 5 T 236/04, ZInsO 2005, 104; FK-InsO/*Ahrens* Rn. 59; HambK-InsR/*Streck* Rn. 34.

einzureichen, die entsprechenden Unterlagen vorenthält. In der unterlassenen Einreichung der Steuererklärung kann daher i.V.m. der Vorenthaltung der für die Einreichung der Steuererklärung erforderlichen Unterlagen eine **fortwährende Verweigerung von Mitwirkungspflichten** liegen.[297]

g) Selbständige wirtschaftliche Tätigkeit

In der fehlenden Unterrichtung des Treuhänders über die **Aufnahme einer selbständigen wirtschaftlichen Tätigkeit** und der Begründung von Masseverbindlichkeiten **ohne Kenntnis des Treuhänders** kann auch eine Verletzung von Mitwirkungspflichten zu sehen sein.[298] Der Schuldner kann seine Auskunfts- und Mitwirkungspflichten auch dadurch verletzen, indem er dem Treuhänder trotz wiederholter Aufforderungen die Einnahmen aus seiner selbständigen wirtschaftlichen Tätigkeit entweder nur schleppend oder gar nicht mitteilt.[299] Entnimmt der Schuldner aus der **Barkasse der Zahnarztpraxis**, die er auf Kosten der Masse fortgeführt hat, **erhebliche Beträge ohne** Zustimmung und **Unterrichtung des Insolvenzverwalters**, verstößt er gegen seine sich aus § 97 ergebenden Auskunfts- und Mitwirkungspflichten und verwirklicht den Tatbestand des § 290 Abs. 1 Nr. 5.[300]

h) Offenlegung von Patientendaten

Ein Facharzt für Psychiatrie, Psychotherapie und Psychoanalyse ist verpflichtet, dem Insolvenzverwalter die für die Durchsetzung privatärztlicher Honorarforderungen **erforderlichen Daten über die Person des Drittschuldners und die Forderungshöhe** mitzuteilen.[301] Das Bedürfnis nach Offenlegung der Patientendaten gegenüber dem Insolvenzverwalter hat Vorrang vor dem Anspruch des Patienten auf Schutz seiner Daten. Dies folgt aus dem vorrangigen Interesse der Insolvenzgläubiger an der Transparenz der Einnahmen ihres Schuldners.[302]

i) Private Nutzung eines Kraftfahrzeugs

Die Nichtangabe der Überlassung eines Fahrzeugs zur privaten Nutzung, die einen geldwerten Vorteil darstellt, ist geeignet, eine Versagung der Restschuldbefreiung nach § 290 Abs. 1 Nr. 5 zu begründen.[303]

j) Geldzuflüsse

Unerwartete Geldzuflüsse, wie etwa **Rückerstattungsbeträge der Arbeitslosenversicherung**, sind unverzüglich zu offenbaren und dürfen nicht vom Schuldner verbraucht werden. Die Angabe der **aktuellen Einkünfte des Schuldners** gehört zu dessen Auskunftspflichten.[304] Sie sind unverzüglich und nicht erst nach Ablauf des Kalenderjahres zu erfüllen.[305]

k) Pfändbares Arbeitseinkommen

Arbeitseinkommen des Schuldners, das er während des Insolvenzverfahrens bezieht, gehört, soweit pfändbar, zur Masse.[306] Diesen Neuerwerb hat der Schuldner an den Insolvenzverwalter abzufüh-

---

297 BGH 18.12.2008, IX ZB 197/07, ZVI 2009, 124 Rn. 13.
298 BGH 29.09.2005, IX ZB 430/02, ZInsO 2005, 1162; 15.10.2009, IX ZB 70/09, ZInsO 2009, 2162 Rn. 3.
299 BGH 05.06.2008, IX ZB 119/06, Rn. 8, nv.
300 BGH 19.05.2011, IX ZB 94/09, ZInsO 2011, 1412 Rn. 4.
301 BGH 05.02.2009, IX ZB 85/08, NJW 2009, 1603 Rn. 5.
302 BGH 05.02.2009, IX ZB 85/08, NJW 2009, 1603 Rn. 5.
303 BGH 05.02.2009, IX ZB 185/08, ZVI 2009, 308 Rn. 10.
304 BGH 03.07.2008, IX ZB 181/07, ZInsO 2008, 975 Rn. 8; 19.04.2012, IX ZB 192/11, Rn. 3, nv; 26.04.2012, IX ZB 274/11, Rn. 2, nv; 31.07.2013, IX ZA 37/12, WM 2013, 1656 Rn. 6.
305 BGH 23.02.2012, IX ZB 267/10, Rn. 3 nv; 19.04.2012, IX ZB 192/11, Rn. 3, nv; 31.07.2013, IX ZA 37/12, WM 2013, 1656 Rn. 6.
306 vgl. BGH 15.11.2007, IX ZB 99/05, WM 2008, 256 Rn. 7; 31.07.2013, IX ZA 37/12, WM 2013, 1656 Rn. 7.

ren.³⁰⁷ Hierbei handelt es sich um eine Mitwirkungsverpflichtung im Sinne des § 290 Abs. 1 Nr. 5.³⁰⁸

l) Berichtigung unrichtiger oder unvollständiger Angaben

73 Eine Verletzung der Auskunftspflicht ist auch dann anzunehmen, wenn der Schuldner im Rahmen eines Insolvenzantrags gemachte unrichtige oder unvollständige Angaben nachträglich nicht korrigiert oder ergänzt.³⁰⁹ Dazu ist der Schuldner, dem nach Einreichung des Verzeichnisses weitere Gläubiger erkennbar werden, ohne gerichtliche Aufforderung verpflichtet.³¹⁰

m) Wohnsitzwechsel

74 Die Mitteilung eines Wohnsitzwechsels des Schuldners gehört zu dessen Auskunfts- und Mitwirkungspflichten bei deren vorsätzlicher oder grob fahrlässiger Nichterfüllung dem Schuldner die Restschuldbefreiung versagt werden kann.³¹¹ Dies gilt insb. dann, wenn sich der Schuldner an einen **unbekannten Ort im Ausland** absetzt, somit »untertaucht«.³¹² Eine **Verletzung der Mitwirkungspflichten** des Schuldners liegt aber nicht schon dann vor, wenn er zu einem ganz bestimmten Zeitpunkt für den Treuhänder nicht erreichbar ist und zur Auskunftserteilung zur Verfügung steht, sondern nur dann, wenn sich seine fehlende Mitwirkung über einen längeren Zeitraum erstreckt und **nennenswerte Auswirkungen auf das Verfahren** hat.³¹³

n) Zulage

75 Im Rahmen der Auskunftspflicht hat der Schuldner im Ergänzungsblatt 5 G zum Vermögensverzeichnis bei der Frage nach »Zulagen« einen etwaigen Verzicht auf ihm als Geschäftsführer zustehende **Tantiemeansprüche** mitzuteilen.³¹⁴ Gleiches gilt für hierauf bezogene Abtretungen oder Abänderungen des Geschäftsführervertrages.

o) Schenkungen und Veräußerungen an nahe Angehörige

76 Gibt der Schuldner eine im Zeitraum zwischen der Stellung eines ersten Insolvenzantrags und der Stellung eines weiteren, mit einem Restschuldbefreiungsgesuch verbundenen Insolvenzantrags vorgenommene **Grundstücksschenkung an** seine **Ehefrau** auf Frage nicht an, liegt darin ein zumindest grob fahrlässiger Verstoß gegen seine Auskunfts- und Mitwirkungspflichten.³¹⁵

---

307 BGH 31.07.2013, IX ZA 37/12, WM 2013, 1656 Rn. 7; *G. Pape*/Uhländer § 287 Rn. 22.
308 BGH 31.07.2013, IX ZA 37/12, WM 2013, 1656 Rn. 7; AG Bonn, 11.11.2005, 97 IN 79/02, ZInsO 2006, 49; FK-InsO/*Ahrens* Rn. 59.
309 BGH 09.10.2008, IX ZB 212/07, ZVI 2009, 38 Rn. 11.
310 BGH 09.10.2008, IX ZB 212/07, ZVI 2009, 38 Rn. 7; MüKo-InsO/*Schmahl/Vuia* § 20 Rn. 34; Jaeger/*Gerhardt* § 20 Rn. 6.
311 BGH 03.07.2008, IX ZB 181/07, ZInsO 2008, 975 Rn. 8; 26.04.2012, IX ZB 274/11, Rn. 2, nv; 16.05.2013, IX ZB 272/11, ZInsO 2013, 1310 Rn. 13; vgl. ferner LG Verden 18.09.2006, 6 T 181/06, ZVI 2006, 469 (470); AG Königstein 04.07.2003, 9a IK 21/00, ZVI 2003, 365; Braun/*Lang* Rn. 23; HambK-InsR/*Streck* Rn. 32; MüKo-InsO/*Stephan* Rn. 71; Mohrbutter/Ringstmeier/*G. Pape* § 17 Rn. 75.
312 BGH 03.07.2008, IX ZB 181/07, ZInsO 2008, 975 Rn. 8.
313 BGH 03.07.2008, IX ZB 181/07, ZInsO 2008, 975 Rn. 9; feRn.er 15.11.2007, IX ZB 159/06, nv.
314 BGH 21.07.2011, IX ZB 39/11, Rn. 3, nv.
315 BGH 17.03.2011, IX ZB 174/09, ZVI 2011, 263 Rn. 11, 17.

p) Herausgabe von Gegenständen

Eine Mitwirkungspflichtverletzung kann auch dann vorliegen, wenn der Schuldner Gegenstände, die sich in seinem unmittelbaren Besitz befinden, an den Insolvenzverwalter nicht unverzüglich herausgibt.[316] Für einen werthaltigen Pkw des Schuldners ist dies offensichtlich.[317] 76a

7. Keine Beeinträchtigung der Befriedigungsaussichten der Gläubiger erforderlich

a) Allgemeines

Für den Versagungsgrund ist es unerheblich, ob sich die Pflichtverletzung des Schuldners zum Nachteil der Gläubiger ausgewirkt hat. Eine **konkrete Beeinträchtigung der Befriedigungsaussichten** der Gläubiger ist **nicht erforderlich**.[318] Der BGH hat die Frage eines ungeschriebenen Tatbestandsmerkmals der Beeinträchtigung der Gläubigerbefriedigung im Versagungstatbestand des § 290 Abs. 1 Nr. 5 zunächst nicht abschließend beantwortet. Zwar hat der BGH in einem Beschluss aus dem Jahre 2003 ausgeführt,[319] § 290 Abs. 1 Nr. 5 enthalte neben dem Erfordernis einer objektiven Pflichtverletzung und den subjektiven Verschuldensanforderungen (Vorsatz oder grobe Fahrlässigkeit) keine weiteren Tatbestandsvoraussetzungen für die Versagung. In späteren Entscheidungen hat er diese Frage jedoch ausdrücklich offen gelassen.[320] Mit der Grundsatzentscheidung vom 08.01.2009 hat er ausgesprochen, dass eine konkrete Beeinträchtigung der Befriedigungsaussichten der Gläubiger nicht erforderlich ist.[321] 77

b) Wortlaut der Vorschrift

Nach dem Wortlaut der Vorschrift kommt es nicht darauf an, ob die Verletzung von Auskunfts- und Mitwirkungspflichten die Befriedigungsmöglichkeiten der Insolvenzgläubiger tatsächlich verschlechtert.[322] 78

c) Sinn und Zweck der Vorschrift

Mit Sinn und Zweck der Vorschrift ist die Ansicht, die Restschuldbefreiung könne nur versagt werden, wenn die Verletzung der Auskunfts- und Mitwirkungspflichten die Befriedigung der Gläubiger nachteilig beeinflusst habe, nicht zu vereinbaren. Durch § 290 Abs. 1 Nr. 5 soll erreicht werden, dass der Schuldner die sich aus den §§ 97, 20 Abs. 1 ergebenden Auskunfts- und Mitwirkungspflichten uneingeschränkt und vorbehaltlos erfüllt. Ein Schuldner, der von seinen Verbindlichkeiten befreit werden will, hat seine Vermögensverhältnisse offen zu legen, alle verlangten Auskünfte zu erteilen und sich auf Anordnung des Insolvenzgerichts jederzeit zur Verfügung zu stellen.[323] Er hat Umstände, die für die Erteilung der Restschuldbefreiung von Bedeutung sein können, von sich aus, ohne besondere Nachfrage zu offenbaren.[324] Wenn es dem Schuldner gestattet würde, Auskünfte sanktionslos zurückzuhalten, weil ihre Erteilung für die Befriedigung der Insolvenzgläubiger vermeintlich unerheblich ist, wäre es zunächst ihm überlassen zu prüfen, ob die von ihm begehrte Auskunft für die Gläubiger interessant ist, insb. deren Befriedigungsaussichten verbessert. Dies zu beurteilen, ist je- 79

---

316 BGH 03.11.2011, IX ZB 149/10, Rn. 2 nv; 23.02.2012, IX ZB 267/10, Rn. 3 nv.
317 BGH 23.02.2012, IX ZB 267/10, Rn. 3 nv.
318 BGH 08.01.2009, IX ZB 73/08, WM 2009, 515 Rn. 10 ff.; 31.07.2013, IX ZA 37/12, WM 2013, 1656 Rn. 9; Graf-Schlicker/*Kexel* Rn. 22; HambK-InsR/*Streck* Rn. 35; HK-InsO/*Landfermann* Rn. 29; MüKo-InsO/*Stephan* Rn. 74; Uhlenbruck/*Vallender* Rn. 70; Mohrbutter/Ringstmeier/*G. Pape* § 17 Rn. 53.
319 BGH 20.03.2003, IX ZB 388/02, ZInsO 2003, 413 (414).
320 BGH 23.07.2004, IX ZB 174/03, WM 2004, 1840 (1841); 07.12.2006, IX ZB 11/06, ZInsO 2007, 96 (97).
321 BGH 08.01.2009, IX ZB 73/08, WM 2009, 515 Rn. 10 ff.
322 BGH 08.01.2009, IX ZB 73/08, WM 2009, 515 Rn. 11.
323 BGH 08.01.2009, IX ZB 73/08, WM 2009, 515 Rn. 12; Mohrbutter/Ringstmeier/*G. Pape* § 17 Rn. 74.
324 BGH 08.01.2009, IX ZB 73/08, WM 2009, 515 Rn. 12; AG Oldenburg 28.11.2001, 60 IK 21/99, ZInsO 2001, 1170 (1171).

doch nicht Sache des Schuldners. Es widerspräche der vom Gesetz bezweckten Verpflichtung des Schuldners zur Offenheit und vorbehaltslosen, unaufgeforderten Mitwirkung, die ein wesentliches Element zur Erreichung der Ziele des Insolvenzverfahrens darstellt.[325] Die Frage, ob die Befriedigung der Gläubiger beeinträchtigt ist, hätte auch Auswirkungen auf die Feststellung des Versagungsgrundes. Macht der Schuldner geltend, er habe gemeint, die von ihm unterlassene Auskunft sei für die Befriedigungsaussichten der Gläubiger belanglos, könnte ihm eine Verletzung der Auskunfts- oder Mitwirkungspflichten nur in Ausnahmefällen nachgewiesen werden. Das Insolvenzgericht müsste hierzu schwierige und im Ergebnis zweifelhafte Ermittlungen anstellen. Auch dies entspricht nicht dem **Normzweck**. Für die Gläubiger wäre die Stellung von Versagungsanträgen kaum berechenbar. Sie müssten auch dann, wenn feststeht, dass der Schuldner seine Auskunfts- und Mitwirkungspflichten verletzt hat, damit rechnen, dass ein Versagungsantrag erfolglos bleibt, weil keine Beeinträchtigung ihrer Befriedigungsaussichten eingetreten ist.

d) Auseinandersetzung mit der Begründung des Regierungsentwurfs

80 Die in der Begründung des Regierungsentwurfs im Zusammenhang mit dem Versagungsgrund des § 290 Abs. 1 Nr. 5 angesprochene Voraussetzung, dass die Pflichtverletzung des Schuldners die Befriedigungsaussichten der Gläubiger vermindert,[326] hat im Gesetzeswortlaut keinen Ausdruck gefunden. Eine Beschränkung der Versagung der Restschuldbefreiung auf Fälle, in denen die Verletzung von Auskunfts- und Mitwirkungspflichten zu einer Beeinträchtigung der Befriedigung der Gläubiger führt, ist aufgrund der Begründung des Regierungsentwurfs nicht geboten. Dem Anliegen, nicht jedwede noch so geringfügige Verletzung von Auskunfts- oder Mitwirkungspflichten durch die Versagung der Restschuldbefreiung zu ahnden,[327] wird durch die Anwendung des Verhältnismäßigkeitsgrundsatzes Rechnung getragen.[328] Würde man darüber hinaus die Versagung der Restschuldbefreiung wegen der Verletzung von Auskunfts- und Mitwirkungspflichten auf Fälle beschränken, in denen diese zu einer Beeinträchtigung der Befriedigung der Insolvenzgläubiger geführt hat, wären die Interessen der Gläubiger nicht mehr ausreichend gewahrt. Die Sach- und Rechtslage und die Interessenlage unterscheiden sich nicht von derjenigen im Fall des § 290 Abs. 1 Nr. 6. Auch bei dieser Vorschrift ist eine die Befriedigung der Insolvenzgläubiger beeinträchtigende Wirkung der falschen oder unvollständigen Angaben grds keine Voraussetzung für die Versagung der Restschuldbefreiung.[329]

e) Voraussetzungen

81 Es genügt, dass die **Verletzung der Auskunfts- und Mitwirkungspflichten nach ihrer Art geeignet ist, die Befriedigung der Insolvenzgläubiger zu gefährden**.[330] Die **Offenlegung der Einkünfte des Schuldners**, die ggf. Bestandteil der Masse werden (§ 35 Abs. 1), berührt grds die Befriedigungsaussichten der Gläubiger.[331] Gleiches gilt für die **Nichtangabe von Grundeigentum** im Vermögensverzeichnis[332] oder eines Bankguthabens (Girokonto) im Eröffnungsantrag.[333] Hinsichtlich einer vom Schuldner **unterlassenen Mitteilung eines zwischenzeitlich vollzogenen Arbeitsplatzwechsels** im Zusammenhang mit der Vorlage eines Gehaltsnachweises der früheren Arbeitsstelle gilt dies eben-

---

325 BGH 08.01.2009, IX ZB 73/08, WM 2009, 515 Rn. 12; MüKo-InsO/*Stephan* Rn. 74.
326 BT-Drucks. 12/2443, 190 (191).
327 Begr. des Rechtsausschusses zu § 346k des Entwurfs BT-Drucks. 12/7302, 188.
328 BGH 08.01.2009, IX ZB 73/08, WM 2009, 515 Rn. 18 unter Bezugnahme auf BGH 20.03.2003, IX ZB 388/02, ZInsO 2003, 413 (414); 23.07.2004, IX ZB 174/03, WM 2004, 1840 (1841).
329 BGH 08.01.2009, IX ZB 73/08, WM 2009, 515 Rn. 19 unter Bezugnahme auf BGH 23.07.2004, IX ZB 174/03, WM 2004, 1840 (1841).
330 BGH 08.01.2009, IX ZB 73/08, WM 2009, 515 Rn. 10; 16.12.2010, IX ZB 63/09, WM 2011, 176 Rn. 5; 19.05.2011, IX ZB 142/11, ZInsO 2011, 1223 Rn. 7; 31.07.2013, IX ZA 37/12, WM 2013, 1656 Rn. 9.
331 *BGH 08.01.2009, IX ZB 73/08, WM 2009, 515 Rn. 20; 26.04.2012, IX ZB 274/11, Rn. 2, nv.*
332 BGH 16.12.2010, IX ZB 63/09, WM 2011, 176 Rn. 5.
333 BGH 19.05.2011, IX ZB 142/11, ZInsO 2011, 1223 Rn. 6.

falls, weil hierdurch die Bezüge betroffen sind, die ggf. Bestandteil der Masse werden.³³⁴ Auch für **unterlassene Auskünfte bzgl. einer Schuldnerforderung** in vierstelliger Höhe ist dies anzunehmen; hierdurch wird eine zeitnahe Prüfung der Werthaltigkeit der Forderung durch den Insolvenzverwalter verhindert.³³⁵

8. Vorsatz

a) Begriff

Zum Begriff vgl. Rdn. 39.   82

b) Rechtswidrigkeit

Das **Bewusstsein der Rechtswidrigkeit** bei vorsätzlichem Handeln kann insb. dann vorliegen, wenn   83
der Schuldner in Kenntnis einer einschlägigen Entscheidung zur Verpflichtung der Bekanntgaben von Daten entsprechende Auskünfte verweigert.³³⁶

9. Grobe Fahrlässigkeit

a) Begriff

Zum Begriff vgl. Rdn. 40.   84

b) Allgemeines

Die Erteilung einer **unvollständigen Auskunft** durch den Schuldner **kann als grob fahrlässig** zu be-   85
werten sein, wenn bei allgemeiner Fragestellung **wesentliche Vermögensveränderungen** mitzuteilen sind oder wenn das Auskunftsverlangen durch eine gezielte Fragestellung in einer Weise konkretisiert ist, die bei dem Schuldner keine Unklarheit über die von ihm zu machenden Angaben aufkommen lassen kann.³³⁷ Die Annahme des Tatrichters, der Schuldner habe grob fahrlässig im Sinne des § 290 Abs. 1 Nr. 5 gehandelt, kann durch die Erwägung getragen sein, der Schuldner sei als geschäftserfahrene Person anzusehen.³³⁸ Eine Verletzung der Auskunftspflicht im Zweifel mindestens als grob fahrlässig zu gewichten,³³⁹ ist nicht zulässig.³⁴⁰

c) Einzelfälle

Ein **mehrdeutiges gerichtliches Merkblatt** vermag den Vorwurf einer grob fahrlässigen Auskunft re-   86
gelmäßig nicht zu begründen.³⁴¹ Gleiches kann gelten für ein **Fehlverständnis des Schuldners** bei einem **nicht näher spezifizierten Auskunftsersuchen** des Insolvenzverwalters.³⁴²

d) Verfahrensrechtliche Fragen

Vgl. hierzu Rdn. 41.   87

---

334 BGH 14.01.2010, IX ZB 21/07, Rn. 3, nv; 26.04.2012, IX ZB 274/11, Rn. 2, nv.
335 BGH 14.01.2010, IX ZB 21/07, Rn. 3, nv.
336 BGH 05.02.2009, IX ZB 85/08, NJW 2009, 1603 Rn. 6.
337 BGH 19.03.2009, IX ZB 212/08, WM 2009, 858 Rn. 9.
338 BGH 06.10.2011, IX ZB 47/11, Rn. 3,nv.
339 So Kübler/Prütting/Bork/*Wenzel* Rn. 47; HambK-InsR/*Streck* Rn. 36.
340 BGH 19.03.2009, IX ZB 212/08, WM 2009, 858 Rn. 9.
341 BGH 09.02.2006, IX ZB 218/04, WM 2006, 1438 Rn. 13: mehrdeutiges Merkblatt zur Wohlverhaltensphase.
342 BGH 19.03.2009, IX ZB 212/08, WM 2009, 858 Rn. 11 betr. eine aus Polen stammende Schuldnerin; ferner BGH 21.07.2011, IX ZB 135/10, Rn. 5, nv.

10. Einfache Fahrlässigkeit

88 Ein **Rechtsirrtum** führt lediglich zur Annahme einfacher Fahrlässigkeit.[343] Ein geschäftserfahrener Schuldner kann sich hierauf i.d.R. nicht berufen.[344] Beruht eine unvollständige Auskunft des Schuldners möglicherweise auch auf einer unpräzisen Anfrage des Verwalters, kann dies dazu führen, dass der **Pflichtverstoß des Schuldners in einem milderen Licht** erscheint und keinen Raum mehr für die Annahme einer groben Fahrlässigkeit lässt.[345]

11. Verhältnismäßigkeitsgrundsatz

a) Grundsatz

89 Dem Anliegen, nicht jedwede noch so **geringfügige Verletzung von Auskunfts- oder Mitwirkungspflichten** durch die Versagung der Restschuldbefreiung zu ahnden,[346] wird durch die **Anwendung des verfassungsrechtlich gebotenen Verhältnismäßigkeitsgrundsatzes** Rechnung getragen.[347] Das Insolvenzgericht muss mithin prüfen, ob die Versagung der Restschuldbefreiung unverhältnismäßig ist.[348] Bei ganz unwesentlichen Verstößen darf die Restschuldbefreiung nicht versagt werden.[349] Wo die Wesentlichkeitsgrenze verläuft ist vom jeweiligen Einzelfall abhängig.[350] Es kann nur anhand des Gesamtbildes, das sich aus dem Verhalten des jeweiligen Schuldners ergibt, beurteilt werden, ob er trotz Vorliegens eines der von § 290 Abs. 1 erfassten Verstöße noch als redlich angesehen werden kann.[351]

b) Heilung

90 Holt der Schuldner im Insolvenzverfahren von sich aus eine gebotene, aber zunächst von ihm unterlassene Auskunftserteilung oder Mitwirkungshandlung nach, **bevor sein Verhalten aufgedeckt und ein Versagungsantrag gestellt ist**, beeinträchtigt seine Obliegenheitsverletzung letztlich die Gläubigerinteressen nicht.[352] Die Versagung der Restschuldbefreiung ist unter diesen Umständen i.d.R. unverhältnismäßig.[353] Der BGH stellt mithin nicht allein auf die Stellung eines Versagungsantrags, sondern zusätzlich darauf ab, dass der Verstoß gegen die Obliegenheit **noch nicht anderweitig aufgedeckt** ist.[354] Eine Heilung kommt deshalb i.d.R. nur dann in Betracht, wenn die Obliegenheitsver-

---

343 BGH 13.01.2011, IX ZB 163/10, Rn. 6.
344 BGH 13.01.2011, IX ZB 163/10, Rn. 6.
345 BGH 20.03.2003, IX ZB 388/02, ZVI 2003, 170 (171 f.); 23.07.2004, IX ZB 174/03, WM 2004, 1840 (1841 f.); 17.03.2005, IX ZB 260/03, NZI 2005, 461; 07.12.2006, IX ZB 11/06, ZInsO 2007, 96 Rn. 8; 19.03.2009, IX ZB 212/08, WM 2009, 858 Rn. 12.
346 Begr. des Rechtsausschusses zu § 346k des Entwurfs BT-Drucks. 12/7302, 188.
347 BGH 20.03.2003, IX ZB 388/02, ZVI 2003, 170 (171); 23.07.2004, IX ZB 174/03, WM 2004, 1840 (1841); 17.09.2009, IX ZB 284/08, WM 2009, 1984 Rn. 11; 08.01.2009, IX ZB 73/08, WM 2009, 515 Rn. 18; 02.07.2009, IX ZB 63/08, ZVI 2009, 510 Rn. 15; 07.10.2010, IX ZA 29/10, ZVI 2011, 105 Rn. 7; 19.05.2011, IX ZB 142/11, ZInsO 2011, 1223 Rn. 5; 31.07.2013, IX ZA 37/12, WM 2013, 1656 Rn. 10.
348 BGH 16.12.2010, IX ZB 63/09, WM 2011, 176 Rn. 6.
349 BGH 09.12.2004, IX ZB 132/04, NZI 2005, 233 (234); 02.07.2009, IX ZB 63/08, ZVI 2009, 510 Rn. 15.
350 BGH 09.12.2004, IX ZB 132/04, NZI 2005, 233 (234); 07.10.2010, IX ZA 29/10, ZVI 2011, 105 Rn. 7.
351 BGH 07.10.2010, IX ZA 29/10, ZVI 2011, 105 Rn. 7.
352 BGH 20.03.2003, IX ZB 388/02, ZVI 2003, 170 (171 f.); 17.09.2009, IX ZB 284/08, WM 2009, 1984 Rn. 9, 11; 18.02.2010, IX ZB 211/09, WM 2010, 718 Rn. 6; 16.12.2010, IX ZB 63/09, WM 2011, 176 Rn. 6; 19.05.2011, IX ZB 142/11, ZInsO 2011, 1223 Rn. 5.
353 BGH 20.03.2003, IX ZB 388/02, ZVI 2003, 170 (171 f.); 17.09.2009, IX ZB 284/08, WM 2009, 1984 Rn. 9, 11; 18.02.2010, IX ZB 211/09, WM 2010, 718 Rn. 6; 16.12.2010, IX ZB 63/09, WM 2011, 176 Rn. 6; 07.05.2013, IX ZB 223/11, Rn. 2, nv.
354 BGH 16.12.2010, IX ZB 63/09, WM 2011, 176 Rn. 6; 19.05.2011, IX ZB 142/11, ZInsO 2011, 1223 Rn. 5.

letzung vom Schuldner selbst aufgedeckt wird.[355] Dies gilt insb. für eine Heilung durch **Nachentrichtung zunächst verheimlichter Einkünfte**.[356] Räumt der Schuldner ein, dass er eine für das Verfahren wesentliche Lohnsteuerbescheinigung erst auf entsprechende Aufforderung des Insolvenzverwalters vorgelegt hat, handelt es sich nicht um eine eigenständige Selbstoffenbarung[357], sondern um ein von dem Insolvenzverwalter veranlasstes Handeln des Schuldners.[358] Eine Heilung scheidet unter diesen Umständen aus.

Die Möglichkeit einer solchen »Heilung« ist für das **Regelinsolvenzverfahren** nicht auf den Zeitraum bis zur Eröffnung des Insolvenzverfahrens beschränkt. Diese Einschränkung gilt nur im **Verbraucherinsolvenzverfahren**, weil dort schon für das der Verfahrenseröffnung vorangehende Schuldenbereinigungsverfahren richtige und vollständige Angaben des Schuldners erforderlich sind.[359] 90a

c) Geringfügiger Verstoß

Ein **geringfügiger Verstoß** kann vorliegen, wenn der Schuldner **unzutreffende Angaben vor Stellung eines Versagungsantrages berichtigt** und den Gläubigern durch die Falschangabe kein Nachteil erwachsen ist.[360] Ein **ganz unwesentlicher Verstoß** kann vorliegen, wenn es sich um einen **relativ geringfügigen Forderungsbetrag** handelt; maßgeblich sind jedoch die Umstände des Einzelfalls.[361] Nimmt der Schuldner zeitnah im Anschluss an einen Auslandsaufenthalt den Kontakt zu dem Verwalter wieder auf und erteilt ihm die für das Verfahren erforderlichen Auskünfte zu seinen aktuellen Einkommensverhältnissen, ist unter Berücksichtigung des im Rahmen des § 290 Abs. 1 Nr. 5 geltenden Verhältnismäßigkeitsgrundsatzes zu beurteilen, ob eine erhebliche Verletzung der Auskunfts- und Mitwirkungspflichten vorliegt.[362] 91

d) Kein unwesentlicher Verstoß

Das Unterlassen näherer Angaben zu einem Rechtsstreit, in dem es um Millionenbeträge geht, ist **kein unwesentlicher Verstoß**.[363] Die Mitteilung des Schuldners, es sei nicht zum Abschluss eines Arbeitsvertrages gekommen, kann in Anbetracht des Umstands, dass er später bei dem Arbeitgeber den Arbeitslohn eingefordert hat, auch dann als **nicht unwesentlicher Verstoß** gegen die Auskunfts- und Mitwirkungspflichten zu betrachten sein, wenn die Auskunft später nachgeholt wurde.[364] Hat der Schuldner sich über einen Zeitraum von mehr als neun Monaten beharrlich geweigert, seinen Auskunftspflichten nachzukommen, auf schriftliche Auskunftsverlangen des Insolvenzverwalters nicht reagiert und erst nach Androhung einer Vorführung seine erzielten Einkünfte offengelegt, hat das Insolvenzgericht aufgrund dieses Verhaltens keinen Anlass, sich mit der Frage auseinanderzusetzen, ob die Pflichtverletzungen des Schuldners nur unwesentlich sind.[365] 92

---

355 BGH 03.02.2011, IX ZB 99/09, WM 2011, 416 Rn. 2 zu § 295 Abs. 1 Nr. 3; 19.05.2011, IX ZB 142/11, ZInsO 2011, 1223 Rn. 5; 19.04.2012, IX ZB 192/11, Rn. 5 nv jeweils zu § 290 Abs. 1 Nr. 5.
356 BGH 03.02.2011, IX ZB 99/09, WM 2011, 416 Rn. 2; 10.03.2011, IX ZB 198/09, Rn. 2, nv.
357 vgl. BGH 10.03.2011 – IX ZB 198/09, Rn. 3 nv; 19.04.2012, IX ZB 192/11, Rn. 5 nv; 20.06.2013, IX ZB 208/11, WM, 2013, 1327 Rn. 3.
358 BGH 19.04.2012, IX ZB 192/11, Rn. 5 nv.
359 BGH 17.03.2005, IX ZB 260/03, NZI 2005, 461; 07.12.2006, IX ZB 11/06, ZInsO 2007, 96 Rn. 7; 16.12.2010, IX ZB 63/09, WM 2011, 176 Rn. 6; BayObLG 17.04.2002, 4Z BR 20/02, NZI 2002, 392.
360 BGH 17.09.2009, IX ZB 284/08, WM 2009, 1984 Rn. 11; 20.06.2013, IX ZB 208/11, WM, 2013, 1327 Rn. 3.
361 BGH 07.12.2006, IX ZB 11/06, InsO 2007, 96 Rn. 8.
362 BGH 03.07.2008, IX ZB 181/07, ZInsO 2008, 975 Rn. 9; vgl. a. BGH 09.12.2004, IX ZB 132/04, ZInsO 2005, 146; 07.12.2006, IX ZB 11/06, ZInsO 2007, 96 Rn. 8.
363 BGH 08.10.2009, IX ZB 257/08, ZVI 2010, 30 Rn. 6.
364 BGH 11.03.2010, IX ZB 92/08, Rn. 3, nv.
365 BGH 08.01.2009, IX ZB 73/08, WM 2009, 515 Rn. 21.

e) Rechtsbeschwerdeverfahren

93 Die Frage, ob bei der Versagung der Restschuldbefreiung der verfassungsrechtlich gebotene Verhältnismäßigkeitsgrundsatz beachtet wird, ist einer **Rechtsbeschwerde nicht ohne weiteres zugänglich**. Wo die Wesentlichkeitsgrenze eines Verstoßes des Schuldners gegen § 290 I verläuft, ist keine Frage von rechtsgrundsätzlicher Bedeutung, sondern vom jeweiligen **Einzelfall** abhängig und kann nur anhand des Gesamtbildes des Verhaltens des jeweiligen Schuldners beurteilt werden.[366]

VI. Unzutreffende Verzeichnisse (§ 290 Abs. 1 Nr. 6)

1. Normzweck

94 Der Versagungsgrund des § 290 Abs. 1 Nr. 6 normiert Verhaltensweisen, die nach Einschätzung des Gesetzgebers typischerweise auf eine Unredlichkeit des Schuldners schließen lassen. Eine einengende Betrachtungsweise zu Gunsten des unredlichen Schuldners ist mit dem Normzweck nicht vereinbar. Die Bestimmung soll darauf hinwirken, dass der Schuldner die im Rahmen des Verbraucherinsolvenzverfahrens vorzulegenden Verzeichnisse sorgfältig erstellt und insb. seine Gläubiger richtig und vollständig angibt.[367]

2. Umfang der Mitteilungspflichten

95 Aus der Pflicht seine **Gläubiger richtig und vollständig anzugeben**, folgt insb., dass der Schuldner im Verzeichnis der gegen ihn gerichteten Forderungen auch **Forderungen** anzugeben hat, deren **Bestehen er bestreitet**.[368] Auch spricht hierfür der Wortlaut des Gesetzes, wonach die gegen den Schuldner gerichteten Forderungen zu verzeichnen sind. Gegen den Schuldner gerichtet sind alle Forderungen, die von Gläubigern geltend gemacht werden, auch wenn sie vom Schuldner bestritten sind.[369] In diesem Zusammenhang ist ferner zu berücksichtigen, dass anderenfalls, ein Wertungswiderspruch zu der gefestigten Rechtsprechung entstünde, wonach es nicht der Beurteilung des Schuldners unterliegen darf, Angaben zu unterlassen, weil sie vermeintlich »für die Gläubiger uninteressant« sind.[370] Der **Schuldner** muss allerdings **im Verzeichnis deutlich** machen, dass er die **Forderung bestreitet**. Dies ist schon deshalb notwendig, weil er sonst möglicherweise das **Bestehen einer nicht begründeten Forderung vorspiegelt**, was ebenfalls zur Versagung der Restschuldbefreiung wegen eines unrichtigen Verzeichnisses führen kann.[371] Verschweigt der Schuldner, dass ihm neben seinen Bezügen als Geschäftsführer von seinem Arbeitgeber ein **Kraftfahrzeug auch zur privaten Nutzung** gestellt wird, ist dies geeignet, eine Versagung der Restschuldbefreiung nach § 290 I Nr. 6 zu begründen.[372] Entsprechendes gilt, wenn der **wegen einer Straftat verurteilte Schuldner** die Opfer seiner Straftaten trotz entsprechenden Hinweises des Insolvenzgerichts und damit vorsätzlich nicht als Gläubiger in dem vorgelegten Gläubigerverzeichnis aufführt.[373] Unerheblich ist hierbei, dass diese Forderungen bislang noch nicht eingefordert wurden.[374]

---

366 BGH 07.10.2010, IX ZA 29/10, ZVI 2011, 105 Rn. 7; 31.07.2013, IX ZA 37/12, WM 2013, 1656 Rn. 10.
367 BT-Drucks. 12/7302, 187 f. zu § 346e; BGH 22.02.2007, IX ZB 120/05, ZVI 2007, 327 Rn. 3; 01.12.2011, IX ZB 260/10, NZI 2012, 145 Rn. 14.
368 BGH 02.07.2009, IX ZB 63/08, ZVI 2009, 510 Rn. 7 ff.
369 BGH 02.07.2009, IX ZB 63/08, ZVI 2009, 510 Rn. 8.
370 BGH 23.07.2004, IX ZB 174/03, ZVI 2004, 490 (491); 17.03.2005, IX ZB 260/03, ZVI 2005, 641; 02.07.2009, IX ZB 63/08, ZVI 2009, 510 Rn. 10.
371 BGH 02.07.2009, IX ZB 63/08, ZVI 2009, 510 Rn. 11.
372 *BGH 17.01.2008, IX ZB 154/07, nv.*
373 LG Memmingen 28.01.2013, 43 T 106/13, ZInsO 2013, 614, 615; *Schmittmann* VIA 2013, 47.
374 LG Memmingen 28.01.2013, 43 T 106/13, ZInsO 2013, 614, 615.

3. Antragsbefugnis

Gibt der Schuldner im Forderungsverzeichnis gem. § 305 Abs. 1 Nr. 3 eine Forderung nicht an, ist nicht nur der Inhaber der nicht angegebenen Forderung, sondern auch jeder andere Insolvenzgläubiger befugt, einen Versagungsantrag gem. § 290 Abs. 1 Nr. 6 zu stellen.[375]

96

4. Keine Beeinträchtigung der Gläubiger erforderlich

Der Versagungsgrund des § 290 Abs. 1 Nr. 6 setzt nicht voraus, dass die falschen oder unvollständigen Angaben zu einer Gläubigerbenachteiligung geführt haben. Es reicht vielmehr aus, dass die Pflichtverletzung ihrer Art nach geeignet ist, die Befriedigung der Gläubiger zu gefährden.[376] Das ist immer dann der Fall, wenn der Gläubiger einer Insolvenzforderung nicht im Verzeichnis aufgeführt ist, weil dadurch seine Teilnahme am Verfahren in Frage gestellt wird. Ob es dem Gläubiger gelungen ist, seine Forderung noch rechtzeitig anzumelden, ist unerheblich.[377] Von Bedeutung kann aber sein, ob die unrichtigen Schuldnerangaben von vorneherein als bedeutungslos für die Befriedigung der Insolvenzgläubiger erscheinen.[378]

97

5. Vorsatz

Zum Begriff vgl. Rdn. 39.

98

6. Grobe Fahrlässigkeit

a) Begriff

Zum Begriff vgl. Rdn. 40.

99

b) Zurechnung fremden Fehlverhaltens

Eine Versagung der Restschuldbefreiung allein wegen des Fehlverhaltens einer Hilfsperson kommt bei § 290 Abs. 1 Nr. 6 nicht in Betracht.[379] Dies gilt auch für ein Fehlverhalten des Verfahrensbevollmächtigten des Schuldners. Eine Zurechnung gem. § 4 InsO, § 85 Abs. 2 ZPO scheidet im Anwendungsbereich des § 290 Abs. 1 Nr. 6 aus, weil es hier alleine auf die Redlichkeit des Schuldners ankommt.[380]

100

c) Einzelfälle

Das ungeprüfte Unterschreiben eines von dritter Seite ausgefüllten Verzeichnisses wird regelmäßig als grob fahrlässig, unter Umständen sogar als bedingt vorsätzlich hinsichtlich jeglicher **im Text enthaltenen Unrichtigkeit** anzusehen sein.[381]

101

---

375 BGH 22.02.2007, IX ZB 120/05, ZVI 2007, 327 Rn. 3; 21.01.2010, IX ZB 164/09, ZInsO 2010, 631 Rn. 15; 01.12.2011, IX ZB 260/10, NZI 2012, 145 Rn. 14; a.A. FK-InsO/*Ahrens* Rn. 75 unter Bezugnahme auf *ders* NZI 2001, 113 (116f).
376 BGH 23.07.2004, IX ZB 174/03, WM 2004, 1840 (1842); 22.02.2007, IX ZB 120/05, ZVI 2007, 327 Rn. 3; 02.07.2009, IX ZB 63/08, ZVI 2009, 510 Rn. 16; 24.03.2011 – IX ZB 80/09, ZInsO 2011, 835 Rn. 3; 28.06.2012, IX ZB 259/11, ZInsO 2013, 99 Rn. 10.
377 BGH 02.07.2009, IX ZB 63/08, ZVI 2009, 510 Rn. 16; 24.03.2011 – IX ZB 80/09, ZInsO 2011, 835 Rn. 3; 28.06.2012, IX ZB 259/11, ZInsO 2013, 99 Rn. 10.
378 BGH 23.07.2004, IX ZB 174/03, WM 2004, 1840 (1842); 17.03.2005, IX ZB 260/03, ZVI 2005, 641; 22.02.2007, IX ZB 120/05, ZVI 2007, 327 Rn. 3.
379 BGH 10.02.2011, IX ZB 250/08, ZVI 2011, 209 Rn. 8.
380 BGH 10.02.2011, IX ZB 250/08, ZVI 2011, 209 Rn. 8.
381 BGH 10.02.2011, IX ZB 250/08, ZVI 2011, 209 Rn. 9 unter Bezugnahme auf BGH 11.05.2010, IX ZB 167/09, ZVI 2010, 345 Rn. 11; ferner 14.06.2012, IX ZA 76/11, Rn. 5, nv.

§ 290 InsO Versagung der Restschuldbefreiung

d) Verfahrensrechtliche Fragen

102 Vgl. hierzu Rdn. 41.

7. Einfache Fahrlässigkeit

103 Die **Nichtangabe einer als Mietsicherheit** verpfändeten Forderung in dem nach § 305 Abs. 1 Nr. 3 eingereichten Vermögensverzeichnis kann unter besonderen Umständen, die darauf schließen lassen, dass der Schuldner die Forderung nicht unterdrücken will, **lediglich als fahrlässiges Fehlverhalten** zu werten sein.[382] Ein **unvermeidbarer Rechtsirrtum des Schuldners** über den Umfang seiner aus §§ 305, 307 folgenden Pflichten kann im Einzelfall Vorsatz und grobe Fahrlässigkeit im Einzelfall ausschließen.[383] Dies kann z.B. der Fall sein, wenn der Schuldner irrtümlich angenommen hat, eine Forderung habe rechtlich oder wirtschaftlich überhaupt nicht zu seinem Vermögen gehört, weil sie nur aus prozesstaktischen Gründen von seiner Ehefrau an ihn abgetreten worden sei.[384]

8. Entlastende Umstände

104 Wenn der Schuldner eine Forderung im Forderungsverzeichnis nicht angegeben hat und der betreffende Gläubiger seine Forderung nach Verfahrenseröffnung alsbald selbst anmeldet, vermag dieser Umstand den Schuldner nicht zu entlasten.[385] Entlastend könnte allenfalls eine Berichtigung durch den Schuldner selbst noch vor jener Anmeldung sein.[386]

9. Verhältnismäßigkeitsgrundsatz

a) Grundsatz

105 Dem Anliegen, nicht jedwede noch so **geringfügige Verletzung von Auskunftspflichten** durch die Versagung der Restschuldbefreiung zu ahnden, wird auch im Rahmen des § 290 Abs. 1 Nr. 6 durch die **Anwendung des Verhältnismäßigkeitsgrundsatzes** Rechnung getragen.[387] Bei ganz unwesentlichen Verstößen darf die Restschuldbefreiung nicht versagt werden.[388] Wo die Wesentlichkeitsgrenze verläuft, ist vom jeweiligen Einzelfall abhängig.[389] Es kann nur anhand des Gesamtbildes, das sich aus dem Verhalten des jeweiligen Schuldners ergibt, beurteilt werden, ob er trotz Vorliegens eines der von § 290 Abs. 1 erfassten Verstöße noch als redlich angesehen werden kann.[390]

b) Einzelfälle

106 Dies kann der Fall sein, wenn ein »geringes Geschäftsguthaben« von etwa 400 EUR »vergessen« wird.[391] Anderes gilt bei einer verschwiegenen Forderung von annähernd 4.000 EUR bei angemeldeten Forderungen in Höhe von insgesamt rund 143.000 EUR.[392]

---

[382] BGH 27.09.2007, IX ZB 243/06, WM 2007, 2122 Rn. 11.
[383] BGH 02.07.2009, IX ZB 63/08, NZI 2009, 562 Rn. 14; 16.09.2010, IX ZB 128/09, NZI 2010, 911 Rn. 2; 10.02.2011, IX ZB 250/08, ZVI 2011, 209 Rn. 11.
[384] BGH 16.09.2010, IX ZB 128/09, NZI 2010, 911 Rn. 2.
[385] BGH 21.01.2010, IX ZB 164/09, ZInsO 2010, 631 Rn. 15.
[386] BGH 17.09.2009, IX ZB 284/08, NZI 2009, 777 Rn. 11; 21.01.2010, IX ZB 164/09, ZInsO 2010, 631 Rn. 15.
[387] BGH 02.07.2009, IX ZB 63/08, ZVI 2009, 510 Rn. 15.
[388] BGH 09.12.2004, IX ZB 132/04, NZI 2005, 233 (234); 02.07.2009, IX ZB 63/08, ZVI 2009, 510 Rn. 15.
[389] BGH 09.12.2004, IX ZB 132/04, NZI 2005, 233 (234); 07.10.2010, IX ZA 29/10, ZVI 2011, 105 Rn. 7.
[390] *BGH 07.10.2010, IX ZA 29/10, ZVI 2011, 105 Rn. 7.*
[391] BGH 09.12.2004, IX ZB 132/04, NZI 2005, 233 (234).
[392] BGH 02.07.2009, IX ZB 63/08, ZVI 2009, 510 Rn. 15.

§ 290 n.F. Versagung der Restschuldbefreiung
[Tritt am 01.07.2014 in Kraft]

(1) Die Restschuldbefreiung ist durch Beschluss zu versagen, wenn dies von einem Insolvenzgläubiger, der seine Forderung angemeldet hat, beantragt worden ist und wenn
1. der Schuldner in den letzten fünf Jahren vor dem Antrag auf Eröffnung des Insolvenzverfahrens oder nach diesem Antrag wegen einer Straftat nach den § 283 bis 283c des Strafgesetzbuches rechtskräftig zu einer Geldstrafe von mindestens neunzig Tagessätzen oder einer Freiheitsstrafe von mindestens drei Monaten rechtskräftig verurteilt worden ist,
2. der Schuldner in den letzten drei Jahren vor dem Antrag auf Eröffnung des Insolvenzverfahrens oder nach diesem Antrag vorsätzlich oder grob fahrlässig schriftlich unrichtige oder unvollständige Angaben über seine wirtschaftlichen Verhältnisse gemacht hat, um einen Kredit zu erhalten, Leistungen aus öffentlichen Mitteln zu beziehen oder Leistungen an öffentliche Kassen zu vermeiden,
3. (gestrichen)
4. der Schuldner in den letzten drei Jahren vor dem Antrag auf Eröffnung des Insolvenzverfahrens oder nach diesem Antrag vorsätzlich oder grob fahrlässig die Befriedigung der Insolvenzgläubiger dadurch beeinträchtigt hat, daß er unangemessene Verbindlichkeiten begründet oder Vermögen verschwendet oder ohne Aussicht auf eine Besserung seiner wirtschaftlichen Lage die Eröffnung des Insolvenzverfahrens verzögert hat,
5. der Schuldner Auskunfts- oder Mitwirkungspflichten nach diesem Gesetz vorsätzlich oder grob fahrlässig verletzt hat,
6. der Schuldner in der nach § 287 Absatz 1 Satz 3 vorzulegenden Erklärung und den nach § 305 Absatz 1 Nummer 3 vorzulegenden Verzeichnissen seines Vermögens und seines Einkommens, seiner Gläubiger und der gegen ihn gerichteten Forderungen vorsätzlich oder grob fahrlässig unrichtige oder unvollständige Angaben gemacht hat,
7. der Schuldner seine Erwerbsobliegenheit nach § 287b verletzt und dadurch die Befriedigung der Insolvenzgläubiger beeinträchtigt; dies gilt nicht, wenn den Schuldner kein Verschulden trifft; § 296 Absatz 2 Satz 2 und 3 gilt entsprechend.

(2) Der Antrag des Gläubigers kann bis zum Schlusstermin oder bis zur Entscheidung nach § 211 Absatz 1 schriftlich gestellt werden; er ist nur zulässig, wenn ein Versagungsgrund glaubhaft gemacht wird. Die Entscheidung über den Versagungsantrag erfolgt nach dem gemäß Satz 1 maßgeblichem Zeitpunkt.

(3) Gegen den Beschluss steht dem Schuldner und jedem Insolvenzgläubiger, der die Versagung der Restschuldbefreiung beantragt hat, die sofortige Beschwerde zu. Der Beschluss ist öffentlich bekannt zu machen.

Übersicht	Rdn.		Rdn.
I. Grundsätzliches	1	VI. Versagungsgrund des § 290 Abs. 1 Nr. 5 n.F. (Verletzung von Auskunfts- und Mitwirkungsverletzungen)	6
II. Antragsbefugnis	2		
III. Versagungsgrund des § 290 Abs. 1, Nr. 1 n.F. (Insolvenzstraftaten)	3	VII. Versagungsgrund des § 290 Abs. 1 Nr. 6 n.F. (Unzutreffende Verzeichnisse und Erklärungen)	7
IV. Versagungsgrund des § 290 Abs. 1 Nr. 3 a.F.	4	VIII. Versagungsgrund des § 290 Abs. 1 Nr. 7 n.F. (Verstoß gegen die Erwerbsobliegenheit)	8
V. Versagungsgrund des § 290 Abs. 1 Nr. 4 n.F. (Verringerung der Insolvenzmasse)	5		

§ 290 n.F. InsO   Versagung der Restschuldbefreiung

I. Grundsätzliches

1   Die Vorschrift tritt am 01.07.2014 in Kraft.[1] Von einer Vereinheitlichung der Versagungsgründe und eine Zusammenfassung der Pflichten und Obliegenheiten des Schuldners im Insolvenz- und Restschuldbefreiungsverfahren über die Konsolidierung der Sperrfristen in § 287 Abs. 5 n.F. und § 290 Nr. 2 bis 7 n.F. hat der Gesetzgeber bewusst abgesehen.[2] Die §§ 290, 295, 297 f. und 303 bilden ein abgestuftes System von Versagungs- und Widerrufsgründen auf dem Weg zur Restschuldbefreiung. Mit dieser Konzeption soll die Erwartung der Gläubiger hinsichtlich der Befriedigung ihrer Forderungen mit dem Vertrauen des Schuldners in einen erfolgreichen Abschluss des Restschuldbefreiungsverfahrens in Ausgleich gebracht werden.[3] Mit jedem Verfahrensschritt, wie etwa dem erfolgreichen Durchlaufen des Insolvenzverfahrens, steigen die Anforderungen, die an eine Versagung oder einen Widerruf der Restschuldbefreiung zu stellen sind, an.[4]

II. Antragsbefugnis

2   § 290 Abs. 1, Satz 1, 2. Hs. n.F. begrenzt die Antragsbefugnis auf die Insolvenzgläubiger, welche Forderungen im Verfahren angemeldet haben. Damit wird die bisherige höchstrichterliche Rechtsprechung[5] kodifiziert,[6] die nur diesen Insolvenzgläubigern ein Antragsrecht zubilligt. Die Einschränkung des Antragsrechts gilt ohne ausdrückliche Regelung über die Grundnorm des § 290 n.F. hinaus auch für die anderen Anträge auf Versagung oder Widerruf der Restschuldbefreiung.[7]

III. Versagungsgrund des § 290 Abs. 1, Nr. 1 n.F. (Insolvenzstraftaten)

3   Die Vorschrift weist zwei grundlegende Veränderungen auf: Zum Einen besteht nunmehr eine **Fünfjahresfrist**, nach deren Ablauf die Versagung der Restschuldbefreiung aufgrund einer Verurteilung wegen der aufgeführten Straftaten nicht mehr gerechtfertigt ist. Zum Anderen wurde eine **Erheblichkeitsgrenze** geschaffen, nach der nur die Verurteilung zu einer Geldstrafe von mehr als 90 Tagessätzen oder zu einer Freiheitsstrafe von mehr als drei Monaten zur Versagung der Restschuldbefreiung führt. Durch die Einführung der fünfjährigen Frist wird klargestellt, dass eine Versagung der Restschuldbefreiung künftig nicht mehr auf Verurteilungen wegen einer Katalogtat gestützt werden kann, die länger als fünf Jahre zurückliegen. Bislang wurde auf die Tilgungsfristen des § 46 BZRG zurückgegriffen. Da diese im Regelfall zehn bis 15 Jahre betragen, galt – zur Vermeidung von Wertungswidersprüchen mit § 290 Abs. 1, Nr. 3 a.F. – eine maximal zehnjährige Frist. Die neue fünfjährige Frist orientiert sich an den Höchstfristen des § 34 BZRG[8] und schafft die erforderliche Klarheit.[9] Diese Vorschrift regelt die Fristen, die für die Aufnahme von Straftaten in ein Führungszeugnis gelten. Ist eine Straftat wegen Ablaufs der in § 34 BZRG vorgesehenen Frist nicht mehr in das Führungszeugnis aufzunehmen und gilt die Person insoweit als unbestraft, so soll die Straftat auch nicht mehr einer Erteilung der Restschuldbefreiung entgegenstehen. Schließlich steht die Fünfjahresfrist mit den Regelungen des GmbH-Gesetzes und des Aktiengesetzes in Einklang, wonach der Schuldner bei rechtskräftiger Verurteilung wegen einer Insolvenzstraftat nur fünf Jahre von der Geschäftsführung (§ 6 Abs. 2, Satz 2 Nr. 3b GmbHG) oder aus dem Vorstand einer Aktiengesellschaft (§ 76

---

1   Art. 9 Satz 1 des Gesetzes zur Verkürzung des Restschuldbefreiungsverfahrens und zur Stärkung der Gläubigerrechte, BGBl. I, 2385.
2   BT-Drucks. 17/11268, 26.
3   BT-Drucks. 17/11268, 26.
4   BT-Drucks. 17/11268, 26.
5   BGH 22.02.2007, IX ZB 120/05, ZVI 2007, 327 f.; 08.10.2009, IX ZB 257/08, ZVI 2010, 30 Rn. 3; 10.08.2010, IX ZB 127/10, NZI 2010, 865 Rn. 4; 11.10.2012, IX ZB 230/09, ZVI 2012, 469 Rn. 10.
6   BT-Drucks. 17/11268, 24 bezieht sich hierbei auf BGH 22.02.2007, IX ZB 120/05, ZVI 2007, 327 f; 08.10.2009, IX ZB 257/08, ZVI 2010, 30.
7   *BT-Drucks. 17/11268, 26.*
8   BT-Drucks. 17/11268, 26.
9   *Grote/G. Pape* ZinsO 2013, 1433 (1442).

Abs. 3, Nr. 3b AktG) ausgeschlossen ist.[10] Mit der neuen **Erheblichkeitsgrenze** werden Bagatelltaten aus dem Anwendungsbereich der Vorschrift ausgeschieden.[11] Damit wird sichergestellt, dass künftig nicht mehr jede Verurteilung wegen einer vergleichsweise unbedeutenden Straftat zur Versagung der Restschuldbefreiung führen kann.[12] Der hierfür erforderliche **Schwellenwert** übernimmt die Wertung des § 32 Abs. 2 Nr. 5 BZRG.[13]

IV. Versagungsgrund des § 290 Abs. 1 Nr. 3 a.F.

Da der bisher in § 290 Abs. 1 Nr. 3 a.F. geregelte Versagungsgrund einer bereits erteilten oder versagten Restschuldbefreiung als Zulässigkeitsvoraussetzung in § 287a Abs. 2 n.F. eingestellt wurde, war § 290 Abs. 1 Nr. 3 a.F. zu streichen.[14]

V. Versagungsgrund des § 290 Abs. 1 Nr. 4 n.F. (Verringerung der Insolvenzmasse)

Da die **Sperrfristen** entsprechend dem Unwertgehalt der vom Schuldner begangenen Pflichtverstöße angeglichen werden sollen, war die bisherige einjährige Frist in § 290 Abs. 1 Nr. 4 a.F. auf drei Jahre anzuheben.[15] Größere Beweisschwierigkeiten als bei anderen Versagungsgründen sind bei einer **Anhebung auf drei Jahre** nicht zu erwarten.[16]

VI. Versagungsgrund des § 290 Abs. 1 Nr. 5 n.F. (Verletzung von Auskunfts- und Mitwirkungsverletzungen)

Die Streichung der bisher in § 290 I Nr. 5 a.F. enthaltenen Formulierung »während des Insolvenzverfahrens« trägt der höchstrichterlichen Rechtsprechung[17] und der überwiegenden Ansicht im Schrifttum[18] Rechnung, wonach der bisherige Versagungsgrund der Nr. 5 trotz des einschränkenden Wortlauts auch die im Eröffnungsverfahren geltenden Auskunfts- und Mitwirkungsverpflichtungen erfasst.[19]

VII. Versagungsgrund des § 290 Abs. 1 Nr. 6 n.F. (Unzutreffende Verzeichnisse und Erklärungen)

Die **Ergänzung** ist Folge der Verlagerung des bisherigen Versagungsgrundes des § 290 Abs. 1 Nr. 3 a.F. als Zulässigkeitsvoraussetzung in § 287a Abs. 2 n.F. unter Einführung einer entsprechenden **Erklärungspflicht** des Schuldners in § 287 Abs. 1 n.F.[20] Von einem Schuldner, der von seinen Verbindlichkeiten befreit werden will, kann erwartet werden, dass er diese Verpflichtung ordnungsgemäß erfüllt. Ist dies nicht der Fall, können die Gläubiger gemäß § 290 Abs. 1 Nr. 6 n.F. eine Versagung der Restschuldbefreiung beantragen.[21]

---

10 BT-Drucks. 17/11268, 26.
11 *Grote/G. Pape* ZInsO 2013, 1433 (1442).
12 BT-Drucks. 17/11268, 27.
13 BT-Drucks. 17/11268, 27.
14 BT-Drucks. 17/11268, 27.
15 BT-Drucks. 17/11268, 27.
16 BT-Drucks. 17/11268, 27.
17 BGH 16.12.2004, IX ZB 72/03, ZVI 2005, 124 (125); 15.11.2007, IX ZB 159/06, Rn. 8, nv; 09.10.2008, IX ZB 212/07, ZVI 2009, 38 Rn. 6; 13.01.2011, IX ZB 163/10, ZInsO 2011, 396 Rn. 3; 19.05.2011, IX ZB 142/11, ZInsO 2011, 1223 Rn. 5.
18 FK-InsO/*Ahrens* § 290 Rn. 55; HK-InsO/*Landfermann* § 290 Rn. 28; MüKo-InsO/*Stephan* § 290 Rn. 75; *G. Pape*/Uhländer § 290 Rn. 60; Uhlenbruck/*Vallender* § 290 Rn. 71; HambK-InsR/*Streck* § 290 Rn. 31.
19 BT-Drucks. 17/11268, 27.
20 BT-Drucks. 17/11268, 27.
21 BT-Drucks. 17/11268, 27; *Grote/G. Pape* ZInsO 2013, 1433 (1443).

VIII. Versagungsgrund des § 290 Abs. 1 Nr. 7 n.F. (Verstoß gegen die Erwerbsobliegenheit)

8 Die **Vorverlagerung der Erwerbsobliegenheit** auf den Zeitraum vor der Aufhebung des Insolvenzverfahrens erfordert auch eine **Ausdehnung der Sanktionsmöglichkeiten**.[22] Die Versagung der Restschuldbefreiung wegen einer Verletzung der Erwerbsobliegenheit während des Insolvenzverfahrens wurde aus zwei Gründen in § 290 n.F. verankert. Zum einen enthält § 290 schon systematisch alle Versagungsgründe, die den Zeitraum bis zum Schlusstermin betreffen und von den Gläubigern auch bis spätestens zum Schlusstermin geltend gemacht werden müssen. Zum anderen sollen die Gläubiger mit ihrem Antrag auf Versagung der Restschuldbefreiung wegen einer Verletzung der Erwerbsobliegenheit während des Insolvenzverfahrens **nicht** an die **subjektive Kenntnisnahmefrist** des § 296 Abs. 1 Satz 2 InsO gebunden sein. Vielmehr sollen die Gläubiger bis zum Schlusstermin und damit dem Zeitpunkt, zu dem die Quote berechnet ist, in ihrer Entscheidung frei sein.[23] Im Übrigen handelt es sich um eine auf der Beschlussempfehlung des Rechtsausschusses des Deutschen Bundestags beruhende redaktionelle Folgeänderung zu Artikel 1 Nummer 20 des Gesetzentwurfs, wonach ein Verstoß gegen die Erwerbsobliegenheit während des Insolvenzverfahrens, die eigenständig in § 287b n.F. geregelt ist, als neuer Versagungsgrund geltend gemacht werden kann.[24] Die Einschränkung der Verweisung auf § 296 Abs. 2, Satz 2, 3 n.F. dient der Klarstellung.[25]

IX Zeitpunkt der Antragstellung

9 § 290 Abs. 2, Satz 1 n.F. ist dahingehend ergänzt, dass der Gläubiger jederzeit schriftlich bis zum Schlusstermin den **Versagungsantrag** stellen kann. Die Regelung ersetzt die bisher in § 290 Abs. 1 a.F. enthaltene Regelung, die eine Antragstellung der Gläubiger lediglich im Schlusstermin zuließ.[26] Die Neuregelung eröffnet nunmehr den Gläubigern die Möglichkeit, einen Versagungsantrag sowohl im schriftlichen wie auch im mündlichen Verfahren bis zum Schlusstermin zu stellen.[27]

X Zeitpunkt der Verbescheidung des Versagungsantrags

10 Nach § 290 Abs. 2, Satz 2 n.F. hat das Insolvenzgericht **nach dem Schlusstermin** über alle Versagungsanträge zu entscheiden. Diese Regelung entspricht im Kern dem bisherigen § 289 Abs. 1, Satz 2 a.F.[28] Da nach der Konzeption der gesetzlichen Neuregelung die Insolvenzgläubiger nunmehr bis zum Schlusstermin einen Versagungsantrag stellen können, ist im Interesse der Justizentlastung vorgesehen, dass das Gericht über alle Anträge erst nach diesem Termin zu entscheiden hat. Damit ist zugleich klargestellt, dass diese Sachbehandlung nicht als unangemessene Verfahrensdauer gemäß § 198 Abs. 1 GVG gewertet werden kann.[29]

XI Rechtsmittel

11 Gegen einen Beschluss über die Versagung der Restschuldbefreiung nach § 290 n.F. steht dem Schuldner und jedem Insolvenzgläubiger, der die Versagung beantragt hat, die sofortige Beschwerde zu (§ 290 Abs. 3, Satz 1 n.F.). Der Beschluss ist öffentlich bekannt zu machen (§ 290 Abs. 3 n.F.). Die Vorschrift des § 290 Abs. 3 n.F. entspricht damit dem Grunde nach dem bisherigen § 289 Abs. 2, Satz 1, 3 a.F.[30]

---

22 BT-Drucks. 17/11268, 27.
23 BT-Drucks. 17/11268, 27.
24 BT-Drucks. 17/13535, 39.
25 BT-Drucks. 17/13535, 39.
26 BT-Drucks. 17/11268, 27.
27 BT-Drucks. 17/11268, 27.
28 *BT-Drucks. 17/11268, 27.*
29 BT-Drucks. 17/11268, 27.
30 BT-Drucks. 17/11268, 27.

§ 291 Ankündigung der Restschuldbefreiung

(1) Sind die Voraussetzungen des § 290 nicht gegeben, so stellt das Gericht in dem Beschluß fest, daß der Schuldner Restschuldbefreiung erlangt, wenn er den Obliegenheiten nach § 295 nachkommt und die Voraussetzungen für eine Versagung nach § 297 oder § 298 nicht vorliegen.

(2) Im gleichen Beschluß bestimmt das Gericht den Treuhänder, auf den die pfändbaren Bezüge des Schuldners nach Maßgabe der Abtretungserklärung (§ 287 Abs. 2) übergehen.

Übersicht	Rdn.		Rdn.
A. Normzweck	1	I. Entscheidung nach freiem Ermessen	4
B. Ankündigung der Restschuldbefreiung	2	II. Regelinsolvenzverfahren	5
I. Zeitlicher Ablauf	2	III. Vereinfachte Insolvenzverfahren	6
II. Hinweis auf Befolgung der Obliegenheiten	3	IV. Laufzeit der Abtretungserklärung	7
C. Bestellung des Treuhänders	4	D. Vorzeitige Erteilung der Restschuldbefreiung	8

A. Normzweck

Die Bestimmung regelt den **Inhalt des Beschlusses**, durch den das Insolvenzgericht im Schlusstermin über den Antrag des Schuldners auf Restschuldbefreiung entscheidet, wenn kein Versagungsantrag vorliegt oder die gestellten Versagungsanträge keinen Erfolg haben.[1] Die gerichtliche Entscheidung enthält **deklaratorische und konstitutive Elemente**.[2] Durch die förmliche Ankündigung der Restschuldbefreiung und der Voraussetzungen, unter sie eintritt, wird **Rechtsklarheit für den Schuldner und dessen Gläubiger** erzielt.[3] Die **Bestimmung des Treuhänders** schafft Klarheit über den Adressaten der Abtretungserklärung und bestimmt die Person, auf die das Gericht die abgetretenen Ansprüche überleitet.[4]

B. Ankündigung der Restschuldbefreiung

I. Zeitlicher Ablauf

Die Ankündigung der Restschuldbefreiung erfolgt zeitlich vor der Aufhebung des Insolvenzverfahrens.[5] Entsprechend regelt § 289 Abs. 2 Satz 2, dass das Insolvenzverfahren erst nach Rechtskraft des Beschlusses über die Ankündigung der Restschuldbefreiung aufgehoben wird. Solange das Verfahren nicht aufgehoben ist, beginnt die Wohlverhaltensphase nicht zu laufen. Neuerwerb, den der Schuldner bis zur Aufhebung des Insolvenzverfahrens erlangt, fällt nach den §§ 35, 36 auch dann noch in die Masse, wenn bereits die Restschuldbefreiung angekündigt worden ist.[6]

II. Hinweis auf Befolgung der Obliegenheiten

Nach § 291 Abs. 1 enthält der Beschluss über die Ankündigung der Restschuldbefreiung, der aufgrund der Anhörung im Schlusstermin gefasst wird (§ 289), den **Hinweis** darauf, dass der Schuldner den Obliegenheiten nach § 295 nachzukommen hat. Der Hinweis bezieht sich **nur auf die Zukunft**.[7] Das Verhalten des Schuldners in der Vergangenheit wird, wie sich hinreichend deutlich aus § 291 Abs. 1 ergibt, nur nach Maßgabe des § 290 überprüft.[8] Über eine Obliegenheitsverlet-

---

1 HK-InsO/*Landfermann* Rn. 1; Uhlenbruck/*Vallender* Rn. 1.
2 FK-InsO/*Ahrens* Rn. 1; MüKo-InsO/*Stephan* Rn. 1.
3 HK-InsO/*Landfermann* Rn. 1; MüKo-InsO/*Stephan* Rn. 1; HambK-InsR/*Streck* Rn. 1.
4 Graf-Schlicker/*Kexel* Rn. 1.
5 BGH 30.09.2010, IX ZB 85/10, WM 2010, 2126 Rn. 3; FK-InsO/*Ahrens* Rn. 17; Uhlenbruck/*Vallender* Rn. 32; MüKo-InsO/*Stephan* Rn. 32.
6 BGH 15.07.2010, IX ZB 229/07, WM 2010, 1610 Rn. 4; 30.09.2010, IX ZB 85/10, WM 2010, 2126 Rn. 3.
7 BGH 18.12.2008, IX ZB 249/07, ZVI 2009, 170 Rn. 10.
8 BGH 29.06.2004, IX ZB 90/03, NZI 2004, 635, 636; 18.12.2008, IX ZB 249/07, ZVI 2009, 170 Rn. 10.

zung des Schuldners i.S.d. §§ 295, 296 ist im Verfahren der Entscheidung nach § 291 Abs. 1, wie sich unmittelbar aus dem Gesetz ergibt, nicht zu befinden.[9] Daher trifft den Schuldner in dem vorangehenden Abschnitt des Verfahrens noch nicht die Obliegenheit einer angemessenen Erwerbstätigkeit gem. § 295 Abs. 1 Nr. 1.[10] Das Gleiche gilt für die Regelung des Erwerbs von Todes wegen in § 295 Abs. 1 Nr. 2.[11]

C. Bestellung des Treuhänders

I. Entscheidung nach freiem Ermessen

4 Das Insolvenzgericht entscheidet über die Bestellung des Treuhänders nach freiem Ermessen.[12] Das gilt auch dann, wenn ein Vorschlag nach § 288 (vgl. Rdn. 2) vorliegt. Hieran ist das Gericht nicht gebunden[13]. Bei einem übereinstimmenden Vorschlag von Schuldner und Gläubigern besteht für das Gericht gleichfalls keine Verpflichtung, dem Vorschlag zu folgen. Auch insoweit ist eine **Entscheidung nach freiem Ermessen** zu treffen.[14]

II. Regelinsolvenzverfahren

5 Das Gericht kann im Regelinsolvenzverfahren auch eine andere Person als den Insolvenzverwalter zum Treuhänder bestellen.[15]

III. Vereinfachte Insolvenzverfahren

6 Die Bestellung eines Treuhänders im vereinfachten Insolvenzverfahren wirkt für die Wohlverhaltensphase fort, sofern die Bestellung im Eröffnungsbeschluss keine Einschränkung enthält.[16] Dies folgt aus der gesetzlichen Regelung in § 313 Abs. 1, wonach im vereinfachten Insolvenzverfahren der Treuhänder (§ 292) auch die Aufgaben des Insolvenzverwalters wahrnimmt und deshalb abweichend von § 291 Abs. 2 bereits bei der Eröffnung des Insolvenzverfahrens bestimmt wird. Es entspricht auch der Vorstellung des Gesetzgebers, der mit der Regelung in § 313 Abs. 1 gewährleisten wollte, dass bei Kleininsolvenzen nur eine Person für die Wahrnehmung der Verwalter- und Treuhänderaufgaben bestellt wird, weil dies zu einer Vereinfachung des Verfahrens und damit auch dazu führe, dass kostengünstiger abgewickelt werden könne.[17] Der Beschluss, mit dem für die Wohlverhaltensphase ein neuer Treuhänder bestellt wird, enthält zugleich schlüssig die **Entlassung des zuvor für das vereinfachte Insolvenzverfahren bestellten Treuhänders**.[18] Gegen diesen Beschluss steht dem entlassenen Treuhänder die sofortige Beschwerde zu.[19]

---

9 BGH 29.06.2004, IX ZB 90/03, ZVI 2004, 418 (419); 05.04.2006, IX ZB 227/04, ZVI 2006, 596 Rn. 4; 11.01.2007, IX ZR 133/06, ZEV 2007, 281 Rn. 4.
10 BGH 11.01.2007, IX ZR 133/06, ZEV 2007, 281 Rn. 4.
11 BGH 11.01.2007, IX ZR 133/06, ZEV 2007, 281 Rn. 4.
12 FK-InsO/*Ahrens* Rn. 7; Uhlenbruck/*Vallender* Rn. 2; Graf-Schlicker/*Kexel* Rn. 4.
13 FK-InsO/*Ahrens* Rn. 7; FK-InsO/*Grote* § 288 Rn. 14; HK-InsO/*Landfermann* § 288 Rn. 2; MüKo-InsO/*Stephan* Rn. 18.
14 AG Göttingen 22.11.2004, 74 IN 137/02, NZI 2005, 117; Uhlenbruck/*Vallender* § 288 Rn. 2.
15 BGH 18.12.2003, IX ZB 60/03, ZVI 2004, 57.
16 BGH 24.07.2003 – IX ZB 458/02, ZInsO 2003, 750; 17.06.2004, IX ZB 92/03, ZVI 2004, 554; 15.11.2007, IX ZB 237/06, ZVI 2008, 35 Rn. 8; 15.11.2007, IX ZB 8/07, Rn. 2 nv; 26.01.2012, IX ZB 15/11, ZInsO 2012, 455 Rn. 5.
17 BT-Drucks. 12/7302, S. 193 zu § 357j RegE-InsO; BGH 26.01.2012, IX ZB 15/11, ZInsO 2012, 455 Rn. 5.
18 BGH 15.11.2007, IX ZB 237/06, ZVI 2008, 35 Rn. 5; 26.01.2012, IX ZB 15/11, ZInsO 2012, 455 Rn. 6.
19 BGH 15.11.2007, IX ZB 237/06, ZVI 2008, 35 Rn. 5.

IV. Laufzeit der Abtretungserklärung

Nach dem Wortlaut des Gesetzes muss der Beschluss über die Ankündigung der Restschuldbefreiung nach § 291 keine Aussage zur Laufzeit der Abtretungserklärung enthalten.[20] Die Angabe der durch § 287 Abs. 2 Satz 1 vorgegebenen Laufzeit wird lediglich im **Interesse der Rechtsklarheit** für wünschenswert gehalten. Kommt nach Art. 107 EGInsO noch eine auf fünf Jahre **verkürzte Laufzeit** in Betracht, wird eine Verpflichtung des Insolvenzgerichts zur Festlegung der Laufzeit im Beschluss angenommen, weil die Gläubiger und der Schuldner einen Anspruch auf Klarheit über die Dauer der Wohlverhaltensphase haben.[21] Gleiches gilt für Verfahren, die vor dem 01.12.2001 eröffnet wurden.[22] Für diese Verfahren besteht ein Bedürfnis für die Feststellung, dass die Regelung des § 287 Abs. 2 n.F. nicht gilt.[23]

D. Vorzeitige Erteilung der Restschuldbefreiung

Der Treuhänder hat die aufgrund Abtretung erlangten Beträge einmal jährlich auf der Grundlage des Schlussverzeichnisses an die Insolvenzgläubiger zu verteilen (§ 292 Abs. 2 Satz 2)[24]. Diese Regelung beruht auf der Annahme, dass es Gläubiger gibt, die ihre Forderungen im Insolvenzverfahren angemeldet haben und deren Ansprüche deshalb durch den Treuhänder zu befriedigen sind. Ob der Schuldner auch dann die Wohlverhaltensphase durchlaufen muss, wenn keine Forderungen angemeldet worden sind, hat der Gesetzgeber nicht geregelt. Es handelt sich um eine **planwidrige Gesetzeslücke**, die im Wege der Analogie (§ 299) zu schließen ist. Danach kann dem Schuldner **bei fehlenden Gläubigeranmeldungen** die Restschuldbefreiung **bereits im Schlusstermin** erteilt werden, sofern er belegt, dass die Verfahrenskosten und die sonstigen Masseverbindlichkeiten getilgt sind.[25] Weist der Schuldner erst später nach, dass keine Kosten mehr offen und sämtliche Verbindlichkeiten getilgt sind, ist ihm entsprechend § 299 auf seinem Antrag die Restschuldbefreiung schon vor Ablauf der Wohlverhaltensphase zu erteilen.[26] Schließt der Schuldner mit allen Insolvenzgläubigern, die Forderungen zur Tabelle angemeldet haben, in der Wohlverhaltensphase einen Vergleich und sind die Ansprüche dieser Gläubiger danach durch Teilzahlung und Teilerlass erloschen, ist auf seinen Antrag die Wohlverhaltensphase vorzeitig zu beenden und die Restschuldbefreiung auszusprechen, sofern er belegt, dass die Verfahrenskosten und die sonstigen Masseverbindlichkeiten getilgt sind.[27]

§ 291 n.F. (aufgehoben)

Die Vorschrift tritt am 01.07.2014 in Kraft.[1] Die bisherige Vorschrift wurde aufgehoben, weil einer obligatorischen Entscheidung über die Ankündigung der Restschuldbefreiung es zum Zeitpunkt der Aufhebung des Insolvenzverfahrens nicht mehr bedarf.[2] Ursprünglich war die zeitliche Verschränkung zwischen der Ankündigung der Restschuldbefreiung und der Aufhebung des Insolvenzverfahrens dadurch bedingt, dass erst mit der Aufhebung des Insolvenzverfahrens der Lauf der Abtretungsfrist begann. Seitdem der Fristbeginn jedoch mit Gesetz zur Änderung der InsO und anderer Gesetze

---

20 BGH 13.07.2006, IX ZB 117/04, ZVI 2006, 404; 11.10.2007, IX ZB 72/06, ZVI 2007, 621 Rn. 7.
21 BGH 11.10.2007, IX ZB 72/06, ZVI 2007, 621 Rn. 7; FK-InsO/*Ahrens* Rn. 12.
22 BGH 11.10.2007, IX ZB 72/06, ZVI 2007, 621 Rn. 7.
23 BGH 11.10.2007, IX ZB 72/06, ZVI 2007, 621 Rn. 7.
24 BGH 17.03.2005, IX ZB 214/04, NZI 2005, 399 (400).
25 BGH 17.03.2005, IX ZB 214/04, NZI 2005, 399 (401); 29.09.2011, IX ZB 219/10, ZInsO 2011, 2100 Rn. 7.
26 BGH 17.03.2005, IX ZB 214/04, NZI 2005, 399 (401); 29.09.2011, IX ZB 219/10, ZInsO 2011, 2100 Rn. 7.
27 BGH 29.09.2011, IX ZB 219/10, ZInsO 2011, 2100 Rn. 9.
1 Art. 9 Satz 1 des Gesetzes zur Verkürzung des Restschuldbefreiungsverfahrens und zur Stärkung der Gläubigerrechte, BGBl. I, 2385.
2 BT-Drucks. 17/11268, 28.

vom 26.10.2001[3] auf die Eröffnung des Insolvenzverfahrens vorverlegt wurde, ist die zeitliche Verschränkung nicht mehr zwingend.[4]

§ 292 Rechtsstellung des Treuhänders

(1) Der Treuhänder hat den zur Zahlung der Bezüge Verpflichteten über die Abtretung zu unterrichten. Er hat die Beträge, die er durch die Abtretung erlangt, und sonstige Leistungen des Schuldners oder Dritter von seinem Vermögen getrennt zu halten und einmal jährlich auf Grund des Schlußverzeichnisses an die Insolvenzgläubiger zu verteilen, sofern die nach § 4a gestundeten Verfahrenskosten abzüglich der Kosten für die Beiordnung eines Rechtsanwalts berichtigt sind. § 36 Abs. 1 Satz 2, Abs. 4 gilt entsprechend. Von den Beträgen, die er durch die Abtretung erlangt, und den sonstigen Leistungen hat er an den Schuldner nach Ablauf von vier Jahren seit der Aufhebung des Insolvenzverfahrens zehn vom Hundert und nach Ablauf von fünf Jahren seit der Aufhebung fünfzehn vom Hundert abzuführen. Sind die nach § 4a gestundeten Verfahrenskosten noch nicht berichtigt, werden Gelder an den Schuldner nur abgeführt, sofern sein Einkommen nicht den sich nach § 115 Abs. 1 der Zivilprozessordnung errechnenden Betrag übersteigt.

(2) Die Gläubigerversammlung kann dem Treuhänder zusätzlich die Aufgabe übertragen, die Erfüllung der Obliegenheiten des Schuldners zu überwachen. In diesem Fall hat der Treuhänder die Gläubiger unverzüglich zu benachrichtigen, wenn er einen Verstoß gegen diese Obliegenheiten feststellt. Der Treuhänder ist nur zur Überwachung verpflichtet, soweit die ihm dafür zustehende zusätzliche Vergütung gedeckt ist oder vorgeschossen wird.

(3) Der Treuhänder hat bei der Beendigung seines Amtes dem Insolvenzgericht Rechnung zu legen. Die §§ 58 und 59 gelten entsprechend, § 59 jedoch mit der Maßgabe, daß die Entlassung von jedem Insolvenzgläubiger beantragt werden kann und daß die sofortige Beschwerde jedem Insolvenzgläubiger zusteht.

Übersicht
	Rdn.		Rdn.
A. **Normzweck**	1	IV. Weitere Befugnisse des Treuhänders ..	5
B. **Verwaltung in der Wohlverhaltensphase**	2	C. Überwachung des Schuldners	6
		D. Rechnungslegung des Treuhänders ..	7
I. Unterrichtung der Entgeltschuldner ..	2	E. Aufsicht des Gerichts	7a
II. Verteilung nach dem Schlussverzeichnis	3	F. Entlassung des Treuhänders	7b
III. Ausschlusswirkung nach § 190 Abs. 1	4	G. Haftung des Treuhänders	8

A. Normzweck

1 Die Verteilung der eingehenden Beträge soll in einem möglichst einfachen und damit **kostengünstigen Verfahren** erfolgen. Daher hat der **Treuhänder** die Verteilung nur einmal im Jahr vorzunehmen.[1] Mit der in § 292 Abs. 1 Satz 3 geregelten Abführung zu Gunsten des **Schuldners** soll dessen **Motivation**, die Wohlverhaltensphase durchzustehen, gestärkt werden.[2] § 292 Abs. 2 sieht die **Überwachung des Schuldners** als zusätzliche vergütungspflichtige Aufgabe des Treuhänders vor, soweit dies die Gläubigerversammlung beschließt. Die Regelung des § 292 Abs. 2 zeigt darüber hinaus, dass ein **Zusammenwirken von Gläubigern und Treuhänder in der Wohlverhaltensphase** erlaubt ist, um den Gläubigern die für einen Versagungsantrag erforderliche Kenntnis von einem Versagungsgrund zu vermitteln.[3] § 292 Abs. 3 dient der **Sicherstellung einer ordnungsgemäßen Aufgabenerfüllung** des Treuhänders.

---

[3] BGBl. I S. 2710.
[4] BT-Drucks. 17/11268, 28.
[1] *BT-Drucks. 12/7302, 188*; HK-InsO/*Landfermann* Rn. 7; Graf-Schlicker/*Kexel* Rn. 2.
[2] BT-Drucks. 12/7302, 188.
[3] BGH 01.07.2010, IX ZB 84/09, ZVI 2010, 356 Rn. 3.

B. Verwaltung in der Wohlverhaltensphase

I. Unterrichtung der Entgeltschuldner

Nach § 292 Abs. 1 Satz 1 ist der Treuhänder verpflichtet, unverzüglich nach Übernahme seines Amtes die Entgeltschuldner über die Abtretung zu unterrichten.[4] Dies kann durch die Zusendung einer Ablichtung der Abtretungserklärung und des Beschlusses über die Ankündigung der Restschuldbefreiung geschehen.[5] Von der **Informationsverpflichtung** weicht der Treuhänder ab, wenn er im Einvernehmen mit dem Schuldner von der Vorlage der Abtretungserklärung bei dessen Arbeitgeber absieht.[6] Dies kann ausnahmsweise gerechtfertigt sein, wenn die Unterrichtung des Arbeitgebers für den Schuldner eine unbillige Härte bedeuten sollte.[7] Diese ansonsten nicht unbedenkliche Vorgehensweise entbindet den **Schuldner** jedenfalls nicht davon, monatlich die Beträge **an den Treuhänder abzuführen**, die im Fall der Unterrichtung des Arbeitgebers von der Abtretungserklärung vom Arbeitgeber abzuführen gewesen wären.[8] Den **Treuhänder** trifft daher die **Pflicht**, die vom Schuldner monatlich abzuführenden **Beträge** anhand der jeweils zu aktualisierenden Angaben des Schuldners nach Maßgabe der §§ 850 ff. ZPO **zu ermitteln** und vom Schuldner **einzufordern.**[9] Zahlungen zu beliebigen Zeitpunkten darf der Treuhänder dem Schuldner nicht gestatten.[10] Bei unmittelbarem Abführen der Beträge durch den Arbeitgeber oder Sozialleistungsträger wird der Treuhänder im Regelfall davon ausgehen können, dass der pfändbare Teil der Bezüge ordnungsgemäß berechnet wird.[11] Bestehen allerdings Anhaltspunkte dafür, dass zu geringe Beträge abgeführt werden, weil etwa **Pfändungsfreibeträge** zu Unrecht in Anspruch genommen werden, dann hat der Treuhänder dem nachzugehen.[12] 2

Die **Befugnis des Treuhänders**, beim Insolvenzgericht in der Wohlverhaltensphase die **Anordnung der Zusammenrechnung von Arbeitseinkünften des Schuldners mit pfändbaren Sozialleistungen** zu beantragen, folgt aus § 292 Abs. 1 Satz 3 i.V.m. § 36 Abs. 1 Satz 2, Abs. 4 Satz 2 InsO, § 850e Nr. 2a ZPO.[13] Die Abtretungserklärung des Schuldners erfasst nach § 287 Abs. 2 Satz 1 InsO, § 400 BGB nur die pfändbaren Teile seiner Einkünfte. Die Höhe der unpfändbaren Einkommensteile richtet sich entsprechend § 36 Abs. 1 Satz 2 nach den Pfändungsgrenzen des Einzelzwangsvollstreckungsrechts. Die Zusammenrechnung von Arbeitseinkünften mit Sozialleistungen kann zu einer Überschreitung der Pfändungsgrenzen des § 850c ZPO und damit zu abführbaren Beträgen an den Treuhänder führen.[14] Will der Treuhänder erreichen, dass bei der Berechnung des **pfändungsfreien Betrages des Arbeitseinkommens des Schuldners** der Ehegatte wegen eigener Einkünfte als Unterhaltsberechtigter nicht berücksichtigt wird, hat er die **Entscheidung des Insolvenzgerichts** herbeizuführen.[15] Die Antragsberechtigung des Treuhänders folgt auch hier aus §§ 292 Abs. 1 Satz 3, 36 Abs. 4 Satz 2.[16] Über seinen Antrag hat das Insolvenzgericht als besonderes Vollstreckungsgericht zu entscheiden (§ 36 Abs. 4 Satz 1). Dass das Gericht eine Billigkeitsentscheidung zu treffen hat, steht nicht entgegen.[17] Ein Wahlrecht des Treuhänders, diese Frage auch im Rahmen 2a

---

[4] BGH 07.04.2011, IX ZB 40/10, WM 2011, 948 Rn. 7; FK-InsO/*Grote* Rn. 6; Graf-Schlicker/*Kexel* Rn. 2.
[5] MüKo-InsO/*Ehricke* Rn. 15; Uhlenbruck/*Vallender* Rn. 17; Graf-Schlicker/*Kexel* Rn. 2; HambK-InsR/*Streck* Rn. 2.
[6] BGH 07.04.2011, IX ZB 40/10, WM 2011, 948 Rn. 8.
[7] FK-InsO/*Grote*, Rn. 6; HambK-InsR/*Streck* Rn. 2a.
[8] BGH 07.04.2011, IX ZB 40/10, WM 2011, 948 Rn. 8; HambK-InsR/*Streck* Rn. 2a.
[9] BGH 07.04.2011, IX ZB 40/10, WM 2011, 948 Rn. 8.
[10] BGH 07.04.2011, IX ZB 40/10, WM 2011, 948 Rn. 8.
[11] HK-InsO/*Landfermann* Rn. 7.
[12] HK-InsO/*Landfermann* Rn. 7.
[13] BGH 25.10.2012, IX ZB 263/11, ZInsO 2013, 1274 Rn. 8.
[14] BGH 25.10.2012, IX ZB 263/11, ZInsO 2013, 1274 Rn. 8.
[15] Vgl. BGH 03.11.2011, IX ZR 45/11, WM 2011, 2372 Rn. 12.
[16] Vgl. BGH 03.11.2011, IX ZR 45/11, WM 2011, 2372 Rn. 12.
[17] Vgl. BGH 03.11.2011, IX ZR 45/11, WM 2011, 2372 Rn. 12 unter Bezugnahme auf BGH 07.05.2009, IX ZB 211/08, ZVI 2009, 331 Rn. 11; 03.12.2009, IX ZR 189/08, ZVI 2010, 102 Rn. 14.

eines streitigen Verfahrens gegen den Schuldner einer Klärung zuzuführen, verbietet sich nicht anders als bei einem Gläubiger außerhalb der Insolvenz, dem dieses Wahlrecht auch nicht zusteht.[18]

2b Die Aufgabe des Treuhänders beschränkt sich gemäß § 292 beim **selbständig tätigen Schuldner** im Wesentlichen darauf, die Abführungsbeträge entgegenzunehmen und zu verteilen.[19] Ihn trifft nicht die Pflicht, die Beträge festzusetzen, die der Schuldner abzuführen hat, und den Schuldner oder seine selbständige Tätigkeit zu überprüfen.[20] Entsprechendes gilt für das Insolvenzgericht. Die Insolvenzordnung kennt kein eigenständiges Verfahren zur Feststellung der durch den selbständig tätigen Schuldner zu leistenden Zahlungen. Das Insolvenzgericht hat weder die Verpflichtung noch die Möglichkeit, den nach § 295 Abs. 2 zu erbringenden Betrag zu Beginn der Treuhandphase festzustellen, um damit die Höhe des vom Schuldner abzuführenden Betrages dem künftigen Streit über die Versagung der Restschuldbefreiung zu entziehen. Der Gesetzgeber hat den Streit über die Höhe des abzuführenden Betrages in die Hand der Gläubiger gelegt und damit die Bezifferung der abzuführenden Beträge in das Versagungsverfahren nach § 295 Abs. 2, § 296 Abs. 1 verlagert.[21] Für die Abführung der Beträge in der richtigen Höhe ist somit allein der Schuldner verantwortlich.[22]

II. Verteilung nach dem Schlussverzeichnis

3 Nach § 292 Abs. 1 Satz 2 ist der Treuhänder verpflichtet, die Beträge, die er durch die Abtretung erlangt, und sonstige Leistungen des Schuldners oder Dritter von seinem Vermögen getrennt zu halten und einmal jährlich aufgrund des Schlussverzeichnisses an die Insolvenzgläubiger zu verteilen.[23] Die **Verteilung an die Insolvenzgläubiger** ist aber erst zulässig, wenn die nach § 4a gestundeten **Verfahrenskosten**, abzüglich der Kosten für die Beiordnung eines Rechtsanwalts,[24] berichtigt sind.[25] Der Treuhänder hat auch die sonstigen noch **offenen Masseverbindlichkeiten** zu befriedigen, bevor er Ausschüttungen an die Insolvenzgläubiger vornimmt.[26] Daraus lässt sich entnehmen, dass das Sammeln von Abtretungsbeträgen und deren Verteilung durch den Treuhänder auch den Interessen von Massegläubigern dient, die während des Insolvenzverfahrens nicht befriedigt worden sind.[27] Der Absonderungsberechtigte wird in der Wohlverhaltensphase eines Verbraucherinsolvenzverfahrens nur dann bei der Verteilung berücksichtigt, wenn er innerhalb von zwei Wochen nach der öffentlichen Bekanntmachung des Schlussverzeichnisses eine Erklärung gem. § 190 Abs. 1 abgegeben hat.[28] Nach Ablauf von vier Jahren seit der Aufhebung des Insolvenzverfahrens muss bei der Verteilung der Selbstbehalt des Schuldners Beachtung finden.[29] Dieser Selbstbehalt beträgt zunächst 10 % der vom Treuhänder erlangten Beträge, nach Ablauf von fünf Jahren erhöht er sich auf 15 %. Zu weiteren Einzelheiten der Verteilungsrangfolge in der Wohlverhaltensphase bei vorausgegangenem masselosen oder masseunzulänglichem Verfahren vgl. § 209 Rdn. 21.

3a Der Treuhänder ist während der Laufzeit der Abtretungserklärung des Schuldners **kraft Amtes** befugt, das **nachträgliche Erlöschen von Forderungen**, die in das Schlussverzeichnis des Insolvenzverfahrens aufgenommen worden sind, gegen den jeweiligen Insolvenzgläubiger im Klagewege geltend zu machen (**Verteilungsabwehrklage**).[30]

---

18 Vgl. BGH 03.11.2011, IX ZR 45/11, WM 2011, 2372 Rn. 15.
19 BGH 17.01.2013, IX ZB 98/11, ZVI 2013, 162 Rn. 23.
20 BGH 17.01.2013, IX ZB 98/11, ZVI 2013, 162 Rn. 23; *Grote* ZInsO 2004, 1105, 1109.
21 BGH 17.01.2013, IX ZB 98/11, ZVI 2013, 162 Rn. 23.
22 BGH 17.01.2013, IX ZB 98/11, ZVI 2013, 162 Rn. 23; *Grote* ZInsO 2004, 1105, 1108 f.
23 BGH 07.04.2011, IX ZB 40/10, WM 2011, 948 Rn. 7.
24 BGH 17.03.2005, IX ZR 214/04, WM 2005, 1129 (1131); HK-InsO/*Landfermann* Rn. 20; Graf-Schlicker/*Kexel* Rn. 5.
25 BGH 17.03.2005, IX ZR 214/04, WM 2005, 1129 (1131).
26 BGH 17.03.2005, IX ZR 214/04, WM 2005, 1129 (1131).
27 BGH 17.03.2005, IX ZR 214/04, WM 2005, 1129 (1131).
28 *BGH 02.07.2009, IX ZR 126/08, WM 2009, 1578 Rn. 16 f.*
29 HK-InsO/*Landfermann* Rn. 16; Graf-Schlicker/*Kexel* Rn. 6.
30 BGH 29.03.2012, IX ZR 116/11, BGHZ 193, 44 Rn. 6.

III. Ausschlusswirkung nach § 190 Abs. 1

Die Ausschlusswirkung nach § 190 Abs. 1 i.V.m. § 189 gilt auch nach Eintritt in die Wohlverhaltensphase.[31] Die **Anwendbarkeit der Ausschlussfrist in der Wohlverhaltensphase** scheitert auch nicht an § 190 Abs. 3.[32] Danach ist Abs. 1 dieser Vorschrift nicht anzuwenden, wenn nur der Insolvenzverwalter zur Verwertung des Gegenstandes berechtigt ist, an dem das Absonderungsrecht besteht. Der Treuhänder ist gem. § 313 Abs. 3 jedoch nicht zur Verwertung von Gegenständen berechtigt, an denen Absonderungsrechte bestehen.[33] Dass § 190 auch für das Restschuldbefreiungsverfahren entsprechend anwendbar ist, ergibt sich aus der Systematik der maßgeblichen Verfahrensvorschriften.[34] Gem. § 292 Abs. 1 sind Massegläubiger vor den Insolvenzgläubigern bei der Verteilung etwaiger Einnahmen zu berücksichtigen.[35]

IV. Weitere Befugnisse des Treuhänders

Die Frage, ob ein Treuhänder den Gläubigern Gründe, welche die **Versagung der Restschuldbefreiung** rechtfertigen können, unmittelbar mitteilen darf, ist für die Wohlverhaltensphase zweifelsfrei zu bejahen.[36] Dies gilt auch dann, wenn dem Treuhänder die Überwachung des Schuldners, wie in § 292 Abs. 2 vorgesehen, nicht übertragen wurde.[37] Die Regelung des § 292 Abs. 2 zeigt über dessen Anwendungsbereich hinausgehend, dass ein **Zusammenwirken von Gläubigern und Treuhänder** in der Wohlverhaltensphase **erlaubt** ist, um den Gläubigern die für einen Versagungsantrag erforderliche Kenntnis von einem Versagungsgrund zu vermitteln.[38] Der **Treuhänder** in der Wohlverhaltensphase hat zwar auch Belange des Schuldners zu wahren. Eine **absolute Neutralität** sieht das Gesetz jedoch **nicht** vor.[39]

C. Überwachung des Schuldners

Nach § 292 Abs. 2 kann die Gläubigerversammlung dem Treuhänder die **vergütungspflichtige Aufgabe** übertragen, die Erfüllung der Obliegenheiten des Schuldners zu überwachen (Satz 1). In diesem Fall hat der Treuhänder die Gläubiger unverzüglich zu benachrichtigen, wenn er einen Verstoß gegen diese Obliegenheiten feststellt (Satz 2). Der Treuhänder in der Wohlverhaltensphase hat zwar auch Belange des Schuldners zu wahren. Eine absolute Neutralität sieht das Gesetz aber nicht vor.[40]

D. Rechnungslegung des Treuhänders

Nach Abschluss seiner Tätigkeit muss der Treuhänder dem Insolvenzgericht **Rechnung legen**.[41] Das Gericht hat sicherzustellen, dass der Treuhänder dem nachkommt; ferner hat es den Gläubigern Gelegenheit zur Einsichtnahme zu geben.[42]

---

31 BGH 02.07.2009, IX ZR 126/08, WM 2009, 1578 Rn. 15.
32 BGH 02.07.2009, IX ZR 126/08, WM 2009, 1578 Rn. 17.
33 BGH 02.07.2009, IX ZR 126/08, WM 2009, 1578 Rn. 17.
34 BGH 02.07.2009, IX ZR 126/08, WM 2009, 1578 Rn. 19; *Grote* ZInsO 1999, 31 (34); Braun/*Lang* Rn. 7.
35 BGH 17.03.2005, IX ZB 214/04, WM 2005, 1129 (1131); 28.06.2007, IX ZR 73/06, WM 2007, 1844 Rn. 17.
36 BGH 01.07.2010, IX ZB 84/09, ZVI 2010, 356 Rn. 3.
37 BGH 01.07.2010, IX ZB 84/09, ZVI 2010, 356 Rn. 3.
38 BGH 01.07.2010, IX ZB 84/09, ZVI 2010, 356 Rn. 3.
39 BGH 01.07.2010, IX ZB 84/09, ZVI 2010, 356 Rn. 3.
40 BGH 01.07.2010, IX ZB 84/09, ZVI 2010, 356 Rn. 3.
41 HK-InsO/*Landfermann* Rn. 24; Uhlenbruck/*Vallender* Rn. 67; Graf-Schlicker/*Kexel* Rn. 12.
42 HK-InsO/*Landfermann* Rn. 24; Graf-Schlicker/*Kexel* Rn. 12.

E. Aufsicht des Gerichts

7a Für die **Aufsicht des Gerichts** über die Tätigkeit des Treuhänders gelten aufgrund der gesetzlichen Verweisung in § 292 Abs. 3 Satz 2 die allgemeinen Grundsätze der §§ 58, 59.[43] Das Insolvenzgericht ist insbesondere befugt, jederzeit **Auskunft über die Tätigkeit** des Treuhänders zu verlangen oder einen **Bericht über den Sachstand** oder die Geschäftsführung anzufordern.[44] Kommt der Treuhänder einer derartigen Aufforderung des Insolvenzgerichts nicht nach, kann das Gericht zur Durchsetzung der geforderten Handlung gegen den Treuhänder ein **Zwangsgeld** festsetzen.[45] Zweck der Zwangsgeldfestsetzung ist es, pflichtgerechtes Verhalten des Verwalters zu erzwingen, nicht aber eine begangene Pflichtwidrigkeit zu sanktionieren.[46] Ist dieser Zweck erreicht, besteht für die weitere Durchsetzung des Zwangsgeldes keine Veranlassung mehr.[47]

F. Entlassung des Treuhänders

7b Die Entlassung des Treuhänders setzt wie die Entlassung eines Insolvenzverwalters nach § 292 Abs. 3 Satz 2, § 59 Abs. 1 Satz 1 einen wichtigen, die Entlassung rechtfertigenden Grund voraus. Ein derartiger Grund liegt vor, wenn eine Pflichtverletzung des Treuhänders feststeht und es in Anbetracht der Erheblichkeit der Pflichtverletzung, insbesondere ihrer Auswirkungen auf den Verfahrensablauf und die berechtigten Belange der Beteiligten, sachlich nicht mehr vertretbar erscheint, den Treuhänder in seinem Amt zu belassen.[48] Die Beurteilung, ob diese Voraussetzungen vorliegen, ist unter Berücksichtigung aller Umstände des Einzelfalls vom Tatrichter zu treffen.[49] Eine **schwerwiegende Pflichtwidrigkeit** in diesem Sinne liegt etwa vor, wenn Aufwendungen zu Lasten der Masse unter Verletzung marktüblicher Bedingungen vorgenommen werden[50] oder wenn wesentliche anzeigepflichtige Umstände, welche die Ungeeignetheit des Treuhänders zur Amtsführung belegen, dem Insolvenzgericht nicht mitgeteilt werden.[51] Entsprechendes gilt, wenn der Treuhänder ihm obliegende Mitwirkungshandlungen von der Gewährung dem Gesetz fremder Sondervorteile abhängig macht.[52]

7c Eine **Störung des Vertrauensverhältnisses** zwischen dem Treuhänder und dem Insolvenzgericht reicht für die Entlassung des Treuhänders nicht aus, wenn sie lediglich auf persönlichem Zwist beruht.[53] Dies gilt auch dann, wenn das Vertrauensverhältnis in einem Maße gestört ist, dass ein gedeihliches Zusammenwirken nicht mehr möglich erscheint.[54] Denn mit einer Entlassung des Verwalters ist ein Eingriff in sein verfassungsrechtlich geschütztes Recht auf Berufsausübung nach Art 12 GG verbunden.[55] Dieser Eingriff ist regelmäßig nur dann als verhältnismäßig gerechtfertigt, wenn die Störung des Vertrauensverhältnisses ihre Grundlage in einem pflichtwidrigen Verhalten des Treuhänders hat, welches objektiv geeignet ist, das Vertrauen des Insolvenzgerichts in seine Amtsführung schwer und nachhaltig zu beeinträchtigen. Dabei kommt auch ein Fehlverhalten des Treuhänders

---

43 HK-InsO/*Landfermann* Rn. 25; Uhlenbruck/*Vallender* Rn. 72 ff.; Graf-Schlicker/*Kexel* Rn. 12.
44 FK-InsO/*Grote*, Rn. 33; *G.Pape*/Uhländer Rn. 15.
45 Vgl. BGH 01.12.2011, IX ZB 190/11, WM 2012, 50 Rn. 1; *G.Pape*/Uhländer Rn. 15.
46 BGH 14.4 2005, IX ZB 76/04, ZInsO 2005, 483 (484); 01.12.2011, IX ZB 190/11, WM 2012, 50 Rn. 4.
47 BGH 01.12.2011, IX ZB 190/11, WM 2012, 50 Rn. 4.
48 BGH 08.12.2005, IX ZB 308/04, WM 2006, 440 (441); 09.07.2009, IX ZB 35/09, ZVI 2009, 404 Rn. 9; 17.03.2011, IX ZB 192/10, ZVI 2011, 167 Rn. 18; 19.01.2012, IX ZB 25/11, ZInsO 2012, 269 Rn. 8.
49 BGH 08.12.2005, IX ZB 308/04, WM 2006, 440 (441); 09.07.2009, IX ZB 35/09, ZVI 2009, 404 Rn. 9; 17.03.2011, IX ZB 192/10, ZVI 2011, 167 Rn. 18; 19.01.2012, IX ZB 25/11, ZInsO 2012, 269 Rn. 8.
50 BGH 19.01.2012, IX ZB 25/11, ZInsO 2012, 269 Rn. 12.
51 BGH 19.01.2012, IX ZB 25/11, ZInsO 2012, 269 Rn. 13.
52 BGH 19.01.2012, IX ZB 21/11, ZInsO 2012, 551 Rn. 16.
53 BGH 08.12.2005, IX ZB 308/04, WM 2006, 440 (441); 01.03.2007, IX ZB 47/06, WM 2007, 842 Rn. 8; 19.01.2012, IX ZB 25/11, ZInsO 2012, 269 Rn. 9.
54 BGH 19.01.2012, IX ZB 25/11, ZInsO 2012, 269 Rn. 9.
55 BGH 08.12.2005, IX ZB 308/04, WM 2006, 440 (441); 09.07.2009, IX ZB 35/09, WM 2009, 1662 Rn. 6; 19.01.2012, IX ZB 25/11, ZInsO 2012, 269 Rn. 9.

in einem anderen Verfahren in Betracht, sofern aus diesem Verhalten zu schließen ist, dass die rechtmäßige und geordnete Abwicklung des laufenden Verfahrens bei einem Verbleiben des Treuhänders im Amt nachhaltig beeinträchtigt werden würde.[56]

G. Haftung des Treuhänders

Ob der im Restschuldbefreiungsverfahren bestellte Treuhänder den Beteiligten in entsprechender Anwendung des § 60 zum Schadensersatz verpflichtet sein kann oder ob ausschließlich die Vorschrift des § 280 BGB heranzuziehen ist, nach welcher der Treuhänder nur nach allgemeinen Grundsätzen haftet, hat der BGH bislang nicht entschieden.[57] Einer entsprechenden Anwendung des § 60 steht entgegenstehen, dass Abs. 3 Satz 2 des § 292, der die Rechtsstellung des Treuhänders im Restschuldbefreiungsverfahren regelt, anders als § 313 Abs. 1 Satz 3 für das vereinfachte Insolvenzverfahren nur auf die Vorschriften der §§ 58, 59, nicht jedoch auf die Regelungen über die Haftung des Insolvenzverwalters verweist.[58] Die Haftung richtet sich daher **nach allgemeinen Grundsätzen (§ 280 BGB)**.[59] Ein derartiger Schadensersatzanspruch kommt etwa in Betracht, wenn der Treuhänder Beträge an die Gläubiger verteilt, die nach §§ 292 Abs. 1 Satz 3, 36 Abs. 1 Satz 2 InsO, § 850c ZPO wegen Unpfändbarkeit nicht von der Abtretungserklärung erfasst sein können.[60] War die Auskehr der Mittel an die Gläubiger rechtswidrig, kann ein Schadensersatzanspruch, der die unrechtmäßige Ausschüttung im Interesse des Schuldners kompensieren soll, nicht in die Masse fallen, die, weil entsprechende Beträge tatsächlich dort vorhanden waren und zugunsten der Gläubiger verteilt wurden, andernfalls zu Unrecht doppelt begünstigt würde. Vielmehr steht ein derartiger Schadensersatzanspruch alleine dem Schuldner zu, der durch die Verteilung unpfändbarer Vermögensgegenstände einen Einzelschaden erlitten hat.[61]

§ 292 n.F. Rechtsstellung des Treuhänders
[Tritt am 01.07.2014 in Kraft]

(1) Der Treuhänder hat den zur Zahlung der Bezüge Verpflichteten über die Abtretung zu unterrichten. Er hat die Beträge, die er durch die Abtretung erlangt, und sonstigen Leistungen des Schuldners oder Dritter von seinem Vermögen getrennt zu halten und einmal jährlich auf Grund des Schlußverzeichnisses an die Insolvenzgläubiger zu verteilen, sofern die nach § 4a gestundeten Verfahrenskosten abzüglich der Kosten für die Beiordnung eines Rechtsanwalts berichtigt sind. § 36 Abs. 1 Satz 2, Abs. 4 gilt entsprechend. Der Treuhänder kann die Verteilung längstens bis zum Ende der Laufzeit der Abtretungserklärung aussetzen, wenn dies angesichts der Geringfügigkeit der zu verteilenden Beträge angemessen erscheint; er hat dies dem Gericht einmal jährlich unter Angabe der Höhe der erlangten Beträge mitzuteilen.

(2) Die Gläubigerversammlung kann dem Treuhänder zusätzlich die Aufgabe übertragen, die Erfüllung der Obliegenheiten des Schuldners zu überwachen. In diesem Fall hat der Treuhänder die Gläubiger unverzüglich zu benachrichtigen, wenn er einen Verstoß gegen diese Obliegenheiten feststellt. Der Treuhänder ist nur zur Überwachung verpflichtet, soweit die ihm dafür zustehende zusätzliche Vergütung gedeckt ist oder vorgeschossen wird.

(3) Der Treuhänder hat bei der Beendigung seines Amtes dem Insolvenzgericht Rechnung zu legen. Die §§ 58 und 59 gelten entsprechend, § 59 jedoch mit der Maßgabe, daß die Entlassung von

---

56 BGH 19.01.2012, IX ZB 25/11, ZInsO 2012, 269 Rn. 9.
57 BGH 10.07.2008, IX ZR 118/07, ZInsO 2008, 971 Rn. 20.
58 Uhlenbruck/*Sinz* § 60 Rn. 7; Uhlenbruck/*Vallender* Rn. 11.
59 FK-InsO/*Grote*, Rn. 37; Uhlenbruck/*Vallender* Rn. 11; Graf-Schlicker/*Kexel*, Rn. 13; a.A. HK-InsO/ *Landfermann* Rn. 26: § 60 entspr.
60 BGH 10.07.2008, IX ZB 172/07, ZInsO 2008, 921 Rn. 13.
61 BGH 10.07.2008, IX ZB 172/07, ZInsO 2008, 921 Rn. 13.

jedem Insolvenzgläubiger beantragt werden kann und daß die sofortige Beschwerde jedem Insolvenzgläubiger zusteht.

Übersicht

	Rdn.		Rdn.
I. Regelungsinhalt	1	III. Befugnis des Treuhänders zur Aussetzung	
II. Wegfall des Motivationsrabatts	2	der Verteilung	4

I. Regelungsinhalt

1 Die Vorschrift tritt am 01.07.2014 in Kraft.[1] Änderungen weist nur der Absatz 1 auf. Hinsichtlich der Absätze 2 bis 3 wird auf die Kommentierung zu § 294 a.F. Bezug genommen.

II. Wegfall des Motivationsrabatts

2 Nach bisheriger Rechtslage hatte der Treuhänder von den eingenommenen Beträgen nach Ablauf von vier Jahren seit der Aufhebung des Insolvenzverfahrens 10 Prozent und nach Ablauf von fünf Jahren 15 Prozent an den Schuldner abzuführen (§ 292 Abs. 1 Satz 4 a.F.). Dieser Motivationsrabatt sollte dem Schuldner ursprünglich einen zusätzlichen Anreiz geben, die Treuhandphase durchzustehen.[2] Dies war bei Inkrafttreten der Insolvenzordnung geboten, weil damals die Wohlverhaltensphase des Restschuldbefreiungsverfahrens erst nach Aufhebung des Insolvenzverfahrens zu laufen begann, was jedoch in Einzelfällen dazu führte, dass eine Restschuldbefreiung erst nach über zehn Jahren erteilt wurde. Mit dem Gesetz zur Änderung der InsO und anderer Gesetze vom 26.10.2001[3] wurde deshalb der Beginn der nunmehr sechsjährigen Wohlverhaltensphase auf den Zeitpunkt der Eröffnung des Insolvenzverfahrens vorverlegt und damit eine deutliche Verbesserung für den Schuldner erreicht. Da die Vorschrift des § 292 Abs. 1 Satz 4 a.F. gleichwohl weiterhin an den Zeitpunkt der Aufhebung des Insolvenzverfahrens anknüpfte, verlor der Motivationsrabatt in der Praxis wesentlich an Bedeutung.[4]

3 Künftig erhält der Schuldner durch die eingeführte Verkürzung der Treuhandphase (§ 300 Abs. 1 Satz 2 Nr. 2 n.F.; § 300 Abs. 1 Satz 2 Nr. 3 n.F.) einen weit höheren Anreiz, das Verfahren durchzustehen und durch entsprechende Eigenleistungen zu verkürzen.[5] Aus diesem Grund kann auf den inzwischen weitgehend bedeutungslosen – für den Treuhänder aber sehr arbeitsaufwendigen – Motivationsrabatt nach § 292 Abs. 1 Satz 4, 5 a.F. verzichtet werden.[6]

III. Befugnis des Treuhänders zur Aussetzung der Verteilung

4 Führt der Schuldner über die zur Deckung der Treuhändervergütung erforderlichen Beträge hinaus nur geringfügige Beträge an den Treuhänder ab, konnte die nach bisherigem Recht zwingend vorgeschriebene jährliche Verteilung an die Gläubiger unverhältnismäßigen Aufwand verursachen. Der neu gefasste Satz 4 sieht deshalb vor, dass der Treuhänder die Verteilung innerhalb der Restschuldbefreiungsphase ab Beendigung des Insolvenzverfahrens für ein Jahr oder mehrere Jahre, längstens jedoch bis zum Ende der Abtretungsfrist, aussetzen kann.[7] Der Treuhänder hat dabei einerseits den Aufwand für eine Auskehrung an die Gläubiger und andererseits das wirtschaftliche Interesse der Gläubiger an einem zeitnahen Erhalt ihrer Quote gegeneinander abzuwägen. Sind nur wenige Gläubiger vorhanden, kann eine jährliche Auszahlung auch bei geringen Beträgen angezeigt sein.[8] Glei-

---

1 Art. 9 Satz 1 des Gesetzes zur Verkürzung des Restschuldbefreiungsverfahrens und zur Stärkung der Gläubigerrechte, BGBl. I, 2385.
2 BT-Drucks. 12/7302, 153.
3 BGBl. I, 2710.
4 BT-Drucks. 17/11268, 28.
5 *Grote/G. Pape* ZInsO 2013, 1433 (1446).
6 BT-Drucks. 17/11268, 28.
7 BT-Drucks. 17/11268, 28.
8 BT-Drucks. 17/11268, 28.

ches gilt, wenn an einzelne Gläubiger nennenswerte Beträge auszukehren sind.[9] Dabei sind die wirtschaftlichen Interessen der Gläubiger zu berücksichtigen. Die **Abwägung** ist **jährlich** unter Berücksichtigung des beim Treuhänder vorhandenen Gesamtbetrages vorzunehmen. Eine **Auskehrung** der Beträge hat **spätestens** zum **Ende der Abtretungsfrist** zu erfolgen. Die Entscheidung des Treuhänders, auf eine Auskehrung zu verzichten, ist dem Gericht mitzuteilen.[10] Dieses hat die Entscheidung des Treuhänders im Rahmen seiner Aufsicht nach § 58, außer im Fall des rechtsmissbräuchlichen Handelns, grundsätzlich **nicht** auf ihre Zweckmäßigkeit hin zu prüfen.[11]

§ 293 Vergütung des Treuhänders

(1) Der Treuhänder hat Anspruch auf Vergütung für seine Tätigkeit und auf Erstattung angemessener Auslagen. Dabei ist dem Zeitaufwand des Treuhänders und dem Umfang seiner Tätigkeit Rechnung zu tragen.

(2) § 63 Abs. 2 sowie die §§ 64 und 65 gelten entsprechend.

Übersicht	Rdn.		Rdn.
A. Normzweck	1	C. Verwirkung der Vergütung	3
B. Inhalt der Regelung	2		

A. Normzweck

§ 293 begründet eine Anspruchsgrundlage für eine angemessene Vergütung des Treuhänders in der Wohlverhaltensphase.[1] Die Möglichkeit des Treuhänders, auf eine Vergütung zu verzichten und mithin unentgeltlich tätig zu sein, bleibt hiervon unberührt.[2] 1

B. Inhalt der Regelung

Nach § 293 Abs. 1 Satz 1 knüpft der in dieser Vorschrift geregelte Vergütungsanspruch an das Amt des **Treuhänders** an.[3] Da jedenfalls im Regelinsolvenzverfahren auch eine andere Person als der **Insolvenzverwalter** zum Treuhänder bestellt werden kann, folgt hieraus, dass auch **vergütungsrechtlich zwischen beiden Ämtern zu unterscheiden ist.**[4] Die Vergütung des Treuhänders gehört nicht zu den Verfahrenskosten des § 54, weil sie erst nach Aufhebung des Insolvenzverfahrens anfällt.[5] Mit der Verweisung auf § 63 Abs. 2 bis § 65 wird auf die entsprechenden Regelungen für den Insolvenzverwalter Bezug genommen, so dass die Festsetzung der Treuhändervergütung durch das Insolvenzgericht zu erfolgen hat, bei Stundung der Verfahrenskosten ein Sekundäranspruch des Treuhänders gegen die Staatskasse besteht und die Höhe der Vergütung durch Rechtsverordnung bestimmt werden kann.[6] Der Verordnungsgeber hat hiervon Gebrauch gemacht und in §§ 14 bis 16 InsVV die Vergütung des Treuhänders geregelt. Hinsichtlich der Einzelheiten wird auf die Erläuterungen zur InsVV Bezug genommen. 2

---

9 BT-Drucks. 17/11268, 28.
10 BT-Drucks. 17/11268, 28.
11 BT-Drucks. 17/11268, 28.
1 Uhlenbruck/*Vallender* Rn. 1.
2 FK-InsO/*Grote* Rn. 1.
3 BGH 18.12.2003, IX ZB 60/03, ZVI 2004, 57.
4 BGH 18.12.2003, IX ZB 60/03, ZVI 2004, 57.
5 MüKo-InsO/*Hefermehl* § 54 Rn. 48.
6 FK-InsO/*Grote* Rn. 4; Graf-Schlicker/*Kexel* Rn. 1.

C. Verwirkung der Vergütung

3 Gemäß § 654 BGB führt eine vertragswidrige Tätigkeit des Maklers für die Gegenpartei zum Ausschluss des Anspruchs auf Maklerlohn. Über den in § 654 BGB geregelten Fall der unzulässigen Doppeltätigkeit kommt eine Provisionsverwirkung nach den von der höchstrichterlichen Rechtsprechung entwickelten Rechtsgrundsätzen auch bei anderweitigen besonders schwerwiegenden Treuepflichtverletzungen des Maklers in Betracht.[7] Darüber hinausgehend ist der **Rechtsgedanke des § 654 BGB**[8] auch dann anzuwenden, wenn ein Dienstverhältnis eine besondere Treuepflicht begründet und der **Dienstleistende** in schwerwiegender Weise diese Treuepflicht verletzt und sich dadurch als **seines Lohnes unwürdig erweist**. Dies ist der Fall, wenn die Treuepflicht vorsätzlich, wenn nicht gar arglistig, mindestens aber in einer grob leichtfertigen Weise verletzt wird, die dem Vorsatz nahe kommt.[9] Diese Grundsätze finden auch auf den **Vergütungsanspruch des Insolvenzverwalters** Anwendung.[10] Gleiches gilt für den **Treuhänder**.[11] So kann etwa, wer aufgrund schwerwiegender Straftaten charakterlich ungeeignet ist, fremdes Vermögen zu verwalten, und gleichwohl die Bestellung zum Insolvenzverwalter annimmt, nach diesen Grundsätzen von einer Vergütung ausgeschlossen sein.[12] Weitere schwerwiegende Pflichtverletzungen in diesem Sinne können strafbare Handlungen des Verwalters zum Nachteil der Masse sein.[13]

§ 294 Gleichbehandlung der Gläubiger

(1) Zwangsvollstreckungen für einzelne Insolvenzgläubiger in das Vermögen des Schuldners sind während der Laufzeit der Abtretungserklärung nicht zulässig.

(2) Jedes Abkommen des Schuldners oder anderer Personen mit einzelnen Insolvenzgläubigern, durch das diesen ein Sondervorteil verschafft wird, ist nichtig.

(3) Gegen die Forderung auf die Bezüge, die von der Abtretungserklärung erfaßt werden, kann der Verpflichtete eine Forderung gegen den Schuldner nur aufrechnen, soweit er bei einer Fortdauer des Insolvenzverfahrens nach § 114 Abs. 2 zur Aufrechnung berechtigt wäre.

Übersicht	Rdn.		Rdn.
A. Normzweck	1	I. Sonderabkommen	7
B. Vollstreckungsverbot	2	II. Sondervorteil	8
I. Anwendungsbereich	2	III. Rechtsfolge	9
II. Klageerhebung	3	D. Aufrechnungsverbot	10
III. Massegläubiger	4	I. Regelungsbereich	10
IV. Wegfall des Vollstreckungsverbots	5	II. Kein generelles Aufrechnungsverbot	11
C. Verbot von Sonderabkommen	6		

---

7 BGH 05.02.1962, VII ZR 248/60, BGHZ 36, 323 (326 ff.); 19.05.2005, III ZR 322/04, WM 2005, 1480 (1481).
8 Hierzu *D. Fischer* Maklerrecht anhand der höchstrichterlichen Rechtsprechung, 2. Aufl., 2013, S. 108 ff.
9 BGH 23.09.2009, V ZB 90/09, NJW-RR 2009, 1710 (1711) Rn. 11 ff.; 22.10.2009, V ZB 77/09, NJW-RR 2010, 426 Rn. 21 ff.; 09.12.2010, IX ZR 60/10, NJW 2011, 1732 Rn. 14; 22.09.2011, IX ZR 209/10, WM 2011, 2237 Rn. 19; 25.10.2011, XI ZR 67/11, WM 2011, 2219 Rn. 33–34; *D. Fischer* Maklerrecht anhand der höchstrichterlichen Rechtsprechung, 2. Aufl., 2013, S. 139.
10 BGH 06.05.2004, IX ZB 349/02, BGHZ 159, 122 (131); 09.06.2011, IX ZB 248/09, WM 2011, 1522 Rn. 6; LG Schwerin 09.07.2008, 5 T 31/06, NZI 2008, 692 (693); LG Deggendorf 24.07.2013, 13 T 57/13, ZIP 2013, 1975 f.; *Gehrlein* ZInsO 2011, 1713, 1714 f.
11 Vgl. Uhlenbruck/*Vallender* § 292 Rn. 80 im Falle der Untreue; ferner LG Konstanz 15.09.1999, 6 T 38/99, ZInsO 1999, 589.
12 BGH 09.06.2011, IX ZB 248/09, WM 2011, 1522 Rn. 6.
13 Vgl. BGH 17.03.2011, IX ZB 192/10, ZInsO 2011, 724 Rn. 20; 26.04.2012, IX ZB 31/11, ZVI 2012, 308 Rn. 19.

A. Normzweck

Die Vorschrift soll die **Gleichbehandlung der Gläubiger in der Wohlverhaltensphase** gewährleisten.[1] Das gem. § 294 Abs. 1 in der Wohlverhaltensphase zum Tragen kommende Zwangsvollstreckungsverbot dient ähnlichen Zwecken wie der Ausschluss der Zwangsvollstreckung in insolvenzfreies Vermögen gem. § 89 Abs. 1. Die Norm will erreichen, dass sich in der Wohlverhaltensphase die Befriedigungsaussichten der Insolvenzgläubiger untereinander nicht verschieben.[2] Ferner soll der Neuerwerb des Schuldners, der nicht gem. § 287 Abs. 2 an den Treuhänder abgetreten oder an diesen gem. § 295 herauszugeben ist, dem Zugriff der Insolvenzgläubiger entzogen sein.[3] Hieraus folgt, dass das Zwangsvollstreckungsverbot des § 294 Abs. 1 umfassend zu gelten hat.[4] Dem in § 294 Abs. 1 geregelten **generellen Zwangsvollstreckungsverbot** steht die nur für eine bestimmte Fallgestaltung vorgesehene Beschränkung der Aufrechnungsmöglichkeit von Insolvenzgläubigern in § 294 Abs. 3 gegenüber.[5]

B. Vollstreckungsverbot

I. Anwendungsbereich

Das Vollstreckungsverbot bezieht sich auf alle Arten von Insolvenzforderungen, so dass auch Unterhaltsforderungen sowie die nach § 302 von der Restschuldbefreiung ausgenommen Forderungen einschließlich der Ansprüche aus vorsätzlich begangener unerlaubter Handlung[6] erfasst sind.[7] Vollstreckungsmaßnahmen von Insolvenzgläubigern fallen auch dann unter das Vollstreckungsverbot des § 294 Abs. 1, wenn sie sich auf Forderungen beziehen, die **nicht zur Tabelle angemeldet** wurden und nicht bei der Verteilung der eingegangenen Beträge durch den Treuhänder berücksichtigt werden.[8] Vollstreckungsmaßnahmen von Insolvenzgläubigern der hier in Rede stehenden Art dürfen nicht unter analoger Anwendung von § 308 Abs. 3 Satz 1 vom Vollstreckungsverbot des § 294 Abs. 1 ausgenommen werden.[9] Für den Fall, dass der Schuldner entgegen § 305 Abs. 1 Nr. 3 die titulierte Insolvenzforderung nicht angemeldet hat, ist kein Raum für eine teleologische Reduktion des Vollstreckungsverbots des § 294 Abs. 1.[10] Die gesetzliche Regelung liefert für eine solche Auslegung keinen Ansatzpunkt. § 308 Abs. 3 behandelt das rechtliche Schicksal der im Verzeichnis nicht enthaltenen Forderungen ausschließlich für den Fall, dass ein Schuldenbereinigungsplan zustande gekommen ist, also kein Insolvenzverfahren stattfindet (§ 308 Abs. 2). Aus dem Rechtsgedanken dieser Vorschrift lässt sich daher keine Vollstreckungsbefugnis der übergangenen Gläubiger während der Laufzeit des Abtretungsverbots herleiten. Eine solche Befugnis würde sie zudem gegenüber den übrigen Insolvenzgläubigern in einer Weise privilegieren, die mit dem **Gebot der Gläubigergleichbehandlung** schlechthin unvereinbar wäre.[11]

---

1 FK-InsO/*Ahrens* Rn. 1; HK-InsO/*Landfermann* Rn. 1; MüKo-InsO/*Ehricke* Rn. 1; Graf-Schlicker/*Kexel* Rn. 1.
2 BGH 21.07.2005, IX ZR 115/04, BGHZ 163, 391 (396); 13.07.2006, IX ZB 288/03, ZInsO 2006, 872 Rn. 9.
3 BGH 21.07.2005, IX ZR 115/04, BGHZ 163, 391 (396 f.); 13.07.2006, IX ZB 288/03, ZInsO 2006, 872 Rn. 9; 28.06.2012, IX ZB 313/11, ZVI 2012, 345 Rn. 6.
4 BGH 21.07.2005, IX ZR 115/04, BGHZ 163, 391 (395); 13.07.2006, IX ZB 288/03, ZInsO 2006, 872 Rn. 9.
5 BGH 21.07.2005, IX ZR 115/04, BGHZ 163, 391 (394 f.).
6 BGH 28.06.2012, IX ZB 313/11, ZInsO 2012, 1437 Rn. 7.
7 FK-InsO/*Ahrens* Rn. 11; HK-InsO/*Landfermann* Rn. 3; Uhlenbruck/*Vallender* Rn. 5, 6; Graf-Schlicker/*Kexel* Rn. 2; HambK-InsR/*Streck* Rn. 3.
8 BGH 13.07.2006, IX ZB 288/03, ZInsO 2006, 872 Rn. 7; FK-InsO/*Ahrens* Rn. 8; HK-InsO/*Landfermann* Rn. 3; Uhlenbruck/*Vallender* Rn. 5; Graf-Schlicker/*Kexel* Rn. 2; HambK-InsR/*Streck* Rn. 3.
9 So *Bruckmann* Verbraucherinsolvenz in der Praxis, § 4 Rn. 90; *Schmidt* DGVZ 2004, 49 (50).
10 BGH 13.07.2006, IX ZB 288/03, ZInsO 2006, 872 Rn. 10.
11 BGH 13.07.2006, IX ZB 288/03, ZInsO 2006, 872 Rn. 10.

II. Klageerhebung

3   Maßnahmen, welche die Vollstreckung lediglich vorbereiten, werden vom Vollstreckungsverbot nicht erfasst.[12] Das Vollstreckungsverbot des § 294 Abs. 1 hat keine Auswirkungen auf die **Zulässigkeit einer Klageerhebung**.[13] Soweit es in Einzelfällen für zumutbar gehalten wird, den Gläubiger mit seiner Klage auf die Zeit nach Erteilung der Restschuldbefreiung zu verweisen, wenn er seine Forderung nicht angemeldet hat und deshalb kein schutzwürdiges Interesse an einer Titulierung während der Wohlverhaltensphase bestehen soll,[14] kommt es hierauf bei der **klageweisen Geltendmachung von Zinszahlungen** seit Eröffnung des Insolvenzverfahrens nicht an, weil der Gläubiger – nachrangige – Zinsforderung im Verfahren nicht anmelden kann (vgl. § 174 Abs. 3).[15] Ein Rechtsschutzbedürfnis für die gerichtliche Geltendmachung schon während der Wohlverhaltensphase ist damit gegeben.[16]

III. Massegläubiger

4   Das Vollstreckungsverbot des § 294 Abs. 1 gilt nicht für Massegläubiger.[17] Der Inhaber einer sog. oktroyierten Masseverbindlichkeit hat während der Wohlverhaltensphase ein Rechtsschutzinteresse an einer Zahlungsklage gegen den Schuldner.[18]

IV. Wegfall des Vollstreckungsverbots

5   Wenn ein Schuldner infolge Neuerwerbs während des Verfahrens, etwa durch Erbschaft, wieder zahlungsfähig geworden ist, kann er, was dem Einstellungseinwand gleichkommt, in dieser Lage ausdrücklich seinen Antrag auf Restschuldbefreiung zurücknehmen und geltend machen, dass damit die **Vollstreckungssperre des § 294 Abs. 1** beseitigt sei und die nach der Tabelle festgestellten Insolvenzgläubiger aufgrund der Wiedererlangung seiner Zahlungsfähigkeit das Rechtsschutzbedürfnis für eine Nachtragsverteilung verloren hätten.[19]

C. Verbot von Sonderabkommen

6   Im Hinblick auf den Normzweck des § 294 ordnet Abs. 2 die **Nichtigkeit** von Sonderabkommen an, mit denen einzelnen Insolvenzgläubigern ein Sondervorteil eingeräumt wird.[20]

I. Sonderabkommen

7   Der Begriff des **Sonderabkommens**, der aus den Regelungen der §§ 181 Satz 3 KO und 8 Abs. 3 VglO übernommen wurde, ist **weit auszulegen**.[21] Er erfasst daher nicht nur **zweiseitige Verträge** (Verpflichtungs- und Verfügungsverträge), sondern auch **einseitige Rechtsgeschäfte** und Rechtshandlungen, wie etwa eine Ermächtigung, die zu Vermögensverschiebungen führen.[22] Abs. 2 bezieht sich auch auf **Sonderabkommen mit Dritten**.[23]

---

12 FK-InsO/*Ahrens* Rn. 24; HambK-InsR/*Streck* Rn. 6.
13 BGH 18.11.2010, IX ZR 67/10, WM 2011, 131 Rn. 9; LG Arnsberg NZI 2004, 515; FK-InsO/*Ahrens* Rn. 24; HK-InsO/*Landfermann* Rn. 5; Uhlenbruck/*Vallender* Rn. 10.
14 Vgl. HK-InsO/*Landfermann* Rn. 5.
15 BGH 18.11.2010, IX ZR 67/10, WM 2011, 131 Rn. 9.
16 BGH 18.11.2010, IX ZR 67/10, WM 2011, 131 Rn. 9.
17 BGH 28.06.2007, IX ZR 73/06, WM 2007, 1844 Rn. 16; FK/InsO-*Ahrens* Rn. 17; MüKo-InsO/*Ehricke* Rn. 24.
18 BGH 28.06.2007, IX ZR 73/06, WM 20007, 1844 Rn. 14.
19 BGH 15.07.2010, IX ZB 229/07, BGHZ 186, 223 Rn. 15.
20 HambK-InsR/*Streck* Rn. 8.
21 MüKo-InsO/*Ehricke* Rn. 27; Graf-Schlicker/*Kexel* Rn. 3; HambK-InsR/*Streck* Rn. 8.
22 MüKo-InsO/*Ehricke* Rn. 27; Uhlenbruck/*Vallender* Rn. 23; Graf-Schlicker/*Kexel* Rn. 3; a.A. HK-InsO/*Landfermann* Rn. 12.
23 FK-InsO/*Ahrens* Rn. 34; MüKo-InsO/*Ehricke* Rn. 30; Nerlich/Römermann/*Römermann* Rn. 12; Graf-Schlicker/*Kexel* Rn. 3; HambK-InsR/*Streck* Rn. 8.

II. Sondervorteil

Ein **Sondervorteil** liegt vor, wenn der Insolvenzgläubiger vom Schuldner etwas erhält, was dieser nach 8
§ 295 an den Treuhänder abführen müsste.[24]

III. Rechtsfolge

Ein Verstoß gegen das Verbot führt zur **Nichtigkeit des Abkommens**.[25] Erfasst wird das Sonder- 9
abkommen als Ganzes, so dass sowohl das Verpflichtungs- als auch das Verfügungsgeschäft unwirksam sind.[26] Bzgl des Geleisteten besteht ein **Herausgabeanspruch** aus § 985 BGB oder aus ungerechtfertigter Bereicherung.[27] **§ 817 Satz 2 BGB** steht dem Herausgabeanspruch **nicht entgegen**, weil ein Kondiktionsausschluss die Zuwiderhandlung gegen das gesetzliche Verbot des § 294 Abs. 2 doppelt sanktionieren und ein erfülltes Sonderabkommen folgenlos stellen würde.[28]

D. Aufrechnungsverbot

I. Regelungsbereich

In dem Zeitraum nach Ankündigung der Restschuldbefreiung (§ 291 Abs. 1) und Aufhebung des 10
Insolvenzverfahrens (§ 289 Abs. 2 Satz 2, § 200 I), der Wohlverhaltensphase, schließt das Gesetz in § 294 Abs. 3 die Aufrechnung durch Insolvenzgläubiger gegen Forderungen aus, die gem. § 287 Abs. 2 von der Abtretung an den Treuhänder erfasst sind und gegen die bei fortdauerndem Insolvenzverfahren gem. § 114 Abs. 2 außerhalb des in § 114 Abs. 1 bezeichneten Zeitraums die Aufrechnung ebenfalls ausgeschlossen wäre.[29] Der **Arbeitgeber** darf daher als **Insolvenzgläubiger** mit Forderungen, die er bereits zur Zeit der Eröffnung des Insolvenzverfahrens erworben hatte, gegen die pfändbaren Forderungen auf Bezüge aus einem Dienstverhältnis **nur für die Dauer von zwei Jahren nach Eröffnung** des Insolvenzverfahrens aufrechnen.[30]

II. Kein generelles Aufrechnungsverbot

Die Ansicht, nach der entsprechend § 294 Abs. 1 Insolvenzgläubiger in der Wohlverhaltensphase 11
nicht nur mit der Vollstreckung, sondern grds auch mit der Aufrechnung ausgeschlossen sein sollen und § 294 Abs. 3 lediglich als Ausnahmevorschrift anzusehen sei, die zugunsten einzelner Gläubiger wie der Arbeitgeber in bestimmten Fällen die an sich ausgeschlossene Aufrechnung gestatte,[31] ist unzutreffend.[32] Sie ist mit der Systematik und Entstehungsgeschichte des Gesetzes nicht zu vereinbaren. Ein allgemeines Aufrechnungsverbot für Insolvenzgläubiger in der Wohlverhaltensperiode besteht nicht.[33] Dem in § 294 Abs. 1 geregelten generellen Zwangsvollstreckungsverbot steht die nur für eine bestimmte Fallgestaltung vorgesehene Beschränkung der Aufrechnungsmöglichkeit von In-

---

24 Uhlenbruck/*Vallender* Rn. 22; Graf-Schlicker/*Kexel* Rn. 3.
25 FK-InsO/*Ahrens* Rn. 38; Uhlenbruck/*Vallender* Rn. 26; HambK-InsR/*Streck* Rn. 12.
26 FK-InsO/*Ahrens* Rn. 38; MüKo-InsO/*Ehricke* Rn. 33; Uhlenbruck/*Vallender* Rn. 26; HambK-InsR/*Streck* Rn. 12.
27 FK-InsO/*Ahrens* Rn. 38; HK-InsO/*Landfermann* Rn. 13; MüKo-InsO/*Ehricke* Rn. 33; Uhlenbruck/*Vallender* Rn. 27; HambK-InsR/*Streck* Rn. 12.
28 FK-InsO/*Ahrens* Rn. 38; HK-InsO/*Landfermann* Rn. 13; MüKo-InsO/*Ehricke* Rn. 33; Uhlenbruck/*Vallender* Rn. 29; HambK-InsR/*Streck* Rn. 12.
29 BGH 21.07.2005, IX ZR 115/04, BGHZ 163, 391 (392).
30 Uhlenbruck/*Vallender* Rn. 31.
31 AG Neuwied 14.02.2000, 22 IK 28/99, NZI 2000, 334 (335); *Grote* ZInsO 2001, 452 (453 ff.).
32 BGH 21.07.2005, IX ZR 115/04, BGHZ 163, 391 (394).
33 BGH 21.07.2005, IX ZR 115/04, BGHZ 163, 391 (394); LG Koblenz 13.06.2000, 2 T 162/2000, ZInsO 2000, 507 (508); LG Kiel 06.04.2004, 13 T 150/03, ZInsO 2004, 558 (559); FG Düsseldorf 10.11.2004, 18 K 321/04 AO, ZInsO 2004, 1368 (1369); FK-InsO/*Ahrens* Rn. 40; MüKo-InsO/*Ehricke* Rn. 39; Nerlich/Römermann/*Römermann* Rn. 17; Uhlenbruck/*Vallender* Rn. 34; Graf-Schlicker/*Kexel* Rn. 5; HambK-InsR/*Streck* Rn. 14.

solvenzgläubigern in § 294 Abs. 3 gegenüber. Dieser Differenzierung würde es nicht gerecht werden, das umfassend geltende Zwangsvollstreckungsverbot mit einem generell geltenden Aufrechnungsverbot gleichzusetzen.[34] Die Vorschrift des § 294 Abs. 3 lässt sich nicht als eine die Aufrechnung in bestimmten Fällen gestattende Ausnahmevorschrift zu einem ansonsten nach § 294 Abs. 1 InsO i.V.m. § 394 Satz 1 BGB geltenden Aufrechnungsausschluss interpretieren. Der Wortlaut der Norm schränkt die im Übrigen bestehende Aufrechnungsbefugnis lediglich ein. Allein dies war vom **Gesetzgeber** auch gewollt. In § 233 DiskE-InsO war eine gesonderte Regelung zur Aufrechnung zunächst nicht vorgesehen.[35] Das hat Kritik erfahren, weil die dem Schuldner von Dienstbezügen eröffnete Möglichkeit einer Aufrechnung über den in § 114 Abs. 1, 2 eröffneten Zeitraum hinaus die Befriedigungsaussichten der Insolvenzgläubiger gefährde und mit dem Ziel der Restschuldbefreiung nicht zu vereinbaren sei.[36] Erst daraufhin wurde die Einschränkung der Aufrechnungsbefugnis in § 233 Abs. 3 RefE-InsO und später dann in § 294 Abs. 3 aufgenommen.[37] Dieser Regelung lag mithin auch aus der Sicht des Gesetzgebers die **ansonsten unbeschränkte Aufrechnungsmöglichkeit der Insolvenzgläubiger** zugrunde.[38] Ein Ausschluss jedweder Aufrechnung durch Insolvenzgläubiger gem. § 294 Abs. 1 InsO i.V.m. § 394 Satz 1 BGB wäre auch deshalb verfehlt, weil dies den Wertungen widerspräche, die das Gesetz hinsichtlich der Aufrechnungsbefugnis von Insolvenzgläubigern für den Zeitraum des Insolvenzverfahrens in den §§ 94 ff. getroffen hat. Ein solcher Wertungswiderspruch ergibt sich dann, wenn Gläubigern im laufenden Insolvenzverfahren die Aufrechnung gestattet ist. Der Schutz der Gläubigergesamtheit rechtfertigt es nicht, solche Gläubiger in dem anschließenden Restschuldbefreiungsverfahren aufgrund eines umfassenden Aufrechnungsverbots schlechter zu stellen.[39]

§ 294 n.F. Gleichbehandlung der Gläubiger

[Tritt am 01.07.2014 in Kraft]

(1) Zwangsvollstreckung für einzelne Insolvenzgläubiger in das Vermögen des Schuldners sind in dem Zeitraum zwischen Beendigung des Insolvenzverfahrens und dem Ende der Abtretungsfrist nicht zulässig.

(2) Jedes Abkommen des Schuldners oder anderer Personen mit einzelnen Insolvenzgläubigern, durch das diesen ein Sondervorteil verschafft wird, ist nichtig.

(3) Eine Aufrechnung gegen die Forderung auf die Bezüge, die von der Abtretungserklärung erfasst werden, ist nicht zulässig.

1 Die Vorschrift tritt am 01.07.2014 in Kraft.[1] Die Neufassung weist zwei Folgeänderungen auf. In § 294 Abs. 1 n.F. handelt es sich um eine Folgeänderung zur Legaldefinition des Begriffs der Abtretungsfrist in § 287 Abs. 2 n.F. Infolge der Aufhebung des § 114 Abs. 2 a.F. konnte der Gesetzestext in § 294 Abs. 3 n.F. erheblich gestrafft werden.[2]

---

34 BGH 21.07.2005, IX ZR 115/04, BGHZ 163, 391 (395).
35 Vgl. Diskussionsentwurf des BMJ, Gesetz zur Reform des Insolvenzrechts, Entwurf einer Insolvenzordnung und anderer Reformvorschriften mit Begründung und Anhang, 1988.
36 *Wochner* BB 1989, 1065 (1066).
37 *Döbereiner* Die Restschuldbefreiung nach der Insolvenzordnung, 1997, S. 268 ff.
38 BGH 21.07.2005, IX ZR 115/04, BGHZ 163, 391 (395).
39 BGH 21.07.2005, IX ZR 115/04, BGHZ 163, 391 (397 f.).
 1 Art. 9 Satz 1 des Gesetzes zur Verkürzung des Restschuldbefreiungsverfahrens und zur Stärkung der Gläubigerrechte, BGBl. I, 2385.
 2 BT-Drucks. 17/11268, 28.

§ 295 Obliegenheiten des Schuldners

(1) Dem Schuldner obliegt es, während der Laufzeit der Abtretungserklärung
1. eine angemessene Erwerbstätigkeit auszuüben und, wenn er ohne Beschäftigung ist, sich um eine solche zu bemühen und keine zumutbare Tätigkeit abzulehnen;
2. Vermögen, das er von Todes wegen oder mit Rücksicht auf ein künftiges Erbrecht erwirbt, zur Hälfte des Wertes an den Treuhänder herauszugeben;
3. jeden Wechsel des Wohnsitzes oder der Beschäftigungsstelle unverzüglich dem Insolvenzgericht und dem Treuhänder anzuzeigen, keine von der Abtretungserklärung erfaßten Bezüge und kein von Nummer 2 erfaßtes Vermögen zu verheimlichen und dem Gericht und dem Treuhänder auf Verlangen Auskunft über seine Erwerbstätigkeit oder seine Bemühungen um eine solche sowie über seine Bezüge und sein Vermögen zu erteilen;
4. Zahlungen zur Befriedigung der Insolvenzgläubiger nur an den Treuhänder zu leisten und keinem Insolvenzgläubiger einen Sondervorteil zu verschaffen.

(2) Soweit der Schuldner eine selbständige Tätigkeit ausübt, obliegt es ihm, die Insolvenzgläubiger durch Zahlungen an den Treuhänder so zu stellen, wie wenn er ein angemessenes Dienstverhältnis eingegangen wäre.

Übersicht

		Rdn.			Rdn.
A.	Überblick	1		3. Nichtablehnung zumutbarer Tätigkeit	26
I.	Enumerativprinzip	2	II.	Herausgabe von Vermögenserwerb im Erbfall (§ 295 Abs. 1 Nr. 2)	28
II.	Anreiz, Befriedigung, Genugtuung und Kooperation	4	III.	Anzeige- und Mitwirkungsobliegenheiten (§ 295 Abs. 1 Nr. 3)	31
III.	Zeitlicher Anwendungsbereich	7		1. Wohnsitzwechsel	32
IV.	Keine Wesentlichkeitsgrenze und grds keine »Abmahnung« des Schuldners	9		2. Wechsel der Beschäftigungsstelle	33
V.	Systematischer Zusammenhang	11		3. Kein Verheimlichen von Bezügen und von Vermögen	34
VI.	Nicht selbständige und selbständige Tätigkeit des Schuldners	14		4. Auskunft	37
VII.	Kritik an der Norm	15	IV.	Gleichmäßige Gläubigerbefriedigung (§ 295 Abs. 1 Nr. 4)	39
VIII.	Festlegung und Erbringung der an den Treuhänder zu leistenden Zahlungen	16	V.	Selbständige Tätigkeit (§ 295 Abs. 2)	42
B.	Die einzelnen Obliegenheiten	18	C.	Rechtsfolgen von Obliegenheitsverletzungen	47
I.	Erwerbstätigkeit (§ 295 Abs. 1 Nr. 1)	19	D.	Heilung von Verstößen	48
	1. Ausübung einer angemessenen Erwerbstätigkeit	20			
	2. Bemühung um angemessene Erwerbstätigkeit	22			

A. Überblick

Die Vorschrift wird in der Begründung des Regierungsentwurfs als eine der zentralen Regelungen der Restschuldbefreiung bezeichnet. Sie soll die Obliegenheiten des Schuldners festlegen, die dieser während der Dauer der Wohlverhaltensperiode zu beachten hat. Der Schuldner soll sich nach Kräften bemühen, seine Gläubiger während dieses Zeitraums so weit wie möglich zu befriedigen, um anschließend endgültig von seinen restlichen Schulden befreit zu werden.[1]

I. Enumerativprinzip

Die den Schuldner während der Wohlverhaltensperiode treffenden Obliegenheiten sind in § 295 enumerativ aufgezählt. Der Gesetzgeber hat davon abgesehen, eine Generalklausel zu statuieren oder sich einer Technik von Regelbeispielen zu bedienen, was Raum für eine Erweiterung der gesetz-

---
1 BT-Drucks. 12/2443, 192 zu § 244 InsO-RegE.

lichen Tatbestände böte.² Nach den Gesetzesmaterialien haben alle Versagungsgründe ihren Ursprung in dem Grundsatz, dass nur ein redlicher Schuldner, der sich seinen Gläubigern gegenüber nichts hat zuschulden kommen lassen, die Möglichkeit der Restschuldbefreiung erhalten soll. Die Umschreibung der verschiedenen Fallgruppen mit ihren Eigentümlichkeiten soll der Gerechtigkeit dienen und es zugleich verhindern, die Entscheidung über Schuldbefreiung oder Haftung in ein weites Ermessen des Insolvenzgerichts zu stellen. Schuldner und Insolvenzgläubiger sollen von vorneherein wissen, unter welchen Bedingungen das Privileg der Restschuldbefreiung erteilt oder versagt werden kann, damit sie die Folgen bestimmter Verhaltensweisen erkennen und vorausberechnen können.³ Die **Absage an eine Generalklausel oder Regelbeispiele** führt zu einer größeren Rechtssicherheit für den Schuldner, der sich darauf verlassen kann, dass er die Restschuldbefreiung erlangt, solange sich sein Verhalten in den positivrechtlich gesetzten Grenzen bewegt. Schließlich besteht auf Grund der hohen Anzahl von Restschuldbefreiungsverfahren ein Bedürfnis nach klar umrissenen Versagungsgründen.⁴

3 Die in § 295 aufgezählten Versagungsgründe sind neben den zusätzlich in §§ 296 Abs. 2 Satz 3, 297 Abs. 1, 298 Abs. 1 genannten **abschließend** zu verstehen. Andere als diese geregelten Tatbestände können für die Dauer der Wohlverhaltensperiode keine Versagung der Restschuldbefreiung rechtfertigen. Hat der Schuldner etwa in dem nach § 305 Abs. 1 Nr. 3 vorzulegenden Vermögensverzeichnis nicht sämtliche Vermögensgegenstände aufgelistet, so besteht während der Wohlverhaltensperiode kein Versagungsgrund, solange der Schuldner damit nicht gleichzeitig gegen ein Auskunftsbegehren nach § 295 Abs. 1 Nr. 3 verstößt.⁵

II. Anreiz, Befriedigung, Genugtuung und Kooperation

4 Bei den Anforderungen des § 295 Abs. 1 handelt es sich um **materielle Obliegenheiten** und nicht um Pflichten des Schuldners. Die abschließende Aufzählung wurde vom Gesetzgeber so ausgestaltet, wie vernünftig und redlich Handelnde sie vereinbart hätten, unterläge die Befreiung von den Restschulden einer privaten Vereinbarung und unterstellte man den Beteiligten rationales Verhalten und hinreichende Information. Obliegenheiten sind Rechtsgebote, die im eigenen Interesse liegen und Verhaltensanforderungen in eigener Sache darstellen. Verstöße gegen eine Obliegenheit lösen daher grds weder eine Schadensersatzpflicht gegenüber anderen Beteiligten aus, noch begründen sie sonstige Ansprüche der Gläubiger gegenüber dem Schuldner. Ein Verstoß gegen eine Obliegenheit hat vielmehr die Minderung oder Vernichtung der eigenen Rechtsposition des Belasteten zur Folge.⁶ Die vom Gesetzgeber gewählte Konstruktion von Obliegenheiten fordert vom Schuldner als Regelungsadressat im wohlverstandenen eigenen Interesse die Beachtung der fremden Interessen der Gläubiger. Wie das grundsätzliche Erfordernis des Gläubigerantrags zur Versagung der Restschuldbefreiung belegt, müssen die Obliegenheiten allein im Gläubigerinteresse erfüllt werden. Als Sanktionsmechanismus zur Sicherstellung der Einhaltung der in § 295 vorgesehenen Obliegenheiten ist die Versagung der Restschuldbefreiung gem. § 296 vorgesehen, wenn der Schuldner während der Laufzeit der Abtretungserklärung eine seiner Obliegenheiten schuldhaft verletzt und dadurch die Befriedigung der Insolvenzgläubiger beeinträchtigt. Die Erfüllung – oder besser: die Beachtung – der Obliegenheiten ist rechtliche Voraussetzung für die Erteilung der Restschuldbefreiung. Allerdings ist die Erteilung auch bei Nichterfüllung möglich, falls den Schuldner kein Verschulden trifft oder kein Versagungsantrag gestellt wurde.⁷

---

2 MüKo-InsO/*Ehricke* Rn. 9.
3 BT-Drucks. 12/2443, 190 zu § 239 InsO-RegE.
4 *Schmerbach* NZI 2009, 677 bezeichnet die von jährlich über 100.000 Personen angestrebte Restschuldbefreiung als »Massengeschäft«.
5 FK-InsO/*Ahrens* Rn. 3; MüKo-InsO/*Ehricke* Rn. 9.
6 MüKo-InsO/*Ehricke* Rn. 11.
7 Braun/*Lang* Rn. 3.

Aus Sicht der Gläubiger hat die Erfüllung der Obliegenheiten damit vorrangig eine **Befriedigungs-** 5
funktion und zusätzlich – da eine vollständige Befriedigung regelmäßig nicht erreicht werden wird –
eine **Genugtuungsfunktion**.[8] Dahinter steht die wichtige, wenngleich kaum mit rechtlichen Maßstäben zu erfassende Vorstellung, dass die Gläubiger nur dann den Ausfall ihrer Forderungen hinnehmen werden, wenn sie erkennen, dass ihr Schuldner dafür eine gewisse »Leidensperiode« auf sich nehmen muss.[9]

Die Erreichung der Zielvorstellungen der Restschuldbefreiung setzt im Allgemeinen ein Mindest- 6
maß an **Kooperationsbereitschaft des Schuldners** mit den am Verfahren Beteiligten voraus, die
durch die den Schuldner betreffenden Obliegenheiten ebenfalls gesteuert werden soll. Die Anforderungen an den Schuldner sind dabei bewusst hoch angesetzt. Dadurch soll die den Gläubigern zustehende Masse bestmöglich – und nicht nur pro forma – vergrößert werden. Außerdem soll sich
der Schuldner die Restschuldbefreiung im Interesse eines vernünftigen Wirtschaftens und der Aufrechterhaltung der allgemeinen Kredit- und Zahlungsbereitschaft gleichsam »verdienen« müssen.[10]

III. Zeitlicher Anwendungsbereich

Die Obliegenheiten des § 295 treffen den Schuldner erst **ab Aufhebung des Insolvenzverfahrens** 7
und Ankündigung der Restschuldbefreiung.[11] Entgegen einer im Schrifttum vertretenen Ansicht,
die auf den Zeitpunkt der Bekanntmachung abstellt,[12] wird die Verfahrensaufhebung im Zeitpunkt
der Beschlussfassung wirksam.[13] Nach der höchstrichterlichen Rechtsprechung setzen die Obliegenheiten aber die Kenntnis des Schuldners von diesen Umständen und damit die Kenntnis von dem
Ankündigungsbeschluss und dem Aufhebungsbeschluss voraus.[14] Auf die Abtretungserklärung
kommt es allerdings nicht an. Die Obliegenheiten setzen also nicht erst dann ein, wenn auch der
Treuhänder die Abtretung angenommen hat.[15]

Maßgebend ist damit grds allein das Verhalten des Schuldners ab Aufhebung des Insolvenzverfahrens 8
und Ankündigung der Restschuldbefreiung. Auf früheres Verhalten des Schuldners kommt es nicht
an.[16] Dieses ist nur insofern von Belang, als der Schuldner gem. § 297 in dem Zeitraum zwischen
Schlusstermin und Aufhebung des Insolvenzverfahrens oder während der Laufzeit der Abtretungserklärung wegen einer Straftat nach den §§ 283 bis 283c StGB rechtskräftig verurteilt wird.[17]

IV. Keine Wesentlichkeitsgrenze und grds keine »Abmahnung« des Schuldners

Die steigenden Anforderungen an die Versagung der Restschuldbefreiung im Laufe des Verfahrens- 9
fortgangs sind eine Ausprägung des Vertrauensschutzgedankens. Das Gesetz will den Schuldnern
durch die abgestuften Anforderungen mit zunehmender Dauer des Restschuldbefreiungsverfahrens

---

8 MüKo-InsO/*Ehricke* Rn. 3; a.A. FK-InsO/*Ahrens* Rn. 2.
9 MüKo-InsO/*Ehricke* Rn. 2.
10 MüKo-InsO/*Ehricke* Rn. 2; hinsichtlich des dort für erforderlich gehaltenen Lernprozesses beim Schuldner
sind allerdings die Fälle auszunehmen, in denen der Schuldner ohne jedes eigene Zutun in Insolvenz gerät,
etwa infolge des Verlustes seines Arbeitsplatzes im Rahmen einer lang andauernden Wirtschaftskrise.
11 BGH 18.12.2008, IX ZB 249/07, WM 2009, 361 Rn. 8, 9, 12; 14.01.2010, IX ZB 78/09, ZInsO 2010, 345
Rn. 9; 15.07.2010, IX ZB 229/07, ZInsO 2010, 1496 Rn. 4; 17.01.2013, IX ZB 98/11, NZI 2013, 189,
190 Rn. 12, zu § 295 Abs. 2; *Wischemeyer* ZInsO 2010, 2068 (2070).
12 HambK-InsR/*Preß* § 200 Rn. 15; MüKo-InsO/*Hintzen* § 200 Rn. 17; Uhlenbruck/*Uhlenbruck* § 200
Rn. 6.
13 BGH 15.07.2010, IX ZB 229/07, ZInsO 2010, 1496 f. Rn. 5.
14 BGH 14.01.2010, IX ZB 78/09, ZInsO 2010, 345 Rn. 9; 26.02.2013, IX ZB 165/11, NZI 2013, 404
Rn. 5; ob die Obliegenheiten erst mit Rechtskraft der genannten Beschlüsse beginnen, hat der BGH
14.01.2010, IX ZB 78/09, ZInsO 2010, 345 Rn. 11 offen gelassen.
15 So wohl aber MüKo-InsO/*Ehricke* Rn. 11.
16 Braun/*Lang* Rn. 1.
17 MüKo-InsO/*Ehricke* Rn. 2.

ein Mindestmaß an Schutz vor der vorschnellen Versagung der Restschuldbefreiung gewähren.[18] Teilweise wird gefordert, der Vertrauensschutzgedanke sei auch bei der Anwendung der Vorschrift zu berücksichtigen. Gegen Ende der Wohlverhaltensperiode könne etwa aus diesem Grunde eine Versagung wegen einer **geringfügigen Obliegenheitsverletzung** ausgeschlossen sein.[19] Der Wortlaut des Gesetzes lässt indessen keinen Spielraum für derartige Vertrauensschutzerwägungen zu. Der Vertrauensschutz des Schuldners kann sich berechtigterweise nur darauf beziehen, dass nach dem Beschluss gem. § 291 die Zulassung zur Restschuldbefreiung nicht mehr gem. § 290 verneint werden wird. Ein darüber hinausgehendes Vertrauen des Schuldners ist rechtlich nicht geschützt. Der Schuldner muss sich vielmehr für die gesamte Dauer der Wohlverhaltensperiode an die ihm auferlegten Obliegenheiten halten. In seinem Interesse bestehen überdies das Verschuldenserfordernis des § 296 Abs. 1 Satz 1, die Antragsfrist des § 296 Abs. 1 Satz 2 und das Erfordernis der Glaubhaftmachung des Obliegenheitsverstoßes gem. § 296 Abs. 1 Satz 3. Ein weitergehender Schutz widerspräche der Genugtuungsfunktion für die Gläubiger, aus deren Sicht die Erfüllung der Obliegenheiten bis zur letzten juristischen Sekunde der Wohlverhaltensperiode die Rechtfertigung für die Einbuße der Geltendmachung ihrer Forderung darstellt. Schließlich ist gegen eine Zulassung von geringfügigen Verstößen gegen die Obliegenheiten aus § 295 einzuwenden, dass keine Kriterien vorliegen, unter welchen Umständen von einer »Geringfügigkeit« auszugehen ist. Es würde sich dabei um einen offenen Rechtsbegriff handeln, dessen Konkretisierung zumindest mittelfristig zu Rechtsunsicherheiten führt.[20]

10 Abzulehnen ist ferner der Vorschlag, im Hinblick auf den Dauercharakter der Treuhandzeit, von einer (allgemeinen) Hinweispflicht auszugehen[21], um der Erteilung der Restschuldbefreiung nicht allzu große Hürden entgegenzusetzen. Damit sei vor der Versagung der Restschuldbefreiung gem. § 296 der Schuldner bei pflichtwidrigem Handeln auf die Möglichkeit der Versagung der Restschuldbefreiung hinzuweisen. Zutreffend ist, dass die Hinweispflicht eine Entsprechung in der Abmahnung bei einem Dauerschuldverhältnis findet, doch besteht zwischen dem Charakter eines Dauerschuldverhältnisses und des Restschuldbefreiungsverfahrens eine derart große Diskrepanz, dass die Regelungsinstrumente nicht übertragen werden können. Unabhängig davon ist aus dem Umstand, dass in den Regelungen der §§ 298 Abs. 1 und Abs. 2 Satz 2, 305 Abs. 3 und 314 Abs. 3 Satz 2 ausdrücklich Hinweispflichten aufgeführt sind und dies in §§ 295, 296 nicht geschehen ist, zu folgern, dass derartige **Hinweispflichten** in diesem Zusammenhang vom Gesetzgeber auch gar **nicht vorgesehen** sein sollten. Andernfalls könnte der Schuldner dazu verleitet werden, permanent gegen die in § 295 bezeichneten Obliegenheiten zu verstoßen, weil ihm vor der Sanktion Gelegenheit gegeben werden müsste, sich obliegenheitspflichtkonform zu verhalten.[22]

V. Systematischer Zusammenhang

11 § 295 geht wie die für das Zulassungsverfahren geltende Norm des § 290 Abs. 1 (vgl. § 1 Rdn. 1) von dem Grundsatz aus, dass dem Schuldner die Restschuldbefreiung zu erteilen ist und regelt die Voraussetzungen, unter denen ausnahmsweise die Restschuldbefreiung zu versagen ist. Die **Trennung zwischen Zulassungsverfahren und Wohlverhaltensperiode** ist dadurch gekennzeichnet, dass in jedem Abschnitt des Verfahrens an die Versagung oder den Widerruf der Restschuldbefreiung unterschiedliche Anforderungen gestellt werden. Gegenüber der Vorschrift des § 290, die für den ersten Verfahrensabschnitt bis zur vorläufigen Entscheidung über die Restschuldbefreiung gilt und deren Versagungsgründe mit der Ankündigung der Restschuldbefreiung gem. § 291 für den weiteren Verfahrensverlauf präkludiert sind, enthält § 295 höhere, dh erschwerte Anforderungen an die Möglichkeit einer Versagung, weil der Schuldner in diesem Verfahrensabschnitt auf Grund

---

18 MüKo-InsO/*Ehricke* Rn. 7.
19 Braun/*Lang* Rn. 1; FK-InsO/*Ahrens* Rn. 7.
20 MüKo-InsO/*Ehricke* Rn. 7.
21 So FK-InsO/*Ahrens* § 296 Rn. 4.
22 MüKo-InsO/*Ehricke* Rn. 8.

des Ankündigungsbeschlusses höheren Vertrauensschutz genießt.[23] So bedingt etwa die Versagung der Restschuldbefreiung nach § 296 Abs. 1 Satz 1 Halbs. 1 im Gegensatz zu den Versagungsgründen in § 290, dass die Verletzung einer der Obliegenheiten des § 295 zu einer Beeinträchtigung der Befriedigung der Insolvenzgläubiger führen muss. Für eine etwaige analoge Anwendung des § 290 während der Treuhandphase in den Fällen, in denen sich erst in einem späteren Verfahrensabschnitt Verfehlungen herausstellen, die in einem früheren Abschnitt zur Versagung der Restschuldbefreiung geführt hätten, fehlt es aus den vorgenannten Gründen an einer planwidrigen Unvollständigkeit des Gesetzes, denn der Gesetzgeber ist sich dieser besonderen Problematik bewusst gewesen und hat sie in § 303 dergestalt gelöst, dass die Restschuldbefreiung zu widerrufen ist, wenn sich nachträglich herausstellt, dass der Schuldner eine seiner ihm nach § 295 auferlegten Obliegenheiten vorsätzlich verletzt hat und dadurch die Befriedigung der Insolvenzgläubiger erheblich beeinträchtigt hat.[24]

§ 295 steht darüber hinaus auch in einem systematischen Zusammenhang mit den Bestimmungen der §§ 297, 298 und § 303. Die Gesamtheit dieser Normen stellt ein **abgestuftes System von Versagungs- und Widerrufsgründen** der Restschuldbefreiung dar, welches die unterschiedlichen Interessen von Gläubigern (die an einer weitreichenden Befriedigung ihrer Forderungen interessiert sind) und dem Schuldner (der eine endgültige Befreiung von seinen Verbindlichkeiten erstrebt) zu einem Ausgleich bringt.[25] 12

Durch die Rechtspraxis ist zudem eine inhaltliche Verknüpfung des § 295 mit der Vorschrift des § 309 zur Ersetzung des Zustimmungserfordernisses vorgenommen worden. Demnach sollen in einem **Schuldenbereinigungsplan** Obliegenheiten, wie sie in § 295 Abs. 1 Nr. 1 oder 2 vorgesehen sind, aufgenommen werden können, ohne dass die Ersetzung der Zustimmung zum Schuldenbereinigungsplan allein daran scheitert, dass er keine Nebenpflichten des Schuldners entsprechend den Obliegenheiten gem. § 295 enthält. Darüber hinaus soll die Zustimmung ausnahmsweise nicht ersetzt werden, wenn konkrete Anhaltspunkte für künftige Verletzungen des § 295 vorliegen. Die Verknüpfung der Zustimmungsersetzung bei Schuldenbereinigungsplänen mit bestimmten Obliegenheiten gem. § 295 ist von der Autonomie der Ausgestaltung des Schuldenbereinigungsplanes gedeckt, und es kann im Hinblick auf den Schutz der Gläubiger durchaus auch sinnvoll sein, einige der in § 295 genannten Obliegenheiten als – hinreichend konkretisierte – Nebenverpflichtungen zu vereinbaren.[26] Eine frühere Verletzung der Erwerbsobliegenheit lässt jedenfalls nicht auf das künftige Verhalten schließen, weil die Aussicht auf Restschuldbefreiung eine neue Motivation für die Erwerbstätigkeit darstellen kann.[27] 13

VI. Nicht selbständige und selbständige Tätigkeit des Schuldners

Nach den Gesetzesmaterialien betrifft § 295 Abs. 1 den Regelfall eines Dienstverhältnisses, bei dem die Bezüge des Schuldners von der Abtretungserklärung erfasst werden.[28] Aus Abs. 2 ergibt sich zunächst, dass der Schuldner auch dann Restschuldbefreiung erlangen kann, wenn er während der Wohlverhaltensperiode eine selbständige Tätigkeit ausübt, etwa ein Gewerbe betreibt.[29] Diese normtechnische Zweiteilung darf nicht in dem Sinne missverstanden werden, dass für den selbständig tätigen Schuldner die sonstigen Obliegenheiten nach Abs. 1 nicht gälten. § 295 Abs. 2 stellt lediglich eine lex specialis zu § 295 Abs. 1 Nr. 1 für Schuldner dar, die auf Grund ihrer Selbständigkeit kein Dienstverhältnis eingegangen sind bzw. einzugehen brauchen. Für die Geltung auch der sonstigen Obliegenheiten gegenüber dem selbständig tätigen Schuldner spricht bereits der Wortlaut des Abs. 2, der hinsichtlich der Tätigkeitsausübung mit erkennbarem Bezug auf Abs. 1 Nr. 1 eine 14

---

23 Braun/*Lang* Rn. 1.
24 MüKo-InsO/*Ehricke* Rn. 6.
25 MüKo-InsO/*Ehricke* Rn. 6.
26 MüKo-InsO/*Ehricke* Rn. 6.
27 FK-InsO/*Ahrens* Rn. 9.
28 BT-Drucks. 12/2443, 192 zu § 244 InsO-RegE.
29 BT-Drucks. 12/2443, 192 zu § 244 InsO-RegE.

Gleichstellung anordnet, ohne die Anforderungen an den selbständig tätigen Schuldner in anderer Hinsicht einzuschränken. Außerdem wäre es völlig sinnwidrig, Selbständigen im Gegensatz zu Angestellten nicht die Obliegenheit aufzuerlegen, die Hälfte des Vermögens an den Treuhänder herauszugeben, das er von Todes wegen oder mit Rücksicht auf ein künftiges Erbrecht erwirbt (§ 295 Abs. 1 Nr. 2), weil es offenkundig keine Gründe dafür gibt, dass der Umfang des Interesses der Gläubiger an einer möglichst weitgehenden Befriedigung und im Blick auf die Genugtuung bei Selbständigen geringer sein sollte. Dieselbe Erwägung gilt für das Verbot der Verschaffung eines Sondervorteils gem. § 295 Abs. 1 Nr. 4. Bei den in § 295 Abs. 1 Nr. 3 genannten Obliegenheiten hingegen lässt sich zwischen denjenigen unterscheiden, die im Allgemeinen den unselbständig beschäftigten Schuldner betreffen (wie etwa der Anzeige eines Wechsels der Beschäftigungsstelle) und den sonstigen, die auch den selbständig tätigen Schuldner betreffen.[30]

Wechseln sich beim Schuldner Zeiten der Selbstständigkeit mit solchen abhängiger Beschäftigung oder der Arbeitslosigkeit ab, ist eine **tätigkeits- und zeitraumbezogene Bewertung** vorzunehmen.[31] Solange der Schuldner selbstständig ist, findet der Maßstab des § 295 Abs. 2 Anwendung, im Übrigen gilt § 295 Abs. 1 Nr. 1.[32]

VII. Kritik an der Norm

15 Gegen die Vorschrift des § 295 ist im Schrifttum eingewandt worden, dass im Endeffekt die Gläubigerinteressen nicht hinreichend gewahrt werden könnten und sie sogar dem unredlichen Schuldner leicht die Gelegenheit bieten würde, in den Genuss der Restschuldbefreiung auch ohne (nennenswerte) Zahlungen zu gelangen, weil den Gläubigern keine gezielten Überwachungsmittel zur Verfügung stünden, mit denen sie einen schuldhaften Verstoß gegen die Obliegenheiten feststellen und glaubhaft machen könnten.[33] Vor dem Hintergrund, dass die rechtspolitisch mit der Restschuldbefreiung verfolgten Ziele nur durch eine Kompromissformel zu erreichen waren, sind Regelungsunzulänglichkeiten allerdings kaum zu vermeiden. Auf Grund der strengen Anforderungen, die die Obliegenheiten an den Schuldner stellen, und des nicht ganz unerheblichen Abschreckungspotenzials für den Schuldner, dass seine Bemühungen um die Erlangung der Restschuldbefreiung schnell vergebens sein könnten, wenn die Obliegenheiten nicht erfüllt werden, dürften Missbräuche eher die Ausnahme bleiben.[34]

VIII. Festlegung und Erbringung der an den Treuhänder zu leistenden Zahlungen

16 Wer im Zweifel die Höhe der an den Treuhänder zu leistenden Zahlungen festlegt, also z.B. bei einer selbständigen Tätigkeit nach § 295 Abs. 2 das fiktive Gesamteinkommen bestimmt, ist im Gesetz nicht ausdrücklich geregelt. Das **Risiko** liegt hier grds **beim Schuldner.** Reichen seine Leistungen nicht aus, so wird ihm die Restschuldbefreiung auf Antrag versagt (§ 296) und den Insolvenzgläubigern steht wieder das freie Nachforderungsrecht zu (§ 201 Abs. 1).[35] Gegen die Kompetenz des Treuhänders zur Festlegung des fiktiven Gesamteinkommens spricht, dass § 292 keine Ansatzpunkte für eine solche Tätigkeit enthält. Zudem wäre bei der Festlegung durch den Treuhänder der Rechtsschutz des Schuldners weniger effektiv gewährleistet als bei der Festlegung durch das Insolvenzgericht. Schließlich ist auch nicht einzusehen, dass dem Treuhänder bei der sensiblen Aufgabe der Festlegung eines solchen Vergleichsmaßstabes ein zusätzliches Haftungsrisiko aufgebürdet werden soll. Eine gleichwohl vom Treuhänder erfolgte Festsetzung hat daher keine verbindliche Auswirkung darauf, wie viel tatsächlich abgeführt werden muss.[36] Die Kompetenz für eine solche Festlegung

---

30 MüKo-InsO/*Ehricke* Rn. 10; zur Nichtanwendbarkeit von Nr. 3 Var. 3 s.u. Rdn. 34.
31 *Ahrens* NZI 2011, 598; vgl. dazu BGH 19.05.2011, IX ZB 224/09, NZI 2011, 596, 597 Rn. 5.
32 *Ahrens* NZI 2011, 598.
33 *Scholz* DB 1996, 765 (769).
34 Vgl. MüKo-InsO/*Ehricke* Rn. 4.
35 Vgl. MüKo-InsO/*Ehricke* Rn. 112.
36 Vgl. MüKo-InsO/*Ehricke* Rn. 110.

kommt allein dem Gericht zu. Da ein gesondertes Verfahren zur Feststellung der zu leistenden Zahlung gesetzlich nicht geregelt ist, wird eine gerichtliche Vorabentscheidung überwiegend abgelehnt.[37] Die Gegenauffassung hält ein Zwischenfeststellungsverfahren für zulässig, falls Streit mit dem Treuhänder über die Höhe der Bezüge aus einem angemessenen Dienstverhältnis besteht.[38] Auf Grund des Fehlens einer ausdrücklichen gesetzlichen Grundlage und der Formulierung in den Gesetzesmaterialien, wonach der Schuldner selbst beurteilen muss, welche Mittel er jeweils an die Gläubiger abführen kann, ohne den Fortbestand des Gewerbebetriebes zu gefährden[39], spricht alles dafür, dass der Schuldner den Betrag **eigenverantwortlich festzusetzen** hat.[40] Da die Ermittlung des zutreffenden Abführungsbetrags in Anbetracht der andernfalls drohenden Restschuldbefreiung von erheblicher Bedeutung ist, sollte der Schuldner insoweit Rechtsrat einholen.[41]

Die Frage, zu welchem Zeitpunkt der Schuldner in der Wohlverhaltensphase die von ihm zu erbringenden Zahlungen an den Treuhänder leisten muss, stellt sich nur für den Schuldner, der eine selbstständige Tätigkeit ausübt (§ 295 Abs. 2).[42] Zahlungen zu beliebigen Zeitpunkten darf der Treuhänder dem abhängig beschäftigten Schuldner nicht gestatten.[43] Das Gesetz schreibt dem Schuldner, der eine selbständige Tätigkeit ausübt, keinen Zahlungstermin vor. Nach der Rechtsprechung des BGH und einem Teil des Schrifttums hat der Schuldner in regelmäßigen Abständen, **zumindest jährlich, Zahlungen an den Treuhänder** zu erbringen.[44] Eine Gegenauffassung hält den selbständigen Schuldner für berechtigt, erst am Ende der Treuhandperiode seine gesamten Leistungen (zzgl Zinsen) zu erbringen.[45] Die Gegenauffassung nimmt in einem solchen Fall an, das Insolvenzgericht habe im Rahmen der Entscheidung über die Restschuldbefreiung für die jeweiligen Abschnitte der Selbständigkeit das entsprechende fiktive Gesamteinkommen zu ermitteln und zu addieren, so dass der Schuldner am Ende der Wohlverhaltensperiode an den Treuhänder noch diesen Betrag auszukehren habe, bevor ihm die Restschuldbefreiung erteilt werden könne.[46] Die zuerst genannte Auffassung überzeugt. Aus der Anordnung des § 295 Abs. 2, die Insolvenzgläubiger durch Zahlungen an den Treuhänder so zu stellen, wie wenn er ein angemessenes Dienstverhältnis eingegangen wäre, folgt aber, dass Zahlungen in entsprechender Weise zu erfolgen haben. In der Gesetzesbegründung heißt es ausdrücklich, dass der Schuldner die Gläubiger nicht schlechter stellen darf, als wenn er ein angemessenes Dienstverhältnis eingegangen wäre.[47] Eine solche Schlechterstellung würde aber z.B. darin liegen, dass bis zum Ende der Wohlverhaltensperiode die Frage der Zahlung im Ungewissen bliebe und die Gläubiger bis dahin keine Versagungsanträge stellen könnten. Letztlich wäre es bei selbständigen Schuldnern praktisch unmöglich, die Beachtung der Obliegenheiten zu kontrollieren und z.B. festzustellen, dass der Schuldner gar keine angemessenen Beträge aus seiner selbständigen Tätigkeit erwirtschaftet und sich deshalb bemühen muss, eine abhängige Beschäftigung einzugehen.[48]

Im unmittelbaren Anwendungsbereich des § 295 Abs. 2 ergibt sich **kein Zahlungsanspruch gegen den Schuldner**. Nach der Gesetzesüberschrift und dem Wortlaut der Bestimmung wird eine Obliegenheit des Schuldners statuiert, keine Zahlungspflicht.[49] Da der Treuhänder weder den abzuführen-

---

37 *Grote* ZInsO 2004, 1105 (1108); HambK-InsR/*Streck* Rn. 25; Uhlenbruck/*Vallender* Rn. 70.
38 So FK-InsO/*Ahrens* Rn. 82.
39 BT-Drucks. 12/2443, 192 zu § 244 InsO-RegE.
40 *Grote* ZInsO 2004, 1105 (1108); Mohrbutter/Ringstmeier/*G. Pape* § 17 Rn. 153.
41 *Harder* NZI 2013, 521 (524).
42 BGH 07.04.2011, IX ZB 40/10, NZI 2011, 451 Rn. 6, dort vom BGH offen gelassen.
43 BGH 07.04.2011, IX ZB 40/10, NZI 2011, 451 (452) Rn. 8.
44 BGH 19.07.2012, IX ZB 188/09, NZI 2012, 718 (719) Rn. 14; *Grote* ZInsO 2004, 1105 (1107).
45 LG Bayreuth 17.06.2009, 42 T 65/09, NZI 2009, 735 f.; AG Göttingen 02.03.2009, 74 IN 137/02, NZI 2009, 334 (335); MüKo-InsO/*Ehricke* Rn. 112.
46 MüKo-InsO/*Ehricke* Rn. 111.
47 BT-Drucks. 12/2443, 192 zu § 244 InsO-RegE.
48 Mohrbutter/Ringstmeier/*G. Pape* § 17 Rn. 152.
49 *Harder* NZI 2013, 521 (526).

den Betrag festzusetzen, noch seine Höhe zu kontrollieren hat, ist es auch nicht seine Aufgabe, den Abführungsbetrag klageweise geltend zu machen.[50] Im Rahmen der Verweisung des § 35 Abs. 2 Satz 2 auf § 295 Abs. 2 obliegt es dem Schuldner, nach einer Freigabe das fiktive pfändbare Einkommen abzuführen, das er entsprechend seiner beruflichen Qualifikation in einem Dienst- oder Arbeitsverhältnis erzielen würde.[51] Die Masse profitiert nach dem Inhalt der Regelung des § 35 Abs. 2 Satz 2, § 295 Abs. 2 InsO gerade nicht von einem wirtschaftlichen Erfolg der selbständigen Tätigkeit des Schuldners.[52] Die in der Gesetzesbegründung zu § 35 Abs. 2 erwähnte »**Abführungspflicht**«[53] des Schuldners begründet eine eigenständige Pflicht, die nach § 295 Abs. 2 maßgeblichen Beträge an den Insolvenzverwalter abzuführen, der auf die Einhaltung der Pflicht einen unmittelbaren Anspruch hat.[54]

Vor Aufhebung des Verfahrens ist der Schuldner auch bei mangelndem wirtschaftlichem Erfolg seiner freigegebenen Tätigkeit nicht verpflichtet, ein abhängiges Dienstverhältnis einzugehen. Macht der Schuldner geltend, er könne wegen mangelnder Erträge keine oder gegenüber dem fiktiven Maßstab des § 295 Abs. 2 wesentlich niedrigere Beiträge an die Masse abführen, so hat er über seine Einnahmen umfassend Auskunft zu geben.[55]

B. Die einzelnen Obliegenheiten

18 In dem vorangehenden Verfahrensabschnitt bis zur Ankündigung der Restschuldbefreiung trifft den Schuldner noch nicht die Obliegenheit einer angemessenen Erwerbstätigkeit gem. § 295 Abs. 1 Nr. 1, weil darüber im Verfahren der Entscheidung nach § 291 Abs. 1 nicht zu befinden ist.[56] Die Obliegenheiten, die der Schuldner während der Abtretungsphase zu erfüllen hat, sind in § 295 i.E. geregelt.[57] An erster Stelle steht die Anforderung aus § 295 Abs. 1 Nr. 1 und Abs. 2, seine Arbeitskraft einzusetzen. Soweit § 35 Abs. 2 Satz 2 die entsprechende Anwendung des § 295 Abs. 2 anordnet, wird damit allein auf den Maßstab der zuletzt genannten Vorschrift abgestellt, aber kein eigener Versagungsgrund geschaffen.[58]

I. Erwerbstätigkeit (§ 295 Abs. 1 Nr. 1)

19 Die Vorschrift regelt in drei alternativen Tatbeständen die Erwerbsobliegenheit des nicht selbständig tätigen Schuldners. Ihm obliegt es in erster Linie eine angemessene Erwerbstätigkeit auszuüben. Ist er beschäftigungslos, muss er sich um eine solche Tätigkeit bemühen. Schließlich darf er keine zumutbare Tätigkeit ablehnen.[59] Hat der Schuldner seine Obliegenheiten zur Ausübung einer angemessenen Erwerbstätigkeit und zur Annahme zumutbarer Arbeiten erfüllt, so ist es unschädlich, wenn er wegen Arbeitslosigkeit, Krankheit, Kinderbetreuung oder aus anderen Gründen keine pfändbaren Einkünfte hatte.[60] Den Schuldner trifft insoweit keine Erfolgsgarantie.[61]

---

50 *Harder* NZI 2013, 521 (526).
51 BT-Drucks. 16/3227, S. 17.
52 BGH 18.04.2013, IX ZR 165/12, WM 2013, 557 Rn. 1129 Rn. 14.
53 BT-Drucks. 16/4194, S. 14.
54 BGH 13.06.2013, IX ZB 38/10, NZI 2013, 797 (799) Rn. 20; *Ahrens* in Ahrens/Gehrlein/Ringstmeier, § 35 Rdn. 163; *ders.* NJW Spezial 2013, 85; *Berger* ZInsO 2008, 1101 (1197); *Menn* ZVI 2011, 197 (199); a.A. OLG Brandenburg 17.04.2007, 7 U 77/12, NZI 2013, 650 (651); LG Düsseldorf 23.10.2012, 7 O 342/11, NZI 2012, 970; Grote ZInsO 2011, 1489 (1493 f.); *Harder* NZI 2013, 521 (526).
55 BGH 13.06.2013, IX ZB 38/10, NZI 2013, 797 (799) Rn. 20.
56 BGH 11.01.2007, IX ZR 133/06, FamRZ 2007, 557 Rn. 4.
57 Mohrbutter/Ringstmeier/*G. Pape* § 17 Rn. 132.
58 FK-InsO/*Ahrens* Rn. 10: bei Verstoß § 290 I Nr. 5 anzuwenden.
59 FK-InsO/*Ahrens* Rn. 13.
60 BT-Drucks. 12/2443, 192 zu § 244 InsO-RegE.
61 *Kirchhof* ZInsO 2001, 1 (12).

1. Ausübung einer angemessenen Erwerbstätigkeit

Die Anforderung, eine angemessene Erwerbstätigkeit auszuüben, richtet sich an den **erwerbstätigen** 20 **Schuldner**. Er hat nicht irgendeine, sondern eine angemessene Erwerbstätigkeit auszuüben. Dieser unbestimmte Rechtsbegriff verknüpft einerseits die Erwerbstätigkeit mit der gegenwärtigen Lage des Schuldners, dh grds gilt eine dem bisherigen Lebenszuschnitt entsprechende Tätigkeit als angemessen. Andererseits bestimmt die vom Schuldner nach Kräften zu bewirkende Gläubigerbefriedigung über die Zulässigkeit oder Notwendigkeit einer Veränderung.[62]

Angemessen ist im Blick auf die Arbeitszeit grundsätzlich nur eine **Vollzeitbeschäftigung** mit einer 21 durchschnittlichen wöchentlichen Arbeitszeit zwischen 35 und 40 Stunden.[63] Ein Schuldner, der lediglich eine **Teilzeitbeschäftigung** ausübt, hat sich im Rahmen der Erwerbsobliegenheit regelmäßig um eine angemessene Vollzeittätigkeit zu bemühen.[64] Unangemessen ist auch eine Erwerbstätigkeit, die der Schuldner für ein **unangemessen niedriges Entgelt** ausübt. Letzteres liegt – entsprechend den zu § 850h ZPO entwickelten Grundsätzen – vor, wenn der Schuldner gegenüber einem anderen Beschäftigten bei ansonsten gleichlautenden Arbeitsverträgen und Beschäftigungsbedingungen deutlich weniger verdient.[65] Dabei ist der Wert der Arbeitsleistung des Schuldners an den tariflichen Mindestlöhnen oder an der üblichen Vergütung zu messen.[66] Bei **Verschleierung von Arbeitseinkommen**, z.B. unmittelbare Zahlung von Schwarzgeldern an den Schuldner oder mittelbare Zahlung durch Einschaltung Dritter, Ersetzung von Gehalt durch andere Vorteile oder Verlagerung von Gehalt in den Zeitraum nach Erteilung der Restschuldbefreiung, ist § 295 Abs. 1 Nr. 3 in Betracht zu ziehen.[67]

Wählt der verheiratete Schuldner ohne hinreichenden sachlichen Grund eine für den Gläubiger ungünstige **Steuerklasse**, kann darin ein Verstoß gegen die Erwerbsobliegenheit liegen.[68] 21a

Die **zeitweilige Inanspruchnahme von Fort- und Weiterbildungsmaßnahmen** stellt nach den Gesetzesmaterialien unter zwei Voraussetzungen keine Obliegenheitsverletzung des Schuldners dar: Erstens müssen durch die Maßnahme die Chancen des Schuldners, eine qualifizierte Tätigkeit zu erlangen steigen, und zweitens muss Aussicht auf bessere Einkünfte während der weiteren Wohlverhaltensperiode bestehen.[69] Demnach kann die **Aufnahme eines Universitäts- oder Fachhochschulstudiums** während des Insolvenzverfahrens oder des anschließenden Restschuldbefreiungsverfahrens zur Versagung der Restschuldbefreiung führen, wenn die gesamte Wohlverhaltensperiode mit dem Studium ausgefüllt wird und der Schuldner in dieser Zeit keine abtretbaren Einkünfte erzielt.[70] Hat der Schuldner hingegen bereits vor dem Insolvenzverfahren ein Studium begonnen und schließt er dieses innerhalb der Regelstudienzeit mit dem Regelabschluss ab, stellt dies grundsätzlich keine Obliegenheitsverletzung dar.[71] Solange der Schuldner noch keine Zwischenprüfung abgelegt oder sämtliche Leistungsnachweise für die Zulassung zur Abschlussprüfung erlangt hat, ist ihm allerdings die Aufgabe des Studiums und die Aufnahme einer Erwerbstätigkeit zuzumuten.[72] Nach erfolgreichem Abschluss des Studiums hat der Schuldner sich unverzüglich um eine angemessene Erwerbstätigkeit zu bemühen; eine die Aufnahme der Erwerbstätigkeit verzögernde Promotion hat der

---

62 FK-InsO/*Ahrens* Rn. 15.
63 Uhlenbruck/*Vallender* Rn. 13.
64 BGH 14.01.2010, IX ZB 242/06, NZI 2010, 228 Rn. 5.
65 FK-InsO/*Ahrens* Rn. 19.
66 FK-InsO/*Ahrens* Rn. 19.
67 FK-InsO/*Ahrens* Rn. 19.
68 BGH 05.03.2009, IX ZB 2/07, NZI 2009, 326 Rn. 2.
69 BT-Drucks. 12/2443, S. 192 zu § 244 RegE.
70 HK-InsO/*Landfermann* Rn. 6; Uhlenbruck/*Vallender* Rn. 15; Karsten Schmidt/*Henning* Rn. 13; a.A. HambK-InsR/*Streck* Rn. 5 und FK-InsO/*Ahrens* Rn. 38: unmittelbare Aufnahme nach Schulabschluss und während des Verfahrens zulässig.
71 Uhlenbruck/*Vallender* Rn. 16; weiter FK-InsO/*Ahrens* Rn. 38: ergänzend zu einem Bachelorstudium dürfe ein Magisterstudium absolviert werden.
72 Uhlenbruck/*Vallender* Rn. 16.

Schuldner auch bei hervorragender Begabung zurückzustellen.[73] Das endgültige Nichtbestehen der Prüfung rechtfertigt keinen Studienwechsel.[74]

Mit Erreichen der **Altersgrenze für den Rentenbezug** endet die Obliegenheit des Schuldners aus § 295 Abs. 1 Nr. 1.[75] Zur Abführung von Rentenzahlungen an den Treuhänder s. § 287.

2. Bemühung um angemessene Erwerbstätigkeit

22 Ein **beschäftigungsloser Schuldner** ist gehalten, sich nachweisbar um eine angemessene Erwerbstätigkeit zu bemühen, um den Verschuldensvorwurf der §§ 295 Abs. 1 Nr. 1, 296 Abs. 1 Satz 1 zu entkräften. Folglich ist es Sache des Schuldners, die von ihm getroffenen Maßnahmen zur Erlangung einer angemessenen Erwerbstätigkeit gegenüber dem Insolvenzgericht nachvollziehbar darzulegen und mit geeigneten Beweismitteln nachzuweisen. Dazu gehören insb. schriftliche Bewerbungsgesuche und die hierauf bezogenen Antwortschreiben der Arbeitgeber. Welchen Umfang die Bemühungen aufzuweisen haben, um eine hinreichende Arbeitsplatzsuche belegen zu können, lässt sich nicht allgemeingültig klären, sondern ist unter Berücksichtigung branchenbezogener, regionaler und individueller Umstände einzelfallbezogen zu beurteilen.[76] Der Schuldner wird im Regelfall bei der Bundesagentur für Arbeit **arbeitssuchend gemeldet** sein und laufend Kontakt zu den dort für ihn zuständigen Mitarbeitern halten müssen. Außerdem muss er sich selbst aktiv und ernsthaft um eine Arbeitsstelle bemühen, z.B. durch stetige Lektüre einschlägiger Stellenanzeigen und durch entsprechende Bewerbungen. Als ungefähre Richtgröße können **zwei bis drei Bewerbungen in der Woche** gelten, sofern entsprechende Stellen angeboten werden.[77]

23 Schließt der Schuldner eine **Eingliederungsvereinbarung** mit der Gemeinde ab, in der er sich verpflichtet, alle Möglichkeiten zu nutzen, um seinen Lebensunterhalt aus eigenen Mitteln und Kräften zu bestreiten und der Gemeinde im Monat jeweils vier Bewerbungen nachzuweisen, reichen diese Bewerbungsbemühungen im Rahmen des § 295 Abs. 1 Nr. 1 nicht aus.[78] Die Anforderungen an die Erwerbsbemühungen des Schuldners sind nicht vom Sozialrecht her zu bestimmen. Beim Versagungsgrund des § 295 Abs. 1 Nr. 1 geht es nicht um die Abwägung der Interessen des Erwerbslosen mit denjenigen der Gesamtheit der Beitrags- oder Steuerzahler, sondern um die Abwägung der Schuldnerinteressen mit denen einer vergleichsweise geringen Zahl privater Gläubiger, die in ungleich höherem Maße auf die aus der Erwerbstätigkeit fließenden Einkünfte gerade des Schuldners angewiesen sein können.[79] Dementsprechend können auch unterhaltsrechtliche Maßstäbe nicht angelegt werden.[80] Im Einzelfall ist jedoch zu prüfen, ob der Schuldner hinreichende Bemühungen schuldhaft unterlassen hat, d.h. ob für ihn erkennbar war, dass die in der Eingliederungsvereinbarung vorgesehenen Bewerbungsbemühungen im Rahmen des Restschuldbefreiungsverfahrens nicht ausreichen.[81]

Angemessen ist nur eine dem Schuldner **mögliche abhängige Tätigkeit**.[82] Legt der Schuldner z.B. eine Bestätigung seines ehemaligen Arbeitgebers vor, wonach er seine Tätigkeit als Bäcker wegen einer **Mehlstauballergie** beendet habe, ist ihm jedenfalls eine Tätigkeit als **ungelernte Kraft** zuzumu-

---

73 Uhlenbruck/*Vallender* Rn. 17; abw LG Darmstadt 06.09.2012, 5 T 411/11, ZInsO 2013, 1162 (1165): schnellstmögliche Promotion in Betriebswirtschaftslehre spätestens innerhalb von anderthalb Jahren.
74 Uhlenbruck/*Vallender* Rn. 16.
75 FK-InsO/*Ahrens* Rn. 22.
76 BGH 27.04.2010, IX ZB 267/08, NZI 2010, 693 Rn. 2.
77 BGH 19.05.2011, IX ZB 224/09, NZI 2011, 596, 598 Rn. 17; 13.09.2012, IX ZB 191/11, NZI 2012, 852 Rn. 8.
78 BGH 13.09.2012, IX ZB 191/11, NZI 2012, 852 Rn. 8.
79 BGH 13.09.2012, IX ZB 191/11, NZI 2012, 852 Rn. 7.
80 BGH 13.09.2012, IX ZB 191/11, NZI 2012, 852 Rn. 7.
81 BGH 13.09.2012, IX ZB 191/11, NZI 2012, 852, 853 Rn. 9.
82 BGH 19.05.2011, IX ZB 224/09, NZI 2011, 596, 597 Rn. 6.

ten.[83] Die Behandlung von Einkünften aus **überobligationsmäßiger Tätigkeit** des Schuldners, insbesondere jenseits der Regelarbeitsgrenze, ist höchstrichterlich noch nicht geklärt.[84] Im Schrifttum wird angenommen, dies müsse entsprechend den von der Rechtsprechung für den Ehegattenunterhalt entwickelten Maßstäbe nach Treu und Glauben und den Umständen des Einzelfalls beurteilt werden.[85]

Die Obliegenheit, sich um eine angemessene Erwerbstätigkeit zu bemühen, gilt nicht nur für den beschäftigungslosen Schuldner. Auch der Schuldner, der eine **nicht auskömmliche selbständige Tätigkeit** ausübt, ist gehalten, sich nachweisbar um eine angemessene Erwerbstätigkeit zu bemühen, um den Verschuldensvorwurf zu entkräften.[86]

Derzeit unbesetzt   24

Die Begehung einer Straftat, die zu einer **Inhaftierung des Schuldners** führt, rechtfertigt nur dann 25 die Versagung der Restschuldbefreiung, wenn der Schuldner durch die Inhaftierung eine Arbeit verliert, aus der er pfändbare Einkünfte erzielt hat. Wie in anderen Fällen auch reicht allein der Verlust der Möglichkeit, sich auf dem Arbeitsmarkt um eine Tätigkeit zu bemühen, nicht aus, um die Restschuldbefreiung zu versagen. So ist nach der Rechtsprechung des BGH eine Versagung nicht gerechtfertigt, wenn der Schuldner eine Erwerbstätigkeit aufgibt, die – etwa auf Grund seiner Unterhaltspflichten – keine pfändbaren Beträge erbracht hat oder wenn der Schuldner eine Beschäftigung ablehnt, die keine pfändbaren Bezüge ergeben hätte, z.B. eine nach Kinderbetreuung zumutbare Teilzeitbeschäftigung. Bei einem beschäftigungslosen Schuldner, der sich gar nicht um eine Beschäftigung bemüht, kommt eine Aufhebung der Stundung der Kosten des Verfahrens mangels Beeinträchtigung der Befriedigung der Insolvenzgläubiger dann nicht in Betracht, wenn er nicht in der Lage ist, Einkünfte oberhalb der Pfändungsfreigrenze zu erzielen. Zeigt ein Schuldner, der insgesamt nur unpfändbare Einkünfte erlangt, die Aufnahme einer Erwerbstätigkeit nicht an, kann darin zwar eine Obliegenheitsverletzung zu sehen sein, diese führt jedoch nicht zu einer Gläubigerbeeinträchtigung und damit auch nicht zur Versagung der Restschuldbefreiung.[87] Nach den Gesetzesmaterialien soll auch Strafgefangenen die Möglichkeit der Restschuldbefreiung eröffnet werden, denn darin wird das Arbeitsentgelt eines Strafgefangenen ausdrücklich als abzutretende Forderung i.S.d. § 287 Abs. 2 Satz 1 genannt.[88] Außerdem hat der Gesetzgeber den Kreis der Straftaten, die einer Restschuldbefreiung entgegenstehen, in §§ 290 Abs. 1 Nr. 1, 297 eng begrenzt. Damit wäre es nicht zu vereinbaren, wenn jede Straftat, die zu einer Inhaftierung geführt hat, »durch die Hintertür« des Verstoßes gegen die Erwerbsobliegenheit nach § 295 Abs. 1 Nr. 1 zu einem Versagungsgrund erhoben würde.[89]

3. Nichtablehnung zumutbarer Tätigkeit

Findet ein **beschäftigungsloser Schuldner** keine angemessene Erwerbstätigkeit, schreibt ihm § 295 26 Abs. 1 Nr. 1 Var. 3 vor, dass er keine zumutbare Erwerbstätigkeit ablehnen darf. Laut der Begründung des Regierungsentwurfs sind an die Zumutbarkeit i.S. dieser Vorschrift strenge Anforderungen zu stellen. Anzunehmen ist z.B. auch eine berufsfremde Arbeit, eine auswärtige Arbeit, **notfalls eine Aushilfs- oder Gelegenheitstätigkeit**.[90] Zur Konkretisierung der zumutbaren Tätigkeit kann vor allem auf im Sozialrecht ausgebildete Fallgruppen abgestellt werden.[91] Nach § 121 Abs. 2 SGB III ist u.a. eine Beschäftigung unzumutbar, die gegen gesetzliche, tarifliche oder in Betriebsvereinbarungen

---

83 BGH 12.07.2012, IX ZB 270/11, NJW-RR 2012, 1533 (1534) Rn. 9.
84 BGH 23.02.2012, IX ZB 92/10, BeckRS 2012, 06009 Rn. 10.
85 FK-InsO/*Ahrens* Rn. 21a.
86 BGH 07.05.2009, IX ZB 133/07, NZI 2009, 482 Rn. 5; 14.01.2010, IX ZB 242/06, NZI 2010, 228 Rn. 5.
87 BGH 01.07.2010, IX ZB 148/09, NZI 2010, 911 Rn. 10 m.w.N.
88 BT-Drucks. 12/2443, 136 (189).
89 BGH 01.07.2010, IX ZB 148/09, NZI 2010, 911 Rn. 12; HambK-InsR/*Streck* Rn. 6.
90 BT-Drucks. 12/2443, 192 zu § 244 InsO-RegE.
91 FK-InsO/*Ahrens* Rn. 40.

festgelegte Bestimmungen über Arbeitsbedingungen oder gegen Bestimmungen des Arbeitsschutzes verstößt.

27 Dem Schuldner ist grundsätzlich auch ein **Ortswechsel** zur Arbeitsaufnahme und **Schichtarbeit** zuzumuten, sofern nicht triftige Gründe wie familiäre Bindungen oder gesundheitliche Beeinträchtigungen entgegenstehen.[92] Für die Zumutbarkeit von Fahrtzeiten zur Arbeitsstätte kann der Maßstab des § 121 Abs. 4 SGB III angelegt werden, wonach Pendelzeiten von 2,5 Stunden bei mehr als sechsstündiger und 2,0 Stunden bei bis zu sechsstündiger Tätigkeit zumutbar sind.[93]

Die Erwerbsobliegenheit des Schuldners entfällt, wenn ihm die Aufnahme einer beruflichen Tätigkeit auf Grund der Umstände des Einzelfalls nicht zugemutet werden kann. Dies kann auch im Hinblick auf die **Betreuung minderjähriger Kinder** in Betracht kommen.[94] Die Betreuung von Kleinkindern durch die Mutter ist in der Gesetzesgründung als Beispiel genannt.[95] Die Frage, ob und in welchem Umfang ein Schuldner neben einer von ihm übernommenen Kinderbetreuung erwerbstätig sein muss, ist in erster Linie nach den spezielleren familienrechtlichen Verpflichtungen zu bestimmen. Als Grundlage der Beurteilung sind die zu § 1570 BGB entwickelten familienrechtlichen Maßstäbe heranzuziehen.[96] Auf Grund des ab dem 01.01.2008 in Kraft getretenen neuen Unterhaltsrechts besteht grds nur bis zum vollendeten dritten Lebensjahr des Kindes keine Erwerbsobliegenheit (§§ 1570, 1615 Abs. 1 BGB). Für die Zeit ab Vollendung des dritten Lebensjahres steht dem betreuenden Elternteil nach der gesetzlichen Neuregelung nur noch dann ein fortdauernder Anspruch auf Betreuungsunterhalt zu, wenn dies der Billigkeit entspricht (§ 1570 Abs. 1 Satz 2 BGB). Damit verlangt die Neuregelung allerdings regelmäßig keinen abrupten Wechsel von der elterlichen Betreuung zu einer Vollzeiterwerbstätigkeit. Nach Maßgabe der im Gesetz genannten kindbezogenen (§ 1570 Abs. 1 Satz 3 BGB) und elternbezogenen (§ 1570 Abs. 2 BGB) Gründe ist auch nach dem neuen Unterhaltsrecht ein gestufter Übergang bis hin zu einer Vollzeiterwerbstätigkeit möglich.[97] Zum vorherigen Rechtszustand hat der BGH entschieden, dass bei der Betreuung eines Kindes bis zum achten Lebensjahr grds keine Erwerbsobliegenheit besteht; bei einem Kind, das zwischen acht und elf Jahre alt ist, kam es auf die Umstände des Einzelfalls an, ob der Schuldner zumindest eine Teilzeiterwerbstätigkeit ausüben musste.[98]

II. Herausgabe von Vermögenserwerb im Erbfall (§ 295 Abs. 1 Nr. 2)

28 Der Schuldner hat **während der Laufzeit der Abtretungserklärung angefallenes Vermögen**, das er von Todes wegen oder mit Rücksicht auf ein künftiges Erbrecht erwirbt, zur Hälfte des Wertes an den Treuhänder herauszugeben. Die Obliegenheit besteht auch dann, wenn der Schuldner nicht Alleinerbe, sondern **Miterbe** geworden ist[99]; denn der Gesetzestatbestand unterscheidet nicht nach Art und Umfang der Erbenstellung. Jeder nicht von den beiden gesetzlichen Fallgruppen erfasste (oder zum Arbeitseinkommen nach § 295 Abs. 1 Nr. 1, Abs. 2 zu rechnende) **andere Vermögenserwerb** (z.B. Schenkung oder Lottogewinn) bleibt zugriffsfrei.[100]

Der **Pflichtteilsanspruch** stellt einen Erwerb von Todes wegen i.S.d. Vorschrift dar, wenn der Erbfall nach Aufhebung des Insolvenzverfahrens eintritt. In dem vorangehenden Verfahrensabschnitt besteht eine solche Obliegenheit – ebenso wie im Falle des § 295 Abs. 1 Nr. 1 – noch nicht. So ordnet denn auch § 295 Abs. 1 Nr. 2 die Herausgabe an den Treuhänder an, der erst in dem Beschluss be-

---

92 Karsten Schmidt/*Henning* Rn. 20.
93 Karsten Schmidt/*Henning* Rn. 20.
94 BGH 03.12.2009, IX ZB 139/07, NZI 2010, 114 Rn. 9.
95 BT-Drucks. 12/2443, 192 zu § 244 InsO-RegE.
96 BGH 03.12.2009, IX ZB 139/07, NZI 2010, 114 Rn. 9.
97 BGH 18.03.2009, XII ZR 74/08, NJW 2009, 1876 Rn. 22.
98 BGH 03.12.2009, IX ZB 139/07, NZI 2010, 114 Rn. 9.
99 BGH 10.01.2013, IX ZB 163/11, NZI 2013, 191 (193) Rn. 12; a.A. MüKo-InsO/*Ehricke* Rn. 67.
100 FK-InsO/*Ahrens* Rn. 48.

stimmt wird, mit dem das Insolvenzgericht die Restschuldbefreiung ankündigt.[101] Den Neuerwerb muss der Schuldner gem. § 295 Abs. 1 Nr. 2 zur Hälfte an den Treuhänder abführen, wenn er den Anspruch rechtshängig macht oder ein Anerkenntnis vorliegt.[102] Dementsprechend wird in den Gesetzesmaterialien ausdrücklich auf § 1374 Abs. 2 BGB hingewiesen, wonach auch ein Pflichtteilsanspruch in das Vermögen fällt, das von Todes wegen erworben wird.[103] Die Ausschlagung der Erbschaft oder der Verzicht auf die Geltendmachung eines Pflichtteilsanspruchs in der Wohlverhaltensphase stellen keine Obliegenheitsverletzung dar. Der Halbteilungsgrundsatz des § 295 Abs. 1 Nr. 2 greift erst ein, wenn der Schuldner die Erbschaft angenommen oder den Pflichtteilsanspruch rechtshängig gemacht hat oder dieser anerkannt ist.[104] Wenngleich der Wortlaut der Vorschrift nicht eindeutig ist, hätte es doch des mit der Halbteilung bezweckten Anreizes, die Erbschaft nicht auszuschlagen und keine Maßnahmen zu treffen, um den Erwerb von Todes wegen in der Wohlverhaltensphase nicht anfallen zu lassen, nicht bedurft, wenn es schon zu den allgemeinen Obliegenheiten des Schuldners gehörte, in der Wohlverhaltensphase eine Erbschaft nicht auszuschlagen oder Pflichtteilsansprüche geltend zu machen; beides ist eine Entscheidung höchstpersönlicher Natur.[105] Ebenso muss hingenommen werden, dass der Schuldner den Halbteilungsgrundsatz umgeht, indem er den Pflichtteil erst nach Ablauf der Wohlverhaltensperiode geltend macht oder ein Vermächtnis erst nach diesem Zeitpunkt annimmt.[106]

Erwirbt der Schuldner infolge eines Erbfalls Vermögen, kommt entweder die Nachtragsverteilung gem. § 203 oder – bei angekündigter Rechtsschuldbefreiung – die Herausgabepflicht des § 295 Abs. 1 Nr. 2 in Betracht. Da die Verfahrensaufhebung im Zeitpunkt der Beschlussfassung wirksam wird,[107] kommt es bei Zuflüssen zum Schuldnervermögen im Verlauf des Wirkungstags in Anlehnung an den Rechtsgedanken des § 27 Abs. 3 darauf an, ob der Erbfall vor oder nach der Mittagsstunde des betreffenden Tages eingetreten ist.[108] Gehört ein Wert demnach schon im laufenden Insolvenzverfahren zur Insolvenzmasse (§§ 35, 36), so kann er denknotwendig nicht zugleich später in der Wohlverhaltensphase neu erworbenes Vermögen i.S.d. § 295 Abs. 1 Nr. 2 darstellen.[109] Ist die Erbschaft erst nach Wirksamkeit des Aufhebungsbeschlusses angefallen, darf die Nachtragsverteilung nach § 203 Abs. 1 Nr. 3 nicht angeordnet werden. Die Erbschaft ist dann keine Neumasse (§ 35 Abs. 1), sondern unterliegt nur der hälftigen Wertherausgabepflicht (§ 295 Abs. 1 Nr. 2). Für den Schuldner bieten sich auch nach Aufhebung des Insolvenzverfahrens noch Handlungsmöglichkeiten. So kann er einer beantragten oder angeordneten Nachtragsverteilung mit der glaubhaft gemachten Behauptung entgegentreten, dass die Voraussetzungen der **Einstellung des Insolvenzverfahrens** nach § 212 bestehen, auf die er sich in diesem Zusammenhang berufe, denn bei einem Insolvenzverfahren welches bei rechtzeitiger Stellung eines entsprechenden Antrags einzustellen gewesen wäre, scheidet i.d.R. eine Nachtragsverteilung aus, weil ein Bedürfnis nach insolvenzmäßiger Gläubigerbefriedigung entfallen ist.[110] Wurde dem Schuldner allerdings auf seinen Antrag gem. § 289 Abs. 1 die Restschuldbefreiung angekündigt, ist den noch nicht vollständig befriedigten Gläubigern nach § 294 Abs. 1 der Zugriff auf die weitere Masse im Wege der Einzelzwangsvollstreckung verwehrt. Sie können Befriedigung aus der weiteren Masse nur durch Nachtragsverteilung erlangen. Beruft sich demgegenüber der Schuldner gleichwohl darauf, das Verfahren sei einzustellen gewesen und die Nachtragsverteilung hätte deswegen nicht angeordnet werden dürfen, so liegt hierin notwendig die trotz rechtskräftiger Ankündigung noch mögliche **Rücknahme des Antrags auf Restschuld-**

---

101 BGH 11.01.2007, IX ZR 133/06, FamRZ 2007, 557 Rn. 4.
102 BGH 25.06.2009, IX ZB 196/08, NZI 2009, 563 Rn. 9.
103 BT-Drucks. 12/2443, 192.
104 BGH 25.06.2009, IX ZB 196/08, NZI 2009, 563 Rn. 13.
105 BGH 25.06.2009, IX ZB 196/08, NZI 2009, 563 Rn. 14.
106 BGH 10.03.2011, IX ZB 168/09, NZI 2011, 329 (330) Rn. 7.
107 BGH 15.07.2010, IX ZB 229/07, ZInsO 2010, 1496 Rn. 5 m.w.N. auch zur Gegenauffassung.
108 BGH 15.07.2010, IX ZB 229/07, ZInsO 2010, 1496 Rn. 9.
109 LG Münster 13.07.2009, 5 T 296/09, ZInsO 2010, 1155 (1156).
110 BGH 15.07.2010, IX ZB 229/07, ZInsO 2010, 1496 Rn. 14.

befreiung. Wenn der Schuldner infolge Neuerwerbs während des Verfahrens wieder zahlungsfähig geworden und willens und imstande ist, alle seine Verbindlichkeiten demnächst außerhalb des Insolvenzverfahrens zu berichtigen, kann die soziale Rechtfertigung der Restschuldbefreiung nicht mehr greifen. Ebenso kann der Schuldner in dieser Lage ausdrücklich seinen Antrag auf Restschuldbefreiung zurücknehmen und geltend machen, dass damit die Vollstreckungssperre des § 294 Abs. 1 beseitigt sei und die nach der Tabelle festgestellten Insolvenzgläubiger auf Grund der Wiedererlangung seiner Zahlungsunfähigkeit das Rechtsschutzbedürfnis für eine Nachtragsverteilung verloren hätten; dies kommt dem Einstellungseinwand gleich.[111] Schließlich kann der Schuldner trotz seiner vor Aufhebung des Insolvenzverfahrens wieder erlangten Zahlungsfähigkeit von einem Einstellungsantrag absehen und das Insolvenzverfahren sowie das Verfahren der Restschuldbefreiung weiter laufen lassen, namentlich um gegenüber Gläubigern, die ihre Forderung nicht angemeldet haben, die Befreiungswirkung des § 301 Abs. 1 Satz 2 nicht zu verlieren. In diesem Fall muss der Schuldner dann auch eine **Nachtragsverteilung** zugunsten der in der Tabelle festgestellten Insolvenzgläubiger hinnehmen.[112] Fehlt es an einer ausdrücklichen, zweifelsfreien Erklärung des Schuldners, so muss das Insolvenzgericht klären, welches Verfahrensziel der Schuldner verfolgt. Allein die Bereitschaft des Schuldners zur hälftigen Wertherausgabe an den Treuhänder lässt nicht den Schluss zu, der Schuldner wolle sich gegenüber einer angeordneten Nachtragsverteilung auf einen Einstellungsgrund nach § 212 berufen und damit auch seinen Antrag auf Restschuldbefreiung zurücknehmen.[113]

29a Der Schuldner kommt seiner Obliegenheit aus § 295 Abs. 1 Nr. 2 durch **Geldzahlung** in Höhe des hälftigen Wertes der Erbschaft **an den Treuhänder** nach. Er ist weder berechtigt noch verpflichtet, zur Erbschaft gehörende Gegenstände auf den Treuhänder zu übertragen.[114] Auch gehört es nicht zu den Aufgaben des Treuhänders, andere Vermögensgegenstände als Geld zu verwalten.[115] Die Gesetzesformulierung, die Erbschaft sei zur Hälfte des Wertes »herauszugeben«, soll erreichen, dass auch ein anderer Vermögenserwerb von Todes wegen sowie ein Erwerb mit Rücksicht auf ein künftiges Erbrecht erfasst wird.[116] Besteht das von Todes wegen erworbene Vermögen – wie regelmäßig – nicht oder nicht nur aus Geld, muss der Schuldner es **versilbern**, es sei denn, er kann den zur Erfüllung der Obliegenheit erforderlichen entsprechenden Geldbetrag auf andere Weise aufbringen.[117] Ist der Schuldner nicht Alleinerbe, sondern **Miterbe** geworden, ist ihm die Verwertung seines Anteils am Nachlass durch Verfügung gemäß § 2033 Abs. 1 BGB oder durch Auseinandersetzung und Teilung des Nachlasses nach Maßgabe der §§ 2042 ff. BGB auch gegen den Willen der anderen Miterben zuzumuten.[118]

Der Ablauf der Frist des § 287 Abs. 2 entbindet den Schuldner nicht von der Obliegenheit, die während der Laufzeit der Abtretungserklärung angefallene Erbschaft zu verwerten und zur Hälfte ihres Wertes an den Treuhänder herauszugeben.[119] Das Gesetz enthält allerdings keine Regelung für den Fall, dass die Herausgabe des hälftigen Wertes von der **Verwertung des Nachlasses** abhängig ist und diese bis zum Ende der Laufzeit **nicht abgeschlossen** werden kann. Der BGH hat im Wege der Rechtsfortbildung entschieden, dass das Insolvenzgericht in einem solchen Fall die **Entscheidung** über den Antrag auf Restschuldbefreiung und über etwaige Versagungsanträge **aufzuschieben** hat, wenn und solange der Schuldner nachvollziehbar darlegt und in geeigneter Weise nachweist, dass er die Verwertung des Nachlasses betreibt, aber noch nicht zu Ende gebracht hat. Sollte sich die Verwertung als undurchführbar erweisen – was der Schuldner darzulegen und zu beweisen hat – kann

---

111 BGH 15.07.2010, IX ZB 229/07, ZInsO 2010, 1496 Rn. 15.
112 BGH 15.07.2010, IX ZB 229/07, ZInsO 2010, 1496 Rn. 16.
113 BGH 15.07.2010, IX ZB 229/07, ZInsO 2010, 1496 Rn. 17.
114 BGH 10.01.2013, IX ZB 163/11, NZI 2013, 191 (192) Rn. 7.
115 BGH 10.01.2013, IX ZB 163/11, NZI 2013, 191 (192) Rn. 9.
116 BT-Drucks. 12/2443, S. 192 zu § 244 RegE; BGH 10.01.2013, IX ZB 163/11, NZI 2013, 191 (192) Rn. 8.
117 BGH 10.01.2013, IX ZB 163/11, NZI 2013, 191 (193) Rn. 10.
118 BGH 10.01.2013, IX ZB 163/11, NZI 2013, 191 (193) Rn. 12 ff.
119 BGH 10.01.2013, IX ZB 163/11, NZI 2013, 191 (193) Rn. 16.

die Restschuldbefreiung nicht wegen einer schuldhaften Obliegenheitsverletzung versagt werden.[120]

Derzeit unbesetzt

III. Anzeige- und Mitwirkungsobliegenheiten (§ 295 Abs. 1 Nr. 3)

Auf der Grundlage des umfassenden Katalogs von § 295 Abs. 1 Nr. 3 soll das Verhalten des Schuldners während der Treuhandzeit überprüft werden können.[121]

1. Wohnsitzwechsel

In der Wohlverhaltensperiode trifft den Schuldner die Obliegenheit, jeden Wohnsitzwechsel dem Insolvenzgericht und dem Treuhänder unverzüglich anzuzeigen. Der Begriff des Wohnsitzes in § 295 Abs. 1 Nr. 3 (Var. 1) bezieht sich nach allgemeiner Auffassung auf die **konkrete Anschrift** des Schuldners.[122] Der Wohnsitzbegriff stimmt damit nicht mit demjenigen i.S.d. § 7 BGB überein. § 7 BGB meint nicht die Wohnung bzw. konkrete Anschrift, sondern die kleinste politische Einheit, in der die Wohnung liegt. Im Rahmen des § 295 Abs. 1 Nr. 3 hat der Schuldner indessen jeden Umzug in eine andere Wohnung, auch in derselben Gemeinde, unverzüglich mitzuteilen.[123] Nach der Gesetzesbegründung sollte die Anzeige jedes Wohnsitzwechsels dem Treuhänder und dem Insolvenzgericht ermöglichen, das Verhalten des Schuldners ohne großen eigenen Untersuchungsaufwand zu überwachen und zu überprüfen.[124] Mit der Mitteilungspflicht sollte sichergestellt werden, dass der Schuldner für Treuhänder und Gericht jederzeit erreichbar ist. Entscheidend ist somit, wo sich der Schuldner tatsächlich aufhält und per Post oder persönlich erreichbar ist.[125] Dementsprechend konkret sollte auch die Verpflichtung des Schuldners bei entsprechenden Belehrungen gefasst sein. Darin sollte der Schuldner aufgefordert werden, jeden Wechsel der konkreten Wohnung oder des sonstigen tatsächlichen Aufenthaltsorts unverzüglich mitzuteilen.[126] Die von § 295 Abs. 1 Nr. 3 verlangte **unverzügliche Anzeige** hat **etwa binnen zwei Wochen** zu erfolgen.[127] Die Anzeige muss dem Insolvenzgericht und dem Treuhänder auch zugehen, allein mit der Vornahme der Erklärungshandlung kommt der Schuldner seiner Obliegenheit nicht nach.[128] Deswegen sollte der Schuldner angesichts der Bedeutung der Anzeigeobliegenheit unabhängig von der gewählten Art der Übermittlung das Insolvenzgericht und den Treuhänder um eine Empfangsbestätigung bitten und bei deren Ausbleiben zeitnah reagieren. Bei Übermittlung der Anzeige durch E-Mail ist dem Schuldner zumindest anzuraten, eine Übermittlungsbestätigung oder besser noch eine Lesebestätigung anzufordern. Die monatelange Nichtanzeige einer Wohnsitzverletzung rechtfertigt die Versagung der Restschuldbefreiung.[129]

Die Verletzung der Auskunftsobliegenheit hat zur Folge, dass der fehlende Zugang außer Betracht zu bleiben hat, wenn Auskunftsverlangen des Treuhänders einem Schuldner deswegen nicht zugehen.[130]

---

120 BGH 10.01.2013, IX ZB 163/11, NZI 2013, 191 (194) Rn. 19.
121 FK-InsO/*Ahrens* Rn. 51: i.E. acht Alternativen.
122 BGH 08.06.2010, IX ZB 153/09, NZI 2010, 654 Rn. 13; FK-InsO/*Ahrens* Rn. 54; HambK-InsR/*Streck* Rn. 15; Graf-Schlicker/*Kexel* Rn. 13; Kübler/Prütting/Bork/*Wenzel* Rn. 22; MüKo-InsO/*Ehricke* Rn. 77; Uhlenbruck/*Vallender* Rn. 45.
123 BGH 08.06.2010, IX ZB 153/09, NZI 2010, 654 Rn. 12.
124 BT-Drucks. 12/2443, 192 zu § 244 RegE-InsO.
125 BGH 08.06.2010, IX ZB 153/09, NZI 2010, 654 Rn. 13.
126 BGH 08.06.2010, IX ZB 153/09, NZI 2010, 654 Rn. 15.
127 BGH 11.02.2010, IX ZA 46/09, NZI 2010, 489 Rn. 2; 16.05.2013, IX ZB 272/11, NZI 2013, 703 (704), Rn. 14; HambK-InsR/*Streck* Rn. 14.
128 BGH 16.05.2013, IX ZB 272/11, NZI 2013, 703 (704), Rn. 19.
129 BGH 11.02.2010, IX ZA 46/09, NZI 2010, 489 Rn. 2; 16.05.2013, IX ZB 272/11, NZI 2013, 703 (704), Rn. 13.
130 BGH 08.06.2010, IX ZB 153/09, NZI 2010, 654, (655) Rn. 24; 16.05.2013, IX ZB 272/11, juris Rn. 14.

Dem Insolvenzgericht sind in einem solchen Fall keine besonderen Ermittlungspflichten nach dem Aufenthaltsort des Schuldners aufzuerlegen.[131]

2. Wechsel der Beschäftigungsstelle

33 Jeden Wechsel der Beschäftigungsstelle (§ 295 Abs. 1 Nr. 3 Var. 2) hat der Schuldner unverzüglich dem Insolvenzgericht und dem Treuhänder anzuzeigen. Der zuvor beschäftigungslose Schuldner hat deswegen unverzüglich anzuzeigen, dass er wieder Arbeit hat.[132] Hinsichtlich der pfändbaren Bezüge werden die Gläubigerinteressen regelmäßig bereits dann gewahrt, wenn der Schuldner jeden Wechsel des Arbeitsplatzes unverzüglich anzeigt. Diese Anzeige ermöglicht es dem Treuhänder, den neuen Arbeitgeber des Schuldners von der Abtretungserklärung zu unterrichten und dadurch sicherzustellen, dass der pfändbare Teil des Arbeitseinkommens zur Masse gelangt.[133]

3. Kein Verheimlichen von Bezügen und von Vermögen

34 Außerdem darf der Schuldner gem. § 295 Abs. 1 Nr. 3 Var. 3 keine **von der Abtretungserklärung erfassten** Bezüge sowie nach Var. 4 auch kein von § 295 Abs. 1 Nr. 2 erfasstes Vermögen verheimlichen. Der Versagungstatbestand des § 295 Abs. 1 Nr. 3 erstreckt sich auf die Verheimlichung von Arbeitseinkommen, das in Anwendung von § 850e ZPO als **Naturalleistung** der Pfändung unterliegt.[134]

Einnahmen eines selbstständig tätigen Schuldners fallen nicht unter § 295 Abs. 1 Nr. 3;[135] denn es handelt sich weder um »Bezüge« i.S.d. Vorschrift, noch wird der Gewinn von der Abtretungserklärung des § 287 Abs. 2 Satz 1 erfasst.[136] Solche Einnahmen müssen dem Schuldner uneingeschränkt zur Verfügung stehen, damit er seiner Obliegenheit aus § 295 Abs. 2 nachzukommen vermag.[137]

Der Begriff des »**Verheimlichens**« geht – ebenso wie in §§ 283, 283b, 283d StGB – über ein schlichtes Verschweigen hinaus und bezeichnet ein Verhalten, durch das von der Abtretung erfasste Bezüge oder von Todes wegen erworbenes Vermögen der Kenntnis des Treuhänders entzogen werden. Ein schlichtes Unterlassen stellt dann ein »Verheimlichen« dar, wenn eine **Rechtspflicht** zum Handeln, dh **zur Offenbarung des Vermögensgegenstandes**, besteht.[138] Eine Obliegenheitsverletzung des Schuldners ist demzufolge nicht gegeben, wenn der Treuhänder die abzuführenden Beträge **fehlerhaft berechnet**, obgleich er vom Schuldner zutreffend und vollständig informiert wurde. Sofern kein kollusives Zusammenwirken vorliegt, können sich allenfalls Nachforderungsansprüche gegen den Schuldner oder Schadensersatzansprüche gegen den Treuhänder ergeben.[139]

35 § 295 Abs. 1 Nr. 3 verpflichtet den Schuldner nicht, den Treuhänder von sich aus, also unaufgefordert, auf eine Erhöhung des an ihn ausgezahlten Nettolohns oder darauf hinzuweisen, dass eine nach dem Gesetz unterhaltsberechtigte Person eigene Einkünfte hat.[140] Teilt z.B. der Schuldner dem Treuhänder die Eheschließung ohne weitere Angaben zu den Einkünften des Ehepartners mit, »verheimlicht« er damit keine von der Abtretungserklärung erfassten Bezüge. Insoweit kann keine zusätzliche, im Gesetz nicht vorgesehene Auskunftspflicht des Schuldners auf eigene Veranlassung und in eigener Verantwortung angenommen werden, zumal einem Schuldner nicht ohne weiteres bekannt sein wird, dass das Einkommen von Familienangehörigen Auswirkungen auf den Umfang des Pfändungs-

---

131 BGH 16.05.2013, IX ZB 272/11, juris Rn. 13.
132 BGH 18.06.2009, IX ZA 11/09, WuM 2009, 534 Rn. 5.
133 BGH 22.10.2009, IX ZB 249/08, NZI 2010, 26 Rn. 13.
134 BGH 18.10.2012, IX ZB 61/10, BeckRS 2012, 23435 Rn. 3; FK-InsO/*Ahrens* Rn. 57.
135 BGH 05.04.2006, IX ZB 50/05, NZI 2006, 413 Rn. 7.
136 BGH 15.10.2009, IX ZR 234/08, NZI 2010, 72 Rn. 11; der BGH hat in Rn. 18 ausdrücklich offen gelassen, ob dies auch dann gilt, wenn ein Schuldner als »Scheinselbständiger« arbeitnehmerähnlich tätig ist.
137 BGH 17.01.2013, IX ZB 98/11, NZI 2013, 189 Rn. 8.
138 *BGH 22.10.2009, IX ZB 249/08, NZI 2010, 26 Rn. 11.*
139 BGH 07.04.2011, IX ZB 40/10, NZI 2011, 451 (452) Rn. 10.
140 BGH 22.10.2009, IX ZB 249/08, NZI 2010, 26 Rn. 6.

schutzes haben kann.[141] Sieht der Treuhänder im Fall eines abhängig beschäftigten Schuldners von der gebotenen Vorlage der Abtretungserklärung bei dessen Arbeitgeber ab, kann diese nicht unbedenkliche Vorgehensweise den Schuldner jedenfalls nicht davon entbinden, monatlich die Beträge an den Treuhänder abzuführen, die bei Vorlage der Abtretungserklärung vom Arbeitgeber abzuführen gewesen wären.[142] Der Schuldner hat schon im Blick auf eine solche fragwürdige Verfahrensweise dann von sich aus die Leistungen seines Arbeitgebers einschließlich der geldwerten Sachleistungen und der jeweiligen Erhöhungen des Nettoeinkommens in engem zeitlichem Zusammenhang zum jeweiligen Bezugszeitpunkt von sich aus an den Treuhänder mitzuteilen.[143]

Aus dem systematischen Zusammenhang von § 295 Abs. 1 Nr. 3 Var. 4 und Abs. 1 Nr. 2 folgt, dass allein die unterlassene Anzeige einer Erbschaft noch kein »Verheimlichen« darstellt.[144] Das Gesetz hält den Schuldner nicht an, einen in der Wohlverhaltensphase eingetretenen Erbfall unaufgefordert schon in einem Zeitpunkt anzuzeigen, in dem die Erbschaft oder ein Vermächtnis noch ausgeschlagen werden kann oder noch nicht feststeht, ob ein Pflichtteilsanspruch geltend gemacht wird.[145] 36

4. Auskunft

Auf der Grundlage des § 295 Abs. 1 Nr. 3 Var. 5 bis 8 hat der Schuldner über seine Erwerbstätigkeit und seine Bemühungen um sie, seine Bezüge und sein Vermögen auf Verlangen dem Gericht und dem Treuhänder Auskunft zu erteilen. Der Schuldner hat seine Auskunft grds schriftlich zu erteilen.[146] Je genauer die Anfrage ist, desto ausführlicher muss der Schuldner antworten.[147] Eine Frist für die Auskunft ist im Gesetz nicht vorgesehen. Unter Berücksichtigung des Umfangs der Auskunft und der geschäftlichen Erfahrung des Schuldners kann in Anlehnung an § 305 Abs. 3 Satz 2 eine Frist von (mindestens) einem Monat gesetzt werden.[148] 37

Nach der Begründung des Regierungsentwurfs kann ein Verstoß des Schuldners gegen seine Obliegenheiten z.B. dadurch glaubhaft gemacht werden, dass der Gläubiger eine **schriftliche Erklärung des Treuhänders** vorlegt, nach der der Schuldner nach Beendigung seines Arbeitsverhältnisses trotz Aufforderung durch den Treuhänder keine Auskunft über seine Bemühungen, einen neuen Arbeitsplatz zu finden, gegeben hat.[149] Der fehlende Zugang des Auskunftsverlangens des Treuhänders hat außer Betracht zu bleiben, wenn der Schuldner den Zugang durch Verletzung seiner Mitwirkungspflichten vereitelt hat.[150] 38

Der selbstständig tätige Schuldner hat nach § 295 Abs. 1 Nr. 3 Var. 5 dem Treuhänder oder dem Gericht auf Verlangen Mitteilung zu machen, ob er einer selbstständigen Tätigkeit nachgeht, wie seine Ausbildung und sein beruflicher Werdegang aussehen und welche Tätigkeit (Branche, Größe seines Unternehmens, Zahl der Angestellten, Umsatz) er ausübt. Dabei müssen seine Auskünfte so konkret sein, dass ein Gläubiger danach die dem Schuldner mögliche abhängige Tätigkeit bestimmen und das anzunehmende fiktive Nettoeinkommen ermitteln kann. Der Schuldner hat jedoch keine Auskünfte über etwaige Gewinne aus seiner selbstständigen wirtschaftlichen Tätigkeit zu erteilen. Verlangen Treuhänder oder Gericht eine solche nicht durch § 295 Abs. 1 Nr. 3 gedeckte Auskunft, liegt keine Obliegenheitsverletzung nach dieser Vorschrift vor, wenn der Schuldner die Auskunft nicht, nicht vollständig oder nicht rechtzeitig erteilt.[151]

---

141 BGH 22.10.2009, IX ZB 249/08, NZI 2010, 26 Rn. 16.
142 BGH 07.04.2011, IX ZB 40/10, NZI 2011, 451 (452) Rn. 8.
143 BGH 07.04.2011, IX ZB 40/10, NZI 2011, 451 (452) Rn. 13.
144 Str., wie hier FK-InsO/*Ahrens* Rn. 58.
145 BGH 10.03.2011, IX ZB 168/09, NZI 2011, 329 (330) Rn. 8.
146 FK-InsO/*Ahrens* Rn. 59; MüKo-InsO/*Ehricke* Rn. 89.
147 MüKo-InsO/*Ehricke* Rn. 88.
148 FK-InsO/*Ahrens* Rn. 59.
149 BT-Drucks. 12/2443, 193 zu § 245 InsO-RegE.
150 BGH 08.06.2010, IX ZB 153/09, NZI 2010, 654 Rn. 24.
151 BGH 26.02.2013, IX ZB 165/11, NZI 2013, 404 f. Rn. 8.

IV. Gleichmäßige Gläubigerbefriedigung (§ 295 Abs. 1 Nr. 4)

39 Wegen des Grundsatzes der gleichmäßigen Befriedigung der Insolvenzgläubiger bestimmt die Vorschrift, dass zusätzliche **Zahlungen nur an den Treuhänder geleistet** und keinem der Insolvenzgläubiger Sondervorteile verschafft werden dürfen.[152] Die Vorschrift betrifft nicht Leistungen des Schuldners an andere als Insolvenzgläubiger und auf andere als Insolvenzforderungen[153]; sie bezieht sich nicht auf Zahlungen aus dem insolvenzfreien Vermögen des Schuldners.[154]

40 Das Gebot, Zahlungen zur Befriedigung der Insolvenzgläubiger ausschließlich an den Treuhänder zu erbringen (§ 295 Abs. 1 Nr. 4 Var. 1), dient als Auffangtatbestand.[155] Der Auffangtatbestand kann immer dann eingreifen, wenn sich eine Verschaffung von Sondervorteilen nicht glaubhaft machen lässt. Das ist z.B. der Fall, wenn ein Gläubiger den ihm obliegenden Nachweis nicht erbringen kann, weil der Schuldner geltend macht, sämtliche Gläubiger entsprechend ihrer Quote befriedigt zu haben.[156]

41 Das **Verbot der Verschaffung von Sondervorteilen** (§ 295 Abs. 1 Nr. 4 Var. 2) betrifft alle Formen der Leistungserbringung, also nicht allein Zahlungen[157], sondern z.B. auch Erbringung von Arbeitsleistungen. Mit dem Grundsatz der gleichmäßigen Befriedigung der Insolvenzgläubiger ist es auch nicht zu vereinbaren, wenn der Schuldner auf Druck eines einzelnen Insolvenzgläubigers Zahlungen an diesen erbringt.[158] Andernfalls hätten es der Schuldner und der von ihm bevorzugte Insolvenzgläubiger stets in der Hand, gegenüber einem anderen Gläubiger als Versagungsantragsteller die Voraussetzungen einer Zahlung unter Druck darzustellen.

V. Selbständige Tätigkeit (§ 295 Abs. 2)

42 § 295 Abs. 2 bringt zum Ausdruck, dass der Schuldner auch dann die Restschuldbefreiung erlangen kann, wenn er während der Laufzeit der Abtretungserklärung eine selbständige Tätigkeit ausübt.[159] Allerdings normiert das Gesetz die Obliegenheit des Schuldners, die Insolvenzgläubiger durch Zahlungen an den Treuhänder so zu stellen, wie wenn er ein angemessenes Dienstverhältnis eingegangen wäre. Diese Obliegenheit findet ihren Grund darin, dass die für den abhängig beschäftigten Schuldner geschaffene Abtretungslösung bei dem selbständig tätigen Schuldner nicht greift.[160] Einkünfte des Schuldners aus selbständiger Tätigkeit werden von der Abtretung nach § 287 Abs. 2 i.d.R. nicht erfasst.[161]

43 Die Obliegenheit des § 295 Abs. 2 setzt voraus, dass der Schuldner überhaupt gem. § 295 Abs. 1 Nr. 1 dazu verpflichtet ist, eine angemessene Erwerbstätigkeit auszuüben.[162] Ist dies dem Schuldner etwa aus **Alters- oder Krankheitsgründen** nicht zumutbar oder sogar nicht möglich, besteht auch keine diesbezügliche Erwerbsobliegenheit.[163] Der BGH hat offen gelassen, ob ein nach Erreichen des Renteneintrittsalters weiter freiwillig selbstständig rwerbstätiger Schuldner Zahlungen an den

---

152 BT-Drucks. 12/2443, 192 zu § 244 InsO-RegE.
153 FK-InsO/*Ahrens* Rn. 65, 67.
154 Braun/*Lang* Rn. 17.
155 Braun/*Lang* Rn. 17.
156 MüKo-InsO/*Ehricke* Rn. 94.
157 FK-InsO/*Ahrens* Rn. 66.
158 Uhlenbruck/*Vallender* Rn. 59; a.A. FK-InsO/*Ahrens* Rn. 66, der auf die Umstände des Einzelfalls abstellen will.
159 Uhlenbruck/*Vallender* Rn. 61.
160 *Wischemeyer* ZInsO 2010, 2068.
161 BGH 15.10.2009, IX ZR 234/08, NZI 2010, 72 Rn. 11; 17.01.2013, IX ZB 98/11, NZI 2013, 189, Rn. 8; allerdings hat BGH 15.10.2009, IX ZR 234/08, NZI 2010, 72 Rn. 18 ausdrücklich offen gelassen, ob dies auch dann gilt, wenn ein Schuldner als »Scheinselbständiger« arbeitnehmerähnlich tätig ist.
162 BGH 12.07.2012, IX ZB 270/11, NJW-RR 2012, 1533 (1534) Rn. 12.
163 *Wischemeyer* ZInsO 2010, 2068 (2069).

Treuhänder zu erbringen hat.[164] Dies ist jedenfalls dann zu verneinen, wenn der Arbeitsmarkt eine abhängige Beschäftigung nicht mehr anbietet. So verletzt z.B. ein 67-jähriger Schuldner, der während der Wohlverhaltensperiode Provisionszahlungen aus seiner selbstständigen Tätigkeit als Handelsvertreter erhält und diese dem Treuhänder nicht anzeigt, keine Obliegenheit gemäß § 295 Abs. 2, weil sein allein maßgeblicher fiktiver Verdienst aus nicht selbstständiger Tätigkeit mit 0 € anzusetzen ist.[165]

Geht der selbständig tätige Schuldner zusätzlich einer abhängigen Beschäftigung nach, muss er die dem Treuhänder auf Grund der Abtretung zufließenden Einkünfte um den Betrag aufstocken, der den Gläubigern zugeflossen wäre, wenn er an Stelle der selbständigen Tätigkeit auch insoweit abhängig beschäftigt gewesen wäre.[166] **44**

Auf die tatsächlichen Einkünfte eines Schuldners, der während der gesamten Wohlverhaltensphase selbstständig tätig war, kommt es für den Versagungstatbestand des § 295 Abs. 2 nicht an. Deshalb ist unerheblich, ob der Schuldner als selbstständig Tätiger einen Gewinn erzielt hat oder ob er einen höheren Gewinn hätte erwirtschaften können.[167] § 295 Abs. 2 löst die vom Schuldner abzuführenden Beträge vom tatsächlichen wirtschaftlichen Erfolg seiner selbständigen Tätigkeit ab. Zu berechnen ist das anzunehmende **fiktive Nettoeinkommen** aus einem angemessenen Dienstverhältnis. **Angemessen** ist nur eine dem Schuldner nach seiner **Ausbildung** und seinem **beruflichen Werdegang**[168] mögliche abhängige Tätigkeit.[169] Eine Obliegenheitsverletzung liegt demgemäß vor, wenn der den Pfändungsfreibetrag übersteigende Betrag des fiktiven Nettoeinkommens aus einem angemessenen Dienstverhältnis höher lag als der tatsächlich abgeführte Betrag.[170] Ist z.B. unstreitig, dass ein 57-jähriger, gesundheitlich schwer angeschlagener Schuldner auf Grund seiner Insolvenz und einer sich daraus ergebenden negativen Listung in der zentralen Auskunft über Versicherungskaufleute keine Anstellung als Versicherungskaufmann mehr gefunden hätten, hat der Gläubiger darzulegen und glaubhaft zu machen, in welchen anderen Branchen und zu welchen Bedingungen der Schuldner eine Anstellung hätte finden können.[171] **45**

Im Fall des § 295 Abs. 2 genügt der antragstellende Gläubiger seiner Pflicht zur Glaubhaftmachung der Obliegenheitsverletzung und der Beeinträchtigung der Befriedigung der Insolvenzgläubiger (§§ 300 Abs. 2, 296 Abs. 1), wenn er darlegt, dass der Schuldner an den Treuhänder nicht den Betrag abgeführt hat, den er bei **Ausübung einer vergleichbaren abhängigen Tätigkeit nach dem üblichen Lohnniveau** hätte abführen müssen.[172] Da es nicht auf die tatsächlich erwirtschafteten Gewinne des selbstständig tätigen Schuldners ankommt, sondern auf eine vergleichbare Tätigkeit, der Gläubiger insoweit also nicht auf Auskünfte des Schuldners angewiesen ist, bleibt für eine Erleichterung der Darlegungslast des Gläubigers kein Raum.[173] **46**

Hat der Gläubiger seiner Pflicht zur Glaubhaftmachung genügt, muss sich der Schuldner dann von dem Vorwurf entlasten, seine Obliegenheitspflichten schuldhaft verletzt zu haben (§ 296 Abs. 1 Satz 1 Halbs. 2).[174] Es entschuldigt ihn nicht, wenn er mit seinem Geschäft nicht so viel erwirtschaftet haben sollte, dass er monatlich den ermittelten zusätzlichen Betrag an den Treuhänder hätte ab-

---

164 BGH 23.02.2012, IX ZB 92/10, BeckRS 2012, 06009 Rn. 10.
165 AG Hamburg 26.08.2009, 67g IN 431/02, InsVZ 2009, 28 (29); FK-InsO/*Ahrens* Rn. 78; krit. *Cranshaw* jurisPR-InsR 10/2010 Anm. 4.
166 BGH 05.04.2006, IX ZB 50/05, NZI 2006, 413 Rn. 13.
167 BGH 17.01.2013, IX ZB 98/11, NZI 2013, 189 (190) Rn. 10.
168 BGH 17.01.2013, IX ZB 98/11, NZI 2013, 189 (190) Rn. 14.
169 BGH 05.04.2006, IX ZB 50/05, NZI 2006, 413 Rn. 13; 07.05.2009, IX ZB 133/07, NZI 2009, 482 Rn. 4; 17.01.2013, IX ZB 98/11, NZI 2013, 189 (190) Rn. 10.
170 BGH 17.01.2013, IX ZB 98/11, NZI 2013, 189 (190) Rn. 11.
171 BGH 26.02.2013, IX ZB 165/11, NZI 2013, 404 (405) Rn. 18.
172 BGH 17.01.2013, IX ZB 98/11, NZI 2013, 189 (190) Rn. 11.
173 BGH 23.02.2012, IX ZB 92/10, BeckRS 2012, 06009 Rn. 9.
174 BGH 07.05.2009, IX ZB 133/07, NZI 2009, 482 Rn. 5.

führen können.[175] Erkennt der Schuldner in der Wohlverhaltensphase, dass er mit der von ihm ausgeübten selbständigen Tätigkeit nicht genug erwirtschaftet, um seine Gläubiger so zu stellen, als übe er eine entsprechende abhängige Tätigkeit aus, braucht er seine selbständige Tätigkeit zunächst nicht aufzugeben. Er muss sich dann aber – ebenso wie ein beschäftigungsloser Schuldner – gem. § 295 Abs. 1 Nr. 1 nachweisbar um eine angemessene Erwerbstätigkeit bemühen, um den Verschuldensvorwurf zu entkräften.[176] Im Anwendungsbereich dieser Vorschrift muss auch der (zunächst) selbstständig tätig (gewesene) Schuldner im Regelfall bei der Bundesagentur für Arbeit arbeitssuchend gemeldet sein und laufend Kontakt zu den dort für ihn zuständigen Mitarbeitern halten. Weiter muss er sich selbst aktiv und ernsthaft um eine Arbeitsstelle bemühen, etwa, durch stetige Lektüre einschlägiger Stellenanzeigen und durch entsprechende Bewerbungen. Als ungefähre Richtgröße sind auch hier zwei bis drei Bewerbungen in der Woche anzunehmen, sofern entsprechende Stellen angeboten werden.[177] Der Schuldner hat zu seiner Entlastung vorzutragen, ab wann er erkannt habe, dass er mit seiner ausgeübten selbstständigen Tätigkeit nicht genug erwirtschafte, um seine Gläubiger so zu stellen, als übe er eine entsprechende abhängige Tätigkeit aus.[178] Er kann sich nicht damit entlasten, er sei weder vom Treuhänder noch vom Insolvenzgericht darauf hingewiesen worden, dass er höhere Beträge an den Treuhänder abführen müsse, wenn er die Restschuldbefreiung erreichen wolle.[179]

Der selbstständig tätige Schuldner kann sich nicht mit dem Vorbringen entlassen, er habe einen erwirtschafteten Jahresüberschuss für **betriebliche Investitionen** verwendet und verfüge deswegen nicht über die für die Zahlung an den Treuhänder erforderlichen Geldmittel. Der BGH hat offen gelassen, ob dem selbstständigen Schuldner überhaupt gestattet sein kann, den erwirtschafteten Überschuss vollumfänglich für Investitionen zu verwenden und die ansonsten möglichen Zahlungen an den Treuhänder aus diesem Grunde vollständig auszusetzen.[180] Die Frage ist zu verneinen. Da das anzunehmende fiktive Nettoeinkommen den Maßstab für die abzuführenden Beträge gibt, hat der selbstständig Tätige daran auch die Verwendung eines Überschusses auszurichten.

C. Rechtsfolgen von Obliegenheitsverletzungen

47 Im Falle von Obliegenheitsverletzungen versagt das Insolvenzgericht unter den weiteren Voraussetzungen des § 296 die Restschuldbefreiung. Insoweit wird auf die Kommentierung zu § 296 verwiesen.

D. Heilung von Verstößen

48 Die Obliegenheitsverletzung wird geheilt, wenn der Schuldner die Anzeige nachholt und den fehlenden Betrag einzahlt, **bevor** sein Verhalten aufgedeckt ist. In einem solchen Fall liegt zwar eine Obliegenheitsverletzung vor, die Versagung wäre aber unverhältnismäßig, weil letztlich die Gläubigerinteressen nicht beeinträchtigt werden.[181] Wird ein Fehlverhalten des Schuldners dem Treuhänder durch eigene Ermittlungen oder Hinweise Dritter bekannt, scheidet eine Heilung des Verstoßes aus, auch wenn in diesem Zeitpunkt noch kein wirksamer Versagungsantrag gestellt war.[182] Zeigt der Schuldner sein pfändbares Einkommen trotz einer Aufforderung dem Treuhänder nicht an, kann diese Obliegenheitsverletzung jedenfalls dann nicht mehr durch Zahlung des pfändbaren Einkommens geheilt werden, wenn ein Gläubiger beantragt hat, dem Schuldner die Restschuldbefrei-

---

175 BGH 17.01.2013, IX ZB 98/11, NZI 2013, 189 (191) Rn. 22.
176 BGH 07.05.2009, IX ZB 133/07, NZI 2009, 482 Rn. 5; 17.01.2013, IX ZB 98/11, NZI 2013, 189, 191 Rn. 22.
177 BGH 17.01.2013, IX ZB 98/11, NZI 2013, 189 (191) Rn. 23.
178 BGH 10.05.2012, IX ZB 203/10, juris Rn. 2.
179 BGH 17.01.2013, IX ZB 98/11, NZI 2013, 189 (191) Rn. 23.
180 BGH 19.07.2012, IX ZB 188/09, NZI 2012, 718 (720) Rn. 22.
181 BGH 18.02.2010, IX ZB 211/09, NZI 2010, 350 Rn. 6.
182 BGH 19.05.2011, IX ZB 142/11, ZInsO 2011, 1223 Rn. 5; 20.06.2013, IX ZB 208/11, juris Rn. 3.

ung zu versagen.[183] Für die Heilung kommt es allerdings nicht allein auf die Stellung eines Versagungsantrags, sondern zusätzlich darauf an, dass der Verstoß gegen die Obliegenheit noch nicht anderweitig aufgedeckt worden ist. Eine Heilung kommt deshalb i.d.R. nur dann in Betracht, wenn die Obliegenheitsverletzung vom Schuldner selbst aufgedeckt wird.[184] Eine Heilung ist auch dann anzunehmen, wenn der Schuldner nach freiwilliger Aufdeckung eines Obliegenheitsverstoßes auf Grund einer Vereinbarung mit dem Treuhänder Teilzahlungen auf die Rückstände erbringt, die innerhalb eines nicht nur angemessenen, sondern auch überschaubaren Zeitraums zu einem vollständigen Ausgleich des dem Treuhänder vorenthaltenen Betrags führen. Solange sich der Schuldner an diese Vereinbarung hält, verdient er Vertrauensschutz. Ihm darf nicht deswegen, weil ein Gläubiger einen Versagungsantrag stellt, die Restschuldvereinbarung versagt werden.[185] Damit besteht für den Schuldner durchaus ein Anreiz, die Obliegenheitsverletzung von sich aus offen zu legen und deren Folgen zu beseitigen.

§ 295 n.F. Obliegenheiten des Schuldners

[Tritt zum 01.07.2014 in Kraft]

(1) Dem Schuldner obliegt es, in dem Zeitraum zwischen Beendigung des Insolvenzverfahrens und dem Ende der Abtretungsfrist
1. eine angemessene Erwerbstätigkeit auszuüben und, wenn er ohne Beschäftigung ist, sich um eine solche zu bemühen und keine zumutbare Tätigkeit abzulehnen;
2. Vermögen, das er von Todes wegen oder mit Rücksicht auf ein künftiges Erbrecht erwirbt, zur Hälfte des Wertes an den Treuhänder herauszugeben;
3. jeden Wechsel des Wohnsitzes oder der Beschäftigungsstelle unverzüglich dem Insolvenzgericht und dem Treuhänder anzuzeigen, keine von der Abtretungserklärung erfaßten Bezüge und kein von Nummer 2 erfaßtes Vermögen zu verheimlichen und dem Gericht und dem Treuhänder auf Verlangen Auskunft über seine Erwerbstätigkeit oder seine Bemühungen um eine solche sowie über seine Bezüge und sein Vermögen zu erteilen;
4. Zahlungen zur Befriedigung der Insolvenzgläubiger nur an den Treuhänder zu leisten und keinem Insolvenzgläubiger einen Sondervorteil zu verschaffen.

(2) Soweit der Schuldner eine selbständige Tätigkeit ausübt, obliegt es ihm, die Insolvenzgläubiger durch Zahlungen an den Treuhänder so zu stellen, wie wenn er ein angemessenes Dienstverhältnis eingegangen wäre.

Normzweck

Die Vorschrift tritt am 01.07.2014 in Kraft und gilt für alle Verfahren, die ab diesem Zeitpunkt beantragt worden sind (Art. 103h Satz 1 EGInsO n.F.).[1] Die Neufassung des § 295 Abs. 1 bezieht sich auf den »Zeitraum zwischen Beendigung des Insolvenzverfahrens und dem Ende der Abtretungsfrist« statt wie zuvor auf die »Laufzeit der Abtretungserklärung«. Es handelt sich um eine auf der Beschlussempfehlung des Rechtsausschusses des Deutschen Bundestags beruhende redaktionelle Folgeänderung, weil die Erwerbsobliegenheit während des Insolvenzverfahrens nunmehr eigenständig in § 287b geregelt ist.[2] Im Übrigen sind § 295 Abs. 1 und 2 inhaltlich unverändert.

1

---

183 BGH 17.07.2008, IX ZB 183/07, NZI 2008, 623 Rn. 13.
184 BGH 03.02.2011, IX ZB 99/09, WM 2011, 416 Rn. 2.
185 BGH 18.02.2010, IX ZB 211/09, NZI 2010, 350 Rn. 7.
1 Art. 9 Satz 1 des Gesetzes zur Verkürzung des Restschuldbefreiungsverfahrens und zur Stärkung der Gläubigerrechte (BGBl I 2013, 2379 ff.).
2 BT-Drucks. 17/13535, 39.

§ 296 Verstoß gegen Obliegenheiten

(1) Das Insolvenzgericht versagt die Restschuldbefreiung auf Antrag eines Insolvenzgläubigers, wenn der Schuldner während der Laufzeit der Abtretungserklärung eine seiner Obliegenheiten verletzt und dadurch die Befriedigung der Insolvenzgläubiger beeinträchtigt; dies gilt nicht, wenn dem Schuldner kein Verschulden trifft. Der Antrag kann nur binnen eines Jahres nach dem Zeitpunkt gestellt werden, in dem die Obliegenheitsverletzung dem Gläubiger bekanntgeworden ist. Er ist nur zulässig, wenn die Voraussetzungen der Sätze 1 und 2 glaubhaft gemacht werden.

(2) Vor der Entscheidung über den Antrag sind der Treuhänder, der Schuldner und die Insolvenzgläubiger zu hören. Der Schuldner hat über die Erfüllung seiner Obliegenheiten Auskunft zu erteilen und, wenn es der Gläubiger beantragt, die Richtigkeit dieser Auskunft an Eides Statt zu versichern. Gibt er die Auskunft oder die eidesstattliche Versicherung ohne hinreichende Entschuldigung nicht innerhalb der ihm gesetzten Frist ab oder erscheint er trotz ordnungsgemäßer Ladung ohne hinreichende Entschuldigung nicht zu einem Termin, den das Gericht für die Erteilung der Auskunft oder die eidesstattliche Versicherung anberaumt hat, so ist die Restschuldbefreiung zu versagen.

(3) Gegen die Entscheidung steht dem Antragsteller und dem Schuldner die sofortige Beschwerde zu. Die Versagung der Restschuldbefreiung ist öffentlich bekanntzumachen.

Übersicht	Rdn.		Rdn.
A. Überblick	1	C. Versagungsverfahren	26
B. Versagungsvoraussetzungen	2	I. Anhörung	27
I. Versagungsantrag	2	II. Verfahrensobliegenheiten des Schuldners	29
1. Antragsberechtigung	5d	D. Gerichtliche Entscheidung und Bekanntmachung	31
2. Form	7	E. Rechtsmittel	35
3. Frist	8	F. Gebühren, Kosten und Gegenstandswert	38
4. Glaubhaftmachung	11	G. Verfahrenskostenstundung und Anwaltsbeiordnung	41
5. Rücknahme des Versagungsantrags	15		
II. Versagungsgrund	17		
1. Obliegenheitsverletzung	17		
2. Verschulden	19		
3. Schlechterstellung der Gläubiger (Beeinträchtigung der Befriedigung)	21		

A. Überblick

1 Verletzt der Schuldner eine seiner Obliegenheiten aus § 295, versagt ihm das Insolvenzgericht unter den Voraussetzungen des § 296 die Restschuldbefreiung und wird die Treuhandzeit nach § 299 vorzeitig beendet. § 296 eröffnet den Insolvenzgläubigern einen besonderen Rechtsbehelf, mit welchem die Versagung herbeigeführt werden kann. Damit soll der Schuldner zur Einhaltung seiner Obliegenheiten, mithin zur aktiven Mitwirkung an der Gläubigerbefriedigung angehalten werden.[1] Die Versagungsnorm bezieht sich zunächst auf die Obliegenheiten aus § 295 (§ 296 Abs. 1 Satz 1). Darüber hinaus enthält § 296 Abs. 2 Satz 2 und 3 eigenständige, auf das Versagungsverfahren bezogene Obliegenheiten des Schuldners, deren Verletzung ihrerseits zur Versagung der Restschuldbefreiung führen kann. Schließlich verweisen die Versagungsnormen der §§ 297 Abs. 2, 298 Abs. 3 (teilweise) auf § 296.

B. Versagungsvoraussetzungen

I. Versagungsantrag

2 Das Versagungsverfahren unterliegt bzgl. der Einleitung, aber auch der vorzeitigen Beendigung und des Umfangs der gerichtlichen Prüfung der einseitigen **Disposition des Insolvenzgläubigers**.[2] Infolge

---

[1] FK-InsO/*Ahrens* Rn. 1.
[2] FK-InsO/*Ahrens* Rn. 20.

der das Verfahren beherrschenden Gläubigerautonomie[3] und des Fehlens eines eigenen Antragsrechts des Treuhänders ist es unerheblich, wenn dieser das Insolvenzgericht auf einen (weiteren) Versagungsgrund aufmerksam gemacht hat, solange der Grund von keinem Gläubiger in zulässiger Form aufgegriffen wird.[4] Ist ein Versagungsantrag noch nicht gestellt, darf das Gericht auf Grund der kontradiktorischen Ausgestaltung des Verfahrens[5] die Antragstellung nicht anregen.[6]

Zulässig ist grundsätzlich auch eine **objektive oder subjektive Häufung von Versagungsanträgen**. Dementsprechend kann ein Gläubiger mehrere, auf unterschiedliche Geschehen bzw. Versagungsgründe gestützte Versagungsanträge stellen. Ein auf das gleiche Geschehen gestützter erneuter (fristgemäßer) Antrag desselben Gläubigers ist regelmäßig zusammen mit dem Erstantrag als ein einheitlicher Antrag auszulegen.[7] Zulässig sind auch Anträge mehrerer Gläubiger, die auf den gleichen Grund gestützt sind. Auf sie sind im Wesentlichen die Grundsätze der einfachen Streitgenossenschaft gemäß §§ 4, 59 f. ZPO anzuwenden.[8]   2a

Nach dem Gesetz bleibt selbst ein schwerwiegendes Fehlverhalten des Schuldners folgenlos, wenn kein Gläubiger tätig wird. Die Gläubiger können aber sicherstellen, dass kein Verstoß unbemerkt bleibt. Gem. § 292 Abs. 2 Satz 1 kann die Gläubigerversammlung dem **Treuhänder** zusätzlich die Aufgabe übertragen, die Erfüllung der Obliegenheiten des Schuldners zu überwachen.[9] Nach Satz 2 dieser Regelung hat der Treuhänder in diesem Fall die Gläubiger unverzüglich zu benachrichtigen, wenn er einen Verstoß gegen diese Obliegenheiten feststellt. Für diese Aufgabe steht dem Treuhänder gem. §§ 293 Abs. 1, Abs. 2, 65 InsO i.V.m. § 15 InsVV eine zusätzliche Vergütung zu.[10] Er ist nach § 292 Abs. 2 Satz 3 nur zur Überwachung verpflichtet, soweit diese zusätzliche Vergütung gedeckt ist oder vorgeschossen wird. Abgesichert wird die Beauftragung des Treuhänders durch die in § 295 Abs. 1 Nr. 3 normierte Verpflichtung des Schuldners, dem Treuhänder auf Verlangen Auskunft über seine Erwerbstätigkeit oder seine Bemühungen um eine solche sowie über seine Bezüge und sein Vermögen zu erteilen. Der Treuhänder muss in Erfüllung des Auftrags der Gläubigerversammlung tätig werden und je nach Lage des Falls regelmäßig um Auskünfte nachsuchen. Der Schuldner ist gehalten, wahrheitsgemäß zu antworten. Stellt der Treuhänder eine Obliegenheitsverletzung fest, unterrichtet er die Gläubiger, die daraufhin einen Versagungsantrag stellen können. Eine engere Überwachung des Schuldners stellt sicher, dass die Voraussetzungen eines Antrags nach § 850c Abs. 4 ZPO zeitnah ermittelt werden. Der entsprechende Antrag kann dann gestellt werden, bevor ein zu großer Verlust entsteht.[11]

Auch wenn die Gläubigerversammlung dem Treuhänder nicht die zusätzliche Aufgabe der **Überwachung** nach § 292 Abs. 2 Satz 1 übertragen hat, ist ein Zusammenwirken von Gläubigern und Treuhänder in der Wohlverhaltensphase erlaubt. Der Treuhänder darf die Insolvenzgläubiger insb. von Umständen unterrichten, welche die Versagung der Restschuldbefreiung begründen können, um ihnen die für einen Versagungsantrag erforderliche Kenntnis von einem Versagungsgrund zu vermitteln. Der Treuhänder in der Wohlverhaltensphase hat zwar auch die Belange des Schuldners zu wahren. Eine absolute Neutralität sieht das Gesetz jedoch nicht vor.[12]   2b

---

3 BGH 19.07.2012, IX ZB 215/11, ZInsO 2012, 1580 Rn. 4.
4 BGH 08.02.2007, IX ZB 88/06, NZI 2007, 297 Rn. 8.
5 Vgl. BT-Drucks. 12/3803, 65.
6 FK-InsO/*Ahrens* Rn. 21.
7 Vgl. FK-InsO/*Ahrens* Rn. 23.
8 FK-InsO/*Ahrens* Rn. 23.
9 In der Praxis ist dies allerdings unüblich, vgl. *Pape* NJW 2010, 2928 (2932) unter 2.
10 Gem. § 15 Abs. 1 Satz 2 InsVV beträgt die zusätzliche Vergütung regelmäßig 35 € je Stunde. Der Gesamtbetrag der zusätzlichen Vergütung darf nach Abs. 2 Satz 1 der Vorschrift den Gesamtbetrag der Vergütung nach § 14 InsVV nicht überschreiten. Die Gläubigerversammlung kann jedoch nach § 15 Abs. 2 Satz 2 InsVV eine abweichende Regelung treffen.
11 BGH 22.10.2009, IX ZB 249/08, NZI 2010, 26 Rn. 15.
12 BGH 01.07.2010, IX ZB 84/09, ZInsO 2010, 1498 Rn. 3, für das Insolvenzverfahren hat der BGH (Rn. 4) diese Frage offen gelassen.

3–4 Derzeit unbesetzt

5 Die Versagung der Restschuldbefreiung **nach § 296 Abs. 2 Satz 2 und 3** als solche setzt weder einen Gläubigerantrag noch eine Schlechterstellung der Gläubiger voraus.[13] Hier kann das Gericht **von Amts wegen** die Restschuldbefreiung versagen.[14] Allerdings darf § 296 Abs. 2 nicht dahin missverstanden werden, das Gericht könne das Versagungsverfahren überhaupt von Amts wegen einleiten. Die besonderen Auskunftspflichten gem. § 296 Abs. 2 Satz 2 für den Schuldner entstehen regelmäßig erst, wenn ein Gläubiger einen statthaften Antrag nach § 296 Abs. 1 gestellt hat.[15] Wenn der Schuldner diesen Auskunftspflichten nicht nachkommt, ist ihm die Restschuldbefreiung zu versagen, ohne dass es eines zusätzlichen Antrags bedarf, der diesen Tatbestand aufgreift.[16]

1. Antragsberechtigung

5a Die Versagung nach § 296 Abs. 1 Satz 1 setzt zwingend den Antrag eines Insolvenzgläubigers voraus.[17] Unter **Insolvenzgläubiger** ist – wie auch im Rahmen des § 290 (vgl. § 290 Rdn. 96) – gem. § 38 der persönliche Gläubiger zu verstehen, der einen zur Zeit der Eröffnung des Insolvenzverfahrens begründeten Vermögensanspruch gegen den Schuldner hat. Versagungsanträge können nur diejenigen Gläubiger stellen, die Forderungen im Insolvenzverfahren angemeldet haben.[18] Erst die **Teilnahme am Insolvenzverfahren** begründet die Antragsberechtigung.[19] Diese Beschränkung gilt gemäß Art. 4 Abs. 2 Buchst. k EuInsVO bzw. § 335 auch für **ausländische Insolvenzgläubiger**.[20] Für die Beurteilung der Berechtigung eines Gläubigers, einen Versagungsantrag zu stellen, ist es ohne Belang, ob der Schuldner die zur Tabelle festgestellte Forderung bestritten hat.[21] Hat der Schuldner die Restschuldbefreiung in unredlicher Weise durch bewusstes Verschweigen einer Forderung erlangt, kann der betroffene Gläubiger seinen Anspruch unter Berufung auf § 826 BGB nur im streitigen Verfahren verfolgen.[22]

Ein **absonderungsberechtigter Gläubiger** ist antragsberechtigt, wenn er seine persönliche Forderung mindestens in Höhe des Ausfalls anmeldet; andernfalls nimmt er am Insolvenzverfahren nicht teil.[23] Der Gläubiger braucht nicht zusätzlich den vollen Nachweis des Ausfalls zu führen, wenn über die Versagung der Restschuldbefreiung auf Grund des Endes der Laufzeit der Abtretungserklärung vor Abschlussreife des Insolvenzverfahrens zu entscheiden ist.[24]

Nachrangige Insolvenzgläubiger (§ 39) sind antragsberechtigt, soweit sie am Verfahren teilnehmen können, also aufgefordert wurden, ihre Forderungen anzumelden.[25]

Massegläubiger sind nach dem Wortlaut des Gesetzes nicht antragsberechtigt.[26] Ebenso unzulässig ist der Antrag eines **Neugläubigers**.[27]

6 Derzeit unbesetzt

---

13 BGH 21.01.2010, IX ZB 67/09, ZInsO 2010, 391 Rn. 22.
14 MüKo-InsO/*Stephan* Rn. 30.
15 BGH 19.07.2012, IX ZB 215/11, ZInsO 2012, 1580 Rn. 4.
16 BGH 19.05.2011, IX ZB 274/10, NZI 2011, 640 (641) Rn. 12.
17 BGH 19.07.2012, IX ZB 215/11, ZInsO 2012, 1580 Rn. 4.
18 BGH 17.03.2005, IX ZB 214/04, NZI 2005, 399 (400); FK-InsO/*Ahrens* Rn. 16; HK-InsO/*Landfermann* 6. Aufl., Rn. 6; MüKo-InsO/*Stephan* Rn. 5; *G. Pape* NZI 2004, 1 (4).
19 BGH 11.10.2012, IX ZB 230/09, NZI 2012, 892 (893) Rn. 10.
20 FK-InsO/*Ahrens* Rn. 20.
21 BGH 11.10.2012, IX ZB 230/09, NZI 2012, 892 (893) Rn. 16.
22 BGH 09.10.2008, IX ZB 16/08, ZInsO 2009, 52 Rn. 2; dazu *Ahrens* NZI 2013, 721 ff.
23 BGH 11.10.2012, IX ZB 230/09, NZI 2012, 892 (893) Rn. 10.
24 BGH 11.10.2012, IX ZB 230/09, NZI 2012, 892 (893) Rn. 11; generell für einen Nachweis des Ausfalls FK-InsO/*Ahrens* Rn. 20 i.V.m. § 290 Rn. 79 f.
25 FK-InsO/*Ahrens* Rn. 20.
26 *Ahrens* NZI 2005, 401 (403).
27 AG Hannover 09.11.2006, 906 IN 316/02, ZInsO 2007, 50; FK-InsO/*Ahrens* Rn. 20.

2. Form

Der Antrag ist gem. §§ 4 InsO, 129a, 130a, 496 ZPO schriftlich, in elektronischer Form oder zu Protokoll der Geschäftsstelle eines jeden Amtsgerichts zu stellen. Er ist erwirkende Prozesshandlung und bei Unklarheiten nach allgemeinen Grundsätzen der Auslegung fähig.[28]

3. Frist

Der Antrag nach § 296 Abs. 1 Satz 1 kann gem. Satz 2 nur binnen eines Jahres nach dem Zeitpunkt gestellt werden, in dem die Obliegenheitsverletzung dem Gläubiger bekannt geworden ist. Der Antrag ist erstmals ab Aufhebung des Insolvenzverfahrens zulässig, spätestens muss er im Termin zur Entscheidung über die Restschuldbefreiung gem. § 300 Abs. 2 gestellt werden. Die Fristberechnung erfolgt gem. den §§ 4 InsO, 222 Abs. 1 ZPO, 187 f. BGB.[29]

Die Frist wird nur durch positive Kenntnis des Gläubigers von der Obliegenheitsverletzung des Schuldners in Gang gesetzt. Grob fahrlässige Unkenntnis des Gläubigers genügt nicht. Allerdings reicht es aus, wenn der antragstellende Gläubiger konkrete Tatsachen erfährt, die bei einem durchschnittlichen Insolvenzgläubiger zur Annahme des Vorliegens eines Versagungsgrundes Anlass geben würden. Der Gläubiger ist regelmäßig berechtigt, einen Versagungsantrag nach **§ 295 Abs. 2** – unabhängig von einer vorherigen Kenntnis von der Nichtabführung einzelner Beträge – erst am Ende der Treuhandphase zu stellen, weil erst am Ende dieser Periode sicher festgestellt werden kann, ob ein Obliegenheitsverstoß vorliegt.[30] Ein solcher Fall liegt auch vor, wenn der Schuldner während der Treuhandphase ständig zwischen selbstständiger und unselbstständiger Tätigkeit gewechselt hat.[31]

Maßgeblich ist allein das Wissen des antragstellenden Gläubigers oder seiner **Wissensvertreter**, nicht das des Treuhänders oder dasjenige anderer Gläubiger. Für den Begriff des Wissensvertreters gelten die im Rahmen des § 166 BGB von der Rechtsprechung entwickelten Grundsätze.[32] Wissensvertreter ist demnach jeder, der nach der Arbeitsorganisation des Geschäftsherrn dazu berufen ist, im Rechtsverkehr als dessen Repräsentant bestimmte Aufgaben in eigener Verantwortung zu erledigen und die dabei anfallenden Informationen zur Kenntnis zu nehmen sowie ggf weiterzuleiten. Er braucht weder zum rechtsgeschäftlichen Vertreter noch zum Wissensvertreter ausdrücklich bestellt zu sein.[33] Der Geschäftsherr muss sich seiner aber im rechtsgeschäftlichen Verkehr wie eines Vertreters bedienen.[34] Hat der Wissensvertreter den Geschäftsherrn nur intern beraten, scheidet eine sinngemäße Anwendung von § 166 Abs. 1 BGB aus.[35] Für die Verletzung der den Schuldner aus § 295 Abs. 2 treffenden Obliegenheit beginnt die Frist grds erst mit Abschluss der Treuhandperiode.[36]

Im Schrifttum wird es teilweise als rechtsmissbräuchliche Ausnutzung einer formalen Rechtsstellung missbilligt, wenn Informationen von einem Gläubiger nach Ablauf der für ihn geltenden Frist an einen anderen noch antragsberechtigten Gläubiger weitergegeben werden.[37] Dieser Auffassung kann nicht gefolgt werden. Nach dem Gesetz ist es ohne Belang, aus welchen Quellen der einzelne antragstellende Gläubiger seine Kenntnisse zieht.[38]

---

28 FK-InsO/*Ahrens* Rn. 22.
29 FK-InsO/*Ahrens* Rn. 29; § 139 Abs. 1 greift nicht ein.
30 BGH 19.05.2011, IX ZB 224/09, NZI 2011, 596, 597 Rn. 12; 11 07.01.2013, IX ZB 98/11, NZI 2013, 189, 191 Rn. 20.
31 BGH 19.05.2011, IX ZB 224/09, NZI 2011, 596, 597 Rn. 13.
32 Vgl. dazu jurisPK-BGB/*Gehrlein/Weinland* § 166 Rn. 6 ff.
33 BGH 20.10.2004, VIII ZR 36/03, NJW 2005, 365; 18.02.2003, X ZR 245/00, BGHReport 2003, 1051; 22.06.1987, III ZR 263/85, LM Nr. 26 zu § 166 BGB; *Schultz* NJW 1990, 477 (479 f.).
34 BGH 24.01.1992, V ZR 262/90, BGHZ 117, 104; 22.06.1987, III ZR 263/85, LM Nr. 26 zu § 166 BGB; 25.03.1982, VII ZR 60/81, BGHZ 83, 293; 10.02.1971, VIII ZR 182/69, BGHZ 55, 307.
35 BGH 24.01.1992, V ZR 262/90, BGHZ 117, 104.
36 BGH 19.05.2011, IX ZB 224/09, NZI 2011, 596, 597 Rn. 12.
37 So FK-InsO/*Ahrens* Rn. 28.
38 HambK-InsR/*Streck* Rn. 5; Kübler/Prütting/Bork/*Wenzel* Rn. 2; Uhlenbruck/*Vallender* Rn. 6.

10 Die Jahresfrist ist eine Ausschlussfrist, die von Amts wegen zu beachten ist.[39] Ein nach Ablauf der Frist gestellter Antrag ist unzulässig.[40] Die Ausschlussfrist läuft für jeden Versagungsgrund gesondert. Da sie dem Rechtsfrieden und dem Vertrauensschutz dient, ist im Versagungsverfahren das Nachschieben anderer, bereits präkludierter Gründe ausgeschlossen.[41]

4. Glaubhaftmachung

11 Der Versagungsantrag ist nach § 296 Abs. 1 Satz 3 nur zulässig, wenn die von dem Gläubiger darzulegenden Voraussetzungen der Satz 1 und 2 von ihm auch glaubhaft gemacht werden. Ohne den zulässigen Antrag eines Gläubigers (§ 290 Abs. 1) darf das Insolvenzgericht dem Schuldner die Restschuldbefreiung nicht versagen.[42] Der Sachvortrag des Gläubigers kann auch mittels einer **konkreten Bezugnahme auf andere Schriftstücke** erfolgen. Demgemäß ist es dem Gläubiger gestattet, seinen Versagungsantrag auf den Inhalt beigefügter Schriftstücke, z.B. den Bericht des Treuhänders, zu stützen.[43] Dies setzt allerdings voraus, dass der Bericht des Treuhänders seinerseits den genannten Anforderungen genügt.[44] Fragen in einem Anwaltsschriftsatz können die Darlegung eines Versagungsgrundes nicht ersetzen, denn es ist nicht Aufgabe des Insolvenzgerichts oder des Schuldners, solche Fragen zu beantworten. Vielmehr obliegt es dem antragstellenden Gläubiger, sich selbst Kenntnis von den entsprechenden Tatsachen zu verschaffen. Dazu ist er mit Hilfe der Berichte des Insolvenzverwalters bzw. Treuhänders und des ihm zustehenden **Akteneinsichtsrechts** in der Lage.[45] Die Glaubhaftmachung braucht nicht notwendig bereits bei Antragstellung zu erfolgen.[46] Da ein zulässiger Antrag aber nur innerhalb der Jahresfrist des § 296 Abs. 1 Satz 2 gestellt werden kann, muss für die Glaubhaftmachung diese Frist eingehalten werden.[47] Entbehrlich ist die Glaubhaftmachung nur dann, wenn der schlüssige Sachvortrag des Gläubigers, auf den dieser seinen Antrag stützt, vom Schuldner nicht bestritten wird und deswegen der maßgebliche Sachverhalt unstreitig ist.[48]

12 Freilich können sowohl das Bestreiten als auch die Glaubhaftmachung nach §§ 4 InsO, 571 ZPO im Rechtsmittelverfahren nachgeholt werden.[49] Die Möglichkeit der erstmaligen Glaubhaftmachung im Rechtsmittelverfahren ändert aber nichts daran, dass auch dann die Frist des § 296 Abs. 1 Satz 2 eingehalten sein muss. Unterlässt der Gläubiger zunächst die Glaubhaftmachung, bestreitet aber der Schuldner erstmals im Rechtsmittelverfahren, so riskiert der Gläubiger, dass die dann erforderliche Glaubhaftmachung nicht mehr innerhalb der Frist erfolgen kann.

13 Die Glaubhaftmachung hat sämtliche Elemente der §§ 296 Abs. 1 Satz 1 Halbs. 1 und Satz 2, 295 zu umfassen.[50] Die von dem Gläubiger zu tragende Feststellungslast erfasst also die Obliegenheitsverletzung, die darauf beruhende Beeinträchtigung der Befriedigung der Insolvenzgläubiger[51], die Einhaltung der Antragsfrist mit dem Zeitpunkt der Kenntnis und das Verschulden.[52] Versagungsanträge »ins Blaue hinein«, bei denen die Gläubigerbenachteiligung lediglich pauschal vermutet wird,

---

39 HambK-InsR/*Streck* Rn. 5; Kübler/Prütting/Bork/*Wenzel* Rn. 2.
40 Kübler/Prütting/Bork/*Wenzel* Rn. 2.
41 FK-InsO/*Ahrens* Rn. 29; vgl. auch BGH 19.05.2011, IX ZB 224/09, NZI 2011, 596, 598 Rn. 21.
42 BGH 20.03.2003, IX ZB 388/02, WM 2003, 980 (983); *Schmerbach* NZI 2011, 131 (133) gibt den Anteil unschlüssiger Versagungsanträge auch bei anwaltlicher Beratung mit mindestens 90 vH an.
43 BGH 11.09.2003, IX ZB 37/03, BGHZ 156, 139 (144); 17.07.2008, IX ZB 183/07, NZI 2008, 623 Rn. 7.
44 BGH 21.01.2010, IX ZB 67/09, ZInsO 2010, 391 Rn. 20.
45 AG Göttingen 07.02.2007, 74 IN 182/01, NZI 2007, 251.
46 AG Leipzig 12.10.2004, 94 IN 1357/01, ZVI 2004, 758 (759).
47 FK-InsO/*Ahrens* Rn. 31.
48 BGH 17.07.2008, IX ZB 183/07, NZI 2008, 623 Rn. 7; *Pape* NJW 2010, 2928 (2931).
49 FK-InsO/*Ahrens* Rn. 31.
50 BGH 05.04.2006, IX ZB 50/05, NZI 2006, 413 Rn. 5.
51 BGH 08.02.2007, IX ZB 88/06, NZI 2007, 297 Rn. 7.
52 FK-InsO/*Ahrens* Rn. 30; a.A. HambK-InsR/*Streck* Rn. 8: Verschulden nicht umfasst, weil sich Schuldner exkulpieren müsse.

genügen ebenso wenig wie eine bloße Gefährdung der Befriedigung der Insolvenzgläubiger.[53] Die schlichte Behauptung des Antragstellers, die Befriedigung der Insolvenzgläubiger sei nicht unerheblich beeinträchtigt, weil der Schuldner seine pfändbaren Einkommensteile nicht abgeführt habe, genügt nicht. Erforderlich sind vielmehr konkrete Darlegungen (die sich auch aus einem beigefügten Bericht des Treuhänders ergeben können), ob pfändbares Einkommen überhaupt erzielt wurde.[54] Dazu muss im Rahmen einer **Vergleichsrechnung** die Vermögensdifferenz zwischen der Tilgung der Verbindlichkeiten mit und ohne Obliegenheitsverletzung ermittelt werden.[55] Nach Abzug aller vorrangig zu befriedigenden Verbindlichkeiten muss eine pfändbare Summe verblieben und dieser an die Insolvenzgläubiger zu verteilende Betrag durch die Obliegenheitsverletzung verkürzt worden sein.[56] Die Glaubhaftmachung des Verstoßes gegen die Erwerbsobliegenheit und der daraus folgenden Beeinträchtigung der Befriedigungsaussichten ist auch dann nicht allgemein entbehrlich, wenn der Schuldner während der Wohlverhaltensphase eine Straftat begeht und deswegen inhaftiert wird.[57]

Nach dem Vortrag des Gläubigers müssen die Voraussetzungen des Antragsgrunds wahrscheinlich gegeben sein. Für die Glaubhaftmachung gelten die §§ 4 InsO, 294 ZPO, dh der Insolvenzgläubiger darf sich aller **präsenten Beweismittel** bedienen.[58] Eine Beweisaufnahme, die nicht sofort erfolgen kann, ist unzulässig. Als Mittel der Glaubhaftmachung kommen eidesstattliche Versicherungen, vom Schuldner abgezeichnete Aktenvermerke oder Privatgutachten in Betracht.[59] Überdies kann die Glaubhaftmachung auch durch die Vorlage einer schriftlichen Erklärung des Treuhänders erfolgen.[60] Die gerichtliche Würdigung der Darstellung und der beigebrachten Beweismittel hat auch die für den Gläubiger bestehenden Schwierigkeiten, den Sachverhalt hinreichend aufzuklären, zu berücksichtigen.[61]

5. Rücknahme des Versagungsantrags

Der Antrag stellt im Rahmen der Versagung nach § 296 – wie im Falle des § 290 Abs. 1 auch – eine Verfahrensvoraussetzung dar. Ohne einen solchen Antrag darf das Insolvenzgericht die Restschuldbefreiung auch dann nicht von Amts wegen versagen, wenn die tatsächlichen Voraussetzungen eines Versagungsgrundes offensichtlich vorliegen.[62] Der Antrag muss also **bis zum rechtskräftigen Abschluss** des durch ihn eingeleiteten Verfahrens aufrechterhalten bleiben.[63] Der Antrag auf Versagung der Restschuldbefreiung kann bis zum Eintritt der Rechtskraft der über ihn ergangenen Entscheidung zurückgenommen werden, dh nicht schon der Erlass, sondern erst die Rechtskraft des betreffenden Beschlusses schließt die Rücknahme aus. Eine § 13 Abs. 2 entsprechende Regelung, welche die Rücknahme eines Eröffnungsantrags nach der Eröffnung des Insolvenzverfahrens verbietet, enthalten die §§ 286 ff. nicht. Vielmehr stellt § 13 Abs. 2 eine Ausnahmebestimmung dar, die gem. der amtlichen Begründung des Regierungsentwurfs[64] wegen der Wirkungen der Eröffnung auch gegenüber Dritten aus Gründen der Rechtssicherheit die Antragsrücknahme ausschließt. Da der Beschluss über die Ankündigung oder die Versagung der Restschuldbefreiung erst nach Eintritt der Rechtskraft

---

53 BGH 12.06.2008, IX ZB 91/06, juris Rn. 3.
54 BGH 21.01.2010, IX ZB 67/09, ZInsO 2010, 391 Rn. 20.
55 BGH 01.07.2010, IX ZB 148/09, NZI 2010, 911 Rn. 7; Kübler/Prütting/Bork/*Wenzel* Rn. 5; MüKo-InsO/*Stephan* Rn. 15.
56 BGH 01.07.2010, IX ZB 148/09, NZI 2010, 911 Rn. 7.
57 BGH 01.07.2010, IX ZB 148/09, NZI 2010, 911 Rn. 9.
58 BGH 11.09.2003, IX ZB 37/03, BGHZ 156, 139 (142).
59 FK-InsO/*Ahrens* Rn. 31.
60 BGH 17.07.2008, IX ZB 183/07, NZI 2008, 623 Rn. 7.
61 BGH 11.09.2003, IX ZB 37/03, BGHZ 156, 139 (141 f.); 05.04.2006, IX ZB 50/05, NJW-RR 2006, 1138 Rn. 5.
62 BGH 15.07.2010, IX ZB 269/09, NZI 2010, 780 Rn. 3.
63 BGH 15.07.2010, IX ZB 269/09, NZI 2010, 780 Rn. 4.
64 BT-Drucks. 12/2443, 115.

veröffentlicht wird (§ 289 Abs. 2 Satz 3), ist das Versagungsverfahren bis zur Rechtskraft mit der Situation des § 13 Abs. 2 nicht vergleichbar.[65]

16 Die Rücknahme des Versagungsantrags ist gegenüber demjenigen Gericht zu erklären, bei dem das durch ihn eingeleitete Verfahren anhängig ist, nach Einlegung eines Rechtsmittels also gegenüber dem Rechtsmittelgericht. Anwaltlicher Vertretung bedarf es dabei nicht.[66] Die Verneinung des Anwaltszwangs bei der Rücknahmeerklärung lässt sich damit begründen, dass schon der Versagungsantrag nicht dem Anwaltszwang unterliegt, weshalb für die Rücknahme als das verfahrensrechtliche Gegenstück (actus contrarius) keine weitergehenden Anforderungen gelten.

II. Versagungsgrund
1. Obliegenheitsverletzung

17 Die Versagung der Restschuldbefreiung nach § 296 Abs. 1 Satz 1 erfordert die Verletzung einer der in § 295 normierten Obliegenheiten des Schuldners. Diese Obliegenheiten gelten ab Aufhebung des Insolvenzverfahrens und Ankündigung der Restschuldbefreiung.[67] Obliegenheitsverletzungen während des Insolvenzverfahrens und davor sind präkludiert. Maßgeblicher Zeitpunkt ist die Vornahme der Verletzungshandlung.[68]

18 Die Wiedergutmachung einer Obliegenheitsverletzung – entsprechend dem Fall des § 290 Abs. 1 Nr. 5 durch Angabe der tatsächlich erzielten Einnahmen und deren Abführung – kann dem Schuldner nur zustatten kommen, falls sie zu einem Zeitpunkt erfolgt, bevor ein Versagungsantrag gestellt wurde.[69]

2. Verschulden

19 Die Obliegenheitsverletzung des Schuldners führt gem. § 296 Abs. 1 Satz 1 Halbs. 2 nicht zur Versagung, wenn den Schuldner kein Verschulden trifft. Unter Verschulden sind **Vorsatz oder Fahrlässigkeit** i.S.d. § 276 BGB zu verstehen. Auch wenn den **intellektuellen Fähigkeiten des Schuldners** im Einzelfall grds Rechnung zu tragen ist, muss beachtet werden, dass § 296 Abs. 1 Satz 1 im Unterschied zu § 290 Abs. 1 Nr. 2, 4, 5 und 6 bereits leichte Fahrlässigkeit genügen lässt.[70]

20 Das Verschulden des Schuldners hat der Gläubiger nach der Rechtsprechung des BGH nicht glaubhaft zu machen, es wird vielmehr vermutet. Die **Vermutung** kann vom Schuldner gem. § 296 Abs. 1 Satz 1 Halbs. 2 widerlegt werden.[71] Entsprechend der Verpflichtung des Schuldners, sich gem. § 296 Abs. 1 Satz 1 Halbs. 2 von einem vermuteten Verschulden zu entlasten, hat der Schuldner den **Entlastungsbeweis** ungeachtet einer vorhergehenden Glaubhaftmachung des Gläubigers zu führen. Es kann nicht zunächst dem Antragsteller auferlegt werden, das Verschulden des Schuldners glaubhaft zu machen, und es hernach dem Schuldner überlassen bleiben, ob er sich exkulpieren kann. Der Antragsteller kann nicht mehr als die Tatsachen vortragen, die bei objektiver Betrachtung einen Versagungsgrund ergeben.[72] Die Gesetzgebungsgeschichte besagt nichts Gegenteiliges.[73] Der Schuldner hat daher den Entlastungsbeweis zu führen. Kann nicht festgestellt werden, ob den Schuldner ein Verschulden trifft, so geht dies zu seinen Lasten.[74]

---

65 BGH 15.07.2010, IX ZB 269/09, NZI 2010, 780 Rn. 4.
66 BGH 15.07.2010, IX ZB 269/09, NZI 2010, 780 Rn. 5.
67 BGH 18.12.2008, IX ZB 249/07, NZI 2009, 191 f. Rn. 8 ff.
68 MüKo-InsO/*Stephan* Rn. 13.
69 BGH 17.07.2008, IX ZB 183/07, NZI 2008, 623 Rn. 13.
70 HambK-InsR/*Streck* Rn. 12.
71 BGH 24.09.2009, IX ZB 288/08, ZInsO 2009, 2069 Rn. 6; 14.01.2010, IX ZB 78/09, ZInsO 2010, 345 Rn. 12.
72 BGH 24.09.2009, IX ZB 288/08, ZInsO 2009, 2069 Rn. 6.
73 So aber FK-InsO/*Ahrens* Rn. 32.
74 MüKo-InsO/*Stephan* Rn. 30.

3. Schlechterstellung der Gläubiger (Beeinträchtigung der Befriedigung)

Zwischen der Obliegenheitsverletzung und der Beeinträchtigung der Gläubigerbefriedigung muss ein **Kausalzusammenhang** bestehen. Ein solcher Zusammenhang liegt vor, wenn die Insolvenzgläubiger ohne die Obliegenheitsverletzung eine bessere Befriedigung im Hinblick auf ihre Forderungen hätten erreichen können. Die **Schlechterstellung** der Gläubiger muss – bei der erforderlichen wirtschaftlichen Betrachtungsweise[75] – **konkret messbar** sein; nach dem klaren Gesetzeswortlaut genügt für eine Versagung eine abstrakte Gefährdung ihrer Befriedigungsaussichten nicht.[76] Das in § 296 Abs. 1 Satz 3 bestimmte Erfordernis der Glaubhaftmachung bezieht sich gerade auch auf diese Versagungsvoraussetzung. Dazu muss im Rahmen einer **Vergleichsrechnung** die Vermögensdifferenz zwischen der Tilgung der Verbindlichkeiten mit und ohne Obliegenheitsverletzung ermittelt werden. Nach Abzug aller vorrangig zu befriedigenden Verbindlichkeiten muss eine pfändbare Summe verblieben und dieser an die Insolvenzgläubiger zu verteilende Betrag durch die Obliegenheitsverletzung verkürzt worden sein.[77] Durch eine Masseunzulänglichkeit wird eine Gläubigerbenachteiligung nicht ausgeschlossen. Eine Beeinträchtigung der Gläubigerbefriedigung ist folgerichtig auch dann gegeben, wenn durch die Obliegenheitsverletzung nur Massegläubiger, wozu auch die Staatskasse bzgl. der Verfahrenskosten gehört, benachteiligt werden.[78] Also kommt eine Beeinträchtigung selbst dann in Betracht, wenn die vom Schuldner nicht abgeführten Beträge lediglich zur teilweisen Deckung der Verfahrenskosten ausreichen. Allerdings wird die Befriedigung der Gläubiger nicht beeinträchtigt, solange der Schuldner die Möglichkeit hat, durch Ausübung von ihm persönlich zustehenden Rechten den Vermögenserwerb rückgängig zu machen oder ihn, z.B. beim Pflichtteilsanspruch, nicht geltend zu machen.[79]

21

Ist der Schuldner auf Grund seiner Ausbildung, seiner Fähigkeiten, einer früheren Erwerbstätigkeit, seines Lebensalters oder seines Gesundheitszustands (vgl. § 1574 Abs. 2 BGB) nicht in der Lage, eine Tätigkeit zu finden, mit der er einen Verdienst erzielt, der zu **pfändbaren Einkünften** führt, darf ihm die Restschuldbefreiung nicht versagt werden.[80] Auf bloß theoretische, tatsächlich aber unrealistische Möglichkeiten, einen angemessenen Arbeitsplatz zu erlangen, darf ein Schuldner nicht verwiesen werden.[81] Ob eine wirtschaftlich messbare Aussicht des Schuldners besteht, einen (weiteren) Arbeitsplatz zu finden, kann sich insb. aus einer Auskunft der Bundesagentur für Arbeit ergeben.[82]

22

Die Glaubhaftmachung des Verstoßes gegen die Erwerbsobliegenheit und der daraus folgenden Beeinträchtigung der Befriedigungsaussichten ist nicht allgemein entbehrlich, wenn der Schuldner während der Wohlverhaltensphase eine **Straftat** begeht und deswegen inhaftiert wird.[83]

23

Bei einer **Geschäftsführertätigkeit** des Schuldners kann der Gläubiger mit dem Hinweis auf die gegenüber der Vergütung des Schuldners **erheblich höhere Vergütung des anderen Geschäftsführers** bei ansonsten gleich lautenden Anstellungsverträgen und Beschäftigungsbedingungen eine konkret messbare Beeinträchtigung der Befriedigungsaussichten der Gläubiger glaubhaft machen.[84]

24

---

75 BGH 05.04.2006, IX ZB 50/05, NZI 2006, 413 Rn. 12.
76 BGH 05.04.2006, IX ZB 50/05, NZI 2006, 413 Rn. 4; 08.02.2007, IX ZB 88/06, NZI 2007, 297 Rn. 5; 17.07.2008, IX ZB 183/07, NZI 2008, 623 Rn. 12; 14.05.2009, IX ZB 116/08, NZI 2009, 481 Rn. 13; 14.01.2010, IX ZB 78/09, ZInsO 2010, 345 Rn. 14; 08.06.2010, IX ZB 153/09, NZI 2010, 654 Rn. 16.
77 BGH 01.07.2010, IX ZB 148/09, NZI 2010, 911 Rn. 7; FK-InsO/*Ahrens* Rn. 13; Kübler/Prütting/Bork/*Wenzel* Rn. 5.
78 BGH 14.04.2011, IX ZA 51/10, WM 2011, 950 Rn. 4f, 21.06.2012, IX ZB 265/11, BeckRS 2012, 17069 Rn. 8.
79 BGH 10.03.2011, IX ZB 168/09, NZI 2011, 329 (330) Rn. 8.
80 BGH 22.04.2010, IX ZB 253/07, ZInsO 2010, 1153 Rn. 8.
81 BGH 22.04.2010, IX ZB 253/07, ZInsO 2010, 1153 Rn. 9.
82 BGH 05.04.2006, IX ZB 50/05, NZI 2006, 413 Rn. 12 f.
83 BGH 01.07.2010, IX ZB 148/09, NZI 2010, 911 Rn. 9.
84 BGH 24.09.2009, IX ZB 288/08, ZInsO 2009, 2069 Rn. 5.

25 Weigert sich der Schuldner, Lohnabrechnungen oder Einkommensnachweise vorzulegen oder vereitelt er schon den Zugang einer entsprechenden Aufforderung des Treuhänders, lässt es allein dieser Umstand als wahrscheinlich erscheinen, dass er den Insolvenzgläubigern pfändbare Einkünfte vorenthält. Eine besondere Glaubhaftmachung ist dann entbehrlich.[85] Bei selbständiger Tätigkeit des Schuldners kann eine um sieben Wochen verzögerte Auskunft über die Einkünfte rund zwei Jahre vor Ablauf der Treuhandperiode im Einzelfall aber noch nicht zu einer Beeinträchtigung der Insolvenzgläubiger führen.[86]

C. Versagungsverfahren

26 Sofern die Glaubhaftmachung gelingt, setzt die **Amtsermittlungspflicht** des Insolvenzgerichts nach § 5 ein.[87] Hinsichtlich der erforderlichen Feststellung der Obliegenheitsverletzung und der Beeinträchtigung der Befriedigung der Insolvenzgläubiger hat das Insolvenzgericht alle Umstände gem. § 5 Abs. 1 von Amts wegen zu ermitteln und ggf nach § 296 Abs. 2 Satz 2 und 3 vorzugehen.[88] Neben den Tatbeständen der §§ 296 Abs. 1 Satz 1, 295 hat das Insolvenzgericht also ggf § 296 Abs. 2 Satz 3 zu prüfen.[89] Das Gericht darf die Prüfung und Entscheidung bei der Versagung auf Antrag (§ 296 Abs. 1 Satz 1) aber nicht von Amts wegen auf andere als die geltend gemachten Versagungsgründe erstrecken.[90]

I. Anhörung

27 Vor der Entscheidung über den Antrag hat das Gericht gem. § 296 Abs. 2 Satz 1 den Treuhänder, den Schuldner und die Insolvenzgläubiger zu hören. Die Anhörung kann in einem mündlichen Termin oder schriftlich erfolgen.[91] Die Anhörung des Schuldners kann nach Maßgabe des § 10 Abs. 1 Satz 1 unterbleiben, wenn sich der Schuldner im Ausland aufhält und die Anhörung das Verfahren übermäßig verzögern würde oder wenn der Aufenthalt des Schuldners unbekannt ist. Mit der Anhörung wird nicht nur rechtliches Gehör gewährt, sondern auch die Auskunftserteilung durch den Schuldner eingeleitet.[92]

28 Die Entscheidung darüber, ob der Schuldner zu einem Termin geladen wird, steht ausschließlich im Ermessen des Gerichts. Ein Anspruch des antragstellenden Gläubigers, des Treuhänders oder der übrigen Insolvenzgläubiger auf Ladung des Schuldners besteht nicht. Dennoch erscheint es zweckmäßig, den Schuldner zusammen mit den anderen Verfahrensbeteiligten zu einem Anhörungstermin zu laden, es sei denn, die Obliegenheitsverletzung kann subjektiv und objektiv eindeutig belegt werden und der Schuldner bestreitet sie nicht.[93]

II. Verfahrensobliegenheiten des Schuldners

29 Bei statthaftem Versagungsantrag hat der Schuldner auf ordnungsgemäße Ladung hin persönlich vor Gericht zu erscheinen und über die Erfüllung seiner Obliegenheiten wahrheitsgemäß und vollständig Auskunft zu erteilen. Dem Schuldner ist die Auskunftserteilung über die Erfüllung seiner Obliegenheiten auch dann zuzumuten, wenn der Versagungsantrag des Gläubigers unzureichend ist, z.B.

---

85 BGH 14.05.2009, IX ZB 116/08, NZI 2009, 481 Rn. 12; 08.06.2010, IX ZB 153/09, NZI 2010, 654 Rn. 25.
86 BGH 05.11.2009, IX ZB 119/09, NZI 2010, 489 Rn. 2.
87 BGH 11.09.2003, IX ZB 37/03, BGHZ 156, 139 (142 f.); 12.06.2008, IX ZB 91/06, juris Rn. 2; HambK-InsR/*Streck* Rn. 9.
88 BGH 08.06.2010, IX ZB 153/09, NZI 2010, 654 Rn. 26.
89 Vgl. BGH 08.10.2009, IX ZB 169/08, InsVZ 2010, 23 Rn. 8.
90 BGH 08.02.2007, IX ZB 88/06, NZI 2007, 297 Rn. 8.
91 FK-InsO/*Ahrens* Rn. 38.
92 FK-InsO/*Ahrens* Rn. 38.
93 MüKo-InsO/*Stephan* Rn. 28.

auch, wenn an seiner Zulässigkeit im Zeitpunkt des Anhörungstermins Zweifel bestehen.[94] Nachfragen des Gerichts zur Erfüllung der antragsgegenständlichen Obliegenheiten sind zulässig.[95] Beim mündlichen Anhörungstermin sind alle Verfahrensbeteiligten berechtigt, vom Schuldner entsprechende Auskünfte zu verlangen. Auf Antrag eines Gläubigers hat der Schuldner die Richtigkeit seiner Auskunft an Eides Statt zu versichern. Der Schuldner muss i.d.R. ausdrücklich belehrt worden sein, dass er mit der Versagung der Restschuldbefreiung rechnen muss, falls er auch gegenüber dem Gericht untätig bleibt.[96] Diese Belehrung muss hinreichend klar sein, dh aus ihr muss insb. hervorgehen, binnen welcher Frist der Schuldner wem gegenüber zu handeln hat.[97] Die Auskunft kann schriftlich eingeholt werden. Das Gericht muss dem Schuldner für die Auskunft eine Erklärungsfrist setzen. Der Schuldner ist auch bei der schriftlichen Auskunft über die Folgen eines Verstoßes gegen die Auskunftspflicht zu belehren.[98] Die Versagung gem. § 296 Abs. 2 Satz 3 setzt keine Schlechterstellung der Gläubiger voraus. Hinreichendes Korrektiv ist die Anknüpfung der Versagung an ein festzustellendes Verschulden des Schuldners.[99]

Voraussetzung für die Durchführung eines Versagungsverfahrens von Amts wegen nach § 296 Abs. 2 ist nach dem Gesetz, dass der Antrag eines Gläubigers vorausgegangen ist, der Anlass zu einer Anhörung des Schuldners bietet.[100] Liegt jedoch bereits kein statthafter Antrag auf Versagung der Restschuldbefreiung vor, besteht für den Schuldner keine Verpflichtung gem. § 296 Abs. 2 Satz 2, Auskunft zu erteilen und auf Antrag des Gläubigers die Richtigkeit an Eides Statt zu versichern.[101] Die Versagung der Restschuldbefreiung wegen Verstoßes gegen die Verfahrensobliegenheiten nach § 296 Abs. 2 scheidet nicht aus, wenn der Schuldner die geforderten Informationen dem Gericht im Laufe des Rechtsmittelverfahrens übermittelt hat. Sinn und Zweck der Vorschrift ist es, die Gerichte von der weiteren Ermittlungstätigkeit zu den Versagungsgründen des § 295 und ihrem Einfluss auf die Befriedigungschancen der Insolvenzgläubiger in den Fällen zu entlasten, in denen ein zulässiger Versagungsantrag vorliegt und dem Schuldner in dem sich anschließenden gerichtlichen Verfahren ein schuldhafter Verstoß gegen seine Verfahrensobliegenheiten zur Last fällt. Das Entlastungsziel wäre verfehlt, wenn der Schuldner seine Obliegenheiten ohne Risiko für die von ihm angestrebte Restschuldbefreiung erst im Beschwerdeverfahren erfüllen könnte.[102]

Das Gericht darf vom Schuldner (im Rahmen des Versagungsantrags) **nur in den Grenzen der §§ 295, 296 Abs. 2** Auskunft über die Erfüllung der Obliegenheiten verlangen. Gehen die Fragen des Gerichts darüber hinaus, stellt die Nichtbeantwortung durch den Schuldner keine Verletzung von Verfahrensobliegenheiten dar.[103] Demnach darf das Gericht z.B. den selbstständig tätigen Schuldner nach den Umständen befragen, aus denen sich die ihm mögliche abhängige Tätigkeit und das anzunehmende fiktive Nettoeinkommen ableiten lassen, nicht aber über seine Gewinne aus der selbstständigen Tätigkeit.[104]

D. Gerichtliche Entscheidung und Bekanntmachung

Für das Versagungsverfahren ist gem. § 296 Abs. 1 das Insolvenzgericht zuständig, und zwar auch dann, wenn über einen anderen Versagungsantrag oder die Erteilung der Restschuldbefreiung ein

---

94 BGH 19.05.2011, IX ZB 274/10, NZI 2011, 640 (641) Rn. 13.
95 MüKo-InsO/*Stephan* Rn. 24; weiter HambK-InsR/*Streck* Rn. 16: zulässig seien darüber hinaus Nachfragen zur Erfüllung aller Obliegenheiten.
96 BGH 14.05.2009, IX ZB 116/08, ZInsO 2009, 1268 Rn. 9.
97 BGH 21.01.2010, IX ZB 67/09, ZInsO 2010, 391 Rn. 22.
98 MüKo-InsO/*Stephan* Rn. 25.
99 BGH 14.05.2009, IX ZB 116/08, ZInsO 2009, 1268 Rn. 13; 08.06.2010, IX ZB 153/09, NZI 2010, 654 Rn. 27.
100 *G. Pape* NJW 2010, 2928 (2933).
101 AG Göttingen 07.02.2007, 74 IN 182/01, NZI 2007, 251.
102 BGH 14.05.2009, IX ZB 116/08, ZInsO 2009, 1268 Rn. 15.
103 BGH 26.02.2013, IX ZB 165/11, NZI 2013, 404 (405) Rn. 9 m. zust. Anm. *Ahrens* NZI 2013, 405 (406).
104 BGH 26.02.2013, IX ZB 165/11, NZI 2013, 404 (405) Rn. 9.

Rechtsmittelverfahren anhängig ist.[105] § 18 Abs. 1 Nr. 2 RPflG behält die Entscheidung über den Versagungsantrag dem Richter vor.

32 Einen unzulässigen Versagungsantrag verwirft das Gericht. Ein zulässiger, aber nicht begründeter Antrag ist zurückzuweisen. Hingegen versagt das Gericht auf zulässigen und begründeten Antrag die Restschuldbefreiung wegen der gerügten Obliegenheitsverletzung oder – von Amts wegen – bei Verletzung der Verfahrensobliegenheiten.[106]

33 Die Entscheidung über den Versagungsantrag erfolgt durch Beschluss. Dieser ist gem. §§ 4 InsO, 329 Abs. 2 Satz 2 ZPO im Falle der Versagung dem Schuldner, sonst dem antragstellenden Gläubiger zuzustellen. Den weiteren Beteiligten ist er jeweils formlos bekannt zu machen.[107] Die Versagung der Restschuldbefreiung ist zudem nach § 296 Abs. 3 Satz 2 öffentlich bekanntzumachen. Die öffentliche Bekanntmachung erfolgt nach § 9 Abs. 1 Satz 1 durch eine **zentrale und länderübergreifende Veröffentlichung im Internet**. Die Veröffentlichung im Internet erfolgt unter www.insolvenzbekanntmachungen.de. Das Insolvenzgericht kann weitere Veröffentlichungen veranlassen, soweit dies landesrechtlich bestimmt ist (§ 9 Abs. 2 Satz 1). Die öffentliche Bekanntmachung fingiert nur im Falle der Unzustellbarkeit die Zustellung der Entscheidung (§ 9 Abs. 3) und setzt damit grds nicht die Rechtsmittelfrist in Lauf. Folglich besteht das berechtigte Informationsinteresse der Gläubiger nur an der rechtskräftigen Versagung.[108]

34 Das Gericht verletzt das Recht eines Verfahrensbeteiligten auf rechtliches Gehör aus Art. 103 Abs. 1 GG, wenn es einen nach Beschlussfassung, aber vor Herausgabe des nicht verkündeten Beschlusses ordnungsgemäß eingegangenen Schriftsatz unberücksichtigt lässt.[109] Ein nach § 4 InsO, § 329 Abs. 2 ZPO mitzuteilender Beschluss ist erst dann erlassen, wenn er mit dem Willen des Gerichts aus dem inneren Geschäftsbetrieb herausgetreten ist; bis dahin bleibt er ein Entwurf.[110]

Mit **Rücknahme des Versagungsantrags** vor Rechtskraft werden die über ihn ergangenen Entscheidungen wirkungslos, ohne dass es einer ausdrücklichen Aufhebung bedarf (vgl. § 269 Abs. 3 Satz 1 ZPO).[111] Die Feststellung, dass ein die Restschuldbefreiung versagender Beschluss durch die Rücknahme des Versagungsantrags wirkungslos geworden ist, ist entsprechend § 269 Abs. 4 ZPO bei demjenigen Gericht zu beantragen, dem gegenüber die Antragsrücknahme zu erklären war.[112]

E. Rechtsmittel

35 Gegen die Entscheidung steht nach §§ 6 Abs. 1, 296 Abs. 3 Satz 1 dem Antragsteller und dem Schuldner die **sofortige Beschwerde** gem. §§ 4 InsO, 567 ff. ZPO zu. Der Antragsteller ist beschwert, wenn der Antrag als unzulässig verworfen oder als unbegründet zurückgewiesen wird, der Schuldner wenn dem Versagungsantrag stattgegeben wird. Infolge der Aufhebung des § 7 durch das Gesetz zur Änderung des § 522 der Zivilprozessordnung vom 21. Oktober 2011[113] ist eine **Rechtsbeschwerde** nur noch im Falle der Zulassung durch das Beschwerdegericht statthaft (§ 4 InsO, § 574 Abs. 1 Satz 1 Nr. 2 ZPO).[114] Nach Art. 103f Satz 1 EGInsO, § 7 a.F. weiter zulassungsfrei ist die Rechtsbeschwerde hingegen für Entscheidungen über die sofortige Beschwerde nach § 6, bei denen die Notfrist des § 575 Abs. 1 ZPO am 27.10.2011 noch nicht abgelaufen ist.[115]

---

105 FK-InsO/*Ahrens* Rn. 46.
106 FK-InsO/*Ahrens* Rn. 47.
107 FK-InsO/*Ahrens* Rn. 47.
108 AG Göttingen 07.02.2007, 74 IN 182/01, NZI 2007, 251 (252).
109 BGH 12.07.2012, IX ZB 270/11, NJW-RR 2012, 1533, 1534 Rn. 7.
110 BGH 12.07.2012, IX ZB 270/11, NJW-RR 2012, 1533, 1534 Rn. 8.
111 BGH 15.07.2010, IX ZB 269/09, NZI 2010, 780 Rn. 6.
112 BGH 15.07.2010, IX ZB 269/09, NZI 2010, 780 Rn. 7.
113 BGBl. I, 2082.
114 BGH 20.12.2011, IX ZB 294/11, WM 2012, 276 Rn. 4.
115 Vgl. BT-Drucks. 17/5334, 9.

Die Regelung des Art. 103f Satz 1 EGInsO ist entsprechend der Vorstellung des Gesetzgebers[116] dahingehend auszulegen, dass das Zulassungserfordernis sich auf Rechtsbeschwerden gegen solche **Beschwerdeentscheidungen** bezieht, die **seit dem Inkrafttreten des neuen Rechts** erlassen worden sind.[117] Enthält eine solche Beschwerdeentscheidung keine Ausführungen über die Zulassung der Rechtsbeschwerde, ist der Rechtsweg erschöpft und der BGH kann dann – unabhängig davon, ob das Beschwerdegericht sich über die Zulassung überhaupt Gedanken gemacht hat – nicht mehr in statthafter Weise mit der Sache befasst werden.[118]

Bei **Rücknahme des Versagungsantrags** vor Eintritt der Rechtskraft des über ihn ergangenen Beschlusses ist ein Rechtsmittel unzulässig, das mit dem Ziel der Aufhebung der wirkungslosen Entscheidung eingelegt wird. Das gilt jedenfalls dann, wenn zwischen den Beteiligten (dem antragstellenden Gläubiger und dem Schuldner) kein Streit über die Wirksamkeit der Antragsrücknahme besteht und damit ein rechtlich schützenswertes Interesse an einer Entscheidung des Rechtsmittelgerichts nicht ersichtlich ist.[119] 36

Eine **Wiederaufnahme des Verfahrens** ist unter den Voraussetzungen der §§ 4 InsO; 578 ff. ZPO statthaft.[120] 37

F. Gebühren, Kosten und Gegenstandswert

Die Gerichtsgebühr für den Versagungsantrag[121] beträgt nach Nr. 2350 KV GKG 30 € und entsteht unabhängig davon, ob der Versagungsantrag begründet war oder zurückgewiesen wurde.[122] Die Kosten der Veröffentlichung gem. § 296 Abs. 3 Satz 2 sind nach Nr. 9004 zusätzlich zu entrichten. Im Beschwerdeverfahren entsteht eine Gebühr nach Nr. 2361 KV GKG in Höhe von 50 €, falls die Beschwerde verworfen oder zurückgewiesen wird. Die Kosten des Verfahrens über die Versagung der Restschuldbefreiung (§ 296) schuldet, wer das Verfahren beantragt hat (§ 23 Abs. 2 GKG). Diese Regelung, nach der Schuldner der Gebühr allein der Antragsteller ist, soll gewährleisten, dass ein Insolvenzgläubiger nur in aussichtsreichen Fällen einen Antrag auf Versagung der Restschuldbefreiung stellt. Bei einem im Ergebnis begründeten Antrag hat der Gläubiger zwar einen Anspruch auf Ersatz der Kosten gegen den Schuldner; die Realisierung dieser Forderung dürfte in den meisten Fällen jedoch an dessen Vermögenslosigkeit scheitern.[123] 38

Der Rechtsanwalt erhält für seine Tätigkeit in einem Versagungsverfahren als Verfahrensgebühr gem. Nr. 3321 VV RVG eine 0,5 Gebühr. Nach Abs. 1 dieser Bestimmung ist das Verfahren über mehrere gleichzeitig anhängige Anträge eine Angelegenheit. Schließlich entsteht die Gebühr auch gesondert, wenn der Antrag bereits vor Aufhebung des Insolvenzverfahrens gestellt wird (Nr. 3321 Abs. 2 VV RVG). Im Beschwerdeverfahren fällt als Verfahrensgebühr eine 0,5 Gebühr an (Nr. 3500 VV RVG). Die Terminsgebühr ist nach Nr. 3513 VV RVG eine 0,5 Gebühr. Als Verfahrensgebühr für das Verfahren über die Rechtsbeschwerde fällt nach Nr. 3502 VV RVG eine 1,0 Gebühr an (Nr. 3513 VV RVG). Die Terminsgebühr ist nach Nr. 3516 VV RVG eine 1,2 Gebühr. 39

Der Gegenstandswert für das einen Antrag auf Versagung der Restschuldbefreiung betreffende Verfahren ist gem. §§ 48 GKG, 3 ZPO nach dem objektiven wirtschaftlichen Interesse desjenigen zu bemessen, der den jeweiligen Antrag stellt oder das entsprechende Rechtsmittel verfolgt. Maßgeblich dabei ist nicht der Nennbetrag der dem verfahrensbeteiligten Gläubiger verbleibenden Forderung[124], 40

---

116 BT-Drucks. 17/5334, 9.
117 BGH 10.05.2012, IX ZB 295/11, NJW-RR 2012, 1509, 1510 Rn. 9.
118 BGH 10.05.2012, IX ZB 295/11, NJW-RR 2012, 1509, 1511 Rn. 15.
119 BGH 15.07.2010, IX ZB 269/09, NZI 2010, 780 Rn. 6.
120 FK-InsO/*Ahrens* Rn. 48; vgl. auch LG Göttingen 05.12.2006, 10 T 27/06, ZInsO 2007, 47 zu § 298.
121 Für die Versagung von Amts wegen nach § 296 Abs. 2 Satz 2 und 3 fällt die Gebühr nicht an.
122 LG Göttingen 22.11.2007, 10 T 139/07, ZVI 2008, 121 Rn. 8.
123 LG Göttingen 22.11.2007, 10 T 139/07, ZVI 2008, 121 Rn. 8 m.w.N.
124 So aber AG Duisburg 12.06.2002, 62 IN 53/00, ZInsO 2002, 844.

sondern deren wirtschaftlicher Wert, bei dem auch die Erfolgsaussichten einer künftigen Beitreibung zu berücksichtigen sind. Anderenfalls würde es zu Gebührenansätzen kommen, die vielfach in keinem angemessenen Verhältnis zum tatsächlichen Wert des Verfahrens stünden und die der Gläubiger auch nicht durch eine Geltendmachung von Teilforderungen vermeiden könnte. Wenn keine hinreichenden Anhaltspunkte dafür bestehen, wie sich die Vermögensverhältnisse des Schuldners entwickeln werden und ob bzw. in welchem Umfang er in Zukunft wieder in der Lage sein wird, Zahlungen zu leisten, ist der für die Gerichtsgebühren maßgebende Gegenstandswert der Rechtsbeschwerde in Restschuldbefreiungsverfahren auf 5.000 € festzusetzen.[125] Der Gegenstandswert für die Rechtsanwaltsgebühren ist gem. §§ 28 Abs. 3, 23 Abs. 3 Satz 2 RVG nach billigem Ermessen auf Grund des wirtschaftlichen Interesses des Gläubigers zu bestimmen. Mangels greifbarer Schätzungsgrundlagen ist insoweit ein Wert von 4.000 € zu Grunde zu legen.[126] Die Beschwerde des Schuldners gegen die Wertfestsetzung in Verfahren auf Versagung der Restschuldbefreiung ist mangels Rechtsschutzbedürfnisses unzulässig, wenn der Schuldner eine Heraufsetzung des Wertes erstrebt.[127]

G. Verfahrenskostenstundung und Anwaltsbeiordnung

41 Im Falle einer Verfahrenskostenstundung kann gem. § 4a Abs. 2 dem Schuldner für das Versagungsverfahren ein Rechtsanwalt beigeordnet werden. In der Gesetzesbegründung wird eine Beiordnung im Interesse der Waffengleichheit dann für erforderlich gehalten, wenn der Schuldner in den quasi-kontradiktorischen Verfahren nach §§ 290 oder 296 für seine Restschuldbefreiung kämpft.[128] Die Anwaltsbeiordnung kann insb. bei einer schwierigen tatsächlichen Situation im Blick auf Entschuldigungsgründe erforderlich sein.[129] Wird die Restschuldbefreiung versagt (oder gem. § 303 widerrufen), kann das Gericht gem. § 4c Nr. 5 die Stundung aufheben (vgl. § 4c Rdn. 46 ff.).

§ 296 n.F. Verstoß gegen Obliegenheiten
[Tritt zum 01.07.2014 in Kraft]

(1) Das Insolvenzgericht versagt die Restschuldbefreiung auf Antrag eines Insolvenzgläubigers, wenn der Schuldner in dem Zeitraum zwischen Beendigung des Insolvenzverfahrens und dem Ende der Abtretungsfrist eine seiner Obliegenheiten verletzt und dadurch die Befriedigung der Insolvenzgläubiger beeinträchtigt; dies gilt nicht, wenn dem Schuldner kein Verschulden trifft. Der Antrag kann nur binnen eines Jahres nach dem Zeitpunkt gestellt werden, in dem die Obliegenheitsverletzung dem Gläubiger bekanntgeworden ist. Er ist nur zulässig, wenn die Voraussetzungen der Sätze 1 und 2 glaubhaft gemacht werden.

(2) Vor der Entscheidung über den Antrag sind der Treuhänder, der Schuldner und die Insolvenzgläubiger zu hören. Der Schuldner hat über die Erfüllung seiner Obliegenheiten Auskunft zu erteilen und, wenn es der Gläubiger beantragt, die Richtigkeit dieser Auskunft an Eides Statt zu versichern. Gibt er die Auskunft oder die eidesstattliche Versicherung ohne hinreichende Entschuldigung nicht innerhalb der ihm gesetzten Frist ab oder erscheint er trotz ordnungsgemäßer Ladung ohne hinreichende Entschuldigung nicht zu einem Termin, den das Gericht für die Erteilung der Auskunft oder die eidesstattliche Versicherung anberaumt hat, so ist die Restschuldbefreiung zu versagen.

---

125 BGH 26.04.2011, IX ZB 101/10, juris Rn. 3; anders noch BGH 23.01.2003, IX ZB 227/02, ZVI 2003, 91 (92): 1.200 €; 25.08.2008, IX ZB 91/06, juris Rn. 3; s. auch OLG Celle 21.12.2006, 4 W 233/06, ZInsO 2007, 224; *Rattunde* jurisPR-InsR 12/2007 Anm. 3.
126 BGH 23.01.2003, IX ZB 227/02, ZVI 2003, 91 (92); OLG Celle 29.10.2001, 2 W 71/01, ZInsO 2002, 32 (33) (8.000 DM).
127 OLG Celle 21.12.2006, 4 W 233/06, ZInsO 2007, 224.
128 BT-Drucks. 14/5680, 21.
129 FK-InsO/*Ahrens* Rn. 50.

(3) Gegen die Entscheidung steht dem Antragsteller und dem Schuldner die sofortige Beschwerde zu. Die Versagung der Restschuldbefreiung ist öffentlich bekanntzumachen.

Normzweck

Die Vorschrift tritt am 01.07.2014 in Kraft und gilt für alle Verfahren, die ab diesem Zeitpunkt beantragt worden sind (Art. 103h Satz 1 EGInsO n.F.).[1] Durch die Neufassung sind lediglich in § 296 Abs. 1 Satz 1 die Wörter »während der Laufzeit der Abtretungserklärung« durch die Wörter »in dem Zeitraum zwischen Beendigung des Insolvenzverfahrens und dem Ende der Abtretungsfrist« ersetzt worden. Es handelt sich um eine Folgeänderung zur Definition des Begriffs der Abtretungsfrist in § 287 Abs. 2.[2] Im Übrigen wird auf die Kommentierung des § 296 a.F. verwiesen. 1

§ 297 Insolvenzstraftaten

(1) Das Insolvenzgericht versagt die Restschuldbefreiung auf Antrag eines Insolvenzgläubigers, wenn der Schuldner in dem Zeitraum zwischen Schlusstermin und Aufhebung des Insolvenzverfahrens oder während der Laufzeit der Abtretungserklärung wegen einer Straftat nach den §§ 283 bis 283c des Strafgesetzbuchs rechtskräftig verurteilt wird.

(2) § 296 Abs. 1 Satz 2 und 3, Abs. 3 gilt entsprechend.

Übersicht

	Rdn.			Rdn.
A. Überblick	1		2. Nach Schlusstermin	9
B. Versagungsvoraussetzungen	2	C.	Versagungsverfahren	10
I. Versagungsantrag	2	D.	Gerichtliche Entscheidung	11
1. Form	3	E.	Rechtsmittel	15
2. Frist	4	F.	Gebühren, Kosten und Gegenstandswert	17
3. Glaubhaftmachung	5			
II. Versagungsgrund	6	G.	Anwaltsbeiordnung	20
1. Rechtskräftige Verurteilung	7			

A. Überblick

Durch Insolvenzstraftaten wird die Befriedigung der Gläubiger erheblich beeinträchtigt oder gefährdet. Ein Schuldner, der solche Handlungen zum eigenen Vorteil und zum Nachteil der Gläubiger vornimmt, kann nach den Grundgedanken der Regelung keine Schuldbefreiung beanspruchen. Um das Insolvenzgericht nicht mit der Aufgabe zu belasten, selbst die objektiven und subjektiven Voraussetzungen einer solchen Straftat nachzuprüfen, wird darauf abgestellt, ob eine **rechtskräftige Verurteilung** erfolgt ist.[1] Die Vorschrift des § 297 ist für den Fall geschaffen, dass die Verurteilung wegen einer Insolvenzstraftat erst **nach dem Schlusstermin** erfolgt oder die Rechtskraft der Verurteilung erst nach diesem Zeitpunkt eintritt. Damit soll dem Schuldner die Möglichkeit genommen werden, durch strategisches Verhalten, insb. mit Einlegung von Rechtsmitteln, eine strafrechtliche Verurteilung bzw. deren Rechtskraft hinauszuzögern, um der Folge des § 290 Abs. 1 Nr. 1 zu entgehen.[2] 1

---

1 Art. 9 Satz 1 des Gesetzes zur Verkürzung des Restschuldbefreiungsverfahrens und zur Stärkung der Gläubigerrechte (BGBl I 2013, 2379 ff.).
2 BT-Drucks. 17/11268, 29.
1 BT-Drucks. 12/2443, 190 zu § 239 InsO-RegE.
2 FK-InsO/*Ahrens* Rn. 1.

B. Versagungsvoraussetzungen

I. Versagungsantrag

2 Die Versagung nach § 297 setzt zwingend den Antrag eines Insolvenzgläubigers voraus. Der Begriff des Insolvenzgläubigers stimmt mit demjenigen in §§ 290, 296 Abs. 1 Satz 1 überein. Es kommt nicht darauf an, ob überhaupt der antragstellende Gläubiger durch die Verurteilung wegen einer Insolvenzstraftat konkret geschädigt ist.[3] Das Versagungsverfahren unterliegt im Rahmen des § 297 ebenfalls bzgl. der Einleitung, aber auch der vorzeitigen Beendigung und des Umfangs der gerichtlichen Prüfung der einseitigen Disposition des Insolvenzgläubigers.[4] Infolge der Gläubigerautonomie und des Fehlens eines eigenen Antragsrechts des Treuhänders ist es unerheblich, wenn dieser das Insolvenzgericht auf einen (weiteren) Versagungsgrund aufmerksam gemacht hat, solange der Grund von keinem Gläubiger in zulässiger Form aufgegriffen wird.[5] Ist ein Versagungsantrag noch nicht gestellt, darf das Gericht auf Grund der kontradiktorischen Ausgestaltung des Verfahrens[6] die Antragstellung nicht anregen.[7]

1. Form

3 Der Antrag ist erwirkende Prozesshandlung und gem. §§ 4 InsO, 129a, 130a, 496 ZPO schriftlich, in elektronischer Form oder zu Protokoll der Geschäftsstelle eines jeden Amtsgerichts zu stellen.

2. Frist

4 Gem. §§ 297 Abs. 2, 296 Abs. 1 Satz 2 muss der Gläubiger den Versagungsantrag binnen eines Jahres stellen, nachdem ihm die Verurteilung bekannt geworden ist. Der Antrag darf letztmalig im Termin zur Entscheidung über die Restschuldbefreiung gem. § 300 Abs. 2 gestellt werden. Wenngleich nach § 297 Abs. 1 der Versagungsantrag mit einer Verurteilung begründet werden kann, die in der Zeit nach dem Schlusstermin bis zum Ende der Laufzeit der Abtretungserklärung erfolgt, besagt dies nur, welche Umstände einen Versagungsantrag stützen können, nicht jedoch, wann der Antrag gestellt werden muss. Indessen schließt das ab Erteilung der Restschuldbefreiung geltende Widerrufsrecht gem. § 303 Abs. 1 aus systematischen Gründen nicht nur die Versagung bei Obliegenheitsverletzungen, sondern parallel dazu alle anderen Versagungsrechte aus. Da eine Kenntnis aller Einzelheiten und eine zutreffende rechtliche Würdigung bei vergleichbaren Tatbeständen nicht verlangt wird, muss dem Gläubiger die Rechtskraft als solche nicht bekannt gewesen sein.[8]

3. Glaubhaftmachung

5 Zur Zulässigkeit des Versagungsantrags gehört es, dass der Antragsteller die Antragsvoraussetzungen glaubhaft macht. Dazu müssen die Angaben so genau sein, dass ins Blaue hinein aufgestellte Behauptungen und ins Leere gehende Ermittlungen des Insolvenzgerichts auszuschließen sind. Anzugeben und glaubhaft zu machen ist insb., welches Gericht den Schuldner wann verurteilt und wann der Antragsteller davon Kenntnis erlangt hat.[9] Dagegen würden die Anforderungen an die Glaubhaftmachung überspannt, wenn ohne Angabe eines Aktenzeichens keine Ermittlungspflicht des Insolvenzgerichts bestünde.[10] Da zahlreiche Insolvenzstraftaten auf Grund geständiger Einlassung des Angeklagten und Gutachten abgeurteilt werden, ist keineswegs wahrscheinlich, dass jeder mögliche Antragsteller als Zeuge in das Strafverfahren einbezogen war und das Aktenzeichen kennt. Darüber

---

3 OLG Celle 05.04.2001, 2 W 8/01, NZI 2001, 314 (315 f.) zu § 290.
4 FK-InsO/*Ahrens* Rn. 9.
5 BGH 08.02.2007, IX ZB 88/06, NZI 2007, 297 Rn. 8.
6 Vgl. BT-Drucks. 12/3803, 65.
7 FK-InsO/*Ahrens* Rn. 9.
8 FK-InsO/*Ahrens* Rn. 10.
9 MüKo-InsO/*Stephan* Rn. 5, 6.
10 So aber FK-InsO/*Ahrens* Rn. 10; wie hier Braun/*Lang* Rn. 3.

hinaus besteht kein sachlicher Grund, z.B. einem Gläubiger, der durch einen Bericht in der Presse von der strafrechtlichen Verurteilung des Schuldners Kenntnis erlangt, die Glaubhaftmachung zu erschweren. Die **Einordnung der Verurteilung nach Gericht und Datum** wird in aller Regel ausreichen, aufs Geratewohl aufgestellte Behauptungen auszuschließen und aufwändige, eventuell unnütze Ermittlungen des Insolvenzgerichts zu vermeiden.

II. Versagungsgrund

Da es nicht zu den Obliegenheiten des Schuldners gehört, während der Wohlverhaltensperiode nicht strafrechtlich verurteilt zu werden, sanktioniert § 297 keine Obliegenheitsverletzung, sondern knüpft allein an die strafrechtliche Verurteilung in diesem Zeitraum an.[11]   6

1. Rechtskräftige Verurteilung

Die rechtskräftige Verurteilung muss wegen einer Insolvenzstraftat nach den §§ 283 bis 283c StGB erfolgt sein (vgl. Anh. V §§ 283–283d StGB). Ein konkreter Zusammenhang der Straftat mit dem Insolvenzverfahren ist nicht erforderlich.[12] Wie der BGH zu § 290 Abs. 1 Nr. 1 entschieden hat, erfüllt jede Verurteilung nach den genannten Strafvorschriften den Versagungsgrund.[13] Für die Übertragung dieser Auffassung auf § 297 sprechen der hinsichtlich der Verurteilung übereinstimmende Wortlaut der Vorschriften und die praktische Handhabbarkeit durch den Insolvenzrichter.[14] Eine Verurteilung wegen anderer in Insolvenznähe begangener Straftaten stellt selbst dann keinen Versagungsgrund dar, wenn sie im Einzelfall erhebliche Zweifel an der Redlichkeit des Schuldners begründet.[15]   7

Der **Erlass** einer zur Bewährung ausgesetzten Freiheitsstrafe schließt die Verwertung der Verurteilung als Versagungsgrund nicht aus. Hingegen ist eine **Verwarnung mit Strafvorbehalt** noch keine Verurteilung und damit kein Versagungsgrund.[16] Wenn eine Verurteilung im Bundeszentralregister nach § 45 Abs. 1 BZRG getilgt worden oder **zu tilgen** ist, dürfen dem Betroffenen die Tat und die Verurteilung im Rechtsverkehr weder vorgehalten noch zu seinem Nachteil verwertet werden (§ 51 Abs. 1 BZRG), und zwar auch nicht zur Begründung der Versagung der Restschuldbefreiung.[17]   8

2. Nach Schlusstermin

Die Vorschrift ermöglicht es, ein strafrechtliches Verhalten des Schuldners, das nicht schon im Zeitpunkt der vorläufigen Entscheidung über die Restschuldbefreiung gem. § 291 zu einer rechtskräftigen Verurteilung geführt hat, noch bis zum Ende der Wohlverhaltensperiode zu erfassen.[18] Wird der Schuldner erst nach dem Ende der Laufzeit der Abtretungserklärung wegen einer Insolvenzstraftat verurteilt, bleibt dies angesichts des eindeutigen Wortlauts der Vorschrift ohne insolvenzrechtliche Konsequenzen[19] und begründet auch kein Widerrufsrecht nach § 303.[20] Der von § 287 Abs. 2 verfolgte Zweck, dem redlichen Schuldner sechs Jahre nach Eröffnung des Insolvenzverfahrens einen wirtschaftlichen Neuanfang zu ermöglichen, würde verfehlt, wenn die Rechtskraft der strafrechtlichen Verurteilung nicht bis zum Ende der Laufzeit der Abtretungserklärung vorliegen müsste.[21]   9

---

11 Braun/*Lang* Rn. 2.
12 FK-InsO/*Ahrens* Rn. 8; MüKo-InsO/*Stephan* Rn. 10.
13 BGH 18.12.2002, IX ZB 121/02, NJW 2003, 974, 975.
14 FK-InsO/*Ahrens* Rn. 8.
15 MüKo-InsO/*Stephan* Rn. 8.
16 MüKo-InsO/*Stephan* Rn. 9.
17 MüKo-InsO/*Stephan* Rn. 11.
18 Braun/*Lang* Rn. 1.
19 BGH 11.04.2013, IX ZB 94/12, WM 2013, 1029 Rn. 8: kein Versagungsgrund.
20 MüKo-InsO/*Stephan* Rn. 14.
21 BGH 11.04.2013, IX ZB 94/12, WM 2013, 1029 Rn. 10.

C. Versagungsverfahren

10   Das Gesetz sieht in § 297 Abs. 2 von einer Verweisung auf § 296 Abs. 2 und damit auf die Anhörungsregeln und die Verfahrensobliegenheiten ab. Auf die zumindest schriftliche Anhörung des Schuldners kann jedoch wegen des im Insolvenzverfahren zu gewährenden rechtlichen Gehörs nicht verzichtet werden.[22]

D. Gerichtliche Entscheidung

11   Für die Entscheidung über den Versagungsantrag ist auch hier gem. § 18 Abs. 1 Nr. 2 RPflG der Richter zuständig.

12   Die Entscheidung ergeht durch Beschluss. Sie lautet entweder dahin, dass der Versagungsantrag als unzulässig oder als unbegründet zurückgewiesen wird oder die Restschuldbefreiung versagt wird. Im zuletzt genannten Fall führt der Beschluss zur Kassation der nach § 291 ausgesprochenen Ankündigung der Restschuldbefreiung. Er bewirkt die vorzeitige Beendigung der Treuhandzeit; nach § 299 enden die Laufzeit der Abtretungserklärung, das Amt des Treuhänders und die Beschränkung der Rechte der Gläubiger mit der Rechtskraft der Entscheidung. Der Beschluss muss in allen Fällen eine Kostenentscheidung enthalten.[23]

13   Der den Versagungsantrag zurückweisende Beschluss ist dem antragstellenden Gläubiger im Hinblick auf dessen Beschwerderecht förmlich zuzustellen, dem Schuldner formlos bekannt zu machen. Wird dem Schuldner die Restschuldbefreiung versagt, so ist diesem die Entscheidung förmlich zuzustellen und dem Gläubiger formlos bekannt zu machen.[24]

14   Die rechtskräftige Versagungsentscheidung ist durch eine zentrale und länderübergreifende Veröffentlichung im Internet gem. §§ 297 Abs. 2, 296 Abs. 3 Satz 2, 9 Abs. 1 Satz 1 öffentlich bekannt zu machen.[25]

E. Rechtsmittel

15   Gegen die Entscheidung steht nach §§ 6 Abs. 1, 296 Abs. 3 Satz 1, 297 Abs. 2 dem Antragsteller und dem Schuldner die **sofortige Beschwerde** gem. §§ 4 InsO, 567 ff. ZPO zu. Der Antragsteller ist beschwert, wenn der Antrag als unzulässig verworfen oder als unbegründet zurückgewiesen wird, der Schuldner wenn dem Versagungsantrag stattgegeben wird. Infolge der Aufhebung des § 7 durch das Gesetz zur Änderung des § 522 der Zivilprozessordnung vom 21. Oktober 2011[26] ist eine **Rechtsbeschwerde** nur noch im Falle der Zulassung durch das Beschwerdegericht statthaft (§ 4 InsO, § 574 Abs. 1 Satz 1 Nr. 2 ZPO).[27] Nach Art. 103f Satz 1 EGInsO, § 7 a.F. weiter zulassungsfrei ist die Rechtsbeschwerde hingegen für Entscheidungen über die sofortige Beschwerde nach § 6, bei denen die Notfrist des § 575 Abs. 1 ZPO am 27.10.2011 noch nicht abgelaufen ist.[28] Die Regelung des Art. 103f Satz 1 EGInsO ist entsprechend der Vorstellung des Gesetzgebers[29] dahingehend auszulegen, dass das Zulassungserfordernis sich auf Rechtsbeschwerden gegen solche **Beschwerdeentscheidungen** bezieht, die **seit dem Inkrafttreten des neuen Rechts** erlassen worden sind.[30] Enthält eine solche Beschwerdeentscheidung keine Ausführungen über die Zulassung der Rechtsbeschwerde, ist der Rechtsweg erschöpft und der BGH kann dann – unabhängig davon, ob das

---

22   FK-InsO/*Ahrens* Rn. 11.
23   MüKo-InsO/*Stephan* Rn. 18, 19.
24   MüKo-InsO/*Stephan* Rn. 20.
25   MüKo-InsO/*Stephan* Rn. 21.
26   BGBl. I, 2082.
27   BGH 20.12.2011, IX ZB 294/11, WM 2012, 276 Rn. 4.
28   Vgl. BT-Drucks. 17/5334, 9.
29   BT-Drucks. 17/5334, 9.
30   BGH 10.05.2012, IX ZB 295/11, NJW-RR 2012, 1509, 1510 Rn. 9.

Beschwerdegericht sich über die Zulassung überhaupt Gedanken gemacht hat – nicht mehr in statthafter Weise mit der Sache befasst werden.[31]

Eine Wiederaufnahme des Verfahrens ist unter den Voraussetzungen der §§ 4 InsO; 578 ff. ZPO statthaft.[32] 16

F. Gebühren, Kosten und Gegenstandswert

Die Gerichtsgebühr für den Versagungsantrag nach § 297 wird wegen der zusätzlichen Belastung des Gerichts als nicht von einem Streitwert abhängige **Festgebühr** erhoben. Sie beträgt gem. Nr. 2350 KV GKG 30 € und entsteht unabhängig davon, ob der Versagungsantrag begründet war oder zurückgewiesen wurde.[33] Hingegen entsteht im Beschwerdeverfahren eine Gebühr gem. Nr. 2361 KV GKG in Höhe von 50 € nur, falls die Beschwerde verworfen oder zurückgewiesen wird. Im Rechtsbeschwerdeverfahren fällt nach Nr. 2364 KV GKG eine Gebühr in Höhe von 100 € ebenfalls nur an, wenn die Rechtsbeschwerde verworfen oder zurückgewiesen wird. Zusätzlich sind nach §§ 296 Abs. 3 Satz 2, 297 Abs. 2 die für die öffentliche Bekanntmachung der Versagung der Restschuldbefreiung entstehenden Kosten gem. Nr. 9004 KV GKG zu tragen. Die Kosten des Verfahrens über die Versagung der Restschuldbefreiung (§ 297) schuldet, wer das Verfahren beantragt hat (§ 23 Abs. 2 GKG). 17

Der Rechtsanwalt erhält für seine Tätigkeit in einem Versagungsverfahren als Verfahrensgebühr gem. Nr. 3321 VV RVG eine 0,5 Gebühr. Nach Abs. 1 dieser Bestimmung ist das Verfahren über mehrere gleichzeitig anhängige Anträge eine Angelegenheit. Schließlich entsteht die Gebühr auch gesondert, wenn der Antrag bereits vor Aufhebung des Insolvenzverfahrens gestellt wird (Nr. 3321 Abs. 2 VV RVG). Im Beschwerdeverfahren fällt als Verfahrensgebühr eine 0,5 Gebühr an (Nr. 3500 VV RVG). Die Terminsgebühr ist nach Nr. 3513 VV RVG eine 0,5 Gebühr. Als Verfahrensgebühr für das Verfahren über die Rechtsbeschwerde fällt nach Nr. 3502 VV RVG eine 1,0 Gebühr an (Nr. 3513 VV RVG). Die Terminsgebühr ist nach Nr. 3516 VV RVG eine 1,2 Gebühr. 18

Der Gegenstandswert für die Rechtsanwaltsgebühren ist gem. §§ 28 Abs. 3, 23 Abs. 3 Satz 2 RVG nach billigem Ermessen auf Grund des wirtschaftlichen Interesses des Gläubigers zu bestimmen. Mangels greifbarer Schätzungsgrundlagen ist insoweit ein Wert von 4.000 € zu Grunde zu legen[34]. 19

G. Anwaltsbeiordnung

Im Falle einer Verfahrenskostenstundung kann gem. § 4a Abs. 2 dem Schuldner für das Versagungsverfahren ein Rechtsanwalt beigeordnet werden. Hierbei verlangt das Gesetz eine besondere Erforderlichkeitsprüfung. Die Beiordnung ist nicht schon allein deswegen geboten, weil der antragstellende Gläubiger anwaltlich vertreten ist. In der Gesetzesbegründung wird eine Beiordnung im Interesse der Waffengleichheit dann für erforderlich gehalten, wenn der Schuldner in den quasikontradiktorischen Verfahren nach §§ 290 oder 296 für seine Restschuldbefreiung kämpft.[35] Anders ist dies grds bei dem in der Gesetzesbegründung nicht erwähnten § 297 zu sehen. Zwar handelt es sich hier ebenfalls um ein quasikontradiktorisches Verfahren, in dem es um die Versagung der Restschuldbefreiung geht. Die Tatsachen, die bei § 297 den Versagungsgrund ausfüllen, sind aber i.d.R. leicht feststellbar und auch für den Schuldner offensichtlich. Wegen der wenig komplexen Sach- und Rechtslage verzichtet hier auch das Gesetz auf die Anhörungsregeln. Dies alles legt es nahe, dass grds das Versagungsverfahren gem. § 297 für den Schuldner keine Anwaltsbeiordnung erfordert, dass 20

---

31 BGH 10.05.2012, IX ZB 295/11, NJW-RR 2012, 1509, 1511 Rn. 15.
32 FK-InsO/*Ahrens* Rn. 12; vgl. auch LG Göttingen 05.12.2006, 10 T 27/06, ZInsO 2007, 47 zu § 298.
33 LG Göttingen 22.11.2007, 10 T 139/07, ZVI 2008, 121 Rn. 8.
34 BGH 23.01.2003, IX ZB 227/02, ZVI 2003, 91 (92); OLG Celle 29.10.2001, 2 W 71/01, ZInsO 2002, 32 (33): 8.000 DM.
35 BT-Drucks. 14/5680, 21.

aber im Ausnahmefall Gründe vorliegen können, einen Rechtsanwalt beizuordnen, z.B. bei einem Streit um Verwertungsverbote gem. § 51 BZRG oder Tilgungsfristen gem. §§ 45 ff. BZRG.[36]

§ 297 n.F. Insolvenzstraftaten
[Tritt zum 01.07.2014 in Kraft]

(1) Das Insolvenzgericht versagt die Restschuldbefreiung auf Antrag eines Insolvenzgläubigers, wenn der Schuldner in dem Zeitraum zwischen Schlusstermin und Aufhebung des Insolvenzverfahrens oder in dem Zeitraum zwischen Beendigung des Insolvenzverfahrens und dem Ende der Abtretungsfrist wegen einer Straftat nach den §§ 283 bis 283c des Strafgesetzbuchs rechtskräftig zu eine Geldstrafe von mehr als 90 Tagessätzen oder einer Freiheitsstrafe von mehr als drei Monaten verurteilt wird.

(2) § 296 Abs. 1 Satz 2 und 3, Abs. 3 gilt entsprechend.

Normzweck

1   Die Vorschrift tritt am 01.07.2014 in Kraft und gilt für alle Verfahren, die ab diesem Zeitpunkt beantragt worden sind (Art. 103h Satz 1 EGInsO n.F.).[1] In § 297 Abs. 1 n.F. sind die Worte »während der Laufzeit der Abtretungserklärung« durch die Worte »in dem Zeitraum zwischen Beendigung des Insolvenzverfahrens und dem Ende der Abtretungsfrist« ersetzt worden. Da nach der Gesetzesbegründung nicht jedes Bagatelldelikt zur Versagung führen soll, sieht die Vorschrift außerdem in Anlehnung an § 32 Abs. 2 Nr. 5 BZRG künftig vor, dass es sich um eine Verurteilung zu einer erheblichen Geldstrafe von mehr als 90 Tagessätzen bzw. zu einer Freiheitsstrafe von mehr als drei Monaten handeln muss.[2] Beide Änderungen tragen als Folgeänderungen der neu eingeführten Legaldefinition des in § 287 Abs. 2 Satz 1 bestimmten Zeitraums der Dauer der Abtretung sowie der Einführung einer Erheblichkeitsschwelle bei dem Versagungsgrund des § 290 Abs. 1 Nr. 1 Rechnung.[3]

§ 297a n.F. Nachträglich bekannt gewordene Versagungsgründe
[Tritt zum 01.07.2014 in Kraft]

(1) Das Insolvenzgericht versagt die Restschuldbefreiung auf Antrag eines Insolvenzgläubigers, wenn sich nach dem Schlusstermin oder im Falle des § 211 nach der Einstellung herausstellt, dass ein Versagungsgrund nach § 290 Abs. 1 vorgelegen hat. Der Antrag kann nur binnen sechs Monaten nach dem Zeitpunkt gestellt werden, zu dem der Versagungsgrund dem Gläubiger bekannt geworden ist. Er ist nur zulässig, wenn glaubhaft gemacht wird, dass die Voraussetzungen der Sätze 1 und 2 vorliegen und dass der Gläubiger bis zu dem gemäß Satz 1 maßgeblichen Zeitpunkt keine Kenntnis von ihnen hatte.

(2) § 296 Abs. 3 gilt entsprechend.

Übersicht	Rdn.			Rdn.
A. Überblick	1	D.	Gebühren, Kosten und Gegenstandswert	4
B. Anwendungsbereich	2			
C. Gerichtliche Entscheidung und Rechtsmittel	3			

---

36 MüKo-InsO/*Stephan* Rn. 30.
1 Art. 9 Satz 1 des Gesetzes zur Verkürzung des Restschuldbefreiungsverfahrens und zur Stärkung der Gläubigerrechte (BGBl I 2013, 2379 ff.).
2 BT-Drucks. 17/11268, 29.
3 BT-Drucks. 17/11268, 29.

A. Überblick

Die Vorschrift tritt am 01.07.2014 in Kraft; und gilt für alle Verfahren, die ab diesem Zeitpunkt eröffnet worden sind (Art. 103h Satz 1 EGInsO n.F.).[1] Die neu eingefügte Regelung des § 297a beruht auf Forderungen der Praxis und ermöglicht die Versagung der Restschuldbefreiung, wenn den Gläubigern Versagungsgründe nach § 290 Abs. 1 n.F. erst nach dem Schlusstermin bekannt geworden ist. Bislang konnte in diesen Fällen eine Versagung nicht ausgesprochen werden, weil dem Gläubiger der Versagungsgrund bis zur rechtskräftigen Ankündigung der Restschuldbefreiung unbekannt geblieben war.[2] Nach dem Gesetzeswortlaut (»dem Gläubiger«) kommt es allein auf die Kenntnis des Antragstellers an.[3] Die Änderung soll die Verfahrensrechte der Gläubiger und die Akzeptanz des Restschuldbefreiungsverfahrens stärken.

Dem redlichen Schuldner entstehen dadurch keine Nachteile. Ein unredlicher Schuldner ist aber auch dann nicht schutzwürdig, wenn der Schlusstermin bereits stattgefunden und kein Gläubiger den Versagungsgrund geltend gemacht hat.[4] Kommt z.B. das nachträglich bekanntgewordene Vermögen im Wege der Nachtragsverteilung noch den Gläubigern zugute, kann das Verhalten des Schuldners nicht als redlich angesehen werden. Überdies darf eine besonders kurze Dauer des Insolvenzverfahrens, welche auch den Zeitraum für die Entdeckung von Versagungsgründen verkürzt, nicht zu Lasten der Gläubiger gehen.[5]

B. Anwendungsbereich

Die Vorschrift des § 297a Abs. 1 Satz 1 setzt zwingend den Antrag eines Insolvenzgläubigers voraus[6] und erfasst alle im Katalog des § 290 Abs. 1 enthaltenen Versagungsgründe, die dem antragstellenden Gläubiger erst nach dem Schlusstermin oder der Einstellung des Verfahrens in den Fällen des § 211 bekannt geworden sind. Die Gesetzesbegründung hält die gegenüber § 296 Abs. 1 Satz 2 kürzere Frist des § 297a Abs. 1 Satz 2 von sechs Monaten ab dem Zeitpunkt der Kenntnis des Gläubigers im Interesse einer alsbaldigen Klärung für geboten und ausreichend; dabei kommt es hinsichtlich der Kenntnis, wie der Gesetzesbegründung weiter zu entnehmen ist, auf den antragstellenden Gläubiger an.[7]

Der antragstellende Gläubiger hat das Vorliegen eines Versagungsgrundes im Sinne des § 290 Abs. 1 ebenso glaubhaft zu machen wie die Tatsache, dass er vor dem Schlusstermin bzw. der Einstellung des Verfahrens keine Kenntnis von dem Vorliegen des Versagungsgrundes hatte.[8]

C. Gerichtliche Entscheidung und Rechtsmittel

Gemäß § 297a Abs. 2 gilt § 296 Abs. 3 entsprechend, dh gegen die Entscheidung steht dem Antragsteller und dem Schuldner die sofortige Beschwerde zu (§ 296 Abs. 3 Satz 1), und die Versagung der Restschuldbefreiung ist öffentlich bekanntzumachen (§ 296 Abs. 3 Satz 2). Insoweit wird auf die Kommentierung des § 296 verwiesen. Die entsprechende Anwendung des § 296 Abs. 3 wird mit der weitreichenden Bedeutung der Entscheidung des Insolvenzgerichts begründet.[9]

---

1 Art. 9 Satz 1 des Gesetzes zur Verkürzung des Restschuldbefreiungsverfahrens und zur Stärkung der Gläubigerrechte (BGBl I 2013, 2379 ff.).
2 BT-Drucks. 17/11268, 29.
3 Zur unpräzisen Gesetzesbegründung krit. *Grote/Pape* ZInsO 2013, 1433 (1444).
4 BT-Drucks. 17/11268, 29.
5 BT-Drucks. 17/11268, 29.
6 *Ahrens* NZI 2013, 721 (722).
7 BT-Drucks. 17/11268, 29.
8 BT-Drucks. 17/11268, 29.
9 BT-Drucks. 17/11268, 29.

D. Gebühren, Kosten und Gegenstandswert

4 Insoweit wird auf die Kommentierung zur § 297 a.F. Rdn. 17 ff. verwiesen. Die dort genannten Bestimmungen des GKG sind durch Art. 7 des Gesetzes zur Verkürzung des Restschuldbefreiungsverfahrens und zur Stärkung der Gläubigerrechte entsprechend geändert worden.[10]

§ 298 Deckung der Mindestvergütung des Treuhänders

(1) Das Insolvenzgericht versagt die Restschuldbefreiung auf Antrag des Treuhänders, wenn die an diesen abgeführten Beträge für das vorangegangene Jahr seiner Tätigkeit die Mindestvergütung nicht decken und der Schuldner den fehlenden Betrag nicht einzahlt, obwohl ihn der Treuhänder schriftlich zur Zahlung binnen einer Frist von mindestens zwei Wochen aufgefordert und ihn dabei auf die Möglichkeit der Versagung der Restschuldbefreiung hingewiesen hat. Dies gilt nicht, wenn die Kosten des Insolvenzverfahrens nach § 4a gestundet wurden.

(2) Vor der Entscheidung ist der Schuldner zu hören. Die Versagung unterbleibt, wenn der Schuldner binnen zwei Wochen nach Aufforderung durch das Gericht den fehlenden Betrag einzahlt oder ihm dieser entsprechend § 4a gestundet wird.

(3) § 296 Abs. 3 gilt entsprechend.

Übersicht

	Rdn.		Rdn.
A. Überblick	1	4. Erfolglose Aufforderung des Schuldners mit Fristsetzung und Belehrung durch den Treuhänder	16
B. Versagungsvoraussetzungen	4	5. Erfolglose gerichtliche Nachfristsetzung	17
I. Versagungsantrag	5	6. Keine Verfahrenskostenstundung	19
1. Form	6	C. Versagungsverfahren	21
2. Frist	7	D. Gerichtliche Entscheidung	22
3. Behauptungs- und Beweislast	8	E. Bekanntmachung	26
4. Rechtsschutzbedürfnis in Bagatellfällen	10	F. Rechtsmittel	27
II. Versagungsgrund	12	G. Gebühren, Kosten und Gegenstandswert	29
1. Abgeführte Beträge	13		
2. Fehlende Deckung der Mindestvergütung	14		
3. Vergangenes Tätigkeitsjahr	15		

A. Überblick

1 Die Vorschrift des § 298 enthält einen von §§ 295, 296 Abs. 2 Satz 2 und 3, 297 verschiedenen, weiteren Versagungsgrund. Die Versagung der Restschuldbefreiung nach § 298 soll nicht ein Verhalten des Schuldners sanktionieren, das ihn unwürdig erscheinen lässt, in den Genuss der Restschuldbefreiung zu kommen. Die Vorschrift soll dem Schuldner auch kein Sonderopfer auferlegen, um die Erreichung der Restschuldbefreiung zu erschweren.[1] Laut den Gesetzesmaterialien soll durch die Bestimmung sichergestellt werden, dass die Mindestvergütung des Treuhänders gedeckt ist, weil es diesem nicht zuzumuten ist, über einen längeren Zeitraum ohne jede Vergütung tätig zu werden.[2] Die Höhe der Mindestvergütung für das Tätigkeitsjahr beträgt derzeit 100 € (§ 293 Abs. 2 i.V.m. §§ 65 InsO, 14 Abs. 3 Satz 1 InsVV)[3]. Üblicherweise kann die Vergütung des Treuhänders aus den Beträgen gedeckt werden, die auf Grund der Abtretungserklärung nach § 287 Abs. 2 beim Treuhänder eingehen. Falls der Schuldner über längere Zeit hindurch nicht über pfändbare Beträge verfügt, ob-

---

[10] BGBl I 2013, 2379 (2385).

[1] MüKo-InsO/*Ehricke* Rn. 1.

[2] BT-Drucks. 12/2443, 193 zu § 246 InsO-RegE.

[3] Hat der Treuhänder die durch Abtretung eingehenden Beträge an mehr als 5 Gläubiger verteilt, so erhöht sich diese Vergütung je 5 Gläubiger um 50 € (§ 14 Abs. 3 Satz 2 InsVV).

wohl er seine Obliegenheiten erfüllt, soll er mit der **Sanktionsandrohung** der Versagung der Restschuldbefreiung dazu angehalten werden, diese Mindestvergütung notfalls aus seinem unpfändbaren Vermögen zu zahlen.[4]

Die Sanktion des § 298 war bereits im Gesetzgebungsverfahren umstritten.[5] Änderungsvorschläge sind im Gesetzgebungsverfahren wohl deswegen abgelehnt worden, weil der Betrag von damals 200 DM jährlich als so gering angesehen wurde, dass er auch von **äußerst finanzschwachen Schuldnern** aufgebracht werden kann und weil der Gesetzgeber offenbar die Erwartung hatte, dass Treuhänder bereit sein würden, ihr Amt unentgeltlich auszuüben.[6]

Die harte Sanktionsdrohung soll zwar lediglich den Mindestvergütungsanspruch des Treuhänders sicherstellen.[7] Sie erscheint aber z.B. bei ohne eigenes Verschulden eingetretener Arbeitslosigkeit des Schuldners als unverhältnismäßig.[8] Durch die Einführung der Verfahrenskostenstundung und der Möglichkeit des nicht vermögenden Schuldners, auch die Treuhändervergütung bis zur Erteilung der Restschuldbefreiung zu stunden (§§ 298 Abs. 2 Satz 2, 4a), dürfte die Diskussion weitgehend gegenstandslos geworden sein. Bedeutung kommt § 298 weiterhin für die Fälle zu, in denen der Schuldner die Antragstellung versäumt und diese auch i.R.d. Anhörung nach § 298 Abs. 2 nicht nachholt.[9]

B. Versagungsvoraussetzungen

Die Versagung der Restschuldbefreiung auf Antrag des Treuhänders gem. § 298 Abs. 1 Satz 1 setzt voraus, dass die vom Schuldner abgeführten Beträge für das vorangegangene Jahr der Tätigkeit des Treuhänders dessen Mindestvergütung nicht decken und der Schuldner den fehlenden Betrag nicht einzahlt, obwohl ihn der Treuhänder schriftlich zur Zahlung binnen einer Frist von mindestens zwei Wochen aufgefordert und ihn dabei auf die Möglichkeit der Versagung der Restschuldbefreiung hingewiesen hat.

I. Versagungsantrag

Die Versagung der Restschuldbefreiung nach § 298 setzt zwingend den Antrag des Treuhänders voraus. Dieser hat es damit in der Hand, den Schuldner trotz des Fehlens der Mindestvergütung in den Genuss der Restschuldbefreiung kommen zu lassen.[10] Der Antrag auf Versagung der Restschuldbefreiung nach § 298 kann vom Treuhänder bis zur Rechtskraft der Entscheidung über die Versagung zurückgenommen werden.[11]

1. Form

Der Antrag ist an keine besondere Form gebunden.[12] Er kann gem. § 4 InsO, §§ 129a, 130a, 496 ZPO schriftlich, in elektronischer Form oder zu Protokoll der Geschäftsstelle eines jeden Amtsgerichts gestellt werden. Er ist erwirkende Prozesshandlung und bei Unklarheiten nach allgemeinen Grundsätzen der Auslegung fähig. Einen Antrag nach § 298 kann kraft Amtes grds nur der Treuhänder selbst stellen, eine Delegation auf Mitarbeiter, etwa angestellte Rechtsanwälte, ist nicht statthaft. Nicht zu beanstanden ist es aber, wenn ein intern vorbereiteter Antrag vom Treuhänder lediglich unterschrieben wird, weil dann durch die Unterschrift ersichtlich ist, dass der Treuhänder verant-

---

4 Braun/*Lang* Rn. 1; MüKo-InsO/*Ehricke* Rn. 1.
5 Vgl. BT-Drucks. 12/2443, 258.
6 MüKo-InsO/*Ehricke* Rn. 2.
7 FK-InsO/*Grote* Rn. 3.
8 MüKo-InsO/*Ehricke* Rn. 3.
9 FK-InsO/*Grote* Rn. 6.
10 Braun/*Lang* Rn. 3.
11 LG Krefeld 15.12.2007, 6 T 253/07, NZI 2008, 447.
12 MüKo-InsO/*Ehricke* Rn. 7.

wortlich zeichnet.[13] Darüber hinaus ist es dem Treuhänder unbenommen, einen Rechtsanwalt zur Stellung des Versagungsantrags – ebenso wie zur Fristsetzung gegenüber dem Schuldner – zu bevollmächtigen. Das Gesetz zwingt nicht zu der Annahme, diesen Handlungen komme höchstpersönliche Natur zu.[14] Sachliche Gründe, warum sich der Treuhänder nicht anwaltlich vertreten lassen könnte, sind nicht zu ersehen.

2. Frist

7   Der Antrag auf Versagung der Restschuldbefreiung ist als solcher weder an eine Frist gebunden, noch besteht dafür eine Ausschlussfrist.

3. Behauptungs- und Beweislast

8   Der Treuhänder muss die Voraussetzungen des § 298 Abs. 1 behaupten. Die Glaubhaftmachung der Antragsvoraussetzungen ist nach allgemein vertretener Auffassung nicht erforderlich.[15] Ein solches Erfordernis ergibt sich nämlich nicht aus dem Wortlaut der Vorschrift, und anders als bei § 297 Abs. 2 findet § 296 Abs. 1 Satz 3 keine entsprechende Anwendung. Im Falle des Bestreitens hat der Treuhänder die von ihm aufgestellte Behauptung aber unter Beweis zu stellen. Dazu können insb. die Auszüge des Kontos herangezogen werden, auf dem die abgetretenen Beträge eingehen. Ggf. kann aber auch eine noch weitergehende Rechnungslegung des Treuhänders notwendig werden, um nachzuweisen, dass die Mindestvergütung für das Geschäftsjahr nicht gedeckt ist.[16]

9   Ein Teil des Schrifttums meint, der Antrag sei nur zulässig, wenn der Treuhänder den Nachweis für den **Zugang seines Aufforderungsschreibens** erbringe.[17] Diese Auffassung trifft nicht zu. In § 298 Abs. 1 Satz 1 wird der Nachweis des rechtzeitigen Zugangs des Aufforderungsschreibens nicht verlangt, und ein entsprechendes Erfordernis ergibt sich auch sonst nicht aus dem Gesetz. Der Treuhänder muss deshalb nur dann den Zugang seines Aufforderungsschreibens beweisen, wenn dieser vom Schuldner in Frage gestellt wird.[18]

4. Rechtsschutzbedürfnis in Bagatellfällen

10 In Extremfällen kann sich die Frage stellen, ob der Antrag des Treuhänders auf Versagung der Restschuldbefreiung auf Grund fehlenden Rechtsschutzbedürfnisses unzulässig sein könnte. Dabei geht es z.B. um Verfahren, in denen zur Deckung der Mindestvergütung nur noch ein **äußerst geringer Restbetrag** fehlt oder der Treuhänder in dem betreffenden Jahr überhaupt **keine Leistungen** erbracht hat, weil keine Beträge zur Verteilung anstanden oder andere Tätigkeiten zu verrichten waren. Auch bei solchen Gestaltungen ist das Rechtsschutzbedürfnis zu bejahen. Die Annahme einer betragsmäßigen Zulassungssperre für den Antrag, für die im Gesetz jeder Anhaltspunkt fehlt, wäre mit Art. 103 Abs. 1 GG nicht zu vereinbaren. Die (vermeintliche) Nichterbringung von Leistungen kann ohnehin nicht gegen die Mindestvergütung des Treuhänders angeführt werden; denn diese steht ihm auch dann zu, wenn der in dem betreffenden Jahr nicht tätig geworden ist.[19]

11 Darüber hinaus verfolgt der Treuhänder mit seinem Versagungsantrag auch in Bagatellfällen rechtlich schützenswerte Interessen, die sich nicht in dem eigenen Vergütungsanspruch erschöpfen. Der Antrag gem. § 298 ist nämlich gerade nicht darauf gerichtet, eine Entscheidung des Insolvenzgerichts herbei-

---

13 LG Lübeck 08.03.2010, 7 T 83/10, NZI 2010, 408 f.
14 So aber LG Lübeck 08.03.2010, 7 T 83/10, NZI 2010, 408 f.
15 BGH 21.01.2010, IX ZB 155/09, NZI 2010, 265 Rn. 5; Graf-Schlicker/*Kexel* Rn. 5; HambK-InsR/*Streck* Rn. 2; HK-InsO/*Landfermann* 6. Aufl., Rn. 3; Kübler/Prütting/Bork/*Wenzel* Rn. 3; MüKo-InsO/*Ehricke* Rn. 9.
16 MüKo-InsO/*Ehricke* Rn. 9.
17 *MüKo-InsO/Ehricke* Rn. 18.
18 BGH 21.01.2010, IX ZB 155/09, NZI 2010, 265 Rn. 5; i. Erg. ebenso HambK-InsR/*Streck* Rn. 4.
19 MüKo-InsO/*Ehricke* Rn. 15.

zuführen, die dem Treuhänder auch nur mittelbar die Möglichkeit verschaffen würde, den ausgebliebenen Teil seiner Vergütung zu erlangen. Vielmehr dient die Versagung der Restschuldbefreiung bei unzureichender Mindestvergütung des Treuhänders als Sanktion gegenüber dem Schuldner dem Interesse der Gläubiger. Sie wahrt die **Funktion der Mindestvergütung** als subsidiäre Einstandspflicht des Schuldners für die Vergütung des Treuhänders und damit als Kompensation dafür, dass die Vergütung primär aus dem den Gläubigern zugewiesenen Vermögen erfolgt. Außerdem liegt die Versagung der Restschuldbefreiung bei unzureichender Bezahlung der Mindestvergütung auch im allgemeinen Interesse. Sie soll gewährleisten, dass der Schuldner die Befreiung von seinen Verbindlichkeiten auf Kosten des Wirtschaftsverkehrs nur dann erreichen kann, wenn er – und sei es unter allergrößten Anstrengungen – bereit ist, die ihm auferlegten Verpflichtungen tatsächlich einzulösen. Die Annahme, ein Rechtsschutzbedürfnis läge bei einem nur minimalen ausbleibenden Betrag der Mindestvergütung nicht vor, würde zu erheblichen Abgrenzungsproblemen führen, ab wann ein kleiner Betrag vorliegt, dessen Ausbleiben dem Treuhänder ein Rechtsschutzbedürfnis gibt.[20]

II. Versagungsgrund

Materiell setzt die Versagung insb. voraus, dass die an den Treuhänder abgeführten Beträge für das vorangegangene Jahr seiner Tätigkeit die Mindestvergütung nicht decken und der Schuldner den fehlenden Betrag nicht einzahlt. Ferner hat der Treuhänder den Schuldner schriftliche zur Zahlung aufzufordern und hat das Gericht dem Schuldner eine Nachfrist zu setzen. Die Fristsetzung durch den Treuhänder und die Nachfristsetzung durch das Gericht sind streng voneinander zu trennen. 12

1. Abgeführte Beträge

Unter den an den Treuhänder abgeführten Beträgen sind **sämtliche Gelder** zu verstehen, die auf dem Treuhandkonto eingegangen sind. Das sind insb. Zahlungen auf Grund der Abtretungserklärung nach § 287 Abs. 2 im Hinblick auf ein Erbrecht nach § 295 Abs. 1 Nr. 2 und darüber hinausgehende Leistungen des Schuldners oder dritter Personen.[21] 13

2. Fehlende Deckung der Mindestvergütung

Die Mindestvergütung für das Tätigkeitsjahr von derzeit 100 € (§ 293 Abs. 2 i.V.m. §§ 65 InsO, 14 Abs. 3 Satz 1 InsVV) steht dem Treuhänder in jedem Fall als Entlohnung für die Übernahme des Amtes zu, also auch dann, wenn er ein Jahr nicht tätig geworden ist.[22] Der Treuhänder kann seinen Antrag nicht auf die fehlende Deckung seiner Auslagen, der Überwachungsvergütung nach § 292 Abs. 2 Satz 3 oder des sog. Motivationsrabatts[23] des Schuldners nach § 292 Abs. 1 Satz 4 (vgl. § 292 Rdn. 1) stützen. Insoweit wäre der Antrag des Treuhänders als unzulässig abzuweisen. Der Wortlaut der Sanktion des § 298 Abs. 1 Satz 1 bezieht sich allein auf die Mindestvergütung. Da der Treuhänder nur zur Überwachung verpflichtet ist, wenn die zusätzliche Vergütung gedeckt ist oder vorgeschossen wird, kann die Erteilung der Restschuldbefreiung ohnehin nicht an der fehlenden Deckung der Vergütung für diese Tätigkeit scheitern.[24] Aus den gleichen Gründen kommt eine Versagung auf Grund der Nichteinzahlung eines vom Treuhänder eingeforderten Vorschusses nicht in Betracht.[25] 14

3. Vergangenes Tätigkeitsjahr

Nach dem Wortlaut des Gesetzes kann der Treuhänder seinen Antrag nur auf die Mindestvergütung 15
für das vorangegangene Jahr seiner Tätigkeit stützen. § 298 stellt auf das Tätigkeitsjahr und nicht auf

---

20 MüKo-InsO/*Ehricke* Rn. 15.
21 MüKo-InsO/*Ehricke* Rn. 1.
22 MüKo-InsO/*Ehricke* Rn. 15.
23 *Scholz* DB 1996, 765 (769).
24 MüKo-InsO/*Ehricke* Rn. 14.
25 LG Göttingen 02.02.2010, 10 T 6/10, NZI 2010, 232 (233); FK-InsO/*Grote* Rn. 7.

das Kalenderjahr ab. Die Jahresfristen sind daher von Beginn des Amtes des Treuhänders an zu rechnen.[26] Der Treuhänder hat die Möglichkeit, bis zum Ende des darauf folgenden Geschäftsjahres den Versagungsantrag zu stellen. Unterlässt er dies, so kann er seinen Versagungsantrag nicht mehr durchsetzen, wenn im Jahr nach dem Ausfall die Mindestvergütung wieder gedeckt war.[27] Versäumt es der Treuhänder über mehrere Jahre, die Mindestvergütung einzufordern, kann er diese zwar insgesamt einfordern, doch kann der Schuldner die Versagung durch Zahlung der Mindestvergütung für das vorangegangene Jahr abwenden.[28]

4. Erfolglose Aufforderung des Schuldners mit Fristsetzung und Belehrung durch den Treuhänder

16 Eine Versagung der Restschuldbefreiung nach § 298 Abs. 1 kommt nur dann in Betracht, wenn der Treuhänder (insoweit also nicht das Gericht) den Schuldner zur Zahlung des ausstehenden Vergütungsbetrags schriftlich aufgefordert und hierzu eine Frist von mindestens zwei Wochen bestimmt hat. Aus der Aufforderung müssen der fehlende Betrag und die vom Schuldner einzuhaltende Frist deutlich hervorgehen.[29] Die Aufforderung des Treuhänders hat zudem zwingend auf die Möglichkeit der Versagung der Restschuldbefreiung als Rechtsfolge bei Ausbleiben der Zahlung bis zum Fristende hinzuweisen.[30] Der nach § 298 Abs. 1 Satz 1 erforderliche Hinweis des Treuhänders auf die Möglichkeit der Versagung der Restschuldbefreiung kann nicht durch einen späteren gerichtlichen Hinweis im Versagungsverfahren ersetzt werden. Der im Aufforderungsschreiben aufzunehmende Hinweis des Treuhänders auf die Sanktion der Versagung der Restschuldbefreiung ist ein zwingendes Formerfordernis, das der Treuhänder als Antragsvoraussetzung im Versagungsverfahren nachzuweisen hat. Fehlt das Antragserfordernis, erweist sich der Versagungsantrag als unzulässig und ist vom Insolvenzgericht zurückzuweisen.[31] Die verfrühte Aufforderung ist unwirksam und setzt keine Frist in Gang.[32]

5. Erfolglose gerichtliche Nachfristsetzung

17 Nach Eingang des Antrags des Treuhänders hat das Insolvenzgericht nach Prüfung der Zulässigkeit des Antrages gem. § 298 Abs. 2 Satz 2 den Schuldner noch einmal zur Zahlung aufzufordern. Dabei setzt das Gericht eine weitere Frist von zwei Wochen zur Begleichung des Fehlbetrages fest. Mit dieser weiteren Frist soll dem Schuldner eine letzte Gelegenheit gegeben werden, die Versagung der Restschuldbefreiung abzuwenden. Da es sich um eine gesetzliche Frist handelt, ist eine Verlängerung gem. § 4 InsO, § 224 Abs. 2 ZPO oder eine Wiedereinsetzung in den vorigen Stand nicht möglich.[33]

18 Erfolgt die Anhörung mündlich im Termin beim Insolvenzgericht, so kann auch die Zahlungsaufforderung mündlich erfolgen, und die Frist beginnt mit dem Tag der Anhörung zu laufen.[34] Erfolgt die Aufforderung zur Zahlung durch das Gericht von der Anhörung des Schuldners getrennt, ist ein erneuter Hinweis auf die Versagung der Restschuldbefreiung nach dem Gesetz zwar nicht erforderlich, aber im Blick auf den Schutz des Schuldners zweckmäßig.[35]

---

26 LG Göttingen 02.02.2010, 10 T 6/10, NZI 2010, 232 (233).
27 FK-InsO/*Grote* Rn. 9; MüKo-InsO/*Ehricke* Rn. 14.
28 FK-InsO/*Grote* Rn. 7.
29 MüKo-InsO/*Ehricke* Rn. 16.
30 BGH 22.10.2009, IX ZB 43/07, NZI 2010, 28 Rn. 6.
31 BGH 22.10.2009, IX ZB 43/07, NZI 2010, 28 Rn. 7.
32 Nerlich/Römermann/*Römermann* Rn. 13; Uhlenbruck/*Vallender* Rn. 7.
33 LG Krefeld 15.12.2007, 6 T 253/07, NZI 2008, 447; FK-InsO/*Grote* Rn. 13; MüKo-InsO/*Ehricke* Rn. 16.
34 FK-InsO/*Grote* Rn. 13.
35 MüKo-InsO/*Ehricke* Rn. 20.

6. Keine Verfahrenskostenstundung

Die Versagung unterbleibt auch dann, wenn der fehlende Betrag entsprechend § 4a gestundet wird (§ 298 Abs. 2 Satz 2 Var. 2). Die Regelung des § 298 Abs. 1 Satz 2 ist gem. Art. 103a EGInsO auf Insolvenzverfahren, die vor dem 01.12.2001 eröffnet worden sind, nicht anzuwenden.[36] Sie schließt für den Fall der Stundung der Verfahrenskosten nach § 4a eine Versagung aus, auch wenn der Schuldner die Mindestvergütung nicht aufbringen kann. Die Mindestvergütung ist dann auf Grund der Zahlung der Staatskasse gedeckt.[37] Obgleich das Gesetz nicht ausdrücklich eine **Hinweispflicht** aufstellt, muss der Treuhänder den Schuldner nicht nur auf die Sanktion der Nichtzahlung, sondern auch auf die Stundungsmöglichkeit hinweisen.[38] Diese Hinweispflicht ergibt sich aus dem Ziel des § 298 Abs. 2 Satz 2, den Schuldner vor der harten Sanktion der Versagung zu schützen.

Die Aufhebung der Stundung bewirkt die sofortige Fälligkeit der Kosten in ihrer noch ausstehenden Höhe und den Wegfall der Sperre des § 298 Abs. 1 Satz 2. Wird die Stundung in der Treuhandphase des Restschuldbefreiungsverfahrens aufgehoben, muss der Schuldner für die Treuhänderkosten selbst aufkommen. Der Schuldner läuft damit ab Aufhebung Gefahr, dass ihm die Restschuldbefreiung nach § 298 versagt wird. Der Treuhänder ist nach Aufhebung der Stundung berechtigt, seine noch offene Vergütung für das vorangehende Jahr seiner Tätigkeit gem. § 298 Abs. 1 Satz 1 vom Schuldner zu verlangen.[39] Auch wenn der Treuhänder seinen subsidiären Anspruch gegen die Staatskasse behält, soweit er in einem Zeitraum tätig geworden ist, in dem die Verfahrenskosten dem Schuldner noch gestundet waren, muss er doch primär den Schuldner auf Ausgleich seiner noch offenen Vergütung in Anspruch nehmen.[40] Kommt der Schuldner der Aufforderung des Treuhänders und der anschließenden befristeten Aufforderung des Insolvenzgerichts gem. § 298 Abs. 2 Satz 2 nicht nach, so ist ihm die Restschuldbefreiung zu versagen.

C. Versagungsverfahren

Nach Eingang des Antrags hat das Insolvenzgericht zeitnah dem Schuldner die Möglichkeit zu einer Stellungnahme zu geben. Die Anhörung des Schuldners kann sowohl in mündlicher Verhandlung in einem anzuberaumenden Termin als auch in schriftlicher Form, auch gleichzeitig mit der gerichtlichen Zahlungsaufforderung geschehen.[41] Nicht anzuhören sind dagegen die Gläubiger. Durch die Versagung der Restschuldbefreiung erleiden sie nämlich keine Rechtsnachteile.[42]

D. Gerichtliche Entscheidung

Für das Versagungsverfahren ist gem. § 298 Abs. 1 das Insolvenzgericht zuständig, und zwar auch dann, wenn über einen anderen Versagungsantrag oder die Erteilung der Restschuldbefreiung ein Rechtsmittelverfahren anhängig ist.[43]

Da der Richtervorbehalt gem. § 18 Abs. 1 Nr. 2 RPflG i.V.m. Art. 14 EGInsO die Entscheidung nach § 298 nicht umfasst, ist für die Entscheidung über die Versagung der Restschuldbefreiung nach dieser Vorschrift der **Rechtspfleger** zuständig.[44] Aufgrund der weitreichenden Folgen für den Schuldner ist gegen diese Zuständigkeitsregelung eingewandt worden, dass es sich offensichtlich um ein Versehen des Gesetzgebers handele, denn die Entscheidung nach § 298 sei eine kontradiktorische Entscheidung nach Anhörung der Beteiligten, die dem Bereich des Art. 92 GG zuzuordnen

---

36 BGH 21.01.2010, IX ZB 155/09, NZI 2010, 265 Rn. 8.
37 LG Göttingen 02.02.2010, 10 T 6/10, NZI 2010, 232 (233); Braun/*Lang* Rn. 5.
38 FK-InsO/*Grote* Rn. 11 m.w.N. auch zur Gegenauffassung.
39 BGH 03.12.2009, IX ZA 36/09, juris Rn. 2.
40 BGH 03.12.2009, IX ZA 36/09, juris Rn. 3.
41 MüKo-InsO/*Ehricke* Rn. 10.
42 MüKo-InsO/*Ehricke* Rn. 11.
43 Vgl. zu § 296 FK-InsO/*Ahrens* § 296 Rn. 46.
44 FK-InsO/*Grote* Rn. 15; MüKo-InsO/*Ehricke* Rn. 22.

sei und daher der Entscheidung des Richters unterliege.[45] Der Richter hat aber wenigstens die Möglichkeit, das Versagungsverfahren nach § 298 gem. § 18 Abs. 2 Satz 3 RPflG an sich zu ziehen.[46] Gegen das **Evokationsrecht des Richters** im Verfahren nach § 298 ist im Schrifttum allerdings eingewandt worden, § 18 Abs. 2 Satz 3 RPflG gelte nur für solche Verfahren, die sich der Richter zunächst ganz oder teilweise vorbehalten habe und die er später auf den Rechtspfleger übertragen habe. Der Wortlaut der Vorschrift »wieder« mache deutlich, dass sich das Ansichziehen nur auf solche Verfahren bzw. Tätigkeiten beziehen könne, für die er über den in § 18 Abs. 1 RPflG geregelten Bereich hinaus schon einmal zuständig gewesen sein müsse. Diese Auslegung werde unterstützt durch die Stellung der Bestimmungen innerhalb des Abs. 2, in dem allein die ausdrückliche Einzelübertragung des Richters geregelt sei.[47] Diese Auffassung läuft jedoch den Vorstellungen des Gesetzgebers zuwider. In der Begründung des Rechtsausschusses ist ausgeführt worden, dass der Richter während der gesamten Verfahrensdauer jede Sache an sich zieht. Aus dem Umstand, dass der Gesetzgeber insb. im Rahmen des 18. RPflÄndG die Möglichkeit gehabt hatte, die ihm aus der Literatur bekannte Streitfrage eindeutig zu lösen und dies nicht getan hat, lässt sich schlussfolgern, dass die überwiegende Meinung, die die Revokation im weiteren Sinne versteht, vom Gesetzgeber als die zutreffende eingestuft wurde.[48]

24 Das Insolvenzgericht entscheidet über den Versagungsantrag durch Beschluss. Dem Versagungsantrag wird stattgegeben, wenn er sowohl zulässig als auch begründet ist. Zulässig ist er dann, wenn die formalen Voraussetzungen des § 298 Abs. 1 erfüllt sind. Begründet ist der Antrag, wenn trotz der vom Gericht vorgenommenen Zahlungsaufforderung nach Ablauf der Frist die Mindestvergütung nicht gedeckt wird. Zahlungen nach Ablauf der gerichtlichen Frist haben keinen Einfluss mehr auf die Entscheidung des Insolvenzgerichts.[49]

25 Wird der Antrag des Treuhänders zurückgewiesen, ergeben sich keine Auswirkungen auf die Wohlverhaltensperiode oder auf das Restschuldbefreiungsverfahren im Weiteren.[50] Versagt das Gericht die Restschuldbefreiung, ergeben sich die Folgen aus § 299. Der BGH hat im Anschluss an eine Versagung der Restschuldbefreiung nach §§ 289 Abs. 1 Satz 2, 290 Abs. 1 Nr. 5 ein unabweisbares Bedürfnis für eine Sperrfrist in analoger Anwendung des § 290 Abs. 1 Nr. 3 bejaht[51] und auch im Anschluss an die Versagung nach § 298 Abs. 1 eine dreijährige Antragssperre zur Unterbindung eines unredlichen Verhaltens des Schuldners für angemessen gehalten.[52] Ab dem 01.07.2014 dürfte für eine – über § 287a Abs. 2 n.F. hinausgehende Sperrfrist kein Raum mehr sein.[53] Zur Begründung hat er sich u.a. auf die Absicht im »Regierungsentwurf eines Gesetzes zur Entschuldung mittelloser Personen, zur Stärkung der Gläubigerrechte sowie zur Regelung der Insolvenzfestigkeit von Lizenzen« vom 22.08.2007[54] bezogen, den Katalog des § 290 Abs. 1 um einen Versagungstatbestand »Nr. 3a« für die Fälle des § 290 Abs. 1 Nr. 5 und 6 zu erweitern[55] Im Falle des § 298 ist eine solche Absicht nicht festzustellen;[56] eine Aufnahme dieser Vorschrift in den Sperrfristkatalog wäre mit Blick auf die ohnehin gegen § 298 erhobenen Bedenken auch problematisch.

---

45 Smid/Krug/*Haarmeyer* Rn. 8.
46 FK-InsO/*Grote* Rn. 15.
47 MüKo-InsO/*Ehricke* Rn. 22.
48 So auch MüKo-InsO/*Ehricke* Rn. 22.
49 MüKo-InsO/*Ehricke* Rn. 21.
50 MüKo-InsO/*Ehricke* Rn. 24.
51 BGH 16.07.2009, IX ZB 219/08, BGHZ 183, 13 ff. = NJW 2009, 3650 Rn. 11; fortgeführt durch BGH 03.12.2009, IX ZB 89/09, NZI 2010, 153 Rn. 6; 21.01.2010, IX ZB 174/09, NZI 2010, 195 Rn. 7f; krit. dazu *Schmerbach* NZI 2009, 677 (678 f.).
52 BGH 07.05.2013, IX ZB 51/12, NZI 2013, 846 (847) Rn. 11.
53 *Grote/Pape* ZInsO 2013, 1433 (1440); Schädlich Anm. NZI 2013, 848 (849).
54 BT-Drucks. 16/7416.
55 BGH 16.07.2009, IX ZB 219/08, BGHZ 183, 13 ff. = NJW 2009, 3650 Rn. 16.
56 Vgl. BT-Drucks. 16/7416, 9.

E. Bekanntmachung

Da § 298 Abs. 3 auf § 296 Abs. 3 Satz 2 verweist, ist der Beschluss, mit dem die Restschuldbefreiung versagt wird, gem. § 9 öffentlich bekannt zu machen. Dagegen muss der den Antrag des Treuhänders zurückweisende Beschluss nicht veröffentlicht werden.[57]

26

F. Rechtsmittel

Auf Grund der Verweisung in § 298 Abs. 3 auf § 296 Abs. 3 Satz 1 steht sowohl dem Treuhänder als auch dem Schuldner die **sofortige Beschwerde** gem. § 6 Abs. 1 InsO, §§ 567 ff. ZPO zu. Infolge der Aufhebung des § 7 durch das Gesetz zur Änderung des § 522 der Zivilprozessordnung vom 21. Oktober 2011[58] ist eine **Rechtsbeschwerde** nur noch im Falle der Zulassung durch das Beschwerdegericht statthaft (§ 4 InsO, § 574 Abs. 1 Satz 1 Nr. 2 ZPO).[59] Nach Art. 103f Satz 1 EGInsO, § 7 a.F. weiter zulassungsfrei ist die Rechtsbeschwerde hingegen für Entscheidungen über die sofortige Beschwerde nach § 6, bei denen die Notfrist des § 575 Abs. 1 ZPO am 27.10.2011 noch nicht abgelaufen ist.[60] Die Regelung des Art. 103f Satz 1 EGInsO ist entsprechend der Vorstellung des Gesetzgebers[61] dahingehend auszulegen, dass das Zulassungserfordernis sich auf Rechtsbeschwerden gegen solche **Beschwerdeentscheidungen** bezieht, die **seit dem Inkrafttreten des neuen Rechts** erlassen worden sind.[62] Enthält eine solche Beschwerdeentscheidung keine Ausführungen über die Zulassung der Rechtsbeschwerde, ist der Rechtsweg erschöpft und der BGH kann dann – unabhängig davon, ob das Beschwerdegericht sich über die Zulassung überhaupt Gedanken gemacht hat – nicht mehr in statthafter Weise mit der Sache befasst werden.[63] Eine Wiederaufnahme des Verfahrens kommt unter den Voraussetzungen der §§ 4 InsO, 578 ff. ZPO in Betracht.[64]

27

Im Schrifttum wird es trotz des insoweit eindeutigen Gesetzeswortlauts für fraglich gehalten, ob dem Treuhänder auch dann das **Recht zur sofortigen Beschwerde** zustehen soll, wenn er in der vom Insolvenzgericht gesetzten Nachfrist seine ausstehende Vergütung erhalten hat. Im Hinblick auf den allgemeinen Grundsatz, dass ein Beschwerderecht nur dann eingeräumt wird, wenn auch eine Beschwer vorliege, solle das Recht des Treuhänders zur sofortigen Beschwerde gegen den abweisenden Beschluss des Insolvenzgerichts versagt werden, falls der Treuhänder nachträglich die ausstehende Vergütung erhalten habe. Es sei nämlich schwer vorstellbar, welches berechtigte Interesse der Treuhänder in diesem Fall noch an seinem Antrag haben soll. Hier gebiete es die Prozessökonomie, die für die sofortige Beschwerde zuständigen Gerichte nicht weiter zu beanspruchen.[65] Diese Auffassung überzeugt nicht. Die Beschwer des Treuhänders ist zu bejahen, wenn das Insolvenzgericht seinem Antrag auf Versagung der Restschuldbefreiung zurückgewiesen hat. Ob der Schuldner die Vergütung (rechtzeitig) nachgezahlt hat, ist eine – vom Gericht zu prüfende – Frage der Begründetheit.

28

G. Gebühren, Kosten und Gegenstandswert

Für die Entscheidung über den Antrag auf Versagung der Restschuldbefreiung gem. § 298 fallen im Unterschied zu dem Antrag auf Versagung oder Widerruf nach §§ 296, 297, 300, 303 keine Gebühren an, denn in Nr. 2350 KV GKG wird § 298 nicht erwähnt.[66] Die Entscheidung des Insolvenzgerichts ergeht daher gebührenfrei.[67] Im Beschwerdeverfahren entsteht eine Gebühr nach Nr. 2361 KV GKG in

29

---

57 Braun/*Lang* Rn. 7; MüKo-InsO/*Ehricke* Rn. 23.
58 BGBl. I, 2082.
59 BGH 20.12.2011, IX ZB 294/11, WM 2012, 276 Rn. 4.
60 Vgl. BT-Drucks. 17/5334, 9.
61 BT-Drucks. 17/5334, 9.
62 BGH 10.05.2012, IX ZB 295/11, NJW-RR 2012, 1509, 1510 Rn. 9.
63 BGH 10.05.2012, IX ZB 295/11, NJW-RR 2012, 1509, 1511 Rn. 15.
64 LG Göttingen 05.12.2006, 10 T 27/06, ZInsO 2007, 47.
65 MüKo-InsO/*Ehricke* Rn. 25.
66 MüKo-InsO/*Ehricke* Rn. 13.
67 MüKo-InsO/*Ehricke* Rn. 23a.

§ 299 InsO Vorzeitige Beendigung

Höhe von 50 €, falls die Beschwerde verworfen oder zurückgewiesen wird. Bei teilweiser Verwerfung oder Zurückweisung kann das Gericht die Gebühr nach billigem Ermessen auf die Hälfte ermäßigen oder bestimmen, dass eine Gebühr nicht zu erheben ist. Im Rechtsbeschwerdeverfahren entsteht eine Gebühr nach Nr. 2364 KV GKG in Höhe von 100 €, soweit die Rechtsbeschwerde verworfen oder zurückgewiesen wird. Bei teilweiser Verwerfung oder Zurückweisung kann das Gericht die Gebühr nach billigem Ermessen auf die Hälfte ermäßigen oder bestimmen, dass eine Gebühr nicht zu erheben ist.

30 Wird im Versagungsverfahren ein Rechtsanwalt tätig, erhält er nach Nr. 3321 VV RVG als Verfahrensgebühr die Hälfte der vollen Gebühr. Nach Nr. 3321 Abs. 1 ist das Verfahren über mehrere gleichzeitig anhängige Anträge eine Angelegenheit. Nr. 3321 Abs. 2 bestimmt, dass die Gebühr auch gesondert entsteht, wenn der Antrag bereits vor Aufhebung des Insolvenzverfahrens gestellt wird. Die Verfahrensgebühr für das Beschwerdeverfahren beträgt ebenfalls 0,5 der vollen Gebühr (Nr. 3500 VV RVG, auch die dort vorgesehene [etwaige] Terminsgebühr beträgt 0,5 vgl. Nr. 3513 VV RVG). Als Verfahrensgebühr für das Verfahren über die Rechtsbeschwerde erhält der Rechtsanwalt nach Nr. 3502 VV RVG die volle (1,0) Gebühr.

31 Für die – ohnehin nur bei Verwerfung oder Zurückweisung des Rechtsmittels anfallenden – Gerichtsgebühren bedarf es keiner Streitwertfestsetzung, weil es sich um streitwertunabhängige Festgebühren handelt. Der **Gegenstandswert** für die Rechtsanwaltsgebühren ist gem. §§ 28 Abs. 3, 23 Abs. 3 Satz 2 RVG unter Berücksichtigung des wirtschaftlichen Interesses, das der Auftraggeber im Verfahren verfolgt, zu bestimmen. In Ermangelung genügender tatsächlicher Anhaltspunkte für eine Schätzung ist der Gegenstandswert mit 4.000 €, nach Lage des Falles niedriger oder höher, jedoch nicht über 500.000 € anzunehmen. Der BGH setzt den Gegenstandswert des Verfahrens der Rechtsbeschwerde bei Versagung bzw. Widerruf vielfach auf 5.000 € fest.[68]

§ 299 Vorzeitige Beendigung

Wird die Restschuldbefreiung nach § 296, 297 oder 298 versagt, so enden die Laufzeit der Abtretungserklärung, das Amt des Treuhänders und die Beschränkung der Rechte der Gläubiger mit der Rechtskraft der Entscheidung.

Übersicht	Rdn.		Rdn.
A. Überblick	1	5. Ablösung des künftigen Pfändungsbetrages	10
B. Beendigungsgründe	2	C. Rechtswirkungen	12
I. Gesetzliche Beendigungsgründe	3	I. Laufzeit der Abtretungserklärung	13
II. Entsprechende Anwendung	4	II. Beendigung des Treuhänderamtes	14
1. Freiwillige Verfahrensbeendigung durch den Schuldner	5	III. Beendigung der Beschränkung der Gläubigerrechte	16
2. Tod des Schuldners	6	D. Gerichtliche Entscheidung	18
3. Keine Forderungsanmeldung	7	E. Rechtsmittel	20
4. Tilgung der Verbindlichkeiten bzw. Teilerlass	8	F. Gebühren, Kosten und Gegenstandswert	21

A. Überblick

1 Die Vorschrift bestimmt die Rechtsfolgen einer Versagung der Restschuldbefreiung nach den §§ 296, 297 oder 298. § 299 stellt den Gesetzesmaterialien zufolge klar, dass die Versagung der Restschuldbefreiung auch dann das freie Nachforderungsrecht der Gläubiger wiederaufleben lässt, wenn sie schon während der Wohlverhaltensperiode ausgesprochen wird. Die Laufzeit der Abtretungserklärung und das Amt des Treuhänders enden vorzeitig.[1]

---

68 Vgl. z.B. BGH 22.10.2009, IX ZB 43/07, Tenor bei juris.
1 BT-Drucks. 12/2443, 193 zu § 247 InsO-RegE.

B. Beendigungsgründe

Der Tatbestand der Norm erfasst nicht unmittelbar alle denkbaren Fälle einer vorzeitigen Beendigung des Restschuldbefreiungsverfahrens. Er knüpft allein an die Versagung der Restschuldbefreiung aus bestimmten, aufgezählten Versagungsgründen an. Daraus kann nicht entnommen werden, in anderen Fällen könne es keine vorzeitige Beendigung der Wohlverhaltensphase geben.[2] Das Restschuldbefreiungsverfahren kann auch aus anderen Gründen ein vorzeitiges Ende finden, etwa infolge freiwilliger Beendigung durch den Schuldner. In einem solchen Fall dürfen die Rechtsfolgen des § 299 als gesetzliches Leitbild herangezogen werden.[3]

I. Gesetzliche Beendigungsgründe

Die Voraussetzungen für die in § 299 aufgestellten Rechtsfolgen ergeben sich nicht aus dieser Vorschrift selbst, sondern aus den §§ 296, 297 oder 298, auf die verwiesen wird. Demnach treten die Rechtsfolgen des § 299 ein, wenn der Schuldner während der Laufzeit der Abtretungserklärung schuldhaft eine seiner Obliegenheiten verletzt und dadurch die Befriedigung der Insolvenzgläubiger beeinträchtigt wird (§ 296), wenn der Schuldner in dem Zeitraum zwischen Schlusstermin und Aufhebung des Insolvenzverfahrens oder während der Laufzeit der Abtretungserklärung wegen einer Insolvenzstraftat nach den §§ 283 bis 283c StGB rechtskräftig verurteilt wird (§ 297 Abs. 1) oder wenn die an den Treuhänder für das vorangegangene Jahr seiner Tätigkeit abgeführten Beträge die Mindestvergütung nicht decken und der Schuldner den fehlenden Betrag nicht einzahlt, obwohl ihn der Treuhänder schriftlich zur Zahlung binnen einer Frist von mindestens zwei Wochen aufgefordert und ihn dabei auf die Möglichkeit der Versagung der Restschuldbefreiung hingewiesen hat (§ 298 Abs. 1).[4]

II. Entsprechende Anwendung

Über den unmittelbaren Anwendungsbereich des § 299 hinaus haben Rechtsprechung und Schrifttum für weitere Fälle eine entsprechende Anwendung der Vorschrift bejaht. Dabei kommt eine vorzeitige Beendigung sowohl i.S. eines **Ausscheidens der Restschuldbefreiung** als auch in Form der **vorzeitigen Erteilung** der Restschuldbefreiung in Betracht.[5]

1. Freiwillige Verfahrensbeendigung durch den Schuldner

Der Schuldner ist berechtigt, das Schuldbefreiungsverfahren während der Wohlverhaltensperiode freiwillig zu beenden.[6] § 299 ist entsprechend anzuwenden, wenn der Schuldner seinen Restschuldbefreiungsantrag zurücknimmt oder der Antrag für erledigt erklärt wird.[7] Die Rücknahme führt – wie die Erledigungserklärung – nicht zur vorzeitigen Erteilung der Restschuldbefreiung, weil der Schuldner gerade darauf verzichtet, das Verfahren bis zum Ende durchführen zu lassen.[8]

2. Tod des Schuldners

§ 299 ist ebenfalls entsprechend anzuwenden, wenn das Verfahren durch den Tod des Schuldners sein Ende findet.[9] Die Erteilung der Restschuldbefreiung scheidet dann aus.[10] Bei den Obliegenheiten des § 295 handelt es sich um höchstpersönliche Anforderungen, die der Erbe bzw. die Erben sinn-

---

[2] BGH 17.03.2005, IX ZB 214/04, NZI 2005, 399 (400).
[3] MüKo-InsO/*Ehricke* Rn. 4.
[4] MüKo-InsO/*Ehricke* Rn. 3.
[5] Vgl. BGH 17.03.2005, IX ZB 214/04, NZI 2005, 399 (400).
[6] MüKo-InsO/*Ehricke* Rn. 4.
[7] BGH 17.03.2005, IX ZB 214/04, NZI 2005, 399 (400).
[8] Morbutter/Ringstmeier/*G. Pape* § 17 Rn. 97.
[9] BGH 17.03.2005, IX ZB 214/04, NZI 2005, 399 (400).
[10] Morbutter/Ringstmeier/*G. Pape* § 17 Rn. 98; a.A. AG Duisburg 25.05.2009, 62 IK 59/00, NZI 2009, 659.

vollerweise nicht erfüllen können.[11] Das Restschuldbefreiungsverfahren soll dem redlichen Schuldner die Möglichkeit eröffnen, frei von bestehenden Schulden einen wirtschaftlichen Neuanfang zu nehmen. Mit dem Tode des Schuldners fällt der Zweck fort und kommt eine Weiterführung des Verfahrens durch die Erben nicht in Betracht. Wegen der Höchstpersönlichkeit der Restschuldbefreiung gilt dies auch dann, wenn die Erben selbst auf Grund ihrer desolaten wirtschaftlichen Situation eine Entschuldung nötig hätten.[12] Die Erben haben im Übrigen auch nicht die uneingeschränkte Nachhaftung im Fall des Scheiterns einer Restschuldbefreiung zu befürchten. Vielmehr können sie die Erbschaft ausschlagen, um sich vor einer übermäßigen Haftung zu schützen.[13]

3. Keine Forderungsanmeldung

7   Haben keine Insolvenzgläubiger Forderungen zur Tabelle angemeldet, kann dem Schuldner die Restschuldbefreiung bereits im Schlusstermin erteilt werden, sofern er belegt, dass die Verfahrenskosten und die sonstigen Masseverbindlichkeiten getilgt sind.[14]

4. Tilgung der Verbindlichkeiten bzw. Teilerlass

8   Werden vor Ablauf der Wohlverhaltensphase die Verfahrenskosten berichtigt und sämtliche Gläubiger befriedigt, ist auf Antrag des Schuldners die Wohlverhaltensphase vorzeitig zu beenden und die Restschuldbefreiung auszusprechen.[15] Eine solche Lage kann z.B. eintreten, wenn der Schuldner während der Wohlverhaltensperiode neues Vermögen etwa durch Erbschaft, Schenkung oder Lotteriegewinn erwirbt und dieses zur Begleichung seiner Verbindlichkeiten einsetzt.[16] Wenn der Schuldner infolge **Neuerwerbs während des Verfahrens** wieder zahlungsfähig geworden und sowohl willens als auch imstande ist, alle seine Verbindlichkeiten demnächst außerhalb des Insolvenzverfahrens zu berichtigen, kann die soziale Rechtfertigung einer Schuldbefreiung nicht mehr greifen.[17]

9   Die vorzeitige Erteilung der Restschuldbefreiung ist auch möglich, wenn die am Insolvenzverfahren teilnehmenden Gläubiger nur teilweise befriedigt werden und die **Restforderungen** im Übrigen **erlassen** werden. Hat der Schuldner im Wege von Vergleichsvereinbarungen, die eine teilweise Zahlung der jeweiligen Forderung und im Übrigen einen Erlass (§ 397 Abs. 1 BGB) vorsehen, mit den Gläubigern eine Befriedigung erreicht und legt er Erklärungen der Gläubiger vor, in denen diese jeweils die Befriedigung ihrer Forderungen erklären, ist eine vorzeitige Restschuldbefreiung zu erteilen. Die Wohlverhaltensperiode wäre sinnlos, weil mit Wegfall der Forderungen keine Haftung des Schuldners mehr gegeben ist.[18]

5. Ablösung des künftigen Pfändungsbetrages

10 Zur vorzeitigen Beendigung kann auch die Ablösung des künftigen Pfändungsbetrages vor Ablauf der Wohlverhaltensperiode führen. Im Gesetz ist diese Art der Beendigung nicht vorgesehen. Ob und unter welchen Voraussetzungen eine solche Ablösung gleichwohl zulässig ist, wird nicht einheitlich beurteilt.[19] Überzeugend ist es, die einvernehmliche Ablösung des zukünftigen Pfändungsbedarfs auf der Grundlage einer **Einigung mit den Gläubigern** zuzulassen; dagegen scheidet die einseitige vorgezogene Schlusszahlung aus Gründen der Praktikabilität aus, weil nicht vorhersehbar ist, welche Leistun-

---

11 *Schmerbach* NZI 2008, 353 (354).
12 MüKo-InsO/*Ehricke* Rn. 16.
13 Morbutter/Ringstmeier/*G. Pape* § 17 Rn. 98; Karsten Schmidt/*Henning* Rn. 5.
14 BGH 17.03.2005, IX ZB 214/04, NZI 2005, 399 (400); MüKo-InsO/*Ehricke* Rn. 17.
15 BGH 17.03.2005, IX ZB 214/04, NZI 2005, 399 (400).
16 MüKo-InsO/*Ehricke* Rn. 13.
17 BGH 15.07.2010, IX ZB 229/07, ZInsO 2010, 1496 Rn. 15.
18 LG Berlin 19.01.2009, 86 T 24/09, ZInsO 2009, 443 Rn. 5 f.
19 *Abl.* AG Köln 28.01.2002, 71 IK 1/00, NZI 2002, 218; bejahend LG Berlin 19.01.2009, 86 T 24/09, ZInsO 2009, 443 Rn. 5 f.; FK-InsO/*Ahrens* Rn. 13; nach der Herkunft des Geldes differenzierend MüKo-InsO/*Ehricke* Rn. 14.

gen der Schuldner während der Treuhandperiode zu erbringen hätte.[20] Die einvernehmliche vorzeitige Ablösung, die zu einer schnelleren Befriedigung der Gläubiger führt, stellt für den Schuldner nur dann einen Anreiz dar, wenn sie das weitere Durchlaufen der Wohlverhaltensperiode entbehrlich werden lässt. Zudem kann damit der Kostenaufwand durch dieses Verfahren vermieden werden. Gegen die Durchführung des Restschuldbefreiungsverfahrens bei fehlender Gläubigerteilnahme ist mit Recht geltend gemacht worden, dass dem Schuldner nicht für die Dauer der Wohlverhaltensphase seine wirtschaftliche Bewegungsfreiheit und ihm ein Dasein am Rande der Pfändungsfreigrenzen für die Dauer mehrerer Jahre zugemessen werden sollte, ohne dass dies auf Grund berechtigter Interessen der Insolvenzgläubiger oder zur Sicherung des Verfahrens tatsächlich erforderlich wäre.[21] Solche berechtigten Interessen sind allerdings auch dann nicht zu ersehen, wenn der Schuldner die Ablösung des künftigen Pfändungsbetrags auf der Grundlage einer Einigung mit den Gläubigern bewirkt.

Eine Unterscheidung danach, ob der Schuldner schenkungsweise das Vermögen, das notwendig ist, um die künftigen Pfändungsbeträge vorzeitig abzulösen, erhält (dann vorzeitige Beendigung) oder ob zur Ablösung der künftigen Pfändungsbeträge ein **Darlehen aufnehmen** muss und damit Rückzahlungsverpflichtungen, also wiederum neuen Schulden, ausgesetzt ist (dann keine vorzeitige Beendigung)[22], ist abzulehnen. Die Gegenauffassung nimmt an, ein Gläubigerwechsel, bei dem der Kreditgeber an die Stelle der ursprünglichen Gläubiger trete, stehe mit dem Ziel der Restschuldbefreiung, dem Schuldner einen Ausstieg aus der lebenslangen Schuldhaftung und damit einen wirtschaftlichen Neuanfang zu ermöglichen, nicht im Einklang.[23] Das Restschuldbefreiungsverfahren ist indessen nicht dazu geeignet und dient auch nicht dazu, den Schuldner vor der Eingehung neuer Verbindlichkeiten zu schützen.[24] Der Zweck des Restschuldbefreiungsverfahrens, dem Schuldner einen Neuanfang zu ermöglichen, kann sich grds nur auf die am Verfahren teilnehmenden Verbindlichkeiten beziehen.[25] Der Schuldner kann sich während des laufenden Restschuldbefreiungsverfahrens neu verschulden. Überdies werden nach § 302 Nr. 3 Verbindlichkeiten aus zinslosen Darlehen, die dem Schuldner zur Begleichung der Kosten des Insolvenzverfahrens gewährt wurden, von der Restschuldbefreiung nicht berührt. Wie diese Norm zeigt, ist unter bestimmten Voraussetzungen sogar die bei Eröffnung des Insolvenzverfahrens zur Finanzierung der Verfahrenskosten erfolgte Kreditaufnahme privilegiert. Vor diesem Hintergrund ist z.B. die Ablösung der künftigen Pfändungsbeträge mit Hilfe eines von Verwandten oder Freunden oder karitativen Einrichtungen gewährten zinslosen Darlehens nicht zu missbilligen. Es würde die Prüfungsmöglichkeiten des Insolvenzgerichts überspannen, jedenfalls aber mit erheblichem Aufwand verbunden sein, wenn in jedem Einzelfall die zu Grunde liegenden Vereinbarungen überprüft und die Mittelherkunft kontrolliert werden müsste. Auch eine kreditfinanzierte Ablösung ist daher zulässig.[26] Freilich scheidet auch bei Kreditfinanzierung die einseitige vorgezogene Schlusszahlung aus, weil nicht vorhersehbar ist, welche Leistungen der Schuldner während der Treuhandzeit zu erbringen hätte.[27]

C. Rechtswirkungen

Auf der Rechtsfolgenseite nennt § 299 drei einzelne Rechtswirkungen einer vorzeitigen Beendigung,[28] nicht aber die allgemeinen Rechtswirkungen.[29] Mit der Rechtskraft der Versagungsentschei-

---

20 FK-InsO/*Ahrens* Rn. 13.
21 *G. Pape* NZI 2004, 1 (5).
22 So aber MüKo-InsO/*Ehricke* Rn. 15.
23 AG Köln 28.01.2002, 71 IK 1/00, NZI 2002, 218 (219).
24 LG Berlin 19.01.2009, 86 T 24/09, ZInsO 2009, 443 Rn. 6.
25 Morbutter/Ringstmeier/*G. Pape* § 17 Rn. 99.
26 HK-InsO/*Landfermann* 6. Aufl., Rn. 7.
27 FK-InsO/*Ahrens* Rn. 13.
28 Entgegen Braun/*Lang* Rn. 4 betreffen diese nicht nur verfahrensrechtliche Anordnungen, sondern stellt die Beendigung der Beschränkung der Gläubigerrechte auch eine konstitutive haftungsrechtliche Entscheidung dar, FK-InsO/*Ahrens* Rn. 19.
29 FK-InsO/*Ahrens* Rn. 21: z.B. das Ende der Rechtshängigkeit.

dung enden die Laufzeit der Abtretungserklärung[30], das Amt des Treuhänders und die Beschränkung der Rechte der Gläubiger. Wird vor der gerichtlichen Ankündigung nach § 291, d.h. vor Aufhebung des Insolvenzverfahrens, die Restschuldbefreiung nach § 296 versagt, endet allein die Laufzeit der Abtretungserklärung. Die beiden anderen Rechtsfolgen gem. § 299 sind unanwendbar.[31]

I. Laufzeit der Abtretungserklärung

13 Mit der Rechtskraft des Beschlusses über die Versagung der Restschuldbefreiung und Ende der Laufzeit der Abtretungserklärung nach § 287 Abs. 2 wird der Schuldner wieder Inhaber der an den Treuhänder abgetretenen Bezüge und kann über sie frei verfügen. Dasselbe gilt im Falle des Todes des Schuldners im Hinblick auf die Erben. Die Unkenntnis eines Dritten von dieser materiellen Rechtslage ist unerheblich.[32] Durch die Bestimmung des § 299 wird die verfahrensrechtliche Überleitung der Forderungen ex nunc beendet.[33]

II. Beendigung des Treuhänderamtes

14 Infolge der Beendigung des Amtes enden die Verpflichtungen des Treuhänders gem. § 292, insb. die ihm von den Gläubigern ggf übertragene Aufgabe, die Erfüllung der Obliegenheiten des Schuldners zu überwachen (§ 292 Abs. 2 Satz 1). Vor der Beendigung vereinnahmte Tilgungsleistungen hat er aber noch an die Gläubiger und nach § 292 Abs. 1 Satz 3 an den Schuldner zu verteilen. Nach Erlöschen der Abtretung erbrachte Leistungen hat der Treuhänder als Forderungsinhaber auszuzahlen. Gegen den Auszahlungsanspruch des Schuldners darf er mit seinem Vergütungsanspruch aufrechnen.[34]

15 Außerdem muss der Treuhänder gem. § 292 Abs. 3 Satz 1 dem Insolvenzgericht Rechnung legen. Für die Durchsetzung dieser Pflicht steht insb. die Festsetzung eines Zwangsgeldes nach vorheriger Androhung durch das Gericht gem. § 58 Abs. 2 zur Verfügung. Darüber hinaus hat der Treuhänder den zur Zahlung der Bezüge Verpflichteten über das Ende der Abtretung zu unterrichten. Dies ergibt sich aus dem Sinn und Zweck des § 292 Abs. 1 Satz 1.[35]

III. Beendigung der Beschränkung der Gläubigerrechte

16 Schließlich endet die in § 294 Abs. 1 angeordnete Beschränkung der Gläubigerrechte. Das **unbeschränkte Nachforderungsrecht** der Gläubiger lebt wieder auf, sie dürfen gem. § 201 Abs. 1 ihre nicht befriedigten Forderungen geltend machen. Das Recht zur Zwangsvollstreckung lebt ebenfalls wieder auf, und für Vollstreckungsmaßnahmen gilt wieder der **Prioritätsgrundsatz**.[36] Durch den Auszug aus der Tabelle wird der frühere Titel »aufgezehrt«. Das gilt jedoch nicht, wenn der Schuldner der Feststellung widersprochen hat. Ein Widerspruch des Schuldners steht zwar der Feststellung der Forderung zur Tabelle nicht entgegen (§ 178 Abs. 1 Satz 2). Aus dem Tabellenauszug kann jedoch dann, wenn der erhobene Widerspruch nicht beseitigt ist, die Zwangsvollstreckung nicht betrieben werden (§ 201 Abs. 2 Satz 1 und 2). Insoweit kann der Gläubiger auf den vorab erwirkten Titel zurückgreifen.[37] Ferner erlischt das Aufrechnungsverbot nach § 294 Abs. 3, und Vorzugsabkommen sind nicht mehr gem. § 294 Abs. 2 nichtig.[38]

17 Pfändungen, Sicherungsabtretungen und Verpfändungen, die bereits vor der Eröffnung des Insolvenzverfahrens vorgenommen wurden, werden gem. § 114 Abs. 1 und 3 mit der Eröffnung des

---

30 BGH 28.06.2012, IX ZB 313/11, NZI 2012, 811, 812 Rn. 10.
31 FK-InsO/*Ahrens* Rn. 16.
32 MüKo-InsO/*Ehricke* Rn. 7.
33 BGH 13.07.2006, IX ZB 117/04, NZI 2006, 599 Rn. 16; FK-InsO/*Ahrens* Rn. 17.
34 FK-InsO/*Ahrens* Rn. 18; MüKo-InsO/*Ehricke* Rn. 7.
35 MüKo-InsO/*Ehricke* Rn. 8.
36 FK-InsO/*Ahrens* Rn. 19.
37 BGH 18.05.2006, IX ZR 187/04, NZI 2006, 536 Rn. 9 m.w.N.
38 MüKo-InsO/*Ehricke* Rn. 9.

Insolvenzverfahrens unwirksam oder sind in ihrer Wirkung auf zwei Jahre beschränkt. Da die Beschränkung an das Datum der Eröffnung des Insolvenzverfahrens geknüpft ist, endet sie nicht durch Versagung der Restschuldbefreiung, sondern läuft die Frist von zwei Jahren weiter. Unwirksame Vollstreckungsmaßnahmen oder Sicherungsrechte bleiben auch nach der Versagung außer Kraft. Eine Wiederauflebensklausel bzgl. der Lohn- bzw. Gehaltzession bzw. bzgl. der Pfändung dieser Ansprüche ist in § 299 nicht vorgesehen.[39]

D. Gerichtliche Entscheidung

Bei Versagung der Restschuldbefreiung nach §§ 296, 297 oder 298 treten die Wirkungen des § 299 mit Rechtskraft der Versagungsentscheidung kraft Gesetzes ein. Eines ausdrücklichen Rechtsfolgenausspruchs bzw. einer Rechtsfolgenanordnung durch einen **Beschluss** bedarf es nur, wenn § 299 über seinen unmittelbaren Anwendungsbereich hinaus, dh analog angewendet wird.[40] Das Gericht hat dann die Wirkungen der vorzeitigen Beendigung durch Beschluss auszusprechen[41]. Das Gesetz sieht einen solchen Beschluss zwar nicht vor. Freilich dient der formelle Verfahrensabschluss mit Blick auf die Abtretungserklärung und das Amt des Treuhänders der Rechtsklarheit und Rechtssicherheit.[42] Gegenüber den befriedigten Gläubigern wirkt der Beschluss deklaratorisch, sonst konstitutiv.[43] Auf die in § 299 bestimmten Rechtsfolgen in den Fällen der §§ 296, 297 und 298 ist in dem Beschluss nicht einzugehen, weil diese kraft Gesetzes mit der Entscheidung über die Versagung eintreten. Bei vorzeitiger Beendigung aus anderen als den im Gesetz vorgesehenen Gründen hat das Gericht die in § 299 vorgesehenen Rechtsfolgen in dem Beschluss auszusprechen.[44] Auf die Entscheidung findet § 300 entsprechende Anwendung.[45]

18

Eine Bekanntmachung der in § 299 genannten Rechtsfolgen (die Bekanntmachung der Versagung erfolgt nach §§ 296, 297, 298) ist bei unmittelbarer Anwendung nicht vorgesehen. Sie scheidet folglich auch i.R.d. entsprechenden Anwendung aus.

19

E. Rechtsmittel

Im unmittelbaren Anwendungsbereich der Vorschrift ist das gegen die Entscheidung über die Erteilung der Restschuldbefreiung vorgesehene Rechtsmittel eröffnet. Das ist i.R.d. §§ 296, 297, 298 grds die **sofortige Beschwerde**. In den Fällen der vorzeitigen Beendigung analog § 299 ist gegen den gerichtlichen Beschluss die sofortige Beschwerde entsprechend § 300 Abs. 2 Satz 1 statthaft.[46] Infolge der Aufhebung des § 7 durch das Gesetz zur Änderung des § 522 der Zivilprozessordnung vom 21. Oktober 2011[47] ist eine **Rechtsbeschwerde** nur noch im Falle der Zulassung durch das Beschwerdegericht statthaft (§ 4 InsO, § 574 Abs. 1 Satz 1 Nr. 2 ZPO).[48] Nach Art. 103f Satz 1 EGInsO, § 7 a.F. weiter zulassungsfrei ist die Rechtsbeschwerde hingegen für Entscheidungen über die sofortige Beschwerde nach § 6, bei denen die Notfrist des § 575 Abs. 1 ZPO am 27.10.2011 noch nicht abgelaufen ist.[49] Die Regelung des Art. 103f Satz 1 EGInsO ist entsprechend der Vorstellung des Gesetzgebers[50] dahingehend auszulegen, dass das Zulassungserfordernis sich auf

20

---

39 FK-InsO/*Ahrens* Rn. 20; MüKo-InsO/*Ehricke* Rn. 10.
40 FK-InsO/*Ahrens* Rn. 15.
41 Braun/*Lang* Rn. 3; FK-InsO/*Ahrens* Rn. 14; MüKo-InsO/*Ehricke* Rn. 18; a.A. Nerlich/*Römermann* Rn. 10.
42 MüKo-InsO/*Ehricke* Rn. 18.
43 FK-InsO/*Ahrens* Rn. 14; abw. HK-InsO/*Landfermann* 6. Aufl., Rn. 4: insgesamt konstitutiv; Uhlenbruck/*Vallender* Rn. 10: nur deklaratorisch.
44 MüKo-InsO/*Ehricke* Rn. 6.
45 FK-InsO/*Ahrens* Rn. 14.
46 LG Berlin 19.01.2009, 86 T 24/09, ZInsO 2009, 443 Rn. 2; FK-InsO/*Ahrens* Rn. 14.
47 BGBl. I, 2082.
48 BGH 20.12.2011, IX ZB 294/11, WM 2012, 276 Rn. 4.
49 Vgl. BT-Drucks. 17/5334, 9.
50 BT-Drucks. 17/5334, 9.

Rechtsbeschwerden gegen solche **Beschwerdeentscheidungen** bezieht, die **seit dem Inkrafttreten des neuen Rechts** erlassen worden sind.[51] Enthält eine solche Beschwerdeentscheidung keine Ausführungen über die Zulassung der Rechtsbeschwerde, ist der Rechtsweg erschöpft und der BGH kann dann – unabhängig davon, ob das Beschwerdegericht sich über die Zulassung überhaupt Gedanken gemacht hat – nicht mehr in statthafter Weise mit der Sache befasst werden.[52]

F. Gebühren, Kosten und Gegenstandswert

21 In Bezug auf die Kosten wird auf die Ausführungen zu den Versagungsnormen der §§ 296, 297 und 298 verwiesen. Demnach entsteht im Falle der §§ 296, 297 – unabhängig vom Verfahrensausgang – eine Gebühr für den Versagungsantrag von 30 € nach Nr. 2350 KV GKG; für einen Versagungsantrag nach § 298 fallen keine Gerichtsgebühren an.[53] Erfolgt der Gerichtsbeschluss in entsprechender Anwendung des § 299, fehlt es für die Gerichtskosten erster Instanz an einem Gebührentatbestand. Die Entscheidung des Insolvenzgerichts ergeht daher gebührenfrei. Im Beschwerdeverfahren entsteht auf Grund der allgemeinen Fassung der Gebührenvorschrift (»Verfahren über nicht besonders aufgeführte Beschwerden, die nicht nach anderen Vorschriften gebührenfrei sind«) eine Gebühr nach Nr. 2361 KV GKG in Höhe von 50 €, falls die Beschwerde verworfen oder zurückgewiesen wird. Bei teilweiser Verwerfung oder Zurückweisung kann das Gericht die Gebühr nach billigem Ermessen auf die Hälfte ermäßigen oder bestimmen, dass eine Gebühr nicht zu erheben ist. Im Rechtsbeschwerdeverfahren entsteht eine Gebühr nach Nr. 2364 KV GKG in Höhe von 100 €, soweit die Rechtsbeschwerde verworfen oder zurückgewiesen wird. Bei teilweiser Verwerfung oder Zurückweisung kann das Gericht die Gebühr nach billigem Ermessen auf die Hälfte ermäßigen oder bestimmen, dass eine Gebühr nicht zu erheben ist.

22 Wird im Versagungsverfahren ein Rechtsanwalt tätig, erhält er nach Nr. 3321 VV RVG als Verfahrensgebühr die Hälfte der vollen Gebühr. Nach Nr. 3321 Abs. 1 ist das Verfahren über mehrere gleichzeitig anhängige Anträge eine Angelegenheit. Nr. 3321 Abs. 2 bestimmt, dass die Gebühr auch gesondert entsteht, wenn der Antrag bereits vor Aufhebung des Insolvenzverfahrens gestellt wird. Die Verfahrensgebühr für das Beschwerdeverfahren beträgt ebenfalls 0,5 der vollen Gebühr (Nr. 3500 VV RVG, auch die dort vorgesehene (etwaige) Terminsgebühr beträgt 0,5 vgl. Nr. 3513 VV RVG). Als Verfahrensgebühr für das Verfahren über die Rechtsbeschwerde erhält der Rechtsanwalt nach Nr. 3502 VV RVG die volle (1,0) Gebühr.

23 Für die – ohnehin nur bei Verwerfung oder Zurückweisung des Rechtsmittels anfallenden – Gerichtsgebühren bedarf es keiner Streitwertfestsetzung, weil es sich um streitwertunabhängige Festgebühren handelt. Der **Gegenstandswert** für die Rechtsanwaltsgebühren ist gem. §§ 28 Abs. 3, 23 Abs. 3 Satz 2 RVG unter Berücksichtigung des wirtschaftlichen Interesses, das der Auftraggeber im Verfahren verfolgt, zu bestimmen. In Ermangelung genügender tatsächlicher Anhaltspunkte für eine Schätzung ist der Gegenstandswert mit 4.000 €, nach Lage des Falles niedriger oder höher, jedoch nicht über 500.000 € anzunehmen.

§ 299 n.F. Vorzeitige Beendigung

[Tritt zum 01.07.2014 in Kraft]

Wird die Restschuldbefreiung nach § 296, 297, 297a oder 298 versagt, so enden die Abtretungsfrist, das Amt des Treuhänders und die Beschränkung der Rechte der Gläubiger mit der Rechtskraft der Entscheidung.

---

51 BGH 10.05.2012, IX ZB 295/11, NJW-RR 2012, 1509, 1510 Rn. 9.
52 BGH 10.05.2012, IX ZB 295/11, NJW-RR 2012, 1509, 1511 Rn. 15.
53 MüKo-InsO/*Ehricke* Rn. 12.

Normzweck

Die Vorschrift tritt am 01.07.2014 in Kraft.[1] In § 299 n.F. ist die Angabe »§§ 296, 297« durch die Angabe »den §§ 296, 297, 297a« und sind die Wörter »Laufzeit der Abtretungserklärung« durch das Wort »Abtretungsfrist« ersetzt worden. Es handelt sich um Folgeänderungen zur Einfügung des § 297a sowie zur Definition des Begriffs der Abtretungsfrist in § 287 Abs. 2 n.F.[2]

§ 300 Entscheidung über die Restschuldbefreiung

(1) Ist die Laufzeit der Abtretungserklärung ohne eine vorzeitige Beendigung verstrichen, so entscheidet das Insolvenzgericht nach Anhörung der Insolvenzgläubiger, des Treuhänders und des Schuldners durch Beschluss über die Erteilung der Restschuldbefreiung.

(2) Das Insolvenzgericht versagt die Restschuldbefreiung auf Antrag eines Insolvenzgläubigers, wenn die Voraussetzungen des § 296 Abs. 1 oder 2 Satz 3 oder des § 297 vorliegen, oder auf Antrag des Treuhänders, wenn die Voraussetzungen des § 298 vorliegen.

(3) Der Beschluss ist öffentlich bekanntzumachen. Gegen den Beschluss steht dem Schuldner und jedem Insolvenzgläubiger, der bei der Anhörung nach Absatz 1 die Versagung der Restschuldbefreiung beantragt hat, die sofortige Beschwerde zu.

Übersicht

	Rdn.			Rdn.
A. Überblick	1	C.	Gerichtliche Entscheidung und Rechtswirkungen	14
B. Verfahren	3			
I. Ende der Laufzeit der Abtretungserklärung	4	D.	Bekanntmachung	17
		E.	Rechtsmittel	20
II. Keine vorzeitige Beendigung	8	F.	Gebühren, Kosten und Gegenstandswert	23
III. Anhörung	10			
IV. Versagungsantrag	13a			

A. Überblick

Zur Erlangung der Restschuldbefreiung muss der Schuldner **zwei Verfahrensabschnitte** durchlaufen. Am Ende des Zulassungs- bzw. Vorverfahrens entscheidet das Insolvenzgericht gem. § 289 darüber, ob der Antrag auf Erteilung der Restschuldbefreiung zu verwerfen, die Restschuldbefreiung zu versagen oder anzukündigen ist (vgl. § 289 Rdn. 1). Bei Verwerfung oder Versagung endet das Restschuldbefreiungsverfahren mit dem negativen Ausgang des ersten Verfahrensabschnitts. Bei Ankündigung der Restschuldbefreiung muss das Gericht gem. § 300 nach dem Ende des zweiten Verfahrensabschnitts, dh nach dem Ende der grds sechsjährigen Laufzeit der Abtretungserklärung, nochmals über die Versagung oder Erteilung der Restschuldbefreiung entscheiden.[1] In Ausnahmefällen kann der zweite Verfahrensabschnitt vorzeitig mit Erteilung der Restschuldbefreiung beendet werden.[2] Beim Tod des Schuldners vor der Entscheidung über die Erteilung der Restschuldbefreiung scheidet die Fortführung des Verfahrens mit den Erben und somit auch eine Restschuldbefreiung aus.[3]

Aus dem Regelungszusammenhang von § 300 Abs. 1 und 2 ergibt sich, dass das Gericht die Restschuldbefreiung erteilen muss, wenn kein Versagungsantrag gestellt wird oder der gestellte Versagungsantrag nicht zulässig oder nicht begründet ist. Entsprechendes gilt, wenn der Versagungs-

---

1 Art. 9 Satz 1 des Gesetzes zur Verkürzung des Restschuldbefreiungsverfahrens und zur Stärkung der Gläubigerrechte.
2 BT-Drucks. 17/11268, 29.
1 FK-InsO/*Ahrens* Rn. 2.
2 BGH 17.03.2005, IX ZB 214/04, NZI 2005, 399 (400).
3 Mohrbutter/Ringstmeier/*G. Pape* § 17 Rn. 98; a.A. AG Duisburg 25.05.2009, 62 IK 59/00, NZI 2009, 659.

antrag vor Eintritt der Rechtskraft der über ihn ergangenen Entscheidungen zurückgenommen wird. Die **Rücknahme** kann auch noch gegenüber dem BGH erklärt werden; einer anwaltlichen Vertretung bedarf es hierbei nicht.[4] Ein gerichtlicher Ermessensspielraum besteht nicht. Fehlt es an einem Versagungsantrag oder hat dieser keinen Erfolg, ist die Restschuldbefreiung unabhängig davon zu erteilen, ob und in welcher Höhe die Gläubiger während der Wohlverhaltensperiode befriedigt wurden.[5] Erteilt das Gericht die Restschuldbefreiung, so wird der Schuldner nach Maßgabe der §§ 286, 301, 302 von seinen nicht erfüllten Verbindlichkeiten befreit. Zugleich sind damit die Versagungsgründe der §§ 296 bis 298 präkludiert. Nach erfolgreicher Beendigung des Restschuldbefreiungsverfahrens für den Schuldner können die Gläubiger nur noch binnen Jahresfrist unter den engen Voraussetzungen des § 303 den Widerruf der Restschuldbefreiung beantragen.[6]

B. Verfahren

3   Das Insolvenzgericht entscheidet nach dem Gesetz grds unter der Voraussetzung, dass die Laufzeit der Abtretungserklärung ohne eine vorzeitige Beendigung verstrichen ist.

I. Ende der Laufzeit der Abtretungserklärung

4   Die Laufzeit der Abtretungserklärung richtet sich infolge **mehrerer Rechtsänderungen** letztlich danach, ob das Insolvenzverfahren vor dem **01.12.2001** eröffnet worden ist.

5   War die Zahlungsunfähigkeit des Schuldners vor dem 01.01.1997 eingetreten und das Insolvenzverfahren vor dem 01.12.2001 eröffnet worden, betrug die Laufzeit der Abtretungserklärung fünf Jahre ab der Aufhebung des Insolvenzverfahrens.[7] Allerdings ist die dafür geltende Übergangsvorschrift des Art. 107 EGInsO durch Art. 3 des Gesetzes v. 13.04.2007[8] mit Wirkung v. 01.07.2007 aufgehoben worden.

6   Ist die Zahlungsunfähigkeit des Schuldners ab dem 01.01.1997 eingetreten und das Insolvenzverfahren vor dem 01.12.2001 eröffnet worden, beträgt die Laufzeit der Abtretungserklärung gem. § 287 Abs. 2 Satz 1 a.F. sieben Jahre ab der Aufhebung des Insolvenzverfahrens.[9] Art. 103a EGInsO bestimmt hierzu, dass auf vor dem 01.12.2001 eröffnete Insolvenzverfahren die bis dahin geltenden gesetzlichen Vorschriften weiter anzuwenden sind. Allerdings ist Art. 103a EGInsO mit Blick auf Art. 3 Abs. 1 GG verfassungskonform dahin auszulegen, dass in vor dem 01.12.2091 eröffneten Insolvenzverfahren unabhängig vom Verfahrensstand 12 Jahre nach Eröffnung über den Antrag auf Restschuldbefreiung zu entscheiden ist.[10]

7   Ist das Insolvenzverfahren ab dem 01.12.2001 eröffnet worden, beträgt die Laufzeit der Abtretungserklärung gem. § 287 Abs. 2 Satz 1 sechs Jahre nach der Eröffnung des Insolvenzverfahrens. Im Unterschied zu der früheren Rechtslage umfasst die Laufzeit daher nicht nur die Treuhandzeit, sondern auch das vorangeschaltete Zulassungsverfahren. Infolgedessen ist die Treuhandzeit von relativer Dauer. Diese errechnet sich aus der sechsjährigen Frist abzüglich der Zeit für das Zulassungsverfahren. Damit ist für die Verfahrensbeteiligten bereits bei Eröffnung des Insolvenzverfahrens voraussehbar, wann das Restschuldbefreiungsverfahren bei regelmäßigem Verlauf endet.[11] Ist die Frist der Abtretungserklärung abgelaufen, bevor dem Schuldner die Restschuldbefreiung angekündigt worden ist, muss schon vor Beendigung des Insolvenzverfahrens über die Erteilung der Restschuldbefreiung entschieden werden.[12]

---

4   BGH 12.05.2011, IX ZB 229/10, WM 2011, 1144 (1145) Rn. 11.
5   Braun/*Lang* Rn. 1.
6   FK-InsO/*Ahrens* Rn. 3.
7   FK-InsO/*Ahrens* Rn. 4.
8   BGBl. I, 509.
9   FK-Inso/*Ahrens* Rn. 4.
10 BGH 18.07.2013, IX ZB 11/13, NZI 2013, 849 (851) Rn. 14.
11 FK-InsO/*Ahrens* Rn. 6.
12 BGH 03.12.2009, IX ZB 247/08, BGHZ 183, 258 ff. = NJW 2010, 2283 Rn. 14 m.w.N.

II. Keine vorzeitige Beendigung

Ist die Wohlverhaltensperiode ohne vorzeitige Beendigung verstrichen, enden die Bindungen des Schuldners, ohne dass es einer gerichtlichen Entscheidung bedarf.[13] Ihn treffen nicht mehr die Obliegenheiten aus §§ 295 bis 297.[14] Die Wirkungen der Abtretungserklärung enden auf Grund der befristeten Forderungsübertragung durch das Gericht mit dem Ende der Treuhandzeit. Neue pfändbare Bezüge gehen mit diesem Termin nicht mehr auf den Treuhänder über.[15]

8

Nach dem Wortlaut des § 300 Abs. 1 muss die Laufzeit ohne eine **vorzeitige Beendigung** verstrichen sein. Ausnahmsweise kann das Verfahren vorzeitig, aber mit einer Entscheidung über die Erteilung der Restschuldbefreiung beendet werden. Das ist insb. der Fall, wenn keine Insolvenzforderung ordnungsgemäß angemeldet ist bzw. von keinem Absonderungsberechtigten die persönliche Forderung oder ihr Ausfall rechtzeitig angemeldet wurden oder wenn alle im Verfahren geltend gemachten Forderungen befriedigt sind.[16] Stets müssen aber auch die Kosten des Insolvenzverfahrens und die sonstigen Masseverbindlichkeiten erfüllt sein.[17] Auf Antrag des Schuldners hat das Gericht die Erteilung der Restschuldbefreiung analog § 301 festzustellen. Auf diese Entscheidung findet § 300 entsprechende Anwendung.[18]

9

III. Anhörung

Das Insolvenzgericht hat vor seiner Entscheidung über die Restschuldbefreiung die Insolvenzgläubiger, den Treuhänder und den Schuldner anzuhören. Die Anhörung muss nicht in einem mündlichen Termin, sondern kann auch im schriftlichen Verfahren erfolgen.[19] Wie die Reihenfolge in § 300 Abs. 1 (Ende der Laufzeit, Anhörung, Entscheidung) verdeutlicht, ist die danach gesetzlich vorgeschriebene Gewährung rechtlichen Gehörs nicht auf Grund einer vor dem Laufzeitende erfolgten Anhörung entbehrlich. Für die schriftliche Anhörung ist eine Frist zu bestimmen, nach deren Ablauf das Insolvenzgericht (frühestens) entscheidet.[20] Die Dauer der Frist ist – von dem Sonderfall der Frist von zwei Wochen nach § 298 Abs. 2 Satz 2 bei Aufforderung zur Einzahlung des zur Deckung der Mindestvergütung des Treuhänders fehlenden Betrags abgesehen – gesetzlich nicht vorgeschrieben und steht im Ermessen des Insolvenzgerichts. Im Allgemeinen wird eine Frist als angemessen anzusehen sein, die zwei bis drei Wochen nach Ablauf der Wohlverhaltensperiode endet. Es empfiehlt sich eine Bekanntmachung im Internet unter Angabe des konkreten Datums, bis zu dem Versagungsanträge gestellt werden können.[21]

10

Derzeit unbesetzt

11

Kommt der Schuldner im Rahmen der Anhörung seinen nach §§ 300 Abs. 2, 296 Abs. 2 Satz 3 geltenden Obliegenheiten zur Erteilung einer Auskunft oder zur Abgabe der eidesstattlichen Versicherung sowie zum Erscheinen in einem mündlichen Anhörungstermin nicht nach, so stellt dies einen Versagungsgrund dar.[22]

12

Für den **Ausnahmefall**, dass die Wohlverhaltensperiode entfällt und noch kein Schlusstermin abgehalten werden kann, muss die Anhörung der Insolvenzgläubiger, des Insolvenzverwalters an Stelle des Treuhänders und des Schuldners in einer Form durchgeführt werden, die dem Schlusstermin ent-

13

---

13 Graf-Schlicker/*Kexel* Rn. 7.
14 BGH 11.04.2013, IX ZB 94/12, WM 2013, 1029 Rn. 6.
15 FK-InsO/*Ahrens* Rn. 8.
16 BGH 03.12.2009, IX ZB 247/08, BGHZ 183, 258 ff. = NJW 2010, 2283 Rn. 14; FK-InsO/*Ahrens* Rn. 7.
17 BGH 17.03.2005, IX ZB 214/04, NZI 2005, 399 (401).
18 FK-InsO/*Ahrens* Rn. 7.
19 Braun/*Lang* Rn. 2.
20 BGH 18.10.2012, IX ZB 131/10, WM 2012, 2250 Rn. 2; AG Göttingen 07.02.2007, 74 IN 182/01, NZI 2007, 251.
21 AG Göttingen 07.02.2007, 74 IN 182/01, NZI 2007, 251.
22 FK-InsO/Ahrens Rn. 17.

spricht. Dies kann in einer Gläubigerversammlung oder gem. § 5 Abs. 2 im schriftlichen Verfahren erfolgen.[23]

IV. Versagungsantrag

13a Da die Gläubiger und der Treuhänder vor der endgültigen Entscheidung des Gerichts nochmals angehört werden, erhalten sie damit Gelegenheit, die Versagung zu beantragen. Die mit der Fortdauer der Wohlverhaltensperiode verbundene Unsicherheit ist dem Schuldner zuzumuten, weil er mit der Rechtsschuldbefreiung einen rechtlichen Vorteil begehrt, der für die Gläubiger einen Eingriff in ihre Rechte bedeutet, so dass deren Interessen nicht unberücksichtigt bleiben können. Gemäß § 300 Abs. 2 Satz 1 bedarf es zur Versagung der Restschuldbefreiung zwingend eines Gläubigerantrags.[24]

§ 300 Abs. 2 verweist in Bezug auf den Antrag eines Insolvenzgläubigers auf die Voraussetzungen der § 296 Abs. 1 und Abs. 2 Satz 3 oder § 297 und hinsichtlich des Antrags eines Treuhänders auf § 298. Wie sich weiter aus der Verweisung auf § 296 Abs. 1 ergibt, hat die Glaubhaftmachung des Versagungsantrags durch den Gläubiger den Versagungsgrund, d.h. eine Obliegenheitsverletzung, durch welche die Befriedigung der Insolvenzgläubiger beeinträchtigt wird[25], und den Umstand, dass er innerhalb der vorgegebenen Jahresfrist nach dem Bekanntwerden der Obliegenheitsverletzung oder der rechtskräftigen Feststellung den Versagungsantrag gestellt hat, zu umfassen. Eine Beeinträchtigung der Befriedigung der Gläubiger liegt auch dann vor, wenn durch die Obliegenheitsverletzung nur Massegläubiger, wozu auch die Staatskasse bezüglich der Verfahrenskosten gehört, benachteiligt werden. Die Glaubhaftmachung des Gläubigers hat sich ggf. hierauf zu beziehen.[26] Hingegen ist der Vollbeweis auf Grund der klaren gesetzlichen Regelung nicht zu fordern.[27]

13b Erfolgt die **Anhörung** zum Antrag des Schuldners auf Restschuldbefreiung **nach Ablauf der Abtretungsfrist vor Beendigung des Insolvenzverfahrens** in einem besonderen Anhörungstermin nach § 300 Abs. 1, müssen die Gläubiger dort die Versagungsanträge stellen und glaubhaft machen, und der Schuldner muss dazu im Termin Stellung nehmen. Ein erst nach diesem Termin gestellter oder begründeter Antrag ist ebenso unbeachtlich wie eine erst danach abgegebene Stellungnahme des Schuldners. Entsprechendes gilt im schriftlichen Verfahren.[28]

C. Gerichtliche Entscheidung und Rechtswirkungen

14 Das Insolvenzgericht entscheidet gem. § 300 Abs. 1 über die Erteilung der Restschuldbefreiung (dh auch im Falle der Versagung) durch Beschluss. Die Entscheidung bleibt gem. § 18 Abs. 1 Nr. 2 RPflG dem Richter vorbehalten, wenn ein Insolvenzgläubiger die Versagung der Restschuldbefreiung beantragt.[29] Daraus folgt, dass über den Versagungsantrag des Treuhänders grds der Rechtspfleger entscheidet.[30]

15 Die Restschuldbefreiung ist zu erteilen, wenn die Wohlverhaltensperiode abgelaufen ist (zu Ausnahmen vgl. Rdn. 9) und ein Versagungsantrag entweder nicht gestellt wird oder keinen Erfolg hat.[31] Da **kein gerichtlicher Ermessensspielraum** besteht, darf sich das Gericht bei seiner Entscheidung nicht von weiteren Überlegungen leiten lassen. Mit Rechtskraft der Entscheidung, dem Schuldner Restschuldbefreiung zu erteilen, wandeln sich die erzwingbaren Verbindlichkeiten des Schuldners

---

23 BGH 03.12.2009, IX ZB 247/08, BGHZ 183, 258 ff. = NJW 2010, 2283 Rn. 28; 11.04.2013, IX ZB 94/12, WM 2013, 1029 Rn. 5.
24 BGH 21.06.2012, IX ZB 265/11, ZInsO 2012, 1581 Rn. 8.
25 BGH 21.06.2012, IX ZB 265/11, ZInsO 2012, 1581 Rn. 8.
26 BGH 21.06.2012, IX ZB 265/11, ZInsO 2012, 1581 Rn. 8.
27 Braun/*Lang* Rn. 3.
28 BGH 11.04.2013, IX ZB 94/12, WM 2013, 1029 Rn. 12.
29 Braun/*Lang* Rn. 8.
30 FK-InsO/*Ahrens* Rn. 25.
31 FK-InsO/*Ahrens* Rn. 16.

gem. § 301 in unvollkommene, dh **nicht mehr durchsetzbare Verbindlichkeiten** um.[32] Mit Rechtskraft der Entscheidung enden auch die Wirkungen des § 294, gleichwohl sind Zwangsvollstreckungen der Gläubiger dann nach den Rechtsfolgen des § 301 ausgeschlossen.[33] Erfolgt die Erteilung der Restschuldbefreiung vor Beendigung des Insolvenzverfahrens, kann in der Entscheidung klargestellt werden, dass eine Verteilung des bis zum Ablauf der Abtretungsfrist in die Masse gefallenen Vermögens und Neuerwerbs möglich bleibt, denn der Insolvenzbeschlag bleibt insoweit bis zur Aufhebung des Verfahrens aufrecht erhalten.[34]

Im Falle der **vorzeitigen Versagung** ergeben sich die Rechtsfolgen nicht aus § 299, denn diese Bestimmung erfasst nur die vorzeitige Beendigung der Treuhandzeit. Die Rechtsfolgen sind aber die gleichen, nämlich das Ende des Forderungsübergangs auf den Treuhänder (§ 287 Abs. 2), das Ende des Amtes des Treuhänders (§ 291 Abs. 2) und das Ende der Beschränkung der Gläubigerrechte.[35] Die zuletzt genannte Beschränkung würde nach dem Wortlaut des § 294 bereits mit dem Ablauf der Treuhandzeit enden. § 294 ist jedoch bis zu dem Zeitpunkt, in dem eine Erteilung nicht mehr möglich ist, dh bis zur rechtskräftigen Versagung anzuwenden.[36] Die Klage eines Gläubigers auf **Zinszahlung seit Eröffnung** des Insolvenzverfahrens ist nach dessen Aufhebung während der Treuhandphase ungeachtet einer möglichen späteren Restschuldbefreiung des Schuldners zulässig.[37]

D. Bekanntmachung

Der Beschluss über die Versagung oder Erteilung der Restschuldbefreiung ist gem. § 300 Abs. 3 Satz 1 öffentlich bekannt zu machen. Die öffentliche Bekanntmachung ist i.E. in § 9 geregelt und erfolgt im Grundsatz durch zentrale und länderübergreifende Veröffentlichung im Internet, welche auch auszugsweise geschehen kann (§ 9 Abs. 1 Satz 1). Die Veröffentlichung im Internet erfolgt unter www.insolvenzbekanntmachungen.de.

Für vor dem Inkrafttreten des InsOÄndG 2001 eröffnete Verfahren gilt nach Art. 103a EGInsO die Besonderheit, dass der Beschluss zusätzlich zu der Veröffentlichung in dem für amtliche Bekanntmachungen des Gerichts vorgesehenen Blatt im Bundesanzeiger zu veröffentlichen ist (§ 300 Abs. 3 Satz 2 a.F.).[38]

§ 300 Abs. 3 Satz 1 regelt die öffentliche Bekanntmachung der Entscheidung systematisch vor dem Rechtsmittel gegen den Beschluss (§ 300 Abs. 3 Satz 2). Da sachliche Gründe für eine Abweichung von der umgekehrten Reihenfolge in § 289 Abs. 2 Satz 1 bis 3, § 296 Abs. 3 Satz 1 und 2, § 297 Abs. 2, § 303 Abs. 3 Satz 2 und 3 nicht ersichtlich sind und eine solche vom Gesetzgeber offenbar nicht beabsichtigt war,[39] darf die öffentliche Bekanntmachung auch im Falle des § 300 Abs. 3 Satz 1 **erst nach Rechtskraft** des Beschlusses erfolgen.[40] Eine Veröffentlichung vor Rechtskraft könnte angesichts der Möglichkeit von Rechtsmitteln zu Ungewissheiten führen, die mit den berechtigten Interessen der Gläubiger an Information und Rechtssicherheit nicht zu vereinbaren wären.

---

32 BGH 03.12.2009, IX ZB 247/08, BGHZ 183, 258 ff. = NJW 2010, 2283 Rn. 22; Braun/*Lang* Rn. 6.
33 Braun/*Lang* Rn. 7.
34 BGH 03.12.2009, IX ZB 247/08, BGHZ 183, 258 ff. = NJW 2010, 2283 Rn. 22.
35 Braun/*Lang* Rn. 5.
36 Braun/*Lang* Rn. 5 Fn. 5; FK-InsO/*Ahrens* Rn. 21.
37 BGH 18.11.2010, IX ZR 67/10, WM 2011, 131 Rn. 6 ff.
38 Braun/*Lang* Rn. 10.
39 Eine Begr. für die abw. Reihenfolge lässt sich den Gesetzesmaterialien nicht entnehmen, vgl. BT-Drucks. 12/2443, 193 zu § 249 RegE-InsO.
40 AG Göttingen 07.02.2007, 74 IN 182/01, NZI 2007, 251 (252); Braun/*Lang* Rn. 13 (»sinnvollerweise«); FK-InsO/*Ahrens* Rn. 28; HK-InsO/*Landfermann* 6. Aufl., Rn. 8.

E. Rechtsmittel

20 Gegen den die Restschuldbefreiung versagenden Beschluss steht dem Schuldner nach §§ 6, 300 Abs. 3 Satz 2 InsO, 567 ZPO die **sofortige Beschwerde** zu. Dieses Rechtsmittel ist außerdem eröffnet für jeden Insolvenzgläubiger, dessen Antrag auf Versagung der Restschuldbefreiung verworfen oder zurückgewiesen worden ist.[41]

21 Infolge der Aufhebung des § 7 durch das Gesetz zur Änderung des § 522 der Zivilprozessordnung vom 21. Oktober 2011[42] ist eine **Rechtsbeschwerde** nur noch im Falle der Zulassung durch das Beschwerdegericht statthaft (§ 4 InsO, § 574 Abs. 1 Satz 1 Nr. 2 ZPO).[43] Nach Art. 103f Satz 1 EGInsO, § 7 a.F. weiter zulassungsfrei ist die Rechtsbeschwerde hingegen für Entscheidungen über die sofortige Beschwerde nach § 6, bei denen die Notfrist des § 575 Abs. 1 ZPO am 27.10.2011 noch nicht abgelaufen ist.[44] Die Regelung des Art. 103f Satz 1 EGInsO ist entsprechend der Vorstellung des Gesetzgebers[45] dahingehend auszulegen, dass das Zulassungserfordernis sich auf Rechtsbeschwerden gegen solche **Beschwerdeentscheidungen** bezieht, die **seit dem Inkrafttreten des neuen Rechts** erlassen worden sind.[46] Enthält eine solche Beschwerdeentscheidung keine Ausführungen über die Zulassung der Rechtsbeschwerde, ist der Rechtsweg erschöpft und der BGH kann dann – unabhängig davon, ob das Beschwerdegericht sich über die Zulassung überhaupt Gedanken gemacht hat – nicht mehr in statthafter Weise mit der Sache befasst werden.[47]

22 Dem **Treuhänder** steht die sofortige Beschwerde (und somit auch die Rechtsbeschwerde) nicht zu, denn er ist in § 300 Abs. 3 Satz 2 nicht genannt. Da über seinen Antrag jedoch, wie aus § 18 Abs. 1 Nr. 2 RPflG zu schließen ist, der Rechtspfleger entscheidet, findet gem. § 11 Abs. 2 Satz 1 RPflG gegen eine ablehnende Entscheidung des Rechtspflegers die sofortige Erinnerung statt.[48]

F. Gebühren, Kosten und Gegenstandswert

23 Die allgemeinen Gebühren für die Durchführung des Insolvenzverfahrens gelten im Grundsatz auch die Durchführung der Restschuldbefreiung ab. Auf Grund der zusätzlichen Belastung des Gerichts durch Versagungsanträge von Gläubigern wird dafür eine Gebühr in Rechnung gestellt,[49] welche 30 € beträgt (KV Nr. 2350). Für den Treuhänder fehlt es an einer Gebührenvorschrift. Die Kosten des Verfahrens über die Versagung der Restschuldbefreiung (§ 300) schuldet, wer das Verfahren beantragt hat (§ 23 Abs. 2 GKG). Wegen der weiteren Einzelheiten wird auf die Kommentierung des jeweiligen Versagungsgrundes verwiesen.

§ 300 n.F. Entscheidung über die Restschuldbefreiung

[Tritt zum 01.07.2014 in Kraft]

(1) Das Insolvenzgericht entscheidet nach Anhörung der Insolvenzgläubiger, des Insolvenzverwalters oder Treuhänders und des Schuldners durch Beschluss über die Erteilung der Restschuldbefreiung, wenn die Abtretungsfrist ohne vorzeitige Beendigung verstrichen ist. Hat der Schuldner die Kosten des Verfahrens berichtigt, entscheidet das Gericht auf seinen Antrag, wenn

---

41 AG Göttingen 07.02.2007, 74 IN 182/01, NZI 2007, 251 (252); Braun/*Lang* Rn. 8.
42 BGBl. I, 2082.
43 BGH 20.12.2011, IX ZB 294/11, WM 2012, 276 Rn. 4.
44 Vgl. BT-Drucks. 17/5334, 9.
45 BT-Drucks. 17/5334, 9.
46 BGH 10.05.2012, IX ZB 295/11, NJW-RR 2012, 1509, 1510 Rn. 9.
47 *BGH 10.05.2012, IX ZB 295/11, NJW-RR 2012, 1509, 1511 Rn. 15.*
48 Braun/*Lang* Rn. 9; FK-InsO/*Ahrens* Rn. 27.
49 BT-Drucks. 12/3803, 72.

1. im Verfahren kein Insolvenzgläubiger eine Forderung angemeldet hat oder wenn die Forderungen der Insolvenzgläubiger befriedigt sind und der Schuldner die sonstigen Masseverbindlichkeiten berichtigt hat;
2. drei Jahre der Abtretungsfrist verstrichen sind und dem Insolvenzverwalter oder Treuhänder innerhalb dieses Zeitraums ein Betrag zugeflossen ist, der eine Befriedigung der Forderungen der Insolvenzgläubiger in Höhe von mindestens 35 Prozent ermöglicht, oder;
3. fünf Jahre der Abtretungsfrist verstrichen sind.

Satz 1 gilt entsprechend. Eine Forderung wird bei der Ermittlung des Prozentsatzes nach Satz 2 Nummer 2 berücksichtigt, wenn sie in das Schlussverzeichnis aufgenommen wurde. Fehlt ein Schlussverzeichnis, so wird eine Forderung berücksichtigt, die als festgestellt gilt oder deren Gläubiger entsprechend § 189 Absatz 1 Feststellungsklage erhoben oder das Verfahren in dem früher anhängigen Rechtsstreit aufgenommen hat.

(2) In den Fällen von Absatz 1 Satz 2 Nummer 2 ist der Antrag nur zulässig, wenn Angaben gemacht werden über die Herkunft der Mittel, die an den Treuhänder geflossen sind und die über die Beträge hinausgehen, die von der Abtretungserklärung erfasst sind. Der Schuldner hat zu erklären, dass die Angaben nach Satz 1 richtig und vollständig sind. Das Vorliegen der Voraussetzungen von Absatz 1 Satz 2 Nummer 1 bis 3 ist vom Schuldner glaubhaft zu machen.

(3) Das Insolvenzgericht versagt die Restschuldbefreiung auf Antrag eines Insolvenzgläubigers, wenn die Voraussetzungen des § 290 Absatz 1, des § 296 Absatz 1 oder Absatz 2 Satz 3, des § 297 oder des § 297a vorliegen, oder auf Antrag des Treuhänders, wenn die Voraussetzungen des § 298 vorliegen.

(4) Der Beschluss ist öffentlich bekannt zu machen. Gegen den Beschluss steht dem Schuldner und jedem Insolvenzgläubiger, der bei der Anhörung nach Absatz 1 die Versagung der Restschuldbefreiung beantragt oder der das Nichtvorliegen der Voraussetzungen einer vorzeitigen Restschuldbefreiung nach Absatz 1 Satz 2 geltend gemacht hat, die sofortige Beschwerde zu. Wird Restschuldbefreiung nach Absatz 1 Satz 2 erteilt, gelten die §§ 299 und 300a entsprechend.

Übersicht

	Rdn.		Rdn.
A. Überblick	1	c) Mittelherkunft	8
B. Verfahren	2	4. Fünf Jahre Abtretung	9
I. Verstreichen der Abtretungsfrist ohne vorzeitige Beendigung	2	III. Anhörung	10
		IV. Versagungsantrag	11
II. Verkürzung	3	C. Gerichtliche Entscheidung und Rechtswirkungen	12
1. Allgemeines	3		
2. Keine Forderungsanmeldung	4	D. Bekanntmachung	13
3. Drei Jahre Abtretung, 35 Prozent Mindestbefriedigungsquote	5	E. Rechtsmittel	14
a) Berechnung der Quote	6	F. Gebühren, Kosten und Gegenstandswert	15
b) Frist	7		

A. Überblick

Die Vorschrift tritt am 01.07.2014 in Kraft und gilt für alle Verfahren, die ab diesem Zeitpunkt beantragt worden sind (Art. 103h Satz 1 EGInsO n.F.).[1] Der Koalitionsvertrag zwischen CDU, CSU und FDP vom 26.10.2009 sieht vor, die – seit Einführung im Jahre 1999 umstrittene und im europäischen Vergleich verhältnismäßig lange **Dauer des Restschuldbefreiungsverfahrens** von sechs auf drei Jahre **zu halbieren**, um insbesondere Unternehmensgründern nach einem Fehlstart zügig eine

---

[1] Art. 9 Satz 1 des Gesetzes zur Verkürzung des Restschuldbefreiungsverfahrens und zur Stärkung der Gläubigerrechte (BGBl I 2013, 2379 ff.).

zweite Chance zu eröffnen.[2] Zugleich müssen die verfassungsrechtlichen **Eigentumsrechte der Gläubiger gewährleistet** und sollen **Anreize für den Schuldner** geschaffen werden, sich in besonderem Maße um eine Befriedigung der gegen ihn bestehenden Forderungen zu bemühen.[3]

Die gesetzliche Neuregelung sieht **drei Verkürzungsmöglichkeiten** vor, die im Wesentlichen vom Umfang der Zahlungen des Schuldners und dem Verhalten der Gläubiger abhängig sind:

1. Berichtigt der Schuldner die Verfahrenskosten und die sonstigen Masseverbindlichkeiten und hat im Verfahren kein Insolvenzgläubiger eine Forderung angemeldet hat oder sind die Forderungen der Insolvenzgläubiger befriedigt, ist unmittelbar, dh ohne bestimmte Mindestverfahrensdauer über die Restschuldbefreiung zu entscheiden (§ 300 Abs. 1 Satz 2 Nr. 1 n.F.).
2. Im zweiten Fall ist zu entscheiden, wenn der Schuldner die Verfahrenskosten berichtigt hat, drei Jahre der Abtretungsfrist verstrichen sind und dem Insolvenzverwalter oder Treuhänder innerhalb dieses Zeitraums ein Betrag zugeflossen ist, der eine Befriedigung der Forderungen der Insolvenzgläubiger in Höhe von mindestens 35 Prozent ermöglicht (§ 300 Abs. 1 Satz 2 Nr. 2 n.F.).
3. Schließlich ist zu entscheiden, wenn der Schuldner die Verfahrenskosten berichtigt hat und fünf Jahre der Abtretungsfrist verstrichen sind.

In allen übrigen Fällen ist nicht vor Ablauf der Abtretungsfrist von sechs Jahren zu entscheiden. Zukünftig gibt es nicht mehr den so genannten Motivationsrabatt um 10 Prozent im fünften und 15 Prozent im sechsten Jahr (§ 292 Abs. 1 Satz 4). Dadurch erhält die Verkürzung der Wartezeit auf drei bzw. fünf Jahre ein Alleinstellungsmerkmal.[4]

Im Gesetzgebungsverfahren wurde besonders über die in der zweiten Alternative (§ 300 Abs. 1 Satz 2 Nr. 2 n.F.) enthaltene **Mindestbefriedigungsquote** diskutiert. Der RegE sah eine solche von 25 Prozent vor. Auf Grund der Beschlussempfehlung des Rechtsausschusses des Deutschen Bundestages, die Bedenken insbesondere von den Interessenvertretern des deutschen Mittelstandes und der Kreditwirtschaft aufgreift, ist die Quote auf 35 Prozent angehoben worden.[5] Wie die wenigen vorliegenden Untersuchungen und Praxisberichte zeigen, liegen die vor Einführung der Verkürzung bislang erreichten Quoten meist bei 0 Prozent und im Durchschnitt unter 2 Prozent.[6]

In Deutschland stehen derzeit keine Daten über die Höhe der möglicherweise nach Einführung eines Anreizsystems erreichbaren Befriedigungsquoten zur Verfügung.[7] Auf Grund der Beschlussempfehlung des Rechtsausschusses des Deutschen Bundestages wurde deswegen die **Evaluierungsvorschrift** des Art. 107 EGInsO eingefügt. Nach Art. 107 Abs. 1 EGInsO berichtet die Bundesregierung dem Deutschen Bundestag bis zum 30.06.2018, in wie vielen Fällen bereits nach drei Jahren eine Restschuldbefreiung erteilt werden konnte (Satz 1) und hat dieser Bericht auch Angaben über die Höhe der im Insolvenz- und Restschuldbefreiungsverfahren erzielten Befriedigungsquoten zu erhalten (Satz 2). Sofern sich aus dem Bericht die Notwendigkeit gesetzgeberischer Maßnahmen ergibt, soll die Bundesregierung diese nach Abs. 2 vorschlagen. Die Evaluierung bezieht sich nach dem Wortlaut der Bestimmung nur auf § 300 Abs. 1 Satz 2 Nr. 2, nicht auf Nr. 1 oder Nr. 3.

Nach Auffassung des Rechtsausschusses des Deutschen Bundestages ist ein Anreizsystem nur dann effektiv, wenn wenigstens 15 Prozent aller Personen, die sich in einem Restschuldbefreiungsverfahren befinden, die Möglichkeit eröffnet wird, vorzeitig die Restschuldbefreiung zu erlangen.[8] Eine Begründung für den – ungeraden – Prozentsatz wird nicht gegeben. Davon abgesehen erscheint es zweifelhaft, ob der mit der Einführung eines Anreizsystems vollzogene **Systemwechsel**[9] schon

---

2 Koalitionsvertrag Teil I – Wohlstand für alle, Teil 4.1 – Mittelstand, Zeile 841 f.
3 BT-Drucks. 17/11268, 1.
4 *Ehlers* DStR 2013, 1338 (1341).
5 BT-Drucks. 17/13535, 39 f.
6 *Kranzusch* ZInsO 2012, 2169 (2178).
7 BT-Drucks. 17/11268, 42; *Schmerbach* NZI 2013, 566 (571).
8 BT-Drucks. 17/11268, 42; gemeint ist wohl der jährliche Anteil, vgl. *Frind* BB 2013, 1674 (1676 f.).
9 BT-Drucks. 17/11268, 42.

dann gerechtfertigt ist, wenn im Evaluierungszeitraum von vier Jahren knapp ein Sechstel der Betroffenen von der Möglichkeit der Verkürzung auf drei Jahre gemäß § 300 Abs. 1 Satz 2 Nr. 2 Gebrauch macht. Im Schrifttum wird vorausgesagt, dass selbst die Quote von 15 Prozent nicht erreicht und die (jeweilige) Änderung der InsO zum **Dauerthema** werden wird.[10]

B. Verfahren

I. Verstreichen der Abtretungsfrist ohne vorzeitige Beendigung

§ 300 Abs. 1 Satz 1 n.F. stellt in Übereinstimmung mit der bisherigen Rechtslage klar, dass das Insolvenzgericht über die Erteilung der Restschuldbefreiung entscheidet, wenn die sechsjährige Abtretungsfrist ohne vorzeitige Beendigung verstrichen ist, und zwar auch dann, wenn das Insolvenzverfahren noch nicht aufgehoben ist.[11] 2

II. Verkürzung

1. Allgemeines

Nach der Neuregelung entscheidet das Gericht auf seinen Antrag in drei Fällen binnen kürzerer Frist über die Restschuldbefreiung. Gemeinsame Voraussetzungen der drei Tatbestände sind, dass der Schuldner die **Kosten des Verfahrens berichtigt** und die **vorzeitige Beendigung beantragt** hat. In den Fällen des § 300 Abs. 1 Satz 2 Nr. 2 ist der Antrag gemäß Abs. 2 Satz 2 nur zulässig, wenn Angaben gemacht werden über die Herkunft der Mittel, die an den Treuhänder geflossen sind und die über die Beträge hinausgehen, die von der Abtretungserklärung erfasst sind. 3

Gemäß § 300 Abs. 2 Satz 3 n.F. ist das Vorliegen der Voraussetzungen von Abs. 1 Satz 2 Nr. 1 bis 3 vom Schuldner glaubhaft zu machen. Ihn trifft also die **Darlegungs- und Beweislast** für die Voraussetzungen der Verkürzung, dh die vollständige Berichtigung der Kosten und Tilgung der in den einzelnen Alternativen zu berücksichtigenden Verbindlichkeiten in der vorgegebenen Zeit.[12] Gelingt dem Schuldner die für die Beweisführung ausreichende **Glaubhaftmachung** nicht, darf die vorzeitige Restschuldbefreiung nicht erteilt werden.[13]

2. Keine Forderungsanmeldung

Die vorzeitige Beendigung nach § 300 Abs. 1 Satz 2 Nr. 1 greift ohne Weiteres, dh **ohne** dass erst noch eine **Frist** verstrichen sein müsste, ein, wenn im Verfahren kein Insolvenzgläubiger eine Forderung angemeldet hat oder wenn die Forderungen der Insolvenzgläubiger befriedigt sind und der Schuldner die sonstigen Masseverbindlichkeiten berichtigt hat. Diese Regelung entspricht der von der höchstrichterlichen Rechtsprechung entwickelten Analogie zu § 299, doch kann dem Schuldner nach der Neuregelung die vorzeitige Restschuldbefreiung nur auf Antrag erteilt werden und unter der zusätzlichen Voraussetzung, dass der Schuldner die **Verfahrenskosten und die sonstigen Masseverbindlichkeiten berichtigt** hat.[14] Da diese Positionen gemäß §§ 53, 80 grundsätzlich durch den Insolvenzverwalter zu berichtigen sind, ist die Formulierung des Gesetzes dahin zu verstehen, dass die Masse insoweit ausreicht und dies z.B. durch einen Zwischenbericht des Insolvenzverwalters glaubhaft gemacht wird; von Direktzahlungen des Schuldners an Verfahrensbeteiligte ist abzuraten, vielmehr sollten die Mittel mit dem Antrag mit eindeutiger Zweckbestimmung dem Insolvenzverwalter bzw. Treuhänder zur Verfügung gestellt werden.[15] 4

---

10 *Schmerbach* NZI 2013, 566 (571).
11 *Grote/Pape* ZInsO 2013, 1433 (1445).
12 BT-Drucks. 17/11268, 31.
13 BT-Drucks. 17/11268, 31.
14 BT-Drucks. 17/11268, 30.
15 *Frind* BB 2013, 1674 (1675).

3. Drei Jahre Abtretung, 35 Prozent Mindestbefriedigungsquote

5   Das Gericht entscheidet ebenfalls auf Antrag des Schuldners, wenn dieser die Verfahrenskosten berichtigt hat, drei Jahre der Abtretungsfrist verstrichen sind und dem Insolvenzverwalter oder Treuhänder innerhalb dieses Zeitraums ein Betrag zugeflossen ist, der eine Befriedigung der Forderungen der Insolvenzgläubiger in Höhe von mindestens 35 Prozent ermöglicht (§ 300 Abs. 1 Satz 2 Nr. 2 n.F.).

a) Berechnung der Quote

6   Bei der Ermittlung des Prozentsatzes ist nach § 300 Abs. 1 Satz 4 n.F. in erster Linie auf die in das Schlussverzeichnis aufgenommenen Forderungen abzustellen. Fehlt ein Schlussverzeichnis, so wird gemäß Satz 5 eine Forderung berücksichtigt, die als festgestellt gilt oder deren Gläubiger entsprechend § 189 Abs. 1 Feststellungsklage erhoben oder das Verfahren in dem früher anhängigen Rechtsstreit aufgenommen hat.

Zur Glaubhaftmachung der Mindestbefriedigungsquote kann sich der Schuldner aller Beweismittel gemäß § 4, § 294 ZPO bedienen, insbesondere auf den Bericht des Treuhänders, Quittungen oder Bankbelege zurückgreifen.[16] Demgegenüber kann der Gläubiger die Glaubhaftmachung durch Gegenglaubhaftmachung erschüttern oder das Gegenteil glaubhaft machen.[17] Darüber hinaus steht jedem Insolvenzgläubiger, der seine Forderung zur Tabelle angemeldet hat, unter den Voraussetzungen des § 290 Abs. 1, des § 296 Abs. 1 oder Abs. 2 Satz 3, des § 297 oder des § 297a (und dem Treuhänder unter den Voraussetzungen des § 298) die Möglichkeit eines Versagungsantrags offen.

Das Gesetz enthält keine Aussage dazu, wie der Schuldner die Höhe der auf Verfahrenskosten und Mindestbefriedigungsquote zu erbringenden Zahlungen rechtsverbindlich klären kann.[18] Bei der Beratung des Schuldners sollte daher für die Verfahrenskosten ein Sicherheitszuschlag in Betracht gezogen werden (vgl. auch Rdn. 8 a.E.); denn nach Ablauf der drei Jahre ist eine ergänzende Zahlung nicht möglich und scheitert damit der Antrag des Schuldners, ohne dass bereits erbrachte, aber nicht genügende Zahlungen zurückgefordert werden könnten.[19]

b) Frist

7   Die Mindestbefriedigungsquote muss nach dem Gesetzeswortlaut und in Ermangelung einer Härteklausel **innerhalb der Frist** von drei Jahren der Abtretungsfrist erreicht werden. Wird sie z.B. erst einen Monat danach erreicht, kommt eine Verkürzung nach § 300 Abs. 1 Satz 2 Nr. 2 n.F. nicht mehr in Betracht.[20] Aus dem systematischen Zusammenhang mit § 300 Abs. 1 Satz 2 Nr. 3 n.F. folgt, dass im Falle der Nr. 2 auch die Berichtigung der Verfahrenskosten innerhalb der Frist von drei Jahren erfolgt sein muss.[21]

c) Mittelherkunft

8   Auf Grund der Beschlussempfehlung des Rechtsausschusses des Deutschen Bundestages enthält das Gesetz **besondere Zulässigkeitsanforderungen für den Antrag des Schuldners** auf Verkürzung gemäß § 300 Abs. 1 Satz 2 Nr. 2 n.F.: Gemäß § 300 Abs. 2 Satz 1 n.F. ist der Antrag nur zulässig, wenn Angaben gemacht werden über die Herkunft der Mittel, die an den Treuhänder geflossen sind und die über die Beträge hinausgehen, die von der Abtretungserklärung erfasst sind. Der Schuld-

---

16 *Laroche/Pruskowski/Schöttler/Siebert/Vallender* ZIP 2012, 558 (560).
17 *Laroche/Pruskowski/Schöttler/Siebert/Vallender* ZIP 2012, 558 (560).
18 *Grote/Pape* ZInsO 2013, 1433, (1435); nach Auffassung von *Frind* BB 2013, 1674 (1677) soll der Schuldner Anspruch auf einen entsprechenden Bericht des Verwalters bzw. Treuhänders haben.
19 *Grote/Pape* ZInsO 2013, 1433, (1435).
20 Vgl. *Pape/Grote* AnwBl 2012, 507 (511); *Laroche/Pruskowski/Schöttler/Siebert/Vallender* ZIP 2012, 558 (561).
21 Vgl. *Laroche/Pruskowski/Schöttler/Siebert/Vallender* ZIP 2012, 558 (560).

ner hat außerdem nach Satz 2 der Vorschrift zu erklären, dass die Angaben nach Satz 1 richtig und vollständig sind. Der **Herkunftsnachweis** für Mittel, die über das abgetretene Einkommen hinaus aufgebracht werden, soll der Gefahr entgegen wirken, dass der Schuldner eine »geplante« Insolvenz verfolgt und die Quote aus Vermögen aufbringt, das während des Insolvenzverfahrens verheimlicht oder das vor der Insolvenz auf Dritte übertragen wurde.[22] Dem Gesetzeswortlaut zufolge ist der Herkunftsnachweis nur für solche Mittel erforderlich die an den Treuhänder geflossen sind; erklärungsbedürftige Zahlungen an den Insolvenzverwalter hat dieser beim Schuldner zu erfragen.[23]

Die verfahrensrechtlichen Folgen falscher Angaben zur Mittelherkunft sind nicht ausdrücklich geregelt. In Betracht kommt auf Antrag eines Insolvenzgläubigers die Versagung nach § 290 Abs. 1 Nr. 5 n.F. oder § 297a n.F.[24]

Entgegen einer Auffassung im Schrifttum[25] kommt der Regelung über den Herkunftsnachweis **kein Diffamierungscharakter** zu. Während des Insolvenzverfahrens ist es die Aufgabe des Insolvenzverwalters, bei Unklarheiten die Herkunft von Mitteln zu erfragen, die zur Insolvenzmasse gelangen. Leistet der Schuldner in der Wohlverhaltensphase Zahlungen, um die Quote für eine vorzeitige Restschuldbefreiung zu erreichen, ist die Mittelherkunft – mit Recht und vom Gericht – zu hinterfragen.[26]

Nach Sinn und Zweck der Regelung wird man von dem Schuldner genaue Angaben zu den konkreten Beträgen und deren Quelle und Glaubhaftmachung dieser Angaben verlangen müssen. Diese Angaben müssen für das Gericht **nachprüfbar** sein. Pauschale Erklärungen wie »Ich habe in dem Jahr einen besonders hohen Gewinn erzielt« oder »Verwandte/Freunde/Bekannte haben mir geholfen« reichen nicht aus. Im Schrifttum wird darauf hingewiesen, dass Drittmittel in die **Berechnung der Verwalter- bzw. Treuhändervergütung** einzubeziehen sind, die Mittelherkunft sich also auch auf die Höhe der ebenfalls zu berichtigenden Verfahrenskosten auswirken kann.[27]

4. Fünf Jahre Abtretung

Gemäß § 300 Abs. 1 Satz 2 Nr. 3 wird das Insolvenzverfahren vorzeitig beendet, wenn der Schuldner innerhalb von fünf Jahren zumindest die Verfahrenskosten begleicht. Ein vorheriger Ausgleich der sonstigen Masseverbindlichkeiten ist hier keine Voraussetzung.[28] Die Vorschrift erfasst Verfahren, in denen die Verfahrenskosten gestundet wurden, um eine Abweisung des Eröffnungsantrags mangels Masse (§ 26 Abs. 1) zu verhindern.[29]

Dieser Verkürzungstatbestand soll dem Schuldner, der die Mindestbefriedigungsquote verfehlt, einen weiteren Anreiz geben, das Verfahren durchzustehen und durch eigene Bemühungen zu einem vorzeitigen Ende zu bringen.[30] Laut Gesetzesbegründung ist zu erwarten, dass diese Regelung zu einer vorzeitigen Rückzahlung der gestundeten Verfahrenskosten führen und zur Entlastung der Länderhaushalte beitragen werde, weil der Schuldner andernfalls nach den Vorschriften der §§ 4b Abs. 1 Satz 2, § 115 Abs. 2 Satz 1 ZPO noch vier Jahre nach Erteilung der Restschuldbefreiung für die gestundeten Verfahrenskosten aufzukommen hat.[31] Die Berichtigung der Verfahrenskosten als alleinige Voraussetzung der Verkürzung um ein Jahr wird in den Gesetzesmaterialien damit gerechtfertigt, die Gläubiger dürften auch im sechsten Jahr des Restschuldbefreiungsverfahrens keine

---

22 BT-Drucks. 17/13535, 40.
23 *Frind* BB 2013, 1674 (1677).
24 *Frind* BB 2013, 1674 (1677).
25 *Ehlers* DStR 2013, 1338 (1341).
26 BT-Drucks. 17/13535, 40.
27 *Grote/Pape* ZInsO 2013, 1433 (1435).
28 *Grote/Pape* ZInsO 2013, 1433 (1436).
29 BT-Drucks. 17/11268, 30 f.
30 BT-Drucks. 17/11268, 30.
31 BT-Drucks. 17/11268, 30; zustimmend *Pape/Grote* AnwBl 2012, 507 (511).

nennenswerte Quote erhalten, wenn es dem Schuldner, möglicherweise unter Einsatz von Drittmitteln, lediglich gelinge, innerhalb der fünf Jahre die Verfahrenskosten zu begleichen.[32]

Bei der **Beratung des Schuldners** über die Möglichkeiten der Verkürzung ist diesem zu empfehlen, sich in erster Linie um Berichtigung der (gestundeten) Verfahrenskosten zu bemühen, weil er für diese noch vier Jahre nach Erteilung der Restschuldbefreiung aufzukommen hat, die Berichtigung Voraussetzung jeder Verkürzung ist und die Berichtigung für sich genommen bereits die Verkürzung auf fünf Jahre ermöglicht.[33] Die Verkürzung gilt auch für die Fälle, in denen die Kostenstundung nicht beantragt oder bewilligt wurde und könnte, insbesondere für Schuldner mit pfändbarem Einkommen, ein Grund sein, mit der Antragstellung bis zum 01.07.2014 zu warten.[34]

III. Anhörung

10 Das Insolvenzgericht hat gemäß § 300 Abs. 1 Satz 1 n.F. vor über der Entscheidung über die Erteilung der Restschuldbefreiung die Insolvenzgläubiger, den Insolvenzverwalter oder Treuhänder und den Schuldner anzuhören.

IV. Versagungsantrag

11 Das Insolvenzgericht versagt die Restschuldbefreiung gemäß § 300 Abs. 3 n.F. auf Antrag eines Insolvenzgläubigers, wenn die Voraussetzungen des § 290 Abs. 1, des § 296 Abs. 1 oder Abs. 2 Satz 3, des § 297 oder des § 297a vorliegen, oder auf Antrag des Treuhänders, wenn die Voraussetzungen des § 298 vorliegen.

C. Gerichtliche Entscheidung und Rechtswirkungen

12 Wird Restschuldbefreiung nach § 300 Abs. 1 Satz 2 n.F. erteilt, gelten nach Abs. 4 Satz 3 die §§ 299 und 300a n.F. entsprechend.

D. Bekanntmachung

13 Der Beschluss ist gemäß § 300 Abs. 4 Satz 1 n.F. öffentlich bekannt zu machen.

E. Rechtsmittel

14 Gegen den Beschluss steht gemäß § 300 Abs. 4 Satz 2 n.F. dem Schuldner und jedem Insolvenzgläubiger, der bei der Anhörung nach Abs. 1 die Versagung der Restschuldbefreiung beantragt oder der das Nichtvorliegen der Voraussetzungen einer vorzeitigen Restschuldbefreiung nach Abs. 1 Satz 2 geltend gemacht hat, die sofortige Beschwerde zu.

Infolge der Aufhebung des § 7 durch das Gesetz zur Änderung des § 522 der Zivilprozessordnung vom 21. Oktober 2011[35] ist eine **Rechtsbeschwerde** nur noch im Falle der Zulassung durch das Beschwerdegericht statthaft (§ 4 InsO, § 574 Abs. 1 Satz 1 Nr. 2 ZPO).[36] Nach Art. 103f Satz 1 EGInsO, § 7 a.F. weiter zulassungsfrei ist die Rechtsbeschwerde hingegen für Entscheidungen über die sofortige Beschwerde nach § 6, bei denen die Notfrist des § 575 Abs. 1 ZPO am 27.10.2011 noch nicht abgelaufen ist.[37] Die Regelung des Art. 103f Satz 1 EGInsO ist entsprechend der Vorstellung des Gesetzgebers[38] dahingehend auszulegen, dass das Zulassungserfordernis sich auf Rechtsbeschwerden gegen solche **Beschwerdeentscheidungen** bezieht, die **seit dem Inkrafttreten**

---

32 BT-Drucks. 17/11268, 31.
33 Vgl. *Ehlers* DStR 2013, 1338 (1341).
34 *Grote/Pape* ZInsO 2013, 1433 (1436).
35 BGBl. I, 2082.
36 BGH 20.12.2011, IX ZB 294/11, WM 2012, 276 Rn. 4.
37 Vgl. BT-Drucks. 17/5334, 9.
38 BT-Drucks. 17/5334, 9.

des neuen Rechts erlassen worden sind.[39] Enthält eine solche Beschwerdeentscheidung keine Ausführungen über die Zulassung der Rechtsbeschwerde, ist der Rechtsweg erschöpft und der BGH kann dann – unabhängig davon, ob das Beschwerdegericht sich über die Zulassung überhaupt Gedanken gemacht hat – nicht mehr in statthafter Weise mit der Sache befasst werden.[40]

F. Gebühren, Kosten und Gegenstandswert

Insoweit wird auf die Kommentierung zu § 300 a.F. Rdn. 23 verwiesen. Die dort genannten Bestimmungen des GKG sind durch Art. 7 des Gesetzes zur Verkürzung des Restschuldbefreiungsverfahrens und zur Stärkung der Gläubigerrechte entsprechend geändert worden.[41] 15

§ 300a n.F. Neuerwerb im laufenden Insolvenzverfahren
[Tritt zum 01.07.2014 in Kraft]

(1) Wird dem Schuldner Restschuldbefreiung erteilt, gehört das Vermögen, das der Schuldner nach Ende der Abtretungsfrist oder nach Eintritt der Voraussetzungen des § 300 Absatz 1 Satz 2 erwirbt, nicht mehr zur Insolvenzmasse. Satz 1 gilt nicht für Vermögensbestandteile, die auf Grund einer Anfechtung des Insolvenzverwalters zur Insolvenzmasse zurückgewährt werden oder die auf Grund eines vom Insolvenzverwalter geführten Rechtsstreits oder auf Grund Verwertungshandlungen des Insolvenzverwalters zur Insolvenzmasse gehören.

(2) Bis zur rechtskräftigen Erteilung der Restschuldbefreiung hat der Verwalter den Neuerwerb, der dem Schuldner zusteht, treuhänderisch zu vereinnahmen und zu verwalten. Nach rechtskräftiger Erteilung der Restschuldbefreiung findet die Vorschrift des § 89 keine Anwendung. Der Insolvenzverwalter hat bei Rechtskraft der Erteilung der Restschuldbefreiung dem Schuldner den Neuerwerb herauszugeben und über die Verwaltung des Neuerwerbs Rechnung zu legen.

(3) Der Insolvenzverwalter hat für seine Tätigkeit nach Absatz 2, sofern Restschuldbefreiung rechtskräftig erteilt wird, gegenüber dem Schuldner Anspruch auf Vergütung und auf Erstattung angemessener Auslagen. § 293 gilt entsprechend.

Übersicht	Rdn.		Rdn.
A. Überblick	1	I. Inhalt der Treuhandtätigkeit	3
B. Umfang des Neuerwerbs	2	II. Beendigung	4
C. Treuhand	3	III. Vergütung	5

A. Überblick

Die Vorschrift tritt am 01.07.2014 in Kraft.[1] § 300a n.F. enthält Regelungen für den Neuerwerb des Schuldners nach Ende der Abtretungsfrist bzw. nach Eintritt der Voraussetzungen des § 300 Abs. 1 Satz 2. Die Vorschrift des § 300a Abs. 1 Satz 2 n.F. übernimmt die Rechtsprechung des BGH, wonach ab Rechtskraft der Erteilung der Restschuldbefreiung während des laufenden Insolvenzverfahrens der Insolvenzbeschlag hinsichtlich des Neuerwerbs nach Ablauf der Abtretungsfrist entfällt.[2] § 287 Abs. 2 begrenzt die Wirkungen des § 35 Abs. 1 Alt. 2 hinsichtlich des Neuerwerbs auf die Dauer der Abtretungsfrist. Danach soll der Neuerwerb wieder dem Schuldner zur Verfügung stehen, wenn ihm Restschuldbefreiung erteilt wird. Andernfalls würden die Insolvenzgläubiger, deren Forderung durch die Restschuldbefreiung in eine Naturalobligation verwandelt wird, zum Nachteil des red-

---
39 BGH 10.05.2012, IX ZB 295/11, NJW-RR 2012, 1509, 1510 Rn. 9.
40 BGH 10.05.2012, IX ZB 295/11, NJW-RR 2012, 1509, 1511 Rn. 15.
41 BGBl I 2013, 2379 (2385).
1 Art. 9 Satz 1 des Gesetzes zur Verkürzung des Restschuldbefreiungsverfahrens und zur Stärkung der Gläubigerrechte.
2 BGH 03.12.2009, IX ZB 247/08, BGHZ 183, 258 (266) Rn. 30.

lichen Schuldners und den Gläubigern der nach § 302 privilegierten Forderungen Vorteile erlangen, die das Gesetz nicht vorsieht.[3] In dem **Zeitraum vom Ablauf der Abtretungsfrist bis zur Rechtskraft der Erteilung der Restschuldbefreiung** hat der Insolvenzverwalter den pfändbaren Neuerwerb einzuziehen und für die Masse zu sichern. Wird Restschuldbefreiung erteilt, hat er den eingezogenen Neuerwerb, der danach nicht in die Masse gefallen ist, an den Schuldner auszukehren.[4]

B. Umfang des Neuerwerbs

2 Der insolvenzfreie Neuerwerb erfasst grundsätzlich **alle Vermögenszuflüsse**, die nach dem Ende der Abtretungsfrist oder nach dem Eintritt der Voraussetzungen des § 300 Abs. 1 Satz 2 n.F. anfallen, z.B. Neuerwerb auf Grund einer Erwerbstätigkeit des Schuldners[5], aber auch Steuerrückerstattungen aus vom Schuldner veranlassten Steuererklärungen oder aus Erbschaften und Schenkungen.[6] Nicht erfasst sind die von den in die Masse fallenden Gegenständen abgeworfenen Erträge; diese gebühren ebenfalls der Masse.[7] Die Regelung soll das Vertrauen des die Voraussetzungen für die Erteilung der Restschuldbefreiung erfüllenden Schuldners in einen wirtschaftlichen Neustart stärken. Ihm soll in Bezug auf seine Restschuldbefreiung kein Nachteil dadurch entstehen, dass das Insolvenzverfahren noch nicht abgeschlossen werden konnte.[8]

§ 300a Abs. 1 Satz 2 nimmt vom Anwendungsbereich des Satz 1 solche Vermögensbestandteile aus, die auf Grund einer Anfechtung des Insolvenzverwalters zur Insolvenzmasse zurückgewährt werden oder die auf Grund eines vom Insolvenzverwalter geführten Rechtsstreits oder auf Grund Verwertungshandlungen des Insolvenzverwalters zur Insolvenzmasse gehören. In diesen Fällen wäre es nicht gerechtfertigt, den im Wesentlichen auf – aus der Masse vergüteten – Tätigkeiten des Insolvenzverwalters beruhenden Neuerwerb dem Schuldner und nicht der Gläubigergesamtheit zukommen zu lassen.[9]

C. Treuhand

I. Inhalt der Treuhandtätigkeit

3 Bis zur rechtskräftigen Erteilung der Restschuldbefreiung hat der Verwalter gemäß § 300a Abs. 2 Satz 1 n.F. den Neuerwerb, der dem Schuldner zusteht, treuhänderisch zu vereinnahmen und zu verwalten. Dadurch soll die **Sicherstellung des Neuerwerbs** für die Insolvenzmasse im Falle einer Versagung der Restschuldbefreiung erreicht werden.[10]

II. Beendigung

4 Der Insolvenzverwalter hat gemäß § 300a Abs. 2 Satz 3 n.F. bei Rechtskraft der Erteilung der Restschuldbefreiung dem Schuldner den Neuerwerb herauszugeben und über die Verwaltung des Neuerwerbs Rechnung zu legen. Die Vorschrift ist nach ihrem Wortlaut und nach Sinn und Zweck der Treuhand hinsichtlich **Herausgabe** und **Rechnungslegung** als Anspruchsgrundlage für den Schuldner aufzufassen. Die Rechnungslegung hat, wie sich aus der Gesetzesbegründung ergibt, ebenfalls gegenüber dem Schuldner zu erfolgen.[11]

Ist dem Schuldner die Restschuldbefreiung rechtskräftig erteilt worden, kann er den Neuerwerb selbst vereinnahmen, sofern dieser nicht von § 300a Abs. 1 Satz 2 n.F. erfasst wird.[12] Nach rechts-

---

3 BGH 03.12.2009, IX ZB 247/08, BGHZ 183, 258 (266) Rn. 31 und (267) Rn. 36.
4 BGH 03.12.2009, IX ZB 247/08, BGHZ 183, 258 (268) Rn. 38 f.
5 *Grote/Pape* ZInsO 2013, 1433 (1445).
6 BT-Drucks. 17/11268, 31.
7 *Grote/Pape* ZInsO 2013, 1433 (1445).
8 BT-Drucks. 17/11268, 31.
9 BT-Drucks. 17/11268, 31.
10 BT-Drucks. 17/11268, 31.
11 BT-Drucks. 17/11268, 32.
12 BT-Drucks. 17/11268, 31.

kräftiger Erteilung der Restschuldbefreiung greifen gemäß § 300a Abs. 2 Satz 2 die Vollstreckungsbeschränkungen des § 89 nicht mehr. Ab diesem Zeitpunkt können also sowohl Neugläubiger als auch – mit den nach § 302 ausgenommenen Forderungen – Insolvenzgläubiger in das insolvenzfreie Vermögen und somit in den Neuerwerb vollstrecken, insbesondere in künftige Forderungen auf Bezüge aus einem Dienstverhältnis des Schuldner oder an deren Stelle tretende laufende Bezüge.[13]

III. Vergütung

Für die treuhänderische Verwaltung nach § 300a Abs. 2 n.F. erhält der Insolvenzverwalter gemäß Abs. 3 Satz 1, sofern Restschuldbefreiung rechtskräftig erteilt wird, gegenüber dem Schuldner einen Anspruch auf **Vergütung** und auf **Erstattung angemessener Auslagen**. Nach Abs. 3 Satz 2 gilt § 293 entsprechend, dh die Vergütung ist gemäß §§ 293 Abs. 2, 64 vom Insolvenzgericht festzusetzen und hat gemäß § 293 Abs. 1 Satz 2 dem Zeitaufwand und dem Umfang der Tätigkeit Rechnung zu tragen. Die Höhe der Vergütung ergibt sich aus § 14 InsVV. Nach der Gesetzesbegründung sollte sich der anfallende Neuerwerb i.d.R. unterhalb von 25.000 € bewegen, so dass nach § 14 Abs. 2 Nr. 1 InsVV eine Vergütung in Höhe von 5 v.H. des Neuerwerbs zu erwarten sein soll. Angesichts des geringen Pflichtenkreises nach § 300a Abs. 2 soll § 14 Abs. 3 InsVV nicht entsprechend anwendbar sein und eine **Mindestvergütung** nicht gewährt werden.[14] Dieser Einschränkung kann nicht gefolgt werden, da sie im Gesetzestext, der ohne jede Ausnahme auf § 293 und damit auch auf § 14 Abs. 3 InsVV verweist, keinen Ausdruck gefunden hat. Im Übrigen entziehen sich die Höhe des Neuerwerbs und der Zeitraum vom Ablauf der Abtretungsfrist bis zur Rechtskraft der Erteilung der Restschuldbefreiung einer generalisierenden Betrachtung.

5

§ 301 Wirkung der Restschuldbefreiung

(1) Wird die Restschuldbefreiung erteilt, so wirkt sie gegen alle Insolvenzgläubiger. Dies gilt auch für die Gläubiger, die ihre Forderungen nicht angemeldet haben.

(2) Die Rechte der Insolvenzgläubiger gegen Mitschuldner und Bürgen des Schuldners sowie die Rechte dieser Gläubiger aus einer zu ihrer Sicherung eingetragenen Vormerkung oder aus einem Recht, das im Insolvenzverfahren zur abgesonderten Befriedigung berechtigt, werden durch die Restschuldbefreiung nicht berührt. Der Schuldner wird jedoch gegenüber dem Mitschuldner, dem Bürgen oder anderen Rückgriffsberechtigten in gleicher Weise befreit wie gegenüber den Insolvenzgläubigern.

(3) Wird ein Gläubiger befriedigt, obwohl er auf Grund der Restschuldbefreiung keine Befriedigung zu beanspruchen hat, so begründet dies keine Pflicht zur Rückgewähr des Erlangten.

Übersicht	Rdn.			Rdn.
A. Überblick	1	I.	Erkenntnisverfahren	8
B. Von der Schuldbefreiung betroffene Verbindlichkeiten	2	II.	Einzelzwangsvollstreckung	9
C. Neuverbindlichkeiten	5	III.	Aufrechnung	11
D. Nachtragsverteilung	6	F.	Wirkung auf Sicherheiten	12
E. Rechtsbehelfe des Schuldners nach der Restschuldbefreiung	7	G.	Gläubigerbefriedigung trotz Restschuldbefreiung	16

A. Überblick

§ 286 bestimmt, dass eine natürliche Person als Schuldner nach Maßgabe der §§ 287 bis 303 von den im Insolvenzverfahren nicht erfüllten Verbindlichkeiten gegenüber den Insolvenzgläubigern be-

1

---

13 BT-Drucks. 17/11268, 31.
14 BT-Drucks. 17/11268, 32.

freit wird.¹ § 301 regelt die Rechtswirkungen des die Restschuldbefreiung erteilenden Beschlusses. Nach § 301 Abs. 1 wirkt die Restschuldbefreiung gegen alle Insolvenzgläubiger. Die Restschuldbefreiung erstreckt sich damit ohne Rücksicht auf ein insoweit eingreifendes Verschulden des Gläubigers auf eine nicht oder nicht rechtzeitig angemeldete Forderung.² Nach § 301 Abs. 2 werden deren Rechte gegen Mitschuldner und Bürgen des Schuldners nicht berührt. § 301 Abs. 3 schließt Rückgewähransprüche gegen den Gläubiger aus.

Trotz Erteilung der Restschuldbefreiung besteht keine Verpflichtung einer **Wirtschaftsauskunftei** zur vorzeitigen Löschung der Speicherung personenbezogener Daten des Schuldners. Bonitätsrelevante Merkmale wie die Aufhebung des Insolvenzverfahrens und die Erteilung der Restschuldbefreiung müssen nicht vor Ablauf der gesetzlichen Frist nach § 35 Abs. 2 Satz 2 Nr. 4 BDSG gelöscht werden.³

B. Von der Schuldbefreiung betroffene Verbindlichkeiten

2 Durch die Restschuldbefreiung verlieren grds alle – einfachen und nachrangigen – Insolvenzforderungen, also die persönlichen Forderungen der Insolvenzgläubiger gem. §§ 38, 39, ihre Durchsetzbarkeit. Die Verbindlichkeiten werden, wie § 300 Abs. 3 zeigt, zu zwar noch erfüllbaren, aber nicht mehr erzwingbaren sog. unvollkommenen Verbindlichkeiten (Naturalobligationen).⁴

3 Die §§ 286 ff. setzen rein begrifflich das Bestehen einer **wirksam begründeten Schuld** voraus;⁵ sind Verbindlichkeiten schon nach allgemeinen Grundsätzen nichtig, bedarf es einer Restschuldbefreiung nicht mehr.⁶ Von der Restschuldbefreiung erfasst werden auch aufschiebend bedingte Forderungen, z.B. eine gegen den Schuldner gerichtete Bürgschaftsforderung. Auf Zinsforderungen, die während des Restschuldbefreiungsverfahrens entstanden sind, ist § 39 analog anzuwenden, so dass sich die Restschuldbefreiung auch auf sie erstreckt.⁷

4 Auf die Rechtsfolgen der Restschuldbefreiung nach §§ 287, 300 kann weder unabhängig von einem Insolvenzverfahren noch in dessen Vorfeld rechtswirksam verzichtet werden.⁸ Dies soll nach einem Teil des Schrifttums gesamtvollstreckungsrechtlich aus den gleichen Bedenken folgen, die einem **vorherigen Verzich**t auf den Schutz vor Einzelzwangsvollstreckung, insb. hinsichtlich der nach § 811 ZPO unpfändbaren Sachen, entgegenstehen.⁹ Die Unwirksamkeit eines solchen Verzichts lässt sich indessen bereits aus dem Regelungszusammenhang der §§ 287 ff. begründen. Ein auch nur teilweiser Verzicht des Schuldners auf die Rechtswirkungen des § 301 Abs. 1 ist demnach vor oder während der Treuhandzeit unwirksam. Das folgt für die Treuhandzeit auch aus dem Verbot von Sonderabkommen.¹⁰ Nach erteilter Restschuldbefreiung ist eine Vereinbarung zwischen dem Schuldner und einem Insolvenzgläubiger über die **Neubegründung der Schuld** grds zulässig.¹¹ Allerdings ist die Neubegründung an den Maßstäben der §§ 134, 138 BGB zu messen. Entscheidend sind im einzelnen Fall der Anlass und der wirtschaftliche Beweggrund des Schuldners. Entschließt dieser sich, und sei es nur neuer wirtschaftlicher Vorteile wegen, zur Neubegründung der Schuld, ist nicht einzusehen, warum die Neubegründung im Rahmen der Privatautonomie nicht zulässig sein sollte.¹²

---

1 Zur Anerkennung der Restschuldbefreiung, die im Ausland einem Deutschen erteilt worden ist, der zuvor seinen Wohnsitz dorthin verlegt hatte, vgl. BGH 18.09.2001, IX ZB 51/00, NJW 2002, 960 ff.
2 BGH 16.12.2010, IX ZR 24/10, WM 2011, 271 Rn. 19.
3 VG Karlsruhe 26.10.2012, 6 K 1837/12, BeckRS 2013, 45680; *Ehlers* DStR 2013, 1338 (1340).
4 BT-Drucks. 12/2443, 194 zu § 250 RegE-InsO; BGH 25.09.2008, IX ZB 205/06, NJW 2008, 3640 Rn. 11; Braun/*Lang* Rn. 1.
5 BGH 16.06.2009, XI ZR 539/07, NZI 2009, 609 Rn. 31.
6 *G. Pape* NJW 2010, 2928 (2931).
7 Braun/*Lang* Rn. 3; HK-InsO/*Landfermann* 6. Aufl., Rn. 4; MünchKomm-BGB/*Stephan* Rn. 13.
8 FK-InsO/*Ahrens* Rn. 11.
9 FK-InsO/*Ahrens* Rn. 11.
10 FK-InsO/*Ahrens* Rn. 11.
11 FK-InsO/*Ahrens* Rn. 11; Uhlenbruck/*Vallender* Rn. 12.
12 Braun/*Lang* Rn. 11.

C. Neuverbindlichkeiten

Außer den von § 300 Abs. 2 und § 302 ausgenommenen Forderungen werden von der Wirkung der Restschuldbefreiung nicht erfasst die Forderungen der Neugläubiger, also der Gläubiger, die ihre Forderung erst nach Eröffnung des Insolvenzverfahrens erworben haben. Für die nach Eröffnung des Insolvenzverfahrens gegenüber Neugläubigern begründeten Verbindlichkeiten haftet der Schuldner uneingeschränkt. Solche neuen Forderungen können auch aus einer im Insolvenz- oder Restschuldbefreiungsverfahren begangenen vorsätzlichen sittenwidrigen Schädigung herrühren.[13] Der Nachhaftung unterliegen auch Ansprüche aus einer Kostenstundung nach § 4a.[14]

D. Nachtragsverteilung

Eine Nachtragsverteilung gem. § 203 Abs. 1 Nr. 3 wird erforderlich, wenn nach Entscheidung über die Erteilung der Restschuldbefreiung Gegenstände ermittelt werden, die zur Insolvenzmasse bzw. zu dem im Restschuldbefreiungsverfahren zu verteilenden Vermögen gehören. Die Ursachen für die Nachtragsverteilung können vielfältig sein. Denkbar ist z.B., dass im Zusammenhang mit einem (letztlich erfolglosen) Widerrufsverfahren Vermögensgegenstände entdeckt werden. Auslöser kann auch sein, dass der Schuldner ihm abgetretene Bezüge wirksam eingezogen hat, ohne dass ein Versagungsantrag gestellt worden wäre. Der Entscheidung über die Verwertung der Gegenstände steht die erteilte Restschuldbefreiung nicht entgegen, weil die Nachtragsverteilung nicht zu einer nachträglichen Haftung führt, sondern lediglich die folgerichtige Durchführung der insolvenzrechtlichen Haftung darstellt.[15]

E. Rechtsbehelfe des Schuldners nach der Restschuldbefreiung

Mit Rechtskraft der Entscheidung, dem Schuldner Restschuldbefreiung zu erteilen, können die Gläubiger ihre Forderungen gem. § 301 nicht mehr gegenüber dem Schuldner durchsetzen.[16] Nach Erteilung der Restschuldbefreiung ist die Schuld demnach nicht mehr erzwingbar. Diese Wirkung ist endgültig, soweit die erteilte Restschuldbefreiung nicht gem. § 303 widerrufen wird.[17] Die **fehlende Durchsetzbarkeit** der Verbindlichkeit wirkt sich sowohl auf ein späteres Erkenntnisverfahren als auch ein Zwangsvollstreckungsverfahren aus.

I. Erkenntnisverfahren

Hat ein Insolvenzgläubiger seinen Anspruch nicht zur Tabelle angemeldet, so wird er gem. § 301 Abs. 1 Satz 2 von der Schuldbefreiung betroffen und kann keinen Titel erwirken. In Einzelfällen mag einer unvollkommenen Verbindlichkeit die Klagbarkeit fehlen. Einer nicht erfüllten Verbindlichkeit fehlt nach Erteilung der Restschuldbefreiung i.d.R. nicht schon die Klagbarkeit, weshalb eine entsprechende Klage nicht unzulässig, sondern unbegründet ist.[18] Nach Erteilung der Restschuldbefreiung ist sowohl ein außerhalb des Insolvenzverfahrens erlangter Vollstreckungstitel als auch eine allfällige vollstreckbare Ausfertigung des Tabellenauszugs an den Schuldner herauszugeben.[19] Eine vollstreckbare Ausfertigung des Tabellenauszugs ist bzgl. einer von der Restschuldbefreiung erfassten Forderung nicht mehr zu erteilen. Dem Schuldner steht in allen Fällen die **Titelherausgabeklage** analog § 371 BGB offen.[20]

---

13 FK-InsO/*Ahrens* Rn. 26.
14 Braun/*Lang* Rn. 4.
15 FK-InsO/*Ahrens* Rn. 33.
16 BGH 03.12.2009, IX ZB 247/08, NJW 2010, 2283 Rn. 22.
17 MüKo-InsO/*Stephan* Rn. 18.
18 MüKo-InsO/*Stephan* Rn. 22.
19 *G. Fischer* ZInsO 2005, 69 (71).
20 FK-InsO/*Ahrens* Rn. 12.

II. Einzelzwangsvollstreckung

9 Wird die Restschuldbefreiung erteilt, darf der Gläubiger grds weder aus einem früheren Titel, noch aus dem Auszug aus der Tabelle (§ 201 Abs. 2) die Zwangsvollstreckung gegen den Schuldner betreiben.[21] Durch die Restschuldbefreiung wird die Vollstreckbarkeit von Titeln gegen den Schuldner allerdings nicht unmittelbar beseitigt. Die Umgestaltung einer titulierten Forderung infolge der Restschuldbefreiung zu einer unvollkommenen Verbindlichkeit, die weiterhin erfüllbar, aber nicht erzwingbar ist, bewirkt vielmehr einen materiell-rechtlichen Einwand, der nur mit der **Vollstreckungsgegenklage** nach § 767 ZPO verfolgt werden kann. Die Beurteilung der Frage, ob diese Wirkung eingetreten ist, obliegt im Streitfall nicht dem Vollstreckungsgericht, sondern dem Prozessgericht.[22] Die Erteilung der Restschuldbefreiung ist keine vollstreckbare Entscheidung, aus der sich ergibt, dass das zu vollstreckende Urteil aufgehoben oder die Zwangsvollstreckung für unzulässig erklärt oder ihre Einstellung angeordnet ist, sodass § 775 Nr. 1 ZPO keine unmittelbare Anwendung finden kann. Eine entsprechende Anwendung der Vorschrift[23] kommt nicht in Betracht, da die dortige Aufzählung erschöpfend ist.[24] Für das Vollstreckungsorgan (Gerichtsvollzieher oder Vollstreckungsgericht) ist i.d.R. aus dem vorgelegten Titel zusammen mit dem Beschluss über die Erteilung der Restschuldbefreiung nicht eindeutig zu entnehmen, ob die titulierte Forderung tatsächlich von der Restschuldbefreiung erfasst wird. Es ist nicht Aufgabe des Vollstreckungsgerichts, zu entscheiden, ob die zu vollstreckende Forderung der Restschuldbefreiung unterliegt.[25] Das leuchtet insb. für den Fall ein, dass der Beschluss eines **ausländischen Insolvenzgerichts** vorgelegt wird, aus dem sich die Erteilung der Restschuldbefreiung ergeben soll. Damit ist auch für die Anwendung der Vollstreckungserinnerung nach § 766 Abs. 1 Satz 1 ZPO, mit der nur Verfahrensverstöße gerügt werden können, kein Raum.[26]

10 Hat der Schuldner die Restschuldbefreiung in unredlicher Weise durch bewusstes Verschweigen einer Forderung erlangt, ist in dem Verfahren der Vollstreckungsgegenklage ein etwaiges unredliches Verhalten des Schuldners, die Restschuldbefreiung durch eine vorsätzlich sittenwidrige Schädigung i.S.d. § 826 BGB erwirkt zu haben, zu würdigen.[27]

III. Aufrechnung

11 Hinsichtlich einer Aufrechnung mit einer von der Restschuldbefreiung betroffenen Insolvenzforderung ist zu unterscheiden, wann die Aufrechnungslage bestanden hat. Da mit der Erteilung der Restschuldbefreiung die Gegenforderung des Insolvenzgläubigers in eine unvollkommene Verbindlichkeit verwandelt wird, kann der Insolvenzgläubiger nach der Erteilung der Restschuldbefreiung nicht mehr aufrechnen. Eine Aufrechnung setzt nämlich voraus, dass die Gegenforderung gem. § 387 BGB voll wirksam und durchsetzbar sein muss. Hat jedoch die **Aufrechnungslage bereits bei Eröffnung** des Insolvenzverfahrens bestanden, berührt das Insolvenzverfahren die gem. § 94 erworbene Aufrechnungsbefugnis nicht. Die Aufrechnungslage wird weder durch das Insolvenzverfahren noch durch das Restschuldbefreiungsverfahren aufgehoben. Entsteht die Aufrechnungslage **während des Verfahrens** und sind die wechselseitigen Forderungen im Zeitpunkt der Verfahrenseröffnung schon begründet, jedoch noch bedingt oder ist die Forderung des Insolvenzgläubigers noch nicht fällig, so kann dieser aufrechnen, wenn nach der Verfahrenseröffnung die Hindernisse wegfallen und sich die Forderungen dann in aufrechenbarer Weise gegenüberstehen (§ 95 Abs. 1 Satz 1). Ausgeschlossen ist die Aufrechnung allerdings, wenn die Forderung, gegen die der Insolvenzgläubiger aufrechnen will, unbedingt und fällig wird, bevor er selbst eine Leistung fordern und damit aufrechnen kann.[28]

---

21 BGH 02.12.2010, IX ZR 41/10, juris Rn. 7.
22 BGH 25.09.2008, IX ZB 205/06, NJW 2008, 3640 Rn. 10; Braun/*Lang* Rn. 6.
23 Dafür FK-InsO/*Ahrens* Rn. 12.
24 MüKo-InsO/*Stephan* Rn. 20.
25 FK-InsO/*Ahrens* Rn. 12; MüKo-InsO/*Stephan* Rn. 20.
26 BGH 25.09.2008, IX ZB 205/06, NJW 2008, 3640 Rn. 10.
27 BGH 09.10.2008, IX ZB 16/08, ZInsO 2009, 52 Rn. 2.
28 FK-InsO/*Ahrens* Rn. 10; MüKo-InsO/*Stephan* Rn. 18.

F. Wirkung auf Sicherheiten

Die Rechte der Insolvenzgläubiger gegen Mitschuldner und Bürgen des Schuldners sowie die Rechte dieser Gläubiger aus einer zu ihrer Sicherung eingetragenen Vormerkung oder aus einem Recht, das im Insolvenzverfahren zur abgesonderten Befriedigung berechtigt, werden gem. § 300 Abs. 2 Satz 1 durch die Restschuldbefreiung nicht berührt. Die Insolvenzgläubiger werden demnach nicht gehindert, auf Dritte Zugriff zu nehmen, die die persönliche Mithaftung oder die Sachhaftung übernommen haben, und dadurch für ihre gegen den Schuldner nicht mehr durchsetzbare Forderungen Sicherheiten zu verwerten.[29] Bei der Vorschrift handelt es sich um eine **Ausnahmeregelung**, die wie früher die §§ 193 Satz 2 KO, 82 Abs. 2 VglO die Akzessorietät überwindet. Wird über das Vermögen mehrerer Haftender das Insolvenzverfahren eröffnet, darf der Gläubiger nach dem Grundsatz der Doppelberücksichtigung gem. § 43 in jedem Insolvenz- und auch Restschuldbefreiungsverfahren den gesamten bei jeweiliger Verfahrenseröffnung ausstehenden Betrag geltend machen.[30]

Mitschuldner sind die durch Mithaftung oder ein gegenseitiges Rückgriffsrecht verbundenen Personen. Eine Mitschuld liegt vor also, wenn mehrere Personen nebeneinander für dieselbe Leistung haften.[31] Diese Voraussetzungen sind bei der echten Gesamtschuld i.S.v. § 421 Satz 1 BGB, z.B. bei der Schuldmitübernahme, gegeben, bei welcher der Gläubiger die Leistung nach seinem Belieben von jedem Gesamtschuldner ganz oder teilweise fordern kann, sie aber nur einmal zu beanspruchen hat.[32] Eine Mitschuld kann ferner auch ohne innere Verbundenheit der Verpflichtungen durch einen Garantievertrag[33] oder eine harte Patronatserklärung[34] begründet sein.[35]

Da die **Rückgriffsansprüche** des Mitschuldners oder Bürgen nach § 301 Abs. 2 Satz 2 ebenfalls von der Restschuldbefreiung erfasst werden, ihre Haftung gegenüber dem Gläubiger hingegen nicht ausgeschlossen wird, tragen sie das Risiko der Insolvenz des Schuldners. Der Anwendungsbereich der Vorschrift ist aber auf erst nach dem Restschuldbefreiungsverfahren entstandene Regressforderungen beschränkt. Der Mithaftende kann nämlich bei Befriedigung noch während des Verfahrens selbst mit seiner Regressforderung am Insolvenzverfahren gegen den Schuldner teilnehmen.[36] Das gilt auch dann, wenn die Befriedigung erst nach Eröffnung des Insolvenzverfahrens (aber noch während des laufenden Verfahrens) erfolgt. Anmeldefähig sind zwar gem. § 174 allein die bereits entstandenen Forderungen, doch ist diese Bedingung erfüllt, wenn die Forderung, wie durch die Zahlung eines Bürgen, bei Eröffnung des Insolvenzverfahrens aufschiebend bedingt bestand.[37]

Die Gläubiger verlieren ihre Ansprüche aus dinglichen Sicherungen nicht. Als Sicherungen nennt § 302 Abs. 2 Satz 1 die Rechte der Insolvenzgläubiger aus einer zu ihrer Sicherung eingetragenen Vormerkung sowie aus einem Absonderungsrecht, also aus rechtsgeschäftlichen oder gesetzlichen Pfandrechten (§ 50), Sicherungsübereignung und Sicherungsabtretung (§ 51 Nr. 1).[38]

G. Gläubigerbefriedigung trotz Restschuldbefreiung

Gem. § 300 Abs. 3 ist die Rückforderung ausgeschlossen gegenüber einem Gläubiger, der trotz Restschuldbefreiung Befriedigung erlangt. Auf Grund der weiten Fassung der Vorschrift (»Wird ein Gläubiger befriedigt«) macht es keinen Unterschied, ob die Befriedigung durch den Schuldner oder einen Dritten erfolgt. Erfasst wird jede Art der Befriedigung, also nicht nur die Erfüllung, sondern auch

---

29 Braun/*Lang* Rn. 7.
30 FK-InsO/*Ahrens* Rn. 17.
31 FK-InsO/*Ahrens* Rn. 16; MüKo-InsO/*Stephan* Rn. 27.
32 Staudinger/*Kaduk* § 421 BGB Rn. 2 ff.
33 Staudinger/*Horn* Vorbem. zu §§ 765 ff. BGB Rn. 194 ff.
34 Staudinger/*Horn* Vorbem. zu §§ 765 ff. BGB Rn. 405 ff.
35 BGH 30.01.1992, IX ZR 112/91, NJW 1992, 2093 (2095); FK-InsO/*Ahrens* Rn. 16.
36 Braun/*Lang* Rn. 9.
37 FK-InsO/*Ahrens* Rn. 22.
38 FK-InsO/*Ahrens* Rn. 18 f.

Erfüllungssurrogate. Eine Rückforderung ist ausgeschlossen, weil die unvollkommene Verbindlichkeit (Naturalobligation) – wie in den Fällen der §§ 656, 762 BGB – einen Rechtsgrund für das Behaltendürfen der Leistung darstellt.[39] Anders als beim Rückforderungsausschluss nach § 814 Var. 1 BGB kommt es nicht darauf an, ob der Leistende Kenntnis von der Nichtschuld hatte.[40]

17 Die – aus welchen Gründen auch immer erfolgte – Befriedigung eines Gläubigers nach erteilter Restschuldbefreiung begründet **keinen Widerruf** gem. §§ 303 Abs. 1, 295 Abs. 1 Nr. 4. Wie aus § 300 Abs. 3 hervorgeht, ermöglicht es das Gesetz dem Schuldner (oder einem Dritten), nach erteilter Restschuldbefreiung beliebige einzelne Gläubiger zu befriedigen, ohne daran andere Rechtsfolgen als den Rückforderungsausschluss wegen Vorliegens eines rechtlichen Grundes zu knüpfen. Das Gleichbehandlungsgebot des § 294 Abs. 2 wirkt nach Erteilung der Restschuldbefreiung nicht fort.[41]

§ 302 Ausgenommene Forderungen

Von der Erteilung der Restschuldbefreiung werden nicht berührt:
1. Verbindlichkeiten des Schuldners aus einer vorsätzlich begangenen unerlaubten Handlung, sofern der Gläubiger die entsprechende Forderung unter Angabe dieses Rechtsgrundes nach § 174 Abs. 2 angemeldet hatte;
2. Geldstrafen und die diesen in § 39 Abs. 1 Nr. 3 gleichgestellten Verbindlichkeiten des Schuldners;
3. Verbindlichkeiten aus zinslosen Darlehen, die dem Schuldner zur Begleichung der Kosten des Insolvenzverfahrens gewährt wurden.

Übersicht	Rdn.		Rdn.
A. Überblick	1	3. Anmeldung	17
B. Anwendungsvoraussetzungen	5	II. Geldstrafen oder gleichgestellte Verbindlichkeiten	25
I. Verbindlichkeiten aus vorsätzlich begangener unerlaubter Handlung	6	III. Verbindlichkeiten aus zinslosen Darlehen für Insolvenzverfahrenskosten	27
1. Einzelfälle	9	C. Rechtswirkung	28
2. Erfasste Anspruchspositionen (Umfang)	13		

A. Überblick

1 Von der Möglichkeit der Restschuldbefreiung ausgenommen sind gem. § 302 drei Gruppen von Verbindlichkeiten, deren Erfüllung nach dem Willen des Gesetzgebers[1] nicht infrage gestellt werden soll. Dazu zählen u.a. die Verbindlichkeiten des Schuldners aus einer vorsätzlich begangenen unerlaubten Handlung. Sofern der Gläubiger die entsprechende Forderung unter Angabe dieses Rechtsgrundes nach § 174 Abs. 2 angemeldet hat, ist eine Restschuldbefreiung insoweit ausgeschlossen.[2] Die vom Gesetz angeordnete Nachhaftung aus vorsätzlich begangenen unerlaubten Handlungen ist wegen deren besonderen Unrechtsgehalts gerechtfertigt. Die Regelung, zu deren Schutzzweck im Schrifttum unterschiedliche Auffassungen vertreten werden[3], beruht letztlich auf Billigkeitsgesichtspunkten.

---

39 Braun/*Lang* Rn. 10; FK-InsO/*Ahrens* Rn. 25; es handelt sich also nicht um einen eigenen Tatbestand des Kondiktionsausschlusses.
40 FK-InsO/*Ahrens* Rn. 25.
41 Braun/*Lang* Rn. 10.
1 Vgl. BT-Drucks. 12/2443, 194 zu § 251 InsO-RegE.
2 BGH 16.11.2010, VI ZR 17/10, NZI 2011, 64 (65) Rn. 6.
3 *Döbereiner* Die Restschuldbefreiung nach der InsO, 1997, 249: Gedanke der Entschuldung tritt hinter Ausgleichsfunktion des Deliktsrechts zurück; MüKo-InsO/*Stephan* Rn. 2: pönaler Charakter der Verbindlichkeit ausschlaggebend.

Das Gesetz hält es für unbillig, dass ein Schuldner von Verbindlichkeiten gegenüber einem Gläubiger befreit wird, den er vorsätzlich geschädigt hat.[4]

§ 302 ist auch bei der Ersetzung der Zustimmung zu einem Schuldenbereinigungsplan nach § 309 Abs. 1 Satz 2 Nr. 2 zu berücksichtigen. Eine Ersetzung kann ausscheiden, soweit eine Forderung aus einer vorsätzlich begangenen unerlaubten Handlung resultiert.[5]

Eine erweiternde Auslegung von § 302 auf andere, möglicherweise schutzwürdige Forderungen verbietet sich. Die in dieser Vorschrift genannten Ausnahmen von der Restschuldbefreiung stellen eine **abschließende Regelung** dar.[6] Jede weitere Durchbrechung der vollständigen Schuldbefreiung würde nicht nur den wirtschaftlichen Neubeginn des Schuldners gefährden, sondern auch die Befriedigungsaussichten der Neugläubiger nachhaltig beeinträchtigen.[7] Dementsprechend ist eine Vereinbarung über eine Ausnahme von der Restschuldbefreiung zu Lasten des Schuldners nicht wirksam und auch nicht eintragungsfähig.[8]

Auch wenn die Ausnahme der Forderung von der Restschuldbefreiung nach § 302 Nr. 1 nicht eingreift, schließt dies die Versagung der Restschuldbefreiung nicht aus. Insb. kann ein unredliches Verhalten des Schuldners, das durch einen der Tatbestände des § 290 Abs. 1 Nr. 1 bis 6 sanktioniert wird, auch dann die Versagung rechtfertigen, wenn es nicht zu einer ausgenommenen Forderung führt. Die beiden Regelungen schließen sich gegenseitig nicht aus und bedingen sich andererseits auch nicht, sondern verfolgen unterschiedliche Schutzzwecke: § 302 Nr. 1 nimmt im Einzelfall solche Forderungen von der Restschuldbefreiung aus, die auf einer vorsätzlich begangenen unerlaubten Handlung beruhen, weil es nach Auffassung des Gesetzgebers[9] nicht sachgerecht wäre, auch diese von der Befreiung zu erfassen. § 290 Abs. 1 dient hingegen dem Zweck, unredliches Verhalten des Schuldners zu ahnden. Bei § 302 Nr. 1 ist Vorsatz erforderlich, für § 290 Abs. 1 Nr. 2 genügt bereits grobe Fahrlässigkeit.[10]

B. Anwendungsvoraussetzungen

Wie sich im Umkehrschluss aus §§ 302 Nr. 1, 174 Abs. 2 ergibt, muss der Anspruchsgrund bei der Anmeldung im Falle von § 302 Nr. 2 und 3 nicht über die allgemeinen Anforderungen hinaus ausgeführt werden.[11]

I. Verbindlichkeiten aus vorsätzlich begangener unerlaubter Handlung

§ 302 Nr. 1 setzt voraus, dass die Verbindlichkeit auf einer vorsätzlich begangenen unerlaubten Handlung beruht. Das bedeutet, dass der Schuldner den **Tatbestand einer unerlaubten Handlung** etwa i.S.d. §§ 823 ff. BGB verwirklicht haben muss.[12] Der Begriff der Verbindlichkeit aus vorsätzlich begangener unerlaubter Handlung findet sich auch in § 393 BGB und § 850f Abs. 2 ZPO. Vor allem letztgenannte Vorschrift enthält mit ihrer vollstreckungsrechtlichen Privilegierung eine dem § 302 Nr. 1 entsprechende Regelung.[13] Ansprüche aus Gefährdungshaftung werden – wie bei der rechtsähnlichen Vorschrift des § 850f Abs. 2 ZPO – von § 302 Nr. 1 nicht erfasst.[14]

---

4 BGH 21.06.2007, IX ZR 29/06, NJW 2007, 2854 Rn. 9 f.
5 FK-InsO/*Ahrens* Rn. 3.
6 Braun/*Lang* Rn. 4; Kübler/Prütting/Bork/*Wenzel* Rn. 1.
7 BGH 16.11.2010, VI ZR 17/10, NZI 2011, 64 (66) Rn. 11; MüKo-InsO/*Stephan* Rn. 3.
8 FK-InsO/*Ahrens* Rn. 1.
9 BT-Drucks. 12/2443, 194 zu § 251 InsO-RegE.
10 BGH 12.11.2009, IX ZB 98/09, juris Rn. 3.
11 FK-InsO/*Ahrens* Rn. 30 a.E.
12 Graf-Schlicker/*Kexel* Rn. 4; HK-InsO/*Landfermann* 6. Aufl., Rn. 6; MüKo-InsO/*Stephan* Rn. 7; *Veser* ZInsO 2005, 1316 (1317).
13 FK-InsO/*Ahrens* Rn. 5; vgl. auch BGH 21.06.2007, IX ZR 29/06, NJW 2007, 2854 Rn. 23.
14 BGH 21.06.2007, IX ZR 29/06, NJW 2007, 2854 Rn. 11.

7 Da das Gesetz auf die vorsätzliche Schädigung des Gläubigers abstellt, muss die Schadensfolge vom **Vorsatz** umfasst sein. Es genügt nicht, dass eine vorsätzliche Handlung adäquat kausal zu einem Schaden geführt hat. War eine vorsätzlich begangene Zuwiderhandlung gegen eine Rechtsvorschrift eine adäquat kausale Ursache für eine Schädigung, so folgt daraus nicht, dass sich auch der Vorsatz auf die Schädigung bezogen hat. Regelmäßig ist diese Folge allenfalls fahrlässig verursacht, was für den Ausschluss der Restschuldbefreiung nach § 302 Nr. 1 nicht ausreicht.[15] Deshalb fällt die »**Vorsatz-Fahrlässigkeits-Kombination**« des § 315c Abs. 1 Nr. 1 Buchst. a, Abs. 3 Nr. 1 StGB nicht unter § 302 Nr. 1.[16]

8 Die Anmeldung und Titulierung einer Forderung als solche aus einer vorsätzlich begangenen unerlaubten Handlung kann die Realisierung einer Entschädigung im Ergebnis erheblich gefährden. Auch und gerade wenn der Schuldner einer solchen Einstufung der Forderung nicht entgegen tritt, bedarf es für den Gläubiger deshalb vor der Anmeldung und Titulierung **sorgfältiger Prüfung und Abwägung**. Zu beachten ist insb. im Zusammenhang mit möglichen Deckungsansprüchen gegen einen Versicherer, dass bei vorsätzlichen Verstößen der Deckungsanspruch gegenüber dem Versicherer gefährdet ist.[17]

1. Einzelfälle

9 Die **Verletzung von Schutzgesetzen** wird dann von § 302 Nr. 1 umfasst, wenn der Tätervorsatz nicht nur auf die Übertretung oder Nichtbefolgung des Gebots gerichtet ist, sondern auch auf die Schädigung desjenigen, der möglicherweise bei der Zuwiderhandlung zu Schaden gekommen ist. War eine vorsätzlich begangene Zuwiderhandlung gegen eine Rechtsvorschrift eine adäquat kausale Ursache für eine Schädigung, so folgt daraus nicht, dass sich der Vorsatz auf die Schädigung bezogen hat.[18] Da der Kreis der Schutzgesetze sehr weit ist, würde andernfalls die Nachhaftung des Schuldners, der ein Insolvenzverfahren durchlaufen hat, in sehr vielen Fällen eintreten. Der Gesetzgeber hat sie jedoch auf Ausnahmen beschränken wollen.[19]

10 Ein Schadensersatzanspruch aus §§ 823 Abs. 2 BGB, 170 StGB wegen **Unterhaltspflichtverletzung** ist ein solcher aus einer vorsätzlich begangenen unerlaubten Handlung i.S.v. § 302 Nr. 1.[20] Da es sich um einen eigenen Anspruch des Gläubigers handelt, ist unerheblich, ob der Übergang des Unterhaltsanspruchs des Kindes auf den Gläubiger gem. § 7 Abs. 1 Satz 1 UVG auch den Anspruch aus §§ 823 Abs. 2 BGB, 170 StGB umfasst. § 170 StGB stellt ein Schutzgesetz auch zu Gunsten des öffentlichen Versorgungsträgers dar, der durch sein Eingreifen die Gefährdung des Lebensbedarfs des Berechtigten verhindert hat. Der Gläubiger hat im eröffneten Insolvenzverfahren die Möglichkeit, neben dem auf ihn übergegangenen Unterhaltsanspruch des Kindes auch seinen Anspruch aus eigenem Recht gem. §§ 823 Abs. 2 BGB, 170 StGB zur Tabelle anzumelden, um so den Anwendungsbereich des § 302 Nr. 1 zu eröffnen.[21]

11 Als weitere für die Nachhaftung wichtige Schutzgesetze sind zu nennen der **Betrug** gem. §§ 263, 264, 264a StGB, das **Vorenthalten von Sozialversicherungsbeiträgen** nach § 266a StGB und der Verstoß gegen die Pflicht zur rechtzeitigen **Anmeldung eines Insolvenzverfahrens** nach § 64 Abs. 1 GmbHG a.F. bzw. nunmehr nach § 15a.[22] Gemeinsam ist diesen Tatbeständen die Schädigungstendenz, welche es in sämtlichen aufgeführten Fällen rechtfertigt, die Forderungen der Gläubiger von der Restschuldbefreiung auszunehmen.[23]

---

15 BGH 21.06.2007, IX ZR 29/06, NJW 2007, 2854 Rn. 15.
16 BGH 21.06.2007, IX ZR 29/06, NJW 2007, 2854 Rn. 10.
17 *Fahl/Winkler* NZI 2010, 288 Fn. 3, 4.
18 BGH 21.06.2007, IX ZR 29/06, NJW 2007, 2854 Rn. 15.
19 BGH 21.06.2007, IX ZR 29/06, NJW 2007, 2854 Rn. 14 f.
20 BGH 21.06.2007, IX ZR 29/06, NJW 2007, 2854 Rn. 17; 11.05.2010, IX ZB 163/09, NJW 2010, 2353 Rn. 4.
21 BGH 11.05.2010, IX ZB 163/09, NJW 2010, 2353 Rn. 6.
22 BGH 21.06.2007, IX ZR 29/06, NJW 2007, 2854 Rn. 17.
23 BGH 21.06.2007, IX ZR 29/06, NJW 2007, 2854 Rn. 18.

Die **erfolgsqualifizierten Delikte** wie §§ 221 Abs. 3, 226 Abs. 1, 227, 251 StGB sind Straftaten mit einem typischen Gefährlichkeitsgehalt, die, wenn sich die im Grundtatbestand angelegte Gefahr verwirklicht, mit wesentlich höherer Strafe bedroht sind als die einfache Tat. Kommt z.B. beim Raub mit Todesfolge (§ 251 StGB) das Opfer eines Raubes in Folge der hierbei ausgeübten Gewalteinwirkung zu Tode, ohne dass diese Folge vom Vorsatz des Täters umfasst war, sind die sich aus dem Tod des Opfers ergebenden Verbindlichkeiten von der Restschuldbefreiung ausgeschlossen, weil sich die schwere Folge aus der gegen das Opfer vorsätzlich ausgeübten Gewalt ergeben hat. Der Geschädigte ist letztlich das Opfer einer Vorsatztat geworden, auch wenn der qualifizierende Erfolg nur fahrlässig verursacht worden ist.[24] 12

2. Erfasste Anspruchspositionen (Umfang)

Der **Kreis der ausgenommenen Forderungen** bestimmt sich nach den materiell-rechtlich an die unerlaubte Handlung geknüpften Rechtsfolgen.[25] Zu den von § 302 Nr. 1 erfassten Verbindlichkeiten zählen daher die aus einer solchen Tat folgenden Ersatzansprüche.[26] Inwieweit Gerichtskosten und außergerichtliche Kosten zu den Verbindlichkeiten aus unerlaubter Handlung zählen, wird in Rechtsprechung und Literatur unterschiedlich beurteilt. Übereinstimmung besteht darin, dass die **Kosten einer privatrechtlichen Rechtsverfolgung** zu diesen Verbindlichkeiten gehören.[27] So ist anerkannt, dass Anwaltskosten für die außergerichtliche Rechtsverfolgung als Folgeschäden zu erstatten sind, wenn die Einschaltung eines Rechtsanwalts erforderlich war. Ob dies auch für die Kosten gilt, die bei der gerichtlichen Geltendmachung eines Anspruchs aus vorsätzlich begangener unerlaubter Handlung entstanden sind, ist dagegen streitig. Teilweise wird dies bejaht,[28] teilweise aber auch verneint, weil es sich dabei um einen prozessualen Kostenerstattungsanspruch handele.[29] Uneinigkeit besteht auch darüber, ob die Kosten, die dem Gläubiger durch die Inanspruchnahme eines Rechtsanwalts im Strafverfahren gegen den Schädiger entstanden sind, zu den Verbindlichkeiten aus unerlaubter Handlung zählen können.[30] 13

Der IX. Zivilsenat des BGH hat mit Recht darauf abgestellt, dass § 302 Nr. 1 in gleicher Wertung wie das Aufrechnungsverbot des § 393 BGB dazu dient, die Durchsetzbarkeit von Forderungen aus vorsätzlich begangener unerlaubter Handlung zu stärken. Ebenso wie für das Aufrechnungsverbot gegen den Täter eines Vorsatzdelikts anerkannt ist, dass es **auch Folgeschäden wie Verzugszinsen und Rechtsverfolgungskosten** schützend umfasst, hat dies auch für die entsprechende Ausnahme von der Restschuldbefreiung nach § 302 Nr. 1 zu gelten.[31] Auch wenn **Zinsen** nicht aus § 849 BGB, sondern als Verzugsfolgen geschuldet werden, nehmen sie demzufolge wie die Hauptforderung nicht an der Restschuldbefreiung teil.[32] Der **Geschäftsführer einer GmbH** haftet nach materiellem Schadensrecht bei Vorenthaltung von Arbeitnehmerbeiträgen zur Sozialversicherung nach § 266a StGB auch für die notwendigen Kosten der Rechtsverfolgung der Einzugsstelle und für Ver- 14

---

24 BGH 21.06.2007, IX ZR 29/06, NJW 2007, 2854 Rn. 19.
25 BGH 21.07.2011, IX ZR 151/10, BGHZ 190, 353 (356 f.) Rn. 7 = WM 2011, 1610 (1611) Rn. 7; 16.02.2012, IX ZR 218/10, WM 2012, 660 (661) Rn. 12.
26 Uhlenbruck/*Vallender* Rn. 2a.
27 BGH 02.12.2010, IX ZR 247/09, BGHZ 187, 337 Rn. 24.
28 LG Köln 10.02.2005, 2 O 651/03, NZI 2005, 406 (407); HK-InsO/*Landfermann* 6. Aufl., Rn. 9; *G. Pape* InVo 2007, 303 (308 f.); bejahend auch BGH 21.07.2011, IX ZR 151/10, BGHZ 190, 353 (363 f.) Rn. 25 = WM 2011, 1610 (1613) Rn. 25 für Aufwendungen, die zur Durchsetzung des Schadensersatzanspruchs im Adhäsionsverfahren (§§ 403 ff. StPO) erforderlich waren.
29 KG 21.11.2008, 7 U 47/07, NZI 2009, 121 (122); FK-InsO/*Ahrens* Rn. 11; MüKo-InsO/*Stephan* Rn. 8.
30 Bejahend: MüKo-ZPO/*Smid* § 850f Rn. 14; verneinend: MüKo-InsO/*Stephan* Rn. 8, HambK-InsR/*Streck* Rn. 7.
31 BGH 02.12.2010, IX ZR 247/09, BGHZ 187, 337 Rn. 24; 18.11.2010, IX ZR 67/10, WM 2011, 131 (132) Rn. 17; a.A. KG 21.11.2008, 7 U 47/07, NZI 2009, 121 (122); MüKo-InsO/*Stephan* Rn. 8: von der Restschuldbefreiung ausgenommen seien nicht Zinsen als Verzugsfolgen, sondern nur solche aus § 849.
32 BGH 18.11.2010, IX ZR 67/10, WM 2011, 131 (132) Rn. 15 ff.

zugs- und Prozesszinsen, nicht jedoch für Säumniszuschläge nach § 24 Abs. 1 SGB IV, weshalb letzter nicht von der Restschuldbefreiung ausgenommen sind.[33]

15 Wie der VI. Zivilsenat des BGH entschieden hat, zählen die dem Schuldner **in einem Strafverfahren auferlegten Gerichtskosten** jedenfalls nicht zu den Verbindlichkeiten aus unerlaubter Handlung i.S.v. § 302 Nr. 1.[34] Die Verfahrenskosten sind Gebühren und Auslagen der Staatskasse (§ 464a Abs. 1 StPO). Sie sind nicht Sanktion für begangenes Unrecht, sondern öffentliche Abgaben, die nach dem Veranlassungsprinzip auferlegt werden. Die Höhe der Auslagen hängt weder von der Schwere des Unrechts oder der Schuld noch von der Art und Höhe der Strafe ab, sondern allein von dem Aufwand des Strafverfahrens. Aus § 467 Abs. 2 Satz 1 und § 465 Abs. 1 Satz 2 StPO ergibt sich, dass die Kosten dem Angeklagten auch bei Freispruch auferlegt werden können oder wenn das Gericht von Strafe absieht. § 465 Abs. 2 StPO sieht vor, dass unter bestimmten Voraussetzungen die Kosten auch im Falle der Verurteilung des Angeklagten der Staatskasse auferlegt werden können. Derartige öffentliche Abgaben sind keine Verbindlichkeiten aus unerlaubter Handlung i.S.v. § 302 Nr. 1. Überdies hat der Gesetzgeber in § 302 Nr. 2 ausdrücklich zwar Geldstrafen und die diesen in § 39 Abs. 1 Nr. 3 gleichgestellten Verbindlichkeiten von der Restschuldbefreiung ausgenommen, diese Regelung aber nicht auf die Verfahrenskosten erstreckt. Diese zählen auch nicht zu den in § 39 Abs. 1 Nr. 3 genannten Verbindlichkeiten. Dazu gehören neben Geldbußen, Ordnungsgeldern und Zwangsgeldern zwar auch Nebenfolgen einer Straftat oder Ordnungswidrigkeit, die zu einer Geldzahlung verpflichten, jedoch sind damit solche Nebenfolgen wie z.B. der Verfall des Wertersatzes gem. § 73a StGB, die Einziehung des Wertersatzes (§ 74c StGB, § 25 OWiG) oder die Abführung des Mehrerlöses gem. § 8 WiStG gemeint.[35] Wenn der Gesetzgeber auch die dem Angeklagten auferlegten Verfahrenskosten von der Restschuldbefreiung hätte ausnehmen wollen, hätte es nahe gelegen, dies im Zusammenhang mit der in § 302 Nr. 2 i.V.m. § 39 Abs. 1 Nr. 3 für Strafverfahren getroffenen Regelung – dann auch für den Fall der Verurteilung zu Freiheitsstrafe – ausdrücklich anzuordnen. Der Umstand, dass er von einer solchen Regelung abgesehen hat, belegt, dass der Gesetzgeber die Verfahrenskosten aus Strafverfahren insolvenzrechtlich nicht den in § 39 Abs. 1 Nr. 3 genannten Sanktionen gleichstellen wollte.[36] Auch der Anspruch auf Erstattung der notwendigen Auslagen des Nebenklägers gegen einen verurteilten Straftäter ist nicht aus vorsätzlich begangener unerlaubter Handlung begründet,[37] und zwar auch dann nicht, wenn der Anspruch im Wege des Adhäsionsverfahrens nach §§ 403 ff. StPO geltend gemacht worden war.[38]

16 Ansprüche aus vorsätzlicher unerlaubter Handlung sind auch dann von der Restschuldbefreiung ausgenommen, wenn die Ausnahme zu einer **Minderjährigenhaftung** führt. Der Wortlaut des § 302 Nr. 1 lässt für eine Einschränkung keinen Raum. Hierfür besteht auch keine verfassungsrechtliche Notwendigkeit; denn die Einschränkung der Minderjährigenhaftung aus Billigkeitsgründen betrifft nicht die Folgen vorsätzlicher Rechtsverletzungen.[39]

3. Anmeldung

17 Über das Vorliegen einer vorsätzlich begangenen unerlaubten Handlung hinaus erfordert § 302 Nr. 1, dass der Gläubiger die betreffende Forderung unter Angabe des Rechtsgrundes im Insolvenzforderungsfeststellungsverfahren nach § 174 Abs. 2 angemeldet hat. Die Anmeldung der Forderung

---

33 BGH 16.02.2012, IX ZR 218/10, WM 2012, 660 (661) Rn. 12.
34 BGH 16.11.2010, VI ZR 17/10, ZInsO 2011, 430 Rn. 7; dieser Auffassung hat sich der IX. Zivilsenat angeschlossen, BGH 21.07.2011, IX ZR 151/10, BGHZ 190, 353 (358) Rn. 12 = WM 2011, 131 (132) Rn. 12.
35 Uhlenbruck/*Hirte* § 39 Rn. 23.
36 BGH 16.11.2010, VI ZR 17/10, NZI 2011, 64 (65 f.) Rn. 10.
37 BGH 21.07.2011, IX ZR 151/10, BGHZ 190, 353 (359) Rn. 14 = WM 2011, 1610 (1612) Rn. 14.
38 BGH 21.07.2011, IX ZR 151/10, BGHZ 190, 353 (363 f.) Rn. 25 = WM 2011, 1610 (1613) Rn. 25.
39 LG Köln 10.02.2005, 2 O 651/03, NZI 2005, 406 (407); vgl. BVerfG 13.08.1998, 1 BvL 25/96, NJW 1998, 3557 (3558); einschränkend FK-InsO/*Ahrens* Rn. 8.

und des Rechtsgrundes zur Tabelle hat spätestens bis zum Ablauf der sechsjährigen Abtretungsfrist zu erfolgen, danach ist die Anmeldung unabhängig von einem Verschulden des Gläubigers ausgeschlossen und verliert die Forderung ihre Durchsetzbarkeit falls es zur Restschuldbefreiung kommt.[40] Außerhalb der rechtzeitigen Anmeldung muss ein etwaiger Widerspruch des Schuldners gegen die Anmeldung, den dieser im Prüfungstermin entsprechend § 176 Satz 2 einlegen kann, durch eine Feststellungsklage entsprechend § 256 Abs. 1 ZPO, § 184 Abs. 1 Satz 1 beseitigt sein. Der Widerspruch des Schuldners ist auch gegenüber einer titulierten Forderung grds zulässig. Fehlt in dem Titel die Feststellung, dass die Forderung auf einer vorsätzlich begangenen unerlaubten Handlung beruht oder hat der Titel keine Bindungswirkung, so kommt eine ergänzende Feststellungsklage des Gläubigers in Betracht.[41]

Das Insolvenzgericht stellt den im Gläubiger- und Forderungsverzeichnis (§ 305 Abs. 1 Nr. 3) enthaltenen Gläubigern den Eröffnungsbeschluss zu (§ 30 Abs. 2). Meldet der Gläubiger seine Forderung aus freien Stücken nicht an, unterfällt sie der Restschuldbefreiung, und zwar unabhängig davon, ob die Forderung tituliert und eine solche aus unerlaubter Handlung ist.[42] Das Gleiche gilt aber auch dann, wenn der Gläubiger von dem Insolvenzverfahren infolge Fahrlässigkeit nichts wusste oder unverschuldet die rechtzeitige Anmeldung der Forderung versäumt hatte[43], und zwar sogar dann, wenn der Schuldner im Gläubiger- und Forderungsverzeichnis bewusst wahrheitswidrige, unvollständige Angaben gemacht hat.[44] Dann kommt jedoch ein Ersatzanspruch aus § 826 BGB in Betracht.[45] 18

Widerspricht der Schuldner dem Schuldgrund, kann über den Rechtsgrund der Forderung aus einer vorsätzlich begangenen unerlaubten Handlung ein Feststellungsrechtsstreit geführt werden.[46] Der Gläubiger braucht den Streit, ob eine Forderung nach § 302 Nr. 1 von der Restschuldbefreiung ausgenommen bleibt, nicht auf die Zeit nach Erteilung der Restschuldbefreiung zu verschieben, sondern kann im Falle des Widerspruchs des Schuldners gegen die Forderung **im Klagewege die Feststellung** zur Insolvenztabelle mit der Maßgabe begehren, dass es sich um eine Forderung aus vorsätzlich begangner unerlaubter Handlung handle.[47] Dabei unterliegt dieser Feststellungsanspruch des Vollstreckungsgläubigers nicht der Verjährung des behaupteten materiellen Leistungsanspruchs.[48] 19

Die Rechtskraft eines **Vollstreckungsbescheids** entfaltet in Bezug auf die Einordnung des titulierten Anspruchs als solchen aus vorsätzlich begangener unerlaubter Handlung auch dann keine Bindungswirkung, wenn eine andere Anspruchsgrundlage als ein Vorsatzdelikt nicht in Betracht kam. Der Ausschluss der Restschuldbefreiung auf Grund eines ohne richterliche Schlüssigkeitsprüfung und ohne Belehrung gem. § 175 Abs. 2 erlassenen rechtskräftigen Vollstreckungsbescheids ist nicht zu rechtfertigen, weil der Schuldner im Mahnverfahren die Folgen einer möglichen Bindungswirkung für die Frage der Restschuldbefreiung gem. § 302 Nr. 1 nicht überblicken kann.[49] 20

Nach diesen Maßstäben entfaltet auch ein **Versäumnisurteil** keine Bindungswirkung, wenn in seinem Tenor nicht ausdrücklich ein Anspruch aus vorsätzlich begangener unerlaubter Handlung festgestellt wird.[50] Die rechtskräftige Feststellung kann auch nicht durch Auslegung des Versäumnis- 21

---

40 BGH 07.05.2013, IX ZR 151/12 BeckRS 2013, 12812 Rn. 12, z.V.b. in BGHZ.
41 BGH 25.06.2009, IX ZR 154/08, NZI 2009, 612 Rn. 8.
42 *Fahl/Winkler* NZI 2010, 288 (289).
43 BGH 16.12.2010, IX ZR 24/10, WM 2011, 271 Rn. 20, 22.
44 *Fahl/Winkler* NZI 2010, 288 (289).
45 BGH 06.11.2008, IX ZB 34/08, NZI 2009, 66 Rn. 11; 16.12.2010, IX ZR 24/10, WM 2011, 271 Rn. 26.
46 FK-InsO/*Ahrens* Rn. 19.
47 BGH 02.12.2008, IX ZR 247/09, BGHZ 187, 337 Rn. 8.
48 BGH 02.12.2008, IX ZR 247/09, BGHZ 187, 337 Rn. 17.
49 BGH 18.05.2006, IX ZR 187/04, NJW 2006, 2922 Rn. 12 f.; 05.11.2009, IX ZR 239/07, BGHZ 183, 77 (79) Rn. 7 = NJW 2010, 2210 Rn. 7; 16.02.2012, IX ZR 218/10, WM 2012, 660 (661) Rn. 11.
50 BGH 05.11.2009, IX ZR 239/07, BGHZ 183, 77 (79 f.) Rn. 7 ff. = NJW 2010, 2210 Rn. 7 ff.; FK-InsO/*Ahrens* Rn. 21.

urteils in Verbindung mit der Klageschrift, auf Grund derer das Urteil erlassen worden ist, ersetzt werden.[51]

22 Nichts Anderes gilt im Ergebnis für das **streitige Urteil**.[52] Selbst den Entscheidungsgründen eines streitigen Urteils, das der Leistungsklage stattgibt, ist im Regelfall nicht zu entnehmen, ob andere Anspruchsgrundlagen ausscheiden. Für den Schuldner ist daher aus dem Urteil nicht zweifelsfrei ersichtlich, ob damit zugleich die Rechtsnatur des Anspruchsgrundes verbindlich festgestellt ist. In einem späteren Feststellungsverfahren könnte der Zahlungspflichtige somit z.B. behaupten, der rechtskräftig titulierte Anspruch sei nur wegen fahrlässiger Insolvenzverschleppung, nicht aber wegen eines Vorsatzdelikts begründet, ohne daran durch § 322 Abs. 1 ZPO gehindert zu sein.[53]

23 Hat der Schuldner in einem **gerichtlichen Vergleich** den Rechtsgrund der dadurch titulierten Forderung als vorsätzlich begangene unerlaubte Handlung außer Streit gestellt, so steht für den Feststellungsprozess bindend fest, dass die Forderung auf einer entsprechenden Handlung beruht. Im Unterschied zum Vollstreckungsbescheid liegt der Titulierung dann nicht bloß eine einseitige Angabe des Gläubigers zu Grunde. Ob dem Vergleich eine richterliche Schlüssigkeitsprüfung vorausgegangen war, ist unerheblich. Die Schlüssigkeitsprüfung wird durch die Einigung der Parteien ersetzt, die sich auch über die Rechtsnatur des Anspruchs verhält und diese dem Streit der Parteien entzieht. Gleichfalls unerheblich ist, ob der Schuldner vor Vergleichsabschluss von Seiten seines Prozessbevollmächtigten über die weit reichenden Folgen des § 302 Nr. 1 aufgeklärt worden ist. Ein etwaiges Belehrungsdefizit begründet allenfalls Schadensersatzansprüche gegenüber dem Rechtsanwalt und kann nicht dem Gläubiger als der anderen Vertragspartei entgegengehalten werden.[54]

24 Wird der Anspruch in einer **notariellen Urkunde** tituliert (Schuldanerkenntnis), muss sich aus der Urkunde ergeben, dass die Schuld auf Grund vorsätzlich begangener unerlaubter Handlung besteht.[55]

II. Geldstrafen oder gleichgestellte Verbindlichkeiten

25 Nach § 302 Nr. 2 von der Schuldbefreiung ausgenommen sind auch Geldstrafen (§§ 40 ff. StGB) und die diesen in § 39 Abs. 1 Nr. 3 gleichgestellten Verbindlichkeiten des Schuldners. Unter Berücksichtigung der Gesetzesgeschichte ist davon auszugehen, dass mit den gleichgestellten Verbindlichkeiten sämtliche in § 39 Abs. 1 Nr. 3 bezeichneten Tatbestände gemeint sind.[56] Gleichgestellte Verbindlichkeiten sind insb. Geldbußen nach §§ 17 ff. OWiG, Ordnungsgelder nach §§ 890 ZPO, 70 StPO, 380 AO und Zwangsgelder nach §§ 888 ZPO, 328 f. AO. Strafverfolgungskosten sind auch nach § 302 Nr. 2 nicht privilegiert.[57]

26 Die Bedeutung der Vorschrift wird im Schrifttum zu Unrecht mit der Überlegung bezweifelt, dass für Geldstrafen und ähnliche Verbindlichkeiten bei Uneinbringlichkeit regelmäßig eine Ersatzfreiheitsstrafe eintrete.[58] Wenn die Geldstrafen usw. von der Restschuldbefreiung erfasst würden, bliebe für eine Ersatzfreiheitsstrafe kein Raum mehr.

III. Verbindlichkeiten aus zinslosen Darlehen für Insolvenzverfahrenskosten

27 Durch den Ausnahmetatbestand des § 302 Nr. 3 werden schließlich Verbindlichkeiten aus zinslosen Darlehen privilegiert, die zur Begleichung der Kosten des Insolvenzverfahrens gewährt wurden. Die

---

51 BGH 05.11.2009, IX ZR 239/07, BGHZ 183, 77 (83) Rn. 15 f.; 16.02.2012, IX ZR 218/10, WM 2012, 660 (661) Rn. 11.
52 BGH 05.11.2009, IX ZR 239/07, BGHZ 183, 77 (83 f.) Rn. 16 = NJW 2010, 2210 (2212) Rn. 15 a.E.
53 BGH 05.11.2009, IX ZR 239/07, BGHZ 183, 77 (83 f.) Rn. 16= NJW 2010, 2210 (2212) Rn. 16.
54 BGH 25.06.2009, IX ZR 154/08, NZI 2009, 612 Rn. 11.
55 Vgl. *Fahl/Winkler* NZI 2010, 288.
56 Braun/*Lang* Rn. 7; FK-InsO/*Ahrens* Rn. 27.
57 FK-InsO/*Ahrens* Rn. 28.
58 So Braun/*Lang* Rn. 7.

Regelung räumt karitativen und sozialen Einrichtungen, die den Schuldner bei der Aufbringung der Verfahrenskosten unterstützen und damit auch die Staatskasse entlasten, im öffentlichen Interesse für ihre Verbindlichkeiten ein Nachforderungsrecht gegen den Schuldner ein. Die Vorschrift ist eng auszulegen, um unseriösen Geschäftemachern kein Betätigungsfeld zu eröffnen. Auf die gewerbliche Schuldenregulierung kann der Ausnahmetatbestand deshalb keine Anwendung finden.[59]

C. Rechtswirkung

Die Ausnahmetatbestände des § 302 stellen eine **materielle Grenze der Restschuldbefreiung** dar. Die danach ausgenommenen Verbindlichkeiten werden durch die Restschuldbefreiung nicht verändert.[60] Liegen ihre Voraussetzungen vor, so tritt die Rechtsfolge, nämlich die Nichterstreckung der Wirkungen der Restschuldbefreiung auf die betroffenen Forderungen, kraft Gesetzes ein, dh ohne dass es einer gesonderten gerichtlichen Entscheidung darüber bedarf.

28

Der Gesetzgeber hat sich für die Gleichbehandlung aller Insolvenzgläubiger während der Wohlverhaltensphase entschieden. Der Deliktsgläubiger im Sinne des § 302 Nr. 1 wird nicht etwa in der Weise privilegiert, dass ihm im Falle des Fehlens konkurrierender Neugläubiger die im Rahmen des § 850f Abs. 2 ZPO pfändbaren Einkünfte des Schuldners zugewiesen werden. Vielmehr wird Art. 14 Abs. 1 GG insofern Rechnung getragen, als Gläubiger ausgenommener Forderungen bei entsprechender Anmeldung und Feststellung ihres Anspruchs nach Erteilung der Restschuldbefreiung die Möglichkeit haben, weiter in das Vermögen des Schuldners zu vollstrecken.[61]

29

Für das Insolvenzverfahren und die anschließende Treuhandzeit gelten im Blick auf die privilegierten Forderungen keine Besonderheiten, dh sie nehmen anteilig an der Verteilung teil und unterliegen dem Vollstreckungsverbot. Für die in § 302 Nr. 2 bezeichneten Verbindlichkeiten gilt die Sonderregelung des § 39.[62]

Ist die jeweilige Hauptforderung mit dem entsprechenden Rechtsgrund der vorsätzlichen unerlaubten angemeldet worden, werden die nach § 302 Nr. 1 ausgenommenen Verbindlichkeiten insgesamt erfasst. Das gilt auch wegen nicht anmeldefähiger Nebenforderungen. Insoweit ist der Schuldner durch die Anmeldung der Hauptforderung und ihres Rechtsgrundes hinreichend gewarnt.[63] Widerspricht der Schuldner dem Forderungsgrund der vorsätzlich begangenen unerlaubten Handlung, so ist die betreffende Forderung, solange der Widerspruch nicht beseitigt ist, wie eine von der Restschuldbefreiung nicht ausgenommene Forderung zu behandeln.[64]

30

Wird nach Erteilung der Restschuldbefreiung wegen einer gem. § 302 privilegierten Verbindlichkeit ohne Anmeldung zur Tabelle die Zwangsvollstreckung (aus dem früheren Titel) betrieben, steht dem Schuldner hiergegen die Vollstreckungserinnerung gem. § 766 ZPO zu. Vollstreckt hingegen ein Gläubiger eine nicht privilegierte Verbindlichkeit aus der Tabelle, ist die Vollstreckungsgegenklage gem. § 767 ZPO eröffnet.[65] Den Vollstreckungsgläubiger trifft die **Beweislast** für die Einwendung, sein Vollstreckungstitel sei von der Restschuldbefreiung nach § 302 Nr. 1 nicht ergriffen worden.[66]

31

---

59 FK-InsO/*Ahrens* Rn. 29.
60 Braun/*Lang* Rn. 9.
61 BGH 28.06.2012, IX ZR 313/11, NZI 2012, 811 Rn. 7.
62 FK-InsO/*Ahrens* Rn. 34.
63 BGH 18.11.2010, IX ZR 67/10, WM 2011, 131 (132) Rn. 13.
64 BGH 20.06.2013, IX ZB 208/11, juris Rn. 2.
65 FK-InsO/*Ahrens* Rn. 37; zur Vollstreckungsgegenklage vgl. BGH 25.09.2008, IX ZB 205/06, NJW 2008, 3640 Rn. 10.
66 BGH 02.12.2008, IX ZR 247/09, BGHZ 187, 337 Rn. 16.

§ 302 n.F. Ausgenommene Forderungen

[Tritt zum 01.07.2014 in Kraft]

Von der Erteilung der Restschuldbefreiung werden nicht berührt:
1. Verbindlichkeiten des Schuldners aus einer vorsätzlich begangenen unerlaubten Handlung, aus rückständigem gesetzlichen Unterhalt, den der Schuldner vorsätzlich pflichtwidrig nicht gewährt hat, oder aus einem Steuerschuldverhältnis, sofern der Schuldner im Zusammenhang damit wegen einer Steuerstraftat nach den §§ 370, 373 oder § 374 der Abgabenordnung rechtskräftig verurteilt worden ist; der Gläubiger hat die entsprechende Forderung unter Angabe dieses Rechtsgrundes nach § 174 Absatz 2 anzumelden;
2. Geldstrafen und die diesen in § 39 Abs. 1 Nr. 3 gleichgestellten Verbindlichkeiten des Schuldners;
3. Verbindlichkeiten aus zinslosen Darlehen, die dem Schuldner zur Begleichung der Kosten des Insolvenzverfahrens gewährt wurden.

Übersicht

	Rdn.			Rdn.
A. Überblick	1	D.	Verbindlichkeiten aus einer Steuerstraftat	4
B. Verbindlichkeiten aus unerlaubter Handlung	2	E.	Verbindlichkeiten aus zinslosen Darlehen	5
C. Verbindlichkeiten aus rückständigem Unterhalt	3			

A. Überblick

1 Die Vorschrift tritt am 01.07.2014 in Kraft und gilt für alle Verfahren, die ab diesem Zeitpunkt beantragt worden sind (Art. 103h Satz 1 EGInsO n.F.).[1] Durch die Neuregelung wird der Ausnahmetatbestand des § 302 Nr. 1 erweitert. Außer den bereits bisher von der Restschuldbefreiung ausgenommenen Verbindlichkeiten des Schuldners aus einer vorsätzlich begangenen unerlaubten Handlung sind nunmehr auch Forderungen privilegiert aus rückständigem gesetzlichen Unterhalt, den der Schuldner vorsätzlich pflichtwidrig nicht gewährt hat, oder aus einem Steuerschuldverhältnis, sofern der Schuldner im Zusammenhang damit wegen einer Steuerstraftat nach den §§ 370, 373 oder 374 AO rechtskräftig verurteilt worden ist. Durch die Neuregelung wird die Restschuldbefreiung weiter aufgeweicht und werden öffentliche Gläubiger privilegiert.[2] Das gilt entgegen der Gesetzesbegründung[3] auch für rückständige Unterhaltsforderungen. Diese sind regelmäßig auf Unterhaltsvorschusskassen und Sozialhilfeträger übergegangen, die den laufenden Unterhalt übernommen haben. Dadurch werden für Unterhaltspflichtige eine Entschuldung und ein Neuanfang erschwert, was sich nachteilig auf die Zahlung laufender und künftiger Unterhaltspflichten auswirken dürfte.[4]

B. Verbindlichkeiten aus unerlaubter Handlung

2 Insoweit wird auf die Kommentierung zu § 302 a.F. verwiesen. Wird dem Schuldner vorzeitig die Restschuldbefreiung erteilt nach § 300 Abs. 1 Satz 2 Nr. 2 n.F. ist die Nachmeldung von Forderungen gemäß § 302 Nr. 1 ausgeschlossen.[5] In den Übrigen Fällen des § 300 Abs. 1 Satz 2 n.F. gilt folgerichtig nichts Anderes.

---

1 Art. 9 Satz 1 des Gesetzes zur Verkürzung des Restschuldbefreiungsverfahrens und zur Stärkung der Gläubigerrechte.
2 *Pape/Grote* AnwBl 2012, 507 (510); *Ehlers* DStR 2013, 1338 (1342).
3 BT-Drucks. 17/11268, 32.
4 *Pape/Grote* AnwBl 2012, 507 (510); krit. auch *Laroche/Pruskowski/Schöttler/Siebert/Vallender* ZIP 2012, 558 (561).
5 BGH 07.05.2013 IX ZR 151/12, BeckRS 2013, 12812 Rn. 16, z.V.b. in BGHZ.

C. Verbindlichkeiten aus rückständigem Unterhalt

Pflichtwidrig handelt der Schuldner, wenn ihn eine **gesetzliche Unterhaltspflicht** trifft, der Unterhaltsberechtigte bedürftig und der Schuldner leistungsfähig ist.[6] Nach der Gesetzesbegründung stellt die Neufassung klar, dass es für einen Ausschluss gemäß § 302 Nr. 1 ausreicht, wenn der Schuldner pflichtwidrig seinen Unterhaltsverpflichtungen nicht nachkommt. Unerheblich ist, ob der Unterhaltsberechtigte durch die Pflichtverletzung in seinem Lebensbedarf gefährdet ist oder ohne die Hilfe anderer gefährdet wäre.[7] Wie auch bei den sonstigen unerlaubten Handlungen muss der Schuldner über die Pflichtwidrigkeit hinaus **vorsätzlich** gehandelt und muss der Gläubiger die Forderung unter Angabe des Rechtsgrundes angemeldet haben.[8]

3

D. Verbindlichkeiten aus einer Steuerstraftat

Von der Restschuldbefreiung ausgenommen sind nach § 302 Nr. 1 n.F. außerdem Verbindlichkeiten des Schuldners aus einem Steuerschuldverhältnis, sofern der Schuldner im Zusammenhang damit wegen einer **Steuerstraftat** nach den §§ 370, 373 oder 374 AO rechtskräftig verurteilt worden ist und die entsprechende Forderung von den Steuerbehörden unter Angabe des Rechtsgrundes nach § 174 Abs. 2 zur Tabelle angemeldet wurde. Die insolvenzrechtliche Nachhaftung insbesondere für hinterzogene Steuern wird mit dem Unrechtsgehalt der Steuerstraftaten gerechtfertigt.[9] **Gewöhnliche Steuerrückstände** des Schuldners oder andere Geldforderungen der Steuerbehörden, z.B. Zwangsgelder, sollen dagegen weiter von der Restschuldbefreiung erfasst werden.[10]

4

Eine **rechtskräftige Verurteilung** wird vorausgesetzt, um dem Gericht die Feststellung der objektiven und subjektiven Voraussetzungen einer solchen Straftat zu ersparen.[11] Unerheblich ist der Zeitpunkt der Verurteilung.[12]

E. Verbindlichkeiten aus zinslosen Darlehen

Insoweit wird auf die Kommentierung zu § 302 a.F. verwiesen.

5

§ 303 Widerruf der Restschuldbefreiung

(1) Auf Antrag eines Insolvenzgläubigers widerruft das Insolvenzgericht die Erteilung der Restschuldbefreiung, wenn sich nachträglich herausstellt, dass der Schuldner eine seiner Obliegenheiten vorsätzlich verletzt und dadurch die Befriedigung der Insolvenzgläubiger erheblich beeinträchtigt hat.

(2) Der Antrag des Gläubigers ist nur zulässig, wenn er innerhalb eines Jahres nach der Rechtskraft der Entscheidung über die Restschuldbefreiung gestellt wird und wenn glaubhaft gemacht wird, dass die Voraussetzungen des Absatzes 1 vorliegen und dass der Gläubiger bis zur Rechtskraft der Entscheidung keine Kenntnis von ihnen hatte.

(3) Vor der Entscheidung sind der Schuldner und der Treuhänder zu hören. Gegen die Entscheidung steht dem Antragsteller und dem Schuldner die sofortige Beschwerde zu. Die Entscheidung, durch welche die Restschuldbefreiung widerrufen wird, ist öffentlich bekanntzumachen.

---

6 BT-Drucks. 17/11268, 32.
7 BT-Drucks. 17/11268, 32.
8 BT-Drucks. 17/11268, 32.
9 BT-Drucks. 17/11268, 32.
10 BT-Drucks. 17/11268, 32.
11 BT-Drucks. 17/11268, 32.
12 BT-Drucks. 17/11268, 32.

§ 303 InsO Widerruf der Restschuldbefreiung

Übersicht

	Rdn.		Rdn.
A. **Überblick**	1	C. **Widerrufsverfahren**	19
B. **Voraussetzungen des Widerrufs**	4	I. Zuständigkeit	20
I. Widerrufsantrag	5	II. Anhörung	21
1. Form	6	D. **Gerichtliche Entscheidung und Bekanntmachung**	22
2. Frist	7		
3. Glaubhaftmachung	9	I. Zurückweisung des Antrags	23
II. Widerrufsgrund	12	II. Widerruf	24
1. Vorsätzliche Obliegenheitsverletzung	13	III. Rechtswirkungen des Widerrufs	27
2. Nachträgliches Herausstellen	16	E. **Rechtsmittel**	29
3. Erhebliche Beeinträchtigung der Befriedigung der Insolvenzgläubiger	18	F. **Gebühren, Kosten und Gegenstandswert**	30
		G. **Anwaltsbeiordnung für den Schuldner?**	34

A. Überblick

1   Nach Erteilung der Restschuldbefreiung gem. § 300 Abs. 1 können Obliegenheitsverletzungen grds nicht mehr geltend gemacht werden. Ausnahmsweise ist bei besonders schwerwiegenden Verstößen die Erteilung trotz rechtskräftiger Entscheidung zu widerrufen (§ 303 Abs. 1). Damit werden nicht die Obliegenheiten des Schuldners, sondern allein die aus einer Obliegenheitsverletzung abgeleiteten Rechtsbehelfe der Gläubiger über das Ende der Treuhandzeit erstreckt.[1] Laut den Gesetzesmaterialien ist der mit dem Widerruf verbundene schwere Eingriff zum Nachteil des Schuldners in einem solchen Fall wegen der Schwere der Verfehlung gerechtfertigt.[2] Auf Grund des erhöhten Vertrauensschutzes, den der Schuldner nach erteilter Befreiung bereits genießt, werden für den Widerruf enge Voraussetzungen aufgestellt. Eine vorsätzliche Obliegenheitsverletzung, die nur zu einer unerheblichen Beeinträchtigung der Befriedigung der Insolvenzgläubiger geführt hat, reicht ebenso wenig aus wie eine nur fahrlässig begangene Obliegenheitsverletzung.[3]

2   Beim **Tod des Schuldners** nach der Erteilung der Restschuldbefreiung ist unter den Voraussetzungen des § 303 Abs. 1 der Widerruf gegenüber dem Erben möglich.[4] § 303 Abs. 3 ordnet zwar vor der Entscheidung über den Widerruf die Anhörung des Schuldners an. Darunter ist jedoch auch der Erbe als Schuldner des Nachlassinsolvenzverfahrens zu verstehen.[5] Der Widerruf der Restschuldbefreiung innerhalb der kurzen Frist des § 303 Abs. 2 und unter den strengen Voraussetzungen des Abs. 1 dieser Bestimmung wirkt sich wie die Ausübung eines Gestaltungsrechts aus, weil mit dem Widerruf aus unvollkommenen (§ 301 Abs. 3) wieder vollkommene Verbindlichkeiten werden. Gestaltungsrechte setzen sich aber i.d.R. gegen den Erben durch. Schließlich tritt eine unbeschränkte Nachhaftung des Erben mit dem Widerruf nicht ein; denn es verbleibt die Möglichkeit der Beschränkung der Haftung auf den Nachlass.[6]

3   Der BGH hat eine analoge Anwendung des § 303 für den Fall in Betracht gezogen, dass die Restschuldbefreiung vor Beendigung des Insolvenzverfahrens zu erteilen ist.[7]

---

1 FK-InsO/*Ahrens* Rn. 2.
2 BT-Drucks. 12/2443, 194 zu § 252 InsO-RegE.
3 Braun/*Lang* Rn. 1.
4 FK-InsO/*Ahrens* Rn. 7.
5 *Siegmann* ZEV 2000, 345 (348).
6 *Siegmann* ZEV 2000, 345 (348); MüKo-InsO/*Stephan* Rn. 34a.
7 BGH 03.12.2009, IX ZB 247/08, NJW 2010, 2283 Rn. 24; a.A. *Schmerbach* NZI 2010, 54 (55); FK-InsO/*Ahrens* § 300 Rn. 12.

B. Voraussetzungen des Widerrufs

Der Widerruf der Restschuldbefreiung bedingt in formeller Hinsicht zunächst, dass die Restschuldbefreiung durch Beschluss gem. § 300 rechtskräftig erteilt worden ist.[8]   4

I. Widerrufsantrag

Wie sich aus § 303 Abs. 1 ergibt, setzt das Widerrufsverfahren zwingend den Antrag eines Insolvenzgläubigers voraus. Ein Widerrufsverfahren kann mithin nicht von Amts wegen eingeleitet werden. Antragsberechtigt ist grds jeder Insolvenzgläubiger. Die Verfügungsfreiheit jedes einzelnen antragstellenden Insolvenzgläubigers erstreckt sich auch auf den Umfang der richterlichen Prüfung.[9] Der Treuhänder ist nicht berechtigt, einen Widerrufsantrag zu stellen.[10]   5

1. Form

Der Antrag bedarf keiner besonderen Form. Er kann schriftlich, in elektronischer Form oder zu Protokoll der Geschäftsstelle eines jeden Amtsgerichts gestellt werden (§ 4 i.V.m. §§ 129a, 130a, 496 ZPO).[11]   6

2. Frist

Nach § 303 Abs. 2 ist der Antrag des Gläubigers nur zulässig, wenn er **innerhalb eines Jahres** nach der Rechtskraft der Entscheidung über die Restschuldbefreiung gestellt wird. Diese Jahresfrist ist eine **Ausschlussfrist**, deren Verstreichen das Gericht von Amts wegen beachten muss. Im Falle der Fristversäumnis kommt eine Wiedereinsetzung in den vorigen Stand nicht in Betracht, weil Vorschriften über die Wiedereinsetzung gem. § 4 InsO i.V.m. §§ 233 ff. ZPO bei prozessualen Ausschlussfristen nicht anwendbar sind.[12] Die Jahresfrist kann auch nicht nach §§ 206, 210, 211 BGB gehemmt werden.[13] Nach Ablauf der Jahresfrist können andere (bereits präkludierte) Widerrufsgründe nicht mehr nachgeschoben werden.[14]   7

Die Berechnung der Jahresfrist richtet sich nach § 4 InsO i.V.m. §§ 222 Abs. 1 ZPO, 187 ff. BGB. Die Frist beginnt mit der Rechtskraft des die Restschuldbefreiung erteilenden Beschlusses. Ist die Rechtskraft durch einen beidseitigen Rechtsmittelverzicht eingetreten, dann handelt es sich um eine Ereignisfrist, so dass die §§ 187 Abs. 1, 188 Abs. 2 Var. 1 BGB zur Berechnung heranzuziehen sind. Fällt das Fristende auf einen Samstag, Sonntag oder einen allgemeinen Feiertag, so endet diese Frist mit dem Ablauf des nachfolgenden Werktages (§ 4 InsO i.V.m. § 222 Abs. 2 ZPO). Im Falle des Eintritts der Rechtskraft durch den Ablauf der Rechtsmittelfrist (vgl. § 705 ZPO) ist der Beginn des folgenden Tages der für den Fristbeginn maßgebliche Zeitpunkt. Die Berechnung erfolgt in diesem Fall nach § 4 InsO i.V.m. §§ 222 Abs. 1 ZPO, 187 Abs. 2, 188 Abs. 2 Var. 2 BGB. Das Gleiche gilt, wenn die Rechtskraft durch Ablauf der Frist für den Rechtsbehelf gegen die Beschwerdeentscheidung eintritt. Tritt die Rechtskraft auf Grund der weiteren Unanfechtbarkeit des Beschwerdebeschlusses mit der Verkündung oder der Bekanntmachung der Entscheidung ein, dann handelt es sich wieder um eine Ereignisfrist und erfolgt die Fristberechnung nach § 4 InsO i.V.m. §§ 222 Abs. 1 ZPO, 187 Abs. 2, 188 Abs. 2 Var. 1 BGB.[15]   8

---

[8] MüKo-InsO/*Stephan* Rn. 3.
[9] FK-InsO/*Ahrens* Rn. 15.
[10] FK-InsO/*Ahrens* Rn. 8.
[11] MüKo-InsO/*Stephan* Rn. 4.
[12] FK-InsO/*Ahrens* Rn. 16; MüKo-InsO/*Stephan* Rn. 8; Uhlenbruck/*Vallender* Rn. 9.
[13] MüKo-InsO/*Stephan* Rn. 11.
[14] FK-InsO/*Ahrens* Rn. 16.
[15] MüKo-InsO/*Stephan* Rn. 9.

3. Glaubhaftmachung

9 Der den Widerruf der Restschuldbefreiung beantragende Gläubiger muss eine vorsätzliche Obliegenheitsverletzung und eine dadurch kausal herbeigeführte erhebliche Beeinträchtigung der Gläubigerbefriedigung auf Grund von Tatsachen, die sich erst nachträglich herausgestellt haben, darlegen und gem. § 4 InsO i.V.m. § 294 ZPO glaubhaft machen. Nach § 294 Abs. 1 ZPO darf sich der Gläubiger sämtlicher präsenter Beweismittel bedienen und auch zur Versicherung an Eides statt zugelassen werden. Eine Beweisaufnahme, die nicht sofort erfolgen kann, ist unstatthaft (§ 294 Abs. 2 ZPO). Macht der Gläubiger die Voraussetzungen nicht innerhalb der Jahresfrist glaubhaft, ist sein Antrag als unzulässig zurückzuweisen. Zur Unzulässigkeit des Antrags kann auch eine Gegenglaubhaftmachung führen.[16]

10 Glaubhaft machen muss der Antragsteller den Vorsatz und den Ursachenzusammenhang zwischen der Obliegenheitsverletzung und der erheblich beeinträchtigten Gläubigerbefriedigung.[17] Da ein Widerrufsantrag nur zulässig ist, wenn der Gläubiger bis zur Rechtskraft der Entscheidung über die Erteilung der Restschuldbefreiung keine Kenntnis von der Obliegenheitsverletzung hatte, ist auch dieser Umstand glaubhaft zu machen. Bei der Glaubhaftmachung dieses Umstandes kann und wird der Gläubiger vor allem auf eine Versicherung an Eides statt zurückgreifen.[18]

11 Da der Fristablauf eine von Amts wegen zu beachtende Verfahrensvoraussetzung ist, trägt derjenige die Feststellungslast, der eine günstige Sachentscheidung erstrebt. Das ist bei der Widerrufsentscheidung der Gläubiger. Die Nichterweislichkeit des Zeitpunktes der Kenntniserlangung von der Obliegenheitsverletzung geht damit zu Lasten des antragstellenden Gläubigers.[19]

II. Widerrufsgrund

12 In der Sache ist der Widerruf an enge Voraussetzungen geknüpft.

1. Vorsätzliche Obliegenheitsverletzung

13 Der Schuldner muss gegen eine seiner Obliegenheiten verstoßen haben. Damit sind die in § 295 aufgezählten. Anforderungen gemeint. Auch die Nichtzahlung der Mindestvergütung des Treuhänders ist zwar nach § 298 Abs. 1 ein Versagungsgrund, der auf Antrag des Treuhänders geltend gemacht wird. Es handelt sich aber um keine Obliegenheitsverletzung, die einen Widerruf der Restschuldbefreiung rechtfertigt. Gleiches gilt für den Verstoß gegen Obliegenheiten aus § 296 Abs. 2 Satz 2 und 3, weil diese nur noch mittelbar dem mit der Treuhandzeit verfolgten Ziel einer Haftungsverwirklichung dienen.[20] Weder auf Grund einer nach dem Ende der Treuhandzeit, noch einer während der Treuhandphase erfolgten, jedoch erst nachträglich bekannt gewordenen Verurteilung wegen einer Insolvenzstraftat kann die Restschuldbefreiung widerrufen werden. Die Verurteilung wegen einer Insolvenzstraftat ist zwar gem. § 297 ein Versagungsgrund, aber keine Obliegenheitsverletzung i.S.d. § 295. Nach geltendem Recht kommt daher im Falle einer solchen Verurteilung ein Widerruf der Restschuldbefreiung gem. § 303 nicht in Betracht.[21] Allenfalls bleibt die Möglichkeit einer Schadensersatzklage gem. § 826 BGB,[22] welche nicht auf Beseitigung der Restschuldbefreiung, sondern nur auf Ersatz des individuellen Schadens des jeweiligen Gläubigers in Höhe der bei der Verteilung entgangenen Beträge gerichtet werden kann.[23] Eine geplante Änderung des § 303 dahin, dass künf-

---

16 FK-InsO/*Ahrens* Rn. 18.
17 MüKo-InsO/*Stephan* Rn. 5.
18 MüKo-InsO/*Stephan* Rn. 6.
19 MüKo-InsO/*Stephan* Rn. 10.
20 MüKo-InsO/*Stephan* Rn. 12.
21 AG Göttingen 08.01.2010, 74 IN 247/02, ZInsO 2010, 396 (397); Braun/*Lang* Rn. 2.
22 Vgl. dazu BGH 06.11.2008, IX ZB 34/08, NZI 2009, 66 Rn. 11.
23 AG Göttingen 08.01.2010, 74 IN 247/02, ZInsO 2010, 396.

tig auch ein Widerruf auf Antrag eines Insolvenzgläubigers bei einer Verurteilung wegen einer in § 297 genannten Straftat möglich sein soll,[24] ist (noch) nicht Gesetz geworden.

Der Widerruf setzt zudem eine vorsätzliche Verletzung der Obliegenheit voraus. Im Unterschied zur Versagung nach §§ 296 oder 300 reicht eine fahrlässige oder auch eine grob fahrlässige Obliegenheitsverletzung nicht aus. Dabei genügt ein bedingter Vorsatz, der die nachteiligen Folgen der Obliegenheitsverletzung nicht erfassen muss.[25] Vorsatz muss sich also allein auf die Obliegenheitsverletzung beziehen. Hingegen braucht die Beeinträchtigung der Gläubigerbefriedigung vom Vorsatz nicht umfasst sein.[26]

14

Die **Beweislast** für die vorsätzliche Obliegenheitsverletzung hat der Gläubiger. Eine Beweislastumkehr, wie sie § 296 Abs. 1 Satz 1 Halbsatz 2 regelt, ist nicht vorgesehen.[27]

15

2. Nachträgliches Herausstellen

Die vorsätzliche Verletzung einer der Obliegenheiten des Schuldners muss sich nachträglich herausstellen. Das ist der Fall, wenn die Obliegenheitsverletzung zwar nach Ankündigung und vor Erteilung der Restschuldbefreiung erfolgt ist, aber erst nach Eintritt der formellen Rechtskraft bekannt wird.[28] Der antragstellende Gläubiger darf von dem Obliegenheitsverstoß und der erheblichen Beeinträchtigung der Gläubigerbefriedigung bis zur Rechtskraft der Entscheidung über die Erteilung der Restschuldbefreiung keine Kenntnis gehabt haben. Macht der Gläubiger **mehrere Obliegenheitsverstöße** geltend, deren nachträgliche Kenntniserlangung er nur teilweise glaubhaft machen konnte, dann bedeutet dies nicht, dass der Antrag als ganzer unzulässig wäre. Vielmehr sind dann nur die Widerrufsgründe präkludiert, deren nachträgliche Kenntnis von dem Gläubiger nicht glaubhaft gemacht wird.[29] Da eine sofortige Beschwerde gegen die Entscheidung nach § 300 Abs. 1 den Eintritt der Rechtskraft hemmt, muss der Insolvenzgläubiger bei Kenntniserlangung während des Rechtsmittelverfahrens einen Versagungsantrag stellen.[30]

16

Die Präklusionswirkung ist auf den Gläubiger beschränkt, der den Widerruf beantragt.[31] Der Umstand, dass ein Gläubiger bereits Kenntnis von der Obliegenheitsverletzung vor Eintritt der Rechtskraft des Beschlusses nach § 300 Abs. 1 hatte, hindert einen **anderen Gläubiger**, der diese Kenntnis nicht hatte, nicht daran, einen Widerrufsantrag zu stellen, der sich auf den gleichen Verstoß stützt. Deshalb kann der präkludierte Gläubiger einen anderen Gläubiger auf die Obliegenheitsverletzung hinweisen, von dem der Widerrufsantrag nach § 303 Abs. 1 noch gestellt werden kann, sofern er erst auf Grund dieser Mitteilung Kenntnis von dem Verstoß erlangt hat.[32] Demgegenüber wird allerdings vertreten, soweit die Obliegenheiten dem Schutz kollektiver Interessen dienten – wie die Erwerbsobliegenheit (§ 295 Abs. 1 Nr. 1, Abs. 2) – stehe die Kenntnis eines Gläubigers jedem Widerrufsantrag entgegen; bei der Verletzung individueller Interessen sei hingegen allein der Informationsstand des Antragstellers maßgebend.[33] Für eine Erstreckung von Rechtswirkungen zu Lasten anderer Gläubiger fehlt es jedoch an einer rechtlichen Grundlage. Der Wortlaut des § 303 Abs. 1 stellt zwar allgemein, dh ohne Bezug auf den Kenntnisstand gerade des Antragstellers, darauf ab, dass die vorsätzliche Obliegenheitsverletzung »sich nachträglich herausstellt«. § 303 Abs. 2 erfordert zur Zulässigkeit des Widerrufsantrags aber die Glaubhaftmachung, »dass der Gläubiger bis zur Rechtskraft der

17

---

24 Gesetzentwurf der Bundesregierung zur Entschuldung mittelloser Personen, zur Stärkung der Gläubigerrechte sowie zur Regelung der Insolvenzfestigkeit von Lizenzen, BT-Drucks. 16/7416, 11 unter 33.
25 MüKo-InsO/*Stephan* Rn. 16.
26 Braun/*Lang* Rn. 3.
27 FK-InsO/*Ahrens* Rn. 9; MüKo-InsO/*Stephan* Rn. 17.
28 FK-InsO/*Ahrens* Rn. 11; Uhlenbruck/*Vallender* Rn. 2.
29 MüKo-InsO/*Stephan* Rn. 13; Karsten Schmidt/*Henning* Rn. 8.
30 FK-InsO/*Ahrens* Rn. 11.
31 Braun/*Lang* Rn. 7.
32 MüKo-InsO/*Stephan* Rn. 14.
33 FK-InsO/*Ahrens* Rn. 12.

Entscheidung keine Kenntnis« von den Voraussetzungen des § 303 Abs. 1 hatte. Auch in den Gesetzesmaterialien wird allein darauf abgestellt, dass der antragstellende Gläubiger die Tatsache glaubhaft zu machen hat, dass er vor Rechtskraft der Entscheidung keine Kenntnis von diesen Umständen hatte.[34] Demnach ist nur auf die nachträgliche Kenntnis des einzelnen Gläubigers abzustellen, der den Antrag stellt. Eine darüber hinausgehende Präklusionswirkung zu Gunsten des unredlichen Schuldners – und eine Unterscheidung je nach dem, ob kollektive oder individuelle Interessen betroffen sind – ist nicht zu rechtfertigen.

3. Erhebliche Beeinträchtigung der Befriedigung der Insolvenzgläubiger

18 Die vorsätzliche Obliegenheitsverletzung muss zu einer erheblichen Beeinträchtigung der Befriedigung der Insolvenzgläubiger geführt haben. Auch in diesem Punkt bestehen – im Vergleich zu § 296 – erhöhte Anforderungen. Das Kriterium der Erheblichkeit lässt sich freilich weder an Hand des Gesetzes noch der Gesetzesmaterialien eingrenzen. Als Anhaltspunkt wird im Schrifttum eine Abweichung von 5 %[35] oder 10 %[36] zwischen der tatsächlich erreichten und hypothetisch ohne die Obliegenheitsverletzung zu erzielenden Befriedigungsquote angenommen.[37] Diese Werte können nur Anhaltswerte sein. Maßgeblich müssen jeweils die **Umstände des Einzelfalls** sein. So sind nicht nur die Forderungshöhe, die Zahl der Gläubiger und die Bedeutung der Verbindlichkeit für den Gläubiger zu berücksichtigen, sondern auch, inwieweit die Gläubiger am Ende der Wohlverhaltensperiode bezogen auf die tatsächlich erzielte Befriedigungsquote infolge des Verstoßes einen Forderungsausfall erlitten haben. Ist die Befriedigungsquote nur sehr gering, dann führt auch eine geringere Verkürzung der Befriedigungsquote zu einer erheblichen Beeinträchtigung.[38]

C. Widerrufsverfahren

19 Das Widerrufsverfahren unterliegt ebenso wie das Versagungsverfahren der einseitigen Disposition des antragstellenden Gläubigers. Dessen Verfügungsfreiheit erstreckt sich auf die Einleitung des Verfahrens, den Verfahrensgegenstand, den Umfang der richterlichen Prüfung und – bis zur rechtskräftigen Entscheidung – auf die Beendigung des Verfahrens.[39]

I. Zuständigkeit

20 Für das Widerrufsverfahren ist gem. § 303 Abs. 1 das Insolvenzgericht zuständig.[40] § 18 Abs. 1 Nr. 2 RPflG behält die Entscheidung über den Widerruf dem Richter vor. Eine dem Rechtsgedanken des § 584 Abs. 1 ZPO entsprechende Regelung, wonach ein Anfechtungsverfahren grds bei dem Gericht durchzuführen ist, das die anzufechtende Entscheidung erlassen hat, ist für das Widerrufsverfahren nicht getroffen worden. Im Falle einer Beschwerdeentscheidung über die Erteilung der Restschuldbefreiung muss daher auch das Widerrufsverfahren bei dem Insolvenzgericht durchgeführt werden.[41] Örtlich zuständig ist das Insolvenzgericht, bei dem das vorangegangene Insolvenzverfahren anhängig war. Auch wenn das Restschuldbefreiungsverfahren als eigenständiges Verfahren anzusehen ist, besteht diese Eigenständigkeit bzgl. der örtlichen Zuständigkeit nicht. Das Insolvenzgericht, bei dem das Insolvenzverfahren durchgeführt worden ist, ist auch für das gesamte Restschuldbefreiungsverfahren örtlich zuständig. Ein Ortswechsel des Schuldners berührt daher die örtliche Zuständigkeit nicht.[42]

---

34 BT-Drucks. 12/2443, 194 zu § 252 InsO-RegE.
35 So *Döbereiner* Restschuldbefreiung, 259 ff., 261, Kübler/Prütting/Bork/*Wenzel* Rn. 2.
36 So Nerlich/Römermann/*Römermann* Rn. 5; Smid/*Haarmeyer* Rn. 4.
37 Braun/*Lang* Rn. 4; Mohrbutter/Ringstmeier/*G. Pape* § 17 Rn. 208.
38 FK-InsO/*Ahrens* Rn. 10; MüKo-InsO/*Stephan* Rn. 15.
39 FK-InsO/*Ahrens* Rn. 15.
40 FK-InsO/*Ahrens* Rn. 19.
41 FK-InsO/*Ahrens* Rn. 19; MüKo-InsO/*Stephan* Rn. 18.
42 MüKo-InsO/*Stephan* Rn. 19.

II. Anhörung

Vor der gerichtlichen Entscheidung über den Widerrufsantrag sind der Schuldner und der Treuhänder zu hören (§ 303 Abs. 3 Satz 1). Zur Entlastung des Gerichts kann die Anhörung der Verfahrensbeteiligten schriftlich erfolgen.[43] Das Gericht ist darüber hinaus berechtigt (aber nicht verpflichtet), zur weiteren Sachaufklärung auch die anderen Insolvenzgläubiger zu hören.[44]

D. Gerichtliche Entscheidung und Bekanntmachung

Die Entscheidung ergeht durch Beschluss. Die rechtskräftige Entscheidung ist bei einem Widerruf durch eine zentrale und länderübergreifende Veröffentlichung im Internet bekannt zu machen (§§ 303 Abs. 3 Satz 3, 9).[45]

I. Zurückweisung des Antrags

Gelingt dem Insolvenzgläubiger die Glaubhaftmachung des Widerrufsantrags nicht oder mangelt es an sonstigen formellen Verfahrensvoraussetzungen, dann ist der Antrag zurückzuweisen und sind dem Insolvenzgläubiger die Kosten des Verfahrens aufzuerlegen. Die Entscheidung ist zu begründen.[46] Dem Antragsteller ist in diesem Fall die Entscheidung zuzustellen. Dem Schuldner ist die Entscheidung formlos bekannt zu geben. Auch den Insolvenzgläubigern, die zum Antrag auf Widerruf der Restschuldbefreiung angehört worden sind, sollte die Entscheidung formlos mitgeteilt werden.[47]

II. Widerruf

Sind die gesetzlichen Voraussetzungen erfüllt, widerruft das Insolvenzgericht die Erteilung der Restschuldbefreiung. Ein gerichtlicher Ermessensspielraum besteht nach dem Gesetz nicht. Der Beschluss ist zu begründen und enthält eine Kostenentscheidung. Die Entscheidung, die die Restschuldbefreiung widerruft, ist dem Schuldner zuzustellen. Dem Gläubiger, der den Widerrufsantrag gestellt hat, sowie den Insolvenzgläubigern, die zu dem Versagungsantrag gehört worden sind, ist die Entscheidung formlos bekannt zu geben.[48]

Im Schrifttum wird angenommen, im Falle des Widerrufs sei zusätzlich die Restschuldbefreiung zu versagen.[49] Mit dem Widerruf entfielen auch die verfahrensrechtlichen Konsequenzen der Entscheidung über die Erteilung der Restschuldbefreiung, weshalb dem Restschuldbefreiungsverfahren das Ende fehle und es damit vor dem Insolvenzgericht weitergeführt werden müsste. Allein die deswegen erforderliche zweigliedrige Entscheidung über den Widerruf und die Versagung der Restschuldbefreiung entspreche den Grundsätzen des § 300 Abs. 2. Aus dieser Vorschrift sei zu ersehen, dass das Restschuldbefreiungsverfahren nach dem Ende der Treuhandzeit nur in zwei Formen ende, entweder durch eine Erteilung oder durch eine Versagung der Schuldbefreiung. Werde die Erteilung widerrufen, müsse folglich die Schuldbefreiung versagt werden. Um ein Auseinanderfallen des Verfahrens zu verhindern, seien beide Entscheidungen notwendig gemeinschaftlich zu treffen. Ohne eine Versagung dürfe die Schuldbefreiung nicht widerrufen werden.[50]

Das Erfordernis einer (zusätzlichen, zeitgleichen) Versagungsentscheidung ist indessen weder dem Gesetz noch den Gesetzesmaterialien zu entnehmen. Die für den Widerruf maßgebliche Vorschrift des § 303 Abs. 1 ordnet hinsichtlich der Entscheidung des Insolvenzgerichts lediglich an, dass dieses

---

[43] MüKo-InsO/*Stephan* Rn. 20.
[44] MüKo-InsO/*Stephan* Rn. 21.
[45] FK-InsO/*Ahrens* Rn. 25.
[46] MüKo-InsO/*Stephan* Rn. 26.
[47] MüKo-InsO/*Stephan* Rn. 27.
[48] MüKo-InsO/*Stephan* Rn. 31.
[49] Braun/*Lang* Rn. 10; FK-InsO/*Ahrens* Rn. 21; MüKo-InsO/*Stephan* Rn. 30.
[50] FK-InsO/*Ahrens* Rn. 21; MüKo-InsO/*Stephan* Rn. 30.

die Erteilung der Restschuldbefreiung widerruft.[51] Eine (zugleich auszusprechende) Versagung erwähnt die Vorschrift nicht. Der Wortlaut des Gesetzes legt nahe, dass das Verfahren allein durch den Widerruf seinen Abschluss findet. Dazu passt die Gesetzesbegründung, nach der mit dem rechtskräftigen Widerruf die Wirkungen der Restschuldbefreiung entfallen und das unbeschränkte Nachforderungsrecht der Gläubiger wieder auflebt.[52] Eine zugleich mit dem Widerruf zu treffende Versagungsentscheidung wird in den Gesetzesmaterialien nicht erwähnt. Nach der Konzeption des Gesetzes fehlt dem Restschuldbefreiungsverfahren also nicht infolge des Widerrufs der Abschluss, sondern der rechtskräftige Widerruf stellt den **Schlusspunkt des Verfahrens** dar. Für die von der Gegenauffassung für erforderlich gehaltene zusätzliche Versagung der Restschuldbefreiung wäre – bei konsequenter Betrachtung – überdies die rechtliche Grundlage zu bezweifeln. Da die §§ 295 ff. die Voraussetzungen der Versagung i.E. abschließend regeln und der Widerruf darin als Versagungsgrund nicht vorgesehen ist, kommt eine entsprechende Anwendung einer dieser Vorschriften grds nicht in Betracht. § 303 Abs. 1 normiert aber, wie ausgeführt, ebenfalls keinen Versagungsgrund. Die Versagung lässt sich schwerlich auf die Überlegung stützen, mit dem Widerruf lebten die Versagungstatbestände für eine juristische Sekunde wieder auf. Überdies müsste der Schuldner dann gehalten sein, gegen Versagung und Widerruf nur ein einheitliches Rechtsmittel einzulegen, weil andernfalls infolge teilweiser Anfechtung des Beschlusses z.B. der Widerruf, nicht aber die Versagung Bestand haben könnte. Auch für einen Zwang zur einheitlichen Rechtsmitteleinlegung gegen Versagung und Widerruf fehlt es an einer rechtlichen Grundlage. Die Annahme eines im Gesetz nicht vorgesehenen Versagungserfordernisses trotz Fehlens eines Versagungsgrundes vermag daher nicht zu überzeugen.

III. Rechtswirkungen des Widerrufs

27 Infolge des Widerrufs entfallen die Wirkungen der Restschuldbefreiung – **rückwirkend**[53] – nicht nur gegenüber dem Antragsteller, sondern gegenüber sämtlichen Insolvenzgläubigern.[54] Die zu unvollkommenen Verbindlichkeiten gewordenen Forderungen werden wieder unbeschränkt durchsetzbar. Das unbeschränkte Nachforderungsrecht des Gläubigers lebt wieder auf.[55] Mit dem Widerruf der Restschuldbefreiung sind Zwangsvollstreckungen gegen den Schuldner aus der Tabelle zulässig (§ 201 Abs. 2). Das setzt voraus, dass die Forderung festgestellt und der Feststellung entweder nicht vom Schuldner widersprochen worden oder sein Widerspruch beseitigt worden ist.[56] Ein früherer Titel ist durch die insolvenzmäßige Anmeldung und Feststellung zur Tabelle aufgezehrt bzw. verdrängt worden (§§ 178, 184), soweit der titulierte und der zum Verfahren angemeldete Betrag identisch sind.[57] Betagte, wiederkehrende und unbestimmte Forderungen sind mit der Feststellung zur Insolvenztabelle in ihrem Forderungsinhalt verändert worden. Für die Insolvenzgläubiger und den Schuldner ist die Forderung nur noch als fällige Geldforderung vorhanden. Die seit der Eröffnung des Insolvenzverfahrens laufenden Zinsen können als nachrangige Forderungen ebenfalls zur Tabelle festgestellt werden (§ 39 Abs. 1 Nr. 1), falls das Gericht nachrangige Gläubiger gem. § 174 Abs. 3 Satz 1 besonders zur Anmeldung aufgefordert hatte. Unterbleibt die Aufforderung und kann der Gläubiger deswegen die Zinsen nicht anmelden,[58] bildet auch der vollstreckbare Tabellenauszug hierüber keinen neuen zur Zahlung geeigneten Titel. Soweit es um nachrangige Forderungen i.S.v. § 39 geht, ist dann der frühere Titel die zur Zwangsvollstreckung geeignete und bestimmte Grundlage. Hat der Gläubiger, der einen vollstreckbaren Titel gegen den Schuldner hat, nicht am Insolvenzverfahren teilgenommen, dann kann er nach dem Widerruf der Restschuldbefreiung gegen den Schuld-

---

51 Wie hier Karsten Schmidt/*Henning* Rn. 11 so wohl auch Morbutter/Ringstmeier/*G. Pape* § 17 Rn. 210.
52 BT-Drucks. 12/2443, 194 zu § 252 InsO-RegE.
53 FK-InsO/*Ahrens* Rn. 22, Uhlenbruck/*Vallender* Rn. 19.
54 FK-InsO/*Ahrens* Rn. 22.
55 BT-Drucks. 12/2443, 194 zu § 252 InsO-RegE.
56 FK-InsO/*Ahrens* Rn. 24.
57 FK-InsO/*Ahrens* Rn. 24.
58 Vgl. BGH 18.11.2010, IX ZR 67/10, WM 2011, 131 (132) Rn. 12.

ner uneingeschränkt aus diesem Titel vollstrecken. Hatte der Gläubiger einen titulierten Anspruch im Insolvenzverfahren angemeldet, so kann nach wie vor aus dem alten Titel vollstreckt werden, sofern der angemeldete Anspruch einem Widerspruch ausgesetzt ist und der Widerspruch während des Verfahrens nicht beseitigt wurde, weil nach § 201 Abs. 2 Satz 1 die Erteilung des vollstreckbaren Tabellenauszugs eine widerspruchslose Forderungsanmeldung voraussetzt.[59]

Im Widerrufsverfahren entdecktes Vermögen, das im Insolvenzverfahren zur Insolvenzmasse oder im Restschuldbefreiungsverfahren zu dem zu verteilenden Vermögen gehört hätte, ist im Wege einer Nachtragsverteilung an die Gläubiger auszukehren. Hat der Schuldner mit der Obliegenheitsverletzung, die zu dem Widerruf der Restschuldbefreiung geführt hat, eine vorsätzliche Schädigung begangen, kann grds zusätzlich ein Anspruch gegen den Schuldner gem. § 826 BGB auf Ersatz des dem jeweiligen Gläubiger individuell entstandenen, nachgewiesenen Schadens bestehen. Der Schaden liegt in den dem Gläubiger bei der Verteilung entgangenen Beträgen. Für die Schadenshöhe ist auf die Vermögenslage abzustellen, bei der die Obliegenheit zu erfüllen gewesen wäre, und nicht auf die Vermögenslage, die bei Widerruf der Restschuldbefreiung vorlag. Im Unterschied zu der vorsätzlichen Obliegenheitsverletzung nach § 303 Abs. 1 muss bei einer Haftung aus § 826 BGB der Schaden von dem Vorsatz mit umfasst sein.[60] 28

E. Rechtsmittel

Gegen die Entscheidung steht nach §§ 6 Abs. 1, 303 Abs. 3 Satz 2 dem Antragsteller und dem Schuldner die **sofortige Beschwerde** gem. §§ 4 InsO, 567 ff. ZPO zu. Der Antragsteller ist beschwert, wenn der Antrag als unzulässig oder als unbegründet zurückgewiesen wird, der Schuldner, wenn dem Widerrufsantrag stattgegeben wird.[61] Infolge der Aufhebung des § 7 durch das Gesetz zur Änderung des § 522 der Zivilprozessordnung vom 21. Oktober 2011[62] ist eine **Rechtsbeschwerde** nur noch im Falle der Zulassung durch das Beschwerdegericht statthaft (§ 4 InsO, § 574 Abs. 1 Satz 1 Nr. 2 ZPO).[63] Nach Art. 103f Satz 1 EGInsO, § 7 a.F. weiter zulassungsfrei ist die Rechtsbeschwerde hingegen für Entscheidungen über die sofortige Beschwerde nach § 6, bei denen die Notfrist des § 575 Abs. 1 ZPO am 27.10.2011 noch nicht abgelaufen ist.[64] Die Regelung des Art. 103f Satz 1 EGInsO ist entsprechend der Vorstellung des Gesetzgebers[65] dahingehend auszulegen, dass das Zulassungserfordernis sich auf Rechtsbeschwerden gegen solche **Beschwerdeentscheidungen** bezieht, die **seit dem Inkrafttreten des neuen Rechts** erlassen worden sind.[66] Enthält eine solche Beschwerdeentscheidung keine Ausführungen über die Zulassung der Rechtsbeschwerde, ist der Rechtsweg erschöpft und der BGH kann dann – unabhängig davon, ob das Beschwerdegericht sich über die Zulassung überhaupt Gedanken gemacht hat – nicht mehr in statthafter Weise mit der Sache befasst werden.[67] 29

F. Gebühren, Kosten und Gegenstandswert

Mit den Gebühren für die Durchführung des Insolvenzverfahrens im Allgemeinen ist grds auch das Verfahren zur Entscheidung über die Erteilung der Restschuldbefreiung abgegolten. Wegen der zusätzlichen Belastung des Gerichts durch den Gläubigerantrag auf Widerruf der Restschuldbefreiung fällt jedoch dafür eine Gebühr gem. Nr., 2350 KV GKG in Höhe von 30 € an.[68] Dazu kommen die 30

---

59 MüKo-InsO/*Stephan* Rn. 35.
60 MüKo-InsO/*Stephan* Rn. 35.
61 FK-InsO/*Ahrens* Rn. 25.
62 BGBl. I, 2082.
63 BGH 20.12.2011, IX ZB 294/11, WM 2012, 276 Rn. 4.
64 Vgl. BT-Drucks. 17/5334, 9.
65 BT-Drucks. 17/5334, 9.
66 BGH 10.05.2012, IX ZB 295/11, NJW-RR 2012, 1509, 1510 Rn. 9.
67 BGH 10.05.2012, IX ZB 295/11, NJW-RR 2012, 1509, 1511 Rn. 15.
68 BT-Drucks. 12/3803, 72.

Kosten für die Veröffentlichung nach § 303 Abs. 3 Satz 3. Gem. der für die Internetveröffentlichung einschlägigen Nr. 9004 Nr. 1 KV GKG betragen die Auslagen für öffentliche Bekanntmachungen bei Veröffentlichung in einem elektronischen Informations- und Kommunikationssystem, wenn ein Entgelt nicht zu zahlen ist oder das Entgelt nicht für den Einzelfall oder ein einzelnes Verfahren berechnet wird, je Veröffentlichung pauschal 1 €. Ordnet das Gericht, soweit dies zulässig ist, zusätzlich zu der elektronischen Bekanntmachung nach § 9 Abs. 1 Satz 1 die Veröffentlichung in einem Printmedium an, so kommen die Kosten für diese Veröffentlichung in voller Höhe hinzu (Nr. 9004 Nr. 2 KV GKG). Im Beschwerdeverfahren entsteht eine Gebühr in Höhe von 50 € gem. Nr. 2361 KV GKG, wenn die Beschwerde verworfen oder zurückgewiesen wird. Wird die Beschwerde nur teilweise verworfen oder zurückgewiesen, kann das Gericht die Gebühr nach billigem Ermessen auf die Hälfte ermäßigen oder bestimmen, dass eine Gebühr nicht zu erheben ist. Im Rechtsbeschwerdeverfahren entsteht eine Gebühr in Höhe von 100 € gem. Nr. 2364 KV GKG, wenn die Rechtsbeschwerde verworfen oder zurückgewiesen wird. Wird die Rechtsbeschwerde nur teilweise verworfen oder zurückgewiesen, kann das Gericht die Gebühr nach billigem Ermessen auf die Hälfte ermäßigen oder bestimmen, dass eine Gebühr nicht zu erheben ist.

31 Die Kosten des Verfahrens über den Widerruf der Restschuldbefreiung (§ 303) schuldet, wer das Verfahren beantragt (§ 23 Abs. 2 GKG), dh der Insolvenzgläubiger, der den entsprechenden Antrag gestellt hat.

32 Der Rechtsanwalt erhält für seine Tätigkeit in einem Widerrufsverfahren als Verfahrensgebühr gem. Nr. 3321 VV RVG eine 0,5 Gebühr. Nach Abs. 1 dieser Bestimmung ist das Verfahren über mehrere gleichzeitig anhängige Anträge eine Angelegenheit. Schließlich entsteht die Gebühr auch gesondert, wenn der Antrag bereits vor Aufhebung des Insolvenzverfahrens gestellt wird (Nr. 3321 Abs. 2 VV RVG). Im Beschwerdeverfahren fällt als Verfahrensgebühr eine 0,5 Gebühr an (Nr. 3500 VV RVG). Die Terminsgebühr ist nach Nr. 3513 VV RVG eine 0,5 Gebühr. Als Verfahrensgebühr für das Verfahren über die Rechtsbeschwerde fällt nach Nr. 3502 VV RVG eine 1,0 Gebühr an (Nr. 3513 VV RVG). Die Terminsgebühr ist nach Nr. 3516 VV RVG eine 1,2 Gebühr.

33 Der **Gegenstandwert** für die Rechtsanwaltsgebühren ist gem. § 28 Abs. 3 GKG unter Berücksichtigung des wirtschaftlichen Interesses, das der Auftraggeber im Verfahren verfolgt, nach § 23 Abs. 3 Satz 2 GKG zu bestimmen. Nach der zuletzt genannten Vorschrift ist der Gegenstandswert, soweit er nicht feststeht, nach billigem Ermessen zu bestimmen; in Ermangelung genügender tatsächlicher Anhaltspunkte für eine Schätzung und bei nichtvermögensrechtlichen Gegenständen ist der Gegenstandswert mit 4.000 €, nach Lage des Falles niedriger oder höher, jedoch nicht über 500.000 € anzunehmen. Vertritt der Rechtsanwalt den Gläubiger, so ist als Ausgangsbetrag die Forderung des Gläubigers, von dessen Haftung der Schuldner durch die Restschuldbefreiung, frei wird, festzustellen. Im Einzelfall ist der Forderungsbetrag jedoch auf einen Bruchteil herabzusetzen, wenn absehbar ist, dass der Schuldner die Forderung niemals vollständig erfüllen wird. Vertritt der Rechtsanwalt den Schuldner, dann ist die Höhe der Forderung des Gläubigers, der den Widerrufsantrag gestellt hat, allerdings kein geeignetes Kriterium für die Wertfestsetzung, weil durch den Versagungsantrag die gesamten Verbindlichkeiten des Schuldners betroffen sind. Da das Interesse des Schuldners dahin geht, eine Befreiung von sämtlichen Verbindlichkeiten zu erlangen, die am Ende der Wohlverhaltensperiode noch nicht erfüllt sind, ist zunächst von dem Schuldenstand zu diesem Zeitpunkt auszugehen. Der Gesamtbestand der Verbindlichkeiten ist nunmehr unter dem Gesichtspunkt der wirtschaftlichen Realisierbarkeit zu überprüfen. Ergibt sich ein sehr hoher Forderungsbestand und ist wertmäßig nicht abzuschätzen, in welchem Umfang bei widerrufener Restschuldbefreiung eine Befriedigung erfolgen wird, dann ist der Gegenstandswert auf 4.000 € festzusetzen.[69]

---

[69] MüKo-InsO/*Stephan* Rn. 38.

G. Anwaltsbeiordnung für den Schuldner?

Im Schrifttum wird zum Teil eine Anwaltsbeiordnung im Wege des § 4a Abs. 2 für das Verfahren 34 über den Widerruf für möglich und erforderlich gehalten.[70] Zur Begründung wird ausgeführt, die im Eröffnungsverfahren bewilligte Stundung erstrecke sich i.d.R. bis zur Erteilung der Restschuldbefreiung, obwohl über die Gewährung der Stundung für die Treuhandperiode als eigenständigem Verfahrensabschnitt eine besondere Entscheidung getroffen werden müsse (§ 4a Abs. 3 Satz 2). Im Interesse der Waffengleichheit werde nach der Gesetzesbegründung eine Beiordnung dann für erforderlich gehalten, wenn der Schuldner in den quasikontradiktorischen Verfahren nach §§ 290 oder 296 für seine Restschuldbefreiung kämpfe.[71] Gleiches müsse auch für das Widerrufsverfahren gem. § 303 gelten.[72] Dagegen spricht allerdings, dass das Verfahren über den Widerruf in den Bestimmungen zur Verfahrenskostenstundung nicht erwähnt wird. Die Anwaltsbeiordnung nach § 4a Abs. 2 Satz 1 knüpft an die Verfahrenskostenstundung an. Die Verfahrenskostenstundung nach § 4a Abs. 1 Satz 1 umfasst nach Satz 2 dieser Vorschrift auch die Kosten des Verfahrens zur Restschuldbefreiung. Das Verfahren zur Restschuldbefreiung ist jedoch regelmäßig bereits rechtskräftig abgeschlossen, bevor das Verfahren über den Widerruf eingeleitet wird.

§ 303 n.F. Widerruf der Restschuldbefreiung

[Tritt zum 01.07.2014 in Kraft]

(1) Auf Antrag eines Insolvenzgläubigers widerruft das Insolvenzgericht die Erteilung der Restschuldbefreiung, wenn
1. sich nachträglich herausstellt, dass der Schuldner eine seiner Obliegenheiten vorsätzlich verletzt und dadurch die Befriedigung der Insolvenzgläubiger erheblich beeinträchtigt hat;
2. sich nachträglich herausstellt, dass der Schuldner während der Abtretungsfrist nach Maßgabe von § 297 Absatz 1 verurteilt worden ist, oder wenn der Schuldner erst nach Erteilung der Restschuldbefreiung wegen einer bis zum Ende der Abtretungsfrist begangenen Straftat nach Maßgabe von § 297 Absatz 1 verurteilt wird oder
3. der Schuldner nach Erteilung der Restschuldbefreiung Auskunfts- oder Mitwirkungspflichten vorsätzlich oder grob fahrlässig verletzt hat, die ihm nach diesem Gesetz während des Insolvenzverfahrens obliegen.

(2) Der Antrag des Gläubigers ist nur zulässig, wenn er innerhalb eines Jahres nach der Rechtskraft der Entscheidung über die Restschuldbefreiung gestellt wird; ein Widerruf nach Absatz 1 Nummer 3 kann bis zu sechs Monate nach rechtskräftiger Aufhebung des Insolvenzverfahrens beantragt werden. Der Gläubiger hat die Voraussetzungen des Widerrufsgrundes glaubhaft zu machen. In den Fällen des Absatzes 1 Nummer 1 hat der Gläubiger zudem glaubhaft zu machen, dass er bis zur Rechtskraft der Entscheidung keine Kenntnis vom Widerrufsgrund hatte.

(3) Vor der Entscheidung sind der Schuldner und in den Fällen des Absatzes 1 Nummer 1 und 3 auch der Treuhänder oder Insolvenzverwalter zu hören. Gegen die Entscheidung steht dem Antragsteller und dem Schuldner die sofortige Beschwerde zu. Die Entscheidung, durch welche die Restschuldbefreiung widerrufen wird, ist öffentlich bekanntzumachen.

Übersicht	Rdn.		Rdn.
A. Überblick	1	1. Vorsätzliche Obliegenheitsverletzung	3
B. Voraussetzungen des Widerrufs	2	2. Strafrechtliche Verurteilung	4
I. Widerrufsantrag	2	3. Verletzung von Auskunfts- oder Mitwirkungspflichten	5
II. Widerrufsgrund	3		

---

70 MüKo-InsO/*Stephan* Rn. 39.
71 BT-Drucks. 14/5680, 21.
72 MüKo-InsO/*Stephan* Rn. 39.

	Rdn.			Rdn.
C. Widerrufsverfahren	6	E.	Rechtsmittel	8
D. Gerichtliche Entscheidung und Bekanntmachung	7	F.	Gebühren, Kosten und Streitwert	9
		G.	Anwaltsbeiordnung für den Schuldner?	10

A. Überblick

1 Die Vorschrift tritt am 01.07.2014 in Kraft und gilt für alle Verfahren die ab diesem Zeitpunkt beantragt worden sind (Art. 103h Satz 1 EGInsO n.F.).[1] Die Neufassung erweitert die Möglichkeiten für den Widerruf der Restschuldbefreiung mit der Begründung, dass nur der redliche Schuldner Restschuldbefreiung erlangen soll.[2]

B. Voraussetzungen des Widerrufs

I. Widerrufsantrag

2 Der Antrag des Gläubigers ist gemäß der sich auf die Fälle des § 303 Abs. 1 Nr. 1 und 2 n.F. beziehenden Regelung des § 303 Abs. 2 Satz 1 Halbsatz 1 n.F. nur zulässig, wenn er innerhalb eines Jahres nach der Rechtskraft der Entscheidung über die Restschuldbefreiung gestellt wird. Ein Widerruf nach § 303 Abs. 1 Nr. 3 n.F. kann bis zu sechs Monate nach rechtskräftiger Aufhebung des Insolvenzverfahrens beantragt werden. Der Gläubiger hat die Voraussetzungen des Widerrufsgrundes glaubhaft zu machen (§ 303 Abs. 2 Satz 2 n.F.). In den Fällen des § 303 Abs. 1 Nr. 1 n.F. hat der Gläubiger zudem glaubhaft zu machen, dass er bis zur Rechtskraft der Entscheidung keine Kenntnis vom Widerrufsgrund hatte (§ 303 Abs. 2 Satz 3 n.F.).

II. Widerrufsgrund

1. Vorsätzliche Obliegenheitsverletzung

3 Aus § 303 Abs. 1 Nr. 1 n.F. ergibt sich – wie bislang aus § 303 Abs. 1 – ein Widerrufsgrund, wenn der Schuldner eine seiner Obliegenheiten verletzt, dadurch die Befriedigung der Insolvenzgläubiger erheblich beeinträchtigt und diese Tatsachen erst nachträglich bekannt werden.[3]

2. Strafrechtliche Verurteilung

4 § 303 Abs. 1 Nr. 2 n.F. erlaubt in zwei Fällen den Widerruf auf Grund einer strafrechtlichen Verurteilung des Schuldners. Die erste Alternative greift ein, wenn bei Erteilung der Restschuldbefreiung eine während der Laufzeit der Abtretungserklärung erfolgte Verurteilung wegen einer der in § 297 Abs. 1 genannten Straftaten unbekannt geblieben ist.[4] Nach Var. 2 kann die Restschuldbefreiung auch dann widerrufen werden, wenn der Schuldner erst nach Erteilung der Restschuldbefreiung wegen einer bis zum Ende der Laufzeit der Abtretungserklärung begangenen Straftat nach den §§ 283 bis 283c StGB rechtskräftig zu einer Geldstrafe von mehr als 90 Tagessätzen oder einer Freiheitsstrafe von mehr als drei Monaten verurteilt wird. Damit soll der Tatsache Rechnung getragen werden, dass die Verhandlungen in Strafsachen dieser Art oftmals sehr schwierig und zeitaufwändig sind.[5] Aus der Antragsfrist des § 303 Abs. 2 Satz 1 folgt, dass die rechtskräftige Verurteilung innerhalb eines Jahres nach Erteilung der Restschuldbefreiung erfolgen muss.[6]

---

[1] Art. 9 Satz 1 des Gesetzes zur Verkürzung des Restschuldbefreiungsverfahrens und zur Stärkung der Gläubigerrechte (BGBl I 2013, 2379 ff.).
[2] BT-Drucks. 17/11268, 32.
[3] BT-Drucks. 17/11268, 32.
[4] *BT-Drucks.* 17/11268, 32.
[5] BT-Drucks. 17/11268, 32.
[6] BT-Drucks. 17/11268, 33.

3. Verletzung von Auskunfts- oder Mitwirkungspflichten

§ 303 Abs. 1 Nr. 3 n.F. enthält einen neuen Widerrufsgrund für den Fall, dass dem Schuldner Restschuldbefreiung erteilt wurde, obwohl das Insolvenzverfahren noch andauert. Andernfalls wären, da in diesen Fällen der Versagungsgrund des § 290 Abs. 1 Nr. 5 nicht greift, Verletzungen der Auskunfts- oder Mitwirkungspflichten im Insolvenzverfahren sanktionslos.[7] § 303 Abs. 1 Nr. 3 n.F. erfordert eine vorsätzliche oder grob fahrlässige Verletzung von Auskunfts- und Mitwirkungspflichten nach diesem Gesetz im Insolvenzverfahren. 5

C. Widerrufsverfahren

Insoweit treten durch die Neufassung keine Änderungen ein.[8] 6

D. Gerichtliche Entscheidung und Bekanntmachung

Insoweit treten durch die Neufassung keine Änderungen ein. 7

E. Rechtsmittel

Insoweit treten durch die Neufassung keine Änderungen ein. 8

F. Gebühren, Kosten und Streitwert

Insoweit treten durch die Neufassung keine Änderungen ein. 9

G. Anwaltsbeiordnung für den Schuldner?

Insoweit treten durch die Neufassung keine Änderungen ein. 10

§ 303a n.F. Eintragung in das Schuldnerverzeichnis

[Tritt zum 01.07.2014 in Kraft]

Das Insolvenzgericht ordnet die Eintragung in das Schuldnerverzeichnis nach § 882b der Zivilprozessordnung an. Eingetragen werden Schuldner,
1. denen die Restschuldbefreiung nach den §§ 290, 296, 297 oder 297a oder auf Antrag eines Insolvenzgläubigers nach § 300 Absatz 2 versagt worden ist,
2. deren Restschuldbefreiung widerrufen worden ist.

Es übermittelt die Anordnung unverzüglich elektronisch dem zentralen Vollstreckungsgericht nach § 882h Absatz 1 der Zivilprozessordnung. § 882c Absatz 2 und 3 der Zivilprozessordnung gilt entsprechend.

Übersicht	Rdn.		Rdn.
A. Überblick	1	C. Verfahren	3
B. Voraussetzungen der Eintragung	2	D. Rechtsmittel	4

A. Überblick

Die Vorschrift tritt am 01.07.2014 in Kraft und gilt für alle Verfahren, die ab diesem Zeitpunkt beantragt worden sind (Art. 103h Satz 1 EGInsO n.F.).[1] Bis zur Einfügung des § 303a waren Versagung oder Widerruf der Restschuldbefreiung in keinem öffentlichen Verzeichnis, sondern allen- 1

---

7 BT-Drucks. 17/11268, 33.
8 Zur Schriftlichkeit des Kleinverfahrens als Regelfall s. § 5 Abs. 2 n.F.
1 Art. 9 Satz 1 des Gesetzes zur Verkürzung des Restschuldbefreiungsverfahrens und zur Stärkung der Gläubigerrechte (BGBl I 2013, 2379 ff.).

falls von privaten Wirtschaftsauskunfteien erfasst. Die nunmehr vorgesehene Eintragung in das Schuldnerverzeichnis soll dem Bedürfnis des Geschäftsverkehrs dienen, dem es ermöglicht werden soll, sich rechtzeitig und mit vertretbarem Aufwand über die Kreditwürdigkeit seiner Geschäftspartner zu informieren.[2] Darüber hinaus soll es den Insolvenzgerichten erleichtert werden, sich von Amts wegen die für die Entscheidung über die Stundung der Verfahrenskosten und die Zulässigkeit des Antrags auf Restschuldbefreiung maßgeblichen Kenntnisse zu verschaffen.[3]

§ 303a Satz 1 Nr. 1 RegE ist auf Grund der Beschlussempfehlung des Rechtsausschusses des Deutschen Bundestages sprachlich berichtigt worden durch ersatzlose Streichung des Satzteils »oder dessen Restschuldbefreiung widerrufen worden ist«[4]; denn der Fall des Widerrufs ist in Nr. 2 als eigenständiger Tatbestand geregelt.

B. Voraussetzungen der Eintragung

2   Nach dem Wortlaut des § 303a Satz 2 erfolgt die Eintragung von Schuldnern, denen die Restschuldbefreiung nach den §§ 290, 296, 297 oder 297a oder auf Antrag eines Insolvenzgläubigers nach § 300 Abs. 2 versagt worden ist (Nr. 1) oder deren Restschuldbefreiung widerrufen worden ist (Nr. 2). Versagung oder Widerruf müssen demnach **nicht rechtskräftig** geworden sein. Diese Auffassung wird bestätigt durch die Regelung des § 882e Abs. 2 Nr. 3 ZPO, wonach eine Eintragung auf Anordnung des zentralen Vollstreckungsgerichts nach § 882h Abs. 1 gelöscht wird, wenn diesem die Ausfertigung einer vollstreckbaren Entscheidung vorgelegt wird, aus der sich ergibt, dass die Eintragungsanordnung aufgehoben oder einstweilen ausgesetzt ist.

C. Verfahren

3   Die Eintragungsanordnung soll gemäß § 303a Satz 3, § 882c Abs. 2 Satz 1 ZPO kurz begründet werden. Sie ist nach § 303a Satz 3, § 882c Abs. 2 Satz 2 ZPO dem Schuldner zuzustellen, soweit sie ihm nicht mündlich bekannt gegeben und in das Protokoll aufgenommen wird.

Die Eintragungsanordnung hat gemäß § 303a Satz 3, § 882c Abs. 3 Satz 1 ZPO die in § 882b Abs. 2 und 3 genannten Daten zu enthalten. Im Schuldnerverzeichnis werden gemäß § 882b Abs. 2 ZPO angegeben Name, Vorname und Geburtsname des Schuldners sowie die Firma und deren Nummer des Registerblatts im Handelsregister (Nr. 1), Geburtsdatum und Geburtsort des Schuldners (Nr. 2), Wohnsitze des Schuldners oder Sitz des Schuldners, einschließlich abweichender Personendaten (Nr. 3), außerdem nach Abs. 3 das Aktenzeichen und das Gericht des Insolvenzverfahrens (Nr. 1). Da gemäß § 303a Satz 3 die Vorschriften des § 882c Abs. 2 und 3 ZPO entsprechend gelten, sollte entsprechend § 882b Abs. 3 Nr. 2 ZPO auch das Datum der Eintragungsanordnung und der zur Eintragung führende Grund einzutragen sein.

D. Rechtsmittel

4   Gegen die Eintragungsanordnung nach § 882c ZPO kann der Schuldner gemäß § 882d Abs. 1 Satz 1 ZPO binnen zwei Wochen seit Bekanntgabe **Widerspruch** beim zuständigen Vollstreckungsgericht einlegen. Obgleich § 303a weder ausdrücklich auf diese Bestimmung verweist noch einen gesonderten Rechtsbehelf regelt, wird man die Verweisung in § 303a Satz 3 auf § 882c Abs. 2 und 3 ZPO dahin verstehen müssen, dass sie sich auch auf den gegen die Eintragungsanordnung statthaften Rechtsbehelf bezieht, weil kein sachlicher Grund ersichtlich ist, dem Schuldner in der Gesamtvollstreckung im Unterschied zur Einzelzwangsvollstreckung keinen Rechtsschutz zu gewähren. Der Widerspruch hemmt entsprechend § 882d Abs. 1 Satz 2 ZPO nicht die Vollziehung.

---

2   BT-Drucks. 17/11268, 33.
3   BT-Drucks. 17/11268, 33.
4   BT-Drucks. 17/13535, 20, 40.

Neunter Teil Verbraucherinsolvenzverfahren und sonstige Kleinverfahren[1]

Erster Abschnitt Anwendungsbereich

§ 304 Grundsatz

(1) Ist der Schuldner eine natürliche Person, die keine selbstständige wirtschaftliche Tätigkeit ausübt oder ausgeübt hat, so gelten für das Verfahren die allgemeinen Vorschriften, soweit in diesem Teil nichts anderes bestimmt ist. Hat der Schuldner eine selbstständige wirtschaftliche Tätigkeit ausgeübt, so findet Satz 1 Anwendung, wenn seine Vermögensverhältnisse überschaubar sind und gegen ihn keine Forderungen aus Arbeitsverhältnissen bestehen.

(2) Überschaubar sind die Vermögensverhältnisse im Sinne von Abs. 1 Satz 2 nur, wenn der Schuldner zu dem Zeitpunkt, zu dem der Antrag auf Eröffnung des Insolvenzverfahrens gestellt wird, weniger als 20 Gläubiger hat.

Übersicht	Rdn.
A. Normzweck	1
I. Das vereinfachte Verbraucherinsolvenzverfahren	1
II. Der Anwendungsbereich des Verbraucherinsolvenzverfahrens	2
III. Gesetzgebungsgeschichte	3
B. Tatbestandsvoraussetzungen	6
I. Das vereinfachte Verbraucherinsolvenzverfahren	6
1. Die Besonderheiten des Verbraucherinsolvenzverfahrens	6
a) Überblick über die besonderen Regelungen	6
b) Anwendung im Regelinsolvenzverfahren	10
c) Insolvenzeröffnungsverfahren und Nachtragsverteilung	11
d) Selbstständigkeit des Schuldners in der Verbraucherinsolvenz	13
2. Beratung und Vertretung des Schuldners im außergerichtlichen und gerichtlichen Verbraucherinsolvenzverfahren	15
a) Beratung und Vertretung des Schuldners im außergerichtlichen Verfahren	15
b) Beratung und Vertretung des Schuldners im Insolvenzeröffnungsverfahren	18
c) Beratung und Vertretung des Schuldners im eröffneten Verfahren	19
3. Beratung und Vertretung eines Gläubigers im außergerichtlichen und gerichtlichen Verbraucherinsolvenzverfahren	20
a) Beratung und Vertretung eines Gläubigers im außergerichtlichen Verfahren	20
b) Beratung und Vertretung eines Gläubigers im Insolvenzeröffnungsverfahren	21
c) Beratung und Vertretung eines Gläubigers im eröffneten Verfahren	22
4. Tod des Schuldners im außergerichtlichen und gerichtlichen Verfahren	23
a) Tod des Schuldners im außergerichtlichen Verfahren	23
b) Tod des Schuldners im gerichtlichen Schuldenbereinigungsplanverfahren, im Insolvenzeröffnungsverfahren und im eröffneten Insolvenzverfahren	24
c) Tod des Schuldners während der Wohlverhaltensperiode bis zum Ablauf der sechs Jahre des § 287 Abs. 2	25
d) Tod des Schuldners vor Erteilung der Restschuldbefreiung aber nach Ablauf der sechs Jahre des § 287 Abs. 2	26
5. Das Verbraucherinsolvenzverfahren in der Rechtspraxis	27
6. Notwendigkeit eines Verbraucherinsolvenzverfahrens	28
II. Der Anwendungsbereich des Verbraucherinsolvenzverfahrens	29

---

[1] Durch das Gesetz zur Verkürzung des Restschuldbefreiungsverfahrens und zur Stärkung der Gläubigerrechte vom 15.07.2013 wird zum 01.07.2014 die Überschrift des Neunten Teils und des Ersten Abschnittes durch folgende Überschrift ersetzt: »Neunter Teil Verbraucherinsolvenzverfahren«.

§ 304 InsO Grundsatz

	Rdn.		Rdn.
1. Der nicht selbstständig Tätige	34	d) Mischformen selbstständiger und unselbstständiger Tätigkeiten	45
a) Natürliche Person	34	3. Der ehemalig selbstständig Tätige	46
b) Scheinselbstständige und freie Mitarbeiter	39	a) Überschaubare Vermögensverhältnisse	47
2. Der aktuell selbstständig Tätige	40	aa) Anzahl der Gläubiger	47
a) Voraussetzungen einer selbstständigen Tätigkeit	41	bb) Besondere Gründe der Unüberschaubarkeit der Vermögensverhältnisse	49
b) Beginn und Ende der selbstständigen Tätigkeit	42	b) Forderungen aus Arbeitsverhältnissen	50
c) Gesellschaftsform der selbstständigen Tätigkeit	44	4. Verfahrensfragen	52

A. Normzweck

I. Das vereinfachte Verbraucherinsolvenzverfahren

1 § 304 eröffnet den Neunten Teil der InsO und damit die Vorschriften zum »Verbraucherinsolvenzverfahren«. In Abgrenzung zur Unternehmensinsolvenz wollte der Gesetzgeber hier ein vereinfachtes Verfahren schaffen, das geeignet ist, eine hohe Zahl von einfach strukturierten Verbraucherverfahren mit dem Ziel der Restschuldbefreiung kostengünstig und mit möglichst geringer Belastung für die Gerichte abzuwickeln.[1] Ob dies gelungen ist, mag bezweifelt werden. Eine seit 2003 intensiv geführte rechtspolitische Diskussion[2] über eine Umgestaltung der Verbraucherinsolvenz hat bislang allerdings auch kein anders und besser ausgestaltetes Verfahren hervorbringen können.[3] Kernpunkt der gesetzgeberischen Überlegungen war die Hoffnung, dass durch ein dreistufiges Verfahren, in dem zunächst obligatorisch außergerichtliche Verhandlungen zwischen Schuldnern und Gläubigern zu führen sind, an die sich im Falle des Scheiterns ein gerichtliches Schuldenbereinigungsplanverfahren anschließt, auf das im Falle des erneuten Scheiterns ein vereinfachtes Insolvenzverfahren folgt, eine hohe Vergleichsquote zu erzielen ist, die in vielen Fällen ein gerichtliches Insolvenzverfahren überflüssig macht. Diese Hoffnung hat sich leider nicht erfüllt. Die Einigungsquoten in den außergerichtlichen Verhandlungen sind gering geblieben, ebenso die gerichtlich zustande gekommenen Schuldenbereinigungspläne.[4] Gleichzeitig haben die beantragten Verbraucherinsolvenzen 2010 mit 108.798 Verfahren einen neuen Höchststand erreicht.[5] Die fehlende Zustimmungsbereitschaft gerade auch der öffentlichen Gläubiger[6] in den außergerichtlichen Verhandlungen trotz des Druckes der im gerichtlichen Verfahren zwangsläufig folgenden Restschuldbefreiung und ein zu kompliziertes Zustimmungsersetzungsverfahren ohne Allgemeingültigkeit (vgl. § 308 Abs. 3) des beschlossenen Planes gegenüber allen Insolvenzgläubigern im Schuldenbereinigungsplanverfahren sind die Hauptursachen.

1a Durch das »Gesetz zur Verkürzung des Restschuldbefreiungsverfahrens und zur Stärkung der Gläubigerrechte«[7] wird zum 01.07.2014 das Verbraucherinsolvenzverfahren der §§ 312 bis 314 ersatzlos gestrichen. § 304 regelt dann nur noch, wer als Verbraucher i.S.d. InsO anzusehen ist und damit die Antragsvoraussetzungen des § 305 zu erfüllen hat und ein Schuldenbereinigungsplanverfahren nach §§ 306 bis 310 durchlaufen kann. Ob eine solche Unterscheidung der antragstellenden natürlichen Personen überhaupt erforderlich ist, wird zu Recht bezweifelt.[8]

---

1 FK-InsO/*Kohte* Vor § 304 Rn. 1 f. und § 304 Rn. 1 f.; MüKo-InsO/*Stephan* Rn. 2.
2 S. HK-InsO/*Landfermann* Vor § 304 Rn. 4–8; MüKo-InsO/*Ott* Rn. 22 ff.
3 S. das zuletzt gescheiterte Reformvorhaben BT-Drucks. 16/7416.
4 Vgl. HK-InsO/*Landfermann* § 305 Rn. 12 m.w.N.
5 Statistisches Bundesamt Presserklärung 96/11 vom 10.03.2011, www.destatis.de.
6 FK-InsO/*Kohte* Vor § 304 Rn. 16 ff.; s. aber auch Schreiben des BMF v. 11.01.2002, BMF IV A 4 – S 0550 – 1/02.
7 BGBl. I 2013, 2379.
8 Siehe *Vallender/Laroche* VIA 2012, 9.

II. Der Anwendungsbereich des Verbraucherinsolvenzverfahrens

Die Vorschrift bestimmt des Weiteren den persönlichen Anwendungsbereich des Verbraucherinsolvenzverfahrens. Durch die Schaffung des besonderen Verfahrens neben der Unternehmensinsolvenz ist diese Zuordnung erforderlich. § 304 stellt damit für die natürliche, überschuldete Person die Weiche zwischen Regel- und Verbraucherinsolvenzverfahren. In beiden Verfahren kann die Restschuldbefreiung gem. §§ 286 ff. erreicht werden,[9] so dass die Wahl des zutreffenden Verfahrens für den Schuldner im Grunde keine größeren Auswirkungen hat. In das Verbraucherinsolvenzverfahren, das neben der Regelinsolvenz die Ausnahme ist,[10] soll nach der Absicht des Gesetzgebers nur derjenige Schuldner, dessen Verschuldungsstruktur der eines Verbrauchers entspricht. Zur näheren Bestimmung dieser Verschuldensstruktur wird lediglich auf die Ausübung einer aktuellen Selbstständigkeit und im Falle der bereits beendeten Selbstständigkeit auf die Anzahl der Gläubiger abgestellt, was aus insolvenzpraktischer Sicht nicht vollständig überzeugt. Wer nie selbstständig war und es aktuell auch nicht ist, gehört immer in ein Verbraucherverfahren. Der ehemals gut verdienende Angestellte, der nach dem Kauf einiger vermieteter Eigentumswohnungen und später aber folgender Zahlungsunfähigkeit in unüberschaubare Vermögensverhältnisse geraten ist, hat kaum die Verschuldungsstruktur eines Verbrauchers, zumal wenn er noch über Vermögen im Ausland verfügt und offensichtlich in den letzten Jahren Vermögenswerte anfechtbar übertragen hat. Gleichwohl gehört er nach jetziger Rechtslage in ein Verbraucherinsolvenzverfahren. Hier spricht einiges für eine Öffnung der Regelung.

III. Gesetzgebungsgeschichte

Das Verbraucherinsolvenzverfahren der InsO hat keine direkte Vorgängerin. Weder die KO und noch die Gesamtvollstreckungsordnung, die mit § 18 Abs. 2 Satz 3 eine erste Regelung Richtung Restschuldbefreiung enthielt, kannten ein besonderes Verbraucherinsolvenzverfahren.[11] Es gab lediglich in zwei älteren durch die Zeitumstände geprägten Regelungen zur richterlichen Vertragshilfe[12] und zur Bereinigung alter Schulden[13] schon eine Betonung der außergerichtlichen Verhandlungen vor einem gerichtlichen Tätigwerden. Beide Gesetze haben aber ersichtlich die jetzigen Regelungen nicht beeinflusst.

Der Regierungsentwurf zur InsO aus dem Jahre 1992 sah zunächst nur einige Verfahrensvereinfachungen, aber kein besonderes Verbraucherinsolvenzverfahren vor. Dieses wurde erst im weiteren Gesetzgebungsverfahren durch den Rechtsausschuss des Deutschen Bundestages angeregt.[14] Noch vor dem Inkrafttreten der InsO am 01.01.1999 kam es durch Gesetz vom 19.12.1998[15] zu ersten Änderungen hinsichtlich der Vertretungsbefugnis von Schuldnerberatungsstellen im Verfahren und eines Formularzwangs bei Antragstellung.

Wichtigste Änderung der InsO nach ihrem Inkrafttreten am 01.01.1999 war die Einführung der Stundung der Verfahrenskosten gem. § 4a zum 01.12.2001.[16] Durch diese Regelung wurde das Verfahrenshindernis der Kostenaufbringung durch die Schuldner im Verbraucherinsolvenzverfahren beseitigt.[17] Die Zahl der Verfahrenseröffnungen stieg anschließend rasant auf jetzt ca 100.000[18] Verfahren im Jahr an. Kleine Änderungen brachte noch das Jahr 2007.[19] Die öffentliche Bekannt-

---

9 HK-InsO/*Streck* Rn. 1.
10 Uhlenbruck/*Vallender* Rn. 4.
11 MüKo-InsO/*Ott* Rn. 8.
12 G. über die richterliche Vertragshilfe v. 26.03.1952 BGBl. I, 198.
13 G. über eine Bereinigung alter Schulden v. 17.08.1938 RGBl. I, 1033.
14 HK-InsO/*Landfermann* Vor Rn. 1.
15 BGBl. I, 3836.
16 BGBl. I, 2710.
17 Vgl. Begr. RegE BR-Drucks. 14/01.
18 Vgl. Statistisches Bundesamt Presserklärung 96/11 vom 10.03.2011, www.destatis.de.
19 BGBl. I, 509.

machung in der Verbraucherinsolvenz erfolgt gem. § 312 Abs. 1 Satz 11 Hs. 2 nur noch und ohne Ausnahme im Internet. Mit dem »Gesetz zur Verkürzung des Restschuldbefreiungsverfahrens und zur Stärkung der Gläubigerrechte«[20] schafft der Gesetzgeber nun zum 01.07.2014 mit der Streichung der §§ 312 bis 314 das Verbraucherinsolvenzverfahren ab.

B. Tatbestandsvoraussetzungen

I. Das vereinfachte Verbraucherinsolvenzverfahren

1. Die Besonderheiten des Verbraucherinsolvenzverfahrens

a) Überblick über die besonderen Regelungen

6 Das Verbraucherinsolvenzverfahren ist ein eigenständiges Verfahren neben dem Regelinsolvenzverfahren,[21] das ausschließlich über Vermögen von unselbstständig Tätigen und ehemaligen Selbstständigen, die nur in geringem Umfang wirtschaftlich tätig gewesen sind, durchgeführt wird. Wie das Regelinsolvenzverfahren wird dieses Verfahren nur auf Antrag des Schuldners oder eines Gläubigers durchgeführt. Die Restschuldbefreiung gem. §§ 286 ff. kann der Schuldner nur erreichen, wenn er einen eigenen Insolvenzantrag[22] stellt und zuvor eine außergerichtliche Einigung mit den Gläubigern versucht hat.

7 Der Gesetzgeber hat nach einem Regel-Ausnahme-System in § 304 Abs. 1 Satz 1 für das Verbraucherinsolvenzverfahren die allgemeinen Vorschriften für anwendbar erklärt, wenn sich nicht aus den §§ 305 bis 314 eine Abweichung ergibt. Die Vorschriften des Neunten Teils sind damit im Zweifel lex specialis[23] zu den Regeln des allgemeinen Verfahrens. Auf § 304 folgt zunächst der zweite Abschnitt des Neunten Teils mit den §§ 305 bis 310, der die außergerichtlichen Verhandlungen, den Insolvenzantrag und das Schuldenbereinigungsplanverfahren regelt. Dies sind die eigentlichen Besonderheiten des Verbraucherinsolvenzverfahrens, die im Regelinsolvenzverfahren keine Entsprechung haben.

8 Die wichtigsten Besonderheiten sind:
– die obligatorisch zu führenden außergerichtlichen Verhandlungen gem. § 305 Abs. 1 Nr. 1,
– der vorgeschriebene Inhalt des Insolvenzantrags gem. § 305 Abs. 1 Nr. 3 i.V.m. einem Formularzwang gem. § 305 Abs. 5,
– der mit dem Insolvenzantrag vorzulegende Schuldenbereinigungsplan gem. § 305 Abs. 1 Nr. 4,
– die Möglichkeit der Anordnung des Ruhens des Insolvenzverfahrens gem. § 306, um ein gerichtliches Schuldenbereinigungsplanverfahren durchzuführen,
– das gerichtliche Schuldbereinigungsplanverfahren der §§ 307 bis 309 mit der Möglichkeit die Zustimmung ablehnender Gläubiger zu ersetzen.

9 Die §§ 311 bis 314 regeln im dritten Abschnitt des Neunten Teils das gerichtliche Verbraucherinsolvenzverfahren und enthalten besondere Regelungen:
– zu den öffentlichen Bekanntmachungen, die gem. § 312 Abs. 1 Hs. 2 nur im Internet erfolgen,
– zur Terminsbestimmung gem. § 312 Abs. 1 Satz 2,
– zur zeitlichen Ausweitung der Rückschlagsperre des § 88 gem. § 312 Abs. 1 Satz 3,
– zur Nichtanwendung der Vorschriften über die Eigenverwaltung und den Insolvenzplan gem. § 312 Abs. 2,
– zum Treuhänder, der in der Verbraucherinsolvenz gem. § 313 Abs. 1 die Aufgaben des Insolvenzverwalters wahrnimmt,
– zur Anfechtung von Rechtshandlungen gem. § 313 Abs. 2,
– zu den Absonderungsrechten gem. § 313 Abs. 3 und
– zu einer vereinfachten Verwertung und Verteilung gem. § 314.

---

20 BGBl. I 2013, 2379.
21 So schon OLG Köln 07.07.2000, 2 W 61/00, ZInsO 2001, 423; FK-InsO/*Kohte* Rn. 2.
22 BGH 17.02.2005, IX ZB 176/03, ZInsO 2005, 310 = NJW 2005, 1433.
23 S. zum Verhältnis § 305 I Nr. 2/§ 287 I: OLG Köln 24.05.2000, 2 W 76/00, ZInsO 2000, 334.

b) Anwendung im Regelinsolvenzverfahren

Aus dem vom Gesetzgeber gewählten Regel-Ausnahme-System des § 304 folgt für das Regelinsolvenzverfahren, dass dort die Vereinfachungen des Verbraucherinsolvenzverfahrens nicht anwendbar sind. Eine entsprechende Anwendung des § 314 in einem Regelinsolvenzverfahren mit überschaubaren Vermögensverhältnissen des Schuldners ist daher nicht möglich.[24] Im Regelinsolvenzverfahren über das Vermögen einer natürlichen Person besteht nur gem. § 5 Abs. 2 die Möglichkeit der schriftlichen Verfahrensführung, wenn die Vermögensverhältnisse überschaubar sind.

c) Insolvenzeröffnungsverfahren und Nachtragsverteilung

Keine abweichenden, besonderen Regelungen enthält der zweite Abschnitt zum Insolvenzeröffnungsverfahren der §§ 20 ff. Auch im Verbraucherinsolvenzverfahren gelten diese Vorschriften daher.[25] Auch der Verbraucherschuldner hat bspw. Auskunft nach § 20 Abs. 1 zu erteilen und kann hierzu auch gem. § 98 zwangsweise angehalten werden. Die Einsetzung eines Sachverständigen ist ebenso zulässig wie die eines vorläufigen Treuhänders,[26] wenn die Verhältnisse es ausnahmsweise erforderlich machen.

Auch eine Nachtragsverteilung ist in einem Verbraucherinsolvenzverfahren nicht ausgeschlossen.[27] Dies gilt auch, wenn dem Schuldner bereits die Restschuldbefreiung erteilt wurde,[28] da es nicht auf den Bestand der Forderung, sondern auf die Zugehörigkeit eines Vermögenswertes zur ursprünglichen Insolvenzmasse ankommt.

d) Selbstständigkeit des Schuldners in der Verbraucherinsolvenz

Auch in einem Verbraucherverfahren kann ein zunächst nicht als Selbständiger Einzuordnender nach Eröffnung des Insolvenzverfahrens eine selbstständige Tätigkeit aufnehmen. Dies wird ihm letztlich nach Art. 12 GG nicht generell zu untersagen sein. Das Verfahren wird hierdurch nicht zu einem Regelinsolvenzverfahren, da die einmal getroffene Zuordnung Bestand hat.[29] § 35 Abs. 2 findet dann aber auch Anwendung im Verbraucherverfahren und der Treuhänder hat die Erklärung nach § 35 Abs. 2 abzugeben.[30]

e) Vertrags- und Dauerschuldverhältnisse

Ebenfalls keine abweichenden Regelungen finden sich im zweiten oder dritten Abschnitt des Neunten Teils hinsichtlich der bestehenden Vertrags- und Dauerschuldverhältnisse des Verbraucherschuldners. Es ergibt sich daher aus den allgemeinen Vorschriften, welche Auswirkungen die Durchführung eines Insolvenzverfahrens über das Vermögen einer natürlichen Person auf deren Miet-, Telekommunikations- und Versicherungsverträge hat, wie die Auswirkungen auf die Verträge zur Daseinsvorsorge und zur Führung eines Girokontos sind. Dies ist in der Vergangenheit nicht ohne massive Probleme für die betroffenen Schuldner abgelaufen, die zum Teil existenzbedrohenden Charakter hatten. Exemplarisch sei hier die Kündigung der Wohnungsmietverhältnisse durch Treuhänder genannt, die auf diesem Wege die von dem Schuldner eingezahlten Mietkautionen zu erhalten versuchten.[31] Dieses Problem konnte nur durch eine Änderung des § 109 zum 01.12.2001 behoben werden. Ebenso hat der Widerruf von Lastschriften in den Verbraucherverfahren viele Schuldner in belastende Situationen gebracht oder mit den Worten des BGH zu »sozial unerwünsch-

---

24 AA AG Göttingen 02.12.2002, 74 IN 32/02, ZVI 2003, 79 zur Frage der schriftlichen Verfahrensführung.
25 HK-InsO/*Kirchhof* § 20 Rn. 19.
26 HK-InsO/*Kirchhof* § 22 Rn. 5.
27 BGH 02.12.2010, IX ZB 184/09, ZVI 2011, 26.
28 BGH 02.12.2010, IX ZB 184/09, ZVI 2011, 26.
29 BGH 24.03.2011, IX ZB 80/11, ZInsO 2011, 932.
30 *Zimmer* JurbürO 2011, 253.
31 BT-Drucks. 14/5680, 27.

ten Ergebnissen«[32] geführt, da auch die Zahlungen von Kindergartenbeiträgen, Wohnungsmieten, Versicherungsbeiträgen und Zahlungen im Rahmen der Daseinsvorsorge widerrufen wurden. Der Gesetzgeber muss sich hier eine gewisse Zurückhaltung sowie ein eher reaktives Verhalten vorwerfen lassen. Zu dem Problem Lastschriftwiderruf hat der BGH eine Lösung über die Unpfändbarkeit der Bezüge, aus denen die Zahlungen über den Lastschriftwiderruf erfolgten, gefunden.[33] Dieses Lösungsmodell wird sich aber nicht ohne weiteres auf alle anderen Vertragsverhältnisse übertragen lassen (s. hierzu § 312 Rdn. 15 ff.).

2. Beratung und Vertretung des Schuldners im außergerichtlichen und gerichtlichen Verbraucherinsolvenzverfahren

a) Beratung und Vertretung des Schuldners im außergerichtlichen Verfahren

15 Die Beratung und Vertretung des überschuldeten Verbrauchers in außergerichtlichen Verhandlungen mit den Gläubigern ist entgegen der Ansicht vieler gewerblicher Schuldnerberater[34] stets eine Rechtsdienstleistung i.S.d. § 2 RDG,[35] denn ohne eine rechtliche Prüfung ist schon eine sachgerechte Ermittlung der Verhältnisse des Schuldners und damit eine seriöse, Erfolg versprechende Beratung nicht möglich. Die Forderungen der Gläubiger müssen geprüft werden, bspw. hinsichtlich einer Verjährung, ebenso Vollstreckungshandlungen und der mögliche Vollstreckungsschutz. Auch sind sozial- und unterhaltsrechtliche Fragen zu klären. Dies grenzt die Berater und Vertreter des Schuldners auf die gem. RDG zugelassenen ein.

16 Daher ist zunächst die unentgeltliche Beratung und Vertretung gem. § 6 RDG zulässig, wenn die fachlichen und organisatorischen Voraussetzungen des § 6 Abs. 2 RDG vorliegen, also insb. juristische Kenntnisse oder der Zugriff auf juristische Fachberatung gegeben sind. Entgeltliche Beratung des Schuldners ist nur den in § 8 Abs. 1 RDG aufgelisteten Stellen erlaubt. Dies sind neben den anerkannten Stellen i.S.d. § 305 Abs. 1 Nr. 1 nach § 8 Abs. 1 Nr. 3 RDG insb. die Verbraucherzentralen nach § 8 Abs. 1 Nr. 4 RDG und die Verbände der freien Wohlfahrtspflege nach § 8 Abs. 1 Nr. 5 RDG. Fraglich ist, ob das in der Praxis aufgetretene Vorhaben, einen Verein zu gründen, der sich zum Ziel setzt, seine eigenen Mitglieder wirtschaftlich zu sanieren, den überschuldeten Mitgliedern weiterhilft.[36] § 7 Abs. 1 RDG lässt zwar zu, dass Vereinigungen Rechtsdienstleistungen für ihre Mitglieder erbringen dürfen. Diese Vereinigungen können aber keine geeignete Stelle i.S.d. § 305 Abs. 1 sein[37] und damit für ihre Mitglieder zumindest eine Verbraucherinsolvenz nicht vorbereiten. Damit ist zu Recht der Sinn des ganzen Konstrukts in Frage zu stellen.

17 Rechtsanwälte sind neben den nach RDG zugelassenen Beratern und Vertretern befugt, tätig zu werden. Sie sind gem. § 305 Abs. 1 Nr. 1 und den ergangenen Ausführungsgesetzen der Länder anerkannte Personen, die eine Bescheinigung über das Scheitern der außergerichtlichen Verhandlungen ausstellen können. Im Jahre 2006 wurden von 93.242 außergerichtlichen Verhandlungen 45.000 von Rechtsanwälten geführt.[38] Aufgrund des weiten Spektrums der Schuldnerberatung von der eher psychosozialen Hilfestellung bis zur Lösung komplizierter immobilienrechtlicher Fragestellungen ist sowohl die Schuldnerberatung der Kirchen, Kommunen und Verbände als auch die anwaltliche Schuldnerberatung erforderlich. Beide arbeiten sinnvoller Weise zusammen und ergänzen sich mit ihren Hilfsangeboten.[39]

---

32 BGH 20.07.2011, IX ZR 37/09, BGHZ 186, 242–253.
33 BGH 20.07.2011, IX ZR 37/09, BGHZ 186, 242–253.
34 S. FK-InsO/*Grote* § 305 Rn. 21.
35 LG Ulm 02.12.2010, 6 O 193/10, VIA 2011, 55.
36 S. OVG Berlin-Brandenburg 09.07.2009, OVG 1 B 27.08, ZVI 2009, 490.
37 OVG Berlin-Brandenburg 09.07.2009, OVG 1 B 27.08, ZVI 2009, 490.
38 *Heuer* ZVI 2008, 505.
39 Vgl. *Janlewing* ZVI 2005, 617.

b) Beratung und Vertretung des Schuldners im Insolvenzeröffnungsverfahren

Die Insolvenzantragstellung und die Vertretung des Schuldners im Insolvenzeröffnungsverfahren fällt nicht in den Anwendungsbereich des RDG, da dort gem. § 1 Abs. 1 RDG nur außergerichtliche Tätigkeiten erfasst werden. Vertretungsbefugt sind daher zunächst nur die gem. § 79 Abs. 2 ZPO zugelassenen Personen, insb. Rechtsanwälte. Aus § 305 Abs. 4 folgt die zusätzliche Berechtigung für anerkannte Personen oder Mitarbeiter anerkannter Stellen i.S.d. § 305 Abs. 1, die allerdings auf das Insolvenzeröffnungs- und Schuldenbereinigungsplanverfahren begrenzt ist.[40] 18

c) Beratung und Vertretung des Schuldners im eröffneten Verfahren

Im eröffneten Insolvenzverfahren kann sich der Schuldner nur von den nach § 79 Abs. 2 zugelassenen Personen, also insb. von Rechtsanwälten vertreten lassen. Die Mandatierung eines Anwaltes ist durch §§ 115–117 nicht ausgeschlossen, da durch die Vertretung des Schuldners im Verfahren die Insolvenzmasse nicht betroffen ist.[41] Schuldnerberatungsstellen dürfen den Schuldner nicht im eröffneten Insolvenzverfahren vertreten,[42] gleichwohl aber im Rahmen der nach §§ 6, 8 RDG zugelassenen Rechtsdienstleistungen auch zu dem Verfahren beraten. Durch die Änderung des § 305 Abs. 4 zum 01.07.2014 dürfen Schuldnerberatungsstellen ab diesem Termin Schuldner auch im eröffneten Verfahren und der Wohlverhaltensphase vertreten.[43] 19

3. Beratung und Vertretung eines Gläubigers im außergerichtlichen und gerichtlichen Verbraucherinsolvenzverfahren

a) Beratung und Vertretung eines Gläubigers im außergerichtlichen Verfahren

Die anwaltliche Vertretung des Gläubigers ist ohne weiteres zulässig. Die Berechtigung der Tätigkeit der Inkassounternehmen ergibt sich aus § 10 RDG, nach dem Inkassounternehmen zur außergerichtlichen Einziehung von Forderungen berechtigt sind. Das Inkassounternehmen muss über die Zulassung entsprechend der Regelung des zuständigen Bundeslandes verfügen. 20

b) Beratung und Vertretung eines Gläubigers im Insolvenzeröffnungsverfahren

Die anwaltliche Vertretung im Insolvenzeröffnungsverfahren und im gerichtlichen Schuldenbereinigungsplanverfahren ist ohne weiteres möglich. Gemäß den im Jahre 2007 neugefassten §§ 174 Abs. 1, 305 Abs. 4 können zugelassene Inkassounternehmen einen Gläubiger im Schuldenbereinigungsplanverfahren, nicht aber allgemein im Insolvenzeröffnungsverfahren vertreten. 21

c) Beratung und Vertretung eines Gläubigers im eröffneten Verfahren

Rechtsanwälte können Gläubiger im eröffneten Verfahren nach den allgemeinen Regeln vertreten. Inkassounternehmen dürfen Gläubiger gem. § 174 Abs. 1 nur bei der Forderungsanmeldung, nicht aber allgemein vertreten. Auch im Verfahren über die Versagung der Restschuldbefreiung dürfen Inkassounternehmen daher Gläubiger nicht vertreten. Diese Vertretung ist dem Rechtsanwalt vorbehalten. 22

---

[40] BGH 29.04.2004, IX ZB 30/04, ZInsO 2004, 547.
[41] BGH 20.01.2011, IX ZB 242/08, ZIP 2011, 1014. OLG Dresden 23.07.2002, 13 W 1466/01, ZIP 2002, 2000.
[42] BGH 29.04.2004, IX ZB 30/04, ZInsO 2004, 547.
[43] »Gesetz zur Verkürzung des Restschuldbefreiungsverfahrens und zur Stärkung der Gläubigerrechte« BGBl. I 2013, 2379.

4. Tod des Schuldners im außergerichtlichen und gerichtlichen Verfahren

a) Tod des Schuldners im außergerichtlichen Verfahren

23 Haben Schuldner und Gläubiger im Rahmen der außergerichtlichen Verhandlungen einen Entschuldungsvertrag geschlossen, geht die Rechtsposition des Schuldners aus dem Vertrag grds im Wege der Gesamtrechtsnachfolge gem. § 1922 BGB auf die Erben über. Dies gilt auch bei dem noch nicht geschlossenen Vertrag hinsichtlich des Rechts der Annahme eines Vertragsangebotes,[44] die durch die Erben erfolgen kann. Allerdings ist der Übergang der Rechtsposition des Schuldners nur möglich, wenn diese als vererbbar und nicht als höchstpersönlich anzusehen ist.[45] Hier ist nach dem geschlossenen Entschuldungsvertrag zu differenzieren. Hat sich der Schuldner zu einer Einmalzahlung und der Gläubiger im Gegenzug zu einem Forderungsverzicht verpflichtet, ist diese Rechtsposition vererblich, da sie ohne weiteres von den Erben zu erfüllen ist und keinen persönlichen Charakter hat. Ist allerdings ein Entschuldungsvertrag vereinbart worden, der eine Abführung des monatlich pfändbaren Einkommens über einen gewissen Zeitraum vorsieht und im Gegenzug ein Forderungsverzicht des Gläubigers erst nach Ablauf des vereinbarten Zeitraums, ist dies als Rechtsposition anzusehen, die untrennbar mit der Person des Schuldners verbunden ist und nicht im Wege der Gesamtrechtsnachfolge übergehen kann.

b) Tod des Schuldners im gerichtlichen Schuldenbereinigungsplanverfahren, im Insolvenzeröffnungsverfahren und im eröffneten Insolvenzverfahren

24 Stirbt der Schuldner im gerichtlichen Schuldenbereinigungsplanverfahren könnte wie im Fall des Todes während der außergerichtlichen Verhandlungen argumentiert werden. Immerhin ruht das Insolvenzeröffnungsverfahren gem. § 306 Abs. 1 Satz 1 und die Situation ist damit der außergerichtlichen vergleichbar. Die h.M.[46] geht hier aber wie im nicht ruhenden Eröffnungsverfahren und im eröffneten Insolvenzverfahren davon aus, dass eine selbsttätige Überleitung des Verfahrens in ein Nachlassinsolvenzverfahren, in dem keine Restschuldbefreiung beantragt werden kann,[47] erfolgt. Ist das Verbraucherinsolvenzverfahren allerdings bereits durch das Zustandekommen eines gerichtlichen Schuldenbereinigungsplanes nach § 308 beendet worden, können die Erben den Plan erfüllen,[48] wenn es sich nicht um höchstpersönliche Leistungen des Schuldners handelt.

c) Tod des Schuldners während der Wohlverhaltensperiode bis zum Ablauf der sechs Jahre des § 287 Abs. 2

25 Nach Aufhebung des Verfahrens und Eintritt des Schuldners in die Wohlverhaltensphase kommt eine Überleitung in ein Nachlassinsolvenzverfahren nicht mehr in Frage, da die Verwertung der Insolvenzmasse bereits abgeschlossen ist.[49] Das Verfahren kann nicht fortgesetzt werden und ist in entsprechender Anwendung des § 299 vorzeitig zu beenden.[50] Eine vererbbare Rechtsposition liegt nicht vor, da dem Schuldner in diesem Verfahrensstadium bislang lediglich die Restschuldbefreiung gem. § 291 Abs. 1 angekündigt aber noch nicht gem. § 300 Abs. 1 erteilt wurde. Die Wohlverhaltensperiode beginnt im Übrigen am Tag des Erlasses des Aufhebungsbeschlusses um 12.00 Uhr, wenn keine andere Uhrzeit im Beschluss angegeben ist.[51]

---

44 Palandt/*Edenhofer* § 1922 BGB Rn. 26.
45 S. hierzu FK-InsO/*Ahrens* § 286 Rn. 54 ff.
46 FK-InsO/*Kohte* Rn. 57; BGH 21.02.2008, IX ZB 62/05, ZInsO 2008, 453.
47 MüKo-InsO/*Siegmann* Vor § 315 Rn. 6.
48 FK-InsO/*Ahrens* § 286 Rn. 50.
49 FK-InsO/*Ahrens* § 286 Rn. 51.
50 FK-InsO/*Ahrens* § 286 Rn. 51; MüKo-InsO/*Siegmann* Vor § 315 Rn. 7.
51 BGH 15.07.2010, IX ZB 229/07, BGHZ 186, 223.

d) Tod des Schuldners vor Erteilung der Restschuldbefreiung aber nach Ablauf der sechs Jahre des § 287 Abs. 2

Sind die sechs Jahre des § 287 Abs. 2 bei Tod des Schuldners bereits abgelaufen, ohne dass die Restschuldbefreiung erteilt wurde, steht der Erteilung kein Verfahrenshindernis entgegen.[52] Das Verfahren ist also nicht einzustellen, sondern die Restschuldbefreiung ist zu erteilen, bzw. nach Beantragung und Prüfung der vorgetragenen Gründe zu versagen. Nach Erteilung der Restschuldbefreiung kann auf Gläubigerantrag allerdings das Widerrufsverfahren nach § 303 durchgeführt werden.[53]

5. Das Verbraucherinsolvenzverfahren in der Rechtspraxis

Aus den gesetzgeberischen Vorgaben für das Verbraucherinsolvenzverfahren hat sich eine Rechtspraxis entwickelt, die dem Normzweck der Verfahrensvereinfachung nicht immer gerecht wird. Die obligatorische Pflicht zur Führung der außergerichtlichen Verhandlungen, die schon lange kritisiert wird,[54] führt zu einer hohen Anzahl von Verhandlungen, die trotz des allen Beteiligten bewussten negativen Ausganges dennoch durchgeführt werden müssen. Die äußerst knappen Ressourcen der Schuldnerberatungsstellen[55] werden hierdurch stark belastet, wodurch häufig die Möglichkeit verloren geht, in die tatsächlich aussichtsreichen Verhandlungen mehr Zeit investieren zu können. Die Möglichkeit der schriftlichen Verfahrensführung, die gem. § 5 Abs. 2 in das Ermessen der Gerichte gestellt ist, wird nicht in allen Verbraucherinsolvenzverfahren genutzt. Ein nicht unwesentlicher Teil der Gerichte führt weiterhin mündliche Termine durch, die zu einer hohen Belastung der Treuhänder führen und sich kaum rechtfertigen lassen, da Gläubiger in den allermeisten Fällen nicht erscheinen. Die Regelungen zur Anfechtung von Rechtshandlungen in § 313 Abs. 2 machen eine besondere Gläubigerversammlung erforderlich, in welcher der Treuhänder mit der Anfechtung zu beauftragen ist. Auch hier ist die Gläubigerbeteiligung sehr gering, gleichwohl gilt der Auftrag zur Anfechtung gem. § 160 Abs. 1 Satz 1 bei Nichterscheinen der Gläubiger als erteilt. Im Vergleich zur Regelinsolvenz ist hier daher ein aufwändigeres Anfechtungsverfahren entstanden.[56] Einige Verbesserungen bringt ab dem 01.07.2014 das »Gesetz zur Verkürzung des Restschuldbefreiungsverfahrens und zur Stärkung der Gläubigerrechte«.[57]

6. Notwendigkeit eines Verbraucherinsolvenzverfahrens

Es wird immer wieder in Zweifel gezogen, dass die Durchführung eines, wenn auch vereinfachten, aber dennoch immer noch aufwändigen Insolvenzverfahrens erforderlich ist, um eine Entschuldung natürlicher Personen zu erreichen. Gegenentwürfe sind u.a. das sog. Verjährungsmodell[58] oder der Verzicht auf eine Verfahrenseröffnung,[59] die scheinbar einfachere Lösungen anbieten. Die ausführlich geführten Diskussionen[60] der letzten Jahre haben aber deutlich gemacht, dass bestimmte Kernfragen wie z.B. die Forderungsanmeldung und -prüfung, die Behandlung der deliktischen Forderungen, die Einstellung der Einzelzwangsvollstreckung oder der Einzug sowie die Verwertung und Verteilung des vorhandenen Vermögens und des Neuerwerbs letztendlich doch ein Verfahren erforderlich erscheinen lassen, dem das jetzige am ehesten entspricht. Der Gesetzgeber hält daher aktuell mit dem »Gesetz zur Verkürzung des Restschuldbefreiungsverfahrens und zur Stärkung der Gläubi-

---

52 AG Duisburg 25.05.2009, 62 IK 59/00, ZInsO 2009, 2353; FK-InsO/*Ahrens* § 286 Rn. 55.
53 FK-InsO/*Ahrens* § 286 Rn. 55.
54 *Grote* ZInsO 2001, 17; *Martini* ZInsO 2001, 249.
55 Vgl. HK-InsO/*Landfermann* Vor § 304 Rn. 15.
56 FK-InsO/*Kohte* § 313 Rn. 118.
57 BGBl. I 2013, 2379.
58 S. zur Kritik an diesem Modell *Ahrens* ZVI 2005, 1 ff.
59 S. zuletzt BT-Drucks. 16/7416.
60 S. HK-InsO/*Landfermann* Vor § 304 Rn. 4–8; MüKo-InsO/*Ott* Rn. 22 ff.

gerrechte«[61] zu Recht an der Eröffnung eines formellen Insolvenzverfahrens fest und beschränkt sich lediglich auf Verfahrensvereinfachungen.

II. Der Anwendungsbereich des Verbraucherinsolvenzverfahrens

29 Das Verbraucherinsolvenzverfahren wird zunächst gem. § 304 Abs. 1 Satz 1 über das Vermögen derjenigen natürlichen zahlungsunfähigen Person durchgeführt, die aktuell keine selbstständige wirtschaftliche Tätigkeit ausübt und dies auch in der Vergangenheit nicht getan hat. Des Weiteren wird das Verbraucherinsolvenzverfahren gem. § 304 Abs. 1 Satz 2 durchgeführt, wenn eine selbstständige wirtschaftliche Tätigkeit in der Vergangenheit ausgeübt wurde, die Vermögensverhältnisse aber überschaubar sind und keine Forderungen aus Arbeitsverhältnissen gegen den Schuldner vorliegen. Überschaubare Vermögensverhältnisse können nach der Legaldefinition des § 304 Abs. 2 nur vorliegen, wenn der Schuldner weniger als 20 Gläubiger hat. Allerdings können auch bei weniger als 20 Gläubigern unüberschaubare Vermögensverhältnisse vorliegen, wenn besondere Umstände diese begründen.[62]

30 Hieraus ergibt sich folgende Zuordnung für überschuldete natürliche Personen:
   - Keine selbstständige wirtschaftliche Tätigkeit aktuell und in der Vergangenheit = Verbraucherinsolvenzverfahren unabhängig von der Anzahl der Gläubiger und der Überschaubarkeit der wirtschaftlichen Verhältnisse;
   - Aktuell selbstständige wirtschaftliche Tätigkeit = Regelinsolvenzverfahren unabhängig vom Umfang der selbstständigen wirtschaftlichen Tätigkeit;
   - Selbstständige wirtschaftliche Tätigkeit in der Vergangenheit = Regelinsolvenzverfahren, wenn der Schuldner 20 und mehr Gläubiger hat oder gegen ihn Forderungen aus Arbeitsverhältnissen bestehen = Verbraucherinsolvenzverfahren wenn der Schuldner weniger als 20 Gläubiger hat und gegen ihn keine Forderungen aus Arbeitsverhältnissen bestehen und die wirtschaftlichen Verhältnisse nicht aus anderen Gründen unüberschaubar sind.

31 Der Ausschluss von einem Verbraucherinsolvenzverfahren bedeutet nicht den Ausschluss von der Möglichkeit der Restschuldbefreiung. Sie ist auch in einem Regelinsolvenzverfahren zu erreichen. Regel- und Verbraucherinsolvenzverfahren sind hier nur unterschiedliche Wege zum gleichen Ziel. Die Unterschiede beider Verfahrensarten sind hinsichtlich der erstrebten Restschuldbefreiung für den Schuldner gering (vgl. hierzu Rdn. 52 ff.). Die Hoffnung, in einem Verbraucherinsolvenzverfahren die Regelungen des Insolvenzverfahrens umgehen und bspw. die Anfechtung von Rechtshandlungen verhindern zu können, ist trügerisch und unberechtigt.[63] Das Regelinsolvenzverfahren ist häufig sogar der schnellere Weg zu einer Restschuldbefreiung, da außergerichtliche Verhandlungen nach § 305 Abs. 1 Nr. 1 nicht zu führen sind.

32 Für den Schuldner ist daher die Frage der zulässigen Verfahrensart nicht von allzu großer Bedeutung, abgesehen von dem eher selteneren Fall, dass der Schuldner die Möglichkeiten Planverfahrens nach §§ 217 ff. im Regelinsolvenzverfahren nutzen möchte.[64] Von höherer Relevanz ist die Frage allerdings für den Berater, da durch die Wahl der unzutreffenden Verfahrensart durchaus ein finanzieller Schaden für den Schuldner denkbar ist. Werden außergerichtliche Verhandlungen geführt, obwohl es sich gar nicht um einen Verbraucher i.S.d. § 304 handelt, fallen u.U. unnötige Kosten für die Führung der außergerichtlichen Verhandlungen an. Zudem verlängert sich die Zeit bis zur endgültigen Entschuldung, so dass u.U. auch länger pfändbare Einkommensanteile abzuführen sind. Kaum zu lösen ist allerdings die Problematik, dass die Unüberschaubarkeit der wirtschaftlichen Verhältnisse, die auch bei weniger als 20 Gläubigern vorliegen kann, von dem Berater vorab nicht abschließend

---

61 BGBl. I 2013, 2379.
62 FK-InsO/*Kohte* Rn. 37.
63 Vgl. BGH 20.01.2011, IX ZR 238/08, ZInsO 2011, 425.
64 Vgl. BGH 24.03.2011, IX ZB 80/11, ZInsO 2011, 932.

ermittelbar ist,[65] sondern erst nach Antragstellung vom Insolvenzgericht festgestellt wird. Es könnte daran gedacht werden, in diesen Fällen zunächst den Regelinsolvenzantrag zu stellen. Allerdings muss dann die Sperrfrist-Rechtsprechung des BGH[66] genau bedacht werden, damit bei Abweisung des Regelinsolvenzantrags nicht eine dreijährige Sperrfrist für den Verbraucherinsolvenzantrag folgt.

Für den Insolvenzverwalter oder Treuhänder ist die Verfahrensart nach §§ 2, 13 InsVV auch hinsichtlich der Vergütung von Bedeutung. Während die Mindestvergütung im Verbraucherverfahren nach § 13 Abs. 1 InsVV 600 € beträgt, liegt sie gem. § 2 Abs. 2 InsVV im Regelinsolvenzverfahren bei 1.000 €. Der Treuhänder im vereinfachten Verbraucherverfahren erhält zudem gem. § 13 Abs. 1 Satz 11 InsVV als Regelvergütung nur 15 % der Insolvenzmasse. 33

1. Der nicht selbstständig Tätige

a) Natürliche Person

Zugang zu einem Verbraucherinsolvenzverfahren hat gem. § 304 zunächst jede natürliche Person, die keine selbstständige wirtschaftliche Tätigkeit ausübt oder ausgeübt hat. Der Verbraucherbegriff der InsO ähnelt hier dem des § 13 BGB, wird aber nicht übernommen.[67] Wer Verbraucher i.S.d. § 304 ist, folgt allein aus den Tatbestandsmerkmalen der Vorschrift. 34

Kinder und Jugendliche können zahlungsunfähig sein[68] und unter Beachtung der allgemeinen Vertretungsregelungen auch einen Insolvenzantrag stellen. Gleiches gilt für Betreute. Ausländern,[69] die ihren Lebensmittelpunkt im Geltungsbereich der InsO haben, ist ebenfalls der Weg in ein Verbraucherinsolvenzverfahren eröffnet. 35

Die Beschränkung auf natürliche Personen schließt alle Gesellschaften, auch die ohne Rechtspersönlichkeit, aus. Aus dem Umstand, dass eine Gesellschaft wie die BGB-Gesellschaft keine juristische Person ist, folgt nicht, dass sie als natürliche Person i.S.d. des § 304 anzusehen ist, denn betroffen bleibt das Vermögen der Gesellschaft und nicht das einer natürlichen Person, auch wenn diese mit ihrem privaten Vermögen haften mag. Die Mitglieder einer GbR können daher auch ihre Entschuldung nur durch ein Verfahren über ihr privates Vermögen und nicht durch ein Verfahren über das Vermögen ihrer GbR erreichen. 36

Ein deutscher Schuldner, der im Inland keinen Wohnsitz hat, kann gem. § 4 InsO/§ 13 ZPO keinen Antrag auf Eröffnung eines Insolvenzverfahrens nach der InsO stellen.[70] Eine Ausnahme gilt gem. § 15 ZPO nur für die im Ausland beschäftigten Angehörigen des öffentlichen Dienstes. Der im Ausland beschäftigte Deutsche kann daher nur dann seine Entschuldung in einem Verfahren nach der InsO erreichen, wenn sein Lebensmittelpunkt[71] nach wie vor in Deutschland liegt. Verlegt der Schuldner nach Antragstellung oder während der Laufzeit der Wohlverhaltensperiode seinen Wohnsitz ins Ausland, berührt dies die Zuständigkeit des angerufenen Gerichts nicht, denn entscheidend für die Zuständigkeit des deutschen Insolvenzgerichts ist der Zeitpunkt der Antragstellung.[72] 37

Einzelbeispiele: 38
– Arbeitnehmer einschließlich der nicht weisungsgebundenen Beschäftigten wie z.B. der angestellte Geschäftsführer oder das Vorstandsmitglied der AG,

---

65 FK-InsO/*Kohte* Rn. 37.
66 BGH 16.07.2009, IX ZB 89/09, NZI 2010, 153.
67 MüKo-InsO/*Ott* Rn. 50.
68 Vgl. zur Problematik § 1629a BGB, BSG 07.07.2011, B 14 AS 153/10, 144/10.
69 Uhlenbruck/*Vallender* Rn. 6.
70 OLG Köln 23.04.2011, 2 W 82/01, ZInsO 2001, 622; AG Hamburg 02.03.2007, 67g IN 210/06, ZVI 2007, 182 = ZInsO 2007, 503.
71 Zöller/*Vollkommer* § 13 Rn. 4–6.
72 BGH 09.02.2006, IV ZB 418/02, NZI 2006, 297 = ZInsO 2006, 321; EuGH 17.01.2006, C 1/04, ZVI 2006, 108.

- Beamte,
- Arbeitslose und Empfänger von Sozialleistungen (z.B. Krankengeld oder Arbeitslosengeld I und II),
- Rentner,
- Pensionäre,
- Schüler, Umschüler, Studenten,
- Soldaten,
- Zivildienstleistende,
- Strafgefangene.[73]

b) Scheinselbstständige und freie Mitarbeiter

39 Zweifelhaft erscheint die Zuordnung der Scheinselbstständigen bzw. der freien Mitarbeiter. Soweit die Ausgestaltung deren Berufstätigkeiten tatsächlich der eines abhängig Beschäftigten entspricht, mag vieles für die Annahme der Verbrauchereigenschaft i.S.d. § 304 sprechen.[74] Allerdings erscheint die Klärung materiell-rechtlicher Fragen des Arbeitsrechts in einem Verbraucherinsolvenzeröffnungsverfahren wenig sinnvoll. Von daher sollte bei Scheinselbständigen und freien Mitarbeitern die Einordnung eher anhand formeller, leicht handhabbarer Kriterien erfolgen. Demnach sind beide dem Regelinsolvenzverfahren zuzuordnen.

2. Der aktuell selbstständig Tätige

40 Bis zum 30.11.2001 galt, dass auch der Selbstständige einem Verbraucherverfahren zuzuordnen ist, der nur eine geringfügige selbstständige wirtschaftliche Tätigkeit ausübt. Diese Regelung war für die Praxis schwer handhabbar. Ebenso wurde die Abwicklung des Verfahrens eines aktuellen Selbstständigen nach den Regelungen des vereinfachten Verfahrens der §§ 311 ff. zum Teil, z.B. bei hoher Gläubigerzahl, als unnötig beschwerlich angesehen.[75] Ziel der Neufassung des § 304 im Jahre 2001 war es daher, aktive Unternehmer jeder Betriebsgröße aus dem Anwendungsbereich des Verbraucherinsolvenzverfahrens auszuschließen. Aktuell selbstständig wirtschaftlich Tätige sind daher nunmehr ohne Beachtung des Umfanges ihrer Tätigkeit nach dem eindeutigen Wortlaut des § 304 Abs. 1 Satz 1 dem Regelinsolvenzverfahren zuzuordnen. Einzelbeispiele:
- Gewerbetreibende aller Art,
- Freiberufler wie Ärzte, Rechtsanwälte oder Steuerberater, Journalisten, Handels- und Versicherungsvertreter,
- freie Mitarbeiter,
- Landwirte,
- Künstler,
- Schriftsteller,
- Gesellschafter einer Gesellschaft ohne Rechtspersönlichkeit und 50 %-Gesellschafter einer Kapitalgesellschaft.

a) Voraussetzungen einer selbstständigen Tätigkeit

41 Eine selbstständige Tätigkeit ist anzunehmen, wenn ein planmäßiges Auftreten am Markt vorliegt.[76] Eine reine Verwaltung eigenen Vermögens, auch die Vermietung eigener Immobilien, erfüllt diese Voraussetzung nicht. Die Tätigkeit muss sich zudem organisatorisch verfestigt und einen nennenswerten Umfang erreicht haben.[77] Der BGH orientiert sich zu diesen Anforderungen zutreffender-

---

[73] BGH 01.07.2010, IX ZB 148/09, ZInsO 2010, 1558.
[74] FK-InsO/*Kohte* Rn. 9.
[75] FK-InsO/*Kohte* Rn. 29.
[76] FK-InsO/*Kohte* Rn. 9.
[77] BGH 24.03.2011, IX ZB 80/11, ZInsO 2011, 932; FK-InsO/*Kohte* Rn. 9.

weise und für die Praxis gut handhabbar an der Bagatellgrenze des § 3 Nr. 26 EStG und verneint diese Voraussetzungen daher bei jährlichen Einnahmen unter 2.100 €.

b) Beginn und Ende der selbstständigen Tätigkeit

Reine Vorbereitungshandlungen wie die Anmietung von Geschäftsräumen oder formelle Schritte wie die verwaltungsrechtliche Anmeldung eines Gewerbes führen noch nicht zum Vorliegen einer selbstständigen Tätigkeit i.S.d. § 304.[78] Es muss vielmehr der Schritt in den Markt unternommen und die Tätigkeit des Unternehmens tatsächlich aufgenommen worden sein.[79] 42

Eine selbstständige Tätigkeit liegt nicht mehr vor, wenn nach Einstellung des Betriebes Reorganisationsunfähigkeit[80] vorliegt. Auch hier sind nicht formelle Kriterien, wie z.B. die Gewerbeabmeldung entscheidend, sondern die tatsächlichen Verhältnisse. Zu diesen gehört auch die Entscheidung des Schuldners, nicht mehr selbstständig sein zu wollen. Bei vielen, stark an die Person des Schuldners gebundenen Kleinselbstständigkeiten wird schon mit dieser Entscheidung Reorganisationsunfähigkeit vorliegen. 43

c) Gesellschaftsform der selbstständigen Tätigkeit

Keine Schwierigkeit bereitet hier der Einzelunternehmer. Er ist zweifelsfrei zuzuordnen. Auch die persönlich haftenden Gesellschafter einer Gesellschaft ohne Rechtspersönlichkeit nach § 11 Abs. 2 Nr. 1 gelten ebenfalls als selbstständig wirtschaftlich tätig und sind dem Regelinsolvenzverfahren zuzuordnen.[81] Bei Kapitalgesellschaften ist der Gesellschafter erst ab einer Beteiligung in Höhe von 50 % als selbstständig wirtschaftlich tätig anzusehen.[82] Dies gilt auch dann, wenn die GmbH persönlich haftende Gesellschafterin einer GmbH & Co. KG ist.[83] 44

d) Mischformen selbstständiger und unselbstständiger Tätigkeiten

Nicht selten treten Mischformen selbstständiger und unselbstständiger Tätigkeiten auf. Angestellte arbeiten halbtags und üben während der verbleibenden Zeit zusätzlich eine selbstständige Tätigkeit aus. Grds Selbstständige müssen ergänzend angestellt arbeiten, um ihren Lebensunterhalt zu sichern (Bsp. des taxifahrenden Rechtsanwaltes). Auch diese Selbstständigkeiten in geringerem Umfang sind nach der Rspr[84] zutreffenderweise als Selbstständigkeit i.S.d. § 304 anzunehmen. Auch sie müssen allerdings einen nennenswerten Umfang und eine organisatorische Verfestigung erreichen, die erst bei Mindesteinkünften ab 2.100 € jährlich angenommen wird.[85] 45

3. Der ehemalig selbstständig Tätige

Hat der Schuldner eine selbständige wirtschaftliche Tätigkeit in der Vergangenheit ausgeübt, ist das Verbraucherinsolvenzverfahren gem. § 304 Abs. 1 Satz 2 zu eröffnen, wenn seine Vermögensverhältnisse überschaubar sind und keine Forderungen aus Arbeitsverhältnissen bestehen. Überschaubare Vermögensverhältnisse können gem. § 304 Abs. 2 nicht vorliegen, wenn der Schuldner mehr als 19 Gläubiger hat. Andererseits können aber unüberschaubare Vermögensverhältnisse auch bei weniger als 20 Gläubigern vorliegen, wenn besondere Umständen gegeben sind. 46

---

78 FK-InsO/*Kohte* Rn. 11.
79 Uhlenbruck/*Vallender* Rn. 24.
80 FK-InsO/*Kohte* Rn. 13.
81 HK-InsO/*Landfermann* Rn. 6.
82 Vgl. FK-InsO/*Kohte* Rn. 18–21; BGH 22.09.2005, IX ZB 55/04, ZInsO 2005, 1163.
83 Vgl. BGH 12.02.2009, IX ZB 215/08, ZIP 2009, 626.
84 AG Hamburg 18.10.2004, 67e IN 285/04, ZVI 2004, 621.
85 BGH 24.03.2011, IX ZB 80/11, ZInsO 2011, 932.

a) Überschaubare Vermögensverhältnisse

aa) Anzahl der Gläubiger

47 Entscheidendes Merkmal für die Überschaubarkeit der Vermögensverhältnisse und damit die Einordnung des ehemalig selbstständig Tätigen ist nach § 304 die Anzahl der Gläubiger. Zur Begründung dieser Regelung wurde u.a. darauf hingewiesen, dass bei einer größeren Zahl von Gläubigern eine außergerichtliche Einigung und ein erfolgreicher Schuldenbereinigungsplan nur selten festzustellen ist.[86] Jede starre Grenze, wie die hier gewählte, wird eine gewisse Willkürlichkeit in sich tragen. Die gute Handhabbarkeit und die Entlastung aller Verfahrensbeteiligten ist aber der große Vorteil dieser Regelung im Vergleich zur u.U. sachlich besser begründeten Einzelfallentscheidung. Die Regelung wird daher in der Praxis nicht in Frage gestellt, auch wenn das Abzählen der Gläubiger zur Bestimmung des Status des Schuldners manchem nach wie vor befremdlich anmutet.

48 Maßgeblich ist die Zahl der Gläubiger, nicht die der angegebenen Forderungen.[87] Eine Gebietskörperschaft, also insb. Bundesländer und Kommunen, gelten als ein Gläubiger, auch wenn verschiedene Behörden der Körperschaft Forderungen geltend machen.[88] Entscheidender Zeitpunkt, zu dem die Anzahl der Gläubiger festgestellt wird, ist die Antragstellung.[89] Der Ursprung der Forderungen ist nach dem klaren Wortlaut des § 304 Abs. 2 ebenfalls nicht entscheidend. Auch der ehemalig Selbstständige, der keine Verbindlichkeiten aus selbstständiger Tätigkeit mehr hat, ist daher auch der Regelinsolvenz zuzuordnen. Soweit in diesem Fall im Wege der teleologischen Reduktion doch eine Zuweisung zur Verbraucherinsolvenz gesehen wird,[90] mag dies zwar durchaus rechtlich begründet sein. In der Praxis würde die Prüfung jeder Regelinsolvenz einer natürlichen Person auf die Herkunft der Forderungen hin aber eine Belastung der Beteiligten mit sich bringen, die vor dem Hintergrund der doch relativ geringen Unterschiede der Verfahrensarten nicht zu rechtfertigen wäre. Macht der Insolvenzverwalter einer GbR Forderungen gegen den Schuldner gem. § 93 geltend, ist der Insolvenzverwalter nicht Gläubiger, sondern nur Einziehungsbefugter.[91] Es ist damit auf die Anzahl der eigentlichen Gläubiger abzustellen.

bb) Besondere Gründe der Unüberschaubarkeit der Vermögensverhältnisse

49 Die Überschaubarkeit der Vermögensverhältnisse kann auch aus anderen Gründen entfallen. Die Gesetzesbegründung nennt das Beispiel komplizierter Anfechtungstatbestände[92] die durch die besondere Regelung zur Anfechtung im Verbraucherverfahren gem. § 313 Abs. 2 eher zu lösen sind. Die Frage, ob die Vermögensverhältnisse des Schuldners überschaubar sind, ist nach allgemeiner Auffassung objektiv nach deren Umfang und Struktur zu beurteilen.[93] Immobilieneigentum, Vermögenswerte im Ausland, streitige eigene Forderungen des Schuldners sind Beispiele, die zu einer Unüberschaubarkeit führen können. Maßgeblich ist, ob sich im Einzelfall die Verschuldungsstruktur des Schuldners nach ihrem Gesamterscheinungsbild so darstellt, dass sie den Verhältnissen eines Schuldners in abhängiger Beschäftigung entspricht.[94] Im Zweifel sind die Vorschriften des Regelinsolvenzverfahrens anzuwenden, da das Verbraucherinsolvenzverfahren die Ausnahme ist.[95]

---

86 Vgl. *Graf-Schlicker/Remmert* ZInsO 2000, 321 (322).
87 Vgl. BGH 22.09.2005, IX ZB 55/04, ZInsO 2005, 1163.
88 BGH 19.05.2011, IX ZB 27/10, ZInsO 2011, 1251.
89 FK-InsO/*Kohte* Rn. 34.
90 FK-InsO/*Kohte* Rn. 36.
91 Karsten Schmidt/*Schmidt* § 93 InsO Rn. 28.
92 Vgl. BT-Drucks. 14/5680, 30.
93 Vgl. Braun/*Buck* Rn. 16; Graf-Schlicker/*Sabel* Rn. 14; HK-InsO/*Landfermann* Rn. 8; Kübler/Prütting/Bork/*Wenzel* Rn. 18; MüKo-InsO/*Ott* Rn. 60; Uhlenbruck/*Vallender* Rn. 17 f.
94 Kübler/Prütting/Bork/*Wenzel* Rn. 18.
95 BGH 24.07.2003, IX ZA 12/03, NZI 2003, 647.

b) Forderungen aus Arbeitsverhältnissen

Das Vorliegen von Forderungen aus Arbeitsverhältnissen stellt ein eigenes Ausschlusskriterium dar. 50
Liegt eine solche Forderung vor, ist auch bei unter 20 Gläubigern der Weg in die Verbraucherinsolvenz verschlossen. Der Terminus »Forderungen aus Arbeitsverhältnissen« soll schon nach dem Regierungsentwurf weit verstanden werden, so dass nicht nur Forderungen der Arbeitnehmer selbst, sondern auch solche von Sozialversicherungsträgern und Finanzämtern hierunter fallen sollen.[96] Die Judikatur hat sich dieser weiten Auslegung angeschlossen und bspw. auch die auf die Bundesanstalt für Arbeit übergegangenen Ansprüche noch als Forderungen aus einem Arbeitsverhältnis angesehen.[97]

Unter den Begriff fallen demnach: Primäransprüche des Finanzamtes wegen Lohnsteuer oder der gesetzlichen Krankenkasse wegen Sozialversicherungsbeiträgen gegen den Einzelunternehmer; Durchgriffsansprüche des Finanzamtes oder der gesetzlichen Krankenkasse gegen den geschäftsführenden Alleingesellschafter,[98] Forderungen der Berufsgenossenschaft, wenn die Forderung durch ein Arbeitsverhältnis veranlasst ist, nicht jedoch wenn die Forderung den Arbeitgeber selbst betrifft;[99] Ansprüche auf Arbeitsentgelt, auch nach Übergang auf die Bundesagentur für Arbeit gem. § 187 Satz 1 SGB III wegen Insolvenzgeldbeantragung des Arbeitnehmers gem. § 183 SGB III.[100] 51

4. Verfahrensfragen

Es besteht kein Wahlrecht des antragstellenden Schuldners oder Gläubigers zwischen Regel- und 52
Verbraucherinsolvenzverfahren.[101] Es ist vielmehr stets das den wirtschaftlichen Verhältnissen des Schuldners entsprechende Verfahren durchzuführen.

Diese wiederum kann der Schuldner allerdings u.U. so gestalten, dass die von ihm gewünschte Verfahrensart die zutreffende wird. Führt der Unternehmer den Betrieb bis zur Insolvenzantragstellung fort, ist er dem Regelinsolvenzverfahren zuzuordnen. Er hat keine außergerichtlichen Verhandlungen zu führen, womit er Zeit und Kosten sparen kann, wenn in seinem Gerichtsbezirk nicht langwierige Insolvenzeröffnungsverfahren die Regel sind. Er hat die Möglichkeit der Vorlage eines Planes gem. §§ 217 ff. und der Eigenverwaltung gem. §§ 270 ff. und hierdurch bei einer beabsichtigten Betriebsfortführung u.U. einen weiteren Gestaltungsspielraum als im Verbraucherinsolvenzverfahren. Die Kosten des Regelinsolvenzverfahrens liegen allerdings über den Kosten eines Verbraucherinsolvenzverfahrens und der Schuldner hat gem. § 9 Abs. 2 auch mit Veröffentlichungen außerhalb des Internets zu rechnen. 53

Stellt der Unternehmer seinen Betrieb vor Insolvenzantragstellung ein und stellt Reorganisationsunfähigkeit her, ist er bei entsprechender Gläubigeranzahl[102] und fehlenden Forderungen aus Arbeitsverhältnissen gem. § 304 Verbraucher. Er hat außergerichtliche Verhandlungen zu führen, bei einem Insolvenzantrag die Voraussetzungen des § 305 Abs. 1 zu erfüllen und kann die Möglichkeit des gerichtlichen Schuldenbereinigungsplanverfahrens mit Zustimmungsersetzung nutzen und kann von geringeren Verfahrenskosten ausgehen. Veröffentlichen erfolgen gem. §§ 312 Abs. 1, 9 Abs. 1 nur im Internet. Das eigentliche Verbraucherinsolvenzverfahren ist zudem als vereinfachtes Verfahren zumeist das schnellere Insolvenzverfahren. 54

Eine Beratung des Schuldners zu diesen Möglichkeiten muss die regelmäßige Übung des zuständigen Insolvenzgerichts unbedingt miteinbeziehen. Steht das Gericht z.B. dem gerichtlichen Schuldenbereinigungsplanverfahren der §§ 306 bis 310 eher skeptisch gegenüber und führt dieses selten 55

---

96 BT-Drucks. 14/5680, 14 (linke Spalte).
97 BT-Drucks. 14/5680, 30 (linke Spalte).
98 Vgl. BGH 22.09.2005, IX ZB 55/04, ZInsO 2005, 1163.
99 Vgl. BGH 24.09.2009, IX ZA 49/08, ZInsO 2009, 2216.
100 BGH 20.01.2011, IX ZR 238/08, ZInsO 2011, 425.
101 FK-InsO/*Kohte* Rn. 2; BGH 20.01.2011, IX ZR 238/08, ZInsO 2011, 425.
102 S. zur Betriebseinstellung auch *Kohte* ZInsO 2002, 53, V.

§ 304 InsO Grundsatz

durch, wird der Schuldner sein Ziel, den Beginn der sechsjährigen Wohlverhaltensperiode, über das Verbraucherinsolvenzverfahren schneller erreichen können. Führt das Gericht aber regelmäßig sich über Monate hinziehende Planverhandlungen durch, kann das Regelinsolvenzverfahren trotz mündlichem Berichts- und Prüfungstermin das schnellere sein. Andersherum kann das Regelinsolvenzverfahren langwierig sein, wenn das Gericht auch im Verfahren der natürlichen Personen zunächst Sachverständige und/oder vorläufige Insolvenzverwalter einsetzt und dort eine eher langwierige Bearbeitung erfolgt.

56 Das Gericht ordnet nach Prüfung jeden Verfahrenseingang, u.U. vorläufig, als Regel- oder als Verbraucherinsolvenzverfahren ein. Haben Schuldner oder Gläubiger die Durchführung einer bestimmten Verfahrensart beantragt, kann das Gericht dies bei der Prüfung allerdings nicht übergehen. Hält das Gericht die beantragte Verfahrensart für unzutreffend, hat es den Antrag daher, nach vorheriger Anhörung des Antragstellers, abzuweisen. Der abweisende Beschluss kann vom Antragsteller mit der sofortigen Beschwerde gem. § 34 angefochten werden.[103]

57 Hat der Schuldner trotz ausdrücklichen Hinweises, dass allein das Regelinsolvenzverfahren statthaft ist, seinen Antrag auf die Eröffnung eines Verbraucherinsolvenzverfahrens beschränkt und auch nicht zumindest hilfsweise die Eröffnung eines Regelinsolvenzverfahrens beantragt, so ist das Verfahren nicht von Amts wegen analog § 17a GVG in das als zulässig erachtete Regelinsolvenzverfahren zu überführen.[104] Das Gericht ist vielmehr wegen der strukturellen Unterschiede zwischen den beiden Verfahrensarten[105] an die gewählte Antragsart gebunden[106] und hat ggf den unzulässigen Antrag abzuweisen.

58 Die einmal erfolgte, rechtskräftige Zuordnung des Verfahrens ist nicht mehr abänderbar.[107] Ein Verbraucherverfahren bleibt ein Verbraucherverfahren, auch wenn nachträglich Forderungen aus Arbeitsverhältnissen bekannt werden. Dies gilt nur im Fall der äußerst seltenen Nichtigkeit des Eröffnungsbeschlusses nicht.

---

103 OLG Köln ZInsO 2001, 422.
104 BGH, 25.04.2013, IX ZB 179/10, ZInsO 2013, 1100; a.A. *Bork* ZIP 1999, 301; Nerlich/Römermann/*Römermann* Rn. 39.
105 Vgl. dazu BGH 20.02.2008, IX ZB 62/08; FK-InsO/*Kohte* Rn. 48; HK-InsO/*Streck* Rn. 9; Kübler/Prütting/Bork/*Wenzel* Rn. 6.
106 BGH, 25.04.2013, IX ZB 179/10, ZInsO 2013, 1100; BGH 25.09.2008, IX ZB 233/07, ZInsO 2008, 1324.
107 BGH 24.03.2011, IX ZB 80/11, ZInsO 2011, 932.

Zweiter Abschnitt Schuldenbereinigungsplan[1]

§ 305 Eröffnungsantrag des Schuldners

(1) Mit dem schriftlich einzureichenden Antrag auf Eröffnung des Insolvenzverfahrens (§ 311) oder unverzüglich nach diesem Antrag hat der Schuldner vorzulegen:
1. eine Bescheinigung, die von einer geeigneten Person oder Stelle ausgestellt ist und aus der sich ergibt, dass eine außergerichtliche Einigung mit den Gläubigern über die Schuldenbereinigung auf der Grundlage eines Plans innerhalb der letzten sechs Monate vor dem Eröffnungsantrag erfolglos versucht worden ist; der Plan ist beizufügen und die wesentlichen Gründe für sein Scheitern sind darzulegen; die Länder können bestimmen, welche Personen oder Stellen als geeignet anzusehen sind;
2. den Antrag auf Erteilung von Restschuldbefreiung (§ 287) oder die Erklärung, dass Restschuldbefreiung nicht beantragt werden soll;
3. ein Verzeichnis des vorhandenen Vermögens und des Einkommens (Vermögensverzeichnis), eine Zusammenfassung des wesentlichen Inhalts dieses Verzeichnisses (Vermögensübersicht), ein Verzeichnis der Gläubiger und ein Verzeichnis der gegen ihn gerichteten Forderungen; den Verzeichnissen und der Vermögensübersicht ist die Erklärung beizufügen, dass die enthaltenen Angaben richtig und vollständig sind;
4. einen Schuldenbereinigungsplan; dieser kann alle Regelungen enthalten, die unter Berücksichtigung der Gläubigerinteressen sowie der Vermögens-, Einkommens- und Familienverhältnisse des Schuldners geeignet sind, zu einer angemessenen Schuldenbereinigung zu führen; in den Plan ist aufzunehmen, ob und inwieweit Bürgschaften, Pfandrechte und andere Sicherheiten der Gläubiger vom Plan berührt werden sollen.

(2) In dem Verzeichnis der Forderungen nach Absatz 1 Nr. 3 kann auch auf beigefügte Forderungsaufstellungen der Gläubiger Bezug genommen werden. Auf Aufforderung des Schuldners sind die Gläubiger verpflichtet, auf ihre Kosten dem Schuldner zur Vorbereitung des Forderungsverzeichnisses eine schriftliche Aufstellung ihrer gegen diesen gerichteten Forderungen zu erteilen; insbesondere haben sie ihm die Höhe ihrer Forderungen und deren Aufgliederung in Hauptforderung, Zinsen und Kosten anzugeben. Die Aufforderung des Schuldners muss einen Hinweis auf einen bereits bei Gericht eingereichten oder in naher Zukunft beabsichtigten Antrag auf Eröffnung eines Insolvenzverfahrens enthalten.

(3) Hat der Schuldner die in Absatz 1 genannten Erklärungen und Unterlagen nicht vollständig abgegeben, so fordert ihn das Insolvenzgericht auf, das Fehlende unverzüglich zu ergänzen. Kommt der Schuldner dieser Aufforderung nicht binnen eines Monats nach, so gilt sein Antrag auf Eröffnung des Insolvenzverfahrens als zurückgenommen. Im Falle des § 306 Abs. 3 Satz 3 beträgt die Frist drei Monate.

(4) Der Schuldner kann sich im Verfahren nach diesem Abschnitt vor dem Insolvenzgericht von einer geeigneten Person oder einem Angehörigen einer als geeignet anerkannten Stelle im Sinne des Absatzes 1 Nr. 1 vertreten lassen. Für die Vertretung des Gläubigers gilt § 174 Abs. 1 Satz 3 entsprechend.

(5) Das Bundesministerium der Justiz wird ermächtigt, durch Rechtsverordnung mit Zustimmung des Bundesrates zur Vereinfachung des Verbraucherinsolvenzverfahrens für die Beteiligten Formulare für die nach Absatz 1 Nr. 1 bis 4 vorzulegenden Bescheinigungen, Anträge, Verzeichnisse und Pläne einzuführen. Soweit nach Satz 1 Formulare eingeführt sind, muss sich der Schuldner ihrer bedienen. Für Verfahren bei Gerichten, die die Verfahren maschinell bearbeiten, und für Verfahren bei Gerichten, die die Verfahren nicht maschinell bearbeiten, können unterschiedliche Formulare eingeführt werden.

---

[1] Durch das Gesetz zur Verkürzung des Restschuldbefreiungsverfahrens und zur Stärkung der Gläubigerrechte vom 15.07.2013 wird zum 01.07.2014 die Überschrift des Zweiten Abschnittes gestrichen.

§ 305 InsO Eröffnungsantrag des Schuldners

Übersicht

	Rdn.
A. Normzweck	1
B. Tatbestandsvoraussetzungen	4
I. Führung von außergerichtlichen Verhandlungen durch den Schuldner	5
1. Außergerichtliche Verhandlungen auf der Grundlage eines Planes	6
a) Außergerichtliche Verhandlungen	8
b) Der Entschuldungsplan	10
c) Verhandlungen mit allen Gläubigern	16
2. Sechs-Monats-Frist	21
3. Bescheinigung	23
4. Geeignete Person oder Stelle	26
a) Geeignete Person	27
b) Geeignete Stelle	31
II. Verbraucherinsolvenzantrag, § 305 Abs. 1 und 2	36
1. Antrag auf Restschuldbefreiung gem. § 305 Abs. 1 Nr. 2	37
2. Vermögens-, Gläubiger- und Forderungsverzeichnisse	40
a) Vermögensverzeichnis und Vermögensübersicht gem. § 305 Abs. 1 Nr. 3	41
b) Forderungsverzeichnis	45
c) Das Gläubigerverzeichnis	49
d) Erklärung des Schuldners	52
3. Schuldenbereinigungsplan	53
III. Verfahrensregelungen des § 305 Abs. 2	56
1. Forderungsverzeichnis gem. § 305 Abs. 2 Satz 1	56
2. Auskunftsanspruch gem. § 305 Abs. 2 Satz 2 Hs. 1	57
3. Umfang des Auskunftsanspruchs gem. § 305 Abs. 2 Satz 2 Hs. 2	58
IV. Rücknahmefiktion des § 305 Abs. 3	59
1. Vollständigkeitsprüfung durch das Gericht	59
2. Angreifbarkeit der Rücknahmefiktion gem. § 305 Abs. 3	61
3. Folgen der Rücknahmefiktion	66
V. Vertretungsbefugnis der Schuldnerberater und Inkassounternehmen gem. § 305 Abs. 4	67
VI. Formularzwang gem. § 305 Abs. 5	69
VII. Gerichtskosten und anwaltliche Vergütung	70

A. Normzweck

1 § 305 soll das zentrale Anliegen des Gesetzgebers umsetzen, in den Verbraucherinsolvenzverfahren eine möglichst hohe Zahl von gütlichen Einigungen zu erreichen (vgl. hierzu § 304 Rdn. 1).[1] Zu diesem Zweck werden in § 305 Abs. 1 Nr. 1 vor einer Antragstellung zum Insolvenzgericht obligatorische außergerichtliche Verhandlungen vorgeschrieben, die auf der Grundlage eines Entschuldungsplanes geführt werden müssen. Diese außergerichtlichen Verhandlungen können sich über den mit dem Insolvenzantrag nach Abs. 4 vorzulegenden Schuldenbereinigungsplan in einem gerichtlichen Schuldenbereinigungsplanverfahren mit Zustimmungsersetzung fortsetzen. In der Praxis hat sich die gütliche Einigung bislang allerdings nicht durchsetzen können.[2] Ein Grund hierfür ist die aus § 308 Abs. 3 folgende Geltung eines Planes nur gegenüber den im Plan angegebenen Gläubigern. Hat der Schuldner den Überblick über seine wirtschaftlichen Verhältnisse und seine Gläubiger verloren, was leider häufig der Fall ist, bietet daher nicht das Planverfahren sondern nur das Insolvenzverfahren mit der Regelung des § 301 die Restschuldbefreiung gegenüber wirklich allen Gläubigern.

2 § 305 enthält des Weiteren die Anforderungen, die an einen Verbraucherinsolvenzantrag gestellt werden. Diese Anforderungen liegen weit über denen, die gem. § 13 an einen Regelinsolvenzantrag gestellt werden. § 305 ist insofern auch lex specialis[3] zu § 13 und hat eine gewisse Filterfunktion, um zu verhindern, dass die Insolvenzgerichte mit ungeordneten Verbraucherinsolvenzanträgen über Gebühr belastet werden.[4]

3 Diese Filterfunktion wird auch durch einige Verfahrensregelungen unterstrichen. Durch die Drohung mit einer Rücknahmefiktion im umstrittenen § 305 Abs. 3 soll der Schuldner bspw. dazu gebracht werden, bei Antragstellung geordnete und vollständige Angaben zu machen und alle Unter-

---

1 FK-InsO/*Grote* Rn. 1.
2 Zu konkreten Zahlen s. HK-InsO/*Landfermann* Rn. 12.
3 OLG Köln 24.05.2000, 2 W 76/00, ZInsO 2000, 334.
4 Uhlenbruck/*Vallender* Rn. 1.

lagen sofort zu Beginn des Verfahrens vorzulegen. Auch die Vertretungsbefugnis der Schuldnerberatungsstellen gem. § 305 Abs. 4 soll über die Unterstützung des Schuldners durch diese Stellen einen geordneten Verlauf der Verhandlungen fördern. Insofern ist es zwar nicht Zweck der Norm, die Bedeutung der Schuldnerberatungsstellen hervorzuheben, gleichwohl wird durch die Vorschrift gerade in Abs. 1 und in Abs. 4 die Wichtigkeit der Beratungsstellen betont. Diese Hervorhebung der Schuldnerberatungsstellen durch den Bundesgesetzgeber setzt sich leider bei der zumeist durch die Länder und Kommunen erfolgenden Finanzierung dieser Stellen nicht fort. Folge ist ein nach wie vor festzustellender eklatanter Mangel an Beratungskapazitäten, der für die Schuldner zu langen Wartezeiten führt.[5]

Die Vorschrift hat durch das »Gesetz zur Verkürzung des Restschuldbefreiungsverfahrens und zur Stärkung der Gläubigerrechte«[6] einige kleine Änderungen erfahren, die unter § 305 n. F. dargestellt werden. **3a**

B. Tatbestandsvoraussetzungen

§ 305 enthält die Antragsvoraussetzungen eines Verbraucherinsolvenzantrages und beschreibt damit **4** auch mittelbar, in welchem Verfahrensablauf der Verbraucherschuldner seine Schuldbefreiung erreichen kann.[7] Zunächst sind mit Hilfe einer anerkannten Person oder Stelle obligatorisch außergerichtliche Verhandlungen mit den Gläubigern auf der Grundlage eines Planes zu führen. Erst nach deren Scheitern kann ein Antrag an das Insolvenzgericht nach den weiteren Vorgaben des § 305 gestellt werden. Das Gericht prüft zunächst, ob es sich tatsächlich um ein Verbraucherverfahren handelt, ob also die Voraussetzungen des § 304 erfüllt sind, und anschließend die Vollständigkeit des Antrags gem. § 305 Abs. 3.

I. Führung von außergerichtlichen Verhandlungen durch den Schuldner

Aus der Verpflichtung zur Vorlage einer Bescheinigung über das Scheitern einer außergerichtlichen **5** Einigung gem. § 305 Abs. 1 Nr. 1 folgt, dass vor dem Verbraucherinsolvenzantrag von dem Schuldner außergerichtliche Verhandlungen mit den Gläubigern zu führen sind. Diese Verhandlungen sind auf der Grundlage eines vom Schuldner vorzulegenden Planes zu führen. Nach der Hoffnung des Gesetzgebers sollten durch diese außergerichtlichen Verhandlungen ein ganz erheblicher Anteil der Verbraucherinsolvenzen gütlich geregelt werden.[8] Diese Hoffnung hat sich zumindest bislang nicht erfüllt.

1. Außergerichtliche Verhandlungen auf der Grundlage eines Planes

Die zu führenden außergerichtlichen Verhandlungen setzen sich zumeist aus einem sog. Erst- **6** anschreiben,[9] mit dem der Schuldner die aktuellen Forderungshöhen von seinen Gläubigern erfragt, und einem von ihm anschließend erstellten und den Gläubigern vorgelegten Schuldenbereinigungsplan zusammen.

Die eigentlichen außergerichtlichen Verhandlungen sind damit lediglich der Abschluss der mög- **7** lichst gründlichen Vorbereitung einer Verbraucherentschuldung.[10] So hat der Schuldner vor den eigentlichen Verhandlungen mit seinem Berater zu klären, ob Zahlungsunfähigkeit i.S.d. § 17 vorliegt, wozu die vorhandenen Vermögenswerte einschließlich der in sechs Jahren zu erzielenden pfändbaren Einkommensanteile den vorhandenen Verbindlichkeiten gegenüber gestellt werden. Zur Vermeidung unnötiger Arbeitsschritte ist auch zu klären, ob der Schuldner gem. § 304 als Verbraucher

---

5 Vgl. *Heyer* ZVI 2011, 41.
6 BGBl. I 2013, 2379.
7 MüKo-InsO/*Ott-Vuia* Rn. 4 spricht von »Gebrauchsanleitung«.
8 FK-InsO/*Grote* Rn. 1.
9 Muster s. FA-InsR/*Henning* Kap. 14 Rn. 29 ff.
10 Vgl. *Heyer* ZVI 2011, 41.

oder als Selbstständiger anzusehen ist, denn nur der Verbraucher hat vor Insolvenzantragstellung außergerichtliche Verhandlungen zu führen, der Selbstständige hingegen stellt sofort einen Regelinsolvenzantrag. Auch die Erfolgsaussichten eines Verbraucherinsolvenzverfahrens sollten zuvor geklärt werden:
- Liegen bspw. offensichtliche Versagensgründe nach § 290 Abs. 1 vor, die das Gericht zu einer Versagung der Stundung der Verfahrenskosten berechtigen?
- Liegen in größerem Umfang deliktische Verbindlichkeiten i.S.d. § 302 vor, für die eine Restschuldbefreiung nicht zu erreichen ist?[11]

Hinsichtlich seines Restvermögens und bestehender Lebens- oder Rentenversicherungen hat der Schuldner die Möglichkeit eines Insolvenzschutzes gem. § 851c ZPO. Eine Gehaltsumwandlung nach BetrAVG vor Insolvenzantragstellung kann das Nettoeinkommen und damit den pfändbaren Einkommensanteil reduzieren. Der anwaltliche Berater hat hierzu haftungsrelevante Hinweispflichten.[12]

a) Außergerichtliche Verhandlungen

8   Die gesetzlichen Anforderungen des § 305 Abs. 1 Nr. 1 an die außergerichtlichen Verhandlungen sind knapp: Nach dem Wortlaut der Vorschrift muss eine Einigung mit den Gläubigern auf der Grundlage eines Planes versucht werden. Die Durchführung der Verhandlungen und insb. die Ausgestaltung des Entschuldungsplans unterliegt weitgehend der Privatautonomie.[13] Die Beteiligten haben damit den notwendigen Freiraum, die Verhandlungen den jeweiligen Verhältnissen anzupassen.

9   Der Schuldner muss den Gläubigern einen Entschuldungsplan unterbreiten, ihnen Informationen über seine Einkommens- und Vermögensverhältnisse und seine Gesamtverbindlichkeiten geben[14] und die Verhandlungen ernstlich führen.[15] Der Schuldner hat hierbei nicht die Verpflichtung, schriftliche Verhandlungen zu führen. Auch mündliche, insb. telefonische Verhandlungen sind zulässig. Der mündlich unterbreitete Entschuldungsplan muss im Falle der Insolvenzantragstellung allerdings schriftlich dargestellt werden, um den Anforderungen des § 305 Abs. 1 1 zu genügen. Weiterhin muss der Schuldner den Gläubigern keine Belege über die Angaben zu seinen persönlichen und wirtschaftlichen Verhältnissen, wie z.B. Lohnabrechnungen, vorlegen. Auch eine Mindestquote muss nicht zugesichert werden.[16] Es sind nicht zwingend Nachverhandlungen zu führen, wenn Gläubiger eine Abänderung des vorgelegten Planes verlangen. Für überschuldete Eheleute können die außergerichtlichen Verhandlungen gemeinsam geführt werden, auch wenn nach dem Scheitern der außergerichtlichen Verhandlungen für jeden Ehepartner ein eigener Insolvenzantrag zu stellen ist.

b) Der Entschuldungsplan

10   Der Entschuldungsplan ist der wesentlichste Bestandteil der außergerichtlichen Verhandlungen. Mit der Vorlage des Planes unterbreitet der Schuldner den Gläubigern seinen Vorschlag zur Regulierung der bestehenden Verbindlichkeiten. Der Schuldner hat bei diesem Vorschlag natürlich die Regelungen im gerichtlichen Verfahren vor Augen und wird sich an diesen orientieren.

11   Bislang sind relativ wenige außergerichtliche Entschuldungspläne zustande gekommen. In Verfahren mit mehr als 15 bis 20 Gläubigern oder bei Vorlage eines sog. »Nullplanes« ist eine außergerichtliche Einigung fast nie zu erreichen. Kann der Schuldner mit Hilfe Dritter eine Einmalzahlung zur

---

11 Forderungen aus Steuerhinterziehung oder Zollvergehen sind keine deliktischen Forderungen i.S.d. § 302: BFH 19.8.08, VII R 6/07, DStR 2008, 2061.
12 OLG Naumburg 17.01.2008, 1 U 74/07, ZVI 2008, 445.
13 FK-InsO/*Grote* Rn. 35; HambK-InsR/*Streck* Rn. 2.
14 HK-InsO/*Landfermann* Rn. 11.
15 BayObLG 28.07.1999, NZI 1999, 412 = ZIP 1999, 1767.
16 FK-InsO/*Grote* Rn. 40; HambK-InsR/*Streck* Rn. 6.

Erledigung der Forderung anbieten, steigt dagegen die Wahrscheinlichkeit einer außergerichtlichen Einigung erheblich an.[17]

Die Ausgestaltung des außergerichtlichen Entschuldungsplans unterliegt der Privatautonomie und ist inhaltlich durch die Gerichte nicht überprüfbar.[18] Ein Entschuldungsplan liegt vor, wenn der Vorschlag des Schuldners verbindliche, geordnete, nachvollziehbare und insb. bzgl. der vom Schuldner zu leistenden Zahlungen bestimmbare Regelungen enthält. Einen vollstreckbaren Inhalt muss der Plan hierbei aber nicht haben.[19] Der außergerichtliche Entschuldungsplan sollte Aussagen zur Vermögens- und Einkommenssituation des Schuldners, eine Gläubiger- und Forderungsübersicht mit der Angabe der Höhe der Gesamtverbindlichkeiten, eine Aussage zu betroffenen Sicherheiten der Gläubiger[20] und den eigentlichen Regulierungsvorschlag enthalten. Dieser besteht zumeist in dem Angebot, eine bestimmte Quote der Forderung mit einer Einmalzahlung oder auch durch mehrere Raten zu erfüllen oder dem Angebot, über einen bestimmten Zeitraum eine feste oder flexible monatliche Rate zu zahlen. Die Höhe der flexiblen Rate folgt üblicherweise der Höhe des jeweils pfändbaren Einkommensanteiles. 12

Die Gestaltungs- und Variationsmöglichkeiten sind somit vielfältig.[21] Der Plan kann einen Erlass, Teilerlass oder eine Stundung der Forderung vorsehen. Der Schuldner kann sich verpflichten, die Forderung durch eine Einmalzahlung[22] abzulösen oder über einen bestimmten Zeitraum eine feste monatliche Rate an jeden Gläubiger zu zahlen. Bei der Vereinbarung dieser festen Rate kann die Abänderung der Rate bei bestimmten Ereignissen, z.B. dem Eintritt von Arbeitslosigkeit oder einem erheblichen Anstieg des Arbeitseinkommens, vereinbart werden. Der Schuldner kann flexible monatliche Raten anbieten, deren Höhe sich nach dem jeweils pfändbaren Einkommensanteil des Schuldners richtet. Es kann vereinbart werden, dass ein außergerichtlicher Treuhänder beauftragt wird die pfändbaren Einkommensanteile einzuziehen und an die Gläubiger weiterzuleiten. Es kann geregelt werden, dass neben dem Schuldner auch ein mithaftender Dritter, z.B. der Ehepartner des Schuldners, bei Planerfüllung ebenfalls von seinen Verbindlichkeiten befreit wird. Der Schuldner kann sich verpflichten, einer Arbeit nachzugehen oder es können pauschal die Verpflichtungen aus § 295 Abs. 1 während der Planlaufzeit übernommen werden. Es können Auskunftspflichten des Schuldners sowie die Geltung oder des Wegfalls der Bonusregelung des § 292 Abs. 1 vereinbart werden.[23] 13

Es sollte eine Vereinbarung in den Plan aufgenommen werden, nach der eine Einbeziehung nachträglich bekannt werdender Gläubiger in den Plan möglich ist. Die Gläubiger sollten sich in dem Plan verpflichten, auf Zwangsvollstreckungen zu verzichten und bereits ausgebrachte Zwangsvollstreckungen, z.B. Kontopfändungen, zurückzunehmen. Ebenso sollte eine Vereinbarung über Aufrechnungsmöglichkeiten der Gläubiger während der Planlaufzeit getroffen werden. Es sollte auch klar geregelt werden, dass der Schuldner bei Erfüllung der beschriebenen Verpflichtungen von seinen restlichen Verbindlichkeiten befreit wird. Wie im gerichtlichen Plan sollte eine Aussage zu bestehenden Sicherheiten der Gläubiger i.S.d. § 305 Abs. 1 Nr. 4 Hs. 3 enthalten sein.[24] Schließlich sollte eindeutig geregelt sein, wann der Plan in Kraft tritt und welche Laufzeit er hat. Auch bei Aufstellung eines außergerichtlichen Entschuldungsplanes muss die offene Problematik der Besteuerung des Sanie- 14

---

17 Vgl. HK-InsO/*Landfermann* Rn. 12.
18 FK-InsO/*Grote* Rn. 35; HK-InsO/*Landfermann* Rn. 30.
19 FK-InsO/*Grote* Rn. 40; HK-InsO/*Landfermann* Rn. 44; OLG Celle 16.10.2000, 2 W 99/00, ZInsO 2000, 601 = NZI 2001, 254.
20 Vgl. § 305 Abs. 1 Nr. 4 Hs. 3 für das gerichtliche Verfahren.
21 Vgl. FK-InsO/*Grote* Rn. 36 ff.
22 Die Barwertmethode kann eine vorgeschlagene Summe argumentativ stützen; s. hierzu *Reifner/Jung* ZInsO 2000, 12.
23 Muster s. FA-InsR/*Henning* Kap. 14 Rn. 45 ff.
24 FK-InsO/*Grote* Rn. 39.

rungsgewinns in Verfahren ehemaliger Selbstständiger bedacht werden.[25] Gläubiger sollten zu ihrer Absicherung auf eine Verfallklausel i.S.d. § 12 Abs. 1 VerbrKrG bestehen und auch in § 295 Abs. 1 Nr. 2 nicht genannte Vermögenszuflüsse an den Schuldner in den Plan einbeziehen.

15 Der außergerichtliche Plan ist dem Insolvenzantrag gem. § 305 Abs. 1 4 beizufügen. Die Gründe des Scheiterns der außergerichtlichen Verhandlungen sind anzugeben.

c) Verhandlungen mit allen Gläubigern

16 Der Schuldner kann häufig nicht mehr alle gegen ihn gerichteten Forderungen benennen. Der Verlust des Überblickes über die eigenen wirtschaftlichen Verhältnisse ist zumindest für einen nicht geringen Anteil der Schuldner typisch. Die Gläubigerunterlagen des Schuldners sind daher oft unvollständig. Zudem bereitet gerade in älteren Überschuldungsfällen die Ermittlung der Gläubiger und ihrer Anschriften Schwierigkeiten.[26] Forderungen werden weiterverkauft, Gläubiger ziehen um, versterben oder lösen sich im Fall der juristischen Person auf. Anschreiben an die Gläubiger kommen folglich mit den Vermerken »unbekannt verzogen«, »Firma erloschen« oder »Empfänger verstorben« zurück.

17 Die Frage der Einbeziehung aller Gläubiger ist aber unter mehreren Gesichtspunkten von Bedeutung. Zum einen gilt ein Entschuldungsplan als Vertrag nur mit den Gläubigern, die an den Verhandlungen teilgenommen und dem Plan zugestimmt haben. § 308 Abs. 3 stellt dies auch für das gerichtliche Schuldenbereinigungsplanverfahren klar. Es nützt dem Schuldner wenig, mit 20 Gläubigern einen aufwändigen außergerichtlichen Entschuldungsplan auszuhandeln, wenn bei diesen Verhandlungen zwei Gläubiger nicht miteinbezogen werden und diese Gläubiger anschließend dem Schuldner durch Zwangsvollstreckungsmaßnahmen die Planerfüllung unmöglich machen.

18 Des Weiteren muss der Schuldner gem. § 305 Abs. 1 Nr. 3 dem Insolvenzgericht bei Antragstellung ein richtiges und vollständiges Verzeichnis seiner Gläubiger vorlegen. Kommt er dieser Verpflichtung vorsätzlich oder grob fahrlässig nicht nach, liegt ein Versagensgrund gem. § 290 Abs. 1 Nr. 6 vor. Der Schuldner muss daher zunächst einige Anstrengungen unternehmen, um sämtliche Gläubiger zu ermitteln. Er wird einen Gläubiger, den das Erstanschreiben aus den oben genannten Gründen nicht erreicht hat, nicht einfach aus dem Gläubigerverzeichnis streichen können. Er wird vielmehr mit Einwohnermeldeamts- oder Handelsregisteranfragen Nachforschungen anstellen müssen.

19 Ein anderer Aspekt und streitig ist, ob der Schuldner ausdrücklich mit allen ihm bekannten Gläubigern Verhandlungen zu führen hat oder ob er sich gerade bei hoher Gläubigeranzahl auf Verhandlungen mit den Gläubigern beschränken kann, die die Kopf- und Summenmehrheit i.S.d. § 309 Abs. 1 bilden. Die Möglichkeit der beschränkten Verhandlungsführung,[27] der hier zugestimmt wird, bedeutet eine Arbeitserleichterung für die beteiligte Person oder Stelle, andererseits kann zugegebenermaßen mit ihr ein Gesamtüberblick über die Gläubigeransichten zu dem Plan nicht erlangt werden. Dieser Gesamtüberblick mag für das Gericht bei der Entscheidung nach § 306 Abs. 1 hilfreich sein. Es mag auch zutreffen, dass Gläubiger ihr Abstimmungsverhalten ändern.[28] Trotzdem ist der Vermeidung unnötiger Arbeitsbelastung und damit den eingeschränkten Verhandlungen der Vorrang zu geben, zumal nur wenige Gerichte in eine ernsthafte Prüfung nach § 306 Abs. 1 einsteigen.

20 Der BGH hat sich zu dieser Frage noch nicht direkt geäußert, hat aber im Rahmen einer Prüfung der Angreifbarkeit der Rücknahmefiktion des § 305 Abs. 1 die Anforderung des Gerichts an den Schuldner, mit allen Gläubigern zu verhandeln, nicht für willkürlich und damit auch für nicht angreifbar

---

25 S. FA-InsR/*Henning* Kap. 15 Rn. 155.
26 HK-InsO/*Landfermann* Rn. 37.
27 *Zust. u.a.* HambK-InsR/*Streck* Rn. 16; FK-InsO/*Grote* Rn. 14; AG Köln 21.03.2002, 72 IK 16/02, ZVI 2002, 68 = NZI 2002, 329.
28 Vgl. BGH 10.02.2011, IX ZB 43/08, VIA 2011, 28.

gehalten.²⁹ Vor diesem Hintergrund sollte der Praktiker im Zweifel eher allen Gläubigern den Plan übersenden, wenn dies die Ansicht des zuständigen Insolvenzgerichts ist, um das Verfahren nicht unnötig zu Lasten des Schuldners zu verzögern.

2. Sechs-Monats-Frist

Die Sechs-Monats-Frist des § 305 Abs. 1 Nr. 1 soll eine gewisse Aktualität der Bemühungen des Schuldners sicherstellen. Vom Wortlaut der Vorschrift her könnte angenommen werden, dass die gesamten außergerichtlichen Verhandlungen innerhalb von sechs Monaten vor der Antragstellung zu führen sind. Abzustellen wäre dann bei Fristbestimmung auf den Beginn der Verhandlungen. Diese Ansicht wird aber vernünftigerweise nicht vertreten. Es wird vielmehr bei der Fristbestimmung zutreffend auf das Scheitern der außergerichtlichen Verhandlungen abgestellt. 21

Das Scheitern wird mit dem Ausstellen der Bescheinigung³⁰ oder mit der letzten Ablehnung eines Gläubigers angenommen, wobei dann allerdings keine Ablehnung älter als sechs Monate sein darf.³¹ Die Annahme des Zeitpunktes des Ausstellens der Bescheinigung als Zeitpunkt des Scheiterns der Verhandlungen überzeugt nicht, da das Ausstellen der Bescheinigung allein im Belieben der geeigneten Stelle oder Person liegt. Sachgerecht erscheint daher, das Scheitern mit dem Eingang der letzten Gläubigerablehnung anzunehmen. Wenn der Schuldner die Gläubiger mit weiteren Argumenten um Überprüfung einer ersten Ablehnung bittet, ist die letzte erneute Gläubigerablehnung als Ausgangspunkt der Sechs-Monats-Frist anzunehmen. 22

3. Bescheinigung

Der Verbraucherschuldner hat bei Insolvenzantragstellung gem. § 305 Abs. 1 Nr. 1 eine Bescheinigung über das Scheitern der außergerichtlichen Verhandlungen in der Form der Anlage 2 des amtlichen Vordrucks der nach § 305 Abs. 5 ergangenen VbrInsVV vorzulegen. Diese Bescheinigung hat eine geeignete Person oder Stelle auszustellen. Rechtsanwälte, Notare und Steuerberater sind ohne weitere Anerkennung als geeignete Personen anzusehen.³² 23

In der Bescheinigung sind Name und Anschrift des Ausstellers und des Schuldners, das Datum des Scheiterns der Verhandlungen, die Erklärung, dass eine Einigung auf der Grundlage eines Planes versucht wurde, und die wesentlichen Gründe des Scheiterns der Verhandlungen anzugeben. Einzelheiten der Verhandlungen müssen nicht angegeben werden, dies gilt insb. bei einer anwaltlichen Bescheinigung.³³ Der außergerichtliche Plan ist beizufügen. Wird dieses Formular nicht vollständig ausgefüllt, kann das Gericht gem. § 305 Abs. 3 dazu auffordern, das Fehlende zu ergänzen. 24

Teilweise wird die Ansicht vertreten, dass nur diejenige Person oder Stelle die Bescheinigung ausstellen darf, welche die Verhandlungen für den Schuldner geführt hat oder ihn zumindest dabei unterstützt hat.³⁴ Der Wortlaut der Norm stützt diese Ansicht nicht. Auch Sinn und Zweck sprechen nicht für diese einschränkende Auslegung.³⁵ Zwar mag die Qualität der außergerichtlichen Verhandlungen gesteigert werden, wenn sie ausschließlich von professionellen Beratern geführt werden, auf der anderen Seite ist eine große Zahl der Verbraucher aber durchaus in der Lage, diese Verhandlungen selbst zu führen. Ebenso gibt es zahlreiche Sozialberatungsstellen, die ihren Klienten auch in Überschuldungsfragen helfen, ohne anerkannte Stelle i.S.d. § 305 Abs. 1 zu sein. Die erforderliche Qualität der außergerichtlichen Verhandlungen wird durch die dem Ausstellen der Bescheinigung vorausgehenden Prüfung gesichert. Angesichts der geringen Beratungskapazitäten sollten Modelle, 25

---

29 Vgl. BGH 10.02.2011, IX ZB 43/08 VIA 2011, 28.
30 FK-InsO/*Grote* Rn. 13.
31 HambK-InsR/*Streck* Rn. 18; Braun/*Buck* Rn. 10; AG Köln 06.11.2006, 71 IK 357/06, NZI 2007, 57.
32 HK-InsO/*Landfermann* Rn. 7.
33 FK-InsO/*Grote* Rn. 15; HK-InsO/*Landfermann* Rn. 7.
34 So *Heyer* ZVI 2011, 41.
35 FK-InsO/*Grote* Rn. 19.

in denen Schuldner nach Einweisung selbst die Verhandlungen führen oder Sozialarbeiter aus anderen Arbeitsgebieten Schuldner unterstützen, nicht durch eine zu enge Auslegung verhindert werden.[36]

4. Geeignete Person oder Stelle

26 Die Bescheinigung über das Scheitern der außergerichtlichen Verhandlungen muss gem. § 305 Abs. 1 Nr. 1 eine geeignete Person oder Stelle ausstellen. § 305 Abs. 1 Nr. 1 ermächtigt die Länder zu bestimmen, wer als solche anzusehen ist. Alle Landesgesetzgeber haben von dieser Ermächtigung Gebrauch gemacht und mittlerweile Ausführungsgesetze erlassen,[37] die durch Rechtsverordnungen ausgefüllt wurden.[38] Zumeist stimmen die Ausführungsgesetze darin überein, dass die Angehörigen der rechtsberatenden Berufe (Rechtsanwälte, Notare) sowie die Steuerberater als geeignete Personen[39] und die Schuldnerberatungsstellen der Kirchen, Wohlfahrtsverbände, Verbraucherzentralen und Kommunen als geeignete Stellen anzusehen sind.

a) Geeignete Person

27 Rechtsanwälte, Notare und Steuerberater sind nach den Ausführungsgesetzen aller Länder als anerkannte Personen anzusehen. Die Regelungen in den Ländergesetzen und den ihnen folgenden Ausführungsverordnungen sind im Detail allerdings unterschiedlich. Während einige Regelungen abschließend sind,[40] die Berufsgruppen, denen die anerkannten Personen angehören müssen, also insgesamt aufzählen, sind andere Regelungen offen gestaltet[41] und lassen nach Prüfung durch das Insolvenzgericht auch Angehörige anderer Berufsgruppen zu. Soweit die anerkannte Person einer der in dem Ausführungsgesetz angegebenen Berufsgruppe angehört, erfolgt keine zusätzliche Prüfung der fachlichen und persönlichen Eignung der Person durch das Insolvenzgericht. Von daher kann das Insolvenzgericht die von einem Rechtsanwalt ausgestellte Bescheinigung nicht mit der Begründung zurückweisen, der Rechtsanwalt sei fachlich ungeeignet.[42]

28 Die anerkannte Person wird den Schuldner zumeist gegen Entgelt beraten und vertreten. Grundlage der Vergütung sind die vergütungsrechtlichen Vorgaben der einzelnen Berufsgruppen. Sinnvoll dürfte der Abschluss von Honorarvereinbarungen sein. Die Leistung der Vergütung an den außergerichtlichen Berater und Vertreter des Schuldners ist allerdings nach §§ 129 ff. anfechtbar.[43] Nur wenn die Leistung der Vergütung ein Bargeschäft i.S.d. § 142 ist, ist die Anfechtung ausgeschlossen.[44] Hierfür ist ein Leistungsaustausch innerhalb von vier Wochen erforderlich. Ein vom Schuldner gezahlter Vorschuss muss also vom Berater und Vertreter innerhalb der nächsten vier Wochen durch entsprechende Tätigkeiten verbraucht werden. Anschließend ist ggf ein erneuter Vorschuss zu zahlen. Die außergerichtlichen Verhandlungen sollten daher im Hinblick auf die Vergütung in mehrere Abschnitte, z.B. Prüfung der persönlichen und wirtschaftlichen Verhältnisse, Erstanschreiben und außergerichtlicher Plan, aufgeteilt werden.[45]

---

36 OLG Schleswig 01.02.2000, 1 W 51/99, ZInsO 2000, 170.
37 HK-InsO/*Landfermann* Rn. 14.
38 ZB NRW: Gesetz zur Ausführung der Insolvenzordnung (AGInsO) v. 23. Juni 1998, GVBl. 1998, 435 m. RL für die Anerkennung von geeigneten Stellen nach § 305 InsO für die Verbraucherinsolvenzberatung v. 03.07.1998 – IV A 4–6709.3.
39 Vgl. auch BT-Drucks. 12/7302, 190.
40 So z.B. Mecklenburg-Vorpommern Gesetz zur Ausführung der InsO v. 17.11.1999.
41 So z.B. in NRW gem. AGInsO v. 23. Juni 1998, GVBl. 1998.
42 HK-InsO/*Landfermann* Rn. 15.
43 BGH 13.04.2006, IX ZR 158/05, ZInsO 2006, 712 = NJW 2006, 2701; *Kirchhof* Die Anfechtbarkeit der Vergütung vorinsolvenzlicher Berater und Vertreter des Schuldners im folgenden Insolvenzverfahren ZInsO 2005, 340; *Frege* Grundlagen und Grenzen der Sanierungsberatung, NZI 2006, 545.
44 BGH 13.04.2006, IX ZR 158/05, ZInsO 2006, 712 = NJW 2006, 2701.
45 Muster Vergütungsvereinbarung s. FA-InsR/*Henning* Kap. 14 Rn. 79.

Grds kommt bei anwaltlicher Vertretung auch Beratungshilfe nach BerHG in Frage. Gem. 29
RVG VV 2502 ff. kann der Anwalt für die außergerichtliche Beratung und Vertretung je nach Anzahl der Gläubiger 224 € und 560 € abrechnen. Gem. RVG VV 2501 kann die Beratungsvergütung nicht neben den weiteren Gebühren geltend gemacht werden. Portokosten bzw. Kostenpauschale und Umsatzsteuer können zusätzlich abgerechnet werden. Auf die Vergütung eines folgenden Verfahrens ist die Vergütung gem. RVG VV 2503 zur Hälfte anzurechnen. Bei Vorliegen der Beratungshilfeberechtigung ist der Abschluss einer Vergütungsvereinbarung gem. § 8 Abs. 2 BerHG nicht zulässig. Nichtanwaltliche anerkannte geeignete Personen oder Stellen können nach BerHG nicht abrechnen.[46]

Beratungshilfe gem. RVG Nr. 2502 ff. wird allerdings von den Gerichten zunehmend seltener ge- 30
währt.[47] Dies geschieht zumeist mit Hinweis auf eine Entscheidung des BVerfG aus dem Jahre 2006.[48] Das BVerfG hat festgestellt, dass Beratungshilfe nur dann zu bewilligen ist, wenn eine Beratung und Vertretung durch Schuldnerberatungsstellen nicht möglich ist.[49] Der Nachweis, dass die Schuldnerberatung die Beratung und Vertretung nicht übernehmen kann, ist allerdings trotz des tatsächlich geringen Beratungsangebots oft schwer zu erbringen, da Schuldnerberatungsstellen sich scheuen, lange Wartezeiten oder Nichtannahmen von neuen Schuldnerbetreuungen zu bestätigen, da sie durch solche Bescheinigungen ihr eigenes Ansehen und damit u.U. auch ihre Finanzierung gefährden. Diese Entwicklung führt dazu, dass sich engagierte Rechtsanwälte zusehends aus dem Schuldnerberatungsmarkt zurückziehen, da eine reguläre Abrechnung oft kaum möglich ist.

b) Geeignete Stelle

Auch die Regelungen der Länder zu den geeigneten Stellen sind im Detail sehr unterschiedlich. Alle 31
Regelungen stellen aber gewisse fachliche und persönliche Anforderungen an die Leitung und an die Mitarbeiter der anerkannten Stelle. Die Unentgeltlichkeit der Tätigkeit ist nur in Rheinland-Pfalz Voraussetzung für die Anerkennung. Auch ausgewiesene Schuldnerberatungsstellen der Kirchen, Verbände oder Kommunen sind in allen Bundesländern bis auf Baden-Württemberg nicht allein durch ihre Tätigkeit und ihr übernommenes Arbeitsgebiet eine anerkannte Stelle, sondern benötigen eine Zulassung durch die zuständige Behörde.[50]

Nach § 2 AGInsO NRW vom 23. Juni 1998 i.V.m. den RL für die Anerkennung von geeigneten 32
Stellen nach § 305 für die Verbraucherinsolvenzberatung[51] hat eine geeignete Stelle in NRW folgende Voraussetzungen zu erfüllen:

»Eine Stelle ist als geeignet anzuerkennen, wenn:
– die Betreiberin oder der Betreiber und die Leiterin oder der Leiter zuverlässig sind,
– sie die ordnungsgemäße Beratung und Unterstützung von verschuldeten Personen im außergerichtlichen Einigungsversuch und im gerichtlichen Verbraucherinsolvenzverfahren nach den Vorschriften des 9. Teils der Insolvenzordnung gewährleistet,
– sie auf Dauer angelegt ist und
– in ihr mindestens eine Person mit ausreichender praktischer Erfahrung in der Schuldnerberatung tätig ist.

Ausreichende praktische Erfahrung liegt in der Regel bei zweijähriger Tätigkeit vor.

---

46 OLG Düsseldorf 13.11.2007, I-10 W 33/07, Rpfleger 2008, 206.
47 HK-InsO/*Landfermann* Rn. 17.
48 BVerfG 04.09.2006, 1 BvR 1911/06, ZInsO 2006, 1207 = ZVI 06, 438.
49 S. aber zur grds möglichen Bewilligung von Beratungshilfe: BGH 22.03.2007, IX ZB 94/06, NZI 2007, 418 = ZInsO 2007, 492 oder AG Kaiserslautern 20.06.2007, 1 UR II 498/07, ZInsO 2007, 840.
50 In NRW ist dies z.B. gem. § 3 AGInsO die Bezirksregierung Düsseldorf.
51 RdErl des Ministeriums für Frauen, Jugend, Familie und Gesundheit (am 07.07.2005 MGFFI) v. 03.07.1998, IV A 4–6709.3.

Die Leiterin oder der Leiter oder eine sonstige in der Stelle tätige Person soll über eine Ausbildung als
- Dipl. Sozialarbeiterin/Dipl. Sozialarbeiter oder
- Dipl. Sozialpädagogin/Dipl. Sozialpädagoge oder als
- Bankkauffrau/Bankkaufmann oder als
- Betriebswirtin/Betriebswirt oder Ökonomin/Ökonom oder als
- Ökotrophologin/Ökotrophologe oder im gehobenen Verwaltungs- oder Justizdienst
- oder eine zur Ausübung des Anwaltsberufs befähigende Ausbildung oder eine vergleichbare Ausbildung verfügen.

Als zuverlässig gelten Personen, die in geordneten wirtschaftlichen Verhältnissen leben und bei denen keine schwerwiegenden und keine einschlägigen Vorstrafen vorliegen oder Verfahren anhängig sind.«

33 In Baden-Württemberg entscheiden die Insolvenzgerichte im Einzelfall, ob eine Stelle geeignet ist. Auf ein Verwaltungsverfahren wurde hier verzichtet. In allen anderen Bundesländern muss die Genehmigung von einer hierzu bestimmten Behörde eingeholt werden, welche die Eignung im Verwaltungsverfahren anhand des jeweiligen Ausführungsgesetzes feststellt. Nur eine anerkannte geeignete Stelle kann sich auf die Privilegierung aus § 8 Abs. 1 Nr. 3 RDG berufen und darf zur Verbraucherinsolvenz beraten.

34 Die Beratung einer überschuldeten Person oder Familie ist aufgrund der betroffenen Rechtsgebiete wie Zwangsvollstreckungsrecht, Sozialrecht oder Unterhaltsrecht immer eine Rechtsdienstleistung gem. § 2 Abs. 1 RDG.[52] Wer vor dem Antrag auf Anerkennung als geeignete Stelle schon Schuldnerberatung unter Verstoß gegen das Rechtsdienstleistungsgesetz betreibt, kann daher persönlich unzuverlässig i.S.d. Ausführungsgesetze zur InsO sein.[53] Der Nachweis ausreichender praktischer Erfahrung eines Mitarbeiters der Stelle in der Schuldnerberatung kann nicht ohne weiteres mit dem Hinweis auf eine zehnjährige Tätigkeit dieses Mitarbeiters als Rechtsanwalt erbracht werden,[54] da die Schuldnerberatung neben juristischen auch pädagogische und psychosoziale Aufgaben beinhaltet. Auch die Finanzierung der Schuldnerberatungsstelle kann im Zulassungsverfahren eine Rolle spielen. Eine Stelle, die sich als Verein maßgeblich über Beiträge ihrer überschuldeten Mitglieder finanziert, die sie gleichzeitig in finanzieller Hinsicht berät und vertritt, kann mangels eines tragfähigen Finanzierungskonzepts nicht als geeignete Stelle nach § 305 Abs. 1 Nr. 1 anerkannt werden.[55] Eine anerkannte geeignete Stelle muss nicht zwangsläufig unentgeltlich tätig werden. Alle gem. § 8 RDG privilegierten Stellen können Entgelte für ihre Tätigkeiten erheben. Nur in Rheinland-Pfalz ist die Unentgeltlichkeit ausdrücklich Voraussetzung für die Anerkennung als geeignete Stelle.

35 Die Finanzierung anerkannter geeigneter Stellen und der Schuldnerberatung allgemein ist ein weites und kaum zu überblickendes Feld.[56] Die geeignete Stelle darf eine Vergütung erheben, aber nicht über Beratungshilfe nach dem BerHG abrechnen.[57] In Bremen, Niedersachsen und Brandenburg hat die anerkannte geeignete Stelle Anspruch auf eine Einzelfallabrechnung. In anderen Bundesländern werden geeignete Stellen und Schuldnerberatung durch die Landeskasse, die Kommunen oder auch Dritte gefördert. Das Land Hessen hat die Förderung der geeigneten Stellen und der Schuldnerberatung 2003 allerdings ausdrücklich eingestellt.[58]

---

52 LG Ulm 02.12.2010, 6 O 193/10, VIA 2011, 55.
53 VG Gelsenkirchen 23.09.2009, 7 K 2302/07.
54 VG Düsseldorf 16.03.2004, 3 K 8683/03, ZVI 2005, 266.
55 OVG Berlin-Brandenburg 09.07.2009, OVG 1 B 27.08, ZVI 2009, 490.
56 *Einen Überblick gibt* www.sfz.uni-mainz.de/Fachbereiche/Recht/Fördervorschriften.
57 OLG Düsseldorf 13.11.2007, I-10 W 33/07, Rpfleger 2008, 206.
58 Gem. Art. 11 des Zukunftssicherungsgesetzes v. 18.11.2003 (GVBl. I, 513).

II. Verbraucherinsolvenzantrag, § 305 Abs. 1 und 2

Mit dem Scheitern der außergerichtlichen Verhandlungen erlangt der Verbraucherschuldner die Berechtigung, einen Antrag auf Eröffnung des Insolvenzverfahrens zu stellen. Der Antrag ist gem. § 305 Abs. 1 schriftlich einzureichen. Zudem ist das gesetzliche Formular zu benutzen (s. hierzu Rdn. 69). § 305 ist hinsichtlich der Anforderungen an den Insolvenzantrag des Verbraucherschuldners lex specialis zu § 13, ohne diesen aber ganz zu verdrängen. Daher kann auch der Verbraucherantrag gem. § 13 Abs. 2 bis zur Eröffnung des Verfahrens zurückgenommen werden.[59] Die im Einzelnen vorzulegenden Unterlagen, die auch im amtlichen Formular enthalten sind, ergeben sich aus § 305 Abs. 1 und 2: 36

– Bescheinigung über das Scheitern der außergerichtlichen Verhandlungen;
– Außergerichtlicher Plan mit Darlegung der wesentlichen Gründe seines Scheiterns;
– Antrag auf Restschuldbefreiung oder ausdrückliche Erklärung, dass diese nicht beantragt wird, ggf mit Abtretungserklärung;
– Vermögensverzeichnis sowie eine Vermögensübersicht, die das Vermögensverzeichnis zusammenfasst;
– Gläubiger und Forderungsverzeichnis;
– Schuldenbereinigungsplan.

1. Antrag auf Restschuldbefreiung gem. § 305 Abs. 1 Nr. 2

Gem. Abs. 1 Nr. 2 muss sich der Verbraucherschuldner schon in seinem Antrag zur Restschuldbefreiung erklären. Entweder muss er die Erteilung der Restschuldbefreiung beantragen oder er muss ausdrücklich erklären, dass diese nicht beantragt wird. § 305 Abs. 1 Nr. 3 ist lex specialis zu § 287 Abs. 1.[60] Die Erklärung des Schuldners soll dem Gericht und den Gläubigern frühzeitig Klarheit darüber geben, ob der Schuldner nach einem gescheiterten Schuldenbereinigungsplan das gerichtliche Verfahren mit dem Ziel der Erlangung der Restschuldbefreiung fortsetzen wird. Da der Schuldner den Antrag auf Restschuldbefreiung zurücknehmen kann, kann er auch seine Erklärung gem. § 305 Abs. 1 Nr. 2 widerrufen.[61] Im amtlichen Vordruck hat der Schuldner die Erklärung im Antrag unter II. abzugeben. 37

Beantragt der Schuldner die Restschuldbefreiung, hat er der Erklärung gem. § 305 Abs. 1 Nr. 2 gem. § 287 Abs. 2 Satz 1 zusätzlich die Erklärung beizufügen, dass die pfändbaren Einkommensanteile während der Wohlverhaltensperiode an einen Treuhänder abgetreten werden. Der Schuldner soll gem. § 287 Abs. 2 Satz 2 weiterhin auf eine bereits erfolgte Abtretung hinweisen. Im amtlichen Vordruck sind diese Erklärungen in der Anlage 3 zum Antrag abzugeben. 38

Hat der Schuldner mit Insolvenzantrag den Antrag oder die Erklärung gem. § 305 Abs. 1 Nr. 2 nicht vorgelegt, hat ihn das Gericht gem. § 305 Abs. 3 aufzufordern, das Fehlende nachzureichen. § 305 Abs. 3 ist in diesem Fall lex specialis zu § 287 Abs. 1.[62] Die Frist zur Nachreichung beträgt daher einen Monat und nicht 14 Tage. Der Antrag auf Restschuldbefreiung kann isoliert zurückgenommen werden.[63] Ohne Antrag auf Restschuldbefreiung kann der Schuldner gem. § 4a Abs. 1 keine Stundung der Verfahrenskosten erlangen. 39

2. Vermögens-, Gläubiger- und Forderungsverzeichnisse

Vom Schuldner sind gem. § 305 Abs. 1 Nr. 3 ein Vermögensverzeichnis, eine das Vermögensverzeichnis zusammenfassende Vermögensübersicht, ein Gläubigerverzeichnis sowie ein Verzeichnis 40

---

59 FK-InsO/*Grote* Rn. 25.
60 OLG Köln Beschl. v. 24.05.2000 – 2 W 76/00 ZInsO 2000, 334.
61 MüKo-InsO/*Ott-Vuia* Rn. 41; a.A. HK-InsO/*Landfermann* Rn. 32.
62 OLG Köln Beschl. v. 24.05.2000 – 2 W 76/00 ZInsO 2000, 334.
63 BGH 12.05.2011, IX ZB 221/09 ZInsO 2011, 1127.

der gegen ihn gerichteten Forderungen einzureichen. Diese Unterlagen sind in der Form des amtlichen Formulars zu erstellen.

a) Vermögensverzeichnis und Vermögensübersicht gem. § 305 Abs. 1 Nr. 3

41 Im Vermögensverzeichnis müssen vollständig alle Vermögenswerte und sämtliche Einkommen des Schuldners aufgeführt werden. Hierzu zählen u.a. der Hausrat, der nicht mehr einer nur bescheidenen Lebensführung entspricht, Barvermögen, Fahrzeuge, Gesellschaftsanteile, Forderungen aller Art, Bankguthaben, Ansprüche aus Versicherungsverträgen, Immobilien, Lohn- und Gehaltsansprüche, Einkünfte aus Vermietung oder Verpachtung und die bezogenen Sozialleistungen. Die Anlagen 4 bis 5G des amtlichen Antragsformulars geben dem Schuldner hierbei Orientierung. Allerdings hat der Schuldner, anders als das amtliche Formular vermuten lässt, keine Wertangaben zu den Vermögensgegenständen zu machen.[64] Unterlässt er diese oder schätzt er Vermögensgegenstände unzutreffend, kann ihm hieraus kein Nachteil entstehen.

42 Der Schuldner muss wie bei der Abgabe der eidesstattlichen Versicherung gem. § 807 ZPO grds sein Vermögen zum Stichtag der Einreichung des Insolvenzantrages angeben.[65] Von ihm verschenkte oder verkaufte Vermögensgegenstände und andere Vermögensverluste muss er nur im Rahmen des § 807 Abs. 2 ZPO angeben. Das amtliche Antragsformular verlangt diese Angaben unter der laufenden Rn. 27 der Anlage 4. Ebenso wenig hat er rechtlich noch unbegründete, wenn auch gleichwohl erwartete, Vermögenszuwächse wie z.B. eine unverbindlich in Aussicht gestellte Lohnerhöhung oder die mögliche Erbschaft, anzugeben. Ändern sich nach Einreichung des Insolvenzantrags die Vermögensverhältnisse, hat der Schuldner diese Veränderung allerdings unverzüglich[66] und von sich aus anzuzeigen.[67] Wartet der Schuldner hier ab, bis er zu möglichen Veränderungen befragt wird, kann er bereits seine Mitwirkungspflichten aus § 290 Abs. 1 Nr. 5 verletzt haben.

43 Der Schuldner hat grds alle Vermögensgegenstände, auch die unpfändbaren, die zur Sicherung abgetretenen oder die übertragenen und die seiner Ansicht nach wertlosen anzugeben. Die Prüfung der Massezugehörigkeit gem. §§ 35, 36, der bestehenden Sicherungsrechte und der Werthaltigkeit steht nicht dem Schuldner, sondern dem Treuhänder zu. Der Schuldner, der diese hohen Anforderungen nicht beachtet, läuft Gefahr, dass ihm die Erteilung der Restschuldbefreiung versagt oder er auch strafrechtlich wegen Bankrotts gem. § 283 StGB belangt wird.

44 Die Vermögensübersicht, die im amtlichen Formular als Anlage 4 enthalten ist, fasst das Vermögensverzeichnis zusammen. Die Vermögensübersicht wird den Gläubigern gem. § 306 Abs. 2 im gerichtlichen Schuldenbereinigungsplanverfahren zugesandt und erspart so die Zusendung des gesamten Vermögensverzeichnisses.

b) Forderungsverzeichnis

45 Das vom Schuldner vorzulegende Forderungsverzeichnis muss alle gegen den Schuldner gerichteten Forderungen enthalten.[68] Der Schuldner sollte daher schon alle Gläubiger, die Forderungen gegen ihn richten, in die außergerichtlichen Verhandlungen miteinbeziehen. Er sollte anschließend die von den Gläubigern behaupteten Forderungen im Forderungsverzeichnis angeben. Eine rechtliche Prüfung der Forderungen durch den Schuldner und womöglich eine gerichtliche Auseinandersetzung über ihr Bestehen oder ihren Umfang ist hier weder erforderlich, noch angeraten, noch aus Kostengründen sinnvoll, denn der Schuldner muss auch Forderungen angeben, deren Bestehen er bestreitet.[69] Anderenfalls kann er den Versagenstatbestand aus § 290 Abs. 1 Nr. 6 erfüllen und ge-

---

[64] BGH 08.05.2008, IX ZB 54/07, Rbeistand 2008, 22.
[65] Zöller/*Stöber* 807 Rn. 19; FK-InsO/*Grote* Rn. 29.
[66] BGH 11.02.2010, IX ZA 46/09, NZI 2010, 489: innerhalb von zwei Wochen.
[67] BGH 11.02.2010, IX ZB 126/08, NZI 2010, 264.
[68] BGH 02.07.2009, IX ZB 63/08, NZI 2009, 562.
[69] BGH 02.07.2009, IX ZB 63/08, NZI 2009, 562.

fährdet seine Restschuldbefreiung. Der Schuldner sollte allerdings im weiteren Verlauf des Verfahrens sein Recht zum Widerspruch gegen eine angemeldete Forderung gem. § 176 wahrnehmen, wenn er die Forderung für unberechtigt hält. Dieser Widerspruch des Schuldners verhindert zwar nicht die Feststellung der Forderung und ihre Teilnahme an einer möglichen Verteilung der Insolvenzmasse, verhindert aber gem. § 201 Abs. 2, dass der Gläubiger, z.B. im Falle der vorzeitigen Beendigung des Verfahrens wegen einer Versagung der Restschuldbefreiung, einen vollstreckbaren Tabellenauszug zu dieser Forderung erhält.

Ausgleichsansprüche von Bürgen und Mithaftenden, von denen der Schuldner gem. § 301 Abs. 2 Satz 1 ausdrücklich befreit wird, müssen angegeben werden, soweit sie zum Zeitpunkt der Antragstellung durch eine Inanspruchnahme der Dritten bereits entstanden sind. Zum Teil wird vertreten, dass auch die möglicherweise zukünftig entstehenden Ansprüche der Bürgen und Mithaftenden in das Forderungsverzeichnis mit aufgenommen werden können.[70] Dies dürfte zwar rechtlich nicht zutreffend sein, da diese aufschiebend bedingten Forderungen gem. § 44 im Insolvenzverfahren nicht angemeldet werden können. Allerdings verhindert der Schuldner auf diese Weise, dass er die Angabe eines Gläubigers unterlässt, wenn ihm nähere Umstände zur Inanspruchnahme der Dritten nicht bekannt sind. Gibt der Schuldner die möglichen zukünftigen Ansprüche der Bürgen und Mithaftenden daher nicht im Forderungsverzeichnis an, sollte er zumindest an anderer Stelle seines Antrages informatorisch auf diese möglichen Forderungen hinweisen. 46

In der Anlage 6 des amtlichen Formulars hat der Schuldner die Forderungen getrennt nach Hauptforderung, Kosten sowie Zinsen und auch den Forderungsgrund anzugeben. Es mag zwar zweifelhaft sein, ob diese Verpflichtung aus dem amtlichen Formular der gesetzlichen Grundlage des § 305 Abs. 1 Nr. 3 entspricht,[71] in der Praxis ergeben sich hieraus aber keine Probleme. Denn gem. § 305 Abs. 2 Satz 1 ist der Schuldner berechtigt, in dem Forderungsverzeichnis des amtlichen Formulars auf beizufügende Forderungsaufstellungen der Gläubiger Bezug zu nehmen. Die Gläubiger wiederum haben in ihren Forderungsaufstellungen gem. § 305 Abs. 2 Satz 2 Hs. 2 die Zinsen und Kosten gesondert auszuweisen. Diese Möglichkeit der Bezugnahme soll dem Schuldner die Erstellung des Forderungsverzeichnisses erleichtern.[72] In der Anlage 6 des amtlichen Formulars kann der Schuldner daher auf das Ausfüllen der entsprechenden Zeilen verzichten, wenn die außergerichtlich übersandten Forderungsaufstellungen der Gläubiger dem Forderungsverzeichnis beigelegt werden. 47

§ 305 Abs. 1 Nr. 3 regelt nicht, bis zu welchem Stichtag die Zinsforderungen der Gläubiger in dem Forderungsverzeichnis zu berücksichtigen sind. Diese Frage ist aber insofern von Bedeutung, als dass das Forderungsverzeichnis die Grundlage des gerichtlichen Schuldenbereinigungsplanes bildet. Der Schuldner muss hier selbst eine Lösung finden, die der gebotenen Gläubigergleichbehandlung gerecht wird, wobei eine mathematisch genaue Gleichbehandlung nicht verlangt werden kann. Ungleichbehandlungen bis zu Beträgen i.H.v. ca 50 € hat die Rspr im Zusammenhang mit den gerichtlichen Schuldenbereinigungsplänen zugelassen.[73] Der Schuldner sollte daher die Gläubiger im Erstanschreiben um Zinsberechnung bis zu einem bestimmten Stichtag bitten und die mitgeteilten Zinsen in das Forderungsverzeichnis übernehmen, wenn er nicht gem. § 305 Abs. 2 Satz 1 die Mitteilung des Gläubigers dem Forderungsverzeichnis beilegt. 48

c) Das Gläubigerverzeichnis

Das Gläubigerverzeichnis muss die Gläubiger mit Namen und Anschrift und sinnvollerweise auch mit deren Akten- oder Bearbeitungszeichen benennen. Die Angaben müssen vollständig sein und die Angabe eines Postfaches ist nicht zulässig, da ansonsten die Zustellung gem. § 307 nicht möglich 49

---

[70] FK-InsO/*Grote* Rn. 31.
[71] Vgl. BGH Beschl. 08.05.2008, IX ZB 54/07, Rbeistand 2008, 22–23 zu nicht erforderlichen Wertangaben.
[72] FK-InsO/*Grote* Rn. 44.
[73] AG Hamburg Beschl. v. 25.02.2000 – 68d IK 36/99 NZI 2000, 283.

wäre.[74] Im amtlichen Vordruck ist die Angabe einer Kurzbezeichnung des Gläubigers zugelassen, da die Gläubiger mit den vollständigen Angaben im Schuldenbereinigungsplan aufgeführt werden.

50 In der Praxis ist es mitunter problematisch, die aktuelle Anschrift einzelner Gläubiger zu ermitteln. Der Schuldner hat hier schon gewisse Ermittlungspflichten, die aber auch ihre Grenzen haben. Gerade wenn das Gericht gem. § 306 Abs. 1 Satz 3 ein gerichtliches Schuldenbereinigungsplanverfahren nicht durchführen möchte, dürfte die Angabe der letzten dem Schuldner bekannten Anschrift des Gläubigers ausreichen.[75] Allerdings dürfen die Anforderungen an den Schuldner auch nicht überzogen sein.

51 Kommt das Insolvenzgericht nach Prüfung des Insolvenzantrages zu dem Schluss, der Schuldner habe nicht alle Gläubiger angegeben oder die Angaben unvollständig gemacht, kann es ihn gem. § 305 Abs. 3 zur Ergänzung auffordern.[76] Kommt der Schuldner der Aufforderung nicht nach, gilt der Antrag gem. § 305 Abs. 3 Satz 2 als zurückgenommen.

d) Erklärung des Schuldners

52 Der Schuldner hat ausdrücklich zu erklären, dass die vorgelegten Verzeichnisse richtig und vollständig sind. Im amtlichen Formular gibt er die Erklärung unter der laufenden Rn. 28 der Anlage 4 ab. Es handelt sich nicht um eine Versicherung an Eides statt.[77] Macht der Schuldner vorsätzlich oder grob fahrlässig unrichtige oder unvollständige Angaben in den Verzeichnissen, so liegt gem. § 290 Abs. 1 Nr. 6 ein Versagensgrund vor. Die Nichtangabe von Vermögenswerten kann auch gem. §§ 263 oder 283 Abs. 1 Nr. 1 StGB[78] strafbar sein. Die Erklärung ist als höchstpersönliche Wissenserklärung[79] vom Schuldner persönlich zu unterzeichnen.[80]

3. Schuldenbereinigungsplan

53 Der vom Schuldner vorzulegende gerichtliche Schuldenbereinigungsplan (s. zu den möglichen inhaltlichen Gestaltungsmöglichkeiten Rdn. 10 ff.) muss verbindliche, geordnete,[81] nachvollziehbare und insb. bzgl. der vom Schuldner zu leistenden Zahlungen bestimmbare Regelungen enthalten. Ansonsten unterliegt er aber der Privatautonomie.[82] Der amtliche Vordruck enthält zum Schuldenbereinigungsplan die Anlagen 7, 7 A und 7 B. Dem Schuldner wird freigestellt, den eigentlichen Plan mit den Anlagen 7 A und 7 B oder in anderer Form vorzulegen. d.h. der Schuldner kann die Anlage 7 und 7 A des amtlichen Formulars nutzen, aber auch einen frei formulierten Plan dem Antrag beifügen. Dieser frei formulierte Plan muss aber eine Erklärung gem. § 305 Abs. 1 Nr. 4 Hs. 3 enthalten.

54 Der gerichtliche Plan muss einen konkreten Zeitpunkt benennen, zu dem er in Kraft treten soll. Dieser Zeitpunkt sollte nicht vor dem Erlass des Beschlusses des Gerichts gem. § 308 Abs. 1 Satz 1 Hs. 2 liegen. Er muss den Schuldner und die Gläubiger nochmals mit Anschrift ausdrücklich benennen, da der angenommene Plan gem. § 308 Abs. 1 Satz 2 Titelfunktion hat.[83] Der Plan muss in sich abgeschlossen sein und eine Erklärung gem. § 305 Abs. 1 Nr. 4 Hs. 3 enthalten. Es muss klar zu erkennen sein, welche Anlagen oder Schriftstücke zum Plan gehören.[84] Der gerichtliche Plan muss keinen vollstreckbaren Inhalt haben,[85] er muss keine Mindestquote enthalten oder in irgendeiner Art und Weise

---

74 HK-InsO/*Landfermann* Rn. 37.
75 HK-InsO/*Landfermann* Rn. 37.
76 Vgl. BGH 07.04.2005, IX ZB 129/03, ZInsO 2005, 537; 10.02.2011, IX ZB 43/08, VIA 2011, 28.
77 FK-InsO/*Grote* Rn. 33.
78 Tatbestandsmerkmal »verheimlichen«.
79 So LG Kassel 14.10.2002, 3 T 504/02, ZInsO 2002, 1147.
80 HK-InsO/*Landfermann* Rn. 39.
81 S. z.B. die Anforderungen des AG Duisburg Beschl. v. 17.10.2000 – 60 IK 23/00 ZInsO 2001, 275.
82 FK-InsO/*Grote* Rn. 35.
83 AG Duisburg Beschl. v. 17.10.2000 – 60 IK 23/00 ZInsO 2001, 275.
84 *AG Gießen* Beschl. v. 24.03.2000 – 6 IK 28/00 ZInsO 2000, 231.
85 OLG Köln Beschl. v. 02.11.1999 – 2 W 137/99 ZInsO 1999, 659 = NZI 1999, 494; OLG Celle Beschl. v. 16.10.2000 – 2 W 99/00 ZInsO 2000, 601 = NZI 2001, 254.

angemessen sein. Auch der sog. flexible Nullplan ist zulässig.[86] Der Plan muss nicht die gleichen Regelungen wie das gerichtliche Restschuldbefreiungsverfahren aufweisen. Abweichende Regelungen sind zulässig, können allerdings eine Zustimmungsersetzung gem. § 309 verhindern.

Vorbild des gerichtlichen Schuldenbereinigungsplanes ist der Prozessvergleich.[87] Ebenso wie bei einem Prozessvergleich kommt dem Insolvenzgericht daher eine sog. Angemessenheitskontrolle nicht zu. Das Gericht kann folglich bei einem für unangemessen gehaltenen Plan den Schuldner nicht gem. § 305 Abs. 3 auffordern, das vermeintlich Fehlende zu ergänzen. Der Frage, ob der Plan angemessen ist, kann das Gericht erst bei der Entscheidung über die richterliche Zustimmungsersetzung nach § 309 nachgehen. 55

III. Verfahrensregelungen des § 305 Abs. 2

1. Forderungsverzeichnis gem. § 305 Abs. 2 Satz 1

Gem. § 305 Abs. 2 Satz 1 kann der Schuldner in dem Forderungsverzeichnis auf beizufügende Forderungsaufstellungen der Gläubiger Bezug nehmen. Diese Möglichkeit der Bezugnahme soll dem Schuldner die Erstellung des Forderungsverzeichnisses erleichtern.[88] Im amtlichen Formular kann auf das Ausfüllen der entsprechenden Zeilen verzichtet werden, wenn Forderungsaufstellungen der Gläubiger beigelegt werden. 56

2. Auskunftsanspruch gem. § 305 Abs. 2 Satz 2 Hs. 1

Die Gläubiger sind gem. § 305 Abs. 2 Satz 2 verpflichtet, dem Schuldner auf eigene Kosten eine Forderungsaufstellung auf dessen Erstanschreiben zuzusenden, wenn der Schuldner gem. § 305 Abs. 2 Satz 3 in seinem Anschreiben auf ein beabsichtigtes Insolvenzverfahren hingewiesen hat. Dieser Anspruch des Schuldners ist einklagbar.[89] Der Streitwert der Auskunftsklage soll sich nach OLG Frankfurt nach dem Aufwand des Klägers bei eigenständiger Ermittlung von Bestand und Höhe der Gläubigerforderung richten.[90] Der Schuldner kann auch nach den Umständen des Einzelfalles innerhalb kurzer Zeit einen mehrmaligen Anspruch auf Zusendung jeweils neuer Forderungsaufstellungen haben, wenn sich sein Auskunftsbegehren nicht als rechtsmissbräuchlich darstellt.[91] § 305 Abs. 2 Satz 2 Hs. 1 enthält damit eine Abweichung von der sonst zu Lasten des Schuldners geltenden Kostenregelung des § 811 Abs. 2 BGB. Die Kostenfreiheit entfällt auch nicht, wenn der Antrag später aus irgendwelchen Gründen nicht gestellt wird.[92] Der Schuldner ist nicht verpflichtet, den nichtauskunftbereiten Gläubiger auf Auskunft zu verklagen; es ist ausreichend, wenn er im Forderungsverzeichnis die Forderungshöhe nach seinem Kenntnisstand angibt und auf die nichterteilte Auskunft hinweist. 57

3. Umfang des Auskunftsanspruchs gem. § 305 Abs. 2 Satz 2 Hs. 2

Die Forderungsaufstellung muss Hauptforderung, Kosten und Zinsen getrennt ausweisen sowie den Forderungsverlauf darstellen und die Verrechnungsart eingegangener Zahlungen (§ 367 Abs. 1 BGB oder § 11 Abs. 3 VerbrKrG) benennen. Der Anspruch auf Auskunftserteilung ist darüber hinaus erst erfüllt, wenn der Gläubiger unmissverständlich erklärt, neben den angegebenen Forderungen keine weiteren Forderungen gegen den Schuldner geltend zu machen.[93] 58

---

86 BayObLG Beschl. v. 30.09.1999 – 4 Z BR 4/99 ZInsO 1999, 645 = NZI 1999, 451; OLG Köln Beschl. v. 02.11.1999 – 2 W 137/99 ZInsO 1999, 659 = NZI 1999, 494.
87 FK-InsO/*Grote* Rn. 7.
88 FK-InsO/*Grote* Rn. 44.
89 LG Düsseldorf Beschl. v. 26.07.2000 – 50302/99 ZInsO 2000, 519.
90 OLG Frankfurt 15.01.2007, 4 W 91/06, OLGR 2007, 595.
91 FK-InsO/*Grote* Rn. 48.
92 FK-InsO/*Grote* Rn. 47.
93 LG Düsseldorf Beschl. v. 26.07.2000 – 50302/99 ZInsO 2000, 519.

IV. Rücknahmefiktion des § 305 Abs. 3

1. Vollständigkeitsprüfung durch das Gericht

59 § 305 Abs. 3 soll das Verfahren beschleunigen, indem es den Schuldner über die drohende Rücknahmefiktion zur Abgabe vollständiger Antragsunterlagen anhält. Das Gericht wird nach Eingang des Antrags durch den im Eröffnungsverfahren zuständigen Richter allerdings zunächst prüfen, ob es sich bei dem antragstellenden Schuldner tatsächlich um einen Verbraucher i.S.d. § 304 handelt. Anschließend wird es den Antrag auf Vollständigkeit prüfen. Es wird also prüfen, ob die in § 305 Abs. 1 angegebenen Erklärungen, Verzeichnisse und der Schuldenbereinigungsplan vorgelegt wurden, und ob die vorgelegten Unterlagen sämtliche Angaben enthalten. Enthält der vorgelegte Schuldenbereinigungsplan bspw. keine Aussage gem. § 305 Abs. 1 Nr. 4 Hs. 3 zur Frage, ob Sicherheiten der Gläubiger durch den Plan berührt werden sollen, ist der Plan unvollständig.

60 Die Prüfung auf Vollständigkeit nach § 305 Abs. 1 ist nach gefestigter Rspr keine inhaltliche oder materiell-rechtliche Überprüfung.[94] Das Insolvenzgericht hat weder die Befugnis noch die Verpflichtung, eine materiell-rechtliche Überprüfung der außergerichtlichen Verhandlungen vorzunehmen, noch kann es inhaltliche Anforderungen an den Schuldenbereinigungsplan stellen, also z.B. einen vollstreckbaren Inhalt oder eine Mindestquote verlangen.

2. Angreifbarkeit der Rücknahmefiktion gem. § 305 Abs. 3

61 Hält das Gericht den Antrag des Schuldners für unvollständig, so wird es ihn zur Ergänzung auffordern. Dies geschieht in Form einer richterlichen Verfügung, da das Gesetz an dieser Stelle keinen Beschluss vorsieht. Die Ergänzungsaufforderung ist förmlich zuzustellen. Eine formlos mitgeteilte Aufforderung setzt die Monatsfrist nicht in Gang.[95] Der Schuldner hat ein starkes eigenes Interesse, das Verfahren zu beschleunigen, um möglichst schnell die Verfahrenseröffnung und damit den Beginn der Laufzeit der sechs Jahre zu erreichen. Anforderungen des Gerichts sollte er daher, soweit irgend möglich, erfüllen. Der drohende Zeitverlust spricht eindeutig dagegen, sich aus prinzipiellen Gründen dem Nachbesserungsverlangen zu widersetzen.

62 Kommt der Schuldner der Aufforderung, die unvollständigen Angaben zu ergänzen, nicht innerhalb eines Monats nach, so gilt sein Antrag gem. § 305 Abs. 3 Satz 2 als zurückgenommen. Das Insolvenzgericht wird dem Schuldner daher nach Ablauf der Monatsfrist mitteilen, dass sein Antrag auf Eröffnung des Verbraucherinsolvenzverfahrens kraft Gesetzes als zurückgenommen gilt. Gem. § 305 Abs. 3 Satz 3 beträgt die Frist im Falle des Fremdantrag eines Gläubigers drei Monate, um dem Schuldner die Nachholung der außergerichtlichen Verhandlungen zu ermöglichen. Fehlt dem Antrag die Abtretungserklärung nach § 287 Abs. 2 darf das Gericht dem Schuldner für die Nachreichung keine Frist setzen, die kürzer als einen Monat ist,[96] denn § 305 Abs. 3 ist lex specialis zu § 287. Eine Verlängerung der Frist nach Abs. 3 ist wegen § 224 Abs. 2 ZPO nicht möglich, da gesetzliche Fristen nur in den vom Gesetz ausdrücklichen bestimmten Fällen verlängert werden können.[97]

63 Der BGH hält die Mitteilung des Gerichts, dass der Antrag als zurückgenommen gilt, zutreffend grds für nicht angreifbar.[98] Diese Ansicht folgt unmittelbar aus § 6, nach dem ein Rechtsmittel nur statthaft ist, wenn es im Gesetz ausdrücklich vorgesehen ist. § 305 Abs. 3 enthält damit allerdings eine heikle Regelung, die dem Insolvenzrichter viel Macht an die Hand gibt, die in der Praxis nicht immer mit der gebotenen Sorgfalt und Rücksicht auf die Schuldnerinteressen ausgeübt wurde. Die Anwen-

---

94 FK-InsO/*Grote* Rn. 51; HambK-InsR/*Streck* Rn. 28 m.w.N.
95 BayObLG Beschl. v. 11.09.2001 – 4 ZBR 12/01 ZInsO 2001, 1013.
96 OLG Köln Beschl. v. 24.05.2000 – 2 W 76/00 ZInsO 2000, 334.
97 FK-InsO/*Grote* Rn. 55.
98 BGH 07.04.2005, IX ZB 195/03, ZInsO 2005, 484; 16.10.2003, IX ZB 599/02, ZInsO 2003, 1040 = NZI 2004, 40 = NJW 2004, 67 = ZVI 2004, 15.

dung der Drei-Jahres-Sperrfrist-Rechtsprechung des BGH auch auf die Rücknahmefiktion verdeutlicht anschaulich diese Machtfülle des Gerichts.[99] Das Gericht könnte aus beliebigen Gründen den Antrag zunächst für unvollständig halten und dem Schuldner, der die Nachforderung nicht erfüllen kann, anschließend eine dreijährige Sperrfrist auferlegen. Zu Recht wurde daher bereits im Gesetzgebungsverfahren des Jahres 2007 ein Rechtsmittel gegen die Mitteilung nach § 305 Abs. 3 Satz 2 vorgeschlagen.[100] Das »Gesetz zur Verkürzung des Restschuldbefreiungsverfahrens und zur Stärkung der Gläubigerrechte« hat die Regelung zum 01.07.2014 neu gefasst.[101] Siehe hierzu unten § 305 n. F. Rn. 2.

Der BGH lässt offen, ob dann, wenn die gerichtliche Aufforderung nicht erfüllbar ist, § 34 Abs. 1 analog anzuwenden ist, weil in so einem Fall die Aufforderung des Insolvenzgerichts einer Ablehnung der Insolvenzeröffnung gleichkommt. Er hat bislang allerdings im Einzelfall stets die Statthaftigkeit des Rechtsmittels verneint,[102] aber die grundsätzliche Statthaftigkeit bei »missbräuchlichen gerichtlichen Aufforderungen« oder in »Extremfällen« nach wie vor nicht gänzlich ausgeschlossen. Instanzgerichte nehmen hier mittlerweile eine Anfechtbarkeit an.[103] 64

So bleibt abzuwarten, wo der BGH eine Grenze überschritten sehen wird. In letzter Zeit hat er die Aufforderung zur Vorlage des außergerichtlichen Entschuldungsplanes[104] oder zur Vorlage der Kontoauszüge der letzten acht Monate[105] für noch zulässig gehalten. Ebenso hat der BGH keinen Anlass gesehen, das Rechtsmittel zuzulassen, als das Insolvenzgericht außergerichtliche Verhandlungen mit allen Gläubigern verlangt hat.[106] 65

3. Folgen der Rücknahmefiktion

Die Rücknahmefiktion löst keine Sperrfrist für einen erneuten Insolvenzantrag aus.[107] Eine Sperrfrist von drei Jahren hat der BGH für den Fall einer erneuten Antragstellung nach vorherigem Scheitern im Verfahren entwickelt.[108] ZT wird in der Literatur diskutiert, ob eine solche Sperre auch auf die Rücknahmefiktion folgen soll.[109] Hiergegen spricht jedoch, dass der Sachverhalt i.d.R. nicht mit den vom BGH bisher entschiedenen Fällen vergleichbar ist. Zum Zeitpunkt der Rücknahmefiktion ist ein Verfahren noch nicht eröffnet worden und Kosten sind ebenfalls noch nicht entstanden. Der BGH hat die bisher entschiedenen Fälle stets mit Billigkeitserwägungen begründet, die mit einer bloßen Säumnis des Schuldners nicht zu vergleichen sind. In der Praxis gelingt es Schuldnern häufig schon nicht, innerhalb der Monatsfrist einen Termin bei einer Schuldnerberatungsstelle zu erhalten. 66

V. Vertretungsbefugnis der Schuldnerberater und Inkassounternehmen gem. § 305 Abs. 4

§ 305 Abs. 4 stellt klar, dass sich der Schuldner im Schuldenbereinigungsplanverfahren auch durch einen Vertreter einer als geeigneten anerkannten Stelle oder von einer geeigneten Person vertreten lassen kann. Die Vertretungsbefugnis bezieht sich allein auf das Schuldenbereinigungsplanverfahren, denn nur dies ist eine nach Rechtsdienstleistungsgesetz zulässige Tätigkeit. Eine gerichtliche Vertretung in einem anderen Insolvenzverfahren verstößt gegen das Rechtsdienstleistungsgesetz und hat 67

---

99 AG Hamburg 18.05.2011, 68c IK 419/11; a.A. LG Düsseldorf Rn. 216.
100 BT-Drucks. 16/7416, 41.
101 BGBl. I 2013, 2379.
102 So bereits BGH 16.10.03, IX ZB 599/02, ZInsO 2003, 1040.
103 LG Berlin 10.10.2007, 86 T 367/07, ZInsO 2007, 1356; LG Potsdam 15.11.2006, 5 T 710/06; LG Bonn 08.09.2010, 6 T 218/10, NZI 2010, 863.
104 BGH 25.06.2009, IX ZB 120/08 n. v.
105 BGH 02.10.2009, IX ZB 66/09, ZInsO 2010, 1503.
106 BGH 25.06.2009, IX ZB 120/08 n. v.
107 LG Düsseldorf 07.03.2013, 25 T 130/13, ZInsO 2013, 893; FK-InsO/*Grote* Rn. 64.
108 BGH 12.05.2011, IX ZB 221/09, ZInsO 2011, 1127.
109 *Pape/Pape* InsbürO 2010, 162 (164).

den zwingenden Ausschluss des Verfahrensbevollmächtigten vom ganzen Verfahren zur Folge.[110] Das »Gesetz zur Verkürzung des Restschuldbefreiungsverfahrens und zur Stärkung der Gläubigerrechte«[111] lässt zum 01.07.2014 auch die Vertretung des Schuldners durch eine anerkannte Stelle im eröffneten Verfahren und in der Wohlverhaltensphase zu. Siehe hierzu unten § 305 n. F. Rdn. 3.

68 Gläubiger lassen sich außergerichtlich häufig von Inkassounternehmen oder Rechtsanwälten vertreten. Die anwaltliche Vertretung ist selbstverständlich auch im gerichtlichen Schuldenbereinigungsplanverfahren möglich. Inkassounternehmen sind gem. § 10 RDG zur außergerichtlichen Einziehung von Forderungen berechtigt. Gem. den im Jahre 2007 neugefassten §§ 174 Abs. 1, 305 Abs. 4 können sie im Insolvenzverfahren Gläubiger bei der Forderungsanmeldung und im Schuldenbereinigungsplanverfahren vertreten.

VI. Formularzwang gem. § 305 Abs. 5

69 Gem. § 305 Abs. 5 i.V.m. der VbrInsVV vom 22.02.2002[112] besteht seit dem 01.03.2002 im gerichtlichen Verbraucherinsolvenzverfahren Formularzwang. Er besteht nur für das gerichtliche, nicht für das außergerichtliche Verfahren.[113] Diese Formulare sind bei der Antragstellung nach § 305 zwingend zu benutzen, um der ansonsten drohenden Rücknahmefiktion des § 305 Abs. 3 zu entgehen.

VII. Gerichtskosten und anwaltliche Vergütung

70 Die Gerichtskosten richten sich nach Nr. 5110 bis 5119 der Anlage 1 zum GKG und sind abhängig vom Antragsteller und einer ggf vorzeitigen Beendigung des Verfahrens. Der Gegenstandswert folgt gem. § 37 Abs. 1 GKG aus dem Wert der Insolvenzmasse bzw. bei einem Gläubigerantrag aus dem Wert der Forderung dieses Gläubigers, wenn der Wert der Forderung über dem der Insolvenzmasse liegt. Auslagen für Veröffentlichungen und Zustellungen sind hinzuzurechnen.

71 Der Vertreter des Schuldners erhält im vereinfachten Insolvenzverfahren gem. RVG VV 3317 eine 1,0 Gebühr. Mit dieser Gebühr sind alle Tätigkeiten im Verfahren, auch die Teilnahme an Terminen, abgegolten. Der Gegenstandswert folgt gem. § 37 aus dem Wert der Masse.

72 Der Gläubigervertreter erhält die gleiche Gebühr wie der Schuldnervertreter. Die Gebühr wird aber gem. § 28 Abs. 2 RVG aus dem Wert der Forderung einschließlich Nebenforderungen berechnet.

§ 305 n.F. Eröffnungsantrag des Schuldners

[Tritt zum 01.07.2014 in Kraft]

(1) Mit dem schriftlich einzureichenden Antrag auf Eröffnung des Insolvenzverfahrens oder unverzüglich nach diesem Antrag hat der Schuldner vorzulegen:
1. eine Bescheinigung, die von einer geeigneten Person oder Stelle auf der Grundlage persönlicher Beratung und eingehender Prüfung der Einkommens- und Vermögensverhältnisse des Schuldners ausgestellt ist und aus der sich ergibt, dass eine außergerichtliche Einigung mit den Gläubigern über die Schuldenbereinigung auf der Grundlage eines Plans innerhalb der letzten sechs Monate vor dem Eröffnungsantrag erfolglos versucht worden ist; der Plan ist beizufügen und die wesentlichen Gründe für sein Scheitern sind darzulegen; die Länder können bestimmen, welche Personen oder Stellen als geeignet anzusehen sind;

---

110 HK-InsO/*Landfermann* Rn. 62.
111 BGBl. I 2013, 2379.
112 BGBl. I 2002, 703.
113 Die Formulare sind unter www.bmj.de im Internet abrufbar.

2. den Antrag auf Erteilung von Restschuldbefreiung (§ 287) oder die Erklärung, dass Restschuldbefreiung nicht beantragt werden soll;
3. ein Verzeichnis des vorhandenen Vermögens und des Einkommens (Vermögensverzeichnis), eine Zusammenfassung des wesentlichen Inhalts dieses Verzeichnisses (Vermögensübersicht), ein Verzeichnis der Gläubiger und ein Verzeichnis der gegen ihn gerichteten Forderungen; den Verzeichnissen und der Vermögensübersicht ist die Erklärung beizufügen, dass die enthaltenen Angaben richtig und vollständig sind;
4. einen Schuldenbereinigungsplan; dieser kann alle Regelungen enthalten, die unter Berücksichtigung der Gläubigerinteressen sowie der Vermögens-, Einkommens- und Familienverhältnisse des Schuldners geeignet sind, zu einer angemessenen Schuldenbereinigung zu führen; in den Plan ist aufzunehmen, ob und inwieweit Bürgschaften, Pfandrechte und andere Sicherheiten der Gläubiger vom Plan berührt werden sollen.

(2) In dem Verzeichnis der Forderungen nach Absatz 1 Nr. 3 kann auch auf beigefügte Forderungsaufstellungen der Gläubiger Bezug genommen werden. Auf Aufforderung des Schuldners sind die Gläubiger verpflichtet, auf ihre Kosten dem Schuldner zur Vorbereitung des Forderungsverzeichnisses eine schriftliche Aufstellung ihrer gegen diesen gerichteten Forderungen zu erteilen; insbesondere haben sie ihm die Höhe ihrer Forderungen und deren Aufgliederung in Hauptforderung, Zinsen und Kosten anzugeben. Die Aufforderung des Schuldners muss einen Hinweis auf einen bereits bei Gericht eingereichten oder in naher Zukunft beabsichtigten Antrag auf Eröffnung eines Insolvenzverfahrens enthalten.

(3) Hat der Schuldner die amtlichen Formulare nach Absatz 5 nicht vollständig ausgefüllt abgegeben, fordert ihn das Insolvenzgericht auf, das Fehlende unverzüglich zu ergänzen. Kommt der Schuldner dieser Aufforderung nicht binnen eines Monats nach, so gilt sein Antrag auf Eröffnung des Insolvenzverfahrens als zurückgenommen. Im Falle des § 306 Abs. 3 Satz 3 beträgt die Frist drei Monate.

(4) Der Schuldner kann sich vor dem Insolvenzgericht von einer geeigneten Person oder einem Angehörigen einer als geeignet anerkannten Stelle im Sinne des Absatzes 1 Nr. 1 vertreten lassen. Für die Vertretung des Gläubigers gilt § 174 Abs. 1 Satz 3 entsprechend.

(5) Das Bundesministerium der Justiz wird ermächtigt, durch Rechtsverordnung mit Zustimmung des Bundesrates zur Vereinfachung des Verbraucherinsolvenzverfahrens für die Beteiligten Formulare für die nach Absatz 1 Nummer 1 bis 3 vorzulegenden Bescheinigungen, Anträge und Verzeichnisse einzuführen. Soweit nach Satz 1 Formulare eingeführt sind, muss sich der Schuldner ihrer bedienen. Für Verfahren bei Gerichten, die die Verfahren maschinell bearbeiten, und für Verfahren bei Gerichten, die die Verfahren nicht maschinell bearbeiten, können unterschiedliche Formulare eingeführt werden.

In § 305 Abs. 1 1. wird nun hervorgehoben, dass die Bescheinigung nach persönlicher Beratung und eingehender Prüfung auszustellen ist. Hiermit betont der Gesetzgeber die Bedeutung der dem Antrag vorangehenden Analyse durch die geeignete Person oder Stelle.[1] Praktische Konsequenzen hat die Änderung nicht. Eine gerichtliche Überprüfung der Anforderungen an das Ausstellen der Bescheinigung findet nicht statt.[2]

In § 305 Abs. 1 S. 1 wird die Vollständigkeitsprüfung auf die »amtlichen Formulare« beschränkt. Der Gesetzgeber geht damit auf gelegentliche überzogene Auflagenanforderungen der Gerichte ein[3], hält ein Rechtsmittel aber nicht für erforderlich.[4] Neben den Angaben des amtlichen Formulars

---

1 BR-Drucksache 467/12 S. 51.
2 *Heyer*, ZVI 2013, 214, 217.
3 siehe § 305 Rdn. 63.
4 BT-Drucks. 17/13535 S. 41.

dürfen die Gerichte nach dem Willen des Gesetzgebers nun zusätzliche Angaben nicht mehr fordern.[5]

3 Durch die Änderungen 305 Abs. 4 sind geeignete Personen oder Stellen nun berechtigt, den Schuldner auch im eröffneten Verfahren und in der Wohlverhaltensphase zu vertreten. Der Wirkungskreis der geeigneten Personen und Stellen soll hiermit erweitert werden, wobei aber keine Verpflichtung bestehen soll, die Vertretung des Schuldners zu übernehmen.[6] In der Praxis dürften nur wenige geeignete Personen und Stellen auf die neue Rolle als Verfahrensbevollmächtigter vorbereitet sein. Gleichwohl ist die Vertretung des Schuldners im Verfahren oft schon deswegen sinnvoll, um unnötige Kommunikationsprobleme zwischen Schuldner und Gericht sowie Insolvenzverwalter zu vermeiden. Es ist daher zu hoffen, dass die geeigneten Personen und Stellen die neue Aufgabe trotz der allgemein bekannten Kapazitätsprobleme annehmen.

§ 305a Scheitern der außergerichtlichen Schuldenbereinigung

Der Versuch, eine außergerichtliche Einigung mit den Gläubigern über die Schuldenbereinigung herbeizuführen, gilt als gescheitert, wenn ein Gläubiger die Zwangsvollstreckung betreibt, nachdem die Verhandlungen über die außergerichtliche Schuldenbereinigung aufgenommen wurden.

Übersicht	Rdn.		Rdn.
A. Normzweck	1	B. Tatbestandsvoraussetzungen	2

A. Normzweck

1 Die Norm trat zum 01.12.2001 in Kraft und soll die außergerichtlichen Verhandlungen gemeinsam mit der Rückschlagsperre aus § 88 vor Zwangsvollstreckungen einzelner Gläubiger schützen.[1] Sie soll zugleich den Weg in das Insolvenzverfahren verkürzen, wenn eine Einigung mit den Gläubigern offensichtlich aussichtslos erscheint.[2] Der Schutz des Schuldners vor Zwangsvollstreckungsmaßnahmen während der außergerichtlichen Verhandlungen ist eine wichtige Voraussetzung für den Erfolg dieser Verhandlungen, da der Schuldner regelmäßig seine wirtschaftlichen Verhältnisse vollständig offenbaren muss, wenn er eine Einigung mit seinen Gläubigern erreichen möchte. Muss er im Gegenzug eine Vollstreckung fürchten, wird er zu einer Offenbarung nicht bereit sein. Insofern ist der Schutz durch §§ 305a, 88 nicht ausreichend. Eine befristete Einstellung der Zwangsvollstreckung wäre sinnvoller,[3] wurde aber vom Gesetzgeber für zu arbeitsaufwändig für die Gerichte gehalten.[4] Da die Norm in der jetzigen Fassung in der Praxis keine Bedeutung erlangt hat,[5] sollte der Gesetzgeber den Zwangsvollstreckungsschutz für die außergerichtlichen Verhandlungen überdenken.[6]

B. Tatbestandsvoraussetzungen

2 Die Aufnahme der Verhandlungen i.S.d. Norm nimmt die h.M.[7] im Einklang mit dem Gesetzgeber[8] erst mit der Zusendung des außergerichtlichen Planes an. Dies überzeugt vom Schutzzweck der Norm her nicht, da auch die Zwangsvollstreckung als »Antwort« auf das erste Aufforderungsschreiben des Schuldners i.S.d. § 305 Abs. 2 Satz 2 als deutliche Ablehnung der Verhandlungen verstan-

---

5 wie zuvor Rdn. 4
6 BR-Drucksache 467/12 S. 52.
1 BT-Drucks. 14/5680, 31.
2 FK-InsO/*Grote* Rn. 1.
3 Vgl. Vorschläge der *Stephan-Kommission* NZI 2011, Heft 18, VII.
4 BR-Drucks. 14/1/01 v. 05.02.2001.
5 FK-InsO/*Grote* Rn. 1; Karsten Schmidt/*Stephan* § 305a Rn. 2.
6 Vgl. Vorschläge der *Stephan-Kommission* NZI 2011, Heft 18, VII.
7 HambK-InsR/*Streck* Rn. 4; HK-InsO/*Landfermann* Rn. 5.
8 BT-Drucks. 14/5680, 31.

den werden muss. Da zudem nach Übersendung des Entschuldungsplanes die Antragstellung zum Insolvenzgericht ohnehin in den meisten Verfahren unmittelbar ansteht, kann der gewünschte Schutz der außergerichtlichen Verhandlungen nur erreicht werden, wenn der Verhandlungsbeginn im ersten Anschreiben des Schuldners gesehen wird.[9]

Streitig ist, ob Zwangsvollstreckungsmaßnahmen aller Gläubiger die Fiktion auslösen[10] oder nur der Gläubiger, denen der außergerichtliche Plan vorgelegt wurde[11] oder die zumindest Kenntnis von den Verhandlungen haben.[12] Da der vollstreckende Gläubiger seine erlangten Rechte aber in den seltensten Fällen aufgeben wird und damit die außergerichtliche Einigung erschwert wenn nicht gar unmöglich wird, sollte hier nach dem Normzweck die Vollstreckung jedes Gläubigers ausreichen. 3

In Frage kommt jede Zwangsvollstreckungsmaßnahme, wie die Gerichtsvollziehervollstreckung, die Kontopfändung oder die Verhängung eines Zwangsgeldes.[13] Auch die Aufforderung zur Abgabe der eidesstattlichen Versicherung fällt hierunter, da der Gläubiger durch sie deutlich macht, nicht an Verhandlungen und den eigenen Auskünften des Schuldners interessiert zu sein. Die Maßnahme muss tatsächlich begonnen worden sein und nicht lediglich beantragt oder angekündigt werden.[14] Der Insolvenzantrag eines Gläubigers sollte hier den Zwangsvollstreckungsmaßnahmen gleichgestellt werden, auch wenn es sich nicht um eine Maßnahme der Einzelzwangsvollstreckung handelt.[15] Zwar ruht nach einem Gläubigerantrag das Verfahren gem. § 306 Abs. 3, um außergerichtliche Verhandlungen führen zu können; die schon begonnenen Verhandlungen werden aber dadurch massiv gestört, dass der Schuldner zu ihrer Fortsetzung zunächst einen eigenen Insolvenzantrag stellen muss. 4

Zum Teil wird angenommen, die Fiktion des Scheiterns sei unwiderleglich, der Schuldner also verpflichtet, einen Insolvenzantrag zu stellen, wenn eine Zwangsvollstreckung erfolgt.[16] Die überwiegende Meinung folgt dieser Ansicht aber zu Recht nicht.[17] Solange der Schuldner in der Fortführung der Verhandlungen einen Sinn sieht, sollte er diese auch trotz einzelner Zwangsvollstreckungen fortsetzen können, z.B. um dem Gericht im Hinblick auf § 309 eine Kopf- und Summenmehrheit der Gläubiger dokumentieren zu können. 5

Ob über § 765a ZPO neben dem Schutz aus §§ 88, 305a auch eine Einstellung der Zwangsvollstreckung für die Zeit der außergerichtliche Verhandlungen erreicht werden kann,[18] wurde schon vor dem Inkrafttreten des § 305a von der Rspr unterschiedlich beurteilt.[19] Nach der Entscheidung des Gesetzgebers gegen die Möglichkeit der Einstellung der Zwangsvollstreckung, dürfte die Anwendung des § 765a ZPO zum Erreichen dieses Zieles auf untypische Einzelfälle beschränkt sein. Da Rspr zu dieser Frage nach Inkrafttreten des § 305a nicht mehr ergangen ist, dürfte es sich aber um ein nicht praxisrelevantes Problem handeln. 6

Beruft sich der Schuldner bei Insolvenzantragstellung auf das Scheitern der Verhandlungen, muss er in der Anlage 2 A Rn. 17 2. Alt. des amtlichen Formulars die Zwangsvollstreckungsmaßnahme mit Aktenzeichen und Vollstreckungsgericht angeben. Angaben zum Abstimmungsverhalten der Gläubiger zum außergerichtlichen Plan in der Anlage 2 A Rn. 17 1. Alt. kann und muss er dann nicht mehr machen. Setzt der Schuldner trotz Zwangsvollstreckungsmaßnahme die außergerichtlichen Ver- 7

---

9 FK-InsO/*Grote* Rn. 3 f.
10 FK-InsO/*Grote* Rn. 7.
11 Gesetzesbegr. BT-Drucks. 14/5680, 31; HK-InsO/*Landfermann* Rn. 5.
12 So HambK-InsR/*Streck* Rn. 2.
13 Vgl. hierzu LG Hannover 07.09.2009, 48 Qs (OWi) 101/09, NdsRpfl 2011, 78.
14 Uhlenbruck/*Vallender* Rn. 4.
15 So auch Uhlenbruck/*Vallender* Rn. 7; a.A. HK-InsO/*Landfermann* Rn. 6.
16 So Nerlich/Römermann/*Römermann* Rn. 14.
17 FK-InsO/*Grote* Rn. 6; HambK-InsR/*Streck* Rn. 5; HK-InsO/*Landfermann* Rn. 7.
18 Zust. FK-InsO/*Grote* Rn. 5.
19 Zust. LG Itzehoe 27.11.2000, 4 T 375/00, NZI 2001, 100; abl. FG Köln 21.12.2000, 7 V 7490/00, DStRE 2001, 278.

handlungen fort, gelten die Verhandlungen wie im regulären Fall mit der letzten Gläubigerablehnung als gescheitert und nicht bereits mit Eintritt der gesetzlichen Fiktion.[20]

§ 306 Ruhen des Verfahrens

(1) Das Verfahren über den Antrag auf Eröffnung des Insolvenzverfahrens ruht bis zur Entscheidung über den Schuldenbereinigungsplan. Dieser Zeitraum soll drei Monate nicht überschreiten. Das Gericht ordnet nach Anhörung des Schuldners die Fortsetzung des Verfahrens über den Eröffnungsantrag an, wenn nach seiner freien Überzeugung der Schuldenbereinigungsplan voraussichtlich nicht angenommen wird.

(2) Absatz 1 steht der Anordnung von Sicherungsmaßnahmen nicht entgegen. Ruht das Verfahren, so hat der Schuldner in der für die Zustellung erforderlichen Zahl Abschriften des Schuldenbereinigungsplans und der Vermögensübersicht innerhalb von zwei Wochen nach Aufforderung durch das Gericht nachzureichen. § 305 Abs. 3 Satz 2 gilt entsprechend.

(3) Beantragt ein Gläubiger die Eröffnung des Verfahrens, so hat das Insolvenzgericht vor der Entscheidung über die Eröffnung dem Schuldner Gelegenheit zu geben, ebenfalls einen Antrag zu stellen. Stellt der Schuldner einen Antrag, so gilt Absatz 1 auch für den Antrag des Gläubigers. In diesem Fall hat der Schuldner zunächst eine außergerichtliche Einigung nach § 305 Abs. 1 Nr. 1 zu versuchen.

Übersicht

	Rdn.			Rdn.
A. Normzweck	1	III.	Drei-Monats-Frist	10
B. Tatbestandsvoraussetzungen	4	IV.	Sicherungsmaßnahmen	11
I. Ruhen des Verfahrens	4	V.	Einreichen der Abschriften und Sanktion des 305 Abs. 3 Satz 2	12
II. Entscheidung des Gerichts nach Anhörung	5	VI.	Gläubigerantrag	14

A. Normzweck

1 § 306 soll wie § 305 zum einen das Anliegen des Gesetzgebers umsetzen, in den Verbraucherinsolvenzen eine möglichst hohe Zahl von gütlichen Einigungen ohne Eröffnung eines Insolvenzverfahrens zu erreichen (vgl. § 304 Rdn. 1). Daher soll nach dem Scheitern der außergerichtlichen Verhandlungen vor Eröffnung eines Insolvenzverfahrens noch einmal die Möglichkeit der gütlichen Einigung auf der Grundlage eines Planes versucht werden, wozu das eigentliche Insolvenzverfahren zunächst ruht. Das Gericht hat im Vergleich mit den außergerichtlichen Verhandlungen die zusätzliche Möglichkeit, bei Vorliegen der Kopf- und Summenmehrheit der Gläubiger die Zustimmung der ablehnenden Gläubiger zu ersetzen. Das gerichtliche Schuldenbereinigungsplanverfahren sollte nach dem Willen des Gesetzgebers den Regelfall darstellen,[1] was sich mit der tatsächlichen Entwicklung in der Praxis nicht deckt.[2] Heute ist eher die Eröffnung der Regelfall und das gerichtliche Planverfahren die Ausnahme.

2 Das Zustandekommen eines Planes ist allerdings eine deutliche Entlastung des Gerichts,[3] das ein – unter Einbeziehung des § 4b – zehnjähriges Verfahren nicht durchführen muss. Von daher ist es paradox, wenn einige Gerichte die Durchführung des gerichtlichen Planverfahrens ablehnen, da dies zu arbeitsaufwändig sei.

3 § 306 Abs. 3 regelt zudem die Rechte des Schuldners bei einem Gläubigerantrag. Auch in diesem Fall soll der Schuldner die Möglichkeit haben, einen eigenen Antrag zu stellen, und damit auch

---

20 HambK-InsR/*Streck* Rn. 5.
1 BT-Drucks. 14/5680, 31 zur Nr. 24.
2 Vgl. HK-InsO/*Landfermann* § 305 Rn. 12 m.w.N.
3 Uhlenbruck/*Vallender* Rn. 1.

die Möglichkeit, seine Restschuldbefreiung zu erreichen.[4] Der Schuldner hat auch bei seinem auf einen Gläubigerantrag folgenden Eigenantrag die Voraussetzungen des § 305 zu erfüllen, insb. hat er die außergerichtlichen Verhandlungen zu führen. Abs. 3 S. 2 gibt ihm hierfür eine Dreimonatsfrist.

B. Tatbestandsvoraussetzungen

I. Ruhen des Verfahrens

Die Anordnung des Ruhens des Verfahrens durch § 306 Abs. 1 Satz 1 bedeutet nicht, dass das Gericht nach Eingang des Antrags diesen ohne weitere Prüfungen unbearbeitet lässt und das Schuldenbereinigungsplanverfahren aufnimmt. Es hat vielmehr die Zulässigkeit des Antrags zu prüfen,[5] zumindest also das Vorliegen der Voraussetzungen eines Verbraucherinsolvenzverfahrens gem. § 304, da in einem Regelverfahren §§ 306 ff. nicht gelten (vgl. § 304 Rdn. 10). Des Weiteren ist der Antrag auf Vollständigkeit zu prüfen und der Schuldner ggf gem. § 305 Abs. 3 aufzufordern,[6] denn ohne vollständigen Antrag kann auch das Planverfahren nicht durchgeführt werden. Hat sich das Gericht entschieden, das Planverfahren durchzuführen, hat es weiterhin zu prüfen, ob die Kosten des Schuldenbereinigungsplanverfahrens gedeckt sind, und es hat ggf über einen Stundungsantrag des Schuldners zu entscheiden. Das Verfahren über den Plan stellt auch hinsichtlich der Kosten einen eigenen Verfahrensabschnitt dar.[7] Das Verfahren ruht daher erst, wenn anschließend das eigentliche Planverfahren durchgeführt wird.[8]   4

II. Entscheidung des Gerichts nach Anhörung

Das Gericht entscheidet gem. § 306 Abs. 1 Satz 3 nach freiem Ermessen, ob das Schuldenbereinigungsplanverfahren durchgeführt wird. Nur wenn nach der Prognose des Gerichts von einer Annahme des Planes auszugehen ist, soll das Verfahren über den Schuldenbereinigungsplan durchgeführt werden. Offensichtlich aussichtslose Verfahren sollen damit zur Entlastung aller Beteiligten vermieden werden[9]. Der Gesetzgeber hat mit dieser Regelung einen Gedanken aufgegriffen, der schon kurz nach In-Kraft-Treten der InsO in der Rechtsprechung vertreten wurde.[10]   5

Das Gericht darf sich nicht von sachfremden Erwägungen leiten lassen, da es die Entscheidung nach pflichtgemäßem Ermessen zu treffen hat.[11] Das Planverfahren ist demnach durchzuführen, wenn mit einer Annahme des Plans, ggf auch erst im Zustimmungsersetzungsverfahren, zu rechnen ist. Der Begriff »voraussichtlich« soll hier so zu verstehen sein, dass das Scheitern der Verhandlungen über den Schuldenbereinigungsplan wahrscheinlicher sein muss als der erfolgreiche Verhandlungsabschluss.[12] Entscheidungshilfe für diese Prognose ist vor allen Dingen das Ergebnis des außergerichtlichen Einigungsversuchs, welches das Gericht der Bescheinigung nach § 305 Abs. 1 Nr. 1 entnehmen kann.[13] Daneben dürfte auch die Anzahl der Gläubiger eine wesentliche Rolle spielen, da die Wahrscheinlichkeit einer Annahme des Planes regelmäßig mit der Anzahl der Gläubiger abnimmt. Das Gericht sollte sich die Prüfung angesichts der Möglichkeit, ein förmliches Insolvenzverfahren zu vermeiden, nicht zu einfach machen, eine Amtsermittlungspflicht besteht aber nicht[14]. Auch   6

---

4 Vgl. BGH 08.07.2004, IX ZB 209/03 ZInsO 2004, 974.
5 BGH 22.04.2004, IX ZB 64/03, ZVI 2004, 281.
6 BGH 22.04.2004, IX ZB 64/03, ZVI 2004, 281.
7 BGH 25.09.2003, IX ZB 459/02 ZInsO 2003, 1041.
8 Uhlenbruck/*Vallender* Rn. 7.
9 BT-Drucks. 14/5680, 31 Nr. 24.
10 AG Hamburg Beschl. v. 13.12.1999 – 689 IK 35/99 ZIP 2000, 32.
11 Uhlenbruck/*Vallender* Rn. 19.
12 Begr. zum InsOÄndG: ZInsO 1/2001, Beil. 1/2001, B. zu Nr. 24.
13 FK-InsO/*Grote* Rn. 12.
14 Uhlenbruck/*Vallender* Rn. 19.

ein Nullplan muss nicht zwangsläufig zu einer Nichtannahme des Planes führen, da er gerade in der Form des flexiblen Nullplanes auch aus Gläubigersicht ein angemessener Plan sein kann.[15]

7 Weiteres Kriterium für die Prognoseentscheidung des Gerichtes sollte die Meinung des Schuldners sein.[16] Ausdrücklich anzuhören gem. § 306 Abs. 1 Satz 3 ist er allerdings nur, wenn das Gericht vom Planverfahren absehen will.[17] Auch bleibt eine unterlassene Anhörung sanktionslos, da die abschließende Entscheidung nicht anfechtbar ist. Der Schuldner hat regelmäßig kein Interesse an einem Planverfahren, wenn er sich unsicher ist, alle Gläubiger benennen zu können.[18] Gem. § 308 Abs. 3 kann er im Planverfahren nur die Entschuldung von den beteiligten Gläubigern erreichen, während er im Insolvenzverfahren nach § 301 Abs. 1 Satz 2 die Sicherheit hat, von allen Verbindlichkeiten befreit zu werden. Legt der Schuldner keinen Wert auf das Planverfahren, kann er dies dem Gericht bereits bei Antragstellung mitteilen und zur Verfahrensverkürzung auf die Anhörung verzichten.

8 Das Gericht kann zwar das Planverfahren auch gegen den Willen des Schuldners durchführen.[19] Allerdings kann es dem Schuldner weder die Plangestaltung, noch eine Planänderung gem. § 307 Abs. 3 aufgeben und es kann auch die Zustimmung zu einem Plan gem. § 309 nicht von Amts wegen ersetzen.[20] Schon aus diesen Gründen dürfte ein Plan gegen den Willen des Schuldners keinen Sinn machen. Bittet der Schuldner dagegen das Gericht ausdrücklich um Durchführung des Planverfahrens, sollte das Gericht diesem Wunsch bei Vorliegen der Kopf- und Summenmehrheit entsprechen, da der Schuldner das Gläubigerverhalten nach den geführten außergerichtlichen Verhandlungen am besten kennen dürfte. Berichte aus der Praxis, nach denen auch bei Vorliegen der außergerichtlichen Kopf- und Summenmehrheit ohne weitere Begründung oder Nachfrage die Durchführung des Planverfahrens abgelehnt wird, offenbaren eine nicht nachvollziehbare Einstellung mancher Gerichte zum Planverfahren.

9 Die Entscheidung des Gerichts bedarf keiner Begründung.[21] Sie ist auch gem. § 6 grds nicht angreifbar,[22] da das Gesetz kein Rechtsmittel vorsieht. Beides kann in der Praxis zu unbefriedigenden Ergebnissen führen, wenn das Gericht die Durchführung des Planverfahrens aus nicht nachvollziehbaren Gründen ablehnt. Der Schuldner hat dann die Möglichkeit der Gegenvorstellung.[23] Die Verletzung rechtlichen Gehörs kann nach § 321a ZPO gerügt werden, da diese Vorschrift über § 4 InsO auch im Insolvenzverfahren Anwendung findet.[24] In Fällen offensichtlicher Ablehnung des Planverfahrens aus sachfremden Gründen mag in Anlehnung an die Rspr. zu § 305 Abs. 3 an Rechtsschutz über § 34 gedacht werden (vgl. § 305 Rdn. 61 ff.). Da aber die Entscheidung des Gerichts nicht zu begründen ist, werden sachfremde Erwägungen zumeist schon nicht zu belegen sein.

III. Drei-Monats-Frist

10 Das Verfahren soll gem. § 306 Abs. 2 Satz 2 nicht länger als drei Monate ruhen. Bei der Drei-Monats-Frist handelt es sich um eine bloße Ordnungsvorschrift, deren Überschreiten ohne Konsequenzen bleibt.[25] Das Nichteinhalten der Frist hat auch keinen Einfluss auf angeordnete Sicherheitsmaßnahmen.[26]

---

15 AG Göttingen Beschl. v. 20.02.2002 – 74 IK 14/02 ZVI 2002, 69; FK-InsO/*Grote* Rn. 12.
16 FK-InsO/*Grote* Rn. 13.
17 HambK-InsR/*Streck* Rn. 6; Uhlenbruck/*Vallender* Rn. 21.
18 FK-InsO/*Grote* Rn. 13.
19 LG Berlin 21.01.2003, 86 T 2/03, ZVI 2003, 77.
20 FK-InsO/*Grote* Rn. 15.
21 Uhlenbruck/*Vallender* Rn. 23; HambK-InsR/*Streck* Rn. 9.
22 Uhlenbruck/*Vallender* Rn. 23; HambK-InsR/*Streck* Rn. 9; FK-InsO/*Grote* Rn. 16.
23 FK-InsO/*Grote* Rn. 16.
24 *FK-InsO/Grote* Rn. 16.
25 HambK-InsR/*Streck* Rn. 3; HK-InsO/*Landfermann* Rn. 5 und FK-InsO/*Grote* Rn. 8.
26 Uhlenbruck/*Vallender* Rn. 16; FK-InsO/*Grote* Rn. 8.

IV. Sicherungsmaßnahmen

Trotz Ruhen des Verfahrens können gem. § 306 Abs. 2 Satz 1 Sicherungsmaßnahmen angeordnet werden. Dies können sämtliche in § 21 aufgezählte Maßnahmen sein.[27] Auch ein vorläufiger Treuhänder kann eingesetzt werden.[28] Zurückbehaltene oder hinterlegte Beträge fallen im Falle der Eröffnung in die Masse. Kommt ein Schuldenbereinigungsplan zustande, ist dem Plan zu entnehmen, an wen die Gelder fließen.[29] Enthält der Plan keine ausdrückliche Regelung, stehen die Gelder dem Schuldner zu, da dieser nur die im Plan festgelegten Zahlungen zu leisten hat. Gegen die Anordnung von Sicherungsmaßnahmen kann der Schuldner gem. § 21 Abs. 1 Satz 2 mit der sofortigen Beschwerde vorgehen.[30]

V. Einreichen der Abschriften und Sanktion des 305 Abs. 3 Satz 2

Führt das Gericht das Schuldenbereinigungsplanverfahren durch, fordert es den Schuldner auf, die für die Zustellung nach § 307 erforderlichen Abschriften des Schuldenbereinigungsplanes und der Vermögensübersicht einzureichen. Die Vorschrift soll die Gerichte durch den Wegfall von Kopierarbeiten entlasten.[31] Aus Gründen der Verfahrensbeschleunigung[32] hat der Schuldner die Abschriften innerhalb von zwei Wochen vorzulegen.

Die Frist beginnt mit Zugang der Aufforderung beim Schuldner, wobei § 8 Abs. 1 zu beachten ist. Die Frist kann gem. §§ 4 InsO, 224 ZPO nicht abgekürzt oder verlängert werden.[33] Kommt der Schuldner der Aufforderung nicht nach, gilt sein Antrag durch den dann entsprechend anzuwendenden § 305 Abs. 3 Satz 2 als zurückgenommen. Das Gericht hat den Schuldner ausdrücklich auf diese Folge hinzuweisen.[34] Unterbleibt dieser Hinweis, läuft die Frist nicht. Zumindest im Falle der unvollständigen Unterlagen sollte das Gericht auch nach der ihm obliegenden Fürsorgepflicht (s. § 4a Abs. 2) den Schuldner zur Ergänzung auffordern dürfen.[35] Gegen die Rücknahmefiktion des § 306 Abs. 2 Satz 3 i.V.m. § 305 Abs. 3 Satz 2 ist i.d.R. kein Rechtsmittel gegeben (vgl. § 305 Rdn. 61 ff.). Gilt der Antrag als zurückgenommen, kann der Schuldner allerdings postwendend einen neuen Antrag stellen.[36] Dies verdeutlicht, dass die strenge Sanktion der Rücknahmefiktion im Grunde wenig bewirkt und damit unverhältnismäßig sein dürfte.[37]

VI. Gläubigerantrag

Grds kann auch ein Gläubiger die Eröffnung eines Verfahrens über das Vermögen eines Verbrauchers beantragen.[38] Das Gericht hat nach Eingang des Gläubigerantrags über das Vermögen einer natürlichen Person von Amts wegen zu ermitteln, ob es sich um ein Regel- oder ein Verbraucherinsolvenzverfahren handelt.[39] Es hat dann dem Schuldner die Gelegenheit zu geben, einen eigenen Antrag zu stellen, denn nur mit diesem eigenen Insolvenzantrag kann der Schuldner seine Restschuldbefreiung erreichen.[40] Hierauf hat das Gericht den Schuldner sowohl im Regel- als auch im Verbraucherinsol-

---

27 FK-InsO/*Grote* Rn. 17; Uhlenbruck/*Vallender* Rn. 27.
28 BGH 12.07.2007, IX ZB 82/03, VuR 2007, 470.
29 Uhlenbruck/*Vallender* Rn. 41.
30 FK-InsO/*Grote* Rn. 26.
31 Uhlenbruck/*Vallender* Rn. 59.
32 Uhlenbruck/*Vallender* Rn. 60.
33 HambK-InsR/*Streck* Rn. 10.
34 Uhlenbruck/*Vallender* Rn. 63.
35 AA Uhlenbruck/*Vallender* Rn. 63.
36 Uhlenbruck/*Vallender* Rn. 63.
37 FK-InsO/*Grote* Rn. 32.
38 FK-InsO/*Grote* Rn. 33.
39 HambK-InsR/*Streck* Rn. 12; FK-InsO/*Grote* Rn. 33.
40 BGH 17.02.2005, IX ZB 176/03, NZI 2005, 271.

venzverfahren hinzuweisen.[41] Liegt ein Verbraucherverfahren vor, hat das Gericht dem Schuldner zusätzlich die Gelegenheit zu geben, einen vollständigen Antrag zu stellen, also auch die außergerichtlichen Verhandlungen gem. § 305 Abs. 1 Nr. 1 zu führen. Hierfür hat der Schuldner eine Frist von drei Monaten ab Eingang seines Antrags. Die Frist kann nicht verlängert werden.[42] Die Monatsfrist des § 305 Abs. 3 gilt nicht. Auch der Gläubigerantrag ruht für drei Monate.

15 Für die Stellung des eigenen Insolvenzantrags ist dem Schuldner nach Ansicht des BGH eine angemessene richterliche Frist zu setzen,[43] die mit vier Wochen angemessen sein dürfte.[44] Es handelt sich aber nicht um eine Ausschlussfrist.[45] Der Schuldner kann seinen Eigenantrag vielmehr bis zur Eröffnung des Verfahrens stellen. Allerdings muss er die Antragsvoraussetzungen des § 305 in jedem Fall erfüllen, also auch die außergerichtlichen Verhandlungen mit den Gläubigern führen.[46] Ein hilfsweise gestellter Antrag, mit dem der Schuldner nur für den Fall der Eröffnung des Verfahrens auf den Gläubigerantrag hin einen eigenen Antrag stellt, ist aber unzulässig.[47]

16 Stellt der Schuldner keinen Antrag, setzt das Gericht das vereinfachte Insolvenzverfahren fort und entscheidet über den Gläubigerantrag. Liegt kein ausreichendes Schuldnervermögen vor, um die Kosten des Verfahrens zu decken, so unterbleibt die Abweisung des Antrags nach § 26 Abs. 1 Satz 1 nur, wenn Gläubiger oder Schuldner einen ausreichenden Kostenvorschuss leistet. Eine Stundung der Verfahrenskosten kommt gem. § 4a Abs. 1 mangels eigenem Insolvenzantrag mit Restschuldbefreiungsantrag des Schuldners nicht in Frage.

17 Stellt der Schuldner einen Eigenantrag ohne Antrag auf Restschuldbefreiung, ist er gem. § 20 Abs. 2 neu zu belehren. Er muss seinen Antrag auf Restschuldbefreiung dann gem. § 286 Abs. 1 innerhalb von zwei Wochen stellen.[48]

§ 307 Zustellung an die Gläubiger

(1) Das Insolvenzgericht stellt den vom Schuldner genannten Gläubigern den Schuldenbereinigungsplan sowie die Vermögensübersicht zu und fordert die Gläubiger zugleich auf, binnen einer Notfrist von einem Monat zu den in § 305 Abs. 1 Nr. 3 genannten Verzeichnissen und zu dem Schuldenbereinigungsplan Stellung zu nehmen; die Gläubiger sind darauf hinzuweisen, dass die Verzeichnisse beim Insolvenzgericht zur Einsicht niedergelegt sind. Zugleich ist jedem Gläubiger mit ausdrücklichem Hinweis auf die Rechtsfolgen des § 308 Abs. 3 Satz 2 Gelegenheit zu geben, binnen der Frist nach Satz 1 die Angaben über seine Forderungen in dem beim Insolvenzgericht zur Einsicht niedergelegten Forderungsverzeichnis zu überprüfen und erforderlichenfalls zu ergänzen. Auf die Zustellung nach Satz 1 ist § 8 Abs. 1 Satz 2, 3, Abs. 2 und 3 nicht anzuwenden.

(2) Geht binnen der Frist nach Absatz 1 Satz 1 bei Gericht die Stellungnahme eines Gläubigers nicht ein, so gilt dies als Einverständnis mit dem Schuldenbereinigungsplan. Darauf ist in der Aufforderung hinzuweisen.

(3) Nach Ablauf der Frist nach Absatz 1 Satz 1 ist dem Schuldner Gelegenheit zu geben, den Schuldenbereinigungsplan binnen einer vom Gericht zu bestimmenden Frist zu ändern oder zu ergänzen, wenn dies auf Grund der Stellungnahme eines Gläubigers erforderlich oder zur Förderung einer einverständlichen Schuldenbereinigung sinnvoll erscheint. Die Änderungen oder Er-

---

41 Uhlenbruck/*Vallender* Rn. 67.
42 Uhlenbruck/*Vallender* Rn. 76.
43 BGH 25.09.2008, IX ZB 1/08, ZInsO 2008, 1138.
44 Uhlenbruck/*Vallender* Rn. 67.
45 BGH 25.09.2008, IX ZB 1/08, ZInsO 2008, 1138.
46 *HambK-InsR/Streck* Rn. 14.
47 BGH 11.03.2010, IX ZB 110/09, ZVI 2010, 300.
48 BGH 23.10.2008, IX ZB 112/08, ZInsO 2009, 51.

gänzungen sind den Gläubigern zuzustellen, soweit dies erforderlich ist. Absatz 1 Satz 1, 3 und Absatz 2 gelten entsprechend.

Übersicht

		Rdn.			Rdn.
A.	Normzweck	1	III.	Reaktion der Gläubiger	9
B.	Tatbestandsvoraussetzungen	2	IV.	Änderungen oder Ergänzungen des Schuldenbereinigungsplanes	14
I.	Zustellungen und Einsichtnahme	2			
II.	Hinweispflichten des Gerichts	7	V.	Rechtsbehelfe	17

A. Normzweck

§ 307 regelt die Zustellungen an die Gläubiger und über seinen Wortlaut hinaus auch die Durchführung des gerichtlichen Schuldenbereinigungsplanverfahrens.[1] Zur allgemeinen Arbeitserleichterung wird den Gläubigern nur der Schuldenbereinigungsplan und die Vermögensübersicht zugesandt.[2] Weitergehende Informationen können die Gläubiger durch Einsicht in die Gerichtsakte erhalten.[3] Diese Möglichkeit der Einsichtnahme ist mit der Regelung in § 22 VerglO vergleichbar. Durch die kurze Stellungnahmefrist von einem Monat, die als Notfrist ausgestaltet ist, und die schriftliche Durchführung des Verfahrens soll eine beschleunigte Abwicklung des Schuldenbereinigungsplanverfahrens erreicht werden.[4] Da ein Schweigen der Gläubiger als Zustimmung gilt, soll die Vorschrift auch ein aktives Mitwirken der Gläubiger fördern.[5] Aus der Norm ergibt sich ebenfalls, dass die Gläubiger den Plan ausdrücklich oder stillschweigend annehmen, dass sie ihn ablehnen oder dass sie eine Änderung des Planes verlangen bzw. anbieten können.

B. Tatbestandsvoraussetzungen

I. Zustellungen und Einsichtnahme

Das Gericht stellt den Gläubigern gem. § 307 Abs. 1 die Vermögensübersicht und den Schuldenbereinigungsplan zu. Beide Unterlagen hat der Schuldner bereits mit seinem Antrag gem. § 305 Abs. 1 Nr. 3 und Nr. 4 einzureichen. Gem. § 306 Abs. 2 hat er nach positiver Entscheidung des Gerichts über die Durchführung des Planverfahrens auch die für die Zustellung erforderlichen Abschriften einzureichen. Die Vorschriften über die vereinfachte Zustellung nach § 8 Abs. 1 S. 2 und S. 3 finden gem. § 307 Abs. 1 S. 3 keine Anwendung. Insb. eine Zustellung durch den Insolvenzverwalter und die Zustellung durch Aufgabe zur Post ist daher nicht zulässig.[6] Sind Anschrift und Aufenthaltsort eines Gläubigers unbekannt und nicht zu ermitteln, kann die Zustellung u.U. auch durch öffentliche Bekanntmachung erfolgen.[7] Der Amtsermittlungsgrundsatz aus § 5 verpflichtet das Gericht nicht zur Ermittlung unbekannter Gläubigeranschriften.[8]

Es sind gem. § 169 Abs. 2 S. 1 ZPO beglaubigte Abschriften zuzustellen.[9] Die Beglaubigung kann nur durch den Urkundsbeamten der Geschäftsstelle oder durch einen Rechtsanwalt erfolgen. Eine fehlende oder eine fehlerhafte Beglaubigung macht die Zustellung unwirksam.[10] Die Beglaubigung kann nach dem eindeutigen Wortlaut des § 169 Abs. 2 ZPO nur von einem Anwalt, nicht aber von der gem. § 305 Abs. 4 zur Vertretung des Schuldners berechtigten Schuldnerberatungsstelle vorgenommen werden.

---

1 Uhlenbruck/*Vallender* Rn. 1.
2 BT-Drucks. 14/5680, 32.
3 BT-Drucks. 14/5680, 32.
4 FK-InsO/*Grote* Rn. 1; HK-InsO/*Landfermann* Rn. 1.
5 FK-InsO/*Grote* Rn. 1.
6 MüKo-InsO/*Ott-Vuia* Rn. 7.
7 FK-InsO/*Grote* Rn. 11; MüKo-InsO/*Ott-Vuia* Rn. 7.
8 Uhlenbruck/*Vallender* Rn. 23.
9 Uhlenbruck/*Vallender* Rn. 4.
10 Prütting/Gehrlein-*Kessen* § 169 ZPO Rn. 4.

4 Gem. § 172 ZPO, der über § 4 InsO im Insolvenzverfahren anzuwenden ist, haben Zustellungen im Planverfahren ggf an den Verfahrensbevollmächtigten des Gläubigers oder Schuldners zu erfolgen. Schuldner oder Gläubiger oder deren Bevollmächtigte müssen die Vertretung aber selbst angezeigt haben.[11] Ein Verstoß gegen § 172 ZPO bewirkt, dass die Zustellung unwirksam und wirkungslos ist.[12] Da Schuldnerberatungsstellen und Inkassounternehmen gem. § 305 Abs. 4 im Planverfahren vertretungsberechtigt sind, haben Zustellungen ggf an sie zu erfolgen.

5 Die Zustellung hat an alle Gläubiger zu erfolgen und nicht nur an diejenigen, die den Plan außergerichtlich abgelehnt haben.[13] Sukzessive Zustellungen an die Gläubiger sind nicht zulässig.[14] Das Gericht kann also nicht zunächst nur den Gläubigern zustellen, die die Summenmehrheit halten, und nach deren Ablehnung des Planes die weitere Zustellung einstellen. Gläubiger, die der Schuldner zunächst versehentlich in seinem Antrag nicht angegeben hat, können einbezogen werden, wenn der Schuldner sie nachträglich angibt.[15]

6 Die Gläubiger können die weiteren vom Schuldner gem. § 305 Abs. 1 Nr. 3 eingereichten Verzeichnisse, also insb. das Forderungsverzeichnis, beim Insolvenzgericht einsehen. Ein Anspruch auf Zusendung der Verzeichnisse oder auf Erstellung und Zusendung von Kopien der Verzeichnisse besteht nicht.[16] Die Regelung dürfte wegen dem mit der Einsichtnahme verbundenen Aufwand kaum Bedeutung in der Praxis haben. Zu Recht wird darauf hingewiesen, dass sie von daher die Vergleichsbereitschaft der Gläubiger kaum fördern dürfte.[17]

II. Hinweispflichten des Gerichts

7 Dem Gericht obliegt bei der Zustellung der Unterlagen an die Gläubiger eine dreifache Hinweispflicht. Es hat gem. § 307 Abs. 1 S. 1 2. Hs. auf die Möglichkeit der Einsichtnahme in die weiteren Verzeichnisse hinzuweisen, es hat weiterhin gem. § 307 Abs. 1 S. 2 auf die Rechtsfolgen aus § 308 Abs. 3 S. 2 hinzuweisen und es hat schließlich gem. § 307 Abs. 2 S. 2 darauf hinzuweisen, dass ein Schweigen auf die Zustellung nach Ablauf der Monatsfrist als Zustimmung zum Plan gilt.

8 Konsequenzen einer Nichtbeachtung dieser Hinweispflichten durch das Gericht können einerseits Amtshaftungsansprüche sein.[18] Aber auch eine Wiedereinsetzung in den vorigen Stand scheint nicht ausgeschlossen, wenn der Vergleich mit Rechten des Schuldners gezogen wird. Unterlässt das Gericht bspw. den Hinweis an den Schuldner gem. § 175 Abs. 2, der den Schuldner über die Rechtsfolge des § 302 aufklären soll, nimmt die Rspr die Möglichkeit der Wiedereinsetzung an.[19]

III. Reaktion der Gläubiger

9 Gläubiger können nach dem Wortlaut der Vorschrift eine Stellungnahme zum Plan abgeben, die auch einen Änderungsvorschlag enthalten kann, und können gem. Abs. 1 S. 2 scheinbar gesondert das Forderungsverzeichnis ergänzen. Beides lässt sich allerdings kaum klar trennen. Gibt der Schuldner eine bestimmte Forderungshöhe im Plan an, so wird diese Forderungshöhe auch Bestandteil des Planes, da die Höhe der Forderung die an den Gläubiger fließende Quote bestimmt. Widerspricht der Gläubiger dann der Forderungshöhe, lehnt er damit auch den Plan ab.[20]

---

11 Uhlenbruck/*Vallender* Rn. 10.
12 Zöller/*Stöber* 26. Aufl., § 172 ZPO Rn. 23.
13 HambK-InsR/*Streck* Rn. 2.
14 HambK-InsR/*Streck* Rn. 2; Uhlenbruck/*Vallender* Rn. 8.
15 Uhlenbruck/*Vallender* Rn. 28. 1
16 Vgl. FK-InsO/*Grothe* § 307 Rn. 8.
17 Uhlenbruck/*Vallender* Rn. 22.
18 Uhlenbruck/*Vallender* Rn. 21, 36.
19 AG Duisburg 26.07.2008, 62 IN 36/02, NZI 2008, 628; s. OLG Sachsen-Anhalt 31.03.2010, 5 U 115/09, NZI 2010, 874.
20 BGH 12.01.2006, IX ZB 140/04, ZInsO 2006, 206; a.A. offensichtlich FK-InsO/*Grote* Rn. 19 ff.

Gläubiger werden daher den zugestellten Plan einschließlich der angegebenen Forderungshöhen 10
sinnvollerweise einer Gesamtprüfung unterziehen. Der Schuldner kann hier unnötige Auseinandersetzungen vermeiden, indem er die ihm vom Gläubiger auf Aufforderung nach § 305 Abs. 2 S. 2 mitgeteilte Forderungshöhe in den Plan einstellt. In der Praxis ist hierbei das Problem aufgetreten, bis zu welchem Termin Zinsforderungen in der Forderungsaufstellung aufzunehmen sind.[21] Der Schuldner sollte eine vernünftige Lösung wählen, bspw. die Gläubiger im Aufforderungsschreiben bitten, die Forderungshöhe zu einem bestimmten Stichtag mitzuteilen. Wenn die vom Schuldner dann gewählte Plangestaltung die Gläubiger nicht offensichtlich benachteiligt, kann eine mathematisch genaue Gleichbehandlung nicht verlangt werden. Insofern sind dann auch geringe Abweichungen möglich.[22]

Gläubiger werden prüfen, ob die eigene Forderung vom Schuldner zutreffend angegeben wurde, ob 11
im Hinblick auf § 309 Abs. 3 die Forderungen der weiteren Gläubiger zutreffend angegeben wurden oder ob Bedenken an Bestand oder Höhe dieser Forderungen bestehen. Des Weiteren prüfen die Gläubiger, ob der Schuldenbereinigungsplan zumindest den Anforderungen des § 309 Abs. 1 S. 2 entspricht, und ob die Gläubigerinteressen ausreichend berücksichtigt wurden. Hierzu gehört auch die Beachtung der Sicherheiten der Gläubiger, z.B. einer Lohn- und Gehaltsabtretung.

Aus diesen Prüfungen ergeben sich die möglichen Stellungnahmen des Gläubigers. Er korrigiert ggf 12
die vom Schuldner angegebene Forderung. Die Forderungen anderer Gläubiger können mit dem Ziel, die eigene Quote zu erhöhen, angegriffen werden. Der vorgeschlagene Schuldenbereinigungsplan kann durch eigene Vorschläge, z.B. die Aufnahme einer Verfallklausel i.S.d. § 12 VerbrKrG, ergänzt werden.[23] Es kann schon jetzt auf Umstände, z.B. das Vorliegen einer deliktischen Forderung, hingewiesen werden, die eine Zustimmungsersetzung gem. § 309 Abs. 1 S. 2 Nr. 1 und Nr. 2 verhindern können.

Der Gläubiger hat seine Stellungnahme zum Plan einschließlich seiner Mitteilung zur Forderungs- 13
höhe innerhalb einer Notfrist von einem Monat abzugeben. Die gesetzliche Notfrist von einem Monat kann gem. § 224 Abs. 1 ZPO gerichtlich nicht verlängert werden,[24] die Wiedereinsetzung in den vorherigen Stand ist jedoch nach den allgemeinen Regeln möglich.[25] Überschreitet der Gläubiger die Frist, werden seine Einwendungen nicht mehr berücksichtigt.[26] Eine verspätete Ablehnung gilt daher als Zustimmung. Die Ablehnung des Planes bedarf keiner Begründung.[27] Die Stellungnahme hat schriftlich zu erfolgen und ist mit eigenhändiger Unterschrift des Gläubigers oder seines Verfahrensbevollmächtigten zu versehen.[28] Hat ein Gläubiger den Plan zunächst abgelehnt, kann er ihm auch nach Ablauf der Monatsfrist nachträglich noch zustimmen.[29] Eine Zustimmung mit gleichzeitigen Ergänzungswünschen ist gem. § 150 Abs. 2 BGB keine Zustimmung[30]. Eine einmal erteilte Zustimmung kann nicht widerrufen werden, da es sich um eine unwiderrufliche Prozesshandlung handelt.[31] Reagiert der Gläubiger gar nicht, erteilt er durch sein Schweigen die Zustimmung zum Plan und akzeptiert die in den Plan eingestellte Forderungshöhe. Hat der Gläubiger weitere Forderungen gegen den Schuldner, ohne diese mitzuteilen, verliert er diese gem. § 308 Abs. 2 S. 2.

---

21 Uhlenbruck/*Vallender* Rn. 57.
22 AG Hamburg 25.02.2000, 68d IK 36/99, NZI 2000, 283.
23 Uhlenbruck/*Vallender* Rn. 54.
24 Uhlenbruck/*Vallender* Rn. 31.
25 Uhlenbruck/*Vallender* Rn. 32; FK-InsO/*Grote* Rn. 9.
26 LG Aachen 20.02.2009, 6 T 13/09.
27 HambK-InsR/*Streck* Rn. 7; Uhlenbruck/*Vallender* Rn. 53.
28 HambK-InsR/*Streck* Rn. 6; HK-InsO/*Landfermann* Rn. 10, 11.
29 BGH 12.01.2006, IX ZB 140/04, ZInsO 2006, 206.
30 Uhlenbruck/*Vallender* Rn. 56.
31 Uhlenbruck/*Vallender* Rn. 51.

IV. Änderungen oder Ergänzungen des Schuldenbereinigungsplanes

14 Nach Ablauf der Monatsfrist des § 307 Abs. 1 wertet das Gericht die vorliegenden Stellungnahmen der Gläubiger aus. Haben alle Gläubiger dem Plan zugestimmt, ist dieser zustande gekommen. Eine Änderung des Planes kommt dann nicht mehr in Frage, das Gericht hat vielmehr die Annahme des Plans nach § 308 Abs. 1 S. 1 zu beschließen. Liegen Ablehnungen vor, kann das Gericht dem Schuldner gem. § 307 Abs. 3 die Gelegenheit einräumen, einen abgeänderten Schuldenbereinigungsplan vorzulegen. Die Entscheidung des Gerichts liegt in seinem pflichtgemäßen Ermessen.[32] Bestehen konkrete Anhaltspunkte dafür, dass eine Einigung über einen geänderten Schuldenbereinigungsplan zustande kommen könnte, ist das Insolvenzgericht verpflichtet, nach § 307 Abs. 3 vorzugehen.[33] Eine Verpflichtung des Schuldners, einen geänderten Plan vorzulegen, besteht aber nicht.[34] Der Schuldner kann auch nicht zur Stellungnahme zu den Gegenäußerungen der Gläubiger gezwungen werden[35]. Auch eine zweite Abänderung des Schuldenbereinigungsplanes kann sinnvoll sein und ist zulässig.[36]

15 Die Fristsetzung liegt im Ermessen des Gerichts und sollte angemessen sein.[37] Änderungen des Plans sind grds erneut allen Gläubigern zuzustellen. Erscheint diese Zustellung allerdings unnötig, weil der Gläubiger bspw. in seiner Stellungnahme bereits seine Zustimmung für den Fall erklärt, dass eine bestimmte Klausel aufgenommen wird, kann sie unterbleiben. Führt die Nachbesserung durch den Schuldner nicht zur Einigung oder zu einer Zustimmungsersetzung nach § 309 Abs. 1, so ist das Schuldenbereinigungsplanverfahren gescheitert und der Eröffnungsantrag des Schuldners ist von Amts wegen wieder aufzunehmen. Das Gleiche gilt, wenn der Schuldner nicht innerhalb der ihm gesetzten Frist reagiert.

16 Wird den Gläubigern ein geänderter Plan zugestellt, gelten gem. Abs. 3 S. 3 wiederum die Monatsfrist und die Rechtsfolgen hinsichtlich eines Schweigens und der mitgeteilten Forderungshöhe.

V. Rechtsbehelfe

17 Rechtsbehelfe gegen die Entscheidung des Gerichts nach § 307 sind gem. § 6 nicht gegeben.[38] Dem Gläubiger ist gegen die Fristversäumung der Notfrist des Abs. 1 die Wiedereinsetzung in den vorigen Stand gem. § 233 ZPO eröffnet. Wird die Wiedereinsetzung abgelehnt, ist hiergegen ein Rechtsbehelf nicht gegeben, da dieser dem Schuldner auch in der Hauptsache nicht zusteht.[39]

§ 308 Annahme des Schuldenbereinigungsplans

(1) Hat kein Gläubiger Einwendungen gegen den Schuldenbereinigungsplan erhoben oder wird die Zustimmung nach § 309 ersetzt, so gilt der Schuldenbereinigungsplan als angenommen; das Insolvenzgericht stellt dies durch Beschluss fest. Der Schuldenbereinigungsplan hat die Wirkung eines Vergleichs im Sinne des § 794 Abs. 1 Nr. 1 der Zivilprozessordnung. Den Gläubigern und dem Schuldner ist eine Ausfertigung des Schuldenbereinigungsplans und des Beschlusses nach Satz 1 zuzustellen.

(2) Die Anträge auf Eröffnung des Insolvenzverfahrens und auf Erteilung von Restschuldbefreiung gelten als zurückgenommen.

---

32 BGH 12.01.2006, IX ZB 140/04, ZInsO 2006, 206.
33 BGH 12.01.2006, IX ZB 140/04, ZInsO 2006, 206.
34 FK-InsO/*Grote* Rn. 15 f.
35 HambK-InsR/*Streck* Rn. 14.
36 LG Hannover 08.12.2000, 20 T 2104/00, ZIP 2001, 208.
37 FK-InsO/*Grote* Rn. 22 f.
38 FK-InsO/*Grote* Rn. 27.
39 Uhlenbruck/*Vallender* Rn. 34.

(3) Soweit Forderungen in dem Verzeichnis des Schuldners nicht enthalten sind und auch nicht nachträglich bei dem Zustandekommen des Schuldenbereinigungsplans berücksichtigt worden sind, können die Gläubiger von dem Schuldner Erfüllung verlangen. Dies gilt nicht, soweit ein Gläubiger die Angaben über seine Forderung in dem beim Insolvenzgericht zur Einsicht niedergelegten Forderungsverzeichnis nicht innerhalb der gesetzten Frist ergänzt hat, obwohl ihm der Schuldenbereinigungsplan übersandt wurde und die Forderung vor dem Ablauf der Frist entstanden war; insoweit erlischt die Forderung.

Übersicht

	Rdn.			Rdn.
A. Normzweck	1		1. Nichterbringung der im Plan vereinbarten Leistungen	12
B. Tatbestandsvoraussetzungen	2		2. Wesentliche Veränderung der Verhältnisse	13
I. Verfahren	2			
II. Bestand und Wirkungen des Plans	5			
III. Durchsetzung des Planes	10	V.	Nicht im Plan enthaltene Forderungen	14
IV. Störungen in der Planabwicklung	12			

A. Normzweck

§ 308 regelt die Wirkungen eines Planes, wenn nach Durchführung des Verfahrens gem. § 307 ein Plan mit oder ohne Zustimmungsersetzung (§ 309) zustande kommt. Der Schuldenbereinigungsplan hat nach dem Willen des Gesetzgebers die Wirkung eines Prozessvergleichs gem. § 794 Abs. 1 Nr. 1 ZPO und wird damit in seinen Wirkungen ausdrücklich nicht dem Plan im Regelinsolvenzverfahren gleichgestellt.[1] Dies hat vor allen Dingen Auswirkungen hinsichtlich der nicht beteiligten Gläubiger. Während diese in einen Plan im Regelinsolvenzverfahren gem. § 254 Abs. 1 S. 3 miteinbezogen werden, ist dies im Plan im Verbraucherinsolvenzverfahren gem. § 308 Abs. 3 nicht der Fall. Das Planverfahren bietet dem Schuldner daher im Vergleich mit dem Restschuldbefreiungsverfahren, das gem. § 301 Abs. 1 ausdrücklich auch die Entschuldung gegenüber den nicht beteiligten Gläubigern beinhaltet, nur in seltenen Fällen eine Alternative. Sobald der Schuldner nicht ganz sicher sein kann, alle Gläubiger angegeben zu haben, wird er den Weg ins Planverfahren nicht wählen. Wohl vorrangig aus diesem Grund sind 2007 bei 105.238 Verbraucherinsolvenzverfahren[2] lediglich 1.792 Schuldenbereinigungspläne[3] in Kraft getreten. § 308 Abs. 2 dient dem Gläubigerschutz und soll die Beteiligung der Gläubiger am Planverfahren fördern.[4] 1

B. Tatbestandsvoraussetzungen

I. Verfahren

Der Plan kommt nur zustande, wenn alle Gläubiger zustimmen.[5] Die Zustimmung kann durch ausdrückliche Erklärung, gem. § 307 Abs. 2 durch Schweigen oder durch die Zustimmungsersetzung gem. § 309 erfolgen. Es gilt somit nicht das Mehrheitsprinzip des Planverfahrens in der Regelinsolvenz, sondern das Einstimmigkeitsprinzip.[6] Dies kann wegen der höheren Anforderungen an das Zustandekommen eines Planes in der Verbraucherinsolvenz durchaus kritisch gesehen werden. 2

Das Insolvenzgericht stellt durch deklaratorischen Beschluss[7] fest, dass der Plan angenommen wurde. Es prüft den Plan zuvor grds nicht inhaltlich und kann ihn nicht umgestalten,[8] sondern es prüft nur das Vorliegen der Voraussetzungen des Zustandekommens. Einen Plan mit sittenwidrigem In- 3

---

1 HK-InsO/*Landfermann* Rn. 1.
2 Statistisches Bundesamt Pressemitteilung Nr. 98 v. 07.03.2008 www.destatis.de.
3 HK-InsO/*Landfermann* Rn. 8.
4 Uhlenbruck/*Vallender* Rn. 1.
5 HambK-InsR/*Streck* Rn. 2.
6 Uhlenbruck/*Vallender* Rn. 2.
7 HambK-InsR/*Streck* Rn. 4; Uhlenbruck/*Vallender* Rn. 8.
8 Uhlenbruck/*Vallender* Rn. 6.

halt muss das Gericht allerdings ablehnen.[9] Auch bei der Prüfung einer möglichen Sittenwidrigkeit wird das Gericht aber Zurückhaltung zu üben haben und zunächst die Vertragsfreiheit der Beteiligten beachten müssen. Fraglich ist, wo in der Praxis dann die Grenzen zur Sittenwidrigkeit überschritten sind. *Vallender* nennt das Beispiel des Verzichts auf zukünftigen Unterhalt.[10] Auch die Zurverfügungstellung höherer Beträge aus dem Unpfändbaren, insb. aus sozialrechtlichen Leistungen zur Sicherung des Existenzminimums, dürften zweifelhaft sein, da hierdurch einerseits der Lebensunterhalt des Schuldners gefährdet und andererseits existenzsichernde Sozialleistungen zur Schuldenregulierung eingesetzt werden.

4 Das Gericht stellt Gläubigern und Schuldner eine Ausfertigung des Planes zu. Die Einschränkung des § 307 Abs. 1 S. 3 gilt hierbei nicht, die Zustellung kann also auch durch Aufgabe zur Post und durch den Treuhänder erfolgen.[11] Der Plan besteht aus dem Beschluss des Gerichts gem. § 308 Abs. 1 S. 1 2. Hs. i.V.m. mit einem Auszug aus dem Schuldenbereinigungsplan.[12] Die Anträge auf Eröffnung des Insolvenzverfahrens auch eines Gläubigers und der Antrag auf Erteilung der Restschuldbefreiung gelten gem. Abs. 2 als zurückgenommen. Wird der Plan später wegen Willensmängeln angefochten, wird der Beschluss gegenstandslos.[13] Sicherungsmaßnahmen sind aufzuheben.[14] Ein Rechtsmittel gegen den Beschluss ist nach § 6 nicht gegeben.[15] Das Schuldenbereinigungsplanverfahren ist hinsichtlich der Stundung der Verfahrenskosten gem. § 4a Abs. 1 S. 2 ein eigener Verfahrensabschnitt. Auch bei Zustandekommen eines Planes greift daher bei Vorliegen der Voraussetzungen die Verfahrenskostenstundung.[16] Die vierjährige Frist aus § 4b beginnt dann mit der gerichtlichen Feststellung.[17]

II. Bestand und Wirkungen des Plans

5 Der Plan kommt als Vertrag zustande,[18] der die Forderungen der Gläubiger materiell-rechtlich umgestaltet.[19] Die ursprüngliche Forderung des Gläubigers wird durch den Plan in eine Einmalzahlung in bestimmter Höhe oder in feste oder flexible monatliche Raten über eine festgelegte Laufzeit umgewandelt. Ursprünglich sittenwidrige Forderungen eines Gläubigers, bspw. überhöhte Zinsforderungen, bleiben aber auch nach der Umwandlung durch den Plan sittenwidrig, wenn es sich nicht um einen erkennbar besonderen Vergleich zwischen Schuldner und Gläubiger handelt.[20]

6 Die allgemeinen Regeln der Anfechtung gem. §§ 119 ff. BGB sind auf den Abschluss des Vertrages über den Schuldenbereinigungsplan anzuwenden.[21] Auch ein Schweigen auf den zugesandten Plan kann angefochten werden,[22] da es gem. § 307 Abs. 2 einer ausdrücklichen Willenserklärung gleichgestellt wird. Beispiele sind das Verschweigen noch vorhandener Vermögenswerte oder die Täuschung über den Beschäftigungsstatus durch den Schuldner.[23] Da der Insolvenzantrag nach Beschluss des Gerichts gem. Abs. 2 als zurückgenommen gilt, mag an der Zuständigkeit des Insolvenzgerichts für die Entscheidung über die Anfechtbarkeit gezweifelt werden. Da es im Kern aber um

---

9 FK-InsO/*Grote* Rn. 20; HambK-InsR/*Streck* Rn. 4; Uhlenbruck/*Vallender* Rn. 6; HK-InsO/*Landfermann* Rn. 15.
10 Uhlenbruck/*Vallender* Rn. 6.
11 HambK-InsR/*Streck* Rn. 6; HK-InsO/*Landfermann* Rn. 10.
12 Uhlenbruck/*Vallender* Rn. 13.
13 Uhlenbruck/*Vallender* Rn. 10; HK-InsO/*Landfermann* Rn. 15.
14 HK-InsO/*Landfermann* Rn. 15.
15 Uhlenbruck/*Vallender* Rn. 11.
16 AG Hamburg 06.04.2009, 68g IK 605/08, ZVI 2009, 268.
17 AG Hamburg 06.04.2009, 68g IK 605/08, ZVI 2009, 268.
18 Uhlenbruck/*Vallender* Rn. 3.
19 HK-InsO/*Landfermann* Rn. 11.
20 FK-InsO/*Grote* Rn. 9.
21 HK-InsO/*Landfermann* Rn. 11; Uhlenbruck/*Vallender* Rn. 4.
22 Uhlenbruck/*Vallender* Rn. 4.
23 Uhlenbruck/*Vallender* Rn. 4.

die Frage geht, ob der Schuldenbereinigungsplan zustande gekommen ist,[24] und da zudem das Insolvenzgericht das sachnähere Gericht ist,[25] ist die Zuständigkeit gegeben.[26]

Ein Kündigungsrecht des Schuldners oder des Gläubigers besteht nur, wenn dies ausdrücklich vereinbart wurde.[27] Auch die Möglichkeit einer Aufrechnung muss ausdrücklich vereinbart sein, ansonsten besteht sie nicht.[28] Die Leistungsklage eines Gläubigers bleibt solange zulässig, bis der Plan zustande gekommen ist.[29] Das Insolvenzgericht entscheidet über Streitfragen aus dem Plan, bspw. über die Frage in welchem Umfang Arbeitseinkommen des Schuldners pfändbar ist.[30]

Sicherheiten werden durch den Plan so betroffen, wie es in ihm ausdrücklich geregelt ist.[31] Der Plan muss hierzu gem. § 305 Abs. 1 Nr. 4 Hs. 3 eine Erklärung enthalten, die das Gericht ggf über § 305 Abs. 3 nachzufordern hat. Akzessorische Sicherheiten wie Hypothek, Bürgschaft oder Pfändungspfandrecht sind an die Forderungen geknüpft und gehen mit ihr unter, wenn nichts anderes im Plan geregelt ist.[32] § 254 Abs. 2 gilt weder direkt noch analog.[33] Vor dem Hintergrund der Regelung des § 301 Abs. 2, der hier nicht gilt, werden die Gläubiger aber eine entsprechende Regelung zum Bestand der Sicherheiten im Plan verlangen. Enthält der Plan die Regelung nicht, kann die Zustimmung gem. § 309 Abs. 1 Nr. 2 nicht ersetzt werden.

Die Wirkung des Planes gegenüber Mitverpflichteten ist für den Schuldner hinsichtlich der angestrebten vollständigen Entschuldung, die ihm im Restschuldbefreiungsverfahren gem. § 301 Abs. 2 S. 2 gewährt wird, eine wichtige Frage. Soll der Plan nach seinem Inhalt auch gegenüber Mitverpflichteten gelten, liegt eine Abweichung von § 301 Abs. 2 vor, die eine Ersetzung der Zustimmung gem. § 309 Abs. 1 Nr. 2 unmöglich macht. Ist keine Regelung im Plan enthalten, kann sich im Wege der Auslegung eine Einbeziehung zumindest der Mithaftenden ergeben, die Rückgriffsansprüche gegen den Schuldner haben.[34]

III. Durchsetzung des Planes

Die Durchsetzung des Schuldenbereinigungsplanes erfolgt durch die Gläubiger über die Zwangsvollstreckung. Vollstreckungstitel ist der Beschluss des Gerichts gem. § 308 Abs. 1 2. Hs. i.V.m. mit einem Auszug aus dem Schuldenbereinigungsplan.[35] Bei einem flexiblen Plan, in dem der Schuldner seine pfändbaren Einkommensanteile zur Verfügung stellt, kann der Gläubiger seine im Plan ausgewiesene Quote an den pfändbaren Einkommensanteilen ggf über die Forderungspfändung einziehen.

Der Schuldner muss den Plan, vor allen Dingen wohl ein an § 89 Abs. 1 angelehntes Zwangsvollstreckungsverbot, über die Vollstreckungsabwehrklage gem. § 767 ZPO durchsetzen. Allein das Vorliegen eines gerichtlichen Schuldenbereinigungsplanes führt nicht zur Einstellung der Zwangsvollstreckung gem. § 775 Nr. 1 ZPO.[36] Der Schuldenbereinigungsplan sollte hinsichtlich der Einstellung und Untersagung der Zwangsvollstreckung eine entsprechende Klausel enthalten.

---

24 AG Mönchengladbach 18.11.2008, 19 IK 11/08, ZVI 2009, 150.
25 Vgl. BGH 21.02.2008, IX ZR 202/06, ZInsO 2008, 506.
26 Uhlenbruck/*Vallender* Rn. 5a.
27 LG Hechingen 06.08.2004, 3 S 21/04, ZInsO 2005, 49; Uhlenbruck/*Vallender* Rn. 26; FK-InsO/*Grote* Rn. 11.
28 FG Düsseldorf 08.12.2006, 18 K 2707/05 AO, EFG 2007, 738.
29 BGH 09.07.2009, IX ZR 29/09, ZVI 2009, 269.
30 BGH 21.02.2008, IX ZR 202/06, ZInsO 2008, 506.
31 Uhlenbruck/*Vallender* Rn. 17; HambK-InsR/*Streck* Rn. 5.
32 Uhlenbruck/*Vallender* Rn. 18.
33 FK-InsO/*Grote* Rn. 2; HK-InsO/*Landfermann* Rn. 1.
34 FK-InsO/*Grote* Rn. 2; Uhlenbruck/*Vallender* Rn. 22.
35 Uhlenbruck/*Vallender* Rn. 13.
36 BGH 14.07.2011, VII ZB 118/09, ZInsO 2011, 1711.

IV. Störungen in der Planabwicklung

1. Nichterbringung der im Plan vereinbarten Leistungen

12 Erfüllt der Schuldner seine Verpflichtungen aus dem Plan nicht, gilt zunächst § 255 weder direkt noch analog, da der Schuldenbereinigungsplan einem Plan im Regelinsolvenzverfahren gerade nicht gleichgestellt ist.[37] Ein Kündigungsrecht des Gläubigers besteht nur, wenn dies im Plan ausdrücklich vereinbart wurde,[38] denn auch der gerichtlichen Vergleich, dem der Plan gem. Abs. 1 S. 2 entspricht, kann ohne entsprechende Zusatzvereinbarungen nicht aufgekündigt werden. Auch die §§ 295 und 296 können nur entsprechend angewandt werden, wenn ihre Geltung vereinbart wurde. Gleiches gilt für § 498 BGB, der einen anderen gesetzlichen Hintergrund hat.[39] Vor allen Dingen Gläubiger sollten daher darauf achten, dass entsprechende Kündigungsklauseln in den Plan aufgenommen werden.[40] Ansonsten bleibt ihnen im Fall der Nichtleistung nur die Möglichkeit, aus dem Schuldenbereinigungsplan die Zwangsvollstreckung zu betreiben.

2. Wesentliche Veränderung der Verhältnisse

13 Sowohl aus Gläubiger- als auch Schuldnersicht kann eine Anpassung des Planes bei Änderung der wirtschaftlichen Verhältnisse des Schuldners erforderlich erscheinen. Der Gesetzgeber hat diese Anpassungsmöglichkeit allerdings abgelehnt, um eine übermäßige Belastung der Gerichte zu vermeiden, und nicht in das Gesetz aufgenommen. Er hat es für ausreichend gehalten, dass die Vertragsparteien Anpassungsklauseln in den Plan aufnehmen können.[41] Die h.M.[42] nimmt gleichwohl die Möglichkeit der Anpassung an, die in der Praxis allerdings keine Bedeutung hat.

V. Nicht im Plan enthaltene Forderungen

14 Gläubiger, die im Forderungsverzeichnis nach § 305 Abs. 1 Nr. 3 nicht oder nicht vollständig angegeben worden sind, werden nach § 308 Abs. 3 S. 1 vom Schuldenbereinigungsplan nicht erfasst. Sie können ihre Forderungen, insoweit sie nicht verjährt oder verwirkt[43] sind, weiterhin gegen den Schuldner geltend machen. Unerheblich ist hierbei, ob die Gläubiger auf andere Art und Weise als durch Zustellung vom Plan Kenntnis erlangt haben,[44] da es Sache des Schuldners ist, die beteiligten Gläubiger anzugeben und so in das Planverfahren einzubeziehen.[45] Ist dem Schuldner eine vollzogene Abtretung der Forderung allerdings nicht bekannt, muss sich der Zessionar gem. § 407 Abs. 1 BGB das bisherige Verhalten des Zedenten anrechnen lassen.[46]

15 Allerdings müssen die Gläubiger, die am Planverfahren teilnehmen, hierfür eine ihrer Ansicht nach unzutreffende bspw. zu niedrige Angabe zu ihrer Forderung gem. § 308 Abs. 3 S. 2 ergänzen. Unterbleibt die Ergänzung, verliert der Gläubiger die Forderung. Auch Großgläubiger, bspw. größere Unternehmen oder Gebietskörperschaften, haben hierbei in eigener Verantwortung sämtliche Forderungen zu prüfen und ggf zu ergänzen.[47] Ändert der Schuldner dann auf die Ergänzung den Plan nicht, bleibt dem Gläubiger die weitergehende Forderung erhalten.[48]

---

37 HK-InsO/*Landfermann* Rn. 14; Uhlenbruck/*Vallender* Rn. 26; a.A. LG Hannover 28.01.2004, 20 T 68/03, NZI 2004, 389 = ZVI 2005, 49.
38 LG Hechingen 06.08.2004, 3 S 21/04, ZInsO 2005, 49; Uhlenbruck/*Vallender* Rn. 25.
39 FK-InsO/*Grote* Rn. 12; a.A. AG Heilbronn 16.07.2009, 13 IK 769/08, ZVI 2010, 260.
40 Uhlenbruck/*Vallender* Rn. 26; FK-InsO/*Grote* Rn. 11.
41 BT-Drucks. 12/7302, 193.
42 Uhlenbruck/*Vallender* Rn. 15; HK-InsO/*Landfermann* Rn. 13; wohl auch BGH 21.02.2008, IX ZR 202/06, NZI 2008, 384; a.A. HambK-InsR/*Streck* Rn. 5.
43 FK-InsO/*Grote* Rn. 15.
44 HambK-InsR/*Streck* Rn. 8; HK-InsO/*Landfermann* Rn. 16.
45 HK-InsO/*Landfermann* Rn. 16.
46 Uhlenbruck/*Vallender* Rn. 34; FK-InsO/*Grote* 16.
47 HK-InsO/*Landfermann* Rn. 17; LG Berlin 09.08.2005, 13 O 130/05, ZInsO 2005, 946.
48 HambK-InsR/*Streck* Rn. 10.

§ 309 Ersetzung der Zustimmung

(1) Hat dem Schuldenbereinigungsplan mehr als die Hälfte der benannten Gläubiger zugestimmt und beträgt die Summe der Ansprüche der zustimmenden Gläubiger mehr als die Hälfte der Summe der Ansprüche der benannten Gläubiger, so ersetzt das Insolvenzgericht auf Antrag eines Gläubigers oder des Schuldners die Einwendungen eines Gläubigers gegen den Schuldenbereinigungsplan durch eine Zustimmung. Dies gilt nicht, wenn
1. der Gläubiger, der Einwendungen erhoben hat, im Verhältnis zu den übrigen Gläubigern nicht angemessen beteiligt wird oder
2. dieser Gläubiger durch den Schuldenbereinigungsplan voraussichtlich wirtschaftlich schlechter gestellt wird, als er bei der Durchführung des Verfahrens über die Anträge auf Eröffnung des Insolvenzverfahrens und Erteilung von Restschuldbefreiung stünde; hierbei ist im Zweifel zugrunde zu legen, dass die Einkommens-, Vermögens- und Familienverhältnisse des Schuldners zum Zeitpunkt des Antrags nach Satz 1 während der gesamten Dauer des Verfahrens maßgeblich bleiben.

(2) Vor der Entscheidung ist der Gläubiger zu hören. Die Gründe, die gemäß Absatz 1 Satz 2 einer Ersetzung seiner Einwendungen durch eine Zustimmung entgegenstehen, hat er glaubhaft zu machen. Gegen den Beschluss steht dem Antragssteller und dem Gläubiger, dessen Zustimmung ersetzt wird, die sofortige Beschwerde zu. § 4a Abs. 2 gilt entsprechend.

(3) Macht ein Gläubiger Tatsachen glaubhaft, aus denen sich ernsthafte Zweifel ergeben, ob eine vom Schuldner angegebene Forderung besteht oder sich auf einen höheren oder niedrigeren Betrag richtet als angegeben, und hängt vom Ausgang des Streits ab, ob der Gläubiger im Verhältnis zu den übrigen Gläubigern angemessen beteiligt wird (Absatz 1 Satz 2 Nr. 1), so kann die Zustimmung dieses Gläubigers nicht ersetzt werden.

Übersicht

		Rdn.			Rdn.
A.	Normzweck	1	2.	Wirtschaftliche Schlechterstellung gem. Abs. 1 S. 2 Nr. 2	10
B.	Tatbestandsvoraussetzungen	2		a) Feststellung der wirtschaftlichen Schlechterstellung	10
I.	Verfahrensablauf	2		b) Einzelfälle aus der Rechtsprechung	14
II.	Antrag des Schuldners oder eines Gläubigers	3	3.	Zweifel am Bestand einer Forderung gem. Abs. 3	18
III.	Die Kopf- und Summenmehrheit	5	4.	Glaubhaftmachung der Ausschlussgründe	21
	1. Kopfmehrheit	6			
	2. Summenmehrheit	7	V.	Verfahren, Rechtsmittel und Vergütung	25
IV.	Ausschluss der Zustimmungsersetzung	8			
	1. Fehlende Angemessenheit gem. Abs. 1 S. 2 Nr. 1	9			

A. Normzweck

Die Möglichkeit des Gerichts, die Ablehnung des Planes durch einzelne Gläubiger durch eine Zustimmung zu ersetzen, soll das zentrale Anliegen des Gesetzgebers fördern, in den Verbraucherinsolvenzverfahren eine möglichst hohe Zahl von gütlichen Einigungen zu erreichen, um so die Gerichte zu entlasten.[1] Sie gewährleistet auch, dass sinnvolle und wirtschaftlich angemessene Schuldenbereinigungspläne nicht an der Verweigerung einzelner Gläubiger scheitern.[2] Die Vorschrift greift hierzu Merkmale des Planverfahrens der Regelinsolvenz auf und lässt das Überstimmen ablehnender Gläubiger zu. Das Obstruktionsverbot des § 245 gilt allerdings im Schuldenbereinigungsplanverfahren nicht.[3] Eine lebhafte Rechtsprechung bis etwa zum Jahre 2004 macht deutlich, dass sich die Praxis mit dem Verfahren zunächst durchaus auseinandergesetzt und es auch genutzt hat. Die Anzahl der tatsächlich zustande ge-

1

---

[1] HK-InsO/*Landfermann* Rn. 1.
[2] BT-Drucks. 12/7302, 192; FK-InsO/*Grote* Rn. 1; Uhlenbruck/*Vallender* Rn. 2.
[3] FK-InsO/*Grote* Rn. 4.

kommenen Schuldenbereinigungspläne ist aber, vor allen Dingen wohl wegen der fehlenden Möglichkeit der Einbeziehung unbekannter Gläubiger, gering geblieben (vgl. § 308 Rdn. 1).

B. Tatbestandsvoraussetzungen

I. Verfahrensablauf

2 Das Gericht wertet zunächst die Stellungnahmen der Gläubiger zum übersandten Schuldenbereinigungsplan aus. Eine Zustimmung kann gem. § 307 durch ausdrückliche Erklärung oder durch Schweigen erfolgen. Stellt das Gericht die zweifache Mehrheit der Köpfe und der Forderungssummen der zustimmenden Gläubiger fest und liegt ein Antrag auf Zustimmungsersetzung vor, hat das Gericht zunächst gem. Abs. 2 S. 1 die Gläubiger anzuhören, deren Zustimmung ersetzt werden soll. Äußern sich diese Gläubiger nicht, hat das Gericht ohne weitere Prüfungen die Zustimmung zu ersetzen. Eine Prüfung des Planes auf mögliche Ersetzungshemmnisse von Amts wegen erfolgt nicht.[4] Liegen Rückäußerungen vor, hat das Gericht zunächst die erforderliche Glaubhaftmachung, und wenn diese vorliegt, die gegen die Zustimmungsersetzung vorgetragenen Gründe zu prüfen. Im Rahmen des Verfahrens über die Zustimmungsersetzung sind die Gläubiger auch mit dem Vortrag zu hören, die Kopf- und Summenmehrheit sei nicht erreicht.[5] Anschließend erfolgt gem. Abs. 2 die Zustimmungsersetzung oder deren Ablehnung durch Beschluss, gegen den die sofortige Beschwerde gegeben ist.

II. Antrag des Schuldners oder eines Gläubigers

3 Die Zustimmungsersetzung erfolgt gem. § 309 Abs. 1 S. 1 nur auf nicht an eine Form[6] gebundenen Antrag eines Gläubigers oder des Schuldners. Der Antrag kann jederzeit, auch noch bis zur Rechtskraft der Verfahrenseröffnung, gestellt werden.[7] Der gestellte Antrag auf Zustimmungsersetzung kann bis zur Rechtskraft der Entscheidung über die Zustimmungsersetzung zurückgenommen werden.[8] Dies folgt schon aus § 13 Abs. 2, da während des Schuldenbereinigungsplanverfahrens auch der Insolvenzantrag noch zurückgenommen werden kann. Aus Schuldnersicht kann die Rücknahme angebracht sein, wenn bislang am Verfahren nicht beteiligte Gläubiger bekannt werden. Liegt kein Antrag vor, hat das Gericht trotz Vorliegens der Kopf- und Summenmehrheit der Gläubiger das ruhende Insolvenzeröffnungsverfahren wieder aufzunehmen und es fortzusetzen.

4 Wird der gestellte Antrag zunächst zurückgenommen und dann erneut gestellt, sollte vom Normzweck der erstrebten Entlastung der Gerichte her bis zur Rechtskraft des Eröffnungsbeschlusses wieder in das Zustimmungsersetzungsverfahren eingetreten werden, soweit kein offensichtlicher Missbrauch des Verfahrens vorliegt. Dass hierfür die Zustimmung der Gläubiger erforderlich sein soll,[9] die ggf Einwendungen gegen den Plan erhoben haben, überzeugt nicht, da über diese Einwendungen noch nicht entschieden wurde.

III. Die Kopf- und Summenmehrheit

5 Entgegen dem insoweit unklaren Wortlaut des Abs. 1 S. 1 ist auch die Zustimmungsersetzung mehrerer Gläubiger und nicht nur eines Gläubigers möglich.[10] Eine Pattsituation genügt zum Erreichen der Mehrheit nicht.[11]

---

4 FK-InsO/*Grote* Rn. 5; OLG Köln Beschl. 09.02.2001, 2 W 19/01, NZI 2001, 211.
5 BGH 21.10.2004, IX ZB 427/02, ZInsO 2004, 1311.
6 Uhlenbruck/*Vallender* Rn. 23.
7 Uhlenbruck/*Vallender* Rn. 24; LG Göttingen 13.03.2009, 10 T 18/09, NZI 2009, 330.
8 HambK-InsR/*Streck* Rn. 8; Uhlenbruck/*Vallender* Rn. 25; LG Karlsruhe 09.03.2004, 11T 380/03, NZI 2004, 330.
9 Uhlenbruck/*Vallender* Rn. 24; AG Hamburg 30.05.2000, 68a IK 6/00, NZI 2000, 445.
10 FK-InsO/*Grote* Rn. 8; Uhlenbruck/*Vallender* Rn. 29.
11 Uhlenbruck/*Vallender* Rn. 14.

1. Kopfmehrheit

Ein Gläubiger mit mehreren Forderungen hat nur eine Stimme.[12] So zählt eine Gebietskörperschaft nur als ein Gläubiger und hat nur eine Stimme, auch wenn verschiedene ihrer Behörden Ansprüche geltend machen.[13] Ein Gläubiger, bspw. ein Inkassounternehmen, das mehrere Forderungen gegen den Schuldner erworben hat, hat ebenfalls nur eine Stimme.[14] Maßgeblich ist bei der Ermittlung der Kopfmehrheit stets die aktuelle Gläubigeranzahl. Hat der Schuldner bspw. in seinem Insolvenzantrag noch sechs Gläubiger angegeben, verzichtet nach Übersendung des Schuldenbereinigungsplanes aber ein Gläubiger auf seine Forderung, ist er nicht mehr mitzuzählen.[15] Die Kopfmehrheit liegt dann bereits bei drei zustimmenden Gläubigern vor. Auch wenn der Schuldner im Schuldenbereinigungsplanverfahren außergerichtlich mit einzelnen Gläubigern Vergleiche schließt, und diese Gläubiger ihre Forderungen anschließend im gerichtlichen Verfahren nicht mehr geltend machen, werden diese Gläubiger bei der Berechnung der Kopfmehrheit nicht mehr mitberücksichtigt.[16] Ein Vertreter, der mehrere Gläubiger vertritt, kann für jeden vertretenen Gläubiger eine gesonderte Stimme abgeben.[17] Sind mehrere Gläubiger Inhaber einer Forderung, haben sie nur eine Stimme.[18]

6

2. Summenmehrheit

Die Summenmehrheit der Forderungen ist zunächst nach den Angaben des Schuldners im Plan zu berechnen.[19] Einwände eines Gläubigers gegen angegebene Forderungshöhen müssen aber im Verfahren über die Zustimmungsersetzung berücksichtigt werden.[20] Der Gläubiger kann sich daher gegen die Zustimmungsersetzung mit Gründen aus Abs. 1 S. 2 Nr. 1 und Nr. 2, aus Abs. 3 sowie mit dem Vortrag zur Wehr setzen, eine Kopf- oder Summenmehrheit nach Abs. 1 liege nicht vor. Die Forderungen der gesicherten Gläubiger sind mit einzubeziehen, allerdings nur in Höhe ihres voraussichtlichen Ausfalls.[21] Nachrangige Forderungen sind nicht zu berücksichtigen, solange der Gläubiger nicht glaubhaft macht, dass mit einer vollständigen Befriedigung der gewöhnlichen Gläubiger zu rechnen ist.[22]

7

IV. Ausschluss der Zustimmungsersetzung

Die Ersetzung der Zustimmung kann durch das Gericht nur abgelehnt werden, wenn ein Grund aus Abs. 1 S. 2 Nr. 1 und Nr. 2 sowie aus Abs. 3 vorliegt. Die möglichen Ausschlussgründe sind abschließend aufgezählt und können nicht ergänzt werden.[23]

8

1. Fehlende Angemessenheit gem. Abs. 1 S. 2 Nr. 1

Eine nicht angemessene Beteiligung des widersprechenden Gläubigers liegt vor, wenn diesem Gläubiger ohne sachlichen Grund eine niedrigere Befriedigungsquote als den weiteren Gläubigern zukommen soll.[24] Alle Gläubiger sind gem. dem Grundsatz des »par conditio creditorum« gleich zu

9

---

12 Uhlenbruck/*Vallender* Rn. 8; FK-InsO/*Grote* § 309 Rn. 8.
13 So BGH 19.05.2011, IX ZB 27/10, ZInsO 2011, 1251 hinsichtlich des Vergütungsanspruches des Treuhänders.
14 FK-InsO/*Grote* Rn. 8.
15 OLG Karlsruhe 16.03.2000, 9 W 1/00, ZInsO 2000, 238; OLG Braunschweig 19.12.2000, 2 W 268/00, ZInsO 2001, 227.
16 BayObLG 02.08.2001, 4Z BR 11/01, ZInsO 2001, 849.
17 HambK-InsR/*Streck* Rn. 6; Uhlenbruck/*Vallender* Rn. 13.
18 Uhlenbruck/*Vallender* Rn. 12.
19 AG Köln 27.08.1999, 73 IK 15/99, ZIP 2000, 83; Uhlenbruck/*Vallender* Rn. 18.
20 BGH 21.10.2004, IX ZB 427/02, ZInsO 2004, 1311.
21 BGH 17.01.2008, IX ZB 142/07, ZInsO 2008, 327.
22 FK-InsO/*Grote* Rn. 9; BGH 17.01.2008, IX ZB 142/07, ZInsO 2008, 327.
23 Uhlenbruck/*Vallender* Rn. 33.
24 Uhlenbruck/*Vallender* Rn. 40.

behandeln.[25] Eine moralische Bewertung der Forderungen in dem Sinne, dass bestimmte Forderungen, z.B. Unterhaltsforderungen, als höherwertig anzusehen sind, ist nicht zulässig.[26] Eine mathematisch exakte Gleichbehandlung kann allerdings nicht gefordert werden.[27] Die Rechtsprechung hat Abweichungen bis zu 25,00 €[28] oder auch bis zu 50,00 €[29] zugelassen. So können Kleinstgläubigern auch Mindestbeträge zugesichert werden. Die § 245 Abs. 2 zugrunde liegenden Rechtsgedanken können bei der Prüfung einer »angemessenen Beteiligung« herangezogen werden.[30] Verfügt der Gläubiger über Sicherheiten, ist er so zu stellen, wie er bei Verwertung der Sicherheit stünde.[31] Gläubigern, denen eine wirksame Lohnabtretung vorliegt, steht daher mit Blick auf § 114 Abs. 1 das zu, was sie in den ersten zwei Jahren nach Verfahrenseröffnung erhalten würden.

2. Wirtschaftliche Schlechterstellung gem. Abs. 1 S. 2 Nr. 2
a) Feststellung der wirtschaftlichen Schlechterstellung

10 Ein Gläubiger wird durch einen Plan i.S.d. Vorschrift wirtschaftlich schlechter gestellt, wenn im Plan eine Regelung enthalten oder nicht enthalten ist, die zu Lasten des Gläubigers von den Regelungen des gerichtlichen Verfahrens abweicht und der Gläubiger hierdurch konkret schlechter gestellt wird.[32] Gerichtliches Verfahren i.S.d. Vorschrift ist das eröffnete Verfahren und die Laufzeit der Abtretungserklärung (Wohlverhaltensperiode).[33] Trägt ein Gläubiger eine solche wirtschaftliche Schlechterstellung vor, hat das Gericht in einem zweistufigen Verfahren zu prüfen.

11 Zunächst hat das Gericht die abweichende Regelung festzustellen. Dies fällt relativ leicht, wenn bspw. eine Gehaltsabtretung gar nicht berücksichtigt oder die Laufzeit ohne Substitution verkürzt wird. Bei komplexeren Plangestaltungen ist dies u.U. schwieriger. In einem weiteren, vom Gericht auch darzustellenden Prüfungsschritt ist zu ermitteln, ob die abweichende Regelung den Gläubiger voraussichtlich auch tatsächlich konkret wirtschaftlich schlechter stellt, als er bei Durchführung des Verfahrens stünde.[34] Bei dieser weiteren Prüfung sind gem. Abs. 1 S. 2 Nr. 2 2. Hs. im Zweifel für die gesamte Laufzeit des gerichtlichen Verfahrens die Einkommensverhältnisse des Schuldners anzunehmen, die dieser zu Beginn des Ersetzungsverfahrens hat. Aus dem unbestimmten Rechtsbegriff »voraussichtlich« ergibt sich für das Gericht ein Prognosespielraum, den es selbstständig auszuüben hat.[35] Es muss den Eintritt der Schlechterstellung für wahrscheinlicher als den Nichteintritt halten, wenn es die Zustimmungsersetzung ablehnt.[36]

12 Legt bspw. ein 67-jährigen Rentner, der nur über deutlich unpfändbare Rentenbezüge und sonst keinerlei Vermögenswerte verfügt, einen Plan vor, der eine § 114 Abs. 1 entsprechende Regelung nicht enthält, wird eine konkrete Schlechterstellung kaum feststellbar sein, denn der Schuldner wird in einem gerichtlichen Verfahren wegen seines geringen Einkommens keinerlei Zahlungen an die Gläubiger zu leisten haben. Somit wird auch die Gehaltsabtretung im Verfahren keinen Ertrag für Gläubiger bringen.

13 Es hat also eine hypothetische Berechnung der im Verfahren für die Gläubiger anfallenden Beträge zu erfolgen und diese sind sodann mit den im Schuldenbereinigungsplan angebotenen Beträgen zu

---

25 HambK-InsR/*Streck* Rn. 10.
26 HambK-InsR/*Streck* Rn. 13.
27 OLG Celle 28.03.2001, 2 W 38/01, ZInsO 2001, 374.
28 LG Berlin 18.07.2001, 86 T 365/01, ZInsO 2001, 857.
29 AG Hamburg 25.02.2000, 68d IK 36/99, NZI 2000, 283.
30 OLG Köln 29.08.2001, 2 W 105/01, ZInsO 2001, 807.
31 Uhlenbruck/*Vallender* Rn. 51.
32 FK-InsO/*Grote* Rn. 25; HK-InsO/*Landfermann* Rn. 17.
33 HambK-InsR/*Streck* Rn. 14.
34 Uhlenbruck/*Vallender* Rn. 60 ff.
35 Uhlenbruck/*Vallender* Rn. 59.
36 Uhlenbruck/*Vallender* Rn. 1.

vergleichen.³⁷ Hierbei ist darauf abzustellen, was die Gläubiger im Verfahren erhalten würden, und nicht auf das, was der Schuldner zu leisten hätte.³⁸ Die voraussichtlich anfallenden Gerichts-, Treuhänder-, und Veröffentlichungskosten sowie der Motivationsrabatt gem. § 292 Abs. 1 sind daher bei der Prognose zu berücksichtigen.³⁹ Damit stellt auch eine Planlaufzeit von unter sechs Jahren die Gläubiger wirtschaftlich nicht zwangsläufig schlechter, wenn berücksichtigt wird, dass gerade in Kleinverfahren die Kostenquote mit ca. 70 % sehr hoch ist.⁴⁰

b) Einzelfälle aus der Rechtsprechung

Da auch Forderungen der Finanzverwaltung gem. § 301 von der Restschuldbefreiung erfasst werden, ist es ebenso zulässig, die Zustimmung der Finanzverwaltung zu einem Schuldenbereinigungsplan zu ersetzen.⁴¹ Die Zustimmung des Finanzamtes zum Plan ist im Übrigen kein Verwaltungsakt.⁴² Die Zustimmung eines Gläubigers, der glaubhaft gemacht hat, dass seine Forderung aus einer vorsätzlich begangenen unerlaubten Handlung stammt, kann nicht ersetzt werden, da eine solche Forderung gem. § 302 auch von der Restschuldbefreiung nicht erfasst wird.⁴³ Die Zustimmung eines Gläubigers, der einen Versagensgrund gem. § 290 Abs. 1 glaubhaft gemacht hat, kann nicht ersetzt werden, wenn die Durchführung des gerichtlichen Verfahrens und die in diesem Verfahren erfolgende Versagung der Restschuldbefreiung den Gläubiger wirtschaftlich günstiger stellt als die Durchführung des Schuldenbereinigungsplanverfahrens.⁴⁴ Dies kann bspw. durchaus zweifelhaft sein, wenn der Schuldner selbst weder über Vermögen noch über pfändbares Einkommen verfügt, im Plan aber Zahlungen mit Hilfe Dritter anbietet. 14

Sieht ein Schuldenbereinigungsplan eine Aufrechnungsmöglichkeit für die Gläubiger nicht vor, folgt hieraus keine wirtschaftliche Schlechterstellung der Gläubiger i.S.d. § 309 Abs. 1 S. 2 Nr. 2,⁴⁵ denn allein aus der Möglichkeit der Aufrechnung in der Wohlverhaltensperiode folgt nicht schon die Schlechterstellung.⁴⁶ Eine Schlechterstellung eines Gläubigers i.S.d. § 309 Abs. 1 Nr. 2 gegenüber der Durchführung des Verfahrens liegt nach dem BGH aber dann vor, wenn im Plan die Verrechnungsmöglichkeit eines Sozialleistungsträgers gem. § 52 SGB I nicht berücksichtigt wird.⁴⁷ Enthält ein Schuldenbereinigungsplan keine Erbfallklausel i.S.d. § 295 Abs. 1 Nr. 2, folgt hieraus keine wirtschaftliche Schlechterstellung der Gläubiger i.S.d. § 309 Abs. 1 2 Nr. 2.⁴⁸ Dies folgt schon daraus, dass der Schuldner im gerichtlichen Restschuldbefreiungsverfahren nicht zur Annahme einer Erbschaft verpflichtet ist.⁴⁹ Auch bei einem Schuldenbereinigungsplan in der Form eines sog. »flexiblen Nullplanes« kann die Zustimmung ablehnender Gläubiger ersetzt werden.⁵⁰ 15

Ein Gläubiger, der bereits eine Gehaltpfändung bewirkt hat, wird durch einen Plan nicht schlechter gestellt, wenn die Pfändung laut Plan so lange wirksam bleibt, wie sie es bei Eröffnung des Verfahrens 16

---

37 Uhlenbruck/*Vallender* Rn. 60.
38 FK-InsO/*Grote* Rn. 26.
39 Uhlenbruck/*Vallender* Rn. 60.
40 S. die Erhebung von *Frind* ZInsO 2011, 169.
41 OLG Köln 28.08.2000, 2 W 37/00, NZI 2000, 596.
42 FG Düsseldorf 08.12.2006, 18 K 2707/05 AO, KKZ 2008, 18; Uhlenbruck/*Vallender* Rn. 5.
43 LG München 04.07.2001, 7 T 2729/01, ZInsO 2001, 720; AG Rosenheim 30.10.2002, IK 163/01, ZVI 2003, 75.
44 BGH 15.07.2004, IX ZB 298/03, ZVI 2004, 756.
45 AG Göttingen 27.02.2001, 74 IK 136/00, ZInsO 2001, 329; OLG Karlsruhe 31.08.2001, 9 W 64/01, ZInsO 2001, 913; a.A. LG Koblenz Beschl. v. 13.06.2000 – 2 T 162/2000 ZInsO 2001, 507; LG Hildesheim 02.11.2004, 7 T 103/04, ZVI 2005, 96.
46 LG Kaiserslautern 03.09.2008, 1 T 118/08, ZVI 2008, 519.
47 BGH 29.05.2008, IX ZB 51/07, ZInsO 2008, 742.
48 OLG Karlsruhe 26.06.2001, 9 W 34/01, NZI 2001, 422.
49 HK-InsO/*Landfermann* § 295 Rn. 14; LG Mainz 23.04.2003, 8 T 79/03, ZInsO 2003, 525.
50 AG Göttingen 14.03.2001, 74 IK 99/99, ZInsO 2001, 527; OLG Stuttgart 28.03.2002, 8 W 560/01, ZVI 2002, 380; offen gelassen: BGH 21.10.2004, IX ZB 427/02, ZVI 2004, 748.

gem. § 114 Abs. 3 auch bliebe.[51] Ein Schuldenbereinigungsplan, der eine Verteilung auf Hauptforderungsbasis vorsieht, steht nur dann mit § 309 Abs. 1 S. 2 Nr. 2 in Einklang, wenn die Verteilung auch gemessen an den Gesamtforderungen der Gläubiger diese gleichbehandelt.[52] Nebenforderungen sind hier den Hauptforderungen gleichrangig.[53] Ein Schuldenbereinigungsplan, der Leistungen aus dem unpfändbaren Einkommensanteil vorsieht, kann die Schuldner nicht schlechter stellen als im gerichtlichen Restschuldbefreiungsverfahren, auch wenn die diesbezüglichen Forderungen der Gläubiger aus dem Schuldenbereinigungsplan nicht vollstreckbar sind.[54] Schuldenbereinigungspläne, die Einmalzahlungen vorsehen, sind grds zustimmungsersetzungsfähig. Dies gilt auch, wenn einzelnen Gläubigern Ratenzahlungen und anderen Einmalzahlungen angeboten werden.[55] Bei der Prüfung einer möglichen wirtschaftlichen Schlechterstellung durch die Einmalzahlung ist die Barwertmethode anzuwenden.[56]

17 Hängt es von der Wirksamkeit oder Unwirksamkeit einer Sicherungsabtretung ab, ob eine wirtschaftliche Schlechterstellung vorliegt, hat das Gericht die betreffende Abtretung im Zustimmungsersetzungsverfahren auf ihre Wirksamkeit hin zu überprüfen.[57] Die Zustimmungsersetzung kann grds auch bei einem Schuldenbereinigungsplan erfolgen, der keine Anpassungsklauseln enthält. Ist eine Verbesserung der Vermögens- oder Einkommensverhältnisse des Schuldners aber bereits absehbar, muss diese im Schuldenbereinigungsplan berücksichtigt werden, um diesen zustimmungsersetzungsfähig zu machen.[58] Die Zustimmung zu einem Schuldenbereinigungsplan, der keine den Regelungen der §§ 295, 296 InsO entsprechenden oder ähnelnden Klauseln enthält, kann nicht ersetzt werden.[59]

3. Zweifel am Bestand einer Forderung gem. Abs. 3

18 Der Streit über das Bestehen einer Forderung oder über ihre Höhe verhindert gem. Abs. 3 die Zustimmungsersetzung. Dieser Streit soll vor den Zivilgerichten und nicht im Insolvenzverfahren geklärt werden.[60] Die Regelung des Abs. 3 will damit zum einen verhindern, dass der Schuldner durch zu niedrig angesetzte oder durch fingierte Forderungen das Planverfahren beeinflusst.[61] Forderungen nahe stehender Personen i.S.d. § 138 Abs. 1 sind aber nicht grds mit einem »ernsthaften Zweifel« behaftet. Auch bei diesen Forderungen müssen Zweifel durch den Gläubiger substantiiert dargelegt und glaubhaft gemacht werden.[62]

19 Der Gläubiger, dessen Zustimmung ersetzt werden soll, kann sich aber nicht nur gegen den Schuldner wenden, sondern er kann auch die für unberechtigt gehaltenen Forderungen anderer Gläubiger bezweifeln, die der Schuldner entsprechend seiner Verpflichtung, die gegen ihn gerichteten Forderungen anzugeben, arglos benannt hat.

20 Der Zweifel muss einen nicht nur geringfügigen Teil der Forderung betreffen, da aus dem Streit über die Forderung eine i.S.d. § 309 Abs. 1 S. 2 Nr. 1 unangemessene Beteiligung folgen muss.[63]

---

51 BGH 22.10.2009, IX ZB 148/05, DZWIR 2010, 116.
52 AG Mönchengladbach 16.03.2000, 32 IK 79/99, ZInsO 2000, 232.
53 AG Stuttgart 15.01.2001, 10 IK 110/00, ZInsO, 2001, 381.
54 *Schäferhoff* ZInsO 2001, 687 (690 II. 2. a).; Uhlenbruck/*Vallender* Rn. 62.
55 OLG Celle 28.03.2001, 2 W 38/01, ZInsO 2001, 374.
56 AG Hamburg 31.08.2000, 68a IK 52/00, ZInsO 2001, 279; s. zur Barwertmethode auch *Reifner/Jung* ZInsO 2000, 12.
57 AG Mönchengladbach 31.10.2000, 32 IK 59/00, ZInsO 2001, 187; a.A. AG Korbach 03.09.2002, 10 IK 22/02, ZVI 2002, 372.
58 OLG Frankfurt 29.03.2000, 26 W 162/99, ZInsO 2000, 288.
59 LG Memmingen 07.03.2000, 4 T 329/00, NZI 2000, 233; LG Lübeck 14.11.2001, 7 T 500/01, ZVI 2002, 10.
60 Uhlenbruck/*Vallender* Rn. 97.
61 FK-InsO/*Grote* Rn. 47.
62 OLG Frankfurt 29.03.2000, 26 W 162/99, ZInsO 2000, 288.
63 FK-InsO/*Grote* § 309 Rn. 47.

4. Glaubhaftmachung der Ausschlussgründe

Die Gläubiger, deren Zustimmungen ersetzt werden sollen, sind zunächst gem. Abs. 2 S. 1 vor der Entscheidung des Gerichts anzuhören. Das Gericht prüft nur, ob der eingereichte Schuldenbereinigungsplan mit den Regelungen des Abs. 1 S. 2 Nr. 1 und Nr. 2 sowie mit Abs. 3 in Einklang steht, wenn die Gläubiger im Rahmen der Anhörung entsprechenden Vortrag leisten und diesen auch glaubhaft machen.[64] Eine Prüfung von Amts wegen findet nicht statt.[65]

Die gerichtliche Entscheidung über die Einwendungen der Gläubiger gegen eine Zustimmungsersetzung lässt sich damit in eine Zulässigkeits- und eine Begründetheitsprüfung aufteilen.[66] »... trägt der Gläubiger nur allgemein seine Unzufriedenheit mit dem vorgelegten Schuldenbereinigungsplan vor, so muss sich das Gericht mit diesem Vorbringen nicht einmal befassen, sondern kann den Antrag auf Abänderung als unzulässig zurückweisen«.[67] Der Amtsermittlungsgrundsatz des § 5 Abs. 1 S. 1 gilt zunächst nicht, sondern greift erst nach Glaubhaftmachung durch den Gläubiger.[68]

Gleiches gilt, wenn ein Gläubiger eine Forderung lediglich bestreitet. Dieses Bestreiten löst keine Prüfung des Gerichts i.S.d. § 309 Abs. 3 oder eine Darlegungsverpflichtung des Schuldners aus. Die Gläubiger müssen die Gründe, die sie gegen die Einwendung vorbringen, im Einzelnen darlegen und glaubhaft machen. Die Darlegung der Gläubiger muss schlüssig und vollständig sein.[69] Für die Schlechterstellung wird es ausreichen, wenn die erforderliche Vergleichsrechnung nach den Informationen vorgenommen wird, die der Schuldner mit seinen Antragsunterlagen gegeben hat.[70] Führt der Gläubiger an, seine Forderung beruhe auf einer vorsätzlich begangenen unerlaubten Handlung des Schuldners, und trägt lediglich zum objektiven Tatbestand vor, reicht dies für eine Darlegung nicht aus. Der Gläubiger muss vielmehr auch darlegen, dass der Schuldner vorsätzlich gehandelt hat.[71] Auch die Nennung abstrakter Straftatbestände, die der Schuldner verwirklicht haben soll, reicht nicht aus.[72]

Die Glaubhaftmachung des § 309 Abs. 2 und Abs. 3 erfordert gem. § 4 InsO, § 294 ZPO, dass eine überwiegende Wahrscheinlichkeit für die behauptete Tatsache spricht.[73] Lediglich plausible Zweifel an dem Vortrag des Schuldners oder an angegebenen Forderungen genügen nicht.[74] Zur Glaubhaftmachung kann sich der Gläubiger gem. §§ 4 InsO, 294 Abs. 1 ZPO aller präsenter[75] Beweismittel und auch der Versicherung an Eides statt bedienen. Ergeben sich allerdings die Gründe, die gegen eine Zustimmungsersetzung sprechen, auch aus dem Vortrag des Schuldners, ist eine gesonderte Glaubhaftmachung nicht erforderlich.[76] Bei widerstreitenden Behauptungen trägt der Gläubiger die volle Beweislast für seinen Vortrag.[77] Ist ein Umstand streitig, der eindeutig in die Sphäre des Schuldners fällt, kann sich aber die Beweislast umkehren. Hat der Schuldner bspw. seinen Geschäftsanteil an einer GmbH im Insolvenzantrag wertmäßig mit 0 € angesetzt und diesen Anteil im Schuldenbereinigungsplan nicht zur Verteilung an die Gläubiger vorgesehen, und die Gläubiger bestreiten im Zustimmungsersetzungsverfahren die Wertlosigkeit des Anteils, ist es Aufgabe des Schuldners,

---

[64] BGH 30.09.2010, IX ZB 145/08, NZI 2010, 948.
[65] OLG Köln 09.02.2001, 2 W 19/01, ZInsO 2001, 230.
[66] Uhlenbruck/*Vallender* Rn. 30.
[67] OLG Köln 09.02.2001, 2 W 19/01, ZInsO 2001, 230; BayObLG 11.12.2000, 4Z BR 21/00, ZInsO 2001, 170.
[68] Uhlenbruck/*Vallender* Rn. 36.
[69] OLG Celle 02.05.2001, 2 W 51/01, ZInsO 2001, 468.
[70] BGH 30.09.2010, IX ZB 145/08, NZI 2010, 948.
[71] LG Göttingen 13.08.2001, 10 T 36/01, ZInsO 2001, 859.
[72] OLG Celle 02.05.2001, 2 W 51/01, ZInsO 2001, 468.
[73] AG Göttingen 22.02.2001, 74 IK 100/00, InVo 2001, 204.
[74] AA *Bruckmann* Verbraucherinsolvenz in der Praxis, S. 85 Rn. 94.
[75] Prütting/Gehrlein/*Laumen* § 294 ZPO Rn. 4.
[76] AG Hameln 19.07.2004, 36 IK 22/04, ZVI 2004, 468.
[77] AG Göttingen 22.02.2001, 74 IK 100/00, InVo 2001, 204.

darzulegen und glaubhaft zu machen, dass der Geschäftsanteil wertmäßig tatsächlich bei Null liegt.[78] Das Gericht ist bei seiner Prüfung auf diejenigen Gründe beschränkt, die glaubhaft gemacht wurden. Es kann nicht von Amts wegen weitere Gründe einbringen.

V. Verfahren, Rechtsmittel und Vergütung

25 Die Entscheidung über die Zustimmungsersetzung ergeht per Beschluss, den der im Insolvenzeröffnungsverfahren gem. § 18 Abs. 1 Nr. 1 RPflG zuständige Richter erlässt.[79]

26 Gem. Abs. 2 S. 3 ist gegen den Beschluss die sofortige Beschwerde gegeben. Sie kann von demjenigen erhoben werden, der die Zustimmungsersetzung beantragt hat, und vom Gläubiger, dessen Zustimmung ersetzt wurde. Gläubigern, die am Zustimmungsersetzungsverfahren nicht beteiligt waren, steht die sofortige Beschwerde nicht zu.[80] Das Beschwerdegericht ist vollwertige zweite Tatsacheninstanz.[81] Das Beschwerdegericht hat von daher neuen Vortrag zuzulassen, kann seine Entscheidung aber auch auf andere Gründe als das Ausgangsgericht stützen. Die unbestimmten Rechtsbegriffe »nicht angemessen beteiligt«, »voraussichtlich wirtschaftlich schlechter gestellt« und »ernsthafte Zweifel« sind im Rechtsbeschwerdeverfahren der §§ 6, 7 voll nachprüfbar.[82] Allerdings ist die Rechtsbeschwerde nach der Streichung[83] des § 7 gem. §§ 4 InsO, 574 Abs. 1 Nr. 2 ZPO nur statthaft, wenn sie durch das Beschwerdegericht zugelassen wurde. Die Nichtzulassung der Beschwerde ist nicht angreifbar.

27 Für die Antragstellung und die Vertretung im Insolvenzeröffnungsverfahren kann der Vertreter des Schuldners gem. RVG VV 3313 eine 1,0-Gebühr als Geschäftsgebühr berechnen. Kommt die Vertretung im Verfahren über den Schuldenbereinigungsplan hinzu, erhöht sich die Gebühr gem. RVG VV 3315 auf 1,5. Der Gegenstandswert folgt gem. § 28 Abs. 1 RVG aus dem Wert der Insolvenzmasse, beträgt aber mindestens 4.000,00 €. Gem. Abs. 2 S. 4 kann dem Schuldner im Beschwerdeverfahren ein Rechtsanwalt beigeordnet werden. Da die Entscheidung über die Stundung aber erst vor Eröffnung und noch nicht im Schuldenbereinigungsplanverfahren erfolgt, ist § 4a Abs. 2 entsprechend anzuwenden.[84] Ist der Rechtsanwalt gem. § 4a Abs. 2 beigeordnet worden, kann er gem. § 4a Abs. 3 Nr. 2 Vergütungsansprüche gegen den Schuldner nicht geltend machen.

28 Für die Antragstellung und die Vertretung im Insolvenzeröffnungsverfahren kann der Vertreter des Gläubigers gem. RVG VV 3314 eine 0,5-Gebühr berechnen. Kommt die Vertretung im Verfahren über den Schuldenbereinigungsplan hinzu, erhöht sich die Gebühr gem. RVG 3316 auf eine 1,0-Gebühr. Der Gegenstandswert folgt gem. § 28 Abs. 2 RVG aus dem Wert der Forderung, wobei die Nebenforderungen mitzurechnen sind.

29 Die Gläubiger haben gem. § 310 keinen Kostenerstattungsanspruch gegen den Schuldner im Schuldenbereinigungsplanverfahren.

§ 310 Kosten

Die Gläubiger haben gegen den Schuldner keinen Anspruch auf Erstattung der Kosten, die ihnen im Zusammenhang mit dem Schuldenbereinigungsplan entstehen.

---

78 AG Göttingen 06.03.2001, 74 IK 57/00, NZI 2001, 269.
79 Uhlenbruck/*Vallender* Rn. 108.
80 BGH 03.12.2009, IX ZB 85/09, VuR 2010, 186.
81 BGH 17.09.2009, IX ZB 62/08, NZI 2009, 864.
82 HK-InsO/*Kirchhof* § 7 Rn. 11.
83 BGBl. I 2011, 2082.
84 BT-Drucks. 14/5680, 32; Uhlenbruck/*Vallender* Rn. 113.

Übersicht

	Rdn.		Rdn.
A. Normzweck	1	B. Tatbestandsvoraussetzungen	2

A. Normzweck

Die Vorschrift soll zum einen Schuldner vor nicht abschätzbaren Kosten schützen, die ihnen eine außergerichtliche Einigung faktisch unmöglich machen würde,[1] denn Gläubiger könnten ihre Kosten der Beauftragung eines Rechtsanwalts oder Inkassounternehmens im Planverfahren nach allgemeinen Grundsätzen als Verzugsschaden geltend machen.[2] Gleichzeitig will die Norm auch eine aktive Gläubigerbeteiligung fördern, indem Kostengesichtspunkte in den Hintergrund treten.[3] Ob die Vorschrift tatsächlich »ungewöhnlich«[4] oder »rechtspolitisch nicht unbedenklich«[5] ist, kann vor dem Hintergrund der hier angestrebten Verbraucherentschuldung bezweifelt werden. Wenn Gläubiger in einem Entschuldungsplan auf zumeist hohe Anteile ihrer Forderung wegen Zahlungsunfähigkeit des Schuldners verzichten sollen, liegt der gleichzeitige Verzicht auf eine Erstattung der mit dem Plan zusammenhängenden Kosten nicht fern. 1

B. Tatbestandsvoraussetzungen

§ 310 erfasst die Kosten der außergerichtlichen und der gerichtlichen Verhandlungen über einen Schuldenbereinigungsplan.[6] Ebenso ggf die Kosten eines Zustimmungsersetzungsverfahrens gem. § 309 einschl. eines Rechtsmittelverfahrens.[7] Diese weite Auslegung folgt schon aus der Zuordnung der Norm zum 2. Abschnitt des Neunten Teils der InsO, aber auch aus ihrem Sinn und Zweck.[8] § 310 ergänzt damit § 305 Abs. 2 S. 2, der den Gläubigern die Kosten für die erste Forderungsaufstellung zuweist. Beide Vorschriften gemeinsam stellen somit die gesamten Verhandlungen über den Plan vom ersten Anschreiben bis in das mögliche Zustimmungsersetzungsverfahren für den Schuldner kostenfrei. 2

Auch hinsichtlich der erfassten Kosten ist die Vorschrift weit auszulegen.[9] Erfasst werden alle Kosten, gleich aus welchem Rechtsgrund sie folgen. Gerichtliche Kostenerstattungsansprüche, Schadensersatz wie die Kosten wegen Verzug oder auch vertraglich vereinbarte Kostenansprüche.[10] 3

Die Regelung ist nicht abdingbar.[11] Eine Regelung zwischen Schuldner und Gläubiger, die sie außer Kraft setzen soll, wäre gem. § 134 BGB unwirksam.[12] Auch ein Deliktsgläubiger kann die Kosten der Verhandlungen über den Schuldenbereinigungsplan nicht vom Schuldner verlangen, obwohl die Kosten zu der als deliktisch festgestellten Forderung ebenfalls nicht von der Restschuldbefreiung erfasst werden,[13] denn auch in diesem Fall gilt nach seinem klaren Wortlaut § 310. 4

Die Vorschrift betrifft nur die Kostenansprüche des Gläubigers. Die Ansprüche des Schuldners, insb. wohl die Kostenerstattungsansprüche aus einem Zustimmungsersetzungsverfahren, werden von der Regelung nicht betroffen und können daher geltend gemacht werden.[14] 5

---

1 BT-Drucks. 12/7302, 193; FK-InsO/*Kohte* Rn. 1.
2 Uhlenbruck/*Vallender* Rn. 1.
3 BT-Drucks. 12/7302, 193.
4 LG Karlsruhe 09.03.2004, 11T 380/03, NZI 2004, 330.
5 Nerlich/Römermann/*Römermann* Rn. 2.
6 Uhlenbruck/*Vallender* Rn. 3; HK-InsO/*Landfermann* Rn. 1; HambK-InsR/*Streck* Rn. 2.
7 LG Karlsruhe 09.03.2004, 11T 380/03, NZI 2004, 330; FK-InsO/*Kohte* Rn. 2.
8 Uhlenbruck/*Vallender* Rn. 3.
9 FK-InsO/*Kohte* Rn. 3.
10 LG Karlsruhe 09.03.2004, 11T 380/03, NZI 2004, 330; Uhlenbruck/*Vallender* Rn. 3a.
11 HK-InsO/*Landfermann* Rn. 3.
12 Uhlenbruck/*Vallender* Rn. 4.
13 BGH 02.12.2010, IX ZR 247/09, NJW 2011, 1133.
14 HK-InsO/*Landfermann* Rn. 2; Karsten Schmidt/*Stephan* § 310 InsO Rn. 6.

Dritter Abschnitt Vereinfachtes Insolvenzverfahren[1]

§ 311 Aufnahme des Verfahrens über den Eröffnungsantrag

Werden Einwendungen gegen den Schuldenbereinigungsplan erhoben, die nicht gem. § 309 durch gerichtliche Zustimmung ersetzt werden, so wird das Verfahren über den Eröffnungsantrag vom Amts wegen wieder aufgenommen.

Übersicht	Rdn.		Rdn.
A. Normzweck	1	B. Tatbestandsvoraussetzungen	2

A. Normzweck

1 Die Vorschrift regelt die Fortsetzung des nach § 306 ruhenden Verfahrens, wenn die Zustimmung zum Schuldenbereinigungsplan nicht ersetzt werden konnte. § 311 erspart dem Schuldner einen gesonderten Antrag auf Wiederaufnahme des Verfahrens nach § 4 InsO i.V.m. §§ 251, 250 ZPO, da diese von Amts wegen erfolgt. Damit wird das Verfahren beschleunigt und vereinfacht.[1] Durch die Änderungen des »Gesetzes zur Verkürzung des Restschuldbefreiungsverfahrens und zur Stärkung der Gläubigerrechte«[2] kann das Verfahren ab dem 01.07.2014 ausschließlich als Regelinsolvenzverfahren fortgesetzt werden.

B. Tatbestandsvoraussetzungen

2 Das Ruhen des Verfahrens gem. § 306 Abs. 1 S. 1, das nur auf einen Schuldnerantrag folgt,[3] kann beendet werden durch eine Entscheidung des Gerichts gem. § 306 Abs. 1 S. 3, kein Planverfahren durchführen zu wollen, durch die Rücknahmefiktion des § 308 Abs. 2, wenn ein Plan zustande gekommen ist, oder durch die Fortsetzung gem. § 311, wenn die Zustimmung nach Durchführung des Planverfahrens nicht ersetzt werden konnte.[4]

3 Durch die Aufnahme gem. § 311 steigt das Gericht wieder in das Eröffnungsverfahren ein,[5] nachdem es vor seiner Entscheidung über die Durchführung des Planverfahrens gem. § 306 Abs. 1 nur seine örtliche Zuständigkeit, das Vorliegen der Voraussetzungen eines Verbraucherinsolvenzverfahrens gem. § 304 und die Vollständigkeit des Antrags geprüft hat (vgl. § 306 Rdn. 4). Es prüft nun wie im Regelinsolvenzverfahren das Vorliegen der allgemeinen Zulässigkeitsvoraussetzungen. Es gilt gem. § 5 Abs. 1 der Amtsermittlungsgrundsatz.[6] Das Gericht kann sich auch, wenn erforderlich, der Hilfe eines Sachverständigen bedienen,[7] einen vorläufigen Treuhänder einsetzen[8] oder die Zwangsvollstreckung gegen den Schuldner gem. § 21 Abs. 2 Nr. 3 untersagen oder einstweilen einstellen. Diese Prüfung endet mit der Eröffnung oder der Ablehnung der Eröffnung des Insolvenzverfahrens.

4 Regelmäßig wird im Verbraucherinsolvenzverfahren die Frage der Kostendeckung im Vordergrund stehen. Zahlungsunfähigkeit als allgemeiner Eröffnungsgrund gem. § 17 wird in den allermeisten Verfahren vorliegen.[9] Die Prüfung der Kostenfrage ist eng mit der Entscheidung über die Stundung

---

1 Durch das Gesetz zur Verkürzung des Restschuldbefreiungsverfahrens und zur Stärkung der Gläubigerrechte vom 15.07.2013 wird zum 01.07.2014 die Überschrift des Dritten Abschnittes des Neunten Teils gestrichen.
1 HambK-InsR/*Nies* Rn. 1; FK-InsO/*Kohte* Rn. 1.
2 BGBl. I 2013, 2379.
3 Uhlenbruck/*Vallender* Rn. 1 f.
4 HK-InsO/*Landfermann* Rn. 1.
5 FK-InsO/*Kohte* Rn. 4.
6 Uhlenbruck/*Vallender* Rn. 7.
7 Uhlenbruck/*Vallender* Rn. 11.
8 HK-InsO/*Kirchhof* § 22 Rn. 5.
9 HambK-InsR/*Nies* Rn. 1.

der Verfahrenskosten verbunden. Im Grunde dürften beide Prüfungen deckungsgleich sein.[10] Da der Gesetzgeber die Stundung aber als ultima ratio nur für den Fall vorgesehen hat, dass ansonsten die Abweisung mangels Masse gem. § 26 zu erfolgen hätte,[11] geht die Prüfung der Kostenfrage formal vor. Das Gericht hat zumindest summarisch das Vermögen des Schuldners zu ermitteln und es mit den Kosten des Verfahrens abzugleichen. Bei dieser Prognoseentscheidung[12] ist auch der Neuerwerb des Schuldners, der mit den pfändbaren Einkommensanteilen oft das einzige Vermögen des Schuldners bildet, zu berücksichtigen. Hinsichtlich der Kosten des Verfahrens ist nur auf die Kosten des eigentlichen Insolvenzverfahrens abzustellen.[13] Die Kosten der Restschuldbefreiungsphase sind nicht zu berücksichtigen. Auch die Verfahrenskostenstundung wird nur für den jeweiligen Verfahrensabschnitt bewilligt. Kosten sind im Wesentlichen die Gerichts- und Treuhänderkosten.[14] Im Hinblick auf die Mindestvergütung des Treuhänders gem. § 13 InsVV dürften die Kosten des Insolvenzverfahrens je nach Gläubigeranzahl zwischen mindestens 1.000 bis 2.000 € liegen.

Wenn das Gericht zu der Ansicht gelangt, dass die Masse werthaltig ist und die Verfahrenskosten gedeckt sind, hat es das Verfahren ohne Verfahrenskostenstundung zu eröffnen. Ggf. vorhandenes Vermögen wird durch den Treuhänder nach Verfahrenseröffnung gem. §§ 159 ff. verwertet. Es ist nicht Aufgabe oder Pflicht des Schuldners, vorhandenes Vermögen vor Verfahrenseröffnung zu verwerten, um mit dem erzielten Erlös den erforderlichen Kostenvorschuss einzuzahlen. Wenn allerdings der Schuldner einen Anspruch gegen seinen Ehepartner auf einen Verfahrenskostenvorschuss gem. § 1360a BGB hat,[15] ergibt sich aus der Besonderheit dieses Vorschussanspruches, dass der Schuldner vor Verfahrenseröffnung versuchen muss, diesen Anspruch selbst zumindest mit einem Antrag auf Erlass einer einstweiligen Anordnung durchzusetzen.[16] 5

Sind die Kosten nicht gedeckt, steht es im Ermessen des Gerichts, vom Schuldner einen Kostenvorschuss anzufordern oder ihn auf die Möglichkeit der Stundung der Verfahrenskosten gem. §§ 4a ff. hinzuweisen.[17] Durch die Fürsorgepflicht des Gerichts nach § 4a Nr. 2 dem Schuldner gegenüber ist dieses Ermessen wohl aber eingeschränkt. Im Regelfall wird das Gericht den Schuldner auf die Stundungsmöglichkeit hinzuweisen haben. 6

Auch der Verbraucherinsolvenzantrag kann gem. § 13 Abs. 2 bis zur Eröffnung oder der Ablehnung der Eröffnung zurückgenommen werden.[18] Ist die Eröffnung eines Verbraucherinsolvenzverfahrens rechtskräftig, ist ein Wechsel in ein Regelinsolvenzverfahren nicht mehr möglich, auch wenn dessen Voraussetzungen, z.B. Forderungen aus Arbeitsverhältnissen i.S.d. § 304 Abs. 1 S. 2, nachträglich bekannt werden.[19] Dies gilt nur im Fall der äußerst seltenen Nichtigkeit des Eröffnungsbeschlusses nicht.[20] Ist nach Ansicht des Schuldners die unzutreffende Verfahrensart gewählt worden, kann er gegen die Eröffnung des Verfahrens mit der sofortigen Beschwerde gem. § 34 Abs. 2 vorgehen und die Umwandlung in die von ihm gewünschte Verfahrensart begehren.[21] 7

§ 312 Allgemeine Verfahrensvereinfachungen

(1) Öffentliche Bekanntmachungen erfolgen auszugsweise; § 9 Abs. 2 ist nicht anzuwenden. Bei der Eröffnung des Insolvenzverfahrens wird abweichend von § 29 nur der Prüfungstermin be-

---

10 FK-InsO/*Kohte* Rn. 4.
11 BT-Drucks. 14/5680, 20 linke Spalte.
12 Uhlenbruck/*Vallender* Rn. 26.
13 HambK-InsR/*Nies* Rn. 2; Uhlenbruck/*Vallender* Rn. 26 f.
14 Uhlenbruck/*Vallender* Rn. 27.
15 BGH 24.07.2003, IX ZB 539/02, NZI 2003, 556.
16 BGH 25.01.2007, IX ZB 6/06, ZVI 2007, 187.
17 HK-InsO/*Kirchhof* § 26 Rn. 16.
18 Uhlenbruck/*Vallender* Rn. 13.
19 BGH 24.03.2011, IX ZB 80/11, ZInsO 2011, 932; Uhlenbruck/*Vallender* Rn. 41.
20 BGH 24.03.2011, IX ZB 80/11, ZInsO 2011, 932.
21 Uhlenbruck/*Vallender* Rn. 43.

§ 312 InsO Allgemeine Verfahrensvereinfachungen

stimmt. Wird das Verfahren auf Antrag des Schuldners eröffnet, so beträgt die in § 88 genannte Frist drei Monate.

(2) Die Vorschriften über den Insolvenzplan (§§ 217 bis 269) und über die Eigenverwaltung (§§ 270 bis 285) sind nicht anzuwenden.

Übersicht	Rdn.		Rdn.
A. Normzweck	1	1. Termine	10
B. Tatbestandsvoraussetzungen	2	2. Rückschlagsperre	11
I. Verfahrenseröffnung	2	IV. Ausschluss von Insolvenzplan und Eigenverwaltung	14
II. Veröffentlichungen und Mitteilungen	6		
III. Termine und Rückschlagsperre	10	V. Vertragsverhältnisse des Schuldners	15

A. Normzweck

1 § 312 ist eine Kernvorschrift zu der vom Gesetzgeber angestrebten vereinfachten Verfahrensführung in der Verbraucherinsolvenz.[1] Der Wegfall des Berichtstermins soll bspw. das Verfahren beschleunigen, die Einschränkung der Veröffentlichungen vorrangig Kosten einsparen.[2] Die bis zum 30.06.2007 in § 312 Abs. 2 a.F. geregelte Möglichkeit der schriftlichen Verhandlungsführung wurde in § 5 Abs. 2 übernommen und kann daher gem. § 304 Abs. 1 S. 1 auch weiterhin im Verbraucherinsolvenzverfahren angewandt werden. Die Möglichkeit der Vorlage eines Insolvenzplanes hat der Schuldner gem. Abs. 2 nicht, da der Gesetzgeber wegen des im Verbraucherinsolvenzverfahren durchzuführenden Schuldenbereinigungsplanverfahrens hierfür kein Bedürfnis mehr sah.[3] Der Schuldner kann aber im eröffneten Verfahren im Verhandlungswege die Einstellung des Verfahrens nach §§ 212, 213 anstreben und hierbei auch seine vollständige Restschuldbefreiung erreichen.[4]

B. Tatbestandsvoraussetzungen

I. Verfahrenseröffnung

2 Nachdem das Gericht das Insolvenzeröffnungsverfahren gem. § 311 wieder aufgenommen und die Eröffnungsvoraussetzungen geprüft hat, wird vor dem Hintergrund der Verfahrenskostenstundung heute in der überwiegenden Mehrheit der Verbraucherinsolvenzverfahren das Verfahren eröffnet (s. § 311 Rdn. 4). Die Eröffnung erfolgt durch den Erlass des Eröffnungsbeschlusses, dem aufgrund seiner Auswirkungen eine wichtige Bedeutung zukommt.[5]

3 Die Eröffnung des vereinfachten Verfahrens hat dabei die gleichen Folgen wie die Eröffnung des Regelinsolvenzverfahrens. Der Verbraucherschuldner verliert gem. § 80 die Befugnis, sein pfändbares Vermögen zu verwalten oder über es zu verfügen,[6] seine vertraglichen Beziehungen werden grds von den §§ 103 bis 117 bestimmt (s. hierzu Rdn. 15 ff.),[7] für Insolvenzgläubiger gilt das Vollstreckungsverbot des § 89 und gem. § 240 ZPO ruhen Zivilverfahren, die die Insolvenzmasse betreffen.[8] Der Eröffnungsbeschluss kann in seiner vollstreckbaren Ausfertigung gem. § 148 Abs. 1 auch Vollstreckungstitel gegen den Schuldner sein, bspw. zur Räumung der massezugehörigen Eigentumswohnung, für die der Schuldner keine Nutzungsentschädigung zahlt,[9] oder zur Herausgabe seines pfändbaren PKW.

---

1 HambK-InsR/*Nies* Rn. 1.
2 HK-InsO/*Landfermann* Rn. 1.
3 Uhlenbruck/*Vallender* Rn. 82.
4 BGH 17.03.2005, IX ZB 214/04, WM 2005, 1129.
5 Uhlenbruck/*Vallender* Rn. 6; FK-InsO/*Kohte* Rn. 8.
6 Uhlenbruck/*Vallender* Rn. 15.
7 Uhlenbruck/*Vallender* Rn. 47.
8 FK-InsO/*Kohte* Rn. 8.
9 FK-InsO/*Wegener* § 148 Rn. 7; für die Räumung der Angehörigen des Schuldners ist allerdings ein gesonderter Titel erforderlich: LG Trier 04.04.2005, 4 T 4/05, NZI 2005, 563.

Mit Eröffnung des Verfahrens kann der Schuldner seinen Insolvenzantrag gem. § 13 Abs. 2 nicht   4
mehr zurücknehmen. Ihm bleibt allerdings die Möglichkeit der Rücknahme des Antrags auf Restschuldbefreiung,[10] die wiederum zur Aufhebung der Stundung und damit zumindest bei Masselosigkeit zur Einstellung des Verfahrens nach § 207 Abs. 1 führen kann. Der rechtskräftige Eröffnungsbeschluss enthält die abschließende Entscheidung über die Einordnung des Verfahrens gem. § 304 Abs. 1 als Regel- oder als Verbraucherinsolvenzverfahren, die nicht mehr geändert werden kann.[11]

Gem. § 304 Abs. 1 gelten im vereinfachten Verfahren die Vorschriften des Regelinsolvenzverfah-   5
rens, soweit sich aus den Vorschriften des 9. Teiles nichts anderes ergibt (s.a. § 304 Rdn. 8 ff.). Die Eigenverwaltung nach §§ 270 bis 285 ist gem. § 312 Abs. 2 nicht möglich, die Vorschriften über den Insolvenzplan der §§ 217 bis 269 gelten gem. § 312 Abs. 2 nicht, gem. § 312 Abs. 1 findet nur der Prüfungstermin statt, öffentliche Bekanntmachungen erfolgen gem. § 312 Abs. 1 S. 1 nur eingeschränkt; § 9 Abs. 2 gilt nicht, Veröffentlichungen in der Tagespresse erfolgen nicht, die Frist der Rückschlagsperre des § 88 beträgt gem. § 312 Abs. 1 S. 3 drei Monate, die Aufgaben des Insolvenzverwalters nimmt im Verbraucherinsolvenzverfahren gem. § 313 Abs. 1 der Treuhänder wahr, zur Anfechtung von Rechtshandlungen ist dieser Treuhänder gem. § 313 Abs. 2 nur nach entsprechender Beauftragung durch die Gläubigerversammlung berechtigt und der Treuhänder kann gem. § 314 eine vereinfachte Verteilung der Insolvenzmasse oder einzelner Teile von ihr beantragen.

II. Veröffentlichungen und Mitteilungen

Im Verbraucherinsolvenzverfahren sind folgende Veröffentlichungen vorgeschrieben: 6
- § 30 Abs. 1: Eröffnung des Verfahrens,
- §§ 64 Abs. 2, 293 Abs. 2: Vergütung des Treuhänders,
- § 289 Abs. 2: Ankündigung der Restschuldbefreiung und Aufhebung des Verfahrens,
- § 296 Abs. 3: Versagung der Restschuldbefreiung in der Wohlverhaltensphase,
- § 300 Abs. 3: Erteilung oder Versagung der Restschuldbefreiung nach Ablauf der 6 Jahre,
- § 303 Abs. 3: Widerruf der Restschuldbefreiungserteilung.

Die Veröffentlichung gilt gem. § 9 Abs. 3 als Zustellung an alle Beteiligten. Gläubiger können sich daher hinsichtlich der Wirkungen des Verfahrens nicht mit Erfolg darauf berufen, vom Verfahren keine Kenntnis zu haben.[12] Zu Recht wird daher der Rat gegeben, dass Schuldner sich regelmäßig im Internet informieren sollten.[13]

Die Veröffentlichungen haben gem. § 9 Abs. 1 im Internet unter www.insolvenzveröffentlichun-   7
gen.de und gem. Abs. 1 S. 1 1. Hs. nur auszugsweise[14] zu erfolgen. Gem. Abs. 1 S. 1 2. Hs. ist § 9 Abs. 2 nicht anzuwenden und damit entfällt jede Veröffentlichung in den Printmedien. Die Kosten der Veröffentlichungen, die bei 1,00 € pro Internetveröffentlichung liegen,[15] konnten so deutlich gesenkt werden.

Die Veröffentlichungen werden regelmäßig in das SCHUFA-Verzeichnis und andere Verzeichnisse   8
übernommen, in dem sie gem. § 35 Abs. 2 Nr. 4 BDSG bis zu drei Jahre ab dem Ende des Jahres, in dem die Veröffentlichung erfolgte, gespeichert und ausgewiesen werden dürfen. Ab Eröffnung des Verfahrens muss der Schuldner daher einen Zeitraum von zehn Jahren einrechnen, in dem seine wirtschaftlichen Schwierigkeiten zumindest denjenigen, die die Verzeichnisse einsehen können, bekannt sind. Dieser lange Zeitraum wird in der Praxis zu Recht kritisiert und ist auch aus Gläubigersicht nicht erforderlich, da der Schuldner nach Erteilung der Restschuldbefreiung schul-

---

10 LG Freiburg 12.11.2003, 4 T 265/03, ZInsO 2003, 1106; Uhlenbruck/*Vallender* § 287 Rn. 20.
11 BGH 24.03.2011, IX ZB 80/11, ZInsO 2011, 932.
12 BGH 06.11.2008, IX ZB 34/08, NZI 2009, 66.
13 HamK-InsR/*Nies* Rn. 2.
14 FK-InsO/*Kohte* Rn. 3.
15 HambK-InsR/*Nies* Rn. 2.

denfrei und wirtschaftlich rehabilitiert ist. Er hat durch das erfolgreiche Durchlaufen des Verfahrens zudem seine Redlichkeit unter Beweis gestellt. Unter Berücksichtigung der Jahresfrist zur nachträglichen Versagung der Restschuldbefreiung aus § 303 sollten daher auch die Daten des Schuldners in öffentlichen Verzeichnissen bereits ein Jahr nach Erteilung der Restschuldbefreiung gelöscht werden.

9 Die Verfahrenseröffnung ist gem. § 32 Abs. 1 in das Grundbuch einzutragen, soweit der Schuldner über Grundeigentum verfügt.[16] Gem. IX. 3. der Anordnung über Mitteilungen in Zivilsachen[17] ist die Eröffnung des Verbraucherinsolvenzverfahrens u.a. der zuständigen Staatsanwaltschaft, den zuständigen Amts- und Landgerichten, dem zuständigen Finanzamt und der Gerichtsvollzieherverteilerstelle anzuzeigen.

III. Termine und Rückschlagsperre

1. Termine

10 Gem. Abs. 1 S. 2 findet ein gesonderter Berichtstermin im Verbraucherinsolvenzverfahren nicht statt, da dieser mangels Erörterungsbedarf nicht erforderlich ist.[18] Der Prüfungstermin muss aber stattfinden, kann allerdings gem. § 5 Abs. 2 auch im schriftlichen Verfahren durchgeführt werden. Für den Schuldner ist der Prüfungstermin insofern von besonderer Bedeutung, als dass er in diesem Termin den gem. § 174 Abs. 2 als deliktisch angemeldeten Forderungen widersprechen muss. Versäumt er diesen Termin oder den im schriftlichen Verfahren gesetzten Stichtag, hat er nur noch die Möglichkeit der Wiedereinsetzung in den vorigen Stand gem. § 186.[19] Bei Bedarf können auch weitere Gläubigerversammlungen durchgeführt werden.[20] Ein Schlusstermin muss stattfinden, kann aber ebenfalls schriftlich durchgeführt werden.[21]

2. Rückschlagsperre

11 Gem. Abs. 1 S. 3 beträgt die Frist der sog. Rückschlagsperre des § 88 im Verbraucherinsolvenzverfahren drei Monate, wenn der Schuldner den Insolvenzantrag gestellt hat. Die Rückschlagsperre lässt aber nur eine erlangte Sicherung unwirksam werden.[22] Hat der Gläubiger bereits durch Verwertung Befriedigung erlangt, greift die Rückschlagsperre nicht mehr. Es kommt dann nur die Anfechtung in Betracht.[23]

12 Die verlängerte Frist der Rückschlagsperre ist in Zusammenhang mit § 305a zu sehen, der dem Schuldner die Möglichkeit der vorzeitigen Antragstellung einräumt, wenn Gläubiger während der außergerichtlichen Verhandlungen die Zwangsvollstreckung betreiben. Beide Vorschriften sollen die außergerichtlichen Verhandlungen schützen, indem sie die Gläubiger von Zwangsvollstreckungsmaßnahmen abhalten sollen (s. § 305a Rdn. 1). Die Bedeutung der Vorschriften in der Praxis ist aber gering geblieben.[24]

13 Stellt ein Schuldner nach erfolgter Zwangsvollstreckung einen zunächst unzulässigen Insolvenzantrag, der nach Beseitigung des Unzulässigkeitsgrundes doch zur Eröffnung führt, löst auch der unzulässige Antrag die 3-Monatsfrist der §§ 312 Abs. 1 S. 3, 88 aus.[25] Auch eine in der 3-Monatsfrist

---

16 Uhlenbruck/*Vallender* Rn. 12.
17 Anordnung über Mitteilungen in Zivilsachen i.d.F. v. 07.09.2011, BAnz. Nr. 146, 3350.
18 Uhlenbruck/*Vallender* Rn. 50.
19 AG Duisburg 26.07.2008, 62 IN 36/02, NZI 2008, 628.
20 HK-InsO/*Landfermann* Rn. 8.
21 HambK-InsR/*Nies* Rn. 7.
22 Uhlenbruck/*Vallender* Rn. 23.
23 HK-InsO/*Landfermann* Rn. 11; HambK-InsR/*Nies* Rn. 4.
24 FK-InsO/*Grote* § 305a Rn. 1.
25 BGH 19.05.2011, IX ZB 284/09, ZInsO 2011, 1413.

eingetragene Zwangssicherungshypothek wird mit Wirkung gegenüber jedermann unwirksam.[26] Die Rückschlagsperre führt nicht zur Entstehung einer Eigentümergrundschuld.[27]

IV. Ausschluss von Insolvenzplan und Eigenverwaltung

Das Verbraucherinsolvenzverfahren verfügt mit dem Schuldenbereinigungsplanverfahren über ein eigenes, gesondertes Planverfahren, das die Geltung der Regelungen über das Planverfahren der Regelinsolvenz überflüssig macht.[28] Die Eigenverwaltung der §§ 270 soll nach ihrem Normzweck vor allen Dingen eine besondere Möglichkeit der Unternehmenssanierung bieten. Sie passt schon von daher nicht in das Verbraucherinsolvenzverfahren einer nicht selbstständigen natürlichen Person.[29] Ihre Anwendung würde das Verbraucherinsolvenzverfahren zudem ohne erkennbaren Gewinn verkomplizieren.[30]

14

V. Vertragsverhältnisse des Schuldners

Der Schuldner tritt mit den verbrauchertypischen Vertrags- und Dauerschuldverhältnissen in die Insolvenz ein. Hierzu werden ein Miet- und Arbeitsverhältnis, Bezugsverträge zu Gas, Wasser und Strom, ein oder mehrere Telekommunikationsverträge, ein Girokonto, u.U. eine Kranken- und eine private Haftpflichtversicherung gehören. Der Schuldner kann zudem einen PKW geleast oder finanziert haben. Im Neunten Teil der InsO sind zu diesen Vertragverhältnissen keine Sonderregelungen zu finden, so dass gem. § 304 Abs. 1 S. 1 grds die allgemeinen Regelungen, folglich die §§ 103 ff. gelten.[31] Im Einzelnen dürften aber noch viele Detailfragen ungeklärt sein.

15

Einigkeit herrscht darüber, dass die aufgeführten Vertragsverhältnisse und die hinter ihnen stehenden Leistungen für den Schuldner auch nach Insolvenzeröffnung unverzichtbar sind, da sie der Existenzsicherung, der notwendigen Gestaltung des Alltags und auch der individuellen und eigenverantwortlichen Lebensführung dienen. Gleichzeitig sind sie aber zumindest grds den Regelungen der §§ 103 ff. unterworfen und können damit Masseverbindlichkeiten entstehen lassen, für die der Treuhänder ggf gem. § 61 zu haften hat. Hier ist ein Ausgleich zwischen dem erwünschten Fortbestand der Vertragsverhältnisse und der Absicherung der Insolvenzmasse vor einer Haftung notwendig. Ein ergänzender Aspekt ist, dass auch der Schuldner ein Interesse an der Beendigung eines bestehenden Vertragsverhältnisses haben kann und diese durch die Insolvenzeröffnung erreichen möchte.[32]

16

Bei näherer Betrachtung können wohl zunächst das Arbeitsverhältnis und der Mietvertrag außer Acht gelassen werden. Die Arbeitskraft des Schuldners ist nach allgemeiner Meinung kein Massebestandteil.[33] In die Masse fallen nur die pfändbaren Anteile des Einkommens.[34] Der Treuhänder darf daher die unpfändbaren Einkommensanteile auch nicht einziehen.[35] Das Wohnungsmietverhältnis des Schuldners bleibt zwar gem. § 108 Abs. 1 ausdrücklich mit Wirkung für die Masse bestehen,[36] der Treuhänder kann aber durch Abgabe der Erklärung nach § 109 Abs. 1 S. 2 Masseverbindlichkeiten verhindern.

17

(unbesetzt)

18

---

26 Brandenburgisches OLG 09.09.2010, 5 Wx 19/10, ZInsO 2010, 2097 Rn. 20.
27 Brandenburgisches OLG 09.09.2010, 5 Wx 19/10, ZInsO 2010, 2097 Rn. 21.
28 HambK-InsR/*Nies* Rn. 9; HK-InsO/*Landfermann* Rn. 12.
29 HK-InsO/*Landfermann* Rn. 13.
30 Uhlenbruck/*Vallender* Rn. 83.
31 Uhlenbruck/*Vallender* Rn. 47.
32 S. Sachverhalt AG Kiel 06.10.2011, 115 C 242/11, JurionRS 2011, 26546.
33 FK-InsO/*Kohte* § 313 Rn. 33.
34 HambK-InsR/*Lüdtke* § 35 Rn. 231.
35 BGH 05.07.2007, IX ZB 83/03, ZInsO 2007, 766.
36 Uhlenbruck/*Vallender* Rn. 48.

19 Zu den weiteren Vertragsverhältnissen fehlen mit § 109 vergleichbare Regelungen, so dass sich in der Praxis die verschiedensten Fragen und Probleme ergeben, denen aber sämtlich die Unsicherheit zugrunde liegt, wie sich die Verfahrenseröffnung auf die Vertragsverhältnisse des Verbraucherschuldners auswirkt. Manche Energielieferunternehmen rechnen bspw. die Lieferverträge mit dem Tag der Eröffnung ab, um anschließend ein neues Vertragsverhältnis mit dem Schuldner zu begründen, was fragwürdig und unnötig erscheint. Je nachdem zu welcher Jahreszeit die Vertragsbeendigung erfolgt, entsteht durch die vom Schuldner monatlich geleisteten Abschläge ein Guthaben zur Masse oder eine Insolvenzforderung. Dem Schuldner gehen aber geleistete Vorschüsse verloren und er hat zumeist einen höheren Abschlag zu zahlen. Versicherungsunternehmen berichten von Treuhändern, die private Krankenversicherungsverträge sogar dann kündigen, wenn eine gesetzliche Versicherungspflicht besteht, was unter mehreren Gesichtspunkten bedenklich erscheint. Das Telefongerät des Schuldners ist unpfändbar gem. § 811 Abs. 1 Nr. 1 ZPO.[37] Folgt schon hieraus, dass der Treuhänder nicht in den oder die Telekommunikationsverträge des Schuldners eingreifen darf? Das Pfändungsschutzkonto gem. § 850k ZPO soll nach einer Ansicht gem. §§ 115, 116 erlöschen,[38] nach einer anderen wegen seines besonderen Charakters von der Eröffnung nicht betroffen sein.[39]

Der BGH hat zu dem Problem Lastschriftwiderruf in der Verbraucherinsolvenz unter ausdrücklichem

Hinweis auf ansonsten drohende »sozial unerwünschte Ergebnisse« eine Lösung über die Unpfändbarkeit der Bezüge, aus denen die Zahlungen hinsichtlich des Lastschriftwiderrufs erfolgten, gefunden.[40] Ähnliche Lösungsmodelle werden zum Teil auch auf die Vertragsverhältnisse angewandt,[41] indem sie durch Verknüpfung mit dem insolvenzfreien Vermögen ebenfalls als »insolvenzfrei«[42] angesehen werden. Nach dieser recht weitgehenden Ansicht bleibt allerdings für alle Beteiligten in der Schwebe, ob es sich um ein insolvenzfreies Vertragsverhältnis handelt oder nicht. Als Gegenmeinung lässt sich wohl die Ansicht verstehen, die entsprechend der Regelung des § 109 Abs. 1 S. 2 dem Treuhänder die Möglichkeit einräumt, die Vertragsverhältnisse nur mit Wirkung für die Masse kündigen zu können, um sie so vor Verbindlichkeiten zu schützen,[43] dem Schuldner aber gleichzeitig die Gestaltungsmacht zu belassen. Verfährt der Treuhänder derzeit nach der zuletzt genannten Ansicht und gibt die entsprechenden Erklärungen nach der auf jeden Fall durchzuführenden Prüfung der wirtschaftlichen Verhältnisse des Schuldners ab, dürfte er die Gefahr von Masseverbindlichkeit am ehesten gebannt und zugleich für alle Beteiligten Klarheit geschaffen haben.

§ 312 n.F. [ab 01.07.2014 aufgehoben]

1 Die §§ 312 bis 314 InsO sollten im Fall eines Verbraucherinsolvenzverfahrens das Verfahren vereinfachen und die Gerichte entlasten.[1] Dies ist nur bedingt gelungen.[2] Der Gesetzgeber hat sich daher zur vollständigen Streichung entschlossen. Die Verfahrensvereinfachungen des § 312 Abs. 1 wurden in die §§ 29 und 88 aufgenommen und bleiben damit erhalten.

2 Die Einschränkungen des § 312 Abs. 2 werden lediglich hinsichtlich der Eigenverwaltung durch eine Änderung des § 270 Abs. 1 übernommen. Dagegen kann ein Insolvenzplan nach den §§ 217 ff. ab dem 01.07.2014 auch in einem Verbraucherinsolvenzverfahren vorgelegt werden. Diese Möglich-

---

37 PG/*Flury* § 811 ZPO Rn. 18.
38 *Knees* ZInsO 2011, 511.
39 *Büchel* ZInsO 2010, 20.
40 BGH 20.07.2011, IX ZR 37/09, BGHZ 186, 242.
41 MüKo-InsO/*Huber* § 103 Rn. 87f; AG Kiel 06.10.2011, 115 C 242/11, JurionRS 2011, 26546; FK-InsO/*Wegener* § 103 Rn. 41.
42 AG Kiel 06.10.2011, 115 C 242/11, JurionRS 2011.
43 HK-InsO/*Marotzke* § 109 Rn. 7.
1 BT-Drucks. 17/11268 S. 35.
2 siehe § 304 Rdn. 27.

keit besteht nach der Überleitungsvorschrift Art. 103h S. 2 EGInsO ab dem 01.07.2014 auch in den vor diesem Datum eröffneten Verfahren, so dass ab dem 01.07.2014 in allen eröffneten Verbraucherinsolvenzverfahren die Planvorlage erfolgen kann. Diese Übernahme eines bewährten[3] insolvenzrechtlichen Instruments in die Verbraucherinsolvenz wird teils skeptisch gesehen,[4] teils euphorisch begrüßt.[5]

Eine breite Vorlage von Insolvenzplänen in der Verbraucherinsolvenz wird aber wohl an der erforderlichen Kostendeckung scheitern, die nach Feststellung des BGH nicht durch die Stundung der Verfahrenskosten ersetzt werden kann.[6] Die Verfahrenskosten einschl. der Verwaltervergütung müssen also in jedem Fall gedeckt sein. Stehen aber Drittmittel zur Verfügung, mit denen die Verfahrenskosten beglichen werden können und den Gläubigern ein zusätzliches Angebot unterbreitet werden kann, werden sich mit Sicherheit Gestaltungsmöglichkeiten für die Schuldner ergeben. Bspw. fällt im Vergleich zur neuen Verfahrensverkürzung gem. § 300 auf, dass Drittmittel gem. § 1 Abs. 2 Nr. 5 InsVV im Insolvenzplanverfahren bei der Vergütung nicht durchschlagen, während im Verfahren nach § 300 die Kosten auch aus den Drittmitteln berechnet werden. Ein Plan kann von daher der wirtschaftlich deutlich günstigere Weg sein.

Deliktische Forderungen, die gem. § 302 nicht von der Restschuldbefreiung erfasst werden, sind im Planverfahren nicht in gleicher Weise von den Planwirkungen ausgenommen. Der Plan wirkt vielmehr auch gegenüber diesen Gläubigern.[7] Der deliktische Gläubiger kann dem Plan zwar widersprechen, muss dann aber gem. § 251 Abs. 1 Nr. 2 glaubhaft machen, dass er durch den Plan konkret wirtschaftlich schlechter gestellt wird als bei regulärem Verfahrensablauf.[8] Dies wird ihm mit einem pauschalen Hinweis auf die Wirkungen des § 302 nicht gelingen. Er wird vielmehr glaubhaft machen müssen, seine Forderung bei regulärem Verfahrensablauf nach Erteilung der Restschuldbefreiung auch tatsächlich durchsetzen zu können. Dies kann nicht angenommen werden, wenn mit dauerhaft unpfändbarem Einkommen des Schuldners zu rechnen ist. Auch der pauschale Hinweis auf eine mögliche Erbschaft des Schuldners wird im Hinblick auf die Ausschlagungsmöglichkeit und § 83 InsO nicht ausreichen.

Zuständig für die Durchführung des Planverfahrens ist in den ab dem 1.1.13 eröffneten Verfahren gem. Art. 103g EGInsO der Richter, in den davor eröffneten Verfahren der Rechtspfleger. Auch das Planverfahren kann gem. § 5 Abs. 2 schriftlich durchgeführt werden. Bei übersichtlichen wirtschaftlichen Verhältnissen sind auch einfach gestaltete Pläne zulässig. Nur schwerwiegende Mängel des Planes führen zur Versagung der Planbestätigung. Ein übertriebener

Formalismus ist fehl am Platze. Eine Versagung der Planbestätigung gem. § 250 S. 1 Nr. 1 kommt nur in Frage, wenn der Mangel des Planes ersichtlich Einfluss auf das Abstimmungsverhalten der Gläubiger haben kann.[9]

§ 313 Treuhänder

(1) Die Aufgaben des Insolvenzverwalters werden von dem Treuhänder (§ 292) wahrgenommen. Dieser wird abweichend von § 291 Abs. 2 bereits bei der Eröffnung des Insolvenzverfahrens bestimmt. Die §§ 56 bis 66 gelten entsprechend.

(2) Zur Anfechtung von Rechtshandlungen nach den §§ 129 bis 147 ist nicht der Treuhänder, sondern jeder Insolvenzgläubiger berechtigt. Aus dem Erlangten sind dem Gläubiger die ihm ent-

---

[3] Regierungsentwurf vom 12.7.13 S. 29.
[4] vgl. *Heyer*, ZVI 2012, 321.
[5] vgl. *Hingerl*, ZVI 2012, 258.
[6] BGH 05.05.2011 -IX ZB 136/09- ZInsO 2011, 1064.
[7] BGH 17.12.2009 -IX ZR 32/08- NJW-Spezial 2010, 343.
[8] BGH 19.7.12 -IX ZB 250/11- WM 2012, 1640.
[9] BGH 3.12. 09 -IX ZB 30/09- NZI 10,101.

§ 313 InsO Treuhänder

standenen Kosten vorweg zu erstatten. Die Gläubigerversammlung kann den Treuhänder oder einen Gläubiger mit der Anfechtung beauftragen. Hat die Gläubigerversammlung einen Gläubiger mit der Anfechtung beauftragt, so sind diesem die entstandenen Kosten, soweit sie nicht aus dem Erlangten gedeckt werden können, aus der Insolvenzmasse zu erstatten.

(3) Der Treuhänder ist nicht zur Verwertung von Gegenständen berechtigt, an denen Pfandrechte oder andere Absonderungsrechte bestehen. Das Verwertungsrecht steht dem Gläubiger zu. § 173 Abs. 2 gilt entsprechend.

Übersicht

	Rdn.		Rdn.
A. Normzweck	1	art sowie der Steuerklasse des Schuldners	10
B. Tatbestandsvoraussetzungen	2	c) Wohnung des Schuldners	14
I. Treuhänder	2	d) Erstellen des Schlussverzeichnisses	16
1. Qualifikation des Treuhänders	3		
2. Aufgaben des Treuhänders	5	e) Lastschriftwiderruf in der Verbraucherinsolvenz	17
a) Arbeitsverhältnis und Einkommen des Schuldners	6		
b) Anfertigung der Steuererklärungen und Wahl der Veranlagungs-		3. Vergütung des Treuhänders	18
		II. Anfechtung	20
		III. Ausschluss der Verwertung	25

A. Normzweck

1 Auf der Suche nach Verfahrensvereinfachungen in der Verbraucherinsolvenz hatte der Gesetzgeber zunächst vorgesehen, überhaupt keinen Insolvenzverwalter einzusetzen und das Verbraucherinsolvenzverfahren ohne besondere Aufsicht zu lassen.[1] Im Gesetzgebungsverfahren wurde dieses Modell aber als zu weitgehend abgelehnt.[2] Es wurde dann eine Lösung gewählt, bei der der Insolvenzverwalter zu einem Treuhänder mit eingeschränkten Aufgaben und Befugnissen wird, der schon zu Beginn des Verfahrens sowohl für das eröffnete Verfahren als auch für die Wohlverhaltensphase eingesetzt wird. Mit dem eingeschränkten Aufgabenkreis wurde auch eine gem. § 13 InsVV geringere Vergütung begründet,[3] die der Kostenreduzierung dient.

B. Tatbestandsvoraussetzungen

I. Treuhänder

2 Gem. Abs. 1 nimmt im vereinfachten Verfahren der Treuhänder des § 292 die Aufgaben des Insolvenzverwalters wahr, der im Regelinsolvenzverfahren erst nach Beendigung des Verfahrens im Beschluss über die Ankündigung der Restschuldbefreiung nach § 291 eingesetzt wird. Die gleichzeitige Einsetzung vereinfacht das Verfahren,[4] steht aber der Einsetzung eines besonderen Treuhänders gem. § 288 nicht entgegen.[5] Auch der Treuhänder kann gem. § 59 entlassen werden, wenn er seinen Aufgaben nicht nachkommt und bspw. die Verwertung vorhandenen Vermögens unbegründet verzögert.[6]

1. Qualifikation des Treuhänders

3 Der Treuhänder muss gem. § 56 zur Ausübung des Amtes geeignet, also insb. geschäftskundig und unabhängig sein.[7] Die Unabhängigkeit setzt voraus, dass der Treuhänder den Schuldner nicht bereits

---

1 HK-InsO/*Landfermann* Rn. 1; HambK-InsR/*Nies* Rn. 1.
2 HK-InsO/*Landfermann* Rn. 1; Uhlenbruck/*Vallender* Rn. 1.
3 HambK-InsR/*Nies* Rn. 1.
4 HambK-InsR/*Nies* Rn. 2.
5 FK-InsO/*Kohte* Rn. 5.
6 BGH 14.10.2010, IX ZB 44/09, ZInsO 2010, 2147.
7 HK-InsO/*Landfermann* Rn. 5.

in den außergerichtlichen Verhandlungen vertreten hat.[8] Dies bedeutet allerdings nicht, dass ein Rechtsanwalt nicht allgemein außergerichtlich Schuldner in den Verhandlungen mit den Gläubigern vertreten kann und gleichzeitig in Verfahren, in denen er nicht außergerichtlich tätig gewesen ist, zum Treuhänder bestellt werden kann.

Hinsichtlich der Qualifikation verdeutlicht auch § 56 Abs. 1 S. 2, dass an den Treuhänder durchaus andere Anforderungen als an den Insolvenzverwalter des Regelinsolvenzverfahrens gestellt werden können. Die Fähigkeit zur Sanierung eines Unternehmens ist bspw. nicht erforderlich, gleichwohl sind fundierte insolvenzrechtliche Kenntnisse auch im Verbraucherinsolvenzverfahren unerlässlich.[9] Mehr als in der Regelinsolvenz sind eine ausgeprägte soziale Kompetenz und auch pädagogische Erfahrungen und Kenntnisse gefragt, denn zum einen sind die besonderen Verfahrensziele der Restschuldbefreiung, nämlich die Eröffnung einer neuen wirtschaftlichen Perspektive für den Schuldner und die Verhinderung der Überschuldung höherer Bevölkerungsanteile,[10] mit den zweifelsohne bestehenden Gläubigerrechten in Einklang zu bringen.[11] Des Weiteren sind Schuldner, die oft über einen längeren Zeitraum den Druck von Überschuldung und Zwangsvollstreckung erlebt haben, aus einer gewissen Abwehrhaltung gerade staatlichen Institutionen gegenüber wieder in ein geordnetes wirtschaftliches Leben zurückzuführen. Dies geht häufig nicht von einem Tag auf den anderen und setzt von daher eine gewisse pädagogische Nachsicht voraus, die aber nicht mit Schwäche verwechselt werden darf. Die Fähigkeit zu ggf konsequentem Verhalten dem Schuldner gegenüber ist daher ebenso erforderlich. Mit der Rechtsprechung sollte der Treuhänder hierbei grds von der Redlichkeit des Schuldners ausgehen und ihn nicht unter einen allgemeinen, das Arbeitsklima unnötig belastenden Anfangsverdacht stellen.[12]

2. Aufgaben des Treuhänders

Die allgemeinen Aufgaben des Treuhänders entsprechen gem. § 313 Abs. 1 S. 2 denen des Insolvenzverwalters[13] und sollen hier nur im Überblick und anhand einzelner Schwerpunktaufgaben dargestellt werden:
– Inbesitznahme der Insolvenzmasse gem. § 148,
– Aufstellen der Verzeichnisse und der Vermögensübersicht gem. §§ 151 ff.,
– Prüfung der angemeldeten Forderungen gem. § 174 ff.,
– Verwertung der Masse gem. §§ 159 ff.,
– Erstellung des Schlussverzeichnisses gem. § 188,
– Durchführung der Schlussverteilung gem. § 196,
– abschließende Rechnungslegung gem. § 66.

a) Arbeitsverhältnis und Einkommen des Schuldners

Der Treuhänder hat unverzüglich nach Verfahrenseröffnung dem Arbeitgeber des Schuldners mitzuteilen, dass die pfändbaren Einkommensanteile nunmehr gem. §§ 35, 36 an die Insolvenzmasse und damit an ihn zu zahlen sind.[14] Die Berechnung des pfändbaren Einkommensanteils obliegt hierbei wie in der Zwangsvollstreckung dem Arbeitgeber als Drittschuldner. Der Treuhänder darf nur die pfändbaren Einkommensanteile einziehen, denn weiter reicht seine Verwaltungs- und Verfügungsbefugnis aus § 80 nicht.[15] Die unpfändbaren Einkommensanteile sind stets an den Schuldner auszuzahlen.

---

8 HK-InsO/*Landfermann* Rn. 5; Uhlenbruck/*Vallender* Rn. 9.
9 Uhlenbruck/*Vallender* Rn. 9.
10 FK-InsO/*Ahrens* vor § 286 Rn. 35.
11 FK-InsO/*Kohte* Rn. 7.
12 BGH 11.09.2003, IX ZB 37/03, NZI 2003, 662.
13 BGH 21.02.2008, IX ZB 62/05, VuR 2008, 312.
14 Uhlenbruck/*Vallender* Rn. 19.
15 BGH 05.07.2007, IX ZB 83/03, ZInsO 2007, 766; Uhlenbruck/*Vallender* Rn. 20.

7   Gewährt der Schuldner Angehörigen Unterhalt, die über eigenes ausreichendes Einkommen verfügen, kann der Treuhänder über den Antrag gem. § 850c Abs. 4 ZPO, § 36 Abs. 4 S. 2 InsO erreichen, dass die Angehörigen nicht mehr als unterhaltsberechtigt angesehen werden. Der Antrag nach § 850c Abs. 4 ZPO hat zumindest in den Fällen, in denen diese Angehörigen in häuslicher Gemeinschaft mit dem Schuldner leben, konstitutive Wirkung.[16] Ohne den Antrag sind die Angehörigen also trotz eigenen ausreichenden Einkommens weiterhin bei der Pfändung als Unterhaltsberechtigte zu berücksichtigen.

8   Nach Veröffentlichung des Eröffnungsbeschlusses kann sich der Arbeitgeber gem. § 82 S. 2 nicht mehr ohne weiteres darauf berufen, vom Insolvenzverfahren keine Kenntnis zu haben.[17] Er kann daher grds schuldbefreiend nur noch an den Treuhänder leisten und trägt nach Veröffentlichung die Beweislast für seine Unkenntnis.[18] Er ist aber nicht verpflichtet, sich laufend über die Veröffentlichungen im Internet unter www.insolvenzveröffentlichungen.de zu informieren.[19]

9   Hat der Schuldner Teile des Arbeitslohnes erhalten, die der Insolvenzmasse zustehen, kann der Treuhänder diese gem. § 148 Abs. 2 im Wege der Zwangsvollstreckung einfordern. Der Eröffnungsbeschluss ist Vollstreckungstitel gem. § 794 Abs. 1 Nr. 3 ZPO. Ein Rechtsschutzbedürfnis für eine weitere Zahlungsklage gegen den Schuldner besteht grds nicht.[20] Der Schuldner kann gem. § 148 Abs. 2 S. 2 im Wege der Erinnerung gem. § 766 Abs. 1 ZPO vorbringen, dass das Geld unpfändbar und damit nicht massezugehörig ist, denn §§ 148 Abs. 2 InsO, 766 ZPO finden Anwendung, wenn die Art und Weise der Zwangsvollstreckung, also auch die Nichtbeachtung der Pfändungsschutzvorschriften betroffen ist.[21]

b) **Anfertigung der Steuererklärungen und Wahl der Veranlagungsart sowie der Steuerklasse des Schuldners**

10 Auch der Treuhänder ist Vermögensverwalter des Schuldners i.S.d. § 34 Abs. 3 AO und hat damit sämtliche ausstehenden Steuererklärungs- und Voranmeldungspflichten des Schuldners zu erfüllen.[22] Dies gilt nicht nur für die ab Eröffnung bestehenden Verpflichtungen, sondern auch für die vorher entstandenen. Der Treuhänder hat also auch vom Schuldner bis Antragstellung unerledigt gelassene Erklärungen abzugeben. Die Mitwirkungspflicht des Schuldners beschränkt sich darauf, dem Treuhänder auf Verlangen die zur Erstellung der Steuererklärung notwendigen Unterlagen vorzulegen.[23] Die Verpflichtung des Treuhänders kann nicht mit der Begründung abgelehnt werden, es sei nicht genügend Masse vorhanden, um die Steuerberaterkosten zu decken, da der Treuhänder die Kosten für die Anfertigung der Steuererklärungen in Stundungsverfahren mit der Staatskasse abrechnen kann.[24] In massearmen Verfahren ist die Finanzverwaltung aber in der Regel gehalten, die Besteuerungsgrundlagen zu schätzen.[25] Die Verpflichtung des Treuhänders endet mit Aufhebung des Insolvenzverfahrens. Dann entfällt auch die Prozessführungsbefugnis des Treuhänders in einem anhängigen Steuerrechtsstreit.[26]

---

16 BGH 03.11.2011, IX ZR 45/11 ZInsO 2012, 30.
17 Uhlenbruck/*Vallender* Rn. 19.
18 BGH 15.04.2010, IX ZR 62/09, ZVI 2010, 263 Rn. 9.
19 BGH 15.04.2010, IX ZR 62/09, ZVI 2010, 263 Rn. 10 ff.
20 BGH 03.11.2011, IX ZR 45/11 ZInsO 2012, 30.
21 Zöller/*Stöber* § 766 ZPO Rn. 15; AG Göttingen 21.02.2011, 71 IN 38/10 ZInsO 2011, 1659.
22 HambK-InsR/*Nies* Rn. 3; BGH 22.07.2004, IX ZB 161/03, ZVI 2004, 606; 18.12.2008, IX ZB 197/07, ZInsO 2009, 300; LG Mönchengladbach 22.10.2004, 5 T 236/04, ZInsO 2005, 104.
23 BGH 18.12.2008, IX ZB 197/07, ZInsO 2009, 300.
24 BGH 22.07.2004, IX ZB 161/03, ZVI 2004, 606.
25 § 251 AEAO Nr. 4.2 i.d.F. des BMF-Schreibens vom 31.1.13 -IV A 3-S 0062/08/10007–15.
26 BFH 06.07.2011, II R 34/10 ZInsO 2012, 232.

Die Wahl der steuerlichen Veranlagungsart gem. § 26 EStG ist ein Verwaltungsrecht und steht damit dem Treuhänder zu.[27] Der Treuhänder hat der Zusammenveranlagung aber auch bei Nachteilen für die Masse zuzustimmen, wenn einer der Ausnahmetatbestände vorliegt, der den Anspruch auf Zustimmung trotz der Mehrbelastung der Masse weiterhin bestehen lässt. Ein solcher kann vorliegen, wenn es sich um eine Belastung handelt, die der andere Ehepartner nach den gegebenen Umständen im Innenverhältnis zu tragen hat, etwa weil die Ehegatten eine entsprechende Aufteilung ihrer Steuerschulden ausdrücklich oder konkludent vereinbart haben oder dies aus der tatsächlichen Gestaltung im Rahmen der ehelichen Lebensgemeinschaft folgt.[28]

11

Der steuerliche Verlustvortrag, den der Schuldner ggf geltend machen kann, ist ein persönliches, nicht übertragbares Recht und damit nicht massezugehörig.[29] Der Anspruch des Ehepartners des Schuldners aus § 1353 BGB ist hinsichtlich der Zustimmung zur Veranlagungsart keine Insolvenzforderung.[30]

12

Das Recht zur Wahl der Lohnsteuerklasse ist kein Verwaltungsrecht und geht folglich im Insolvenzverfahren nicht auf den Treuhänder über, sondern verbleibt beim Insolvenzschuldner.[31] Erzielt einer der Eheleute deutlich weniger Einkommen als der andere, kann ein sachlicher Grund für die Wahl der Steuerklassen III/V vorliegen.[32] Entstehen dann allerdings Einkommensteuernachzahlung, sind diese keine Masseverbindlichkeit, auch wenn pfändbarer Arbeitslohn zur Masse gelangt ist.[33]

13

c) Wohnung des Schuldners

In der Literatur wird z.T. eine Verpflichtung des Treuhänders gesehen, im Rahmen der Inbesitznahme der Masse die schuldnerische Wohnung aufzusuchen und hierbei die Angaben des Schuldners im Insolvenzantrag zu kontrollieren.[34] Diese sehr zeit- und arbeitsaufwändige Verpflichtung wird aber nicht in jedem Verfahren, sondern nur bei anlassgebenden Umständen bestehen. Mit der Rechtsprechung kann der Treuhänder grds von der Redlichkeit des Schuldners ausgehen und muss ihn nicht unter einen allgemeinen Anfangsverdacht stellen.[35] Zudem liegt bei falschen oder unzutreffenden Angaben im Insolvenzantrag Strafbarkeit gem. § 283 Abs. 1 StGB vor.

14

Das Betreten der Wohnung gegen den Willen des Schuldners ist dem Treuhänder verwehrt.[36] Er kann die Wohnung in diesem Fall nur gemeinsam mit dem Gerichtsvollzieher auf Grund des Eröffnungsbeschlusses gem. § 148 Abs. 2 S. 1 betreten. Eine besondere richterliche Anordnung ist nicht erforderlich.[37]

15

d) Erstellen des Schlussverzeichnisses

Der Treuhänder hat wie der Insolvenzverwalter ein Schlussverzeichnis zu erstellen, dass gem. § 292 Abs. 1 S. 2 auch Grundlage der Verteilung der pfändbaren Einkommensanteile in der Wohlverhaltensphase ist. Zeigt der Treuhänder gem. § 208 Masseunzulänglichkeit an, erfolgen die Verteilung gem. § 209 und anschließend die Einstellung gem. § 211. Ein Schlussverzeichnis ist dann eigentlich nicht mehr erforderlich. In Verfahren mit beantragter Restschuldbefreiung wird der Treuhänder aber dennoch gem. § 188 i.V.m. § 292 Abs. 1 S. 2 ein Schlussverzeichnis zu erstellen haben,

16

---

27 BGH 24.05.2007, IX ZR 8/06, ZInsO 2007, 656; 18.11.2010, IX ZR 240/07, NZI 2011, 615.
28 BGH 18.11.2010, IX ZR 240/07, NZI 2011, 615.
29 BGH 18.11.2010, IX ZR 240/07, NZI 2011, 615.
30 BGH 18.11.2010, IX ZR 240/07, NZI 2011, 615.
31 BFH 27.07.2011, VI R 9/11, ZIP 2011, 2118.
32 LG Dortmund 23.03.2010, 9 T 106/10, ZInsO 2010, 879.
33 BFH 27.07.2011, VI R 9/11, ZIP 2011, 2118.
34 *Vallender* InVo 1999, 334, IV. 1.
35 BGH 11.09.2003, IX ZB 37/03, NZI 2003, 662.
36 MüKo-InsO/*Füchsl/Weishäuptl* § 148 Rn. 66; FK-InsO/*Wegener* § 148 Rn. 21.
37 FK-InsO/*Wegener* § 148 Rn. 21.

da ansonsten die Grundlage für eine mögliche und noch gar nicht absehbare Verteilung in der Wohlverhaltensphase fehlt.[38]

e) Lastschriftwiderruf in der Verbraucherinsolvenz

17 Das Problem Lastschriftwiderruf in den Verfahren der natürlichen Personen besteht nach den Entscheidungen des 9. und 11. Senats des BGH vom 20.07.2010 nicht mehr. In den Verfahren XI ZR 236/07[39] und IX ZR 37/09[40] haben die Senate eine gemeinsame Linie gefunden. Der 9. Senat stellte fest, dass bei einem Lastschriftwiderruf im Verfahren einer natürlichen Person das pfändungsfreie Schonvermögen zu beachten ist. Wenn die Zahlungen über den Lastschrifteinzug aus dem unpfändbaren Vermögen erfolgten, ist ein Widerruf durch den Treuhänder nicht möglich. Da diese neue Feststellung der bisherigen Rechtsprechung des 9. Senats widerspricht, sollen die bis zu dieser Entscheidung erfolgten Lastschriftwiderrufe in Verbraucherinsolvenzverfahren allerdings ohne Konsequenz bleiben. Lastschriftwiderrufe sind also lediglich ab Juli 2010 unzulässig, wenn das unpfändbare Vermögen betroffen ist. Die Entscheidung wirkt nicht zurück.

3. Vergütung des Treuhänders

18 Die geringere Vergütung des Treuhänders richtet sich nach § 13 InsVV und beträgt durchgehend 15 % der Insolvenzmasse. Die Berechnungsgrundlage ist wie in der Regelinsolvenz festzustellen.[41] Zu- und Abschläge sind gem. §§ 13 Abs. 2, 3 InsVV nicht möglich.[42] Die Vergütung nach § 13 Abs. 1 S. 1 InsVV wird nach oben nicht durch die nach § 2 Abs. 1 InsVV bei gleicher Insolvenzmasse im Regelverfahren mögliche Vergütung begrenzt.[43] Reduzierungen bei großen Massen sind aber möglich.[44]

19 Die Mindestvergütung gem. § 13 Abs. 1 S. 3–5 richtet sich nach der Anzahl der Gläubiger, nicht nach der Anzahl der Forderungen.[45] Eine Gebietskörperschaft ist auch dann nur als eine Gläubigerin anzunehmen, wenn sie durch verschiedene Behörden mehrere Forderungen aus unterschiedlichen Rechtsverhältnissen angemeldet hat.[46]

II. Anfechtung

20 Die insolvenzrechtliche Anfechtung nach §§ 129 ff. hat in den Verbraucherinsolvenzverfahren nicht die wirtschaftliche Bedeutung wie in der Regelinsolvenz. Der Gesetzgeber hielt es daher für angebracht, den Treuhänder von der Aufgabe der Anfechtung zu entbinden und damit auch seine Vergütung niedriger anzusetzen.[47] Wohl zu Recht wird kritisiert, dass die Anfechtung durch die Gläubiger die im Verbraucherinsolvenzverfahren gewünschte Verfahrensvereinfachung gerade nicht bewirkt.[48] Eine Gesetzgebungsinitiative zur Aufhebung des § 313 Abs. 2 konnte sich 2007 aber nicht durchsetzen.[49]

21 Die Schenkungsanfechtung gem. § 134 Abs. 1 dürfte in Verbraucherinsolvenzverfahren einen Schwerpunkt bilden.[50] Noch nicht abschließend entschieden sind die möglichen Anfechtungs-

---

38 FK-InsO/*Kießner* § 211 Rn. 11.
39 BGH 20.07.2010, XI ZR 236/07, ZInsO 2010, 1538.
40 BGH 20.07.2010, IX ZR 37/09, ZInsO 2010, 1534.
41 Uhlenbruck/*Vallender* Rn. 56.
42 Uhlenbruck/*Vallender* Rn. 58.
43 BGH 22.09.2011, IX ZB 193/10, ZInsO 2011, 2052.
44 BGH 22.09.2011, IX ZB 193/10, ZInsO 2011, 2052.
45 BGH 16.12.2010, IX ZB 39/10, ZVI 2011, 267.
46 BGH 19.05.2011, IX ZB 27/10, ZInsO 2011, 1251.
47 HK-InsO/*Landfermann* Rn. 11.
48 Andres/Leithaus/*Andres* Rn. 11.
49 HK-InsO/*Landfermann* § 311 Rn. 2.
50 HambK-InsR/*Nies* Rn. 5.

ansprüche bei den ebenfalls häufiger auftretenden Umwandlungen von Einkommen durch Abschluss einer Direktversicherung nach BetrAVG[51] oder bei Bildung einer gem. § 851c ZPO geschützten Versicherung zur Altersversorgung. Zutreffend sieht der BGH in diesen Fällen keine Anfechtungsmöglichkeit gegen den Schuldner selbst, der kein tauglicher Gegner eines Insolvenzanfechtungsanspruches sein kann,[52] während OLG Naumburg die Anfechtung gem. § 133 Abs. 1 gegen den Schuldner für möglich hält.[53] *Kirchhof* weist darauf hin, dass neben einer Anfechtung auch Ansprüche gegen den Schuldner aus § 826 BGB nicht ausgeschlossen sind.[54] Auch Ansprüche aus § 823 Abs. 2 BGB erscheinen möglich, setzen aber die Verletzung eines Schutzgesetzes voraus. Eine Strafbarkeit nach den in Frage kommenden §§ 283 und 288 StGB wird allerdings zumindest in der Literatur verneint.[55] Bei einer Wertung der beteiligten Interessen dürfte dem Aufbau einer Altersvorsorge der Vorrang vor dem Befriedigungsinteresse der Insolvenzgläubiger zu geben sein.[56]

Entscheidet sich ein Insolvenzgläubiger zur Anfechtung, hat ihm der Treuhänder die erforderlichen Informationen zu geben.[57] Der Insolvenzgläubiger benötigt keine ausdrückliche Zustimmung der weiteren Gläubiger für sein Vorgehen. Auch nach Aufhebung des Verfahrens kann er noch i.V.m. einer Anordnung der Nachtragsverteilung anfechten.[58] Ein bereits vom Gläubiger vor Eröffnung geführter Anfechtungsprozess ruht mit der Eröffnung gem. § 240 ZPO, kann aber nach Eröffnung vom Gläubiger zugunsten der Masse fortgesetzt werden.[59] 22

Gem. § 313 Abs. 2 kann die Gläubigerversammlung den Treuhänder mit der Anfechtung beauftragen. Die Gläubigerversammlung ist bereits bei Anwesenheit nur eines Gläubigers beschlussfähig.[60] Allerdings muss eine Gläubigerversammlung in jedem Fall stattfinden. Es reicht nicht aus, wenn der einzige Gläubiger außerhalb der Gläubigerversammlung dem Treuhänder den Auftrag zur Anfechtung erteilt.[61] Der Treuhänder muss den Auftrag zur Anfechtung annehmen, während die Beauftragung eines Gläubigers nur mit dessen Zustimmung möglich ist.[62] Der Auftrag zur Anfechtung kann dem Treuhänder auch wieder entzogen werden.[63] Erteilt die Gläubigerversammlung dem Treuhänder den Anfechtungsauftrag, erscheint es zweifelhaft, ob dem Treuhänder bei Massekostenarmut Prozesskostenhilfe zu bewilligen ist, wenn auch bei Durchsetzung des Anfechtungsanspruches die Massekostenarmut nicht behoben wird. In der Regelinsolvenz lehnt der BGH in dieser Konstellation zu Recht die Bewilligung von Prozesskostenhilfe ab.[64] 23

Erscheint kein Gläubiger zur einberufenen Gläubigerversammlung, kann das Gericht den Auftrag nicht erteilen.[65] Allerdings ist gem. § 160 Abs. 1 S. 3 Hs. 1 auch bei Ausbleiben der Gläubiger von einer Auftragserteilung auszugehen, wenn das Gericht gem. § 160 Abs. 1 S. 3 Hs. 2 einen entsprechenden Hinweis erteilt hat,[66] denn eine Anfechtung in einem Verbraucherinsolvenzverfahren dürfte kaum höher zu bewerten sein als eine Rechtshandlung von besonderer Bedeutung in der Regelinsolvenz. 24

---

51 BAG 30.07.2008, 10 AZR 459/07 NJW 2009, 167.
52 BGH 13.10.2011, IX ZR 80/11 NZI 2011, 937.
53 OLG Naumburg 08.12.2010, 5 U 96/10, ZInsO 2011, 677.
54 *Kirchhof* ZInsO 2011, 2009.
55 *Kemperdick* ZInsO 2009, 2099.
56 Vgl. *Henning* VIA 2009, 17.
57 HK-InsO/*Landfermann* Rn. 11; Uhlenbruck/*Vallender* Rn. 78.
58 BGH 11.02.2010, IX ZB 105/09, ZInsO 2010, 538.
59 BGH 03.12.2009, IX ZR 29/08, ZInsO 2010, 230.
60 HK-InsO/*Eickmann* § 76 Rn. 5.
61 BGH 19.07.2007, IX ZR 77/06 ZInsO 2007, 938.
62 Uhlenbruck/*Vallender* Rn. 72, 85.
63 Uhlenbruck/*Vallender* Rn. 87.
64 BGH 16.07.2009, IX ZB 221/08 NZI 2009, 602.
65 HK-InsO/*Landfermann* Rn. 14.
66 HambK-InsR/*Nies* Rn. 7.

III. Ausschluss der Verwertung

25 Auch das eingeschränkte Verwertungsrecht gem. § 313 Abs. 3 soll den Aufgabenkreis des Treuhänders reduzieren und das Verfahren vereinfachen. Die Notwendigkeit, die belasteten Gegenstände wie in der Regelinsolvenz nur durch den Treuhänder zu verwerten, besteht nach Ansicht des Gesetzgebers nicht.[67] Die Verwertung von Gegenständen, an denen Pfandrechte oder andere Absonderungsrechte bestehen, ist daher dem Gläubiger vorbehalten. Die Gegenstände sind aber gleichwohl Massebestandteil und unterliegen gem. § 80 Abs. 1 der Verwaltungsbefugnis des Treuhänders.[68] Wegen der fehlenden Verwertungsbefugnis sollte daher nicht zwingend die Freigabe bspw. einer Immobilie aus der Insolvenzmasse erfolgen. Hier können sich durchaus noch Möglichkeiten der Massemehrung bspw. über eine einzuziehende Nutzungsentschädigung ergeben.[69]

26 Die Verwertung durch die Gläubiger erfolgt nach den jeweils anzuwendenden gesetzlichen oder vertraglichen Regelungen.[70] Verwertung i.S.d. § 313 Abs. 3 meint daher im Falle der Immobilie nur das Verfahren nach ZVG, also Zwangsverwaltung und Zwangsversteigerung.[71] Die Gläubiger können die Immobilie daher nicht freihändig verwerten, da ihre Rechte im Verbraucherinsolvenzverfahren nicht weiter als gem. § 49 in der Regelinsolvenz reichen. Bei Verwertung durch die Gläubiger fällt kein Kostenbeitrag nach §§ 170, 171 an.[72]

27 Dem Treuhänder ist die freihändige Verwertung möglich, wenn die Gläubiger dieser zustimmen. Fraglich ist, ob es neben dem gem. S. 3 vorgegebenen Weg über § 173 Abs. 2 auch die Möglichkeit der Einberufung einer Gläubigerversammlung zur Zustimmung gem. § 160 Abs. 1 geben kann.[73] Bei Nichterscheinen der Gläubiger wäre dann bei entsprechendem Hinweis des Gerichts die Zustimmung zur freihändigen Verwertung erteilt. Der Streit und die Rechtsunsicherheit zu der Frage, ob der Verweis auf § 173 Abs. 2 auch für Immobilien gilt,[74] wäre umgangen. Da die Regelung des § 160 Abs. 1 S. 3 im Jahr 2007 als Reaktion auf die oft geringe Gläubigerbeteiligung, die mit dem Nichtausnutzen des Verwertungsrechts vergleichbar ist, eingeführt wurde,[75] erscheint dieser Weg grds gangbar.

28 Nehmen die Gläubiger ihr Verwertungsrecht nicht wahr, kann sie der Treuhänder gem. Abs. 3 S. 3 über § 173 Abs. 2 unter Fristsetzung zur Verwertung auffordern. Nach fruchtlosem Fristablauf darf der Treuhänder verwerten. Der Verweis auf § 173 Abs. 2 ist schon aufgrund der eindeutigen Intention des Gesetzgebers, die Verwertung von Immobilien zu erleichtern,[76] Rechtsfolgenverweis und kein Rechtsgrundverweis auf § 173.[77] Es können daher sowohl Mobilien als auch Immobilien auf diesem Wege verwertet werden. Der Treuhänder hat nach Ablauf der Frist das volle Verwertungsrecht, dh er darf auch freihändig verwerten,[78] da auch im Regelverfahren die freihändige Verwertung zulässig ist.[79] Da die Gläubiger bereits über § 173 Abs. 2 beteiligt wurden, ist eine erneute Zustimmung gem. § 160 Abs. 1 nicht erforderlich. Hat der Treuhänder über § 313 Abs. 3 S. 3/§ 173 Abs. 2 verwertet, fallen die Kostenpauschalen gem. §§ 170, 171 an.[80]

---

[67] Uhlenbruck/*Vallender* Rn. 90a.
[68] *Wipperfürth* InsbürO 2011, 418 (419); Uhlenbruck/*Vallender* Rn. 90.
[69] *Wipperfürth* InsbürO 2011, 418 (420).
[70] S. hierzu ausf. Uhlenbruck/*Vallender* Rn. 91 ff.
[71] OLG Hamm 04.11.2011, 15 W 698/10 ZInsO 2011, 2279; Uhlenbruck/*Vallender* Rn. 105.
[72] Uhlenbruck/*Vallender* Rn. 108.
[73] So wohl FK-InsO/*Kohte/Busch* Rn. 91.
[74] S. Uhlenbruck/*Vallender* Rn. 111.
[75] HambK-InsR/*Decker* § 160 Rn. 3a.
[76] BT-Drucks. 14/5680, 33 rechte Spalte.
[77] FK-InsO/*Kohte/Busch* Rn. 90.
[78] FK-InsO/*Kohte/Busch* Rn. 90; a.A. Uhlenbruck/*Vallender* Rn. 112.
[79] HK-InsO/*Landfermann* § 165 Rn. 4; HambK-InsR/*Büchler* § 165 Rn. 10.
[80] Uhlenbruck/*Vallender* Rn. 116.

§ 313 n.F. [ab 01.07.2014 aufgehoben]

Die vom Gesetzgeber durch § 313 Abs. 2 und 3 erhofften Verfahrensvereinfachungen bei der Anfechtung von Rechtshandlungen und der Verwertung von Sicherheiten haben sich nicht erfüllt.[1] Von daher erfolgt jetzt die konsequente Streichung der Vorschrift. Da sich durch diese Aufhebung keine Unterschiede der Aufgaben des Insolvenzverwalters und des Treuhänders mehr ergeben, fällt folgerichtig auch das Amt des Treuhänders weg. Ab dem 01.07.2014 wird es von daher in jedem Insolvenzverfahren einen Insolvenzverwalter geben. Die Vergütungsregeln der InsVV werden gem. Art. 5 des Änderungsgesetzes[2] entsprechend angepasst. Die Mindestvergütung steigt damit in jedem Verfahren auf 1.000 €, kann allerdings gem. des neu gefassten § 13 InsVV auf 800 € reduziert werden, wenn der Insolvenzantrag von einer anerkannten Person oder Stelle i.S.d. § 305 Abs. 1 Nr. 3 erstellt wurde. 1

Die Änderung tritt gem. Art. 9 zum 01.07.2014 in Kraft und gilt damit gem. der Überleitungsvorschrift des Art. 103h EGInsO in allen ab dem 01.07.2014 beantragten Verfahren. In den bis zum 30.6.14 beantragten Verfahren ist das bisherige Recht anzuwenden. 2

§ 314 Vereinfachte Verteilung

(1) Auf Antrag des Treuhänders ordnet das Insolvenzgericht an, dass von einer Verwertung der Insolvenzmasse ganz oder teilweise abgesehen wird. In diesem Fall hat es dem Schuldner zusätzlich aufzugeben, binnen einer vom Gericht festgesetzten Frist an den Treuhänder einen Betrag zu zahlen, der dem Wert der Masse entspricht, die an die Insolvenzgläubiger zu verteilen wäre. Von der Anordnung soll abgesehen werden, wenn die Verwertung der Insolvenzmasse insbesondere im Interesse der Gläubiger geboten erscheint.

(2) Vor der Entscheidung sind die Insolvenzgläubiger zu hören.

(3) Die Entscheidung über einen Antrag des Schuldners auf Erteilung von Restschuldbefreiung (§§ 289 bis 291) ist erst nach Ablauf der nach Abs. 1 Satz 2 festgesetzten Frist zu treffen. Das Gericht versagt die Restschuldbefreiung auf Antrag eines Insolvenzgläubigers, wenn der nach Abs. 1 Satz 2 zu zahlende Betrag auch nach Ablauf einer weiteren Frist von zwei Wochen, die das Gericht unter Hinweis auf die Möglichkeit der Versagung der Restschuldbefreiung gesetzt hat, nicht gezahlt ist. Vor der Entscheidung ist der Schuldner zu hören.

Übersicht	Rdn.		Rdn.
A. Normzweck und Kritik	1	B. Tatbestandsvoraussetzungen	3

A. Normzweck und Kritik

Auch § 314 soll der Vereinfachung des Verbraucherinsolvenzverfahrens dienen, indem bei geringwertigen Gegenständen von einer Verwertung abgesehen wird, der Schuldner aber im Gegenzug einen Ausgleichsbetrag zu zahlen hat.[1] Die Vorschrift hat in der Praxis keine Bedeutung erlangt und sollte nach dem allerdings gescheiterten Reformvorhaben 2007 ersatzlos gestrichen werden.[2] Rechtsprechung zu der Norm ist bis auf die unten angeführte, § 314 am Rande erwähnende Entscheidung[3] nicht veröffentlicht. 1

Schon der Ansatz der Vorschrift, dem Schuldner, der im eröffneten Verfahren nur unpfändbares Vermögen besitzen kann, die Zahlung eines Betrages aufzugeben, ist verfehlt. Dem Schuldner wird ein 2

---

1 siehe § 313 Rdn. 20 und § 304 Rdn. 27.
2 BGBl. I 2013, 2379.
1 HK-InsO/*Landfermann* Rn. 1; HambK-InsR/*Nies* Rn. 1.
2 HK-InsO/*Landfermann* Rn. 2.
3 OLG Zweibrücken 30.01.2002, 3 W 235/01, NZI 2002, 670.

§ 314 n.F. InsO

Vorwurf grob fahrlässigen oder vorsätzlichen Handelns nicht zu machen sein, wenn er aus seinem unpfändbaren Existenzminimum keine Zahlungen leistet.[4] Die Versagung der Restschuldbefreiung gem. Abs. 3 ist dann aber nicht möglich. Von daher werden Treuhänder und Gericht stets zuvor mit dem Schuldner klären, ob die Übernahme des Gegenstandes gewollt und die Zahlung möglich ist.[5] Wenn der Schuldner dann Interesse und finanzielle Möglichkeiten hat, ist aber eher Raum für eine auch neben § 314 zulässige, im Regelverfahren ganz übliche Verwertungsvereinbarung[6] zwischen Treuhänder und Schuldner, die den aufwändigen Weg über § 314 erspart.

B. Tatbestandsvoraussetzungen

3   Die Verwertung nach § 314 ist eine qualifizierte Freigabe,[7] die nur auf Antrag des Treuhänders und nicht von Amts wegen erfolgt.[8] Sie kommt bei geringwertigen Gegenständen in Frage. Als Beispiel wird der ältere PKW des Schuldners genannt, der nicht unter ein Pfändungsverbot des § 811 Abs. 1 ZPO fällt.[9] Gem. Abs. 1 S. 3 ist die Verwertung aber dann geboten, wenn mit ihr ein höherer Betrag für die Masse zu erzielen ist. Dies wird der Fall sein, wenn der Schuldner das Aufbringen des erforderlichen Betrages nicht glaubhaft darstellen kann. Der Schuldner wird aber im Vergleich mit dem Verwertungserlös nur einen um die Pauschalen aus §§ 170, 171 gekürzten Betrag aufbringen müssen. Die Entscheidung trifft der Rechtspfleger, gegen die die Rechtspflegererinnerung gem. § 11 Abs. 2 RPflG gegeben ist, da die Norm eine sofortige Beschwerde nicht vorsieht. Das Gericht kann die Entscheidung auch wieder aufheben, bspw. wenn der Schuldner die Zahlungen nicht aufbringen kann.[10] Solange der Schuldner den geforderten Betrag nicht eingezahlt hat, sollte der Treuhänder den betroffenen Gegenstand nicht freigeben.[11]

4   Auf die Anhörung der Gläubiger gem. Abs. 2 kann verzichtet werden, wenn bei bewilligter Stundung durch den vom Schuldner zu zahlenden Betrag die Massekostenarmut nicht aufgehoben wird, also mit Zahlungen an die Gläubiger nicht zu rechnen ist.[12]

5   Abs. 3 S. 1 meint offensichtlich nicht die Erteilung der Restschuldbefreiung, sondern deren Ankündigung.[13] Die Versagung der Restschuldbefreiung gem. Abs. 3 ist ein Unterfall der Versagung der Restschuldbefreiung gem. § 290 Abs. 1 Nr. 5 wegen Verletzung der Mitwirkungspflicht.[14] Daraus folgt zum einen die Zuständigkeit des Richters für die Versagungsentscheidung,[15] zum anderen die Möglichkeit der sofortigen Beschwerde gem. § 289 Abs. 2.[16] Grob fahrlässiges oder vorsätzliches Handeln wird dem Schuldner kaum nachzuweisen sein, wenn er vorträgt, den Betrag aus dem Unpfändbaren nicht zahlen zu können.

§ 314 n.F. [ab 01.07.2014 aufgehoben]

1   Auch § 314 InsO sollte der Verfahrensvereinfachung dienen, stellte hierfür aber ein im Vergleich mit einer üblichen Verwertungsvereinbarung viel komplizierteres Verfahren zur Verfügung.[1] Der Strei-

---

4   HK-InsO/*Landfermann* Rn. 7.
5   HambK-InsR/*Nies* Rn. 2.
6   HK-InsO/*Landfermann* Rn. 1; HambK-InsR/*Nies* Rn. 2.
7   FK-InsO/*Kohte/Busch* Rn. 5.
8   Uhlenbruck/*Vallender* Rn. 3.
9   HK-InsO/*Landfermann* Rn. 1; HambK-InsR/*Nies* Rn. 2.
10 HambK-InsR/*Nies* Rn. 5; HK-InsO/*Landfermann* Rn. 7.
11 HK-InsO/*Landfermann* Rn. 9.
12 HambK-InsR/*Nies* Rn. 3.
13 HambK-InsR/*Nies* Rn. 5.
14 HambK-InsR/*Nies* Rn. 14; Uhlenbruck/*Vallender* Rn. 34.
15 Uhlenbruck/*Vallender* Rn. 31; a.A. HK-InsO/*Landfermann* Rn. 8.
16 OLG Zweibrücken 30.01.2002, 3 W 235/01, NZI 2002, 670; HambK-InsR/*Nies* Rn. 6.
1   siehe oben § 314 Rdn. 2.

chung der Vorschrift ist daher zuzustimmen. Die Änderung tritt gem. Art. 9 zum 01.07.2014 in Kraft und gilt damit gem. der Überleitungsvorschrift des Art. 103h EGInsO in allen ab dem 01.07.2014 beantragten Verfahren. In den bis zum 30.6.14 beantragten Verfahren ist das bisherige Recht anzuwenden

Zehnter Teil Besondere Arten des Insolvenzverfahrens

Erster Abschnitt Nachlaßinsolvenzverfahren

§ 315 Örtliche Zuständigkeit

Für das Insolvenzverfahren über einen Nachlaß ist ausschließlich das Insolvenzgericht örtlich zuständig, in dessen Bezirk der Erblasser zur Zeit seines Todes seinen allgemeinen Gerichtsstand hatte. Lag der Mittelpunkt einer selbständigen wirtschaftlichen Tätigkeit des Erblassers an einem anderen Ort, so ist ausschließlich das Insolvenzgericht zuständig, in dessen Bezirk dieser Ort liegt.

Übersicht

	Rdn.			Rdn.
A. Ziele des Nachlassinsolvenzverfahrens	1	I.	Allgemeiner Gerichtsstand des Erblassers, § 315 Satz 1	17
B. Begriffe	2	II.	Mittelpunkt der selbständigen wirtschaftlichen Tätigkeit des Erblasser, § 315 Satz 2	18
I. Insolvenzmasse	2			
II. Schuldner	8			
III. Stellung des Insolvenzverwalters	11			
IV. Nachlassverwalter, Nachlasspfleger und Testamentsvollstrecker	12	III.	Tod des Schuldners während seines Insolvenzantrags-, Insolvenz- oder Restschuldbefreiungsverfahrens	19
C. Örtliche Zuständigkeit	15			

A. Ziele des Nachlassinsolvenzverfahrens

Das Nachlassinsolvenzverfahren dient zwei gesetzgeberischen Zielen.[1] Zum einen soll die unbeschränkte Haftung des Erben für Nachlassverbindlichkeiten auf den Nachlass begrenzt werden, zum anderen soll das Eigenvermögen des Erben von dem Nachlass abgesondert werden, um einerseits den Nachlassgläubigern den alleinigen Zugriff auf den Nachlass zu gewährleisten und andererseits den Eigengläubigern des Erben den alleinigen Zugriff auf das Erbenvermögen zu verschaffen. **1**

B. Begriffe

I. Insolvenzmasse

Für die Bestimmung dessen, was alles zur Insolvenzmasse des Nachlasses gehört, ist nach der auch im Nachlassinsolvenzverfahren geltenden Regelung des § 35 der Zeitpunkt der Verfahrenseröffnung maßgebend.[2] Dies darf nicht mit dem vom bürgerlichen Recht verfolgten Ziel verwechselt werden, die beschränkte Erbenhaftung auf den Zeitpunkt des Erbfalles zu beziehen. Die zivilrechtliche Bezugnahme auf den Zeitpunkt des Erbfalles verfolgt den Zweck, den Nachlass und die Nachlassgläubiger wirtschaftlich so zu stellen, wie sie bei Trennung der Vermögensmassen zwischen Nachlass und Erbenvermögen schon zum Zeitpunkt des Erbfalls gestanden hätten.[3] Haftet der Erbe den Nachlassgläubigern gegenüber unbeschränkt, können deren Rechte nicht in entsprechender Anwendung des § 93 InsO vom Nachlassinsolvenzverwalter geltend gemacht werden, sondern sind von den Nachlassgläubigern individuell zu verfolgen.[4] **2**

Nun ist zumeist in der Zeit zwischen Erbfall und Insolvenzeröffnung über Gegenstände des Nachlasses verfügt worden, neues Vermögen ist hinzugekommen und manches wurde verbraucht. Wegen des Zuwachses lehnt die h.M. eine dingliche Surrogation ab, sofern diese nicht ausdrücklich gesetz- **3**

---

[1] BGH 21.02.2008, IX ZB 62/05, BGHZ 175, 307 (311).
[2] Braun/*Bauch* Rn. 5; FK-InsO/*Schallenberg/Rafiqpoor* § 320 Rn. 28; Gottwald/*Döbereiner* § 113 Rn. 1; MüKo-InsO/*Siegmann* Anh. zu § 315 Rn. 9; Nerlich/Römermann/*Riering* Rn. 23; Smid/*Fehl* InsO, Rn. 9; Uhlenbruck/*Lüer* Rn. 7; a.A. H/W/W/*Hess* Rn. 14, der auf den Zeitpunkt des Erbfalls abstellt.
[3] Mohrbutter/Ringstmeier/*Ringstmeier* § 19 Rn. 6.
[4] Schleswig-Holsteinisches Oberlandesgericht 16.02.2011, 3 W 21/11 FamRZ 2011, 1682.

lich vorgesehen ist, so etwa bei der Erbengemeinschaft nach § 2041 BGB.[5] Daher stehen z.B. die vom Erben mit Mitteln des Nachlasses angeschafften Gegenstände im Eigentum des Erben, nicht des Nachlasses. Hingegen fällt die Versicherungssumme aus einem Kapitallebensversicherungsvertrag, bei dem kein Bezugsberechtigter benannt ist, in den Nachlass und kann vom Nachlassinsolvenzverwalter vereinnahmt werden[6]

4 Als Ausgleich dafür, dass eine dingliche Surrogation nicht stattfindet, ist die Verwaltung des Nachlasses durch den Erben für die Zeit bis zur Annahme der Erbschaft nach den Grundsätzen der Geschäftsführung ohne Auftrag abzuwickeln, ab dem Zeitpunkt der Annahme wie bei einem Beauftragten. Der Inhaber dieser Ansprüche ist der Nachlass, § 1978 Abs. 2 BGB.

5 Der Erbe hat deshalb über seine gesamte Verwaltungstätigkeit Rechenschaft abzulegen (§§ 1978, 666, 259, 260 BGB) und alles im Rahmen der Verwaltung Erlangte an den Insolvenzverwalter herauszugeben (§§ 1978, 667 BGB). Verbrauchte oder veräußerte Gegenstände hat der Erbe zu ersetzen; ferner haftet er bei schuldhafter Verletzung seiner Pflichten dem Nachlass auf Schadensersatz, bspw. wenn er schuldhaft mit Mitteln des Nachlasses Nachlassverbindlichkeiten befriedigt, obwohl der Nachlass nicht für alle Verbindlichkeiten ausreicht. Damit steht der Umfang der Insolvenzmasse fest: Das gesamte zum Zeitpunkt der Insolvenzeröffnung noch vorhandene Nachlassvermögen des Erblassers (Universalsukzession, §§ 1922, 1967 BGB), ergänzt um die gegen den Erben bestehenden Ansprüche aus GoA und Auftrag bildet gem. § 35 die Insolvenzmasse des Nachlassinsolvenzverfahrens, § 11 Abs. 2 Nr. 2.

6 Nach der allgemeinen Regelung des § 35 Abs. 1 ist auch der Neuerwerb des Nachlasses zur Insolvenzmasse zu zählen.[7] Dies bezieht sich aber freilich nur auf die Vermögenszuwächse nach dem Zeitpunkt der Insolvenzeröffnung.

7 § 36 ist auch im Rahmen des Nachlassinsolvenzverfahrens anzuwenden. Demnach fallen unpfändbare Gegenstände auch im Rahmen des Nachlassinsolvenzverfahrens nicht in die Insolvenzmasse. Im Rahmen der relativen Pfändungsschutzvorschriften (§ 811 Nr. 1–7, 10 ZPO) ist auf den oder die Erben abzustellen.[8]

II. Schuldner

8 Auch das Nachlassinsolvenzverfahren bedarf eines Rechtssubjektes, gegen welches der Eröffnungsantrag zu richten ist. Dem Nachlass des Erblassers als nicht rechtsfähiges Sondervermögen mangelt es an der Qualität der Rechtspersönlichkeit. Entgegen der irreführenden Begründung des § 363 RegE[9] ist der Nachlass daher nicht Schuldner des Nachlassinsolvenzverfahrens i.S.d. §§ 17, 18. Die Schuldnerrolle kommt vielmehr dem Rechtsträger des Nachlasses, dem Erben zu.[10]

9 Aufgrund der fehlenden Rechts- und Parteifähigkeit der Erbengemeinschaft, ist nicht die Erbengemeinschaft als Schuldner des Nachlassinsolvenzverfahrens anzusehen, sondern vielmehr jeder einzelne Erbe.[11]

10 Die mit der Schuldnerstellung einhergehenden Rechte und Pflichten verpflichten und ermächtigen den Erben. Der Erbe hat daher etwa gem. §§ 20, 97 Auskunft zu erteilen, kann Rechtsmittel z.B.

---

5 BGH 13.07.1989, IX ZR 227/87, NJW-RR 1989, 1226 (1227); ebenso bereits RG 02.12.1931 RGZ 134, 257 (259); Uhlenbruck/*Lüer* Rn. 8; weiterführend *Schmidt-Kessel* WM 2003, 2086 (2087).
6 OLG Zweibrücken vom 24.01.2013, 4 U 107/12 – zitiert nach juris.
7 H/W/W/*Hess* Rn. 14; Smid/*Fehl* InsO, Rn. 9.
8 FK-InsO/*Schallenberg/Rafiqpoor* Vor § 315 Rn. 23; H/W/W/*Hess* Rn. 15.
9 BT-Drucks. 12/2443, 231.
10 HM BGH 16.05.1969, V ZR 86/68, NJW 1969, 1349; OLG Köln 14.04.2005, 2 Wx 43/04, ZIP 2005, 1435 (1436); FK-InsO/*Schallenberg/Rafiqpoor* Vor § 315 Rn. 17; MüKo-InsO/*Siegmann* Vor §§ 315–331 Rn. 1; Uhlenbruck/*Lüer* Rn. 11.
11 HK-InsO/*Marotzke* Vor §§ 315 ff. Rn. 9; MüKo-InsO/*Siegmann* § 316 Rn. 6.

gegen die Eröffnung oder die Abweisung des Insolvenzantrags einlegen oder sich über die angemeldeten Forderungen gem. § 176 im Prüfungstermin erklären. Die Beratungspraxis hat zu beachten, dass die Person des Erben z.B. durch Erbvertrag, Erbverzicht, Ausschlagung usw. zum Teil sogar noch nach Eintritt des Erbfalles bestimmbar ist.

III. Stellung des Insolvenzverwalters

Die Stellung des Insolvenzverwalters im Nachlassinsolvenzverfahren ist wie die eines Insolvenzverwalters in einem anderen Insolvenzverfahren, er ist Partei kraft Amtes.[12] **11**

IV. Nachlassverwalter, Nachlasspfleger und Testamentsvollstrecker

Sofern ein Nachlasspfleger bestellt wurde, weil die Erben noch unbekannt sind, nimmt dieser die Rechte und Pflichten des Schuldners, der Erben, war. Daher ist die in der Praxis gelegentlich zu beobachtende geradezu reflexartige Aufhebung der Nachlasspflegschaft im Falle der Eröffnung des Nachlassinsolvenzverfahrens nicht richtig. Es bestehen auch keine Bedenken, dass das Nachlassgericht noch nach der Eröffnung des Nachlassinsolvenzverfahrens eine Nachlasspflegschaft für die nicht feststehenden Erben anordnet.[13] **12**

Ein eingesetzter Testamentsvollstrecker bleibt auch nach Eröffnung des Verfahrens im Amt und nimmt anstelle der Erben die beim Schuldner verbleibenden Kompetenzen (z.B. Verwaltung des insolvenzfreien Vermögens, Widerspruch gegen angemeldete Forderungen gem. § 176 usw.) wahr. **13**

Sofern ein Nachlassverwalter bestellt wurde, endet sein Amt mit Eröffnung des Insolvenzverfahrens kraft Gesetzes, § 1988 BGB. Ob die Bestellung des ehemaligen Nachlassverwalters als Insolvenzverwalter wegen einer Interessenkollision ausgeschlossen ist, muss im Einzelfall geprüft werden. **14**

C. Örtliche Zuständigkeit

Für die Bestimmung der örtlichen Zuständigkeit ist nicht die Person des Schuldners, also des oder der Erben, sondern sind die Verhältnisse des Erblassers zur Zeit des Todes maßgeblich. **15**

Neben der örtlichen Zuständigkeit stellt § 315 ferner klar, dass das Insolvenzgericht und nicht das Nachlassgericht sachlich zuständig ist. **16**

I. Allgemeiner Gerichtsstand des Erblassers, § 315 Satz 1

§ 315 Satz 1 bestimmt den allgemeinen Gerichtsstand des Erblassers als ausschließlichen Gerichtsstand des Insolvenzgerichts im Nachlassinsolvenzverfahren. Dies wird regelmäßig der letzte Wohnort des Erblassers sein, § 13 ZPO i.V.m. §§ 7 ff. BGB. **17**

II. Mittelpunkt der selbständigen wirtschaftlichen Tätigkeit des Erblasser, § 315 Satz 2

War der Erblasser zur Zeit seines Todes selbständig wirtschaftlich tätig, wird die Regelung des § 315 Satz 1 verdrängt; das Gericht am Mittelpunkt der selbständigen wirtschaftlichen Tätigkeit des Erblassers ist dann ausschließlich zuständig, § 315 Satz 2. Eine selbständige wirtschaftliche Tätigkeit muss nicht umfangreich gewesen sein, auch geringfügige selbständige wirtschaftliche Betätigung reicht für die Anwendbarkeit des Satz 2 aus. Gleiches gilt, wenn der Erblasser Gesellschafter einer Personengesellschaft oder alleiniger Gesellschafter und auch Geschäftsführer z.B. einer GmbH war.[14] Die Voraussetzungen des Satz 2 müssen im Zeitpunkt des Todes des Erblassers vorgelegen haben, wobei eine Beendigung der selbständigen wirtschaftlichen Tätigkeit ganz unmittelbar vor dem Versterben ausreicht, selbst wenn im Todeszeitpunkt diese Tätigkeit nicht mehr ausgeübt **18**

---

12 Gottwald/*Döbereiner* § 111 Rn. 17; Smid/*Fehl* InsO, Rn. 16.
13 OLG Stuttgart ZIP 2012, 864.
14 AG Köln 21.03.2002, 72 IN 494/01, ZInsO 2002, 344.

wird.[15] Im Geltungsbereich der EUInsVO ist anstelle von § 315 Satz 2 auf Art. 3 EuInsVO abzustellen.

III. Tod des Schuldners während seines Insolvenzantrags-, Insolvenz- oder Restschuldbefreiungsverfahrens

19 Tritt der Tod des Schuldners ein, während über sein Vermögen ein Insolvenzantragsverfahren anhängig ist, tritt gem. § 4 InsO i.V.m. § 239 ZPO eine Unterbrechung des Verfahrens ein, wenn der Antrag durch den Erblasser gestellt worden war; der Erbe mag über die Aufnahme des Verfahrens entscheiden. War der Insolvenzantrag von einem Gläubiger gestellt worden, tritt keine Unterbrechung ein (arg. § 779 ZPO), sondern über den Insolvenzantrag wird wegen des identisch gebliebenen Insolvenzgrundes entschieden. Zugunsten der Gläubiger des Erblassers ändert sich etwa in Bezug auf die Berechnung der Insolvenzantragspflichten nichts.

20 Verstirbt der Schuldner während eines eröffneten Insolvenzverfahrens über sein Vermögen, beendet dies nicht das Verfahren, sondern führt ex nunc zur Anwendung der Vorschriften über das Nachlassinsolvenzverfahren.[16] Dabei spielt es keine Rolle, ob es sich um ein Verbraucher- oder ein Regelinsolvenzverfahren gehandelt hat und unabhängig davon, ob es aufgrund eines Eigen- oder eines Gläubigerantrages eröffnet worden war. Das Nachlassinsolvenzverfahren wird immer als Regelinsolvenzverfahren geführt und notfalls in ein »IN-Verfahren« übergeleitet, auch wenn es zu Lebzeiten des Schuldners als Verbraucherinsolvenzverfahren anhängig war;[17] das muss selbst dann gelten, wenn das Verfahren über das Vermögen des Schuldners nur mittels Verfahrenskostenstundung durchgeführt werden konnte und diese infolge des Todes des Schuldners endet; ggf. ist durch den Treuhänder/Insolvenzverwalter unverzüglich die Masseunzulänglichkeit anzuzeigen und die Einstellung des Verfahrens gem. § 207 Abs. 1 Satz 1 anzuregen. Ein im Verbraucherinsolvenzverfahren bestellter Treuhänder wird deshalb aber nicht automatisch zum Insolvenzverwalter im Nachlassinsolvenzverfahren;[18] vielmehr bedarf es dazu eines gesonderten Beschlusses des Insolvenzgerichts. Diesen sollte das Insolvenzgericht insbes. dann fassen, wenn der Aufgabenumfang für den Treuhänder im Nachlassinsolvenzverfahren gegenüber dem in einem Kleinverfahren gestiegen ist.[19]

21 Stirbt der Schuldner nach der Beendigung des Insolvenzverfahrens, aber noch während der Wohlverhaltensperiode, muss das Verfahren entsprechend § 299 vorzeitig beendet werden.

22 Die Zuständigkeit des Insolvenzgerichts bleibt durch die Überleitung in das Nachlassinsolvenzverfahren unberührt und richtet sich daher nicht nach § 315.[20]

§ 316 Zulässigkeit der Eröffnung

(1) Die Eröffnung des Insolvenzverfahrens wird nicht dadurch ausgeschlossen, daß der Erbe die Erbschaft noch nicht angenommen hat oder daß er für die Nachlaßverbindlichkeiten unbeschränkt haftet.

(2) Sind mehrere Erben vorhanden, so ist die Eröffnung des Verfahrens auch nach der Teilung des Nachlasses zulässig.

(3) Über einen Erbteil findet ein Insolvenzverfahren nicht statt.

---

15 HK-InsO/*Marotzke* Rn. 3; *Vallender/Fuchs/Rey* NZI 1999, 355 Fn. 3; a.A. MüKo-InsO/*Siegmann* Rn. 3, der strikt auf eine selbständige wirtschaftliche Tätigkeit im Todeszeitpunkt abstellt.
16 BGH 22.01.2004, IX ZR 39/03, BGHZ 157, 350 (354); Andres/Leithaus/*Andres* Rn. 7; Braun/*Bauch* Rn. 8; H/W/W/*Hess* Rn. 35; Nerlich/Römermann/*Riering* Rn. 54.
17 BGH 21.02.2008, IX ZB 62/05, ZInsO 2008, 453 Rn. 6.
18 BGH 21.02.2008, IX ZB 62/05, ZInsO 2008, 453 Rn. 14.
19 BGH 21.02.2008, IX ZB 62/05, ZInsO 2008, 453 Rn. 20.
20 Braun/*Bauch* Rn. 9; H/W/W/*Hess* Rn. 37; Uhlenbruck/*Lüer* Rn. 18.

Die Eröffnung des Verfahrens ist bereits vor der Erbschaftsannahme zulässig, Abs. 1 1. Alt. Für die **1** Eröffnung des Nachlassinsolvenzverfahrens ist es daher unerheblich, ob der Erbe des Nachlasses schon feststeht. Ferner ist es ohne Belang, sollte sich die Erbenstellung während des Nachlassinsolvenzverfahrens verändern, etwa durch Anfechtung der Erbschaftsannahme oder Eintritt des Nacherbfalles.

Unbedeutend ist es ebenso, ob der Erbe unbeschränkt für die Nachlassverbindlichkeiten persönlich **2** haftet oder nicht, Abs. 1 2. Alt.

Unerheblich für die Zulässigkeit des Verfahrens ist ferner, ob der Nachlass noch in seiner ursprüng- **3** lichen Form vorhanden ist. Das Verfahren bleibt sogar dann zulässig, wenn mehrere Erben den Nachlass geteilt haben, Abs. 2. Der Verwalter kann die bei den Erben noch vorhandenen Nachlassgegenstände sodann heraus verlangen, §§ 80 Abs. 1, 148.

Unzulässig ist hingegen das Nachlassinsolvenzverfahren über einen Erbteil, Abs. 3. **4**

§ 317 Antragsberechtigte

(1) Zum Antrag auf Eröffnung des Insolvenzverfahrens über einen Nachlaß ist jeder Erbe, der Nachlaßverwalter sowie ein anderer Nachlaßpfleger, ein Testamentsvollstrecker, dem die Verwaltung des Nachlasses zusteht, und jeder Nachlaßgläubiger berechtigt.

(2) Wird der Antrag nicht von allen Erben gestellt, so ist er zulässig, wenn der Eröffnungsgrund glaubhaft gemacht wird. Das Insolvenzgericht hat die übrigen Erben zu hören.

(3) Steht die Verwaltung des Nachlasses einem Testamentsvollstrecker zu, so ist, wenn der Erbe die Eröffnung beantragt, der Testamentsvollstrecker, wenn der Testamentsvollstrecker den Antrag stellt, der Erbe zu hören.

Übersicht

		Rdn.			Rdn.
A.	Antragsrecht und Antragspflicht des Erben	1	D.	Antragsrecht und Antragspflicht des Testamentsvollstreckers	10
B.	Antragsrecht des Nachlassverwalters bzw. des Insolvenzverwalters	7	E.	Antragsrecht des Ehegatten und Lebenspartners	11
C.	Antragsrecht und Antragspflicht eines anderen Nachlasspflegers	9	F.	Antragsrecht und Antragspflicht des Erbschaftskäufers	12
			G.	Antragsrecht des Nachlassgläubigers	13

A. Antragsrecht und Antragspflicht des Erben

Der Erbe ist zur Stellung eines Nachlassinsolvenzantrages **berechtigt**. Das Antragsrecht des Erben **1** besteht schon vor der Annahme der Erbschaft[1] und besteht auch dann noch, wenn der Erbe bereits unbeschränkt haftet. Mit der Antragstellung des vorläufigen oder »werdenden« Erben ist auch nicht zwingend die Erbschaftsannahme verbunden.[2] Seine Erbenstellung muss der Antragsteller gegenüber dem Gericht glaubhaft machen, wozu regelmäßig der Erbschein ausreichen soll, nicht aber nur die Vorlage des Testaments.[3] Das Antragsrecht des Erben erlischt auch nicht deshalb, weil die Verwaltung des Nachlasses einem Testamentsvollstecker übertragen wurde, § 317 Abs. 3. Der Testamentsvollstrecker ist aber in diesem Fall zu hören, § 317 Abs. 3. Das Antragsrecht eines Erben erlischt aber durch die Ausschlagung der Erbschaft. Ebenfalls nicht mehr zur Antragstellung berechtigt, ist der Erbe, der die Versäumung der Ausschlagungsfrist angefochten hat[4]. Andererseits berührt das Ausschlagen der Erbschaft nach der Eröffnung des von dem vorläufigen Erben eingeleiteten

---
1 HK-InsO/*Marotzke* Rn. 3.
2 HK-InsO/*Marotzke* Rn. 3.
3 LG Köln 24.06.2003, 19 T 84/03, ZInsO 2003, 720.
4 BGH, Beschl. v. 19.05.2011 IX ZB 74/10, ZEV 2011, 544, m.Anm. Marotzke.

Nachlassinsolvenzverfahrens nicht die Wirksamkeit des Eröffnungsbeschlusses.[5] Der Erbe des Erben soll nach einer vom AG Dresden[6] vertretenen Meinung nicht berechtigt sein, einen Insolvenzantrag über den Nachlass des ersten Erblassers zu stellen.

2 Sind mehrere Erben vorhanden, so steht jedem einzelnen Erben das Antragsrecht nach § 317 Abs. 1 zu. Wird der Antrag nicht von allen Erben gestellt, so hat der Antragsteller den Eröffnungsgrund glaubhaft zu machen (§ 317 Abs. 2 Satz 1), ferner sind die übrigen Erben zu hören (§ 317 Abs. 2 Satz 2). Dem Vorerben steht ein Antragsrecht bis zum Eintritt der Nacherbschaft zu. Das Antragsrecht des Nacherben besteht nach Eintritt der Nacherbschaft.[7]

3 § 317 regelt nicht die **Antragspflicht** eines Erben. Diese ergibt sich vielmehr aus § 1980 BGB. Danach ist der Erbe nach Kenntnisnahme von der Zahlungsunfähigkeit oder Überschuldung des Nachlasses verpflichtet, unverzüglich einen Insolvenzantrag über das Vermögen des Nachlasses zu stellen, anderenfalls er sich den Nachlassgläubigern gegenüber schadensersatzpflichtig macht. Der positiven Kenntnis von dem einen oder beiden Insolvenzgründen steht die auf Fahrlässigkeit beruhende Unkenntnis davon gleich, § 1980 Absatz 2 Satz 1 BGB. Der Schadensersatzanspruch der Nachlassgläubiger, dessen Höhe sich aus einem Vergleich zwischen der tatsächlichen Insolvenzquote mit der fiktiven Quote, die sich bei rechtzeitiger Insolvenzantragstellung ergeben hätte, errechnet[8], kann während der Dauer des Nachlassinsolvenzverfahrens nach § 92 Satz 1 nur vom Insolvenzverwalter geltend gemacht werden. Dabei muss der Nachlassinsolvenzverwalter zum Zeitpunkt vortragen, ab wann der Erbe zur Insolvenzantragstellung verpflichtet war; ihm obliegt deshalb die Darlegung, ab wann der Erbe Kenntnis von den tatsächlichen Voraussetzungen des Eröffnungsgrundes hatte[9]. Ist eine Überschuldung des Nachlasses allein auf Vermächtnisse und Auflagen zurückzuführen, so kann der Erbe von der Möglichkeit des § 1992 BGB Gebrauch machen und die Antragspflicht dadurch vermeiden. Pflichtteilsansprüche hingegen sind bei der Ermittlung der Überschuldung als Verbindlichkeit mit zu berücksichtigen.

4 Die Insolvenzantragspflicht des Erben erlischt nicht und wird nicht dadurch ausgesetzt, dass ein Streit über die wahre Erbenstellung ausbricht. Auch während des Erbenprätendentenstreits bleibt die zunächst als Erbe bestimmte Person antragspflichtig.[10] Ebenso wenig beeinträchtigt die Anordnung der Nachlasspflegschaft die weiterhin fortbestehende Insolvenzantragspflicht des Erben.

5 Die Insolvenzantragspflicht besteht indes nicht, solange der Erbe die Annahme der Erbschaft noch ausschlagen kann, weil der sog. »werdende Erbe« sich um den Nachlass noch nicht kümmern muss.[11] Auch endet die Insolvenzantragspflicht des Erben mit der Anordnung der Nachlassverwaltung gem. § 1981 BGB, die sodann nach Maßgabe des § 1985 Abs. 2 Satz 2 BGB auf den Nachlassverwalter übergeht. Auch dann, wenn das Nachlassvermögen die Kosten eines Insolvenzverfahrens nicht decken kann, besteht keine Antragspflicht.[12] Der Erbe wird freilich sein Risiko einschätzen müssen, sich in der Frage der Massekostendeckung zu verschätzen.

6 Die Insolvenzantragspflichten treffen im Falle der Erbengemeinschaft jeden einzelnen Miterben und sie treffen auch den Vorerben bis zum Eintritt der Nacherbschaft, ab dann den Nacherben. Ist der Fiskus Erbe geworden, obliegt die Insolvenzantragspflicht auch ihm.[13]

---

5 HK-InsO/*Marotzke* Rn. 3.
6 AG Dresden 03.06.2011, 531 IN 1182/11, ZEV 2011, 548 mit ablehnender Anmerkung von *Küpper* ZEV 2011, 549.
7 HK-InsO/*Marotzke* Rn. 4.
8 OLG Köln 23.11.2011, 2 U 92/11, ZInsO 2012, 2254.
9 OLG Köln 23.11.2011, 2 U 92/11, ZInsO 2012, 2254.
10 BGH 08.12.2004, IV ZR 199/03, ZInsO 2005, 375.
11 BGH 08.12.2004, IV ZR 199/03, ZInsO 2005, 375; OLG Köln 23.11.2011, 2 U 92/11 ZInsO 2012, 2254.
12 Uhlenbruck/*Lüer* Rn. 3; str., a.A. Nerlich/Römermann/*Riering* Rn. 6.
13 *Tetzlaff* NJ 2004, 485.

B. Antragsrecht des Nachlassverwalters bzw. des Insolvenzverwalters

Wie der Erbe selbst ist an dessen Stelle der Nachlassverwalter unter den Voraussetzungen des § 1980 BGB nicht lediglich nach § 317 Abs. 1 InsO berechtigt, sondern ggf. verpflichtet, einen Insolvenzantrag über den Nachlass zu stellen, §§ 1985 Abs. 2 Satz 2 i.V.m. 1980 BGB.[14]

Sofern über das Vermögen des Erben ein Insolvenzverfahren eröffnet wurde, so ist auch der Insolvenzverwalter des Verfahrens im Rahmen des Nachlassinsolvenzverfahrens antragsberechtigt.[15] Sofern der Nachlass erkennbar zahlungsunfähig oder überschuldet ist, so ist von einer Antragspflicht des Insolvenzverwalters auszugehen.[16]

C. Antragsrecht und Antragspflicht eines anderen Nachlasspflegers

Neben dem Nachlasspfleger i.S.d. § 1975 BGB sind auch Nachlasspfleger i.S.d. § 1960 BGB und § 1961 BGB antragsberechtigt. Dieses Recht besteht allerdings nur im Interesse des oder der Erben, nicht auch gegenüber den Nachlassgläubigern.[17] Daher können auch nur die Erben Schadensersatzansprüche gegen einen anderen Nachlasspfleger geltend machen, nicht auch die Nachlassgläubiger. Ob diese anderen Nachlasspfleger auch antragspflichtig sind, ist streitig.[18]

D. Antragsrecht und Antragspflicht des Testamentsvollstreckers

Sofern einem Testamentsvollstrecker die Verwaltung des Nachlasses zusteht,[19] ist er berechtigt, einen Antrag auf Eröffnung des Nachlassinsolvenzverfahrens zu stellen, der Erbe ist sodann zu hören (Abs. 3). Dieses Antragsrecht besteht aber ebenfalls nur im alleinigen Interesse des oder der Erben, nicht auch in dem der Nachlassgläubiger (vgl. Rdn. 9). Spezialtestamentsvollstrecker und Testamentsvollstrecker mit beaufsichtigenden Befugnissen haben das Insolvenzantragsrecht aus § 317 nicht.[20] Den Testamentsvollstrecker trifft indes keine Antragspflicht.[21] Diese liegt trotz der Anordnung der Testamentsvollstreckung beim Erben.

E. Antragsrecht des Ehegatten und Lebenspartners

Unter den Voraussetzungen des § 318 bzw. § 331 Abs. 2 steht auch dem Ehegatten des Erben ein Antragsrecht zu. Gleiches gilt für den eingetragenen Lebenspartner, dies trotz fehlender Regelung i.S.d. § 318 Abs. 3 auch im Rahmen des § 331 Abs. 2 aufgrund identischer Interessenslage (vgl. § 7 LPartG).

F. Antragsrecht und Antragspflicht des Erbschaftskäufers

Durch den Verkauf der Erbschaft steht dem Käufer nunmehr das Antragsrecht des Erben zu, § 330 Abs. 1. Der Erbe ist unter den Voraussetzungen des § 330 Abs. 2 jedoch weiterhin zumindest wie ein Nachlassgläubiger antragsberechtigt.

---

14 HK-InsO/*Marotzke* Rn. 11; MüKo-InsO/*Siegmann* Rn. 7; Nerlich/Römermann/*Riering* Rn. 7; Uhlenbruck/*Lüer* § 315 Rn. 7.
15 HK-InsO/*Marotzke* Rn. 11.
16 *Vallender* NZI 2005, 315 (318).
17 BGH 08.12.2004, IV ZR 199/2003, ZInsO 2005, 375.
18 Wohl verneinend BGH 08.12.2004, IV ZR 199/2003, ZInsO 2005, 375; vgl. MüKo-InsO/*Siegmann* Rn. 7; abl. m.w.N. Gottwald/*Döbereiner* § 112 Rn. 13; Mohrbutter/Ringstmeier/*Ringstmeier* III.2.
19 FK-InsO/*Schallenberg/Rafiqpoor* Rn. 21; H/W/W/*Hess* Rn. 21.
20 Graf-Schlicker/*Messner* Rn. 5.
21 Vgl. MüKo-InsO/*Siegmann* Rn. 7; Gottwald/*Döbereiner* § 112 Rn. 13.

G. Antragsrecht des Nachlassgläubigers

13 Sofern den Nachlassgläubigern ein Anspruch i.S.d. § 325 zusteht (vgl. zur Beschränkung der Nachlassverbindlichkeiten dort), steht jedem einzelnen Nachlassgläubiger ein Antragsrecht nach § 317 Abs. 1 zu. Antragspflichten bestehen für einen Nachlassgläubiger nicht.

14 Der Antrag der Nachlassgläubiger hat bis spätestens zwei Jahre nach Annahme der Erbschaft zu erfolgen, § 319. Der Antrag bedarf ferner eines rechtlichen Interesses und der Glaubhaftmachung des Eröffnungsgrundes, § 14 Abs. 1. Bei der Glaubhaftmachung des Eröffnungsgrundes ist zu beachten, dass die drohende Zahlungsunfähigkeit kein Antragsrecht des Nachlassgläubigers begründet, § 320.

§ 318 Antragsrecht beim Gesamtgut

(1) Gehört der Nachlaß zum Gesamtgut einer Gütergemeinschaft, so kann sowohl der Ehegatte, der Erbe ist, als auch der Ehegatte, der nicht Erbe ist, aber das Gesamtgut allein oder mit seinem Ehegatten gemeinschaftlich verwaltet, die Eröffnung des Insolvenzverfahrens über den Nachlaß beantragen. Die Zustimmung des anderen Ehegatten ist nicht erforderlich. Die Ehegatten behalten das Antragsrecht, wenn die Gütergemeinschaft endet.

(2) Wird der Antrag nicht von beiden Ehegatten gestellt, so ist er zulässig, wenn der Eröffnungsgrund glaubhaft gemacht wird. Das Insolvenzgericht hat den anderen Ehegatten zu hören.

(3) Die Absätze 1 und 2 gelten für Lebenspartner entsprechend.

Übersicht	Rdn.		Rdn.
A. Allgemeines 1		C. § 318 Abs. 2	4
B. § 318 Abs. 1 2		D. Anwendbarkeit auf Lebenspartner . . .	5

A. Allgemeines

1 Die Regelung des § 318 weitet die Antragsberechtigung auf Schuldnerseite aus und trägt damit dem Umstand Rechnung, dass der Nachlass Bestandteil eines Gesamtgutes sein kann, welches dann gem. § 1437 Abs. 1 BGB auch den Nachlassgläubigern insgesamt haftet. Nicht einschlägig ist die Vorschrift, wenn der Nachlass in das Sonder- oder Vorbehaltsgut gem. §§ 1417, 1418 Abs. 2 Nr. 1 BGB fällt, dann bleibt es beim alleinigen Antragsrecht des Erben gem. § 317 InsO.

B. § 318 Abs. 1

2 Sofern das Gesamtgut von beiden Ehegatten gemeinschaftlich verwaltet wird oder nur von dem Ehegatten verwaltet wird, der nicht Erbe geworden ist, so ist neben dem eigentlichen Erben auch der andere Ehegatte berechtigt, einen Antrag auf Eröffnung eines Nachlassinsolvenzverfahrens zu stellen, Abs. 2 Satz 1. Einer Zustimmung des Erben bedarf es unter diesen Voraussetzungen für den Antrag des Erben-Ehegatten nicht, Abs. 1 Satz 2. Das Ehegattenantragsrecht besteht wegen der fortdauernden Haftung nach §§ 1437 Abs. 1, 1472 Abs. 1 BGB auch nach der Beendigung der Gütergemeinschaft weiter.[1] Über den Wortlaut der Vorschrift hinaus gilt das Ehegattenantragsrecht bei Gütergemeinschaft auch dann, wenn der Nachlass nicht vollständig, sondern nur als Teil einer Erbengemeinschaft in das Gesamtgut fällt.

3 Mit dem zusätzlichen Ehegattenantragsrecht korrespondiert keine Antragspflicht des Ehegatten des Erben, da auch den Ehegatten einer Gütergemeinschaft keine Pflichten gegenüber den Nachlassgläubigern treffen.

---

1 Gottwald/*Döbereiner* § 112 Rn. 7.

C. § 318 Abs. 2

Abs. 2 der Vorschrift ist natürlich nur einschlägig, wenn der Insolvenzantrag unter den Voraussetzungen von Abs. 1 von demjenigen Ehegatten gestellt wird, der nicht Erbe ist. Alsdann ist der Antrag nur dann zulässig, wenn der Eröffnungsgrund glaubhaft gemacht ist, Abs. 2 Satz 1. Ferner ist der erbende Ehegatte nach Abs. 2 Satz 2 zu hören. Die Vorschrift korreliert insofern mit der Regelung des § 317 Abs. 2. 4

D. Anwendbarkeit auf Lebenspartner

Die Regelungen des Abs. 1 und 2 gelten für Lebenspartner des Erben nach dem LPartG entsprechend, Abs. 3. 5

§ 319 Antragsfrist

Der Antrag eines Nachlaßgläubigers auf Eröffnung des Insolvenzverfahrens ist unzulässig, wenn seit der Annahme der Erbschaft zwei Jahre verstrichen sind.

Übersicht	Rdn.		Rdn.
A. Normzweck	1	C. Beginn und Berechnung der Frist	4
B. Ausschluss nur von Anträgen der Nachlassgläubiger	2		

A. Normzweck

Mit der Annahme der Erbschaft geht regelmäßig die Einverleibung des Nachlassvermögens in das Eigenvermögen des Erben einher. Die praktische Unterscheidung des Nachlasses vom Eigenvermögen des Erben wird daher mit fortschreitendem Zeitablauf größer werdende Schwierigkeiten bereiten. Als zeitliche Grenze dafür erachtet der Gesetzgeber einen Zeitraum von zwei Jahren nach der Annahme der Erbschaft als zuträglich. Anträge der Nachlassgläubiger sollen daher auf diesen Zeitraum begrenzt werden. Bei der Vorschrift handelt es sich um eine Parallelregelung zu § 1981 Abs. 2 Satz 2 BGB,[1] die den Antrag eines Nachlassgläubigers auf Anordnung der Nachlassverwaltung ebenso auf zwei Jahre nach Annahme der Erbschaft befristet. 1

B. Ausschluss nur von Anträgen der Nachlassgläubiger

Die zeitliche Befristung betrifft lediglich den Antrag des Nachlassgläubigers auf Eröffnung des Nachlassinsolvenzverfahrens. Der Antrag des Erben unterliegt der genannten Frist nicht.[2] Er kann wegen der drohenden Haftung nach § 1980 Abs. 2 Satz 2 BGB stets einen Insolvenzantrag stellen. 2

Ebenso wie das Antragsrecht des Erben unterliegt das Antragsrecht der Miterben, des Nachlasspflegers, Nachlassverwalters und Testamentsvollstreckers keiner zeitlichen Beschränkung.[3] Gleiches gilt für den nicht erbenden Ehegatten nach § 318.[4] Deren Recht erlischt erst mit dem Verlust der Rechtsstellung[5] bzw. der Vollbeendigung der Gütergemeinschaft. 3

---

1 MüKo-InsO/*Siegmann* Rn. 1; Nerlich/Römermann/*Riering* Rn. 1; Smid/*Fehl* InsO, Rn. 3; Uhlenbruck/*Lüer* Rn. 1.
2 FK-InsO/*Schallenberg/Rafiqpoor* Rn. 4; HK-InsO/*Marotzke* Rn. 1; MüKo-InsO/*Siegmann* Rn. 5; Uhlenbruck/*Lüer* Rn. 2.
3 FK-InsO/*Schallenberg/Rafiqpoor* Rn. 4; HK-InsO/*Marotzke* Rn. 1; MüKo-InsO/*Siegmann* Rn. 5; Uhlenbruck/*Lüer* Rn. 2.
4 Gottwald/*Döbereiner* § 112 Rn. 10.
5 MüKo-InsO/*Siegmann* Rn. 5.

C. Beginn und Berechnung der Frist

4 Die Frist in § 319 ist eine Ausschlussfrist. Ihr Ablauf ist von Amts wegen zu beachten.[6] Die Frist beginnt mit der Annahme der Erbschaft, mit dem Ende der Ausschlagungsfrist gem. § 1943 BGB oder durch erfolgreiche Anfechtung einer zuvor fristgerecht erklärten Ausschlagung.[7] Die Annahme der Erbschaft kann ausdrücklich, aber auch konkludent erklärt werden. Bei konkludenter Erklärung kann die Feststellung des Zeitpunktes problematisch sein, weshalb dabei Zurückhaltung geboten ist.[8] Zu bedenken ist auch, dass sich wegen des Beginns der Ausschlagungsfrist nach § 1944 Abs. 2 BGB erst mit der Kenntnis von dem Anfall und dem Grund der Erbschaft der Fristbeginn und damit auch der Fristablauf nach § 319 InsO erheblich verzögern kann. Im Übrigen erfolgt die Berechnung des Fristablaufes nach den allgemeinen Regelungen der §§ 187 Abs. 1, 188 Abs. 2 BGB.[9]

5 Die Beweispflicht für den Zeitpunkt des Beginns und des Ablaufs der Frist, trifft denjenigen, der sich auf den ihm günstigen Zeitpunkt beruft.[10] Liegt bei der Insolvenzantragstellung durch einen Nachlassgläubiger der Zeitpunkt des Erbfalles länger als zwei Jahre zurück, muss der Antragsteller Ausführungen zum Zeitpunkt der Annahme der Erbschaft machen. Eine Amtsermittlungspflicht des Insolvenzgerichts besteht diesbezüglich nicht.[11] Kann das Gericht die fristgerechte Antragstellung nicht zweifelsfrei feststellen, muss es den Gläubigerantrag als unzulässig zurückweisen.

6 Im Falle einer Erbengemeinschaft beginnt die Frist mit der zuletzt erklärten Annahme der nach einer evtl. Ausschlagung zur Erbschaft berufenen Person.[12]

7 Im Rahmen der Nacherbfolge beginnt die Frist mit Annahme der Nacherbschaft.[13] Sollte die Annahme schon vor Eintritt des Nacherbfalls erfolgen, so ist der Zeitpunkt des Anfallens der Erbschaft des Nacherben maßgeblich.[14]

8 Sofern der Erblasser die Verwaltung seines Nachlasses einem Testamentsvollstrecker übertragen hatte, wird in der Literatur vertreten, die Zweijahresfrist erst mit der Beendigung der Testamentsvollstreckung beginnen zu lassen.[15] Hiergegen spricht der klare Wortlaut des § 319,[16] dessen ratio zwar in einer immer stärker werdenden Vermögensvermischung von Nachlass und Eigenvermögen des Erben liegt, die aber nicht Tatbestandsvoraussetzung der Norm ist.

§ 320 Eröffnungsgründe

Gründe für die Eröffnung des Insolvenzverfahrens über einen Nachlass sind die Zahlungsunfähigkeit und die Überschuldung. Beantragt der Erbe, der Nachlaßverwalter oder ein anderer Nachlasspfleger oder ein Testamentsvollstrecker die Eröffnung des Verfahrens, so ist auch die drohende Zahlungsunfähigkeit Eröffnungsgrund.

---

[6] FK-InsO/*Schallenberg/Rafiqpoor* Rn. 3; Gottwald/*Döbereiner* § 112 Rn. 10.
[7] HK-InsO/*Marotzke* Rn. 3; MüKo-InsO/*Siegmann* Rn. 5; Uhlenbruck/*Lüer* Rn. 3.
[8] MüKo-BGB/*Leipold* § 1943 Rn. 5 m.w.N.
[9] FK-InsO/*Schallenberg/Rafiqpoor* Rn. 3.
[10] FK-InsO/*Schallenberg/Rafiqpoor* Rn. 3.
[11] So wohl auch: FK-InsO/*Schallenberg/Rafiqpoor* Rn. 2.
[12] Braun/*Bauch* Rn. 2; FK-InsO/*Schallenberg/Rafiqpoor* Rn. 3; HK-InsO/*Marotzke* Rn. 3; H/W/W/*Hess* Rn. 6; MüKo-InsO/*Siegmann* Rn. 2; Smid/*Fehl* InsO, Rn. 3, Uhlenbruck/*Lüer* Rn. 3.
[13] Braun/*Bauch* Rn. 2; Gottwald/*Döbereiner* § 112 Rn. 10; H/W/W/*Hess* Rn. 8; Smid/*Fehl* Rn. 3; Uhlenbruck/*Lüer* Rn. 3.
[14] Braun/*Bauch* Rn. 2; Gottwald/*Döbereiner* § 112 Rn. 10; MüKo-InsO/*Siegmann* Rn. 3; Smid/*Fehl* InsO, Rn. 3.
[15] H/W/W/*Hess* Rn. 9; HK-InsO/*Marotzke* Rn. 4; Smid/*Fehl* InsO, Rn. 3; Uhlenbruck/*Lüer* Rn. 3.
[16] Gottwald/*Döbereiner* § 112 Rn. 10; MüKo-InsO/*Siegmann* Rn. 4.

Übersicht

		Rdn.			Rdn.
A.	Normzweck	1	D.	Drohende Zahlungsunfähigkeit	10
B.	Zahlungsunfähigkeit	2	E.	Feststellung des Eröffnungsgrundes	12
C.	Überschuldung	5	F.	Massekostendeckung	14

A. Normzweck

Die Vorschrift erweitert die Insolvenzgründe für die Eröffnung eines Nachlassinsolvenzverfahrens im Vergleich zum Konkurs- und Vergleichsrecht, nach dem lediglich die Überschuldung als maßgeblich normiert wurde, und umfasst nunmehr auch die Zahlungsunfähigkeit und die drohende Zahlungsunfähigkeit. Die Erweiterung soll zur Vorverlegung einer möglichen Verfahrenseröffnung führen. Durch den Gleichlauf der Verfahrenseröffnungsgründe mit dem Regelinsolvenzverfahren wird ferner der Übergang vom Regelinsolvenzverfahren zum Nachlassinsolvenzverfahren aufgrund des Todes des Insolvenzschuldners erleichtert.[1]   1

B. Zahlungsunfähigkeit

Zur Zahlungsunfähigkeit kann auf die Kommentierung zu § 17 InsO verwiesen werden. Grds. kann gesagt werden, dass Zahlungsunfähigkeit dann vorliegt, wenn der Nachlass nicht mehr in der Lage ist, die fälligen Zahlungsverpflichtungen zu bedienen, § 17 Abs. 2 Satz 1. Dies wird regelmäßig anzunehmen sein, sollte der Schuldner seine Zahlungen einstellen, § 17 Abs. 2 Satz 2. Obgleich der Erbe Schuldner des Nachlassinsolvenzverfahrens ist, ist die Zahlungsunfähigkeit allein auf den Nachlass zu beziehen;[2] dies ergibt sich daraus, dass sich die Insolvenzmasse gerade auf den Nachlass beschränkt und also das Vermögen des Erben bei der Bestimmung keine Berücksichtigung zu finden hat.   2

Marotzke[3] gibt in Bezug auf § 17 Abs. 2 Satz 2 zutreffend zu bedenken, dass die Besonderheiten des Nachlassinsolvenzverfahrens bei der Bestimmung des Vorliegens einer Zahlungsunfähigkeit zu beachten sind. So kann der Schuldner die Zahlungen bewusst aus Vorsicht im Lichte des § 1979 BGB einstellen oder wenn der Grund allgemein in dem Erbfall liegt; u. U. kann der Erbe eine Zahlung nicht vornehmen, weil er sich des Nachlasses erst bemächtigen muss oder er sich zunächst die Befugnisse verschaffen muss, über den Nachlass verfügen zu können, weil er etwa keine Kontovollmacht hat und sich das Erbscheinerteilungsverfahren verzögert. Alsdann liegt ausnahmsweise eine Zahlungsunfähigkeit des Nachlasses noch nicht vor, sondern es handelt sich um eine bloße Zahlungsstockung, die durchaus auch mehrere Wochen in Anspruch nehmen kann.[4]   3

Bei der Ermittlung der verfügbaren Liquidität sind auch abrufbare Kredite als liquide Mittel zu berücksichtigen.[5] Sollte es daher dem Erben möglich sein, die Zahlungsfähigkeit durch einen vom Nachlass aufzunehmenden Kredit wiederherzustellen, ist der Eröffnungsgrund der Zahlungsunfähigkeit abzulehnen.[6]   4

C. Überschuldung

Eröffnungsgrund ist außerdem die Überschuldung des Nachlasses, § 320 Satz 1 2. Alt. Dazu kann auf die Kommentierung zu § 19 verwiesen werden. Danach ist eine Überschuldung dann anzunehmen, wenn die Aktiva die bestehenden Verbindlichkeiten des Nachlasses nicht decken (vgl. § 19 Abs. 2 Satz 1). Zu den anzusetzenden Vermögenswerten des Nachlasses gehören auch etwaige Ersatzansprüche des Erben gem. § 1978 Abs. 2 BGB sowie die Rechte aus §§ 1976, 1977 BGB. Maßgeblich sind   5

---

[1] Andres/Leithaus/*Andres* Rn. 1; FK-InsO/*Schallenberg/Rafiqpoor* Rn. 12; HK-InsO/*Marotzke* Rn. 8.
[2] Andres/Leithaus/*Andres* Rn. 6; Braun/*Bauch* Rn. 4; Nerlich/Römermann/*Riering* Rn. 3.
[3] HK-InsO/*Marotzke* Rn. 6, ebenso m.w.N. MüKo-InsO/*Siegmann* Rn. 2.
[4] HK-InsO/*Marotzke* Rn. 6.
[5] FK-InsO/*Schallenberg/Rafiqpoor* Rn. 7; MüKo-InsO/*Siegmann* Rn. 2.
[6] MüKo-InsO/*Siegmann* Rn. 2.

die Verhältnisse nicht am Tage des Erbfalles, sondern die am Tage der insolvenzgerichtlichen Entscheidung. Daher ist die tatsächliche Realisierbarkeit von Forderungen zum Zeitpunkt der Gerichtsentscheidung maßgebend. Ansonsten gilt als Besonderheit im Nachlassinsolvenzverfahren, dass die Bewertung der Nachlassgegenstände grds. nach Liquidationsgrundsätzen zu erfolgen hat.[7]

6 Sofern sich indes im Nachlass ein Unternehmen befindet, so ist bei der Bestimmung des Vorliegens einer Überschuldung des Nachlasses die Fortführung des Unternehmens für dessen Wertansatz zugrunde zu legen, sofern eine solche nach den vorliegenden Umständen als überwiegend wahrscheinlich anzusehen ist, § 19 Abs. 2 Satz 1.[8]

7 Auf Seite der Passiva sind sämtliche Nachlassverbindlichkeiten i.S.d. §§ 324, 325 ebenso wie die Verbindlichkeiten nach §§ 326, 327 zu berücksichtigen.[9] Bei der Ermittlung der Überschuldung sind auch die Verbindlichkeiten aus Vermächtnissen und Auflagen einzubeziehen,[10] denn auch diese gehören zu den Verbindlichkeiten, die aus dem Nachlass zu erfüllen sind. Nur soweit es um die Feststellung einer Pflicht des Erben zur Antragstellung gem. § 1980 Abs. 1 Satz 1 BGB geht, sind Vermächtnisse und Auflagen bei der Passivierung wegzulassen, § 1980 Abs. 1 Satz 3 BGB.

8 Betagte, bedingte und nicht auf Geld gerichtete Forderungen sind nach den Regeln der §§ 41 ff. anzusetzen;[11] § 2313 BGB ist auch hier zu berücksichtigen.[12]

9 Wie immer bleiben für die Feststellung der Überschuldung die bereits entstandenen Verfahrenskosten sowie die Kosten, die das Nachlassinsolvenzverfahren verursachen würde, außer Ansatz.[13]

D. Drohende Zahlungsunfähigkeit

10 Wegen des durch die InsO neu eingefügten Insolvenzgrundes der drohenden Zahlungsunfähigkeit wird auf die Kommentierung zu § 18 verwiesen. Danach droht die Zahlungsunfähigkeit dann, wenn es nicht möglich erscheint, dass die bestehenden Zahlungsverpflichtungen im Zeitpunkt der Fälligkeit zu erfüllen sind, § 18 Abs. 2. Im Gegensatz zur eingetretenen Zahlungsunfähigkeit sind daher zukünftig fällige Zahlungsverpflichtungen zu berücksichtigen. Es ist demnach eine Prognose zu erstellen, wie sich das Nachlassvermögen bis zur Fälligkeit der jeweiligen Verbindlichkeiten entwickeln wird.[14]

11 In Anlehnung an die Vorschrift des § 18 ist das Antragsrecht aufgrund drohender Zahlungsunfähigkeit auch im Rahmen des Nachlassinsolvenzverfahrens eingeschränkt. Antragsberechtigt sind nur der Erbe, der Nachlassverwalter, ein anderer Nachlasspfleger oder der Testamentsvollstrecker. Eine Antragsberechtigung bei nur drohender Zahlungsunfähigkeit steht den Nachlassgläubigern demzufolge nicht zu. Dies soll u.a. die Ausübung von Druck auf den Insolvenzschuldner verhindern.[15] Eine Antragspflicht ergibt sich durch eine nur drohende Zahlungsunfähigkeit in keinem Falle.

---

7 BayObLG 11.01.1999, 1Z BR 113/9, NJW-RR 1999, 590 (591); Braun/*Bauch* Rn. 5; Smid/*Fehl* InsO, Rn. 2.
8 Andres/Leithaus/*Andres* Rn. 5; Gottwald/*Döbereiner* § 112 Rn. 17; H/W/W/*Hess* Rn. 16; HK-InsO/*Marotzke* Rn. 3; MüKo-InsO/*Siegmann* Rn. 3, 5; a.A. BayObLG 11.01.1999, 1Z BR 113/9, NJW-RR 1999, 590 (591); Smid/*Fehl* InsO, Rn. 2; Uhlenbruck/*Lüer* Rn. 3.
9 H/W/W/*Hess* Rn. 16; MüKo-InsO/*Siegmann* Rn. 4; Smid/*Fehl* InsO, Rn. 3.
10 Gottwald/*Döbereiner* § 112 Rn. 17; HK-InsO/*Marotzke* Rn. 4; MüKo-InsO/*Siegmann* Rn. 4; Smid/*Fehl* InsO, Rn. 3.
11 Gottwald/*Döbereiner* § 112 Rn. 17; MüKo-InsO/*Siegmann* Rn. 4; Smid/*Fehl* InsO, Rn. 3; Uhlenbruck/*Lüer* Rn. 3.
12 Gottwald/*Döbereiner* § 112 Rn. 17; Smid/*Fehl* InsO, Rn. 3; Uhlenbruck/*Lüer* Rn. 3; a.A. MüKo-InsO/*Siegmann* Rn. 4.
13 AG Göttingen 22.08.2002, 71 IN 65/01, 71 IN 66/01, ZInsO 2002, 944 f.; HK-InsO/*Marotzke* Rn. 4; Nerlich/Römermann/*Riering* Rn. 3.
14 H/W/W/*Hess* Rn. 14.
15 Ausf.: FK-InsO/*Schallenberg/Rafiqpoor* Rn. 22 ff.

E. Feststellung des Eröffnungsgrundes

Sofern über das Vermögen des Erblassers vor dessen Tod ein Regelinsolvenzverfahren eröffnet wurde, so sind diese mit Überleitung ins Nachlassinsolvenzverfahren nicht entfallen. Der Insolvenzgrund wirkt insofern auch im Nachlassinsolvenzverfahren fort.[16] 12

Für die Eröffnung eines Nachlassinsolvenzverfahrens ist das tatsächliche Vorliegen des Insolvenzgrundes maßgeblich. Die Behauptung des Insolvenzgrundes ist insofern nicht ausreichend, das Insolvenzgericht hat dem Antrag vielmehr nur dann stattzugeben, sollte der Insolvenzgrund seiner Überzeugung nach gegeben sein.[17] Beantragt der Erbe die Eröffnung des Insolvenzverfahrens, muss er Tatsachen mitteilen, die die wesentlichen Merkmale eines Eröffnungsgrundes erkennen lassen; das erfordert in der Regel eine Übersicht über das Nachlassvermögen und die Nachlassverbindlichkeiten.[18] 13

F. Massekostendeckung

In Bezug auf die Massekostendeckung sind die allgemeinen Regelungen heranzuziehen. Da eine Restschuldbefreiung im Rahmen des Nachlassinsolvenzverfahrens nicht in Betracht kommt, ist die Stundung der Verfahrenskosten nach §§ 4a ff. nicht möglich.[19] Die Frage, ob Prozesskostenhilfe für ein Nachlassinsolvenzverfahren zu gewähren ist, ist strittig.[20] 14

§ 321 Zwangsvollstreckung nach Erbfall

Maßnahmen der Zwangsvollstreckung in den Nachlaß, die nach dem Eintritt des Erbfalls erfolgt sind, gewähren kein Recht zur abgesonderten Befriedigung.

Übersicht	Rdn.		Rdn.
A. Allgemeines	1	D. Zeitlicher Geltungsbereich	8
B. Maßnahmen der Zwangsvollstreckung	3	E. Vorgehen des Gläubigers	12
C. Rechtsfolge der Anwendung des § 321	5		

A. Allgemeines

Auch § 321 trägt dem Gedanken Rechnung, dass die Insolvenzeröffnung über den Nachlass zur Trennung des Eigenvermögens des Erben vom Nachlassvermögen bereits zum Zeitpunkt des Erbfalls führt. Daher stellt sich die Frage, wie die Maßnahmen behandelt werden sollen, die einzelne Gläubiger in der Zeit zwischen dem Erbfall und der Verfahrenseröffnung ergriffen haben. § 321 regelt nur einen Teil solcher Maßnahmen, nämlich nur, soweit sie in der Zeit zwischen dem Erbfall und der Insolvenzeröffnung noch nicht zu einer Befriedigung des Gläubigers, sondern nur zu seiner Sicherung geführt haben. Diese Ausgangslage erinnert an die Voraussetzungen des § 88. 1

Damit können aus dem Regelungsbereich des § 321 generell ausgeschieden werden sowohl Befriedigung wie auch Sicherung eines Gläubigers, die vor dem Erbfall erlangt wurden (allerdings ist eine Insolvenzanfechtung gem. §§ 129 ff. denkbar). Außerdem sagt § 321 nichts zu Befriedigungen, die zwischen Erbfall und Nachlassinsolvenzeröffnung erlangt wurden, sei es auch durch interimsweise Erlangung einer Sicherheit am Nachlassvermögen (Insolvenzanfechtung wäre auch hier denkbar). 2

---

16 BGH 22.01.2004, IX ZR 39/03, ZIP 2004, 513; H/W/W/*Hess* Rn. 13.
17 FK-InsO/*Schallenberg/Rafiqpoor* Rn. 6.
18 LG Stuttgart 19.04.2011, 19 T 106/10, ZInsO 2011, 1799.
19 Braun/*Bauch* Rn. 13.
20 LG Neuruppin 03.08.2004, 5 T 219/04, ZVI 2005, 40 ff.; AG Hildesheim 14.07.2004, 51 IN 53/04, ZInsO 2004, 1154; a.A. LG Göttingen 10.10.2000, 10 T 128/00, ZInsO 2000, 619 ff.; LG Fulda 13.10.2006, 3 T 266/06, ZVI 2007, 129 f.

B. Maßnahmen der Zwangsvollstreckung

3 Unter Maßnahmen der Zwangsvollstreckung sind sämtliche im Wege der Zwangsvollstreckung bewirkten Handlungen zu verstehen, die zur Sicherung des Gläubigers geführt haben.[1] Als Maßnahme der Zwangsvollstreckung i.S.d. § 321 kommen alle Maßnahmen der Zwangsvollstreckung aus dem 8. Buch der ZPO in Frage, z.B. die Pfändung, die Anordnung der Zwangsverwaltung oder Zwangsversteigerung wie auch die Eintragung einer Zwangshypothek, außerdem auch Arrest und einstweilige Verfügung.[2]

4 Rechtsgeschäftliche und gesetzliche Sicherungsrechte werden von § 321 nicht umfasst.[3] Sofern also der Erbe Sicherungsrechte zugunsten einzelner Eigen- oder Nachlassgläubiger vertraglich begründet hat, sind diese vom Insolvenzverwalter als Absonderungsrechte zu beachten; Gleiches gilt für die in der Praxis häufig vorkommenden gesetzlichen Pfandrechte wie Vermieter-, Verpächter-, Frachtführer-, Lagerhalter- und Spediteurpfandrechte. Freilich wird der Insolvenzverwalter eine Insolvenzanfechtung rechtlich wirksamer Sicherungsrechte in Erwägung ziehen und – vor allem bei rechtsgeschäftlich begründeten Sicherungsrechten – eine Inanspruchnahme des Erben prüfen. Die Betreibenslast dafür liegt aber beim Verwalter.

C. Rechtsfolge der Anwendung des § 321

5 Die Regelung des § 321 hingegen bestimmt, dass die nach dem Erbfall aus Zwangsvollstreckungsmaßnahmen resultierenden Sicherungsrechte im später eröffneten Insolvenzverfahren kein Recht auf abgesonderte Befriedigung begründen. Eine öffentlich-rechtliche Verstrickung erlischt dennoch nicht automatisch, sondern muss gelöst werden.[4]

6 Indem § 321 dem Gläubiger das Recht auf abgesonderte Befriedigung nimmt, regelt die Vorschrift nicht nur eine verfahrensrechtliche Frage, sondern sie hat auch materiell-rechtliche Wirkung.[5] Allerdings sind die Wirkungen im Einzelnen streitig. Einerseits wird angenommen, die Vollstreckungsmaßnahme sei während des Verfahrens schwebend unwirksam.[6] Andererseits wird eine absolute Unwirksamkeit abgenommen, die allerdings nur für die Dauer des Nachlassinsolvenzverfahrens andauern soll.[7] Dieser zuletzt genannten Ansicht hat sich auch der BGH jedenfalls für die vergleichbare Vorschrift des § 88 angeschlossen.[8] Die dortigen Argumente lassen sich ohne weiteres auch für § 321 heranziehen.

7 Nach der Beendigung des Verfahrens wird die Vollstreckungsmaßnahme wieder voll wirksam, sofern sich der Gegenstand noch in der Masse befindet und nicht zur Anreicherung der Masse verwertet wurde.[9] § 321 begrenzt demnach die zeitliche Wirkung der Unwirksamkeit der Vollstreckungsmaßnahme auf den Zeitraum des Nachlassinsolvenzverfahrens.[10]

---

[1] H/W/W/*Hess* Rn. 5; Smid/*Fehl* InsO, Rn. 3.
[2] Gottwald/*Döbereiner* § 113 Rn. 42; HK-InsO/*Marotzke* Rn. 3 m. Verweis auf die Entstehungsgeschichte; Braun/*Bauch* Rn. 2; Smid/*Fehl* InsO, Rn. 2.
[3] Andres/Leithaus/*Andres* Rn. 2; Gottwald/*Döbereiner* § 113 Rn. 50; Nerlich/Römermann/*Riering* Rn. 9.
[4] *Vallender* ZIP 1997, 1993 (1994).
[5] RG 29.04.1938, VII 233/37, RGZ 157, 294 (295).
[6] Gottwald/*Döbereiner* § 113 Rn. 46; H/W/W/*Hess* § 320 Rn. 15; Nerlich/Römermann/*Riering* Rn. 5; Smid/*Fehl* InsO, Rn. 6.
[7] MüKo-InsO/*Siegmann* Rn. 3; Uhlenbruck/*Lüer* Rn. 5.
[8] BGH 19.01.2006, IX ZR 232/04, BGHZ 166, 74 ff. = NZI 2006, 224.
[9] Gottwald/*Döbereiner* § 113 Rn. 46; H/W/W/*Hess* Rn. 16 f.; Smid/*Fehl* InsO, Rn. 7, 8; Uhlenbruck/*Lüer* Rn. 5.
[10] Gottwald/*Döbereiner* § 113 Rn. 46; Smid/*Fehl* InsO, Rn. 8.

D. Zeitlicher Geltungsbereich

Für die Frage ob eine Maßnahme der Zwangsvollstreckung ein Recht zur abgesonderten Befriedigung bewirkt, ist der Zeitpunkt der Maßnahme maßgeblich. § 321 schließt ein solches Recht lediglich für solche Vollstreckungsmaßnahmen aus, die nach dem Erbfall, jedoch vor der Eröffnung des Insolvenzverfahrens erfolgt sind. Nach Verfahrenseröffnung durchgeführte sind nach § 89 ausgeschlossen[11] und nicht lediglich schwebend unwirksam.

Sofern eine Vollstreckungsmaßnahme vor dem Eintritt des Erbfalls durchgeführt wurde und zu diesem Zeitpunkt ein Absonderungsrecht begründet hat oder bereits zur vollständigen Befriedigung des Gläubigers aus Nachlassmitteln geführt hat, so ist an eine Anfechtung gem. §§ 129 ff.[12] oder an eine Unwirksamkeit der erlangten Sicherheit nach § 88[13] zu denken.

Unanwendbar ist § 321 ferner auf nach dem Erbfall durchgeführte Vollstreckungsmaßnahmen, die auf einem vor dem Erbfall begründeten Absonderungsrecht beruhen.[14]

Vollstreckt ein Eigengläubiger zulässigerweise in den Nachlass und erlangt Befriedigung, so hat der materiell-rechtliche Ausgleich für die Masse über das Bereicherungsrecht zu erfolgen.[15]

E. Vorgehen des Gläubigers

Betreibt ein Gläubiger, der aufgrund von § 321 mit Insolvenzeröffnung sein Absonderungsrecht verloren hat, dennoch die Zwangsvollstreckung in den Gegenstand, besteht für den Insolvenzverwalter die Möglichkeit der Vollstreckungserinnerung gem. § 766 ZPO.[16] Hat der Gläubiger es geschafft, trotz § 321 nach der Insolvenzeröffnung eine Befriedigung aus der Verwertung des unwirksam gewordenen Absonderungsrechts zu erlangen und fällt dem Insolvenzverwalter dies erst nachträglich auf, ist der Absonderungsgläubiger zur Erstattung des Erlangten an die Insolvenzmasse nach den Grundsätzen der ungerechtfertigten Bereicherung verpflichtet. Gleiches gilt, wenn der Verwalter das eigentlich unwirksame Absonderungsrecht bedient und der Fehler erst später entdeckt wird.

Der Gläubiger kann seine Forderung nur als Insolvenzforderung zur Insolvenztabelle anmelden. Verwertet der Insolvenzverwalter den Gegenstand, an dem das durch Zwangsvollstreckung erlangte Absonderungsrecht begründet worden war, während des laufenden Insolvenzverfahrens nicht und war bei Beendigung des Verfahrens der Insolvenzbeschlag für diesen Gegenstand auch nicht aufrechterhalten worden, lebt das Recht des Gläubigers mit Verfahrensbeendigung wieder auf.[17]

§ 322 Anfechtbare Rechtshandlungen des Erben

Hat der Erbe vor der Eröffnung des Insolvenzverfahrens aus dem Nachlaß Pflichtteilsansprüche, Vermächtnisse oder Auflagen erfüllt, so ist diese Rechtshandlung in gleicher Weise anfechtbar wie eine unentgeltliche Leistung des Erben.

---

11 H/W/W/ *Hess* Rn. 13.
12 FK-InsO/*Schallenberg/Rafiqpoor* Rn. 6; HK-InsO/*Marotzke* § 320 Rn. 5; H/W/W/*Hess* Rn. 6, 12; Smid/ *Fehl* InsO, Rn. 5.
13 HK-InsO/*Marotzke* § 320 Rn. 5; Smid/*Fehl* InsO, Rn. 4 im Falle der nicht vollständigen Befriedigung, ansonsten abl., Rn. 5.
14 HK-InsO/*Marotzke* Rn. 6; H/W/W/ *Hess* Rn. 10.
15 Andres/Leithaus/*Andres* Rn. 3, Braun/*Bauch* Rn. 9; FK-InsO/*Schallenberg/Rafiqpoor* Rn. 8 ff.; HK-InsO/*Marotzke* Rn. 8; H/W/W/*Hess* Rn. 9.
16 Graf-Schlicker/*Busch* § 321 Rn. 4.
17 Uhlenbruck/*Lüer* Rn. 5.

§ 322 InsO Anfechtbare Rechtshandlungen des Erben

Übersicht

	Rdn.		Rdn.
A. Allgemeines	1	D. Gläubigerbenachteiligung	7
B. Erfüllte Verbindlichkeit	3	E. Zeitliche Grenze	8
C. Erfüllung aus dem Nachlass	5	F. Rechtsfolge	9

A. Allgemeines

1 Auch § 322 verfolgt das Ziel, infolge der Insolvenzeröffnung die Rechtslage zum Zeitpunkt des Erbfalles wieder herzustellen. Wären die in § 322 erwähnten Leistungen vor der Insolvenzeröffnung nicht erbracht worden, dürften sie erst nach allen anderen Verbindlichkeiten i.S.d. § 327 erfüllt werden. Soweit sie bis zur Eröffnung also schon erfüllt worden sind, ist eine Rückgewähr an die Insolvenzmasse bestimmt. Rechtstechnisch werden sie den ebenso wenig schutzwürdigen unentgeltlichen Erwerbstatbeständen gleichgesetzt und erleichterten Anfechtungsregelungen unterworfen.[1]

2 Die tatbestandliche Erfüllung beschränkt sich nicht auf Handlungen des Erben, vielmehr fallen auch Rechtshandlungen des Allein- oder Miterben, von Vor- oder Nacherben und von Testamentsvollstreckern hierunter.[2]

B. Erfüllte Verbindlichkeit

3 Das Anfechtungsrecht bezieht sich nach § 322 ausdrücklich auf Pflichtteilsansprüche (§ 2303 BGB), auf Vermächtnisse (§ 2174 BGB) und Auflagen (§ 2192 BGB). Teilweise wird vertreten, dass auch Pflichtteilsergänzungsansprüche gem. § 2325 BGB unter § 322 fallen,[3] was wohl ein Irrtum ist, denn diese sind nicht gegen den Nachlass, sondern gegen einen Beschenkten gerichtet. Auf Erbersatzansprüche ist § 322 analog anzuwenden.[4] Dies folgt aus der Gleichstellung der Ansprüche mit den Pflichtteilsansprüchen in § 1934b Abs. 2 BGB, eine Nichtanwendung würde eine sachlich nicht gerechtfertigte Privilegierung der Gläubiger von Erbersatzansprüchen gegenüber Pflichtteilsberechtigten bedeuten (da § 1934b BGB durch das ErbGleichG v. 16.12.1997 aufgehoben wurde, siehe für die Übergangszeit Art. 227 EGBGB).[5]

4 Andere Ansprüche seien sie auch nachrangig, bleiben von der Anwendung des § 322 unberührt,[6] Gleiches gilt für ererbte Rechte.[7]

C. Erfüllung aus dem Nachlass

5 Nach dem Wortlaut der Vorschrift muss die Erfüllung aus dem Nachlass erfolgt sein. Das ist konsequent, weil der Nachlass die Insolvenzmasse des Nachlassinsolvenzverfahrens darstellt und wieder hergestellt sein soll. Der Begriff der Erfüllung beschränkt sich dabei nicht auf die nach § 362 BGB, vielmehr sind hierunter auch Erfüllungssurrogate wie Leistungsannahme an Erfüllungs statt gem. § 364 BGB, die Hinterlegung[8] oder eine bloße Sicherung zu verstehen.[9]

6 Sofern der Erbe aus seinem eigenen Vermögen erfüllt, so ist die Erfüllung trotz des Wortlautes »aus dem Nachlass« nach § 322 anfechtbar, sofern der Erbe i.S.d. § 1978 BGB annehmen durfte, dass der

---

1 Andres/Leithaus/*Andres* Rn. 1; FK-InsO/*Schallenberg/Rafiqpoor* Rn. 1; H/W/W/*Hess* Rn. 2; Smid/*Fehl* InsO, Rn. 1.
2 MüKo-InsO/*Siegmann* Rn. 4;Nerlich/Römermann/*Riering* Rn. 4; Uhlenbruck/*Lüer* Rn. 3.
3 Graf-Schlicker/*Busch* Rn. 2.
4 HK-InsO/*Marotzke* Rn. 2; H/W/W/*Hess* Rn. 3; MüKo-InsO/*Siegmann* Rn. 2.
5 H/W/W/*Hess* Rn. 3.
6 FK-InsO/*Schallenberg/Rafiqpoor* Rn. 2; H/W/W/*Hess* Rn. 4; MüKo-InsO/*Siegmann* Rn. 2; Smid/*Fehl* InsO, Rn. 1; Uhlenbruck/*Lüer* Rn. 2.
7 Andres/Leithaus/*Andres* Rn. 2; FK-InsO/*Schallenberg/Rafiqpoor* Rn. 3; Gottwald/*Döbereiner* § 113 Rn. 38; H/W/W/*Hess* Rn. 2; Uhlenbruck/*Lüer* Rn. 2.
8 H/W/W/*Hess* Rn. 6.
9 Andres/Leithaus/*Andres* Rn. 3; Braun/*Bauch* Rn. 2; FK-InsO/*Schallenberg/Rafiqpoor* Rn. 3; H/W/W/*Hess* Rn. 6; Smid/*Fehl* InsO, Rn. 1; Uhlenbruck/*Lüer* Rn. 5.

Nachlass zur Erfüllung aller Nachlassverbindlichkeiten ausreichen wird und er noch nicht unbeschränkt haftet.[10]

D. Gläubigerbenachteiligung

Die Anfechtung nach § 322 setzt eine Gläubigerbenachteiligung voraus;[11] dies folgt aus der Verweisung in das Insolvenzanfechtungsrecht.[12] Eine derartige Gläubigerbenachteiligung wird von der h.M. verneint, sollte der Erbe in Kenntnis oder schuldhafter Unkenntnis der Unzulänglichkeit des Nachlasses aus dem Nachlass geleistet haben und sollte der Masse dadurch ein werthaltiger Ersatzanspruch gegen ihn zustehen.[13] Indes sollte das Konkurrenzverhältnis zwischen Anfechtungsanspruch und Ersatzanspruch gegen den Erben in gleicher Weise aufgelöst werden wie zwischen Anfechtungsanspruch und Schadensersatzanspruch gegen ein haftendes Organ.[14] Danach steht der Anfechtbarkeit nicht im Wege, dass daneben ein Anspruch gegen den Erben besteht. Auch praktische Erwägungen sprechen für diese von der h.M. abweichende Handhabung, denn ob ein Anspruch gegen den Erben tatsächlich existiert, durchgesetzt werden kann und dann auch noch werthaltig ist, erweist sich u.U. erst nach Jahren und ist für den Verwalter wegen der subjektiven Tatbestandsvoraussetzungen nur schwer zu prognostizieren.

7

E. Zeitliche Grenze

Die Fristen für die Anfechtungsmöglichkeit nach § 322 richten sich nach §§ 134, 146. Gem. § 146 Abs. 1 InsO i.V.m. § 195 BGB beträgt die Verjährungsfrist drei Jahre.[15] Die anfechtbare Handlung darf ferner nicht länger als vier Jahre vor dem Antrag auf Eröffnung des Nachlassinsolvenzverfahrens vorgenommen worden sein, § 322 i.V.m. § 134 Abs. 1. Soweit vertreten wird, bei Berechnung der Frist gem. § 139 sei die Zeit zwischen dem Erbfall und dem Insolvenzeröffnungsantrag nicht mitzurechnen,[16] kann dem nicht gefolgt werden.[17]

8

F. Rechtsfolge

Das durch die anfechtbare Handlung Weggegebene muss zur Masse zurückgewährt werden, § 143. Der Anfechtungsgegner kann sich auf die Erleichterungen des § 143 Abs. 2 für nicht bösgläubige Empfänger berufen. Nach Rückgewähr zur Insolvenzmasse leben die Pflichtteilsansprüche, Vermächtnisse und Auflagen wieder auf und können als nachrangige Verbindlichkeiten gem. § 327 zur Insolvenztabelle angemeldet werden.

9

§ 323 Aufwendungen des Erben

Dem Erben steht wegen der Aufwendungen, die ihm nach den §§ 1978, 1979 des Bürgerlichen Gesetzbuchs aus dem Nachlaß zu ersetzen sind, ein Zurückbehaltungsrecht nicht zu.

Dem Erben steht im Falle der Eröffnung des Nachlassinsolvenzverfahrens ein Aufwendungsersatzanspruch als Masseschuld zu, soweit er »nach den Vorschriften über den Auftrag oder über die Geschäftsführung ohne Auftrag« (§ 1978 Abs. 3 BGB), Ersatz verlangen könnte; dies jedoch nur, sollte

1

---

10 Andres/Leithaus/*Andres* Rn. 6; HK-InsO/*Marotzke* Rn. 3; MüKo-InsO/*Siegmann* Rn. 3; Smid/*Fehl* InsO, Rn. 1; Uhlenbruck/*Lüer* Rn. 4; a.A. und allgemein die Unterscheidung zwischen Nachlass und Privatvermögen für belanglos erachtend: FK-InsO/*Schallenberg/Rafiqpoor* Rn. 3.
11 FK-InsO/*Schallenberg/Rafiqpoor* Rn. 4; Nerlich/Römermann/*Riering* Rn. 5; Uhlenbruck/*Lüer* Rn. 4.
12 Braun/*Bauch* Rn. 3.
13 FK-InsO/*Schallenberg/Rafiqpoor* Rn. 4; Uhlenbruck/*Lüer* Rn. 4.
14 Vgl. BGH 18.12.1995, II ZR 277/94, BGHZ 131, 325.
15 Braun/*Bauch* Rn. 1; a.A. Smid/*Fehl* InsO, Rn. 2 der noch auf eine Verjährung von zwei Jahren verweist.
16 HambK-InsR/*Rogge* § 139 Rn. 9.
17 Uhlenbruck/*Hirte* § 139 Rn. 9.

er nicht uneingeschränkt haften, § 2013 BGB. Die Anspruchsgrundlage ist § 683 BGB oder § 670 BGB und richtet sich danach, ob die Aufwendungen vor oder nach Annahme der Erbschaft vorgenommen wurden. § 323 schließt wegen dieses Anspruchs des Erben ein Zurückbehaltungsrecht aus. Der Ausschluss des Zurückbehaltungsrechts gem. § 273 BGB dient der Verhinderung der Verzögerung der Verwertung der Masse.[1]

2 Der Erbe kann demnach die Herausgabe der Erbschaft an den Insolvenzverwalter nicht wegen dieser Aufwendungsersatzansprüche verweigern. Ebenso wenig darf der Erbe die Erteilung von Auskünften, die Erteilung einer Rechnung gem. § 666 BGB sowie die Herausgabe von Surrogaten gem. § 668 BGB zurückhalten.[2] Sofern eine Masseunzulänglichkeit vorliegt, so wird eine teleologische Reduktion des § 323 angedacht.[3] Dem ist nicht zuzustimmen, weil das Verfahren bei Deckung der Kosten, aber nicht der sonstigen Masseverbindlichkeiten abwicklungsfähig sein muss; dem würde ein Zurückbehaltungsrecht des Erben bei Masseunzulänglichkeit entgegenstehen.

3 Die Einschränkung des Zurückbehaltungsrechts erfolgt nach dem Wortlaut der Vorschrift aber nur wegen der Erbenansprüche aus §§ 1978, 1979 BGB. Andere Zurückbehaltungsrechte, insb. solche aus Verwendungen auf Sachen, die der Erbe z.B. aufgrund eines Vertrages mit dem Erblasser getätigt hat und die unter § 51 Nr. 2 fallen, werden von § 323 nicht ausgeschlossen.[4]

4 Die Aufrechnung wird durch § 323 nicht ausgeschlossen. Dem Erben steht weiterhin die Möglichkeit der Aufrechnung nach den allgemeinen Regeln der §§ 94 ff. offen.[5] Diese kommt freilich bei Masseunzulänglichkeit nicht in Betracht.

5 Die gesetzlichen Vertreter des Erben werden ebenso wie der Testamentsvollstrecker von der Norm erfasst und dem Erben gleichgestellt.[6]

§ 324 Masseverbindlichkeiten

(1) Masseverbindlichkeiten sind außer den in den §§ 54, 55 bezeichneten Verbindlichkeiten:
1. die Aufwendungen, die dem Erben nach den §§ 1978, 1979 des Bürgerlichen Gesetzbuchs aus dem Nachlaß zu ersetzen sind;
2. die Kosten der Beerdigung des Erblassers;
3. die im Falle der Todeserklärung des Erblassers dem Nachlaß zur Last fallenden Kosten des Verfahrens;
4. die Kosten der Eröffnung einer Verfügung des Erblassers von Todes wegen, der gerichtlichen Sicherung des Nachlasses, einer Nachlaßpflegschaft, des Aufgebots der Nachlaßgläubiger und der Inventarerrichtung;
5. die Verbindlichkeiten aus den von einem Nachlaßpfleger oder einem Testamentsvollstrecker vorgenommenen Rechtsgeschäften;
6. die Verbindlichkeiten, die für den Erben gegenüber einem Nachlaßpfleger, einem Testamentsvollstrecker oder einem Erben, der die Erbschaft ausgeschlagen hat, aus der Geschäftsführung dieser Personen entstanden sind, soweit die Nachlaßgläubiger verpflichtet wären, wenn die bezeichneten Personen die Geschäfte für sie zu besorgen gehabt hätten.

(2) Im Falle der Masseunzulänglichkeit haben die in Absatz 1 bezeichneten Verbindlichkeiten den Rang des § 209 Abs. 1 Nr. 3.

---

1 FK-InsO/*Schallenberg/Rafiqpoor* Rn. 3.
2 HambK-InsR/*Böhm* Rn. 2.
3 HK-InsO/*Marotzke* Rn. 2.
4 MüKo-InsO/*Siegmann* Rn. 2; Smid/*Fehl* InsO, Rn. 2; H/W/W/*Hess* Rn. 5 f.
5 FK-InsO/*Schallenberg/Rafiqpoor* Rn. 5; HK-InsO/*Marotzke* Rn. 4; H/W/W/*Hess* Rn. 2; MüKo-InsO/*Siegmann* Rn. 2; Nerlich/Römermann/*Riering* Rn. 2; Smid/*Fehl* InsO, Rn. 2; Uhlenbruck/*Lüer* Rn. 2.
6 H/W/W/*Hess* § 322 Rn. 7; MüKo-InsO/*Siegmann* Rn. 2; Nerlich/Römermann/*Riering* Rn. 2; Smid/*Fehl* InsO, Rn. 2.

Übersicht

	Rdn.		Rdn.
A. Allgemeines	1	einer Nachlasspflegschaft, eines Aufgebots und einer Inventarerrichtung (Abs. 1 Nr. 4)	6
B. Aufwendungen gem. §§ 1978, 1979 (Abs. 1 Nr. 1)	3	F. Verbindlichkeiten der Nachlasspfleger o. Testamentsvollstrecker (Abs. 1 Nr. 5)	7
C. Beerdigungskosten (Abs. 1 Nr. 2)	4	G. Verbindlichkeiten aus Geschäftsführung (Abs. 1 Nr. 6)	9
D. Kosten einer Todeserklärung (Abs. 1 Nr. 3)	5	H. Masseunzulänglichkeit, Abs. 2	10
E. Kosten der Eröffnung letztwilliger Verfügungen, der Sicherung des Nachlasses,			

A. Allgemeines

Die Vorschrift erhebt bestimmte Verbindlichkeiten zu Masseverbindlichkeiten des Nachlassinsolvenzverfahrens. Dabei wird nach dem Wortlaut des § 324 nicht darauf abgestellt, ob die Verbindlichkeit vor oder nach der Insolvenzeröffnung begründet worden ist. Damit ist § 324 nicht nur, aber auch eine der Normen, die die Rückbeziehung der Wirkungen der Insolvenzeröffnung auf den Zeitpunkt des Erbfalles zum Gegenstand hat.

§ 324 ist deshalb eine Norm, die die wegen des Erbfalls entstandenen Sonderheiten des Nachlassinsolvenzverfahrens regeln will. Masseverbindlichkeiten, die ansonsten in der InsO geregelt sind, haben daneben auch Geltung im Nachlassinsolvenzverfahren, wie der Hinweis auf §§ 54, 55 zeigt.[1] Daher wird richtigerweise über die §§ 54, 55 hinaus vertreten, dass auch Verbindlichkeiten aus einem nach Eröffnung des Nachlassinsolvenzverfahrens aufgestellten Sozialplan i.S.d. § 123 Abs. 2 als Masseverbindlichkeiten anzusehen seien.[2] Dem ist zuzustimmen, wenn die Voraussetzungen des § 123 im Übrigen vorliegen, denn § 324 normiert weitere Masseschulden, begrenzt deren Umfang nach anderen Vorschriften der InsO aber nicht.

B. Aufwendungen gem. §§ 1978, 1979 (Abs. 1 Nr. 1)

Aufwendungen des Erben, die ihm nach §§ 1978, 1979 BGB zu ersetzen sind, sind Masseverbindlichkeiten, Abs. 1 Nr. 1. Die Aufwendungen müssen einer sinnvollen, also ordnungsgemäßen Nachlassverwaltung entsprechen.[3] Sofern der Erbe unbeschränkt haftet, kommt ein Aufwendungsersatzanspruch nicht in Betracht, § 2013 BGB. In der Praxis ist die Abgrenzung zu den Eigenverbindlichkeiten des Erben zu beachten. Vergütungsansprüche stehen dem Erben nach § 662 BGB nicht zu. Bei der Nr. 1 der Vorschrift geht es um solche Verbindlichkeiten, die untrennbar mit dem Tod des Erblassers verbunden und aus der Sicht des ordnungsgemäß verwaltenden Erben sowie der Nachlassgläubiger »zwangsläufig« entstanden sind. Sie hätten auch dann mit Vorrang vor den Nachlassverbindlichkeiten befriedigt werden müssen, wenn es bereits zum Todeszeitpunkt zur Insolvenzeröffnung gekommen wäre. Alsdann wären die in Nr. 1 angesprochenen Aufwendungen abwicklungsbedingt gewesen. Nr. 1 erhebt diese Verbindlichkeiten »nachträglich« zu Masseschulden, um dasselbe wirtschaftliche Ergebnis zu erreichen. Rechtstechnisch bedurfte es dieser Sonderregelung deshalb, weil es sich in Abs. 1 Nr. 1 um Verbindlichkeiten handelt, die tatsächlich vor der Eröffnung des Insolvenzverfahrens begründet worden sind und deshalb nicht unter die Generalregelung von § 55 fallen.

C. Beerdigungskosten (Abs. 1 Nr. 2)

Die Bestattungskosten des Erblassers sind Masseverbindlichkeiten, Abs. 1 Nr. 2, gleich ob diese vor oder nach der Insolvenzeröffnung entstehen. Trotz Wegfallens des Begriffes »standesgemäß« im Vergleich zur Vorgängervorschrift des § 224 Abs. 1 Nr. 2 KO sind auch im Rahmen des Abs. 1 Nr. 2

---

1 H/W/W/*Hess* Rn. 3.
2 Andres/Leithaus/*Andres* Rn. 2; HK-InsO/*Marotzke* Rn. 4; MüKo-InsO/*Siegmann* Rn. 2 m.w. Ausweitungen, zust. Smid/*Fehl* InsO, Rn. 2.
3 FK-InsO/*Schallenberg/Rafiqpoor* Rn. 9.

die standesgemäßen Kosten zu ersetzen.[4] Dies folgt aus § 1968 BGB wonach nach h.M. die Kosten für eine der Lebensstellung des Erblassers entsprechenden Beerdigung durch den Erben zu tragen sind.[5] Auch die Kosten infolge der Bewirtung von Trauergästen, sog. »Leichenschmaus«, zählen zu den Beerdigungskosten.[6] Die Kosten einer angemessenen Grabpflege stellen indes keine Massekosten nach Abs. 1 Nr. 1 dar.[7]

D. Kosten einer Todeserklärung (Abs. 1 Nr. 3)

5 Die Erklärung des Todes des Erblassers als Grundvoraussetzung für die Eröffnung eines Nachlassinsolvenzverfahrens ist als Masseverbindlichkeit der Masse zu entnehmen, Abs. 1 Nr. 3. Die doppelte Gebühr für die Todeserklärung nach dem Verschollenengesetz gem. § 128 Abs. 1a KostO ist ebenso Masseverbindlichkeit, Abs. 1 Nr. 3.[8]

E. Kosten der Eröffnung letztwilliger Verfügungen, der Sicherung des Nachlasses, einer Nachlasspflegschaft, eines Aufgebots und einer Inventarerrichtung (Abs. 1 Nr. 4)

6 Die Kosten für die Eröffnung einer Verfügung des Erblassers von Todes wegen nach §§ 348 ff. FamFG, der gerichtlichen Nachlasssicherung, § 1960 BGB, die der Nachlasspflegschaft nach §§ 1960 ff. und -verwaltung nach 1981 ff. BGB sind ebenso wie die Kosten für das Aufgebot der Nachlassgläubiger nach §§ 1970 BGB, §§ 433 ff. FamFG und diejenigen der Inventareinrichtung nach §§ 1993 ff. BGB als Masseverbindlichkeiten von der Masse zu tragen, Abs. 1 Nr. 4.

F. Verbindlichkeiten der Nachlasspfleger o. Testamentsvollstrecker (Abs. 1 Nr. 5)

7 Die Vorschrift trägt dem Umstand Rechnung, dass Nachlassverwalter, Nachlasspfleger und Testamentsvollstrecker den Nachlass verpflichten können. Wenn die vor der Insolvenzeröffnung von diesem Personenkreis begründeten Verbindlichkeiten nicht mehr rechtzeitig aus dem Nachlass erfüllt werden können, sollen sie deshalb nicht als Insolvenzforderungen behandelt werden, was auch Haftungsansprüche der Handelnden zur Folge haben würde. Voraussetzung ist aber, dass die Rechtsgeschäfte im Rahmen einer ordnungsgemäßen Verwaltung getätigt wurden.[9]

8 Der Begriff des Rechtsgeschäfts ist weit auszulegen und umfasst auch eingeleitete Rechtsstreitigkeiten sowie die unmittelbaren Folgen rechtsgeschäftlichen Handelns, wie etwa die durch das Rechtsgeschäft eines Testamentsvollstreckers oder Nachlasspflegers hervorgerufene Steuerschuld.[10] Deliktische Ansprüche sind jedoch nicht von der Begrifflichkeit umfasst.[11]

G. Verbindlichkeiten aus Geschäftsführung (Abs. 1 Nr. 6)

9 Verbindlichkeiten des Erben gegenüber einem Nachlasspfleger, einem Testamentsvollstrecker oder einem Erben, der die Erbschaft ausgeschlagen hat, sind nur dann als Masseverbindlichkeiten zu qualifizieren, wenn die zugrunde liegenden Rechtsgeschäfte dem Interesse und dem mutmaßlichen Wil-

---

4 Andres/Leithaus/*Andres* Rn. 4; Braun/*Bauch* Rn. 4; FK-InsO/*Schallenberg/Rafiqpoor* Rn. 13; HK-InsO/*Marotzke* Rn. 2; H/W/W/ *Hess* Rn. 8 m.w.N. zur Frage der Standesgemäßheit.
5 Stellv.: Jauernig/*Stürner* § 1968 BGB Rn. 4.
6 FK-InsO/*Schallenberg/Rafiqpoor* Rn. 14; Uhlenbruck/*Lüer* Rn. 3.
7 BGH 20.09.1973, III ZR 148/71, BGHZ 61, 239.
8 H/W/W/ *Hess* Rn. 10.
9 BGH 14.05.1985, IX ZR 142/84, BGHZ 94, 313 (315); Gottwald/*Döbereiner* § 114 Rn. 2; H/W/W/ *Hess* Rn. 12; MüKo-InsO/*Siegmann* Rn. 10; Nerlich/Römermann/*Riering* Rn. 9; Smid/*Fehl* InsO, Rn. 4; Uhlenbruck/*Lüer* Rn. 6; Mohrbutter/Ringstmeier/*Ringstmeier* VIII, 1c; a.A. Andres/Leithaus/*Andres* Rn. 7; Braun/*Bauch* Rn. 7; FK-InsO/*Schallenberg/Rafiqpoor* Rn. 19 ff.
10 Andres/Leithaus/*Andres* Rn. 4; Nerlich/Römermann/*Riering* Rn. 10; Uhlenbruck/*Lüer* Rn. 6.
11 MüKo-InsO/*Siegmann* Rn. 10.

len der Nachlassgläubiger entsprechen, Abs. 1 Nr. 6.[12] Hierher gehören auch die Vergütungsansprüche der genannten Personen.[13]

H. Masseunzulänglichkeit, Abs. 2

Im Falle der Masseunzulänglichkeit werden die in § 324 Abs. 1 genannten Masseverbindlichkeiten in der Rangklasse des § 209 Abs. 1 Nr. 3 befriedigt, allerdings vor dem Unterhaltsanspruch der Familie des Schuldners nach §§ 100, 101. Damit nehmen die in § 324 geregelten Masseverbindlichkeiten die schlechteste Rangklasse im masseunzulänglichen Verfahren ein. Innerhalb der Rangklasse des § 209 Abs. 1 Nr. 3 konkurrieren die Masseschulden gem. § 324 mit den anderen Masseverbindlichkeiten derselben Rangklasse. Innerhalb der Masseverbindlichkeiten des § 324 Abs. 1 gibt es keine Reihenfolge zu beachten, so dass im Falle der Masseunzulänglichkeit die Verbindlichkeiten gem. § 324 Abs. 1 gleichrangig nebeneinander stehen. 10

§ 325 Nachlaßverbindlichkeiten

Im Insolvenzverfahren über einen Nachlaß können nur die Nachlaßverbindlichkeiten geltend gemacht werden.

Übersicht	Rdn.		Rdn.
A. Allgemeines	1	D. Nachlassverwaltungs- und Nachlasser-	
B. Erblasserschulden	2	benschulden	5
C. Erbfallschulden	4		

A. Allgemeines

Im Rahmen des Nachlassinsolvenzverfahrens können lediglich Nachlassverbindlichkeiten geltend gemacht werden (§ 325), weil das Nachlassinsolvenzverfahren nur der Befriedigung der Nachlassgläubiger aus dem Nachlass dienen soll.[1] Der Begriff der Nachlassverbindlichkeiten richtet sich nach § 1967 Abs. 2 BGB. Folglich sind die Eigengläubiger des Erben von der Teilnahme ausgeschlossen; sie können nur in das Eigenvermögen des Erben vollstrecken. Nachlassinsolvenzverfahren und Insolvenzverfahren über das Vermögen des Erben sind nebeneinander möglich, siehe § 331. 1

B. Erblasserschulden

Hauptnachlassverbindlichkeiten werden regelmäßig die Erblasserschulden, d.h. die vom Erblasser begründeten Verbindlichkeiten, die er »vererbt« hat. Unter Erblasserschulden sind sämtliche Verbindlichkeiten zu verstehen, die vor dem Eintreten des Erbfalls entstanden oder zumindest in ihrer wesentlichen Entstehungsgrundlage begründet worden waren,[2] gleich ob diese auf Vertrag, Delikt, GoA, ungerechtfertigter Bereicherung oder auf anderen Rechtsgründen beruhen. 2

Verbindlichkeiten, die mit dem Tod des Erblassers erlöschen, stellen keine Nachlassverbindlichkeiten dar,[3] z.B. Unterhaltsansprüche des Ehegatten und der Kinder des Erblassers. Dagegen bleiben die Unterhaltsansprüche geschiedener Ehepartner bestehen, wenn auch in ihrem Umfang durch § 1586b BGB begrenzt. Es handelt sich um Erblasserschulden, die durch den Pflichtteil umfangsmäßig begrenzt werden, nicht um Pflichtteilsansprüche i.S.d. § 327 InsO. 3

---

12 Andres/Leithaus/*Andres* Rn. 8; FK-InsO/*Schallenberg/Rafiqpoor* Rn. 22, H/W/W/*Hess* Rn. 14.
13 Uhlenbruck/*Lüer* Rn. 7.
 1 Smid/*Fehl* InsO, Rn. 2.
 2 FK-InsO/*Schallenberg/Rafiqpoor* Rn. 5; H/W/W/*Hess* Rn. 5.
 3 H/W/W/*Hess* Rn. 7; Smid/*Fehl* InsO, Rn. 3.

C. Erbfallschulden

4 Neben den Erblasserschulden sind ferner die Erbfallschulden zu berücksichtigen, die aus Anlass des Erbfalls oder durch dessen Abwicklung entstandenen Verbindlichkeiten.[4] Zu nennen sind hier insb. die Pflichtteilsansprüche, Vermächtnisse und Auflagen, vgl. § 1967 Abs. 2 BGB. Die Aufzählung des § 1967 Abs. 2 BGB ist nicht abschließend,[5] hierzu gehören z.B. auch das Vorausvermächtnis gem. § 2150 BGB, der Unterhaltsanspruch der werdenden Mutter gem. § 1963 BGB, die Beerdigungskosten gem. § 1968 BGB, die Kosten der Todeserklärung gem. § 34 Abs. 2 VerschG und auch die Kosten einer Geschäftsfortführung gem. §§ 673, 727, 1893, 2218 BGB.[6]

D. Nachlassverwaltungs- und Nachlasserbenschulden

5 Nachlassverwaltungsschulden sind Verbindlichkeiten, die infolge ordnungsgemäßer Verwaltung des Nachlasses begründet wurden, so z.B. Nachlasssicherungskosten gem. § 1960 BGB, Kosten der Nachlasspflegschaft gem. § 1961 BGB, der Nachlassverwaltung gem. §§ 1975, 1981 BGB, die Kosten des Aufgebots gem. § 1970 BGB.

6 Nachlasserbenschulden entstehen bei ordnungsgemäßer Verwaltung des Nachlasses und sind dann zumeist auch gleichzeitig Eigenschulden des Erben,[7] so dass der Gläubiger gegen den Nachlass und gegen das Eigenvermögen des Erben gleichzeitig vorgehen kann.[8] Nachlasserbenschulden entstehen auch regelmäßig bei der Fortführung eines zum Nachlass gehörenden Unternehmens. Auch die irrtümlich trotz des Todes fortentrichteten Rentenzahlungen an den Erblasser, die zu einem Anspruch aus ungerechtfertigter Bereicherung führen, sind Nachlasserbenschulden.[9]

§ 326 Ansprüche des Erben

(1) Der Erbe kann die ihm gegen den Erblasser zustehenden Ansprüche geltend machen.

(2) Hat der Erbe eine Nachlaßverbindlichkeit erfüllt, so tritt er, soweit nicht die Erfüllung nach § 1979 des Bürgerlichen Gesetzbuchs als für Rechnung des Nachlasses erfolgt gilt, an die Stelle des Gläubigers, es sei denn, daß er für die Nachlaßverbindlichkeiten unbeschränkt haftet.

(3) Haftet der Erbe einem einzelnen Gläubiger gegenüber unbeschränkt, so kann er dessen Forderung für den Fall geltend machen, daß der Gläubiger sie nicht geltend macht.

Übersicht	Rdn.		Rdn.
A. Normzweck	1	C. Forderungsübergang auf den Erben nach Gläubigerbefriedigung, Abs. 2 . .	3
B. Ansprüche des Erben gegen den Erblasser, Abs. 1	2	D. Geltendmachung fremder Forderungen durch den Erben, Abs. 3	5

A. Normzweck

1 Die Regelung entspricht der Regelung des § 225 KO und berechtigt den Erben, diejenigen Ansprüche geltend zu machen, die ihm gegen den Erblasser zustehen. Die Norm bezweckt die Verhinderung einer Benachteiligung des Erben im Vergleich zu anderen Nachlassgläubigern. Dies geschieht durch eine Gleichstellung des Erben mit den übrigen Gläubigern.[1]

---

4 FK-InsO/*Schallenberg/Rafiqpoor* Rn. 7.
5 Vgl. hierzu H/W/W/*Hess* Rn. 9.
6 Uhlenbruck/*Lüer* Rn. 8.
7 BGH 10.02.1960, V ZR 39/58, BGHZ 32, 60 = NJW 1960, 959.
8 Uhlenbruck/*Lüer* Rn. 11.
9 BGH 30.03.1978, VII ZR 244/76, BGHZ 71, 180 = NJW 1978, 1385 (1386).
1 BGH 01.06.1967, II ZR 150/66, BGHZ 48, 214 (219).

B. Ansprüche des Erben gegen den Erblasser, Abs. 1

Der Eintritt des Erbfalls führt zu einer Verschmelzung des Nachlasses und des Eigenvermögens des Erblassers (§ 1922 BGB), die mit Eröffnung des Nachlassinsolvenzverfahrens nachträglich wieder aufzuheben ist. § 1976 BGB normiert in diesem Kontext, dass die dem Erben durch Vereinigung von Recht und Verbindlichkeit oder von Recht und Belastung erloschenen Rechtsverhältnisse mit der Eröffnung des Nachlassinsolvenzverfahrens als nicht erloschen anzusehen sind bzw., dass Nebenrechte und Sicherheiten[2] wieder aufleben. Dies gilt auch dann, sollte der Erbe bereits unbeschränkt haften. Mit dem fiktiven Wegfall der Vermischung steht dem Erben das Recht zu, seine Ansprüche gegen den Erblasser im Rahmen des Nachlassinsolvenzverfahren geltend zu machen, dies stellt § 326 Abs. 1 InsO klar. Zu Recht weist *Lüer*[3] darauf hin, dass der Erbe etwa bei fortdauernden Dauerschuldverhältnissen auch Massegläubiger sein kann.

C. Forderungsübergang auf den Erben nach Gläubigerbefriedigung, Abs. 2

Nach Abs. 2 tritt der Erbe in die Rechtsstellung des Gläubigers ein, sofern er dessen Forderung mit endgültigem Bestand erfüllt. Die Erfüllung kann gem. § 326 BGB erfolgt sein oder durch Erfüllungssurrogate. Erfüllung liegt somit auch bei Leistung an Erfüllungs statt (§ 364 BGB), einer Hinterlegung (§§ 372 ff. BGB) oder einer Aufrechnung (§ 387 BGB) vor. In der Rechtsfolge handelt es sich um einen gesetzlichen Forderungsübergang, demzufolge dem Erben auch die übertragungsfähigen Nebenrechte der Forderung nach §§ 412, 401 BGB zustehen; ferner bleibt die Rechtsnatur der Forderung (Massegläubiger, Absonderungsberechtigte oder Insolvenzgläubiger) durch den Übergang unberührt.[4] Das gilt allerdings dann nicht, wenn der Erbe unbeschränkt haftet.

Eine Privilegierung des Erben tritt dann ein, wenn er bei Befriedigung des Gläubigers davon ausgehen durfte, dass der Nachlass zureichend sein würde. Dann gilt nicht § 326 Abs. 2, sondern es greift die Regelung des § 324 Abs. 1 Nr. 1 ein und der Erbe hat – ganz unabhängig davon, welchen Rang die befriedigte Gläubigerforderung gehabt hätte – einen Aufwendungsersatzanspruch als Masseschuld. Daher macht es keinen Unterschied, ob der Erbe eigenes Geld zur Befriedigung eingesetzt hat (dann Masseanspruch gem. § 324 Abs. 1 Nr. 1) oder Vermögen des Nachlasses; in beiden Fällen geht die Befriedigung des Gläubigers den noch verbliebenen Nachlassgläubigern vor. Lagen die Voraussetzungen des § 1979 BGB indes nicht vor, bleibt es dabei, dass der Erbe nur an die Stelle des befriedigten Gläubigers tritt (keine Privilegierung).

D. Geltendmachung fremder Forderungen durch den Erben, Abs. 3

Sofern der Erbe allen Gläubigern unbeschränkt haftet, erfolgt kein Übergang von befriedigten Forderungen auf ihn, § 326 Abs. 2 letzter Hs. Haftet der Erbe hingegen nur einem einzelnen Gläubiger gegenüber unbeschränkt, so ist die Legalzession nicht ausgeschlossen. Allerdings muss vermieden werden, dass der Gläubiger selbst und der Erbe gleichzeitig die Forderung aus dem Nachlass beanspruchen. Der Erbe ist deshalb nur dann berechtigt, die auf ihn übergegangene Forderung geltend zu machen, wenn der Gläubiger selbst sie nicht geltend macht. Die Forderung des Erben ist daher bis zur Schlussverteilung als bedingt geltend zu machen.[5]

Sofern der Gläubiger des Anspruches Insolvenzgläubiger ist, so findet nach h.M. § 191 entsprechende Anwendung.[6] Doch sollte differenziert entschieden werden: hatte der nur einem Gläubiger unbeschränkt haftende Erbe den Gläubiger bereits vor der Insolvenzeröffnung vollständig befriedigt, kann der Gläubiger selbst den Anspruch nicht mehr verfolgen; in diesem Falle ist die auf den Erben

---

2 Uhlenbruck/*Lüer* Rn. 2.
3 Uhlenbruck/*Lüer* Rn. 2.
4 RG 01.07.1903, V 78/03, RGZ 55, 157 (161); Braun/*Bauch* Rn. 6; MüKo-InsO/*Siegmann* Rn. 6; Uhlenbruck/*Lüer* Rn. 3.
5 FK-InsO/*Schallenberg/Rafiqpoor* Rn. 12, Smid/*Fehl* InsO, Rn. 4.
6 FK-InsO/*Schallenberg/Rafiqpoor* Rn. 12, Gottwald/*Döbereiner* § 114 Rn. 11; Smid/*Fehl* InsO, Rn. 4.

übergegangene Forderung uneingeschränkt zu akzeptieren, d.h. im Falle der Anmeldung zur Insolvenztabelle ohne Einschränkung anzuerkennen. Ist die Forderung des Gläubigers bei Verfahrenseröffnung noch nicht durch den Erben erfüllt worden und macht der Gläubiger seinen Anspruch im Verfahren geltend, so ist dessen Forderung anzuerkennen, die Forderung des Erben aus § 326 Abs. 3 hingegen zu bestreiten. Bei teilweiser Erfüllung vor Insolvenzeröffnung und Geltendmachung des Restes durch den Gläubiger im Verfahren ist aufzuteilen: soweit der Erbe bereits teilweise befriedigt hat, ist sein Anspruch anzuerkennen, im Übrigen zu bestreiten; umgekehrt ist die Forderung des Gläubigers anzuerkennen, soweit sie noch nicht befriedigt wurde. Nur wenn die Forderung des Gläubigers bis zur Verfahrenseröffnung nicht befriedigt wurde und der Gläubiger sie (noch) nicht im Verfahren gegen den Nachlass geltend gemacht hat, der Erbe aber gleichwohl schon seinen Anspruch aus § 326 Abs. 3 verfolgt, ist sein Anspruch nur als bedingte Forderung i.S.d. § 191 anzuerkennen.

§ 327 Nachrangige Verbindlichkeiten

(1) Im Rang nach den in § 39 bezeichneten Verbindlichkeiten und in folgender Rangfolge, bei gleichem Rang nach dem Verhältnis ihrer Beträge, werden erfüllt:
1. die Verbindlichkeiten gegenüber Pflichtteilsberechtigten;
2. die Verbindlichkeiten aus den vom Erblasser angeordneten Vermächtnissen und Auflagen;
3. (weggefallen).

(2) Ein Vermächtnis, durch welches das Recht des Bedachten auf den Pflichtteil nach § 2307 des Bürgerlichen Gesetzbuchs ausgeschlossen wird, steht, soweit es den Pflichtteil nicht übersteigt, im Rang den Pflichtteilsrechten gleich. Hat der Erblasser durch Verfügung von Todes wegen angeordnet, daß ein Vermächtnis oder eine Auflage vor einem anderen Vermächtnis oder einer anderen Auflage erfüllt werden soll, so hat das Vermächtnis oder die Auflage den Vorrang.

(3) Eine Verbindlichkeit, deren Gläubiger im Wege des Aufgebotsverfahrens ausgeschlossen ist oder nach § 1974 des Bürgerlichen Gesetzbuchs einem ausgeschlossenen Gläubiger gleichsteht, wird erst nach den in § 39 bezeichneten Verbindlichkeiten und, soweit sie zu den in Absatz 1 bezeichneten Verbindlichkeiten gehört, erst nach den Verbindlichkeiten erfüllt, mit denen sie ohne die Beschränkung gleichen Rang hätte. Im übrigen wird durch die Beschränkungen an der Rangordnung nichts geändert.

Übersicht	Rdn.		Rdn.
A. Allgemeines	1	C. Regelung des Abs. 2	6
B. Regelung des Abs. 1	3	D. Regelung des Abs. 3	8

A. Allgemeines

1 Die in § 327 genannten Verbindlichkeiten stehen noch hinter den in § 39 genannten nachrangigen Verbindlichkeiten, und zwar auch noch hinter den mit Rangrücktritt versehenen Verbindlichkeiten gem. § 39 Abs. 2.[1] Zins- und Kostenforderung der genannten nachrangigen Insolvenzgläubiger haben den gleichen Rang wie die Hauptforderung,[2] vgl. § 39 Abs. 3. Pflichtteilsansprüche, Vermächtnisse und Auflagen, mit denen der Erblasser selbst beschwert war, sind normale, also nicht nachrangige Verbindlichkeiten und gehören nicht in die Rangklassen des § 327.[3]

2 Auch für die nachrangigen Verbindlichkeiten des § 327 gilt, dass diese erst dann anzumelden und zu prüfen sind, wenn das Insolvenzgericht dazu gesondert aufgefordert hat, vgl. § 174 Abs. 3 Satz 1. Den Anstoß an das Gericht, einen solchen Beschluss zu erlassen, gibt in aller Regel der Insolvenzver-

---

[1] HK-InsO/*Marotzke* Rn. 4; H/W/W/*Hess* Rn. 7; Smid/*Fehl* InsO, Rn. 1.
[2] HK-InsO/*Marotzke* Rn. 5; a.A. Uhlenbruck/*Lüer* Rn. 2.
[3] Uhlenbruck/*Lüer* Rn. 4.

walter, weil er am ehesten überschauen kann, ob die vorhandene Masse ausreichen wird, auch auf nachrangige Verbindlichkeiten eine Quote ausschütten zu können.

B. Regelung des Abs. 1

§ 327 Abs. 1 nennt in Nr. 1 zunächst Pflichtteilsansprüche (§§ 2303 ff. BGB). Darunter fallen auch die Pflichtteilsansprüche des nichtehelichen Kindes.[4] Außerdem ist § 327 Abs. 2 Satz 1 zu beachten: Danach kann der Pflichtteilsberechtigte, zu dessen Gunsten anstelle des Pflichtteils ein Vermächtnis angeordnet ist (»Pflichtteilsvermächtnis«) seinen Anspruch in der Rangklasse des § 327 Abs. 1 Nr. 1 im Umfang seines Pflichtteils geltend machen und muss nur wegen des den Pflichtteil übersteigenden Anteils des Vermächtnisses in den Rang des § 327 Abs. 1 Nr. 2 gehen. Nicht hierher gehört die Ausgleichsforderung des überlebenden Ehegatten, der mit dem Erblasser im Güterstand der Zugewinngemeinschaft gelebt hat (§§ 1371, 1378 BGB); vielmehr handelt es sich dabei um eine normale Nachlassverbindlichkeit im Rang des § 38 InsO, bei deren Berechnung nur auf Pflichtteilsrechte abgehoben wird. 3

Im Rang nach den Pflichtteilsansprüchen, also an letzter Rangstelle stehen die Verbindlichkeiten aus den vom Erblasser angeordneten Vermächtnissen und Auflagen, § 327 Abs. 1 Nr. 2. Rechte aus gesetzlichen Vermächtnissen i.S.d. »Voraus« (§§ 1932 ff. BGB) und des »Dreißigsten« (§ 1969 BGB) sind den angeordneten Vermächtnissen gleichzusetzen.[5] Der aus einer Auflage Begünstigte selbst kann die Forderung im Insolvenzverfahren nicht anmelden, da er keinen durchsetzbaren Anspruch hat; Gläubiger einer Auflage gem. § 1940 BGB ist vielmehr derjenige, der nach §§ 2192 ff. BGB deren Vollziehung verlangen kann. Bei der Aufforderung zur Anmeldung nachrangiger Verbindlichkeiten hat der Insolvenzverwalter deshalb den Beschluss an diesen, nicht dem aus der Auflage Begünstigten zuzustellen. 4

Sofern Ranggleichheit besteht ist nach den Verhältnissen ihrer Beträge zu verteilen. Allerdings kann der Erblasser bestimmen, dass bei mehreren Vermächtnissen untereinander, mehreren Auflagen untereinander oder zwischen Vermächtnissen und Auflagen ein bestimmtes Rangverhältnis bestehen soll. Solche Anordnungen sind nach Abs. 2 Satz 2 auch im Insolvenzverfahren zu beachten (»Rangklassen § 327 Abs. 1 Nr. 2a, b, c« usw.). 5

C. Regelung des Abs. 2

Der Anspruch aus einem Pflichtteilsvermächtnis nach § 2307 BGB ist dem Anspruch des Pflichtteilsberechtigten nach § 327 Abs. 1 Nr. 1 gem. § 327 Abs. 2 gleichgestellt (vgl. Rdn. 3). 6

Die Rangfolge innerhalb der Nachrangklasse des Abs. 1 Nr. 2 kann durch Vorausbestimmung des Erblassers geändert werden, Abs. 2 Satz 2 (vgl. Rdn. 5). 7

D. Regelung des Abs. 3

Abs. 3 fügt noch eine Rangklasse zwischen § 39 Abs. 2 und § 327 Abs. 1 Nr. 1 ein. Sie betrifft Gläubiger, die nach der Durchführung eines Aufgebotsverfahrens ausgeschlossen sind (§§ 1970 ff. BGB) oder den ausgeschlossenen Gläubigern nach § 1974 BGB gleichstehen. Die ausgeschlossenen Gläubiger verlieren nämlich nicht ihre Forderung, sondern nur ihren Rang, den sie ohne den Ausschluss gehabt hätten. Aber auch diese Verbindlichkeiten sollen jedenfalls vor den Pflichtteilsansprüchen, Vermächtnissen und Auflagen befriedigt werden. Sollten mehrere ausgeschlossene oder diesen gleichgestellte Gläubiger Forderungen haben, werden diese untereinander wiederum in derjenigen Reihenfolge erfüllt, die sie untereinander auch ohne die Zurückstufung gehabt hätten. Sofern eine ausgeschlossene Forderung in einem in Abs. 1 genannten Recht besteht, so ist sie in dem jeweiligen Rang des Abs. 1 nachrangig zu befriedigen. 8

---

4 FK-InsO/*Schallenberg/Rafiqpoor* Rn. 11; Uhlenbruck/*Lüer* Rn. 3.
5 H/W/W/*Hess* Rn. 14; FK-InsO/*Schallenberg/Rafiqpoor* Rn. 7, 9; Smid/*Fehl* InsO, Rn. 3.

§ 328 Zurückgewährte Gegenstände

(1) Was infolge der Anfechtung einer vom Erblasser oder ihm gegenüber vorgenommenen Rechtshandlung zur Insolvenzmasse zurückgewährt wird, darf nicht zur Erfüllung der in § 327 Abs. 1 bezeichneten Verbindlichkeiten verwendet werden.

(2) Was der Erbe auf Grund der §§ 1978 bis 1980 des Bürgerlichen Gesetzbuchs zur Masse zu ersetzen hat, kann von den Gläubigern, die im Wege des Aufgebotsverfahrens ausgeschlossen sind oder nach § 1974 des Bürgerlichen Gesetzbuchs einem ausgeschlossenen Gläubiger gleichstehen, nur insoweit beansprucht werden, als der Erbe auch nach den Vorschriften über die Herausgabe einer ungerechtfertigten Bereicherung ersatzpflichtig wäre.

Übersicht

	Rdn.			Rdn.
A. Verwendung von Anfechtungserlösen im Nachlassinsolvenzverfahren	1	B.	Regelung des § 328 Abs. 2	5

A. Verwendung von Anfechtungserlösen im Nachlassinsolvenzverfahren

1 Mit Anfechtung i.S.d. § 328 ist die Insolvenzanfechtung gem. §§ 129 ff. gemeint, nicht etwa die Anfechtung von Willenserklärungen nach BGB. Die Insolvenzanfechtung kann der Insolvenzverwalter durchsetzen wegen gläubigerbenachteiligender Rechtshandlungen, die vor oder nach dem Erbfall vorgenommen wurden. Abs. 1 trifft davon nur für die Anfechtung von vor dem Erbfall vorgenommenen Rechtshandlungen eine Regelung. Solchermaßen zur Insolvenzmasse fließende Anfechtungserlöse sollen nicht zur Befriedigung von Pflichtteilsansprüchen, Vermächtnissen oder Auflagen verwendet werden. Daraus wird teilweise geschlossen, dass nur diejenigen Nachlassgläubiger aus solchen Anfechtungserfolgen befriedigt werden dürfen, die auch schon Gläubiger des Erblassers waren. Das lässt allerdings unberücksichtigt, dass den Nachlassgläubigern noch die Masseverbindlichkeiten vorgehen. Der BGH hat zur Gläubigerbefriedigung entschieden, dass diese auch dann vorliegt, wenn die durch die Insolvenzanfechtung realisierten Erlöse ausschließlich zur Deckung von Masseverbindlichkeiten verwendet werden. Dies gilt auch im Nachlassinsolvenzverfahren und Abs. 1 zwingt nicht zu einer anderen Handhabung.

2 Die Insolvenzanfechtung setzt eine Benachteiligung der Insolvenzgläubiger voraus. Insolvenzgläubiger im Nachlassinsolvenzverfahren sind auch die nachrangigen Insolvenzgläubiger, somit auch die des Abs. 1. Die Interessen der Pflichtteilsberechtigten, Vermächtnisnehmer und aus Auflagen Begünstigten sollen indes durch die Insolvenzanfechtung nicht geschützt werden, weil sie – obgleich im Nachlassinsolvenzverfahren als nachrangige Gläubiger zu berücksichtigen – nicht durch die Anfechtung von Rechtshandlungen vor dem Erbfall geschützt werden. Vielmehr erlangen die in § 327 Abs. 1 genannten Gläubiger ihre Ansprüche erst »durch« den Erbfall. In der Abwicklungspraxis wird der Insolvenzverwalter die Anfechtungserlöse der sonstigen Insolvenzmasse zuführen und nicht etwa gesondert verwahren müssen. Lediglich bei der Befriedigung der Rangklassen des § 327 Abs. 1 Nr. 1 und Nr. 2 wird der Verwalter die auf diese Rangklassen entfallenden Quoten aus der Insolvenzmasse ohne Berücksichtigung der Anfechtungserlöse gem. Abs. 1 errechnen. Führt diese Berechnung zu dem Ergebnis, dass die Nachranggläubiger des § 327 Abs. 1 keine Quote erhalten hätten, befindet sich aber tatsächlich noch ein aus Anfechtungserlösen herrührender Betrag in der Masse, ist dieser an den Anfechtungsgegner zurückzugewähren. Führt die Berechnung hingegen zu der Erkenntnis, dass für die Nachranggläubiger des § 327 Abs. 1 auch ohne die Anfechtungserlöse des § 328 Abs. 1 eine Quote zu zahlen ist, dann ist genau diese auch an Pflichtteilsberechtigte, Vermächtnisnehmer und aus Auflagen Begünstigte auszuschütten.

3 Nach dem klaren Wortlaut des Abs. 1 gelten die vorstehend beschriebenen Einschränkungen nicht für Anfechtungszuwächse, die wegen Rechtshandlungen nach dem Erbfall realisiert werden können. Diese können ungeschmälert an alle Masse- und Insolvenzgläubiger, auch an die Nachranggläubiger des § 327 Abs. 1 ausgeschüttet werden.

Durch die ausdrückliche Bezugnahme aus § 327 Abs. 1 ist eine Befriedigung lediglich dieser nachrangigen Verbindlichkeiten von § 328 Abs. 1 ausgeschlossen. Eine Befriedigung der nachrangigen Verbindlichkeiten i.S.d. § 39 mit Hilfe der wiedererlangten Gegenstände kommt daher weiterhin in Betracht.[1]   4

B. Regelung des § 328 Abs. 2

Die Regelung des § 328 Abs. 2 stellt eine über § 327 Abs. 3 hinausgehende weitere, aber nicht unangemessene Schlechterstellung der durch das Aufgebotsverfahren ausgeschlossenen Gläubiger (§§ 1970 ff. BGB) und der ihnen gem. § 1974 BGB gleichgestellten Gläubiger dar. Die Befriedigung solcher Gläubiger darf nicht aus Massezuflüssen erfolgen, die der Erbe wegen sorgfaltswidriger Geschäftsführung nach §§ 1978 ff. BGB zu leisten hat. Die Regelung will für das Nachlassinsolvenzverfahren diejenigen Verhältnisse herstellen, die nach den Vorschriften des BGB auch außerhalb der Nachlassinsolvenz gelten würden. Die im Wege des Aufgebotsverfahrens ausgeschlossenen oder den nach § 1974 gleich gestellten Gläubigern, können Befriedigung aus Ersatzansprüchen, die ihren Entstehungsgrund in den §§ 1978–1980 BGB haben, nur insoweit aus der Insolvenzmasse beanspruchen, als der Erbe sonst ungerechtfertigt bereichert sein würde (§ 1973 Abs. 2 BGB). Haftet der Erbe bereits unbeschränkt, dann ist die Einschränkung des § 328 Abs. 2 ebenfalls unbeachtlich.   5

Der Insolvenzverwalter muss nach Vereinnahmung von Ersatzansprüchen gem. §§ 1978–1980 BGB in der Insolvenzmasse auch (vgl. Rdn. 2) in Bezug auf die ausgeschlossenen und die ihnen gleichgestellten Gläubiger eine fiktive Quotenberechnung anstellen, und zwar die den Quotenbetrag ermittelt, der sich ohne die aus §§ 1978–1980 BGB realisierten Erlöse ergeben würde (Ausnahme: der Erbe wäre sonst bereichert oder der Erbe haftet unbeschränkt). Nur die aus dieser Fiktivberechnung errechnete Quote steht den ausgeschlossenen und den gleichgestellten Gläubigern zu. Hingegen können Erlöse, die infolge Insolvenzanfechtung von vor dem Erbfall vorgenommener Rechtshandlungen zur Masse gezogen wurden (Abs. 1), an die ausgeschlossenen und gleichgestellten Gläubiger ohne Einschränkung ausgezahlt werden. Umgekehrt gebührt den Nachranggläubigern des § 327 Abs. 1 auch die Quote aus den Schadensersatzansprüchen, die der Insolvenzverwalter vom Erben gem. §§ 1978–1980 BGB erlangt.   6

§ 329 Nacherbfolge

Die §§ 323, 324 Abs. 1 Nr. 1 und § 326 Abs. 2, 3 gelten für den Vorerben auch nach dem Eintritt der Nacherbfolge.

Übersicht

	Rdn.			Rdn.
A. Allgemeines	1	C.	Eintritt des Nacherbfalles vor der Eröffnung des Insolvenzverfahrens	3
B. Eintritt des Nacherbfalles während des eröffneten Nachlassinsolvenzverfahrens	2	D.	Fortgeltung der §§ 323, 324 Abs. 1 Nr. 1 und 326 Abs. 2, Abs. 3	4

A. Allgemeines

Der Erblasser kann über die Einsetzung eines Erben hinaus bestimmen, dass zeitlich später eine andere Person Erbe werden soll. Diese als Vor- und Nacherben bezeichneten Erben sind jeweils für die Phase, für die sie die Erbenstellung haben, vollwertige Erben.[1] Kommt es während der Phase der Vorerbschaft zur Eröffnung des Nachlassinsolvenzverfahrens, nimmt der Vorerbe die Schuldnerrolle ein; er hat ohne Rücksicht auf die bevorstehende Nacherbschaft insbes. alle Antrags- und Rechtsmittelrechte und z.B. auch die Befugnis, eine zur Insolvenztabelle angemeldete Forderung gem. § 176 bestreiten zu können. Wegen seiner Aufwendungen, die der Vorerbe nach §§ 1978, 1979 BGB hatte, ist   1

---

1 Gottwald/*Döbereiner* § 114 Rn. 32; HK-InsO/*Marotzke* Rn. 3.
1 Palandt/*Edenhofer* § 2100 BGB Rn. 1 ff.

er im Nachlassinsolvenzverfahren gem. § 324 Abs. 1 Nr. 1 ein Massegläubiger. Und schließlich kann er nach § 326 Abs. 2 und Abs. 3 unter den dort genannten Umständen anstelle befriedigter Gläubiger deren Rechte im Insolvenzverfahren geltend machen. Tritt der Nacherbfall ein, verliert der Vorerbe seine Stellung als Erbe und der Nacherbe rückt in diese Position ein; auf eine Kenntnis des Nacherben vom Nacherbfall kommt es nicht an. Die Erbschaft fällt nunmehr an den Nacherben, § 2139 BGB. Trotz des Verlustes der Erbenstellung beim Vorerben normiert § 329 das Fortbestehen der Geltung einzelner Normen.

B. Eintritt des Nacherbfalles während des eröffneten Nachlassinsolvenzverfahrens

2 Tritt der Nacherbfall während des Insolvenzverfahrens ein, so tritt der Nacherbe in die Rechtsstellung des Vorerben, demnach in die Schuldnerstellung im jeweiligen Stadium des Verfahrens. Versäumnisse des Vorerben, etwa die Versäumung einer Beschwerdefrist, hat der Nacherbe gegen sich gelten zu lassen.[2] Eine Wirkung für den Nacherben soll hingegen der unterlassene Widerspruch gegen eine angemeldete Forderung nach § 178 nicht entfalten,[3] weil die Feststellung einer Forderung wie ein rechtskräftiges Urteil gegen den Schuldner wirkt (§ 178) und selbst Urteile eines ordentlichen Gerichts gegen den Vorerben nicht für und gegen den Nacherben wirken. Allerdings hat diese Erkenntnis für die Abwicklung des Nachlassinsolvenzverfahrens keine Auswirkungen, weil die Verteilung der Insolvenzmasse an die Insolvenzgläubiger ohne Rücksicht auf einen eventuell vom Schuldner erklärten Widerspruch erfolgt. Allenfalls der unbeschränkt haftende Nacherbe kann sich auf die fehlende Rechtskraftwirkung des § 178 ihm gegenüber berufen.

C. Eintritt des Nacherbfalles vor der Eröffnung des Insolvenzverfahrens

3 Streitig ist die Anwendbarkeit des § 329 für den Fall, dass das Nachlassinsolvenzverfahren erst eröffnet wird, nachdem der Nacherbfall bereits eingetreten ist. Sollen hier dem Vorerben die Rechte aus § 324 Abs. 1 Nr. 1 und aus § 326 Abs. 2 und Abs. 3 verwehrt werden und soll der Vorerbe wegen der von ihm getätigten Aufwendungen ein Zurückbehaltungsrecht an der Insolvenzmasse ausüben dürfen (entgegen der Bestimmung des § 323), weil er bei Eröffnung des Insolvenzverfahrens nicht (mehr) Erbe war? Davon jedenfalls geht ein Teil der Literatur aus.[4] Die in § 329 genannten Vorschriften setzen indes nicht voraus, dass etwa der Anspruchsteller in § 324 Abs. 1 Nr. 1 zum Zeitpunkt der Verfahrenseröffnung die Stellung als Erbe innehatte. Entscheidend sollte vielmehr sein, dass die Rechte aus §§ 1978, 1979 BGB geltend gemacht werden können. Dafür wiederum ist nur Voraussetzung, dass sie in der Person des Anspruchstellers in seiner Stellung als Erbe entstanden sind. Dass die Erbenstellung zwischenzeitlich verloren gegangen ist, kann an der einmal entstandenen Forderungsinhaberschaft nichts mehr ändern. Die Rechtshandlungen des Vorerben können jedoch im Rahmen der Anfechtung Bedeutung erlangen.[5]

D. Fortgeltung der §§ 323, 324 Abs. 1 Nr. 1 und 326 Abs. 2, Abs. 3

4 Der Vorerbe ist auch nach Eintritt des Nacherbfalls daran gehindert, wegen der ihm aus dem Nachlass zu ersetzenden Aufwendungen ein Zurückbehaltungsrecht geltend zu machen, § 323. Der Anspruch auf Ersatz der Aufwendungen ist auch weiterhin als Masseverbindlichkeit i.S.d. § 324 Abs. 1 Nr. 1 anzusehen. Ferner gelten weiterhin die Vorschriften des § 326 Abs. 2, Abs. 3. Der Vorerbe kann trotz fehlender Verweisung auf § 326 Abs. 1 seine Ansprüche gegen den Erblasser geltend machen, dies folgt bereits daraus, dass der Vorerbe mit dem Eintritt des Nacherbfalls seine Stellung als Erbe verliert.[6]

---

2 FK-InsO/*Schallenberg/Rafiqpoor* Rn. 4; Gottwald/*Döbereiner* § 117 Rn. 2; H/W/W/*Hess* Rn. 7; Uhlenbruck/*Lüer* Rn. 1.
3 FK-InsO/*Schallenberg/Rafiqpoor* Rn. 5; Gottwald/*Döbereiner* § 117 Rn. 2; Uhlenbruck/*Lüer* Rn. 1.
4 Andres/Leithaus/*Andres* Rn. 1; Braun/*Bauch* Rn. 3; FK-InsO/*Schallenberg/Rafiqpoor* Rn. 8; a.A. Smid/*Fehl* Rn. 3.
5 FK-InsO/*Schallenberg/Rafiqpoor* Rn. 8; Gottwald/*Döbereiner* § 117 Rn. 4; Smid/*Fehl* Rn. 3.
6 Gottwald/*Döbereiner* § 117 Rn. 7; HK-InsO/*Marotzke* Rn. 5.

§ 330 Erbschaftskauf

(1) Hat der Erbe die Erbschaft verkauft, so tritt für das Insolvenzverfahren der Käufer an seine Stelle.

(2) Der Erbe ist wegen einer Nachlaßverbindlichkeit, die im Verhältnis zwischen ihm und dem Käufer diesem zur Last fällt, wie ein Nachlaßgläubiger zum Antrag auf Eröffnung des Verfahrens berechtigt. Das gleiche Recht steht ihm auch wegen einer anderen Nachlaßverbindlichkeit zu, es sei denn, daß er unbeschränkt haftet oder daß eine Nachlaßverwaltung angeordnet ist. Die §§ 323, 324 Abs. 1 Nr. 1 und § 326 gelten für den Erben auch nach dem Verkauf der Erbschaft.

(3) Die Absätze 1 und 2 gelten entsprechend für den Fall, daß jemand eine durch Vertrag erworbene Erbschaft verkauft oder sich in sonstiger Weise zur Veräußerung einer ihm angefallenen oder anderweitig von ihm erworbenen Erbschaft verpflichtet hat.

Übersicht	Rdn.		Rdn.
A. Regelungsgehalt des § 330 Abs. 1 ...	1	C. Regelungsgehalt des § 330 Abs. 3 ...	6
B. Regelungsgehalt des § 330 Abs. 2 ...	3		

A. Regelungsgehalt des § 330 Abs. 1

Eine Erbschaft kann durch notariellen Vertrag (§ 2371 BGB) verkauft werden. Gegenstand eines Erbschaftskaufs können nicht nur die Aktiva des Nachlasses sein, sondern von einem Erbschaftskauf spricht man, wenn neben den Aktiva auch die Nachlassverbindlichkeiten vom Käufer übernommen werden sollen. Der Erbe verliert durch den Verkauf der Erbschaft nicht seine Stellung als Erbe und der Käufer wird weder Erbe noch Gesamtrechtsnachfolger. Wirtschaftlich wird der Käufer aber weitgehend so behandelt, als ob er vom Erbfall an Erbe gewesen wäre. Daher haftet der Käufer den Nachlassgläubigern gesamtschuldnerisch mit dem Erben, § 2382 BGB. Auch die Beschränkung oder unbeschränkte Haftung ist gleich, insb. haftet der Erbschaftskäufer den Nachlassgläubigern unbeschränkt, wenn auch der Erbe unbeschränkt haftet, §§ 2382, 2383 BGB. Der Erbschaftskauf führt daher zu keiner Schlechterstellung der Nachlassgläubiger, da der Erbe den Nachlassgläubigern weiterhin haftet, § 2382 Abs. 1 BGB. 1

Kommt es nach Abschluss des Erbschaftskaufs zur Eröffnung des Insolvenzverfahrens über den Nachlass, muss sich – neben dem Erben – auch der Erbschaftskäufer wie ein Erbe behandeln lassen, auch nimmt er die Schuldnerrolle im Verfahren ein, hat also auch die ansonsten dem Erben zustehenden Antrags- und Beschwerderechte. Insb. muss er die in seinem Besitz befindlichen Nachlassgegenstände an den Insolvenzverwalter herausgeben, ohne ein Zurückbehaltungsrecht wegen der von ihm oder von dem Erben getätigten Aufwendungen ausüben zu dürfen. Auch haftet der Erbschaftskäufer gem. § 1978 BGB für eine Verschlechterung von Nachlassgegenständen, hat aber umgekehrt deswegen u.U. eine Masseforderung gem. § 324 Abs. 1 Nr. 1. § 330 Abs. 1 regelt allgemein, dass der Erbschaftskäufer sich im Nachlassinsolvenzverfahren wie ansonsten der Erbe behandeln lassen muss. 2

B. Regelungsgehalt des § 330 Abs. 2

§ 330 Abs. 2 dient der Wahrung der Interessen des Erbschaftsverkäufers. Eine Nachlassverbindlichkeit, die gem. § 2378 BGB im Innenverhältnis zwischen Erbschaftsverkäufer und -käufer dem Käufer zur Last fällt, berechtigt den Erben wie ein Nachlassgläubiger einen Antrag auf Eröffnung des Nachlassinsolvenzverfahrens zu stellen, § 330 Abs. 2 Satz 1. Dabei kommt es nicht darauf an, ob der Erbe beschränkt oder unbeschränkt haftet.[1] Allerdings muss der Erbe, wenn er denn »wie ein Nachlassgläubiger« den Insolvenzantrag stellen will, die Insolvenzgründe glaubhaft machen (§ 14 Abs. 1)[2] und muss sich an die zweijährige Antragsfrist des § 319 halten. 3

---

[1] Uhlenbruck/*Lüer* Rn. 5.
[2] HK-InsO/*Marotzke* Rn. 3; Smid/*Fehl* Rn. 3.

4 Ein Antragsrecht steht dem Erbschaftsverkäufer ferner aufgrund anderer Nachlassverbindlichkeiten (§§ 2376, 2379 S. 2, 2383 BGB) zu, sofern er nicht unbeschränkt haftet oder eine Nachlassverwaltung angeordnet ist, § 330 Abs. 2 Satz 2. Diese in Abs. 2 Satz 2 enthaltene Regelung bezieht sich in ihrer praktischen Relevanz vorwiegend auf Pflichtteilsansprüche, Vermächtnisse und Auflagen. Das Antragsrecht entfällt allerdings, wenn der Erbe bereits unbeschränkt haftet, weil sein Interesse auf Haftungsbeschränkung durch Nachlassinsolvenzantrag nicht schützenswert ist. Gleiches gilt, wenn eine Nachlassverwaltung angeordnet ist, weil bereits dieses zur Haftungsbeschränkung des Erben geführt hat.

5 Den Erben treffen ferner die gleichen Rechte und Einschränkungen (§ 330 Abs. 2 Satz 3) wie den Vorerben bei Eintritt des Nacherbfalls. Auf die Ausführungen zu § 329 wird daher verwiesen. Im Gegensatz zum § 329 verweist § 330 Abs. 2 Satz 2 mit Rücksicht auf die Erbenstellung des Erbschaftsverkäufers auch auf § 326 Abs. 1.

C. Regelungsgehalt des § 330 Abs. 3

6 Gem. § 2385 Abs. 1 BGB finden die Regeln des Erbschaftskauf auch auf Folgeverträge Anwendung. Dies berücksichtigt § 330 Abs. 3, indem die Abs. 1 und 2 auch auf solche Fälle erweitert werden.

§ 331 Gleichzeitige Insolvenz des Erben

(1) Im Insolvenzverfahren über das Vermögen des Erben gelten, wenn auch über den Nachlaß das Insolvenzverfahren eröffnet oder wenn eine Nachlaßverwaltung angeordnet ist, die §§ 52, 190, 192, 198, 237 Abs. 1 Satz 2 entsprechend für Nachlaßgläubiger, denen gegenüber der Erbe unbeschränkt haftet.

(2) Gleiches gilt, wenn ein Ehegatte der Erbe ist und der Nachlaß zum Gesamtgut gehört, das vom anderen Ehegatten allein verwaltet wird, auch im Insolvenzverfahren über das Vermögen des anderen Ehegatten und, wenn das Gesamtgut von den Ehegatten gemeinschaftlich verwaltet wird, auch im Insolvenzverfahren über das Gesamtgut und im Insolvenzverfahren über das sonstige Vermögen des Ehegatten, der nicht Erbe ist.

Übersicht	Rdn.		Rdn.
A. Doppelinsolvenz, § 331 Abs. 1	1	B. Gütergemeinschaft, § 331 Abs. 2 . . .	6

A. Doppelinsolvenz, § 331 Abs. 1

1 Hat sich das Eigenvermögen des Erben mit dem Nachlassvermögen vermischt und stellt der Erbe dann über sein vermischtes Vermögen einen Insolvenzantrag, so spricht man von einer Gesamtinsolvenz. Es handelt sich dann um ein Regelinsolvenzverfahren, für welches die Regelungen der §§ 315–331 nicht anwendbar sind. Eine Trennung des Eigenvermögens vom Nachlassvermögen können der Erbe und die Nachlassgläubiger durch Eröffnung des Nachlassinsolvenzverfahrens erreichen. Dann spricht man von einer Doppelinsolvenz, wobei das Insolvenzverfahren über das Eigenvermögen des Erben ein Regelinsolvenzverfahren ist, für das die §§ 315 bis 331 nicht gelten, während für das Nachlassinsolvenzverfahren diese Sonderregelungen gerade geschaffen wurden. Voraussetzung dafür, dass es zu einer Konstellation einer Doppelinsolvenz kommen kann, ist die Annahme der Erbschaft, über die der Erbe selbst und insolvenzrechtlich unanfechtbar entscheidet, § 83.[1] Über den Antrag auf Eröffnung eines Nachlassinsolvenzverfahrens hat im Falle der Erbeninsolvenz dessen Insolvenzverwalter zu entscheiden; sofern eine Überschuldung des Nachlasses erkennbar ist, wird von einer Antragspflicht des Verwalters auszugehen sein.[2]

---

[1] Vgl. *Messner* ZVI 2004, 433 ff.
[2] *Vallender* NZI 2005, 318 (319).

Für die Gläubiger gilt im Falle einer Doppelinsolvenz Folgendes: die Eigengläubiger des Erben können Befriedigung nur im Insolvenzverfahren über das Erbenvermögen suchen, ihnen ist der Zugriff auf den Nachlass nicht möglich, § 325. Die Nachlassgläubiger hingegen können ihre Ansprüche auf jeden Fall im Nachlassinsolvenzverfahren geltend machen. Ihnen ist der Zugriff auf das Eigenvermögen des Erben verwehrt, wenn ihnen der Erbe nicht ausnahmsweise unbeschränkt haftet; nur wenn der Erbe einem Nachlassgläubiger gegenüber unbeschränkt haftet, kann dieser Befriedigung in beiden Insolvenzverfahren suchen. Abs. 1 regelt für diesen Sonderfall das Verhältnis der beiden Insolvenzmassen untereinander. Der Verordnungsgeber hat sich gegen die Variante entschieden, eine gesamtschuldnerische Haftung der beiden Insolvenzmassen zu regeln. Stattdessen sollen die Nachlassgläubiger ihre Forderungen vorrangig im Nachlassinsolvenzverfahren verfolgen. Eine Befriedigung aus dem Insolvenzverfahren über das Eigenvermögen des Erben ist ihnen nur gestattet, wenn und soweit sie entweder im Nachlassinsolvenzverfahren ausgefallen sind oder auf Befriedigung (= Teilnahme) im Nachlassinsolvenzverfahren verzichtet haben. Daher werden Nachlassgläubiger in der Eigeninsolvenz des Erben behandelt wie Absonderungsgläubiger. Die gleichen Regeln gelten, wenn die Vermögenstrennung durch Nachlassverwaltung erreicht wurde.

Nach Ansicht von *Marotzke*[3] unterfallen Nachlasserbenschulden nicht den Beschränkungen des § 331 Abs. 1, da es im Rahmen der Nachlasserbenschulden zu einer »gesamtschuldnerischen« Haftung des Erben als Nachlasssubjekt und als Person und Inhaber des eigenen Vermögens komme. Gleiches gilt für Verbindlichkeiten, die zugleich Nachlassverbindlichkeiten und Eigenverbindlichkeiten begründen.[4]

Die Verweisung des § 331 Abs. 1 bezieht sich nicht auf § 76 Abs. 2, das Stimmrecht in der Gläubigerversammlung und im Rahmen der Abstimmung über einen Insolvenzplan bemisst sich daher nach der Höhe der Ausfallforderung.[5]

Zu einer entsprechenden Anwendung des Abs. 1 kommt es, wenn eine Gesamtinsolvenz (Trennung zwischen Eigenvermögen des Erben und Nachlassvermögen hat nicht stattgefunden) über das Vermögen des Erben eröffnet wird, zu diesem Zeitpunkt aber der Nachlass unter Testamentsvollstreckung steht. Dann fällt zwar das Nachlassvermögen mit in die Insolvenzmasse des Erben, dieses wird dort aber als Sondervermögen separiert und einer Sonderbehandlung unterworfen. Der Insolvenzverwalter hat nämlich während der Testamentsvollstreckung kein Zugriffsrecht auf dieses separierte Vermögen, das nur den Nachlassgläubigern haftet. Will ein Nachlassgläubiger in dieser Konstellation auf das Eigenvermögen des Erben zugreifen, soll er auch in diesem Fall den Beschränkungen des Abs. 1 unterworfen sein, kann also nur seine Ausfallforderung zur Insolvenztabelle anmelden oder muss auf Befriedigung aus der unter Testamentsvollstreckung stehenden Sondermasse verzichten.[6] Die weitere Voraussetzung des Abs. 1, dass der Erbe unbeschränkt gegenüber diesem Nachlassgläubiger haftet, entfällt in dieser Konstellation.[7]

B. Gütergemeinschaft, § 331 Abs. 2

Die Behandlung der Nachlassgläubiger wie Absonderungsgläubiger ist auch im Rahmen einer Gütergemeinschaft des Erben zu berücksichtigen, Abs. 2. Abs. 1 findet daher Anwendung, wenn der Nachlass zum Gesamtgut gehört, welches nicht der Erbe, sondern sein Ehegatte verwaltet, und über das Vermögen beider ein Insolvenzverfahren eröffnet ist. In diesem Fall sind die Nachlassgläubiger jeweils, also in beiden Insolvenzverfahren auf den Ausfall beschränkt, wenn sie eine Forderung zur Tabelle anmelden. Gleiches gilt bei gleichzeitigem Insolvenzverfahren über das Vermögen des

---

3 HK-InsO/*Marotzke* Rn. 5, ebenso Andres/Leithaus/*Andres* Rn. 4.
4 Andres/Leithaus/*Andres* Rn. 4; FK-InsO/*Schallenberg/Rafiqpoor* Rn. 11.
5 Andres/Leithaus/*Andres* Rn. 3; Braun/*Bauch* Rn. 3; HK-InsO/*Marotzke* Rn. 5.
6 BGH 11.05.2006, IX ZR 42/05, BGHZ 167, 352 (355 f.); Uhlenbruck/*Lüer* Rn. 7.
7 HK-InsO/*Marotzke* Rn. 7.

Gesamtguts und über das Vermögen des Ehegatten des Erben, sollte das Gesamtgut gemeinschaftlich von den Ehegatten verwaltet werden

7 Der Lebenspartner nach dem LPartG ist trotz der im Vergleich zum § 318 Abs. 3 fehlenden Nennung bei § 331 in den Anwendungsbereich entsprechend miteinzubeziehen. Dies folgt aus der nach § 7 LPartG möglichen Regelung der Gütergemeinschaft und damit der dem Abs. 2 entsprechenden Interessenlage.

Zweiter Abschnitt Insolvenzverfahren über das Gesamtgut einer fortgesetzten Gütergemeinschaft

§ 332 Verweisung auf das Nachlaßinsolvenzverfahren

(1) Im Falle der fortgesetzten Gütergemeinschaft gelten die §§ 315 bis 331 entsprechend für das Insolvenzverfahren über das Gesamtgut.

(2) Insolvenzgläubiger sind nur die Gläubiger, deren Forderungen schon zur Zeit des Eintritts der fortgesetzten Gütergemeinschaft als Gesamtgutsverbindlichkeiten bestanden.

(3) Die anteilsberechtigten Abkömmlinge sind nicht berechtigt, die Eröffnung des Verfahrens zu beantragen. Sie sind jedoch vom Insolvenzgericht zu einem Eröffnungsantrag zu hören.

Übersicht	Rdn.			Rdn.
A. Allgemeines	1	I.	Auf Schuldnerseite, § 332 Abs. 1 i.V.m. §§ 317 und 332 Abs. 3	14
B. Insolvenzmasse	4	II.	Auf Gläubigerseite, § 332 Abs. 2	16
C. Schuldner	8	III.	Eröffnungsgründe	18
D. Insolvenzgläubiger, § 332 Abs. 2	9	IV.	Insolvenzverfahren nach Auseinandersetzung	21
E. Antragsberechtigung, § 332 Abs. 1 i.V.m. §§ 317 und 332 Abs. 2 und Abs. 3	13	V.	Zuständigkeit	22

A. Allgemeines

Haben die Eheleute eine Gütergemeinschaft vereinbart und stirbt einer der Ehegatten, so fallen das sog. Vorbehaltsgut und das Sondergut in den Nachlass des Verstorbenen, nach § 1482 BGB aber auch der dem verstorbenen Ehegatten gebührende Anteil am Gesamtgut. Letzteres muss mit dem überlebenden Ehegatten auseinandergesetzt werden. Durch Ehevertrag können die in Gütergemeinschaft lebenden Ehegatten aber abweichend davon bestimmen, dass beim Tod des einen das Gesamtgut nicht in den Nachlass fallen, sondern dass die Gütergemeinschaft zwischen dem überlebenden Ehegatten und den gemeinschaftlichen Abkömmlingen fortgesetzt werden soll, sog. fortgesetzte Gütergemeinschaft. In diesem Falle fällt das Gesamtgut nicht in den Nachlass des Verstorbenen, sondern bleibt erhalten, welches vom überlebenden Ehegatten verwaltet wird, § 1487 Abs. 1 BGB. Weiter wird durch § 1489 Abs. 1 BGB zwingend die persönliche Haftung des überlebenden Ehegatten für die Gesamtgutsverbindlichkeiten angeordnet. 1

Damit liegt im Falle der fortgesetzten Gütergemeinschaft eine dem Erbfall ganz ähnliche Ausgangssituation vor: 2
– Wie der Erbe ein Eigenvermögen und Eigenschulden hat, verfügt der überlebende Ehegatte über Vorbehalts- und Sondergut einerseits sowie ebenfalls über Eigenschulden.
– Der Erbe erlangt Nachlassvermögen und Nachlassverbindlichkeiten, gerät dafür in die persönliche Haftung gegenüber Nachlassverbindlichkeiten und darf deshalb entscheiden, ob er die Erbschaft annimmt oder nicht. Der überlebende Ehegatte verwaltet bei der fortgesetzten Gütergemeinschaft das Gesamtgut, muss aber umgekehrt persönlich für die Gesamtgutsverbindlichkeiten haften, weshalb er nach § 1484 BGB die Fortsetzung der Gütergemeinschaft ablehnen darf.
– Schlägt der Erbe nicht aus und stellt er dann über sein Vermögen einen Insolvenzantrag, so gehören zu seiner Insolvenzmasse auch das Nachlassvermögen und gehören zu seinen Verbindlichkeiten auch die des Nachlasses. Stellt der überlebende Ehegatte einer fortgesetzten Gütergemeinschaft nach dessen Annahme über sein Vermögen einen Insolvenzantrag, fällt das Gesamtgut gem. § 37 Abs. 1 Satz 1 in seine Insolvenzmasse und zu seinen Verbindlichkeiten gehören auch die zum Zeitpunkt des Beginns der fortgesetzten Gütergemeinschaft existenten Gesamtgutsverbindlichkeiten.
– Der Erbe kann seine persönliche Haftung insb. durch Stellung eines Nachlassinsolvenzantrages auf den Nachlass begrenzen, wodurch der Nachlass als Sondermasse isoliert abgewickelt wird;

§ 332 InsO Verweisung auf das Nachlaßinsolvenzverfahren

- Gleiches beim überlebenden Ehegatten, der einen Insolvenzantrag über das Vermögen des Gesamtguts stellen kann und damit ebenfalls der persönlichen Haftung für Gesamtgutsverbindlichkeiten entgehen kann. Das Gesamtgut wird dadurch insolvenzfähig und wird als Sondermasse abgewickelt.
- Im Falle der Erbschaft können die Nachlassgläubiger ein Interesse an einer Trennung des Eigenvermögens vom Nachlassvermögen haben und können deshalb – neben dem Erben – einen Insolvenzantrag über den Nachlass stellen. Bei der fortgesetzten Gütergemeinschaft können die Gesamtgutsgläubiger in gleicher Weise ein Interesse an einer Trennung der Vermögensmassen beim überlebenden Ehegatten haben.

Diese Ähnlichkeit der Interessenlage der fortgesetzten Gütergemeinschaft mit der Erbschaft führt zur Regelung in § 332 Abs. 1. Das Gesamtgut einer fortgesetzten Gütergemeinschaft kann folglich nach § 11 Abs. 2 Nr. 2 Gegenstand eines selbstständigen Insolvenzverfahrens sein. Die Notwendigkeit begründet sich darin, dass der Anteil am Gesamtgut nicht in den Nachlass des verstorbenen Ehegatten fällt, § 1483 Abs. 1 Satz 3 BGB.

3   Aufgrund der Nähe der Haftungsbegründung des überlebenden Ehegatten zu der des Erben, ordnet das Gesetz die entsprechende Anwendung des Nachlassinsolvenzverfahrens im Falle der fortgesetzten Gütergemeinschaft an, § 332 Abs. 1. Das Gesamtgutsinsolvenzverfahren bezweckt die Beschränkung der persönlichen Haftung des überlebenden Ehegatten auf das Gesamtgut.[1] Ferner haben Gesamtgutsgläubiger Interesse an einer abgesonderten Befriedigung (vgl. § 332 Abs. 2), da ihre Haftungsrealisierung durch das Hinzutreten der persönlichen Gläubiger des überlebenden Ehegatten nach § 1488 BGB als Gesamtgläubiger gefährdet wird.[2] Im Rahmen des Insolvenzverfahrens über das Gesamtgut sind diese Gläubiger hingegen ausgeschlossen, § 332 Abs. 2.

B. Insolvenzmasse

4   Gem. § 1489 Abs. 2 BGB tritt an die Stelle des Nachlasses, das Gesamtgut nach dem Bestand, den es zum Zeitpunkt des Beginns der fortgesetzten Gütergemeinschaft hat. Für den Insolvenzverwalter wird die Bestimmung dessen, was alles zur Insolvenzmasse gehört schwierig sein. Nach der zivilrechtlichen Systematik gehört ein Vermögensgegenstand im Zweifel zum Gesamtgut, so dass entweder der überlebende Ehegatte oder die Abkömmlinge des verstorbenen Ehegatten den Nachweis führen müssen, dass ein bestimmter Gegenstand zum Sonder- oder Vorbehaltsgut des einen oder anderen gehört.

5   Als maßgeblicher Zeitpunkt für die Bestimmung des Umfangs der Insolvenzmasse ist daher der Todeszeitpunkt des Ehegatten heranzuziehen, § 1483 Abs. 1 BGB.[3] Zur Masse sind ferner Vermehrungen hinzuzuziehen, die ohne Zutun des überlebenden Ehegatten entstanden sind; Gleiches gilt für Ersatzansprüche gegen den überlebenden Ehegatten aufgrund dessen Verwaltung des Gesamtgutes nach § 1978 Abs. 2 BGB;[4] ferner Ansprüche aus anfechtbaren Rechtshandlungen des Gesamtgutsverwalters vor Eintritt oder nach Eintritt durch den überlebenden Ehegatten.[5]

6   Umstritten ist, ob der sonstige, insb. der rechtsgeschäftliche Neuerwerb nach Eintritt der fortgesetzten Gütergemeinschaft nach § 35 zur Masse gehört.[6] Dafür spricht nur scheinbar die gesetzgeberische Grundentscheidung zum Hinzuziehen des Neuerwerbs in den Insolvenzbeschlag.[7] Entscheidend ist, dass das Gesamtgut bei der fortgesetzten Gütergemeinschaft ein mit Verbindlichkeiten

---

[1] Braun/*Bauch* Rn. 1; Nerlich/Römermann/*Riering* Rn. 2.
[2] Braun/*Bauch* Rn. 4.
[3] H/W/W/*Hess* Rn. 12; Kübler/Prütting/*Kemper* Rn. 5; Smid/*Fehl* Rn. 5; Uhlenbruck/*Lüer* Rn. 5.
[4] Braun/*Bauch* Rn. 9; MüKo-InsO/*Siegmann* Rn. 3; Nerlich/Römermann/*Riering* Rn. 10.
[5] Braun/*Bauch* Rn. 9; Nerlich/Römermann/*Riering* Rn. 10.
[6] Dafür: Braun/*Bauch* Rn. 9; Nerlich/Römermann/*Riering* Rn. 10; a.A. FK-InsO/*Schallenberg/Rafiqpoor* Rn. 41; MüKo-InsO/*Siegmann* Rn. 5; Uhlenbruck/*Lüer* Rn. 5.
[7] Braun/*Bauch* Rn. 9.

belasteter Vermögensbestand ist, der sich wegen des Todes des einen Ehegatten durch rechtsgeschäftlichen Neuerwerb nicht mehr verändern kann. Stattdessen handelt der überlebende Ehegatte – was den Neuerwerb anbelangt – nur für sich. Der Bestand der Insolvenzmasse sowie der Umfang der Insolvenzverbindlichkeiten sind daher mit dem Eintritt der fortgesetzten Gütergemeinschaft festgelegt.

Ein Insolvenzverfahren über das Vermögen des überlebenden Ehegatten lässt das Gesamtgut unberührt, § 37 Abs. 1 Satz 3. Das ist konsequent, weil das Gesamtgut bei der fortgesetzten Gütergemeinschaft nicht Bestandteil des Vermögens des überlebenden Ehegatten wird, sondern eben fortbesteht. Damit fällt das Gesamtgut nicht in die Insolvenzmasse des überlebenden und das Gesamtgut verwaltenden Ehegatten. 7

C. Schuldner

Die Schuldnerstellung kommt im Falle der Gesamtgutsinsolvenz dem überlebenden Ehegatten zu,[8] da die anteilsberechtigten Abkömmlinge des Erblassers anders als der Ehegatte nach § 1489 Abs. 1 BGB nicht persönlich für die Gesamtgutsverbindlichkeiten haften, vgl. § 1489 Abs. 3 BGB. Er hat daher auch alle Antrags- und Rechtsmittelfristen, ihn treffen umgekehrt alle Auskunfts- und Mitwirkungspflichten. 8

D. Insolvenzgläubiger, § 332 Abs. 2

Die Insolvenzgläubigerstellung der Gläubiger des Gesamtguts richtet sich nach Abs. 2. Demnach sind nur diejenigen Gesamtgutsverbindlichkeiten erfasst, die bereits zur Zeit des Eintritts der fortgesetzten Gütergemeinschaft als Verbindlichkeiten der ehelichen Gütergemeinschaft bestanden. Aufgrund dieser strikten zeitlichen Grenze fallen daher Pflichtteilsansprüche, Vermächtnisse und Auflagen, seien sie auch Gesamtgutsverbindlichkeiten, nicht unter Abs. 2.[9] 9

Eigenverbindlichkeiten des überlebenden Ehegatten begründen keine Insolvenzforderungen, da diese erst mit dem Erbfall Gesamtgutsverbindlichkeiten werden, § 1437 BGB. 10

Nicht erfasst werden ferner die mit dem Eintritt der fortgesetzten Gütergemeinschaft entstehenden Verbindlichkeiten i.S.d. § 325.[10] 11

Insolvenzgläubiger i.S.d. Abs. 2 kann auch der überlebende Ehegatte des Verstorbenen oder dessen Abkömmlinge sein.[11] 12

E. Antragsberechtigung, § 332 Abs. 1 i.V.m. §§ 317 und 332 Abs. 2 und Abs. 3

Das Antragsrecht im Rahmen des Insolvenzverfahrens über das Gesamtgut, richtet sich durch den Verweis in Abs. 1 nach § 317. 13

I. Auf Schuldnerseite, § 332 Abs. 1 i.V.m. §§ 317 und 332 Abs. 3

Das Recht und die Pflicht einen Antrag auf Eröffnung des Insolvenzverfahrens zu stellen, steht auf Schuldnerseite dem überlebenden Ehegatten und nach Bestellung eines Gesamtgutsverwalters auch diesem[12] zu, vgl. §§ 1489 Abs. 2, 1975, 1981 ff. BGB. Sofern der verstorbene Ehegatte Alleinverwalter und der überlebende Ehegatte daher bis zum Eintritt der fortgesetzten Gütergemeinschaft von der 14

---

8 Braun/*Bauch* Rn. 6; H/W/W/*Hess* Rn. 11; Kübler/Prütting/*Kemper* Rn. 3; MüKo-InsO/*Siegmann* Rn. 3; Nerlich/Römermann/*Riering* Rn. 7.
9 Braun/*Bauch* Rn. 5; FK-InsO/*Schallenberg/Rafiqpoor* Rn. 45; MüKo-InsO/*Siegmann* Rn. 4; Nerlich/Römermann/*Riering* Rn. 9.
10 Kübler/Prütting/*Kemper* Rn. 4; Smid/*Fehl* Rn. 7.
11 FK-InsO/*Schallenberg/Rafiqpoor* Rn. 48.
12 FK-InsO/*Schallenberg/Rafiqpoor* Rn. 43; HK-InsO/*Marotzke* Rn. 5; Kübler/Prütting/*Kemper* Rn. 6; Nerlich/Römermann/*Riering* Rn. 12; Uhlenbruck/*Lüer* Rn. 4, 7.

persönlichen Haftung befreit war, kann der Überlebende lediglich durch einen Insolvenzantrag seine Haftung beschränken.[13]

15 Anders als für Erben in § 317 sind die anteilsberechtigten Abkömmlinge im Falle der fortgesetzten Gütergemeinschaft nicht antragsberechtigt, Abs. 3. Dies ergibt sich daraus, dass aus der fortgesetzten Gütergemeinschaft keine persönliche Haftung der Abkömmlinge des verstorbenen Ehegatten für die Gesamtgutsverbindlichkeiten folgt, § 1489 Abs. 3 BGB, und es insofern an einem schutzwürdigen Interesse an der Eröffnung des Insolvenzverfahrens mangelt.[14] Anderes kann sich lediglich daraus ergeben, dass die Abkömmlinge zudem Insolvenzgläubiger nach Abs. 2 sind.[15] Die anteilsberechtigten Abkömmlinge sind jedoch von Amts wegen durch das Insolvenzgericht zum Insolvenzantrag zu hören, Abs. 3 Satz 2. Die Anhörung richtet sich nach § 10.[16]

II. Auf Gläubigerseite, § 332 Abs. 2

16 Auf Gläubigerseite sind die Gesamtgutsgläubiger, die nach Abs. 2 Insolvenzgläubiger des Verfahrens wären, antragsberechtigt. Entgegen der Vorgängerbestimmung § 236 Satz 2 KO sind auch diejenigen Gläubiger antragsberechtigt, denen der überlebende Ehegatte zum Zeitpunkt der fortgesetzten Gütergemeinschaft bereits persönlich haftete.[17]

17 Der Antrag des Gläubigers bedarf eines Rechtsschutzinteresses und der Glaubhaftmachung des Eröffnungsgrundes, § 14. Einer besonderen Prüfung des Rechtsschutzinteresses bedarf es insb. bei den Gläubigern, denen der überlebende Ehegatte persönlich haftet.[18]

III. Eröffnungsgründe

18 Die für den Antrag auf Eröffnung des Insolvenzverfahrens zulässigen Eröffnungsgründe richten sich aufgrund des Verweises des § 332 Abs. 1 nach § 320. Neben Zahlungsunfähigkeit (§ 17) und der Überschuldung des Gesamtguts (§ 19) kommt für den Eigenantrag des Schuldners bzw. des Gesamtgutsverwalter zusätzlich auch die drohende Zahlungsunfähigkeit hinzu.[19]

19 Maßgeblicher Zeitpunkt für das Vorliegen des Eröffnungsgrundes ist der Zeitpunkt der Eröffnung des Insolvenzverfahrens.[20]

20 Gegen die Eröffnung (§ 34 Abs. 2) und gegen die Ablehnung der Eröffnung mangels Masse (§ 34 Abs. 1) steht lediglich dem überlebenden Ehegatten das Recht der sofortigen Beschwerde zu,[21] weil er in der Gesamtgutsinsolvenz die Schuldnerrolle einnimmt.

IV. Insolvenzverfahren nach Auseinandersetzung

21 Inwieweit ein Insolvenzverfahren auch nach der Auseinandersetzung wegen des ebenfalls in Bezug genommenen § 316 Abs. 2 möglich ist, ist umstritten.[22] Der dem entgegenstehenden Ansicht[23]

---

13 Nerlich/Römermann/*Riering* Rn. 12.
14 Braun/*Bauch* Rn. 6; FK-InsO/*Schallenberg/Rafiqpoor* Rn. 61; HK-InsO/*Marotzke* Rn. 6; Smid/*Fehl* Rn. 8.
15 Braun/*Bauch* Rn. 6; FK-InsO/*Schallenberg/Rafiqpoor* Rn. 48, 61; Kübler/Prütting/*Kemper* Rn. 6.
16 Nerlich/Römermann/*Riering* Rn. 13.
17 H/W/W/*Hess* Rn. 17; Kübler/Prütting/*Kemper* Rn. 6; Nerlich/Römermann/*Riering* Rn. 11; Uhlenbruck/*Lüer* Rn. 7.
18 H/W/W/*Hess* Rn. 6.
19 FK-InsO/*Schallenberg/Rafiqpoor* Rn. 43; HK-InsO/*Marotzke* Rn. 3; H/W/W/*Hess* Rn. 7; Smid/*Fehl* Rn. 3; Uhlenbruck/*Lüer* Rn. 3.
20 Braun/*Bauch* Rn. 10; FK-InsO/*Schallenberg/Rafiqpoor* Rn. 44; HK-InsO/*Marotzke* Rn. 3; H/W/W/*Hess* Rn. 7; Smid/*Fehl* Rn. 3; Nerlich/Römermann/*Riering* Rn. 8; Uhlenbruck/*Lüer* Rn. 3.
21 MüKo-InsO/*Siegmann* Rn. 3.
22 So Braun/*Bauch* Rn. 11; Nerlich/Römermann/*Riering* Rn. 6; Uhlenbruck/*Lüer* Rn. 11.
23 MüKo-InsO/*Siegmann* Rn. 2.

ist der Vorzug zu geben, weil nach der Auseinandersetzung nichts mehr vorhanden ist, was Gegenstand eines Insolvenzverfahrens sein könnte. Die Gläubiger sind wegen §§ 1497 Abs. 2, 1480 BGB auch keineswegs schutzlos.

V. Zuständigkeit

Gem. § 315 Satz 1 ist das Amtsgericht als Insolvenzgericht ausschließlich zuständig, in dessen Bezirk der Erblasser seinen allgemeinen Gerichtsstand hatte. Sofern der Ort, in dem der Erblasser den Mittelpunkt seiner selbstständigen Tätigkeit hatte, hiervon abweicht, ist das Insolvenzgericht dieses Ortes ausschließlich zuständig.

Dritter Abschnitt Insolvenzverfahren über das gemeinschaftlich verwaltete Gesamtgut einer Gütergemeinschaft

§ 333 Antragsrecht. Eröffnungsgründe

(1) Zum Antrag auf Eröffnung des Insolvenzverfahrens über das Gesamtgut einer Gütergemeinschaft, das von den Ehegatten gemeinschaftlich verwaltet wird, ist jeder Gläubiger berechtigt, der die Erfüllung einer Verbindlichkeit aus dem Gesamtgut verlangen kann.

(2) Antragsberechtigt ist auch jeder Ehegatte. Wird der Antrag nicht von beiden Ehegatten gestellt, so ist er zulässig, wenn die Zahlungsunfähigkeit des Gesamtguts glaubhaft gemacht wird; das Insolvenzgericht hat den anderen Ehegatten zu hören. Wird der Antrag von beiden Ehegatten gestellt, so ist auch die drohende Zahlungsunfähigkeit Eröffnungsgrund.

Übersicht	Rdn.		Rdn.
A. Allgemeines	1	D. Gläubiger	8
B. Insolvenzmasse	3	E. Eröffnungsgründe	9
C. Schuldnerstellung und Auswirkungen auf das Verfahren	4	F. Antragsbefugnis	11

A. Allgemeines

1 Das Gesamtgutsinsolvenzverfahren bei gemeinschaftlicher Verwaltung des Gesamtguts durch die Ehegatten ist von dem Insolvenzverfahren über das Vermögen der Ehegatten zu trennen. Das Insolvenzverfahren über das Vermögen des Ehegatten lässt das Gesamtgut (§ 37 Abs. 2) und damit auch das Insolvenzverfahren hierüber unberührt.

2 § 333 findet auch dann noch Anwendung, sollte eine Gütergemeinschaft bereits beendet aber noch nicht auseinandergesetzt sein.[1]

B. Insolvenzmasse

3 Die Insolvenzmasse besteht aus dem beschlagnahmefähigen Vermögen zur Zeit der Eröffnung des Verfahrens einschließlich des Neuerwerbs.[2] Das Eigenvermögen des Ehegatten (Sondergut und Vorbehaltsgut) ist nicht von der Insolvenzmasse umfasst. Hinsichtlich des Eigenvermögens steht jedem Ehegatten ein Aussonderungsrecht nach § 47 zu.[3]

C. Schuldnerstellung und Auswirkungen auf das Verfahren

4 Schuldner des Insolvenzverfahrens sind beide Ehegatten, da das Gesamtgut nicht rechtsfähig ist und die Ehegatten gem. § 1459 Abs. 2 BGB gesamtschuldnerisch für die Gesamtgutsverbindlichkeiten haften.[4]

5 Verfahrenstechnisch hat die Schuldnerstellung beider Ehegatten zur Folge, dass Handlungen die das Verfahren insgesamt gestalten, wie etwa die Verfahrenseinstellung nach §§ 212, 213 oder die Zustimmung zu einem Plan nach § 247, lediglich von beiden Ehegatten beantragt werden können.[5] Verwaltungshandlungen, wie das Bestreiten von angemeldeten Forderungen (§§ 176, 184) und die Erhebung von Einwendungen gegen die Schlussrechnung (§§ 66, 197), können auch durch einen einzel-

---

[1] Stellv.: MüKo-InsO/*Schumann* Rn. 3 m.w.N.
[2] H/W/W/*Hess* Rn. 12; Kübler/Prütting/Bork/*Kemper* Rn. 10; MüKo-InsO/*Schumann* Rn. 17 f.; Uhlenbruck/*Lüer* Rn. 8.
[3] MüKo-InsO/*Schumann* Rn. 17; Uhlenbruck/*Lüer* Rn. 8.
[4] FK-InsO/*Schallenberg/Rafiqpoor* Rn. 12; H/W/W/*Hess* Rn. 4; MüKo-InsO/*Schumann* Rn. 8; Smid/*Fehl* Rn. 3; Uhlenbruck/*Lüer* Rn. 4.
[5] H/W/W/*Hess* Rn. 5; Kübler/Prütting/Bork/*Kemper* Rn. 8.

nen Ehegatten bewirkt werden.[6] Das Bestreiten der Forderung soll dann lediglich für den bestreitenden Ehegatten gelten.[7]

Beide Ehegatten sind gem. § 14 Abs. 2 im Falle eines zulässigen Gläubigerantrages zu hören; ebenso haben Mitteilungen und Zustellungen an beide Ehegatten zu ergehen, es sei denn, es liegt eine Bevollmächtigung eines Ehegatten vor.[8] Ferner ist bei der Stellung des Insolvenzantrages § 333 Abs. 2 zu beachten. 6

Im Falle der Anfechtung nach §§ 130 ff. ist auf die Zahlungseinstellung beider Ehegatten abzustellen.[9] Die Benachteiligungsabsicht i.R.d. § 133 muss lediglich bei einem Ehegatten vorliegen.[10] Ehegatten sind ferner nahestehende Personen i.S.d. § 138 Abs. 1 Nr. 1 für die Vermutungswirkungen i.R.d. Anfechtung greifen können.[11] 7

D. Gläubiger

Berechtigt an dem Insolvenzverfahren über das Gesamtgut teilzunehmen, sind die Gesamtgutsgläubiger i.S.d. §§ 1459 ff. BGB (vgl. § 333 Abs. 1). Gläubiger, die Befriedigung ausschließlich aus dem Eigenvermögen eines Ehegatten verlangen können, sind keine Gesamtgutsgläubiger. Trotz der Schuldnerstellung kann jeder Ehegatte im Rahmen des Insolvenzverfahrens über das Gesamtgut Insolvenzgläubiger sein, so etwa wenn er dem Gesamtgut aus dem Vorbehaltsgut ein Darlehen gewährt hat.[12] Von der Teilnahme am Insolvenzverfahren über das Gesamtgut ausgeschlossen sind die Eigengläubiger der Ehegatten. 8

E. Eröffnungsgründe

Der Eröffnungsgrund der Überschuldung gem. § 19 Abs. 1 ist beim Insolvenzverfahren über das gemeinschaftlich verwaltete Gesamtgut kein tauglicher Eröffnungsgrund. Die Verfahrenseröffnung begrenzt sich daher auf die Zahlungsunfähigkeit (§ 17) bzw. die drohende Zahlungsunfähigkeit (§ 18), wenn beide Ehegatten den Insolvenzantrag stellen. 9

Umstritten ist, welche Vermögensmassen bei der Bestimmung der (drohenden) Zahlungsunfähigkeit zu berücksichtigen sind. Für einen Großteil der Literaturmeinung ist lediglich auf das Gesamtgut abzustellen.[13] *Kemper*[14] will hingegen neben dem Gesamtgut auch das Ehegattenvermögen berücksichtigt wissen; zur Begründung führt er die gesamtschuldnerische Haftung von Gesamtgut und dem Vermögen der Ehegatten gem. § 1459 Abs. 2 BGB an. Hiergegen spricht indes der klare Wortlaut des § 333 Abs. 2 Satz 1. Zudem sind nach § 37 Abs. 2 Gesamtgut und Eigenvermögen in der Insolvenz als getrennte Vermögensmassen anzusehen.[15] 10

---

6 Braun/*Bauch* Rn. 7; H/W/W/*Hess* Rn. 6; Kübler/Prütting/Bork/*Kemper* Rn. 8, MüKo-InsO/*Schumann* Rn. 8.
7 Smid/*Fehl* Rn. 4.
8 Smid/*Fehl* Rn. 3; Uhlenbruck/*Lüer* Rn. 4.
9 Braun/*Bauch* Rn. 8; Nerlich/Römermann/*Riering* Rn. 7; Uhlenbruck/*Lüer* Rn. 4.
10 Braun/*Bauch* Rn. 8; Nerlich/Römermann/*Riering* Rn. 7; Uhlenbruck/*Lüer* Rn. 4.
11 Uhlenbruck/*Lüer* Rn. 7.
12 Kübler/Prütting/Bork/*Kemper* Rn. 9; Smid/*Fehl* Rn. 6; Uhlenbruck/*Lüer* Rn. 6.
13 Braun/*Bauch* Rn. 5; FK-InsO/*Schallenberg/Rafiqpoor* Rn. 26; HK-InsO/*Marotzke* Rn. 3; H/W/W/*Hess* Rn. 6; MüKo-InsO/*Schumann* Rn. 13 f.; Nerlich/Römermann/*Riering* Rn. 5; Uhlenbruck/*Lüer* Rn. 3; a.A. Kübler/Prütting/Bork/*Kemper* Rn. 6 f.; Smid/*Fehl* Rn. 2; widersprüchlich aufgrund der Zitierung H/W/W/*Hess* Rn. 7.
14 Kübler/Prütting/Bork/*Kemper* Rn. 6 f.
15 MüKo-InsO/*Schumann* Rn. 14.

F. Antragsbefugnis

11 Gem. Abs. 1 ist jeder Gläubiger antragsberechtigt, der aus dem Gesamtgut der Ehegatten die Erfüllung einer Verbindlichkeit verlangen kann. Der Antrag des Gläubigers bedarf eines Rechtsschutzinteresses und der Glaubhaftmachung des Eröffnungsgrundes, § 14.

12 Neben den Gläubigern ist ferner jeder Ehegatte zur Stellung des Antrages befugt, Abs. 2 Satz 1. Die drohende Zahlungsunfähigkeit ist jedoch lediglich dann tauglicher Eröffnungsgrund, sollte der Antrag von beiden Ehegatten gestellt werden, Abs. 2 Satz 3. In allen übrigen Fällen stellt lediglich die Zahlungsunfähigkeit einen Eröffnungsgrund dar. Sofern ein einzelner Ehegatte einen Eröffnungsantrag stellt, ist die Zahlungsunfähigkeit glaubhaft zu machen (Abs. 2 Satz 1) und der andere Ehegatte zu hören, Abs. 2 Satz 2.

13 Die sachliche, örtliche und funktionale Zuständigkeit des Gerichts bestimmt sich nach den allgemeinen Regelungen der §§ 2, 3.[16] Die sofortige Beschwerde gegen einen abweisenden Beschluss (§ 34), steht lediglich dem antragenden Ehegatten zu.[17]

§ 334 Persönliche Haftung der Ehegatten

(1) Die persönliche Haftung der Ehegatten für die Verbindlichkeiten, deren Erfüllung aus dem Gesamtgut verlangt werden kann, kann während der Dauer des Insolvenzverfahrens nur vom Insolvenzverwalter oder vom Sachwalter geltend gemacht werden.

(2) Im Falle eines Insolvenzplans gilt für die persönliche Haftung der Ehegatten § 227 Abs. 1 entsprechend.

Übersicht Rdn. Rdn.
A. Regelung des § 334 Abs. 1 1   B. Regelung des § 334 Abs. 2 6

A. Regelung des § 334 Abs. 1

1 Die Ehegatten haften als Gesamtschuldner persönlich für Gesamtgutsverbindlichkeiten, § 1459 Abs. 2 BGB. Während der Dauer des Insolvenzverfahrens kann lediglich der Insolvenzverwalter oder Sachwalter derartige Ansprüche geltend machen, Abs. 1. Die Regelung des § 334 Abs. 1 ist insofern an § 93 angelehnt.[1]

2 Sofern ein Ehegatte nach der Eröffnung des Insolvenzverfahrens auf eine Verpflichtung zahlt, kann der Insolvenzverwalter nach §§ 812 ff. BGB Herausgabe verlangen.[2] Eine Leistung hat lediglich Erfüllungswirkung, sollte sie an die Insolvenzmasse erfolgen.[3] Die Vollstreckung eines Gesamtgläubigers aus einem vollstreckbaren Titel, ist ebenfalls nicht möglich.[4]

3 Inwieweit eine Aufrechnung des Gläubigers zulässig ist, sollte die Aufrechnungslage bereits vor der Eröffnung des Insolvenzverfahrens bestanden haben, ist umstritten.[5] Die Nähe zur Sperrwirkung des § 93 spricht für eine Unzulässigkeit der Aufrechnung durch den Gläubiger.

4 Sofern eine gerichtliche Geltendmachung vonnöten ist, so ergibt sich aus Abs. 1 eine Prozessstandschaft.[6]

---

16 Eingehend: FK-InsO/*Schallenberg/Rafiqpoor* Rn. 5 ff.
17 Nerlich/Römermann/*Riering* Rn. 4.
1 Braun/*Bauch* Rn. 1; Uhlenbruck/*Lüer* Rn. 1.
2 Braun/*Bauch* Rn. 3; MüKo-InsO/*Schumann* Rn. 14; Uhlenbruck/*Lüer* Rn. 3.
3 MüKo-InsO/*Schumann* Rn. 14; Uhlenbruck/*Lüer* Rn. 3.
4 MüKo-InsO/*Schumann* Rn. 17.
5 So MüKo-InsO/*Schumann* Rn. 16; a.A. Uhlenbruck/*Lüer* Rn. 3.
6 Braun/*Bauch* Rn. 3.

Die Vorschrift dient der Masseanreicherung und der einheitlichen Befriedigung aller Gläubiger 5
durch die persönliche Haftung des Ehegatten.[7] Ein Wettlauf unter den Gläubigern soll vermieden
werden.

B. Regelung des § 334 Abs. 2

Sofern ein Insolvenzplan besteht, werden die Ehegatten im Falle der im gestaltenden Teil vorgesehe- 6
nen Befriedigung der Insolvenzgläubiger von ihren Verbindlichkeiten frei, sofern der Insolvenzplan
nichts anderes bestimmt, § 334 Abs. 2 i.V.m. § 227 Abs. 1.

---

[7] Nerlich/Römermann/*Riering* Rn. 2.

Elfter Teil Internationales Insolvenzrecht

Erster Abschnitt Allgemeine Vorschriften

§ 335 Grundsatz

Das Insolvenzverfahren und seine Wirkungen unterliegen, soweit nichts anderes bestimmt ist, dem Recht des Staats, in dem das Verfahren eröffnet worden ist.

Übersicht Rdn.
A. Regelungsfragen des autonomen internationalen Insolvenzrecht 1
B. Vorrang der EuInsVO; Staatsverträge 2
C. Vorrang der EuInsVO im Einzelnen .. 4
I. Regeln zur internationalen Zuständigkeit 4
  1. Grundsatz 4
  2. Fehlende Anwendbarkeit der EuInsVO 5
    a) Fehlende sachliche Anwendbarkeit der EuInsVO 5
    b) Fehlende räumliche Anwendbarkeit der EuInsVO 9
II. Regeln zum anwendbaren Recht 12
  1. Grundsatz 12
  2. Fehlende Anwendbarkeit der EuInsVO 13
    a) Fehlende sachliche Anwendbarkeit der EuInsVO 13
    b) Fehlende räumliche Anwendbarkeit der EuInsVO 14
  3. Ergänzende Anwendung der autonomen Sonderanknüpfungsnormen innerhalb der EuInsVO 17
III. Sachnormen 22
IV. Anerkennung und Vollstreckung 24
D. Anknüpfung an die lex fori concursus ... 25
I. Anknüpfungsgrundsätze 25
II. Einschränkung durch den ordre public 32

A. Regelungsfragen des autonomen internationalen Insolvenzrecht

Bei Insolvenzfällen mit Auslandsbezug stellen sich verschiedene verfahrens- und kollisionsrechtliche Fragen. Zunächst ist zu klären, ob deutsche Gerichte für die Eröffnung eines Verfahrens international zuständig sind. Sodann stellt sich die Frage, welches Recht im Rahmen des Insolvenzverfahrens anzuwenden ist. Verschiedentlich bedarf es zur Bewältigung internationaler Sachverhalte besonderer Sachnormen. Schließlich ist zu regeln, unter welchen Voraussetzungen ausländische Beschlüsse über die Eröffnung eines Insolvenzverfahrens in Deutschland anzuerkennen sind; desgleichen stellt sich die Frage, ob Entscheidungen, die im Rahmen dieser ausländischen Verfahren ergangen sind, im Inland anzuerkennen und zu vollstrecken sind (vgl. hierzu ausf. Anh. I Vor Art. 1 EuInsVO Rdn. 6 ff.). 1

B. Vorrang der EuInsVO; Staatsverträge

Dem autonomen deutschen internationalen Insolvenzrecht kommt in der praktischen Rechtsanwendung nur eine ergänzende Funktion zu. Bei der Prüfung eines Insolvenzfalls mit Auslandsbezug ist primär von der **Verordnung (EG) Nr. 1346/2000 über Insolvenzverfahren (EuInsVO)** auszugehen. Die EuInsVO hat gegenüber dem nationalen Recht Anwendungsvorrang (Art. 288 AEUV). Bevor auf die Regeln des autonomen deutschen Rechts zurückgegriffen werden darf, ist damit zu prüfen, ob nicht eine abschließende Lösung in der EuInsVO enthalten ist (vgl. ausf. Anh. I Vor Art. 1 EuInsVO Rdn. 16 ff. und – zu dem Vorrang bei kollisionsrechtlichen Fragen – Anh. I Art. 4 EuInsVO Rdn. 7 ff.). 2

Vorrangige **Staatsverträge** spielen auf dem Gebiet des internationalen Insolvenzrechts nur eine untergeordnete Rolle. Einzelne sehr alte Staatsverträge bestehen zwischen der Schweiz und einzelnen deutschen Gebieten. So ist nach Auffassung des schweizerischen Bundesgerichts die zwischen **der Schweizerischen Eidgenossenschaft** (ausgenommen sind die Kantone Neuenburg und 3

Schwyz)[1] und der **Krone Württemberg** am 12.12.1825 und 13.05.1826 geschlossene Übereinkunft über die Gleichbehandlung der beiderseitigen Staatsangehörigen in Konkursfällen nach wie vor in Kraft.[2] Auch von deutscher Seite aus wird von der fortbestehenden Wirksamkeit des Übereinkommens ausgegangen.[3] Die Übereinkunft finde aber in Deutschland nur im Gebiet des früheren Königreichs Württemberg Anwendung. Der Zusammenschluss der Länder Württemberg-Hohenzollern, Württemberg-Baden und (Süd-)Baden im Jahr 1952 habe nicht zu einer Ausdehnung des Geltungsbereichs geführt.[4] Ein weiterer Staatsvertrag besteht zwischen der **Schweiz** – mit Ausnahme von Schwyz und Appenzell-Innerrhoden[5] – und dem **Königreich Bayern**.[6] Weitere relevante Staatsverträge sind augenblicklich nicht vorhanden.[7]

C. Vorrang der EuInsVO im Einzelnen

I. Regeln zur internationalen Zuständigkeit

1. Grundsatz

4 Der Anwendungsvorrang der EuInsVO macht sich zunächst deutlich im Bereich der internationalen Zuständigkeit für die Eröffnung von Insolvenzverfahren bemerkbar. Soweit der sachliche, räumliche und zeitliche Anwendungsbereich der EuInsVO reicht, richtet sich die internationale Zuständigkeit deutscher Gerichte für die Eröffnung von Haupt- und Partikularverfahren nach Art. 3 EuInsVO. Ein Rückgriff auf nationales Zuständigkeitsrecht ist in diesen Fällen ausgeschlossen. Dem deutschen Recht bleibt in diesen Fällen nur noch die Regelung der sachlichen und örtlichen Zuständigkeit (vgl. dazu Anh. II Art. 102 § 1 EGInsO Rdn. 1 ff.).

2. Fehlende Anwendbarkeit der EuInsVO

a) Fehlende sachliche Anwendbarkeit der EuInsVO

5 Der sachliche Anwendungsbereich der EuInsVO richtet sich nach Art. 1 Abs. 1 EuInsVO i.V.m. Anhang A zur EuInsVO. Hiernach werden grundsätzlich alle Verfahren nach der deutschen Insolvenzordnung vom Anwendungsbereich der EuInsVO erfasst (vgl. ausf Anh. I Art. 1 EuInsVO Rdn. 7 ff.). Damit ergibt sich insoweit zunächst kein verbleibender Anwendungsbereich für das nationale Zuständigkeitsrecht.

6 Art. 1 Abs. 2 EuInsVO schließt allerdings bestimmte Insolvenzverfahren aus dem sachlichen Anwendungsbereich der EuInsVO aus. Im Einzelnen handelt es sich um Insolvenzverfahren über **Kreditinstitute, Versicherungsunternehmen, Wertpapierinstitute** oder **Organismen für gemeinsame Anlagen internationale Bezüge (Fonds)**; vgl. Anh. I Art. 1 EuInsVO Rdn. 15. Hier ist sodann, da

---

1 Neuenburg und Schwyz sahen sich wegen ihres Hypothekenrechts an einer Mitwirkung gehindert, vgl. *Blaschczok* ZIP 1983, 141 (143); Gottwald/*Gottwald/Kolmann* § 134 Rn. 24 (Fn. 28).
2 Schweiz. Bundesgericht Lausanne 15.06.2005, 7B.31/2005/blb, ZInsO 2007, 608 m. Bespr. *Liersch/Walther* ZInsO 2007, 582 ff.; vgl., dazu auch *David* SchwJZ 69/1973, 84; *Volken* in Züricher Kommentar IPRG 2004, vor Art. 166–175 Rn. 71, 73.
3 Vgl. Stellungnahme des Ministeriums für Justiz, Bundes- und Europaangelegenheiten Baden-Württemberg v. 16.02.1988; dazu *Bürgi* Festschrift 100 Jahre SchKG (1989) 175 (179); zweifelnd MüKo-InsO/*Reinhart* Vor §§ 335 ff. Rn. 73.
4 Schweiz. Bundesgericht Lausanne 15.06.2005, 7B.31/2005/blb, ZInsO 2007, 608 m. Bespr. *Liersch/Walther* ZInsO 2007, 582 ff.; ferner FK-InsO/*Wenner/Schuster* Vor §§ 335 ff. Rn. 51; Gottwald/*Gottwald/Kolmann* § 134 Rn. 25; a.A. *Wochner* KTS 1977, 201, 210 ff. (maßgebliches Gebiet sei heute der Bezirk des OLG Stuttgart).
5 Gottwald/*Gottwald/Kolmann* § 134 Rn. 24 (Fn. 26); *Aufsichtsbehörde des Kantons Schaffhausen* ZIP 1983, 200 (202); *Blaschczok* ZIP 1983, 141.
6 OLG München 11.08.1981, 5 U 4070/80, KTS 1982, 313 (316 f.); *Liersch* ZInsO 2007, 582 (583).
7 Ausf. MüKo-InsO/*Reinhart* Vor §§ 335 ff. Rn. 70 ff.

es an vorrangig anwendbarem europäischem Verordnungsrecht fehlt, das Zuständigkeitsrecht der Mitgliedstaaten heranzuziehen

Das deutsche Recht enthält insoweit verschiedene besondere Zuständigkeitsregeln. Zuständig für die Eröffnung eines Insolvenzverfahrens über das Vermögen eines **Einlagenkreditinstituts** oder E-Geld-Instituts sind nach § 46e Abs. 1 Satz 1 KWG[8] im Bereich des Europäischen Wirtschaftsraums allein die jeweiligen Behörden oder Gerichte des Herkunftsstaates (Sitzland).[9] Entsprechend formuliert § 88 Abs. 1a Satz 1 VAG,[10] dass für die Eröffnung eines Insolvenzverfahrens über das Vermögen eines **Versicherungsunternehmens** im Bereich des Europäischen Wirtschaftsraumes allein die jeweiligen Behörden des Herkunftsstaates zuständig sind.[11] Herkunftsstaat ist der Staat, in dem die Hauptniederlassung zugelassen ist.[12] Soweit hiernach keine besondere Zuständigkeitsregel einschlägig ist – also bei der Insolvenz von Fonds –, ist auf die allgemeine Regel des deutschen internationalen Zivilprozesses zurückzugreifen. Nach dieser sind bei Fehlen einer ausdrücklichen Regelung über die internationale Zuständigkeit die Vorschriften zur örtlichen Zuständigkeit (entsprechend) anzuwenden. Hiervon ist bei Schaffung der InsO auch der deutsche Gesetzgeber ausgegangen.[13] Damit ist die Regelung zur örtlichen Zuständigkeit in § 3 entsprechend auch auf die internationale Zuständigkeit anzuwenden.[14] Eine örtliche und damit eine internationale Zuständigkeit deutscher Gerichte ist gem. § 3 Abs. 1 Satz 2 dann gegeben, wenn der Mittelpunkt einer vom Schuldner ausgeübten selbständigen wirtschaftlichen Tätigkeit in Deutschland liegt. Übt der Schuldner keine selbständige wirtschaftliche Tätigkeit aus, kommt es nach § 3 Abs. 1 Satz 1 darauf an, ob sein allgemeiner Gerichtsstand im Inland liegt. § 3 InsO ist nicht identisch mit Art. 3 EuInsVO; letzterer stellt allgemein auf den »Mittelpunkt der hauptsächlichen Interessen« ab. In den meisten Fällen gelangt man aber bei Anwendung der beiden Normen zu demselben Ergebnis (vgl. dazu noch Anh. II Art. 102 § 1 EGInsO Rdn. 1 ff.).

7

Denkbar ist schließlich, dass ein sonstiges Insolvenzverfahren in einem europäischen Mitgliedstaat (nur) deshalb nicht in den Anwendungsbereich der EuInsVO fällt, weil es nicht im Anhang A zur EuInsVO genannt ist. Ein derartiges ausländisches Verfahren kann dann durchaus noch nach dem autonomen Recht der Mitgliedstaaten anerkannt werden. In Deutschland richtet sich die Anerkennung des ausländischen Verfahrens nach § 343 InsO (vgl. Anh. I Art. 1 EuInsVO Rdn. 3). Soweit dann in Deutschland ein **Partikularverfahren** oder ein **Annexverfahren** stattfinden soll, richtet sich die internationale Zuständigkeit für ein Partikularverfahren nach § 354 (vgl. sogleich noch Rdn. 11). Ob ein ausländisches Verfahren ein »Insolvenzverfahren« darstellt, ist danach zu beurteilen, ob es in etwa dieselben Ziele verfolgt wie ein Verfahren nach der InsO (vgl. näher § 343 Rdn. 8 ff.).

8

b) Fehlende räumliche Anwendbarkeit der EuInsVO

Die EuInsVO ist darüber hinaus auch nicht anzuwenden, wenn der Schuldner den Mittelpunkt seiner hauptsächlichen Interessen (sog. centre of main interests – COMI) außerhalb der EU bzw. in Dänemark hat. In diesem Fall fehlt es maW am **räumlichen Anwendungsbereich** der EuInsVO (näher dazu Anh. I Art. 1 EuInsVO Rdn. 42). Auch hier kann auf das nationale Zuständigkeitsrecht

9

---

8 Die Vorschrift wurde eingefügt durch das Gesetz zur Umsetzung aufsichtsrechtlicher Bestimmungen zur Sanierung und Liquidation von Versicherungsunternehmen und Kreditinstituten, vgl. BT-Drucks. 15/1653, 27 (32 f.).
9 Damit wurde Art. 9 Abs. 1 der RL 2001/24/EG umgesetzt.
10 Auch diese Vorschrift wurde durch das Gesetz zur Umsetzung aufsichtsrechtlicher Bestimmungen zur Sanierung und Liquidation von Versicherungsunternehmen und Kreditinstituten eingefügt, vgl. BT-Drucks. 15/1653, 27 (32 f.).
11 Damit wurde Art. 8 Abs. 1, 2 1. Halbs. der RL 2001/17/EG umgesetzt.
12 S. die Legaldefinition in § 1 Abs. 4 KWG sowie Boos/Fischer/*Schäfer* KWG, § 1 Rn. 201; *Prölss/Martin* VAG, Vor § 110a Rn. 2.
13 Vgl. BT-Drucks. 12/2443, 241 (245).
14 *Liersch* NZI 2003, 302 (304).

zurückgegriffen werden. Liegt der COMI des Schuldners indes in einem anderen Mitgliedstaat der EU, ist allein die EuInsVO anzuwenden. Ein deutsches Insolvenzgericht darf sich in diesem Fall nicht unter Berufung auf das autonome deutsche Zuständigkeitsrecht für zuständig erklären. Anderenfalls würde es eine Zuständigkeit in Anspruch nehmen, die nach der EuInsVO einem anderen Mitgliedstaat zukommt.

10 Liegt der COMI des Schuldners außerhalb der EU, fehlt es deutschen Gerichten regelmäßig an der nach § 3 (analog) zu bestimmenden internationalen Zuständigkeit zur Eröffnung eines Hauptinsolvenzverfahrens. § 3 InsO ist, wie gezeigt (vgl. Rdn. 7), nicht identisch mit Art. 3 Abs. 1 EuInsVO. So mag sich der für die Zuständigkeit nach § 3 Abs. 1 Satz 1 maßgebliche Wohnsitz (§ 13 ZPO) im Inland, aber der für den COMI maßgebliche und vom Wohnsitz zu unterscheidende gewöhnliche Aufenthalt des Schuldners (vgl. Anh. I Art. 3 EuInsVO Rdn. 21 ff.) in einem Drittstaat befinden. Unterschiede zwischen den Normen ergeben sich aber nur im eher seltenen Einzelfall (vgl. dazu ausf. Anh. II Art. 102 § 1 EGInsO Rdn. 1 ff.). Größere praktische Bedeutung kommt dem autonomen deutschen Zuständigkeitsrecht daher in diesen Fällen nicht zu.

11 Liegt der COMI des Schuldners außerhalb der EU, kommt ferner nach Maßgabe von § 354 die Eröffnung eines sog. **Partikularverfahrens** in Betracht. Für die internationale Zuständigkeit reicht es hier aus, dass sich eine Niederlassung des Schuldners oder ggf. sogar nur Vermögen des Schuldners im Inland befindet.

II. Regeln zum anwendbaren Recht

1. Grundsatz

12 Der Anwendungsvorrang der EuInsVO gegenüber dem nationalen Recht führt auch dazu, dass den in den §§ 335 ff. enthaltenen Kollisionsnormen nur eine eingeschränkte Bedeutung zukommt. In den meisten Fällen, in denen ein Bezug (nur) zu anderen Mitgliedstaaten der EU (außer Dänemark) besteht, hält die EuInsVO eine abschließende kollisionsrechtliche Regelung bereit. Im Einzelfall stellen sich allerdings durchaus komplexe und nicht abschließend geklärte Abgrenzungsprobleme. Auch hier ist danach zu differenzieren, ob die EuInsVO sachlich, räumlich und zeitlich anwendbar ist. Daneben kommt – ausnahmsweise – auch im Anwendungsbereich der EuInsVO eine ergänzende Anwendung der §§ 335 ff. in Betracht.

2. Fehlende Anwendbarkeit der EuInsVO

a) Fehlende sachliche Anwendbarkeit der EuInsVO

13 Soweit die Art. 1 Abs. 2 EuInsVO bestimmte Insolvenzverfahren aus dem sachlichen Anwendungsbereich der EuInsVO ausschließt, richtet sich nicht nur die internationale Zuständigkeit nach dem Recht der Mitgliedstaaten; vielmehr findet auch das autonome Kollisionsrecht der Mitgliedstaaten Anwendung. Im Einzelnen handelt es sich um Insolvenzverfahren über Kreditinstitute, Versicherungsunternehmen, Wertpapierinstitute oder Organismen für gemeinsame Anlagen internationale Bezüge (Fonds); vgl. Anh. I Art. 1 EuInsVO Rdn. 15. In Deutschland sind in diesen Fällen die §§ 335 ff. anzuwenden.[15] Soweit das autonome nationale Recht der Umsetzung von EU-Richtlinienbestimmungen dient – dies ist im Bereich der Insolvenz von Kreditinstituten, Versicherungsunternehmen und Wertpapierinstitute der Fall[16] –, ist das Gebot einer richtlinienkonformen Auslegung zu beachten. Da die einschlägigen Richtlinien zumeist mit der EuInsVO identische Kollisionsnormen

---

[15] Etwa MüKo-InsO/*Reinhart* Rn. 6.
[16] S. RL 2001/24/EG des Europäischen Parlaments und des Rates vom 4. April 2001 über die Sanierung und *Liquidation von Kreditinstituten* (ABl. L 125 v. 05.05.2001, 15); RL 2001/17/EG des Europäischen Parlaments und des Rates v. 19. März 2001 über die Sanierung und Liquidation von Versicherungsunternehmen (ABl. L 110 v. 20.04.2001, 28).

enthalten,[17] führt dies im praktischen Ergebnis dazu, dass sich auch die Auslegung der in den §§ 335 ff. enthaltenen Kollisionsnormen maßgeblich an der EuInsVO zu orientieren hat. Die §§ 335 ff. sind auf ein inländisches Partikularverfahren ferner in dem in Rdn. 8 geschilderten (Sonder-)Fall anzuwenden; dasselbe gilt sodann für Annexverfahren (vgl. dazu noch Rdn. 15, 16).

b) Fehlende räumliche Anwendbarkeit der EuInsVO

Auf nationales Kollisionsrecht – also die §§ 335 ff. – ist ferner dann zurückzugreifen, wenn der Schuldner den Mittelpunkt seiner hauptsächlichen Interessen (sog. centre of main interests – COMI) außerhalb der EU bzw. in Dänemark hat und damit der räumliche Anwendungsbereich der EuInsVO nicht eröffnet ist (näher dazu Anh. I Art. 1 EuInsVO Rdn. 42). Auch in diesem Fall ist sodann auf das nationale Kollisionsrecht und damit auf die §§ 335 ff. zurückzugreifen. Liegt allerdings der COMI des Schuldners außerhalb der EU, fehlt es deutschen Gerichten regelmäßig an der nach § 3 (analog) zu bestimmenden internationalen Zuständigkeit zur Eröffnung eines Hauptinsolvenzverfahrens (vgl. Rdn. 8). Kollisionsrechtliche Fragen sind damit in dieser Konstellation von deutschen Gerichten regelmäßig nicht zu beantworten; es besteht, da deutsche Gerichte die Eröffnung eines Hauptinsolvenzverfahrens mangels internationaler Zuständigkeit ablehnen müssen, keine Notwendigkeit, das anwendbare Recht näher zu ermitteln. 14

Bedeutsamer ist die Konstellation, in der deutsche Gerichte dann, wenn der COMI des Schuldners außerhalb der EU liegt und in einem Drittstaat ein nach § 343 im Inland anzuerkennendes Hauptinsolvenzverfahren eröffnet worden ist, nach Maßgabe von § 354 für die Eröffnung eines sog. **Partikularverfahrens** zuständig sind. Auch in diesem Fall ist die EuInsVO nicht einschlägig. Für dieses Partikularverfahren finden sodann, da die EuInsVO nicht eingreift, wiederum die §§ 335 ff. Anwendung. Das Partikularverfahren beschränkt sich auf das in Deutschland belegene Vermögen des Schuldners. 15

Die §§ 335 ff. können ferner dann maßgeblich sein, wenn in einem Drittstaat ein in Deutschland nach Maßgabe von § 343 anzuerkennendes Hauptinsolvenzverfahren eröffnet wird und in Deutschland ein **Annexverfahren** – etwa das Verfahren über eine Insolvenzanfechtungsklage – stattfindet. Der EuGH hat entschieden, dass sich die internationale Zuständigkeit für Insolvenzanfechtungsklagen sachlich nach der EuInsVO (nicht nach der EuGVVO) richtet (vgl. Anh. I Art. 1 EuInsVO Rdn. 20 ff.). Die EuInsVO ist aber, wie dargelegt, räumlich nur dann anwendbar, wenn sich der COMI des Schuldners innerhalb der EU befindet. Wenn sich also der COMI des Schuldners außerhalb der EU befindet, bestimmt sich die internationale Zuständigkeit für Insolvenzanfechtungsklagen des ausländischen Verwalters nach dem autonomen Recht der Mitgliedstaaten, in Deutschland also nach der ZPO. In Betracht kommt daher etwa eine Zuständigkeit am Beklagtenwohnsitz nach Maßgabe der §§ 12, 13 ZPO.[18] In diesem Fall richtet sich das Recht, das auf die Insolvenzanfechtungsklage des in einem Drittstaat bestellten Verwalters anzuwenden ist, nicht nach der (räumlich nicht anwendbaren) EuInsVO, sondern vollumfänglich nach den §§ 335 ff. 16

3. Ergänzende Anwendung der autonomen Sonderanknüpfungsnormen innerhalb der EuInsVO

Noch nicht abschließend geklärt ist, ob darüber hinaus die in §§ 336–340 enthaltenen allseitigen Sonderanknüpfungsnormen auch innerhalb der EuInsVO (ergänzend) Anwendung finden können. Die Problematik besteht darin, dass die Art. 5–15 EuInsVO in zahlreichen Fällen Ausnahmen von der in Art. 4 EuInsVO vorgesehenen (alleinigen) Anknüpfung an die *lex fori concursus* statuieren. Die Art. 5–15 EuInsVO nehmen allerdings nur eine Modifikation zugunsten des Rechts eines Mitgliedstaates vor und *lassen das Recht von Drittstaaten* in den entsprechenden Parallelkonstellationen *unerwähnt*. So bezieht sich Art. 8 EuInsVO ausdrücklich nur auf den Fall, dass bei einem in der EU eröffneten Verfahren die Immobilie in einem anderen Mitgliedstaat als dem der Verfahrenseröffnung 17

---

17 Vgl. Art. 9, 19 ff. RL 2001/17/EG und Art. 10, 20 ff. RL 2001/24/EG.
18 BGH 27.05.2003, IX ZR 203/02, NJW 2003, 2916.

belegen ist; die Vorschrift sieht in dieser Konstellation eine von der *lex fori concursus* abweichende Anknüpfung an die *lex rei sitae* vor. Art. 8 EuInsVO ist aber nicht anwendbar, wenn die entsprechende Immobilie in einem Drittstaat – also etwa der Türkei oder den USA – belegen ist.

18 Nach der herrschenden Auffassung ist in diesen Fällen ergänzend auf die §§ 336–340 zurückzugreifen. Die Anknüpfung an die *lex fori concursus* nach Maßgabe von Art. 4 EuInsVO wird also in den entsprechenden Fällen mit Drittstaatenbezug durch evtl. vorhandene Sonderkollisionsnormen des nationalen Rechts ersetzt bzw. modifiziert.

19 Dass ein derartiger Rückgriff auf das nationale Kollisionsrecht auch im Anwendungsbereich der EuInsVO zulässig ist, lässt sich aus dem Bericht zum EuInsÜ ableiten, der auch für die Auslegung der EuInsVO von Bedeutung ist.[19] Ferner spricht hierfür der Sinn der einzelnen Sonderanknüpfungsnormen. Ein Vertrauensschutz für einzelne Gläubiger durch Sonderkollisionsnormen ist auch dann gerechtfertigt, wenn ein entsprechender Bezug nicht zu einem Recht eines anderen Mitgliedstaats, sondern zu einem Drittstaat besteht. Für eine nähere Diskussion siehe Anh. I Art. 4 EuInsVO Rdn. 10 ff.

20 Konkret bedeutet dies, dass immer dann, wenn der Anwendungsbereich der EuInsVO eröffnet ist, aber ein Drittstaatenbezug besteht, eine zweistufige Prüfung vorzunehmen ist. Zunächst sind die einschlägigen (auf Mitgliedstaatenrechte beschränkten) Sonderkollisionsnormen der EuInsVO (Art. 5 ff. EuInsVO) in den Blick zu nehmen. Lassen diese grds eine Sonderanknüpfung zu – und scheitert die Sonderanknüpfung nur daran, dass der entsprechende Bezug nicht zu einem Mitgliedstaat, sondern zu einem Drittstaat besteht –, ist das nationale Kollisionsrecht zu prüfen. Es ist danach zu befragen, ob es in den von den Art. 5–15 EuInsVO erfassten Konstellationen ebenfalls eine Sonderanknüpfung bereithält.

21 Bei näherer Betrachtung kommt damit eine ergänzende Anwendung der §§ 336 ff. vor allem in den folgenden Fällen in Betracht. § 336 ist trotz Eröffnung des räumlichen Anwendungsbereichs der EuInsVO anwendbar, wenn es sich um einen unbeweglichen Gegenstand i.S.d. Art. 8 EuInsVO handelt und dieser Gegenstand nicht in der EU (außer Dänemark), sondern in einem Drittstaat (unter Einschluss von Dänemark) belegen ist. § 337 ist trotz Eröffnung des räumlichen Anwendungsbereichs der EuInsVO anwendbar, wenn es sich um einen Arbeitsvertrag i.S.d. Art. 10 EuInsVO handelt und dieser Arbeitsvertrag nach der insoweit anwendbaren Rom I-Verordnung nicht dem Recht eines Mitgliedstaates, sondern einem Drittstaatenrecht unterliegt. § 338 ist – anstelle von Art. 6 EuInsVO – für die Frage nach der (insolvenzrechtlichen) Zulässigkeit einer Aufrechnung heranzuziehen, wenn auf die Forderung des insolventen Schuldners nicht das Recht eines Mitgliedstaates, sondern das Recht eines Drittstaates anzuwenden ist (zur Frage, ob Art. 6 EuInsVO auch die Drittstaatenfälle erfasst, siehe Anh. I Art. 6 EuInsVO Rdn. 18). § 339 ist – anstelle von Art. 13 EuInsVO – anzuwenden, wenn die *lex causae* der anzufechtenden Rechtshandlung nicht das Recht eines Mitgliedstaats, sondern eines Drittstaats ist. Soweit es um die Wirkungen des Insolvenzverfahrens auf Rechte und Pflichten von Mitgliedern eines Zahlungs- oder Abwicklungssystems geht und dieses Zahlungs- oder Abwicklungssystem nicht dem Recht eines Mitgliedstaates, sondern eines Drittstaates unterliegt, ist nicht Art. 9 EuInsVO, sondern § 340 anzuwenden.

III. Sachnormen

22 Daneben enthalten die §§ 335 ff. verschiedentlich auch materielle **Sachnormen**, etwa zur Ausübung von Gläubigerrechten (§ 341), zur Herausgabepflicht und Anrechnung erlangter Vorteile im inländischen Verfahren (§ 342), zum Grundbuch (§ 346), zum Nachweis der Verwalterbestellung (§ 347), zur Unzulässigkeit einer Restschuldbefreiung oder der Wirkungen eines Insolvenzplans im Partikularverfahren (§ 355) sowie zur Koordination von Hauptinsolvenzverfahren, die in einem Drittstaat eröffnet worden sind, mit im Inland eröffneten sog. Sekundärinsolvenzverfahren (§§ 356–358). Die in den §§ 335 ff. enthaltenen materiellen Sachnormen werden jedenfalls dann

---

19 Vgl. *Virgós/Schmit* Bericht Rn. 43.

nicht von der EuInsVO verdrängt, wenn der Anwendungsbereich der EuInsVO sachlich oder – weil sich der COMI des Schuldners außerhalb der EU befindet – räumlich nicht eröffnet ist (vgl. Anh. I Art. 1 EuInsVO Rdn. 42).

Problematisch ist, ob die in den §§ 335 ff. enthaltenen Sachnormen auch dann herangezogen werden können, wenn der Anwendungsbereich der EuInsVO eröffnet ist. In diesem Fall ist danach zu differenzieren, ob die EuInsVO selbst eine **abschließende Sachnorm** enthält oder ob sie dem nationalen Gesetzgeber Raum für die Schaffung eigener Sachnormen belässt. Letzteres ist etwa dann der Fall, wenn die EuInsVO nur Mindeststandards festsetzt, aber weitergehenden Vorschriften durch den nationalen Gesetzgeber nicht im Wege stehen will. Ist der EuInsVO hiernach keine abschließende Sachnorm zu entnehmen, und ist nach den Kollisionsnormen der EuInsVO deutsches Sachrecht anzuwenden, können ergänzend auch die in den §§ 335 ff. enthaltenen Sachnormen Anwendung finden.[20] Vorrangig gegenüber den §§ 335 ff. sind allerdings zunächst die Durchführungsbestimmungen in Art. 102 EGInsO. Ob eine in den §§ 335 ff. enthaltene Sachnorm auch anzuwenden ist, wenn im Übrigen die EuInsVO gilt, ist daher für jede Sachnorm gesondert danach zu entscheiden, ob die EuInsVO bzw. Art. 102 EGInsO eine abschließende Regelung enthalten und ob die Sachnorm – nach dem Willen des deutschen Gesetzgebers – auch für diese Fälle gelten soll. Auch im Anwendungsbereich der EuInsVO anzuwenden sind z.B. § 341 Abs. 3 (Vertretungsmacht des Verwalters bzgl. Gläubigerstimmrecht) und § 355 Abs. 1 (Ausschluss der Restschuldbefreiung in Partikularverfahren). 23

IV. Anerkennung und Vollstreckung

Die Abgrenzung zwischen der EuInsVO und den autonomen deutschen Vorschriften über die Anerkennung und die Vollstreckung bereitet demgegenüber keine größeren Schwierigkeiten. Das nationale Recht ist zunächst dann anwendbar, wenn der sachliche Anwendungsbereich der EuInsVO nicht eröffnet ist. Dies ist nach Art. 1 Abs. 2 EuInsVO dann der Fall, wenn es sich um ein dort genanntes Insolvenzverfahren über Kreditinstitute, Versicherungsunternehmen, Wertpapierinstitute oder Organismen für gemeinsame Anlagen internationale Bezüge (Fonds) handelt (s. Anh. I Art. 1 EuInsVO Rdn. 15). Allerdings ist zu beachten, dass für diese Fälle im deutschen Recht z.T. Sonderregeln bestehen, die den Rückgriff auf die InsO ausschließen. So bestimmt § 46e Abs. 1 Satz 2 KWG, dass in den Fällen, in denen ein anderer Staat des Europäischen Wirtschaftsraums Herkunftsstaat eines Einlagenkreditinstituts ist und dort das Insolvenzverfahren über das Vermögen dieses Instituts eröffnet wird, das Verfahren ohne Rücksicht auf die Voraussetzungen des § 343 Abs. 1 InsO anerkannt wird. Parallel dazu bestimmt § 88 Abs. 1a Satz 2 VAG, dass dann, wenn in einem Mitglied- oder Vertragsstaat ein Insolvenzverfahren über das Vermögen eines Versicherungsunternehmens eröffnet wird, das Verfahren ohne Rücksicht auf die Voraussetzungen des § 343 Abs. 1 InsO anerkannt wird. Schließlich sind die § 343 und § 353 dann anwendbar, wenn der centre of main interests (COMI) des Schuldners außerhalb der EU liegt (s. ausf. Anh. I Art. 1 EuInsVO Rdn. 42) und es sich um die Eröffnung eines Verfahrens bzw. die sonstige (Neben-)Entscheidung nicht eines Mitgliedstaats, sondern eines Drittstaats (hierzu zählt auch Dänemark) handelt (vgl. § 343 Rdn. 6 ff.). 24

D. Anknüpfung an die lex fori concursus

I. Anknüpfungsgrundsätze

§ 335 stellt die **Grundanknüpfungsregel** im autonomen deutschen Insolvenzkollisionsrecht dar. Es gilt grds das Insolvenzrecht des Staates, in dem das Verfahren eröffnet worden ist (sog. *lex fori concursus*). Die Vorschrift betrifft sowohl den Fall, dass das Insolvenzverfahren in Deutschland eröffnet worden ist, als auch den Fall, dass das Insolvenzverfahren in einem anderen Staat eröffnet worden ist. 25

---

20 BT-Drucks. 15/16, 12.

Es handelt sich also um eine allseitig anwendbare Kollisionsnorm. Sie betrifft sowohl Hauptinsolvenz- als auch Partikularverfahren.

26 Die Anknüpfung an die *lex fori concursus* gilt nach § 335 nur, soweit nichts anderes bestimmt ist. Anderweitige Bestimmungen finden sich zunächst in § 336 (Vertrag über unbewegliche Gegenstände), § 337 (Arbeitsverhältnis), § 338 (Aufrechnung), § 339 (Insolvenzanfechtung) und § 340 (Organisierte Märkte, Pensionsgeschäfte). Auch diese Sonderanknüpfungen gelten sowohl dann, wenn das Verfahren in Deutschland eröffnet worden ist, als auch dann, wenn das Verfahren in einem anderen Staat eröffnet worden ist. Es handelt sich also ebenfalls um allseitig anwendbare Kollisionsnormen.

27 Eine Abweichung von der Anknüpfung an die *lex fori concursus* findet sich zusätzlich noch in § 351 (dingliche Rechte) sowie in § 352 (Unterbrechung und Aufnahme eines Rechtsstreits). Diese Vorschriften sind nur anwendbar, wenn das (nach Maßgabe von § 343 anzuerkennende) Verfahren in einem anderen Staat eröffnet worden ist; sie sind nur für im Inland belegene Gegenstände sowie für im Inland geführte Rechtsstreitigkeiten von Bedeutung. Es handelt sich also um einseitig anwendbare Kollisionsnormen.

28 Die Kollisionsnorm des § 335 ist inhaltsgleich mit Art. 4 EuInsVO. Zugleich setzt sie die Regelanknüpfung um, die im europäischen Richtlinienrecht für die vom Anwendungsbereich der EuInsVO ausgenommenen Insolvenzverfahren über Kreditinstitute und Versicherungsunternehmen vorgesehen ist (Art. 10 der RL 2001/24/EG[21] und Art. 9 der RL 2001/17/EG[22]).

29 Anders als die EuInsVO enthalten die §§ 335 ff. keine Definitionen des Insolvenzverfahrens (vgl. Art. 1 Abs. 1 EuInsVO) und insb. auch keine Anhänge, in denen die erfassten Verfahren (erschöpfend) aufgelistet sind. Nach der Begründung zum Gesetzentwurf sind ausländische Insolvenzverfahren solche, die im Wesentlichen den gleichen Zielen dienen wie ein deutsches Insolvenzverfahren. Zur näheren Konkretisierung dieser Verfahren könnten auch die Anhänge A und B zur EuInsVO herangezogen werden.[23]

30 Die Norm bestimmt selbst auch nicht näher, was im Einzelnen zu dem deutschen oder ausländischen »Insolvenzrecht« zu zählen ist und welche Regelungsbereiche etwa dem internationalen Gesellschafts- oder Deliktsrecht zuzuordnen sind. Es kann aber insoweit der in Art. 4 Abs. 2 EuInsVO enthaltene Beispielkatalog von Regelungsfragen, die der *lex fori concursus* unterfallen, entsprechend herangezogen werden. Der deutsche Gesetzgeber hat nur im Interesse einer »möglichst prägnanten Regelung« davon abgesehen, diesen Beispielkatalog zu übernehmen.[24] Aus Gründen der richtlinienkonformen Auslegung ist zudem zu beachten, dass Art. 9 Abs. 2 der RL 2001/17/EG (betr. Versicherungsunternehmen) und Art. 10 RL 2001/24/EG (betr. Kreditinstitute) einen entsprechenden Beispielkatalog enthalten. Damit kann – was vor allem die Qualifikation einzelner Regelungsfragen als »insolvenzrechtlich« anbelangt – auf die Kommentierung von Art. 4 EuInsVO verwiesen werden (vgl. Anh. I Art. 4 EuInsVO Rdn. 14 ff.).

31 Bei § 335 handelt es sich um eine **Sachnormverweisung**.[25] Es ist also bei einer Verweisung auf ein ausländisches Recht nicht nochmals zu prüfen, ob dieses die Verweisung annimmt oder nicht.

---

21 RL 2001/24/EG des Europäischen Parlaments und des Rates vom 4. April 2001 über die Sanierung und Liquidation von Kreditinstituten (ABl. L 125 v. 05.05.2001, 15).
22 RL 2001/17/EG des Europäischen Parlaments und des Rates vom 19. März 2001 über die Sanierung und Liquidation von Versicherungsunternehmen (ABl. L 110 v. 20.04.2001, 28).
23 BT-Drucks. 15/16, 18.
24 BT-Drucks. 15/16, 18; *Gruber* DZWiR 2011, 412.
25 Gottwald/*Gottwald*/*Kolmann* § 132 Rn. 2; *Hanisch* FS Jahr (1993), 455 (467); a.A. (Gesamtverweisung) MüKo-InsO/*Reinhardt* vor §§ 335 ff. Rn. 38f; FK-InsO/*Wenner*/*Schuster* Rn. 2.

II. Einschränkung durch den ordre public

Im allgemeinen internationalen Privatrecht sieht Art. 6 EGBGB einen **ordre public-Vorbehalt** vor. In den §§ 335 ff. wird der ordre public nur im Rahmen der Anerkennung erwähnt (§ 343 Abs. 1 Nr. 2). Es besteht jedoch kein sachlicher Grund dafür, den ordre public bei der Anwendung der ausländischen *lex fori concursus* außer Acht zu lassen und ihm nur bei der Anerkennung Bedeutung beizumessen. Hier ist ein Erst-Recht-Schluss statthaft. Wenn der ordre public bereits die Anerkennung einer ausländischen Entscheidung hindert, dann muss er erst recht der einfachen Anwendung ausländischen Rechts durch deutsche Gerichte entgegenstehen können. Es ist daher auch außerhalb der Anerkennung von Entscheidungen nach § 343 bei der Anwendung ausländischen Insolvenzrechts eine materielle ordre public-Prüfung vorzunehmen.[26] Maßgeblich ist, ob das ausländische Insolvenzrecht im konkreten Einzelfall zu einem Ergebnis führt, das mit den Grundsätzen des inländischen Rechts – insb. den Grundrechten – unvereinbar ist.

32

Ein materieller ordre public-Verstoß dürfte etwa dann vorliegen, wenn die anwendbare *lex fori concursus* bei einem Verstoß gegen Anmeldefristen einen Untergang der Forderung vorsieht. Hier wird im Ergebnis der auch grundgesetzlich geschützten (Art. 14 GG) Rechtsposition der Gläubiger nicht hinreichend Rechnung getragen. Derartige Forderungsverluste sind daher – da ordre public-widrig – aus deutscher Sicht nicht als wirksam zu betrachten; die Gläubiger können ihre Forderungen – ungeachtet dessen, dass diese nach der ausländischen *lex fori concursus* als untergegangen anzusehen sind – in einem deutschen Verfahren anmelden.[27] Ein materiell-rechtlicher ordre public-Verstoß kann ferner vorliegen, wenn durch das anwendbare Recht einzelne Gläubiger diskriminiert werden.[28]

33

Im Einzelfall bereitet die Abgrenzung zwischen dem materiellen ordre public-Vorbehalt und dem anerkennungsrechtlichen ordre public-Vorbehalt Schwierigkeiten. Größere praktische Bedeutung kommt der Unterscheidung aber nicht zu, da sich der Prüfungsmaßstab letztlich nicht unterscheidet. Zu Anwendungsfällen des anerkennungsrechtlichen ordre public vgl. § 343 Rdn. 22 ff.

34

§ 336 Vertrag über einen unbeweglichen Gegenstand

Die Wirkungen des Insolvenzverfahrens auf einen Vertrag, der ein dingliches Recht an einem unbeweglichen Gegenstand oder ein Recht zur Nutzung eines unbeweglichen Gegenstandes betrifft, unterliegen dem Recht des Staats, in dem der Gegenstand belegen ist. Bei einem im Schiffsregister, Schiffsbauregister oder Register für Pfandrechte an Luftfahrzeugen eingetragenen Gegenstand ist das Recht des Staats maßgebend, unter dessen Aufsicht das Register geführt wird.

Übersicht

	Rdn.		Rdn.
A. Überblick	1	C. Verweisung im Einzelnen	5
B. Anwendungsbereich	3		

A. Überblick

§ 336 enthält eine Ausnahme von der Anknüpfung an die *lex fori concursus*. Bei einem Vertrag, der ein dingliches Recht an einem unbeweglichen Gegenstand oder ein Recht zur Nutzung eines unbeweglichen Gegenstands betrifft, ist die sog. *lex rei sitae* anzuwenden. Bei Gegenständen, die in Schiffs-, Schiffsbauregister oder Register für Pfandrechte an Luftfahrzeugen einzutragen sind, ist das Recht des Staates anzuwenden, unter dessen Aufsicht das Register geführt wird. § 336 ist eine allseitig anwendbare Kollisionsnorm; sie gilt also sowohl dann, wenn das Insolvenzverfahren in Deutschland eröffnet wurde als auch dann, wenn es sich um ein im Ausland eröffnetes Verfahren

1

---

26 FK-InsO/*Wenner/Schuster* Rn. 3; MüKo-InsO/*Reinhart* Rn. 40; vgl. BT-Drucks. 12/2443, 241.
27 MüKo-BGB/*Kindler* § 343 Rn. 22.
28 Kübler/Prütting/Bork/*Kemper/Paulus* § 343 Rn. 18; Mohrbutter/Ringstmeier/*Wenner* § 20 Rn. 199.

handelt; sie betrifft sowohl Gegenstände, die im Inland belegen bzw. registriert sind, als auch Gegenstände, die im Ausland belegen bzw. registriert sind.

2 § 336 entspricht in der Grundaussage Art. 8 EuInsVO. Allerdings ist die Norm weiter gefasst als Art. 8 EuInsVO. Insb. beschränkt sich Art. 8 EuInsVO auf Verträge »zum Erwerb oder zur Nutzung« eines unbeweglichen Gegenstandes. Auch bezieht sich Art. 8 EuInsVO (anders als § 336) nicht auf Schiffe und Luftfahrzeuge (vgl. Anh. I Art. 8 EuInsVO Rdn. 5).

B. Anwendungsbereich

3 § 336 wird im Regelfall von dem vorrangig anzuwendenden Art. 8 EuInsVO verdrängt. Uneingeschränkt anwendbar ist § 336 aber dann, wenn es sich um ein nach Art. 1 Abs. 2 EuInsVO von der EuInsVO ausgeschlossenes oder nicht in Anhang A zur EuInsVO aufgeführtes Verfahren handelt.[1] Uneingeschränkt anwendbar ist § 336 ferner dann, wenn der COMI des Schuldners außerhalb der EU bzw. in Dänemark liegt und daher der räumliche Anwendungsbereich der EuInsVO nicht eröffnet ist. Dies gilt selbst dann, wenn der betreffende Gegenstand in einem Mitgliedstaat der EU belegen ist.

4 Daneben kann § 336 auch dann angewendet werden, wenn sich zwar der COMI des Schuldners in der EU (außer Dänemark) befindet, aber der unbewegliche Gegenstand in einem Drittstaat belegen ist. Voraussetzung ist hierfür dann aber, dass die Merkmale des Art. 8 EuInsVO im Übrigen gegeben sind, also die Anwendbarkeit des im Übrigen tatbestandlich erfüllten Art. 8 EuInsVO nur daran scheitert, dass der entsprechende Bezug – in Form der Belegenheit des unbeweglichen Gegenstands – nicht zu einem anderen Mitgliedstaat, sondern zu einem Drittstaat besteht (vgl. § 335 Rdn. 17 ff. und ausf. Anh. I Art. 4 EuInsVO Rdn. 10 ff.).

C. Verweisung im Einzelnen

5 Inhaltlich entspricht § 336 weitgehend Art. 8 EuInsVO. Er betrifft wie Art. 8 EuInsVO sowohl schuldrechtliche als auch dingliche Verträge (vgl. zum Streitstand Anh. I Art. 8 EuInsVO Rdn. 11).[2] Die Vorschrift enthält anders als Art. 8 EuInsVO nicht die Einschränkung, dass der entsprechende Vertrag »zum Erwerb oder zur Nutzung« des unbeweglichen Gegenstands berechtigen muss. Vielmehr wird allgemeiner formuliert, dass der Vertrag ein »dingliches Recht« an einem unbeweglichen Gegenstand oder ein Recht zur Nutzung eines unbeweglichen Gegenstandes betreffen muss. Damit ist § 336 – anders als dies bei Art. 8 EuInsVO vertreten wird (vgl. näher Anh. I Art. 8 EuInsVO Rdn. 4) – jedenfalls auch auf Verträge über die Belastung eines Grundstücks anwendbar.[3] Anders als bei Art. 8 EuInsVO (vgl. Anh. I Art. 8 EuInsVO Rdn. 5) werden auch Schiffe mit einbezogen.

6 Was das Recht zur Nutzung anbelangt, so ist die Norm insb. für Mieter und Pächter von Bedeutung. § 336 führt dazu, dass sie sich nicht auf eine ihnen (ggf. nicht vertraute) *lex fori concursus* einlassen müssen; vielmehr ist ein – aus ihrer Sicht – sachnäheres Recht heranzuziehen.[4] Die Norm ist aber nach ihrem eindeutigen Wortlaut nicht nur auf besonders schutzbedürftige Personen beschränkt. Sie ist daher u.a. auch auf sämtliche Mietverträge über unbewegliche Gegenstände anzuwenden, also nicht nur auf Mietverträge über Wohnräume, sondern auch solche über Geschäftsräume.[5]

7 Zweifelhaft ist, wie der Begriff des »unbeweglichen Gegenstands« im Einzelnen zu verstehen ist. Nach der Begründung zum Gesetzesentwurf ergibt sich der Begriff des »unbeweglichen Gegenstandes« aus der Legaldefinition in § 49.[6] Dies erscheint jedoch nur im Hinblick auf Gegenstände sinn-

---

1 MüKo-InsO/*Reinhart* Rn. 3; Uhlenbruck/*Lüer* Rn. 4.
2 Das Verhältnis von Art. 8 EuInsVO zu Art. 5 EuInsVO findet seine Entsprechung im Verhältnis von § 336 zu § 351 Abs. 2.
3 Braun/*Liersch*/*Tashiro* Rn. 12; MüKo-InsO/*Reinhart* Rn. 1; Uhlenbruck/*Lüer* Rn. 5.
4 Vgl. näher zur rechtspolitischen Einordnung der Norm MüKo-InsO/*Reinhart* Rn. 2.
5 Etwa MüKo-BGB/*Kindler* Rn. 5.
6 BT-Drucks. 15/16, 18.

voll, die in Deutschland belegen sind.[7] Für im Ausland belegene Gegenstände ist die Definition in § 49 wenig geeignet; vielmehr sollte es auf die Maßstäbe der ausländischen *lex rei sitae* ankommen.[8] Überdies wird in Art. 20 Buchst. b) S. 2 der RL 2001/24/EG[9] ausdrücklich bestimmt, dass für die Frage, ob ein Gegenstand beweglich oder unbeweglich ist, auf die jeweilige *lex rei sitae* abzustellen ist. Damit ist jedenfalls, soweit der Anwendungsbereich der Richtlinie reicht, eine richtlinienkonforme Auslegung des § 336 vorzunehmen. Um eine gespaltene Auslegung des § 336 zu vermeiden, sollte daher einheitlich auf die *lex rei sitae* abgestellt werden.

Mit der Norm wurden Art. 20b und 20c der RL 2001/24/EG (betr. Kreditinstitute) Art. 19b und 19c der RL 2001/17/EG (betr. Versicherungsunternehmen) umgesetzt. Bei eingetragenen Schiffen und Luftfahrzeugen scheinen sich die beiden Richtlinien dem Wortlaut nach (jedenfalls auch) auf dingliche Rechtsgeschäfte zu beziehen. Dem ist durch eine richtlinienkonforme Auslegung Rechnung zu tragen.[10] 8

Bei § 336 handelt es sich um eine Sachnormverweisung. Es sind also nicht nochmals entsprechende Kollisionsnormen des Staates, auf dessen Recht verwiesen worden ist, zu prüfen; vielmehr ist direkt dessen Sachrecht anzuwenden.[11] Zwar geht man im internationalen Sachenrecht grds. von einer Gesamtverweisung aus.[12] Dies ist jedoch auf die insolvenzrechtliche Kollisionsnorm des § 336 nicht zu übertragen, zumal die Norm nicht nur dingliche Verträge, sondern auch Verpflichtungsverträge betrifft, bei denen im allgemeinen internationalen Privatrecht (Rom-I-Verordnung) ebenfalls eine Sachnormverweisung angenommen wird. 9

§ 336 enthält – ebenso wie Art. 8 EuInsVO – keinen ausdrücklichen Hinweis darauf, dass die Vorschrift über die Insolvenzanfechtung (§ 339 bzw. Art. 13 EuInsVO) unberührt bleibt. Wie bei Art. 8 EuInsVO ist jedoch davon auszugehen, dass sich die Frage nach der Anfechtbarkeit weiterhin nach dem Recht bestimmt, das durch § 339 für anwendbar erklärt wird (vgl. noch Anh. I Art. 8 EuInsVO Rdn. 19).[13] 10

Im Übrigen stellen sich bei § 336 im Wesentlichen dieselben Auslegungsprobleme wie bei Art. 8 EuInsVO. Es kann deshalb zu den Einzelfragen auf die Kommentierung von Art. 8 EuInsVO verwiesen werden. 11

§ 337 Arbeitsverhältnis

Die Wirkungen des Insolvenzverfahrens auf ein Arbeitsverhältnis unterliegen dem Recht, das nach der Verordnung (EG) Nr. 593/2008 des Europäischen Parlaments und des Rates vom 17. Juni 2008 über das auf vertragliche Schuldverhältnisse anzuwendende Recht (Rom I) (ABl. L 177 vom 04.07.2008, S. 6) für das Arbeitsverhältnis maßgebend ist.

Auch § 337 stellt eine allseitig anwendbare Sonderkollisionsnorm dar, die die Anknüpfung an die *lex fori concursus* verdrängt. Inhaltlich entspricht § 337 vollständig Art. 10 EuInsVO. 1

---

7 Für eine Beschränkung auf Grundstücke und ihre wesentlichen Bestandteile Karsten Schmidt/*Brinkmann* Rn. 8.
8 MüKo-InsO/*Reinhart* Rn. 5.
9 RL 2001/24/EG des Europäischen Parlaments und des Rates vom 4. April 2001 über die Sanierung und Liquidation von Kreditinstituten (ABl. L 125 v. 05.05.2001, 15).
10 Vgl. dazu (mit Kritik an der deutschen Umsetzung) mit Blick auf Art. 19b und 19c der RL 2001/17/EG *Heiss/Gölz* NZI 2006, 1 (3).
11 MüKo-BGB/*Kindler* Rn. 1; a.A. FK-InsO/*Wenner*/Schuster Rn. 2; Mohrbutter/Ringstmeier/*Wenner* § 20 Rn. 261; MüKo-InsO/*Reinhart* Rn. 14; Uhlenbruck/*Lüer* Rn. 1.
12 Uhlenbruck/*Lüer* Rn. 1.
13 Uhlenbruck/*Lüer* Rn. 24.

§ 338 InsO Aufrechnung

2 § 337 ist wiederum vollumfänglich anwendbar, wenn es sich um ein Insolvenzverfahren nach Art. 1 Abs. 2 EuInsVO handelt (also um ein Insolvenzverfahren über Kreditinstitute, Versicherungsunternehmen, Wertpapierfirmen und Organismen für gemeinsame Anlagen), es sich um ein nicht in Anhang A zur EuInsVO aufgeführtes Insolvenzverfahren handelt oder wenn sich der COMI des Schuldners außerhalb der EU befindet. Daneben ist § 337 anwendbar, wenn zwar der Anwendungsbereich der EuInsVO an sich eröffnet ist, aber Art. 10 EuInsVO nicht eingreift, da für das Arbeitsverhältnis nach den Normen der Rom-I-VO – also nach Art. 8 Rom-I-VO – das Recht eines Drittstaats maßgeblich ist (vgl. wiederum Anh. I Art. 4 EuInsVO Rdn. 10 ff.).

3 Da § 337 im Übrigen inhaltlich vollumfänglich Art. 10 EuInsVO entspricht,[1] kann auf die dortige Kommentierung verwiesen werden.

§ 338 Aufrechnung

Das Recht eines Insolvenzgläubigers zur Aufrechnung wird von der Eröffnung des Insolvenzverfahrens nicht berührt, wenn er nach dem für die Forderung des Schuldners maßgebenden Recht zur Zeit der Eröffnung des Insolvenzverfahrens zur Aufrechnung berechtigt ist.

1 § 338 enthält eine weitere Abweichung von der *lex fori concursus*. Die Vorschrift verbessert die Stellung des Gläubigers. Ist eine Aufrechnung nach der *lex fori concursus* nicht möglich, so kann sie dennoch wirksam erklärt werden, wenn sie nach dem für die Forderung des insolventen Schuldners (Hauptforderung; Passivforderung) maßgeblichen Recht zulässig ist. Inhaltlich entspricht § 338 im Übrigen vollständig Art. 6 EuInsVO; zugleich wurden Vorgaben umgesetzt, die sich in den RL über die Sanierung und Liquidation der Kreditinstitute und Versicherungsunternehmen befanden.[1]

2 Anwendbar ist § 338 wiederum dann, wenn es sich um ein Verfahren nach Art. 1 Abs. 2 EuInsVO bzw. um ein nicht in Anhang A zur EuInsVO aufgeführtes Verfahren handelt oder der COMI des Schuldners außerhalb der EU liegt. Daneben ist § 338 auch dann anwendbar, wenn die Hauptforderung dem Recht eines Drittstaates untersteht. Art. 6 EuInsVO regelt selbst nur den Fall, dass die Hauptforderung dem Recht eines Mitgliedstaates unterliegt. Dies ergibt sich zwar nicht aus dem Wortlaut des Art. 6 EuInsVO, aber eindeutig aus dem Bericht von *Virgós/Schmit*.[2] Damit besteht trotz der Eröffnung des Anwendungsbereichs der EuInsVO wiederum die Möglichkeit, ergänzend eine Norm aus dem autonomen nationalen Kollisionsrecht heranzuziehen (vgl. § 335 Rdn. 17 ff. und ausf. Anh. I Art. 4 EuInsVO Rdn. 10 ff.).

3 Inhaltlich stellen sich bei § 338 dieselben Fragen wie bei Art. 6 EuInsVO. § 338 ist, da Art. 6 EuInsVO nach dem Willen des Gesetzgebers in das autonome deutsche Insolvenzkollisionsrecht »übernommen« werden sollte,[3] so auszulegen wie Art. 6 EuInsVO. Auch wenn nur Art. 6 Abs. 2 EuInsVO ausdrücklich darauf verweist, dass die Vorschriften über die Insolvenzanfechtung unberührt bleiben und bei § 338 der entsprechende klarstellende Hinweis fehlt, ist bei § 338 nicht anders zu entscheiden. Für die Anfechtung finden daher § 335 und § 339 Anwendung.[4] Für die übrigen Fragen wird auf die Kommentierung von Art. 6 EuInsVO verwiesen.

---

1 BT-Drucks. 15/16, 18.
1 BT-Drucks. 15/16, 19: Art. 23 der RL 2001/24/EG und Art. 22 der RL 2001/17/EG.
2 *Virgós/Schmit* Bericht Rn. 93.
3 BT-Drucks. 15/16, 18.
4 Gottwald/*Gottwald/Kolmann* § 132 Rn. 74.

§ 339 Insolvenzanfechtung

Eine Rechtshandlung kann angefochten werden, wenn die Voraussetzungen der Insolvenzanfechtung nach dem Recht des Staats der Verfahrenseröffnung erfüllt sind, es sei denn, der Anfechtungsgegner weist nach, dass für die Rechtshandlung das Recht eines anderen Staats maßgebend und die Rechtshandlung nach diesem Recht in keiner Weise angreifbar ist.

§ 339 enthält eine allseitig anwendbare Kollisionsnorm für die Insolvenzanfechtung, die die Anknüpfung an die *lex fori concursus* zwar nicht vollständig verdrängt, aber doch wesentlich modifiziert. Grds. entscheidet die *lex fori concursus* darüber, ob eine Rechtshandlung anfechtbar ist. § 339 sieht eine Wirksamkeit der nach der *lex fori concursus* anfechtbaren Rechtshandlung vor, wenn sie dem Recht eines anderen Staates untersteht und nach diesem Recht in keiner Weise angreifbar ist. Bei § 339 handelt es sich damit um eine den Gläubiger schützende kollisionsrechtliche **Vertrauensschutzvorschrift**.[1] Sie führt zu einer Anwendung des dem Gläubiger günstigeren Rechts.

Anwendbar ist § 339 wiederum dann, wenn es sich um ein Verfahren nach Art. 1 Abs. 2 EuInsVO bzw. ein nicht in Anhang A zur EuInsVO aufgeführtes Insolvenzverfahren handelt oder der COMI des Schuldners außerhalb der EU liegt. Daneben ist § 339 auch dann anwendbar, wenn für die anzufechtende Handlung nicht das Recht eines Mitgliedstaates, sondern das Recht eines Drittstaates einschlägig ist. Der Bericht zum EuInsÜ weist ausdrücklich darauf hin, dass Art. 13 EuInsVO in diesem Fall nicht einschlägig ist – da sich die Vorschrift auf das Recht der Mitgliedstaaten beschränkt – und deshalb eine die Anknüpfung nach Art. 4 EuInsVO ergänzende Anwendung nationalen Kollisionsrechts möglich ist.[2]

Aus der Begründung zum Gesetzesentwurf ergibt sich, dass § 339 inhaltlich mit Art. 13 EuInsVO unmittelbar übereinstimmen soll.[3] Sie dient der Umsetzung von Richtlinienbestimmungen, die mit Art. 13 EuInsVO praktisch identisch sind.[4] Zwar weicht § 339 im Wortlaut z.T. von Art. 13 EuInsVO ab. Art. 13 EuInsVO bezieht sich dem Wortlaut nach nicht nur auf die Anfechtung einer Rechtshandlung, sondern stellt allgemeiner auf eine die Gesamtheit der Gläubiger benachteiligende Handlung ab und erfasst – über Art. 4 Abs. 2 Buchst. m) EuInsVO – damit auch nationale Regelungen, die nicht (nur) eine Anfechtbarkeit, sondern eine Nichtigkeit der Handlung ipso iure vorsehen. Die Beschränkung des § 339 auf die Anfechtung lässt sich dadurch erklären, dass der deutsche Gesetzgeber die §§ 129 ff. vor Augen hatte; im Lichte von Art. 13 EuInsVO ist § 339 jedoch weit auszulegen und nicht auf Anfechtungsregeln i.e.S. zu beschränken.

Bei der Insolvenzanfechtungsklage handelt es sich um ein Annexverfahren, für das sich im Anwendungsbereich der EuInsVO die **internationale Zuständigkeit** aus Art. 3 EuInsVO ergibt (s. näher Anh. I Art. 1 EuInsVO Rdn. 20 ff.; Anh. I Art. 3 EuInsVO Rdn. 132 ff.; zur örtlichen Zuständigkeit vgl. Anh. II Art. 102 EGInsO § 1 Rdn. 13 ff.). Außerhalb des Anwendungsbereichs der EuInsVO gilt das nationale Zuständigkeitsrecht. In Deutschland sind also die §§ 12 ff. ZPO einschlägig; die Vorschrift des § 3 InsO regelt ausdrücklich nur die Zuständigkeit der Insolvenzgerichte und nicht diejenige der Streitgerichte.[5]

---

1 Braun/*Liersch*/*Tashiro* Rn. 1; MüKo-BGB/*Kindler* Rn. 1; *Uhlenbruck*/*Lüer* Rn. 1; HK-InsO/*Stephan* Rn. 2; *Liersch* NZI 2003, 302 (305); abw. (Sachnorm) Andres/Leithaus/*Dahl* Rn. 3; Kübler/Prütting/Bork/*Kemper*/*Paulus* Rn. 2.
2 *Virgós*/*Schmit* Bericht Rn. 93.
3 BT-Drucks. 15/16, 19.
4 Art. 30 der RL 2001/24/EG und Art. 24 der RL 2001/17/EG.
5 BGH 20.12.2012, IX ZR 130/10, ZIP 2013, 374 (Rn. 13); a.A. MüKo-BGB/*Kindler* Rn. 8.

§ 340 Organisierte Märkte. Pensionsgeschäfte

(1) Die Wirkungen des Insolvenzverfahrens auf die Rechte und Pflichten der Teilnehmer an einem organisierten Markt nach § 2 Abs. 5 des Wertpapierhandelsgesetzes unterliegen dem Recht des Staats, das für diesen Markt gilt.

(2) Die Wirkungen des Insolvenzverfahrens auf Pensionsgeschäfte im Sinne des § 340b des Handelsgesetzbuchs sowie auf Schuldumwandlungsverträge und Aufrechnungsvereinbarungen unterliegen dem Recht des Staats, das für diese Verträge maßgebend ist.

(3) Für die Teilnehmer an einem System im Sinne von § 1 Abs. 16 des Kreditwesengesetzes gilt Absatz 1 entsprechend.

1 § 340 enthält mehrere von der Anknüpfung an die *lex fori concursus* abweichende Sonderanknüpfungen. Abs. 1 enthält eine Sonderanknüpfung für die Rechte und Pflichte der Teilnehmer an Geschäften, die über einen organisierten Markt nach § 2 V WpHG abgewickelt werden. Mit Abs. 1 wurden verschiedene Richtlinienvorgaben umgesetzt.[1] Mit der Regelung soll vermieden werden, dass Finanzmärkte durch die Insolvenz eines Teilnehmers beeinträchtigt werden; sie dient also dem Verkehrs- und Vertrauensschutz.

2 Organisierter Markt ist nach § 2 Abs. 5 WpHG ein durch staatliche Stellen genehmigtes, geregeltes und überwachtes multilaterales System, das die Interessen einer Vielzahl von Personen am Kauf und Verkauf von dort zum Handel zugelassenen Finanzinstrumenten innerhalb des Systems und nach festgelegten Bestimmungen in einer Weise zusammenbringt oder das Zusammenbringen fördert, die zu einem Vertrag über den Kauf dieser Finanzinstrumente führt. Abs. 1 entspricht Art. 9 Abs. 1 EuInsVO.[2] Allerdings dürfte Art. 9 Abs. 1 EuInsVO keinen nennenswerten eigenen Anwendungsbereich haben, da insoweit der Ausschluss nach Art. 1 Abs. 2 EuInsVO einschlägig ist.

3 Abs. 2 enthält eine Sonderanknüpfung für Pensionsgeschäfte i.S.v. § 340b HGB, für Schuldumwandlungsverträge und für Aufrechnungsvereinbarungen. Auch hierdurch werden verschiedene Richtlinienbestimmungen umgesetzt.[3] Unter »Aufrechnungsvereinbarungen« sind sog. Netting-Vereinbarungen zu verstehen,[4] also finanzmarkttypische Verrechnungsformen, bei der diverse Zahlungsströme und -ansprüche auf einen Saldobetrag zurückgeführt werden.[5] Die Sonderanknüpfung nach Abs. 2 soll gewährleisten, dass die Parteien bei Abschluss der entsprechenden Vereinbarung sicher vorhersehen können, welches Recht im Falle der Insolvenz eines Vertragspartners anwendbar ist.[6] Soweit das anwendbare Recht durch Rechtswahl bestimmt worden ist, ist diese – über Abs. 2 – mittelbar auch für das anwendbare Insolvenzrecht relevant.[7] Aus Abs. 2 kann demgegenüber nicht hergeleitet werden, dass sich die Wirksamkeit der zwischen den Parteien vereinbarten close-out-Netting-Regelung in der Insolvenz ausschließlich nach den Bestimmungen des jeweiligen Netting-Agreements richtet.[8] Auf etwaige Aufrechnungsvereinbarungen, die in Netting-Vereinbarungen enthalten sein können, ist nach verbreiteter Auffassung noch ergänzend § 338 anzuwenden.[9]

---

1 Art. 27 der RL 2001/24/EG und Art. 23 der RL 2001/17/EG.
2 Kübler/Prütting/Bork/*Kemper/Paulus* Rn. 1; HK-InsO/*Stephan* Rn. 1.
3 Art. 25 und 26 der RL 2001/24/EG; vgl. FK-InsO/*Werner/Schuster* Rn. 1; Kübler/Prütting/Bork/*Kemper/Paulus* Rn. 7, 11; Uhlenbruck/*Lüer* Rn. 2.
4 BT-Drucks. 15/16, 20.
5 FK-InsO/*Wenner/Schuster* Rn. 11.
6 FK-InsO/*Werner*/Schuster Rn. 14; Leonhardt/Smid/Zeuner/*Smid* Rn. 6.
7 *Ehricke* WM 2006, 2109 (2111) spricht deshalb von einer »(mittelbaren) Rechtswahlklausel«.
8 *Ehricke* WM 2006, 2109 (2111); a.A. *Schneider* GdS Bosch (2006), 197 (211).
9 *Liersch* NZI 2003, 302 (305); *v. Wilmowsky* WM 2002, 2264 (2277).

Abs. 3 schreibt eine entsprechende Anwendung von Abs. 1 für die Teilnehmer an einem System i.S.v. § 1 Abs. 16 KWG (Zahlungssysteme) vor.[10] Auch im Insolvenzfall richten sich daher alle Pflichten und Rechte des Teilnehmers an dem System nach dem Recht, das für das System gilt.

§ 341 Ausübung von Gläubigerrechten

(1) Jeder Gläubiger kann seine Forderungen im Hauptinsolvenzverfahren und in jedem Sekundärinsolvenzverfahren anmelden.

(2) Der Insolvenzverwalter ist berechtigt, eine in dem Verfahren, für das er bestellt ist, angemeldete Forderung in einem anderen Insolvenzverfahren über das Vermögen des Schuldners anzumelden. Das Recht des Gläubigers, die Anmeldung abzulehnen oder zurückzunehmen, bleibt unberührt.

(3) Der Verwalter gilt als bevollmächtigt, das Stimmrecht aus einer Forderung, die in dem Verfahren, für das er bestellt ist, angemeldet worden ist, in einem anderen Insolvenzverfahren über das Vermögen des Schuldners auszuüben, sofern der Gläubiger keine anderweitige Bestimmung trifft.

§ 341 stellt eine **Sachnorm** dar, die das bestehende deutsche Insolvenzrecht ergänzt. Abs. 1 und Abs. 2 beziehen sich auf die Befugnis, Forderungen in verschiedenen Haupt- und Sekundärinsolvenzverfahren anzumelden. Abs. 3 enthält eine weitergehende Regelung zur Ausübung von Stimmrechten durch den Haupt- oder Sekundärinsolvenzverwalter.

Abs. 1 entspricht inhaltlich dem vorrangig anwendbaren Art. 32 Abs. 1 EuInsVO. Die Vorschrift des autonomen deutschen Insolvenzrechts ist nur anwendbar, wenn es sich um ein Verfahren nach Art. 1 Abs. 2 EuInsVO oder ein nicht in Anhang A zur EuInsVO aufgeführtes Insolvenzverfahren handelt. Daneben ist § 341 anwendbar, wenn in einem Drittstaat ein im Inland anzuerkennendes Hauptinsolvenzverfahren eröffnet wurde und in Deutschland nach Maßgabe von § 354 ein Partikularverfahren stattfindet. Schließlich ist § 341 noch anwendbar, wenn in Deutschland ein Hauptinsolvenzverfahren und in einem Drittstaat ein in Deutschland anzuerkennendes Partikularverfahren eröffnet worden ist. Umstritten ist noch, ob Art. 32 Abs. 1 EuInsVO auch für die Anmeldung von Forderungen durch Gläubiger aus Drittstaaten gilt. Dies dürfte aufgrund der Regelung in Art. 39 EuInsVO zu verneinen sein. Die EuInsVO überlässt die Frage, ob Gläubiger, die weder ihren gewöhnlichen Aufenthalt noch ihren Wohnsitz oder Sitz in einem Mitgliedstaat haben, zur Anmeldung befugt sind, dem nationalen Recht der Mitgliedstaaten (vgl. Anh. I Art. 32 EuInsVO Rdn. 5). Damit ist Abs. 1 auch in diesem Fall anwendbar.

§ 341 ist nur für die Anmeldung von Forderungen in Deutschland relevant. Aufgrund ihrer systematischen Stellung könnte sich die Vorschrift auch auf die Anmeldung von Forderungen in einem Drittstaat beziehen.[1] Aus Sicht des betroffenen Drittstaats ist jedoch i.d.R. die dortige *lex fori concursus* anzuwenden; § 341 findet daher in einem ausländischen Verfahren regelmäßig keine Beachtung.[2] Inhaltlich entspricht Abs. 1 im Übrigen Art. 32 Abs. 1 EuInsVO; es wird daher für Einzelheiten auf die Kommentierung dieser Vorschrift verwiesen.

Für Abs. 2 gilt hinsichtlich der Anwendungsvoraussetzungen Entsprechendes. Die Norm findet nur Anwendung, wenn es sich um ein Verfahren nach Art. 1 Abs. 2 EuInsVO handelt bzw. ein nicht in Anhang A zur EuInsVO aufgeführtes Insolvenzverfahren oder der dargestellte Drittstaatenbezug besteht. Praktisch ist die Norm für die Anmeldebefugnis ausländischer Insolvenzverwalter im Inland relevant; denn insoweit gilt gem. § 335 die deutsche *lex fori concursus*, nicht das Recht des Staates,

---

10 Durch die Vorschrift wird Art. 8 der RL 98/26/EG v. 19.05.1998 über die Wirksamkeit von Abrechnungen in Zahlungs- sowie Wertpapier und -abrechnungssystemen (ABlEG Nr. L 166/45 v. 11.06.1998) umgesetzt.
1 Vgl. dazu Uhlenbruck/*Lüer* Rn. 2.
2 MüKo-InsO/*Reinhart* Rn. 7; a.A. Uhlenbruck/*Lüer* Rn. 2; Andres/Leithaus/*Dahl* Rn. 2 f.; Kübler/Prütting/Bork/*Kemper/Paulus* Rn. 2.

in dem der ausländische Verwalter bestellt worden ist.³ Für die Anmeldebefugnis von Verwaltern, die in Deutschland bestellt worden sind, in einem ausländischen Haupt- oder Sekundärinsolvenzverfahren ist Abs. 2 demgegenüber ohne praktische Bedeutung; denn insoweit gilt die ausländische *lex fori concursus*.⁴ Inhaltlich ist die Norm Art. 32 Abs. 2 EuInsVO nachgebildet; für Einzelheiten kann daher auf die Kommentierung des Art. 32 Abs. 2 EuInsVO verwiesen werden.

5 Abs. 3 ist demgegenüber in jedem inländischen Insolvenzverfahren anzuwenden. Zwar existiert in der EuInsVO mit Art. 32 Abs. 3 EuInsVO auch hier eine einschlägige Norm. Nach Art. 32 Abs. 3 EuInsVO hat der Verwalter das Recht, an dem anderen Verfahren »wie ein Gläubiger« mitzuwirken. Nach dem Bericht zum EuInsÜ enthält Art 32 Abs. 3 EuInsVO aber keine abschließende Regelung, sondern setzt nur einen Mindeststandard, den die Mitgliedstaaten – auch für Verfahren, die an sich der EuInsVO unterfallen – näher ausfüllen können. Die Regelung der Mitwirkungsbefugnisse im Einzelnen – unter Einschluss der Stimmrechte – sei daher durch das einzelstaatliche Recht der Mitgliedstaaten vorzunehmen.⁵ Von praktischer Relevanz ist die Norm für ausländische Insolvenzverwalter, die im Inland das Stimmrecht der Gläubiger ausüben wollen, denn für die Stimmrechtsausübung in einem inländischen Verfahren gilt die deutsche *lex fori concursus* (§ 335). Wird ein in Deutschland bestellter Verwalter demgegenüber in einem ausländischen Verfahren tätig, gilt für seine Stimmrechtsausübung die dortige *lex fori concursus*.⁶

6 Abs. 3 konkretisiert Art. 32 Abs. 3 EuInsVO dahingehend, dass der ausländische Verwalter als bevollmächtigt gilt, das Stimmrecht aus einer Forderung, die in dem ausländischen Verfahren, für das er bestellt ist, angemeldet worden ist, in einem deutschen Verfahren über das Vermögen des Schuldners auszuüben. Voraussetzung ist natürlich, dass das ausländische Insolvenzverfahren und die Bestellung des Verwalters in Deutschland anerkannt werden. Der Insolvenzverwalter kann das Stimmrecht nur unter den Voraussetzungen ausüben, wie es auch dem Gläubiger zugestanden hätte. Es gelten auch also insb. die Voraussetzungen von § 77 InsO.⁷

7 Dem Gläubiger bleibt aber die Möglichkeit, eine andere Bestimmung zu treffen. Insb. hat er die Möglichkeit, selbst an der Gläubigerversammlung teilzunehmen. In diesem Fall gilt das Vertretungsrecht des Insolvenzverwalters nicht.⁸ Daneben kann er auch dem Verwalter gegenüber eine ablehnende Auffassung deutlich machen.⁹ Auch in diesem Fall erlischt die Vertretungsbefugnis des Verwalters.

8 Abs. 3 bezieht sich nur auf Forderungen, die der Verwalter selbst angemeldet hat. Insoweit gilt dasselbe wie bei Art. 32 Abs. 3 EuInsVO (vgl. Anh. I Art. 32 EuInsVO Rdn. 19).

§ 342 Herausgabepflicht. Anrechnung

(1) Erlangt ein Insolvenzgläubiger durch Zwangsvollstreckung, durch eine Leistung des Schuldners oder in sonstiger Weise etwas auf Kosten der Insolvenzmasse aus dem Vermögen, das nicht im Staat der Verfahrenseröffnung belegen ist, so hat er das Erlangte dem Insolvenzverwalter herauszugeben. Die Vorschriften über die Rechtsfolgen einer ungerechtfertigten Bereicherung gelten entsprechend.

---

3 Abw. MüKo-InsO/*Reinhart* Rn. 11 (die Befugnisse eines ausländischen Verwalters seien gem. § 355 nach dem Recht des ausländischen Verfahrensstaates zu überprüfen).
4 Wiederum abw. MüKo-InsO/*Reinhart* Rn. 10 (ob allerdings das ausländische Insolvenzverfahren die Anmeldebefugnis des inländischen Insolvenzverwalters anerkennt, sei zusätzlich durch das ausländische Insolvenzgericht bzw. der für die Anmeldung zuständigen Stelle auf Grund der dortigen Anerkennungsregeln und Kollisionsnormen zu prüfen).
5 *Virgós/Schmit* Bericht Rn. 240.
6 Wiederum anders MüKo-InsO/*Reinhart* Rn. 19 (die Vorschrift gelte nur für den inländischen Verwalter).
7 BT-Drucks. 15/16, 20 f.
8 BT-Drucks. 15/16, 21.
9 BT-Drucks. 15/16, 21.

(2) Der Insolvenzgläubiger darf behalten, was er in einem Insolvenzverfahren erlangt hat, das in einem anderen Staat eröffnet worden ist. Er wird jedoch bei den Verteilungen erst berücksichtigt, wenn die übrigen Gläubiger mit ihm gleichgestellt sind.

(3) Der Insolvenzgläubiger hat auf Verlangen des Insolvenzverwalters Auskunft über das Erlangte zu geben.

Übersicht	Rdn.		Rdn.
A. Überblick	1	C. Anrechnungsregel (Abs. 2)	5
B. Herausgabepflicht (Abs. 1)	2	D. Auskunftsanspruch (Abs. 3)	7

A. Überblick

§ 342 dient der Sicherung der Gläubigergleichbehandlung (par conditio creditorum) auch in internationalen Fällen. Abs. 1 bezieht sich auf den Fall, dass sich ein Gläubiger nach Eröffnung des Verfahrens in einem anderen Staat durch Maßnahmen der Einzelzwangsvollstreckung oder auf sonstige Weise – insb. durch Leistungen des Schuldners – Sondervorteile verschafft hat. Der Gläubiger hat das Erlangte nach den Vorschriften über die ungerechtfertigte Bereicherung herauszugeben. Abs. 2 bezieht sich auf den Fall, dass ein Gläubiger seine Forderung in einem ausländischen Verfahren angemeldet und dort eine Quote erzielt hat. Zwar hat dieser Gläubiger das Erlangte nicht an den Insolvenzverwalter herauszugeben. Allerdings muss er sich das Erlangte im inländischen Verfahren anrechnen lassen. Er wird bei der Verteilung des Erlöses erst berücksichtigt, wenn die ihm dort rechtlich gleichgestellten Gläubiger die gleiche Quote erhalten haben, welche ihm bereits durch den Auslandserwerb zugeflossen ist. Abs. 3 sichert die vorstehenden Absätze durch einen Auskunftsanspruch des Insolvenzverwalters ab; der Insolvenzverwalter erlangt aufgrund der Auskunft Kenntnis darüber, was er von dem Gläubiger nach Abs. 1 herausverlangen kann bzw. welcher Betrag nach Abs. 2 bei der Verteilung anzurechnen ist. 1

B. Herausgabepflicht (Abs. 1)

Inhaltlich entspricht Abs. 1 weitgehend Art. 20 Abs. 1 EuInsVO. Abs. 1 gilt in Verfahren, die nach Art. 1 Abs. 2 EuInsVO aus dem Anwendungsbereich der EuInsVO ausgeschlossen bzw. nicht in Anhang A zur EuInsVO aufgeführt sind; daneben gilt die Vorschrift dann, wenn der COMI des Schuldners außerhalb der EU bzw. in Dänemark liegt. Zu berücksichtigen ist aber ferner, dass sich Art. 20 Abs. 1 EuInsVO dem Wortlaut nach nur auf den Fall bezieht, dass der Gläubiger aus einem Gegenstand befriedigt worden ist, »der in einem anderen Mitgliedstaat belegen« war. Möchte man nicht, wie in der Literatur vertreten, Art. 20 Abs. 1 EuInsVO in diesem Fall entsprechend anwenden,[1] so ist ergänzend auf den (inhaltlich weitgehend identischen) Abs. 1 zurückzugreifen.[2] Als Sachnorm ist Abs. 1 im Übrigen nur für inländische Insolvenzverfahren von praktischer Relevanz; im Falle von ausländischen Verfahren gilt die dortige *lex fori concursus*. 2

Ein inhaltlicher Unterschied zwischen Abs. 1 und Art. 20 Abs. 1 EuInsVO besteht hinsichtlich des Anspruchsumfangs. Anders als Art. 20 Abs. 1 EuInsVO enthält Abs. 1 nicht nur die allgemeine Aussage, dass das Erlangte herauszugeben ist. Vielmehr wird in Abs. 1 Satz 2 – konkretisierend – auf die Vorschriften über ungerechtfertigte Bereicherung verwiesen. Damit wird auch ein Entreicherungseinwand (§ 818 Abs. 3 BGB) zugelassen.[3] Geschützt werden hierdurch vor allem die Gläubiger, die in Unkenntnis der Verfahrenseröffnung im Ausland eine (Teil-)Befriedigung erlangt haben.[4] 3

---

1 Rauscher/*Mäsch* Art. 20 EuInsVO Rn. 9.
2 MüKo-InsO/*Reinhart* Rn. 6.
3 Kübler/Prütting/Bork/*Kemper/Paulus* Rn. 11; Leonhardt/Smid/Zeuner *Smid* Rn. 5; Uhlenbruck/*Lüer* Rn. 12.
4 BT-Drucks. 15/16, 21.

4 Fraglich ist insoweit, ob Abs. 1 Satz 2 auch (ergänzend) zur Anwendung gelangen kann, wenn ansonsten Art. 20 Abs. 1 EuInsVO einschlägig ist. Nach herrschender Lehre ist dies nicht möglich; vielmehr sei Art. 20 Abs. 1 EuInsVO bzgl. der Rechtsfolgen verordnungsautonom auszulegen bzw. fortzubilden.[5] Geht man demgegenüber davon aus, dass die EuInsVO keine abschließende Regelung über den genauen Umfang des Herausgabeanspruchs trifft, kann Abs. 1 Satz 2 auch im Anwendungsbereich der EuInsVO herangezogen werden.

C. Anrechnungsregel (Abs. 2)

5 Abs. 2 entspricht inhaltlich Art. 20 Abs. 2 EuInsVO. Auch wenn Art. 20 Abs. 2 EuInsVO ausdrücklich auf die Gläubiger »gleichen Ranges« abstellt und Abs. 2 nur unspezifisch auf die »übrigen Gläubiger« abstellt, ist ausweislich der Begründung zum Gesetzentwurf ein Vergleich der »rechtlich gleichgestellten« Gläubiger vorzunehmen.[6]

6 Abs. 2 kommt uneingeschränkt auf inländische Verfahren zur Anwendung, wenn es sich um ein von Art. 1 Abs. 2 EuInsVO erfasstes Verfahren bzw. ein nicht in Anhang A zur EuInsVO aufgeführtes Insolvenzverfahren handelt oder wenn der COMI des Schuldners außerhalb der EU liegt. Nach teilweise vertretener Auffassung setzt Art. 20 Abs. 2 EuInsVO zudem voraus, dass die Quote in dem Verfahren eines anderen Mitgliedstaates erlangt worden ist.[7] Soweit man dem folgt, ist dann, wenn die Befriedigung in einem Drittstaat erlangt wurde, auch im Anwendungsbereich der EuInsVO wiederum ergänzend auf den (inhaltsgleichen) Abs. 2 zurückzugreifen.[8] Für Einzelheiten zur Berechnung wird auf die Kommentierung von Art. 20 Abs. 2 EuInsVO verwiesen.

D. Auskunftsanspruch (Abs. 3)

7 Abweichend von Art. 20 EuInsVO enthält Abs. 3 die ausdrückliche Regelung, dass der Insolvenzverwalter vom Gläubiger Auskunft über das Erlangte verlangen kann. Durch die Auskunft wird er in die Lage versetzt, das Erlangte nach Abs. 1 herauszuverlangen oder nach Abs. 2 eine konsolidierte Quotenbilanz zu erstellen. Der Anspruch ist nach allgemeinen Regeln einklagbar.[9] Da ansonsten die Abwicklung des Verfahrens verzögert werden kann, dürfte der Auskunftsanspruch auch im Wege der einstweiligen Verfügung durchsetzbar sein.[10]

8 Die EuInsVO sieht einen entsprechenden Auskunftsausspruch nicht ausdrücklich vor. Denkbar erscheint, einen derartigen Auskunftsausspruch (ergänzend) aus dem Sinn von Art. 20 EuInsVO abzuleiten. Folgt man dem nicht, so ist wiederum auch im Anwendungsbereich der EuInsVO ergänzend auf Abs. 3 zurückzugreifen.[11]

9 Im Anwendungsbereich der EuInsVO folgt die internationale Zuständigkeit für die Geltendmachung des Anspruchs aus Art. 3 EuInsVO (vgl. dazu Anh. I Art. 1 EuInsVO Rdn. 20 ff.; Anh. I Art. 3 EuInsVO Rdn. 132 ff.; zur örtlichen Zuständigkeit s. Anh. II Art. 102 EGInsO § 1 Rdn. 13 ff.). Es handelt sich um ein Annexverfahren, das auch hinsichtlich der internationalen Zuständigkeit von der EuInsVO erfasst wird. Soweit der sachliche Anwendungsbereich der EuInsVO nicht gegeben ist, richtet sich die Zuständigkeit nach dem autonomen Recht der Mitgliedstaaten, in Deutschland also nach den §§ 12 ff. ZPO.

---

5 Braun/*Liersch*/*Tashiro* Rn. 21; a.A. Rauscher/*Mäsch* Art. 20 EuInsVO Rn. 10.
6 BT-Drucks. 15/16, 21.
7 *Duursma-Kepplinger*/*Duursma*/*Chalupsky* Art. 20 EuInsVO Rn. 31; wohl auch FK-InsO/*Wenner*/*Schuster* Art. 20 EuInsVO Rn. 16; abw. Rauscher/*Mäsch* Art. 20 EuInsVO Rn. 18; Gebauer/Wiedmann/*Haubold* Art. 20 EuInsVO Rn. 181; MüKo-InsO/*Reinhart* Art. 20 EuInsVO Rn. 15.
8 FK-InsO/*Wenner*/*Schuster* Rn. 10.
9 MüKo-InsO/*Reinhart* Rn. 23; Uhlenbruck/*Lüer* Rn. 20; Braun/*Liersch*/*Tashiro* Rn. 19.
10 FK-InsO/*Wenner*/*Schuster* Rn. 11.
11 MüKo-BGB/*Kindler* Rn. 12.

Zweiter Abschnitt Ausländisches Insolvenzverfahren

§ 343 Anerkennung

(1) Die Eröffnung eines ausländischen Insolvenzverfahrens wird anerkannt. Dies gilt nicht,
1. wenn die Gerichte des Staats der Verfahrenseröffnung nach deutschem Recht nicht zuständig sind;
2. soweit die Anerkennung zu einem Ergebnis führt, das mit wesentlichen Grundsätzen des deutschen Rechts offensichtlich unvereinbar ist, insbesondere soweit sie mit den Grundrechten unvereinbar ist.

(2) Absatz 1 gilt entsprechend für Sicherungsmaßnahmen, die nach dem Antrag auf Eröffnung des Insolvenzverfahrens getroffen werden, sowie für Entscheidungen, die zur Durchführung oder Beendigung des anerkannten Insolvenzverfahrens ergangen sind.

Übersicht	Rdn.		Rdn.
A. Überblick	1	2. Ordre public, Abs. 1 Nr. 2	22
B. Anerkennung ausländischer Eröffnungsbeschlüsse, Abs. 1	6	3. Kein Gegenseitigkeitserfordernis	27
		IV. Positive Kompetenzkonflikte	28
I. Anwendungsbereich	6	C. Anerkennung ausländischer Nebenentscheidungen	31
II. Ausländisches Insolvenzverfahren	8		
III. Anerkennungshindernisse	13	D. Anerkennung deutscher Entscheidungen in Drittstaaten	37
1. Fehlende Anerkennungszuständigkeit, Abs. 1 Nr. 1	13		

A. Überblick

§ 343 stellt eine der zentralen Normen des autonomen deutschen internationalen Insolvenzrechts dar. Abs. 1 statuiert den Grundsatz, dass der Beschluss über die Eröffnung eines ausländischen Insolvenzverfahrens im Inland anerkannt wird. Die **Anerkennung** geschieht automatisch kraft Gesetzes, d.h. es bedarf für die Anerkennung keiner konstitutiven inländischen Entscheidung. Abs. 2 formuliert den Grundsatz der automatischen Anerkennung gleichsam für Sicherungsmaßnahmen, die nach dem Antrag auf Eröffnung des Insolvenzverfahrens getroffen worden sind, sowie für Nebenentscheidungen zur Durchführung und Beendigung des Insolvenzverfahrens. Von der Anerkennung derartiger Sicherungsmaßnahmen und Nebenentscheidungen abzugrenzen ist jedoch deren **Vollstreckung** im Inland; hierfür gilt § 353, der die Vollstreckung im Inland an den vorherigen Erlass eines inländischen Vollstreckungsurteils knüpft. 1

Über die Wirkungen der Anerkennung hat man in der Literatur, was ihre rechtsdogmatische Einordnung im Detail anbelangt, noch keine vollständige Einigkeit erzielt. Im Ausgangspunkt besteht eine Anerkennung darin, dass Wirkungen, die dem Eröffnungsbeschluss oder der sonstigen (Neben-)Entscheidung im Staat der Verfahrenseröffnung zukommen, auf das Inland erstreckt werden (sog. **Theorie der Wirkungserstreckung**).[1] Gehen diese Wirkungen weiter als die Wirkungen einer entsprechenden inländischen Entscheidung, werden sie nach verbreiteter Ansicht allerdings nur insoweit anerkannt, als sie ihrer Art nach dem inländischen (deutschen) Recht bekannt sind (Kumulationstheorie).[2] 2

Zu ermitteln ist daher, welche Wirkungen dem Eröffnungsbeschluss im Staat der Verfahrenseröffnung zukommen. Dasselbe gilt für anzuerkennende Sicherungsmaßnahmen sowie für Entscheidungen zur Durchführung und Beendigung des Verfahrens. Nach dem Recht des Eröffnungsstaates richtet sich auch, ob bestimmte Wirkungen bereits mit dem Erlass der Entscheidung oder erst mit ihrer **Rechtskraft** eintreten. Erzeugt eine Entscheidung bereits vor ihrer Rechtskraft Wirkungen, werden 3

---

[1] MüKo-InsO/*Reinhart* Art. 17 EuInsVO Rn. 3 ff.; Leonhardt/Smid/Zeuner/*Smid* Art. 17 EuInsVO Rn. 5.
[2] MüKo-InsO/*Reinhart* Art. 17 EuInsVO Rn. 4.

auch diese Wirkungen ins Inland hinein erstreckt.³ Erzeugt die Entscheidung demgegenüber erst mit ihrer Rechtskraft Wirkungen, tritt die Wirkungserstreckung auch erst mit diesem Zeitpunkt ein. Letzteres kann insb. bei gestaltenden Entscheidungen der Fall sein, etwa bei einer gerichtlichen Bestätigung eines Insolvenzplanes.⁴ Schließlich ist auch nach dem Recht des Eröffnungsstaates zu beurteilen, ob der Eröffnungsbeschluss oder die Entscheidung überhaupt grenzüberschreitende Wirkungen haben soll.⁵ Erzeugt eine Entscheidung bereits vor ihrer Rechtskraft Rechtswirkungen, und wird diese Entscheidung später auf ein Rechtsmittel hin aufgehoben, so richten sich die Wirkungen dieser Aufhebung und die (Rest-)Wirkungen der ursprünglichen Entscheidung ebenfalls nach dem Recht des Staates der Verfahrenseröffnung. Dieses Recht entscheidet z.B. darüber, ob den Beteiligten ein Vertrauensschutz – etwa im Hinblick auf vom Verwalter zwischenzeitlich vorgenommene Handlungen – gewährt wird oder nicht.⁶

4 Eine Anerkennung nach § 343 setzt selbstverständlich voraus, dass es sich bei der ausländischen Entscheidung um die Eröffnung eines Insolvenzverfahrens, eine Sicherungsmaßnahme bzw. eine insolvenzrechtliche Nebenentscheidung handelt. Im Übrigen scheidet eine Anerkennung nach § 343 nur unter zwei Voraussetzungen aus, nämlich dann, wenn die Gerichte des Staates der Verfahrenseröffnung nach deutschem Recht nicht zuständig sind (sog. fehlende Anerkennungszuständigkeit, Abs. 1 Nr. 1) oder wenn ein ordre public-Verstoß vorliegt (Abs. 1 Nr. 2). Wird die ausländische Entscheidung im Inland nicht anerkannt, hat sie hier keinerlei Wirkung.

5 Abs. 1 stellt die Parallelregelung zu Art. 16 EuInsVO dar. Art. 16 EuInsVO enthält allerdings nicht das Anerkennungshindernis der fehlenden Anerkennungszuständigkeit; der Anerkennung kann grds nur der ordre public entgegengehalten werden (Art. 26 EuInsVO). Bei Abs. 2 handelt es sich um eine Parallelvorschrift zu Art. 25, 26 EuInsVO.

B. Anerkennung ausländischer Eröffnungsbeschlüsse, Abs. 1

I. Anwendungsbereich

6 Abs. 1 ist zunächst dann anwendbar, wenn es sich um ein Verfahren in einem anderen Mitgliedstaat handelt, das zwar nicht in **Anhang A zur EuInsVO** aufgeführt wird, aber unabhängig davon die Merkmale eines Insolvenzverfahrens erfüllt. Die EuInsVO steht hier einer Anerkennung eines solchen Verfahrens nach dem autonomen Recht der Mitgliedstaaten nicht entgegen. Ferner ist § 343 Abs. 1 dem Grund nach anwendbar, wenn es sich um ein Verfahren in einem anderen Mitgliedstaat handelt, das nach Art. 1 Abs. 2 EuInsVO aus dem sachlichen Anwendungsbereich der EuInsVO ausgeschlossen wird.⁷ Allerdings ist zu berücksichtigen, dass hier im deutschen Recht Sondervorschriften bestehen, die ihrerseits § 343 verdrängen. So bestimmt § 46e Abs. 1 Satz 2 KWG, dass in den Fällen, in denen ein anderer Staat des Europäischen Wirtschaftsraums Herkunftsstaat eines **Einlagenkreditinstituts** ist und dort das Insolvenzverfahren über das Vermögen dieses Instituts eröffnet wird, das Verfahren ohne Rücksicht auf die Voraussetzungen des § 343 Abs. 1 InsO anerkannt wird. Parallel dazu bestimmt § 88 Abs. 1a Satz 2 VAG, dass dann, wenn in einem Mitglied- oder Vertragsstaat ein Insolvenzverfahren über das Vermögen eines **Versicherungsunternehmens** eröffnet wird, das Verfahren ohne Rücksicht auf die Voraussetzungen des § 343 Abs. 1 InsO anerkannt wird.

7 Vor allem ist zu berücksichtigen, dass sich Art. 16 EuInsVO generell nur auf die Anerkennung von Eröffnungsbeschlüssen in anderen Mitgliedstaaten (außer Dänemark) bezieht. Dementsprechend bleibt nationales Recht für die Anerkennung von **Eröffnungsbeschlüssen aus Drittstaaten** und Dänemark anwendbar. Hierin liegt der wichtigste Anwendungsbereich des § 343. Jedenfalls theoretisch ist

---

3 MüKo-InsO/*Reinhart* Rn. 33 ff.
4 MüKo-InsO/*Reinhart* Rn. 34.
5 Vgl. BGH 14.11.1996, IX ZR 339/95, BGHZ 134, 79 (82) = NJW 1997, 524 zu einem norwegischen (Zwangs-)Vergleich.
6 MüKo-InsO/*Reinhart* Rn. 36.
7 HK-InsO/*Stephan* Vor §§ 335 ff. Rn. 19; Kübler/Prütting/Bork/*Kemper/Paulus* Rn. 3.

es denkbar, dass die Voraussetzungen des Abs. 1 auch dann erfüllt sind, wenn sich der COMI des Schuldners innerhalb der EU befindet. Dies gilt deshalb, weil bei Prüfung der Anerkennungszuständigkeit (Abs. 1 Nr. 1) nicht auf Art. 3 EuInsVO, sondern auf das nationale Zuständigkeitsrecht – und damit insb. auf den mit Art. 3 EuInsVO nicht völlig inhaltsgleichen – § 3 abzustellen ist (vgl. Rdn. 13 ff.). So kann etwa eine Anerkennungszuständigkeit dann gegeben sein, wenn sich zwar der COMI des Schuldners in der EU befindet, sein Wohnsitz (§ 3 Abs. 1 Satz 1 InsO i.V.m. § 13 ZPO) aber in dem Drittstaat besteht, der das Verfahren eröffnet hat. Eine Anerkennung eines Drittstaatenverfahrens mit daraus resultierender Anwendung der §§ 335 ff. birgt bei Bestehen eines Schuldner-COMI in der EU allerdings die Gefahr, dass der Anwendungsvorrang der EuInsVO missachtet wird. Dementsprechend sollte als ungeschriebene Anwendungsvoraussetzung des Abs. 1 hinzutreten, dass sich – die Fälle des Art. 1 Abs. 2 EuInsVO bzw. der Nichtaufnahme des Verfahrens in Anhang A zur EuInsVO ausgenommen – der COMI des Schuldners außerhalb der EU befindet. Größere praktische Bedeutung kommt dieser ungeschriebenen Anwendungsvoraussetzung aber nicht zu, da bei einem Schuldner-COMI innerhalb der EU, wie dargelegt, in den meisten Fällen (wenn eben auch nicht zwangsläufig) jedenfalls die Anerkennungszuständigkeit nach Abs. 1 Nr. 1 zu verneinen ist.

II. Ausländisches Insolvenzverfahren

Grundvoraussetzung für die Anerkennung nach Abs. 1 ist weiter, dass es sich um die Entscheidung über die Eröffnung eines »Insolvenzverfahrens« handelt. Anders als die EuInsVO sieht das autonome deutsche Recht keine weitere Präzisierung dahingehend vor, wann ein ausländisches Verfahren als Insolvenzverfahren zu qualifizieren ist. Nach der Begründung zum Gesetzentwurf ist darauf abzustellen, ob das Verfahren in etwa die gleichen Ziele wie die Verfahren der Insolvenzordnung verfolgt. Als Orientierung könnten dabei die in den Anhängen A und B der EuInsVO aufgezählten Verfahren herangezogen werden.[8] Daraus ist zu folgern, dass auch Verfahren, die neben der Gläubigerbefriedung – ggf. sogar vornehmlich – Sanierungszwecken dienen, grds als Insolvenzverfahren i.S.d. Abs. 1 qualifiziert und damit als solche anerkannt werden können; denn auch derartige Verfahren werden grds von der EuInsVO als Insolvenzverfahren angesehen (s. Anh. I Art. 1 EuInsVO Rdn. 3).[9] Soweit der Anwendungsbereich der EuInsVO, wie vom Vorschlag zu einer Änderung der EuInsVO[10] vorgesehen (siehe Vorbem. Art. 1 EuInsVO Rdn. 26), erweitert werden sollte – und sodann u.a. eindeutig auch auf Vorinsolvenzverfahren anwendbar sein sollte –, dürfte dies auch auf die Auslegung von Abs. 1 ausstrahlen. 8

Ein Insolvenzverfahren nach § 343 setzt nicht zwingend voraus, dass das entsprechende Verfahren von einem Gericht eröffnet oder kontrolliert wird. Vielmehr kann nach der Begründung zum Gesetzentwurf unter das Tatbestandsmerkmal »Gericht« in Abs. 1 Nr. 1 jede Stelle subsumiert werden, die befugt ist, ein Insolvenzverfahren zu eröffnen oder im Laufe des Verfahrens Entscheidungen zu treffen.[11] Auch insoweit wird eine Übereinstimmung mit dem sachlichen Anwendungsbereich der EuInsVO – und der dort in Art. 2 Buchst. d) enthaltenen weiten Definition des »Gerichts« – angestrebt. 8a

Nach dem BGH und dem BAG ist dementsprechend auch das Verfahren nach Kapitel 11 des US-amerikanischen Bankruptcy Code nach Maßgabe von § 343 anerkennungsfähig. Dieses Verfahren diene nicht nur der Sanierung, sondern auch dem gesetzlichen Zweck der gemeinschaftlichen Befriedigung der Gläubiger.[12] Dass der Schuldner im amerikanischen Reorganisationsverfahren prinzipiell 9

---

8 BT-Drucks. 15/16, 21; krit. dazu allerdings *Brinkmann* IPRax 2011, 143 (144 f.).
9 MüKo-InsO/*Reinhart* Rn. 11.
10 Vorschlag für eine Verordnung des Europäischen Parlaments und des Rates zur Änderung der Verordnung (EG) Nr. 1346/2000 des Rates über Insolvenzverfahren (COM(2012) 744 final).
11 BT-Drucks. 15/16, 21.
12 BGH 13.10.2009, X ZR 79/06, NZI 2009, 859 = ZZP 123 (2010), 243 m. zust. Anm. *Paulus* und zust. Bespr. *Podewils* ZInsO 2010, 209 und Bespr. *Hergenröder/Gotzen* DZWIR 2010, 273; BAG 27.02.2007, 3 AZR 618/06, NZI 2008, 122 (123); ebenso OLG Frankfurt 20.02.2007, 5 U 24/05, ZIP 2007, 932.

§ 343 InsO   Anerkennung

die Verwaltungs- und Verfügungsbefugnis behalte und ein Verwalter (»trustee«) nur ausnahmsweise ernannt werde, stehe der Qualifikation als Insolvenzverfahren ebenfalls nicht entgegen; dies ergebe sich u.a. daraus, dass auch im deutschen Recht eine Eigenverwaltung vorgesehen sei.[13]

10 Nicht nach Maßgabe von § 343 anerkennungsfähig ist nach Auffassung des BGH das **Solvent Scheme of Arrangement** nach dem englischen Recht.[14] Hierfür spricht nach dem BGH unter anderem, dass die Verfahrenseröffnung im Falle des Scheme of Arrangement an keine tatbestandlichen Voraussetzungen gebunden sei und folglich keinen Insolvenztatbestand erfordere; es beziehe auch nicht alle Gläubiger in die Regelung mit ein. Das Solvent Scheme of Arrangement sei daher letztlich als bloßer Vergleich zwischen einem Unternehmen und seinen Gläubigern oder einer Gruppe von Gläubigern aufzufassen.[15] Der BGH hat sich in der Tendenz dafür ausgesprochen, die gerichtliche Genehmigung des Vergleichs als Entscheidung i.S.d. Art. 32 EuGVVO anzusehen – da das Verfahren die von Art. 32 EuGVVO vorausgesetzten »kontradiktorischen Züge« aufweise – und damit nach der EuGVVO anzuerkennen;[16] in concreto konnte der BGH die Entscheidung dieser Frage aber offenlassen, da der Sonderfall einer Versicherungssache gegeben war und der Anerkennung, weil die Bestimmungen über die Zuständigkeit in Versicherungssachen nicht gewahrt worden waren, die Art. 8, 12 Abs. 1, 35 EuGVVO entgegenstanden. In der Literatur wird die Anwendbarkeit der EuGVVO auf das Solvent Scheme of Arrangement allerdings weiterhin in Zweifel gezogen.[17] Aktuell ist das Solvent Scheme of Arrangement nicht nach der EuInsVO anzuerkennen, da es nicht in Anhang A zur Verordnung aufgeführt ist; sollte der sachliche Anwendungsbereich der EuInsVO – wie geplant[18] – auf Vorinsolvenzverfahren erstreckt werden, könnte allerdings auch das Scheme of Arrangement in den Anhang A und damit in den sachlichen Anwendungsbereich der EuInsVO aufgenommen werden (s. Vorbem. Art. 1 EuInsVO Rdn. 26).

11 Derzeit unbesetzt

12 Anzuerkennen sind nicht nur ausländische Hauptinsolvenzverfahren, sondern auch **ausländische Partikularverfahren**, also solche Verfahren, deren Wirkungen sich auf das Aktivvermögen des Eröffnungsstaates beschränken. Zwar sind solche Partikularverfahren aus deutscher Sicht weniger bedeutsam als ausländische Hauptinsolvenzverfahren. Andererseits sind sie keineswegs ohne jedwede Relevanz. Denkbar ist etwa, dass ein Insolvenzverwalter eines ausländischen Partikularverfahrens im Inland tätig wird, um Gegenstände zurückzuholen, die nach Eröffnung aus dem Eröffnungsstaat nach Deutschland verbracht wurden. Vor allem aber beschränkt ein anzuerkennendes ausländisches

---

13 BAG 27.02.2007, 3 AZR 618/06, NZI 2008, 122 (123); OLG Frankfurt 20.02.2007, 5 U 24/05, ZIP 2007, 932; HK-InsO/*Stephan* Rn. 6.
14 BGH 15.02.2012, IV ZR 194/09, NJW 2012, 2113; als Vorinstanz OLG Celle 08.09.2009, 8 U 46/09, ZIP 2009, 1968 m. Bespr. *Petrovic* ZInsO 2010, 265 (betr. eine Regelung zwischen einem Versicherungsunternehmen und bestimmten Gruppen seiner Versicherungsnehmer) und *Paulus* ZIP 2011, 177; aus der Lit. auch *Mankowski* WM 2011, 1201 (1202); *Laier* GWR 2011, 252 (254); a.A. LG Rottweil 17.05.2010, 3 O 2/08, ZIP 2010, 1964. Aus der englischen Rspr s. noch High Court of Justice, Chancery Division London 06.05.2011, (2011) EWHC 1104 (Ch), ZIP 2011, 1017.
15 BGH 15.02.2012, IV ZR 194/09, NJW 2012, 2113 (Rn. 23) mit zust. Anm. *Weyer* VersR 2012, 605; insoweit zust. auch *Lüke/Scherz* ZIP 2012, 1101 (1104 f.); aus der Lit. vor der Entscheidung des BGH siehe etwa noch *Mankowski* WM 2011, 1201 (1202); *Laier* GWR 2011, 252 (254).
16 BGH 15.02.2012, IV ZR 194/09, NJW 2012, 2113 (Rn. 26); ähnlich wie hier die Interpretation des BGH bei *Schröder/Fischer* BB 2012, 1563; auch *Weyer* VersR 2012, 605 (607); hierfür dezidiert (»natürlich«) *Paulus* NZI 2012, 428 (429); zuvor bereits für diese Lösung *Mankowski* WM 2011, 1201 (1204 ff.); *ders*. EWiR 2009, 711 (712); *Eidenmüller/Frobenius* WM 2011, 1210 (1271); *Laier* GWR 2011, 252 (254); *Schaloske* VersR 2009, 23 (26 ff.); *Petrovic* ZInsO 2010, 265 (267 ff.); a.A. OLG Celle 08.09.2009, 8 U 46/09, ZIP 2009, 1968 (Vorinstanz); *Gebler* NZI 2010, 665 (668).
17 Ausf. gegen eine Anerkennung nach der EuGVO und auch nach § 328 ZPO weiterhin *Lüke/Scherz* ZIP 2012, 1101 (1107 ff.); nach *Cranshaw* (DZWIR 2012, 223 (225 f.) bleibt die Frage einstweilen ungeklärt.
18 Vorschlag für eine Verordnung des Europäischen Parlaments und des Rates zur Änderung der Verordnung (EG) Nr. 1346/2000 des Rates über Insolvenzverfahren (COM(2012) 744 final).

Partikularverfahren die Verwaltungs- und Verfügungsbefugnis eines nachfolgend in Deutschland eingesetzten Hauptinsolvenzverwalters. Dieser kann, soweit das ausländische Partikularverfahren anzuerkennen ist, grds nicht auf das im ausländischen Staat belegene Vermögen zugreifen.[19]

III. Anerkennungshindernisse

1. Fehlende Anerkennungszuständigkeit, Abs. 1 Nr. 1

Eine Anerkennung des ausländischen Eröffnungsbeschlusses scheidet nach Abs. 1 Nr. 1 aus, wenn die Gerichte des Staats der Verfahrenseröffnung nach deutschem Recht nicht zuständig sind (sog. Anerkennungshindernis der fehlenden Anerkennungszuständigkeit). Die Vorschrift folgt dem Vorbild des § 328 Abs. 1 Nr. 1 ZPO und des § 109 Abs. 1 Nr. 1 FamFG. 13

Es ist vollständig zu überprüfen, ob das ausländische Gericht auch bei Anwendung der deutschen Vorschriften über die internationale Zuständigkeit seine Zuständigkeit bejaht hätte (sog. Spiegelbildprinzip). Zweck der Regelung ist es, einer übermäßig in Anspruch genommenen (»exorbitanten«) Zuständigkeit entgegenzuwirken. 14

Ob das ausländische Gericht nach den Maßstäben des deutschen Rechts international zuständig gewesen wäre, richtet sich nicht nach der EuInsVO, sondern nach dem unvereinheitlichten autonomen Zuständigkeitsrecht.[20] In Deutschland wird die internationale Zuständigkeit, soweit es keine besonderen Bestimmungen zur internationalen Zuständigkeit gibt, aus den Vorschriften über die örtliche Zuständigkeit hergeleitet (vgl. § 335 Rdn. 7). Für Hauptinsolvenzverfahren sind daher § 3 sowie – für den besonderen Fall der Nachlassinsolvenz – § 315 anzuwenden. 15

Nach § 3 Abs. 1 Satz 2 kommt es in erster Linie darauf an, wo sich der Mittelpunkt einer selbständigen wirtschaftlichen Tätigkeit des Schuldners befindet. Übt der Schuldner eine solche selbständige wirtschaftliche Tätigkeit aus, und liegt der Mittelpunkt dieser Tätigkeit nicht in dem Staat, der das Insolvenzverfahren eröffnet hat, ist das ausländische Verfahren in Deutschland nicht anzuerkennen. Liegt keine selbständige wirtschaftliche Tätigkeit nach § 3 Abs. 1 Satz 2 vor, ist ersatzweise auf den allgemeinen Gerichtsstand des Schuldners abzustellen. Es ist also vornehmlich zu fragen, wo sich – bei Anwendung der deutschen Vorschriften – bei natürlichen Personen der Wohnsitz (§ 13 ZPO) bzw. bei juristischen Personen usw. der Sitz (§ 17 Abs. 1 Satz 1 ZPO) befand. 16

Soweit im Ausland lediglich ein Partikularverfahren eröffnet worden ist – also ein Verfahren, das sich den Wirkungen nach auf das im Eröffnungsstaat belegene Aktivvermögen beschränkt –, so ist im Rahmen der Anerkennungszuständigkeit § 354 (spiegelbildlich) anzuwenden. Eine Anerkennungszuständigkeit liegt also bereits dann vor, wenn sich in dem Staat eine Niederlassung oder sonstiges Vermögen befindet.[21] 17

Wird in dem betreffenden Staat ein Hauptinsolvenzverfahren eröffnet, obwohl keine Anerkennungszuständigkeit nach § 3, sondern nur eine Anerkennungszuständigkeit nach § 354 für ein Partikularverfahren besteht, kommt nach der hier vertretenen Auffassung eine Teilanerkennung in Betracht.[22] Das ausländische Verfahren ist nicht als Hauptinsolvenzverfahren, sondern – als »minus« dazu – als Partikularverfahren anzuerkennen. Das ausländische Verfahren steht damit im Ergebnis der Eröffnung eines inländischen Hauptinsolvenzverfahrens nicht entgegen; allerdings kann der im Inland eingesetzte Hauptinsolvenzverwalter grds nicht auf das im anderen Eröffnungsstaat belegene Vermögen zugreifen. 18

---

19 MüKo-InsO/*Reinhart* Rn. 16.
20 So auch (inzident) BT-Drucks. 15/16, 21; aus der Lit. etwa Karsten Schmidt/*Brinkmann* Rn. 11; a.A. MüKo-InsO/*Reinhart* Rn. 11 (Zuständigkeit nach Art. 3 EuInsVO reicht aus).
21 MüKo-InsO/*Reinhart* Rn. 16; Braun/*Liersch* Rn. 6; MüKo-BGB/*Kindler* Rn. 35; Andres/Leithaus/*Dahl* Rn. 2; Kübler/Prütting/Bork/*Kemper/Paulus* Rn. 1.
22 Wie hier MüKo-InsO/*Reinhart* Rn. 16.

19 Im Rahmen der spiegelbildlichen Anwendung von § 3 gelten auch die Grundsätze zu den sog »**Firmenbestattungen**«, also den Fällen, in denen die Geschäftsanteile einer insolvenzreifen GmbH nach Einstellung der werbenden Tätigkeit unter Einschaltung eines professionellen Bestatters auf einen Strohmann übertragen werden. Soweit hiernach der Tätigkeit des »Bestatters« keine zuständigkeitsbegründende Wirkung beigemessen wird,[23] gilt dies entsprechend auch im Rahmen der Anerkennungszuständigkeit.

20 Im Rahmen von Abs. 1 Nr. 1 wird nur die internationale Zuständigkeit geprüft; nicht relevant ist, ob das ausländische Gericht bei Anwendung der deutschen Normen auch örtlich zuständig gewesen wäre. Bei der Anerkennung eines in den USA eröffneten Verfahrens kommt es daher nur darauf an, ob bei Anwendung von § 3 eine Zuständigkeit in den USA gegeben war; nicht maßgeblich ist, ob bei Anwendung von § 3 auch die örtliche Zuständigkeit bei dem Bundesstaat lag, in dem das Verfahren eröffnet worden ist.[24]

21 Fehlt es an einer Anerkennungszuständigkeit, entfaltet das ausländische Verfahren im Inland keine Wirkungen. Gläubigern steht es daher z.B. frei, ihre Ansprüche vor deutschen Gerichten einzuklagen und zu vollstrecken. Allerdings ist zu berücksichtigen, dass diese Vorgehensweise zu Sanktionen durch die – nach ihren Vorschriften international zuständigen – ausländischen Gerichten führen kann. So droht den Gläubigern etwa der sog. *contempt of the court* durch US-amerikanische Gerichte.[25] Insoweit kann es aus taktischen Gründen sinnvoll sein, das ausländische Insolvenzverfahren – auch wenn es im Inland nicht anerkannt wird – doch zu akzeptieren.

2. Ordre public, Abs. 1 Nr. 2

22 Wie nach Art. 26 EuInsVO scheidet auch nach Abs. 1 Nr. 2 eine Anerkennung aus, wenn diese zu einem Ergebnis führt, das mit wesentlichen Grundsätzen des deutschen Rechts offensichtlich unvereinbar ist (sog. ordre-public-Verstoß). Für Einzelheiten kann auf die Kommentierung von Art. 26 EuInsVO verwiesen werden.

23 Grds setzt der ordre-public-Verstoß einen gewissen **Inlandsbezug** voraus. Dieser Inlandsbezug ist jedenfalls dann gegeben, wenn einer der Beteiligten Deutscher ist oder er in Deutschland seinen gewöhnlichen Aufenthalt hat oder sich in Deutschland Vermögensgegenstände von erheblichem Wert befinden.[26]

24 Im Rahmen des anerkennungsrechtlichen ordre public können sowohl verfahrensrechtliche als auch materiell-rechtliche Umstände von Bedeutung sein. Praktische Bedeutung kommt vor allem der fehlenden Gewährung **rechtlichen Gehörs** zu. Ein ordre-public-Verstoß ist insbesondere dann anzunehmen, wenn eine Anhörung des Schuldners gänzlich unterblieben ist.[27] Nicht ausreichend für einen ordre-public-Verstoß ist, dass das ausländische Verfahren bei Schuldnerantrag ohne den Nachweis der hiesigen Insolvenzgründe eröffnet werden kann.[28]

---

23 S. OLG Schleswig 04.02.2004, 2 W 14/4, NZI 2004, 264; OLG Stuttgart 08.01.2009, 8 AR 32/08, NZG 2009, 393 (395); Andres/Leithaus/*Andres* § 3 Rn. 10; Uhlenbruck/*Pape* § 3 Rn. 12; Pape/Uhlenbruck/ Voigt-Salus Insolvenzrecht, § 13 Rn. 7.
24 BAG 27.02.2007, 3 AZR 618/06, NZI 2008, 122 (124); zur Parallelsituation bei § 328 Abs. 1 Nr. 1 ZPO siehe BGH 29.04.1999, IX ZR 263/97, BGHZ 141, 286.
25 *Gebler* NZI 2010, 665 (667).
26 FK-InsO/*Werner/Schuster* Rn. 22; Kübler/Prütting/Bork/*Kemper/Paulus* Rn. 19; Mohrbutter/Ringstmeier/*Wenner* § 20 Rn. 197.
27 Vgl. (zur EuInsVO) AG Düsseldorf 07.04.2004, 502 IN 124/03, ZIP 2004, 866; *Herchen* ZInsO 2004, 61 (64 f.); *Paulus* ZIP 2003, 1725 (1728 f.); ferner *Weller* IPRax 2004, 412 (417); *Duursma/Duursma-Kepplinger* DZWIR 2003, 447 (450).
28 OLG Frankfurt 20.02.2007, 5 U 24/05, ZIP 2007, 932 (934).

Dass die Gläubiger geringere Beteiligungsrechte haben als im deutschen Verfahren – oder durch be- 25
stimmte Verfahrensorgane vertreten werden –, begründet regelmäßig keinen ordre-public-Verstoß.[29]
Ein ordre-public-Verstoß liegt allerdings dann vor, wenn das ausländische Recht den Gläubigern, die
ihren Sitz usw. außerhalb des Eröffnungsstaates haben, die Teilnahme an dem Verfahren verweigert
oder sie sonst gegenüber inländischen Gläubigern diskriminiert.[30] Soweit es sich um ein ausländisches Hauptinsolvenzverfahren handelt, liegt die Wirkung des (anerkennungsrechtlichen) ordre
public darin, dass im Inland belegendes Vermögen nicht vom Vermögensbeschlag erfasst wird. In
einem nachfolgenden inländischen Verfahren ist sodann zu Lasten der Gläubiger, die in dem vorangegangenen ausländischen Verfahren eine (Teil-)Befriedigung erhalten haben, die Anrechnungsregel
des § 342 Abs. 2 zur Anwendung zu bringen.

Bei einem ordre-public-Verstoß kommt nach dem Wortlaut der Norm (»soweit«) auch eine nur **teil-** 26
weise Nichtanerkennung der ausländischen Eröffnungsentscheidung in Betracht. Zumeist wird eine
Teilanerkennung aber ausscheiden, da als anzuerkennende Wirkung der Vermögensbeschlag im Vordergrund steht. Verstößt die Anwendung von Normen der ausländischen *lex fori concursus* gegen den
ordre public, handelt es sich regelmäßig um eine Frage des materiellen ordre public, der – auch wenn
in den §§ 335 ff. anders als im EGBGB (vgl. Art. 6 EGBGB) kein allgemeiner ordre public-Vorbehalt aufgenommen wurde – auch im internationalen Insolvenzrecht bedeutsam werden kann (vgl.
§ 335 Rdn. 32 ff.).[31] Eine nur teilweise Anerkennung bzw. Nichtanerkennung erscheint i.e.S. etwa
dann denkbar, wenn der ordre-public-Verstoß darin besteht, dass bestimmte für den Schuldner ele-
mentar bedeutsame Gegenstände nicht vom Vermögensbeschlag ausgenommen werden (vgl. § 36).

3. Kein Gegenseitigkeitserfordernis

Weitere Voraussetzungen für die Anerkennung bestehen nicht. Insb. scheidet – anders als bei 27
§ 328 Abs. 1 Nr. 5 ZPO – die Anerkennung nicht deshalb aus, weil die Gegenseitigkeit nicht verbürgt ist.[32] Es ist also für die Anerkennung ohne Belang, dass ein entsprechender deutscher Eröffnungsbeschluss in dem Staat, der das Verfahren eröffnet hat, seinerseits nicht anerkannt würde.

IV. Positive Kompetenzkonflikte

§ 3 lässt es (ausnahmsweise) zu, dass mehrere Drittstaatengerichte für die Eröffnung eines Haupt- 28
insolvenzverfahrens zuständig sind. Denkbar ist etwa, dass der Schuldner mehrere selbständige Tätigkeiten ausübt, ohne dass ein Mittelpunkt festzustellen ist;[33] denkbar ist auch, dass der Schuldner über
mehrere Wohnsitze verfügt.[34] In Betracht kommt auch, dass bei Anwendung von § 3 sowohl deutsche Gerichte als auch Drittstaatengerichte grds zur Eröffnung eines Hauptinsolvenzverfahrens zuständig sind.

Eindeutig ist, dass lediglich ein Hauptinsolvenzverfahren durchzuführen ist; die parallele Durchfüh- 29
rung mehrerer Hauptinsolvenzverfahren scheidet aus. In der Literatur wird im Ausgangspunkt übereinstimmend die Anwendung des Prioritätsprinzips befürwortet.[35] Hierfür spricht der Wertungsein-
klang mit der EuInsVO; auch dort findet nach der Entscheidung des EuGH in Sachen »Eurofood«
das Prioritätsprinzip Anwendung (vgl. dazu Anh. I Art. 3 EuInsVO Rdn. 71 ff.).[36]

---

29 Andres/Leithaus/*Dahl* Rn. 18; zum französischen Recht MüKo-InsO/*Reinhart* Rn. 22.
30 Vgl. MüKo-BGB/*Kindler* Rn. 26.
31 Zutr. MüKo-InsO/*Reinhart* Rn. 42.
32 Kübler/Prütting/Bork/*Kemper/Paulus* Rn. 21; MüKo-InsO/*Reinhart* Rn. 32; Mohrbutter/Ringstmeier/
Wenner § 20 Rn. 201.
33 MüKo-InsO/*Reinhart* Rn. 32.
34 FK-InsO/*Wenner/Schuster* Rn. 16.
35 Kübler/Prütting/Bork/*Kemper/Paulus* Rn. 14; MüKo-InsO/*Reinhart* Rn. 13.
36 EuGH 02.05.2006, C-341/04, NZI 2006, 360 (361); MüKo-InsO/*Reinhart* Art. 3 EuInsVO Rn. 27 f.

30 Im autonomen deutschen Recht ist allerdings umstritten, ob es analog § 3 Abs. 2 darauf ankommen soll, bei welchem Gericht zuerst die Eröffnung des Verfahrens beantragt worden ist,[37] oder ob es auf den (späteren) Zeitpunkt der Verfahrenseröffnung ankommen soll.[38] Letzteres erscheint wenig überzeugend, da bei positiven Kompetenzkonflikten eine rasche Lösung anzustreben ist; überdies würde ein Abstellen auf den Eröffnungszeitpunkt dazu führen, dass deutsche Verfahren, denen ein vergleichsweise zeitaufwendiges Eröffnungsverfahren vorgeschaltet ist, häufig gegenüber ausländischen – schneller eröffneten – Verfahren zurücktreten müssten. Nach der hier vertretenen Auffassung ist daher einer entsprechenden Anwendung von § 3 Abs. 2 der Vorzug zu geben.[39]

C. Anerkennung ausländischer Nebenentscheidungen

31 Abs. 2 befasst sich mit der Anerkennung von Sicherungsmaßnahmen und von Entscheidungen, die zur Durchführung und Beendigung des anerkannten Insolvenzverfahrens ergangen sind. Die Vorschrift stellt eine Parallelvorschrift zu Art. 25 Abs. 1 Unterabs. 1 und Unterabs. 3 EuInsVO dar.

32 Der Begriff der Sicherungsmaßnahme ist zu verstehen wie in Art. 25 Abs. 1 Unterabs. 3 EuInsVO. Zu den von Abs. 2 erfassten Sicherungsmaßnahmen gehören u.a. der Erlass eines vorläufigen Verfügungsverbots sowie die Bestellung eines vorläufigen Insolvenzverwalters. Es kann sich hierbei auch um Sicherungsmaßnahmen handeln, die dem deutschen Recht unbekannt sind.[40] Eine Entscheidung zur Durchführung des Verfahrens (Durchführungsentscheidung) ist z.B. die Bestellung des Verwalters[41] sowie die sich aus dem Eröffnungsbeschluss ergebende Möglichkeit, die Herausgabevollstreckung gegen den Insolvenzschuldner zu betreiben (vgl. z.B. § 148). Dasselbe gilt ferner für Entscheidungen des ausländischen Insolvenzgerichts über die Auskunftsleistung, Verfahrensmitwirkung, Vorführung oder Verhaftung von Verfahrensbeteiligten sowie die Postsperre.[42] Eine Entscheidung über die Beendigung des Verfahrens (Beendigungsentscheidung) kann z.B. in der Aufhebung des Insolvenzverfahrens nach Vollzug der Schlussverteilung (vgl. § 200), der Einstellung mangels Masse (§ 207), der Einstellung wegen Wegfalls des Eröffnungsgrundes (§ 212) oder der Einstellung mit Zustimmung der Gläubiger (§ 213) liegen.[43] Erfasst wird auch die Entscheidung über die Ankündigung bzw. Gewährung einer Restschuldbefreiung[44] sowie die gerichtliche Bestätigung des Insolvenzplans (§ 248).[45] Beruht die Restschuldbefreiung bzw. die sonstige Forderungsmodifikation nicht auf einer konstitutiven gerichtlichen Entscheidung, ist demgegenüber keine »Anerkennung« vorzunehmen; maßgeblich ist dann – vorbehaltlich nur einer inländischen Überprüfung anhand des (materiellen) ordre public – die ausländische *lex fori concursus*.[46]

33 Auch im Falle einer Nebenentscheidung ist zu prüfen, ob die Anerkennungsverweigerungsgründe des Abs. 1 Nr. 1 (fehlende Anerkennungszuständigkeit) oder Nr. 2 (ordre public) gegeben sind. Ein ordre-public-Verstoß liegt bei einer Erteilung der **Restschuldbefreiung** nicht allein deshalb

---

37 So MüKo-InsO/*Reinhart* Rn. 13; *Graf* Die Anerkennung ausländischer Insolvenzentscheidungen, S. 300 f.; Mohrbutter/Ringstmeier/*Wenner* § 20 Rn. 61; FK-InsO/*Wenner/Schuster* Rn. 16.
38 So Kübler/Prütting/Bork/*Kemper/Paulus* Rn. 14; Braun/*Liersch/Tashiro* Rn. 9; Andres/*Leithaus/Dahl* Rn. 14; *Leipold* FS Henckel (1995), 533 (537).
39 FK-InsO/*Wenner/Schuster* Rn. 16; MüKo-InsO/*Reinhart* Rn. 13; a.A. Andres/Leithaus/*Dahl* Rn. 14; Kübler/Prütting/Bork/*Kemoer/Paulus* Rn. 14.
40 MüKo-InsO/*Reinhart* Rn. 47 (z.B. Verbot der Kündigung einzelner Dauerschuldverhältnissen wegen des Eröffnungsverfahrens).
41 MüKo-InsO/*Reinhart* Rn. 52; Kübler/Prütting/Bork/*Kemper/Paulus* Rn. 24.
42 Vgl. zur Vollstreckbarerklärung derartiger Entscheidungen BT-Drucks. 15/16, 24.
43 Kübler/Prütting/Bork/*Kemper/Paulus* Rn. 24.
44 Kübler/Prütting/Bork/*Kemper/Paulus* Rn. 24; FK-InsO/*Wenner/Schuster* Rn. 41.
45 Kübler/Prütting/Bork/*Kemper/Paulus* Rn. 24; MüKo-InsO/*Reinhart* Rn. 54; Mohrbutter/Ringstmeier/*Wenner* § 20 Rn. 207.
46 MüKo-InsO/*Reinhart* Rn. 54, 55; *Vallender* ZInsO 2009, 616 (618).

vor, weil diese nicht an eine Wohlverhaltensperiode geknüpft ist.[47] Hiervon zu unterscheiden ist die Frage, ob einer im Ausland erteilten Restschuldbefreiung die Anerkennung zu versagen ist, wenn der Schuldner diese durch eine **rechtsmissbräuchliche Verlegung seines Wohnsitzes** erlangt hat. Der BGH hat dies grds bezweifelt. Es sei schon im Allgemeinen zweifelhaft, ob die Wohnsitzverlegung in einen anderen Staat zu dem Zweck, unter erleichterten Bedingungen von Schulden befreit zu werden, als solche rechtsmissbräuchlich sei. Jedenfalls scheide ein Rechtsmissbrauch aus, wenn der Schuldner andere sachliche Gründe für die Wohnsitzverlegung gehabt habe (z.B. ein höheres Gehalt, wirksamerer Krankheitsschutz, geringere Steuerbelastung, höhere Lebensqualität).[48] Insoweit dürfte der Gedanke des Rechtsmissbrauchs im Rahmen der Restschuldbefreiung nur von eher untergeordneter Bedeutung sein. Hiervon streng zu unterscheiden sind die Fälle, in denen der Schuldner den Wohnsitzwechsel nur **simuliert** hat. In diesen Fällen ist die Anerkennungszuständigkeit nach Abs. 1 Nr. 1 zu verneinen.

Auch die Bestätigung eines Insolvenzplans kann gegen den ordre public verstoßen. Dies ist etwa dann anzunehmen, wenn bestimmte Gläubiger unbillig an der Mitwirkung gehindert wurden oder ohne sachlichen Grund erheblich schlechter gestellt werden als andere Gläubiger.[49] 34

Anders als Art. 25 EuInsVO bezieht sich Abs. 2 nicht auf die Anerkennung von Entscheidungen, die »unmittelbar auf Grund des Insolvenzverfahrens ergehen und in engem Zusammenhang damit stehen« (Art. 25 Abs. 1 Unterabs. 2). Abs. 2 bezieht sich maW nur auf »Nebenentscheidungen«, aber nicht auch – anders als die EuInsVO – auf **Annexentscheidungen** wie etwa Entscheidungen des Drittstaates über Insolvenzanfechtungsklagen (zum Begriff der Annexentscheidung vgl. näher Anh. I Art. 1 EuInsVO Rdn. 20 ff., 28 ff.). 35

Soweit es sich um die Annexentscheidung eines Drittstaates handelt, ist für die Anerkennung (soweit keine vorrangigen staatsvertraglichen Übereinkommen bestehen) auf § 328 ZPO zu rekurrieren.[50] Dies gilt unabhängig davon, ob diese Entscheidungen nach dem ausländischen Recht vom Insolvenzgericht erlassen werden – also das ausländische Recht eine sog. vis attractiva concursus vorsieht – oder nicht.[51] 36

D. Anerkennung deutscher Entscheidungen in Drittstaaten

Die Anerkennung deutscher Entscheidungen in Drittstaaten richtet sich nach den dort geltenden Anerkennungsregeln. Diese können im Einzelfall deutlich weniger anerkennungsfreundlich sein als § 343. Der in Deutschland eingesetzte Insolvenzverwalter kann sodann grds nicht auf das im Ausland belegene Vermögen zugreifen; es besteht die Gefahr, dass einzelne Gläubiger auf dieses Vermögen privilegiert zugreifen und damit die angestrebte Gleichbehandlung aller Gläubiger verfehlt wird. Die Herausgabepflicht nach § 342 Abs. 1 vermag hier nicht immer Abhilfe zu schaffen. Dies gilt jedenfalls dann, wenn der Insolvenzverwalter eine entsprechende Klage nicht im Inland, sondern nur im Ausland erheben könnte, er aber – da das deutsche Verfahren und seine Bestellung zum Verwalter in dem betreffenden Staat nicht anerkannt werden – dort nicht als prozessführungsbefugt angesehen wird. 37

---

47 MüKo-BGB/*Kindler* Rn. 25.
48 BGH 18.09.2001, IX ZB 51/00, NJW 2002, 960.
49 MüKo-BGB/*Kindler* Rn. 38; vgl. BT-Drucks. 12/2443, 241.
50 MüKo-InsO/*Reinhart* Rn. 57 ff.; Kübler/Prütting/Bork/*Kemper/Paulus* Rn. 26; BK-InsR/*Pannen* Rn. 30; Karsten Schmidt/*Brinkmann* Rn. 17 ff.
51 Kübler/Prütting/Bork/*Kemper/Paulus* Rn. 24.

§ 344 Sicherungsmaßnahmen

(1) Wurde im Ausland vor Eröffnung eines Hauptinsolvenzverfahrens ein vorläufiger Verwalter bestellt, so kann auf seinen Antrag das zuständige Insolvenzgericht die Maßnahmen nach § 21 anordnen, die zur Sicherung des von einem inländischen Sekundärinsolvenzverfahren erfassten Vermögens erforderlich erscheinen.

(2) Gegen den Beschluss steht auch dem vorläufigen Verwalter die sofortige Beschwerde zu.

1 Abs. 1 entspricht inhaltlich Art. 38 EuInsVO. Bzgl. der Einzelheiten und der mit der Vorschrift verbundenen offenen Fragen wird daher auf die Kommentierung von Art. 38 EuInsVO verwiesen. Wie bei Art. 38 EuInsVO wird vorausgesetzt, dass in Deutschland ein Sekundärinsolvenzverfahren stattfinden kann. Anders als bei Art. 38 EuInsVO bereitet dieses zusätzliche Erfordernis aber im Rahmen des autonomen deutschen Rechts keine besonderen Schwierigkeiten, da ein Sekundärinsolvenzverfahren – anders als in der EuInsVO – nicht nur dann zulässig ist, wenn im Inland eine Niederlassung des Schuldners gegeben ist (vgl. näher Anh. I Art. 38 EuInsVO Rdn. 6 ff.), sondern bereits dann, wenn sich (nur) Vermögen des Schuldners im Inland befindet.

2 Umstritten ist allerdings, ob im Rahmen von Abs. 1 dann, wenn sich die Zuständigkeit für das Sekundärinsolvenzverfahren auf die Belegenheit von Vermögen im Inland stützt, auch das besondere (Gläubiger-)Interesse nach § 354 Abs. 2 vom vorläufigen Verwalter glaubhaft gemacht werden muss.[1] Hiergegen spricht, dass ein Antrag nach Abs. 1 bereits dann zulässig ist, wenn ein Antrag eines Gläubigers auf Eröffnung eines Sekundärinsolvenzverfahrens noch gar nicht vorliegt und dass auch der Hauptinsolvenzverwalter bei bloßer Belegenheit von Vermögen im Inland nach § 356 Abs. 2 einen Antrag auf Eröffnung eines Sekundärinsolvenzverfahrens stellen kann, ohne ein Interesse nach § 354 Abs. 2 nachweisen zu müssen (vgl. § 356 Rdn. 3). Nach der hier vertretenen Auffassung reicht es daher aus, dass überhaupt Vermögen im Inland belegen ist.[2]

3 Der Anwendungsbereich des § 344 entspricht dem Anwendungsbereich des § 343. Die Vorschrift ist also anzuwenden, wenn es sich um ein Verfahren handelt, das nach Art. 1 Abs. 2 EuInsVO vom Anwendungsbereich der Verordnung ausgeschlossen bzw. nicht in Anhang A zur EuInsVO aufgeführt ist, oder wenn das Hauptinsolvenzverfahren nicht in einem anderen Mitgliedstaat (außer Dänemark), sondern in einem Drittstaat (unter Einschluss Dänemarks) eröffnet worden ist.

4 Abs. 2 räumt dem vorläufigen Insolvenzverwalter wegen der Bedeutung vorläufiger Sicherungsmaßnahmen für das inländische Vermögen des Schuldners auch das Recht zur sofortigen Beschwerde ein. Abs. 2 ist nach der Begründung zum Gesetzentwurf auch dann anwendbar, wenn im Übrigen der Anwendungsbereich der EuInsVO eröffnet ist.[3]

§ 345 Öffentliche Bekanntmachung

(1) Sind die Voraussetzungen für die Anerkennung der Verfahrenseröffnung gegeben, so hat das Insolvenzgericht auf Antrag des ausländischen Insolvenzverwalters den wesentlichen Inhalt der Entscheidung über die Verfahrenseröffnung und der Entscheidung über die Bestellung des Insolvenzverwalters im Inland bekannt zu machen. § 9 Abs. 1 und 2 und § 30 Abs. 1 Satz 1[1] gelten entsprechend. Ist die Eröffnung des Insolvenzverfahrens bekannt gemacht worden, so ist die Beendigung in gleicher Weise bekannt zu machen.

---

[1] So HK-InsO/*Stephan* Rn. 11.
[2] Wie hier Braun/*Liersch*/*Tashiro* Rn. 9; a.A. MüKo-BGB/*Kindler* Rn. 7 (es sei erforderlich, dass ein besonderes Gläubigerinteresse nicht von vornherein ausscheide).
[3] BT-Drucks. 15/16, 22.
[1] Durch das Gesetz zur Verkürzung des Restschuldbefreiungsverfahrens und zur Stärkung der Gläubigerrechte vom 15.07.2013 wird zum 01.07.2014 in Absatz 1 Satz 2 die Angabe »Satz 1« gestrichen.

(2) Hat der Schuldner im Inland eine Niederlassung, so erfolgt die öffentliche Bekanntmachung von Amts wegen. Der Insolvenzverwalter oder ein ständiger Vertreter nach § 13e Abs. 2 Satz 5 Nr. 3 des Handelsgesetzbuchs unterrichtet das nach § 348 Abs. 1 zuständige Insolvenzgericht.

(3) Der Antrag ist nur zulässig, wenn glaubhaft gemacht wird, dass die tatsächlichen Voraussetzungen für die Anerkennung der Verfahrenseröffnung vorliegen. Dem Verwalter ist eine Ausfertigung des Beschlusses, durch den die Bekanntmachung angeordnet wird, zu erteilen. Gegen die Entscheidung des Insolvenzgerichts, mit der die öffentliche Bekanntmachung abgelehnt wird, steht dem ausländischen Verwalter die sofortige Beschwerde zu.

Die Vorschrift ist Art. 21 EuInsVO sowie der Umsetzungsvorschrift des Art. 102 § 5 EGInsO nachgebildet. Für Einzelheiten wird auf die Kommentierung der genannten Vorschriften verwiesen. 1

Der Anwendungsbereich des § 345 entspricht dem Anwendungsbereich des § 344 (vgl. § 344 Rdn. 3). 2

§ 346 Grundbuch

(1) Wird durch die Verfahrenseröffnung oder durch Anordnung von Sicherungsmaßnahmen nach § 343 Abs. 2 oder § 344 Abs. 1 die Verfügungsbefugnis des Schuldners eingeschränkt, so hat das Insolvenzgericht auf Antrag des ausländischen Insolvenzverwalters das Grundbuchamt zu ersuchen, die Eröffnung des Insolvenzverfahrens und die Art der Einschränkung der Verfügungsbefugnis des Schuldners in das Grundbuch einzutragen:
1. bei Grundstücken, als deren Eigentümer der Schuldner eingetragen ist;
2. bei den für den Schuldner eingetragenen Rechten an Grundstücken und an eingetragenen Rechten, wenn nach der Art des Rechts und den Umständen zu befürchten ist, dass ohne die Eintragung die Insolvenzgläubiger benachteiligt würden.

(2) Der Antrag nach Absatz 1 ist nur zulässig, wenn glaubhaft gemacht wird, dass die tatsächlichen Voraussetzungen für die Anerkennung der Verfahrenseröffnung vorliegen. Gegen die Entscheidung des Insolvenzgerichts steht dem ausländischen Verwalter die sofortige Beschwerde zu. Für die Löschung der Eintragung gilt § 32 Abs. 3 Satz 1 entsprechend.

(3) Für die Eintragung der Verfahrenseröffnung in das Schiffsregister, das Schiffsbauregister und das Register für Pfandrechte an Luftfahrzeugen gelten die Absätze 1 und 2 entsprechend.

Der Anwendungsbereich des § 346 entspricht dem Anwendungsbereich des § 344 (vgl. § 344 Rdn. 3). 1

Die Vorschrift ist Art. 22 EuInsVO sowie der Umsetzungsvorschrift in Art. 102 § 6 EGInsO nachgebildet. Für Einzelheiten wird auf die Kommentierung der genannten Vorschriften verwiesen. Die gesamte Prüfung der kollisions- und insolvenzrechtlichen Voraussetzungen des beantragten Insolvenzvermerks, namentlich der Einordnung und Anerkennungsfähigkeit des ausländischen Verfahrens sowie der Auswirkungen auf die Verfügungsbefugnis des Schuldners, obliegt dabei allein dem Insolvenzgericht.[1] 2

§ 347 Nachweis der Verwalterbestellung. Unterrichtung des Gerichts

(1) Der ausländische Insolvenzverwalter weist seine Bestellung durch eine beglaubigte Abschrift der Entscheidung, durch die er bestellt worden ist, oder durch eine andere von der zuständigen Stelle ausgestellte Bescheinigung nach. Das Insolvenzgericht kann eine Übersetzung verlangen, die von einer hierzu im Staat der Verfahrenseröffnung befugten Person zu beglaubigen ist.

---

1 OLG Dresden 26.05.2010, 17 W 491/10, ZIP 2010, 2108.

§ 348 InsO Zuständiges Insolvenzgericht.

(2) Der ausländische Insolvenzverwalter, der einen Antrag nach den §§ 344 bis 346 gestellt hat, unterrichtet das Insolvenzgericht über alle wesentlichen Änderungen in dem ausländischen Verfahren und über alle ihm bekannten weiteren ausländischen Insolvenzverfahren über das Vermögen des Schuldners.

1 Abs. 1 ist Art. 19 EuInsVO nachgebildet;[1] der Anwendungsbereich des § 345 entspricht dem Anwendungsbereich des § 344 (vgl. § 344 Rdn. 3).

2 Abs. 2 ist Art. 18 der UNCITRAL-Modellbestimmungen über grenzüberschreitende Insolvenzverfahren nachgebildet. Der Verwalter, der sich an das Insolvenzgericht gewendet hat und zur Unterstützung seines Verfahrens einen Antrag nach §§ 344- 346 gestellt hat, hat seinerseits eine Informationspflicht gegenüber diesem Insolvenzgericht. Eine wesentliche Änderung i.S.d. Abs. 2 ist etwa dann anzunehmen, wenn das ausländische Verfahren beendet oder von einem Reorganisations- in ein Liquidationsverfahren umgewandelt wurde.[2] Eine wesentliche Änderung liegt schließlich auch vor, wenn der Verwalter aus seinem Amt entlassen wurde oder sich sonst seine Rechtsstellung geändert hat.[3] Die Informationen durch den Verwalter können für das Gericht Anlass sein, bereits getroffene Sicherungsmaßnahmen anzupassen oder aufzuheben.[4]

§ 348 Zuständiges Insolvenzgericht. Zusammenarbeit der Insolvenzgerichte

(1) Für die Entscheidungen nach den §§ 344 bis 346 ist ausschließlich das Insolvenzgericht zuständig, in dessen Bezirk die Niederlassung oder, wenn eine Niederlassung fehlt, Vermögen des Schuldners belegen ist. § 3 Abs. 2 gilt entsprechend.

(2) Sind die Voraussetzungen für die Anerkennung eines ausländischen Insolvenzverfahrens gegeben oder soll geklärt werden, ob die Voraussetzungen vorliegen, so kann das Insolvenzgericht mit dem ausländischen Insolvenzgericht zusammenarbeiten, insbesondere Informationen weitergeben, die für das ausländische Verfahren von Bedeutung sind.

(3) Die Landesregierungen werden ermächtigt, zur sachdienlichen Förderung oder schnelleren Erledigung der Verfahren durch Rechtsverordnung die Entscheidungen nach den §§ 344 bis 346 für die Bezirke mehrerer Insolvenzgerichte einem von diesen zuzuweisen. Die Landesregierungen können die Ermächtigungen auf die Landesjustizverwaltungen übertragen.

(4) Die Länder können vereinbaren, dass die Entscheidungen nach den §§ 344 bis 346 für mehrere Länder den Gerichten eines Landes zugewiesen werden. Geht ein Antrag nach den §§ 344 bis 346 bei einem unzuständigen Gericht ein, so leitet dieses den Antrag unverzüglich an das zuständige Gericht weiter und unterrichtet hierüber den Antragsteller.

1 Die Vorschrift regelt, welches Gericht für Entscheidungen über Anträge nach §§ 344–346 zuständig ist. §§ 344–346 setzen allesamt voraus, dass in Deutschland noch kein Sekundärinsolvenzverfahren beantragt worden ist. Abs. 1 beruft dementsprechend das Gericht, das nach Maßgabe von § 354 Abs. 3 für die Eröffnung eines Sekundärinsolvenzverfahrens zuständig wäre. Wie dort bestimmt sich der Begriff der Niederlassung nach den Maßstäben des Art. 2 Buchst. h) EuInsVO.[1] Bei positiven Kompetenzkonflikten gilt § 3 Abs. 2 entsprechend; dies bedeutet, dass das Gericht zuständig ist, bei dem der Antrag zuerst gestellt worden ist.[2]

---

1 S. zudem Art. 27 I der RL 2001/17/EG und Art. 28 I der RL 2001/24/EG.
2 MüKo-BGB/*Kindler* Rn. 8; HK-InsO/*Stephan* Rn. 10; bzgl. Verfahrensbeendigung: Braun/*Liersch* Rn. 6; FK-InsO/*Wenner/Schuster* Rn. 5.
3 MüKo-BGB/*Kindler* Rn. 8; Kübler/Prütting/Bork/*Kemper/Paulus* Rn. 9; FK-InsO/*Wenner/Schuster* Rn. 5.
4 MüKo-BGB/*Kindler* Rn. 8.
1 MüKo-BGB/*Kindler* Rn. 3; HK-InsO/*Stephan* Rn. 4; BK-InsR/*Pannen* Rn. 4; Leonhardt/Smid/Zeuner/*Smid* Rn. 2.
2 BT-Drucks. 15/16, 23.

Absatz 2 wurde durch das Gesetz zur weiteren Erleichterung der Sanierung von Unternehmen vom 07.12.2011 eingefügt.[3] Die Vorschrift möchte sicherstellen, dass die Insolvenzgerichte im Eröffnungsverfahren, insbesondere zur Vermeidung von Zuständigkeitskonflikten, zur Ermittlung der Vermögensverhältnisse und der Notwendigkeit von Sicherungsmaßnahmen sowie für die Durchführung der gerichtlichen Aufsichtspflicht, Informationen zum Zwecke der Koordination austauschen können.[4] Ihrer systematischen Stellung nach scheint die Vorschrift nur in solchen Verfahren anwendbar zu sein, in denen die §§ 344–346 einschlägig sind, also in Verfahren, die nach Art. 1 Abs. 2 EuInsVO vom Anwendungsbereich der Verordnung ausgeschlossen bzw. nicht in Anhang A zur EuInsVO aufgeführt sind, oder in Verfahren, die nicht in einem anderen Mitgliedstaat (außer Dänemark), sondern in einem Drittstaat (unter Einschluss Dänemarks) eröffnet worden ist. Die Begründung im Regierungsentwurf scheint demgegenüber von einer Anwendung der Vorschrift auch im Anwendungsbereich der EuInsVO auszugehen.[5]

1a

Die Abs. 3 und 4 erlauben eine Konzentration dieser Zuständigkeit auf bestimmte Gerichte. Durch Vereinbarung der Länder kann diese Konzentration auch über die Landesgrenzen hinweg erfolgen. Von diesen Ermächtigungen haben die Länder bisher jedoch noch keinen Gebrauch gemacht.[6]

2

Wird der Antrag bei einem unzuständigen Gericht gestellt, so darf der Antrag nicht einfach abgewiesen werden. Vielmehr ist der Antrag nach Abs. 4 Satz 2 von Amts wegen an das zuständige Gericht weiterzuleiten. Dies betrifft sowohl die Fälle einer fehlenden sachlichen als auch einer fehlenden örtlichen Zuständigkeit.[7] Damit kommt die Vorschrift ausländischen Insolvenzverwaltern entgegen; diesen wird es häufig schwer fallen, das zuständige Gericht zu ermitteln.[8]

3

Über seinen Wortlaut hinaus begründet § 348 keine Zuständigkeiten. Die Vorschrift betrifft z.B. nicht die Zuständigkeit für Rechtsbehelfe gegen Zwangsvollstreckungsmaßnahmen, die trotz einer ausländischen Insolvenz erfolgen.[9]

4

Die Entscheidung nach §§ 344–346 sind dem Richter vorbehalten; der Rechtspfleger ist hierfür nicht zuständig (§ 18 Abs. 1 Nr. 4 RPflG).[10]

5

§ 349 Verfügungen über unbewegliche Gegenstände

(1) Hat der Schuldner über einen Gegenstand der Insolvenzmasse, der im Inland im Grundbuch, Schiffsregister, Schiffsbauregister oder Register für Pfandrechte an Luftfahrzeugen eingetragen ist, oder über ein Recht an einem solchen Gegenstand verfügt, so sind die §§ 878, 892, 893 des Bürgerlichen Gesetzbuchs, § 3 Abs. 3, §§ 16, 17 des Gesetzes über Rechte an eingetragenen Schiffen und Schiffsbauwerken und § 5 Abs. 3, §§ 16, 17 des Gesetzes über Rechte an Luftfahrzeugen anzuwenden.

(2) Ist zur Sicherung eines Anspruchs im Inland eine Vormerkung im Grundbuch, Schiffsregister, Schiffsbauregister oder Register für Pfandrechte an Luftfahrzeugen eingetragen, so bleibt § 106 unberührt.

---

3 BGBl. I, 2582.
4 Gesetzentwurf der Bundesregierung, BT-Drucks. 17 5712, S. 43.
5 Gesetzentwurf der Bundesregierung, BT-Drucks. 17 5712, S. 43.
6 Braun/*Liersch* Rn. 5; FK-InsO/*Wenner*/*Schuster* Rn. 6.
7 MüKo-BGB/*Kindler* Rn. 8; HK-InsO/*Stephan* Rn. 10.
8 MüKo-BGB/*Kindler* Rn. 8.
9 *Mankowski* ZInsO 2007, 1324 (1328 f.); a.A. LG Kiel 15.02.2007, 4 T 12/07, ZInsO 2007, 1360.
10 Krit. dazu im Hinblick auf die Geschäfte nach § 345 und § 346 *Kellermeyer* Rpfleger 2003, 391 (392).

§ 350 InsO   Leistung an den Schuldner

1 Abs. 1 stellt die Parallelvorschrift zu Art. 14 EuInsVO dar. Sie enthält wiederum eine Ausnahme von der Anknüpfung an die *lex fori concursus*. Die Norm beschränkt sich auf die Verfügung über Rechte an inländischen Grundstücken oder an im Inland eingetragenen Schiffen oder Schiffsbauwerken. Abweichend von § 335 kommt es für den gutgläubigen, von der Beschlagnahme unbeeinflussten Erwerb auf das deutsche Recht an.

2 Die Vorschrift schützt das Vertrauen des inländischen Geschäftsverkehrs auf den Inhalt öffentlicher Register. Ist die Verfügungsbeschränkung noch nicht in das Register eingetragen worden, so soll sich der gutgläubige Erwerber hierauf verlassen können. Er wird dadurch im praktischen Ergebnis so gestellt, wie er auch bei einer (nicht in das Register eingetragenen) Verfahrenseröffnung im Inland stehen würde.

3 § 349 könnte erhebliche praktische Bedeutung erlangen. Es ist damit zu rechnen, dass die Eintragung der Eröffnung des ausländischen Insolvenzverfahrens vielfach unterbleibt bzw. zu einem späteren Zeitpunkt erfolgt als bei einem reinen Inlandsverfahren.

4 Die Vorschrift findet allerdings nur Anwendung, wenn es sich um ein Verfahren nach Art. 1 Abs. 2 EuInsVO bzw. ein nicht in Anhang A zur EuInsVO aufgeführtes Verfahren handelt oder der COMI des Schuldners außerhalb der EU liegt.[1] In den anderen Fällen gilt Art. 14 EuInsVO.

5 Größere inhaltliche Unterschiede zwischen Art. 14 EuInsVO und § 349 sind nicht festzustellen. Unterschiede im Wortlaut beruhen z.T. darauf, dass Art. 14 EuInsVO offener formuliert ist, weil er sich nicht auf das inländische (deutsche) Recht, sondern auf die Rechtsordnungen sämtlicher Mitgliedstaaten bezieht. Ein Unterschied besteht allerdings darin, dass sich Art. 14 EuInsVO dem Wortlaut nach auf »entgeltliche« Verfügungen beschränkt.[2] Im Übrigen kann bzgl. der Funktionsweise der Vorschrift auf die Kommentierung von Art. 14 EuInsVO verwiesen werden.

6 Abs. 2 entspricht dem Inhalt nach Art. 5 Abs. 3 EuInsVO. Die Vorschrift findet ebenfalls nur Anwendung, wenn es sich um ein Verfahren nach Art. 1 Abs. 2 EuInsVO bzw. ein nicht in Anhang A zur EuInsVO aufgeführtes Verfahren handelt oder der COMI des Schuldners außerhalb der EU liegt. In den übrigen Fällen wird ein entsprechendes Ergebnis durch Art. 5 Abs. 3 EuInsVO erzielt.

§ 350 Leistung an den Schuldner

Ist im Inland zur Erfüllung einer Verbindlichkeit an den Schuldner geleistet worden, obwohl die Verbindlichkeit zur Insolvenzmasse des ausländischen Insolvenzverfahrens zu erfüllen war, so wird der Leistende befreit, wenn er zur Zeit der Leistung die Eröffnung des Verfahrens nicht kannte. Hat er vor der öffentlichen Bekanntmachung nach § 345 geleistet, so wird vermutet, dass er die Eröffnung nicht kannte.

1 § 350 ist **Schutzvorschrift zugunsten Dritter**, die in Unkenntnis der Verfahrenseröffnung an den insolventen Schuldner leisten. Es handelt sich nicht um eine Kollisions-, sondern um eine Sachnorm. Die Vorschrift findet nur Anwendung, wenn es sich um ein Verfahren nach Art. 1 Abs. 2 EuInsVO bzw. ein nicht in Anhang A zur EuInsVO aufgeführtes Verfahren oder es sich um ein anzuerkennendes Verfahren in einem Drittstaat handelt.

2 Die Vorschrift setzt voraus, dass die Leistung »im Inland« erbracht worden ist. Nur der Leistungsort i.S.d. § 269 BGB muss im Inland liegen. Bei der Überweisung von Geld kommt es dementsprechend auf den tatsächlichen Überweisungsort an, bei der Lieferung von Ware auf den tatsächlichen Absen-

---

1 *Virgós/Schmit* Bericht Rn. 93.
2 MüKo-BGB/*Kindler* Rn. 1.

deort.¹ Unerheblich ist, wo die Leistungshandlung nach der vertraglichen Vereinbarung hätte vorgenommen werden müssen.²

Die Norm entspricht weitgehend Art. 24 EuInsVO. Für weitere Einzelheiten wird daher auf die Kommentierung von Art. 24 EuInsVO verwiesen. Auch die Beweislastregelung entspricht inhaltlich – näher betrachtet – der in Art. 24 EuInsVO enthaltenen Regel. Erfolgt die Leistung vor der öffentlichen Bekanntmachung, wird widerleglich vermutet, dass der Leistende die Eröffnung nicht kannte. Wird nach der Bekanntmachung geleistet, so muss der Leistende beweisen, dass er die Eröffnung des Verfahrens nicht kannte; seine Kenntnis wird also widerleglich vermutet. Dies ergibt sich aus der Formulierung in Satz 1 und einem Umkehrschluss zu Satz 2.³ Soweit der Leistende den Beweis im Einzelfall erbringt, ist nach § 350 Satz 1 eine Leistungsbefreiung anzunehmen; der gute Glaube wird nicht bereits durch die Bekanntmachung zerstört.⁴   3

§ 351 Dingliche Rechte

(1) Das Recht eines Dritten an einem Gegenstand der Insolvenzmasse, der zur Zeit der Eröffnung des ausländischen Insolvenzverfahrens im Inland belegen war, und das nach inländischem Recht einen Anspruch auf Aussonderung oder auf abgesonderte Befriedigung gewährt, wird von der Eröffnung des ausländischen Insolvenzverfahrens nicht berührt.

(2) Die Wirkungen des ausländischen Insolvenzverfahrens auf Rechte des Schuldners an unbeweglichen Gegenständen, die im Inland belegen sind, bestimmen sich, unbeschadet des § 336 Satz 2, nach deutschem Recht.

Abs. 1 dient dem Vertrauensschutz inländischer Sicherungsgläubiger. Diese sollen davor geschützt werden, dass ihr Sicherungsrecht durch eine ihnen fremde – und ggf. auch nicht vorhersehbare – *lex fori concursus* entwertet wird. Die Vorschrift bestimmt daher, dass das Recht eines Dritten an einem Gegenstand der Insolvenzmasse, der zur Zeit der Eröffnung des Insolvenzverfahrens im Inland belegen war, und das nach dem deutschen Recht zur Aus- oder Absonderung berechtigt, von der Verfahrenseröffnung »nicht berührt« werden. Letztlich führt § 351 zu einer Einschränkung der mit der Anerkennung eines ausländischen Verfahrens verbundenen Wirkungserstreckung.   1

Abs. 1 findet nur Anwendung, wenn es sich um ein Verfahren nach Art. 1 Abs. 2 EuInsVO bzw. ein nicht in Anhang A zur EuInsVO aufgeführtes Verfahren handelt oder der COMI des Schuldners außerhalb der EU liegt. Die Vorschrift entspricht inhaltlich im Übrigen dem (allerdings allseitig gefassten) Art. 5 EuInsVO und dient der Umsetzung von Art. 21 der RL 2001/24/EG und Art. 20 der RL 2001/17/EG. Hinsichtlich der im Einzelnen umstrittenen Funktionsweise der Vorschrift wird auf die Kommentierung von Art. 5 EuInsVO verwiesen.   2

Auf im Ausland belegene Vermögensgegenstände ist die Norm grds nicht (analog) anwendbar. Die Beschränkung auf Inlandsfälle beruht auf einer bewussten Entscheidung des Gesetzgebers.¹ In diesem Fall bleibt es also aus deutscher Sicht bei der alleinigen Anwendung von § 335 (*lex fori concursus*). Dies gilt wohl auch in der Bankeninsolvenz und der Insolvenz von Versicherungsunternehmen, obwohl dort Art. 21 der RL 2001/24/EG und Art. 20 der RL 2001/17/EG eine allseitige Kollisions-   3

---

1 BT-Drucks. 15/16, 23.
2 A. A. FK-InsO/*Wenner/Schuster* Rn. 6; Andres/Leithaus/*Dahl* Rn. 5; BK-InsR/*Pannen* Rn. 6; Kübler/Prütting/Bork/*Kemper/Paulus* Rn. 5 (der Dritte muss vertragsgemäß im Inland geleistet haben).
3 MüKo-InsO/*Reinhart* Rn. 9; HambK-InsR/*Undritz* Rn. 1; MüKo-BGB/*Kindler* Rn. 9; offenbar a.A. Liersch NZI 2003, 302 (307).
4 Braun/*Liersch/Tashiro* Rn. 11; a.A. MüKo-BGB/*Kindler* Rn. 9 (der gute Glaube werde durch die Bekanntmachung zerstört); offenbar auch a.A. Leonhardt/Smid/Zeuner/*Smid*, Internationales Insolvenzrecht, Rn. 4.

1 v. Bismarck/*Schümann-Kleber* NZI 2005, 89 (93).

norm vorschreiben.² Der Gesetzgeber des Staates, in dem der Gegenstand belegen ist, hat allerdings die Möglichkeit, dort eine dem Abs. 1 entsprechende Vorschrift zu schaffen.

4 Abs. 2 bezieht sich – im Unterschied zu Abs. 1, der die Rechte der Gläubiger betrifft – auf die Rechte des Schuldners an einem unbeweglichen Gegenstand. Kernaussage der Vorschrift ist, dass das ausländische Insolvenzverfahren die Rechte des Schuldners an im Inland belegenen Immobilien nur in dem Umfang einschränken kann, wie dies im deutschen Recht vorgesehen ist. Der ausländische Verwalter hat damit – ebenso wie ein in Deutschland bestellter Verwalter – nicht die Möglichkeit, die Aufhebung einer Wohnungseigentümergemeinschaft zu verlangen (§ 11 Abs. 2 WEG).³ Nach der Begründung zum Gesetzentwurf soll aus der Vorschrift auch folgen, dass an dem Grundstück keine dem deutschen (Sachen-)Recht fremden Generalhypotheken oder Superprivilegien entstehen können und sich die Art und Weise der Verwertung des unbeweglichen Gegenstands nach deutschem Recht richtet.⁴ Der Hinweis auf § 336 Satz 2 soll klarstellen, dass bei Gegenständen, die in ein Schiffsregister, Schiffsbauregister oder Register für Pfandrechte an Luftfahrzeugen eingetragen sind, auch im Anwendungsbereich des § 351 das Recht des Staates maßgebend ist, unter dessen Aufsicht das Register geführt wird.⁵

5 Auch Abs. 2 findet nur Anwendung, wenn es sich um ein Verfahren nach Art. 1 Abs. 2 EuInsVO bzw. ein nicht in Anhang A zur EuInsVO aufgeführtes Verfahren handelt oder der COMI des Schuldners außerhalb der EU liegt. Im Übrigen entspricht die Vorschrift Art. 11 EuInsVO. Es wird daher für weitere Einzelheiten auf die Kommentierung von Art. 11 EuInsVO verwiesen.

§ 352 Unterbrechung und Aufnahme eines Rechtsstreits

(1) Durch die Eröffnung des ausländischen Insolvenzverfahrens wird ein Rechtsstreit unterbrochen, der zur Zeit der Eröffnung anhängig ist und die Insolvenzmasse betrifft. Die Unterbrechung dauert an, bis der Rechtsstreit von einer Person aufgenommen wird, die nach dem Recht des Staats der Verfahrenseröffnung zur Fortführung des Rechtsstreits berechtigt ist, oder bis das Insolvenzverfahren beendet ist.

(2) Absatz 1 gilt entsprechend, wenn die Verwaltungs- und Verfügungsbefugnis über das Vermögen des Schuldners durch die Anordnung von Sicherungsmaßnahmen nach § 343 Abs. 2 auf einen vorläufigen Insolvenzverwalter übergeht.

1 Abs. 1 Satz 1 entspricht dem auf inländische Insolvenzverfahren beschränkten § 240 ZPO.¹ Aus Satz 2 ergibt sich, dass für die Frage, wer zur Aufnahme des Rechtsstreits berechtigt ist, das Recht des Eröffnungsstaates maßgebend ist. In aller Regel wird danach der ausländische Insolvenzverwalter zur Aufnahme berechtigt sein.² Noch weitergehend richten sich nach der Rechtsprechung auch alle sonstigen Voraussetzungen für die Aufnahme eines inländischen Rechtsstreits nach der *lex fori concursus*.³ Mit den Gesetzesmaterialien steht diese Lösung nicht in Einklang;⁴ richtigerweise ist insoweit stets die deutsche *lex fori* anzuwenden.⁵

---

2 Ausf. (zur Bankeninsolvenz) *Beckmann* WM 2009, 1592 f.
3 BT-Drucks. 15/16, 24; MüKo-BGB/*Kindler* Rn. 11.
4 BT-Drucks. 15/16, 24.
5 MüKo-BGB/*Kindler* Rn. 12.
1 Zur Rechtsprechung vor Schaffung des § 352 vgl. MüKo-BGB/*Kindler* Rn. 3.
2 BT-Drucks. 15/16, 24; MüKo-BGB/*Kindler* Rn. 16.
3 So BGH 13.10.2009, X ZR 79/06, NZI 2009, 859 (862, Rn. 26); BAG 27.02.2007, 3 AZR 618/06, IPRax 2009, 343.
4 BT-Drucks. 15/16, 24.
5 Näher *Brinkmann* IPRax 2011, 143 (146).

Nach § 343 Abs. 2 werden auch vor Verfahrenseröffnung erlassene Sicherungsmaßnahmen aner- 2
kannt; soweit diese einen Verlust der Verwaltungs- und Verfügungsbefugnis des Schuldners zur
Folge haben, kommt auch ihnen eine prozessunterbrechende Wirkung zu. Abs. 2 führt damit zu
einer im Ergebnis mit § 240 Satz 2 ZPO übereinstimmenden Regel.

§ 352 findet Anwendung, wenn es sich um ein Verfahren nach Art. 1 Abs. 2 EuInsVO[6] bzw. ein 3
nicht in Anhang A zur EuInsVO aufgeführtes Verfahren handelt oder es sich um ein anzuerkennendes Verfahren in einem Drittstaat handelt und der COMI des Schuldners außerhalb der EU liegt.
Innerhalb des Anwendungsbereichs der EuInsVO ist zunächst von Art. 15 EuInsVO auszugehen,
der einen Verweis auf das Recht des Mitgliedstaats enthält, in dem der Rechtsstreit anhängig ist.
In der Literatur zu Art. 15 EuInsVO wird überwiegend formuliert, dass im Anwendungsbereich
des Art. 15 EuInsVO § 240 ZPO (entsprechend) anzuwenden ist.[7] Nach der hier vertretenen Auffassung dürfte es vorzugswürdig sein, den seinem Wortlaut nach auf sämtliche ausländischen Verfahren anwendbaren und gegenüber § 240 ZPO spezielleren (wenngleich in der Aussage praktisch identischen) § 352 auch in diesen Fällen anzuwenden.

Eine Unterbrechung des Rechtsstreits tritt nicht nur dann ein, wenn nach der anwendbaren auslän- 4
dischen *lex fori concursus* ein Wechsel der Prozessführungsbefugnis vom Schuldner auf den Verwalter
eintritt. Vielmehr wird der Rechtsstreit auch dann unterbrochen, wenn der Schuldner nach der *lex
fori concursus* prozessführungsbefugt bleibt.[8] Hierfür spricht u.a. die Entstehungsgeschichte der
Norm[9] sowie der Umstand, dass bei Inlandsfällen eine Unterbrechung des Verfahrens nach § 240
ZPO ebenfalls eintritt, wenn mit der Eröffnung eines Insolvenzverfahrens im Inland Eigenverwaltung (§ 270) des Schuldners angeordnet wird.[10]

Auf **Schiedsverfahren** findet § 352 nach h.M. keine Anwendung.[11] Hierfür spricht, dass nach h.M. 5
auch inländische Schiedsverfahren nicht dem Anwendungsbereich des § 240 ZPO unterfallen.[12]

§ 353 Vollstreckbarkeit ausländischer Entscheidungen

(1) Aus einer Entscheidung, die in dem ausländischen Insolvenzverfahren ergeht, findet die Zwangsvollstreckung nur statt, wenn ihre Zulässigkeit durch ein Vollstreckungsurteil ausgesprochen ist. § 722 Abs. 2 und § 723 Abs. 1 der Zivilprozessordnung gelten entsprechend.

(2) Für die in § 343 Abs. 2 genannten Sicherungsmaßnahmen gilt Absatz 1 entsprechend.

---

6   Art. 32 der RL 2001/24/EG und Art. 26 der RL 2001/17/EG verweisen (wie Art. 15 EuInsVO) auf das Recht des Mitgliedstaats, in dem der Rechtsstreit anhängig ist.
7   Uhlenbruck/*Lüer* Art. 15 EuInsVO Rn. 4; MüKO-InsO/*Reinhart* Art. 15 EuInsVO Rn. 13; vgl. auch noch MüKo-BGB/*Kindler* Rn. 2.
8   OLG Frankfurt 20.02.2007, 5 U 24/05, ZIP 2007, 932 (934); HK-InsO/*Stephan* Rn. 5; a.A. MüKo-BGB/*Kindler* Rn. 12 f.; *Geimer* Internationales Zivilprozessrecht, Rn. 3529; Andres/Leithaus/*Dahl* Rn. 3; Mohrbutter/Ringstmeier/*Wenner* § 20 Rn. 238. So auch ausdrücklich Gesetzesentwurf der Bundesregierung einer Insolvenzordnung (InsO) BT-Drucks. 12/2443, 244 (zu § 391 des Entwurfs).
9   Gesetzentwurf der Bundesregierung einer Insolvenzordnung (InsO) BT-Drucks. 12/2443, 244 (zu § 391 des Entwurfs).
10 OLG Frankfurt 20.02.2007, 5 U 24/05, ZIP 2007, 932 (934); MüKo-InsO/*Reinhart* Rn. 6; zu § 240 ZPO s. OLG München 13.08.2002, 6 U 5292/01, MDR 2003, 412 (413).
11 MüKO-InsO/*Reinhart* Rn. 7; HK-InsO/*Stephan* Rn. 7; a.A. (analoge Anwendung) *Wagner* KTS 2010, 39 (61 f.).
12 BGH 21.11.1966, VII ZR 174/65, WM 1967, 56; OLG Dresden 27.01.2005, 11 SchH 02/04, SchiedsVZ 2005, 159 (160); aus der Lit. etwa Zöller/*Geimer* § 1042 ZPO Rn. 48; MüKo-ZPO/*Gehrlein* § 240 Rn. 3; umfassend dazu *Flöther* Auswirkungen des inländischen Insolvenzverfahrens auf Schiedsverfahren und Schiedsabrede (2001), 12 ff.; *ders.* DZWIR 2001, 89 (92).

§ 353 InsO Vollstreckbarkeit ausländischer Entscheidungen

Übersicht

	Rdn.		Rdn.
A. Überblick	1	2. Vollstreckungsfähiger Inhalt; Bestimmtheit	9
B. Abgrenzung zu Art. 25 EuInsVO	4	3. Zuständiges Gericht	10
C. Anerkennung ausländischer Nebenentscheidungen, Abs. 1	5	II. Begründetheit des Antrags auf Vollstreckbarerklärung	11
I. Zulässigkeit des Antrags auf Vollstreckbarerklärung	5	D. Anerkennung ausländischer Sicherungsmaßnahmen, Abs. 2	15
1. Entscheidung zur Durchführung und Beendigung des Insolvenzverfahrens	5		

A. Überblick

1 Eine ausländische Nebenentscheidung, die in dem dortigen Insolvenzverfahren ergeht, wird in Deutschland unter den Voraussetzungen des § 343 automatisch **anerkannt**. Dasselbe gilt für Sicherungsmaßnahmen, die in dem ausländischen Staat getroffen werden.

2 Von der Anerkennung zu unterscheiden ist jedoch die Frage, ob die ausländische Entscheidung im Inland auch **vollstreckbar** ist. Hier knüpft § 353 – durch eine Verweisung auf die entsprechenden Vorschriften der ZPO – die Vollstreckung an die Vollstreckbarerklärung durch Vollstreckungsurteil. Notwendig ist also eine Klage mit dem Antrag, die ausländische Entscheidung in Deutschland für vollstreckbar zu erklären. Da das Vollstreckungsurteil die Vollstreckbarkeit im Inland konstitutiv herstellt, stellt es ein **prozessuales Gestaltungsurteil** dar. Das Vollstreckungsurteil setzt u.a. voraus, dass der ausländische Titel einen vollstreckungsfähigen und hinreichend bestimmten Inhalt hat und der Anerkennung der ausländischen Entscheidung keine Hindernisse entgegenstehen.

3 Die Vollstreckbarerklärung nach §§ 722, 723 ZPO stellt ein eher schwerfälliges und aufwendiges Verfahren dar. Immerhin wird dem Interesse an einer raschen Vollstreckung dadurch Rechnung getragen, dass es für die Vollstreckbarerklärung nicht auf die Rechtskraft der ausländischen Entscheidung ankommt (vgl. Rdn. 9). Das vereinfachte Verfahren nach Art. 25 EuInsVO i.V.m. Art. 38 ff. EuGVVO ist demgegenüber schneller und kostengünstiger.[1]

B. Abgrenzung zu Art. 25 EuInsVO

4 Hinter der vorrangigen Regelung des Art. 25 EuInsVO tritt § 353 zurück. § 353 ist anwendbar, wenn es sich um eine Vollstreckung einer Entscheidung handelt, die in einem nach Art. 1 Abs. 2 EuInsVO von der EuInsVO ausgeschlossenen bzw. in einem nicht in Anhang A zur EuInsVO aufgeführten Verfahren ergangen ist. Daneben ist § 353 anwendbar, wenn es sich um die Vollstreckung einer Entscheidung eines Drittstaates handelt; denn auch insoweit ist Art. 25 EuInsVO nicht einschlägig. Es gilt damit für die Abgrenzung der Anwendungsbereich von EuInsVO und autonomem deutschen Recht das zur Anerkennung Gesagte entsprechend (vgl. § 343 Rdn. 6 f.).

C. Anerkennung ausländischer Nebenentscheidungen, Abs. 1

I. Zulässigkeit des Antrags auf Vollstreckbarerklärung

1. Entscheidung zur Durchführung und Beendigung des Insolvenzverfahrens

5 Einer Vollstreckbarerklärung zugänglich sind die Nebenentscheidungen, die nach Maßgabe von § 343 Abs. 1 anerkennungsfähig sind. In der Begründung zum Regierungsentwurf werden u.a. – beispielhaft – die Entscheidungen des ausländischen Insolvenzgerichts über die Auskunftsleistung, Verfahrensmitwirkung, Vorführung oder Verhaftung von Verfahrensbeteiligten sowie die Postsperre genannt.[2]

---

1 Vgl. BT-Drucks. 15/16, 24; Kübler/Prütting/Bork/*Kemper*/*Paulus* Rn. 7.
2 BT-Drucks. 15/16, 24.

Nicht von Abs. 1 erfasst werden demgegenüber sog. Annexentscheidungen, also Entscheidungen, 6
die – wie etwa Urteile über Insolvenzanfechtungsklagen – nicht zur Durchführung oder Beendigung
des Insolvenzverfahrens ergehen, sondern nur in einem (weiteren) Zusammenhang mit diesem stehen. Diese Entscheidungen werden weder nach § 343 Abs. 1 anerkannt noch nach § 353 Abs. 1
für vollstreckbar erklärt (siehe bereits § 343 Rdn. 35). Vielmehr gilt für diese Entscheidungen das
einschlägige staatsvertragliche Recht bzw. hilfsweise das autonome deutsche Verfahrensrecht außerhalb der InsO. Für die Anerkennung derartiger Annexentscheidungen ist also, soweit kein staatsvertragliches Übereinkommen einschlägig ist, § 328 ZPO anzuwenden; für die Vollstreckbarerklärung
gelten unmittelbar die §§ 722, 723 ZPO.

Aus dem systematischen Zusammenhang mit Abs. 2 ergibt sich, dass sich Abs. 1 auf Entscheidun- 7
gen aus einem bereits eröffneten Verfahren bezieht. Für die Vollstreckung von Sicherungsmaßnahmen, die bereits vor Eröffnung des Verfahrens getroffen werden, gilt nicht Abs. 1, sondern – inhaltlich gleichlautend – Abs. 2.

Die ausländische Entscheidung muss nicht rechtskräftig sein. Dies ergibt sich daraus, dass in Abs. 1 8
Satz 2 nur auf § 723 Abs. 1 ZPO, nicht aber auf § 723 Abs. 2 ZPO verwiesen wird. Dass es für die
Vollstreckbarerklärung nicht auf die Rechtskraft der ausländischen Entscheidung ankommen soll,
wird ferner in der Begründung zum Regierungsentwurf ausdrücklich hervorgehoben.[3] Allerdings
muss die Entscheidung im Urteilsstaat ebenfalls, obwohl noch nicht rechtskräftig, (vorläufig) vollstreckbar sein.

2. Vollstreckungsfähiger Inhalt; Bestimmtheit

Die Entscheidung muss einen vollstreckungsfähigen Inhalt haben. Daneben muss sie hinreichend 9
bestimmt sein.[4] Eine Konkretisierung der ausländischen Entscheidung ist zulässig und geboten,
wenn sich der genaue Inhalt der Leistungspflicht aus ausländischen Gesetzen oder auf sonstige Weise
(zweifelsfrei) feststellen lässt.

3. Zuständiges Gericht

Die Vollstreckbarerklärung hat durch das zuständige Gericht zu erfolgen. Die sachliche Zuständig- 10
keit ergibt sich aus §§ 23, 71 GVG. Die örtliche Zuständigkeit folgt aus der Verweisung des Abs. 1
S. 2 auf § 772 Abs. 2 ZPO. Örtlich zuständig ist damit das Gericht am Wohnsitz des Schuldners
oder, wenn der Schuldner im Inland keinen Wohnsitz hat, das Gericht des Vermögensgerichtsstands
nach § 23 ZPO.

II. Begründetheit des Antrags auf Vollstreckbarerklärung

Der Antrag auf Vollstreckbarerklärung ist begründet, wenn der Anerkennung der Entscheidung nach 11
Maßgabe von § 343 Abs. 1 keine Hindernisse entgegenstehen. Im Rahmen der Vollstreckbarerklärung wird also überprüft, ob die sog. Anerkennungszuständigkeit nach § 343 Abs. 1 Nr. 1 gegeben
war und ob die Anerkennung der Entscheidung § 343 Abs. 1 Nr. 2 zu einem ordre-public-Verstoß
führen würde.[5]

Zwar ergibt sich aus Abs. 1 selbst nicht, dass auch die Anerkennungsfähigkeit der ausländischen Ent- 12
scheidung selbst zu überprüfen ist. Hiergegen könnte auf den ersten Blick sprechen, dass Abs. 1
Satz 2 nicht auf § 723 Abs. 2 Satz 2 ZPO verweist. Dies lässt sich aber damit erklären, dass sich
die Anerkennung nicht nach § 328 ZPO, sondern nach § 343 Abs. 1 InsO richtet und damit
eine Verweisung (auch) auf § 723 Abs. 2 Satz 2 ZPO nicht zutreffend gewesen wäre. Im praktischen

---

[3] BT-Drucks. 15/16, 24.
[4] FK-InsO/*Wenner/Schuster* Rn. 7; Mohrbutter/Ringstmeier/*Wenner* § 20 Rn. 92; MüKo-InsO/*Reinhart* Rn. 7; Uhlenbruck/*Lüer* Rn. 2.
[5] HK-InsO/*Stephan* Rn. 9.

Ergebnis bestehen keine Zweifel daran, dass nur eine anerkennungsfähige Entscheidung für vollstreckbar erklärt werden darf.[6]

13 Aus der Verweisung auf § 723 Abs. 1 ZPO ergibt sich aber, dass die Entscheidung im Übrigen nicht auf ihre Gesetzmäßigkeit überprüft wird. Es verbleibt also allein bei der Prüfung der Anerkennungsfähigkeit; eine sog. révision au fond findet nicht statt.

14 Ebenso wenig wie die Anerkennung als solche wird auch die Vollstreckbarerklärung von einem Gegenseitigkeitserfordernis abhängig gemacht. Es kommt also nicht darauf an, ob entsprechende deutsche Entscheidungen auch in dem Staat, der die Entscheidung erlassen hat, anerkannt und vollstreckt würden.

D. Anerkennung ausländischer Sicherungsmaßnahmen, Abs. 2

15 Für vollstreckbar erklärt werden können schließlich auch Sicherungsmaßnahmen. Der Begriff der Sicherungsmaßnahme ist in Abs. 2 so zu verstehen wie in der Anerkennungsregelung des § 343 Abs. 2 (vgl. § 343 Rdn. 32).

16 Allerdings führt der Weg über die Vollstreckbarerklärung zu einem erheblichen Kosten und – vor allem – Zeitaufwand. Häufig dürfte es zielführender sein, sich nach § 344 an das inländische Gericht zu wenden und eine eigenständige Anordnung von Sicherungsmaßnahmen zu beantragen. Beide Wege können aber auch kumulativ beschritten werden.

---

6 Kübler/Prütting/Bork/*Kemper*/*Paulus* Rn. 10; HK-InsO/*Stephan* Rn. 7.

Dritter Abschnitt Partikularverfahren über das Inlandsvermögen

§ 354 Voraussetzungen des Partikularverfahrens

(1) Ist die Zuständigkeit eines deutschen Gerichts zur Eröffnung eines Insolvenzverfahrens über das gesamte Vermögen des Schuldners nicht gegeben, hat der Schuldner jedoch im Inland eine Niederlassung oder sonstiges Vermögen, so ist auf Antrag eines Gläubigers ein besonderes Insolvenzverfahren über das inländische Vermögen des Schuldners (Partikularverfahren) zulässig.

(2) Hat der Schuldner im Inland keine Niederlassung, so ist der Antrag eines Gläubigers auf Eröffnung eines Partikularverfahrens nur zulässig, wenn dieser ein besonderes Interesse an der Eröffnung des Verfahrens hat, insbesondere, wenn er in einem ausländischen Verfahren voraussichtlich erheblich schlechter stehen wird als in einem inländischen Verfahren. Das besondere Interesse ist vom Antragsteller glaubhaft zu machen.

(3) Für das Verfahren ist ausschließlich das Insolvenzgericht zuständig, in dessen Bezirk die Niederlassung oder, wenn eine Niederlassung fehlt, Vermögen des Schuldners belegen ist. § 3 Abs. 2 gilt entsprechend.

Übersicht	Rdn.		Rdn.
A. Überblick	1	III. Antragsbefugnis	25
B. Anwendungsbereich	4	1. Antragsbefugnis der Gläubiger	25
C. Eröffnungsvoraussetzungen	7	2. Antragsbefugnis des Hauptinsolvenzverwalters	26
I. Vergleich mit der EuInsVO	7	3. Antragsbefugnis des Schuldners	27
II. Zuständigkeit	8	a) Auslegung der §§ 354, 356	27
1. Niederlassung im Inland	8	b) Anwendung bei Geltung der EuInsVO	30
2. Belegenheit von Vermögen im Inland	12	IV. Weitere Eröffnungsvoraussetzungen	32
a) Ort der Belegenheit	12	D. Zuständiges Gericht (Abs. 3)	36
b) Besonderes Gläubigerinteresse an Partikularverfahren	17		

A. Überblick

§ 354 regelt die Zulässigkeit inländischer sog. Partikularverfahren, hierbei insb. die internationale Zuständigkeit und – für den Fall, dass sich die Zuständigkeit nur auf die Belegenheit von Vermögen im Inland stützt – das besondere Rechtsschutzinteresse für den Gläubigerantrag. Durch die Einführung von Partikularverfahren folgt der deutsche Gesetzgeber dem Vorbild der EuInsVO. Partikularverfahren haben die Besonderheit, dass sich ihre Wirkungen auf das im Inland belegene Aktivvermögen des Schuldners beschränken. 1

Unterschieden wird hierbei zwischen sog. **isolierten Partikularverfahren** und **Sekundärinsolvenzverfahren**. Ein isoliertes Partikularverfahren ist gegeben, wenn parallel kein – grds. weltweit wirkendes – Hauptinsolvenzverfahren betrieben wird. Ein inländisches sog. Sekundärinsolvenzverfahren ist gegeben, wenn in einem Drittstaat ein im Inland nach Maßgabe von § 343 Abs. 1 anzuerkennendes – an sich weltweit wirksames – Hauptinsolvenzverfahren eröffnet worden ist. Das ausländische Hauptverfahren und das inländische Sekundärinsolvenzverfahren werden in diesem Fall nebeneinander betrieben; die §§ 356–358 stellen sicher, dass die beiden Verfahren miteinander koordiniert werden. 2

Die §§ 354 ff. sagen nicht ausdrücklich, welches Recht auf das inländische und ausländische Partikularverfahren anzuwenden ist. Insoweit unterscheidet sich das deutsche Recht von der EuInsVO, die in Art. 28 EuInsVO nochmals bestätigt, dass für Sekundärinsolvenzverfahren die *lex fori secundariae* gilt. Da es an einer besonderen Regelung fehlt, ist für Partikularverfahren damit ebenfalls auf die §§ 335 ff. zurückzugreifen.[1] Es gilt also insb. die Grundanknüpfung nach § 335, die bei inländischen Verfahren zur Anwendung des deutschen Rechts führt. 3

---

[1] MüKo-InsO/*Reinhart* Rn. 33.

B. Anwendungsbereich

4 Die §§ 354 ff. sind nur dann anzuwenden, wenn nicht vorrangig die Regeln der EuInsVO über Partikularverfahren anzuwenden sind. Uneingeschränkt anwendbar sind die §§ 354 ff. zunächst dann, wenn es sich um ein Verfahren handelt, das nach Art. 1 Abs. 2 EuInsVO vom Anwendungsbereich der EuInsVO ausgenommen ist. Allerdings erklärt § 46e Abs. 2 KWG Partikularverfahren bzgl. der Einlagenkreditinstitute oder E-Geld-Institute für unzulässig; parallel schließt § 88 Abs. 1b VAG Partikularverfahren hinsichtlich der Versicherungsunternehmen aus. Anwendbar sind die §§ 354 ff. ferner dann, wenn das Hauptverfahren nicht in Anhang A zur EuInsVO aufgeführt ist.

5 Darüber hinaus kann ein isoliertes Partikularverfahren nach Maßgabe der §§ 354 ff. dann stattfinden, wenn sich der COMI des Schuldners außerhalb der EU befindet und ein nach § 343 Abs. 1 anzuerkennendes Hauptinsolvenzverfahren in einem Drittstaat eröffnet worden ist.

6 Einzelne in den §§ 354 ff. enthaltene Sachnormen sind darüber hinaus auch dann anwendbar, wenn an sich der Anwendungsbereich der EuInsVO eröffnet ist. Dies gilt für § 355 Abs. 1, der in inländischen Partikularverfahren eine Restschuldbefreiung ausschließt (vgl. § 355 Rdn. 2) und nach verbreiteter Auffassung auch für § 354 Abs. 2, der – inzident – eine Befugnis des Schuldners zur Beantragung eines Partikularverfahrens ausschließt (vgl. Rdn. 27 ff.).

C. Eröffnungsvoraussetzungen

I. Vergleich mit der EuInsVO

7 § 354 ist Art. 3 Abs. 2 Satz 1 EuInsVO nachgebildet. Allerdings zeigen sich bei näherer Betrachtung doch erhebliche Unterschiede. So wird die Eröffnung eines Partikularverfahrens in Deutschland erleichtert, da dieses nicht nur dann zulässig ist, wenn sich eine »Niederlassung« des Schuldners in Deutschland befindet, sondern auch dann, wenn in Deutschland nur »sonstiges Vermögen« belegen ist. Im zuletzt genannten Fall ist ein Partikularverfahren nach § 354 Abs. 2 aber nur dann zulässig, wenn der den Antrag stellende Gläubiger ein besonderes Interesse an der Eröffnung des Verfahrens hat oder wenn der Antrag durch den Hauptinsolvenzverwalter gestellt wird (vgl. § 356 Rdn. 3). Anders als in Art. 3 Abs. 4 EuInsVO wird bei Vorhandensein einer Niederlassung im Inland die Beantragung eines isolierten Partikularverfahrens auch nicht davon abhängig gemacht, dass ein Insolvenzverfahren am COMI des Schuldners nicht möglich ist oder der antragstellende Gläubiger seinen Wohnsitz, gewöhnlichen Aufenthalt oder Sitz im Inland hat.

II. Zuständigkeit

1. Niederlassung im Inland

8 Ein Partikularverfahren kann nach Abs. 1 in Deutschland beantragt werden, wenn sich hier eine »**Niederlassung**« des Schuldners befindet. Fraglich ist, ob der Begriff der Niederlassung so zu verstehen ist wie in § 21 ZPO oder ob auf die in Art. 2 Buchst. h) EuInsVO enthaltene Definition der Niederlassung zurückzugreifen ist.

9 Auf den ersten Blick spricht mehr dafür, die zu § 21 ZPO entwickelten Kriterien anzuwenden.[2] Art. 3 Abs. 2 EuInsVO ist im Rahmen des § 354 Abs. 1 nicht unmittelbar anwendbar, und für eine entsprechende Anwendung besteht kein zwingendes Bedürfnis, da der Anwendungsbereich der EuInsVO und der §§ 354 ff. InsO klar abgegrenzt ist.[3] Andererseits ist doch zu beobachten, dass sich der deutsche Gesetzgeber bei der Fassung der §§ 335 ff. und auch im Rahmen der §§ 354 ff. an den Regelungen der EuInsVO orientiert hat. In der Begründung zum Gesetzentwurf wird zwar der Begriff der Niederlassung nicht näher definiert; es wird dementsprechend auch nicht

---

[2] So auch MüKo-InsO/*Reinhart* Rn. 7; FK-InsO/*Wenner/Schuster* Rn. 5; Karsten Schmidt/*Brinkmann* Rn. 5.
[3] Mohrbuter/Ringstmeier/*Wenner* § 20 Rn. 72.

klar ausgesagt, ob sich der Begriff der Niederlassung in Abs. 1 eher an § 21 ZPO oder an Art. 2 Buchst. h) EuInsVO orientieren sollte. Immerhin wird aber der Gleichlauf zwischen der Regelung des Art. 3 Abs. 2 EuInsVO und des § 354 angesprochen. In beiden Konzeptionen sei eine internationale Zuständigkeit für die Eröffnung eines Partikularverfahrens dann gegeben, wenn der Schuldner über eine Niederlassung im Inland verfüge; abweichend von Art. 3 Abs. 2 EuInsVO sei aber in § 354 eine Partikularverfahren auch dann zulässig, wenn sich (nur) Vermögen des Schuldners im Inland befinde.[4] Aus diesen Formulierungen geht hervor, dass der deutsche Gesetzgeber bei der Schaffung von § 354 durchaus die Vorschriften der EuInsVO im Auge hatte; dies spricht dafür, dass er im Zweifel eine inhaltlich übereinstimmende Regel angestrebt hat und nur dort, wo sich im Wortlaut Unterschiede feststellen lassen, vom Vorbild der EuInsVO abgewichen ist. Nach der hier vertretenen Auffassung sollte man sich daher bei der Konkretisierung des Begriffs der Niederlassung an Art. 2 Buchst. h) EuInsVO orientieren und nicht an § 21 ZPO.[5]

Praktisch gesehen dürften die Unterschiede zwischen dem in Art. 2 Buchst. h) EuInsVO definierten Begriff der Niederlassung und dem Niederlassungsbegriff des § 21 ZPO nicht allzu groß sein. Tochtergesellschaften stellen – ebenso wie in der EuInsVO – keine Niederlassungen ihrer Muttergesellschaft dar.[6] Für Einzelheiten kann auf die Kommentierung von Art. 2 Buchst. h) EuInsVO verwiesen werden.

Wenn sich im Inland eine Niederlassung befindet, ist nach Abs. 1 »ein Gläubiger« antragsbefugt. Abs. 1 nimmt damit, was die Gläubiger anbelangt, keine Einschränkung der Antragsbefugnis vor. Zur Antragsbefugnis des Schuldners vgl. Rdn. 27 ff.

2. Belegenheit von Vermögen im Inland

a) Ort der Belegenheit

Abweichend von Art. 3 Abs. 2 EuInsVO lässt das autonome deutsche Recht in Abs. 2 ein Partikularverfahren auch dann zu, wenn sich im Inland zwar keine Niederlassung, aber (immerhin) Vermögen des Schuldners befindet. Rechtspolitisch war die Erweiterung der internationalen Zuständigkeit auf den Fall bloßer Vermögensbelegenheit im Inland umstritten. Gerade bei Fällen mit Drittstaatenbezug erscheint es jedoch vertretbar, den Interessen der inländischen Gläubiger größere Bedeutung beizumessen als bei Insolvenzfällen, bei denen das Hauptverfahren in einem anderen Mitgliedstaat eröffnet wird.[7]

Ein Mindestwert des Vermögens wird von der Vorschrift nicht vorausgesetzt.[8] Ein Partikularverfahren wird bei bloßer Inlandsbelegenheit allerdings dann nicht eröffnet, wenn die im Inland belegenen Vermögensgegenstände nicht ausreichen, um die Verfahrenskosten zu decken, und wenn auch kein ausreichender Geldbetrag vorgeschossen wird (§ 26).[9] Ferner ist ein Antrag bei bloßer Vermögensbelegenheit im Inland nur dann zulässig, wenn ein besonderes Interesse des antragstellenden Gläubigers an der Durchführung dieses Insolvenzverfahrens besteht (Abs. 2) oder der Antrag durch den Hauptinsolvenzverwalter gestellt wird (vgl. § 356 Rdn. 3).

Auch bei der Bestimmung des Ortes, an dem sich Vermögen des Schuldners befindet, stellt sich die Frage, ob der inhaltliche Zusammenhang mit der EuInsVO hergestellt werden kann oder ob der Begriff in Anlehnung an bestehende inländische Vorschriften ausgefüllt werden soll. Die EuInsVO ent-

---

4 BT-Drucks. 15/16, 9; HK-InsO/*Stephan* Rn. 13.
5 Ähnlich Andres/Leithaus/*Dahl* Rn. 6; MüKo-BGB/*Kindler* Rn. 3 (als Interpretationshilfe sei auf Art. 2 lit. h EuInsVO zurückzugreifen); HK-InsO/*Stephan* Rn. 12; Uhlenbruck/*Lüer* Rn. 9; Leonhardt/Smid/Zeuner/*Smid* Rn. 3.
6 MüKo-BGB/*Kindler* Rn. 4.
7 Zur Argumentation näher BT-Drucks. 15/16, 25.
8 Abw. Mohrbutter/Ringstmeier/*Wenner* § 20 Rn. 72; FK-InsO/*Wenner/Schuster* Rn. 6 (Schuldner müsse erhebliche Vermögenswerte im Inland besitzen).
9 BT-Drucks. 15/16, 25; Andres/Leithaus/*Dahl* Rn. 7; HK-InsO/*Stephan* Rn. 13.

hält in Art. 2 Buchst. g) EuInsVO eine nähere Definition des Mitgliedstaates, in dessen Gebiet ein Gegenstand belegen ist. In der ZPO stellt § 23 ZPO darauf ab, dass sich Vermögen oder der mit der Klage in Anspruch genommene Gegenstand im Inland befinden.

15 Die bislang h.M. befürwortet eine Übernahme der zu § 23 ZPO entwickelten Grundsätze.[10] Nach der hier vertretenen Auffassung sprechen aber die besseren Argumente dafür, wiederum – nicht anders als bei der Niederlassung (vgl. Rdn. 9) – eine Übereinstimmung mit der EuInsVO zu suchen. Art. 2 Buchst. g) EuInsVO enthält Definitionen, die spezifisch auf das Insolvenzverfahren zugeschnitten sind. Allein der Umstand, dass der COMI des Drittschuldners (Art. 2 Buchst. g) EuInsVO 3. Spiegelstrich) in der ZPO keine Verwendung findet, dürfte nicht von ausschlaggebender Bedeutung sein;[11] denn immerhin entscheidet der COMI des Schuldners regelmäßig darüber, ob überhaupt ein Rückgriff auf das nationale (Zuständigkeits-)Recht möglich ist (vgl. § 353 Rdn. 4; § 343 Rdn. 6 f.). § 23 ZPO ist demgegenüber eine Norm, die keine insolvenzrechtlichen Zwecke verfolgt und überdies – die in Satz 2 angesprochenen Forderungen ausgenommen – keine klaren Anhaltspunkte bietet. Schließlich ist die in § 23 Satz 2, 2. Alt. ZPO vorgesehene Alternativzuständigkeit für das internationale Insolvenzrecht nicht geeignet; in der Literatur wird dementsprechend, soweit man dort § 23 ZPO für einschlägig hält, eine modifizierte Anwendung der Vorschrift vorgeschlagen.[12]

16 Grds. reicht es aus, wenn das Vermögen zum Zeitpunkt der Verfahrenseröffnung im Inland belegen ist.[13] Wird das Vermögen nach der Verfahrenseröffnung ins Ausland geschafft, bleibt die Zuständigkeit grds. erhalten. In diesem Fall kommt aber, wenn mit einer Rückgewinnung dieses Vermögens nicht gerechnet werden kann, gem. § 26 eine Abweisung mangels Masse in Betracht (vgl. Rdn. 13). Wird umgekehrt Vermögen kurz vor Antragstellung manipulativ ins Inland verschafft, wird man regelmäßig ein »besonderes Interesse« des Gläubigers an einem Partikularverfahren im Inland verneinen müssen.[14]

b) Besonderes Gläubigerinteresse an Partikularverfahren

17 Anders als Abs. 1 verlangt Abs. 2 zusätzlich, dass der Gläubiger ein besonderes Interesse an der Eröffnung des Verfahrens glaubhaft macht. Das nach § 14 erforderliche allgemeine Rechtsschutzinteresse reicht hierfür nicht aus; vielmehr muss ein besonderes Interesse gerade an der Durchführung des Partikularverfahrens glaubhaft gemacht werden (§ 4 InsO i.V.m. § 294 ZPO).[15] Ein solches Interesse ist nach dem Wortlaut der Norm insb. anzunehmen, wenn der Gläubiger in einem ausländischen Verfahren voraussichtlich erheblich schlechter stehen würde als in einem inländischen Verfahren.

18 Der Struktur nach orientiert sich Abs. 2 offenkundig an § 245 Abs. 1 Nr. 1.[16] Abs. 2 stellt darauf ab, dass der Gläubiger bei Nichtdurchführung eines Partikularverfahrens in Deutschland voraussichtlich wesentlich schlechter stünde als bei Durchführung (nur) eines ausländischen Verfahrens; in § 245 Abs. 1 Nr. 1 kommt es darauf an, ob der Gläubiger durch einen Insolvenzplan nicht schlechter gestellt würde als er ohne Plan stünde. In beiden Fällen ist eine **Prognose** anzustellen.

19 Maßgeblich ist – nicht anders als bei § 245 Abs. 1 Nr. 1 – eine wirtschaftliche Betrachtungsweise. Es ist maW im Wege einer Prognose zu ermitteln, ob sich die Befriedigungsquote des Gläubigers bei Durchführung des Verfahrens in Deutschland erheblich erhöhen würde, wobei alternativ die (alleinige) Durchführung eines (Haupt-)Insolvenzverfahrens in einem Drittstaat in die Prognose ein-

---

10 MüKo-InsO/*Reinhart* Rn. 11 ff.; MüKo-BGB/*Kindler* Rn. 5; Uhlenbruck/*Lüer* Rn. 11; FK-InsO*Wenner/Schuster* Rn. 7; Mohrbutter/Ringstmeier/*Wenner* § 20 Rn. 72; HK-InsO/*Stephan* Rn. 13.
11 Anders MüKo-BGB/*Kindler* Rn. 5 Fn. 12.
12 MüKo-InsO/*Reinhart* Rn. 15.
13 MüKo-InsO/*Reinhart* Rn. 21; Uhlenbruck/*Lüer* Rn. 10, 13.
14 In der dogmatischen Begründung abweichend (Rechtsmissbrauch) MüKo-InsO/*Reinhart* Rn. 21.
15 MüKo-BGB/*Kindler* Rn. 7.
16 MüKo-InsO/*Reinhart* Rn. 36.

zustellen ist.¹⁷ Ein besonderes Vertrauen des Gläubigers darauf, dass gerade im Inland ein (Partikular-)Verfahren stattfinden kann, wird von der Vorschrift nicht vorausgesetzt; es ist daher, soweit die dargestellte Schlechterstellung des Gläubigers bei Nichtdurchführung des inländischen Verfahrens angenommen werden kann, nicht – auch nicht für den Regelfall – zusätzlich zu verlangen, dass die vom Gläubiger geltend gemachte Forderung aus einer früheren inländischen Niederlassung des Schuldners herrührt oder ein sonstiger besonderer Inlandsbezug besteht.¹⁸

Ein Interesse an einem inländischen Partikularverfahren ist dann hinreichend glaubhaft gemacht, wenn die Forderung des Gläubigers in dem ausländischen Verfahren einen schlechteren Rang hat als im inländischen. Hierbei kommt es nicht darauf an, dass die Schlechterstellung des Gläubigers durch das ausländische Insolvenzrecht einen »diskriminierenden Charakter« hat.¹⁹ **20**

Ein besonderes rechtliches Interesse kann auch damit begründet werden, dass bei Durchführung eines Verfahrens (nur) in einem Drittstaat ein Zugriff auf in Deutschland belegene Vermögensgegenstände nach § 351 ausgeschlossen ist. Das Partikularverfahren erweist sich damit als Möglichkeit, die sehr weitreichende Regelung des § 351 in ihren Wirkungen sachgerecht zu begrenzen. **21**

Umgekehrt ist auch denkbar, dass der Gläubiger über Sicherungsrechte an in Deutschland belegenen Vermögensgegenständen verfügt und befürchten muss, dass er das in Deutschland Erlangte an den ausländischen Insolvenzverwalter herausverlangen muss. Besteht aber eine Herausgabepflicht nach der ausländischen *lex fori concursus* – wie im deutschen Recht, vgl. § 342 Abs. 2 Satz 1 – nicht, wenn die Verwertung im Rahmen eines inländischen Partikularverfahrens erfolgt ist, kann auch dies ein besonderes Interesse an einem Inlandsverfahren begründen.²⁰ **22**

Das Interesse an der Durchführung eines Partikularverfahrens kann auch damit begründet werden, dass ein Verfahren in einem Drittstaat gar nicht durchgeführt werden kann. Dies ergibt sich aus einem Erst-Recht-Schluss aus Abs. 2. Wenn schon die Schlechterstellung des Gläubigers in einem ausländischen Verfahren zur Begründung des besonderen Interesses ausreicht, muss ein derartiges Interesse erst recht bejaht werden, wenn dem Gläubiger im Übrigen überhaupt kein Insolvenzverfahren zur Verfügung stünde und er deshalb auf den Wettlauf in der Einzelzwangsvollstreckung verwiesen würde. Auch ist zu berücksichtigen, dass die (im Übrigen bzgl. isolierter Partikularverfahren deutlich restriktivere) EuInsVO in Art. 3 Abs. 4 Buchst. a) ebenfalls darauf abstellt, dass ein Hauptinsolvenzverfahren in dem Mitgliedstaat, in dem sich der COMI des Schuldners befindet, nicht möglich ist. **23**

Das besondere Interesse an dem Partikularverfahren kann nicht nur mit einer entsprechenden Schlechterstellung des Gläubigers in ausländischen Verfahren begründet werden. Hierbei handelt es sich, wie der Wortlaut (»insbesondere«) deutlich macht, nur um ein Beispiel für ein besonderes Interesse.²¹ Ein besonderes Interesse ist etwa auch dann anzunehmen, wenn in dem Staat, in dem das Hauptinsolvenzverfahren durchgeführt werden müsste, eine instabile politischen Lage herrscht mit daraus resultierenden Zweifeln am Funktionieren der dortigen Gerichtsbarkeit.²² Allgemein reicht es auch, wenn nach den Umständen keine oder nur geringe Aussichten bestehen, im ausländischen Verfahren befriedigt zu werden.²³ Ein besonderes Interesse dürfte sich allerdings nicht allein daraus ergeben, dass der Gläubiger seinen Wohnsitz, gewöhnlichen Aufenthalt oder Sitz im Inland hat oder dass sich zu einem früheren Zeitpunkt der Hauptsitz des Schuldners oder eine Niederlassung des Schuldners im Inland befand. Rührt aber die Forderung des Gläubigers aus einer früheren **24**

---

17 Sehr krit. zur praktischen Durchführbarkeit dieses Vergleichs MüKo-InsO/*Reinhart* Rn. 37 ff.
18 Abw. MüKo-InsO/*Reinhart* Rn. 38; FK-InsO/*Wenner/Schuster* Rn. 11.
19 Abw. MüKo-InsO/*Reinhart* Rn. 37 (rechtliche Unterschiede allein rechtfertigen die Anwendung von § 354 nicht).
20 MüKo-InsO/*Reinhart* Rn. 38.
21 Kübler/Prütting/Bork/*Kemper/Paulus* Rn. 12; Uhlenbruck/*Lüer* Rn. 21.
22 AG Göttingen 06.12.2010, 74 IE 1/10, NZI 2011,160.
23 Karsten Schmidt/*Brinkmann* Rn. 12.

Tätigkeit des Schuldners an dem zu diesem Zeitpunkt noch bestehenden Hauptsitz bzw. der Niederlassung her, konnte der Gläubiger auf eine inländische Zuständigkeit für die Durchführung zumindest eines Partikularverfahrens vertrauen. Dieses Vertrauen stellt ebenfalls ein besonderes Interesse i.S.d. Abs. 2 dar. Auf diese Weise kann auch dem Problem der rechtsmissbräuchlichen Zuständigkeitsverlagerung durch den Schuldner (zumindest teilweise) entgegengewirkt werden.[24]

III. Antragsbefugnis

1. Antragsbefugnis der Gläubiger

25 Das Partikularverfahren kann nach dem Wortlaut der Vorschrift auf Antrag »eines Gläubigers« eröffnet werden. Antragsbefugt sind also nicht nur inländische, sondern auch ausländische Gläubiger.[25] Es kommt auch nicht darauf an, ob die Forderung des antragstellenden Gläubigers aus der Niederlassung im Inland herrührt oder nicht. Insoweit unterscheidet sich Abs. 1 von Art. 3 Abs. 4 Buchst. b) EuInsVO, der – allerdings nur für isolierte Partikularverfahren – als eine (alternative) Zusatzvoraussetzung vorschreibt, dass der antragstellende Gläubiger seinen Wohnsitz, gewöhnlichen Aufenthalt oder Sitz im Inland haben muss. Stützt sich die Zuständigkeit aber nur darauf, dass im Inland Vermögen des Schuldners belegen ist, muss das dargestellte besondere Interesse des antragstellenden Gläubigers glaubhaft gemacht werden.

2. Antragsbefugnis des Hauptinsolvenzverwalters

26 Soweit es sich nicht um ein isoliertes Partikularverfahren, sondern um ein Sekundärinsolvenzverfahren handelt, ist nach § 356 Abs. 2 auch der Hauptinsolvenzverwalter zur Beantragung befugt. Diese Antragsbefugnis besteht nach der hier vertretenen Auffassung auch dann, wenn sich im Inland keine Niederlassung, sondern nur Vermögen des Schuldners befindet (vgl. § 356 Rdn. 3).

3. Antragsbefugnis des Schuldners

a) Auslegung der §§ 354, 356

27 Problematisch ist, ob daneben auch der Schuldner selbst zur Beantragung eines isolierten Partikularverfahrens bzw. eines Sekundärinsolvenzverfahrens befugt ist. In § 354 wird nur der Antrag durch einen Gläubiger behandelt, während sich § 356 Abs. 2 (für den Fall des Sekundärinsolvenzverfahrens) nur mit dem Antrag durch den Hauptinsolvenzverwalter befasst. Ein Antrag durch den Schuldner selbst bleibt in beiden Vorschriften unerwähnt. Dies legt den Umkehrschluss nahe, dass der Schuldner selbst nicht zur Beantragung eines isolierten Partikularverfahrens befugt ist.[26]

28 Dies wird auch durch die Gesetzesmaterialien bestätigt. Zu § 354 heißt es, dass durch »die ausschließliche Erwähnung des Gläubigerantrags ... klargestellt« werde, dass der Schuldner »nicht berechtigt ist, ein unabhängiges Partikularverfahren zu beantragen. Liegen Insolvenzeröffnungsgründe vor, so soll der Schuldner ein Hauptinsolvenzverfahren am Mittelpunkt seiner hauptsächlichen Interessen beantragen und nicht versuchen, die Unternehmung von ihren Rändern her zu liquidieren. «[27] Auch im Zusammenhang mit § 356 (Sekundärinsolvenzverfahren) ist ausschließlich von einem Antrag durch einen Gläubiger und dem Hauptinsolvenzverwalter die Rede. Das Sekundärinsolvenzverfahren diene dem Schutz lokaler Gläubiger, könne aber auch gezielt vom Verwalter des Hauptinsolvenzverfahrens zur Strukturierung völlig unübersichtlicher Vermögensverhältnisse eingesetzt werden.[28] Interessen des Schuldners an einem Sekundärinsolvenzverfahren werden nicht erwähnt.

---

24 Vgl. dazu MüKo-InsO/*Reinhart* Rn. 38.
25 MüKo-InsO/*Reinhart* Rn. 34.
26 Karsten Schmidt/*Brinkmann* Rn. 11; MüKo-BGB/*Kindler* Rn. 5 (anders aber Rn. 7); abw. MüKo-InsO/*Reinhart* Rn. 40 ff.
27 BT-Drucks. 15/16, 25.
28 BT-Drucks. 15/16, 25.

Damit ist der Schuldner nach zutreffender Auffassung weder zur Beantragung eines isolierten Partikularverfahrens noch zur Beantragung eines Sekundärinsolvenzverfahrens befugt.[29]

Nach der hier vertretenen Auffassung sollte ein Antrag des Schuldners auf Eröffnung eines isolierten Partikularverfahrens aber ausnahmsweise dann zulässig sein, wenn ein Hauptinsolvenzverfahren in einem anderen Staat nicht möglich ist. Dies kann etwa der Fall sein, wenn der Schuldner in anderen Staaten nicht als insolvenzfähig angesehen wird oder nach dortiger Auffassung keine internationale Zuständigkeit für die Eröffnung eines Insolvenzverfahrens besteht. Denn in diesem Fall würde der Schuldner überhaupt kein Verfahren beantragen können, und das ggf. auch dann, wenn nach den in Betracht kommenden (Insolvenz-)Rechtsordnungen eine Antragspflicht besteht. Insoweit wäre also der sich aus §§ 354, 356 ergebende Ausschluss der Antragsbefugnis des Schuldners teleologisch zu reduzieren. Hierfür spricht auch der Vergleich mit dem (grds. restriktiveren) Art. 3 Abs. 4 Buchst. a) EuInsVO, der in vergleichbaren Fällen ein isoliertes Partikularverfahren für zulässig erklärt und keine Einschränkung der Antragsbefugnis (nur) auf die Gläubiger vornimmt. 29

b) Anwendung bei Geltung der EuInsVO

Eine weitere Frage besteht darin, ob der dargestellte weitgehende Ausschluss der Antragsbefugnis auch im Anwendungsbereich der EuInsVO gilt. Hierbei ist zwischen isolierten Partikularverfahren und Sekundärinsolvenzverfahren zu differenzieren. In den von Art. 3 Abs. 4 Buchst. a) EuInsVO genannten Fällen der ausnahmsweise zulässigen Partikularverfahren (Unmöglichkeit der Eröffnung eines Insolvenzverfahrens in dem Mitgliedstaat, in dem sich der COMI des Schuldners befindet) nimmt die EuInsVO keine Einschränkung der Antragsbefugnis vor. Insoweit findet sodann das nationale Recht Anwendung. Im Falle Deutschlands führt dies – dann wenn man der unter Rdn. 29 dargestellten Lösung folgt – dazu, dass auch der Schuldner selbst einen Antrag auf Eröffnung eines derartigen Verfahrens stellen kann. In den von Art. 3 Abs. 4 Buchst. b) EuInsVO genannten Fällen besteht demgegenüber bereits nach dem Wortlaut der Vorschrift nur eine Antragsbefugnis der Gläubiger. 30

Bei Sekundärinsolvenzverfahren bestimmt Art. 29 Buchst. a) EuInsVO zunächst, dass auch der Hauptinsolvenzverwalter ein derartiges Verfahren beantragen kann. Im Übrigen verweist Art. 29 Buchst. b) EuInsVO auf die *lex fori concursus secundariae*, also – bei einem in Deutschland beantragten Sekundärinsolvenzverfahren – auf das deutsche Recht. Dies ist so zu verstehen, dass für die Antragsbefugnis grds. die §§ 13, 14 zur Anwendung kommen, aber der deutsche Gesetzgeber auch die Möglichkeit hat, die Antragsbefugnis speziell für Sekundärinsolvenzverfahren zu regeln. Damit ist nach der hier vertretenen Auffassung der sich aus §§ 354, 356 ergebende Ausschluss der Antragsbefugnis des Schuldners auch dann zu beachten, wenn das Sekundärinsolvenzverfahren im Übrigen in den Anwendungsbereich der EuInsVO fällt (vgl. näher Anh. I Art. 29 EuInsVO Rdn. 18 ff.). 31

IV. Weitere Eröffnungsvoraussetzungen

Bei einem Sekundärinsolvenzverfahren wird das Verfahren eröffnet, ohne dass ein Eröffnungsgrund festgestellt werden muss (§ 356 Abs. 3). Voraussetzung ist also hier nur, dass ein Hauptinsolvenzverfahren in einem Drittstaat eröffnet worden ist und dass dieser ausländische Eröffnungsbeschluss im Inland nach Maßgabe von § 343 anzuerkennen ist.[30] 32

Bei einem isolierten Partikularverfahren ist demgegenüber zu prüfen, ob ein Eröffnungsgrund nach §§ 17–19 gegeben ist. Für die Zahlungsunfähigkeit des Schuldners ist insoweit keine nur territoriale 33

---

29 FK-InsO/*Wenner/Schuster* Rn. 10; HK-InsO/*Stephan* Rn. 16; Andres/Leithaus/*Dahl* Rn. 10; nur für einen Ausschluss einer Antragsbefugnis des Schuldners für das Sekundärinsolvenzverfahren MüKo-InsO/*Reinhart* Rn. 40 ff. und § 356 Rn. 8 ff.

30 Ungeachtet dessen liegt die Zuständigkeit für die Eröffnung des Sekundärinsolvenzverfahrens beim Richter (krit. dazu *Kellermeyer* Rpfleger 2003, 391 (392 f.).

Betrachtung anzustellen. Dementsprechend sind bei der Zahlungsunfähigkeit alle fälligen Zahlungspflichten zu berücksichtigen, auch solche, die nicht im Inland zu erfüllen sind bzw. die keinen Bezug zum Inland haben.[31] Auch mit Blick auf die Zahlungseinstellung (§ 17 Abs. 1 Satz 2) gelten letztlich keine Besonderheiten. Es reicht aus, wenn die Zahlung in einem anderen Staat eingestellt wurde.[32]

34 Auch beim Eröffnungsgrund der Überschuldung ist eine »weltweite« Betrachtung des gesamten Vermögens anzustellen; es sind also sämtliche Aktiva und Passiva des Schuldners zu berücksichtigen, auch solche, die keinen Bezug zum Inland haben.[33] Anderenfalls würde man zu eher zufälligen Ergebnissen gelangen; würde man insb. nur die im Inland belegenen Aktiva berücksichtigen, aber sämtliche Verbindlichkeiten in die Betrachtung einbeziehen, gelangte man im Einzelfall auch bei wirtschaftlich völlig gesunden Schuldnern zu einer Überschuldung.

35 Eine nur auf das inländische Territorium beschränkte Betrachtung ist demgegenüber bei der Abweisung der Eröffnung mangels Masse (§ 26) anzustellen. Hier kommt es darauf an, ob sich hinreichend Masse im Inland befindet. Was die »Belegenheit« des Aktivvermögens anbelangt, gelten dieselben Grundsätze wie oben Rdn. 15. Liegt keine hinreichende Masse vor, ist ein Partikularverfahren nur dann zu eröffnen, wenn ein ausreichender Geldbetrag vorgeschossen wird (§ 26 Abs. 1 Satz 2 Var. 1). Eine Stundung der Kosten (§ 26 Abs. 1 Satz 2 Var. 2 i.V.m. § 4a) kommt demgegenüber nicht in Betracht, da im Partikularverfahren keine Restschuldbefreiung erteilt werden kann (§ 355 Abs. 1).

D. Zuständiges Gericht (Abs. 3)

36 Sachlich zuständig Zuständigkeit für die Durchführung inländischer Partikularverfahren ist das Insolvenzgericht. Die örtliche Zuständigkeit wird in Abs. 3 geregelt.

37 Grds. zuständig ist das Insolvenzgericht des Gerichtsbezirks, in dem sich eine Niederlassung des Schuldners befindet. Abs. 3 Satz 2 betrifft den Fall, dass der Schuldner in Deutschland über mehrere Niederlassungen verfügt. In diesem Fall gilt aufgrund des Verweises auf § 3 Abs. 2 wiederum das Prioritätsprinzip. Zuständig ist das Gericht, bei dem zuerst die Eröffnung des Partikularverfahrens beantragt worden ist.[34]

38 Fehlt es an einer inländischen Niederlassung, so ist jedes Insolvenzgericht örtlich zuständig, in dessen Bezirk sich Vermögen des Schuldners befindet. Der Ort der Vermögensbelegenheit richtet sich wiederum nach den oben dargestellten Grundsätzen.

39 Auch hier kann es – bei Belegenheit von Vermögen in verschiedenen Gerichtsbezirken – zu positiven Kompetenzkonflikten kommen. Aufgrund der Verweisung des Abs. 3 Satz 2 auf § 3 Abs. 2 gilt wiederum das Prioritätsprinzip. Maßgeblich ist, bei welchem Gericht zuerst die Eröffnung des Partikularverfahrens beantragt worden ist. Nicht maßgeblich ist, welchen Wert das Vermögen hat, das in den einzelnen Gerichtsbezirken belegen ist; es besteht kein Vorrang des Gerichts, bei dem sich der Großteil des Vermögens des Schuldners bzw. die wertvollsten Vermögensbestandteile befinden.[35]

§ 355 Restschuldbefreiung. Insolvenzplan

(1) Im Partikularverfahren sind die Vorschriften über die Restschuldbefreiung nicht anzuwenden.

(2) Ein Insolvenzplan, in dem eine Stundung, ein Erlass oder sonstige Einschränkungen der Rechte der Gläubiger vorgesehen sind, kann in diesem Verfahren nur bestätigt werden, wenn alle betroffenen Gläubiger dem Plan zugestimmt haben.

---

31 Ausf. MüKo-InsO/*Reinhart* Rn. 25; MüKo-BGB/*Kindler* Rn. 11.
32 Uhlenbruck/*Lüer* Rn. 16; MüKo-InsO/*Reinhart* Rn. 25; HK-InsO/*Stephan* Rn. 19.
33 MüKo-InsO/*Reinhart* Rn. 26 f.; MüKo-BGB/*Kindler* Rn. 11; Braun/*Liersch/Delzant* Rn. 17.
34 HK-InsO/*Stephan* Rn. 24; MüKo-InsO/*Reinhart* Rn. 43; Uhlenbruck/*Lüer* Rn. 23.
35 MüKo-InsO/*Reinhart* Rn. 44.

Übersicht

	Rdn.		Rdn.
A. Überblick	1	C. Bestätigung von Insolvenzplänen (Abs. 2)	6
B. Ausschluss der Restschuldbefreiung (Abs. 1)	2		

A. Überblick

§ 355 enthält eine Sachnorm für inländische Partikularverfahren. Abs. 1 schließt eine Restschuldbefreiung in Partikularverfahren aus. Abs. 2 stimmt inhaltlich mit Art. 34 Abs. 2 EuInsVO überein. Eine Stundung, ein Erlass oder sonstige Einschränkungen der Gläubigerrechte in einem Insolvenzplan sind hiernach nur möglich, wenn dem alle betroffenen Gläubiger zustimmen. 1

B. Ausschluss der Restschuldbefreiung (Abs. 1)

Die gesetzliche Restschuldbefreiung (§§ 286 bis 303) ist nach Auffassung des deutschen Gesetzgebers einem Gläubiger nur zuzumuten, wenn das gesamte in- und ausländische Vermögen des Schuldners verwertet worden ist. In einem Verfahren, das nur das inländische Vermögen erfasst, wird die Restschuldbefreiung daher ausgeschlossen.[1] Abs. 1 betrifft sowohl die Restschuldbefreiung in einem Partikularverfahren als auch die Restschuldbefreiung in einem Sekundärinsolvenzverfahren. 2

Nicht einfach zu beurteilen ist die Frage, ob § 355 Abs. 1 auch anzuwenden ist, wenn das Verfahren an sich in den sachlichen Anwendungsbereich der EuInsVO fällt. Dies wäre dann zu verneinen, wenn die EuInsVO insoweit eine abschließende Regelung enthielte. Art. 34 Abs. 2 EuInsVO befasst sich mit der grenzüberschreitenden Wirkungserstreckung von Beschränkungen der Gläubigerrechte. Auch die Restschuldbefreiung wird von Art. 34 Abs. 2 EuInsVO erfasst. Art. 34 Abs. 2 EuInsVO regelt aber nicht, ob eine Restschuldbefreiung im Allgemeinen oder im Partikularverfahren im Besonderen überhaupt vorgesehen ist; diese Frage untersteht nach Art. 28 EuInsVO der jeweils anwendbaren *lex fori concursus*. Damit ist nach der hier vertretenen Auffassung Art. 34 Abs. 2 EuInsVO keine abschließende Lösung zu entnehmen. Der nationale Gesetzgeber kann frei darüber entscheiden, ob er Restschuldbefreiungsverfahren überhaupt vorsieht oder ob er z.B. die Restschuldbefreiung auf Hauptinsolvenzverfahren beschränkt. Der deutsche Gesetzgeber hat sich für einen Ausschluss der Restschuldbefreiung in Partikularverfahren entschieden. Der Wortlaut der Vorschrift und die Begründung zum Gesetzentwurf differenzieren nicht danach, ob das Partikularverfahren im Übrigen der EuInsVO untersteht oder (allein) dem deutschen Recht.[2] Demnach ist davon auszugehen, dass § 355 Abs. 1 immer dann anzuwenden ist, wenn das Partikularverfahren in Deutschland durchgeführt wird und dementsprechend – sei aufgrund von Art. 28 EuInsVO oder aufgrund von § 335 InsO – das deutsche Recht anwendbar ist. 3

Fraglich ist noch, ob die Regelung des § 355 der Anerkennung einer im Ausland erteilten Restschuldbefreiung auch dann noch entgegensteht, wenn das inländische Partikularverfahren bereits abgeschlossen ist. Dies dürfte zu verneinen sein, da sich § 355 nur auf die Restschuldbefreiung »im« Partikularverfahren bezieht, aber darüber hinaus nicht ausländischen Verfahren die Anerkennungsfähigkeit (teilweise) nehmen möchte (vgl. dazu näher Anh. I Art. 2 EuInsVO Rdn. 42 f.). Damit kann sich der Schuldner nach Abschluss des inländischen Partikularverfahrens grds auf die im Ausland erteilte Restschuldbefreiung berufen; insb. kann er sich auf die Restschuldbefreiung berufen, soweit die Gläubiger nunmehr Maßnahmen der Einzelzwangsvollstreckung ergreifen wollen. 4

Der Wortlaut der Norm und – noch deutlicher – die Begründung zum Gesetzentwurf beziehen sich nur auf die gesetzliche Restschuldbefreiung nach den §§ 286–303.[3] Daraus ergibt sich, dass die Vor- 5

---

[1] BT-Drucks. 15/16, 25.
[2] Vgl. BT-Drucks. 12/2443, 245.
[3] BT-Drucks. 15/16, 25.

schriften über Schuldenbefreiungspläne (§§ 305 ff.) nicht von dem rigiden Verbot des Abs. 1 erfasst werden. Für sie gilt vielmehr Abs. 2.[4]

C. Bestätigung von Insolvenzplänen (Abs. 2)

6 Abs. 2 enthält eine mit Art. 102 § 9 EGInsO identische Regelung. Art. 102 § 9 EGInsO ist als Durchführungsvorschrift zur EuInsVO immer dann anwendbar, wenn der sachliche Anwendungsbereich der EuInsVO eröffnet ist. Für Abs. 2 bleiben daher (nur) die Fälle, in denen der sachliche Anwendungsbereich der EuInsVO nicht eröffnet ist. Uneingeschränkt anwendbar ist Abs. 2 daher dann, wenn es sich um ein Verfahren handelt, das nach Art. 1 Abs. 2 EuInsVO vom Anwendungsbereich der EuInsVO ausgenommen bzw. nicht in Anhang A zur EuInsVO aufgenommen worden ist. Vor allem ist Abs. 2 dann anwendbar, wenn das in Deutschland anzuerkennende Hauptinsolvenzverfahren in einem Drittstaat eröffnet worden ist. Der Anwendungsbereich von Abs. 2 deckt sich daher mit dem Anwendungsbereich von § 354.

7 Abs. 2 weicht – wie auch Art. 102 § 9 EGInsO – von Art. 34 Abs. 2 EuInsVO inhaltlich ab. Art. 34 Abs. 2 beschränkt lediglich die grenzüberschreitenden Wirkungen eines Insolvenzplans, in dem eine Stundung, ein Erlass oder eine sonstige Einschränkung der Gläubigerrechte vorgesehen ist. Demgegenüber setzt Abs. 2 inhaltlich einen Schritt vorher an. Ein inländischer Insolvenzplan, in dem eine Stundung, ein Erlass oder eine sonstige Einschränkung der Gläubigerrechte vorgesehen ist, kann nur dann bestätigt werden, wenn alle betroffenen Gläubiger dem Plan zugestimmt haben. Die Vorschrift sollte – wie Art. 102 § 9 EGInsO – teleologisch reduziert werden, soweit in einem ausländischen Haupt- und einem deutschen Sekundärinsolvenzverfahren abgestimmte Pläne vorgelegt werden (vgl. näher Anh. II Art. 102 § 9 EGInsO Rdn. 5).

8 Wie bei Art. 34 Abs. 2 EuInsVO stellt sich die Frage, welche Gläubiger von einer Stundung usw. »betroffen« sind. Abzustellen ist darauf, ob der Gläubiger in den Plan miteinbezogen ist. Sieht der Plan eine generelle Stundung oder Anspruchskürzung vor, sind sämtliche Gläubiger des Schuldners von dem Plan betroffen. Praktisch dürfte es aber kaum möglich sein, die Zustimmung aller Gläubiger zu erreichen bzw. überhaupt alle Gläubiger des Schuldners zuverlässig festzustellen.[5]

9 Selbst wenn ein Insolvenzplan in einem deutschen Partikularverfahren unter den engen Voraussetzungen von Abs. 2 zustande kommt, ist überdies noch nicht gewährleistet, dass die Wirkung des Plans in anderen Staaten anerkannt wird. Dies richtet sich nach den dort geltenden Anerkennungsregeln, und hier ist denkbar, dass gerade in dem Staat, der für das Hauptinsolvenzverfahren zuständig ist, eine Anerkennung unterbleibt.

§ 356 Sekundärinsolvenzverfahren

(1) Die Anerkennung eines ausländischen Hauptinsolvenzverfahrens schließt ein Sekundärinsolvenzverfahren über das inländische Vermögen nicht aus. Für das Sekundärinsolvenzverfahren gelten ergänzend die §§ 357 und 358.

(2) Zum Antrag auf Eröffnung des Sekundärinsolvenzverfahrens ist auch der ausländische Insolvenzverwalter berechtigt.

(3) Das Verfahren wird eröffnet, ohne dass ein Eröffnungsgrund festgestellt werden muss.

1 Die §§ 356–358 beziehen sich nur auf inländische Sekundärinsolvenzverfahren, die nicht in den Anwendungsbereich der EuInsVO fallen. §§ 356–358 sind damit anzuwenden, wenn es sich um ein Verfahren handelt, das nach Art. 1 Abs. 2 EuInsVO vom Anwendungsbereich der EuInsVO ausgenommen bzw. nicht in Anhang A zur EuInsVO aufgeführt ist. Vor allem sind die §§ 356–358 an-

---

[4] Wie hier MüKo-InsO/*Reinhart* Rn. 6.
[5] Sehr krit. deshalb MüKo-InsO/*Reinhart* Rn. 7 ff.

zuwenden, wenn ein nach § 343 Abs. 1 anzuerkennendes Hauptinsolvenzverfahren in einem Drittstaat eröffnet worden ist. Der räumliche Anwendungsbereich der §§ 356–358 entspricht damit dem räumlichen Anwendungsbereich von § 354 (vgl. § 354 Rdn. 4 ff.).

Abs. 2 stellt eine Sachnorm dar, welche die in §§ 13, 14 normierte Antragsbefugnis modifiziert. Sie entspricht der in Art. 29 Buchst. a) EuInsVO enthaltenen Regelung. Im Rahmen der EuInsVO kommt nach Auffassung des EuGH bereits dem vorläufigen Hauptinsolvenzverwalter dann, wenn seine Bestellung mit einem Vermögensbeschlag gegen den Schuldner verbunden war, eine entsprechende Antragsbefugnis zu (vgl. Anh. I Art. 29 EuInsVO Rdn. 4 ff.). Diese Auffassung vermag jedoch in der Sache nicht zu überzeugen (vgl. näher Anh. I Art. 29 EuInsVO Rdn. 5 ff.) und dürfte daher nicht auf das autonome deutsche Insolvenzrecht zu übertragen sein.[1]

2

Der Hauptinsolvenzverwalter kann den Antrag sowohl dann stellen, wenn sich in Deutschland eine Niederlassung des Schuldners befindet, als auch dann, wenn dort nur Vermögen des Schuldners belegen ist. § 354 Abs. 2 Satz 1 statuiert das Erfordernis eines besonderen Interesses nur für den antragstellenden Gläubiger, sagt aber nicht, dass der Antrag ausschließlich durch Gläubiger gestellt werden kann.[2] Anders als der Gläubiger muss der Hauptinsolvenzverwalter in dem zuletzt genannten Fall auch kein besonderes Interesse an der Durchführung eines Sekundärinsolvenzverfahrens glaubhaft machen.[3]

3

Nach Abs. 3 kann im Inland ein Sekundärinsolvenzverfahren eröffnet werden, ohne dass gesondert ein Eröffnungsgrund festgestellt werden müsste. Durch diese Formulierung wird klargestellt, dass nicht nur eine Vermutung besteht, der Schuldner sei auch im Inland zahlungsunfähig oder überschuldet; vielmehr kann ein inländisches Sekundärinsolvenzverfahren auch dann durchgeführt werden, wenn das ausländische Recht Eröffnungsgründe kennt, die im Inland unbekannt sind. Eine Grenze wird insoweit allein durch den inländischen ordre public gezogen.[4]

4

§ 357 Zusammenarbeit der Insolvenzverwalter

(1) Der Insolvenzverwalter hat dem ausländischen Verwalter unverzüglich alle Umstände mitzuteilen, die für die Durchführung des ausländischen Verfahrens Bedeutung haben können. Er hat dem ausländischen Verwalter Gelegenheit zu geben, Vorschläge für die Verwertung oder sonstige Verwendung des inländischen Vermögens zu unterbreiten.

(2) Der ausländische Verwalter ist berechtigt, an den Gläubigerversammlungen teilzunehmen.

(3) Ein Insolvenzplan ist dem ausländischen Verwalter zur Stellungnahme zuzuleiten. Der ausländische Verwalter ist berechtigt, selbst einen Plan vorzulegen. § 218 Abs. 1 Satz 2 und 3 gilt entsprechend.

§ 357 ist nur anwendbar, soweit nicht der Anwendungsbereich der EuInsVO eröffnet ist. Es gelten die Ausführungen zu § 356 entsprechend (vgl. § 356 Rdn. 1; § 354 Rdn. 4 ff.). Art. 31, 32 EuInsVO enthalten vergleichbare Vorschriften.

1

Abs. 1 Satz 1 statuiert zunächst eine **Informationspflicht** des inländischen Sekundärinsolvenzverwalters gegenüber dem Hauptinsolvenzverwalter. Diese Informationspflicht entspricht dem Umfang nach der in Art. 31 Abs. 1 EuInsVO statuierten Informationspflicht (vgl. Anh. I Art. 31 EuInsVO Rdn. 3 ff.). Abs. 1 Satz 2 räumt dem Hauptinsolvenzverwalter die Möglichkeit ein, auf das Sekun-

2

---

[1] Karsten Schmidt/*Brinkmann* Rn. 6; vgl. noch MüKo-InsO/*Reinhart* 10.
[2] Andres/Leithaus/*Dahl* Rn. 5; Uhlenbruck/*Lüer* Rn. 10; a.A. MüKo-BGB/*Kindler* Rn. 5.
[3] Andres/Leithaus/*Dahl* Rn. 5; Kübler/Prütting/Bork/*Kemper/Paulus* Rn. 9; Uhlenbruck/*Lüer* Rn. 9; a.A. Braun/Liersch/*Delzant* Rn. 9 (Erfordernis eines besonderen Interesses, sofern keine Niederlassung im Inland liegt).
[4] BT-Drucks. 15/16, 25.

därinsolvenzverfahren durch Vorschläge zur Verwertung oder Verwendung einzuwirken. Die Belegenheit von Vermögensgegenständen richtet sich nach der hier vertretenen Auffassung nach den Maßstäben des Art. 2 Buchst. g) EuInsVO, nicht nach den zu § 23 ZPO entwickelten Maßstäben (vgl. § 354 Rdn. 15). Inhaltlich entspricht die Vorschrift weitgehend Art. 31 Abs. 3 EuInsVO (vgl. Anh. I Art. 31 EuInsVO Rdn. 13 ff.).

3 Nach Abs. 2 besteht ein allgemeines Teilnahmerecht des ausländischen Insolvenzverwalters an inländischen Gläubigerversammlungen. Insoweit entspricht § 357 Abs. 2 Art. 32 Abs. 3 EuInsVO. Er ist dementsprechend auch zu Gläubigerversammlungen zu laden.[1] Aus Abs. 2 folgt nicht, dass der Hauptinsolvenzverwalter auch ein Stimmrecht hat. Dieses richtet sich nach § 341 Abs. 3.[2]

4 Abs. 3 sichert eine Mitwirkungsbefugnis des ausländischen Hauptinsolvenzverwalters bei der Erstellung eines Insolvenzplans. Es handelt sich um eine Parallelregelung zu Art. 34 EuInsVO. Soweit im Sekundärinsolvenzverfahren ein Insolvenzplan erarbeitet wird, ist er dem ausländischen Hauptinsolvenzverwalter zur Stellungnahme zuzuleiten (Abs. 3 Satz 1). Einseitig verhindern kann der Hauptinsolvenzverwalter aber die Bestätigung des Insolvenzplans nicht. Insoweit unterscheidet sich Abs. 3 Satz 1 von Art. 34 Abs. 1 Unterabs. 2 EuInsVO, der dem Hauptinsolvenzverwalter ein Vetorecht einräumt.

5 Nach Abs. 3 Satz 2 hat der Hauptinsolvenzverwalter auch die Möglichkeit, selbst einen Plan vorzuschlagen. Im Unterschied zu Art. 34 Abs. 3 EuInsVO wird aber in Abs. 3 Satz 2 nicht vorgesehen, dass dieses Vorschlagsrecht zeitweilig nur ihm zusteht.

§ 358 Überschuss bei der Schlussverteilung

Können bei der Schlussverteilung im Sekundärinsolvenzverfahren alle Forderungen in voller Höhe berichtigt werden, so hat der Insolvenzverwalter einen verbleibenden Überschuss dem ausländischen Verwalter des Hauptinsolvenzverfahrens herauszugeben.

1 § 358 ist nur anwendbar, soweit nicht der – inhaltsgleiche – Art. 35 EuInsVO heranzuziehen ist. Auch hier gelten die Ausführungen zu § 356 entsprechend (vgl. § 356 Rdn. 1; § 354 Rdn. 4 ff.).

2 § 358 bezieht sich auf den Fall, dass sich in einem inländischen Sekundärinsolvenzverfahren nach Befriedigung aller teilnehmenden Insolvenzgläubiger und nach Aufhebung des Verfahrens herausstellt, dass ein Überschuss verbleibt. In dieser Konstellation setzt sich wieder der universale Insolvenzbeschlag des im Inland anzuerkennenden ausländischen Hauptinsolvenzverfahrens durch. Der Überschuss ist an den ausländischen Verwalter herauszugeben. § 199, nach dem ein erzielter Überschuss an den Schuldner herauszugeben ist, wird verdrängt.[1]

---

1 BT-Drucks. 15/16, 26.
2 MüKo-BGB/*Kindler* Rn. 11.
1 MüKo-BGB/*Kindler* Rn. 4.

Zwölfter Teil Inkrafttreten

§ 359 Verweisung auf das Einführungsgesetz

Dieses Gesetz tritt an dem Tage in Kraft, der durch das Einführungsgesetz zur Insolvenzordnung bestimmt wird.

Anhang I Verordnung (EG) Nr. 1346/2000 des Rates über Insolvenzverfahren

vom 29. Mai 2000 (ABlEG Nr. L 160 v. 30.06.2000)

DER RAT DER EUROPÄISCHEN UNION –

gestützt auf den Vertrag zur Gründung der Europäischen Gemeinschaft, insbesondere auf Artikel 61 Buchstabe c) und Artikel 67 Absatz 1,

auf Initiative der Bundesrepublik Deutschland und der Republik Finnland,

nach Stellungnahme des Europäischen Parlaments(1),

nach Stellungnahme des Wirtschafts- und Sozialausschusses(2),

in Erwägung nachstehender Gründe:

(1) Die Europäische Union hat sich die Schaffung eines Raums der Freiheit, der Sicherheit und des Rechts zum Ziel gesetzt.

(2) Für ein reibungsloses Funktionieren des Binnenmarktes sind effiziente und wirksame grenzüberschreitende Insolvenzverfahren erforderlich; die Annahme dieser Verordnung ist zur Verwirklichung dieses Ziels erforderlich, das in den Bereich der justitiellen Zusammenarbeit in Zivilsachen im Sinne des Artikels 65 des Vertrags fällt.

(3) Die Geschäftstätigkeit von Unternehmen greift mehr und mehr über die einzelstaatlichen Grenzen hinaus und unterliegt damit in zunehmendem Maß den Vorschriften des Gemeinschaftsrechts. Da die Insolvenz solcher Unternehmen auch nachteilige Auswirkungen auf das ordnungsgemäße Funktionieren des Binnenmarktes hat, bedarf es eines gemeinschaftlichen Rechtsakts, der eine Koordinierung der Maßnahmen in bezug auf das Vermögen eines zahlungsunfähigen Schuldners vorschreibt.

(4) Im Interesse eines ordnungsgemäßen Funktionierens des Binnenmarktes muß verhindert werden, daß es für die Parteien vorteilhafter ist, Vermögensgegenstände oder Rechtsstreitigkeiten von einem Mitgliedstaat in einen anderen zu verlagern, um auf diese Weise eine verbesserte Rechtsstellung anzustreben (sog. »forum shopping«).

(5) Diese Ziele können auf einzelstaatlicher Ebene nicht in hinreichendem Maß verwirklicht werden, so daß eine Maßnahme auf Gemeinschaftsebene gerechtfertigt ist.

(6) Gemäß dem Verhältnismäßigkeitsgrundsatz sollte sich diese Verordnung auf Vorschriften beschränken, die die Zuständigkeit für die Eröffnung von Insolvenzverfahren und für Entscheidungen regeln, die unmittelbar aufgrund des Insolvenzverfahrens ergehen und in engem Zusammenhang damit stehen. Darüber hinaus sollte diese Verordnung Vorschriften hinsichtlich der Anerkennung solcher Entscheidungen und hinsichtlich des anwendbaren Rechts, die ebenfalls diesem Grundsatz genügen, enthalten.

(7) Konkurse, Vergleiche und ähnliche Verfahren sind vom Anwendungsbereich des Brüsseler Übereinkommens von 1968 über die gerichtliche Zuständigkeit und die Vollstreckung gerichtlicher Entscheidungen in Zivil- und Handelssachen(3) in der durch die Beitrittsübereinkommen zu diesem Übereinkommen(4) geänderten Fassung ausgenommen.

(8) Zur Verwirklichung des Ziels einer Verbesserung der Effizienz und Wirksamkeit der Insolvenzverfahren mit grenzüberschreitender Wirkung ist es notwendig und angemessen, die Bestimmungen über den Gerichtsstand, die Anerkennung und das anwendbare Recht in diesem Bereich in einem gemeinschaftlichen Rechtsakt zu bündeln, der in den Mitgliedstaaten verbindlich ist und unmittelbar gilt.

(9) Diese Verordnung sollte für alle Insolvenzverfahren gelten, unabhängig davon, ob es sich beim Schuldner um eine natürliche oder juristische Person, einen Kaufmann oder eine Privatperson handelt. Die Insolvenzverfahren, auf die diese Verordnung Anwendung findet, sind in den Anhängen aufgeführt. Insolvenzverfahren über das Vermögen von Versicherungsunternehmen, Kreditinstituten und Wertpapierfirmen, die Gelder oder Wertpapiere Dritter halten, sowie von Organismen für gemeinsame Anlagen sollten vom Geltungsbereich dieser Verordnung ausgenommen sein. Diese Unternehmen sollten von dieser Verordnung nicht erfaßt werden, da für sie besondere Vorschriften gelten und die nationalen Aufsichtsbehörden teilweise sehr weitgehende Eingriffsbefugnisse haben.

(10) Insolvenzverfahren sind nicht zwingend mit dem Eingreifen eines Gerichts verbunden. Der Ausdruck »Gericht« in dieser Verordnung sollte daher weit ausgelegt werden und jede Person oder Stelle bezeichnen, die nach einzelstaatlichem Recht befugt ist, ein Insolvenzverfahren zu eröffnen. Damit diese Verordnung Anwendung findet, muß es sich aber um ein Verfahren (mit den entsprechenden Rechtshandlungen und Formalitäten) handeln, das nicht nur im Einklang mit dieser Verordnung steht, sondern auch in dem Mitgliedstaat der Eröffnung des Insolvenzverfahrens offiziell anerkannt und rechtsgültig ist, wobei es sich ferner um ein Gesamtverfahren handeln muß, das den vollständigen oder teilweisen Vermögensbeschlag gegen den Schuldner sowie die Bestellung eines Verwalters zur Folge hat.

(11) Diese Verordnung geht von der Tatsache aus, daß aufgrund der großen Unterschiede im materiellen Recht ein einziges Insolvenzverfahren mit universaler Geltung für die gesamte Gemeinschaft nicht realisierbar ist. Die ausnahmslose Anwendung des Rechts des Staates der Verfahrenseröffnung würde vor diesem Hintergrund häufig zu Schwierigkeiten führen. Dies gilt etwa für die in der Gemeinschaft sehr unterschiedlich ausgeprägten Sicherungsrechte. Aber auch die Vorrechte einzelner Gläubiger im Insolvenzverfahren sind teilweise völlig verschieden ausgestaltet. Diese Verordnung sollte dem auf zweierlei Weise Rechnung tragen: Zum einen sollten Sonderanknüpfungen für besonders bedeutsame Rechte und Rechtsverhältnisse vorgesehen werden (z.B. dingliche Rechte und Arbeitsverträge). Zum anderen sollten neben einem Hauptinsolvenzverfahren mit universaler Geltung auch innerstaatliche Verfahren zugelassen werden, die lediglich das im Eröffnungsstaat belegene Vermögen erfassen.

(12) Diese Verordnung gestattet die Eröffnung des Hauptinsolvenzverfahrens in dem Mitgliedstaat, in dem der Schuldner den Mittelpunkt seiner hauptsächlichen Interessen hat. Dieses Verfahren hat universale Geltung mit dem Ziel, das gesamte Vermögen des Schuldners zu erfassen. Zum Schutz der unterschiedlichen Interessen gestattet diese Verordnung die Eröffnung von Sekundärinsolvenzverfahren parallel zum Hauptinsolvenzverfahren. Ein Sekundärinsolvenzverfahren kann in dem Mitgliedstaat eröffnet werden, in dem der Schuldner eine Niederlassung hat. Seine Wirkungen sind auf das in dem betreffenden Mitgliedstaat belegene Vermögen des Schuldners beschränkt. Zwingende Vorschriften für die Koordinierung mit dem Hauptinsolvenzverfahren tragen dem Gebot der Einheitlichkeit des Verfahrens in der Gemeinschaft Rechnung.

(13) Als Mittelpunkt der hauptsächlichen Interessen sollte der Ort gelten, an dem der Schuldner gewöhnlich der Verwaltung seiner Interessen nachgeht und damit für Dritte feststellbar ist.

(14) Diese Verordnung gilt nur für Verfahren, bei denen der Mittelpunkt der hauptsächlichen Interessen des Schuldners in der Gemeinschaft liegt.

(15) Die Zuständigkeitsvorschriften dieser Verordnung legen nur die internationale Zuständigkeit fest, das heißt, sie geben den Mitgliedstaat an, dessen Gerichte Insolvenzverfahren eröffnen dürfen. Die innerstaatliche Zuständigkeit des betreffenden Mitgliedstaats muß nach dem Recht des betreffenden Staates bestimmt werden.

(16) Das für die Eröffnung des Hauptinsolvenzverfahrens zuständige Gericht sollte zur Anordnung einstweiliger Sicherungsmaßnahmen ab dem Zeitpunkt des Antrags auf Verfahrenseröffnung befugt sein. Sicherungsmaßnahmen sowohl vor als auch nach Beginn des Insolvenzverfah-

rens sind zur Gewährleistung der Wirksamkeit des Insolvenzverfahrens von großer Bedeutung. Diese Verordnung sollte hierfür verschiedene Möglichkeiten vorsehen. Zum einen sollte das für das Hauptinsolvenzverfahren zuständige Gericht vorläufige Sicherungsmaßnahmen auch über Vermögensgegenstände anordnen können, die im Hoheitsgebiet anderer Mitgliedstaaten belegen sind. Zum anderen sollte ein vor Eröffnung des Hauptinsolvenzverfahrens bestellter vorläufiger Insolvenzverwalter in den Mitgliedstaaten, in denen sich eine Niederlassung des Schuldners befindet, die nach dem Recht dieser Mitgliedstaaten möglichen Sicherungsmaßnahmen beantragen können.

(17) Das Recht, vor der Eröffnung des Hauptinsolvenzverfahrens die Eröffnung eines Insolvenzverfahrens in dem Mitgliedstaat, in dem der Schuldner eine Niederlassung hat, zu beantragen, sollte nur einheimischen Gläubigern oder Gläubigern der einheimischen Niederlassung zustehen beziehungsweise auf Fälle beschränkt sein, in denen das Recht des Mitgliedstaats, in dem der Schuldner den Mittelpunkt seiner hauptsächlichen Interessen hat, die Eröffnung eines Hauptinsolvenzverfahrens nicht zuläßt. Der Grund für diese Beschränkung ist, daß die Fälle, in denen die Eröffnung eines Partikularverfahrens vor dem Hauptinsolvenzverfahren beantragt wird, auf das unumgängliche Maß beschränkt werden sollen. Nach der Eröffnung des Hauptinsolvenzverfahrens wird das Partikularverfahren zum Sekundärverfahren.

(18) Das Recht, nach der Eröffnung des Hauptinsolvenzverfahrens die Eröffnung eines Insolvenzverfahrens in dem Mitgliedstaat, in dem der Schuldner eine Niederlassung hat, zu beantragen, wird durch diese Verordnung nicht beschränkt. Der Verwalter des Hauptverfahrens oder jede andere, nach dem Recht des betreffenden Mitgliedstaats dazu befugte Person sollte die Eröffnung eines Sekundärverfahrens beantragen können.

(19) Ein Sekundärinsolvenzverfahren kann neben dem Schutz der inländischen Interessen auch anderen Zwecken dienen. Dies kann der Fall sein, wenn das Vermögen des Schuldners zu verschachtelt ist, um als ganzes verwaltet zu werden, oder weil die Unterschiede in den betroffenen Rechtssystemen so groß sind, daß sich Schwierigkeiten ergeben können, wenn das Recht des Staates der Verfahrenseröffnung seine Wirkung in den anderen Staaten, in denen Vermögensgegenstände belegen sind, entfaltet. Aus diesem Grund kann der Verwalter des Hauptverfahrens die Eröffnung eines Sekundärverfahrens beantragen, wenn dies für die effiziente Verwaltung der Masse erforderlich ist.

(20) Hauptinsolvenzverfahren und Sekundärinsolvenzverfahren können jedoch nur dann zu einer effizienten Verwertung der Insolvenzmasse beitragen, wenn die parallel anhängigen Verfahren koordiniert werden. Wesentliche Voraussetzung ist hierzu eine enge Zusammenarbeit der verschiedenen Verwalter, die insbesondere einen hinreichenden Informationsaustausch beinhalten muß. Um die dominierende Rolle des Hauptinsolvenzverfahrens sicherzustellen, sollten dem Verwalter dieses Verfahrens mehrere Einwirkungsmöglichkeiten auf gleichzeitig anhängige Sekundärinsolvenzverfahren gegeben werden. Er sollte etwa einen Sanierungsplan oder Vergleich vorschlagen oder die Aussetzung der Verwertung der Masse im Sekundärinsolvenzverfahren beantragen können.

(21) Jeder Gläubiger, der seinen Wohnsitz, gewöhnlichen Aufenthalt oder Sitz in der Gemeinschaft hat, sollte das Recht haben, seine Forderungen in jedem in der Gemeinschaft anhängigen Insolvenzverfahren über das Vermögen des Schuldners anzumelden. Dies sollte auch für Steuerbehörden und Sozialversicherungsträger gelten. Im Interesse der Gläubigergleichbehandlung muß jedoch die Verteilung des Erlöses koordiniert werden. Jeder Gläubiger sollte zwar behalten dürfen, was er im Rahmen eines Insolvenzverfahrens erhalten hat, sollte aber an der Verteilung der Masse in einem anderen Verfahren erst dann teilnehmen können, wenn die Gläubiger gleichen Rangs die gleiche Quote auf ihre Forderung erlangt haben.

(22) In dieser Verordnung sollte die unmittelbare Anerkennung von Entscheidungen über die Eröffnung, die Abwicklung und die Beendigung der in ihren Geltungsbereich fallenden Insolvenzverfahren sowie von Entscheidungen, die in unmittelbarem Zusammenhang mit diesen Insolvenzverfahren ergehen, vorgesehen werden. Die automatische Anerkennung sollte somit zur Folge

haben, daß die Wirkungen, die das Recht des Staates der Verfahrenseröffnung dem Verfahren beilegt, auf alle übrigen Mitgliedstaaten ausgedehnt werden. Die Anerkennung der Entscheidungen der Gerichte der Mitgliedstaaten sollte sich auf den Grundsatz des gegenseitigen Vertrauens stützen. Die zulässigen Gründe für eine Nichtanerkennung sollten daher auf das unbedingt notwendige Maß beschränkt sein. Nach diesem Grundsatz sollte auch der Konflikt gelöst werden, wenn sich die Gerichte zweier Mitgliedstaaten für zuständig halten, ein Hauptinsolvenzverfahren zu eröffnen. Die Entscheidung des zuerst eröffnenden Gerichts sollte in den anderen Mitgliedstaaten anerkannt werden; diese sollten die Entscheidung dieses Gerichts keiner Überprüfung unterziehen dürfen.

(23) Diese Verordnung sollte für den Insolvenzbereich einheitliche Kollisionsnormen formulieren, die die Vorschriften des internationalen Privatrechts der einzelnen Staaten ersetzen. Soweit nichts anderes bestimmt ist, sollte das Recht des Staates der Verfahrenseröffnung (lex concursus) Anwendung finden. Diese Kollisionsnorm sollte für Hauptinsolvenzverfahren und Partikularverfahren gleichermaßen gelten. Die lex concursus regelt alle verfahrensrechtlichen wie materiellen Wirkungen des Insolvenzverfahrens auf die davon betroffenen Personen und Rechtsverhältnisse; nach ihr bestimmen sich alle Voraussetzungen für die Eröffnung, Abwicklung und Beendigung des Insolvenzverfahrens.

(24) Die automatische Anerkennung eines Insolvenzverfahrens, auf das regelmäßig das Recht des Eröffnungsstaats Anwendung findet, kann mit den Vorschriften anderer Mitgliedstaaten für die Vornahme von Rechtshandlungen kollidieren. Um in den anderen Mitgliedstaaten als dem Staat der Verfahrenseröffnung Vertrauensschutz und Rechtssicherheit zu gewährleisten, sollten eine Reihe von Ausnahmen von der allgemeinen Vorschrift vorgesehen werden.

(25) Ein besonderes Bedürfnis für eine vom Recht des Eröffnungsstaats abweichende Sonderanknüpfung besteht bei dinglichen Rechten, da diese für die Gewährung von Krediten von erheblicher Bedeutung sind. Die Begründung, Gültigkeit und Tragweite eines solchen dinglichen Rechts sollten sich deshalb regelmäßig nach dem Recht des Belegenheitsorts bestimmen und von der Eröffnung des Insolvenzverfahrens nicht berührt werden. Der Inhaber des dinglichen Rechts sollte somit sein Recht zur Aus- bzw. Absonderung an dem Sicherungsgegenstand weiter geltend machen können. Falls an Vermögensgegenständen in einem Mitgliedstaat dingliche Rechte nach dem Recht des Belegenheitsstaats bestehen, das Hauptinsolvenzverfahren aber in einem anderen Mitgliedstaat stattfindet, sollte der Verwalter des Hauptinsolvenzverfahrens die Eröffnung eines Sekundärinsolvenzverfahrens in dem Zuständigkeitsgebiet, in dem die dinglichen Rechte bestehen, beantragen können, sofern der Schuldner dort eine Niederlassung hat. Wird kein Sekundärinsolvenzverfahren eröffnet, so ist der überschießende Erlös aus der Veräußerung der Vermögensgegenstände, an denen dingliche Rechte bestanden, an den Verwalter des Hauptverfahrens abzuführen.

(26) Ist nach dem Recht des Eröffnungsstaats eine Aufrechnung nicht zulässig, so sollte ein Gläubiger gleichwohl zur Aufrechnung berechtigt sein, wenn diese nach dem für die Forderung des insolventen Schuldners maßgeblichen Recht möglich ist. Auf diese Weise würde die Aufrechnung eine Art Garantiefunktion aufgrund von Rechtsvorschriften erhalten, auf die sich der betreffende Gläubiger zum Zeitpunkt der Entstehung der Forderung verlassen kann.

(27) Ein besonderes Schutzbedürfnis besteht auch bei Zahlungssystemen und Finanzmärkten. Dies gilt etwa für die in diesen Systemen anzutreffenden Glattstellungsverträge und Nettingvereinbarungen sowie für die Veräußerung von Wertpapieren und die zur Absicherung dieser Transaktionen gestellten Sicherheiten, wie dies insbesondere in der Richtlinie 98/26/EG des Europäischen Parlaments und des Rates vom 19. Mai 1998 über die Wirksamkeit von Abrechnungen in Zahlungs- sowie Wertpapierliefer- und -abrechnungssystemen(5) geregelt ist. Für diese Transaktionen soll deshalb allein das Recht maßgebend sein, das auf das betreffende System bzw. den betreffenden Markt anwendbar ist. Mit dieser Vorschrift soll verhindert werden, daß im Fall der *Insolvenz eines Geschäftspartners* die in Zahlungs- oder Aufrechnungssystemen oder auf den geregelten Finanzmärkten der Mitgliedstaaten vorgesehenen Mechanismen zur Zahlung und Ab-

wicklung von Transaktionen geändert werden können. Die Richtlinie 98/26/EG enthält Sondervorschriften, die den allgemeinen Regelungen dieser Verordnung vorgehen sollten.

(28) Zum Schutz der Arbeitnehmer und der Arbeitsverhältnisse müssen die Wirkungen der Insolvenzverfahren auf die Fortsetzung oder Beendigung von Arbeitsverhältnissen sowie auf die Rechte und Pflichten aller an einem solchen Arbeitsverhältnis beteiligten Parteien durch das gemäß den allgemeinen Kollisionsnormen für den Vertrag maßgebliche Recht bestimmt werden. Sonstige insolvenzrechtliche Fragen, wie etwa, ob die Forderungen der Arbeitnehmer durch ein Vorrecht geschützt sind und welchen Rang dieses Vorrecht gegebenenfalls erhalten soll, sollten sich nach dem Recht des Eröffnungsstaats bestimmen.

(29) Im Interesse des Geschäftsverkehrs sollte auf Antrag des Verwalters der wesentliche Inhalt der Entscheidung über die Verfahrenseröffnung in den anderen Mitgliedstaaten bekannt gemacht werden. Befindet sich in dem betreffenden Mitgliedstaat eine Niederlassung, so kann eine obligatorische Bekanntmachung vorgeschrieben werden. In beiden Fällen sollte die Bekanntmachung jedoch nicht Voraussetzung für die Anerkennung des ausländischen Verfahrens sein.

(30) Es kann der Fall eintreten, daß einige der betroffenen Personen tatsächlich keine Kenntnis von der Verfahrenseröffnung haben und gutgläubig im Widerspruch zu der neuen Sachlage handeln. Zum Schutz solcher Personen, die in Unkenntnis der ausländischen Verfahrenseröffnung eine Zahlung an den Schuldner leisten, obwohl diese an sich an den ausländischen Verwalter hätte geleistet werden müssen, sollte eine schuldbefreiende Wirkung der Leistung bzw. Zahlung vorgesehen werden.

(31) Diese Verordnung sollte Anhänge enthalten, die sich auf die Organisation der Insolvenzverfahren beziehen. Da diese Anhänge sich ausschließlich auf das Recht der Mitgliedstaaten beziehen, sprechen spezifische und begründete Umstände dafür, daß der Rat sich das Recht vorbehält, diese Anhänge zu ändern, um etwaigen Änderungen des innerstaatlichen Rechts der Mitgliedstaaten Rechnung tragen zu können.

(32) Entsprechend Artikel 3 des Protokolls über die Position des Vereinigten Königreichs und Irlands, das dem Vertrag über die Europäische Union und dem Vertrag zur Gründung der Europäischen Gemeinschaft beigefügt ist, haben das Vereinigte Königreich und Irland mitgeteilt, daß sie sich an der Annahme und Anwendung dieser Verordnung beteiligen möchten.

(33) Gemäß den Artikeln 1 und 2 des Protokolls über die Position Dänemarks, das dem Vertrag über die Europäische Union und dem Vertrag zur Gründung der Europäischen Gemeinschaft beigefügt ist, beteiligt sich Dänemark nicht an der Annahme dieser Verordnung, die diesen Mitgliedstaat somit nicht bindet und auf ihn keine Anwendung findet —

HAT FOLGENDE VERORDNUNG ERLASSEN:

Übersicht

	Rdn.			Rdn.
A. **Einführung**	1	b)	Übersicht über die Regelungsstrukturen der EuInsVO	7
I. Entstehungsgeschichte	1		aa) Grundsatz der Universalität	7
II. Überblick über die Verordnung (EG) Nr. 1346/2000 über Insolvenzverfahren	2		bb) Grundsatz der Anknüpfung an die lex fori concursus	14
1. Anwendungsbereich	2	B.	**Kompetenz und Verhältnis zum nationalen Recht**	16
2. Überblick über die EuInsVO	6	C.	**Anwendung der EuInsVO in der Praxis**	21
a) Grundfragen des internationalen Insolvenzrechts	6	D.	**Reformperspektiven**	25

A. Einführung

I. Entstehungsgeschichte

1 Insolvenzverfahren mit Auslandsbezug können einen erheblichen Einfluss auf den EU-Binnenmarkt ausüben. Dementsprechend gab es in der EU schon seit langem Bemühungen, ein völkerrechtliches Abkommen auf dem Gebiet des internationalen Insolvenzrechts zu schaffen. Erste Entwürfe für ein entsprechendes Abkommen gab es in den Jahren 1970, 1980 und 1984. Am 23.11.1995 unterzeichneten die damaligen EG-Mitgliedstaaten – mit Ausnahme des Vereinigten Königreichs – das EU-Übereinkommen über Insolvenzverfahren (EuInsÜ). Das Übereinkommen trat aber nie in Kraft. Vielmehr wurde am 29.05.2000 die Verordnung (EG) Nr. 1346/2000 über Insolvenzverfahren (EuInsVO) erlassen. Diese ist mit dem EuInsÜ praktisch textgleich.

II. Überblick über die Verordnung (EG) Nr. 1346/2000 über Insolvenzverfahren

1. Anwendungsbereich

2 Die EuInsVO gilt **räumlich** in allen Mitgliedstaaten der EU mit Ausnahme von **Dänemark** (vgl. dazu Erwägungsgrund 33). Dänemark nimmt an Maßnahmen nach Art. 67 ff. AEUV grds. nicht teil. Es ist daher auch bei der Anwendung der EuInsVO wie ein Drittstaat zu behandeln; insb. werden dänische Beschlüsse über die Eröffnung eines Insolvenzverfahrens nicht nach Art. 16 EuInsVO, sondern nach dem autonomen Recht der Mitgliedstaaten (in Deutschland also nach § 343 InsO) anerkannt. Der Text der EuInsVO könnte aber in Zukunft Gegenstand eines Insolvenzübereinkommens zwischen der EU und Dänemark werden.

3 **Sachlich** befasst sich die EuInsVO mit den Fragen der internationalen Zuständigkeit (Art. 3) und der Anerkennung ausländischer Insolvenzverfahren und sonstiger Einzelentscheidungen (Art. 16, 17, 25). Sodann bestimmt sie das auf das Insolvenzverfahren anwendbare Recht (Art. 4–15). Ferner befasst sie sich mit dem Zusammenspiel von sog. Hauptinsolvenz- und Sekundärinsolvenzverfahren (Art. 27–38) und enthält noch ergänzend einige materiell-rechtliche Regeln über die Durchführung internationaler Insolvenzverfahren (Art. 18–24 und 39–42). Die EuInsVO erfasst hierbei die praktisch wichtigsten Insolvenzverfahren, die in den Mitgliedstaaten vorgesehen sind (Art. 1 Abs. 1). Welche Insolvenzverfahren das im Einzelnen sind, ergibt sich – abschließend – aus dem Anhang A zur EuInsVO. Ausgenommen sind allerdings Insolvenzverfahren über Versicherungsunternehmen, Kreditinstitute, Wertpapierfirmen und Fonds (Art. 1 Abs. 2).

4 Der Anwendungsbereich des EuInsVO ist auch im Übrigen weit gefasst. Die EuInsVO bezieht sich nicht nur auf Regelinsolvenzverfahren, sondern erfasst auch vereinfachte Insolvenzverfahren für Verbraucher, die Eigenverwaltung oder Nachlassinsolvenzverfahren. In den Anwendungsbereich der EuInsVO fallen des Weiteren auch **Restschuldbefreiungsverfahren** nach der InsO bzw. entsprechende Verfahren anderer Mitgliedstaaten (s. dazu Art. 1 EuInsVO Rdn. 7 ff.); Folge davon ist eine europaweite Anerkennung einer in einem Mitgliedstaat erreichten Restschuldbefreiung (s. noch zu der Problematik des »Restschuldbefreiungstourismus« – Art. 3 EuInsVO Rdn. 26 ff.).

5 Die EuInsVO gilt auch für **gerichtliche Entscheidungen** und Maßnahmen, die der Durchführung und Beendigung des Insolvenzverfahrens dienen. Noch weitergehend gilt sie für **Annexverfahren**, die in einem sachlichen Zusammenhang mit dem Insolvenzverfahren stehen. In den Anwendungsbereich der EuInsVO fallen u.a. Insolvenzanfechtungsklagen, Haftungsklagen gegen den Insolvenzverwalter sowie – nach allerdings umstrittener Auffassung – auch Haftungsklagen wegen Insolvenzverschleppung oder Existenzvernichtung (zu den z.T. noch umstrittenen Einzelfragen vgl. Art. 1 EuInsVO Rdn. 20 ff.). Soweit die EuInsVO anwendbar ist, besteht ein **Anwendungsvorrang** gegenüber dem nationalen Recht (vgl. Rdn. 16 ff. und Art. 4 EuInsVO Rdn. 7 ff.).

2. Überblick über die EuInsVO

a) Grundfragen des internationalen Insolvenzrechts

Insolvenzfälle mit Auslandsbezug werfen besondere Fragestellungen auf. In der Hauptsache lässt sich zwischen folgenden Problemkreisen unterscheiden: 6

– Von zentraler Bedeutung ist zunächst die Frage, welcher Staat für die Eröffnung eines Insolvenzverfahrens und für evtl. Neben- und Annexentscheidungen **international zuständig** ist. In diesem Zusammenhang ist zu klären, ob nur ein Staat zuständig sein soll oder ob verschiedene Verfahren nebeneinander – bei Insolvenzverfahren etwa beschränkt auf das im jeweiligen Staat belegene Vermögen – durchgeführt werden können.
– Mit der Zuständigkeitsregelung im engen Zusammenhang steht die Frage, ob sich die **Wirkungen** der Insolvenzeröffnung auf das Vermögen beschränken, das im jeweiligen Eröffnungsstaat belegen ist, oder ob auch im Ausland belegenes Schuldnervermögen vom Insolvenzbeschlag erfasst sein soll.
– Schließlich ist zu klären, **welches materielle Insolvenzrecht** auf das im zuständigen Staat eröffnete Verfahren bzw. auf von der EuInsVO erfasste Einzelverfahren anzuwenden ist.

b) Übersicht über die Regelungsstrukturen der EuInsVO

aa) Grundsatz der Universalität

Die EuInsVO beantwortet die dargestellten Fragen nicht mit einer einfachen Antwort, sondern stellt jeweils eine Grundregel auf, die sodann aber durch verschiedene Ausnahmen durchbrochen wird. Ein rasches Verständnis der EuInsVO wird erleichtert, wenn man das in der EuInsVO enthaltene Regel-Ausnahme-Schema nachvollzieht. 7

Dem Grundsatz nach ist nur ein Mitgliedstaat der EU für ein Insolvenzverfahren zuständig. Es handelt sich nach Art. 3 Abs. 1 Satz 1 um den Mitgliedstaat, in dessen Gebiet der Schuldner den Mittelpunkt seiner hauptsächlichen Interessen hat (sog. **centre of main interests – COMI**). Verschiedene Einzelheiten zum COMI sind mittlerweile geklärt; es bleiben aber noch einige offene Fragen. Bei natürlichen Personen wird danach differenziert, ob der Schuldner einer kaufmännischen, gewerblichen oder selbstständigen Tätigkeit nachgegangen ist. Ist dies der Fall, liegt der COMI regelmäßig dort, wo diese Tätigkeit ausgeübt wird (vgl. Art. 3 EuInsVO Rdn. 13 ff.); ist dies nicht der Fall, wird im Regelfall auf den gewöhnlichen Aufenthalt des Schuldners abgestellt (vgl. Art. 3 EuInsVO Rdn. 21 ff.). Bei Gesellschaften wird der COMI seitens des EuGH im Grundsatz dort angesiedelt, wo sich der tatsächliche Hauptverwaltungssitz der Gesellschaft befindet; gerade beim COMI von Gesellschaften ist man aber von einer eindeutigen Lösung immer noch entfernt (vgl. Art. 3 EuInsVO Rdn. 29 ff.). Die Wirkungen dieses Verfahrens und von in diesem Mitgliedstaat getroffenen Neben- und Annexentscheidungen werden in allen anderen Mitgliedstaaten anerkannt. Dies ergibt sich für die Wirkungen des Insolvenzverfahrens aus Art. 16, 17 und für Neben- und Annexentscheidungen aus Art. 25. Die EuInsVO geht dem Grundsatz nach davon aus, dass nur ein einziges Insolvenzverfahren durchgeführt wird und dieses das gesamte in der EU belegene Vermögen des Schuldners gleichermaßen betrifft (Grundsatz der »**Universalität**« der Insolvenz). 8

Das Universalitätsprinzip führt dazu, dass alle Gläubiger des Insolvenzschuldners an einem Verfahren teilnehmen können und das in der EU belegene Schuldnervermögen von der Einzelzwangsvollstreckung ausgenommen wird. Das Universalitätsprinzip verwirklicht damit das insolvenzrechtliche Prinzip der **Gläubigergleichbehandlung** (*par conditio creditorum*) auch bei Fällen mit Auslandsbezug. Würde sich demgegenüber das in einem Mitgliedstaat eröffnete Verfahren nicht auch auf das Vermögen erstrecken, das in einem anderen Mitgliedstaat belegen ist, könnten sich einzelne Gläubiger durch Maßnahmen der Einzelzwangsvollstreckung in diesem Mitgliedstaat Vorteile gegenüber anderen Gläubigern verschaffen. 9

Zu berücksichtigen ist allerdings, dass das Prinzip der Universalität nur innerhalb der EU (mit Ausnahme Dänemarks) gilt. Zwar haben die Insolvenzverfahren der Mitgliedstaaten grds. einen extrater- 10 ritorialen Geltungsanspruch; die EuInsVO kann jedoch selbstverständlich Drittstaaten nicht vorschreiben, diese Verfahren anzuerkennen. Maßgeblich sind daher die Anerkennungsregeln dieser Drittstaaten; umgekehrt gilt für die Anerkennung der Wirkungen von Insolvenzverfahren, die in einem Drittstaat eröffnet worden sind, nicht die EuInsVO, sondern das unvereinheitlichte Recht der Mitgliedstaaten der EU. In Deutschland gilt für die Anerkennung von Verfahren in Drittstaaten § 343 InsO; dieser ist – da er die Anerkennung versagt, wenn das ausländische Gericht nach den deutschen Vorschriften nicht international zuständig gewesen wäre (sog. Anerkennungshindernis der fehlenden Anerkennungszuständigkeit) – restriktiver ausgestaltet als die Art. 16, 17.

11 Auch in ihrem Anwendungsbereich lässt die EuInsVO Ausnahmen vom Universalitätsprinzip zu. Insb. sieht Art. 27 Satz 1 vor, dass dann, wenn in einem Mitgliedstaat ein europaweit wirksames Hauptinsolvenzverfahren eröffnet wird, in einem anderen Mitgliedstaat ein sog. **Sekundärinsolvenzverfahren** eröffnet werden kann (zur Terminologie s. Art. 3 EuInsVO Rdn. 98 ff.). Voraussetzung ist allerdings, dass der Schuldner in diesem Mitgliedstaat eine Niederlassung i.S.d. Art. 3 Abs. 2 hat. Die Wirkungen dieses Sekundärinsolvenzverfahrens beschränken sich auf das Vermögen, das in diesem Mitgliedstaat, in dem der Schuldner seine Niederlassung hat, belegen ist (Art. 27 Satz 3, sog. »**Territorialität**« der Insolvenz).

12 Haupt- und Sekundärinsolvenzverfahren stehen allerdings nach der EuInsVO nicht unverbunden nebeneinander. Vielmehr werden das Sekundärinsolvenzverfahren und das Hauptinsolvenzverfahren aufeinander abgestimmt (Art. 27–38). Es besteht eine dementsprechende Kooperations- und Unterrichtungspflicht zwischen Haupt- und Sekundärinsolvenzverwalter (Art. 31); Hauptinsolvenz- und Sekundärinsolvenzverwalter können in dem jeweils anderen Verfahren die Forderungen anmelden, die in dem Verfahren, für das sie bestellt worden sind, bereits angemeldet worden sind (Art. 32 Abs. 1). Art. 33 sieht eine Aussetzung der Verwertung im Sekundärinsolvenzverfahren auf Antrag des Hauptinsolvenzverwalters vor; Art. 34 enthält u.a. ein Vorschlags- und Ablehnungsrecht des Hauptinsolvenzverwalters bei Beendigung des Sekundärinsolvenzverfahrens durch Sanierungspläne und Vergleiche. Die Vorschriften stellen sicher, dass der Hauptinsolvenzverwalter Strategien zur Sanierung oder Abwicklung des schuldnerischen Vermögens en bloc verwirklichen kann; damit wird – wenn auch in Grenzen – eine gewisse Dominanz der Hauptinsolvenzverfahrens gegenüber dem Sekundärinsolvenzverfahren erreicht. Schließlich fällt ein im Sekundärinsolvenzverfahren evtl. erzielter Überschuss nach dessen Beendigung in die Masse des Hauptinsolvenzverfahrens (Art. 35). Wenngleich also das Sekundärinsolvenzverfahren als Ausnahme vom Universalitätsgrundsatz verstanden werden kann, wird aufgrund der dargestellten Vorschriften letztlich doch eine koordinierte Abwicklung erreicht.

13 Ausnahmsweise kann ferner nach Art. 3 Abs. 4 auch ein sog. **isoliertes Partikularverfahren** in einem Mitgliedstaat durchgeführt werden, in dem der Schuldner eine Niederlassung i.S.d. Art. 3 Abs. 2 hat. Voraussetzung hierfür ist entweder, dass die Eröffnung eines Hauptinsolvenzverfahrens in dem dafür nach Art. 3 Abs. 1 zuständigen Mitgliedstaat rechtlich nicht möglich ist oder dass die Eröffnung des Partikularverfahrens von einem Gläubiger beantragt wird, der seinen Wohnsitz, gewöhnlichen Aufenthalt oder Sitz in dem Mitgliedstaat dieser Niederlassung hat oder dessen Forderung aus dem Betrieb dieser Niederlassung entstanden ist. Die Wirkungen dieses Verfahrens bleiben auf das Vermögen beschränkt, das in dem betreffenden Mitgliedstaat belegen ist. Die Möglichkeit, ein isoliertes Partikularverfahren durchzuführen, widerspricht an sich dem mit dem Universalitätsgrundsatz verfolgten Ziel der Gläubigergleichbehandlung. Allerdings besteht mit dem Erfordernis einer »Niederlassung« doch ein starker Bezug zu dem Mitgliedstaat, in dem das Partikularverfahren beantragt wird. Wird nachfolgend (doch) ein Hauptinsolvenzverfahren eröffnet, so wandelt sich das isolierte Partikularverfahren automatisch in ein Sekundärinsolvenzverfahren um (Art. 36). Es gelten sodann wiederum die Vorschriften über die Koordination von Haupt- und Sekundärinsolvenzverfahren.

bb) Grundsatz der Anknüpfung an die lex fori concursus

Auf eine Insolvenz findet grds. das Recht des jeweiligen Verfahrensstaats Anwendung *(lex fori concursus)*. Dies folgt allgemein aus Art. 4 und wird für Sekundärinsolvenzverfahren nochmals in Art. 28 klargestellt. Daraus ergibt sich ein Gleichlauf zwischen der internationalen Zuständigkeit und dem anwendbaren Recht. Wird also z.B. ein Hauptinsolvenzverfahren in Deutschland eröffnet, so kann der Insolvenzverwalter im Grundsatz auf alle in der EU belegenen Vermögensgegenstände des Schuldners zugreifen und hierbei nach den Vorschriften der InsO vorgehen.

Die Grundanknüpfung an die *lex fori concursus* wird aber durch zahlreiche Sonderanknüpfungsregeln durchbrochen (Art. 5–15). Art. 5 dient vor allem den Interessen dinglich gesicherter Gläubiger. Nach dieser Vorschrift werden dingliche Rechte an Gegenständen, die sich zum Zeitpunkt der Eröffnung des Insolvenzverfahrens in einem anderen Mitgliedstaat befanden, von der Eröffnung eines Hauptinsolvenzverfahrens nicht berührt. Praktisch bedeutsame Sonderregeln finden sich daneben u.a. für die Aufrechnung (Art. 6), den Eigentumsvorbehalt (Art. 7), Verträge über unbewegliche Gegenstände (Art. 8), den Arbeitsvertrag (Art. 10), die Insolvenzanfechtung (Art. 13) und die Wirkungen des Insolvenzverfahrens auf anhängige Rechtsstreitigkeiten (Art. 15). Die Rechtsanwendung wird durch die einzelnen Sonderregeln z.T. nicht unerheblich erschwert; vielfach führen die Sonderanknüpfungen auch dazu, dass die Insolvenzmasse geschmälert wird. Das Zusammenspiel zwischen der Grundanknüpfung (Art. 4) und den in Art. 5–15 vorgesehenen Sonderanknüpfungen ist auf einen Kompromiss zurückzuführen. Während die Grundanknüpfung nach Art. 4 zu einer Gleichbehandlung aller Gläubiger nach der *lex fori concursus* führt, tragen die Art. 5–15 zumeist den Sonderinteressen einzelner Gläubiger Rechnung. Hintergrund für die Sonderregeln ist zumeist, dass einzelne Gläubiger aufgrund bestimmter äußerer Bezugspunkte – etwa der Belegenheit von Gegenständen (Art. 5) – auf die Anwendung eines von der *lex fori concursus* abweichenden Rechts vertraut haben und in diesem Vertrauen schützenswert erscheinen.

B. Kompetenz und Verhältnis zum nationalen Recht

Die Kompetenz des Gemeinschaftsgesetzgebers zum Erlass der EuInsVO ergab sich aus Art. 61 Buchst. c) und Art. 67 Abs. 1 EGV. Durchgreifende kompetenzrechtliche Bedenken sind in der Literatur nicht geäußert worden.[1]

Nach allgemeinen gemeinschaftsrechtlichen Grundsätzen hat die EuInsVO **Anwendungsvorrang** gegenüber dem nationalen Recht. Damit sind insb. die in den §§ 335 ff. InsO enthaltenen Kollisionsnormen dann, wenn der Anwendungsbereich der EuInsVO eröffnet ist, grds. nicht anzuwenden.[2]

Im Einzelnen ergeben sich aber bei der Bestimmung des Anwendungsvorrangs der EuInsVO gegenüber dem nationalen Recht Auslegungsfragen. Art. 4 beruft grds. die *lex fori concursus* des Mitgliedstaats, in dem das Verfahren eröffnet wird; die Art. 5–15 sehen im Anschluss hieran vor, dass die *lex fori concursus* in bestimmten Fällen – etwa dann, wenn ein Gegenstand, an dem ein dingliches Sicherungsrecht besteht, in einem anderen Staat belegen ist – durch das Recht eines anderen Staates ganz oder teilweise verdrängt oder modifiziert wird. Dies gilt nach dem Wortlaut der Art. 5–15 aber zumeist nur dann, wenn es sich um das Recht eines anderen Mitgliedstaates handelt. Es handelt sich also bei den Art. 5–15 nicht um vollständig allseitig – auch in Bezug auf Drittstaatenrechte – anwendbare Kollisionsnormen; eine entsprechende Anwendung der Art. 5–15 auf entsprechende Konstellationen mit Drittstaatenbezug scheidet nach herrschender Meinung grds. aus.[3]

Hieran anschließend stellt sich die Frage, ob es in den entsprechenden Konstellationen mit Drittstaatenbezug bei der alleinigen Anwendung der von Art. 4 berufenen *lex fori concursus* verbleibt, oder ob

---

[1] Vgl. näher Rauscher/*Mäsch* Einl. Rn. 1.
[2] Nochmals ausdrücklich BGHZ 188, 177 = DZWIR 2011, 410 m.Anm. *Gruber*.
[3] Vgl. MüKo-InsO/*Reinhart* Art. 1 Rn. 18.

anstelle der Art. 5–15 die jeweiligen Vorschriften des unvereinheitlichten nationalen Insolvenzkollisionsrechts Anwendung finden. Nach der hier vertretenen Auffassung gilt Letzteres. Die EuInsVO ist maW so zu verstehen, dass sie Fälle mit Drittstaatenbezug nicht abschließend regelt, sondern (nur) die Grundanknüpfung an die *lex fori concursus* vorgibt; damit sind ergänzend die §§ 336 ff. InsO heranzuziehen (vgl. Art. 4 EuInsVO Rdn. 7 ff.).

20 Art. 102 EGInsO enthält schließlich einige ergänzende Vorschriften zur Durchführung der Verordnung in Deutschland. Aufgrund des Anwendungsvorrangs der EuInsVO sind sie nur anwendbar, wenn die EuInsVO zu einer bestimmten Frage keine abschließende Regelung beinhaltet und damit dem nationalen Gesetzgeber einen Spielraum belässt. Die Durchführungsgesetzgebung betrifft u.a. die örtliche Zuständigkeit inländischer Gerichte, den Kompetenzkonflikt bei Zuständigkeitsfragen und den Schutz absonderungsberechtigter Gläubiger bei einer Verzögerung der Verwertung nach Art. 33 EuInsVO.

C. Anwendung der EuInsVO in der Praxis

21 Bei der Anwendung der EuInsVO ist zu berücksichtigen, dass es sich nicht um unvereinheitlichtes nationales Recht, sondern um Unionsrecht handelt. Damit kommt der vom EuGH verwendeten Auslegungsmethode entscheidende Bedeutung zu. In der EuInsVO verwendete Begriffe sind grundsätzlich **autonom auszulegen**. Einem bestimmten Begriff kann maW dann, wenn er auf der Ebene des Unionsrechts verwendet wird, eine andere Bedeutung zukommen als auf der Ebene des nationalen Rechts.

22 In der EuInsVO hat man verschiedentlich den Versuch unternommen, naheliegende Auslegungsschwierigkeiten durch Definitionen sowie durch Aufzählungen und Beispielkataloge abzumildern. Eine Definition der wichtigsten Begriffe ergibt sich aus Art. 2. Darüber hinaus enthält Anhang A einen abschließenden Katalog von Verfahren, die in den sachlichen Anwendungsbereich der EuInsVO fallen. Anhang B enthält eine Auflistung der »Liquidationsverfahren«, Anhang C eine Auflistung der Personen, die i.S.d. EuInsVO als Verwalter anzusehen sind. Art. 4 enthält schließlich eine beispielhafte (nicht abschließende) Aufzählung von Regelungsfragen, die in den Anwendungsbereich der Anknüpfung an die *lex fori concursus* fallen und damit als insolvenzrechtlich i.S.d. EuInsVO zu qualifizieren sind. Ungeachtet dessen verbleibt es in Randbereichen bei Unsicherheiten darüber, welche Regelungsfrage insolvenzrechtlicher und z.B. nicht etwa gesellschaftsrechtlicher Natur ist (s. etwa zur Abgrenzung zum Kapitalgesellschaftsrecht Art. 4 EuInsVO Rdn. 29 ff.).

23 Bei der EuInsVO kommt der historischen Auslegung eine etwas größere Aussagekraft zu als bei sonstigen EU-Verordnungen. Es kann nämlich zur Auslegung der EuInsVO auf den **erläuternden Bericht** von *Virgós* und *Schmit* zum EuInsÜ zurückgegriffen werden.[4] Da das (niemals in Kraft getretene) EuInsÜ und die EuInsVO praktisch inhaltsgleich sind (vgl. Rdn. 1), ergeben sich aus dem Bericht nach wie vor hilfreiche Hinweise auf den Inhalt der EuInsVO.

24 Im Rahmen der EuInsVO auftretende Auslegungsfragen können nach Art. 267 Abs. 1 Buchst. b) AEUV dem EuGH zur **Vorabentscheidung** vorgelegt werden. Vorlagebefugt sind auch solche Gerichte, deren Entscheidungen noch mit einem ordentlichen Rechtsmittel angefochten werden können (Art. 267 Abs. 2 AEUV). Gerichte, deren Entscheidungen nicht mehr mit einem ordentlichen Rechtsmittel angefochten werden können, haben bei Auslegungszweifeln eine Pflicht zur Vorlage (Art. 267 Abs. 3 AEUV). Wenn deutsche Gerichte willkürlich die nach Art. 267 Abs. 3 AEUV vorgeschriebene Vorlagepflicht missachten, stellt dies eine Verletzung des Rechts auf den gesetzlichen Richter dar (Art. 101 Abs. 1 Satz 2 GG); dies kann mit der Verfassungsbeschwerde geltend gemacht werden.[5] Die Vorabentscheidungen des EuGH haben mittlerweile eine erhebliche Bedeutung erlangt; dies ist darauf zurückzuführen, dass die EuInsVO doch bisweilen unklar formuliert ist und

---

4 *Virgós/Schmit* Erläuternder Bericht zu dem EU-Übereinkommen über Insolvenzverfahren, abgedruckt u.a. in Stoll, Vorschläge und Gutachten, S. 32.
5 Siehe BVerfG 06.07.2010, 2 BvR 2661/06, NJW 2010, 3422.

durchaus einige Lücken aufweist. Orientierte sich die wissenschaftliche Diskussion um die EuInsVO anfänglich noch stark an dem Bericht von *Virgós/Schmit*, konzentriert sie sich nunmehr vor allem an den Vorabentscheidungen des EuGH.

D. Reformperspektiven

Mittlerweile liegt ein Kommissionsvorschlag zur Änderung der EuInsVO vor.[6] Der Vorschlag sieht zwar keine generelle Neuregelung, aber z.T. doch sehr erhebliche Änderungen vor.[7] 25

Von besonderer Bedeutung ist, dass der **sachliche Anwendungsbereich** der Verordnung erweitert werden soll. Welche Verfahren in den sachlichen Anwendungsbereich der EuInsVO fallen, ergibt sich im Einzelnen aus Anhang A zur Verordnung; in diesem sind die einzelnen von der Verordnung erfassten Verfahren der Mitgliedstaaten aufgezählt. Welche Verfahren wiederum in den Anhang A aufgenommen werden können, richtet sich nach der Definition in Art. 1 Abs. 1 der Verordnung. Aufgrund der vergleichsweise restriktiven Definition in dem aktuell geltenden Art. 1 Abs. 1 sind verschiedene nationale Verfahren bislang nicht in den Anhang A zur Verordnung aufgenommen worden. Hierbei handelt es sich vor allem um nationale Verfahren, die die Restrukturierung eines Unternehmens im Vorfeld der Insolvenz vorsehen (Vorinsolvenzverfahren) und verschiedene kombinierte (hybride) Verfahren, bei denen der Schuldner die Geschäfte in Eigenverwaltung führt.[8] Derartige Verfahren sollen infolge einer Änderung von Art. 1 Abs. 1 zukünftig mit in den Anhang A und damit in den sachlichen Anwendungsbereich der EuInsVO aufgenommen werden können. Zu den Verfahren, die zukünftig mit in Anhang A aufgenommen werden könnten, zählen nach einem vorbereitenden Kommissionsbericht die »**Schemes of Arrangement**« (Teil 26 des englischen Gesellschaftsrechts: Companies Act 2006) oder auch das österreichische Verfahren nach dem Unternehmensreorganisationsgesetz von 1997[9] sowie zahlreiche andere Verfahren der Mitgliedstaaten zur Unternehmenssanierung und Entschuldung von Privatpersonen. Für Verfahren nach der InsO dürfte diese Erweiterung des sachlichen Anwendungsbereichs der EuInsVO keine Auswirkungen haben, da die »Insolvenzverfahren« nach der InsO bereits jetzt in Anhang A genannt und daher zur Gänze von der EuInsVO erfasst sind. Dies gilt vor allem auch für das (vom Sachwalter überwachte) Verfahren der **Eigenverwaltung** nach der InsO (siehe unten Art. 1 EuInsVO Rdn. 8). Unsicherheiten bestehen allerdings im Hinblick auf das vom deutschen Gesetzgeber neu eingeführte **Schutzschirmverfahren nach § 270b InsO**. Die besseren Argumente sprechen aber dafür, dass auch dieses Verfahren, weil in der InsO geregelt, bereits jetzt von Anhang A erfasst ist und deshalb in den Anwendungsbereich der EuInsVO fällt (s. unten Art. 1 EuInsVO Rdn. 10); eine Änderung des Anhangs A zur EuInsVO hätte daher nur die Bedeutung einer Klarstellung. 26

Der Verordnungsvorschlag widmet sich des Weiteren auch den Vorschriften zur **internationalen Zuständigkeit** und strebt hier einzelne Präzisierungen bzw. Klarstellungen an (zu den aktuellen Problemen bei der Bestimmung der internationalen Zuständigkeit siehe ausf. Art. 3 EuInsVO Rdn. 8 ff.). Das Gericht, das die Insolvenz eröffnet hat, ist des Weiteren nach dem Änderungsvorschlag auch für Klagen zuständig, die sich direkt aus dem Insolvenzverfahren ableiten lassen oder in engem Zusammenhang damit stehen. In der Sache bringt dies nichts Neues; es handelt sich um eine Kodifikation der Entscheidung des EuGH in der Sache »Deko Marty« (siehe dazu ausf. Art. 1 EuInsVO 27

---

6 Vorschlag für eine Verordnung des Europäischen Parlaments und des Rates
zur Änderung der Verordnung (EG) Nr. 1346/2000 des Rates über Insolvenzverfahren (COM(2012) 744 final).
7 Ausf. zu dem Vorschlag *Prager/Keller* NZI 2013, 57 ff; *Thole/Swierczok* ZIP 2013, 550 ff.
8 Vorschlag für eine Verordnung des Europäischen Parlaments und des Rates
zur Änderung der Verordnung (EG) Nr. 1346/2000 des Rates über Insolvenzverfahren (COM(2012) 744 final), dort insb. unter 3.1.1.
9 Bericht der Kommission an das Europäische Parlament, den Rat und den Europäischen Wirtschafts- und Sozialauschuss über die Anwendung der Verordnung (EG) Nr. 1346/2000 des Rates vom 20. Mai 2000 über Insolvenzverfahren vom 12.12.2012 (COM(2012) 743 final), unter 2.1.1.

Rdn. 23 ff.). Eine Neuerung besteht aber in dem Vorschlag zur Einführung eines Zusammenhangsgerichtsstandes: Nach dem Kommissionsvorschlag kann der Insolvenzverwalter dann, wenn eine Klage, die – isoliert betrachtet – der EuInsVO unterfällt, im Zusammenhang mit einer anderen zivil- oder handelsrechtlichen Klage gegen denselben Beklagten steht, beide Klagen vor das Gericht am Wohnsitz des Beklagten bringen, wenn dieses Gericht nach der EuGVVO zuständig ist. Danach könnte ein Verwalter eine insolvenzrechtliche Haftungsklage gegen einen Geschäftsführer und eine auf Delikts- oder Gesellschaftsrecht gestützte Klage gegen diesen Geschäftsführer vor demselben Gericht erheben (zur aktuellen Rechtslage s. Art. 4 EuInsVO Rdn. 64 ff.; zu den Abgrenzungsproblemen s. Art. 1 EuInsVO Rdn. 28 ff.).

28 Der Verordnungsvorschlag sieht ferner einige Änderungen im Falle sog. **Sekundärinsolvenzverfahren** vor. Das Gericht kann nach dem Vorschlag die Eröffnung eines Sekundärinsolvenzverfahrens ablehnen, wenn dieses Verfahren zum Schutz der Interessen der einheimischen Gläubiger am Ort der Niederlassung nicht erforderlich ist (siehe Art. 29a des Vorschlags). Das Gericht räumt dem Hauptinsolvenzverwalter eine Möglichkeit zur Stellungnahme ein. Damit wäre der Weg frei für sog. »virtuelle« Sekundärverfahren: Im Wege eines verbindlichen Vorschlags sichert der Verwalter des Hauptverfahrens durch eine Erklärung i.S.d. Art 18 Abs. 1 den Gläubigern am Ort der Niederlassung zu, dass sie im Hauptverfahren so gestellt werden, wie sie in einem Sekundärinsolvenzverfahren gestanden hätten. Diese – insbesondere von englischen Gerichten als zulässig erachtete[10] – Vorgehensweise ermöglicht im Einzelfall eine bestmögliche Verwertung des Unternehmensvermögens. Sie ist jedoch nach dem Recht zahlreicher Mitgliedsstaaten bisher nicht zulässig. Zudem sehen bislang Art. 3 Abs. 3 Satz 2 und Art. 27 Satz 2 vor, dass es sich bei dem Sekundärinsolvenzverfahren um ein Liquidationsverfahren handeln muss. Dieses Erfordernis kann insbesondere dann, wenn es sich bei dem Hauptinsolvenzverfahren um ein Sanierungsverfahren handelt, zu Konflikten zwischen Hauptinsolvenz- und Sekundärinsolvenzverfahren führen; dementsprechend wird es in dem Verordnungsvorschlag abgeschafft. Der Vorschlag sieht des Weiteren eine Kooperationspflicht nicht nur zwischen den beteiligten Insolvenzverwaltern, sondern auch zwischen den Gerichten sowie Gerichten und Insolvenzverwaltern vor.

29 Der Vorschlag möchte ferner die Anmeldung der Forderungen durch Einführung eines **Standardformulars** vereinfachen. Zudem sollen Gerichtsentscheidungen in grenzüberschreitenden Insolvenzfällen zukünftig in einem öffentlich zugänglichen, elektronischen Register bekannt gemacht werden. Darüber hinaus sieht der Vorschlag die Vernetzung der nationalen Insolvenzregister vor.

30 Die EuInsVO enthält bislang keine Regelungen zur sog. **Konzerninsolvenz**. Der Vorschlag geht weiterhin davon aus, dass jedes konzernabhängige Unternehmen – insbesondere auch im Hinblick auf die internationale Zuständigkeit – selbstständig zu beurteilen ist (siehe dazu Art. 1 EuInsVO Rdn. 39 ff.; Art. 3 EuInsVO Rdn. 36 ff.). Allerdings wird für Insolvenzverfahren gegen verschiedene Mitglieder derselben Unternehmensgruppe eine Koordinierungspflicht eingeführt. Diese ist der Koordinierungspflicht bei Haupt- und Sekundärinsolvenzverfahren nachempfunden. Die Verwalter erhalten u.a. die Befugnis, eine Aussetzung der anderen Verfahren zu beantragen und einen Sanierungsplan für die Mitglieder der Unternehmensgruppe vorzuschlagen, gegen die ein Insolvenzverfahren eröffnet wurde.

---

10 Vgl. High Court of Justice, Beschl. v. 09.06.2006 – 4697 u.a., EWiR 2006, 623 m.Anm. *Mankowski*.

# KAPITEL I ALLGEMEINE VORSCHRIFTEN

Artikel 1 Anwendungsbereich

(1) Diese Verordnung gilt für Gesamtverfahren, welche die Insolvenz des Schuldners voraussetzen und den vollständigen oder teilweisen Vermögensbeschlag gegen den Schuldner sowie die Bestellung eines Verwalters zur Folge haben.

(2) Diese Verordnung gilt nicht für Insolvenzverfahren über das Vermögen von Versicherungsunternehmen oder Kreditinstituten, von Wertpapierfirmen, die Dienstleistungen erbringen, welche die Haltung von Geldern oder Wertpapieren Dritter umfassen, sowie von Organismen für gemeinsame Anlagen.

Übersicht

	Rdn.
A. **Sachlicher Anwendungsbereich**	1
I. Begriff des Insolvenzverfahrens	1
1. Insolvenzverfahren i.S.v. Anhang A	1
2. Verfahren nach der InsO	7
3. Beginn und Ende des Insolvenzverfahrens	11
a) Beginn des Insolvenzverfahrens	11
b) Ende des Insolvenzverfahrens	14
II. Nicht erfasste Insolvenzverfahren (Art. 1 Abs. 2)	15
III. Einbeziehung von Nebenentscheidungen und Annexverfahren	16
1. Nebenentscheidungen zur Durchführung, Sicherung und Beendigung des Verfahrens	16
2. Annexentscheidungen	20
a) Verhältnis zur EuGVVO	20
b) Umfassende Anwendbarkeit der EuInsVO	23
c) Von der EuInsVO erfasste Annexentscheidungen im Einzelnen	28
IV. Kollisionsrechtliche Fragen	35
B. **Persönlicher Anwendungsbereich**	36
I. Anwendung auf sämtliche Schuldner	36
II. Konzerninsolvenz	39
C. **Räumlicher Anwendungsbereich**	42
I. Mittelpunkt der hauptsächlichen Interessen des Schuldners in der EU	42
II. Sachverhalt mit Auslandsbezug	44
III. Sachverhalte mit ausschließlichem Drittstaatenbezug	47
D. **Zeitlicher Anwendungsbereich**	53

A. Sachlicher Anwendungsbereich

I. Begriff des Insolvenzverfahrens

1. Insolvenzverfahren i.S.v. Anhang A

Art. 1 legt i.V.m. Art. 2 Buchst. a und Anhang A zur EuInsVO den sachlichen Anwendungsbereich der EuInsVO fest. Ausgangspunkt für die Beurteilung des sachlichen Anwendungsbereichs ist hiernach letztlich Anhang A zur EuInsVO. Dieser listet schlagwortartig diejenigen Verfahren auf, die in den sachlichen Anwendungsbereich der EuInsVO fallen. Es handelt sich hierbei um eine abschließende Aufzählung. Diese kann nach Art. 45 vom Rat mit qualifizierter Mehrheit geändert werden. Für Deutschland sind in Anhang A Konkurs-, Vergleichs- und Gesamtvollstreckungsverfahren sowie das Insolvenzverfahren aufgeführt. Von Bedeutung ist allein die Nennung des Insolvenzverfahrens nach der InsO. Der Hinweis auf Konkurs-, Vergleichs- und Gesamtvollstreckungsverfahren geht ins Leere, da die EuInsVO nach Art. 43, 47 nur auf nach dem 31.05.2002 eröffnete Verfahren anwendbar ist.[1] 1

Auch bei Verfahren in anderen Mitgliedstaaten ist auf Anhang A zu rekurrieren. Da die EuInsVO nicht nur Liquidations-, sondern z.T. auch (reine) Sanierungsverfahren erfasst, sind auch das französische *redressement judiciaire* und die italienische *amministrazione straordinaria* in die Liste aufgenommen worden. 2

---

[1] Gebauer/Wiedmann/*Haubold* Rn. 22; *Paulus* NZI 2001, 505 (508).

3 Soweit bestimmte Verfahren nicht im Anhang A genannt sind, ist die EuInsVO nicht anwendbar.[2] Dies gilt auch dann, wenn diese Verfahren die Definitionsmerkmale von Art. 1 erfüllen.[3] Diese Verfahren sind dann nicht nach Maßgabe von Art. 16 im Inland anzuerkennen. Allerdings kann ein derartiges ausländisches Verfahren dann durchaus noch nach dem autonomen Recht der Mitgliedstaaten anerkannt werden. In Deutschland kommt eine Anerkennung des ausländischen Verfahrens nach § 343 InsO in Betracht.[4]

4 Ist umgekehrt ein Verfahren in den Anhang A aufgenommen worden, so ist die EuInsVO auf dieses Verfahren auch dann anzuwenden, wenn es der Definition des Art. 1 nicht entsprechen sollte. Nationale Gerichte haben nicht die Möglichkeit nachzuprüfen, ob das in den Anhang A aufgenommene Verfahren den Definitionsmerkmalen des Art. 1 Abs. 1 genügt.[5] Dies ist mittlerweile auch vom EuGH bestätigt worden.[6]

5 Die in Art. 1 Abs. 1 enthaltene Definition des »Insolvenzverfahrens« ist daher in erster Linie für den Rat im Rahmen der Entscheidung nach Art. 45 maßgeblich. Dieser hat zu überprüfen, welche Verfahren der Definition des Art. 1 Abs. 1 entsprechen und daher in den Anhang A aufzunehmen sind. Für die Rechtsanwendung hat die in Art. 1 Abs. 1 enthaltene Definition demgegenüber – angesichts der in Anhang A enthaltenen abschließenden Aufzählung – keine große Bedeutung. Näher betrachtet ist sie aber wohl auch insoweit nicht gänzlich bedeutungslos. Anhang A bezeichnet die von der EuInsVO erfassten Verfahren nur schlagwortartig und wirft daher selbst Auslegungsprobleme auf. Die in Art. 1 Abs. 1 verwendete Definition kann daher ihrerseits dazu dienen, die in Anhang A enthaltene Liste erfasster Verfahren für den Einzelfall zu konkretisieren. Die Definition kann auch dann Bedeutung haben, wenn ein Mitgliedstaat ein Verfahren aufgenommen hat, das sowohl in der Insolvenz als auch außerhalb der Insolvenz Anwendung findet, wie das sog. *compulsory winding up* des englischen und irischen Rechts. Diese Verfahren fallen nur dann unter die Verordnung, wenn sie nach der Definition in Art. 1 Abs. 1 auch auf der Insolvenz des Schuldners beruhen und im Übrigen gerichtlich bestätigt wurden.[7] Im Rahmen der Anerkennung ist dies von den deutschen Gerichten zu überprüfen.[8]

6 Probleme bereitet auch der Fall, dass ein Verfahren eines Mitgliedstaates in Anhang A aufgenommen worden ist und der nationale Gesetzgeber dieses Verfahren anschließend so reformiert, dass es nicht mehr den Definitionsmerkmalen des Art. 1 Abs. 1 entspricht. Dies wird für das englische Recht angenommen, in dem Inhaber eines sog »qualified floating charge« bei dem Insolvenzgericht einen Antrag auf Eröffnung eines Insolvenzverfahrens stellen können und das Gericht diesem Antrag entsprechen kann, ohne sich vergewissern zu müssen, dass das Unternehmen insolvent ist oder zumindest insolvent zu werden droht.[9] Es stellt sich die Frage, ob bei diesen nachträglichen Änderungen von in Anhang A aufgelisteten Verfahren (doch) wieder auf die allgemeine Definition in Art. 1 Abs. 1 abzustellen ist. Dies dürfte allerdings nicht der Fall sein. Anhang A dient der Rechtssicherheit und der klaren Abgrenzung von Verfahren, die in den Anwendungsbereich der EuInsVO fallen, zu solchen Verfahren, die nicht von der EuInsVO erfasst sind. Der richtige Weg besteht in solchen Fällen darin, nach Maßgabe von Art. 45 eine Änderung des Anhangs herbeizuführen und nationale Verfahren, die

---

2 EuGH 08.11.2012, C-461/11, EuZW 2013, 72, Rn. 24 – Ulf Kazimierz Radziejewski; MüKo-BGB/*Kindler* Rn. 3; vgl. auch HambKomm/*Undritz* Rn. 2.
3 *Mankowski* NZI 2011, 876.
4 LAG Düsseldorf 14.07.2011, 15 Sa 786/10, NZI 2011, 874 mit Anm. *Mankowski* zu einem griechischen Sonderliquidationsverfahren betr. öffentliche Unternehmen; vVgl. auch zum englischen Solvent Scheme of Arrangement (in concreto eine insolvenzrechtliche Qualifikation aber abl.) *Mankowski* WM 2011, 1201 (1202).
5 Pannen/*Pannen* Rn. 10; *Duursma-Kepplinger/Duursma/Chalupsky* Rn. 16; *Kemper* ZIP 2001, 1609 (1611).
6 EuGH 22.11.2012, C-116/11, NZI 2013, 106 (Rn. 33 f.) – Bank Handlowy w Warszawie SA m.Anm. *Schulz* EuZW 2013, 141 (142); zuvor bereits EuGH 21.01.2010, C-444/07, Slg 2010, I-417, Rn. 40 – MG Probud.
7 *Virgós/Schmit* Bericht Rn. 49(b); *Balz* ZIP 1996, 948 f.; Pannen/*Pannen* Rn. 11; FK-InsO/*Wenner/Schuster* Rn. 3; MüKo-InsO/*Reinhart* Rn. 3.
8 Gebauer/Wiedmann/*Haubold* Rn. 21.
9 Näher *Eidenmüller* KTS 2009, 137 (156 ff.).

nicht (mehr) den Definitionsmerkmalen des Art. 1 Abs. 1 genügen, vom Anwendungsbereich der EuInsVO auszuschließen.[10] Ähnliches gilt für das nachträglich in die deutsche InsO aufgenommene **Schutzschirmverfahren** (§ 270b InsO). Da Anhang A ganz allgemein auf »das Insolvenzverfahren« nach der InsO abstellt, bezieht er sich auch auf solche (Sonder-)Verfahren, die nachträglich in die InsO aufgenommen wurden (siehe näher Rdn. 10).

2. Verfahren nach der InsO

Im Falle Deutschlands ist nach Anhang A »das Insolvenzverfahren« genannt. Eindeutig ist hierbei nur, dass das **Regelinsolvenzverfahren** nach der InsO in den sachlichen Anwendungsbereich der EuInsVO fällt. Genauer zu untersuchen ist allerdings, ob auch besondere Ausgestaltungen oder Modifikationen des Insolvenzverfahrens nach der InsO in den Anwendungsbereich der EuInsVO fallen. Zu bejahen ist dies für das **vereinfachte Insolvenzverfahren für Verbraucher**,[11] das **Nachlassinsolvenzverfahren**[12] und auch das **Insolvenzplanverfahren** (s. dazu noch Art. 34); auch diese entsprechen der Definition des Art. 1 Abs. 1.

7

Im Lichte der Definition des Art. 1 Abs. 1 könnte demgegenüber auf den ersten Blick fraglich erscheinen, ob auch **die Eigenverwaltung** nach §§ 270 ff. InsO vom sachlichen Anwendungsbereich der EuInsVO erfasst ist. Art. 1 Abs. 1 setzt dem Wortlaut nach voraus, dass das Verfahren die »Bestellung eines Verwalters« zur Folge hat. Da aber der Begriff des Verwalters in Art. 2 Buchst. b) autonom und weit definiert ist – und hierbei als »Verwalter« auch eine Person anzusehen ist, die (lediglich) zur »Überwachung« des Schuldners verpflichtet ist –, fällt auch die Eigenverwaltung in den sachlichen Anwendungsbereich der EuInsVO.[13] Der »Sachwalter nach der Insolvenzordnung« ist zudem in Art. 2 Buchst. b) i.V.m. Anhang C ausdrücklich als Person benannt, die als Verwalter i.S.d. EuInsVO anzusehen ist.

8

Auch das Verfahren der **Restschuldbefreiung** fällt in den Anwendungsbereich der EuInsVO.[14] Dies ergibt sich (mittelbar) auch aus Art. 4 Abs. 2 Buchst. k). Nach dieser Vorschrift regelt die *lex fori concursus* die Rechte des Gläubigers nach der Beendigung des Insolvenzverfahrens und damit auch die Restschuldbefreiung. Aus Art. 25 Abs. 1 Unterabs. 1 lässt sich zudem ableiten, dass Entscheidungen über die Gewährung einer Restschuldbefreiung nach dieser Vorschrift anzuerkennen sind.[15] Schließlich ist der Treuhänder in Art. 2 Buchst. b) i.V.m. Anhang C ausdrücklich als Person benannt, die als Verwalter i.S.d. EuInsVO anzusehen ist.

9

Nicht eindeutig ist, ob auch das **Schutzschirmverfahren nach § 270b InsO**, das mit Wirkung zum 01.03.2012 vom deutschen Gesetzgeber eingeführt wurde, von der EuInsVO erfasst ist. In dem Bericht der Kommission über die Anwendung der EuInsVO vom 12.12.2012 heißt es, dass die »derzeitige Rechtslage ... unklar« sei.[16] Es sei unsicher, ob dieses Verfahren der Definition in Art. 1 Abs. 1 EuInsVO entspreche. Allerdings wird zugleich darauf hingewiesen, dass sich Anhang A zur Verord-

10

---

10 *Ähnlich Mankowski* NZI 2011, 876 (877); abw. *Eidenmüller* KTS 2009, 137 (156 ff.), der eine Nichtanerkennung des ausländischen Eröffnungsbeschlusses auf Grundlage des allgemeinen Missbrauchsgedankens in Erwägung zieht.
11 Etwa *Leible/Staudinger* KTS 2000, 533 (541).
12 AG Düsseldorf 19.06.2012, 503 IN 6/12, ZInsO 2012, 1278; AG Köln 12.11.2010, 71 IN 343/10, ZIP 2011, 631; ausf. *Mankowski* ZIP 2011, 1501 f.; ferner Gebauer/Wiedmann/*Haubold* Rn. 22; Vgl. auch *Becker* ZEuP 2002, 287 (299).
13 AG Köln 23.01.2004, 71 IN 1/04, NZI 2004, 151 (152); Pannen/*Pannen* Rn. 17; MüKo-BGB/*Kindler* Rn. 10; MüKo-InsO/*Reinhart* Rn. 7; Gebauer/Wiedmann/*Haubold* Rn. 22; a.A. *Duursma-Kepplinger/Duursma/Chalupsky* Rn. 29.
14 *Leible/Staudinger* KTS 2000, 533 (541); Gebauer/Wiedmann/*Haubold* Rn. 22.
15 So schon zum EuInsÜ *Taupitz* ZZP 111, 1998, 315 (347); *Ehricke* RabelsZ 1998, 712 (736).
16 Bericht der Kommission an das Europäische Parlament, den Rat und den Europäischen Wirtschafts- und Sozialausschuss über die Anwendung der Verordnung (EG) Nr. 1346/2000 des Rates vom 20. Mai 2000 über Insolvenzverfahren vom 12.12.2012 (COM(2012) 743 final), unter 2.1.1. (Fn. 5).

nung generell auf Verfahren der Insolvenzordnung beziehe und daher das Schutzschirmverfahren wohl ebenfalls von der EuInsVO erfasst sei. Dem ist, da der Anhang A Rechtssicherheit herstellen möchte, zuzustimmen. Die in Anhang A aufgenommenen Verfahren sind auch dann vom Anwendungsbereich der EuInsVO erfasst, wenn sie nicht der Definition in Art. 1 Abs. 1 entsprechen (s. Rdn. 4). Es schadet auch nichts, dass sie erst nach Inkrafttreten der EuInsVO vom nationalen Gesetzgeber geschaffen wurden, sobald sie bei objektiver Auslegung des Anhangs A von dessen Verweisung auf das nationale Recht mit erfasst sind (s. bereits Rdn. 6). Das Schutzschirmverfahren wäre nur dann nicht (mehr) vom Anwendungsbereich der Verordnung erfasst, wenn es von dem Verweis auf »Insolvenzverfahren« in Anhang A der EuInsVO ausdrücklich ausgenommen würde (siehe bereits Rdn. 6). Da aber nach dem Kommissionsvorschlag eine Ausweitung des sachlichen Anwendungsbereichs der EuInsVO geplant ist (s. vor Art. 1 EuInsVO Rdn. 26), ist dies nicht zu erwarten.

3. Beginn und Ende des Insolvenzverfahrens

a) Beginn des Insolvenzverfahrens

11 Die EuInsVO erfasst in ihrem sachlichen Anwendungsbereich auch das Eröffnungsverfahren. Mittelbar ergibt sich dies aus einer Entscheidung des EuGH zur internationalen Zuständigkeit. Hiernach ist Art. 3 Abs. 1 dahin auszulegen, dass das Gericht des Mitgliedstaats, in dessen Gebiet der Schuldner bei Stellung seines Antrags auf Eröffnung des Insolvenzverfahrens den Mittelpunkt seiner hauptsächlichen Interessen hat, für die Entscheidung über die Eröffnung dieses Verfahrens zuständig bleibt, wenn der Schuldner nach Antragstellung, aber vor der Eröffnungsentscheidung den Mittelpunkt seiner hauptsächlichen Interessen in das Gebiet eines anderen Mitgliedstaats verlegt.[17] Ferner enthält die EuInsVO Regeln zu Sicherungsmaßnahmen (Art. 25 Abs. 3, 38). Aus alledem ergibt sich, dass die verfahrens- und kollisionsrechtlichen Regeln der EuInsVO umfassend auch auf das Eröffnungsverfahren Anwendung finden.[18]

12 Ausgehend hiervon ist die EuInsVO auch auf den **gerichtlich bestätigten Schuldenbereinigungsplan** (§ 308 Abs. 1 InsO) anwendbar; dieser wird im Verfahren zur Eröffnung eines vereinfachten Insolvenzverfahrens erstellt.[19] Von den verfahrensrechtlichen Regeln der EuInsVO nicht erfasst ist demgegenüber der Versuch einer **außergerichtlichen Schuldenbereinigung** (vgl. §§ 305 Abs. 1 Satz 1, 305a InsO), der noch vor dem Antrag auf Eröffnung des vereinfachten Insolvenzverfahrens durchzuführen ist.[20] Auf Vereinbarungen, die im Rahmen der außergerichtlichen Schuldbereinigung getroffen werden, ist auch nicht die *lex fori concursus* (Art. 4) anzuwenden; vielmehr ist das auf die Einigung anwendbare Recht anhand der Rom-I-VO zu bestimmen. Nicht in den Anwendungsbereich der EuInsVO fallen daneben auch ausländische vorinsolvenzliche Vergleichsverfahren wie z.B. das französische »réglement amiable«.[21]

13 Noch ist ungeklärt, ob die **Pflicht zur Insolvenzantragstellung** unter die EuInsVO fällt und damit nach Art. 4 EuInsVO nach der *lex fori concursus* anzuknüpfen ist. Alternativ kommt auch eine gesellschaftsrechtliche Qualifikation in Betracht (vgl. Art. 4 EuInsVO Rdn. 42 ff.).

b) Ende des Insolvenzverfahrens

14 Die EuInsVO erfasst auch die Beendigung des Insolvenzverfahrens. Dies folgt etwa aus Art. 4 Buchst. j) und Buchst. k) sowie Art. 25 Abs. 1 Unterabs. 1. Restschuldbefreiungsverfahren sind daher mit erfasst (vgl. auch Rdn. 9). Regeln zur Liquidation von juristischen Personen außerhalb des Insolvenzverfahrens werden demgegenüber von der EuInsVO nicht erfasst; hier gilt das jeweils anwendbare Gesellschaftsrecht.

---

[17] EuGH 17.01.2006, C-1/04, Slg. 2006, I-701, Rn. 29 – Staubitz-Schreiber.
[18] Gebauer/Wiedmann/*Haubold* Rn. 23.
[19] Gebauer/Wiedmann/*Haubold* Rn. 24.
[20] Gebauer/Wiedmann/*Haubold* Rn. 24; *Martini* ZInsO 2002, 905 (908).
[21] *Duursma-Kepplinger/Duursma/Chalupsky* Rn. 1.

II. Nicht erfasste Insolvenzverfahren (Art. 1 Abs. 2)

In Art. 1 Abs. 2 werden verschiedene Insolvenzverfahren aus dem Anwendungsbereich der EuInsVO herausgenommen, namentlich Insolvenzverfahren über das Vermögen von Kreditinstituten, Versicherungsunternehmen, Wertpapierinstituten oder Organismen für gemeinsame Anlagen internationaler Bezüge (Fonds). Welche Arten von Unternehmen im Einzelnen hierunter fallen, ergibt sich aus den Definitionen in den jeweiligen Bereichsrichtlinien.[22] Für **Versicherungsunternehmen** findet sich die Definition bis zum 31.10.2012 noch in der RL 2001/17/EG i.V.m. RL 73/239/EWG, 79/267/EWG und 95/26/EG; ab dem 01.11.2012 in der RL 2009/138/EG. Für **Kreditinstitute** gilt die RL 2001/24/EG i.V.m. RL 2000/12/EG.[23] **Wertpapierdienstleister** werden in der RL 2004/39/EG definiert und Organismen für gemeinsame Anlagen in Wertpapieren (OGAW) bis zum 30.06.2011 in den RL 85/611/EWG und 95/26/EG. Danach gilt für diese die RL 2009/65/EG. Bei Verfahren über die genannten Schuldner gilt das nationale Verfahrens- und Kollisionsrecht; aus deutscher Sicht sind damit die §§ 355 ff. InsO anzuwenden. Die besseren Argumente hätten dafür gesprochen, die genannten Insolvenzverfahren ebenfalls – ggf. mit einzelnen inhaltlichen Modifikationen – in den Anwendungsbereich der EuInsVO aufzunehmen.[24]

15

III. Einbeziehung von Nebenentscheidungen und Annexverfahren

1. Nebenentscheidungen zur Durchführung, Sicherung und Beendigung des Verfahrens

Die EuInsVO erfasst sachlich auch sog. **Nebenentscheidungen**, die nach der anwendbaren *lex fori concursus* im Rahmen des Insolvenzverfahrens zu treffen sind. Dies ergibt sich u.a. – mittelbar – aus Art. 25 Abs. 1, der die Anerkennung und Vollstreckung derartiger Entscheidungen zum Gegenstand hat. Die **internationale Zuständigkeit** für den Erlass derartiger Entscheidungen richtet sich nach Art. 3 (vgl. ausf. Rdn. 23 ff.); das auf die Entscheidung **anwendbare Recht** bestimmt sich nach Art. 4–15. Anzuwenden ist daher vor allem Art. 4 (*lex fori concursus*).

16

Welche Nebenentscheidungen im Einzelnen in den sachlichen Anwendungsbereich der EuInsVO fallen, ergibt sich mittelbar aus Art. 25 Abs. 1. Im Einzelnen handelt es sich zunächst um Entscheidungen zur Durchführung und Beendigung eines Insolvenzverfahrens (Art. 25 Abs. 1 Unterabs. 1 Satz 1). Eine Entscheidung zur **Beendigung des Verfahrens** stellt z.B. die Aufhebung des Insolvenzverfahrens nach Vollzug der Schlussverteilung (vgl. § 200 InsO) dar; dasselbe gilt für die Einstellung mangels Masse (§ 207 InsO), die Einstellung wegen Wegfalls des Eröffnungsgrundes (§ 212 InsO) und die Einstellung mit Zustimmung der Gläubiger (§ 213 InsO). Erfasst wird auch die Entscheidung über die Ankündigung bzw. Gewährung einer **Restschuldbefreiung**.[25] Wie sich weiter aus Art. 25 Abs. 1 Unterabs. 1 Satz 1 entnehmen lässt, erstreckt sich die EuInsVO sachlich auch auf die gerichtliche Bestätigung von Vergleichen. Im deutschen Insolvenzverfahren gehören hierzu die **Bestätigung des Insolvenzplans** (§ 248 InsO) und die **Bestätigung des Schuldenbereinigungsplans** (§ 308 InsO).

17

In den sachlichen Anwendungsbereich der EuInsVO fällt ferner, wie sich aus Art. 25 Abs. 1 Unterabs. 3 ergibt, die Anordnung von **Sicherungsmaßnahmen**. Hierzu gehören sämtliche Sicherungsmaßnahmen, die nach dem Antrag auf Eröffnung des Insolvenzverfahrens getroffen werden. Dazu zählen vor allem der Erlass eines **vorläufigen Verfügungsverbots** sowie die **Bestellung eines vorläufigen Insolvenzverwalters**. Auch für den Erlass derartiger Sicherungsmaßnahmen folgt die internationale Zuständigkeit aus Art. 3 EuInsVO. Dies wird in dem 16. Erwägungsgrund hervorgehoben und auch in dem erläuternden Bericht zum EuInsÜ bestätigt.[26]

18

---

22 *Virgós/Schmit* Bericht Rn. 56.
23 S. dazu noch OLG Frankfurt 17.12.2012, 1 U 17/11, ZIP 2013, 277 = EWiR 2013, 159 m.Anm. *Brinkmann*.
24 Vgl. *Braun/Heinrich* NZI 2005, 578 ff.
25 Gebauer/Wiedmann/*Haubold* Rn. 200; *Duursma-Kepplinger/Duursma/Chalupsky* Art. 25 Rn. 15; *Wimmer* NJW 2002, 2427 (2429); *Wunderer* WM 1998, 793 (796).
26 *Virgós/Schmit* Bericht Rn. 78.

19 Die Einbeziehung derartiger Nebenentscheidungen in den sachlichen Anwendungsbereich der EuInsVO ist zu begrüßen. Eine europaweit einheitliche Durchführung eines Insolvenzverfahrens nach dem Universalitätsprinzip (s. Einl. EuInsVO Rdn. 7 ff.) ist nur dann gewährleistet, wenn auch für die genannten Nebenentscheidungen eine einheitliche Zuständigkeitsregel (Art. 3) und Kollisionsregeln zur Verfügung gestellt werden (Art. 4–15) und wenn vor allem die getroffenen Entscheidungen in den Mitgliedstaaten anerkannt werden (Art. 25 Abs. 1).

2. Annexentscheidungen

a) Verhältnis zur EuGVVO

20 Der sachliche Anwendungsbereich der EuInsVO geht aber noch weiter. Über die hier so genannten Nebenentscheidungen hinaus werden auch sog. »**Annexentscheidungen**« in den sachlichen Anwendungsbereich der Verordnung einbezogen. Nach der Formulierung des Art. 25 Abs. 1 Unterabs. 2 handelt es sich hierbei um Entscheidungen, die unmittelbar auf Grund des Insolvenzverfahrens ergehen und in engem Zusammenhang damit stehen, auch wenn diese Entscheidungen von einem anderen Gericht getroffen werden.

21 Die Vorschrift nimmt unmittelbar auf einen Ausnahmetatbestand der EuGVVO (vormals des EuGVÜ) und die dazu ergangene Rechtsprechung des EuGH Bezug. Nach Art. 1 Abs. 2 Buchst. b) EuGVVO (EuGVÜ) ist die EuGVVO nicht anzuwenden auf »Konkurse, Vergleiche und ähnliche Verfahren«. Der EuGH hatte in der Entscheidung *Gourdain/Nadler* ausgeführt, dass solche Entscheidungen vom Anwendungsbereich des EuGVÜ (jetzt EuGVVO) ausgenommen sind, die **unmittelbar aus dem Insolvenzverfahren hervorgehen** und sich eng innerhalb des Rahmens dieses Verfahrens halten.[27] Art. 25 Abs. 1 Unterabs. 2 greift diese vom EuGH verwendete Formulierung dem wesentlichen Inhalt nach auf und bezieht derartige – vom Anwendungsbereich der EuGVVO ausgeschlossene – Verfahren in den Anwendungsbereich der EuInsVO mit ein. Auf diese Weise sollen die sachlichen Anwendungsbereiche der EuGVVO und der EuInsVO aufeinander abgestimmt werden.

22 Annexverfahren gehören zu den Bereichen, die besondere Fragen aufwerfen und die dementsprechend in der Literatur besonders intensiv diskutiert werden. Problematisch ist zum einen, ob sich die EuInsVO in Bezug auf Annexverfahren (nur) mit Fragen der Anerkennung und Vollstreckung dieser Entscheidungen befasst, oder ob sich zusätzlich auch die internationale Zuständigkeit für diese Verfahren aus der EuInsVO – also aus Art. 3 – ergibt (vgl. Rdn. 23 ff.). Zum anderen ist noch nicht im Einzelnen geklärt, welche Verfahren als von der EuInsVO erfasste Annexverfahren anzusehen sind (vgl. Rdn. 28 ff.).

b) Umfassende Anwendbarkeit der EuInsVO

23 Nach dem EuGH ist die EuInsVO vollumfänglich auch auf Annexverfahren anwendbar. Es werden also nicht nur das auf diese Verfahren anwendbare Insolvenzrecht (Art. 4–15) bestimmt und die Anerkennung und Vollstreckung in anderen Mitgliedstaaten vorgeschrieben (Art. 25); zusätzlich ergibt sich auch die **internationale Zuständigkeit** für derartige Verfahren allein aus Art. 3 EuInsVO. Dies wurde von großen Teilen der deutschen Literatur zuvor anders gesehen, da sich Art. 3 dem Wortlaut nach nur »mit der Eröffnung des Insolvenzverfahrens« befasst, aber Annexverfahren unerwähnt lässt. Insoweit ging man in der Literatur verschiedentlich davon aus, dass Art. 3 weder unmittelbar noch analog auf Annexverfahren anwendbar sei.[28] In der Literatur wurde sodann eine Anwendung der EuGVVO[29] bzw. des unvereinheitlichten nationalen Zuständigkeitsrechts vorgeschlagen.[30]

---

[27] EuGH 22.02.1979, 133/78, Slg. 1979, 733, LS 2, Rn. 4.
[28] Vgl. etwa *Oberhammer* ZInsO 2004, 761 (765).
[29] FK-InsO/*Wenner/Schuster* Art. 3 Rn. 37; Nerlich/Römermann/*Nerlich* Art. 3 Rn. 71.
[30] *Oberhammer* ZInsO 2004, 761 (765); *Leible* LMK 2004, 14 (15).

Der EuGH hat demgegenüber auf ein Vorabentscheidungsersuchen des BGH hin ausgesprochen, **24**
dass Art. 3 EuInsVO – und nicht die EuGVVO oder das unvereinheitlichte nationale Recht – die
internationale Zuständigkeit für eine Insolvenzanfechtungsklage regelt.[31] Die Insolvenzanfechtungsklage gehört nach dem EuGH zu den von der EuInsVO erfassten (und gem. Art. 1 Abs. 2 Buchst. b
EuGVVO von der EuGVVO ausgeschlossenen) Verfahren. Die Anwendung von Art. 3 EuInsVO
auch auf die Insolvenzanfechtungsklage stützt der EuGH auf den Grundsatz der praktischen Wirksamkeit der EuInsVO (»effet utile«). Die Anwendung von Art. 3 führe dazu, dass sämtliche unmittelbar aus der Insolvenz eines Unternehmens entstehenden Klagen vor den Gerichten eines Mitgliedstaats gebündelt werden könnten. Dies entspreche dem im zweiten und im achten Erwägungsgrund
genannten Zweck der Verbesserung der Effizienz und der Beschleunigung der Insolvenzverfahren.
Zudem werde hierdurch ein forum shopping verhindert. Der BGH hat sich der Entscheidung des
EuGH angeschlossen. Die Gerichte des Mitgliedstaates, in dessen Gebiet das Insolvenzverfahren eröffnet worden ist, sind demnach gem. Art. 3 für eine Insolvenzanfechtungsklage des Insolvenzverwalters gegen einen Anfechtungsgegner zuständig, der seinen satzungsmäßigen Sitz in einem anderen Mitgliedstaat hat.[32] Zu Einzelfragen siehe sogleich Rdn. 29. Bei der Zuständigkeit nach Art. 3
handelt es sich nach Auffassung des BGH – angesichts der Vorgaben des EuGH – um eine **ausschließliche Zuständigkeit**.[33] Dies bedeutet in der Konsequenz, dass – vorbehaltlich einer nur missverständlichen Ausdrucksweise des BGH – auch Gerichtsstandsvereinbarungen und eine rügelose
Einlassung nicht in Betracht kommen (vgl. dazu Art. 3 EuInsVO Rdn. 133).

Die Entscheidung des EuGH bezieht sich unmittelbar auf eine Insolvenzanfechtungsklage; sie ist **25**
jedoch nach der Begründung auch auf **andere Annexverfahren** zu übertragen.[34] Auch im Falle sonstiger Annexverfahren regelt die EuInsVO damit nicht nur das anwendbare Recht und die Anerkennung und Vollstreckung durch andere Mitgliedstaaten, sondern – über Art. 3 Abs. 1 – auch die internationale Zuständigkeit.

In der Literatur ist die Entscheidung des EuGH verschiedentlich kritisiert worden.[35] Der Kritik ist **26**
zuzugeben, dass es sich, orientiert man sich am Wortlaut des Art. 3 Abs. 1, nur um eine analoge Anwendung der genannten Vorschrift bzw. eine richterliche Rechtsfortbildung handeln kann.[36] Im
Kern sind die effet-utile-Überlegungen des EuGH aber jedenfalls nachvollziehbar;[37] insb. würde
der Zweck der EuInsVO weitgehend verfehlt, müsste man für diese Annexverfahren – da eine Anwendung der EuGVVO nach deren Art. 1 Abs. 2 Buchst. b) eindeutig ausscheidet – auf die Zuständigkeitsvorschriften des unvereinheitlichten nationalen Rechts zurückgreifen.[38]

Aufgrund der Entscheidung des EuGH entsteht eine zuständigkeitsrechtliche Bündelung der Annex- **27**
verfahren in dem Mitgliedstaat, in dem das Insolvenzverfahren eröffnet worden ist. Die Regelung der
örtlichen oder **sachlichen Zuständigkeit** bleibt aber den Mitgliedstaaten überlassen. Es besteht daher
keine vollständige vis attractiva concursus; vielmehr kann innerstaatlich auch ein anderes Gericht
zuständig sein als das Insolvenzgericht. In Deutschland ist – falls sich aus der ZPO keine Zuständigkeit ergibt – auf § 19a ZPO i.V.m. § 3 InsO, Art. 102 § 1 EGInsO analog abzustellen (s. Art. 3
EuInsVO Rdn. 135).[39]

---

31 EuGH 12.02.2009, C-339/07, Slg 2009, I-767, Rn. 28 – Deko Marty Belgium; zuvor bereits u.a. *Geimer/
Schütze/Gruber* Art. 25 Rn. 30 ff.
32 BGH 19.05.2009, IX ZR 39/06, NJW 2009, 2215.
33 BGH 19.05.2009, IX ZR 39/06, NJW 2009, 2215, 2216 Rn. 16; krit. dazu *Mörsdorf-Schulte* ZIP 2009,
1456 (1461).
34 *Wolfer* GWR 2009, 152.
35 *Mörsdorf-Schulte* ZIP 2009, 1456; *Thole* ZEuP 2010, 907 ff.; *Stürner/Kern* LMK 2009, 278572.
36 Vgl. bereits *Oberhammer* ZInsO 2004, 761 (765).
37 Vgl. bereits *Geimer/Schütze/Gruber* Art. 25 Rn. 25 ff.
38 Uhlenbruck/*Lüer* Art. 3 Rn. 59; Pannen/*Pannen* Art. 3 Rn. 100; *Geimer/Schütze/Haß/Herweg* Art. 3
Rn. 20.
39 BGH 19.05.2009, IX ZR 39/06, NJW 2009, 2215; zust. *Cranshaw* DZWIR 2009, 353 (359 f.).

c) **Von der EuInsVO erfasste Annexentscheidungen im Einzelnen**

28 Noch nicht abschließend geklärt ist, welche Verfahren im Einzelnen als von der EuInsVO erfasste »Annexverfahren« anzusehen sind. Bei der Beurteilung ist von Art. 25 Abs. 1 Unterabs. 2 sowie der in der Entscheidung »Gourdain/Nadler« verwendeten Formulierung auszugehen. Hiernach kommt es darauf an, ob die betreffenden (Klage-)Verfahren unmittelbar aus dem Insolvenzverfahren hervorgehen und sich eng innerhalb des Rahmens dieses Verfahrens halten (vgl. Rdn. 21). Maßgeblich dürfte darauf abzustellen sein, ob Klagen mit dem gleichen Klageziel grds. nur bei Eröffnung eines Insolvenzverfahrens mit Aussicht auf Erfolg betrieben werden können.[40] Ist dies der Fall, ist die EuInsVO anwendbar. Fehlt es an dem dargestellten Zusammenhang, ist auf die EuGVVO zurückzugreifen.

29 Aus der angeführten Entscheidung des EuGH in Sachen »Deko Marty Belgium« (vgl. Rdn. 23 ff.) ergibt sich, dass **Insolvenzanfechtungsklagen** von der EuInsVO erfasst sind. Die Zuständigkeit für derartige Verfahren richtet sich also nach Art. 3 Abs. 1 und nicht nach der EuGVVO. Auch Insolvenzanfechtungsklagen im Zusammenhang mit der Rückzahlung oder der Besicherung von **Gesellschafterdarlehen** werden von der EuInsVO erfasst (vgl. ausf. Art. 4 EuInsVO Rdn. 37 ff.). Der EuGH hat eine analoge Anwendung von Art. 3 in Sachen »Deko Marty Belgium« für den Fall befürwortet, in dem der Anfechtungsgegner seinen Sitz bzw. Wohnsitz innerhalb der EU hatte, ohne diesem Umstand in der Argumentation Bedeutung beizumessen. Auf den ersten Blick erscheint es daher naheliegend, dass Art. 3 Abs. 1 EuInsVO auch dann (analog) heranzuziehen ist, wenn der **Anfechtungsgegner seinen Wohnsitz bzw. Sitz außerhalb der EU** hat. Allerdings hat der BGH an der analogen Anwendung des Art. 3 Abs. 1 deshalb Zweifel, weil ggf. – mangels eines Bezugs zu einem weiteren Mitgliedstaat – der räumliche Anwendungsbereich der EuInsVO gar nicht eröffnet sei; er hat deshalb diese Frage dem EuGH zur Vorabentscheidung vorgelegt.[41] Nach der hier vertretenen Auffassung findet die EuInsVO auch dann Anwendung, wenn nur ein Bezug zu einem weiteren Drittstaat besteht (s. ausf. Rdn. 42 ff., 49). Keine Anwendung findet Art. 3 Abs. 1 allerdings nach Auffassung des EuGH dann, wenn der Insolvenzverwalter den Anfechtungsanspruch **abgetreten** hat und der Zessionar diese Forderung nunmehr gegen den Anfechtungsgegner geltend macht.[42] In diesem Fall richtet sich die internationale Zuständigkeit nach der EuGVVO und nicht nach Art. 3 EuInsVO (analog). Der EuGH stützt sich in der Argumentation u.a. darauf, dass der geltend gemachte Anspruch infolge der Abtretung nicht mehr in einem hinreichend engen Zusammenhang mit dem Insolvenzverfahren stehe.[43] Anders als der Insolvenzverwalter könne nämlich der Zessionar frei entscheiden, ob er den Anspruch geltend mache oder nicht; zudem handele der Zessionar lediglich in eigenen Interesse und verfolge nicht das Ziel, die Aktiva des Schuldners zu mehren.[44] Im praktischen Ergebnis kann sich durch die Abtretung also ein Wechsel der internationalen Zuständigkeit ergeben. In der Literatur wird nicht zu Unrecht darauf hingewiesen, dass sich hierdurch (mittelbar) die Möglichkeit eines *forum shopping* ergibt: Der Insolvenzverwalter, der den Gerichtsstand des Art. 3 EuInsVO umgehen möchte, kann durch eine Abtretung eine (ggf. abweichende) Zuständigkeit nach den Vorschriften der EuGVVO herbeiführen.[45] Wird der vom Insolvenzverwalter abgetre-

---

40 Etwa *Geimer/Schütze/Haß/Herweg* Art. 3 Rn. 27; *Lüke* FS Schütze 1999, 467 (483).
41 BGH 21.06.2012, IX ZR 2/12, ZIP 2012, 1467. Das Verfahren ist beim EuGH unter dem Az C-328/12 anhängig; siehe auch LG Darmstadt, 15.05.2013, 15 O 29/12, juris (Vorlagefrage an EuGH betr. Klage eines Insolvenzverwalters gegen einen Geschäftsführer mit Wohnsitz in einem Drittstaat auf Ersatz von Zahlungen der Gesellschaft).
42 EuGH 19.04.2012, C-213/10, EuZW 2012, 427 – F-Tex Sia mit krit. Anm. *Sujecki*.
43 EuGH 19.04.2012, C-213/10, EuZW 2012, 427 (Rn. 41) – F-Tex Sia.
44 EuGH 19.04.2012, C-213/10, EuZW 2012, 427 (Rn. 43, 44). Für den EuGH änderte sich im konkreten Fall auch nichts dadurch, dass sich der Zessionar im Ausgangsverfahren dazu verpflichtet hatte, als Gegenleistung für die Abtretung des Anfechtungsrechts durch den Insolvenzverwalter einen Teil des Erlöses aus der abgetretenen Forderung abzutreten; hierbei habe es sich lediglich um eine Zahlungsmodalität gehandelt (R. 45).
45 *Kern* LMK 2012, 333271; auch *Kluth* GWR 2012, 330.

tene Anfechtungsanspruch allerdings an diesen zurückabgetreten, dürfte es sich (wieder) um einen von der EuInsVO erfassten Anspruch handeln; dies gilt jedenfalls – aber wohl nicht nur – dann, wenn die Rückabtretung von vornherein geplant war.

Besonders problematisch sind Schadensersatzklagen gegen einen Geschäftsführer oder ein Vorstandsmitglied, die auf eine **Verletzung einer Insolvenzantragspflicht** – in Deutschland also auf § 15a InsO – gestützt sind. Nach wohl herrschender Auffassung ist die Insolvenzantragspflicht insolvenzrechtlich zu qualifizieren; in der Konsequenz dürften dann entsprechende Schadensersatzklagen in den sachlichen Anwendungsbereich der EuInsVO fallen und nach der *lex fori concursus* (Art. 4) zu beurteilen sein. Die internationale Zuständigkeit dürfte sich allerdings nur dann nach Art. 3 richten, wenn der Anspruch von dem Insolvenzverwalter geltend gemacht wird, nicht aber auch dann, wenn – wie in Deutschland im Falle der Geltendmachung eines Vertrauensschadens durch »Neugläubiger« – einzelne Geschädigte den Geschäftsführer individuell in Anspruch nehmen.[46] In diesem Fall bleibt zwar kollisionsrechtlich die *lex fori concursus* anwendbar; die internationale Zuständigkeit für derartige Schadensersatzklagen einzelner Gläubiger richtet sich aber nach der EuGVVO oder hilfsweise dem nationalen Zuständigkeitsrecht (vgl. Art. 4 EuInsVO Rdn. 42 ff.). 30

Sehr fraglich ist weiter, ob die Haftung wegen **masseschädigender Zahlungen** nach Eintritt der Insolvenzreife (vgl. im deutschen Recht § 64 Satz 1 GmbHG) oder Schadensersatzansprüche wegen **Existenzvernichtung** in den Anwendungsbereich der EuInsVO fallen (vgl. im deutschen Recht in §§ 64 Satz 3 GmbHG, 92 Abs. 2 Satz 3 AktG, § 130a Abs. 1 Satz 3 HGB). Zwar besteht auch hier ein enger Bezug mit dem Insolvenzverfahren; die eigentlich haftungsbegründenden Handlungen sind aber in beiden Fällen noch vor der Eröffnung des Verfahrens vorgenommen worden. Nach der hier vertretenen Auffassung empfiehlt sich eine Unterscheidung zwischen Handlungen, die bei bestehender Insolvenzreife vorgenommen wurden (§ 64 Satz 1 GmbHG) und solchen – zeitlich noch weiter vorgelagerten – Handlungen, die überhaupt erst die Insolvenzreife der Gesellschaft herbeigeführt haben und sich daher nach dem allgemeinen Deliktsrecht bzw. dem Gesellschaftsrecht richten. In diesem Bereich dürfte aber bis zu einer klärenden Entscheidung des EuGH große Unsicherheit herrschen (vgl. Art. 4 EuInsVO Rdn. 53 ff.). Möglicherweise wird der EuGH hierzu bald Stellung nehmen: Die Frage, ob Ansprüche aufgrund masseschädigender Zahlungen nach Eintritt der Insolvenzreife als Annexverfahren dem Anwendungsbereich des Art. 3 unterfallen, ist dem EuGH durch ein deutsches Gericht zur Vorabentscheidung vorgelegt worden.[47] 31

Nicht in den Anwendungsbereich der EuInsVO, sondern unter die EuGVVO fallen **Aussonderungs- und Absonderungsklagen**. Der EuGH hat entschieden, dass eine auf den Eigentumsvorbehalt gestützte Klage des Vorbehaltsverkäufers gegen den Käufer, über dessen Vermögen ein Insolvenzverfahren eröffnet worden ist, in den Anwendungsbereich der EuGVVO und nicht der EuInsVO fällt.[48] Diese Entscheidung lässt sich auf sonstige Aussonderungsklagen übertragen.[49] Die Entscheidung des EuGH spricht ferner dafür, die Zuständigkeit für **Absonderungsklagen** nicht Art. 3 zu entnehmen, sondern es bei der Anwendung der EuGVVO zu belassen.[50] Auch bei Absonderungsbegehren geht es um das (Sicherungs-)Recht an dem betreffenden Gegenstand, das auch außerhalb einer Insolvenz des Schuldners Geltung beansprucht. Das Insolvenzverfahren führt demgegenüber (nur) da- 32

---

46 *Thole* ZEuP 2010, 907 (923 f.).
47 LG Darmstadt, 15.05.2013, 15 O 29/12, juris (Klage eines Insolvenzverwalters gegen einen Geschäftsführer mit Wohnsitz in einem Drittstaat auf Ersatz von Zahlungen der Gesellschaft).
48 *EuGH* 10.09.2009, C-292/08, NZI 2009, 741 – German Graphics Graphische Maschinen GmbH mit insoweit zust. Bespr. *Brinkmann* IPRax 2010, 324; *Pieckenbrock* KTS 2010, 208 (209); *Cranshaw* DZWIR 2010, 89 f.
49 Vgl. *Mankowski* NZI 2010, 508 (512); aus der Lit. vor der Entscheidung des EuGH Rauscher/*Mäsch* Art. 1 Rn. 9; *Duursma-Kepplinger/Duursma/Chalupsky* Art. 25 Rn. 55; MüKo-BGB/*Kindler* Art. 3 Rn. 91; *Haubold* IPrax 2002, 157 (163); *Cranshaw* DZWIR 2009, 353 (361); a.A. Pannen/*Pannen* Art. 3 Rn. 114; *Weller* ZHR 169 (2005), 570 (577).
50 AA *Thole* ZEuP 2010, 907 (922); zweifelnd *Brinkmann* IPRax 2010, 324 (329).

zu, dass derartige Klagen in anderer verfahrensrechtlicher Einkleidung erhoben werden müssen; es geht also bei der Absonderung nicht nur um die »Rangstellung innerhalb derjenigen Gläubiger, die insgesamt in das Verfahren eingebunden sind«.[51] Ergäbe sich die internationale Zuständigkeit für Absonderungsklagen (im Unterschied zu Aussonderungsklagen) aus Art. 3 EuInsVO, so müsste der zuständige Richter für den Fall, dass sich der betreffende Gegenstand außerhalb der Staates der Verfahrenseröffnung befindet – da nach Art. 5 das zur Absonderung berechtigende dingliche Recht bei einem im Ausland belegenen Gegenstand von der Verfahrenseröffnung unberührt bleibt – die ausländische *lex rei sitae* heranziehen. Er wäre also gerade in dem besonders schwierigen Bereich der Absonderung mit einem ihm nicht vertrauten Recht konfrontiert. Dies erschiene bei der Absonderungsklage ebenso wenig sachgerecht wie bei der im Anschluss an die Entscheidung des EuGH eindeutig der EuGVVO zuzuordnenden Aussonderungsklage. Nicht in den Anwendungsbereich der EuInsVO fallen ferner **Klagen gegen Kündigungen eines Arbeitsverhältnisses**, die ein Insolvenzverwalter im Sinne der EuInsVO in Deutschland nach deutschem Recht erklärt hat. Dies gilt auch dann, wenn die Kündigungen auf der Grundlage eines Interessenausgleichs mit Namensliste nach § 125 InsO und mit der kurzen Frist des § 113 InsO erklärt worden sind. Für solche Verfahren bestimmt sich die internationale Zuständigkeit nach der EuGVVO.[52]

33 Sehr umstritten ist schließlich, ob Klagen auf **Feststellung zur Insolvenztabelle** (§§ 179 ff. InsO) in den Anwendungsbereich der EuInsVO fallen oder ob sie nach der EuGVVO zu beurteilen sind. Der BGH hat diese Frage angesprochen und insgesamt drei Möglichkeiten aufgezeigt, eine Zuständigkeit für Klagen auf Feststellung zur Insolvenztabelle zu begründen.[53] Nach dem BGH könnte sich die internationale Zuständigkeit zunächst aus Art. 3 ergeben. Als zweite Lösung komme in Betracht, die internationale Zuständigkeit aus Art. 4 Abs. 1 und 2 Buchst. h) i.V.m. dem nationalen Zuständigkeitsrecht abzuleiten. Gem. Art. 4 Abs. 2 Buchst. h) regelt das Recht des Staates der Verfahrenseröffnung die Anmeldung, die Prüfung und die Feststellung der Forderungen. Nach dem BGH könnte die Regelung so zu verstehen sein, dass sie auch die Zuständigkeit nach dem nationalen Recht und damit § 180 InsO in Bezug nimmt. Schließlich sei es aber drittens auch denkbar, nicht die EuInsVO, sondern die EuGVVO anzuwenden. Letztlich hat der BGH die Frage offen gelassen, da im konkreten Fall nach allen drei vorgestellten Lösungsmöglichkeiten eine internationale Zuständigkeit deutscher Gerichte gegeben war.[54] Es spricht nach der hier vertretenen Auffassung mehr dafür, es bei der Anwendung der EuGVVO zu belassen. Dies gilt jedenfalls dann, wenn die Parteien um das grundsätzliche Bestehen der Forderung streiten. In diesem Fall hat die Eröffnung des Insolvenzverfahrens nur eine sekundäre verfahrensrechtliche Modifikation der materiell-rechtlichen Feststellungsentscheidung zur Folge.[55] Anders könnte es sich ggf. (nur) dann verhalten, wenn ausschließlich um den Rang der Forderung in der Insolvenz gestritten wird.[56]

34 Relativ sicher in den Anwendungsbereich der EuInsVO fallen demgegenüber **Haftungsklagen gegen den Insolvenzverwalter**.[57] Derartige Verfahren sind ohne ein Insolvenzverfahren nicht denkbar.

34a Nach Auffassung der französischen Cour de cassation fällt auch die **Anordnung eines Berufsverbotes** gegen den Insolvenzschuldner als Annexverfahren in den Anwendungsbereich der EuInsVO

---

51 So aber *Thole* ZEuP 2010, 907 (922).
52 BAG 20.09.2012, 6 AZR 253/11, ZIP 2012, 2312.
53 BGH 11.01.2011, II ZR 157/09, NZG 2011, 273 m.Anm. *Siepmann* EWiR 2011, 463.
54 BGH 11.01.2011, II ZR 157/09, NZG 2011, 273 m.Anm. *Siepmann* EWiR 2011, 463.
55 MüKo-InsO/*Reinhard* Art. 3 Rn. 93; Rauscher/*Mankowski* Art. 1 Brüssel I-VO Rn. 22; a.A. Pannen/*Pannen* Art. 3 Rn. 114; MüKo-BGB/*Kindler* Art. 3 Rn. 91; *Cranshaw* DZWIR 2009, 353 (361).
56 *Virgós/Schmit* Bericht Rn. 196; *Haubold* IPrax 2002, 157 (163); *Geimer/Schütze/Haß/Herweg* Art. 3 Rn. 27.
57 *Haubold* IPrax 2002, 157 (163); *Geimer/Schütze/Haß/Herweg* Art. 3 Rn. 27; Pannen/*Pannen* Art. 3 Rn. 114.

und soll demnach nur durch die Gerichte des Mitgliedsstaats, in dem das Hauptinsolvenzverfahren eröffnet wurde, ergehen können.[58]

IV. Kollisionsrechtliche Fragen

Nach der EuInsVO besteht grds. ein Gleichlauf zwischen der internationalen Zuständigkeit und dem anwendbaren Recht (*lex fori concursus*). Nach Art. 4 Abs. 1 bestimmen sich zunächst die Wirkungen der Insolvenzeröffnung nach der *lex fori concursus*. Art. 4 Abs. 2 bestimmt hierzu, dass die *lex fori concursus* auch regelt, unter welchen Voraussetzungen das Insolvenzverfahren eröffnet wird, wie es durchzuführen ist und wie es beendet wird. Art. 4 Abs. 2 enthält in Buchst. a–m eine Aufzählung von Regelungsgegenständen, die in den Anwendungsbereich der EuInsVO fallen; weitere Rückschlüsse lassen sich aus den Sonderkollisionsnormen in Art. 5–15 ziehen. Ungeachtet dessen stellen sich auch im kollisionsrechtlichen Zusammenhang schwierige und z.T. noch nicht abschließend geklärte Qualifikationsfragen. Ua ist das Insolvenzstatut abzugrenzen vom **Gesellschaftsstatut**. Nicht in allen Fällen laufen die Regelung der Zuständigkeit (Art. 3) einerseits und die kollisionsrechtliche Qualifikation (Art. 4) völlig parallel. Dies gilt insb. dann, wenn die Verletzung einer insolvenzrechtlich zu qualifizierenden Pflicht einen (Schadensersatz-)Anspruch zur Folge hat, der nicht vom Insolvenzverwalter, sondern von einzelnen geschädigten Gläubigern geltend zu machen ist oder wenn es – etwa mangels Masse – gar nicht erst zu einer Eröffnung eines Insolvenzverfahrens kommt.[59] Auf diese Einzelfragen wird in Art. 4 EuInsVO Rdn. 14 ff. eingegangen. 35

B. Persönlicher Anwendungsbereich

I. Anwendung auf sämtliche Schuldner

Es fallen sämtliche in Anhang A erfassten Insolvenzverfahren in den Anwendungsbereich der EuInsVO; dies gilt unabhängig davon, ob es sich bei dem Schuldner um eine juristische Person oder um eine natürliche Person handelt, und unabhängig davon, ob die natürliche Person ein Unternehmer oder ein Verbraucher ist. Dies wird im Erwägungsgrund 9 noch einmal hervorgehoben.[60] 36

Die EuInsVO schreibt allerdings selbst nicht vor, bei welcher Art von Schuldnern ein Verfahren zulässig ist, sondern überlässt dies der *lex fori concursus* (Art. 4 Abs. 2 Buchst. a). Die Insolvenzfähigkeit des Schuldners richtet sich maW nach dem Recht des Mitgliedstaates, in dem der Schuldner den Mittelpunkt seiner hauptsächlichen Interessen (sog. centre of main interests – COMI) hat. Allerdings trägt die EuInsVO dem Umstand Rechnung, dass bei manchen Schuldnern nur in bestimmten Mitgliedstaaten ein Insolvenzverfahren überhaupt zulässig ist. Ist in dem Mitgliedstaat, in dem der Schuldner seinen COMI hat, ein Insolvenzverfahren aus Rechtsgründen nicht möglich, kann unter den Voraussetzungen des Art. 3 Abs. 4 Buchst. a) in einem anderen Mitgliedstaat ein isoliertes Partikularverfahren eröffnet werden. Die Wirkungen dieses Verfahren bleiben aber auf diesen Mitgliedstaat beschränkt. 37

Zu berücksichtigen ist in diesem Zusammenhang ferner, dass die Anerkennung nach Art. 16, 17 oder Art. 25 nicht davon abhängt, ob es auch in den anderen Mitgliedstaaten ein vergleichbares Verfahren gibt. Sieht also ein Mitgliedstaat ein Insolvenzverfahren auch für Privatpersonen vor, so sind – soweit in diesem Mitgliedstaat ein Hauptinsolvenzverfahren eröffnet wird – die Insolvenzeröffnung (Art. 16, 17) sowie die Neben- und Annexentscheidungen (Art. 25) auch in Mitgliedstaaten anzuerkennen, die selbst kein derartiges Verfahren über Privatpersonen kennen. 38

---

58 Cour de cassation, 22.01.2013, 11–17968.
59 Vgl. dazu bereits *Willemer* S. 141 ff.
60 Ebenso *Virgós/Schmit* Bericht Rn. 53.

II. Konzerninsolvenz

39 Zwar regelt die EuInsVO grds. nicht, wer als Schuldner in einem Insolvenzverfahren in Betracht kommt, sondern überlässt diese der *lex fori concursus* (vgl. Rdn. 37); die EuInsVO gibt aber doch vor, dass es sich bei dem Schuldner um eine natürliche oder juristische oder um eine sonstige (teil-)rechtsfähige Gesellschaft handeln muss. Nicht Schuldner i.S.d. EuInsVO ist der **Konzern**. Dies ergibt sich u.a. aus dem 9. Erwägungsgrund sowie dem Bericht zum EuInsÜ.[61]

40 Dies hat zunächst zur Folge, dass die **internationale Zuständigkeit** für das Insolvenzverfahren über die Konzernmutter und das Tochterunternehmen jeweils getrennt nach Art. 3 zu beurteilen ist.[62] Liegt z.B. der COMI der Konzernmutter in Frankreich, aber der COMI der Tochtergesellschaft in Deutschland, so ist das Insolvenzverfahren über die Muttergesellschaft in Frankreich zu eröffnen, das Insolvenzverfahren über die Tochtergesellschaft in Deutschland. Dies gilt auch dann, wenn sich nach französischer Vorstellung das Insolvenzverfahren über die Muttergesellschaft zugleich auch auf die Tochtergesellschaft erstrecken sollte. Nach dem EuGH ist auch nicht davon auszugehen, dass der COMI einer Tochtergesellschaft notwendigerweise am Konzernsitz liegt; vielmehr ist der COMI der Tochtergesellschaft eigenständig zu bestimmen (vgl. dazu Art. 3 EuInsVO Rdn. 36 ff.). Das deutsche Verfahren über die Tochtergesellschaft ist in Frankreich anzuerkennen, genau wie umgekehrt das – auf die Muttergesellschaft beschränkte – französische Verfahren in Deutschland (Art. 16, 17).

41 Eine getrennte Betrachtung ist sodann auch bei dem **anwendbaren Recht** anzustellen. Für die französische Muttergesellschaft gilt französisches Insolvenzrecht; für die deutsche Tochtergesellschaft – soweit ihr COMI in Deutschland liegt – gilt gem. Art. 4 deutsches Insolvenzrecht.

C. Räumlicher Anwendungsbereich

I. Mittelpunkt der hauptsächlichen Interessen des Schuldners in der EU

42 Die EuInsVO gilt für sämtliche Mitgliedstaaten mit Ausnahme von Dänemark (vgl. Erwägungsgrund 33). Die EuInsVO enthält keine allgemeine Vorschrift, die einen Bezug zu der EU als Anwendbarkeitsvoraussetzung der Verordnung vorschriebe. Erwägungsgrund 14 weist jedoch darauf hin, dass die EuInsVO nur dann angewendet werden soll, wenn der **Mittelpunkt der hauptsächlichen Interessen** des Schuldners (sog. centre of main interests – COMI) in der EU (mit Ausnahme von Dänemark) liegt. Art. 3 Abs. 1 hat damit eine Doppelfunktion. Die Vorschrift legt nicht nur die internationale Zuständigkeit für Hauptinsolvenzverfahren fest, sondern zugleich auch den räumlichen Anwendungsbereich der EuInsVO.[63] Die insoweit bereits zum EuInsÜ angestellten Überlegungen[64] wurden damit in die EuInsVO übernommen. Soweit sich der COMI in einem Drittstaat befindet, ist auf das unvereinheitlichte Verfahrens- und Kollisionsrecht abzustellen, in Deutschland also insb. auf die §§ 335 ff. InsO.

43 Im Übrigen ergeben sich weitere Einschränkungen des jeweiligen Anwendungsbereichs aus den jeweiligen Vorschriften selbst. Die Vorschriften über die **Anerkennung** der Eröffnung eines ausländischen Insolvenzverfahrens (Art. 16, 17) bzw. sonstiger Entscheidungen (Art. 25) sind nur dann anwendbar, wenn es sich um die Entscheidung eines anderen Mitgliedstaats (außer Dänemark) handelt. Handelt es sich um die Entscheidung eines Drittstaats, ist für die Anerkennung § 343 InsO heranzuziehen. Ob die Art. 5–15 demgegenüber die (ergänzende) Anwendung nationalen Kollisionsrechts zulassen, ist keine Frage des räumlich-persönlichen Anwendungsbereich der EuInsVO, sondern eine Frage des Anwendungsvorrangs (vgl. Art. 4 EuInsVO Rdn. 10 ff.).

---

[61] *Virgós/Schmit* Bericht Rn. 76; aus der Lit. etwa *Duursma-Kepplinger/Duursma* IPRax 2003, 505 (509).
[62] HambKomm/*Undritz* Rn. 5.
[63] Leible/*Staudinger* KTS 2000, 533 (538); *Eidenmüller* IPRax 2001, 1 (5); *Huber* ZZP 114 2001, 133 (137); *Duursma-Kepplinger/Duursma/Chalupsky* Rn. 52; Gebauer/Wiedmann/*Haubold* Rn. 29.
[64] *Virgós/Schmit* Bericht Rn. 44 u. 82.

II. Sachverhalt mit Auslandsbezug

In der Literatur wird ganz überwiegend die Auffassung vertreten, dass reine Binnensachverhalte nicht von der EuInsVO erfasst werden.[65] Dies wird u.a. aus den Erwägungsgründen 2 und 3 abgeleitet.[66] Im Anschluss stellt sich die Frage, wann genau ein **hinreichender Auslandsbezug** in diesem Sinne vorliegt. Nach verbreiteter Auffassung soll jeder Berührungspunkt zum Ausland ausreichen, der eine – wenn auch nur untergeordnete Bedeutung – für das Insolvenzverfahren haben kann.[67] Ausreichend sei in jedem Fall, dass im Ausland belegenes Vermögen vorhanden ist oder im Ausland domizilierte Gläubiger an dem Verfahren teilnehmen.[68]

44

Nach der hier vertretenen Auffassung setzt die Anwendung der EuInsVO keinen besonders zu prüfenden Auslandsbezug voraus; sie ist also auch auf reine Binnensachverhalte anwendbar. Die Erwägungsgründe 2 und 3 haben nur den Zweck, die EuInsVO allgemein kompetenzrechtlich zu legitimieren, sie erheben aber nicht den Anspruch, den Anwendungsbereich der EuInsVO einzuschränken. Ein hinreichender Binnenmarktbezug besteht aber schon allein dadurch, dass die Eröffnungsentscheidung grundsätzlich in allen Mitgliedstaaten anzuerkennen ist; potentiell kann auch dies – etwa dann, wenn nach Eröffnung Gegenstände ins Ausland transferiert oder Forderungen an im Ausland befindliche Gläubiger abgetreten werden – praktische Folgen haben und den Binnenmarkt berühren. Die hL führt zu Folgeproblemen etwa dann, wenn ein (zunächst) im Ausland belegener Vermögensbestandteil nachträglich ins Inland verschafft wird oder umgekehrt; dies würde in der Konsequenz der hL wohl – im laufenden Verfahren – die Anwendbarkeit der EuInsVO (neu) begründen oder aber (nachträglich) ausschließen; der Rechtssicherheit wäre dies nicht dienlich.

45

Für die Rechtsanwendung dürfte die dargestellte Problematik keine größere praktische Bedeutung haben. Denn soweit es sich um einen reinen Binnensachverhalt handelt, stellen sich Fragen nach der internationalen Zuständigkeit oder dem anwendbaren Recht nicht bzw. lassen sich rasch beantworten.

46

III. Sachverhalte mit ausschließlichem Drittstaatenbezug

Umstritten ist überdies, ob auch die Fälle von der EuInsVO erfasst werden, in denen ein Auslandsbezug (nur) zu einem Drittstaat, nicht aber zu einem weiteren Mitgliedstaat besteht. Relevant wird dies etwa dann, wenn ein Insolvenzschuldner mit COMI in Deutschland zwar über Vermögensgegenstände in der Schweiz verfügt, aber im Übrigen kein Bezug zu einem anderen Mitgliedstaat außer Deutschland ersichtlich ist. Der BGH hat diese Frage – für den Fall einer auf Art. 3 Abs. 1 (analog) gestützten Insolvenzanfechtungsklage gegen einen Anfechtungsgegner mit Wohnsitz bzw. Sitz außerhalb der EU – dem EuGH zur Vorabentscheidung vorgelegt.[69]

47

Nach verbreiteter Auffassung in der Literatur setzt die EuInsVO einen Bezug zu mindestens einem anderen Mitgliedstaat voraus. Abgeleitet wird dies wiederum u.a. aus den Erwägungsgründen 2, 3 und 4, die einen entsprechenden Binnenmarktbezug voraussetzen.[70] In ihrem Vorschlag zur Änderung der EuInsVO scheint auch die Kommission dieser Auffassung zuzuneigen.[71]

48

---

65 HambKomm/*Undritz* Rn. 6; Karsten Schmidt/*Brinkmann* Rn. 11; *Hergenröder* ZVI 2005, 233 (235); *Huber* ZZP 114 2001, 133 (136); *Mock/Schildt* ZInsO 2003, 396 (397).
66 *Huber* ZZP 114 2001, 133 (136); Rauscher/*Mäsch* Art. 3 Rn. 14.
67 AG Hamburg 16.08.2006, 67a IE 1/06, NZI 2006, 652; Rauscher/*Mäsch* Rn. 14.
68 AG Hamburg 16.08.2006, 67a IE 1/06, NZI 2006, 652; Rauscher/*Mäsch* Rn. 14; enger – Vermögensbelegenheit im Ausland erforderlich – *Paulus* NZI 2001, 505 (508 f.).
69 BGH 21.06.2012, IX ZR 2/12, ZIP 2012, 1467. Das Verfahren ist beim EuGH unter dem Az C-328/12 anhängig.
70 Zur Arg. näher MüKo-BGB/*Kindler* Rn. 28 f.; HambKomm/*Undritz* Rn. 7; Karsten Schmidt/*Brinkmann* Rn. 12; *Duursma-Kepplinger/Duursma/Chalupsky* Rn. 3; *dies./Duursma* IPRax 2003, 505 (506, 508); *Liersch* NZI 2003, 302 (303); *Eidenmüller* IPRax 2001, 2 (5); *Roßmeier* Besitzlose Mobiliarsicherheiten in grenzüberschreitenden Insolvenzverfahren, 2003, 131; *Smid* DZWIR 2003, 397 (402 ff.); *Becker* ZEuP 2002, 287 (292); *Taupitz* ZZP 111 1998, 315 (320).
71 Vorschlag für eine Verordnung des Europäischen Parlaments und des Rates zur Änderung der Verordnung

49 Nach der zustimmenswerten Gegenauffassung ist demgegenüber ein Bezug zu einem weiteren Mitgliedstaat nicht erforderlich.[72] Für diese Auffassung spricht vor allem eine Parallele zur EuGVVO. Hier besteht im Anschluss an eine Entscheidung des EuGH zum EuGVÜ[73] weitgehend Einigkeit darüber, dass ein Mitgliedstaatenbezug nicht erforderlich ist. Die Parallele zur EuGVVO ist darin zu sehen, dass sowohl bei der EuGVVO als auch bei der EuInsVO der räumliche Anwendungsbereich der Verordnung aus der Norm über die internationale Zuständigkeit abgeleitet wird (Art. 2 bzw. Art. 3);[74] es widerspräche dem Interesse an einem kohärenten Unionsrecht, wenn der räumliche Anwendungsbereich der EuInsVO trotz der dargestellten Strukturgleichheit anders bestimmt würde als bei der EuGVVO. Vor diesem Hintergrund steht nicht zu erwarten, dass der EuGH anders entscheiden wird als im Falle der EuGVVO/des EuGVÜ. Die Generalanwältin Sharpston hat in dem genannten Verfahren (Az. C-328/12) in ihren Schlussanträgen vom 10.9.2013 die räumliche Anwendbarkeit der EuInsVO auch für diesen Fall bejaht.

50 Aus den Erwägungsgründen 2 und 3 lässt sich – näher betrachtet – demnach keine Einschränkung des räumlichen Anwendungsbereichs herleiten. Diese enthalten nur einen Hinweis auf den Binnenmarktbezug, der typischerweise bei Insolvenzverfahren über Schuldner mit COMI in der EU besteht. Die Erwägungsgründe 2 und 3 führen aber selbst – schon allein deshalb, weil sie nicht in den eigentlichen Verordnungstext übernommen worden sind – keine Einschränkung des Anwendungsbereichs der EuInsVO herbei. Der kompetenzrechtlich erforderliche Binnenmarktbezug wird bereits dadurch hergestellt, dass der COMI des Schuldners im Inland liegt.

51 Überdies gilt für die EuInsVO nicht anders als für die EuGVVO, dass nach dem effet utile-Prinzip eine möglichst umfassende Vereinheitlichung erzielt werden sollte. Die Argumentation des EuGH zur EuGVVO bzw. dem EuGVÜ lässt sich insoweit auf die EuInsVO übertragen. Schließlich besteht insb. bei Vorschriften zur internationalen Zuständigkeit ein besonderes Bedürfnis nach klaren und hinsichtlich der erforderlichen Tatsachen leicht nachweisbaren Regeln. Diesem Bedürfnis wird nicht hinreichend Rechnung getragen, wenn für die Anwendung der EuInsVO ein weiterer Mitgliedsstaatenbezug gefordert wird, denn in diesem Fall müsste das Gericht nach der Feststellung, dass der COMI des Schuldners im Inland liegt, zusätzlich überprüfen, ob Bezüge zu weiteren Mitgliedstaaten bestehen und in diesem Zusammenhang insb. den genauen Lageort einzelner Vermögensgegenstände ermitteln. Soweit ein weiterer Mitgliedsstaatenbezug nicht feststellbar ist, müsste sodann auf das nationale Zuständigkeitsrecht abgestellt werden.[75]

52 Aus Sicht deutscher Gerichte sind die praktischen Auswirkungen des dargestellten Meinungsstreits nur sehr gering. Zum einen werden – wie auch beim Auslandsbezug insgesamt – überwiegend nur geringe Anforderungen an den Mitgliedstaatenbezug gestellt; und zum anderen entspricht die autonome deutsche Zuständigkeitsnorm (§ 3 InsO) weitgehend Art. 3 EuInsVO.[76] Für die internationale Zuständigkeit deutscher Gerichte hat damit der dargestellte Meinungsstreit kaum Auswirkungen. Entsprechendes gilt für die Bestimmung des anwendbaren Rechts. Die Grundkollisionsnormen

---

(EG) Nr. 1346/2000 des Rates über Insolvenzverfahren (COM(2012) 744 final), unter 1.1.: »Die Verordnung findet immer dann Anwendung, wenn der Schuldner Vermögen oder Verbindlichkeiten in mehr als einem Mitgliedstaat hat.« Ähnlich (wenn auch nicht identisch) zuvor der Bericht der Kommission an das Europäische Parlament, den Rat und den Europäischen Wirtschafts- und Sozialauschuss über die Anwendung der Verordnung (EG) Nr. 1346/2000 des Rates vom 20. Mai 2000 über Insolvenzverfahren vom 12.12.2012 (COM(2012) 743 final), unter 1.1.: Die EuInsVO gelte immer, »wenn der Schuldner Vermögen oder Gläubiger in mehr als einem Mitgliedstaat« habe.

72 *Huber* ZZP 114 2001, 133 (138 f.); *Schack* IZVR, Rn. 1056; *Haubold* IPRax 2003, 34 (35); *Sabel/Schlegel* EWiR 2003, 367 f.; *Herchen* ZInsO 2003, 742 (745 ff.); aus der englischen Rechtsprechung High Court of Justice 07.02.2003, 0042/2003, ZIP 2003, 813; diff. nach jeweiliger Fragestellung MüKo-InsO/*Reinhart* Rn. 16.
73 EuGH 01.03.2005, C-281/02, Slg. 2005 I 1383 Rn. 23–36 – Andre Owusu/N B Jackson.
74 Zur Arg. näher Rauscher/*Mäsch* Rn. 13 ff.
75 Gebauer/Wiedmann/*Haubold* Rn. 31; MüKo-InsO/*Reinhart* Rn. 16; *Herchen* ZInsO 2003, 742 (746 f.).
76 Gebauer/Wiedmann/*Haubold* Rn. 31.

der EuInsVO (Art. 4) und des autonomen deutschen Rechts (§ 335 InsO) sind identisch. Die Sonderanknüpfungsregeln der EuInsVO (Art. 5 ff.) finden ungeachtet des dargestellten Meinungsstreits ohnehin keine Anwendung, wenn der entsprechende Bezug nicht zu einem Mitgliedstaat, sondern zu einem Drittstaat besteht. In diesen Fällen ist daher sowohl dann, wenn man die EuInsVO insgesamt für unanwendbar hält, als auch dann, wenn man zwar die EuInsVO grds. anwendbar hält, aber die Art. 5–15 aufgrund des Drittstaatenbezugs nicht einschlägig sind, nach zutreffender Auffassung auf die Kollisionsnormen des autonomen nationalen Rechts zurückzugreifen (vgl. dazu noch Art. 4 EuInsVO Rdn. 10 ff.).

D. Zeitlicher Anwendungsbereich

Der zeitliche Anwendungsbereich ergibt sich aus Art. 43 i.V.m. Art. 47. Für Deutschland gilt die EuInsVO für Verfahren, die nach dem 31.05.2002 eröffnet worden sind. 53

Artikel 2 Definitionen

Für die Zwecke dieser Verordnung bedeutet
a) »Insolvenzverfahren« die in Artikel 1 Absatz 1 genannten Gesamtverfahren. Diese Verfahren sind in Anhang A aufgeführt;
b) »Verwalter« jede Person oder Stelle, deren Aufgabe es ist, die Masse zu verwalten oder zu verwerten oder die Geschäftstätigkeit des Schuldners zu überwachen. Diese Personen oder Stellen sind in Anhang C aufgeführt;
c) »Liquidationsverfahren« ein Insolvenzverfahren im Sinne von Buchstabe a), das zur Liquidation des Schuldnervermögens führt, und zwar auch dann, wenn dieses Verfahren durch einen Vergleich oder eine andere die Insolvenz des Schuldners beendende Maßnahme oder wegen unzureichender Masse beendet wird. Diese Verfahren sind in Anhang B aufgeführt;
d) »Gericht« das Justizorgan oder jede sonstige zuständige Stelle eines Mitgliedstaats, die befugt ist, ein Insolvenzverfahren zu eröffnen oder im Laufe des Verfahrens Entscheidungen zu treffen;
e) »Entscheidung«, falls es sich um die Eröffnung eines Insolvenzverfahrens oder die Bestellung eines Verwalters handelt, die Entscheidung jedes Gerichts, das zur Eröffnung eines derartigen Verfahrens oder zur Bestellung eines Verwalters befugt ist;
f) »Zeitpunkt der Verfahrenseröffnung« den Zeitpunkt, in dem die Eröffnungsentscheidung wirksam wird, unabhängig davon, ob die Entscheidung endgültig ist;
g) »Mitgliedstaat, in dem sich ein Vermögensgegenstand befindet«, im Fall von
 – körperlichen Gegenständen den Mitgliedstaat, in dessen Gebiet der Gegenstand belegen ist,
 – Gegenständen oder Rechten, bei denen das Eigentum oder die Rechtsinhaberschaft in ein öffentliches Register einzutragen ist, den Mitgliedstaat, unter dessen Aufsicht das Register geführt wird,
 – Forderungen den Mitgliedstaat, in dessen Gebiet der zur Leistung verpflichtete Dritte den Mittelpunkt seiner hauptsächlichen Interessen im Sinne von Artikel 3 Absatz 1 hat;
h) »Niederlassung« jeden Tätigkeitsort, an dem der Schuldner einer wirtschaftlichen Aktivität von nicht vorübergehender Art nachgeht, die den Einsatz von Personal und Vermögenswerten voraussetzt.

Übersicht

	Rdn.
A. Normzweck	1
B. Die Definitionen im Einzelnen	2
I. Insolvenzverfahren (Buchst. a)	2
II. Verwalter (Buchst. b)	3
III. Liquidationsverfahren (Buchst. c)	5
IV. Gericht (Buchst. d)	9
V. Entscheidungen (Buchst. e)	10
VI. Zeitpunkt der Verfahrenseröffnung (Buchst. f)	11
VII. Mitgliedstaat, in dem sich ein Vermögensgegenstand befindet (Buchst. g)	16
1. Praktische Bedeutung	16
2. Belegenheit einzelner Vermögensgegenstände	18
a) Überblick	18
b) Körperliche Gegenstände (erster Spiegelstrich)	20
c) Rechte, die in ein Register einzu-	

	Rdn.		Rdn.
tragen sind (zweiter Spiegelstrich)	25	VIII. Niederlassung (Buchst. h)	37
		1. Einführung	37
d) Forderungen (dritter Spiegelstrich)	28	2. Die Tatbestandsmerkmale im Einzelnen	44
e) Sonstige Vermögensgegenstände	32	a) Wirtschaftliche Aktivität	44
		b) Einsatz von Personal und Vermögen	48
aa) Wertpapiere	32		
bb) Mitglied- und Beteiligungsrechte	35	3. Besonderheiten bei Konzerninsolvenzen	50
cc) Immaterialgüterrechte	36		

A. Normzweck

1 Art. 2 enthält die **Definitionen** einiger zentraler Begriffe, die in der EuInsVO verwendet werden. Die Definitionen weichen z.T. erheblich von dem ab, was im autonomen deutschen Recht unter den entsprechenden Begriffen verstanden wird.

B. Die Definitionen im Einzelnen

I. Insolvenzverfahren (Buchst. a)

2 Buchst. a) Satz 1 enthält – durch den Verweis auf Art. 1 Abs. 1 – eine für die EuInsVO allgemeingültige Definition des »Insolvenzverfahrens«. Buchst. a) Satz 2 verweist sodann auf die abschließende Aufzählung der von der EuInsVO erfassten Insolvenzverfahren im Anhang A EuInsVO. Da letztlich Anhang A über die erfassten Verfahren Aufschluss gibt, hat die Definition des Insolvenzverfahrens für den Rechtsanwender nur eine sehr geringe praktische Bedeutung. Sie ist vor allem für den Rat verbindlich, der nach Art. 45 über eine Änderung oder Ergänzung des Anhangs A zu entscheiden hat (vgl. Art. 1 EuInsVO Rdn. 1 ff.). Anhang A – ebenso wie Anhänge B und C – wurden bereits mehrfach durch Verordnungen des Rates geändert.[1]

II. Verwalter (Buchst. b)

3 Buchst. b) Satz 1 enthält eine sehr weit gefasste Definition des »Verwalters«. Verwalter ist nicht nur derjenige, der die Insolvenzmasse zu **verwalten**, sondern auch derjenige, der eine Geschäftstätigkeit des Schuldners nur zu **überwachen** hat. Die Definition in Buchst. b) hat ebenfalls nur eine geringe eigenständige Bedeutung; Buchst. b) Satz 2 verweist auf den Anhang C zur EuInsVO, der eine abschließende Liste der Verwalter enthält. Auch Anhang C kann gem. Art. 45 vom Rat geändert werden.[2]

4 Zu den »Verwaltern« i.S.d. EuInsVO gehören nach Anhang C in deutschen Verfahren u.a. der **Insolvenzverwalter**, der **Sachwalter**, der **Treuhänder** und der **vorläufige Insolvenzverwalter**. Mit der Nennung des Sachwalters wird verdeutlicht, dass auch die Eigenverwaltung vom Anwendungsbereich der EuInsVO erfasst ist (vgl. Art. 1 EuInsVO Rdn. 8). Aus der Nennung des Treuhänders lässt sich ableiten, dass sowohl das vereinfachte Insolvenzverfahren nach der InsO (§§ 311–314) als auch das Restschuldbefreiungsverfahren in den Anwendungsbereich der EuInsVO fallen (vgl. Art. 1 EuInsVO Rdn. 9).

---

1 Zuletzt durch die Verordnung (EU) Nr. 583/2011 des Rates v. 09.06.2011 zur Änderung der Liste von Insolvenzverfahren, Liquidationsverfahren und Verwaltern in den Anhängen A, B und C der Verordnung (EG) Nr. 1346/2000 über Insolvenzverfahren, ABlEU v. 18.06.2011 L 160, S. 52–64.
2 *Siehe die* Verordnung (EU) Nr. 583/2011 des Rates v. 09.06.2011 zur Änderung der Liste von Insolvenzverfahren, Liquidationsverfahren und Verwaltern in den Anhängen A, B und C der Verordnung (EG) Nr. 1346/2000 über Insolvenzverfahren, ABlEU v. 18.06.2011 L 160, S. 52–64.

III. Liquidationsverfahren (Buchst. c)

Buchst. c) enthält eine Definition des Liquidationsverfahrens. Das Verfahren muss auf eine »Liquidation des Schuldnervermögens« – nicht aber notwendigerweise auch des Schuldners – gerichtet sein (vgl. auch die englische Fassung: »proceedings ... involving realising the assets of the debtor«). Keine Liquidationsverfahren stellen reine Sanierungsverfahren dar, die (nur) im Schuldnerinteresse bzw. aus industriepolitischen Gründen durchgeführt werden. Sie sind aber grds. als Insolvenzverfahren durchaus vom Anwendungsbereich der EuInsVO erfasst (vgl. Anhang A zur EuInsVO). Die in Buchst. c) Satz 1 enthaltene Definition des Liquidationsverfahrens hat nur geringe eigenständige Bedeutung, da Buchst. c) Satz 2 auf den Anhang B verweist und dieser die Liquidationsverfahren i.S.d. EuInsVO abschließend auflistet.

Innerhalb der EuInsVO ist der Begriff des Liquidationsverfahrens von erheblicher Bedeutung. **Sekundärinsolvenzverfahren** (vgl. Einl. EuInsVO Rdn. 11) sind nämlich nur dann zulässig, wenn es sich nicht um Sanierungs-, sondern um Liquidationsverfahren i.S.v. Anhang C handelt (Art. 3 Abs. 3 2). **Isolierte Partikularverfahren** (vgl. Einl. EuInsVO Rdn. 13) wandeln sich nach Art. 36 *ipso iure* in Sekundärinsolvenzverfahren um, wenn nachfolgend ein Hauptinsolvenzverfahren eröffnet wird. Allerdings wandelt sich das Verfahren, wenn es vorher ein Sanierungsverfahren war, nicht automatisch auch in ein Liquidationsverfahren um; hierzu bedarf es vielmehr einer konstitutiven Umwandlungsentscheidung des Insolvenzgerichts (Art. 37).

Im Anhang B ist für Deutschland (neben den zeitlich nicht mehr anwendbaren Konkurs- und Gesamtvollstreckungsverfahren, vgl. Art. 1 EuInsVO Rdn. 1) das **Insolvenzverfahren** aufgeführt. Insoweit ist davon auszugehen, dass sämtliche Verfahren nach der InsO, die nach Anhang A in den Anwendungsbereich der EuInsVO fallen (vgl. Art. 1 EuInsVO Rdn. 7 ff.), i.S.d. EuInsVO als Liquidationsverfahren angesehen werden.[3] Auch Verbraucherinsolvenz- und Restschuldbefreiungsverfahren stellen damit Liquidationsverfahren dar; sie können nach der EuInsVO Gegenstand eines in Deutschland eröffneten Sekundärinsolvenzverfahrens sein. Allerdings hat der deutsche Gesetzgeber in § 355 Abs. 1 InsO angeordnet, dass in deutschen Partikularverfahren – hierzu zählen auch Sekundärinsolvenzverfahren – die Vorschriften über die Restschuldbefreiung keine Anwendung finden. Die Sachnorm des § 355 Abs. 1 InsO ist auch einschlägig, wenn die kollisionsrechtliche Bestimmung des anwendbaren Rechts durch die EuInsVO erfolgt ist.

Im französischen Recht wird – wie sich aus einem Vergleich zwischen Anhang A und Anhang B entnehmen lässt – nur die französische »*liquidation judiciaire*« als Liquidationsverfahren angesehen; reine **Sanierungsverfahren** – bei denen kein Sekundärinsolvenzverfahren zulässig ist – stellen demgegenüber die zusätzlich in Anhang A aufgeführten Verfahren »*sauvegarde*« und das »*redressement judiciaire*« dar.

IV. Gericht (Buchst. d)

Nach Buchst. d) ist der Begriff »Gericht« weit auszulegen. Er umfasst jede Stelle eines Mitgliedstaats – also insb. auch Behörden –, die zum Erlass einer Entscheidung i.S.d. Buchst. e) befugt ist. Die Wendung »Stelle eines Mitgliedstaats« (in der englischen Version: any other competent body of a Member State) könnte dafür sprechen, dass nur staatliche Stellen erfasst sind. Aus dem Bericht zum EuInsÜ ergibt sich jedoch, dass auch private Personen als »Gerichte« anzusehen sind, wenn sie nach dem nationalen Recht befugt sind, Entscheidungen zu treffen.[4]

V. *Entscheidungen* (Buchst. e)

Die in Buchst. e) enthaltene Definition ist nur von geringem Aussagegehalt. Aus ihr lässt sich zunächst ableiten, dass unter den Begriff der Entscheidung jede Eröffnungsentscheidung und die Be-

---

[3] So auch *Paulus* Rn. 11; Pannen/*Riedemann* Rn. 14.
[4] Virgós/*Schmit* Bericht Rn. 66; Rauscher/*Mäsch* Rn. 3.

stellung eines Verwalters zu verstehen ist. Daneben lässt sich aus der Formulierung entnehmen, dass auch andere Entscheidungen, die im Rahmen eines Insolvenzverfahrens getroffen werden, unter den Begriff der Entscheidung fallen. Letztlich ergibt sich aus Art. 25, dass auch Neben- und Annexentscheidungen (vgl. Art. 1 EuInsVO Rdn. 16 ff.), soweit sie in den Anwendungsbereich der EuInsVO fallen, als »Entscheidungen« i.S.d. Buchst. e) anzusehen sind.[5]

VI. Zeitpunkt der Verfahrenseröffnung (Buchst. f)

11 Buchst. f) beschreibt den Zeitpunkt der Verfahrenseröffnung als den Zeitpunkt, in dem die Eröffnungsentscheidung wirksam wird. Die Vorschrift legt diesen Zeitpunkt aber nicht selbst fest, sondern überlässt dies der *lex fori concursus*.[6] Nicht maßgeblich ist demgegenüber der Zeitpunkt, in dem die Eröffnungsentscheidung rechtskräftig wird.[7] Allerdings ist zu fordern, dass die in einem Mitgliedstaat erfolgte Eröffnung des Insolvenzverfahrens, wenn sie noch mit Rechtsbehelfen angreifbar ist, schon vor Rechtskraft rechtliche Folgen hat; wenn sie dagegen erst mit Rechtskraft Rechtswirkungen entfaltet, ist dieser Zeitpunkt maßgeblich.[8] Nicht zu beachten sein dürften allerdings Rückwirkungsfiktionen des nationalen Rechts. Legt also ein nationales Insolvenzrecht fest, dass der Eröffnungsbeschluss auf den Zeitpunkt der Antragstellung zurückwirkt, dürfte dies für die Zwecke der EuInsVO allgemein unbeachtlich bleiben.[9] Nach dem deutschen Recht wird ein Eröffnungsbeschluss in dem Zeitpunkt wirksam, in dem er vom Richter unterschrieben wird.[10]

12 Dem Zeitpunkt der Verfahrenseröffnung kommt im Rahmen der EuInsVO etwa für das Verhältnis von Hauptinsolvenz- und Sekundärinsolvenzverfahren Bedeutung zu. Das Sekundärinsolvenzverfahren betrifft nach Art. 3 Abs. 2 Satz 2 und Art. 27 Satz 3 nur Vermögen, das im Zeitpunkt der Verfahrenseröffnung i.S.d. Buchst. f) in dem betreffenden Mitgliedstaat belegen ist. Das Hauptinsolvenzverfahren betrifft demgegenüber Vermögen, das in dem durch Buchst. f) bezeichneten Zeitpunkt in anderen Mitgliedstaaten belegen ist (vgl. Art. 27 EuInsVO Rdn. 8 ff.).

13 Ferner nimmt Art. 18 Abs. 2 Satz 2 auf »die Eröffnung des Insolvenzverfahrens« und damit auf den durch Buchst. f) definierten Zeitpunkt Bezug. Werden nach der Eröffnung des Sekundärinsolvenzverfahrens bewegliche Gegenstände aus dem Mitgliedstaat der Verfahrenseröffnung in andere Mitgliedstaaten verbracht, kann der Sekundärinsolvenzverwalter dies in den anderen Mitgliedstaaten gerichtlich und außergerichtlich geltend machen. Diese Befugnis besteht dann nicht, wenn diese Gegenstände schon vor dem in Buchst. f) definierten Zeitpunkt in anderen Mitgliedstaaten belegen waren.

14 Bedeutung hat der Zeitpunkt der Verfahrenseröffnung ferner im Rahmen von Art. 5 und 7. Sind zu dem durch Buchst. f) definierten Zeitpunkt bestimmte Gegenstände nicht in dem Mitgliedstaat belegen, in dem das Hauptinsolvenzverfahren eröffnet worden ist, so werden dingliche Rechte (Art. 5) bzw. Rechte aus dem Eigentumsvorbehalt (Art. 7) nicht berührt. Werden diese Gegenstände demgegenüber erst nach Verfahrenseröffnung aus dem Mitgliedstaat der Verfahrenseröffnung verbracht, sind Art. 5 bzw. 7 nicht anwendbar.

15 Dem Zeitpunkt der Verfahrenseröffnung kommt schließlich im Rahmen eines **positiven Kompetenzkonflikts** Bedeutung zu, also dann, wenn – abweichend von der Konzeption der EuInsVO, dass nur ein Mitgliedstaat international zuständig sein soll – Gerichte in zwei Mitgliedstaaten eine internationale Zuständigkeit für sich in Anspruch nehmen. In diesem Fall kommt nach dem

---

5 Rauscher/*Mäsch* Rn. 4; Vgl. auch *Virgós/Schmit* Bericht Rn. 67: der Begriff müsse »im weiten Sinne des Wortes« aufgefasst werden.
6 *Virgós/Schmit* Bericht Rn. 68.
7 *Virgós/Schmit* Bericht Rn. 68 und 147; Rauscher/*Mäsch* Rn. 5; *Kemper* ZIP 2001, 1609 (1613); *Duursma-Kepplinger/Duursma/Chalupsky* Art. 16 Rn. 10.
8 Zutr. Karsten Schmidt/*Brinkmann* Rn. 6.
9 Wie hier Pannen/*Riedemann* Rn. 28; *Mankowski* BB 2006, 1753 (1757).
10 BGH 23.10.1997, IX ZR 249/96, NJW 1998, 609 (610).

EuGH das Prioritätsprinzip zur Anwendung. Vorrangig sei das Verfahren, das als erstes eröffnet worden sei. In diesem Zusammenhang hat sich der EuGH allerdings für eine Bestimmung des Eröffnungszeitpunkts entschieden, die von der in Buchst. f) enthaltenen Definition abweicht. Als »**Eröffnung des Insolvenzverfahrens**« sei nicht nur eine Entscheidung zu verstehen, die in dem für das Gericht, das die Entscheidung erlassen hat, geltenden Recht des Mitgliedstaats förmlich als Eröffnungsentscheidung bezeichnet wird. Als Eröffnungsentscheidung gelte vielmehr auch jede Entscheidung, die infolge eines auf die Insolvenz des Schuldners gestützten Antrags auf Eröffnung eines in Anhang A der Verordnung genannten Verfahrens ergeht, wenn diese Entscheidung den Vermögensbeschlag gegen den Schuldner zur Folge hat und durch sie ein in Anhang C der Verordnung genannter Verwalter bestellt wird.[11] Die besondere Definition des Eröffnungszeitpunkts durch den EuGH dürfte sich aber auf den Sonderfall des positiven Kompetenzkonflikts beschränken. Sie ist nicht auf alle Vorschriften der EuInsVO zu übertragen, in denen es auf den Zeitpunkt der Eröffnung ankommt; anderenfalls hätte die in Buchst. f) enthaltene Definition keine Bedeutung mehr;[12] vgl. zur Argumentation etwa noch Art. 27 EuInsVO Rdn. 12 f.

VII. Mitgliedstaat, in dem sich ein Vermögensgegenstand befindet (Buchst. g)

1. Praktische Bedeutung

Nach der EuInsVO kommt es verschiedentlich darauf an, in welchem Mitgliedstaat sich ein Vermögensgegenstand befindet. Dies gilt zunächst im Zusammenhang mit **Sekundärinsolvenzverfahren** und isolierten **Partikularverfahren**. Für beide bestimmt Art. 3 Abs. 2 Satz 2, dass sich die Wirkungen dieser Verfahren auf das Vermögen beschränken, das im Gebiet des Mitgliedstaates der Verfahrenseröffnung belegen ist (vgl. Art. 3 EuInsVO Rdn. 111); für Sekundärinsolvenzverfahren wird dies nochmals in Art. 27 Satz 3 bestätigt. Die praktische Bedeutung zeigt sich besonders im Verhältnis von Hauptinsolvenz- und Sekundärinsolvenzverfahren: Die Belegenheit des Vermögens innerhalb oder außerhalb des Mitgliedstaates, in dem das Sekundärinsolvenzverfahren eröffnet wurde, entscheidet darüber, ob der Gegenstand vom Sekundärinsolvenzverfahren oder vom Hauptinsolvenzverfahren erfasst ist; damit werden zugleich die Verwaltungs- bzw. Zugriffsbefugnisse von Sekundärinsolvenz- und Hauptinsolvenzverwalter abgegrenzt (vgl. Art. 27 EuInsVO Rdn. 8 ff.).

16

Die Belegenheit einzelner Vermögensgegenstände ist schließlich verschiedentlich für die **kollisionsrechtliche Anknüpfung** von Bedeutung. Vorrangig zu nennen ist hier Art. 5. Hiernach werden **dingliche Rechte** an körperlichen oder unkörperlichen Gegenständen von der Eröffnung eines Hauptsolvenzverfahrens nicht berührt, wenn sie außerhalb des Mitgliedstaates der Verfahrenseröffnung belegen sind. Da Art. 5 die Befugnisse des Hauptinsolvenzverwalters erheblich einschränkt bzw. aufhebt, ist die Definition in Buchst. g) auch insoweit von großer Bedeutung. Auf den Mitgliedstaat, in dem sich Sachen befinden, stellt ferner Art. 7 (Eigentumsvorbehalt) ab.

17

2. Belegenheit einzelner Vermögensgegenstände

a) Überblick

Die Definitionen in Buchst. g) orientieren sich z.T. an Regeln, die auch im Übrigen im internationalen Privat- und Prozessrecht verwendet werden. Der erste Spiegelstrich verwendet bei körperlichen Gegenständen die auch im internationalen Privatrecht gebräuchliche *lex rei sitae*-Regel; der zweite Spiegelstrich stellt bei Registerrechten auf den Staat ab, in dem das Register geführt wird. Bei Forderungen kommt es nach dem dritten Spiegelstrich auf die Person des Schuldners der Forderung an; die Forderung befindet sich dort, wo der Schuldner den Mittelpunkt seiner hauptsächlichen Interessen (COMI) i.S.d. Art. 3 Abs. 1 hat.

18

---

11 EuGH 02.05.2006, C 341–04, Rn. 39 – Eurofood, vgl. dazu ausf. Art. 3 EuInsVO Rdn. 71 ff.
12 MüKo-BGB/*Kindler* Rn. 15; ähnlich Karsten Schmidt/*Brinkmann* Rn. 8 ff.

19 Die Spiegelstriche 1–3 erfassen nicht alle (möglichen) Vermögensgegenstände, auf die sich ein Insolvenzverfahren beziehen kann. Hier stellt sich sodann die Frage, ob eine analoge Anwendung in Betracht kommt oder eine eigenständige Belegenheitsregel zu bilden oder – hilfsweise – eine Belegenheit dort anzunehmen ist, wo das (Haupt-)Insolvenzverfahren eröffnet wird (s. Rdn. 31 ff.).

b) Körperliche Gegenstände (erster Spiegelstrich)

20 Bei körperlichen Gegenständen kommt es nach dem ersten Spiegelstrich auf den Staat an, in dem der Gegenstand belegen ist. Dies entspricht der im internationalen Sachenrecht (vgl. Art. 43 EGBGB) üblichen Anknüpfung an den **Lageort**. Maßgeblicher Zeitpunkt ist der Zeitpunkt der Verfahrenseröffnung nach Buchst. f) (vgl. Rdn. 11 ff.). Erfasst werden sämtliche Rechte an körperlichen Gegenständen, also neben dem Eigentum etwa auch beschränkte dingliche Rechte und das Anwartschaftsrecht. Zu dinglichen Sicherheiten für Forderungen des Insolvenzschuldners vgl. Rdn. 31; zu Wertpapieren s. Rdn. 32 ff. Ansprüche auf Übereignung des Eigentums an körperlichen Gegenständen betreffen demgegenüber Forderungen i.S.d. dritten Spiegelstrichs.

21 Die Definition des ersten Spiegelstrichs tritt hinter der Definition des zweiten Spiegelstrichs zurück. Soweit also das Recht an dem körperlichen Gegenstand in ein Register einzutragen ist, ist der entsprechende Gegenstand in dem Staat belegen, unter dessen Aufsicht das Register geführt wird. Dies betrifft in erster Linie **Grundstücke** (wobei Register- und Lageort hier ohnehin zusammenfallen), aber vor allem auch registrierte **Schiffe** und **Luftfahrzeuge**.[13] Auch bei **Rechten an beweglichen Sachen** – z.B. dem Registerpfandrecht an Kraftfahrzeugen nach französischem Recht – kann es zur Anwendung des zweiten Spiegelstrichs kommen.[14]

22 Während die Anknüpfung an die *lex rei sitae* im internationalen Sachenrecht in verschiedenen Rechtsordnungen durch Ausnahmen durchbrochen bzw. aufgelockert wird, sieht der erste Spiegelstrich keine derartigen Ausnahmen vor. Es stellt sich die Frage, ob die im internationalen Sachenrecht vorgesehenen Ausnahmen auf den ersten Spielstrich – im Wege einer teleologischen Reduktion der Vorschrift – übertragen werden können. Denkbar erscheint dies vor allem im Hinblick auf die sog. *res in transitu* (also insb. Waren, die sich aus dem Transport von einem Mitgliedstaat in den anderen befinden). Ähnliches gilt im Hinblick auf Transportmittel, bei denen dingliche Rechte nicht die Eintragung in ein Register voraussetzen, also insb. Schienen- und Kraftfahrzeuge sowie nicht registrierte Schiffe und Luftfahrzeuge.[15]

23 Soweit sich die Literatur dazu äußert, wird allerdings eine Übertragung dieser (Ausnahme-)Regelungen auf die EuInsVO abgelehnt.[16] Dem dürfte vor allem deshalb zuzustimmen sein, weil das internationale Sachenrecht innerhalb der EU noch nicht vereinheitlicht worden ist. Dementsprechend befinden sich die Ausnahmen von der *lex rei sitae*-Anknüpfung in den nationalen Kollisionsrechten der Mitgliedstaaten. Zwischen den Vorschriften der Mitgliedstaaten bestehen aber durchaus Unterschiede; zudem sind die Ausnahmen von der *lex rei sitae* auch im jeweiligen nationalen Kollisionsrecht häufig Gegenstand von Meinungsstreitigkeiten.[17] Die Zulassung von Ausnahmen würde folglich zu erheblichen Unsicherheiten bei der Anwendung der EuInsVO führen; dies spricht dafür, es bei der starren, aber eindeutigen Regelung des ersten Spiegelstrichs zu belassen.

24 Nicht abschließend geklärt ist auch, ob der Begriff des »**körperlichen Gegenstandes**« autonom auszulegen ist oder ob auf die jeweilige *lex rei sitae* abzustellen ist. Gegen letzteres spricht, dass damit der angestrebte Vereinheitlichungseffekt, der mit den Definitionen erreicht werden soll, verfehlt würde. Es empfiehlt sich daher, nach einheitlichen Lösungen zu suchen. **Software** sollte grds. nach den Vor-

---

[13] Rauscher/*Mäsch* Rn. 7; MüKo-InsO/*Reinhart* Rn. 17.
[14] Zum französischen Registerpfandrecht etwa BGH 20.03.1963, VIII ZR 130/61, BGHZ 39, 173 ff.
[15] Vgl. etwa Rauscher/*Mäsch* Rn. 7.
[16] Rauscher/*Mäsch* Rn. 7; MüKo-BGB/*Kindler* Rn. 20.
[17] Vgl. etwa zum deutschen Recht – zur Sonderbehandlung von im internationalen Güterverkehr eingesetzten Lastkraftwagen – MüKo-BGB/*Wendehorst* Art. 45 EGBGB Rn. 25; *Spickhoff* NJW 1999, 2209 (2214).

schriften über körperliche Gegenstände behandelt werden; dies gilt sowohl für Standardsoftware als auch für Individualsoftware. Hiervon zu unterscheiden sind aber Verwertungs- bzw. Nutzungsrechte an einer Programmentwicklung; diese zählen zu den sonstigen Rechten, für die Buchst. g) keine nähere Definition der Belegenheit enthält. Zu den körperlichen Gegenständen sind schließlich auch – ungeachtet nationaler Vorschriften wie der des § 90a BGB – Tiere zu zählen.

c) Rechte, die in ein Register einzutragen sind (zweiter Spiegelstrich)

Der zweite Spiegelstrich bezieht sich auf Gegenstände oder Rechte, bei denen das Eigentum oder die Rechtsinhaberschaft in ein öffentliches Register einzutragen ist. Zu den Gegenständen können u.a. **Grundstücke**, **Schiffe** und **Luftfahrzeuge** gehören. Auch an **beweglichen Sachen** können im Einzelfall eintragungspflichtige Rechte bestehen (vgl. Rdn. 21). Bedeutung hat der zweite Spiegelstrich vor allem bei **Immaterialgüterrechten** und dort insb. bei gewerblichen Schutzrechten. 25

Der Vermögensgegenstand ist in dem Mitgliedstaat belegen, unter dessen Aufsicht das Register geführt wird. »Öffentliches Register« bedeutet nicht, dass die Führung des Registers in öffentlicher Hand liegen muss; maßgeblich ist vielmehr, dass das Register der Öffentlichkeit zugänglich ist.[18] Daher sind auch durch die einzelstaatliche Rechtsordnung anerkannte private Register erfasst.[19] Als Register zählen nur solche, bei denen eine Eintragung gewisse Rechtswirkungen zur Folge hat.[20] Die Eintragung muss aber nicht konstitutiv für den Erwerb oder die Übertragung des Vermögensgegenstands sein; es reicht z.B. aus, wenn sich aus der Eintragung gewisse Vermutungs- oder Gutgläubenswirkungen ergeben. Der zweite Spiegelstrich trägt dem im Immaterialgüterrecht vorherrschenden **Territorialitätsprinzip** Rechnung.[21] Kein öffentliches Register ist das Aktienregister nach § 67 AktG. Dieses betrifft nur das Verhältnis zwischen Gesellschaft und Aktionär und ist ohne Relevanz für die Übertragung einer Aktie (siehe § 67 Abs. 2 AktG).[22] 26

Eine Sonderregel besteht für **Gemeinschaftspatente** und -marken sowie andere durch Gemeinschaftsvorschriften begründete Rechte. Diese können gem. Art. 12 nur in ein Hauptinsolvenzverfahren einbezogen werden. Damit trägt Art. 12 dem Umstand Rechnung, dass die dort genannten Rechte nicht nur in einem Mitgliedstaat belegen sind, sondern gemeinschaftsweit gelten. Auch Art. 5 kommt im Hinblick auf die in Art. 12 genannten Rechte nicht zur Anwendung.[23] 27

d) Forderungen (dritter Spiegelstrich)

Forderungen sind nach dem dritten Spiegelstrich in dem Staat belegen, in dem der Drittschuldner den Mittelpunkt seiner hauptsächlichen Interessen (centre of main interests – COMI) i.S.v. Art. 3 Abs. 1 hat. Nicht maßgeblich ist, ob der Drittschuldner eine Niederlassung in einem anderen Mitgliedstaat hat und die betreffende Forderung aus einem Geschäft mit dieser Niederlassung resultiert. Auch in diesem Fall bleibt es nach dem Wortlaut des dritten Spiegelstrichs – der nur auf Art. 3 Abs. 1, nicht aber auf Art. 3 Abs. 2 Bezug nimmt – bei der Maßgeblichkeit (nur) des COMI des Drittschuldners. Bei Forderungen gegen Banken kommt es also nicht auf die entsprechende Zweigniederlassung oder Filiale an, sondern auf den COMI der Bank. Die Belegenheit einer Forderung ist objektiv nach dem COMI des Drittschuldners zu bestimmen; Vereinbarungen sind diesbezüglich nicht möglich.[24] Unmaßgeblich ist ferner, welchem Recht die Forderung untersteht bzw. an welchem Gerichtsstand sie geltend zu machen ist.[25] Soweit eine Forderung in die Masse eines 28

---

18 Anders Karsten Schmidt/*Brinkmann* Rn. 12.
19 *Virgós/Schmit* Bericht Rn. 69.
20 *Virgós/Schmit* Bericht Rn. 69; MüKo-InsO/*Reinhart* Rn. 18.
21 Rauscher/*Mäsch* Rn. 8.
22 Siehe etwa *Hüffer*, AktG, § 67 Rn. 11.
23 MüKo-InsO/*Reinhart* Art. 12 Rn. 2; Rauscher/*Mäsch* Art. 12 Rn. 7; a.A. Geimer/Schütze/*Huber* Art. 12 Rn. 5.
24 Vgl. *Mankowski* NZI 2011, 731 (732).
25 *Mankowski* NZI 2011, 731 (732).

Sekundärinsolvenzverfahrens fällt, kann der Sekundärinsolvenzverwalter diese Forderung auch außerhalb des Sekundärverfahrensstaats geltend machen (vgl. Art. 27 EuInsVO Rdn. 32).

29 Umstritten ist, ob der dritte Spiegelstrich auch anzuwenden ist, wenn der COMI des Schuldners in einem Drittstaat liegt. Von einer Auffassung wird dies bejaht;[26] nach der Gegenauffassung ist insoweit das autonome internationale Insolvenzrecht der Mitgliedstaaten anzuwenden.[27]

30 Problematisch ist ferner die Einstufung von **Personalsicherheiten** wie etwa Bürgschaften. Betrachtete man die Bürgschaft isoliert, so würde die Bürgschaftsforderung u.U. – nämlich dann, wenn der Bürge seinen COMI in einem anderen Mitgliedstaat hat als der Hauptschuldner der Forderung – nach dem dritten Spiegelstrich in einem anderen Mitgliedstaat liegen als die Hauptforderung. Dies würde dazu führen, dass ggf. nur die Bürgschaftsforderung (nicht aber die in einem anderen Mitgliedstaat belegene Hauptforderung) von einem isolierten Partikular- oder Sekundärinsolvenzverfahren erfasst wäre und umgekehrt. Da dies zu erheblichen Anpassungsschwierigkeiten führen würde, erscheint es sinnvoller, bei derartigen gesicherten Forderungen – auch im Hinblick auf die Personalsicherheiten – umfassend auf die Belegenheit (nur) der Hauptforderung abzustellen.[28] Hierbei kommt es nicht darauf an, ob die Personalsicherheit materiell-rechtlich akzessorisch ausgestaltet ist oder nicht; auch bei nicht-akzessorischen Personalsicherheiten ist aus den dargestellten Gründen nur auf die Belegenheit der gesicherten Forderung abzustellen.

31 Eine ähnliche Problematik stellt sich bei **dinglichen Sicherheiten**, die für die Forderung des Insolvenzschuldners bestehen. Auch hier würde – nicht anders als bei Personalsicherheiten – eine getrennte Beurteilung von Forderung und Sicherheit im Einzelfall dazu führen, dass diese in unterschiedlichen Staaten belegen sind. Deswegen empfiehlt es sich, die dingliche Sicherheit akzessorisch nach der Belegenheit der Forderung zu beurteilen. Hat also der Drittschuldner seinen COMI in Deutschland, befindet sich aber die zur Sicherheit an den Schuldner übereignete Sache in Frankreich, so erstreckt sich ein in Deutschland eröffnetes isoliertes Partikularverfahren nicht nur auf die Forderung, sondern erfasst auch das Sicherungseigentum an der Sache. Art. 5 steht dem nicht entgegen. Diese Vorschrift lässt nur dingliche Sicherheiten für Forderungen der Gläubiger unberührt; sie bezieht sich aber nicht auf dingliche Sicherheiten für Forderungen des Insolvenzschuldners.[29]

e) Sonstige Vermögensgegenstände

aa) Wertpapiere

32 Buchst. g) enthält keine besondere Vorschrift für **Wertpapiere**. In der Literatur wird verschiedentlich auf den Staat abgestellt, in dem sich das betreffende Papier befindet. Nicht maßgeblich sei die Belegenheit der verbrieften Forderung.[30] Nach der Gegenauffassung findet demgegenüber die für Forderungen geltende Regel auch auf Forderungen aus Wertpapieren Anwendung.[31]

33 Die Frage muss als völlig offen bezeichnet werden. Für die zuerst genannte Auffassung spricht, dass sich Buchst. g) ausweislich des Berichts zum EuInsÜ[32] an den allgemeinen Kollisionsregeln orientiert.[33] Im allgemeinen Kollisionsrecht wird aber überwiegend auf die Belegenheit des Papiers abgestellt (*lex cartae sitae*). Allerdings verhält es sich ja nicht so, dass die EuInsVO schlicht auf die Kollisionsregeln der Mitgliedstaaten verweist, sondern – wenn auch in Anlehnung an vorhandene nationale Kollisionsregeln – eigenständige Definitionen aufstellt. Da der dritte Spiegelstrich keine

---

26 MüKo-InsO/*Reinhart* Rn. 21.
27 *Paulus* Rn. 23; Pannen/*Riedemann* Rn. 40.
28 So auch Rauscher/*Mäsch* Rn. 9.
29 Zutr. Rauscher/*Mäsch* Rn. 9.
30 Rauscher/*Mäsch* Rn. 10; Gebauer/Wiedmann/*Haubold* Rn. 40.
31 MüKo-InsO/*Reinhart* Art. 2 Rn. 22; Geimer/Schütze/*Huber* Rn. 6.
32 *Virgós/Schmit* Bericht Rn. 69.
33 Gebauer/Wiedmann/*Haubold* Rn. 40.

Unterausnahme für verbriefte Forderungen vorsieht, sollte die Vorschrift auch auf diese Forderungen angewendet werden.[34] Hierfür lässt sich wiederum der Aspekt der Rechtssicherheit anführen, der gerade bei den Definitionen von Buchst. g) das zentrale Regelungsziel darstellt. Soweit also Buchst. g) bestimmte Forderungen dem Wortlaut nach erfasst, sollte es bei den dort genannten Definitionen sein Bewenden haben.

Eine Ausnahme dürfte allerdings für **sammelverwahrte Wertpapiere** zu machen sein. Hier ist darauf abzustellen, wo das Konto geführt wird, auf dem die Papiere verbucht sind. Hierfür spricht Art. 9 der Finanzsicherheiten-Richtlinie, der auch bei der Auslegung der EuInsVO Beachtung finden sollte.[35] 34

bb) Mitglied- und Beteiligungsrechte

Auch bei Mitglieds- und Beteiligungsrechten, die nicht in einem Wertpapier verbrieft sind, ist der dritte Spiegelstrich (Forderungen) heranzuziehen. Abzustellen ist damit auf den Mittelpunkt der hauptsächlichen Interessen (COMI) der **Gesellschaft**, bei der eine Mitgliedschaft bzw. eine Beteiligung besteht.[36] Nach der Gegenauffassung ist auf den Sitz der Gesellschaft abzustellen.[37] 35

cc) Immaterialgüterrechte

Art. 2 Buchst. g) erfasst nicht alle Rechte, die in der Insolvenz von Bedeutung sein können. So bezieht sich der zweite Spiegelstrich nicht auf Immaterialgüterrechte, bei denen – wie etwa bei Urheberrechten – eine Registrierung keine Rolle spielt; es lässt sich hier auch keine Forderung i.S.d. 3. Spiegelstrichs annehmen. Man wird danach differenzieren müssen, ob das Recht der Person des Schuldners oder einem Rechtsobjekt zuzuordnen ist. Im erstgenannten Fall dürfte man sich an der Person des Schuldners orientieren und auf dessen COMI abstellen; in dem zuletzt genannten Fall wird man darauf abstellen müssen, wo das Rechtsobjekt belegen ist.[38] Weniger überzeugend erscheint es demgegenüber, bei Immaterialgüterrechten auf die Orte abzustellen, an denen das jeweilige Recht geschützt ist.[39] Man würde hier im Regelfall dazu gelangen, dass ein und dasselbe Recht in verschiedenen Mitgliedstaaten belegen ist; die Zuordnung des Rechts zu (nur) einem Mitgliedstaat wäre dann ausgeschlossen. 36

VIII. Niederlassung (Buchst. h)

1. Einführung

Nach Art. 3 Abs. 2 können isolierte Partikularverfahren und Sekundärinsolvenzverfahren nur in einem Mitgliedstaat eröffnet werden, in dem sich zwar nicht der Mittelpunkt der hauptsächlichen Schuldnerinteressen, aber dafür eine »**Niederlassung**« befindet. Der Begriff der Niederlassung ist also eine zentrale Zulässigkeitsvoraussetzung für die Eröffnung eines isolierten Partikularverfahrens und eines Sekundärinsolvenzverfahrens. Der Begriff der Niederlassung ist in Buchst. h) abschließend definiert; ein ergänzender Rückgriff auf nationales Recht scheidet aus.[40] 37

Buchst. h) setzt im Einzelnen für die Niederlassung eine »wirtschaftliche Aktivität von nicht nur vorübergehender Art« in dem betreffenden Mitgliedstaat voraus. Zusätzlich muss diese Aktivität mit dem Einsatz von Personal und kumulativ Vermögenswerten verbunden sein. Solange der Schuldner keine wirtschaftliche Aktivität in dem betreffenden Staat entfaltet, führt auch die Belegenheit von 38

---

34 *Geimer/Schütze/Huber* Rn. 6; Pannen/*Riedemann* Rn. 41; Karsten Schmidt/*Brinkmann* Rn. 16.
35 Rauscher/*Mäsch* Rn. 10; Gebauer/Wiedmann/*Haubold* Rn. 41; Pannen/*Riedemann* Rn. 34; *Paulus* Rn. 18; abw. Karsten Schmidt/*Brinkmann* Rn. 16.
36 Gebauer/Wiedmann/*Haubold* Rn. 39; Rauscher/*Mäsch* Rn. 11; Pannen/*Riedemann* Rn. 44.
37 MüKo-InsO/*Reinhart* Art. 2 Rn. 23, *Geimer/Schütze/Huber* Rn. 6.
38 Jedenfalls ähnlich *Paulus* Rn. 25; Pannen/*Riedemann* Rn. 43.
39 So Rauscher/*Mäsch* Rn. 8.
40 BGH 21.12.2010, IX ZB 227/09, ZIP 2011, 389 m. zust. Anm. *Mankowski* EWiR 2011, 185.

Vermögen nicht zu einer dortigen Niederlassung.[41] Entsprechende Vorschläge, die bloße Belegenheit von Vermögen ausreichen zu lassen, haben sich nicht durchsetzen können.[42] Ein isoliertes Partikularverfahren bzw. Sekundärinsolvenzverfahren kann daher in einem anderen Mitgliedstaat nicht eröffnet werden, wenn sich dort nur ein Bankkonto oder eine privat genutzte Immobilie befindet.

39 Der Begriff der Niederlassung ist in Buchst. h) eigenständig definiert. In der Literatur besteht Einigkeit darin, dass der Begriff der »Niederlassung« mit dem Begriff der »Niederlassung« in Art. 5 Nr. 5 EuGVVO nicht identisch ist.[43] Anders als bei Art. 5 Nr. 5 EuGVVO wird insb. nicht vorausgesetzt, dass die Niederlassung der Aufsicht und Leitung des Stammhauses untersteht. Nach dem EuGH sind aber – wie in der EuGVVO auch – »ein Mindestmaß an Organisation und eine gewisse Stabilität erforderlich«.[44] Um die erforderliche Rechtssicherheit und Vorhersehbarkeit sicherstellen zu können, muss daher für das Bestehen einer Niederlassung auf »objektive(r) und durch Dritte feststellbare(r) Umstände« abgestellt werden.[45]

40 Soweit die Voraussetzungen von Buchst. h erfüllt sind, ist eine Niederlassung auch dann anzunehmen, wenn sogar der COMI des Schuldners im Inland liegt. In diesem Fall kann, wenn in einem anderen Mitgliedstaat (zu Unrecht) ein Hauptinsolvenzverfahren eröffnet wurde, in Deutschland immerhin ein Sekundärinsolvenzverfahren durchgeführt werden.[46] Das Sekundärinsolvenzverfahren führt in diesem Fall dazu, dass die Wirkungen einer (unberechtigten, aber anzuerkennenden) Inanspruchnahme einer internationalen Zuständigkeit durch ein ausländisches Gericht begrenzt werden (vgl. auch noch Art. 3 EuInsVO Rdn. 91 ff.). Der BGH hat allerdings in diesem Zusammenhang betont, dass in jedem Fall die Voraussetzungen von Buchst. h erfüllt sein müssen. Die Voraussetzungen des Art. 3 Abs. 2 können also maW – in dem Fall, in dem sich zwar der COMI des Schuldners im Inland befindet, aber keine Niederlassung i.S.v. Buchst. h gegeben ist[47] – nicht durch diejenigen des Art. 3 Abs. 1 EuInsVO ersetzt werden. Hierfür spricht nicht nur der klare Wortlaut des Art. 3 Abs. 1, sondern auch die Erwägung, dass man anderenfalls de facto dem ausländischen Eröffnungsbeschluss im Inland die Wirkung versagen würde. Damit würden aber die Art. 16, 17 missachtet.[48]

41 Bedeutung kann der Eröffnung eines Sekundärinsolvenzverfahrens auch im Zusammenhang mit dem durch die EuInsVO neu entstandenen Phänomen des **Restschuldbefreiungstourismus** zukommen. Verlegt ein Schuldner seinen COMI von Deutschland in einen anderen Mitgliedstaat, so ist eine dort ausgesprochene Restschuldbefreiung nach Maßgabe von Art. 25 in Deutschland anzuerkennen. Wird aber – aufgrund der Annahme einer Niederlassung in Deutschland – ein deutsches Sekundärinsolvenzverfahren eröffnet, so findet auf das in Deutschland belegene Vermögen (zur Definition vgl. Buchst. g)) allein deutsches Insolvenzrecht Anwendung. § 355 Abs. 1 InsO schließt eine Restschuldbefreiung für ein in Deutschland betriebenes Partikularverfahren aus. Die Gläubiger können daher, selbst wenn sie im Hauptinsolvenzverfahren keine Quote erhalten, auf das in Deutschland durchgeführte Insolvenzverfahren hoffen.

---

41 EuGH 20.10.2011, C-396/09, Rn. 62 – Interedil; BGH 21.06.2012, IX ZB 287/11, ZIP 2012, 1920 (Rn. 6); BGH 08.03.2012, IX ZB 178/11, ZIP 2012, 782 (Rn. 6); BGH 21.12.2010, IX ZB 227/09, ZIP 2011, 389 (Rn. 4).
42 *Virgós/Schmit* Bericht Rn. 70.
43 Etwa Rauscher/*Mäsch* Rn. 12; Gebauer/Wiedmann/*Haubold* Rn. 42.
44 EuGH 20.10.2011, C-396/09, Rn. 62 – Interedil; dem folgend BGH 08.03.2012, IX ZB 178/11, ZIP 2012, 782 (Rn. 6).
45 EuGH 20.10.2011, C-396/09, Rn. 63 – Interedil.
46 S. hierzu (wenngleich ohne eindeutige Stellungnahme, da es vorliegend bereits an einer Niederlassung fehlte) BGH 08.03.2012, IX ZB 178/11, ZIP 2012, 782 (Rn. 15); zuvor bereits AG Köln 23.01.2004, 71 IN 1/04, NZI 2004, 151 (152); zust. AG Düsseldorf 12.03.2004, 502 IN 126/03, ZIP 2004, 623 (625); *Sabel* NZI 2004, 126 (127).
47 Eine derartige Situation kann sich insb. dann ergeben, wenn der Schuldner keine wirtschaftliche Aktivität mehr ausübt.
48 BGH 08.03.2012, IX ZB 178/11, ZIP 2012, 782 (Rn. 15 f.).

Da die Frage der Restschuldbefreiung allein der (jeweiligen) *lex fori concursus* untersteht (vgl. Art. 28, 4 Buchst. k), könnte man zu dem Ergebnis gelangen, dass, soweit in Deutschland ein Sekundärinsolvenzverfahren durchgeführt worden ist, eine Anerkennung der im Ausland gewährten Restschuldbefreiung auch nach Abschluss des Sekundärinsolvenzverfahrens ausscheidet. Dies würde bedeuten, dass die Gläubiger auch nach Abschluss des in Deutschland durchgeführten Sekundärinsolvenzverfahrens weiterhin – insb. im Wege der Einzelzwangsvollstreckung – auf das nach Maßgabe von Art. 2 Buchst. g) in Deutschland belegene Vermögen zugreifen könnten, ohne hieran durch die im Ausland gewährte Restschuldbefreiung gehindert zu sein. Ob dies vom deutschen Gesetzgeber so vorgesehen war, erscheint aber zweifelhaft; ihm ging es wohl nur darum, eine Restschuldbefreiung »im« Partikularverfahren auszuschließen, nicht aber einer im Ausland erteilten Restschuldbefreiung im Übrigen generell die Anerkennung zu versagen (vgl. § 355 InsO Rdn. 4). Ein derartiger Ausschluss der Anerkennung nach Abschluss des inländischen Sekundärinsolvenzverfahrens dürfte auch nicht mit der EuInsVO zu vereinbaren sein; diese geht in Erwägungsgrund 22 davon aus, dass im Grundsatz sämtliche Entscheidungen des Eröffnungsgerichts des Hauptverfahrensstaats in allen Mitgliedstaaten Wirkungen entfalten sollen. Ist aber das Sekundärinsolvenzverfahren abgeschlossen, besteht aus Sicht der EuInsVO kein durchgreifender Grund mehr dafür, der Entscheidung über die Restschuldbefreiung grds. die Anerkennung zu versagen.[49]

42

In ähnlicher Weise funktioniert die Annahme einer Niederlassung in den Fällen, in denen ein Unternehmen seinen COMI von Deutschland in einen anderen (ggf. noch sanierungsfreundlicheren) Mitgliedstaat verlegt und dort ein Hauptinsolvenzverfahren eröffnet wird. Hier werden die Wirkungen der Insolvenzeröffnung durch die Eröffnung eines heimischen Sekundärinsolvenzverfahrens beschränkt. Zu den Schwierigkeiten, in diesen Fällen eine Sanierung des Schuldners durch einen Insolvenzplan zu bewerkstelligen, vgl. Art. 34 EuInsVO Rdn. 20.

43

2. Die Tatbestandsmerkmale im Einzelnen

a) Wirtschaftliche Aktivität

Voraussetzung für eine Niederlassung ist eine **wirtschaftliche Aktivität** (»economic activity«) in dem betreffenden Mitgliedstaat. Man wird hierunter ein Handeln zu verstehen haben, das »nach außen« gerichtet ist, also einen Marktbezug aufweist,[50] denn ähnlich wie bei dem Mittelpunkt der hauptsächlichen Schuldnerinteressen i.S.d. Art. 3 Abs. 1 geht es letztlich darum, dass die »Niederlassung« für davon betroffene Dritte als solche erkennbar sein muss.[51] Das Erfordernis eines Marktbezugs wird auch im Bericht zum EuInsÜ vorausgesetzt. Zweck des Anknüpfungskriteriums der Niederlassung ist es sicherzustellen, »dass für ausländische Wirtschaftsteilnehmer, die eine inländische Niederlassung betreiben, dieselben Insolvenzvorschriften gelten (...) wie für die inländischen Marktteilnehmer, solange beide auf demselben Markt tätig sind«.[52] Ein derartiger Marktbezug liegt nur dann vor, wenn von der Niederlassung aus entsprechende Aktivitäten gegenüber Dritten entfaltet werden.

44

Im Übrigen ist die Art der »wirtschaftlichen« Aktivität nicht näher eingegrenzt. Praktisch dürfte es sich zumeist um kaufmännische oder gewerbliche Aktivitäten handeln. Der Begriff der »wirtschaftlichen Aktivität« möchte sich aber offenkundig nicht hierauf beschränken. Daher kann eine wirtschaftliche Aktivität auch vorliegen, wenn der Schuldner nicht mit Gewinnerzielungsabsicht handelt,[53] also etwa karitative Zwecke verfolgt. Auch die **Verwaltung des privaten Schuldnervermögens** dürfte unter den Begriff der »wirtschaftlichen Aktivität« fallen, soweit der erforderliche Marktbezug besteht und Vermögen und Personal eingesetzt werden. Vermietet also ein Schuldner Wohnungen im Ausland und setzt er hierfür Personal ein – etwa einen Hausmeister, Reinigungspersonal oder Ver-

45

---

49 Wie hier bereits *Hergenröder* DZWIR 2009, 309 (322).
50 So zutr. Rauscher/*Mäsch* Rn. 12.
51 LG Hannover 10.04.2008, 20 T 5/08, NZI 2008, 631 (632).
52 *Virgós/Schmit* Bericht Rn. 71.
53 LG Hannover 10.04.2008, 20 T 5/08, NZI 2008, 631 (632); Karsten Schmidt/*Brinkmann* Rn. 18.

walter –, kann dies nach der hier vertretenen Auffassung zu einer »Niederlassung« i.S.d. Buchst. h) führen.[54] Dies gilt auch dann, wenn die Vermietung der Wohnungen nicht das Ausmaß unternehmerischen Handelns erreicht. Nicht ausreichen dürfte demgegenüber die bloße Pflege bzw. Unterhaltung von im Ausland belegenem Grundvermögen wie etwa einem (nur) durch den Schuldner privat genutzten Ferienhaus. Dies gilt auch dann, wenn hierbei Personal eingesetzt wird; denn in diesem Fall fehlt es an dem erforderlichen Marktbezug.[55]

46 Die wirtschaftliche Aktivität darf nicht nur »**vorübergehender Art**« sein (in der englischen Fassung: non-transitory, in der französischen Fassung: non transitoire); sie muss also eine gewisse Dauer aufweisen. Soweit etwa durch ein Bauunternehmen o.Ä. Aufträge im Ausland durchgeführt werden, entsteht nicht durch jedes Auslandsprojekt eine Niederlassung i.S.d. Buchst. h). Im Übrigen wird man insoweit eine wertende Betrachtung anzustellen haben, die sich letztlich am Zweck des Buchst. h) – der Ermöglichung eines Partikularverfahrens dann, wenn ein hinreichender Bezug zu dem betreffenden Staat besteht – orientieren muss. So ist mit *Mäsch* eine Niederlassung bei einem großen Bauprojekt anzunehmen, soweit dieses eine dauerhafte Präsenz von Personal und Vermögensgegenständen – etwa einem eingerichteten Baubüro – erfordert.[56]

47 Die wirtschaftliche Aktivität muss im für die Eröffnung des Sekundär- oder isolierten Partikularverfahrens maßgeblichen **Zeitpunkt der Antragstellung** noch bestehen. Ist die wirtschaftliche Tätigkeit zu diesem Zeitpunkt bereits eingestellt worden, so sind die Voraussetzungen von Buchst. h) nicht mehr erfüllt und es kann kein Sekundärinsolvenz- oder Partikularverfahren in diesem Mitgliedstaat mehr eröffnet werden.[57] Allerdings sind auch bloße Abwicklungsarbeiten für das Vorliegen und den Fortbestand der Niederlassung ausreichend; es besteht kein Grund, im Falle der Niederlassung anders zu entscheiden als beim COMI (s. dazu Art. 3 EuInsVO Rdn. 42 f.).[58]

b) Einsatz von Personal und Vermögen

48 Weiterhin muss im Rahmen der wirtschaftlichen Aktivität (kumulativ) **Personal** und **Vermögen** eingesetzt werden. Wird nur der Schuldner selbst tätig – wobei bei Gesellschaften auf Organe wie Geschäftsführer etc. abzustellen ist –, liegt kein Einsatz von Personal vor.[59] Die Voraussetzung des Einsatzes von Personal ist zweifelsfrei dann erfüllt, wenn der Schuldner eigene Arbeitnehmer vor Ort mit den entsprechenden Tätigkeiten betraut hat. Der Wortlaut von Buchst. h) setzt allerdings nicht voraus, dass es sich zwingend um abhängig beschäftigtes Personal handeln muss.[60] Daher kann das »Personal« z.B. auch auf der Grundlage von einzelnen Geschäftsbesorgungsverträgen, Werkverträgen oder Dienstverträgen tätig sein.[61] Erforderlich ist aber, dass die eingesetzten Personen **nach außen hin für den Schuldner** tätig werden. Dies ist bei einem Alleinvertriebshändler, Handelsvertreter oder selbstständigem Handelsmakler nicht der Fall.[62] Nicht ausreichend ist auch die Beauftragung

---

54 So auch BGH 21.6.2012, IX ZB 287/11, ZIP 2012, 1920 (Rn. 7), wo das Vorhandensein einer Niederlassung nur deshalb verneint wurde, weil die Vermietung durch den Geschäftsführer der Gesellschaft selbst vorgenommen worden war und daher kein zusätzliches »Personal« eingesetzt worden war.
55 Zumindest ähnlich Rauscher/*Mäsch* Rn. 12.
56 Rauscher/*Mäsch* Rn. 12.
57 BGH 08.03.2012, IX ZB 178/11, ZIP 2012, 782 (Rn. 12) zu einem vorläufig des Amtes enthobenen Notar.
58 Im Fall BGH 08.03.2012, IX ZB 178/11, ZIP 2012, 782 (Rn. 17) stellte sich diese Frage nicht, da ein Notariatsverwalter eingesetzt worden war, der – ohne dass dies dem Schuldner zuzurechnen gewesen wäre – die Abwicklungstätigkeiten vornahm. Der BGH konnte daher die Frage offenlassen.
59 BGH 21.06.2012, IX ZB 287/11, ZIP 2012, 1920 (Rn. 6).
60 BGH 21.06.2012, IX ZB 287/11, ZIP 2012, 1920 (Rn. 6).
61 BGH 21.06.2012, IX ZB 287/11, ZIP 2012, 1920 (Rn. 6); LG Hildesheim 18.10.2012, 5 T 294/12, NZI 2013, 110 mit im Erg. abl. Anm. *Köster/Hemmerle*; LG Hannover 10.04.2008, 20 T 5/08, NZI 2008, 631 (632).
62 *Köster/Hemmerle* NZI 2013, 111; Nerlich/Römermann/*Nerlich* Rn. 11.

von **Fremdfirmen**, die die Leistung von ihrem Standort aus erbringen; hier liegt vielmehr ein »outsourcing« als Alternative zur Begründung einer Niederlassung vor.[63] Zur Abgrenzung von Einzelfällen dürfte es dabei nicht in erster Linie auf den Grad einer evtl. wirtschaftlichen Verflechtung zwischen Schuldner und örtlichem Leistungserbringer, sondern auf das Auftreten nach außen und die in diesem Zusammenhang für die Gläubiger erkennbaren Umstände des Einzelfalls ankommen. In jedem Fall muss das Personal für eine **gewisse Dauer** und nicht nur sporadisch für einzelne Aufgaben eingesetzt werden; dies ist etwa bei einem Steuerberater nicht der Fall.[64]

49 Die Tätigkeit des Handelnden muss auch dem Schuldner und nicht einem Dritten zuzurechnen sein. Das LG Hannover hat eine Niederlassung eines in England wohnhaften Schuldners in Deutschland angenommen, der als Chefarzt und Prokurist im Auftrag seines ausländischen Arbeitgebers an zwei Tagen in der Woche in einer deutschen Klinik arbeitete. In der deutschen Klinik war weiteres Personal angestellt, das dem Schuldner in seiner Funktion als Chefarzt und Prokurist zuarbeitete. Das LG Hannover ist in diesem Zusammenhang davon ausgegangen, dass das Personal auch nach außen hin für den Schuldner aufgetreten sei.[65] In der Literatur ist die Entscheidung zu Recht auf Ablehnung gestoßen, denn nach den Umständen war das Personal nicht für den Schuldner selbst, sondern für die Klinik tätig.[66]

3. Besonderheiten bei Konzerninsolvenzen

50 Besondere Fragestellungen stellen sich auch im Falle von **Konzerninsolvenzen**. Die EuInsVO geht davon aus, dass konzernabhängige Unternehmen rechtlich selbständig sind.[67] Dementsprechend ist die internationale Zuständigkeit für die Eröffnung eines Hauptinsolvenzverfahrens für die Muttergesellschaft und die Tochterunternehmen getrennt zu bestimmen. International zuständig für die Eröffnung eines Insolvenzverfahrens über ein Tochterunternehmen sind i.d.R. die Gerichte des Mitgliedstaates, in dem das Tochterunternehmen seinen (faktischen) Sitz hat. Es besteht kein Automatismus dahingehend, dass das Tochterunternehmen seinen COMI am Sitz der Muttergesellschaft hat (s. Art. 1 EuInsVO Rdn. 39 ff. sowie Art. 3 EuInsVO Rdn. 36 ff.).

51 Aus der selbständigen Betrachtung von Mutter- und Tochtergesellschaft folgt, dass die Tochtergesellschaft auch nicht als **Niederlassung der Muttergesellschaft** angesehen werden kann. Vielmehr werden das eingesetzte Personal und Vermögen allein der Tochtergesellschaft zugerechnet.[68] Umgekehrt kann natürlich das Tochterunternehmen selbst Niederlassungen in anderen Mitgliedstaaten haben.

52 Das Europäische Parlament hat der Europäischen Kommission mittlerweile empfohlen, auf europäischer Ebene Regeln zum Konzerninsolvenzrecht zu schaffen und in diesem Zusammenhang auch eine besondere Zuständigkeitsregel im Falle der Insolvenz von Unternehmensgruppen einzuführen;[69] das Insolvenzverfahren sollte nach dem Vorschlag in dem Mitgliedstaat eröffnet werden, in dem sich die Hauptverwaltung nicht der einzelnen Unternehmen, sondern der Unternehmensgruppe befindet. Diesem Vorschlag hat sich die Kommission allerdings nicht angeschlossen. In ih-

---

63 *Köster/Hemmerle* NZI 2013, 111; *Mankowski*, NZI 2007, 360 (361); Nerlich/Römermann/*Nerlich* Rn. 11; der Sache nach auch AG Deggendorf 22.10.2012, IE 256/12, NZI 2012, 113 (betr. die Sicherung der Verkehrssicherheit auf dem Grundstück der Schuldnerin durch eine Fremdfirma); abw. LG Hildesheim 18.10.2012, 5 T 294/12, NZI 2013, 110 (betr. Verwaltung einer Warenhausimmobilie durch Fremdfirma); AG Gifhorn 13.09.2012, 35 IE 4/12, ZInsO 2012, 1907 mit zust. Anm. *Römermann/Hu-Windheim*.
64 BGH 21.06.2012, IX ZB 287/11, ZIP 2012, 1920 (Rn. 7).
65 LG Hannover 10.04.2008, 20 T 5/08, NZI 2008, 631 (632).
66 *Vallender* NZI 2008, 632 (633); Rauscher/*Mäsch* Rn. 12.
67 *Virgós/Schmit* Bericht Rn. 76.
68 *Huber* ZZP 114, 2001, 133 (142 f.); *Paulus* NZI 2001 505 (510); *Duursma-Kepplinger/Duursma/Chalupsky* Rn. 29, Art. 3 Rn. 120 f., Art. 27 Rn. 25 f.; *dies./Duursma* IPRax 2003, 505 (509); MüKo-BGB/*Kindler* Art. 2 Rn. 27 f.; *Kolmann* Kooperationsmodelle, 329.
69 S. Entschließung des Europäischen Parlaments v. 15.11.2011 (2011/2006[INI]).

rem Reformentwurf behält sie den Grundsatz der Einzelinsolvenz vielmehr bei und versucht eine Koordinierung über Kooperations- und Kommunikationspflichten zu erreichen.[70]

Artikel 3 Internationale Zuständigkeit

(1) Für die Eröffnung des Insolvenzverfahrens sind die Gerichte des Mitgliedstaats zuständig, in dessen Gebiet der Schuldner den Mittelpunkt seiner hauptsächlichen Interessen hat. Bei Gesellschaften und juristischen Personen wird bis zum Beweis des Gegenteils vermutet, daß der Mittelpunkt ihrer hauptsächlichen Interessen der Ort des satzungsmäßigen Sitzes ist.

(2) Hat der Schuldner den Mittelpunkt seiner hauptsächlichen Interessen im Gebiet eines Mitgliedstaats, so sind die Gerichte eines anderen Mitgliedstaats nur dann zur Eröffnung eines Insolvenzverfahrens befugt, wenn der Schuldner eine Niederlassung im Gebiet dieses anderen Mitgliedstaats hat. Die Wirkungen dieses Verfahrens sind auf das im Gebiet dieses letzteren Mitgliedstaats belegene Vermögen des Schuldners beschränkt.

(3) Wird ein Insolvenzverfahren nach Absatz 1 eröffnet, so ist jedes zu einem späteren Zeitpunkt nach Absatz 2 eröffnete Insolvenzverfahren ein Sekundärinsolvenzverfahren. Bei diesem Verfahren muß es sich um ein Liquidationsverfahren handeln.

(4) Vor der Eröffnung eines Insolvenzverfahrens nach Absatz 1 kann ein Partikularverfahren nach Absatz 2 nur in den nachstehenden Fällen eröffnet werden:
a) falls die Eröffnung eines Insolvenzverfahrens nach Absatz 1 angesichts der Bedingungen, die in den Rechtsvorschriften des Mitgliedstaats vorgesehen sind, in dem der Schuldner den Mittelpunkt seiner hauptsächlichen Interessen hat, nicht möglich ist;
b) falls die Eröffnung des Partikularverfahrens von einem Gläubiger beantragt wird, der seinen Wohnsitz, gewöhnlichen Aufenthalt oder Sitz in dem Mitgliedstaat hat, in dem sich die betreffende Niederlassung befindet, oder dessen Forderung auf einer sich aus dem Betrieb dieser Niederlassung ergebenden Verbindlichkeit beruht.

Übersicht

	Rdn.
A. **Überblick**	1
B. **Internationale Zuständigkeit für Hauptinsolvenzverfahren**	8
I. Mittelpunkt der hauptsächlichen Schuldnerinteressen (COMI)	8
1. Allgemeine Definitionsmerkmale des COMI; Feststellung im Verfahren	8
2. Der COMI von natürlichen Personen	13
a) Gewerbetreibende und Selbständige	13
b) Sonstige natürliche Personen	21
3. Der COMI von Gesellschaften	29
a) Definitionsmerkmale im Einzelnen	29
aa) Bisheriger Meinungsstand	29
bb) Bevorzugung der »Sitztheorie« durch den EuGH (»Interedil«)	32
b) Sonderfälle	36
aa) COMI von konzernabhängigen Gesellschaften	36
bb) COMI bei Einstellung der werbenden Tätigkeit	41
cc) COMI in den Fällen einer Gesamtrechtsnachfolge	46
c) Vermutung zugunsten des Satzungssitzes (Art. 3 Abs. 1 Satz 2)	47
aa) Relevanz bei Nichtfeststellbarkeit des COMI	47
bb) Relevanz für den Gang der Prüfung	50
cc) Relevanz für den Amtsermittlungsgrundsatz	53
C. **Perpetuatio fori; Heilung der zunächst bestehenden Unzuständigkeit**	57
I. Perpetuatio fori	57
II. Heilung einer zunächst fehlenden internationalen Zuständigkeit	60
D. **Rechtsmissbrauch**	61
E. **Kompetenzkonflikte**	69
I. Überblick	69
II. Positive Kompetenzkonflikte	71

---

70 Vorschlag für eine Verordnung des Europäischen Parlamentes und des Rates zur Änderung der Verordnung (EG) Nr. 1346/2000 des Rates über Insolvenzverfahren, 12.12.2012, COM(2012) 744 final.

		Rdn.			Rdn.
1.	Grundsätze nach der Entscheidung »Eurofood«	71	2.	Wirkungen (nur) im Eröffnungsstaat	111
	a) Prioritätsgrundsatz	71	3.	Koordination mit dem Hauptinsolvenzverfahren	112
	b) Autonome Bestimmung des Zeitpunkts der Eröffnungsentscheidung	73	III.	Isolierte Partikularverfahren	113
	c) (Flankierende) Anwendung von Art. 27 EuGVVO?	80	1.	Überblick	113
2.	Relevanz eines später eröffneten Verfahrens	81	2.	Voraussetzungen	116
	a) Grundsätzliche Wirkungslosigkeit des Verfahrens	81		a) Besondere Voraussetzungen nach Abs. 4	116
	b) »Restwirkungen« des später eröffneten Verfahrens?	85		aa) Nichtdurchführbarkeit eines Hauptinsolvenzverfahrens in einem anderen Mitgliedstaat, Buchst. a)	116
	c) Das später eröffnete Verfahren als Sekundärinsolvenzverfahren?	91		bb) Antrag durch lokale Gläubiger, Buchst. b)	120
III.	Negative Kompetenzkonflikte	94		(1) Wohnsitz, gewöhnlicher Aufenthalt bzw. Sitz des antragstellenden Gläubigers	120
1.	Grundsätze nach der EuInsVO	94		(2) Forderung aus einer Niederlassung in dem Eröffnungsstaat	122
2.	Bindung deutscher Gerichte nach Art. 102 § 3 Abs. 2 EGInsO	96		b) Internationale Zuständigkeit	126
F.	**Sekundärinsolvenzverfahren; isolierte Partikularverfahren**	97		c) Sonstige Eröffnungsvoraussetzungen	127
I.	Überblick	97	3.	Keine Beschränkung auf Liquidationsverfahren	130
II.	Sekundärinsolvenzverfahren	102	4.	Anwendbares Recht	131
1.	Voraussetzungen	102	G.	**Zuständigkeit für Neben- und Annexverfahren**	132
	a) Eröffnung eines Hauptinsolvenzverfahrens in einem anderen Mitgliedstaat	102	I.	Internationale Zuständigkeit	132
	b) Internationale Zuständigkeit	106	II.	Örtliche Zuständigkeit	135
	c) Sonstige Eröffnungsvoraussetzungen	109			
	d) Sekundärinsolvenzverfahren (nur) als Liquidationsverfahren	110			

A. Überblick

Art. 3 stellt die wohl wichtigste Norm der EuInsVO dar. Regelungsgegenstand ist vor allem die internationale Zuständigkeit für die Eröffnung von Insolvenzverfahren. Abs. 1 regelt die internationale Zuständigkeit für die Eröffnung von **Hauptinsolvenzverfahren**. International zuständig ist hiernach der Mitgliedstaat, in dem sich der »**Mittelpunkt der hauptsächlichen Interessen**« des Schuldners befindet. In der englischen Fassung des Abs. 1 ist von dem »centre of main interests« die Rede. In der Folge hat sich auch in der deutschen Literatur das Akronym »**COMI**« herausgebildet, das auch im Folgenden verwendet wird. Die örtliche Zuständigkeit richtet sich nach dem nationalen Recht, in Deutschland nach § 3 InsO sowie hilfsweise nach Art. 102 § 1 EGInsO. 1

Der COMI liegt bei **natürlichen Personen**, die eine gewerbliche bzw. selbständige Tätigkeit ausüben, nach herrschender Auffassung regelmäßig an dem Ort, an dem sie ihre Tätigkeit ausüben (vgl. Rdn. 13 ff.); im Übrigen ist – insb. bei abhängig Beschäftigten – nach zutreffender Auffassung auf den gewöhnlichen Aufenthalt abzustellen; der Wohnsitz spielt demgegenüber nach zutreffender Auffassung keine entscheidende Rolle (vgl. Rdn. 21 ff.). Bei **Gesellschaften** bestand über die genaue Definition des COMI längere Zeit noch größere Unsicherheit. Einige Autoren stellten darauf ab, an welchem Ort sich der tatsächliche Hauptverwaltungssitz der Gesellschaft befindet (sog. »Sitztheorie«); andere nahmen eine stärker gläubigerorientierte Betrachtung vor und hielten für maßgeblich, wo sich der Schwerpunkt der werbenden Tätigkeit der Gesellschaft befindet (z.T. sog. business-activity-theory). Der EuGH hatte mittlerweile Gelegenheit, im Wege der Vorabentscheidung zu dieser 2 wichtigen Frage Stellung zu nehmen. Er hat sich hierbei in der Tendenz für die Sitztheorie ausgesprochen; endgültige Klarheit hat aber auch der EuGH noch nicht gebracht (vgl. Rdn. 29 ff.).

3   Abs. 1 wirft eine Reihe weiterer Fragen auf, die sich nicht aus dem Normtext selbst ergeben, aber mittlerweile in Teilen durch den EuGH beantwortet worden sind. So ist dem Wortlaut des Art. 3 nicht zu entnehmen, auf welchen **Zeitpunkt** es bei der Beurteilung der internationalen Zuständigkeit ankommen soll. Nach dem EuGH ist grds. auf den Zeitpunkt der Antragstellung abzustellen. Wird der COMI nach diesem Zeitpunkt in einen anderen Staat verlegt, ist dies nach dem *perpetuatio fori*-Grundsatz unbeachtlich (vgl. Rdn. 57 ff.). Bei zunächst fehlender internationaler Zuständigkeit kann eine Heilung dadurch eintreten, dass ein COMI im laufenden Verfahren begründet wird (vgl. Rdn. 60).

4   Nicht von der EuInsVO geregelt ist die Problematik konkurrierender Hauptinsolvenzverfahren. Zwar ist nach der Konzeption der COMI immer nur in einem Mitgliedstaat belegen. Ungeachtet dessen kann es dazu kommen, dass sich die Gerichte in verschiedenen Mitgliedstaaten für international zuständig halten (sog. »**positiver Kompetenzkonflikt**«). Der EuGH hat sich hier für eine Anwendung des Prioritätsgrundsatzes entschieden, wobei es auf den – vom EuGH eigenständig bestimmten – jeweiligen Zeitpunkt der Verfahrenseröffnung ankommt (s. Rdn. 71 ff.) Weiterhin stellt sich die Frage, wie zu verfahren ist, wenn zwar der COMI i.S.d. Art. 3 Abs. 1 nachweislich in der EU liegt, einzelne betroffene Gerichte aber jeweils davon ausgehen, nicht sie, sondern die Gerichte des anderen Mitgliedstaates seien zuständig (sog. »**negativer Kompetenzkonflikt**«, vgl. hierzu Rdn. 94 ff.).

5   Abs. 2–4 regeln die internationale Zuständigkeit für **Partikularverfahren**. Hierunter sind sog. **Sekundärinsolvenzverfahren** und sog. **isolierte Partikularverfahren** zu verstehen (zur Abgrenzung und Terminologie s. Rdn. 97 ff.). Maßgeblich ist in beiden Fällen, dass sich eine Niederlassung i.S.d. Art. 2 Buchst. h) in dem betreffenden Mitgliedstaat befindet.

6   Über Zuständigkeitsfragen hinaus regelt Art. 3 besondere Zulässigkeitsvoraussetzungen für Sekundärinsolvenz- und isolierte Partikularverfahren. Abs. 3 Satz 3 enthält die Aussage, dass es sich bei dem Sekundärinsolvenzverfahren um ein Liquidationsverfahren i.S.d. Art. 2 Buchst. c) handeln muss. Abs. 4 nennt weitere Voraussetzungen, unter denen – ausnahmsweise – ein isoliertes Partikularverfahren eröffnet werden kann. Abs. 2 Satz 2 bestimmt schließlich, dass sich die Wirkungen dieser Verfahren auf das Gebiet des Mitgliedstaates beschränken, in dem sie eröffnet worden sind.

7   Dem Wortlaut nach regelt Art. 3 nur die Zuständigkeit zur Eröffnung von Insolvenzverfahren. Der Wortlaut bezieht sich demgegenüber nicht auf die Zuständigkeit für sog. **Neben- und Annexverfahren** wie etwa Insolvenzanfechtungsklagen. Nach dem EuGH ist Art. 3 aber insoweit ebenfalls anzuwenden. Dies führt zu einer Bündelung der Neben- und Annexverfahren in dem nach Art. 3 zuständigen Mitgliedstaat (s. Art. 1 EuInsVO Rdn. 23 ff. sowie unten Rdn. 132 ff.).

B. Internationale Zuständigkeit für Hauptinsolvenzverfahren

I. Mittelpunkt der hauptsächlichen Schuldnerinteressen (COMI)

1. Allgemeine Definitionsmerkmale des COMI; Feststellung im Verfahren

8   Nach Abs. 1 Satz 1 ist für die Eröffnung eines Hauptinsolvenzverfahrens das Gericht des Mitgliedstaates zuständig, in dem der Schuldner den »Mittelpunkt der hauptsächlichen Interessen« bzw. – in der englischen Textfassung – seinen »centre of main interests« (COMI) hat. Die Verordnung benutzt hiermit einen neuartigen Begriff, der als solcher kaum subsumtionsfähig ist und daher – gemessen an dem Ziel, Rechtssicherheit zu schaffen – einen Schwachpunkt der Verordnung darstellt.[1] Der COMI ist im Verordnungstext selbst nicht definiert. Eine allerdings sehr unscharf gefasste und daher nur sehr bedingt hilfreiche Definition enthält der – unmittelbar nicht verbindliche, da nicht zum Verordnungstext zählende – 13. Erwägungsgrund zur EuInsVO. Diese Definition nimmt auch der EuGH

---

1   Kritisch etwa MacCormack, Legal Studies 30 (2010), 126 (133): »fundamental fehlerhaft«.

zum Ausgangspunkt für die Bestimmung des COMI.[2] Hiernach gilt als Mittelpunkt der hauptsächlichen Interessen der Ort, an dem der Schuldner gewöhnlich der **Verwaltung seiner Interessen** nachgeht und damit **für Dritte feststellbar** ist. Der EuGH hat hieraus den Schluss gezogen, dass der COMI nach »objektiven und zugleich für Dritte feststellbaren Kriterien« zu bestimmen sei. Diese Objektivität und diese Möglichkeit der Feststellung durch Dritte seien erforderlich, um Rechtssicherheit und Vorhersehbarkeit bei der Bestimmung des für die Eröffnung eines Hauptinsolvenzverfahrens zuständigen Gerichts zu garantieren.[3] Dem entspricht auch die Begründung im Bericht zum EuInsÜ. Zweck des Art. 3 Abs. 1 sei es, an einen Ort anzuknüpfen, »den die potentiellen Gläubiger des betreffenden Schuldners kennen«. Damit könnten »die rechtlichen Risiken im Insolvenzfall kalkuliert werden«.[4] Vor diesem Hintergrund sind unter dem vom EuGH verwendeten Begriff der »Dritten« insb. die Gläubiger zu verstehen;[5] der COMI muss für diese – und zwar noch vor dem Insolvenzfall – objektiv feststellbar sein.

Derzeit unbesetzt 9–10

Die EuInsVO legt selbst nicht fest, auf welche Weise die für die internationale Zuständigkeit maßgeblichen Tatsachen im Insolvenzverfahren festzustellen sind. Es bleibt hier bei der Anwendbarkeit der *lex fori concursus*. So gilt z.B. im deutschen Verfahren gem. § 5 Abs. 1 InsO der **Amtsermittlungsgrundsatz**; dementsprechend ist das Gericht an übereinstimmendes Vorbringen der Beteiligten des Eröffnungsverfahrens nicht gebunden.[6] Das Gericht hat sich zur Bejahung der Zulässigkeitsvoraussetzung eine persönliche Überzeugung zu verschaffen, die dem Beweismaß des § 286 Abs. 1 ZPO entspricht.[7] Demgegenüber hat sich das **englische Insolvenzgericht** lange Zeit (nur) auf den Vortrag des Antragstellers gestützt;[8] allerdings wird neuerdings aus der Praxis berichtet, dass zunehmend Nachweise betr. Wohnsitz, Arbeitsstätte und Bankverbindungen verlangt werden und der Registrar den Schuldner ggf. auch zu weiteren Einzelheiten befragt.[9] Zu einer umfassenden Beweisaufnahme kann es sodann im Rahmen eines – jederzeit möglichen – Annulierungsverfahrens kommen.[10] Praktische Schwierigkeiten bei der Ermittlung des COMI werden bei Gesellschaften durch die Vermutungsregel des Art. 3 Abs. 1 Satz 2 abgemildert. Hiernach wird (widerlegbar) vermutet, dass COMI und Satzungssitz übereinstimmen (s. Rdn. 47 ff.). 11

Sicherungsmaßnahmen können nach Auffassung des BGH im Einzelfall schon ergehen, bevor die internationale Zuständigkeit feststeht. Dies gilt nach dem BGH insb. dann, wenn der Schuldner nichts zur Aufklärung über die internationale Zuständigkeit beiträgt. In diesem Fall kann es für die Anordnung der Sicherungsmaßnahme im Einzelfall ausreichen, dass die nicht sicher zu verneinende Zuständigkeit noch zu prüfen ist.[11] Dies ändert nichts daran, dass in Deutschland erlassene 12

---

2 EuGH 20.10.2011, C-396/09, Rn. 47 – Interedil; 02.05.2006, C-341/04, Slg. 2006, I-3813, Rn. 32 – Eurofood.
3 EuGH 20.10.2011, C-396/09, Rn. 49 – Interedil; 02.05.2006, C-341/04, Slg. 2006, I-3813, Rn. 33 – Eurofood.
4 *Virgós/Schmit* Bericht Rn. 75.
5 EuGH 20.10.2011, C-396/09, Rn. 49 – Interedil.
6 BGH 21.06.2007, IX ZB 51/06, NZI 2008, 121.
7 BGH 22.04.2010, IX ZB 217/09, ZInsO 2010, 1013.
8 Siehe dazu High Court of Justice London 20.12.2006, 9849/02, NZI 2007, 361 (363) Rn. 24: »Where the evidence as to the centre of a debtor's main interests is not denied ... it is not the practice of the English Bankruptcy Court to inquire into that matter in the way that, as I understand it, a Continental Bankruptcy Court would do.«
9 *Walters/Smith*, Int. Insolv. Rev. 19 (2010), 181 (198 ff.).
10 Siehe hierzu etwa die Entscheidung des High Court of Birmingham 29.08.2012, (2012) EWHC 2432 (CH) – Sparkasse Hilden Ratingen Verlbert v Benk and another – besprochen bei *Goslar* NZI 2012, 912; des Weiteren die Entscheidungen Official Receiver v. Eichler (2007), BPIR 1636 und Official Receiver v Mitterfellner (2009), BPIR 1075, 53 und dazu ausf. *Walters/Smith*, Int. Insolv. Rev. 19 (2010), 181 (195 ff.).
11 BGH 22.03.2007, IX ZB 164/06, NZI 2007, 344.

Sicherungsmaßnahmen, insb. die Bestellung eines vorläufigen Verwalters, gegenüber einem ausländischen Hauptinsolvenzverfahren eine »Sperrwirkung« entfalten können (vgl. Rdn. 73 ff.).

13 Art. 3 ist auch im Fall der **Nachlassinsolvenz** anzuwenden.[12] Hierbei ist auf den COMI des Erblassers im Todeszeitpunkt abzustellen, nicht etwa auf den COMI der Erben.[13]

13a Nach der zustimmenswerten Auffassung des EuGH ist die Vorschrift auch dann anzuwenden, wenn das nationale Recht – wie etwa das französische Recht im Fall der Vermögensvermischung[14] – die Möglichkeit vorsieht, das eröffnete **Insolvenzverfahren auf andere Personen zu erstrecken**. Nach dem EuGH ist damit die Erstreckung des eröffneten Verfahrens auf andere Personen einer Eröffnung i.S.d. Art. 3 Abs. 1 gleichzustellen.[15] Insbesondere lässt sie sich nicht als bloßes Annexverfahren ansehen, für das die Gerichte, die das erste Verfahren eröffnet haben, automatisch mit zuständig sind (s. zur internationalen Zuständigkeit für Annexverfahren unten Rdn. 132 ff. und Art. 1 EuInsVO Rdn. 20 ff.). Der EuGH hat insoweit überzeugend darauf abgestellt, dass anderenfalls eine Umgehung der durch die EuInsVO abschließend eingeführten Zuständigkeitsregeln durch nationales Recht ermöglicht würde; zudem könnten sich in diesem Fall positive Kompetenzkonflikte ergeben.[16] Eine Erstreckung des bereits eröffneten Insolvenzverfahrens auf eine andere Person gemäß der *lex fori concursus* des Eröffnungsstaates kommt daher nur in Betracht, wenn auch im Hinblick auf diese andere Person eine internationale Zuständigkeit des Eröffnungsstaates nach Maßgabe der EuInsVO gegeben ist.[17] In der französischen Literatur wird in diesem Zusammenhang die Befürchtung geäußert, dass Gerichte in Mitgliedstaaten, die in ihrem internen Recht eine derartige Möglichkeit der Erstreckung des Insolvenzverfahren auf eine andere Person vorsehen, den COMI dieser Person allzu rasch und ohne exakte Anwendung von Art. 3 Abs. 1 im Inland ansiedeln werden.[18] Mittelbar könnte dies wiederum zu einer uneinheitlichen Anwendung von Art. 3 und zu positiven Kompetenzkonflikten beitragen. Zur Relevanz der Vermögensvermischung für die tatsächliche Feststellung des COMI s. unten Rdn. 39.

2. Der COMI von natürlichen Personen

a) Gewerbetreibende und Selbständige

13 Bei Kaufleuten, Gewerbetreibenden und Selbständigen liegt der COMI nach der Auffassung des BGH grds. dort, wo der Schuldner seine wirtschaftliche oder gewerbliche Tätigkeit ausübt.[19] Der BGH hat diese Rechtsauffassung als »gesichert« und »nicht weiter klärungsbedürftig« bezeichnet.[20] Tatsächlich stimmt die deutsche Literatur mit dem BGH grds. überein.[21] In der englischen Recht-

---

12 AG Düsseldorf 19.06.2012, 503 IN 6/12, ZInsO 2012, 1278; AG Köln 12.11.2010, 71 IN 343/10, ZIP 2011, 631; *Mankowski* ZIP 2011, 1501 ff.; der BGH hat die Frage offen gelassen: BGH 14.01.2010, IX ZB 76/09, ZInsO 2010, 348.
13 AG Düsseldorf 19.06.2012, 503 IN 6/12, ZInsO 2012, 1278; AG Köln 12.11.2010, 71 IN 343/10, ZIP 2011, 631; aus der Lit. näher *Mankowski* ZIP 2011, 1501 (1502) m.w.N.
14 Eine personelle Erweiterung des Insolvenzverfahrens ist auch in anderen romanischen Rechtsordnungen vorgesehen (s. *Mankowski* NZI 2012, 150 (151)).
15 EuGH 15.12.2011, C-191/10 – Rastelli Davide, NZI 2012, 147 mit Anm. *Mankowski*; *Schulte* GWR 2012, 95; *Paulus* EWiR 2012, 87; *Fehrenbach* LMK 2012, 328570 und aus der frz. Lit. *Khairallah* Rev. crit. dr. int. pr. 101 (2012), 442 ff. In der französischen Rechtsprechung und Literatur wurde dies bislang anders gesehen; Vgl. nur CA Aix, Rev. crit. dr. int. pr. 98 (2009), 766 mit Anm. *Bureau*; *Vallens*, Bull. Joly sociétés 2010, 572 ff.; *Vallens*, Bull. Joly sociétés 2010, 572 (574); *Marquette/Barbé*, Clunet 133 (2006), 511 (547).
16 EuGH 15.12.2011, C-191/10 – Rastelli Davide, Rn. 28.
17 Denkbar ist auch die Eröffnung eines isolierten Partikularverfahrens nach Maßgabe von Art. 3 Abs. 4 i.V.m. Art. 3 Abs. 2 (EuGH 15.12.2011, C-191/10 – Rastelli Davide, Rn. 18; *Mankowski* NZI 2012, 150 (151)).
18 *Khairallah* Rev. crit. dr. int. pr. 101 (2012), 442 (448).
19 BGH 22.03.2007, IX ZB 164/06, NZI 2007, 344 (345); 13.06.2006, IX ZA 8/06, IPRspr 2006, Nr. 265, 616.
20 BGH 13.06.2006, IX ZA 8/06, IPRspr 2006, Nr. 265, 616.
21 Etwa *Balz* ZIP 1996, 948 (949); *Huber* ZZP 114, 2001, 133 (140); MüKo-InsO/*Reinhart* Rn. 44; HK-

sprechung ist dies im konkreten – allerdings auch besonders gelagerten – Einzelfall anders gesehen worden.[22] Die französische Cour de cassation hat in einer neueren Entscheidung, ausgehend vom 13. Erwägungsgrund, eine Gesamtwürdigung aller Umstände des Einzelfalls vorgenommen;[23] in der französischen Literatur wird in diesem Zusammenhang davon gesprochen, dass der Tätigkeitsort nur Indizfunktion habe.[24] Entgegen dem BGH kann man daher dann, wenn man die ausländische Rechtsprechung und Literatur mit in den Blick nimmt, noch nicht von einer vollständig gesicherten und allgemein akzeptierten Rechtsauffassung ausgehen.

Für die Lösung des BGH und der deutschen Literatur spricht u.a. der Bericht zum EuInsÜ. Hiernach ist »(i)m Prinzip bei Personen, die einer beruflichen Tätigkeit nachgehen, der Mittelpunkt der hauptsächlichen Interessen der Ort, an dem sie diese Tätigkeit ausüben«.[25] Abzustellen ist damit z.B. bei Freiberuflern auf den Kanzlei- oder Praxisort; im Übrigen kommt es darauf an, wo die Geschäftsräume belegen sind. Ist der Schuldner an einer Gesellschaft beteiligt, ist ebenfalls auf seinen Tätigkeitsort abzustellen; dieser wird häufig – aber nicht notwendig – mit dem COMI der Gesellschaft zusammenfallen. 14

Ausnahmen von der dargestellten Regel sind aktuell aufgrund der generalklauselartigen Formulierung des Art. 3 Abs. 1 nicht ausgeschlossen; sie dürften aber nur selten in Betracht kommen. Nicht auf den Tätigkeitsort, sondern den gewöhnlichen Aufenthalt des Schuldners ist abzustellen, wenn die Tätigkeit keinen nennenswerten Umfang erreicht hat oder sogar nur zum Schein ausgeübt wurde.[26] Dasselbe dürfte gelten, wenn die Tätigkeit zum Zeitpunkt der Antragstellung bereits vollständig beendet worden ist und aus dieser Tätigkeit keine nennenswerten Verbindlichkeiten des Schuldners mehr resultieren. Sind demgegenüber noch nennenswerte Verbindlichkeiten vorhanden, so dürfte weiterhin auf den Ort der (vormaligen) wirtschaftlichen Tätigkeitsausübung abzustellen sein; anderenfalls hätte es der Schuldner in der Hand, seinen Gläubigern durch bloße Aufgabe seiner Tätigkeit – und einen ggf. damit einhergehenden Wechsel seines gewöhnlichen Aufenthalts – einen Gerichtsstand zu entziehen. Damit wäre aber die vom EuGH und im Bericht von *Virgós/Schmit* in den Vordergrund gestellte »Vorhersehbarkeit« des Gerichtsstands nicht mehr gewährleistet (s. allgemein Rdn. 9 ff.). Insoweit ergibt sich eine Parallele zu der Einstellung (jeglicher) Tätigkeit durch eine Gesellschaft. Auch hier kommt es nach Auffassung des EuGH darauf an, wo sich der COMI vor Einstellung der Tätigkeit der Gesellschaft befand; es kommt nicht zu einem automatischen »Rückfall« der internationalen Zuständigkeit an den Ort des Satzungssitzes (vgl. näher Rdn. 41 ff.). 15

Die Anknüpfung an den Tätigkeitsort gilt nach dem BGH auch dann, wenn sich der gewöhnliche Aufenthalt oder der Wohnsitz des Schuldners in einem anderen Mitgliedstaat befinden.[27] Dasselbe gilt richtigerweise auch dann, wenn es sich um eine ehemalige Tätigkeit handelt, aus der noch nennenswerte Verbindlichkeiten resultieren, und der Schuldner nach Aufgabe dieser Tätigkeit seinen gewöhnlichen Aufenthalt in einen anderen Staat verlegt. Die französische Cour de cassation hat in einem vergleichbaren Fall, in dem der Schuldner seine wirtschaftliche Tätigkeit in Deutschland aus- 16

InsO/*Stephan* Rn. 3; *Duursma-Kepplinger/Duursma/Chalupsky* Rn. 19; Kübler/Prütting/Bork/*Kemper* Rn. 8; *Paulus* Rn. 25; Rauscher/*Mäsch* Rn. 13; FK-InsO/*Wenner/Schuster* Rn. 8; Pannen/*Pannen* Rn. 28.
22 High Court of Justice London 20.12.2006, 9849/02, NZI 2007, 361.
23 Cour de cassation, 15.02.2011, pourvoi n. 10–13, 832, Rev. crit. dr. int. privé 100 (2011), 901.
24 *Jude* Rev. crit. dr. int. privé 100 (2011), 907 (909) spricht von einer «valeur indicative».
25 *Virgós/Schmit* Bericht Rn. 7. Im Vorschlag der Kommission zur Reform der EuInsVO wird die Aufnahme einer entsprechenden Bestimmung befürwortet; siehe Vorschlag für eine Verordnung des Europäischen Parlaments und des Rates zur Änderung der Verordnung (EG) Nr. 1346/2000 des Rates über Insolvenzverfahren (COM(2012) 744 final). S. Art. 3 Abs. 1 Unterabs. 3 i.d.F. des Vorschlags: »Bei einer natürlichen Person, die eine selbstständige oder freiberufliche Tätigkeit ausübt, gilt als Mittelpunkt ihrer hauptsächlichen Interessen ihre Hauptniederlassung; bei allen anderen natürlichen Personen gilt als Mittelpunkt ihrer hauptsächlichen Interessen der Ort ihres gewöhnlichen Aufenthalts.«
26 Vgl. dazu High Court of Justice London 20.12.2006, 9849/02, NZI 2007, 361 zum »shadow director« einer in England ansässigen Limited mit gewöhnlichem Aufenthalt in Österreich.
27 BGH 13.06.2006, IX ZA 8/06, IPRspr 2006, Nr. 265, 616.

geübt und dann anschließend seinen gewöhnlichen Aufenthalt von Deutschland nach Frankreich (Elsass-Lothringen) verlegt hatte, den COMI weiterhin in Deutschland verortet. Damit konnte der Schuldner auch keine Restschuldbefreiung nach dem in Elsass-Lothringen geltenden (schuldnerfreundlichen) Recht erlangen; dem hier zweifellos vorliegenden »Restschuldbefreiungstourismus« (siehe unten Rdn. 27) hat die Cour de cassation folglich einen Riegel vorgeschoben.[28] Zweifelhaft könnte das Abstellen auf den (vormaligen) Tätigkeitsort allenfalls dann sein, wenn die Ursachen für die Insolvenz des Schuldners nicht im wirtschaftlichen oder gewerblichen, sondern im privaten Bereich liegen.[29] Letztlich dürfte es aber auch in diesen (Ausnahme-)Fällen auf den Tätigkeitsort und nicht den gewöhnlichen Aufenthalt des Schuldners ankommen. Regelmäßig haben die Gläubiger auch dann, wenn der Schuldner mit ihnen in einer privaten Angelegenheit geschäftlichen Kontakt aufgenommen hat, dessen wirtschaftliche Tätigkeit mit in den Blick genommen. Häufig wird sie zur Grundlage für die Darlehensvergabe oder sonstige Kreditgeschäfte gemacht. Dementsprechend besteht auch in diesen Fällen aus Sicht dieser privaten Gläubiger ein Bezug zu der wirtschaftlichen Tätigkeit des Schuldners.

17 Nicht maßgebend ist, wo sich das Vermögen des Schuldners befindet.[30] Allerdings kann aus dem Ort der Vermögensbelegenheit nach Lage des Einzelfalls indiziell auf eine wirtschaftliche oder gewerbliche Tätigkeit des Schuldners in diesem Staat geschlossen werden. Die Vermögensbelegenheit ist daher im Rahmen der Tatsachenwürdigung von Bedeutung.[31]

18 Übt der Schuldner mehrere Tätigkeiten in verschiedenen Staaten aus, ist eine Schwerpunktbetrachtung anzustellen. Ein »doppelter COMI« in verschiedenen Staaten ist nach zutreffender Auffassung nicht möglich;[32] es gelten dieselben Argumente, die von der h.M. gegen einen doppelten gewöhnlichen Aufenthalt vorgebracht werden.[33] Denkbar ist aber, dass durch eine (Neben-)Tätigkeit in einem anderen Mitgliedstaat eine Niederlassung i.S.d. Art. 2 Buchst. h) begründet wird; dies setzt neben der Ausübung dieser wirtschaftlichen Tätigkeit den Einsatz von Personal und Vermögen voraus (vgl. Art. 2 EuInsVO Rdn. 37 ff., 45 ff.).

19 Übt der Schuldner nur zum Schein eine wirtschaftliche oder gewerbliche Tätigkeit in einem anderen Mitgliedstaat aus, behält aber seinen gewöhnlichen Aufenthalt in Deutschland, so bleibt der COMI in Deutschland (zur Relevanz des gewöhnlichen Aufenthalts bei fehlender gewerblicher oder wirtschaftlicher Tätigkeit s. Rdn. 21 ff.). Deutsche Gerichte können daher ein Hauptinsolvenzverfahren eröffnen. Eröffnet ungeachtet dessen ein (an sich unzuständiges) Gericht eines ausländischen Mitgliedstaates in diesem Fall zu einem früheren Zeitpunkt ein Hauptinsolvenzverfahren, so wird dieses Verfahren in Deutschland nach Maßgabe der Art. 26, 27 anerkannt. Die internationale Zuständigkeit des anderen Mitgliedstaates kann nicht – auch nicht über den ordre public – hinterfragt werden; die Eröffnung eines weiteren Hauptinsolvenzverfahrens in Deutschland ist unzulässig.[34] Allerdings kann die Beantragung eines Insolvenzverfahrens mit Restschuldbefreiung bei einem offensichtlich unzuständigen ausländischen Gericht – auch für den Fall, dass sie erfolgreich ist – nach dem BGH dazu führen, dass ein zuvor in Deutschland tätiger Notar seines Amtes zu entheben ist.[35] In

---

28 Cour de cassation, 15.02.2011, pourvoi n. 10–13, 832, Rev. crit. dr. int. privé 100 (2011), 901 mit Anm. *Jude*.
29 Vgl. etwa – mit dem Hinweis auf einen zu teuren Hausbau oder eine Scheidung als Insolvenzursachen – *Mankowski* NZI 2005, 368 (370).
30 Näher dazu *Mankowski* NZI 2005, 368 (371); *Klöhn* NZI 2006, 383 (385).
31 BGH 22.03.2007, IX ZB 164/06, NZI 2007, 344 (345) betr. Immobilienbesitz und den Zulassungsort von Fahrzeugen.
32 Wie hier Rauscher/*Mäsch* Rn. 9; *Balz* ZIP 1996, 948 (949); a.A. *Herchen* ZIP 2005, 1401.
33 Etwa MüKo-BGB/*Sonnenberger* Einl. Rn. 734 m.w.N.
34 In der Rechtsprechung gibt es allerdings Tendenzen, die Restschuldbefreiung bei erschlichener und nicht näher nachgeprüfter Zuständigkeit wegen eines Verstoßes gegen den ordre public nicht anzuerkennen (LG Köln 14.10.2011, 82 O 15/08, NZI 2011, 957; AG Göttingen 10.12.2012, 74 IN 28/12, ZVI 2013, 107; ablehnend aber OLG Nürnberg 15.12.2011, 1 U 2/11, NJW 2012, 862).
35 BGH 15.11.2010, NotZ 6/10, ZIP 2011, 284.

Betracht kommt zudem noch ein Sekundärinsolvenzverfahren nach Maßgabe der Art. 27 ff. (zu positiven Kompetenzkonflikten vgl. ausf. Rdn. 71 ff., zu der Möglichkeit der Eröffnung eines Sekundärinsolvenzverfahrens Rdn. 107 und Art. 27 EuInsVO Rdn. 3). Ist ein Hauptinsolvenzverfahren wegen des Vorrangs eines früher eröffneten ausländischen Hauptinsolvenzverfahrens unwirksam eröffnet worden, ist es nach dem BGH aber nicht automatisch als Sekundärinsolvenzverfahren zu werten (vgl. Rdn. 91 ff.).

Kann nicht festgestellt werden, ob der Schuldner in einem Staat tatsächlich einer wirtschaftlichen oder gewerblichen Tätigkeit nachgeht, sollte ersatzweise auf den gewöhnlichen Aufenthalt des Schuldners abgestellt werden. Lässt sich auch der gewöhnliche Aufenthalt des Schuldners nicht feststellen, dürfte auf den einfachen Aufenthalt abzustellen sein. 20

b) Sonstige natürliche Personen

Bei natürlichen Personen, die nicht als Kaufmann, Gewerbetreibender oder Selbständiger tätig sind, ist nach in Deutschland ganz h.M. auf den **gewöhnlichen Aufenthalt** abzustellen.[36] In dem Vorschlag der Kommission ist eine entsprechende ausdrückliche Ergänzung von Art. 3 vorgesehen.[37] In der ausländischen Rechtsprechung wird allerdings bislang nicht (nur) auf den gewöhnlichen Aufenthalt abgestellt; so scheint jedenfalls die französische Cour de cassation auch hier einer flexiblen Einzelfallprüfung den Vorzug zu geben (siehe bereits Rdn. 13, 16). Der Bericht zum EuInsÜ stellt in der deutschen Übersetzung unklar auf den »gewöhnlichen Wohnsitz« ab.[38] Hierbei handelt es sich um einen Übersetzungsfehler. In der englischen Fassung ist – zutreffend – von der »habitual residence« die Rede, was – zutreffend – mit »gewöhnlichem Aufenthalt« zu übersetzen gewesen wäre. Nicht maßgeblich ist demnach der Wohnsitz des Schuldners. Dieser bestimmt sich nach dem unvereinheitlichten Recht der Mitgliedstaaten (vgl. Art. 59 EuGVVO); er ist damit der von der EuInsVO angestrebten autonomen Begriffsbildung nicht zugänglich.[39] Soweit in der deutschen Rechtsprechung ungeachtet dessen der äußeren Formulierung nach auf den »Wohnsitz« abgestellt wird, beruht dies wohl z.T. auch auf einer (unpräzisen) Gleichsetzung von Wohnsitz und gewöhnlichem Aufenthalt bzw. auf dem – doch recht eindeutigen – Übersetzungsfehler in der deutschen Fassung des Berichts zum EuInsÜ.[40] 21

Der Begriff des **gewöhnlichen Aufenthalts** wird auch in anderen gemeinschaftsrechtlichen Verordnungen verwendet. Er spielt zudem im staatsvertraglichen und nationalen Kollisions- und Verfahrensrecht der Mitgliedstaaten eine zumeist zentrale Rolle.[41] Daher kann zur Konkretisierung und zur Behandlung von Einzelfragen auf die allgemein internationalprivatrechtliche Rechtsprechung 22

---

36 LG Göttingen 04.12.2007, 10 T 146/07, ZInsO 2007, 1358; AG Köln 06.11.2008, 71 IN 487/07, NZI 2009, 133; *Paulus* Rn. 24; *ders.* NZI 2001, 505 (509); FK-InsO/*Wenner/Schuster* Rn. 7; Pannen/*Riedemann* Rn. 21 ff.; Gebauer/Wiedmann/*Haubold* Rn. 46a; *Geimer/Schütze/Haß/Herweg* Rn. 10; Rauscher/*Mäsch* Rn. 13; *Duursma-Kepplinger/Duursma/Chalupsky* Rn. 21; abw. – für ein autonomes Konzept, das aber in den praktischen Ergebnissen nicht allzu weit von der Verwendung des gewöhnlichen Aufenthalts liegen dürfte – MüKo-InsO/*Reinhart* Rn. 43; ähnlich – für einen autonomen Begriff des »Lebensmittelpunktes« – *Hergenröder* DZWIR 2009, 309 (314); a.A. (»Wohnsitz«) auch *Cranshaw* DZWiR 2012, 53.
37 Vorschlag für eine Verordnung des Europäischen Parlaments und des Rates zur Änderung der Verordnung (EG) Nr. 1346/2000 des Rates über Insolvenzverfahren (COM(2012) 744 final). S. Art. 3 Abs. 1 Unterabs. 3 i.d.F. des Vorschlags: »Bei einer natürlichen Person, die eine selbstständige oder freiberufliche Tätigkeit ausübt, gilt als Mittelpunkt ihrer hauptsächlichen Interessen ihre Hauptniederlassung; bei allen anderen natürlichen Personen gilt als Mittelpunkt ihrer hauptsächlichen Interessen der Ort ihres gewöhnlichen Aufenthalts.«
38 *Virgós/Schmit* Bericht Rn. 75.
39 MüKo-InsO/*Reinhart* Rn. 41; *Mankowski* NZI 2005, 368 (370).
40 Vgl. BGH 08.11.2007, IX ZB 41/03, NZI 2008, 121; AG Celle 18.04.2005, 29 IN 11/05, ZInsO 2005, 895 m. Bespr. *Knof* ZInsO 2005, 1017 ff.; die Frage, ob auf den gewöhnlichen Aufenthalt oder den Wohnsitz abzustellen ist, bleibt offen in BGH 27.11.2003, IX ZB 418/02, ZIP 2004, 94.
41 Pannen/*Riedemann* Rn. 22; *Duursma-Kepplinger/Duursma/Chalupsky* Rn. 21.

und Literatur rekurriert werden. Kurz zusammengefasst lässt sich der gewöhnliche Aufenthalt als »**tatsächlicher Lebensmittelpunkt**« der natürlichen Person beschreiben.[42] Hierbei wird jedenfalls im Regelfall ein voluntatives Element verlangt. Dementsprechend wird durch eine Untersuchungs- oder Strafhaft in Deutschland kein neuer gewöhnlicher Aufenthalt und damit auch kein neuer COMI begründet, wenn der Häftling vor der Inhaftierung seinen gewöhnlichen Aufenthalt in einem anderen Staat hatte.[43]

23 Für die Bestimmung des gewöhnlichen Aufenthalts kommt es maßgeblich darauf an, wo der Schwerpunkt der sozialen, kulturellen und wirtschaftlichen Beziehungen des Schuldners liegt. Von besonderer Bedeutung sind familiäre und berufliche Verbindungen. Handelt es sich bei dem Schuldner um einen Tagespendler (Grenzgänger), so gibt regelmäßig der Aufenthaltsort des Schuldners und seiner Familie den Ausschlag; dasselbe gilt für einen Schuldner, der regelmäßig am Wochenende nach Hause fährt.[44] Eine andere Beurteilung ergibt sich wiederum dann, wenn sich die Besuche der Familie nur auf wenige Wochenenden im Jahr und ggf. den Jahresurlaub beschränken; hier liegen der gewöhnliche Aufenthalt und damit auch der COMI am Arbeitsort.

24 Wie sich aus dem Vorstehenden ergibt, können der gewöhnliche Aufenthalt und der Ort, an dem eine **abhängige Beschäftigung** ausgeübt wird, im Ausnahmefall in verschiedenen Staaten liegen. Dies kann etwa der Fall sein, wenn ein Beschäftigter zur Arbeit in den Nachbarstaat pendelt oder nur als Saisonarbeiter einige Zeit im Jahr in einem bestimmten Mitgliedstaat tätig ist. Liegt der Ort der Beschäftigung in einem anderen Staat, setzt sich bei der Bestimmung des COMI der gewöhnliche Aufenthalt durch.[45]

25 Im Rahmen von Abs. 1 Satz 1 kommt es maßgeblich darauf an, wo sich der gewöhnliche Aufenthalt im **Zeitpunkt der Antragstellung** befindet (s. Rdn. 57 ff.). Befindet sich der gewöhnliche Aufenthalt des Schuldners zu diesem Zeitpunkt (noch) in dem Mitgliedstaat, in dem der Antrag auf Insolvenzeröffnung gestellt worden ist, ist eine nachfolgende Verlegung des gewöhnlichen Aufenthalts für die internationale Zuständigkeit ohne Belang. Daher kann es entscheidend darauf ankommen, wann genau ein vormaliger gewöhnlicher Aufenthalt aufgegeben und ein anderer neu begründet worden ist. Im allgemeinen internationalen Privatrecht wird insoweit überwiegend eine differenzierende Lösung vertreten. Wird ein Land verlassen, ohne dass eine Rückkehrabsicht besteht, ist bereits in diesem Augenblick von einem Wechsel des gewöhnlichen Aufenthalts auszugehen. Anders verhält es sich, wenn ursprünglich nur ein befristeter Wegzug geplant war, aber am neuen Ort sodann entgegen der ursprünglichen Absicht eine allmähliche soziale und berufliche Integration erfolgt. In derartigen Fällen wird in der deutschen Rechtsprechung – wenn auch nur in Gestalt einer Faustformel – verschiedentlich angenommen, dass der Wechsel des gewöhnlichen Aufenthalts spätestens nach einem **Zeitraum von sechs bis zwölf Monaten** erfolgt.[46]

26 Der gewöhnliche Aufenthalt zum maßgeblichen Zeitpunkt der Antragstellung ist von deutschen Gerichten nach Maßgabe von § 5 Abs. 1 InsO von Amts wegen zu ermitteln (vgl. Rdn. 11, 53 ff.). Ob ein gewöhnlicher Aufenthalt wirklich aufgegeben und ein neuer gewöhnlicher Aufenthalt begründet wurde, ist nach den Umständen des Einzelfalls zu beurteilen. Behält der Schuldner in Deutschland etwa eine voll eingerichtete eheliche Wohnung zurück, spricht dies gegen eine Aufgabe des gewöhn-

---

42 *Mankowski* NZI 2005, 368 (369); Pannen/*Riedemann* Rn. 22; ähnlich auch MüKo-InsO/*Reinhart* Rn. 43, der statt auf den gewöhnlichen Aufenthalt auf den Lebensmittelpunkt abstellt, aber darauf hinweist, dass beide meist identisch sein werden.
43 So zutr. BGH 08.11.2007, IX ZB 41/03, NZI 2008, 121.
44 Vgl. *Hergenröder* DZWIR 2009, 309 (315); *Mankowski* RIW 2005, 561 (577); *ders.* NZI 2005, 368 (370); MüKo-InsO/*Reinhart* Rn. 43.
45 *Mankowski* RIW 2005, 561 (577); *ders.* NZI 2005, 368 (370); *Huber* ZZP 114 (2001), 133 (140); MüKo-InsO/*Reinhart* Rn. 43; *Hergenröder* DZWIR 2009, 309 (315); unklar *Virgós/Schmit* Bericht Rn. 75.
46 BGH 29.10.1980, IV b ZB 586/80, BGHZ 78, 293 (300); OLG Hamm 12.12.1973, 15 W 190/73, NJW 1974, 1053; Pannen/*Riedemann* Rn. 26; *Baetge* IPRax 2001, 573 (575); Palandt/*Thorn* Art. 5 EGBGB Rn. 10.

lichen Aufenthalts.⁴⁷ Erst recht spricht es gegen eine Verlegung eines gewöhnlichen Aufenthalts, wenn sich der Schuldner eines professionellen Helfers bedient, dessen Hauptgeschäft erklärtermaßen darin besteht, den Anschein einer Verlegung des gewöhnlichen Aufenthalts zu erzeugen (s. sogleich Rdn. 27).⁴⁸ Eine ausländische Anmeldebestätigung hat eine eher schwache Indizfunktion; in den kritischen Fällen kommt ihr letztlich keine Bedeutung zu.⁴⁹ Ob einer Verlegung des COMI kurz vor Antragstellung der Einwand des Rechtsmissbrauchs entgegengehalten werden kann, erscheint zweifelhaft; s. dazu noch Rdn. 61 ff.

Zuweilen verlegen in Deutschland ansässige Schuldner ihren gewöhnlichen Aufenthalt von vornherein nur **zum Schein** in einen anderen Mitgliedstaat, um dort von den günstigeren Regeln zur Restschuldbefreiung Gebrauch zu machen.⁵⁰ Hierbei bedienen sich die Schuldner nicht selten Agenturen, die bei der Suche nach einer Wohn- und Arbeitsadresse sowie der Einrichtung von Bankverbindung etc. behilflich sind. Bevorzugte Ziele im Rahmen dieses »**Restschuldbefreiungstourismus**« sind bislang vor allem England und Wales⁵¹ sowie die französischen Departements Bas-Rhin, Haut-Rhin und Moselle (Elsass-Lothringen).⁵² Allerdings wird aus der **englischen Rechtspraxis** berichtet, dass der englische Registrar zunehmend Nachweise betr. Wohnsitz, Arbeitsstätte und Bankverbindungen des Schuldners verlangt und den Schuldner in Zweifelsfällen zu weiteren Einzelheiten befragt.⁵³ In neuerer Zeit wurden zudem, was nach englischem Recht jederzeit möglich ist, verschiedene Insolvenzeröffnungsentscheidungen nachträglich annulliert⁵⁴ bzw. jedenfalls im Rahmen eines Annullierungsverfahrens intensiv nachgeprüft.⁵⁵ Das Risiko, dass ein nur vorgetäuschter Wechsel des COMI zu einer Annullierung der Insolvenzeröffnungsentscheidung führt, ist mittlerweile durchaus erheblich; das Problembewusstsein englischer Gerichte ist angesichts der in England geführten Debatte um (unwillkommene) deutsche Insolvenztouristen gestiegen.⁵⁶ Von Bedeutung ist in diesem Zusammenhang auch, dass der High Court of Justice Birmingham im Rahmen eines Annullierungsverfahrens im Rahmen der Beweiswürdigung darauf abgestellt hat, dass der Schuldner, nachdem er einen Eröffnungsbeschluss in England erwirkt hatte, wieder nach Deutschland zurückgekehrt war; es folgert aus diesem Umstand, dass es dem Umzug nach England an der notwendigen Beständigkeit gefehlt habe und daher von vornherein kein COMI in England begründet worden

---

47 AG Köln 06.11.2008, 71 IN 487/08, NZI 2009, 133 (134).
48 AG Köln 06.11.2008, 71 IN 487/08, NZI 2009, 133 (134).
49 AG Göttingen 07.05.2008, 74 IN 391/07, ZVI 2008, 388.
50 Vgl. dazu noch *Hergenröder* DZWIR 2009, 309 (310) – »Londoner Radiologe«. Der Bericht der Kommission an das Europäische Parlament, den Rat und den Europäischen Wirtschafts- und Sozialausschuss über die Anwendung der Verordnung (EG) Nr. 1346/2000 des Rates vom 20. Mai 2000 über Insolvenzverfahren vom 12.12.2012 (COM(2012) 743 final (dort unter 2.3.) nennt neben den deutschen auch noch die irischen Schuldner, die Vorteile aus den Schuldenbefreiungsmöglichkeiten des englischen Rechts suchen.
51 Vgl. dazu *Renger*, Wege zur Restschuldbefreiung nach dem Insolvency Act 1986, 2011, S. 21 und 187 ff.; *Dimmling* ZInsO 2007, 1198 ff.; *Hergenröder/Alsmann* ZVI 2007, 337 ff.
52 Vgl. dazu *Delzant/Schütze* ZInsO 2008, 540 ff.; *Hölzle* ZVI 2007, 1 ff.; *Walters/Smith*, Int. Insolv. Rev. 19 (2010), 181 (183) sprechen von einer »quiet invasion« deutscher Insolvenztouristen. Der Bericht der Kommission an das Europäische Parlament, den Rat und den Europäischen Wirtschafts- und Sozialausschuss über die Anwendung der Verordnung (EG) Nr. 1346/2000 des Rates vom 20. Mai 2000 über Insolvenzverfahren vom 12.12.2012 (COM(2012) 743 final, unter 2.3.) nennt als Ziel von Insolvenztouristen zudem noch Lettland. Demgegenüber ist im Verhältnis zu Belgien und den Niederlanden kein Restschuldbefreiungstourismus festzustellen (Vgl. *Hergenröder/Alsmann* ZVI 2009, 177 ff.).
53 *Walters/Smith*, Int. Insolv. Rev. 19 (2010), 181 (198 ff.).
54 So etwa High Court of Birmingham 29.08.2012, (2012) EWHC 2432 (CH) – Sparkasse Hilden Ratingen Verlbert v Benk and another – besprochen bei *Goslar* NZI 2012, 912 und im Fall Official Receiver v Mitterfellner (2009), BPIR 1075, 53; besprochen *Walters/Smith*, Int. Insolv. Rev. 19 (2010), 181 (195 ff.).
55 Official Receiver v. Eichler (2007), BPIR 1636; *Walters/Smith*, Int. Insolv. Rev. 19 (2010), 181 (195 ff.).
56 Dazu vor allem *Walters/Smith*, Int. Insolv. Rev. 19 (2010), 181 ff.

sei.⁵⁷ Über Schuldnern, die in England eine Insolvenzeröffnung erreicht haben und die sich unmittelbar anschließend – da ihre Interessen tatsächlich weiterhin in Deutschland liegen – nach Deutschland begeben, schwebt also das Damoklesschwert einer nachträglichen Annullierung der Eröffnungsentscheidung.⁵⁸ Im Hinblick auf eine angestrebte Restschuldbefreiung in **Elsass-Lothringen** ist zu beachten, dass die Cour de cassation – abweichend von der in Deutschland überwiegend vertretenen Anknüpfung – bei der Bestimmung des COMI offensichtlich eine flexible Einzelfallprüfung bevorzugt und hierbei dem gewöhnlichen Aufenthalt nur die Rolle eines (wenn auch wichtigen) Abwägungselements einräumt (siehe bereits oben Rdn. 13 und 16). Schuldner, die ihren gewöhnlichen Aufenthalt nur deshalb von Deutschland nach Elsass-Lothringen verlegen, um dort ein Restschuldbefreiungsverfahren durchzuführen, gehen damit das Risiko ein, dass die französischen Gerichte – selbst dann, wenn der Wechsel des gewöhnlichen Aufenthalts als solcher nicht in Frage steht – den COMI weiterhin in Deutschland lokalisieren. Überdies hat die Cour d'appel de Colmar in diesem Zusammenhang noch eine andere Möglichkeit aufgezeigt, flüchtigen Schuldnern in diesen Fällen den Weg zur Restschuldbefreiung zu verbauen: Dem ausländischen Schuldner, der nur zum Zwecke der Restschuldbefreiung nach Elsass-Lothringen umgezogen sei, um sich dort einer deutschen Steuerschuld zu entledigen, sei aus materiellrechtlichen Gründen die Gewährung der Restschuldbefreiung zu versagen; er sei nämlich nicht, wie von Art. L. 670–1 Code de commerce vorgeschrieben, im guten Glauben.⁵⁹

28 In Deutschland kann der nur vorgetäuschte Wechsel des gewöhnlichen Aufenthalts ins Ausland unliebsame Konsequenzen haben. Denkbar ist insb., dass die nur zum Schein erfolgte Verlegung des COMI für deutsche Gerichte Anlass ist, ihrerseits dem Schuldner die Restschuldbefreiung zu versagen. Versagungsgründe könnten sich aus § 290 Abs. 1 Nr. 1–4 InsO ergeben; zusätzlich ist denkbar, dass das Verhalten des Schuldners den Straftatbestand des § 283 Abs. 1 Nr. 8 StGB erfüllt.⁶⁰

3. Der COMI von Gesellschaften

a) Definitionsmerkmale im Einzelnen

aa) Bisheriger Meinungsstand

29 Im Falle der Gesellschaft war die genaue Bestimmung des COMI lange Zeit sehr umstritten. Dies gilt auch deshalb, weil die EuInsVO keine Definition enthält und ferner die Entstehungsgeschichte insoweit keine klaren Schlüsse zulässt.⁶¹ Die Unsicherheiten über die genauen Maßstäbe für die Bestimmung des COMI – und die Neigung u.a. der englischen Gerichte, im Zweifel eine eigene Zuständigkeit anzunehmen – haben in nicht wenigen Fällen zu konkurrierenden Verfahren geführt; mittelbar hat dies ein eigentümliches »*race to the courthouse*« befördert.⁶²

30 Nach einer in der Literatur häufig vertretenen Auffassung kommt es darauf an, an welchem Ort sich der »erkennbare, effektive Verwaltungssitz« der Gesellschaft befindet (sog. »**Sitztheorie**«).⁶³ Dies wird z.T. dahingehend konkretisiert, dass es auf den Ort ankomme, an dem »die grundlegenden Entscheidungen der Unternehmensleitung effektiv in laufende Geschäftsführungsakte umgesetzt wer-

---

57 High Court of Birmingham 29.08.2012, (2012) EWHC 2432 (CH) – Sparkasse Hilden Ratingen Verlbert v Benk and another – besprochen bei *Goslar* NZI 2012, 912.
58 So auch *Goslar* NZI 2012, 912 (917); *Renger*, Wege zur Restschuldbefreiung nach dem Insolvency Act 1986, 2011, S. 200 ff.
59 CA Colmar, 16.09.2008, RG n. 08/01786; BICC 2009. 709, n. 1321; zit. bei *Jude* Rev. crit. dr. int. privé 100 (2011), 907 (910).
60 Vgl. hierzu *Hölzle* ZVI 2007, 1 (5 ff.).
61 So auch Generalanwältin *Kokott*, Schlussanträge v. 10.03.2011 in der Rs. C-396/09 (Interedil), ZIP 2011, 918 (Rn. 62).
62 Gottwald/*Huber* 1 (11).
63 *Eidenmüller* NJW 2004, 3455 (3457); *Paulus* Rn. 27; *Huber* ZZP 114, 2001, 133 (141); Gebauer/Wiedmann/*Haubold* Rn. 52; *Borges* ZIP 2004, 733 (737).

den«[64] bzw. an dem die »zuständigen Mitglieder der obersten Unternehmensleitung die Weisungen zur Gestaltung des Tagesgeschäfts geben«.[65] Stärker gläubigerorientiert ist demgegenüber die bislang in Rechtsprechung und Literatur ebenfalls häufig vertretene Auffassung, die – mit Unterschieden im Einzelnen – auf den Ort der werbenden Tätigkeit der Gesellschaft abstellt (z.T. sog. **business-activity-theory**). Diese Auffassung berücksichtigt vor allem Merkmale, die für die Gläubiger unmittelbar wahrnehmbar sind; besondere Bedeutung haben hier insoweit die Mehrzahl der Kundenbeziehungen sowie der Einsatz von Personal und Vermögen.[66] Da der Verwaltungssitz der Gesellschaft einerseits und der Ort der tatsächlich werbenden Tätigkeit der Gesellschaft andererseits in verschiedenen Staaten liegen können, sollten »Sitztheorie« und »business activity-theory« im dogmatischen Ausgangspunkt streng voneinander unterschieden werden.

Insb. in der englischen Rechtsprechung ist – vor allem im Zusammenhang mit der Insolvenz von konzernabhängigen Unternehmen (s. unten Rdn. 36 ff.) – noch eine von den dargestellten Theorien abweichende Lösung vertreten worden. Abgestellt wurde im Kern darauf, an welchem Ort die wichtigen Strategieentscheidungen einer Gesellschaft getroffen werden (sog. **mind of management-Ansatz**, auch »head office functions doctrine« genannt).[67] Da dieser Ort aber für außenstehende Dritte nicht oder jedenfalls nicht zuverlässig feststellbar ist, entsprach der mind of management-Ansatz nicht den Vorgaben des 13. Erwägungsgrundes.[68] Dementsprechend hat sich die neuere englische Rechtsprechung auch wieder von diesem Ansatz entfernt.[69] **31**

bb) Bevorzugung der »Sitztheorie« durch den EuGH (»Interedil«)

In der Entscheidung »Interedil«[70] hat sich der EuGH dafür ausgesprochen, dass bei der Bestimmung des COMI grds. auf den **Ort der Hauptverwaltung**, wie er anhand von objektiven und durch Dritte feststellbaren Faktoren ermittelt werden kann, abzustellen ist. Der EuGH leitet dies vorrangig aus dem 13. Erwägungsgrund ab; in diesem wird darauf abgestellt, wo der Schuldner der »Verwaltung seiner Interessen« nachgeht. Auch ergibt sich nach dem EuGH aus der Vermutungsregel in Art. 3 Abs. 1 Satz 2, dass der Verordnungsgeber offenkundig den Hauptverwaltungssitz als das maßgebliche Merkmal angesehen habe.[71] **32**

Die Anknüpfung an den »Sitz der Hauptverwaltung« wird durch den EuGH allerdings dadurch ergänzt, dass dieser **Sitz für die Gläubiger feststellbar** sein müsse; dem Erfordernis der Feststellbarkeit ist nach dem EuGH dann Genüge getan, wenn die für eine Bestimmung des Ortes, an dem die Schuldnergesellschaft gewöhnlich ihre Interessen verwaltet, zu berücksichtigenden konkreten Umstände bekannt gemacht worden oder zumindest so transparent sind, dass Dritte, d.h. insb. die Gläubiger dieser Gesellschaft, davon Kenntnis haben können.[72] **33**

---

64 *Weller* ZGR 2008, 835 (856) in Anlehnung an *Sandrock* FS Beitzke 1979, 669 (683); ähnlich Gebauer/Wiedmann/*Haubold* Rn. 52.
65 Rauscher/*Mäsch* Rn. 8.
66 AG Mönchengladbach 27.04.2004, 19 IN 54/04, NZI 2004, 383 m. insoweit zust. Anm. *Lautenbach*; auch AG Weilheim i. OB 22.06.2005, IN 260/05, ZIP 2005, 1611 m. zust. Anm. *Pannen/Riedemann* EWiR 2005, 791; aus der Lit. etwa MüKo-InsO/*Reinhart* Rn. 31 ff. m. zahlr. Nachw.; *Kübler* FS Gerhardt 2004, 527 (548 ff.); *Herchen* ZInsO 2004, 825 (826 ff.); *Pannen/Pannen* Rn. 41 ff.; *Weller* IPRax 2004, 412 (415); ders. ZHR 169, 2005, 570 (582); *Lüer* FS Greiner 2005, 201 (207); *Schwemmer* NZI 2009, 355 (356). Näher zu den Merkmalen *Brünkmans* KsZW 2012, 319 (320).
67 Vgl. dazu etwa High Court of Justice Leeds 16.05.2003, Re-Daisytek-ISA, NZI 2004, 219 (221) und 672 L – Eröffnung eines Hauptinsolvenzverfahrens in England über u.a. drei deutsche GmbHs –; ausf. Darstellung der Rechtsprechung bei MüKo-InsO/*Reinhart* Rn. 8 ff.
68 MüKo-InsO/*Reinhart* Rn. 30; *Weller* ZGR 2008, 835 (855); *Hess/Laukemann/Seagon* IPRax 2007, 89 (90); Gebauer/Wiedmann/*Haubold* Rn. 51.
69 High Court of Justice London 03.07.2009, EWHC 1441 (CH), ZIP 2009, 1776.
70 EuGH 20.10.2011, C-396/09 – Interedil.
71 EuGH 20.10.2011, C-396/09, Rn. 48 – Interedil.
72 EuGH 20.10.2011, C-396/09, Rn. 49 – Interedil.

34 Die in der deutschen Literatur mit großer Intensität geführte Debatte um die »Sitztheorie« und die »business-activity-theory« ist damit durch den EuGH im Ausgangspunkt zugunsten der **Sitztheorie** entschieden worden.[73] Näher betrachtet ist allerdings die Rechtslage weiterhin noch nicht vollständig geklärt. Der EuGH scheint eher eine Klärung des COMI von Fall zu Fall anzustreben. Er führt dementsprechend nicht näher aus, was genau unter dem »Sitz der Hauptverwaltung« zu verstehen ist; eine unmittelbar subsumtionsfähige Definition hat er bislang der Praxis nicht an die Hand gegeben.[74]. Zusätzliche Unsicherheit entsteht dadurch, dass der EuGH im Rahmen des Art. 3 Abs. 1 Satz 2 – bei der Widerlegung der Vermutung zugunsten des satzungsmäßigen Sitzes (s. unten Rdn. 47 ff.) – Umstände für relevant hält, die für sich betrachtet nur sehr bedingt auf den Sitz der Hauptverwaltung schließen lassen (Orte, an denen eine wirtschaftliche Tätigkeit ausgeübt wird; Belegenheit von Vermögenswerten).[75] Es bleibt offen, ob diese Umstände nur im Rahmen einer Beweiswürdigung als bloße Indizien für den Sitz der Hauptverwaltung Verwendung finden sollen, oder ob es sich weitergehend um Umstände handelt, die ihrerseits den »Sitz der Hauptverwaltung aus der Gläubigerperspektive« inhaltlich näher konkretisieren sollen. In jedem Fall scheinen bei der Bestimmung des COMI letztlich doch – wenn auch ggf. nur auf der Ebene der Beweiswürdigung – Elemente der business-activity-theory eine gewisse Rolle zu spielen.[76] Im Bericht der Kommission betr. die Reform der EuInsVO werden der Ort, an dem der Schuldner seine Geschäftstätigkeit ausübt oder den Sitz seiner Hauptverwaltung hat, als für den COMI gleichrangig genannt; auch hier wird damit keine klare Differenzierung vorgenommen.[77] Letztlich ist ein Zustand von Rechtssicherheit noch nicht wirklich erreicht.

35 Für die Praxis ist bedeutsam, dass die im Ausgangspunkt vom EuGH favorisierte Sitztheorie für ein »**forum shopping**« des Schuldners durch Sitzverlegung vor Antragstellung einen gewissen Raum lässt. Zwar ist die Sitzverlegung bei Gesellschaften regelmäßig mit erheblichem Aufwand verbunden;[78] ungeachtet dessen hat es seit Inkrafttreten der EuInsVO mehrere – z.T. erfolgreiche – Versuche gegeben, den Sitz einer Gesellschaft rechtzeitig in einen (vermeintlich) sanierungsfreundlichen Mitgliedstaat zu verlegen und dort einen neuen COMI zu begründen. Zu nennen sind hier vor allem die Fälle Schefenacker und Deutsche Nickel.[79] Die business-activity-theory ist demgegenüber besser als die Sitztheorie dazu geeignet, diesem von der EuInsVO an sich bekämpften (vgl. 4. Erwägungsgrund) »forum shopping« Einhalt zu gebieten.[80]

---

73 *Brünkmans* KsZW 2012, 319 (320 f.); abw. *Cranshaw* DZWiR 2012, 53 (57).
74 Kritisch auch *Wolf* GPR 2012, 149 (151).
75 EuGH 20.10.2011, C-396/09, Rn. 52 und 53 – Interedil.
76 In diese Richtung die Interpretation des EuGH durch *Piekenbrock* LMK 2012, 327375. Zusätzliche Unsicherheit entsteht durch die Formulierung des EuGH, dass die Vermutung des Art. 3 Abs. 1 Satz 2 dann widerlegt sei, wenn eine Gesamtbetrachtung aller relevanten Faktoren die von Dritten überprüfbare Feststellung zulasse, dass sich der tatsächliche Mittelpunkt der Verwaltung und der Kontrolle der Gesellschaft sowie der Verwaltung ihrer Interessen in diesem anderen Mitgliedstaat befinde (EuGH 20.10.2011, C-396/09, Rn. 53 – Interedil). Offen bleibt unter anderem, was der EuGH in diesem Zusammenhang unter »Kontrolle« der Gesellschaft versteht (siehe dazu auch *Wolf* GPR 2012, 149 (152)).
77 Der Bericht der Kommission an das Europäische Parlament, den Rat und den Europäischen Wirtschafts- und Sozialausschuss über die Anwendung der Verordnung (EG) Nr. 1346/2000 des Rates vom 20. Mai 2000 über Insolvenzverfahren vom 12.12.2012 (COM(2012) 743 final, unter 3.1.: »Dem EuGH zufolge ist der Mittelpunkt der hauptsächlichen Interessen nach objektiven und zugleich für Dritte feststellbaren Kriterien zu bestimmen. Im Allgemeinen sind diese Kriterien an dem Ort erfüllt, an dem der Schuldner seine Geschäftstätigkeit ausübt oder den Sitz seiner Hauptverwaltung hat.«
78 Zu einer empirischen Untersuchung in diesem Bereich siehe *Eidenmüller/Frobenius/Prusko* NZI 2010, 545 ff.
79 Vgl. hierzu *Ringe* EBOR 2009, 579 (585 ff.); *Vallender* NZI 2007, 129 (131 f.); im Fall Hans Brochier wurde demgegenüber nur vorgespiegelt, dass eine Sitzverlegung nach England erfolgt; vgl. High Court of Justice Leeds, 15.08.2006, No. 5618/06, NZI 2007, 187; AG Nürnberg ZIP 2007, 81 (82); *Eidenmüller* KTS 2009, 137 (144).
80 Aus frz Sicht vgl. etwa *Jault-Seseke/Robine* Rev. crit. dr. int. pr. 101 (2012), 201 (207 f.).

b) **Sonderfälle**

aa) **COMI von konzernabhängigen Gesellschaften**

Die EuInsVO regelt nicht, wer im Einzelnen insolvenzfähig ist; sie gibt aber doch vor, dass es sich um eine natürliche Person oder ein sonstiges Rechtssubjekt – nicht notwendigerweise eine juristische Person – handeln muss (vgl. den 9. Erwägungsgrund sowie den erläuternden Bericht zur EuInsÜ).[81] Nicht Schuldner i.S.d. EuInsVO ist der Konzern (vgl. Art. 1 EuInsVO Rdn. 39 ff.). Bei konzernabhängigen Gesellschaften folgt daraus, dass der COMI für jede Gesellschaft gesondert zu bestimmen ist. Insb. besteht kein Automatismus dahingehend, dass der COMI einer Tochtergesellschaft am COMI der Muttergesellschaft liegt. Hiervon ist auch der EuGH in der Grundsatzentscheidung »Eurofood« ausgegangen.[82]

Ist nunmehr der COMI einer Tochtergesellschaft selbständig zu bestimmen, so stellt sich die Frage, ob hierbei die Konzernzugehörigkeit eine Rolle spielt. Gerade englische Gerichte haben in der Vergangenheit häufig angenommen, dass sich der COMI einer Tochtergesellschaft am COMI der englischen Muttergesellschaft befindet, da dort der »mind of management« für beide zu verorten sei. Mit dieser Begründung haben englische Gerichte sodann ein Hauptverfahren sowohl über die Mutter- als auch die Tochtergesellschaften in England eröffnen können.[83] Deutsche und andere kontinentaleuropäische Gerichte haben sich diese Rechtsprechung zum Vorbild genommen und den COMI der Tochter ebenfalls am COMI der Mutter lokalisiert. So hat etwa das AG München im Fall Hettlage ein Hauptinsolvenzverfahren über eine österreichische Konzerntochter eröffnet.[84] In der Folge hatte sich sodann – abweichend von der Konzeption der EuInsVO – letztlich doch ein Konzerngerichtsstand entwickelt.[85] Als Ursache für diese extensive Inanspruchnahme von Zuständigkeiten ist in der Literatur »der Kampf um den lukrativen Markt für grenzüberschreitende Insolvenzverwaltungen« gesehen worden.[86]

Der EuGH ist dem in der Entscheidung »Eurofood« entgegengetreten.[87] In der Entscheidung ging es um eine Gesellschaft, die in Irland gegründet worden war und die ihrer wirtschaftlichen Tätigkeit in Irland nachging. Die irische Gesellschaft war die hundertprozentige Tochtergesellschaft einer Gesellschaft mit COMI in Italien. Der EuGH ging davon aus, dass der COMI der irischen Gesellschaft in Irland und nicht – ungeachtet der Konzernabhängigkeit – in Italien lag. Wenn eine Gesellschaft ihrer Tätigkeit im Gebiet des Mitgliedstaats, in dem sich ihr satzungsmäßiger Sitz befindet, nachgehe, so reiche die Tatsache, dass ihre wirtschaftlichen Entscheidungen von einer Muttergesellschaft mit Sitz in einem anderen Mitgliedstaat kontrolliert werden oder kontrolliert werden können, nicht aus, um die in Art. 3 Abs. 1 Satz 2 aufgestellte Vermutung zu entkräften.[88]

Die Entscheidung des EuGH führt letztlich dazu, dass eine völlig selbständige Betrachtung der Tochtergesellschaft anzustellen ist. Nicht maßgeblich ist insb., dass am Sitz der Konzernmutter interne Entscheidungen getroffen werden, die auch die Tochtergesellschaft betreffen.[89] Auf den Grad der wirtschaftlichen Verflechtung zwischen Mutter- und Tochtergesellschaft kommt es ebenfalls nicht an. Dementsprechend kann ein (automatischer) COMI der Tochtergesellschaft am COMI der Muttergesellschaft nicht mit dem Argument begründet werden, dass der Fortbestand des Unternehmens

---

81 *Virgós/Schmit* Bericht Rn. 74 und 76.
82 EuGH 02.05.2006, C-341/04, Slg. 2006, I-3813, Rn. 26 ff. – Eurofood.
83 High Court of Justice Leeds 16.05.2003, AZ 861–876/03, NZI 2004, 219 (221) und 672 L – Eröffnung eines Hauptinsolvenzverfahrens in England über u.a. drei deutsche GmbHs.
84 AG München 04.05.2004, 1501 IE 1276/04, NZI 2004, 450 m.Anm. *Mankowski*.
85 *Mankowski* NZI 2004, 450.
86 *Liersch* NZI 2004, 141; *Mankowski* NZI 2004, 450.
87 EuGH 02.05.2006, C-341/04, Slg. 2006, I-3813, Rn. 26 ff. – Eurofood.
88 EuGH 02.05.2006, C-341/04, Slg. 2006, I-3813, Rn. 26 ff. – Eurofood.
89 EuGH 02.05.2006, C-341/04, Slg. 2006, I-3813, Rn. 36 – Eurofood; so bereits *Weller* IPrax 2004, 412 (415 f.).

der Tochtergesellschaft in seiner bisherigen Form durch den Fortbestand der wirtschaftlichen Einheit mit der Muttergesellschaft bedingt ist.[90] Eine »**Vermischung von Vermögensmassen**« ist in diesem Zusammenhang allenfalls von untergeordneter Bedeutung. Aus einer Vermischung der Vermögensmassen kann nach dem EuGH jedenfalls nicht zwangsläufig auf einen einzigen Mittelpunkt der Interessen geschlossen werden. Es könne nämlich nicht ausgeschlossen werden, dass eine solche Vermischung von zwei Verwaltungs- und Kontrollzentren organisiert wird, die sich in verschiedenen Mitgliedstaaten befinden.[91] Die Formulierung des EuGH lässt allerdings die Möglichkeit offen, dass ein Gericht die Vermögensbelegenheit und –vermischung bei der Lokalisierung des COMI – wenn auch nur ergänzend – als Indiz im Rahmen der notwendigen tatsächlichen Feststellungen berücksichtigt.[92]

40 Auch der **Vorschlag der Kommission** zur Reform der EuInsVO geht davon aus, dass der COMI bei konzernabhängigen Gesellschaften für jede Gesellschaft gesondert zu bestimmen ist und insbesondere nicht automatisch am Sitz der Muttergesellschaft liegt. Allerdings soll für Insolvenzverfahren gegen verschiedene Mitglieder derselben Unternehmensgruppe eine Koordinierungspflicht eingeführt werden (siehe bereits vor Art. 1 Rdn. 30). Ursprüngliche Vorschläge zur Schaffung besonderer Zuständigkeitsregeln im Falle der Konzerninsolvenz sind mittlerweile fallengelassen worden.[93]

bb) COMI bei Einstellung der werbenden Tätigkeit

41 Zu beachten ist schließlich noch die Konstellation, dass eine Gesellschaft ihre werbende Tätigkeit, noch bevor es zum Insolvenzantrag kommt, vollständig einstellt. In der Entscheidung »Interedil« hat sich der EuGH überzeugend dafür ausgesprochen, dass es in diesen Fällen nicht zu einem automatischen Rückfall der Zuständigkeit an den Satzungssitz kommt; maßgeblich ist der COMI, an dem der Schuldner zum **Zeitpunkt der vollständigen Einstellung** jeglicher Tätigkeit seinen COMI hatte.[94] Dem steht nicht entgegen, dass bei der Beurteilung des COMI auf den Zeitpunkt der Antragstellung abzustellen ist (vgl. Rdn. 57 ff.), denn die fortwirkenden Interessen der Gläubiger sind auch noch im Zeitpunkt der Antragstellung aktuell und daher zu berücksichtigen. Nur diese Lösung entspricht auch dem eigentlichen Ziel der EuInsVO, den Gläubigern eine objektiv feststellbare und vor allem vorhersehbare Zuständigkeit zur Verfügung zu stellen.[95] Hätte es die Gesellschaft in der Hand, durch die bloße Einstellung der werbenden Tätigkeit den COMI zu verändern, wäre die Vorhersehbarkeit für die Gläubiger gerade in diesem besonderen kritischen Fall nicht mehr gewährleistet (s. Rdn. 15 zu dem Parallelfall bei natürlichen Personen). In der Entscheidung »Interedil« hatte die Schuldnerin jede Geschäftstätigkeit eingestellt und war zudem bereits im Handelsregister gelöscht worden. Nach der zustimmenswerten Auffassung des BGH gelten die Grundsätze aus der Entscheidung »Interedil« aber auch dann, wenn die Eintragung im Handelsregister noch nicht gelöscht worden ist.[96]

42 Allerdings ist zu bedenken, dass ggf. der Sitz der Gesellschaft (nur) zum Zweck der Abwicklung in einen anderen Mitgliedstaat verlegt werden kann. Es stellt sich die Frage, ob dieses »forum shopping« (allein) zum Zwecke der Abwicklung hinzunehmen ist oder ihm ganz oder jedenfalls im Einzelfall die

---

90 So aber *Vallender/Deyda* NZI 2009, 825 (830).
91 EuGH 15.12.2011, C-191/10 – Rastelli Davide, NZI 2012, 147 (Rn. 38) mit auch insoweit zust. Anm. *Mankowski*.
92 Ähnlich *Mankowski* NZI 2012, 150 (151).
93 S. den Bericht des Rechtsausschusses v. 17.10.2011 (2011/2006[INI]) mit Empfehlungen an die Kommission zu Insolvenzverfahren im Rahmen des EU-Gesellschaftsrechts (Berichterstatter *Klaus-Heiner Lehne*).
94 EuGH 20.10.2011, C-396/09, Rn. 56 – Interedil; dem folgend BGH 01.12.2011 IX ZB 232/10, NJW 2012, 936; BGH 21.06.2012, IX ZB 287/11, ZIP 2012, 1920 (Rn. 10); zuvor aus der deutschen Rspr. AG Hamburg 01.12.2005, 67a IN 450/05, NZI 2006, 120 zu einer Limited mit tatsächlichem Sitz in Deutschland und im Erg. zust. Bespr. *Klöhn* NZI 2006, 383; MüKo-InsO/*Reinhart* Rn. 36 f.; MüKo-BGB/*Kindler* Rn. 35; Rauscher/*Mäsch* Rn. 12.
95 MüKo-InsO/*Reinhart* Rn. 36.
96 BGH 01.12.2011 IX ZB 232/10, NJW 2012, 936 (937, Rn. 15).

zuständigkeitsrechtliche Relevanz abgesprochen werden kann. Rechtsprechung und Literatur gelangten hier bislang z.T. zu unterschiedlichen Ergebnissen.[97]

Auch zu dieser Problematik hat die Entscheidung »Interedil« jedenfalls im Grundsatz Klarheit gebracht. Der EuGH geht davon aus, dass die Eröffnungszuständigkeit bei einer Verlegung des satzungsmäßigen Sitzes grds. auf die Gerichte des Mitgliedstaats übergeht, in dessen Gebiet sich der neue Sitz befindet.[98] Dies gelte auch, wenn die Schuldnergesellschaft zum Zeitpunkt der Antragstellung schon im Gesellschaftsregister gelöscht sei und jede Tätigkeit eingestellt habe.[99] In dem konkreten Sachverhalt verhielt es sich so, dass die Schuldnerin offenkundig an ihrem neuen Sitz nur noch Abwicklungsmaßnahmen vorgenommen hatte.[100] Aus der EuGH-Entscheidung ergibt sich somit, dass auch der Sitzwechsel einer kurz vor der Insolvenz stehenden oder sogar bereits »abwicklungsreifen« Gesellschaft zuständigkeitsrechtlich relevant ist. Der EuGH lässt hier also im Grundsatz auch in diesem Stadium ein »forum shopping« durch Sitzverlegung zu. Es ist vor diesem Hintergrund davon auszugehen, dass es auch zukünftig zu einem »forum shopping« angeschlagener Gesellschaften kommen wird.[101] 43

Genau zu prüfen ist aber, ob es sich im Einzelfall nicht um eine bloße **Scheinsitzverlegung** im Wege einer »Briefkastenfirma« usw. handelt. Dies ist für betroffene Gläubiger aber nur ein geringer Trost. Zumeist dürfte es durchaus zeitaufwändig und mühevoll sein, derartige Simulationen aufzudecken.[102] Ob darüber hinaus im Einzelfall auch ein allgemeiner **Rechtsmissbrauchseinwand** helfen kann, erscheint zweifelhaft. Hier steht insb. eine Klärung durch den EuGH noch aus (vgl. dazu Rdn. 61 ff.). Ein weiteres effektives Gegenmittel gegen gläubigerschädigende Sitzverlegungen könnte darin bestehen, eine bereits nach der alten *lex fori concursus* entstandene Haftung eines Geschäftsführers etc. wegen Insolvenzverschleppung ungeachtet der Sitzverlegung weiterhin nach der alten *lex fori concursus* zu beurteilen; hierfür spricht, dass es sich hierbei nach allgemeinen internationalprivatrechtlichen Grundsätzen um einen abgeschlossenen Tatbestand handelt.[103] 44

Ebenfalls zu beachten ist die Konstellation, in der eine Gesellschaft ihre Tätigkeit am bisherigen COMI vollständig einstellt, aber die Tätigkeit an einer (bisherigen) Niederlassung (noch) beibehält. Hier kommt man auf der Grundlage der vom EuGH vertretenen Auffassung zu dem Ergebnis, dass die bisherige Niederlassung durch die Einstellung der Tätigkeit am vormaligen COMI selbst zum COMI »aufsteigt«.[104] 45

cc) COMI in den Fällen einer Gesamtrechtsnachfolge

Der BGH hatte über einen Fall zu entscheiden, in dem die Schuldnerin, eine niederländische Gesellschaft, Komplementärin einer KG deutschen Rechts gewesen war.[105] Durch das Ausscheiden der einzigen Kommanditistin war das Vermögen der KG im Wege der Anwachsung vollständig auf die Schuldnerin übergegangen. In einer derartigen Konstellation ist auf den COMI der Schuldnerin und nicht den COMI der bereits zuvor erloschenen Gesellschaft (der KG) abzustellen; ein automatischer Übergang des COMI der erloschenen Gesellschaft auf die übernehmende Gesellschaft ist nicht 46

---

97 Einen Wechsel des COMI annehmen: AG Hamburg 09.05.2006, 67c IN 122/06, NZI 2006, 486; der Entscheidung zust. MüKo-InsO/*Reinhart* Rn. 37; Vgl. aber auch – eine wertende Betrachtung anstellend – AG Hamburg 16.08.2006, 67a IE 1/06, NZI 2006, 652 m. zust. Anm. *Klöhn*.
98 EuGH 20.10.2011, C-396/09, Rn. 56 – Interedil.
99 EuGH 20.10.2011, C-396/09, Rn. 57 – Interedil.
100 So die Generalanwältin *Kokott* in ihren Schlussanträgen, C-396/09, Rn. 71.
101 Zur vergleichbaren Problematik im nationalen Recht s. etwa Uhlenbruck/*Pape* § 3 InsO Rn. 12.
102 Zu einer Scheinsitzverlegung von Deutschland nach Frankreich s. LG Leipzig 27.02.2006, 12 T 1207/05, ZInsO 2006, 378.
103 Näher dazu *Weller*, FS Ganter 2010, S. 439 ff.
104 Abw. *Klöhn* NZI 2006, 383 (386).
105 BGH 01.12.2011 IX ZB 232/10, NJW 2012, 936.

anzunehmen.[106] Hat allerdings auch die Schuldnerin ihre Geschäftstätigkeit mittlerweile eingestellt, so kommt es unter Anwendung der Grundsätze aus »Interedil« auf ihren COMI im Zeitpunkt der Einstellung dieser Tätigkeit an (oben Rdn. 41).[107] Soweit sich die Geschäftstätigkeit der Schuldnerin auf die Mitwirkung in der (erloschenen) KG beschränkt hat, ist entsprechend allein diese (vormalige) Tätigkeit für die Bestimmung des COMI von Relevanz.

c) Vermutung zugunsten des Satzungssitzes (Art. 3 Abs. 1 Satz 2)

aa) Relevanz bei Nichtfeststellbarkeit des COMI

47   Nach Abs. 1 Satz 2 wird bei Gesellschaften und juristischen Personen bis zum Beweis des Gegenteils, also widerlegbar, vermutet, dass sich der COMI der Gesellschaft oder juristischen Person an deren satzungsmäßigem Sitz befindet. Die Vermutung ist von Bedeutung, wenn das deutsche Gericht – auch nach Wahrnehmung der Amtsermittlungspflicht gem. § 5 InsO – nicht feststellen kann, wo sich der COMI der Gesellschaft oder juristischen Person tatsächlich befindet. In diesem Fall ist der COMI hilfsweise am satzungsmäßigen Sitz der Gesellschaft oder der juristischen Person anzunehmen.

48   Im praktischen Ergebnis wird damit die Position der Mitgliedstaaten gestärkt, in denen sich der satzungsmäßige Sitz der Gesellschaft oder der juristischen Person befindet. Wird der Antrag bei dem Gericht eines Mitgliedstaats gestellt, in dem sich der satzungsmäßige Sitz der Gesellschaft oder der juristischen Person befindet, hat dieses im Falle eines »non liquet« von einer Identität von satzungsmäßigem Sitz und COMI auszugehen; es hat sodann seine internationale Zuständigkeit anzunehmen. Befindet sich der satzungsmäßige Sitz demgegenüber nicht in dem Mitgliedstaat, in dem der Insolvenzantrag gestellt worden ist, sondern in einem anderen Mitgliedstaat, hat das angerufene Gericht seine Zuständigkeit zu verneinen und den Antrag abzuweisen.[108] Befindet sich der satzungsmäßige Sitz in einem Drittstaat, ist im Falle eines non liquet ein COMI der Gesellschaft außerhalb der EU anzunehmen. Damit ist in diesem Fall die räumliche Anwendbarkeit der EuInsVO insgesamt zu verneinen. Das angerufene Gericht hat sodann seine internationale Zuständigkeit nach seinen autonomen (nationalen) Zuständigkeitsvorschriften zu prüfen (zu den räumlichen Anwendungsvoraussetzungen der EuInsVO vgl. Art. 1 EuInsVO Rdn. 42).

49   Fälle des non liquet dürften allerdings nicht allzu häufig vorkommen. Soweit bestimmte relevante Tatsachen noch nicht aufgeklärt sind, haben deutsche Gerichte aufgrund des Amtsermittlungsgrundsatzes regelmäßig weitere Nachforschungen anzustellen (s. näher Rdn. 53 ff.). Damit werden sich Zweifelsfälle regelmäßig auflösen lassen.

bb) Relevanz für den Gang der Prüfung

50   In der Entscheidung »Interedil« hat der EuGH allerdings – der Generalanwältin folgend – den satzungsmäßigen Sitz noch etwas stärker in den Vordergrund gestellt. Folgt man dem Gedankengang des EuGH, so steht die Feststellung des satzungsmäßigen Sitzes am Anfang der gerichtlichen Prüfung; hieraus entwickelt der EuGH letztlich ein Prüfungsprogramm für die mit dem Antrag befassten Gerichte.

51   Nach dem EuGH ist zunächst festzustellen, wo sich der satzungsmäßige Sitz der Gesellschaft befindet. Werde sodann in einem zweiten Schritt festgestellt, dass sich die Verwaltungs- und Kontrollorgane einer Gesellschaft am Ort ihres satzungsmäßigen Sitzes befinden und die Verwaltungsentscheidungen der Gesellschaft in für Dritte feststellbarer Weise an diesem Ort getroffen werden, komme die in Art. 3 Abs. 1 Satz 2 aufgestellte Vermutung in vollem Umfang zum Tragen. In diesem Fall scheide eine Widerlegung der Vermutung des Art. 3 Abs. 1 Satz 2 generell aus.[109]

---

106 *Reinhart* WuB 2012, 313; *Tashiro* LMK 2012, 329552.
107 BGH 01.12.2011 IX ZB 232/10, NJW 2012, 936 mit zust. Anm. *Riedemann* EWiR 2012, 175.
108 Vgl. *Vallender* KTS 2005, 283 (295).
109 EuGH 20.10.2011, C-396/09, Rn. 50 – Interedil.

Anders verhält es sich nach dem EuGH dann, wenn sich bei dem zweiten Prüfungsschritt Anhaltspunkte dafür ergeben, dass der satzungsmäßige Sitz und der tatsächliche Sitz der Gesellschaft in unterschiedlichen Staaten liegen. Maßgeblich sei, ob objektive und für Dritte feststellbare Elemente belegen, dass der tatsächliche Sitz in Wirklichkeit nicht am satzungsmäßigen Sitz liege. Hierbei könne das Gericht alle Orte berücksichtigen, an denen der Schuldner eine **wirtschaftliche Tätigkeit** ausübe. Von Relevanz seien darüber hinaus auch die Orte, an denen der Schuldner **Vermögenswerte** besitze; dies allerdings nur unter der Voraussetzung, dass diese für die Gläubiger erkennbar seien.[110] Die Umstände des Einzelfalls müssten im Gesamtergebnis zu der Feststellung führen, dass sich der Sitz der Gesellschaft in einem anderen Staat befinde.[111] Dementsprechend sind nach der hier vertretenen Auffassung die vom EuGH (beispielhaft) aufgeführten Umstände (insb. die wirtschaftliche Tätigkeit; Belegenheit von Vermögenswerten) richtigerweise nur insoweit von Relevanz, als sie im Einzelfall – aus der Gläubigerperspektive – Rückschlüsse auf den Sitz der Hauptverwaltung der Gesellschaft zulassen. Der Ort der wirtschaftlichen Tätigkeit dürfte hierbei von größerer Bedeutung sein als der Ort, an dem einzelne Vermögensgegenstände belegen sind.[112] Ferner dürfte eine differenzierte Bewertung einzelner Vermögensgegenstände vorzunehmen sein. »Flüchtige« Vermögensgegenstände wie Bankkonten dürften daher tendenziell, soweit für die Gläubiger überhaupt erkennbar, von geringerer Bedeutung sein als Grund- oder Betriebsvermögen.

52

cc) **Relevanz für den Amtsermittlungsgrundsatz**

In den Mitgliedstaaten, in denen die zuständigkeitsbegründenden Tatsachen von den Beteiligten vorgetragen werden müssen – in denen also i.S.d. deutschen Terminologie der Beibringungs- bzw. Verhandlungsgrundsatz auch diesbezüglich gilt –, wirkt sich die Vermutung des Abs. 1 Satz 2 auf die Darlegungs- und Beweislast aus: Derjenige, der einen COMI in dem betreffenden Mitgliedstaat behauptet, muss zunächst einmal nur darlegen, dass sich der satzungsmäßige Sitz der Gesellschaft bzw. der juristischen Person in dem betreffenden Mitgliedstaat befindet. Es liegt sodann an dem Beteiligten, der einen anderen COMI behauptet, die dafür maßgeblichen Tatsachen vorzutragen und ggf. zu beweisen.[113]

53

In Deutschland ist die internationale Zuständigkeit von **Amts wegen zu prüfen.** Der Grundsatz der Prüfung von Amts wegen besagt, dass Ermittlungen von Amts wegen nur durchzuführen sind, wenn hierfür ein hinreichender Anlass besteht.[114] Bezogen auf die internationale Zuständigkeit bedeutet dies nach dem BGH, dass ein Antragsteller alle die internationale Zuständigkeit begründenden Tatsachen angeben muss. Erst dann ermittelt das Gericht die seine internationale Zuständigkeit begründenden Umstände von Amts wegen. Anderenfalls ist der Antrag von vornherein als unzulässig anzusehen.[115]

54

Nach Auffassung des BGH hat die Vermutung des Abs. 1 Satz 2 Bedeutung für die Frage, wann eine Prüfpflicht des Gerichts ausgelöst wird bzw. ein Antrag zulässig ist: Das Gericht des satzungsmäßigen Sitzes des Schuldners dürfe zunächst von seiner internationalen Zuständigkeit ausgehen, solange sich nicht aus gerichtsbekannten Umständen oder dem Vortrag des Antragstellers etwas anderes ergebe. Damit kann sich der Antragsteller in diesem Fall grundsätzlich darauf beschränken, auf den satzungsmäßigen Sitz des Schuldners hinzuweisen. Demgegenüber habe ein Gläubiger, der einen Insolvenzantrag gegen eine Schuldnergesellschaft mit ausländischem Sitz bei einem deutschen Gericht

55

---

110 EuGH 20.10.2011, C-396/09, Rn. 51 – Interedil.
111 EuGH 20.10.2011, C-396/09, Rn. 52 – Interedil.
112 In diese Richtung CA Versailles, 19.01.2012, 11/03519, Bull. Joly Sociétés 2012, § 189 S. 329 m.Anm. *Dammann/de Germay*; Besprechung der Entscheidung bei *Damman/Müller* NZI 2012, 643.
113 Vgl. High Court of Justice Leeds 16.05.2003, Re-Daisytek-ISA, NZI 2004, 219 (221) und 672 L.
114 BGH 01.12.2011, IX ZB 232/10, NJW 2012, 936 (Rn. 11); nachfolgend BGH 19.07.2012, ZInsO 2012, 1472 (Rn. 10).
115 BGH 01.12.2011, IX ZB 232/10, NJW 2012, 936 (Rn. 12).

stelle, substantiiert zur internationalen Zuständigkeit des Gerichts und zum Interessenmittelpunkt der Schuldnerin vorzutragen.[116]

56 Soweit nach dem Vorstehenden – also insbesondere dann, wenn satzungsmäßiger Sitz des Schuldners und substantiiert behaupteter COMI auseinanderfallen – nach dem deutschen Verfahrensrecht eine Amtsermittlungspflicht des Gerichts besteht, wird diese allerdings nicht durch Abs. 1 Satz 2 beeinträchtigt. Der Vorschrift geht es, wie der BGH zutreffend feststellt, nicht darum, das Verfahrensrecht der Mitgliedstaaten zu modifizieren.[117]

C. Perpetuatio fori; Heilung der zunächst bestehenden Unzuständigkeit

I. Perpetuatio fori

57 Art. 3 enthält keine Regelung der Frage, auf welchen Zeitpunkt es für die Beurteilung der internationalen Zuständigkeit ankommt. Insoweit hat der EuGH aber eine grundsätzliche Klärung gebracht. Maßgeblicher Zeitpunkt für das Vorliegen der Anknüpfungsmerkmale zur Bestimmung der internationalen Zuständigkeit des Insolvenzgerichts ist der **Eingang des Eröffnungsantrags**. Art. 3 Abs. 1 ist hiernach dahin auszulegen, dass das Gericht des Mitgliedstaats, in dessen Gebiet der Schuldner bei Eingang des Eröffnungsantrags seinen COMI hat, für die Entscheidung über die Eröffnung dieses Verfahrens zuständig bleibt, wenn der Schuldner nach Antragstellung, aber vor der Eröffnungsentscheidung den COMI in das Gebiet eines anderen Mitgliedstaats verlegt.[118]

58 Nach dem EuGH gilt also der Grundsatz der *perpetuatio fori*. Der EuGH begründet dieses Ergebnis mit dem Ziel der EuInsVO, »forum shopping« des Schuldners zu verhindern. In der Tat wäre es nicht hinnehmbar, wenn der Schuldner nach Eingang des Insolvenzantrags noch die Möglichkeit hätte, den COMI und damit auch das anwendbare Insolvenzrecht zu verändern.[119]

59 Der BGH hat die Zuständigkeit des Gerichts am vormaligen COMI noch weiter gestärkt. Seiner Auffassung nach ist das Gericht eines Mitgliedsstaats, in dessen Gebiet der Schuldner bei Stellung eines Antrags auf Eröffnung des Insolvenzverfahrens seinen COMI hat, auch für **weitere Eröffnungsanträge** zuständig, die nach der Verlegung des COMI, aber vor rechtskräftiger Erledigung des Erstantrags bei ihm eingehen.[120] Der BGH führt hier die Argumentation des EuGH konsequent fort: Ein »forum shopping« wäre ebenfalls noch (eingeschränkt) möglich, wenn die Zuständigkeit des Gerichts, über weitere Insolvenzanträge zu entscheiden, durch eine zwischenzeitliche Verlegung des COMI entfiele. Die *perpetuatio fori* gilt auch dann, wenn der Schuldner die Forderung des Gläubigers, der den ersten Antrag auf Eröffnung des Insolvenzverfahrens gestellt hat, zwischenzeitlich beglichen hat.[121] Anderenfalls hätte es der Schuldner in der Hand, sich von der Zuständigkeit des Gerichts gewissermaßen »freizukaufen«.

II. Heilung einer zunächst fehlenden internationalen Zuständigkeit

60 Noch nicht Gegenstand der höchstrichterlichen Rechtsprechung war der Fall, dass ein COMI zum Zeitpunkt des Antragseingangs noch nicht besteht, sondern erst im laufenden Verfahren begründet wird. Die wohl allgemeine Meinung nimmt hier eine »Heilung« der zunächst noch fehlenden internationalen Zuständigkeit an. Hierfür spricht u.a. die Prozessökonomie. Würde der Antrag wegen ur-

---

116 BGH 01.12.2011, IX ZB 232/10, NJW 2012, 936 (Rn. 12).
117 BGH 01.12.2011, IX ZB 232/10, NJW 2012, 936 (Rn. 13); bestätigt in BGH 19.07.2012, ZInsO 2012, 1472 (Rn. 10).
118 EuGH 20.10.2011, C-396/09, Rn. 55 – Interedil; 17.01.2006, C-1/04, Slg. 2006, I-701, Rn. 29 – Susanne Staubitz-Schreiber; nachfolgend BGH 09.02.2006, IX ZB 418/02, NZI 2006, 297.
119 Zust. etwa *Mankowski* EWiR 2004, 229 (230), MüKo-InsO/*Reinhart* Rn. 48; *Paulus* Rn. 15.
120 BGH 02.03.2006, IX ZB 192/04, NZI 2006, 364.
121 BGH 02.03.2006, IX ZB 192/04, NZI 2006, 364 (365).

sprünglicher Unzuständigkeit abgewiesen, könnte er schlicht wiederholt werden.[122] Für Kompetenzkonflikte ist die Entscheidung »Eurofood« zu beachten (s. Rdn. 69 ff.).[123]

D. Rechtsmissbrauch

Wird der COMI noch vor Eingang des (ersten) Insolvenzantrags bei Gericht in einen anderen Mitgliedstaat verlegt, ist die Zuständigkeit des Mitgliedstaats, in dem sich der COMI bisher befand, nach dem soeben Gesagten (s. Rdn. 57) nicht mehr gegeben; international zuständig sind dann die Gerichte des Mitgliedstaats, in dem sich der COMI mittlerweile (neu) befindet. Allerdings ist zu berücksichtigen, dass eine Verlegung des COMI kurz vor Eingang eines Antrags auf Insolvenzeröffnung häufig nur zum Schein vorgenommen wird.[124] Je kürzer der zeitliche Abstand zwischen der (vermeintlichen) Verlegung des COMI und dem Eingang des Insolvenzantrags ist, desto eher ist dies Anlass zu prüfen, ob es tatsächlich zu einer Verlegung des COMI gekommen ist (s. bereits Rdn. 26 ff.).

61

Ist eine Simulation nicht festzustellen und der COMI kurz vor Eingang des Insolvenzantrags in einen anderen Mitgliedstaat verlegt worden, bleibt als letzte Korrekturmöglichkeit nur noch der (allgemeine) Einwand des **Rechtsmissbrauchs**. In der Literatur wird dem Rechtsmissbrauchseinwand z.T. erhebliche Bedeutung beigemessen.[125] Nach der Gegenauffassung ist in den Zuständigkeitsregeln der EuInsVO für einen Rechtsmissbrauchseinwand kein Platz.[126]

62

Zum autonomen deutschen Recht hat der BGH für den besonderen Fall der Restschuldbefreiung – bei der Prüfung eines anerkennungsrechtlichen ordre public – eine eher zurückhaltende Anwendung des Rechtsmissbrauchsgedankens vorgenommen. Es sei schon im Allgemeinen zweifelhaft, ob die Wohnsitzverlegung in einen anderen Staat zu dem Zweck, unter erleichterten Bedingungen von Schulden befreit zu werden, als solche rechtsmissbräuchlich sei.[127] Jedenfalls scheide ein Rechtsmissbrauch aus, wenn der Schuldner andere sachliche Gründe für die Wohnsitzverlegung gehabt habe, wie z.B. höheres Gehalt, wirksamerer Krankheitsschutz, geringere Steuerbelastung, höhere Lebensqualität.[128]

63

Zur EuInsVO hat der BGH demgegenüber entschieden, dass eine »manipulative« Sitzverlegung und ein »künstlich hergestellter Verwaltungssitz« zu keinem Wegfall des vor der Manipulation bestehenden deutschen COMI führen. Im konkreten Fall war die »manipulative« Sitzverlegung durch die Bestellung eines neuen Geschäftsführers mit Sitz in Spanien erreicht worden.[129]

64

Der EuGH hat die Problematik des Rechtsmissbrauchs als solche noch nicht behandelt.[130] Die Generalanwältin *Kokott* hat die Frage nach einem möglichen Rechtsmissbrauch in der »Interedil«-Entscheidung aufgeworfen, aber letztlich – da nicht entscheidungserheblich – nicht beantworten müssen. Die Frage einer potenziellen Rechtsmissbräuchlichkeit einer Sitzverlegung werfe »interessante Fragen« im Spannungsfeld zwischen den Grundfreiheiten der Schuldner einerseits sowie dem Gläubigerschutz und der im vierten Erwägungsgrund der Verordnung angesprochenen Vermeidung des

65

---

122 Etwa Rauscher/*Mäsch* Rn. 33; *Mankowski* NZI 2005, 575 (576).
123 EuGH 02.05.2006, C-341/04, Slg. 2006, I-3813, Rn. 45 ff.
124 Da der Vorlage des Tribunale di Bari keine dahingehenden Anzeichen zu entnehmen waren, ging der EuGH in der »Interedil«-Entscheidung nicht darauf ein, Vgl. Schlussanträge der Generalanwältin *Kokott*: C-396/09, Rn. 72.
125 Ausf. *Eidenmüller* KTS 2009, 137 (147 ff.); MüKo-BGB/*Kindler* Rn. 34; sa – im Erg. aber abl. – *Duursma-Kepplinger* ZIP 2007, 896 (900).
126 Gebauer/Wiedmann/*Haubold* Rn. 73d; *Duursma-Kepplinger* ZIP 2007, 896 (900); *Weller* ZGR 2008, 835 (849 f.); im Einzelfall einen Rechtsmissbrauch abl. AG Köln 19.02.2008, 73 IE 1/08, NZI 2008, 257.
127 Dies bejahend *dAvoine* NZI 2011, 310 (für den Fall eines ehemals selbständig wirtschaftlich tätigen Schuldners, der nach Erteilung der Restschuldbefreiung wieder nach Deutschland zurückkehren möchte).
128 BGH 18.09.2001, IX ZB 51/00, NJW 2002, 960.
129 BGH 13.12.2007, IX ZB 238/06, IPRspr 2007, Nr. 254, 722.
130 EuGH 20.10.2011, C-396/09 – Interedil.

»forum shopping« andererseits auf.[131] Da das vorlegende Gericht jedoch keine Frage in diese Richtung formuliert hatte und sich dem geschilderten Sachverhalt keine hinreichenden Anhaltspunkte für einen Rechtsmissbrauch entnehmen ließen, sah die Generalanwältin keinen Anlass, hierzu näher Stellung zu nehmen.[132] Die Generalanwältin wirft noch an anderer Stelle – dort ohne Bezugnahme auf den Rechtsmissbrauchseinwand – die Frage auf, ob bei einem »unmittelbaren zeitlichen Zusammenhang« zwischen Sitzverlegung und Antragstellung von dem Grundsatz, dass es für die Beurteilung auf den Zeitpunkt der Antragstellung ankomme, eine Ausnahme zu machen sei.[133] Auch hierzu nimmt sie nicht abschließend Stellung. Da zwischen Sitzverlegung und Insolvenzantrag mehr als ein Jahr vergangen sei, sei diese Frage nicht zu erörtern.

66 Ungeachtet dessen lassen sich dem Urteil des EuGH und der Argumentation der Generalanwältin doch einige Anhaltspunkte dafür entnehmen, wann ein Rechtsmissbrauchseinwand generell ausscheidet und wann er ggf. in Betracht kommt. Allein der Umstand, dass eine Gesellschaft an dem neuen Sitz ausschließlich Abwicklungsmaßnahmen vorgenommen hat, begründet den Einwand des Rechtsmissbrauchs nicht; der EuGH ist in diesem Fall – ohne den Rechtsmissbrauch überhaupt anzusprechen – von einer Relevanz des Sitzwechsels und einem COMI am neuen Sitzstaat ausgegangen.[134] Dementsprechend dürfte ein Rechtsmissbrauch erst recht ausscheiden, wenn eine Gesellschaft den Sitz wechselt, um unter dem (sanierungsfreundlicheren) neuen Insolvenzstatut Restrukturierungsversuche zu unternehmen. Dasselbe dürfte in den Fällen der Privatinsolvenz gelten, wenn die Verlegung eines gewöhnlichen Aufenthalts vornehmlich oder sogar ausschließlich dazu dient, von bestimmten Vorschriften über die Restschuldbefreiung zu profitieren.

67 Nach der hier vertretenen Auffassung kommt dem Rechtsmissbrauchseinwand nur in den Fällen Bedeutung zu, in denen es dem Schuldner darum geht, seinen Sitz bzw. gewöhnlichen Aufenthalt zu verschleiern sowie Vermögen beiseite zu bringen und sich auf diese Weise dem Zugriff der Gläubiger zu entziehen. Ein Fall der illegalen »Firmenbestattung« – wie er der in Rdn. 64 genannten Entscheidung des BGH zugrunde lag – dürfte sich also mit dem Gedanken des Rechtsmissbrauchs lösen lassen.

68 Näher betrachtet lässt sich allerdings bezweifeln, ob in diesen Fällen der Weg über den »Rechtsmissbrauch« überhaupt notwendig bzw. möglich ist. Insb. ist zu bedenken, dass man sich in eine gewisse Nähe zur Lehre vom »forum non conveniens« begibt, wenn man eine an sich gegebene Zuständigkeit deshalb entfallen lässt, weil die Verlegung von Sitz oder gewöhnlichem Aufenthalt »missbräuchlich« gewesen sei; diese ist aber als solche weder in die EuGVVO noch in die EuInsVO übernommen worden. Vorzugswürdig ist daher eine Lösung, die den Fällen der illegalen Firmenbestattung bereits durch eine interessengerechte Auslegung des Art. 3 Rechnung trägt. In der Entscheidung »Interedil« hat der EuGH deutlich darauf hingewiesen, dass es auch bei Anwendung der »Sitztheorie« darauf ankommt, ob der Sitz der Hauptverwaltung für die Gläubiger »feststellbar« ist (vgl. Rdn. 33). Hat eine Sitzverlagerung einer Gesellschaft im Wesentlichen das Ziel, sich dem Zugriff der Gläubiger zu entziehen und Vermögen zu verschleiern bzw. zu verschieben, ist diese Feststellbarkeit für die Gläubiger nicht mehr gewährleistet. Daraus lässt sich ggf. – ohne Rückgriff auf eine gesonderte Prüfung eines »Rechtsmissbrauchs« – ableiten, dass ein derartiger für die Gläubiger nicht feststellbarer Sitzwechsel unbeachtlich ist. Ähnlich kann auch in den Fällen der Verlegung des gewöhnlichen Aufenthalts nur zum Zwecke des »Untertauchens« argumentiert werden.

---

131 Schlussanträge Generalanwältin *Kokott*: C-396/09, Rn. 72.
132 Schlussanträge Generalanwältin *Kokott*: C-396/09, Rn. 72.
133 Schlussanträge Generalanwältin *Kokott*: C-396/09, Rn. 48.
134 EuGH 20.10.2011, C-396/09 – Interedil.

E. Kompetenzkonflikte

I. Überblick

Nach der Grundkonzeption der EuInsVO besteht zu einem bestimmten Zeitpunkt immer nur ein COMI ein und desselben Schuldners. Daraus könnte man schließen, dass es in der EuInsVO praktisch nicht zu Kompetenzkonflikten zwischen Gerichten verschiedener Mitgliedstaaten kommen kann, es also insb. ausgeschlossen ist, dass sich zwei Gerichte aus verschiedenen Mitgliedstaaten gleichermaßen für zuständig halten. Indes haben **positive Kompetenzkonflikte** im Anwendungsbereich der EuInsVO eine überraschend große Bedeutung erlangt. Dies ist u.a. darauf zurückzuführen, dass nicht alle Mitgliedstaaten die für den COMI tatsächlichen Umstände von Amts wegen feststellen, sondern dies z.T. – wie etwa in England – weitgehend dem Vortrag der Parteien überlassen. Vor allem aber war bislang – bis zur klärenden »Interedil«-Entscheidung des EuGH – bei Gesellschaften weithin unklar, nach welchen (genauen) Maßstäben der COMI zu bestimmen war (vgl. Rdn. 29 ff.). Dementsprechend ist es gerade im Verhältnis der englischen Gerichte zu deutschen Gerichten zu sog. positiven Kompetenzkonflikten gekommen, insb. dazu, dass sich englische Gerichte für international zuständig gehalten haben, obwohl aus Sicht der deutschen Gerichte eine internationale Zuständigkeit Deutschlands gegeben war (vgl. Rdn. 31). Etwas weniger im Blickpunkt stehen bislang **negative Kompetenzkonflikte**, also die Fälle, in denen sich kein Gericht eines Mitgliedstaats für international zuständig hält, obwohl der COMI des Schuldners in der EU liegt (vgl. Rdn. 94 f.). 69

Von den dargestellten Kompetenzkonflikten zu unterscheiden ist die »Konkurrenz« zwischen **insolvenzrechtlich** zu qualifizierenden Ansprüchen einerseits und **gesellschaftsrechtlich** bzw. deliktsrechtlich zu qualifizierenden Ansprüchen andererseits. Hier kommen auf der Zuständigkeitsebene die EuInsVO (für insolvenzrechtlich zu qualifizierende Ansprüche) und die EuGVVO (für nicht insolvenzrechtlich zu qualifizierende Ansprüche) nebeneinander zur Anwendung; es verhält sich insb. nicht so, dass die EuGVVO in diesen Fällen kraft Sachzusammenhangs auch auf insolvenzrechtliche Ansprüche anzuwenden ist (vgl. dazu näher Art. 4 EuInsVO Rdn. 64 ff.). 70

II. Positive Kompetenzkonflikte

1. Grundsätze nach der Entscheidung »Eurofood«

a) Prioritätsgrundsatz

Der Konflikt zwischen zwei Gerichten aus unterschiedlichen Mitgliedstaaten, die beide für sich eine internationale Zuständigkeit in Anspruch nehmen (sog. positiver Kompetenzkonflikt), ist nach dem EuGH nach dem Prioritätskonflikt zu lösen. Es setzt sich maW das Verfahren durch, das als **erstes eröffnet** worden ist.[135] 71

Der Ausgangspunkt der Lösung des EuGH besteht darin, dass das in einem Mitgliedstaat eröffnete Verfahren nach Art. 16 in dem anderen Mitgliedstaat anzuerkennen ist, ohne dass dieser die Zuständigkeit des Gerichts des Eröffnungsstaats überprüfen kann. Daraus folge, dass Art. 16 letztlich eine »**Prioritätsregel**« aufstelle. Diese Lösung entspreche auch dem 22. Erwägungsgrund zur EuInsVO.[136] Soweit ein Beteiligter der Auffassung ist, dass das Gericht, das als erstes das Verfahren eröffnet hat, international unzuständig ist, muss er gegen diese Eröffnungsentscheidung in dem Eröffnungsstaat vorgehen. Das später eröffnete Hauptinsolvenzverfahren kann nicht mit der Begründung weiterbetrieben werden, dass es bei dem früher eröffneten Verfahren an einer internationalen Zuständigkeit fehle. In den anderen Mitgliedstaaten verbleibt allerdings noch die Möglichkeit, Sekundärinsolvenzverfahren durchzuführen (vgl. Rdn. 91 ff., 107, Art. 27 EuInsVO Rdn. 3). 72

---

135 EuGH 02.05.2006, C-341/04, Slg. 2006, I-3813, Rn. 45 ff. – Eurofood.
136 EuGH 02.05.2006, C-341/04 Slg. 2006, I-3813, Rn. 49 – Eurofood.

b) Autonome Bestimmung des Zeitpunkts der Eröffnungsentscheidung

73 Nach dem EuGH kommt es damit entscheidend auf den Zeitpunkt der Eröffnung an. Nach dem EuGH ist dieser Zeitpunkt nach autonomen Verordnungsmaßstäben festzulegen. Als »**Eröffnung des Insolvenzverfahrens**« sei dementsprechend nicht nur eine Entscheidung zu verstehen, die in dem für das Gericht, das die Entscheidung erlassen hat, geltenden Recht des Mitgliedstaats förmlich als Eröffnungsentscheidung bezeichnet wird. Als Eröffnungsentscheidung gelte vielmehr auch jede Entscheidung, die infolge eines auf die Insolvenz des Schuldners gestützten Antrags auf Eröffnung eines in Anhang A der Verordnung genannten Verfahrens ergeht, wenn diese Entscheidung den Vermögensbeschlag gegen den Schuldner zur Folge hat und durch sie ein in Anhang C der Verordnung genannter Verwalter bestellt wird. Ein solcher Vermögensbeschlag bedeute, dass der Schuldner die Befugnisse zur Verwaltung seines Vermögens verliere. In einem solchen Fall seien die beiden charakteristischen Folgen eines Insolvenzverfahrens, nämlich die Bestellung eines in Anhang C genannten Verwalters und der Vermögensbeschlag gegen den Schuldner, wirksam geworden und damit alle konstitutiven Elemente der Definition eines solchen Verfahrens durch Art. 1 Abs. 1 gegeben.[137] Bei dem durch das Gericht bestellten Verwalter könne es sich auch um einen »vorläufigen Verwalter« i.S.d. nationalen Rechts handeln.[138] Rückwirkungsfiktionen des nationalen Rechts spielen bei der Behandlung positiver Kompetenzkonflikte keine Rolle.[139]

74 Aus deutscher Sicht stellt sich im Anschluss an die Entscheidung des EuGH die Frage, welche Entscheidungen deutscher Gerichte in dem dargestellten Sinne als »Eröffnungsentscheidungen« anzusehen sind. Eindeutig ist, dass die Anordnung eines vorläufigen Insolvenzverfahrens dann ausreicht, wenn ein »**starker**« **vorläufiger Insolvenzverwalter** bestellt wird.[140]

75 Überwiegend wird aber weitgehend die Auffassung vertreten, dass die Anordnung einer vorläufigen Insolvenzverwaltung auch im Übrigen genügen kann. Dies gelte insb. dann, wenn sie mit der Anordnung verbunden wird, dass Verfügungen des Schuldners nur noch mit **Zustimmung des vorläufigen Insolvenzverwalters** wirksam sind.[141] Hierfür spricht u.a. die weite Definition des »Verwalters« in Art. 2 Buchst. b). Hiernach wird als ein Verwalter auch diejenige Person angesehen, die lediglich die »Geschäftstätigkeit des Schuldners zu überwachen« hat. Jedenfalls vor diesem Hintergrund dürfte eine derartige Verwaltertätigkeit auch der dargestellten Definition des EuGH entsprechen.[142] Dies gilt umso mehr, als der vorläufige Verwalter in Anhang C zur EuInsVO aufgeführt ist. Die Einbeziehung der vorläufigen Verwaltung mit Zustimmungsvorbehalt entspricht dem vom EuGH aufgestellten Postulat, dass der in Art. 16 enthaltene »Anerkennungsgrundsatz so bald wie möglich im Lauf des Verfahrens Anwendung finden kann«.[143]

76 Ausreichend dürfte daneben auch noch die Bestellung eines vorläufigen Verwalters sein, wenn sie mit der Anordnung eines auf bestimmte Bereiche **begrenzten Zustimmungsvorbehalts** verbunden ist. Auch dies führt zu einem (hinreichenden) Vermögensbeschlag i.S.d. in »Eurofood« aufgestellten Definition.[144]

---

137 EuGH 02.05.2006, C-341/04, Slg. 2006, I-3813, Rn. 54 – Eurofood.
138 EuGH 02.05.2006, C-341/04, Slg. 2006, I-3813, Rn. 55 f. – Eurofood.
139 MüKo-BGB/*Kindler* Art. 2 Rn. 17; unzutr. daher Stadtgericht Prag 26.04.2005, 78 K 6/05–127, ZIP 2005, 1431 m. krit. Bspr. *Herchen* ZIP 2005, 1401.
140 AG Köln 06.11.2008, 71 IN 487/07, NZI 2009, 133.
141 So etwa *Reinhart* NZI 2009, 73 (74); *Hess/Laukemann/Seagon* IPRax 2007, 89 (94); *Herchen* NZI 2006, 435 (436 f.); *Freitag/Leible* RIW 2006, 641 (646); *Knof/Mock* ZIP 2006, 911 (921); *Saenger/Klockenbrink* EuZW 2006, 363 (366); *Duursma-Kepplinger* ZIP 2007, 896 (902); Pannen/*Riedemann* Rn. 34 ff.
142 *Herchen* NZI 2006, 435 (437).
143 EuGH 02.05.2006, C-341/04, Slg. 2006, I-3813, Rn. 52 – Eurofood.
144 *Herchen* NZI 2006, 435 (437); auch *Dammann/Müller* NZI 2011, 752 (754); *Mankowski* BB 2006, 1753 (1758); Nachw. aus der Rspr bei *Dammann/Müller* NZI 2011, 752 (755); a.A. *Hess/Laukemann/Seagon* IPRax 2007, 89 (94 f.).

Noch weitergehend wird in der deutschen Literatur überlegt, ob nicht generell die vorläufige Insol- 77
venzverwaltung insgesamt erfasst sei, unabhängig davon, ob der vorläufige Insolvenzverwalter mit
einem Zustimmungsvorbehalt ausgestattet sei oder nicht.[145] Dies ist jedoch abzulehnen, da es an
dem vom EuGH in »Eurofood« geforderten Vermögensbeschlag fehlt. Erst recht nicht ausreichend
ist es, wenn bloß ein Eröffnungsantrag gestellt worden ist und noch keinerlei gerichtliche Entscheidung über die vorläufige Insolvenzverwaltung ergangen ist.[146]

Fraglich ist noch, ob auf den frühen Zeitpunkt der Eröffnung des Insolvenzverfahrens auch dann 78
abgestellt werden kann, wenn das Gericht – wie zumeist – bei Anordnung der vorläufigen starken
Insolvenzverwaltung bzw. der vorläufigen Insolvenzverwaltung mit Zustimmungsvorbehalt noch
keine (abschließende) **Prüfung der internationalen Zuständigkeit** vorgenommen hat. Nach einer
in der Literatur vertretenen Auffassung sollten die Bestellung eines vorläufigen Insolvenzverwalters
sowie die Anordnung eines Vermögensbeschlages nur dann als prioritätsauslösende Verfahrenseröffnung gelten, wenn das Gericht in dem Beschluss zugleich eine Zuständigkeit für den Vermögensbeschlag nach Art. 3 Abs. 1 annimmt.[147] Dieser Vorschlag würde aber dazu führen, dass diejenigen
Mitgliedstaaten, in denen der Amtsermittlungsgrundsatz gilt, gegenüber denjenigen Mitgliedstaaten, die insoweit (grds.) den Parteivortrag ausreichen lassen, benachteiligt würden. Auch lässt sich
der Vorschlag mit der Argumentation des EuGH kaum in Einklang bringen. Dieser hat allein darauf
abgestellt, dass derartige Anordnungen getroffen werden; an keiner Stelle der Entscheidung wird erwähnt, dass diese Maßnahmen erst dann von Relevanz sein sollen, wenn eine (abschließende oder
auch nur vorläufige) Zuständigkeitsprüfung vorgenommen worden ist. Der EuGH hat vielmehr betont, dass der in Art. 16 enthaltene »Anerkennungsgrundsatz so bald wie möglich im Lauf des Verfahrens Anwendung finden kann«. Da jedenfalls endgültige – nicht mehr mit Rechtsmitteln angreifbare – Entscheidungen über die internationale Zuständigkeit erst im Laufe des Verfahrens getroffen
werden, stünde ein derartiges (ungeschriebenes) Merkmal geradezu im Widerspruch zur Entscheidung des EuGH.[148] Der vom EuGH postulierte Prioritätsgrundsatz gilt daher auch dann, wenn
eine Zuständigkeitsprüfung nur vorläufig oder (noch) gar nicht vorgenommen wurde oder wenn
diese – auf ein Rechtsmittel hin – nochmals Gegenstand einer Prüfung ist.

Tatsächlich kann sich daher aus verschiedenen Gründen erst nach einiger Zeit herausstellen, dass das 79
erst später eröffnete Verfahren doch nicht in dem dargestellten Sinne von dem zuerst eröffneten Verfahren verdrängt wird. Eine interessengerechte Lösung lässt sich in diesen Fällen durch die Annahme
einer »schwebenden« Unwirksamkeit des zweiten Eröffnungsbeschlusses erreichen.[149] Soweit also in
dem zuerst eröffneten Verfahren der Antrag auf Eröffnung des Insolvenzverfahrens letztlich wegen
fehlender internationaler Zuständigkeit abgewiesen wird, ist das später eröffnete Verfahren fortzusetzen.[150]

c) (Flankierende) Anwendung von Art. 27 EuGVVO?

Die Regelung des Art. 27 EuGVVO ist demgegenüber unmittelbar im Anwendungsbereich der 80
EuInsVO nicht anwendbar. Allerdings wird in der Literatur eine entsprechende Anwendung der Vorschrift vorgeschlagen. Das Gericht, bei dem der Antrag auf Eröffnung des Insolvenzverfahrens später
gestellt worden ist, soll hiernach entsprechend Art. 27 EuGVVO das Verfahren zunächst einmal aussetzen und abwarten, ob das zuerst angerufene Gericht eine Eröffnungsentscheidung i.S.v. »Euro-

---

145 *Dammann/Müller* NZI 2011, 752 (754); *Herchen* NZI 2006, 435 (437); *Schilling/Schmidt* ZInsO 2006, 113 ff.; s. auch *Schmidt* ZIP 2007, 405 (406).
146 AG Köln 06.11.2008, 71 IN 487/07, NZI 2009, 133 (135).
147 MüKo-InsO/*Reinhart* Art. 2 Rn. 13; *ders.* NZI 2009, 73 (75).
148 EuGH 02.05.2006, C-341/04, Slg. 2006, I-3813, Rn. 52 – Eurofood.
149 So BGH 29.05.2008, IX ZB 102/07, NZI 2008, 572 (574).
150 BGH 29.05.2008, IX ZB 102/07, NZI 2008, 572 (574); Rauscher/*Mäsch* Rn. 43; a.A. – für Nichtigkeit des zweiten Eröffnungsbeschlusses – *Paulus* Rn. 43 Fn. 159.

food« trifft.[151] Der EuGH hat in der dargestellten Entscheidung »Eurofood« maßgeblich auf den Zeitpunkt der Verfahrenseröffnung abgestellt und dem Zeitpunkt der Antragstellung keine Bedeutung beigemessen. Es spricht deshalb mehr dafür, dass der EuGH damit einer »flankierenden« Anwendung von Art. 27 EuGVVO eine Absage erteilt hat.[152] Hierfür spricht auch, dass die entsprechende Anwendung von Art. 27 EuGVVO mit den Gegebenheiten des Insolvenzverfahrens nicht richtig vereinbar ist; anders als in den von der EuGVVO erfassten streitigen Verfahren wird das Insolvenzgericht von einem Antrag, der bei einem anderen Gericht gestellt worden ist, regelmäßig nicht erfahren. Informationspflichten dahingehend, dass ein Antrag gestellt worden ist, sieht die EuInsVO nicht vor. Damit hat das Gericht, bei dem ein Antrag gestellt worden ist, das Verfahren zu betreiben und ggf. selbst eine Eröffnung des Insolvenzverfahrens anzuordnen. Es kann dann dazu kommen, dass das später angerufene Gericht das zuerst angerufene Gericht »überholt« und sich damit das Verfahren vor diesem später angerufenen Gericht durchsetzt.[153]

2. Relevanz eines später eröffneten Verfahrens

a) Grundsätzliche Wirkungslosigkeit des Verfahrens

81 Aus dem Vorrang des zuerst eröffneten Verfahrens und der Anerkennung dieses Verfahrens nach Art. 16 folgt, dass ein später eröffnetes Verfahren grds. keine Rechtswirkungen erzeugen kann. Alles andere würde letztlich die von Art. 16 vorgeschriebene Anerkennung des zuerst eröffneten Verfahrens unterlaufen. Anders verhält es sich nur, wenn das Gericht, das das Verfahren zuerst eröffnet hat, letztlich seine internationale Zuständigkeit verneint. In diesem Fall kann das später eröffnete Verfahren fortgesetzt werden (vgl. Rdn. 79).

82 Der deutsche Gesetzgeber hat Vorschriften geschaffen, die diesen Vorgaben grds. entsprechen. Nach Art. 102 § 3 Abs. 1 Satz 1 EGInsO ist, solange das früher eröffnete Insolvenzverfahren anhängig ist, ein bei einem deutschen Insolvenzgericht gestellter Antrag auf Eröffnung eines solchen Verfahrens über das zur Insolvenzmasse gehörende Vermögen unzulässig. Ein entgegen dieser Vorschrift eröffnetes Verfahren darf nicht fortgesetzt werden (Art. 102 § 3 Abs. 1 Satz 2 EGInsO). Darf das deutsche Insolvenzgericht ein bereits eröffnetes Insolvenzverfahren nach Art. 102 § 3 Abs. 1 Satz 1 EGInsO nicht fortsetzen, so stellt es gem. Art. 102 § 4 Abs. 1 Satz 1 EGInsO von Amts wegen das Verfahren zugunsten der Gerichte des anderen Mitgliedstaats ein.

83 In der Literatur wird bezweifelt, ob sich diese Lösung nicht abschließend bereits aus der EuInsVO ergibt bzw. der deutsche Gesetzgeber überhaupt dazu befugt war, ein sich aus der EuInsVO ergebendes Auslegungs- und Lückenfüllungsproblem zu lösen.[154] Da sich aber jedenfalls keine grundsätzlichen Abweichungen vom Inhalt der EuInsVO bzw. von den Vorgaben des EuGH ergeben, kommt dieser Frage keine praktische Bedeutung zu (vgl. Anh. II Art. 102 § 3 EGInsO Rdn. 1 ff.).

84 Art. 102 § 4 Abs. 1 Satz 1 EGInsO ist von der Rechtsfolge her restriktiv auszulegen. Eine endgültige Einstellung sollte nur dann vorgenommen werden, wenn das Gericht des anderen Mitgliedstaats seine internationale Zuständigkeit rechtskräftig bejaht hat. Hat demgegenüber das Gericht des anderen Mitgliedstaats seine internationale Zuständigkeit noch nicht abschließend geprüft bzw. besteht noch die Möglichkeit, die Annahme der internationalen Zuständigkeit mit Rechtsbehelfen anzugreifen, sollte Art. 102 § 4 Abs. 1 Satz 1 EGInsO nur i.S. einer vorläufigen Einstellung verstanden werden; denn soweit in dem zuerst eröffneten Verfahren der Antrag auf Eröffnung des Insolvenzverfahrens letztlich wegen fehlender internationaler Zuständigkeit abgewiesen wird, ist das später in Deutschland eröffnete Verfahren fortzusetzen (vgl. Rdn. 79).

---

151 Rauscher/*Mäsch* Rn. 41; Gebauer/Wiedmann/*Haubold* Rn. 76; *Knof/Mock* ZIP 2006, 189 (191); *Laukemann* RIW 2005, 104 (111); abl. *Mankowski* KTS 2009, 453 (456 ff.); *Duursma-Kepplinger* ZIP 2007, 896 (902).
152 Anders – der EuGH habe die Frage nicht entschieden – Gebauer/Wiedmann/*Haubold* Rn. 76.
153 AG Köln 06.11.2008, 71 IN 487/07, NZI 2009, 133 (135) m.Anm. *Mankowski* KTS 2009, 453 ff.
154 Rauscher/*Mäsch* Rn. 42; *Oberhammer* ZInsO 2004, 761 (762).

b) »Restwirkungen« des später eröffneten Verfahrens?

Auch wenn das später in Deutschland eröffnete Verfahren grundsätzlich (zumindest schwebend) wirkungslos ist, schreibt ihm Art. 102 § 4 Abs. 2 EGInsO doch eine gewisse »Restwirkung« zu. Hiernach bleiben Wirkungen des Insolvenzverfahrens, die vor dessen Einstellung bereits eingetreten und nicht auf die Dauer dieses Verfahrens beschränkt sind, auch dann bestehen, wenn sie Wirkungen eines in einem anderen Mitgliedstaat eröffneten Insolvenzverfahrens widersprechen. Dies gilt nach Satz 2 der Vorschrift auch für Rechtshandlungen, die während des eingestellten Verfahrens vom Insolvenzverwalter oder ihm gegenüber in Ausübung seines Amtes vorgenommen worden sind. 85

Der BGH hat sich allerdings für eine teleologische Reduktion des Art. 102 § 4 Abs. 2 EGInsO ausgesprochen. Seiner Auffassung nach findet Art. 102 § 4 Abs. 2 EGInsO jedenfalls dann keine Anwendung, wenn dem deutschen Insolvenzgericht die vorherige Eröffnung des ausländischen Insolvenzverfahrens **bekannt** war. Der BGH begründet dieses Ergebnis mit einer Auslegung von Art. 102 § 4 Abs. 2 EGInsO. Diese Vorschrift sei § 3 DöKVAG nachgebildet. § 3 DöKVAG sei aber nur anwendbar, wenn dem inländischen Insolvenzgericht bei der Eröffnungsentscheidung das ausländische Verfahren nicht bekannt gewesen sei. Dies gelte entsprechend für Art. 102 § 4 Abs. 2 EGInsO.[155] 86

Die Begründung des BGH greift aber noch über den Fall der Kenntnis hinaus. Der BGH stützt sich nämlich primär darauf, dass nach Art. 17 und der Rechtsprechung des EuGH das zuerst eröffnete ausländische Insolvenzverfahren im Inland anzuerkennen ist. Aus der Anerkennung folge, dass auf die Berichtigung der Insolvenzforderungen einschließlich der Behandlung von Masseforderungen gem. Art. 4 allein das ausländische Insolvenzrecht des Staates der Verfahrenseröffnung heranzuziehen sei. Für eine Anwendung des deutschen Insolvenzrechts und für eine Wirksamkeit der Rechtshandlungen des inländischen Insolvenzverwalters bleibe angesichts dessen kein Raum. Art. 17 komme aber, da es sich um europäisches Verordnungsrecht handele, gegenüber Art. 102 § 4 Abs. 2 Satz 2 EGInsO ein Anwendungsvorrang zu. Im praktischen Ergebnis ist Art. 102 § 4 Abs. 2 Satz 2 EGInsO daher nach der weiteren Begründung des BGH auch dann nicht anwendbar, wenn dem deutschen Insolvenzgericht die Kenntnis von der Eröffnung eines Verfahrens in einem anderen Mitgliedstaat fehlt. Insgesamt ist damit Art. 102 § 4 Abs. 2 EGInsO jedweder Anwendungsbereich genommen.[156] 87

Der Nichtanwendung von Art. 102 § 4 Abs. 2 EGInsO ist zuzustimmen. Geht man davon aus, dass die EuInsVO die Anerkennung des ausländischen Insolvenzverfahrens vorschreibt, bleibt für ein inländisches Insolvenzverfahren kein Raum. Ließe man ungeachtet dessen doch gewisse Rechtswirkungen des deutschen Insolvenzverfahrens zu, käme dies einer teilweisen Nichtanerkennung des ausländischen Insolvenzverfahrens gleich. Weder aus der EuInsVO noch aus der Rechtsprechung des EuGH ergeben sich jedoch Anhaltspunkte dafür, dass eine derartige teilweise Nichtanerkennung möglich ist. 88

Nicht abschließend geklärt ist allerdings, ob den Beteiligten – dann, wenn ihnen die Eröffnung des ausländischen Insolvenzverfahrens nicht bekannt ist – ein kollisions- und materiellrechtlicher Vertrauensschutz zuzubilligen ist. Zwar wird man nicht davon ausgehen können, dass der »Scheinverwalter« in dem später eröffneten Verfahren nach Anscheinsgrundsätzen Verträge mit Bindungswirkung für den »richtigen« Hauptinsolvenzverwalter schließen kann. Dies käme wiederum einer (teilweisen) Nichtanerkennung des ausländischen Insolvenzverfahrens gleich und wäre damit mit den Vorgaben des EuGH in »Eurofood« nicht zu vereinbaren. Zu berücksichtigen ist aber, dass die EuInsVO ihrerseits durchaus in bestimmten Konstellationen Vertrauensschutz gewährt. Diese Vertrauensschutzvorschriften dürften in den Fällen einer nur scheinbar wirksamen Eröffnung eines Insolvenzverfahrens entsprechend heranzuziehen sein. So gewährt Art. 14 Vertrauensschutz für den 89

---

155 BGH 29.05.2008, IX ZB 102/07, BGHZ 177, 12, NZI 2008, 572 m. zust. Anm. *Mankowski* und Anm. *Laukemann* JZ 2009, 636.
156 So auch Rauscher/*Mäsch* Art. 3 Rn. 42 und – bereits vor der Entscheidung des BGH – *Weller* IPRax 2004, 412 (417); Gebauer/Wiedmann/*Haubold* Rn. 76b.

Fall, dass ein Dritter von dem Schuldner nach Insolvenzeröffnung gegen Entgelt einen unbeweglichen Gegenstand erwirbt. Näher betrachtet spricht einiges dafür, diese Vorschrift analog auf den Fall anzuwenden, in dem nicht der Schuldner selbst, sondern ein inländischer Scheinverwalter über den Gegenstand verfügt. Eine Gewährung von Vertrauensschutz kommt schließlich auch in Betracht, wenn ein Dritter in Unkenntnis der vorrangigen ausländischen Verfahrenseröffnung an den inländischen Scheinverwalter leistet. In diesem Fall ist der Leistende nicht weniger schützenswert als in dem von Art. 24 unmittelbar geregelten Fall, in dem er (schuldbefreiend) an den Schuldner persönlich leistet.[157]

90 Nicht durch »Eurofood« ausgeschlossen ist auch eine persönliche Haftung des Scheininsolvenzverwalters. Diese richtet sich nach der *lex fori concursus* des (Schein-)Eröffnungsstaates. Im deutschen Recht könnte man bei der Eingehung von Verträgen eine Eigenhaftung nach § 179 BGB (analog) annehmen[158] mit dem Argument, dass das Risiko enttäuschten Vertrauens auf die Wirksamkeit des Bestellungsaktes den Insolvenzverwalter nicht mehr als einen verfahrensbeteiligten Dritten treffe. Daneben kommt auch eine Amtshaftung des Eröffnungsgerichts in Betracht.[159]

c) Das später eröffnete Verfahren als Sekundärinsolvenzverfahren?

91 Wird in einem anderen Mitgliedstaat ein Hauptinsolvenzverfahren eröffnet, kann in Deutschland nachfolgend – soweit sich dort eine Niederlassung des Schuldners befindet, Art. 3 Abs. 2 Satz 1 i.V.m. Art. 2 Buchst. h) – noch ein Sekundärinsolvenzverfahren eröffnet werden. Dementsprechend erscheint es in den Fällen der (drohenden) positiven Kompetenzkonflikte häufig ratsam, zumindest hilfsweise die Eröffnung eines Sekundärinsolvenzverfahrens zu beantragen.[160] Damit erreicht man jedenfalls, dass das in Deutschland belegene Vermögen (Art. 2 Buchst. g) nach der deutschen *lex fori concursus secundariae* (Art. 28) verwertet wird

92 Fraglich ist vor diesem Hintergrund, ob ein fälschlich als Hauptinsolvenzverfahren eröffnetes Zweitinsolvenzverfahren stets einzustellen ist, oder ob es – soweit sich im Inland immerhin eine Niederlassung befindet – von Gesetzes wegen immerhin als Sekundärinsolvenzverfahren zu werten ist. Der BGH ist davon ausgegangen, dass das als Hauptinsolvenzverfahren eröffnete inländische Verfahren gänzlich ohne Wirkung ist. Die Eröffnung des inländischen Verfahrens sei zumindest schwebend unwirksam; der als Scheinverwalter anzusehende Verwalter dürfe nicht über die Masse verfügen.[161] Hieraus ergibt sich, dass der BGH Haupt- und Sekundärinsolvenzverfahren als unterschiedliche Verfahren ansieht; in einem (nichtigen) Beschluss zur Eröffnung eines Hauptinsolvenzverfahrens steckt nach Auffassung des BGH nicht als »minus« der Beschluss zur Eröffnung eines Sekundärinsolvenzverfahrens.[162]

93 In der Literatur wird demgegenüber z.T. die Auffassung vertreten, dass der insoweit nichtige Beschluss zur Eröffnung des Hauptverfahrens dann, wenn eine Niederlassung im Inland bestehe und daher eine Zuständigkeit nach Art. 3 Abs. 2 gegeben sei, automatisch kraft Gesetzes als Beschluss zur Eröffnung eines Sekundärinsolvenzverfahrens zu werten sei.[163] Art. 3 differenziere nicht zwischen der Eröffnung von Hauptinsolvenzverfahren und Sekundärinsolvenzverfahren, sondern kenne allein die Eröffnung von Insolvenzverfahren und lege diesen – je nach Zuständigkeit – eine

---

157 Vgl. Gebauer/Wiedmann/*Haubold* Rn. 76b.
158 AA *Laukemann* JZ 2009, 636 (638).
159 Zweifelnd *Laukemann* JZ 2009, 636 (638).
160 *Mankowski* NZI 2008, 575 (576).
161 BGH 29.05.2008, IX ZB 102/07, BGHZ 177, 12.
162 So auch die Interpretation des BGH durch *Fehrenbach* IPRax 2009, 51 (53 f.); zur Selbständigkeit der Verfahren s. aus der Lit. noch *Duursma-Kepplinger* ZIP 2007, 752 (753); *Staak* NZI 2004, 480; *Kemper* ZIP 2001, 1609 (1618).
163 *Fehrenbach* IPRax 2009, 51 (54 f.); ähnlich – das Verfahren sei durch Beschluss in ein Sekundärverfahren überzuleiten – MüKo-InsO/*Reinhart* Art. 102 § 3 EGInsO Rn. 14; *ders.* NZI 2009, 73 (79).

unterschiedliche Wirkung bei.[164] Dem dürfte allerdings die Formulierung in Art. 27 entgegenstehen, dem doch eine Unterscheidung zwischen dem »Verfahren nach Art. 3 Abs. 1 (Hauptinsolvenzverfahren)« und dem Sekundärinsolvenzverfahren entnommen werden kann. Auch ist zu berücksichtigen, dass derjenige, der ein Hauptinsolvenzverfahren beantragt, nicht notwendigerweise (hilfsweise) die Eröffnung eines Sekundärinsolvenzverfahrens begehrt und umgekehrt derjenige, der seinen Antrag auf ein Partikularverfahren richtet, die Eröffnung eines Hauptinsolvenzverfahrens betreiben möchte.[165] So können etwa Sekundärinsolvenzverfahren nur als Liquidationsverfahren i.S.v. Anhang B betrieben werden (Art. 27 Satz 2), was u.U. den Interessen eines Antragstellers, der mit einem Antrag auf Eröffnung eines Hauptinsolvenzverfahrens explizit Sanierungsinteressen verfolgt, entgegenliefe. Sieht man in der unwirksamen Eröffnung eines Hauptinsolvenzverfahrens automatisch eine Eröffnung eines Sekundärinsolvenzverfahrens, bekommt der Antragsteller damit u.U. etwas, das er nicht gewollt hat. Nach der hier vertretenen Auffassung spricht also mehr dafür, dass das Gericht den Antrag auf Eröffnung des Verfahrens ggf. nach Rücksprache mit dem Antragsteller ergänzend auszulegen hat und dann u.U. erneut einen – allerdings konstitutiven – Beschluss über die Eröffnung eines Sekundärinsolvenzverfahrens zu fassen hat. Diese Möglichkeit besteht allerdings nicht, wenn es sich um einen Antrag des Schuldners handelt und man mit der h.M. davon ausgeht, dass dieser nicht zur Beantragung eines Sekundärinsolvenzverfahrens befugt ist (vgl. Art. 29 EuInsVO Rdn. 18 ff.).

III. Negative Kompetenzkonflikte

1. Grundsätze nach der EuInsVO

Hält sich das Insolvenzgericht für international unzuständig, hat es den Antrag auf Eröffnung des Verfahrens zurückzuweisen. Eine bindende Verweisung an das international zuständige Gericht sieht die EuInsVO ebenso wenig vor wie die EuGVVO.[166] 94

In der Rechtsprechung ist eine Verweisung vereinzelt als möglich angesehen worden; allerdings sei das Gericht, an das verwiesen werde, nicht an diese Verweisung gebunden.[167] Die »Verweisung« hat in diesem Fall damit letztlich nur den Charakter einer bloßen Empfehlung. 95

2. Bindung deutscher Gerichte nach Art. 102 § 3 Abs. 2 EGInsO

Der deutsche Gesetzgeber hat allerdings eine gewisse Bindungswirkung eines ausländischen Beschlusses, in dem eine internationale Zuständigkeit verneint wird, in Art. 102 § 3 Abs. 2 EGInsO vorgesehen. Hiernach kann das deutsche Gericht, wenn nachfolgend in Deutschland ein Antrag auf Eröffnung eines Insolvenzantrags gestellt wird, die Eröffnung des Insolvenzverfahrens nicht mit der Begründung ablehnen, dass die Gerichte des anderen Mitgliedstaats zuständig seien. Ob sich der Regelungsgehalt des Art. 102 § 3 Abs. 2 EGInsO bereits aus der EuInsVO entnehmen lässt, erscheint zweifelhaft. Es scheint vielmehr, als ginge die Vorschrift über die EuInsVO hinaus. In jedem Fall ist jedoch anzunehmen, dass eine derartige »integrationsfreundliche« Regelung von der EuInsVO zugelassen wird und dementsprechend auch nicht vom EuGH beanstandet werden dürfte (vgl. näher Anh. II Art. 102 § 3 EGInsO Rdn. 7 ff.).[168] 96

---

164 *Fehrenbach* IPRax 2009, 51 (54 f.).
165 So aber im konkreten Fall – entsprechende Auslegung des Antrags – AG Mönchengladbach 27.04.2004, 19 IN 54/04, NZI 2004, 383 m. krit. Anm. *Lautenbach*.
166 *Vallender* KTS 2005, 283 (298).
167 So AG Hamburg 09.05.2006, 67c IN 122/06, NZI 2006, 486 (487) m.Anm. *Mankowski*.
168 Ähnlich wie Rauscher/*Mäsch* Rn. 47.

F. Sekundärinsolvenzverfahren; isolierte Partikularverfahren

I. Überblick

97 Die EuInsVO verwirklicht einen Kompromiss zwischen dem Universalitäts- und dem Territorialitätsprinzip. Grundsätzlich handelt es sich bei einem Insolvenzverfahren, das in einem Mitgliedstaat eröffnet wird, um ein sog. **Hauptinsolvenzverfahren**. Dieses wirkt in der gesamten EU.

98 Allerdings lässt die EuInsVO unter bestimmten Umständen auch Insolvenzverfahren zu, deren Wirkungen sich auf das Gebiet des Mitgliedstaates der Verfahrenseröffnung beschränken. Im Einzelnen handelt es sich um sog. Sekundärinsolvenzverfahren und hier um sog. isolierte Partikularverfahren. Der Begriff des Partikularverfahrens wird in der EuInsVO als Oberbegriff für beide Verfahren verwendet. Um Verwechslungen zu vermeiden, wird im Folgenden zwischen Sekundärinsolvenzverfahren und isolierten Partikularverfahren unterschieden.

99 Ein **Sekundärinsolvenzverfahren** kann eröffnet werden, nachdem ein Hauptinsolvenzverfahren in einem anderen Mitgliedstaat eröffnet worden ist. Voraussetzung ist, dass sich in dem Mitgliedstaat, in dem das Sekundärinsolvenzverfahren eröffnet werden soll, eine Niederlassung des Schuldners i.S.d. Art. 2 Buchst. h) befindet. Ferner muss es sich um ein Liquidationsverfahren handeln.

100 Ausnahmsweise kann ein Partikularverfahren auch eröffnet werden, ohne dass in einem anderen Mitgliedstaat ein Hauptinsolvenzverfahren eröffnet worden ist. In der Literatur wird hier vom **sog. isolierten Partikularverfahren** gesprochen. Ein isoliertes Partikularverfahren ist jedoch nur unter den besonderen Voraussetzungen von Art. 3 Abs. 4 zulässig.

101 Abs. 2–4 legen näher betrachtet nicht nur die internationale Zuständigkeit für Sekundärinsolvenz- und isolierte Partikularverfahren fest, sondern regeln umfassend die Voraussetzungen und die (territoriale) Wirkung dieser Verfahren. Detailregelungen zum Sekundärinsolvenzverfahren finden sich sodann in den Art. 27–38.

II. Sekundärinsolvenzverfahren

1. Voraussetzungen

a) Eröffnung eines Hauptinsolvenzverfahrens in einem anderen Mitgliedstaat

102 Ein sog. Sekundärinsolvenzverfahren kann nur eröffnet werden, wenn in einem anderen Mitgliedstaat zuvor ein **Hauptinsolvenzverfahren** eröffnet worden ist. Bei dem Hauptinsolvenzverfahren kann es sich nach dem EuGH auch um ein Verfahren handeln, das (nur) der Sanierung oder sonst einem Schutzzweck dient; dies gilt ungeachtet dessen, dass das Sekundärinsolvenzverfahren auf eine Liquidation des Schuldnervermögens ausgerichtet sein muss und daher Haupt- und Sekundärinsolvenzverfahren augenscheinlich eine unterschiedliche Zielrichtung haben können (Art. 3 Abs. 3 Satz 2, Art. 27 Satz 2). Der EuGH stützt sich hierbei zunächst auf den Wortlaut der genannten Bestimmungen. Zudem verweist er darauf, dass der Verwalter des Hauptinsolvenzverfahrens u.a. nach den Art. 33 und 34 Einfluss auf das Sekundärinsolvenzverfahren nehmen kann; daher sei dafür Sorge getragen, dass der Schutzzweck des Hauptinsolvenzverfahrens nicht durch das Sekundärinsolvenzverfahren gefährdet werde.[169] Eine **Eröffnung** eines Hauptinsolvenzverfahrens liegt nach Auffassung des EuGH nicht nur dann vor, wenn die Eröffnungsentscheidung i.S.d. Art. 2 Buchst. f) wirksam wird; vielmehr geht der EuGH davon aus, dass ein Sekundärinsolvenzverfahren bereits eröffnet werden kann, wenn das Hauptinsolvenzverfahren nur **vorläufig eröffnet** worden ist, soweit dies nur mit einem Vermögensbeschlag verbunden ist. In der deutschen Literatur wird aber ungeachtet dessen vielfach die Auffassung vertreten, dass ein Sekundärinsolvenzverfahren ein endgültig eröffnetes Hauptinsolvenzverfahren voraussetzt (vgl. näher Art. 29 EuInsVO Rdn. 4 ff.). Ist noch kein Hauptinsolvenzverfahren (vorläufig) eröffnet worden, so bleibt, soweit sich der COMI des Schuldners in

---

[169] EuGH 22.11.2012, C-116/11, NZI 2013, 106 (Rn. 58 ff.) – Bank Handlowy w Warzawie SA; *Schulz* EuZW 2013, 141 (145); krit. *Brinkmann* LMK 2013, 342774.

einem anderen Mitgliedstaat befindet, nur die Möglichkeit, ein isoliertes Partikularverfahren zu beantragen. Das in einem anderen Mitgliedstaat eröffnete Hauptinsolvenzverfahren muss zudem nach Maßgabe von Art. 16, 17 im Inland anerkannt werden. Die internationale Zuständigkeit des Gerichts, das das Hauptinsolvenzverfahren eröffnet hat, wird hierbei nicht nachgeprüft.[170]

Der Antragsteller hat bei Beantragung eines Sekundärinsolvenzverfahrens in Deutschland **substantiiert darzulegen**, dass im Antragszeitpunkt bereits ein anzuerkennendes Hauptinsolvenzverfahren in einem anderen Mitgliedstaat eröffnet worden ist. Sind die Angaben des Antragstellers unsubstantiiert und bessert er auch nach gerichtlichem Hinweis nicht nach, kann das angerufene Gericht den Antrag ohne weiteres als unzulässig zurückweisen.[171]   103

Die Eröffnung eines bloßen isolierten Partikularverfahrens in einem anderen Mitgliedstaat reicht nicht aus, um ein Sekundärinsolvenzverfahren zu eröffnen. Ist in einem anderen Mitgliedstaat ein isoliertes Partikularverfahren eröffnet worden, so kann nur ein Hauptinsolvenzverfahren oder – unter den besonderen Voraussetzungen von Art. 3 Abs. 4 – ein weiteres isoliertes Partikularverfahren eröffnet werden. Ob in dem anderen Mitgliedstaat ein Hauptinsolvenzverfahren oder nur ein isoliertes Partikularverfahren eröffnet worden ist, richtet sich nach dem Inhalt des dortigen Eröffnungsbeschlusses. Dieser ist von dem Gericht auszulegen, das über die Eröffnung eines Sekundärinsolvenzverfahrens zu entscheiden hat. Hierbei können auch nachfolgende Maßnahmen des ausländischen Gerichts berücksichtigt werden. So wird die Eröffnung eines Hauptinsolvenzverfahrens u.a. dadurch indiziert, dass das ausländische Gericht den Inhalt der Eröffnungsentscheidung nach Art. 21 Abs. 2 in Mitgliedstaaten bekanntmacht, in denen sich eine Niederlassung des Schuldners befindet.[172]   104

Ein Sekundärinsolvenzverfahren nach der EuInsVO kann auch nur eröffnet werden, wenn das Hauptinsolvenzverfahren in einem anderen Mitgliedstaat eröffnet worden ist. Liegt der COMI des Schuldners außerhalb der EU, und wird ein nach § 343 InsO anzuerkennendes **Hauptinsolvenzverfahren in einem Drittstaat** eröffnet, so kann ein Sekundärinsolvenzverfahren nach Maßgabe der autonomen deutschen Vorschriften eröffnet werden. Anzuwenden sind in diesem Fall die §§ 356–358 InsO.   105

b) Internationale Zuständigkeit

Sekundärinsolvenzverfahren können in den Mitgliedstaaten eröffnet werden, in denen sich eine Niederlassung des Schuldners befindet. Der Begriff der **Niederlassung** bestimmt sich nach Art. 2 Buchst. h). Danach reicht es nicht aus, dass der Schuldner in dem betreffenden Mitgliedstaat (nur) über Vermögen verfügt. Vielmehr müssen sämtliche Definitionsmerkmale des Art. 2 Buchst. h) erfüllt sein. Es muss also eine wirtschaftliche Aktivität nicht nur vorübergehender Art in dem Mitgliedstaat ausgeübt werden; weiter müssen zu diesem Zweck Personal und Vermögen eingesetzt werden (vgl. i.E. Art. 2 EuInsVO Rdn. 37 ff.).   106

Bisweilen wurde in anderen Mitgliedstaaten ein Hauptinsolvenzverfahren eröffnet, obwohl sich – näher betrachtet – der COMI des Schuldners nicht in dem Eröffnungsstaat, sondern in Deutschland befand. Es stellt sich die Frage, ob sodann in Deutschland (immerhin) ein Sekundärinsolvenzverfahren eröffnet werden kann. Dies ist zu bejahen, allerdings nur unter der Voraussetzung, dass die Merkmale einer »Niederlassung« (Art. 2 Buchst. h)) in Deutschland erfüllt sind (siehe i.E. Art. 2 EuInsVO Rdn. 40). Auf diese Weise entwickelt sich das Sekundärinsolvenzverfahren als wirksames Gegenmittel zur exorbitanten Inanspruchnahme einer internationalen Zuständigkeit durch die Gerichte anderer Mitgliedstaaten. In dem Mitgliedstaat, in dem das Sekundärinsolvenzverfahren eröffnet wird, ist (allein) der dortige Sekundärinsolvenzverwalter tätig. Anwendbar ist das Insolvenzrecht des Mitgliedstaates, in dem das Sekundärinsolvenzverfahren eröffnet worden ist (Art. 28). Damit wird die Usurpation einer internationalen Zuständigkeit in ihren Wirkungen erheblich eingeschränkt.   107

---

170 *Virgós/Schmit* Bericht Rn. 215; MüKo-BGB/*Kindler* Art. 27 Rn. 11.
171 AG Köln 01.12.2005, 71 IN 564/05, NZI 2006, 57.
172 *Vallender* KTS 2005, 293 (301).

108 In **zeitlicher Hinsicht** reicht es aus, dass die Niederlassung zu einem Zeitpunkt in dem Mitgliedstaat gegeben ist, in dem der Antrag auf Insolvenzeröffnung gestellt wird. Die Rechtsprechung des EuGH zur Zuständigkeit nach Art. 3 Abs. 1 (betr. Hauptinsolvenzverfahren) lässt sich auf Sekundärinsolvenzverfahren übertragen. Wird die Niederlassung erst nach diesem Zeitpunkt aufgegeben, bleibt die Zuständigkeit zur Durchführung des Sekundärinsolvenzverfahrens erhalten. Demgegenüber reicht es grundsätzlich für die internationale Zuständigkeit nicht aus, wenn in dem betreffenden Mitgliedstaat einmal eine Niederlassung des Schuldners bestand, diese aber im Zeitpunkt der Beantragung des Sekundärinsolvenzverfahrens nicht mehr gegeben ist. Ob man bei Aufgabe der Niederlassung kurz vor Antragstellung hiervon eine Ausnahme machen kann, erscheint – da Abs. 2 mit der »Niederlassung« anders als Abs. 1 kein normatives, sondern klar bestimmbares Merkmal verwendet – zweifelhaft; praktikable Ergebnisse dürften sich dadurch erzielen lassen, dass man eine vollständige Aufgabe der Niederlassung erst dann annimmt, wenn diese vollständig »abgewickelt« ist, also keine Tätigkeit mehr stattfindet.

c) Sonstige Eröffnungsvoraussetzungen

109 Die sonstigen Verfahrensvoraussetzungen für das Sekundärinsolvenzverfahren beurteilen sich grds. nach der *lex fori concursus*, also nach dem Recht des Mitgliedstaates, in dem die Eröffnung des Sekundärinsolvenzverfahrens beantragt ist (Art. 28). Hierzu bestehen allerdings in den Art. 27 ff. zwei Sonderregelungen. Zum einen ergibt sich aus Art. 27 Satz 1, dass Eröffnungsgründe nicht mehr geprüft werden; die Entscheidung über die Eröffnung des Hauptinsolvenzverfahrens entfaltet insoweit eine Bindungswirkung auch für das Sekundärinsolvenzverfahren (vgl. Art. 27 EuInsVO Rdn. 4). Zum anderen bestimmt Art. 29, dass (zusätzlich) auch der Verwalter des Hauptinsolvenzverfahrens antragsbefugt ist.

d) Sekundärinsolvenzverfahren (nur) als Liquidationsverfahren

110 Bei dem Sekundärinsolvenzverfahren muss es sich (noch) um ein **Liquidationsverfahren** handeln (Art. 3 Abs. 3 Satz 2). Allerdings erscheint es denkbar, die Vorschrift in den Fällen teleologisch zu reduzieren, in denen das Hauptinsolvenzverfahren ein Sanierungsverfahren ist. Denn in diesem Fall ist nicht ersichtlich, warum ein Sekundär-Sanierungsverfahren den Zwecken des Hauptinsolvenzverfahrens abträglicher sein sollte als ein Verfahren, das a priori auf Liquidation ausgerichtet ist.[173] Zwar hat der EuGH entschieden, dass das Hauptinsolvenzverfahren auch ein Sanierungsverfahren sein kann und ungeachtet dessen ein Sekundärinsolvenzverfahren als Liquidationsverfahren eröffnet werden kann (siehe oben Rdn. 102).[174] Der Entscheidung ist jedoch nicht zu entnehmen, dass es sich in diesem Fall bei dem Sekundärinsolvenzverfahren um ein Liquidationsverfahren handeln *muss*. Der unlängst vorgelegte **Kommissionsvorschlag** zur Änderung der EuInsVO sieht eine generelle Abschaffung dieses – in der Literatur kritisierten[175] – Liquidationszwanges vor: Zukünftig sollen auch auf Sanierung gerichtete Sekundärinsolvenzverfahren möglich sein.[176] Der Begriff des Liquidationsverfahrens ergibt sich aus Art. 2 Buchst. c) i.V.m. Anhang B. Nicht zu den Liquidationsverfahren zählen die »reinen« Sanierungsverfahren, die etwa im französischen Recht vorgesehen sind (vgl. Art. 2 EuInsVO Rdn. 8). Aus deutscher Sicht ist diese Beschränkung auf Liquidationsverfahren ohne Bedeutung, da sämtliche Verfahren nach der InsO zu den Liquidationsverfahren zählen. Dies gilt auch für die Eigenverwaltung und das Verbraucherinsolvenzverfahren. Die Restschuldbefreiung im Sekundärinsolvenzverfahren wird allerdings, was in Deutschland geführte Verfahren anbelangt, durch die Sachnorm des § 355 Abs. 1 InsO ausgeschlossen. In dem Verfahren kann durchaus

---

173 Karsten Schmidt/*Brinkmann* Rn. 26.
174 EuGH 22.11.2012, C-116/11, NZI 2013, 106 (Rn. 58 ff.) – Bank Handlowy w Warszawie SA.
175 Vgl. etwa *Paulus* Art. 3 Rn. 52; Gebauer/Wiedmann/*Haubold* Rn. 219 f.; FK-InsO/*Wenner/Schuster* Rn. 23.
176 Vorschlag für eine Verordnung des Europäischen Parlaments und des Rates zur Änderung der Verordnung (EG) Nr. 1346/2000 des Rates über Insolvenzverfahren (COM(2012) 744 final), dort insb. unter 3.1.3.

auch ein Sanierungsversuch unternommen werden; dementsprechend kann – auch in einem deutschen Sekundärinsolvenzverfahren – durchaus auch ein auf Sanierung gerichteter Insolvenzplan beschlossen werden.[177] Die (grenzüberschreitenden) Wirkungen des Plans werden aber durch Art. 34 Abs. 2 auf den Fall begrenzt, dass alle Gläubiger dem Plan zustimmen (vgl. näher Art. 34 EuInsVO Rdn. 15 ff.). Nach Art. 102 § 9 EGInsO darf darüber hinaus ein Insolvenzplan, der eine Stundung, einen Erlass oder sonstige Einschränkungen der Rechte der Gläubiger vorsieht, nur bei Zustimmung aller betroffenen Gläubiger vom Insolvenzgericht bestätigt werden. Dies alles beeinträchtigt den Insolvenzplan als Sanierungsinstrument im Sekundärinsolvenzverfahren erheblich (zu einer möglichen teleologischen Reduktion vgl. Anh. II Art. 102 § 9 EGInsO Rdn. 4 ff.).

2. Wirkungen (nur) im Eröffnungsstaat

Nach Abs. 2 Satz 2 erfasst das Sekundärinsolvenzverfahren nur das Vermögen, das in dem Mitgliedstaat belegen ist, in dem das Sekundärinsolvenzverfahren eröffnet worden ist. Diese Aussage wird in Art. 27 Satz 3 nochmals wiederholt. Zu beachten ist ferner Art. 34 Abs. 2. Hiernach kann jede Beschränkung der Rechte der Gläubiger, wie z.B. eine Stundung oder Restschuldbefreiung, die sich aus einem im Sekundärinsolvenzverfahren vorgeschlagenen Sanierungsplan, Vergleich oder einer anderen vergleichbaren Maßnahme ergibt, nur dann Auswirkungen auf das von diesem Verfahren nicht betroffene Vermögen des Schuldners haben, wenn alle betroffenen Gläubiger dieser Maßnahme zustimmen. Eine Restschuldbefreiung in einem anderen Mitgliedstaat, die in einem Sekundärinsolvenzverfahren zustande kommt, wirkt also nur dann auf das außerhalb dieses Staates belegene Vermögen, wenn alle betroffenen Gläubiger zugestimmt haben (vgl. Art. 34 EuInsVO Rdn. 13 ff.). 111

3. Koordination mit dem Hauptinsolvenzverfahren

Das Sekundärinsolvenzverfahren steht nicht unverbunden neben dem Hauptinsolvenzverfahren. Vielmehr sind Haupt- und Sekundärinsolvenzverfahren zu koordinieren. Art. 27–38 enthalten hierzu einige wichtige Aussagen. Gerade aus den Art. 33 und 34 ergibt sich eine gewisse Dominanz des Hauptinsolvenzverwalters; er kann insb. erreichen, dass Lösungen zur Sanierung oder Verwertung des Schuldnervermögens »en bloc« nicht durch das Sekundärinsolvenzverfahren verhindert werden.[178] 112

III. Isolierte Partikularverfahren

1. Überblick

Eine echte Ausnahme vom Universalitätsprinzip ergibt sich aus der Möglichkeit, sog. isolierte Partikularverfahren zu eröffnen. Ein isoliertes Partikularverfahren ist jedoch nur unter besonderen Voraussetzungen möglich. Im Einzelnen kann es nach Abs. 4 Buchst. a) eröffnet werden, wenn die Eröffnung eines Hauptinsolvenzverfahrens aus rechtlichen Gründen nicht möglich ist; nach Abs. 4 Buchst. b) kann es ferner eröffnet werden, wenn »lokale« Gläubiger betroffen sind. 113

In beiden Fällen ist Voraussetzung, dass sich in dem Mitgliedstaat, in dem ein Partikularverfahren eröffnet werden soll, eine Niederlassung des Schuldners (Art. 2 Buchst. h) befindet. Wird nachfolgend (doch) ein Hauptinsolvenzverfahren eröffnet, wandelt sich das eröffnete isolierte Partikularverfahren automatisch in ein Sekundärinsolvenzverfahren um (Art. 36). 114

Die Eröffnung eines isolierten Partikularverfahrens setzt weiter voraus, dass sich der COMI des Schuldners in einem anderen Mitgliedstaat befindet. Anderenfalls fehlt es an einer räumlichen Anwendbarkeit der EuInsVO und es sind die autonomen Vorschriften des betreffenden Mitgliedstaats 115

---

177 MüKo-BGB/*Kindler* Rn. 64; HambKomm/*Undritz* Art. 27 Rn. 10.
178 Siehe dazu EuGH 22.11.2012, C-116/11, NZI 2013, 106 (Rn. 60 ff.) – Bank Handlowy w Warzawie SA.

anzuwenden. In Deutschland richtet sich die Zulässigkeit eines isolierten Partikularverfahrens bei einem Schuldner COMI in einem Drittstaat nach den § 354 ff. InsO.

2. Voraussetzungen

a) Besondere Voraussetzungen nach Abs. 4

aa) Nichtdurchführbarkeit eines Hauptinsolvenzverfahrens in einem anderen Mitgliedstaat, Buchst. a)

116 Nach Buchst. a) ist ein Partikularverfahren zulässig, wenn ein Hauptinsolvenzverfahren in dem Mitgliedstaat, in dem sich der COMI des Schuldners befindet, nicht möglich ist. Dies kann insb. dann der Fall sein, wenn der Schuldner nach der dort anwendbaren *lex fori concursus* nicht insolvenzfähig ist. So ist etwa denkbar, dass das Recht am COMI des Schuldners kein Insolvenzverfahren bei Nichtkaufleuten vorsieht.[179] Ferner kann es sein, dass der Schuldner ein öffentliches Unternehmen ist und aus diesem Grund das Recht des Mitgliedstaates, in dem sich der COMI des Schuldners befindet, kein Insolvenzverfahren zulässt.[180] Nach dem Wortlaut von Buchst. a) sind aber auch andere Fälle der rechtlichen Unmöglichkeit erfasst. Dies dürfte auch den Fall betreffen, dass in dem Mitgliedstaat, in dem der COMI des Schuldners gegeben ist, (noch) kein Insolvenzeröffnungsgrund besteht.

117 Allein die fehlende Befugnis bestimmter Personengruppen, die Insolvenzeröffnung zu beantragen, begründet jedoch keine Ausnahme i.S.d. Vorschrift. Der EuGH hat in dem Fall »Zaza Retail« entschieden, dass sich »Bedingungen« i.S.d. Vorschrift nicht schon aus dem Umstand ergeben, dass bestimmten Personen – wie etwa dem Staatsanwalt eines anderen Mitgliedstaates im entschiedenen Fall – die für eine Antragsberechtigung erforderliche Eigenschaft oder das hierfür erforderliche Interesse fehlt.[181] Der Grund für die Unmöglichkeit müsse sich vielmehr aus dem Fehlen materieller Voraussetzungen für die Eröffnung und Durchführung des Hauptinsolvenzverfahrens ergeben.[182] Die Wichtigkeit des Hauptinsolvenzverfahrens für die Verfahrenskoordinierung gebiete es, die Ausnahmetatbestände eng auszulegen.[183] Keine Unmöglichkeit im Sinne der Vorschrift liegt dementsprechend dann vor, wenn im konkreten Fall eine – von der *lex fori concursus* vorgesehene – Gläubigermehrheit für den Antrag nicht erreicht worden ist.[184] Ist ein Hauptinsolvenzverfahren in einem anderen Mitgliedstaat deshalb nicht durchführbar, weil der COMI des Schuldners außerhalb der EU liegt, ist bereits die EuInsVO nicht anwendbar (vgl. Art. 1 Rdn. 42 f.).

118 Die für Buchst. a) relevanten Tatsachen sind vom Antragsteller substantiiert vorzutragen. Das ausländische Recht, nach dem sich im konkreten Fall die Unmöglichkeit der Eröffnung eines Hauptinsolvenzverfahrens ergibt, ist jedoch durch die deutschen Gerichte, soweit bei ihnen ein Antrag auf Durchführung eines isolierten Partikularverfahrens gestellt ist, von Amts wegen zu prüfen (*iura novit curia*).

119 Anders als bei Buchst. b) kommt es im Rahmen von Buchst. a) nicht darauf an, wo sich der Wohnsitz, der gewöhnliche Aufenthalt oder der Sitz des antragstellenden Gläubigers befindet. Der Gläubiger kann daher seinen Wohnsitz usw. auch in einem anderen Mitgliedstaat oder außerhalb der EU haben. Buchst. a) ist auch bei einem Eigenantrag des Schuldners anwendbar.[185]

---

179 EuGH 17.11.2011, C-112/10, Rn. 23 – »Zaza Retail«; *Virgós/Schmit* Bericht Rn. 85; Vgl. hierzu *Paulus* Rn. 59.
180 EuGH 17.11.2011, C-112/10, Rn. 23 – »Zaza Retail«; *Virgós/Schmit* Bericht Rn. 85.
181 EuGH 17.11.2011, C-112/10, Rn. 23 ff. – »Zaza Retail« mit zust. Anm. *Mäsch* LMK 2012, 329799.
182 EuGH 17.11.2011, C-112/10, Rn. 21, 23 ff. – »Zaza Retail«.
183 EuGH 17.11.2011, C-112/10, Rn. 22 ff. – »Zaza Retail«.
184 Mankowski NZI 2012, 103 (104).
185 *Duursma-Kepplinger/Duursma/Chalupsky* Rn. 95.

bb) Antrag durch lokale Gläubiger, Buchst. b)

(1) Wohnsitz, gewöhnlicher Aufenthalt bzw. Sitz des antragstellenden Gläubigers

Nach Buchst. b) Var. 1 kann ein isoliertes Partikularverfahren durch Gläubiger beantragt werden, die ihren Wohnsitz, gewöhnlichen Aufenthalt oder Sitz in dem Mitgliedstaat haben, in dem sich die betreffende Niederlassung befindet. Der EuGH hat mit Hinweis auf den Ausnahmecharakter des Abs. 4 entschieden, dass Behörden, auch wenn sie nach nationalem Recht mit der Wahrung von Allgemein- und Gläubigerinteressen beauftragt sind, keinen Antrag stellen können, sofern sie weder als Gläubiger noch im Namen und für Rechnung der Gläubiger handeln.[186] Der Begriff **Wohnsitz** richtet sich nach dem nationalen Recht des Mitgliedstaates, in dem das Sekundärinsolvenzverfahren durchgeführt werden soll. Der Begriff des **gewöhnlichen Aufenthalts** bestimmt sich autonom nach den im internationalen Privatrecht etablierten Kriterien (zum gewöhnlichen Aufenthalt des Schuldners vgl. Rdn. 22 ff.). Der Begriff »**Sitz**« bezieht sich insb. auf juristische Personen. Nach dem Wortlaut ist nicht klar, ob er den satzungsmäßigen Sitz oder den tatsächlichen (Verwaltungs-)Sitz bezeichnet. Im Sinne einer einheitlichen europäischen Begriffsbildung dürfte auch auf die Definition in Art. 60 EuGVVO zu rekurrieren sein; demnach wäre alternativ auf den Ort abzustellen, an dem sich der satzungsmäßige Sitz, die Hauptverwaltung oder die Hauptniederlassung einer Gesellschaft befindet; für das Vereinigte Königreich und Irland wäre Art. 60 Abs. 2 EuGVVO zu beachten.

120

Auch wenn nur diese Gläubiger antragsberechtigt sind, so können doch sämtliche Gläubiger an dem Partikularverfahren **teilnehmen**.[187] Zwar ist Art. 32 unmittelbar nur auf Sekundärinsolvenzverfahren anwendbar; unmittelbar auch auf sämtliche Insolvenzverfahren anzuwenden ist demgegenüber Art. 39, der ein Recht zur Anmeldung für alle Gläubiger statuiert, die ihren gewöhnlichen Aufenthalt, Wohnsitz oder Sitz in einem anderen Mitgliedstaat als dem Staat der Verfahrenseröffnung haben. Überdies wäre nicht recht einzusehen, warum bei Eröffnung eines isolierten Partikularverfahrens nur die »lokalen Gläubiger« teilnahmeberechtigt sein sollen, während es sodann bei Eröffnung eines Hauptinsolvenzverfahrens in einem anderen Mitgliedstaat und der damit einhergehenden automatischen Umwandlung des isolierten Partikular- in ein Sekundärinsolvenzverfahren (Art. 36) zu einer Erweiterung der Teilnahmeberechtigung käme. Recht eindeutig bestimmt zudem Erwägungsgrund 21, dass jeder Gläubiger, der seinen gewöhnlichen Aufenthalt, Wohnsitz oder Sitz in der Gemeinschaft hat, das Recht haben sollte, »seine Forderung in jedem in der Gemeinschaft anhängigen Insolvenzverfahren über das Vermögen des Schuldners anzumelden«. Dies muss dann auch für isolierte Partikularverfahren gelten, und auch unabhängig davon, ob der Antrag durch den Schuldner selbst oder einen »lokalen« Gläubiger gestellt worden ist. Buchst. b) ist demnach – wie es auch dem Wortlaut der Vorschrift entspricht – nur als Regelung zur Antragsbefugnis, nicht aber der Teilnahmebefugnis zu verstehen; alles andere widerspräche dem Grundprinzip der Gläubigergleichbehandlung.

121

(2) Forderung aus einer Niederlassung in dem Eröffnungsstaat

Daneben reicht es nach Buchst. b) Var. 2 aus, dass die betreffende Forderung auf einer sich aus dem Betrieb dieser Niederlassung ergebenden Verbindlichkeit beruht. In diesem Fall kann das isolierte Partikularverfahren also auch von einem Gläubiger gestellt werden, dessen Wohnsitz, gewöhnlicher Aufenthalt bzw. Sitz sich nicht in dem betreffenden Staat befindet. Ein Eigenantrag des Schuldners ist aber nach der 2. Var. nicht möglich.

122

Die EuInsVO legt selbst nicht fest, unter welchen Voraussetzungen sich eine Forderung »aus dem Betrieb« der Niederlassung ergibt. In der Literatur geht man überwiegend davon aus, dass zur Konkretisierung der Norm auf die Maßstäbe zurückzugreifen ist, die der EuGH zu Art. 5 Nr. 5 EuGVVO entwickelt hat. Zwar sind die Buchst. b) Var. 2 und Art. 5 Nr. 5 EuGVVO nicht völlig

123

---

186 EuGH 17.11.2011, C-112/10, Rn. 27 ff. – »Zaza Retail«.
187 Gebauer/Wiedmann/*Haubold* Rn. 65; *Wimmer* ZInsO 2002, 897 (902); im Ergebnis wohl auch *Duursma-Kepplinger/Duursma/Chalupsky* Rn. 113 ff.; a.A. MüKo-BGB/*Kindler* Rn. 80.

wortlautidentisch; es ist jedoch nach der Formulierung der Buchst. b) Var. 2 augenscheinlich, dass diese Art. 5 Nr. 5 EuGVVO nachgebildet worden ist.[188]

124 Daraus folgt im Einzelnen, dass eine Forderung nach Buchst. b) Var. 2 dann besteht, wenn die Forderungen aus der eigentlichen Führung der Niederlassung heraus resultieren – also etwa Forderungen, die aus der Vermietung des Grundstücks, auf dem sich die Niederlassung befindet, herrühren, oder Forderungen des dort eingestellten Personals.[189] Eine Forderung nach Buchst. b) Var. 2 besteht ferner dann, wenn der Vertrag mit Vertretungsorganen der Niederlassung geschlossen wurde.[190] Schließlich ist eine Forderung »aus der Niederlassung« dann gegeben, wenn es um außervertragliche Verpflichtungen geht, die aus der Tätigkeit der Niederlassung entstanden sind.[191] Der Bericht zum EuInsÜ nennt beispielhaft Forderungen von Steuerbehörden und Sozialversicherungsträgern.[192]

125 Nicht erforderlich ist, dass die Forderung zugleich auch im Staat des Partikularverfahrens erfüllt werden muss. Dies ergibt sich bereits aus dem Wortlaut der Norm, die nur darauf abstellt, dass sich die Forderung aus dem Betrieb der Niederlassung ergibt, nicht aber daraus, dass sie am Ort der Niederlassung zu erfüllen ist. Vor allem hat der EuGH zu Art. 5 Nr. 5 EuGVVO mittlerweile klargestellt, dass die Zuständigkeit nach dieser Norm auch dann gegeben ist, wenn die von der Niederlassung im Namen des Stammhauses eingegangenen Verpflichtungen nicht in dem Mitgliedstaat zu erfüllen sind, in dem sich die Zweigniederlassung befindet.[193] Da eine Übereinstimmung zwischen Buchst. b) Var. 2 und Art. 5 Nr. 5 EuGVÜ/EuGVVO besteht, ist auch dies auf die Auslegung von Buchst. b) Var. 2 zu übertragen. Im Bericht von *Virgós/Schmit* wird zwar der Formulierung nach auch auf den Erfüllungsort abgestellt;[194] hierbei handelt es sich jedoch nur um ein Beispiel, nicht um eine als abschließend gedachte Definition.

b) Internationale Zuständigkeit

126 Isolierte Partikularverfahren können in den Mitgliedstaaten eröffnet werden, in denen sich eine Niederlassung des Schuldners befindet. Der Begriff der **Niederlassung** bestimmt sich nach Art. 2 Buchst. h).

c) Sonstige Eröffnungsvoraussetzungen

127 Ob das isolierte Partikularverfahren zu eröffnen ist, richtet sich im Übrigen nach der anwendbaren *lex fori concursus*, also nach dem Recht des Mitgliedstaates, in dem die Eröffnung des isolierten Partikularverfahrens beantragt ist. Dies ergibt sich aus Art. 4 bzw. – in analoger Anwendung – aus Art. 28.

128 Die *lex fori concursus* gilt auch für die **Eröffnungsgründe**. Aus der Beschränkung der Wirkungen der Verfahrenseröffnung auf das Gebiet des Eröffnungsstaates darf nicht geschlossen werden, dass bei der Prüfung der Eröffnungsgründe eine entsprechende territorialitätsbezogene Beschränkung besteht. Bei der Prüfung der Überschuldung (§ 18 InsO) ist also das gesamte Vermögen des Schuldners zu berücksichtigen, unabhängig davon, wo die Aktiva und Passiva des Schuldners im Einzelnen be-

---

188 MüKo-InsO/*Reinhart* Rn. 77; Pannen/*Pannen* Rn. 131; *Geimer/Schütze/Haß/Herweg* Rn. 51.
189 So zu Art. 5 Nr. 5 EuGVÜ: EuGH 22.11.1978, Rs 33/78, EuGHE 1978, 2183 Rn. 13 – Somarfar/Saar-Ferngas.
190 EuGH 22.11.1978, Rs 33/78, EuGHE 1978, 2183 Rn. 13 – Somarfar/Saar-Ferngas; MüKo-InsO/*Reinhart* Rn. 77.
191 EuGH 22.11.1978, Rs 33/78, EuGHE 1978, 2183 Rn. 13 – Somarfar/Saar-Ferngas; *Geimer/Schütze/Haß/Herweg* Rn. 52.
192 *Virgós/Schmit* Bericht Rn. 85.
193 EuGH 06.04.1995, Rs C-439/93, Slg 1995 I-961 Rn. 16 f. – Lloyd's Register of Shipping/Societé Campenon Bernard.
194 *Virgós/Schmit* Bericht Rn. 85.

legen sind.[195] Dies ergibt sich schon daraus, dass anderenfalls ein an sich wirtschaftlich gesundes Unternehmen dann, wenn (nur) an einer Niederlassung die Aktiva hinter den Passiva zurückbleiben, einem Insolvenzverfahren unterzogen werden könnte. Umgekehrt ist eine Überschuldung auch dann gegeben, wenn bei einer »niederlassungsbezogenen« Betrachtung keine Überschuldung besteht, aber der Schuldner insgesamt überschuldet ist. Entsprechendes gilt bei der Zahlungsunfähigkeit (§ 17 InsO).

Bei der Prüfung der **Zahlungsunfähigkeit** sind im Rahmen des aufzustellenden Liquiditätsplans nicht nur Zahlungsmittel und fällige Verbindlichkeiten zu berücksichtigen, die aus dem Betrieb der Niederlassung resultieren, sondern auch solche, die nicht aus einer Niederlassung im Eröffnungsstaat herrühren. Es ist also auf die weltweite Liquidität des Schuldners abzustellen.[196] Hierfür sprechen dieselben Gründe, die auch im Rahmen der Überschuldung für eine Einbeziehung sämtlicher Aktiva und Passiva angeführt werden. Im Rahmen der **Zahlungseinstellung** (§ 17 Abs. 2 Satz 2 InsO) reicht es aber bereits nach allgemeinen Regeln aus, dass einzelne, für die Verhältnisse des Schuldners nicht unerhebliche Schulden nicht beglichen werden; damit kann auch die Nichtbegleichung einer (bedeutsamen) Verbindlichkeit, die durch die Niederlassung zu erfüllen wäre, die Zahlungseinstellung begründen. 129

3. Keine Beschränkung auf Liquidationsverfahren

Anders als bei Sekundärinsolvenzverfahren muss es sich bei isolierten Partikularverfahren nicht um Liquidationsverfahren handeln. Auch ein Sanierungsverfahren kann als isoliertes Partikularverfahren betrieben werden.[197] Aussichtsreich ist eine derartige »lokale« Sanierung aber regelmäßig nicht. Zu berücksichtigen ist ferner, dass das isolierte Partikularverfahren dann, wenn nachfolgend ein Hauptinsolvenzverfahren in einem anderen Mitgliedstaat eröffnet wird, automatisch als Sekundärinsolvenzverfahren weitergeführt wird (Art. 36). Der Verwalter des Hauptinsolvenzverfahrens kann sodann unter den Voraussetzungen von Art. 37 verlangen, dass das Sekundärinsolvenzverfahren von einem Sanierungs- in ein Liquidationsverfahren umgewandelt wird. 130

4. Anwendbares Recht

Im Ergebnis besteht Einigkeit darin, dass auf isolierte Partikularverfahren das Recht des Eröffnungsstaats (*lex fori concursus*) Anwendung findet. Einige Autoren verweisen hierfür auf den allgemein anwendbaren Art. 4, andere halten Art. 28 für – analog – anwendbar. Praktische Unterschiede ergeben sich hieraus nicht. 131

G. Zuständigkeit für Neben- und Annexverfahren

I. Internationale Zuständigkeit

Die Zuständigkeitsregel des Art. 3 ist nicht nur auf Neben-, sondern auch auf Annexentscheidungen anzuwenden (s. Art. 1 EuInsVO Rdn. 20 ff.). Dies ergibt sich aus der Entscheidung des EuGH zur internationalen Zuständigkeit für Insolvenzanfechtungsklagen.[198] Die dortige Argumentation ist auf andere Annexverfahren zu übertragen (vgl. dazu Art. 1 EuInsVO Rdn. 23 ff.). Die Entscheidung ist in der deutschen Literatur vielfach kritisiert worden;[199] der Sache nach führt sie zu einer – jedenfalls für den Insolvenzverwalter und die Mehrzahl der Gläubiger – durchaus interessengerechten Bündelung von Verfahren in dem Mitgliedstaat der Verfahrenseröffnung. 132

---

195 MüKo-BGB/*Kindler* Rn. 78; *Duursma/Kepplinger/Duursma/Chalupsky* Rn. 104; *Mankowski* ZIP 1995, 1650; *Wimmer* ZIP 1998, 982 (986).
196 So auch im autonomen deutschen Recht BGH 11.07.1991, IX ZR 230/90; NJW 1992, 624 (625); abw. MüKo-BGB/*Kindler* Rn. 77.
197 So ausdrücklich *Virgós/Schmit* Bericht Rn. 86.
198 EuGH 12.02.2009, C-339/07, Slg 2009 I, 767 = NJW 2009, 2189 – Deko Marty Belgium.
199 Etwa *Hau* KTS 2009, 382; *Mörsdorf-Schulte* ZIP 2009, 1456 ff.; *Mock* ZInsO 2009, 470 ff.

133 Hierbei handelt es sich nach Auffassung des BGH – angesichts der Vorgaben des EuGH – um eine **ausschließliche Zuständigkeit**.[200] Ob sich der EuGH tatsächlich für eine ausschließliche Zuständigkeit ausgesprochen hat, ist dem Urteil nicht mit letzter Sicherheit zu entnehmen. Der Generalanwalt hatte sich für eine »relative ausschließliche« Zuständigkeit ausgesprochen, die es (nur) dem Insolvenzverwalter ermögliche, seine Klage ggf. in einem anderen Mitgliedstaat zu erheben, wenn ihm dies am geeignetsten erscheine.[201] Nimmt man den BGH beim Wort, so müsste bei den von der EuInsVO erfassten Annexverfahren eine Vereinbarung eines anderen Gerichtsstands in einem anderen Mitgliedstaat ebenso ausscheiden wie eine rügelose Einlassung. Ausgeschlossen wäre damit auch eine Klage am Wohnsitz des Anfechtungsgegners, die sich ggf. (flankierend) aus Art. 2 EuGVVO ableiten ließe.[202] Die durch ein litauisches Gericht vorgelegte Frage, ob es sich bei der internationalen Zuständigkeit nach Art. 3 im Falle der Insolvenzanfechtung um eine »ausschließliche« Zuständigkeit handelt, ließ der EuGH unlängst mangels Entscheidungserheblichkeit unbeantwortet.[203]

134 Offen bleibt weiter, welche Verfahren hiervon im Einzelnen neben der Insolvenzanfechtungsklage erfasst werden (vgl. Art. 1 EuInsVO Rdn. 28 ff.). Besondere Fragen stellen sich zudem noch bei Anfechtungsklagen gegen Gesellschafter, die der Gesellschaft ein Darlehen gewährt haben (vgl. Art. 4 EuInsVO Rdn. 37 ff.).

II. Örtliche Zuständigkeit

135 Die örtliche Zuständigkeit deutscher Gerichte ergibt sich zunächst aus den unmittelbar anwendbaren Vorschriften der ZPO, also z.B. bei Anfechtungsklagen aus den §§ 12 ff. ZPO oder hilfsweise § 23 ZPO.[204] Wenn nach den allgemeinen deutschen Gerichtsstandsbestimmungen keine anderweitige örtliche Zuständigkeit besteht, ist sie aus § 19a ZPO i.V.m. § 3 InsO, Art. 102 § 1 EGInsO analog abzuleiten.[205]

Artikel 4 Anwendbares Recht

(1) Soweit diese Verordnung nichts anderes bestimmt, gilt für das Insolvenzverfahren und seine Wirkungen das Insolvenzrecht des Mitgliedstaats, in dem das Verfahren eröffnet wird, nachstehend »Staat der Verfahrenseröffnung« genannt.

(2) Das Recht des Staates der Verfahrenseröffnung regelt, unter welchen Voraussetzungen das Insolvenzverfahren eröffnet wird und wie es durchzuführen und zu beenden ist. Es regelt insbesondere:
a) bei welcher Art von Schuldnern ein Insolvenzverfahren zulässig ist;
b) welche Vermögenswerte zur Masse gehören und wie die nach der Verfahrenseröffnung vom Schuldner erworbenen Vermögenswerte zu behandeln sind;
c) die jeweiligen Befugnisse des Schuldners und des Verwalters;
d) die Voraussetzungen für die Wirksamkeit einer Aufrechnung;
e) wie sich das Insolvenzverfahren auf laufende Verträge des Schuldners auswirkt;
f) wie sich die Eröffnung eines Insolvenzverfahrens auf Rechtsverfolgungsmaßnahmen einzelner Gläubiger auswirkt; ausgenommen sind die Wirkungen auf anhängige Rechtsstreitigkeiten;

---

[200] BGH 19.05.2009, IX ZR 39/06, NJW 2009, 2215, 2216 Rn. 16; krit. dazu *Mörsdorf-Schulte* ZIP 2009, 1456 (1461).
[201] Schlussanträge des Generalanwalts *Ruiz Jarabo Colomber* 16.10.2008, Rs C-339/07, ZIP 2008, 2082, Rn. 62 – Deko Marty Belgium; dazu *Thole* ZEuP 2010, 907 (916).
[202] Hierfür aber *Thole* ZEuP 2010, 907 (917).
[203] EuGH 19.04.2012, C-213/10, ABl. EU 2012, Nr. C 165, 3 = EuZW 2012, 427 – F-Tex Sia mit krit. Anm. *Sujecki*; Vgl. auch Art. 1 EuInsVO Rdn. 29.
[204] Näher für die Insolvenzanfechtungsklage BGH 19.05.2009, IX ZR 39/06, NJW 2009, 2215 ff.; *Cranshaw* DZWIR 2009, 353 (360).
[205] BGH 19.05.2009, IX ZR 39/06, NJW 2009, 2215; zust. *Cranshaw* DZWIR 2009, 353 (359 f.).

g) welche Forderungen als Insolvenzforderungen anzumelden sind und wie Forderungen zu behandeln sind, die nach der Eröffnung des Insolvenzverfahrens entstehen;
h) die Anmeldung, die Prüfung und die Feststellung der Forderungen;
i) die Verteilung des Erlöses aus der Verwertung des Vermögens, den Rang der Forderungen und die Rechte der Gläubiger, die nach der Eröffnung des Insolvenzverfahrens aufgrund eines dinglichen Rechts oder infolge einer Aufrechnung teilweise befriedigt wurden;
j) die Voraussetzungen und die Wirkungen der Beendigung des Insolvenzverfahrens, insbesondere durch Vergleich;
k) die Rechte der Gläubiger nach der Beendigung des Insolvenzverfahrens;
l) wer die Kosten des Insolvenzverfahrens einschließlich der Auslagen zu tragen hat;
m) welche Rechtshandlungen nichtig, anfechtbar oder relativ unwirksam sind, weil sie die Gesamtheit der Gläubiger benachteiligen.

Übersicht

	Rdn.
A. Überblick	1
B. Abgrenzung zum nationalen Kollisionsrecht	7
I. Anwendungsvorrang von Art. 4 EuInsVO	7
II. Anwendungsvorrang der Art. 5–15 EuInsVO	10
C. Reichweite des Insolvenzstatuts	14
I. Autonome Qualifikation	14
II. Von der EuInsVO erfasste Kernfragen des Insolvenzrechts	18
III. Abgrenzung zum (Kapital-)Gesellschaftsrecht	29
1. Überblick	29
a) Praktische Relevanz der Frage	29
b) Einfluss der Niederlassungsfreiheit (Art. 49, 54 AEUV)	32
2. Abgrenzung im Einzelnen	37
a) Nachrangigkeit von Gesellschafterdarlehen; Insolvenzanfechtung bei Gesellschafterdarlehen (§§ 39 Abs. 1 Nr. 5, 44a, 135 InsO)	37
b) Insolvenzantragspflicht (§ 15a InsO)	42
c) Masseschmälerung (§ 64 Satz 1 GmbHG)	53
d) Existenzvernichtung (§§ 64 Satz 3 GmbHG, 92 Abs. 2 Satz 3 AktG, § 130a Abs. 1 Satz 3 HGB)	59
3. Zuständigkeitsfragen; Rechtshängigkeitseinwand	64
IV. Ordre public; Eingriffsnormen	68

A. Überblick

Die EuInsVO beschränkt sich – anders als die EuGVVO – nicht auf die Regelung internationalverfahrensrechtlicher Fragen. Vielmehr stellt sie auch Kollisionsregeln und sogar einzelne (ergänzende) Sachnormen zur Verfügung. Art. 4 enthält die **Grundanknüpfungsregel**. Diese wird aber durch die Sonderregelungen in den Art. 5–15 modifiziert bzw. bisweilen sogar vollständig verdrängt. **1**

Art. 4 enthält eine einfache Aussage. Die international zuständigen Gerichte wenden ihr eigenes Recht an (sog. *lex fori concursus*). Dies gilt für Hauptinsolvenzverfahren und für isolierte Partikularverfahren, aber auch – was Art. 28 nochmals bestätigt – für Sekundärinsolvenzverfahren. Die *lex fori concursus* gilt daneben aber auch in allen Neben- und Annexverfahren (s. noch Art. 1 EuInsVO Rdn. 23). Bei Art. 4 handelt es sich um eine sog. Sachnormverweisung. **2**

Nach Art. 4 Abs. 1 wird das jeweilige »**Insolvenzrecht**« berufen. Damit unterfallen Art. 4 nur diejenigen Regelungsfragen, die insolvenzrechtlich zu qualifizieren sind. Art. 4 Abs. 2 Satz 1 präzisiert das dahingehend, dass die *lex fori concursus* regelt, unter welchen **Voraussetzungen** das Insolvenzverfahren eröffnet wird und wie es **durchzuführen** und zu **beenden** ist. Die EuInsVO unternimmt in Art. 4 Abs. 2 den Versuch, die Qualifikationsproblematik noch weiter durch eine beispielhafte Aufzählung der in jedem Fall insolvenzrechtlich einzuordnenden Materien abzumildern. Zu berücksichtigen ist ferner, dass die Art. 5–15 auf Art. 4 aufbauen und Modifikationen der in Art. 4 enthaltenen Grundanknüpfungsregel vorsehen. Im Umkehrschluss ergibt sich, dass die in Art. 5–15 genannten Materien zunächst einmal von Art. 4 erfasst werden. **3**

4 Art. 4 kann sich jedenfalls im Einzelfall auch auf (insbesondere) haftungsbegründende Tatbestände erstrecken, die noch vor Eröffnung des Insolvenzverfahrens stattgefunden haben und erst nachfolgend im Zusammenhang mit dem später eröffneten Insolvenzverfahren Bedeutung erlangen. Dies betrifft etwa die Haftungstatbestände der Insolvenzanfechtung, die – ausweislich von Art. 4 Abs. 2 – eindeutig nach der *lex fori concursus* zu beurteilen sind. Probleme ergeben sich insb. bei vorinsolvenzlichen Tatbeständen, die weder im Beispielkatalog des Art. 4 Abs. 2 noch in den Art. 5–15 erwähnt werden, aber doch einen mehr oder weniger starken Bezug zum Insolvenzverfahren aufweisen. Abgrenzungsprobleme stellen sich vor allem im Verhältnis zum (**Kapital-**)**Gesellschaftsrecht** und den dort statuierten Haftungstatbeständen (vgl. Rdn. 29 ff.).

5 Innerhalb des von der Grundanknüpfungsregel berufenen Insolvenzrechts können sich sog. **Vorfragen** stellen, die ihrerseits nicht-insolvenzrechtlicher Natur und deshalb kollisionsrechtlich gesondert anzuknüpfen sind. Beispielsweise kann das anwendbare Insolvenzrecht auf entstandenes **Eigentum** eines Gläubigers abstellen; die Übertragung von Eigentum richtet sich aber nicht nach der *lex fori concursus*, sondern ist – da sie sachenrechtlicher Natur ist – gesondert anzuknüpfen. Das anwendbare Recht bestimmt sich insoweit nach dem Kollisionsrecht der *lex fori concursus*. Nach deutschem Recht (Art. 43 EGBGB) ist insoweit das Recht des Staates, in dem die Sache belegen ist (sog. *lex rei sitae*) anzuwenden. Im Rahmen der **Nachlassinsolvenz** stellen sich zahlreiche erbrechtlich zu qualifizierende Vorfragen. Sieht etwa das anwendbare Insolvenzrecht eine Antragspflicht des Erben vor, so ist die (Vor-)Frage, wer Erbe ist, nach der anwendbaren erbrechtlichen Kollisionsregel (in Deutschland also gegenwärtig Art. 25 EGBGB) anzuknüpfen.[1] Erbrechtlich zu qualifizieren sind auch die Vorfragen, in welchem Umfang und ab wann die Erben für die Verbindlichkeiten des Erblassers haften und welche Gegenstände zur Erbmasse gehören.[2]

6 Denkbar ist schließlich auch, dass sich – gerade umgekehrt – insolvenzrechtliche Regelungsfragen inzident als Vorfragen innerhalb einer abweichend zu qualifizierenden Hauptfrage stellen. Insb. kann es vorkommen, dass Verstöße gegen insolvenzrechtlich zu qualifizierende Vorschriften im Rahmen eines allgemeinen **deliktischen Anspruchs** zu prüfen sind. Ob in derartigen Fällen tatsächlich von einer allgemein deliktischen Hauptfrage ausgegangen werden kann, erscheint aber zweifelhaft (vgl. etwa Rdn. 49).

B. Abgrenzung zum nationalen Kollisionsrecht

I. Anwendungsvorrang von Art. 4 EuInsVO

7 Nach dem Grundsatz des Anwendungsvorrangs von Unionsrecht gegenüber dem nationalen Recht darf auf nationales Kollisionsrecht, soweit Art. 4 einschlägig ist, nicht zurückgegriffen werden. Soweit sich der Schuldner-COMI in der EU befindet, ist somit grds. nur Art. 4 anzuwenden; nationales Kollisionsrecht – in Deutschland die §§ 335 ff. InsO – ist nicht anzuwenden.[3]

8 Allerdings nimmt die EuInsVO in Art. 1 Abs. 2 bestimmte Insolvenzverfahren von ihrem Anwendungsbereich aus, namentlich Insolvenzverfahren über Kreditinstitute, Versicherungsunternehmen, Wertpapierinstitute oder Organismen für gemeinsame Anlagen internationaler Bezüge (Fonds), vgl. Art. 1 Rdn. 15. Für diese Schuldner gilt die EuInsVO nicht; es ist auf das nationale Kollisionsrecht zurückzugreifen. Insoweit gelten sodann die §§ 335 ff. InsO. § 335 InsO enthält eine mit Art. 4 inhaltsgleiche Grundanknüpfungsregel.

9 Art. 4 ist auch nicht anzuwenden, wenn der Schuldner-COMI außerhalb der EU liegt, denn in diesem Fall ist die EuInsVO räumlich nicht anwendbar. Auch hier sind aus deutscher Sicht die §§ 335 ff. InsO anzuwenden. Die praktische Bedeutung dieser Fallkonstellation ist aber relativ

---

1 *Mankowski* ZIP 2011, 1501 (1503). Für Erbfälle ab dem 17.8.2005 gilt die Verordnung (EU) Nr. 650/2012 (sog. EuErbVO).
2 *Mankowski* ZIP 2011, 1501 (1504).
3 BGH 03.02.2011, V ZB 54/10, BGHZ 188, 177 = DZWiR 2011, 410 mit Anm. *Gruber*.

gering. Deutsche Gerichte können im Falle eines Schuldner-COMI außerhalb der EU nur für ein Partikularverfahren nach § 354 InsO zuständig sein; daneben ist denkbar, dass ein Hauptinsolvenzverfahren in einem Drittstaat eröffnet wird und deutsche Gerichte für ein insolvenzrechtliches Annexverfahren – etwa eine Insolvenzanfechtungsklage – zuständig sind; auch in diesem Fall gilt nicht Art. 4, sondern § 354 InsO.

II. Anwendungsvorrang der Art. 5–15 EuInsVO

Die genaue Reichweite des Anwendungsvorrangs bereitet weniger bei Art. 4, sondern bei den Modifikationen der Grundanknüpfungsregel durch die Art. 5–15 Probleme. Art. 5–15 nehmen in den meisten Fällen nur eine Modifikation zugunsten des Rechts eines Mitgliedstaates vor, lassen aber das Recht von Drittstaaten unerwähnt. So befasst sich z.B. Art. 5 nur mit dem Fall, dass eine Sache, an der ein Sicherungsrecht eines Gläubigers besteht, in einem anderen Mitgliedstaat belegen ist; der entsprechende Fall, in dem diese Sache in einem Drittstaat – etwa der Schweiz – belegen ist, wird von Art. 5 nicht geregelt. Allein Art. 6 und Art. 14 nehmen dem Wortlaut nach auch auf Drittstaatenrechte Bezug; nach dem Bericht zum EuInsÜ[4] gilt die Beschränkung auf Rechte von Mitgliedstaaten auch hier (anders Art. 6 Rdn. 18).

10

Weitgehend Einigkeit besteht noch darin, dass die Art. 5–15 auf entsprechende Konstellationen mit Drittstaatenbezug nicht (analog) anzuwenden sind; die Beschränkung auf die Rechtsordnungen der Mitgliedstaaten beruht auf einer bewussten Entscheidung des Verordnungsgebers. Fraglich ist aber, ob in diesen Fällen allein Art. 4 heranzuziehen ist – Drittstaatenrechte also bei einem Schuldner-COMI in der EU von vornherein unanwendbar bleiben –, oder ob anstelle der Art. 5–15 die jeweiligen Vorschriften des unvereinheitlichten nationalen Insolvenzkollisionsrechts ergänzend Anwendung finden können. Dies würde dazu führen, dass im Einzelfall doch – abw. von der durch Art. 4 vorgeschriebenen Anwendung der *lex fori concursus* – (ergänzend) das Recht eines Drittstaats für anwendbar erklärt werden kann.

11

Nach der zustimmenswerten h.M. ist der ergänzende Rückgriff auf nationales Kollisionsrecht möglich.[5] Für die h.M. spricht vor allem der Bericht zum EuInsÜ. Dort heißt es ausdrücklich, dass »die Notwendigkeit des Vertrauensschutzes und der Rechtssicherheit des Geschäftsverkehrs ... auch in den Beziehungen zu Nichtvertragsstaaten« bestehe. Den Vertragsstaaten stehe es daher frei, für Fälle mit Drittstaatenbezug geeignete – ggf. inhaltlich der EuInsVO entsprechende – Vorschriften zu erlassen.[6] Zwar hat der Bericht zum EuInsÜ keine Gesetzeskraft;[7] da sich aber aus der EuInsVO – letztlich auch nicht aus dem 23. Erwägungsgrund – keine anderen Anhaltspunkte ergeben, ist davon auszugehen, dass der Verordnungsgeber diese für das Übereinkommen vorgeschlagene Lösung hat übernehmen wollen.

12

Es erschiene im Übrigen auch nicht sachgerecht, etwa nach Art. 8 einen (besonderen) kollisionsrechtlichen Verkehrsschutz nur dann zu gewähren, wenn sich das Grundstück z.B. in Österreich befindet, aber diesen Vertrauensschutz von vornherein gänzlich auszuschließen, wenn das Grundstück in einem Drittstaat wie z.B. der Schweiz belegen ist. Die kollisionsrechtliche Interessenlage ist in diesen Fällen die gleiche. Ähnliches gilt für die sonstigen Sonderanknüpfungen in den Art. 5 ff. Ein rigider eurozentristischer Ausschluss von Drittstaatenrechten widerspräche dem Prinzip der Gleichwertigkeit und Gleichbehandlung der Rechtsordnungen (vgl. § 335 InsO Rdn. 1 ff.).

13

---

4 Vgl. *Virgós/Schmit* Bericht Rn. 93.
5 Etwa *Huber* ZZP 114, 133 (152 ff.); Gebauer/Wiedmann/*Haubold* Rn. 108; a.A. Rauscher/*Mäsch* Rn. 5.
6 *Virgós/Schmit* Bericht Rn. 93.
7 Rauscher/*Mäsch* Rn. 5.

C. Reichweite des Insolvenzstatuts

I. Autonome Qualifikation

14 Nach Art. 4 gilt die *lex fori concursus* allgemein »für das Insolvenzverfahren und seine Wirkungen«. Grds. besteht Einigkeit darin, dass die Reichweite dieses Begriffs nicht nach den jeweiligen nationalen Vorstellungen über »das Insolvenzrecht«, sondern verordnungsautonom auszulegen ist. Zwar können hierbei rechtsvergleichend gewonnene Begrifflichkeiten und Systematisierungsvorstellungen berücksichtigt werden;[8] unzulässig ist aber die schlichte Heranziehung der jeweiligen nationalen Vorstellungen im Forumstaat.[9]

15 Dementsprechend hat es der nationale Gesetzgeber nicht in der Hand, durch Veränderung des Standortes einzelner Regelungen innerhalb oder außerhalb der nationalen Insolvenzrechtskodifikation darüber zu entscheiden, ob die Regelung von der EuInsVO erfasst wird oder nicht. Maßgeblich ist der verordnungsautonom zu beurteilende objektive Regelungsgehalt einzelner nationaler Vorschriften, nicht deren Standort im nationalen Recht.[10]

16 Dieser methodische Ausgangspunkt ändert aber nichts daran, dass im praktischen Ergebnis diejenigen Regelungen, die sich aktuell in der **deutschen Insolvenzordnung** befinden, weitgehend unbestritten in den Anwendungsbereich der EuInsVO fallen. Probleme stellen sich allein im Hinblick auf die **Insolvenzanfechtung bei Gesellschafterdarlehen** (§§ 39 Abs. 1 Nr. 5, 44a, 135 InsO) und auf die **Insolvenzantragspflicht** nach § 15a InsO (vgl. Rdn. 37 ff.; 42 ff.). Im Übrigen ergibt sich für die deutsche Praxis aber ein einfacher Ausgangspunkt: Soweit deutsche Gerichte nach Maßgabe von Art. 3 international zuständig sind, kommt zugleich materiell die deutsche Insolvenzordnung zur Anwendung.

17 Schwierigkeiten bereitet weiter die Frage, ob die EuInsVO darüber hinaus auch Regelungsfragen erfasst, die aus deutscher Sicht eher dem (Kapital-)Gesellschaftsrecht zugeordnet werden. Dies betrifft vor allem die Haftung für **masseschmälernde Zahlungen** (§ 64 Satz 1 GmbHG) und für **Existenzvernichtung** (vgl. §§ 64 Satz 3 GmbHG, 92 Abs. 2 Satz 3 AktG, § 130a Abs. 1 Satz 3 HGB; vgl. Rdn. 53 ff.; 59 ff.).

II. Von der EuInsVO erfasste Kernfragen des Insolvenzrechts

18 Die *lex fori concursus* regelt nach Art. 4 Abs. 2 Satz 1 zunächst, unter welchen **Voraussetzungen das Insolvenzverfahren** eröffnet wird. Dazu zählen sämtliche Voraussetzungen für den Eröffnungsbeschluss, also etwa die – von Abs. 2 Satz 2 Buchst. a) nochmals erwähnte – Insolvenzfähigkeit des Schuldners (§§ 11, 12 InsO), die Antragsberechtigung (§ 13 ff. InsO) sowie das Erfordernis einer Kostendeckung unter Einschluss von Stundungs- und Prozesskostenhilferegeln usw. (§ 4 ff. InsO). Auch die Eröffnungsgründe (§§ 16 ff. InsO) fallen hierunter. Zu beachten ist allerdings, dass bei Sekundärinsolvenzverfahren der Eröffnungsgrund nach Art. 27 Satz 1 nicht mehr geprüft wird. Wird ein Hauptinsolvenzverfahren eröffnet, so ist dieses nach Maßgabe von Art. 16, 17 in den anderen Mitgliedstaaten anzuerkennen; dies gilt auch dann, wenn die konkrete Verfahrensart in diesem Mitgliedstaat unbekannt bzw. der Schuldner dort – etwa als Verbraucher – nicht insolvenzfähig ist.

19 Daneben herrscht die *lex fori concursus* nach Art. 4 Abs. 2 Satz 1 auch darüber, wie das Insolvenzverfahren »durchzuführen ist«. Der *lex fori concursus* sind damit die **allgemeinen Verfahrensgrundsätze** (§ 5 InsO) sowie Vorschriften zu den **Rechtsmitteln** (§§ 6, 7 InsO) zu entnehmen. Die *lex fori concursus* bestimmt auch, welche Entscheidungen das Insolvenzgericht treffen kann bzw. muss, also etwa Entscheidungen über die Anordnung oder Aufhebung von **Sicherungsmaßnahmen** (§§ 21 ff.

---

[8] Vgl. *Duursma-Kepplinger/Duursma/Chalupsky* Vorbem. Rn. 20.
[9] Etwa *Eidenmüller* RabelsZ 70, 2006, 474 (482, 494); *Mankowski* RIW 2004, 481 (486).
[10] BGH 21.07.2011, IX ZR 185/10, NZI 2011, 818.

InsO). Derartige Entscheidungen werden nach Maßgabe von Art. 25 Abs. 1 Satz 1 in den anderen Mitgliedstaaten anerkannt.

Erfasst wird nach Buchst. b) auch die Frage, welche Vermögensgegenstände zur **Insolvenzmasse** gehören. Soweit die *lex fori concursus* (vgl. § 36 InsO) auf Pfändungsschutzvorschriften Bezug nimmt, werden auch diese von der *lex fori concursus* mit erfasst. Buchst. b) betrifft ferner die Frage, ob Gegenstände, die nach Eröffnung erworben wurden, zur Insolvenzmasse zählen (vgl. § 35 InsO). Allerdings werden Gegenstände, die sich in einem anderen Mitgliedstaat befinden, nach Maßgabe des Art. 5 von der Insolvenzeröffnung »nicht berührt«. Dies führt zu einer erheblichen Schwächung der *lex fori concursus* und verringert die Handlungsmöglichkeiten des Hauptinsolvenzverwalters. 20

Zu den zentralen Bereichen, die von der *lex fori concursus* geregelt werden, gehören nach Buchst. c) die **Befugnisse des Verwalters**.[11] Dazu zählen auch die Befugnisse des vorläufigen Verwalters (vgl. insb. § 21 InsO). Allerdings ist die Sondervorschrift des Art. 18 Abs. 3 zu beachten; diese reduziert die Befugnisse des Insolvenzverwalters für den Fall, dass er außerhalb des Eröffnungsstaates tätig wird. Erfasst werden nach Buchst. c) ferner die **Befugnisse des Schuldners**, also insbesondere Vorschriften über den Zeitpunkt und Umfang des Wegfalls der Verfügungsbefugnis (etwa §§ 80 ff. InsO). Bei Leistungen an den Schuldner ist die Sachnorm des Art. 24 zu beachten. 21

Die *lex fori concursus* befindet ferner über die Wirksamkeit von Rechtsgeschäften, soweit diese von insolvenzrechtlichen Regelungen beeinflusst werden. Nach Buchst. d) ist der *lex fori concursus* zu entnehmen, welche Voraussetzungen für die Wirksamkeit einer **Aufrechnung** bestehen (vgl. § 94 ff. InsO). Richtigerweise erfasst die *lex fori concursus* aber nur die spezifisch insolvenzrechtlichen Regeln zur Aufrechnung; die allgemeinen materiellen Aufrechnungsvoraussetzungen sind nicht insolvenzrechtlich zu qualifizieren und daher nach Art. 17 Rom I-VO anzuknüpfen (sehr str., vgl. näher Art. 6 EuInsVO Rdn. 5 ff.). Auch die Auswirkungen des Insolvenzverfahrens auf **laufende Verträge** unterfallen der *lex fori concursus* (vgl. §§ 103 ff. InsO). Hierzu enthält die EuInsVO aber verschiedentlich Sonderregelungen (Art. 7 Abs. 2, 8 und 10), die der *lex fori concursus* vorgehen. 22

Nach Buchst. f) bestimmt die *lex fori concursus* über **Rechtsverfolgungsmaßnahmen** einzelner Gläubiger. Ausdrücklich ausgenommen sind die Wirkungen der Insolvenzeröffnung auf anhängige Rechtsstreitigkeiten; hier enthält Art. 15 – abweichend von der *lex fori concursus* – eine Verweisung auf das Recht des Mitgliedstaates, in dem der Rechtsstreit anhängig ist. Unter dem Begriff der Rechtsverfolgungsmaßnahme fallen insb. auch Vollstreckungsmaßnahmen. Der *lex fori concursus* sind also im Ausgangspunkt die Regeln zum **Vollstreckungsverbot** in der Insolvenz (§ 89 InsO) zu entnehmen. Die »**Rückschlagsperre**« nach § 88 InsO ist aufgrund der Verweisung nach Art. 5 Abs. 4 als Anwendungsfall von Buchst. m) (Nichtigkeit von Rechtshandlungen) zu behandeln; ergänzend findet hier sodann Art. 13 Anwendung. Die *lex fori concursus* regelt auch, ob und unter welchen Voraussetzungen Zwangsvollstreckungsmaßnahmen im vorläufigen Insolvenzverfahren untersagt werden können (vgl. etwa § 21 Abs. 1 Nr. 3 InsO). 23

Im Einzelnen lässt sich ferner aus Buchst. g), h) und i) entnehmen, dass das **Anmelde-**, **Prüfungs-** und **Verteilungsverfahren**, die Unterscheidung von **Insolvenz- und Masseforderungen** sowie Rangfragen jeweils nach der *lex fori concursus* zu beurteilen sind. Hierzu finden sich ergänzende Regelungen in Art. 27 ff. (Kapitel III, Sekundärinsolvenzverfahren) und in Art. 39 ff. (Kapitel IV). 24

Nach Art. 4 Abs. 2 Satz 1 regelt die *lex fori concursus* des Weiteren, wie das Insolvenzverfahren zu **beenden** ist. Dies wird durch Buchst. j) und k) nochmals konkretisiert. Die *lex fori concursus* legt auch fest, zu welchem **Zeitpunkt** ein Insolvenzverfahren beendet ist.[12] Zwar hat der EuGH für den (Ausnahme*fall*) eines positiven Kompetenzkonflikts zwischen Gerichten aus verschiedenen Mitgliedstaaten festgelegt, dass sich das früher eröffnete Hauptinsolvenzverfahren durchsetzt und hierbei der Zeitpunkt der Verfahrenseröffnung nicht nach dem nationalen Insolvenzrecht der Mitglied- 25

---

11 BGH 03.02.2011, V ZB 54/10, BGHZ 188, 177 = DZWiR 2011, 410 mit Anm. *Gruber*.
12 EuGH 22.11.2012, C-116/11, NZI 2013, 106 (Rn. 44 ff.) – Bank Handlowy w Warzawie SA.

staaten, sondern einheitlich und autonom nach der EuInsVO zu bestimmen ist (siehe näher Art. 3 Rdn. 73 ff.); dies ist jedoch nach dem EuGH nicht auf den Zeitpunkt der Beendigung eines Insolvenzverfahrens zu übertragen.[13] Es bleibt also hier bei den Vorschriften der *lex fori concursus*. Die genaue Bestimmung des Zeitpunkts der Verfahrensbeendigung ist deshalb von Bedeutung, weil während eines in einem Mitgliedstaat eröffneten und noch andauernden Verfahrens in einem anderen Mitgliedstaat kein (weiteres) Hauptinsolvenzverfahren eröffnet werden kann; vielmehr ist in diesem Zeitraum allein die Eröffnung eines Sekundärinsolvenzverfahrens möglich (s. oben Art. 3 Rdn. 91). Auch die Wirkungen der Beendigung des Insolvenzverfahrens und die **Rechte der Gläubiger** nach Beendigung des Verfahrens werden von der *lex fori concursus* erfasst. Dies gilt etwa für die Rechtskraft- und Titulierungswirkung nach § 178 Abs. 3 und § 201 Abs. 2 InsO für festgestellte Forderungen. Ferner unterfallen die Wirkungen einer **Restschuldbefreiung**[14] oder eines **Insolvenzplans** der *lex fori concursus*. Wird hierüber eine (konstitutive) Entscheidung getroffen, ist diese nach Maßgabe von Art. 25 in den anderen Mitgliedstaaten anzuerkennen.[15]

26 Kostenfragen unterfallen nach Buchst. l) ebenfalls der *lex fori concursus*. Ob man hierzu auch Kostenbeiträge der gesicherten Gläubiger nach §§ 170 ff. InsO zählen kann, erscheint fraglich. Im Ergebnis besteht jedoch kein Zweifel daran, dass auch hierfür die *lex fori concursus* gilt; diese wird aber – soweit der gesicherte Gegenstand in einem anderen Mitgliedstaat belegen ist – durch Art. 5 abgeschwächt.

27 Buchst. m) stellt sodann klar, dass die Regeln über die Insolvenzanfechtung (§§ 129 ff. InsO) der *lex fori concursus* unterliegen; allerdings sieht Art. 13 eine erhebliche Modifikation der Anknüpfung vor. Von der *lex fori concursus* werden ungeachtet der rechtstechnischen Ausgestaltung auch sonstige Nichtigkeits- und Unwirksamkeitsgründe erfasst, soweit diese insolvenzrechtlicher Natur sind. Nicht zum Insolvenzstatut zählen Nichtigkeitsgründe, die im allgemeinen Zivilrecht wurzeln. Nicht nach der *lex fori concursus* zu beurteilen sind also etwa Regeln zu Willensmängeln oder die Rechtsfolgen eines Verstoßes gegen allgemeine nicht-insolvenzrechtliche Verbotsgesetze.

28 Unstreitig von der *lex fori concursus* erfasst – obwohl in dem Beispielkatalog nicht aufgenommen – ist schließlich auch die **Haftung des Insolvenzverwalters**.[16] Die Haftung der Insolvenzgerichte fällt demgegenüber nicht in den Anwendungsbereich der EuInsVO; sie richtet sich nach dem jeweiligen Recht des Mitgliedstaates.

III. Abgrenzung zum (Kapital-)Gesellschaftsrecht

1. Überblick

a) Praktische Relevanz der Frage

29 In der Insolvenz einer Kapitalgesellschaft werden häufig Ersatz- oder Rückgewähransprüche gegen **Geschäftsführer** bzw. Vorstände und **Gesellschafter** geltend gemacht. Sehr häufig werden derartige Klagen durch den Insolvenzverwalter erhoben. Aufgrund dessen erscheint es naheliegend, zumindest manche dieser Klagen in den Anwendungsbereich der EuInsVO einzubeziehen, d.h. die internationale Zuständigkeit aus Art. 3 abzuleiten und materiell der *lex fori concursus* zu unterstellen (s. Art. 1 EuInsVO Rdn. 31 ff.). Allerdings stützen sich die Ersatz- oder Rückgewähransprüche i.d.R. auf Handlungen, die noch vor Eröffnung des Insolvenzverfahrens vorgenommen wurden; zudem knüpfen sie an eine gesellschaftsrechtliche Stellung des Klagegegners – als Geschäftsführer oder Gesell-

---

13 Ausdrücklich EuGH 22.11.2012, C-116/11, NZI 2013, 106 (Rn. 51) – Bank Handlowy w Warzawie SA; näher hierzu *Schulz* EuZW 2013, 141 (144).
14 Nach der zutr. Auffassung des AG Augsburg gehört hierzu auch die Exekutionssperre während des (mit dem deutschen Restschuldbefreiungsverfahren vergleichbaren) österreichischen Abschöpfungsverfahrens (AG Augsburg 26.03.2012, 1 M 14615/11, ZInsO 2012, 1175.
15 *Paulus* Art. 25 Rn. 5; *Taupitz* ZZP 111 (1998), 315 (347).
16 Rauscher/*Mäsch* Rn. 9; Gebauer/Wiedmann/*Haubold* Rn. 90; *Thole* ZEuP 2010, 907 (923); *Paulus* ZIP 2002, 729 (734).

schafter – an. Insoweit stellt sich die Frage, ob derartige Klagen nicht dem Gesellschaftsrecht zuzuordnen und nach den Grundsätzen des internationalen Gesellschaftsrechts zu beurteilen sind.

Die Frage ist im Anschluss an die Entscheidungen des EuGH zur Niederlassungsfreiheit von Gesellschaften von großer praktischer Bedeutung, denn im Bereich der Niederlassungsfreiheit nach Art. 49, 54 AEUV (ex. Art. 43 u. 48 EGV) wird im internationalen Gesellschaftsrecht von der sog. **Gründungstheorie** ausgegangen.[17] Konkret bedeutet dies, dass etwa für eine in England gegründete »limited by shares« zwar – bei Verlegung des COMI nach Deutschland – nach Maßgabe der EuInsVO deutsches Insolvenzrecht, aber im Übrigen weiterhin englisches Gesellschaftsrecht gilt. Je weiter man den Anwendungsbereich der EuInsVO zieht, desto eher kommt auf die »limited by shares« deutsches Recht zur Anwendung; nimmt man demgegenüber eine gesellschaftsrechtliche Qualifikation einer Regelungsfrage vor, gilt für die »limited« nicht das deutsche, sondern das englische Recht. In diesem Fall wäre sodann auch in Deutschland auf die englischen Haftungstatbestände – etwa des »fraudulent trading« sowie insb. des »wrongful trading« – abzustellen. 30

Das Zusammenspiel zwischen dem (heimischen) Insolvenzrecht und dem (ausländischen) Gesellschaftsrecht stellt die Praxis vor erhebliche Probleme. Zum einen sind die Abgrenzungsprobleme im Einzelnen noch nicht geklärt; zum anderen ist das ausländische Recht – dann, wenn man eine gesellschaftsrechtliche Frage annimmt – den heimischen Gerichten, Insolvenzverwaltern und Anwälten – und erst recht den betroffenen Gläubigern – weniger bekannt bzw. zugänglich als das deutsche. 31

b) Einfluss der Niederlassungsfreiheit (Art. 49, 54 AEUV)

Bei der Abgrenzung des Insolvenzstatuts zum Gesellschaftsstatut ist nach verbreiteter Auffassung nicht nur eine einfache Auslegung der EuInsVO vorzunehmen. Vielmehr ist zu berücksichtigen, dass die EuInsVO ihrerseits (lediglich) sekundäres Gemeinschaftsrecht darstellt. Damit ist die Anknüpfung an die *lex fori concursus* an der Niederlassungsfreiheit aus Art. 49, 54 AEUV (= ex Art. 43, 48 EG) zu messen.[18] Denkbar ist insb., dass Art. 4 im Lichte der Art. 49, 54 AEUV eng auszulegen ist – namentlich dann, wenn die Anwendung der *lex fori concursus* die Niederlassungsfreiheit von Gesellschaften beeinträchtigen könnte. Welchen Einfluss die Niederlassungsfreiheit auf die hier in Frage stehende Abgrenzung des Insolvenz- zum Gesellschaftsstatut hat, wird aber in der deutschen Rechtsprechung und Literatur sehr unterschiedlich beurteilt; die ohnehin schon erheblichen Unsicherheiten bei der Abgrenzung des Insolvenzstatuts vom Gesellschaftsstatut werden durch diese zusätzliche primärrechtliche Dimension noch erheblich verstärkt. 32

So wird vertreten, dass die in Rede stehenden nationalen Regelungen als »allgemeines Verkehrsrecht des Niederlassungsstaats« i.S.d. Rechtsprechung des EuGH anzusehen sind.[19] Sie seien daher von vornherein nicht als Eingriff in die Niederlassungsfreiheit zu werten.[20] Dieser Ansatz erscheint bedenkenswert. Er setzt allerdings voraus, dass die Keck-Formel des EuGH, die sich auf die Warenverkehrsfreiheit bezieht, überhaupt auf die Niederlassungsfreiheit übertragbar ist. Dies ist noch nicht abschließend geklärt, aber wohl zu bejahen.[21] Ferner erscheint fraglich, ob bei entsprechender Anwendung der Keck-Formel von einer nicht signifikanten Einschränkung der Niederlassungsfreiheit ausgegangen werden kann. 33

Bejaht man demgegenüber einen Eingriff in die Niederlassungsfreiheit, so ist nach evtl. Rechtfertigungen für den Eingriff zu suchen. Beschränkungen der Niederlassungsfreiheit sind nach der 34

---

17 Vgl. etwa EuGH 05.11.2002, C-208/00, Slg. I-09919 – Überseering, nachfolgend etwa BGH 14.03.2005, II ZR 5/03, NJW 2005, 1648; 13.03.2003, VII ZR 370/98, NJW 2003, 1461.
18 Etwa *Geimer/Schütze/Haß/Herweg* Rn. 14; *Mock/Westhoff* DZWIR 2004, 23 (27).
19 Vgl. EuGH 24.11.1993, C-267/91, Slg. 1993, I-6097, Rn. 14 ff. – Keck/Mithouard.
20 KG 24.09.2009, 8 U 250/08, NZG 2010, 71 (73) mit Blick auf die Haftung für masseschmälernde Zahlungen nach § 64 Abs. 2 GmbGH a.F. = § 64 Satz 1 GmbHG n.F. mit allerdings abl. Anm. *Ringe/Willemer* NZG 2010, 56 und *Mock* GmbHR 2010, 102 ff.
21 Vgl. diesbezüglich etwa EuGH 30.11.1995, C-55/94, Slg I-04165, Rn. 37 – Gebhard.

Rechtsprechung des EuGH allerdings nur unter besonderen Voraussetzungen zulässig. Im Einzelnen kann die Niederlassungsfreiheit dann eingeschränkt werden, wenn die inländischen Vorschriften in nichtdiskriminierender Weise angewandt werden, sie zwingenden Gründen des Allgemeininteresses entsprechen und sie ferner zur Erreichung des verfolgten Ziels geeignet und erforderlich sind (sog. Gebhard-Formel).[22]

35 Ob die zwingende Anwendung einzelner nationaler Vorschriften im Vorfeld der Insolvenz auf ausländische Gesellschaften hiernach gerechtfertigt ist, wird wiederum unterschiedlich beurteilt.[23] Größere Probleme bereitet das Merkmal der Erforderlichkeit des Eingriffs. Nach verbreiteter Auffassung ist hier zu prüfen, ob das maßgebliche Ziel – etwa der Gläubigerschutz – bereits durch das ausländische Recht gewährleistet ist.[24] Dies liefe letztlich auf einen Vergleich zwischen dem heimischen deutschen und dem ausländischen Recht hinaus.

36 Insgesamt lässt sich schwer vorhersagen, wie der EuGH die Reichweite der EuInsVO im Verhältnis zum Gesellschaftsrecht bestimmen wird. Es ist auch weitgehend offen, ob und in welchem Umfang er sich auf die Niederlassungsfreiheit stützen wird. Einstweilen erscheint es ratsam, einzelne Normenkomplexe gesondert in den Blick zu nehmen. Jedenfalls in der deutschen Rechtsprechung und Literatur lassen sich z.T. schon einzelne Tendenzen feststellen. Es ist jedoch zu wünschen, dass die streitigen (Qualifikations-)Fragen rasch dem EuGH zur Vorabentscheidung vorgelegt werden.

2. Abgrenzung im Einzelnen

a) Nachrangigkeit von Gesellschafterdarlehen; Insolvenzanfechtung bei Gesellschafterdarlehen (§§ 39 Abs. 1 Nr. 5, 44a, 135 InsO)

37 Die mittlerweile im Anschluss an das MoMiG nur noch in der InsO normierten Regeln zur Nachrangigkeit von **Gesellschafterdarlehen** sind nach dem BGH insolvenzrechtlich zu qualifizieren.[25] Die Entscheidung des BGH ist noch zum alten Eigenkapitalersatzrecht ergangen. Der BGH ist von einer insolvenzrechtlichen Qualifikation der Regelungen über die Nachrangigkeit eigenkapitalersetzender Gesellschafterdarlehen nach § 32 GmbHG i.d.F. v. 19.12.1998 i.V.m. § 39 Abs. 1 Nr. 5 InsO i.d.F. v. 13.04.2007 ausgegangen; demgegenüber seien die von der Rechtsprechung entwickelten Regeln zum Eigenkapitalersatz gesellschaftsrechtlich zu qualifizieren. In einem obiter dictum hat er sodann dargelegt, dass das neue Instrumentarium nach § 39 Abs. 1 Nr. 1, Nr. 5, IV, V, § 135 InsO insgesamt insolvenzrechtlicher Natur sei und damit nach der EuInsVO behandelt werden müsse.[26] Dies hat zur Folge, dass sich die Nachrangigkeit von Forderungen aus eigenkapitalersetzenden Darlehen nach der deutschen *lex fori concursus* beurteilt. Auch die Anfechtung von Rückzahlungen an den Gesellschafter beurteilt sich somit grds. nach der *lex fori concursus*. Ein evtl. Vertrauensinteresse des Gesellschafters ist im Rahmen der Anfechtung aber durch Art. 13 geschützt.

38 Auch ausländische Vorschriften, die einen Rangrücktritt für Gesellschafterdarlehen vorsehen oder privilegierte Leistungen an Gesellschafter für nichtig oder anfechtbar erklären, sind hiernach – folgt man der Argumentation des BGH – insolvenzrechtlich zu qualifizieren unter die EuInsVO zu sub-

---

22 S. EuGH 30.11.1995, C-55/94, Slg I-04165, Rn. 37 – Gebhard.
23 Eine Rechtfertigung bejahend etwa KG 24.09.2009, 8 U 250/08, NZG 2010, 71 (73).
24 Vgl. *Eidenmüller/Rehm* ZGR 2004, 159 (173); *Kuntz* NZI 2005, 424 (432); *Burg* GmbHR 2004, 1379 (1380); *Ziemons* ZIP 2003, 1913 (1917); abw. *Ulmer* NJW 2004, 1201 (1209).
25 BGH 21.07.2011, IX ZR 185/10, NZI 2011, 818 m. zust. Anm. *Blöse* GmbHR 2011, 1093 und *Wedemann* IPRax 2012, 226; s. auch OLG Köln (Vorinstanz) 28.09.2010, 18 U 3/10, ZInsO 2011, 1071 m.Anm. *Riedemann/Lesmann* EWiR 2011, 19 und *Mankowski* NZI 2010, 1004; AG Hamburg 26.11.2008, 67g IN 352/08, NZI 2009, 131 m.Anm. *Behrens* IPRax 2010, 230; *Thole* ZEuP 2010, 907 (921 f.); *Schmidt* ZInsO 2007, 975 (977); *Kühnle/Otto* IPRax 2009, 117 (118 f.); Rauscher/*Mäsch* Rn. 9; a.A. – gesellschaftsrechtliche Qualifikation – *Krolop* ZIP 2007, 1738 (1745); Vgl. auch noch *Willemer* S. 231 ff.; Rauscher/*Mankowski* Art. 1 Brüssel I-VO Rn. 20c.
26 BGH 21.07.2011, IX ZR 185/10, NZI 2011, 818.

sumieren. Da es bei der Qualifikation auf eine verordnungsautonome funktionale Betrachtungsweise ankommt, gilt dies auch dann, wenn diese Regeln nach dem ausländischen Recht formal nicht dem Insolvenzanfechtungsrecht zugeordnet werden.[27] Die **internationale Zuständigkeit** für Insolvenzanfechtungsklagen gegen den Gesellschafter richtet sich nach Art. 3 (vgl. Art. 1 EuInsVO Rdn. 20 ff.; Art. 3 EuInsVO Rdn. 132 f.).

Durchgreifende Bedenken aus Sicht der Niederlassungsfreiheit bestehen gegenüber einer insolvenzrechtlichen Qualifikation nach Auffassung des BGH nicht. Die Anwendbarkeit der genannten Vorschriften beruhe auf ihrer Qualifizierung als Insolvenzrecht durch Art. 4 Abs. 2 EuInsVO. Dass diese Vorschrift des sekundären Gemeinschaftsrechts, die Besonderheiten des eröffneten Insolvenzverfahrens regele, gegen das primäre Gemeinschaftsrecht in der Form der Niederlassungsfreiheit für Kapitalgesellschaften verstoße, sei nicht erkennbar.[28] Auch eine primärrechtskonforme Auslegung von Art. 4 nötige nicht dazu, von einer insolvenzrechtlichen Qualifikation Abstand zu nehmen. Die Niederlassungsfreiheit von Gesellschaften werde durch die »insolvenzspezifische, europarechtliche Anordnung des Art. 4 nicht tangiert«.[29] 39

Im Ergebnis – nicht allerdings in allen Teilen der Begründung – dürfte dem BGH zuzustimmen sein. Etwas zu apodiktisch führt der BGH aus, dass die Niederlassungsfreiheit von vornherein durch die »insolvenzspezifische« Anordnung des Art. 4 nicht tangiert sei. Tatsächlich ist aus der Sicht des Primärrechts nicht maßgeblich, ob eine Einschränkung der Niederlassungsfreiheit auf einer »insolvenzspezifischen« oder anders zu qualifizierenden Anordnung beruht. Maßgeblich sind an dieser Stelle allein die Wertungen des Primärrechts.[30] Die Anfechtbarkeit von Zahlungen an Gesellschafter dürfte nach der hier vertretenen Auffassung allerdings von der Keck-Formel des EuGH gedeckt sein. Jedenfalls ist sie i.S.d. sog. Gebhard-Formel durch das Allgemeininteresse des Mitgliedstaats der Verfahrenseröffnung gerechtfertigt. Dieser hat ein schützenswertes Interesse daran, das Prinzip der Gläubigergleichbehandlung durch eine einheitliche Anwendung der *lex fori concursus* auch bei Gesellschafterdarlehen durchzusetzen und nicht – in Bezug auf Leistungen an Gesellschafter – ein Sonderanfechtungsrecht heranziehen zu müssen. Zudem wird der Gesellschafter durch Art. 13 hinreichend geschützt. 40

Der BGH ist davon ausgegangen, dass an der Richtigkeit seines Ergebnisses auch im Lichte der Niederlassungsfreiheit »kein vernünftiger Zweifel« besteht; er hat deshalb von einer Vorlage an den EuGH abgesehen.[31] Dies erscheint zweifelhaft. Zwar ergibt sich aus der EuInsVO ein (scheinbar) eindeutiges Ergebnis; was die Reichweite der Niederlassungsfreiheit und die Beschränkbarkeit der Niederlassungsfreiheit durch insolvenzspezifische Normen anbelangt, bestehen aber durchaus noch Unsicherheiten. Nach der hier vertretenen Auffassung hätte daher der BGH die Frage dem EuGH vorlegen müssen;[32] es bleibt abzuwarten, ob ein anderes – ausländisches oder inländisches Gericht – dies in näherer Zukunft tun wird. 41

b) Insolvenzantragspflicht (§ 15a InsO)

Auch die **Insolvenzantragspflicht** nach § 15a InsO, die zuvor im GmbHG und AktG normiert war und vom deutschen Gesetzgeber »rechtsformneutral« ausgestaltet und in die InsO eingestellt wurde, fällt nach verbreiteter Auffassung in den Anwendungsbereich der EuInsVO.[33] Dies hat nach der h.M. 42

---

27 BGH 21.07.2011, IX ZR 185/10, NZI 2011, 818; zur funktionalen Betrachtungsweise Vgl. MüKo-InsO/ *Reinhart* Rn. 2 f.
28 BGH 21.07.2011, IX ZR 185/10, NZI 2011, 818 (821).
29 BGH 21.07.2011, IX ZR 185/10, NZI 2011, 818 (821).
30 Siehe auch *Teichmann* BB 2012, 18 (19).
31 BGH 21.07.2011, IX ZR 185/10, NZI 2011, 818 (821).
32 Vgl. in diesem Sinne auch *Teichmann* BB 2012, 18 und *Mankowski* NZI 2010, 1004 (zur vorangegangenen Entscheidung des OLG Köln).
33 Rauscher/*Mäsch* Rn. 9; *Poertzgen* NZI 2008, 9 (10 f.).

zur Folge, dass sich der englische »director« einer »limited« mit COMI in Deutschland an die strengen Fristen der genannten Vorschrift halten muss.

43 Verbreitet wurde eine insolvenzrechtliche Qualifikation schon vorgenommen, als sich die entsprechenden Vorschriften noch im GmbHG bzw. dem AktG befanden.[34] Allerdings stand dem eine fast ebenso starke Gegenauffassung gegenüber, die sich für eine gesellschaftsrechtliche Qualifikation aussprach.[35]

44 Allein aus der rechtsformneutralen Ausgestaltung folgt nicht – und erst recht nicht aus der bloßen Verschiebung der Regelung in die InsO –, dass § 15a InsO insolvenzrechtlich zu qualifizieren ist.[36] Maßgeblich sind die autonomen Qualifikationsmaßstäbe der EuInsVO, nicht die Ordnungsvorstellungen des nationalen Gesetzgebers (vgl. Rdn. 14).

45 Legt man dementsprechend autonome Qualifikationsmaßstäbe an, so erscheint es jedenfalls auf den ersten Blick nicht zweifelsfrei, ob die EuInsVO auch Antragspflichten erfasst. Der Wortlaut des Art. 4 Abs. 1 beschränkt sich auf die verfahrensrechtlichen Voraussetzungen der Insolvenzeröffnung und die Wirkungen des eröffneten Insolvenzverfahrens. Pflichten im Vorfeld der Insolvenzeröffnung scheinen daher vom Wortlaut nicht erfasst.

46 Allerdings ergibt sich aus der Rechtsprechung des EuGH zum EuGVÜ/zur EuGVVO ein Anhaltspunkt dafür, dass Antragspflichten von der EuInsVO erfasst sein könnten. Der EuGH hat noch unter Geltung des EuGVÜ im Zusammenhang mit der Haftung des Geschäftsführers einer französischen Gesellschaft festgestellt, dass die französische *action en comblement du passif* nicht in den Anwendungsbereich des EuGVÜ fällt.[37] Die *action en comblement du passif* weist aber – ihrer Funktion nach – Ähnlichkeit mit der deutschen Insolvenzverschleppungshaftung auf bzw. erfasst als weiter gefasster Tatbestand jedenfalls auch Fallgestaltungen, die im deutschen Recht unter die Tatbestände der Insolvenzverschleppung fallen.[38] Der EuGH hat mittlerweile mehrfach ausgesprochen, dass die Grundsätze aus *Gourdain/Nadler* auf die Auslegung der EuInsVO übertragen werden können.[39] Hieraus lässt sich schließen, dass derartige und vergleichbare Haftungstatbestände weiterhin nicht von der EuGVVO, sondern dafür von den EuInsVO erfasst werden.[40] Dies würde dann nicht nur dafür sprechen, die internationale Zuständigkeit nach Art. 3 EuInsVO zu bestimmen, sondern auch der kollisionsrechtlichen Ebene Art. 4 (*lex fori concursus*) anzuwenden.

---

[34] LG Kiel 20.04.2006, 10 S 44/05, BB 2006, 1468 m. zust. Bespr. *Wachter* BB 2006, 1463 u. zust. Anm. *Wilms* KTS 2007, 337; ferner – aus dem kaum übersehbaren Schrifttum – etwa *Eidenmüller* RabelsZ 70, 2006, 474 (494 ff.); *Zerres* DZWIR 2007, 356 ff.; *Borges* ZIP 2004, 733 (739 f.); *Haubold* IPRax 2002, 157 (163); *Müller* NZG 2003, 414 (416); *Roth* NZG 2003, 1081 (1085); *Zimmer* NJW 2003, 3585 (3589 f.); *Weller* IPRax 2003, 520 (522); *Wachter* GmbHR 2004, 88 (101); *Borges* ZIP 2004, 733 (739 f.); *Riedemann* GmbHR 2004, 345 (348 f.); *Kuntz* NZI 2005, 424 (426 f.); *Schilling/Schmidt* DZWIR 2006, 218 (219).

[35] AG Bad Segeberg 24.03.2005, 17 C 289/04, NZI 2005, 411 m. zust. Anm. *Dichtl* GmbHR 2005, 886; *Krüger* ZInsO 2007, 861 (865); *Gross/Schork* NZI 2006, 10 (14); *v. Hase* BB 2006, 2141; *Hirte/Mock* ZIP 2005, 474; *Ulmer* NJW 2004, 1201 (1207); *Mock/Westhoff* DZWIR 2004, 23 (27); *Schmidt* ZHR 168, 2004 493 (497 f.); *Schumann* DB 2004, 743 (746); *Vallender/Fuchs* ZIP 2004, 829 (830); *Mock/Schildt* ZInsO 2003, 396 (399 f.).

[36] Anders *Poertzgen* NZI 2008, 9 (10 f.); Vgl. auch *Knof/Mock* GmbHR 2007, 852 (853), die von einem »äußerst fragwürdigen bloßen Kleiderwechsel« sprechen.

[37] EuGH 22.02.1979, 133/78, Slg. 1979, 733 (734) – Gourdain/Nadler.

[38] Vgl. näher *Habersack/Verse* ZHR 168, 2004, 174 (202 ff.); zu den Auswirkungen der Änderungen im französischen Recht auf die Qualifikation der action en comblement du passif ausf. *Willemer* S. 275 ff.

[39] EuGH 12.02.2009, C-339/09, Slg I-00767, Rn. 19 ff. – Deko Marty; 02.07.2009, C-111/08, Slg 2009 I-05655, Rn. 20 ff. – SCT Industri; 10.09.2009, C-292/08, Slg I-08421, Rn. 26 ff. – German Graphics.

[40] Vgl. die Begr. des Entwurfs eines Gesetzes zur Modernisierung des GmbH-Rechts und zur Bekämpfung von Missbräuchen (MoMiG), BT-Drucks. 16/6140, 55 f.; ebenso *Schilling/Schmidt* DZWIR 2006, 218 (219).

Teleologisch spricht für eine Einbeziehung des § 15a InsO in den Anwendungsbereich der EuInsVO, dass die Verpflichtung zur Beantragung eines Insolvenzverfahrens dem Gläubigerschutz dient; sie verfolgt damit einen insolvenzrechtlichen Zweck.[41] Zwar verlangt § 15a InsO keinesfalls bedingungslos eine Beantragung eines Insolvenzverfahrens, sondern belässt dem Geschäftsführer die Möglichkeit, innerhalb der in der Vorschrift genannten Frist die Insolvenzgründe zu beseitigen. Damit ist die Vorschrift nicht (nur) einseitig auf die Eröffnung eines Insolvenzverfahrens ausgerichtet, sondern lässt einen (geringen) Spielraum für Sanierungsversuche außerhalb der Insolvenz. Als Hauptzweck der Vorschrift lässt sich aber doch der Gläubigerschutz identifizieren; dieser hat bei Ablauf der Antragsfrist nach § 15a InsO gegenüber einem evtl. Fortführungsinteresse den Vorrang. 47

Größere Unsicherheit ergibt sich wiederum aus der Frage, ob eine insolvenzrechtliche Qualifikation mit der europäischen Niederlassungsfreiheit vereinbar ist.[42] Auch hier dürfte es naheliegen, die *Keck*-Ausnahme anzunehmen.[43] Hilfsweise ließe sich die zwingende Durchsetzung inländischer Antragspflichten mit Gründen des Allgemeininteresses rechtfertigen. Dass an der genauen und einheitlichen Durchsetzung der Antragspflichten ein besonderes Interesse besteht, zeigt sich indiziell u.a. daran, dass die Nichtbeantragung vielfach – auch in Deutschland (§ 15a Abs. 4, 5 InsO) – strafbewehrt ist. Der nationale Gesetzgeber wäre jedoch kaum in der Lage, entsprechende Strafvorschriften zu schaffen oder eine effektive öffentlich-rechtliche Kontrolle durchzuführen, wenn Antragspflichten einem ausländischen Recht unterstünden.[44] 48

Bisweilen wird in der Literatur die Auffassung vertreten, dass die Haftung nach § 823 Abs. 2 BGB i.V.m. § 15a InsO **allgemein deliktsrechtlich** zu qualifizieren sei.[45] Dem ist nicht zuzustimmen.[46] Bei einer funktionalen Betrachtung statuiert § 823 Abs. 2 BGB i.V.m. § 15a InsO keinen allgemein deliktischen, sondern einen spezifisch insolvenzrechtlichen Haftungstatbestand. Die praktischen Unterschiede zwischen einer deliktischen Qualifikation und der Anwendung der *lex fori concursus* sind im Übrigen eher gering. Auch eine deliktische Anknüpfung nach Art. 4 Rom II-VO führte im Regelfall zu dem Recht des Mitgliedstaates, in dem sich der Schuldner-COMI befindet. Als Erfolgsort i.S.d. Art. 4 Abs. 1 ist nämlich der Ort anzusehen, an dem die Insolvenzmasse geschmälert wird und den Gläubigern nicht mehr zur Verfügung steht; deliktischer Erfolgsort und COMI dürften daher regelmäßig in demselben Staat liegen.[47] Selbst wenn man davon ausgeht, dass es sich bei § 823 Abs. 2 BGB i.V.m. § 15a InsO um eine nach allgemeinen deliktischen Regeln anzuknüpfenden Anspruch handelt, so stellt die Antragspflicht nach § 15a InsO jedenfalls eine insolvenzrechtlich zu qualifizierende und damit nach der *lex fori concursus* zu behandelnde **Vorfrage** dar. Im Ergebnis gelangt man deshalb auch hier zu einer Anwendung der *lex fori concursus*. 49

Der insolvenzrechtlichen Qualifikation des § 15a InsO bzw. entsprechender Antragspflichten des ausländischen Rechts steht schließlich nicht entgegen, dass die Norm auch dann von Bedeutung sein kann, wenn es – etwa deshalb, weil nach § 26 InsO keine die Verfahrenskosten deckende Masse zur Verfügung steht – gar nicht zu einer Eröffnung des Insolvenzverfahrens kommt. Zwar geht Art. 4 dem Wortlaut nach von einem »eröffneten« Verfahren aus; die Norm dürfte aber ihrem Sinn und Zweck nach auch (entsprechend) anwendbar sein, wenn ein Insolvenzfall an sich vorliegt und das Verfahren nur aus Kostengründen nicht eröffnet wird. In diesem Fall ist auf den Mitgliedstaat abzustellen, in dem bei rechtzeitiger Antragstellung das Verfahren eröffnet worden wäre. § 15a InsO ist 50

---

41 Ebenso *Eidenmüller* RabelsZ 70, 2006, 474 (494 f.).
42 *Knof/Mock* GmbHR 2007, 852 (854).
43 So etwa *Eidenmüller* NJW 2005, 1618 (1621).
44 Vgl. dazu – anderenfalls eine erhebliche Strafbarkeitslücke befürchtend – *Bittmann/Gruber* GmbHR 2008, 867 (873).
45 Etwa *Pannen/Riedemann* NZI 2005, 413 (414); Pannen/*Riedemann* Rn. 87; *Schanze/Jüttner* AG 2003, 661 (670); *Bayer* BB 2003, 2357 (2365); *ders.* BB 2004, 1 (4).
46 Wie hier Rauscher/*Mankowski* Art. 1 Brüssel I-VO Rn. 20d.
47 So auch zum damals geltenden autonomen Kollisionsrecht, das auf Handlungs- und Erfolgsort abstellte, MüKo-InsO/*Reinhart* Rn. 11.

also dann heranzuziehen, wenn sich der COMI des Schuldners in Deutschland befand. Lehnt man eine Anwendung des Art. 4 in den Fällen des (nur) aus Kostengründen nicht eröffneten Verfahrens ab, so dürfte eine Regelungslücke der EuInsVO anzunehmen sein; diese ließe Raum für eine ergänzende Anwendung des nationalen Insolvenzkollisionsrechts. In diesem Fall käme man aus deutscher Sicht zu demselben Ergebnis – der Maßgeblichkeit der *lex fori concursus* – über den (entsprechend) anwendbaren § 335 InsO.[48]

51 Von der Frage, ob die Insolvenzantragspflicht als solche insolvenzrechtlich zu qualifizieren ist, muss die Frage nach der **internationalen Zuständigkeit** für entsprechende Schadensersatzklagen gegen den Geschäftsführer unterschieden werden. Soweit der Schadensersatzanspruch von dem Insolvenzverwalter selbst geltend gemacht werden kann (so im Falle des deutschen Rechts bei einem sog. »Quotenschaden« der Altgläubiger), spricht vieles für eine entsprechende Anwendung von Art. 3 (vgl. Art. 1 EuInsVO Rdn. 30). Wird der Schadensersatzanspruch demgegenüber durch einzelne Gläubiger geltend gemacht, dürfte der hinreichende zuständigkeitsrechtliche Bezug zu einem Insolvenzverfahren fehlen. Dies lässt sich auch aus der Entscheidung des EuGH in der Sache Gourdain/Nadler stützen, in der der EuGH in der Argumentation darauf abgestellt hat, dass die Klage »nur vom Konkurs- oder Vergleichsverwalter« anhängig gemacht werden konnte.[49] Im Ergebnis ergibt sich daher nach der hier vertretenen Auffassung Folgendes: Kollisionsrechtlich gilt für die Beurteilung der Insolvenzantragspflicht auch dann, wenn die Schadensersatzklage durch Einzelgläubiger geltend gemacht wird, die *lex fori concursus*. Die internationale Zuständigkeit ergibt sich aber nur aus Art. 3, wenn Ansprüche durch den Insolvenzverwalter geltend macht werden. Anderenfalls bestimmt sich die internationale Zuständigkeit nach der EuGVVO bzw., falls es an deren räumlich-persönlichen Anwendungsbereich fehlen sollte, nach dem LugÜ bzw. nach dem nationalen Zuständigkeitsrecht.

52 Dieselben Grundsätze gelten dann, wenn es (etwa mangels Masse) gar nicht zu einer Eröffnung eines Insolvenzverfahrens gekommen ist.[50] Zwar kann auch hier das anwendbare Recht nach Art. 4 (*lex fori concursus*) bestimmt werden; abzustellen ist auf das Recht des Mitgliedstaats, in dem bei rechtzeitiger Antragstellung das Verfahren eröffnet worden wäre (vgl. Rdn. 50). Die Vorschriften zur internationalen Zuständigkeit sind aber der EuGVVO bzw. dem nationalen Recht zu entnehmen.

c) **Masseschmälerung (§ 64 Satz 1 GmbHG)**

53 Noch problematischer ist die Frage, ob die EuInsVO darüber hinaus auch Regelungsfragen erfasst, die aus deutscher Sicht eher dem (Kapital-)Gesellschaftsrecht zugeordnet werden. Dies betrifft u.a. die Haftung für masseschmälernde Zahlungen (§ 64 Satz 1 GmbHG). Der deutsche Gesetzgeber hat zwar die Norm im GmbHG belassen, aber zugleich in den Gesetzesmaterialien darauf hingewiesen, dass die Norm »einen starken insolvenzrechtlichen Bezug« aufweise. Es spreche also einiges dafür, § 64 GmbHG als insolvenzrechtliche Norm zu qualifizieren und gem. Art. 4 Abs. 1 der *lex fori concursus* zu unterstellen, also auch auf ausländische Gesellschaften mit COMI in Deutschland anzuwenden.[51]

54 In der deutschen Rechtsprechung und Literatur wird § 64 Satz 1 GmbHG (= § 64 Abs. 2 GmbHG a.F.) im Anschluss hieran verschiedentlich als insolvenzrechtliche und daher von der Verweisung des Art. 4 erfasste Vorschrift angesehen.[52] Eine starke Gegenauffassung nimmt jedoch eine gesellschafts-

---

48 Vgl. zur ähnlichen Situation bei § 64 Satz 1 GmbHG *Barthel* ZInsO 2011, 211 ff.
49 EuGH 22.02.1979, 133/78, Slg. 1979, 733 Rn. 5 – Gourdain/Nadler.
50 Vgl. für den Parallelfall des § 64 Satz 1 GmbHG *Haas* NZG 2010, 495 (497).
51 BT-Drucks. 16/6140, S. 47.
52 KG 24.09.2009, 8 U 250/08, NZI 2010, 542; aus der Literatur etwa *Barthel* ZInsO 2011, 211 (215); *Haas* NZG 2010, 496 (497); *Thole* ZEuP 2010, 907 (923); *Eidenmüller* NJW 2005, 1618 (1621); *Goette* DStR 2005, 197 (200); *ders.* ZIP 2006, 541 (546); *Rauscher/Mäsch* Rn. 9; *Pannen/Riedemann* NZI 2005, 413 (414); *Wachter* BB 2006, 1463 (1464 f.).

rechtliche Qualifikation der Vorschrift vor.[53] Da die Anspruchsgrundlage auf Schadensersatz dem Vertrags- oder Deliktsrecht entnommen wird, wäre dann – konsequent – von einer gesellschaftsrechtlich zu qualifizierenden Vorfrage im Rahmen einer vertrags- oder deliktsrechtlich zu qualifizierenden Hauptfrage auszugehen. Nach einer dritten Auffassung bezieht sich Art. 4 EuInsVO nur auf solche Vorschriften, welche die Beantragung oder Eröffnung eines Insolvenzverfahrens (zwingend) voraussetzen; dies sei bei § 64 Satz 1 GmbHG nicht der Fall. Allerdings sei – ergänzend zu Art. 4 – § 335 InsO anzuwenden; dieser führe nicht anders als Art. 4 bei einem Schuldner-COMI in Deutschland zur Anwendung von § 64 Satz 1 GmbHG.[54]

In der bisherigen Rechtsprechung hat man auf der Ebene der internationalen Zuständigkeit von einer insolvenzrechtlichen Qualifikation verschiedentlich Abstand genommen. Das OLG Düsseldorf ist von einem vertraglichen Anspruch ausgegangen und hat hierbei auf den Anstellungsvertrag des Geschäftsführers abgestellt; es hat seine internationale Zuständigkeit dementsprechend, da der Beklagte seinen Wohnsitz in der Schweiz hatte, auf Art. 5 Nr. 1 LugÜ gestützt.[55] Das OLG Karlsruhe ist im Falle einer auf § 64 Abs. 2 GmbHG a.F. gestützten Klage des Insolvenzverwalters von einem deliktischen Anspruch nach Art. 5 Nr. 3 EuGVVO ausgegangen.[56] Das OLG Köln konnte die Entscheidung der Frage offen lassen, weil sowohl die vertragliche als auch die deliktische Qualifikation und ferner auch die EuInsVO zu einer Zuständigkeit deutscher Gerichte führten.[57] Das LG Darmstadt hat die Frage der Annexzuständigkeit eines Anspruchs aus Masseschmälerung gegen den Geschäftsführer nach § 64 Satz 1, 2 GmbHG dem EuGH zur Vorlage vorgelegt.[58] 55

Nach der hier vertretenen Auffassung dürfte die EuInsVO maßgeblich sein. Die internationale Zuständigkeit richtet sich maW nach Art. 3 (analog), das anwendbare Recht (*lex fori concursus*) folgt aus Art. 4. Für die Einbeziehung von § 64 Satz 1 GmbHG in den Anwendungsbereich der *lex fori concursus* sprechen ähnliche Erwägungen wie im Falle der Insolvenzantragspflicht nach § 15a InsO. Vorrangig ist zu berücksichtigen, dass § 64 Satz 1 GmbHG bei funktionaler Betrachtung einen Teilaspekt der *action en comblement du passif* betrifft, die ihrerseits vom EuGH als insolvenzrechtlich eingestuft worden ist (vgl. Rdn. 46). Nach § 64 Satz 1 GmbHG soll das Leitungsorgan der Gesellschaft im Falle der Insolvenzreife der Gesellschaft dazu angehalten werden, das Vermögen der Gesellschaft zu sichern und zusammenzuhalten; auf diese Weise soll erreicht werden, dass das Vermögen nach der Eröffnung des Verfahrens den Gläubigern ungeschmälert zur ranggerechten und gleichmäßigen Befriedigung zur Verfügung steht. Die Vorschrift dient damit der Durchführung des Insolvenzverfahrens und nimmt dessen Wirkungen mit der Statuierung eines Zahlungsverbots z.T. voraus.[59] 56

Gegen eine insolvenzrechtliche Qualifikation spricht nicht, dass die Vorschrift auch dann zur Anwendung gelangt, wenn es – bei Ablehnung der Insolvenzeröffnung mangels Masse – nicht zu einer Eröffnung des Insolvenzverfahrens kommt.[60] Der insolvenzrechtliche Zweck der Vorschrift lässt sich mit diesem Argument nicht in Abrede stellen.[61] Tatsächlich erscheint es – nicht anders als bei der Insolvenzantragspflicht (s. Rdn. 50) – sinnvoll, auch bei Nichteröffnung des Verfahrens mangels Masse auf den Ort abzustellen, an dem anderenfalls das Insolvenzverfahren eröffnet worden wäre, 57

---

53 AG Bad Segeberg 24.03.2005, 17 C 289/04, NZI 2005, 411 (412); aus der Lit. Vgl. etwa *Dichtl* GmbHR 2005, 886, (888); *Just* ZIP 2006, 1251 (1252); *Ringe/Willemer* NZG 2010, 56 (56 f.).
54 *Barthel* ZInsO 2011, 211 ff.
55 OLG Düsseldorf 18.12.2009, I-17 U 152/08, 17 U 152/08, GmbHR 2010, 591 = IPRax 2011, 176 m. abl. Bespr. *Wais* IPRax 2011, 138.
56 OLG Karlsruhe 22.12.2009, 13 U 102/09, NZG 2010, 509 m. abl. Bespr. *Haas* NZG 2010, 495.
57 OLG Köln 09.06.2011, 18 W 34/11, NZI 2012, 52 mit Anm. *Mankowski*.
58 LG Darmstadt, 15.05.2013, 15 O 29/12, juris (Klage eines Insolvenzverwalters gegen einen Geschäftsführer mit Wohnsitz in einem Drittstaat auf Ersatz von Zahlungen der Gesellschaft).
59 KG 24.09.2009, 8 U 250/08, NZI 2010, 542 (542).
60 So aber OLG Karlsruhe 22.12.2009, 13 U 102/09, NZG 2010, 509 f.
61 So auch dezidiert *Haas* NZG 2010, 495 (496); *Wais* IPRax 2011, 138 (140).

also wiederum auf den COMI des Schuldners für den Fall einer (angenommenen) Verfahrenseröffnung.

58 Im Rahmen der internationalen Zuständigkeit ist demgegenüber wiederum danach zu differenzieren, ob der Anspruch durch einen Insolvenzverwalter oder – wenn das Insolvenzverfahren mangels Masse nicht eröffnet wird – außerhalb des Insolvenzverfahrens geltend gemacht wird. Nur in dem erstgenannten Fall ist die internationale Zuständigkeit nach Art. 3 (analog) zu bestimmen. Fehlt es an einem Insolvenzverfahren, ist vorrangig die EuGVVO bzw. – falls es an deren räumlich-persönlichen Anwendbarkeit fehlen sollte – das LugÜ bzw. das nationale Zuständigkeitsrecht heranzuziehen.[62]

d) Existenzvernichtung (§§ 64 Satz 3 GmbHG, 92 Abs. 2 Satz 3 AktG, § 130a Abs. 1 Satz 3 HGB)

59 Auch die Haftung für die »Existenzvernichtung« der Gesellschaft, die nunmehr (teilweise) in §§ 64 Satz 3 GmbHG, 92 Abs. 2 Satz 3 AktG, § 130a Abs. 1 Satz 3 HGB kodifiziert ist, wird in der Literatur – häufig in Zusammenhang mit der Haftung für Masseschmälerung – insolvenzrechtlich qualifiziert.[63] Hierfür könnte wiederum der Regierungsentwurf zum MoMiG sprechen, der § 64 GmbHG insgesamt einen »starken insolvenzrechtlichen Bezug« attestiert.[64]

60 Allerdings ist zu berücksichtigen, dass § 64 Satz 3 GmbHG zu einem früheren Zeitpunkt als § 64 Satz 1 GmbHG eingreift. § 64 Satz 1 GmbHG setzt voraus, dass nach Eintritt der Zahlungsunfähigkeit der Gesellschaft oder nach Feststellung ihrer Überschuldung Zahlungen geleistet werden. § 64 Satz 1 GmbHG ist also zu einem Zeitpunkt anwendbar, in dem Insolvenzeröffnungsgründe bereits vorliegen. Demgegenüber handelt es sich bei § 64 Satz 3 GmbHG um eine zeitlich weiter vorgelagerte »Insolvenzverursachungshaftung«, die sich auf Handlungen gegenüber (noch) nicht insolvenzreifen Gesellschaften bezieht.[65] Haftungsursächlich sind Zahlungen an Gesellschafter, soweit diese zur Zahlungsunfähigkeit der Gesellschaft führen mussten.

61 Nach der hier vertretenen Auffassung scheint es möglich und notwendig, zwischen § 64 Satz 1 und § 64 Satz 3 GmbHG zu differenzieren. Die Abgrenzung zwischen der *lex fori concursus* und der Anknüpfung nach dem internationalen Gesellschaftsrecht ließe sich danach vornehmen, ob die haftungsauslösende Handlung eine bereits insolvente Gesellschaft betrifft, oder ob sie sich auf eine (noch) nicht insolvente Gesellschaft bezieht. Ist – wie bei der Haftung nach § 64 Satz 3 GmbHG – letzteres der Fall, spricht mehr für eine gesellschaftsrechtliche Qualifikation.

62 Zu berücksichtigen ist wiederum der Einfluss der europäischen Niederlassungsfreiheit. Je stärker man den Anwendungsbereich der *lex fori concursus* zeitlich vorverlagert, desto größer sind die Bedenken gegen eine Anwendung inländischen Rechts auf eine im Ausland gegründete Gesellschaft. Tatsächlich dürften auch allgemeine Haftungsregelungen wie die Existenzvernichtungshaftung geeignet sein, die Marktzugangsentscheidung einer Gesellschaft zu beeinflussen;[66] ferner ist zu berücksichtigen, dass sich sachgerechte Haftungsregeln zumeist auch dem ausländischen (Gesellschafts-)Recht entnehmen lassen und daher die starre Anwendung der *lex fori concursus* über das Erforderliche hinausgeht.

63 Letztlich muss die Qualifikationsfrage aber als völlig offen bezeichnet werden. Argumente für eine insolvenzrechtliche Qualifikation könnten sich auch hier wiederum aus einem Vergleich der deutschen Regelung mit der französischen *action en comblement du passif* ergeben, die – jedenfalls in

---

62 *Haas* NZG 2010, 495 (497).
63 Rauscher/*Mäsch* Rn. 9; *Thole* ZEuP 2010, 907 (923); *Kühnle/Otto* IPRax 2009, 117 (120 f.); *Cranshaw* DZWIR 2009, 353 (362); a.A. vor der Kodifikation durch das MoMiG: AG Bad Segeberg 24.03.2005, 17 C 289/04, NZI 2005, 411 (412); *Kunz* NZI 2005, 424 (431); *Eidenmüller* NJW 2005, 1618 (1620).
64 BT-Drucks. 16/6140, 47.
65 Etwa *Greulich/Rau* NZG 2008, 565 (566).
66 *Eidenmüller* NJW 2005, 1618 (1620).

der damaligen rechtlichen Ausgestaltung – nach Auffassung des EuGH nicht in den Anwendungsbereich des EuGVÜ/der EuGVVO fiel, also insolvenzrechtlich zu qualifizieren war.[67] In der deutschen Literatur ist darauf hingewiesen worden, dass die *action en comblement du passif* grds. nicht nur Geschäftsführungsfehler im Umfeld der Insolvenz, sondern alle Arten von Geschäftsführungsfehlern erfasse. Sie gehe damit über die Regelung der Insolvenzverschleppung weit hinaus und erfasse grds. alle Fälle, in denen die Geschäftsleiter die Gesellschaft geschädigt und auf diese Weise dazu beigetragen haben, dass das Gesellschaftsvermögen nicht ausreicht, um die Insolvenzgläubiger zu befriedigen.[68] Vor diesem Hintergrund ist eine insolvenzrechtliche Qualifikation (auch) des § 64 Satz 3 GmbHG nicht gänzlich auszuschließen. Endgültige Klärung kann hier nur eine (erneute) EuGH-Entscheidung bringen.

3. Zuständigkeitsfragen; Rechtshängigkeitseinwand

Aus dem Vorstehenden folgt, dass der Insolvenzverwalter bisweilen nicht nur insolvenzrechtlich zu qualifizierende Ansprüche, sondern auch gesellschaftsrechtlich zu qualifizierende Ansprüche geltend macht. Nicht selten wird er ein Interesse daran haben, sämtliche Ansprüche in ein und demselben Verfahren geltend zu machen. **64**

Dies setzt allerdings voraus, dass für sämtliche Ansprüche eine internationale Zuständigkeit des angerufenen Gerichts besteht. Nach zutreffender Auffassung richtet sich die internationale Zuständigkeit für insolvenzrechtlich zu qualifizierende Ansprüche nach Art. 3 (analog), während es bei den nicht-insolvenzrechtlich zu qualifizierenden Ansprüchen bei der Anwendung der EuGVVO verbleibt. Insb. verhält es sich nicht so, dass bei einer entsprechenden Anspruchshäufung allein die EuGVVO (auch im Hinblick auf insolvenzrechtlich zu qualifizierende) Ansprüche anzuwenden ist; es kommt also nicht zu einer Anwendung der EuGVVO auf sämtliche Ansprüche kraft Sachzusammenhangs.[69] Auch umgekehrt ist nicht davon auszugehen, dass die Zuständigkeitsregel des Art. 3 in diesen Fällen kraft Sachzusammenhangs auf nicht-insolvenzrechtlich zu qualifizierende Ansprüche erstreckt werden kann. Es bleibt daher bei einer getrennten Anwendung von EuInsVO und EuGVVO. Ein Gerichtsstand des Zusammenhangs ist aber Gegenstand des Kommissionsvorschlags zur Reform der EuInsVO (s. vor Art. 1 Rdn. 27). **65**

Ungeachtet dessen hatte das LG Essen diese Problematik zum Anlass für verschiedene Vorlagefragen an den EuGH genommen.[70] Insb. hat es danach gefragt, ob sich die Zuständigkeit für eine Insolvenzanfechtungsklage auch dann nach Art. 3 Abs. 1 richtet, wenn neben einem Insolvenzanfechtungsanspruch primär Ansprüche aus gesellschaftsrechtlich zu qualifizierenden Kapitalerhaltungsregeln geltend gemacht werden.[71] Nach einer Entscheidung des BGH, nach der die – zwischenzeitlich durch das MoMiG aufgehobenen – Kapitalerhaltungsregeln (§§ 32a, 32b GmbHG) als insolvenzrechtlich i.S.d. der EuInsVO zu qualifizieren sind[72], hat das Gericht sein Vorabentscheidungsersuchen indes zurückgenommen.[73] Zwar hätte die vom LG Essen in Erwägung gezogene Anwendung der EuGVVO auf sämtliche (nicht-insolvenzrechtliche und insolvenzrechtliche) Ansprüche dabei geholfen, eine Gerichtsstandszersplitterung zu vermeiden; es ist jedoch nicht ersichtlich, dass der EuGH für diese besondere Konstellation von der in der Entscheidung Deko Marty Belgium (vgl. Art. 1 EuInsVO Rdn. 20 ff.; Art. 3 EuInsVO Rdn. 132) entwickelten Zuständigkeitsregel abgewichen wäre. **66**

---

67 EuGH 22.02.1979, 133/78, Slg. 1979, 733 Rn. 5 – Gourdain/Nadler.
68 *Habersack/Verse* ZHR 168, 2004, 174 (202 ff.); zu Änderungen im französischen Recht *Willemer* S. 275 ff.
69 *Haas/Vogel* NZG 2011, 455 (456).
70 LG Essen 25.11.2010, 43 O 129/09, ZIP 2011, 875 m. krit. Anm. *Wehler* EWiR 2011, 559.
71 Hierbei ging es um Ansprüche aus §§ 30, 31 GmbHG a.F. analog.
72 BGH, Urt. v. 21.07.2011 – IX ZR 185/10, BGHZ 190, 364 = NZI 2011, 818.
73 Beschluss des Präsidenten der ersten Kammer des Gerichtshofes vom 07.05.2012, C- 494/10. Der BGH unterschied in seiner Entscheidung aber ausdrücklich zwischen den Rechtsprechungsregelungen (§§ 30, 32 GmbHG a.F.) und den Novellenregeln (§§ 32a, 32b GmbHG): Letztere qualifizierte der BGH als insolvenzrechtlich, BGH, Urt. v. 21.07.2011 – IX ZR 185/10, BGHZ 190, 364 = NZI 2011, 818.

67 Die getrennte Anwendung von EuInsVO und EuGVVO kann dazu führen, dass insolvenzrechtlich zu qualifizierende Ansprüche einerseits und nicht-insolvenzrechtlich zu qualifizierende Ansprüche andererseits in verschiedenen Staaten geltend zu machen sind. Das Prozesshindernis der Rechtshängigkeit besteht in diesen Fällen nicht. Eine direkte Anwendung der Art. 27 ff. EuGVVO ist in diesen Fällen nicht vorzunehmen, da sich diese nur auf solche Verfahren beziehen, die beide in den sachlichen Anwendungsbereich der EuGVVO fallen.[74] Für eine analoge Anwendung fehlt es bereits an einer planwidrigen Regelungslücke; sie ist auch nicht zwingend erforderlich, da sich der Beklagte jeweils auf der materiell-rechtlichen Ebene verteidigen und einer doppelten Vollstreckung mit einer Vollstreckungsgegenklage bzw. vergleichbaren Rechtsbehelfen des ausländischen Rechts entgegenwirken kann.[75]

IV. Ordre public; Eingriffsnormen

68 Die EuInsVO enthält einen ordre-public-Vorbehalt nur im Rahmen der Anerkennung ausländischer Entscheidungen nach Art. 26.[76] Aber auch für einen kollisionsrechtlichen ordre public kann ein praktisches Bedürfnis bestehen. Dies gilt zwar nicht für die Anwendung der *lex fori concursus* durch deutsche Gerichte, aber im Rahmen der Art. 5–15.[77]

69 Inländische Eingriffsnormen spielen, soweit diese insolvenzrechtlicher Natur sind, keine praktische Rolle. Da über Art. 4 ohnehin die *lex fori concursus* zur Anwendung kommt, ist die Frage, welche inländischen Insolvenzvorschriften ggf. Eingriffscharakter haben, ohne praktische Bedeutung. Im Rahmen der von Art. 5–15 geregelten Fragen dürften demgegenüber keine Eingriffsnormen bestehen; jedenfalls ist deren Anwendung nicht zugelassen.

70 Außerhalb des Insolvenzrechts angesiedelte Eingriffsnormen sind demgegenüber auch bei Anwendung der EuInsVO zu beachten (vgl. Art. 9 Rom I-VO, Art. 16 Rom II-VO). Soweit durch deren Anwendung in die Niederlassungsfreiheit von Gesellschaften eingegriffen wird, sind allerdings die vom EuGH aufgestellten Grenzen zu beachten.

Artikel 5 Dingliche Rechte Dritter

(1) Das dingliche Recht eines Gläubigers oder eines Dritten an körperlichen oder unkörperlichen, beweglichen oder unbeweglichen Gegenständen des Schuldners – sowohl an bestimmten Gegenständen als auch an einer Mehrheit von nicht bestimmten Gegenständen mit wechselnder Zusammensetzung –, die sich zum Zeitpunkt der Eröffnung des Insolvenzverfahrens im Gebiet eines anderen Mitgliedstaats befinden, wird von der Eröffnung des Verfahrens nicht berührt.

(2) Rechte im Sinne von Absatz 1 sind insbesondere
a) das Recht, den Gegenstand zu verwerten oder verwerten zu lassen und aus dem Erlös oder den Nutzungen dieses Gegenstands befriedigt zu werden, insbesondere aufgrund eines Pfandrechts oder einer Hypothek;
b) das ausschließliche Recht, eine Forderung einzuziehen, insbesondere aufgrund eines Pfandrechts an einer Forderung oder aufgrund einer Sicherheitsabtretung dieser Forderung;
c) das Recht, die Herausgabe des Gegenstands von jedermann zu verlangen, der diesen gegen den Willen des Berechtigten besitzt oder nutzt;
d) das dingliche Recht, die Früchte eines Gegenstands zu ziehen.

---

74 Insoweit wie hier *Haas/Vogel* NZG 2011, 455 (456).
75 Zu berücksichtigen ist in diesem Zusammenhang, dass etwa im Rahmen der besonderen Zuständigkeiten nach Art. 5 Nr. 1 und Nr. 3 EuGVVO – dann, wenn im Einzelfall vertragliche und deliktische Ansprüche miteinander konkurrieren – die Zuständigkeit nach Art. 5 Nr. 1 allein auf vertragliche Ansprüche und die Zuständigkeit nach Art. 5 Nr. 3 allein auf deliktische Ansprüche beschränkt ist (Vgl. dazu näher EuGH 27.09.1988, C-189–87, Slg. 1988, I-5565 – Kalfelis; Rauscher/*Leible* Art. 5 Brüssel I-VO Rn. 59, 82.
76 Hierzu ausf. *Mankowski* KTS 2011 (185 ff.).
77 Vgl. MüKo-InsO/*Reinhart* Art. 26 Rn. 2; Gebauer/Wiedmann/*Haubold* Rn. 207a.

(3) Das in einem öffentlichen Register eingetragene und gegen jedermann wirksame Recht, ein dingliches Recht im Sinne von Absatz 1 zu erlangen, wird einem dinglichen Recht gleichgestellt.

(4) Absatz 1 steht der Nichtigkeit, Anfechtbarkeit oder relativen Unwirksamkeit einer Rechtshandlung nach Artikel 4 Absatz 2 Buchstabe m) nicht entgegen.

Übersicht

	Rdn.			Rdn.
A. Normzweck	1	V.	Belegenheit in einem anderen Mitgliedstaat	20
B. Voraussetzungen	4	VI.	Anwartschaftsrechte (Abs. 3)	27
I. Dingliches Recht	4	C.	**Rechtsfolgen**	28
1. Begriff	4	I.	»Unberührtheit« des dinglichen Rechts	28
2. Bestand des dinglichen Rechts	11		1. Streitstand	28
II. Gläubiger oder Dritter als Inhaber des Rechts	16		2. Konsequenz der herrschenden Meinung	34
III. Körperliche oder unkörperliche, bewegliche oder unbewegliche Gegenstände	17	II.	Vorbehalt bei Gläubigerbenachteiligung (Abs. 4)	37
IV. Mehrheit von Gegenständen	18			

A. Normzweck

Sicherungsrechte dienen dem Zweck, die gesicherte Forderung auch dann noch realisieren zu können, wenn der Schuldner in die Insolvenz gefallen ist. Für den Sicherungsnehmer ist daher entscheidend, dass sein Sicherungsrecht insolvenzfest ist, also nicht durch eine Insolvenzeröffnung entwertet wird. Genau diese Gefahr droht aber, wenn Sicherungsstatut und Insolvenzstatut auseinanderfallen: Sicherungsrechte, die das Insolvenzstatut nicht kennt, wird es unter Umständen nicht hinreichend schützen. Aus diesem Grund nimmt die Verordnung dingliche Rechte unter bestimmten Voraussetzungen vom allgemeinen Verweis des Art. 4 auf die *lex fori concursus* aus. Dem **Schutz des Sicherungsnehmers** wird Vorrang vor der Einfachheit des Insolvenzverfahrens eingeräumt; der Grundsatz des universalen Insolvenzverfahrens wird durchbrochen.[1] Allerdings schützt Art. 5 grundsätzlich nicht vor bloßen Reflexen der Insolvenzeröffnung. So hat der BGH zu Recht entschieden, dass ein zugunsten eines Gläuigers bestehendes Grundpfandrecht nicht dadurch »berührt« wird, dass infolge des Übergangs der Verfügungsbefugnis auf einen Insolvenzverwalter (bzw. im konkreten Fall: auf den »trustee« des englischen Rechts) eine Umschreibung des Vollstreckungstitels auf Letzteren notwendig wird.[2] 1

Art. 5 wird nicht relevant, wenn in dem Staat, in dem sich der Sicherungsgegenstand befindet, ein **Sekundärinsolvenzverfahren** i.S.d. Art. 27 ff. eröffnet wird. Hierdurch wird der Teil des schuldnerischen Vermögens, der im Staat des Sekundärinsolvenzverfahrens belegen ist, dem Hauptinsolvenzverfahren entzogen und wechselt zur Masse der Sekundärinsolvenz. Letztere richtet sich ohnehin grds. nach dem dortigen Insolvenzrecht, so dass Art. 5 leerläuft. Allerdings setzt ein solches Sekundärverfahren voraus, dass der Schuldner in dem betreffenden Staat eine Niederlassung hat (vgl. Art. 27 EuInsVO Rdn. 3). Auch bietet ein Sekundärinsolvenzverfahren für den Insolvenzverwalter dann keinen Vorteil, wenn alle in dem betreffenden Staat belegenen Vermögensgegenstände des Schuldners mit Aussonderungsrechten eines oder mehrerer Gläubiger(s) behaftet sind.

Uneinigkeit besteht über die dogmatische Einordnung des Art. 5. Die inzwischen klar h.M. klassifiziert die Vorschrift als Sachnorm: Art. 5 begrenze die sachrechtliche Auswirkung der Insolvenzeröffnung auf dingliche Rechte. Demgegenüber wird vereinzelt vertreten, bei Art. 5 handele es sich um eine Kollisionsnorm bzw. eine Regelung zum Anwendungsbereich der EuInsVO. Letztlich 3

---

1 Vgl. Erwägungsgrund 25; ferner *Virgós/Schmit* Bericht Rn. 97; *Duursma-Keppplinger/Duursma/Chalupsky* Rn. 1 ff.; Geimer/Schütze/*Huber* Rn. 1; MüKo-BGB/*Kindler* Rn. 2; krit. FK-InsO/*Wenner/Schuster* Rn. 1; MüKo-InsO/*Reinhart* Rn. 14.

2 BGH NJW 2011, 1818, 1820, zustimmend *Wilhelm* BB 2011, 1491 f.; i.E. auch *Gruber* DZWiR 2011, 412, 413; *Reinhart* IPRax 2012, 417, 421.

beruhen alle drei Ansichten im Wesentlichen auf einem induktiven Schluss aus der jeweils vertretenen Rechtsfolge von Art. 5. Auf die diesbezüglichen Ausführungen sei daher verwiesen (vgl. Rdn. 28 ff.).

B. Voraussetzungen

I. Dingliches Recht

1. Begriff

4   Art. 5 setzt voraus, dass einem Gläubiger oder einem Dritten ein dingliches Recht an einem Gegenstand des Schuldners zusteht. Der Begriff des dinglichen Rechts ist verordnungsautonom auszulegen.[3] Zwar enthalten weder Art. 5 selbst noch Art. 2 diesbezüglich eine abstrakte Definition; Art. 5 Abs. 2 zählt jedoch beispielhaft (»insbesondere«) einzelne Typen dinglicher Rechte auf.

5   Nach lit. a) sind sämtliche Pfandrechte, die zu einer Verwertung des gepfändeten Gegenstands berechtigen, von Art. 5 umfasst – sowohl die Faustpfandrechte der §§ 1204 ff. BGB als auch gesetzliche Pfandrechte wie etwa das Vermieterpfandrecht (§§ 562 ff. BGB), das Werkunternehmerpfandrecht (§ 647 BGB) und das Pfändungspfandrecht (§ 804 ZPO). Auch das deutsche Sicherungseigentum dürfte – weil funktionell einem besitzlosen Pfandrecht entsprechend – unter lit. a) subsumierbar sein (zur Raumsicherungsübereignung s.a. Rdn. 18 f.). Pfandrechte an Rechten fallen grds. ebenfalls unter lit. a) (davon ausgenommen sind allerdings Pfandrechte an Forderungen, die – weil sie zur Einziehung berechtigen – lit. b) zugeordnet werden müssen). Darüber hinaus fallen neben den explizit genannten Hypotheken (§§ 1113 ff. BGB) auch Grundschulden (§§ 1191 ff. BGB) unter lit. a).

6   Nach lit b) erstreckt sich Art. 5 auf sämtliche Rechte an einer Forderung, die den Inhaber zur Einziehung dieser Forderung berechtigen. Dies umfasst neben der Forderungspfändung (§§ 1279 ff.) auch die Sicherungsabtretung (zur Globalzession vgl. Rdn. 18 f.). Lit. c) bezieht solche Rechte in den Anwendungsbereich des Art. 5 ein, die dem Inhaber einen Herausgabeanspruch gegenüber jedermann verschaffen. Dies kann – je nach Sicherungsabrede – bei der Sicherungsübereignung der Fall sein. Der Eigentumsvorbehalt hat in Art. 7 eine gesonderte Regelung erfahren. Lit. d) schließlich umfasst insb. den Nießbrauch, bei entsprechend weitem Verständnis unter Umständen auch Grunddienstbarkeiten.

7   Aus einer Zusammenschau der aufgelisteten Rechte i.V.m. dem o.g. Schutzzweck des Art. 5 werden gemeinhin folgende **abstrakte verordnungsautonome Kriterien** abgeleitet:[4]
   – Das Recht muss direkt und unmittelbar an die Sache gebunden sein.
   – Das Recht muss absolut, also gegenüber jedermann, wirken. Kriterien hierfür sind, dass das Recht a) unabhängig von einem Wechsel des Eigentümers der Sache besteht, dass es b) unabhängig vom Verhältnis des Rechtsinhabers zu einer anderen Person besteht, dass es c) gegen jedermann, der es missachtet oder beeinträchtigt, einklagbar ist und dass es d) bei Veräußerung der Sache an Dritte bestehen bleibt (selbstverständlich vorbehaltlich der Möglichkeit eines gutgläubigen lastenfreien Erwerbs des Sicherungsgegenstands).
   – Das Recht muss nach dem Recht des Mitgliedstaats, in dem sich der Sicherungsgegenstand befindet, insolvenzfest sein, d.h. es muss entweder dem Sicherungsnehmer in der Insolvenz besondere Rechte (nach deutscher Terminologie: Absonderungs- oder Aussonderungsrechte) gewährleisten oder die Insolvenz unangetastet überstehen.

---

3   Rauscher/*Mäsch* Rn. 7; MüKo-InsO/*Reinhart* Rn. 3; MüKo-BGB/*Kindler* Rn. 4; FK-InsO/*Wenner/Schuster* Rn. 2; a.A. *Virgós/Schmit* Bericht Rn. 100; *Duursma-Kepplinger/Duursma/Chalupsky* Rn. 51; Gebauer/Wiedmann/*Haubold* Rn. 112; *Paulus* Rn. 7.
4   S. hierzu insb. *Virgós/Schmit* Bericht Rn. 103; ferner *Haas* FS Gerhardt 2004, 319 (322); MüKo-BGB/*Kindler* Rn. 5; MüKo-InsO/*Reinhart* Rn. 4.

Ob das Recht des Staates, in dem sich der betreffende Gegenstand befindet, ein Recht als dinglich einordnet, ist demgegenüber nicht relevant. Sind die o.g. verordnungsautonomen Kriterien erfüllt, ist das betreffende Recht als dingliches Recht i.S.d. Art. 5 zu qualifizieren; umgekehrt ist eine nationale Einstufung eines Rechts als dinglich für die Anwendbarkeit von Art. 5 unbeachtlich.[5] So ist bspw. im englischen Recht der dingliche Charakter der *floating charge* umstritten, weil der Sicherungsgeber vor Eintritt der *crystalization* die einzelnen Gegenstände ohne Weiteres veräußern kann.[6] Im Rahmen von Art. 5 EuInsVO steht dieser Umstand einer dinglichen Qualifikation indes nicht entgegen: Dem eindeutigen Wortlaut nach sind Sicherungsrechte »an einer Mehrheit von nicht bestimmten Gegenständen *mit wechselnder Zusammensetzung*« umfasst. Das **nationale Recht** wird erst für die **Qualifikation** selbst relevant, also für die Frage, ob das konkret in Rede stehende Recht die verordnungsautonomen Kriterien erfüllt (vgl. Rdn. 12 ff.). So kommt es etwa für das Vorzugsrecht nach zutreffender Ansicht darauf an, ob es nach nationalem Recht bei Veräußerung der Sachen an einen (bösgläubigen) Dritten erlischt – wie dies beim spanischen und niederländischen Vorzugsrecht der Fall ist, oder ob es – wie das französische oder italienische – nur gutgläubig wegerworben werden kann.[7]

Das deutsche **Anwartschaftsrecht** genügt regelmäßig den Anforderungen des Art. 5 und ist somit auch nach europäischer Lesart als dinglich zu qualifizieren.[8] Für das Anwartschaftsrecht des Käufers auf Übereignung einer unter Eigentumsvorbehalt verkauften Sache sieht Art. 7 Abs. 2 eine Sonderregelung vor. Eine weitere Sonderregelung für Anwartschaftsrechte findet sich in Abs. 3 (vgl. Rdn. 27).

Teilweise wird in der Literatur aus Sinn und Zweck des Art. 5 gefolgt, dass nur solche dinglichen Rechte erfasst seien, die der **Sicherung einer Forderung** dienten.[9] Nur bei Sicherungsrechten stelle sich nämlich die Frage nach Auswirkungen einer Insolvenzeröffnung.[10] Diese Einschränkung lässt sich dem Wortlaut der Vorschrift nicht entnehmen; auch die teleologische Herleitung erscheint nicht zwingend. Zwar dient Art. 5 primär dem Schutz des Wirtschaftsverkehrs, indem er dingliche Sicherheiten schützt und dadurch Kreditvergabe erleichtert (vgl. Rdn. 1). Damit ist jedoch nicht gesagt, dass sich die Funktion der Vorschrift in diesem Zweck erschöpft. Vielmehr kann auch derjenige von einer Insolvenzeröffnung betroffen sein, der ohne zu sichernde Hauptforderung ein dingliches Recht an einem Gegenstand des Schuldners besitzt. Dieser Aspekt gewinnt noch an Schärfe, wenn man berücksichtigt, dass Art. 5 explizit dingliche Rechte Dritter einbezieht (vgl. Rdn. 16). Diese Dritten haben regelmäßig keine Forderungen gegen den Schuldner, sondern allenfalls gegen eine andere Person. Es ist nicht nachvollziehbar, warum ein dinglich berechtigter Dritter nur geschützt sein sollte, wenn das dingliche Recht eine Forderung gegen eine vom Insolvenzschuldner verschiedene Person absichert. Auch das Beispiel in Art. 5 Abs. 2 lit. d) (s. Rdn. 6) spricht gegen eine Beschränkung auf dingliche *Sicherungs*rechte: Das dingliche Recht, die Früchte eines Gegenstands zu ziehen, dürfte i.d.R. gerade nicht zur Sicherung einer Forderung bestehen.

2. Bestand des dinglichen Rechts

Art. 5 setzt voraus, dass das dingliche Recht **zum Zeitpunkt der Insolvenzeröffnung** (vgl. hierzu die Legaldefinition in Art. 2 lit. f) bereits – und immer noch – besteht.[11] Dies ergibt sich zum einen aus

---

5 Rauscher/*Mäsch* Rn. 7; MüKo-InsO/*Reinhart* Rn. 3; MüKo-BGB/*Kindler* Rn. 4; a.A. *Virgós/Schmit* Bericht Rn. 100; *Duursma-Kepplinger/Duursma/Chalupsky* Rn. 51; Gebauer/Wiedmann/*Haubold* Rn. 112; *Paulus* Rn. 7.
6 *Plappert* Dingliche Sicherungsrechte in der Insolvenz (2008), 262 f.
7 *Plappert* Dingliche Sicherungsrechte in der Insolvenz (2008), 262.
8 *Duursma-Kepplinger/Duursma/Chalupsky* Art. 7 Rn. 42; Rauscher/*Mäsch* Art. 7 Rn. 4.
9 Rauscher/*Mäsch* Rn. 6; Leonhardt/Smid/Zeuner/*Smid*, Internationales Insolvenzrecht, Rn. 28; a.A. offenbar *Paulus* Rn. 27.
10 Rauscher/*Mäsch* Rn. 6.
11 *Virgós/Schmit* Bericht Rn. 103; *Duursma-Kepplinger/Duursma/Chalupsky* Rn. 6; Geimer/Schütze/*Huber* Rn. 12; Pannen/*Ingelmann* Rn. 22; *Paulus* Rn. 9.

der Formulierung der Rechtsfolge: Etwas, das bei Eröffnung noch nicht (oder nicht mehr) besteht, kann nicht durch die Eröffnung berührt werden. Zum anderen spricht auch der Zweck der Vorschrift für eine solche Beschränkung. Gläubiger, die sich erst nach Insolvenzeröffnung dinglich absichern, sind nicht schutzwürdig – im Gegenteil: Sie zu schützen würde eine Benachteiligung der übrigen Gläubiger des insolventen Schuldners bedeuten. Bei einem mehraktigen Entstehungstatbestand kommt es auf den letzten Erwerbsakt an.[12] Entsteht bereits vor Abschluss des letzten Erwerbsaktes ein Anwartschaftsrecht, so kann dieses Anwartschaftsrecht selbst dem Schutz des Art. 5 unterfallen (vgl. Rdn. 9 sowie Rdn. 27). Im Übrigen bleibt es bei Grundregel des Art. 4 und damit bei der Anwendung der *lex fori concursus*.[13]

12 Schwierigkeiten ergeben sich diesbezüglich hinsichtlich der Frage, **nach welchem Recht** sich das Bestehen und die Wirkungen des dinglichen Rechts beurteilen. Rechtsprechung existiert zu dieser Frage – soweit ersichtlich – bislang nicht. In der Literatur wird vereinzelt vertreten, Art. 5 enthalte diesbezüglich implizit eine Kollisionsnorm, die auf die lex rei sitae verweise; anwendbar sei also stets das Recht am Belegenheitsort der Sache.[14] Demgegenüber will die h.M. das anwendbare Recht nach den **Kollisionsregeln des Eröffnungsstaats** ermitteln.[15] Weitergehend wird vertreten, dass sich das anwendbare Recht stets nach den Kollisionsregeln des mit der Frage befassten Gerichts richte.[16] Dies sei zwar häufig das Eröffnungsgericht, aber nicht zwingend: Die Frage könne vielmehr auch im Rahmen eines anderen Verfahrens – etwa auf Herausgabe des Gegenstands – relevant werden. Zwar dürfte dieser Streit häufig akademischer Natur sein,[17] weil die Kollisionsrechte der Mitgliedstaaten im Sachenrecht weitgehend harmonisch die lex rei sitae zur Anwendung berufen und bzgl. der Abtretung von Forderungen sogar in Form von Art. 14 Rom I-VO vollständig vereinheitlicht sind. Zum einen bestehen jedoch – möglicherweise entscheidende – Unterschiede im Detail, so etwa bei der Behandlung nicht abgeschlossener Erwerbstatbestände und der Anerkennung wohlerworbener Rechte an körperlichen Gegenständen (s. im deutschen IPR Art. 43 Abs. 2 und 3 EGBGB). Zum anderen ist Art. 14 Rom I-VO auf Sicherungsabtretungen beschränkt; er findet bspw. keine Anwendung auf Pfandrechte an Forderungen.

13 Der h.M. ist zuzustimmen: Die Frage des anwendbaren Rechts unterliegt grds. dem autonomen IPR der *lex fori concursus*. Art. 5 selbst lässt sich weder explizit noch implizit eine kollisionsrechtliche Aussage zum Bestand und Umfang eines (potentiellen) dinglichen Rechts entnehmen. Die Passage in Erwägungsgrund 25, wonach sich die »Begründung, Gültigkeit und Tragweite eines solchen dinglichen Rechts (...) regelmäßig nach dem Recht des Belegenheitsorts bestimmen«, ist gerade nicht Gesetz geworden und zudem in ihrer Formulierung zu vage. Sie lässt sich ohne Weiteres als schlichte Bezugnahme auf das regelmäßig anhand des IPR der *lex fori concursus* erzielte Ergebnis deuten; hierfür spricht insb. die sprachliche Beschränkung durch den Begriff »regelmäßig«.

14 Auch der Schutzgedanke des Art. 5 erfordert keine unmittelbare Anwendung der *Lex-rei-sitae*-Regel. Zunächst ist nicht gesagt, dass es dem Schutz des Sicherungsnehmers überhaupt zugute käme, würde man unmittelbar das materielle Recht (oder wenn man die Kollisionsregel des Art. 5 als Gesamtverweisung verstünde: das IPR) am Belegenheitsort anwenden; vielmehr sind durchaus Fallgestaltungen denkbar, in denen das vom IPR der *lex concursus* berufene Recht zu für den Sicherungsnehmer günstigeren Ergebnissen führt. Vor allem aber nimmt jeder Sicherungsnehmer selbstverständlich in Kauf, dass sein dingliches Sicherungsrecht als solches (!) in einem anderen Staat nicht anerkannt wird. Nur dieses allgemeine Risiko verwirklicht sich in einer Anknüpfung nach dem IPR des Eröffnungsstaats.

---

12 *Leible/Staudinger* KTS 2000, 533 (550 f.).
13 *Duursma-Kepplinger/Duursma/Chalupsky* Rn. 6; Geimer/Schütze/*Huber* Rn. 12.
14 *Gottwald* Grenzüberschreitende Insolvenzen, 33; *Herchen* Insolvenzverfahren, 117.
15 *Virgós/Schmit* Bericht Rn. 100; *Duursma-Kepplinger/Duursma/Chalupsky* Rn. 21 f.; *Eidenmüller* IPRax 2001, 2 (6), Fn. 29; *Haas* FS Gerhardt 2004, 319 (333); Gebauer/Wiedmann/*Haubold* Rn. 113; Geimer/Schütze/*Huber* Rn. 8; *Leible/Staudinger* KTS 2000, 533 (551); *Taupitz* 111 ZZP (1998) 315 (335).
16 Rauscher/*Mäsch* Rn. 4; FK-InsO/*Wenner/Schuster* Rn. 6; MüKo-InsO/*Reinhart* Rn. 6.
17 So etwa *Virgós/Garcimartín Alférez* Rn. 140 Fn. 146; krit. MüKo-InsO/*Reinhart* Rn. 5.

Stellt sich die Frage nach dem Schicksal des dinglichen Rechts in einem anderen als dem Insolvenz- 15
verfahren, so wird Art. 5 nur mittelbar im Rahmen der Anerkennung nach Art. 17 relevant. Die
Wirkungen der Insolvenzeröffnung in einem Mitgliedstaat erstrecken sich grds. auf alle übrigen Mitgliedstaaten. Dabei sind die Wirkungen selbstverständlich stets aus Sicht des Eröffnungsgerichts zu
beurteilen, so dass es wiederum nur auf dessen Kollisionsrecht ankommen kann. Davon zu unterscheiden ist allerdings der Umstand, dass auch das dritte Gericht eigenständig prüft, ob das behauptete dingliche Recht überhaupt entstanden ist: Diesbezüglich wird es selbstverständlich sein eigenes
Kollisionsrecht anwenden. Es kommt also gleichsam zu einer Doppelprüfung des Bestands des dinglichen Rechts: zuerst nach dem unter Berücksichtigung des eigenen IPR, dann – im Rahmen der Anerkennung der Insolvenzwirkungen – unter Berücksichtigung des IPR des Eröffnungsstaats.

II. Gläubiger oder Dritter als Inhaber des Rechts

Art. 5 stellt ausdrücklich klar, dass nicht nur der Gläubiger selbst als Inhaber eines dinglichen Rechts 16
in Frage kommt. Vielmehr sind auch dingliche Rechte Dritter umfasst, also solcher Personen, die
keine eigene Forderung gegen den Insolvenzschuldner haben.

III. Körperliche oder unkörperliche, bewegliche oder unbewegliche Gegenstände

Der Schutz des Art. 5 umfasst grds. alle erdenklichen dinglichen Rechte, auch solche an unkörper- 17
lichen Gegenständen, wie etwa an Forderungen. Auch dingliche Rechte an Marken und Patenten
sind grds. umfasst. Bei Rechten an *Gemeinschafts*marken und -patenten ergeben sich jedoch Schwierigkeiten im Hinblick auf die »Belegenheit in einem Mitgliedstaat« (s. Rdn. 22).

IV. Mehrheit von Gegenständen

Das dingliche Recht muss sich nicht auf einen einzelnen konkreten Gegenstand beziehen. Vielmehr 18
stellt Art. 5 explizit klar, dass auch dingliche Rechte an einer Mehrheit von Gegenständen umfasst
sind, und zwar selbst dann, wenn dieses Gegenstands-Konglomerat in seinem Bestand variiert, wenn
also einzelne Gegenstände aus dem Konglomerat ausscheiden und/oder andere hinzukommen. Dies
muss – entgegen dem Grundprinzip (vgl. Rdn. 11) – auch die Fälle erfassen, in denen ein Gegenstand erst nach Verfahrenseröffnung zum Konglomerat hinzutritt.

Damit sind grds. **sämtliche Formen revolvierender Kreditsicherheiten** von Art. 5 umfasst. Der Ge- 19
setzgeber zielte mit dieser Regelung insb. auf die Einbeziehung der *floating charge* des englischen und
irischen Rechts.[18] Aus dem deutschen Recht betrifft die Regelung insb. die Globalzession und die
Raumsicherungsübereignung. Aber auch beim Vermieterpfandrecht würden ohne diese Klarstellung
zumindest Zweifel an seiner Subsumierbarkeit unter Art. 5 bestehen.

V. Belegenheit in einem anderen Mitgliedstaat

Art. 5 greift nur, wenn sich der Gegenstand, an dem ein dingliches Recht besteht, zum Zeitpunkt der 20
Insolvenzeröffnung in einem anderen Mitgliedstaat als demjenigen des Insolvenzverfahrens befindet.
Der Begriff des »Zeitpunkts der Verfahrenseröffnung« ist in Art. 2 lit. f) legaldefiniert (s. hierzu
Art. 2 EuInsVO Rdn. 11 ff.). Ein nachträgliches Verbringen in einen anderen Mitgliedstaat entfaltet
keine Wirkung mehr. Umgekehrt kann dem Sicherungsnehmer der Schutz des Art. 5 nicht mehr
dadurch entzogen werden, dass der Sicherungsgegenstand nach Verfahrenseröffnung in den Eröffnungsstaat verbracht wird.[19]

---

[18] *Fletcher* Insolvency in Private International Law, 272; *Paulus* Rn. 6; *Smid* Deutsches und Europäisches Internationales Insolvenzrecht, Rn. 15 ff.; *Wimmer* ZInsO 2001, 97 (98 f.); allgemein zur floating charge *Schall* IPRax 2009, 209 ff.
[19] *Duursma-Kepplinger/Duursma/Chalupsky* Rn. 54; *Fletcher* Insolvency in Private International Law, 270; *Haas* FS Gerhardt 2004, 319 (334); *Geimer/Schütze/Huber* Rn. 12; *Kemper* ZIP 2001, 1609 (1616); *Paulus* Rn. 3; MüKo-InsO/*Reinhart* Rn. 11.

21 Wo sich ein Gegenstand i.S.d. EuInsVO »befindet«, ist der **Legaldefinition in Art. 2 lit. g)** zu entnehmen. Körperliche Gegenstände befinden sich grds. am Belegenheitsort; Gegenstände, deren Inhaberschaft einen Registereintrag erfordern, befinden sich im Registerstaat; Forderungen befinden sich am COMI des jeweiligen Forderungsschuldners (vgl. detailliert Art. 2 EuInsVO Rdn. 16 ff.).

22 Die Voraussetzung der Belegenheit in einem anderen Mitgliedstaat verhindert nicht grds. dass dingliche Rechte an **Gemeinschaftsmarken und -patenten** in den Schutzbereich des Art. 5 einbezogen werden können. Zwar weisen Gemeinschaftsrechte einen transnationalen Charakter auf, so dass sie an sich keinem einzelnen Mitgliedstaat zugeordnet werden können. Allerdings enthalten die betreffenden Verordnungen Regelungen, die eine Lokalisierung ermöglichen. So normiert bspw. Art. 16 Abs. 1 lit. a) MarkenVO[20], dass die Gemeinschaftsmarke »wie eine nationale Marke behandelt (werden soll), die in dem Mitgliedstaat eingetragen ist, in dem nach dem Gemeinschaftsmarkenregister der Inhaber zum jeweils maßgebenden Zeitpunkt seinen Wohnsitz (hat)«. Ähnliche Regelungen finden sich in Art. 22 Abs. 1 lit. a) SortenschutzVO[21] sowie in Art. 27 Abs. 1 lit. a) GeschmacksmusterVO.[22] Diese Regelungen werden m.E. nicht durch die Legaldefinition in Art. 2 lit. g) verdrängt, sondern füllen diese vielmehr aus, indem sie fingieren, dass das betreffende Gemeinschaftsrecht in einem nationalen Register eingetragen ist.[23]

23 Der Sicherungsnehmer kann sich nicht auf Art. 5 berufen, wenn er den Sicherungsgegenstand gerade deswegen in einen anderen Mitgliedstaat verbracht hat (oder hat verbringen lassen), um sich den Schutz des Art. 5 zu sichern. Dies ergibt sich zwar nicht aus dem Wortlaut der Norm, der ausschließlich auf die objektive Lage abzustellen scheint, wohl aber aus ihrem Sinn und Zweck: Zum Schutz des Sicherungsnehmers ist eine Ausnahme vom Prinzip der universalen Geltung des Insolvenzverfahrens nur dort notwendig, wo der Sicherungsnehmer schutzwürdig ist. Ferner greifen die allgemeinen Grundsätze zur Gesetzesumgehung (*fraus legis*).[24]

24 Art. 5 greift nicht, wenn sich der Sicherungsgegenstand **in einem Drittstaat** (inklusive Dänemark, vgl. Erwägungsgrund 33) befindet – mangels *planwidriger* Regelungslücke auch nicht analog. Insoweit besteht Einigkeit.[25] Unterschiedlich wird demgegenüber die Folgefrage beantwortet, zu welcher Konsequenz dies führt. Die Beantwortung dieser Frage hängt eng mit der allgemeinen Frage des Drittstaatenbezugs beim räumlich-persönlichen Anwendungsbereich der Verordnung zusammen (s. hierzu allgemein Art. 1 EuInsVO Rdn. 47 ff.): Soll die EuInsVO auch dann Anwendung finden, wenn das Verfahren zwar in einem Mitgliedstaat eröffnet wird, darüber hinaus aber keine Bezüge zu einem anderen Mitgliedstaat bestehen? Wer diese Frage uneingeschränkt mit »Ja« beantwortet, muss notwendigerweise die hier in Rede stehende Problematik verordnungsintern lösen – sprich: Art. 4 anwenden.[26]

25 Richtiger dürfte es hingegen sein, zwischen den Zuständigkeitsregeln und den Regeln zum anwendbaren Recht zu differenzieren[27] – besser noch: den räumlich-persönlichen Anwendungsbereich jeder Norm gesondert festzustellen. Scheint es für die Zuständigkeitsregeln schon wegen eines Gleichlaufs

---

20 VO (EG) 40/94 des Rates v. 20.12.1993 über die Gemeinschaftsmarke, ABl. 1994 L 11/1, geändert durch VO (EG) Nr. 422/2004 des Rates v. 19.02.2004 zur Änderung der VO (EG) Nr. 40/94 über die Gemeinschaftsmarke, ABl. 2004 L 70/1.
21 VO (EG) Nr. 2100/94 des Rates v. 27.07.1994 über den gemeinschaftlichen Sortenschutz, ABl. 1994 L 227/1.
22 VO (EG) Nr. 6/2002 des Rates v. 12.12.2001 über das Gemeinschaftsgeschmacksmuster, ABl. 2002 L 3/1.
23 Geimer/Schütze/*Huber* Art. 12 Rn. 5; a.A. Rauscher/*Mäsch* Art. 12 Rn. 7; Gebauer/Wiedmann/*Haubold* Rn. 143.
24 Vgl. hierzu insbesondere *von Bar*/*Mankowski* Internationales Privatrecht I, § 7 Rn. 128 ff.
25 Statt aller *Duursma-Kepplinger*/*Duursma*/*Chalupsky* Rn. 9.
26 So etwa Rauscher/*Mäsch* Rn. 15; FK-InsO/*Wenner*/*Schuster* Rn. 7; wohl auch *Fletcher*, Insolvency in Private International Law, 270.
27 MüKo-InsO/*Reinhart* Rn. 16.

mit der EuGVVO[28] angebracht, die EuInsVO auch bei ausschließlichem Drittstaatenbezug anzuwenden (vgl. Art. 1 EuInsVO Rdn. 49), so bestehen an diesem Ergebnis in Bezug auf die Kollisionsregeln der Art. 4 ff. erhebliche Zweifel. M.E. zeigt schon der Umstand, dass die Art. 5 und 7 keine entsprechende Regelung für Drittstaatenfälle vorsehen, dass der Gesetzgeber diesbezüglich nicht von einer universalen Geltung der Verordnung ausgegangen ist. Gestützt wird diese Interpretation des gesetzgeberischen Willens durch den *Virgós/Schmit*-Bericht zum (weitgehend inhaltsgleichen) EGInsÜ, der von einer »allgemeinen Beschränkung des Übereinkommens auf die innergemeinschaftliche Wirkung von Insolvenzverfahren« spricht.[29] Deswegen stehe es, so der Bericht weiter, in Fällen, in denen die Art. 5 ff. wegen eines Drittstaatenbezugs unanwendbar sind, den Mitgliedstaaten frei, »die Vorschriften zu erlassen, die sie für am geeignetsten halten«. Hätte der Gesetzgeber sich an dieser einschränkenden Auslegung des EGInsÜ gestört, hätte er die Gelegenheit der Vergemeinschaftung zu einer Klarstellung genutzt.

Mit Recht hält es daher die ganz h.M. für möglich – und weil der Zweck des Art. 5 nicht auf Binnenmarktsachverhalte beschränkt ist, auch für nötig – **subsidiär nationale Regelungen** zur Anwendung kommen zu lassen (vgl. auch Art. 4 EuInsVO Rdn. 10 ff.).[30] Lässt das autonome Insolvenzrecht des Eröffnungsstaats ein anderes als sein eigenes Recht zur Anwendung kommen, so geht dies der Universalregelung des Art. 4 vor – gleichgültig, ob sich dies aus einer allgemeinen Regelung oder einer Ausnahmeregelung des autonomen Insolvenzrechts ergibt. Wären bspw. deutsche Gerichte nach Art. 3 zuständig und machte ein Gläubiger eine Hypothek an einem Schweizer Haus des Schuldners geltend, so würde sich die Frage des anwendbaren Rechts nach § 336 InsO richten. 26

Schwierigkeiten ergeben sich, wenn aus einem Drittstaat im Laufe eines Insolvenzverfahrens durch **Beitritt zur EU** ein Mitgliedstaat wird. Der EuGH hat diesbezüglich entschieden, dass Art. 5 in diesem Fall Anwendung finden soll, wenn sich der Gegenstand zum Zeitpunkt des Beitritts in dem betreffenden Staat befindet.[31] Er argumentiert dabei wie folgt: Die Regelungen der Art. 16 und 17 EuInsVO zur Anerkennung bzw. Wirkungserstreckung ausländischer Insolvenzverfahren würden ab dem Zeitpunkt des Beitritts auch für solche Insolvenzverfahren gelten, die vor dem Beitrittszeitpunkt in einem anderen Mitgliedstaat eröffnet worden waren. Gewissermaßen als ausgleichende Gerechtigkeit – oder wie es der EuGH formuliert: »Um die »Kohärenz des durch die Verordnung geschaffenen Systems und die Effizienz des Insolvenzverfahrens zu wahren«, muss das Insolvenzgericht im Gegenzug Art. 5 EuInsoVO beachten. 26a

Während die Schlussfolgerung (Gleichlauf der zeitlichen Anwendbarkeit von Art. 16, 17 einerseits und Art. 5 andererseits) nachvollziehbar ist, lässt sich die Grundannahme (Anerkennung von »Altverfahren«) in Zweifel ziehen: Die Zuständigkeitsregelung des Art. 3 EuInsVO gilt nur für Verfahren, die nach dem Beitrittszeitpunkt eröffnet werden. Ein zuvor auf Basis der nationalen Regelungen eröffnetes Verfahren muss also nicht eingestellt werden, weil der COMI des Insolvenzschuldners in einem anderen Mitgliedstaat zu verorten ist.[32] Vor diesem Hintergrund scheint es wenig kohärent, die Gerichte des beitretenden Staats zur »rückwirkenden Anerkennung« zu verpflichten. Ist im COMI-Mitgliedsstaat ebenfalls ein Insolvenzverfahren eröffnet worden, hieße das nämlich, dass das Gericht des beitretenden Staats zwar das eigene Verfahren weiterführen dürfte, aber inhaltlich nicht vom Verfahren im COMI-Staat abweichen könnte. 26b

---

28 Siehe dazu EuGH 01.03.2005, C-281/02, Slg. 2005, I-1383 – Owusu/Jackson.
29 *Virgós/Schmit* Bericht Rn. 93.
30 *Huber* 114 ZZP (2001) 133 (152 f.); Gebauer/Wiedmann/*Haubold* Rn. 108; MüKo-BGB/*Kindler* Rn. 12; Leible/Staudinger KTS 2000, 533, 551; *Paulus* Rn. 4; *Girsberger* 70 RabelsZ (2006) 505 (526 f.); wohl auch *Bork* ZIP 2002, 690 (695) Fn. 45.
31 EuGH 05.07.2012, C-527/10 – ERSTE Bank, ZInsO 2012, 1470, Rn. 42; zustimmend *Laukemann* IPRax 2013, 150, 151; *R. Magnus*, LMK 337359.
32 *Virgós/Schmit* Bericht Rn. 304;/Rauscher *Mäsch*, Art. 43 Rn. 5.

VI. Anwartschaftsrechte (Abs. 3)

27 Von dem Grundsatz, dass das dingliche Recht bereits im Zeitpunkt der Insolvenzeröffnung bestanden haben muss (s. hierzu Rdn. 11), normiert Abs. 3 eine Ausnahme: Unter zwei Voraussetzungen erstreckt sich der Schutz des Art. 5 auch auf das (schuldrechtliche) Recht, ein dingliches Recht zu erlangen: Erstens muss das schuldrechtliche Recht in ein Register eingetragen sein; zweitens muss es gegen jedermann wirken. Aus deutscher Sicht fallen damit insb. Vormerkungen unter Art. 5.[33] Dagegen werden Anwartschaftsrechte an *beweglichen* Sachen mangels Eintragung ins Grundbuch nicht von Abs. 3 erfasst; das deutsche Anwartschaftsrecht fällt jedoch ohnehin bereits unter den Begriff des dinglichen Rechts nach Abs. 1 (vgl. Rdn. 9). Für das Anwartschaftsrecht des Käufers auf Übereignung einer unter Eigentumsvorbehalt verkauften Sache sieht Art. 7 Abs. 2 eine Sonderregelung vor.

C. Rechtsfolgen

I. »Unberührtheit« des dinglichen Rechts

1. Streitstand

28 Die Frage, welche Rechtsfolge Art. 5 zeitigt, ist in der Literatur äußerst umstritten. Gerichtlich entschieden ist sie bislang nicht. Anders als die Art. 8 bis 12 unterwirft Art. 5 das Schicksal des dinglichen Rechts – jedenfalls seinem Wortlaut nach – nicht einer bestimmten nationalen Rechtsordnung, sondern trifft selbst eine Regelung. Erschwerend kommt hinzu, dass der Inhalt dieser Regelung dunkel ist: Was bedeutet es, dass das dingliche Recht von der Verfahrenseröffnung »nicht berührt« wird? Einigkeit besteht insoweit, als davon ausgegangen wird, dass diese Formulierung nicht bedeute, der Sicherungs*gegenstand* selbst sei dem (Haupt-) Insolvenzverfahren vollständig entzogen.[34] Dies würde den Schutzzweck des Art. 5 überdehnen und dem Schuldner die Möglichkeit verschaffen, in einem Staat, in dem er keine Niederlassung unterhält, »insolvenzfreies Vermögen zu horten«.[35]

29 Auf Basis der Überlegung, dass der Schuldner jedenfalls mit einer Anwendung des »heimischen« Insolvenzrechts rechnen musste, schlägt eine **Mindermeinung**[36] vor, Art. 5 (entgegen seinem Wortlaut) eine **Kollisionsregel** zu entnehmen: Das Schicksal des dinglichen Rechts unterliege dem Recht des Staates in dem sich der Sicherungsgegenstand befinde. Dieser Ansicht wird überwiegend entgegengehalten, dass der Verordnungsgeber, hätte er eine entsprechende Kollisionsregel normieren wollen, auf den Wortlaut zurückgegriffen hätte, den er auch in den Art. 8 bis 12 verwendet. Da die betreffende Formulierung schon unter der Vorgängerregelung im EGInsÜ umstritten war, hätte der Verordnungsgeber jedenfalls die Vergemeinschaftung zu einer Klarstellung nutzen können. Darüber hinaus dürfte die Anwendung des Belegenheits-Insolvenzrechts auch praktisch kaum durchführbar sein: Dem Insolvenzverwalter des Hauptverfahrens ist kaum zuzumuten sich in – unter Umständen etliche – fremde Insolvenzregeln einzuarbeiten.

30 Die ganz **h.M.**[37] versteht Art. 5 daher als **Sachnorm**. Inhalt dieser Norm sei zwar nicht, den Sicherungsgegenstand als solchen dem Insolvenzverfahren zu entziehen, wohl aber sei es dem Insolvenz-

---

[33] Leible/*Staudinger* KTS 2000, 533 (551); Rauscher/*Mäsch* Rn. 12; *Paulus* Rn. 16; FK-InsO/*Wenner/Schuster* Rn. 5.

[34] Geimer/Schütze/*Huber* Rn. 16; *Taupitz* 111 ZZP (1998) 315 (337 f.); *Haas* FS Gerhardt 2004, 319 (329 f.); MüKo-InsO/*Reinhart* Rn. 1; Leible/*Staudinger* KTS 2000, 533 (552).

[35] Geimer/Schütze/*Huber* Rn. 16.

[36] *Flessner* FS Drobnig 1998, 277 ff.; *Lehr* KTS 2000, 577 (580); *Fritz/Bähr* DZWIR 2001, 221 (227 f.); FK-InsO/*Wenner/Schuster* Rn. 1 und 9; i.E. auch *Paulus* Rn. 19 f., der dennoch von einer Sachnorm ausgeht (Rn. 1).

[37] *Herchen* ZInsO 2002, 345 (347 f.); *Kemper* ZIP 2001, 1609 (1616); MüKo-BGB/*Kindler* Rn. 22; Leible/*Staudinger* KTS 2000, 533 (551); Rauscher/*Mäsch* Rn. 21; *Niggemann/Blenske* NZI 2003, 471 (475); MüKo-InsO/*Reinhart* Rn. 13 (der diese Rechtsfolge allerdings aus rechtspolitischer Sicht kritisiert); *Taupitz* 111 ZZP (1998) 315, (334 ff.); *Wimmer* NJW 2002, 2427 (2429 ff.).

verwalter verwehrt, den Gegenstand selbst zu verwerten. Vielmehr sei grds. lediglich der Sicherungsnehmer zu einer Verwertung berechtigt – und verpflichtet. Einen bei der Verwertung erzielten Überschuss müsse er an den Insolvenzverwalter herausgeben. Die h.M. sieht sich der Kritik ausgesetzt, sie würde dem Sicherungsnehmer damit stets zu einem Aussonderungsrecht verhelfen, selbst wenn das konkret gewählte Sicherungsrecht weder nach dem Recht des Hauptverfahrens noch nach dem Recht am Belegenheitsort zu einer Aussonderung berechtigen würde. Letztlich würde auf diese Weise *forum shopping* attraktiv gemacht: Für den Sicherungsnehmer wären Sicherungsrechte an solchen Gegenständen attraktiv, die sich in einem Staat befinden, in dem der Schuldner weder seinen COMI noch eine Niederlassung (s. Rdn. 2) hat.

Eine **vermittelnde Ansicht** schlägt deswegen Folgendes vor: Die Grundsatzfrage, ob dem Sicherungsnehmer ein Aus- oder nur ein Absonderungsrecht zustehen soll, ist nach dem Insolvenzrecht des Belegenheitsstaats zu beantworten. Steht dem Sicherungsnehmer danach ein Aussonderungsrecht zu, greift das von der h.M. vorgeschlagene Procedere. Steht dem Sicherungsnehmer dagegen nur ein Absonderungsrecht zu, so kann der Insolvenzverwalter den Sicherungsgegenstand nach den Absonderungsvorschriften des Hauptverfahrens verwerten.[38] Kurz: Das »Ob« regelt das Insolvenzrecht des Belegenheitsstaats, das »Wie« regelt das Insolvenzrecht des Hauptverfahrens. 31

Der **EuGH** hat die Frage bislang nicht entschieden. In seiner ERSTE Bank-Entscheidung scheint er davon auszugehen, dass es sich bei Art. 5 um eine Kollisionsnorm handele. Dort formuliert er: »Folglich ist Art. 5 Abs. 1 der Verordnung dahin zu verstehen, dass er es abweichend von der Regel des Rechts des Eröffnungsstaats erlaubt, auf das dingliche Recht eines Gläubigers oder eines Dritten an bestimmten dem Schuldner gehörenden Vermögensgegenständen das Recht des Mitgliedstaats anzuwenden, in dessen Gebiet sich der fragliche Vermögensgegenstand befindet.«[39] 31a

Dieser Formulierung sollte indes nicht allzu viel Bedeutung beigemessen werden: Sie findet sich im Rahmen der EuGH-typischen allgemein-einleitenden Ausführungen, ist also eher beiläufiger, denn wohlüberlegter Natur.[40] Dies zeigt sich schon daran, dass der EuGH in seiner German Graphics-Entscheidung die in ihrer Rechtsfolge identische Vorschrift des Art. 7 Abs. 1 – ebenso beiläufig – als »materiell-rechtliche Vorschrift« bezeichnet hat.[41] 31b

Die Erwägungsgründe der Verordnung lassen sich als Stütze sowohl für die h.M. als auch für die letztgenannte, vermittelnde Ansicht heranziehen. In Erwägungsgrund 25 heißt es einerseits, der »Inhaber des dinglichen Rechts sollte somit sein Recht zur Aus- bzw. Absonderung an dem Sicherungsgegenstand weiter geltend machen können«. Dies scheint zu implizieren, dass dem Gläubiger ein entsprechendes Recht nach dem Insolvenzrecht des Belegenheitsstaats tatsächlich zustehen muss. Im Anschluss wird allerdings auf das Sekundärinsolvenzverfahren Bezug genommen und ausgeführt, dass der Gläubiger mangels eines solchen den »überschießende(n) Erlös aus der Veräußerung der Vermögensgegenstände, an denen dingliche Rechte bestanden, an den Verwalter des Hauptverfahrens abzuführen (habe)«. 32

M.E. führt *de lege lata* kein Weg an der h.M. vorbei. Weder eine Klassifizierung des Art. 5 als Kollisionsnorm noch die vermittelnde Ansicht lassen sich mit dem Wortlaut der Norm in Einklang bringen. Wäre eine Kollisionsnorm gewollt gewesen, hätte der Verordnungsgeber mit Leichtigkeit die Formulierungen der Art. 8 bis 12 übernehmen können. Wäre eine Unterscheidung danach gewollt gewesen, ob das Insolvenzrecht am Belegenheitsort ein Aus- oder Absonderungsrecht gewährt, hätte ebenfalls anders formuliert werden müssen: Statt »wird durch die Eröffnung des Verfahrens nicht 33

---

38 Geimer/Schütze/*Huber* Rn. 25; ähnlich *Plappert* Dingliche Sicherungsrechte in der Insolvenz (2008), 283 ff.
39 EuGH 05.07.2012, C-527/10 – ERSTE Bank, ZInsO 2012, 1470, Rn. 42.
40 Ebenso *Piekenbrock*, in: Hess/Oberhammer/Pfeiffer, Evaluation of Regulation No. 1346/2000/EC on Insolvency Proceedings (JUST/2011/JCIV/PR/0049/A4), Heidelberg-Vienna-Report, 2013, S. 260 f.; *Laukemann* IPRax 2013, 150, 151; a.A. *R. Magnus*, LMK 2012, 337359.
41 EuGH 10.09.2009, C-292/08, Slg. 2009, I-8421 – German Graphics, Rn. 35.

berührt«, hätte es »wird durch das Insolvenzstatut nicht berührt« heißen müssen.[42] *De lege ferenda* wäre indes wünschenswert, den Wortlaut der Norm entsprechend zu ändern: Die vermittelnde Ansicht hat den Charme, einerseits den Schutz des Sicherungsnehmers in genau dem Maße zu schützen, in dem er schutzwürdig ist, andererseits aber zu vermeiden, dass der Insolvenzverwalter mit dem Studium fremder Insolvenzvorschriften belastet wird, wie dies nach dem Ansatz der Mindermeinung der Fall wäre.

2. Konsequenz der herrschenden Meinung

34 Folgt man der h.M. und klassifiziert Art. 5 als Sachnorm, so ergeben sich folgenden Konsequenzen:
– Sofern das dingliche Recht eine Verwertung übersteht, kann der Insolvenzverwalter den Sicherungsgegenstand im (Haupt-) Insolvenzverfahren verwerten.[43]
– Sofern das dingliche Recht eine Verwertung nicht überstehen würde, ist dem Insolvenzverwalter eine Verwertung versagt und ist der Sicherungsnehmer zur selbständigen Verwertung berechtigt.
– Erzielt der Sicherungsnehmer bei der Verwertung einen Erlös, der der Wert der besicherten Forderung übersteigt, so hat er den überschießenden Erlös an den Insolvenzverwalter auszukehren. Dies ist Folge dessen, dass Art. 5 nur das dingliche Recht an einem Gegenstand schützt, nicht aber den Gegenstand selbst.[44]
– Dem Insolvenzverwalter verbleibt die Möglichkeit, das dingliche Sicherungsrecht durch Befriedigung der gesicherten Forderung auszulösen. Damit besteht für den Insolvenzverwalter die Möglichkeit, eine Zerschlagung des schuldnerischen Vermögens zu verhindern, sei es mit Blick auf eine mögliche Sanierung, sei es, weil das Vermögen in seiner Gesamtheit mehr wert ist als die Summe seiner Einzelteile. Grundlage für die Zuerkennung eines solchen Ablösungsrechts ist wiederum der Umstand, dass Art. 5 nur das dingliche Recht an einem Gegenstand schützt, nicht aber den Gegenstand selbst. Einem Sicherungsrecht ist es indes immanent, dass es nicht um seiner selbst willen, sondern zweckgebunden und deswegen nur in Abhängigkeit vom Sicherungsgrund bestehe. Für dingliche Rechte, die nicht der Sicherung einer Forderung dienen, gilt das Ablösungsrecht dementsprechend selbstverständlich nicht.

35 Wenn in der Literatur mitunter vertreten wird, der Sicherungsnehmer sei **zur Verwertung** nicht nur berechtigt, sondern auch **verpflichtet**,[45] so kann dem in dieser Pauschalität nicht gefolgt werden. Die *lex fori concursus* ist durch Art. 5 m.E. gehindert, eine solche Pflicht zu statuieren. Es kommt also entscheidend auf das betreffende Sicherungsrecht und insb. auf die konkrete Sicherungsabrede an. Das auf diese Frage anwendbare Recht bestimmt sich nach den Kollisionsregeln des konkret mit der Frage beschäftigten Gerichts.

36 Problematisch ist, ob sich eine Kürzung oder gar ein **Erlöschen der gesicherten Forderung** mittelbar auf das dingliche Recht auswirken darf, wenn Letzteres akzessorisch von der gesicherten Forderung abhängt.[46] Auf den ersten Blick scheint hierin eine Umgehung des Schutzes zu liegen, den Art. 5 dem dinglichen Recht gewährt. Allerdings reicht dieser Schutz ausweislich des Wortlauts erstens nur so weit, wie es um Auswirkungen der Insolvenz*eröffnung* geht. Beschränkungen durch spätere Maßnahmen im Laufe des Insolvenzverfahrens verbietet Art. 5 hingegen nicht. Der Sicherungsnehmer ist also gut beraten, wenn er möglichst rasch die Verwertung anstrebt. Zweitens – und vor allem – schützt Art. 5 nur den Bestand der *Sicherung*, nicht aber denjenigen der gesicherten *Forderung*. Sieht das anwendbare Insolvenzrecht vor, dass der Insolvenzverwalter einen Erfüllungsanspruch ablehnen darf, so kann dies trotz Art. 5 Abs. 3 zum Erlöschen einer zugunsten des Gläubigers eingetragenen Vormerkung führen. Allerdings hilft dem Gläubiger bei Kaufverträgen über unbewegliche Gegen-

---

42 Gebauer/Wiedmann/*Haubold* Rn. 118.
43 Gebauer/Wiedmann/*Haubold* Rn. 120.
44 Vgl. Erwägungsgrund 25; ferner *Virgós*/*Schmit* Bericht Rn. 99; *Kemper* ZIP 2001, 1609 (1616); MüKo-BGB/*Kindler* Rn. 24; *Leible*/*Staudinger* KTS 2000, 533 (552); *Wimmer* ZInsO 2001, 97 (100).
45 Geimer/Schütze/*Huber* Rn. 22; *Taupitz* 111 ZZP (1998) 315 (339).
46 Bejahend *Duursma-Kepplinger*/*Duursma*/*Chalupsky* Rn. 37; Gebauer/Wiedmann/*Haubold* Rn. 120.

stände möglicherweise Art. 8, der bzgl. des schuldrechtlichen Erfüllungsanspruchs das Insolvenzrecht des Belegenheitsstaats zur Anwendung beruft. Ist dort – wie etwa in § 106 InsO – vorgesehen, dass eine Vormerkung dem Ablehnungsrecht des Insolvenzverwalters entgegensteht, so bleibt dem Schuldner sein Anspruch und infolgedessen auch seine Vormerkung erhalten (s.a. Art. 8 EuInsVO Rdn. 20).

II. Vorbehalt bei Gläubigerbenachteiligung (Abs. 4)

Abs. 4 schränkt den umfassenden Schutz dinglicher Rechte vor der Insolvenzeröffnung insofern ein, als er für den Bereich des Art. 4 Abs. 2 lit. m) eine Rückausnahme zugunsten der *lex fori concursus* enthält. Die Eröffnung des Insolvenzverfahrens darf sich also insoweit auf das betreffende dingliche Recht auswirken, als die *lex fori concursus* dessen Bestellung wegen Gläubigerbenachteiligung für nichtig, anfechtbar oder relativ unwirksam erklärt (zum Umfang des Art. 4 Abs. 2 lit. m) s. Art. 4 EuInsVO Rdn. 27). Diesbezüglich wird der Schutz des Sicherungsnehmers durch die Spezialregelung in Art. 13 gewährleistet. 37

Artikel 6 Aufrechnung

(1) Die Befugnis eines Gläubigers, mit seiner Forderung gegen eine Forderung des Schuldners aufzurechnen, wird von der Eröffnung des Insolvenzverfahrens nicht berührt, wenn diese Aufrechnung nach dem für die Forderung des insolventen Schuldners maßgeblichen Recht zulässig ist.

(2) Absatz 1 steht der Nichtigkeit, Anfechtbarkeit oder relativen Unwirksamkeit einer Rechtshandlung nach Artikel 4 Absatz 2 Buchstabe m) nicht entgegen.

Übersicht	Rdn.		Rdn.
A. Normzweck	1	2. Umfang des Verweises auf das Passivforderungsstatut	15
B. Exkurs: Grundanknüpfung nach Art. 4 Abs. 2 lit. d)	5	3. Beachtlichkeit einer Rechtswahl in Bezug auf das Passivforderungsstatut	17
C. Voraussetzungen des Art. 6	13	III. Reiner Drittstaatenbezug	18
I. Aufrechnungslage zum Zeitpunkt der Insolvenzeröffnung	13	D. Rechtsfolge	19
II. Aufrechnungslage nach dem Passivforderungsstatut	14	I. Generalia	19
1. Allgemeiner Verweis auf das Passivforderungsstatut	14	II. Vorbehalt bei Gläubigerbenachteiligung (Abs. 2)	21
		E. Verhältnis zu anderen Vorschriften	22

A. Normzweck

Die Aufrechenbarkeit einer Forderung kann für den Gläubiger die **Funktion eines Sicherungsmittels** haben: Er kann auf eine sofortige Beitreibung seiner eigenen Forderung gegen den Schuldner verzichten, weil er sich notfalls stets durch Aufrechnung befriedigen kann. Zweck des Art. 6 ist der Schutz des Vertrauens in dieses Sicherungsmittel, wie sich insb. aus der Stellung der Vorschrift zwischen Art. 5 und Art. 7 zeigt.[1] 1

Nach **Art. 4 Abs. 2 lit. d)** unterliegt die Aufrechnungsmöglichkeit des Gläubigers grds. der *lex fori concursus*. Art. 6 statuiert eine Ausnahme für den Fall, dass eine Aufrechnung nach der *lex fori concursus* ausgeschlossen ist. Vereinfacht ausgedrückt bewirkt Art. 6, dass der Gläubiger eine vor Insolvenzeröffnung bestehende Aufrechnungslage grds. auch noch nach Insolvenzeröffnung soll nutzen dürfen. 2

---

[1] *Virgós/Schmit* Bericht Rn. 109; Rauscher/*Mäsch* Rn. 1; *Fletcher* Insolvency in Private International Law, 274; *Huber* 114 ZZP (2001) 133 (161); *Paulus* DStR 2005, 334 (337); *Wimmer* ZInsO 2001, 97 (101); krit. Geimer/Schütze/*Gruber* Rn. 2; *Kemper* ZIP 2001, 1609 (1617); *Fritz/Bähr* DZWIR 2001, 221 (228).

3 Im Einzelnen hängt jedoch vieles von der Beantwortung zweier Fragen ab. Erstens stellt sich hinsichtlich der Grundanknüpfung nach Art. 4 Abs. 2 lit. d) die Frage, ob sie nur das Insolvenzrecht der *lex fori concursus* (im deutschen Recht also die §§ 94 ff. InsO) oder auch deren materielles Recht (im deutschen Recht also die §§ 387 ff. BGB) zur Anwendung beruft. Zweitens stellt sich hinsichtlich der Ausnahmeregelung in Art. 6 die umgekehrte Frage, ob nur das materielle Recht oder auch das Insolvenzrecht des Passivforderungsstatuts zu berücksichtigen sind. Beide Fragen hängen insofern eng miteinander zusammen, als sie darüber entscheiden, ob dem Gläubiger großzügig oder restriktiv erlaubt wird, gegen die Forderung des Schuldners aufzurechnen. Vor dem Hintergrund, dass das Insolvenzrecht eines Landes in aller Regel keine weiteren Aufrechnungsmöglichkeiten vorsehen dürfte, als sie das materielle Recht vorgibt, sondern im Gegenteil, vorhandene Aufrechnungsmöglichkeiten eher beschneiden wird, ergibt sich folgendes Bild: Berücksichtigt man bei Art. 4 auch das materielle Recht, erhöhen sich die Chancen für den Gläubiger tendenziell; berücksichtigt man bei Art. 6 auch das Insolvenzrecht, sinken seine Chancen.

4 Hierbei ist eine **terminologische Klarstellung** erforderlich: um Missverständnisse zu vermeiden, sollte die Forderung des Insolvenzschuldners als Passivforderung und die Forderung des Gläubigers als Aktivforderung bezeichnet werden. Die deutsche Terminologie, wonach die Forderung, gegen die aufgerechnet wird, als Hauptforderung bezeichnet wird, wird in anderen Mitgliedstaaten nicht geteilt. Dort wird der Begriff der Hauptforderung vielmehr für die Forderung des Aufrechnenden benutzt; demgegenüber wird die Forderung, gegen die aufgerechnet wird, als Gegenforderung bezeichnet. Letztere Terminologie verwendet auch der *Virgós/Schmit*-Bericht.

B. Exkurs: Grundanknüpfung nach Art. 4 Abs. 2 lit. d)

5 Wie angesprochen, richtet sich die Aufrechnungsmöglichkeit des Gläubigers gem. Art. 4 Abs. 2 lit. d) primär nach der *lex fori concursus*. Erst wenn danach eine Aufrechnung unzulässig ist, tritt Art. 6 auf den Plan. Bzgl. der Grundanknüpfung nach Art. 4 Abs. 2 lit. d) ist umstritten, ob sie ausschließlich auf die insolvenzrechtlichen Vorschriften des Eröffnungsstaates verweist oder ob auch das materielle Recht der *lex fori consursus* von der Verweisung umfasst ist.

6 Die **wohl h.M. sieht das materielle Recht umfasst.**[2] Sie stützt sich dabei zum einen auf den Wortlaut des Art. 4 Abs. 2 lit. d), der von den »Voraussetzungen für die Wirksamkeit einer Aufrechnung spricht«. Zum anderen verweist sie auf den Umstand, dass sich in einigen Rechtssystemen materielle und insolvenzrechtliche Vorschriften zur Aufrechnung nicht voneinander trennen lassen, weil das Insolvenzrecht diesbezüglich ein eigenes Regelungssystem normiert (also bspw. auch materiell-rechtliche Aufrechnungsverbote normiert).

7 Die **Gegenansicht** kritisiert, dass auf diese Weise eine Aufrechnung für den Gläubiger nachträglich zulässig werden könne, nämlich dann, wenn die Aufrechnung nach dem ursprünglich anwendbaren Recht unzulässig war (etwa wegen eines materiell-rechtlichen Aufrechnungsverbots), nach den materiellen Regeln der *lex fori concursus* aber statthaft ist (weil diese das betreffende Aufrechnungsverbot nicht kennt).[3] Dieses Ergebnis stelle eine Beeinträchtigung des Grundsatzes *par conditio creditorum* dar, die nicht durch das Ziel des Vertrauensschutzes gerechtfertigt sei. Vor diesem Hintergrund dürfe nur das *Insolvenz*recht der *lex fori concursus* in den Blick genommen werden.[4] Auch diese Ansicht kann sich insofern auf den Wortlaut von Art. 4 stützen, als dessen Abs. 1 »das Insolvenzrecht« des Eröffnungsstaats zur Anwendung beruft. Bzgl der Problematik der Verschmelzung von materiellen und insolvenzrechtlichen Vorschriften wird vorgeschlagen, einen Vergleich mit dem materiellen

---

[2] *Duursma-Kepplinger/Duursma/Chalupsky* Rn. 6 ff.; *Eidenmüller* IPRax 2001, 2 (6); *Huber* 114 ZZP (2001) 133 (161); MüKo-BGB/*Kindler* Art. 4 Rn. 27; *Leible/Staudinger* KTS 2000, 533 (555); *Taupitz* 111 ZZP (1998) 315 (343 f.); *Balz* ZIP 1996, 948 (950).
[3] Geimer/Schütze/*Gruber* Rn. 7.
[4] Geimer/Schütze/*Gruber* Rn. 6 ff.; Pannen/*Ingelmann* Rn. 6; Rauscher/*Mäsch* Rn. 10; *Bork* ZIP 2002, 690 (694); MüKo-InsO/*Reinhart* Rn. 22; FK-InsO/*Wenner/Schuster* Rn. 2; v. *Wilmowsky* KTS 1998, 343 (358 ff.).

Recht des betreffenden Staates anzustellen und unter Art. 4 lediglich die Modifikationen zu berücksichtigen, die das Insolvenzrecht gegenüber dem materiellen Recht beinhaltet.[5]

Eine **vermittelnde Ansicht** differenziert: Dort, wo das Insolvenzrecht selbst Aussagen zu materiellen Fragen der Aufrechnung trifft, ist dies im Rahmen des Art. 4 zu berücksichtigen. Dort, wo das Insolvenzrecht – wie etwa in Deutschland – die materielle Wirksamkeit einer Aufrechnung nicht in den Blick nimmt, beurteilt sich diese nach dem von Art. 17 Rom I-VO berufenen (Schuld-)Recht.[6] 8

Der vermittelnden Ansicht ist zuzustimmen. Der Wortlaut des Art. 4 spricht weder klar für noch eindeutig gegen eine Einbeziehung des materiellen Rechts: Zum einen widersprechen sich die Formulierungen in Abs. 1 einerseits (pro Gegenansicht) und Abs. 2 lit. d) andererseits (pro h.M.). Zum anderen offenbart ein Vergleich mit anderen Sprachversionen, dass weder mit der einen noch mit der anderen Formulierung eine Entscheidung der hier in Rede stehenden Frage getroffen werden sollte. So spricht Abs. 1 in der englischen Version schlicht von »law«, während in der französischen Version von Abs. 2 lit. d) von »conditions *d'opposabilité* d'une compensation« die Rede ist.[7] 9

Inhaltlich kann es weder überzeugen, materielle Regelungen stets zu beachten, noch erscheint es angemessen, sie vollkommen unberücksichtigt zu lassen. Für eine grds. Berücksichtigung spricht entscheidend der von der h.M. angeführte Umstand, dass das Insolvenzrecht einiger Rechtsordnungen eigene materielle Regelungen trifft: In der Praxis lässt sich dann nicht zwischen materiellem und Insolvenzrecht unterscheiden. Der Ansatz, nur Modifikationen gegenüber dem regulären materiellen Recht zu berücksichtigen, vermag dieses Dilemma nicht zufriedenstellend aufzulösen, weil er das Insolvenzrecht unzulässig beschneidet. Je restriktiver das materielle Recht ist, umso geringer wird der Gehalt des Insolvenzrechts: Sehen sowohl das materielle als auch das Insolvenzrecht für einen bestimmten Fall ein Aufrechnungsverbot vor, müsste die entsprechende Regelung unter Art. 4 außer Betracht bleiben, obwohl sie möglicherweise im Insolvenzrecht für systemrelevant gehalten wird. 10

Gegen eine Berücksichtigung spricht demgegenüber in der Tat die von der Gegenansicht aufgezeigte paradoxe Konsequenz, dass dem Gläubiger unter Umständen eine ursprünglich unzulässige Aufrechnung nachträglich ermöglicht wird. Diesem Dilemma wird die vermittelnde Ansicht gerecht, indem sie nur solche materiellen Regelungen berücksichtigt, die sich im Insolvenzrecht selbst finden. Der Grundsatz des *par conditio creditorum* ist demnach genau in dem Umfang gewährleistet, wie ihn das Insolvenzrecht der *lex fori concursus* (und nur darauf kommt es an) vorsieht. 11

Im Ergebnis sind also materielle Voraussetzungen der *lex fori concursus* insoweit zu berücksichtigen, als sie vom Insolvenzrecht normiert werden. Dabei ist m.E. auch eine mittelbare Regelung durch das Insolvenzrecht beachtlich – sei es, dass das Insolvenzrecht auf einzelne Regelungen des Schuldrechts verweist, sei es, dass das Insolvenzrecht eine Kollisionsnorm zugunsten des eigenen materiellen Rechts enthält. Das mit der Frage befasste Gericht muss also zunächst das Insolvenzrecht der *lex fori concursus* konsultieren. Enthält Letzteres keine materiellen Regelungen, muss es zusätzlich in das anwendbare materielle Recht schauen. Die Frage, welches materielle Recht Anwendung findet, richtet sich – soweit mitgliedsstaatliche Gerichte mit der Frage befasst sind – nach Art. 17 Rom I-VO, der die Aufrechnung dem Recht der Forderung unterstellt, gegen die aufgerechnet wird. 12

C. Voraussetzungen des Art. 6

I. Aufrechnungslage zum Zeitpunkt der Insolvenzeröffnung

Art. 6 greift nur, wenn die Aufrechnungslage zum Zeitpunkt der Insolvenzeröffnung bereits (und immer noch) Bestand hatte.[8] Dies ergibt sich zwar nicht unmittelbar aus dem Wortlaut der Vor- 13

---

5 Geimer/Schütze/*Gruber* Rn. 8.
6 Gebauer/Wiedmann/*Haubold* Rn. 125.
7 Überzeugend Gebauer/Wiedmann/*Haubold* Rn. 125.
8 *Virgós*/Schmit Bericht Rn. 110; Geimer/Schütze/*Gruber* Rn. 11; *Kemper* ZIP 2001, 1609 (1617); MüKo-BGB/*Kindler* Rn. 3; MüKo-InsO/*Reinhart* Rn. 11.

schrift, lässt sich aber ohne Weiteres aus der normierten Rechtsfolge ableiten: Etwas, das bei Insolvenzeröffnung noch nicht (oder nicht mehr) besteht, kann nicht durch die Eröffnung berührt werden. Der Zweck des Art. 6 unterstreicht dieses Ergebnis: Ein schützenswertes Vertrauen des Gläubigers kann nur vor Insolvenzeröffnung entstehen, nicht mehr danach. Der Begriff des »Zeitpunkts der Verfahrenseröffnung« ist **Art. 2 lit. f) legaldefiniert** (s. hierzu Art. 2 EuInsVO Rdn. 11 ff.).

II. Aufrechnungslage nach dem Passivforderungsstatut

1. Allgemeiner Verweis auf das Passivforderungsstatut

14 Ob zum betreffenden Zeitpunkt tatsächlich eine Aufrechnungslage gegeben war, beurteilt sich nach dem Recht, das auf die Passivforderung (also die Forderung des Insolvenzschuldners gegen den Gläubiger) Anwendung findet. Welches Recht dies ist, beurteilt sich nach dem **IPR des Insolvenzgerichts** (also nach den Art. 3 ff. Rom I-VO) – und zwar selbst dann, wenn ein anderes Gericht mit der Frage der Aufrechnung befasst ist: Stellt sich die Frage nach dem Schicksal der Forderung in einem anderen Verfahren, so wird Art. 6 nur mittelbar im Rahmen der Anerkennung nach Art. 17 relevant. Die Wirkungen der Insolvenzeröffnung in einem Mitgliedstaat erstrecken sich grds. auf alle übrigen Mitgliedstaaten. Dabei sind die Wirkungen selbstverständlich stets aus Sicht des Eröffnungsgerichts zu beurteilen, so dass es auch in solchen Fällen nur auf dessen Kollisionsrecht ankommen kann (vgl. Art. 5 EuInsVO Rdn. 15). Davon zu unterscheiden ist der Umstand, dass das dritte Gericht, sofern das Insolvenzrecht der *lex fori concursus* keine eigenen materiellen Regelungen enthält, eigenständig prüft, ob eine Aufrechnung materiell wirksam ist.

2. Umfang des Verweises auf das Passivforderungsstatut

15 Wie eingangs angesprochen, besteht hinsichtlich des Verweises in Art. 6 Uneinigkeit über dessen Umfang – allerdings gegenüber dem Streit zu Art. 4 (vgl. Rdn. 5 ff.) mit umgekehrten Vorzeichen: Einigkeit besteht darüber, dass sich der Verweis auf das materielle Recht des Passivforderungsstatuts bezieht; Uneinigkeit besteht demgegenüber hinsichtlich der Frage, ob auch insolvenzrechtliche Vorschriften einbezogen sind. Die klar h.M. geht diesbezüglich davon aus, dass die **insolvenzrechtlichen Vorschriften Berücksichtigung finden** müssen.[9] Begründet wird dies insb. mit dem Zweck des Art. 6, nämlich dem Schutz des Vertrauens in eine Aufrechenbarkeit. Dieses Vertrauen könne dort nicht bestehen bzw. sei nicht schützenswert, wo eine Aufrechnung auch bei einer Inlandsinsolvenz unzulässig wäre.

16 Dieses Argument ist zwar insofern ein wenig schief, als eine »Inlandsinsolvenz« gem. Art. 2 lit. g) diejenige am COMI des Gläubigers zu gelten hat, wohingegen sich das Passivforderungsstatut nach anderen Kriterien – nämlich nach denen der Art. 3 ff. Rom I-VO – bestimmt. Dennoch ist **der h.M. im Ergebnis zuzustimmen**. Ließe man das Insolvenzrecht des Passivforderungsstatuts unberücksichtigt, liefe Art. 6 darauf hinaus, die Aufrechnungsmöglichkeit jedem Einfluss durch insolvenzrechtliche Vorschriften zu entziehen. Dies wird besonders deutlich, wenn das Passivforderungsstatut und das Insolvenzstatut identisch sind. Unterstellt, das materielle Recht würde eine Aufrechnung zulassen, das Insolvenzrecht sie aber verbieten, ergäbe sich anderenfalls folgendes paradoxe Bild: Nach Art. 4 wäre das Aufrechnungsverbot des Insolvenzrechts zu berücksichtigen, nach Art. 6 müsste es jedoch außer Acht bleiben, so dass eine Aufrechnung als zulässig anzusehen wäre. Dieses Ergebnis ließe sich zwar auch vermeiden, indem man die Anwendbarkeit des Art. 6 parallel zu den übrigen Vorschriften der Art. 5 ff. auf Sachverhalte beschränken würde, in denen an sich ein anderes Recht als das des Eröffnungsstaats anwendbar wäre (Art. 5 greift bspw. nur, wenn der Siche-

---

[9] *Duursma-Kepplinger/Duursma/Chalupsky* Rn. 18; Geimer/Schütze/*Gruber* Rn. 9; FK-InsO/*Wenner/Schuster* Rn. 6; a.A. Sonderkommission *»Internationales Insolvenzrecht des Deutschen Rates für IPR*, in: Stoll (Hrsg.), Vorschläge und Gutachten zur Umsetzung des EU-Übereinkommens über Insolvenzverfahren im deutschen Recht, 254.

rungsgegenstand in einem anderen Mitgliedstaat als dem der Insolvenzeröffnung belegen ist). Eine solche Beschränkung gibt der Wortlaut des Art. 6 aber nicht her. Auch eine teleologische Reduktion scheint angesichts dessen ausgeschlossen zu sein, dass kaum von einer planwidrigen Regelungslücke gesprochen werden kann. Gerade der Vergleich mit den Art. 5 und 7 zeigt, dass der Verordnungsgeber derartige Beschränkungen, so sie beabsichtigt sind, in den Wortlaut der betreffenden Vorschrift aufnimmt.

3. Beachtlichkeit einer Rechtswahl in Bezug auf das Passivforderungsstatut

Das Passivforderungsstatut ist auch dann auf die Frage der Zulässigkeit einer Aufrechnung anwendbar, wenn es durch eine Rechtswahl der Parteien bestimmt worden ist. Eine anderslautende Einschränkung lässt sich Art. 6 nicht entnehmen.[10] Wenn das gewählte Recht eine Aufrechnungsmöglichkeit vorsieht, die nach dem Recht, das mangels Rechtswahl anzuwenden gewesen wäre, nicht gegeben ist, liegt hierin zwar eine Benachteiligung der übrigen Insolvenzgläubiger.[11] Diese Benachteiligung ist im Rahmen des Art. 6 jedoch grds. hinzunehmen. Missbrauch wird durch anderweitige Regelungen vermieden. Erstens setzen die Rechtswahlvorschriften der Rom-Verordnungen einer Rechtswahl zu Lasten Dritter gewisse Grenzen: Nach **Art. 14 Abs. 1 Satz 2 Rom II-VO** darf eine Rechtswahl hinsichtlich eines außervertraglichen Schuldverhältnisses die Rechte Dritter überhaupt nicht beeinträchtigen; nach **Art. 3 Abs. 2 Satz 2 Rom I-VO** gilt das Gleiche hinsichtlich vertraglicher Schuldverhältnisse dann, wenn die Rechtswahl nach Vertragsschluss erfolgt. Zweitens liegt in einer Rechtswahl, die einzig der Sicherung einer Aufrechnungsmöglichkeit für den Fall einer Insolvenz dient, im Zweifel eine Gläubigerbenachteiligung, für die Art. 6 ausweislich dessen Abs. 2 keine Geltung beansprucht (vgl. Rdn. 21). Drittens wäre eine solche Rechtswahl auch nach den Grundsätzen des *fraus legis* unwirksam.[12]

17

III. Reiner Drittstaatenbezug

Anders als etwa die Art. 5 und 7 enthält Art. 6 keine Beschränkung dergestalt, dass er nur griffe, wenn das Recht eines *Mitgliedstaats* die Passivforderung beherrsche. Dennoch will die h.M. Art. 6 unangewendet lassen, wenn das **Recht eines Drittstaats** auf die Passivforderung Anwendung findet.[13] Dies geht jedoch zu weit. Selbst wenn man davon ausgeht, dass die Art. 5 ff. keine universale Geltung beanspruchen, sondern auf die innergemeinschaftliche Wirkung von Insolvenzverfahren beschränkt sind (s. Art. 5 EuInsVO Rdn. 24 ff.), ist der Rückschluss auf eine Unanwendbarkeit des Art. 6 in reinen Drittstaatenfällen nicht folgerichtig: Mit der innergemeinschaftlichen Wirkung ist gemeint, dass das anwendbare Insolvenzrecht möglichst nicht in Widerspruch zu dem Recht desjenigen Staats stehen soll, in dem sich ein potentieller Massegegenstand befindet – weil letzterer Staat die Hoheitsgewalt über jenen Gegenstand ausübt. Anders als bei den Art. 5 und 7 stellt Art. 6 jedoch nicht auf die Belegenheit der betreffenden Forderung ab, sondern auf das sie beherrschende Recht. Wollte man die zu Art. 5 und 7 aufgestellte Prämisse also auf Art. 6 übertragen, müsste man danach differenzieren, ob die betreffende Forderung i.S.d. Art. 2 lit. g) in einem Mitgliedstaat belegen ist (bzw. genauer: in einem anderen Mitgliedstaat als demjenigen der Verfahrenseröffnung). Diese Differenzierung wird aber – soweit ersichtlich – bislang nicht vertreten. Auf das anwendbare Recht kann es m.E. jedenfalls nicht ankommen.

18

---

10 Geimer/Schütze/*Gruber* Rn. 14.
11 Krit. deshalb Geimer/Schütze/*Gruber* Rn. 14.
12 Geimer/Schütze/*Gruber* Rn. 15.
13 *Duursma-Kepplinger/Duursma/Chalupsky* Rn. 22; Geimer/Schütze/*Gruber* Rn. 13; a.A. *Fletcher* Insolvency in Private International Law, 274 f.; zweifelnd auch FK-InsO/*Wenner/Schuster* Rn. 5.

D. Rechtsfolge

I. Generalia

19 Vor dem Hintergrund des oben ausgeführten Gebots, die insolvenzrechtlichen Vorschriften des Passivforderungsstatuts in die Betrachtung unter Art. 6 mit einzubeziehen, stellt sich die oben gegebene Kurzformel der Wirkungsweise von Art. 6 (»Der Gläubiger soll eine vor Insolvenzeröffnung bestehende Aufrechnungslage auch noch nach Insolvenzeröffnung nutzen dürfen.«) als nicht ganz präzise dar. Vielmehr muss wie folgt formuliert werden: Art. 6 bewirkt, dass der Gläubiger eine hypothetisch nach Insolvenzeröffnung im Staat des Passivforderungsstatuts bestehende Aufrechnungslage trotz Insolvenzeröffnung in einem anderen Staat weiter soll nutzen dürfen.

20 Bei der Bewertung der Aufrechnungsmöglichkeit ist ausschließlich auf das Passivforderungsstatut abzustellen. Das Insolvenzstatut bleibt außer Betracht. Art. 6 gestattet es dem Gläubiger also nicht, sich die Rosinen aus beiden Rechtsordnungen herauszupicken.[14]

II. Vorbehalt bei Gläubigerbenachteiligung (Abs. 2)

21 Abs. 2 schränkt den Schutz einer nach dem Passivforderungsstatut bestehenden Aufrechnungsmöglichkeit insofern ein, als er für den Bereich des Art. 4 Abs. 2 lit. m) eine Rückausnahme zugunsten der *lex fori concursus* enthält. Die Eröffnung des Insolvenzverfahrens darf sich insoweit auf die Aufrechnungsmöglichkeit auswirken, als die *lex fori concursus* die Aufrechnung als solche wegen Gläubigerbenachteiligung für nichtig, anfechtbar oder relativ unwirksam erklärt (zum Umfang des Art. 4 Abs. 2 lit. m) s. Art. 4 EuInsVO Rdn. 27). Dies kann bspw. der Fall sein, wenn die Aufrechnungsmöglichkeit durch eine Rechtswahl der Parteien positiv beeinflusst worden ist (vgl. Rdn. 17).[15]

E. Verhältnis zu anderen Vorschriften

22 Für Aufrechnungen innerhalb eines **Zahlungs- oder Finanzierungssystems** sieht **Art. 9** eine Spezialregelung vor, die gegenüber Art. 6 Vorrang genießt. Der jüngst von der Kommission vorgelegte Reformvorschlag sieht die Einfügung eines Art. 6a vor, der speziell die Behandlung von *netting agreements* regelt und dasjenige Recht zur Anwendung beruft, das auf das *netting agreement* selbst Anwendung findet.[16]

Demgegenüber bleibt Art. 6 neben **Art. 8 und 10** anwendbar: Aufrechnungen mit oder gegen Forderungen aus Verträgen über unbewegliche Gegenstände oder aus Arbeitsverhältnissen richten sich nach Art. 4 Abs. 2 lit. d) und nach Art. 6.[17]

Artikel 7 Eigentumsvorbehalt

(1) Die Eröffnung eines Insolvenzverfahrens gegen den Käufer einer Sache lässt die Rechte des Verkäufers aus einem Eigentumsvorbehalt unberührt, wenn sich diese Sache zum Zeitpunkt der Eröffnung des Verfahrens im Gebiet eines anderen Mitgliedstaats als dem der Verfahrenseröffnung befindet.

(2) Die Eröffnung eines Insolvenzverfahrens gegen den Verkäufer einer Sache nach deren Lieferung rechtfertigt nicht die Auflösung oder Beendigung des Kaufvertrags und steht dem Eigentumserwerb des Käufers nicht entgegen, wenn sich diese Sache zum Zeitpunkt der Verfahrenseröffnung im Gebiet eines anderen Mitgliedstaats als dem der Verfahrenseröffnung befindet.

---

14 MüKo-InsO/*Reinhart* Rn. 12.
15 MüKo-InsO/*Reinhart* Rn. 13.
16 KOM(2012) 744, S. 24.
17 Geimer/Schütze/*Gruber* Rn. 3; MüKo-InsO/*Reinhart* Rn. 5.

(3) Die Absätze 1 und 2 stehen der Nichtigkeit, Anfechtbarkeit oder relativen Unwirksamkeit einer Rechtshandlung nach Artikel 4 Absatz 2 Buchstabe m) nicht entgegen.

Übersicht	Rdn.			Rdn.
A. Normzweck	1	C.	Rechtsfolgen	17
B. Voraussetzungen	4	I.	Insolvenz des Käufers (Abs. 1)	17
I. Begriff des Eigentumsvorbehalt	4	II.	Insolvenz des Verkäufers (Abs. 2)	19
II. Bestand eines Eigentumsvorbehalts	10	III.	Vorbehalt bei Gläubigerbenachteiligung (Abs. 3)	22
III. Belegenheit der Sache in einem anderen Mitgliedstaat	13			

A. Normzweck

Art. 7 trifft eine Sonderregelung für die Behandlung von Eigentumsvorbehalten. Dabei behandelt Abs. 1 die Folgen einer Insolvenz des Käufers, Abs. 2 die Folgen einer Insolvenz des Verkäufers. Abs. 3 enthält eine Rückausnahme zugunsten der *lex fori consursus* für den Bereich des Art. 4 Abs. 2 lit. m), also für Fälle der Gläubigerbenachteiligung. Art. 7 dient dem Schutz des Vertrauens beider Parteien in einen vereinbarten Eigentumsvorbehalt. Der Verkäufer soll darauf vertrauen dürfen, trotz der Insolvenzeröffnung in einem fremden Staat seine Rechte aus dem Eigentumsvorbehalt geltend machen zu können; der Käufer soll auf das im Eigentumsvorbehalt begründete Anwartschaftsrecht vertrauen dürfen. 1

Nach deutschem Verständnis wären der Eigentumsvorbehalt des Verkäufers sowie das Anwartschaftsrecht des Vorbehaltskäufers ohne Weiteres von Art. 5 abgedeckt.[1] In den meisten anderen Rechtsordnungen gilt der Eigentumsvorbehalt aufgrund des **Konsensualprinzips**[2] indes nur als Annex zum Kaufvertrag und ist daher mangels dinglichen Charakters nicht unter Art. 5 subsumierbar.[3] Zu seinem Schutz bedarf es daher der Sonderregelung in Art. 7. 2

Art. 7 wird nicht relevant, wenn in dem Staat, in dem sich der Sicherungsgegenstand befindet, ein **Sekundärinsolvenzverfahren** i.S.d. Art. 27 ff. eröffnet wird (s. aber Rdn. 21). Hierdurch wird der Teil des schuldnerischen Vermögens, der im Staat des Sekundärinsolvenzverfahrens belegen ist, dem Hauptinsolvenzverfahren entzogen und wechselt zur Masse der Sekundärinsolvenz. Letztere richtet sich grds. nach dem dortigen Insolvenzrecht, so dass Art. 7 insofern die Grundlage entzogen ist, als er die Belegenheit in einem anderen Staat als dem des Insolvenzverfahrens voraussetzt (s. Rdn. 13 ff.). 3

B. Voraussetzungen

I. Begriff des Eigentumsvorbehalt

Der Begriff des Eigentumsvorbehalts ist **autonom auszulegen**.[4] Er umfasst nur die Abrede (gleichgültig, ob sie das anwendbare materielle Recht als dinglich oder schuldrechtlich klassifiziert), wonach das Eigentum erst mit Zahlung des Kaufpreises auf den Käufer übergehe, also nur den klassischen Eigentumsvorbehalt. Demgegenüber sind Ergänzungen eines solchen Eigentumsvorbehalts nach ganz h.M. grds. nicht umfasst.[5] Gestützt wird diese Ansicht zum einen auf Wortlaut und Entstehungsgeschichte der Norm, zum anderen wird herausgestellt, dass sich die Variationen möglicher Sonderformen in den verschiedenen Mitgliedsstaaten stark unterscheiden.[6] Art. 7 könne und wolle 4

---

1 *Duursma-Kepplinger/Duursma/Chalupsky* Rn. 42; Rauscher/*Mäsch* Rn. 4.
2 Siehe hierzu *Koch/Magnus* IPR und Rechtsvergleichung, 379.
3 *Duursma-Kepplinger/Duursma/Chalupsky* Rn. 42.
4 FK-InsO/*Wenner/Schuster* Rn. 5; MüKo-BGB/*Kindler* Art. 5 Rn. 19; a.A. *Paulus* Rn. 2.
5 *Duursma-Kepplinger/Duursma/Chalupsky* Rn. 37 ff.; Gebauer/Wiedmann/*Haubold* Rn. 128; Nerlich/Römermann/*Nerlich* Rn. 5; Rauscher/*Mäsch* Rn. 3; MüKo-BGB/*Kindler* Rn. 4; FK-InsO/*Wenner/Schuster* Rn. 6.
6 Siehe hierzu instruktiv *Lehr* RIW 2000, 747 ff.; *Schlüter* IHR 2001, 141 ff.

sich nur auf einen gemeinsamen Nenner beziehen. Um einen Eigentumsvorbehalt nach autonomer Lesart annehmen zu können, müssen demnach **zwei Voraussetzungen** vorliegen:
– Besicherte Forderung ist die Kaufpreisforderung.
– Sicherungsgegenstand ist die Kaufsache.

5 Die Beschränkung des Art. 7 auf den klassischen Eigentumsvorbehalt spielt aus deutscher Sicht insb. für die Vereinbarung eines verlängerten sowie eines erweiterten Eigentumsvorbehalts eine Rolle.[7] Sie bedeutet in diesen Fällen jedoch nicht, dass die Abrede als Ganzes dem Anwendungsbereich des Art. 7 entzogen wäre. Vielmehr ist Art. 7 insoweit anwendbar, als die Abrede einen klassischen Eigentumsvorbehalt beinhaltet. Lediglich der »überschießende Teil« der Vereinbarung ist dem Schutz des Art. 7 entzogen.[8] Bei einer Insolvenz des Verkäufers zeitigt die Beschränkung daher kaum einmal Auswirkungen: Auch bei den Sonderformen geht es in dieser Konstellation in aller Regel nur um den Kern des klassischen Eigentumsvorbehalts, nämlich um das Anwartschaftsrecht des Käufers. Eine weitaus größere Rolle spielt die Beschränkung demgegenüber bei einer Insolvenz des Käufers. Im Einzelnen:

6 Ist ein **erweiterter Eigentumsvorbehalt** (bspw. Kontokorrentvorbehalt, Konzernvorbehalt, umgekehrter Konzernvorbehalt) vereinbart, so bedeutet dies nach deutschem Verständnis, dass sich die Bedingung für den Eigentumsübergang nicht auf die Zahlung des Kaufpreises beschränkt, sondern andere Forderungen des Verkäufers (oder etwa beim Konzernvorbehalt: eines Dritten) gegen den Käufer (oder beim umgekehrten Konzernvorbehalt: gegen einen Dritten) einbezieht. In diesem Fall schützt Art. 7 das Vorbehaltseigentum des Verkäufers nur bis zur Zahlung des Kaufpreises. Ist die Kaufpreiszahlung erfolgt, steht aber die Zahlung der übrigen einbezogenen Forderungen noch aus (Erweiterungsfall), besteht aus funktioneller Sicht kein Eigentumsvorbehalt mehr, sondern lediglich eine Form des Sicherungseigentums. Aus diesem Grund findet nach Eintritt des Erweiterungsfalls nicht mehr Art. 7, sondern Art. 5 Anwendung.[9]

7 Ist ein **verlängerter Eigentumsvorbehalt** vereinbart, so führt dies dazu, dass der Verkäufer durch die Veräußerung an einen Dritten sein Eigentum verliert, ersatzweise aber vom Käufer dessen Kaufpreisforderung gegen den Dritten abgetreten bekommt. Diese Sicherungsabtretung begründet nach deutschem Verständnis ein Absonderungsrecht des Verkäufers.[10] Leistet der Dritte an den Käufer, so steht dem Verkäufer ein Sonderabsonderungsrecht an der Leistung nach § 48 InsO analog zu, soweit die Gegenleistung in der Masse noch unterscheidbar vorhanden ist.[11] Solange der Vorbehaltskäufer die Kaufsache noch nicht weiterveräußert hat, ist Art. 7 nach vorzugswürdiger Auffassung ohne Weiteres anwendbar.[12] Nach Weiterveräußerung greift Art. 7 indes weder für die Sicherungsabtretung des Zahlungsanspruchs gegen den Dritten noch für das Ersatzabsonderungsrecht hinsichtlich einer bereits erbrachten Gegenleistung des Dritten. Allerdings greift bzgl. des abgetretenen Anspruchs auf die Gegenleistung Art. 5.[13] Für eine bereits erbrachte Gegenleistung dürfte mangels dinglichen Rechts hieran auch Art. 5 ins Leere laufen.

8 Auch ein verlängerter Eigentumsvorbehalt in Form einer **Verarbeitungsklausel** fällt nicht unter Art. 7. Vereinbaren die Parteien, dass der Vorbehaltskäufer die Kaufsache verarbeiten darf, dass

---

7 Vgl. zu den Konsequenzen der besonderen Typen des Eigentumsvorbehalts in der Insolvenz *Stieber* Der gesicherte Geld- und Warenkredit in der Insolvenz.
8 Klarstellend MüKo-InsO/*Reinhart* Rn. 2.
9 *Duursma-Kepplinger/Duursma/Chalupsky* Rn. 43; a.A. (gegen eine Anwendung des Art. 5 und folglich für einen Rückgriff auf Art. 4) MüKo-BGB/*Kindler* Rn. 21, zweifelnd auch FK-InsO/*Wenner/Schuster* Rn. 6.
10 Vgl. Gottwald/*Gottwald* § 43 Rn. 68; Uhlenbruck/*Uhlenbruck* § 51 InsO Rn. 17; *Stieber* Der gesicherte Geld- und Warenkredit in der Insolvenz, 142.
11 Vgl. Gottwald/*Gottwald* § 43 Rn. 66; Andres/Leithaus/*Leithaus* § 48 InsO Rn. 8; *Stieber* Der gesicherte Geld- und Warenkredit in der Insolvenz, 142.
12 MüKo-InsO/*Reinhart* Rn. 2.
13 MüKo-InsO/*Reinhart* Rn. 2; FK-InsO/*Wenner/Schuster* Rn. 6; a.A. (gegen eine Anwendung des Art. 5 und folglich für einen Rückgriff auf Art. 4) MüKo-BGB/*Kindler* Rn. 21.

zum Ausgleich jedoch das Eigentum an der entstehenden neuen Sache dem Verkäufer zufallen soll, so handelt es sich bei letzterer Vereinbarung wiederum funktional um Sicherungseigentum des Verkäufers, so dass nicht Art. 7, sondern Art. 5 einschlägig ist.

Haben die Parteien keinen verlängerten Eigentumsvorbehalt vereinbart, so kann der Käufer den Gegenstand zwar schuldrechtlich weiterverkaufen, ihn aber nicht übereignen (einmal abgesehen von der Möglichkeit des gutgläubigen Erwerbs). Er kann dem Drittkäufer allerdings sein Anwartschaftsrecht übertragen – mit der Maßgabe, dass dies erst bei einer Zahlung an den Verkäufer zum Vollrecht erstarkt. Legt er bei der Übertragung offen, dass er selbst nur ein Anwartschaftsrecht besitzt, spricht man von einem **weitergeleiteten Eigentumsvorbehalt**, legt er dies nicht offen, handelt es sich um einen **nachgeschalteten Eigentumsvorbehalt**. In letzterem Fall erwirbt der Drittkäufer nicht das Anwartschaftsrecht des Käufers, sondern ein eigenes Anwartschaftsrecht, das bei Zahlung an den Käufer zum Vollrecht erstarken kann (sofern der Drittkäufer gutgläubig ist). Die Konsequenzen, die sich aus einem weitergeleiteten oder nachgeschalteten Eigentumsvorbehalt in der Insolvenz des Käufers ergeben können, sind vielschichtig.[14] Auch die Frage nach der Anwendbarkeit des Art. 7 Abs. 1 kann daher nicht pauschal beantwortet werden. Dabei sollte folgende Faustregel gelten: Sofern dem Vorbehaltsverkäufer aufgrund des Eigentumsvorbehalts ein Herausgabeanspruch gegen den Dritten zusteht, ist dieser Anspruch von Art. 7 geschützt.[15] Die o.g. Voraussetzungen sind erfüllt: Erstens betreibt der Verkäufer die Aussonderung bzw. das Herausgabebegehren zur Befriedigung seiner Kaufpreisforderung; zweitens handelt es sich bei dem Objekt der Aussonderung bzw. des Herausgabebegehrens um die Kaufsache. Anders als in den oben behandelten Fallgruppen handelt es sich auch nicht um eine Zusatzabrede zwischen Käufer und Verkäufer; vielmehr haben die Parteien einen klassischen Eigentumsvorbehalt vereinbart – der Käufer hat die Kaufsache lediglich weitergegeben. Dieses Szenario ist aber vom klassischen Eigentumsvorbehaltsbegriff gedeckt. Im Übrigen ist Art. 7 nicht anwendbar. Dies gilt insb. für ein mögliches Ersatzabsonderungsrecht bzgl. des Kaufpreisanspruchs des insolventen Käufers gegen den Drittkäufer.[16] 9

II. Bestand eines Eigentumsvorbehalts

Art. 7 Abs. 1 setzt voraus, dass der Eigentumsvorbehalt zum **Zeitpunkt der Insolvenzeröffnung** bereits (und immer noch) bestand.[17] Dies ergibt sich eindeutig aus der Formulierung der Rechtsfolge: Etwas, das bei Eröffnung noch nicht (oder nicht mehr) besteht, kann durch die Eröffnung ohnehin nicht »berührt« werden. Abs. 2 setzt nach seinem eindeutigen Wortlaut darüber hinaus voraus, dass die Kaufsache vor Insolvenzeröffnung bereits an den Käufer geliefert worden ist. Für einen nachträglich vereinbarten Eigentumsvorbehalt bzw. im Fall des Abs. 2 mangels Lieferung bleibt es bei der Grundregel des Art. 4 und damit bei der Anwendung der *lex fori concursus*. Der Begriff des »Zeitpunkts der Verfahrenseröffnung« ist in Art. 2 lit. f) legaldefiniert (s. Art. 2 EuInsVO Rdn. 11 ff.). 10

Haben die Parteien einen erweiterten oder einen verlängerten Eigentumsvorbehalt vereinbart, so ist für die Rechtsfolgen, die nicht unter Art. 7, sondern unter Art. 5 fallen, im Rahmen der Prüfung letzterer Vorschrift auf den Zeitpunkt der Entstehung des Eigentumsvorbehalts abzustellen. Haben die Parteien also vor Insolvenzeröffnung einen erweiterten Eigentumsvorbehalt vereinbart, so greift Art. 5 auch dann, wenn der **Erweiterungsfall erst nach Insolvenzeröffnung** eintritt. In gleicher Weise greift Art. 5 bei einem – vor Insolvenzeröffnung vereinbarten – verlängerten Eigentumsvorbehalt auch dann, wenn der Käufer die Kaufsache erst **nach der Insolvenzeröffnung an einen Drittkäufer weiterveräußert**. Das dingliche Recht – in ersterem Fall das Sicherungseigentum am Kaufgegenstand, in letzterem Fall die Sicherungsabtretung der Kaufpreisforderung des Käufers gegenüber dem Dritten – ist jeweils als mit Vereinbarung des erweiterten bzw. verlängerten Eigentumsvorbehalts entstanden anzusehen. 11

---

14 Vgl. ausf. *Stieber* Der gesicherte Geld- und Warenkredit in der Insolvenz, 149 ff, 166 ff., 171 und 177 ff.
15 Ebenso *Duursma-Kepplinger/Duursma/Chalupsky* Rn. 50; MüKo-BGB/*Kindler* Rn. 20.
16 Großzügiger aber wohl *Duursma-Kepplinger/Duursma/Chalupsky* Rn. 50; MüKo-BGB/*Kindler* Rn. 20.
17 Statt aller Geimer/Schütze/*Huber* Rn. 7.

12 Schwierigkeiten ergeben sich hinsichtlich der Frage, nach welchem Recht sich Zustandekommen und Wirksamkeit des Eigentumsvorbehalts beurteilen. Der diesbezüglich zu Art. 5 bestehende Meinungsstreit lässt sich weitgehend auf Art. 7 übertragen. Hinsichtlich seiner Darstellung sei auf die Kommentierung zu Art. 5 verwiesen (vgl. Art. 5 EuInsVO Rdn. 12 ff.). Im Ergebnis ist es vorzugswürdig, das **anwendbare Recht** nach den allgemeinen Kollisionsregeln der *lex fori concursus* zu bestimmen.

III. Belegenheit der Sache in einem anderen Mitgliedstaat

13 Art. 7 greift nur, wenn sich die Kaufsache zum **Zeitpunkt der Insolvenzeröffnung** in einem anderen Mitgliedstaat als demjenigen des Insolvenzverfahrens befindet. Der Begriff des Zeitpunkts der Verfahrenseröffnung ist in Art. 2 lit. f) legaldefiniert (s. Art. 2 EuInsVO Rdn. 11 ff.). Ein nachträgliches Verbringen in einen anderen Mitgliedstaat entfaltet mithin keine Wirkung mehr.[18] Umgekehrt kann den Parteien der Schutz des Art. 7 Abs. 1 nicht mehr dadurch entzogen werden, dass der Sicherungsgegenstand nach Verfahrenseröffnung in den Eröffnungsstaat verbracht wird.

14 Wo sich ein Gegenstand i.S.d. EuInsVO »befindet«, ist der **Legaldefinition in Art. 2 lit. g)** zu entnehmen. Körperliche Gegenstände befinden sich grds. am Belegenheitsort; Gegenstände, deren Inhaberschaft einen Registereintrag erfordern, befinden sich im Registerstaat (s. Art. 2 EuInsVO Rdn. 16 ff.).

15 Der Käufer kann sich nicht auf Art. 7 Abs. 2 berufen, wenn er die Kaufsache gerade deswegen in einen anderen Mitgliedstaat verbracht hat (oder hat verbringen lassen), um sich den Schutz des Art. 7 zu sichern. Dies ergibt sich zwar nicht aus dem Wortlaut der Norm, der ausschließlich auf die objektive Lage abzustellen scheint, wohl aber aus ihrem Sinn und Zweck: Zum Schutz des Käufers ist eine Ausnahme vom Prinzip der universalen Geltung des Insolvenzverfahrens nur dort notwendig, wo der Käufer dieses Schutzes würdig ist. Ferner greifen die allgemeinen Grundsätze zur **Gesetzesumgehung** (*fraus legis*).[19] Dies gilt im Grundsatz selbstverständlich entsprechend für Art. 7 Abs. 1 und den Fall, dass der Verkäufer die Kaufsache in einen anderen Mitgliedstaat verbracht hat. Weil sich die Kaufsache aber *per definitionam* nicht mehr im Besitz des Verkäufers befindet, erscheint diese Konstellation in der Praxis unwahrscheinlich.

16 Art. 7 greift nicht, wenn sich die Kaufsache **in einem Drittstaat** (inklusive Dänemark, vgl. Erwägungsgrund 33) befindet – mangels *planwidriger* Regelungslücke auch nicht analog. Insoweit besteht Einigkeit.[20] Unterschiedlich wird demgegenüber die Folgefrage beantwortet, zu welcher Konsequenz dies führt. Wiederum lässt sich die zu Art. 5 bestehende Paralleldiskussion auf Art. 7 übertragen (zum Streitstand s. Art. 5 EuInsVO Rdn. 24 ff.). Die ganz h.M. geht mit Recht davon aus, dass bei Belegenheit der Kaufsache in einem Drittstaat die autonomen Kollisionsregelungen der *lex fori concursus* zur Anwendung kommen. Lässt das autonome Insolvenzrecht des Eröffnungsstaats ein anderes als sein eigenes Recht zur Anwendung kommen, so geht dies nach zutreffender h.M. der Universalregelung des Art. 4 vor – gleichgültig ob sich dies aus einer allgemeinen Regelung oder einer Ausnahmeregelung des autonomen Insolvenzrechts ergibt.

C. Rechtsfolgen

I. Insolvenz des Käufers (Abs. 1)

17 Nach dem Wortlaut des Art. 7 Abs. 1 »lässt die Eröffnung des Insolvenzverfahrens die Rechte des Verkäufers unberührt«. Art. 7 trifft also dieselbe Anordnung wie Art. 5. Hier wie dort ist der Inhalt dieser Anordnung äußerst umstritten. Zum Streitstand sei auf die Kommentierung zu Art. 5 verwiesen (vgl. Art. 5 EuInsVO Rdn. 28 ff.). Im Ergebnis ist mit der h.M. davon auszugehen, dass

---

[18] *Virgós/Schmit* Bericht Rn. 113; *Paulus* Rn. 4; *Fritz/Bähr* DZWIR 2001, 221 (228).
[19] Vgl. hierzu insb. *v. Bar/Mankowski* Internationales Privatrecht I, § 7 Rn. 128 ff.
[20] Statt aller Geimer/Schütze/*Huber* Rn. 6.

Art. 7 Abs. 1 keine Kollisions- sondern eine **Sachnorm** darstellt, d.h. selbst eine Regelung enthält: Die Insolvenzeröffnung darf das vorbehaltene Eigentum nicht beeinträchtigen – nicht einmal dann, wenn dies bei einer Insolvenzeröffnung im Belegenheitsstaat auch der Fall wäre. Dies ergibt sich aus dem Wortlaut der Regelung, der auf die Auswirkungen der Insolvenzeröffnung Bezug nimmt, nicht aber auf die Auswirkungen der Anwendbarkeit des über Art. 4 ermittelten Insolvenzstatuts (s. Art. 5 EuInsVO Rdn. 33). Auch der EuGH hat Art. 7 Abs. 1 – wenngleich eher beiläufig – als »materiell-rechtliche Vorschrift« bezeichnet.[21]

In den **Konsequenzen** unterscheidet sich die Anordnung in Art. 7 Abs. 1 jedoch deshalb von derjenigen in Art. 5, weil sie ganz spezifisch nur den Eigentumsvorbehalt in den Blick nimmt. Im Wesentlichen gilt Folgendes: 18
- Der Verkäufer kann trotz Insolvenz des Käufers die Rechte geltend machen, die ihm das anwendbare materielle Recht zugesteht; bei Anwendbarkeit deutschen Rechts könnte er also zurücktreten und Herausgabe der Kaufsache verlangen.
- Bereits geleistete Teilzahlungen muss der Verkäufer dem Insolvenzverwalter zurückerstatten. Darüber hinaus ist er aber nicht verpflichtet, einen Mehrwert der Kaufsache gegenüber der Kaufpreisforderung auszukehren.[22]
- Art. 7 hindert den Verwalter nicht daran, der Masse durch Zahlung des (Rest-) Kaufpreises das Eigentum an dem Gegenstand sichern. Eine solche Vorgehensweise ist für den Insolvenzverwalter beispielsweise dann sinnvoll, wenn die Sache einzeln oder im Verbund mit anderen Massegegenständen mehr wert ist als der Kaufpreis. Allerdings ist es für eine solche »Auslösung« der Kaufsache notwendig, dass dem Insolvenzverwalter generell die Möglichkeit offensteht, Erfüllung des Vertrages wählen zu können. Diese Frage richtet sich gem. Art. 4 Abs. 2 lit. e) nach der *lex fori concursus*.

II. Insolvenz des Verkäufers (Abs. 2)

Für die Konstellation der Verkäuferinsolvenz trifft Art. 7 Abs. 2 unstreitig[23] eine **materiell-rechtliche Regelung**: Die Insolvenzeröffnung rechtfertigt nicht die Auflösung des Vertrags und steht einem Eigentumserwerb des Käufers nicht entgegen. Der Käufer darf also weiterhin Zahlungen leisten und wird mit vollständiger Zahlung Eigentümer der Kaufsache. Dies entspricht im Wesentlichen der deutschen nationalen Regelung in § 107 Abs. 1 InsO. 19

Treffen den Verkäufer nach dem Kaufvertrag **weitergehende Verpflichtungen**, so werden diese von Art. 7 Abs. 2 nur insoweit umfasst, als sie zum Eigentumserwerb des Käufers notwendig sind. Ein Schutz von darüber hinausgehenden Verpflichtungen, wie etwa Montage- oder Wartungspflichten würde den Zweck der Vorschrift übersteigen.[24] 20

Art. 7 Abs. 2 sieht sich der rechtspolitischen Kritik ausgesetzt, den Käufer über Gebühr zu schützen: Die materielle Regelung greift selbst dann, wenn weder das Insolvenzstatut noch das Insolvenzrecht des Belegenheitsstaats einen entsprechenden Schutz vorsehen.[25] Erschwerend kommt hinzu, dass Widersprüche dadurch entstehen, dass dieser Schutz nur solange greift, wie im Belegenheitsstaat kein Sekundärinsolvenzverfahren nach Art. 27 ff. eröffnet ist (s. bereits Rdn. 3). In einem Sekundärinsolvenzverfahren wäre nämlich nach Art. 28 das Insolvenzrecht jenes Belegenheitsstaats anwendbar. Diesen Widerspruch dadurch zu vermeiden, dass der Schutz des Art. 7 Abs. 2 auch auf das **Sekundärinsolvenzverfahren** ausgedehnt wird,[26] erscheint jedoch paradox: Eine kritikwürdige Rege- 21

---

21 EuGH 10.09.2009, C-292/08, Slg. 2009, I-8421 – German Graphics, Rn. 35.
22 Geimer/Schütze/*Huber* Rn. 14; Nerlich/Römermann/*Nerlich* Rn. 17; a.A. MüKo-BGB/*Kindler* Rn. 10.
23 Statt aller *Paulus* Rn. 8.
24 Großzügiger MüKo-InsO/*Reinhart* Rn. 10.
25 MüKo-InsO/*Reinhart* Rn. 9; Gebauer/Wiedmann/*Haubold* Rn. 130; *Paulus* Rn. 11, der Art. 7 II deswegen einschränkend auslegt.
26 So *Duursma-Kepplinger/Duursma/Chalupsky* Rn. 27 ff.; Rauscher/*Mäsch* Rn. 10; MüKo-BGB/*Kindler* Rn. 15.

lung wird nicht besser, wenn man sie möglichst flächendeckend anwendet – einmal abgesehen davon, dass der Widerspruch dann nur verschoben wäre, denn Art. 7 Abs. 2 greift unstreitig jedenfalls dann nicht, wenn sich der Gegenstand im Staat des Hauptinsolvenzverfahrens befindet. Auch der Zweck der Vorschrift steht einer solchen Ausdehnung entgegen: In Bezug auf die Insolvenzvorschriften des Belegenheitsstaats genießt der Käufer kein Vertrauen, das geschützt werden müsste – zumal dies i.d.R. sein Heimatstaat sein dürfte.[27] Art. 7 Abs. 2 ist daher im Sekundärinsolvenzverfahren nicht anwendbar.[28]

III. Vorbehalt bei Gläubigerbenachteiligung (Abs. 3)

22 Abs. 3 schränkt den Schutz des Eigentumsvorbehalts insofern ein, als er für den Bereich des Art. 4 Abs. 2 lit. m) eine Rückausnahme zugunsten der *lex fori concursus* enthält. Die Eröffnung des Insolvenzverfahrens darf sich insoweit auf den Eigentumsvorbehalt auswirken, als die *lex fori concursus* dessen Bestellung wegen Gläubigerbenachteiligung für nichtig, anfechtbar oder relativ unwirksam erklärt (zum Umfang des Art. 4 Abs. 2 lit. m) s. Art. 4 EuInsVO Rdn. 27). Diesbezüglich wird der Schutz des Sicherungsnehmers durch die Spezialregelung in Art. 13 gewährleistet.

Artikel 8 Vertrag über einen unbeweglichen Gegenstand

Für die Wirkungen des Insolvenzverfahrens auf einen Vertrag, der zum Erwerb oder zur Nutzung eines unbeweglichen Gegenstands berechtigt, ist ausschließlich das Recht des Mitgliedstaats maßgebend, in dessen Gebiet dieser Gegenstand belegen ist.

Übersicht	Rdn.		Rdn.
A. Normzweck	1	III. Belegenheit in einem anderen Mitgliedstaat	15
B. Voraussetzungen	4	C. Rechtsfolgen	17
I. Vertrag über einen unbeweglichen Gegenstand	4	D. Verhältnis zu anderen Vorschriften	20
II. Bestand	12		

A. Normzweck

1 Die Wirkungen eines Insolvenzverfahrens auf laufende Verträge – also insb. die Frage, ob einem Insolvenzverwalter das Recht zusteht, sich entgegen der Wertungen des materiellen Rechts von einem Vertrag zu lösen, bemisst sich gem. Art. 4 Abs. 2 lit. e) grds. nach der *lex fori concursus*. Von diesem Grundsatz normiert Art. 8 eine Ausnahme für Verträge über unbewegliche Gegenstände, die sich nicht im Eröffnungsstaat, sondern in einem anderen Mitgliedstaat befinden: Hier ist ausschließlich das Recht des Belegenheitsstaats zur Anwendung berufen. Diese Ausnahme gründet auf der Erkenntnis, dass die meisten Mitgliedstaaten für Verträge über unbewegliche Gegenstände Sondervorschriften in Bezug auf das anwendbare Recht vorsehen, »womit verschiedenen Interessen – denen der Vertragsparteien (z.B. der Mieter) als auch den allgemeinen Interessen, die von dem Staat, in dem die unbeweglichen Gegenstände bestehen, geschützt werden – Rechnung getragen werden soll. Der Schutz dieser besonderen Interessen rechtfertigt eine Ausnahme von der Anwendung des Rechts des Staates der Verfahrenseröffnung«.[1]

2 Die Beschränkung der Ausnahme auf die *Wirkungen des Insolvenzverfahrens* hat zur Folge, dass für die übrigen in Art. 4 Abs. 2 aufgezählten Bereiche (lit. a bis d und lit. f bis m) weiterhin die *lex fori concursus* gilt. Relevant wird diese Einschränkung insb. für die Frage der Nichtigkeit, Anfechtbarkeit oder relativen Unwirksamkeit wegen **Gläubigerbenachteiligung** (Art. 4 Abs. 2 lit. m). Für eine dies-

---

27 So mit Recht *Paulus* Rn. 11.
28 Geimer/Schütze/*Huber* Rn. 17.
1 Virgós/*Schmit* Bericht Rn. 118; krit. MüKo-InsO/*Reinhart* Rn. 1.

bezügliche Rückausnahme, wie sie etwa in Art. 5 Abs. 4, Art. 6 Abs. 2 oder Art. 7 Abs. 3 normiert ist, besteht daher unter Art. 8 kein Bedarf.[2]

Der Verweis auf das Recht des Belegenheitsstaats ist nach h.M. eine **Sachnormverweisung**, so dass eine Rückverweisung (*Renvoi*) unbeachtlich ist.[3] Selbst wenn man in Art. 8 eine Gesamtverweisung sähe, könnte es aber wohl nicht zu einer Rückverweisung kommen: Art. 8 verweist nur auf das Recht anderer Mitgliedstaaten – für den Bereich der Mitgliedstaaten schafft die EuInsVO mit den Art. 4 ff. aber gerade ein einheitliches Kollisionsrecht. 3

B. Voraussetzungen

I. Vertrag über einen unbeweglichen Gegenstand

Wann ein Gegenstand als unbeweglich gilt, ist **verordnungsautonom zu bestimmen**.[4] Nach diesem Maßstab gelten Schiffe und Luftfahrzeuge nicht als unbeweglich, selbst dann nicht, wenn sie der Eintragung in ein öffentliches Register unterliegen. Dies ergibt sich eindeutig aus Art. 11, der Schiffe und Luftfahrzeuge neben dem Begriff der unbeweglichen Sache gesondert nennt.[5] 4

Keinerlei Anhaltspunkte enthält die EuInsVO demgegenüber hinsichtlich der Frage, ob auch unkörperliche Gegenstände unter Art. 8 subsumierbar sind. Zwar dürften **unkörperliche Gegenstände** i.d.R. als beweglich einzustufen sein; bei solchen unkörperlichen Gegenständen, für die ein Registereintrag konstituierende Wirkung zeitigt, lässt sich m.E. aber durchaus vertreten, sie seien unbeweglich. Dass Art. 8 anders als Art. 5 keine Klarstellung enthält, lässt sich – wie stets – als Fingerzeig in die eine oder andere Richtung deuten: Einerseits lässt sich *e contrario* schließen, dass unkörperliche Gegenstände nicht von Art. 8 umfasst sind; andererseits lässt sich die Passage in Art. 5 als (deklaratorischer) Ausdruck eines Grundsatzes verstehen, der für die gesamte Verordnung Geltung beansprucht. Ausgeschlossen ist m.E. jedenfalls eine Einbeziehung von Verträgen über Erwerb oder Nutzung von **Gemeinschaftsmarken und -patenten**. Zwar steht die Voraussetzung der »Belegenheit in einem anderen Mitgliedstaat« einer Einbeziehung nicht entgegen, weil die betreffenden Gemeinschaftsrechte trotz ihres transnationalen Charakters jeweils einem bestimmten Mitgliedstaat zugeordnet werden können (s. ausf. Art. 5 EuInsVO Rdn. 22). Sinn und Zweck der Vorschrift sprechen m.E. jedoch gegen eine Einbeziehung. Wie eingangs erwähnt, beruht die Regelung in Art. 8 auf dem Umstand, dass die meisten Rechtsordnungen für Verträge über unbewegliche Gegenstände Sondervorschriften in Bezug auf das anwendbare Recht vorsehen (vgl. Rdn. 1). Dies ist bei Gemeinschaftsrechten indes gerade nicht der Fall. 5

Art. 8 greift bei allen Verträgen über den Erwerb oder die Nutzung eines unbeweglichen Gegenstands – unabhängig davon, ob der Insolvenzschuldner Erwerber oder Veräußerer, Nutzungsberechtigter oder -verpflichteter ist. Umfasst sind vor allem **Kauf und Schenkung** (Erwerb) sowie **Miete, Pacht und Leasing** (Nutzung). Demgegenüber sollen Verträge über die Belastung eines Grundstücks nach h.M. nicht umfasst sein.[6] Hierbei verbietet sich eine pauschale Klassifizierung. Vielmehr muss in jedem Einzelfall gesondert festgestellt werden, ob die versprochene Belastung unter den Begriff der Nutzung subsumiert werden kann oder nicht. Der schuldrechtliche Vertrag, in dem der Schuldner verspricht, dem Gläubiger einen Nießbrauch an seinem Grundstück einzuräumen, lässt sich bspw. 6

---

2 MüKo-InsO/*Reinhart* Rn. 17; MüKo-BGB/*Kindler* Rn. 9.
3 Geimer/Schütze/*Huber* Rn. 2; MüKo-BGB/*Kindler* Rn. 1; Rauscher/*Mäsch* Rn. 1; Nerlich/Römermann/*Nerlich* Rn. 9.
4 Duursma-Kepplinger/Duursma/*Chalupsky* Rn. 4; Geimer/Schütze/*Huber* Rn. 3; Nerlich/Römermann/*Nerlich* Rn. 3; Rauscher/*Mäsch* Rn. 3; a.A. *Paulus* Rn. 5; Pannen/*Riedemann* Rn. 17.
5 Geimer/Schütze/*Huber* Rn. 3; MüKo-BGB/*Kindler* Rn. 2; Nerlich/Römermann/*Nerlich* Rn. 3; *Paulus* Rn. 6; MüKo-InsO/*Reinhart* Rn. 7.
6 Gebauer/Wiedmann/*Haubold* Rn. 131; Rauscher/*Mäsch* Rn. 4; MüKo-InsO/*Reinhart* Rn. 8; a.A. MüKo-BGB/*Kindler* Rn. 5.

ohne Weiteres als Vertrag über die Nutzung des Grundstücks qualifizieren (zur Anwendbarkeit des Art. 5 auf den bereits eingeräumten dinglichen Nießbrauch selbst s. Art. 5 EuInsVO Rdn. 6).

7 Unklar ist bislang, ob solche Verträge unter Art. 8 subsumierbar sind, die nur *mittelbar* Erwerb oder Nutzung einer Immobilie zum Gegenstand haben, wie beispielsweise **Timesharing-Verträge** oder Verträge über den Erwerb von Anteilen einer Gesellschaft, die ihrerseits ausschließlich dem Zweck dient, Immobilien zu erwerben und zu halten. M.E. sollte zur Beantwortung dieser Frage grds. auf die Rechtsprechung des EuGH zu Art. 22 Nr. 1 EuGVVO zurückgegriffen werden. Danach sind selbst vereinsrechtlich konzipierte Timesharing-Verträge unter den Miet- bzw. Pachtbegriff zu subsumieren, wenn und soweit »ein hinreichend enger Zusammenhang« zwischen dem Vertrag über die Vereinsmitgliedschaft und dem (Teilzeit-)Nutzungsrecht an einer Immobilie besteht.[7] Nicht umfasst sind dagegen solche Timesharing-Verträge, bei denen sich das Nutzungsrecht nicht auf eine bestimmte Immobilie, sondern auf einen Kreis verschiedener Immobilien bezieht.[8] Von dieser Ausnahme mag jedoch dann eine Rückausnahme geboten sein, wenn sämtliche in den Vertrag einbezogenen Immobilien in demselben Staat belegen sind. Dieselbe Differenzierung sollte m.E. auch für den Verkauf von Anteilen an »Immobiliengesellschaften« gelten.[9]

8 Ferner subsumiert der EuGH Timesharing-Verträge dann nicht unter Art. 22 EuGVVO, wenn zusätzliche Dienstleistungen vereinbart sind, die das Gepräge des Vertrags wesentlich beeinflussen, ihn gleichsam einem Hotelvertrag annähern.[10] Zu fragen ist also nach dem Schwerpunkt des konkreten Vertrags. Allerdings erscheint bzgl. dieser Einschränkung fraglich, ob sie sich ohne Weiteres auf Art. 8 übertragen lässt.

9 Die Frage, die sich diesbezüglich stellt, ist grundsätzlicher Natur: Wie sind **typengemischte Verträge** im Rahmen des Art. 8 zu behandeln? Während sich im Zuständigkeitsrecht die vom EuGH praktizierte Schwerpunktbildung aufdrängt, lässt die Frage nach dem anwendbaren Recht auch eine differenzierte Behandlung zu: Grds. lässt sich jedes Element eines Vertrages selbständig anknüpfen, so dass auch ein einheitlicher Vertrag unterschiedlichen Rechtsordnungen unterliegen kann. Allerdings ist diese Möglichkeit für das Insolvenzrecht nur beschränkt gangbar. Hier müssen wirtschaftliche Aspekte stärkere Berücksichtigung finden – insb. also die Frage, ob ein einheitlicher Vertrag sich sinnvoll in seine Einzelteile aufspalten lässt.[11] Dies dürfte häufig nicht der Fall sein. Bei den erwähnten typengemischten Timesharing-Verträgen wäre bspw. unsinnig, wenn dem Insolvenzverwalter in Bezug auf das Nutzungsrecht an sich ein Lösungsrecht zustünde, in Bezug auf die mitvereinbarten Dienstleistungen jedoch nicht (und ob in einem solchen Fall das Institut des Wegfalls der Geschäftsgrundlage für die Dienstleistungsaspekte greift, hängt von dem jeweils anwendbaren Schuldrecht ab). Grds. sollten typengemischte Verträge im Rahmen der EuInsVO daher nicht differenzierend angeknüpft werden; eine Ausnahme ist lediglich dort zu machen, wo sich die vertraglichen Komponenten nicht nur rechtlich, sondern auch wirtschaftlich separieren lassen.[12] Die Ausgangsfrage nach einer Übertragbarkeit der EuGH-Rechtsprechung zu Art. 22 Nr. 1 EuGVVO lässt sich folglich – wenn auch eingeschränkt – bejahen: Hier wie dort muss grds. die Entweder-Oder-Lösung einer **Schwerpunktbildung** verfolgt werden.

---

7 EuGH 13.10.2005, C-73/04, Slg. 2005, I-8667 – Klein/Rhodos Management, Rn. 26.
8 EuGH 13.10.2005, C-73/04, Slg. 2005, I-8667 – Klein/Rhodos Management, Rn. 24 ff.; Rauscher/*Mankowski* Art. 22 EuGVVO Rn. 17c.
9 Generell gegen eine Einbeziehung von Immobiliengesellschaften unter Art. 8 aber Rauscher/*Mäsch* Rn. 3; MüKo-InsO/*Reinhart* Rn. 6.
10 EuGH 26.02.1992, C-280/90, Slg. 1992, I-1111 – Hacker/Euro Relais; 13.10.2005, C-73/04, Slg. 2005, I-8667 – Klein/Rhodos Management, Rn. 21 f. unter Verweis auf EuGH 22.04.1999, C-423/97, Slg. 1999, I-2195 – Travel Vac, Slg. 1999, I-2195, Rn. 25; sehr großzügig diesbezüglich BGH 16.12.2009, VIII ZR 119/08, JZ 2010, 895 m.Anm. *Mäsch*.
11 Vgl. *Paulus* Rn. 3.
12 MüKo-InsO/*Reinhart* Rn. 5; *Paulus* Rn. 3.

Neben den bereits genannten Timesharing-Verträgen können auf diese Weise insb. **Reiseverträge** aus dem Anwendungsbereich des Art. 8 herausfallen, wenn der Schwerpunkt nicht auf der Miete einer bestimmten Immobilie liegt, sondern der Reiseveranstalter schwerpunktmäßig anderweitige Dienstleistungen erbringt – wie insb. bei einer Pauschalreise.[13]

10

Nach wohl h.M. umfasst Art. 8 nicht nur schuldrechtliche, sondern auch **dingliche Verträge**.[14] Begründet wird dies damit, dass viele Mitgliedstaaten, insb. der Common-Law-Rechtskreis, die in Deutschland übliche Differenzierung nicht nachvollziehen.[15] M.E. ist diese Argumentation nicht überzeugend und eine generelle Einbeziehung dinglicher Verträge aus systematischen Gründen abzulehnen. Für dingliche Rechte normiert Art. 5 eine Spezialregelung, die gegenüber Art. 8 eine weitergehende Rechtsfolge enthält und vorrangig anzuwenden ist (s. ausf. Rdn. 20). Folgendes sollte daher gelten: Entsteht durch einen Vertrag unmittelbar ein dingliches Recht i.S.d. Art. 5 (vgl. zur autonomen Definition eines dinglichen Rechts Art. 5 EuInsVO Rdn. 5 ff.), so ist Art. 5 anwendbar und für eine Anwendung des Art. 8 ist kein Raum. Art. 8 tritt erst auf den Plan, wenn das durch den Vertrag geschaffene Recht nach autonomer Lesart nicht als dinglich qualifiziert werden kann und Art. 5 folglich unangewendet bleiben muss. Ob eine Rechtsordnung – wie die deutsche – dem Trennungsprinzip oder aber – wie etwa die französische – dem Einheitsprinzip folgt, ist unerheblich. Ausschlaggebend ist einzig, ob und inwieweit die konkreten Wirkungen eines Vertrags den Kriterien des Art. 5 genügen. Für die deutschen Rechtsinstitute des **Nießbrauchs** und der **Grunddienstbarkeiten** gilt daher Art. 5 (vgl. Art. 5 EuInsVO Rdn. 6); schuldrechtliche Verträge auf Einräumung eines Nießbrauchs werden dagegen von Art. 8 erfasst.

11

II. Bestand

Art. 8 greift nur, wenn der betreffende Vertrag im **Zeitpunkt der Insolvenzeröffnung** bereits (und immer noch) Bestand hatte.[16] Dies ergibt sich daraus, dass die Vorschrift als Ausnahme zu Art. 4 Abs. 2 lit. e) konzipiert ist (s. Rdn. 1 f.), der seinerseits nur den Bereich der Auswirkungen einer Insolvenzeröffnung auf *laufende* Verträge betrifft. Der Problembereich »Abschluss neuer Verträge« unterfällt dagegen Art. 4 Abs. 2 lit. c) bzw. lit. g). Der Begriff des »Zeitpunkts der Verfahrenseröffnung« ist in Art. 2 lit. f) legaldefiniert (s. hierzu Art. 2 EuInsVO Rdn. 11 ff.).

12

Grds. ist vom Bestand eines Vertrags dann auszugehen, wenn beide Parteien an die Vereinbarung gebunden sind.[17] Unter dieser Prämisse ist ein **bedingt geschlossener Vertrag** dann von Art. 8 umfasst, wenn der Eintritt der Bedingung nicht von der Mitwirkung der Parteien abhängt. Ein Vertrag, der ein **Optionsrecht** einer der Parteien begründet, ist erst bindend (und unterfällt damit Art. 8), wenn die berechtigte Partei die Option gezogen hat.[18]

13

Schwierigkeiten ergeben sich diesbezüglich hinsichtlich der Frage, **nach welchem Recht** es sich beurteilt, ob ein Vertrag bereits Bindungswirkungen entfaltet bzw. generell: ob er wirksam zustande gekommen ist. Der diesbezüglich zu Art. 5 bestehende Meinungsstreit lässt sich weitgehend auf Art. 8 übertragen. Hinsichtlich seiner Darstellung sei auf die Kommentierung zu Art. 5 verwiesen (vgl. Art. 5 EuInsVO Rdn. 12 ff.). Im Ergebnis ist es vorzugswürdig, das **anwendbare Recht** nach den allgemeinen Kollisionsregeln der *lex fori concursus* zu bestimmen.

14

---

13 EuGH 26.02.1992, C-280/90, Slg. 1992, I-1111 – Hacker/Euro Relais, Rn. 14; Rauscher/*Mankowski* Art. 22 EuGVVO Rn. 22 f.
14 MüKo-BGB/*Kindler* Rn. 5; Rauscher/*Mäsch* Rn. 4; ausf., aber offen lassend *Duursma-Kepplinger/Duursma/Chalupsky* Rn. 12 ff.
15 MüKo-BGB/*Kindler* Art. 8 Rn. 5; Rauscher/*Mäsch* Rn. 4.
16 *Duursma-Kepplinger/Duursma/Chalupsky* Rn. 3; Geimer/Schütze/*Huber* Rn. 5; FK-InsO/*Wenner/Schuster* Rn. 7.
17 MüKo-InsO/*Reinhart* Rn. 11 f.
18 MüKo-InsO/*Reinhart* Rn. 12.

III. Belegenheit in einem anderen Mitgliedstaat

15 Art. 8 setzt voraus, dass sich der unbewegliche Gegenstand in einem **anderen** Mitgliedstaat als demjenigen des Insolvenzverfahrens befindet. Der Begriff des Befindens ist in Art. 2 lit. g) legaldefiniert (vgl. Art. 2 EuInsVO Rdn. 16 ff.).

16 Art. 8 greift nicht, wenn sich der betreffende Gegenstand **in einem Drittstaat** (inklusive Dänemark, vgl. Erwägungsgrund 33) befindet – mangels *planwidriger* Regelungslücke auch nicht analog. Insoweit besteht Einigkeit.[19] Unterschiedlich wird demgegenüber die Folgefrage beantwortet, zu welcher Konsequenz dies führt. Diesbezüglich lässt sich die zu Art. 5 bestehende Paralleldiskussion auf Art. 8 übertragen (zum Streitstand s. Art. 5 EuInsVO Rdn. 24 ff.). Die ganz h.M. geht mit Recht davon aus, dass bei Belegenheit der Kaufsache in einem Drittstaat die autonomen Kollisionsregelungen der *lex fori concursus* zur Anwendung kommen. Lässt das autonome Insolvenzrecht des Eröffnungsstaats ein anderes als sein eigenes Recht zur Anwendung kommen, so geht dies der Universalregelung des Art. 4 vor – gleichgültig, ob sich dies aus einer allgemeinen Regelung oder einer Ausnahmeregelung des autonomen Insolvenzrechts ergibt. Das deutsche internationale Insolvenzrecht enthält in § 336 Satz 1 InsO eine Regelung, die derjenigen in Art. 8 weitgehend entspricht. Bei einer Verfahrenseröffnung in Deutschland macht es folglich keinen Unterschied, ob der betreffende Vertrag dem Recht eines anderen *Mitglieds*staats (dann Art. 8) oder dem eines *Dritt*staats (dann § 336 Satz 1 InsO) unterliegt.

C. Rechtsfolgen

17 Art. 8 unterwirft laufende Verträge über unbewegliche Gegenstände dem Insolvenzrecht des Staates in dem sich der unbewegliche Gegenstand befindet. Dass Art. 8 diese Verweisung als »ausschließlich« bezeichnet, hat keine weitergehende Bedeutung; es lässt sich allenfalls als Betonung dessen auffassen, dass der *lex fori concursus* keine Bedeutung mehr zukommt. Dies gilt selbst dann, wenn das Recht des Belegenheitsstaats schärfere Sanktionen vorsieht als die *lex fori concursus*.[20]

18 Wie eingangs erwähnt, ist die Reichweite der Verweisung in Art. 8 identisch mit derjenigen des Art. 4 Abs. 2 lit. e). Umfasst werden **nur insolvenzrechtliche Wirkungen** auf die betreffenden Verträge. Materiell-rechtlich bleibt grds. weiterhin das über das Kollisionsrecht des Forums berufene Schuldrecht anwendbar. Finden sich im *Insolvenz*recht des Eröffnungsstaats jedoch eigene materiell-rechtliche Regelungen, so gehen diese gem. Art. 4 Abs. 2 lit. e) dem anwendbaren Schuldrecht vor (s. hierzu Art. 6 EuInsVO Rdn. 5 ff.). In gleicher Weise gehen bei Verträgen über unbewegliche Gegenstände nach Art. 8 die entsprechenden schuldrechtlichen Reglungen des Insolvenzrechts des Belegenheitsstaats sowohl denjenigen Regelungen des anwendbaren Schuldrechts als auch denjenigen materiellen Regelungen vor, die das Insolvenzrecht des Eröffnungsstaats enthält. Enthält nur das Insolvenzrecht des Eröffnungsstaats, nicht aber auch das Insolvenzrecht des Belegenheitsstaats materielle Regelungen, so verdrängt m.E. die Nichtregelung des Belegenheitsrechts die positive Regelung des Eröffnungsstaats, und die Regelungen des anwendbaren Schuldrechts leben wieder auf.

19 Da Art. 8 von vornherein nur eine Ausnahmeregelung zu Art. 4 Abs. 2 lit. e) normiert, besteht für eine Rückausnahme zugunsten des Art. 4 Abs. 2 lit. m) (wie sie etwa in Art. 5 Abs. 4, Art. 6 Abs. 2 oder Art. 7 Abs. 3 normiert ist) kein Bedarf. Auf die Frage der **Nichtigkeit, Anfechtbarkeit oder relativen Unwirksamkeit** eines Vertrags **wegen Gläubigerbenachteiligung** findet also – vorbehaltlich der Sonderregelung in Art. 13 – die *lex fori concursus* Anwendung.[21]

---

19 Statt aller MüKo-InsO/*Reinhart* Rn. 14; Geimer/Schütze/*Huber* Rn. 6.
20 *Duursma-Kepplinger/Duursma/Chalupsky* Rn. 8.
21 *Duursma-Kepplinger/Duursma/Chalupsky* Rn. 10; FK-InsO/*Wenner/Schuster* Rn. 10; Geimer/Schütze/*Huber* Rn. 7; MüKo-InsO/*Reinhart* Rn. 17; Nerlich/Römermann/*Nerlich* Rn. 10; i.E. ebenso *Paulus* Rn. 10.

Probleme ergeben sich, wenn das nach Art. 10 anwendbare Recht vorsieht, dass eine Vertragsände- 19a
rung der Zustimmung des Insolvenzgerichts bedarf, in dem betreffenden Staat jedoch kein (Sekundär-) Insolvenzverfahren eröffnet wurde. In diesem Fall darf (bzw. wenn die Voraussetzungen dafür vorliegen: muss) das angerufene Insolvenzgericht die erforderliche Zustimmung erteilen. Eine entsprechende Regelung hat die Kommission in ihrem Vorschlag zur Reform der EuInsVO nun ausdrücklich vorgesehen (Art. 10a des Vorschlags).[22]

D. Verhältnis zu anderen Vorschriften

Zu Konflikten kann es mit der Vorschrift in **Art. 5** kommen. Letzterer normiert, dass dingliche 20
Rechte an Gegenständen des Insolvenzschuldners von einer Insolvenzeröffnung nicht berührt werden (zu der Bedeutung dieser Rechtsfolge s. Art. 5 EuInsVO Rdn. 28 ff.). M.E. stellt Art. 5 wegen seiner weitergehenden Rechtsfolge eine vorrangige Spezialregelung gegenüber Art. 8 dar. Sobald ein Recht als dinglich i.S.d. Art. 5 zu qualifizieren ist, findet demnach jene Vorschrift Anwendung. Aus deutscher Sicht dürfte eine Abgrenzung zwischen dinglichen Rechten (Art. 5) und schuldrechtlichen Verträgen (Art. 8) vor dem Hintergrund des hier geltenden Trennungsprinzips regelmäßig ohne Weiteres möglich sein. Wurde etwa zugunsten des Käufers eines Grundstücks eine Vormerkung eingetragen, so bestimmt sich das Recht des Insolvenzverwalters, sich vom Kaufvertrag zu lösen, nach dem von Art. 8 berufenen Recht, das Schicksal der Vormerkung dagegen grds. nach Art. 5. Schwierigkeiten bereitet diesbezüglich aber die Wechselwirkung zwischen Vormerkung und schuldrechtlichem Erfüllungsanspruch in der Insolvenz. Einerseits ist die Vormerkung – weil akzessorisch – vom Bestand des Erfüllungsanspruchs abhängig. Letzterer wird aber von Art. 5 gerade nicht erfasst: Geht der Erfüllungsanspruch in der Insolvenz unter, erlischt trotz des Schutzes durch Art. 5 auch die Vormerkung (s. Art. 5 EuInsVO Rdn. 36). Andererseits sieht etwa das deutsche Insolvenzrecht in § 106 InsO umgekehrt auch eine Abhängigkeit des Erfüllungsanspruch von der Vormerkung vor: Die Vormerkung bewahrt den Erfüllungsanspruch in der Insolvenz vor einer Ablehnung durch den Insolvenzverwalter. Diese Wirkung der Vormerkung wird indes wiederum nicht durch Art. 5, sondern ausschließlich durch Art. 8 geschützt. Der Grund hierfür liegt darin, dass nicht die Vormerkung selbst, sondern der Erfüllungsanspruch Schutzobjekt des § 106 InsO ist; die Vormerkung wird lediglich – reflexhaft – mittelbar mitgeschützt.

Gegenüber **Art. 11** enthält Art. 8 eine vorrangige Sonderregelung, soweit es um die Wirkungen des 21
Insolvenzverfahrens auf laufende Verträge über unbewegliche Gegenstände geht (s. Art. 11 EuInsVO Rdn. 17).

Artikel 9 Zahlungssysteme und Finanzmärkte

(1) Unbeschadet des Artikels 5 ist für die Wirkungen des Insolvenzverfahrens auf die Rechte und Pflichten der Mitglieder eines Zahlungs- oder Abwicklungssystems oder eines Finanzmarktes ausschließlich das Recht des Mitgliedstaats maßgebend, das für das betreffende System oder den betreffenden Markt gilt.

(2) Absatz 1 steht einer Nichtigkeit, Anfechtbarkeit oder relativen Unwirksamkeit der Zahlungen oder Transaktionen gemäß den für das betreffende Zahlungssystem oder den betreffenden Finanzmarkt geltenden Rechtsvorschriften nicht entgegen.

Übersicht	Rdn.		Rdn.
A. Normzweck	1	III. Bestand zum Zeitpunkt der Insolvenzeröffnung	6
B. Voraussetzungen	3	C. Rechtsfolgen	7
I. Zahlungssystem, Abwicklungssystem, Finanzmarkt	3	I. Generalia	7
II. Geltung des Rechts eines Mitgliedstaats	5	II. Gläubigerbenachteiligung	8
		D. Verhältnis zu anderen Vorschriften	9

---

[22] KOM(2012) 744, S. 25; vgl. hierzu *Thole/Swierczok* ZIP 2013, 550, 557.

A. Normzweck

1 Der Finanzverkehr kennt eine Vielzahl unterschiedlicher Zahlungssysteme, die auf der Grundlage verschiedener, zumeist multilateraler, Formen der fortlaufenden Verrechnung von Zahlungsaufträgen (netting) arbeiten – oft auf der Basis einer Bruttoabwicklung in Echtzeit (*Real Time Gross Settlement*). Für Verrechnungen im Rahmen solcher Systeme normiert Art. 9 eine Spezialvorschrift gegenüber der allgemeinen Regelung zu Aufrechnungsfragen in Art. 6.[1] Ziel ist es, die empfindlichen Systeme gegen Rechtsunsicherheiten in Bezug auf das anwendbare Insolvenzrecht zu schützen. Es soll »verhindert werden, dass im Falle der Insolvenz eines Geschäftspartners die in Zahlungs- oder Aufrechnungssystemen oder auf den geregelten Finanzmärkten der Vertragsstaaten vorgesehenen Mechanismen zur Zahlung und Abwicklung von Transaktionen geändert werden können, was sonst bei Anwendung der lex concursus geschähe«.[2] Dabei baut die Vorschrift auf der sog. **Finalitätsrichtlinie**[3] auf, deren Definitionen daher für die Auslegung von Art. 9 herangezogen werden können.[4]

2 Die **praktische Relevanz** von Art. 9 ist äußerst beschränkt. Zum einen sind die typischerweise betroffenen Unternehmen, nämlich Banken, Wertpapierdienstleister und Versicherungsunternehmen gem. Art. 1 Abs. 2 vom Anwendungsbereich der EuInsVO ausgeschlossen, so dass der Vorschrift von vornherein praktisch nur noch Zahlungssysteme zwischen Großunternehmen (*Inter Company Netting Agreements*) unterfallen.[5] Zum anderen ist das nationale Insolvenzrecht der Mitgliedstaaten im Bereich der Zahlungssysteme durch die o.g. Finalitätsrichtlinie ohnehin weitgehend vereinheitlicht,[6] so dass sich die Frage des anwendbaren Insolvenzrechts lediglich auf Unterschiede in der Umsetzung jener Richtlinie auswirkt.

B. Voraussetzungen

I. Zahlungssystem, Abwicklungssystem, Finanzmarkt

3 Art. 9 greift für Rechte und Pflichten der Mitglieder eines Zahlungs- oder Abwicklungssystems oder eines Finanzmarktes. Dabei ist der Begriff des **Zahlungs- und Abwicklungssystems** an die Finalitätsrichtlinie angelehnt, die ihn in Art. 2 lit. a) definiert. Danach handelt es sich um eine »förmliche Vereinbarung, die – ohne Mitrechnung einer etwaigen Verrechnungsstelle, zentralen Vertragspartei oder Clearingstelle oder eines etwaigen indirekten Teilnehmers – zwischen mindestens drei Teilnehmern getroffen wurde und gemeinsame Regeln und vereinheitlichte Vorgaben für die Ausführung von Zahlungs- bzw. Übertragungsaufträgen zwischen den Teilnehmern vorsieht (...).« Umfasst sind insb. Glattstellungsverträge und Netting (Zahlungssystem) sowie die Veräußerung von Wertpapieren (Abwicklungssystem).[7] Anders als die Finalitätsrichtlinie erfordert Art. 9 nicht, dass das betreffende System der EU-Kommission gemeldet wurde.[8] Auch die Beschränkung der Finalitätsrichtlinie auf solche Systeme, für die die Teilnehmer das Recht eines Mitgliedstaats gewählt haben, in dem zumindest einer der Teilnehmer seinen Hauptverwaltungssitz hat, darf m.E. entgegen der h.M. nicht auf Art. 9 projiziert werden.[9] Für eine solche Beschränkung finden sich keinerlei Anhaltspunkt im Wortlaut der Vorschrift, im Gegenteil: Der Wortlaut der Vorschrift spricht lediglich von einer Beschränkung auf solche Systeme, die dem Recht irgendeines Mitgliedstaats unterliegen (s. Rdn. 5).

---

1 *Niggemann/Blenske* NZI 2003, 471 (477).
2 *Virgós/Schmit* Bericht Rn. 120.
3 RL 98/26/EG des Europäischen Parlaments und des Rates v. 19.05.1998 über die Wirksamkeit von Abrechnungen in Zahlungs- sowie Wertpapierliefer- und -abrechnungssystemen, AblEG 1998 L 166/45.
4 Gebauer/Wiedmann/*Haubold* Rn. 132; Geimer/Schütze/*Huber* Rn. 2.
5 Gebauer/Wiedmann/*Haubold* Rn. 132; *Niggemann/Blenske* NZI 2003, 471 (477).
6 Vgl. hierzu *Ebenroth/Benzler* 95 ZVglRWiss (1996) 335 (367 ff.).
7 *Virgós/Schmit* Bericht Rn. 120; Geimer/Schütze/*Huber* Rn. 2.
8 MüKo-BGB/*Kindler* Rn. 5; Nerlich/Römermann/*Nerlich* Rn. 8; *Paulus* Rn. 1.
9 A.A. *Duursma-Kepplinger/Duursma/Chalupsky* Rn. 8; Geimer/Schütze/*Huber* Rn. 2; Pannen/*Pannen* Rn. 14.

Mit der Einbeziehung eines »**Finanzmarktes**« geht Art. 9 über die Finalitätsrichtlinie hinaus. Dieser 4
Begriff dient wohl als Auffangbecken für Märkte, auf denen »Finanzinstrumente, sonstige Finanzwerte oder Warenterminkontrakte und -optionen gehandelt werden«.[10] Voraussetzung ist, dass der betreffende Markt regelmäßig funktioniert, dass seine Funktions- und Zugangsbedingungen durch Vorschriften geregelt sind und dass er dem Recht des jeweiligen Vertragsstaates unterliegt, einschließlich einer etwaigen entsprechenden Aufsicht von Seiten der zuständigen Behörden dieses Vertragsstaates.[11]

II. Geltung des Rechts eines Mitgliedstaats

Art. 9 greift nur, wenn das System bzw. der Finanzmarkt dem Recht eines Mitgliedstaats unterliegt. 5
Wie oben dargelegt, muss keiner der Teilnehmer in dem betreffenden Mitgliedstaat seinen Hauptverwaltungssitz haben (s. Rdn. 3). Wird das System oder der Finanzmarkt vom **Recht eines Drittstaats** (inklusive Dänemarks, vgl. Erwägungsgrund 33) beherrscht, findet Art. 9 keine Anwendung – mangels planwidriger Regelungslücke auch nicht analog.[12] Nach h.M. führt die Unanwendbarkeit der Art. 5 ff. jedoch nicht dazu, dass automatisch die Universalanknüpfung an die *lex fori concursus* nach Art. 4 wiederauflebte. Vielmehr sind vorrangig die nationalen Kollisionsregeln des Eröffnungsstaats zu beachten: Lässt das autonome Insolvenzrecht des Eröffnungsstaats ein anderes als sein eigenes Recht zur Anwendung kommen, so geht dies nach zutreffender h.M. der Universalregelung des Art. 4 vor – gleichgültig, ob sich dies aus einer allgemeinen Regelung oder einer Ausnahmeregelung des autonomen Insolvenzrechts ergibt (s. zum diesbezüglichen Streitstand ausf. Art. 5 EuInsVO Rdn. 24 ff.).[13] Das deutsche internationale Insolvenzrecht enthält in § 340 Abs. 1 InsO eine Regelung, die derjenigen in Art. 9 weitgehend entspricht. Bei einer Verfahrenseröffnung in Deutschland macht es folglich keinen Unterschied, ob das betreffende System vom Recht eines Mitgliedstaats (dann Art. 9) oder eines Drittstaats (dann § 340 Abs. 1 InsO) beherrscht wird.

III. Bestand zum Zeitpunkt der Insolvenzeröffnung

Art. 9 schützt nur solche Systeme bzw. Finanzmärkte, die schon vor Eröffnung des Insolvenzverfahrens bestanden hatten.[14] Zwar deutet der Wortlaut der Vorschrift, der anders als etwa Art. 6 nicht die 6
Eröffnung eines Insolvenzverfahrens in Bezug nimmt, sondern generell von den Wirkungen des Insolvenzverfahrens spricht, eher auf das Gegenteil hin. Allerdings scheinen die Teilnehmer eines Systems, das erst nach Insolvenzeröffnung gegen einen der Teilnehmer begründete worden ist, kaum schutzwürdig – jedenfalls nicht in einem Maße, das es rechtfertigen würde, ggf. zu Lasten der übrigen Gläubiger von der Anknüpfung an die *lex fori concursus* abzuweichen.

C. Rechtsfolgen

I. Generalia

Art. 9 beruft das Insolvenzrecht des Staates zur Anwendung, dessen Recht auch die materiellen 7
Aspekte des betreffenden Systems oder Finanzmarkts regelt. Das Insolvenzrecht der *lex fori concursus* wird für den Bereich des Art. 9 vollständig verdrängt.

II. Gläubigerbenachteiligung

Anders als sonst üblich enthält Art. 9 für den Bereich der Gläubigerbenachteiligung keine Rückausnahme zugunsten des Art. 4 Abs. 2 lit. m) und damit zugunsten der *lex fori concursus*. Im Gegenteil 8
enthält Abs. 2 sogar eine explizite Ausdehnung der Vorschrift auf diesen Bereich: Ob Vorgänge inner-

---

10 *Virgós/Schmit* Bericht Rn. 120.
11 *Virgós/Schmit* Bericht Rn. 120.
12 Statt aller MüKo-BGB/*Kindler* Rn. 9; *Paulus* Rn. 4; FK-InsO/*Wenner/Schuster* Rn. 5.
13 Anders für Art. 9 ohne Begr. MüKo-BGB/*Kindler* Rn. 9; MüKo-InsO/*Reinhart* Rn. 4.
14 Pannen/*Pannen* Rn. 22.

halb eines Systems oder Finanzmarkts wegen Gläubigerbenachteiligung nichtig, anfechtbar oder relativ unwirksam sind, beurteilt sich folglich ebenfalls nach dem Insolvenzrecht des Staates, dessen Recht das betreffende System bzw. den betreffenden Finanzmarkt beherrscht. Irritierend ist diesbezüglich allerdings, dass der Verordnungsgeber dieselbe Formulierung verwendet wie bei den Rückausnahmen der Art. 5 ff.: »Absatz 1 steht (...) nicht entgegen.« Es dürfte sich indes schlicht um ein Versehen handeln.

D. Verhältnis zu anderen Vorschriften

9 Für Aufrechnungen innerhalb eines Zahlungs- oder Finanzierungssystems sieht Art. 9 eine Spezialregelung vor, die **Art. 6** verdrängt. Im Zuge der EuInsVO soll jedoch nach dem Vorschlag der Kommission eine Spezialregelung für netting agreements eingeführt werden (Art. 6a des Vorschlags).[15]

Die Regelung zur Gläubigerbenachteiligung in Art. 9 Abs. 2 geht der diesbezüglichen allgemeinen Regelung in Art. 13 vor.[16] Demgegenüber gewährt Art. 9 der Sonderregel für dingliche Rechte in **Art. 5** ausdrücklich Vorrang. Dingliche Rechte bleiben folglich vom dem nach Art. 9 berufenen Insolvenzrecht »unberührt«.[17]

10 Ausweislich des Erwägungsgrunds 27 sollten (!) **Sonderregelungen der Finalitätsrichtlinie** den allgemeinen Regelungen der EuInsVO vorgehen. In Art. 8 enthält die Finalitätsrichtlinie eine dem Art. 9 EuInsVO entsprechende Regelung. Diese dürfte aber – weil inhaltsgleich – nicht als *Sonder*regelung gegenüber Art. 9 zu verstehen sein, so dass Art. 9 anwendbar bleibt. Allerdings definiert die Richtlinie in Art. 6 einen eigenen Begriff der Insolvenzeröffnung, der der verordnungsautonomen Definition in Art. 2 lit. f) vorgehen dürfte.

Artikel 10 Arbeitsvertrag

Für die Wirkungen des Insolvenzverfahrens auf einen Arbeitsvertrag und auf das Arbeitsverhältnis gilt ausschließlich das Recht des Mitgliedstaats, das auf den Arbeitsvertrag anzuwenden ist.

Übersicht

		Rdn.			Rdn.
A.	Normzweck	1	I.	Verweis auf das Vertragsstatut	9
B.	Voraussetzungen	4	II.	Umfang des Verweises	12
I.	Arbeitsvertrag oder Arbeitsverhältnis	4	III.	Gläubigerbenachteiligung	14
II.	Bestand	7	IV.	Zustimmungserfordernis zur Vertragsänderung	14a
III.	Anwendbares Recht eines Mitgliedstaats	8			
C.	Rechtsfolgen	9			

A. Normzweck

1 Die Wirkungen eines Insolvenzverfahrens auf laufende Verträge – also insb. die Frage, ob einem Insolvenzverwalter das Recht zusteht, sich entgegen der Wertungen des materiellen Rechts von einem Vertrag zu lösen – bemisst sich gem. Art. 4 Abs. 2 lit. e) grds. nach der *lex fori concursus*. Von diesem Grundsatz normiert Art. 10 eine Ausnahme für Arbeitsverträge, indem er ausschließlich das Insolvenzrecht desjenigen Staates zur Anwendung beruft, dessen Recht auch die materiellen Aspekte des Arbeitsvertrags regelt. Diese Ausnahme dient dem »Schutz der Arbeitnehmer und der Arbeitsverhältnisse« (Erwägungsgrund 28). Allerdings ist die Vorschrift nicht auf Insolvenzen des Arbeit*gebers* beschränkt, sondern findet in gleicher Weise auch auf Insolvenzen des Arbeit*nehmers* Anwendung.[1]

---

15 KOM(2012) 744, S. 24.
16 *Duursma-Kepplinger/Duursma/Chalupsky* Rn. 12; *Pannen/Pannen* Rn. 35.
17 *Geimer/Schütze/Huber* Art. 9 Rn. 5; FK-InsO/*Wenner/Schuster* Rn. 7.
1 *Duursma-Kepplinger/Duursma/Chalupsky* Rn. 2; MüKo-InsO/*Reinhart* Rn. 7.

Die Beschränkung der Ausnahme auf die Wirkungen des Insolvenzverfahrens hat zur Folge, dass für die übrigen in Art. 4 Abs. 2 aufgezählten Bereiche (lit. a bis d und lit. f bis m) weiterhin die *lex fori concursus* gilt. Relevant wird diese Einschränkung insb. für die Frage der Existenz und des Rangs eines Vorrechts der Lohnforderungen eines Arbeitnehmers und für die Frage der Nichtigkeit, Anfechtbarkeit oder relativen Unwirksamkeit eines Arbeitsvertrags wegen **Gläubigerbenachteiligung** (Art. 4 Abs. 2 lit. m). 2

In der Praxis dürfte Art. 10 **nur geringe Bedeutung** zukommen. Materiell ist auf den Arbeitsvertrag zumeist gem. Art. 8 Abs. 2 Rom I-VO das Recht des Ortes anwendbar, an dem der Arbeitnehmer gewöhnlich seine Arbeit verrichtet (s. zum anwendbaren materiellen Recht Rdn. 9). Regelmäßig dürfte hier entweder der COMI oder zumindest eine Niederlassung des insolventen Arbeitgebers liegen, so dass das dortige Recht ohnehin über Art. 4 oder – nach Eröffnung eines Sekundärverfahrens – über Art. 28 Anwendung findet. In Fällen der Arbeitgeberinsolvenz bleibt Art. 10 damit auf Fallgestaltungen beschränkt, in denen der Arbeitsplatz des Arbeitnehmers weder am COMI noch am Ort einer Niederlassung des Arbeitgebers liegt oder in denen die Parteien eine (nach Art. 8 Abs. 1 Rom I-VO zulässige) Rechtswahl zugunsten eines Mitgliedstaats getroffen haben, in dem der Arbeitgeber weder seinen COMI noch eine Niederlassung hat. In Fällen der Arbeitnehmerinsolvenz wird Art. 10 insb. bei »Grenzgängern« relevant, also bei Arbeitnehmern, die nicht in ihrem Wohnsitzstaat arbeiten. 3

B. Voraussetzungen

I. Arbeitsvertrag oder Arbeitsverhältnis

Der Begriff des Arbeitsvertrags ist **verordnungsautonom auszulegen**.[2] Dabei lassen sich die zu Art. 45 AEUV (= Art. 39 EG a.F.) sowie zu Art. 18 ff. EuGVVO, Art. 8 Rom I-VO (= Art. 6 EVÜ) und den diversen arbeitsrechtlichen Richtlinien aufgestellten Grundsätze heranziehen. Von einem Arbeitsvertrag ist daher auszugehen, wenn **folgende Voraussetzungen** erfüllt sind:[3] 4
– Der Arbeitnehmer verpflichtet sich zur Erbringung einer Dienstleistung.
– Der Arbeitgeber verpflichtet sich zur Zahlung einer bestimmten (oder bestimmbaren) Vergütung; die Höhe der Vergütung ist grds. nicht entscheidend.[4] Eine soziale oder wirtschaftliche Abhängigkeit ist weder für sich genommen hinreichend noch ist sie erforderlich – sie schadet aber auch nicht.[5]
– Der Vertrag ist auf eine gewisse Dauer angelegt.
– Der Arbeitnehmer ist in die Organisationsstruktur des Arbeitgebers eingegliedert.
– Der Arbeitnehmer besitzt keine eigene unternehmerische Handlungsfreiheit, sondern ist an die Weisungen des Arbeitgebers gebunden.
– Der Arbeitnehmer trägt kein unternehmerisches Risiko (erfolgsabhängige Vergütungsmodelle schaden grds. nicht).

Unter den genannten Voraussetzungen sind auch Verträge mit Praktikanten, Auszubildenden, Referendaren, Teilzeit- oder geringfügig Beschäftigten als Arbeitsverträge anzusehen.[6] 5

Art. 10 greift nicht nur für Arbeitsverträge, sondern auch für Arbeits*verhältnisse*. Demnach sind **faktische Arbeitsverhältnisse** ebenso erfasst wie **nichtige, aber in Vollzug gesetzte Verträge**. Nach ganz h.M. soll die Formulierung ferner klarstellen, dass neben dem klassischen Individualarbeitsvertrag, 6

---

2 Pannen/*Dammann* Rn. 5; *Duursma-Kepplinger/Duursma/Chalupsky* Rn. 4; Rauscher/*Mäsch* Rn. 7; *Paulus* Rn. 3, MüKo-InsO/*Reinhart* Rn. 5.
3 S. ausf. Rauscher/*Mankowski* Art. 18 EuGVVO Rn. 4.
4 EuGH 17.03.2005, C-109/04, Slg. 2005 I-2421 – Kranemann, Rn. 17.
5 OGH 17.11.2004, 9ObA 78/04t, ecolex 2005, 311 (312).
6 EuGH 03.07.1986, 66/85, Slg. 1986, 2121 – Lawrie-Blum, Rn. 18 ff.; 26.02.1992, C- 3/90, Slg. 1992, I-1071 – Bernini, Rn. 14 ff.; 17.03.2005, C-109/04, Slg. 2005 I-2421 – Kranemann, Rn. 17.

auch Kollektivverträge vom Schutz der Vorschrift umfasst sind, also sowohl **tarifvertragliche als auch betriebsverfassungsrechtliche Regelungen**.[7]

II. Bestand

7 Art. 10 greift nur, wenn der betreffende Arbeitsvertrag im **Zeitpunkt der Insolvenzeröffnung** bereits (und immer noch) Bestand hatte.[8] Dies ergibt sich bereits daraus, dass die Vorschrift als Ausnahme zu Art. 4 Abs. 2 lit. e) konzipiert ist (s. Rdn. 1), der seinerseits nur den Bereich der Auswirkungen einer Insolvenzeröffnung auf *laufende* Verträge betrifft. Der Problembereich »Abschluss neuer Verträge« unterfällt dagegen Art. 4 Abs. 2 lit. c) bzw. lit. g). Grds. ist von dem Bestand eines Vertrags dann auszugehen, wenn beide Parteien an die Vereinbarung gebunden sind.[9] Unter dieser Prämisse ist ein **bedingt geschlossener Vertrag** dann von Art. 10 umfasst, wenn der Eintritt der Bedingung nicht von der Mitwirkung der Parteien abhängt. Ein Vertrag, der ein **Optionsrecht** einer der Parteien begründet, ist erst bindend (und unterfällt damit dann Art. 10), wenn die berechtigte Partei die Option gezogen hat.[10] Der Begriff des Zeitpunkts der Verfahrenseröffnung ist in Art. 2 lit. f) legaldefiniert (s. hierzu Art. 2 EuInsVO Rdn. 11 ff.).

III. Anwendbares Recht eines Mitgliedstaats

8 Art. 10 greift nur, wenn der Arbeitsvertrag dem Recht eines Mitgliedstaats unterliegt. Mangels planwidriger Regelungslücke scheidet auch eine analoge Anwendung aus, wenn das **Recht eines Drittstaats** (inklusive Dänemarks, vgl. Erwägungsgrund 33) den Arbeitsvertrag beherrscht.[11] Nach h.M. führt die Unanwendbarkeit der Art. 5 ff. grds. jedoch nicht dazu, dass automatisch die Universalanknüpfung an die *lex fori concursus* nach Art. 4 wiederauflebte. Vielmehr sind vorrangig die nationalen Kollisionsregeln des Eröffnungsstaats zu beachten: Lässt das autonome Insolvenzrecht des Eröffnungsstaats ein anderes als sein eigenes Recht zur Anwendung kommen, so geht dies nach zutreffender h.M. der Universalregelung des Art. 4 vor – gleichgültig, ob sich dies aus einer allgemeinen Regelung oder einer Ausnahmeregelung des autonomen Insolvenzrechts ergibt (s. zum diesbezüglichen Streitstand ausf. Art. 5 EuInsVO Rdn. 24 ff.).[12] Das deutsche internationale Insolvenzrecht enthält in § 337 InsO eine Regelung, die derjenigen in Art. 10 weitgehend entspricht. Bei einer Verfahrenseröffnung in Deutschland macht es folglich keinen Unterschied, ob der Arbeitsvertrag dem Recht eines Mitgliedstaats (dann Art. 10) oder eines Drittstaats (dann § 337 InsO) unterliegt.

C. Rechtsfolgen

I. Verweis auf das Vertragsstatut

9 Art. 10 unterwirft laufende Arbeitsverträge dem Recht, das den Arbeitsvertrag beherrscht. Dass Art. 10 diese Verweisung als »ausschließlich« bezeichnet, hat keine weitergehende Bedeutung; es lässt sich allenfalls als Betonung dessen auffassen, dass der *lex fori concursus* keine Bedeutung mehr zukommt.[13] Dies gilt selbst dann, wenn das Insolvenzrecht des Vertragsstatuts schärfere Sanktionen vorsieht als das der *lex fori concursus*. Mit dem Verweis auf das Vertragsstatut normiert Art. 10 keine unmittelbare Kollisionsnorm in dem Sinne, dass auf ein Sachrecht verwiesen würde; vielmehr verweist Art. 10 auf eine weitere Kollisionsnorm – nämlich auf diejenige, die das **Vertragsstatut** festlegt. Letztere Kollisionsnorm ist indes nicht in der EuInsVO selbst enthalten, sondern muss dem au-

---

7 LAG Hessen, NZI 2011, 203, 205; MüKo-InsO/*Reinhart* Rn. 8; FK-InsO/*Wenner/Schuster* Rn. 7; *Virgos/Garcimartin* Rn. 207; *Paulus* Rn. 3.
8 MüKo-InsO/*Reinhart* Rn. 6; FK-InsO/*Wenner/Schuster* Rn. 3.
9 MüKo-InsO/*Reinhart* Art. 8 Rn. 11 f., FK-InsO/*Wenner/Schuster* Rn. 3.
10 MüKo-InsO/*Reinhart* Art. 8 Rn. 12.
11 Geimer/Schütze/*Huber* Rn. 2.
12 Gebauer/Wiedmann/*Haubold* Rn. 137; Geimer/Schütze/*Huber* Rn. 2; diff. MüKo-InsO/*Reinhart* Rn. 21.
13 *Virgós/Schmit* Bericht Rn. 127.

tonomen Kollisionsrecht entnommen werden – und zwar richtigerweise demjenigen des Eröffnungsstaats (vgl. zum diesbezüglichen Streitstand Art. 5 EuInsVO Rdn. 12 ff.).[14] Bei Arbeitsverträgen, die seit dem 17.12.2009 geschlossen wurden, ist dies in allen Mitgliedstaaten (mit Ausnahme Dänemarks) **Art. 8 Rom I-VO**. Für Altverträge gilt bei Insolvenzeröffnung in Deutschland Art. 30 EGBGB, bei Insolvenzeröffnung in einem anderen »alten« Mitgliedstaat Art. 6 EVÜ und bei Insolvenzeröffnung in einem 2004 oder 2007 beigetretenen Mitgliedstaat das jeweilige autonome Kollisionsrecht.[15]

Diese eigentlich recht einfach zu handhabende Rechtsfolge wird durch den Umstand wesentlich verkompliziert, dass **zwei verschiedene Rechtsordnungen gleichzeitig** auf den Arbeitsvertrag Anwendung finden können: Im Fall einer Rechtswahl unterliegt der Arbeitsvertrag gem. Art. 8 Abs. 1 Rom I-VO zwar grds. dem gewählten Recht. Allerdings wird dieses Recht von den zwingenden Vorschriften des objektiven Vertragsstatuts (also des Rechts, das ohne die betreffende Rechtswahl Anwendung finden würde – gem. Art. 8 Abs. 2 grds. das Recht des Arbeitsortes) überlagert, soweit dieses Recht dem Arbeitnehmer einen größeren Schutz gewährt, als das gewählte Recht es tut.[16] Für Art. 10 bedeutet dies, dass auch hier grds. die Insolvenzregelungen beider Rechtsordnungen betrachtet werden müssen. Grds. finden die Insolvenzregeln der gewählten Rechtsordnung Anwendung – soweit das Insolvenzrecht des objektiven Vertragsstatuts dem Arbeitnehmer (!) einen weitergehenden Schutz gewährleistet, gilt jedoch dieses.[17] Sieht bspw. das Insolvenzrecht des gewählten Vertragsstatuts ein Lösungsrecht des Insolvenzverwalters vor, so tritt diese Regelung zurück, wenn das Insolvenzrecht des objektiven Insolvenzstatuts kein Lösungsrecht normiert. Im umgekehrten Fall (Lösungsrecht nur nach dem objektiven, nicht aber nach dem gewählten Vertragsstatut) bleibt es bei der Anwendbarkeit des gewählten Rechts. 10

Noch komplizierter wird es, wenn es sich entweder beim objektiven oder beim gewählten Vertragsstatut um das **Recht eines Drittstaats** handelt. Wie oben dargestellt, findet Art. 10 nur dann Anwendung, wenn der Arbeitsvertrag dem Recht eines Mitgliedstaats unterliegt (s. Rdn. 7). M.E. ist die Problematik, dass eines von zwei anwendbaren Rechten dasjenige eines Drittstaats ist, einer einfachen Lösung zugänglich: Art. 10 findet schlicht partiell Anwendung, nämlich insoweit, wie das Recht eines Mitgliedstaats zum Zuge kommt.[18] Haben die Parteien das Recht eines Drittstaats gewählt und wäre ohne diese Rechtswahl das Recht eines Mitgliedstaats anwendbar, ist Art. 10 grds. unanwendbar, weswegen auf nationale Kollisionsregelungen (bzw. mangels solcher auf Art. 4) zurückzugreifen ist. Bietet allerdings das Insolvenzrecht des objektiven Vertragsstatuts dem Arbeitnehmer einen größeren Schutz, als diejenigen Regelungen, die vom nationalen Kollisionsrecht oder Art. 4 berufen sind, lebt Art. 10 auf und die betreffenden Insolvenzregeln überlagern das vom nationalen Kollisionsrecht oder Art. 4 berufene Recht. Haben die Parteien umgekehrt das Recht eines Mitgliedstaats gewählt, während eine objektive Anknüpfung zum Recht eines Drittstaats geführt hätte, so ist Art. 10 grds. anwendbar – allerdings ist das vom nationalen Kollisionsrecht oder von Art. 4 berufene Insolvenzrecht beachtlich, wenn und soweit es dem Arbeitnehmer einen weitergehenden Schutz bietet. 11

II. Umfang des Verweises

Wie eingangs erwähnt, ist die Reichweite der Verweisung in Art. 10 identisch mit derjenigen des Art. 4 Abs. 2 lit. e). Umfasst werden nur insolvenzrechtliche Wirkungen auf die betreffenden Verträge selbst – also insb. die Fragen, ob dem Insolvenzverwalter ein **Lösungsrecht** zusteht und ob ein **Betriebsübergang** besondere, also gegenüber den normalen Regelungen modifizierte Folgen 12

---

14 Speziell zu Art. 10 Geimer/Schütze/*Huber* Rn. 1; a.A. MüKo-InsO/*Reinhart* Rn. 22.
15 Rauscher/*Mäsch* Rn. 2.
16 S. ausf. MüKo-BGB/*Martiny* Art. 8 Rom I-VO Rn. 32 ff.
17 MüKo-InsO/*Reinhart* Rn. 26; FK-InsO/*Wenner/Schuster* Rn. 4; a.A. Rauscher/*Mäsch* Rn. 4.
18 A.A. MüKo-InsO/*Reinhart* Rn. 18 ff., der allein auf den Arbeitsort abstellen will.

nach sich zieht.[19] Nicht von der Verweisung in Art. 10 umfasst sind die Wirkungen der Insolvenz auf eine konkrete Forderung des Gläubigers. Dies gilt einerseits – in der Insolvenz des Arbeitgebers – für die Frage, ob die Lohnforderungen des Arbeitnehmers »durch ein Vorrecht geschützt werden sollen, welche Beträge geschützt werden sollen und welchen Rang das Vorrecht gegebenenfalls erhalten soll« und die Fragen von Anmeldung, Prüfung und Feststellung von Forderungen, andererseits – in der Insolvenz des Arbeitnehmers – für die Frage, ob dessen Lohnforderungen der Pfändung unterliegen. Diese Fragen richten sich vielmehr gem. Art. 4 Abs. 2 lit. j) (**Rang der Lohnforderung**), lit. h) (**Anmeldung der Forderung**) bzw. lit. b) (**Pfändungsschutz**) nach der *lex fori concursus*.[20]

13 Die Frage, ob einem Arbeitnehmer in der Insolvenz seines Arbeitgebers ein Anspruch auf **Insolvenzgeld** gegen den zuständigen Sozialversicherer zusteht, liegt – als öffentlich-rechtliche Frage – außerhalb des Anwendungsbereichs der EuInsVO.[21]

III. Gläubigerbenachteiligung

14 Da Art. 10 von vornherein nur eine Ausnahmeregelung zu Art. 4 Abs. 2 lit. e) normiert, besteht für eine Rückausnahme zugunsten des Art. 4 Abs. 2 lit. m) (wie sie etwa in Art. 5 Abs. 4, Art. 6 Abs. 2 oder Art. 7 Abs. 3 normiert ist) kein Bedarf.[22] Auf die Frage der Nichtigkeit, Anfechtbarkeit oder relativen Unwirksamkeit eines Arbeitsvertrags wegen Gläubigerbenachteiligung findet also – vorbehaltlich der Sonderregelung in Art. 13 – die *lex fori concursus* Anwendung.

IV. Zustimmungserfordernis zur Vertragsänderung

14a Probleme ergeben sich, wenn das nach Art. 10 anwendbare Recht vorsieht, dass eine Vertragsänderung der Zustimmung des Insolvenzgerichts bedarf, in dem betreffenden Staat jedoch kein (Sekundär-) Insolvenzverfahren eröffnet wurde, In diesem Fall darf (bzw. wenn die Voraussetzungen dafür vorliegen: muss) das angerufene Insolvenzgericht die erforderliche Zustimmung erteilen. Eine entsprechende Regelung hat die Kommission in ihrem Vorschlag zur Reform der EuInsVO nun ausdrücklich vorgesehen (Art. 10a des Vorschlags).[23]

Artikel 11 Wirkung auf eintragungspflichtige Rechte

Für die Wirkungen des Insolvenzverfahrens auf Rechte des Schuldners an einem unbeweglichen Gegenstand, einem Schiff oder einem Luftfahrzeug, die der Eintragung in ein öffentliches Register unterliegen, ist das Recht des Mitgliedstaats maßgebend, unter dessen Aufsicht das Register geführt wird.

Übersicht	Rdn.		Rdn.
A. Normzweck	1	III. Register unter Aufsicht eines anderen Mitgliedstaats	10
B. Voraussetzungen	6	C. Rechtsfolgen	11
I. Eintragungspflichtige Rechte des Schuldners	6	D. Verhältnis zu anderen Vorschriften	17
II. Bestand des Rechts	9		

---

19 Rauscher/*Mäsch* Rn. 8; ausf. MüKo-InsO/*Reinhart* Rn. 8 ff.
20 *Virgós/Schmit* Bericht Rn. 128; ferner Gebauer/Wiedmann/*Haubold* Rn. 136; MüKo-InsO/*Reinhart* Rn. 9 f.; FK-InsO/*Wenner/Schuster* Rn. 6 f.
21 *Virgós/Schmit* Bericht Rn. 128; Duursma-Kepplinger/Duursma/*Chalupsky* Rn. 14 ff.; FK-InsO/*Wenner/Schuster* Rn. 7; MüKo-InsO/*Reinhart* Rn. 11 ff.; *Mankowski*, NZI 2011, 206, 207, jeweils mit näheren Ausführungen zum anwendbaren Recht.
22 Duursma-Kepplinger/Duursma/*Chalupsky* Rn. 13.
23 KOM(2012) 744, S. 25; vgl. hierzu *Thole/Swierczok* ZIP 2013, 550, 557.

A. Normzweck

Rechte an unbeweglichen Gegenständen, Schiffen oder Luftfahrzeugen unterliegen aus Gründen der Rechtssicherheit und zum Schutz des Geschäftsverkehrs oftmals der Eintragung in öffentliche Register. Eintragbar sind aber regelmäßig nur diejenigen Rechtsinstitute, die das Recht des registerführenden Staates kennt – dies gilt auch für mögliche Konsequenzen eines Insolvenzverfahrens. Folglich kann die Anwendung eines fremden (Insolvenz-)Rechts mit den nationalen Eintragungssystemen kollidieren, wenn es »Wirkungen vorsieht oder Folgen beinhaltet, die in der Regelung des Eintragungsstaates nicht vorgesehen sind (z.B. ein gesetzliches Zurückbehaltungsrecht der Konkursgläubiger in Bezug auf das Schuldnervermögen)«.[1] Aus diesem Grund enthält Art. 11 für eintragungspflichtige Rechte eine Ausnahme von der universellen Anwendbarkeit der *lex fori concursus* zugunsten des Rechts des registerführenden Mitgliedstaats (*lex libri*). Kehrseite dieser Ausnahme ist, dass die »Abwicklung des Insolvenzverfahrens durch den Verwalter (...) komplizierter (wird)«.[2]

In der Praxis dürfte Art. 11 vor allem für **Beschränkungen der Verfügungsbefugnis** des Schuldners relevant werden, die sich gem. Art. 4 Abs. 2 lit. c) grds. nach der *lex fori concursus* richten.[3] Die Eintragung der Verfahrenseröffnung als solcher ist in Art. 22 gesondert geregelt.

Anders als die Art. 5 bis 10 bezieht sich Art. 11 nicht auf Rechte des Gläubigers, sondern auf solche des Schuldners. Dingliche Rechte des Gläubigers oder eines Dritten sind in Art. 5 bzw. Art. 7 geregelt, das Schicksal von Verträgen über unbewegliche Gegenstände regelt Art. 8.

Art. 11 wird nicht relevant, wenn in dem Staat, unter dessen Aufsicht das Register geführt wird, ein **Sekundärinsolvenzverfahren** i.S.d. Art. 27 ff. eröffnet wird. Hierdurch wird der Teil des schuldnerischen Vermögens, der im Staat des Sekundärinsolvenzverfahrens belegen ist, dem Hauptinsolvenzverfahren entzogen und wechselt zur Masse der Sekundärinsolvenz. Letztere richtet sich grds. nach dem dortigen Insolvenzrecht (Art. 28 Abs. 1), so dass Art. 11 die Grundlage entzogen ist. Allerdings setzt ein solches Sekundärverfahren voraus, dass der Schuldner in dem betreffenden Staat eine Niederlassung hat (s. Art. 27 EuInsVO Rdn. 3).

Die **Wirkungsweise** des Art. 11 ist umstritten: Während nach h.M. die *lex fori concursus* und das Recht des Registerstaats kumulativ zur Anwendung kommen sollen, sieht eine Mindermeinung die *lex fori concursus* vollständig verdrängt (s. hierzu ausf. Rdn. 11 ff.).

B. Voraussetzungen

I. Eintragungspflichtige Rechte des Schuldners

Art. 11 greift nur für Rechte des Schuldners (nicht auch: des Gläubigers) an unbeweglichen Gegenständen, Schiffen oder Luftfahrzeugen – und auch nur dann, wenn und soweit diese Rechte der Eintragung in ein öffentliches Register unterliegen. Die Begriffe des unbeweglichen Gegenstands, Schiffs und Luftfahrzeugs sind ebenso **autonom auszulegen** wie der Begriff des Registers.[4] Insb. zwingt der Zweck des Art. 11 nicht zu einer Abkehr vom Prinzip der autonomen Auslegung: Dass damit möglicherweise Rechte an Vermögensgegenständen nicht erfasst werden, die nach dem Recht des registerführenden Staats eintragungspflichtig wären, ist hinzunehmen. Der Verordnungsgeber hat sich bewusst entschieden, nicht alle, sondern nur bestimmte eintragungspflichtige Rechte zu erfassen.

Hinsichtlich der Frage, ob auch **unkörperliche Gegenstände** unter Art. 11 subsumierbar sind, enthält die EuInsVO keinerlei Anhaltspunkte. Zwar dürften unkörperliche Gegenstände i.d.R. als beweglich einzustufen sein; bei solchen unkörperlichen Gegenständen, für die ein Registereintrag kon-

---

1 *Virgós/Schmit* Bericht Rn. 129.
2 *Virgós/Schmit* Bericht Rn. 130.
3 MüKo-InsO/*Reinhart* Rn. 12.
4 A.A. speziell für Art. 11: MüKo-InsO/*Reinhart* Rn. 4; *Paulus* Rn. 4.

stituierende Wirkung zeitigt, lässt sich m.E. aber durchaus vertreten, sie seien unbeweglich. Dass Art. 11 anders als Art. 5 keine diesbezügliche Klarstellung enthält, lässt sich – wie stets – als Fingerzeig in die eine oder andere Richtung deuten: Einerseits lässt sich *e contrario* schließen, dass unkörperliche Gegenstände nicht von Art. 11 umfasst sind; andererseits lässt sich die Passage in Art. 5 als (deklaratorischen) Ausdruck eines Grundsatzes verstehen, der für die gesamte Verordnung Geltung beansprucht. Ausgeschlossen ist m.E. jedenfalls eine Einbeziehung von Verträgen über Erwerb oder Nutzung von **Gemeinschaftsmarken und -patenten**. Zwar steht die Voraussetzung der »Registeraufsicht durch einen anderen Mitgliedstaat« einer Einbeziehung nicht entgegen, weil die betreffenden Gemeinschaftsrechte trotz ihres transnationalen Charakters jeweils einem bestimmten Mitgliedstaat zugeordnet werden können (s. hierzu ausf. Art. 5 EuInsVO Rdn. 22). Sinn und Zweck der Vorschrift sprechen m.E. jedoch gegen eine Einbeziehung. Wie eingangs erwähnt, dient die Regelung in Art. 11 dem Zweck, Konflikte mit dem Registerrecht des Aufsichtsstaats zu vermeiden. Derartige Konflikte drohen bei Gemeinschaftsregistern nicht.

8 Der Begriff des öffentlichen Registers setzt nach h.M. nicht voraus, dass das Register von einer staatlichen Einrichtung geführt wird; vielmehr soll genügen, »dass es der Öffentlichkeit zugänglich ist«.[5] Notwendig ist aber bei **privat geführten Registern**, dass sie von der betreffenden Rechtsordnung anerkannt werden und dass eine Eintragung in das Register bestimmte Wirkungen gegenüber Dritten auslöst.[6]

II. Bestand des Rechts

9 Weder der Wortlaut des Art. 11 noch sein Zweck erfordern, dass das betreffende Recht bei Verfahrenseröffnung bereits Bestand haben muss.[7] Der Wortlaut setzt lediglich voraus, dass das Recht der Eintragung unterliegt. Der Zweck der Vorschrift erfordert ihr Eingreifen auch bei Rechten, die erst nach Verfahrenseröffnung entstehen bzw. eingetragen werden: Kollisionen des Insolvenzrechts mit dem Eintragungsrecht drohen unabhängig von der zeitlichen Abfolge.

III. Register unter Aufsicht eines anderen Mitgliedstaats

10 Art. 11 greift nur, wenn das Register, in das das betreffende Recht einzutragen ist, der Aufsicht eines anderen Mitgliedstaats als demjenigen der Verfahrenseröffnung untersteht. Untersteht das Register demgegenüber der Aufsicht eines **Drittstaats** (hierzu zählt auch Dänemark, vgl. Erwägungsgrund 33), ist Art. 11 nicht anwendbar – mangels *planwidriger* Regelungslücke auch nicht analog. Insoweit besteht Einigkeit.[8] Unterschiedlich wird demgegenüber die Folgefrage beantwortet, zu welcher Konsequenz dies führt. Diesbezüglich lässt sich die zu Art. 5 bestehende Paralleldiskussion auf Art. 11 übertragen (zum Streitstand s. Art. 5 EuInsVO Rdn. 24 ff.). Die ganz h.M. geht mit Recht davon aus, dass bei Belegenheit der Kaufsache in einem Drittstaat die autonomen Kollisionsregelungen der *lex fori concursus* zur Anwendung kommen. Lässt das autonome Insolvenzrecht des Eröffnungsstaats ein anderes als sein eigenes Recht zur Anwendung kommen, so geht dies nach zutreffender h.M. der Universalregelung des Art. 4 vor – gleichgültig, ob sich dies aus einer allgemeinen Regelung oder einer Ausnahmeregelung des autonomen Insolvenzrechts ergibt.

C. Rechtsfolgen

11 Seinem Wortlaut nach entzieht Art. 11 die Wirkungen des Insolvenzverfahrens auf eintragungspflichtige Rechte des Schuldners der *lex fori concursus* und unterwirft sie dem Recht des Staates, un-

---

5 *Virgós/Schmit* Bericht Rn. 69; MüKo-BGB/*Kindler* Rn. 7; MüKo-InsO/*Reinhart* Rn. 6; FK-InsO/*Wenner/Schuster* Rn. 2.
6 *Virgós/Schmit* Bericht Rn. 69; *Duursma-Kepplinger/Duursma/Chalupsky* Rn. 2; Rauscher/*Mäsch* Rn. 4; a.A. MüKo-BGB/*Kindler* Rn. 7.
7 MüKo-InsO/*Reinhart* Rn. 8.
8 S. etwa MüKo-InsO/*Reinhart* Rn. 10.

ter dessen Aufsicht das betreffende Register geführt wird (*lex libri*). Diese Rechtsfolge schießt allerdings über den Zweck der Vorschrift hinaus: Um Kollisionen zwischen der *lex fori concursus* und der *lex libri* zu vermeiden, würde es genügen, den Registerstaat davon freizustellen, ihm unbekannte Rechtsinstitute in seine Register eintragen zu müssen. Selbst diese Rechtsfolge könnte noch dahingehend eingeschränkt werden, dass dem Registerstaat in einem solchen Fall aufgegeben wird, das betreffende Recht – sofern möglich – zu **substituieren**, also anstelle des unbekannten fremden Rechtsinstituts ein bekanntes Funktionsäquivalent in das Register einzutragen. Eine vergleichbare Rechtsfolge sieht im deutschen Recht etwa Art. 43 Abs. 2 EGBGB vor.

Angesichts des Widerspruchs zwischen Wortlaut und Zweck des Art. 11 verwundert es nicht, dass **keine Einigkeit** in Bezug auf die Rechtsfolge der Vorschrift herrscht. Dass die *lex fori concursus* gänzlich unbeachtet bleiben müsse, wie es der Wortlaut jedenfalls bei unbefangener Betrachtung eigentlich vorzugeben scheint, wird – soweit ersichtlich – inzwischen nicht mehr vertreten.[9] Im Wesentlichen sind daher nur noch zwei Ansichten zu nennen: 12

Die **wohl h.M.**[10] plädiert für eine kumulative Anwendung der *lex fori concursus* und der *lex libri*, und zwar nach folgendem Schema: Zunächst soll die *lex fori concursus* vorgeben, welche Wirkungen die Insolvenzeröffnung auf die in ausländischen Registern eingetragenen Rechte des Schuldners zeitigt. Dann wird der *lex libri* gleichsam ein Vetorecht bzgl. solcher Rechtsinstitute eingeräumt, die ihr unbekannt sind und deren Wirkungen sich nicht im Wege der Substitution übertragen lassen. Das Veto führe nicht nur dazu, dass die betreffende Wirkung nicht eingetragen werden muss, sondern lasse die betreffende Wirkung vollständig entfallen. Mit anderen Worten: Die von der *lex fori concursus* normierten Wirkungen der Insolvenz werden auf das Maß der *lex libri* zurechtgestutzt. Sieht die *lex libri* weitergehende Wirkungen vor als die *lex fori concursus*, bleiben diese demgegenüber unberücksichtigt. 13

Die **Gegenansicht**[11] kritisiert, dass eine kumulative Anknüpfung dazu führen könne, dass nur eine – möglicherweise recht kleine – Schnittmenge beider Rechtsordnungen Anwendung finde.[12] Ordne bspw. die *lex fori concursus* ausschließlich eine automatische Verfügungsbeschränkung an, wohingegen die *lex libri* nur gerichtlich angeordnete Verfügungsbeschränkungen kenne, so führe eine kumulative Anwendung beider Rechtsordnungen zu dem Ergebnis, dass gar keine Beschränkung der Verfügungsbefugnis eintrete. Daher sei Art. 11 »auf die Eintragungsfähigkeit der Wirkungen eines Insolvenzverfahrens zu reduzieren«. Ist die von der *lex fori concursus* normierte Wirkung der *lex siti* unbekannt, so soll sich die Anordnung des Art. 11 darin erschöpfen, dass das betreffende Recht nicht in das Register eingetragen wird. Materiell wirksam bleibe es jedoch. 14

Die **h.M. ist *de lege lata* vorzugswürdig**. Die Gegenansicht lässt sich nicht mit dem Wortlaut des Art. 11 in Einklang bringen, der die »Wirkungen der Insolvenz auf Rechte des Schuldners« in Bezug nimmt – nicht deren Eintragungsfähigkeit. Diese Einschätzung unterstreicht ein Vergleich mit Art. 22, der explizit nur die Frage der Eintragung thematisiert. Zwar ist nicht zu leugnen, dass sich auch eine kumulative Anknüpfung nur mit einem gewissen Zwang unter den Wortlaut von Art. 11 subsumieren lässt. Immerhin steht hier aber ein Strohhalm zur Verfügung, an den sich die h.M. klammern kann: Anders als etwa Art. 10 schreibt Art. 11 nicht die »ausschließliche« Anwendbarkeit der *lex libri* vor, woraus – mit ein wenig gutem Willen – gefolgert werden kann, dass der *lex fori concursus* weiterhin eine gewisse Bedeutung zukommen soll. Angesichts dessen, dass dem Verord- 15

---

9 MüKo-InsO/*Reinhart* Rn. 7 hat diese Ansicht aufgegeben.
10 Geimer/Schütze/*Huber* Rn. 4; Rauscher/*Mäsch* Rn. 9; *Kolmann* Kooperationsmodelle, 321; Leonhardt/Smid/Zeuner/*Zeuner* Internationales Insolvenzrecht, Rn. 7.
11 Grundlegend *Flessner* Das künftige internationale Insolvenzrecht im Verhältnis zum Europäischen Insolvenzübereinkommen. Anwendbares Recht, Reichweite der Anerkennung, Insolvenzplan und Schuldbefreiung, in: Stoll (Hrsg.), Vorschläge und Gutachten zur Umsetzung des EU-Übereinkommens über Insolvenzverfahren im deutschen Recht, 226; nun auch MüKo-InsO/*Reinhart* Rn. 7; ähnlich *Taupitz* 111 ZZP (1998) 315 (346 f.); FK-InsO/*Wenner/Schuster* Rn. 5; wohl auch *Duursma-Kepplinger/Duursma/Chalupsky* Rn. 9 ff.
12 MüKo-InsO/*Reinhart* Rn. 12 f.

nungsgeber diese Auslegung der Formulierung bekannt gewesen ist (sie wird bereits im *Virgos/ Schmit*-Bericht zum gleich lautenden Art. 11 EGInsÜ vertreten[13]), darf m.E. sogar davon ausgegangen werden, dass der Verordnungsgeber bei der Vergemeinschaftung bewusst auf den Begriff »ausschließlich« verzichtet hat.

16 Allerdings ist der berechtigten inhaltlichen Kritik der Gegenansicht Rechnung zu tragen. Gerade das Beispiel von automatisch eintretender bzw. gerichtlich anzuordnender Verfügungsbeschränkung zeigt, dass eine strikte kumulative Anwendung beider Rechtsordnungen zu absurden Ergebnissen führen kann. Vor diesem Hintergrund ist das »Vetorecht« der *lex libri* auf solche Fälle **einzuschränken**, in denen ihr das *Ergebnis* der betreffenden Insolvenzwirkung unbekannt ist. Im Beispielsfall käme es also nur darauf an, ob die *lex libri* überhaupt Verfügungsbeschränkungen des Schuldners kennt – ob sie ipso iure eintreten oder gesondert angeordnet werden müssen, wäre demgegenüber unbeachtlich. Darüber hinaus darf ein Ergebnis erst dann als unbekannt gelten, wenn sich auch im Wege der Substitution oder Angleichung kein Funktionsäquivalent finden lässt.

D. Verhältnis zu anderen Vorschriften

17 Art. 11 greift nur für Rechte des Schuldners an den genannten eintragungspflichtigen Gegenständen. Für Rechte des Gläubigers oder eines Dritten an Gegenständen des Schuldners finden sich Sonderregelungen in **Art. 5** (dingliche Rechte) und **Art. 7** (Eigentumsvorbehalt). Für die Wirkungen des Insolvenzverfahrens auf laufende Verträge über unbewegliche Gegenstände – gleichgültig in wessen Eigentum sie stehen – ist **Art. 8** vorrangig anwendbar.

18 **Art. 11** betrifft die Frage, ob und inwieweit der Schuldner durch die Insolvenzeröffnung in seiner Verfügungsbefugnis über einen bestimmten Gegenstand eingeschränkt wird; **Art. 14** betrifft demgegenüber die Folgefrage, ob ein Dritter den betreffenden Gegenstand trotz der eingeschränkten Verfügungsbefugnis – gutgläubig – erwerben kann.

19 Die Eintragung der Insolvenzeröffnung als solcher in die öffentlichen Register der Mitgliedstaaten erfährt in **Art. 22** eine vorrangige Sonderregelung.

Artikel 12 Gemeinschaftspatente und -marken

Für die Zwecke dieser Verordnung kann ein Gemeinschaftspatent, eine Gemeinschaftsmarke oder jedes andere durch Gemeinschaftsvorschriften begründete ähnliche Recht nur in ein Verfahren nach Artikel 3 Absatz 1 miteinbezogen werden.

Übersicht	Rdn.		Rdn.
A. Normzweck	1	C. Rechtsfolgen	4
B. Voraussetzungen	2		

A. Normzweck

1 Anders als die übrigen Vorschriften der Art. 5 ff. enthält Art. 12 keine Einschränkung, sondern de facto eher eine Ausdehnung der universellen Geltung der *lex fori concursus*, indem er Gemeinschaftsrechte einheitlich dem Hauptverfahren unterstellt und damit einem möglichen Sekundärinsolvenzverfahren entzieht. Bislang existieren drei Gemeinschaftsrechte, die der Regelung des Art. 12 unterfallen: die **Gemeinschaftsmarke**[1], die **geschützte Sorte**[2] und das **Gemeinschaftsgeschmacks-**

---

13 *Virgós/Schmit* Bericht Rn. 130.
1 VO (EG) 40/94 des Rates v. 20.12.1993 über die Gemeinschaftsmarke, ABl. 1994 L 11/1, geändert durch VO (EG) Nr. 422/2004 des Rates v. 19.02.2004 zur Änderung der VO (EG) Nr. 40/94 über die Gemeinschaftsmarke, ABl. 2004 L 70/1.
2 VO (EG) Nr. 2100/94 des Rates v. 27.07.1994 über den gemeinschaftlichen Sortenschutz, ABl. 1994 L 227/1.

muster[3]. Ein Gemeinschaftspatent existiert bislang nicht: Das Europäische Patentübereinkommen[4] begründet keines, das Gemeinschaftspatentübereinkommen[5] ist nie in Kraft getreten[6] und eine Gemeinschaftspatentverordnung befindet sich noch im Gesetzgebungsprozess.[7] Während Art. 25 SortenschutzVO vorsieht, dass das betreffende Gemeinschaftsrecht in dasjenige Insolvenzverfahren einbezogen werden soll, das als erstes eröffnet wird – auch wenn dies ein Partikularverfahren ist (Prioritätsprinzip), sehen Art. 31 GeschmacksmusterVO und inzwischen auch Art. 21 MarkenVO eine Art. 12 entsprechende Regelung vor. Alle drei Regelungen werden im Anwendungsbereich der EuInsVO von Art. 12 verdrängt.[8]

B. Voraussetzungen

Art. 12 greift nur für Gemeinschaftsrechte, also eine Gemeinschaftsmarke, eine geschützte Sorte und ein Gemeinschaftsgeschmacksmuster. Demgegenüber fallen entsprechende **national begründete Rechte** nicht in den Anwendungsbereich der Vorschrift. Ferner greift Art. 12 nur für das Gemeinschaftsrecht als solches, nicht aber für an ihm begründete **dingliche Sicherungsrechte**. Hierfür kann regelmäßig auf Art. 5 zurückgegriffen werden (s. Art. 5 EuInsVO Rdn. 17).[9] Im Übrigen gilt nach Art. 4 die *lex fori concursus*.

Art. 12 setzt voraus, dass der **COMI** des Schuldners in einem Mitgliedstaat lokalisiert werden kann. Ist dies nicht der Fall, findet die Verordnung insgesamt keine Anwendung (s. Art. 1 EuInsVO Rdn. 42). In diesem Fall leben die allgemeinen, sonst durch Art. 12 verdrängten, Regelungen wieder auf – also insb. die oben genannten Vorschriften der einzelnen Verordnungen (s. Rdn. 1).

C. Rechtsfolgen

Art. 12 bewirkt, dass die betreffenden Gemeinschaftsrechte nur in ein Hauptverfahren i.S.d. Art. 3 Abs. 1, nicht aber in ein Sekundär- oder Partikularverfahren einbezogen werden können. Darüber hinaus hat Art. 12 m.E. keine weitergehende Wirkung, insb. nicht auf die Frage, wo ein **Gemeinschaftsrecht** belegen ist.[10] Hierfür gilt die Legaldefinition in Art. 2 lit. g): Belegenheit in dem Staat, der die Aufsicht über das betreffende Register führt. Zwar führt bei den betreffenden Gemeinschaftsregistern streng genommen kein Mitgliedstaat Aufsicht, sondern das **Harmonisierungsamt für den Binnenmarkt** (HABM) – und damit eine Agentur der EU. Die einzelnen Verordnungen enthalten aber jeweils Regelungen, die die Eintragung in einem nationalen Register fingieren. So bestimmt bspw. Art. 16 Abs. 1 lit. a) MarkenVO, dass die Gemeinschaftsmarke »wie eine nationale Marke behandelt (werden soll), die in dem Mitgliedstaat eingetragen ist, in dem nach dem Gemeinschaftsmarkenregister der Inhaber zum jeweils maßgebenden Zeitpunkt seinen Wohnsitz (hat)«. Ähnliche Regelungen finden sich in Art. 22 Abs. 1 lit. a) SortenschutzVO sowie in Art. 27 Abs. 1 lit. a) GeschmacksmusterVO. Diese Regelungen füllen die Vorschrift des Art. 2 lit. g) aus, indem sie fingieren, dass das betreffende Gemeinschaftsrecht in einem nationalen Register eingetragen ist.[11]

---

3 VO (EG) Nr. 6/2002 des Rates v. 12.12.2001 über das Gemeinschaftsgeschmacksmuster, ABl. 2002 L 3/1.
4 Übereinkommen über die Erteilung Europäischer Patente v. 05.10.1973.
5 Übereinkommen über das europäische Patent für den Gemeinsamen Markt v. 15.12.1975.
6 Vgl. hierzu *Duursma-Kepplinger/Duursma/Chalupsky* Rn. 2 ff.
7 CNS 2000/177.
8 *Paulus* Rn. 2.
9 Geimer/Schütze/*Huber* Rn. 5; a.A. *Paulus* Rn. 4; MüKo-InsO/*Reinhart* Rn. 10, vor dem Hintergrund, dass Art. 12 als Regelung der Belegenheit des Gemeinschaftsrechts begriffen wird.
10 Geimer/Schütze/*Huber* Rn. 5; a.A. MüKo-InsO/*Reinhart* Rn. 1.
11 Geimer/Schütze/*Huber* Rn. 5; a.A. Gebauer/Wiedmann/*Haubold* Rn. 143; Rauscher/*Mäsch* Rn. 7.

Artikel 13 Benachteiligende Handlungen

Art. 4 Absatz 2 Buchstabe m) findet keine Anwendung, wenn die Person, die durch eine die Gesamtheit der Gläubiger benachteiligende Handlung begünstigt wurde, nachweist,
- dass für diese Handlung das Recht eines anderen Mitgliedstaats als des Staates der Verfahrenseröffnung maßgeblich ist und
- dass in diesem Fall diese Handlung in keiner Weise nach diesem Recht angreifbar ist.

Übersicht	Rdn.		Rdn.
A. Normzweck	1	C. Rechtsfolgen	5
B. Voraussetzungen	2	D. Prozessuales	6

A. Normzweck

1 Die Vorschrift dient der **Rechtssicherheit**, indem sie das Vertrauen der Gläubiger in die Unanfechtbarkeit von Rechtshandlungen nach dem für sie maßgeblichen materiellen Recht schützt.[1] Mitgliedstaatliches Verfahrensrecht kann der Durchsetzung des Anfechtungsanspruches nach deutschem Recht hingegen nicht entgegengehalten werden.[2]

B. Voraussetzungen

2 Art. 13 ist in Haupt- wie auch in Sekundärinsolvenzverfahren maßgeblich. Voraussetzung für die Anwendbarkeit von Art. 13 ist zunächst, dass die Rechtshandlung nach dem Recht eines anderen Mitgliedstaates zu beurteilen ist. Das auf die Rechtshandlung anwendbare Recht (*lex causae*) wird durch Anknüpfung an die *lex fori* ermittelt. So sind nach deutschem Recht auf vertragliche Rechtsverhältnisse beispielsweise die Art. 27 ff. EGBGB anwendbar. Weiter wird vorausgesetzt, dass die entsprechende Rechtshandlung nach diesem Recht **in keiner Weise angreifbar** ist. Diese Voraussetzung ist weit zu verstehen. Maßgeblich ist die gesamte Rechtsordnung des jeweiligen Mitgliedstaats.[3] Insbesondere hindern auch nicht-insolvenzspezifische Nichtigkeits- oder Anfechtungsgründe, wie bspw. Vorschriften über Willensmängel oder Verbotsgesetze die Anwendbarkeit von Art. 13.[4] Weiterhin erforderlich ist, dass die Rechtshandlung vor Eröffnung des Insolvenzverfahrens vorgenommen wurde.[5]

3 Die grammatische und die teleologische Auslegung sprechen dafür, dass die Voraussetzungen des Art. 13 auch dann vorliegen, wenn die Rechtshandlung nach der lex causae anfechtbar war, das Recht zur Anfechtung aber zwischenzeitlich **verjährt** ist,[6] denn Voraussetzung ist, dass die Rechtshandlung nicht anfechtbar ist. Darüber hinaus dient Art. 13 gerade der Rechtssicherheit. Da die Verjährungsvorschriften neben der Befriedungsfunktion auch in erster Linie im Interesse der Rechtssicherheit liegen, wäre es inkonsequent, die Vorschrift des Art. 13, die dasselbe Ziel verfolgt, auf diese Fälle nicht anzuwenden. Mitgliedstaatliche Verfahrensvorschriften können hingegen der Durchsetzung des Anspruches nach deutschem Recht nicht entgegengehalten werden.[7]

---

1 *Virgós/Schmit* Bericht, 89.
2 OLG Stuttgart 28.09.2012. 5 U 17/12, ZInsO 2012, 2153 (2156).
3 *Virgós/Schmit* Bericht, 137; Nerlich/Römermann/*Nerlich* Rn. 7.
4 *Balz* ZIP 1996, 948 (951).
5 *Virgós/Schmit* Bericht, 89.
6 So auch Geimer/Schütze/*Gruber* Internationaler Rechtsverkehr, Bd. II, Rn. 6; Kübler/Prütting/Bork/*Kemper* Rn. 9; Uhlenbruck/*Lüer* § 339 Rn. 14; *Paulus* Rn. 9; HK-InsO/*Stephan* § 339 Rn. 8; a.A. *Balz* ZIP 1996, 951; Pannen/*Dammann* Rn. 11; Duursma-Kepplinger/Duursma/*Chalupsky* Rn. 18; MüKo-BGB/*Kindler* Rn. 11; Gottwald/*Kolman*, 4. Aufl., § 132 Rn. 83; *Liersch* NZI 2003, 302 (305); *Prager/Keller* NZI 2011, 697 (700); FK-InsO/*Wenner/Schuster* Rn. 10. In Polen bspw. verjährt das Recht zur Insolvenzanfechtung gem. § 132 III poln. InsO bereits zwei Jahre nach Eröffnung des Insolvenzverfahrens. In Österreich kann die Anfechtung grundsätzlich gemäß § 43 Abs. 2 Satz 1 KO nur binnen Jahresfrist nach der Konkurseröffnung geltend gemacht werden.
7 OLG Stuttgart 28.09.2012. 5 U 17/12, ZInsO 2012, 2153 (2156).

Nach § 43 Abs. 2 Satz 1 östKO muss die (rechtsgestaltende) Anfechtungsklage binnen Jahresfrist **3a** nach der Konkurseröffnung geltend gemacht werden. Diese Ausschlussfrist des **österreichischen Rechtes** stellt indes nicht nur bloßes Verfahrensrecht dar, sondern ist gleichzeitig materiellrechtliche Voraussetzung einer Insolvenzanfechtung.[8] Deshalb soll es bei einem in der Bundesrepublik Deutschland eröffneten Insolvenzverfahren ausreichend sein, dass die rechtsgestaltende Anfechtungserklärung binnen der einjährigen Ausschlussfrist nach österreichischem Recht abgegeben wird. Nicht erforderlich sei, dass auch die Klage gegen den Anfechtungsgegner innerhalb dieser Jahresfrist erhoben wurde. Dies sei eine verfahrensrechtliche Frage. Durch den Zugang des Anfechtungsschreibens innerhalb der einjährigen Frist sei das Vertrauen des Anfechtungsgegners in die Beständigkeit des Rechtserwerbes zerstört.[9] Diese Auffassung ist zwar originell, übersieht indes, dass auch nach deutschem Recht, der Eintritt der Verjährung gemäß § 204 Abs. 1 Nr. 1 BGB nur durch Klageerhebung gehemmt werden kann, unabhängig davon, ob erst die Klage oder bereits die außergerichtliche Anfechtungserklärung rechtsgestaltend war. Folglich ist der Rückgewähranspruch in dem der nicht rechtskräftigen Entscheidung des OLG Stuttgart zu Grunde liegenden Fall, der nunmehr beim BGH[10] rechtshängig ist, verjährt. Die angefochtene Rechtshandlung ist nach österreichischem Recht nicht mehr angreifbar. Demzufolge ist zu empfehlen, in Anfechtungsrechtsstreitigkeiten, für die gemäß Art. 13 auch österreichisches Recht maßgeblich ist, binnen Jahresfrist nach Verfahrenseröffnung verjährungshemmende Maßnahmen zu ergreifen.

Darüber hinaus muss der Anfechtungsgegner die **Einrede** einer benachteiligenden Handlung gem. **4** Art. 13 erheben.[11]

Ist die Handlung nach dem Recht eines Drittstaates zu beurteilen und nach dessen Recht unantastbar, ist Art. 13 nicht einschlägig (vgl. »Recht eines anderen Mitgliedstaates«). Zu beachten ist aber die inhaltsgleiche Vorschrift des § 339 InsO.

C. Rechtsfolgen

Nach Art. 4 Abs. 2 Satz 2 Buchst. m) regelt das Recht des verfahrenseröffnenden Staates, welche **5** Rechtshandlungen nichtig, anfechtbar oder relativ unwirksam sind, weil sie die Gesamtheit der Gläubiger benachteiligen. Art. 13 beschränkt damit den Geltungsbereich der nach Art. 4 Abs. 2 Satz 2 Buchst. m) anwendbaren Rechtsordnung. Eine Rechtshandlung, deren Rechtsfolgen nach dem Recht eines Mitgliedstaates, nach dem sie zu beurteilen ist, nicht anfechtbar ist, kann danach nicht durch das Recht eines anderen Mitgliedstaates, der *lex fori concursus*, angefochten werden.[12] Damit kommt letztlich die anfechtungsfeindlichere Rechtsordnung zur Anwendung.[13] Sofern das für die Rechtshandlung maßgebliche Recht durch Rechtswahl bestimmt werden kann, sind damit durchaus missbräuchliche Gestaltungen denkbar, etwa wenn ein Vertrag zwischen zwei in Deutschland ansässigen deutschen Staatsbürgern gem. Art. 27 EGBGB dem Recht eines anderen Mitgliedstaates unterstellt wird, in dem ein für den potentiellen Anfechtungsgegner günstigeres Anfechtungsrecht gilt.[14] In diesen Fällen wird jedoch, sofern deutsches Recht die lex fori concursus ist, zu prüfen sein, ob die Rechtswahlvereinbarung nach §§ 129 ff. InsO anfechtbar ist. Darüber hinaus soll die Rechtswahl unbeachtlich sein, wenn der Schuldner und der Anfechtungsgegner kollusiv mit Gläubigerbe-

---

8 OGH 08.03.2007, 2Ob210/05d.
9 OLG Stuttgart 28.09.2012. 5 U 17/12, ZInsO 2012, 2153 (2157), zustimmend *Riedemann* EWiR 2013, 109; an der Richtigkeit des gefundenen Ergebnisses zweifelnd *Cranshaw* jurisPR-InsR 23/2012 Anm 2.
10 Das Verfahren wird unter der Geschäfts-Nr. IX ZR 265/12 geführt.
11 BK-InsR/*Pannen* Rn. 3.
12 *Virgós/Schmit* Bericht, 82; *Huber* ZZP 114, 133 (165).
13 BK-InsR/*Pannen* Rn. 4.
14 *Eidenmüller* IPRax 2001, 2 (14); MüKo-InsO/*Reinhart* Rn. 1. So können unentgeltliche Leistungen in Polen bspw. nur ein Jahr rückwirkend (§§ 127 I, 130 I poln. InsO) und inkongruente Deckungen nur in einem Zeitraum von zwei Monaten (§ 127 III poln. InsO) vor Insolvenzantragstellung angefochten werden.

nachteiligungsabsicht handeln.[15] Selbst wenn der zu übereignende Gegenstand in einen anderen Mitgliedstaat verbracht wird, um so zu erreichen, dass das von der *lex fori concursus* abweichende Anfechtungsrecht der *lex rei sitae* einschlägig ist, stellt dieses Handeln eine (anfechtbare) Rechtshandlung dar, denn eine Rechtshandlung ist jede (bewusste) Willensbetätigung, die eine rechtliche Wirkung, wie hier die Änderung des Statuts, auslöst.[16]

D. Prozessuales

6 Hinsichtlich des Vorliegens der Voraussetzungen einer nach dem für die Rechtshandlung maßgeblichen Statut unantastbaren Rechtsposition ist der Anfechtungsgegner beweisbelastet. Geprüft werden die Anfechtungsvoraussetzungen nur auf Einrede des Anfechtungsgegners.[17] Da es ihm aber nicht möglich ist, zu sämtlichen denkbaren Nichtigkeits- und Anfechtungsgründen der *lex causae* vorzutragen, ist es ausreichend, wenn er zunächst konkret darlegt, dass ein vergleichbarer Anfechtungsgrund wie jener, auf den sich der Insolvenzverwalter stützt, nach der *lex causae* nicht vorliegt und im Übrigen pauschal auf die Wirksamkeit der Rechtshandlung verweist. Sodann ist es Sache des Insolvenzverwalters, substantiiert vorzutragen, welche Nichtigkeits- oder Anfechtungsgründe nach der *lex causae* in Betracht kommen.[18] Erst dann kann vom Anfechtungsgegner verlangt werden, konkret zu diesen Punkten vorzutragen.[19] Die Ausgestaltung der Einredeerhebung richtet sich nach der *lex fori*.[20] Rechtsausführungen dürften sich empfehlen, da der Richter der *lex fori* nur selten über entsprechende Kenntnisse der *lex causae* verfügen wird, sind aber nicht zwingend erforderlich. Es genügt, wenn der Anfechtungsgegner die Tatsachen darlegt und beweist. Die Ermittlung und Anwendung des ausländischen Sachrechts richtet sich nach den Grundsätzen des § 293 ZPO.

Artikel 14 Schutz des Dritterwerbers

Verfügt der Schuldner durch eine nach Eröffnung des Insolvenzverfahrens vorgenommene Rechtshandlung gegen Entgelt
- **über einen unbeweglichen Gegenstand,**
- **über ein Schiff oder ein Luftfahrzeug, das der Eintragung in ein öffentliches Register unterliegt, oder**
- **über Wertpapiere, deren Eintragung in ein gesetzlich vorgeschriebenes Register Voraussetzung für ihre Existenz ist,**

so richtet sich die Wirksamkeit dieser Rechtshandlung nach dem Recht des Staates, in dessen Gebiet dieser unbewegliche Gegenstand belegen ist oder unter dessen Aufsicht das Register geführt wird.

Übersicht

	Rdn.			Rdn.
A. Normzweck	1	C.	Rechtsfolgen	7
B. Voraussetzungen	2			

A. Normzweck

1 Die Vorschrift enthält eine Art. 4 Abs. 2 Satz 2 Buchst. c) modifizierende Sonderanknüpfung für entgeltliche Verfügungen des Schuldners nach Eröffnung des Insolvenzverfahrens. Die Regelung dient dem **Schutz des Vertrauens** des allgemeinen Geschäftsverkehrs in öffentliche Register, in die

---

15 *Duursma-Kepplinger/Duursma/Chalupsky* Rn. 16; *Niggemann/Blenske* NZI 2003, 478.
16 MüKo-InsO/*Kirchhof* § 129 Rn. 7.
17 OLG Stuttgart 28.09.2012, 5 U 17/12, ZInsO 2012, 2153 (2156).
18 *Paulus* ZIP 2002, 729 (735).
19 Geimer/Schütze/*Gruber* Internationaler Rechtsverkehr, Bd. II, Rn. 13.
20 Geimer/Schütze/*Gruber* Internationaler Rechtsverkehr, Bd. II, Rn. 10.

i.d.R. Insolvenzvermerke eingetragen werden.[1] Ist ein entsprechender Vermerk noch nicht eingetragen gewesen, soll derjenige, der nach der *lex rei sitae* oder dem Recht des Registerstaates den Gegenstand gutgläubig erworben hat, durch die *lex fori concursus* nicht schlechter gestellt werden.[2]

B. Voraussetzungen

Der Schuldner muss nach Eröffnung des Insolvenzverfahrens über einen unbeweglichen Gegenstand, ein in einem öffentlichen Register eingetragenes Schiff oder Luftfahrzeug oder ein Wertpapier, dessen Eintragung in ein gesetzlich vorgeschriebenes Register konstitutiv ist, verfügt haben. In jedem Fall muss es sich um Gegenstände handeln, die Teil der Insolvenzmasse sind.[3] Zeitpunkt der Verfahrenseröffnung ist gem. Art. 2 Buchst. f) derjenige, in dem die Eröffnungsentscheidung wirksam wird, unabhängig davon, ob die Entscheidung endgültig ist. Bei den unbeweglichen Gegenständen kommt es darauf an, ob die Gegenstände in einem öffentlichen Register eingetragen sind.[4] Das deutsche Recht kennt keine Wertpapiere, deren Existenz von der Eintragung in ein Register abhängt.[5] Hingegen sind bspw. in Polen Wertpapiere gem. § 126 Abs. 1 und Abs. 2 polnisches Wertpapierhandelsgesetz zwingend in ein von der Landesverwahrungsanstalt für Wertpapiere geführtes öffentliches Register einzutragen.

Art. 14 setzt die **Verfügung** über einen der in der Norm genannten Gegenstände voraus. Art. 14 liegt dabei ein weites Verständnis zugrunde. Neben der Übertragung wird auch die Bestellung dinglicher Rechte vom Anwendungsbereich der Norm erfasst.[6] Bei Schiffen, Luftfahrzeugen und Wertpapieren ist erforderlich, dass es sich um ein in das Register eintragbares Recht handelt.[7]

Die Verfügung muss **entgeltlich**, mithin mit einer Gegenleistung rechtlich verknüpft sein.[8] Auch teilweise unentgeltliche Leistungen werden vom Anwendungsbereich des Art. 14 erfasst.[9] Bei einem augenscheinlich erheblichen Missverhältnis zwischen Leistung und Gegenleistung, etwa einem symbolischen Kaufpreis in Höhe von 1,00 €, dürfte die Unentgeltlichkeit der Leistungsbeziehung derart überwiegen, dass der Erwerber wie der Empfänger einer unentgeltlichen Leistung weniger schutzbedürftig ist und Art. 14 nicht zur Anwendung kommt. Die Wirksamkeit unentgeltlicher Verfügungen richtet sich nach dem Insolvenzstatut.[10]

Ausweislich des Wortlautes der Vorschrift muss die Verfügung **nach Eröffnung** des Insolvenzverfahrens erfolgt sein. Hierbei kommt es auf den Zeitpunkt des Eintritts des Verfügungserfolges an, nicht darauf, wann die Verfügungshandlung vorgenommen wurde.[11]

Zwar beschränkt der Wortlaut der Vorschrift die Verweisung auf das Recht des Belegenheitsortes bzw. das Recht des Ortes der Registerführung (*lex libri siti*) nicht auf die Rechtsordnungen der Mitgliedstaaten, weswegen vertreten wird, dass auch das Recht von Drittstaaten Beachtung finden müsse.[12] Die tatbestandliche Einschränkung der Verweisung auf das **Recht der Mitgliedstaaten** dürfte sich aber bereits aus der zum Erlass der EuInsVO ermächtigenden primärrechtlichen Kompetenzzuweisung (Art. 67 AEUV i.V.m. Art. 81 Abs. 2 Buchst. c AEUV) ergeben. Art. 81 AEUV dient der Entwicklung der justiziellen Zusammenarbeit im Interesse eines reibungslos funktionierenden Binnenmarktes. Dies kann auch Maßnahmen zur Angleichung der Rechtsvorschriften erfassen.

---

1 *Virgós/Schmit* Bericht, 90.
2 MüKo-InsO/*Reinhart* Rn. 1.
3 Nerlich/Römermann/*Nerlich* Rn. 9 m.w.N.
4 Geimer/Schütze/*Gruber* Internationaler Rechtsverkehr, Bd. II, Rn. 4; Nerlich/Römermann/*Mincke* Rn. 1.
5 MüKo-InsO/*Reinhart* Rn. 5.
6 *Virgós/Schmit* Bericht, 141.
7 MüKo-BGB/*Kindler* Rn. 6; Rauscher/*Mäsch* Rn. 20.
8 Palandt/*Grüneberg* Überbl. v. § 311 BGB Rn. 8.
9 MüKo-InsO/*Reinhart* Rn. 9.
10 Nerlich/Römermann/*Nerlich* Rn. 10; *Paulus* Rn. 4.
11 *Paulus* Rn. 2; MüKo-InsO/*Reinhart* Rn. 10.
12 So Gebauer/Wiedemann/*Haubold* Zivilrecht Rn. 153; MüKo-BGB/*Kindler* Rn. 395.

Die Berücksichtigung des Sachrechtes von Drittstaaten ist hierzu nicht erforderlich. Noch deutlicher wird das durch Art. 67 Abs. 1 AEUV, wonach die Union einen Raum bildet, in dem die verschiedenen Rechtsordnungen und -traditionen der Mitgliedstaaten geachtet werden.[13]

C. Rechtsfolgen

7 Die Vorschrift enthält eine Sachnormverweisung auf die *lex rei sitae* bzw. das Recht des Register führenden Mitgliedstaates.[14] Sinn und Zweck der Vorschrift ist nicht, den Dritterwerber zu schützen und die für ihn günstigere Anknüpfung als maßgeblich heranzuziehen. Telos ist vielmehr der Schutz des Vertrauens in öffentliche Register. Vor diesem Hintergrund richtet sich die Wirksamkeit der Verfügungen ausschließlich nach dem Recht des Belegenheitsortes bzw. der *lex libri siti*. Ob die Verfügung nach der *lex fori concursus* wirksam ist, ist unerheblich.[15]

8 Der Insolvenzverwalter sollte deshalb stets dafür sorgen, dass in allen Mitgliedstaaten, in denen Vermögensgegenstände i.S.d. Art. 14 registriert oder belegen sind, die Eröffnung des Insolvenzverfahrens nach Art. 22 Abs. 1 in die jeweiligen Register eingetragen wird, um einen gutgläubigen Erwerb möglichst zu verhindern.[16]

Die Verweisung betrifft nur solche Normen, die die Wirksamkeit von Verfügungen für den Fall der Insolvenz regeln.[17] Aus der Sicht des deutschen Rechts ist dies beispielsweise § 81 InsO.

Artikel 15 Wirkungen des Insolvenzverfahrens auf anhängige Rechtsstreitigkeiten

Für die Wirkungen des Insolvenzverfahrens auf einen anhängigen Rechtsstreit über einen Gegenstand oder ein Recht der Masse gilt ausschließlich das Recht des Mitgliedstaates, in dem der Rechtsstreit anhängig ist.

Übersicht	Rdn.		Rdn.
A. Normzweck	1	C. Rechtsfolgen	5
B. Voraussetzungen	2	D. Verhältnis zu anderen Vorschriften	6

A. Normzweck

1 Wie sich die Eröffnung des Insolvenzverfahrens auf Rechtsverfolgungsmaßnahmen einzelner Gläubiger auswirkt, richtet sich mit Ausnahme der Wirkungen auf anhängige Rechtsstreitigkeiten gem. Art. 4 Abs. 2 Satz 2 Buchst. f) nach dem Insolvenzstatut. Mit Rechtsverfolgungsmaßnahmen gemeint sind die Handlungen, die der Durchsetzung der Forderung dienen, wie bspw. die Klageerhebung oder eine Vollstreckungsmaßnahme. Hinsichtlich bereits anhängiger Rechtsstreitigkeiten sieht Art. 15 eine Sonderanknüpfung an die *lex fori* vor.[1] Aus der Perspektive des deutschen Rechts wären dementsprechend die §§ 240 ZPO, 85, 86, 180 Abs. 2 anwendbar. Art. 15 soll verhindern, dass anhängige Rechtsstreite aufgrund der Eröffnung eines Insolvenzverfahrens einer weiteren *lex fori processus* unterworfen werden.[2]

---

13 So im Ergebnis auch *Duursma-Kepplinger/Duursma/Chalupsky* Rn. 5; *Paulus* Rn. 8.
14 *Duursma-Kepplinger/Duursma/Chalupsky* Rn. 4; Geimer/Schütze/*Gruber* Internationaler Rechtsverkehr, Rn. 15; Rauscher/*Mäsch* Rn. 7.
15 *Duursma-Kepplinger/Duursma/Chalupsky* Rn. 6; Gebauer/Wiedmann/*Haubold* Rn. 152; MüKo-InsO/*Kindler* Rn. 396.
16 *Duursma-Kepplinger/Duursma/Chalupsky* Rn. 20.
17 MüKo-InsO/*Reinhart* Rn. 12; kritisch Nerlich/Römermann/*Nerlich* Rn. 14.
1 Geimer/Schütze/*Gruber* Internationaler Rechtsverkehr, Bd. II, Rn. 2.
2 HK-InsO/*Undritz* Rn. 1.

B. Voraussetzungen

Die Vorschrift des Art. 15 ist anwendbar, wenn ein Rechtsstreit über einen Gegenstand oder ein Recht der Masse anhängig ist. Wird in dem Prozess gerade um die **Massezugehörigkeit** gestritten, ist der Anwendungsbereich der Vorschrift ebenfalls eröffnet, um eine Vorwegnahme der Hauptsache bei der Frage des anwendbaren Rechtes, nach dem sich die Wirkungen des Insolvenzverfahrens auf einen anhängigen Rechtsstreit richten, zu vermeiden.[3] Die Rechtswirkungen von eröffneten Partikularinsolvenzverfahren auf anhängige Rechtsstreite richten sich dann nach Art. 15, wenn der Streitgegenstand Teil der Masse des Partikularinsolvenzverfahrens ist.[4]

Unter **Rechtsstreit** versteht man sämtliche (Erkenntnis-)Verfahren vor dem Gericht eines Mitgliedstaates.[5] Ein Gericht i.S.d. Art. 267 Abs. 2 AEUV ist, unionsrechtlich autonom ausgelegt, jeder Spruchkörper aus unabhängigen, nicht weisungsgebundenen Mitgliedern, der rechtsstaatlichen Verfahrensregeln unterliegt und Entscheidungen mit Rechtsprechungscharakter trifft. Art. 15 ist nicht auf zivilrechtliche Verfahren beschränkt. Für reine Verwaltungsverfahren, wie etwa das in Deutschland bekannte Widerspruchsverfahren als Vorverfahren des Verwaltungsrechtsweges, trifft Art. 15 keine Regelung.[6] Vollstreckungsmaßnahmen oder hiergegen gerichtete Rechtsmittel fallen nicht in den Anwendungsbereich von Art. 15.[7] Umstritten ist, ob auch Schiedsverfahren als Rechtsstreit im Sinne von Art. 15 anzuerkennen sind. Für eine Einbeziehung streitet die tatbestandliche Offenheit. Der Begriff des Rechtsstreits setzt nämlich nicht voraus, dass es sich bei dem betreffenden Verfahren um ein solches der ordentlichen Gerichtsbarkeit handeln muss.[8] Der Streit dürfte sich mit den erwogenen Änderungen der EuInsVO[9] für die Zukunft indes erledigt haben. Der Änderungsvorschlag sieht vor, den Begriff des Rechtsstreits zu streichen. Stattdessen wird neben Gerichts- ausdrücklich auch an Schiedsverfahren angeknüpft. Hintergrund der Klarstellung sind zwei gegenteilige Gerichtsentscheidungen des Londoner Court of Appeal[10] und des Schweizerischen Bundesgerichts[11] im Zusammenhang mit der polnischen Elektrim SA.[12] Die Bundesrechtsanwaltskammer kritisiert indes die geplante Änderung. Für die Wirkungen eines Schiedsgerichtsverfahrens sollte danach die lex fori concursus gelten.[13]

Anhängig ist ein Rechtsstreit in Anlehnung an Art. 30 Nr. 1 EuGVO, wenn der Kläger alles Erforderliche getan hat, um das Verfahren in Gang zu setzen, er das Gericht also mit verfahrenseinleitendem Schriftstück angerufen hat und, sofern dies Voraussetzung für die Anrufung des Gerichtes ist, die Zustellung an den Beklagten bewirkt hat (Art. 30 Nr. 2 EuGVO).[14] Sinnvollerweise wird man auch die für diesen Rechtsstreit erteilte Prozessvollmacht des Schuldners in erweiterter Auslegung des Art. 15 der *lex fori* zu unterstellen haben. Sonst wäre es denkbar, dass ein Verfahren nicht unterbrochen wird, der Prozessbevollmächtigte indes nicht mehr zu Prozesshandlungen ermächtigt ist und der Masse hierdurch ein Schaden entsteht.[15]

---

3 Geimer/Schütze/*Gruber* Internationaler Rechtsverkehr, Bd. II, Rn. 3.
4 Geimer/Schütze/*Gruber* Internationaler Rechtsverkehr, Bd. II, Rn. 4.
5 *Pannen* Rn. 8; Gebauer/Wiedmann/*Haubold* Rn. 156.
6 Offen gelassen durch *Duursma-Kepplinger/Duursma/Chalupsky* Rn. 27.
7 *Huber* ZZP 114 (2001), 133 (166); *Virgós/Schmit* Bericht, 91.
8 MüKo-InsO/*Reinhart* Rn. 4, a.A. MüKo-BGB/*Kindler* Rn. 406; zusammenfassend: *Mankowski*, ZIP 2011,1278(1281).
9 Vorschlag für eine Verordnung des Europäischen Parlaments und des Rates zur Änderung der Verordnung (EG) Nr. 1346/2000 des Rates über Insolvenzverfahren, COM(2012) 744 final.
10 *Court of Appeal*, ZIP 2010, 2528.
11 *BGer*, ZIP 2010, 2530.
12 *Paulus* NZI 2012, 301; vertiefend: *Naegeli*, Jusletter vom 31. August 2009.
13 BRAK-Stellungnahme 14/2013, Punkt III, veröffnetlicht unter www.brak.de/, Zur Rechtspolitik, Stellungnahmen, recherchiert am 5. August 2013.
14 *Duursma-Kepplinger/Duursma/Chalupsky* Rn. 15; Geimer/Schütze/*Gruber* Internationaler Rechtsverkehr, Rn. 7; *Herchen* Das Übereinkommen über Insolvenzverfahren, 200.
15 *Smid* Internationales Insolvenzrecht, Rn. 7.

C. Rechtsfolgen

5 Die Vorschrift des Art. 15 ist eine Sachnormverweisung auf das Recht am Ort des mit der Rechtssache befassten Gerichtes.[16] Ein in einem anderen Mitgliedstaat eröffnetes Insolvenzverfahren wirkt sich auf den Rechtsstreit damit in gleicher Weise aus, wie ein im Land des Prozessgerichts über das Vermögen einer der Parteien eröffnetes Insolvenzverfahren. Ein in Deutschland anhängiges Verfahren wird demnach gem. § 240 ZPO unterbrochen. Auch in Polen werden anhängige Verfahren gem. § 174 Abs. 1 des Zivilverfahrensgesetzes unterbrochen, es sei denn, es wurde Eigenverwaltung angeordnet.

D. Verhältnis zu anderen Vorschriften

6 Wird in einem Drittstaat ein Insolvenzverfahren eröffnet und ist in Deutschland ein Rechtsstreit anhängig, der die Insolvenzmasse betrifft, wird das Verfahren gem. § 352 InsO unterbrochen.

---

16 *Duursma-Kepplinger/Duursma/Chalupsky* Rn. 6; *Virgós/Schmit* Bericht, 63.

KAPITEL II ANERKENNUNG DER INSOLVENZVERFAHREN

Artikel 16 Grundsatz

(1) Die Eröffnung eines Insolvenzverfahrens durch ein nach Art. 3 zuständiges Gericht eines Mitgliedstaats wird in allen übrigen Mitgliedstaaten anerkannt, sobald die Entscheidung im Staat der Verfahrenseröffnung wirksam ist.

Dies gilt auch, wenn in den übrigen Mitgliedstaaten über das Vermögen des Schuldners wegen seiner Eigenschaft ein Insolvenzverfahren nicht eröffnet werden könnte.

(2) Die Anerkennung eines Verfahrens nach Art. 3 Abs. 1 steht der Eröffnung eines Verfahrens nach Art. 3 Abs. 2 durch ein Gericht eines anderen Mitgliedstaates nicht entgegen. In diesem Fall ist das Verfahren nach Art. 3 Abs. 2 ein Sekundärinsolvenzverfahren im Sinne von Kapitel III.

Übersicht	Rdn.		Rdn.
A. Normzweck	1	C. Rechtsfolgen	9
B. Voraussetzungen	2	D. Verhältnis zu anderen Vorschriften	13

A. Normzweck

Die Vorschrift des Art. 16 Abs. 1 ordnet, ausgestaltet durch Art. 17 und vorbehaltlich Art. 26 (»*ordre public*«), die automatische Anerkennung der Verfahrenseröffnung in den übrigen Mitgliedstaaten an. Mit Art. 16 Abs. 2 wird klargestellt, dass die Eröffnung eines Hauptinsolvenzverfahrens nach Art. 3 Abs. 1 der Eröffnung eines räumlich begrenzten Sekundärinsolvenzverfahrens, bei Vorliegen der Voraussetzungen, nach Art. 3 Abs. 2 nicht entgegensteht.[1]   1

B. Voraussetzungen

Im Rahmen des **Abs. 1** ist die wirksame Eröffnung eines Haupt- oder Partikularinsolvenzverfahrens (vgl. Art. 3 EuInsVO Rdn. 98) erforderlich. Insolvenzverfahren i.S.d. EuInsVO sind gem. Art. 1 Abs. 1 alle Gesamtverfahren, welche die Insolvenz des Schuldners voraussetzen und den vollständigen oder teilweisen Vermögensbeschlag gegen den Schuldner sowie die Bestellung eines Verwalters zur Folge haben und im Anhang A bzw. Anhang B der Verordnung aufgeführt sind (Art. 2 Buchst. a).[2]   2

Nicht erforderlich ist, dass der Schuldner nach dem Recht des Anerkennungsstaates insolvenzfähig ist (Abs. 1 Unterabs. 2). Hieraus wird auch geschlussfolgert, dass im Anerkennungsstaat unbekannte Arten von Insolvenzverfahren anerkannt werden. So wird bspw. ein in Deutschland eröffnetes Nachlassinsolvenzverfahren, welches das britische Recht nicht kennt, in Großbritannien anerkannt.[3]   3

Ebenfalls nicht notwendig ist, dass die Entscheidung über die Eröffnung des Insolvenzverfahrens nach Art. 22, 23 veröffentlicht wurde.[4]   4

Die Vorschrift des **Abs. 2** betrifft die Fälle, in denen bereits ein Hauptinsolvenzverfahren eröffnet wurde. Für die Einordnung als Hauptverfahren ist die Bezeichnung als solche nicht notwendig. Grds. ist davon auszugehen, dass es sich um ein Hauptinsolvenzverfahren handelt.[5] Für das Vorliegen eines Partikularinsolvenzverfahrens bedarf es konkreter Anhaltspunkte.[6] Selbst wenn das eröffnende   5

---

1 Uhlenbruck/*Lüer* Rn. 3.
2 *Duursma-Kepplinger*/*Duursma*/*Chalupsky* Rn. 6; MüKo-InsO/*Reinhart* Rn. 7; *Virgós*/*Schmit* Bericht, 92.
3 Haß/Gruber/Heiderhoff/*Gruber* Rn. 20; Uhlenbruck/*Lüer* Rn. 2.
4 *Virgós*/*Schmit* Bericht, 21; Pannen/*Pannen*/*Riedemann* Rn. 14.
5 Haß/Gruber/Heiderhoff/*Gruber* Rn. 15; Pannen/*Pannen*/*Riedemann* Rn. 20 f.
6 Haß/Gruber/Heiderhoff/*Gruber* Rn. 15.

Gericht eine reine Inlandsinsolvenz angenommen hat, liegt trotzdem die Eröffnung eines Hauptinsolvenzverfahrens vor.[7]

6 Der Begriff der **Eröffnung** des Insolvenzverfahrens wird autonom ausgelegt (vgl. Art. 3 EuInsVO Rdn. 73). Eröffnet i.S.d. EuInsVO ist ein Insolvenzverfahren demnach bereits dann, wenn und sobald der Schuldner hinsichtlich der zu seinem Vermögen zählenden Vermögensgegenstände in seiner Verfügungsmacht durch Anordnung oder Beschluss des Insolvenzgerichtes beschränkt wird. Durch die Entscheidung des EuGH vom 02.05.2006 ist klargestellt, dass bereits die Bestellung eines vorläufigen Insolvenzverwalters als »Eröffnung des Insolvenzverfahrens« zu qualifizieren ist.[8] Ob in diesen Fällen Art. 16 oder, wie vereinzelt vertreten, Art. 25 anwendbar ist,[9] kann hier angesichts der äquivalenten Rechtsfolgen für die Anerkennung dahinstehen. Unklar ist dessen ungeachtet aber, ob auch dann von einer Verfahrenseröffnung auszugehen ist, wenn lediglich ein »schwacher« vorläufiger Insolvenzverwalter mit Zustimmungsvorbehalt gem. § 21 Abs. 2 1 Nr. 2 Alt. 2 InsO bestellt wurde.[10] Dafür streitet in Anlehnung an den EuGH zum Einen der Umstand, dass Art. 16 zu einem möglichst frühen Verfahrenszeitpunkt Anwendung finden soll. Zum Anderen ist zu berücksichtigen, dass Verfügungen des Schuldners, die entgegen des Zustimmungsvorbehalts des vorläufigen (schwachen) Insolvenzverwalters vorgenommen werden, unwirksam sind. Der Schuldner ist damit wie im Falle eines allgemeinen Verfügungsverbotes in seiner Verfügungsmacht beschränkt.[11]

7 Die Eröffnung des Insolvenzverfahrens muss durch das zuständige Gericht erfolgen. Ein Gericht ist gem. der Legaldefinition in Art. 2 Buchst. d) jede Stelle, die zum Erlass einer Entscheidung nach Art. 2 Buchst. e) befugt ist (vgl. Art. 2 EuInsVO Rdn. 9). Ob das Gericht **zuständig** ist, ergibt sich aus Art. 3.

8 Die Entscheidung, das Verfahren zu eröffnen, muss im eröffnenden Mitgliedstaat **wirksam** sein. Hierzu ist nicht erforderlich, dass die Entscheidung endgültig ist (Art. 2 Buchst. f).[12] Die Entscheidung ist wirksam, wenn sie rechtliche Wirkungen entfaltet.[13] Ein in Deutschland ordnungsgemäß erlassener Eröffnungsbeschluss wird wirksam, sobald der Beschluss aufhört ein Internum des Gerichtes zu sein.[14] Strittig ist, ob das Gericht des Anerkennungsstaates berechtigt und verpflichtet ist, nachzuprüfen, ob die Entscheidung durch das zuständige Gericht getroffen wurde und wirksam ist. Eine solche Prüfungskompetenz verstößt indes gegen den Grundsatz des Gemeinschaftsvertrauens.[15] Zudem dürfte sie mit dem Prioritätsprinzip nicht vereinbar und aus Gründen der hierdurch beeinträchtigten Rechtssicherheit abzulehnen sein.[16] Darüber hinaus ist zu beachten, dass der EuGH allgemein derjenigen Auslegung den Vorzug einräumt, die die Verwirklichung der Vertragsziele am meisten fördert und die Funktionsfähigkeit der Union sichert.[17] Die Prüfungskompetenz des Gerichtes des Anerkennungsstaates beschränkt sich demzufolge auf die Frage, ob sich das Gericht des Eröffnungsstaates gem. Art. 2 Buchst. d) unter Berufung auf Art. 3 für international zuständig erklärt

---

7 Haß/Gruber/Heiderhoff/*Gruber* Rn. 16.
8 Vgl. EuGH 02.05.2006, C-341/04, Slg. 2006, I-3813 – Eurofood; die Bestellung eines starken vorläufigen Insolvenzverwalters als Eröffnung i.S.d. Art. 16 werten ferner: Country Court Croydon 21.10.2008, 1256/08, NZI 2009, 136 und AG Köln 06.11.2008, 71 IN 487/07, ZInsO 2009, 671.
9 Vgl. MüKo-InsO/*Reinhart* Rn. 8.
10 Dagegen *Paulus*, NZG 2006, 609 (613); *Smid*, DZWIR 2006, 325 (327).
11 Nerlich/Römermann/*Nerlich* Rn. 9.
12 Kübler/Prütting/Bork/*Kemper* Rn. 4; *Virgós/Schmit* Bericht, 93.
13 Pannen/*Pannen/Riedemann* Rn. 11; *Virgós/Schmit* Bericht, 45.
14 BGH 01.03.1982, VIII ZR 75/81, ZIP 1982, 464 (465).
15 Vgl. EuGH 02.05.2006, C-341/04, Slg. 2006, I-3813 – Eurofood; Erwägungsgrund Nr. 22.
16 *Duursma-Kepplinger/Duursma/Chalupsky* Rn. 15; *Huber* ZZP 114 (2001), 146; Kübler/Prütting/Bork/*Kemper* Rn. 3; Pannen/*Pannen/Riedemann* Rn. 15; *Sabel* NZI 2004, 127; *Virgós/Schmit* Bericht, 93, 125 f.; FK-InsO/*Wenner/Schuster* Rn. 3; a.A. *Mankowski* RIW 2004, 587 (597 f.); *Smid* DZWIR 2003, 397 (401).
17 *Streinz* Europarecht, 7. Aufl., Rn. 570.

hat.[18] Will der Schuldner die Unwirksamkeit des Eröffnungsbeschlusses geltend machen, bleibt ihm nur die Möglichkeit, den Beschluss mit den jeweils zur Verfügung stehenden Rechtsmitteln im Eröffnungsstaat anzufechten.[19]

C. Rechtsfolgen

Da die EuInsVO unmittelbar geltendes Recht in den Mitgliedstaaten ist und die **automatische Anerkennung** von Eröffnungsbeschlüssen anordnet, ist das bis zum Inkrafttreten der Verordnung notwendige Exequaturverfahren nicht mehr notwendig.[20] Folge der unmittelbaren Anerkennung ist, dass die Wirkungen, die das Recht des Staates der Verfahrenseröffnung dem Verfahren beilegt, auf alle übrigen Mitgliedstaaten, mit Ausnahme von Dänemark, ausgedehnt werden.[21]   9

Die Entscheidung des mitgliedstaatlichen Gerichtes, das Insolvenzverfahren zu eröffnen, darf gem. Art. 26 nicht gegen den **ordre public** des Anerkennungsstaates verstoßen. Die zulässigen Gründe für eine Nichtanerkennung sind jedoch auf das unbedingt notwendige Maß beschränkt, was eine zurückhaltende Anwendung des *ordre public*-Vorbehaltes gebietet.[22] Ansonsten kann das Gericht des Anerkennungsstaates die Anerkennung verweigern, etwa dann, wenn die Eröffnungsentscheidung unter offensichtlichem Verstoß gegen das Grundrecht auf rechtliches Gehör einer von einem Insolvenzverfahren betroffenen Person ergangen ist.[23] Ein Verstoß gegen den *ordre public* kann nur unter engen Voraussetzungen angenommen werden.[24] Das wäre der Fall, wenn die Anerkennung offensichtlich mit der öffentlichen Ordnung, insb. mit den rechtlichen Grundprinzipien oder verfassungsmäßig garantierten Rechten und Freiheiten des Einzelnen unvereinbar ist.[25] Ein Verstoß gegen die Zuständigkeitsvorschriften begründet keinen *ordre public*-Verstoß,[26] auch nicht in Fällen von Zuständigkeitserschleichungen (Art. 26 Rdn. 10a).[27]   10

Wenn die Eröffnungsentscheidung nachträglich aufgehoben oder aufgrund eines erfolgreichen Rechtsbehelfes beseitigt wird, endet sogleich ex nunc die Anerkennungswirkung des Art. 16.[28]   11

Abs. 2 ordnet an, dass ein bereits eröffnetes Hauptinsolvenzverfahren der Eröffnung eines Partikularinsolvenzverfahrens in einem anderen Mitgliedstaat nicht entgegensteht.   12

D. Verhältnis zu anderen Vorschriften

Die Anerkennung von Entscheidungen zur Durchführung und Beendigung des Insolvenzverfahrens sowie gerichtlich bestätigter Vergleiche richtet sich nach Art. 25 Abs. 1 Unterabs. 2. Die Anerkennung von Entscheidungen über Sicherungsmaßnahmen, die nach dem Eröffnungsantrag getroffen werden, bestimmt sich nach Art. 25 Abs. 1 Unterabs. 3. Der von den Mitgliedstaaten anerkannte Umfang der Befugnisse des Verwalters wird durch Art. 18 geregelt.   13

---

18 *Virgós/Schmit* Bericht, 125 f.
19 Pannen/*Pannen/Riedemann* Rn. 16; *Sabel* NZI 2004, 127.
20 S. Erwägungsgrund Nr. 22 sowie Kübler/Prütting/Bork/*Kemper* Rn. 5; Pannen/*Pannen/Riedemann* Rn. 2; *Paulus* Rn. 2; *Virgós/Schmit* Bericht, 92.
21 Erwägungsgrund Nr. 22 und Nr. 33; *Duursma-Kepplinger* Rn. 34; Pannen/*Pannen/Riedemann* Rn. 7.
22 Erwägungsgrund Nr. 22.
23 EuGH 02.05.2006, C-341/04, ZInsO 2006, 484 ff.
24 Haß/Gruber/Heiderhoff/*Gruber* Rn. 17.
25 OLG Düsseldorf 09.07.2004, I-3 W 53/04, ZInsO 2004, 867 (877).
26 Hessisches Landesarbeitsgericht 14.12.2010, 13 Sa 969/10 Rn. 33; OLG Wien NZ 2005, 56; Cour d'appel Versailles 04.09.2003, 05038/03, EWiR 2003, 1239; *Duursma-Kepplinger/Duursma/Chalupsky* Rn. 26; Gottwald/*Kolmann* 4. Aufl., § 130 Rn. 51; MüKo-InsO/*Reinhart* Rn. 12; *Virgós/Schmit* Bericht, 93.
27 *Cranshaw* jurisPR-InsR 7/2013; a.A. AG Göttingen, 10.12.2012, 74 IN 28/12, ZIP 2013, 472 ff.
28 Pannen/*Pannen/Riedemann* Rn. 17; HK-InsO/*Stephan* Rn. 6.

Art. 17 Wirkungen der Anerkennung

(1) Die Eröffnung eines Verfahrens nach Art. 3 Absatz 1 entfaltet in jedem anderen Mitgliedstaat, ohne dass es hierfür irgendwelcher Förmlichkeiten bedürfte, die Wirkungen, die das Recht des Staates der Verfahrenseröffnung dem Verfahren beilegt, sofern diese Verordnung nichts anderes bestimmt und solange in diesem anderen Mitgliedstaat kein Verfahren nach Art. 3 Absatz 2 eröffnet ist.

(2) Die Wirkungen eines Verfahrens nach Artikel 3 Absatz 2 dürfen in den anderen Mitgliedstaaten nicht in Frage gestellt werden. Jegliche Beschränkung der Rechte der Gläubiger, insbesondere eine Stundung oder eine Schuldbefreiung infolge des Verfahrens, wirkt hinsichtlich des im Gebiet eines anderen Mitgliedstaates belegenen Vermögens nur gegenüber den Gläubigern, die ihre Zustimmung hierzu erteilt haben.

Übersicht	Rdn.			Rdn.
A. Normzweck	1	I.	Wirkungen der Anerkennung eines Hauptinsolvenzverfahrens (Abs. 1)	3
B. Voraussetzungen	2			
C. Rechtsfolgen	3	II.	Wirkungen der Anerkennung eines Partikularinsolvenzverfahrens (Abs. 2)	6

A. Normzweck

1 Die Vorschrift des Art. 17 regelt die Wirkungen der Anerkennung i.S.d. Art. 16. Dabei wird nach den Wirkungen eines Haupt- und eines Partikularinsolvenzverfahrens differenziert. Grds. werden alle Wirkungen anerkannt, die das Recht des Eröffnungsstaates der Verfahrenseröffnung beilegt. Darin ist eine Sachnormverweisung zu sehen.[1] Etwas anderes gilt, soweit die EuInsVO speziellere Sachnormverweisungen, sog. Sonderanknüpfungsregeln (vgl. Art. 1 EuInsVO Rdn. 15), vorsieht oder ein Sekundärinsolvenzverfahren eröffnet wurde.

B. Voraussetzungen

2 Die Rechtsfolgen des Abs. 1 der Vorschrift greifen dann, wenn ein Hauptinsolvenzverfahren i.S.d. Art. 3 Abs. 1 eröffnet wurde. Abs. 2 regelt die Wirkungen der Anerkennung eines in einem anderen Mitgliedstaat eröffneten Partikularinsolvenzverfahrens gem. Art. 3 Abs. 2.

C. Rechtsfolgen

I. Wirkungen der Anerkennung eines Hauptinsolvenzverfahrens (Abs. 1)

3 Die Anerkennung des Eröffnungsbeschlusses hat die **Erstreckung aller** prozessualen und materiell-rechtlichen **Wirkungen** der Verfahrenseröffnung zur Folge.[2] Je nach Reichweite der Wirkungen des nationalen Rechtes des Eröffnungsstaates können hierzu der Vermögensbeschlag, der Verlust der Verfügungsbefugnis, die Rechtsstellung des Insolvenzverwalters, die Einschränkung von individuellen Rechtsverfolgungsmaßnahmen, die Rückgewährverpflichtungen einzelner Gläubiger und die Gestaltungswirkungen des Verfahrens im Hinblick auf Forderungen und Sicherheiten gehören.[3] Beispiel: Wurde über das Vermögen des Schuldners in England das Insolvenzverfahren eröffnet, führt das auch in der Bundesrepublik Deutschland zu einem Vollstreckungsverbot gemäß Section 285 § 3 Insolvency Act.[4]

---

1 MüKo-BGB/*Kindler* Art. 4 Rn. 1; *Virgós/Schmit* Bericht, 95 f.
2 *Duursma-Kepplinger/Duursma/Chalupsky* Rn. 8; HK-InsO/*Undritz* Rn. 2.
3 Vgl. auch Kübler/Prütting/Bork/*Kemper* Rn. 3.
4 EuGH 21.01.2010, C 444/07, NZI 2010, 156 ff.; siehe auch *Vallender/Undritz* VIA 2011, 81, die das Vollstreckungsverbot im Ergebnis indes auf § 89 InsO stützen.

Eine **Ausnahme** gilt dann, wenn speziellere Sachnormverweisungen (Sonderkollisionsnormen) und Sachnormen etwas anders bestimmen.[5] Sonderkollisionsnormen sind die Vorschriften der Art. 6, 8 bis 11 und 13 bis 15. Speziellere Sachnormen finden sich in Art. 5, 7 und 24.[6] Weitere Ausnahmen finden sich in Art. 18 Abs. 1 Satz 2 und Abs. 3.[7] Hintergrund der Ausnahmeregelung ist der durch die spezielleren Vorschriften bezweckte Schutz der Rechtssicherheit und der Vertrauensschutz.[8]

Zu keiner Wirkungserstreckung kommt es, wenn und solange in dem Anerkennungsstaat ein **Sekundärinsolvenzverfahren** eröffnet ist.[9] Die Wirkungen des Hauptinsolvenzverfahrens werden in diesem Falle für den Geltungsbereich des Sekundärverfahrens suspendiert.[10] Zur Suspensivwirkung kommt es ex nunc mit Eröffnung des Sekundärinsolvenzverfahrens.[11] Dem Hauptinsolvenzverwalter wird demzufolge für die Dauer des eröffneten Sekundärinsolvenzverfahrens die Verfügungsmacht über die in diesem Staat belegenen Vermögensgegenstände entzogen. Verhindert wird so insb. eine doppelte Beschlagnahme.[12] Die Suspensivwirkung entfällt mit der Aufgabe des Sekundärverfahrens.[13] Allerdings bleiben die Gestaltungswirkungen des Sekundärinsolvenzverfahrens auch nach Aufhebung bzw. Einstellung des Sekundärinsolvenzverfahrens bestehen. Dies gebietet bereits der Rechtsschutzgedanke. Im Übrigen wäre die Durchführung des Sekundärinsolvenzverfahrens hinfällig, wenn sämtliche daraus resultierenden Rechtsfolgen negiert würden.[14]

Zu beachten ist Art. 35. Ein im Sekundärverfahren erzielter Überschuss ist danach unverzüglich dem Verwalter des Hauptinsolvenzverfahrens zu übergeben.

II. Wirkungen der Anerkennung eines Partikularinsolvenzverfahrens (Abs. 2)

Grds. entfaltet auch ein Partikularinsolvenzverfahren in den übrigen Mitgliedstaaten dieselben Wirkungen, die ihm die *lex fori concursus* beimisst.[15] Dabei handelt es sich um die Wirkungen, die auch ein eröffnetes Hauptinsolvenzverfahren zur Folge hätte, allerdings beschränkt auf das **im Eröffnungsstaat belegene Vermögen** (Art. 3 Abs. 2).[16] Dazu zählen alle Gegenstände, die sich zur Zeit der Eröffnung des Partikularinsolvenzverfahrens im Inland befunden haben.[17] Die universale Geltung eines eröffneten **Hauptinsolvenzverfahrens** wird somit eingeschränkt.[18] Die territorial begrenzte Erstreckung der Wirkungen des Sekundärinsolvenzverfahrens führt insoweit zu einem Ruhen der Wirkungen des Hauptinsolvenzverfahrens (sog. »Suspensivwirkung«, s.o. Rdn. 5).[19] Forderungen gelten als am (Wohn-)Sitz des Drittschuldners belegenes Vermögen (Art. 2 lit. g 3. Spiegelstrich). Befindet sich der Sitz des Drittschuldners im Ausland, werden diese vom Partikularinsolvenzverfahren nicht erfasst.

Weitergehende Beschränkungen der Rechte der Gläubiger, insb. eine Stundung oder eine Schuldbefreiung infolge des Partikularinsolvenzverfahrens, wirken hinsichtlich der im Ausland belegenen Vermögensgegenstände nur gegenüber den Gläubigern, die ihre Zustimmung zu der Beschränkung er-

---

5 MüKo-BGB/*Kindler* Vor Art. 5 bis 15 Rn. 1.
6 MüKo-BGB/*Kindler* Vor Art. 5 bis 15 Rn. 2; HK-InsO/*Undritz* Rn. 5.
7 *Huber* ZZP 114 (2001), 133 (147 f.); Pannen/*Pannen/Riedemann* Rn. 9.
8 *Huber* ZZP 114 (2001), 133 (148); *Taupitz* ZZP 111 (1998), 323 (329 ff.).
9 *Virgós/Schmit* Bericht, 97.
10 Nerlich/Römermann/*Nerlich* Rn. 2.
11 *Duursma-Kepplinger/Duursma/Chalupsky* Art. 16 Rn. 31.
12 *Virgós/Schmit* Bericht, 101.
13 Nerlich/Römermann/*Nerlich* Rn. 4.
14 OLG Köln 31.01.1989, 3 W 7/89, ZIP 1989. 321; Haß/Gruber/Heiderhoff/*Gruber* Rn. 8.
15 AA ohne nähere Begr. HK-InsO/*Undritz* Rn. 6.
16 *Virgós/Schmit* Bericht, 98.
17 Pannen/*Pannen/Riedemann* Rn. 14.
18 *Virgós/Schmit* Bericht, 98.
19 Pannen/*Pannen/Riedemann* Rn. 16.

teilt haben (Abs. 2 Satz 2). Eine Regelung ähnlichen Inhalts für unselbständige Partikularverfahren, also sog. Sekundärverfahren, findet sich in Art. 34 Abs. 2.

Artikel 18 Befugnisse des Verwalters

(1) Der Verwalter, der durch ein nach Artikel 3 Absatz 1 zuständiges Gericht bestellt worden ist, darf im Gebiet eines anderen Mitgliedstaats alle Befugnisse ausüben, die ihm nach dem Recht des Staates der Verfahrenseröffnung zustehen, solange in dem anderen Staat nicht ein weiteres Insolvenzverfahren eröffnet ist oder eine gegenteilige Sicherungsmaßnahme auf einen Antrag auf Eröffnung eines Insolvenzverfahrens hin ergriffen worden ist. Er kann insbesondere vorbehaltlich der Artikel 5 und 7 die zur Masse gehörenden Gegenstände aus dem Gebiet des Mitgliedstaats entfernen, in dem sich die Gegenstände befinden.

(2) Der Verwalter, der durch ein nach Artikel 3 Absatz 2 zuständiges Gericht bestellt worden ist, darf in jedem Mitgliedstaat gerichtlich und außergerichtlich geltend machen, dass ein beweglicher Gegenstand nach der Eröffnung des Insolvenzverfahrens aus dem Gebiete des Staates der Verfahrenseröffnung in das Gebiet dieses anderen Mitgliedstaats verbracht worden ist. Des Weiteren kann er eine den Interessen der Gläubiger dienende Anfechtungsklage erheben.

(3) Bei der Ausübung seiner Befugnisse hat der Verwalter das Recht des Mitgliedstaats, in dessen Gebiet er handeln will, zu beachten, insbesondere hinsichtlich der Art und Weise der Verwertung eines Gegenstands der Masse. Diese Befugnisse dürfen nicht die Anwendung von Zwangsmitteln oder das Recht umfassen, Rechtsstreitigkeiten oder andere Auseinandersetzungen zu entscheiden.

Übersicht	Rdn.		Rdn.
A. Normzweck	1	I. Hauptinsolvenzverwalter	6
B. Voraussetzungen	3	II. Sekundär-/Partikularinsolvenzverwalter	9
C. Rechtsfolgen	6	III. Einschränkung der Befugnisse (Abs. 3)	12

A. Normzweck

1 Die Vorschrift regelt die Befugnisse des Insolvenzverwalters in den Mitgliedstaaten. Die Vorschrift konkretisiert insoweit die Rechtsfolge der Wirkungserstreckung gem. Art. 17 und dient damit der Effektivität des europarechtlich maßgeblichen Rechts der lex fori concursus.[1] Abs. 1 betrifft die Rechtsstellung des Verwalters des Hauptinsolvenzverfahrens. Abs. 2 regelt demgegenüber die Befugnisse des Verwalters eines Sekundärverfahrens nach Art. 3 Abs. 2.

2 Besonderheit der Abs. 1 und 2 ist, dass es sich dabei nicht um Kollisionsrecht, sondern um **Sachnormen** handelt, die aufgrund des Geltungsvorrangs des Europarechts ggf. entgegenstehendes nationales Recht verdrängen.[2] Mit der in Abs. 1 Satz 1, 2. Hs. geregelten Einschränkung der Befugnisse des Hauptinsolvenzverwalters soll die Masse des Sekundärinsolvenzverfahrens erhalten werden.[3] Abs. 2 regelt die Befugnisse des Partikularinsolvenzverwalters im Ausland indes nicht abschließend. Die Vorschrift regelt den Sonderfall der Rückholung von Vermögensgegenständen ins Inland, ohne eine Durchsetzung von Rechten der Partikularinsolvenzmasse im Ausland im Übrigen zu sperren.[4] Die Vorschrift des Abs. 3 beschränkt die Befugnisse des Verwalters dahingehend, dass er im Interesse eines schonenden Ausgleiches der Unterschiede der mitgliedstaatlichen Rechtsordnungen bei der Ausübung seiner Befugnisse das Recht des Mitgliedstaates, in dem er handelt, zu beachten hat.

---

1 Uhlenbruck/*Lüer* Rn. 1.
2 Kübler/Prütting/Bork/*Kemper* Rn. 17.
3 Uhlenbruck/*Lüer* Rn. 12; *Virgós/Garcimartín* The European Insolvency Regulation, Rn. 368 (b).
4 *Bierbach* ZIP 2008, 2203 (2206); Geimer/Schütze/*Gruber* Rn. 18; Pannen/Riedemann Rn. 42.

B. Voraussetzungen

Verwalter i.S.d. EuInsVO ist gem. Art. 2 Buchst. b) jede Person oder Stelle, deren Aufgabe es ist, die Masse zu verwalten oder zu verwerten oder die Geschäftstätigkeit des Schuldners zu überwachen. In Anhang C der Verordnung sind alle europaweit hierunter fallenden Ämter bzw. Bezeichnungen aufgeführt. Verwalter i.S.d. EuInsVO sind demzufolge auch der Treuhänder und der vorläufige Verwalter.[5] Aus dem Verweis auf Art. 3 Abs. 1 folgt, dass auch der **vorläufige Insolvenzverwalter** als Verwalter i.S.v. Art. 18 anzuerkennen ist.[6] Insofern hat der EuGH in der Rechtssache Eurofood/Parmalat[7] entschieden, dass die Bestellung des vorläufigen Insolvenzverwalters als Verfahrenseröffnung im Sinne von Art. 3 Abs. 1, Art. 16 Abs. 1 und 17 Abs. 1 zu qualifizieren ist. Aus systematischen Gesichtspunkten muss dementsprechend auch der vorläufige Insolvenzverwalter in den Anwendungsbereich des Art. 18 fallen. 3

Der Verwalter muss durch ein nach Art. 3 Abs. 1 (dann Hauptinsolvenzverwalter) bzw. nach Art. 3 Abs. 2 (dann Sekundärinsolvenzverwalter) **zuständiges Gericht** bestellt worden sein. Nach der Legaldefinition des Art. 2 Buchst. d) ist ein Gericht das Justizorgan oder jede sonstige zuständige Stelle eines Mitgliedstaates, die befugt ist, ein Insolvenzverfahren zu eröffnen oder im Laufe des Verfahrens Entscheidungen zu treffen. Das Gericht muss international gem. Art. 3 Abs. 1 zuständig sein. Des Weiteren bedarf es eines **eröffneten Insolvenzverfahrens** gem. Art. 3 Abs. 1 oder Abs. 2. Wie auch im Kontext der Anerkennung des Eröffnungsbeschlusses nach Art. 16, unterliegt die Zuständigkeitsfrage keiner ergänzenden Überprüfung durch den Anerkennungsstaat.[8] 4

Ob ein **beweglicher Gegenstand** i.S.d. Abs. 2 vorliegt, richtet sich nach der *lex rei sitae*. Des Weiteren ist erforderlich, dass sich der Gegenstand im Zeitpunkt der Eröffnung des Partikular-/Sekundärinsolvenzverfahrens in dem eröffnenden Staat befindet. 5

C. Rechtsfolgen

I. Hauptinsolvenzverwalter

Grundsätzlich hat der Hauptverwalter **alle Befugnisse**, die ihm nach dem Recht des Staates der Eröffnung des Insolvenzverfahrens zustehen. Der Verwalter ist insb. befugt, zur Insolvenzmasse gehörende Gegenstände in den Staat zu verbringen, in dem das Hauptinsolvenzverfahren eröffnet wurde. Das Hauptinsolvenzverfahren erstreckt sich dabei grds. auf das gesamte Vermögen des Schuldners (Universalitätsprinzip). Eine förmliche Anerkennungsentscheidung hinsichtlich seiner Verwalterstellung findet nicht statt.[9] Der Insolvenzverwalter hat je nach Ausgestaltung seiner Befugnisse und Pflichten nach der *lex fori concursus* das Recht, die Insolvenzmasse im Geltungsbereich der EuInsVO in Besitz zu nehmen, zu verwerten und, wenn das Insolvenzstatut das vorsieht, auch die Möglichkeit als Partei vor Gericht zu agieren.[10] 6

Solange indes in einem anderen Mitgliedstaat ein Sekundärinsolvenzverfahren anhängig bzw. eröffnet ist, werden die Befugnisse des Hauptverwalters hinsichtlich der von dem Sekundärinsolvenzverfahren erfassten Gegenstände und die sich hierauf beziehenden Rechte des Sekundärverwalters **eingeschränkt**.[11] Die Zusammenarbeit der beiden Verwalter richtet sich nach den Art. 31 ff. Wie sich bereits aus der Legaldefinition des Verwalters nach Art. 2 Buchst. b) ergibt, genügt bereits die Anordnung vorläufiger Sicherungsmaßnahmen im Vorfeld eines zu eröffnenden Sekundärinsolvenzver- 7

---

5 Kübler/Prütting/Bork/*Kemper* Rn. 2.
6 Vgl. AG Hamburg ZIP 2007, 1767; Nerlich/Römermann/*Nerlich* Rn. 2.
7 Vgl. EuGH 02.05.2006, C-341/04, Slg. 2006, I-3813 – Eurofood.
8 MüKo-InsO/*Reinhart* Rn. 4.
9 Smid/*Smid* Rn. 4.
10 *Lüke* ZZP 111 (1998), 275 (296); *Paulus* Rn. 4 f.
11 Haß/Huber/Gruber/Heiderhoff/*Gruber* Rn. 5; *Moss/Fletcher/Isaacs* EC Regulation, Rn. 8.277; *Virgós/Schmit* Bericht, 101.

fahrens und die Bestellung eines vorläufigen Insolvenzverwalters, um die Befugnisse des Hauptverwalters zu beschränken.[12]

8 Die in Abs. 1 Satz 2 ausdrücklich aufgeführte Befugnis des Verwalters, Gegenstände aus dem Gebiet eines anderen Mitgliedstaates zu entfernen, steht unter dem Vorbehalt des Art. 5 und des Art. 7. Die **dinglichen Rechte** Dritter und die aus der Vereinbarung eines **einfachen Eigentumsvorbehaltes** abzuleitenden Rechte werden durch die Vorschrift des Art. 18 nicht berührt.[13] Soweit die dinglichen Rechte gem. Art. 5 bzw. der einfache Eigentumsvorbehalt gem. Art. 7 durch das Verbringen des betroffenen Gegenstandes in den Eröffnungsstaat beeinträchtigt würden, ist das Entfernen aus dem Belegenheitsstaat nur mit Zustimmung des Inhabers der geschützten Rechtspositionen rechtmäßig.[14]

II. Sekundär-/Partikularinsolvenzverwalter

9 Die Befugnisse des Sekundärinsolvenzverwalters gem. Art. 3 Abs. 2 und Abs. 3 bzw. des Partikularinsolvenzverwalters nach Art. 3 Abs. 2 und Abs. 4 richten sich nach Abs. 2. In einem nach Art. 3 Abs. 2 eröffneten Insolvenzverfahren sind die **Befugnisse** des Verwalters auf die sich aus diesem Verfahren ergebenden Rechte und Pflichten beschränkt.[15] Die Befugnisse erstrecken sich grds. nur auf die Vermögenswerte, die sich zum Zeitpunkt der Eröffnung des Sekundär-/Partikularinsolvenzverfahrens im Staat der Verfahrenseröffnung befinden (Territorialitätsprinzip).[16] Auf Forderungen gegen Drittschuldner mit Sitz in einem anderen Staat erstreckt sich die Verfügungsbefugnis des Partikularinsolvenzverwalters nicht (Art. 17 Rn. 6).[17] Die Vorschrift wird durch die Art. 27 ff. konkretisiert.[18] Zur effektiven Durchsetzung seiner Rechte kann der Verwalter auch in anderen Mitgliedstaaten gerichtlich und außergerichtlich geltend machen, dass ein beweglicher Gegenstand, der von dem Sekundär-/Partikularinsolvenzverfahren erfasst wird, nach Eröffnung dorthin verbracht wurde. Dies kann zum einen im Wege einer auf Herausgabe/Rückübertragung des Gegenstandes gerichteten Klage erfolgen. Gleichfalls kann der Verwalter auf Art. 18 Abs. 2 die Einwendung stützen, dass Verfügungen unwirksam bzw. nach dem Recht des das Sekundär-/Partikularinsolvenzverfahren eröffnenden Mitgliedstaates zu beurteilen sind.

10 Darüber hinaus kann der Verwalter auch in anderen Mitgliedstaaten **Anfechtungsklagen** erheben, soweit das dem Interesse der Gläubiger dient. Der Rechtsbegriff wird autonom i.S.d. Art. 4 Abs. 2 Satz 1 Buchst. m) ausgelegt und umfasst auch Nichtigkeitsklagen oder die Geltendmachung der (relativen) Unwirksamkeit von Gläubiger benachteiligenden Rechtshandlungen.[19] Eine öffentliche Bekanntmachung seiner Verwalterstellung in dem anderen Mitgliedstaat, in dem er zu handeln beabsichtigt, ist nicht erforderlich.[20]

11 **Rechtsgrundlage** des Herausgabeanspruches, des Anfechtungsanspruches oder sonstiger Einwendungen im Hinblick auf die Unwirksamkeit von Verfügungen bestimmen sich nach dem Recht des das Sekundär-/Partikularinsolvenzverfahren eröffnenden Staates.[21]

---

12 *Balz* ZIP 1996, 948; Uhlenbruck/*Lüer* Rn. 11; *Paulus* Rn. 7.
13 Pannen/*Pannen/Riedemann* Rn. 21; *Duursma-Kepplinger* Rn. 10.
14 Pannen/*Pannen/Riedemann* Rn. 22.
15 *Duursma-Kepplinger/Duursma/Chalupsky* Rn. 24.
16 Uhlenbruck/*Lüer* Rn. 19.
17 KG 21.07.2011, 23 U 97/09, NZI 2011, 729 (730).
18 Kübler/Prütting/Bork/*Kemper* Rn. 1.
19 Kübler/Prütting/Bork/*Kemper* Rn. 22; *Virgós/Schmit* Bericht, 137.
20 *Duursma-Kepplinger/Duursma/Chalupsky* Rn. 6.
21 *Duursma-Kepplinger/Duursma/Chalupsky* Rn. 26.

III. Einschränkung der Befugnisse (Abs. 3)

Die Vorschrift des Abs. 3 modifiziert Art. 4 Abs. 2 Satz 2 Buchst. c). Der Verwalter ist nach Abs. 3 Satz 1 verpflichtet, das Recht des anderen Mitgliedstaates, in dem er tätig werden will, »zu beachten«. Nach Abs. 2 richtet sich insb. die Art und Weise der Durchsetzung der dem Verwalter nach dem Eröffnungsstatut zustehenden Rechte nach dem Recht des Staates, in dem die Handlung vorgenommen werden soll. Die Befugnisse, die dem Verwalter nach der lex fori concursus zustehen, werden also nicht verdrängt. So bleibt es auch für die Frage, welche Gegenstände der Insolvenzmasse zuzuordnen sind, grundsätzlich bei der Anwendung der lex fori concursus.[22] Abs. 3 verpflichtet nur zur Beachtung der rechtlichen Rahmenbedingungen, die zur Durchsetzung der verliehenen Befugnisse in dem anderen Staat vorgesehen sind.[23] Maßgebend wird dabei in aller Regel die *lex rei sitae* sein.[24] Beispielhaft sei auf die Verwertung von Grundstücken verwiesen. Sieht die lex fori concursus die Verwertung des Grundstücks in einem formalisierten Verfahren – bspw. im Wege einer Versteigerung vor – so richtet sich die Durchführung des Versteigerungsverfahrens nach dem Recht des Belegenheitsortes.[25] Ist etwa eine bestimmte, von der *lex fori concursus* angeordnete Handlungsform in dem Staat der Handlung nicht bekannt, ist mittels Anpassung die Maßnahme zu ergreifen, die der vorgeschriebenen am ehesten entspricht.[26]

Auch die in einem anderen Mitgliedstaat zu erhebende Klage richtet sich folglich nach dem Recht der *lex fori*. Die Parteifähigkeit des Verwalters und die materielle Rechtslage ergeben sich wiederum aus dem Insolvenzstatut.[27]

Pfändungsschutzvorschriften anderer Mitgliedstaaten sind hingegen unbeachtlich, da sich der Umfang der Insolvenzmasse gem. Art. 4 Abs. 2 Satz 1 Buchst. b) allein nach dem Insolvenzstatut bestimmt.[28]

Die Vorschrift des Abs. 3 erstreckt sich jedoch nicht nur auf das Verfahrensrecht des Mitgliedstaates, in dem die Handlung vorgenommen wird. Abs. 3 Satz 1 ist nicht abschließend (vgl. der Wortlaut »insbesondere«). Vielmehr sind sämtliche Bestimmungen zu beachten, die für die »Verwaltung und Verwertung der Insolvenzmasse«[29] bedeutsam sind. In diesem Zusammenhang werden neben Ausfuhrbeschränkungen[30] etwa Vorschriften des Arbeitsschutzes[31] genannt.

Gemäß Art. 18 Abs. 3 Satz 2 werden insb. etwaige dem Verwalter nach der *lex fori concursus* übertragene Hoheitsrechte, etwa das Recht zu Zwangsmitteln, zur eigenhändigen Durchführung der Vollstreckung oder das Recht, Rechtsstreitigkeiten oder andere Auseinandersetzungen zu entscheiden, nicht anerkannt. Der Verwalter ist ein Privatrechtssubjekt und als Teilnehmer des Rechtsverkehrs zur Durchsetzung seiner Befugnisse auf die Inanspruchnahme der Gerichte, Vollstreckungsorgane und Behörden des Belegenheitsstaates angewiesen.[32] Die zuständigen Stellen des jeweiligen Mitgliedstaates darf der Verwalter direkt anrufen.[33] Der Umweg über die Behörden oder Gerichte des Eröffnungsstaates ist demnach nicht erforderlich.[34] Aufgrund der automatischen Anerkennung der Wirkungen des Insolvenzverfahrens sind die ersuchten (Vollstreckungs-)Organe der Mitglied-

---

22 LG Traunstein 03.02.2009, 4 T 263/09, NZI 2009, 818 f. Rn. 9.
23 Nerlich/Römermann/*Nerlich* Rn. 14.
24 Virgós/Garcimartín The European Insolvency Regulation, Rn. 371.
25 MüKo-InsO/*Reinhart* Rn. 15.
26 *Balz* ZIP 1996, 948 (952); *Haas* FS Gerhardt, 319 (338); *Paulus* Rn. 19; MüKo-InsO/*Reinhart* Rn. 15.
27 Kübler/Prütting/Bork/*Kemper* Rn. 24.
28 LG Traunstein 03.02.2009, 4 T 263/09, NZI 2009, 818 f. Rn. 10; MüKo-InsO/*Reinhart* Rn. 16; *Mankowski* NZI 2009, 785 (787 f.); a.A. *Haas* FS Gerhardt, 319 (337 ff.).
29 MüKo-InsO/*Reinhart* Rn. 14.
30 Virgós/Schmit Bericht, 164; Kübler/Prütting/Bork/*Kemper* Rn. 8.
31 Haß/Huber/Gruber/Heiderhoff/*Gruber* Rn. 7; Kübler/Prütting/Bork/*Kemper* Rn. 13.
32 Pannen/Pannen/*Riedemann* Rn. 51.
33 *Duursma-Kepplinger/Duursma/Chalupsky* Rn. 18.
34 Kübler/Prütting/Bork/*Kemper* Rn. 15.

staaten sodann auch verpflichtet, auf Antrag des Verwalters die notwendigen (hoheitlichen) Handlungen durchzuführen.[35]

Artikel 19 Nachweis der Verwalterstellung

Die Bestellung zum Verwalter wird durch eine beglaubigte Abschrift der Entscheidung, durch die er bestellt worden ist, oder durch eine andere von dem zuständigen Gericht ausgestellte Bescheinigung nachgewiesen.

Es kann eine Übersetzung in die Amtssprache oder eine der Amtssprachen des Mitgliedstaats, in dessen Gebiet er handeln will, verlangt werden. Eine Legalisation oder eine entsprechende andere Förmlichkeit wird nicht verlangt.

Übersicht	Rdn.		Rdn.
A. Normzweck	1	C. Rechtsfolgen	5
B. Voraussetzungen	2	D. Verhältnis zu anderen Vorschriften	7

A. Normzweck

1 Dass der Verwalter eines eröffneten Insolvenzverfahrens gem. Art. 18 befugt ist, seine Befugnisse auch in anderen Mitgliedstaaten auszuüben, ist unstritten (vgl. Art. 18 EuInsVO Rdn. 6). Die Vorschrift des Art. 19 bestimmt zu diesem Zweck lediglich, wie der Verwalter seine Verwalterstellung nachweisen kann.[1]

B. Voraussetzungen

2 Die Vorschrift betrifft **Haupt- und Sekundärinsolvenzverwalter** gleichermaßen.[2] Beim Sekundär-/Partikularinsolvenzverwalter kommt die Regelung jedoch nur zur Anwendung, wenn er gem. Art. 18 Abs. 2 befugt ist, auch in anderen Mitgliedstaaten tätig zu werden. Wer als Verwalter qualifiziert werden kann, ist in Art. 2 Buchst. b) legaldefiniert. Art. 19 gilt analog für den vorläufigen Insolvenzverwalter.[3]

3 Nachweis i.S.d. Art. 19 Satz 1 ist eine **beglaubigte Abschrift** des Eröffnungsbeschlusses, sofern hieraus auch die Bestellung zum Verwalter hervorgeht, und jede andere vom zuständigen Gericht ausgestellte Bescheinigung, insb. die Bestellungsurkunde. Das »Wie« der Beglaubigung richtet sich nach dem Recht des Eröffnungsstaates.[4]

4 Derjenige, dem gegenüber der Nachweis geführt werden soll, kann verlangen, dass ihm eine in die Amtssprache am Ort der vorzunehmenden Handlung **übersetzte Fassung** des Nachweises ausgehändigt wird (Art. 19 Satz 2). Dabei sind die Anforderungen, die in dem Staat der beabsichtigten Handlung an die Übersetzung offizieller Dokumente gestellt werden, zu beachten.[5] Die Übersetzung bzw. die Beglaubigung der Übersetzung sollte deshalb analog Art. 55 Abs. 2 EuGVO durch eine im Eröffnungsstaat oder im Staat der vorzunehmenden Handlung anerkannte Stelle/Person erfolgen.[6] Darüber hinaus kann der Nachweis der Verwalterstellung nicht von weiteren Förmlichkeiten, insb. einer konsularischen Anerkennung, abhängig gemacht werden (Art. 19 Satz 3).

---

35 *Paulus* Rn. 21.
1 Kübler/Prütting/Bork/*Kemper* Rn. 1; Uhlenbruck/*Lüer* Rn. 1.
2 Kübler/Prütting/Bork/*Kemper* Rn. 1.
3 Nerlich/Römermann/*Nerlich* Rn. 1.
4 Kübler/Prütting/Bork/*Kemper* Rn. 2.
5 *Duursma-Kepplinger/Duursma/Chalupsky* Rn. 6; *Virgós/Schmit* Bericht, 105.
6 MüKo-InsO/*Reinhart* Rn. 7; Pannen/*Pannen/Riedemann* Rn. 9.

C. Rechtsfolgen

Der Nachweis bezieht sich lediglich auf die **Bestellung zum Verwalter**, nicht auf den Umfang der ihm durch den Eröffnungsstaat übertragenen Befugnisse.[7]

Den **Umfang seiner Befugnisse** muss im Streitfall der Verwalter selbst darlegen.[8] Mitgliedstaatliche Gerichte haben sich im Falle einer Befassung mit dieser Frage gleichwohl von Amts wegen darüber zu informieren, wie weit die Befugnisse des Verwalters nach der Rechtsordnung des Eröffnungsstaates reichen und von der EuInsVO anerkannt werden,[9] denn der Richter hat auch das anwendbare (ausländische) Recht zu kennen.[10] Soweit gefordert wird, dass der Verwalter den Umfang seiner Befugnisse über seine Darlegungsverpflichtung hinaus auch nachweisen muss, ist dies zu weitgehend. Denn nachweisbar sind nur Tatsachen, keine Rechtsfragen. Anderenfalls könnten sämtliche nicht höchstrichterlich entschiedenen und nicht uni sono von Literatur und Rechtsprechung des Eröffnungsstaates anerkannten Befugnisse in anderen Mitgliedstaaten nicht durchgesetzt werden. Auch in einem Gerichtsverfahren dürften sich rechtliche Ausführungen durch den Verwalter mit entsprechenden Nachweisen empfehlen. Denkbar ist auch eine Bescheinigung des eröffnenden Gerichtes über den Umfang der Befugnisse des bestellten Verwalters.[11]

D. Verhältnis zu anderen Vorschriften

Die Vorschrift des § 438 ZPO wird durch Art. 19 verdrängt.[12]

Artikel 20 Herausgabepflicht und Anrechnung

(1) Ein Gläubiger, der nach der Eröffnung eines Insolvenzverfahrens nach Art. 3 Absatz 1 auf irgendeine Weise, insbesondere durch Zwangsvollstreckung, vollständig oder teilweise aus einem Gegenstand der Masse befriedigt wird, der in einem anderen Mitgliedstaat belegen ist, hat vorbehaltlich der Artikel 5 und 7 das Erlangte an den Verwalter herauszugeben.

(2) Zur Wahrung der Gleichbehandlung der Gläubiger nimmt ein Gläubiger, der in einem Insolvenzverfahren eine Quote auf seine Forderung erlangt hat, an der Verteilung im Rahmen eines anderen Verfahrens erst dann teil, wenn die Gläubiger gleichen Ranges oder gleicher Gruppenzugehörigkeit in diesem Verfahren die gleiche Quote erlangt haben.

Übersicht

	Rdn.		Rdn.
A. Normzweck	1	C. Rechtsfolgen	6
B. Voraussetzungen	2	I. Herausgabepflicht (Abs. 1)	6
I. Herausgabepflicht (Abs. 1)	2	II. Anrechnung (Abs. 2)	9
II. Anrechnung (Abs. 2)	5	D. Verhältnis zu anderen Vorschriften	10

A. Normzweck

Die Vorschrift dient dem Grundsatz der Gläubigergleichbehandlung bei Verteilungen.[1] Der europäische Gesetzgeber normiert hier Sachnormen.

---

7 Uhlenbruck/*Lüer* Rn. 10.
8 *Virgós/Schmit* Bericht, 32, 91.
9 AA Uhlenbruck/*Lüer* Rn. 12.
10 Wie hier Haß/Huber/Gruber/Heiderhoff/*Gruber* Rn. 4. Bei bestehenden Unsicherheiten oder Zweifeln kann das Gericht seiner Verpflichtung auch durch die Beauftragung eines Sachverständigen nachkommen.
11 Nerlich/Römermann/*Mincke* Rn. 6; MüKo-InsO/*Reinhart* Rn. 9; Pannen/*Pannen/Riedemann* Rn. 11 ff.
12 FK-InsO/*Wenner/Schuster* Rn. 4.
1 *Virgós/Schmit* Bericht, 106.

B. Voraussetzungen

I. Herausgabepflicht (Abs. 1)

2 Erforderlich ist zunächst die Eröffnung eines Hauptinsolvenzverfahrens gem. Art. 3 Abs. 1. Auch hier genügt die Bestellung eines vorläufigen Insolvenzverwalters.[2] Des Weiteren muss der Gläubiger nach Eröffnung eine Befriedigung aus der Insolvenzmasse erlangt haben. Ob ein Gegenstand zur Insolvenzmasse gehört, richtet sich nach der lex fori concursus. Die Art und Weise der Befriedigung ist unerheblich (vgl. der Wortlaut »auf irgendeine Weise«). Nur beispielhaft nennt Art. 20 Abs. 1 insoweit die Zwangsvollstreckung. Wann eine Forderung erfüllt ist (»Gläubiger ... befriedigt wird, ...«), richtet sich nach der auf sie anwendbaren lex causae.[3]

3 Der Gegenstand, mit dem der Gläubiger befriedigt wurde, muss in einem anderen Mitgliedstaat als dem Eröffnungsstaat belegen sein. Hierdurch stellt die Vorschrift den europarechtlich notwendigen grenzüberschreitenden Bezug sicher. Anderenfalls würde die Vorschrift auch bei rein nationalen Sachverhalten die Vorschriften der mitgliedstaatlichen Rechtsordnung verdrängen, was wiederum eine Kompetenzüberschreitung des Verordnungsgebers bedeuten würde.

4 Der befriedigte Gläubiger darf keine dinglichen Sicherungsrechte gem. Art. 5 und Art. 7 an dem erlangten Gegenstand inne gehabt haben.[4]

II. Anrechnung (Abs. 2)

5 Steht eine Verteilung an und hat ein Gläubiger, der die Forderung gem. Art. 32 Abs. 1 bereits in einem anderen Insolvenzverfahren angemeldet hat, schon eine quotale Befriedigung dieser Forderung erhalten, ist Art. 20 Abs. 2 einschlägig. Umstritten ist, ob auch eine Quotenzahlung im Rahmen eines in einem Drittstaat durchgeführten Insolvenzverfahrens zur Anrechnung führt.[5] Hiergegen spricht, dass die Gläubigergleichbehandlung so davon abhängt, ob der Drittstaat eine vergleichbare Regelung getroffen hat oder, wenn das nicht der Fall ist, die Ausschüttung zuerst in dem im Drittstaat eröffneten Insolvenzverfahren erfolgt ist. Würde man allerdings hieraus schlussfolgern, die Vorschrift bei Drittstaatenbezug nicht anzuwenden, könnte dem Grundsatz der gleichmäßigen Befriedigung auch in den Fällen nicht Genüge getan werden, in denen es der europäische Gesetzgeber in der Hand hätte. Die Erstreckung der Wirkungen des Art. 20 Abs. 2 auch auf die Fälle mit Drittstaatenbezug würde der Durchsetzung des europäischen Rechtsverständnisses zur maximal möglichen Geltung verhelfen. Vor diesem Hintergrund sind auch quotale Befriedigungen in einem Drittstaaten-Insolvenzverfahren anzurechnen.

C. Rechtsfolgen

I. Herausgabepflicht (Abs. 1)

6 Die Vorschrift des Art. 20 Abs. 1 verschafft dem in einem Hauptinsolvenzverfahren bestellten Verwalter eine eigenständige europarechtliche Anspruchsgrundlage auf Rückgewähr, soweit ein einzelner Gläubiger nach Eröffnung des Insolvenzverfahrens gem. Art. 3 Abs. 1 eine Befriedigung aus der Insolvenzmasse erhalten hat. Der Umfang des Rückgewähranspruches wird autonom bestimmt.[6] Die Geltendmachung eines mit der Befriedigung einhergehenden Schadensersatzanspruches kann nach grammatischer Auslegung nicht auf Art. 20 Abs. 1 gestützt werden.[7]

---

2 Vgl. EuGH 02.05.2006, C-341/04, Slg. 2006, I-3813 – Eurofood.
3 MüKo-InsO/*Reinhart*, Rn. 3.
4 *Virgós/Schmit* Bericht, 107.
5 Für eine Anrechnung einer solchen Befriedigung Uhlenbruck/*Lüer* Rn. 7; MüKo-InsO/*Reinhart* Rn. 6; a.A. *Duursma-Kepplinger/Duursma/Chalupsky* Rn. 22.
6 MüKo-InsO/*Reinhart* Rn. 4.
7 *Duursma-Kepplinger/Duursma/Chalupsky* Rn. 24.

Ist ein gem. Art. 5 oder Art. 7 dinglich gesicherter Gläubiger über den Umfang der Sicherheit hinaus 7
befriedigt worden, ist der überschießende Teil an den Verwalter herauszugeben.[8]

Die Rechtsfolgen einer vor Eröffnung des Insolvenzverfahrens erfolgten Befriedigung richten sich 8
nach dem Insolvenzstatut.

II. Anrechnung (Abs. 2)

Die Vorschrift des Art. 20 Abs. 2 führt nicht dazu, dass sich die Forderung eines Gläubigers, der in 9
mehreren Parallelverfahren des Schuldners seine Forderung zur Insolvenztabelle angemeldet hat, der
Forderungsbetrag verringert.[9] Eine Berücksichtigung bereits erfolgter Ausschüttungen in anderen
Verfahren wird erst bei der Verteilung im Wege einer Anrechnung berücksichtigt. Erst nachdem
sämtliche **anderen** Gläubiger auf ihre in dem zu betrachtenden Insolvenzverfahren angemeldete
und festgestellte Forderung die gleiche Vorabquote erhalten haben, ist der verbleibende Ausschüttungsbetrag auf **alle** Gläubiger im Verhältnis zu der von ihnen angemeldeten und festgestellten Forderung zu verteilen.[10] War die im anderen Insolvenzverfahren erzielte Quote höher, ist der Gläubiger
nicht verpflichtet, den über die aktuell vorzunehmende Verteilung hinausgehenden Betrag an die
Masse dieses Insolvenzverfahrens auszukehren.[11] Die Anmeldung der Forderung in mehreren oder
allen Parallelverfahren minimiert somit lediglich das Risiko, seine Forderung möglicherweise gerade
in dem Verfahren angemeldet zu haben, in dem es zu keiner Verteilung kommt. Mit einem Mehrerlös
kann nicht gerechnet werden.

D. Verhältnis zu anderen Vorschriften

Die in Art. 20 getroffene Regelung verdrängt in ihrem Anwendungsbereich aufgrund des europa- 10
rechtlichen Anwendungsvorranges die Vorschrift des § 342 Abs. 1 und Abs. 2 InsO. Hingegen
bleibt § 342 Abs. 3 InsO stets anwendbar, da die EuInsVO keinen Auskunftsanspruch normiert.[12]

Artikel 21 Öffentliche Bekanntmachung

(1) **Auf Antrag des Verwalters ist in jedem anderen Mitgliedstaat der wesentliche Inhalt der Entscheidung über die Verfahrenseröffnung und gegebenenfalls der Entscheidung über eine Bestellung entsprechend den Bestimmungen des jeweiligen Staates für öffentliche Bekanntmachungen zu veröffentlichen. In der Bekanntmachung ist ferner anzugeben, welcher Verwalter bestellt wurde und ob sich die Zuständigkeit aus Artikel 3 Absatz 1 oder aus Artikel 3 Absatz 2 ergibt.**

(2) **Jeder Mitgliedstaat, in dessen Gebiet der Schuldner eine Niederlassung besitzt, kann jedoch die obligatorische Bekanntmachung vorsehen. In diesem Fall hat der Verwalter oder jede andere hierzu befugte Stelle des Mitgliedstaats, in dem das Verfahren nach Artikel 3 Absatz 1 eröffnet wurde, die für diese Bekanntmachung erforderlichen Maßnahmen zu treffen.**

Übersicht	Rdn.		Rdn.
A. Normzweck	1	I. Zerstörung des guten Glaubens, Beweislastumkehr	9
B. Voraussetzungen	2		
I. Absatz 1 – Fakultativer Antrag auf öffentliche Bekanntmachung	3	II. Haftung bei pflichtwidrigem Unterlassen der Veröffentlichung	11
II. Absatz 2 – Obligatorische öffentliche Bekanntmachung	5	D. Verfahrensfragen	13
C. Rechtsfolgen	9	E. Europäisches Insolvenzregister	17

---

8 *Duursma-Kepplinger/Duursma/Chalupsky* Rn. 25 ff.
9 *Virgós/Schmit* Bericht, 107.
10 *Virgós/Schmit* Bericht, 108.
11 *Virgós/Schmit* Bericht, 107.
12 *Uhlenbruck/Lüer* Rn. 2.

Anh. I Art. 21 EuInsVO Öffentliche Bekanntmachung

A. Normzweck

1 Art. 21 regelt die Veröffentlichung des Beschlusses über die Eröffnung eines Insolvenzverfahrens in jedem anderen Mitgliedstaat als dem der Verfahrenseröffnung. Im »Interesse des Geschäftsverkehrs«[1] bzw. der Insolvenzmasse sollen insb. Gläubiger und (zukünftige) Vertragspartner aus anderen Mitgliedstaaten über die Verfahrenseröffnung informiert und gewarnt werden.[2] Relevant ist die Veröffentlichung insb. im Zusammenhang mit der schuldbefreienden Wirkung von Leistungen an den Schuldner und der Möglichkeit eines gutgläubigen Erwerbs vom Schuldner nach Verfahrenseröffnung;[3] die Publizität nach Art. 21 bezweckt dabei, den durch Art. 24 und ggf. über Art. 14 geschützten guten Glauben zu zerstören.[4] Die Anerkennung einer ausländischen Verfahrenseröffnung oder die Anerkennung und Ausübung der Befugnisse des im Rahmen dieses Verfahrens bestellten Verwalters, die *ipso iure* erfolgt (Art. 16, 17), hängt jedoch nicht von der öffentlichen Bekanntmachung ab.[5] Die Vorschrift des Art. 21 ist keine Kollisionsvorschrift, sondern eine Sachnorm, die als unmittelbar geltendes Gemeinschaftsrecht entgegenstehende nationale Vorschriften verdrängt.[6]

B. Voraussetzungen

2 Art. 21 unterscheidet zwischen der Möglichkeit in Abs. 1 und der Pflicht in Abs. 2, die öffentliche Bekanntmachung zu beantragen. Eine Pflicht zur öffentlichen Bekanntmachung nach Abs. 2 besteht nur, wenn der Schuldner erstens eine Niederlassung im Gebiet eines Mitgliedstaates hat und zweitens der entsprechende Mitgliedstaat von der Ermächtigung des Abs. 2 Satz 1 Gebrauch gemacht hat und eine obligatorische Bekanntmachung vorschreibt.

I. Absatz 1 – Fakultativer Antrag auf öffentliche Bekanntmachung

3 **Antragsbefugt** als Verwalter ist der Personenkreis nach Art. 2 Buchst. b) i.V.m. Anhang C. Aus der Bezugnahme des Art. 21 Abs. 1 Satz 2 auf Art. 3 Abs. 1 und Abs. 2 ergibt sich, dass dies sowohl der Verwalter eines Hauptverfahrens (Art. 3 I) als auch der eines Sekundärverfahrens (Art. 3 Abs. 2) sein kann.[7] Ebenso steht das Recht dem vorläufigen Insolvenzverwalter zu.[8] Bei der Frage, ob die Veröffentlichung zu veranlassen ist, hat der Verwalter in pflichtgemäßem Ermessen alle Umstände wie etwa nicht zu ermittelnde Gläubiger, das Vorhandensein einer Niederlassung und eine regelmäßig werbende Tätigkeit des Schuldners im Ausland zu berücksichtigen[9] und gegenüber den mit der Eintragung verbundenen Kosten abzuwägen.[10] Zu richten ist der Antrag an die zuständigen Bekanntmachungsstellen des anderen Mitgliedstaates, die sich aus dem Recht des Staates der Veröffentlichung ergeben. In Deutschland ist dies das örtlich zuständige Gericht nach Art. 102 § 5 Abs. 1 Satz 1 i.V.m. Art. 102 § 1 EGInsO. Neben dem fakultativen Antrag des Verwalters sind die Gerichte oder zuständigen Stellen des Staates der Verfahrenseröffnung jedoch nicht gehindert, die öffentliche Bekanntmachung auch selbst zu veranlassen.[11] Die Ermessensentscheidung wird durch die

---

1 Erwägungsgrund Nr. 29.
2 *Virgós/Schmit* Bericht, 111.
3 MüKo-InsO/*Reinhart* Rn. 1; Nerlich/Römermann/*Nerlich* Rn. 3.
4 *Paulus* Rn. 1.
5 Erwägungsgrund Nr. 29; *Virgós/Schmit* Bericht, 111; Haß/Huber/Gruber/Heiderhoff/*Gruber* Rn. 1; Uhlenbruck/*Lüer* Rn. 1; BK-InsR/*Pannen* Rn. 1; Nerlich/Römermann/*Nerlich* Rn. 2; *Duursma-Kepplinger/Duursma/Chalupsky* Rn. 1.
6 Haß/Huber/Gruber/Heiderhoff/*Gruber* Rn. 3; MüKo-InsO/*Reinhart* Rn. 2; Nerlich/Römermann/*Nerlich* Rn. 2 und 8.
7 MüKo-InsO/*Reinhart* Rn. 5; Uhlenbruck/*Lüer* Rn. 5.
8 MüKo-InsO/*Reinhart* Rn. 4; Nerlich/Römermann/*Nerlich* Rn. 1; Uhlenbruck/*Lüer* Rn. 4.
9 *Virgós/Schmit* Bericht, 112.
10 MüKo-InsO/*Reinhart* Rn. 6.
11 *Virgós/Schmit* Bericht, 112; *Smid* Deutsches und Europäisches Internationales Insolvenzrecht, Rn. 8.

ersuchte Stelle nicht überprüft. Geprüft wird lediglich das Vorliegen der Voraussetzungen der Anerkennung der Eröffnungsentscheidung gem. Art. 16.[12]

Mindestinhalt der Bekanntmachung ist gem. Abs. 1 der wesentliche Inhalt der Entscheidung über die Verfahrenseröffnung, Name und Anschrift des bestellten Verwalters und die Angabe, ob es sich um ein Hauptverfahren (Art. 3 Abs. 1) oder Partikularverfahren (Art. 3 Abs. 2) handelt. Da Art. 21 Abs. 1 lediglich Mindestangaben zum Inhalt der Veröffentlichung vorschreibt, steht er darüber hinausgehenden Angaben nicht entgegen.[13] Solche weitergehenden Inhalte können etwa Angaben über Fristen zur Forderungsanmeldung oder zum Termin der Gläubigerversammlung sein.[14] Nationales Recht, das hinter den Mindestangaben zurückbleibt oder aber darüber hinausgehende Informationen verlangt, wird insoweit verdrängt.[15] 4

II. Absatz 2 – Obligatorische öffentliche Bekanntmachung

Eine Pflicht zur Bekanntmachung kommt gem. Art. 21 Abs. 2 in Betracht, wenn der Schuldner eine Niederlassung i.S.d. Art. 2 Buchst. h) unterhält und der Mitgliedstaat, in dessen Gebiet sich die Niederlassung befindet, eine obligatorische Bekanntmachung vorsieht. Der Verwalter hat daher zu klären, ob Niederlassungen des Schuldners existieren, und sodann die Rechtslage in dem betreffenden Staat zu prüfen. Sofern die Voraussetzungen vorliegen, sind durch den Verwalter[16] oder jede andere hierzu befugte Stelle des Mitgliedstaats die für die Bekanntmachung erforderlichen Maßnahmen zu treffen. Auch wenn ein Mitgliedstaat von der Ermächtigung des Art. 21 Abs. 2 Satz 1 Gebrauch macht und die Bekanntmachung vorschreibt, hängt hiervon die automatische Anerkennung nicht ab.[17] 5

Für die öffentliche Bekanntmachung gem. Art. 21 Abs. 2 können nicht mehr Angaben verlangt werden als die in Art. 21 Abs. 1 genannten Angaben.[18] 6

In **Deutschland** ist die Eröffnung des Insolvenzverfahrens in einem anderen Mitgliedstaat obligatorisch gem. Art. 102 § 5 Abs. 2 Satz 1 EGInsO von Amts wegen, d.h. durch das Insolvenzgericht,[19] bekannt zu machen, wenn der Schuldner im Inland eine Niederlassung unterhält. In gleicher Weise ist auch die Beendigung des Verfahrens gem. Art. 102 § 5 Abs. 2 Satz 2 EGInsO bekannt zu machen. 7

Existiert eine Niederlassung des Schuldners in **Spanien**, verpflichtet die Vorschrift des Art. 221.3.1 Ley Concursal[20] (LC) entsprechend Art. 23 LC zur öffentlichen Bekanntmachung. Seit der Änderung des Art. 23 LC vom 27. März 2009[21] erfolgt die Veröffentlichung von Entscheidungen über die Eröffnung von Insolvenzverfahren vorzugsweise über elektronische Medien. Die Veröffentlichung in einer Tageszeitung mit größerer Verbreitung in der Provinz des Sitzes bzw. des Zentrums der hauptsächlichen Interessen des Schuldners ist abgeschafft. Nunmehr bleibt es gem. Art. 23 LC n.F. nur noch bei der kostenlosen öffentlichen Bekanntmachung im *Boletín Oficial del Estado*[22] und der Veröffentlichung im *Registro Público Concursal*, das nach Art. 198 LC n.F. über das Internet und ebenfalls kostenlos zugänglich ist. Bzgl. der Kosten der Veröffentlichung be- 8

---

12 MüKo-BGB/*Kindler* Rn. 522.
13 *Virgós/Schmit* Bericht, 113; MüKo-InsO/*Reinhart* Rn. 8; *Duursma-Kepplinger/Duursma/Chalupsky* Rn. 17.
14 *Virgós/Schmit* Bericht, 113; Uhlenbruck/*Lüer* Rn. 14.
15 *Duursma-Kepplinger/Duursma/Chalupsky* Rn. 18.
16 Zur Antragsbefugnis des Verwalters siehe Rdn. 3 f.
17 *Virgós/Schmit* Bericht, 112.
18 *Virgós/Schmit* Bericht, 113.
19 Haß/Huber/Gruber/Heiderhoff/*Gruber* Rn. 12.
20 Ley 22/2003, de 9 de julio.
21 Real Decreto-ley 3/2009, de 27 de marzo.
22 http://www.boe.es.

C. Rechtsfolgen

I. Zerstörung des guten Glaubens, Beweislastumkehr

9 Die öffentliche Bekanntmachung hat Rechtsfolgen im Hinblick auf die **Gutgläubigkeit** von Dritten, insb. für die schuldbefreiende Leistung an den Schuldner und den gutgläubigen Erwerb vom Schuldner nach Verfahrenseröffnung.[23] Grds. leistet gem. Art. 24 Abs. 1 derjenige, der in einem Mitgliedstaat statt an den Verwalter, an den Schuldner leistet, über dessen Vermögen in einem anderen Mitgliedstaat ein Insolvenzverfahren eröffnet wurde, bei Unkenntnis der Verfahrenseröffnung mit schuldbefreiender Wirkung. Erfüllungsort i.S.d. Art. 24 Abs. 1 ist dabei der Ort, an dem die Leistung vom Leistungsschuldner tatsächlich erbracht wird.[24] Durch die öffentliche Bekanntmachung nach Art. 21 endet die vor der Veröffentlichung der Verfahrenseröffnung vermutete Gutgläubigkeit des Leistenden gem. Art. 24 Abs. 2 Satz 1. Stattdessen greift mit öffentlicher Bekanntmachung der Eröffnung des Insolvenzverfahrens die widerlegbare Vermutung, dass dem Leistenden die Verfahrenseröffnung bekannt war.[25]

10 Die Herstellung von Publizität kann auch im Zusammenhang mit dem Erwerb eines unbeweglichen Gegenstandes durch einen Dritten und einem etwaigen Gutglaubensschutz im Rahmen des Art. 14 i.V.m. dem jeweiligen einzelstaatlichen Recht maßgebend werden.[26]

II. Haftung bei pflichtwidrigem Unterlassen der Veröffentlichung

11 Das pflichtwidrige Unterlassen der öffentlichen Bekanntmachung nach Abs. 1 oder Abs. 2 durch den Verwalter kann zu einem Schadensersatzanspruch gegen diesen und im Falle des Abs. 2 zudem auch zu einem Staatshaftungsanspruch führen. Als Schaden kommt insb. eine Masseschmälerung infolge eines gutgläubigen Erwerbs eines massezugehörigen Gegenstandes durch einen Dritten oder eine schuldbefreiende Leistung eines Dritten an den Insolvenzschuldner in Betracht.[27] Die verletzte Pflicht ergibt sich direkt aus Art. 21.

12 Im Falle des pflichtwidrigen Unterlassens eines Antrages nach Abs. 1 herrscht Einigkeit, dass sich die **Anspruchsgrundlage** zur Geltendmachung des (Gesamt)Schadens gegen den Verwalter aus der *lex fori concursus* ergibt.[28] Umstritten ist die Frage, welcher Rechtsordnung die Anspruchsgrundlage zur Geltendmachung eines Schadens wegen einer unterlassenen Veröffentlichung nach Abs. 2 zu entnehmen ist. Eine Auffassung nimmt an, dass das einzelstaatliche Recht des Staates anzuwenden ist, der eine obligatorische Bekanntmachung gem. Art. 21 Abs. 2 vorschreibt.[29] Eine weitere Ansicht hält grds. das Recht des Staates der Bekanntmachung für anwendbar, es sei denn, es fehlt an einer hinreichenden Konkretisierung der Folgen eines Verstoßes. Dann soll die *lex fori concursus* anzuwenden sein.[30] Diese Auffassung dürfte allerdings zu erheblicher Rechtsunsicherheit führen. Nach anderer Ansicht bestimmt auch im Falle des Art. 21 Abs. 2 ausschließlich die *lex fori concursus* die Ausgestaltung von Schadensersatzansprüchen.[31] Denn grds. existiert überall die Pflicht des Insol-

---

23 Vgl. auch Erwägungsgrund Nr. 30.
24 *Virgós/Schmit* Bericht, 117.
25 *Virgós/Schmit* Bericht, 116; Uhlenbruck/*Lüer* Rn. 3; Nerlich/Römermann/*Nerlich* Rn. 3; BK-InsR/*Pannen* Rn. 2.
26 *Duursma-Kepplinger/Duursma/Chalupsky* Rn. 6; Pannen/*Eickmann* Rn. 1.
27 BK-InsR/*Pannen* Rn. 7; Uhlenbruck/*Lüer* Rn. 11; Haß/Huber/Gruber/Heiderhoff/*Gruber* Rn. 15.
28 MüKo-InsO/*Reinhart* Rn. 14.
29 So wohl *Virgós/Schmit* Bericht, 112 und *Duursma-Kepplinger/Duursma/Chalupsky* Rn. 19.
30 *Smid* Rn. 12 unter Verweis auf Art. 4 Abs. 2 lit c); dem folgend Nerlich/Römermann/*Nerlich* Rn. 18.
31 MüKo-InsO/*Reinhart* Rn. 14 f. m.w.N.

venzverwalters, Masseschmälerungen zu vermeiden.[32] Für die letztgenannte Ansicht spricht, dass es sich bei Art. 21 Abs. 2 um eine europarechtliche Verpflichtung des Verwalters handelt. Lediglich das In-Kraft-Setzen dieser Verpflichtung bleibt, dem Rücksichtnahmeprinzip folgend, dem nationalen Gesetzgeber vorbehalten. Art. 21 Abs. 2 lässt sich indes nicht entnehmen, dass es jeder Mitgliedstaat in der Hand haben soll, die Sanktionierung eines Verstoßes gegen die Veröffentlichungspflicht zu regeln. Sachnäher erscheint hier die Anknüpfung an das Insolvenzstatut gem. Art. 4, da dieses auch sonst den Umfang der Rechte, Pflichten und die Folgen von Verstößen hiergegen regelt.

D. Verfahrensfragen

Die Veröffentlichung erfolgt nicht nach einem einheitlichen Verfahren, sondern entsprechend den Bestimmungen des jeweiligen Staates für öffentliche Bekanntmachungen (Art. 21 Abs. 1 Satz 1). Einzelheiten der Bekanntmachung sind daher dem Mitgliedstaat, in dem die Bekanntmachung erfolgen soll, überlassen.[33] 13

Im Falle der Verfahrenseröffnung und ihrer obligatorischen Bekanntmachung ist gem. Art. 21 Abs. 2 Satz 2 der Verwalter oder jede andere hierzu befugte Stelle des Mitgliedstaats berechtigt. Bei einem in Deutschland eröffneten Verfahren ist das neben dem Insolvenzverwalter/Treuhänder gem. § 30 Abs. 1 Satz 1 das Insolvenzgericht. Veranlasst der Verwalter die Veröffentlichung, hat er die Verwalterbefugnis gem. Art. 19 nachzuweisen, wobei eine Übersetzung durch eine gem. Art. 55 Abs. 2 Satz 2 EuGVVO befugte Person zu beglaubigen ist.[34] 14

Für die öffentliche Bekanntmachung der in einem Mitgliedstaat erfolgten Verfahrenseröffnung in Deutschland nach Art. 21 bestimmt Art. 102 § 5 Abs. 1 EGInsO, dass der Antrag an das nach Art. 102 § 1 EGInsO **zuständige Gericht** zu richten ist. Ein unzuständiges Gericht muss den Antrag an das zuständige Gericht gem. Art. 102 § 6 Abs. 3 EGInsO unverzüglich weiterleiten und den Antragsteller hierüber unterrichten. Nach Art. 102 § 5 Abs. 1 Satz 3 EGInsO gelten die §§ 9 Abs. 1 und Abs. 2, § 30 Abs. 1 Satz 1 InsO entsprechend. Das zuständige Gericht ist zudem gem. Art. 102 § 5 Abs. 1 Satz 2 EGInsO ausdrücklich ermächtigt, eine Übersetzung der Eröffnungsentscheidung, die von einer hierzu in einem der Mitgliedstaaten der Europäischen Union befugten Person zu beglaubigen ist, zu verlangen. Im Hinblick auf die Europarechtskonformität dieser Vorschrift bestehen aufgrund der vergleichbaren Vorschrift des Art. 19 Unterabs. 2 Satz 1 EuInsVO keine Bedenken.[35] 15

Die **Kosten** der öffentlichen Bekanntmachung gelten gem. Art. 23 als Kosten und Aufwendungen des Verfahrens. Dies betrifft sowohl die Kosten der fakultativen als auch der obligatorischen Veröffentlichung.[36] Dieser Aspekt ist im Rahmen der Ermessensabwägung nach Art. 21 Abs. 1 i.S.d. Vermeidung einer unverhältnismäßigen Kostenlast mit einzubeziehen.[37] 16

E. Europäisches Insolvenzregister

Die Europäische Kommission hat am 12. Dezember 2012 einen Vorschlag zur Änderung der EuInsVO vorgelegt.[38] Wesentlicher Bestandteil ist die Einführung eines europäischen Insolvenzregisters, vgl. die Artikel 20a bis 20d EuInsVO-E.[39] 17

---

32 Nerlich/Römermann/*Nerlich* Rn. 18; Haß/Huber/Gruber/Heiderhoff/*Gruber* Rn. 17.
33 *Virgós/Schmit* Bericht, 113.
34 FK-InsO/*Wimmer* 4. Aufl., Anh. I Rn. 107.
35 FK-InsO/*Wimmer* 4. Aufl., Anh. I Rn. 107; Haß/Huber/Gruber/Heiderhoff/*Gruber* Rn. 8.
36 *Virgós/Schmit* Bericht, 115; *Duursma-Kepplinger/Duursma/Chalupsky* Rn. 3.
37 BK-InsR/*Pannen* Rn. 3; MüKo-InsO/*Reinhart* Rn. 6; *Duursma-Kepplinger/Duursma/Chalupsky* Rn. 7.
38 Vorschlag für eine Verordnung des Europäischen Parlaments und des Rates zur Änderung der Verordnung (EG) Nr. 1346/2000 des Rates über Insolvenzverfahren, COM(2012) 744 final.
39 Siehe auch *Prager/Keller* NZI 2013, 57 (62).

18 Zu diesem Zweck sind die Mitgliedstaaten dazu verpflichtet, Insolvenzregister einzurichten und zu unterhalten. Diesen kommt fortan die Aufgabe der Information der Öffentlichkeit zu. Eintragungspflichtig sind bspw. das Datum der Eröffnung, das eröffnende Gericht, die Art des Verfahrens, Anmeldefristen für Forderungen sowie die Entscheidung über die Bestellung des Verwalters. Die Eintragungspflicht entsteht mit Eröffnung des Haupt- oder Sekundärverfahrens durch das zuständige Gericht, Art. 20d EuInsVO-E. Dessen Aufgabe es ist auch, für die Eintragung der entsprechenden Informationen Sorge zu tragen. Ausgenommen sind Verbraucherinsolvenzverfahren.[40] Nach Errichtung der mitgliedstaatlichen Register ist es Aufgabe der Kommission, die Register in einem einheitlichen aber dezentralen System zu vernetzen, um sie europaweit zugänglich zu machen. Der Zugang soll dabei über das Europäische Justizportal erfolgen.

Art. 21 wird dieser geänderten Rechtslage angepasst. Insoweit gilt die Norm zunächst als Übergangsvorschrift bis zur Einrichtung des Systems zur Vernetzung der Insolvenzregister im Sinne von Art. 20b EuInsVO-E fort. Entgegen der aktuellen Rechtslage statuiert der Änderungsentwurf für einzelne Informationen allerdings eine sich unmittelbar aus der Verordnung ergebende **Antragspflicht**.[41] Dies gilt namentlich für den »wesentliche(n) Inhalt der Entscheidung zur Eröffnung des Insolvenzverfahrens«. Voraussetzung hierbei ist nur, dass sich eine Niederlassung des Schuldners in dem betreffenden Mitgliedstaat befindet, vgl. Art. 21 Abs. 1 EuInsVO-E. Ein **fakultativer Antrag** auf öffentliche Bekanntmachung in einem Mitgliedstaat ist nach Art. 21 Abs. 2 EuInsVO-E immer dann möglich, wenn sich Gläubiger oder Vermögensgegenstände des Schuldners in dem Mitgliedstaat befinden. Abs. 2 in seiner aktuell geltenden Fassung wird insoweit ersetzt.

Die deutsche Entwurfsfassung lässt die Differenzierung zwischen Antragspflicht und fakultativem Antragsrecht nicht zwingend zu. Ein Vergleich der übrigen, insbesondere der englischen (»shall«/»may«) und der französischen (»demande«/»peut demander«) Sprachfassungen, deutet aber auf eine entsprechende Unterscheidung hin.

19 Die vorstehenden Ausführungen zu den relevanten Rechtsfolgen gelten entsprechend. Wie nach geltendem Recht auch, hindert insbesondere eine unterlassene Eintragung die Anerkennung der Verfahrenseröffnung durch die anderen Mitgliedstaaten nicht.[42] Ebenso verhält es sich mit Blick auf die Frage der Gutgläubigkeit sowie schließlich hinsichtlich der mit der Eintragung ggf. verbundenen Haftungsfragen.

Artikel 22 Eintragung in öffentliche Register

(1) Auf Antrag des Verwalters ist die Eröffnung eines Verfahrens nach Artikel 3 Absatz 1 in das Grundbuch, das Handelsregister und alle sonstigen öffentlichen Register in den übrigen Mitgliedstaaten einzutragen.

(2) Jeder Mitgliedstaat kann jedoch die obligatorische Eintragung vorsehen. In diesem Fall hat der Verwalter oder eine andere hierzu befugte Stelle des Mitgliedstaats, in dem das Verfahren nach Artikel 3 Absatz 1 eröffnet wurde, die für diese Eintragung erforderlichen Maßnahmen zu treffen.

Übersicht	Rdn.		Rdn.
A. Normzweck	1	C. Rechtsfolgen	10
B. Voraussetzungen	2	I. Zerstörung des guten Glaubens	10
I. Absatz 1 – Fakultativer Antrag auf Eintragung in öffentliche Register	3	II. Haftung bei pflichtwidrigem Unterlassen der Eintragung	12
II. Absatz 2 – Obligatorische Eintragung in öffentliche Register	7	D. Verfahrensfragen	13
		E. Europäisches Insolvenzregister	20

---

40 *Prager/Keller* NZI 2013, 57 (62).
41 *Prager/Keller* NZI 2013, 57 (62).
42 Vgl. Erwägungsgrund 29 des Änderungsentwurfs.

A. Normzweck

Art. 22 regelt in Anlehnung an Art. 21 die Eintragung der Eröffnung eines Insolvenzverfahrens in die öffentlichen Register in jedem anderen Mitgliedstaat als dem der Verfahrenseröffnung i.S. einer umfassenden Wirksamkeit des Insolvenzverfahrens.[1] Die Vorschrift dient der **Sicherheit des Geschäftsverkehrs** und dem **Schutz** der Insolvenzmasse **vor Masseschmälerungen** durch gutgläubigen Erwerb vom Schuldner. Sie hat eine Informations- und Warnfunktion des Rechtsverkehrs[2] hinsichtlich unwirksamer oder anfechtbarer Rechtsgeschäfte.[3] Geschützt werden soll über Art. 22 insb. das Vertrauen Dritter in die Richtigkeit der Register und die Verfügungsbefugnis einer Person bei Verfügungen über Vermögensgegenstände oder Rechte, die in öffentliche Register eingetragen sind (positive und negative Registerpublizität).[4] Die Eintragung in öffentliche Register gem. Art. 22 spielt für die Anerkennung einer ausländischen Verfahrenseröffnung oder die Anerkennung und Ausübung der Befugnisse des im Rahmen dieses Verfahrens bestellten Verwalters, die automatisch erfolgt (Art. 16, 17), keine Rolle. Insb. kann eine Exequatur als Voraussetzung für die Eintragung von den Mitgliedstaaten nicht vorgesehen werden.[5] Auch Art. 22 ist keine Kollisionsnorm, sondern Sachnorm des unmittelbar geltenden Gemeinschaftsrechts, das entgegenstehende nationale Vorschriften verdrängt.[6]

B. Voraussetzungen

Art. 22 unterscheidet zwischen der Möglichkeit in Abs. 1 und der Pflicht in Abs. 2, die Eintragung der Verfahrenseröffnung in die öffentlichen Register zu beantragen. Eine Pflicht zur Eintragung nach Abs. 2 besteht jedoch nur, wenn der jeweilige Mitgliedstaat von der Ermächtigung des Abs. 2 Satz 1 Gebrauch gemacht hat und eine obligatorische Eintragung vorschreibt.

I. Absatz 1 – Fakultativer Antrag auf Eintragung in öffentliche Register

Antragsbefugt gem. Art. 22 ist grds. – anders als in Art. 21 – nur der Verwalter (Art. 2 Buchst. b i.V.m. Anhang C) des Hauptverfahrens nach Art. 3 Abs. 1, da ein Partikularverfahren grds. keine Vermögensgegenstände außerhalb des Staatsgebietes, in dem das Partikularverfahren eröffnet wird, erfasst.[7] Im Hinblick auf seinen Anwendungsbereich umfasst Art. 22 auch den vorläufigen Verwalter und etwaige Sicherungsmaßnahmen, soweit dies nach dem Recht des Registerstaats eintragungsfähig ist, denn zum einen ist auch der vorläufige Insolvenzverwalter Verwalter gem. der Legaldefinition des Art 2 Buchst. b). Zum anderen gilt aufgrund der durchzuführenden vertragsautonomen Auslegung auch die Anordnung vorläufiger Sicherungsmaßnahmen als Eröffnung des Insolvenzverfahrens i.S.d. EuInsVO (vgl. Art. 16 EuInsVO Rdn. 6).[8] Es widerspräche auch dem Sinn und Zweck der Vorschrift, Eintragungen wie etwa die Anordnung vorläufiger Sicherungsmaßnahmen, mit denen der Schutz des Rechtsverkehrs gerade sichergestellt werden soll, zu unterbinden.[9]

---

1 *Virgós/Schmit* Bericht, 114.
2 MüKo-InsO/*Reinhart* Rn. 4.
3 Pannen/*Eickmann* Rn. 1.
4 MüKo-InsO/*Reinhart* Rn. 1; MüKo-BGB/*Kindler* Rn. 2; Uhlenbruck/*Lüer* Rn. 2; *Duursma-Kepplinger/Duursma/Chalupsky* Rn. 1; Pannen/*Eickmann* Rn. 1.
5 *Virgós/Schmit* Bericht, Rn. 183; MüKo-InsO/*Reinhart* Rn. 12; MüKo-BGB/*Kindler* Rn. 3; Uhlenbruck/*Lüer* Rn. 1; *Smid* Deutsches und Europäisches Internationales Insolvenzrecht, Rn. 1; *Duursma-Kepplinger/Duursma/Chalupsky* Rn. 1.
6 Pannen/*Eickmann* Rn. 2.
7 *Virgós/Schmit* Bericht, Rn. 184; MüKo-InsO/*Reinhart* Rn. 2; BK-InsR/*Pannen* Rn. 6; MüKo-BGB/*Kindler* Rn. 2; Uhlenbruck/*Lüer* Rn. 3; *Smid* Deutsches und Europäisches Internationales Insolvenzrecht, Rn. 2; *Duursma-Kepplinger/Duursma/Chalupsky* Rn. 4; Pannen/*Eickmann* Rn. 3. Zu der möglichen Ausnahme im Falle einer Verbringung von Gegenständen aus dem Staat des Partikularverfahrens in einen anderen Mitgliedstaat vgl. Kübler/Prütting/Bork/*Kemper* Rn. 4.
8 EuGH 02.05.2006, Rs. C-314/04 – Eurofood/Parmalat.
9 MüKo-InsO/*Reinhart* Rn. 3; Uhlenbruck/*Lüer* Rn. 5; Pannen/*Eickmann* Rn. 14 f.

4 Als **öffentliche Register** führt Art. 22 beispielhaft das Grundbuch und das Handelsregister auf. Allgemein soll bei der Einordnung als öffentliches Register nach Art. 22 nicht die Führung durch die öffentliche Hand, sondern der öffentliche Zugang bestimmend sein; demnach können auch durch einzelstaatliche Rechtsordnungen anerkannte private Register darunter fallen.[10]

5 **Form und Inhalt** der Eintragung richten sich nach dem Recht des Registerstaats.[11] Als Mindestinhalt einzutragen ist die Verfahrenseröffnung. Darüber hinausgehende Angaben werden von Art. 22 nicht gefordert, sind nach nationalem Recht jedoch zulässig.[12]

6 Wenn keine gesetzliche Pflicht zur Eintragung in die Register nach dem jeweiligen nationalen Recht besteht, obliegt es dem **pflichtgemäßen Ermessen** des Verwalters zu entscheiden, ob die Eintragung zum Schutz Dritter im Rechtsverkehr und zum Schutz der Insolvenzmasse notwendig ist.[13] Dabei sind alle Umstände zu berücksichtigen und die Notwendigkeit der Eintragung gegenüber den dabei anfallenden Kosten abzuwägen.

II. Absatz 2 – Obligatorische Eintragung in öffentliche Register

7 Für die obligatorische Eintragung nach Art. 22 Abs. 2 gilt das zu Art. 21 Abs. 2 Ausgeführte entsprechend. Trotz der Verpflichtung ist auch hier die Eintragung nach Abs. 2 keine Voraussetzung für die Anerkennung des Verfahrens.[14] Art. 22 Abs. 2 Satz 1 enthält eine **Ermächtigungsgrundlage** für die Mitgliedstaaten, eine Eintragungspflicht vorzuschreiben. Sinnvoll ist dies, wenn der Schuldner Eigentümer eingetragener Gegenstände ist.[15] Anders als in Art. 21 Abs. 2 Satz 1 wird die Existenz einer Niederlassung im jeweiligen Mitgliedstaat in Art. 22 Abs. 2 Satz 1 nicht vorausgesetzt.

8 Für **Deutschland** enthält Art. 102 § 6 EGInsO keine Eintragungspflicht. Gemäß Art. 102 § 1 Abs. 3 EGInsO i.V.m. Art. 102 § 6 Abs. 1 Satz 1 EGInsO ist der Antrag auf Eintragung nach Art. 22 an das inländische Insolvenzgericht zu richten, in dessen Bezirk Vermögen des Schuldners belegen ist. Diese Vorschriften begründen eine abgespaltene sachliche Teilzuständigkeit des Insolvenzgerichtes anstelle des Grundbuchamtes.[16] Das Insolvenzgericht ersucht die Register führende Stelle um Eintragung, wenn nach dem Recht des Staates, in dem das Hauptinsolvenzverfahren eröffnet wurde, die Verfahrenseröffnung ebenfalls eingetragen wird (Art. 102 § 6 Abs. 1 Satz 2 EGInsO). Die Vorschrift des § 32 Abs. 2 Satz 2 InsO findet keine Anwendung (Art. 102 § 6 Abs. 1 Satz 3 EGInsO). Die Form und der Inhalt der Eintragung richten sich nach deutschem Recht. Kennt das Recht des Staates der Verfahrenseröffnung Eintragungen, die dem deutschen Recht unbekannt sind, so hat das Insolvenzgericht eine Eintragung zu wählen, die der des Staates der Verfahrenseröffnung am nächsten kommt (Art. 102 § 6 Abs. 2 EGInsO). Geht der Antrag nach Art. 22 bei einem unzuständigen Gericht ein, so leitet dieses den Antrag unverzüglich an das zuständige Gericht weiter und unterrichtet hierüber den Antragsteller (Art. 102 § 6 Abs. 3 EGInsO).

Die Löschung eines eingetragenen Insolvenzvermerkes wegen Änderungen, zu denen es im eröffneten Hauptinsolvenzverfahren zwischenzeitlich gekommen ist, richtet sich nach § 346 Abs. 2 Satz 3 InsO analog.[17] Das Insolvenzgericht hat danach auf Antrag das Grundbuchamt um Löschung der Eintragung zu ersuchen. Die Löschung erfolgt sodann gemäß §§ 38, 29 Abs. 3 GBO.

---

10 *Virgós/Schmit* Bericht, 46; zur Frage, ob mit der Eintragung auch Rechtswirkungen gegenüber Dritten verbunden sein müssen, vgl. MüKo-InsO/*Reinhart* Art. 22 Rn. 4.
11 *Virgós/Schmit* Bericht, 114; MüKo-BGB/*Kindler* Rn. 9; Uhlenbruck/*Lüer* Rn. 6; *Smid* Deutsches und Europäisches Internationales Insolvenzrecht, Rn. 6; *Duursma-Kepplinger/Duursma/Chalupsky* Rn. 8; MüKo-InsO/*Reinhart* Rn. 9 m.w.N.
12 MüKo-InsO/*Reinhart* Rn. 9.
13 MüKo-InsO/*Reinhart* Rn. 16.
14 *Virgós/Schmit* Bericht Rn. 185; *Duursma-Kepplinger/Duursma/Chalupsky* Rn. 14.
15 *Virgós/Schmit* Bericht, Rn. 185.
16 AG Duisburg 13.01.2010, 62 IE 1/10, NZI 2010, 594 ff.
17 OLG Dresden 26.05.2010, 17 W 491/10, ZIP 2010, 2108 f. Rn. 9.

Neben der obligatorischen öffentlichen Bekanntmachung[18] nach Art. 102 § 5 Abs. 2 Satz 1 **8a**
EGInsO besteht aber eine selbstständige Pflicht ausländischer Kapitalgesellschaften mit Zweigniederlassung in Deutschland gem. § 13e Abs. 4 HGB, die Eröffnung eines Insolvenzverfahrens über ihr Vermögen zur Eintragung in das Handelsregister anzumelden.

In **Spanien** besteht gem. Art. 221.3.2 Ley Concursal[19] (LC) die Pflicht zur Eintragung der Eröffnung **9**
des Insolvenzverfahrens i.S.d. Art. 3 Abs. 1 EuInsVO in die entsprechenden Register gem. Art. 24 LC, insb. das spanische Grundbuch (*Registro de la Propiedad*) oder das spanische Handelsregister (*Registro Mercantil*). Trotz der in Spanien sogar zusätzlich einfachgesetzlich in Art. 199 LC geregelten unmittelbaren Anwendbarkeit der EuInsVO kam es in der Vergangenheit in Spanien indes wohl regelmäßig zu einer rechtswidrigen Versagung der automatischen Anerkennung von in anderen Mitgliedstaaten eröffneten Hauptinsolvenzverfahren.[20] Die spanischen Behörden und Register forderten teilweise die Durchführung eines Anerkennungsverfahrens vor einem spanischen Konkursgericht. Hierbei muss sich der mitgliedstaatliche Verwalter durch einen Procurador (Prozessagenten) oder abogado (Rechtsanwalt) vertreten lassen.[21] Ganz abgesehen davon, dass das sicherlich aufgrund der häufig fehlenden Sachkenntnis des spanischen Zivilprozessrechtes sinnvoll sein dürfte, verstößt jedoch auch diese Rechtspraxis gegen europäisches Recht.[22]

Empfohlen wird, dass der deutsche Verwalter seinem über einen Bevollmächtigten in spanischer **9a**
Sprache zu stellenden Eintragungsantrag eine Rechtsbescheinigung eines deutschen Notars beifügt, aus der klar und deutlich hervorgeht, welche Rechtsfolgen mit der Insolvenzeröffnung nach deutschem Recht, insbesondere der Übergang der Verwaltungs- und Verfügungsbefugnis, verbunden sind.[23] Des Weiteren muss der Verwalter eine Steuernummer (NIE) in Spanien beantragen und unter Verweis auf die Rechtsprechung des Obersten Gerichtshofes[24] einen Antrag auf Steuerbefreiung für die sonst grundsätzlich mit der Eintragung verbundenen steuerlichen Verpflichtungen stellen.[25]

C. Rechtsfolgen

I. Zerstörung des guten Glaubens

Die Rechtsfolge des Art. 22 betrifft insb. die schuldbefreiende Wirkung von Leistungen an den **10**
Schuldner (Art. 24) und Verfügungen durch den Schuldner (Art. 14). Ausgangspunkt ist dabei die Annahme, dass das Vertrauen Dritter, die aufgrund von Angaben in öffentlichen Registern gutgläubig handeln, in allen Mitgliedstaaten geschützt wird.[26] Die entsprechende Eintragung **zerstört den guten Glauben** Dritter hinsichtlich der Verfügungsbefugnis des Schuldners. Der gutgläubige Erwerb von Rechten an Gegenständen der Insolvenzmasse, d.h. die Verkürzung der Masse, wird verhindert.[27]

In Spanien bspw. wird der gute Glaube an das Vorliegen eingetragener Umstände bzw. Nichtvorlie- **11**
gen nicht eingetragener Umstände hinsichtlich des Handelsregisters durch Art. 20, 21 Código de Comercio de 1885, Art. 8 Reglamento del Registro Mercantil[28] und bzgl. des Grundbuches nach

---

18 Vgl. die Ausführungen dazu unter Art. 21 B. 2.
19 Ley 22/2003, de 9 de julio.
20 *Steinmetz/Lozano* NZI 2010, 973 (974).
21 *Steinmetz/Lozano* NZI 2010, 973 (974).
22 Insofern dürfte ein Verstoß gegen die Dienstleistungsfreiheit gemäß Art. 57 Abs. 2 lit. d AEUV vorliegen.
23 *Steinmetz/Lozano* NZI 2010, 973 (975). Grund sind die Vorschriften nach Art. 3 Ley Hipotecaria i.V.m. Art. 36 Reglemento Hipotecario, wonach vom Antragsteller zum Nachweis der Echtheit einer ausländischen Urkunde und ihres Inhalts in Bezug auf das ausländische Recht die Vorlage einer Rechtsbescheinigung eines Notars oder Konsuls des jeweiligen Staates verlangt werden kann.
24 Tribunal Supremo 05.07.1978, CENDOJ: 28079130031978100456.
25 *Steinmetz/Lozano* NZI 2010, 973 (975).
26 *Virgós/Schmit* Bericht, 114.
27 MüKo-BGB/*Kindler* Rn. 1.
28 Real Decreto 1784/1996, de 19 de julio.

Art. 34 Ley Hipotecaria[29] geschützt. Der gutgläubige Erwerb von Grundstücken ist gem. Art. 72.2 und 73.2. Ley Hipotecaria unanfechtbar.

II. Haftung bei pflichtwidrigem Unterlassen der Eintragung

12 Ebenso wie im Rahmen des Art. 21 ist auch im Hinblick auf ein pflichtwidriges Unterlassen der Registereintragung gem. Art. 22 eine **Schadensersatzpflicht** möglich, wenn der Insolvenzmasse oder Dritten hierdurch ein Schaden entsteht.[30] Die Pflicht ergibt sich unmittelbar aus Art. 22. Problematisch ist wie bei Art. 21 auch hier, nach welchem Recht sich die Voraussetzungen des Schadensersatzanspruchs bestimmen. Vertreten wird, dass insoweit an das einzelstaatliche Recht des Registerstaates anzuknüpfen ist.[31] Die Vorschrift des Art. 22 Abs. 2 Satz 1 ermächtigt die Mitgliedstaaten allerdings nur, eine gleichwohl europarechtlich verankerte Verpflichtung in Gang zu setzen und auszugestalten. Darüber hinausgehender Gestaltungsspielraum ist Art. 22 Abs. 2 nicht zu entnehmen. Die Sanktionierung der Verletzung von den Verwalter treffenden Verpflichtungen ist gem. Art. 4 Abs. 2 Sache des Insolvenzstatuts. Die Anspruchsvoraussetzungen sind daher anhand der *lex fori concursus* zu bestimmen.[32]

D. Verfahrensfragen

13 Die Grundentscheidung des Art. 22, dass Form und Inhalt der Eintragung nach dem Recht des Registerstaates zu erfolgen haben (vgl. Rdn. 3 ff.), wird vom **deutschen Gesetzgeber** mit Art. 102 § 6 Abs. 2 Satz 1 EGInsO nachvollzogen.

14 Der Antrag kann vom Verwalter oder im Falle des Abs. 2 auch von jeder anderen hierzu befugten Stelle des Eröffnungsstaates gestellt werden.[33] Dabei ist die Verwalterstellung gem. Art. 19 nachzuweisen.[34] Unbenommen bleibt es dem Insolvenzgericht des Eröffnungsstaates, den Insolvenzverwalter nach der *lex fori concursus* mit der Veranlassung der Eintragung zu beauftragen.[35]

15 In Deutschland sind die Anträge nach Art. 22 gem. Art. 102 § 6 Abs. 1 Satz 1 EGInsO beim **örtlich zuständigen Insolvenzgericht** (Art. 102 § 1 EGInsO) zu stellen. Das deutsche Insolvenzgericht ersucht sodann antragsgemäß die Registerstellen um Eintragung.[36] Ein unzuständiges Gericht muss den Antrag an das zuständige Gericht gem. Art. 102 § 6 Abs. 3 EGInsO unverzüglich weiterleiten und den Antragsteller hierüber unterrichten.[37]

16 Während Übereinstimmung darüber besteht, dass jeder Mitgliedstaat bestimmen kann, dass die zuständige Stelle im Rahmen der Bearbeitung des Antrages auch prüfen darf oder muss, ob der das Hauptinsolvenzverfahren eröffnende Beschluss nach der EuInsVO anerkannt wird,[38] ist der **Prüfungsumfang** umstritten. So wird vertreten, dass i.S.d. geltenden Grundsatzes der loyalen Zusammenarbeit gem. Art. 4 Abs. 3 EUV die Nachprüfung der internationalen Zuständigkeit i.S.v. Art. 3 Abs. 1 in den ersuchten Mitgliedstaaten unzulässig sei und lediglich geprüft werden dürfe, ob sich das ausländische Gericht überhaupt auf Art. 3 Abs. 1 gestützt hat.[39] Eine weitere Ansicht will ebenfalls ein langwieriges Prüfungsverfahren vermeiden und beschränkt eine inzidente Prüfung

---

29 Ley de 8 de febrero de 1946.
30 BK-InsR/*Pannen* Rn. 7; MüKo-InsO/*Reinhart* Rn. 19.
31 *Virgós/Schmit* Bericht, 115.
32 MüKo-InsO/*Reinhart* Rn. 19; *Smid* Deutsches und Europäisches Internationales Insolvenzrecht, Rn. 11 unter Verw. auf Art. 4 Abs. 2 lit. c).
33 Pannen/*Eickmann* Rn. 7; *Duursma-Kepplinger/Duursma/Chalupsky* Rn. 11 f.
34 Uhlenbruck/*Lüer* Rn. 6.
35 *Virgós/Schmit* Bericht, 114; BK-InsR/*Pannen* Rn. 1; *Duursma-Kepplinger/Duursma/Chalupsky* Rn. 7.
36 Haß/Huber/Gruber/Heiderhoff/*Gruber* Rn. 5; MüKo-InsO/*Reinhart* Rn. 18; MüKo-BGB/*Kindler* Rn. 6.
37 So auch Haß/Huber/Gruber/Heiderhoff/*Gruber* Rn. 6.
38 *Virgós/Schmit* Bericht, 114; BK-InsR/*Pannen* Rn. 5.
39 *Duursma-Kepplinger/Duursma/Chalupsky* Rn. 9; so wohl auch *Smid* Deutsches und Europäisches Internationales Insolvenzrecht, Rn. 8.

auf offensichtliche Verstöße gegen den ordre public und Fälle, in denen der Anwendungsbereich der EuInsVO zweifelhaft ist.[40] Nach anderer Auffassung sei die Prüfung auch auf die Voraussetzungen des Art. 16 und den *ordre public* gem. Art. 26 zu erstrecken.[41] Die letztgenannte Auffassung läuft auf ein Anerkennungsverfahren hinaus, was im Widerspruch zu der ipso-jure-Anerkennung der mitgliedstaatlichen Eröffnungsentscheidung steht und mit dem effet utile nicht vereinbar ist. Die erstgenannte Ansicht übersieht, dass es den mitgliedstaatlichen Stellen gem. Art. 16 vorbehalten bleibt, einen ordre-public-Verstoß festzustellen, was wiederum einer Anerkennung entgegensteht. Die von *Kindler* vertretene Auffassung geht mit der Option, bei Zweifeln hinsichtlich des Anwendungsbereiches der EuInsVO eine inzidente Prüfung vorzunehmen, ebenfalls zu weit. Jedenfalls bei einer ausdrücklich auf Art. 3 gestützten Eröffnungsentscheidung dürfen die mitgliedstaatlichen Stellen lediglich den ordre-public-Vorbehalt prüfen. Ist ein in einem anderen Mitgliedstaat ergangener Eröffnungsbeschluss hingegen nicht ausdrücklich auf Art. 3 gestützt worden, kann es sich bei Vorliegen der Voraussetzungen gleichwohl um ein eröffnetes Verfahren nach Art. 3 handeln (vgl. Art. 16 EuInsVO Rdn. 5). Nur in diesen Fällen darf ausnahmsweise eine inzidente Prüfung der Eröffnungsvoraussetzungen nach der EuInsVO erfolgen.

Bei der Eintragung nach Art. 22 können sich aufgrund der Unterschiede der Registersysteme in den verschiedenen Mitgliedstaaten Probleme ergeben. Allgemein sind die Mitgliedstaaten angehalten, für die Eintragung eines in einem anderen Mitgliedstaat eröffneten Insolvenzverfahrens ähnliche Bedingungen wie bei inländischen Verfahren vorzusehen.[42] Für den Fall, dass der Registerstaat ein vom Eröffnungsstaat abweichendes Registersystem hat, ist das dem jeweiligen Recht entsprechende Instrument **anzupassen** bzw. zu **substituieren**.[43] Art. 102 § 6 Abs. 2 Satz 2 EGInsO bestimmt ausdrücklich, dass, wenn das Recht des Eröffnungsstaates Eintragungen kennt, die dem deutschen Recht unbekannt sind, das Insolvenzgericht eine Eintragung zu wählen hat, die jener des Staats der Verfahrenseröffnung am nächsten kommt.[44]

17

Problematisch ist die in **Art. 102 § 6 Abs. 1 Satz 2 EGInsO** vorgesehene Regelung, wonach das Insolvenzgericht das Eintragungsersuchen nur dann an die Register führende Stelle weiterleitet, wenn nach dem Recht des Staates, in dem das Hauptinsolvenzverfahren eröffnet wurde, die Verfahrenseröffnung ebenfalls eingetragen wird. Das deutsche Insolvenzgericht soll demnach, über die Tatbestandsvoraussetzungen des Art. 22 hinaus prüfen, ob und inwieweit die Eintragung nach dem Insolvenzstatut im Staat der Verfahrenseröffnung eintragungsfähig ist. Durch dieses Anknüpfen an die *lex fori concursus* schränkt der deutsche Gesetzgeber den Anwendungsbereich des Art. 22 ein. Dazu fehlt ihm die Kompetenz. Des Weiteren widerspricht diese Lösung dem Schutzzweck des Art. 22, denn die regionalen Gläubiger in anderen Mitgliedstaaten sollen im Rahmen des geltenden Registerwesens über die Insolvenzeröffnung informiert und somit geschützt werden. Darüber hinaus kann eine Eintragung in der Bundesrepublik wegen der Anknüpfung an die lex rei sitae bzw. die lex libri siti gem. Art. 14 dann geboten sein, wenn das Insolvenzstatut eine solche Eintragung nicht vorsieht.[45] Art. 102 § 6 Abs. 1 Satz 2 EGInsO ist daher europarechtswidrig und als entgegenstehendes nationales Recht **nicht anzuwenden**.

18

Die **Kosten der Eintragung** gem. Art. 22 gelten nach Art. 23 als Kosten und Aufwendungen des Verfahrens. Dies betrifft die Kosten sowohl im Zusammenhang mit der fakultativen als auch der obligatorischen Eintragung.[46] Vor diesem Hintergrund ist darum, wenn keine Eintragungspflicht gem.

19

---

40 MüKo-BGB/*Kindler* Rn. 8 f.
41 Pannen/*Eickmann* Rn. 10.
42 *Virgós/Schmit* Bericht, 114.
43 MüKo-BGB/*Kindler* Rn. 7; Pannen/*Eickmann* Rn. 11.
44 Zur Substituierung eines Antrags auf Eintragung nach deutschem Recht vgl. Haß/Huber/Gruber/Heiderhoff/*Gruber* Rn. 7.
45 MüKo-InsO/*Reinhart* Rn. 10.
46 *Virgós/Schmit* Bericht, 115; MüKo-BGB/*Kindler* Rn. 5; *Smid* Deutsches und Europäisches Internationales Insolvenzrecht, Rn. 3 und Art. 23; Pannen/*Eickmann* Art. 23 Rn. 2.

Art. 22 Abs. 2 besteht, im Interesse der Reduzierung der Verfahrenskosten abzuwägen, ob im Hinblick auf alle Umstände, wie etwa die Anzahl der Gläubiger, den Umfang der Geschäftstätigkeit des Schuldners oder die (frühere) Existenz einer Niederlassung, eine Registereintragung erforderlich erscheint oder davon abgesehen werden kann.

E. Europäisches Insolvenzregister

20 Wie Art. 21 wird auch Art. 22 mit Einführung des europäischen Insolvenzregisterverfahrens angepasst (vgl. oben Art. 21 EuInsVO Rdn. 17). Die Norm gilt mit entsprechenden Modifikationen als Übergangsvorschrift fort. Analog zu Art. 21 EuInsVO-E besteht für die auch bislang in Abs. 1 geregelten Sachverhalte eine Antragspflicht in den Mitgliedstaaten, in denen sich eine Niederlassung des Schuldners befindet. Ein fakultatives Antragsrecht besteht demgegenüber und in Abweichung zu Art. 21 Abs. 2 EuInsVO-E in sämtlichen anderen Mitgliedstaaten. Was die Differenzierung zwischen der Antragspflicht nach Abs. 1 des Entwurfs und dem fakultativen Antragsrecht nach Abs. 2 des Entwurfs anbelangt, ist auf die Ausführungen zu Art. 21 EuInsVO-E entsprechend zu verweisen (dort Rdn. 18).

Wie bei Art. 21 bleiben die Rechtsfolgen von den entsprechenden Änderungen grundsätzlich unberührt. Insoweit kann auf die vorstehenden Ausführungen verwiesen werden.

Artikel 23 Kosten

Die Kosten der öffentlichen Bekanntmachung nach Artikel 21 und der Eintragung nach Artikel 22 gelten als Kosten und Aufwendungen des Verfahrens.

1 Art. 23 ordnet an, dass sämtliche Kosten, die aufgrund der öffentlichen Bekanntmachungen nach Art. 21 und der Registereintragungen nach Art. 22 entstehen, als Kosten des Hauptverfahrens von der Masse zu tragen sind.[1] Damit werden diese Kosten den üblichen Verfahrenskosten gleichgestellt, so dass sie i.d.R., je nach mitgliedstaatlicher Regelung, vorrangig zu befriedigen sind.[2]

2 Kosten sind alle Gebühren und Auslagen, die von den zuständigen oder ersuchten Stellen aufgrund ihres Tätigwerdens erhoben werden[3] sowie die Unkosten, die beim Verwalter für die Bekanntmachungen oder Eintragungen anfallen.[4] Dazu zählen neben Übersetzungskosten und Porto auch Anwaltskosten für die Beauftragung eines örtlichen Rechtsanwaltes, sofern dies notwendig ist.[5]

Artikel 24 Leistungen an den Schuldner

(1) Wer in einem Mitgliedstaat an einen Schuldner leistet, über dessen Vermögen in einem anderen Mitgliedstaat ein Insolvenzverfahren eröffnet worden ist, obwohl er an den Verwalter des Insolvenzverfahrens hätte leisten müssen, wird befreit, wenn ihm die Eröffnung des Verfahrens nicht bekannt war.

(2) Erfolgt die Leistung vor der öffentlichen Bekanntmachung nach Artikel 21, so wird bis zum Beweis des Gegenteils vermutet, dass dem Leistenden die Eröffnung nicht bekannt war. Erfolgt die Leistung nach der Bekanntmachung gemäß Art. 21, so wird bis zum Beweis des Gegenteils vermutet, dass dem Leistenden die Eröffnung bekannt war.

---

1 Haß/Huber/Gruber/Heiderhoff/*Gruber* Rn. 1; *Paulus* Rn. 1 f.; *Smid* Deutsches und europäisches internationales Insolvenzrecht, Rn. 1.
2 Pannen/*Riedemann*, Rn. 5; a.A. MüKo-InsO/*Reinhart* Rn. 5 f.
3 Pannen/*Eickmann* Rn. 2.
4 Pannen/*Eickmann* Rn. 3 f.; *Virgós/Schmit* Bericht, Rn. 186.
5 MüKo-InsO/*Reinhart* Rn. 4.

Übersicht	Rdn.			Rdn.
A. Normzweck	1	I.	Allgemeines	10
B. Voraussetzungen	4	II.	Zeitpunkt der Gutgläubigkeit	13
C. Rechtsfolgen	9	III.	Ort der öffentlichen Bekanntmachung	14
D. Beweislastregelung des Abs. 2	10			

A. Normzweck

Durch Art. 16 und 17 werden eröffnete Insolvenzverfahren in anderen Mitgliedstaaten automatisch ohne weitere Formalitäten und **ohne obligatorische Bekanntgabe** anerkannt.[1] Die eröffneten Verfahren entfalten damit in allen Mitgliedstaaten unverzüglich ihre Wirkung. Dies begünstigt, dass die Teilnehmer des Rechtsverkehrs keine Kenntnis von der Verfahrenseröffnung erlangen und aufgrund dieser Unkenntnis an den nicht mehr empfangszuständigen Schuldner leisten.[2]

Dies hätte zur Folge, dass die Drittschuldner durch ihre Leistung nicht frei würden, sondern erneut an den Verwalter leisten müssten. Abs. 1 der Vorschrift versucht dem entgegen zu wirken und schützt grds. den in Unkenntnis der Verfahrenseröffnung an den insolventen Schuldner leistenden Drittschuldner.[3] Dieser wird von seiner **Leistungspflicht befreit**, wenn er trotz Verfahrenseröffnung in einem anderen Mitgliedstaat gutgläubig an den Schuldner leistet.

Bei Art. 24 handelt es sich um eine **Sachnorm**,[4] die der Vereinheitlichung dienen soll und den nationalen Regelungen vorgeht.[5] Die Norm ähnelt in ihrer Formulierung § 82 InsO und enthält im zweiten Absatz wie § 82 InsO eine Beweislastumkehr, nach der der gute Glaube i.d.R. durch die öffentliche Bekanntmachung der Verfahrenseröffnung zerstört wird.[6]

B. Voraussetzungen

Zunächst muss eine **Leistung des Drittschuldners** an den Schuldner vorliegen, deren tatsächlich Empfangsberechtigter der Verwalter gewesen wäre.[7] Ob die Leistung an den Verwalter oder eine andere Person zu erbringen war richtet sich nach der lex fori concursus.[8]

Weiterhin muss ein **Insolvenzverfahren eröffnet** worden sein. Dabei ist es unerheblich, ob es sich um ein Haupt- oder Sekundärinsolvenzverfahren handelt.[9] Das Verfahren gilt mit dem Zeitpunkt, in dem die Eröffnungsentscheidung wirksam wird, als eröffnet (Art. 2 Buchst. f).[10] Wie im Kontext des Art. 16 ist es auch hier in Anlehnung an die Eurofood-Entscheidung des EuGH naheliegend, die Bestellung des vorläufigen Insolvenzverwalters der Verfahrenseröffnung gleichzustellen.

Zudem gilt die Norm nur in **anderen Mitgliedstaaten**. Nichtmitgliedstaaten sind folglich nicht erfasst.[11] Aber auch im Mitgliedstaat der Verfahrenseröffnung findet Art. 24 keine Anwendung.[12] Dort wird die Frage nach der befreienden Wirkung der Zahlung eines gutgläubigen Drittschuldners nach der lex fori concursus beantwortet.[13] Dies ist jedoch zumindest in Deutschland unbedeutsam,

---

1 *Virgós/Schmit* Bericht, 116.
2 *Virgós/Schmit* Bericht, 116.
3 *Virgós/Schmit* Bericht, 116.
4 *Duursma-Kepplinger/Duursma/Chalupsky* Rn. 2; *Paulus* Rn. 1; MüKo-InsO/*Reinhart* Rn. 1; Pannen/*Riedemann* Rn. 1.
5 Haß/Huber/Gruber/Heiderhoff/ *Gruber* Rn. 1.
6 *Duursma-Kepplinger/Duursma/Chalupsky* Rn. 3.
7 HK-InsO/*Stephan* Rn. 2.
8 MüKo-InsO/*Reinhart* Rn. 3; Pannen/*Riedemann* Rn. 12.
9 Pannen/*Riedemann* Rn. 8; *Paulus* Rn. 3.
10 MüKo-BGB/*Kindler* Rn. 6, Art. 2 Rn. 14.
11 *Duursma-Kepplinger/Duursma/Chalupsky* Rn. 9; *Smid* Rn. 3.
12 Pannen/*Riedemann* Rn. 9.
13 Haß/Huber/Gruber/Heiderhoff/ *Gruber* Rn. 8; Pannen/*Riedemann* Rn. 9.

da im Falle der Nichtanwendbarkeit des Art. 24 EuInsVO nationales Recht und somit der inhaltsgleiche § 82 InsO gilt.[14]

7 Ob die Leistung in einem anderen Mitgliedstaat erfolgt ist, richtet sich nach dem **Erfüllungsort**.[15] Dies ist der Ort, an dem die Leistung tatsächlich erbracht wird, nicht dort, wo der Erfolg eintritt.[16] Entscheidend ist stets nur die tatsächliche Leistungserbringung. Wo die Leistung nach der vertraglichen Abrede hätte erfolgen müssen, ist mithin irrelevant.[17]

8 Der Drittschuldner muss in **Unkenntnis der Verfahrenseröffnung** leisten. Daran fehlt es lediglich bei positiver Kenntnis von der Verfahrenseröffnung. Fahrlässige Unkenntnis genügt für den Ausschluss der Erfüllungswirkung nicht.[18]

C. Rechtsfolgen

9 Wenn die Voraussetzungen des Abs. 1 erfüllt sind, ordnet das Gesetz die schuldbefreiende Wirkung der Leistung des Drittschuldners an den Schuldner an.

D. Beweislastregelung des Abs. 2

I. Allgemeines

10 Abs. 2 enthält eine **Beweislastregelung**, nach der sich der gute Glaube maßgeblich nach der Bekanntmachung der Verfahrenseröffnung richtet. Leistet der Drittschuldner vor Bekanntmachung der Eröffnung des Insolvenzverfahrens, wird Gutgläubigkeit vermutet. Wurde die Verfahrenseröffnung bereits bekannt gegeben, wird Bösgläubigkeit angenommen.

11 Allerdings kann jeweils das Gegenteil bewiesen werden. Vor der Bekanntmachung der Eröffnung des Verfahrens trifft die **Beweisführungspflicht** für die Bösgläubigkeit des Drittschuldners den Verwalter. Dieser muss mittels Gegenbeweises die positive Kenntnis des Drittschuldners nachweisen, bspw. indem er ein Schreiben vorlegt, mit dem er den Drittschuldner über die Verfahrenseröffnung informiert hat.[19]

12 Nach Bekanntmachung der Verfahrenseröffnung liegt die Beweislast beim Schuldner, so dass dieser seine Unkenntnis nachweisen muss.[20]

II. Zeitpunkt der Gutgläubigkeit

13 Bzgl. der Gutgläubigkeit ist nicht auf den **Zeitpunkt** der Leistungshandlung abzustellen,[21] sondern darauf, ob der Drittschuldner den Leistungserfolg nach Kenntniserlangung von der Verfahrenseröffnung noch hätte verhindern können.[22] Schließlich wird der gute Glaube an die Empfangszuständigkeit geschützt, wenn aber noch die Möglichkeit besteht, die Leistung zurückzurufen und den Empfang durch den unberechtigten Schuldner zu verhindern, besteht kein Anlass den Drittschuldner zu schützen.[23]

---

14 Haß/Huber/Gruber/Heiderhoff/*Gruber* Rn. 8; Pannen/*Riedemann* Rn. 9.
15 *Duursma-Kepplinger/Duursma/Chalupsky* Rn. 7; *Virgós/Schmit* Bericht, 117.
16 *Duursma-Kepplinger/Duursma/Chalupsky* Rn. 7; *Virgós/Schmit* Bericht, 117; *Smid* Rn. 5; krit. HK-InsR/*Stephan* Rn. 4.
17 Nerlich/Römermann/*Nerlich* Rn. 4.
18 *Duursma-Kepplinger/Duursma/Chalupsky* Rn. 5; MüKo/*Reinhart* Rn. 10; Pannen/*Riedemann* Rn. 13; krit. *Paulus* Rn. 3.
19 *Duursma-Kepplinger/Duursma/Chalupsky* Rn. 14; MüKo-BGB/*Kindler* Rn. 13; *Smid* Rn. 7.
20 *Smid* Rn. 7; *Virgós/Schmit* Bericht, 117.
21 So aber Haß/Huber/Gruber/Heiderhoff/*Gruber* Rn. 5.
22 HK-InsO/*Stephan* Rn. 3; zur parallelen Vorschrift § 82 InsO BGH 16.07.2009, IX ZR 118/08, BGHZ 182, 85; Jaeger/*Windel* § 82 Rn. 48; Uhlenbruck/*Uhlenbruck* § 82 Rn. 11.
23 BGH 16.07.2009, IX ZR 118/08, BGHZ 182, 85.

III. Ort der öffentlichen Bekanntmachung

Äußerst **umstritten** ist, an welchem Ort die Bekanntmachung erfolgt sein muss. Vertreten wird, es käme auf die Bekanntgabe in dem Mitgliedstaat an, in dem der vertragliche Leistungsort liegt.[24] Nach anderer Ansicht komme es auf den Ort der tatsächlichen Leistung an.[25] Einer weiteren Auffassung zufolge sei sowohl die öffentliche Bekanntmachung der Verfahrenseröffnung in dem Mitgliedstaat, in dem der Drittschuldner seinen Sitz hat, als auch diejenige im Staat der Leistungserbringung beachtlich.[26]

Entgegen erstgenannter Auffassung auch die Veröffentlichung am **Sitz des Drittschuldners** zu berücksichtigen ist richtig, denn die Veröffentlichungen im Register des »eigenen« Landes zu verfolgen, wird am ehesten den tatsächlichen Verhältnissen und somit dem Schutzzweck des Art. 21 und des Art. 24 gerecht. Überwachungsmechanismen hinsichtlich der im Land des eigenen Sitzes zu installieren empfiehlt sich für den Drittschuldner i.d.R. schon, um rein nationale Sachverhalte richtig bewerten zu können. Immerhin unterhält der Drittschuldner i.d.R. Geschäftsbeziehungen mit anderen, ebenfalls in dem Staat ansässigen Geschäftspartnern.

Darüber hinaus ist es sachgerecht, mit der zweitgenannten Ansicht auch eine öffentliche Bekanntmachung im Land des **tatsächlichen Erfüllungsortes** ausreichen zu lassen. Schließlich hat es der Drittschuldner in der Hand, ob er außerhalb der Grenzen des Mitgliedstaates, in dem er seinen Sitz hat, Leistungen erbringt. Wenn er sich dazu entschließt, muss er sich aber so stellen lassen wie ein dort ansässiger, leistender Drittschuldner, da eine Differenzierung zwischen diesen beiden zu Wettbewerbsverzerrungen führen kann. Für diese Ansicht streitet auch der Wortlaut von Art. 24. Hiernach kommt es darauf an, an welchem Ort der Schuldner leistet, nicht jedoch an welchem Ort der Schuldner zur Leistung rechtlich verpflichtet war.[27]

Von der Möglichkeit, die Veröffentlichung nicht am Sitz des Drittschuldners zu bewirken, wird der Verwalter aber gerade dann Gebrauch machen, wenn ihm dessen Sitz nicht bekannt ist. Sonst wäre er ohnehin gut beraten, den Drittschuldner (nachweislich) auf direktem Weg bösgläubig zu machen. Gerade in diesen Fällen kommt es für den Verwalter entscheidend darauf an, die Beweislastumkehr auch durch eine Veröffentlichung an dem erwarteten Ort der Leistung bewirken zu können. Erwarten kann man die Leistung i.d.R. an dem Ort, an dem sie vertraglich geschuldet wird. Nur wenn auch der **Ort der vertraglich geschuldeten Leistung** einbezogen wird, kann der Verwalter sichergehen, dass die Rechtsfolge der Beweislastumkehr seitens des Drittschuldners nicht durch vertragswidrige Leistung in einem anderen Mitgliedstaat umgangen wird. Den vertragsbrüchigen Drittschuldner gegenüber dem vertragstreuen zu bevorzugen, lässt sich nicht rechtfertigen.

Deshalb führt in Erweiterung der vertretenen Auffassungen in der Literatur die Veröffentlichung der Verfahrenseröffnung sowohl im Staat des Sitzes des Drittschuldners als auch die Bekanntmachung in dem Mitgliedstaat, in dem die Erfüllung geschuldet ist, wie gleichfalls die in demjenigen Mitgliedstaat, in dem die Leistung tatsächlich erfolgt ist, zur Beweislastumkehr.

Artikel 25 Anerkennung und Vollstreckbarkeit sonstiger Entscheidungen

(1) Die zur Durchführung und Beendigung eines Insolvenzverfahrens ergangenen Entscheidungen eines Gerichtes, dessen Eröffnungsentscheidung nach Artikel 16 anerkannt wird, sowie ein von einem solchen Gericht bestätigter Vergleich werden ebenfalls ohne weiteren Förmlichkeiten anerkannt. Diese Entscheidungen werden nach den Artikeln 31 bis 51 (mit Ausnahme von Artikel 34 Abs. 2) des Brüsseler Übereinkommens über die gerichtliche Zuständigkeit und die Vollstre-

---

24 HK-InsO/*Stephan* Rn. 5.
25 Kübler/Prütting/Bork/*Kemper* Rn. 7.
26 *Duursma-Kepplinger/Duursma/Chalupsky* Rn. 11; MüKo-InsO/*Reinhart* Rn. 21; Haß/Huber/Gruber/ Heiderhoff/*Gruber* Rn. 6; Römermann/Riggert/*Nerlich* Rn. 10; *Virgós/Schmit* Bericht, 116.
27 MüKo-InsO/*Reinhart* Rn. 6.

ckung gerichtlicher Entscheidungen in Zivil- und Handelssachen in der durch die Beitrittsübereinkommen zu diesem Übereinkommen geänderten Fassung vollstreckt.

Unterabsatz 1 gilt auch für Entscheidungen, die unmittelbar aufgrund des Insolvenzverfahrens ergehen und in engem Zusammenhang damit stehen, auch wenn diese Entscheidungen von einem anderen Gericht getroffen werden.

Unterabsatz 1 gilt auch für Entscheidungen über Sicherungsmaßnahmen, die nach dem Antrag auf Eröffnung eines Insolvenzverfahrens getroffen werden.

(2) Die Anerkennung und Vollstreckung der anderen als der in Absatz 1 genannten Entscheidungen unterliegen dem Übereinkommen nach Absatz 1, soweit jenes Übereinkommen anwendbar ist.

(3) Die Mitgliedstaaten sind nicht verpflichtet, eine Entscheidung gemäß Absatz 1 anzuerkennen und zu vollstrecken, die eine Einschränkung der persönlichen Freiheit oder des Postgeheimnisses zur Folge hätte.

Übersicht	Rdn.		Rdn.
A. Normzweck	1	I. Anerkennung und Vollstreckung von	
B. Voraussetzungen	2	Entscheidungen im Insolvenzverfahren	5
C. Rechtsfolgen	5	II. Ausnahme: Einschränkung der persönlichen Freiheit und des Postgeheimnisses	7

A. Normzweck

1 Während Art. 16 die Anerkennung der das Insolvenzverfahren eröffnenden Entscheidung regelt, bestimmt die Vorschrift des Art. 25 die **Anerkennung und Vollstreckbarkeit aller übrigen Entscheidungen** im Rahmen eines Insolvenz(eröffnungs)verfahrens.[1] Die Regelung betrifft Haupt- und Sekundärinsolvenzverfahren.[2] Soweit die EuInsVO keine spezielleren Anordnungen trifft, ist die EuGVO für die Anerkennung und Vollstreckung maßgeblich.[3]

B. Voraussetzungen

2 Ein Gericht ist gem. der Legaldefinition des Art. 2 Buchst. d) das Justizorgan oder jede sonstige zuständige Stelle eines Mitgliedstaats, die befugt ist, im Laufe des Verfahrens Entscheidungen zu treffen. **Entscheidungen im Laufe des Insolvenzverfahrens** sind neben dem Aufhebungs- bzw. Einstellungsbeschluss und der Abberufung des Insolvenzverwalters bspw. die Zustimmung zur Schlussverteilung oder die Bestätigung eines Insolvenzplans. Der Begriff der Entscheidung ist dabei autonom auszulegen. In Anlehnung an Art. 32 EuGVO können hierunter sämtliche Anordnungen mit Außenwirkung ohne Rücksicht auf ihre Bezeichnung oder äußere Form verstanden werden.[4]

Erfasst werden schließlich **gerichtlich bestätigte Vergleiche**. Allgemein fallen hierunter sämtliche Rechtsinstitute, die zu einer Modifizierung der Rechtsverhältnisse zwischen dem Schuldner und seinen Gläubigern führen.[5] Unbeachtlich soll dabei sein, ob der Vergleich durch die Gläubigerversammlung beschlossen oder gerichtlich angeordnet wurde.[6] Als Vergleich im Sinne der Vorschrift kommt aus deutscher Sicht etwa ein gerichtlich bestätigter Insolvenzplan im Sinne der §§ 217 ff InsO in Betracht.[7]

---

1 Pannen/*Riedemann* Rn. 1 und Rn. 2.
2 Uhlenbruck/*Lüer* Rn. 1.
3 *Virgós/Schmit* Bericht, 118.
4 MüKo-Inso/*Reinhart* Rn. 6.
5 MüKo-Inso/*Reinhart* Rn. 3; Nerlich/Römermann/*Nerlich* Rn. 11.
6 MüKo-Inso/*Reinhart* Rn. 3.
7 Duursma-Kepplinger/*Duursma/Chalupsky* Rn. 4; MüKo-BGB/*Kindler* Rn. 2; Nerlich/Römermann/*Nerlich* Rn. 11.

Gem. Abs. 1 Unterabs. 2 werden auch diejenigen **Entscheidungen** erfasst, die unmittelbar aufgrund des Insolvenzverfahrens ergehen und **in engem Zusammenhang** damit stehen, auch wenn diese Entscheidungen von einem anderen Gericht getroffen werden. In engem Zusammenhang stehen insb. solche Entscheidungen, die Rechtsstreitigkeiten zwischen dem Verwalter und einzelnen Gläubigern betreffen und deren Rechtspositionen im Insolvenzverfahren berühren.[8] So fallen etwa Anfechtungsklagen, Klagen auf Feststellung einer Forderung zur Insolvenztabelle oder Klagen auf Schadenersatz gegen den Verwalter ebenso wie Entscheidungen der Beschwerdegerichte in Insolvenzsachen hierunter.[9] Offen ist in dem Zusammenhang, wonach sich die internationale Zuständigkeit für solche Annexentscheidungen richtet. Der BGH hat dem EuGH bereits im Juni 2007 im Wege des Vorabentscheidungsverfahrens die Frage vorgelegt, ob sich die internationale Zuständigkeit auch in diesen Fällen nach Art. 3 Abs. 1 EuInsVO oder nach den Vorschriften der EuGVO richtet. Eine Entscheidung des EuGH steht noch aus. Aufgrund der Sachnähe der Annexentscheidungen dürfte es allerdings sinnvoll sein, die internationale Zuständigkeit gleichlaufend zur lex fori concursus zu bestimmen.[10]

3

Entscheidungen über **Sicherungsmaßnahmen**, die nach dem Antrag auf Eröffnung des Insolvenzverfahrens getroffen werden, fallen gem. Abs. 1 Unterabs. 3 ebenfalls in den Anwendungsbereich der Vorschrift. Sicherungsmaßnahmen sind sämtliche Maßnahmen, die die Insolvenzmasse schützen sollen.[11] Hierzu zählen bspw. Nutzungs-, Verfügungs- oder Verwertungsverbote ebenso wie die Beschlagnahme von Massegegenständen.

4

C. Rechtsfolgen

I. Anerkennung und Vollstreckung von Entscheidungen im Insolvenzverfahren

Die auf der Grundlage von Abs. 1 getroffenen Entscheidungen werden nach Abs. 1 Satz 1 ohne weitere Förmlichkeiten in den Mitgliedstaaten automatisch anerkannt.

5

Die Vollstreckungsgewalt ist jedoch trotz fortgeschrittener europäischer Integration den Mitgliedstaaten im Rahmen ihrer Hoheitsgewalt, also beschränkt auf das eigene Staatsgebiet, vorbehalten. Soweit die Entscheidungen i.S.d. Abs. 1 vollstreckt werden müssen, richtet sich das Verfahren entgegen dem Wortlaut des Abs. 1 Satz 2 gemäß Art. 68 Abs. 2 EuGVO nach Art. 38 bis 52 EuGVO.[12] Diese Verordnung hat am 1. März 2002 das Brüsseler Übereinkommen (EuGVÜ) abgelöst. In der EuGVO treffen die Art. 38 ff. zwar fortentwickelte, aber grds. entsprechende Regelungen.

Nicht vom Anwendungsbereich des Abs. 1 erfasste Entscheidungen werden gem. den Vorschriften der EuGVO anerkannt und vollstreckt. Das sich bereits aus dem Anwendungsbereich der jeweiligen Verordnungen ergebende Subsidiaritätsverhältnis stellt Art. 25 Abs. 2 nochmals klar.[13]

6

II. Ausnahme: Einschränkung der persönlichen Freiheit und des Postgeheimnisses

Gem. Art. 25 Abs. 3 müssen Entscheidungen i.S.d. Art. 25 Abs. 1 nicht anerkannt werden, sofern deren Umsetzung die persönliche Freiheit oder das Postgeheimnis einschränken. Hintergrund der Regelung ist, dass diese Entscheidungen i.d.R. in von den Verfassungen geschützte Rechtspositionen eingreifen.

7

---

8 EuGH 22.02.1979, 133/78, RIW 1979, 273 f.
9 EuGH 22.02.1979, 133/78, RIW 1979, 273 f.; Kübler/Prütting/Bork/*Kemper* Rn. 10; *Virgós/Schmit* Bericht, 121.
10 Im Ergebnis ebenso Pannen/*Pannen* Art. 3 Rn. 114.
11 Nerlich/Römermann/*Nerlich* Rn. 21.
12 VO (EG) Nr. 44/2001; *Duursma-Kepplinger/Duursma/Chalupsky* Rn. 5; Kübler/Prütting/Bork/*Kemper* Rn. 14; Uhlenbruck/*Lüer* Rn. 12; Nerlich/Römermann/*Mincke* Rn. 9.
13 *Haupold* IPRax 2002, 160; Pannen/*Riedemann* Rn. 45; FK-InsO/*Wenner/Schuster* Rn. 8.

8 Neben Art. 26 stellt Art. 25 Abs. 3 damit die einzige Ausnahme vom Vertrauensgrundsatz dar. Es stellt sich daher die Frage, in welchem Verhältnis die Normen zueinander stehen.

9 Eine Ansicht geht davon aus, Art. 25 Abs. 3 sei lex specialis zur ordre-public-Klausel.[14] Dies kann jedoch nicht überzeugen, weil Art. 25 Abs. 3 über Art. 26 hinausgehend, auch Annexentscheidungen i.S.d. Art. 25 Abs. 1 Unterabs. 2 EuInsVO erfasst. Aus diesem Grund sollen die Normen nach einer anderen Ansicht zwei selbstständig nebeneinander bestehende Anerkennungs- und Vollstreckungshindernisse darstellen.[15] Das trägt aber wiederum der Tatsache, dass eine Verletzung von Art. 25 Abs. 3 häufig auch eine Verletzung von Art. 26 mit sich bringt, nicht ausreichend Rechnung. Die Vorschrift des Art. 25 Abs. 3 ist deshalb als Erweiterung der ordre-public-Klausel zu werten.[16]

Artikel 26 Ordre Public

Jeder Mitgliedstaat kann sich weigern, ein in einem anderen Mitgliedstaat eröffnetes Insolvenzverfahren anzuerkennen oder eine in einem solchen Verfahren ergangene Entscheidung zu vollstrecken, soweit diese Anerkennung oder diese Vollstreckung zu einem Ergebnis führt, das offensichtlich mit seiner öffentlichen Ordnung, insbesondere mit den Grundprinzipien oder den verfassungsmäßig garantierten Rechten und Freiheiten des einzelnen, unvereinbar ist.

Übersicht	Rdn.		Rdn.
A. **Normzweck**	1	IV. Verfahrensrechtlicher ordre public . . .	9
B. **Prüfungsumfang**	3	V. Materiell-rechtlicher ordre public	11
C. **Voraussetzungen**	5	VI. Prüfung von Amts wegen	14
I. Öffentliche Ordnung	5	D. **Rechtsfolgen**	15
II. Offensichtliche Unvereinbarkeit	6	E. **Portugal**	17
III. Hinreichender Inlandsbezug	8	F. **Verhältnis zu Art. 25 Abs. 3**	18

A. Normzweck

1 Grds. erfolgt zwischen den Mitgliedstaaten eine automatische Anerkennung von Entscheidungen, die im Rahmen eines Insolvenzverfahrens ergehen.[1] Dies ist Ausdruck des gegenseitigen Vertrauens der Mitgliedstaaten auf die Richtigkeit der in einem anderen Mitgliedstaat ergangenen Entscheidungen. Als Schranke bzw. Grenze der gegenseitigen Anerkennung dient Art. 26.[2] Die Vorschrift gibt die Möglichkeit, die Anerkennung oder Vollstreckung einer Entscheidung eines anderen Mitgliedstaates zu verweigern, sofern diese offensichtlich mit der öffentlichen Ordnung des Anerkennungsstaates unvereinbar ist. Damit der Vertrauensgrundsatz jedoch nicht ausgehöhlt wird, ist Art. 26 restriktiv auszulegen und nur in Ausnahmefällen anzuwenden.[3] Die Norm gilt sowohl für die Anerkennung i.R.d. Art. 16, 17 und 25 Abs. 1 Satz 1 als auch für die Vollstreckung nach Art. 25 Abs. 1 Satz 2.[4]

2 Die Verweigerung der Anerkennung oder der Vollstreckung, liegt letztlich im pflichtgemäßen Ermessen des anerkennenden Staates.[5]

---

14 *Duursma-Kepplinger/Duursma/Chalupsky* Art. 26 Rn. 15.
15 MüKo-BGB/*Kindler* Art. 26 Rn. 25.
16 *Paulus* Art. 25 Rn. 11; Pannen/*Riedemann* Art. 26 Rn. 36.
1 Pannen/*Riedemann* Rn. 1; *Paulus* Rn. 1.
2 Uhlenbruck/*Lüer* Rn. 1; *Paulus* Rn. 1; *Virgós/Schmit* Bericht, Rn. 202.
3 EuGH 21.01.2010, C-444/07, EuGHE 2010, 417 Rn. 34 – Probud; Uhlenbruck/*Lüer* Rn. 1; *Paulus* Rn. 2; MüKo-InsO/*Reinhart* Rn. 1.
4 Uhlenbruck/*Lüer* Rn. 2.
5 Pannen/*Riedemann* Rn. 14.

B. Prüfungsumfang

Die Rüge eines ordre-public-Verstoßes kann nicht zur Überprüfung der Zuständigkeit des Gerichts führen, welches im Ausgangsstaat entschieden hat. Die Frage der Zuständigkeit kann lediglich, sofern vom jeweils nationalen Recht vorgesehen, im Instanzenzug des Mitgliedstaates überprüft werden.[6]

Zudem darf keine Nachprüfung in der Sache erfolgen. Vielmehr kann die Verweigerung der Anerkennung bzw. Vollstreckung allein darauf gestützt werden, dass die Entscheidung zu einem Ergebnis führt, das mit der öffentlichen Ordnung des Staates offensichtlich unvereinbar ist.[7]

C. Voraussetzungen

I. Öffentliche Ordnung

Es muss ein Verstoß gegen die öffentliche Ordnung des Anerkennungsstaates vorliegen. Dies richtet sich nach dem einzelstaatlichen Recht.[8] Ein solcher Verstoß liegt insb. dann vor, wenn gegen Grundprinzipien des Rechts des Anerkennungsstaates oder gegen im Anerkennungsstaat verfassungsmäßig garantierte Rechte und Freiheiten des Einzelnen verstoßen wird (Art. 26).

II. Offensichtliche Unvereinbarkeit

Die Anerkennung oder Vollstreckung kann nur dann verweigert werden, wenn sie zu Verstößen gegen den ordre public führen würde. Das heißt, es kommt nicht darauf an, ob die Entscheidung oder die Rechtsvorschrift, auf der die Entscheidung gründet, mit dem ordre public vereinbar ist. Vielmehr müssen allein die Folgen der Anerkennung gegen die öffentliche Ordnung verstoßen, damit der Anwendungsbereich der Vorschrift eröffnet ist.[9]

Der Verstoß ist offensichtlich, wenn er sich einem verständigen Rechtsanwender unmittelbar erschließt.[10]

III. Hinreichender Inlandsbezug

Zudem sollen geschützte Interessen mit Bezug zum Inland berührt werden.[11] Ein hinreichender Inlandsbezug ist bspw. dann gegeben, wenn der Betroffene die entsprechende Staatsangehörigkeit oder seinen ständigen Aufenthalt im Inland hat.[12] Nach anderer Ansicht soll es allein darauf ankommen, ob das betroffene Vermögen im Inland belegen ist.[13] Ein Inlandsbezug in der einen oder anderen Weise wird zwar regelmäßig gegeben sein. Dem ordre public, als allgemeinem Grundsatz des Internationalen Privatrechts, ist aber eine solche Beschränkung fremd. So sind bspw. zahlreiche verfassungsmäßig garantierte subjektive Rechte Jedermann-Rechte. Folglich unterscheidet die öffentliche Ordnung gerade nicht nach Staatsangehörigkeit, gewöhnlichem Aufenthalt oder Belegenheit von Eigentum oder Vermögen. Eine solche tatbestandimmanente Beschränkung des Art. 26 lässt sich weder grammatikalisch, historisch noch teleologisch begründen.

---

6 *Duursma-Kepplinger/Duursma/Chalupsky* Rn. 1; MüKo-InsO/*Reinhart* Rn. 2; *Virgós/Schmit* Bericht, 125.
7 *Duursma-Kepplinger/Duursma/Chalupsky* Rn. 1; Pannen/*Riedemann* Rn. 1; *Smid* Rn. 2; *Virgós/Schmit* Bericht, 125.
8 *Smid* Rn. 5; *Virgós/Schmit* Bericht, 125.
9 Pannen/*Riedemann* Rn. 12; *Smid* Rn. 7; HK-InsO/*Stephan* Rn. 2.
10 OLG Innsbruck ZIP 2008, 1648; MüKo-InsO/*Reinhart* Rn. 4.
11 MüKo-BGB/*Kindler* Rn. 5.
12 *Duursma-Kepplinger/Duursma/Chalupsky* Rn. 3; Uhlenbruck/*Lüer* Rn. 8; Pannen/*Riedemann* Rn. 16.
13 MüKo-InsO/*Reinhart* Rn. 12.

IV. Verfahrensrechtlicher ordre public

9 Verfahrensrechtlich liegt ein Verstoß gegen den ordre public vor, wenn die Entscheidung nicht mehr den rechtsstaatlichen Anforderungen des Anerkennungsstaates entspricht, weil das ausländische Verfahren zu stark von dessen Grundprinzipien abweicht.[14]

10 Von Art. 26 werden bspw. grundlegende Verfahrensgarantien wie das Recht auf rechtliches Gehör und das Recht auf Beteiligung geschützt.[15] Wurde dem Schuldner kein **rechtliches Gehör** gewährt, liegt ein Verstoß gegen den ordre public vor. Eine Verletzung dieses Verfahrensgrundrechtes soll indes dann nicht vorliegen, wenn der alleinige Geschäftsführer der deutschen Tochtergesellschaft den gesetzlichen Vertreter der ausländischen Muttergesellschaft mit der Insolvenzantragstellung hinsichtlich der deutschen Tochtergesellschaft im Ausland beauftragt hat und nur der bevollmächtigte Vertreter, nicht aber auch der organschaftliche Vertreter der Schuldnerin gehört wird.[16] Ist bereits die Eröffnung eines Hauptinsolvenzverfahrens gem. Art. 3 beantragt worden, sind vor Eröffnung eines später beantragten Hauptinsolvenzverfahrens in einem anderen Mitgliedstaat die Gläubiger zu hören. Anderenfalls liegt ein Verstoß gegen den Grundsatz des rechtlichen Gehörs und damit gegen Art. 26 vor.[17] Auch die internationale Zuständigkeit des Gerichts des Hauptverfahrens darf von dem Gericht des Anerkennungsstaates nicht durch das Einfallstor des Art. 26 nochmals überprüft werden.[18]

10a Selbst in Fällen der unerwünschten **Zuständigkeitserschleichungen** sind die Entscheidungen eines mitgliedstaatlichen Insolvenzgerichtes gleichwohl beachtlich und verstoßen nicht gegen den ordre public.[19] Denn es ist grundsätzlich nicht ersichtlich, weshalb in diesen Fällen erhebliche Rechte von Verfahrensbeteiligten durch das mitgliedstaatliche Gericht in nicht hinnehmbarer Weise verletzt werden. So sind auch im nationalen Recht erheblich fehlerhafte Verweisungsbeschlüsse nach § 281 ZPO bis zur Willkürgrenze hinzunehmen.[20] Betroffenen Gläubigern ist zu empfehlen, Rechtsmittel im jeweiligen europäischen Mitgliedstaat, in dem die fehlerhafte Bejahung der Zuständigkeit erfolgte, einzulegen. Alternativ kommt die Beantragung eines Sekundärinsolvenzverfahrens im Inland in Betracht.[21]

V. Materiell-rechtlicher ordre public

11 Neben dem verfahrensrechtlichen ist der materiell-rechtliche ordre public zu beachten. Hier ist zu prüfen, ob die Entscheidung inhaltlich, also in der Sache selbst, gegen rechtliche Grundprinzipien oder verfassungsmäßige Rechte oder Freiheiten der deutschen Rechtsordnung verstößt.[22] Er umfasst insb. den Schutz vor Diskriminierung allein aufgrund des Sitzes oder der Nationalität des Gläubigers (vgl. Art. 3 GG) und den Schutz des Privateigentums.[23]

12 Der materiell-rechtliche ordre public kann auch dann verletzt sein, wenn das Verfahren nur eingeleitet wurde, um eine gegen die (europäischen)[24] Grundrechte verstoßende Enteignung durchzuführen oder wenn von den Gläubigern unverhältnismäßige Opfer gefordert werden.[25]

---

14 HK-InsO/*Stephan* Rn. 5.
15 EuGH 02.05.2006, C-341704, NZI 2006, 360 (363); *Duursma-Kepplinger/Duursma/Chalupsky* Rn. 7; MüKo-InsO/*Reinhart* Rn. 8.
16 AG Düsseldorf 07.04.2004, 502 IN 124/03, ZIP 2004, 866.
17 High Court Dublin 23.03.2004, 33/04, ZIP 2004, 1223.
18 MüKo-InsO/*Reinhart* Rn. 1.
19 *Cranshaw* jurisPR-InsR 7/2013 Anm 4; a.A. AG Göttingen, 10.12.2012, 74 IN 28/12, ZIP 2013, 472 ff.; *d'Avoine* NZI 2011, 310 (313).
20 OLG München 20.08.2012, 34 AR 312/12, MDR 2013, 243 f.
21 *Cranshaw* jurisPR-InsR 7/2013 Anm 4.
22 OVG Berlin-Brandenburg Urt. v. 25.10.2011, Az 11 B 2.10, Rn. 31.
23 Pannen/*Riedemann* Rn. 10; HK-InsO/*Stephan* Rn. 6.
24 Mit Ausnahme von Großbritannien, Polen und Tschechien haben die Mitgliedstaaten bei der Anwendung von europäischem Recht gem. Art. 6 Abs. 1 EUV auch die Europäische Grundrechtecharta zu beachten.
25 Pannen/*Riedemann* Rn. 10; HK-InsO/*Stephan* Rn. 7.

Die Anerkennung der Eröffnungsentscheidung darf aber nicht deshalb versagt werden, weil im Anerkennungsstaat aufgrund des beruflichen Status oder des öffentlichen oder privaten Charakters des Schuldners ein Insolvenzverfahren mangels Insolvenzfähigkeit nicht eröffnet werden kann.[26] 13

VI. Prüfung von Amts wegen

Die Verletzung des ordre public ist nicht von Amts wegen zu prüfen.[27] Eine solche Überprüfungspflicht wäre mit dem Vertrauensgrundsatz nicht vereinbar. Eine Prüfung erfolgt nur dann, wenn die Parteien Tatsachen vortragen, aus denen sich ein Verstoß gegen den ordre public ergibt. Eine ausdrückliche Rüge der Parteien ist nicht nötig, wird aber in der Praxis regelmäßig vorliegen.[28] 14

D. Rechtsfolgen

Als Folge der Nichtanerkennung der Entscheidung wird entweder die vollständige Entscheidung oder der gegen die öffentliche Ordnung verstoßende Teil nicht anerkannt.[29] Demnach kommt es zur nationalen Unwirksamkeit der Entscheidung.[30] 15

Bei Missbrauch der ordre-public-Klausel kann gegen den betreffenden Mitgliedsstaat durch die Kommission ein Vertragsverletzungsverfahren eingeleitet werden (Art. 258 AEUV).[31] 16

E. Portugal

Portugal hat erklärt, dass es auf die ordre-public-Klausel zurückgreifen könnte, wenn wichtige örtliche Interessen bei einer Umwandlung eines vor dem Hauptinsolvenzverfahren eröffneten Partikularverfahrens gem. Art. 37 nicht in ausreichendem Maß berücksichtigt werden.[32] 17

F. Verhältnis zu Art. 25 Abs. 3

Art. 25 Abs. 3 ist eine Erweiterung der ordre-public-Klausel des Art. 26.[33] 18

---

26 MüKo-BGB/*Kindler* Rn. 12; *Virgós/Schmit* Erläuternder Bericht, S. 93 ff.
27 *Duursma-Kepplinger/Duursma/Chalupsky* Rn. 10; MüKo-InsO/*Reinhart* Rn. 13; AA FK-InsO/*Wenner* Rn. 10.
28 MüKo-InsO/*Reinhart* Rn. 13.
29 FK-InsO/*Wenner/Schuster* Rn. 10.
30 *Duursma-Kepplinger/Duursma/Chalupsky* Rn. 10; HK-InsO/*Stephan* Rn. 8.
31 *Duursma-Kepplinger/Duursma/Chalupsky* Rn. 11.
32 *Virgós/Schmit* Bericht, 130.
33 *Paulus* Art. 25 Rn. 11; Pannen/*Riedemann* Art. 26, Rn. 36; vgl. hierzu Art. 25 EuInsVO Rdn. 8 f.

KAPITEL III SEKUNDÄRINSOLVENZVERFAHREN

Artikel 27 Verfahrenseröffnung

Ist durch ein Gericht eines Mitgliedstaats ein Verfahren nach Artikel 3 Absatz 1 eröffnet worden, das in einem anderen Mitgliedstaat anerkannt ist (Hauptinsolvenzverfahren), so kann ein nach Artikel 3 Absatz 2 zuständiges Gericht dieses anderen Mitgliedstaats ein Sekundärinsolvenzverfahren eröffnen, ohne daß in diesem anderen Mitgliedstaat die Insolvenz des Schuldners geprüft wird. Bei diesem Verfahren muß es sich um eines der in Anhang B aufgeführten Verfahren handeln. Seine Wirkungen beschränken sich auf das im Gebiet dieses anderen Mitgliedstaats belegene Vermögen des Schuldners.

Übersicht

	Rdn.			Rdn.
A. Zulässigkeitsvoraussetzungen	1	III.	Austauschverträge zwischen Haupt- und Sekundärinsolvenzverwalter	27
B. Abgrenzung der Vermögensmassen von Haupt- und Sekundärinsolvenzverfahren	8	C.	Bestellung des Sekundärinsolvenzverwalters; Eigenverwaltung	29
I. Aktivmasse	8	D.	Befugnisse und Vergütung des Sekundärinsolvenzverwalters	31
II. Passivmasse	15	E.	Ziele des Sekundärinsolvenzverfahrens	34
1. Insolvenzforderungen	15	F.	Sekundärinsolvenzverfahren nach Beendigung des Hauptinsolvenzverfahrens	37
2. Masseforderungen	16			
a) Grundsatz	16			
b) Begründung einer Masseverbindlichkeit vor Eröffnung eines Sekundärinsolvenzverfahrens	19	G.	Reformperspektiven	38

A. Zulässigkeitsvoraussetzungen

1 Art. 27 regelt die Zulässigkeit von sog. Sekundärinsolvenzverfahren. Insoweit werden einige Zulässigkeitsvoraussetzungen, die bereits in Art. 3 Abs. 2 angesprochen worden sind, nochmals wiederholt.

2 Ein sog. Sekundärinsolvenzverfahren kann nur eröffnet werden, wenn in einem anderen Mitgliedstaat zuvor ein im Inland nach Art. 16, 17 anzuerkennendes **Hauptinsolvenzverfahren** eröffnet worden ist und dieses auch noch nicht beendet worden ist. Der Antragsteller hat bei Beantragung eines Sekundärinsolvenzverfahrens in Deutschland **substantiiert darzulegen**, dass im Antragszeitpunkt bereits ein Hauptinsolvenzverfahren in einem anderen Mitgliedstaat eröffnet worden ist.[1] Eine Eröffnung eines Hauptinsolvenzverfahrens liegt nach Auffassung des EuGH nicht nur dann vor, wenn die Eröffnungsentscheidung i.S.d. Art. 2 Buchst. f) wirksam wird; vielmehr geht der EuGH davon aus, dass ein Sekundärinsolvenzverfahren bereits eröffnet werden kann, wenn das Hauptinsolvenzverfahren nur **vorläufig eröffnet** worden ist, soweit dies nur mit einem Vermögensbeschlag verbunden ist. Die Frage wird in der deutschen Literatur aber sehr streitig diskutiert (vgl. Art. 29 EuInsVO Rdn. 4 ff.). Der Zeitpunkt der Beendigung des Hauptinsolvenzverfahrens richtet sich nach der dortigen *lex fori concursus* (siehe Art. 4 EuInsVO Rdn. 25).[2]

3 Sekundärinsolvenzverfahren können in den Mitgliedstaaten eröffnet werden, in denen sich eine Niederlassung des Schuldners befindet. Der Begriff der **Niederlassung** bestimmt sich nach Art. 2 Buchst. h). Befindet sich nicht nur eine Niederlassung des Schuldners, sondern sogar der COMI des Schuldners in dem betreffenden Mitgliedstaat, kann dort ebenfalls – soweit ein (an sich unzuständiger) Mitgliedstaat ein nach Art. 16, 17 anzuerkennendes Hauptinsolvenzverfahren eröffnet hat –

---

1 AG Köln 01.12.2005, 71 IN 564/05, NZI 2006, 57.
2 EuGH 22.11.2012, C-116/11, NZI 2013, 106 (Rn. 64 ff.) – Bank Handlowy w Warzawie SA; näher hierzu *Schulz* EuZW 2013, 141 (146).

ein Sekundärinsolvenzverfahren eröffnet werden (vgl. näher Art. 3 EuInsVO Rdn. 107). Die **örtliche Zuständigkeit** richtet sich nach dem Recht des jeweiligen Mitgliedstaates. In Deutschland sind die Gerichte am Ort der inländischen Niederlassung des Schuldners örtlich zuständig (Art. 102 § 1 Abs. 2 EGInsO).

Die sonstigen Verfahrensvoraussetzungen für das Sekundärinsolvenzverfahren beurteilen sich grds. nach der *lex fori concursus secundariae*, also nach dem Recht des Mitgliedstaates, in dem die Eröffnung des Sekundärinsolvenzverfahrens beantragt ist (Art. 28). Eine Ausnahme hiervon ergibt sich aus Art. 27 Satz 1. **Eröffnungsgründe** sind hiernach in dem Sekundärinsolvenzverfahren nicht mehr zu prüfen; die Entscheidung über die Eröffnung des Hauptinsolvenzverfahrens bindet insoweit auch die Gerichte in dem Mitgliedstaat, der über die Eröffnung des Sekundärinsolvenzverfahrens entscheidet.[3] In Deutschland dürfen daher die §§ 17–19 InsO nicht mehr geprüft werden; umgekehrt haben ausländische Gerichte, soweit in Deutschland ein Hauptinsolvenzverfahren eröffnet worden ist, keine Prüfung der Eröffnungsgründe anhand ihrer *lex fori concursus secundariae* mehr vorzunehmen. Dies gilt auch dann, wenn ihnen die in Deutschland verwendeten Eröffnungsgründe ganz oder teilweise unbekannt sind.[4] Das Verbot der Prüfung der Eröffnungsgründe gilt nach dem EuGH auch dann, wenn das Hauptinsolvenzverfahren (allein) der Sanierung oder einem sonstigen **Schutzzweck** dient. So ist z.B. das von der EuInsVO erfasste französische Sauvegarde-Verfahren bereits dann zulässig, wenn der Schuldner Schwierigkeiten darlegt, die er nicht meistern kann;[5] entsprechend wird dann ein deutsches Sekundärinsolvenzverfahren zulässig, auch wenn die Voraussetzungen der §§ 17–19 InsO (noch) nicht erfüllt sind. 4

Art. 29 enthält eine weitere Sonderregel zur **Antragsbefugnis.** Auch diese geht der *lex fori concursus secundariae* vor. 5

Bei dem Sekundärinsolvenzverfahren muss es sich um ein **Liquidationsverfahren** handeln (Art. 3 Abs. 3 Satz 2). Der Begriff des Liquidationsverfahrens ergibt sich aus Art. 2 Buchst. c) i.V.m. Anhang B. Aus deutscher Sicht ist die Beschränkung auf Liquidationsverfahren ohne Bedeutung, da sämtliche Verfahren nach der InsO zu den Liquidationsverfahren zählen (vgl. Art. 2 EuInsVO Rdn. 5 ff.). Auch im Rahmen eines Sekundärinsolvenzverfahrens können im Übrigen durchaus Sanierungsversuche unternommen und ein Sanierungsplan beschlossen werden (vgl. Rdn. 35). Richtigerweise sollte die Vorschrift teleologisch reduziert werden, soweit es sich bei dem Hauptinsolvenzverfahren ebenfalls um ein Sanierungsverfahren handelt; in diesem Fall wäre es kontraproduktiv, nur Liquidationsverfahren als Sekundärinsolvenzverfahren zuzulassen (siehe oben Art. 3 EuInsVO Rdn. 110). 6

Denkbar ist selbstverständlich auch, dass mehrere Sekundärinsolvenzverfahren eröffnet werden. Voraussetzung ist jeweils, dass sich in den betreffenden Mitgliedstaaten Niederlassungen des Schuldners befinden. Befinden sich in einem Mitgliedstaat mehrere Niederlassungen des Schuldners, kann in diesem Mitgliedstaat nur ein auf den gesamten Mitgliedstaat bezogenes Sekundärinsolvenzverfahren eröffnet werden. Nicht möglich ist es, das Sekundärinsolvenzverfahren innerhalb dieses Mitgliedstaats auf das Vermögen zu beschränken, das nur einer von mehreren in diesem Mitgliedstaat befindlichen Niederlassungen zuzuordnen ist. Örtlich zuständig sind in Deutschland nach Art. 102 § 1 Abs. 2 Satz 2 EGInsO (sämtliche) Insolvenzgerichte, in deren Bezirken sich Niederlassungen des Schuldners befinden. Werden bei verschiedenen hiernach zuständigen Gerichten Anträge auf Eröffnung eines Partikularverfahrens gestellt, so gilt Art. 102 § 1 Abs. 2 Satz 2 EGInsO i.V.m. § 3 Abs. 2 InsO. Vorrang hat hiernach das Verfahren bei dem Insolvenzgericht, bei dem zuerst die Eröffnung des Verfahrens beantragt worden ist. Stellt demgegenüber eine im Inland befind- 7

---

3 EuGH 22.11.2012, C-116/11, NZI 2013, 106 (Rn. 64 ff.) – Bank Handlowy w Warszawie SA.
4 Pannen/*Herchen* Rn. 61; Gebauer/Wiedmann/*Haubold* Rn. 214; MüKo-InsO/*Reinhart* Rn. 16; *Paulus* Rn. 5; *Wimmer* ZIP 1998, 982 (986).
5 Siehe Art. 620–1 C.Com. (*»difficultés qu'il n'est pas en mesure de surmonter«*) sowie dazu *Dammann* NZI 2009, 502 (505).

liche Niederlassung die Hauptniederlassung dar, so ist nach verbreiteter Auffassung nur das Gericht örtlich zuständig, in dessen Bezirk sich diese Hauptniederlassung befindet (vgl. Anh. II Art. 102 § 1 EGInsO Rdn. 7).

B. Abgrenzung der Vermögensmassen von Haupt- und Sekundärinsolvenzverfahren

I. Aktivmasse

8 Satz 3 hebt – inhaltlich gleichlautend mit Art. 3 Abs. 2 Satz 2 – nochmals hervor, dass sich die Wirkungen des Verfahrens auf das Aktivvermögen beschränken, das in dem Sekundärverfahrensstaat belegen ist. Macht der Sekundärinsolvenzverwalter eine Forderung klageweise geltend, die nicht im Sekundärverfahrensstaat belegen ist, ist seine Klage mangels Prozessführungsbefugnis unzulässig. Seine Prozessführungsbefugnis ergibt sich insb. auch nicht aus einer analogen Anwendung von Art. 32 Abs. 2.[6]

9 Zur Masse des Hauptinsolvenzverfahrens gehören die Gegenstände, die außerhalb des Sekundärverfahrensstaats belegen sind. Aktivvermögen, das dem Sekundärinsolvenzverfahren unterfällt, ist dem Zugriff des Hauptinsolvenzverwalters entzogen. Dies wird u.a. in Art. 17 Abs. 1 nochmals hervorgehoben. Im praktischen Ergebnis liegen sodann zwei Insolvenzmassen vor, die einer getrennten Insolvenzverwaltung unterliegen und bei denen unterschiedliches Recht – nämlich die jeweilige *lex fori concursus* – zur Anwendung kommt. Das Sekundärinsolvenzverfahren mindert entsprechend die Masse des Hauptinsolvenzverfahrens. Im Einzelfall kann sich das Sekundärinsolvenzverfahren durchaus als wirtschaftlich bedeutsamer herausstellen als das Hauptinsolvenzverfahren. Dies gilt insb. deshalb, weil ein COMI im Einzelfall auch in einem Mitgliedstaat belegen sein kann, in dem sich nicht (notwendigerweise) auch das meiste Aktivvermögen des Schuldners befindet.

10 Damit kommt der **Vermögensbelegenheit** eine zentrale Bedeutung zu; sie entscheidet darüber, welches Aktivvermögen vom Hauptinsolvenzverfahren erfasst ist und welches Aktivvermögen dem Sekundärinsolvenzverfahren unterfällt. Wo das jeweilige Vermögen belegen ist, richtet sich nach Art. 2 Buchst. g). Die Vorschrift stellt nicht darauf ab, ob ein bestimmtes Aktivvermögen von der betreffenden Niederlassung erwirtschaftet wurde; maßgeblich ist allein die Belegenheit des Vermögens in dem jeweiligen Mitgliedstaat.

11 Demgemäß gehören körperliche Gegenstände, die in dem Sekundärverfahrensstaat belegen sind (Art. 2 Buchst. g) 1. Spiegelstrich), auch dann zum Sekundärinsolvenzverfahren, wenn sie nicht dem Betrieb der Niederlassung zugeordnet sind. Forderungen des Schuldners, bei denen der zur Leistung verpflichtete Dritte seinen COMI in dem Sekundärverfahrensstaat hat, gehören unabhängig vom Entstehungsgrund stets zum Sekundärinsolvenzverfahren (Art. 2 Buchst. g) 3. Spiegelstrich). Dies gilt auch dann, wenn die Forderung nicht aufgrund einer Tätigkeit der Niederlassung entstanden ist, sondern z.B. der Vertrag am Hauptverwaltungssitz des Schuldners geschlossen wurde. Umgekehrt gehören Forderungen, die in der Niederlassung erwirtschaftet worden sind, immer dann zum Hauptinsolvenzverfahren, wenn der zur Leistung verpflichtete Dritte seinen COMI außerhalb des Sekundärverfahrensstaats hat.

12 Art. 2 Buchst. g) regelt nicht, auf welchen genauen **Zeitpunkt** es für die Beurteilung der jeweiligen Vermögensbelegenheit ankommt. Richtigerweise ist auf den Zeitpunkt abzustellen, in dem das Sekundärinsolvenzverfahren eröffnet worden ist.[7] Dieser bestimmt sich grds. nach Art. 2 Buchst. f).[8] Es kommt nach dieser Vorschrift darauf an, wann der Eröffnungsbeschluss, ohne notwendigerweise

---

6 KG 21.07.2011, 23 U 97/09, NZI 2011, 729 m. zust. Anm. *Mankowski*.
7 Pannen/*Herchen* Rn. 62; Leonhardt/Smid/Zeuner/*Smid*, Internationales Insolvenzrecht, Rn. 28; MüKo-BGB/*Kindler* Rn. 25; Rauscher/*Mäsch* Rn. 19.
8 Leonhardt/Smid/Zeuner/*Smid*, Internationales Insolvenzrecht, Rn. 28; MüKo-BGB/*Kindler* Rn. 25; Rauscher/*Mäsch* Rn. 19.

rechtskräftig zu sein, nach der *lex fori concursus secundariae* wirksam wird (s. Art. 2 EuInsVO Rdn. 11 ff.).

Denkbar wäre allerdings auch, die Bestimmung des Eröffnungszeitpunkts, die der EuGH in Zusammenhang mit positiven Kompetenzkonflikten in der Entscheidung »Eurofood« angestellt hat, auf die Abgrenzung der Vermögensmassen von Haupt- und Sekundärinsolvenzverfahren zu übertragen. Man könnte in Anlehnung an »Eurofood« bereits auf den Zeitpunkt abstellen, in dem ein vorläufiger Sekundärinsolvenzverwalter bestellt wird, soweit diese Bestellung mit einem Vermögensbeschlag gegen den Schuldners verbunden ist (vgl. Art. 3 EuInsVO Rdn. 71 ff.). Es spricht aber mehr dafür, die Entscheidung »Eurofood« grds. auf den besonderen – und in der EuInsVO nicht eigens geregelten – Problembereich der positiven Kompetenzkonflikte zu beschränken; anderenfalls wäre die in Art. 2 Buchst. f) enthaltene Definition ohne eigenständige praktische Bedeutung.[9] 13

Soweit es zwischen der Eröffnung des Hauptinsolvenzverfahrens und der nachfolgenden Eröffnung des Sekundärinsolvenzverfahrens zu einer Veränderung der Vermögensbelegenheit kommt, sind diese Veränderungen für die Abgrenzung des Hauptinsolvenz- zum Sekundärinsolvenzverfahren relevant. Dies betrifft etwa den Fall, dass der Lageort einer beweglichen Sache verändert wird oder der zur Leistung verpflichtete Dritte zwischenzeitlich seinen COMI von einem Mitgliedstaat in einen anderen verlegt. Dies ergibt sich im Umkehrschluss aus Art. 18 Abs. 1 Satz 2. Allerdings kann das Gericht, bei dem der Antrag auf Eröffnung eines Sekundärinsolvenzverfahrens gestellt ist, gem. Art. 18 Abs. 1 Satz 2 i.V.m. Art. 18 Abs. 1 Satz 1 im Wege einer Sicherungsanordnung bestimmen, dass Gegenstände nicht aus dem Gebiet des Mitgliedstaats entfernt werden dürfen. 14

II. Passivmasse

1. Insolvenzforderungen

Nach Art. 32 Abs. 1 und Art. 39 kann jeder Gläubiger – unabhängig von seinem gewöhnlichen Aufenthalt, Wohnsitz oder Sitz – am Sekundärinsolvenzverfahren teilnehmen. Das Sekundärinsolvenzverfahren steht also nicht nur Gläubigern offen, deren Forderungen durch die entsprechenden Niederlassungen begründet wurden. Im praktischen Ergebnis findet daher eine Teilung der Insolvenzmassen nur im Hinblick auf die Aktivmasse statt, nicht im Hinblick auf die Verbindlichkeiten. Der **Rang der Forderung** richtet sich nach der jeweiligen *lex fori concursus*. Die Rechtsstellung von Gläubigern mit Sitz usw. in Drittstaaten richtet sich allein nach der *lex fori concursus*; Art. 32 und 39 sind insoweit nicht anwendbar (vgl. Art. 32 EuInsVO Rdn. 5 und Art. 39 EuInsVO Rdn. 6). 15

2. Masseforderungen

a) Grundsatz

Besondere Probleme stellen sich bei Masseforderungen. Auch hier ist zunächst eine getrennte Betrachtung anzustellen. Die jeweilige *lex fori concursus* entscheidet darüber, ob eine bestimmte Forderung – aus welchen Gründen auch immer – als Masseforderung privilegiert ist oder (nur) eine Insolvenzforderung darstellt. 16

Problematisch ist aber der Fall, dass eine Masseverbindlichkeit durch eine Handlung einer der beiden Verwalter – entweder den Hauptinsolvenz- oder den Sekundärinsolvenzverwalter – begründet wird. Auch hier ist für den Regelfall von einer getrennten Betrachtung auszugehen. Anderenfalls könnten die Insolvenzverwalter wechselseitig zu Lasten der anderen Masse Verbindlichkeiten begründen; durch die Insolvenzverwalter begründete Masseverbindlichkeiten entpuppten sich damit letztlich als Verbindlichkeiten (auch) zu Lasten des jeweils anderen Verfahrens. 17

Begründet der **Sekundärinsolvenzverwalter** eine Masseverbindlichkeit, so hat es daher bei der getrennten Betrachtung sein Bewenden. Entscheidet sich also z.B. (nur) der in Deutschland eingesetzte 18

---

9 Wie hier MüKo-InsO/*Reinhart* Rn. 23; MüKo-BGB/*Kindler* Art. 2 Rn. 15.

Sekundärinsolvenzverwalter dafür, einen Vertrag nach Maßgabe des § 103 InsO zu erfüllen, kann der betroffene Gläubiger nur von ihm, nicht aber vom Hauptinsolvenzverwalter Erfüllung verlangen. Dementsprechend steht ihm auch nur das in Deutschland belegene Vermögen als Haftungsmasse für den Masseanspruch zur Verfügung. Für den Gläubiger ist dies hinnehmbar, da ihm die Sekundärverwaltung als solche ersichtlich ist und er überdies bei der Nichterfüllung der Masseverbindlichkeit durch den Sekundärinsolvenzverwalter einen Schadensersatzanspruch gegen diesen geltend machen kann (vgl. im deutschen Recht § 61 InsO). Begründet der **Hauptinsolvenzverwalter** eine Masseverbindlichkeit, gelten spiegelbildlich dieselben Grundsätze. Der Sekundärinsolvenzverwalter kann im Regelfall nicht für die vom Hauptinsolvenzverwalter begründete Masseverbindlichkeit in Anspruch genommen werden.

b) Begründung einer Masseverbindlichkeit vor Eröffnung eines Sekundärinsolvenzverfahrens

19 Besonderheiten werden in der Literatur aber für den Fall angenommen, dass Masseverbindlichkeiten durch den Hauptinsolvenzverwalter begründet werden, noch bevor ein Sekundärinsolvenzverfahren überhaupt eröffnet worden ist. Lehnte man eine Haftung des später eingesetzten Sekundärinsolvenzverwalters für die Masseverbindlichkeit ab, entfiele nachträglich »die wirtschaftliche Basis« und damit die Haftungsbasis für die Regulierung der Masseverbindlichkeiten.[10]

20 Denkbar ist etwa, dass der Hauptinsolvenzverwalter über einen Gegenstand, der sich in einer Niederlassung des Schuldners in einem Mitgliedstaat befindet, einen Kaufvertrag geschlossen hat. Wird nun nach Abschluss des Kaufvertrages in diesem Mitgliedstaat ein Sekundärinsolvenzverfahren eröffnet, wäre der Hauptinsolvenzverwalter daran gehindert, diesen Vertrag zu erfüllen. Ähnliches könnte sich bei der Begründung von Zahlungsverbindlichkeiten ergeben, die nach der Vorstellung des Hauptinsolvenzverwalters aus einem (nunmehr) vom Sekundärinsolvenzverfahren erfassten Bankguthaben hätten erfüllt werden sollen bzw. die durch das (nunmehr noch) dem Hauptinsolvenzverwalter verwaltete Vermögen nicht mehr gedeckt sind.

21 Aus Sicht des Hauptinsolvenzverwalters würde sich der nachträgliche Wegfall der vom Sekundärinsolvenzverfahren erfassten Masse als schwer kalkulierbares Haftungsrisiko erweisen. Der Hauptinsolvenzverwalter kann kaum jemals sicher beurteilen, ob in einem Mitgliedstaat, in dem sich eine Niederlassung des Schuldners befindet, tatsächlich einmal ein Insolvenzantrag gestellt wird. Dies würde häufig dazu führen, dass er – um keine Masseverbindlichkeiten einzugehen, die sich für ihn letztlich als ganz oder teilweise unerfüllbar darstellen – von dem Abschluss entsprechender Verpflichtungsverträge Abstand nähme. Dies widerspräche der sich aus Art. 16, 17 ergebenden Anerkennung des Hauptinsolvenzverfahrens in den anderen Mitgliedstaaten und der daraus folgenden umfassenden Handlungsbefugnis des Hauptinsolvenzverwalters.

22 Als Konsequenz daraus wird für diesen (Sonder-)Fall doch eine Außenhaftung auch des Sekundärinsolvenzverwalters für vom Hauptinsolvenzverwalter begründete Masseverbindlichkeiten befürwortet.[11] Auch diese Lösung ist aber nicht ohne Nachteile. Sie hätte zur Konsequenz, dass der Hauptinsolvenzverwalter dem Sekundärinsolvenzverwalter Masseverbindlichkeiten einseitig aufzwingen könnte mit der Folge, dass der nachfolgend eingesetzte Sekundärinsolvenzverwalter in seinen Entscheidungen über die Verwaltung des Vermögens erheblich beeinträchtigt werden könnte. Im schlimmsten Fall könnte das Vermögen, über das ein Sekundärinsolvenzverfahren eröffnet worden ist, mehr oder weniger von der »fremden« Masseverbindlichkeit aufgezehrt werden. Dies wäre gerade aus deutscher Sicht wenig erfreulich. Sekundärverfahren sind in Deutschland schon recht häufig dazu verwendet worden, um der übermäßigen Inanspruchnahme einer internationalen Zuständigkeit für Hauptinsolvenzverfahren durch ausländische Gerichte entgegenzutreten.[12] Soweit man

---

10 *Beck* NZI 2007, 1 (2 f.); auch *Ringstmeier/Homann* NZI 2004, 354 ff.
11 Vgl. etwa *Ringstmeier/Homann* NZI 2004, 354 (356 ff.); *Beck* NZI 2007, 1 (3).
12 So geschehen etwa in AG Köln 23.01.2004, 71 IN 1/04, NZI 2004, 151; AG Düsseldorf 12.03.2004, 502 IN 126/03, NZI 2004, 269.

dem Hauptinsolvenzverwalter die Möglichkeit eröffnet, das Sekundärinsolvenzverfahren durch die Begründung von Masseverbindlichkeiten negativ zu beeinträchtigen oder sogar undurchführbar zu machen, wäre diese Korrekturmöglichkeit entwertet.

Dementsprechend bemüht sich die Literatur um Kompromissvorschläge. Vorgeschlagen werden u.a. eine nur anteilige Außenhaftung des Sekundärinsolvenzverwalters; in Betracht gezogen wird daneben auch eine volle Außenhaftung des Sekundärinsolvenzverwalters bei allerdings (anteiliger) Rückgriffsmöglichkeit gegenüber dem Hauptinsolvenzverwalter.[13]

Die z.T. vorgeschlagene nur anteilige Außenhaftung ändert allerdings nichts daran, dass dem Sekundärinsolvenzverwalter – wenn eben auch nur anteilig – Vermögen entzogen werden kann. Eine anteilige Außenhaftung ist überdies nicht durchführbar, wenn es nicht um Zahlungspflichten, sondern um die Übereignung bestimmter Gegenstände geht, die vom Sekundärverfahren erfasst sind. Auch fehlt es an Maßstäben für eine entsprechende Aufteilung der Außenhaftung. Eine interne Rückgriffsmöglichkeit des Sekundärinsolvenzverwalters erweist sich auch als nur bedingt brauchbare Lösung, denn in dem kritischen Fall, in dem der Hauptinsolvenzverwalter die Masseverbindlichkeit begründet hat, aber selbst nicht genügend Masse zur Erfüllung ebendieser Verbindlichkeit hat, ist ein evtl Rückgriffsanspruch des Sekundärinsolvenzverwalters nicht realisierbar.

Nach der hier vertretenen Auffassung ergibt sich ein Ansatzpunkt aus Art. 18 Abs. 1 Satz 1. Nach dieser Vorschrift kann der Hauptinsolvenzverwalter im Gebiet eines anderen Mitgliedstaates alle Befugnisse ausüben, die ihm nach der *lex fori concursus* zustehen. Dies dürfte vom Grundgedanken auch auf die Begründung von Masseverbindlichkeiten übertragbar sein. Die Handlungsmöglichkeiten des Hauptinsolvenzverwalters werden aber nach Art. 18 Abs. 1 Satz 1 in dem Fall eingeschränkt, in dem in dem anderen Mitgliedstaat ein weiteres Insolvenzverfahren eröffnet oder eine gegenteilige Sicherungsmaßnahme auf einen Antrag auf Eröffnung eines Insolvenzverfahrens hin ergriffen worden ist. Diese Regelung kann nach der hier vertretenen Auffassung wiederum entsprechend auf die Begründung von Masseverbindlichkeiten angewendet werden. In dem Mitgliedstaat, in dem sich eine Niederlassung des Schuldners befindet und in dem ein Antrag auf Eröffnung eines Sekundärinsolvenzverfahrens gestellt ist, kann durch die Anordnung von Sicherungsmaßnahmen verhindert werden, dass Masseverbindlichkeiten mit Wirkung auch gegen die vom Sekundärinsolvenzverfahren erfasste Masse begründet werden.

Hierfür spricht u.a. auch der Vergleich mit Art. 18 Abs. 1 Satz 2 i.V.m. Art. 18 Abs. 1 Satz 1. Dem Hauptinsolvenzverwalter kann nach dieser Vorschrift im Wege der vorläufigen Sicherung untersagt werden, Gegenstände aus dem Gebiet des Mitgliedstaats, in dem sich diese befinden, zu entfernen. Dann muss es entsprechend auch möglich sein, die Begründung von Masseverbindlichkeiten, durch die der Sekundärinsolvenzverwalter zur Übereignung ebendieser Gegenstände verpflichtet wird, im Wege der vorläufigen Sicherung zu untersagen. Auch umgekehrt lässt sich ein Schluss aus Art. 18 Abs. 1 Satz 2 i.V.m. Art. 18 Abs. 1 Satz 1 ziehen. Soweit der Insolvenzverwalter aus dem betreffenden Mitgliedstaat Gegenstände entfernen kann, ohne einem späteren Sekundärinsolvenzverwalter zu einem Ausgleich verpflichtet zu sein, muss es ihm auch möglich sein, Masseverbindlichkeiten im Hinblick auf diese Gegenstände zu begründen.

III. Austauschverträge zwischen Haupt- und Sekundärinsolvenzverwalter

Umstritten ist, ob Haupt- und Sekundärinsolvenzverwalter durch den Abschluss von Austauschverträgen Masseverbindlichkeiten im Verhältnis zueinander begründen können. Hiergegen ließe sich *konstruktiv einwenden*, dass hinter beiden Verfahren derselbe Rechtsträger steht und es sich daher um ein unzulässiges Insichgeschäft handele. Für derartige Verträge – und auch für eine entsprechende Haftung der Verwalter – besteht aber ein praktisches Bedürfnis. Überdies handelt der Insol-

---

13 Zu den einzelnen Lösungsvorschlägen näher *Beck* NZI 2007, 1 (2 f.); für volle Außenhaftung ohne Rückgriffsmöglichkeit *Ringstmeier/Homann* NZI 2004, 354 ff.; Vgl. auch – für Bildung einer fiktiven Teilmasse – *Lüke* ZZP 111 (1998), 275 (306).

venzverwalter jedenfalls nach deutscher Einordnung nicht als Vertreter oder Organ der Masse, sondern im eigenen Namen. Auch bei einer rein konstruktiven Betrachtung ist also kein Insichgeschäft anzunehmen.[14]

28 Konstruktive Probleme könnten sich daneben auch bei der bei der Überführung von Gegenständen von der einen in die andere Masse ergeben. Vielfach wird davon ausgegangen, dass – da hinter den Verwaltern derselbe Rechtsträger stehe – jedenfalls bei Annahme einer Übereignung ein unzulässiges Insichgeschäft vorliege und daher eine Übereignung von der einen Masse an die andere nicht möglich sei.[15] Eine Lösung könnte sodann darin bestehen, dass – dann, wenn der Gegenstand von der Masse des Sekundärinsolvenzverfahrens in die Masse des Hauptinsolvenzverfahrens transferiert werden soll – der Sekundärinsolvenzverwalter den betreffenden Gegenstand freigibt; denn dann dürfte dieser Gegenstand – da damit der vorrangige Beschlag durch das Sekundärinsolvenzverfahren wegfällt – automatisch in die Masse des Hauptinsolvenzverfahrens fallen.[16] Dieser Weg bereitet allerdings konstruktive Probleme, wenn der Gegenstand von der Masse des Hauptinsolvenzverfahrens in die Masse des Sekundärinsolvenzverfahrens transferiert werden soll.[17] Richtigerweise bedarf es allerdings keines Rückgriffs auf Übereignungstatbestände. Vielmehr dürfte die Kooperationspflicht nach Art. 31 dahingehend weiterzuentwickeln sein, dass die Verwalter – abweichend von der gesetzlichen Zuordnung einzelner Gegenstände – auch insoweit bindende Verträge über die Abgrenzung ihrer Kompetenzen schließen können.[18] Ein Eigentumswechsel ist mit solchen Verträgen nicht verbunden.

C. Bestellung des Sekundärinsolvenzverwalters; Eigenverwaltung

29 Die Bestellung des Sekundärinsolvenzverwalters richtet sich gem. Art. 28 nach der *lex fori concursus secundariae*. Für ein deutsches Sekundärinsolvenzverfahren gelten also die §§ 56, 56a InsO. Aus den Art. 32–34 wird abgeleitet, dass es zu Interessengegensätzen zwischen dem Hauptinsolvenzverwalter und dem Sekundärinsolvenzverwalter kommen kann. Dementsprechend kann nach h.M. als Sekundärinsolvenzverwalter nicht der Hauptinsolvenzverwalter eingesetzt werden.[19]

30 Nach Auffassung des AG Köln und verbreiteter Auffassung in der Literatur ist aber die Anordnung einer **Eigenverwaltung** im Sekundärinsolvenzverfahren möglich. Diese soll dazu führen, dass (auch) die Sekundärinsolvenzverwaltung vom Hauptinsolvenzverwalter wahrgenommen wird; allerdings wird dieser sodann noch von einem Sachverwalter beaufsichtigt.[20] Diese Lösung könne dazu beitragen, die Schwierigkeiten, die sich aus der unterschiedlichen Ausrichtung eines Haupt- und Sekundärinsolvenzverfahrens ergeben können, zu reduzieren.[21] Geht man allerdings davon aus, dass Hauptinsolvenz- und Sekundärinsolvenzverwalter nach den Vorgaben der EuInsVO bzw. nach § 56 InsO nicht personenidentisch sein dürfen, dürfte die vom AG Köln vorgeschlagene Lösung letztlich als unzulässige Umgehung der Vorschriften über die Insolvenzverwalterbestellung zu werten sein.[22]

---

14 Näher *Pannen/Herchen* Rn. 74.
15 MüKo-BGB/*Kindler* Rn. 30; Rauscher/*Mäsch* Rn. 20; *Lüke* ZZP 111, 1998, 275 (306); Pannen/*Herchen* Rn. 69; a.A. *Duursma-Kepplinger/Duursma/Chalupsky* Rn. 64.
16 Rauscher/*Mäsch* Rn. 20; Pannen/*Herchen* Rn. 71; *Lüke* ZZP 111, 1998, 275 (307); hiergegen Karsten Schmidt/*Brinkmann* Rn. 17.
17 Pannen/*Herchen* Rn. 72.
18 Karsten Schmidt/*Brinkmann* Rn. 16.
19 Etwa Pannen/*Herchen* Rn. 90; *Duursma-Kepplinger/Duursma/Chalupsky* Rn. 83; Leonhardt/Smid/Zeuner/*Smid*, Internationales Insolvenzrecht, Rn. 29; abw. – für den seltenen Einzelfall – Rauscher/*Mäsch* Rn. 25.
20 Abw. Karsten Schmidt/*Brinkmann* Rn. 21: Richtigerweise werde nicht der Hauptinsolvenzverwalter, sondern der Schuldner selbst zum Eigenverwalter.
21 AG Köln 23.01.2004, 71 IN 1/04, NZI 2004, 151 (153 ff.); zust. Gebauer/Wiedmann/*Haubold* Rn. 128; Karsten Schmidt/*Brinkmann* Rn. 21; näher dazu *Adam/Poertzgen* ZInsO 2008, 347 (348 f.); skeptisch *Sabel* NZI 2004, 126 (128); abl. *Beck* NZI 2006, 609 (616 ff.); *Kübler* FS Gerhardt 2004, 527 (540).
22 Ausf. *Beck* NZI 2006, 609 (616 ff.).

D. Befugnisse und Vergütung des Sekundärinsolvenzverwalters

Die Befugnisse des Sekundärinsolvenzverwalters richten sich nach dem Recht des Eröffnungsstaates des Sekundärverfahrens. Besondere Regeln finden sich zudem in den Art. 18 Abs. 2, 3, 19, 31, 32 Abs. 2, 3, 33 Abs. 2 2. Spiegelstrich, 35 und 40. 31

Aus der Beschränkung des Sekundärinsolvenzverfahrens auf das im Sekundärverfahrensstaat im Zeitpunkt der Verfahrenseröffnung belegene Vermögen folgt nicht, dass der Sekundärinsolvenzverwalter nicht außerhalb des Sekundärverfahrensstaats tätig werden kann. Erforderlich ist aber stets, dass sich seine Maßnahmen auf die Masse des Sekundärverfahrens beziehen. So kann der Sekundärinsolvenzverwalter **in einem anderen Mitgliedstaat** Klage erheben. Dies kann etwa der Fall sein, wenn ein zur Leistung verpflichteter Dritter seinen Wohnsitz nach Eröffnung des Sekundärinsolvenzverfahrens in einen anderen Mitgliedstaat verlegt hat und daher einen Beklagtengerichtsstand nach Art. 2 EuGVVO nur noch in diesem Mitgliedstaat gegeben ist. Dasselbe gilt, wenn sich der Insolvenzverwalter auf besondere oder ausschließliche Zuständigkeiten nach der EuGVVO stützen möchte, die außerhalb des Sekundärverfahrensstaats gegeben sind. Schließlich ist auch denkbar, dass bewegliche Sachen, die zum Sekundärinsolvenzverfahren gehören, nach Eröffnung des Sekundärverfahrens in einen anderen Mitgliedstaat verbracht worden sind. Der Sekundärinsolvenzverwalter kann in diesem Fall Herausgabe dieser Gegenstände verlangen und zu diesem Zweck in anderen Mitgliedstaaten tätig werden. 32

Die Vergütung des Sekundärinsolvenzverwalters richtet sich ebenfalls nach der *lex fori concursus secundariae*. Soweit es nach dieser – wie in Deutschland nach § 1 InsVV – auf den Wert der Aktivmasse ankommt, ist nur die vom Sekundärinsolvenzverfahren erfasste Aktivmasse anzusetzen. Hierbei ist zu berücksichtigen, dass gerade bei Sekundärinsolvenzverfahren häufig Aussonderungs- und Absonderungsrechte geltend gemacht werden, die den Wert der Aktivmasse schmälern können. Danach Art. 27 Satz 1 ein Eröffnungsgrund nicht geprüft werden muss, scheidet eine Vergütung für diese Tätigkeit ebenfalls aus. 33

E. Ziele des Sekundärinsolvenzverfahrens

Als Sekundärverfahren sind nach Art. 27 nur die in Anlage B aufgeführten Liquidationsverfahren zulässig. Diese Regelung ist auf die Erwägung zurückzuführen, dass die (isolierte) Sanierung in einem (reinen) Sanierungsverfahren nur einer Niederlassung nicht aussichtsreich und die Abstimmung zwischen Haupt- und Sanierungsverfahren zu kompliziert sei.[23] In der Literatur wird diese Beschränkung von Sekundärinsolvenzverfahren kritisiert.[24] Richtigerweise sollte die Beschränkung auf Liquidationsverfahren – entgegen dem starren Wortlaut der Vorschrift – nicht angenommen werden, soweit es sich bei dem Hauptinsolvenzverfahren ebenfalls um ein Sanierungsverfahren handelt; in diesem Fall ist (im Wege einer teleologischen Reduktion von Art. 27) auch ein Liquidationsverfahren als Sekundärinsolvenzverfahren zuzulassen (siehe oben Art. 3 EuInsVO Rdn. 110). 34

Im mittlerweile vorgelegten Kommissionsvorschlag zur Änderung der EuInsVO wird dieses Liquidationsgebot ersatzlos gestrichen.[25] Zukünftig soll das jeweilige nationale Gericht, bei dem die Eröffnung eines Sekundärverfahrens beantragt wird, frei sein, das unter Berücksichtigung der Interessen der einheimischen Gläubiger am besten geeignete Verfahren zu eröffnen. Dies kann auch ein Sanierungsverfahren sein. Der Reformvorschlag ist zu begrüßen. Die aktuell noch vorhandene Beschränkung auf in Anhang B aufgeführte Liquidationsverfahren ist wenig überzeugend und zudem systematisch widersprüchlich: Ein isoliertes Partikularverfahren kann nämlich auch betrieben werden, wenn 35

---

[23] *Virgós/Schmit* Bericht Rn. 221.
[24] Vgl. etwa *Paulus* Art. 3 Rn. 52; Gebauer/Wiedmann/*Haubold* Rn. 219 f.; FK-InsO/*Wenner/Schuster* Art. 3 Rn. 23.
[25] Vorschlag für eine Verordnung des Europäischen Parlaments und des Rates zur Änderung der Verordnung (EG) Nr. 1346/2000 des Rates über Insolvenzverfahren (COM(2012) 744 final), dort insb. unter 3.1.3.; hierzu auch *Prager/Keller* NZI 2013, 57, 61 f.; *Thole/Swierczok* ZIP 2013, 550 ff.

es kein Liquidationsverfahren i.S.v. Anhang B ist. Mit der Eröffnung eines Hauptinsolvenzverfahrens wandelt es sich nach Art. 36 in ein Sekundärinsolvenzverfahren um. Zur Umwandlung kommt es indes nur dann, wenn dies vom Hauptinsolvenzverwalter beantragt wird und die Umwandlung im Interesse der Gläubiger des Hauptinsolvenzverfahrens liegt (Art. 37). Wird kein Antrag nach Art. 37 gestellt oder ist dieser erfolglos, kann letztlich damit auch bereits *de lege lata* ein (nunmehriges) Sekundärinsolvenzverfahren als Sanierungsverfahren weiterbetrieben werden.[26]

36 Aus deutscher Sicht ist das Liquidationsgebot allerdings praktisch weniger relevant, weil alle Verfahren nach der InsO auch als Sekundärinsolvenzverfahren betrieben werden können. Aus Art. 34 Abs. 1 ergibt sich, dass Sekundärinsolvenzverfahren, soweit es sich nicht um ein reines Sanierungsverfahren handelt, durchaus auch der Sanierung dienen können; insbesondere kann das Sekundärinsolvenzverfahren durch einen Sanierungsplan beendet werden.[27] Eine Modifikation für den Insolvenzplan ergibt sich aus deutscher Sicht aus Art. 102 § 9 EGInsO (vgl. dort). Aus § 355 Abs. 1 InsO ergibt sich ferner, dass in einem deutschen Sekundärinsolvenzverfahren keine Restschuldbefreiung erteilt werden kann (zur Anwendbarkeit des § 355 Abs. 1 InsO im Anwendungsbereich der EuInsVO s. § 355 InsO Rdn. 3).

F. Sekundärinsolvenzverfahren nach Beendigung des Hauptinsolvenzverfahrens

37 Die EuInsVO enthält in Art. 36 eine Regelung für den Fall, dass nach Eröffnung eines isolierten Partikularverfahrens ein Hauptinsolvenzverfahren eröffnet wird. In diesem Fall wandelt sich das isolierte Partikularverfahren automatisch in ein Sekundärinsolvenzverfahren um. Die EuInsVO enthält demgegenüber keine Regelung für den Fall, dass das Hauptinsolvenzverfahren seinerseits nach Eröffnung des Sekundärinsolvenzverfahrens beendet wird. In der Literatur besteht allerdings Einigkeit dahingehend, dass das Sekundärinsolvenzverfahren nicht »streng akzessorisch« in dem Sinne ist, dass es automatisch mit Beendigung des Hauptinsolvenzverfahrens einzustellen ist. Vielmehr wird es dann als (isoliertes) Partikularverfahren weitergeführt.[28] Dies gilt auch dann, wenn die besonderen Voraussetzungen für die Eröffnung eines isolierten Partikularverfahrens nach Art. 3 Abs. 4 nicht vorlagen.

38 Es stellt sich allerdings die Frage, ob das (vormalige) Sekundärinsolvenzverfahren nur dann fortgeführt werden kann, wenn Eröffnungsgründe nach der anwendbaren *lex fori concursus secundariae* gegeben sind, also die – bei der Eröffnung des Sekundärinsolvenzverfahrens nach Art. 27 Satz 1 nicht vorzunehmende – Prüfung der Eröffnungsgründe nunmehr nachgeholt wird. Man wird dies wohl (nur) in dem besonderen Fall annehmen müssen, in dem das Hauptinsolvenzverfahren gerade deshalb eingestellt worden ist, weil die Eröffnungsgründe nachträglich weggefallen sind (vgl. im deutschen Recht § 212 InsO). In den anderen Fällen wirkt die insoweit legitimierende Wirkung des Eröffnungsbeschlusses aus dem Hauptinsolvenzverfahren in dem Sekundärinsolvenzverfahren weiterhin fort.[29]

G. Reformperspektiven

Der Kommissionsvorschlag zur Änderung der EuInsVO sieht Änderungen im Hinblick auf Sekundärinsolvenzverfahren vor.[30] Der Liquidationszwang im Sekundärinsolvenzverfahren wird ersatzlos gestrichen. Zudem kann von einer Eröffnung des Sekundärinsolvenzverfahrens abgesehen werden, wenn dieses Verfahren zum Schutz einheimischer Gläubiger nicht erforderlich ist. Auch sollen verbindliche Sondervereinbarungen zwischen Hauptinsolvenzverwalter und einheimischen Gläubigern ermöglicht werden, welche die Durchführung eines Sekundärinsolvenzverfahrens nur simulieren

---

26 *Paulus* Art. 3 Rn. 52; MüKo-BGB/*Kindler* Art. 3 Rn. 63. Für eine teleologische Reduktion des Art. 27 S. 2 EuInsVO, wenn das Hauptverfahren ein Sanierungsverfahren ist Karsten Schmidt/*Brinkmann* Rn. 13.
27 Etwa Gebauer/Wiedmann/*Haubold* Rn. 219.
28 Pannen/*Herchen* Rn. 22; FK-InsO/*Wenner/Schuster* Rn. 13; *Mankowski* BB 2006, 1753 (1757 f.).
29 A.A. Karsten Schmidt/*Brinkmann* Rn. 9.
30 Vorschlag für eine Verordnung des Europäischen Parlaments und des Rates zur Änderung der Verordnung (EG) Nr. 1346/2000 des Rates über Insolvenzverfahren (COM(2012) 744 final), dort insb. unter 3.1.3.; hierzu auch *Prager/Keller* NZI 2013, 57, 61 f.; *Thole/Swierczok* ZIP 2013, 550 ff.

(»virtuelle Sekundärinsolvenzverfahren«). Schlussendlich ist eine Ausweitung der Kooperationspflichten vorgesehen.[31]

Artikel 28 Anwendbares Recht

Soweit diese Verordnung nichts anderes bestimmt, finden auf das Sekundärinsolvenzverfahren die Rechtsvorschriften des Mitgliedstaats Anwendung, in dessen Gebiet das Sekundärinsolvenzverfahren eröffnet worden ist.

Nach Art. 28 findet im Sekundärverfahren die *lex fori concursus secundariae* Anwendung. Dies ergibt sich an sich bereits aus Art. 4, so dass der Norm nur eine klarstellende Funktion zukommt.[1] 1

Hieraus folgt zugleich, dass Haupt- und Sekundärverfahren unterschiedlichen Rechtsordnungen unterstehen, was wiederum Raum für Opportunitätserwägungen aufseiten des potentiellen Antragstellers – insb. des Gläubigers – lässt. Kommt etwa der Forderung eines Gläubigers nach der *lex fori concursus secundariae* ein bevorzugter Rang zu, so wird er schon aus diesem Grund die Beantragung eines Sekundärinsolvenzverfahrens in Betracht ziehen; wird seine Forderung im Sekundärinsolvenzverfahren – anders als im Hauptinsolvenzverfahren – als nachrangig behandelt, ist demgegenüber ein Sekundärinsolvenzverfahren für diesen Gläubiger unattraktiv; der Gläubiger wird dann von einem Antrag Abstand nehmen. Zur Quotenanrechnung bei mehreren Insolvenzverfahren s. Art. 20 Abs. 2. 2

Die Anknüpfung an die *lex fori concursus secundariae* wird – nicht anders als die Anknüpfung an die *lex fori concursus* des Hauptverfahrens – durch die Sonderregelungen der Art. 5–15 durchbrochen bzw. modifiziert. Aufgrund der territorialen Beschränkung des Sekundärverfahrens sind aber nicht alle Bestimmungen der Art. 5–15 von praktischer Bedeutung. Für Sekundärverfahren ohne Relevanz ist etwa Art. 5, da dingliche Rechte an Gegenständen, die sich außerhalb des Eröffnungsstaates befinden, ohnehin bereits nach Art. 27 Satz 2 nicht von der Verfahrenseröffnung betroffen sind.[2] 3

Art. 28 ist nach dem Wortlaut und seiner systematischen Stellung nur auf Sekundärinsolvenzverfahren, nicht aber auf **isolierte Partikularverfahren** anzuwenden. Manche Autoren möchten Art. 28 insoweit analog heranziehen, während andere über eine direkte Anwendung von Art. 4 zu demselben Ergebnis gelangen. Praktische Bedeutung kommt dieser Frage nicht zu.[3] 4

Die Qualifikationsfragen sind im Rahmen von Art. 28 die gleichen wie bei Art. 4 (vgl. Art. 4 EuInsVO Rdn. 18 ff.). 5

Artikel 29 Antragsrecht

Die Eröffnung eines Sekundärinsolvenzverfahrens können beantragen:
a) der Verwalter des Hauptinsolvenzverfahrens,
b) jede andere Person oder Stelle, der das Antragsrecht nach dem Recht des Mitgliedstaats zusteht, in dessen Gebiet das Sekundärinsolvenzverfahren eröffnet werden soll.

Übersicht

	Rdn.			Rdn.
A. Überblick	1	III.	Pflicht zur Beantragung eines Sekundärinsolvenzverfahrens?	11
B. Antragsbefugnis des Hauptinsolvenzverwalters	2	C.	Antragsbefugnis nach der lex fori concursus secundariae	15
I. Begriff des Hauptinsolvenzverwalters	2	I.	Antragsbefugnis der Gläubiger	15
II. Sachgründe für die Beantragung eines Sekundärinsolvenzverfahrens	8	II.	Antragsbefugnis des Schuldners	18

---

31 Siehe hierzu Erwägungsgründe Rdn. 28.
1 *Virgós/Schmit* Bericht Rn. 225; Gebauer/Wiedmann/*Haubold* Rn. 223; HambKomm/*Undritz* Rn. 1.
2 Zu weiteren Beispielen s. *Duursma-Kepplinger/Duursma/Chalupsky* Rn. 9 ff.
3 Näher Rauscher/*Mäsch* Rn. 3.

A. Überblick

1 Art. 29 enthält in Buchst. a) eine Sachnorm. Der Verwalter des Hauptinsolvenzverfahrens ist befugt, die Eröffnung eines Sekundärinsolvenzverfahrens zu beantragen. Buchst. b) enthält im Übrigen einen (klarstellenden) Verweis auf die *lex fori concursus secundariae*.

B. Antragsbefugnis des Hauptinsolvenzverwalters

I. Begriff des Hauptinsolvenzverwalters

2 Aus Buchst. a) ergibt sich, dass der Hauptinsolvenzverwalter in jedem Fall die Eröffnung eines Sekundärinsolvenzverfahrens beantragen kann. Es kommt nicht darauf an, ob sich ein Antragsrecht des Hauptinsolvenzverwalters aus der im Übrigen anwendbaren *lex fori concursus secundariae* ergeben würde. Diese wird insoweit von der vorrangigen Buchst. a) verdrängt. Nicht antragsbefugt ist demgegenüber der Verwalter eines anderen **Sekundärinsolvenzverfahrens**. Dies wird auch im Bericht zum EuInsÜ bestätigt.[1]

3 Antragsbefugt ist unstreitig der Hauptinsolvenzverwalter des bereits **eröffneten Hauptinsolvenzverfahrens**. Eröffnet in diesem Sinne ist ein Hauptinsolvenzverfahren jedenfalls dann, wenn es i.S.v. Art. 2 Buchst. f) wirksam ist; der Eröffnungsbeschluss muss also nicht notwendigerweise bereits rechtskräftig sein (vgl. Art. 2 EuInsVO Rdn. 11).

4 Im Anschluss an die Entscheidung »Eurofood« des EuGH wird in der Literatur zumeist die Auffassung vertreten, dass darüber hinaus der **vorläufige Insolvenzverwalter** unter gewissen Voraussetzungen zur Antragstellung befugt ist.[2] In »Eurofood« hatte der EuGH die Bestellung eines (nur) vorläufigen Insolvenzverwalters als Eröffnung des Hauptinsolvenzverfahrens gewertet, soweit der Schuldner hierdurch die Befugnisse zur Verwaltung seines Vermögens verliere (näher zu den Einzelheiten vgl. Art. 3 EuInsVO Rdn. 71 ff.). Die Entscheidung des EuGH betrifft unmittelbar nur die Lösung eines »positiven Kompetenzkonflikts«, also die (Ausnahme-)Konstellation, in der zwei Gerichte aus unterschiedlichen Mitgliedstaaten die internationale Zuständigkeit für die Eröffnung eines Hauptinsolvenzverfahrens für sich beanspruchen.[3] Allerdings ist der EuGH im Rahmen der Begründung inzident davon ausgegangen, dass auch der vorläufige Insolvenzverwalter, soweit der Schuldner infolge seiner Bestellung die Verwaltungsbefugnis verliere, nach Art. 29 Buchst. a) einen Antrag auf Eröffnung eines Sekundärinsolvenzverfahrens stellen könne.[4] Nach dem EuGH ist Art. 38 nur in dem Fall anwendbar, in dem ein vorläufiger Hauptinsolvenzverwalter bestellt und kein Vermögensbeschlag gegen den Schuldner verhängt worden ist. In diesem Fall eröffne Art. 38 dem (»schwachen«) vorläufigen Verwalter die Befugnis, Sicherungsmaßnahmen zu beantragen, obwohl er zur Einleitung eines Sekundärinsolvenzverfahrens nicht berechtigt ist. Diese Argumentation des EuGH ergibt nur einen Sinn vor dem Hintergrund der Annahme, dass der vorläufige Hauptinsolvenzverwalter dann, wenn ein Vermögensbeschlag gegen den Schuldner verhängt worden ist, seinerseits ein Sekundärinsolvenzverfahren beantragen kann.

5 Die vom EuGH vorgenommene (weite) Auslegung des Art. 29 Buchst. a) vermag nicht zu überzeugen. Sie geht über die eigentliche »ratio« der Entscheidung »Eurofood« hinaus. Dem EuGH ging es in der Entscheidung »Eurofood« darum, einen »Wettlauf der Gerichte« zu vermeiden; aus diesem Grund hat er den maßgeblichen Zeitpunkt, auf den es für die Beurteilung des positiven Kompetenzkonflikts ankommen soll, nach vorne gezogen. Ein derartiges spezifisches »Beschleunigungsbedürfnis« besteht demgegenüber im Rahmen des Art. 29 Buchst. a) nicht. Gegen eine Antragsbefugnis

---

[1] *Virgós/Schmit* Bericht Rn. 226.
[2] *Dammann/Müller* NZI 2011, 752 (756) – hierbei auch den »schwachen« vorläufigen Insolvenzverwalter generell einbeziehend; ferner Gebauer/Wiedmann/*Haubold* Rn. 224; MüKo-InsO/*Reinhart* Rn. 3; *Reinhart* NZI 2009, 201 (205); diff. Leonhardt/Smid/Zeuner/*Smid*, Internationales Insolvenzrecht, Rn. 5; a.A. Rauscher/*Mäsch* Rn. 3; MüKo-BGB/*Kindler* Rn. 4; *Paulus* Rn. 3; HambKomm/*Undritz* Rn. 2.
[3] EuGH 02.05.2006, C-341/04, Slg. 2006, I-3813 – Eurofood.
[4] EuGH 02.05.2006, C-341/04, Slg. 2006, I-3813 Rn. 57 – Eurofood.

des vorläufigen Hauptinsolvenzverwalters spricht auch der Bericht zum EuInsÜ. Dort wird ausdrücklich darauf hingewiesen, dass eine Antragsbefugnis nur des endgültig bestellten, nicht aber des vorläufigen Hauptinsolvenzverwalters besteht.[5] Es stellt sich die Frage, ob der EuGH dies übersehen oder ob er sich bewusst über den Bericht hinweggesetzt hat. Letztlich dürfte aber ungeachtet der dargestellten Kritikpunkte die Auffassung des EuGH für die Praxis erst einmal die Richtschnur darstellen; es empfiehlt sich allerdings, diese Frage dem EuGH zur Vorabentscheidung vorzulegen und damit eine endgültige Antwort zu erhalten.

Geht man mit dem EuGH davon aus, dass auch der nur vorläufig bestellte Hauptinsolvenzverwalter ein Antragsrecht nach Art. 29 Buchst. a) hat, so ergeben sich durchaus komplexe Folgeprobleme. Zu berücksichtigen ist zunächst, dass die Einsetzung eines vorläufigen Hauptinsolvenzverwalters nach der anwendbaren *lex fori concursus* regelmäßig keine oder eine allenfalls kursorische Prüfung der internationalen Zuständigkeit voraussetzt (vgl. dazu Art. 3 EuInsVO Rdn. 78). Bei der Eröffnung des Sekundärinsolvenzverfahrens ist die Prüfung der internationalen Zuständigkeit nach Maßgabe von Art. 27 Satz 1 sogar gänzlich untersagt. Lässt man also die Beantragung eines Sekundärinsolvenzverfahrens durch einen vorläufigen Hauptinsolvenzverwalter zu, würde ein Sekundärinsolvenzverfahren u.U. endgültig eröffnet, obwohl die internationale Zuständigkeit weder von dem einen noch von dem anderen Gericht überhaupt geprüft worden ist. Lehnt sodann das Gericht, bei dem die Eröffnung eines Hauptinsolvenzverfahrens beantragt wurde, diesen Antrag später ab, so bliebe ggf. ein bereits als solches eröffnetes »Sekundärinsolvenzverfahren« ohne zugrunde liegendes Hauptinsolvenzverfahren übrig. 6

Es stellt sich sodann die Frage, ob das Sekundärinsolvenzverfahren ohne zugrunde liegendes Hauptinsolvenzverfahren weitergeführt werden kann. Grds. ist dies zu bejahen (vgl. Art. 27 EuInsVO Rdn. 37). Wird allerdings das Hauptinsolvenzverfahren (nur) deshalb nicht endgültig eröffnet, weil kein Eröffnungsgrund gegeben ist, sollte das eröffnete Sekundärinsolvenzverfahren nur dann als isoliertes Partikularverfahren weitergeführt werden, wenn das Vorliegen von Eröffnungsgründen nach der dortigen *lex fori concursus* geprüft und bejaht worden ist. Es gilt hier dasselbe wie in dem Fall, dass ein Hauptinsolvenzverfahren zu einem späteren Zeitpunkt eingestellt wird, weil die Eröffnungsgründe nicht mehr gegeben sind (vgl. Art. 27 EuInsVO Rdn. 38). 7

II. Sachgründe für die Beantragung eines Sekundärinsolvenzverfahrens

Aus Sicht des Hauptinsolvenzverwalters scheint die Beantragung eines Sekundärinsolvenzverfahrens auf den ersten Blick nicht sonderlich attraktiv zu sein. Zunächst ist die Verwaltung des gesamten Schuldnervermögens »aus einer Hand« nicht mehr gewährleistet. Dies führt ungeachtet der in Art. 31 statuierten Kooperationspflicht zwischen Haupt- und Sekundärinsolvenzverwalter zu zusätzlichen Schwierigkeiten bei etwaigen Sanierungsversuchen. Besondere Probleme stellen sich dann, wenn eine Sanierung mithilfe eines Insolvenzplans beabsichtigt ist; denn in diesem Fall ist die Regelung des Art. 34 Abs. 2 zu beachten, die in der praktischen Konsequenz dazu führt, dass ein Insolvenzplan regelmäßig nur dann von praktischem Nutzen ist, wenn er sowohl im Haupt- als auch im Sekundärinsolvenzverfahren (inhaltlich im Wesentlichen gleichlautend) beschlossen bzw. bestätigt wird. Auch ist zu berücksichtigen, dass das Sekundärverfahren mit erheblichen Kosten verbunden sein kann, die letztlich zu Lasten der Gläubiger gehen. 8

Ungeachtet dessen ist die Beantragung eines Sekundärinsolvenzverfahrens durch den Hauptinsolvenzverwalter vielfach sachgerecht. Besondere Bedeutung kommt hier Art. 5 zu. Nach dieser Vorschrift werden dingliche Sicherungsrechte Dritter an Gegenständen, die sich in einem anderen Mitgliedstaat befinden, von der Eröffnung des Hauptinsolvenzverfahrens nicht berührt. Nach verbreiteter Auffassung können die betreffenden Rechtsinhaber ihre Rechte an den Gegenständen daher weiterhin so durchsetzen, als sei gar kein Insolvenzverfahren eröffnet worden (vgl. Art. 5 EuInsVO Rdn. 1 ff.). Ein effektiver Zugriff auf die in einem anderen Mitgliedstaat befindlichen Ge- 9

---

5 *Virgós/Schmit* Bericht Rn. 226 und 262.

genstände ist daher regelmäßig überhaupt nur möglich, wenn dort ein Sekundärinsolvenzverfahren eröffnet wird, denn in diesem Fall kann der Sekundärinsolvenzverwalter nach den Vorschriften der *lex fori concursus secundariae* auch auf diese Gegenstände zugreifen; die Rechteinhaber müssen sich bei der Durchsetzung ihrer Rechte die Einschränkungen gefallen lassen, die in der *lex fori concursus secundariae* vorgesehen sind.

10 Darüber hinaus spricht für die Beantragung von Sekundärinsolvenzverfahren die allgemeine Erwägung, dass die Verwaltung von Vermögen, das sich in einem anderen Mitgliedstaat befindet, mit erheblichen praktischen Schwierigkeiten verbunden sein kann (u.a. Sicherstellung einer Präsenz vor Ort, die Notwendigkeit von kosten- und zeitintensiven Reisen sowie ggf. Sprachprobleme bei der Kommunikation mit lokalen Gläubigern). Auch aus diesem Grund kann es sinnvoll sein, ein Sekundärinsolvenzverfahren zu beantragen und dann im Zusammenspiel mit dem Sekundärinsolvenzverwalter zu sachgerechten Lösungen zu gelangen.

III. Pflicht zur Beantragung eines Sekundärinsolvenzverfahrens?

11 Noch nicht abschließend geklärt ist die Frage, ob der Hauptinsolvenzverwalter allgemein oder im Einzelfall dazu **verpflichtet** ist, ein Sekundärinsolvenzverfahren zu beantragen. Art. 29 Buchst. a) gibt dem Hauptinsolvenzverwalter nur eine Antragsbefugnis, statuiert aber keine Pflicht zur Antragstellung. Andererseits ist Art. 29 Buchst. a) insoweit auch keine abschließende Regelung zu entnehmen. Ob also eine Pflicht zur Beantragung eines Sekundärinsolvenzverfahrens besteht, richtet sich nach der auf das Hauptinsolvenzverfahren anwendbaren *lex fori concursus*.

12 Im deutschen Recht hat der Insolvenzverwalter allgemein die Pflicht zu einer masseeffizienten Verfahrensabwicklung.[6] Dem widerspricht es grds. wenn Massegegenstände aufgrund der Regelung des Art. 5 nicht verwertet werden können. Folgerichtig ist der in Deutschland bestellte Hauptinsolvenzverwalter, wenn aufgrund der Regelung des Art. 5 eine relevante Masseminderung droht und diese Masseminderung durch ein Sekundärinsolvenzverfahren vermieden werden kann, nach der hier vertretenen Auffassung grds. zur Beantragung eines Sekundärinsolvenzverfahrens verpflichtet. Dasselbe gilt, wenn aufgrund der Komplexität des Falles eine Unterstützung durch einen Sekundärinsolvenzverwalter notwendig ist, um eine Masseminderung zu vermeiden.

13 Die Haftung für den Fall eines unterlassenen Antrags ist hierbei nicht notwendigerweise auf »besonders gelagerte Einzelfälle« beschränkt.[7] Vielmehr dürfte von dem in einem internationalen Verfahren tätigen Insolvenzverwalter zu verlangen sein, dass er die Vor- und Nachteile eines Sekundärinsolvenzverfahrens sachgerecht abwägt.

14 Das Unterlassen der Beantragung eines Sekundärinsolvenzverfahrens muss allerdings bei Anwendung des § 60 InsO kausal für einen Schaden der Insolvenzgläubiger sein. An dieser Stelle ist zu fragen, wie sich die Insolvenzmasse für den Fall einer rechtzeitigen Beantragung des Sekundärinsolvenzverfahrens darstellen würde. Soweit einzelne Gläubiger nach Art. 5 auf Sicherheiten zugegriffen haben – und dies durch ein Sekundärinsolvenzverfahren hätte vermieden werden können –, dürfte der Kausalitätsnachweis regelmäßig zu erbringen sein; in den anderen Fällen ist es deutlich schwieriger, den Schadensumfang darzulegen und zu beweisen.

C. Antragsbefugnis nach der lex fori concursus secundariae

I. Antragsbefugnis der Gläubiger

15 Nach Buchst. b) entscheidet – abgesehen von dem Sonderfall des Hauptinsolvenzverwalters – die *lex fori concursus secundariae* darüber, wer zur Beantragung eines Sekundärinsolvenzverfahrens befugt ist. In Deutschland ist also § 13 InsO heranzuziehen. Hiernach sind zunächst die Gläubiger antragsbefugt. Nach dem Bericht zum EuInsÜ wird das Recht zur Beantragung der Verfahrenseröffnung

---

6 Vgl. Uhlenbruck/*Sinz* § 60 Rn. 14 ff.; FK-InsO/*Jahntz* § 60 Rn. 10.
7 So der Formulierung nach etwa Rauscher/*Mäsch* Rn. 2; ähnlich MüKo-InsO/*Reinhart* Rn. 5.

nicht dadurch beschränkt, »dass ein besonderes Interesse« vorhanden sein muss. Es ist also insbesondere nicht erforderlich, dass der antragstellende Gläubiger in dem Sekundärinsolvenzverfahren eine günstigere rechtliche Position – etwa einen höheren Rang – als in dem Hauptinsolvenzverfahren beanspruchen kann.[8]

Ungeachtet dessen wird in der deutschen Literatur vielfach vertreten, dass sich aus dem deutschen Sachrecht – dann, wenn ein deutsches Sekundärinsolvenzverfahren beantragt wird – das Erfordernis eines besonderen rechtlichen Interesses ergebe.[9] Indes finden sich weder in Art. 102 EGInsO noch in den §§ 335 ff. InsO Anhaltspunkte dafür, dass der deutsche Gesetzgeber Entsprechendes vorschreiben wollte. Gerade umgekehrt findet sich in § 354 Abs. 2 InsO die Regel, dass ein besonderes Gläubigerinteresse für den Antrag auf Eröffnung des Verfahrens nur dann erforderlich ist, wenn der Schuldner im Inland über keine Niederlassung, sondern nur Vermögen verfügt. Die Vorschrift legt den Umkehrschluss nahe, dass ein besonderes rechtliches Interesse nicht erforderlich ist, wenn der Schuldner – wie nach Art. 3 Abs. 2 vorgeschrieben – im Inland über eine Niederlassung verfügt. Zwar hat der Gesetzgeber bei der Schaffung des § 354 Abs. 2 InsO in erster Linie an Verfahren gedacht, die nicht in den Anwendungsbereich der EuInsVO fallen;[10] hätte er jedoch ein besonderes rechtliches Interesse auch für die Beantragung eines von der EuInsVO erfassten Sekundärinsolvenzverfahrens vorschreiben wollen, hätte er dies deutlich gemacht.

16

Es bleibt daher auch bei einem in Deutschland beantragten Sekundärinsolvenzverfahren dabei, dass ein nach allgemeinen Grundsätzen zu bestimmendes rechtliches Interesse an der Eröffnung des (Sekundär-)Insolvenzverfahrens i.S.d. § 14 InsO ausreicht. Dieses fehlt etwa dann, wenn der Gläubiger schon hinreichend gesichert ist oder wenn mit dem Antrag ein verfahrensfremder Zweck verfolgt wird. Die Bemerkung im Bericht zum EuInsÜ (vgl. Rdn. 15) steht der Anwendung des § 14 InsO nicht entgegen, da sie sich ersichtlich nur auf die spezifisch internationalverfahrensrechtliche Fragestellung bezieht, nicht aber die allgemeinen Regeln der *lex fori concursus secundariae* im Auge hat.

17

II. Antragsbefugnis des Schuldners

Das AG Köln hat darüber hinaus bei Anwendung von § 13 InsO den Schuldner für befugt gehalten, ein Sekundärinsolvenzverfahren in Deutschland zu beantragen.[11] In der Literatur wird allerdings vielfach eine Antragsbefugnis des Schuldners in einem deutschen Sekundärinsolvenzverfahren in Abrede gestellt.[12] Dies wird u.a. auf § 354 InsO gestützt. Nach dieser Vorschrift – so wird argumentiert – ergebe sich auch in den von der EuInsVO erfassten Fällen eine Reduzierung der Antragsbefugnis auf beteiligte Gläubiger und ein Ausschluss der Antragsbefugnis des Schuldners.[13] Ferner wird dies aus einer (entsprechenden) Anwendung des § 80 InsO abgeleitet. Mit der Eröffnung des Hauptinsolvenzverfahrens verliere der Schuldner die Verwaltungs- und Verfügungsbefugnis über sein Vermögen. Dies schließe jedenfalls in entsprechender Anwendung des § 80 InsO den Verlust der Antragsbefugnis ein.[14]

18

Nach der hier vertretenen Auffassung ergibt sich aus Buchst. b) kein (konkludenter) Ausschluss der Antragsbefugnis des Schuldners, denn in diesem Fall hätte sich der europäische Gesetzgeber darauf

19

---

8 *Virgós/Schmit* Bericht Rn. 227.
9 Pannen/*Herchen* Rn. 31; FK-InsO/*Wenner/Schuster* Rn. 8; HK-InsO/*Stephan* Rn. 7; a.A. Geimer/Schütze/*Heiderhoff* Rn. 5; Gebauer/Wiedmann/*Haubold* Rn. 225; auch MüKo-BGB/*Kindler* Rn. 7.
10 Pannen/*Herchen* Rn. 31.
11 AG Köln 23.01.2004, 71 IN 1/04, NZI 2004, 151 (153); aus der Lit. *Kemper* ZIP 2001, 1609 (1613); *Lüke* ZZP 111, 1998, 275 (302).
12 Etwa Rauscher/*Mäsch* Rn. 5; *Paulus* Rn. 6 f.; MüKo-BGB/*Kindler* Rn. 10 ff.; *Duursma-Kepplinger/Duursma/Chalupsky* Rn. 5; Karsten Schmidt/*Brinkmann* Rn. 6.
13 Rauscher/*Mäsch* Rn. 5; *Paulus* Rn. 6 f.
14 Rauscher/*Mäsch* Rn. 5; MüKo-BGB/*Kindler* Rn. 12; im Erg. ebenso *Duursma-Kepplinger/Duursma/Chalupsky* Rn. 5; Pannen/*Herchen* Rn. 22.

beschränken können, neben dem Hauptinsolvenzverwalter alle nach der *lex fori concursus secundariae* antragsberechtigten Gläubiger zu benennen. Andererseits greift Buchst. b) den Sachvorschriften des nationalen Rechts nicht vor. Das nationale Recht kann daher frei darüber entscheiden, ob es eine Antragsbefugnis des Schuldners im Allgemeinen oder auch für den besonderen Fall des Sekundärinsolvenzverfahrens ausschließen möchte. Bei Buchst. b) handelt es sich maW um eine (reine) Kollisionsnorm, die dem nationalen Gesetzgeber keine sachlichen Vorgaben macht.

20 Blickt man hiernach auf das deutsche Recht, so schließt dieses doch hinreichend deutlich eine Antragsbefugnis des Schuldners aus. In § 354 InsO – der sich allgemein mit Partikularverfahren befasst – wird nur der Antrag durch den Gläubiger behandelt; in § 356 Abs. 2 InsO wird die Antragsbefugnis – für den Fall des Sekundärinsolvenzverfahrens – auf den in einem Drittstaat bestellten Hauptinsolvenzverwalter erweitert. Ein Antrag durch den Schuldner selbst bleibt in beiden Vorschriften unerwähnt. Dies legt den Umkehrschluss nahe, dass der Schuldner selbst nicht zur Beantragung eines isolierten Partikularverfahrens befugt sein soll. Beide Sachnormen sind auch im Anwendungsbereich der EuInsVO anwendbar (vgl. § 354 InsO Rdn. 30).

21 Dass der Schuldner selbst das Sekundärinsolvenzverfahren nicht beantragen können soll, wird schließlich in den Gesetzesmaterialien zum Ausdruck gebracht. Zu § 354 InsO heißt es, dass durch »die ausschließliche Erwähnung des Gläubigerantrags ... klargestellt« werde, dass der Schuldner »nicht berechtigt ist, ein unabhängiges Partikularverfahren zu beantragen. Liegen Insolvenzeröffnungsgründe vor, so soll der Schuldner ein Hauptinsolvenzverfahren am Mittelpunkt seiner hauptsächlichen Interessen beantragen und nicht versuchen, die Unternehmung von ihren Rändern her zu liquidieren.«[15] Auch im Zusammenhang mit § 356 InsO (Sekundärinsolvenzverfahren) ist ausschließlich von einem Antrag durch einen Gläubiger und dem Hauptinsolvenzverwalter die Rede.[16] Diese Erwägungen gelten innerhalb und außerhalb des Anwendungsbereichs der EuInsVO gleichermaßen.

22 Im Ergebnis ist also festzuhalten, dass Art. 29 die Frage, ob (auch) der Schuldner ein Sekundärinsolvenzverfahren beantragen kann, der *lex fori concursus secundariae* überlässt. Der deutsche Gesetzgeber hat eine Antragsbefugnis des Schuldners allerdings in § 354 und § 356 Abs. 2 InsO (konkludent) ausgeschlossen. Ein Sekundärinsolvenzverfahren in Deutschland kann demnach nur von den Gläubigern und dem Hauptinsolvenzverwalter beantragt werden. Ob der Schuldner in anderen Mitgliedstaaten ein Sekundärinsolvenzverfahren beantragen kann, richtet sich nach der *lex fori concursus secundariae* des Mitgliedstaats, in dem das Sekundärinsolvenzverfahren beantragt werden soll.

Artikel 30 Kostenvorschuß

Verlangt das Recht des Mitgliedstaats, in dem ein Sekundärinsolvenzverfahren beantragt wird, daß die Kosten des Verfahrens einschließlich der Auslagen ganz oder teilweise durch die Masse gedeckt sind, so kann das Gericht, bei dem ein solcher Antrag gestellt wird, vom Antragsteller einen Kostenvorschuß oder eine angemessene Sicherheitsleistung verlangen.

1 Nach Art. 4 und Art. 28 bestimmt die *lex fori concursus secundariae* darüber, ob und unter welchen Voraussetzungen die Verfahrenseröffnung von einem Vorschuss oder einer Sicherheitsleistung des Antragstellers zur Deckung der Verfahrenskosten abhängig gemacht werden kann. Soll also in Deutschland ein Sekundärinsolvenzverfahren eröffnet werden, findet § 26 Abs. 1 Satz 2 InsO Anwendung.

2 Art. 30 bestimmt in diesem Zusammenhang, dass das Gericht den Vorschuss oder die Sicherheitsleistung vom »Antragsteller« verlangen kann. Soweit die *lex fori concursus secundariae* insoweit eine Beschränkung auf bestimmte Antragsteller – etwa Gläubiger – vorsieht, führt Art. 30 zu einer

---

15 BT-Drucks. 15/16, 25.
16 BT-Drucks. 15/16, 25.

inhaltlichen Modifikation der *lex fori concursus secundariae*. Insb. kann der Vorschuss oder eine Sicherheitsleistung auch vom Hauptinsolvenzverwalter verlangt werden.[1]

Nach dem Wortlaut der Vorschrift »kann« ein Kostenvorschuss oder eine Sicherheitsleistung verlangt 3 werden. Dies bedeutet aber nicht, dass Art. 30 dem Gericht ein Ermessen einräumt. Ob die Anordnung einer Vorschuss- oder Sicherheitsleistung im Ermessen des Gerichts steht oder eine gebundene Entscheidung darstellt, richtet sich nach der *lex fori concursus secundariae*.[2]

Häufig knüpft das nationale Recht – wie auch § 26 Abs. 1 Satz 2 InsO – die Entscheidung über die 4 Anordnung einer Vorschuss- oder Sicherheitsleistung daran, dass das Vermögen des Schuldners voraussichtlich nicht ausreichen wird, um die Kosten des Verfahrens zu decken. Im Sekundärinsolvenzverfahren ist nur das Vermögen zu berücksichtigen, das sich nach Maßgabe von Art. 2 Buchst. g) im Sekundärverfahrensstaat befindet.[3]

Artikel 31 Kooperations- und Unterrichtungspflicht

(1) Vorbehaltlich der Vorschriften über die Einschränkung der Weitergabe von Informationen besteht für den Verwalter des Hauptinsolvenzverfahrens und für die Verwalter der Sekundärinsolvenzverfahren die Pflicht zur gegenseitigen Unterrichtung. Sie haben einander unverzüglich alle Informationen mitzuteilen, die für das jeweilige andere Verfahren von Bedeutung sein können, insbesondere den Stand der Anmeldung und der Prüfung der Forderungen sowie alle Maßnahmen zur Beendigung eines Insolvenzverfahrens.

(2) Vorbehaltlich der für die einzelnen Verfahren geltenden Vorschriften sind der Verwalter des Hauptinsolvenzverfahrens und die Verwalter der Sekundärinsolvenzverfahren zur Zusammenarbeit verpflichtet.

(3) Der Verwalter eines Sekundärinsolvenzverfahrens hat dem Verwalter des Hauptinsolvenzverfahrens zu gegebener Zeit Gelegenheit zu geben, Vorschläge für die Verwertung oder jede Art der Verwendung der Masse des Sekundärinsolvenzverfahrens zu unterbreiten.

Übersicht	Rdn.		Rdn.
A. Überblick	1	2. Kooperationspflichten nach Abs. 2	10
B. Kooperations- und Unterrichtungspflichten von Haupt- und Sekundärinsolvenzverwalter	3	3. Gelegenheit zu Verwertungsvorschlägen, Abs. 3	13
I. Die Pflichten im Einzelnen	3	II. Haftungsfragen	18
1. Informationspflichten nach Abs. 1	3	C. Kooperationspflicht der Gerichte	22
		D. Reformperspektiven	26

A. Überblick

Aus den Art. 32–37 ergibt sich, dass Hauptinsolvenz- und Sekundärinsolvenzverfahren nicht isoliert 1 nebeneinander betrieben werden. Vielmehr werden das Sekundärinsolvenzverfahren und das Hauptinsolvenzverfahren aufeinander abgestimmt. Im Ergebnis soll daher doch eine koordinierte Gesamt-Abwicklung erreicht und der Grundsatz der Gläubigergleichbehandlung verwirklicht werden.

---

1 *Virgós/Schmit* Bericht Rn. 228.
2 *Virgós/Schmit* Bericht Rn. 228.
3 Rauscher/*Mäsch* Rn. 2; Gebauer/Wiedmann/*Haubold* Rn. 227. Nach einer in der Literatur vertretenen Auffassung hat darüber hinaus Art. 30 eigenständige Bedeutung in den Fällen, in denen das nationale Recht zwar die Kostendeckung als Eröffnungsvoraussetzung kenne, nicht aber die Möglichkeit biete, die Verfahrenseröffnung durch einen Massekostenvorschuss oder durch eine Sicherheitsleistung herbeizuführen Art. 30 führe sodann zu einer »europäischen« Möglichkeit, die Zulässigkeit des Verfahrens durch Leistung eines Vorschusses herbeizuführen (hierfür etwa Karsten Schmidt/*Brinkmann* Rn. 30; a.A. MüKo-InsO/*Reinhart* Rn. 5).

2 Grundlage für eine derartige Koordinierung der Verfahren ist die in Art. 31 statuierte allgemeine Pflicht zur Kooperation und zur Zusammenarbeit von Hauptinsolvenz- und Sekundärinsolvenzverwalter. Die Norm ist – jedenfalls analog – auch auf das Verhältnis einzelner Sekundärinsolvenzverwalter anzuwenden.[1] Auch erscheint über den Regelungsgehalt des Art. 31 hinaus eine Information und Kooperation der beteiligten Gerichte wünschenswert (vgl. Rdn. 22).

B. Kooperations- und Unterrichtungspflichten von Haupt- und Sekundärinsolvenzverwalter

I. Die Pflichten im Einzelnen

1. Informationspflichten nach Abs. 1

3 Abs. 1 statuiert eine generelle Pflicht zur Information über Umstände, die für das jeweilige andere Verfahren von Bedeutung sein können. Es handelt sich um eine wechselseitige Pflicht. Im Vordergrund steht aber die Information des Hauptinsolvenzverwalters durch den Sekundärinsolvenzverwalter. Der Hauptinsolvenzverwalter wird durch die Information in die Lage versetzt, von seinen Befugnissen zur Einwirkung auf das Sekundärinsolvenzverfahren Gebrauch zu machen. Hierzu zählen insb. die Möglichkeit, Vorschläge zur Verwendung der Masse zu unterbreiten (vgl. Abs. 3), sowie die in Art. 33 (Antrag auf Aussetzung der Verwertung) und Art. 34 (Verfahrensbeendende Maßnahmen) genannten besonderen Mitwirkungsbefugnisse. Die Pflicht kann zum Gegenstand einer entsprechenden Auskunftsklage gemacht werden.[2]

4 Nach der beispielhaften Aufzählung in Abs. 1 muss vor allem über den Stand der Anmeldung und der Prüfung der Forderungen sowie alle Maßnahmen zur Beendigung eines Insolvenzverfahrens informiert werden. Weitere Informationsgegenstände sind im Bericht zum EuInsÜ aufgeführt. Genannt werden dort u.a. Informationen über die Masse, geplante oder eingereichte Klagen zur Wiedererlangung der Masse, Verwertungsmöglichkeiten, die Rangfolge der Gläubiger sowie geplante Sanierungs- und Vergleichsmaßnahmen.[3] Über welche Umstände zu informieren ist, ergibt sich aus der Interessenlage im Einzelfall. Eine Informationspflicht des Sekundärinsolvenzverwalters besteht z.B. dann, wenn dieser wichtige Betriebsmittel veräußern möchte, die für eine Sanierung des Schuldners von Bedeutung sind.[4] Keine Informationspflicht besteht dann, wenn die Information aus der Sicht des Hauptinsolvenzverwalters offensichtlich ohne Belang ist, sie also weder zu einem Vorschlag nach Abs. 3 führen noch Anlass für Anträge nach Art. 33 oder 34 sein kann. Praktisch dürfte es sich empfehlen, in jedem Fall die Sachstandsberichte, die der Verwalter nach seiner *lex fori concursus* anzufertigen hat, auch dem anderen Verwalter zu übermitteln.[5]

5 Die EuInsVO regelt nicht, in welcher **Sprache** die Information zu erteilen ist. Man wird hier in Anlehnung an anerkannte zivilrechtliche Grundsätze zur Verteilung des Sprachrisikos auf den Empfängerhorizont abzustellen haben. Im Grundsatz wird also ein zur Information verpflichteter Sekundärinsolvenzverwalter den Hauptinsolvenzverwalter in einer dem letzteren verständlichen Sprache informieren müssen.[6] In größeren Verfahren ist davon auszugehen, dass ein eingesetzter Hauptinsolvenzverwalter nicht nur Informationen in seiner Heimatsprache, sondern jedenfalls Informationen (auch) auf Englisch versteht bzw. sich das Verständnis mit einem zumutbaren Aufwand (Übersetzung durch Mitarbeiter) verschaffen kann. Nach der Gegenauffassung wird die Auskunftspflicht demgegenüber schon dadurch erfüllt, dass sie in der Sprache des Staates, in dem der auskunftspflichtige Verwalter bestellt wurde, erteilt wird.[7] Hiergegen spricht aber, dass in diesem Fall bereits nach dem

---

1 FK-InsO/*Wenner/Schuster* Rn. 5; *Ehricke* WM 2005, 397 (399); für direkte Anwendung Rauscher/*Mäsch* Rn. 13; a.A. Pannen/*Pannen/Riedemann* Rn. 11.
2 *Pogacar* NZI 2011, 46 (47 f.).
3 *Virgós/Schmit* Bericht Rn. 230.
4 *Pannen/Kühnle/Riedemann* NZI 2003, 72 (77); Gebauer/Wiedmann/*Haubold* Rn. 228a.
5 FK-InsO/*Wenner/Schuster* Rn. 8.
6 MüKo-InsO/*Reinhart* Rn. 15.
7 FK-InsO/*Wenner/Schuster* Rn. 10.

Wortsinn der Vorschrift noch keine hinreichende »Information« des anderen Verwalters erfolgt ist, sondern dieser sich die notwendige Information noch selbst durch eine Übersetzung beschaffen muss.

Die Informationspflicht besteht nach dem Wortlaut der Vorschrift nicht nur dann, wenn der Verwalter zur Auskunft aufgefordert worden ist. Vielmehr ist die Information **unaufgefordert** zu übermitteln.[8] Allerdings kann ein entsprechendes Auskunftsbegehren dazu führen, dass ein bestimmtes Informationsinteresse sichtbar wird und damit die Anforderungen an Intensität oder Umfang der Auskunft steigen. 6

Der **Zeitpunkt** der geschuldeten Information ist nach dem Sinn und Zweck der Informationspflicht zu bestimmen. Soweit sie dem Hauptinsolvenzverwalter zu erteilen ist, dient sie dazu, dessen Beteiligung am Sekundärinsolvenzverfahren sicherzustellen. Wird der Hauptinsolvenzverwalter über eine beabsichtigte Verwertung von Gegenständen informiert, muss dies so rechtzeitig geschehen, dass er nach Maßgabe von Abs. 3 Vorschläge zur Verwertung der Masse machen oder die Aussetzung der Verwertung beantragen (Art. 33) kann. Die Information hat im Übrigen nach den Umständen »unverzüglich« zu erfolgen. Aufseiten des zur Information Verpflichteten ist zu berücksichtigen, welcher Zeitaufwand für die eigene Informationsgewinnung erforderlich ist. Daneben kann u.U. auch noch die für eine evtl Übersetzung notwendige Zeitspanne berücksichtigt werden.[9] 7

Die **Kosten** der Auskunft fallen der Masse zur Last, über die Auskunft zu erteilen ist. Dies gilt auch dann, wenn der Information ein Auskunftsverlangen vorausgegangen ist.[10] Soweit die Auskunft nach den oben dargestellten Grundsätzen (Rdn. 5) in einer fremden Sprache zu erteilen ist, fallen auch evtl Übersetzungskosten der auskunftgebenden Masse zur Last.[11] 8

Nach dem Bericht zum EuInsÜ sind der Informationspflicht Grenzen durch die einzelstaatlichen Datenschutzvorschriften gesetzt.[12] In Deutschland sind also etwa die Vorschriften des Bundesdatenschutzgesetzes zu beachten.[13] 9

2. Kooperationspflichten nach Abs. 2

Nach Abs. 2 sind Haupt- und Sekundärinsolvenzverwalter über den Austausch von Informationen hinaus allgemein zur »Zusammenarbeit« verpflichtet. Anders als bei Abs. 1 enthält der Bericht zum EuInsÜ keine Beispiele für eine derartige Zusammenarbeit. Abs. 2 wird im Bericht dahingehend umschrieben, dass sich die beteiligten Verwalter im Hinblick auf den Ablauf der Verfahren abzustimmen haben und allgemein »einander die Arbeit erleichtern« müssen.[14] 10

In der Literatur wird als Beispiel für eine von Abs. 2 erfasste Maßnahme die Beschaffung und Übermittlung von Unterlagen genannt.[15] Ein Anwendungsfall von Abs. 2 ist darüber hinaus die Hilfestellung bei der Rückführung von Gegenständen, die nach der Insolvenzeröffnung von dem einen in den anderen Verfahrensstaat verbracht wurden.[16] Weitere mögliche Anwendungsfälle für Abs. 2 können sich bei der Vornahme von Verwertungshandlungen, der Ausübung des Wahlrechts bei gegenseitigen Verträgen, der Kreditaufnahme oder der Stellung weiterer Insolvenzanträge bei sonstigen Niederlassungen ergeben.[17] Allerdings kann die Koordination hier regelmäßig nur in einem **Meinungsaustausch** bestehen; soweit die Verwalter hiernach (weiterhin) unterschiedliche Auffassungen über 11

---

8 Vgl. Gebauer/Wiedmann/*Haubold* Rn. 228a.
9 *Pogacar* NZI 2011, 46 (47); HambKomm/*Undritz* Rn. 4.
10 MüKo-BGB/*Kindler* Rn. 16; MüKo-InsO/*Reinhart* Rn. 15; Rauscher/*Mäsch* Rn. 6.
11 MüKo-InsO/*Reinhart* Rn. 15; a.A. Pannen/*Pannen/Riedemann* Rn. 20.
12 *Virgós/Schmit* Bericht Rn. 231.
13 Rauscher/*Mäsch* Rn. 5; HambKomm/*Undritz* Rn. 6.
14 *Virgós/Schmit* Bericht Rn. 231.
15 *Duursma-Kepplinger/Duursma/Chalupsky* Rn. 12; FK-InsO/*Wenner/Schuster* Rn. 14; Pannen/*Pannen/Riedemann* Rn. 35; Rauscher/*Mäsch* Rn. 7; *Paulus* Rn. 15.
16 Gebauer/Wiedmann/*Haubold* Rn. 229.
17 *Ehricke* FS Max-Planck-Institut (2001), 337 (345 f.); *Eidenmüller* ZZP 114 (2001), 3 (11).

den (wirtschaftlichen) Nutzen einer bestimmten Maßnahme vertreten, lässt sich aus Abs. 2 keine Pflicht des Sekundärinsolvenzverwalters ableiten, den Vorstellungen des Hauptinsolvenzverwalters Folge zu leisten. Ein **Weisungsrecht** des Hauptinsolvenzverwalters sieht die EuInsVO nicht vor; dies würde das sorgsam austarierte Verhältnis zwischen Haupt- und Sekundärinsolvenzverfahren in eine Schieflage bringen.

12 Die Verwalter haben die Möglichkeit, ihre Zusammenarbeit durch **Insolvenzverwalterverträge** zu regeln.[18] Ob verbindliche Insolvenzverwalterverträge einen praktischen Nutzen haben, erscheint jedenfalls aus deutscher Sicht durchaus fraglich. Insb. können sie dazu führen, dass allzu starre Regelungen getroffen werden; ferner ist zu bedenken, dass der Verwalter bei Abschluss und Durchführung des Vertrages die Zustimmungserfordernisse nach § 160 InsO beachten muss und sich hieraus nicht unerhebliche Konfliktpotentiale und Haftungsrisiken ergeben können.[19]

3. Gelegenheit zu Verwertungsvorschlägen, Abs. 3

13 Nach Art. 34 Abs. 1 Unterabs. 1 hat der Hauptinsolvenzverwalter die Möglichkeit, einen Sanierungsplan vorzuschlagen; ferner kann er nach Art. 33 Abs. 1 die Aussetzung der Verwertung von Gegenständen des Sekundärinsolvenzverfahrens beantragen. Darüber hinaus kann der Hauptinsolvenzverwalter, wie sich inzident aus Abs. 3 ergibt, in jeder Phase des Verfahrens Vorschläge für die Verwertung oder anderweitige Verwendung von Gegenständen unterbreiten. Dadurch soll es dem Hauptinsolvenzverwalter ermöglicht werden, den Teilverkauf von Massebestandteilen oder auch die Einstellung des Betriebs an einer Niederlassung zu verhindern und Komplettlösungen für das gesamte schuldnerische Vermögen zu entwickeln. Dies kann insb. für eine übertragende Sanierung des Gesamtunternehmens von Bedeutung sein.

14 Nach Abs. 3 muss der Sekundärinsolvenzverwalter dem Hauptinsolvenzverwalter dementsprechend **Gelegenheit** geben, Vorschläge für die Verwertung oder anderweitige Verwendung von Gegenständen zu machen. Dies setzt voraus, dass der Sekundärinsolvenzverwalter den Hauptinsolvenzverwalter über von ihm bereits geplante Verwertungs- oder Verwendungsmaßnahmen unterrichtet und seinerseits den Vorschlag des Hauptinsolvenzverwalters inhaltlich berücksichtigt. Abs. 3 lässt sich damit als besondere Ausprägung des von Abs. 1 und Abs. 2 eher allgemein umschriebenen Informations- und Kooperationsgebots verstehen. Zu der »Verwendung« der Gegenstände ist auch die Einstellung des Betriebs zu zählen.[20]

15 Abs. 3 bezieht sich dem Wortlaut nach auf sämtliche Gegenstände, die dem Sekundärverfahren unterstehen. Nach dem Sinn der Vorschrift kann es aber nur um Gegenstände gehen, die aus Sicht des Hauptinsolvenzverwalters von Bedeutung sind; unwesentliche Verwertungs- oder Verwendungsmaßnahmen werden daher von Abs. 3 nicht erfasst. Abs. 3 darf nicht dazu führen, dass die Arbeit des Sekundärinsolvenzverwalters »blockiert« wird.[21]

16 Die Vorschläge des Hauptinsolvenzverwalters sind für den Sekundärinsolvenzverwalter allerdings nicht – auch nicht eingeschränkt – verbindlich.[22] Abs. 3 statuiert – gerade in Kontext mit Abs. 1 und 2 – kein Weisungsrecht des Hauptinsolvenzverwalters gegenüber dem Sekundärinsolvenzverwalter.[23] Dem Hauptinsolvenzverwalter stehen, soweit er keine Übereinstimmung mit dem Sekundärinsolvenzverwalter erreicht, die Möglichkeiten des Art. 33 (Aussetzung des Verfahrens) und des Art. 34 (Verweigerung der Zustimmung zu verfahrensbeendenden Maßnahmen) zur Verfügung.

---

18 Dazu näher *Eidenmüller* ZZP 114 (2001), 3 (10 ff.); *Paulus* Rn. 17; Gebauer/Wiedmann/*Haubold* Rn. 229; einen verbindlichen Insolvenzverwaltervertrag ablehnend MüKo-BGB/*Kindler* Rn. 20.
19 Näher *Ehricke* FS Max-Planck-Institut (2001), 337 (357 ff.).
20 *Virgós/Schmit* Bericht Rn. 233.
21 *Virgós/Schmit* Bericht Rn. 233.
22 Rauscher/*Mäsch* Rn. 9; Duursma-Kepplinger/Duursma/Chalupsky Rn. 18 f.; a.A. *Ehricke* ZIP 2005, 1104 (1107, 1110); *ders.* FS Max-Planck-Institut (2001), 337 (346); *Herchen* ZInsO 2002, 345 (351).
23 *Pogacar* NZI 2011, 46 (47).

Andererseits kann Abs. 3 nur dann seinen Sinn erfüllen, wenn ein entsprechender Vorschlag des 17
Hauptinsolvenzverwalters im Sekundärinsolvenzverfahren zum Gegenstand einer Entscheidungsfindung gemacht wird. Der Sekundärinsolvenzverwalter ist also verpflichtet, den Vorschlag des Hauptinsolvenzverwalters inhaltlich zu berücksichtigen. Ferner ist der Sekundärinsolvenzverwalter verpflichtet, den abweichenden Vorschlag des Hauptinsolvenzverwalters dann, wenn die entsprechenden Verwertungs- oder Verwendungsmaßnahmen durch ein Gläubigerorgan nach der *lex fori concursus secundariae* (mit-)beschlossen werden, diesem Gläubigerorgan zur Kenntnis zu bringen.[24]

II. Haftungsfragen

Art. 31 statuiert echte Pflichten der beteiligten Insolvenzverwalter; dementsprechend kann sich bei 18
Verletzung einer Pflicht auch eine Haftung auf Schadensersatz ergeben. Die EuInsVO regelt die Haftungsfrage selbst aber nicht; daher ist die jeweilige nationale *lex fori concursus* anzuwenden.[25]

In Deutschland findet daher § 60 InsO Anwendung. In der Literatur ist allerdings vertreten worden, 19
dass § 60 InsO nicht zu einer Haftung führen könne, da sich die Vorschrift nur auf die Verletzung von »Pflichten nach diesem Gesetz«, also der InsO selbst, beziehe.[26] Es spricht jedoch mit der h.M. mehr dafür, § 60 InsO europafreundlich fortzubilden und (analog) auch auf solche Pflichten anzuwenden, die sich aus der EuInsVO ergeben.[27]

Voraussetzung für eine Haftung nach § 60 InsO ist hiernach, dass die Pflicht nach Art. 31 schuldhaft 20
verletzt wurde und der Insolvenzmasse hierdurch ein Schaden entstanden ist. Der Anspruch kann, da es sich um einen Gesamtschaden handelt, nicht durch einzelne Gläubiger geltend gemacht werden. Soweit der Schaden durch den Sekundärinsolvenzverwalter verursacht worden ist, wird man davon ausgehen können, dass der Anspruch durch den Hauptinsolvenzverwalter geltend zu machen ist; der Einsetzung eines Sonderinsolvenzverwalters bedarf es in diesem Fall nicht. Ist der Schaden durch den Hauptinsolvenzverwalter entstanden, so ist der Sekundärinsolvenzverwalter zur Geltendmachung befugt, soweit Masse des Sekundärverfahrens betroffen ist. Im Übrigen ist ein Sonderinsolvenzverwalter einzusetzen.

Da Art. 31 keine Befolgungspflicht des Sekundär- gegenüber dem Hauptinsolvenzverwalter statuiert 21
(vgl. Rdn. 11), führt Art. 31 auch nicht zu einer Haftungsentlastung des Sekundärinsolvenzverwalters dann, wenn er einen Vorschlag des Hauptinsolvenzverwalters nach Abs. 3 umsetzt. Der Sekundärinsolvenzverwalter darf diesen Vorschlag nicht umsetzen, wenn er damit seine ihm nach der *lex fori concursus secundariae* bestehenden Pflichten verletzt.[28]

C. Kooperationspflicht der Gerichte

Die EuInsVO enthält keine ausdrückliche Bestimmung dergestalt, dass auch die beteiligten Gerichte 22
zu einer wechselseitigen Information und Kooperation verpflichtet sind. Eine derartige Pflicht lässt sich aber aus dem Gesamtzusammenhang der EuInsVO ableiten; hierbei zu berücksichtigen ist das u.a. im 2. Erwägungsgrund formulierte Ziel, »effiziente und wirksame grenzüberschreitende Insolvenzverfahren« zu erreichen.[29]

---

24 *Beck* NZI 2006, 609 (611).
25 Ausdrücklich *Virgós/Schmit* Bericht Rn. 234; ferner etwa *Pannen/Kühnle/Riedemann* NZI 2003, 72 (77).
26 Geimer/Schütze/*Heiderhoff* Rn. 9.
27 Pannen/*Pannen/Riedemann* Rn. 39; Gebauer/Wiedmann/*Haubold* Rn. 232; MüKo-BGB/*Kindler* Rn. 32; *Ehricke* in: Aufbruch nach Europa, 337 (349); Rauscher/*Mäsch* Rn. 11; HambKomm/*Undritz* Rn. 5.
28 Gebauer/Wiedmann/*Haubold* Rn. 232; a.A. *Ehricke* ZIP 2005, 1104 (1107).
29 Im Erg. für eine entspr. Kooperationspflicht High Court of London 11.02.2009, 2009, EWHC 206 (Ch), NZI 2009, 450 m. abl. Anm. *Mankowski*; OLG Wien 09.11.2004, 28 R 225/04, NZI 2005, 57 mit auch

23 Informations- und Kooperationspflichten der Gerichte können sich vor allem bei der Beurteilung von Zuständigkeitsfragen – der Bestimmung des COMI – ergeben. Hier kann bereits im Vorfeld der Entscheidung eine Kommunikation der betroffenen Gerichte sinnvoll sein, um positive Kompetenzkonflikte zu vermeiden.[30]

24 Eine Kooperationspflicht ausländischer Gerichte im Hinblick auf das in England eröffnete Hauptinsolvenzverfahren hat der Londoner High Court of Justice angenommen. Es hat sich vor diesem Hintergrund für befugt gehalten, Schreiben an sämtliche ausländischen, zur eventuellen Eröffnung von Sekundärinsolvenzverfahren zuständigen Insolvenzgerichte zu versenden und die dortigen Richter zu bitten, im Falle eines Antrags auf Eröffnung des Sekundärinsolvenzverfahrens den Hauptinsolvenzverwalter davon zu benachrichtigen und ihm Gelegenheit zu einer Stellungnahme zu geben.[31] Da aber die EuInsVO die Voraussetzungen für die Eröffnung eines Sekundärinsolvenzverfahrens zwingend vorgibt und hierbei den Gerichten kein Beurteilungs- oder gar Ermessensspielraum zusteht, kann ein derartiges Schreiben allzu leicht als Versuch einer einseitigen Einflussnahme missverstanden werden. Eine Dominanz des Hauptinsolvenzverfahrens über die in der EuInsVO enthaltenen Regeln hinaus lässt sich aus einer Kooperationspflicht der Gerichte keinesfalls ableiten. Anhaltspunkte für eine gerichtliche Kooperation können sich aus den »European Communication and Cooperation Guidelines for Cross-Border Insolvency« (CoCo Guidelines) ergeben.[32]

25 Im deutschen Recht sieht § 348 Abs. 2 InsO eine Möglichkeit der Zusammenarbeit zwischen deutschen und ausländischen Gerichten vor. Die Vorschrift ist nach der zugrunde liegenden Begründung auch im Anwendungsbereich der EuInsVO (entsprechend) anwendbar (siehe § 348 InsO Rdn. 2); sie ist nach der hier vertretenen Auffassung als zulässige Konkretisierung eines bereits aus der EuInsVO ableitbaren Prinzips anzusehen. Soweit man entgegen der hier vertretenen Auffassung ein Kooperationsgebot der Gerichte nicht bereits aus der EuInsVO selbst ableitet, ist § 348 Abs. 2 InsO ebenfalls anwendbar; denn unstreitig lässt sich aus der EuInsVO kein Kooperations*verbot* ableiten.

D. Reformperspektiven

26 Der am 12.12.2012 vorgelegte Bericht der Kommission über die Anwendung der EuInsVO enthält auch im Hinblick auf die Unterrichtungs- und Kooperationspflichten Änderungsvorschläge.[33] Der dort vorgeschlagene Art. 31 präzisiert den Umfang von Kooperation und Kommunikation zwischen den Insolvenzverwaltern untereinander; dem erhöhten Abstimmungsbedarf bei Restrukturierungen wird Rechnung getragen. Der Entwurf sieht zudem die Aufnahme von – bisher zumindest nicht ausdrücklich geregelten – Kooperations- und Kommunikationspflichten zwischen Gerichten untereinander (Art. 31a) sowie zwischen Verwaltern und Gerichten (Art. 31b) vor. Durch dieses Netz an gegenseitigen Kooperations- und Kommunikationspflichten soll eine bessere Koordination zwischen den Insolvenzverfahren gewährleistet werden; dies wird insbesondere in Bezug auf die Erfolgsaussichten von Sanierungsverfahren als entscheidend angesehen.

---

insoweit zust. Anm. *Paulus;* HambKomm/*Undritz* Rn. 13; abl. *Vallender* KTS 2008, 59 (66 f.); *Ehricke* FS Max-Planck-Institut (2001) 337 (347); Rauscher/*Mäsch* Rn. 15; Karsten Schmidt/*Brinkmann* Rn. 15.

30 Vgl. dazu *Paulus* NZI 2008, 1 (6).
31 High Court of London 11.02.2009, 2009, EWHC 206 (Ch), NZI 2009, 450 m. abl. Anm. *Mankowski* und Bespr. *Mock* ZInsO 2009, 895.
32 Vgl. dazu *Vallender* KTS 2008, 59 (76 f.); Rauscher/*Mäsch* Rn. 15; zu weiteren Leitlinien s. ausf. *Busch/Remmert/Rüntz/Vallender* NZI 2010, 417 ff.
33 Vorschlag für eine Verordnung des Europäischen Parlaments und des Rates zur Änderung der Verordnung (EG) Nr. 1346/2000 des Rates über Insolvenzverfahren (COM(2012) 744 final), dort insb. unter 3.1.3.; hierzu auch Prager/Keller NZI 2013, 57, 61 f.; *Thole/Swierczok* ZIP 2013, 550 ff.

Artikel 32 Ausübung von Gläubigerrechten

(1) Jeder Gläubiger kann seine Forderung im Hauptinsolvenzverfahren und in jedem Sekundärinsolvenzverfahren anmelden.

(2) Die Verwalter des Hauptinsolvenzverfahrens und der Sekundärinsolvenzverfahren melden in den anderen Verfahren die Forderungen an, die in dem Verfahren, für das sie bestellt sind, bereits angemeldet worden sind, soweit dies für die Gläubiger des letztgenannten Verfahrens zweckmäßig ist und vorbehaltlich des Rechts dieser Gläubiger, dies abzulehnen oder die Anmeldung zurückzunehmen, sofern ein solches Recht gesetzlich vorgesehen ist.

(3) Der Verwalter eines Haupt- oder eines Sekundärinsolvenzverfahrens ist berechtigt, wie ein Gläubiger an einem anderen Insolvenzverfahren mitzuwirken, insbesondere indem er an einer Gläubigerversammlung teilnimmt.

Übersicht	Rdn.		Rdn.
A. Überblick	1	1. Zweckmäßigkeit der Forderungsanmeldung	10
B. Forderungsanmeldung	3	2. Ablehnungsrecht der Gläubiger	13
I. Forderungsanmeldung durch Gläubiger (Abs. 1)	3	3. Haftungsfragen	16
II. Forderungsanmeldung durch den in einem anderen Mitgliedstaat bestellten Verwalter (Abs. 2)	10	C. Mitwirkungsrecht des Verwalters	19

A. Überblick

Abs. 1 und Abs. 2 enthalten Sachnormen, welche sich auf die Beantragung des Sekundärinsolvenzverfahrens beziehen. Nach Abs. 1 sind alle Gläubiger zur Anmeldung befugt; sie können ihre Forderungen kumulativ im Haupt- als auch in einem oder mehreren Sekundärinsolvenzverfahren anmelden. Nach Abs. 2 sind auch der Haupt- und die Sekundärinsolvenzverwalter befugt und – unter bestimmten Voraussetzungen – verpflichtet, die Forderungen in dem jeweils anderen Verfahren anzumelden. 1

Abs. 3 räumt dem Haupt- und dem Sekundärinsolvenzverwalter zudem das Recht ein, an dem anderen Verfahren »wie Gläubiger« mitzuwirken. Dies betrifft jedenfalls das Recht zur Teilnahme an Sitzungen und zur Abgabe von Stellungnahmen (vgl. Rdn. 19 ff.). 2

B. Forderungsanmeldung

I. Forderungsanmeldung durch Gläubiger (Abs. 1)

Nach Abs. 1 haben alle Gläubiger das Recht, ihre Forderungen in allen Haupt- und Sekundärinsolvenzverfahren anzumelden. Einem Gläubiger, der seine Forderung in einem Hauptinsolvenzverfahren bereits angemeldet hat, kann also seine Anmeldung derselben Forderung in dem Sekundärinsolvenzverfahren nicht mit dem Argument verwehrt werden, er habe diese Forderung ja bereits im Hauptinsolvenzverfahren angemeldet. Dasselbe gilt dann, wenn dieser Gläubiger seine Forderung zunächst in einem Partikularverfahren angemeldet haben sollte und diese Forderung erst später in einem Hauptinsolvenzverfahren anmeldet. Abs. 1 stellt eine Sachnorm dar, die evtl. entgegenstehendes nationales Recht verdrängt. 3

Der Zweck der Regelung liegt darin, die Möglichkeit einer Doppel- oder Mehrfachanmeldung als solche zu ermöglichen. Weitergehende Modifikationen der jeweiligen *lex fori concursus* i.S. einer allgemeinen Förderung der Anmeldbarkeit von Forderungen sind mit der Vorschrift aber nicht verbunden. Geht eine *lex fori concursus* etwa allgemein davon aus, dass dinglich gesicherte Gläubiger ihre Forderungen nicht im Insolvenzverfahren anmelden können, verbleibt es bei dieser Regelung auch dann, wenn der Gläubiger die Forderung in einem anderen Mitgliedstaat, der eine derartige Einschränkung nicht vorsieht, bereits angemeldet hat. Dasselbe gilt, wenn eine *lex fori concursus* 4 bestimmt, dass nachrangige Forderungen nur auf Aufforderung des Gerichts angemeldet werden können (vgl. im deutschen Recht § 174 Abs. 3 Satz 1 InsO). Diese Bestimmungen sind auch dann anwendbar, wenn der Gläubiger die betreffende Forderung in einem anderen Mitgliedstaat angemeldet hat, der die betreffende Forderung nicht als nachrangig ansieht oder eine (uneingeschränkte) Anmeldung auch von nachrangigen Forderungen zulässt.[1]

5 Wie sich aus Art. 39 ergibt, können die Gläubiger ihren Sitz usw. auch in einem Mitgliedstaat haben, in dem das jeweilige Verfahren nicht eröffnet wird. Ob auch Gläubiger mit Sitz usw. in Drittstaaten nach Art. 32 und Art. 39 antragsbefugt sind, ist umstritten.[2] Nach hier vertretener Auffassung gilt Art. 32 nicht für Gläubiger aus Drittstaaten. Ihre Antragsbefugnis richtet sich nach der jeweiligen *lex fori concursus*.[3]

6 Die Anmeldung, die Prüfung und die Feststellung der Forderung richten sich nach der jeweiligen *lex fori concursus* (Art. 4 Abs. 2 Satz 2 Buchst. h).[4] Insb. richten sich evtl **Ausschlussfristen** für die Anmeldung nach der *lex fori concursus*. Dasselbe gilt für evtl Vorschriften zu Kosten, die durch die Forderungsanmeldung in diesem Mitgliedstaat entstehen.[5]

7 Umstritten ist, ob Abs. 1 über die Anmeldebefugnis hinaus auch zu entnehmen ist, dass die Gläubiger an dem Verfahren **teilnehmen** können und an dem Erlös beteiligt werden. Man wird hier differenzieren müssen. Art. 32 Abs. 1 verfolgt letztlich das Ziel, die Diskriminierung von Gläubigern zu vermeiden, die ihre Forderung in einem anderen Verfahren bereits angemeldet haben. Sie dürfen aus diesem Grund nicht schlechter gestellt werden als Gläubiger, die ihre Forderung nur in dem betreffenden Verfahren angemeldet haben. Insoweit ist Art. 32 Abs. 1 erweiternd auszulegen: Dem nationalen Recht ist es nicht nur verwehrt, diesen Gläubigern die Möglichkeit einer Forderungsanmeldung zu nehmen, sondern auch – nach dem Sinn der Vorschrift – diese Gläubiger wegen der Doppel- oder Mehrfachanmeldung in ihren Teilnahmerechten zu beschränken. Anderenfalls bliebe das Recht zur Anmeldung nur eine leere Hülle.[6] Für diese Auslegung spricht auch ergänzend Art. 20 Abs. 2. Diese Vorschrift geht davon aus, dass ein Gläubiger an mehreren Erlösverteilungen teilnehmen kann.

8 Abgesehen davon unterfällt die Ausgestaltung der Teilnahmebefugnisse aber der jeweiligen *lex fori concursus*. Sieht also die jeweilige *lex fori concursus* vor, dass bestimmte Forderungen ihrer Art nach im konkreten Fall nicht an der Verteilung teilnehmen – deshalb, weil ihnen ein schlechterer Rang zukommt als anderen Forderungen –, verbleibt es bei der Anwendung der Vorschriften der jeweiligen *lex fori concursus*. Die hierdurch entstehenden Ungleichbehandlungen in den einzelnen Verfahren werden hieran anschließend durch Art. 20 Abs. 2 abgemildert. Nach dieser Vorschrift nimmt ein Gläubiger, der in einem Insolvenzverfahren eine Quote auf seine Forderung erlangt hat, an der Verteilung im Rahmen eines anderen Verfahrens erst dann teil, wenn die Gläubiger gleichen Ranges oder gleicher Gruppenzugehörigkeit in diesem Verfahren die gleiche Quote erlangt haben. Dies führt dann dazu, dass ein schon (teilweise) befriedigter Gläubiger nicht oder nur im geringeren Umfang an einer späteren Verteilung teilnimmt.

9 Abs. 1 ist entsprechend anzuwenden, wenn mehrere **isolierte Partikularverfahren** parallel betrieben werden.[7]

---

1 Pannen/*Herchen* Rn. 32; FK-InsO/*Wenner/Schuster* Rn. 2.
2 Bejahend: MüKo-Inso/*Reinhart* Rn. 7; Nerlich/Römermann/*Commandeur* Rn. 1; verneinend: MüKo-BGB/*Kindler* Rn. 4; *Paulus* Rn. 3.
3 So auch FK-InsO/*Wenner/Schuster* Rn. 5.
4 *Virgós/Schmit* Bericht Rn. 238.
5 *Virgós/Schmit* Bericht Rn. 239.
6 MüKo-InsO/*Reinhart* Rn. 6; Rauscher/*Mäsch* Rn. 2; a.A. MüKo-BGB/*Kindler* Rn. 5 unter Berufung auf *Thieme* IJVO 5 (1995/96) 44, 86; *ders*. Partikularkonkurs, S. 212; *ders*. RabelsZ 45 (1981), 459.
7 Rauscher/*Mäsch* Rn. 5; Gebauer/Wiedmann/*Haubold* Rn. 233; *Paulus* Rn. 3.

II. Forderungsanmeldung durch den in einem anderen Mitgliedstaat bestellten Verwalter (Abs. 2)

1. Zweckmäßigkeit der Forderungsanmeldung

Darüber hinaus ist nach Abs. 2 der jeweilige Verwalter berechtigt, Forderungen, die in dem eigenen Verfahren angemeldet wurden, auch in dem anderen Verfahren anzumelden. Voraussetzung ist allerdings, dass dies **zweckmäßig** ist. Die Zweckmäßigkeit ist nach der hier vertretenen Auffassung allein von dem Verwalter zu prüfen; die Anmeldung ist im Außenverhältnis auch wirksam, wenn sie unzweckmäßig ist. 10

Eine Zweckmäßigkeit ist abzulehnen, wenn die Nachteile der Anmeldung die Vorteile überwiegen. Insgesamt hat der Verwalter eine Kosten-Nutzen-Rechnung aus Sicht der betroffenen Gläubiger anzustellen. Hierbei sind auch die Kosten zu berücksichtigen, die durch die Forderungsanmeldung nach der einschlägigen *lex fori concursus* (vgl. Rdn. 6) entstehen, soweit diese von den Gläubigern zu tragen sind. Eine Zweckmäßigkeit ist insbesondere abzulehnen, wenn bestimmte Ausschlussfristen schon abgelaufen sind oder nach den Umständen eine Quote für nicht bevorrechtigte Gläubiger ausgeschlossen erscheint.[8] Ferner ist die Anrechnung nach Art. 20 Abs. 2 in die Kalkulation einzustellen. 11

Nach dem Bericht zum EuInsÜ ist der Verwalter nicht verpflichtet, die Zweckmäßigkeit für jede einzelne Forderung gesondert zu prüfen. Dies würde zu zusätzlichen Kosten und evtl Verfahrensverzögerungen führen. Maßgeblich sei vielmehr, ob die Anmeldung für die Gläubiger insgesamt bzw. für eine **Gruppe von Gläubigern** zweckmäßig sei.[9] Dem ist zuzustimmen, da Abs. 2 einer Verfahrensvereinfachung dient und die Vorschrift ja den Gläubigern die Möglichkeit belässt, die Forderungsanmeldung selbst vorzunehmen oder ihr nach der anwendbaren *lex fori concursus* zu widersprechen.[10] 12

2. Ablehnungsrecht der Gläubiger

Abs. 2 belässt den Gläubigern das Recht, die Anmeldung abzulehnen oder die Anmeldung zurückzunehmen. Das Recht zur Rücknahme muss »gesetzlich vorgeschrieben« sein. Insoweit verweist Abs. 2 ergänzend auf die *lex fori concursus* des Mitgliedstaates, in dem die Anmeldung vorzunehmen ist.[11] 13

Das Recht zur vorherigen Ablehnung der Anmeldung dürfte allerdings – anders als das Recht zur Rücknahme einer bereits vorgenommenen Forderungsanmeldung – nicht erst dem nationalen Recht zu entnehmen sein. Vielmehr wird dieses europäisch-autonom durch Abs. 2 selbst vorgeschrieben. Zwar ist der Wortlaut von Abs. 2 in diesem Punkt nicht eindeutig; hierfür spricht aber der Bericht zum EuInsÜ[12] und der Umstand, dass das nationale Recht der Mitgliedstaaten hierzu (anders als zur Rücknahme einer einmal wirksam angemeldeten Forderungen) keine Regelungen enthält. 14

Das durch Abs. 2 vorgeschriebene Ablehnungsrecht dürfte aus Gründen der Rechtssicherheit und -klarheit grds. nur im Innenverhältnis zwischen Verwalter und Gläubiger wirken; damit ist auch eine Anmeldung der Forderung durch den Verwalter wirksam, wenn der Gläubiger dem intern widersprochen hat. Es kann sich aber dann eine Schadensersatzhaftung des Verwalters ergeben (s. Rdn. 18). 15

3. Haftungsfragen

Nach herrschender Auffassung hat der Verwalter unter den Voraussetzungen des Abs. 2 nicht nur ein Recht, sondern eine Pflicht zur Anmeldung.[13] Hierfür spricht der Wortlaut der Norm (»mel- 16

---

8 *Virgós/Schmit* Bericht Rn. 239.
9 *Virgós/Schmit* Bericht Rn. 239.
10 Wie hier im Erg. Rauscher/*Mäsch* Rn. 9; *Duursma-Kepplinger/Duursma/Chalupsky* Rn. 9; Nerlich/Römermann/*Commandeur* Rn. 4; a.A. MüKo-BGB/*Kindler* Rn. 11.
11 *Virgós/Schmit* Bericht Rn. 237.
12 *Virgós/Schmit* Bericht Rn. 237 und 239.
13 MüKo-BGB/*Kindler* Rn. 9; *Lüke* ZZP 111, 1998, 275 (303); Pannen/*Herchen* Rn. 20 f.; FK-InsO/*Wenner/Schuster* Rn. 7; krit. HambKomm/*Undritz* Rn. 6; a.A. *Paulus* Rn. 8, 15: Ermessen.

det ... an«). Auch im Erläuternden Bericht zum EuInsÜ ist von einer »Pflicht zur Anmeldung« die Rede.[14]

17 Dementsprechend kann sich nach Maßgabe der für den Verwalter im Übrigen anwendbaren *lex fori concursus* – für den Hauptinsolvenzverwalter also nach dem auf das Hauptinsolvenzverfahren anwendbaren Recht – bei Nichtanmeldung der Forderung eine Haftung auf Schadensersatz ergeben.[15] Allerdings kommt ein Anspruchsausschluss oder eine Anspruchsminderung in Betracht, soweit der Gläubiger die ihm bekannte und zumutbare Möglichkeit zu einer eigenen Anmeldung nicht wahrgenommen hat. Eine Haftung für einen bei dem Gläubiger entstandenen Ausfall kann sich daher wohl vor allem dann ergeben, wenn der Verwalter bei dem Gläubiger Vertrauen dahingehend erweckt hat, er werde sich um die Anmeldung ihrer Forderungen in den anderen Verfahren kümmern.

18 Umgekehrt kommt eine Haftung auch in Betracht, wenn der Verwalter eine unzweckmäßige Anmeldung vorgenommen hat, durch die einzelnen Gläubigern besondere Kosten entstanden sind. Dasselbe gilt, wenn er sich über eine interne – die Vertretungsmacht des Verwalters nach außen nicht beeinträchtigende – Ablehnung des Gläubigers hinweggesetzt hat.

C. Mitwirkungsrecht des Verwalters

19 Nach Abs. 3 hat der Verwalter das Recht, an dem anderen Verfahren »wie ein Gläubiger« mitzuwirken. Dies bedeutet jedenfalls, dass er an Gläubigerversammlungen teilnehmen und sich im Laufe des Verfahrens äußern kann.[16] Abs. 3 bezieht sich nur auf Forderungen, die der Verwalter auch selbst angemeldet hat;[17] hat der Gläubiger die Forderung selbst angemeldet, ist davon auszugehen, dass er auch selbst am Verfahren teilnimmt.

20 Nach dem Bericht zum EuInsÜ enthält Abs. 3 aber hier keine abschließende Regelung. Vorschläge dahingehend, europäisch-autonome Regelungen zu den Stimmrechten des Verwalters vorzusehen, seien nicht aufgenommen worden. Die Regelung der Mitwirkungsbefugnisse im Einzelnen – unter Einschluss der Stimmrechte – sei daher durch das einzelstaatliche Recht der Mitgliedstaaten vorzunehmen.[18]

21 In Deutschland hat der Gesetzgeber mit § 341 Abs. 3 InsO eine Norm geschaffen, mit der die praktischen Probleme angemessen gelöst werden. Hiernach gilt der Verwalter auch ohne individuelle Vollmacht als bevollmächtigt, das Stimmrecht aus einer Forderung in einem anderen Insolvenzverfahren über das Vermögen des Schuldners auszuüben, wenn diese Forderung in dem Verfahren angemeldet wurde, für das er bestellt ist. Auch § 341 Abs. 3 InsO gilt nur, wenn der Verwalter die Forderung tatsächlich angemeldet hat. Dem Gläubiger bleibt aber die Möglichkeit, eine »anderweitige Bestimmung« zu treffen. Will der Verwalter sichergehen, dass keine Unsicherheit über das Ausmaß des von ihm ausgeübten Stimmrechts entsteht, kann er sich aber weiterhin von den betroffenen Gläubigern individuell bevollmächtigen lassen.[19]

Artikel 33 Aussetzung der Verwertung

(1) Das Gericht, welches das Sekundärinsolvenzverfahren eröffnet hat, setzt auf Antrag des Verwalters des Hauptinsolvenzverfahrens die Verwertung ganz oder teilweise aus; dem zuständigen Gericht steht jedoch das Recht zu, in diesem Fall vom Verwalter des Hauptinsolvenzverfahrens alle angemessenen Maßnahmen zum Schutz der Interessen der Gläubiger des Sekundärinsolvenz-

---

14 *Virgós/Schmit* Bericht Rn. 239.
15 *Paulus* Rn. 15; a.A. Rauscher/*Mäsch* Rn. 11.
16 *Virgós/Schmit* Bericht Rn. 240.
17 Etwa Gebauer/Wiedmann/*Haubold* Rn. 236.
18 *Virgós/Schmit* Bericht Rn. 240; so auch Uhlenbruck/*Lüer* Rn. 11.
19 MüKo-InsO/*Reinhart* Rn. 15; Rauscher/*Mäsch* Rn. 13; Geimer/Schütze/*Heiderhoff* Rn. 3; Pannen/*Herchen* Rn. 45; HambKomm/*Undritz* Rn. 8.

verfahrens sowie einzelner Gruppen von Gläubigern zu verlangen. Der Antrag des Verwalters des Hauptinsolvenzverfahrens kann nur abgelehnt werden, wenn die Aussetzung offensichtlich für die Gläubiger des Hauptinsolvenzverfahrens nicht von Interesse ist. Die Aussetzung der Verwertung kann für höchstens drei Monate angeordnet werden. Sie kann für jeweils denselben Zeitraum verlängert oder erneuert werden.

(2) Das Gericht nach Absatz 1 hebt die Aussetzung der Verwertung in folgenden Fällen auf:
– auf Antrag des Verwalters des Hauptinsolvenzverfahrens,
– von Amts wegen, auf Antrag eines Gläubigers oder auf Antrag des Verwalters des Sekundärinsolvenzverfahrens, wenn sich herausstellt, daß diese Maßnahme insbesondere nicht mehr mit dem Interesse der Gläubiger des Haupt- oder des Sekundärinsolvenzverfahrens zu rechtfertigen ist.

Übersicht

		Rdn.			Rdn.
A.	Überblick	1	III.	Modalitäten und Wirkung der Aussetzung im Einzelnen	9
B.	Aussetzung der Verwertung, Abs. 1 . .	4			
I.	Zeitpunkt des Antrags	4	IV.	Aufhebung der Aussetzung, Abs. 2 . . .	15
II.	Voraussetzungen für die Aussetzung . .	6			

A. Überblick

Art. 33 bestimmt, dass das Gericht, welches das Sekundärinsolvenzverfahren eröffnet hat, auf Antrag 1
des Hauptinsolvenzverwalters die Verwertung aussetzen kann. Abs. 2 regelt, unter welchen Voraussetzungen die Aussetzung der Verwertung aufgehoben wird. Art. 33 stellt damit keine Kollisionsnorm, sondern eine europäisch-autonome Sachnorm zur Koordination von Haupt- und Sekundärinsolvenzverfahren dar.

Der Sinn der Aussetzung der Verwertung liegt darin, dem Hauptinsolvenzverwalter Zeit für »Gesamtlösungen« zu geben. Eine vom Hauptinsolvenzverwalter angestrebte Gesamtlösung kann etwa in einer Veräußerung des schuldnerischen Vermögens en bloc bestehen. Besondere Bedeutung hat Art. 33 im Hinblick auf **Sanierungsbemühungen des Hauptinsolvenzverwalters**. Bei dem Sekundärinsolvenzverfahren nach Art. 3 Abs. 3 muss es sich um Liquidationsverfahren nach Anhang B handeln; daher können reine Sanierungsverfahren von vornherein nicht als Sekundärinsolvenzverfahren betrieben werden. Im Übrigen sind Sanierungsbemühungen, die sich auf das vom Sekundärinsolvenzverfahren erfasste Vermögen beschränken, kaum aussichtsreich. Art. 33 bringt insoweit einen Ausgleich, als der Hauptinsolvenzverwalter einer Zerschlagung des Vermögens im Sekundärverfahrensstaat entgegentreten und daher letztlich doch eine Gesamt-Sanierung des Unternehmens erreichen kann. 2

Aus der Norm wird ein gewisser **Vorrang des Hauptinsolvenzverfahrens** gegenüber dem Sekundärinsolvenzverfahren ersichtlich.[1] Letztlich strebt die Vorschrift aber einen Kompromiss zwischen den Rechten des Haupt- und des Sekundärinsolvenzverwalters an. Die Aussetzung der Verwertung steht nicht im Belieben des Hauptinsolvenzverwalters, sondern ist ausgeschlossen, wenn sie offensichtlich nicht im Interesse der Gläubiger des Hauptinsolvenzverfahrens ist. Zudem wird die Aussetzung grds. auf drei Monate – vorbehaltlich allerdings einer Verlängerungsmöglichkeit – begrenzt; sie kann auf Antrag des Sekundärinsolvenzverwalters wieder aufgehoben werden, wenn sie nicht mehr mit dem Interesse der Gläubiger des Haupt- oder des Sekundärinsolvenzverfahrens zu rechtfertigen ist. 3

---

1 OLG Graz 20.10.2005, 3 R 149/05, NZI 2006, 660 (661); dies betonend *Ehricke* ZInsO 2004, 633 f.

B. Aussetzung der Verwertung, Abs. 1

I. Zeitpunkt des Antrags

4 Der Antrag auf Aussetzung der Verwertung kann von dem Hauptinsolvenzverwalter nach dem Wortlaut von Abs. 1 erst nach **Eröffnung des Sekundärinsolvenzverfahrens** gestellt werden. Der Zeitpunkt der Eröffnung richtet sich nach Art. 2 Buchst. f).

5 Nach dem Wortlaut der Norm kann sich der Hauptinsolvenzverwalter also nicht gegen die Verwertung von Gegenständen durch einen im Sekundärverfahrensstaat eingesetzten **vorläufigen Verwalter** wenden. Regelmäßig bedarf es auch einer solchen Aussetzung nicht, weil der vorläufige Verwalter zu einer Verwertung überhaupt nicht oder nur eingeschränkt befugt ist (vgl. im deutschen Recht § 21 Abs. 2 InsO). Soweit allerdings Verwertungsmaßnahmen durch den vorläufigen Verwalter zulässig sind, ist nach der hier vertretenen Auffassung Art. 33 entsprechend anzuwenden. Der Hauptinsolvenzverwalter sollte erst recht beim (nur) vorläufigen Sekundärinsolvenzverwalter die Möglichkeit haben, gegen Verwertungsmaßnahmen vorzugehen. Anderenfalls bestünde die Gefahr, dass bereits der vorläufige Sekundärinsolvenzverwalter die Zerschlagung von Vermögen einleitet oder durchführt; ein nachfolgender Antrag nach Art. 33 im eröffneten Sekundärverfahren könnte zu spät kommen.[2]

II. Voraussetzungen für die Aussetzung

6 Der Antrag darf nur abgelehnt werden, wenn die Aussetzung offensichtlich nicht im **Interesse der Gläubiger des Hauptverfahrens** liegt (Abs. 1 Satz 2). Die Aussetzung ist regelmäßig mit dem Interesse der Gläubiger des Hauptverfahrens vereinbar, wenn der Hauptinsolvenzverwalter »Gesamtlösungen« für das schuldnerische Vermögen anstrebt, also etwa eine Veräußerung en bloc oder eine Sanierung unter Einsatz des auch im Sekundärverfahrensstaat befindlichen Vermögens.[3] Da es auf eine »Offensichtlichkeit« ankommt, hat das Sekundärgericht die Erfolgsaussichten der vom Hauptinsolvenzverwalter verfolgten Strategie nicht im Einzelnen nachzuprüfen; insoweit hat es lediglich bei einer **Evidenzkontrolle** sein Bewenden;[4] nur dann, wenn die Maßnahme offensichtlich keinen Erfolg verspricht, darf der Antrag abgelehnt werden.

7 Widerstreitende Interessen der **Gläubiger des Sekundärverfahrens** sind für die Frage, ob die Verwertung ausgesetzt wird oder nicht, nach dem Wortlaut der Vorschrift – auch in den anderen Textfassungen – und dem Erläuternden Bericht zum EuInsÜ zunächst ohne Belang.[5] Es überrascht vor diesem Hintergrund aber, dass nach Abs. 2 eine Aufhebung der Verwertungsaussetzung zusätzlich auch mit den Interessen der Gläubiger des Sekundärinsolvenzverfahrens gerechtfertigt werden kann. Während bei der ursprünglichen Aussetzung der Verwertung also nur die Frage gestellt wird, ob diese nicht im Interesse der Gläubiger des Hauptinsolvenzverfahrens liegt – die Interessen der Gläubiger des Sekundärverfahrens gerade nicht berücksichtigt werden –, sind letztere bei der späteren Entscheidung über die Aufhebung der Verwertungsaussetzung doch wieder von Relevanz. Dies führt zu keinen sinnvollen Ergebnissen. Gläubiger des Sekundärverfahrens könnten zwar einem ursprünglichen Antrag des Hauptinsolvenzverwalters auf Aussetzung der Verwertung nicht entgegentreten; sie hätten aber unmittelbar anschließend die Möglichkeit, ihre Interessen mit einem Antrag auf Aufhebung der Verwertungsaussetzung geltend zu machen. In der Literatur wird daher vertreten, dass (abweichend vom Wortlaut des Abs. 1) die Interessen der Gläubiger des Sekundärverfahrens bereits bei dem Antrag auf Aussetzung zu berücksichtigen seien, um ein sinnloses Hin und Her von Anordnungs- und Aufhebungsentscheidung zu vermeiden.[6] Dies erscheint zur Vermeidung der dargestell-

---

[2] Wie hier MüKo-InsO/*Reinhart* Rn. 8; Pannen/*Herchen* Rn. 18 f.; a.A. *Vallender* KTS 2005, 283 (305); Rauscher/*Mäsch* Rn. 3.
[3] *Virgós/Schmit* Bericht Rn. 243.
[4] OLG Graz 20.10.2005, 3 R 149/05, NZI 2006, 660 (661); Vgl. auch *Ehricke* ZInsO 2004, 633 (636).
[5] *Virgós/Schmit* Bericht Rn. 242.
[6] FK-InsO/*Wenner/Schuster* Rn. 5; a.A. MüKo-BGB/*Kindler* Rn. 10; Karsten Schmidt/*Brinkmann* Rn. 7.

ten Widersprüche in der Tat notwendig. Das OLG Graz hat dementsprechend bei der Entscheidung über die Aussetzung der Verwertung geprüft, ob die Interessen der Gläubiger des Sekundärverfahrens »offensichtlich« einen nachfolgenden Antrag auf Aussetzung rechtfertigen würden.[7]

Praktisch dürfte der Unterscheidung zwischen den Interessen der Gläubiger des Hauptverfahrens und der Gläubiger des Sekundärverfahrens allerdings wohl keine allzu große Bedeutung zukommen. Sämtliche Gläubiger haben die Möglichkeit, ihre Forderungen in allen Verfahren anzumelden; vor allem aber ist ihr grundsätzliches Interesse insoweit identisch, als sie eine bestmögliche Verwertung des Schuldnervermögens anstreben. Im Regelfall sind die Interessen der Gläubiger des Hauptverfahrens und des Sekundärverfahrens daher gleichgerichtet.[8] 8

III. Modalitäten und Wirkung der Aussetzung im Einzelnen

Die Aussetzung der Verwertung kann sich in toto auf alle geplanten Verwertungshandlungen beziehen; möglich ist aber auch, dass die Verwertung nur »teilweise« ausgesetzt wird. Denkbar ist etwa, dass sich das Konzept des Hauptinsolvenzverwalters nur auf einzelne im Sekundärverfahrensstaat belegene Betriebsstätten oder Vermögensgegenstände bezieht. In diesem Fall kann sich der Hauptinsolvenzverwalter darauf beschränken, eine Teil-Aussetzung im Hinblick auf die betroffenen Betriebsstätten oder Gegenstände zu beantragen. Das Gericht hat auch die Möglichkeit, einem Antrag auf vollständige Aussetzung der Verwertung nur teilweise stattzugeben und ihn im Übrigen abzuweisen. 9

Art. 33 ermächtigt das Gericht nicht dazu, das Sekundärverfahren insgesamt auszusetzen.[9] Auch kann über Art. 33 nicht erreicht werden, dass das Gericht eine bestimmte **Art der Verwertung** anordnet. Die (nur) zeitliche Einschränkung der Verwertung ergibt sich bereits aus dem Wortlaut der Verordnung gerade auch in der englischen und französischen Fassung (»stay of liquidation«; »suspension de la liquidation«). Ferner ist zu berücksichtigen, dass die EuInsVO kein direktes oder indirektes Weisungsrecht des Haupt- gegenüber dem Sekundärinsolvenzverwalter vorsieht; gerade dies wäre aber letztlich gegeben, ließe man einen Antrag auf Änderung der Verwertungsart zu.[10] 10

Setzt das Gericht die Verwertung ganz oder teilweise aus, kann es nach Abs. 1 Satz 2 Halbs. 2 »alle angemessenen Maßnahmen zum Schutz der Interessen der Gläubiger des Sekundärinsolvenzverfahrens sowie einzelner Gruppen von Gläubigern« verlangen. In der Literatur geht man zu Recht davon aus, dass jedenfalls die Art der festzusetzenden Sicherheitsleistung dem jeweils anwendbaren nationalen Recht entnommen werden müsse; Art. 33 ist keine Grundlage für frei geschöpfte Schutzmaßnahmen.[11] 11

Im deutschen Recht ist zur Durchführung von Abs. 1 Satz 2 Halbs. 2 eine besondere Vorschrift geschaffen worden (Art. 102 § 10 EGInsO). Die Norm ordnet an, dass absonderungsberechtigte Gläubiger entsprechend § 169 InsO laufend die geschuldeten Zinsen erhalten. Allerdings entsteht dieser Anspruch automatisch kraft Gesetzes; er setzt also – abw. von Abs. 1 Satz 2 Halbs. 2 – keine besondere Anordnung des Gerichts voraus. Ungeachtet dessen ist die Vorschrift mit Art. 33 vereinbar. Es handelt sich um eine zulässige gesetzliche Ermessensreduzierung.[12] 12

Die jeweilige Aussetzung ist nach Abs. 1 Satz 3 auf eine Höchstfrist von **drei Monaten** beschränkt; sie kann aber nach Abs. 1 Satz 4 immer wieder – insoweit zeitlich unbefristet – erneuert werden.[13] Der Antrag ist daher alle drei Monate zu wiederholen, wenn die Aussetzung der Verwertung fortdau- 13

---

7 OLG Graz 20.10.2005, 3 R 149/05, NZI 2006, 660 (661).
8 OLG Graz 20.10.2005, 3 R 149/05, NZI 2006, 660 (662); FK-InsO/*Wenner/Schuster* Rn. 5.
9 OLG Graz 20.10.2005, 3 R 149/05, NZI 2006, 660.
10 Im Erg. wie hier m. ausf. Begr. *Ehricke* ZInsO 2004, 633 (634 f.); ferner *Beck* NZI 2006, 609 (613); *Vallender* KTS 2005, 283 (302); FK-InsO/*Wenner/Schuster* Rn. 7; im Erg. a.A. – »Änderung der Verwertung« als mildere Maßnahme – MüKo-BGB/*Kindler* Rn. 11.
11 Geimer/Schütze/*Heiderhoff* Rn. 3.
12 So zutr. Gebauer/Wiedmann/*Haubold* Rn. 238a Fn. 657.
13 *Virgós/Schmit* Bericht Rn. 245.

ern soll. Allerdings sind gerade bei der Erneuerung der Aussetzung nicht mehr nur die Interessen der Gläubiger des Hauptverfahrens, sondern auch die Interessen der Gläubiger des Sekundärverfahrens zu berücksichtigen (vgl. Rdn. 17). Eine neuerliche Aussetzung der Verwertung kann auch angeordnet werden, wenn zwischenzeitlich die Verwertung wieder aufgenommen worden ist.[14]

14 Die **Wirkungen der Verfahrenseröffnung** im Sekundärverfahrensstaat bleiben im Übrigen erhalten, da ja nicht das Sekundärinsolvenzverfahren als solches, sondern die Verwertung ausgesetzt ist. Dies betrifft etwa die Unterbrechung von Rechtsstreitigkeiten.[15]

IV. Aufhebung der Aussetzung, Abs. 2

15 Nach Abs. 2 ist die Aussetzung der Verwertung wieder aufzuheben, wenn der Verwalter des Hauptverfahrens dies beantragt oder wenn die Aussetzung nicht mehr mit dem Interesse der Gläubiger des Hauptverfahrens oder des Sekundärverfahrens zu rechtfertigen ist.

16 Beantragt also der Hauptinsolvenzverwalter, dass die Aussetzung der Verwertung aufzuheben ist, ist dem Antrag ohne Sachprüfung stattzugeben. Der Hauptinsolvenzverwalter ist insoweit »Herr des Aussetzungsverfahrens«.[16]

17 Stellt der Hauptinsolvenzverwalter demgegenüber keinen entsprechenden Antrag, kann die Aussetzung der Verwertung nach Abs. 2 von Amts wegen, auf Antrag eines Gläubigers oder auf Antrag des Sekundärinsolvenzverwalters aufgehoben werden. Als Gläubiger sind in diesem Zusammenhang sowohl Gläubiger des Haupt- als auch des Sekundärinsolvenzverfahrens zu verstehen.[17]

18 Voraussetzung ist in diesem Fall allerdings, dass die Aussetzung der Verwertung nicht mehr mit dem Interesse der Gläubiger des Haupt- oder des Sekundärinsolvenzverfahrens vereinbar ist. Abs. 2 trägt daher zunächst der Konstellation Rechnung, in der das einmal vorhandene Interesse der **Gläubiger des Hauptinsolvenzverfahrens** zu einem späteren Zeitpunkt wegfällt. Dies kann etwa der Fall sein, wenn der Hauptinsolvenzverwalter zuvor noch verfolgte »Gesamtlösungen« für das schuldnerische Vermögen aufgegeben hat oder diese sich als undurchführbar erwiesen haben.

19 Eine Aufhebung der Verwertungsaussetzung kann zusätzlich auch mit den **Interessen der Gläubiger des Sekundärverfahrens** gerechtfertigt werden. Die Interessen der Sekundärinsolvenzverfahrensgläubiger sind nicht nur dann als berührt anzusehen, wenn die nach Abs. 1 Satz 1 angeordneten Maßnahmen zum Schutz dieser Gläubiger nicht befolgt worden sind.[18] Vielmehr sind – gerade auch aufgrund der hier befürworteten korrigierenden Auslegung von Abs. 1 (vgl. Rdn. 7) – sämtliche Interessen dieser Gläubiger zu berücksichtigen. Die Interessen der Sekundärgläubiger dürften hierbei umso stärker zu gewichten sein, je länger die Aussetzung der Verwertung dauert. Damit wird auch erreicht, dass der Hauptinsolvenzverwalter die Verwertung nicht dauerhaft blockieren kann.

20 Sinngemäß gilt das Vorstehende auch dann, wenn der Hauptinsolvenzverwalter nach Abs. 1 Satz 4 die Verlängerung oder Erneuerung der Aussetzung beantragt. Auch hier sind also nicht nur die Interessen der Gläubiger des Hauptinsolvenzverfahrens zu berücksichtigen; vielmehr ist auch hier – und zwar umso stärker, je länger die Aussetzung bereits andauert – auf die Interessen der Gläubiger des Sekundärverfahrens abzustellen.

---

14 *Virgós/Schmit* Bericht Rn. 245.
15 *Virgós/Schmit* Bericht Rn. 246.
16 Rauscher/*Mäsch* Rn. 12.
17 *Paulus* Rn. 20; Pannen/*Herchen* Rn. 51; a.A. wohl Leonhardt/Smid/Zeuner/*Smid*, Internationales Insolvenzrecht, Rn. 10.
18 So Pannen/*Herchen* Rn. 56.

Artikel 34 Verfahrensbeendende Maßnahmen

(1) Kann das Sekundärinsolvenzverfahren nach dem für dieses Verfahren maßgeblichen Recht ohne Liquidation durch einen Sanierungsplan, einen Vergleich oder eine andere vergleichbare Maßnahme beendet werden, so kann eine solche Maßnahme vom Verwalter des Hauptinsolvenzverfahrens vorgeschlagen werden.

Eine Beendigung des Sekundärinsolvenzverfahrens durch eine Maßnahme nach Unterabsatz 1 kann nur bestätigt werden, wenn der Verwalter des Hauptinsolvenzverfahrens zustimmt oder, falls dieser nicht zustimmt, wenn die finanziellen Interessen der Gläubiger des Hauptinsolvenzverfahrens durch die vorgeschlagene Maßnahme nicht beeinträchtigt werden.

(2) Jede Beschränkung der Rechte der Gläubiger, wie zum Beispiel eine Stundung oder eine Schuldbefreiung, die sich aus einer in einem Sekundärinsolvenzverfahren vorgeschlagenen Maßnahme im Sinne von Absatz 1 ergibt, kann nur dann Auswirkungen auf das nicht von diesem Verfahren betroffene Vermögen des Schuldners haben, wenn alle betroffenen Gläubiger der Maßnahme zustimmen.

(3) Während einer nach Artikel 33 angeordneten Aussetzung der Verwertung kann nur der Verwalter des Hauptinsolvenzverfahrens oder der Schuldner mit dessen Zustimmung im Sekundärinsolvenzverfahren Maßnahmen im Sinne von Absatz 1 des vorliegenden Artikels vorschlagen; andere Vorschläge für eine solche Maßnahme dürfen weder zur Abstimmung gestellt noch bestätigt werden.

Übersicht

	Rdn.		Rdn.
A. Überblick	1	III. Vorschlagsrecht bei Aussetzung der Verwertung (Abs. 3)	13
B. Vorschlags- und Ablehnungsrecht des Hauptinsolvenzverwalters	6	C. Grenzüberschreitende Wirkung von Beschränkungen der Gläubigerrechte (Abs. 2)	15
I. Vorschlagsrecht (Abs. 1 Unterabs. 1)	6		
II. Zustimmungserfordernis (Abs. 1 Unterabs. 2)	10		

A. Überblick

Die Vorschrift befasst sich mit der Verfahrensbeendigung ohne Liquidation insbesondere durch einen Sanierungsplan oder einen Vergleich. Die Vorschrift führt zu einer bevorzugten Stellung des Hauptinsolvenzverwalters bei Fragen der Sanierung.[1] 1

Nach Abs. 1 Unterabs. 1 kann der Hauptinsolvenzverwalter einen Vorschlag für die Sanierung unterbreiten; umgekehrt kann nach Abs. 1 Unterabs. 2 eine Beendigung des Sekundärinsolvenzverfahrens ohne Liquidation nur bestätigt werden, wenn der Verwalter des Hauptinsolvenzverfahrens zustimmt oder, falls dieser nicht zustimmt, wenn die finanziellen Interessen der Gläubiger des Hauptinsolvenzverfahrens durch die vorgeschlagene Maßnahme nicht beeinträchtigt werden. Der Hauptinsolvenzverwalter kann also sowohl aktiv auf eine Sanierung hinwirken als auch einer durch den Sekundärinsolvenzverwalter beabsichtigen Sanierung entgegentreten. 2

Die Regelung des Abs. 1 wird durch Abs. 3 ergänzt. Hat der Hauptinsolvenzverwalter gem. Art. 33 die Aussetzung der Verwertung im Sekundärverfahrensstaat erwirkt, können nur er und der Schuldner mit seiner Zustimmung während der Aussetzung Sanierungsmaßnahmen nach Abs. 1 vorschlagen. Zeitweilig wird also dem Sekundärinsolvenzverwalter und sonstigen Beteiligten die entsprechende Befugnis vollständig entzogen. 3

Nach Abs. 2 wirkt eine etwa in einem einen Sanierungsplan, einen Vergleich oder eine andere vergleichbare Maßnahme enthaltene Beschränkung der Gläubigerrechte nur hinsichtlich des Ver- 4

---

[1] Gebauer/Wiedmann/*Haubold* Rn. 240.

mögens, das sich in dem Sekundärverfahrensstaat befindet. Etwas anderes gilt nur dann, wenn alle betroffenen Gläubiger zugestimmt haben. Damit ist es im Sekundärinsolvenzverfahren nur schwer möglich, eine Sanierung mit Hilfe eines – für alle Gläubiger europaweit wirksamen – Insolvenzplans durchzusetzen (vgl. Rdn. 20 f.).

5 Abs. 2 stellt eine Sonderregel zu Art. 17 Abs. 2 Satz 2 dar. Während Abs. 2 nur Sekundärverfahren erfasst, bezieht sich Art. 17 Abs. 2 Satz 2 auf sämtliche Partikularverfahren. Als *lex specialis* geht Abs. 2 dem allgemeinen Art. 17 Abs. 2 Satz 2 vor.

B. Vorschlags- und Ablehnungsrecht des Hauptinsolvenzverwalters

I. Vorschlagsrecht (Abs. 1 Unterabs. 1)

6 Abs. 1 Unterabs. 1 ermöglicht es dem Hauptinsolvenzverwalter, die Beendigung des Sekundärverfahrens durch einen Sanierungsplan, einen Vergleich oder eine vergleichbare Maßnahme vorzuschlagen. Fraglich ist, ob unter »Sanierungsplänen« auch solche Pläne zu verstehen sind, die auf eine übertragende Sanierung gerichtet sind; dies dürfte zu bejahen sein. Der Begriff »Sanierung« ist – insb. im Zusammenhang mit dem in der EuInsVO verwendeten Begriff der »Liquidation« – wohl nicht rechtstechnisch i.S. einer Erhaltung des Unternehmensträgers, sondern wirtschaftlich zu verstehen.[2] Nicht erfasst sind aber solche Pläne, die eine Zerschlagung des schuldnerischen Vermögens zum Gegenstand haben.

7 Das Vorschlagsrecht des Hauptinsolvenzverwalters tritt ergänzend zu dem Vorschlagsrecht derjenigen Personen hinzu, die nach der *lex fori concursus secundariae* dazu befugt sind.[3] Ein ausschließliches Vorschlagsrecht des Hauptinsolvenzverwalters und des Schuldners besteht nur unter den besonderen Voraussetzungen von Abs. 3, also dann, wenn im Sekundärverfahrensstaat gem. Art. 33 die Verwertung ausgesetzt worden ist.

8 Nach dem Wortlaut der Vorschrift steht das Vorschlagsrecht dem Verwalter des Hauptinsolvenzverfahrens zu. Geht man mit dem EuGH davon aus, dass auch der nur **vorläufige Verwalter** des Hauptinsolvenzverfahrens ein Sekundärinsolvenzverfahren beantragen kann (vgl. Art. 29 EuInsVO Rdn. 4 ff.), so erscheint es folgerichtig, ihm sodann auch das Vorschlagsrecht nach Abs. 1 Unterabs. 1 zuzubilligen.

9 An die Vorschläge des Hauptinsolvenzverwalters ist der Sekundärinsolvenzverwalter nicht gebunden (vgl. bereits Art. 31 EuInsVO Rdn. 11). Der Sinn der Vorschrift spricht aber dafür, den Vorschlag des Hauptinsolvenzverwalters einem Vorschlag einer anderen nach der *lex fori concursus secundariae* vorschlagsberechtigten Person im weiteren Verlauf des Verfahrens gleichzustellen. Im deutschen Recht ist der vom Hauptinsolvenzverwalter vorgeschlagene Plan also nach Maßgabe von § 232 InsO dem Gläubigerausschuss, dem Schuldner und in entsprechender Anwendung von § 232 Abs. 1 Nr. 3 InsO – dem Sekundärinsolvenzverwalter zur Stellungnahme vorzulegen. Der Hauptinsolvenzverwalter ist berechtigt, selbst am Erörterungs- und Abstimmungstermin (§ 235 InsO) teilzunehmen.

II. Zustimmungserfordernis (Abs. 1 Unterabs. 2)

10 Abs. 1 Unterabs. 2 stärkt die Position des Hauptinsolvenzverwalters weiter. Ohne seine Zustimmung kann grds. eine im Sekundärverfahrensstaat angestrebte Sanierung nicht erfolgen. Hintergrund ist die Überlegung, dass im Rahmen von Sanierungsplänen verschiedene Vereinbarungen getroffen werden können, die auch die Interessen der Gläubiger des Hauptinsolvenzverfahrens berühren. Denkbar ist insb., dass sich der Schuldner zu bestimmten Maßnahmen verpflichtet. Aus diesem

---

2 Abw. (derartige Pläne seien nicht vom Vorschlagsrecht des Hauptinsolvenzverwalters erfasst) Pannen/*Herchen* 16.
3 *Virgós/Schmit* Bericht Rn. 248.

Grund kann eine Maßnahme nach Abs. 1 Unterabs. 1 – also vor allem ein Sanierungsplan oder ein Vergleich – grds. nur dann bestätigt werden, wenn der Hauptinsolvenzverwalter zustimmt.[4]

Die Zustimmung des Hauptinsolvenzverwalters kann allerdings durch die Feststellung ersetzt werden, dass die finanziellen Interessen der Gläubiger des Hauptverfahrens durch den Plan nicht beeinträchtigt werden. Nach dem Bericht zum EuInsÜ kommt es auf einen Vergleich der Quoten der Gläubiger mit und ohne Maßnahme nach Abs. 1 Unterabs. 1 an.[5] Insoweit ist eine Prognose anzustellen. Bei verbleibenden Unsicherheiten sollte nach der Formulierung der Vorschrift zugunsten des Hauptinsolvenzverwalters entschieden, also ein Zustimmungserfordernis angenommen werden. 11

Das grds. Erfordernis einer Zustimmung des Hauptinsolvenzverwalters tritt zu den Zustimmungserfordernissen hinzu, die sich aus der *lex fori concursus secundariae* ergeben. Im deutschen Sekundärverfahren bleibt also § 248 InsO mit den dort genannten Zustimmungsvoraussetzungen anwendbar. 12

III. Vorschlagsrecht bei Aussetzung der Verwertung (Abs. 3)

Soweit der Hauptinsolvenzverwalter eine Aussetzung der Verwertung nach Art. 33 erreicht hat, wird seine Stellung zusätzlich gestärkt. Solange die Aussetzung andauert, sind nach Abs. 3 nur er und – allerdings mit seiner Zustimmung – der Schuldner dazu befugt, Sanierungsmaßnahmen nach Abs. 1 vorzuschlagen. Andere Vorschläge dürfen nicht zur Abstimmung gestellt werden; sie dürfen – unter Einschluss von Vorschlägen, die noch vor der Entscheidung über die Aussetzung gemacht worden sind – nicht bestätigt werden. Abs. 3 ist auch anzuwenden, wenn die Aussetzung der Verwertung nur teilweise erfolgt ist.[6] 13

Abs. 3 stellt sicher, dass die Zwecke, die mit der Verwertungsaussetzung nach Art. 33 erreicht werden sollen, nicht durch Maßnahmen nach Abs. 1 vereitelt werden können. Der Hauptinsolvenzverwalter soll während der Verwertungsaussetzung nach Art. 33 die Möglichkeit haben, ungestört nach »Gesamtlösungen« für das schuldnerische Vermögen zu suchen. Diesen Bemühungen könnten isolierte Maßnahmen nach Abs. 1, die sich auf vom Sekundärverfahren erfasste Vermögen beschränken, zuwiderlaufen.[7] 14

C. Grenzüberschreitende Wirkung von Beschränkungen der Gläubigerrechte (Abs. 2)

Die Wirkung eines Sekundärverfahrens beschränkt sich grds. auf das Gebiet des Eröffnungsstaats. Es werden dementsprechend nur solche Vermögensgegenstände von der Verfahrenseröffnung erfasst, die sich im Zeitpunkt der Eröffnung im Eröffnungsstaat befinden (Art. 27 Satz 3). Wo sich einzelne Vermögensgegenstände befinden, wird näher von Art. 2 Buchst. g) definiert. Die territoriale Begrenzung gilt auch für die Beschränkung von Gläubigerrechten, also etwa eine Schuldbefreiung oder eine Stundung. 15

Ausnahmsweise kann eine Beschränkung der Gläubigerrechte nach Abs. 2 darüber hinaus auch Auswirkungen auf das Vermögen haben, das sich außerhalb des Sekundärverfahrensstaats befindet. Voraussetzung ist allerdings, dass sich die Beschränkung der Gläubigerrechte aus einer Maßnahme i.S.d. Abs. 1 ergibt und dass »alle betroffenen Gläubiger« der Maßnahme zugestimmt haben. 16

Nach dem Wortlaut der Vorschrift reicht es daher nicht aus, dass bloß eine (ggf. auch qualifizierte) Mehrheit der betroffenen Gläubiger zustimmt. Wenn nicht alle betroffenen Gläubiger zustimmen, so kommt es nicht zu einer grenzüberschreitenden Wirkung der Maßnahme. Die Maßnahme gilt dann weder für die Gläubiger, die der Maßnahme nicht zugestimmt haben noch – in Abweichung von der in Art. 17 Abs. 2 Satz 2 verwendeten Formulierung – für die Gläubiger, die der Maßnahme 17

---

4 *Virgós/Schmit* Bericht Rn. 249.
5 *Virgós/Schmit* Bericht Rn. 249; aus der Lit. etwa *Duursma-Kepplinger/Duursma/Chalupsky* Rn. 10; Leonhardt/Smid/Zeuner/*Smid*, Internationales Insolvenzrecht, Rn. 7; Gebauer/Wiedmann/*Haubold* Rn. 240.
6 So auch FK-InsO/*Wenner/Schuster* Rn. 8.
7 *Virgós/Schmit* Bericht Rn. 251.

zugestimmt haben.[8] Für eine derartige wortlautgetreue Auslegung der Norm spricht insb. die Formulierung im Bericht zum EuInsÜ.[9] Die fehlende Zustimmung einzelner Gläubiger kann auch nicht, da es sich bei Abs. 2 um eine abschließende Regelung handelt, durch eine nach der *lex fori concursus* vorgesehene gerichtliche Entscheidung (vgl. etwa § 245 InsO) ersetzt werden.[10]

18 Liegen die Voraussetzungen für eine extraterritoriale Wirkung nach Abs. 2 nicht vor, kommt es dazu, dass die Beschränkung der Gläubigerrechte im Sekundärverfahrensstaat wirksam, im Übrigen aber ohne Wirkung ist. In der Literatur wird die Regelung deshalb kritisiert, weil Forderungen keine »physisch, territorial begrenzbare« Existenz hätten[11] und es eine »territoriale Spaltung des rechtlichen Bestandes von Forderungen« nicht geben könne. Schon aus »grundsätzlichen Erwägungen« könnten die in einem Insolvenzplan enthaltenen Forderungsmodifikationen keine territorialen Beschränkungen vorsehen.[12] Soweit hiermit eine konstruktiv-dogmatische Kritik an der Regelung des Abs. 2 verbunden sein soll, ist dem nicht zuzustimmen. Nur territorial wirksame »Spaltungen« des rechtlichen Bestandes von Forderungen sind im internationalen Verfahrensrecht auch sonst durchaus verbreitet. Man denke nur daran, dass in einem ausländischen Urteil eine Zahlungsklage als unbegründet abgewiesen, dieses Urteil aber nicht im Inland anerkannt wird. Wird sodann im Inland (zulässigerweise) nochmals geklagt und der Klage stattgegeben, so ist die Forderung aus der Sicht des ausländischen Staates rechtskräftig abgewiesen, in Deutschland aber ungeachtet dessen rechtskräftig festgestellt. Selbst bei an sich nur einheitlich denkbaren Statusverhältnissen ist – wie das Beispiel der »hinkenden Ehe« zeigt – eine »gespaltene« Betrachtung im internationalen Verhältnissen durchaus denkbar. Konstruktiv bestehen daher gegen Abs. 2 keine durchgreifenden Bedenken.

19 Hiervon zu unterscheiden ist die rechtspolitische Kritik an Abs. 2. Praktisch führt die Regelung dazu, dass Sanierungspläne, die in einem Sekundärinsolvenzverfahren ohne Zustimmung aller betroffenen Gläubiger beschlossen werden, für alle Beteiligten häufig nur von geringem Interesse sind. Noch weitergehend stellt sich die Frage, ob bei Vorliegen eines Hauptinsolvenz- und eines Sekundärinsolvenzverfahrens überhaupt auf das Instrumentarium des Sanierungsplans zurückgegriffen werden kann. Der in einem Hauptinsolvenzverfahren nach der dortigen *lex fori concursus* beschlossene Sanierungsplan wirkt zwar grds. europaweit; ausgeschlossen ist aber das vom Sekundärinsolvenzverfahren erfasste Aktivvermögen des Schuldners. Der in dem Sekundärinsolvenzverfahren beschlossene Insolvenzplan wirkt demgegenüber (die Fälle der Zustimmung aller betroffenen Gläubiger ausgenommen) nur im Hinblick auf das im Sekundärverfahrensstaat belegene Vermögen. Keiner der beiden Pläne ist daher regelmäßig allein in der Lage, das mit dem Plan verfolgte (Sanierungs-)Ziel vollständig zu erreichen. Eine – naheliegende – Lösung besteht darin, parallele (möglichst gleichlautende) Sanierungspläne im Haupt- und Sekundärinsolvenzverfahren zustande zu bringen.

20 In der deutschen Literatur wird vielfach die Auffassung vertreten, dass die Reorganisation eines internationalen Unternehmens durch mehrere parallele Sanierungspläne praktisch nicht durchführbar sei. Da jedem Plan nur ein Teil des Schuldnervermögens zugrunde liege, habe kein Insolvenzplan für sich gesehen die Berechtigung, die Forderungen der Gläubiger zu kürzen.[13] Dieser Kritik dürfte wiederum nicht zuzustimmen sein, da sich zwei – wenn auch territorial beschränkte – Forderungsmodifikationen durchaus im Ergebnis zu einem sinnvollen Ganzen zusammenfügen können. Die Schwierigkeit dürfte allerdings darin bestehen, beide – inhaltlich (möglichst) gleichlautende – Pläne zustande zu bringen und hierbei insb. die von der jeweiligen *lex fori concursus* vorgesehenen Mehr-

---

8 Rauscher/*Mäsch* Rn. 11; FK-InsO/*Wenner/Schuster* Rn. 6; *Seidl/Paulick* ZInsO 2010, 125 (128); a.A. – der Widerspruch eines Gläubigers wirke nur individuell – Pannen/*Herchen* Rn. 46; *Paulus* Rn. 22 f.; *Eidenmüller* IPRax 2001, 1 (9).
9 Virgós/*Schmit* Bericht Rn. 250.
10 *Seidl/Paulick* ZInsO 2010, 125 (127).
11 MüKo-InsO/*Reinhart* Rn. 10.
12 *Seidl/Paulick* ZInsO 2010, 125 (127); MüKo-InsO/*Reinhart* Rn. 10; auch *Paulus* Rn. 20.
13 MüKo-InsO/*Reinhart* Rn. 16.

heiten zu erreichen. Zudem können sich bei Anwendung des nationalen Rechts schwierige Folgefragen ergeben. Insb. stellt sich die Frage, wie etwa bei einem im Sekundärinsolvenzverfahren geprüft werden soll, ob bestimmte Gläubiger einer Gruppe durch den Insolvenzplan schlechter gestellt würden, als sie ohne einen Plan stünden (§ 245 Abs. 1 Nr. 1 InsO). Es erscheint hier regelmäßig zutreffend, nicht eine auf das Sekundärinsolvenzverfahren beschränkte Betrachtung anzustellen, sondern – insb. deshalb, wenn beide Pläne in ihrer Wirksamkeit voneinander abhängig gemacht werden – eine Gesamtbewertung beider Pläne vorzunehmen.

Zusätzliche Probleme ergeben sich aus der deutschen Gesetzgebung. Nach Art 102 § 9 EGInsO darf ein Insolvenzplan, der eine Stundung, einen Erlass oder sonstige Einschränkungen der Rechte der Gläubiger vorsieht, nur bei Zustimmung aller betroffenen Gläubiger vom Insolvenzgericht bestätigt werden. Die Vorschrift bezieht sich auf deutsche Sekundärinsolvenz- und isolierte Partikularverfahren. Die Vorschrift führt beim Wort genommen dazu, dass der Insolvenzplan dann, wenn das Sekundärinsolvenzverfahren in Deutschland stattfindet, als Sanierungsinstrument weitgehend ausscheidet. Richtigerweise sollte die Vorschrift aber dann, wenn parallel ausgearbeitete Pläne im Haupt- und Sekundärinsolvenzverfahren zur Abstimmung gestellt werden, keine Anwendung finden; die starre Regelung ist für diesen Fall teleologisch zu reduzieren (vgl. näher – auch zur Vereinbarkeit der Regelung mit Art. 34 EuInsVO – Anh. II Art 102 § 9 EGInsO Rdn. 4 ff.). 21

Artikel 35 Überschuß im Sekundärinsolvenzverfahren

Können bei der Verwertung der Masse des Sekundärinsolvenzverfahrens alle in diesem Verfahren festgestellten Forderungen befriedigt werden, so übergibt der in diesem Verfahren bestellte Verwalter den verbleibenden Überschuß unverzüglich dem Verwalter des Hauptinsolvenzverfahrens.

Da das Hauptinsolvenzverfahren europaweite Geltung beansprucht, fallen von einem Sekundärinsolvenzverfahren erfasste Gegenstände automatisch wieder in die Masse des Hauptinsolvenzverfahrens, wenn das Sekundärinsolvenzverfahren beendet wird. Dementsprechend hat der Sekundärinsolvenzverwalter – was Art. 35 klarstellt – einen im Sekundärverfahren erzielten Überschuss in diesem Fall an den Hauptinsolvenzverwalter herauszugeben. Bei Art. 35 handelt es sich um eine europäisch-autonome Sachnorm; sie dürfte einen notfalls auch im Klageweg durchsetzbaren Anspruch begründen.[1] 1

Praktisch dürfte die Herausgabe eines Überschusses durch den Sekundärinsolvenzverwalter selten vorkommen. Zwar ist es durchaus denkbar, dass sich die wertvolleren Vermögensgegenstände des Schuldners nach Maßgabe von Art. 2 Buchst. g) in einem Sekundärverfahrensstaat befinden; in diesem Fall ist jedoch damit zu rechnen, dass die Gläubiger des Hauptverfahrens auch ihre Forderungen im Sekundärverfahren anmelden werden oder aber der Hauptinsolvenzverwalter sie nach Maßgabe von Art. 32 Abs. 2 in diesem Verfahren anmeldet. 2

Nach Maßgabe von Art. 31 Abs. 1 ist der Sekundärinsolvenzverwalter nämlich verpflichtet, den Hauptinsolvenzverwalter über die im Sekundärverfahrensstaat vorhandene Masse zu informieren; ist der Hauptinsolvenzverwalter darüber informiert, dass sich im Sekundärverfahrensstaat eine (außergewöhnlich) umfangreiche Masse befindet, dürfte er im Regelfall dazu verpflichtet sein, die Forderungen der Gläubiger des Hauptverfahrens dort anzumelden (vgl. Art. 32 EuInsVO Rdn. 10 ff.). Zu der Situation des Art. 35 dürfte es daher regelmäßig nur dann kommen können, wenn zumindest einer der beteiligten Verwalter seine Pflichten nicht vollständig erfüllt hat. 3

---

1 Pannen/*Herchen* Rn. 2; Leonhardt/Smid/Zeuner/*Smid*, Internationales Insolvenzrecht, Rn. 6.

Artikel 36 Nachträgliche Eröffnung des Hauptinsolvenzverfahrens

Wird ein Verfahren nach Artikel 3 Absatz 1 eröffnet, nachdem in einem anderen Mitgliedstaat ein Verfahren nach Artikel 3 Absatz 2 eröffnet worden ist, so gelten die Artikel 31 bis 35 für das zuerst eröffnete Insolvenzverfahren, soweit dies nach dem Stand dieses Verfahrens möglich ist.

1 Art. 36 bezieht sich auf den Fall, dass in einem Mitgliedstaat zunächst ein isoliertes Partikularverfahren eröffnet wurde (Art. 3 Abs. 2 i.V.m. Art. 3 Abs. 4) und sodann anschließend ein Hauptinsolvenzverfahren. Art. 36 ist zu entnehmen, dass sich das isolierte Partikularverfahren mit der Eröffnung des Hauptverfahrens in ein Sekundärverfahren wandelt.[1] Diese Umwandlung geschieht automatisch kraft Gesetzes; es bedarf also keiner Entscheidung der Gerichte im (nunmehrigen) Sekundärverfahrensstaat. Der Zeitpunkt der Eröffnung des Hauptinsolvenzverfahrens bestimmt sich richtigerweise nach Art. 2 Buchst. f). Soweit man allerdings im Rahmen von Art. 29 auf den durch die Eurofood-Entscheidung bestimmten Zeitpunkt abstellt, ist dies auf die Auslegung von Art. 36 zu übertragen: Es reicht dann aus, wenn eine vorläufiger Verwalter bestellt wurde, soweit zusätzlich Sicherungsmaßnahmen getroffen wurden, die zu einem Beschlag der Masse führen (siehe näher Art. 29 EuInsVO Rdn. 4 ff. mit Art. 3 EuInsVO Rdn. 71 ff.).

2 Dementsprechend sind die Art. 31–35 anzuwenden. Dies geschieht allerdings unter der Voraussetzung, dass dies nach dem Stand des Sekundärverfahrens (noch) möglich ist. So kann der Hauptinsolvenzverwalter nach Maßgabe von Art. 32 Abs. 2 Forderungen im Sekundärinsolvenzverfahren anmelden; dies setzt allerdings voraus, dass die dortige Anmeldefrist noch nicht abgelaufen ist.

3 Art. 31–35 sind auch anwendbar, wenn es sich bei dem isolierten Partikularverfahren um ein Sanierungsverfahren handelt und dieses noch nicht in ein Sekundärinsolvenzverfahren umgewandelt worden ist.[2] Zwar deutet eine Formulierung im Bericht zum EuInsÜ in eine andere Richtung.[3] Aus dem systematischen Verhältnis von Art. 36 und Art. 37 lässt sich aber schließen, dass sämtliche Partikularverfahren von Art. 36 erfasst und in Sekundärinsolvenzverfahren umgewandelt werden. Im Ergebnis wäre es auch nicht sachgerecht, auf eine Koordination der Verfahren nach Maßgabe von Art. 31–35 zu verzichten.

Artikel 37 Umwandlung des vorhergehenden Verfahrens

Der Verwalter des Hauptinsolvenzverfahrens kann beantragen, daß ein in Anhang A genanntes Verfahren, das zuvor in einem anderen Mitgliedstaat eröffnet wurde, in ein Liquidationsverfahren umgewandelt wird, wenn es sich erweist, daß diese Umwandlung im Interesse der Gläubiger des Hauptverfahrens liegt.

Das nach Artikel 3 Absatz 2 zuständige Gericht ordnet die Umwandlung in eines der in Anhang B aufgeführten Verfahren an.

1 Nach Art. 3 Abs. 3 kann es sich bei einem Sekundärinsolvenzverfahren nur um ein Liquidationsverfahren nach Anlage B handeln. Anders verhält es sich bei dem isolierten Partikularverfahren, also einem Partikularverfahren, das vor der Eröffnung eines Hauptinsolvenzverfahrens eröffnet wird. Ein isoliertes Partikularverfahren kann sowohl in der Form eines Liquidationsverfahrens als auch als ein (reines) Sanierungsverfahren betrieben werden.

2 Art. 36 schreibt vor, dass sich das isolierte Partikularverfahren mit der Eröffnung des Hauptinsolvenzverfahrens in ein Sekundärinsolvenzverfahren wandelt, also die Art. 31–35 Anwendung finden.

---

1 *Virgós/Schmit* Bericht Rn. 254.
2 Rauscher/*Mäsch* Rn. 2; MüKo-BGB/*Kindler* Rn. 4; Leonhardt/Smid/Zeuner/*Smid*, Internationales Insolvenzrecht, Rn. 3.
3 *Virgós/Schmit* Bericht Rn. 260 (»Als Ergebnis der Umwandlung wird das Verfahren zu einem Sekundärliquidationsverfahren gem. Art. 36«).

Die Norm besagt allerdings nicht, dass sich das isolierte Partikularverfahren, soweit es nicht als Liquidationsverfahren eröffnet wurde, zugleich auch automatisch in ein Liquidationsverfahren wandelt.¹

Eine Umwandlung findet nach Art. 37 nur dann statt, wenn dies vom Hauptinsolvenzverwalter beantragt wird und wenn diese Umwandlung im Interesse der Gläubiger des Hauptverfahrens liegt. Auch Art. 37 stellt eine Sachnorm dar; entgegenstehendes nationales Recht ist nicht anwendbar. 3

Die Norm hat für deutsche Partikularverfahren keine Bedeutung, da das einheitliche Verfahren nach der InsO sowohl in Anhang A als auch in Anhang B zur EuInsVO aufgeführt ist, es also einheitlich von der Verordnung als Liquidationsverfahren angesehen wird. Damit kommt die Umwandlung eines deutschen Partikularverfahrens in ein Liquidationsverfahren nicht in Betracht. 4

Die Norm kann aus deutscher Sicht allerdings dann von Bedeutung sein, wenn zunächst in einem anderen Mitgliedstaat ein isoliertes Partikularverfahren eröffnet worden ist und nachfolgend ein Hauptinsolvenzverfahren in Deutschland eröffnet wird. In diesem Fall kann der Hauptinsolvenzverwalter ggf. die Umwandlung des ausländischen Partikularverfahrens in ein Liquidationsverfahren beantragen. 5

Portugal hat zu Art. 37 erklärt, dass die Vorschrift nicht der Anwendung des ordre-public-Vorbehalts entgegenstehe.² Die Anwendung des ordre public wird in der deutschen Literatur aber abgelehnt, da die Möglichkeit der Umwandlung von Art. 37 selbst vorgesehen werde.³ 6

Artikel 38 Sicherungsmaßnahmen

Bestellt das nach Artikel 3 Absatz 1 zuständige Gericht eines Mitgliedstaats zur Sicherung des Schuldnervermögens einen vorläufigen Verwalter, so ist dieser berechtigt, zur Sicherung und Erhaltung des Schuldnervermögens, das sich in einem anderen Mitgliedstaat befindet, jede Maßnahme zu beantragen, die nach dem Recht dieses Staates für die Zeit zwischen dem Antrag auf Eröffnung eines Liquidationsverfahrens und dessen Eröffnung vorgesehen ist.

Übersicht	Rdn.		Rdn.
A. Überblick	1	1. Niederlassung des Schuldners im Staat des angerufenen Gerichts?	6
B. Voraussetzungen im Einzelnen	4	2. Örtliche Zuständigkeit	14
I. Antrag des vorläufigen Verwalters eines Hauptinsolvenzverfahrens	4	III. Kein bereits eröffnetes Partikularverfahren in dem betreffenden Mitgliedstaat	15
II. Niederlassungserfordernis; örtliche Zuständigkeit	6	C. Sicherungsmaßnahmen im Einzelnen	16
		D. Haftungsfragen	19

A. Überblick

Die Massesicherung im Eröffnungsverfahren ist bereits bei Verfahren ohne Auslandsbezug von herausragender Bedeutung. Befindet sich Vermögen des Schuldners im Ausland, besteht ein noch weitaus größeres Interesse daran, die Masse zu sichern und ein Beiseiteschaffen von Vermögensgegenständen sowie ggf. sonstige masseminderende Verfügungen zu verhindern. 1

Aus der EuInsVO ergeben sich zwei Wege, die der bei einem Antrag auf Eröffnung eines Hauptinsolvenzverfahrens bestellte vorläufige Verwalter – ggf. auch kumulativ – beschreiten kann. Zunächst kann er in dem Mitgliedstaat, in dem das Hauptinsolvenzverfahren beantragt ist und in dem er zum 2

---

1 Virgós/Schmit Bericht Rn. 259; FK-InsO/Wenner/Schuster Rn. 5.
2 Erklärung Portugals zur Anwendung der Artikel 26 und 37 der Verordnung (EG) Nr. 1346/2000 vom 29. Mai 2000 über Insolvenzverfahren, ABl. EG 30.06.2000, C 183/1.
3 Rauscher/Mäsch EuZPR/EuIPR Rn. 4; Gebauer/Wiedmann/Haubold Rn. 246; Karsten Schmidt/Brinkmann Rn. 7.

vorläufigen Verwalter bestimmt wurde, Maßnahmen nach der dortigen *lex fori concursus* (Art. 4) beantragen. Die Entscheidungen des Gerichts über Sicherungsmaßnahmen werden nach Maßgabe des Art. 25 Abs. 1 Unterabs. 3 in anderen Mitgliedstaaten anerkannt. Es ist aber denkbar, dass die Durchsetzung der Entscheidung dieses Gerichts in anderen Mitgliedstaaten auf praktische Schwierigkeiten stößt. Die Durchsetzung kann etwa dann Schwierigkeiten bereiten, wenn die Entscheidung Maßnahmen enthält, die in den anderen Mitgliedstaaten nicht bekannt oder unüblich sind. Soweit die Vollstreckung der Entscheidung erforderlich ist, kann der genannte Weg auch zeitaufwendig sein, denn in diesem Fall muss sie zunächst nach Maßgabe von Art. 25 Abs. 2 i.V.m. Art. 38 ff. EuGVVO in den anderen Mitgliedstaaten für vollstreckbar erklärt werden; im Einzelfall ist schließlich noch denkbar, dass der Sicherungsmaßnahme in einem anderen Mitgliedstaat die Anerkennung nach Maßgabe von Art. 25, 26 verweigert wird.

3 Aus diesem Grund sieht Art. 38 die Möglichkeit des vorläufigen Verwalters vor, sich direkt an ein ausländisches Gericht zu wenden und Sicherungsmaßnahmen zu beantragen, die in der dortigen *lex fori concursus* vorgesehen sind. Art. 38 stellt eine Sachnorm dar. Sie sieht für eine bestimmte Fallkonstellation den Erlass von Sicherungsmaßnahmen vor, für die die *lex fori concursus* der Mitgliedstaaten regelmäßig keine Regelung bereithält.

B. Voraussetzungen im Einzelnen

I. Antrag des vorläufigen Verwalters eines Hauptinsolvenzverfahrens

4 Sicherungsmaßnahmen werden nur auf Antrag des vorläufigen Verwalters angeordnet. Der vorläufige Verwalter muss nach dem Wortlaut der Vorschrift von einem nach Art. 3 Abs. 1 zuständigen Gericht bestellt worden sein. Dies ist aber nicht in dem Sinne zu verstehen, dass die internationale Zuständigkeit zur Eröffnung eines Hauptinsolvenzverfahrens in dem anderen Mitgliedstaat, in dem der Antrag auf Anordnung der Sicherungsmaßnahme gestellt ist, oder von dem Gericht, bei dem die Eröffnung eines Hauptinsolvenzverfahrens beantragt worden ist, (vollständig) überprüft worden ist. Vielmehr reicht es aus, dass ein Hauptinsolvenzverfahren beantragt worden und in diesem Zusammenhang der vorläufige Verwalter bestellt worden ist.[1] Dass er zum vorläufigen Verwalter bestellt worden ist, kann der vorläufige Verwalter in analoger Anwendung des Art. 19 mit den dort genannten Bescheinigungen nachweisen.[2]

5 Nach dem Wortlaut der Norm ist davon auszugehen, dass jedem vorläufigen Verwalter das Recht nach Art. 38 zusteht, also sowohl dem Verwalter, dessen Bestellung mit einem Vermögensbeschlag gegen den Schuldner einhergeht, als auch dem (»schwachen«) vorläufigen Verwalter, bei dessen Bestellung noch kein Vermögensbeschlag gegen den Schuldner angeordnet worden ist. Nach dem EuGH bezieht sich allerdings Art. 38 nur auf den Fall, dass »beim zuständigen Gericht eines Mitgliedstaats ein Hauptinsolvenzverfahren anhängig gemacht worden ist, dieses Gericht aber, obwohl es eine Person oder eine Stelle zur vorläufigen Überwachung des Schuldnervermögens bestellt hat, noch nicht den Vermögensbeschlag gegen den Schuldner verhängt oder einen der in Anhang C der Verordnung genannten Verwalter bestellt hat«. (Nur) »(i)n diesem Fall« könne »die fragliche Person oder Stelle, obwohl sie zur Einleitung eines Sekundärinsolvenzverfahrens in einem anderen Mitgliedstaat nicht berechtigt ist, Maßnahmen zur Sicherung des in diesem Mitgliedstaat befindlichen Schuldnervermögens beantragen.«[3] Hintergrund dieser Aussage des EuGH ist, dass der EuGH den vorläufigen Hauptinsolvenzverwalter dann, wenn seine Bestellung einen Vermögensbeschlag gegen den Schuldner zur Folge hatte, selbst zur Beantragung eines Sekundärinsolvenzverfahrens für befugt hält (vgl. dazu Art. 29 EuInsVO Rdn. 4 ff.). Daraus ergibt sich nach Auffassung des EuGH offenbar

---

1 Leonhardt/Smid/*Smid*, Internationales Insolvenzrecht, Rn. 8; Rauscher/*Mäsch* Rn. 3; *Duursma-Kepplinger/Duursma/Chalupsky* Rn. 5; a.A. MüKo-InsO/*Reinhart* Rn. 5, der eine Plausibilitätsprüfung durch das Gericht des anderen Mitgliedstats verlangt.
2 *Paulus* NZI 2001, 505 (510); Rauscher/*Mäsch* Rn. 5; Gebauer/Wiedmann/*Haubold* Rn. 248.
3 EuGH 02.05.2006, C-341/04, Slg. 2006, I-3813 Rn. 57 – Eurofood.

ohne weiteres, dass dieser »starke« vorläufige Verwalter in dem Mitgliedstaat, in dem sich eine Niederlassung des Schuldners befindet und in dem ein Sekundärinsolvenzverfahren eröffnet werden kann, selbst Sicherungsmaßnahmen beantragen kann. Art. 38 kommt hier allenfalls noch klarstellende Bedeutung zu.[4] Im praktischen Ergebnis bleibt es dabei, dass sämtliche vorläufigen Verwalter – seien sie nun selbst zur Beantragung eines Sekundärinsolvenzverfahrens befugt oder nicht – Sicherungsmaßnahmen beantragen können.

II. Niederlassungserfordernis; örtliche Zuständigkeit

1. Niederlassung des Schuldners im Staat des angerufenen Gerichts?

Nach hL kann ein Antrag nicht in jedem Mitgliedstaat gestellt werden. Zusätzlich werde vorausgesetzt, dass sich eine Niederlassung des Schuldners in dem betreffenden Mitgliedstaat befinden muss.[5] Nach der Gegenauffassung reicht es demgegenüber aus, dass sich überhaupt nach Maßgabe von Art. 2 Buchst. g) Vermögen des Schuldners in dem betreffenden Mitgliedstaat befindet.[6] 6

Für die hL spricht zunächst der Wortlaut der Vorschrift. Das Gericht kann Maßnahmen anordnen, »die für die Zeit zwischen dem Antrag auf Eröffnung eines Liquidationsverfahrens und dessen Eröffnung« vorgesehen sind. Der Wortlaut der Vorschrift spricht vor allem deshalb für ein Niederlassungserfordernis, weil (nur) Sekundärinsolvenzverfahren ausschließlich als Liquidationsverfahren betrieben werden können (Art. 3 Abs. 3 Satz 2) und es ansonsten nicht recht erklärbar wäre, warum eine Einschränkung auf Liquidationsverfahren erfolgt ist.[7] 7

Auch die systematische Stellung der Vorschrift spricht für ein Niederlassungserfordernis. Die Vorschrift befindet sich in Kapitel III (Sekundärinsolvenzverfahren). Käme es im Rahmen des Art. 38 nicht auf eine Niederlassung und damit nicht auf die Möglichkeit der späteren Eröffnung eines Sekundärinsolvenzverfahrens an, wäre die Einordnung der Vorschrift in Kapitel III nicht verständlich. 8

Ferner geht auch der Erläuternde Bericht zum EuInsÜ – allerdings ohne Begründung – davon aus, dass das Gericht zur Eröffnung eines Sekundärinsolvenzverfahrens international zuständig sein, der Schuldner also eine Niederlassung i.S.d. Art. 2 Buchst. h) in diesem Mitgliedstaat haben muss.[8] 9

Schließlich setzt auch der EuGH implizit voraus, dass in dem betreffenden Mitgliedstaat eine Niederlassung des Schuldners bestehen muss. Nach Auffassung des EuGH soll die Vorschrift in dem Fall eingreifen, in dem der (»schwache«) vorläufige Verwalter selbst noch kein Sekundärinsolvenzverfahren beantragen könne (vgl. Rdn. 4).[9] Da aber kein Grund besteht, dem »schwachen« vorläufigen Verwalter größere Befugnisse einzuräumen als einem »starken« vorläufigen Verwalter – der nur in Mitgliedstaaten, in denen sich eine Niederlassung des Schuldners befindet, ein Sekundärinsolvenzverfahren bzw. entsprechende Sicherungsmaßnahmen beantragen kann –, muss die entsprechende Einschränkung auch für den von Art. 38 unmittelbar erfassten »schwachen« Verwalter gelten. 10

Von der Gegenauffassung werden demgegenüber überwiegend teleologische Argumente geltend gemacht. Das zusätzliche Merkmal der Niederlassung sei mit dem Zweck der Vorschrift schwer in Einklang zu bringen. Sicherungsmaßnahmen seien in Bezug auf Gegenstände, die sich in Mitgliedstaa- 11

---

4 Gebauer/Wiedmann/*Haubold* Rn. 247b.
5 *Duursma-Kepplinger/Duursma/Chalupsky* Art. 38 Rn. 9; Geimer/Schütze/*Heiderhoff* Rn. 2; Gebauer/Wiedmann/*Haubold* Rn. 248; *Paulus* NZI 2001, 505 (509 f.); *Vallender* KTS 2005, 283 (307 f.); MüKo-InsO/*Reinhart* Rn. 8 ff.
6 Rauscher/*Mäsch* Rn. 8; Leonhardt/Smid/Zeuner/*Smid*, Internationales Insolvenzrecht, Rn. 10; Pannen/*Herchen* Rn. 11 f.; Moss/Fletcher/Isaacs/*Moss/Smiths*, The EC Regulation on Insolvency Proceedings, 8.272; FK-InsO/*Wenner/Schuster* Rn. 6; Karsten Schmidt/*Brinkmann* Rn. 5.
7 A.A. Pannen/*Herchen* Rn. 11; Moss/Fletcher/Isaacs/*Moss/Smiths*, The EC Regulation on Insolvency Proceedings, 8.272, die aus dem Wortlaut folgern, dass Sicherungsmaßnahmen aus Art. 38 gerade nicht nur auf Staaten mit Niederlassung beschränkt seien.
8 *Virgós/Schmit* Bericht Rn. 262.
9 EuGH 02.05.2006, C-341/04, Slg. 2006, I-3813 Rn. 57 – Eurofood.

ten befinden, in denen der Schuldner keine Niederlassung hat, von eher noch größerer Bedeutung als bei solchen Gegenständen, die (nachfolgend) noch von einem Sekundärinsolvenzverfahren erfasst werden können. Angesichts der doch klaren Anhaltspunkte in Wortlaut und Systematik und der Aussage im Bericht zum EuInsÜ sowie der Auffassung des EuGH in der Entscheidung »Eurofood« dürften derartige Überlegungen eher nur eine (zutreffende) rechtspolitische Kritik darstellen,[10] aber nicht in der Lage sein, das gefundene Auslegungsergebnis in Frage zu stellen.

12 Nach der hier vertretenen Auffassung ist daher de lege lata ein Antrag nach Art. 38 nur erfolgreich, wenn sich in dem betreffenden Mitgliedstaat eine Niederlassung befindet. Der Begriff der Niederlassung bestimmt sich nach Art. 2 Buchst. h). Ob das nach Art. 38 durch den vorläufigen Verwalter angerufene Gericht das Erfordernis der Niederlassung vollständig nachprüft oder sich etwa mit einem schlüssigen Vortrag des vorläufigen Verwalters begnügt, richtet sich nach der dortigen *lex fori concursus*. Heranzuziehen sind die Regeln, die nach der *lex fori concursus* im Eröffnungsverfahren für den Erlass von Sicherungsmaßnahmen gelten. Praktisch dürfte sich das Problem der Niederlassung etwas entschärfen, da im Eröffnungsverfahren – auch im deutschen Recht – regelmäßig keine oder jedenfalls keine abschließende Prüfung von Zuständigkeitsfragen erfolgt.

13 Noch weitergehend wird in der Literatur vorausgesetzt, dass bereits ein Antrag zur Eröffnung des Sekundärinsolvenzverfahrens bei dem betreffenden Gericht gestellt worden sein muss.[11] Letzterem ist nicht zuzustimmen, da ein Sicherungsbedürfnis auch dann bestehen kann, wenn der (»starke«) vorläufige Verwalter (noch) keinen Antrag auf Eröffnung eines Sekundärinsolvenzverfahrens stellen möchte oder dies – da es sich um einen »schwachen« vorläufigen Verwalter handelt – nach dem EuGH nicht kann. In beiden Fällen kann aber ungeachtet dessen bereits ein Bedürfnis nach Sicherungsmaßnahmen bestehen.

2. Örtliche Zuständigkeit

14 Die örtliche Zuständigkeit richtet sich nach dem internen Recht der Mitgliedstaaten. In Deutschland ist für den Erlass der Sicherungsmaßnahmen das Insolvenzgericht am Ort der Niederlassung des Schuldners örtlich zuständig (Art. 102 § 1 Abs. 2 EGInsO).

III. Kein bereits eröffnetes Partikularverfahren in dem betreffenden Mitgliedstaat

15 Ungeschriebene Voraussetzung für den Antrag nach Art. 38 ist allerdings, dass in dem betreffenden Mitgliedstaat kein isoliertes Partikularverfahren oder Sekundärinsolvenzverfahren eröffnet worden ist, denn in diesem Fall werden die notwendigen Maßnahmen bereits durch den im isolierten Partikularverfahren bzw. im Sekundärinsolvenzverfahren eingesetzten Verwalter ergriffen.

C. Sicherungsmaßnahmen im Einzelnen

16 Grds. entscheidet die *lex fori concursus* des Gerichts, bei dem der Antrag gestellt ist, über die Voraussetzungen und den Inhalt der Sicherungsmaßnahmen. In Deutschland ist also § 21 InsO anzuwenden

17 § 21 InsO räumt dem Gericht ein Ermessen hinsichtlich der zu treffenden Maßnahme ein. Es ist bei nationalen Insolvenzfällen nicht an Anträge gebunden. Soweit allerdings ein Antrag nach Art. 38 gestellt ist, soll es dem Gericht verwehrt sein, eine andere als die beantragte Maßnahme zu treffen. Dies wird aus dem Wortlaut des Art. 38 abgeleitet, nach dem der vorläufige Verwalter »jede« Maßnahme beantragen kann, die nach dem Recht dieses Staates vorgesehen ist. Insoweit wird aus Art. 38

---

10 Rauscher/*Mäsch* Rn. 8; Leonhardt/Smid/Zeuner/*Smid*, Internationales Insolvenzrecht, Rn. 10; Pannen/*Herchen* Rn. 11; Moss/Fletcher/Isaacs/*Moss/Smiths*, The EC Regulation on Insolvency Proceedings, 8.272; FK-InsO/*Wenner/Schuster* Rn. 6.
11 MüKo-BGB/*Kindler* Rn. 9.

eine Ermessenreduktion mit Blick auf die *lex fori concursus* abgeleitet.[12] Ob dies tatsächlich zutrifft, erscheint allerdings zweifelhaft; der Wortlaut des Art. 38 dürfte wohl (nur) auf das Bestreben zurückzuführen sein, eine Gleichbehandlung des vorläufigen Verwalters mit anderen Antragstellern sicherzustellen, nicht aber, seinen Antrag zu privilegieren.

Der vorläufige Hauptinsolvenzverwalter kann als Sicherungsmaßnahme auch die Einsetzung eines vorläufigen Verwalters in dem betreffenden Mitgliedstaat beantragen.[13] Dies gilt auch dann, wenn dort noch kein Antrag auf Eröffnung des Verfahrens gestellt ist (s. Rdn. 13). Fraglich ist allein, ob auch er selbst in dem anderen Mitgliedstaat als vorläufiger Verwalter eingesetzt werden kann. Die EuInsVO schließt dies selbst wohl nicht aus, sondern überlässt die Antwort auf diese Frage der *lex fori secundariae*. Im deutschen Verfahren dürfte allerdings – nicht anders als bei der Bestellung des Sekundärverwalters im endgültig eröffneten Verfahren – die Bestellung ein und derselben Person wegen der Gefahr von Interessenkonflikten ausscheiden.[14] Zwar sind diese Interessenkonflikte bei (nur) vorläufigen Maßnahmen weniger deutlich sichtbar als im eröffneten Verfahren; praktisch lassen sie sich aber auch dort nicht ausschließen. 18

D. Haftungsfragen

Art. 38 räumt dem vorläufigen Hauptinsolvenzverwalter nur eine Befugnis ein, Sicherungsmaßnahmen zu beantragen. Ob im Einzelfall eine Pflicht hierzu besteht, richtet sich nach der auf das Hauptinsolvenzverfahren anwendbaren *lex fori concursus*. Soweit hiernach deutsches Recht anzuwenden ist, kann sich eine Haftung aus der allgemeinen Pflicht zu einer masseeffizienten Verfahrensabwicklung ergeben. 19

---

12 *Vallender* KTS 2005, 283 (309); Rauscher/*Mäsch* Rn. 13.
13 MüKo-InsO/*Reinhart* Rn. 16; Rauscher/*Mäsch* Rn. 13.
14 Im Erg. auch MüKo-BGB/*Kindler* Rn. 10; auch MüKo-InsO/*Reinhart* Rn. 16; Pannen/*Herchen* Rn. 35 ff.; einschränkend Rauscher/*Mäsch* Rn. 12.

KAPITEL IV UNTERRICHTUNG DER GLÄUBIGER UND ANMELDUNG IHRER FORDERUNGEN

Artikel 39 Recht auf Anmeldung von Forderungen

Jeder Gläubiger, der seinen gewöhnlichen Aufenthalt, Wohnsitz oder Sitz in einem anderen Mitgliedstaat als dem Staat der Verfahrenseröffnung hat, einschließlich der Steuerbehörden und der Sozialversicherungsträger der Mitgliedstaaten, kann seine Forderungen in dem Insolvenzverfahren schriftlich anmelden.

Übersicht	Rdn.		Rdn.
A. Überblick	1	C. Möglichkeit einer schriftlichen Anmeldung	9
B. Gleichbehandlung der Gläubiger	4		

A. Überblick

1 Art. 39 enthält ein spezielles Diskriminierungsverbot. Gläubiger, die ihren gewöhnlichen Aufenthalt, Wohnsitz oder Sitz in einem anderen Mitgliedstaat haben, dürfen nicht schlechter behandelt werden als entsprechende inländische Gläubiger. Dies gilt auch für öffentliche Gläubiger, also etwa Träger von Steuerbehörden oder Sozialversicherungsträger. Hat der Gläubiger weder einen gewöhnlichen Aufenthalt noch einen Wohnsitz oder Sitz in einem Mitgliedstaat, ist Art. 39 nicht einschlägig; ob dieser Gläubiger an dem Verfahren teilnehmen kann richtet sich allein nach der *lex fori concursus* des betreffenden Mitgliedstaats.

2 Weiterhin enthält die Norm eine Regelung zur Form der Forderungsanmeldung. Forderungen können hiernach schriftlich angemeldet werden.

3 Ausweislich seines Wortlauts und seiner systematischen Stellung in Kapitel IV ist Art 39 sowohl in Haupt- wie in isolierten Partikular- und Sekundärverfahren anwendbar. Voraussetzung ist natürlich im Übrigen, dass die EuInsVO sachlich und räumlich anwendbar ist, also der Schuldner seinen COMI in der EU (ausgenommen Dänemark) hat (vgl. Art. 1 EuInsVO Rdn. 42).

B. Gleichbehandlung der Gläubiger

4 Nach Art. 39 dürfen Gläubiger, die ihren gewöhnlichen Aufenthalt, Wohnsitz oder Sitz in einem anderen Mitgliedstaat haben, nicht schlechter behandelt werden als entsprechende inländische Gläubiger. Sie dürfen daher nicht allein aufgrund ihres auswärtigen Wohnsitzes usw. ganz vom Verfahren ausgeschlossen werden; unzulässig ist es auch, ihre Teilnahme von besonderen Voraussetzungen – etwa Sicherheitsleistungen – abhängig zu machen. Entgegenstehendes nationales Recht ist nicht anzuwenden.

5 Der Begriff des **gewöhnlichen Aufenthalts** richtet sich nach den allgemeinen Regeln, die sich im internationalen Privatrecht hierfür herausgebildet haben (vgl. Art. 3 EuInsVO Rdn. 22). Der Begriff des **Wohnsitzes** dürfte sich in Anlehnung an Art. 60 Abs. 1 EuGVVO nach dem Recht der Mitgliedstaaten bestimmen.[1] Der »**Sitz**« dürfte – in Abgrenzung zu Art. 3 Abs. 1 Satz 2, der ausdrücklich auf den satzungsmäßigen Sitz Bezug nimmt – in Anlehnung an die Art. 60 EuGVVO zu bestimmen sein (vgl. Art. 3 EuInsVO Rdn. 120). Damit ist alternativ auf den Ort abzustellen, an dem sich der satzungsmäßige Sitz, die Hauptverwaltung oder die Hauptniederlassung einer Gesellschaft befindet;[2] für das Vereinigte Königreich und Irland ist Art. 60 Abs. 2 EuGVVO zu beachten.

---

[1] Rauscher/*Mäsch*, Rn. 6.
[2] Rauscher/*Mäsch* Rn. 6; MüKo-InsO/*Reinhart* Rn. 5; a.A. – es sei auf den tatsächlichen Verwaltungssitz abzustellen – Kübler/Prütting/*Kemper* Rn. 4; Pannen/*Riedemann* Rn. 10.

Für Gläubiger mit Wohnsitz usw. in Dänemark ist Art. 39 nicht (wohl auch nicht analog) anwendbar. Es bleibt daher bei der alleinigen Anwendung der *lex fori concursus*. 6

Das Diskriminierungsverbot des Art. 39 gilt auch für öffentlich-rechtliche Gläubiger. Ausdrücklich 7
genannt werden Träger von Steuerbehörden und Sozialversicherungsträger. Dem sind andere öffentlich-rechtliche Gläubiger gleichzustellen. Zu nennen sind etwa Gläubiger, die Geldstrafen, Geldbußen, Ordnungsgelder und Zwangsgelder (vgl. § 39 Abs. 1 Nr. 3 InsO) anmelden wollen. Soweit allerdings die *lex fori concursus* eine Anmeldemöglichkeit für derartige Forderungen auch bei inländischen Gläubigern ausschließt, hat es dabei auch für ausländische Gläubiger sein Bewenden.[3]

Die Voraussetzungen und Rechtsfolgen der Anmeldung richten sich im Übrigen nach der jeweiligen 8
lex fori concursus (zur Form vgl. Rdn. 9). Dies betrifft auch den Rang, dem eine Forderung im Insolvenzverfahren zukommt.

C. Möglichkeit einer schriftlichen Anmeldung

Nach Art. 39 kann die Forderungsanmeldung schriftlich erfolgen. Dem Wortlaut nach lässt sich 9
Art. 39 als abschließende Sachnorm verstehen. Aus dem Bericht zum EuInsÜ ergibt sich aber, dass Art. 39 nur eine Höchstanforderung aufstellt.[4] Den Mitgliedstaaten steht es also frei, ggf. auch nur eine mündliche Forderungsanmeldung genügen zu lassen.

Was genau unter einer »schriftlichen« Anmeldung zu verstehen ist, wird von Art. 39 nicht näher festgelegt. Man wird hier Art. 23 Abs. 1 EuGVVO entsprechend anwenden können.[5] Ausreichend ist 10
hiernach insb. auch die Anmeldung per Telefax.[6] Nach Art. 23 Abs. 2 EuGVVO sind elektronische Übermittlungen, die eine dauerhafte Aufzeichnung der Vereinbarung ermöglichen, der Schriftform gleichgestellt. Ob auch Art. 23 Abs. 2 EuGVVO innerhalb der EuInsVO (entsprechend) anzuwenden ist, erscheint sehr zweifelhaft.[7]

Artikel 40 Pflicht zur Unterrichtung der Gläubiger

(1) Sobald in einem Mitgliedstaat ein Insolvenzverfahren eröffnet wird, unterrichtet das zuständige Gericht dieses Staates oder der von diesem Gericht bestellte Verwalter unverzüglich die bekannten Gläubiger, die in den anderen Mitgliedstaaten ihren gewöhnlichen Aufenthalt, Wohnsitz oder Sitz haben.

(2) Die Unterrichtung erfolgt durch individuelle Übersendung eines Vermerks und gibt insbesondere an, welche Fristen einzuhalten sind, welches die Versäumnisfolgen sind, welche Stelle für die Entgegennahme der Anmeldungen zuständig ist und welche weiteren Maßnahmen vorgeschrieben sind. In dem Vermerk ist auch anzugeben, ob die bevorrechtigten oder dinglich gesicherten Gläubiger ihre Forderungen anmelden müssen.

Übersicht

	Rdn.		Rdn.
A. Überblick	1	II. Informationsverpflichteter	6
B. **Informationspflicht im Einzelnen**	3	III. Die Information im Einzelnen	8
I. Adressaten	3	C. **Haftungsfragen**	12

---

3 Ebenso *Paulus* Rn. 4.
4 *Virgós/Schmit* Bericht Rn. 270; MüKo-BGB/*Kindler* Rn. 5; Pannen/*Riedemann* Rn. 19; *Paulus* Rn. 6; Rauscher/*Mäsch* Rn. 11; MüKo-InsO/*Reinhart* Rn. 10; Nerlich/Römermann/*Commandeur* Rn. 3; Geimer/Schütze/*Heiderhoff* Rn. 2.
5 MüKo-InsO/*Reinhart* Rn. 9; Rauscher/*Mäsch* Rn. 12.
6 MüKo-InsO/*Reinhart* Rn. 9; Rauscher/*Mäsch* Rn. 12.
7 Ablehnend Karsten Schmidt/*Brinkmann* Rn. 6; differenzierend Rauscher/*Mäsch* Rn. 12.

Anh. I Art. 40 EuInsVO Pflicht zur Unterrichtung der Gläubiger

A. Überblick

1 Die EuInsVO stellt in Art. 39 sicher, dass Gläubiger mit gewöhnlichem Aufenthalt, Wohnsitz oder Sitz in einem anderen Mitgliedstaat nicht schlechter behandelt werden als Gläubiger mit Sitz in dem Mitgliedstaat, in dem ein Insolvenzverfahren eröffnet wird. Praktisch besteht aber für diese Gläubiger das Risiko, dass sie von dem Insolvenzverfahren überhaupt keine Kenntnis erlangen und deshalb ihre Forderung nicht anmelden. Art. 40 möchte dem entgegenwirken; die Vorschrift statuiert deshalb eine besondere Pflicht zur Information dieser Gläubiger über die Eröffnung des Insolvenzverfahrens.

2 Ausweislich seines Wortlauts und seiner systematischen Stellung in Kapitel IV ist Art. 40 sowohl in Haupt- wie in isolierten Partikular- und Sekundärverfahren anwendbar. Die Vorschrift kommt nur zur Anwendung, wenn die EuInsVO sachlich und räumlich anwendbar ist, also insb. der Schuldner seinen COMI in der EU (ausgenommen Dänemark) hat (vgl. Art. 1 EuInsVO Rdn. 42).

B. Informationspflicht im Einzelnen

I. Adressaten

3 Die Information ist nach Art. 40 nur gegenüber Gläubigern zu erteilen, die ihren gewöhnlichen Aufenthalt, Wohnsitz oder Sitz in einem anderen EU-Mitgliedstaat als dem Verfahrensstaat haben. Nach dem Wortlaut (»oder«) besteht eine Informationspflicht auch dann, wenn der Gläubiger zwar etwa seinen Wohnsitz in dem Mitgliedstaat der Verfahrenseröffnung, seinen gewöhnlichen Aufenthalt aber in einem anderen Mitgliedstaat hat.

4 Keine Informationspflicht besteht nach Art. 40 gegenüber den Gläubigern, die ihren gewöhnlichen Aufenthalt, Wohnsitz bzw. Sitz sämtlich in dem Verfahrensstaat und/oder einem Drittstaat haben.[1] Dänemark ist in diesem Zusammenhang wie ein Drittstaat zu behandeln. Ob gegenüber diesen Gläubigern eine Informationspflicht besteht, richtet sich allein nach der *lex fori concursus* des Verfahrensstaats. Das deutsche Recht statuiert in §§ 28, 30 InsO eine Informationspflicht gegenüber allen Gläubigern, unabhängig von deren gewöhnlichem Aufenthalt usw.; eine besondere Informationspflicht nur gegenüber Gläubigern mit gewöhnlichem Aufenthalt, Wohnsitz oder Sitz in einem anderen Mitgliedstaat ergibt sich bzgl. der Folgen einer verspäteten Forderungsanmeldung allerdings aus Art 102 § 11 EGInsO. Zu den Begriffen gewöhnlicher Aufenthalt, Wohnsitz und Sitz s. Art. 39 EuInsVO Rdn. 5.

5 Die Informationspflicht besteht nur gegenüber »**bekannten**« **Gläubigern**. Es besteht also keine Verpflichtung dazu, Gläubiger zu ermitteln.[2]

II. Informationsverpflichteter

6 Nach Art. 40 hat die Information durch das Insolvenzgericht oder den von diesem Gericht bestellten Verwalter zu erfolgen. Aus dem Wortlaut ist zu schließen, dass der nationale Gesetzgeber frei darüber entscheiden kann, ob er beide oder nur einen von ihnen – Gericht oder Insolvenzverwalter – verpflichten möchte.

7 Im deutschen Recht liegt die Informationspflicht beim Insolvenzgericht (§§ 28, 30 InsO); es kann sich bei der Zustellung der Hilfe des Insolvenzverwalters bedienen (§ 8 Abs. 3 InsO).

III. Die Information im Einzelnen

8 Art. 40 schreibt inhaltliche Mindestanforderungen für die Information vor; dem nationalen Recht steht es frei, weitere Angaben vorzusehen.[3] Die Gläubiger müssen darüber informiert werden, welche

---

1 *Virgós/Schmit* Bericht Rn. 271; MüKo-BGB/*Kindler* Rn. 2.
2 MüKo-InsO/*Reinhart* Rn. 5; Rauscher/*Mäsch* Rn. 6.
3 *Virgós/Schmit* Bericht Rn. 272.

Stelle für die Entgegennahme der Anmeldungen zuständig ist, welche Fristen einzuhalten sind und welches die Versäumnisfolgen sind sowie welche weiteren Maßnahmen vorgeschrieben sind. Für die Folgen der Fristversäumnis hat der deutsche Gesetzgeber in Durchführung der EuInsVO in Art. 102 § 11 EGInsO eine besondere Regelung vorgesehen. Hiernach muss den Gläubigern, die in einem anderen Mitgliedstaat der Europäischen Union ihren gewöhnlichen Aufenthalt, Wohnsitz oder Sitz haben, ein Hinweis zugestellt werden, mit dem sie über die Folgen einer nachträglichen Forderungsanmeldung nach § 177 InsO unterrichtet werden. Die Informationen über die zuständige Stelle und die Frist für die Anmeldung ergeben sich aus dem Eröffnungsbeschluss; dieser ist den Gläubigern zuzustellen (§§ 28, 30 InsO).

In dem Vermerk ist auch anzugeben, ob die bevorrechtigten oder dinglich gesicherten Gläubiger ihre Forderungen anmelden müssen. Dem trägt im deutschen Recht § 28 Abs. 2 InsO Rechnung. 9

Die Unterrichtung hat »**unverzüglich**« zu erfolgen. Vor dem Hintergrund des Normzwecks wird man jedenfalls fordern müssen, dass die Information so rechtzeitig erfolgt, dass die Gläubiger ihre Forderungen noch innerhalb der Fristen des *lex fori concursus* vornehmen können. Nach Art. 40 Abs. 2 hat die Unterrichtung durch Übersendung eines Vermerks zu erfolgen. Die Information hat also **schriftlich** zu erfolgen. 10

Das Bundesjustizministerium hat gem. Art. 42 Abs. 1 ein **Formblatt** im Internet veröffentlicht, das den Anforderungen des Art. 40 Abs. 2 entsprechen möchte.[4] Es ist in allen Amtssprachen erhältlich (vgl. Art. 42 EuInsVO Rdn. 3). 11

C. Haftungsfragen

Art. 40 regelt nicht, welche Folgen sich aus einer Verletzung der Informationspflicht im Einzelnen ergeben. In Betracht kommen eine Haftung des Insolvenzverwalters nach der *lex fori concursus* – in Deutschland also nach § 60 InsO – sowie bei einer Pflichtverletzung des Gerichts eine Amtshaftung (§ 839 BGB, Art. 34 GG).[5] Nach dem Sinn der Regelung dürften darüber hinaus nachteilige Folgen der fehlenden oder fehlerhaften Information nicht zu Lasten der betroffenen Gläubiger gehen. Die Kosten eines weiteren Prüfungstermins nach § 177 Abs. 1 InsO können daher, soweit dieser aufgrund eines Verstoßes gegen die Informationspflicht nach Art. 40 erforderlich geworden ist, nicht den ausländischen Gläubigern auferlegt werden.[6] 12

Artikel 41 Inhalt einer Forderungsanmeldung

Der Gläubiger übersendet eine Kopie der gegebenenfalls vorhandenen Belege, teilt die Art, den Entstehungszeitpunkt und den Betrag der Forderung mit und gibt an, ob er für die Forderung ein Vorrecht, eine dingliche Sicherheit oder einen Eigentumsvorbehalt beansprucht und welche Vermögenswerte Gegenstand seiner Sicherheit sind.

Übersicht
	Rdn.			Rdn.
A. Überblick	1	C.	Reformbestrebungen	7
B. Anforderungen an den Inhalt einer Forderungsanmeldung; Rechtsfolgen	3			

---

[4] Unter http://www.bmj.de/DE/Buerger/verbraucher/Insolvenzrecht/_doc/Formblatt_Europaeische_Insolvenzverordnung.html (Stand: Mai 2013).
[5] Pannen/*Riedemann* Rn. 18; Leonhardt/Smid/Zeuner/*Smid*, Internationales Insolvenzrecht, Rn. 5; MüKoBGB/*Kindler* Rn. 7.
[6] Vgl. etwa Pannen/*Riedemann* Rn. 17 f.

A. Überblick

1 Art. 41 stellt Obergrenzen für die Anmeldung von Forderungen auf. Dadurch soll es den Gläubigern einfacher möglich sein, ihre Forderungen mit einem zumutbaren Aufwand in anderen Mitgliedstaaten anzumelden. Soweit ein und dieselbe Forderung in mehreren Haupt- und Sekundärinsolvenzverfahren angemeldet wird, hat die durch Art. 41 bewirkte Standardisierung der Forderungsanmeldung auch den positiven (Neben-)Effekt, dass die beteiligten Insolvenzverwalter die Forderungen einfacher abgleichen können.[1] Den Mitgliedstaaten steht es frei, die Anforderungen für die Forderungsanmeldung weiter abzusenken; sie können aber nicht über das von Art. 41 Geforderte hinausgehen.[2]

2 Art. 41 betrifft (nur) – wie sich zwar nicht aus dem Wortlaut, aber aus der systematischen Stellung der Norm und dem Erläuternden Bericht zum EuInsÜ ergibt[3] – die Anmeldung durch Gläubiger mit gewöhnlichem Aufenthalt, Wohnsitz oder Sitz in einem anderen EU-Mitgliedstaat als dem Verfahrensstaat.[4] Regelmäßig wird der nationale Gesetzgeber eine einheitliche Regelung für sämtliche in- und ausländischen Gläubiger vorsehen; dies gilt auch für das deutsche Recht (vgl. § 174 InsO, der keine Differenzierung vornimmt).

B. Anforderungen an den Inhalt einer Forderungsanmeldung; Rechtsfolgen

3 Bereits aus Art. 39 ergibt sich, dass in jedem Fall eine **schriftliche** Anmeldung genügt. Inhaltlich muss selbstverständlich die Forderung ihrem Betrag nach bezeichnet werden. Die Anmeldung hat auch die Art der Forderung und ihren Entstehungszeitpunkt zu bezeichnen. Außerdem muss der Gläubiger angeben, ob er ein Vorrecht, eine dingliche Sicherheit oder einen Eigentumsvorbehalt hat und welche Vermögenswerte ggf. Gegenstand seiner Sicherung sind. Soweit Belege vorhanden sind, hat er diese in Kopie zu übersenden.

4 Das deutsche Recht (§§ 174, 28 Abs. 2 Satz 2 InsO) geht nach h.M. in seinen Anforderungen nicht über die von Art. 41 genannten Obergrenzen hinaus. Im Hinblick auf § 174 Abs. 2 InsO wird dies allerdings bezweifelt; der Gläubiger hat hiernach auch die Tatsachen anzugeben, »aus denen sich nach Einschätzung des Gläubigers ergibt, dass ihr eine vorsätzlich begangene unerlaubte Handlung des Schuldners zugrunde liegt«.[5] Letztlich dürfte § 174 Abs. 2 InsO aber mit Art. 41 vereinbar sein, da der dort vorgesehene Inhalt der Anmeldung nicht für die Teilnahme am Insolvenzverfahren selbst, sondern nur für den anschließenden Umfang der Restschuldbefreiung (§ 302 Nr. 1 InsO) von Bedeutung ist. Überdies ergibt sich aus Art. 41, dass das nationale Recht Angaben über die »Art« der Forderung verlangen kann.[6]

5 Die **Sprache,** in der eine Forderung anzumelden ist, richtet sich nach Art. 42 Abs. 2.

6 Art. 41 regelt nicht, welche Folgen eine den Anforderungen des Art. 41 nicht entsprechende Forderungsanmeldung hat. Insoweit ist die *lex fori concursus* anzuwenden (vgl. Art. 4 Abs. 2 Satz 2 Buchst. h).[7]

C. Reformbestrebungen

7 Der am 12.12.2012 vorgelegte Bericht der Kommission zu Reformbedarf der EuInsVO sieht die Einführung eine europaweit einheitlichen Standardformulars zur Forderungsanmeldung vor, um Über-

---

1 Rauscher/*Mäsch* Rn. 2.
2 FK-InsO/*Wenner/Schuster* Rn. 2; Gebauer/Wiedmann/*Haubold* Rn. 253; Nerlich/Römermann/*Commandeur* Rn. 1; Geimer/Schütze/*Heiderhoff* Rn. 1.
3 *Virgós/Schmit* Bericht Rn. 273; MüKo-BGB/*Kindler* Rn. 3; *Duursma-Kepplinger/Duursma/Chalupsky* Rn. 1 f.
4 Rauscher/*Mäsch* Rn. 3.
5 Vgl. hierzu Rauscher/*Mäsch* Rn. 8; MüKo-InsO/*Reinhart* Rn. 4.
6 *Paulus* Rn. 3; Kübler/Prütting/Bork/*Prütting* Rn. 6.
7 Kübler/Prütting/Bork/*Kemper* Rn. 9.

setzungskosten zu vermeiden und die Anmeldung zu vereinfachen.[8] Die Standardformulare sollen in allen Amtssprachen der EU verfügbar sein.

Der Vorschlag sieht auch eine Mindestfrist zur Forderungsanmeldung für ausländische Gläubiger vor: Mindestens 45 Tage nach der öffentlichen Bekanntmachung des Eröffnungsbeschluss im nationalen Insolvenzregister sollen sie – abweichend von § 28 Abs. 1 Satz 1 InsO – die Möglichkeit haben, ihre Forderungen anzumelden.

Artikel 42 Sprachen

(1) Die Unterrichtung nach Artikel 40 erfolgt in der Amtssprache oder einer der Amtssprachen des Staates der Verfahrenseröffnung. Hierfür ist ein Formblatt zu verwenden, das in sämtlichen Amtssprachen der Organe der Europäischen Union mit den Worten »Aufforderung zur Anmeldung einer Forderung. Etwaige Fristen beachten!« überschrieben ist.

(2) Jeder Gläubiger, der seinen gewöhnlichen Aufenthalt, Wohnsitz oder Sitz in einem anderen Mitgliedstaat als dem Staat der Verfahrenseröffnung hat, kann seine Forderung auch in der Amtssprache oder einer der Amtssprachen dieses anderen Staates anmelden. In diesem Fall muß die Anmeldung jedoch mindestens die Überschrift »Anmeldung einer Forderung« in der Amtssprache oder einer der Amtssprachen des Staates der Verfahrenseröffnung tragen. Vom Gläubiger kann eine Übersetzung der Anmeldung in die Amtssprache oder eine der Amtssprachen des Staates der Verfahrenseröffnung verlangt werden.

Übersicht

	Rdn.			Rdn.
A. Überblick	1	C.	Sprache der Information der Forderungsanmeldung	4
B. Sprache der Information nach Art. 40; Formblatt	2			

A. Überblick

Abs. 1 Satz 1 bezieht sich auf die Frage, in welcher Sprache die Information nach Art. 40 zu erbringen ist; zusätzlich wird die Verwendung eines Formblatts vorgeschrieben. Abs. 2 regelt die Frage, in welcher Sprache eine Forderung angemeldet werden kann.   1

B. Sprache der Information nach Art. 40; Formblatt

Abs. 1 Satz 1 schreibt vor, dass die Unterrichtung nach Art. 40 in der Amtssprache des Mitgliedstaates der Verfahrenseröffnung erfolgen kann. Es ist also nicht die Verwendung einer Sprache vorgeschrieben, die der Gläubiger (vermutlich) versteht. Allein Satz 2 schreibt vor, dass die Überschrift zu dem Formblatt in allen Amtssprachen abgefasst sein muss und den Inhalt »Aufforderung zur Anmeldung einer Forderung. Etwaige Fristen beachten!« haben muss.[1]   2

Das Bundesjustizministerium hat indes ein Formblatt ausgearbeitet, das in allen Amtssprachen erhältlich ist. Das deutsche Recht geht also über die Mindestanforderungen von Abs. 1 hinaus. Der Mindestinhalt der Unterrichtung bestimmt sich im Übrigen nach Art. 40.   3

C. Sprache der Information der Forderungsanmeldung

Abs. 2 kommt dem Gläubiger, der seinen gewöhnlichen Aufenthalt, Wohnsitz oder Sitz in einem anderen Mitgliedstaat hat, zunächst entgegen. Er muss seine Forderung nicht in der Amtssprache des   4

---

[8] Vorschlag für eine Verordnung des Europäischen Parlaments und des Rates zur Änderung der Verordnung (EG) Nr. 1346/2000 des Rates über Insolvenzverfahren (COM(2012) 744 final) S. 32 f. und Erwägungsgründe Rn. 29; *Thole/Swierczok* ZIP 2013, 550, 556.
[1] S. Anlage zu Art. 42 EuInsVO.

Eröffnungsstaates anmelden, sondern kann sich der Amtssprache(n) des Mitgliedstaats bedienen, in dem er seinen gewöhnlichen Aufenthalt, Wohnsitz oder Sitz hat.

5 Allerdings muss die Anmeldung nach Satz 2 jedoch mindestens die Überschrift »Anmeldung einer Forderung« in der Amtssprache oder einer der Amtssprachen des Staates der Verfahrenseröffnung tragen.

6 Ferner kann von dem Gläubiger nach Satz 3 die Anfertigung einer Übersetzung seiner (gesamten) Anmeldung verlangt werden. Die Verletzung einer Pflicht aus Satz 3 hat aber – wie sich aus dem Zusammenhang mit Satz 1 ergibt – nicht zur Folge, dass die Anmeldung als unwirksam oder verfristet angesehen werden kann.[2]

7 Nach h.M. hat der Gläubiger sodann aber die Kosten einer sodann vom Insolvenzverwalter veranlassten Übersetzung zu tragen.[3] Ob er diese Kosten im Verfahren geltend machen kann, richtet sich nach der lex fori concursus.[4] Nicht erforderlich ist eine Beglaubigung der Übersetzung. Teilweise wird eine solche mit Hinweis auf § 4 Abs. 3 AVAG in das Ermessen des Gerichts bzw. des Insolvenzverwalters gestellt.[5] Richtigerweise kann eine Beglaubigung aber nicht verlangt werden, da dies eine zusätzlich nicht in Art. 42 genannte Erschwernis bedeuten würde.[6] § 4 Abs. 3 AVAG beruht auf Art. 55 EuGVVO, der ausdrücklich eine Beglaubigung vorsieht. Die Vorschrift ist daher nicht (auch nicht entsprechend) auf Art. 42 anzuwenden.[7]

Anlage zu Art. 42 EuInsVO

Aufforderung zur Anmeldung einer Forderung. Etwaige Fristen beachten![8]
Opfordring til anmeldelse af fordringer. Vær opmærksom fristerne!*
Invitation to lodge a claim. Time limits to be observed!*
Kutse nõudeavalduse esitamiseks. Arvestage kehtestatud tähtaegu!*
Kehotus saatavan ilmoittamiseen. Noudatettavat määräajat!*
Invitation à produire une créance. Délais à respecter!*
Πρόσκληση για αναγγελία απαιτήσεως. Προσοχή στις προθεσμίες!*
Invito all'insinuazione di un credito. Termine da osservare!*
Aicinājums iesniegt prasījumu pieteikumus. Ievērot varbūtējos termiḨus!*
Kvietimas pateikti reikalavimą. Privalomieji terminai!*
Oproep tot indiening van schuldvorderingen. In acht te nemen termijnen!*
Sejḩa sabiex tissottometti talba. Il-perijodi ta' Ŝmien stupulati għand.h.om jiău osservati*.
Wezwanie do zgłoszenia wierzytelności. Proszę nie zapominać o konieczności dotrzymania ew. terminów!*
Aviso de reclamação de créditos. Prazos legais a observar!*
Výzva na prihlásenie pohľadávky. Všimnite si prípadné termíny!*
Poziv k prijavi terjatve. Roki, ki jih je treba upoštevati!*
Convocatoria para la presentación de créditos. Plazos aplicables!

---

2 Pannen/*Riedemann* Rn. 9; Kübler/Prütting/Bork/*Kemper* Rn. 8; Leonhardt/Smid/Zeuner/*Smid*, Internationales Insolvenzrecht, Rn. 3.
3 Pannen/*Riedemann* Rn. 9; Leonhardt/Smid/Zeuner/*Smid*, Internationales Insolvenzrecht, Rn. 4; FK-InsO/*Wenner/Schuster* Rn. 3; Kübler/Prütting/Bork/*Kemper* Rn. 8; MüKo-BGB/*Kindler* Rn. 10.
4 Leonhardt/Smid/Zeuner/*Smid*, Internationales Insolvenzrecht, Rn. 4; Kübler/Prütting/Bork/*Kemper* Rn. 8; MüKo-InsO/*Reinhart* Rn. 3, 7.
5 FK-InsO/*Wenner/Schuster* Rn. 3.
6 So auch MüKo-InsO/*Reinhart* Rn. 6; Rauscher/*Mäsch* Rn. 11.
7 Gebauer/Wiedmann/*Haubold* Rn. 254 Fn. 705.
8 *Mit dem Formblatt wird der Verpflichtung nach Artikel 40 in Verbindung mit Artikel 42 Absatz 1 der Verordnung (EG) Nr. 1346/2000 des Rates vom 29. Mai 2000 über Insolvenzverfahren (ABl. L 160/1) zur Unterrichtung der Gläubiger Rechnung getragen.*

Anmodan att anmäla fordran. Tidsfrister att iaktta!*
Výzva k uplatnění pohledávky Případné lhůty musejí být dodrženy!*
Felhívás egy követelés bejelentésére. Esetleges hatíridíket figyelembe venni!*

Wie Sie dem beiliegenden Beschluss des Insolvenzgerichts entnehmen können, wurde ein Insolvenzverfahren über das Vermögen des darin bezeichneten Schuldners eröffnet, das der gleichmäßigen Befriedigung der Gläubiger dient.

Jeder Gläubiger einschließlich der Steuerbehörden und der Sozialversicherungsträger der Mitgliedstaaten kann seine **Forderungen in dem Insolvenzverfahren schriftlich anmelden.** Dies gilt auch für Gläubiger, die ihren gewöhnlichen Aufenthalt, Wohnsitz oder Sitz in einem anderen Mitgliedstaat als dem Staat der Verfahrenseröffnung haben (Artikel 39 der Verordnung des Rates über Insolvenzverfahren). Diese Gläubiger können ihre Forderung auch in der Amtssprache oder einer der Amtssprachen dieses anderen Staates anmelden. In diesem Fall muss die Anmeldung jedoch mindestens die **Überschrift »Anmeldung einer Forderung« in deutscher Sprache** tragen. Vom Gläubiger kann eine Übersetzung der Anmeldung in die deutsche Sprache verlangt werden (Artikel 42 Absatz 2 der Verordnung des Rates über Insolvenzverfahren).

Die Forderungsanmeldung hat **innerhalb der in dem beigefügten Insolvenzeröffnungsbeschluss bezeichneten Anmeldefrist** zu erfolgen (§ 28 Absatz 1 der Insolvenzordnung).

Forderungen, die erst **nach dem Ablauf der Anmeldefrist** angemeldet werden, machen unter Umständen ein **zusätzliches Prüfungsverfahren** erforderlich. Die hierdurch entstehenden **Kosten trägt der Gläubiger, der seine Forderung verspätet angemeldet hat** (§ 177 Absatz 1 der Insolvenzordnung).

Die Forderungsanmeldung hat nicht bei dem Insolvenzgericht, sondern **bei dem in dem beigefügten Insolvenzeröffnungsbeschluss genannten Insolvenzverwalter** zu erfolgen (§ 174 der Insolvenzordnung). Ist ein Sachwalter oder ein Treuhänder bestellt (§§ 270, 313 der Insolvenzordnung), so ist die Forderungsanmeldung dort vorzunehmen.

In der Anmeldung teilt der Gläubiger die **Art, den Entstehungszeitpunkt und den Betrag der Forderung** mit und fügt gegebenenfalls vorhandene **Belege sowie Urkunden, aus denen sich die Forderung ergibt, der Anmeldung in Kopie bei** (Artikel 41 der Verordnung des Rates über Insolvenzverfahren, § 174 Absatz 1 der Insolvenzordnung).

Bei der Anmeldung sind außerdem der **Grund der Forderung** und gegebenenfalls die **Tatsachen** anzugeben, **aus denen sich nach Einschätzung des Gläubigers ergibt, dass ihr eine vorsätzlich begangene unerlaubte Handlung des Schuldners zugrunde liegt** (§ 174 Abs. 2 der Insolvenzordnung). Vorsätzlich begangene unerlaubte Handlungen des Schuldners bleiben nur dann von der Erteilung der Restschuldbefreiung unberührt, wenn der Gläubiger die entsprechende Forderung unter Angabe dieses Rechtsgrundes und der zugrunde liegenden Tatsachen angemeldet hatte (§ 302 Nummer 1 der Insolvenzordnung).

Alle Forderungen sind in festen Beträgen **in Euro** geltend zu machen und abschließend zu einer Gesamtsumme zusammenzufassen. **Forderungen in ausländischer Währung sind in Euro umzurechnen,** und zwar nach dem Kurswert zur Zeit der Verfahrenseröffnung. Forderungen, die nicht auf Geld gerichtet sind oder deren Geldbetrag unbestimmt ist, sind mit ihrem Schätzwert anzumelden (§ 45 der Insolvenzordnung).

Zinsen können grundsätzlich **nur für die Zeit bis zur Eröffnung des Insolvenzverfahrens** (Datum des beigefügten Eröffnungsbeschlusses) angemeldet werden. Sie sind unter Angabe von Zinssatz und Zeitraum auszurechnen und mit einem festen Betrag zu benennen.

Nachrangige Forderungen (zum Beispiel die seit Eröffnung des Verfahrens laufenden Zinsen oder Ansprüche auf eine unentgeltliche Leistung des Schuldners) **sind nur anzumelden, soweit das Insolvenzgericht in dem Insolvenzeröffnungsbeschluss besonders zur Anmeldung dieser Forderungen**

aufgefordert. Bei der Anmeldung solcher Forderungen ist auf den Nachrang hinzuweisen und die dem Gläubiger zustehende Rangstelle zu bezeichnen (§ 174 Abs. 3 der Insolvenzordnung).

Soweit Gläubiger **Sicherungsrechte an beweglichen Sachen oder an Rechten des Schuldners** in Anspruch nehmen, haben sie dies **dem Insolvenzverwalter unverzüglich mitzuteilen.** Dabei sind der Gegenstand, an dem das Sicherungsrecht beansprucht wird, die Art und der Entstehungsgrund des Sicherungsrechts sowie die gesicherte Forderung zu bezeichnen. **Wer die Mitteilung schuldhaft unterlässt oder verzögert, haftet für den daraus entstehenden Schaden** (§ 28 Abs. 2 der Insolvenzordnung).

Gläubiger, die aufgrund eines Pfandrechts oder eines sonstigen Sicherungsrechts **abgesonderte Befriedigung beanspruchen können, sind Insolvenzgläubiger,** soweit ihnen der Schuldner auch persönlich, etwa aus einem Darlehensvertrag oder Kaufvertrag, **haftet. Diese persönliche Forderung können sie anmelden.** Sie werden bei der Verteilung der Insolvenzmasse jedoch nur berücksichtigt, soweit sie auf eine abgesonderte Befriedigung verzichten oder bei ihr ausgefallen sind (§ 52 der Insolvenzordnung).

Wer auf Grund eines dinglichen oder persönlichen Rechts (etwa als Eigentümer) **geltend machen kann, dass ein Gegenstand nicht zur Insolvenzmasse gehört, ist kein Insolvenzgläubiger. Sein Anspruch auf Aussonderung** des Gegenstands **ist nicht im Insolvenzverfahren anzumelden,** sondern bestimmt sich nach den Gesetzen, die außerhalb des Insolvenzverfahrens gelten (§ 47 der Insolvenzordnung).

KAPITEL V ÜBERGANGS- UND SCHLUSSBESTIMMUNGEN

Artikel 43 Zeitlicher Geltungsbereich

Diese Verordnung ist nur auf solche Insolvenzverfahren anzuwenden, die nach ihrem Inkrafttreten eröffnet worden sind. Für Rechtshandlungen des Schuldners vor Inkrafttreten dieser Verordnung gilt weiterhin das Recht, das für diese Rechtshandlungen anwendbar war, als sie vorgenommen wurden.

Übersicht

	Rdn.			Rdn.
A. Überblick	1	C.	Zeitliche Anwendbarkeit auf Rechtshandlungen des Schuldners (Satz 2)	6
B. Zeitliche Anwendbarkeit auf Insolvenzverfahren (Satz 1)	2			

A. Überblick

Die Vorschrift legt den zeitlichen Anwendungsbereich der EuInsVO fest. Sie differenziert zwischen der zeitlichen Anwendbarkeit der EuInsVO auf **Insolvenzverfahren** und der Beurteilung von **Rechtshandlungen des Schuldners**. 1

B. Zeitliche Anwendbarkeit auf Insolvenzverfahren (Satz 1)

Die EuInsVO ist nach Satz 1 zeitlich anwendbar auf Insolvenzverfahren, die nach ihrem Inkrafttreten eröffnet worden sind. Nach Art. 47 ist die EuInsVO am 31.05.2002 in Kraft getreten. Für die neuen Mitgliedstaaten ist für die Anwendung der EuInsVO der Zeitpunkt ihres Beitritts maßgeblich, mit dem sie den acquis communautaire übernommen haben Abzustellen ist also auf den 01.05.2004 (Estland, Lettland, Litauen, Polen, Tschechien, Slowakei, Ungarn, Slowenien, Malta und Zypern) bzw. den 01.01.2007 (Rumänien, Bulgarien) oder dem 01.07.2013 (Kroatien). Allerdings haben diese neu hinzugetretenen Mitgliedstaaten auch Verfahren anzuerkennen, die in anderen (Alt-)Mitgliedstaaten bereits vor den genannten Beitrittsdaten eröffnet worden sind. Mit dem 01.05.2004 war also z.B. in Ungarn ein Verfahren anzuerkennen, das zwar nach dem Inkrafttreten der EuInsVO, aber noch vor dem 01.05.2004 in Österreich eröffnet worden war.[1] In diesem Fall finden auch die Art. 4–15 in dem neu hinzugetretenen Mitgliedstaat Anwendung. Dies gilt nach dem EuGH auch für Art. 5, soweit es sich Gegenstände handelt, die sich zum Beitrittsdatum in dem betreffenden Mitgliedstaat befanden.[2] 2

Der Zeitpunkt der Eröffnung ist in Art. 2 Buchst. f) definiert. Maßgeblich ist hiernach der Zeitpunkt, in dem die Eröffnungsentscheidung wirksam wird; nicht erforderlich ist, dass die Eröffnungsentscheidung bereits rechtskräftig ist.[3] Der Zeitpunkt der Antragstellung ist ohne Bedeutung. 3

Der BGH hat dies zutreffend dahingehend konkretisiert, dass die EuInsVO immer dann anzuwenden ist, wenn nach dem Zeitpunkt des Inkrafttretens über die Eröffnung eines Verfahrens zu entscheiden ist. Im konkreten Fall war zunächst noch vor dem 31.05.2002 die Eröffnung des Verfahrens mangels Masse abgelehnt worden; da über das hiergegen eingelegte Rechtsmittel erst nach dem 31.05.2002 zu entscheiden war, hat der BGH die EuInsVO für anwendbar gehalten.[4] 4

Problematisch ist der Fall, dass noch nach dem alten Recht ein Verfahren eröffnet wird und nachfolgend – nach Inkrafttreten der EuInsVO – ein anderes Hauptinsolvenz- oder Partikularverfahren in einem anderen Mitgliedstaat. Nach dem Bericht zum EuInsÜ gilt für das zuerst eröffnete Verfahren 5

---

1 EuGH 05.07.2012, C-527–10, ZIP 2012, 1815 (Rn. 36) – ERSTE Bank Hungary Nyrt.
2 EuGH 05.07.2012, C-527–10, ZIP 2012, 1815 (Rn. 45) – ERSTE Bank Hungary Nyrt mit Anm. *Magnus* LMK 2012, 337359.
3 *Virgós/Schmit* Bericht Rn. 304 i.V.m. Rn. 68.
4 BGH 27.11.2003, IX ZB 418/02, NZG 2004, 197 (198).

das alte Recht; das nach dem Inkrafttreten der EuInsVO eröffnete Verfahren richtet sich dagegen nach der EuInsVO.[5] In der Literatur ist weitergehend die Auffassung vertreten worden, dass sogar für beide Verfahren noch das alte Recht gilt, wenn nur eines der Verfahren vor dem Inkrafttreten der EuInsVO eröffnet wurde.[6] Diese Auffassung ist jedoch mit dem Wortlaut des Art. 43 Satz 1 nicht in Einklang zu bringen; sie führt zudem dazu, dass sich die Anwendung der EuInsVO zeitlich nach hinten verschiebt, obwohl dies nicht durch Gesichtspunkte des Vertrauensschutzes gefordert wird.[7]

C. Zeitliche Anwendbarkeit auf Rechtshandlungen des Schuldners (Satz 2)

6 Satz 2 enthält eine Sonderregel für die Beurteilung von Rechtshandlungen des Schuldners. Diese sind nach dem autonomen internationalen Insolvenzrecht des Verfahrensstaates zu beurteilen, das zum Zeitpunkt der Vornahme der Handlung berufen ist. Wurde also die Handlung des Schuldners vor dem Inkrafttreten der EuInsVO vorgenommen, ist das alte Recht auch dann weiterhin anwendbar, wenn nachfolgend erst nach dem Inkrafttreten der EuInsVO ein Insolvenzverfahren über das Vermögen dieses Schuldners eröffnet worden ist.

7 Satz 2 soll den berechtigten Vertrauensschutzinteressen des Schuldners und von der Rechtshandlung betroffener Dritter dienen. Soweit eine Rechtshandlung nach dem zuvor anwendbaren Recht wirksam – insb. auch unanfechtbar – war, soll dies auch dann weiterhin gelten, wenn nachfolgend aufgrund der Kollisionsregeln der EuInsVO ein anderes Recht berufen würde, welches eine Nichtigkeit, Anfechtbarkeit usw. der Rechtshandlung vorsähe.

8 Satz 2 regelt selbst nicht unmittelbar, wann eine Rechtshandlung genau »vorgenommen« worden ist. Nach dem Bericht zum EuInsÜ soll sich dies »nach dem jeweils anwendbaren Recht« richten.[8] Damit ist aber noch nicht gesagt, wie bei gestreckten Rechtshandlungen – also etwa der Übereignung von Grundstücken – zu entscheiden ist. In der Literatur ist vorgeschlagen worden, nach den intertemporalen Regeln des internationalen Sachenrechts zu verfahren und darauf abzustellen, wann der mehraktige Vorgang abgeschlossen wurde.[9] Nach der hier vertretenen Auffassung sollte angesichts des Normzwecks darauf abgestellt werden, wann die Rechtshandlung nach dem anwendbaren Recht zu einer durch das vormals anwendbare Recht geschützten Rechtsposition geführt hat. Bei Grundstücksgeschäften dürfte daher bei Anwendung des deutschen Rechts nicht auf das Vorliegen von Auflassung und Eintragung abzustellen sein; überzeugender scheint es, auf den durch § 91 InsO i.V.m. § 878 BGB bestimmten Zeitpunkt abzustellen.

9 Denkbar ist der Fall, dass die Rechtshandlung nach dem vormals anwendbaren Insolvenzrecht nichtig oder anfechtbar ist, aber nach den durch die EuInsVO berufenen Rechtsordnungen wirksam bzw. unanfechtbar ist. Dies kann sich deshalb ergeben, weil Art. 13 bei der Insolvenzanfechtung eine die Wirksamkeit der Rechtshandlung begünstigende (kumulativ zur *lex fori concursus* anwendbare) Anknüpfungsregel enthält. Vor diesem Hintergrund stellt sich die Frage, ob im Rahmen des intertemporalen Rechts ebenfalls von einem Günstigkeitsprinzip auszugehen ist, also das – vormals anwendbare oder nunmehr von der EuInsVO berufene – Recht anzuwenden ist, das für die Wirksamkeit der Rechtshandlung am förderlichsten ist. Hiergegen spricht aber der klare Wortlaut der gesetzlichen Regelung; zudem widerspräche es u.U. dem Vertrauensinteresse Drittbeteiligter, wenn sich durch eine rückwirkende Anwendung der EuInsVO vormals nichtige oder anfechtbare Rechtshandlungen als nunmehr doch wirksam darstellten.[10]

---

5 *Virgós/Schmit* Bericht Rn. 304.
6 FK-InsO/*Wenner/Schuster* Rn. 2.
7 Wie hier Rauscher/*Mäsch* Rn. 5.
8 *Virgós/Schmit* Bericht Rn. 306.
9 Rauscher/*Mäsch* Rn. 8.
10 Rauscher/*Mäsch* Rn. 7.

Artikel 44 Verhältnis zu Übereinkünften

(1) Nach ihrem Inkrafttreten ersetzt diese Verordnung in ihrem sachlichen Anwendungsbereich hinsichtlich der Beziehungen der Mitgliedstaaten untereinander die zwischen zwei oder mehreren Mitgliedstaaten geschlossenen Übereinkünfte, insbesondere
- a) das am 8. Juli 1899 in Paris unterzeichnete belgisch-französische Abkommen über die gerichtliche Zuständigkeit, die Anerkennung und die Vollstreckung von gerichtlichen Entscheidungen, Schiedssprüchen und öffentlichen Urkunden;
- b) das am 16. Juli 1969 in Brüssel unterzeichnete belgisch-österreichische Abkommen über Konkurs, Ausgleich und Zahlungsaufschub (mit Zusatzprotokoll vom 13. Juni 1973);
- c) das am 28. März 1925 in Brüssel unterzeichnete belgisch-niederländische Abkommen über die Zuständigkeit der Gerichte, den Konkurs sowie die Anerkennung und die Vollstreckung von gerichtlichen Entscheidungen, Schiedssprüchen und öffentlichen Urkunden;
- d) den am 25. Mai 1979 in Wien unterzeichneten deutsch-österreichischen Vertrag auf dem Gebiet des Konkurs- und Vergleichs-(Ausgleichs-)rechts;
- e) das am 27. Februar 1979 in Wien unterzeichnete französisch-österreichische Abkommen über die gerichtliche Zuständigkeit, die Anerkennung und die Vollstreckung von Entscheidungen auf dem Gebiet des Insolvenzrechts;
- f) das am 3. Juni 1930 in Rom unterzeichnete französisch-italienische Abkommen über die Vollstreckung gerichtlicher Urteile in Zivil- und Handelssachen;
- g) das am 12. Juli 1977 in Rom unterzeichnete italienisch-österreichische Abkommen über Konkurs und Ausgleich;
- h) den am 30. August 1962 in Den Haag unterzeichneten deutsch-niederländischen Vertrag über die gegenseitige Anerkennung und Vollstreckung gerichtlicher Entscheidungen und anderer Schuldtitel in Zivil- und Handelssachen;
- i) das am 2. Mai 1934 in Brüssel unterzeichnete britisch-belgische Abkommen zur gegenseitigen Vollstreckung gerichtlicher Entscheidungen in Zivil- und Handelssachen mit Protokoll;
- j) das am 7. November 1993 in Kopenhagen zwischen Dänemark, Finnland, Norwegen, Schweden und Irland geschlossene Konkursübereinkommen;
- k) das am 5. Juni 1990 in Istanbul unterzeichnete Europäische Übereinkommen über bestimmte internationale Aspekte des Konkurses;
- l) das am 18. Juni 1959 in Athen unterzeichnete Abkommen zwischen der Föderativen Volksrepublik Jugoslawien und dem Königreich Griechenland über die gegenseitige Anerkennung und Vollstreckung gerichtlicher Entscheidungen;
- m) das am 18. März 1960 in Belgrad unterzeichnete Abkommen zwischen der Föderativen Volksrepublik Jugoslawien und der Republik Österreich über die gegenseitige Anerkennung und die Vollstreckung von Schiedssprüchen und schiedsgerichtlichen Vergleichen in Handelssachen;
- n) das am 3. Dezember 1960 in Rom unterzeichnete Abkommen zwischen der Föderativen Volksrepublik Jugoslawien und der Republik Italien über die gegenseitige justizielle Zusammenarbeit in Zivil- und Handelssachen;
- o) das am 24. September 1971 in Belgrad unterzeichnete Abkommen zwischen der Sozialistischen Föderativen Republik Jugoslawien und dem Königreich Belgien über die justizielle Zusammenarbeit in Zivil- und Handelssachen;
- p) das am 18. Mai 1971 in Paris unterzeichnete Abkommen zwischen den Regierungen Jugoslawiens und Frankreichs über die Anerkennung und Vollstreckung gerichtlicher Entscheidungen in Zivil- und Handelssachen;
- q) das am 22. Oktober 1980 in Athen unterzeichnete Abkommen zwischen der Tschechoslowakischen Sozialistischen Republik und der Hellenischen Republik über die Rechtshilfe in Zivil- und Strafsachen, der zwischen der Tschechischen Republik und Griechenland noch in Kraft ist;
- r) das am 23. April 1982 in Nikosia unterzeichnete Abkommen zwischen der Tschechoslowakischen Sozialistischen Republik und der Republik Zypern über die Rechtshilfe in Zivil- und Strafsachen, der zwischen der Tschechischen Republik und Zypern noch in Kraft ist;

s) den am 10. Mai 1984 in Paris unterzeichneten Vertrag zwischen der Regierung der Tschechoslowakischen Sozialistischen Republik und der Regierung der Französischen Republik über die Rechtshilfe und die Anerkennung und Vollstreckung gerichtlicher Entscheidungen in Zivil-, Familien- und Handelssachen, der zwischen der Tschechischen Republik und Frankreich noch in Kraft ist;
t) den am 6. Dezember 1985 in Prag unterzeichneten Vertrag zwischen der Tschechoslowakischen Sozialistischen Republik und der Republik Italien über die Rechtshilfe in Zivil- und Strafsachen, der zwischen der Tschechischen Republik und Italien noch in Kraft ist;
u) das am 11. November 1992 in Tallinn unterzeichnete Abkommen zwischen der Republik Lettland, der Republik Estland und der Republik Litauen über Rechtshilfe und Rechtsbeziehungen;
v) das am 27. November 1998 in Tallinn unterzeichnete Abkommen zwischen Estland und Polen über Rechtshilfe und Rechtsbeziehungen in Zivil-, Arbeits- und Strafsachen;
w) das am 26. Januar 1993 in Warschau unterzeichnete Abkommen zwischen der Republik Litauen und der Republik Polen über Rechtshilfe und Rechtsbeziehungen in Zivil-, Familien-, Arbeits- und Strafsachen;
x) das am 19. Oktober 1972 in Bukarest unterzeichnete Abkommen zwischen der Sozialistischen Republik Rumänien und der Hellenischen Republik über die Rechtshilfe in Zivil- und Strafsachen mit Protokoll;
y) das am 5. November 1974 in Paris unterzeichnete Abkommen zwischen der Sozialistischen Republik Rumänien und der Französischen Republik über die Rechtshilfe in Zivil- und Handelssachen;
z) das am 10. April 1976 in Athen unterzeichnete Abkommen zwischen der Volksrepublik Bulgarien und der Hellenischen Republik über die Rechtshilfe in Zivil- und Strafsachen;
aa) das am 29. April 1983 in Nikosia unterzeichnete Abkommen zwischen der Volksrepublik Bulgarien und der Republik Zypern über die Rechtshilfe in Zivil- und Strafsachen;
ab) das am 18. Januar 1989 in Sofia unterzeichnete Abkommen zwischen der Volksrepublik Bulgarien und der Regierung der Französischen Republik über die gegenseitige Rechtshilfe in Zivilsachen;
ac) den am 11. Juli 1994 in Bukarest unterzeichneten Vertrag zwischen Rumänien und der Tschechischen Republik über die Rechtshilfe in Zivilsachen;
ad) den am 15. Mai 1999 in Bukarest unterzeichneten Vertrag zwischen Rumänien und Polen über die Rechtshilfe und die Rechtsbeziehungen in Zivilsachen.

(2) Die in Absatz 1 aufgeführten Übereinkünfte behalten ihre Wirksamkeit hinsichtlich der Verfahren, die vor Inkrafttreten dieser Verordnung eröffnet worden sind.

(3) Diese Verordnung gilt nicht
a) in einem Mitgliedstaat, soweit es in Konkurssachen mit den Verpflichtungen aus einer Übereinkunft unvereinbar ist, die dieser Staat mit einem oder mehreren Drittstaaten vor Inkrafttreten dieser Verordnung geschlossen hat;
b) im Vereinigten Königreich Großbritannien und Nordirland, soweit es in Konkurssachen mit den Verpflichtungen aus Vereinbarungen, die im Rahmen des Commonwealth geschlossen wurden und die zum Zeitpunkt des Inkrafttretens dieser Verordnung wirksam sind, unvereinbar ist.

Übersicht

		Rdn.			Rdn.
A.	Überblick	1	C.	Verhältnis zu Übereinkommen der Mitgliedstaaten mit Drittstaaten	5
B.	Anwendungsvorrang der EuInsVO vor Übereinkommen zwischen den Mitgliedstaaten	2			

A. Überblick

Art. 44 regelt die Frage, wie sich die EuInsVO zu bestehenden staatsvertraglichen Übereinkommen auf dem Gebiet des internationalen Insolvenzrechts verhält. Im Verhältnis zu Übereinkommen, die zwischen den Mitgliedstaaten geschlossen worden sind, hat die EuInsVO den Vorrang; soweit der Anwendungsbereich der EuInsVO reicht, darf auf staatsvertragliches Recht nicht zurückgegriffen werden. Im Verhältnis zu Übereinkommen, die Mitgliedstaaten vor Inkrafttreten der EuInsVO mit Drittstaaten geschlossen haben, gilt eine andere Regelung. Hier haben bestehende Übereinkommen, soweit die Anwendung der EuInsVO mit den Verpflichtungen aus diesen Übereinkommen unvereinbar ist, den Vorrang vor der EuInsVO.

B. Anwendungsvorrang der EuInsVO vor Übereinkommen zwischen den Mitgliedstaaten

Soweit ein Übereinkommen zwischen einzelnen Mitgliedstaaten geschlossen worden ist, wird dieses Übereinkommen von der EuInsVO verdrängt. Der Anwendungsvorrang der EuInsVO gilt selbstverständlich nur so weit, wie der Anwendungsbereich der EuInsVO reicht. Für den zeitlichen Anwendungsbereich wird dies in Abs. 2 noch einmal ausdrücklich festgestellt.

Die wichtigsten Übereinkommen, die nunmehr von der EuInsVO verdrängt werden, sind in Abs. 1 aufgeführt. Es handelt sich aber nicht um eine abschließende Aufzählung. Aus deutscher Sicht war bislang vor allem der in Buchst. d) genannte Deutsch-Österreichische Konkurs- und Vergleichsvertrag (DÖKV) von 1979 von Bedeutung.[1] Er ist seit Inkrafttreten der EuInsVO nur noch für die Insolvenzfälle außerhalb des Anwendungsbereichs der EuInsVO von Bedeutung. Denkbar ist etwa, dass sich der COMI des Schuldners außerhalb der EU befindet, aber aufgrund einer Niederlassung des Schuldners in einem der beiden Staaten und der Belegenheit von Vermögen in dem anderen Bezugspunkte sowohl zu Deutschland als auch zu Österreich bestehen.[2]

Der in Buchst. h) genannte deutsch-niederländische Vertrag über die gegenseitige Anerkennung und Vollstreckung gerichtlicher Entscheidungen und anderer Schuldtitel in Zivil- und Handelssachen ist kaum noch von Bedeutung. Fragen der Anerkennung werden von Art. 16 und 25 EuInsVO abschließend geregelt. Der Vertrag kann daher nur noch außerhalb des zeitlichen oder sachlichen Anwendungsbereichs der EuInsVO Bedeutung erlangen.

C. Verhältnis zu Übereinkommen der Mitgliedstaaten mit Drittstaaten

Die EuInsVO nimmt auf staatsvertragliche Verpflichtungen der Mitgliedstaaten im Verhältnis zu Drittstaaten Rücksicht. Bei Inkrafttreten der EuInsVO bestehende Übereinkommen mit Drittstaaten genießen nach Abs. 3 Buchst. a) im Konfliktsfall den Vorrang vor der EuInsVO. Die EuInsVO ist nicht anzuwenden, soweit dies mit den Verpflichtungen des Mitgliedstaats aus einem derartigen Übereinkommen unvereinbar ist. Nach dem Erläuternden Bericht zum EuInsÜ ist dies der Fall, wenn sich die rechtlichen Folgen der jeweiligen Anwendung einander ausschließen.[3] Da aber die EuInsVO ohnehin nur Anwendung findet, wenn sich der COMI des Schuldners in einem Mitgliedstaat befindet, dürften Kollisionen mit staatsvertraglichen Verpflichtungen eher selten auftreten.[4]

---

[1] Vertrag zwischen der Bundesrepublik Deutschland und der Republik Österreich auf dem Gebiert des Konkurs- und Vergleichs-(ausgleichs-)rechts vom 25.Mai 1979 (DÖKV), BGBl. 1985 II, 411.
[2] Rauscher/*Mäsch* Rn. 6; Gebauer/Wiedmann/*Haubold* Rn. 257.
[3] *Virgós/Schmit* Bericht Rn. 310.
[4] *Virgós/Schmit* Bericht Rn. 310.

6 Aus deutscher Sicht bestehen fortgeltende[5] Drittstaaten-Abkommen zwischen der Schweiz und der Krone Württemberg[6] sowie zwischen einzelnen Schweizer Kantonen und dem Königreich Bayern[7] und dem Königreich Sachsen.[8]

Artikel 45 Änderung der Anhänge

Der Rat kann auf Initiative eines seiner Mitglieder oder auf Vorschlag der Kommission mit qualifizierter Mehrheit die Anhänge ändern.

1 Die Regeln zur qualifizierten Mehrheit im Rat ergeben sich aus Art. 16 Abs. 4 EUV und 238 Abs. 2 AEUV.[1]

Artikel 46 Bericht

Die Kommission legt dem Europäischen Parlament, dem Rat und dem Wirtschafts- und Sozialausschuß bis zum 1. Juni 2012 und danach alle fünf Jahre einen Bericht über die Anwendung dieser Verordnung vor. Der Bericht enthält gegebenenfalls einen Vorschlag zur Anpassung dieser Verordnung.

1 Art. 46 trägt dafür Sorge, dass ein evtl. Reformbedarf erkannt wird. Mit einer knapp halbjährigen Verspätung hat die Kommission am 12.12.2012 den durch Art. 46 geforderten Bericht vorgelegt.[1] Der Reformvorschlag enthält zum Teil sehr erhebliche Änderungen.[2]

Artikel 47 Inkrafttreten

Diese Verordnung tritt am 31. Mai 2002 in Kraft.

Diese Verordnung ist in allen ihren Teilen verbindlich und gilt gemäß dem Vertrag zur Gründung der Europäischen Gemeinschaft unmittelbar in den Mitgliedstaaten.

1 Die zeitliche Anwendbarkeit der EuInsVO ergibt sich aus Art. 44 i.V.m. Art. 47. Für die neuen Mitgliedstaaten ist für die Anwendung der EuInsVO der Zeitpunkt ihres Beitritts maßgeblich, mit dem sie den acquis communautaire übernommen haben. Abzustellen ist also auf den 01.05.2004 (Estland, Lettland, Litauen, Polen, Tschechien, Slowakei, Ungarn, Slowenien, Malta und Zypern) bzw. den 01.01.2007 (Rumänien, Bulgarien) oder den 01.07.2013 (Kroatien).

---

5 Auf die Fortgeltung dieser Verträge hat die EuInsVO keine Auswirkung. Es ist aber umstritten, ob diese Verträge nach Inkrafttreten der InsO überhaupt noch fortgelten. Dies abl. MüKo-InsO/*Reinhart* Rn. 6 sowie ausf. Vorb. §§ 335 ff. InsO Rn. 73; a.A. schweizerisches Bundesgericht Lausane 15.06.2005, 7B.31/2005/blb, ZInsO 2007, 608.
6 Übereinkunft vom 12.12.1825/13.05.1826 zwischen der Schweizerischen Eidgenossenschaft [im Namen bestimmter Kantone] und der Krone Württemberg, Reg.-Bl. für das Königreich Württemberg 1826, 250.
7 Übereinkunft vom 11.5/27.06.1834 zwischen bestimmten schweizerischen Kantonen und dem Königreich Bayern, Reg.-Bl. für das Königreich Bayern 1834, 930.
8 Übereinkunft vom 4./18.02.1837 zwischen schweizerischen Kantonen und dem Königreich Sachsen.
1 Die Vorschriften gelten erst ab dem 1. November 2014. Die Übergangsbestimmungen für die Definition der qualifizierten Mehrheit, die bis zum 31. Oktober 2014 gelten, sowie die Übergangsbestimmungen, die zwischen dem 1. November 2014 und dem 31. März 2017 gelten, sind im Protokoll über die Übergangsbestimmungen festgelegt, Art. 16 Abs. 5 EUV.
1 Vorschlag für eine Verordnung des Europäischen Parlaments und des Rates zur Änderung der Verordnung (EG) Nr. 1346/2000 des Rates über Insolvenzverfahren (COM(2012) 744 final).
2 Zu den Vorschlägen siehe Erwägungsgründe, Rn. 25 ff. und *Prager/Keller* NZI 2013, 57 ff.; *Thole/Swierczok* ZIP 2013, 550 ff.

ANHANG A Insolvenzverfahren nach Artikel 2 Buchstabe a

BELGIË/BELGIQUE

- Het faillissement/La faillite
- De gerechtelijke reorganisatie door een collectief akkoord/La réorganisation judiciaire par accord collectif
- De gerechtelijke reorganisatie door overdracht onder gerechtelijk gezag/La réorganisation judiciaire par transfert sous autorité de justice
- De collectieve schuldenregeling/Le règlement collectif de dettes
- De vrijwillige vereffening/La liquidation volontaire
- De gerechtelijke vereffening/La liquidation judiciaire
- De voorlopige ontneming van beheer, bepaald in artikel 8 van de faillissementswet/Le dessaisissement provisoire, visé à l'article 8 de la loi sur les faillites

БЪЛГАРИЯ

- Производство по несъстоятелност

ČESKÁ REPUBLIKA

- Konkurs
- Reorganizace
- Oddlužení

DEUTSCHLAND

- Das Konkursverfahren
- Das gerichtliche Vergleichsverfahren
- Das Gesamtvollstreckungsverfahren
- Das Insolvenzverfahren

EESTI

- Pankrotimenetlus

ΕΛΛΑΣ

- Η πτώχευση
- Η ειδτκή εκκαθάριση
- Η προσωρινή διαχείριση εταιρείας. Η διοίκηση και διαχείριση των πιστωτών
- Η υπαγωγή επιχείρησης υπό επίτροπο με σκοπό τη σύναψη συμβιβασμού με τους πιστωτές

ESPAÑA

- Concurso

FRANCE

- Sauvegarde
- Redressement judiciaire
- Liquidation judiciaire

HRVATSKA

- Stečajni postupak

IRELAND

- Compulsory winding-up by the court
- Bankruptcy
- The administration in bankruptcy of the estate of persons dying insolvent

- Winding-up in bankruptcy of partnerships
- Creditors' voluntary winding-up (with the confirmation of a court)
- Arrangements under the control of the Court which involve the vesting of all or part of the property of the debtor in the Official Assignee for realisation and distribution
- Company examinership

ITALIA

- Fallimento
- Concordato preventivo
- Liquidazione coatta amministrativa
- Amministrazione straordinaria

ΚΥΠΡΟΣ

- Υποχρεωτική εκκαθάριση από το Δικαστήριο
- Εκούσια εκκαθάριση από πιστωτές κατόπιν Δικαστικού Διατάγματος
- Εκούσια εκκαθάριση από μέλη
- Εκκαθάριση με την εποπτεία του Δικαστηρίου
- Πτώχευση κατόπιν Δικαστικού Διατάγματος
- Διαχείριση της περιουσίας προσώπων που απεβίωσαν αφερέγγυα

LATVIJA

- Tiesiskās aizsardzības process
- Juridiskās personas maksātnespējas process
- Fiziskās personas maksātnespējas process

LIETUVA

- Įmonės restruktūrizavimo byla
- Įmonės bankroto byla
- Įmonės bankroto procesas ne teismo tvarka

LUXEMBOURG

- Faillite
- Gestion contrôlée
- Concordat préventif de faillite (par abandon d'actif)
- Régime spécial de liquidation du notariat

MAGYARORSZÁG

- Csődeljárás
- Felszámolási eljárás

MALTA

- Xoljiment
- Amministrazzjoni
- Stralċ volontarju mill-membri jew mill-kredituri
- Stralċ mill-Qorti
- Falliment f'każ ta' negozjant

NEDERLAND

- Het faillissement
- De surséance van betaling
- De schuldsaneringsregeling natuurlijke personen

ÖSTERREICH

- Das Konkursverfahren (Insolvenzverfahren)
- Das Sanierungsverfahren ohne Eigenverwaltung (Insolvenzverfahren)
- Das Sanierungsverfahren mit Eigenverwaltung (Insolvenzverfahren)
- Das Schuldenregulierungsverfahren
- Das Abschöpfungsverfahren
- Das Ausgleichsverfahren

POLSKA

- Postępowanie upadłościowe
- Postępowanie układowe
- Upadłość obejmująca likwidację
- Upadłość z możliwością zawarcia układu

PORTUGAL

- Processo de insolvência
- Processo de falência
- Processos especiais de recuperação de empresa, ou seja:
- Concordata
- Reconstituição empresarial
- Reestruturação financeira
- Gestão controlada

ROMÂNIA

- Procedura insolvenței
- Reorganizarea judiciară
- Procedura falimentului

SLOVENIJA

- Stečajni postopek
- Skrajšani stečajni postopek
- Postopek prisilne poravnave
- Prisilna poravnava v stečaju

SLOVENSKO

- Konkurzné konanie
- Reštrukturalizačné konanie

SUOMI/FINLAND

- Konkurssi/konkurs
- Yrityssaneeraus/företagssanering

SVERIGE

- Konkurs
- Företagsrekonstruktion

UNITED KINGDOM

- Winding-up by or subject to the supervision of the court
- Creditors' voluntary winding-up (with confirmation by the court)
- Administration, including appointments made by filing prescribed documents with the court
- Voluntary arrangements under insolvency legislation
- Bankruptcy or sequestration.

ANHANG B Liquidationsverfahren nach Artikel 2 Buchstabe c

BELGIË/BELGIQUE

- Het faillissement/La faillite
- De vrijwillige vereffening/La liquidation volontaire
- De gerechtelijke vereffening/La liquidation judiciaire
- De gerechtelijke reorganisatie door overdracht onder gerechtelijk gezag/La réorganisation judiciaire par transfert sous autorité de justice

БЪЛГАРИЯ

- Производство по несъстоятелност

ČESKÁ REPUBLIKA

- Konkurs

DEUTSCHLAND

- Das Konkursverfahren
- Das Gesamtvollstreckungsverfahren
- Das Insolvenzverfahren

EESTI

- Pankrotimenetlus

ΕΛΛΑΣ

- Η πτώχευση
- Η ειδτκή εκκαθάριση

ESPAÑA

- Concurso

FRANCE

- Liquidation judiciaire

HRVATSKA

- Stečajni postupak

IRELAND

- Compulsory winding-up
- Bankruptcy
- The administration in bankruptcy of the estate of persons dying insolvent
- Winding-up in bankruptcy of partnerships
- Creditors' voluntary winding-up (with the confirmation of a court)
- Arrangements under the control of the Court which involve the vesting of all or part of the property of the debtor in the Official Assignee for realisation and distribution

ITALIA

- Fallimento
- Concordato preventivo con cessione dei beni
- Liquidazione coatta amministrativa
- Amministrazione straordinaria con programma di cessione dei complessi aziendali
- Amministrazione straordinaria con programma di ristrutturazione di cui sia parte integrante un concordato con cessione dei beni

ΚΥΠΡΟΣ

- Υποχρεωτική εκκαθάριση από το Δικαστήριο
- Εκκαθάριση με την εποπτεία του Δικαστηρίου
- Εκούσια εκκαθάριση από πιστωτές (με την επικύρωση του Δικαστηρίου)
- Πτώχευση
- Διαχείριση της περιουσίας προσώπων που απεβίωσαν αφερέγγυα

LATVIJA

- Juridiskās personas maksātnespējas process
- Fiziskās personas maksātnespējas process

LIETUVA

- Įmonės bankroto byla
- Įmonės bankroto procesas ne teismo tvarka

LUXEMBOURG

- Faillite
- Régime spécial de liquidation du notariat

MAGYARORSZÁG

- Felszámolási eljárás

MALTA

- Stralċ volontarju
- Stralċ mill-Qorti
- Falliment inkluż il-ħruġ ta' mandat ta' qbid mill-Kuratur f'każ ta' negozjant fallut

NEDERLAND

- Het faillissement
- De schuldsaneringsregeling natuurlijke personen

ÖSTERREICH

- Das Konkursverfahren (Insolvenzverfahren)

POLSKA

- Postępowanie upadłościowe
- Upadłość obejmująca likwidację

PORTUGAL

- Processo de insolvência
- Processo de falência

ROMÂNIA

- Procedura falimentului

SLOVENIJA

- Stečajni postopek
- Skrajšani stečajni postopek

SLOVENSKO

- Konkurzné konanie

SUOMI/FINLAND
– Konkurssi/konkurs

SVERIGE
– Konkurs

UNITED KINGDOM
– Winding-up by or subject to the supervision of the court
– Winding-up through administration, including appointments made by filing prescribed documents with the court
– Creditors' voluntary winding-up (with confirmation by the court)
– Bankruptcy or sequestration.

ANHANG C Verwalter nach Artikel 2 Buchstabe b

BELGIË/BELGIQUE

- De curator/Le curateur
- De gedelegeerd rechter/Le juge-délégué
- De gerechtsmandataris/Le mandataire de justice
- De schuldbemiddelaar/Le médiateur de dettes
- De vereffenaar/Le liquidateur
- De voorlopige bewindvoerder/L'administrateur provisoire

БЪЛГАРИЯ

- Назначен предварително временен синдик
- Временен синдик
- (Постоянен) синдик
- Служебен синдик

ČESKÁ REPUBLIKA

- Insolvenční správce
- Předběžný insolvenční správce
- Oddělený insolvenční správce
- Zvláštní insolvenční správce
- Zástupce insolvenčního správce

DEUTSCHLAND

- Konkursverwalter
- Vergleichsverwalter
- Sachwalter (nach der Vergleichsordnung)
- Verwalter
- Insolvenzverwalter
- Sachwalter (nach der Insolvenzordnung)
- Treuhänder
- Vorläufiger Insolvenzverwalter

EESTI

- Pankrotihaldur
- Ajutine pankrotihaldur
- Usaldusisik

ΕΛΛΑΣ

- Ο σύνδικος
- Ο προσωρινός διαχειριστής. Η διοικούσα επιτροπή των πιστωτών
- Ο ειδικός εκκαθαριστής
- Ο επίτροπος

ESPAÑA

- *Administradores concursales*

FRANCE

- Mandataire judiciaire
- Liquidateur
- Administrateur judiciaire
- Commissaire à l'exécution du plan

HRVATSKA

- Stečajni upravitelj
- Privremeni stečajni upravitelj
- Stečajni provjerenik
- Provjerenik

IRELAND

- Liquidator
- Official Assignee
- Trustee in bankruptcy
- Provisional Liquidator
- Examiner

ITALIA

- Curatore
- Commissario giudiziale
- Commissario straordinario
- Commissario liquidatore
- Liquidatore giudiziale

ΚΥΠΡΟΣ

- Εκκαθαριστής και Προσωρινός Εκκαθαριστής
- Επίσημος Παραλήπτης
- Διαχειριστής της Πτώχευσης
- Εξεταστής

LATVIJA

- Maksātnespējas procesa administrators

LIETUVA

- Bankrutuojančių įmonių administratorius
- Restruktūrizuojamų įmonių administratorius

LUXEMBOURG

- Le curateur
- Le commissaire
- Le liquidateur
- Le conseil de gérance de la section d'assainissement du notariat

MAGYARORSZÁG

- Vagyonfelügyelő
- Felszámoló

MALTA

- Amministratur Proviżorju
- Riċevitur Uffiċjali
- Stralċjarju
- Manager Speċjali
- Kuraturi f'każ ta' proċeduri ta' falliment

NEDERLAND

– De curator in het faillissement
– De bewindvoerder in de surséance van betaling
– De bewindvoerder in de schuldsaneringsregeling natuurlijke personen

ÖSTERREICH

– Masseverwalter
– Sanierungsverwalter
– Ausgleichsverwalter
– Besonderer Verwalter
– Einstweiliger Verwalter
– Sachwalter
– Treuhänder
– Insolvenzgericht
– Konkursgericht

POLSKA

– Syndyk
– Nadzorca sądowy
– Zarządca

PORTUGAL

– Administrador da insolvência
– Gestor judicial
– Liquidatário judicial
– Comissão de credores

ROMÂNIA

– Practician în insolvenţă
– Administrator judiciar
– Lichidator

SLOVENIJA

– Upravitelj prisilne poravnave
– Stečajni upravitelj
– Sodišče, pristojno za postopek prisilne poravnave
– Sodišče, pristojno za stečajni postopek

SLOVENSKO

– Predbežný správca
– Správca

SUOMI/FINLAND

– Pesänhoitaja/boförvaltare
– Selvittäjä/utredare

SVERIGE

– Förvaltare
– Rekonstruktör

Anh. I EuInsVO Anhang C

UNITED KINGDOM

- Liquidator
- Supervisor of a voluntary arrangement
- Administrator
- Official Receiver
- Trustee
- Provisional Liquidator
- Judicial factor.

Anhang II Einführungsgesetz zur Insolvenzordnung

vom 5. Oktober 1994 (BGBl. I S. 2911), zuletzt geändert durch Art. 9 des Gesetzes vom 13. Februar 2013 (BGBl. I S. 174)

Dritter Teil Internationales Insolvenzrecht. Übergangs- und Schlußvorschriften

Artikel 102 EGInsO Durchführung der Verordnung (EG) Nr. 1346/2000 über Insolvenzverfahren

§ 1 Örtliche Zuständigkeit

(1) Kommt in einem Insolvenzverfahren den deutschen Gerichten nach Artikel 3 Abs. 1 der Verordnung (EG) Nr. 1346/2000 des Rates vom 29. Mai 2000 über Insolvenzverfahren (ABl. EG Nr. L 160 S. 1) die internationale Zuständigkeit zu, ohne dass nach § 3 der Insolvenzordnung ein inländischer Gerichtsstand begründet wäre, so ist das Insolvenzgericht ausschließlich zuständig, in dessen Bezirk der Schuldner den Mittelpunkt seiner hauptsächlichen Interessen hat.

(2) Besteht eine Zuständigkeit der deutschen Gerichte nach Artikel 3 Abs. 2 der Verordnung (EG) Nr. 1346/2000, so ist ausschließlich das Insolvenzgericht zuständig, in dessen Bezirk die Niederlassung des Schuldners liegt. § 3 Abs. 2 der Insolvenzordnung gilt entsprechend.

(3) Unbeschadet der Zuständigkeit nach den Absätzen 1 und 2 ist für Entscheidungen oder sonstige Maßnahmen nach der Verordnung (EG) Nr. 1346/2000 jedes inländische Insolvenzgericht zuständig, in dessen Bezirk Vermögen des Schuldners belegen ist. Die Landesregierungen werden ermächtigt, zur sachdienlichen Förderung oder schnelleren Erledigung der Verfahren durch Rechtsverordnung die Entscheidungen oder Maßnahmen nach der Verordnung (EG) Nr. 1346/2000 für die Bezirke mehrerer Insolvenzgerichte einem von diesen zuzuweisen. Die Landesregierungen können die Ermächtigung auf die Landesjustizverwaltungen übertragen.

Übersicht	Rdn.		Rdn.
A. Örtliche Zuständigkeit für Hauptinsolvenzverfahren (Abs. 1) ...	1	C. Örtliche Zuständigkeit in anderen Fällen (Abs. 3)	8
B. Örtliche Zuständigkeit für Partikularverfahren (Abs. 2)	5	D. Örtliche Zuständigkeit für von Art. 3 EuInsVO erfasste Annexverfahren ...	13

A. Örtliche Zuständigkeit für Hauptinsolvenzverfahren (Abs. 1)

Nach Art. 3 Abs. 1 EuInsVO ist das Hauptinsolvenzverfahren in dem Mitgliedstaat zu eröffnen, in dem der Schuldner den Mittelpunkt seiner hauptsächlichen Interessen (centre of main interests, COMI) hat. Art. 3 Abs. 1 EuInsVO regelt aber nur die **internationale Zuständigkeit.** Die Regelung der sachlichen und der örtlichen Zuständigkeit bleibt, wie dies von Erwägungsgrund 15 Satz 2 zur EuInsVO nochmals klargestellt wird, den Mitgliedstaaten überlassen. Die Mitgliedstaaten müssen im Rahmen der örtlichen Zuständigkeit nicht den COMI als Merkmal verwenden, sondern können insoweit auch auf andere Merkmale abstellen. 1

In Deutschland richtet sich die örtliche Zuständigkeit der Insolvenzgerichte vorrangig nach § 3 InsO. § 3 Abs. 1 Satz 2 InsO stellt primär auf den »Mittelpunkt einer **selbständigen wirtschaftlichen Tätigkeit** des Schuldners« ab. Die Vorschrift führt, solange der Schuldner eine derartige Tätigkeit ausübt, im Regelfall zu dem Ort, an dem sich (auch) der COMI des Schuldners befindet (vgl. näher Anh. I Art. 3 EuInsVO Rdn. 8 ff.). Eine vollständige tatbestandliche Identität zwischen dem COMI und § 3 Abs. 1 Satz 2 InsO ist aber nicht gegeben und auch vom Gesetzgeber nicht ange- 2 strebt. Es kann also – wenngleich auch nur im seltenen Einzelfall – dazu kommen, dass zwar der COMI des Schuldners im Inland liegt, aber der Schuldner seine selbständige wirtschaftliche Tätigkeit im Ausland i.S.d. § 3 Abs. 1 Satz 2 ausübt und sich daher aus § 3 Abs. 1 Satz 2 InsO keine örtliche Zuständigkeit eines deutschen Insolvenzgerichts ergibt. Übt der Schuldner keine selbständige wirtschaftliche Tätigkeit aus, so ist nach § 3 Abs. 1 Satz 1 InsO örtlich das Insolvenzgericht zuständig, in dessen Bezirk der Schuldner seinen **allgemeinen Gerichtsstand** hat. Auch hier kann es im (seltenen) Einzelfall dazu kommen, dass zwar der COMI des Schuldners im Inland liegt, aber bei Anwendung der Vorschriften über den allgemeinen Gerichtsstand (§§ 12 ff. ZPO) keine örtliche Zuständigkeit im Inland erreicht wird. Denkbar ist etwa, dass sich der für den COMI relevante gewöhnliche Aufenthalt (vgl. Anh. I Art. 3 EuInsVO Rdn. 13 ff.) im Inland, aber der Wohnsitz des Schuldners in einem anderen Mitgliedstaat befindet.

3 Die in der EuInsVO enthaltene Regelung der internationalen Zuständigkeit darf aber nicht dadurch ausgehöhlt werden, dass die Mitgliedstaaten in den Fällen, in denen der COMI im Inland liegt, keine örtliche Zuständigkeit zur Verfügung stellen. Um den Anwendungsvorrang der EuInsVO zu wahren, müssen die Mitgliedstaaten daher immer dann, wenn sich der COMI im Inland befindet, zumindest eine örtlich zuständige Stelle vorsehen. Dem trägt Abs. 1 Rechnung. Soweit deutsche Gerichte nach Maßgabe von Art. 3 Abs. 1 EuInsVO international zuständig sind, aber sich in diesem Fall (ausnahmsweise) aus § 3 InsO keine örtliche Zuständigkeit ergibt, ist (hilfsweise) das Gericht örtlich zuständig, in dessen Bezirk der Schuldner den Mittelpunkt seiner hauptsächlichen Interessen (centre of main interests, COMI) hat. Die Wendung »Mittelpunkt seiner hauptsächlichen Interessen« ist im Rahmen von Abs. 1 so auszulegen wie in Art. 3 Abs. 1 EuInsVO; dies folgt aus dem Zweck der Vorschrift, immer dann eine örtliche Zuständigkeit vorzusehen, wenn nach der EuInsVO eine internationale Zuständigkeit gegeben ist.[1] Auf Abs. 1 darf aber nur zurückgegriffen werden, wenn sich nicht aus § 3 InsO eine örtliche Zuständigkeit eines deutschen Gerichts ergibt. Die örtliche Zuständigkeit nach Abs. 1 gilt nicht nur für die Eröffnung des Verfahrens, sondern auch für die im Laufe des Verfahrens zu treffenden Entscheidungen des Insolvenzgerichts zur Durchführung und Beendigung des Verfahrens und für Sicherungsmaßnahmen.

4 Besonderheiten ergeben sich schließlich für die – von der EuInsVO sachlich erfasste (vgl. Anh. I Art. 1 EuInsVO Rdn. 7) – **Nachlassinsolvenz**. Bei dieser ist in Inlandsfällen die örtliche Zuständigkeit nicht aus § 3 InsO, sondern dem spezielleren § 315 InsO zu entnehmen. Dem Wortlaut nach scheint Abs. 1 für den Fall der Nachlassinsolvenz allerdings vorrangig § 3 InsO für einschlägig zu erachten. Dies ist aber allein darauf zurückzuführen, dass der deutsche Gesetzgeber nur das Regelinsolvenzverfahren in den Blick genommen und den besonderen Fall der Nachlassinsolvenz übersehen hat. Letztlich ging es ihm darum, primär auf die auch im Übrigen anwendbaren Vorschriften über die örtliche Zuständigkeit zu verweisen. Für Nachlassinsolvenzen ist daher der in Abs. 1 enthaltene Verweis auf § 3 InsO insoweit teleologisch zu reduzieren und sodann die örtliche Zuständigkeit vorrangig nach § 315 InsO zu bestimmen.[2] Abs. 1 bleibt allerdings im Übrigen anwendbar. Lag also der COMI des Erblassers im Inland und ergibt sich aus § 315 InsO keine örtliche Zuständigkeit eines deutschen Gerichts, so ist (hilfsweise) das Gericht des Landes örtlich zuständig, in dem der Erblasser seinen COMI hatte.[3]

B. Örtliche Zuständigkeit für Partikularverfahren (Abs. 2)

5 Die InsO enthält keine Regelung für die örtliche Zuständigkeit bei Partikularverfahren nach Art. 3 Abs. 2 EuInsVO. Abs. 2 füllt diese Lücke aus. Wie im Rahmen der internationalen Zuständigkeit nach Art. 3 Abs. 2 EuInsVO kommt es auch für die örtliche Zuständigkeit auf die Niederlassung des Schuldners an. Der Begriff der Niederlassung bestimmt sich im Rahmen von Abs. 2 so wie in der EuInsVO. Maßgeblich für den Begriff der Niederlassung ist also die Definition des Art. 2

---

[1] FK-InsO/*Wenner/Schuster* Rn. 4; Kübler/Prütting/Bork/*Kemper* Rn. 5; MüKo-BGB/*Kindler* Rn. 3.
[2] *Mankowski* ZIP 2011, 1501 (1503).
[3] Dies ist auch im Falle des § 315 InsO denkbar; offenbar a.A. *Mankowski* ZIP 2011, 1501 (1503).

Buchst. h) EuInsVO.[4] Die Norm sollte auch für Maßnahmen nach Art. 38 EuInsVO herangezogen werden, selbst wenn im Einzelfall noch kein Antrag auf Eröffnung eines Sekundärverfahrens gestellt worden ist (vgl. dazu Anh. I Art. 38 EuInsVO Rdn. 13).[5]

Betreibt der ausländische Schuldner im Inland mehrere **gleichrangige Niederlassungen**, so bestimmt sich nach Abs. 2 Satz 2 i.V.m. § 3 Abs. 2 InsO die Zuständigkeit danach, bei welchem Insolvenzgericht zuerst die Eröffnung des Verfahrens beantragt worden ist. Das Verfahren betrifft sodann das gesamte Aktivvermögen, das nach Maßgabe von Art. 2 Buchst. g) EuInsVO in Deutschland belegen ist. 6

In der Literatur wird allerdings eine Anwendung von Abs. 2 Satz 2 nur für den Fall angenommen, dass es sich um gleichrangige Niederlassungen des Schuldners handelt. Sind Niederlassungen im Einzelfall hierarchisch aufgebaut, soll eine Zuständigkeit (nur) im Bezirk der **Hauptniederlassung** bestehen.[6] Hierfür finden sich zwar keine Anhaltspunkte im Gesetzestext und der Begründung zum Gesetzentwurf;[7] es erscheint aber sachgerecht, konkurrierende Zuständigkeiten möglichst zu vermeiden und daher der Hauptniederlassung eine bevorzugte Stellung einzuräumen. 7

C. Örtliche Zuständigkeit in anderen Fällen (Abs. 3)

Auch außerhalb von Hauptinsolvenz- und Partikularverfahren sind bisweilen Mitwirkungshandlungen deutscher Gerichte erforderlich. Dies gilt etwa für die **öffentliche Bekanntmachung** nach Art. 21 EuInsVO (Art. 102 § 5 EGInsO) sowie die **Eintragung in öffentliche Register** nach Art. 22 EuInsVO (Art. 102 § 5 EGInsO). Daneben kommen auch noch weitere in der EuInsVO nicht ausdrücklich normierte Unterstützungsleistungen in Betracht (etwa Zuliefern von Dokumenten; Erteilung von Auskünften über schuldnerisches Vermögen).[8] Örtlich zuständig für die Vornahme dieser Mitwirkungshandlungen ist jedes Insolvenzgericht, in dessen Bezirk Vermögen des Schuldners belegen ist. 8

Unklar ist, ob bei den genannten Mitwirkungshandlungen stets (nur) Abs. 3 anzuwenden ist oder ob vorrangig entsprechend Abs. 1 und Abs. 2 auf einen möglichen inländischen COMI des Schuldners bzw. das Bestehen einer Niederlassung abzustellen ist. Für Letzteres könnte sprechen, dass der COMI bzw. die Niederlassung einen stärkeren örtlichen Bezug herstellen als die bloße Vermögensbelegenheit. Auch ließe sich die Wendung »unbeschadet der Zuständigkeit nach den Absätzen 1 und 2« so verstehen, dass sich die Zuständigkeit für Mitwirkungshandlungen nur dann nach Abs. 3 richten soll, wenn der Schuldner keinen COMI und auch keine Niederlassung im Inland hat. Näher betrachtet soll die Wendung aber wohl nur darauf hinweisen, dass Abs. 1 und Abs. 2 der in Abs. 3 enthaltenen Regelung (nur) dann vorgehen, wenn ein inländisches Haupt- oder Partikularverfahren tatsächlich eröffnet bzw. beantragt worden ist oder es um den Erlass von Sicherungsmaßnahmen nach Maßgabe von Art. 38 EuInsVO geht. Es bestünde sonst auch kein dringender Grund, in Abs. 3 Satz 2 eine (zusätzliche) Konzentrationsermächtigung für die Länder vorzusehen. 9

Den Ort der **Vermögensbelegenheit** könnte man i.E. nach den zu § 23 ZPO entwickelten Maßstäben bestimmen. Da aber Abs. 3 der Durchführung der EuInsVO dient, erscheint es nach der hier vertretenen Auffassung überzeugender, eine Übereinstimmung mit der in Art. 2 Buchst. g) EuInsVO enthaltenen Definition herzustellen.[9] 10

---

4 FK-InsO/*Wenner/Schuster* Rn. 5; MüKo-BGB/*Kindler* Rn. 5; MüKo-InsO/*Reinhart* Rn. 12.
5 Auch für Sicherungsmaßnahmen nach Art. 38 EuInsVO ist der Richter zuständig (§ 19a Nr. 2 RPflG); *Kellermeyer* Rpfleger 2003, 391 (394).
6 Pannen/*Frind* Rn. 10; FK-InsO/*Wenner/Schuster* Rn. 5; HambK-InsR/*Undritz* Rn. 9; BK-InsR/*Pannen* Rn. 9; *Wimmer* FS Kirchhof (2003), 521 (524).
7 Vgl. aber BT-Drucks. 12/2443, 110.
8 FK-InsO/*Wenner/Schuster* Rn. 7.
9 MüKo-InsO/*Reinhart* Rn. 16; FK-InsO/*Wenner/Schuster* Rn. 7.

11 Zuweilen sind Mitwirkungshandlungen auch vorzunehmen, obwohl der Schuldner über kein Vermögen im Inland verfügt. In diesen Fällen wird in der Literatur eine örtliche Ersatzzuständigkeit am Sitz der Bundesregierung (§ 15 Abs. 1 Satz 2 ZPO) befürwortet (vgl. Art. 102 EGInsO § 5 Rdn. 4).[10]

12 Abs. 3 Satz 2 sieht eine Konzentrationsermächtigung für die Länder vor. Die Regelung orientiert sich im Aufbau an § 2 Abs. 2 InsO. Bislang haben die Länder von der Ermächtigung keinen Gebrauch gemacht; es bleibt daher bei den Regelungen, die sie im Rahmen von § 2 Abs. 2 InsO getroffen haben.

D. Örtliche Zuständigkeit für von Art. 3 EuInsVO erfasste Annexverfahren

13 Der EuGH hat entschieden, dass sich die internationale Zuständigkeit für Insolvenzanfechtungsklagen ebenfalls aus Art. 3 EuInsVO ergibt.[11] Dies ist auf sonstige »**Annexverfahren**« – etwa Haftungsklagen gegen den Insolvenzverwalter – zu übertragen (zu den i.E. von Art. 3 EuInsVO erfassten Annexverfahren s. ausf. Anh. I Art. 1 EuInsVO Rdn. 20 ff.; 28 ff.).

14 Auch für diese Fälle bestimmt Art. 3 EuInsVO aber nur die internationale Zuständigkeit. Die Regelung der örtlichen Zuständigkeit bleibt dem nationalen Gesetzgeber überlassen. Soweit sich aus Art. 3 EuInsVO eine internationale Zuständigkeit ergibt, muss der Mitgliedstaat aber – um nicht die internationale Zuständigkeit nach der EuInsVO ins Leere laufen zu lassen und damit den Anwendungsvorrang der EuInsVO auszuhöhlen – auch eine örtliche Zuständigkeit vorsehen.

15 Für den Fall der Insolvenzanfechtungsklage hat der BGH entschieden, dass sich die örtliche Zuständigkeit zunächst nach den unmittelbar anwendbaren Vorschriften der ZPO ergibt. Es gelten also insb. die §§ 12 ff. ZPO sowie (hilfsweise) § 23 ZPO.[12] Wenn nach den allg. deutschen Gerichtsstandsbestimmungen keine örtliche Zuständigkeit besteht, ist diese nach Auffassung des BGH aus § 19a ZPO i.V.m. § 3 InsO, Art. 102 § 1 EGInsO analog abzuleiten. Eine örtliche Zuständigkeit besteht hiernach höchst hilfsweise bei dem Gericht, in dem sich der COMI des Schuldners befindet.[13] Es handelt sich auch bei der örtlichen Auffangzuständigkeit nach § 19a ZPO i.V.m. § 3 InsO, Art. 102 § 1 EGInsO analog – wie auch bei der internationalen Zuständigkeit (vgl. Anh. I Art. 3 EuInsVO Rdn. 133) – um eine ausschließliche Zuständigkeit.[14]

16 Diese Entscheidung des BGH dürfte sich auf andere Annexverfahren übertragen lassen, in denen nach Art. 3 EuInsVO eine internationale Zuständigkeit besteht, sich aber aus den allgemeinen Zuständigkeitsvorschriften der ZPO keine örtliche Zuständigkeit herleiten lässt; es ist also in allen Annexverfahren hilfsweise das Gericht ausschließlich örtlich zuständig, in dessen Bezirk der Schuldner seinen COMI hat.

§ 2 Begründung des Eröffnungsbeschlusses

Ist anzunehmen, dass sich Vermögen des Schuldners in einem anderen Mitgliedstaat der Europäischen Union befindet, sollen im Eröffnungsbeschluss die tatsächlichen Feststellungen und rechtlichen Erwägungen kurz dargestellt werden, aus denen sich eine Zuständigkeit nach Artikel 3 der Verordnung (EG) Nr. 1346/2000 für die deutschen Gerichte ergibt.

1 § 2 statuiert eine Begründungspflicht für den Eröffnungsbeschluss, soweit anzunehmen ist, dass sich Vermögen des Schuldners in einem anderen Mitgliedstaat befindet. Im Eröffnungsbeschluss soll sowohl in tatsächlicher als auch in rechtlicher Hinsicht dargestellt werden, warum sich eine Zuständig-

---

10 Gebauer/Wiedmann/*Haubold* Art. 21 EuInsVO Rn. 183.
11 EuGH 12.02.2009, C-339/07, Slg. 2009 I – 00767 – Deko Marty Belgium.
12 *BGH 19.05.2009, IX ZR 39/06, NJW 2009, 2215 ff.*
13 *BGH 19.05.2009, IX ZR 39/06, NJW 2009, 2215;* zust. *Cranshaw* DZWIR 2009, 353 (359 f.).
14 *BGH 19.05.2009, IX ZR 39/06, NJW 2009, 2215.*

keit nach Art. 3 EuInsVO ergibt. Die Vorschrift bezieht sich damit sowohl auf Beschlüsse zur Eröffnung eines Hauptinsolvenzverfahrens (Art. 3 Abs. 1 EuInsVO) als auch auf Beschlüsse zur Eröffnung eines Partikularverfahrens (isolierten Partikularverfahrens bzw. Sekundärinsolvenzverfahrens, vgl. Art. 3 Abs. 2 EuInsVO).[1]

Nach Auffassung des BGH handelt es sich bei einem Hauptinsolvenzverfahren und einem Partikularverfahren um **unterschiedliche Verfahren**. Der BGH ist davon ausgegangen, dass ein Beschluss über die Eröffnung eines inländischen Hauptinsolvenzverfahrens dann, wenn dieser als solcher wirkungslos ist, weil zuvor in einem anderen Mitgliedstaat ein anzuerkennendes Hauptinsolvenzverfahren bereits zu einem früheren Zeitpunkt eröffnet worden ist, nicht in einen Beschluss zur Eröffnung eines Sekundärinsolvenzverfahrens umgedeutet werden kann (vgl. ausf. Anh. I Art. 3 EuInsVO Rdn. 91 ff.).[2] Daraus ist zu entnehmen, dass Haupt- und ein Sekundärinsolvenzverfahren nach Auffassung des BGH keine identischen Verfahren darstellen – das Sekundärinsolvenzverfahren also kein bloßes »minus« zum Hauptinsolvenzverfahren darstellt – und ein Sekundärinsolvenzverfahren dementsprechend nur durch neuerlichen Beschluss eröffnet werden kann.[3] Ob ein Eröffnungsbeschluss ein Hauptinsolvenzverfahren oder (nur) ein Partikularverfahren zum Gegenstand hat, richtet sich nach dem Inhalt des Beschlusses. Regelmäßig wird man bei einem Eröffnungsbeschluss – auch dann, wenn er nicht begründet ist – von der Eröffnung eines Hauptinsolvenzverfahrens auszugehen haben. 2

Zwar ist die Begründung eines Eröffnungsbeschlusses nicht Voraussetzung für dessen Wirksamkeit oder seine Anerkennung in anderen Mitgliedstaaten;[4] ungeachtet hiervon kann es bei gänzlich fehlender oder unzureichender Begründung des Beschlusses zu Fehlinterpretationen kommen. Geht etwa ein ausländisches Gericht aufgrund der unzureichenden Begründung durch das deutsche Gericht (irrig) davon aus, dass das deutsche Gericht kein Hauptinsolvenzverfahren, sondern (nur) ein isoliertes Partikularverfahren eröffnet hat, wird es sich nicht daran gehindert sehen, seinerseits ein Hauptinsolvenzverfahren zu eröffnen. In diesem Fall kommt es zu einem unerwünschten sog. positiven Kompetenzkonflikt (zu deren Bewältigung s. ausf. Anh. I Art. 3 EuInsVO Rdn. 71 ff.). Geht umgekehrt ein ausländisches Gericht (irrig) davon aus, dass das deutsche Gericht nicht nur ein isoliertes Partikularverfahren, sondern ein Hauptinsolvenzverfahren eröffnet hat, wird es sich daran gehindert sehen, ein Hauptinsolvenzverfahren zu eröffnen und ggf. die Eröffnung eines Verfahrens gänzlich ablehnen oder sich auf die Eröffnung eines Partikularverfahrens beschränken. Die von § 2 geforderte Begründung trägt dazu bei, dass derartige Missverständnisse unterbleiben. Daneben führt sie auch dazu, dass die Betroffenen das Für und Wider einer Anfechtung des Eröffnungsbeschlusses (§ 34 InsO i.V.m. § 6 InsO) besser beurteilen können.[5] 3

§ 2 sieht eine Begründungspflicht dann vor, wenn nach den Umständen anzunehmen ist, dass sich **Vermögen** des Schuldners in einem anderen Mitgliedstaat befindet.[6] Der Ort der Vermögensbelegenheit sollte vor diesem Hintergrund nicht in Anlehnung an § 23 ZPO bestimmt werden; vielmehr ist vor dem Hintergrund des gesetzlichen Zwecks eine Anwendung von Art. 2 Buchst. g) EuInsVO vorzuziehen. Ob Vermögen in einem anderen Mitgliedstaat belegen ist, ist anhand einer bloßen Evidenzprüfung zu ermitteln.[7] 4

---

1 MüKo-InsO/*Reinhart* Rn. 4.
2 BGH, 29.05.2008 – IX ZB 102/07, BGHZ 177, 12.
3 So auch die Interpretation des Urteils bei *Fehrenbach* IPRax 2009, 51 (53 f.); aus der Lit. siehe noch *Duursma-Kepplinger* ZIP 2007, 752 (753); *Staak* NZI 2004, 480; *Kemper* ZIP 2001, 1609 (1618); abw. (Haupt- und Sekundärinsolvenzverfahren seien identische Verfahren mit unterschiedlicher territorialer Reichweite) MüKo-InsO/*Reinhart* § 3 Rn. 10.
4 *Wimmer*, FS Kirchhof (2003), 521 (525); *Vallender* KTS 2005, 283 (312); HambK-InsR/*Undritz* Rn. 2.
5 MüKo-BGB/*Kindler* Rn. 3; MüKo-InsO/*Reinhart* Rn. 3.
6 Dänemark ist bei restriktiver Auslegung der Norm im Lichte der EuInsVO nicht zu den Mitgliedstaaten zu zählen; vgl. MüKo-InsO/*Reinhart* Rn. 6.
7 FK-InsO/*Wenner/Schuster* Rn. 2; Kübler/Prütting/Bork/*Kemper* Rn. 4.

5 Die Vorschrift findet keine (analoge) Anwendung auf den Fall, dass sich Vermögen des Schuldners (nur) in Drittstaaten befindet. Ungeachtet dessen ist es deutschen Gerichten auch in diesen Fällen zu empfehlen, einen Eröffnungsbeschluss entsprechend zu begründen, denn auch aus der Sicht von Drittstaaten kann sich die Frage stellen, ob das deutsche Gericht einen (nach den für die Drittstaaten relevanten Vorschriften) anzuerkennenden Beschluss über die Eröffnung eines Hauptinsolvenzverfahrens oder nur einen Beschluss über ein – für im Ausland belegendes Vermögen nicht unmittelbar relevantes – Partikularverfahren erlassen hat.

6 Nach dem Zweck der Regelung ist insb. auszusprechen, ob ein Hauptinsolvenzverfahren oder ein Partikularverfahren eröffnet werden soll. Bei den tatsächlichen Feststellungen ist sodann anzugeben, dass sich der COMI des Schuldners bzw. eine Niederlassung im Inland befindet.[8] Denkbar ist auch, in dem Beschluss weitere Angaben aufzunehmen, die dem bestellten Verwalter die Arbeit im Ausland erleichtern können; hier bietet sich insb. eine Beschreibung der ihm nach dem deutschen Recht zukommenden Befugnisse an.

7 Nach der Entscheidung des EuGH in der Sache »Eurofood« hat bereits ein nur **vorläufig eröffnetes Hauptinsolvenzverfahren** – solange es mit einem Vermögensbeschlag gegen den Schuldner verbunden ist – die Folge, dass die spätere Eröffnung eines anderen (vorläufigen) Hauptinsolvenzverfahrens in einem anderen Mitgliedstaat unwirksam ist (vgl. näher Anh. I Art. 3 EuInsVO Rdn. 71 ff.).[9] Hieraus ist abgeleitet worden, dass bereits bei der Eröffnung eines nur vorläufigen Verfahrens dann, wenn dieses mit einem Vermögensbeschlag gegen den Schuldner verbunden ist, die nach Art. 3 Abs. 1 EuInsVO erforderlichen Feststellungen getroffen werden oder jedenfalls nachgeholt werden müssen.[10] Dem ist nicht zuzustimmen, da der EuGH die bloße Eröffnung eines vorläufigen Verfahrens mit Vermögensbeschlag als solche genügen lässt, ohne den Mitgliedstaaten bereits zu diesem Zeitpunkt eine (vorläufige oder sogar endgültige) Zuständigkeitsprüfung zwingend vorzuschreiben und damit in die *lex fori concursus* einzugreifen (vgl. ausf. Anh. I Art. 3 EuInsVO Rdn. 78). Ungeachtet dessen erscheint es ratsam, § 2 – soweit das Gericht bereits über entsprechende Kenntnis der relevanten Umstände verfügt – entsprechend anzuwenden und auch schon die Anordnung vorläufiger Maßnahmen mit einer entsprechenden Begründung zu versehen; damit werden Zuständigkeitskonflikte auch zu diesem frühen Verfahrensstand bestmöglich vermieden.[11]

8 Ein Verstoß gegen § 2 hat nicht die Nichtigkeit des Beschlusses zur Folge.[12] Soweit sich aus der fehlenden Begründung aber Nachteile für einen Beteiligten ergeben, kann dies zu Amtshaftungsansprüchen führen.[13]

§ 3 Vermeidung von Kompetenzkonflikten

(1) Hat das Gericht eines anderen Mitgliedstaats der Europäischen Union ein Hauptinsolvenzverfahren eröffnet, so ist, solange dieses Insolvenzverfahren anhängig ist, ein bei einem inländischen Insolvenzgericht gestellter Antrag auf Eröffnung eines solchen Verfahrens über das zur Insolvenzmasse gehörende Vermögen unzulässig. Ein entgegen Satz 1 eröffnetes Verfahren darf nicht fortgesetzt werden. Gegen die Eröffnung des inländischen Verfahrens ist auch der Verwalter des ausländischen Hauptinsolvenzverfahrens beschwerdebefugt.

(2) Hat das Gericht eines Mitgliedstaats der Europäischen Union die Eröffnung des Insolvenzverfahrens abgelehnt, weil nach Artikel 3 Abs. 1 der Verordnung (EG) Nr. 1346/2000 die deutschen

---

8 Näher FK-InsO/*Wenner/Schuster* Rn. 4.
9 EuGH 02.05.2006, C-341/04 Slg. 2006, I-3813, Rn. 54 – Eurofood.
10 *Reinhart* NZI 2009, 73 (76); auch FK-InsO/*Wenner/Schuster* Rn. 2.
11 Im Erg. für eine Begründungspflicht auch AG Hamburg 11.02.2009, 67c IE 1/09, NZI 2009, 343.
12 Für alle etwa MüKo-InsO/*Reinhart* Rn. 10.
13 HambK-InsR/*Undritz* Rn. 2; Zweifel an der praktischen Relevanz einer derartigen Schadensersatzpflicht bei MüKo-InsO/*Reinhart* Rn. 11.

Gerichte zuständig seien, so darf ein deutsches Insolvenzgericht die Eröffnung des Insolvenzverfahrens nicht ablehnen, weil die Gerichte des anderen Mitgliedstaats zuständig seien.

Übersicht

	Rdn.		Rdn.
A. Positive Kompetenzkonflikte im Verhältnis zu Mitgliedstaaten	1	B. Negative Kompetenzkonflikte im Verhältnis zu Mitgliedstaaten	7

A. Positive Kompetenzkonflikte im Verhältnis zu Mitgliedstaaten

§ 3 Abs. 1 behandelt den Fall eines **positiven Kompetenzkonflikts**. Der Norm kommt aber näher betrachtet keine bzw. allenfalls eine geringe eigenständige Bedeutung zu, da sich die maßgeblichen Regeln für die Bewältigung derartiger Kompetenzkonflikte aus der EuInsVO selbst ableiten lassen und daher – angesichts des Anwendungsvorrangs der EuInsVO – für Lösungen des nationalen Rechts kein Raum mehr verbleibt.[1] Wie positive Kompetenzkonflikte zu handhaben sind, hat der EuGH in der Entscheidung »Eurofood« maßgeblich festgelegt (vgl. ausf. Anh. I Art. 3 EuInsVO Rdn. 71 ff.).[2]   **1**

Im Ausgangspunkt stellt der EuGH darauf ab, dass das in einem Mitgliedstaat eröffnete Verfahren nach Art. 16 EuInsVO in dem anderen Mitgliedstaat anzuerkennen ist, ohne dass dieser die Zuständigkeit des Gerichts des Eröffnungsstaats überprüfen kann. Ist also in einem anderen Mitgliedstaat ein Insolvenzverfahren eröffnet worden, darf in Deutschland kein weiteres Hauptinsolvenzverfahren eröffnet werden.[3] Wenn in einem anderen Mitgliedstaat ein Hauptinsolvenzverfahren eröffnet worden ist, ist – soweit dem Beschluss nicht ausnahmsweise der anerkennungsrechtliche ordre public entgegensteht (Art. 26 EuInsVO) – ein in Deutschland gestellter Antrag auf Eröffnung eines Hauptinsolvenzverfahrens unzulässig. Das ungeachtet dessen später eröffnete Verfahren ist (schwebend) unwirksam (vgl. dazu Anh. I Art. 3 EuInsVO Rdn. 81 ff.) und darf daher nicht fortgesetzt werden.[4]   **2**

Im praktischen Ergebnis stimmt also die in Abs. 1 Satz 1 und Satz 2 enthaltene Regel mit der »Eurofood-Entscheidung« des EuGH überein. Nach zutreffender Auffassung ergibt sich die Unzulässigkeit eines inländischen Verfahrens für den Fall, dass in einem anderen Mitgliedstaat ein anzuerkennendes Hauptinsolvenzverfahren eröffnet worden ist, bereits (abschließend) aus der EuInsVO.[5]   **3**

Hinzuweisen ist allerdings darauf, dass der EuGH, was den **Zeitpunkt der Eröffnung** anbelangt, eine verordnungsautonome Definition vornimmt. Als »**Eröffnung des Insolvenzverfahrens**« ist nach dem EuGH nicht nur eine Entscheidung zu verstehen, die in dem für das Gericht, das die Entscheidung erlassen hat, geltenden Recht des Mitgliedstaats förmlich als Eröffnungsentscheidung bezeichnet wird. Als Eröffnungsentscheidung gilt nach dem EuGH vielmehr auch jede Entscheidung über die Eröffnung eines nur vorläufigen Verfahrens, wenn diese Entscheidung den Vermögensbeschlag gegen den Schuldner zur Folge hat und durch sie ein in Anhang C der Verordnung genannter Verwalter bestellt wird.[6] Damit kann auch ein nur vorläufig eröffnetes Verfahren, wenn es mit einem Vermögensbeschlag gegen den Schuldner verbunden ist, gegenüber einem inländischen Verfahren eine »Sperrwirkung« entfalten (vgl. näher zu den Einzelheiten Anh. I Art. 3 EuInsVO Rdn. 73 ff.).   **4**

Satz 3 gibt auch dem ausländischen Hauptinsolvenzverwalter die Möglichkeit, Beschwerde gegen die Eröffnungsentscheidung einzulegen. Es handelt sich hierbei um eine sofortige Beschwerde nach § 34 i.V.m. § 6 InsO und §§ 567 ff. ZPO.[7] Zwar ist das inländische Verfahren nach den Grundsätzen aus »Eurofood« wirkungslos; ungeachtet dessen erscheint es aber sinnvoll, eine klä-   **5**

---

1 Für eine alleinige Anwendung der aus der EuInsVO ableitbaren Regeln etwa Rauscher/*Mäsch* Rn. 42; *Oberhammer* ZInsO 2004, 761 (762).
2 EuGH 02.05.2006, C-341/04, Slg. 2006, I-3813, Rn. 45 ff. – Eurofood.
3 EuGH 02.05.2006, C-341/04, Slg. 2006, I-3813, Rn. 49 – Eurofood.
4 BGH 29.05.2008, IX ZB 102/07, BGHZ 177, 12.
5 Rauscher/*Mäsch* Rn. 42; *Oberhammer* ZInsO 2004, 761 (762).
6 EuGH 02.05.2006, C-341/04, Slg. 2006, I-3813, Rn. 54 – Eurofood.
7 FK-InsO/*Wenner/Schuster* Rn. 4.

rende Entscheidung über die Unwirksamkeit der inländischen Verfahrenseröffnung zuzulassen. Da nach der Entscheidung »Eurofood« bereits ein nur vorläufig eröffnetes Verfahren eine »Sperrwirkung« gegenüber einem inländischen Verfahren entfalten kann (vgl. Rdn. 4), dürfte eine derartige Beschwerdebefugnis auch einem (nur) vorläufig bestellten ausländischen Hauptinsolvenzverwalter zukommen, soweit im ausländischen Verfahren ein Vermögensbeschlag gegen den Schuldner verhängt worden ist und das ausländische Verfahren nach den »Eurofood«-Grundsätzen gegenüber dem inländischen Hauptinsolvenzverfahren zeitlich vorrangig ist.[8] In der Konsequenz des oben Gesagten hängt eine Beschwerdebefugnis des ausländischen Verwalters nicht davon ab, ob das ausländische Gericht seine internationale Zuständigkeit nach Art. 3 Abs. 1 EuInsVO bereits abschließend oder auch nur vorläufig geprüft hat (vgl. Art. 102 § 2 EGInsO Rdn. 6; Anh. I Art. 3 EuInsVO Rdn. 78).

6 Abs. 1 gilt nur bei positiven Kompetenzkonflikten mit Gerichten aus Mitgliedstaaten (Dänemark ausgenommen). Bei positiven Kompetenzkonflikten mit Gerichten aus Drittstaaten gilt § 3 Abs. 2 InsO analog (vgl. näher § 343 InsO Rdn. 28 ff.).

B. Negative Kompetenzkonflikte im Verhältnis zu Mitgliedstaaten

7 Im Unterschied zu Abs. 1 enthält Abs. 2 eine Regelung sog. negativer Kompetenzkonflikte. Die Vorschrift bezieht sich ihrem Wortlaut nach auf den Fall, dass ein Gericht eines anderen Mitgliedstaats die Eröffnung eines Hauptinsolvenzverfahrens mit der Begründung abgelehnt hat, der COMI des Schuldners liege in Deutschland. In diesem Fall darf das deutsche Gericht die Eröffnung des Verfahrens nicht mit der Begründung ablehnen, dass die Gerichte dieses anderen Mitgliedstaates zuständig seien. Die ablehnende Entscheidung des anderen Mitgliedstaats entfaltet also eine (eingeschränkte) Bindungswirkung auch für die deutschen Gerichte.

8 Auch bei Abs. 2 stellt sich die Frage, ob die Lösung des (hier: negativen) Kompetenzkonflikts nicht vorrangig aus der EuInsVO abgeleitet werden kann und daher ggf. gar nicht auf das autonome Recht der Mitgliedstaaten zurückgegriffen werden kann und darf. Der EuGH hat hierzu noch nicht entschieden; es spricht aber einiges dafür, dass der EuGH auch für einen negativen Kompetenzkonflikt – nicht anders als für den Fall des positiven Kompetenzkonflikts – eine Lösung aus der EuInsVO ableiten würde.[9]

9 Nach der hier vertretenen Auffassung ist die in Abs. 2 enthaltene Lösung jedenfalls im praktischen Ergebnis mit den Vorgaben der EuInsVO insoweit vereinbar, als sie einen negativen Kompetenzkonflikt vermeidet.[10] Es erscheint nicht hinnehmbar, dass in dem Fall, in dem beide beteiligten Gerichte davon ausgehen, dass sich der COMI des Schuldners innerhalb der EU befindet (nur eben jeweils in dem anderen Mitgliedstaat), ein Verfahren in der EU an einem negativen Kompetenzkonflikt scheitern kann. Abs. 2 schreibt also das fest, was sich ggf. bei einer »integrationsfreundlichen« Auslegung bzw. Fortbildung der EuInsVO erzielen ließe. Aus diesem Grund kommt der Frage, ob der EuInsVO eine abschließende Lösung entnommen werden kann, keine entscheidende praktische Bedeutung zu.

10 Abs. 2 lässt allerdings offen, ob die ablehnende Entscheidung in dem anderen Mitgliedstaat rechtskräftig sein muss oder ob auch eine noch mit Rechtsbehelfen angreifbare ablehnende Entscheidung ausreicht. Für ersteres spricht, dass deutsche Gerichte, wenn nach ihrer Auffassung der COMI an sich in dem anderen Mitgliedstaat liegt, nicht vorschnell eine eigene Zuständigkeit in Anspruch nehmen sollten. Anderenfalls würden sie eine Zuständigkeit »okkupieren«, die ihnen im Ergebnis nach Art. 3 Abs. 1 EuInsVO nicht zusteht. Abs. 2 sollte daher nach der hier vertretenen Auffassung erst dann angewendet werden, wenn die ablehnende Entscheidung des anderen Mitgliedstaats nicht mehr mit Rechtsbehelfen angegriffen werden kann; zuvor ist ohne Bindung an Abs. 2 (objektiv) zu prüfen, wo sich der COMI des Schuldners befindet.

---

8 *Knof/Mock* ZIP 2006, 911 (912); *Mankowski* BB 2006, 1753 (1758); HambK-InsR/*Undritz* Rn. 2.
9 Vgl. dazu MüKo-InsO/*Reinhart* Rn. 16 f. und Art. 3 EuInsVO Rn. 66 f.
10 Kübler/Prütting/Bork/*Kemper* Rn. 9; FK-InsO/*Wenner/Schuster* Rn. 6.

Abs. 2 führt nicht zu einer vollständigen Bindung an die ablehnende Entscheidung des anderen Mitgliedstaats. Die Bindungswirkung besteht nur insoweit, als deutsche Gerichte ihre Zuständigkeit nicht mit der Begründung ablehnen können, der COMI des Schuldners liege in ebendiesem Mitgliedstaat. Hat aber der Mitgliedstaat A seine internationale Zuständigkeit mit der Begründung abgelehnt, der COMI des Schuldners liege in Deutschland, so können deutsche Gerichte ihre internationale Zuständigkeit immer noch mit der Begründung ablehnen, der COMI des Schuldners liege im Mitgliedstaat B.[11]

Nicht unmittelbar unter den Wortlaut der Vorschrift fällt der Fall, dass die Gerichte des anderen Mitgliedstaates auf die Feststellung beschränkt haben, der COMI des Schuldners liege nicht in ihrem Hoheitsgebiet, ohne näher zu begründen, in welchem anderen Mitgliedstaat sich der COMI des Schuldners befinden soll. Nach der hier vertretenen Auffassung ist Abs. 2 in der genannten Konstellation – nach seinem Zweck, negative Kompetenzkonflikte zu vermeiden – entsprechend anzuwenden; denn auch in diesem Fall würde dem Antragsteller, lehnten deutsche Gerichte eine internationale Zuständigkeit mit der Argumentation ab, der COMI des Schuldners liege in ebendiesem anderen Mitgliedstaat, letztlich trotz bestehenden Schuldner-COMI in der EU kein international zuständiges Gericht zur Verfügung gestellt.

Nach dem Zweck der Vorschrift (Vermeidung negativer Kompetenzkonflikte) ist Abs. 2 darüber hinaus sogar dann (analog) anzuwenden, wenn die Gerichte des Mitgliedstaates A ihre internationale Zuständigkeit mit dem Argument abgelehnt haben, der COMI des Schuldners liege (nicht in Deutschland, sondern) in dem Mitgliedstaat B. Auch in diesem Fall können die deutschen Gerichte ihre internationale Zuständigkeit nicht mit dem Argument ablehnen, dass die Gerichte des Mitgliedstaates A international zuständig seien; sie können sich aber darauf stützen, dass die Gerichte des Mitgliedstaates B oder eines sonstigen Mitgliedstaats zuständig seien.

§ 4 Einstellung des Insolvenzverfahrens zugunsten der Gerichte eines anderen Mitgliedstaats

(1) Darf das Insolvenzgericht ein bereits eröffnetes Insolvenzverfahren nach § 3 Abs. 1 nicht fortsetzen, so stellt es von Amts wegen das Verfahren zugunsten der Gerichte des anderen Mitgliedstaats der Europäischen Union ein. Das Insolvenzgericht soll vor der Einstellung den Insolvenzverwalter, den Gläubigerausschuss, wenn ein solcher bestellt ist, und den Schuldner hören. Wird das Insolvenzverfahren eingestellt, so ist jeder Insolvenzgläubiger beschwerdebefugt.

(2) Wirkungen des Insolvenzverfahrens, die vor dessen Einstellung bereits eingetreten und nicht auf die Dauer dieses Verfahrens beschränkt sind, bleiben auch dann bestehen, wenn sie Wirkungen eines in einem anderen Mitgliedstaat der Europäischen Union eröffneten Insolvenzverfahrens widersprechen, die sich nach der Verordnung (EG) Nr. 1346/2000 auf das Inland erstrecken. Dies gilt auch für Rechtshandlungen, die während des eingestellten Verfahrens vom Insolvenzverwalter oder ihm gegenüber in Ausübung seines Amtes vorgenommen worden sind.

(3) Vor der Einstellung nach Absatz 1 hat das Insolvenzgericht das Gericht des anderen Mitgliedstaats der Europäischen Union, bei dem das Verfahren anhängig ist, über die bevorstehende Einstellung zu unterrichten; dabei soll angegeben werden, wie die Eröffnung des einzustellenden Verfahrens bekannt gemacht wurde, in welchen öffentlichen Büchern und Registern die Eröffnung eingetragen und wer Insolvenzverwalter ist. In dem Einstellungsbeschluss ist das Gericht des anderen Mitgliedstaats zu bezeichnen, zu dessen Gunsten das Verfahren eingestellt wird. Diesem Gericht ist eine Ausfertigung des Einstellungsbeschlusses zu übersenden. § 215 Abs. 2 der Insolvenzordnung ist nicht anzuwenden.

---

11 BT-Drucks. 15/16, 15; aus der Lit. etwa FK-InsO/*Wenner/Schuster* Rn. 7; HK-InsO/*Stephan* Rn. 7; Kübler/Prütting/Bork/*Kemper* Rn. 10.

Anh. II Art. 102 § 5 EGInsO

1 Abs. 1 Satz 1 geht davon aus, dass das deutsche Verfahren dann, wenn in einem anderen Mitgliedstaat ein anzuerkennendes Verfahren zu einem früheren Zeitpunkt eröffnet worden ist, mit Wirkung (nur) ex nunc einzustellen ist. Dementsprechend besagt Abs. 2 Satz 1, dass Wirkungen des Insolvenzverfahrens, die vor dessen Einstellung bereits eingetreten und nicht auf die Dauer dieses Verfahrens beschränkt sind, grds bestehen bleiben, und dies auch dann, wenn sie der Wirkung des zuvor in einem anderen Mitgliedstaat eröffneten Verfahrens widersprechen. Dasselbe gilt nach Abs. 2 Satz 2 auch für Rechtshandlungen, die während des eingestellten Verfahrens vom Insolvenzverwalter oder ihm gegenüber in Ausübung seines Amtes vorgenommen worden sind.

2 § 4 ist in diesen Kernaussagen **unanwendbar**, da ein Anwendungsvorrang der EuInsVO besteht. Nach Auffassung des BGH hat ein später eröffnetes Hauptinsolvenzverfahren – im Anschluss an die grundlegende Entscheidung des EuGH »Eurofood«[1] – keine Wirkungen; es ist vielmehr in Gänze (schwebend) unwirksam. Hiermit ist die Annahme einer Unwirksamkeit nur ex nunc mit Einstellung und eine »Restwirkung« von zuvor eingetretenen Wirkungen unvereinbar (vgl. ausf. Anh. I Art. 3 EuInsVO Rdn. 81 ff.).[2]

3 Die Einstellung des Verfahrens hat daher – näher betrachtet – nur **deklaratorische Bedeutung**; eine »Restwirkung« kommt dem deutschen Verfahren nicht zu. Nach dem BGH kann es auch nicht in ein Sekundärinsolvenzverfahren umgedeutet werden (vgl. Anh. I Art. 3 EuInsVO Rdn. 91 ff.).

4 Ungeachtet dessen erscheint auch ein (nur) deklaratorisch wirkender Einstellungsbeschluss aus Gründen der Rechtssicherheit und -klarheit sinnvoll.[3] Dasselbe gilt auch für die in Abs. 1 Satz 1 statuierte Befugnis der Gläubiger, eine Beschwerde einzulegen. Hierbei handelt es sich um die sofortige Beschwerde nach §§ 567 ff. ZPO.[4] Die Beschwerdebefugnis gilt auch dann, wenn das Gericht anstelle des beantragten Hauptinsolvenzverfahrens nur ein Sekundärinsolvenzverfahren eröffnet.[5]

5 Anwendbar bleiben auch die in Abs. 3 statuierten Informationspflichten. Diese können formlos und auch in deutscher Sprache erfolgen.[6]

§ 5 Öffentliche Bekanntmachung

(1) Der Antrag auf öffentliche Bekanntmachung des wesentlichen Inhalts der Entscheidungen nach Artikel 21 Abs. 1 der Verordnung (EG) Nr. 1346/2000 ist an das nach § 1 zuständige Gericht zu richten. Das Gericht kann eine Übersetzung verlangen, die von einer hierzu in einem der Mitgliedstaaten der Europäischen Union befugten Person zu beglaubigen ist. § 9 Abs. 1 und 2 und § 30 Abs. 1 Satz 1 der Insolvenzordnung gelten entsprechend.

(2) Besitzt der Schuldner im Inland eine Niederlassung, so erfolgt die öffentliche Bekanntmachung nach Absatz 1 von Amts wegen. Ist die Eröffnung des Insolvenzverfahrens bekannt gemacht worden, so ist die Beendigung in gleicher Weise bekannt zu machen.

Übersicht

	Rdn.			Rdn.
A. Bekanntmachung der Entscheidung nach Art. 21 Abs. 1 EuInsVO	1	II.	Bekanntmachung der Eröffnung von Amts wegen (Abs. 2)	8
I. Bekanntmachung auf Antrag des ausländischen Verwalters (Abs. 1)	1	**B.**	**Bekanntmachung der Beendigung von Amts wegen**	10

---

1 EuGH 02.05.2006, C-341/04, Slg. 2006, I-3813, Rn. 45 ff. – Eurofood.
2 BGH 29.05.2008, IX ZB 102/07, BGHZ 177, 12 = NZI 2008, 572 m. zust. Anm. *Mankowski* und Anm. *Laukemann* JZ 2009, 636.
3 Die Einstellung ist nach § 19a Nr. 1 RPflG dem Richter vorbehalten; krit. dazu *Kellermeyer* Rpfleger 2003, 391 (393).
4 FK-InsO/*Wenner/Schuster* Rn. 4.
5 FK-InsO/*Wenner/Schuster* Rn. 4.
6 Kübler/Prütting/Bork/*Kemper* Rn. 14 f.; FK-InsO/*Wenner/Schuster* Rn. 11.

A. Bekanntmachung der Entscheidung nach Art. 21 Abs. 1 EuInsVO

I. Bekanntmachung auf Antrag des ausländischen Verwalters (Abs. 1)

Art. 21 Abs. 1 EuInsVO legt fest, dass auf Antrag des im Ausland bestellten Verwalters – sei es eines Hauptinsolvenzverwalters, sei es eines Verwalters im Partikularverfahren – der wesentliche Inhalt der Entscheidung über die Verfahrenseröffnung und ggf. der Bestellung des Insolvenzverwalters in den anderen Mitgliedstaaten zu veröffentlichen ist. Diese Veröffentlichung hat für die Anerkennung des im Ausland eröffneten Verfahrens im Inland keine konstitutive Wirkung; sie ist aber im Rahmen von Art. 24 EuInsVO (schuldbefreiende Leistung an den Schuldner nach Eröffnung des ausländischen Verfahrens) von Bedeutung. Die Veröffentlichung richtet sich gemäß Art. 21 Abs. 1 EuInsVO nach den »Bestimmungen des jeweiligen Staates für öffentliche Bekanntmachungen«. Art. 21 Abs. 1 EuInsVO enthält also keine abschließende Regelung, sondern verweist – ergänzend – auf die Vorschriften der Mitgliedstaaten. 1

Abs. 1 Satz 1 legt fest, dass sich der ausländische Verwalter an das nach § 1 zuständige Gericht zu wenden hat. Dieses veranlasst sodann die Bekanntgabe. Zuständig ist jedes Gericht, in dessen Bezirk sich Vermögen des Schuldners befindet (§ 1 Abs. 3; vgl. näher Art. 102 § 1 EGInsO Rdn. 8 ff.). Selbst wenn sich der COMI des Schuldners oder eine Niederlassung des Schuldners im Inland befindet, sind damit sämtliche Gerichte zuständig, in dessen Bezirk sich Vermögen des Schuldners befindet.[1] Etwas anderes gilt nur dann, wenn ein Haupt- oder Partikularverfahren im Inland eröffnet oder beantragt wurde (vgl. Art. 102 § 1 EGInsO Rdn. 9). Zuständig ist der Rechtspfleger (§ 3 Nr. 2 Buchst. g RPflG).[2] 2

Im Einzelfall können sich Situationen ergeben, in denen ein Interesse an einer Veröffentlichung besteht, obwohl sich in Deutschland kein Vermögen des Schuldners befindet. Denkbar ist etwa, dass der Verwalter eine schuldbefreiende Zahlung eines Dritten (Art. 24 EuInsVO) in Deutschland verhindern will.[3] In diesen Fällen wird in der Literatur eine örtliche Ersatzzuständigkeit am Sitz der Bundesregierung (§ 15 Abs. 1 Satz 2 ZPO) in Erwägung gezogen.[4] 3

Fraglich ist, ob das Insolvenzgericht, bevor es die Bekanntgabe veranlasst, zu überprüfen hat, ob das ausländische Verfahren im Inland überhaupt anzuerkennen ist. Im Rahmen des § 6 ist eine derartige Prüfungspflicht anzunehmen; diese ist auch mit den Vorgaben der EuInsVO vereinbar (vgl. Art. 102 § 6 EGInsO Rdn. 4). Dies spricht dafür, auch im Rahmen des § 5 eine entsprechende Prüfungspflicht anzunehmen.[5] Praktisch führt dies bei Nichtvornahme der öffentlichen Bekanntmachung sodann dazu, dass sich inländische Schuldner auch aus Sicht des Mitgliedstaates, in dem das Verfahren eröffnet worden ist, auf die Beweislastregel des Art. 24 Abs. 2 Satz 1 EuInsVO berufen können. 4

Nach Abs. 1 Satz 2 kann das zuständige Gericht vom ausländischen Verwalter eine **beglaubigte Übersetzung** des Eröffnungsbeschlusses verlangen. Dieses Erfordernis ist mit der EuInsVO vereinbar.[6] **Gerichtsgebühren** fallen keine an.[7] **Bekanntmachungskosten**[8] fallen nach § 24 GKG dem Antragsteller, also dem ausländischen Verwalter zur Last.[9] 5

---

1 A.A. FK-InsO/*Wenner/Schuster* Rn. 5.
2 *Kellermeyer* Rpfleger 2003, 391 (393). Bei der Parallelvorschrift außerhalb der EuInsVO (§ 345 InsO) ist demgegenüber der Richter zuständig (§ 18 Abs. 1 Nr. 3 RPflG).
3 Gebauer/Wiedmann/*Haubold* Art. 21 EuInsVO Rn. 183.
4 So von Gebauer/Wiedmann/*Haubold* Art. 21 EuInsVO Rn. 183.
5 Wie hier im Erg. FK-InsO/*Wenner/Schuster* Rn. 7; Kübler/Prütting/Bork/*Kemper* Rn. 3; MüKo-InsO/*Reinhart* Rn. 7.
6 FK-InsO/*Wenner/Schuster* Rn. 9.
7 BT-Drucks. 15/16, 26.
8 Vgl. Nummer 9004 des Kostenverzeichnisses zum GKG.
9 Vgl. BT-Drucks. 15/16, 26. Die Vorschrift wurde durch das Gesetz zur Neuregelung des internationalen Insolvenzrechts zunächst als § 51 in das GKG aufgenommen; durch das Kostenrechtsmodernisierungsgesetz (BGBl. I, 718) wurde sie sodann in § 24 GKG überführt.

6 Die Art und Weise der Bekanntmachung richtet sich im Übrigen nach den Vorschriften des Veröffentlichungsstaats.[10] Art. 21 Abs. 1 Satz 1 EuInsVO schreibt jedoch gewisse Mindestangaben vor. Stets einzutragen sind – unabhängig von ggf. anders lautenden Vorschriften des unvereinheitlichten nationalen Rechts – der wesentliche Inhalt der Entscheidung über die Verfahrenseröffnung, der Name des bestellten Verwalters sowie die Angabe, ob es sich um ein Hauptverfahren nach Art. 3 Abs. 1 EuInsVO oder um ein Partikularverfahren nach Art. 3 Abs. 2 EuInsVO handelt. Abs. 1 Satz 3 sieht eine entsprechende Anwendung von § 9 Abs. 1 und Abs. 2 und § 30 Abs. 1 InsO vor. Damit wird sichergestellt, dass die ausländische Verfahrenseröffnung wie eine inländische bekanntgegeben wird. Dem ausländischen Verwalter steht natürlich die Möglichkeit zur Verfügung, weitere Veröffentlichungen – etwa in einer Tageszeitung – zu veranlassen; das Insolvenzgericht ist aber insoweit nicht zu seiner Unterstützung verpflichtet.[11]

7 Wird der Antrag auf öffentliche Bekanntmachung bei einem sachlich oder örtlich unzuständigen Gericht gestellt, so hat dieses von Amts wegen den Antrag an das zuständige Gericht weiterzuleiten und den Antragsteller hiervon zu unterrichten (§ 6 Abs. 3).

II. Bekanntmachung der Eröffnung von Amts wegen (Abs. 2)

8 Art. 21 Abs. 2 Satz 1 EuInsVO ermächtigt darüber hinaus den nationalen Gesetzgeber, in dessen Gebiet sich eine Niederlassung des Schuldners i.S.d. Art. 2 Buchst. h) EuInsVO befindet, eine obligatorische Bekanntmachung vorzusehen. In Abs. 2 hat der deutsche Gesetzgeber von dieser Ermächtigung Gebrauch gemacht. Die Vorschrift bezieht sich auf den Fall, dass in einem anderen Mitgliedstaat ein Hauptinsolvenzverfahren eröffnet worden ist; der Begriff der Niederlassung richtet sich nach Art. 2 Buchst. h) EuInsVO.[12]

9 Aus Art. 21 Abs. 2 Satz 2 EuInsVO folgt hieran anschließend, dass das Gericht oder der Verwalter des ausländischen Hauptinsolvenzverfahrens, je nach der innerstaatlichen Zuständigkeitsverteilung, dazu verpflichtet ist, das deutsche Insolvenzgericht über die Eröffnung eines ausländischen Hauptinsolvenzverfahrens zu unterrichten.

B. Bekanntmachung der Beendigung von Amts wegen

10 Nach Abs. 2 Satz 2 ist Beendigung des Verfahrens in gleicher Weise von Amts wegen bekannt zu machen. Abs. 2 Satz 2 bezieht sich seiner systematischen Stellung nach nur auf die Fälle, in denen die Bekanntmachung nach Maßgabe von Abs. 2 Satz 1 obligatorisch war.

11 Für die Fälle des Abs. 1 fehlt es dementsprechend an einer unmittelbar einschlägigen Regelung. Es spricht jedoch einiges dafür, Abs. 1 entsprechend auch auf die Bekanntmachung der Beendigung anzuwenden; erforderlich ist aber auch hier ein Antrag des Insolvenzverwalters.[13] In der Literatur wurde z.T. eine (analoge) Anwendung von Abs. 2 Satz 2 auch im Rahmen von Abs. 1 befürwortet.[14] Dies würde in der Konsequenz dazu führen, dass die Beendigung auch dann, wenn die Eröffnung nur auf Antrag bekannt gemacht worden ist, ihrerseits – auch ohne gesonderten Antrag – von Amts wegen bekannt zu machen ist.

---

10 Gebauer/Wiedmann/*Haubold* Art. 21 EuInsVO Rn. 184; *Virgós/Schmit* Bericht Rn. 181.
11 FK-InsO/*Wenner/Schuster* Rn. 10.
12 MüKo-InsO/*Reinhart* Rn. 8.
13 MüKo-InsO/*Reinhart* Rn. 12; Kübler/Prütting/Bork/*Kemper* Rn. 7.
14 Vgl. FK-InsO/*Wenner/Schuster* Rn. 11; Andres/Leithaus/*Dahl* Rn. 7; Nerlich/Römermann/*Mincke* Rn. 11.

§ 6 Eintragung in öffentliche Bücher und Register

(1) Der Antrag auf Eintragung nach Artikel 22 der Verordnung (EG) Nr. 1346/2000 ist an das nach § 1 zuständige Gericht zu richten. Dieses ersucht die Register führende Stelle um Eintragung, wenn nach dem Recht des Staats, in dem das Hauptinsolvenzverfahren eröffnet wurde, die Verfahrenseröffnung ebenfalls eingetragen wird. § 32 Abs. 2 Satz 2 der Insolvenzordnung findet keine Anwendung.

(2) Die Form und der Inhalt der Eintragung richten sich nach deutschem Recht. Kennt das Recht des Staats der Verfahrenseröffnung Eintragungen, die dem deutschen Recht unbekannt sind, so hat das Insolvenzgericht eine Eintragung zu wählen, die der des Staats der Verfahrenseröffnung am nächsten kommt.

(3) Geht der Antrag nach Absatz 1 oder nach § 5 Abs. 1 bei einem unzuständigen Gericht ein, so leitet dieses den Antrag unverzüglich an das zuständige Gericht weiter und unterrichtet hierüber den Antragsteller.

Der Registereintragung kommt bei internationalen Insolvenzen erhebliche Bedeutung zu. Durch die Registereintragung kann insb. verhindert werden, dass der Schuldner nach Eröffnung des Insolvenzverfahrens an gutgläubige Dritte wirksam verfügen kann. Nach Art. 14 EuInsVO ist, soweit es sich um eine entgeltliche Verfügung über einen unbeweglichen Gegenstand, registrierte Schiffe bzw. Luftfahrzeuge oder registrierte Wertpapiere handelt, die jeweilige *lex rei sitae* anzuwenden. Befinden sich die genannten Gegenstände in Deutschland, ist bei einer Eröffnung eines Hauptinsolvenzverfahrens in einem anderen Mitgliedstaat – abweichend von dem Grundsatz, dass die *lex fori concursus* anzuwenden ist – also deutsches Recht heranzuziehen (vgl. § 81 InsO). 1

In diesem Zusammenhang regelt Art. 22 EuInsVO die Möglichkeit und Pflicht des Verwalters, die Eröffnungsentscheidung in den öffentlichen Registern der anderen Mitgliedstaaten eintragen zu lassen. Antragsberechtigt ist nur der Verwalter eines Hauptverfahrens nach Art. 3 Abs. 1 EuInsVO. Dies ergibt sich daraus, dass in das Partikularverfahren per definitionem keine Gegenstände einbezogen werden, die sich bei Verfahrenseröffnung außerhalb des Eröffnungsstaats befinden.[1] 2

Nach Abs. 1 Satz 1 ist der Antrag auf Eintragung an das nach § 1 zuständige **Insolvenzgericht** zu stellen. Zuständig ist jedes Insolvenzgericht, in dessen Bezirk Vermögen des Schuldners belegen ist; dies gilt auch dann, wenn sich eine Niederlassung des Schuldners im Inland befindet (vgl. Art. 102 § 1 EGInsO Rdn. 8 ff.).[2] Zuständig ist der Rechtspfleger (§ 3 Nr. 2 Buchst. g RPflG).[3] Ein Antrag direkt beim Grundbuchamt ist demgegenüber – wie Abs. 1 Satz 3 i.V.m. § 32 Abs. 2 Satz 2 InsO klarstellt – unzulässig. Die Grundbuchämter sollen nicht mit der Prüfung belastet werden, ob die Voraussetzungen der Anerkennung des ausländischen Verfahrens gegeben sind und welche Auswirkungen dieses Verfahren auf die Verfügungsbefugnis des Schuldners hat.[4] Die Konzentration hat verschiedene Vorteile. Insb. kann sich der Insolvenzverwalter an eine einzige Stelle wenden. Es werden zudem widersprechende Entscheidungen einzelner Registerbehörden vermieden.[5] Letztlich wird durch die Konzentration auch ermöglicht, dass sich bei dem Insolvenzgericht eine besondere Sachkunde herausbildet.[6] 3

Das Insolvenzgericht hat nach der Begründung zum Gesetzesentwurf zu prüfen, ob der ausländische Eröffnungsbeschluss **anzuerkennen** ist und welche Auswirkungen das ausländische Insolvenzverfah- 4

---

1 *Virgós/Schmit* Bericht Rn. 184.
2 A.A. FK-InsO/*Wenner/Schuster* Rn. 5.
3 *Kellermeyer* Rpfleger 2003, 391 (393). Bei der Parallelvorschrift außerhalb der EuInsVO (§ 346 InsO) ist demgegenüber der Richter zuständig (§ 18 Abs. 1 Nr. 3 RPflG).
4 Vgl. BT-Drucks. 15/16, 16; BT-Drucks. 12/2443, 242.
5 BT-Drucks. 15/16, 16; AG Duisburg 13.01.2010, 62 IE 1/10, NZI 2010, 199.
6 BT-Drucks. 15/16, 16.

ren auf die Verfügungsbefugnis des Schuldners hat.[7] Diese **Prüfungspflicht** ist, wie sich aus dem Erläuternden Bericht zum EuInsÜ ergibt, mit den Vorgaben der EuInsVO vereinbar.[8] Die rechtliche Beurteilung, die das Insolvenzgericht insoweit vornimmt, ist für die das Register führende Stelle bindend.[9]

5 Bei den anderen Eintragungsvoraussetzungen verbleibt es aber bei der Prüfungspflicht der registerführenden Stelle, wie sie auch bei reinen Inlandsfällen besteht.

6 Nach dem Wortlaut des Abs. 1 Satz 1 ist eine Eintragung im Inland nur vorzunehmen, wenn nach dem Recht des Staates, in dem das Hauptinsolvenzverfahren eröffnet wurde, die Verfahrenseröffnung ebenfalls eingetragen wird. Die Eintragung in deutsche Register geht also nach dieser Regelung nicht über die in der *lex fori concursus* vorgesehene Eintragung hinaus. Nimmt man die Vorschrift beim Wort, so wäre die Eintragung in vielen Fällen nicht vorzunehmen, da verschiedene Mitgliedstaaten kein derart ausgeprägtes Registrierungssystem vorsehen wie Deutschland.

7 Diese durch den deutschen Gesetzgeber vorgenommene Einschränkung ist allerdings mit Art. 22 EuInsVO nicht vereinbar.[10] Art. 22 EuInsVO formuliert allgemein, dass die Eröffnung in das Grundbuch, das Handelsregister und alle sonstigen Register einzutragen ist; die Vorschrift sieht also eine generelle, nicht aber eine nach dem Prinzip des »kleinsten gemeinsamen Nenners« geminderte Eintragung in die Register des Registerstaates vor. Aufgrund des Anwendungsvorrangs von Art. 22 EuInsVO ist § 6 Abs. 1 Satz 2 EGInsO insoweit nicht anzuwenden. Die Eröffnung des ausländischen Insolvenzverfahrens ist – unabhängig von den entsprechenden Regelungen der *lex fori concursus* – in alle Register einzutragen, in die nach dem deutschen Recht eine Insolvenzeröffnung einzutragen ist. Hierfür besteht auch ein dringendes praktisches Bedürfnis. Anderenfalls würde Art. 14 EuInsVO mit seinem Verweis auf die (deutsche) *lex rei sitae* bei Nichteintragung einen gutgläubigen Erwerb ermöglichen. Dem ausländischen Hauptinsolvenzverwalter muss aber die Möglichkeit gegeben werden, diesen gutgläubigen Erwerb durch eine Eintragung in das deutsche Register zu verhindern.[11]

8 Abs. 2 Satz 1 stellt klar, dass sich **Form und Inhalt der Eintragung** nach dem deutschen Recht richten. Maßgeblich sind also die einzelnen Registerordnungen; auch die **Form und der Inhalt des Antrags** richten sich nach den dort geltenden Vorschriften. So ist etwa § 29 GBO (Nachweis durch öffentliche oder öffentlich beglaubigte Urkunden) heranzuziehen.[12] Nach Abs. 2 Satz 2 ist eine **dem deutschen Recht unbekannte ausländische Eintragung** durch eine entsprechende inländische zu substituieren. Von einem Ersuchen der registerführenden Stelle durch das Insolvenzgericht ist nur abzusehen, wenn die fehlende Substituierbarkeit durch das Insolvenzgericht festgestellt worden ist.[13]

9 Wird der Antrag bei einem sachlich oder örtlich **unzuständigen Gericht** gestellt, so darf das Gericht den Antrag nicht ablehnen. Vielmehr ist der Antrag nach Abs. 3 an das zuständige Insolvenzgericht weiterzuleiten. Hierunter ist auch der Fall zu subsumieren, dass der Antrag bei einem Grundbuchamt gestellt wird.

10 Nach Art. 22 Abs. 2 EuInsVO kann der Registerstaat, in dem der Schuldner eine Niederlassung unterhält (Art. 2 Buchst. h), eine **Pflicht zur Anmeldung und Eintragung** der ausländischen Insolvenzeröffnung einführen. Eine Durchführungsvorschrift zu Abs. 2 enthält § 6 nicht. Allerdings sind die Insolvenzgerichte bereits nach § 32 Abs. 2 Satz 1 InsO und § 32 Abs. 1 Satz 1 HGB verpflichtet,

---

7 BT-Drucks. 15/16, 16.
8 *Virgós/Schmit* Bericht Rn. 183.
9 AG Duisburg 13.01.2010, 62 IE 1/10, NZI 2010, 199.
10 Zutr. Gebauer/Wiedmann/*Haubold* Art. 22 EuInsVO Rn. 190; MüKo-InsO/*Reinhart* Rn. 9; im Erg. auch *Bierhenke* MittBayNot 2009, 197 (199).
11 Gebauer/Wiedmann/*Haubold* Art. 22 EuInsVO Rn. 190; MüKo-BGB/*Kindler* Rn. 4.
12 FK-InsO/*Wenner/Schuster* Rn. 7.
13 BT-Drucks. 15/16, 16.

die Registerbehörden um die Eintragung zu ersuchen; das Insolvenzgericht muss seinerseits nach Art. 21 Abs. 2 EuInsVO i.V.m. Art. 102 § 5 Abs. 2 Satz 1 EGInsO von der Eröffnung des Insolvenzverfahrens im Ausland informiert werden.

Zur Löschung eines eingetragenen Insolvenzvermerks wegen Änderungen, zu denen es im eröffneten ausländischen Insolvenzverfahren zwischenzeitlich gekommen ist, enthält § 6 keine ausdrückliche Regel. Das OLG Dresden hat hier eine (analoge) Anwendung von § 346 Abs. 3 Satz 2 InsO vorgenommen.[14] 11

Auf sonstige Fälle, in denen sich Vorfragen aus dem internationalen Insolvenzrecht stellen, ist die Vorschrift nicht analog anwendbar. Das ergibt sich daraus, dass es sich bei der abgespaltenen sachlichen Teilzuständigkeit um eine Ausnahmeregelung handelt, die allein zur Durchführung von Art. 22 EuInsVO geschaffen wurde.[15] 12

§ 7 Rechtsmittel

Gegen die Entscheidung des Insolvenzgerichts nach § 5 oder § 6 findet die sofortige Beschwerde statt. Die §§ 574 bis 577 der Zivilprozessordnung gelten entsprechend.

Die EuInsVO sieht in Art. 14 (Schutz des Dritterwerbers bei Verfügungen des Schuldners) und Art. 24 (Leistung an den Schuldner) Gutglaubensschutzvorschriften vor. Im Rahmen dieser Vorschriften kommt es entscheidend darauf an, ob die Verfügung des Schuldners vor oder nach der öffentlichen Bekanntmachung des Eröffnungsbeschlusses bzw. nach der Eintragung in öffentliche Register vorgenommen worden sind. Der ausländische Insolvenzverwalter hat daher ein Interesse daran, dass die Bekanntmachung bzw. die Eintragung in das Register so rasch wie möglich erfolgt. Gehen der Insolvenzmasse Gegenstände verloren, weil der Insolvenzverwalter nicht auf die Eintragung und Bekanntmachung hinwirkt, kann er sich nach der anwendbaren *lex fori concursus* schadensersatzpflichtig machen. 1

Dementsprechend räumt ihm § 7 im Falle der Ablehnung der öffentlichen Bekanntmachung oder des Ersuchens um Eintragung durch das Insolvenzgericht die Möglichkeit ein, sofortige Beschwerde einzulegen. Nach Satz 2 findet i.V.m. §§ 574 ff. ZPO zusätzlich die Rechtsbeschwerde statt, dies allerdings nur dann, wenn das Beschwerdegericht sie zulässt. Dem Schuldner steht, wie sich der Gesetzesbegründung entnehmen lässt,[1] demgegenüber kein Beschwerderecht zu.[2] 2

Nach der Begründung zum Gesetzentwurf soll der ausländische Insolvenzverwalter nicht allein auf die sofortige Beschwerde verwiesen sein. Vielmehr kann er daneben auch die Rechtsmittel einlegen, die für das jeweilige Eintragungsverfahren vorgesehen sind. Dem ausländischen Insolvenzverwalter steht also eine Beschwerdebefugnis zu, obwohl er in den Fällen des § 5 und § 6 nur mittelbar Antragsteller ist. Handelt es sich um die Eintragung der Verfahrenseröffnung im Grundbuch, so finden zusätzlich die im Grundbuchverfahren geltenden Beschwerdevorschriften (§§ 71 ff. GBO) Anwendung.[3] Größere praktische Bedeutung dürfte dem allerdings nicht vorkommen, da das Grundbuchamt, was die Anerkennungsfähigkeit der ausländischen Insolvenzeröffnung anbelangt, an die (Teil-)Entscheidung des Insolvenzgerichts gebunden ist (vgl. Art. 102 § 6 EGInsO Rdn. 3). 3

---

14 OLG Dresden 26.05.2010, 17 W 491/10, ZIP 2010, 2108.
15 AG Duisburg 13.01.2010, 62 IE 1/10, NZI 2010, 199.
1 BT-Drucks. 15/16, 16.
2 FK-InsO/*Wenner/Schuster* Rn. 3; a.A. MüKo-InsO/*Reinhart* Rn. 4; Karsten Schmidt/*Brinkmann* Rn. 4.
3 BT-Drucks. 15/16, 16; abw. MüKo-BGB/*Kindler* Rn. 2.

§ 8 Vollstreckung aus der Eröffnungsentscheidung

(1) Ist der Verwalter eines Hauptinsolvenzverfahrens nach dem Recht des Staats der Verfahrenseröffnung befugt, auf Grund der Entscheidung über die Verfahrenseröffnung die Herausgabe der Sachen, die sich im Gewahrsam des Schuldners befinden, im Wege der Zwangsvollstreckung durchzusetzen, so gilt für die Vollstreckbarerklärung im Inland Artikel 25 Abs. 1 Unterabs. 1 der Verordnung (EG) Nr. 1346/2000. Für die Verwertung von Gegenständen der Insolvenzmasse im Wege der Zwangsvollstreckung gilt Satz 1 entsprechend.

(2) § 6 Abs. 3 findet entsprechend Anwendung.

1 § 8 hat im Wesentlichen klarstellende Bedeutung. Aus dem Erläuternden Bericht zum EuInsÜ ergibt sich, dass sich Art. 25 Abs. 1 Unterabs. 1 EuInsVO auch auf die Eröffnungsentscheidung bezieht, soweit diese Rechtsfolgen enthält, »die über die Eröffnung selbst hinausgehen«.[1]

2 Nach Art. 18 EuInsVO kann der in einem anderen Mitgliedstaat bestellte Hauptinsolvenzverwalter im Gebiet eines anderen Mitgliedstaats alle Befugnisse ausüben, die ihm nach dem Recht des Staats der Verfahrenseröffnung zustehen. Soweit er hiernach die Befugnis hat, die Herausgabe von Sachen im Wege der Zwangsvollstreckung durchzusetzen,[2] gilt für die Vollstreckbarkeit ebenfalls Art. 25 Abs. 1 Unterabs. 1 EuInsVO.

3 Art. 25 Abs. 1 Unterabs. 1 EuInsVO ist nach Satz 2 auch dann anwendbar, wenn der ausländische Hauptinsolvenzverwalter Bestandteile der im Inland belegenen Masse im Wege der Zwangsvollstreckung verwerten will. Dies gilt auch dann, wenn der Insolvenzverwalter nach der ausländischen *lex fori concursus* keiner besonderen gerichtlichen Ermächtigung bedarf, sondern sich seine entsprechende Befugnis bereits aus dem Gesetz ergibt. Auch Satz 2 hat lediglich deklaratorische Bedeutung.[3]

4 Ebenso wie in § 5 findet auch bei § 8 die Vorschrift des § 6 Abs. 3 entsprechende Anwendung. Wird also der Antrag auf Vollstreckbarerklärung bei einem unzuständigen Gericht gestellt, ist er unverzüglich an das zuständige Gericht weiterzuleiten; der Antragsteller ist darüber zu informieren.

§ 9 Insolvenzplan

Sieht ein Insolvenzplan eine Stundung, einen Erlass oder sonstige Einschränkungen der Rechte der Gläubiger vor, so darf er vom Insolvenzgericht nur bestätigt werden, wenn alle betroffenen Gläubiger dem Plan zugestimmt haben.

Übersicht	Rdn.		Rdn.
A. Bedeutung im inländischen Sekundärinsolvenzverfahren	1	C. Bedeutung im inländischen Partikularverfahren	7
B. Keine Bedeutung im inländischen Hauptinsolvenzverfahren	6		

A. Bedeutung im inländischen Sekundärinsolvenzverfahren

1 Die EuInsVO enthält verschiedene Vorschriften, die sich mit dem Zustandekommen und der grenzüberschreitenden Wirksamkeit eines Insolvenzplans befassen. Art. 31 Abs. 3 EuInsVO schreibt allgemein vor, dass der Verwalter eines Sekundärinsolvenzverfahrens dem Hauptinsolvenzverwalter Gelegenheit geben muss, Vorschläge für die Verwertung oder sonstige Verwendung der Masse zu unterbreiten. Art. 34 Abs. 1 EuInsVO bestimmt näher, dass der Hauptinsolvenzverwalter im Sekundä-

---

[1] *Virgós/Schmit* Bericht Rn. 189.
[2] Vgl. im deutschen Recht § 148 InsO.
[3] Vgl. im deutschen Recht § 165 InsO.

rinsolvenzverfahren die Möglichkeit hat, einen Sanierungsplan vorzuschlagen. Das nationale Recht wird durch diese Sachnorm ergänzt; die Liste der Vorschlagsberechtigten (§ 218 InsO) wird durch die Regeln der EuInsVO ergänzt (vgl. näher Anh. I Art. 34 EuInsVO Rdn. 6 ff.).

Die Reichweite eines in einem **Sekundärinsolvenzverfahren** beschlossenen Plans ergibt sich für den Fall des Sanierungsplans aus Art. 34 Abs. 2 EuInsVO; für Liquidationspläne gilt die allgemeinere Regel des Art. 17 Abs. 2 Satz 2 EuInsVO. Die in einem Sanierungsplan vorgesehenen Einschränkungen der Rechte der Insolvenzgläubiger haben nach Art. 34 Abs. 2 EuInsVO nur dann Auswirkungen auf das nicht vom Sekundärinsolvenzverfahren betroffene Vermögen, wenn alle betroffenen Gläubiger der Maßnahme zugestimmt haben (vgl. näher Anh. I Art. 34 EuInsVO Rdn. 15 ff.). Haben nicht alle Gläubiger zugestimmt, so beschränken sich die Wirkungen des Sanierungsplans auf das Vermögen, das nach Maßgabe von Art. 2 Buchst. g) EuInsVO im Staat des Sekundärverfahrens belegen ist. Für das in einem anderen Mitgliedstaat belegene Vermögen entfaltet der Sanierungsplan, soweit nicht alle Gläubiger zugestimmt haben, demgegenüber keine Wirkung; dies gilt auch im Hinblick auf solche Gläubiger, die dem Plan zugestimmt haben. Bei anderen (Liquidations-)Plänen erfolgt eine grenzüberschreitende Wirkung gem. Art. 17 Abs. 2 Satz 2 EuInsVO nur bzgl. solcher Gläubiger, die dem Plan zugestimmt haben.

§ 9 sieht – ergänzend zu Art. 34 Abs. 2 und Art. 17 Abs. 2 Satz 2 EuInsVO – eine Sachnorm vor, die nicht erst die Wirkung des im Sekundärinsolvenzverfahren beschlossenen Plans begrenzt, sondern bereits beim Zustandekommen des Plans ansetzt. Ein Insolvenzplan, der in einem deutschen Sekundärinsolvenzverfahren beschlossen worden ist, darf nur dann vom Insolvenzgericht **bestätigt** werden, wenn alle vom Plan betroffenen Gläubiger dem Plan zugestimmt haben. Welche Gläubiger vom Plan »betroffen« sind, bestimmt sich auf der Grundlage einer materiellen Betrachtungsweise. Damit wollte der deutsche Gesetzgeber ausschließen, dass es zu einem Insolvenzplan mit nur auf das Inlandsvermögen beschränkter Wirkung kommen kann.

Fraglich ist, ob § 9 mit den Vorgaben der EuInsVO vereinbar ist.[1] Hierfür spricht, dass es sich nicht um eine Kollisions-, sondern um eine Sachnorm handelt und die EuInsVO eine abschließende Regelung nur im Bereich des Kollisionsrechts, nicht aber im Bereich des Sachrechts verwirklicht. Dementsprechend lässt sich Art. 34 Abs. 2 EuInsVO nicht (auch nicht inzident) die Aussage entnehmen, dass die Mitgliedstaaten bei Sekundärinsolvenzverfahren diejenigen Regeln unmodifiziert zur Anwendung bringen müssen, die bei rein inländischen Verfahren bzw. bei Hauptinsolvenzverfahren gelten. Dementsprechend ist § 9 nach der hier vertretenen Auffassung anwendbar.

Ungeachtet dessen ist er nach der hier vertretenen Auffassung in einer – praktischen wichtigen – Konstellation teleologisch zu reduzieren. Wird in einem ausländischen Hauptinsolvenzverfahren ebenfalls ein Insolvenzplan beschlossen, der mit dem Plan, der im deutschen Sekundärinsolvenzverfahren beschlossen werden soll, **inhaltlich abgestimmt** ist, sollte § 9 keine Anwendung finden. Anderenfalls wäre der Insolvenzplan, was nicht die Absicht des deutschen Gesetzgebers gewesen sein kann, als Instrument in einem deutschen Sekundärinsolvenzverfahren weitgehend entwertet. Vor allem trifft die ratio des § 9 in diesem Fall nicht zu: Soweit ein Plan nicht nur im deutschen Sekundärinsolvenzverfahren beschlossen werden soll, sondern bereits ein (inhaltlich abgestimmter) Plan in einem ausländischen Verfahren beschlossen worden ist bzw. parallel ebenfalls beschlossen werden soll, besteht im Ergebnis nicht die Gefahr einer nur territorialen Wirkung des Plans; vielmehr gelangt man mit aufeinander abgestimmten Plänen gerade umgekehrt dazu, dass eine einheitliche – ggf. Sanierungszwecken dienende – Lösung erreicht werden kann. Dies spricht entscheidend dafür, in den Fällen abgestimmter Pläne § 9 nicht anzuwenden, sondern es bei den allgemeinen Mehrheitserfordernissen der InsO (§§ 244 ff. InsO) zu belassen.[2]

---

1 Bejahend *Seidl/Paulick* ZInsO 2010, 125 (128); HambK-InsR/*Undritz* Rn. 1; Gebauer/Wiedmann/*Haubold* Art. 34 EuInsVO Rn. 242; a.A. FK-InsO/*Wenner/Schuster* Art. 34 EuInsVO Rn. 6; Braun/*Liersch/Delzant* § 355 Rn. 20; Mohrbutter/Ringstmeier/*Wenner* § 20 Rn. 140.
2 *Liersch* NZI 2003, 302 (309); Braun/*Liersch/Delzant* § 355 InsO Rn. 13 ff.; im praktischen Ergebnis jeden-

B. Keine Bedeutung im inländischen Hauptinsolvenzverfahren

6 Dem Wortlaut nach könnte sich § 9 auch auf in Deutschland eröffnete Hauptinsolvenzverfahren beziehen. In der Begründung zum Gesetzentwurf wird aber allein auf Art. 34 Abs. 2 EuInsVO und damit das Sekundärinsolvenzverfahren Bezug genommen. Dass sich § 9 nur auf Partikularverfahren beschränkt, wird aus dem systematischen Zusammenhang mit § 355 Abs. 2 InsO deutlich. Diese Vorschrift ist inhaltsgleich mit § 9, beschränkt sich aber, wie sich wiederum aus § 355 Abs. 1 ergibt, auf (nicht von der EuInsVO erfasste) inländische Partikularverfahren, also insb. auf solche Sekundärinsolvenzverfahren, bei denen das Hauptinsolvenzverfahren nicht in einem anderen Mitgliedstaat, sondern in einem Drittstaat eröffnet worden ist. Wie auch § 355 Abs. 2 InsO ist damit auch § 9 auf ein inländisches Hauptinsolvenzverfahren nicht anzuwenden.

C. Bedeutung im inländischen Partikularverfahren

7 Schwieriger fällt die Beurteilung der Frage, ob § 9 bei einem isolierten deutschen Partikularverfahren heranzuziehen ist oder ob die Norm auch insoweit teleologisch zu reduzieren ist. Im Rahmen des § 355 Abs. 2 InsO werden nach der systematischen Stellung der Norm auch isolierte Partikularverfahren erfasst (vgl. § 355 InsO Rdn. 1; § 354 InsO Rdn. 1 ff.). Überdies greift die ratio des § 9 auch in isolierten Partikularverfahren, denn soweit der Plan mit einfacher Mehrheit beschlossen werden könnte, wirkte er nur mit Blick auf das Inlandsvermögen und im Übrigen nach Art. 17 Abs. 2 Satz 2 EuInsVO nur gegenüber den Gläubigern, die dem Plan zugestimmt haben. Eine umfassende Wirkung des Plans über das in Deutschland belegene Vermögen hinaus wäre also bei fehlender Zustimmung aller Gläubiger nicht zu erreichen. Im Ergebnis wird nach der hier vertretenen Auffassung auch der im isolierten Partikularverfahren beschlossene Plan von § 9 erfasst.[3]

§ 10 Aussetzung der Verwertung

Wird auf Antrag des Verwalters des Hauptinsolvenzverfahrens nach Artikel 33 der Verordnung (EG) Nr. 1346/2000 in einem inländischen Sekundärinsolvenzverfahren die Verwertung eines Gegenstandes ausgesetzt, an dem ein Absonderungsrecht besteht, so sind dem Gläubiger laufend die geschuldeten Zinsen aus der Insolvenzmasse zu zahlen.

1 § 10 bezieht sich auf den Fall, dass in einem anderen Mitgliedstaat ein in Deutschland anzuerkennendes Hauptinsolvenzverfahren und in Deutschland ein Sekundärinsolvenzverfahren betrieben werden. Die Vorschrift dient der Durchführung von Art. 33 EuInsVO.

2 Nach Art. 33 EuInsVO kann der Hauptinsolvenzverwalter die Aussetzung der Verwertung im Sekundärinsolvenzverfahren beantragen. Hiermit soll er verhindern können, dass ein Verkauf des schuldnerischen Vermögens en bloc oder eine Sanierung des Gesamtunternehmens durch Maßnahmen des Sekundärinsolvenzverwalters beeinträchtigt oder unmöglich gemacht wird (vgl. Anh. I Art. 33 EuInsVO Rdn. 2).

3 Setzt das Gericht die Verwertung ganz oder teilweise aus, kann es nach Art. 33 Abs. 1 Satz 2 Halbs. 2 EuInsVO »alle angemessenen Maßnahmen zum Schutz der Interessen der Gläubiger des Sekundärinsolvenzverfahrens sowie einzelner Gruppen von Gläubigern« verlangen. In der Literatur geht man davon aus, dass jedenfalls die Art der festzusetzenden Sicherheitsleistung dem jeweils anwendbaren nationalen Recht entnommen werden müsse; Art. 33 EuInsVO sei keine Grundlage für frei geschöpfte Schutzmaßnahmen (vgl. Anh. I Art. 33 EuInsVO Rdn. 11 f.).[1]

---

falls sehr ähnlich FK-InsO/*Wenner/Schuster* Rn. 4 (§ 9 solle nicht angewendet werden, wenn dem Plan ein abgestimmter »Masterplan« zugrunde liege) und auch noch MüKo-InsO/*Reinhart* Rn. 9 (§ 9 gelte nicht für einen sog. »einheitlichen Insolvenzplan«); ausf. bereits *ders.* Sanierungsverfahren, 309 ff.
3 FK-InsO/*Wenner/Schuster* Rn. 3; a.A. MüKo-InsO/*Reinhart* Rn. 6.
1 Geimer/Schütze/*Heiderhoff* Art. 33 EuInsVO Rn. 3.

§ 10 sieht in Durchführung von Art. 33 EuInsVO vor, dass die geschuldeten Zinsen zu zahlen sind. **4**
Unter den im Einzelnen geschuldeten Zinsen sind entweder die zwischen Gläubiger und Schuldner
vertraglich vereinbarten Zinsen oder die gesetzlichen Verzugszinsen zu verstehen.[2] Schuldner der
Zahlungspflicht ist, wie sich aus Art. 33 Abs. 1 Satz 1 Halbs. 2 EuInsVO ergibt, der ausländische
Hauptinsolvenzverwalter. Belastet wird somit nach dem Wortlaut des Art. 33 Abs. 1 Satz 1 Halbs. 2
EuInsVO und auch dem Sinn der Regelung die Masse des Hauptinsolvenzverfahrens.[3] Die Zahlungspflicht beginnt mit dem Erlass des Beschlusses, mit dem die Aussetzung der Verwertung angeordnet wird; sie endet in dem Zeitpunkt, in dem die Verwertung wieder zulässig oder faktisch vorgenommen wird.[4] Demgegenüber ist nicht auf den Zeitpunkt abzustellen, in dem der Erlös an die
Gläubiger ausgeschüttet wird; anderenfalls würde die Vorschrift auch – über ihren Zweck hinaus
– den Gläubigern eine Sicherheit für verspätete Ausschüttungen durch den Insolvenzverwalter bieten.[5] Die weiteren Modalitäten richten sich, wie sich aus der Begründung zum Gesetzentwurf entnehmen lässt, nach den zu § 169 InsO entwickelten Maßstäben.[6]

Abw. von Art. 33 EuInsVO setzt der Anspruch nach § 10 keine konstitutive Entscheidung des Gerichts voraus; vielmehr entsteht der Anspruch automatisch kraft Gesetzes. Dies dürfte aber mit den **5**
Vorgaben des Art. 33 Abs. 1 EuInsVO ebenfalls im Einklang stehen. Es handelt sich um eine zulässige gesetzliche Ermessensreduzierung.[7]

§ 10 stellt nach der Begründung zum Gesetzesentwurf einen »Mindestschutz« für die Gläubiger dar, **6**
die durch den Verwertungsstopp an der Durchsetzung ihres Absonderungsrechts gehindert sind.
Nach der Begründung zum Gesetzentwurf kann das Gericht weitere Maßnahmen insb. auch zum
Schutz der nicht gesicherten Gläubiger ergreifen.[8] Auf den ersten Blick erscheint es denkbar, eine
dem § 10 entsprechende Auflage auch zugunsten der nicht gesicherten Gläubiger anzuordnen.
Dies erscheint jedoch nicht sachgerecht, da Zinsansprüche für die Zeit nach Eröffnung grds. nur
nachrangige Insolvenzforderungen sind (§ 39 Abs. 1 Nr. 1 InsO).[9] In Betracht kommen aber quotale Ausgleichszahlungen oder Sicherheitsleistungen.[10]

§ 11 Unterrichtung der Gläubiger

Neben dem Eröffnungsbeschluss ist den Gläubigern, die in einem anderen Mitgliedstaat der Europäischen Union ihren gewöhnlichen Aufenthalt, Wohnsitz oder Sitz haben, ein Hinweis zuzustellen, mit dem sie über die Folgen einer nachträglichen Forderungsanmeldung nach § 177 der Insolvenzordnung unterrichtet werden. § 8 der Insolvenzordnung gilt entsprechend.

Art. 40, 42 Abs. 1 EuInsVO statuieren eine Pflicht zur Information der Gläubiger. Nach § 30 Abs. 2 **1**
InsO ist auch den ausländischen Gläubigern der Eröffnungsbeschluss besonders zuzustellen. Der Eröffnungsbeschluss enthält bereits die Informationen, die nach Art. 42 Abs. 2 EuInsVO zu übermitteln sind.

Allerdings schreibt Art. 40 Abs. 2 EuInsVO auch eine Information über die »Versäumnisfolgen« vor. **2**
§ 11 ordnet deshalb – um den Erfordernissen der EuInsVO Rechnung zu tragen – gesondert an, dass

---

2 BT-Drucks. 15/16, 17.
3 FK-InsO/*Wenner/Schuster* Rn. 7; MüKo-InsO/*Reinhart* Rn. 7; Kübler/Prütting/Bork/*Kemper* Rn. 9; *Liersch* NZI 2003, 302 (310); abw. HK-InsO/*Stephan* Rn. 9.
4 FK-InsO/*Wenner/Schuster* Rn. 5.
5 FK-InsO/*Wenner/Schuster* Rn. 5; a.A. etwa MüKo-BGB/*Kindler* Rn. 9.
6 BT-Drucks. 15/16, 17.
7 Gebauer/Wiedmann/*Haubold* Art. 33 EuInsVO Rn. 238a; im Erg. auch MüKo-InsO/*Reinhart* Rn. 3; zweifelnd FK-InsO/*Wenner/Schuster* Rn. 1; Mohrbutter/Ringstmeier/*Wenner* § 20 Rn. 147.
8 BT-Drucks. 15/16, 17.
9 Pannen/*Eickmann* Rn. 6.
10 Pannen/*Eickmann* Rn. 13.

die Gläubiger auch über die Folgen einer nachträglichen Forderungsanmeldung nach § 177 InsO zu informieren sind. Neben dem Eröffnungsbeschluss ist zusätzlich das in Art. 42 EuInsVO genannte Formblatt[1] zu übersenden.

3 Die Zustellungen richten sich nach Art. 14 EuZVO; sie sind von Amts wegen durchzuführen. Nach § 11 Satz 2 i.V.m. § 8 InsO kann auch der Insolvenzverwalter mit der Zustellung beauftragt werden.

Art. 102a EGInsO Insolvenzverwalter aus anderen Mitgliedstaaten der Europäischen Union

Angehörige eines anderen Mitgliedstaates der Europäischen Union oder Vertragsstaates des Abkommens über den Europäischen Wirtschaftsraum und Personen, die in einem dieser Staaten ihre berufliche Niederlassung haben, können das Verfahren zur Aufnahme in eine von dem Insolvenzgericht geführte Vorauswahlliste für Insolvenzverwalter über eine einheitliche Stelle nach den Vorschriften des Verwaltungsverfahrensgesetzes abwickeln. Über Anträge auf Aufnahme in eine Vorauswahlliste ist in diesen Fällen innerhalb einer Frist von drei Monaten zu entscheiden. § 42a Absatz 2 Satz 2 bis 4 des Verwaltungsverfahrensgesetzes gilt entsprechend.

Art 102b § 1 EGInsO Ausfallbestimmungen von zentralen Gegenparteien

(1) Die Eröffnung des Insolvenzverfahrens hindert nicht
1. die Durchführung der nach Artikel 48 Absatz 2, 4, 5 Satz 3 und Absatz 6 Satz 3 der Verordnung (EU) Nr. 648/2012 des Europäischen Parlaments und des Rates vom 4. Juli 2012 über OTC-Derivate, zentrale Gegenparteien und Transaktionsregister (ABl. L 201 vom 27.07.2012, S. 1) gebotenen Maßnahmen zur Verwaltung, Glattstellung und sonstigen Abwicklung von Kundenpositionen und Eigenhandelspositionen des Clearingmitglieds,
2. die Durchführung der nach Artikel 48 Absatz 4 bis 6 der Verordnung (EU) Nr. 648/2012 gebotenen Maßnahmen der Übertragung von Kundenpositionen sowie
3. die nach Artikel 48 Absatz 7 der Verordnung (EU) Nr. 648/2012 gebotene Verwendung und Rückgewähr von Kundensicherheiten.

(2) Absatz 1 gilt entsprechend für die Anordnung von Sicherungsmaßnahmen nach § 21 der Insolvenzordnung.

Art 102b § 2 EGInsO Unanfechtbarkeit

Die nach § 1 zulässigen Maßnahmen unterliegen nicht der Insolvenzanfechtung.

Art. 103 EGInsO Anwendung des bisherigen Rechts

Auf Konkurs-, Vergleichs- und Gesamtvollstreckungsverfahren, die vor dem 1. Januar 1999 beantragt worden sind, und deren Wirkungen sind weiter die bisherigen gesetzlichen Vorschriften anzuwenden. Gleiches gilt für Anschlußkonkursverfahren, bei denen der dem Verfahren vorausgehende Vergleichsantrag vor dem 1. Januar 1999 gestellt worden ist.

Art. 103a EGInsO Überleitungsvorschrift

Auf Insolvenzverfahren, die vor dem 1. Dezember 2001 eröffnet worden sind, sind die bis dahin geltenden gesetzlichen Vorschriften weiter anzuwenden.

---

1 S. Anh. I Anlage zu § 42 EuInsVO.

Art. 103b EGInsO Überleitungsvorschrift zum Gesetz zur Umsetzung der Richtlinie 2002/47/EG vom 6. Juni 2002 über Finanzsicherheiten und zur Änderung des Hypothekenbankgesetzes und anderer Gesetze

Auf Insolvenzverfahren, die vor dem 9. April 2004 eröffnet worden sind, sind die bis dahin geltenden gesetzlichen Vorschriften weiter anzuwenden.

Art. 103c EGInsO Überleitungsvorschrift zum Gesetz zur Vereinfachung des Insolvenzverfahrens

(1) Auf Insolvenzverfahren, die vor dem Inkrafttreten des Gesetzes zur Vereinfachung des Insolvenzverfahrens vom 13. April 2007 (BGBl. I S. 509) am 1. Juli 2007 eröffnet worden sind, sind mit Ausnahme der §§ 8 und 9 der Insolvenzordnung und der Verordnung zu öffentlichen Bekanntmachungen in Insolvenzverfahren im Internet die bis dahin geltenden gesetzlichen Vorschriften weiter anzuwenden. In solchen Insolvenzverfahren erfolgen alle durch das Gericht vorzunehmenden öffentlichen Bekanntmachungen unbeschadet von Absatz 2 nur nach Maßgabe des § 9 der Insolvenzordnung. § 188 Satz 3 der Insolvenzordnung ist auch auf Insolvenzverfahren anzuwenden, die vor dem Inkrafttreten des Gesetzes zur Neuregelung des Rechtsberatungsrechts vom 12. Dezember 2007 (BGBl. I S. 2840) am 18. Dezember 2007 eröffnet worden sind.

(2) Die öffentliche Bekanntmachung kann bis zum 31. Dezember 2008 zusätzlich zu der elektronischen Bekanntmachung nach § 9 Abs. 1 Satz 1 der Insolvenzordnung in einem am Wohnort oder Sitz des Schuldners periodisch erscheinenden Blatt erfolgen; die Veröffentlichung kann auszugsweise geschehen. Für den Eintritt der Wirkungen der Bekanntmachung ist ausschließlich die Bekanntmachung im Internet nach § 9 Abs. 1 Satz 1 der Insolvenzordnung maßgebend.

Art. 103d EGInsO Überleitungsvorschrift zum Gesetz zur Modernisierung des GmbH-Rechts und zur Bekämpfung von Missbräuchen

Auf Insolvenzverfahren, die vor dem Inkrafttreten des Gesetzes vom 23. Oktober 2008 (BGBl. I S. 2026) am 1. November 2008 eröffnet worden sind, sind die bis dahin geltenden gesetzlichen Vorschriften weiter anzuwenden. Im Rahmen von nach dem 1. November 2008 eröffneten Insolvenzverfahren sind auf vor dem 1. November 2008 vorgenommene Rechtshandlungen die bis dahin geltenden Vorschriften der Insolvenzordnung über die Anfechtung von Rechtshandlungen anzuwenden, soweit die Rechtshandlungen nach dem bisherigen Recht der Anfechtung entzogen oder in geringerem Umfang unterworfen sind.

Art. 103e EGInsO Überleitungsvorschrift zum Haushaltsbegleitgesetz 2011

Auf Insolvenzverfahren, die vor dem 1. Januar 2011 beantragt worden sind, sind die bis dahin geltenden Vorschriften weiter anzuwenden.

Art. 103f EGInsO Überleitungsvorschrift zum Gesetz zur Änderung des § 522 der Zivilprozessordnung

Für Entscheidungen über die sofortige Beschwerde nach § 6 der Insolvenzordnung, bei denen die Frist des § 575 der Zivilprozessordnung am 27. Oktober 2011 noch nicht abgelaufen ist, ist die Insolvenzordnung in der bis zum 27. Oktober 2011 geltenden Fassung weiter anzuwenden. Für Entscheidungen über die sofortige Beschwerde nach Artikel 102 § 7 Satz 1 des Einführungsgesetzes zur Insolvenzordnung gilt Satz 1 entsprechend.

Art. 103g EGInsO Überleitungsvorschrift zum Gesetz zur weiteren Erleichterung der Sanierung von Unternehmen

Auf Insolvenzverfahren, die vor dem 1. März 2012 beantragt worden sind, sind die bis dahin geltenden Vorschriften weiter anzuwenden. § 18 Absatz 1 Nummer 2 des Rechtspflegergesetzes in der ab dem 1. Januar 2013 geltenden Fassung ist nur auf Insolvenzverfahren anzuwenden, die ab dem 1. Januar 2013 beantragt werden.

Art. 104 EGInsO Anwendung des neuen Rechts

In einem Insolvenzverfahren, das nach dem 31. Dezember 1998 beantragt wird, gelten die Insolvenzordnung und dieses Gesetz auch für Rechtsverhältnisse und Rechte, die vor dem 1. Januar 1999 begründet worden sind.

Art. 105 EGInsO Finanztermingeschäfte

(1) War für Finanzleistungen, die einen Markt- oder Börsenpreis haben, eine bestimmte Zeit oder eine bestimmte Frist vereinbart und tritt die Zeit oder der Ablauf der Frist erst nach der Eröffnung eines Konkursverfahrens ein, so kann nicht die Erfüllung verlangt, sondern nur eine Forderung wegen der Nichterfüllung geltend gemacht werden. Als Finanzleistungen gelten insbesondere
1. die Lieferung von Edelmetallen,
2. die Lieferung von Wertpapieren oder vergleichbaren Rechten, soweit nicht der Erwerb einer Beteiligung an einem Unternehmen zur Herstellung einer dauernden Verbindung zu diesem Unternehmen beabsichtigt ist,
3. Geldleistungen, die in ausländischer Währung oder in einer Rechnungseinheit zu erbringen sind,
4. Geldleistungen, deren Höhe unmittelbar oder mittelbar durch den Kurs einer ausländischen Währung oder einer Rechnungseinheit, durch den Zinssatz von Forderungen oder durch den Preis anderer Güter oder Leistungen bestimmt wird,
5. Optionen und andere Rechte auf Lieferungen oder Geldleistungen im Sinne der Nummern 1 bis 4.

Sind Geschäfte über Finanzleistungen in einem Rahmenvertrag zusammengefaßt, für den vereinbart ist, daß er bei Vertragsverletzungen nur einheitlich beendet werden kann, so gilt die Gesamtheit dieser Geschäfte als ein gegenseitiger Vertrag.

(2) Die Forderung wegen der Nichterfüllung richtet sich auf den Unterschied zwischen dem vereinbarten Preis und dem Markt- oder Börsenpreis, der am zweiten Werktag nach der Eröffnung des Verfahrens am Erfüllungsort für einen Vertrag mit der vereinbarten Erfüllungszeit maßgeblich ist. Der andere Teil kann eine solche Forderung nur als Konkursgläubiger geltend machen.

(3) Die in den Absätzen 1 und 2 für den Fall der Eröffnung eines Konkursverfahrens getroffenen Regelungen gelten entsprechend für den Fall der Eröffnung eines Vergleichs- oder Gesamtvollstreckungsverfahrens.

Art. 106 EGInsO Insolvenzanfechtung

Die Vorschriften der Insolvenzordnung über die Anfechtung von Rechtshandlungen sind auf die vor dem 1. Januar 1999 vorgenommenen Rechtshandlungen nur anzuwenden, soweit diese nicht nach dem bisherigen Recht der Anfechtung entzogen oder in geringerem Umfang unterworfen sind.

Art. 107 EGInsO (weggefallen)

Art. 108 EGInsO Fortbestand der Vollstreckungsbeschränkung

(1) Bei der Zwangsvollstreckung gegen einen Schuldner, über dessen Vermögen ein Gesamtvollstreckungsverfahren durchgeführt worden ist, ist auch nach dem 31. Dezember 1998 die Vollstreckungsbeschränkung des § 18 Abs. 2 Satz 3 der Gesamtvollstreckungsordnung zu beachten.

(2) Wird über das Vermögen eines solchen Schuldners nach den Vorschriften der Insolvenzordnung ein Insolvenzverfahren eröffnet, so sind die Forderungen, die der Vollstreckungsbeschränkung unterliegen, im Rang nach den in § 39 Abs. 1 der Insolvenzordnung bezeichneten Forderungen zu berichtigen.

Art. 109 EGInsO Schuldverschreibungen

Soweit den Inhabern von Schuldverschreibungen, die vor dem 1. Januar 1963 von anderen Kreditinstituten als Hypothekenbanken ausgegeben worden sind, nach Vorschriften des Landesrechts in Verbindung mit § 17 Abs. 1 des Einführungsgesetzes zur Konkursordnung ein Vorrecht bei der Befriedigung aus Hypotheken, Reallasten oder Darlehen des Kreditinstituts zusteht, ist dieses Vorrecht auch in künftigen Insolvenzverfahren zu beachten.

Art. 110 EGInsO Inkrafttreten

(1) Die Insolvenzordnung und dieses Gesetz treten, soweit nichts anderes bestimmt ist, am 1. Januar 1999 in Kraft.

(2) § 2 Abs. 2 und § 7 Abs. 3 der Insolvenzordnung sowie die Ermächtigung der Länder in § 305 Abs. 1 Nr. 1 der Insolvenzordnung treten am Tage nach der Verkündung in Kraft. Gleiches gilt für § 65 der Insolvenzordnung und für § 21 Abs. 2 Nr. 1, § 73 Abs. 2, § 274 Abs. 1, § 293 Abs. 2 und § 313 der Insolvenzordnung, soweit sie § 65 der Insolvenzordnung für entsprechend anwendbar erklären.

(3) Artikel 2 Nr. 9 dieses Gesetzes, soweit darin die Aufhebung von § 2 Abs. 1 Satz 2 des Gesetzes über die Auflösung und Löschung von Gesellschaften und Genossenschaften angeordnet wird, Artikel 22, Artikel 24 Nr. 2, Artikel 32 Nr. 3, Artikel 48 Nr. 4, Artikel 54 Nr. 4 und Artikel 85 Nr. 1 und 2 Buchstabe e, Artikel 87 Nr. 8 Buchstabe d und Artikel 105 dieses Gesetzes treten am Tage nach der Verkündung in Kraft.

Anhang III Insolvenzrechtliche Vergütungsverordnung

vom 19. August 1998 (BGBl. I S. 2205), zuletzt geändert durch Art. 2 des Gesetzes vom 07.12.2011 (BGBl. I S. 2582)

Erster Abschnitt Vergütung des Insolvenzverwalters

§ 1 Berechnungsgrundlage

(1) Die Vergütung des Insolvenzverwalters wird nach dem Wert der Insolvenzmasse berechnet, auf die sich die Schlussrechnung bezieht. Wird das Verfahren nach Bestätigung eines Insolvenzplans aufgehoben oder durch Einstellung vorzeitig beendet, so ist die Vergütung nach dem Schätzwert der Masse zur Zeit der Beendigung des Verfahrens zu berechnen.

(2) Die maßgebliche Masse ist im Einzelnen wie folgt zu bestimmen:
1. Massegegenstände, die mit Absonderungsrechten belastet sind, werden berücksichtigt, wenn sie durch den Verwalter verwertet werden. Der Mehrbetrag der Vergütung, der auf diese Gegenstände entfällt, darf jedoch 50 vom Hundert des Betrages nicht übersteigen, der für die Kosten ihrer Feststellung in die Masse geflossen ist. Im Übrigen werden die mit Absonderungsrechten belasteten Gegenstände nur insoweit berücksichtigt, als aus ihnen der Masse ein Überschuss zusteht.
2. Werden Aus- und Absonderungsrechte abgefunden, so wird die aus der Masse hierfür gewährte Leistung vom Sachwert der Gegenstände abgezogen, auf die sich diese Rechte erstreckten.
3. Steht einer Forderung eine Gegenforderung gegenüber, so wird lediglich der Überschuss berücksichtigt, der sich bei einer Verrechnung ergibt.
4. Die Kosten des Insolvenzverfahrens und die sonstigen Masseverbindlichkeiten werden nicht abgesetzt. Es gelten jedoch folgende Ausnahmen:
   a) Beträge, die der Verwalter nach § 5 als Vergütung für den Einsatz besonderer Sachkunde erhält, werden abgezogen.
   b) Wird das Unternehmen des Schuldners fortgeführt, so ist nur der Überschuss zu berücksichtigen, der sich nach Abzug der Ausgaben von den Einnahmen ergibt.
5. Ein Vorschuss, der von einer anderen Person als dem Schuldner zur Durchführung des Verfahrens geleistet worden ist, und ein Zuschuss, den ein Dritter zur Erfüllung eines Insolvenzplans geleistet hat, bleiben außer Betracht.

Übersicht

		Rdn.			Rdn.
A.	Allgemeines	1	III.	Aufrechenbare Gegenforderungen	28
B.	Insolvenzmasse	8	IV.	Masseverbindlichkeiten	33
C.	Vorzeitige Beendigung	19		1. Einsatz besonderer Sachkunde	34
D.	Berechnung der Masse	21		2. Unternehmensfortführung	36
I.	Absonderungsgut	21	V.	Vorschüsse, Zuschüsse	45
II.	Abfindung von Aus- und Absonderungsrechten	26			

A. Allgemeines

Kommentiert wird hier die Insolvenzrechtliche Vergütungsverordnung (InsVV) vom 19.08.1998 (BGBl. I, 2205), geändert durch die Verordnung zur Änderung der InsVV vom 04.10.2004 (BGBl. I, 2569) für alle Verfahren, die seit dem 01.01.2004 eröffnet wurden und durch die Zweite Verordnung vom 21.12.2006 (BGBl. I, 3389) für alle am 29.12.2006 nicht rechtskräftig festgesetzte Vergütungen, zuletzt geändert mit Inkrafttreten zum 01.03.2012. Für vor dem 31.12.1998 beantragte

Konkurs- und Gesamtvollstreckungsverfahren gilt gem. Art. 103 EGInsO nicht nur das frühere Verfahrensrecht sondern auch die dazugehörige Vergütungsverordnung v. 25.05.1960.

2 Da die sich aus der InsVV ergebende Regelvergütung für ein »**Normalverfahren**«[1] nicht immer den Besonderheiten des Einzelfalls gerecht wird, kann durch Zuschläge eine angemessene Vergütung für den Verwalter erreicht werden.

3 Damit wird dem Gebot des § 63 Abs. 1 Satz 3 InsO Rechnung getragen. Geringe Abweichungen vom Normalfall bleiben außer Betracht.[2]

4 Das Insolvenzgericht hat dabei kein freies Ermessen, sondern die Rechtspflicht zur Festsetzung einer angemessenen Vergütung.[3] Von der Vergütungspflicht sind nur solche Tätigkeiten des vorläufigen Verwalters nicht erfasst, die von den ihm übertragenen Aufgaben und Befugnissen ausdrücklich ausgenommen oder die insolvenzzweckwidrig sind.[4] Abgedeckt wird hierbei nicht nur der dem Verwalter persönlich letztlich verbleibende Teil der Vergütung, sondern wesentlich dessen Aufwendungen für seinen Geschäftsbetrieb an Personal-, Raum- und Sachkosten.

5 Nicht nur der Insolvenzverwalter kann sich im Zusammenhang mit Vergütungsentscheidungen auf die Eigentumsgarantie (Art. 14 GG) berufen, sondern auch der Schuldner und die Insolvenzgläubiger, wenn aus ihrer Sicht die Masse durch eine überhöhte Vergütungsfestsetzung ausgezehrt wird.[5]

6 Die Vorschrift des § 63 Abs. 1 Satz 2 InsO regelt, dass die Vergütung des Insolvenzverwalters nach dem Wert der Insolvenzmasse zum Zeitpunkt der Beendigung des Insolvenzverfahrens zu berechnen ist. Die Ermittlung der vergütungsrechtlich relevanten Insolvenzmasse mündet in einer Berechnungsgrundlage, auf der die weitere Berechnung aufgebaut werden kann. Wichtigstes Hilfsmittel dabei sind die Korrekturregelungen des § 1 InsVV.

7 Nach Vorlage der Schlussrechnung, des Schlussverteilungsverzeichnisses und des Vergütungsantrages tritt das Insolvenzgericht baldmöglichst in die Prüfung der eingereichten Schlussunterlagen ein. Ergeben sich keine Beanstandungen wird unter Beachtung der gesetzlichen Fristen der Schlusstermin anberaumt. In diesem Termin kann spätestens beurteilt werden wann das Verfahren aufgehoben werden kann. Ist Insolvenzmasse zu verteilen, muss mit mindestens sechs weiteren Monaten bis zur Aufhebung des Insolvenzverfahrens gerechnet werden. Dies liegt schon darin begründet, dass evtl. auf die vom Finanzamt zurückzuerstattende Umsatzsteuer gewartet werden muss, bevor die Masse endgültig verteilt werden kann. Dass § 1 Abs. 1 Satz 1 den Wert nennt, auf den sich die Schlussrechnung bezieht, bedeutet nicht, dass sich danach noch ergebende Massezuwächse nicht auch nachträglich berücksichtigt werden bzw. zu einer »Nachfestsetzung« führen können.[6] Angesichts der speziellen Regelungen in § 11 für den vorläufigen Verwalter hat dies vor allem für den endgültigen Verwalter Bedeutung. Im Übrigen gelten die Vorschriften des § 1 auch für den vorläufigen Insolvenzverwalter, soweit § 11 keine abweichende Regelung trifft (§ 10).

B. Insolvenzmasse

8 Die Insolvenzmasse entspricht dem gesamten Vermögen des Schuldners, das ihm zum Zeitpunkt der Eröffnung des Verfahrens gehört und welches er während des Verfahrens erlangt (§ 35 Abs. 1 InsO).

9 Der Wert der verwalteten Masse ergibt sich regelmäßig aus der Schlussrechnung des Verwalters; Beträge, die noch nicht eingegangen sind dürfen dort nur eingestellt werden, wenn deren Eingang sicher

---

1 Seine charakteristischen Merkmale ergeben sich aus rechtstatsächlichen und statistischen Erhebungen sowie aus tendenziellen Entwicklungen der Praxis. Diese tatsächlichen Elemente werden ergänzt durch die qualitative Beschreibung der Verwaltertätigkeit in der InsO: LG Hamburg 12.06.2001, 326 T 9/01, nv.
2 BGH 11.05.2006, IX ZB 249/04, ZInsO 2006, 642: Berücksichtigung erst oberhalb 5 % Abweichung.
3 BGH 16.06.2005, IX ZB 264/03, ZInsO 2005, 804.
4 *BGH 16.06.2005, IX ZB 264/03, ZInsO 2005, 804.*
5 BGH 05.11.2009 IX ZB 173/08, ZInsO 2009, 2414.
6 BGH 26.01.2006, IX ZB 183/04, ZInsO 2006, 203.

ist.[7] Für den Fall einer zu bildenden **Sondermasse** – etwa nach erfolgreicher Geltendmachung der Geschäftsführerhaftung nach § 93 InsO[8] – ist bislang nicht entschieden, ob der gewonnene Betrag der Berechnungsgrundlage zuzuschlagen ist oder ob die Tätigkeit des Verwalters mittels eines Zuschlags abgegolten werden soll. In beiden Fällen würde die den Insolvenzgläubigern für die Verteilung zustehende Masse geschmälert. Einerseits soll die Sondermasse nur den Sondermasse-Gläubigern zur Verfügung stehen, andererseits sollen die übrigen Gläubiger nicht durch Verkürzung ihrer Quote belastet werden. Als gerechte Lösung bietet sich hier ein separater Vergütungsantrag des Verwalters an, bezogen nur auf den Wert der gewonnenen Sondermasse. Vor der Entscheidung könnten Sondermasse-Gläubiger durch Anhörung einbezogen werden.

Feststellungsbeiträge gem. §§ 170 Abs. 2, 171 InsO erhöhen die Berechnungsgrundlage.[9] Wird dagegen etwa ein Grundstück aus der Masse freihändig verwertet und fällt deshalb kein Feststellungsbetrag an so kommt die Regelung des § 1 Abs. 1 Satz 2 nicht zur Anwendung.[10] Etwas anderes kann nur gelten, wenn im den Kaufvertrag ausdrücklich ein Feststellungsbeitrag genannt ist. Im Übrigen wird der Wert des Grundstücks bereits durch den Verkaufserlös berücksichtigt; die Bemühungen des Insolvenzverwalters sind durch einen Zuschlag nach § 3 Abs. 1 Buchst. a abzugelten.

Der Wert der Insolvenzmasse ist die Grundlage für die Bemessung der Vergütung. Sie ergibt sich aus der Insolvenzmasse, vermindert um die gem. Abs. 2 abzuziehenden Beträge.

Es ist nicht das Bilanzvermögen anzusetzen, da dieses die Buchwerte enthält (z.B. inkl. steuerlicher Abschreibungen). Im Wege der Wertberichtigung sind für die Insolvenzmasse die Verkehrswerte zu ermitteln.

Es sind nur die Werte zu berücksichtigen, die vollstreckungsfähig (für die Masse verwertbar) sind. Nur sie stehen zur Deckung der Verfahrenskosten und der Befriedigung der Gläubiger tatsächlich zur Verfügung. Bei offenen Vollstreckungsaussichten ist es rechtlich nicht zu beanstanden, auch für die Zwecke der Berechnungsgrundlage einer Verwaltervergütung eine Wertberichtigung auf die Hälfte des Nennbetrages zu übernehmen.[11]

Nicht eingerechnet werden die **unpfändbaren Einkommensanteile** des Schuldners, da sie nicht zur Insolvenzmasse gehören und auch kein Aussonderungsgut darstellen; dies gilt auch dann, wenn der Verwalter die unpfändbaren Einkommensanteile eingezogen hat.[12] Desgleichen werden die gem. § 811 Nr. 5 ZPO unpfändbaren Sachen nicht eingerechnet.

Im Normalfall befindet sich das schuldnerische Vermögen an einem Standort. Bei sog. **Streuvermögen** (mehrere Standorte) ist anerkannt, dass der erforderliche Mehraufwand zur Ermittlung und Sicherung des Vermögens zu einer vollen Berücksichtigung aller Vermögensgegenstände in der Berechnungsgrundlage führt.[13]

Drei unterschiedliche Standorte bei der Betriebsfortführung begründen eine Berücksichtigung des kompletten (mit Fremdrechten belasteten) Anlagevermögens bei der Berechnungsgrundlage.[14]

Wird im Rahmen einer Bauinsolvenz ein **Bausachverständiger** beauftragt und aus der Masse bezahlt, sind diese Kosten in der Berechnungsgrundlage gem. § 3 Abs. 2 mindernd zu berücksichtigen.[15]

---

7 FK-InsO/*Lorenz* Rn. 8.
8 HambKomm/*Pohlmann*, Rn. 75 ff. zu § 93; FK-InsO/*App*, Rn. 11 zu § 93; A/G/R-*Piekenbrock*, Rn. 21 zu § 93.
9 LG Berlin 08.03.2000, 86T 536/99, ZInsO 2000, 224.
10 LG Heilbronn 09.05.2011, 1 T 418/10 Hn, ZInsO 2011, 1958.
11 BGH 29.03.2012, IX ZB 134/09, ZInsO 2012, 1236.
12 BGH 26.04.2007, IX ZB 160/06, ZInsO 2007, 766.
13 LG Mönchengladbach 05.07.2001, 5 T 109/01, ZInsO 2001, 750.
14 LG Cottbus 02.09.2009, 7 T 422/05, ZInsO 2009, 2114.
15 LG Potsdam 14.03.2005, 5 T 21/05, ZInsO 2005, 588.

18 Die Entscheidung des BGH vom 25.10.2007,[16] auch den zu erwartenden Rückfluss der auf die Vergütung entfallenden **Vorsteuer** werterhöhend zu berücksichtigen, trifft in der Praxis auf Kritik.[17] Der berechnete Steuerbetrag ergibt sich aus der berechneten Verwaltervergütung, die wiederum hat die vorhandene Masse zur Berechnungsgrundlage. Der Masse wird der Steuerbetrag also zunächst entnommen und nachher wieder zugeführt. Durch diesen Vorgang wird aber – entgegen der Ansicht des BGH – die ursprüngliche Masse nicht erhöht. Folgt man der BGH-Entscheidung, ergibt sich eine Doppelberücksichtigung dieser von der Masse verausgelten Steuerbeträge.[18] Zudem erhöht deren Berücksichtigung erneut den errechneten Steuerbetrag, so dass sich rechnerisch »eine Kette ohne Ende« ergibt.[19] Etwas anderes ergäbe sich nur, wenn die Vergütung und Auslagen inkl. Steuern vor Feststellung der Berechnungsgrundlage entnommen würde. Davon ist aber selbst der BGH nicht ausgegangen.

C. Vorzeitige Beendigung

19 Wird das Verfahren vorzeitig beendet, so liegt die Schlussrechnung i.S.d. § 197 Abs. 1 Nr. 1 InsO nicht vor. Die vergütungsrelevante Insolvenzmasse ist deshalb durch **Schätzung** zu ermitteln.[20] Wird das Verfahren durch Insolvenzplan beendet, so bildet die Summe der Verkehrswerte der einzelnen Gegenstände zum Zeitpunkt der Aufhebung des Insolvenzverfahrens gem. § 258 Abs. 1 InsO die Berechnungsgrundlage. Bei Fortführung des Unternehmens im Planverfahren sind dies die unter Fortführungsgesichtspunkten ermittelten Unternehmenswerte, nicht die Buchwerte.[21] Bei anderen Arten der Verfahrensbeendigung[22] sind regelmäßig die erstellten Vermögensübersichten gem. § 153 InsO ein Hilfsmittel für die Schätzung. Ggf. ist ein Abschlag für die kurze Dauer des Verfahrens vorzunehmen (§ 3 Abs. 2 lit. c).

20 Bei Beendigung des Verfahrens auf Grund Antragsrücknahme können weitere Vermögensgegenstände des Schuldners vergütungsrechtlich nur dann außer Betracht bleiben, wenn bereits durch die Verwertung eines Gegenstandes sämtliche Gläubiger hätten befriedigt werden können. Bei der Bestimmung eines fiktiven Verwertungsergebnisses, das ohne die vorzeitige Beendigung erzielt worden wäre, sind daher nicht nur Verbindlichkeiten gegenüber dem antragstellenden Gläubiger, sondern gegenüber allen Gläubigern zu berücksichtigen.[23] Eine solche Vorgehensweise kommt nur in Betracht, wenn zuvor sämtliche Insolvenzforderungen festgestellt wurden.[24]

D. Berechnung der Masse

I. Absonderungsgut

21 Die Aus- und Absonderungsrechte wirken sich beim endgültigen Verwalter aus wie beim vorläufigen Verwalter.[25]

22 Die Teile der Masse, die mit **Absonderungsrechten** (nicht Aussonderungsrechten) belastet sind, werden nur berücksichtigt, wenn sie durch den Verwalter **verwertet** werden (Abs. 2 Nr. 1 Satz 1). Unter diese Massegegenstände fallen auch diejenigen, die mit einem Vermieterpfandrecht belastet sind.[26]

---

16 BGH 25.10.2007, IX ZB 147/06, ZInsO 2007, 1347; zuletzt 01.07.2010 IX ZB 66/09, ZInso 2010, 1503; s. aber auch diff. *Onusseit* ZInsO 2009, 2285.
17 LG Schwerin 27.02.2009, 5 T 280/07, ZInsO 2009, 2311.
18 LG Schwerin 27.02.2009, 5 T 280/07, ZInsO 2009, 2311.
19 So auch *Keller* Vergütung und Kosten im Insolvenzverfahren, 3. Aufl., Rn. 166.
20 S. Beispiele bei *Keller* Vergütung und Kosten im Insolvenzverfahren, Rn. 169 ff.
21 *Haarmeyer/Wutzke/Förster* InsVV, Rn. 34.
22 ZB Einstellung mangels Masse (§ 207 InsO), Einstellung wegen Wegfall des Eröffnungsgrundes (§ 212 InsO), Einstellung mit Zustimmung aller Gläubiger (§ 213 InsO).
23 BGH 02.04.2009, IX ZB 250/07, ZInsO 2009, 888.
24 BGH 02.04.2009, IX ZB 250/07, ZInsO 2009, 888.
25 Zur Berechnungsmethode *Graeber* InsbürO 2005, 124.
26 LG Münster 14.03.2006, 5 T 10/06, ZInsO 2007, 594 m.Anm. *Prasser*; a.A. *Haarmeyer/Wutzke/Förster* InsVV, Rn. 73.

Eine **Vergleichsrechnung** (max. 50 % der Feststellungskosten zu dem Mehrbetrag der Vergütung) ergibt den zu ermittelnden Höchstbetrag (Abs. 2 Nr. 1 Satz 2). Mit dieser Regelung soll erreicht werden, dass die Masse nicht durch die Vergütung aufgezehrt wird (s. Amtl. Begr. Rn. 23).

▶ **Praxisbeispiel:** 23

Schritt 1: Wert inkl. der verwerteten Absonderungsrechte (inkl. Steuern und Kosten) = 40.000,– €.
Vergütung gem. § 2 InsVV = 13.750,– €.
Schritt 2: Wert ohne die verwerteten Absonderungsrechte = 30.000,– €.
Vergütung gem. § 2 InsVV = 11.250,– €.
Schritt 3: Ermittlung der Differenz: 2.500,– € (= max. Mehrbetrag)
Schritt 4: Ermittlung der Feststellungskosten: = 4 % (gem. § 171 I, § 10 I Nr. 1a ZVG) des Erlöses: = 400,– €, davon 50 % = 200,– €.
Schritt 5: Vergütung ohne Absonderungsrechte zzgl. 50 % Feststellungskosten = 11.250,– € + 200,– € = **11.450,– €**. Dies ist die erhöhte Vergütung.

Im Übrigen (also keine Verwertung durch den Verwalter) werden diese Gegenstände nur insoweit 24 berücksichtigt, als aus ihnen der Masse ein **Überschuss** (Erlös über das Absonderungsrecht hinaus) zusteht (Abs. 2 Nr. 1 Satz 3). Erfasst werden die Rechte der Absonderungsberechtigten gem. §§ 49 bis 51 InsO.

Eine auf dem Grundbesitz einer Schuldnerin bestehende **Grundschuld** ist von dem Wert des unbe- 25 lasteten **Grundstücks** abzuziehen und danach fließt der Wert des Grundstücks nur in der so reduzierten Höhe in die Berechnungsgrundlage ein.[27]

II. Abfindung von Aus- und Absonderungsrechten

Grundsätzlich werden Gegenstände, an denen bei Eröffnung des Insolvenzverfahrens Aussonde- 26 rungsrechte bestehen, nicht bei der Berechnungsgrundlage für die Vergütung des vorläufigen Insolvenzverwalters hinzugerechnet.[28]

Werden **Aus- und Absonderungsrechte abgefunden**, so wird die aus der Masse hierfür gewährte Leistung vom Sachwert der Gegenstände abgezogen, auf die sich diese Rechte erstrecken (Abs. 2 Nr. 2). Der Wert abgefundener Aus- und Absonderungsrechte ist durch den als Abfindung gezahlten Betrag zu vermindern. Der bereinigte Betrag fließt in die Berechnungsgrundlage ein.[29]

Die Bearbeitung von Aus- und Absonderungsrechten ist in den zurückliegenden Jahren stetig schwie- 27 riger geworden, so z.B. durch Änderungen im Wettbewerbsrecht, EU-Recht, Steuerrecht, ZPO-Recht.

III. Aufrechenbare Gegenforderungen

Für **aufrechenbare** Forderungen bestimmt Abs. 2 Nr. 3, dass in die Berechnungsgrundlage nur ein 28 evtl. Verrechnungsüberschuss berücksichtigt wird. Wann die Aufrechnung unzulässig ist ergibt sich aus § 96 InsO. Stehen den Forderungen der Insolvenzmasse nur **nicht aufrechenbare** Gegenforderungen gegenüber, so gehören die Forderungen der Masse in vollem Umfang in die Berechnungsgrundlage.[30] Im Falle der Einstellung nach § 213 InsO bei gleichzeitigem Bestehen von Ansprüchen der Gesellschafter gegen die Masse führen diese Ansprüche in der Regel nicht zu einer Absenkung der

---

27 BGH 10.12.2009, IX ZB 181/06, ZInsO 2010, 350.
28 BGH 14.02.2013, IX ZB 260/11, ZInsO 2013, 630.
29 Zur Berechnungsmethode *Graeber* InsbürO 2005, 126.
30 BGH 21.01.2010, IX ZB 197/06, ZInsO 2010, 447.

Berechnungsgrundlage.[31] Voraussetzung der Einbeziehung dieser Ansprüche in die Berechnungsgrundlage ist aber, dass diese vom Verwalter überhaupt hätte realisiert werden können.[32]

29 Es kommt im Falle der **Betriebsfortführung** nur auf das Vorhandensein der (nicht mit Aus- und Absonderungsrechten belasteten) Forderung an.[33] Solche Forderungen, die bereits entstanden sind, müssen in die Berechnungsgrundlage mit einbezogen werden. Zu Grunde zu legen ist der – ggf. zu schätzende – **Verkehrswert**[34] der Forderungen. Eine besondere »Befassung« durch den vorläufigen Verwalter ist nicht vonnöten, da die Forderungen Massebestandteil sind.

30 Gehört zum Vermögen des Schuldners eine **Forderung**, deren Titulierung und Beitreibung nicht unwahrscheinlich ist, so ist deren Wert in die Berechnungsgrundlage einzubeziehen.[35] Ist jedoch die Forderung infolge einer Sicherungszession mit einem Absonderungsrecht wertausschöpfend belastet kann sie auch dann nicht in die Berechnungsgrundlage einbezogen werden, wenn die Sicherungsabtretung im Falle der Eröffnung des Insolvenzverfahrens anfechtbar ist.[36]

31 Die üblichen Erkenntnisquellen (Schuldnerverzeichnisse, Wirtschaftsauskünfte, Schufa, Creditreform) sollten hier genutzt werden.

32 Teilweise uneinbringliche, wertlose oder nicht durchsetzbare Forderungen sind nicht mit ihrem Nominalwert, sondern mit dem voraussichtlichen **Realisierungswert** im Zeitpunkt der Beendigung der vorläufigen Insolvenzverwaltung in die Berechnungsgrundlage der Vergütung einzustellen.[37]

IV. Masseverbindlichkeiten

33 Grds. werden die Kosten des Insolvenzverfahrens[38] sowie die weiteren Masseverbindlichkeiten[39] von der Berechnungsmasse nicht abgezogen. Abs. 2 Nr. 4 nennt aber zwei Ausnahmefälle, in denen gleichwohl ein Abzug vorzunehmen ist:

1. Einsatz besonderer Sachkunde

34 Die dem Verwalter zustehenden Beträge für den Einsatz seiner besonderer Sachkunde gem. § 5 gezahlten Beträge werden von der Berechnungsgrundlage abgezogen (Abs. 2 Nr. 4 lit. a). Der Vergütungsantrag muss diese Beträge deutlich erkennen lassen. Die Regelung ist – unabhängig von der Frage, ob der Insolvenzverwalter für eine Sozietät oder als Einzelanwalt tätig war – verfassungsgemäß.[40]

35 Bei eigenen **Rechtsanwaltsgebühren** fallen hierunter nur solche, die direkt aus der Masse an den Verwalter gezahlt werden. Wird an die **Sozietät** gezahlt, der der Verwalter angehört, sind diese Beträge nicht abzuziehen.[41] Ebenso verhält es sich bei Zahlungen an andere mit dem Verwalter verbundene Personen oder Gesellschaften, juristische Personen usw.[42] Es wird der Bruttobetrag (inkl. Umsatzsteuer) abgesetzt,[43] bei Vorsteuerabzugsberechtigung der Insolvenzmasse nur der Nettobetrag.

---

31 BGH 09.02.2012, IX ZB 230/10, ZInsO 2012, 603.
32 BGH 09.02.2012, IX ZB 150/11, KSI 2012, 139 mit Hinweis auf die Entscheidung vom 09.06.2005, IX ZB 230/03, ZIP 2005, 1324.
33 BGH 26.04.2007, IX ZB 160/06, ZInsO 2007, 766 Rn. 10.
34 BGH 09.06.2005, IX ZB 230/03, ZInsO 2005, 759.
35 BGH 11.03.2010, IX ZB 122/08, ZInsO 2010, 730.
36 BGH 07.02.2013, IX ZB 286/11, ZInsO 2013, 515.
37 BGH 14.12.2005, IX ZB 256/04, ZInsO 2006, 337.
38 Gerichtskosten sowie Vergütung und Auslagen des (vorläufigen) Verwalters und ggf. der Gläubigerausschussmitglieder (§ 54 InsO).
39 Sonstige Masseverbindlichkeiten gem. §§ 55, 123 Abs. 2 InsO.
40 BGH 29.09.2011, IX ZB 112/09, ZInsO 2011, 2051.
41 *BGH 05.07.2007, IX ZB 305/04, ZInsO 2007, 813.*
42 *Haarmeyer/Wutzke/Förster* InsVV, Rn. 83.
43 BFH 01.08.2000, VII R 31/99, ZInsO 2001, 510 (zum Konkursverwalter).

Wird der Betrag im Falle des Obsiegens von dem Prozessgegner erstattet, so ist kein Abzug vorzunehmen. Dem Verwalter erstattete Auslagen werden ebenfalls abgesetzt, da Abs. 2 Nr. 4 lit. a) »Beträge« nennt und in dem in Bezug genommenen § 5 die Auslagen eingeschlossen sind.[44]

2. Unternehmensfortführung

Bei der Berechnungsgrundlage ist – sowohl beim vorläufigen wie beim endgültigen Verwalter – das gem. Abs. 2 Nr. 4 lit. b) um die Ausgaben bereinigte Betriebsergebnis einzustellen.[45] Dabei ist zu beachten, dass nur die Ein- und Ausgaben zu bilanzieren sind, die durch die Entscheidung, den Betrieb fortzuführen, entstanden sind. 36

Die »**Sowiesokosten**« (d.h. jene, die bei der Betriebsfortführung ohnehin entstanden wären) sind nicht abzuziehen.[46] Die »**Ausproduktion**« (d.h. die finale Abarbeitung der noch vorhandenen Aufträge) ergibt eine andere Betrachtungsweise, da in diesem Falle eine Überschussermittlung i.S.v. Abs. 2 Nr. 4 lit. b) wohl ausscheidet.[47] 37

Kündigungsfristlöhne[48] nebst Sozialversicherungsbeiträgen und Steuern sind als Ausgaben zu behandeln, wenn sie für Leistungen erbracht wurden, die für die Unternehmensfortführung verwendet wurden.[49] Nach diesem Grundsatz sind alle Ausgaben abzuziehen, die als Masseverbindlichkeiten durch die Betriebsfortführung erstmalig entstehen oder die dadurch gekennzeichnet sind, dass der Verwalter die in der Masseverbindlichkeit verkörperte Leistung für die Betriebsfortführung in Anspruch nimmt. 38

Für **Dauerschuldverhältnisse**, die noch von dem Schuldner begründet worden und nach § 55 Abs. 1 Nr. 2 InsO zu Masseverbindlichkeiten geworden sind (**oktroyierte Masseverbindlichkeiten**), weil deren Erfüllung für die Zeit nach der Eröffnung des Insolvenzverfahrens erfolgen muss (z.B. Mieten der auslaufenden Mietverhältnisse), gilt keine Ausnahme.[50] Dabei kann es zu einer Teilberücksichtigung kommen, wenn z.B. der Arbeitnehmer nur anfänglich für die Betriebsfortführung benötigt wird, danach aber gekündigt wird. Ähnliches kann gelten für die Erbringung von Restarbeiten oder der Fertigstellung von unfertigen Erzeugnissen und den daraus erzielten Einnahmen.[51] 39

Die Erstellung einer gesonderten Einnahmen/Ausgabenrechnung ergibt den evtl. Überschussbetrag, der gem. Abs. 2 Nr. 4 lit. b) in die Berechnungsgrundlage einzubeziehen ist.[52] Maßgeblich ist allein, ob tatsächlich Ausgaben für die Betriebsfortführung angefallen sind. Die während der Unternehmensfortführung anfallenden laufenden Kosten, mit denen der Gewinn erwirtschaftet werden soll, sind im Rahmen der Einnahmen-/Ausgabenrechnung zu berücksichtigen.[53] 40

Die Einnahmen aus der Betriebsfortführung sind Teil der Berechnungsgrundlage, soweit sich ein **Überschuss** ergibt (Abs. 2 Nr. 4 lit. b). Der Insolvenzverwalter hat also Anteil an seiner erfolgreichen Unternehmensfortführung. Ein Fortführungs**verlust** wirkt sich dagegen nicht mindernd auf die Berechnungsgrundlage aus. 41

Im Hinblick auf einen möglichen Zuschlag ist eine **Vergleichsrechnung** (vgl. § 3 InsVV Rdn. 38) zu erstellen. 42

---

44 FK-InsO/*Lorenz* Rn. 31; a.A. *Haarmeyer/Wutzke/Förster* InsVV, Rn. 85.
45 BGH 26.04.2007, IX ZB 160/06, ZInsO 2007, 766.
46 *Reck* ZInsO 2009, 72 m.w.N.
47 *Reck* ZInsO 2009, 72.
48 Löhne, die nach Kündigung gem. § 113 InsO noch anfallen.
49 BGH 16.10.2008, IX ZB 179/07, ZInsO 2008, 1262.
50 BGH 21.07.2011, IX ZB 148/01, ZInsO 2011, 1615.
51 Zur Aufteilung der Ein- und Ausgaben: *Rau* ZInsO 2007, 410.
52 Beispiel bei *Rau* ZInsO 2008, 8.
53 BGH 21.07.2011, IX ZB 148/01, ZInsO 2011, 1615.

43 Unterlässt der Verwalter notwendige Ausgaben im Hinblick auf die für ihn günstige Berechnungsgrundlage, so kann dies eine Pflichtverletzung darstellen.[54]

44 Bei erfolgreicher Unternehmensführung partizipiert der Insolvenzverwalter von der Masse durch die (wertabhängige) Vergütung.

V. Vorschüsse, Zuschüsse

45 Nicht eingerechnet werden Vorschüsse von dritter Seite für die Durchführung des Verfahrens (§ 26 Abs. 1 Satz 2, Abs. 3 InsO), da sie nicht zur Insolvenzmasse gehören. Anders liegt es nur, wenn der Schuldner selbst den Vorschuss geleistet hat oder der Dritte ausdrücklich auf die Rückzahlung verzichtet hat.[55] Ebenfalls werden nicht eingerechnet Zuschüsse zur Erfüllung eines Insolvenzplans (§ 1 Abs. 2 Nr. 5 InsVV; § 230 Abs. 2 InsO). Nicht unter diese Regelung fallen rückzahlungspflichtige Massedarlehen, da diese unter Abs. 2 Nr. 4 Satz 1 fallen.

§ 2 Regelsätze

(1) Der Insolvenzverwalter erhält in der Regel
1. von den ersten 25.000 Euro der Insolvenzmasse 40 vom Hundert,
2. von dem Mehrbetrag bis zu 50.000 Euro 25 vom Hundert,
3. von dem Mehrbetrag bis zu 250.000 Euro 7 vom Hundert,
4. von dem Mehrbetrag bis zu 500.000 Euro 3 vom Hundert,
5. von dem Mehrbetrag bis zu 25.000.000 Euro 2 vom Hundert,
6. von dem Mehrbetrag bis zu 50.000.000 Euro 1 vom Hundert,
7. von dem darüber hinausgehenden Betrag 0,5 vom Hundert.

(2) Haben in dem Verfahren nicht mehr als 10 Gläubiger ihre Forderungen angemeldet, so soll die Vergütung in der Regel mindestens 1.000 Euro betragen. Von 11 bis 30 Gläubigern erhöht sich die Vergütung für je angefangene 5 Gläubiger um 150 Euro. Ab 31 Gläubiger erhöht sich die Vergütung je angefangene 5 Gläubiger um 100 Euro.

Übersicht	Rdn.		Rdn.
A. Allgemeines	1	II. Kürzung der Regelvergütung	6
B. Regelvergütung	4	C. Mindestvergütung	8
I. Berechnungsbeispiel für den nach § 1 ermittelten Wert von 2.000.000 €:	5		

A. Allgemeines

1 Die Vergütung für ein durchschnittliches Insolvenzverfahren wird in Abs. 1 (»erhält **in der Regel**«) durch eine wertabhängige, degressive Staffelvergütung normiert. Es wird vom Verordnungsgeber für Regelinsolvenzverfahren (»IN-Verfahren«) von einer durchschnittlichen Anzahl von 30 Gläubigern ausgegangen.[1] In Rechtsprechung und Literatur werden Verfahren mit einer Dauer bis zu zwei Jahren, weniger als 20 Arbeitnehmern, einer Betriebsstätte im Inland, Forderungsanmeldungen von bis zu 100 Gläubigern, Fremdrechten im Umfang von 30 bis 50 % der Schuldenmasse, bis zu 50 Debitorenforderungen, bis zu 300 Vorgängen in der Insolvenzbuchhaltung sowie einem Jahresumsatz des Schuldners vor dem Antrag bis zu 1,5 Mio. € als Normalverfahren angesehen.[2] Nach Ermittlung der Berechnungsrundlage gem. § 1 kann mit der zur Verfügung gestellten Tabelle die Vergütung leicht

---

54 BGH 22.02.2007, IX ZB 106/06, NZI 2007, 341.
55 *Haarmeyer/Wutzke/Förster* InsVV, Rn. 91.
1 S. Amtl. Begr. zur Änderung der InsVV Rn. 9.
2 HambK-InsR/*Büttner* Rn. 6 m.w.N.; ausf. zu quantitativen und qualitativen Kriterien FK-InsO/*Lorenz* Rn. 12 ff.; und *Haarmeyer/Wutzke/Förster* InsVV, Rn. 9 ff.

ermittelt werden. Dabei sollen die Staffelsätze den Verwalter angemessen an der von ihm be- und erwirtschafteten Teilungsmasse beteiligen.³ Über die Regelungen des § 3 besteht dann die Möglichkeit, die Vergütung durch Zu- oder Abschläge dem jeweiligen Fall anzupassen. Die Degression der Staffelsätze soll verhindern, dass sich bei hohen Verteilungsmassen eine unverhältnismäßig hohe Vergütung ergibt.⁴ Dieses Ziel des Verordnungsgebers wird in der Literatur als verfehlt angesehen.⁵

Für die Vergütungen des vorläufigen Insolvenzverwalters sowie des Sachwalters sind über § 10 die Regelungen des § 2 ebenfalls heranzuziehen. 2

Im Abs. 2 wird eine Mindestvergütung geregelt, die immer dann maßgebend ist, wenn sie die Regelvergütung nach Abs. 1 übersteigt. 3

B. Regelvergütung

Die Regelvergütung setzt sich zusammen aus den anhand der nach § 1 ermittelten Berechnungsgrundlage zu errechnenden Wertstufen nach Abs. 1. Die Ermittlung des Regelsatzes ist eine rein rechnerische und berücksichtigt nicht evtl. Erschwernisse in der Amtsausübung des Insolvenzverwalters. 4

I. Berechnungsbeispiel für den nach § 1 ermittelten Wert von 2.000.000 €:

▶ Beispiel: 5

Wertstufe in €	Prozentsatz	Teilvergütung in €
1–25.000	40	10.000
25.000–50.000	25	6.250
50.000–250.000	7	14.000
250.000–500.000	3	7.500
500.000–25 Mio.	2 (hier von 1,5 Mio.)	30.000
SUMME/GESAMTVERGÜTUNG: 67.750 €		

II. Kürzung der Regelvergütung

Die mögliche Kürzung des Regelsatzes ist in § 3 Abs. 2 in Form von Abschlägen geregelt (vgl. dort). In geeigneten Fällen ist jedoch zu prüfen, ob nicht bereits bei der Ermittlung des Regelsatzes nach § 2 I eine Berücksichtigung einer signifikanten Abweichung vom Normalverfahren zu berücksichtigen ist.⁶ So hat das AG Goslar⁷ – vor der Prüfung der Zu- und Abschlagsmöglichkeiten des § 3 – bei einer Abweichung vom sog. Normalverfahren einen Abschlag auf die gem. § 2 ermittelte Regelvergütung vorgenommen und nur 70 % der Vergütung als Regelsatz festgesetzt. Auf diesen ermittelten (verminderten) Regelsatz hat es sodann einen Abschlag von 10 % gem. § 3 Abs. 2 lit. b) vorgenommen, weil der wesentliche Teil der Masse bei Eröffnung bereits verwertet war. 6

Eine Kürzung der Regelvergütung bei besonders großer Masse ist unzulässig, da durch die in Abs. 1 eingebaute Degression bereits eine Kürzung für große Insolvenzmassen vorgenommen wurde.⁸ 7

---

3 S. Amtl. Begr. Rn. 9 Abs. 1.
4 S. in der Verordnungsbegr. Abschn. A Allgemeines Rn. 3 Nr. 4 Abs. 2 u. Nr. 5a).
5 FK-InsO/*Lorenz* Rn. 2; *Haarmeyer/Wutzke/Förster* InsVV, Rn. 1; HambK-InsR/*Büttner* Rn. 3.
6 *Haarmeyer/Wutzke/Förster* InsVV, Rn. 43 bei Abweichungen ab 20 % vom Normalfall.
7 AG Goslar 29.04.2010, 33 IN 94/09, ZInsO 2010, 1120 m. Hinw. auf *Haarmeyer/Wutzke/Förster* InsVV, Rn. 43,; gegen solche Vorgehensweise FK-InsO/*Lorenz* Rn. 16.
8 S.a. *Haarmeyer/Wutzke/Förster* InsVV, Rn. 39.

C. Mindestvergütung

8 Der Abs. 2 sieht eine Staffelung nach der Zahl der beteiligten Insolvenzgläubiger vor. Dabei wird davon ausgegangen, dass eine anhand der Zahl der Gläubiger gestaffelte Vergütung einen ungefähren Maßstab für die Belastung des Verwalters im Verfahren bildet.[9] Je angefangene fünf Gläubiger wird eine Erhöhung von 150 € vorgenommen, wobei ab 31 Gläubiger nur um je 100 € erhöht wird. Auf das Ergebnis der jeweiligen Forderungsprüfung kommt es nicht an.[10]

9 Die Regel-Mindestvergütung des Insolvenzverwalters richtet sich (seit dem 01.01.2004[11]) nach der Kopfzahl der Gläubiger, nicht nach der Zahl der angemeldeten Forderungen. Der BGH[12] begründet dies mit dem Wortlaut der Vorschrift, nach dem nicht die angemeldeten Forderungen, sondern die Menge der Gläubiger angesprochen ist. Damit weicht die Regelung von dem Prinzip der Verknüpfung von Arbeitsbelastung und Entlohnung ab. In seiner neuesten Entscheidung hat der BGH gar entschieden, dass eine Gebietskörperschaft selbst dann nur als eine Gläubigerin zählt, wenn sie durch verschiedene Behörden mehrere Forderungen aus unterschiedlichen Rechtsverhältnissen angemeldet hat.[13] Ob die Menge der angemeldeten Forderungen als entscheidendes Kriterium geeignet ist, wird teilweise bezweifelt.[14]

10 Für den vorläufigen sowie den endgültigen Verwalter gilt Abs. 2, nach dem der Ausgangspunkt 1.000 EUR Mindestvergütung ist.[15] Eine **Vergleichsrechnung** ergibt – soweit überhaupt Masse vorhanden ist – die für den (vorläufigen) Verwalter günstigste Variante zwischen Abs. 1 und Abs. 2. Bei hoher Gläubigeranzahl kann es zu extremen Unterschieden kommen.[16] *Lorenz*[17] weist deshalb darauf hin, dass die Verwendung der Worte »in der Regel« in Abs. 2 Satz 1 ebenfalls eine Regelvergütung bestimmt und deshalb bei Abweichungen vom Normalfall eine Anpassung vorgenommen werden sollte.

11 Das LG Braunschweig[18] billigt dem Insolvenzverwalter bei Verfahrenskostenstundung und unzureichender Masse nur die Mindestvergütung nach Abs. 2 zu, da der Schutz des § 63 Abs. 2 InsO nicht dazu missbraucht werden soll, den Verwalter besser zu stellen als in masselosen Verfahren ohne Stundung. Dem ist das LG Bückeburg[19] mit überzeugenden Argumenten entgegengetreten.

12 Von der **Verfassungsmäßigkeit** der Mindestvergütung ist derzeit wohl noch auszugehen;[20] jedoch unterliegen feste Betragssätze einer ständigen Entwertung, so dass *Keller*[21] mit Recht darauf hinweist, dass bereits im Jahre 2004 festgelegte Beträge mit der Zeit erneut verfassungswidrig werden können.

13 **Zuschläge** gem. § 3 sind auch auf die Mindestvergütung zu gewähren, wenn ein Erhöhungstatbestand erfüllt ist.[22] Dabei müssen die Zuschläge der Höhe nach so gestaltet sein, dass damit die konkrete Mehrarbeit auch angemessen vergütet wird.[23]

---

9 S. Amtl. Begr. Rn. 9.
10 HambK-InsR/*Büttner* Rn. 17; *Haarmeyer/Wutzke/Förster* InsVV, Rn. 49.
11 Zuvor betrug die Mindestvergütung 500 €.
12 BGH 16.12.2010, IX ZB 39/10, ZInsO 2011, 200.
13 BGH 19.05.2011, IX ZB 27/10, ZInsO 2011, 1251.
14 HambK-InsR/*Büttner* Rn. 17–20.
15 BGH 13.07.2006, IX ZB 104/05, ZInsO 2006, 811.
16 S. Beispiele bei FK-InsO/*Lorenz* Rn. 10, 24 und bei *Keller* Vergütung und Kosten im Insolvenzverfahren, 3. Aufl., Rn. 428.
17 FK-InsO/*Lorenz* Rn. 26.
18 LG Braunschweig 08.02.2010, 6 T 666/09, ZInsO 2010, 732.
19 LG Bückeburg 30.05.2012, 4 T 97/11, ZInsO 2012, 1283; so auch LG Erfurt 02.05.2012, 1 T 447/11, ZInsO 2012, 947 und LG Aurich 01.06.2011, 4 T 96/11, ZInsO 2012, 802.
20 BGH 13.03.2008, IX ZB 63/05, NZI 2008, 361 = ZIP 2008, 976 = DZWIR 2008, 302.
21 *Keller* Vergütung und Kosten im Insolvenzverfahren, 3.Aufl., Rn. 417; s.a. *Haarmeyer/Wutzke/Förster* InsVV, Rn. 2.
22 *Haarmeyer/Wutzke/Förster* InsVV, Rn. 51; HambK-InsR/*Büttner* Rn. 21.
23 *Haarmeyer/Wutzke/Förster* InsVV, Rn. 51.

Abschläge auf die Mindestvergütung dürften angesichts des Charakters einer Mindestvergütung fast immer – bis auf besonders gelagerte Ausnahmefälle[24] – ausscheiden.[25]   14

§ 3 Zu- und Abschläge

(1) Eine den Regelsatz übersteigende Vergütung ist insbesondere festzusetzen, wenn
a) die Bearbeitung von Aus- und Absonderungsrechten einen erheblichen Teil der Tätigkeit des Insolvenzverwalters ausgemacht hat, ohne dass ein entsprechender Mehrbetrag nach § 1 Abs. 2 Nr. 1 angefallen ist,
b) der Verwalter das Unternehmen fortgeführt oder Häuser verwaltet hat und die Masse nicht entsprechend größer geworden ist,
c) die Masse groß war und die Regelvergütung wegen der Degression der Regelsätze keine angemessene Gegenleistung dafür darstellt, dass der Verwalter mit erheblichem Arbeitsaufwand die Masse vermehrt oder zusätzliche Masse festgestellt hat,
d) arbeitsrechtliche Fragen zum Beispiel in Bezug auf das Insolvenzgeld, den Kündigungsschutz oder einen Sozialplan den Verwalter erheblich in Anspruch genommen haben oder
e) der Verwalter einen Insolvenzplan ausgearbeitet hat.

(2) Ein Zurückbleiben hinter dem Regelsatz ist insbesondere gerechtfertigt, wenn
a) ein vorläufiger Insolvenzverwalter im Verfahren tätig war,
b) die Masse bereits zu einem wesentlichen Teil verwertet war, als der Verwalter das Amt übernahm,
c) das Insolvenzverfahren vorzeitig beendet wird oder das Amt des Verwalters vorzeitig endet, oder
d) die Masse groß war und die Geschäftsführung geringe Anforderungen an den Verwalter stellte.

Übersicht	Rdn.		Rdn.
A. Allgemeines	1	X. Altlasten	55
B. Zuschläge vorläufiger Verwalter	8	XI. Bauinsolvenz	57
I. Allgemeines	8	XII. Besonders hohe Zahl an Gläubigern	59
II. Schwierige Inbesitznahme	11	XIII. Abschlagsverteilung	60
III. Betriebsfortführung	13	XIV. Obstruktiver Schuldner	61
IV. Aus- und Absonderungsrechte	23	XV. Degressionsausgleich	64
V. Zustellungen	27	XVI. Zustellungen	90
C. Abschläge vorläufiger Verwalter	28	E. Abschläge für die Insolvenzverwaltervergütung	93
D. Zuschläge für den Insolvenzverwalter	34		
I. Betriebsfortführung	35	I. Entlastung durch vorläufigen Verwalter	97
II. Vergleichsrechnung	38	II. Vorherige Verwertung	99
III. Beteiligungen	41	III. Entlastung durch Hilfskräfte	101
IV. Betriebsveräußerung	42	IV. Besonders geringe Zahl von Gläubigern	103
V. Arbeitsrecht	43	V. Vorzeitige Beendigung	104
VI. Insolvenzplan	45	VI. Große Masse und geringe Anforderungen	105
VII. Immobilien/Häuserverwaltung	47		
VIII. Lange Verfahrensdauer	51	F. Tabelle der wichtigsten Zuschläge	106
IX. Aus- und Absonderungsrechte	53		

A. Allgemeines

Die nach § 2 ermittelten Regelsätze sind im Wesentlichen mathematischer Natur und behandeln nicht die gem. § 63 Abs. 1 Satz 3 InsO zu berücksichtigenden Schwierigkeiten der Geschäftsführung. Erst die Vorschriften des § 3 ermöglichen es, durch Zu- oder Abschläge eine dem Einzelfall gerecht werdende Vergütung zu ermitteln.   1

---

24 BGH 13.07.2006, IX ZB 104/05, ZInsO 2006, 811 Rn. 41.
25 *Haarmeyer/Wutzke/Förster* InsVV, Rn. 51.

2   Zu- oder Abschläge sind stets nur auf der Basis der Regelvergütung (also der Vergütung gem. § 2, die sich aus der gem. § 1 InsVV ermittelten – evtl. erhöhten – Berechnungsgrundlage ergibt) zu berechnen.[1] Zu- oder Abschläge werden mithin also erst berechnet, wenn zuvor die Regelvergütung gem. §§ 1, 2 inkl. evtl. Korrekturen der Berechnungsgrundlage ermittelt worden ist.[2] Dabei bieten die dort genannten Regelungen nur wenig Ermessenspielraum für das Gericht (»ist festzusetzen«). Die Bemessung der Zu- und Abschläge ist Aufgabe des Tatrichters nach den Umständen des jeweiligen Einzelfalles. Eine vergleichende Betrachtung mit Beschlüssen desselben Amtsgerichts in einer anderen Sache verbietet sich.[3]

3   Das Gericht hat zwar alle Umstände, die einen Zu- oder Abschlag rechtfertigen, einzeln zu überprüfen,[4] jedoch ist eine pauschale Zusammenfassung zur Ermittlung eines angemessenen Zu- oder Abschlages zulässig. Eine gesonderte Festsetzung für alle Zu- und Abschlagstatbestände ist nicht erforderlich[5]. Eine Gesamtschau der (angemessenen) Zuschläge soll in eine im Ergebnis nachvollziehbare Begründung münden.[6]

4   Eine Bemessung der Vergütung nach dem exakten Zeitaufwand ist dem System des § 63 Abs. 1 Satz 3 InsO i.V.m. § 3 InsVV fremd. Dass sich auf diese Weise im Einzelfall eine nicht auskömmliche Vergütung ergeben kann, ist vom Insolvenzverwalter im Hinblick auf den Grundsatz der Querfinanzierung hinzunehmen.[7]

5   Zuschläge dürfen jedoch nur gewährt werden, wenn die Bearbeitung den Insolvenzverwalter stärker als in den entsprechenden Insolvenzverfahren allgemein üblich in Anspruch genommen hat.[8] Bagatellabweichungen bleiben außer Betracht, soweit nicht wegen der Abweichung vom **Normalfall** eine Erhöhung (oder Kürzung) der Regelvergütung in Höhe von mindestens 5 % begründet ist.[9] Wegen der Unbestimmtheit eines Normalverfahrens ergibt sich ein Beurteilungsspielraum.

6   In der Rechtsbeschwerdeinstanz ist nur zu prüfen, ob das Leistungsbild der entfalteten Verwaltertätigkeit im Einzelfall gewürdigt und zu dem Grundsatz der leistungsangemessenen Vergütung in Beziehung gesetzt wurde[10] und ob die Maßstäbe verschoben wurden.[11] Faustregel-Tabellen werden zur Darstellung typischer Fallkonstellationen verwendet.[12] Sie sind jedoch nur ein nützliches Hilfsmittel, das keine Einzelfallprüfung ersparen kann.[13]

7   Die Aufzählungen in Abs. 2 und 3 sind nicht abschließend, sondern nur beispielhaft (»insbesondere festzusetzen«).

B. Zuschläge vorläufiger Verwalter

I. Allgemeines

8   Über § 10 sind die Regelungen des § 3 für den vorläufigen Verwalter anwendbar.

---

1   BGH 16.06.2005, IX ZB 264/03, ZInsO 2005, 804.
2   BGH 18.12.2003, IX ZB 50/03, ZInsO 2004, 265.
3   BGH 06.05.2010, IX ZB 123/09, ZInsO 2010, 1504.
4   BGH 11.05.2006, IX ZB 249/04, ZInsO 2006, 642.
5   BGH 11.05.2006, IX ZB 249/04, ZInsO 2006, 642.
6   BGH 11.05.2006, IX ZB 249/04, ZInsO 2006, 642.
7   BGH 18.06.2009, IX ZB 119/08, ZInsO 2009, 1557.
8   BGH 24.07.2003, IX ZB 607/02, ZInsO 2003, 790= ZIP 2003, 1757 = NZI 2003, 603.
9   BGH 11.05.2006, IX ZB 249/04, ZInsO 2006, 642.
10 BGH 14.02.2008, IX ZB 181/04 ZInsO 2008, 373.
11 BGH 20.11.2008, IX ZB 30/08, LNR 2008, 26680.
12 HambK-InsR/*Büttner* Rn. 6; *Keller* Vergütung und Kosten im Insolvenzverfahren, 3. Aufl. Rn. 247; FK-InsO/*Lorenz* Rn. 11.
13 *Keller* Vergütung und Kosten im Insolvenzverfahren, Rn. 261.

Soweit erschwerende Umstände den vorläufigen Verwalter in gleicher Weise belasten wie den endgültigen Verwalter, sind die deswegen zu gewährenden Zuschläge zum Regelsatz der Vergütung grds. für beide mit dem gleichen Prozentsatz zu bemessen.[14] Von dem Ausgangssatz von 25 % sind sodann nach der konkreten Art und Weise, wie der (schwache) vorläufige Verwalter von seinen Befugnissen Gebrauch gemacht hat, Zu- und Abschläge in der Form vorzunehmen, dass sie unmittelbar gem. § 3 den für den vorläufigen Verwalter maßgebenden Bruchteil verringern oder erhöhen.[15]

Zuschläge werden gewährt, wenn der Arbeitsaufwand eines **Normalfalles** einer vorläufigen Verwaltung überschritten ist.[16]

II. Schwierige Inbesitznahme

Ist die Inbesitznahme z.B. nur durch Zwangsmaßnahmen möglich, so kann sich dies vergütungserhöhend auswirken. Beispiele sind etwa die Zwangsvollstreckung über Gerichtsvollzieher und die Erwirkung von Arresten.[17] Besonders bei zu sicherndem **Auslandsvermögen** ist von schwieriger Inbesitznahme auszugehen.[18]

Verhält sich der Schuldner **unkooperativ**, kann ein Zuschlag – wie beim endgültigen Verwalter (vgl. Rdn. 61) – gerechtfertigt sein.

III. Betriebsfortführung

Für die **Fortführung eines Betriebes** mit bis zu 100 Arbeitnehmern, sehr großem Betriebsgrundstück mit erheblicher Bebauung, konzernrechtlichen Verflechtungen und Sicherungsbedarf ist ein Aufschlag gerechtfertigt (vgl. Tabelle Rdn. 106). Ist der vorläufige Verwalter durch Erschwernisse bei der Betriebsfortführung in erheblichem Maße **belastet,** kann ihm ein Zuschlag gewährt werden.[19] Dabei kann die Berechnungsgrundlage beim vorläufigen Verwalter höher sein als die beim endgültigen Verwalter; über den zu gewährenden Zuschlag soll er rechnerisch jedoch diesem gleichgestellt werden.[20]

Bei dem vorläufigen Verwalter sind bei erhöhtem Aufwand mit Rücksicht auf die im Eröffnungsverfahren i.d.R. sehr viel höhere Berechnungsgrundlage ein vorsichtiger, regelmäßig niedriger Zuschlag als bei einem endgültigen Verwalter anzusetzen, um zu einer angemessenen Vergütung zu gelangen.[21] Neben dem Zuschlag für die Betriebsfortführung soll nach Ansicht des LG Heilbronn[22] kein weiterer Zuschlag für den Aufwand im Zusammenhang mit der Finanzbuchhaltung und der Implementierung neuer betriebswirtschaftlicher Steuerungselemente gewährt werden, da diese zum Kernbereich der Unternehmensfortführung zu zählen sind. Der Zuschlag ist in die Angemessenheitsbetrachtung zur Festlegung eines Gesamtzuschlags einzustellen.[23]

Grds. ist der gleiche Zuschlag anzusetzen wie bei dem endgültigen Verwalter (vgl. Rdn. 35)[24], da sich weder Haftungsumfang noch Umfang der Tätigkeit unterscheiden. Es ist dabei stets der Umfang der

---

14 BGH 04.11.2004, IX ZB 52/04, ZInsO 2004, 1350.
15 BGH 16.06.2005, IX ZB 264/03, ZInsO 2005, 804.
16 Ausf. zum Normalfall FK-InsO/*Lorenz* § 2 Rn. 12 ff. und *Haarmeyer/Wutzke/Förster* InsVV, § 11 Rn. 14 ff. Gem. Rn. 26 ist Normalfall: Umsatz bis zu 1,5 Mio. €; Dauer bis 3 Monate; weniger als 20 Arbeitnehmer; 1 Betriebsstätte im Inland; Forderungen gegen bis zu 100 Schuldner.
17 LG Siegen 01.04.1988, 4 T 221/87, ZIP 1988, 326.
18 LG Braunschweig 29.01.2001, 8 T 947/00, ZInsO 2001, 552.
19 BGH 13.04.2006, IX ZB 158/05, ZInsO 2006, 595.
20 *Haarmeyer/Wutzke/Förster* InsVV, § 11 Rn. 30.
21 *Haarmeyer/Wutzke/Förster* InsVV, § 11 Rn. 33.
22 LG Heilbronn 21.12.2010, 1 T 593/01, ZInsO 2011, 352.
23 BGH 12.05.2011, IX ZB 143/08, ZInsO 2011, 1422.
24 BGH 04.11.2004, IX ZB 52/04, ZInsO 2004, 1350.

Tätigkeit darzulegen, eine pauschale Erhöhung für Betriebsfortführung findet nicht statt.[25] Abs. 1 lit. b) gewährt dem Verwalter einen Zuschlag, wenn durch die Betriebsfortführung die Masse nicht entsprechend größer geworden ist, seine Bemühungen also nicht durch eine höhere Berechnungsgrundlage ausgeglichen werden können. Ist die Masse jedoch entsprechend größer geworden, soll kein Zuschlag erteilt werden, um eine Doppelberücksichtigung zu vermeiden.[26] Durch Abwägung dieser beiden Pole findet das Gericht zu einer angemessenen Vergütung. Es ist mithin – wie beim endgültigen Verwalter – eine **Vergleichsrechnung** vorzunehmen (Berechnungsbeispiel s. Rdn. 40). Die Vergleichsrechnung bezieht sich nur auf diesen Zuschlag; andere Zuschläge werden nicht einbezogen.[27]

16 Für die **Wiederaufnahme und Fortführung** des bereits stillgelegten schuldnerischen Unternehmens sowie arbeitsrechtlicher Fallgestaltungen kann für den vorläufigen Verwalter ein erheblicher Aufschlag anfallen (vgl. Tabelle Rdn. 106).

17 Ein hoher erzielter **Umsatz** kann einen Zuschlag begründen.[28]

18 Abwicklung von **Arbeitsverhältnissen** (Kündigung, Sozialplanverhandlungen, Ausfertigung der Arbeitspapiere) gehören zum Normalfall.[29] **Massenentlassungen** können sich als Zuschlag auswirken (s.a. Rdn. 43, 106).[30]

19 Der BGH hat in seiner Entscheidung vom 04.11.2004[31] klargestellt, dass dem vorläufigen Insolvenzverwalter bei einer Betriebsfortführung die gleichen Zuschläge zustehen wie dem endgültigen Verwalter. Maßstab ist allein der Umfang und die Dauer der Tätigkeit und das Haftungsrisiko (welches beim vorläufigen Verwalter höher sein kann). Der Zuschlag kann jedoch reduziert werden, wenn der Verwalter Aufgaben durch Fremdvergabe erledigt und dadurch die Masse belastet worden ist.[32]

20 Wirkt schon der vorläufige Verwalter (mit Zustimmungsvorbehalt) an einer **übertragenden Sanierung** mit, kann dies einen Zuschlag rechtfertigen, wenn das Insolvenzgericht oder die Gläubiger seiner Mitwirkung zugestimmt haben.[33]

21 Abgegolten wird die Tätigkeit in der Sanierung, nicht der Erfolg. Zum Beispiel überwachte, begleitete und mit seiner Zustimmung in die Wege geleitete **Insolvenzgeld**finanzierung, dazu notwendige Lohnabrechnungen sowie Einleitung und Betreiben von Verhandlungen zwecks Übertragung des Geschäftsbetriebes können solche Tätigkeiten sein.[34]

22 Sanierungsverhandlungen mit besonderen rechtlichen Schwierigkeiten und hohem Aufwand und Auslandsbezug rechtfertigen einen Zuschlag (vgl. Tabelle Rdn. 106). Ein solcher Zuschlag kann gekürzt oder gar versagt werden, wenn ein Teil solcher Tätigkeiten auf Dritte delegiert und vom Schuldner vergütet werden.[35] Eine Kürzung ist auch gerechtfertigt wenn der Verwalter bereits als vorläufiger Verwalter sanierend tätig war und dies auch bei seiner Vergütung berücksichtigt wurde.[36]

---

25 BGH 17.07.2003, IX ZB 10/03, ZInsO 2003, 748 für den schwachen Verwalter mit Zustimmungsvorbehalt keine pauschalen 35 % für Betriebsfortführung.
26 BGH 16.10.2008, IX ZB 179/07, ZInsO 2008, 1262.
27 BGH 12.05.2011, IX ZB 143/08, ZInsO 2011, 1422.
28 BGH 18.12.2003, IX ZB 50/03, ZInsO 2004, 265 (Jahresumsatz > 1,5 Mio. €).
29 LG Hamburg, 12.06.2001, 326 T 9/01, nv; mit weniger als 20 Arbeitnehmern max. 5 % Zuschlag.
30 BGH 18.12.2003, IX ZB 50/03, ZInsO 2004, 265.
31 BGH 04.11.2004, IX ZB 52/04, ZInsO 2004, 1350.
32 LG Heilbronn 09.05.2011, 1 T 418/01, ZInsO 2011, 1958.
33 BGH 12.01.2006, IX ZB 127/04, NZI 2006, 235.
34 *Frind/Förster* ZInsO 2004, 76 m. abl. Anm. zu LG Hamburg 03.11.2003, 326 T 83/03, ZInsO 2003, 1094.
35 BGH 11.03.2010, IX ZB 122/08, ZInsO 2010, 730.
36 LG Heilbronn 09.05.2011, 1 T 418/10 Hn, ZInsO 2011, 1958.

IV. Aus- und Absonderungsrechte

Eine nicht **erhebliche** Befassung des vorläufigen Verwalters mit **Aus- und Absonderungsrechten** rechtfertigt keinen Zuschlag.[37] Das Gericht muss also bei seiner Vergütungsentscheidung diese Voraussetzung prüfen.[38] Es hat dabei auch zu berücksichtigen, dass bei einer erheblichen Befassung bereits eine Erhöhung der Berechnungsgrundlage gem. § 11 Abs. 1 Satz 4 stattfindet (vgl. § 11 Rdn. 23). Für die Ermittlung und Durchsetzung von **Anfechtungsansprüchen** kann ein Zuschlag gerechtfertigt sein; bei dessen Berechnung ist aber zu berücksichtigen, dass der erfolgreich durchgesetzte Anspruch bereits die Regelvergütung nach § 2 Abs. 1 InsVV erhöht.[39]

23

Kein Zuschlag kann dem vorläufigen Verwalter gewährt werden für eine Tätigkeit, die er bereits als Sachverständiger erledigt und honoriert bekommen hat.[40] Musste der vorläufige Verwalter bereits als Sachverständiger zur Feststellung von Anspruchsgrundlagen zu §§ 129 ff. InsO Ermittlungen anstellen, die ihm nur in seiner Eigenschaft als vorläufiger Insolvenzverwalter möglich waren, oder hat er Maßnahmen ergriffen, um die Durchsetzung künftiger Anfechtungsansprüche vorzubereiten oder zu sichern, so ist ihm dies als vorläufiger Insolvenzverwalter mit einem Zuschlag auf den Ausgangssatz von 25 % der Vergütung des endgültigen Verwalters zu honorieren.[41]

24

Ist bei der **Inventarisierung** des schuldnerischen Vermögens ein erhöhter Aufwand nötig, so kann der Verwalter diese Arbeiten »fremdvergeben«, ohne dass sich dies mindernd auf seine Vergütung auswirkt. Erbringt er diese Leistungen selbst (mit eigenem Personal), so kann er einen Zuschlag geltend machen.

25

Bei ungewöhnlich langer **Dauer** des Eröffnungsverfahrens kann ein Zuschlag gewährt werden.[42]

26

V. Zustellungen

Bei erheblicher Arbeitsbelastung kann ein Zuschlag – neben der Erstattung der Sachkosten – für die dem vorläufigen Verwalter übertragenen Zustellungen angesetzt werden. Dies ist etwa der Fall, wenn er mit eigenem Personal im Auftrag des Gerichts eine große Menge an Zustellungen zu erledigen hat und sich der erhöhte Aufwand nicht über die Auslagenerstattung gem. § 8 InsVV abdecken lässt.[43] Der angemessene Betrag kann durch Schätzung des tatsächlichen Aufwands ermittelt werden.[44]

27

Ein geschätzter Betrag in Höhe von 2 € pro erledigter Zustellung erscheint derzeit sachgerecht[45] (vgl. Rdn. 90, 106).

C. Abschläge vorläufiger Verwalter

Abschlagtatbestände sind in Abs. 2 beispielhaft aufgeführt und beziehen sich auf den ermittelten Regelsatz aus § 2, nicht etwa auf die Zuschläge nach Abs. 1.[46]

28

Bei besonders kurzer Dauer der vorläufigen Verwaltung kann eine Kürzung in Betracht kommen.[47]

29

Ein Abschlag kann auch ausnahmsweise geboten sein, wenn der vorläufige Verwalter sich mit Aus- und Absonderungsrechten zwar in besonderem Maße beschäftigt hat und gleichzeitig aber deren

30

---

37 BGH 11.10.2007, IX ZB 15/07, ZInsO 2007, 1269.
38 Zur Abgrenzung *Graeber* InsbürO 2008, 374.
39 BGH 08.03.2012, IX ZB 162/11, ZInsO 2012, 753.
40 BGH 22.04.2004, IX ZB 154/03, NZI 2004, 448.
41 BGH 14.12.2005, IX ZB 268/04, ZInsO 2006, 143.
42 BGH 13.04.2006, IX ZB 158/05, ZInsO 2006, 595 (kein Zuschlag bei Dauer von 2 Monaten).
43 BGH 22.07.2004, IX ZB 222/03, ZInsO 2004, 908 (1/2 Regelsatz).
44 BGH 21.03.2013, IX ZB 209/10, ZInso 2013, 894.
45 HambK-InsR/*Büttner* Rn. 4b.
46 *Haarmeyer/Wutzke/Förster* InsVV, Rn. 80.
47 BGH 21.12.2006, IX ZB 81/06, NZI 2007, 168.

volle wertmäßige Berücksichtigung zu einer ungewöhnlich hohen bzw. nicht angemessenen Berechnungsgrundlage führt. In solchem Falle sollte auch die Gesamtheit der Zuschläge betrachtet werden. Machen die Absonderungsrechte z.B. 75 % der Teilungsmasse aus, wird ein Abschlag gerechtfertigt sein.

31 Bei der **Betriebsfortführung** ist ein Abschlag nie gerechtfertigt, selbst dann nicht, wenn sich der (mit Zustimmungsvorbehalt gem. § 21 Abs. 2 Nr. 2 Alt. 2 InsO ausgestattete) vorläufige Verwalter nur in geringem Maße beteiligt hat.[48]

32 Für eine **gemietete Betriebsimmobilie** ist ein Abschlag vorzunehmen, wenn der vorläufige Verwalter insoweit nicht erheblich tätig war und der Wert gerade des belasteten Vermögens besonders ins Gewicht fällt.[49]

33 **Masseunzulänglichkeit** rechtfertigt ebenfalls keinen Abschlag.[50]

D. Zuschläge für den Insolvenzverwalter

34 Die Regelungen des § 3 bieten einerseits nur wenig Ermessensspielraum fürs Gericht, andererseits ist die Aufzählung der Tatbestände nur exemplarisch, was durch die Wortwahl »insbesondere« in Satz 1 der Vorschrift zum Ausdruck kommt.[51] Nachfolgend eine Zusammenstellung der häufigsten Tatbestände (s.a. Tabelle Rdn. 106).

I. Betriebsfortführung

35 Bei der **Betriebsfortführung** über mehrere Monate **ohne** gleichzeitige **Massemehrung** ist gem. Abs. 1 lit. b) ein Zuschlag zu gewähren.[52] Die Festsetzung eines Zuschlags kann nur unterbleiben, wenn die fragliche Tätigkeit zu einem »entsprechenden« Mehrbetrag nach § 1 Abs. 2 Nr. 4 lit. b) geführt hat. Damit sollen die Bemühungen des Verwalters bei der Betriebsfortführung auch honoriert werden, wenn eine Massemehrung nicht erreicht werden konnte.

36 Beide Tatbestände müssen kumulativ gegeben sein.[53] Bleibt die Erhöhung der Vergütung durch Massemehrung auf Grund der Fortführung des Unternehmens hinter dem Betrag zurück, der dem Verwalter bei unveränderter Masse als Zuschlag gebühren würde, so ist ihm ein die Differenz in etwa ausgleichender Zuschlag zu gewähren.[54] Von einer »entsprechend« größeren Masse ist auszugehen, wenn die Erhöhung der Vergütung, die sich aus der Massemehrung ergibt, ungefähr den Betrag erreicht, der dem Verwalter bei unveränderter Masse über einen Zuschlag zustände.[55] Bei der Betriebsfortführung ist deshalb der Zuschlag gem. § 3 Abs. 1 Satz 1 lit. b) um den Teil zu kürzen, der bereits durch den Fortführungsüberschuss bewirkt worden ist.[56] Hier ist ggf. eine Vergleichsrechnung (vgl. Rdn. 38) vorzunehmen.

Hat er im Rahmen einer Betriebsfortführung einen Teil der notwendigen Arbeiten fremd vergeben und damit die Masse belastet ist ein entsprechend geringerer Zuschlag anzusetzen.[57]

---

48 BGH 16.11.2006, IX ZB 302/05, ZInsO 2007, 147 (keine Beteiligung an der Fortführung, keine Überwachung des Schuldners).
49 LG Bielefeld 15.07.2004, 23 T 280/04, ZInsO 2004, 1250 m.w.N.
50 BGH 18.12.2003, IX ZB 50/03, NZI 2004, 251.
51 Alphabetische Darstellung und Erläuterung anerkannter Erhöhungstatbestände bei *Haarmeyer/Wutzke/Förster* InsVV, Rn. 40.
52 BGH 18.12.2003, IX ZB 50/03, NZI 2004, 251.
53 BGH 22.02.2007, IX ZB 106/06, NZI 2007, 341; 07.07.2010, IX ZB 115/08, ZInsO 2010, 2409.
54 BGH 22.02.2007, IX ZB 106/06, NZI 2007, 341.
55 BGH 07.10.2010, IX ZB 115/08, ZInsO 2010, 2409.
56 *BGH 24.01.2008, IX ZB 120/07, ZInsO 2008, 266.*
57 LG Heilbronn 09.05.2011, 1 T 418/10Hn, ZInsO 2011, 1958 für den Fall der Vergabe von Controlling und Überwachung der Liquidationspläne.

Den Zuschlag erhält der Verwalter dann, wenn die durch den Überschuss erhöhte Berechnungs- 37
grundlage sich ergebende Vergütung nicht angemessen ist. Einnahmen, mit denen bis zum Zeitpunkt der voraussichtlichen Aufhebung des Verfahrens sicher zu rechnen ist, können der bereits erwirtschafteten Masse hinzugerechnet werden (»Solleinnahmen«).[58] Allerdings sind dann wohl ebenfalls weitere voraussichtliche Ausgaben abzuziehen.

II. Vergleichsrechnung

Entweder wird zugunsten des Verwalters nach Saldierung eine Werterhöhung gem. § 1 Abs. 2 Nr. 4 38
Satz 2 lit. b) berücksichtigt (Fortführungserfolg) oder er erhält gem. § 3 Abs. 1 lit. b) einen (erfolgsunabhängigen) Zuschlag. Dieser Zuschlag bildet die Obergrenze, um eine Doppelberücksichtigung zu vermeiden.[59] Der Wert, um den sich die Masse durch die Betriebsfortführung vergrößert hat, ist mit der Höhe der dadurch bedingten Zunahme der Regelvergütung zu vergleichen, die ohne die Massemehrung über den dann gewährten Zuschlag erreicht würde.[60]

▶ Praxisbeispiel: 39
- ursprüngliche Masse: 100.000 €
- Massezunahme: 50.000 €
- Damit neue Masse: 150.000 €
  - I. Vergütung aus 100.000 € = 19.750 €
  - II. Vergütung aus 150.000 € = 23.250,– €
  - III. Damit Differenz 3.500,– € = ca. 17,7 %
  - IV. Zuschlag für Betriebsfortführung 25 %
  - V. Abzüglich 17,7 % aus Massemehrung
  - VI. Bleibt Rest als Zuschlag für Betriebsfortführung = 7,3 % auf die Vergütung von 23.500 €
  - VII. Damit **Gesamtvergütung 24.947,25 €**

Ist die **Buchhaltung** des Schuldners unvollständig und mangelhaft rechtfertigt dies einen Zuschlag,[61] 40
wenn dies nicht schon beim vorläufigen Verwalter angerechnet wurde.

III. Beteiligungen

Wenn das schuldnerische Unternehmen mit anderen Unternehmen oder Unternehmensteilen ver- 41
flochten ist (z.B. **Konzerninsolvenz**) kann sich die von dem Verwalter anzustellende Prüfung der Beteiligungsverhältnisse und rechtlicher wie wirtschaftlicher Verflechtungen sowie der Bewertung von Gesellschaftsanteilen und der Ermittlung haftungsrelevanter Tatbestände vergütungserhöhend auswirken, sofern diese Leistungen von ihm selbst erbracht wurden. Dies gilt insb. bei Verflechtungen mit Gesellschaften im Ausland (s. auch Tabelle Rdn. 106).

IV. Betriebsveräußerung

Die Verhandlung – soweit die Gläubigerversammlung dies gebilligt hat – mit möglichen Überneh- 42
mern des Betriebes, die Ausarbeitung von Kaufverträgen, Verhandlungen mit den Interessenten, den Sicherungsgläubigern und den Beschäftigten bzw. dem Betriebsrat rechtfertigen meist einen Zuschlag. Dieser liegt oft zwischen 0,5 bis 0,75, aber ggf. auch höher (vgl. Tabelle Rdn. 106).

---

58 *Haarmeyer/Wutzke/Förster* InsVV, § 1 Rn. 39 m.w.N.
59 BGH 16.10.2008, IX ZB 179/07, ZInsO 2008, 1262.
60 BGH 24.01.2008, IX ZB 120/07, ZInsO 2008, 266; Berechnungsbeispiel bei *Graeber* Vergütung in Insolvenzverfahren von A-Z, Unternehmensfortführung, durch den Insolvenzverwalter als Zuschlagsgrund nach § 3 Abs. 1 Buchst. b.
61 BGH 23.09.2004, IX ZB 215/03, NZI 2004, 665; nach FK-InsO/*Lorenz* Rn. 36 bis zu 25 %.

V. Arbeitsrecht

43 **Erschwernisse** bei der Berücksichtigung von Arbeitnehmerinteressen (zusätzlich zu Insolvenzausfallgeld, Kündigungsschutz, Sozialplan[62]), Probleme im Zusammenhang mit der Insolvenzsicherung der Betriebsrenten, schwierige Verhandlungen über eine Herabsetzung des Arbeitslohns oder über eine Änderung oder vorzeitige Beendigung von Betriebsvereinbarungen (vgl. § 120 InsO) können nach Abs. 1 lit. d) einen Zuschlag begründen, wenn diese Aufgaben tatsächlich vom Verwalter ausgeübt wurden und ihn besonders belastet[63] haben. Jede außergewöhnliche Belastung im Zusammenhang mit der Bearbeitung arbeitsrechtlicher Probleme kommt in Frage; die Aufzählung in § 3 Abs. 1 Satz 1 lit. d) ist nicht abschließend (vgl. Tabelle Rdn. 106).[64]

44 Die Bearbeitung von **Insolvenzgeld** fällt nicht mehr unter den »Normalfall«, wenn mehr als 20 Arbeitnehmer betroffen sind (vgl. Tabelle Rdn. 106).[65]

VI. Insolvenzplan

45 Für die Überwachung der Erfüllung eines Insolvenzplans erhält der Verwalter eine besondere Vergütung unter Berücksichtigung des Umfangs der Tätigkeit nach billigem Ermessen (§ 6 Abs. 2). Da die Festsetzung dieser Kosten durch das Gericht erst am Ende der Tätigkeit erfolgt sollte darauf geachtet werden, dass deren Berücksichtigung im Insolvenzplan so gut wie möglich geschätzt und einbezogen werden. Anderenfalls könnte der Fall eintreten, dass die Kosten für den Verwalter uneinbringlich sind, weil der Kostenschuldner (gem. § 269 InsO) zahlungsunfähig ist.

46 Einen Zuschlag erhält er für einen **von ihm selbst erstellten** Insolvenzplan (§ 218 InsO), wobei er auf einen realistischen Ansatz seiner Vergütung zu achten hat. Anderenfalls kann er später nach Treu und Glauben gehindert sein, einen Zuschlag nach Abs. 1 lit. e) zu verlangen.[66] Der Umfang des Insolvenzplans und die Anzahl der Beteiligten (z.B. Gläubigergruppen) sind wichtige Kriterien für die Bemessung des Zuschlags.[67] Von einer Erhöhung um 10 % bis hin zum mehrfachen des Normalsatzes kann diese Spanne gehen.[68] Ein leistungsgerechter Zuschlag kann letztlich auch das Institut des Insolvenzplans näher in den Blickpunkt der Verwalterschaft rücken und mit der Stärkung des Sanierungsgedankens ein wesentliches Ziel des heutigen Insolvenzverfahrens befördern.[69]

VII. Immobilien/Häuserverwaltung

47 Eine Massemehrung gem. Abs. 1 lit. c) (d.h. **entsprechende** Massemehrung im Verhältnis zum konkret darzulegenden Mehraufwand) wird bei Häuserverwaltung meist nicht stattfinden, daher kommt ein Zuschlag in Betracht (vgl. Tabelle Rdn. 106).

48 Auch ein Haus genügt,[70] wenn der Aufwand einer Immobilienbewirtschaftung entspricht (Vermietung, Sicherung, Erhaltung, Sicherstellung der Energie- und Wasserversorgung, Erfüllung von Verkehrssicherungspflichten). Der aus der Masse getragene Kostenanteil professioneller Hausverwaltung (s. § 4 Rdn. 25) ist ggf. mindernd zu berücksichtigen.

---

62 Sozialplanverhandlungen mit mehr als 20 Betroffenen rechtfertigen Zuschlag gem. BGH 18.12.2003, IX ZB 50/03, ZInsO 2004, 265.
63 Belastung, die einen Zuschlag von mehr als 5 % rechtfertigt.
64 Beispiele bei *Graeber* InsbürO 2006, 377.
65 BGH 25.10.2007, IX ZB 55/06, ZInsO 2007, 1272.
66 BGH 22.02.2007, IX ZB 106/06, NZI 2007, 341.
67 Ausf. *Haarmeyer/Wutzke/Förster* InsVV, Rn. 38.
68 FK-InsO/*Lorenz* Rn. 35; *Haarmeyer/Wutzke/Förster* InsVV, Rn. 38.
69 S.a. FK-Inso/*Lorenz* Rn. 35.
70 BGH 24.01.2008, IX ZB 120/07, ZInsO 2008, 266.

Der Fall der kalten Zwangsverwaltung (Verwalter vereinbart mit Grundpfandgläubigern, dass er die 49
Mieten einzieht und an sie verteilt) dürfte wohl nicht zuschlagsfähig sein, da diese Tätigkeit nicht in
seine originäre Zuständigkeit fällt.

Nimmt die **Verwertung** den Verwalter stärker als in entsprechenden Insolvenzverfahren allgemein 50
üblich in Anspruch, so ist ein Zuschlag veranlasst.[71]

VIII. Lange Verfahrensdauer

Das LG Aachen gewährt einen gesonderten Vergütungszuschlag, wenn der Insolvenzverwalter wäh- 51
rend der überdurchschnittlich langen Dauer des Verfahrens kontinuierlich Verwaltertätigkeiten (Regel- oder Sonderaufgaben) wahrgenommen hat. Dies soll auch dann gelten, wenn die verschiedenen
Verfahrenserschwernisse bereits mit gesonderten Zuschlägen berücksichtigt wurden.[72]

Der BGH[73] lehnt einen Zuschlag, der lediglich aus der Verfahrensdauer begründet wird, ab. Es 52
komme vielmehr auf die Darstellung der konkreten Tätigkeit, nicht auf deren Dauer an. Ist der Verwalter stärker als allgemein üblich in Anspruch genommen worden und überschneidet sich dieser
Erhöhungstatbestand mit anderen Zuschlagstatbeständen, so ist eine Gesamtwürdigung vorzunehmen.[74]

IX. Aus- und Absonderungsrechte

Aus- und Absonderungsrechte, die einen **erheblichen** Teil der Tätigkeit ausgemacht haben, werden 53
durch einen Zuschlag berücksichtigt, wenn der hälftige Feststellungsbetrag aus § 1 Abs. 2 Nr. 1
nicht angefallen ist (Abs. 1 lit. a).[75] Der Zuschlag ist immer dann zu gewähren, wenn die sich ergebende Regelvergütung nicht dem durch die Bearbeitung angefallenen Arbeitsaufwand entspricht[76]
(vgl. Tabelle Rdn. 106).

Delegiert der Verwalter die wesentlichen Teile der Bearbeitung der Aus- und Absonderungsrechte 54
auf andere Personen und macht von seinem Entnahmerecht für diese Kosten gem. § 4 Abs. 1 Satz 3
Gebrauch (vgl. § 4 Rdn. 8), so kann dies zur Versagung eines Zuschlages für seine Vergütung führen.[77] So kann es auch liegen, wenn der Verwalter als Rechtsanwalt für die Masse eigene Sachkunde
einsetzt und seine Kosten gem. § 5 Abs. 1 der Masse entnommen hat (s. § 5 Rdn. 6). Schwierig wird
die Berechnung, wenn sich in der Masse sowohl fremdbelastete Gegenstände befunden haben, die zu
einer Berücksichtigung nach § 1 Abs. 1 Nr. 1 geführt haben als auch solche fremdbelasteten Gegenstände, bei denen dies nicht der Fall war.[78]

X. Altlasten

Gehören zur Insolvenzmasse Grundstücke mit Altlasten (vor allem ökologische Altlasten),[79] steht 55
dem Verwalter für den Arbeitsaufwand im Zusammenhang mit den erforderlichen Verhandlungen,

---

71 BGH 16.10.2008, IX ZB 247/06, ZInsO 2009, 1030; 07.05.2009, IX ZR 61/08, NZI 2009, 475;
   18.06.2009, IX ZB 119/08, ZInsO 2009, 1557.
72 LG Aachen 16.12.2008, 6 T 78/08, ZIP 2009, 576.
73 BGH 06.05.2010, IX ZB 123/09, ZInsO 2010, 1504; 16.09.2010, IX ZB 154/09, ZInsO 2010, 1949 =NZI
   2010, 982 = ZIP 2010, 2056.
74 BGH 06.05.2010, IX ZB 123/09, ZInsO 2010, 1504; BGH 17.04.2013, IX ZB 141/11, ZInsO 2013,
   1104.
75 Zur Möglichkeit einer »Gegenrechnung« von § 1 Abs. 2 Nr. 1 und § 3 Abs. 1lit. a) s. *Graeber* InsbürO
   2005, 128; Berechnungsbeispiele bei *Keller* Vergütung und Kosten im Insolvenzverfahren, 3. Aufl.
   Rn. 268 ff.
76 *Keller* Vergütung und Kosten im Insolvenzverfahren, Rn. 250.
77 FK-InsO/*Lorenz* Rn. 16.
78 Zur Berechnungsmethode FK-InsO/*Lorenz* Rn. 18.
79 *Pape* ZInsO 2002, 453 zur Rspr. des BGH.

evtl. Sicherungsmaßnahmen und Beschaffung von Gutachten ein Vergütungszuschlag zu. Zu trennen ist hier – soweit nicht eine Freigabe des Grundstücks in Frage kommt – der Arbeitsaufwand für den Verwalter einerseits von den veranlassten und durch die Masse zu tragenden Kosten für Entsorgungsmaßnahmen andererseits.

56 Diese Zusatzvergütung begründet sich für Tätigkeiten, die der Verwalter zusätzlich zu seinen Aufgaben für die Masse erbringt. Sie kann deshalb auch neben evtl. Zuschlägen auf die Regelvergütung entstehen (vgl. Tabelle Rdn. 106).

XI. Bauinsolvenz

57 Besonderer Arbeitsaufwand ist die Regel bei der Abwicklung von Bauinsolvenzen. Neben der Auseinandersetzung mit der Bauabzugsteuer fallen z.B. Abrechnungen von Wetter- und Kurzarbeitergeld und Architektenhonoraren an; im Zusammenhang mit Gewährleistungsansprüchen ausgegebene Bürgschaftskredite (Avale) der beteiligten Banken müssen abgewickelt werden.

58 Je nach Größe der Projekte können erhebliche Zuschläge gerechtfertigt sein.[80]

XII. Besonders hohe Zahl an Gläubigern

59 Sie begründet einen Zuschlag,[81] wenn der Aufwand – wie etwa für die Erstellung der Verzeichnisse und der Tabelle – einen vom Normalverfahren abweichenden Aufwand erfordert[82] (vgl. Tabelle Rdn. 106). In der Literatur wird eine Gläubigeranzahl von 100 als Normalfall angesehen; eine besonders große Zahl wird bei 400 Gläubigern angenommen (vgl. § 2 Rdn. 1).[83]

XIII. Abschlagsverteilung

60 Wenn die Verwertung der Insolvenzmasse längere Zeit in Anspruch nimmt ist bei dem Vorhandensein entsprechender Masse eine Abschlagsverteilung geboten. Diese ist im Normalfall mit der Vergütung abgegolten. Kommt es zu mehreren Abschlagsverteilungen und bedingen diese einen überdurchschnittlichen Verwaltungsaufwand, so kann ein Zuschlag anerkannt werden (vgl. Tabelle Rdn. 106).[84]

XIV. Obstruktiver Schuldner

61 Führt die Mitwirkungsverweigerung des Schuldners oder organschaftlichen Vertreters zu einer nicht unerheblichen Mehrbelastung des Verwalters, ist dies durch einen Zuschlag zu berücksichtigen (vgl. Tabelle Rdn. 106).[85]

62 Obstruktives Verhalten, unbekannter Aufenthalt, gesteigerter Ermittlungsaufwand, Fehlen von Buchungsunterlagen, ungeordnete Buchführung sind Beispiele aus der Praxis. Eine Pauschalierung scheidet aus, es ist der Einzelfall zu würdigen.[86]

63 Ist der Schuldner z.B. in Haft, kann dem Verwalter ein Zuschlag bewilligt werden, wenn er konkret darlegt, welche für die Abwicklung der von den übrigen Zuschlägen erfassten Bereichen erforderliche Unterlagen und Informationen ein kooperativer Schuldner zur Verfügung hätte stellen können und welche Erschwernisse dem Verwalter bei einer solchen Mitwirkung erspart geblieben wären.[87]

---

80 FK-InsO/*Lorenz* Rn. 36: 10–50 %; *Haarmeyer/Wutzke/Förster* InsVV, Rn. 78: 2–75 %.
81 BGH 11.05.2006, IX ZB 249/04, ZInsO 2006, 642.
82 *Keller* Vergütung und Kosten im Insolvenzverfahren, Rn. 249.
83 *Haarmeyer/Wutzke/Förster* InsVV, § 3 Rn. 78.
84 Nach *Haarmeyer/Wutzke/Förster* InsVV, Rn. 41 bis zu 0,25 Regelsatz.
85 BGH 24.01.2008, IX ZB 120/07, ZInsO 2008, 266.
86 BGH 18.06.2009, IX ZB 119/08, ZInsO 2009, 1557.
87 LG Passau 17.12.2009, 2 T 167/09, ZInsO 2010, 158.

XV. Degressionsausgleich

Die Staffelsätze aus § 2 sind degressiv ausgestaltet und bringen damit eine Kürzung der Beträge bei besonders hohen Insolvenzmassen mit sich. 64

Hat der Verwalter die ohnehin große Masse durch erheblichen Arbeitseinsatz weiter vergrößert, soll er einen Zuschlag erhalten, da für diesen Fall die Degression der Regelsätze zu keinem gerechten Ergebnis führt. 65

Gem. § 3 Abs. 1 lit. c) ist eine den Regelsatz übersteigende Vergütung insb. festzusetzen, wenn die Masse groß war und die Regelvergütung wegen der Degression der Regelsätze (§ 2) keine angemessene Gegenleistung dafür darstellt, dass der Verwalter mit erheblichem Arbeitsaufwand die Masse vermehrt oder zusätzliche Masse festgestellt hat. Dieser Zuschlag wird auch als »Degressionsausgleich« bezeichnet. 66

Veröffentlichte Rechtsprechung zum Degressionsausgleich ist bisher kaum bekannt,[88] was vermuten lässt, dass der Degressionsausgleich bisher von den Insolvenzverwaltern kaum als Erhöhungsfaktor geltend gemacht wurde. Dieses mag an den teils ein wenig kompliziert anmutenden Berechnungsmethoden liegen, die in der Literatur vertreten werden. 67

Überraschend ist die Zurückhaltung der Insolvenzverwalter bei der Geltendmachung des Degressionsausgleichs aber schon, da mit dieser flexiblen Regelung sichergestellt werden kann, dass die Mehrarbeit des Insolvenzverwalters, welche zur Erzielung großer Massen beiträgt, trotz der starken Degression verfassungskonform vergütet wird.[89] 68

In der Literatur[90] hat sich inzwischen unter ausdrücklicher Aufgabe der bisher wohl herrschenden Meinung, die durch die Anwendung des durchschnittlichen Prozentsatzes aller Stufen des § 2 Abs. 1 in Höhe von 11,2 % im Ergebnis zur Aufhebung der Degression führte, eine Ausgleichsmethode herauskristallisiert, welche zutreffender der Intention des Verordnungsgebers Rechnung trägt und nur noch eine »Entschärfung« der Degression durch die Verschiebung der Sätze der Vergütungsstaffel für Mehrbeträge ab € 250.000 vorsieht. 69

Dieser Zuschlag ist so zu berechnen, dass er den Degressionsverlust im konkreten Einzelfall ausgleicht. Es erfolgt somit eine Erhöhung des Regelsatzes nach § 2. 70

Die Voraussetzungen für den Degressionsausgleich sind die Folgenden: 71
– Voraussetzung für einen Degressionsausgleich ist zunächst eine »große Masse«. 72
  Nach der in Literatur und Rechtsprechung überwiegenden Auffassung liegt eine solche vor, wenn die Insolvenzmasse einen Betrag von € 250.000 überschreitet.[91] Dem hat sich der BGH inzwischen angeschlossen.[92] Zutreffend wird übereinstimmend ausgeführt, dass die Degression ab dem Staffelsatz nach § 2 Abs. 1 Nr. 4 mit 3 % ihre Wirkung besonders stark entfaltet.
– Weitere Voraussetzung für einen Degressionsausgleich ist, dass der Insolvenzverwalter mit erheblichem Arbeitsaufwand die Masse vermehrt hat. 73
  Insoweit ist ausf. und substantiiert darzustellen, welche Tätigkeiten im Einzelfall den erheblichen Mehraufwand und damit die Abweichungen von dem Normalfall verursacht haben, um dem Gericht im Rahmen des Vergütungsfestsetzungsverfahrens die Möglichkeit zu geben, den Mehraufwand in tatsächlicher und rechtlicher Hinsicht nachzuvollziehen. Der Mehraufwand kann z.B. durch ein komplexes Bieterverfahren mit Realisierung erheblicher stiller Reserven im Rahmen

---

[88] Bis auf LG Traunstein 18.08.2000, 4 T 4212/99, ZInsO 2000, 510 (515); LG Braunschweig 29.01.2001, 8 T 947/00, ZInsO 2001, 552 (554).
[89] BK-InsR/*Blersch* Rn. 14.
[90] HambK-InsR/*Büttner* Rn. 4; Kübler/Prütting/*Bork-Eickmann/Prasser* Rn. 36; MüKo-InsO/*Nowak* Rn. 9.
[91] HambK-InsR/*Büttner* Rn. 4 m.w.N. aus der Rspr.; BK-InsR/*Blersch* Rn. 15; Kübler/Prütting/*Bork-Eickmann/Prasser* Rn. 23; MüKo-InsO/*Nowak* Rn. 9; Haarmeyer/Wutzke/Förster InsVV, Rn. 26 f.
[92] BGH 08.11.2012, IX ZB 139/10, ZInsO 2012, 2305.

einer übertragenden Sanierung oder durch lange und komplexe Rechtsstreitigkeiten mit anschließender, umfangreicher erfolgreicher Zwangsvollstreckung entstehen.

74 – Alternative zur mit erheblichem Arbeitsaufwand verbundenen Massemehrung ist die Feststellung zusätzlicher Masse, die ebenfalls mit erheblichem Arbeitsaufwand verbunden sein muss. Hierunter fallen Vermögenswerte, die zunächst realistisch aus Gründen kaufmännischer Vorsicht mit Erinnerungswerten oder Abschlägen in der Vermögensübersicht nach § 153 InsO bewertet worden sind. Gelingt es aber dem Verwalter auf Grund intensiver Arbeit, diese Vermögenspositionen mit hohen Mehrwerten zu realisieren, müssen seine erfolgreichen Bemühungen mit einem Zuschlag honoriert werden. Hierunter fällt bspw. die Verfolgung und Realisierung von Auslandsvermögen des Schuldners, z.B. unter Ausnutzung der Regelungen der EuInsVO in der Europäischen Union.[93]

75 **Methodik der Berechnung:**

Da die Aufhebung der Degression nicht vorgesehen ist, erfolgt der Ausgleich nach der wohl inzwischen herrschenden Literaturmeinung durch die Anwendung der jeweils vorausgehenden Sätze der Vergütungsstaffel nach § 2 Abs. 1 für Mehrbeträge ab € 250.000.[94] Diese Methode erweist sich für alle Beteiligten des Vergütungsfestsetzungsverfahrens als besonders praktikabel in der täglichen Handhabung. Sie führt auch zu angemessenen Ergebnissen.

76 Die nachfolgenden tabellarischen Darstellungen stellen im Rahmen eines Praxisbeispiels die Berechnungsmethodik und -ergebnisse der herrschenden Literaturmeinung und der alternativen Auffassungen dar. Nach dieser herrschenden Literaturmeinung würde sich der Degressionsausgleich exemplarisch bei einer Berechnungsmasse von € 900.000 wie folgt berechnen (in den folgenden Beispielen soll angenommen werden, dass eine Massemehrung in Höhe von 600.000 € nur durch großen persönlichen Einsatz des Verwalters möglich wurde):

77 **Regelvergütung**

Berechnungsgrundlage:	€	900.000,00		
40 % aus	€	25.000,00	=	€ 10.000,00
25 % aus weiteren	€	25.000,00	=	€ 6.250,00
7 % aus weiteren	€	200.000,00	=	€ 14.000,00
3 % aus weiteren	€	250.000,00	=	€ 7.500,00
2 % aus weiteren	€	400.000,00	=	€ 8.000,00
Summe				€ 45.750,00

78 **Ausgeglichene Regelvergütung für Mehrbeträge ab € 250.000**

Berechnungsgrundlage:	€	900.000,00		
40 % aus	€	25.000,00	=	€ 10.000,00
25 % aus weiteren	€	25.000,00	=	€ 6.250,00
7 % aus weiteren	€	200.000,00	=	€ 14.000,00
7 % aus weiteren	€	250.000,00	=	€ 17.500,00
3 % aus weiteren	€	400.000,00	=	€ 12.000,00
Summe				€ 59.750,00

---

93 BK-InsR/*Blersch* Rn. 16.
94 HambK-InsR/*Büttner* Rn. 4; Kübler/Prütting/*Bork-Eickmann/Prasser* Rn. 36, MüKo-InsO/*Nowak* Rn. 9.

Dieser Berechnungsmethode hat allerdings der BGH in seiner neuesten Entscheidung eine Absage erteilt.[95]

Blersch und *Haarmeyer/Wutzke/Förster* nehmen differenziertere Ausgleichsberechnungen vor, welche die Berechnungsmasse zunächst in »unproblematische« und somit nicht des Degressionsausgleichs würdige wie auch in problematische und damit dem Degressionsausgleich unterliegende Anteile zerlegen und durch den Ausgleich der Verhältnisse zu einem Degressionsausgleich kommen.[96]

Nach Auffassung von *Blersch*[97] soll zunächst die unproblematische (vorgefundene) und die problematische (mit besonderem Einsatz erwirtschaftete) Masse festgestellt werden. Im nächsten Schritt ist die gesamte Insolvenzmasse ins Verhältnis zu dem unproblematischen Anteil zu setzen, aus dem sich dann der Faktor/Multiplikator für die Vergütung des problematischen Teils der Insolvenzmasse ergibt.

Hieraus resultiert die Formel:

Berechnungsgrundlage	×	Regelvergütung	=	um den Degressionsausgleich erhöhte Regelvergütung problematische Masse
Unproblematische Masse		unproblematische Masse		

Im nachstehenden Beispiel hat die Masse einen Wert von € 900.000. Davon entfallen € 300.000 auf den unproblematischen und € 600.000 auf den problematischen Anteil.

Die Regelvergütung gem. § 2 InsVV beträgt: € 45.750

Auf den unproblematischen Anteil entfallen davon:

Berechnungsgrundlage:	€	300.000,00		
40 % aus	€	25.000,00	=	€ 10.000,00
25 % aus weiteren	€	25.000,00	=	€ 6.250,00
7 % aus weiteren	€	200.000,00	=	€ 14.000,00
3 % aus weiteren	€	50.000,00	=	€ 1.500,00
Summe				€ 31.750,00

Die um den Degressionsausgleich erhöhte Regelvergütung ist unter Berücksichtigung der relativen Verhältnisse damit wie folgt festzustellen:

$$\text{TEUR } 900/\text{TEUR } 300 \times € 31.750 = 95.250$$

Der Differenzbetrag stellt folglich die festzusetzende um den Degressionsausgleich erhöhte Regelvergütung dar, € 95.250 – € 45.750 = € 49.500 (Degressionsausgleich).

Nach der Auffassung von *Haarmeyer/Wutzke/Förster*[98] ist nach der Aufteilung der Massen in den problematischen und unproblematischen Anteil zunächst die mittelbare Mehrvergütung für den problematischen Anteil festzustellen, die bereits in der Regelvergütung enthalten ist.

Im nachstehenden (gleichen) Beispiel hat die Masse einen Wert von € 900.000. Davon entfallen € 300.000 auf den unproblematischen und € 600.000 auf den problematischen Anteil. Die bereits oben festgestellte Regelvergütung beträgt € 45.750. Auf den unproblematischen Anteil entfallen

---
95 BGH 08.11.2012, IX ZB 139/10, ZInsO 2012, 2305.
96 *Haarmeyer/Wutzke/Förster* InsVV, Rn. 28 und BK-InsR/*Blersch* Rn. 18.
97 BK-InsR/*Blersch* Rn. 18.
98 *Haarmeyer/Wutzke/Förster* InsVV, Rn. 28.

wie oben dargestellt € 31.750. Mithin beträgt die mittelbare Mehrvergütung: **€ 14.000** (€ 45.750 – € 31.750).

86 Die **Vergleichsrechnung** für den Mehrerlös ist durch die Anwendung der **vorhergehenden** Stufen des § 2 wie folgt zu bestimmen:

7 % statt 3 %	€	200.000,00	=	€ 14.000,00
3 % statt 2 %	€	400.000,00	=	€ 12.000,00
Summe				€ 26.000,00

Differenz zu der mittelbaren Vergütung beträgt somit: € 12.000 (€ 26.000 – € 14.000) und stellte zugleich den **Zuschlag** auf die Regelvergütung dar, die laut dieser Auffassung auch als prozentualer Zuschlag ausgedrückt werden kann, wobei eine Notwendigkeit der Umrechnung nicht als zwingend angesehen wird, obwohl bisher die Zuschläge prozentual ausgedrückt worden sind.

87 Die drei vorgeschlagenen Berechnungsmethoden führen in den Beispielsfällen zu sehr unterschiedlichen Ergebnissen. Nach der herrschenden Meinung erhöht sich die um den Degressionsausgleich erhöhte Regelvergütung von € 45.750 um € 14.000 auf € 59.750, hierauf sind sodann ggf. noch weitere Erhöhungsfaktoren zu berechnen. Nach *Blersch* beläuft sich die um den Degressionsausgleich erhöhte Regelvergütung von € 45.750 um € 49.500 auf € 95.250. Nach *Haarmeyer/Wutzke/Förster* (4. Aufl.) ist ein Zuschlag von absolut € 12.000 auf € 57.750 zu gewähren. Hierbei fällt auf, dass *Haarmeyer/Wutzke/Förster* bis zu ihrer 3. Aufl. noch die Auffassung vertraten, dass die Anwendung des durchschnittlichen Prozentsatzes aller Stufen des § 2 Abs. 1 in Höhe von 11,2 % einen angemessenen Degressionsausgleich darstellt. Bei Anwendung dieser aufgegebenen Auffassung hätte sich die um den Degressionsausgleich – € 67.200 – erhöhte Regelvergütung auf € 98.950 im Beispielsfall belaufen. Dieser Berechnungsmethode hat der BGH inzwischen ebenfalls eine Absage erteilt.[99]

88 Nimmt man den in vielen Kommentaren zitierten Beispielsfall für die mit erheblichem Aufwand festgestellte zusätzliche Masse, die der Realisierung von **Auslandsvermögen**, stellt die mit diesem Aufwand verbundene Mehrvergütung von € 12.000 mit Sicherheit keine angemessene Mehrvergütung bzw. keinen angemessenen Degressionsausgleich dar. Ist die Tätigkeit mit mehreren mehrtägigen Rechercheaufenthalten des Verwalters im Ausland verbunden, stellt auch die von der herrschenden Auffassung vertretene und nur leicht von *Haarmeyer/Wutzke/Förster* abweichende Berechnungsmethode keinen angemessenen Degressionsausgleich dar. Im typisierten Beispielsfall scheint somit die Berechnungsmethode von *Blersch* am ehesten zu einem angemessenen Ergebnis zu führen.

89 Die unterschiedlichen Ergebnisse der Auffassungen zeigen, dass wohl keine der bisher in der Literatur vertretenen Auffassungen den Anspruch auf Richtigkeit hat. Vielmehr ist die für den konkreten Einzelfall angemessene Vergütung festzustellen bzw. vom Insolvenzverwalter in seinem Vergütungsantrag detailliert anhand der Besonderheiten des Einzelfalls zu begründen. Die Literaturmeinungen können hierbei nur als Rahmen bzw. »Leitplanken« für den Degressionsausgleich dienen, der nach richtiger Auffassung keinen prozentualen Zuschlag darstellt, sondern so zu berechnen ist, dass eine Erhöhung des Regelsatzes nach § 2 stattfindet. Weitere Erhöhungsfaktoren können nur insoweit gewährt werden, als sie (z.B. Ermittlung und Realisierung von Auslandsvermögen) nicht bereits inhaltlich für die Beantragung bzw. Gewährung des Degressionsausgleichs »herhalten« mussten.

XVI. Zustellungen

90 Wenn mit der Erledigung der nach § 8 Abs. 3 InsO übertragenen Zustellungen ein erheblicher Mehraufwand verbunden ist, kann im Einzelfall ein Zuschlag begründet sein.[100] Das ist dann der

---

99 BGH 08.11.2012, IX ZB 139/10, ZinsO 2012, 2305.
100 BGH 22.07.2004, IX ZB 222/03, ZInsO 2004, 908; 13.03.2008, IX ZB 63/05, NZI 2008, 361 = ZIP 2008, 976.

Fall, wenn das konkrete Verfahren in einzelnen Tatbeständen vom sog. Normalverfahren abweicht.[101] Die relevante Mehrbelastung ist bei mindestens 100 Zustellungen erreicht.[102] Generell ist ein Zuschlag gerechtfertigt, wenn die Abweichung vom Normalfall eine Erhöhung der Vergütung um 5 v.H. rechtfertigt.[103]

Ein geschätzter Betrag in Höhe von 2 € pro erledigter Zustellung erscheint derzeit sachgerecht[104] (vgl. a. Rdn. 27). 91

Die **Auslagen** sind gesondert zu erstatten; die durch die Besorgung der Zustellungen angefallenen Personalkosten können nach der Rechtsprechung des BGH dem Insolvenzverwalter nicht im Wege des Auslagenersatzes erstattet werden.[105] Begründet wird dies damit, dass die Verhältnisse weniger durchschaubar wären, wenn die Kosten des eigenen Personals im Wege des Auslagenersatzes gem. § 4 Abs. 2 abgewälzt werden könnten. Der Antrag auf Zuschlag sollte daher so präzise wie möglich – besonders bei Großverfahren – die zusätzliche Belastung deutlich machen. 92

E. Abschläge für die Insolvenzverwaltervergütung

Ein **Abschlag** für den Verwalter ist nur gerechtfertigt, wenn dieser deutlich **geringer** als allgemein üblich in **Anspruch** genommen wurde.[106] Abschlagstatbestände sind in Abs. 2 beispielhaft aufgeführt und beziehen sich auf den ermittelten Regelsatz aus § 2., nicht etwa auf die Zuschläge nach Abs. 1.[107] Selbst wenn der Abschlag im Ergebnis zu einer nicht auskömmlichen (kostendeckenden) Vergütung des Verwalters führt ist dies hinzunehmen.[108] 93

Die Regelungen in Abs. 2 lassen – ohne dies zwingend zu gebieten – ein Zurückbleiben hinter den »normalen« Vergütungssätzen (gem. § 2) zu; dies gilt auch dann, wenn dem (vorläufigen) Verwalter keine Zuschläge bewilligt wurden.[109] Gekürzt wird jeweils nur der Regelsatz; anschließend werden evtl. Zuschläge hinzugerechnet. Eine besondere Entlastung durch den vorläufigen Verwalter soll signifikant sein.[110] Nach neuester Entscheidung des BGH[111] soll aber grds. ein Abschlag vorgenommen werden. War der Insolvenzverwalter im Eröffnungsverfahren jedoch nur als Sachverständiger tätig, ist kein Abschlag vorzunehmen.[112] War der Insolvenzverwalter im Eröffnungsverfahren sowohl als Sachverständiger als auch als vorläufiger Insolvenzverwalter tätig, ist ein Abschlag auf seine Vergütung jedenfalls dann gerechtfertigt, wenn er auf Erleichterungen gestützt wird, die ihm infolge seiner Tätigkeit als vorläufiger Insolvenzverwalter zugute kamen.[113] 94

Eine analoge Anwendung des Abs. 2 lit. a) auf die vorherige Bestellung des Verwalters als Sachverständigen scheidet aus, ein Abschlag ist nicht vorzunehmen.[114] Die Wortwahl des Verordnungsgebers in Abs. 2 Satz 1 (»insbesondere«) macht deutlich, dass die Aufzählung nur exemplarisch ist. 95

---

101 *Keller* Vergütung und Kosten im Insolvenzverfahren, Rn. 626; *Heyn* Vergütungsanträge nach der InsVV, S. 6–8.
102 BGH 21.12.2006, IX ZB 129/05, ZInsO 2007, 202.
103 BGH 08.03.2012, IX ZB 162/11, ZInsO 2012, 753.
104 HambK-InsR/*Büttner* Rn. 4b.; BGH 08.03.2012, IX ZB 162/11, ZInsO 2012, 753 geht derzeit von 2,70 € bis 2,80 € pro Zustellung aus.
105 BGH 21.12.2006, IX ZB 81/06, ZInsO 2007, 86 (jedoch Zuerkennung eines Zuschlags bei 876 Zustellungen); 21.12.2006, IX ZB 129/05, ZInsO 2007, 202.
106 BGH 23.03.2006, IX ZB 20/05, NZI 2006, 347.
107 *Haarmeyer/Wutzke/Förster* InsVV, Rn. 80.
108 BGH 12.01.2012, IX ZB 97/11, JurionRS 2012, 10134.
109 BGH 11.05.2006, IX ZB 249/04, ZInsO 2006, 642.
110 BGH 11.05.2006, IX ZB 249/04, ZInsO 2006, 642; LG Potsdam 22.11.2007, 5 T 523/06, ZInsO 2008, 154 (mind. 5 % Abweichung vom Normalfall).
111 BGH 16.09.2010, IX ZB 200/08, NZI 2010, 941.
112 BGH 08.07.2010, IX ZB 222/09, ZInsO 2010, 1503 =NZI 2010, 902.
113 BGH 08.07.2010, IX ZB 222/09, ZInsO 2010, 1503 =NZI 2010, 902.
114 BGH 18.06.2009, IX ZB 97/08, NZI 2009, 601.

96 In der Praxis kommen Abschläge nur selten vor. Nach LG Schwerin[115] kann bei besonders schwerwiegenden Pflichtverstößen die Vergütung auf Null festgesetzt werden. Nach AG Göttingen[116] ist bei einem zur Masse gelangenden Lottogewinn des Schuldners ein deutlicher Abschlag in Höhe von 90 % angezeigt.

I. Entlastung durch vorläufigen Verwalter

97 Der kategorische Wortlaut des Abs. 2 lit. a) täuscht: Nur wenn dem endgültigen Verwalter durch den Einsatz des vorläufigen Verwalters erhebliche Arbeit erspart – und dieser auch entsprechen abgefunden – wurde, ist ein Abschlag dieser Art gerechtfertigt. Da zwischen beiden i.d.R. Personenidentität besteht, verlagert sich in solchen Fällen der »Vergütungsschwerpunkt« nach vorn in den Tätigkeitsbereich des vorläufigen Verwalters. Ist der vorläufige Insolvenzverwalter durch Zuschläge für eine Tätigkeit vergütet worden, die regelmäßig dem endgültigen Verwalter obliegt (z.B. Verwertung der Insolvenzmasse), ist die Vergütung des endgültigen Verwalters durch in der Höhe korrespondierende, angemessene Abschläge zu kürzen.[117]

98 War der endgültige Verwalter zuvor lediglich als Sachverständiger tätig, ist ein Abschlag nicht vorzunehmen, da die spezielle Regelung des Abs. 2 lit. a) darauf nicht analog anwendbar ist.[118]

II. Vorherige Verwertung

99 Abs. 2 lit. b) betrifft den Ausnahmefall der Verwertung von Masse bereits im Eröffnungsverfahren. Es kann sich hierbei allenfalls um – vom Insolvenzgericht gebilligte – Verwertungshandlungen handeln, die dringend geboten waren um die Masse zu erhalten.

100 Ist der vorläufige Verwalter bereits durch Zuschläge für die Verwertung der Insolvenzmasse vergütet worden, ist die Vergütung des endgültigen Verwalters durch in der Höhe korrespondierende, angemessene Abschläge zu kürzen.[119]

III. Entlastung durch Hilfskräfte

101 Entlastet sich der Verwalter von der Bearbeitung von **Regelaufgaben** durch zusätzliche **Hilfskräfte** (auf Grundlage von Dienst- und Werkverträgen) und sind damit zusätzliche Kosten für die Masse (gem. §§ 4 Abs. 1 Satz 3, 8 Abs. 2) entstanden, kann ein Abschlag auf die Vergütung begründet sein. Dabei prüft das Gericht zwar grds. nicht die wirtschaftliche Zweckmäßigkeit solcher Maßnahmen;[120] dies ist Aufgabe der am Verfahren teilnehmenden Gläubiger bzw. des von ihnen eingesetzten Gläubigerausschusses (§ 69 InsO). Jedoch prüft das Gericht, ob »besondere« Aufgaben zu erledigen waren und ob die kostenträchtige Einschaltung Externer erforderlich war. Ggf. kürzt es dann die Vergütung um den zu Unrecht aus der Masse entnommenen Betrag.[121]

102 Die Beauftragung eines professionellen **Verwerters** kann zu einem Abschlag führen, wenn dadurch der Arbeitsaufwand für den Verwalter insgesamt wesentlich geringer ausfällt.[122]

---

115 LG Schwerin 09.07.2008, 5 T 31/06, ZInsO 2008, 856 = NZI 2008, 692.
116 AG Göttingen 08.09.2011, 74 IN 235/09, ZInsO 2011, 2002.
117 BGH 11.05.2006, IX ZB 249/04, ZInsO 2006, 642.
118 BGH 18.06.2009, IX ZB 97/08, ZInsO 2009, 1367.
119 BGH 11.05.2006, IX ZB 249/04, ZInsO 2006, 642.
120 *Haarmeyer/Förster* ZInsO 2001, 887; a.A. HambK-InsR/*Frind* § 58 InsO Rn. 5.
121 BGH 11.11.2004, IX ZB 48/04, ZInsO 2004, 1348.
122 BGH 11.10.2007, IX ZB 234/06, ZInsO 2007, 1268.

IV. Besonders geringe Zahl von Gläubigern

Besonders wenige Insolvenzgläubiger in einem Verfahren begründen einen Abschlag,[123] wenn gleichzeitig die Bearbeitung durch den Verwalter im Verhältnis zum Normalfall deutlich weniger aufwändig war.

V. Vorzeitige Beendigung

Neben den Möglichkeiten der Aufhebung des Eröffnungsbeschlusses und der Einstellung gem. § 207 InsO bereits kurz nach der Eröffnung sind von der Regelung in Abs. 2 lit. c) die Entlassung aus wichtigem Grund (§ 59 Abs. 1 InsO), auch Tod des Verwalters erfasst. Auch seine Abwahl in der ersten Gläubigerversammlung kann zu einer vorzeitigen Beendigung und deshalb zu einem Abschlag im Hinblick auf den Normalfall führen.[124] Maßstab können dabei immer nur die bis dahin bereits erledigten Aufgaben sein.[125] Bei der Bestimmung eines fiktiven Verwertungsergebnisses, das ohne die vorzeitige Beendigung erzielt worden wäre, sind nicht nur Verbindlichkeiten gegenüber dem antragstellenden Gläubiger, sondern gegenüber allen Gläubigern zu berücksichtigen.[126]

VI. Große Masse und geringe Anforderungen

Ein Abschlag auf die Vergütung des Verwalters ist auch dann zulässig, wenn die Masse nicht i.S.v. Abs. 2 lit. d) groß war[127] **und** der Verwalter nur gering gefordert war. Beispiele aus der Praxis sind sehr selten. Schon die Bestimmung einer »großen Masse« ist eine bewegliche Größe.[128] Grenzwerte für die Größe einer Masse sollen durch die Rechtsprechung nicht ermittelt werden.[129] Intakte Strukturen in Finanzwesen, Produktion und Vertrieb erleichtern dem Verwalter die Arbeit und können einen Abschlag rechtfertigen.[130]

F. Tabelle der wichtigsten Zuschläge

(Aufschlag **auf** die Regelvergütung bzw. **auf** die 25 % der Regelvergütung)

Nachfolgende Tabelle gibt nur eine Auswahl über bereits entschiedene oder in der Literatur behandelte Vergütungszuschläge. Sie ist nur eine Orientierungshilfe und ersetzt nicht die Bewertung des Einzelfalls. Vollständigere Tabellen bieten die gängigen Vergütungskommentare.[131]

---

123 BGH 11.05.2006, IX ZB 249/04, ZInsO 2006, 642 (ohne zahlenmäßige Festlegung).
124 BGH 16.12.2004, IX ZB 301/03, ZInsO 2005, 85.
125 Zu den möglichen Prozentsätzen FK-InsO/*Lorenz* Rn. 47.
126 BGH 02.04.2009, IX ZB 250/07, ZInsO 2009, 888.
127 BGH 11.05.2006, IX ZB 249/04, ZInsO 2006, 642.
128 Nach *Haarmeyer/Wutzke/Förster* InsVV, Rn. 85 derzeit zwischen 400.000 € und 500.000 €.
129 BGH 15.12.2011, IX ZB 229/09, ZInsO 2012, 243 für den Fall einer Masse in Höhe von 174.882,95 € und einer Einstellung nach § 213 InsO.
130 LG Traunstein 18.08.2000, 4 T 4212/99, ZInsO 2000, 510.
131 ZB *Haarmeyer/Wutzke/Förster* InsVV, Rn. 78; FK-InsO/*Lorenz* Rn. 60; *Keller* Vergütung und Kosten im Insolvenzverfahren, Rn. 335. Ein guter und aktueller Überblick findet sich im Insolvenzrechtsportal unter www.insolvenzrecht.de als laufend aktualisierte Faustregeltabelle.

Kriterium	Besonderheiten	Zuschlag Verwalter	Zuschlag vorläufiger Verwalter
Abschlagsverteilungen	Mind. 2; schwierig; z.B. Hinterlegungen	15 %[132]	
Altlasten	Kontaminiertes Grundstück	25–75 %[133]	5–10 %[134]
Anfechtungen	Ohne Abgeltung als Sachverständiger		10 %[135]
Arbeitnehmer	Hohe Anzahl		12,5 %[136]
Arbeitsrecht	Verhandlungen mit Betriebsrat, Erstellung Sozialplan		5 %[137] 10 %[138] 25 %[139]
Auslandsberührung	Verhandlungen in fremder Sprache		6,25 %[140]
Aus- und Absonderungsrechte	die einen erheblichen Teil der Tätigkeit ausgemacht haben, werden durch einen Zuschlag berücksichtigt, wenn der hälftige Feststellungsbetrag aus § 1 Abs. 2 Nr. 1 nicht angefallen ist (§ 3 I lit. a).	20 %[141] 25–50 %[142]	5–50 %[143]
Beteiligungen			25 %[144] 6,25 %[145]
Betriebsveräußerung	Übertragende Sanierung	Bis 100 %[146]	25 %[147] 25 %[148] 5 %[149]
	Übernahmeverhandlungen		20 %[150]

---

132 *Haarmeyer/Wutzke/Förster* InsVV, Rn. 78.
133 *Keller* Vergütung und Kosten im Insolvenzverfahren, Rn. 292.
134 *Haarmeyer/Wutzke/Förster* InsVV, Rn. 78.
135 LG Potsdam 05.01.2006, 5 T 65/05, ZIP 2006, 296 (298): mehr als 50 Arbeitnehmer, kurze Dauer bis 3 Monate.
136 LG Braunschweig 29.01.2001, 8 T 947/00 ZInsO 2001, 552: 500 Arbeitnehmer, Vorfinanzierung Insolvenzgeld, Abschluss von Aufhebungsverträgen usw.
137 LG Baden-Baden 21.12.1998, 3 T 43/97, ZInsO 1999, 301.
138 LG Bielefeld 15.07.2004, 23 T 280/04, ZInsO 2004, 1250.
139 AG Bonn 09.07.1999, 98 IN 23/99, ZInsO 2000, 55: 50 Arbeitnehmer, 150 Gläubiger, Dauer 1,5 Monate.
140 LG Braunschweig 29.01.2001, 8 T 947/00, ZInsO 2001, 552.
141 LG Hamburg, 31.10.2002, 326 T 97/02, nv.
142 LG Hamburg, 23.10.2002, 326 T 113/02, nv.
143 *Haarmeyer/Wutzke/Förster* InsVV, Rn. 78.
144 LG Baden-Baden 21.12.1998, 3 T 43/97, ZInsO 1999, 301: für Sequester; Beteiligung an 6 Tochtergesellschaften.
145 LG Braunschweig 29.01.2001, 8 T 947/00, ZInsO 2001, 552: 2 Gesellschaften.
146 *Keller* Vergütung und Kosten im Insolvenzverfahren, Rn. 307.
147 LG Cottbus 02.09.2009, 7 T 422/05, ZInsO 2009, 2114: Sanierungsverhandlungen mit besonderen rechtlichen Schwierigkeiten und hohem Aufwand und Auslandsbezug.
148 BGH 12.06.2006, IX ZB 127/04, ZInsO 2006, 257.
149 LG Traunstein 26.08.2004, 4 T 885/04, ZInsO 2004, 1198.
150 LG Bielefeld 15.07.2004, 23 T 280/04, ZInsO 2004, 1250.

Kriterium	Besonderheiten	Zuschlag Verwalter	Zuschlag vorläufiger Verwalter
Betriebsfortführung[151]	mittelständisches Unternehmen		50 %[152] 25 %[153] 25 %[154] 25 %[155] 30 %[156] 5 %[157]
	Wiederaufnahme und Fortführung stillgelegter Betriebe		100 %[158]
	Prüfung und Abwicklung von Kaufverträgen		5 %[159]
	Kurzfristige Geschäftsfortführung durch Ausverkauf von Warenlagern	25 %[160] 10 %[161]	
	Bildung Lieferantenpool, große Insolvenzmasse, viele Forderungen		25 %[162] 50 %[163]
Betriebsstätten	Mehrere Betriebsstätten		6,3 %[164] 20 %[165]
Gläubiger	Hohe Anzahl		12,5 %[166] 25 %[167]
Insolvenzgeldvorfinanzierung			10 %[168] 5 %[169] 25 %[170] 10 %[171] 5 %[172]

---

151 S.a. Zusammenstellung bei *Haarmeyer/Wutzke/Förster* InsVV, Rn. 78.
152 LG Dresden 01.09.2005, 5 T 1186/02, ZIP 2005, 1745.
153 LG Potsdam 14.03.2005, 5 T 21/05, ZInsO 2005, 588.
154 LG Cottbus 02.09.2009, 7 T 422/05, ZInsO 2009, 2114: mit 96 Arbeitnehmern, sehr großem Betriebsgrundstück mit erheblicher Bebauung, konzernrechtlichen Verflechtungen und Sicherungsbedarf; gem. LG Potsdam (ZInsO 2005, 588) unabhängig von starker oder schwacher Verwaltung.
155 LG Potsdam 14.03.2005, 5 T 21/05, ZInsO 2005, 588.
156 LG Traunstein 26.08.2004, 4 T 885/04, ZInsO 2004, 1198: Dauer 2 Monate.
157 LG Berlin 15.05.2001, 86 T 312/01, ZInsO 2001, 608.
158 LG Bielefeld 15.07.2004, 28 T 280/04, ZInsO 2004, 1250.
159 BGH 04.11.2004, IX ZB 52/04, ZInsO 2004, 1350.
160 *Hess* S. 40 m.w.N.
161 LG Hamburg 23.10.2002, 326 T 113/02, nv: geringe Mitarbeiterzahl.
162 LG Bielefeld 15.07.2004, 28 T 280/04, ZInsO 2004, 1250.
163 LG Braunschweig 29.01.2001, 8 T 947/00, ZInsO 2001, 552: Abschluss Poolvereinbarung, Sicherheitenabgrenzungsvertrag.
164 LG Braunschweig 29.01.2001, 8 T 947/00, ZInsO 2001, 552: 2 Betriebsstätten im Inland.
165 LG Neubrandenburg 26.11.2002, 4 T 257/02, ZInsO 2003, 26: 12 Filialen.
166 LG Braunschweig 29.01.2001, 8 T 947/00, ZInsO 2001, 552: 597 Gläubiger, 2577 kreditorische Debitoren.
167 LG Göttingen 25.06.2001, 10 T 41/01, ZInsO 2001, 794.
168 LG Potsdam 14.03.2005, 5 T 21/05, ZInsO 2005, 588.
169 BGH 04.11.2004, IX ZB 52/04, ZInsO 2004, 1350.
170 LG Cottbus 02.09.2009, 7 T 422/05, ZInsO 2009, 2114: bei 96 Arbeitnehmern und Bearbeitung des Arbeitnehmerbereichs 25 %; Unterhalb der Menge von 20 betroffenen Arbeitnehmern ist kein Zuschlag gerechtfertigt: BGH 22.02.2007, IX ZB 106/06, NZI 2007, 343.
171 LG Potsdam 14.03.2005, 5 T 21/05, ZInsO 2005, 588.
172 BGH 14.12.2000, IX ZB 105/00, ZInsO 2001, 165: mit Sanierungsbemühungen.

Anh. III § 3 InsVV Zu- und Abschläge

Kriterium	Besonderheiten	Zuschlag Verwalter	Zuschlag vorläufiger Verwalter
Insolvenzgeldbescheinigungen[173]			10 %[174]
Immobilien	Verhandlungen mit Gläubigerbanken über die Verwertung des Immobilienvermögens		5 %[175]
	in aufwändiger Weise die Reichweite der Zubehörhaftung mit dem Grundpfandgläubiger klären und daneben schwierige Rechtsfragen im Zusammenhang mit Forderungen bearbeiten	10 %[176]	
	Vertragsprüfung mit Immobilien-Generalunternehmer		5 %[177]
	Verwaltung		10 %[178] 10 %[179] 15 %[180]
Konzern	Verflechtung		6,25 %[181] 10 %[182]
Rechtliche Probleme	Lösung komplexer Rechtsprobleme; gleichzeitiger Verzicht auf eine Sondervergütung nach dem RVG		6,25 %[183]
Sanierung	Bemühungen		25 %[184] 5 %[185] 20 %[186]
	Auffanggesellschaft gegründet		5 %[187]
Schuldner	Obstruktiver Schuldner[188]	25 %[189]	
Sozialplan	Verhandlungen und Vorbereitung übertragender Sanierung		25 %[190]
Zustellungen		2,– € pro Zust.	2,– € pro Zust.[191]

---

173 Bis zu 20 Arbeitnehmer sind »Normalfall, BGH 25.10.2007, IX ZB 55/06, ZInsO 2007, 1272.
174 LG Hamburg 31.10.2002, 326 T 97/02, nv: bei 50 Arbeitnehmern.
175 BGH 04.11.2004, IX ZB 52/04, ZInsO 2004, 1350.
176 BGH 11.10.2007, IX ZB 234/06, ZInsO 2007, 1268.
177 BGH 04.11.2004, IX ZB 52/04, ZInsO 2004, 1350.
178 LG Neubrandenburg 26.11.2002, 4 T 257/02, ZInsO 2003, 26.
179 LG Leipzig 27.09.1999, 12 T 1192/99, ZInsO 2000, 240: Verwaltung und Verkauf von 26 Immobilien.
180 BGH 04.11.2004, IX ZB 52/04, ZInsO 2004, 1350: 103 vermietete Objekte.
181 LG Braunschweig 29.01.2001, 8 T 947/00, ZInsO 2001, 552.
182 LG Leipzig 27.09.1999, 12 T 1192/99, ZInsO 2000, 240: für Sequester.
183 LG Braunschweig 29.01.2001, 8 T 947/00, ZInsO 2001, 552.
184 LG Braunschweig 29.01.2001, 8 T 947/00, ZInsO 2001, 552.
185 BGH 14.12.2000, IX ZB 105/00, ZInsO 2001, 165.
186 LG Bielefeld 15.07.2004, 28 T 280/04, ZInsO 2004, 1252.
187 LG Neubrandenburg 26.11.2002, 4 T 257/02, ZInsO 2003, 26.
188 BGH 24.01.2008, IX ZB 120/07, ZInsO 2008, 266.
189 LG Hamburg 31.10.2002, 326 T 97/02, nv.
190 AG Bielefeld 18.05.2000, 43 IN 466/99, ZInsO 2000, 350.
191 HambK-InsR/*Büttner* Rn. 4b.

§ 4 Geschäftskosten, Haftpflichtversicherung

(1) Mit der Vergütung sind die allgemeinen Geschäftsunkosten abgegolten. Zu den allgemeinen Geschäftskosten gehört der Büroaufwand des Insolvenzverwalters einschließlich der Gehälter seiner Angestellten, auch soweit diese anlässlich des Insolvenzverfahrens eingestellt worden sind. Unberührt bleibt das Recht des Verwalters, zur Erledigung besonderer Aufgaben im Rahmen der Verwaltung für die Masse Dienst- oder Werkverträge abzuschließen und die angemessene Vergütung aus der Masse zu zahlen.

(2) Besondere Kosten, die dem Verwalter im Einzelfall, zum Beispiel durch Reisen, tatsächlich entstehen, sind als Auslagen zu erstatten.

(3) Mit der Vergütung sind auch die Kosten einer Haftpflichtversicherung abgegolten. Ist die Verwaltung jedoch mit einem besonderen Haftungsrisiko verbunden, so sind die Kosten einer angemessenen zusätzlichen Versicherung als Auslagen zu erstatten.

Übersicht	Rdn.		Rdn.
A. Allgemeines	1	VIII. Archivierung	22
B. Delegation an eigenes Personal	6	IX. Lagerkosten und Fremdmittel	23
C. Dienst- und Werkverträge	8	X. Entsorgung und Vernichtung (Akten, Altlasten)	24
I. Rechtsanwalt	11	XI. Immobilienverwaltung	25
II. Wirtschaftsprüfer	12	XII. Verwertung von beweglichen Sachen	26
III. EDV-Aufgaben	13	XIII. Verwertung von Immobilien	28
IV. Wertgutachten	15	XIV. Auktionator	30
V. Unternehmensberater	17	D. Besondere Kosten	32
VI. Steuerberater	19	E. Haftpflichtversicherung	33
VII. Inkassounternehmen/Detekteien	21		

A. Allgemeines

Die sog. allgemeinen Geschäftskosten sind bereits in den Vergütungssätzen der InsVV enthalten.[1] **1**

Kosten für **besondere** Aufgaben wegen zu erteilender Dienst- oder Werkverträge (Abs. 1 Satz 3) sowie die Kosten für den Einsatz besonderer Sachkunde (§ 5) bedürfen keiner Festsetzung des Gerichts und können der verwalteten Masse **entnommen** werden. Für diese Kosten hat der Verwalter jedoch eine Darlegungspflicht (§ 8 Abs. 2), damit das Gericht die Rechtmäßigkeit der Entnahme überprüfen kann. **2**

Der Verwalter darf die Vergütungen für von ihm zur Erfüllung seiner Kernaufgaben eingeschalteten Gehilfen der Masse nur entnehmen, wenn solche Gewerke zuvor auch von der Schuldnerin fremd vergeben wurden.[2] Der (vorläufige) Verwalter muss daher im Vergütungsantrag transparent aufführen, welche Dritten er zu welchen Sätzen herangezogen hat. Er muss gem. Abs. 1 Satz 3 erteilte **Dienst- und Werkverträge** in seinem Schlussbericht deutlich hervorheben. Hierbei muss er deutlich machen, dass durch die Tätigkeit der Beauftragten der Insolvenzverwalter nicht von Aufgaben entlastet wurde, die zum Bereich seiner Regelaufgaben gehören. Anderenfalls müsste er sich diese **Entlastung** bei seiner Vergütung anrechnen lassen und entsprechende Kürzungen seiner Vergütung vornehmen. Die Prüfung der wirtschaftlichen Zweckmäßigkeit des Abschlusses zusätzlicher Dienst- und Werkverträge soll nach dem Willen des Verordnungsgebers nicht durch das Gericht, sondern durch die Gläubiger erfolgen.[3] Das Gericht soll demnach nur die Angemessenheit der gezahlten Vergütung feststellen. **3**

---

1 S. Amtl. Begr. Rn. 20.
2 BGH 11.11.2004, IX ZB 48/04, ZInsO 2004, 1348.
3 S. Amtl. Begr. Rn. 20.

4 Das Insolvenzgericht kann nicht ohne weiteres anordnen, dass unberechtigt ausgezahlte Vergütungen zurückzuzahlen sind.[4] Ggf. ist der Rückzahlungsanspruch der Masse durch einen vom Gericht eingesetzten Sonderinsolvenzverwalter geltend zu machen. Hätte eine Beauftragung Dritter nicht erfolgen dürfen, kann nach Ansicht des BGH das Insolvenzgericht die vom Verwalter entnommenen Beträge von seiner Vergütung abziehen.[5]

5 Vergütung und Auslagen sind Massekosten i.S.d. § 54 Nr. 2 InsO,[6] Kosten z.B. für Dienst- und Werkverträge sind sonstige **Masseverbindlichkeiten** gem. § 55 Abs. 1 Satz 1 InsO.

B. Delegation an eigenes Personal

6 Im Normalfall ist die Erledigung von Aufgaben durch eigene Hilfskräfte durch die Vergütung des Verwalters mit abgegolten. Erledigte **Sonderaufgaben**, die an Externe hätten delegiert werden können, sind ggf. gegen die Masse geltend zu machen, soweit **besondere Verträge** geschlossen wurden, die eine Abrechnung ermöglichen.[7] Bei unzureichender Masse und Erfüllung öffentlicher Aufgaben kann Auslagenersatz für die Werklöhne bei der Staatskasse begehrt werden.

7 Soweit diese Aufgaben nicht gesondert vergütet werden ist ein Zuschlag über § 3 möglich.

C. Dienst- und Werkverträge

8 Insb. bei der Fortführung eines Unternehmens wird es ggf. notwendig, neben der Weiterbeschäftigung von Arbeitnehmern weitere qualifizierte Kräfte einzustellen oder Verträge zwecks Erledigung durch Dritte zu schließen. Um dem Verwalter den nötigen Handlungsspielraum zu geben deckt die Regelung des § 4 Abs. 1 Satz 3 diese Erfordernisse ab.

9 In seinem Festsetzungsantrag hat der Verwalter darzulegen, inwieweit die gezahlten Vergütungen allgemeine Geschäfte oder Sonderaufgaben betrafen (§ 8 Abs. 2). Nur dann kann das Gericht die Angemessenheit der Aufwendungen prüfen (§ 670 BGB).

10 Die nachfolgenden Beispiele erheben keinen Anspruch auf Vollständigkeit. Jede notwendige Fremdleistung kann gegenüber der Masse abgerechnet werden. Als notwendig können jedoch nur die Kosten angesehen werden, die für die Erledigung **besonderer Aufgaben** im Rahmen der Verwaltung angefallen sind. Diese Kosten sind durch das Verfahren unmittelbar veranlasst, ohne dass sie außergewöhnlich sein müssen. Der Begriff dient nur zur Abgrenzung zu den »allgemeinen Geschäftskosten«, die in der üblichen Vergütung bereits inkludiert sind. Bei der Wahrnehmung dieser besonderen Aufgaben kommt es auch nicht zu einem **Abschlag** auf die Vergütung (vgl. § 3 Rdn. 44).

I. Rechtsanwalt

11 Soweit der Insolvenzverwalter nicht selbst Rechtsanwalt ist und gem. § 5 Abs. 1 entstehende Kosten nach dem RVG gegenüber der Masse abrechnet[8] ist eine »Fremdbeauftragung« möglich und abzurechnen. Dabei ist darauf zu achten, dass die Auslagen gem. Teil 7 zu § 2 Abs. 2, Anl. 1 des RVG nur einmal abgerechnet werden. Soweit etwa nach Nr. 7003, 7004 des KostVerz Reisekosten bereits berechnet wurden, können sie nicht mehr gem. Abs. 2 festgesetzt werden. Beauftragt werden kann auch ein Rechtsanwalt der eigenen Sozietät, ohne dass gegen das Selbstkontrahierungsverbot des § 181 BGB verstoßen wird.[9] Der Verwalter hat aber das Gericht vorher zu informieren, wenn er eine Gesellschaft beauftragen will, an der er wirtschaftlich beteiligt ist.[10]

---

4 Zur Problematik eingehend *Haarmeyer/Wutzke/Förster* InsVV, § 5 Rn. 32; FK-InsO/*Lorenz* Rn. 10.
5 BGH 11.11.2004, IX ZB 48/04, ZInsO 2004, 1348.
6 LG Kassel, 25.09.2002, 3 T 360/02, EWiR § 54 InsO 1/02, 957.
7 BGH 13.07.2006, IX ZB 198/05, ZInsO 2006, 817.
8 BGH 23.03.2006, IX ZB 130/05, ZInsO 2006, 427.
9 Dazu eingehend *Keller* Vergütung und Kosten im Insolvenzverfahren, 3.Aufl., Rn. 94.
10 BGH 24.01.1991, IX ZR 250/89, BGHZ 113, 262.

II. Wirtschaftsprüfer

Die **Beauftragung** eines Wirtschaftsprüfers zur Ermittlung von den für die Durchsetzung von Anfechtungsansprüchen erforderlichen wirtschaftlichen Daten wie dem Zeitpunkt des Krisenbeginns ist zulässig und mindert nicht die Verwaltervergütung.[11] Wird eine juristische Person beauftragt[12] trifft den Verwalter eine vorherige Anzeigepflicht gegenüber dem Gericht, welches dann mögliche Interessenkollisionen zu prüfen hat. Zu den Sonderaufgaben zählen auch die vorzunehmenden Pflichtprüfungen, die meist aus einer Prüfung des Jahresabschlusses bestehen. Die anfallenden Kosten sind unterschiedlich.[13] 12

III. EDV-Aufgaben

Die Sicherung der Datenbestände des insolventen Unternehmens ist wichtige Voraussetzung z.B. zur Feststellung des Eintritts der Zahlungsunfähigkeit und die damit verbundenen Anfechtungstatbestände.[14] Insoweit Auslagen für externe Spezialisten bereits im Eröffnungsverfahren anfallen kann der vorläufige Verwalter diese als besondere Kosten gem. Abs. 2 festsetzen lassen. Der endgültige Verwalter rechnet im Rahmen von Dienst- und Werkverträgen zu Lasten der Masse ab. 13

Die Höhe der Kosten für Sicherung und Datenanalyse sind unterschiedlich.[15] 14

IV. Wertgutachten

Gutachterkosten zur Bewertung des schuldnerischen Vermögens sind gängige Praxis und werden meist schon durch den vorläufigen Verwalter ausgelöst. Sie mindern nicht seine Vergütung und sind an ihn selbst zu erstatten, soweit er sie auf Grund eigener Sachkunde erstellt hat (s. § 5). Auf eine Verhältnismäßigkeit zwischen Kosten und zu erwartendem Erlös ist zu achten. 15

Nicht unproblematisch ist dabei, dass gewöhnlich der Bewerter zugleich der spätere Verwerter ist. Den Zeitpunkt der Festsetzung der Vergütung des vorläufigen Verwalters wird deshalb der Rechtspfleger erstmals zum Anlass nehmen, sich das Gutachten anzusehen. Spätestens aber bei Vorlage der Schlussrechnung wird sich zeigen, ob die in dem Gutachten zuvor ermittelten Werte realistisch waren. 16

V. Unternehmensberater

In schwierigen Fällen kann es erforderlich sein, einen Unternehmensberater hinzuzuziehen oder eine betriebswirtschaftliche Analyse zu erstellen. Die dafür entstehenden Kosten fallen der Masse zur Last und werden vom Verwalter aus ihr entnommen. 17

Notwendig wird der Einsatz externer Fachgutachter z.B. bei der Erstellung eines Insolvenzplans mit einem darin enthaltenen Sanierungsvergleich durch Forderungsverzicht usw. in den Fällen, in denen ein betriebswirtschaftliches Fachgutachten durch einen qualifizierten Betriebswirt erforderlich wird. 18

VI. Steuerberater

Die steuerlichen Anmeldungen sind im Normalfall eines Insolvenzverfahrens mit der Regelvergütung des Verwalters abgegolten. Darüber hinausgehende Tätigkeiten (Bilanzen, Steuererklärungen, Jahresabschlüsse) erledigt er bei eigener Sachkunde selbst (s. § 5) oder vergibt sie an einen Steu- 19

---

11 LG Aachen 08.05.2007, 6 T 67/07, ZInsO 2007, 768.
12 BGH 24.01.1991, IX ZR 250/89, ZIP 1991, 324 (wirtschaftliche Identität der beauftragten Fa. mit dem Konkursverwalter).
13 Nach *Haarmeyer/Wutzke/Förster* InsVV, § 4 Rn. 41: Tagessätze zwischen 500 und 1.000 € oder mehr.
14 Praktisches Beispiel bei *Gaa* ZInsO 2006, 476.
15 *Haarmeyer/Wutzke/Förster* InsVV, § 4 Rn. 72–74 m. Hinw. auf die Pflichten des Verwalters gem. den GDPdU (Grundsätze zum Datenzugriff und zur Prüfbarkeit digitaler Unterlagen v. 01.01.2010).

erberater. Die dafür gem. StBGebV[16] anfallenden Gebühren sind typische Kosten i.S.v. Abs. 1 Satz 3 und daher aus der Masse zu entnehmen.

20 In Stundungsverfahren gem. § 4a InsO kann der Verwalter zur Erfüllung hoheitlicher Aufgaben, z.B. Steuererklärungen, einen Steuerberater beauftragen und dies als erstattungsfähige Auslagen gem. Abs. 2 gegenüber der Staatskasse geltend machen.[17] Die Vereinbarung eines Erfolgshonorars ist nicht zulässig.[18]

VII. Inkassounternehmen/Detekteien

21 Forderungseinzug durch **Inkassounternehmen** kann nicht zu Lasten der Masse abgerechnet werden, da grds. der Insolvenzverwalter diese Aufgabe hat. Nur bei einem Umfang, der den durch ihn üblicherweise verkraftbaren sprengt, wird eine Fremdvergabe zu begründen sein. Das Gericht wird prüfen, ob der erzielte Beitreibungserfolg die Maßnahme gerechtfertigt hat bzw. angemessen war. Die Einschaltung einer **Detektei** wird sich nur im Ausnahmefall begründen lassen, wie etwa für Ermittlungen im Ausland. Der Einsatz solcher Maßnahmen will wohl überlegt sein und sollte zuvor mit dem Insolvenzgericht abgesprochen werden.[19]

VIII. Archivierung

22 Die fachgerechte Sicherstellung der schuldnerischen Unterlagen löst Kosten unterschiedlicher Höhe aus,[20] wobei es auch darauf ankommt, ob die Archivierung in Aktenordnern oder in elektronischer Form geschieht bzw. aufgearbeitet wird.[21] Bei den entstehenden Kosten handelt es sich um klassische Fälle von Dienstleistungsaufträgen i.S.v. Abs. 1 Satz 3.

IX. Lagerkosten und Fremdmittel

23 Für die Anmietung fremder Räumlichkeiten sowie für die Inanspruchnahme von Fremdmaterial und -personal können besondere Kosten zu Lasten der Masse anfallen. Was der Verwalter an externe Dienstleister zu Lasten der Masse auslagern darf ist Sache des Einzelfalls anhand verschiedener Kriterien, die möglichst transparent dargelegt werden sollten.[22] Ein Beispiel ist die Beauftragung eines Räumungsunternehmens mit anschließender Einlagerung von Gegenständen.

X. Entsorgung und Vernichtung (Akten, Altlasten)

24 Kosten für professionelle Entsorgung bzw. Vernichtung gehören mittlerweile zum Alltag in Insolvenzverfahren. Je größer der zu erwartende Aufwand ist desto wichtiger sind Kostenvergleiche bei verschiedenen Anbietern dieser Dienstleistungen.

XI. Immobilienverwaltung

25 Neben dem möglichen Zuschlag (vgl. § 3 Rdn. 47) für den Verwalter für die besonderen Erschwernisse bei der Verwaltung von Immobilien kann – vor allem bei größerem Immobilienbestand – die Einschaltung einer gewerbsmäßigen Verwaltung notwendig sein. Diese Verwaltung ist auch Erhaltung (Vergabe von Reparatur- und Sanierungsarbeiten) und dient damit dem Erhalt der Masse. Die daraus anfallenden Kosten[23] zieht der Verwalter aus dem von ihm verwalteten Vermögen ein.

---

16 Steuerberatervergütungsverordnung.
17 BGH 22.07.2004, IX ZB 161/03, BGHZ 160, 176 (182 ff.) = ZInsO 2004, 970.
18 *Biegelsack* NZI 2008, 153.
19 *Ullrich/Seidenstücker* ZInsO 2004, 126 m. Hinw. auf die Risiken für den Verwalter.
20 Preisübersicht InsbürO 2006, 187.
21 S. Zusammenstellung bei *Haarmeyer/Wutzke/Förster* InsVV, Rn. 48–63.
22 *Bork* ZIP 2009, 1747.
23 Gem. VO über wohnungswirtschaftliche Berechnungen (Zweite Berechnungsverordnung – II. BV).

XII. Verwertung von beweglichen Sachen

Die Verwertung von Mobiliarvermögen ist regelmäßig keine Sonderaufgabe, die die Einschaltung eines Verwerters rechtfertigt[24]. 26

Die Verwertung von Anlage- und Umlaufvermögen fällt unter Abs. 1 Satz 3, wenn die Verwertung durch einen professionellen Verwerter einen größeren Erfolg verspricht (z.B. Kunstgegenstände oder Objekte, für die ein besonderer Markt besteht, oder wenn die Verwertung im Ausland erfolgen muss).[25] Ist dann allerdings der insgesamt durch den Verwalter zu leistende Aufwand erheblich geringer, kann es zu einem **Abschlag** bei seiner Vergütung kommen.[26] 27

XIII. Verwertung von Immobilien

Bei Beauftragung eines Immobilienmaklers ist die ortsübliche Provision[27] aus der Masse zu erstatten, soweit nicht der Erwerber die Kosten trägt. 28

Der Verkehrswert des Objekts soll nach Abzug der Kosten erreicht werden; es sei denn, die Gläubigerversammlung hat etwas anderes beschlossen. 29

XIV. Auktionator

Ist eine öffentliche Versteigerung von Massegegenständen geboten wird der Verwalter einen Auktionator beauftragen, da er selbst dazu nicht befugt ist. Die für den Versteigerer anfallende Provision rechnet der Verwalter gegenüber der Masse ab. Das von dem Auktionator vom Käufer erhobene sog. Aufgeld kann unberücksichtigt bleiben.[28] 30

Die Beauftragung eines Auktionators ist in geeigneten Fällen – trotz erhöhter Kosten – gerechtfertigt und erstattungsfähig. 31

D. Besondere Kosten

Besondere Kosten i.S.v. Abs. 2 sind diejenigen, die durch die Bearbeitung des konkret abzurechnenden Verfahrens entstanden sind, also nicht zu den allgemeinen Geschäftskosten zählen. Das können im Einzelfall unter anderem besonders veranlasste (nachweisbare) Porto- und Kopierkosten, EDV-Kosten oder Reisekosten sein. Die Beantragung der Pauschale (§ 8 Abs. 3) schließt jedoch den Ansatz dieser Auslagen aus. Das Gericht prüft, ob die Aufwendungen in einem angemessenen Verhältnis zu dem angestrebten Zweck stehen.[29] Soweit der Verwalter als Anwalt tätig war und bereits nach dem RVG abgefunden wurde können diese Kosten im Insolvenzverfahren nicht mehr geltend gemacht werden. 32

E. Haftpflichtversicherung

Die Kosten einer **besonderen zusätzlichen** Haftpflichtversicherung (Abs. 3 Satz 2) werden dem Verwalter aus der Masse erstattet, soweit das Gericht diese auf seinen Antrag festsetzt. Bei Betriebsfortführung größeren Umfangs kann solche ergänzende Versicherung nötig sein, da die üblichen Deckungssummen solche Risiken häufig nicht abdecken. Wegen dieser Kosten stimmt sich der Insolvenzverwalter zweckmäßigerweise vorher mit dem Insolvenzgericht ab. Der Abschluss einer be- 33

---

24 BGH 11.10.2007, IX ZB 234/06, ZInsO 2007, 1268; dazu *Graeber* InsBüro 2009, 67.
25 BGH 11.10.2007, IX ZB 234/06, ZInsO 2007, 1268.
26 BGH 11.10.2007, IX ZB 234/06, ZInsO 2007, 1268.
27 Je nach Bundesland zwischen 3,57 % und max. 7,14 % auf den Kaufpreis inkl. der MwSt. In Bayern und Baden-Württemberg sind 3 % vom Käufer und 3 % zzgl. MwSt. vom Verkäufer üblich. Alle Kosten die über 6 % zzgl. MwSt. des Kaufpreises hinausgehen sind – zumindest für Wohnraum – gesetzlich nicht zulässig.
28 AA *Graeber* InsbürO 2009, 67.
29 Angemessenheitsprüfung gem. § 63 Abs. 1 InsO.

sondern Berufshaftpflichtversicherung kann gerechtfertigt sein, wenn keine auskunftsbereite und auskunftsfähige Geschäftsleitung vorhanden ist, die den Insolvenzverwalter mit ausreichenden Informationen versorgt.[30]

Diese zusätzliche Haftpflichtversicherung ist keine Masseverbindlichkeit gem. § 55 Abs. 1 Nr. 1 InsO.[31]

34 Ob eine Erstattung erfolgen kann, obwohl sich der Verwalter für die Beantragung der Auslagenpauschale (s. § 8 Rdn. 10) entschieden hat ist umstritten.[32]

§ 5 Einsatz besonderer Sachkunde

(1) Ist der Insolvenzverwalter als Rechtsanwalt zugelassen, so kann er für Tätigkeiten, die ein nicht als Rechtsanwalt zugelassener Verwalter angemessenerweise einem Rechtsanwalt übertragen hätte, nach Maßgabe des Rechtsanwaltsvergütungsgesetzes Gebühren und Auslagen gesondert aus der Insolvenzmasse entnehmen.

(2) Ist der Verwalter Wirtschaftsprüfer oder Steuerberater oder besitzt er eine andere besondere Qualifikation, so gilt Absatz 1 entsprechend

Übersicht	Rdn.		Rdn.
A. Regelungsgehalt	1	C. Eigene Wirtschaftsprüfer/Steuerbera-	
B. Eigene RA-Kosten	6	terkosten	12

A. Regelungsgehalt

1 Für ggf. erforderliche Rechtsverfolgung oder Rechtsverteidigung die verwaltete Masse betreffend entstehen – soweit der Rechtsstreit nicht gewonnen wird – Kostenbelastungen für die Masse. Außerdem sind häufig die Dienste von Steuerberatern und Wirtschaftsprüfern vonnöten. § 5 regelt die Fälle, in denen der Verwalter die vorgenannten Aufgaben auf Grund eigener Sachkunde wahrnimmt.

2 Der Insolvenzverwalter, der eine Vergütung nach § 5 aus der Masse entnommen hat, muss bei seinem Vergütungsantrag die entnommenen Beträge und die Voraussetzungen darlegen, damit überprüft werden kann, ob nicht in Wahrheit »allgemeine Geschäfte« vorlagen.

3 Für den Verwalter, der diese Kosten geltend macht, sowie für das die Angemessenheit prüfende Gericht ergibt sich die Aufgabe, eine Grenze zu ziehen zwischen den im Normalfall durch den Verwalter zu erledigenden Aufgaben und dem Erfordernis, fremde (fachkundige) Hilfe in Anspruch zu nehmen. Man wird von einem professionell tätigen Verwalter erwarten können, dass er einfache Rechts- oder Steuerfragen selbst sachgerecht behandeln kann.

4 Kommt das Insolvenzgericht zu dem Ergebnis, dass die Voraussetzungen des § 5 nicht vorlagen, hat es die festzusetzende Vergütung entsprechend zu kürzen.[1]

5 Aufgrund der Regelungen des § 5 selbst entnommene Beträge werden im Übrigen von der für die Vergütung zu ermittelnden Berechnungsgrundlage abgezogen.[2] Es wird der Bruttobetrag (inkl. Umsatzsteuer) abgesetzt,[3] bei Vorsteuerabzugsberechtigung der Insolvenzmasse nur der Nettobetrag.

---

30 LG Gießen 29.03.2012, 7 T 434/11, ZInsO 2012, 755.
31 FK-InsO/*Lorenz* Rn. 21.
32 Zustimmend *Eickmann* Vergütungsrecht, InsVV, RWS-Kommentar, Stand: 26. Lfg. Nov 2006 § 4 Rn. 13; HK-*Irschlinger* § 4 InsVV Rn. 8; a.A. *Graeber* Vergütung im Insolvenzverfahren von A-Z, 2.Aufl. 2007 Rn. 238.
1 BGH 29.05.2008, IX ZB 303/05, ZInsO 2008, 733 m. Hinw. auf BGH 11.11.2004, IX ZB 48/04, ZInsO 2004, 1348.; BGH 19.04.2012, IX ZB 23/11, ZInsO 2012, 928.
2 BGH 17.09.1998, IX ZR 237/97, ZInsO 1998, 333.
3 BFH 01.08.2000, VII R 31/99, ZInsO 2001, 510 (zum Konkursverwalter).

Dem Verwalter erstattete Auslagen werden nicht abgesetzt, da sich § 2 Abs. 2 Nr. 4 lit. a) nur auf die Vergütung bezieht. Wird an die **Sozietät** gezahlt, der der Verwalter angehört, sind diese Beträge nicht abzuziehen.[4]

B. Eigene RA-Kosten

Ein Insolvenzverwalter, der zugleich **Rechtsanwalt** ist, kann zusätzliche Gebühren nach dem RVG in Rechnung stellen, wenn er in seiner amtlichen Tätigkeit eine Aufgabe wahrgenommen hat, die besonderer rechtlicher Fähigkeiten bedurfte und daher von einem Verwalter, der nicht selbst Volljurist ist, bei sachgerechter Arbeitsweise i.d.R. einem Rechtsanwalt hätte übertragen werden müssen.[5] 6

Das Erwirken von Mahnbescheiden zählt regelmäßig nicht darunter, ebenso nicht die Einleitung von Zwangsvollstreckungsmaßnahmen,[6] soweit sie nicht beim Antragsteller besondere Kenntnisse voraussetzen. 7

Das Gericht wird sich spätestens bei der Prüfung der Schlussunterlagen (z.B. gem. § 8 Abs. 2) dafür interessieren, ob die Entscheidung des Verwalters zur (letztlich erfolglosen) Prozessführung zu dem damaligen Zeitpunkt richtig und pflichtgemäß war. Es darf nicht darüber hinwegsehen, wenn ein Verwalter durch sinnlose Prozesse die Masse aufzehrt. 8

Parteiprozesse einfacher Art dürften keine besondere Vergütung rechtfertigen, soweit sie einem gut vorbereiteten Nichtjuristen zuzutrauen wären. 9

Ein nicht als Rechtsanwalt zugelassener Insolvenzverwalter darf einen Rechtsanwalt nur mit dem Einzug streitiger Forderungen betrauen.[7] 10

Auch **außergerichtliche** anwaltliche Tätigkeiten können zusätzliche Kosten auslösen.[8] 11

C. Eigene Wirtschaftsprüfer/Steuerberaterkosten

Würde ein anderer Verwalter, der z.B. nicht Steuerberater ist, einen Steuerberater einschalten, so kann der Insolvenzverwalter, der selbst Steuerberater ist, bei eigener Leistung eine gesonderte Vergütung abrechnen und aus der Masse entnehmen. 12

So ist dem Verwalter nicht zuzumuten, die Buchhaltung des schuldnerischen Unternehmens mit eigenen Kräften fortzuführen.[9] 13

Die Vergütung richtet sich jeweils nach der gültigen Gebührenordnung.[10] 14

Eine Minderung der Verwaltervergütung kommt nur in Betracht, wenn Aufgaben übertragen bzw. abgerechnet werden, die von einem professionell tätigen Insolvenzverwalter in Erledigung seiner normalen Aufgaben erwartet werden können (z.B. Berechnung der Umsatzsteuer). 15

§ 6 Nachtragsverteilung. Überwachung der Erfüllung eines Insolvenzplans

(1) Für eine Nachtragsverteilung erhält der Insolvenzverwalter eine gesonderte Vergütung, die unter Berücksichtigung des Werts der nachträglich verteilten Insolvenzmasse nach billigem Ermessen festzusetzen ist. Satz 1 gilt nicht, wenn die Nachtragsverteilung vorausehbar war und schon bei der Festsetzung der Vergütung für das Insolvenzverfahren berücksichtigt worden ist.

---

4 BGH 05.07.2007, IX ZB 305/04, ZInsO 2007, 813.
5 LG Lübeck 02.07.2009, 7 T 230/09, NZI 2009, 559.
6 LG Lübeck 02.07.2009, 7 T 230/09, NZI 2209, 559.
7 BGH 08.07.2010, IX ZB 222/09, ZInsO 2010, 1503.
8 Zusammenstellung bei *Haarmeyer/Wutzke/Förster* InsVV, Rn. 22 u. bei FK-InsO/*Lorenz* Rn. 9 ff.
9 BGH 11.11.2004, IX ZB 48/04, ZInsO 2004, 1348.
10 Gebührenordnung für Wirtschaftsprüfer, Steuerberatergebührenverordnung.

(2) Die Überwachung der Erfüllung eines Insolvenzplans nach den §§ 260 bis 269 der Insolvenzordnung wird gesondert vergütet. Die Vergütung ist unter Berücksichtigung des Umfangs der Tätigkeit nach billigem Ermessen festzusetzen.

Übersicht

	Rdn.			Rdn.
A. Vergütung für die Nachtragsverteilung	1	B.	Vergütung für die Überwachung der Insolvenzplanerfüllung	5

A. Vergütung für die Nachtragsverteilung

1 Soweit die Nachtragsverteilung nicht im Schlusstermin vorbehalten und bereits in der Verwaltervergütung abgegolten wurde erhält der Verwalter unter Berücksichtigung des Werts der nachträglich verteilten Masse eine **gesonderte Vergütung** nach billigem Ermessen. Für einen Normalfall der Nachtragsverteilung wird ein Regelsatz von 0,25 als genügend angesehen,[1] kann aber auch deutlich darüber hinausgehen.[2]

2 Nach Ansicht des BGH[3] ist es nicht erlaubt, für die Bemessung der Vergütung für die Nachtragsverteilung den Wert der nachträglich verteilten Insolvenzmasse der zuvor festgestellten Verteilungsmasse (§ 1) hinzuzuzählen und auf diese Weise eine auf die erhöhte Verteilungsmasse bezogene Vergütung für die Nachtragsverteilung zu errechnen. Dies soll auch dann gelten, wenn die zuvor festgestellte Verteilungsmasse Null betrug und deshalb lediglich eine (erhöhte) Mindestvergütung festgesetzt worden war. Die Nachtragsverteilung soll gem. § 6 immer gesondert vergütet werden. Davon soll auch nicht deshalb abgewichen werden, weil die ursprüngliche Vergütung bei ordnungsgemäßem Verhalten des Schuldners höher ausgefallen wäre. Ist der Massezufluss zum Zeitpunkt der Schlussrechnung bereits zu erwarten ist dessen Wert bei der Berechnung der Vergütung einzubeziehen. Wird der Massezufluss erst nach Beendigung des Verfahrens festgestellt, kann nur eine gesonderte Festsetzung erfolgen. Eine »rückbezüglich zu korrigierende« Festsetzung der verfahrensabschließenden Vergütung scheidet aus.[4]

3 Der Normalfall liegt vor, wenn sich die Tätigkeit auf die Verteilung eingenommener Beträge beschränkt. Dabei ist berücksichtigt, dass die rechtlichen Anforderungen und der tatsächliche Aufwand und das Haftungsrisiko erheblich geringer sind als im vorangegangenen Insolvenzverfahren.[5] Sind noch Verwertungshandlungen vorzunehmen oder ist an mehr als 100 Gläubiger zu verteilen, kann von einer Abweichung ausgegangen und ein höherer Satz verlangt werden.[6] Die Erhöhungstatbestände aus § 3 können hier herangezogen werden. Die Vergütung soll auf jeden Einzelfall bezogen festgesetzt werden.[7]

4 **Auslagen** werden entweder gem. § 4 Abs. 2 einzeln abgerechnet oder gem. § 8 Abs. 3 als Pauschale geltend gemacht.

B. Vergütung für die Überwachung der Insolvenzplanerfüllung

5 Im gestaltenden Teil des Insolvenzplans kann bestimmt werden, dass der Verwalter in Fortsetzung seines Amtes den Schuldner bei Erfüllung des Plans überwacht (§ 260 Abs. 1 InsO). Für diese zusätzliche Tätigkeit soll der Verwalter ebenfalls eine Vergütung »nach billigem Ermessen« erhalten. Neben seiner Überwachungstätigkeit hat der Verwalter auch hier – i.d.R. jährliche – Berichtspflicht gegenüber dem Gericht sowie ggf. dem Gläubigerausschuss (§ 261 Abs. 2 InsO). Der Über-

---

1 *Haarmeyer/Wutzke/Förster* InsVV, Rn. 7 m.w.N.
2 FK-InsO/*Lorenz* Rn. 11.
3 BGH 22.10.2009, IX ZB 78/08, NZI 2010, 259.
4 BGH 06.20.2011, IX ZB 12/11, ZInsO 2011, 2049.
5 LG Offenburg 05.01.2005, 4 T 100/04, ZInsO 2005, 481.
6 *Haarmeyer/Wutzke/Förster* InsVV, Rn. 9.
7 BGH 12.10.2006, IX ZB 294/05, ZInsO 2006, 1205 = NZI 2007, 43.

wachungszeitraum kann gem. § 268 Abs. 1 Nr. 2 InsO drei Jahre betragen. Die Kosten sind gem. § 69 InsO vom Schuldner bzw. ggf. von der Übernahmegesellschaft zu tragen. Schwierig ist dabei, dass die Kosten zum Zeitpunkt des Beschlusses nicht genau absehbar sind. Daraus ergeben sich Unsicherheiten für den Verwalter zum einen, weil das zum späteren Zeitpunkt ausgeübte billige Ermessen des Gerichts noch nicht bekannt ist und zum anderen, weil die Deckung der festgesetzten Kosten ungewiss sein kann. Diese Problematik kann zumindest teilweise umgangen werden, indem eine abgeschätzte Vergütungssumme für diesen Überwachungsteil bereits im Insolvenzplan gesichert bzw. separiert wird. Auch Abschlagszahlungen an den Verwalter während der Überwachungszeit sind denkbar.[8]

Wird im gestaltenden Teil des Insolvenzplans bestimmt, dass bestimmte Rechtsgeschäfte des Schuldners während der Überwachungszeit von der Zustimmung des Verwalters abhängen (§ 263 InsO), so wird ihm eine höhere Vergütung zuzubilligen sein. Diese Erhöhung kann je nach Belastung bis zu 0,35 Regelsatz betragen.[9] Auch sind wie im Hauptverfahren Erhöhungen für den Einsatz besonderer Sachkunde gem. § 5 festsetzbar. 6

§ 7 Umsatzsteuer

Zusätzlich zur Vergütung und zur Erstattung der Auslagen wird ein Betrag in Höhe der vom Insolvenzverwalter zu zahlenden Umsatzsteuer festgesetzt.

Überwiegend stammen die Insolvenzverwalter aus der Berufsgruppe der Rechtsanwälte. Diese sind – wie auch die Steuerberater – für ihre Vergütung und ihre Auslagen umsatzsteuerpflichtig. § 7 stellt klar, dass die Berufsgruppe der Insolvenzverwalter einen eigenständigen Anspruch auf Festsetzung der Umsatzsteuer in gleicher Höhe entsprechend ihrer Umsatzsteuerpflicht haben. Der Insolvenzverwalter muss die Festsetzung beantragen, da er auch diesen Betrag nicht ohne Festsetzung der Masse entnehmen darf. 1

Zu beachten ist, dass die Höhe der Umsatzsteuer seit 01.01.2007 auf 19 % festgelegt ist. Für alle Ansprüche, die vor diesem Datum fällig geworden sind, ist der vormalige Steuersatz in Höhe von 16 % anzuwenden. Hauptanwendungsfälle sind neben den Vergütungen und Auslagen von Insolvenzverwaltern diejenigen von Treuhändern und vorläufigen Insolvenzverwaltern. Bei allen entsteht der Anspruch zwar schon mit Beginn ihrer Tätigkeit, die Fälligkeit tritt jedoch erst mit der Beendigung ihres Amtes (auch für die vor dem 01.01.2007 erbrachten Leistungen) ein. 2

Möglicher Vorsteuerabzug ist vom Insolvenzverwalter beim Finanzamt geltend zu machen.[1] Nicht in jedem Fall ist klar, ob eine Aufrechnung der Ansprüche des Insolvenzverwalters mit Altmasseverbindlichkeiten (§ 209 Abs. 1 Nr. 3 InsO) durch die Finanzbehörde durch § 96 Abs. 1 Nr. 1 InsO ausgeschlossen ist.[2] 3

§ 8 Festsetzung von Vergütung und Auslagen

(1) Die Vergütung und die Auslagen werden auf Antrag des Insolvenzverwalters vom Insolvenzgericht festgesetzt. Die Festsetzung erfolgt für Vergütung und Auslagen gesondert. Der Antrag soll gestellt werden, wenn die Schlussrechnung an das Gericht gesandt wird.

(2) In dem Antrag ist näher darzulegen, wie die nach § 1 Absatz 2 maßgebliche Insolvenzmasse berechnet worden ist und welche Dienst- und Werkverträge für besondere Aufgaben im Rahmen der Insolvenzverwaltung abgeschlossen worden sind (§ 4 Abs. 1 Satz 3).

---

8 *Haarmeyer/Wutzke/Förster* InsVV, Rn. 16.
9 *Haarmeyer/Wutzke/Förster* InsVV, Rn. 22.
1 Zur Problematik der Abgrenzung s. *Haarmeyer/Wutzke/Förster* InsVV, Rn. 6 m.w.N.
2 *Onusseit* ZInsO 2005, 638–643.

(3) Der Verwalter kann nach seiner Wahl anstelle der tatsächlich entstandenen Auslagen einen Pauschsatz fordern, der im ersten Jahr 15 vom Hundert, danach 10 vom Hundert der Regelvergütung, höchstens jedoch 250 Euro je angefangenen Monat der Dauer der Tätigkeit des Verwalters beträgt. Der Pauschsatz darf 30 vom Hundert der Regelvergütung nicht übersteigen.

Übersicht

	Rdn.		Rdn.
A. Antrag	1	D. Entscheidung des Gerichts	17
B. Vergütung	6	E. Rechtsmittel, Verjährung	19
C. Auslagen	10		

A. Antrag

1 Die Regelungen des § 8 konkretisieren und ergänzen als Ausführungsvorschrift das in § 64 InsO bestimmte Festsetzungsverfahren für die Ansprüche des Insolvenzverwalters auf Gewährung einer angemessenen Vergütung und Erstattung seiner Auslagen. Da eine Festsetzung von Amts wegen nicht vorgesehen ist muss der (vorläufige) Insolvenzverwalter einen konkreten Antrag stellen. Dabei macht § 8 ihm Vorgaben über Zeit und Inhalt.

2 Der Anspruch des Verwalters entsteht zwar schon mit Beginn seiner Tätigkeit; die Fälligkeit tritt jedoch erst mit deren Beendigung ein. Im Lichte dieser Erkenntnis bringt die Sollvorschrift des Abs. 1 Satz 2 ein Problem: Zum Zeitpunkt der vollständigen Verwertung der Insolvenzmasse ist das Verfahren durch Schlussrechnung abzurechnen und auf Basis der daraus gewonnenen Werte auch die Vergütung zu berechnen. Jedoch ist zu diesem Zeitpunkt das Insolvenzverfahren noch nicht beendet. Die Schlussunterlagen müssen geprüft werden, der Schlusstermin ist anzuberaumen, Vergütung und Auslagen sind festzusetzen. Hat der Schlusstermin stattgefunden endet das Amt des Insolvenzverwalters immer noch nicht. In den Verfahren mit Ankündigung der Restschuldbefreiung etwa ist die Rechtskraft des Beschlusses abzuwarten. Erst mit Aufhebung (§ 200 InsO) oder Einstellung (z.B. § 207 InsO) endet das Hauptverfahren und somit das Amt des Insolvenzverwalters. Er hat also bei der Berechnung seiner Auslagen (vgl. Rdn. 10) abzuschätzen, wie lange sich das Verfahren bis zu seiner Aufhebung wohl hinziehen wird; ein Umstand, der sich zumindest teilweise seinem Einfluss entzieht. Berechnet er nur die Auslagen bis zum Zeitpunkt seiner Schlussrechnung verzichtet er möglicherweise auf die Auslagenpauschale für mehrere Monate. Dies gilt umso mehr in Großverfahren, in denen noch eine aufwändige – eventuell unter Zuhilfenahme von Wirtschaftsprüfern – Prüfung der Schlussunterlagen erfolgen muss. Auch kann sich nach Schlussrechnungslegung noch bedeutsamer Massezufluss ergeben. Ggf. kann der Insolvenzverwalter für die in diesem Zeitraum anfallenden Beträge Vergütung und Auslagen nachfestsetzen lassen.[1]

3 Im Antrag sind Vergütung, Auslagen und Umsatzsteuer getrennt auszuweisen. Abgesehen von den Spezialregelungen in § 11 gilt (über § 10) § 8 auch für den vorläufigen Insolvenzverwalter, außerdem für den Sachwalter und den Treuhänder im vereinfachten Insolvenzverfahren.

4 Vergütung und Auslagen dürfen erst nach Festsetzung entnommen werden. Die Rechtskraft des Beschlusses muss noch nicht eingetreten sein.[2]

5 Mehr zum Antrag sowie ein **Muster** für den Vergütungsantrag siehe § 64 InsO Rdn. 22.

B. Vergütung

6 Als **Berechnungsgrundlage** ist die nach § 1 maßgebliche Masse zu ermitteln und im Antrag nachvollziehbar darzulegen.[3] Dazu gehört auch bei Gegenständen, die mit Absonderungsrechten behaftet wa-

---

[1] BGH 26.01.2006, IX ZB 183/04, ZInsO 2006, 203.
[2] FK-InsO/*Lorenz* Rn. 36.
[3] BGH 07.12.2006, IX ZB 1/04, ZInsO 2007, 259.

ren eine Vorlage der Vergleichsrechnung gem. § 1 Abs. 2 Nr. 1 Satz 2 (vgl. § 1 Rdn. 21) und bei einer Betriebsfortführung eine Berechnung des Überschusses (§ 1 Abs. 2 Nr. 4 lit. b).

Die entnommenen Gelder für Werk- und Dienstverträge, Geschäftskosten und Haftpflichtversicherung (§ 4) sind aufzulisten.[4] Das Insolvenzgericht ist berechtigt und verpflichtet zu überprüfen, ob die Beauftragung Externer gerechtfertigt war.[5] Verschweigt der Antragsteller absichtlich solche entnommen Beträge riskiert er ein Strafverfahren.[6] Die dem Verwalter zustehenden Beträge für den Einsatz besonderer Sachkunde (§ 5) werden von der Berechnungsgrundlage abgezogen. Der Vergütungsantrag muss diese Beträge deutlich erkennen lassen und sie müssen einzeln aufgeführt werden. 7

Nach der Ermittlung der Berechnungsgrundlage ergibt sich der regelmäßige Vergütungssatz nach § 2. 8

Werden Zuschläge gem. § 3 Abs. 1 geltend gemacht, müssen die anspruchsbegründenden Tatsachen so genau und nachvollziehbar wie möglich dargelegt werden (s. § 3 Abs. 1). 9

C. Auslagen

Die dem (vorläufigen) Verwalter gem. § 63 Abs. 1 InsO zustehende Erstattung seiner angemessenen Auslagen werden zusammen mit der Vergütung gem. Abs. 3 gesondert beantragt. 10

Anstelle des Nachweises der tatsächlichen Auslagen gibt Abs. 3 die Möglichkeit, einen gestaffelten **Pauschsatz** zu fordern. Die Höchstgrenzen (250 EUR pro Monat und max. 30 % der **Regelvergütung**) sollen vermeiden, dass bei großen Insolvenzmassen die Höhe der Pauschale sich weit von den tatsächlich entstandenen Auslagen entfernt.[7] Die Anwendung der Pauschale hat sich in der Praxis in fast jedem Verfahren durchgesetzt. In Verfahren, die vom Verwalter »verschleppt« wurden, ist die Auslagenpauschale um den betreffenden Zeitraum zu **kürzen**.[8] Die Zwischenberichte des Verwalters sollten deshalb immer erkennen lassen, warum das Verfahren noch nicht schlussgerechnet werden kann. 11

Berechnungsgrundlage für die Auslagen ist jeweils die Grundvergütung (beim vorläufigen Verwalter also regelmäßig 25 % der Regelvergütung) und nicht die etwa um Zuschläge erhöhte Vergütung. 12

Die Berechnung der Auslagenpauschale erfolgt jährlich, wobei das 1. Geschäftsjahr mit 15 % höher eingestuft ist als die Folgejahre mit je 10 %. Angefangene Jahre zählen als volle Jahre.[9] Der Auffassung, der Wortlaut »danach 10 vom Hundert ...« spreche nur für eine einmalige Pauschale in dieser Höhe für die gesamte Restlaufzeit des Insolvenzverfahrens, ist der BGH nicht gefolgt.[10] 13

Bei Altverfahren[11] ist zu beachten, dass gem. § 19 noch die alte Fassung des § 8 anzuwenden ist. Danach entstanden die o.g. Pauschalen auf die Netto-Vergütung (also inklusive der Zuschläge) ohne die Begrenzung auf 30 %. 14

Mit der Wahl der pauschalierten Auslagen wird durch den Verwalter konkludent erklärt, dass im maßgeblichen Zeitraum für jedes Jahr/Monat Auslagen in relevanter Höhe und nicht in geringerem Umfang tatsächlich angefallen sind.[12] 15

---

4 BGH 11.11.2004, IX ZB 48/04, ZInsO 2004, 1348.
5 BGH 11.11.2004, IX ZB 48/04, ZInsO 2004, 1348.
6 *Haarmeyer/Wutzke/Förster* InsVV, Rn. 10.
7 BGH 26.04.2007, IX ZB 160/06, ZInsO 2007, 766.
8 BGH 09.03.2006, IX ZB 104/04, ZInsO 2006, 424.
9 BGH 23.07.2004, IX ZB 257/03, ZInsO 2004, 964.
10 BGH 23.07.2004, IX ZB 257/03, ZInsO 2004, 964.
11 Eröffnung vor dem 01.01.2004.
12 LG Passau 17.12.2009, 2 T 167/09, ZInsO 2010, 158.

16 Die durch die Übertragung von **Zustellungen** entstehenden Kosten sind dem Verwalter **neben** der allgemeinen Auslagenpauschale zu erstatten (mithin Porto- und Schreibauslagen, nicht jedoch die dabei anfallenden Personalkosten).[13]

D. Entscheidung des Gerichts

17 Das Gericht hat sich mit allen geltend gemachten vergütungsrechtlichen Umständen auseinanderzusetzen. Insb. bei Überschneidung von Zuschlagtatbeständen gilt es ein angemessenes Gesamtergebnis mit nachvollziehbarer Begründung zu erzielen.[14]

18 Die Entscheidung liegt funktionell beim Rechtspfleger (§§ 3 Nr. 2 lit. e), 18 RPflG), soweit der Insolvenzrichter nicht das Verfahren an sich gezogen hat. Ist nach Verfahrenseröffnung die Vergütung des vorläufigen Verwalters festzusetzen ist wegen der Vollübertragung mithin ebenfalls der Rechtspfleger zuständig.[15] Vorheriges rechtliches Gehör für die Beteiligten ist nicht vorgeschrieben.[16] Der Festsetzungsbeschluss ist jedoch (ohne die Nennung der einzelnen Beträge) öffentlich bekanntzumachen und dem Verwalter, dem Schuldner und ggf. dem Gläubigerausschuss besonders zuzustellen (§ 64 Abs. 2 InsO). Dabei macht die Zustellung an die Gläubigerausschussmitglieder kaum Sinn, da diesen kein Rechtsmittel gegen die Entscheidung zusteht.

E. Rechtsmittel, Verjährung

19 Dem antragstellenden Verwalter, dem Schuldner und jedem Insolvenzgläubiger steht das Rechtsmittel der sofortigen Beschwerde zu (§ 64 Abs. 3 InsO). Der Wert der Beschwer muss 200 € überschreiten (§ 64 Abs. 3 Satz 2 InsO i.V.m. § 567 Abs. 2 Satz 2 ZPO) und gem. § 569 ZPO binnen einer Notfrist von zwei Wochen eingelegt werden. Die Rechtsmittelfrist beginnt bei den Zustellungsempfängern mit der bewirkten Zustellung, im Übrigen zwei Tage nach dem Tag der Veröffentlichung (§ 9 Abs. 1 Satz 3 InsO). Das Gericht kann der Beschwerde abhelfen (§ 572 Abs. 1 ZPO).

20 Die Rechtskraft der Entscheidung ist nicht Voraussetzung für die Entnahme, da der Festsetzungsbeschluss den Charakter eines vorläufig vollstreckbaren Titels hat.[17] Die in der Praxis übliche Formulierung »Die festgesetzte Vergütung kann nach Rechtskraft des Beschlusses der Masse entnommen werden« ist deshalb unbeachtlich. Gegen die Entscheidung über die sofortige Beschwerde ist die Rechtsbeschwerde gegeben (§ 7 InsO).

21 Verjährung des Vergütungsanspruchs tritt nach §§ 195, 199 BGB innerhalb von drei Jahren nach Beendigung der Tätigkeit (Jahresende) ein. Innerhalb dieser Frist ist durch den Insolvenzverwalter die Festsetzung zu beantragen, um die Verjährung zu hemmen.[18]

22 Die Verjährungsfrist beginnt mit dem Schluss des Jahres, in dem der Anspruch entstanden ist und der Gläubiger von den den Anspruch begründenden Umständen Kenntnis erlangt hat.[19]

23 Ist die Vergütung rechtskräftig festgesetzt, verjährt der Anspruch nach 30 Jahren gem. § 197 Abs. 1 Nr. 3 BGB (vgl. hierzu § 63 InsO Rdn. 15).

---

13 BGH 21.12.2006, IX ZB 129/05, ZInsO 2007, 202.
14 BGH 11.05.2006, IX ZB 249/04, ZInsO 2006, 642.
15 *Haarmeyer/Wutzke/Förster* InsVV, Rn. 21–24.
16 FK-InsO/*Lorenz* Rn. 13.
17 BGH 17.11.2005, IX ZR 179/04, ZInsO 2006, 27.
18 BGH 29.03.2007, IX ZB 153/06, ZInsO 2007, 539.
19 § 199 Abs. 1 BGB.

§ 9 Vorschuß

Der Insolvenzverwalter kann aus der Insolvenzmasse einen Vorschuß auf die Vergütung und die Auslagen entnehmen, wenn das Insolvenzgericht zustimmt. Die Zustimmung soll erteilt werden, wenn das Insolvenzverfahren länger als sechs Monate dauert oder wenn besonders hohe Auslagen erforderlich werden. Sind die Kosten des Verfahrens nach § 4a der Insolvenzordnung gestundet, so bewilligt das Gericht einen Vorschuss, sofern die Voraussetzungen nach Satz 2 gegeben sind.

Übersicht	Rdn.		Rdn.
A. Regelungsgehalt	1	C. Berechnung des Vorschusses	11
B. Zustimmung des Insolvenzgerichts	7	D. Rechtsmittel	14

A. Regelungsgehalt

Auf **Antrag** des Verwalters kann das Gericht die Entnahme eines Vorschusses bewilligen. 1

Für den Verwalter reduziert sich damit die Gefahr, dass er in einem massearmen Verfahren mit seinem Vergütungsanspruch ausfällt. Sein Anspruch auf Vergütung entsteht zwar schon bei Beginn der Tätigkeit; die gerichtliche Festsetzung erfolgt jedoch erst mit Beendigung seines Amtes. Es soll ihm aber nicht zugemutet werden über einen längeren Zeitraum der Masse die Kosten aus eigenen Mitteln zu kreditieren. Insb. bei Betriebsfortführungen hat der Verwalter besonders hohe Vorleistungen durch Sachkosten und eigenes Büropersonal zu erbringen. 2

In § 9 wird zum einen die schon erbrachte Arbeitsleistung zum Teil abgegolten (**Vergütungsvorschuss**) und zum anderen die bereits vorgestreckten Massekosten ausgeglichen (**Auslagenvorschuss**). Abzugrenzen ist der Anspruch auf Vorschuss von den Entnahmerechten. Die Kosten für besondere Aufgaben wegen zu erteilender Dienst- oder Werkverträge (§ 4 Abs. 1 Satz 3) sowie die Kosten für den Einsatz besonderer Sachkunde (§ 5) bedürfen keiner Festsetzung durch das Gericht und können der verwalteten Masse selbständig entnommen werden. Für solche Kosten hat der Insolvenzverwalter nur eine Darlegungspflicht (§ 8 Abs. 2), damit das Gericht die Rechtmäßigkeit der Entnahme überprüfen kann. 3

Der Vorschussanspruch besteht gem. Satz 3 auch bei **Stundungssachen**.[1] 4

Eine Entnahme ohne gerichtliche Genehmigung kann den Tatbestand der Untreue erfüllen. 5

Auch der vorläufige Verwalter, der Sachwalter sowie der Treuhänder im vereinfachten Verbraucherverfahren können einen Anspruch auf Vorschuss haben.[2] Nach allgemeiner Meinung können auch **Gläubigerausschuss**mitglieder einen Vorschuss verlangen. Für den Treuhänder nach § 293 InsO gilt die Spezialregelung des § 16 Abs. 2. 6

B. Zustimmung des Insolvenzgerichts

Das Gericht soll dem Entnahmeanspruch durch zustimmenden Beschluss entsprechen, wenn das Verfahren länger als sechs Monate andauert oder wenn besonders hohe Auslagen erforderlich werden. Auslagen und Umsatzsteuer werden gesondert ausgewiesen. 7

Die Zustimmung zur vorschussweisen Entnahme ist zwar als Sollvorschrift ausgestaltet; jedoch wird das Insolvenzgericht dem Verwalter kaum seine Zustimmung verweigern können, wenn die Voraussetzungen für einen Vorschuss gegeben sind. Die Entnahme darf nur unter besonderen Voraussetzungen abgelehnt werden.[3] Auch wenn ausreichende Masse vorhanden sein sollte kann die Bewilligung 8

---

[1] LG Kassel, 25.09.2002, EWiR § 54 InsO 1/02,957; s.a. Amtl. Begr. zur Änderung v. 04.10.2004 in Rn. 7.
[2] *Haarmeyer/Wutzke/Förster* InsVV, § 11 Rn. 80 m.w.N.; über § 10 gilt auch § 9, da es an eigenständiger Regelung fehlt.
[3] BGH 01.10.2001, IX ZB 53/02, ZInsO 2002, 1133 = NJW 2003, 210.

der Vorschussentnahme nicht mit dem Argument abgelehnt werden, dass dann Masseamut i.S.v. § 207 InsO eintreten würde.[4]

9 Eine Veröffentlichung des Genehmigungsbeschlusses – anders als bei der endgültigen Festsetzung gem. 64 Abs. 2 InsO – unterbleibt.

10 Ggf. ist bei entsprechender Begründung ein Vorschussantrag sogar vor Ablauf der Sechsmonatsfrist möglich.[5]

C. Berechnung des Vorschusses

11 Dazu ist vom Insolvenzverwalter eine überschlägige Berechnung der (endgültig) zu erwartenden Vergütung und Auslagen vorzulegen und ein angemessener Teil (bis max. die vollen zu erwartenden Beträge) zu beantragen.

12 Für die Berechnung sind die Merkmale der §§ 1–3 zu berücksichtigen,[6] somit auch eventuelle Erhöhungstatbestände aus § 3 Abs. 1. Besonders hohe Auslagen – etwa durch selbst angestellte Hilfskräfte – sind im Vorschussantrag darzulegen. Alternativ kann auch die Auslagenpauschale gem. § 8 Abs. 3 geltend gemacht werden. Sollte sich bei der späteren endgültigen Festsetzung herausstellen, dass der Vorschuss die zuzuerkennenden Beträge überstiegen hat, so ist vom Insolvenzverwalter der überzahlte Betrag an die Masse zurückzuerstatten.[7]

13 Das Insolvenzgericht (Rechtspfleger) entscheidet über den Vorschussantrag durch Beschluss.[8] Die Umsatzsteuer ist auf die festgesetzten Beträge ebenfalls festzusetzen. Eine öffentliche Bekanntmachung ist nicht vorgesehen.

D. Rechtsmittel

14 Gegen die Verweigerung der Zustimmung zur Vorschussentnahme ist nach Ansicht des BGH – statt des Rechtsmittels der sofortigen Beschwerde – der Rechtsbehelf der befristeten Erinnerung gem. § 11 Abs. 2 RPflG gegeben.[9] Diese Rechtsansicht ist umstritten.[10]

15 Gegen die Gewährung der Zustimmung ist für Gläubiger und Schuldner kein Rechtsmittel vorgesehen.[11]

---

4 BGH 18.12.2003, IX ZB 50/03, ZInsO 2004, 265 = NZI 2004, 251.
5 BGH 17.11.2005, IX ZR 179/04, BGHZ 116, 233 (241).
6 BGH 01.10.2001, IX ZB 53/02, ZInsO 2002, 1133 = NJW 2003, 210.
7 *Keller* Vergütung und Kosten im Insolvenzverfahren, 3. Aufl., Rn. 529.
8 HambK-InsR/*Büttner* Rn. 11; a.A. FK-InsO/*Lorenz* Rn. 20.
9 BGH 01.10.2001, IX ZB 53/02, ZInsO 2002, 1133 = NJW 2003, 210.
10 Erhebliche Bedenken durch *Keller* Vergütung und Kosten im Insolvenzverfahren, Rn. 537–541 m.w.N.
11 LG Göttingen 02.08.2001, 10 T 40/01, ZInsO 2001, 846.

Zweiter Abschnitt Vergütung des vorläufigen Insolvenzverwalters, des Sachwalters und des Treuhänders im vereinfachten Insolvenzverfahren

§ 10 Grundsatz

Für die Vergütung des vorläufigen Insolvenzverwalters, des Sachverwalters und des Treuhänders im vereinfachten Insolvenzverfahren gelten die Vorschriften des Ersten Abschnitts entsprechend, soweit in den §§ 11 bis 13 nicht anderes bestimmt ist.

Der zweite Abschnitt der InsVV erklärt einerseits die in §§ 1–9 für den Insolvenzverwalter ausformulierten Vergütungs- und Auslagenregelungen für anwendbar und gibt andererseits für die gleichartigen Ansprüche des Sachwalters, des Treuhänders im vereinfachten Insolvenzverfahren und vor allem des vorläufigen Insolvenzverwalters eigene Tatbestandsnormen, die denen der Vorschriften für den Insolvenzverwalter vorgehen. 1

Der Wortlaut der Vorschrift stellt klar, dass vom Verordnungsgeber keine unmittelbare Anwendung der Vorschriften des Ersten Abschnitts sondern eine analoge, dem besonderen Sachverhalt des angesprochenen Personenkreises angepasste Anwendung der in Bezug genommenen Vorschriften gewollt ist. 2

Der Bundestag hat am 16.05.2013 das Gesetz zur Verkürzung des Restschuldbefreiungsverfahrens und zur Stärkung der Gläubigerrechte verabschiedet.[1] Demnach wird ab 01.07.2014 in der Überschrift des Zweiten Abschnitts sowie im Text des § 10 jeweils die Wörter »Treuhänders im vereinfachten Insolvenzverfahren« durch die Wörter »Insolvenzverwalters im Verbraucherinsolvenzverfahren« ersetzt.

§ 11 Vergütung des vorläufigen Insolvenzverwalters

(1) Für die Berechnung der Vergütung des vorläufigen Insolvenzverwalters ist das Vermögen zugrunde zu legen, auf das sich seine Tätigkeit während des Eröffnungsverfahrens erstreckt. Vermögensgegenstände, an denen bei Verfahrenseröffnung Aus- oder Absonderungsrechte bestehen, werden dem Vermögen nach Satz 1 hinzugerechnet, sofern sich der vorläufige Insolvenzverwalter in erheblichem Umfang mit ihnen befasst. Sie bleiben unberücksichtigt, sofern der Schuldner die Gegenstände lediglich aufgrund eines Besitzüberlassungsvertrages in Besitz hat.

(2) Wird die Festsetzung der Vergütung beantragt, bevor die von Absatz 1 Satz 1 erfassten Gegenstände veräußert wurden, ist das Insolvenzgericht spätestens mit Vorlage der Schlussrechnung auf eine Abweichung des tatsächlichen Werts von dem der Vergütung zugrunde liegenden Wert hinzuweisen, sofern die Wertdifferenz 20 vom Hundert bezogen auf die Gesamtheit dieser Gegenstände übersteigt.

(3) Art, Dauer und der Umfang der Tätigkeit des vorläufigen Insolvenzverwalters sind bei der Festsetzung der Vergütung zu berücksichtigen.

(4) Hat das Insolvenzgericht den vorläufigen Insolvenzverwalter als Sachverständigen beauftragt zu prüfen, ob ein Eröffnungsgrund vorliegt und welche Aussichten für eine Fortführung des Unternehmens des Schuldners bestehen, so erhält er gesondert eine Vergütung nach dem Justizvergütungs- und -entschädigungsgesetz.

---

1 BT-Drucks. 17/13535.

Anh. III § 11 InsVV Vergütung des vorläufigen Insolvenzverwalters

Übersicht

	Rdn.		Rdn.
A. Grundlegendes zum vorläufigen Insolvenzverwalter	1	C. Wertkorrektur	35
		D. Zu- und Abschläge	38
B. Berechnungsgrundlage	12	E. Mindestvergütung	40
I. Allgemeines	12	F. Auslagen	43
II. Forderungen	21	G. Vergütung als Sachverständiger	45
III. Aus- und Absonderungsrechte	23		

A. Grundlegendes zum vorläufigen Insolvenzverwalter

1 Auf Vergütungen aus vorläufigen Insolvenzverwaltungen, die vor dem 29. Dezember 2006 begannen und geendet haben, ist die zuvor geltende Fassung des Abs. 1 weiter anzuwenden. Der neue Satz 4 ist auf diese Verwaltungen nicht anzuwenden.[1]

2 Die Änderungen des Absatzes 1 und 2 sind durch das Gesetz zur Verkürzung des Restschuldbefreiungsverfahrens und zur Stärkung der Gläubigerrechte vom 15.07.2013 (BGBL I 2013, 2379) eingefügt worden und gilt gem. Art. 103h EGInsO für alle Verfahren, die ab dem 19.07.2013 beantragt worden sind. Dass der Art. 103h EGInsO gem. Art. 9 des Gesetzes selbst erst am 01.07.2014 in Kraft tritt kann wohl als Versehen betrachtet werden.

Die Regelungen des § 11 geben dem vorläufigen Insolvenzverwalter ein eigenständiges Recht auf eine angemessene Vergütung. Dabei ist auf seine konkrete Tätigkeit – losgelöst von der Tätigkeit des späteren Verwalters – abzustellen.

Der Bundestag hat am 16.05.2013 das Gesetz zur Verkürzung des Restschuldbefreiungsverfahrens und zur Stärkung der Gläubigerrechte verabschiedet.[2] Demnach soll ab 01.07.2014 der Vergütungsanspruch des vorläufigen Insolvenzverwalters in der Insolvenzordnung normiert werden. Der der Inhalt des künftigen Abs. 3 des § 63 entspricht dann dem Text des § 11 Abs. 1 Satz 1–3 und des § 11 Abs. 2 InVV sinngemäß.

Der Absatz 1 des § 11 InsVV wird dann lauten:

»(1) Für die Berechnung der Vergütung des vorläufigen Insolvenzverwalters ist das Vermögen zugrunde zu legen, auf das sich seine Tätigkeit während des Eröffnungsverfahrens erstreckt. Vermögensgegenstände, an denen bei Verfahrenseröffnung Aus- oder Absonderungsrechte bestehen, werden dem Vermögen nach Satz 1 hinzugerechnet, sofern sich der vorläufige Insolvenzverwalter in erheblichem Umfang mit ihnen befasst. Sie bleiben unberücksichtigt, sofern der Schuldner die Gegenstände lediglich auf Grund eines Besitzüberlassungsvertrages in Besitz hat.«

Der Absatz 2 wird wie folgt geändert:

a) In Satz 1 wird die Angabe »Satz 2« durch die Angabe »Satz 1« ersetzt.

b) Satz 2 wird aufgehoben.

3 Die gem. § 22 InsO vom vorläufigen Verwalter zu erledigenden Tätigkeiten – insb. die Sicherung und Erhaltung der Insolvenzmasse und die Fortführung des insolventen Unternehmens[3] – sind identisch mit dem ersten Teil der Tätigkeit des Insolvenzverwalters. Deshalb sieht Abs. 1 Satz 2 als Regelvergütung 25 % der sich aus § 2 Abs. 1 ergebenden Vergütung für einen »**Normalfall**«[4] vor.

---

1 BGH 20.11.2008, IX ZB 30/08, LNR 2008, 26680.
2 BT-Drucks. 17/13535.
3 Überblick bei *Titz/Tötter* ZInsO 2006, 976.
4 Ausf. zum Normalfall *Haarmeyer/Wutzke/Förster* InsVV, Rn. 14 ff., gem. Rn. 26 ist Normalfall: Umsatz bis zu 1,5 Mio. €; Dauer bis drei Monate; weniger als 20 Arbeitnehmer; eine Betriebsstätte im Inland; Forderungen gegen bis zu 100 Schuldner.

In der Höhe der Vergütung sollte sich auch widerspiegeln, ob es sich um einen sog. schwachen (§ 22 Abs. 2 InsO) oder starken (§ 22 Abs. 1 InsO) vorläufigen Verwalter handelt. **4**

Der »starke« vorläufige Verwalter hat ein höheres Haftungsrisiko, was sich meist vergütungserhöhend auswirkt.[5] **5**

Nicht zur berücksichtigungsfähigen Masse gehören die gem. § 36 InsO unpfändbaren Gegenstände. **6**

Abweichend von § 1 Satz 1 ist der Wert (Aktivmasse) unter Berücksichtigung der Eigenheiten der vorläufigen Insolvenzverwaltung zu ermitteln. Verbindlichkeiten des Schuldners bleiben unberücksichtigt. **7**

Bei Vorliegen bestimmter Voraussetzungen ist es deshalb denkbar, dass die Vergütung des vorläufigen Verwalters die des späteren Verwalters übersteigt. **8**

Art, Dauer und Umfang der Tätigkeit ist zu berücksichtigen (Abs. 3). **9**

Die durchschnittliche Dauer der vorläufigen Verwaltung wird in der Praxis mit drei Monaten angesetzt.[6] Nur ein erhebliches Unterschreiten ist von Bedeutung.[7] **10**

Für den vorläufigen Insolvenzverwalter ist zu beachten, dass er seine Vergütung bzgl. des nicht eröffneten Verfahrens nicht beim Insolvenzgericht festsetzen lassen kann, sondern den ordentlichen Rechtsweg beschreiten muss.[8] Auch eine Kostengrundentscheidung durch das Insolvenzgericht scheidet aus, da der vorläufige Insolvenzverwalter nicht Partei ist[9] (s. auch § 64 InsO Rdn. 22). **11**

B. Berechnungsgrundlage

I. Allgemeines

Berechnungsgrundlage ist das während der Tätigkeit gesicherte Vermögen. Es muss nicht mit dem Vermögen zum Zeitpunkt der Eröffnung übereinstimmen, da Gegenstände vor der Eröffnung aus der gesicherten Masse ausgeschieden sein können (hier wird gem. Abs. 1 Satz 3 der Wert im Zeitpunkt des Ausscheidens angesetzt). **12**

Kommt es zu einer **vorzeitigen Verfahrensbeendigung** bzw. nicht zu einer Schlussrechnung oder der Feststellung einer Insolvenzmasse, ist eine **Schätzung** der Insolvenzmasse auf den Zeitpunkt der Beendigung der Tätigkeit[10] vorzunehmen (§ 1 Abs. 1 Satz 2) und zu erläutern. **13**

Wird ein Insolvenzplan beschlossen und wird der Betrieb fortgeführt, so ist Ausgangspunkt für die Schätzung die Übersicht gem. § 229 InsO sowie der Inhalt des Insolvenzplans in seinem darstellenden Teil. **14**

Wird der Insolvenzantrag durch **Rücknahme** erledigt, ist die gem. § 1 Abs. 1 Satz 2 vorzunehmende Schätzung gem. § 287 ZPO i.V.m. § 4 InsO auf der Grundlage des bisherigen Sach- und Streitstandes unter Berücksichtigung der vorliegenden Verwalterberichte, Forderungszusammenstellungen und sonstiger Ermittlungsergebnisse vorzunehmen.[11] Es ist der Verkehrswert zugrunde zu legen. Sind Fortführungswert und Zerschlagungswert unterschiedlich hoch, ist entscheidend, welche Werte sich voraussichtlich hätten verwirklichen lassen.[12] Bei dieser Art der Verfahrensbeendigung **15**

---

5 Obwohl dies allein generell keinen Zuschlag rechtfertigt: BGH 17.07.2003, IX ZB 10/03, ZInsO 2003, 748.
6 *Haarmeyer/Wutzke/Förster* InsVV, Rn. 26.
7 BGH 16.11.2006, IX ZB 302/05, ZInsO 2007, 147: Abschlag bei Dauer von nur drei Wochen.
8 BGH 03.12.2009, IX ZB 139/07, ZInsO 2010, 107; a.A. AG Duisburg 18.08.2008, 64 IN65/06, ZInsO 2010, 635.
9 BGH 03.12.2009, IX ZB 139/07, ZInsO 2010, 107.
10 BGH 10.11.2005, IX ZB 168/04, ZInsO 2006, 29.
11 BGH 09.06.2005, IX ZB 284/03, ZInsO 2005, 757.
12 BGH 08.07.2004, IX ZB 589/02, ZInsO 2004, 909.

hat der BGH[13] die Bestimmung des § 1 Abs. 2 Nr. 4 Satz 2 lit. b) für anwendbar erklärt und damit nur das um die Ausgaben bereinigte Betriebsergebnis für die Berechnungsgrundlage gelten lassen.

16 Hat der Schuldner Gegenstände **nur aufgrund eines Besitzüberlassungsvertrages** (z.B. Miete, Pacht, Leihe) in Besitz, so erfolgt (seit der Novelle vom 21.12.2006[14]) i.d.R. keine Berücksichtigung dieser Werte (Abs. 1 Satz 5). Probleme bei der Einberechnung können in der Praxis lediglich Leasingverträge mit Kaufoption machen.[15] Das Gutachten (§ 22 Abs. 1 Nr. 3 InsO) ergibt die »Sollmasse«, womit das voraussichtliche Ergebnis des Verfahrens bezeichnet wird.

17 Alle Vermögenswerte, mit denen sich der vorläufige Verwalter befasst hat, werden in die Berechnungsmasse einbezogen.[16] Eine besondere Regelung gilt nur für die mit Aus- und Absonderungsrechten belasteten Gegenstände (vgl. Rdn. 23).

18 Die sich für die Zeit der vorläufigen Verwaltung ergebende **Aktivmasse** ist die Berechnungsgrundlage für die Bemessung der Vergütung des vorläufigen Verwalters. Diese ergibt sich für den vorläufigen Verwalter aus den Regelungen der Abs. 1 und 2. Danach ist zunächst auf den Zeitpunkt der Beendigung seiner Tätigkeit[17] – regelmäßig der Zeitpunkt der Eröffnung des Insolvenzverfahrens – der Wert der »Sollmasse« zu ermitteln.

19 Der **Berechnungszeitpunkt** für den Wert ist die Beendigung der Tätigkeit und das bis dahin in Besitz zu nehmende oder sonst für die Masse zu beanspruchende Vermögen. Im Falle der Betriebsfortführung hat der vorläufige Insolvenzverwalter eine gesonderte Einnahmen-/Ausgabenrechnung vorzulegen, welche sich auf den Zeitpunkt der Beendigung seines Amts zu beziehen hat.[18] Für die Bewertung sind die Regelungen des HGB (§§ 25 ff.; 252 HGB) von Bedeutung. Von der Frage des Wertermittlungsstichtages für den Bestand des Schuldnervermögens, den Zustand seiner Vermögensgegenstände und die für ihre Wertangabe in Geld maßgebenden Markt-, Preis- und Währungsverhältnisse sind die Erkenntnisquellen zu unterscheiden, welche die stichtagsbezogene Bewertung tragen. Diese Erkenntnisquellen sind bis zum letzten tatrichterlichen Entscheidungszeitpunkt, an dem der Vergütungsanspruch zu entscheiden ist, zu nutzen.[19]

20 Dem vorläufigen Verwalter zunächst **unbekannte** und sich erst dem endgültigen Verwalter auftuende (weil durch den Schuldner verschwiegene) Werte werden nicht in die Berechnungsgrundlage für die Vergütung des vorläufigen Verwalters einbezogen.[20] Kommt keine Betriebsfortführung in Betracht, sind die Liquidationswerte zugrunde zu legen.

II. Forderungen

21 Forderungen sind immer mit ihrem Verkehrswert und nicht mit dem Nominalwert in der Berechnungsgrundlage anzusetzen.[21]

Führt der Gutachter/vorläufige Verwalter aus, dass Forderungen in einer bestimmten Höhe bestehen und vollständig einziehbar seien, so sind die Forderungen in der festgestellten Höhe auch in die Berechnungsgrundlage einzubeziehen.[22] § 1 Abs. 2 Nr. 3 ist für die Berechnung anzuwenden.[23] Es gilt also der um die aufrechenbaren Gegenforderungen verminderte Forderungsbetrag. Ist eine Forde-

---

13 BGH 26.04.2007, IX ZB 160/06, NZI 2007, 461.
14 BGBl. I, 3389 v. 28.12.2006.
15 Hierzu *Graeber* ZInsO 2007, 133.
16 § 11 Abs. 1 Satz 2 InsVV: »... bezogen auf das Vermögen, auf das sich seine Tätigkeit während des Eröffnungsverfahrens erstreckt«.
17 LG Darmstadt 06.07.2009, 23 T 262/07, NZI 2009, 809.
18 BGH 09.06.2011, IX ZB 47/10, ZInsO 2011, 1519.
19 BGH 12.05.2011, IX ZB 125/08 ZInsO 2011, 1128.
20 LG Hamburg, 30.03.2006, 326 T 17/06, nv.
21 BGH 15.11.2012 88/09, ZInsO 2013, 100.
22 BGH 11.03.2010, IX ZB 128/07, ZInsO 2010, 730.
23 BGH 21.02.2010, IX ZB 197/06, ZInsO 2010, 447.

rung wegen zweifelhafter Einziehbarkeit abzuwerten, so schlägt diese Abwertung auch bei der Ermittlung der Berechnungsgrundlage des vorläufigen Verwalters durch. Sind die Verfahrenskosten von einer Wertberichtigung abhängig, so muss ein Betrag der einziehbaren Rückführung für die Berechnungsgrundlage geschätzt werden.[24]

Ansprüche aus § 64 Abs. 2 GmbHG a.F. (§ 64 Satz 1 und 2 GmbHG) gegen den Geschäftsführer wegen unzulässiger Zahlungen sind in der Berechnungsgrundlage für die Vergütung des vorläufigen Verwalters mit ihrem voraussichtlichen Realisierungswert zu berücksichtigen.[25] Mit Mobiliarsicherheiten belastete Gegenstände des verwalteten Vermögens gehören deshalb nur mit ihrem Wertüberschuss zur Berechnungsgrundlage eines vorläufigen Insolvenzverwalters, der sich nach Befriedigung der Fremdrechte ergibt.[26] **22**

III. Aus- und Absonderungsrechte

Vermögensgegenstände, an denen **Aus- und Absonderungsrechte** bestehen, werden bei der Wertermittlung (mit ihrem Verkehrswert) nur hinzugerechnet, wenn sich der vorläufige Verwalter in **erheblichem Umfang mit ihnen befasst hat**. Bei Verfahren, die bis zum 29.12.2006 bereits rechtskräftig abgerechnet waren ergab sich dabei gem. der Rechtsprechung des BGH eine Erhöhung durch Zuschlag,[27] für die späteren Verfahren ergibt sich nun eine Berücksichtigung bei der Wertermittlung (Abs. 1 Satz 4). In seiner neuesten Entscheidung hat der BGH die Einbeziehung der Aussonderungsrechte in Abs. 1 Satz 4 für unwirksam erklärt, da dies nicht von der Ermächtigungsnorm des § 65 InsO gedeckt sei.[28] Er weist in dieser Entscheidung u.a. auf § 47 InsO hin, nach dem Aussonderungsrechte nicht Teil der Masse sein können. **23**

Es kommt nicht darauf an, dass bzgl. eines Aus- und Absonderungsrechtes ein bestehendes Anfechtungsrecht des vorläufigen Verwalters erst mit Eröffnung des Verfahrens entsteht; es muss zum Zeitpunkt der Eröffnung jedoch Bestand haben, um in die Berechnungsgrundlage einbezogen zu werden.[29] Nach LG Köln[30] sind **Anfechtungsansprüche** immer in die Berechnungsgrundlage mit einzubeziehen, da sie Teil der Vermögensmasse sind und nicht erst mit der Insolvenzeröffnung entstehen. Dies hat der BGH jedoch am 11.03.2010 anders entschieden und auf die bisherige Rechtsprechung verwiesen.[31] **24**

Die **erhebliche Befassung** mit den Vermögensgegenständen oder mit den Aus – und Absonderungsrechten steht einander gleich und ist jeweils ausreichend.[32] **25**

Eine nur »nennenswerte« Befassung genügt nicht.[33] Ein dokumentierter tatsächlicher Zeit- und Kostenaufwand des vorläufigen Insolvenzverwalters wird grds. zu berücksichtigen sein.[34] Der BGH[35] fordert eine Inanspruchnahme »über das gewöhnliche Maß hinaus«. Ein **Normalverfahren** wird überschritten, wenn mehr als 50 % Fremdrechte vorliegen.[36] **26**

---

24 BGH 29.03.2012, IX ZB 134/09, ZInsO 2012, 1236.
25 BGH 23.09.2010, IX ZB 204/09, ZInsO 2010, 2101.
26 BGH 16.02.2012, IX ZB 89/10, JurionRS 2012, 11248.
27 BGH 13.07.2006, IX ZB 104/05, ZInsO 2006, 811.
28 BGH 15.11.2012, IX ZB 88/09; ZInsO 2013,100.
29 BGH 18.12.2008, IX ZB 46/08, ZInsO 2009, 495; ohne erhebliche Befassung nicht einzubeziehen gem. BGH 29.04.2004, IX ZB 225/03, ZInsO 2004, 672.
30 LG Köln 15.01.2009, 1 T 91/08, ZInsO 2009, 2415 = ZIP 2009, 631 = NZI 2009, 251.
31 BGH 11.03.2010, IX ZB 122/08, ZInsO 2010, 730 mit Hinweis auf BGH 29.04.2004, IX ZB 225/03, ZIP 2004, 1653.
32 BGH 28.09.2006, IX ZB 230/05, ZIP 2006,2134, 2136 Rn. 5 a.E., Rn. 19.
33 BGH 13.07.2006, IX ZB 104/05, ZInsO 2006, 811; 28.09.2006, IX ZB 230/05, ZInsO 2006, 1160.
34 BGH 13.07.2006, IX ZB 104/05, ZInsO 2006, 811.
35 BGH 14.12.2005, IX ZB 256/04, NZI 2006, 284.
36 LG Hamburg 12.06.2001, 326 T 9/01, nv.

27 Ein später von dem endgültigen Verwalter erzielter höherer Erlös kann sich nicht rückwirkend erhöhend auf die Vergütung des vorläufigen Verwalters auswirken.[37] Ein späterer Wertunterschied von über 20 % kann nach der neuen Fassung des Abs. 2 eine nachträgliche Berücksichtigung finden (vgl. Rdn. 35).

28 Wird der vorläufige Verwalter vorbereitend tätig im Hinblick auf spätere Verwertung gem. § 166 InsO oder eine künftige Erfüllungswahl gem. § 107 Abs. 2 InsO, so liegt eine erhebliche Befassung vor.[38]

29 Ansprüche gegen Gesellschafter auf Erstattung kapitalersetzender Leistungen und solche auf Rückgewähr einer anfechtbaren Leistung entstehen erst mit Eröffnung des Insolvenzverfahrens, gehören nicht zu dem vom vorläufigen Verwalter zu sichernden und verwaltenden Vermögen und sind deshalb nicht in die Berechnungsgrundlage einzubeziehen.[39] Besondere Belastung durch Beschäftigung mit diesen Ansprüchen können – soweit nicht schon als Sachverständigentätigkeit entlohnt – über einen Zuschlag abgegolten werden.

30 Bei vorhandenem **Grundbesitz** beginnt die »erhebliche Befassung« mit dessen besonders aufwändiger Ermittlung und örtlich weit entfernten Lagen. Auch Verhandlungen mit dem Eigentümer wegen weiterer Nutzung im Falle der Betriebsfortführung sowie die Verhinderung einer Zwangsversteigerung sind erhebliche Befassung. Bei normaler Befassung wird das mit Absonderungsrechten wertausschöpfend belastete Grundeigentum nicht einbezogen.[40] Für die vor der Novelle zur InsVV vom 31.12.2006 zu berechnenden Sachen ist eine auf dem Grundbesitz des Schuldners bestehende Grundschuld von dem Wert des unbelasteten Grundstücks abzuziehen und nur in der so reduzierten Höhe in die Berechnungsgrundlage einzubeziehen.[41] Nach Ansicht des LG Lüneburg ist es nicht ausreichend, wenn der vorläufige Verwalter einen Sperrvermerk im Grundbuch eintragen lässt. Aus dem gleichen Grunde soll auch ein Zuschlag nicht gewährt werden.[42]

31 Wenn zur Sicherung des Gebäudebestandes bauliche oder personelle Sicherungsmaßnahmen[43] ergriffen werden müssen sowie die Beitreibung rückständiger Mieten sind Beispiele für eine erhebliche Befassung.

32 Sind Gegenstände nicht wertausschöpfend, sondern nur teilweise mit Absonderungsrechten belastet, ist nach AG Göttingen[44] der überschießende Teil bei der Berechnung der Vergütung des vorläufigen Insolvenzverwalters zu berücksichtigen, auch wenn keine Tätigkeit im erheblichen Umfang gem. Abs. 1 Satz 4 erfolgt ist.

33 Ermittelt der vorläufige Verwalter bei Lebensversicherungen des Schuldners lediglich die Rückkaufswerte und stellt ein vorläufiges Zahlungsverbot zu, so ist dies noch keine nennenswerte Befassung.[45]

34 Wird das Unternehmen durch den vorläufigen Insolvenzverwalter fortgeführt, ist bei der Berechnungsgrundlage nur der Überschuss zu berücksichtigen.[46]

Wird das Unternehmen bereits mit Eröffnung des Insolvenzverfahrens – also noch vor dem Berichtstermin (§ 158 InsO) – **verkauft**, so wird als Berechnungsgrundlage gewöhnlich der erzielte Kaufpreis heranzuziehen sein. Kommt es bei natürlichen Personen zu einer **Freigabe** des Geschäftsbetriebes gem. § 35 InsO, so sind in der Praxis Überlegungen bzgl. der Berechnungsgrundlage für die Ver-

---

37 BGH 14.12.2005, IX ZB 256/04, ZInsO 2006, 337.
38 BGH 14.12.2000, IX ZB 105/00, ZInsO 2001, 165.
39 BGH 29.04.2004, IX ZB 225/03, ZInsO 2004, 672.
40 BGH 11.10.2007, IX ZB 15/07, ZInsO 2007, 1269.
41 BGH 10.12.2009, IX ZB 181/06, NZI 2010, 227; 20.05.2010, IX ZB 3/07, LNR 2010, 16547.
42 LG Lüneburg 18.02.2011, 3 O 207/10, ZInsO 2011, 590.
43 Hierzu LG Cottbus 02.09.2009, 7 T 422/05, ZInsO 2009, 2114.
44 AG Göttingen 14.08.2009, 74 IN 73/09, ZInsO 2009, 1781.
45 LG Bielefeld 23.11.2010, 23 T 541/04, LNR 2010, 29151.
46 BGH 15.11.2012, IX ZB 88/09, ZInsO 2013, 100.

gütung entbehrlich, da in solchen Fällen meist Masselosigkeit herrscht und der (vorläufige) Insolvenzverwalter nur die Mindestvergütung (vgl. Rdn. 40) erhält.

C. Wertkorrektur

Eine **Wertkorrektur** (nach oben oder unten) ist gem. Abs. 2 nachträglich möglich, wenn sich später 35 herausstellt, dass der ermittelte Wert – z.B. nach Verwertung vom Insolvenzbeschlag erfasster Gegenstände – um insgesamt mehr als 20 % differiert. Die somit seit der Novelle vom 21.12.2006[47] eingeführte Rechtskraftdurchbrechung[48] betrifft allerdings nur die Bewertungsgrundlage, nicht die festgesetzten Zuschläge.

Es kann dann eine »Nachfestsetzung« oder eine Änderung des ergangenen Beschlusses beantragt werden. 36 Da der Normtext einen Antrag nicht erfordert ist eine Abänderung auch von Amts wegen vorzunehmen. Denkbar ist auch eine Berücksichtigung in dem Vergütungsbeschluss des endgültigen Verwalters. Wird der Vergütungsantrag des vorläufigen Verwalters erst später (nach Feststellung der Abweichung von den Schätzwerten im Gutachten) gestellt, so sind natürlich die nunmehr bekannten Werte anzugeben und vom Gericht zu berücksichtigen.

Nicht zu einer Wertkorrektur führt grds. ein später (nach Eröffnung) eintretender Wertverlust oder 37 eintretende Wertsteigerung. Insb. bei späterem Wertverlust sollte daher der Verwalter den Hergang darlegen, um evtl. Kürzungen seiner Vergütung zu vermeiden. Bei einer Wertsteigerung (die etwa bei der späteren Verwertung durch einen höheren Erlös zum Ausdruck kommt) hat der vorläufige Verwalter ggf. glaubhaft darzulegen, dass dieses nicht erst einer nach Beendigung des Eröffnungsverfahrens eingetretenen Entwicklung zu verdanken ist, sondern der Wert realisiert wurde, den der fragliche Gegenstand objektiv schon zuvor hatte.[49]

D. Zu- und Abschläge

Auch beim vorläufigen Verwalter sind die Zu- und Abschläge gem. § 3 zu berücksichtigen; über § 10 38 gelten alle Vorschriften der InsVV zur Tätigkeit des endgültigen Verwalters, soweit insb. § 11 keine besondere Regelung enthält.

Dabei sind Zuschläge stets bezogen auf die fiktive Vergütung des endgültigen Verwalters zu beziehen.[50] Soll also zu den 25 % regelmäßigen Vergütungsbruchteils aus § 11 Abs. 1 Satz 2 InsVV etwa ein Zuschlag von 15 % gewährt werden, erhält der vorläufige Insolvenzverwalter insgesamt 40 % der fiktiven Verwaltervergütung.

Sowohl die **Fortführung des Unternehmens** des Schuldners als auch Bemühungen um eine **Sanierung** 39 des Schuldners gehören nicht zu den Regelaufgaben eines vorläufigen Verwalters und können deshalb einen Zuschlag rechtfertigen. Hierzu kann die Regelung des § 3 Abs. 1 lit. b) herangezogen werden. Delegiert der vorläufige Insolvenzverwalter einen Teil solcher Tätigkeiten auf Dritte, die vom Schuldner vergütet werden, kann ein Zuschlag gekürzt oder gar versagt werden.[51] Dabei gilt es künftig zu beachten, dass der Masse durch die Beschäftigung eines Interimsmanagers keine zusätzlichen Kosten entstehen dürfen, denn grds. muss ein Insolvenzverwalter selbst in der Lage sein die Geschäftsführung angemessen wahrzunehmen. Zieht er zu seiner Entlastung oder wegen fehlender Kompetenz Dritte hinzu, kann und darf dies nicht zu Lasten der Masse sondern allenfalls zu Lasten der Vergütung des Verwalters gehen.[52] Ausnahmen dürften nur für den Fall besonderer Spezialkenntnisse zulässig sein.

---

47 BGBl. I 2006, 3389.
48 S. aber *Graeber* ZInsO 2007,133, der eine Rechtskraftdurchbrechung ausschließt und (hilfsweise) bis zur Ergänzung von § 64 InsO für Vorbehaltserklärungen plädiert.
49 BGH 26.04.2007, IX ZB 160/06, ZInsO 2007, 766.
50 BGH 27.09.2012, IX ZB 243/11, ZInsO 2013, 840.
51 BGH 11.03.2010, IX ZB 128/07, ZInsO 2010, 730.
52 LG Münster 18.02.2013, 5 T 490/12, ZInsO 2013, 841.

E. Mindestvergütung

40 Für den vorläufigen Verwalter ergibt sich die Schwierigkeit, dass die vergütungserhöhende Anzahl der Gläubiger zum Zeitpunkt der Fälligkeit seiner Vergütung noch nicht feststeht. Der BGH hat in seiner Entscheidung vom 13.07.2006[53] offen gelassen, ob die Anzahl der Gläubiger zugrunde zu legen ist, die voraussichtlich am Insolvenzverfahren beteiligt sein werden. In seiner neuesten Entscheidung[54] hat er darauf abgestellt, ob dem Gläubiger nach den Unterlagen des Schuldners die Forderung zusteht und ob mit einer Anmeldung zu rechnen ist. Auf eine Befassung mit der Forderung durch den vorläufigen Verwalter kommt es nicht an.

41 In der Praxis wird häufig – ohne Rücksicht auf diese Frage – die Mindestvergütung von 1.000 EUR beantragt (vgl. § 2 Abs. 2).

42 Bei gleicher Tätigkeit und gleicher Berechnungsgrundlage ergibt sich die gleiche Vergütung wie für den endgültigen Verwalter.[55]

F. Auslagen

43 Der vorläufige Verwalter hat gem. § 63 Abs. 1 i.V.m. § 21 Abs. 2 Nr. 1 InsO Anspruch auf Ersatz angemessener Auslagen. Da gem. § 10 die Regelungen für den endgültigen Verwalter anzuwenden sind kann der vorläufige Verwalter – wie der endgültige – auch die Pauschale nach § 8 Abs. 3 verlangen. Berechnungsgrundlage ist seine Regelvergütung gem. Abs. 1.

44 Wird er zusätzlich mit der Erledigung von Zustellungen betraut sind ihm diese Auslagen besonders zu erstatten.[56]

G. Vergütung als Sachverständiger

45 Dadurch, dass der vorläufige Verwalter bei seinem Einsatz als Sachverständiger eine gesonderte Vergütung erhält, wird sichergestellt, dass zumindest ein Teil seiner Tätigkeit vergütet wird, wenn das Verfahren mangels Masse nicht eröffnet wird. Mit der Verweisung auf das JVEG hat er als Gutachter einen Anspruch gegen die Staatskasse.

46 Sachverständigengebühren sind besonders zu entschädigen; ein Zusammenhang mit der Vergütung des vorläufigen Verwalters ist nicht herzustellen.

47 Die Vergütung des als Sachverständigen zunächst eingesetzten späteren Verwalters ist isoliert zu betrachten und richtet sich nach den Regelungen des Justizvergütungs- und -entschädigungsgesetzes (JVEG).[57]

48 In der Rechtsprechung wird ihm die Honorargruppe 7 bis 8 des § 9 JVEG zuerkannt.[58]

49 Derzeit dürfte für ein durchschnittliches Verfahren dem Sachverständigen, der im Eröffnungsverfahren darüber beauftragt ist, ob und welche Sicherungsmaßnahmen zu treffen sind, ob ein nach der Rechtsform der Schuldnerin maßgeblicher Eröffnungsgrund vorliegt, welche Aussichten ggf. für eine Fortführung bestehen und ob eine kostendeckende Masse vorhanden ist ein Stundensatz von 80 € zuzubilligen sein.[59] Dabei wird vorausgesetzt, dass es sich um einen »isolierten« Sachverständi-

---

[53] BGH 13.07.2006, IX ZB 104/05, InsO 2006, 811.
[54] BGH 04.02.2010, IX ZB 129/08, ZInsO 2010, 493.
[55] BGH 01.03.2007, IX ZB 277/05, ZInsO 2010, 1855; BGH 25.10.2007, IX ZB 55/06, ZInsO 2007, 1272.
[56] BGH 21.12.2006, IX ZB 129/05, ZInsO 2007, 202.
[57] Gesetz über die Vergütung von Sachverständigen, Dolmetscherinnen, Dolmetschern, Übersetzerinnen und Übersetzern sowie die Entschädigung von ehrenamtlichen Richterinnen, ehrenamtlichen Richtern, Zeuginnen, Zeugen und Dritten.
[58] LG Bochum 28.01.2005, 10 T 97/04, ZInsO 2005, 308.
[59] Für viele: LG Mönchengladbach 22.08.2007, 5 T 326/07, ZInsO 2007, 1044.

gen handelt, der nicht gleichzeitig als vorläufiger (starker) Insolvenzverwalter tätig wird.[60] Für einen solchen ist gem. § 9 Abs. 2 JVEG derzeit ein Stundensatz von **65 €** gültig. Es wirkt sich nicht vergütungsmindernd aus, wenn der Sachverständige seinem Gutachten eine standardisierte Prüfungsreihenfolge zugrunde legt.[61]

Das OLG Hamburg[62] billigt dem isolierten Sachverständigen keinen höheren Stundensatz als dem im vorläufigen Insolvenzverfahren bestellten Sachverständigen zu. Diese Entscheidung überzeugt jedoch nicht,[63] da sie sich nicht mit der gesamten anderslautenden Literaturmeinung und Rechtsprechung beschäftigt.[64] Insoweit die Entscheidung verneint, dass der Sachverständige, der auch vorläufiger Verwalter ist, nicht von den gewonnenen Erkenntnisse profitiert, stimmt dies nicht mit der Meinung des BVerfG überein, das gerade bzgl. des § 9 Abs. 2 JVEG von einem Zusammenhang ausgeht.[65] 50

Der Vergütungsanspruch richtet sich gegen die Staatskasse; über die später zu erstellende Kostenrechnung kann der Betrag (nicht immer) durch die Justiz wieder eingenommen werden. Eine Zweitschuldnerhaftung des Gläubigers kommt nicht in Betracht, da der Auftrag durch das Gericht ergeht und die Beschränkung des § 23 Abs. 1 Satz 3 GKG nicht gilt.[66] 51

Beansprucht der als Sachverständiger eingesetzte vorläufige Verwalter keine Vergütung, kann ggf. die Befassung mit Anfechtungsansprüchen einen Zuschlag bei der Vergütung über die analoge Anwendung des § 3 i.V.m. § 10 rechtfertigen.[67] 52

Ist der spätere Insolvenzverwalter im Eröffnungsverfahren nur als Sachverständiger tätig gewesen, rechtfertigt dies bei der Bemessung seiner späteren Vergütung keinen Abschlag.[68] 53

Der Vergütungsanspruch **erlischt** bereits nach **drei Monaten** (§ 2 Abs. 1 JVEG). 54

§ 12 Vergütung des Sachwalters

(1) Der Sachwalter erhält in der Regel 60 vom Hundert der für den Insolvenzverwalter bestimmten Vergütung.

(2) Eine den Regelsatz übersteigende Vergütung ist insbesondere festzusetzen, wenn das Insolvenzgericht gemäß § 277 Abs. 1 der Insolvenzordnung angeordnet hat, dass bestimmte Rechtsgeschäfte des Schuldners nur mit Zustimmung des Sachwalters wirksam sind.

(3) § 8 Abs. 3 gilt mit der Maßgabe, dass an die Stelle des Betrages von 250 Euro der Betrag von 125 Euro tritt.

---

60 LG Hamburg 28.07.2009, 326 T 34/08, ZInsO 2009, 1608.
61 AG Hamburg 21.06.2010, 67c IN 164/10, ZInsO 2010, 1342.
62 OLG Hamburg 11.02.2010, 4 W 138/09, ZInsO 2010, 634; neu ebenso: OLG Hamburg 10.04.2013 4 W 162/11, n. veröffentl.
63 So auch AG Hamburg 29.03.2010, 67c IN 446/09, ZInsO 2010, 734.
64 *Schmerbach* InsBüro 2004, 82; *Ley* ZIP 2004, 1391; AG Göttingen 17.09.2004, 74 IN 260/04, ZInsO 2004, 1024; AG Aschaffenburg 24.11.2004, 4 T 205/04, ZVI 2004, 760 f. den »isolierten SV« und für den »schwachen Verwalter« (vergleichbar mit Honorargruppe 7 = 80 €/Stunde; OLG Koblenz 27.12.2005, 14 W 815/05, ZInsO 2006, 31 = NZI 2006, 180 (80 €/Stunde = Honorargruppe 7, AG Wolfsburg f. d. isolierten *Sachverständigen* 80 €/Std., ZInsO 2006, 764; LG Mönchengladbach (80 €/Std.) 22.08.2007, 5 T 326/07, ZInsO 2007, 1044 (unter Aufgabe der früheren Rechtsprechung); AG Bochum 28.01.2005, 10 T 97/04, ZInsO 2005, 308; OLG München 15.06.2005, 11 W 1423/05, ZIP 2005, 1329; so auch OLG Frankfurt 03.03.2006, 26 W 80/05, ZIP 2006, 676 = ZInsO 2006, 540.
65 BVerfG 29.11.2005, 1 BvR 2035/05, ZInsO 2006, 83 = NZI 2006, 93.
66 OLG Düsseldorf 07.02.2009, I-10W 123/08, ZIP 2009, 1172.
67 BGH 29.04.2004, IX ZB 225/03, NZI 2004, 445.
68 BGH 18.06.2009, IX ZB 119/08, ZInsO 2009, 1557.

Anh. III § 12 InsVV Vergütung des Sachwalters

Übersicht	Rdn.		Rdn.
A. Regelvergütung	1	C. Auslagen	9
B. Erhöhung der Regelvergütung	7	D. Vorläufiger Sachwalter	10

A. Regelvergütung

1 Die bisher in der Praxis kaum genutzte Möglichkeit der Eigenverwaltung durch den Schuldner gem. §§ 270 ff. InsO wird im Eröffnungsbeschluss angeordnet und setzt einen darauf gerichteten Antrag voraus. Anstelle eines Insolvenzverwalters wird ein Sachwalter bestellt (§ 270 Abs. 2 Satz 1 InsO). Der Schuldner führt seinen Betrieb weiter und steht unter Aufsicht dieses Sachwalters. Seine gegenüber dem Insolvenzverwalter eingeschränkten Kompetenzen reduzieren sich hauptsächlich auf:
– Prüfung der wirtschaftlichen Lage des Schuldners (§ 274 Abs. 2 Satz 1 1. HS InsO);
– Überwachung der schuldnerischen Geschäftsführung sowie dessen Ausgaben für die Lebensführung (§ 274 Abs. 2 Satz 2 2. HS InsO);
– Erteilung der Zustimmung zu Verbindlichkeiten innerhalb und außerhalb des gewöhnlichen Geschäftsbetriebes (§ 275 Abs. 1 InsO);
– Ggf. Kassenführung an Stelle des Schuldners (§ 275 Abs. 2 InsO);
– Geltendmachung von Haftung gem. §§ 92, 93 InsO sowie Anfechtung von Rechtshandlungen (§§ 129 ff. InsO);
– Kontrolle und ggf. Zustimmung zu gegenseitigen Verträgen (§ 279 InsO);
– Unterrichtung der Gläubiger und des Insolvenzgerichts (§§ 274 Abs. 3, 281 InsO);
– Ausarbeitung, ggf. Zustimmung zu einem Insolvenzplan sowie dessen Überwachung (§ 284 InsO).

2 Da die Verfügungsbefugnis über die Insolvenzmasse beim Schuldner verbleibt, ist die Arbeit und der Verantwortungsbereich des Sachwalters gegenüber dem des Insolvenzverwalters eingeschränkt. Dem trägt § 12 durch eine »in der Regel« auf 60 % reduzierte Vergütung Rechnung. Die materiell-rechtliche Grundlage für den Vergütungsanspruch des Sachwalters findet sich in §§ 274 Abs. 1, 63 InsO.

3 Zur Ermittlung der Vergütung ist demnach zunächst die Berechnung der Vergütung eines Insolvenzverwalters vorzunehmen. Bereits bei der Ermittlung der Berechnungsgrundlage ist dies schwierig, da die strikte Anwendung des § 1 Abs. 2 z.B. dazu führen würde, dass die vom Schuldner erwirtschafteten Gewinne sich bei der Sachwaltervergütung erhöhend auswirken. Ähnliches gilt für alle Zuschläge (s. Rdn. 7 f.), die üblicherweise die besonderen Bemühungen des Insolvenzverwalters abgelten sollen, hier aber diese Leistungen überwiegend vom Schuldner erbracht werden.

4 Dass solche Probleme bisher in der Rechtsprechung nicht aufgetaucht sind, kann nur daran liegen, dass das Institut der Eigenverwaltung bisher ein Schattendasein führt.

5 Will man sich an den Kriterien des Leistungsprinzips orientieren kann bei der Sachwaltervergütung nur das einbezogen werden, was seiner Arbeitsbelastung eindeutig zuzuordnen ist.

6 Fällig wird der Anspruch mit Beendigung des Verfahrens, Aufhebung der Eigenverwaltung oder Einstellung des Verfahrens. Will der Sachwalter einen Vorschuss (§ 9) erlangen, ist ihm dieser nach Zustimmung des Gerichts vom Schuldner aus der Masse zu zahlen.

B. Erhöhung der Regelvergütung

7 Ausgehend von einem Regelsatz in Höhe von 60 % einer Verwaltervergütung gibt Abs. 2 die Möglichkeit der Erhöhung dieses Regelsatzes und nennt beispielhaft die Anordnung des Zustimmungsvorbehalts nach § 277 Abs. 1 InsO. Ob Zuschlagstatbestände aus § 3 Abs. 1 erfüllt sind ergibt sich aus dem Einzelfall. Arbeitet der Sachwalter etwa im Auftrag der Gläubigerversammlung gem. § 284 Abs. 1 InsO einen Insolvenzplan aus, ist zweifellos der Zuschlag aus § 3 Abs. 1 lit. e) verdient. Für dessen Überwachung steht ihm die gesonderte Vergütung aus § 6 Abs. 2 zu.

Die letztlich zuzuerkennende Vergütung wird sich nach der im Vergütungsantrag nachzuweisenden tatsächlichen (Mehr-) Belastung des Sachwalters richten.[1] Orientieren kann man sich hierzu an den für den vorläufigen Insolvenzverwalter entwickelten Grundsätzen. Für ein evtl. Zurückbleiben hinter dem Regelsatz wird man ebenso den § 3 Abs. 2 entsprechend anwenden. 8

C. Auslagen

Über § 10 gelten grds. die Bestimmungen des § 8; jedoch wird die Pauschale aus § 8 Abs. 3 durch die Spezialvorschrift des § 12 Abs. 3 auf die Hälfte (125 €) reduziert. Zusätzlich ist die Umsatzsteuer gem. § 7 festzusetzen. 9

D. Vorläufiger Sachwalter

Durch das Gesetz zur weiteren Erleichterung der Sanierung von Unternehmen vom 27.10.2011 (ESUG)[2] ist bei einem – nicht aussichtslosen – Antrag des Schuldners auf Eigenverwaltung gem. § 270 Abs. 1 InsO ein vorläufiger Sachwalter zu bestellen, der die gleiche Rechtsstellung und die Mitwirkungsmöglichkeiten wie der »endgültige« Sachwalter innehat. Hinsichtlich der Vergütung dieses vorläufigen Sachwalters hat das Gesetz bislang keine besonderen Regelungen getroffen; insbesondere sind die Bestimmungen des § 12 InsVV nicht ergänzt worden. 10

So bleibt es zunächst der Praxis überlassen, ob sie die Bestimmungen des § 11 für den vorläufigen Verwalter entsprechend anwendet oder die sich aus dem § 12 ergebenden Sätze – ggf. mit Abschlägen – heranzieht. Da gem. Art. 103g EGInsO die neuen Bestimmungen nur für diejenigen Verfahren anwendbar sind, die vor dem 1. März 2012 **beantragt** (!) wurden liegen bisher erst wenige Erfahrungssätze vor.

Das AG Göttingen[3] entscheidet sich für eine analoge Anwendung des § 12 InsVV wie beim endgültigen Sachwalter und erteilt einer analogen Anwendung des § 11 eine Absage. Dabei soll den Unterschieden zwischen Eröffnungsverfahren und eröffnetem Verfahren durch Zu- und Abschläge gem. §§ 10, 3 InsVV Rechnung getragen werden. Gem. AG Köln[4] sind dem vorläufigen Sachwalter damit 25 % der Sachwaltervergütung zuzusprechen.

§ 13 Vergütung des Treuhänders im vereinfachten Insolvenzverfahren

(1) Der Treuhänder erhält in der Regel 15 vom Hundert der Insolvenzmasse. Ein Zurückbleiben hinter dem Regelsatz ist insbesondere dann gerechtfertigt, wenn das vereinfachte Insolvenzverfahren vorzeitig beendet wird. Haben in dem Verfahren nicht mehr als 5 Gläubiger ihre Forderungen angemeldet, so soll die Vergütung in der Regel mindestens 600 Euro betragen. Von 6 bis zu 15 Gläubigern erhöht sich die Vergütung für je angefangene 5 Gläubiger um 150 Euro. Ab 16 Gläubiger erhöht sich die Vergütung je angefangene 5 Gläubiger um 100 Euro.

(2) §§ 2 und 3 finden keine Anwendung.

Übersicht	Rdn.		Rdn.
A. Regelvergütung 1		D. Mindestvergütung und deren Erhöhung 12	
B. Kürzung des Regelsatzes 10		E. Versagung der Stundung 15	
C. Erhöhung des Regelsatzes 11		F. Gesetzesänderung 16	

---

1 So auch *Haarmeyer/Wutzke/Förster* InsVV, Rn. 8–12.
2 Gesetz v. 07.12.2011 BGBl. I, 2582.
3 AG Göttingen, 28.11.2012, 74 IN 160/12, ZInsO 2012, 2413.
4 AG Köln, 13.11.2012, 71 IN 109/12, ZInsO 2013, 97.

Anh. III § 13 InsVV Vergütung des Treuhänders im vereinfachten Insolvenzverfahren

A. Regelvergütung

1 Für die Vergütung des Treuhänders im vereinfachten Insolvenzverfahren (§§ 313 Abs. 1, 292 InsO) treten an die Stelle der Regelsätze für den Insolvenzverwalter (§ 2) die besonderen Bestimmungen des § 13. Auch die Vorschriften über Zu- und Abschläge im Regelverfahren (§ 3) kommen nicht zur Anwendung. Stattdessen normiert § 13 eigene Tatbestände für die Vornahme von Zu- und Abschlägen.

2 Der materiell-rechtliche Anspruch des Treuhänders im vereinfachten Insolvenzverfahren auf Vergütung leitet sich aus §§ 313 Abs. 1 Satz 3, 63 ff. InsO her. § 13 InsVV konkretisiert diesen Anspruch.

3 Der Regelsatz ist als Wertgebühr ausgestaltet und beträgt in einem Normalverfahren 15 % der Insolvenzmasse.[1] Eine Begrenzung dieser Regelvergütung gem. § 2 Abs. 1 InsVV findet nicht statt, da Absatz 3 der Norm die Anwendung dieser Bestimmung ausdrücklich ausschließt. Übersteigt jedoch die Berechnungsgrundlage für die Vergütung des Treuhänders im vereinfachten Insolvenzverfahren den Betrag von 160.000 € oder die Gesamtsumme aller angemeldeten und anerkannten Insolvenzforderungen, kommt ein Abschlag in Betracht, der von Amts wegen zu prüfen ist.[2]

4 Die Vergütung des Treuhänders im vereinfachten Insolvenzverfahren ist grds. niedriger angesetzt als im Regelverfahren. Zum einen spiegelt sich darin der gegenüber einem Insolvenzverwalter eingeschränkte Aufgabenbereich (s. § 313 InsO) wider, zum anderen soll die im Verbraucherverfahren installierte Masseentschuldung die Staatskasse im Hinblick auf die Verfahrenskostenstundung nicht über Gebühr belasten.

5 Von der Möglichkeit, nach § 5 Abs. 2 InsO das Insolvenzverfahren schriftlich durchzuführen, wird regelmäßig im Verbraucherinsolvenzverfahren Gebrauch gemacht. Der Treuhänder ist daher gewöhnlich von Terminswahrnehmungen im Insolvenzgericht entlastet.

6 Die spezielle Vergütungsregelung für den Treuhänder in diesen Verfahren lässt außer Acht, dass nur dann eine wirkliche Verfahrensvereinfachung vorliegt, wenn der Schuldner kein verwertbares Vermögen besitzt und nur eine geringe Zahl von Gläubigern hat.[3] Nur bei erheblichen Vermögenswerten kann sich für den Treuhänder eine höhere Vergütung als für den Insolvenzverwalter ergeben. Ist eine ungewöhnlich hohe Masse vorhanden kann anstelle der linearen Vergütung des § 13 Abs. 1 die Staffelvergütung des § 2 Abs. 1 zugrunde gelegt werden. Ausgehend davon kann dann auch § 3 mit seinen Erhöhungs- und Minderungsfaktoren angewendet werden.[4]

7 Die in Abs. 1 Satz 1 genannte Insolvenzmasse ist die diejenige, auf die sich die Schlussrechnung bezieht (§§ 10, 1 Abs. 1 Satz 1). Kommt es zur Verwertung von Gegenständen durch den Treuhänder, an denen Pfandrechte oder andere Absonderungsrechte bestehen (§§ 313 Abs. 3 Satz 3, 173 Abs. 2 InsO), kommen bei der Bestimmung der Berechnungsgrundlage auch die Vorschriften des § 1 Abs. 2 zur Anwendung.

8 Neben der Regelvergütung erhält der Treuhänder auch Auslagenersatz (§§ 10, 8).

9 Kommt es zum Einsatz eines vorläufigen Treuhänders (§§ 306 Abs. 2 Satz 1, 21 Abs. 2 Nr. 1 InsO), so ist auch über dessen Vergütung zu entscheiden. Rechtsprechung und Literatur haben dazu verschiedene Modelle entwickelt.[5]

---

[1] Zu den Kriterien eines Normalverfahrens s. Zusammenstellung bei *Haarmeyer/Wutzke/Förster* InsVV, Rn. 6.
[2] BGH 22.09.2011 IX ZB 193/10, ZInsO 2011, 2052.
[3] *Keller* Vergütung und Kosten im Insolvenzverfahren, 3. Aufl., Rn. 690; *Haarmeyer/Wutzke/Förster* InsVV, Rn. 1.
[4] AG Düsseldorf 15.02.2008, 513 IK 120/05, ZInsO 2010, 636.
[5] Zusammenstellungen bei *Haarmeyer/Wutzke/Förster* InsVV, Rn. 17 u. *Keller* Vergütung und Kosten im Insolvenzverfahren, Rn. 730–734.

B. Kürzung des Regelsatzes

Die Anwendung des § 3 Abs. 2 ist durch Abs. 2 der Norm ausgeschlossen. Die Vorschrift nennt aber im Abs. 1 als Beispiel für eine Minderung der Regelvergütung den Fall der vorzeitigen Verfahrensbeendigung. Ein weiteres Beispiel kann eine besonders kleine Zahl von Gläubigern (oder gar keine Forderungsanmeldung) sein. Grds. sollte man aber von einem regen Gebrauch dieser Minderungsmöglichkeit Abstand nehmen, da die Grundkosten für ein Treuhänderbüro zum Anfang eines Verfahrens durch die normale Vergütung schon schwer abzudecken sind. Ergibt sich nachträglich eine für ein vereinfachtes Verbraucherverfahren ungewöhnlich hohe Masse kann die Kürzung des Vergütungssatzes gerechtfertigt sein.[6]

C. Erhöhung des Regelsatzes

Die Wortwahl »in der Regel« impliziert, dass der Verordnungsgeber Abweichungen vom 15 %igen Regelsatz nicht ausschließen wollte. Durch den ausdrücklichen Ausschluss der Anwendung der §§ 2 und 3 in Abs. 2 ist zwar eine direkte Anwendung dieser Vorschriften ausgeschlossen, nicht jedoch die sinnhafte Anwendung der dort aufgestellten Grundsätze. Folgt man im Übrigen dem Grundsatz, dass die zuzubilligende Vergütung die tatsächliche Belastung des Treuhänders (wie beim Insolvenzverwalter) widerspiegeln soll, so kommt man an einer Erhöhung des Regelsatzes bei Vorliegen bestimmter Verfahrenslagen nicht vorbei.[7] Nimmt der Treuhänder Aufgaben wahr, die nicht zu seinem Aufgabenkreis gehören, so kann ein Zuschlag – obwohl § 3 InsVV nicht anwendbar ist – gerechtfertigt sein. So ist etwa entschieden worden, dass der Treuhänder im vereinfachten Insolvenzverfahren nach Prüfung von Anfechtungsansprüchen im Auftrag der Gläubigerversammlung einen Zuschlag verdient hat.[8] Das Abhängigmachen der Ausführung der ihm übertragenen Zustellungen von einem Zuschlag in Höhe von 10 € je Zustellung ist jedoch als grobe Pflichtverletzung gewertet worden und hat gar zu seiner Entlassung geführt.[9]

D. Mindestvergütung und deren Erhöhung

Die Mindestvergütung bei bis zu fünf anmeldenden Gläubigern beträgt 600 €. Darüber hinaus wird in Schritten von jeweils fünf anmeldenden Gläubigern die Vergütung degressiv erhöht. Die Ausgestaltung ähnelt der im § 2 Abs. 2 für den Insolvenzverwalter, geht jedoch von geringeren Gläubigerzahlen aus. Die Anknüpfung an die Zahl der anmeldenden Gläubiger ist zwar das einzig ausformulierte – doch i.d.R. ein taugliches – Kriterium für die Erhöhung der Vergütung.

Jedoch lässt die Formulierung des Abs. 1 Satz 3 als Sollvorschrift unter Hinzunahme von »in der Regel« Raum für die Berechnung einer gerechten Vergütung im Einzelfall.

Die Staffelung der Erhöhung der Vergütung nach Anzahl der anmeldenden Gläubiger ist insoweit **auslegungsbedürftig**, als man diese Erhöhungsschritte als Abgeltung der mit der Prüfung der angemeldeten Forderungen verbundenen Mehrarbeit begreift. In diesem Sinne müssen mehrere von ein und demselben Gläubiger angemeldete Forderungen einzeln mitgezählt werden. Der Wortlaut der Verordnung ist dann so zu verstehen, dass nicht die Anzahl der beteiligten Gläubiger sondern die Anzahl der angemeldeten Forderungen entscheidend ist.

---

6 LG Düsseldorf 11.02.2008, 25 T 47/08, ZInsO 2009, 1175.
7 Zusammenstellung bei *Keller* Vergütung und Kosten im Insolvenzverfahren, Rn. 719 m. Hinw. auf BGH 24.05.2005, IX ZB 6/03, ZVI 2005, 388 = DZWIR 2005, 463.
8 BGH 26.04.2012, IX ZB 176/11, ZInsO 2012, 1138 mit Hinweis auf die weiteren Ausnahmeentscheidungen vom 24.05.2005 IX ZB 6/03, ZInsO 2005, 760 und vom 22.09.2011 IX ZB 193/10, ZIP 2011, 2158.
9 BGH 23.02.2012, IX ZB 37/11, JurionRS 2012, 11458.

E. Versagung der Stundung

15 In der Wohlverhaltensperiode hat der Treuhänder bei Nichtgewährung der diesbezüglichen Stundung gem. § 4a Abs. 3 Nr. 2 Satz 3 InsO die begründete Erwartung der »einstweiligen Geltung der Stundung« und hat mithin für das erste Jahr Anspruch auf Vergütung aus der Staatskasse.[10]

F. Gesetzesänderung

16 Der Bundestag hat am 16.05.2013 das Gesetz zur Verkürzung des Restschuldbefreiungsverfahrens und zur Stärkung der Gläubigerrechte verabschiedet.[11] Demnach wird ab 01.07.2014 der § 13 wie folgt gefasst:

»Vergütung des Insolvenzverwalters im Verbraucherinsolvenzverfahren

Werden in einem Verfahren nach dem Neunten Teil der Insolvenzordnung die Unterlagen nach § 305 Absatz 1 Nummer 3 der Insolvenzordnung von einer geeigneten Person oder Stelle erstellt, ermäßigt sich die Vergütung nach § 2 Absatz 2 Satz 1 auf 800 Euro.«

---

[10] LG Göttingen 11.02.2009, 10 T 9/09, NZI 2009, 257.
[11] BT-Drucks. 17/13535.

Dritter Abschnitt Vergütung des Treuhänders nach § 293 der Insolvenzordnung

§ 14 Grundsatz

(1) Die Vergütung des Treuhänders nach § 293 der Insolvenzordnung wird nach der Summe der Beträge berechnet, die aufgrund der Abtretungserklärung des Schuldners (§ 287 Abs. 2 der Insolvenzordnung) oder auf andere Weise zur Befriedigung der Gläubiger des Schuldners beim Treuhänder eingehen.

(2) Der Treuhänder erhält
1. von den ersten 25.000 Euro 5 vom Hundert,
2. von dem Mehrbetrag bis 50.000 Euro 3 vom Hundert und
3. von dem darüber hinausgehenden Betrag 1 vom Hundert.

(3) Die Vergütung beträgt mindestens 100 Euro für jedes Jahr der Tätigkeit des Treuhänders. Hat er die durch Abtretung eingehenden Beträge an mehr als 5 Gläubiger verteilt, so erhöht sich diese Vergütung je 5 Gläubiger um 50 Euro.

Übersicht	Rdn.		Rdn.
A. Regelungsgehalt	1	C. Mindestvergütung	7
B. Berechnungsgrundlage und Höhe der Vergütung	4	D. Vorschuss	11

A. Regelungsgehalt

Die Tätigkeit des Treuhänders in der Wohlverhaltensphase ist – losgelöst von den übrigen vergütungsrechtlichen Vorschriften – besonders geregelt. Die materiell-rechtliche Grundlage für seine Ansprüche ist in § 293 InsO gelegt; deren Konkretisierung findet sich in den §§ 14 bis 16 InsVV. Inhaltlich orientiert sich die Staffelung an der Vergütung des Zwangsverwalters gem. §§ 146 ff. ZVG. 1

Obwohl im Abs. 3 eine (Mindest-) Vergütung für jedes Tätigkeitsjahr besonders entsteht, nimmt Abs. 1 die gesamte Summe der während der Tätigkeit eingenommenen Gelder zur Grundlage. 2

In der Praxis kommt die Anwendung der Staffelsätze relativ selten vor. Die überwiegende Zahl der Restschuldbefreiungsverfahren geht masselos – oder gerade mal kostendeckend – durch die Laufzeit der Abtretungserklärung. 3

B. Berechnungsgrundlage und Höhe der Vergütung

Für die Berechnung der Treuhändervergütung ist die Summe aus den gesamten vom Treuhänder vereinnahmten Geldern zu bilden. Sodann ist mit Hilfe der Tabelle der Vergütungsbetrag zu ermitteln. In der ersten Tabellenstufe beträgt mithin die Vergütung für einen eingenommenen Betrag in Höhe von 5.000 € gerade mal 250 €. Hier wird deutlich, warum die meisten Restschuldbefreiungsverfahren mit der Mindestvergütung nach Abs. 2 der Vorschrift abgerechnet werden. 4

Eine Erhöhung der Vergütung bei besonderen Schwierigkeiten ist in der Verordnung nicht vorgesehen, wird jedoch für zulässig gehalten.[1] 5

Eine Minderung der Vergütung des Treuhänders ist nur in ganz besonders gelagerten Ausnahmefällen möglich, wenn nämlich der Treuhänder kaum tätig werden musste, etwa weil kein verwertbares Vermögen vorhanden war oder kein Gläubiger eine Forderung zur Insolvenztabelle angemeldet hat.[2] 6

---

[1] *Haarmeyer/Wutzke/Förster* InsVV, Rn. 7; *Keller* Vergütung und Kosten im Insolvenzverfahren, 3. Aufl., Rn. 744–745.
[2] LG Berlin 19.06.2009, 83 T 157/09, NZI 2009, 777.

C. Mindestvergütung

7 Für jedes Jahr seiner Tätigkeit steht dem Treuhänder eine Mindestvergütung von 100 € zu. Bereits begonnene Jahre sind dabei als volle Amtszeit einzubeziehen. Sind dem Schuldner die Kosten des Restschuldbefreiungsverfahrens gestundet worden, kann sich der Treuhänder die 100 € zzgl. Umsatzsteuer vorschussweise aus der Staatskasse anweisen lassen. Ist keine Stundung ausgesprochen (oder wurde sie aufgehoben) und ist nicht genügend Masse für eine Entnahme gem. § 16 Abs. 2 vorhanden wird der Treuhänder diese Mindestvergütung beim Schuldner anfordern und – im Falle der Nichtzahlung – einen Restschuldbefreiungsversagungsantrag gem. § 298 InsO stellen. Er wird **jährlich** diese Prüfung anstellen, da § 298 Abs. 1 InsO nur jeweils das vorangegangene Jahr seiner Tätigkeit erfasst und er ggf. droht mit seiner Forderung auszufallen.[3]

8 Nach Abs. 3 Satz 2 soll sich die Vergütung je fünf Gläubiger um 50 € erhöhen, wenn der Treuhänder eingenommene Beträge an mehr als fünf Gläubiger verteilt. Es gibt keine Altfallregelung, so dass die Regelung auf alle Tätigkeiten anzuwenden ist, die der Treuhänder seit dem 04.10.2004 entfaltet.[4] Für die Treuhändertätigkeit vor diesem Zeitpunkt gilt die frühere Fassung.[5] Dabei ist nicht präzisiert, ob »je angefangene 5 Gläubiger«[6] oder eine Erhöhung in 5er-Schritten »je komplette 5 Gläubiger« gemeint ist.[7] Wendet man die Systematik aus § 2 Abs. 2 Satz 2 an, so kommen »je angefangene 5 Gläubiger« zur Anwendung. Nach Ansicht des LG Lübeck[8] greift die Erhöhung erst ab zehn Gläubigern, an die zu verteilen war. Der BGH[9] hat in seiner neuesten Entscheidung eine Berechnung vorgenommen, nach der immer nur in Stufen von (komplett) je fünf Gläubigern gerechnet wird und dabei die ersten fünf Gläubiger mitzählen.

9 Diese vorgesehene Erhöhung der Vergütung für die Verteilung eingenommener Gelder kann für die Praxis nur als misslungen bezeichnet werden. Einerseits berücksichtigt sie nicht den Arbeitsaufwand unterhalb der Anzahl von fünf Gläubigern,[10] andererseits kann es bei bestimmten Beträgen zu untragbaren Ergebnissen kommen. Sind etwa 400 € an über 30 Gläubiger zu verteilen, so kann der Treuhänder das Geld gleich an sich selbst verteilen, da von der zu verteilenden Summe nichts mehr für die Verteilung übrigbleibt. Hier wird die Verteilungsvergütung ad absurdum geführt, da nichts mehr zu verteilen ist. In der amtl. Begründung[11] heißt es hierzu: »Ist die Zahl der Gläubiger im Verhältnis zu den vereinnahmten Beträgen hoch, so dass die Kosten einer Verteilung in keinem vernünftigen Verhältnis zu den Auszahlungen stehen würden, so wird keine Auszahlung an die Gläubiger erfolgen, so dass auch keine erhöhte Mindestgebühr anfällt.« Zum einen bleibt offen, wann ein vernünftiges Verhältnis erreicht ist und zum anderen fragt sich, was denn mit den eingenommenen Geldern geschehen soll, wenn sie nicht ausgezahlt werden. Sie könnten dann wohl nur an den Schuldner zurückgezahlt werden.

10 Ist so viel Masse eingenommen worden, dass nicht nur die Kosten gedeckt sind sondern auch eine Verteilung erfolgt, kann es zu einer Konkurrenz zwischen der Regelvergütung in § 14 Abs. 2 und der Erhöhung der Mindestvergütung gem. § 14 Abs. 3 Satz 2 kommen. Verteilt der Treuhänder etwa 17.000 € an 108 Gläubiger, ist die erhöhte Mindestvergütung nach Abs. 3 Satz 2 deutlich höher als die Regelvergütung nach Abs. 2. Das LG Lüneburg hat in diesem Falle entschieden, dass die

---

3 HambK-InsR/*Streck* § 298 Rn. 3.
4 LG Hamburg 28.08.2009, 326 T 69/09, ZInsO 2010, 352; a.A. LG Augsburg 13.01.2010, 7 T 25/10, ZInsO 2010, 351; LG Memmingen 02.10.2008, 4 T 1336/08, ZInsO 2009, 302; LG Saarbrücken 06.07.2010, 5 T 80/10, NZI 2010, 696 stellt auf das Datum der Bestellung des Treuhänders ab.
5 BGH 16.12.2010, IX ZB 261/09, ZInsO 2011, 247.
6 Dafür: *Keller* Vergütung und Kosten im Insolvenzverfahren, Rn. 746.
7 Dafür: LG Lüneburg 29.10.2009, 3 T 106/09, ZInsO 2010, 207.
8 LG Lübeck 25.06.2009, 7 T 190/09, NZI 2009, 566.
9 BGH 16.12.2010, IX ZB 261/09, ZInsO 2011, 247; für Verteilung an 103 Gläubiger wurden demnach pro Jahr 1.000 € errechnet; ebenso: BGH 21.07.2011, IX ZB 140/10, JurionRS 2011, 22324.
10 *Haarmeyer/Wutzke/Förster* InsVV, Rn. 15, der für ein Splitting eintritt.
11 Erste VO zur Änderung der InsVV v. 04.10.2004, BGBl. I, 2569.

Anwendung des Abs. 3 Satz 2 ausgeschlossen ist.[12] Der BGH hat in seiner neuesten Entscheidung[13] geregelt, dass die Regelvergütung nach Abs. 1 und 2 mit der Mindestvergütung nach Abs. 3 zu vergleichen ist, jeweils bezogen auf die gesamte Zeit der Tätigkeit. Die höhere Vergütung soll festgesetzt werden. Der Zuschlag nach Abs. 3 Satz 2 soll nicht zur Regelvergütung verlangt werden können; er setzte nicht voraus, dass auch ohne Verteilung die Mindestvergütung anzusetzen wäre.

D. Vorschuss

Hat der Treuhänder Masse zur Verfügung, kann er gem. § 16 Abs. 2 ohne Einwilligung des Gerichts seine Mindestvergütung als Vorschuss entnehmen. Hat er keine oder keine ausreichende Masse zur Verfügung, kann er gem. § 16 Abs. 3 Satz 3 die vorschussweise Zahlung aus der Staatskasse beantragen. 11

§ 15 Überwachung der Obliegenheiten des Schuldners

(1) Hat der Treuhänder die Aufgabe, die Erfüllung der Obliegenheiten des Schuldners zu überwachen (§ 292 Abs. 2 der Insolvenzordnung), so erhält er eine zusätzliche Vergütung. Diese beträgt regelmäßig 35 Euro je Stunde.

(2) Der Gesamtbetrag der zusätzlichen Vergütung darf den Gesamtbetrag der Vergütung nach § 14 nicht überschreiten. Die Gläubigerversammlung kann eine abweichende Regelung treffen.

Übersicht

	Rdn.			Rdn.
A. Regelungsgehalt	1	B.	Höhe der Vergütung	4

A. Regelungsgehalt

Die in § 292 Abs. 2 InsO für die Gläubigerversammlung normierte Möglichkeit, den Treuhänder mit der Überwachung der in § 295 InsO aufgelisteten Obliegenheiten zu beauftragen, wird in der Praxis selten genutzt. Der Hauptgrund dürfte darin liegen, dass die Lebenssituation der meisten Schuldner in den kommenden Jahren keine Verteilungsmasse erwarten lässt. Da in Abs. 2 eine Vorschusspflicht für die Kosten der Überwachung geregelt ist, schrecken die meisten Gläubiger davor zurück »schlechtem Geld noch gutes hinterherzuwerfen.« 1

Hinzu kommt, dass die Verpflichtung des Schuldners aus § 295 Abs. 1 Nr. 1 InsO zur Arbeitssuche in der Praxis nicht die erhoffte Durchschlagskraft entwickelt hat. In Verbrauchersachen werden mitunter Überwachungsanträge durch einzelne Gläubiger gestellt und nach Anforderung eines entsprechenden Vorschusses regelmäßig zurückgezogen. 2

Wird dennoch dem Treuhänder die Überwachungsaufgabe zuteil, erkennt ihm Abs. 1 eine sog. Regelvergütung zu. 3

B. Höhe der Vergütung

Der Stundensatz in Höhe von regelmäßig 35 € stellt die Entlohnung für die Überwachungstätigkeit in einem Normalverfahren dar. Die Stundenzahl begrenzt sich durch Abs. 2 Satz 1. Für ein Normalverfahren würde demnach die Summe der Vergütung nach § 14, geteilt durch 35, die Obergrenze der einzusetzenden Zeit für die Überwachung bilden. Diese Regelung krankt allerdings daran, dass zum Zeitpunkt des Überwachungsauftrages die Vergütung nach § 14 noch nicht berechnet ist. Der Treuhänder hat demnach während der Wohlverhaltensphase und seiner Überwachungstätigkeit stets die zu erwartende Vergütung gem. § 14 im Blick zu halten und bei Erreichen der Stundenzahl-Obergrenze seine Tätigkeit auf eigene Kosten fortzusetzen oder einzustellen. Allerdings kann die Gläu- 4

---

12 LG Lüneburg 29.10.2009, 3 T 106/09, ZInsO 2010, 207.
13 BGH 16.12.2010, IX ZB 261/09, ZInsO 2011, 247.

bigerversammlung gem. Abs. 2 Satz 2 gestatten, diese Obergrenze zu Lasten der Masse zu überschreiten bzw. ihm einen entsprechend hohen Vorschuss zur Verfügung stellen. Lohnend dürfte dies allenfalls bei der Überwachung eines selbständigen Schuldners sein.

5 Der Stundensatz wird mit Ankündigung der Restschuldbefreiung im Schlusstermin festgesetzt (§ 16 Abs. 1 Satz 1). Der vorsitzende Rechtspfleger wird die Gläubigerschaft im Termin auf die Kostenfolgen und auf die Möglichkeit der Befreiung von der Kappungsgrenze in Abs. 2 Satz 2 hinweisen. Der Treuhänder ist zur Übernahme der Aufgabe nur verpflichtet, wenn seine Vergütung gesichert ist (§ 292 Abs. 2 Satz 3 InsO).

§ 16 Festsetzung der Vergütung. Vorschüsse

(1) Die Höhe des Stundensatzes der Vergütung des Treuhänders, der die Erfüllung der Obliegenheiten des Schuldners überwacht, wird vom Insolvenzgericht bei der Ankündigung der Restschuldbefreiung festgesetzt. Im Übrigen werden die Vergütung und die zu erstattenden Auslagen auf Antrag des Treuhänders bei der Beendigung seines Amtes festgesetzt. Auslagen sind einzeln anzuführen und zu belegen. Soweit Umsatzsteuer anfällt, gilt § 7 entsprechend.

(2) Der Treuhänder kann aus den eingehenden Beträgen Vorschüsse auf seine Vergütung entnehmen. Diese dürfen den von ihm bereits verdienten Teil der Vergütung und die Mindestvergütung seiner Tätigkeit nicht überschreiten. Sind die Kosten des Verfahrens nach § 4a der Insolvenzordnung gestundet, so kann das Gericht Vorschüsse bewilligen, auf die Satz 2 entsprechend Anwendung findet.

Übersicht	Rdn.		Rdn.
A. Festsetzung der Vergütung	1	D. Problematik bei Aufhebung der Stundung	12
B. Festsetzung der Auslagen	7		
C. Vorschüsse	8		

A. Festsetzung der Vergütung

1 Die dem Treuhänder gem. § 293 InsO zustehende Vergütung wird zum Ende seiner Tätigkeit festgesetzt. Die Zuständigkeit des Insolvenzgerichts ergibt sich dabei durch Verweisung in §§ 293 Abs. 2, 64 InsO.

2 Dass die Höhe der Vergütung für die Überwachung des Schuldners gem. Abs. 1 Satz 1 bereits zum Zeitpunkt des Schlusstermins mit der Ankündigung der Restschuldbefreiung festgesetzt wird, steht dem nicht entgegen. Dieser frühe Zeitpunkt soll lediglich das Kostenrisiko für die Gläubiger begrenzen.

3 Wird der Antrag des Schuldners auf Stundung der Kosten für das Restschuldbefreiungsverfahren zurückgewiesen, kann der Treuhänder nicht mehr darauf vertrauen, dass eine Stundung erfolgt und seine Vergütung von der Landeskasse ersetzt wird.[1]

4 Der Treuhänder muss einen **Antrag** stellen, da die Festsetzung von Amts wegen nicht vorgesehen ist. Der Antrag wird gewöhnlich verbunden mit dem Schlussbericht des Treuhänders und seiner Rechnungslegung gem. § 292 Abs. 2 Satz 1 InsO zum Ende der Wohlverhaltensperiode. Dementsprechend verbindet das Gericht die Entscheidung über die Erteilung der Restschuldbefreiung (§ 300 InsO) mit der Entscheidung über den Vergütungsantrag. In dem Antrag legt der Treuhänder eine nachvollziehbare Berechnung auf der Grundlage des § 14 vor. Hat er eine Quote an die Gläubiger verteilt sind sämtliche Belege und eine Berechnung der Vergütung nach § 14 Abs. 2 vorzulegen. Ist nur die Mindestvergütung gem. § 14 Abs. 3 zu beantragen genügt die Berechnung der Tätigkeitszeit und die Angabe etwa bereits erhaltener Vorschüsse. Die Amtszeit des Treuhänders beginnt mit der

---

[1] LG Göttingen 11.02.2009, 10 T 9/09, ZInsO 2011, 397.

Aufhebung des Hauptverfahrens (§ 201 InsO) zu laufen und nicht etwa – wie gelegentlich angenommen wird – mit der Ankündigung der Restschuldbefreiung gem. § 291 InsO und der Bestimmung des Treuhänders gem. § 291 Abs. 2 InsO. Sie endet mit Ablauf der Abtretungserklärung (sechs Jahre nach Eröffnung des Insolvenzverfahrens), soweit die Wohlverhaltensphase nicht vorzeitig endet (§ 299 InsO). Die Grundsätze für die Rechnungslegung sowie die Bestimmungen des § 8 gelten entsprechend.

Ist der Treuhänder zusätzlich mit der Überwachung des Schuldners beauftragt worden hat er die Berechnung seiner Vergütung getrennt von der übrigen Berechnung vorzunehmen und dem Gericht die Anzahl der aufgewendeten Stunden nachvollziehbar darzulegen. Soweit Umsatzsteuer anfällt, ist auf die Regelungen des § 7 verwiesen.

Der Beschluss über die Festsetzung der Vergütung ist gem. § 64 Abs. 2 InsO (ohne Nennung der Beträge) öffentlich bekannt zu machen und dem Treuhänder sowie dem Schuldner besonders zuzustellen. Rechtsmittel für alle Verfahrensbeteiligten ist die sofortige Beschwerde (§§ 293 Abs. 2, 64 Abs. 3 InsO).

B. Festsetzung der Auslagen

Für den Ersatz seiner Auslagen kann der Treuhänder nicht auf eine Pauschale zurückgreifen, da es an einer dem § 8 Abs. 3 entsprechenden Regelung fehlt. Seine Auslagen hat er demnach einzeln aufzuführen und zu belegen. Die häufigsten Auslagen entstehen für Zustellungen, Telefon, Porto usw. Da Teile hiervon in ihrer Zuordnung schlecht nachweisbar sind (z.B. Telefonkosten, Internet) verzichtet die Praxis häufig auf deren Geltendmachung. Bei nachvollziehbaren und maßvollen Schätzungen sollte das Insolvenzgericht keinen zu strengen Maßstab anlegen.

C. Vorschüsse

Verfügt der Treuhänder über ausreichende Masse so kann er selbständig Vorschüsse auf seine Vergütung entnehmen. Abs. 2 Satz 1 sieht hierbei keine Beteiligung des Gerichts – insb. keine ausdrückliche Genehmigung – vor. Als Obergrenze des Entnahmerechts ist die Höhe der Mindestvergütung bzw. der bereits verdiente Teil der Vergütung genannt. Dabei kann sich die Obergrenze der Mindestvergütung nur auf den Fall beziehen, dass der Treuhänder z.B. nur einen Teilbetrag der ihm zustehenden Mindestvergütung auf dem Anderkonto hat und den fehlenden Teil als Vorschuss gem. Abs. 2 Satz 3 beim Insolvenzgericht beantragt. Vorausgesetzt ist hier aber, dass dem Schuldner die Stundung der Verfahrenskosten gem. § 4a InsO gewährt wurde.

Bei vorhandener Verteilungsmasse erfordert die Berechnung des Entnahmerechts eine Hochrechnung auf die später festzusetzende Vergütung, da sich die Regelungen des § 14 Abs. 2 auf die gesamten während der Wohlverhaltensperiode eingenommenen Beträge beziehen.

In der Praxis werden in masselosen Verfahren (mit Verfahrenskostenstundung) meist jeweils nach Ablauf eines Tätigkeitsjahres die Mindestvergütungen zzgl. Umsatzsteuer als Vorschuss beantragt. Die Festsetzung des Vorschusses kann nach AG Göttingen[2] über §§ 12, 55 Abs. 1 Satz 1 RVG durch den Urkundsbeamten der Geschäftsstelle erfolgen.

Vorschüsse auf Auslagen sind in dieser Regelung nicht vorgesehen. Eine Regelung für ein solches Entnahmerecht – wie etwa in § 4 Abs. 1 Satz 3 und § 5 – ist hier nicht getroffen worden. In der Literatur ist jedoch ein Entnahmerecht auch für die Auslagen anerkannt.[3]

---

2 AG Göttingen 04.08.2010, 71 IK 242/07, ZInsO 2010, 1760.
3 Zusammenstellung bei *Haarmeyer/Wutzke/Förster* InsVV, Rn. 7.

D. Problematik bei Aufhebung der Stundung

12 Hat die Aufhebung der Verfahrenskostenstundung im eröffneten Insolvenzverfahren zur Folge, dass der Insolvenzverwalter, dessen Anspruch auf Vergütung und Auslagenersatz zuvor von der Staatskasse subsidiär abgedeckt war, einen Ausfall erleidet, weil die Masse zur Befriedigung des Anspruchs nicht ausreicht, haftet hierfür die Staatskasse.[4]

13 In der Wohlverhaltensperiode hat der Treuhänder bei Nichtgewährung der diesbezüglichen Stundung gem. § 4a Abs. 3 Nr. 2 Satz 3 InsO die begründete Erwartung der »einstweiligen Geltung der Stundung« und hat mithin für das erste Jahr Anspruch auf Vergütung aus der Staatskasse. Er darf nach § 4a Abs. 3 InsO darauf vertrauen, dass die Stundung der Verfahrenskosten für das Restschuldbefreiungsverfahren erfolgt und er demgemäß seine Vergütung und Auslagen aus der Landeskasse erhält.[5] Problematisch wird die Lage nach rechtskräftiger Aufhebung der Stundung. Das LG Göttingen[6] überbürdet dieses Risiko auf den Treuhänder.

---

[4] BGH 15.11.2007, IX ZB 74/07, ZInsO 2008, 111; dazu *Pape* ZInsO 2008, 143.
[5] LG Göttingen 11.02.2009, 10 T 9/09, NZI 2009, 257.
[6] LG Göttingen 11.02.2009, 10 T 9/09, ZInsO 2011, 397.

Vierter Abschnitt Vergütung der Mitglieder des Gläubigerausschusses

§ 17 Berechnung der Vergütung

(1) Die Vergütung der Mitglieder des Gläubigerausschusses beträgt regelmäßig zwischen 35 und 95 Euro je Stunde. Bei der Festsetzung des Stundensatzes ist insbesondere der Umfang der Tätigkeit zu berücksichtigen.

(2) Die Vergütung der Mitglieder des vorläufigen Gläubigerausschusses für die Erfüllung der ihm nach § 56 Absatz 2 und § 270 Absatz 3 der Insolvenzordnung zugewiesenen Aufgaben beträgt einmalig 300 Euro. Nach der Bestellung eines vorläufigen Insolvenzverwalters oder eines vorläufigen Sachwalters richtet sich die weitere Vergütung nach Absatz 1.

Übersicht

		Rdn.			Rdn.
A.	Rechtsgrundlagen; Anspruch	1	C.	Festsetzung; Rechtsmittel	14
B.	Höhe der Vergütung	6	D.	Vorschuss	16
C.	Vergütung für Mitglieder des vorläufigen Gläubigerausschusses	11	E.	Gesetzesänderung	17

A. Rechtsgrundlagen; Anspruch

Die von der Gläubigerversammlung eingesetzten Mitglieder des Gläubigerausschusses werden nicht ehrenamtlich tätig sondern sollen aus der Insolvenzmasse für ihre Arbeit entschädigt werden. Der materiell-rechtliche Anspruch ist in § 73 InsO normiert (s. dort). 1

Für die Unterstützung und Überwachung des Insolvenzverwalters bei seiner Geschäftsführung normiert § 69 InsO für die Mitglieder des Gläubigerausschusses unter anderem die Einsichtspflicht in die Bücher und Geschäftspapiere sowie die Prüfung des Geldverkehrs und Geldbestandes. Er hat gem. § 66 Abs. 2 Satz 2 InsO zur Schlussrechnung des Insolvenzverwalters und ggf. zu einem Insolvenzplan gem. § 232 Abs. 1 Nr. 1 InsO Stellung zu nehmen. Die Regelungen in § 17 geben einen Vergütungsrahmen vor, in dem der Arbeitsaufwand eines Normalverfahrens abgedeckt werden soll. Dabei ist die materiell-rechtliche Grundlage die Bestimmung des § 73 InsO, die diesem Personenkreis ausdrücklich Vergütung und Auslagenersatz zubilligt. 2

Bestellt werden häufig Gläubiger, die im Berichtstermin anwesend sind. § 67 Abs. 2 InsO nennt als Sollvorschrift drei Gruppen: Die absonderungsberechtigten Gläubiger, die Insolvenzgläubiger mit den höchsten Forderungen sowie einen Vertreter der Arbeitnehmer, wenn diese nicht unerhebliche Forderungen haben. Von der Möglichkeit, gem. § 67 Abs. 3 auch andere Personen als Gläubiger zu bestellen, wird in der Praxis wenig Gebrauch gemacht. 3

Zum Abschluss ihrer Tätigkeit haben die eingesetzten Ausschussmitglieder die Möglichkeit, ihre Entschädigung und Auslagenersatz zu beantragen. Eine Festsetzung von Amts wegen findet nicht statt. 4

Wie beim Insolvenzverwalter **verjährt** der Anspruch 30 Jahre nach Festsetzung (§ 197 BGB) bzw. drei Jahre (§ 195 BGB) nach Beendigung der Tätigkeit zum Jahresende. 5

B. Höhe der Vergütung

Anders als beim Insolvenzverwalter partizipieren die Mitglieder des Gläubigerausschusses nicht am wirtschaftlichen Erfolg der Führung des Insolvenzverfahrens. Sie haben allerdings einen Anspruch, entsprechend ihrer Qualifikation und ihrer Sachkunde angemessen entlohnt zu werden. Dass § 73 InsO die Angemessenheit nur auf die Erstattung der Auslagen bezieht, dürfte lediglich ein sprachlicher Missgriff sein. 6

Abgegolten wird der zeitliche Aufwand (auch für notwendige Reisen!) in Form eines Stundensatzes. Dies lässt eventuelle besondere Schwierigkeiten in der einzelnen Sache außer Betracht und lässt Ge- 7 richte in solchen Fällen mitunter zu einer pauschalen Festsetzung kommen, um eine angemessene Vergütung zu beschließen.[1] Die Worte »beträgt regelmäßig...« lassen jedenfalls auch eine Festsetzung jenseits der genannten 35 bis 95 € zu. Eine immer wieder diskutierte Verknüpfung mit der Vergütung des Insolvenzverwalters (als Bruchteil)[2] findet im Gesetz keine Stütze.

8 Bei eingesetzten **Freiberuflern** wird man sich häufig an den Stundensätzen orientieren, die diese in ihrer Tätigkeit außerhalb dieser Spezialaufgabe erzielen. Dadurch kann es zu erheblichen Überschreitungen der vorgegebenen Stundensätze kommen. Das Gläubigerausschussmitglied, das zusätzlich die Funktion eines Kassenprüfers wahrnimmt, wird regelmäßig höher vergütet als die anderen Ausschussmitglieder.

9 Behördenvertreter und Körperschaften des öffentlichen Rechts als solche bzw. ihre Vertreter haben keinen Vergütungsanspruch. Ob einem Beamten ein Vergütungsanspruch zusteht ist eine Fallfrage.[3]

10 In masselosen (Verbraucher-)Insolvenzverfahren kann das Insolvenzgericht dem Mitglied des Gläubigerausschusses anstelle der geltend gemachten Vergütung nach Stundensätzen eine – niedrigere – Pauschalvergütung bewilligen, die sich an der Höhe der (Treuhänder-)Verwaltervergütung orientiert.[4]

C. Vergütung für Mitglieder des vorläufigen Gläubigerausschusses

11 Der Bundestag hat am 27.10.2011 das Gesetz zur weiteren Erleichterung der Sanierung von Unternehmen (ESUG)[5] beschlossen. Durch Art. 2 dieses Gesetzes ist der neue Abs. 2 des § 17 InsVV eingeführt worden. Gem. Art. 103g EGInsO sind die neuen Bestimmungen nur für diejenigen Verfahren anwendbar sind, die vor dem 1. März 2012 **beantragt** (!) wurden.

12 Diese Änderung steht im Zusammenhang mit der in § 22a InsO vorgesehenen Einsetzung eines vorläufigen Gläubigerausschusses. Gem. § 19 Abs. 3 n.F. sollen die Neuregelungen nur für alle ab der Änderung eröffneten Verfahren gelten.

13 Gemeint ist hier wohl nicht die Vergütung für den Gläubigerausschuss insgesamt (»für die Erfüllung der **ihm** nach...«) sondern jeweils 300 € für jedes Mitglied des Ausschusses (somit »für die Erfüllung der **ihnen** nach...«). Solche Festgebühr birgt bei arbeitsintensiven Tätigkeiten immer die Gefahr der Schlechterstellung. Eine Orientierung an Stundensätzen wie beim endgültigen Gläubigerausschuss hätte mehr Gerechtigkeit gebracht und würde besonders qualifizierte potentielle Ausschussmitglieder nicht abhalten, sich auf diesem Wege, z.B. für einen Unternehmenserhalt, einzusetzen.

C. Festsetzung; Rechtsmittel

14 Das Gericht setzt gem. §§ 73 Abs. 2, 64 Abs. 1 InsO die Vergütung und die Auslagen der Mitglieder des Gläubigerausschusses durch Beschluss fest. Rechtliches Gehör für andere Verfahrensbeteiligte ist im Gesetz nicht vorgesehen, kann im Einzelfall aber geboten sein.

15 Gegen den Beschluss kann der Antragsteller sofortige Beschwerde einlegen (§ 64 Abs. 3 InsO).

D. Vorschuss

16 Bei länger andauernden Verfahren entspricht es der insolvenzrechtlichen Praxis, den Mitgliedern des Gläubigerausschusses ebenso wie dem Insolvenzverwalter einen Vorschuss auf ihre Ansprüche zu ge-

---

1 *Haarmeyer/Wutzke/Förster* InsVV, Rn. 25.
2 *Haarmeyer/Wutzke/Förster* InsVV, Rn. 26; *Keller* Vergütung und Kosten im Insolvenzverfahren, 3. Aufl., Rn. 781–786.
3 *Keller* Vergütung und Kosten im Insolvenzverfahren, 3. Aufl., Rn. 770; *Haarmeyer/Wutzke/Förster* InsVV, Rn. 30.
4 BGH 08.10.2009, IX ZB 11/08, ZInsO 2009, 2165.
5 Gesetz v. 07.12.2011 BGBl. I, 2582.

währen. Anderenfalls wären sie gezwungen, der Insolvenzmasse ihre Aufwendungen auf längere Sicht zu kreditieren. Der Vorschuss ist bei Gericht zu beantragen, welches eine Genehmigung (wie in § 9) aussprechen kann. In dem Antrag sind die bisher erbrachten Aufwendungen und geleisteten Stunden nachzuweisen.

E. Gesetzesänderung

Der Bundestag hat am 16.05.2013 das Gesetz zur Verkürzung des Restschuldbefreiungsverfahrens und zur Stärkung der Gläubigerrechte verabschiedet.[6] Demnach wird in § 17 Absatz 2 wird die Angabe »§ 56 Absatz 2« durch die Angabe »§ 56a« ersetzt   17

§ 18 Auslagen. Umsatzsteuer

(1) Auslagen sind einzeln anzuführen und zu belegen.

(2) Soweit Umsatzsteuer anfällt, gilt § 7 entsprechend.

Übersicht	Rdn.		Rdn.
A. Auslagen	1	B. Umsatzsteuer	4

A. Auslagen

Für die Mitglieder des Gläubigerausschusses besteht nicht die Möglichkeit, ähnlich den Bestimmungen in § 8 Abs. 2 für den Insolvenzverwalter, eine Pauschale für die Abgeltung ihrer Aufwendungen zu beantragen. § 18 Abs. 1 verlangt als Spezialvorschrift stets die Vorlage von Belegen. Nicht belegbare Aufwendungen und erforderliche Schätzungen sind glaubhaft zu machen.   1

Erstattet werden können alle Kosten, die im Zusammenhang mit der Wahrnehmung der Aufgabe stehen. Erfasst werden also nicht nur Sach- sondern auch Personalkosten. Letztere können z.B. auch anteilig entstehen, wenn das Gläubigerausschussmitglied Schreibkräfte teilweise in Anspruch nimmt. Weitere typische Auslagen sind Fahrtkosten, Telefongebühren, Kopierkosten und Aufwendungen für Recherchen.   2

Die Kosten für eine eigens abgeschlossene Haftpflichtversicherung sind nach h.M. ebenfalls zu ersetzen, obwohl es eine eindeutige Bestimmung wie in § 4 Abs. 3 für den Insolvenzverwalter nicht gibt. Eine vorherige Abstimmung mit dem Insolvenzgericht wird allenthalben angeraten.[1]   3

B. Umsatzsteuer

Ob das Mitglied des Gläubigerausschusses zur Zahlung von Umsatzsteuer verpflichtet ist hat das Gericht ggf. vor der Festsetzung zu ermitteln. Aus dem Vergütungsantrag sollte dies jedoch bereits ersichtlich sein. Im Übrigen gelten durch Verweisung auf § 7 die gleichen Grundsätze wie beim Insolvenzverwalter.   4

---

6 BT-Drucks. 17/13535.
1 HWF-InsVV Rn. 4–5; *Keller* Vergütung und Kosten im Insolvenzverfahren, 3. Aufl. Rn. 789.

Fünfter Abschnitt Übergangs- und Schlussvorschriften

§ 19 Übergangsregelung

(1) Auf Insolvenzverfahren, die vor dem 1. Januar 2004 eröffnet wurden, sind die Vorschriften dieser Verordnung in ihrer bis zum Inkrafttreten der Verordnung vom 4. Oktober 2004 (BGBl. I S. 2569) am 7. Oktober 2004 geltenden Fassung weiter anzuwenden.

(2) Auf Vergütungen aus vorläufigen Insolvenzverwaltungen, die zum 29. Dezember 2006 bereits rechtskräftig abgerechnet sind, sind die bis zum Inkrafttreten der Zweiten Verordnung zur Änderung der Insolvenzrechtlichen Vergütungsverordnung vom 21. Dezember 2006 (BGBl. I S. 3389) geltenden Vorschriften anzuwenden.

(3) Auf Insolvenzverfahren, die vor dem 1. März 2012 beantragt worden sind, sind die Vorschriften dieser Verordnung in ihrer bis zum Inkrafttreten des Gesetzes vom 7. Dezember 2011 (BGBl. I S. 2582) am 1. März 2012 geltenden Fassung weiter anzuwenden.

Übersicht	Rdn.		Rdn.
A. Absatz 1	1	C. Absatz 3	4
B. Absatz 2	3		

A. Absatz 1

1 Durch Verordnung vom 04.10.2004 (in Kraft getreten am 07.10.2004) änderte der Gesetzgeber die teilweise verfassungswidrig ausgestaltete Mindestvergütung und regelte die Bestimmungen der §§ 2 Abs. 2 und 13 Abs. 1 Satz 3 neu. Dabei stellt § 19 Abs. 1 klar, dass für die vor dem 01.01.2004 eröffneten Verfahren die bisherigen Bestimmungen gelten. So können in diesen Altverfahren z.B. nur 250 € Mindestvergütung für den Treuhänder festgesetzt werden (§ 13 Abs. 1 Satz 3 a.F.).

2 Daneben wurden die Auslagenpauschale in § 8 Abs. 3 und die Stundensätze in § 17 geändert. Auch wurde der § 11 Abs. 1 Satz 2 in Bezug auf die Berechnungsgrundlage für die Vergütung des vorläufigen Insolvenzverwalters dahingehend ergänzt, dass es bei der Wertermittlung nicht auf den Stichtag der Beendigung der Tätigkeit ankommt, sondern das verwaltete Vermögen als Ganzes zur Grundlage der Berechnung gemacht werden soll.

B. Absatz 2

3 Mit der Zweiten Verordnung zur Änderung der Insolvenzrechtlichen Vergütungsverordnung vom 21.12.2006 wurde der § 11 erneut geändert und sieht seitdem in Abs. 1 Satz 4 vor, dass Vermögensgegenstände, an denen bei Verfahrenseröffnung Aus- und Absonderungsrechte bestehen, in die Wertberechnung einbezogen werde, wenn der vorläufige Insolvenzverwalter sich in erheblichem Umfang mit ihnen befasst hat. Der ermittelte Wert kann bei Abweichung von über 20 % gem. Abs. 2 der Vorschrift korrigiert werden. § 19 Abs. 2 stellt klar, dass die Änderungen nur für die Verfahren gelten, die zum Zeitpunkt des Inkrafttretens noch nicht rechtskräftig abgerechnet sind.

C. Absatz 3

4 Der Bundestag hat am 27.10.2011 das Gesetz zur weiteren Erleichterung der Sanierung von Unternehmen (ESUG) beschlossen. Durch Art. 2 dieses Gesetzes ist der neue Abs. 2 des § 17 InsVV eingeführt worden. Die Verkündung dieses Gesetzes sieht für diesen Teil ein Inkrafttreten für den 01.03.2012 vor.

§ 20 Inkrafttreten

Die Verordnung tritt am 1. Januar 1999 in Kraft.

Die Verordnung ist am gleichen Tage in Kraft getreten wie die Insolvenzordnung. Diese ist gem. § 359 über Art. 110 I EGInsO ebenfalls am 01.01.1999 in Kraft getreten.   1

Anhang IV Gesellschaftsrechtliche Haftung der Gesellschafter und Geschäftsführer in der GmbH-Insolvenz

Übersicht

	Rdn.
A. Gesellschafterhaftung	3
I. Haftung in der Vor-GmbH	3
1. Unterbilanzhaftung	6
a) Haftungskonzept	6
b) Haftungsumfang	8
c) Anspruchserfüllung	10
d) Anspruchsermittlung	11
e) Verjährung	16
f) Geltendmachung durch den Insolvenzverwalter	17
g) Darlegungs- und Beweislast	18
2. Verlustdeckungshaftung	20
3. Haftung bei Aufrechterhaltung des Geschäftsbetriebs ohne Eintragung	22
II. Haftung bei wirtschaftlicher Neugründung	26
1. Tatbestand	27
2. Anwendung der Vorschriften über die rechtliche Gründung	31
3. Kontrolle durch das Registergericht	33
4. Unterbilanzhaftung	36
III. Haftungsdurchgriff auf die Gesellschafter und Existenzvernichtung	41
1. Vermögensvermischung	43
a) Tatbestand	43
b) Rechtsfolge	46
c) Geltendmachung durch den Insolvenzverwalter	47
d) Darlegungs- und Beweislast	49
2. Existenzvernichtungshaftung	50
a) Tatbestand	51
b) Schaden	56
c) Verjährung	59
d) Geltendmachung durch den Insolvenzverwalter	60
e) Darlegungs- und Beweislast	61
3. Vorsätzliche sittenwidrige Schädigung	62
a) Vermögensverlagerung	62
aa) Auffangtatbestand	62
bb) Verjährung	66
cc) Geltendmachung durch den Insolvenzverwalter	67
b) Materielle Unterkapitalisierung	68
IV. Sicherung der Kapitalaufbringung	70
1. Gesetzliche Grundlage	70
2. Erfüllung der Bareinlageforderung	71
a) Einforderung durch den Insolvenzverwalter	71
b) Anspruchsbegrenzung	73
c) Treuhandverhältnis	74
d) Verwendungsabsprachen	75

	Rdn.
e) Unmittelbare Zahlung an Dritte	78
f) Zahlung auf ein debitorisches Geschäftskonto	80
g) Keine Befreiung von der Leistungspflicht	82
h) Vergleich über die Einlageforderung	84
i) Schiedsfähigkeit	86
3. Darlegungs- und Beweislast	87
4. Voreinzahlungen auf eine Kapitalerhöhung	90
a) Grundsatz der Unversehrtheit	90
b) Voreinzahlung nach dem Kapitalerhöhungsbeschluss	91
c) Voreinzahlung vor dem Kapitalerhöhungsbeschluss	94
5. Aufrechnungsverbot	99
a) Anwendungsbereich	100
b) Aufrechnung durch die Gesellschaft und Aufrechnungsvereinbarung	102
c) Aufrechnungsverbot für den Gesellschafter	107
6. Differenzhaftung bei überbewerteter Sacheinlage	110
7. Verdeckte Sacheinlage	112
a) Tatbestand	115
aa) Definition	115
bb) Tathandlung	116
cc) Verwendungsabsprache	120
dd) Umsatzgeschäfte	123
ee) Keine gegenständliche oder personelle Identität	124
b) Rechtsfolgen	128
8. Hin- und Herzahlen	134
a) Tatbestand	136
b) Befreiung von der Einlageschuld	141
9. Nachträgliche Erfüllung	148
10. Ausfallhaftung nach § 24 GmbHG	149
11. Haftungsgefahren im Cash-Pool	152
a) Verletzung der Kapitalaufbringungsvorschriften	152
b) Rechtsfolgen	157
12. Verjährung des Einlageanspruchs	159
V. Kapitalerhaltung	161
1. Tatbestand	164
a) Gegenstand der Kapitalbindung	165
b) Leistung	166
c) Bilanzielle Ermittlung	167
d) Vollwertiger Gegenleistungs- oder Rückgewähranspruch	169
e) Leistung an den Gesellschafter	174

Anh. IV Haftung in der GmbH-Insolvenz

			Rdn.
	f)	Enge rechtliche oder persönliche Verbindung	176
	g)	Insbesondere verbundene Unternehmen	181
2.	Rechtsfolgen		184
	a)	Allgemeines	184
	b)	Leistungsverweigerungsrecht	188
	c)	Erstattungsanspruch	189
	d)	Verjährung	197
	e)	Geltendmachung durch den Insolvenzverwalter	198
B.	**Geschäftsführerhaftung**		199
I.	Haftung bei der Gründung		199
1.	Insolvenzantragspflicht		199
2.	Falsche Angaben bei der Eintragung		200
3.	Handelndenhaftung nach § 11 Abs. 2 GmbHG		202
	a)	Zweck der Norm	203
	b)	Adressat der Norm	204
	c)	Beginn und Ende der Haftung	208
	d)	Haftungsumfang	211
	e)	Handelndenhaftung bei wirtschaftlicher Neugründung	213
	f)	Handelndenhaftung bei im Ausland gegründeter Gesellschaft	215
	g)	Regressanspruch des Geschäftsführers	216
II.	Innenhaftung – Haftung gegenüber der Gesellschaft		217
1.	Normadressat		218
2.	Pflichtverletzung		221
3.	Einverständnis der Gesellschafter		229
4.	Verstoß gegen das Kapitalerhaltungsgebot		233
	a)	Tatbestand	233
	b)	Verzicht und Einverständnis der Gesellschafter	236
	c)	Anspruchshöhe und Erfüllung	240
	d)	Geltendmachung durch den Insolvenzverwalter	242
	e)	Darlegungs- und Beweislast	243
5.	Verschulden		244
	a)	Sorgfaltsmaßstab	244

			Rdn.
	b)	Kein Mitverschuldenseinwand	245
	c)	Entlastung durch Beratung	246
6.	Verjährung		250
7.	Darlegungs- und Beweislast		255
8.	Kreditgewährung aus Gesellschaftsvermögen (§ 43a GmbHG)		258
9.	Geltendmachung durch den Insolvenzverwalter		262
III.	Haftung für Fehler im Vorfeld der Insolvenz		263
1.	Darlegungs- und Beweislast für die Insolvenzreife		263
2.	Haftung für Zahlungen nach Zahlungsunfähigkeit oder Überschuldung		271
	a)	Normadressat	273
	b)	Beginn des Zahlungsverbots	274
	c)	Tathandlung	275
	d)	Aktiventausch	279
	e)	Verschulden	280
	f)	Verjährung	290
	g)	Rechtsfolge	291
	h)	Geltendmachung durch den Insolvenzverwalter	294
	i)	Darlegungs- und Beweislast	296
3.	Insolvenzverursachungshaftung		298
	a)	Ziel der Norm	298
	b)	Voraussetzungen und Rechtsfolgen der Norm	299
	c)	Geltendmachung durch den Insolvenzverwalter	304
4.	Haftung bei Verstoß gegen die Insolvenzantragspflicht		305
	a)	Adressat der Norm	306
	b)	Antragspflicht	307
	c)	Verschulden	309
	d)	Verjährung	310
	e)	Alt- und Neugläubigerschaden	311
	f)	Geltendmachung der Ansprüche	321
5.	Vorsätzliche Insolvenzverschleppung		323
IV.	Nichtabführung von Arbeitnehmerbeiträgen zur Sozialversicherung		326

1 Die GmbH als Rechtsform hat einen hohen Verbreitungsgrad und demzufolge enorme wirtschaftliche Bedeutung. Auch bei der Zahl der Insolvenzverfahren nimmt sie mit regelmäßig über 10.000 eine Spitzenposition ein. Wenn bei der GmbH als Insolvenzschuldnerin überhaupt noch liquidierbare Vermögenswerte anzutreffen sind, reichen diese häufig gerade einmal dazu aus, die Verfahrenskosten und die Masseverbindlichkeiten zu decken. Es hängt dann vom Geschick des Insolvenzverwalters ab, ob es ihm gelingt, ausreichend Masse zu generieren, um für die Gläubiger eine messbare Quote zu erzielen.

2 Neben der Insolvenzanfechtung steht dem Insolvenzverwalter in der Insolvenz einer GmbH vor allem *die Möglichkeit der Geltendmachung von* **Haftungsansprüchen** gegen die Gesellschafter und gegen die Geschäftsführer zu. Auf der anderen Seite ist es für die anwaltliche Beratung des genannten Personenkreises unabdingbar, das entsprechende gesellschaftsrechtliche Haftungsregime in seiner

Ausgestaltung durch die höchstrichterliche Rechtsprechung zu kennen um Ansprüche erfolgreich abwehren zu können, oder idealerweise Haftungsfälle bereits im Vorfeld zu vermeiden. In der Folge sollen daher die in der Praxis relevanten Haftungstatbestände gegenüber Gesellschaftern und Geschäftsführern einer GmbH dargestellt werden[1].

A. Gesellschafterhaftung

I. Haftung in der Vor-GmbH

Eine GmbH wird erst mit ihrer Eintragung in das Handelsregister existent. In der Regel werden aber bereits davor Verträge in ihrem Namen geschlossen und durchgeführt. Haftungsrisiken birgt die Phase, in der die werdende Gesellschaft noch Vor-GmbH ist.

Die im Gesetz nicht geregelte Vor-GmbH ist ein **Personenverband eigener Art**, der mit Abschluss des Gesellschaftsvertrags in notarieller Form nach § 2 GmbHG errichtet wird und bis zur Erlangung der Rechtsfähigkeit der GmbH durch Eintragung in das Handelsregister nach § 11 Abs. 1 GmbHG fortbesteht. Die Vor-GmbH ist einem Sonderrecht unterstellt, das aus den im Gesetz und im Gesellschaftsvertrag gegebenen Gründungsvorschriften und dem Recht der eingetragenen GmbH besteht, soweit dieses nicht die Eintragung voraussetzt[2]. Die Vor-GmbH ist partiell **rechtsfähig** und im Rechtsstreit **parteifähig** (§ 50 Abs. 1 ZPO)[3]. Sie ist auch **insolvenzfähig**[4] und daher im Insolvenzverfahren Insolvenzschuldnerin.

Haben die Gründergesellschafter den Geschäftsführer zur vorzeitigen Geschäftsaufnahme ermächtigt und führt die Geschäftstätigkeit zu einer **Unterbilanz** oder gar Überschuldung der Vor-GmbH, so entsteht die Frage nach ihrer Haftung. Nach dem vom II. Zivilsenat entwickelten Haftungsmodell besteht eine einheitliche Gründerhaftung in Form einer bis zur Eintragung der GmbH andauernden Verlustdeckungshaftung und einer an die Eintragung geknüpften Vorbelastungs-(Unterbilanz-)haftung.

1. Unterbilanzhaftung

a) Haftungskonzept

Nehmen die Geschäftsführer der Vor-GmbH **mit dem Einverständnis der Gründergesellschafter** die Geschäftstätigkeit auf, so gehen die Rechte und Pflichten aus den zugrunde liegenden Rechtsgeschäften mit der Eintragung der GmbH in das Handelsregister auf diese über. Führt die Aufnahme der Geschäftstätigkeit durch die Vor-GmbH dazu, dass der Wert des in die eingetragene Gesellschaft

---

1 Vgl. auch *Bauer*, Gesellschafterhaftung in Krise und Insolvenz der GmbH, ZNotP 2012, 202, 248; *Bitter*, Haftung von Gesellschaftern und Geschäftsführern in der Insolvenz ihrer GmbH, ZInsO 2010, 1505, 1561; *Born*, Die neuere Rechtsprechung des Bundesgerichtshofs zur Gesellschaft mit beschränkter Haftung, WM Sonderbeilage 1/2013; *Drescher*, Die Haftung des GmbH-Geschäftsführers, 7. Aufl., 2013; *Strohn*, Organhaftung im Vorfeld der Insolvenz, NZG 2011, 1161; *Strohn/Simon*, Haftungsfallen für Gesellschafter und Geschäftsführer im Recht der GmbH, GmbHR 2010, 1181; *Henze/Born*, GmbH-Recht – Höchstrichterliche Rechtsprechung, 2013; *Schmidt*, Handbuch der gesellschaftsrechtlichen Haftung in der GmbH-Insolvenz, 2013.
2 BGH 12.07.1956, II ZR 218/54, BGHZ 21, 242, 246; BGH 02.05.1966, II ZR 219/63, BGHZ 45, 338, 347; BGH 24.10.1968, II ZR 216/66, BGHZ 51, 30, 32; BGH 16.03.1992, II ZB 17/91, BGHZ 117, 323, 326 = ZIP 1992, 689; BGH 28.11.1997 – V ZR 178/96, ZIP 1998, 109; BGH 13.12.2004, II ZR 409/02, ZIP 2005, 253, 254; BGH 23.10.2006, II ZR 162/05, BGHZ 169, 270 Rn. 10 = ZIP 2006, 2267; zum Entstehungszeitpunkt BGH 07.05.1984, II ZR 276/83, BGHZ 91, 148, 150 = ZIP 1984, 950 f.
3 BGH 28.11.1997, V ZR 178/96, ZIP 1998, 109; BGH 23.10.2006, II ZR 162/05, BGHZ 169, 270 Rn. 7 = ZIP 2006, 2267; BGH 31.03.2008, II ZR 308/06, ZIP 2008, 1025 Rn. 6; vgl. auch BGH 28.01.1960, VII ZR 223/58, NJW 1960, 1204, 125; BGH 30.11.1979, I ZR 30/79, BGHZ 79, 239, 241 f.; BGH 28.11.1997, V ZR 178/96, ZIP 1998, 109, 110.
4 BGH 09.10.2003, IX ZB 34/03, ZIP 2003, 2123.

eingebrachten Vermögens die Stammkapitalziffer nicht mehr deckt, haften die Gründergesellschafter in Höhe der Differenz zwischen dem Wert des eingebrachten Vermögens und dem Betrag, der zur Deckung der Stammkapitalziffer erforderlich ist, persönlich. Dieses Konzept gilt für die Sach- und für die Bargründung[5]. Worauf die Kapitallücke zurückzuführen ist, ist unerheblich[6]. Die Haftung lässt sich rechtsfortbildend aus § 9 Abs. 1 GmbHG herleiten[7].

7 Der Anspruch aus Unterbilanzhaftung soll sicherstellen, dass der Gesellschaft und ihren Gläubigern das ihr von ihren Gesellschaftern versprochene, in ihrer Satzung verlautbarte Stammkapital wenigstens im Augenblick ihrer Eintragung tatsächlich seinem Wert nach unversehrt zur Verfügung steht[8]. Die Unterbilanzhaftung ist eine **Innenhaftung**[9]. Dies ändert sich auch dann nicht, wenn die GmbH vermögenslos ist oder nur einen Gesellschafter hat. Auch in diesen Fällen können, anders als bei der Verlustdeckungshaftung, die Gläubiger die Gesellschafter nicht unmittelbar in Anspruch nehmen[10]. Der Anspruch ist wie der Anspruch auf Leistung fehlender Bareinlagen zu behandeln und unterliegt deshalb denselben **strengen Regeln der Kapitalaufbringung** wie die ursprüngliche Einlageschuld[11].

b) Haftungsumfang

8 Die Haftung der Gesellschafter nach Eintragung der GmbH für die Verbindlichkeiten aus der vor der Eintragung aufgenommenen Geschäftstätigkeit erfasst die Differenz zwischen dem statutarischen Stammkapital abzüglich des in der Satzung festgelegten Gründungsaufwands und dem Wert des Gesellschaftsvermögens im Zeitpunkt der Eintragung. Die Unterbilanzhaftung ist allerdings nicht auf den Betrag des statutarischen Stammkapitals beschränkt, sondern geht auf einen **vollen Verlustausgleich**[12].

9 Für die Haftung ist es ohne Bedeutung, ob die Gesellschafter ihre Einlagen schon erbracht haben oder nicht. Da die Unterbilanzhaftung nicht nur den Stammkapitalbetrag, sondern jede darüber hinausgehende **Überschuldung** ausgleicht, ist es unerheblich, ob das Stammkapital durch Verbindlichkeiten der Vor-GmbH wertmäßig geschmälert oder ob es, weil von den Gesellschaftern freiwillig schon vor der Eintragung aufgebracht, bis dahin verbraucht ist[13].

c) Anspruchserfüllung

10 Der Unterbilanzausgleichsanspruch ist in der Jahresbilanz zu aktivieren. Er geht – gleichgültig, ob diese bilanztechnische Aktivierung stattgefunden hat oder nicht – ebenso wenig wie der echte Einlageanspruch oder der Erstattungsanspruch nach § 31 GmbHG automatisch »durch Zweckerreichung« unter, wenn die Gesellschaft nach dem Stichtag aus anderen Gründen über ein die Stammkapitalziffer deckendes Vermögen verfügt[14]. Der verpflichtete Gesellschafter kann entsprechend § 19 Abs. 2 Satz 2 GmbHG – grundsätzlich – auch nicht einseitig mit Forderungen, die er gegen

---

5 BGH 09.03.1981, II ZR 54/80, BGHZ 80, 129, 140 ff. = ZIP 1981, 394, 395; BGH 06.03.2012, II ZR 56/10, BGHZ 192, 341 Rn. 15, 34 = ZIP 2012, 817.
6 BGH 24.10.1988, II ZR 176/88, BGHZ 105, 300, 303 = ZIP 1989, 27, 28; zu den insoweit teilweise einschränkenden Ansätzen im Schrifttum vgl. *Kuleisa* in Schmidt Fn 1 Kap 1 Rn. 23.
7 Vgl. *Henze/Born* Fn 1 Rn. 167.
8 BGH 16.01.2006, II ZR 65/04, BGHZ 165, 391 = ZIP 2006, 668 Rn. 24.
9 BGH 27.01.1997, II ZR 123/94, BGHZ 134, 333 = ZIP 1997, 679, 681 dort auch zur Pfändung des Anspruchs durch Gläubiger.
10 BGH 24.10.2005, II ZR 129/04, ZIP 2005, 2257.
11 BGH 06.12.1993, II ZR 102/93, BGHZ 124, 282, 286 = ZIP 1994, 295; BGH 16.01.2006, II ZR 65/04, BGHZ 165, 391 = ZIP 2006, 668 Rn. 24.
12 BGH 09.03.1981, II ZR 54/80, BGHZ 80, 129, 141 = ZIP 1981, 394, 395 f.; BGH 23.11.1981, II ZR 115/81, WM 1982, 40; BGH 24.10.1988, II ZR 176/88, BGHZ 105, 300, 303 = ZIP 1989, 27, 28; BGH 06.03.2012, II ZR 56/10, BGHZ 192, 341 Rn. 15, 36 = ZIP 2012, 817.
13 BGH 23.11.1981, II ZR 115/81, WM 1982, 40.
14 BGH 16.01.2006, II ZR 65/04, BGHZ 165, 391 = ZIP 2006, 668 Rn. 22 f.

die GmbH besitzt, **aufrechnen**[15]. Es besteht aber die Möglichkeit der Erfüllung des Anspruchs durch Zahlung bei entsprechender, auch im Wege der Auslegung feststellbarer **Tilgungszweckbestimmung** oder wenn sich die Zahlung der Verbindlichkeit **eindeutig objektiv zuordnen** lässt[16].

d) Anspruchsermittlung

Der Umfang der Haftung ist durch Aufstellung einer **Vorbelastungsbilanz** zu ermitteln. Auszugleichen ist der Fehlbetrag, um den das Reinvermögen der Gesellschaft im **Zeitpunkt der Eintragung** hinter der Stammkapitalziffer zurückbleibt[17]. Ermittelt werden muss die Differenz zwischen dem Aktivvermögen der Gesellschaft und den Passiven. Zu den letzteren zählt auch der zur Deckung der Stammkapitalziffer erforderliche Betrag[18]. **11**

Gründungskosten, Notar- und Registerkosten sowie eventuell Gesellschafts- und Verkehrssteuern und notwendige Beratungskosten dürfen nur dann vom Fehlbetrag abgezogen werden, wenn deren Übernahme durch die Gesellschaft in der Satzung wirksam vereinbart ist. Dafür ist neben der namentlichen Nennung der einzelnen Kosten, aus denen sich der Gründungsaufwand zusammensetzt, der Ausweis eines – ggf. geschätzten – Gesamtbetrags erforderlich. Fehlt es hieran, ist in entsprechender Anwendung des § 26 Abs. 2 AktG der gesamte Gründungsaufwand von den Gründern der Gesellschaft zu tragen. Da mithin im Zeitpunkt der Eintragung der Gesellschaft das gesamte Stammkapital ohne Abzug der Gründungskosten noch vorhanden sein muss, darf in diesem Fall der Gründungaufwand in der Vorbelastungsbilanz nicht aktiviert werden, während umgekehrt Verbindlichkeiten, welche den Gründungsaufwand betreffen, passiviert werden müssen[19]. **12**

Die Vorbelastungsbilanz ist als Vermögensbilanz der Gesellschaft mit ihren wirklichen Werten nach **Fortführungsgrundsätzen** aufzustellen[20]. Auch wenn nämlich die Vorbelastungsbilanz im Hinblick auf ihre besondere Zweckbestimmung außerhalb des Bilanzzusammenhangs steht und daher die für den Jahresabschluss geltenden Vorschriften nicht zwangsläufig Anwendung finden müssten, so steht sie doch der Eröffnungsbilanz zumindest nahe. Die Bewertungsgrundsätze nach §§ 242 Abs. 1 Satz 2, 252 Abs. 1 Nr. 2 HGB sind deshalb geeignet, um die effektiven Werte des Anlagevermögens im Eintragungszeitpunkt darzustellen[21]. **13**

Hat die Ingangsetzung der Vor-GmbH in der Zeit zwischen Errichtung und Eintragung in das Handelsregister durch Aufnahme der Geschäftstätigkeit bereits ausnahmsweise zu einer **Organisationseinheit** geführt, die als **Unternehmen anzusehen ist**, das – über seine einzelnen Vermögenswerte hinaus – einen eigenen Vermögenswert repräsentiert, muss für die Zwecke der Unterbilanzhaftung das Unternehmen im Ganzen nach einer hierfür betriebswirtschaftlich anerkannten, vom Tatrichter auszuwählenden Bewertungsmethode bewertet werden[22]. Auch bei einem sogenannten »**Start-up**«-**Unternehmen** kann von einer als bewertbares Unternehmen im vorgenannten Sinne anzusehenden strukturierten Organisationseinheit während des Stadiums der Vor-GmbH nur in engen Ausnahme- **14**

---

15 BGH 16.01.2006, II ZR 65/04, BGHZ 165, 391 = ZIP 2006, 668 Rn. 24.
16 BGH 06.03.2012, II ZR 56/10, BGHZ 192, 341 Rn. 44 f. = ZIP 2012, 817 (mit Berichtigungsbeschluss vom 21.09.2012).
17 Vgl. BGH 16.01.2006, II ZR 65/04, BGHZ 165, 391 = ZIP 2006, 668 Rn. 10; BGH 06.03.2012, II ZR 56/10, BGHZ 192, 341 Rn. 15 = ZIP 2012, 817.
18 *Roth* in Roth/Altmeppen GmbHG § 11 Rn. 13; vgl. im Einzelnen *Tiedchen* in Rowedder/Schmidt-Leithoff GmbHG § 41 Rn. 100 ff.
19 *BGH 29.09.1997, II ZR 245/96, ZIP 1997, 2008.*
20 BGH 29.09.1997, II ZR 245/96, ZIP 1997, 2008, 2009; BGH 16.01.2006, II ZR 65/04, BGHZ 165, 391 = ZIP 2006, 668 Rn. 11.
21 BGH 06.12.1993, II ZR 102/93, BGHZ 124, 282 = ZIP 1994, 295, 296; BGH 29.09.1997, II ZR 245/96, ZIP 1997, 2008, 2009.
22 BGH 09.11.1998, II ZR 190/97, BGHZ 140, 35 = ZIP 1998, 2151 (Ertragswertmethode); BGH 18.03.2002, II ZR 11/01, WM 2002, 967; BGH 16.01.2006, II ZR 65/04, BGHZ 165, 391 = ZIP 2006, 668 Rn. 11.

fällen und erst dann ausgegangen werden, wenn das von den Gründungsgesellschaftern verfolgte innovative Geschäftskonzept seine Bestätigung am Markt gefunden hat[23].

15 Ist die **Fortbestehungsprognose** für die Gesellschaft **negativ**, ist deren Vermögen im Zeitpunkt der Eintragung in der Vorbelastungsbilanz nicht zu Fortführungs-, sondern zu Liquidations- bzw. Veräußerungswerten zu bilanzieren. Kann dem Unternehmen nicht die Prognose eines »**going concern**« gestellt werden, weil dem tatsächliche oder rechtliche Gegebenheiten entgegenstehen (§ 252 Abs. 1 Nr. 2 Halbs. 2 HGB), so würde die Bewertung auf der Basis der Anschaffungs- bzw. Herstellungskosten regelmäßig auch in der Vorbelastungsbilanz zu einer Wertverzerrung im Sinne einer Überbewertung des Unternehmens führen[24].

e) Verjährung

16 Der Anspruch **verjährt** entsprechend § 9 Abs. 2 GmbHG in **zehn Jahren** von der Eintragung der GmbH in das Handelsregister ab[25].

f) Geltendmachung durch den Insolvenzverwalter

17 Die Unterbilanzhaftung ist eine in der Insolvenz der GmbH nach § 80 InsO vom **Insolvenzverwalter** geltend zu machende Innenhaftung[26]. Die Gesellschafter haften – pro rata – nach ihrer Beteiligungsquote[27]. Fällt ein Gesellschafter aus, greift § 24 GmbHG[28]. Für den Ausgleichsanspruch haftet auch der Erwerber eines Geschäftsanteils nach § 16 Abs. 2 GmbHG[29].

g) Darlegungs- und Beweislast

18 Die Darlegungs- und Beweislast für die Unterbilanz zum Eintragungsstichtag trifft grundsätzlich die Gesellschaft bzw. im Falle ihrer Insolvenz den **Insolvenzverwalter**. Den Schwierigkeiten, denen vor allem der Insolvenzverwalter ausgesetzt sein kann, entsprechend substantiierten Vortrag zu halten, wenn eine Vorbelastungsbilanz auf den Eintragungsstichtag nicht erstellt worden ist oder wenn nicht einmal geordnete Geschäftsaufzeichnungen vorhanden sind, ist nach den Grundsätzen über die sekundäre Darlegungslast zu begegnen. Ergeben sich unter den bezeichneten Voraussetzungen aus dem dem Insolvenzverwalter vorliegenden Material **hinreichende Anhaltspunkte** dafür, dass das Stammkapital der Gesellschaft schon im Gründungsstadium angegriffen oder verbraucht worden ist oder sogar darüber hinausgehende Verluste entstanden sind, ist es Sache der Gesellschafter, darzulegen, dass eine Unterbilanz nicht bestanden hat[30]. Die Grundsätze über die Zuweisung einer sekundären Darlegungslast gelten auch für den Fall, dass der Gesellschafter geltend macht, bei der Ermittlung der Unterbilanz sei ausnahmsweise ein **Geschäfts- oder Firmenwert** zu berücksichtigen[31].

19 Die Gründungsgesellschafter sollten daher bei Aufnahme der Geschäftstätigkeit vor der Eintragung in jedem Fall eine Vorbelastungsbilanz auf den Eintragungszeitpunkt der Gesellschaft erstellen, da-

---

23 BGH 09.11.1998, II ZR 190/97, BGHZ 140, 35 = ZIP 1998, 2151; BGH 16.01.2006, II ZR 65/04, BGHZ 165, 391 = ZIP 2006, 668.
24 BGH 29.09.1997, II ZR 245/96, ZIP 1997, 2008, 2009.
25 So BGH 24.10.1988, II ZR 176/88, BGHZ 105, 300, 304 ff. = ZIP 1989, 27, 28 f.; BGH 26.11.2007, II ZA 14/06, ZIP 2008, 217 Rn. 4 damals noch fünf Jahre.
26 BGH 27.01.1997, II ZR 123/94, BGHZ 134, 333 = ZIP 1997, 679, 681.
27 BGH 17.02.2003, II ZR 281/00, ZIP 2003, 625, 627; BGH 16.01.2006, II ZR 65/04, BGHZ 165, 391 = ZIP 2006, 668 Rn. 10; BGH 06.03.2012, II ZR 56/10, BGHZ 192, 341 Rn. 15 = ZIP 2012, 817.
28 BGH 09.03.1981, II ZR 54/80, BGHZ 80, 129, 141 = ZIP 1981, 394, 395 f.
29 BGH 06.03.2012, II ZR 56/10, BGHZ 192, 341 Rn. 29 f. = ZIP 2012, 817 zu § 16 Abs. 3 GmbHG in der bis zum 31. Oktober 2008 geltenden Fassung.
30 BGH 29.09.1997, II ZR 245/96, ZIP 1997, 2008, 2009; BGH 17.02.2003, II ZR 281/00, ZIP 2003, 625, 627.
31 BGH 16.01.2006, II ZR 65/04, BGHZ 165, 391, 398 = ZIP 2006, 668 Rn. 18.

mit sie ihrer Darlegungslast entsprechen können[32], sofern man nicht ohnehin annimmt, dass die Vorbelastungsbilanz als Instrument des Gläubigerschutzes **zwingend** aufzustellen ist[33].

2. Verlustdeckungshaftung

Unterbleibt die Eintragung der GmbH, haften die Gesellschafter der Vor-GmbH dieser gegenüber ebenfalls unbeschränkt für die durch das Gesellschaftsvermögen nicht gedeckten Verluste. Im Gegensatz zur Unterbilanzhaftung bedarf es keiner Auffüllung des Stammkapitals[34]. 20

Die Verlustdeckungshaftung ist ebenso wie die Unterbilanzhaftung eine **Innenhaftung**, weshalb sie in der Insolvenz der Vor-GmbH gemäß § 80 InsO vom **Insolvenzverwalter** geltend zu machen ist[35]. Bei der Verlustdeckungshaftung ist aber – anders als bei der Unterbilanzhaftung – eine Durchbrechung des Innenhaftungsprinzips im Einzelfall anerkannt. Ist die Vor-GmbH vermögenslos, hat sie insbesondere keinen Geschäftsführer mehr oder sind weitere Gläubiger nicht vorhanden, kann ebenso wie bei der Ein-Mann-Vor-GmbH dem Gläubiger der **unmittelbare Zugriff** auf die Gesellschafter gestattet werden[36]. In der Insolvenz der Vor-GmbH können auch diese Außenhaftungsansprüche analog § 93 InsO **nur vom Insolvenzverwalter** geltend gemacht werden[37]. 21

3. Haftung bei Aufrechterhaltung des Geschäftsbetriebs ohne Eintragung

Führen die Gesellschafter nach Aufgabe der Eintragungsabsicht, also nach dem Scheitern der Gründung, den Geschäftsbetrieb fort, haften sie für sämtliche Verbindlichkeiten der Vor-GmbH, auch für die bis zum Scheitern entstandenen, nach **personengesellschaftsrechtlichen** Grundsätzen (§ 128 HGB)[38]. Nach Aufgabe der Eintragungsabsicht ist nämlich der einzige Grund dafür entfallen, den Gläubigern der Vor-GmbH zu versagen, die Gründer persönlich in Anspruch zu nehmen. Dieser liegt darin, dass die Kapitalgesellschaft notwendig ein Vorstadium durchlaufen muss und deren Gläubiger erwarten dürfen, sich wegen ihrer Ansprüche an eine alsbald entstehende GmbH mit einem gesetzlich kontrollierten und garantierten, notfalls auf dem Wege der Unterbilanzhaftung aufzufüllenden Haftungsfonds halten zu können. Entfällt diese Voraussetzung, müssen die Gründer die Geschäftstätigkeit sofort einstellen und **die Vor-GmbH abwickeln**, wenn sie es vermeiden wollen, nicht nur wegen der neuen, sondern auch wegen der bis dahin begründeten Verbindlichkeiten der Vor-GmbH persönlich und gesamtschuldnerisch haftend von den Gläubigern in Anspruch genommen werden zu können[39]. 22

Nichts anderes gilt, wenn zwar ein notarieller GmbH-Vertrag beurkundet worden ist, aber von Anfang an die Absicht gefehlt hat, die Eintragung der GmbH herbeizuführen. Auch dann haften die Gesellschafter für die Verbindlichkeiten einer Vor-GmbH nach den für die GbR oder – bei Betreiben eines Handelsgeschäfts – für die OHG maßgebenden Grundsätzen[40]. 23

Die Aufgabe der Eintragungsabsicht und das Scheitern der Gründung lassen sich regelmäßig anhand von äußeren Umständen feststellen. Hiervon kann etwa ausgegangen werden, wenn die Gesellschaf- 24

---

32 *Drescher* Fn 1 Rn. 1511.
33 *Tiedchen* in Rowedder/Schmidt-Leithoff GmbHG § 41 Rn. 101 mwN.
34 BGH 27.01.1997, II ZR 123/94, BGHZ 134, 333 = ZIP 1997, 679 unter teilweiser Aufgabe von BGHZ 80, 129, 144 = ZIP 1981, 394 und BGHZ 91, 148, 152 = ZIP 1984, 950; BGH 06.03.2012, II ZR 56/10, BGHZ 192, 341 = ZIP 2012, 817 Rn. 15; zur Rechtsentwicklung vgl. *Henze/Born* Fn 1 Rn. 182 ff.
35 BGH 27.01.1997, II ZR 123/94, BGHZ 134, 333 = ZIP 1997, 679, 681 unter Aufgabe von BGHZ 65, 378, 383 und BGHZ 72, 45, 50; zur Pfändung des Anspruchs durch Gläubiger vgl. BGH 27.01.1997, II ZR 123/94, BGHZ 134, 333 = ZIP 1997, 679, 681.
36 BGH 27.01.1997, II ZR 123/94, BGHZ 134, 333, 341 = ZIP 1997, 679, 682; vgl. BGH 24.10.2005, II ZR 129/04, ZIP 2005, 2257; BGH 06.03.2012, II ZR 56/10, BGHZ 192, 341 Rn. 15 = ZIP 2012, 817.
37 § 93 Rdn. 5; Uhlenbruck/*Hirte* § 93 Rn. 8.
38 BGH 04.11.2002, II ZR 204/00, BGHZ 152, 290 = ZIP 2002, 2309.
39 BGH 04.11.2002, II ZR 204/00, BGHZ 152, 290 = ZIP 2002, 2309, 2310.
40 BGH 04.11.2002, II ZR 204/00, BGHZ 152, 290 = ZIP 2002, 2309, 2310.

ter schon keinen Eintragungsantrag mehr stellen, weil sie sich über die Bewertung der einzubringenden Sacheinlagen nicht einigen können, wenn Beanstandungen des Registergerichts im Eintragungsverfahren nicht umgehend abgestellt werden, wenn die Auflösung der Vor-GmbH beschlossen wird oder die Geschäftsführer der Vor-GmbH selbst einen Insolvenzantrag stellen[41].

25 In der Insolvenz der Vor-GmbH können die durch die Aufrechterhaltung des Geschäftsbetriebs nach Scheitern der Gründung entstehenden Außenhaftungsansprüche analog § 93 InsO nur vom **Insolvenzverwalter** geltend gemacht werden[42].

II. Haftung bei wirtschaftlicher Neugründung

26 Die wirtschaftliche Neugründung existiert in zwei Erscheinungsformen. Bei Bedarf wird entweder eine auf **Vorrat gegründete** oder aber eine **inaktiv gewordene GmbH**, die mangels einer eigenen wirtschaftlichen Betätigung nur (noch) in ihrer äußeren Rechtsform, gleichsam als leere Hülse, in Erscheinung tritt, durch Verwendung ihres Mantels einer unternehmerischen Tätigkeit zugeführt.

1. Tatbestand

27 Bei der **ersten Form** der wirtschaftlichen Neugründung verwenden die Gründer eine **Vorrats-GmbH** und statten diese mit einem werbenden Unternehmen aus. Dies geschieht meist – nicht aber notwendigerweise – durch Erwerb der Gesellschaftsanteile, Auswechslung des Geschäftsführers und Änderung von Sitz, Firma und Unternehmensgegenstand.

28 Die Gründung einer GmbH auf Vorrat zur späteren Eigenverwendung oder Weiterveräußerung ist zulässig, wenn die allgemein für die Gründung einer GmbH maßgeblichen Vorschriften beachtet werden. Es ist insbesondere notwendig, dass die Bestimmung der Gesellschaft, als sogenannter Mantel für die spätere Aufnahme eines Geschäftsbetriebs zu dienen, bei der Bezeichnung des nach § 3 Abs. 1 Nr. 2 GmbHG zwingend vorgeschriebenen Unternehmensgegenstands deutlich klargestellt wird (sog. **offene Vorratsgründung**). Hierfür reicht es aus, als Gegenstand des Unternehmens die »Verwaltung des eigenen Vermögens« anzugeben[43]. Von einer Vorratsgründung kann dann nicht ausgegangen werden, wenn die Gründer einer GmbH die Absicht haben, einen dem satzungsmäßigen Unternehmensgegenstand entsprechenden Geschäftsbetrieb innerhalb eines absehbaren Zeitraums zu verwirklichen, wobei die üblichen Anlauf- und Vorlaufzeiten außer Betracht zu bleiben haben[44].

29 An einer wirtschaftlichen Neugründung durch Verwendung einer Vorrats-GmbH fehlt es, wenn die Gesellschaft, deren Gegenstand zunächst in der Verwaltung ihres eigenen Vermögens bestand, zwar als sog. Vorratsgesellschaft gegründet worden war, die Änderung des Unternehmensgegenstands, des Namens und des Sitzes ebenso wie der Wechsel der Gesellschafter und der Geschäftsführer aber schon vor der Eintragung der Vorratsgesellschaft im Handelsregister beschlossen und – soweit dafür nicht die Eintragung im Handelsregister erforderlich war – auch vollzogen wurde[45].

30 Bei der **zweiten Form** der wirtschaftlichen Neugründung verwenden die Gründer den **Mantel einer inaktiv gewordenen GmbH**. Diese Form muss im Einzelfall von einer Umorganisation oder einer Sanierung abgegrenzt werden. Dazu dient das Bild der »leeren Hülse«. Von einer wirtschaftlichen Neugründung kann nur die Rede sein, wenn die Gesellschaft eine »leere Hülse« ist, also kein aktives Unternehmen betreibt, an das die Fortführung des Geschäftsbetriebs – sei es auch unter wesentlicher Umgestaltung, Einschränkung oder Erweiterung seines Tätigkeitsgebiets – in irgendeiner wirtschaft-

---

41 BGH 04.11.2002, II ZR 204/00, BGHZ 152, 290 = ZIP 2002, 2309, 2310.
42 Vgl. BGH 14.11.2005, II ZR 178/03, BGHZ 165, 85, 89 f = ZIP 2006, 467 Rn. 10f; § 93 Rdn. 5; Uhlenbruck/*Hirte* § 93 Rn. 8.
43 *BGH 16.03.1992, II ZB 17/91, BGHZ 117, 323 = ZIP 1992, 689, 693.*
44 Vgl. BGH 18.01.2010, II ZR 61/09, ZIP 2010, 621.
45 BGH 12.07.2011, II ZR 71/11, ZIP 2011, 1761 Rn. 7.

lich noch gewichtbaren Weise anknüpfen kann[46]. Die Regeln über die wirtschaftliche Neugründung sollen Vorkehrungen im Interesse des Geschäftsverkehrs dagegen schaffen, dass ein leer gewordener Gesellschaftsmantel ohne Geschäftsbetrieb seinen – neuen oder alten – Gesellschaftern nur dazu dient, unter Vermeidung der rechtlichen Neugründung mit ihren präventiv wirkenden gläubigerschützenden Regeln einer die beschränkte Haftung gewährleistenden Kapitalgesellschaft eine gänzlich neue Geschäftstätigkeit – ggf. wieder – aufzunehmen[47].

2. Anwendung der Vorschriften über die rechtliche Gründung

Da die Verwendung des Mantels einer zunächst »auf Vorrat« gegründeten Gesellschaft mit beschränkter Haftung durch Ausstattung der Vorratsgesellschaft mit einem Unternehmen und erstmaliger Aufnahme ihres Geschäftsbetriebes wirtschaftlich eine Neugründung darstellt, sind die der **Gewährleistung der Kapitalausstattung dienenden Gründungsvorschriften** des GmbHG einschließlich der **registergerichtlichen Kontrolle** entsprechend anzuwenden. Damit findet insbesondere eine registergerichtliche Prüfung (analog § 9c GmbHG) der vom Mantelverwender – bzw. dem Geschäftsführer (§ 78 GmbHG) – in der Anmeldung der mit der wirtschaftlichen Neugründung verbundenen Änderungen (vgl. § 54 GmbHG) gem. § 8 Abs. 2, § 7 Abs. 2, 3 GmbHG abzugebenden Versicherung statt[48]. Der Gläubigerschutz aus Anlass der Mantelverwendung nach Vorratsgründung betrifft neben dem durch die formalrechtliche registergerichtliche Präventivkontrolle abgesicherten Mindestschutz auch den weitergehenden Schutz auf der (materiell-rechtlichen) Haftungsebene, durch die **Handelndenhaftung** (§ 11 Abs. 2 GmbHG) oder die **Unterbilanzhaftung**[49]. 31

Diese für die Verwendung der auf Vorrat gegründeten Gesellschaft aufgestellten Grundsätze sind auf den Fall der **Verwendung des »alten« Mantels** einer existenten, im Rahmen ihres früheren Unternehmensgegenstandes tätig gewesen, jetzt aber unternehmenslosen GmbH entsprechend übertragbar[50]. 32

3. Kontrolle durch das Registergericht

Damit die registergerichtliche Präventivkontrolle greifen kann, muss die wirtschaftliche Neugründung gegenüber dem Registergericht **ausdrücklich offengelegt werden**[51]. Es reicht nicht aus, dass die Mantelverwendung für das Registergericht aufgrund der Umstände offenkundig oder erkennbar ist[52]. 33

Das Registergericht hat auch im Fall der wirtschaftlichen Neugründung entsprechend § 9c GmbHG in eine Gründungsprüfung einzutreten, die sich jedenfalls auf die Erbringung der Mindeststammeinlagen und im Falle von Sacheinlagen auf deren Werthaltigkeit zu beziehen hat (§ 7 Abs. 2 und 3, § 8 Abs. 2 GmbHG). Entscheidender verfahrensrechtlicher Anknüpfungspunkt für die Kontrolle durch das Registergericht ist die anlässlich der wirtschaftlichen Neugründung abzugebende **Anmeldeversicherung** nach § 8 Abs. 2 GmbHG. Danach hat der Geschäftsführer zu versichern, dass die in § 7 Abs. 2 und 3 GmbHG bezeichneten Leistungen auf die Geschäftsanteile bewirkt sind und dass der Gegenstand der Leistungen sich – weiterhin oder jedenfalls wieder – endgültig in der freien Verfügung der Geschäftsführer befindet[53]. 34

---

46 BGH 18.01.2010, II ZR 61/09, ZIP 2010, 621.
47 Vgl. BGH 18.01.2010, II ZR 61/09, ZIP 2010, 621.
48 BGH 09.12.2002, II ZB 12/02, BGHZ 153, 158 = ZIP 2003, 251; bestätigt in BGH 12.07.2011, II ZR 71/11, ZIP 2011, 1761 Rn. 9 und BGH 06.03.2012, II ZR 56/10, BGHZ 192, 341 Rn. 9 = ZIP 2012, 817.
49 BGH 09.12.2002, II ZB 12/02, BGHZ 153, 158 = ZIP 2003, 251, 252.
50 BGH 07.07.2003, II ZB 4/02, BGHZ 155, 318 = ZIP 2003, 1698, 1700.
51 BGH 07.07.2003, II ZB 4/02, BGHZ 155, 318 = ZIP 2003, 1698, 1700f; vgl. auch BGH 06.03.2012, II ZR 56/10, BGHZ 192, 341 Rn. 13 und 18 = ZIP 2012, 817.
52 Offengelassen in KG ZIP 2010, 582.
53 BGH 09.12.2002, II ZB 12/02, BGHZ 153, 158, 162 = ZIP 2003, 251, 252; BGH 07.07.2003, II ZB 4/02,

35 Die Versicherung gem. § 8 Abs. 2 GmbHG ist am **satzungsmäßigen Stammkapital** auszurichten, so dass die Gesellschaft im Zeitpunkt der Offenlegung noch ein Mindestvermögen in Höhe der statutarischen Stammkapitalziffer besitzen muss, von dem sich ein Viertel – wenigstens aber 12.500 € – wertmäßig in der freien Verfügung der Geschäftsführung zu befinden hat[54]. Die Versicherung beinhaltet von Gesetzes wegen, dass im Anmeldezeitpunkt derartige Mindesteinlagen nicht durch schon entstandene Verluste ganz oder teilweise aufgezehrt sind. Nur wenn **zureichende Anhaltspunkte** dafür bestehen, dass dies – entgegen der Versicherung – nicht der Fall ist, darf und muss das Registergericht seine Prüfung auch auf die Frage erstrecken, ob die GmbH im Zeitpunkt der Anmeldung der Mantelverwendung nicht bereits eine Unterbilanz aufweist[55].

4. Unterbilanzhaftung

36 Zur Gewährleistung der realen Kapitalaufbringung als zentrales, die Haftungsbegrenzung auf das Gesellschaftsvermögen rechtfertigendes Element dient neben der registergerichtlichen Präventivkontrolle auf der materiell-rechtlichen Haftungsebene auch bei der wirtschaftlichen Neugründung das – auf eine Innenhaftung beschränkte – Modell der Unterbilanzhaftung, die in der Insolvenz der GmbH nach § 80 InsO vom **Insolvenzverwalter** geltend zu machen ist. Die Gesellschafter der wirtschaftlich neu gegründeten Gesellschaft, die der (Neu-)Aufnahme der Geschäfte **zugestimmt** haben, müssen im Rahmen der Unterbilanzhaftung (anteilig) den – ggf. auch negativen – Wert des Gesellschaftsvermögens bis zur Höhe des **zugesagten Stammkapitals** ausgleichen, mithin die Kapitaldeckung gewährleisten[56]. Die Unterbilanzhaftung wurde bereits in Rdn. 6 ff. dargestellt. Im Folgenden soll auf die Besonderheiten im Zusammenhang mit einer wirtschaftlichen Neugründung eingegangen werden.

37 Maßgeblicher **Zeitpunkt für die Unterbilanzhaftung** bei der rechtlichen Gründung ist die Eintragung der GmbH. Bei der wirtschaftlichen Neugründung ist der Stichtag für die Haftung der Gesellschafter die – mit der Versicherung nach § 8 Abs. 2 GmbHG und der Anmeldung etwaiger mit ihr einhergehender Satzungsänderungen zu verbindende – **Offenlegung der wirtschaftlichen Neugründung** gegenüber dem Handelsregister. Da die Gesellschaft im Falle der wirtschaftlichen Neugründung nicht erst mit der Eintragung im Handelsregister entsteht, ist damit dem Gebot der Gläubigersicherung hinreichend genügt. Auf die nachfolgende Eintragung der Vertragsänderungen – die in Ausnahmefällen, etwa bei der Aktivierung einer leeren GmbH-Hülle durch dieselben Gesellschafter auch ganz fehlen können – kommt es nicht an[57].

38 Die entsprechende Anwendung der die Kapitalaufbringung betreffenden Gründungsvorschriften des GmbHG führt bei **unterbliebener Offenlegung der wirtschaftlichen Neugründung** gegenüber dem Registergericht *nicht* zu einer zeitlich unbegrenzten Verlustdeckungshaftung der Gesellschafter. Unterbleibt die – mit der Versicherung nach § 8 Abs. 2 GmbHG und der Anmeldung etwaiger mit ihr einhergehender Satzungsänderungen zu verbindende – Offenlegung der wirtschaftlichen Neugründung gegenüber dem Registergericht, haften die Gesellschafter im Umfang einer Unterbilanz, die in dem Zeitpunkt besteht, zu dem die **wirtschaftliche Neugründung** entweder durch die Anmeldung der Satzungsänderungen oder durch die Aufnahme der wirtschaftlichen Tätigkeit **erstmals nach außen in Erscheinung tritt**[58].

BGHZ 155, 318, 323f = ZIP 2003, 1698, 1700; BGH 12.07.2011, II ZR 71/11, ZIP 2011, 1761 Rn. 9; BGH 06.03.2012, II ZR 56/10, BGHZ 192, 341 Rn. 17 = ZIP 2012, 817.
54 BGH 07.07.2003, II ZB 4/02, BGHZ 155, 318 = ZIP 2003, 1698, 1701.
55 BGH 09.12.2002, II ZB 12/02, BGHZ 153, 158 = ZIP 2003, 251, 252; BGH 07.07.2003, II ZB 4/02, BGHZ 155, 318 = ZIP 2003, 1698, 1700; vgl. nach MoMiG § 8 Abs. 2 Satz 2 GmbHG (»erhebliche Zweifel«).
56 BGH 06.03.2012, II ZR 56/10, BGHZ 192, 341 Rn. 28, 36 = ZIP 2012, 817.
57 *BGH 07.07.2003, II ZB 4/02, BGHZ 155, 318 = ZIP 2003, 1698, 1701; BGH 12.07.2011, II ZR 71/11, ZIP 2011, 1761 Rn. 10; BGH 06.03.2012, II ZR 56/10, BGHZ 192, 341 Rn. 19 = ZIP 2012, 817.*
58 BGH 06.03.2012, II ZR 56/10, BGHZ 192, 341 Rn. 14f = ZIP 2012, 817; Klarstellung zu BGH

Bei fehlender Offenlegung einer wirtschaftlichen Neugründung tragen die unter dem Gesichtspunkt der Unterbilanzhaftung in Anspruch genommenen Gesellschafter die **Darlegungs- und Beweislast** dafür, dass in dem Zeitpunkt, zu dem die wirtschaftliche Neugründung nach außen in Erscheinung getreten ist, keine Differenz zwischen dem (statutarischen) Stammkapital und dem Wert des Gesellschaftsvermögens bestanden hat. Die Umgehung des der Aufbringung des statutarischen Stammkapitals – an dem sich das Vertrauen des Rechtsverkehrs orientiert – dienenden registergerichtlichen Präventivschutzes rechtfertigt diese Beweislastumkehr[59]. 39

Der Anspruch der Gesellschaft auf Ausgleich der Unterbilanz **verjährt** analog § 9 Abs. 2 GmbHG in zehn Jahren[60]. Die Verjährung beginnt mit der Offenlegung der wirtschaftlichen Neugründung gegenüber dem Handelsregister. Unterbleibt die Offenlegung oder erfolgt sie verspätet, ist maßgeblicher Anknüpfungspunkt für den Lauf der Verjährungsfrist der Zeitpunkt, zu dem die wirtschaftliche Neugründung entweder durch die Anmeldung der Satzungsänderungen oder durch die Aufnahme der wirtschaftlichen Tätigkeit erstmals nach außen in Erscheinung tritt. 40

III. Haftungsdurchgriff auf die Gesellschafter und Existenzvernichtung

Für Gesellschaftsschulden haftet nur die GmbH mit ihrem Vermögen (§ 13 Abs. 2 GmbHG); für seine persönlichen Schulden haftet allein der Gesellschafter. GmbH und Allein-(Gesellschafter) sind nicht nur selbstständige, voneinander unabhängige Rechtsträger, sie verfügen auch über gesonderte Vermögensmassen, die unterschiedlichen Gläubigern haften[61]. Es ist sowohl bei der Mehrpersonen- als auch bei der Ein-Mann-GmbH grundsätzlich ausgeschlossen, dass der Gesellschafter den Gläubigern der GmbH für deren Schulden[62] oder umgekehrt die Gesellschaft den Gläubigern des Gesellschafters für dessen Schulden haftet[63]. 41

Dieses **Trennungsprinzip** stellt den Gesellschafter also von der Inanspruchnahme für Gesellschaftsschulden frei. In Einzelfällen hat der Bundesgerichtshof allerdings den Haftungsdurchgriff auf den Gesellschafter bejaht. Als ein Fall ist insbesondere die näher zu erörternde Haftung wegen **Vermögensvermischung** zu nennen. Daneben kommen Ansprüche wegen **Vermögensverlagerung** in Betracht. Eine allgemeine gesellschaftsrechtliche Haftung des Gesellschafters wegen **materieller Unterkapitalisierung** der GmbH lehnt der Bundesgerichtshof ab. Die nach einer Änderung der Rechtsprechung früher als Außenhaftung, jetzt als Innenhaftung ausgestaltete **Existenzvernichtungshaftung** erlaubt nur (noch) einen mittelbaren Durchgriff, weil die Gesellschafter zunächst die Ansprüche der Gesellschaft gegen ihren Gesellschafter pfänden müssen. In der **Insolvenz** vereinigt sich die Aktivlegitimation für diese Innen- und Außenhaftungsansprüche gegen den Gesellschafter beim Insolvenzverwalter (§§ 80, 92, 93 InsO). 42

1. Vermögensvermischung

a) Tatbestand

Bei der Vermögensvermischungshaftung wird der Gesellschafter dafür zur Verantwortung gezogen, dass er das gesetzliche Kapitalschutzsystem außer Kraft setzt. Eine persönliche Haftung von GmbH- 43

26.11.2007, II ZA 14/06, ZIP 2008, 217 Rn. 4 und BGH 26.11.2007, II ZA 15/06, DStR 2008, 933 Rn. 4.
59 BGH 06.03.2012, II ZR 56/10, BGHZ 192, 341 Rn. 41f = ZIP 2012, 817.
60 Für »Altfälle«, d.h. bei Aktivierung des Mantels vor Veröffentlichung des Beschlusses des Bundesgerichtshofs vom 07.07.2003 (– II ZB 4/02, BGHZ 155, 318) vgl. BGH 26.11.2007, II ZA 14/06, ZIP 2008, 217.
61 BGH 16.10.2003 – IX ZR 55/02, BGHZ 156, 310 = ZIP 2003, 2247, 2249.
62 BGH 29.11.1956, II ZR 156/55, BGHZ 22, 226, 229 f.; BGH 04.05.1981, II ZR 193/80, ZIP 1981, 1076, 1077; BGH 16.10.2003 – IX ZR 55/02, BGHZ 156, 310 = ZIP 2003, 2247, 2249.
63 BGH 30.01.1956, II ZR 168/54, BGHZ 20, 4, 12; BGH 07.11.1957, II ZR 280/55, BGHZ 26, 31, 37; BGH 12.02.1990, II ZR 134/89, WM 1990, 631, 632; BGH 16.10.2003 – IX ZR 55/02, BGHZ 156, 310 = ZIP 2003, 2247, 2249.

Gesellschaftern unter dem Gesichtspunkt der Vermögensvermischung ist möglich, wenn die Abgrenzung zwischen Gesellschafts- und Privatvermögen durch eine fehlende oder undurchsichtige Buchführung (sog. »Waschkorblagen«) oder auf andere Weise verschleiert worden ist und deshalb die **Kapitalerhaltungsvorschriften**, deren Einhaltung ein unverzichtbarer Ausgleich für die Haftungsbeschränkung auf das Gesellschaftsvermögen (§ 13 Abs. 2 GmbHG) ist, nicht funktionieren können[64]. Es handelt sich also um Fälle, in denen eine Kontrolle über die Verwendung des haftenden Gesellschaftsvermögens vereitelt wird. Dieser Durchgriffstatbestand wird durch die Rechtsprechung des Bundesgerichtshofs zur Haftung eines GmbH-Gesellschafters wegen »existenzvernichtender Eingriffe« in das Gesellschaftsvermögen nicht verdrängt[65].

44 Eine Durchgriffshaftung wegen Vermögensvermischung kann insbesondere dann in Betracht kommen, wenn es an einer Buchführung überhaupt fehlt[66]. Es genügt aber nicht schon das Fehlen einer »doppelten Buchführung« gemäß § 41 GmbHG, § 238 HGB, solange sich die Vermögenszuflüsse und die Vermögensabflüsse sowie die Trennung von Gesellschafts- und Privatvermögen der Gesellschafter noch aufgrund sonstiger vorhandener Unterlagen nachvollziehen lassen[67]. Denn **Haftungsgrund** ist nicht die mangelhafte Buchführung, sondern der Tatbestand der von dem Gesellschafter zu verantwortenden, die Kapitalschutzvorschriften missachtenden »Vermögensvermischung«. Ergibt sich unter diesen Voraussetzungen die Unkontrollierbarkeit der Zahlungsvorgänge mit der Folge, dass die Vermögensmassen der Gesellschaft und des Gesellschafters nicht mehr unterschieden werden können, greift die Haftung des Gesellschafters ein[68].

45 Bei der Durchgriffshaftung wegen Vermögensvermischung handelt es sich nicht um eine Zustands-, sondern um eine **Verhaltenshaftung** wegen **Rechtsformmissbrauchs**. Sie trifft einen Gesellschafter nur, wenn er aufgrund des von ihm wahrgenommenen Einflusses als Allein- oder Mehrheitsgesellschafter für den Vermögensvermischungstatbestand verantwortlich ist[69].

b) Rechtsfolge

46 Liegt ein Ausnahmetatbestand vor, der verhindert, dass sich der GmbH-Gesellschafter auf die rechtliche Selbständigkeit der GmbH als juristischer Person berufen kann, ist er so zu behandeln, als hätte er das von der GmbH betriebene Handelsgeschäft selbst, und zwar ohne Beschränkung auf das Gesellschaftsvermögen, geführt. Er haftet dann in entsprechender Anwendung der §§ 105, 128 HGB persönlich. Entsprechend § 129 Abs. 1 HGB kann er unter diesen Umständen Einwendungen, die der GmbH nicht zustehen, den Gesellschaftsgläubigern gegenüber ebenfalls nicht erheben[70].

c) Geltendmachung durch den Insolvenzverwalter

47 In der Insolvenz der GmbH ist nicht der geschädigte Gesellschaftsgläubiger, sondern entsprechend § 93 InsO der **Insolvenzverwalter** befugt, die Durchgriffshaftung eines Gesellschafters für die Gesellschaftsverbindlichkeiten (§ 128 HGB analog) wegen »Vermögensvermischung« geltend zu ma-

---

64 BGH 13.04.1994, II ZR 16/93, BGHZ 125, 366, 368 = ZIP 1994, 867; BGH 14.11.2005, II ZR 178/03, BGHZ 165, 85 = ZIP 2006, 467 Rn. 14.
65 BGH 16.09.1985, II ZR 275/84, BGHZ 95, 330, 334 = ZIP 1985, 1263; BGH 14.11.2005, II ZR 178/03, BGHZ 165, 85 = ZIP 2006, 467 Rn. 14.
66 BGH 13.04.1994, II ZR 16/93, BGHZ 125, 366, 368 = ZIP 1994, 867; BGH 14.11.2005, II ZR 178/03, BGHZ 165, 85 = ZIP 2006, 467 Rn. 14.
67 BGH 14.11.2005, II ZR 178/03, BGHZ 165, 85 = ZIP 2006, 467 Rn. 15; vgl. auch BGH 13.04.1994, II ZR 16/93, BGHZ 125, 366, 377 ff. = ZIP 1994, 867.
68 BGH 14.11.2005, II ZR 178/03, BGHZ 165, 85 = ZIP 2006, 467 Rn. 15.
69 BGH 13.04.1994, II ZR 16/93, BGHZ 125, 366, 368 f. = ZIP 1994, 867; BGH 14.11.2005, II ZR 178/03, BGHZ 165, 85 = ZIP 2006, 467 Rn. 17.
70 BGH 16.09.1985, II ZR 275/84, BGHZ 95, 330, 332 = ZIP 1985, 1263; BGH 14.11.2005, II ZR 178/03, BGHZ 165, 85, 95f = ZIP 2006, 467 Rn. 23.

chen⁷¹. Der Umfang der vom Insolvenzverwalter im eröffneten Insolvenzverfahren geltend zu machenden Forderungen beschränkt sich im Ergebnis auf den Betrag, der **zur Gläubigerbefriedigung erforderlich** ist. Eine etwa vorhandene Masse ist abzusetzen⁷².

Dem Gesellschafter können Einwände gegen die vom Insolvenzverwalter geltend gemachten Forderungen der Insolvenzgläubiger nicht schon allein wegen der Rechtskraftwirkung einer Eintragung in die **Insolvenztabelle** gem. § 178 Abs. 3 InsO i.V.m. § 129 Abs. 1 HGB abgeschnitten werden, wenn er zum Prüfungstermin nicht ordentlich geladen war. Der Gesellschafter darf nicht schlechter gestellt werden als ein gem. § 128 HGB haftender Personengesellschafter. Dieser ist aber zur Gewährung rechtlichen Gehörs an dem Forderungsfeststellungsverfahren zu beteiligen und muss Gelegenheit haben, der Forderungsanmeldung mit Wirkung für seine persönliche Haftung zu widersprechen. Das gilt auch im Rahmen des § 93 InsO⁷³. 48

d) Darlegungs- und Beweislast

Darlegungs- und beweispflichtig für die Anspruchsvoraussetzungen ist der klagende **Insolvenzverwalter**, dem allerdings die Grundsätze über die sekundäre Behauptungslast zugutekommen, weil sich der Gesellschafter als derjenige, der die Verhältnisse der Gesellschaft kennen muss, nicht auf ein pauschales Bestreiten zurückziehen darf⁷⁴. 49

2. Existenzvernichtungshaftung

Praktisch bedeutender als die Haftung wegen Vermögensvermischung ist die Existenzvernichtungshaftung. Sie dient der Vermeidung einer durch das Haftungssystem der §§ 30, 31 GmbHG offen gelassenen Schutzlücke⁷⁵. Der richtige dogmatische Ansatz zur Schließung dieser Schutzlücke wurde als Endpunkt einer wechselhaften Rechtsprechungsentwicklung im Deliktsrecht gefunden. An die Stelle der seit BGHZ 149, 10⁷⁶ aufgegebenen Haftung aus qualifiziert faktischem Konzern sind die im Wege der Rechtsfortbildung entwickelten Rechtsprechungsgrundsätze über die Haftung des Gesellschafters wegen existenzvernichtenden Eingriffs getreten, die zunächst als eigenständiges Haftungsinstitut in Form einer subsidiären Außenhaftung ausgestaltet worden war⁷⁷. Diese Rechtsprechung hat der Bundesgerichtshof durch seine Grundsatzentscheidung vom 16.07.2007 erneut geändert⁷⁸. Statt dem bis dahin maßgeblichen Konzept knüpft er seither die Existenzvernichtungshaftung des Gesellschafters an die missbräuchliche Schädigung des im Gläubigerinteresse zweckgebundenen Gesellschaftsvermögens an und ordnet sie – in Gestalt einer **schadensersatzrechtlichen Innenhaftung** gegenüber der Gesellschaft – allein in § 826 BGB als eine besondere Fallgruppe der sittenwidrigen vorsätzlichen Schädigung ein⁷⁹. 50

---

71 BGH 14.11.2005, II ZR 178/03, BGHZ 165, 85, 89f = ZIP 2006, 467 Rn. 10 f.
72 BGH 14.11.2005, II ZR 178/03, BGHZ 165, 85, 96 = ZIP 2006, 467 Rn. 24.
73 BGH 14.11.2005, II ZR 178/03, BGHZ 165, 85, 95f = ZIP 2006, 467 Rn. 23.
74 BGH 14.11.2005, II ZR 178/03, BGHZ 165, 85, 92 = ZIP 2006, 467 Rn. 15.
75 BGH 16.07.2007, II ZR 3/04, BGHZ 173, 246 Rn. 16 = ZIP 2007, 1552 – TRIHOTEL.
76 BGH 17.09.2001, II ZR 178/99, BGHZ 149, 10 = ZIP 2001, 1874 – Bremer Vulkan.
77 Seit BGH 24.06.2002, II ZR 300/00, BGHZ 151, 181 = ZIP 2002, 1578 – KBV; vgl. zuletzt: BGH 13.12.2004, II ZR 206/02, ZIP 2005, 117; BGH 13.12.2004, II ZR 256/02, ZIP 2005, 250.
78 BGH 16.07.2007, II ZR 3/04, BGHZ 173, 246 = ZIP 2007, 1552 – TRIHOTEL.
79 Vgl. BGH 16.07.2007, II ZR 3/04, BGHZ 173, 246= ZIP 2007, 1552 – TRIHOTEL; BGH 28.04.2008, II ZR 264/06, BGHZ 176, 204 Rn. 10 = ZIP 2008, 1232 – GAMMA; BGH 09.02.2009, II ZR 292/07, BGHZ 179, 344 Rn. 15 f. = ZIP 2009, 802 – Sanitary.

a) Tatbestand

51 Zur Prüfung, ob ein existenzvernichtender Eingriff vorliegt, kann auf die ältere Rechtsprechung zurückgegriffen werden[80]. Der Haftungstatbestand bezieht sich nicht etwa auf **Managementfehler** im Rahmen des Betriebs des Unternehmens im weitesten Sinne[81]. Voraussetzung ist vielmehr ein missbräuchlicher **kompensationsloser Eingriff** des Gesellschafters **in das im Gläubigerinteresse zweckgebundene Gesellschaftsvermögen** unter gleichzeitigem Missbrauch seiner Organstellung[82].

52 Der **Adressat der Haftung** muss nicht unmittelbarer Gesellschafter sein. Die Existenzvernichtungshaftung kann auch den Gesellschafter-Gesellschafter einer GmbH treffen[83]. Das Gleiche gilt für denjenigen, der nur über einen Mittels- oder Strohmann an einer Gesellschaft beteiligt ist[84]. **Mittäter, Anstifter und Gehilfen** haften nach § 830 BGB[85]. Das kann vor allem den **Geschäftsführer** treffen, wenn er sich mit doppeltem Gehilfenvorsatz am Entzug des Vermögens beteiligt. Diese Haftung tritt neben eine solche aus § 64 Satz 3 GmbHG[86].

53 Die Existenzvernichtungshaftung greift ein, wenn der Gesellschafter auf die Zweckbindung des Gesellschaftsvermögens keine angemessene Rücksicht nimmt, indem er der Gesellschaft durch offene oder verdeckte **Entnahmen** ohne angemessenen Ausgleich Vermögenswerte **entzieht**, die sie zur Erfüllung ihrer Verbindlichkeiten benötigt. Das Vermögen wird der Gesellschaft nur dann entzogen, wenn der Weggabe keine gleichwertige Gegenleistung gegenübersteht[87]. Das allein reicht aber nicht aus. Von einer Existenzvernichtung kann erst dann die Rede sein, wenn die Gesellschaft durch den Vermögensentzug **in die Insolvenz geführt** wird oder **eine bereits bestehende Insolvenz vertieft wird**[88]. Der existenzvernichtende Eingriff ist **sittenwidrig**, weil die Gesellschaft dadurch um Vermögen gebracht wird, das sie zur vorrangigen Befriedigung ihrer Gläubiger benötigt[89].

54 Der Schutz des Vermögens durch die Existenzvernichtungshaftung geht weiter als es die gesetzlichen Kapitalerhaltungsregeln leisten können. Deren Betrachtungsweise ist eine bilanzielle. Unter das geschützte Gesellschaftsvermögen im Zusammenhang mit der Existenzvernichtungshaftung fallen demgegenüber auch Geschäftschancen und -ressourcen. So bieten die §§ 30, 31 GmbHG etwa dann keinen Schutz, wenn die Gesellschafter qualifiziertes Personal aus der Gesellschaft abziehen und in einer anderen von ihnen beherrschten Gesellschaft tätig werden lassen oder Geschäftschancen der Gesellschaft auf ein anderes Unternehmen umleiten. Es geht darum, alles zu erfassen, was es der

---

80 BGH 16.07.2007, II ZR 3/04, BGHZ 173, 246 = ZIP 2007, 1552 – TRIHOTEL; BGH 13.12.2007 – IX ZR 116/06, ZIP 2008, 455 Rn. 10.
81 BGH 13.12.2004, II ZR 256/02, ZIP 2005, 250, 251.
82 Vgl. BGH 09.02.2009, II ZR 292/07, BGHZ 179, 344 Rn. 17 f. = ZIP 2009, 802 – Sanitary.
83 BGH 24.07.2012, II ZR 177/11, ZIP 2012, 1804; vgl. auch BGH 13.12.2004, II ZR 206/02, ZIP 2005, 117; BGH 13.12.2004, II ZR 256/02, ZIP 2005, 250, 251; BGH 21.02.2013, IX ZR 52/10, ZIP 2013, 894 Rn. 20.
84 BGH 13.12.2004, II ZR 206/02, ZIP 2005, 117, 118.
85 BGH 16.07.2007, II ZR 3/04, BGHZ 173, 246 Rn. 46 = ZIP 2007, 1552 – TRIHOTEL; BGH 24.07.2012, II ZR 177/11, ZIP 2012, 1804 Rn. 14; BGH 21.02.2013, IX ZR 52/10, ZIP 2013, 894 Rn. 20.
86 *Strohn* ZInsO 2008, 706 (709).
87 BGH 24.07.2012, II ZR 177/11, ZIP 2012, 1804 Rn. 21; BGH 21.02.2013, IX ZR 52/10, ZIP 2013, 894 Rn. 23.
88 BGH 13.12.2004, II ZR 256/02, ZIP 2005, 250, 251; BGH 16.07.2007, II ZR 3/04, BGHZ 173, 246 = ZIP 2007, 1552 – TRIHOTEL; BGH 13.12.2007 – IX ZR 116/06, ZIP 2008, 455 Rn. 10; BGH 24.07.2012, II ZR 177/11, ZIP 2012, 1804 Rn. 25. Voraussetzungen verneinend in BGH 02.06.2008, II ZR 104/07, ZIP 2008, 1329; zur »Existenzvernichtungshaftung« in der Liquidationsgesellschaft vgl. BGH 09.02.2009, II ZR 292/07, BGHZ 179, 344 Rn. 37 f. = ZIP 2009, 802 – Sanitary; BGH 23.04.2012, II ZR 252/10, BGHZ 193, 96 Rn. 13 = ZIP 2012, 1071.
89 BGH 16.07.2007, II ZR 3/04, BGHZ 173, 246 = ZIP 2007, 1552 – TRIHOTEL; BGH 13.12.2007, IX ZR 116/06, ZIP 2008, 455 Rn. 10; BGH 21.02.2013, IX ZR 52/10, ZIP 2013, 894 Rn. 20.

Gesellschaft ermöglicht, ihre wirtschaftliche Tätigkeit planmäßig fortzusetzen und Umsatzerlöse zu generieren[90].

Eine besondere auf die Schädigung der Gesellschaft oder ihrer Gläubiger gerichtete Absicht setzt die 55 Haftung wegen Existenzvernichtung nicht voraus. Die Sittenwidrigkeit folgt bereits aus der Erfüllung der objektiven Voraussetzungen. In subjektiver Hinsicht genügt **bedingter Vorsatz**. Ein solcher liegt vor, wenn dem handelnden Gesellschafter bewusst ist, dass durch von ihm selbst oder mit seiner Zustimmung veranlasste Maßnahmen das Gesellschaftsvermögen sittenwidrig geschädigt wird; dafür reicht es aus, dass ihm die Tatsachen bewusst sind, die den Eingriff sittenwidrig machen, während ein Bewusstsein der Sittenwidrigkeit nicht erforderlich ist. Eine derartige Sittenwidrigkeit betrifft nicht nur die Fälle, in denen die Vermögensentziehung geschieht, um den Zugriff der Gläubiger auf dieses Vermögen zu verhindern, sondern ist auch dann anzunehmen, wenn die faktische dauerhafte Beeinträchtigung der Erfüllung der Verbindlichkeiten die voraussehbare Folge des Eingriffs ist und der Gesellschafter diese Rechtsfolge in Erkenntnis ihres möglichen Eintritts billigend in Kauf genommen hat[91].

b) Schaden

Die Gesellschaft hat nach § 249 Abs. 1 BGB einen Anspruch auf Naturalrestitution. Der Gesell- 56 schafter hat den Zustand herzustellen, der ohne den existenzvernichtenden Eingriff bestehen würde. Zu ersetzen sind die durch den Eingriff verursachten Vermögensnachteile der Gesellschaft. Das sind die entzogenen Vermögenspositionen, insolvenzbedingte Zerschlagungsverluste sowie ein etwa entgangener Gewinn. Die gesamten im Insolvenzverfahren angemeldeten Forderungen zuzüglich der Kosten des (vorläufigen) Insolvenzverfahrens sind – als Obergrenze des Anspruchs – nur dann zu ersetzen, wenn ohne den existenzvernichtenden Eingriff alle Gläubiger hätten befriedigt werden können[92].

Bei der Prüfung der Ersatzpflicht ist danach zu unterscheiden, ob die Gesellschaft durch den Eingriff 57 in ihr Vermögen **insolvent geworden** oder ob die schon **bestehende Insolvenzreife vertieft** worden ist. Nur im ersteren Fall kann es sein, dass der Gesellschafter für den gesamten Ausfall der Gläubiger haftet. Dies gilt allerdings nur dann, wenn ohne den existenzvernichtenden Eingriff alle Gläubiger hätten befriedigt werden können[93]. Wenn die GmbH ohne den schädigenden Eingriff nicht insolvenzreif geworden wäre, sind auch die Kosten des vorläufigen Insolvenzverfahrens und des Insolvenzverfahrens zu ersetzen[94]. Wurde eine bereits bestehende Insolvenzreife vertieft, haftet der Gesellschafter nur für den Quotenschaden, also für die Verschlechterung der Insolvenzquote infolge des von ihm zu verantwortenden Vermögensentzugs[95]. Der Schädiger hat außerdem gem. § 286 Abs. 1 und 2 Nr. 4, § 288 Abs. 1 BGB Verzugszinsen ab dem Zeitpunkt der Entziehung zu zahlen[96].

Zwischen den Ansprüchen aus den §§ 30, 31 GmbHG und aus existenzvernichtendem Eingriff 58 nach § 826 BGB besteht, soweit sie sich überschneiden, **Anspruchsgrundlagenkonkurrenz**. Dadurch wird der Gesellschaft bzw. dem **Insolvenzverwalter** die Rechtsverfolgung erleichtert, weil auch dann, wenn etwa der Nachweis eines existenzvernichtenden Eingriffs i.S.d. § 826 BGB nicht gelingt, die Rechtsverfolgung – ohne Änderung des prozessualen Streitverhältnisses – immer noch

---

90 *Strohn* ZInsO 2008, 706 (707 f.); aA *Gloger/Goette/Japing* ZInsO 2008, 1051 (1054) – dann nur Außenhaftung.
91 BGH 16.07.2007, II ZR 3/04, BGHZ 173, 246 Rn. 30 = ZIP 2007, 1552 – TRIHOTEL; BGH 09.02.2009, II ZR 292/07, BGHZ 179, 344 Rn. 24 = ZIP 2009, 802 – Sanitary; BGH 21.02.2013, IX ZR 52/10, ZIP 2013, 894 Rn. 21.
92 BGH 24.07.2012, II ZR 177/11, ZIP 2012, 1804 Rn. 28 f.
93 BGH 24.07.2012, II ZR 177/11, ZIP 2012, 1804 Rn. 28 f.; *Strohn* ZInsO 2008, 706 (710).
94 BGH 16.07.2007, II ZR 3/04, BGHZ 173, 246 Rn. 57 = ZIP 2007, 1552 – TRIHOTEL; BGH 24.07.2012, II ZR 177/11, ZIP 2012, 1804 Rn. 28 f.
95 *Strohn* ZInsO 2008, 706 (710).
96 BGH 13.12.2007 – IX ZR 116/06, ZIP 2008, 455 Rn. 13.

wenigstens im Umfang des Vorliegens verbotener Auszahlungen i.S.d. §§ 30, 31 GmbHG erfolgreich sein kann[97].

c) Verjährung

59 Der Anspruch aus Existenzvernichtungshaftung nach § 826 BGB verjährt nach den allgemeinen Vorschriften (§§ 195, 199 BGB) und nicht nach den Sonderverjährungsvorschriften des GmbHG[98].

d) Geltendmachung durch den Insolvenzverwalter

60 Im Fall der Eröffnung des Insolvenzverfahrens ist der – originär der Gesellschaft zustehende – Anspruch wegen Existenzvernichtung aus § 826 BGB nach § 80 InsO **vom Insolvenzverwalter** geltend zu machen, ohne dass es – anders als nach dem früheren Außenhaftungsmodell – zur Begründung der Zuständigkeit des Insolvenzverwalters einer Analogie zu § 93 InsO bedarf[99].

e) Darlegungs- und Beweislast

61 Die **Darlegungs- und Beweislast** für alle objektiven und subjektiven Tatbestandsmerkmale des Delikts trägt die Gesellschaft als Gläubigerin bzw. an ihrer Stelle in der Insolvenz der Insolvenzverwalter[100].

3. Vorsätzliche sittenwidrige Schädigung

a) Vermögensverlagerung

aa) Auffangtatbestand

62 Der Tatbestand des § 826 BGB kann auch in sonstiger Weise erfüllt sein und insbesondere gegenüber der Existenzvernichtungshaftung als Auffangtatbestand dienen, wenn deren Voraussetzungen nicht erfüllt sind.

63 Dies ist etwa dann der Fall, wenn der Gesellschafter Forderungen, die Bestandteil des Vermögens der GmbH sind »auf sich umleitet«[101]. So haften die Gesellschafter einer GmbH und eine von ihm beherrschte Schwestergesellschaft der GmbH den Gesellschaftsgläubigern jedenfalls nach § 826 BGB auf Schadensersatz, wenn sie der GmbH planmäßig deren Vermögen entziehen und es auf die Schwestergesellschaft verlagern, um den Zugriff der Gesellschaftsgläubiger zu verhindern und auf diese Weise das von der Gesellschaft betriebene Unternehmen ohne Rücksicht auf die entstandenen Schulden fortführen zu können. In diesem Fall wäre es fraglich gewesen, die Grundsätze der Existenzvernichtungshaftung auf die Schwestergesellschaft anzuwenden[102].

---

97 BGH 16.07.2007, II ZR 3/04, BGHZ 173, 246 Rn. 39f = ZIP 2007, 1552 – TRIHOTEL; BGH 23.04.2012, II ZR 252/10, BGHZ 193, 96 Rn. 22 = ZIP 2012, 1071; BGH 24.07.2012, II ZR 177/11, ZIP 2012, 1804 Rn. 31.
98 BGH 24.07.2012, II ZR 177/11, ZIP 2012, 1804 Rn. 14; BGH 21.02.2013, IX ZR 52/10, ZIP 2013, 894 Rn. 25.
99 BGH 16.07.2007, II ZR 3/04, BGHZ 173, 246 Rn. 34 = ZIP 2007, 1552 – TRIHOTEL.
100 BGH 16.07.2007, II ZR 3/04, BGHZ 173, 246 Rn. 41 = ZIP 2007, 1552 – TRIHOTEL; BGH 07.01.2008, II ZR 314/05, ZIP 2008, 308 Rn. 14; BGH 23.04.2012, II ZR 252/10, BGHZ 193, 96 Rn. 13 = ZIP 2012, 1071; zur Feststellungswirkung einer Bilanz vgl. BGH 09.02.2009, II ZR 292/07, BGHZ 179, 344 Rn. 50 = ZIP 2009, 802 – Sanitary; BGH 02.03.2009, II ZR 264/07, ZIP 2009, 1111 Rn. 15; BGH 15.03.2011, II ZR 301/09, ZIP 2011, 858 Rn. 7.
101 BGH 20.09.2004, II ZR 302/02, ZIP 2004, 2138; BGH 13.12.2004, II ZR 256/02, ZIP 2005, 250, 252; *BGH 07.01.2008*, II ZR 314/05, ZIP 2008, 308 Rn. 13.
102 BGH 24.06.2002, II ZR 300/00, BGHZ 151, 181 = ZIP 2002, 1578, 1579 – KBV; BGH 20.09.2004, II ZR 302/02, ZIP 2004, 2138; vgl. aber BGH 21.02.2013, IX ZR 52/10, ZIP 2013, 894 Rn. 20 und 23.

Die Gesellschafter einer GmbH sind nicht verpflichtet, deren Geschäftsbetrieb im Interesse von Gesellschaftsgläubigern **fortzuführen**. Sie können den Geschäftsbetrieb sogar mit dem Ziel der Weiterführung durch eine neu gegründete Gesellschaft einstellen. Dabei müssen sie aber die für die Abwicklung der GmbH geltenden Regeln beachten. Insbesondere dürfen sie nicht außerhalb eines Liquidationsverfahrens planmäßig das Vermögen einschließlich der Geschäftschancen von der alten Gesellschaft auf die neue Gesellschaft verlagern und so den Gläubigern der alten Gesellschaft den Haftungsfonds entziehen. In diesem Fall kommt eine Haftung nach § 826 BGB in Betracht[103]. 64

Für eine Haftung aus § 826 BGB kommt es dem Grunde nach nicht darauf an, ob die Schuldnerin zum Zeitpunkt der schädigenden Handlungen **bereits insolvenzreif war**. Entscheidend ist allein, dass die Gesellschaftsgläubiger infolge der Eingriffe in das Gesellschaftsvermögen geschädigt worden sind. Das ist auch dann der Fall, wenn die Gesellschaft schon überschuldet ist, diese Überschuldung aber noch vertieft wird mit der Folge, dass die Gläubiger schlechter dastehen als ohne die schädigende Handlung[104]. 65

bb) Verjährung

Der Anspruch aus § 826 BGB **verjährt** nach den allgemeinen Regeln. Die Sonderverjährungsvorschriften des GmbHG finden auf deliktische Ansprüche keine Anwendung[105]. 66

cc) Geltendmachung durch den Insolvenzverwalter

Den vorbeschriebenen Schadensersatzanspruch aus § 826 BGB kann der **Insolvenzverwalter** in der Insolvenz der GmbH nach § 92 InsO geltend machen. Der Schaden besteht in einer Verkürzung der Masse und betrifft damit sämtliche Gläubiger[106]. 67

b) Materielle Unterkapitalisierung

Eine Haftung wegen (qualifizierter) materieller Unterkapitalisierung lehnt der Bundesgerichtshof ab. Es besteht keine Veranlassung, die eng begrenzte besondere Fallgruppe des existenzvernichtenden Eingriffs im Rahmen des § 826 BGB aus allgemeinen Schutzzweckerwägungen auf ein Unterlassen hinreichender Kapitalausstattung im Sinne einer »Unterkapitalisierung« der GmbH zu erweitern. Denn bei dem Vorwurf einer **unzureichenden finanziellen Ausstattung** geht es nicht um den von der Existenzvernichtungshaftung sanktionierten Entzug von – der Gläubigerbefriedigung dienendem – Gesellschaftsvermögen. Deren Einordnung als besondere Fallgruppe der Existenzvernichtungshaftung wäre daher systemwidrig[107]. 68

Der Bundesgerichtshof sah mangels einer im derzeitigen gesetzlichen System des GmbHG bestehenden Gesetzeslücke auch keinen Raum für die Statuierung einer allgemeinen gesellschaftsrechtlichen – verschuldensabhängigen oder gar verschuldensunabhängigen – Haftung des Gesellschafters wegen materieller Unterkapitalisierung im Wege **höchstrichterlicher Rechtsfortbildung**. Ob und ggf. unter welchen Voraussetzungen unter diesem Aspekt eine persönliche Haftung des Gesellschafters nach § 826 BGB in Betracht kommen kann, ließ der Bundesgerichtshof offen[108]. 69

---

103 BGH 20.09.2004, II ZR 302/02, ZIP 2004, 2138, 2139; BGH 23.04.2012, II ZR 252/10, BGHZ 193, 96 Rn. 17 = ZIP 2012, 1071.
104 BGH 20.09.2004, II ZR 302/02, ZIP 2004, 2138, 2139.
105 BGH 12.06.1989, II ZR 334/87, ZIP 1989, 1390, 1392; BGH 10.02.1992, II ZR 23/91, WM 1992, 691, 692; BGH 09.02.2009, II ZR 292/07, BGHZ 179, 344 Rn. 33 = ZIP 2009, 802 – Sanitary.
106 BGH 20.09.2004, II ZR 302/02, ZIP 2004, 2138, 2140.
107 BGH 28.04.2008, II ZR 264/06, BGHZ 176, 204 Rn. 13 = ZIP 2008, 1232 – GAMMA.
108 BGH 28.04.2008, II ZR 264/06, BGHZ 176, 204 = ZIP 2008, 1232 – GAMMA.

IV. Sicherung der Kapitalaufbringung

1. Gesetzliche Grundlage

70 Nach § 7 Abs. 2 Satz 1 GmbHG darf die **Anmeldung zur Eintragung** der GmbH in das Handelsregister erst erfolgen, »wenn auf jeden Geschäftsanteil, soweit nicht Sacheinlagen vereinbart sind, ein Viertel des Nennbetrags eingezahlt ist«. Der Mindestbetrag der eingezahlten **Geldeinlagen** zuzüglich des Gesamtnennbetrags der Geschäftsanteile, für die Sacheinlagen zu leisten sind, muss 12.500 € betragen (§ 7 Abs. 2 Satz 2, § 5 Abs. 1 GmbHG). **Sacheinlagen** sind vor der Anmeldung so an die Gesellschaft zu bewirken, dass sie endgültig zur freien Verfügung der Geschäftsführer stehen (§ 7 Abs. 3 GmbHG). In der Anmeldung haben die Geschäftsführer die Versicherung abzugeben, dass die Leistungen auf die Geschäftsanteile bewirkt sind und der Gegenstand der Leistungen sich endgültig in ihrer freien Verfügung befindet (§ 8 Abs. 2 Satz 1 GmbHG). Diese Regelungen gelten für die Kapitalerhöhung entsprechend (§§ 56a, 57 Abs. 2 GmbHG). Eine Ausnahme gilt für § 7 Abs. 2 Satz 2 GmbHG. Bei der Kapitalerhöhung ist es also ausreichend, wenn auf jeden Geschäftsanteil ein Viertel des Nennbetrags eingezahlt wird.

2. Erfüllung der Bareinlageforderung

a) Einforderung durch den Insolvenzverwalter

71 Aus den §§ 20 und 46 Nr. 2 GmbHG ergibt sich, dass die **Fälligkeit** der Bareinlage grundsätzlich deren »Einforderung« voraussetzt. Etwas anderes gilt, wenn und soweit der Fälligkeitstermin bereits im Gesellschaftsvertrag oder im Kapitalerhöhungsbeschluss festgesetzt ist[109]. Der Einforderungsbeschluss kann konkludent gefasst werden[110].

72 In der Insolvenz der GmbH kommt es hierauf nicht an. Der **Insolvenzverwalter** kann die noch offene, bislang nicht fällig gestellte Einlage selbst einfordern, ohne dass es dazu einer Festsetzung im Gesellschaftsvertrag oder eines vorherigen Gesellschafterbeschlusses nach § 46 Nr. 2 GmbHG bedarf. Er ist durch eine statutarische Fälligkeitsbestimmung auch nicht an der Einforderung gehindert. Denn mit der Verfahrenseröffnung geht das Recht, die zur Insolvenzmasse der GmbH i.S. des § 35 InsO zählende Einlageforderung geltend zu machen, auf den Insolvenzverwalter über; mit dem Wegfall der bisherigen Rechtszuständigkeit entfällt auch die Kompetenz der Gesellschafterversammlung. Sobald die Liquidität für die Gläubigerbefriedigung im Rahmen des Insolvenzverfahrens zur Verfügung stehen muss, ist der Zufluss des Eigenkapitals nicht mehr Gegenstand des unternehmerischen Ermessens. Dementsprechend ist der Insolvenzverwalter an gesetzliche oder satzungsrechtliche Einschränkungen, die Art oder Zeitpunkt der Geltendmachung der Ansprüche betreffen und ihre Durchsetzung erschweren, nicht gebunden[111].

b) Anspruchsbegrenzung

73 Ansprüche auf Kapitalaufbringung in der Insolvenz der GmbH unterliegen einer Begrenzung **durch den Insolvenzzweck**. Der Insolvenzzweck erfordert den Schutz der Kapitalaufbringung dann nicht mehr, wenn alle Gesellschaftsgläubiger bereits befriedigt, die Vermögensstücke im Wesentlichen versilbert sind, jeglicher Geschäftsbetrieb beendet und die Entstehung neuer Verbindlichkeiten, die nicht aus den vorhandenen Barbeständen befriedigt werden können, nicht zu erwarten ist. Kapitalaufbringungsansprüche werden dann gegenstandslos[112].

---

[109] Vgl. BGH 29.06.1961, II ZR 39/60, WM 1961, 855; BGH 15.04.1991, II ZR 209/90, ZIP 1991, 724, 726; BGH 04.03.1996, II ZR 89/95, ZIP 1996, 595, 596; BGH 09.01.2006, II ZR 72/05, BGHZ 165, 352 = ZIP 2006, 331 Rn. 7.

[110] BGH 16.09.2002, II ZR 1/00, BGHZ 152, 37 = ZIP 2002, 2045, 2046.

[111] BGH 10.05.1982, II ZR 89/81, BGHZ 84, 47, 48 = ZIP 1982, 837 f.; BGH 15.10.2007, II ZR 216/06, ZIP 2007, 2416 Rn. 18.

[112] BGH 30.11.1967, II ZR 68/65, WM 1968, 33, 35; BGH 09.02.2012 – IX ZB 230/10, ZIP 2012, 532 Rn. 12 für die Liquidation; BGH 21.09.1978, II ZR 214/77, WM 1978, 1271 für die Insolvenz.

c) Treuhandverhältnis

Beteiligt sich jemand als **Treuhänder** an der Gründung einer Gesellschaft, trifft ihn die vermögensrechtliche Haftung[113]. Aber auch der **Treugeber** wird im Interesse des Gläubigerschutzes[114] in Bezug auf die Kapitalaufbringung einem unmittelbaren Gesellschafter gleichgestellt[115]. 74

d) Verwendungsabsprachen

Der **Mindesteinlagebetrag** muss in die endgültig freie Verfügung der Geschäftsführer gelangen (§ 7 Abs. 2, § 8 Abs. 2, § 57 Abs. 2 GmbHG). Dieses Erfordernis ist erfüllt, wenn die Leistung aus dem Vermögen des Inferenten ausgeschieden und der GmbH derart zugeflossen ist, dass sie uneingeschränkt für Zwecke der Gesellschaft verwendet werden kann[116]. Die Befriedigung eines Gesellschaftsgläubigers bei der **Weiterleitung** der an die Gesellschaft geleisteten Einlagezahlung geschieht – anders als bei der Direktzahlung durch den Inferenten – in Ausübung dieser freien Verfügungsmacht der Geschäftsführung[117]. 75

Schuldrechtliche Verwendungsabsprachen zwischen dem Geschäftsführer, einem Dritten oder dem Einleger, durch welche die Geschäftsführung der Gesellschaft verpflichtet wird, mit den einzuzahlenden Einlagemitteln in bestimmter Weise zu verfahren, sind in diesem Fall, aber auch sonst aus der Sicht der Kapitalaufbringung unschädlich, wenn sie allein der Umsetzung von Investitionsentscheidungen der Gesellschafter oder sonstiger ihrer Weisung unterliegender geschäftspolitischer Zwecke dienen und soweit die Einlage nicht unmittelbar oder mittelbar an den Gesellschafter zurückfließt[118]. 76

Zu Zwecken der GmbH werden Einlagemittel auch dann verwendet, wenn sie ihr erbrachte **Dienstleistungen** eines Gesellschafters bezahlt, die sie ansonsten anderweitig hätte einkaufen müssen[119]. 77

e) Unmittelbare Zahlung an Dritte

Anders als bei der Weiterleitung des Einlagebetrags durch die Gesellschaft, liegt bei der unmittelbaren Leistung der Einlage an einen Dritten, bei der jegliche Einwirkungsmöglichkeit des Geschäftsführers ausgeschlossen wird, grundsätzlich keine Leistung der **Mindesteinlage** zur freien Verfügung der Geschäftsführung (§ 8 Abs. 2 Satz 1 GmbHG) vor[120]. 78

Der Einlagebetrag, der die **Mindesteinlage** i.S.d. § 7 Abs. 2, § 8 Abs. 2, §§ 56 und 57 Abs. 2 GmbHG **übersteigt**, braucht nicht zur »endgültig freien Verfügung« der Geschäftsführer geleistet zu werden. Daher darf der Bareinleger eine Gesellschaftsschuld entsprechend § 362 Abs. 2 BGB durch unmittelbare Zahlung an den Gesellschaftsgläubiger tilgen, soweit die Geschäftsführung dazu ihr Einverständnis gegeben hat. Im Interesse eines wirksamen Gläubigerschutzes muss die For- 79

---

113 BGH 14.12.1959, II ZR 187/57, BGHZ 31, 258, 263 f., 266.
114 BGH 13.04.1992, II ZR 225/91, BGHZ 118, 107, 111, 114, 116 = ZIP 1992, 919, 921.
115 BGH 14.12.1959, II ZR 187/57, BGHZ 31, 258, 264 ff., 266; BGH 21.11.2005, II ZR 277/03, BGHZ 165, 106 = ZIP 2006, 279 Rn. 20.
116 Vgl. BGH 16.02.2009, II ZR 120/07, BGHZ 180, 38 Rn. 17 = ZIP 2009, 713 – Qivive.
117 BGH 29.01.2001, II ZR 183/00, ZIP 2001, 513, 515; BGH 12.04.2011, II ZR 17/10, ZIP 2011, 1101 Rn. 12.
118 BGH 24.09.1990, II ZR 203/89, ZIP 1990, 1400, 1401; BGH 18.02.1991, II ZR 104/90, BGHZ 113, 335, 348 = ZIP 1991, 511; BGH 02.12.2002, II ZR 101/02, BGHZ 153, 107 = ZIP 2003, 211, 212; BGH 12.02.2007, II ZR 272/05, BGHZ 171, 113 Rn. 10 = ZIP 2007, 528; BGH 22.03.2010, II ZR 12/08, BGHZ 185, 44 Rn. 14 = ZIP 2010, 978 – ADCOCOM; BGH 12.04.2011, II ZR 17/10, ZIP 2011, 1101 Rn. 12.
119 Vgl. BGH 16.02.2009, II ZR 120/07, BGHZ 180, 38 Rn. 17 = ZIP 2009, 713 – Qivive.
120 BGH 18.03.2002, II ZR 363/00, BGHZ 150, 197, 200 = ZIP 2002, 799, 801; BGH 12.04.2011, II ZR 17/10, ZIP 2011, 1101 Rn. 12; **streitig**, wie hier *Pentz* in Rowedder/Schmidt-Leithoff GmbHG § 19 Rn. 56 mzN für beide Auffassungen.

derung des Gläubigers jedoch vollwertig, fällig und liquide sein, damit eine vollständige Erfüllungswirkung gegenüber der GmbH eintritt[121].

f) Zahlung auf ein debitorisches Geschäftskonto

80 Zahlt der Inferent den Betrag auf ein laufendes, im Debet befindliches Geschäftskonto der Gesellschaft ein, wird er von seiner Einlageverbindlichkeit frei, wenn und soweit die Bank eine Verfügung über den eingezahlten Betrag zulässt. Dabei kommt es nicht darauf an, ob der Gesellschaft ein entsprechender Kreditrahmen förmlich eingeräumt worden ist. Es reicht aus, dass die Geschäftsführung infolge der Einzahlung in die Lage versetzt wird, erneut Kredit in Höhe des eingezahlten Betrags in Anspruch zu nehmen, mag das auch auf einer nur stillschweigenden Gestattung der Bank beruhen[122]. Demgegenüber liegt eine Leistung zur freien Verfügung der Geschäftsführung nicht vor, wenn die Gesellschaft aufgrund der Verrechnung der Einlagezahlung mit dem Schuldsaldo, insbesondere wegen gleichzeitiger Kündigung oder Rückführung des eingeräumten Kreditrahmens, keine Möglichkeit hat, über Mittel in entsprechender Höhe zu verfügen[123].

81 Die Leistung einer Bareinlage, durch die der Debetsaldo eines Bankkontos zurückgeführt wird, kann auch dann zur freien Verfügung erfolgt sein, wenn das Kreditinstitut der Gesellschaft mit Rücksicht auf die Kapitalerhöhung **auf einem anderen Konto** einen Kredit zur Verfügung stellt, der den Einlagebetrag erreicht oder übersteigt[124].

g) Keine Befreiung von der Leistungspflicht

82 Nach § 19 Abs. 2 Satz 1 GmbHG können die Gesellschafter von der Verpflichtung zur Leistung der Einlagen nicht befreit werden. Bei einem objektiven Verstoß gegen dieses Verbot bleibt die Einlagepflicht bestehen. Im Hinblick auf den beabsichtigten Schutz der Kapitalaufbringung ist die Vorschrift zwingend und weit auszulegen. Verboten sind der Erlass sowie jedes Rechtsgeschäft, das zu einem dem Erlass vergleichbaren Ergebnis führt[125] und die Abgabe eines negativen Schuldanerkenntnisses[126].

83 Das Befreiungsverbot gilt vorbehaltlich der Begrenzung durch den Insolvenzzweck auch im Rahmen des **Insolvenzverfahrens**[127]. Der Insolvenzzweck erfordert den Schutz der Kapitalaufbringung dann nicht mehr, wenn alle Gesellschaftsgläubiger bereits befriedigt, die Vermögensstücke im Wesentlichen versilbert sind, jeglicher Geschäftsbetrieb beendet und die Entstehung neuer Verbindlichkeiten, die nicht aus den vorhandenen Barbeständen befriedigt werden können, nicht zu erwarten ist[128].

h) Vergleich über die Einlageforderung

84 Im Hinblick auf das Befreiungsverbot in § 19 Abs. 2 Satz 1 GmbHG ist der Abschluss eines **Vergleichs über die Einlageforderung** problematisch. Ein Vergleich ist dann zulässig, wenn er wegen tatsächlicher oder rechtlicher Ungewissheit über den Bestand oder Umfang des Anspruchs geschlos-

---

121 BGH 25.11.1985, II ZR 48/85, ZIP 1986, 161, 162; BGH 13.07.1992, II ZR 263/91, BGHZ 119, 177, 184 f. = ZIP 1992, 1387, 1389; *Pentz* in Rowedder/Schmidt-Leithoff GmbHG § 19 Rn. 55.
122 BGH 24.09.1990, II ZR 203/89, ZIP 1990, 1400, 1401; BGH 03.12.1990, II ZR 215/89, ZIP 1991, 445; BGH 18.03.2002, II ZR 363/00, BGHZ 150, 197 = ZIP 2002, 799, 800; BGH 08.11.2004, II ZR 362/02, ZIP 2005, 121, 122; BGH 12.04.2011, II ZR 17/10, ZIP 2011, 1101 Rn. 13; missverständlich BGH 10.06.1996, II ZR 98/95, ZIP 1996, 1466, 1467.
123 BGH 03.12.1990, II ZR 215/89, ZIP 1991, 445; BGH 24.09.1990, II ZR 203/89, ZIP 1990, 1400, 141.
124 BGH 18.03.2002, II ZR 363/00, BGHZ 150, 197 = ZIP 2002, 799, 800.
125 *Pentz* in Rowedder/Schmidt-Leithoff GmbHG § 19 Rn. 43.
126 *Pentz* in Rowedder/Schmidt-Leithoff GmbHG § 19 Rn. 45.
127 *MüKoGmbHG-Märtens* § 19 Rn. 56; *Pentz* in Rowedder/Schmidt-Leithoff GmbHG § 19 Rn. 38.
128 BGH 30.11.1967, II ZR 68/65, WM 1968, 33, 35; BGH 09.02.2012 – IX ZB 230/10, ZIP 2012, 532 Rn. 12 für die Liquidation; BGH 21.09.1978, II ZR 214/77, WM 1978, 1271 für die Insolvenz.

sen wird und sich dahinter nicht nur eine Befreiung in der Form eines Vergleichs verbirgt[129]. Dies gilt etwa bei ernsthaften Meinungsverschiedenheiten über die Bewertung einer Sacheinlage oder begleitende Zusagen des Inferenten. Weiter gehören hierher ernsthafte Zweifel hinsichtlich des Umfangs von Einlagepflichten, wie bei der Einbringung von Sachgesamtheiten, etwa eines Unternehmens[130].

Ein vollständiges Vergleichsverbot würde den **Insolvenzverwalter** zwingen, trotz Zweifel am Bestand der Forderung und an den Erfolgsaussichten ein gerichtliches Verfahren einzuleiten und bis zu einem Urteil durchzuführen, oder von vornherein wegen der die Chancen übersteigenden finanziellen Risiken der Prozessführung auf eine Geltendmachung zu verzichten. Der Vergleich ist aber nur zulässig, wenn und soweit ungewiss ist, ob die Leistungspflicht besteht, nicht schon bei Zweifeln an der Durchsetzbarkeit[131]. Die Rechtsnatur der Einlageforderung wird durch den Vergleich nicht verändert, so dass sie den in § 19 GmbHG verankerten Bestimmungen zum Schutz der Kapitalaufbringung unterfällt[132]. 85

i) Schiedsfähigkeit

Rechtsstreitigkeiten über die Wirksamkeit der Aufbringung des Stammkapitals einer GmbH sind schiedsfähig[133]. 86

3. Darlegungs- und Beweislast

In einem Rechtsstreit über die Erfüllung einer Einlageschuld (§ 19 Abs. 1 GmbHG, § 362 BGB) ist grundsätzlich **der betreffende Gesellschafter** darlegungs- und beweispflichtig dafür, dass die Einlage erbracht wurde[134]. Das gilt auch dann, wenn die Zahlungsvorgänge längere Zeit zurückliegen oder der Gesellschafter den Geschäftsanteil erst später erworben hat[135]. Dem Gesellschafter ist daher dringend zu raten, einen Beweis für die Einzahlung zu sichern. 87

Es genügt, jedenfalls zunächst, der Nachweis, dass die Einlage **auf ein Konto der GmbH** eingezahlt wurde. Bei unstreitiger oder bewiesener Einlageleistung des Gründungsgesellschafters einer GmbH auf ein Konto der Gesellschaft ist von einer Erfüllung der Einlageschuld jedenfalls solange auszugehen, wie nicht konkrete Anhaltspunkte dafür dargetan sind, dass die Gesellschaft daran gehindert ist, über den eingezahlten Betrag zu verfügen. Fehlt es schon an Anhaltspunkten für eine debitorische Kontoführung der Gesellschaft zum Zeitpunkt der Einzahlung, und erst recht dafür, dass sie dadurch gehindert war, über den eingezahlten Betrag zu verfügen, so ist der Nachweis der Erfüllung der Einlageverpflichtung erbracht[136]. 88

Der Tatrichter kann den Beweis aufgrund unstreitiger oder erwiesener **Indiztatsachen** als geführt ansehen[137]. Allein die Vorlage von Jahresabschlüssen und Bilanzen, die die Stammeinlagen als vollständig erbracht ausweisen, genügt für eine substantiierte Darlegung jedenfalls dann nicht, wenn sie nicht erkennen lassen, ob und in welcher Art und Weise sich die mit der Erstellung befassten Wirtschaftsprüfer bzw. Steuerberater von der tatsächlichen Erbringung der Stammeinlagen überzeugt haben[138]. Weist eine **Bilanz** die Zahlung der Stammeinlage aus und wird der Steuerberater, der in der Bilanz vermerkt hat »aufgestellt aufgrund der vorgelegten Buch- und Inventurunterlagen« als Zeuge 89

---

129 BGH 06.12.2011, II ZR 149/10, BGHZ 191, 364 = ZIP 2012, 73 Rn. 20 f.
130 *Pentz* in Rowedder/Schmidt-Leithoff GmbHG § 19 Rn. 60.
131 BGH 06.12.2011, II ZR 149/10, BGHZ 191, 364 = ZIP 2012, 73 Rn. 20 f.; vgl. auch BGH 19.07.2004, II ZR 65/03, BGHZ 160, 127 = ZIP 2004, 1616.
132 BGH 06.12.2011, II ZR 149/10, BGHZ 191, 364 = ZIP 2012, 73 Rn. 33 f.
133 BGH 19.07.2004, II ZR 65/03, BGHZ 160, 127 = ZIP 2004, 1616, 1617.
134 Vgl. BGH 22.06.1992, II ZR 30/91, ZIP 1992, 1303; BGH 13.09.2004, II ZR 137/02, ZIP 2005, 28; BGH 09.07.2007, II ZR 222/06, ZIP 2007, 1755 Rn. 2.
135 BGH 09.07.2007, II ZR 222/06, ZIP 2007, 1755 Rn. 2.
136 BGH 08.11.2004, II ZR 202/03, DStR 2005, 297.
137 BGH 09.07.2007, II ZR 222/06, ZIP 2007, 1755.
138 OLG Jena ZIP 2009, 1759 unter II. 1. b.

benannt, ist er zu vernehmen[139]. Unter Umständen kommt eine **sekundäre Darlegungslast** des Insolvenzverwalters in Betracht[140].

4. Voreinzahlungen auf eine Kapitalerhöhung

a) Grundsatz der Unversehrtheit

90 Es gehört zu den unabdingbaren Forderungen des Kapitalgesellschaftsrechts, die juristische Person mit einem garantierten Mindestkapital als notwendigem Betriebs- und Haftungsfonds entstehen zu lassen. Das setzt voraus, dass der Gesellschaft, sobald sie mit der Eintragung in das Handelsregister entsteht, das Stammkapital möglichst ungeschmälert zur Verfügung steht (Grundsatz der Unversehrtheit). Um dieses Ziel sicherzustellen, wurde in Schrifttum und Rechtsprechung lange Zeit die Auffassung vertreten, die GmbH dürfe nur mit solchen Verbindlichkeiten belastet ins Leben treten, die ihre Grundlage in Gesetz oder Satzung haben oder die für das Entstehen der Gesellschaft notwendig sind[141]. Dieses Vorbelastungsverbot hat der Bundesgerichtshof aufgegeben und durch die **Unterbilanzhaftung** der Gründergesellschafter ersetzt (s. Rdn. 6 ff.)[142].

b) Voreinzahlung nach dem Kapitalerhöhungsbeschluss

91 Die Ausgangssituation bei der Kapitalerhöhung (§ 55 ff. GmbHG) ist eine andere als bei der Gründung. Weil die Gesellschaft im Zeitpunkt der Kapitalerhöhung bereits besteht, kommt dem Vorbelastungsverbot ebenso wenig Bedeutung zu wie der Unterbilanzhaftung[143]. Der Wortlaut des Gesetzes wirft jedoch für die Barkapitalerhöhung die Frage auf, ob die Geschäftsführer über den der Gesellschaft aus der Kapitalerhöhung zugeflossenen Betrag bereits vor der Anmeldung der Kapitalerhöhung zur Eintragung in das Handelsregister verfügen dürfen. Denn wie bei der Gründung haben die Geschäftsführer bei der Kapitalerhöhung in der Anmeldung die Versicherung abzugeben, dass die Einlagen auf das (neue) Stammkapital bewirkt sind und der Gegenstand der Leistung sich endgültig in ihrer freien Verfügung befindet (§ 57 Abs. 2 Satz 1 GmbHG). Der Bundesgerichtshof hat zunächst für die Aktiengesellschaft, bei der die Rechtslage insoweit derjenigen bei der GmbH vergleichbar ist, entschieden, dass der Vorstand über den eingeforderten Betrag (§ 36a Abs. 1 AktG, der § 7 Abs. 2 Satz 1 GmbHG entspricht) unter dem Vorbehalt wertgleicher Deckung bereits vor Anmeldung der Durchführung der Kapitalerhöhung verfügen darf[144].

92 Das Erfordernis einer **wertgleichen Deckung** bis zur Anmeldung der Kapitalerhöhung oder gar bis zur Eintragung in das Handelsregister hat der Bundesgerichtshof später aufgegeben. Bei einer Kapitalerhöhung ist die Bareinlage schon dann zur (endgültig) freien Verfügung der Geschäftsführung geleistet worden, wenn sie **nach dem Kapitalerhöhungsbeschluss** in ihren uneingeschränkten Verfügungsbereich gelangt ist und nicht an den Einleger zurückfließt. Von diesem Zeitpunkt an ist das geschäftsführende Organ berechtigt, im Rahmen seiner unternehmerischen Entscheidungsfreiheit im Interesse der Gesellschaft über das eingebrachte Vermögen zu verfügen[145]. Der Inferent hat seine Einlageschuld erfüllt und kann vom **Insolvenzverwalter** nicht noch einmal in Anspruch genommen werden.

---

139 BGH 13.09.2004, II ZR 137/02, ZIP 2005, 28.
140 BGH 09.07.2007, II ZR 222/06, ZIP 2007, 1755 Rn. 1.
141 BGH 09.10.1970, II ZR 137/69, BGHZ 53, 210 (212); BGH 15.12.1975, II ZR 95/73, BGHZ 65, 378, 383.
142 BGH 09.03.1981, II ZR 54/80, BGHZ 80, 129, 133 ff. = ZIP 1981, 394, 395; BGH 24.10.1988, II ZR 176/88, BGHZ 105, 300 = ZIP 1989, 27.
143 BGH 13.07.1992, II ZR 263/91, BGHZ 119, 177, 187 = ZIP 1992, 1387, 1390; BGH 18.03.2002, II ZR 363/00, BGHZ 150, 197 = ZIP 2002, 799, 801.
144 BGH 13.07.1992, II ZR 263/91, BGHZ 119, 177, 187 f. = ZIP 1992, 1387, 1390; vgl. auch BGH 10.06.1996, II ZR 98/95, ZIP 1996, 1466.
145 BGH 18.03.2002, II ZR 363/00, BGHZ 150, 197 = ZIP 2002, 799, 801; BGH 08.11.2004, II ZR 362/02, ZIP 2005, 121, 122.

Die **Versicherung des Geschäftsführers** hat dahin zu lauten, dass der Betrag der Einzahlung zur freien 93
Verfügung der Geschäftsführung für die Zwecke der Gesellschaft eingezahlt und auch in der Folge
nicht an den Einleger zurückgezahlt worden ist[146].

c) Voreinzahlung vor dem Kapitalerhöhungsbeschluss

Die Zahlung auf eine künftige Einlagenschuld hat nach der Rechtsprechung des Bundesgerichtshofs 94
– von eng begrenzten Ausnahmen aus Sanierungsgründen abgesehen[147] – allein dann schuldtilgende
Wirkung, wenn der eingezahlte Betrag **im Zeitpunkt des Erhöhungsbeschlusses** als solcher noch im
Vermögen der Gesellschaft vorhanden ist[148].

Der Kapitalerhöhungsbeschluss bildet die **maßgebliche Zäsur**, von der ab der Geschäftsführer ihm 95
aufgrund dieses Beschlusses zugegangene Einlageleistungen für Zwecke der Gesellschaft verwenden
darf, ohne dass der Gesellschafter Gefahr läuft, von seiner Einlageverpflichtung nicht frei zu werden.
Ist eine Bareinlage vereinbart, kann der geschuldete Betrag grundsätzlich **erst ab diesem Zeitpunkt
eingezahlt** werden; vorher an die Gesellschaft erbrachte Geldleistungen werden nach dem Kapital-
aufbringungssystem des GmbHG grundsätzlich nicht als Zahlungen auf die geschuldete Bareinlage
anerkannt. Hiervon macht der Bundesgerichtshof – aus Gründen der Vereinfachung der Abwicklung – allein für den Fall eine Ausnahme, dass sich der vorher eingezahlte Betrag als solcher – also
nicht nur wertmäßig – im Zeitpunkt der Beschlussfassung über die Kapitalerhöhung zweifelsfrei
noch im Gesellschaftsvermögen befindet[149].

Erfüllt ist diese Voraussetzung, wenn der geschuldete Betrag sich entweder in der **Kasse der Gesell-** 96
schaft befindet oder wenn der Gesellschafter auf ein Konto der Gesellschaft einzahlt und dieses anschließend und fortdauernd bis zur Fassung des Kapitalerhöhungsbeschlusses ein **Guthaben** in entsprechender Höhe ausweist[150]. Durch die Voreinzahlung auf ein **im Debet geführtes Kreditkonto**
der GmbH vor dem Kapitalerhöhungsbeschluss wird die Einlageschuld des Gesellschafters nicht getilgt[151]. Auch dann nicht, wenn die Bank nach Verrechnung des überwiesenen Einlagebetrags mit
Schulden der Gesellschaft eine Verfügung in entsprechender Höhe gestattet[152].

Hat der Gesellschafter auf eine geplante Kapitalerhöhung gezahlt, ist aber eine Tilgung seiner Ein- 97
lageschuld dadurch nicht eingetreten, kann er seinen daraus resultierenden Bereicherungsanspruch
als (offene) Sacheinlage einbringen. Geschieht das nicht, liegt eine **verdeckte Sacheinlage** i.S.d. § 19
Abs. 4 Satz 1 GmbHG vor. Denn bei wirtschaftlicher Betrachtung wird die Einlage nicht durch
Geldleistung, sondern durch **Einbringung der Bereicherungsforderung** des Gesellschafters erfüllt[153]. Eine entsprechende Abrede wird zwar förmlich in der Regel nicht getroffen werden. Das
ist aber auch nicht erforderlich, da sie bei einem engen zeitlichen und sachlichen Zusammenhang
vermutet wird[154].

---

146 BGH 18.03.2002, II ZR 363/00, BGHZ 150, 197 = ZIP 2002, 799, 801.
147 Vgl. hierzu BGH 26.06.2006, II ZR 43/05, BGHZ 168, 201 = ZIP 2006, 2214 sowie die Darstellung bei
     Henze/Born Fn 1 Rn. 447 ff.
148 BGH 02.12.1968, II ZR 144/67, BGHZ 51, 157, 159; BGH 15.03.2004, II ZR 210/01, BGHZ 158, 283,
     284 f. = ZIP 2004, 849, 850; BGH 26.06.2006, II ZR 43/05, BGHZ 168, 201 = ZIP 2006, 2214.
149 BGH 13.05.1996, II ZR 275/94, ZIP 1996, 1248, 1249; BGH 15.03.2004, II ZR 210/01, BGHZ 158,
     283 = ZIP 2004, 849, 850; BGH 26.06.2006, II ZR 43/05, BGHZ 168, 201 Rn. 13 = ZIP 2006, 2214.
150 BGH 15.03.2004, II ZR 210/01, BGHZ 158, 283 = ZIP 2004, 849, 850; BGH 24.04.2008, III ZR
     223/06, ZIP 2008, 1928 Rn. 14.
151 BGH 07.11.1966, II ZR 136/64, GmbHR 1967, 145; BGH 02.12.1968, II ZR 144/67, BGHZ 51, 157,
     159; BGH 15.03.2004, II ZR 210/01, BGHZ 158, 283 = ZIP 2004, 849, 850; BGH 24.04.2008, III ZR
     223/06, ZIP 2008, 1928 Rn. 14.
152 BGH 15.03.2004, II ZR 210/01, BGHZ 158, 283 = ZIP 2004, 849; BGH 24.04.2008, III ZR 223/06,
     ZIP 2008, 1928 Rn. 14.
153 BGH 10.07.2012, II ZR 212/10, ZIP 2012, 1857 Rn. 16.
154 BGH 22.03.2010, II ZR 12/08, BGHZ 185, 44 Rn. 14 = ZIP 2010, 978 – ADCOCOM; BGH
     10.07.2012, II ZR 212/10, ZIP 2012, 1857 Rn. 16.

98 Die Gefahr der Nichterfüllung der Einlageschuld besteht in gleicher Weise bei der Kapitalerhöhung mit Sacheinlagen. Gegenstände und Sachwerte, deren Besitz einer GmbH bereits vor dem Kapitalerhöhungsbeschluss überlassen worden ist, können nur dann als Sacheinlage eingebracht werden, wenn sie zumindest **im Zeitpunkt des Kapitalerhöhungsbeschlusses** noch gegenständlich im Gesellschaftsvermögen vorhanden sind. Ist das nicht der Fall, kommt als Sacheinlage lediglich eine dem Gesellschafter zustehende Erstattungs- oder Ersatzforderung in Betracht[155].

5. Aufrechnungsverbot

99 Nach § 19 Abs. 2 Satz 2 GmbHG ist die Aufrechnung des Gesellschafters gegen den Einlageanspruch der GmbH **unzulässig**. Etwas anderes gilt nur dann, wenn der Gesellschafter mit einer Forderung aus der Überlassung von Vermögensgegenständen aufrechnet, deren Anrechnung auf die Einlageverpflichtung nach § 5 Abs. 4 Satz 1 GmbHG vereinbart worden ist. Ist die Aufrechnung **vorabgesprochen**, muss geprüft werden, ob die Grundsätze über die verdeckte Sacheinlage eingreifen (§ 19 Abs. 4 GmbHG).

a) Anwendungsbereich

100 Das Aufrechnungsverbot war früher in § 19 Abs. 5 Alt. 2 GmbHG geregelt und wurde durch das MoMiG sprachlich verändert in § 19 Abs. 2 Satz 2 GmbHG überführt. Der materielle Gehalt des Verbots ist gleich geblieben[156]. Das Aufrechnungsverbot des § 19 Abs. 2 Satz 2 GmbHG gilt nicht nur für die Einlageforderung, sondern auch für den **Differenzhaftungsanspruch** des § 9 Abs. 1 Satz 1 GmbHG[157] und für den **Unterbilanzhaftungsanspruch**[158]. Trifft eine **Bank** die Haftung entsprechend § 37 Abs. 1 Satz 4 AktG gegenüber der GmbH, kann sie gegen diesen Anspruch auch nicht mit Forderungen aufrechnen, die ihr aus ihrem Geschäftsverhältnis mit der Gesellschaft gegen diese zustehen. Da dieser Anspruch dazu bestimmt ist, der Gesellschaft entgangenes Eigenkapital aufzufüllen, unterliegt er dem gleichen Schutz wie der Einlageanspruch[159].

101 § 19 Abs. 2 GmbHG ist über § 69 GmbHG grundsätzlich auch im **Liquidationsstadium** der GmbH anzuwenden[160]. Dies gilt dann nicht, wenn der Zweck der Vorschrift, die Kapitalgrundlage der Gesellschaft im Interesse der Gesellschaftsgläubiger zu erhalten, nicht mehr besteht und damit die Aufrechterhaltung des Aufrechnungsverbots nicht erforderlich ist. Das ist dann anzunehmen, wenn alle Gesellschaftsgläubiger bereits befriedigt, die Vermögensstücke im Wesentlichen versilbert sind, jeglicher Geschäftsbetrieb beendet und die Entstehung neuer Verbindlichkeiten, die nicht aus den vorhandenen Barbeständen befriedigt werden können, nicht zu erwarten ist[161]. Das Aufrechnungsverbot besteht auch während der **Insolvenz**, allerdings begrenzt auf den Insolvenzzweck. Es wird unter den gleichen Voraussetzungen gegenstandslos wie bei der Liquidation[162].

b) Aufrechnung durch die Gesellschaft und Aufrechnungsvereinbarung

102 Die Aufrechnung oder Verrechnung durch die Gesellschaft mit der Einlageforderung schließt § 19 Abs. 2 Satz 2 GmbHG nicht aus. Dies gilt für Alt- und Neuforderungen[163]. Zur Sicherung der realen

---

155 BGH 18.09.2000, II ZR 365/98, BGHZ 145, 150 = ZIP 2000, 2021, 2023 im Anschluss an BGHZ 51, 157; BGH 14.06.2004, II ZR 121/02, ZIP 2004, 1642, 1644.
156 Vgl. Scholz/*Veil* GmbHG § 19 Rn. 71; *Pentz* in Rowedder/Schmidt-Leithoff GmbHG § 19 Rn. 66.
157 BGH 06.12.2011, II ZR 149/10, BGHZ 191, 364 = ZIP 2012, 73 Rn. 21, dazu *Verse* ZGR 2012, 875.
158 BGH 16.01.2006, II ZR 65/04, BGHZ 165, 391 = ZIP 2006, 668 Rn. 24.
159 BGH 18.02.1991, II ZR 104/90, BGHZ 113, 335, 357 f. = ZIP 1991, 511 f.
160 BGH 30.11.1967, II ZR 68/65, WM 1968, 33, 35.
161 BGH 30.11.1967, II ZR 68/65, WM 1968, 33, 35; BGH 09.02.2012 – IX ZB 230/10, ZIP 2012, 532 Rn. 12.
162 *BGH 21.09.1978, II ZR 214/77, WM 1978, 1271.*
163 BGH 16.09.2002, II ZR 1/00, BGHZ 152, 37 = ZIP 2002, 2045, 2047; *Verse* in Henssler/Strohn § 19 GmbHG Rn. 26.

Kapitalaufbringung ist es aber erforderlich, diese nur unter bestimmten Bedingungen zuzulassen[164]. Auch **Aufrechnungsvereinbarungen** sind nur dann zulässig, wenn die Gesellschaft wirksam die Aufrechnung erklären könnte[165].

Die Gesellschaft darf nur dann aufrechnen, wenn die Forderung des Gesellschafters **vollwertig, fällig und liquide** ist. Eine Ausnahme wird zugelassen, wenn der Gesellschaft durch ein Unterbleiben der Aufrechnung ein Schaden zugefügt würde, weil die Einlageforderung **gefährdet** oder **uneinbringlich** ist und die Gesellschaft durch die Aufrechnung mit der gegen sie gerichteten Forderung besser stünde als im Falle der Durchsetzung ihres Anspruchs[166]. Entgegen einer weit verbreiteten Auffassung im Schrifttum ist auch die **Mindesteinlagenforderung** unter diesen Voraussetzungen zur Aufrechnung geeignet[167]. 103

Die Vollwertigkeit der Forderung ist nicht nach den subjektiven Vorstellungen der Parteien, sondern objektiv zu bestimmen[168]. Eine Forderung ist u.a. dann vollwertig, wenn sie in voller Höhe durch eine **Sicherheit** gedeckt ist[169]. Die Aufrechnung oder Verrechnung mit einer Einlageforderung ist unzulässig, wenn die Gesellschaft **überschuldet** ist. In diesem Falle reicht ihr Vermögen nicht mehr aus, alle fälligen Ansprüche zu erfüllen, so dass die einzelnen gegen sie gerichteten Forderungen in ihrem Wert gemindert sind[170]. 104

Nach der Rechtslage vor dem **MoMiG** wurde die Einlageforderung bei fehlender Vollwertigkeit auch nicht teilweise getilgt. Um Wertungswidersprüche zu vermeiden, kann jetzt § 19 Abs. 4 Satz 3 GmbHG entsprechend angewendet werden. Bei einer Aufrechnung der Gesellschaft gegen eine nicht vollwertige Forderung findet daher eine **Anrechnung in Höhe des Werts der Forderung** statt[171]. War die Aufrechnung oder Verrechnung durch die Gesellschaft **vorabgesprochen**, muss ohnehin geprüft werden, inwieweit die Voraussetzungen des § 19 Abs. 4 GmbHG erfüllt sind[172]. 105

Die **Beweislast** für die Vollwertigkeit der Gegenforderung liegt beim Einlageschuldner[173]. 106

c) Aufrechnungsverbot für den Gesellschafter

In § 19 Abs. 2 Satz 2 GmbHG wird dem Gesellschafter außerhalb des im Rahmen der Sachübernahme zugelassenen Bereichs die Aufrechnung mit Alt- und mit Neuforderungen gegen die Ein- 107

---

164 BGH 13.10.1954, II ZR 182/53, BGHZ 15, 52, 57, 60; BGH 13.07.1964, II ZR 110/62, BGHZ 42, 89, 93; BGH 16.09.2002, II ZR 1/00, BGHZ 152, 37 = ZIP 2002, 2045, 2047.
165 BGH 06.12.2011, II ZR 149/10, BGHZ 191, 364 Rn. 36 = ZIP 2012, 73, dazu Verse ZGR 2012, 875.
166 Vgl. BGH 13.10.1954, II ZR 182/53, BGHZ 15, 52, 59 f.; BGH 13.07.1964, II ZR 110/62, BGHZ 42, 89, 93; BGH 21.09.1978, II ZR 214/77, WM 1978, 1271, 1272; BGH 26.03.1984, II ZR 14/84, BGHZ 90, 370, 373 = ZIP 1984, 698; BGH 15.06.1992, II ZR 229/91, ZIP 1992, 992, 995; BGH 16.09.2002, II ZR 1/00, BGHZ 152, 37 = ZIP 2002, 2045, 2047; BGH 02.12.2002, II ZR 101/02, BGHZ 153, 107 = ZIP 2003, 211, 213; BGH 06.12.2011, II ZR 149/10, BGHZ 191, 364 Rn. 36, 39 = ZIP 2012, 73.
167 BGH 16.09.2002, II ZR 1/00, BGHZ 152, 37 = ZIP 2002, 2045, 2047 aE; zustimmend MüKoGmbHG-*Märtens* § 19 Rn. 112; aA *Pentz* in Rowedder/Schmidt-Leithoff GmbHG § 19 Rn. 74 mwN.
168 BGH 06.12.2011, II ZR 149/10, BGHZ 191, 364 Rn. 36 = ZIP 2012, 73.
169 BGH 06.12.2011, II ZR 149/10, BGHZ 191, 364 Rn. 37 = ZIP 2012, 73.
170 BGH 26.03.1984, II ZR 14/84, BGHZ 90, 370, 373 = ZIP 1984, 698 f.; BGH 02.12.2002, II ZR 101/02, BGHZ 153, 107 = ZIP 2003, 211, 213.
171 Für eine entsprechende Anwendung des § 19 Abs. 4 *Veil* ZIP 2007, 1241, 1246; *Pentz* in Rowedder/Schmidt-Leithoff GmbHG § 19 Rn. 81; MüKoGmbHG-*Märtens* § 19 Rn. 108; Scholz/*Veil* GmbHG § 19 Rn. 82; *Roth* in Roth/Altmeppen GmbHG § 19 Rn. 33; *Verse* in Henssler/Strohn § 19 GmbHG Rn. 27; *Bayer* in Lutter/Hommelhoff GmbHG § 19 Rn. 36; jetzt wohl auch *Fastrich* in Baumbach/Hueck GmbHG § 19 Rn. 33a.
172 Vgl. MüKoGmbHG-*Märtens* § 19 Rn. 94 f.; *Verse* in Henssler/Strohn § 19 GmbHG Rn. 25; zur Anwendung der Vorschriften über die verdeckte Sacheinlage nach altem Recht BGH 16.09.2002, II ZR 1/00, BGHZ 152, 37 = ZIP 2002, 2045, 2047; s. Rdn. 117.
173 BGH 15.06.1992, II ZR 229/91, ZIP 1992, 992, 995; BGH 02.12.2002, II ZR 101/02, BGHZ 153, 107 = ZIP 2003, 211, 213; BGH 06.12.2011, II ZR 149/10, BGHZ 191, 364 Rn. 44 = ZIP 2012, 73.

lageforderung der Gesellschaft ausnahmslos verboten[174]. Eine dennoch erklärte Aufrechnung ist nichtig (§ 134 BGB). Nichts anderes gilt für den **Treugeber**[175]. Dem Aufrechnungsverbot kann mit Rücksicht auf seinen zwingenden Charakter nicht mit dem Grundsatz von Treu und Glauben (§ 242 BGB) entgegengetreten werden[176]. Eine Anrechnung entsprechend § 19 Abs. 4 Satz 3 GmbHG scheidet aus, weil eine Regelungslücke nicht besteht[177]. War die Aufrechnung **vorabgesprochen**, ist die Anwendung des § 19 Abs. 4 GmbHG nicht ausgeschlossen[178].

108 Hat ein Gesellschaftsgläubiger eine Einlageforderung wirksam **gepfändet** und sich zur Einziehung überweisen lassen, kann der Einlageschuldner auch im Verhältnis zum Pfändungsgläubiger nicht mit einer eigenen Forderung gegen die Gesellschaft aufrechnen. Denn der Zweck der Einlage, als Haftungs- und Kreditgrundlage für die Gesellschaft und deren Gläubiger zu dienen, besteht zugunsten des Pfändungsgläubigers fort. Hingegen kann der Einlageschuldner gegen die gepfändete oder abgetretene Einlageforderung mit einem ihm gegen den Gläubiger unmittelbar zustehenden Anspruch aufrechnen[179].

109 Eine gesetzlich zugelassene **Ausnahme vom Aufrechnungsverbot** für den Gesellschafter macht § 19 Abs. 2 Satz 2 GmbHG für Aufrechnungen mit Forderungen aus Sachübernahmen, wenn deren Anrechnung auf die Einlageverpflichtung nach § 5 Abs. 4 Satz 1 GmbHG vereinbart worden ist. Die Ausnahme war vor dem MoMiG in § 19 Abs. 5 GmbHG geregelt. Erfasst wird wie bisher der Fall einer ordnungsgemäß vereinbarten und damit auch der Prüfung durch das Registergericht unterworfenen Sachübernahme. Von einer **Sachübernahme** spricht man dann, wenn der Gesellschafter nach der Satzung zwar eine Bareinlage zu erbringen hat, die Einlageschuld jedoch nach der gesellschaftsvertraglichen Regelung durch die Verrechnung mit einer gegen die Gesellschaft gerichteten Vergütungsforderung aus einem schuldrechtlichen Vertrag mit dem Gesellschafter oder einem Dritten über einen sacheinlagetauglichen Vermögensgegenstand getilgt werden kann[180].

6. Differenzhaftung bei überbewerteter Sacheinlage

110 Sacheinlagen können nur Vermögensgegenstände sein, deren **wirtschaftlicher Wert feststellbar** ist[181]. Entspricht dieser Wert nicht dem Nennbetrag des dafür übernommenen Geschäftsanteils, stellt sich die Frage nach den Rechtsfolgen dieser Diskrepanz. In einer älteren Entscheidung ging der Bundesgerichtshof noch von der Nichtigkeit des Sacheinlageversprechens bei Überbewertung einer Sacheinlage aus, wenn ein grober, offensichtlicher Verstoß gegen gesunde kaufmännische Grundsätze vorliege[182]. Später hat der Bundesgerichtshof entschieden, dass der Einlageschuldner bei Überbewertung eines als Sacheinlage in die GmbH eingebrachten Handelsgeschäfts die Differenz zwischen dem Nennbetrag seiner Einlage und dem wirklichen Wert des Geschäfts in Geld nachzuzahlen hat[183].

---

174 Vgl. BGH 13.10.1954, II ZR 182/53, BGHZ 15, 52, 59 f.; BGH 20.09.1982, II ZR 236/81, ZIP 1982, 1320; BGH 18.02.1991, II ZR 104/90, BGHZ 113, 335, 341 = ZIP 1991, 511, 513; BGH 04.03.1996, II ZB 8/95, ZIP 1996, 668, 671; BGH 16.09.2002, II ZR 1/00, BGHZ 152, 37 = ZIP 2002, 2045, 2047.
175 BGH 13.04.1992, II ZR 225/91, BGHZ 118, 107, 111, 114, 116 = ZIP 1992, 919, 921.
176 BGH 29.03.1962, II ZR 50/61, BGHZ 37, 75, 79; BGH 14.03.1977, II ZR 156/75, BGHZ 68, 191, 197 f.; BGH 20.09.1982, II ZR 236/81, ZIP 1982, 1320.
177 MüKoGmbHG-*Märtens* § 19 Rn. 85; *Verse* in Henssler/Strohn § 19 GmbHG Rn. 23, 27.
178 **Strittig** vgl. Scholz/*Veil* GmbHG § 19 Rn. 85; *Fastrich* in Baumbach/Hueck GmbHG § 19 Rn. 32 beide mwN.
179 BGH 18.11.1969, II ZR 83/68, BGHZ 53, 71, 75 f.
180 *Pentz* in Rowedder/Schmidt-Leithoff GmbHG § 19 Rn. 66; MüKoGmbHG-*Märtens* § 5 Rn. 187; vgl. auch Begr. RegE des Gesetzes zur Modernisierung des GmbH-Rechts und zur Bekämpfung von Missbräuchen (MoMiG) vom 25.06.2007, BT-Drucks. 16/6140, S. 39.
181 BGH 15.05.2000, II ZR 359/98, BGHZ 144, 290 = ZIP 2000, 1163, 1164; BGH 14.06.2004, II ZR 121/02, ZIP 2004, 1642.
182 BGH 16.02.1959, II ZR 170/57, BGHZ 29, 300.
183 BGH 14.03.1977, II ZR 156/75, BGHZ 68, 191 und BGH 27.02.1975, II ZR 111/72, BGHZ 64, 52, 62 für die AG.

Die Anordnung der Nichtigkeit der Sacheinlagevereinbarung war damit überholt und ist mit der Übernahme der von der Rechtsprechung entwickelten Differenzhaftung in § 9 Abs. 1 Satz 1 GmbHG endgültig entfallen[184]. Überholt ist allerdings auch die Zubilligung eines Beurteilungs- oder Bewertungsspielraums. § 9 Abs. 1 Satz 1 GmbHG gibt als Maßstab den objektiven Wert (Zeitwert) als Obergrenze für die Bewertung der Sacheinlage vor, bei dessen Überschreiten eine Überbewertung vorliegt[185].

Für den Differenzhaftungsanspruch gilt wie für den Einlageanspruch das **Befreiungs- und Aufrechnungsverbot** des § 19 Abs. 2 GmbHG[186]. Ein **Vergleich** über den Differenzhaftungsanspruch ist unter denselben Voraussetzungen wie ein Vergleich über den Einlageanspruch zulässig (s. Rdn. 84)[187]. Der Differenzhaftungsanspruch des § 9 Abs. 1 GmbHG erstreckt sich, anders als im Aktienrecht, nicht auf ein zu erbringendes **Aufgeld** (Agio)[188]. Der Differenzhaftungsanspruch **verjährt** nach § 9 Abs. 2 GmbHG in zehn Jahren seit der Eintragung der Gesellschaft in das Handelsregister. Bei einer Kapitalerhöhung beginnt die Verjährung grundsätzlich mit der Eintragung der Durchführung der Kapitalerhöhung in das Handelsregister[189].

111

7. Verdeckte Sacheinlage

An Stelle der Bareinlage als regelmäßigem Leistungsgegenstand kennt das Gesetz die Sacheinlage bei der Gründung (§ 5 Abs. 4, § 7 Abs. 3 GmbHG) und bei der Kapitalerhöhung (§ 56 GmbHG). Die Leistung von Sacheinlagen bringt Gefahren für Gesellschaftsgläubiger und Barzeichner mit sich, die eine höhere Regelungsdichte als bei der Bareinlage erforderlich machen.

112

Diesen Gefahren wird bei der Gründung dadurch begegnet, dass die für die Leistung der Sacheinlage maßgebenden rechtlichen Verhältnisse offenzulegen sind (§ 5 Abs. 4, § 8 Abs. 1 Nr. 4 und 5 GmbHG), die Sacheinlage und der Nennbetrag des Geschäftsanteils, auf den sich die Sacheinlage bezieht, in den Gesellschaftsvertrag aufzunehmen sind (§ 5 Abs. 4 Satz 1 GmbHG), ein Sachgründungsbericht durch die Gesellschafter erstattet werden muss (§ 5 Abs. 4 Satz 2 GmbHG) und bereits vor der Anmeldung der Gesellschaft zur Eintragung in das Handelsregister die Sacheinlage vollständig zu leisten ist (§ 7 Abs. 3 GmbHG). Unter bestimmten Voraussetzungen kann das Registergericht die Eintragung der Gesellschaft in das Handelsregister verweigern (§ 9c Abs. 1 GmbHG). Die seit der GmbH-Novelle 1980 nicht mehr ausdrücklich erwähnten Sachübernahmen unterliegen diesen Einschränkungen, soweit die Vergütungsforderung auf die Stammeinlage angerechnet werden soll. Nach der Vorstellung des historischen Gesetzgebers stellt auch dieser Verrechnungsvorgang eine Sacheinlage dar. Die vorgenannten Regelungen gelten weitgehend auch für Kapitalerhöhungen mit Sacheinlagen (§§ 56, 56a, 57 Abs. 2, Abs. 3 Nr. 3, 57a GmbHG).

113

Um diesen erhöhten Aufwand zu vermeiden wurden mehr oder weniger kreative Ideen entwickelt, die Sacheinlagevorschriften zu umgehen und den Sachwert verdeckt einzubringen. Gegen diese Umgehungsstrategien richtet sich die von Rechtsprechung und Schrifttum entwickelte Rechtsfigur der verdeckten Sacheinlage, die seit dem MoMiG in § 19 Abs. 4 Satz 1 GmbHG geregelt ist.

114

---

184 Vgl. BGH 14.06.2004, II ZR 121/02, ZIP 2004, 1642, 1644 unter IV. 1.
185 *Ulmer* in Ulmer/Habersack/Winter GmbHG § 5 Rn. 80 f.; MüKoGmbHG-*Märtens* § 5 Rn. 137, 145 f.; *Hueck/Fastrich* in Baumbach/Hueck GmbHG § 5 Rn. 33 f.; *Bayer* in Lutter/Hommelhoff GmbHG § 5 Rn. 25; vgl. auch BGH 14.06.2004, II ZR 121/02, ZIP 2004, 1642.
186 BGH 06.12.2011, II ZR 149/10, BGHZ 191, 364 Rn. 21 = ZIP 2012, 73.
187 BGH 06.12.2011, II ZR 149/10, BGHZ 191, 364 Rn. 20 f. = ZIP 2012, 73.
188 BGH 06.12.2011, II ZR 149/10, BGHZ 191, 364 Rn. 17 = ZIP 2012, 73.
189 BGH 06.12.2011, II ZR 149/10, BGHZ 191, 364 Rn. 41 = ZIP 2012, 73.

a) Tatbestand

aa) Definition

115 Der Gesetzgeber des **MoMiG** hat in § 19 Abs. 4 Satz 1 GmbHG die verdeckte Sacheinlage erstmals legal definiert. Da es der erklärte Wille war, die Kontinuität zu der in der Rechtsprechung entwickelten Tatbestandsbeschreibung zu wahren[190], kann diese unverändert herangezogen werden. Danach ist der Tatbestand einer verdeckte Sacheinlage verwirklicht, wenn die gesetzlichen Regeln für Sacheinlagen dadurch unterlaufen werden, dass zwar eine Bareinlage beschlossen/vereinbart wird, die Gesellschaft aber bei wirtschaftlicher Betrachtung von dem Einleger aufgrund einer im Zusammenhang mit der Übernahme der Einlage getroffenen Verwendungsabsprache einen Sachwert erhalten soll[191].

bb) Tathandlung

116 Der klassische Fall ist der Erwerb (eines Teils) der Betriebsausstattung vom Inferenten mit der zuvor geleisteten Einlage[192]. Bei einer der vorgenannten Definition gemäßen Aufspaltung des wirtschaftlich zusammengehörigen Vorgangs in eine Barzeichnung und ein **Erwerbsgeschäft** macht es aber keinen Unterschied, ob die für die einzubringenden Gegenstände vereinbarte Entgeltforderung und die Einlageforderung verbotswidrig aufgerechnet oder verrechnet werden, ob die Gesellschaft die übernommenen Sachgüter zunächst bezahlt und der veräußernde Inferent alsdann mit dem Erlös seine Bareinlageschuld begleicht oder ob die Gesellschaft eine schon erbrachte Bareinlage abredegemäß alsbald wieder zur Vergütung einer Sachleistung zurückzahlt. In all diesen Gestaltungsvarianten werden die dem Schutz der realen Kapitalaufbringung dienenden gesetzlichen Sacheinlageregeln über die Satzungspublizität und die Werthaltigkeitsprüfung umgangen[193]. Bei wirtschaftlicher Betrachtung erhält die GmbH den Kaufgegenstand, nicht aber die geschuldete Bareinlage.

117 Gegenstand einer verdeckten Sacheinlage kann nur eine **sacheinlagefähige Leistung** sein[194], wie z.B. eine **Forderung** des Inferenten[195]. Wird mit der Bareinlage ein Darlehen abgelöst, für dessen Rückzahlung sich der Inferent (nur) verbürgt hat, handelt es sich nicht um eine verdeckte Sacheinlage[196]. Unterschieden werden muss zwischen Altforderungen und Neuforderungen. **Altforderungen**, d.h. vor Entstehen der Einlageforderung bereits entstandene Forderungen, sind als Sacheinlage einzubringen, so dass die Vorschriften über die verdeckte Sacheinlage Anwendung finden. Auf **Neuforderungen**, d.h. nach Entstehen der Einlageforderung entstandene Forderungen, kann bei einer **Vor-**

---

190 Vgl. Begr. RegE des Gesetzes zur Modernisierung des GmbH-Rechts und zur Bekämpfung von Missbräuchen (MoMiG) vom 25.06.2007, BT-Drucks. 16/6140, S. 40.
191 BGH 07.07.2003, II ZR 235/01, BGHZ 155, 329 = ZIP 2003, 1540, 1541 f.; BGH 16.01.2006, II ZR 76/04, BGHZ 166, 8 Rn. 11 = ZIP 2006, 665– Cash-Pool; BGH 20.11.2006, II ZR 176/05, BGHZ 170, 47 Rn. 11 = ZIP 2007, 178; BGH 09.07.2007, II ZR 62/06, BGHZ 173, 145 Rn. 14 = ZIP 2007, 1751 – Lurgi; BGH 18.02.2008, II ZR 132/06, BGHZ 175, 265 Rn. 10 = ZIP 2008, 788 – Rheinmöve; BGH 16.02.2009, II ZR 120/07, BGHZ 180, 38 Rn. 8 = ZIP 2009, 713 – Qivive; BGH 20.07.2009, II ZR 273/07, BGHZ 182, 103 Rn. 10 = ZIP 2009, 1561 – Cash-Pool II; BGH 01.02.2010, II ZR 173/08, BGHZ 184, 158 Rn. 15 = ZIP 2010, 423 – EUROBIKE zu § 27 Abs. 3 AktG; BGH 22.03.2010, II ZR 12/08, BGHZ 185, 44 Rn. 12 = ZIP 2010, 978 – ADCOCOM.
192 Vgl. BGH 20.11.2006, II ZR 176/05, BGHZ 170, 47 = ZIP 2007, 178 (Warenlager); BGH 11.02.2008, II ZR 171/06, ZIP 2008, 643 (betriebsnotwendige Ausstattungsgegenstände).
193 BGH 20.11.2006, II ZR 176/05, BGHZ 170, 47 Rn. 11 = ZIP 2007, 178.
194 BGH 20.09.2011, II ZR 234/09, ZIP 2011, 2097 Rn. 15.
195 BGH 16.01.2006, II ZR 76/04, BGHZ 166, 8 Rn. 12 = ZIP 2006, 665 – Cash-Pool; BGH 16.02.2009, II ZR 120/07, BGHZ 180, 38 Rn. 8 = ZIP 2009, 713 – Qivive; BGH 20.07.2009, II ZR 273/07, BGHZ 182, 103 Rn. 10 = ZIP 2009, 1561 – Cash-Pool II; BGH 01.02.2010, II ZR 173/08, BGHZ 184, 158 Rn. 15 = ZIP 2010, 423 – EUROBIKE zu § 27 Abs. 3 AktG; zur Kapitalerhöhung vgl. BGH 10.07.2012, II ZR 212/10, ZIP 2012, 1857 Rn. 19; vgl. im Übrigen zu den möglichen Einlagegegenständen *Henze/Born* Fn 1 Rn. 327 f.
196 BGH 12.04.2011, II ZR 17/10, ZIP 2011, 1101 Rn. 14; offengelassen bei BGH 24.09.1990, II ZR 203/89, ZIP 1990, 1400, 1401.

absprache über die Aufrechnung oder Verrechnung § 19 Abs. 4 GmbHG entsprechend angewendet werden. Eine direkte Anwendung scheitert daran, dass eine Neuforderung wegen § 7 Abs. 3 GmbHG nicht sacheinlagefähig ist[197].

Da § 27 Abs. 2 AktG im GmbH-Recht entsprechend gilt, können **Verpflichtungen** zu **Dienstleistungen** nicht Gegenstand von Sacheinlagen oder Sachübernahmen und damit von verdeckten Sacheinlagen sein[198]. Aus der fehlenden Sacheinlagefähigkeit von Dienstleistungen lässt sich für das GmbH-Recht kein »Verbot« der Verabredung entgeltlicher Dienstleistungen des Inferenten in Zusammenhang mit der Begründung seiner Bareinlageschuld ableiten und darauf eine analoge Anwendung der Rechtsfolgen der verdeckten Sacheinlage stützen. Anderenfalls hätten z.B. der oder die Gesellschafter, welche sich an einer Barkapitalerhöhung oder Bargründung beteiligen, keine Möglichkeit, anschließend als Geschäftsführer der GmbH entgeltlich tätig zu werden, sondern müssten einen Fremdgeschäftsführer einstellen[199]. 118

Bei der **gemischten Sacheinlage** überträgt der Gesellschafter einen den Betrag seiner Einlageverpflichtung übersteigenden Sachwert zum Teil gegen Gewährung von Geschäftsanteilen, zum Teil gegen ein sonstiges Entgelt auf die Gesellschaft. Handelt es sich um eine kraft Parteivereinbarung unteilbare Leistung, so unterliegt das Rechtsgeschäft insgesamt – und zwar im Interesse einer Werthaltigkeitskontrolle bei einer Diskrepanz zwischen der Einlageverpflichtung und dem an den Inferenten zu zahlenden Entgelt erst recht – den für Sacheinlagen geltenden Regelungen. In diesen Fällen finden daher auch die für verdeckte Sacheinlagen geltenden Regelungen auf das gesamte Rechtsgeschäft Anwendung[200]. 119

cc) Verwendungsabsprache

Eine **Absicht** und damit das Bewusstsein, mit dem Rechtsgeschäft die Normen, die für die Leistung der Sacheinlage maßgebend sind, zu umgehen, ist für die Verwirklichung des Tatbestands nicht erforderlich[201]. Der Tatbestand der verdeckten Sacheinlage ist aber nur dann erfüllt, wenn dem Umgehungsgeschäft eine im Zusammenhang mit der Übernahme der Einlage getroffene Verwendungsabsprache zugrunde liegt, die darauf gerichtet ist, dass ungeachtet der vereinbarten oder beschlossenen Bareinlage die Gesellschaft bei wirtschaftlicher Betrachtung von dem Einleger einen Sachwert erhalten soll. Bei einer »**Ein-Personen-Gründung**« reicht ein entsprechendes »Vorhaben« des alleinigen Gründungsgesellschafters aus[202]. 120

Vorabsprachen zwischen dem Inferenten und der Gesellschaft über die Verwendung der Einlagemittel sind zwar grundsätzlich nicht verboten, aber dann schädlich, wenn sie dazu bestimmt sind, die eingezahlten Mittel wieder an den Inferenten zurückfließen zu lassen. Die Feststellung eines schädlichen, auf einen Rückfluss gerichteten Vorhabens unterliegt tatrichterlicher Würdigung[203]. Ein Ein- 121

---

197 *Pentz* in Rowedder/Schmidt-Leithoff GmbHG § 19 Rn. 220; vgl. zur alten Rechtslage BGH 21.02.1994, II ZR 60/93, BGHZ 125, 141, 150 f. = ZIP 1994, 701; BGH 04.03.1996, II ZB 8/95, ZIP 1996, 668, 670; BGH 16.09.2002, II ZR 1/00, BGHZ 152, 37 = ZIP 2002, 2045, 2047.
198 BGH 16.02.2009, II ZR 120/07, BGHZ 180, 38 Rn. 9 = ZIP 2009, 713 – Qivive; BGH 01.02.2010, II ZR 173/08, BGHZ 184, 158 Rn. 15 f. = ZIP 2010, 423 – EUROBIKE für die AG.
199 BGH 16.02.2009, II ZR 120/07, BGHZ 180, 38 Rn. 12 = ZIP 2009, 713 – Qivive.
200 BGH 20.11.2006, II ZR 176/05, BGHZ 170, 47 Rn. 17 = ZIP 2007, 178; BGH 09.07.2007, II ZR 62/06, BGHZ 173, 145 Rn. 15f = ZIP 2007, 1751 – Lurgi; BGH 18.02.2008, II ZR 132/06, BGHZ 175, 265 Rn. 14 = ZIP 2008, 788 – Rheinmöve; BGH 06.12.2011, II ZR 149/10, BGHZ 191, 364 Rn. 48 = ZIP 2012, 73; vgl. auch BGH 22.03.2010, II ZR 12/08, BGHZ 185, 44 Rn. 12 = ZIP 2010, 978 – ADCOCOM.
201 BGH 15.01.1990, II ZR 164/88, BGHZ 110, 47, 63 f. = ZIP 1990, 156, 161 f. (AG); BGH 18.02.1991, II ZR 104/90, BGHZ 113, 335, 343 f. = ZIP 1991, 511, 513 f. (indirekt).
202 Vgl. BGH 11.02.2008, II ZR 171/06, ZIP 2008, 643 Rn. 12; BGH 22.03.2010, II ZR 12/08, BGHZ 185, 44 Rn. 11 = ZIP 2010, 978 – ADCOCOM.
203 Vgl. BGH 16.01.2006, II ZR 76/04, BGHZ 166, 8 Rn. 13 = ZIP 2006, 665 – Cash-Pool; BGH

lagenrückfluss muss nicht ausdrücklich verabredet werden; es genügt die Verabredung eines darauf hinauslaufenden Gegengeschäfts[204].

122 Ein **enger zeitlicher und sachlicher Zusammenhang** zwischen der Einzahlung des Einlagebetrags und dem Rückfluss des Geldes begründet die Vermutung, die (objektive) Umgehung der Sachkapitalaufbringungsregeln sei von Anfang an in Aussicht genommen worden[205]. Der enge Zusammenhang ist für die Feststellung der Vorabsprache nicht konstitutiv[206]. Entgegen teilweise geäußerten Forderungen hat der Gesetzgeber zu Recht darauf verzichtet, eine feste Frist für den zeitlichen Zusammenhang zu bestimmen. Er hat es der Rechtsprechung überlassen, die Voraussetzungen der verdeckten Sacheinlage innerhalb der gegebenen Definition zu entwickeln und Beweisregeln mit Zeitfaktoren zu verbinden[207]. Ob der geforderte zeitliche Zusammenhang gegeben ist, kann nicht allgemeingültig anhand fester Fristen beantwortet werden, sondern ist eine Frage des Einzelfalls. Regelmäßig wird dies allerdings innerhalb einer Frist von etwa 6 Monaten anzunehmen sein[208]. Der Bundesgerichtshof hat den Zusammenhang bei einem Zeitabstand von 8 Monaten verneint[209].

dd) Umsatzgeschäfte

123 Eine generelle Bereichsausnahme mit der sog. »**gewöhnliche Umsatzgeschäfte im Rahmen des laufenden Geschäftsverkehrs**« aus dem Anwendungsbereich der verdeckten Sacheinlage ausgeklammert würden, lehnt der Bundesgerichtshof ab[210]. Etwas anderes gilt für die an den engen sachlichen und zeitlichen Zusammenhang zwischen Einlageleistung und Verkehrsgeschäft anknüpfende **Vermutung**, dass den Geschäften eine zur Anwendung der Sacheinlagevorschriften führende Zweckabrede zugrunde liegt. Es erscheint zur effektiven Durchsetzung der Kapitalschutzvorschriften nicht in jedem Fall zwingend geboten, dem Inferenten den Nachweis des Fehlens einer Vorabsprache aufzuerlegen, wenn er einige Zeit nach der Gründung der Gesellschaft mit ihr ein normales Umsatzgeschäft des laufenden Geschäftsverkehrs wie mit jedem Dritten abschließt[211]. In einem solchen Fall muss der Inferent aber den Charakter als normales Umsatzgeschäft und die Abwicklung zu marktüblichen Preisen und Konditionen darlegen und ggf. beweisen[212].

ee) Keine gegenständliche oder personelle Identität

124 Der Tatbestand der verdeckten Sacheinlage erfordert keine gegenständliche Identität der ein- und zurückgezahlten Einlagemittel[213].

15.10.2007, II ZR 263/06, ZIP 2008, 1281 Rn. 4; BGH 11.02.2008, II ZR 171/06, ZIP 2008, 643 Rn. 11; BGH 22.03.2010, II ZR 12/08, BGHZ 185, 44 Rn. 15 = ZIP 2010, 978 – ADCOCOM.
204 BGH 18.02.2008, II ZR 132/06, BGHZ 175, 265 Rn. 13 = ZIP 2008, 788 – Rheinmöve.
205 Vgl. BGH 16.01.2006, II ZR 76/04, BGHZ 166, 8 Rn. 13 = ZIP 2006, 665 – Cash-Pool; BGH 18.02.2008, II ZR 132/06, BGHZ 175, 265 Rn. 13 = ZIP 2008, 788 – Rheinmöve; BGH 11.02.2008, II ZR 171/06, ZIP 2008, 643 Rn. 12; BGH 22.03.2010, II ZR 12/08, BGHZ 185, 44 Rn. 15 = ZIP 2010, 978 – ADCOCOM.
206 BGH 20.11.2006, II ZR 176/05, BGHZ 170, 47 Rn. 26 = ZIP 2007, 178.
207 Vgl. Begr. RegE des Gesetzes zur Modernisierung des GmbH-Rechts und zur Bekämpfung von Missbräuchen (MoMiG) vom 25.06.2007, BT-Drucks. 16/6140, S. 41.
208 Vgl. die Nachweise bei *Fastrich* in Baumbach/Hueck GmbHG § 19 Rn. 49; offengelassen BGH 16.09.2002, II ZR 1/00, BGHZ 152, 37, 45 = ZIP 2002, 2045, 2048.
209 BGH 16.09.2002, II ZR 1/00, BGHZ 152, 37, 45 = ZIP 2002, 2045, 2048 – Hin- und Herzahlen.
210 BGH 20.11.2006, II ZR 176/05, BGHZ 170, 47 Rn. 21f = ZIP 2007, 178 (aaO Rn. 27, beim Verkauf eines Warenlagers, ein Umsatzgeschäft verneinend); BGH 11.02.2008, II ZR 171/06, ZIP 2008, 643 Rn. 13 (aaO Rn. 14, beim Erwerb betriebsnotwendiger Ausstattungsgegenstände, ein Umsatzgeschäft verneinend); **aA** etwa *Henze* ZHR 154 (1990), 105, 112 f.
211 BGH 20.11.2006, II ZR 176/05, BGHZ 170, 47 Rn. 24 = ZIP 2007, 178.
212 MüKoGmbHG-*Märtens* § 19 Rn. 204.
213 BGH 18.02.2008, II ZR 132/06, BGHZ 175, 265 Rn. 13 = ZIP 2008, 788 – Rheinmöve.

Der Tatbestand der verdeckten Sacheinlage setzt auch keine personelle Identität zwischen dem Inferenten und dem Auszahlungsempfänger voraus[214]. Ausreichend, aber auch erforderlich ist bei der Weiterleitung der Einlagemittel an einen **Dritten**, dass der Inferent durch die Leistung der Gesellschaft in gleicher Weise begünstigt wird wie durch eine unmittelbare Leistung an ihn selbst. Dies gilt insbesondere bei der Leistung an ein vom Gesellschafter beherrschtes Unternehmen[215], unter Umständen auch bei Leistungen an ein Unternehmen, von dem der Inferent seinerseits abhängig ist[216]. 125

Diese Voraussetzung kann weiter erfüllt sein, wenn zwischen Einlageschuldner und Darlehensgläubiger ein Treuhandvertrag abgeschlossen worden ist[217], der Gesellschafter die Einlageverpflichtung mit Mitteln erfüllt, die ihm vom Darlehensgläubiger zur Verfügung gestellt worden sind[218], oder der Einlagebetrag zur Tilgung eines von einem Dritten zur Verfügung gestellten Zwischenfinanzierungskredits verwendet wird, mit dem ein Kredit des Einlageschuldners getilgt worden ist[219]. 126

Eine verdeckte Sacheinlage liegt aber nicht bereits dann vor, wenn die von einer **Konzerngesellschaft** auf das erhöhte Kapital ihrer Tochter-GmbH geleistete Bareinlage absprachegemäß zum Erwerb des Unternehmens einer Schwester-Gesellschaft verwendet wird, an welcher die Inferentin weder unmittelbar noch mittelbar beteiligt ist[220]. Ebenso wenig reicht die Tilgung eines vom **Ehegatten** des Inferenten gewährten Darlehens mit der Bareinlage aus um eine verdeckte Sacheinlage durch Einbringung eines (Gesellschafter-)Darlehens anzunehmen. Allein ein Näheverhältnis des Inferenten zum Darlehensgeber genügt nicht. Vielmehr muss das Darlehen wirtschaftlich vom Inferenten gewährt werden oder die Einlage mit Mitteln bewirkt worden sein, die dem Inferenten vom Ehegatten zur Verfügung gestellt worden sind[221]. 127

b) Rechtsfolgen

Ein erklärtes Anliegen des **MoMiG** war die Abmilderung der als drakonisch empfundenen Folgen einer verdeckten Sacheinlage[222]. Besonders in der Insolvenz der GmbH bestand die Gefahr, dass der Inferent die übernommene Einlage im wirtschaftlichen Ergebnis zweimal erbringen musste. Durch die Neufassung des § 19 Abs. 4 GmbHG sollte sichergestellt werden, dass der Gesellschafter die Einlage wertmäßig nur einmal leistet[223]. 128

Eine verdeckte Sacheinlage befreit den Gesellschafter zwar nach wie vor nicht von seiner Einlageverpflichtung (§ 19 Abs. 4 Satz 1 GmbHG), führt aber – bezogen auf den Zeitpunkt der Anmeldung 129

---

214 Vgl. schon BGH 11.11.1985, II ZR 109/84, BGHZ 96, 231, 240 = ZIP 1986, 14; BGH 15.01.1990, II ZR 164/88, BGHZ 110, 47, 66 ff. = ZIP 1990, 156, 162; BGH 18.02.1991, II ZR 104/90, BGHZ 113, 335, 345 f. = ZIP 1991, 511, 513 f.; BGH 21.02.1994, II ZR 60/93, BGHZ 125, 141, 144 f. = ZIP 1994, 701; BGH 04.03.1996, II ZR 89/95, ZIP 1996, 595, 596.
215 BGH 21.02.1994, II ZR 60/93, BGHZ 125, 141, 142, 144 f. mwN = ZIP 1994, 701; BGH 16.01.2006, II ZR 76/04, BGHZ 166, 8 Rn. 18 = ZIP 2006, 665 – Cash-Pool; BGH 20.11.2006, II ZR 176/05, BGHZ 170, 47 Rn. 15 = ZIP 2007, 178; BGH 12.02.2007, II ZR 272/05, BGHZ 171, 113 Rn. 8 = ZIP 2007, 528; BGH 10.12.2007, II ZR 180/06, BGHZ 174, 370 Rn. 6 = ZIP 2008, 174; BGH 20.07.2009, II ZR 273/07, BGHZ 182, 103 Rn. 32 = ZIP 2009, 1561 – Cash-Pool II; BGH 01.02.2010, II ZR 173/08, BGHZ 184, 158 Rn. 13 = ZIP 2010, 423 – EUROBIKE.
216 BGH 15.01.1990, II ZR 164/88, BGHZ 110, 47, 66 ff. = ZIP 1990, 156, 162; BGH 12.02.2007, II ZR 272/05, BGHZ 171, 113 Rn. 8 = ZIP 2007, 528.
217 BGH 15.01.1990, II ZR 164/88, BGHZ 110, 47, 66 ff. = ZIP 1990, 156, 162.
218 BGH 18.02.1991, II ZR 104/90, BGHZ 113, 335, 345 f. = ZIP 1991, 511, 513 f.
219 BGH 11.11.1985, II ZR 109/84, BGHZ 96, 231, 340 = ZIP 1986, 14; BGH 13.04.1992, II ZR 277/90, BGHZ 118, 83, 94 f. = ZIP 1992, 995.
220 BGH 12.02.2007, II ZR 272/05, BGHZ 171, 113 = ZIP 2007, 528.
221 BGH 15.01.1990, II ZR 164/88, BGHZ 110, 47, 67 = ZIP 1990, 156 (AG); BGH 18.02.1991, II ZR 104/90, BGHZ 113, 335, 345 f. = ZIP 1991, 511; BGH 12.04.2011, II ZR 17/10, ZIP 2011, 1101 Rn. 15.
222 Vgl. BGH 22.03.2010, II ZR 12/08, BGHZ 185, 44 Rn. 59 = ZIP 2010, 978 – ADCOCOM.
223 Vgl. Begr. RegE des Gesetzes zur Modernisierung des GmbH-Rechts und zur Bekämpfung von Missbräuchen (MoMiG) vom 25.06.2007, BT-Drucks. 16/6140, S. 40.

der Gesellschaft zur Eintragung in das Handelsregister bzw. einer der Anmeldung nachfolgenden Überlassung – zur automatischen **Anrechnung** (§ 19 Abs. 4 Satz 3 GmbHG) des Werts des Vermögensgegenstandes, den der Gesellschafter aufgrund der jetzt als schuldrechtlich und dinglich wirksam angesehenen Verträge (§ 19 Abs. 4 Satz 3 GmbHG) über die verbotene Sacheinlage tatsächlich geleistet hat[224]. Die Beweislast für die Werthaltigkeit des Vermögensgegenstandes trägt der Gesellschafter (§ 19 Abs. 4 Satz 5 GmbHG). Die Anrechnung erfolgt nicht vor Eintragung der Gesellschaft in das Handelsregister (§ 19 Abs. 4 Satz 4 GmbHG).

130 Die Regelung beinhaltet ein Strafbarkeits- (§ 82 GmbHG) und Innenhaftungsrisiko (§ 9a GmbHG) des **Geschäftsführers,** wenn er im Fall einer verdeckten Sacheinlage nach § 8 Abs. 2 GmbHG versichert, die Einlagepflicht sei ordnungsgemäß erfüllt. Legt er demgegenüber die verdeckte Sacheinlage offen, besteht ein Eintragungshindernis. Aus dieser Zwickmühle kann sich der Geschäftsführer, der die verdeckte Sacheinlage erkennt, sinnvollerweise nur befreien, indem er die Anmeldung verweigert und gegebenenfalls sein Amt niederlegt.

131 Bei verdeckter Einbringung einer Forderung im Falle einer Kapitalerhöhung muss der Inferent nach Maßgabe von § 19 Abs. 4 Satz 3, Satz 5, § 56 Abs. 2 GmbHG nachweisen, dass seine Forderung gegen die Gesellschaft im Zeitpunkt der Anmeldung der Kapitalerhöhung **vollwertig,** nämlich durch entsprechendes Vermögen der Gesellschaft vollständig abgedeckt war. Daran fehlt es, soweit eine Überschuldung der Gesellschaft vorgelegen hat. Eine Unterbilanz schadet dagegen im Grundsatz nicht. Bei der Ermittlung des Vermögensstands dürfen stille Reserven berücksichtigt werden, denn es geht nicht um eine Ausschüttungsbegrenzung wie im Falle des § 30 GmbHG, sondern allein um eine hinreichende Vermögensdeckung. Die Erfüllung eines Anspruchs kann eine Unterbilanz oder Überschuldung weder herbeiführen noch vertiefen, weil der Verminderung der Aktivseite eine entsprechende Verringerung der Verbindlichkeiten gegenübersteht, die Erfüllung also bilanzneutral ist[225].

132 Bei der Anrechnung im Falle einer **verdeckten gemischten Sacheinlage** ist darauf zu achten, dass die Anrechnung des Werts der verdeckt eingelegten Sache auf die fortbestehende Bareinlageverpflichtung nach § 19 Abs. 4 Satz 3 GmbHG nicht zu Lasten des übrigen Gesellschaftsvermögens geht[226].

133 § 19 Abs. 4 GmbHG gilt nach § 3 Abs. 4 EGGmbHG auch für **Altfälle,** nämlich auch für Einlagenleistungen, die vor Inkrafttreten des MoMiG zum 01.11.2008 bewirkt worden sind, soweit sie nach der damals geltenden Rechtslage wegen einer verdeckten Sacheinlage keine Erfüllung der Einlagenverpflichtung bewirkt haben. Dies gilt allerdings nicht, soweit über die aus der Unwirksamkeit folgenden Ansprüche zwischen der Gesellschaft und dem Gesellschafter bereits vor dem 01.11.2008 ein rechtskräftiges Urteil ergangen oder eine wirksame Vereinbarung getroffen worden ist. Diese rückwirkende Anwendung von § 19 Abs. 4 GmbHG, die sich auch auf Kapitalerhöhungen bezieht, begegnet keinen durchgreifenden verfassungsrechtlichen Bedenken[227].

8. Hin- und Herzahlen

134 Da der Umgehungstatbestand des durch das MoMiG in § 19 Abs. 5 GmbHG verorteten »Hin- und Herzahlens« gegenüber der verdeckten Sacheinlage subsidiär ist und zudem jetzt andere Rechtsfolgen nach sich zieht, ist – im Gegensatz zu früher – eine deutliche Herausarbeitung des Tatbestands erforderlich. § 19 Abs. 5 Satz 1 GmbHG verlangt, dass vor der Einlage eine Leistung an den Gesell-

---

224 Vgl. BGH 20.07.2009, II ZR 273/07, BGHZ 182, 103 Rn. 13 = ZIP 2009, 1561 – Cash-Pool II.
225 BGH 10.07.2012, II ZR 212/10, ZIP 2012, 1857 Rn. 19.
226 Vgl. BGH 22.03.2010, II ZR 12/08, BGHZ 185, 44 = ZIP 2010, 978 – ADCOCOM sowie die Darstellung bei *Henze/Born* Fn 1 Rn. 375 ff und *Pentz* GmbHR 2010, 673.
227 *Vgl.* BGH 22.03.2010, II ZR 12/08, BGHZ 185, 44 Rn. 20, 21f = ZIP 2010, 978 – ADCOCOM; zur Kapitalerhöhung vgl. BGH 10.07.2012, II ZR 212/10, ZIP 2012, 1857 Rn. 19; noch offengelassen in BGH 20.07.2009, II ZR 273/07, BGHZ 182, 103 Rn. 38 = ZIP 2009, 1561 – Cash-Pool II.

schafter vereinbart worden ist, die wirtschaftlich einer Rückzahlung der Einlage entspricht und die nicht als verdeckte Sacheinlage im Sinne von § 19 Abs. 4 GmbHG zu beurteilen ist.

Die von § 19 Abs. 5 GmbHG erfasste Fallgruppe des »Hin- und Herzahlens« betrifft typischerweise Konstellationen, in denen eine Einlagenleistung in geringem zeitlichem Abstand aufgrund einer Darlehensabrede wieder an den Gesellschafter zurückfließt. Anders als bei einer verdeckten Sacheinlage erreicht die Gesellschaft also weder ein tatsächlicher Mittelzuwachs noch wird eine Altforderung des Gesellschafters gegen die Gesellschaft getilgt, sondern es soll die Einlagenleistung durch eine **neu begründete schuldrechtliche Forderung** ersetzt werden[228].

a) Tatbestand

Das »Hin- und Herzahlen« erfasst die Fälle, in denen es an einer Bareinlageleistung **zu freier Verfügung des Geschäftsführers** (§ 8 Abs. 2 GmbHG) fehlt, weil der Einlagebetrag absprachegemäß etwa als **Darlehen**[229] oder aufgrund einer **Treuhandabrede**[230] umgehend wieder an den Einleger zurückfließen soll. Dies gilt auch für den Rückfluss in Raten[231]. Die Situation des Hin- und Herzahlens ist derjenigen der Aufrechnung vergleichbar[232].

Bei der Fallgruppe des Hin- und Herzahlens handelt es sich um eine verdeckte Finanzierung der Einlagemittel durch die Gesellschaft. Dem Hin- und Herzahlen steht das **Her- und Hinzahlen** gleich, bei dem die Einlagemittel nicht an den Gesellschafter zurückfließen, sondern die Gesellschaft dem Inferenten die Einlagemittel schon vor Zahlung der Einlage aus ihrem Vermögen als Darlehen oder in sonstiger Weise zur Verfügung stellt[233]. Dieser Vorgang ist vor allem bei Kapitalerhöhungen von Relevanz.

Der Tatbestand der **verdeckten Sacheinlage** ist in diesen Fällen nicht erfüllt. Denn die Gegenleistung, in der Regel eine Darlehensforderung der Gesellschaft gegen den Inferenten, ist nicht sacheinlagefähig[234]. Der Sache nach zielt das Vorgehen des Inferenten darauf ab, die Einlageforderung der Gesellschaft durch eine schwächere **schuldrechtliche Forderung** (z.B. aus Darlehen) **zu ersetzen**, was der Bundesgerichtshof früher für unzulässig erachtet und so behandelt hat, als habe der Inferent bis dahin nichts geleistet. Der Gesetzgeber ist dem bei der Neufassung des § 19 Abs. 5 GmbHG zwar nicht schlechthin, sondern nur für die Fälle einer nicht vollwertigen Gegenleistungsforderung gefolgt, hat aber den Gedanken des Forderungsaustauschs aufgegriffen und in § 19 Abs. 5 GmbHG bestimmt, dass ein Hin- und Herzahlen des Einlagebetrags den Inferenten nur dann von seiner Einlageverpflichtung befreit, wenn der dadurch begründete Rückgewähranspruch der Gesellschaft (insbesondere aus Darlehen) vollwertig und jederzeit fällig ist[235]. Die **neue Bestimmung des § 19 Abs. 5 GmbHG** betrifft also nicht alle Fälle gegenläufiger Zahlungen, sondern nur solche, bei denen die Gesellschaft mit der Rücküberweisung einen Anspruch gegen den Gesellschafter erwirbt[236].

---

228 Vgl. Gegenäußerung der Bundesregierung, BT-Drucks. 16/6140, S. 76.
229 BGH 21.11.2005, II ZR 140/04, BGHZ 165, 113 = ZIP 2005, 2203; BGH 10.12.2007, II ZR 180/06, BGHZ 174, 370 Rn. 7 = ZIP 2008, 174; BGH 16.02.2009, II ZR 120/07, BGHZ 180, 38 Rn. 15 = ZIP 2009, 713 – Qivive; BGH 01.02.2010, II ZR 173/08, BGHZ 184, 158 Rn. 23 = ZIP 2010, 423 – EUROBIKE (AG).
230 BGH 09.01.2006, II ZR 72/05, BGHZ 165, 352 Rn. 9 = ZIP 2006, 331; BGH 16.02.2009, II ZR 120/07, BGHZ 180, 38 Rn. 15 = ZIP 2009, 713 – Qivive; BGH 01.02.2010, II ZR 173/08, BGHZ 184, 158 Rn. 23 = ZIP 2010, 423 – EUROBIKE (AG).
231 Vgl. BGH 15.10.2007, II ZR 263/06, ZIP 2008, 1281.
232 BGH 21.02.1994, II ZR 60/93, BGHZ 125, 141, 143 = ZIP 1994, 701; BGH 06.12.2011, II ZR 149/10, BGHZ 191, 364 Rn. 46 = ZIP 2012, 73.
233 Vgl. BGH 02.12.2002, II ZR 101/02, BGHZ 153, 107 = ZIP 2003, 211, 212; BGH 22.03.2004, II ZR 7/02, ZIP 2004, 1046, 1047; BGH 12.06.2006, II ZR 334/04, ZIP 2006, 1633 Rn. 11; BGH 01.02.2010, II ZR 173/08, BGHZ 184, 158 Rn. 24 = ZIP 2010, 423 – EUROBIKE (AG).
234 BGH 21.11.2005, II ZR 140/04, BGHZ 165, 113 = ZIP 2005, 2203, 2204.
235 BGH 16.02.2009, II ZR 120/07, BGHZ 180, 38 Rn. 15 = ZIP 2009, 713– Qivive.
236 BGH 10.07.2012, II ZR 212/10, ZIP 2012, 1857 Rn. 18.

139 Der Tatbestand des Hin- und Herzahlens setzt wie im Fall der verdeckten Sacheinlage **keine personelle Identität** zwischen dem Inferenten und dem Zahlungsempfänger voraus. Ausreichend, aber auch erforderlich ist bei der Weiterleitung der Einlagemittel an einen Dritten, dass der Inferent dadurch in gleicher Weise begünstigt wird wie durch eine unmittelbare Leistung an ihn selbst. Mittelbar zu Gute kommt dem Inferenten die Leistung insbesondere, wenn die Zahlung an ein vom Gesellschafter beherrschtes Unternehmen weitergeleitet wird[237].

140 Von einer nach § 19 Abs. 5 GmbHG erforderlichen **Vorabsprache** der Beteiligten bei Begründung der Einlageschuld ist bei einem zeitlichen und sachlichen Zusammenhang mit der Weiterleitung der Einlagemittel auszugehen[238]. Ob für die Bejahung des zeitlichen Zusammenhangs ein Zeitabstand von bis zu sechs Monaten stets ausreicht, hat der Bundesgerichtshof offengelassen. Einen Zeitabstand von mehr als acht Monaten hat er jedenfalls als zu groß angesehen[239]. Fehlt es an der Vorabsprache ist für eine analoge Anwendung der Vorschrift kein Raum. Diese scheitert bereits daran, dass die Offenlegung des Vorgangs gegenüber dem Registergericht konstitutive Wirkung hat[240] und nichts offengelegt werden kann, wenn es an einer Verabredung des Hin- und Herzahlens fehlt. Bei fehlender Vorabsprache ist der spätere Rückfluss der Einlage, in der Regel als Darlehen, an § 30 GmbHG zu messen[241].

b) Befreiung von der Einlageschuld

141 Liegt ein Hin- und Herzahlen vor, wird der Inferent grundsätzlich nicht von seiner Einlageverpflichtung frei (§ 19 Abs. 5 Satz 1 GmbHG). Etwas anderes gilt nur dann, wenn die Voraussetzungen des § 19 Abs. 5 GmbHG erfüllt sind.

142 Erste und **konstitutive Voraussetzung** für die Erfüllung der Einlageschuld ist die **Offenlegung** der verdeckten Finanzierung der Einlagemittel durch die Gesellschaft (§ 19 Abs. 5 Satz 2, § 8 GmbHG)[242]. Durch die Offenlegung nach § 8 GmbHG ist der Geschäftsführer bei Vollwertigkeit des Rückgewähranspruchs vor einer Haftung nach § 9a GmbHG geschützt.

143 Eine Erfüllung der Einlagenschuld kann darüber hinaus nur dann angenommen werden, wenn die vereinbarte Einlagenrückgewähr durch einen **vollwertigen** Gegenleistungs- oder **Rückgewähranspruch** gegen den Gesellschafter gedeckt ist und damit ein reiner Aktivtausch vorliegt[243]. Maßgeblich für die Vollwertigkeitsprüfung ist der Zeitpunkt der Einlageleistung[244].

---

237 BGH 21.02.1994, II ZR 60/93, BGHZ 125, 141, 144 = ZIP 1994, 701; BGH 02.12.2002, II ZR 101/02, BGHZ 153, 107 = ZIP 2003, 211, 212; BGH 16.01.2006, II ZR 76/04, BGHZ 166, 8 Rn. 18 = ZIP 2006, 665 – Cash-Pool; BGH 20.11.2006, II ZR 176/05, BGHZ 170, 47 Rn. 15= ZIP 2007, 178; BGH 12.02.2007, II ZR 272/05, BGHZ 171, 113 Rn. 8 = ZIP 2007, 528; BGH 10.12.2007, II ZR 180/06, BGHZ 174, 370 Rn. 7= ZIP 2008, 174; BGH 20.07.2009, II ZR 273/07, BGHZ 182, 103 Rn. 32= ZIP 2009, 1561– Cash-Pool II.
238 Vgl. BGH 16.09.2002, II ZR 1/00, BGHZ 152, 37 = ZIP 2002, 2045, 2048; BGH 02.12.2002, II ZR 101/02, BGHZ 153, 107 = ZIP 2003, 211, 212; BGH 10.12.2007, II ZR 180/06, BGHZ 174, 370 Rn. 7= ZIP 2008, 174.
239 BGH 16.09.2002, II ZR 1/00, BGHZ 152, 37 = ZIP 2002, 2045, 2048.
240 BGH 16.02.2009, II ZR 120/07, BGHZ 180, 38 Rn. 16 = ZIP 2009, 713 – Qivive; BGH 20.07.2009, II ZR 273/07, BGHZ 182, 103 Rn. 25 = ZIP 2009, 1561 – Cash-Pool II; **aA** die herrschende Auffassung im Schrifttum.
241 *Fastrich* in Baumbach/Hueck GmbHG § 19 Rn. 73; *Roth* in Roth/Altmeppen GmbHG § 19 Rn. 97.
242 BGH 16.02.2009, II ZR 120/07, BGHZ 180, 38 Rn. 16 = ZIP 2009, 713 – Qivive; BGH 20.07.2009, II ZR 273/07, BGHZ 182, 103 Rn. 25 = ZIP 2009, 1561 – Cash-Pool II; **aA** die herrschende Auffassung im Schrifttum.
243 BGH 20.07.2009, II ZR 273/07, BGHZ 182, 103 Rn. 14 und 24 = ZIP 2009, 1561 – Cash-Pool II; vgl. Gegenäußerung der Bundesregierung, BT-Drucks. 16/6140, S. 76.
244 BGH 20.07.2009, II ZR 273/07, BGHZ 182, 103 Rn. 28 = ZIP 2009, 1561 – Cash-Pool II.

Nach § 19 Abs. 5 Satz 1 GmbHG muss der vollwertige Rückgewähranspruch jederzeit fällig sein. 144
Der sofortigen Fälligkeit gleichwertig ist nur die Befugnis, den Rückgewähranspruch **ohne Einschränkungen jederzeit fällig** stellen zu können. Das setzt voraus, dass die Gesellschaft den maßgeblichen Vertrag nicht nur bei einer Verschlechterung der Vermögensverhältnisse im Regelfall (§ 490 Abs. 1 BGB) oder aus wichtigem Grund nach einer Abwägung der beiderseitigen Interessen (§ 314 Abs. 1 BGB), sondern jederzeit ohne Einschränkung kündigen kann[245].

Darlegungs- und beweispflichtig für die ordnungsgemäße Einlageleistung ist der Inferent[246]. 145

Anders als bei der verdeckten Sacheinlage kommt es nicht (nur) zu einer Anrechnung, sondern zu 146
einer Erfüllung des Anspruchs. Im Gegensatz zur verdeckten Sacheinlage, bei der es zur Teilanrechnung bei teilweiser Werthaltigkeit kommen kann, gilt beim Hin- und Herzahlen aber das **Alles- oder-Nichts-Prinzip**. Ist der Rückgewähranspruch nicht vollwertig, scheidet eine teilweise Erfüllung aus[247].

Schlägt die Einlageleistung fehl, weil die Voraussetzungen des § 19 Abs. 5 GmbHG nicht erfüllt worden sind, erwirbt der Inferent keinen **Bereicherungsanspruch** gegen die Gesellschaft wegen fehlender Erfüllungswirkung seiner ursprünglichen »Hinzahlung« des Stammeinlagebetrags. Denn das im Rahmen der Kapitalaufbringung stattfindende »Hin- und Herzahlen« ist wirtschaftlich als ein einheitlicher, sich selbst neutralisierender Vorgang anzusehen, bei dem der Inferent zunächst nichts geleistet, sondern den Einlagebetrag in seinem Vermögen behalten hat. Weder die Gesellschaft noch der Inferent sind danach ungerechtfertigt bereichert[248]. Die im Zusammenhang mit der Umgehung getroffene »**Darlehensabrede**« ist unwirksam[249]. 147

9. Nachträgliche Erfüllung

Schlägt die Einlageleistung fehl, bleibt die nachträgliche Erfüllung der Einlageverbindlichkeit durch 148
eine spätere Leistung möglich[250]. Das setzt voraus, dass spätere Zuflüsse sich objektiv eindeutig, mithin zweifelsfrei der fortbestehenden Einlageverpflichtung zuordnen lassen[251]. Am sichersten lässt sich das durch eine ausdrückliche **Tilgungsbestimmung** erreichen. Fehlt eine ausdrückliche Tilgungsbestimmung steht dies der Erfüllungswirkung nicht entgegen, wenn im Falle mehrerer durch die Zahlung nicht vollständig gedeckter Verbindlichkeiten für die Gesellschaft ersichtlich ist, dass eine bestimmte Forderung nach dem Willen des Inferenten getilgt werden soll. Dies ist u.a. dann anzunehmen, wenn gerade der Betrag der offenen Einlageforderung gezahlt wird[252]. Eine objektiv eindeutige Zuordnung zu der offenen Einlageverpflichtung ist regelmäßig auch bei Zahlung auf eine vermeintliche, wegen Verstoßes gegen die Kapitalaufbringungsvorschriften nicht wirksam begründete (»Darlehens«-)Schuld gegeben[253].

---

245 BGH 20.07.2009, II ZR 273/07, BGHZ 182, 103 Rn. 28 = ZIP 2009, 1561 – Cash-Pool II.
246 BGH 09.07.2007, II ZR 222/06, ZIP 2007, 1755; BGH 20.07.2009, II ZR 273/07, BGHZ 182, 103 Rn. 25 = ZIP 2009, 1561 – Cash-Pool II.
247 Vgl. Gegenäußerung der Bundesregierung, BT-Drucks. 16/6140, S. 76.
248 Vgl. BGH 21.11.2005, II ZR 140/04, BGHZ 165, 113 = ZIP 2005, 2203, 2204; BGH 09.01.2006, II ZR 72/05, BGHZ 165, 352 Rn. 11 = ZIP 2006, 331; BGH 12.06.2006, II ZR 334/04, ZIP 2006, 1633 Rn. 13; BGH 20.07.2009, II ZR 273/07, BGHZ 182, 103 Rn. 42 = ZIP 2009, 1561 – Cash-Pool II.
249 BGH 21.11.2005, II ZR 140/04, BGHZ 165, 113 = ZIP 2005, 2203, 2204; BGH 09.01.2006, II ZR 72/05, BGHZ 165, 352 = ZIP 2006, 331; BGH 12.06.2006, II ZR 334/04, ZIP 2006, 1633 Rn. 12.
250 BGH 21.11.2005, II ZR 140/04, BGHZ 165, 113 = ZIP 2005, 2203, 2204 f.; BGH 09.01.2006, II ZR 72/05, BGHZ 165, 352 = ZIP 2006, 331 Rn. 10; BGH 12.06.2006, II ZR 334/04, ZIP 2006, 1633 Rn. 13.
251 Vgl. BGH 21.11.2005, II ZR 140/04, BGHZ 165, 113 = ZIP 2005, 2203, 2204 f.; BGH 16.01.2006, II ZR 76/04, BGHZ 166, 8 Rn. 24 = ZIP 2006, 665 – Cash-Pool; BGH 15.10.2007, II ZR 263/06, ZIP 2008, 1281; BGH 20.07.2009, II ZR 273/07, BGHZ 182, 103 Rn. 22 = ZIP 2009, 1561 – Cash-Pool II; BGH 22.03.2010, II ZR 12/08, BGHZ 185, 44 Rn. 17 = ZIP 2010, 978 – ADCOCOM.
252 BGH 17.09.2001, II ZR 275/99, ZIP 2001, 1997, 1998.
253 BGH 21.11.2005, II ZR 140/04, BGHZ 165, 113 = ZIP 2005, 2203, 2204 f.; BGH 09.01.2006, II ZR

10. Ausfallhaftung nach § 24 GmbHG

149 Soweit eine Stammeinlage weder von den Zahlungspflichtigen eingezogen, noch durch Verkauf des Geschäftsanteils gedeckt werden kann, haben die übrigen Gesellschafter den Fehlbetrag nach dem Verhältnis ihrer Geschäftsanteile aufzubringen. Beiträge, welche von einzelnen Gesellschaftern nicht zu erlangen sind, werden nach dem bezeichneten Verhältnis auf die übrigen verteilt (§ 24 GmbHG).

150 Für die Auslösung der Haftung nach § 24 GmbHG genügt es, dass die Gesellschaftereigenschaft bei **Eintritt der Fälligkeit** der Stammeinlage vorliegt. Der Anspruch auf Zahlung des Fehlbetrags entsteht in diesem Zeitpunkt **aufschiebend bedingt** durch den Eintritt der Voraussetzungen nach §§ 21–23 GmbHG. Würde man darauf abheben, dass die Haftungsbegründung auch von der Erfüllung der weitergehenden Voraussetzungen der §§ 21–23 GmbHG abhängt, könnte sich jeder Gesellschafter der Haftung durch zwischenzeitliche Veräußerung des Geschäftsanteils entziehen[254].

151 Wird in einem Prozess des **Insolvenzverwalters** gegen einen GmbH-Gesellschafter rechtskräftig festgestellt, dass der Gesellschafter seine Einlage nicht eingezahlt hat und führt der Insolvenzverwalter daraufhin das Kaduzierungsverfahren nach § 21 GmbHG durch, ist das Gericht in dem nachfolgenden Prozess des Insolvenzverwalters gegen einen Mitgesellschafter auf Zahlung des Fehlbetrags nach § 24 GmbHG nicht an die rechtskräftige Feststellung aus dem Vorprozess gebunden[255].

11. Haftungsgefahren im Cash-Pool

a) Verletzung der Kapitalaufbringungsvorschriften

152 Auch die in ein Cash-Pool-System einbezogene GmbH unterliegt bei der Gründung und bei der Kapitalerhöhung den Kapitalaufbringungsvorschriften des GmbHG und den dazu von der höchstrichterlichen Rechtsprechung entwickelten Grundsätzen[256]. Die Einlageverpflichtung des Gesellschafters wird nicht erfüllt, wenn eine als Einlage geleistete Zahlung unter Umgehung der Kapitalaufbringungsregeln im Wege der verdeckten Sacheinlage oder durch ein verbotenes Hin- und Herzahlen an den Inferenten zurückfließt[257]. Dies kann der Fall sein, wenn die geleisteten Einlagemittel auf ein in einen Cash-Pool eingebundenes Konto der Gesellschaft eingezahlt, von dort auf ein Zentralkonto weitergeleitet werden und der Inferent über dieses Zentralkonto mittelbar oder unmittelbar verfügungsberechtigt ist[258].

153 Soweit im Zeitpunkt der Weiterleitung des Einlagebetrags der Saldo auf dem Zentralkonto zu Lasten der Gesellschaft negativ ist, liegt eine **verdeckte Sacheinlage** vor. Der Gesellschaft fließt im wirtschaftlichen Ergebnis infolge der Weiterleitung der Bareinlage auf das Zentralkonto nicht der vereinbarte Barbetrag, sondern die Befreiung von der Verbindlichkeit aus der Cash-Pool-Verbindung zu. Sie erhält damit nicht den Barbetrag, sondern mit dem Verzicht des Inferenten auf die Darlehensrückzahlung einen Sachwert[259]. Die bei Neuforderungen des Gesellschafters, die erst nach Übernahme der Einlage entstehen, notwendige definitive, auf den wirtschaftlichen Erfolg einer Sacheinlage abzielende Vereinbarung liegt bereits in der Vereinbarung der Zahlung auf ein in einen Cash-Pool einbezogenes Konto. Der Inferent nimmt es bei der Vereinbarung eines Cash-Pools in Kauf, dass auf dem Zentralkonto des Cash-Pools im Zeitpunkt der Weiterleitung des Einlagebetrags ein

---

72/05, BGHZ 165, 352 Rn. 10 f. = ZIP 2006, 331; BGH 12.06.2006, II ZR 334/04, ZIP 2006, 1633 Rn. 13.
254 BGH 13.05.1996, II ZR 275/94, ZIP 1996, 1248, 1249.
255 BGH 08.11.2004, II ZR 362/02, ZIP 2005, 121.
256 BGH 16.01.2006, II ZR 76/04, BGHZ 166, 8 = ZIP 2006, 665 – Cash-Pool.
257 BGH 16.02.2009, II ZR 120/07, BGHZ 180, 38 Rn. 18 = ZIP 2009, 713 – Qivive; BGH 20.07.2009, II ZR 273/07, BGHZ 182, 103 Rn. 9 = ZIP 2009, 1561 – Cash-Pool II.
258 *BGH 20.07.2009, II ZR 273/07, BGHZ 182, 103 Rn. 9 = ZIP 2009, 1561 – Cash-Pool II.*
259 BGH 16.01.2006, II ZR 76/04, BGHZ 166, 8 Rn. 12 = ZIP 2006, 665 – Cash-Pool; BGH 20.07.2009, II ZR 273/07, BGHZ 182, 103 Rn. 10 = ZIP 2009, 1561 – Cash-Pool II.

negativer Saldo zu Lasten der Gesellschaft besteht und es dann zu einer verbotenen Verrechnung kommt[260].

Mit der Neuregelung des § 19 Abs. 5 GmbHG soll insbesondere auch der darlehensweise Einlagenrückfluss in einem Cash-Pool erfasst werden, soweit dieser Rückfluss nicht im Sinne einer verdeckten Sacheinlage zu einer Tilgung bereits vorher bestehender Darlehensverbindlichkeiten der Gesellschaft gegenüber dem Inferenten führt[261]. Soweit die Einlage auf ein Zentralkonto des Inferenten weitergeleitet wird, dessen Saldo ausgeglichen oder zugunsten der Gesellschaft positiv ist, liegt keine verdeckte Sacheinlage, sondern ein reines **Hin- und Herzahlen** vor. Mit der Weiterleitung auf das Zentralkonto gewährt die Gesellschaft dem Inferenten ein Darlehen[262]. 154

Liegt nur **teilweise** eine verdeckte Sacheinlage vor, weil die Einlagezahlung den negativen Saldo zu Lasten der Gesellschaft im Zentralkonto übersteigt, ist der Vorgang teilweise als verdeckte Sacheinlage, teilweise als Hin- und Herzahlen zu beurteilen[263]. 155

Spätere Leistungen auf Verbindlichkeiten der GmbH aus dem Cash-Pool führen regelmäßig nicht zur Tilgung der noch offenen Einlageschuld[264]. 156

b) Rechtsfolgen

Liegt ein **Hin- und Herzahlen** vor, kommt eine Befreiung von der Verpflichtung, die Einlage zu leisten nach § 19 Abs. 5 GmbHG in Betracht. Die vereinbarte Rückzahlung der Einlage an den Gesellschafter befreit dann, wenn die Leistung durch einen vollwertigen Rückgewähranspruch gedeckt ist, der jederzeit fällig ist oder durch fristlose Kündigung durch die Gesellschaft fällig werden kann[265]. Das konstitutiv wirkende Offenlegungserfordernis des § 19 Abs. 5 Satz 2 GmbHG kann dadurch erfüllt werden, dass der Inferent bei der Anmeldung Angaben zum Cash-Managementvertrag macht[266]. 157

Eine Schwierigkeit im Cash-Pool stellt häufig die erforderliche **jederzeitige Fälligkeit** des Rückforderungsanspruchs dar. Die Möglichkeit, im Rahmen des Cash-Pooling über den abgeflossenen Betrag zu verfügen, führt nicht zur Fälligkeit des Rückgewähranspruchs[267]. Bliebe darauf zu achten, dass der Cash-Managementvertrag **jederzeit fristlos gekündigt** werden kann[268]. 158

12. Verjährung des Einlageanspruchs

Der Anspruch der Gesellschaft auf Leistung der Einlagen verjährt nach der durch Art. 13 Nr. 2 des Gesetzes zur Anpassung von Verjährungsvorschriften an das Gesetz zur Modernisierung des Schuldrechts vom 09.12.2004 (BGBl. I, 3214 – Verjährungsanpassungsgesetz) mit Wirkung ab 15.12.2004 (Inkrafttreten) neu in das GmbHG eingefügten speziellen Verjährungsregelung des § 19 Abs. 6 GmbHG in **zehn Jahren** von seiner Entstehung an. Wird das **Insolvenzverfahren** 159

---

260 BGH 20.07.2009, II ZR 273/07, BGHZ 182, 103 = ZIP 2009, 1561 Rn. 10 – Cash-Pool II; vgl. auch BGH 16.01.2006, II ZR 76/04, BGHZ 166, 8 = ZIP 2006, 665 – Cash-Pool.
261 BGH 16.02.2009, II ZR 120/07, BGHZ 180, 38 Rn. 16 = ZIP 2009, 713 – Qivive.
262 BGH 21.11.2005, II ZR 140/04, BGHZ 165, 113, 116 = ZIP 2005, 2203, 2204; BGH 09.01.2006, II ZR 72/05, BGHZ 165, 352 = ZIP 2006, 331; BGH 16.02.2009, II ZR 120/07, BGHZ 180, 38 Rn. 15 = ZIP 2009, 713 – Qivive; BGH 20.07.2009, II ZR 273/07, BGHZ 182, 103 Rn. 11 = ZIP 2009, 1561 – Cash-Pool II.
263 BGH 20.07.2009, II ZR 273/07, BGHZ 182, 103 Rn. 15 = ZIP 2009, 1561 – Cash-Pool II.
264 BGH 16.01.2006, II ZR 76/04, BGHZ 166, 8 Rn. 25 = ZIP 2006, 665 – Cash-Pool; BGH 20.07.2009, II ZR 273/07, BGHZ 182, 103 Rn. 21f = ZIP 2009, 1561 – Cash-Pool II.
265 BGH 20.07.2009, II ZR 273/07, BGHZ 182, 103 Rn. 24 = ZIP 2009, 1561 – Cash-Pool II.
266 BGH 20.07.2009, II ZR 273/07, BGHZ 182, 103 Rn. 25 = ZIP 2009, 1561 – Cash-Pool II.
267 BGH 20.07.2009, II ZR 273/07, BGHZ 182, 103 Rn. 26 = ZIP 2009, 1561 – Cash-Pool II.
268 BGH 20.07.2009, II ZR 273/07, BGHZ 182, 103 Rn. 27f = ZIP 2009, 1561 – Cash-Pool II.

über das Vermögen der Gesellschaft eröffnet, so tritt die Verjährung nicht vor Ablauf von sechs Monaten ab dem Zeitpunkt der Eröffnung ein (§ 19 Abs. 6 Satz 2 GmbHG).

160 Die für »Altfälle« noch nicht verjährter Einlageforderungen der GmbH maßgebliche besondere Überleitungsvorschrift des Art. 229 § 12 Abs. 2 EGBGB ist verfassungskonform dahin auszulegen, dass in die ab 15.12.2004 laufende neue zehnjährige Verjährungsfrist des § 19 Abs. 6 GmbHG lediglich die seit Inkrafttreten des Schuldrechtsmodernisierungsgesetzes, mithin ab 01.01.2002 verstrichenen Zeiträume der zuvor geltenden dreijährigen Regelfrist des § 195 BGB n.F. einzurechnen sind[269].

V. Kapitalerhaltung

161 Das zur Erhaltung des **Stammkapitals** erforderliche Vermögen darf nach § 30 Abs. 1 Satz 1 GmbHG nicht an die Gesellschafter ausgezahlt werden. Zahlungen, die entgegen diesem Verbot geleistet worden sind, müssen der Gesellschaft erstattet werden, bei Gutgläubigkeit des Empfängers jedoch nur insoweit, als das zur Befriedigung der Gesellschaftsgläubiger erforderlich ist (§ 31 Abs. 1 und 2 GmbHG). Die Pflicht zur Erstattung kann nicht erlassen werden (§ 31 Abs. 4 GmbHG). Ist der Erstattungsbetrag uneinbringlich, trifft die übrigen Gesellschafter eine Ausfallhaftung nach dem Verhältnis ihrer Geschäftsanteile (§ 31 Abs. 3 GmbHG).

162 Das MoMiG hat in § 30 Abs. 1 Satz 2 und 3 GmbHG **Ausnahmen** vom Kapitalerhaltungsgebot normiert: Die bereits zuvor teilweise anerkannte Suspendierung der §§ 30, 31 GmbHG bei Bestehen eines Beherrschungs- und Gewinnabführungsvertrags (§ 291 AktG) sowie eine noch näher zu erörternde Ausnahme für Leistungen, die durch einen vollwertigen Gegenleistungs- und Rückgewähranspruch gegen den Gesellschafter gedeckt sind. Die Rechtsfigur des eigenkapitalersetzenden Gesellschafterdarlehens wurde abgeschafft.

163 Ansprüche aus der Verletzung von Kapitalerhaltungsvorschriften sind in der **Insolvenz** der GmbH ebenso wie Ansprüche auf Kapitalaufbringung durch den Insolvenzzweck begrenzt. Sie werden gegenstandslos, wenn sämtliche Gläubiger befriedigt sind und mit dem Entstehen neuer Schulden der GmbH nicht zu rechnen ist[270].

1. Tatbestand

164 Das zur Erhaltung des Stammkapitals erforderliche Vermögen der GmbH darf vorbehaltlich der in § 30 Abs. 1 Satz 2 und 3 GmbHG geregelten Ausnahmen nicht an die Gesellschafter ausgezahlt werden.

a) Gegenstand der Kapitalbindung

165 Das Verbot des § 30 Abs. 1 GmbHG bindet lediglich den Teil des Gesellschaftsvermögens, der rechnerisch dem im **Gesellschaftsvertrag festgesetzten Stammkapital** entspricht und dient nicht der Erhaltung des über dem Stammkapitalbetrag hinaus vorhandenen **Gesellschaftsvermögens**[271]. Eine Leistung i.S.d. § 30 Abs. 1 Satz 1 GmbHG wird dann auf Kosten des Stammkapitals vorgenommen, wenn durch die Auszahlung eine Unterbilanz entsteht oder, soweit eine solche bereits vorhanden ist, vertieft wird[272]. Nach Sinn und Zweck der Kapitalerhaltungsregeln gilt das Auszah-

---

269 Vgl. BGH 11.02.2008, II ZR 171/06, ZIP 2008, 643; BGH 02.06.2008, II ZA 1/07, ZIP 2008, 1379.
270 BGH 30.11.1967, II ZR 68/65, WM 1968, 33 (35); BGH 21.09.1978, II ZR 214/77, WM 1978, 1271; vgl. auch BGH 09.02.2012, IX ZB 230/10, ZIP 2012, 532 Rn. 12 mwN zur Liquidation.
271 BGH 24.03.1980, II ZR 213/77, BGHZ 76, 326, 333 f. = ZIP 1980, 361, 363; zur Ablehnung einer Haftung für materielle Unterkapitalisierung vgl. BGH 28.04.2008, II ZR 264/06, BGHZ 176, 204 Rn. 13 = ZIP 2008, 1232 – GAMMA.
272 BGH 14.12.1959, II ZR 187/57, BGHZ 31, 258, 276; BGH 01.02.1968, II ZR 212/65, WM 1966, 570, 571.

lungsverbot des § 30 Abs. 1 Satz 1 GmbHG erst recht, wenn eine Leistung an die Gesellschafter zur Überschuldung führt oder eine bestehende Überschuldung vergrößert[273].

b) Leistung

§ 30 Abs. 1 Satz 1 GmbHG erfasst über seinen Wortlaut hinaus **Leistungen jeglicher Art**, die Gesellschaftern zu Lasten des Gesellschaftsvermögens erbracht werden, soweit sie eine Unterbilanz oder Überschuldung herbeiführen oder vertiefen[274]. Als Leistung i.S.d. § 30 Abs. 1 GmbHG gilt daher beispielsweise auch die Befreiung von der Inanspruchnahme aus einer **Bürgschaft** des Gesellschafters für eine Gesellschaftsschuld auf Kosten der GmbH[275]. 166

c) Bilanzielle Ermittlung

Das zur Erhaltung des Stammkapitals erforderliche Gesellschaftsvermögen wird angegriffen, wenn und soweit infolge der Leistung an den Gesellschafter das Reinvermögen der Gesellschaft nicht mehr die Ziffer des Stammkapitals erreicht[276]. Ob eine Entnahme zu einer Unterbilanz führt oder eine solche vertieft, ist nicht anhand eines Vermögensstatus mit Bilanzansätzen zu Verkehrs- oder Liquidationswerten zu beurteilen. Maßgebend ist vielmehr die Vermögenssituation der Gesellschaft, wie sie sich aus einer für den **Zeitpunkt der Entnahme oder sonstigen Leistung** – nicht für den Zeitpunkt der Eingehung der Verbindlichkeit – aufzustellenden, den Anforderungen des § 42 GmbHG, §§ 242 ff. HGB entsprechenden **Bilanz zu fortgeführten Buchwerten** ergibt[277]. An der Bewertung nach den allgemeinen für die Jahresbilanz geltenden Grundsätzen hat auch das **MoMiG** nichts geändert[278]. 167

In dieser stichtagsbezogenen Handelsbilanz sind die etwaigen **stillen Reserven** nicht auszuweisen[279]. Dadurch wird im Interesse eines wirksamen Gläubigerschutzes vermieden, dass infolge der mit der Bewertung etwa vorhandener stiller Reserven verbundenen Unsicherheiten und Unwägbarkeiten an die Gesellschafter Beträge ausgeschüttet werden, die in Wirklichkeit zur Erhaltung des Stammkapitals erforderlich sind[280]. **Gesellschafterdarlehen** sind nicht nur bei fehlendem Rangrücktritt, sondern stets zu passivieren[281]. **Rückzahlungsansprüche aus Darlehen** der Gesellschaft an ihre Gesellschafter sind in der Handels- wie in der Überschuldungsbilanz mit ihren wahren Werten zu aktivieren[282]. 168

---

273 Vgl. BGH 05.02.1990, II ZR 114/89, ZIP 1990, 451, 453; BGH 22.09.2003, II ZR 229/02, ZIP 2003, 2068; BGH 22.03.2010, II ZR 12/08, BGHZ 185, 44 Rn. 54 = ZIP 2010, 978 – ADCOCOM.
274 BGH 14.01.1953 – I ZR 169/51, LM GmbHG § 30 Nr. 1; BGH 24.03.1954, II ZR 23/53, BGHZ 13, 49, 54; BGH 14.12.1959, II ZR 187/57, BGHZ 31, 258, 276; BGH 13.10.1966, II ZR 56/64, WM 1966, 1262, 1264; BGH 03.04.1968 – VIII ZR 38/66, WM 1968, 570, 571; BGH 01.12.1986, II ZR 306/85, ZIP 1987, 575, 576.
275 BGH 14.03.2005, II ZR 129/03, ZIP 2005, 659, 660; BGH 26.01.2009, II ZR 260/07, BGHZ 179, 249 Rn. 10 = ZIP 2009, 615– Gut Buschow; BGH 20.07.2009, II ZR 36/08, ZIP 2009, 1806 Rn. 15.
276 BGH 14.12.1959, II ZR 187/57, BGHZ 31, 258, 276.
277 BGH 11.05.1987, II ZR 226/86, ZIP 1987, 1113, 1114; BGH 07.11.1988, II ZR 46/88, BGHZ 106, 7, 12 = ZIP 1989, 95; BGH 11.12.1989, II ZR 78/89, BGHZ 109, 334, 337 = ZIP 1990, 307 (KG);BGH 22.10.1990, II ZR 238/89, ZIP 1990, 1593, 1596;BGH 19.06.2000, II ZR 73/99, BGHZ 144, 365 = ZIP 2000, 1294, 1296; BGH 13.02.2006, II ZR 62/04, ZIP 2006, 703 Rn. 29; BGH 29.09.2008, II ZR 234/07, ZIP 2008, 2217 Rn. 11.
278 Vgl. Begr. RegE des Gesetzes zur Modernisierung des GmbH-Rechts und zur Bekämpfung von Missbräuchen (MoMiG) vom 25.06.2007, BT-Drucks. 16/6140, S. 41.
279 BGH 05.04.2011, II ZR 263/08, ZIP 2011, 1104 Rn. 17.
280 BGH 07.11.1988, II ZR 46/88, BGHZ 106, 7, 12 = ZIP 1989, 95, 97 f.; BGH 11.12.1989, II ZR 78/89, BGHZ 109, 334, 337 ff. = ZIP 1990, 307, 308 ff.
281 BGH 29.09.2008, II ZR 234/07, ZIP 2008, 2217 Rn. 11.
282 BGH 23.04.2012, II ZR 252/10, BGHZ 193, 96 Rn. 25 = ZIP 2012, 1071.

d) Vollwertiger Gegenleistungs- oder Rückgewähranspruch

169 Die Auszahlung an den Gesellschafter ist dann nicht verboten, wenn die Leistung der GmbH durch einen vollwertigen Gegenleistungs- oder Rückgewähranspruch gegen den Gesellschafter gedeckt ist (§ 30 Abs. 1 Satz 2 Halbs. 2 GmbHG).

170 In seiner sogenannten »November-Entscheidung« hatte der II. Zivilsenat des Bundesgerichtshofs Kreditgewährungen an Gesellschafter, die zu Lasten des gebundenen Vermögens der GmbH erfolgen, auch dann grundsätzlich als verbotene Auszahlung von Gesellschaftsvermögen i.S.d. § 30 Abs. 1 GmbHG bewertet, wenn der Rückzahlungsanspruch gegen den Gesellschafter im Einzelfall vollwertig war[283]. Der durch das **MoMiG** eingefügte Ausnahmetatbestand setzt das Auszahlungsverbot jetzt ausdrücklich außer Kraft, wenn ein vollwertiger Gegenleistungs- oder Rückgewähranspruch gegen den Gesellschafter besteht. Ein Darlehen der Gesellschaft an einen Gesellschafter kann danach nur dann als verbotene Auszahlung des zur Erhaltung des Stammkapitals erforderlichen Vermögens gewertet werden, wenn das Darlehen nicht durch einen vollwertigen Gegenleistungs- oder Rückgewähranspruch gegen den Gesellschafter gedeckt ist[284]. Das Stammkapital ist als rein bilanzielle Ausschüttungssperre zu verstehen. Ist die Leistung, durch einen vollwertigen Gegenleistungs- oder Rückerstattungsanspruch gedeckt, wird lediglich ein unschädlicher Aktivtausch vorgenommen[285]. Der Aktivposten Bankguthaben wird etwa durch den Aktivposten Darlehensanspruch ersetzt. Das Aktivvermögen bleibt unverändert. Seine »November-Rechtsprechung« hat der II. Zivilsenat in der MPS-Entscheidung auch für Altfälle aufgegeben und ist zur bilanziellen Betrachtungsweise zurückgekehrt[286].

171 Maßstab für die **Vollwertigkeit** einer Darlehensforderung ist eine vernünftige kaufmännische Beurteilung, wie sie auch bei der Bewertung von Forderungen aus Drittgeschäften im Rahmen der Bilanzierung (§ 253 HGB) angestellt wird. Eine an Sicherheit grenzende Wahrscheinlichkeit der Darlehensrückzahlung ist nicht erforderlich. Jedoch hat der Geschäftsführer bei der auf den **Zeitpunkt der Vornahme des Rechtsgeschäfts** bezogenen Beurteilung die Sorgfaltspflicht gemäß § 43 Abs. 1 GmbHG zu beachten und beispielsweise die Gewährung eines unbesicherten Darlehens im Fall eines konkreten Ausfallrisikos zu verweigern[287]. Die fehlende Besicherung der Forderung allein spricht allerdings grundsätzlich nicht gegen die Vollwertigkeit[288]. Spätere, nach dem Zeitpunkt der Vornahme des Rechtsgeschäfts eintretende, nicht vorhersehbare negative Entwicklungen der Forderung gegen den Gesellschafter und bilanzielle Abwertungen führen nicht nachträglich zu einer verbotenen Auszahlung. Es kann dann aber ein Sorgfaltspflichtverstoß des Geschäftsführers gegeben sein, der diese Forderungen stehen ließ, obwohl er sie hätte einfordern können[289]. Ist die Forderung lediglich »**teilwertig**«, gilt wie bei der Kapitalaufbringung das »Alles-oder-Nichts-Prinzip«. Die Leistung verstößt dann insgesamt gegen § 30 Abs. 1 Satz 1 GmbHG[290].

172 Schließt ein Gesellschafter mit »seiner« GmbH einen **Austauschvertrag**, so kann von einer unzulässigen Rückgewähr von Gesellschaftsvermögen dann ausgegangen werden, wenn der Leistung der Gesellschaft keine gleichwertige Leistung des Gesellschafters gegenübersteht. Ob eine Gleichwertigkeit von Leistung und Gegenleistung gegeben ist, entscheidet sich danach, ob ein gewissenhaft handelnder, kaufmännische Grundsätze zugrunde legender Geschäftsführer das Rechtsgeschäft bei Vorlie-

---

[283] BGH 24.11.2003, II ZR 171/01, BGHZ 157, 72 = ZIP 2004, 263.
[284] BGH 23.04.2012, II ZR 252/10, BGHZ 193, 96 Rn. 25 = ZIP 2012, 1071.
[285] Vgl. Begr. RegE des Gesetzes zur Modernisierung des GmbH-Rechts und zur Bekämpfung von Missbräuchen (MoMiG) vom 25.06.2007, BT-Drucks. 16/6140, S. 41.
[286] BGH 01.12.2008, II ZR 102/07, BGHZ 179, 71 = ZIP 2009, 70 – MPS.
[287] BGH 01.12.2008, II ZR 102/07, BGHZ 179, 71 Rn. 13 = ZIP 2009, 70 – MPS.
[288] BGH 01.12.2008, II ZR 102/07, BGHZ 179, 71 Rn. 10 = ZIP 2009, 70 – MPS.
[289] Vgl. Begr. RegE des Gesetzes zur Modernisierung des GmbH-Rechts und zur Bekämpfung von Missbräuchen (MoMiG) vom 25.06.2007, BT-Drucks. 16/6140, S. 41.
[290] **Strittig** vgl. die Darstellung des Meinungsstands bei *Altmeppen* in Roth/Altmeppen GmbHG § 30 Rn. 113.

gen gleicher Umstände zu gleichen Bedingungen auch mit einem Nichtgesellschafter abgeschlossen hätte (**Drittvergleich**). Dieser Bewertungsmaßstab, der einen gewissen unternehmerischen Handlungsspielraum anerkennt, schließt subjektive Erwägungen der Geschäftsführung, die Leistung und Gegenleistung unzutreffend für ausgeglichen hält, aus. Nicht entschieden worden ist die Frage, ob der bloße Verzicht der GmbH auf einen möglichen Gewinn aus dem Geschäft gegen § 30 GmbHG verstößt, wenn ein solcher eine bereits bestehende Überschuldung oder Unterbilanz zurückführen würde[291].

Bei Austauschverträgen tritt also neben das Vollwertigkeitsgebot das **Deckungsgebot**, das auch im Wortlaut des § 30 Abs. 1 Satz 2 GmbHG angedeutet wird (»gedeckt«). Das bedeutet, dass bei einem Austauschvertrag der Zahlungsanspruch gegen den Gesellschafter nicht nur vollwertig sein, sondern auch wertmäßig nach Marktwerten und nicht nach Abschreibungswerten den geleisteten Gegenstand decken muss[292]. Verkauft etwa die Gesellschaft an den Gesellschafter einen Gegenstand, muss der Gesellschafter nicht nur in der Lage sein, den Kaufpreis zu bezahlen. Der Kaufpreis muss daneben dem Marktwert des von der Gesellschaft erworbenen Gegenstands objektiv entsprechen. Wird das Deckungsgebot verletzt, ist der Anspruch aus § 31 Abs. 1 GmbHG auf Zahlung der Differenz zwischen Marktwert und Kaufpreis beschränkt. Denn nur insoweit liegt ein Verstoß gegen das Kapitalerhaltungsgebot vor. 173

e) Leistung an den Gesellschafter

Leistungsempfänger ist primär der Gesellschafter der GmbH. Erforderlich ist grundsätzlich, dass er in dem Zeitpunkt zu den Gesellschaftern gehörte, in dem die **Verpflichtung** der Gesellschaft zur Leistung begründet worden ist. Es ist nicht notwendig, dass er auch noch in dem Zeitpunkt Gesellschafter ist, in dem die Gesellschaft ihr Leistungsversprechen erfüllt[293]. Auch **zukünftige Gesellschafter** können in Anspruch genommen werden, wenn die Leistung mit Rücksicht auf die künftige Gesellschafterstellung erfolgt[294]. Erwirbt der Gesellschafter einer GmbH von seinen Mitgesellschaftern deren Geschäftsanteile unter der aufschiebenden Bedingung der vollständigen Kaufpreiszahlung und hat die Gesellschaft den Veräußerern in einem Bankdepot befindliche Wertpapiere zur Sicherung der Kaufpreisforderung übertragen, so sind sowohl die **Anteilsveräußerer** als auch der **Erwerber** Adressaten des Kapitalerhaltungsgebots des § 30 GmbHG bzw. Empfänger der Leistung[295]. 174

Zum Schutz vor Umgehungen müssen auch Leistungen **an** bestimmte **Dritte** wie Leistungen an Gesellschafter behandelt werden. Zahlt die Gesellschaft den gegen § 30 GmbHG verstoßenden Auszahlungsbetrag nicht unmittelbar an den Gesellschafter, sondern **auf dessen Verlangen** an einen Dritten, dann ist **nicht der Dritte, sondern der Gesellschafter** Empfänger der Zahlung i.S.d. § 31 GmbHG[296]. Ein Verstoß gegen § 30 Abs. 1 GmbHG liegt weiter dann vor, wenn die Gesellschaft an einen Dritten für Rechnung des Gesellschafters zur Erfüllung einer diesem obliegenden Verbindlichkeit leistet. Darin ist eine **mittelbare Leistungsbewirkung an den Gesellschafter** zu sehen, die diesen, nicht aber den Dritten zum Leistungsempfänger i.S.d. §§ 30, 31 GmbHG macht[297]. Eine Erstattungspflicht des Gesellschafters, nicht aber des (Darlehens- und Bürgschafts-)Gläubigers als 175

---

291 BGH 13.11.1995, II ZR 113/94, ZIP 1996, 68; BGH 01.12.1986, II ZR 306/85, ZIP 1987, 575, 576; BGH 14.10.1985, II ZR 276/84, ZIP 1986, 456, 458.
292 Vgl. Begr. RegE des Gesetzes zur Modernisierung des GmbH-Rechts und zur Bekämpfung von Missbräuchen (MoMiG) vom 25.06.2007, BT-Drucks. 16/6140, S. 41.
293 BGH 24.03.1954, II ZR 23/53, BGHZ 13, 49, 54; BGH 03.04.1968 – VIII ZR 38/66, WM 1968, 570, 571; BGH 29.09.1977, II ZR 157/76, BGHZ 69, 274, 280; BGH 13.07.1981, II ZR 256/79, BGHZ 81, 252, 258 = ZIP 1981, 974, 976; *Altmeppen* in Roth/Altmeppen GmbHG § 30 Rn. 24.
294 BGH 13.11.2007, XI ZR 294/07, ZIP 2008, 118 Rn. 13 (AG); Scholz/*Verse* GmbHG § 30 Rn. 33 mwN.
295 BGH 18.06.2007, II ZR 86/06, BGHZ 173, 1 = ZIP 2007, 1705.
296 BGH 28.09.1981, II ZR 223/80, BGHZ 81, 365, 368 = ZIP 1981, 1332; BGH 29.05.2000, II ZR 118/98, BGHZ 144, 336 = ZIP 2000, 1251, 1255 – Balsam/Procedo I.
297 BGH 29.03.1973, II ZR 25/70, BGHZ 60, 324, 330 f.; BGH 03.04.1968 – VIII ZR 38/66, WM 1968, 570, 571; BGH 13.10.1980, II ZB 2/80, AG 1981, 227.

Drittem, entsteht ferner dann, wenn die Gesellschaft unter Herbeiführung einer Unterbilanz eine eigene Darlehensverbindlichkeit tilgt, für die sich ein Gesellschafter verbürgt hatte. Denn durch die Forderungstilgung wird der Gesellschafter zugleich von seiner **Bürgschaftsverpflichtung** befreit[298].

f) Enge rechtliche oder persönliche Verbindung

176 Besteht zwischen dem Gesellschafter und dem Dritten eine enge rechtliche oder persönliche Verbindung, stellt sich die Frage, ob die Leistung an den Dritten als verbotswidrige Leistung an den Gesellschafter anzusehen ist und ob (neben dem Gesellschafter) der Dritte Adressat der §§ 30, 31 GmbHG ist.

177 Überträgt etwa ein Gesellschafter seinen Geschäftsanteil einem Dritten »zu treuen Händen«, wird also ein **Treuhandverhältnis** im engeren Sinne begründet, so wird **dieses Rechtsverhältnis** von der in §§ 30, 31 GmbHG getroffenen Regelung erfasst. Beide, Treuhänder und Treugeber, haften[299]. Auch derjenige, der nur über einen **Mittels- oder Strohmann** an einer Gesellschaft beteiligt ist, hat genauso wie der unmittelbare Gesellschafter für die Erhaltung des Stammkapitals einzustehen[300].

178 Der **typische stille Gesellschafter** einer GmbH gehört nicht zum Adressatenkreis des § 30 GmbHG[301]. Dies ist anders bei der **atypischen stillen Gesellschaft**. Nach der Rechtsprechung des Bundesgerichtshofs ist ein an einer GmbH beteiligter stiller Gesellschafter im Hinblick auf die Kapitalerhaltungsregeln wie ein GmbH-Gesellschafter zu behandeln, wenn er aufgrund der vertraglichen Ausgestaltung des stillen Gesellschaftsverhältnisses hinsichtlich seiner vermögensmäßigen Beteiligung und seines Einflusses auf die Geschicke der GmbH weitgehend einem GmbH-Gesellschafter gleichsteht[302]. Die notwendige Vergleichbarkeit der Rechtsstellungen ist dann gegeben, wenn dem stillen Gesellschafter neben seiner Beteiligung am Gewinn der Gesellschaft in atypischer Weise weitreichende Befugnisse zur Einflussnahme auf die Geschäftsführung und die Gestaltung der Gesellschaft eingeräumt sind, insbesondere wenn er wie ein Gesellschafter die Geschicke der Gesellschaft mitzubestimmen berechtigt ist[303]. Wird der stille Gesellschafter in dieser Weise in den mitgliedschaftlichen Verband der GmbH einbezogen, so ist seine Einlage Teil der Eigenkapitalgrundlage der GmbH. Der im Innenverhältnis den GmbH-Gesellschaftern gleichgestellte stille Gesellschafter trägt in gleicher Weise wie jene die Verantwortung für die Erhaltung des den Gläubigern

---

298 BGH 27.09.1976, II ZR 162/75, BGHZ 67, 171, 182; BGH 13.07.1981, II ZR 256/79, BGHZ 81, 252, 260 = ZIP 1981, 974; BGH 20.07.2009, II ZR 36/08, ZIP 2009, 1806 Rn. 15.
299 BGH 08.07.1985, II ZR 269/84, ZIP 1985, 1198, 1201; BGH 20.02.1989, II ZR 167/88, BGHZ 107, 7, 10 f. = ZIP 1989, 440 f.; BGH 15.01.1990, II ZR 164/88, BGHZ 110, 47, 66 ff. = ZIP 1990, 156; BGH 16.12.1991, II ZR 294/90, ZIP 1992, 242, 244; BGH 06.04.2009, II ZR 277/07, ZIP 2009, 1273, 1275.
300 BGH 14.12.1959, II ZR 187/57, BGHZ 31, 258, 266; BGH 26.11.1979, II ZR 104/77, BGHZ 75, 334, 335 f. = ZIP 1980, 115; BGH 08.07.1985, II ZR 269/84, BGHZ 95, 188, 193 = ZIP 1985, 1198; BGH 14.11.1988, II ZR 115/88, ZIP 1989, 93; BGH 20.02.1989, II ZR 167/88, BGHZ 107, 7, 12 = ZIP 1989, 440; BGH 15.01.1990, II ZR 164/88, BGHZ 110, 47, 67 = ZIP 1990, 156, 163 (AG); BGH 22.10.1990, II ZR 238/89, ZIP 1990, 1593, 1595; BGH 14.06.1993, II ZR 252/92, ZIP 1993, 1072, 1073; BGH 13.12.2004, II ZR 206/02, ZIP 2005, 117, 118; BGH 21.11.2005, II ZR 277/03, BGHZ 165, 106 Rn. 20 = ZIP 2006, 279.
301 Vgl. BGH 01.03.1982, II ZR 23/81, BGHZ 83, 341, 345 = ZIP 1982, 1077 f.; BGH 07.11.1988, II ZR 46/88, BGHZ 106, 7, 9 = ZIP 1989, 95, 96; BGH 21.03.1983, II ZR 139/82, ZIP 1983, 561; zur KG vgl. BGH 09.02.1981 –II ZR 38/80, ZIP 1981, 734; BGH 17.12.1984, II ZR 36/84, ZIP 1985, 347.
302 BGH 07.11.1988, II ZR 46/88, BGHZ 106, 7, 10 f. = ZIP 1989, 95, 96 f.; BGH 13.02.2006, II ZR 62/04, ZIP 2006, 703 Rn. 24; ebenso für die die KG BGH 09.02.1981, II ZR 38/80, ZIP 1981, 734 und BGH 17.12.1984, II ZR 36/84, ZIP 1985, 347; vgl. auch BGH, Urt. v. 28.06.2012 – IX ZR 191/11, BGHZ 193, 378 = ZIP 2012, 1869 zum Kommanditisten.
303 BGH 07.11.1988, II ZR 46/88, BGHZ 106, 7, 10 f. = ZIP 1989, 95, 96 f.; BGH 05.04.2011, II ZR 173/10, ZIP 2011, 1411 Rn. 4; vgl. auch BGH, Urt. v. 28.06.2012 – IX ZR 191/11, BGHZ 193, 378 = ZIP 2012, 1869 zum Kommanditisten.

dienenden Haftungsfonds. Seine Einlage ist damit – ebenso wie es die Einlagen der GmbH-Gesellschafter sind – durch § 30 GmbHG gebunden[304].

Was für den stillen Gesellschafter gilt, gilt auch für den **Pfandgläubiger** an dem Geschäftsanteil des Gesellschafters einer GmbH, wenn er sich zusätzlich Befugnisse einräumen lässt, die es ihm ermöglichen, die Geschicke der GmbH ähnlich wie ein GmbH-Gesellschafter mitzubestimmen. Das Pfandrecht erstreckt sich nicht auf Mitgliedschafts- und Gewinnbezugsrechte, so dass der Gesellschafter seine Mitgliedschaftsrechte, insbesondere sein Stimmrecht, weiter ausüben kann. Das ändert sich aber dann, wenn der Pfandgläubiger sich durch schuldrechtliche Nebenabreden eine Position einräumen lässt, die im wirtschaftlichen Ergebnis der Stellung eines Gesellschafters gleichsteht oder zumindest nahekommt[305]. In gleicher Weise wie der atypische stille Gesellschafter und der Pfandgläubiger kann auch der **Nießbraucher** eines GmbH-Geschäftsanteils Adressat der Kapitalerhaltungsregeln sein[306]. 179

Der Zurechnungstatbestand ist – anders als im Eigenkapitalersatzrecht[307] – auch dann erfüllt, wenn die verbotswidrige Rückgewähr an einen **nahen Angehörigen** des Gesellschafters (Ehegatte, minderjährige Kinder) vorgenommen wird. Der Bundesgerichtshof begründet diese Ausweitung mit dem Gedanken des Umgehungsverbots. Wenn demnach eine GmbH auf Veranlassung ihres Gesellschafters in Erfüllung der diesem zustehenden, jedoch einredebehafteten Forderung eine Leistung an dessen Ehefrau oder ein minderjähriges Kind erbringe, seien (auch) diese gemäß § 31 Abs. 1 GmbHG zur Rückgewähr verpflichtet[308]. Nicht entschieden ist in diesem Zusammenhang, ob der Erstattungsanspruch nur dann geltend gemacht werden kann, wenn der nahe Angehörige oder sein gesetzlicher Vertreter beim Empfang der Leistung von dem Verstoß gegen das Kapitalerhaltungsgebot **Kenntnis** gehabt hat oder ihn hätte erkennen müssen[309]. 180

g) Insbesondere verbundene Unternehmen

Ein Dritter, der einem Gesellschafter gleichsteht, kann insbesondere **ein Unternehmen** sein, das mit einem Gesellschafter **horizontal oder vertikal verbunden** ist[310]. 181

Die Verbindung kann einmal so ausgestaltet sein, dass eine Beteiligung in diesem Sinn dadurch begründet wird, dass ein Gesellschafter **an beiden Gesellschaften**, der leistenden und der die verbotswidrige Leistung empfangenden (Dritter), und zwar an der letztgenannten »**maßgeblich**« beteiligt ist[311]. Dazu genügt regelmäßig – vorbehaltlich einer gegenteiligen Regelung im Gesellschaftsvertrag – eine Beteiligung an der Gesellschaft von mehr als 50 %[312]. Eine maßgebliche Beteiligung ist aber 182

---

304 Vgl. BGH 13.02.2006, II ZR 62/04, ZIP 2006, 703 Rn. 24.
305 BGH 13.07.1992, II ZR 251/91, BGHZ 119, 191, 195 f. = ZIP 1992, 1300, 1301; BGH 05.04.2011, II ZR 173/10, ZIP 2011, 1411 Rn. 4.
306 Vgl. BGH, 05.04.2011, II ZR 173/10, ZIP 2011, 1411 unter Darstellung der differierenden Meinungen.
307 Vgl. BGH 18.02.1991, II ZR 259/89, ZIP 1991, 366, 367 f.
308 BGH 28.09.1981, II ZR 223/80, BGHZ 81, 365, 368 f. = ZIP 1981, 1332 f.; BGH 14.10.1985, II ZR 276/84, ZIP 1986, 456, 458; BGH 01.12.1986, II ZR 306/85, ZIP 1987, 575, 577; BGH 24.09.1990, II ZR 174/89, ZIP 1990, 1467, 1469; BGH 18.02.1991, II ZR 259/89, ZIP 1991, 366, 367;BGH 16.12.1991, II ZR 294/90, ZIP 1992, 242, 244; BGH 13.11.1995, II ZR 113/94, ZIP 1996, 68.
309 BGH 28.09.1981, II ZR 223/80, BGHZ 81, 365, 369 f. = ZIP 1981, 1332; BGH 24.09.1990, II ZR 174/89, ZIP 1990, 1467, 1469.
310 BGH 05.05.2008, II ZR 108/07, ZIP 2008, 1230 Rn. 9; BGH 28.02.2012, II ZR 115/11, ZIP 2012, 865 Rn. 16.
311 BGH 21.09.1981, II ZR 104/80, BGHZ 81, 311, 315 = ZIP 1981, 1200; BGH 14.10.1985, II ZR 276/84, ZIP 1986, 456, 458; BGH 20.03.1986, II ZR 114/85, ZIP 1987, 1050, 1051; BGH 22.10.1990, II ZR 238/89, ZIP 1990, 1593, 1595; BGH 10.05.1993, II ZR 74/92, BGHZ 122, 333 = ZIP 1993, 917, 918 f.; BGH 13.11.1995, II ZR 113/94, ZIP 1996, 68, 69; BGH 05.05.2008, II ZR 108/07, ZIP 2008, 1230 Rn. 10; BGH 11.10.2011, II ZR 18/10, ZIP 2011, 2253 Rn. 11; BGH 28.02.2012, II ZR 115/11, ZIP 2012, 865 Rn. 18.
312 BGH 21.06.1999, II ZR 70/98, ZIP 1999, 1314; BGH 27.11.2000, II ZR 179/99, ZIP 2001, 115; BGH

auch dann anzunehmen, wenn der Gesellschafter »nur« zu 50 % an der GmbH beteiligt, aber zugleich deren alleinvertretungsberechtigter Geschäftsführer ist[313]. Neben dem Dritten, der mit dem Gesellschafter eine wirtschaftliche Einheit bildet, ist auch der nominelle Gesellschafter verantwortlich[314].

183 Die Verbindung kann aber auch in der Weise bestehen, dass der Dritte **Gesellschafter-Gesellschafter** der GmbH ist, also an einer Gesellschafterin der GmbH beteiligt ist, und führt jedenfalls dann zur Anwendung der Kapitalerhaltungsvorschriften, wenn der Dritte aufgrund einer qualifizierten Mehrheit der Anteile oder Stimmrechte einen bestimmenden Einfluss auf den Gesellschafter ausüben kann[315]. Auch wenn der **Gesellschafter-Gesellschafter** (Dritter) die Auszahlung an eine Gesellschaft, an der er beteiligt ist und die er beherrscht, veranlasst hat, ist er als Empfänger der Auszahlung i.S.v. § 31 GmbHG anzusehen. Bei der Zahlung an eine vom Gesellschafter-Gesellschafter beherrschte Gesellschaft, die Gesellschafterin der GmbH ist, gilt insoweit nichts anderes als bei der Zahlung an eine mit ihm verbundene dritte Gesellschaft[316].

2. Rechtsfolgen

a) Allgemeines

184 Die Rechtsfolgen eines Verstoßes gegen das Kapitalerhaltungsgebot des § 30 GmbHG bestimmen sich nach § 31 GmbHG. Dies gilt auch dann, wenn es den Beteiligten auf die Umgehung der Kapitalerhaltungsvorschriften ankommt; für die Anwendung der §§ 134, 812 ff. BGB ist daneben kein Raum[317].

185 § 30 GmbHG bezweckt, dass das zur Deckung des Stammkapitals erforderliche Vermögen nicht an die Gesellschafter zurückgewährt wird. Die sachgerechte Rechtsfolge eines Verstoßes besteht deswegen darin, dass ein entsprechendes **Verpflichtungsgeschäft nicht erfüllt** werden darf, soweit in dem maßgeblichen Zeitpunkt der Leistung das zur Deckung des Stammkapitals erforderliche Vermögen angegriffen wird, und dass eine gleichwohl erbrachte Zahlung den **Erstattungsanspruch** nach § 31 GmbHG auslöst[318].

186 Im Falle der **Überschuldung** und ihrer Erhöhung sind das Auszahlungsverbot nach § 30 Abs. 1 GmbHG und der Rückgewähranspruch gegen den Gesellschafter nicht durch die Höhe der Stammkapitalziffer begrenzt, sie bestimmen sich vielmehr nach der Höhe der ungedeckten Verbindlichkeiten[319].

187 Maßgeblicher **Beurteilungszeitpunkt** für die Frage, ob eine Unterbilanz oder einer Überschuldung entsteht oder erhöht wird, ist grundsätzlich der Zeitpunkt der Leistung[320]. Wenn die Leistung darin

---

28.02.2005, II ZR 103/02, ZIP 2005, 660, 661; BGH 05.05.2008, II ZR 108/07, ZIP 2008, 1230 Rn. 10.
313 BGH 28.02.2012, II ZR 115/11, ZIP 2012, 865 Rn. 19 f.
314 BGH 20.07.2009, II ZR 36/08, ZIP 2009, 1806 Rn. 21.
315 Vgl. BGH 21.09.1981, II ZR 104/80, BGHZ 81, 311, 315 = ZIP 1981, 1200; BGH 24.09.1990, II ZR 174/89, ZIP 1990, 1467;BGH 13.12.2004, II ZR 206/02, ZIP 2005, 117, 118; BGH 05.05.2008, II ZR 108/07, ZIP 2008, 1230 Rn. 9; BGH 20.07.2009, II ZR 36/08, ZIP 2009, 1806 Rn. 20; BGH 28.02.2012, II ZR 115/11, ZIP 2012, 865 Rn. 17; BGH 21.02.2013, IX ZR 32/12, BGHZ 196, 220 Rn. 21 = ZIP 2013, 582.
316 BGH 24.07.2012, II ZR 177/11, ZIP 2012, 1804 Rn. 31.
317 BGH 23.06.1997, II ZR 220/95, BGHZ 136, 125 = ZIP 1997, 1450.
318 BGH 23.06.1997, II ZR 220/95, BGHZ 136, 125 = ZIP 1997, 1450, 1451 f.
319 BGH 29.03.1973, II ZR 25/70, BGHZ 60, 324, 331 f.; BGH 24.03.1980, II ZR 213/77, BGHZ 76, 326, 335 = ZIP 1980, 361, 364; BGH 13.07.1981, II ZR 256/79, BGHZ 81, 252, 259 = ZIP 1981, 974, 976 f.; BGH 08.07.1985, II ZR 269/84, BGHZ 95, 188, 193 = ZIP 1985, 1198; BGH 28.02.2012, II ZR 115/11, ZIP 2012, 865 Rn. 21 m.w.N.
320 BGH 01.04.1953, II ZR 235/52, BGHZ 9, 157, 169; BGH 14.01.1953, II ZR 169/51, LM GmbHG § 30 Nr. 1; BGH 01.12.1986, II ZR 306/85, ZIP 1987, 575, 576; BGH 11.05.1987, II ZR 226/86, ZIP 1987,

besteht, dass die GmbH dem Gesellschafter Forderungen gegen Dritte abtritt, ist sie bereits mit der **Abtretung** bewirkt, nicht erst mit der Zahlung durch den Schuldner[321].

b) Leistungsverweigerungsrecht

Ein von der GmbH gegenüber ihrem Gesellschafter eingegangenes Leistungsversprechen ist **nicht** deswegen **unwirksam**, weil durch seine Erfüllung eine Unterbilanz oder Überschuldung herbeigeführt oder vertieft würde. Der GmbH steht lediglich ein Leistungsverweigerungsrecht zu, solange dieser Zustand vorhanden ist. Die **Beweislast** für die tatsächlichen Voraussetzungen des Leistungsverweigerungsrechts trifft die auf Erfüllung des Leistungsversprechens in Anspruch genommene GmbH[322]. 188

c) Erstattungsanspruch

Der Anspruch aus § 31 Abs. 1 GmbHG ist grundsätzlich nicht auf Wertersatz, sondern auf **Rückgabe** des verbotswidrig weggegebenen Gegenstandes gerichtet[323]. Das bedeutet nicht, dass eine Wertminderung außer Betracht bleibt. Der Gesellschafter ist vielmehr verpflichtet, einen zwischenzeitlichen **Wertverlust** durch eine Geldzahlung auszugleichen. Die Gesellschaft hat dabei lediglich **darzulegen und ggf. zu beweisen**, dass und in welcher Höhe nach der Weggabe ein Wertverlust eingetreten ist, der durch die Rückgabe nicht oder nicht vollständig ausgeglichen wird[324]. Etwas anderes gilt, wenn und soweit der Gesellschafter darlegen und im Streitfall beweisen kann, dass dieselbe Wertminderung auch dann eingetreten wäre, wenn der Vermögensgegenstand nicht an ihn gegeben, sondern bei der Gesellschaft verblieben wäre[325]. 189

Der Rückerstattungsanspruch ist mit seiner Entstehung **sofort fällig**. Seine Fälligkeit hängt nicht davon ab, dass die Gesellschafterversammlung seine Geltendmachung beschließt. § 46 Nr. 2 GmbHG findet auf ihn keine Anwendung[326]. 190

Besteht die Zuwendung in der **Aufgabe einer Forderung** gegen den Leistungsempfänger, so muss diese wieder begründet werden. Bei einer fälligen Verbindlichkeit kann die Gesellschaft unmittelbar Zahlung verlangen[327]. 191

Zu Lasten des Stammkapitals gehende Auszahlungen an einen oder mehrere Gesellschafter sind gem. § 31 Abs. 1 und 2 GmbHG von diesen, also von den **Leistungsempfängern** zu erstatten; die übrigen Gesellschafter haften dafür auch bei Mitwirkung an der Transaktion regelmäßig nur unter den Voraussetzungen des § 31 Abs. 3, § 43 Abs. 3 Satz 3 GmbHG[328]. 192

Weil das Gesetz die uneingeschränkte Rückzahlung des Betrags an die Gesellschaft anordnet, darf der nach § 31 Abs. 1 GmbHG anspruchsverpflichtete Empfänger der verbotenen Auszahlung keine **Einwendungen** aus den den Auszahlungen zugrunde liegenden innergesellschaftlichen Verhältnissen 193

1113, 1114; BGH 14.11.1988, II ZR 115/88, ZIP 1989, 93, 95; BGH 22.09.2003, II ZR 229/02, ZIP 2003, 2068, 2070; zum Leistungszeitpunkt bei Bestellung von Sicherheiten durch die GmbH vgl. BGH 18.06.2007, II ZR 86/06, BGHZ 173, 1 Rn. 23 f. = ZIP 2007, 1705; BGH 14.11.1988, II ZR 115/88, ZIP 1989, 93, 95 mwN.

321 BGH 11.05.1987, II ZR 226/86, ZIP 1987, 1113, 1114.
322 BGH 14.01.1953 – I ZR 169/51, LM GmbHG § 30 Nr. 1; BGH 23.06.1997, II ZR 220/95, BGHZ 136, 125 = ZIP 1997, 1450, 1451 f.
323 BGH 17.03.2008, II ZR 24/07, BGHZ 176, 62 Rn. 9 = ZIP 2008, 922.
324 BGH 17.03.2008, II ZR 24/07, BGHZ 176, 62 Rn. 10 = ZIP 2008, 922.
325 BGH 17.03.2008, II ZR 24/07, BGHZ 176, 62 Rn. 11 = ZIP 2008, 922.
326 BGH 08.12.1986, II ZR 55/86, ZIP 1987, 370, 371; BGH 24.03.1980, II ZR 213/77, BGHZ 76, 326, 328 = ZIP 1980, 361 f.
327 BGH 08.07.1985, II ZR 269/84, BGHZ 95, 188, 193 = ZIP 1985, 1198.
328 BGH 21.06.1999, II ZR 47/98, BGHZ 142, 92 = ZIP 1999, 1352.

unter dem Blickwinkel der Aufrechnung oder des Arglisteinwands erheben[329]. Deshalb kann einer von mehreren gesamtschuldnerisch zur Rückzahlung nach § 31 Abs. 1 GmbHG Verpflichteten der Gesellschaft auch nicht entgegenhalten, ein anderer Rückzahlungsverpflichteter sei nach Maßgabe des zwischen den **Gesamtschuldnern** bestehenden Innenverhältnisses »vorrangig« zur Erstattung verpflichtet[330]. Haften **der Veräußerer eines Geschäftsanteils** und der **Erwerber** bei einem Verstoß gegen das Auszahlungsverbot als Gesamtschuldner auf Rückerstattung (§ 31 GmbHG, § 421 BGB), kann die Gesellschaft die Leistung grundsätzlich nach ihrem Belieben von jedem der Schuldner ganz oder zu einem Teil – ohne Rücksicht auf etwaige Ausgleichs- und Regresspflichten der Gesamtschuldner im (Innen-)Verhältnis zueinander – fordern[331].

194 Die (nachträgliche) **Erfüllung** des Anspruchs aus § 31 Abs. 1 GmbHG beurteilt sich wegen der funktionalen Nähe zu dem Einlageanspruch der Gesellschaft nach denselben Grundsätzen[332]. Der einmal wegen Verstoßes gegen § 30 Abs. 1 GmbHG entstandene Erstattungsanspruch entfällt nach § 31 Abs. 1 GmbHG auch dann nicht von Gesetzes wegen, wenn das Gesellschaftskapital zwischenzeitlich anderweit bis zur Höhe der Stammkapitalziffer **nachhaltig wiederhergestellt** worden ist[333]. Es ist aber eine **Umdeutung** einer auf eine **vermeintliche Verbindlichkeit** geleisteten Zahlung in eine Erfüllung der Erstattungspflicht möglich. Hierzu ist es erforderlich, dass sich die Zahlung der Verbindlichkeit eindeutig objektiv zuordnen lässt[334]. Hiervon zu unterscheiden ist der Fall, dass nicht auf eine vermeintliche, sondern auf eine **tatsächlich bestehende (Darlehens-)forderung** der Gesellschaft bezahlt wird. Dann ist für eine Umdeutung kein Raum[335].

195 Bei **Gutgläubigkeit** kann vom Empfänger nach § 31 Abs. 2 GmbHG Erstattung nur insoweit verlangt werden, als sie zur Befriedigung der Gesellschaftsgläubiger erforderlich ist. Dieser Einwand wird den in Anspruch genommenen Empfänger selten entlasten können. Zum einen ist er für seine Gutgläubigkeit beweispflichtig. Regelmäßig wird der Erstattungsbetrag i.S.v. § 31 Abs. 2 GmbHG zur Befriedigung der Gesellschaftsgläubiger auch erforderlich sein. Dies ist nämlich in der typischen Erstattungssituation, wenn die Gesellschaft zahlungsunfähig oder überschuldet ist, der Fall[336]. Für § 31 Abs. 2 GmbHG kommt es nicht auf den Vermögensstatus zum **Zeitpunkt** der verbotenen Auszahlung, sondern denjenigen der tatrichterlichen Verhandlung über den Anspruch aus § 31 Abs. 2 GmbHG an[337].

196 Ist eine Erstattung von dem Empfänger nicht zu erlangen, so haften für den zu erstattenden Betrag, soweit er zur Befriedigung der Gesellschaftsgläubiger erforderlich ist, nach § 31 Abs. 3 GmbHG die übrigen Gesellschafter nach dem Verhältnis ihrer Geschäftsanteile. Diese subsidiäre **Ausfallhaftung** erfasst nicht den gesamten durch Eigenkapital nicht gedeckten Fehlbetrag, sondern ist auf den Betrag der Stammkapitalziffer beschränkt[338]. Eine weitergehende Beschränkung auf den Stammeinla-

---

329 BGH 29.05.2000, II ZR 118/98, BGHZ 144, 336 = ZIP 2000, 1251, 1253 – Balsam/Procedo I; BGH 18.06.2007, II ZR 86/06, BGHZ 173, 1 Rn. 17 = ZIP 2007, 1705.
330 BGH 18.06.2007, II ZR 86/06, BGHZ 173, 1 Rn. 17 = ZIP 2007, 1705.
331 BGH 18.06.2007, II ZR 86/06, BGHZ 173, 1 = ZIP 2007, 1705.
332 BGH 23.04.2012, II ZR 252/10, BGHZ 193, 96 Rn. 29 = ZIP 2012, 1071.
333 BGH 29.05.2000, II ZR 118/98, BGHZ 144, 336 = ZIP 2000, 1251, 1253 – Balsam/Procedo I unter Aufgabe von BGH 11.05.1987, II ZR 226/86, ZIP 1987, 1113; BGH 22.09.2003, II ZR 229/02, ZIP 2003, 2068, 2070; BGH 18.06.2007, II ZR 86/06, BGHZ 173, 1 Rn. 16 = ZIP 2007, 1705; BGH 23.04.2012, II ZR 252/10, BGHZ 193, 96 Rn. 29 = ZIP 2012, 1071.
334 Vgl. BGH 26.01.2009, II ZR 217/07, BGHZ 179, 285 Rn. 10f = ZIP 2009, 662 unter Aufgabe von BGH 27.11.2000, II ZR 83/00, BGHZ 146, 105 = ZIP 2001, 157.
335 Vgl. BGH 23.04.2012, II ZR 252/10, BGHZ 193, 96 = ZIP 2012, 1071 Rn. 30 f.
336 BGH 22.09.2003, II ZR 229/02, ZIP 2003, 2068, 2070.
337 BGH 22.09.2003, II ZR 229/02, ZIP 2003, 2068, 2070.
338 BGH 25.02.2002, II ZR 196/00, BGHZ 150, 61 = ZIP 2002, 848, 849 f.; BGH 22.09.2003, II ZR 229/02, ZIP 2003, 2068; BGH 11.07.2005, II ZR 285/03, ZIP 2005, 1638, 1639.

gebetrag des jeweiligen Mitgesellschafters in Parallele zu § 24 GmbHG ist abzulehnen[339]. Ebenso wenig besteht Anlass, die Solidarhaftung des Mitgesellschafters auf das Stammkapital abzüglich seiner eigenen Einlage zu beschränken[340].

d) Verjährung

Der Rückerstattungsanspruch verjährt nach § 31 Abs. 5 GmbHG in **zehn Jahren**, der Anspruch auf Ausfallhaftung verjährt in **fünf Jahren**. Die Verjährung beginnt mit dem Ablauf des Tages, an welchem die Zahlung, deren Erstattung beansprucht wird, geleistet ist. Wird das **Insolvenzverfahren** über das Vermögen der Gesellschaft eröffnet, so tritt die Verjährung des Rückerstattungsanspruchs nicht vor Ablauf von sechs Monaten ab dem Zeitpunkt der Eröffnung ein (§ 31 Abs. 5 Satz 3, § 19 Abs. 6 Satz 2 GmbHG). 197

e) Geltendmachung durch den Insolvenzverwalter

Zur Geltendmachung des Erstattungsanspruchs ist ein Beschluss der Gesellschafterversammlung nach § 46 Nr. 2 GmbHG nicht erforderlich[341]. Im Fall der Eröffnung des Insolvenzverfahrens wird der Anspruch auf Rückerstattung nach § 80 InsO ohnehin **vom Insolvenzverwalter** geltend gemacht[342]. 198

B. Geschäftsführerhaftung

I. Haftung bei der Gründung

1. Insolvenzantragspflicht

Die Vor-GmbH (vgl. Rdn. 3 f.) ist **insolvenzfähig**[343], so dass den Geschäftsführer bereits die Insolvenzantragspflicht des § 15a Abs. 1 Satz 1 InsO und die gesetzlichen Folgen bei ihrer Versäumung treffen können (vgl. hierzu Rdn. 305 f.). 199

2. Falsche Angaben bei der Eintragung

Werden zum Zwecke der Errichtung der Gesellschaft falsche Angaben gemacht, so haftet nach § 9a Abs. 1 Satz 1 GmbHG neben den Gesellschaftern der Geschäftsführer. Die Norm gilt entsprechend bei der **wirtschaftlichen Neugründung**[344]. Der Hauptanwendungsbereich liegt bei der Haftung für falsche Angaben im Zusammenhang mit der Kapitalaufbringung, etwa wenn der Geschäftsführer im Fall einer verdeckten Sacheinlage nach § 8 Abs. 2 GmbHG versichert, die Einlagepflicht sei ordnungsgemäß erfüllt. 200

Die Haftung setzt die Eintragung der GmbH voraus und trifft nur denjenigen Geschäftsführer, der zum Zeitpunkt der Eintragung noch der Gesellschaft angehört[345]. Aktivlegitimiert ist die GmbH und damit in der Insolvenz der GmbH der **Insolvenzverwalter** nach § 80 InsO. 201

---

339 BGH 22.09.2003, II ZR 229/02, ZIP 2003, 2068, 2071; noch offengelassen in BGH 25.02.2002, II ZR 196/00, BGHZ 150, 61 = ZIP 2002, 848, 850.
340 BGH 22.09.2003, II ZR 229/02, ZIP 2003, 2068, 2071.
341 BGH 08.12.1986, II ZR 55/86, ZIP 1987, 370, 371; BGH 24.03.1980, II ZR 213/77, BGHZ 76, 326, 328 = ZIP 1980, 361 f.
342 BGH 16.07.2007, II ZR 3/04, BGHZ 173, 246 Rn. 35 = ZIP 2007, 1552 – TRIHOTEL.
343 BGH 09.10.2003, IX ZB 34/03, ZIP 2003, 2123.
344 BGH 12.07.2011, II ZR 71/11, ZIP 2011, 1761 Rn. 13.
345 OLG Rostock 02.02.1995, GmbHR 1995, 658, 659.

3. Handelndenhaftung nach § 11 Abs. 2 GmbHG

202 Ist vor der Eintragung im Namen der Gesellschaft gehandelt worden, haften nach § 11 Abs. 2 GmbHG die Handelnden persönlich und solidarisch. Für den **Insolvenzverwalter** kann die Vorschrift insoweit Bedeutung erlangen, als der Handelnde die Gesellschaft in Regress nehmen kann.

a) Zweck der Norm

203 Unabhängig davon, dass für die Vor-GmbH auch deren Gründergesellschafter handeln können, benötigt sie, schon um die Anmeldung zum Handelsregister vornehmen zu können, einen Geschäftsführer. Diesen trifft daher regelmäßig auch die Handelndenhaftung nach § 11 Abs. 2 GmbHG. Sie dient im Wesentlichen aber nur noch als Notnagel, nämlich dazu, in Fällen, in denen für eine Geschäftstätigkeit vor Eintragung der Gesellschaft **weder die Gesellschafter noch die Gesellschaft haften**, den Gesellschaftsgläubigern einen Schuldner zu verschaffen[346].

b) Adressat der Norm

204 Die Haftung i.S.d. § 11 Abs. 2 GmbHG ist eine Haftung aus rechtsgeschäftlichem Handeln[347]. Als Organhaftung trifft sie den **Geschäftsführer**, der als Mitglied des Vertretungsorgans für die Vorgesellschaft auftritt oder für sie, ohne zum Geschäftsführer bestellt zu sein, wie ein solcher tätig wird[348].

205 Ein Geschäftsführer ist auch dann Handelnder, wenn er einer anderen Person im Einzelfall eine **Vollmacht** zur Vornahme einzelner konkret bestimmter Geschäfte erteilt, oder wenn er vereinbarungsgemäß einen Dritten bevollmächtigt, in allen Angelegenheiten der Geschäftsführung stellvertretend für ihn tätig zu werden[349]. Dies gilt auch dann, wenn einer von zwei mit der Gesamtgeschäftsführung betrauten Geschäftsführern den anderen ermächtigt, den an sich ihm zufallenden Anteil an der Geschäftsführung an seiner Stelle wahrzunehmen[350]. Der in Vollmacht eines Geschäftsführers Handelnde haftet nicht nach § 11 Abs. 2 GmbHG[351].

206 Nach dem Zweck des § 11 Abs. 2 GmbHG haften nicht nur die bestellten Geschäftsführer, sondern auch solche Personen, die **wie ein Geschäftsführer** für die Vorgesellschaft handeln, weil sie deren Geschäfte nach außen hin maßgeblich wahrnehmen oder durch einen anderen wahrnehmen lassen. Das betrifft einmal die Gründergesellschafter[352], gilt aber auch für Personen, die nicht zu den Gründern der GmbH gehören und später auch nicht zu deren Geschäftsführern bestellt werden. Die Haftung ist nicht auf (künftige) Gesellschafter beschränkt und nach ihrem Sinn und Zweck auch nicht davon abhängig, dass der wie ein Geschäftsführer Handelnde später eine solche Funktion in der GmbH übernimmt oder übernehmen kann[353].

---

346 BGH 12.07.2011, II ZR 71/11, ZIP 2011, 1761 Rn. 12 mwN; zur Entwicklung vgl. *Henze/Born* Fn 1 Rn. 129 f.
347 BGH 09.02.1970, II ZR 137/69, BGHZ 53, 210, 214; BGH 15.12.1975, II ZR 95/73, BGHZ 65, 378, 380.
348 BGH 26.01.1967, II ZR 122/64, BGHZ 47, 25, 28 f.; BGH 15.12.1975, II ZR 95/73, BGHZ 65, 378, 381; BGH 31.05.1976, II ZR 185/74, BGHZ 66, 359, 360 f.
349 BGH 09.02.1970, II ZR 182/68, BGHZ 53, 206, 208; BGH 31.05.1976, II ZR 185/74, BGHZ 66, 359, 360.
350 BGH 02.05.1974, II ZR 111/71, NJW 1974, 1284, 1285.
351 BGH 26.01.1967, II ZR 122/64, BGHZ 47, 25, 30; BGH 31.05.1976, II ZR 185/74, BGHZ 66, 359, 360.
352 *BGH 15.12.1975*, II ZR 95/73, BGHZ 65, 378, 380 f.; BGH 31.05.1976, II ZR 185/74, BGHZ 66, 359, 360 f.; BGH 29.05.1980, II ZR 225/78, ZIP 1980, 658.
353 BGH 08.10.1979, II ZR 165/77, WM 1979, 1389, 1390.

In älteren Entscheidungen des Bundesgerichtshofs³⁵⁴ wurden die Unterzeichner des Gesellschaftsvertrags, also die **Gründergesellschafter,** schon dann als Handelnde angesehen, wenn sie der vorzeitigen Geschäftsaufnahme zugestimmt hatten. Später wurde der Handlungsbegriff im Sinne des Organhandelns eingeschränkt: Der Gründergesellschafter, der sich mit der Eröffnung oder Fortführung des Geschäftsbetriebes vor der Eintragung allgemein einverstanden erklärt oder die vorzeitige Geschäftsaufnahme veranlasst, fördert oder erst ermöglicht, ohne sich selbst geschäftsführend zu betätigen, kann nicht als für die Vorgesellschaft Handelnder angesehen werden³⁵⁵. 207

c) Beginn und Ende der Haftung

Die Handelndenhaftung **beginnt** mit der **notariellen Beurkundung** des Gesellschaftsvertrags oder der Errichtungserklärung des Alleingesellschafters. Die frühere Rechtsprechung, nach der die Vorschrift auch im Vorgründungsstadium eingreifen konnte³⁵⁶, hat der Bundesgerichtshof aufgegeben³⁵⁷. 208

Die Haftung **erlischt** mit der Eintragung der GmbH, weil die aufgrund einer Ermächtigung im Namen der Gesellschaft eingegangenen Verbindlichkeiten mit der Eintragung auf die GmbH übergehen und die Gesellschafter für etwaige Lücken im Stammkapital aufkommen müssen. Dabei ist es unerheblich, ob es sich um eine Sachgründung oder um eine Bargründung handelt³⁵⁸. Für ein für die Vorgesellschaft eingegangenes einheitliches **Dauerschuldverhältnis** erlischt daher die Haftung für künftige Teilleistungen mit der Eintragung³⁵⁹. Eine auf § 11 Abs. 2 GmbHG gestützte, vor Eintragung der GmbH erhobene Klage, muss nach Eintragung der GmbH vom Kläger für erledigt erklärt werden³⁶⁰. 209

Die Haftung erlischt nicht mit der Eintragung, wenn der Geschäftsführer seine Vollmacht überschritten und daher die Vor-GmbH nicht wirksam verpflichtet hat³⁶¹. Kommt es nicht zur Eintragung, besteht die Handelndenhaftung ebenfalls fort³⁶². 210

d) Haftungsumfang

Der Handelnde haftet so, als wäre der Vertrag mit der GmbH abgeschlossen worden. Der Gläubiger soll rechtlich weder besser noch schlechter stehen, als wenn die Gesellschaft bei Vertragsabschluss bereits eingetragen gewesen wäre³⁶³. Dies gilt etwa für die Verjährung³⁶⁴. 211

§ 11 Abs. 2 GmbHG greift nur bei Rechtsgeschäften mit **Dritten** ein. Die Vorschrift gilt nicht im Verhältnis der Gründer untereinander oder gegenüber solchen Personen, die der werdenden Gesellschaft beitreten wollen³⁶⁵. 212

---

354 BGH 15.06.1955, IV ZR 304/54, WM 1955, 1017, 1019; BGH 21.05.1957, VIII ZR 202/56, WM 1957, 880, 882; BGH 11.01.1962, VII ZR 172/60, WM 1962, 391, 392.
355 BGH 26.01.1967, II ZR 122/64, BGHZ 47, 25, 29; BGH 15.12.1975, II ZR 95/73, BGHZ 65, 378, 381; BGH 29.05.1980, II ZR 225/78, ZIP 1980, 658, 659; vgl. ferner BGH 08.10.1979, II ZR 165/77, WM 1979, 1389, 1390.
356 vgl. dazu BGH 15.03.1962, II ZR 103/61, NJW 1962, 1008; BGH 08.10.1979, II ZR 165/77, WM 1979, 1389; BGH 26.10.1981, II ZR 31/81, ZIP 1981, 1328.
357 BGH 07.05.1984, II ZR 276/83, BGHZ 91, 148, 150 = ZIP 1984, 950, 951; BGH 17.12.1984, II ZR 69/84, WM 1985, 479.
358 BGH 16.03.1981, II ZR 59/80, BGHZ 80, 182 = ZIP 1981, 516.
359 BGH 19.12.1977, II ZR 202/76, BGHZ 70, 132, 135, 141 f.
360 *Drescher* Fn 1 Rn. 1474.
361 BGH 16.03.1981, II ZR 59/80, BGHZ 80, 182 = ZIP 1981, 516.
362 BGH 16.03.1981, II ZR 59/80, BGHZ 80, 182 = ZIP 1981, 516.
363 BGH 09.02.1970, II ZR 137/69, BGHZ 53, 210, 214; BGH 13.06.1977, II ZR 232/75, BGHZ 69, 95, 104.
364 BGH 13.06.1977, II ZR 232/75, BGHZ 69, 95, 104.
365 BGH 29.10.1952, II ZR 257/51, GmbHR 1953, 10; BGH 20.11.1954, II ZR 53/53, BGHZ 15, 204, 206;

e) Handelndenhaftung bei wirtschaftlicher Neugründung

213 Eine (Außen-)Haftung der handelnden Personen analog § 11 Abs. 2 GmbHG kommt nur dann in Betracht, wenn vor Offenlegung der wirtschaftlichen Neugründung die Geschäfte aufgenommen worden sind, **ohne dass dem alle Gesellschafter zugestimmt** haben[366]. Haben die Gesellschafter dagegen zugestimmt, greift die Unterbilanzhaftung. Die Handelndenhaftung scheidet aus.

214 Bei einer entsprechenden Anwendung des § 11 Abs. 2 GmbHG im Falle der wirtschaftlichen Neugründung muss **auf den Zeitpunkt** abgestellt werden, auf den auch bei der Haftung der Gesellschafter abgestellt wird. Das ist entweder der Zeitpunkt der Offenlegung der wirtschaftlichen Neugründung[367] oder, im Falle unterbliebener Offenlegung, der Zeitpunkt, zu dem die wirtschaftliche Neugründung entweder durch die Anmeldung der Satzungsänderungen oder durch die Aufnahme der wirtschaftlichen Tätigkeit erstmals nach außen in Erscheinung tritt[368]. Der später liegende Zeitpunkt der Eintragung, der mit der Neugründung ggf. verbundenen anmeldepflichtigen Änderungen des Gesellschaftsvertrags, scheidet demgegenüber als Anknüpfungspunkt für die Haftung aus[369].

f) Handelndenhaftung bei im Ausland gegründeter Gesellschaft

215 Soweit eine Gesellschaft nach der **Gründungstheorie** – unabhängig von dem Ort ihres tatsächlichen Verwaltungssitzes – in der Rechtsform anzuerkennen ist, in der sie gegründet wurde, ist deren Personalstatut auch in Bezug auf die Haftung für in ihrem Namen begründete rechtsgeschäftliche Verbindlichkeiten einschließlich der Frage nach einer etwaigen diesbezüglichen persönlichen Haftung ihrer Gesellschafter oder Geschäftsführer gegenüber den Gesellschaftsgläubigern maßgeblich[370]. Die Haftung des Geschäftsführers für rechtsgeschäftliche Verbindlichkeiten einer gemäß Companies Act 1985 in England gegründeten private limited company mit tatsächlichem Verwaltungssitz in der Bundesrepublik Deutschland richtet sich daher nach dem am Ort ihrer Gründung geltenden Recht. Der Niederlassungsfreiheit (Art. 43, 48 EG) steht entgegen, den Geschäftsführer einer solchen englischen private limited company mit Verwaltungssitz in Deutschland wegen fehlender Eintragung in einem deutschen Handelsregister der persönlichen Handelndenhaftung analog § 11 Abs. 2 GmbHG für deren rechtsgeschäftliche Verbindlichkeiten zu unterwerfen[371].

g) Regressanspruch des Geschäftsführers

216 Der Geschäftsführer kann bei der Vor-GmbH und nach der Eintragung bei der GmbH Ausgleich für seine Inanspruchnahme verlangen (§§ 675, 670 BGB). Die frühere Rechtsprechung, mit der ein Ausgleichsanspruch des Geschäftsführers **gegen die Gründergesellschafter** persönlich bejaht wurde[372], ist überholt. Diese haften grundsätzlich nur noch im Innenverhältnis im Rahmen der Verlustdeckungs- und der Unterbilanzhaftung gegenüber der Vor-GmbH bzw. gegenüber der GmbH, wenn diese nicht in der Lage ist, den Ausgleichsanspruch des Geschäftsführers zu befriedigen[373].

BGH 27.02.1961, II ZR 253/59, LM GmbHG § 11 Nr. 10; BGH 17.03.1980, II ZR 11/79, BGHZ 76, 320, 325 = ZIP 1980, 366.
366 Vgl. BGH 27.01.1997, II ZR 123/94, BGHZ 134, 333 = ZIP 1997, 679, 681; BGH 07.07.2003, II ZB 4/02, BGHZ 155, 318 = ZIP 2003, 1698, 1701; BGH 12.07.2011, II ZR 71/11, ZIP 2011, 1761 Rn. 8.
367 BGH 12.07.2011, II ZR 71/11, ZIP 2011, 1761 Rn. 13.
368 BGH 06.03.2012, II ZR 56/10, BGHZ 192, 341 Rn. 14f = ZIP 2012, 817.
369 BGH 12.07.2011, II ZR 71/11, ZIP 2011, 1761 Rn. 13.
370 BGH 05.07.2004, II ZR 389/02, ZIP 2004, 1549, 1550 für eine nach US-amerikanischem Recht gegründete Inc.; BGH 14.03.2005, II ZR 5/03, ZIP 2005, 805, 806.
371 BGH 14.03.2005, II ZR 5/03, ZIP 2005, 805, 806.
372 BGH 13.12.1982, II ZR 282/81, BGHZ 86, 122, 125 f. = ZIP 1983, 158, 160.
373 **Strittig** vgl. Scholz/*K. Schmidt* GmbHG § 11 Rn. 127f; MüKoGmbHG-*Merkt* § 11 Rn. 145 f.

II. Innenhaftung – Haftung gegenüber der Gesellschaft

Nach § 43 Abs. 1 GmbHG haben die Geschäftsführer in den Angelegenheiten der Gesellschaft die Sorgfalt eines ordentlichen Geschäftsmanns anzuwenden. Verletzen sie die sich hieraus ergebenden Obliegenheiten (Pflichten), haften sie der Gesellschaft solidarisch für den entstandenen Schaden (§ 43 Abs. 2 GmbHG). Der Anspruch der Gesellschaft **verjährt in fünf Jahren** (§ 43 Abs. 4 GmbHG).

1. Normadressat

Der Geschäftsführer unterliegt der Haftung des § 43 Abs. 2 GmbHG von der Bestellung an bis zur Beendigung der Organstellung durch Abberufung oder wirksame Niederlegung[374]. Die Eintragung des Geschäftsführers in das Handelsregister ist nicht erforderlich[375]. Da die Haftung nicht auf der Verletzung der anstellungsvertraglichen Pflichten des Geschäftsführers beruht, sondern auf der **Verletzung seiner Organpflichten,** greift sie unabhängig davon ein, ob der Anstellungsvertrag fehlerhaft oder unwirksam ist oder ganz fehlt[376]. Der **Prokurist** haftet nicht nach § 43 GmbHG[377].

Die Haftung nach § 43 Abs. 2 GmbHG trifft auch den **faktischen Geschäftsführer,** der, ohne zum Geschäftsführer bestellt worden zu sein, die Geschäfte der GmbH tatsächlich wie ein Geschäftsführer führt[378]. Für die Beurteilung der Frage, ob jemand faktisch wie ein Organmitglied gehandelt und als Konsequenz seines Verhaltens sich wie ein nach dem Gesetz bestelltes Organmitglied zu verantworten hat, kommt es auf das Gesamterscheinungsbild seines Auftretens an. Danach ist es nicht erforderlich, dass der Handelnde die gesetzliche Geschäftsführung völlig verdrängt. Entscheidend ist vielmehr, dass der Betreffende die Geschicke der Gesellschaft – über die interne Einwirkung auf die satzungsmäßige Geschäftsführung hinaus – durch **eigenes Handeln im Außenverhältnis,** das die Tätigkeit des rechtlichen Geschäftsführungsorgans nachhaltig prägt, maßgeblich in die Hand genommen hat[379].

Einer Haftung wegen einer schuldhaften Verletzung des Geschäftsführervertrags nach § 280 Abs. 1 BGB kommt gegenüber der gesetzlichen Haftungsgrundlage des § 43 Abs. 2 GmbHG keine eigenständige Bedeutung zu. Diese nimmt als weitere gesetzliche Anspruchsgrundlage sowie Spezialregelung die vertragliche Haftungsgrundlage in sich auf[380].

2. Pflichtverletzung

Der Geschäftsführer einer GmbH ist verpflichtet, in allen Angelegenheiten, die das Interesse der Gesellschaft berühren, den Vorteil der Gesellschaft zu wahren. Er darf allein deren Wohl und nicht seinen eigenen Nutzen oder den Vorteil anderer im Auge haben. Der Geschäftsführer ist darüber hinaus verpflichtet, Schaden von der Gesellschaft abzuwenden[381].

---

374 Vgl. BGH 17.02.2003, II ZR 340/01, ZIP 2003, 666.
375 BGH 21.04.1994, II ZR 65/93, GmbHR 1995, 128.
376 BGH 25.06.2001, II ZR 38/99, BGHZ 148, 167 = ZIP 2001, 1458, 1459; vgl. auch BGH 06.04.1964, II ZR 76/62, BGHZ 41, 282, 287 (AG); BGH 23.10.1975, II ZR 90/73, BGHZ 65, 190, 194 f. (AG); BGH 19.12.1988, II ZR 74/88, ZIP 1989, 294, 295 (AG).
377 BGH 25.06.2001, II ZR 38/99, BGHZ 148, 167 = ZIP 2001, 1458, 1459 dort auch zur positiven Vertragsverletzung des Anstellungsvertrags.
378 BGH 25.06.2001, II ZR 38/99, BGHZ 148, 167 = ZIP 2001, 1458, 1459.
379 BGH 21.03.1988, II ZR 194/87, BGHZ 104, 44, 48 = ZIP 1988, 771, 772; BGH 25.02.2002, II ZR 196/00, BGHZ 150, 61 = ZIP 2002, 848, 851; BGH 27.06.2005, II ZR 113/03, ZIP 2005, 1414, 1415; BGH 11.07.2005, II ZR 235/03, ZIP 2005, 1550; BGH 11.02.2008, II ZR 291/06, ZIP 2008, 1026 Rn. 5; zur Abgrenzung ausführlich *Drescher* Fn 1 Rn. 80 ff.
380 BGH 09.12.1996, II ZR 240/95, ZIP 1997, 199, 200; BGH 26.11.2007, II ZR 161/06, ZIP 2008, 117; zum Verhältnis zu § 43a Satz 2 GmbHG vgl. BGH 24.11.2003, II ZR 171/01, BGHZ 157, 72 = ZIP 2004, 263, 264.
381 BGH 23.09.1985, II ZR 246/84, ZIP 1985, 1484; BGH 28.04.2008, II ZR 264/06, BGHZ 176, 204 Rn. 38 = ZIP 2008, 1232 – GAMMA.

222 Der Geschäftsführer verletzt seine Pflichten, wenn er darauf hinwirkt, sich eine ihm nach dem Anstellungsvertrag nicht zustehende **Vergütung** von der Gesellschaft anweisen zu lassen. Einen Anspruch auf eine Vergütung über die Festlegungen im schriftlichen Geschäftsführerdienstvertrag hinaus hat der Geschäftsführer nur, wenn der Vertrag abgeändert wurde. Das zur Abänderung des Geschäftsführeranstellungsvertrags befugte Organ der GmbH ist die Gesellschafterversammlung. Wenn ein Mitgeschäftsführer die Anweisung zur Auszahlung der Vergütung abgezeichnet hat, entlastet das den Geschäftsführer nicht[382].

223 Die Pflicht zur ordnungsgemäßen Geschäftsführung umfasst auch die Verpflichtung, dafür zu sorgen, dass sich die Gesellschaft rechtmäßig verhält und ihren gesetzlichen Verpflichtungen nachkommt (**Legalitätspflicht**)[383]. Geht der Geschäftsführer für die GmbH Verpflichtungen gegenüber Dritten ein, von denen von vornherein feststeht, dass die Gesellschaft sie nicht wird erfüllen können, so hat er der GmbH den daraus entstandenen Schaden zu ersetzen, falls er die Sach- und Rechtslage übersehen hat oder bei Beobachtung der nach § 43 Abs. 1 GmbHG gebotenen Sorgfalt hätte übersehen können[384].

224 Nicht jeder **Kompetenzverstoß** führt automatisch zur Schadenersatzpflicht des handelnden Geschäftsleiters[385]. Der Geschäftsführer schuldet keinen Schadensersatz, wenn sich durch seine pflichtwidrige Handlung **die Vermögenslage der Gesellschaft nicht verschlechtert**. Dies gilt auch bei einem Kompetenzverstoß, etwa bei Übergehung eines an sich zuständigen Beirats. Denn § 43 Abs. 2 GmbHG sanktioniert nicht den Kompetenzverstoß des Geschäftsführers an sich, sondern setzt einen dadurch verursachten Schaden voraus[386].

225 Geht es bei der dem Geschäftsführer zur Last gelegten Pflichtverletzung um eine unternehmerische Entscheidung, ist diese nicht allein deshalb pflichtwidrig ist, weil sie nicht den erstrebten Erfolg hatte[387]. Eine Pflichtverletzung des Geschäftsführers trotz unternehmerischen Misserfolgs scheidet dann aus, wenn die Voraussetzungen der **business judgement rule** erfüllt sind. Nach § 93 Abs. 1 Satz 2 AktG, der auch im GmbH-Recht Anwendung findet, liegt eine Pflichtverletzung nicht vor, wenn der Geschäftsleiter bei einer unternehmerischen Entscheidung vernünftigerweise annehmen durfte, auf der Grundlage angemessener Information zum Wohle der Gesellschaft zu handeln[388].

226 Diese Haftungsprivilegierung des Geschäftsführers einer GmbH im Rahmen des unternehmerischen Ermessens greift ein, wenn sein unternehmerisches Handeln auf einer sorgfältigen Ermittlung der Entscheidungsgrundlagen beruht. Danach hat der Geschäftsführer in der konkreten Entscheidungssituation alle verfügbaren Informationsquellen tatsächlicher und rechtlicher Art auszuschöpfen und auf dieser Grundlage die Vor- und Nachteile der bestehenden Handlungsoptionen sorgfältig abzuschätzen und den erkennbaren Risiken Rechnung zu tragen. Nur wenn diese Anforderungen erfüllt sind, ist Raum für die Zubilligung unternehmerischen Ermessens[389].

---

382 BGH 26.11.2007, II ZR 161/06, ZIP 2008, 117 Rn. 3 dort auch zum konkurrierenden Anspruch aus ungerechtfertigter Bereicherung Rn. 9 f.
383 BGH 10.07.2012, VI ZR 341/10, BGHZ 194, 26 Rn. 22 = ZIP 2012, 1552; zur Verletzung der **Buchführungspflicht** vgl. BGH 14.11.2005, II ZR 178/03, BGHZ 165, 85 Rn. 15 = ZIP 2006, 467.
384 BGH 12.10.1987, II ZR 251/86, ZIP 1988, 512, 514; BGH 28.04.2008, II ZR 264/06, BGHZ 176, 204 Rn. 38 = ZIP 2008, 1232 – GAMMA.
385 BGH 02.06.2008, II ZR 67/07, DStR 2008, 1599 Rn. 8 (KG); vgl. auch BGH 11.12.2006, II ZR 166/05, ZIP 2007, 268 Rn. 10 f.
386 BGH 13.03.2012, II ZR 50/09, ZIP 2012, 1197 Rn. 27.
387 BGH 22.02.2011, II ZR 146/09, ZIP 2011, 766 Rn. 19.
388 *Vgl.* BGH 22.02.2011, II ZR 146/09, ZIP 2011, 766 Rn. 19; BGH 15.01.2013, II ZR 90/11, ZIP 2013, 455 Rn. 35 (AG).
389 Vgl. BGH 14.07.2008, II ZR 202/07, ZIP 2008, 1675 Rn. 11.

In diesem Zusammenhang hat sich der Bundesgerichtshof unter anderem beschäftigt mit der Frage 227
nach der Haftung des Geschäftsleiters für einen **Kalkulationsirrtum**[390], für eine unterlassene **Bonitätsprüfung**[391] und für eine missglückte **Umfinanzierung**[392].

Betreibt der Geschäftsführer Geschäfte, die vom **Unternehmensgegenstand** nicht gedeckt sind, handelt er pflichtwidrig[393]. 228

3. Einverständnis der Gesellschafter

Der Wille der GmbH im Verhältnis zu ihrem Geschäftsführer wird im Allgemeinen durch denjenigen ihrer Gesellschafter repräsentiert. Ein Handeln oder Unterlassen des Geschäftsführers auf **Gesellschafterweisung** oder im – auch stillschweigenden – **Einverständnis** mit sämtlichen Gesellschaftern bzw. den Mitgesellschaftern stellt daher grundsätzlich keine (haftungsbegründende) Pflichtverletzung gegenüber der GmbH dar[394]. 229

Dies gilt nicht, soweit der Geschäftsführer durch sein Verhalten gegen gesetzliche Pflichten verstößt, 230
wie etwa aus §§ 30, 64 GmbHG oder ein Fall der Existenzvernichtung vorliegt[395]. Ist dies nicht der Fall, stellt bei einem Einverständnis sämtlicher Gesellschafter auch eine Auszahlung von Gesellschaftsvermögen keine Pflichtverletzung gegenüber der Gesellschaft dar[396].

Diese Grundsätze gelten erst recht, wenn die Gesellschaft nur einen Gesellschafter hat[397]. Ist der Geschäftsführer selbst **alleiniger GmbH-Gesellschafter**, haftet er daher grundsätzlich nicht nach § 43 Abs. 2 GmbHG, wenn er der Gesellschaft Vermögen entzieht, das zur Deckung des Stammkapitals nicht benötigt wird[398]. 231

Beruft sich der Geschäftsführer gegenüber dem Insolvenzverwalter darauf, er habe auf Weisung der 232
Gesellschafter oder im Einverständnis mit den Gesellschaftern gehandelt, trifft ihn für diese Einlassung die **Beweislast**[399].

4. Verstoß gegen das Kapitalerhaltungsgebot

a) Tatbestand

Eine Schadensersatzverpflichtung für gem. § 30 GmbHG verbotene Auszahlungen sieht § 43 233
Abs. 3 GmbHG für Geschäftsführer mit der Maßgabe vor, dass diese selbst im Fall eines Handelns auf Weisung der Gesellschafterversammlung oder eines Alleingesellschafters (vgl. Rdn. 229 f.) noch

---

390 BGH 28.10.1971, II ZR 49/70, WM 1971, 1548; BGH 18.02.2008, II ZR 62/07, ZIP 2008, 736 Rn. 5.
391 BGH 16.02.1981, II ZR 49/80, WM 1981, 440.
392 BGH 14.07.2008, II ZR 202/07, ZIP 2008, 1675.
393 BGH 15.01.2013, II ZR 90/11, ZIP 2013, 455 Rn. 16 (AG).
394 BGH 21.06.1999, II ZR 47/98, BGHZ 142, 92 = ZIP 1999, 1352, 1353; BGH 15.11.1999, II ZR 122/98, ZIP 2000, 135, 136; BGH 31.01.2000, II ZR 189/99, ZIP 2000, 493; BGH 07.04.2003, II ZR 193/02, ZIP 2003, 945, 946; BGH 28.04.2008, II ZR 264/06, BGHZ 176, 204 Rn. 39 = ZIP 2008, 1232 – GAMMA; BGH 26.10.2009, II ZR 222/08, ZIP 2009, 2335 Rn. 10.
395 BGH 28.04.2008, II ZR 264/06, BGHZ 176, 204 Rn. 39 = ZIP 2008, 1232 – GAMMA; BGH 26.10.2009, II ZR 222/08, ZIP 2009, 2335 Rn. 10; BGH 23.04.2012, II ZR 252/10, BGHZ 193, 96 Rn. 27 = ZIP 2012, 1071.
396 BGH 07.04.2003, II ZR 193/02, ZIP 2003, 945, 946.
397 BGH 10.05.1993, II ZR 74/92, BGHZ 122, 333, 336 = ZIP 1993, 917; BGH 21.03.1994, II ZR 260/92, ZIP 1994, 872, 874; BGH 31.01.2000, II ZR 189/99, ZIP 2000, 493, 494; BGH 26.10.2009, II ZR 222/08, ZIP 2009, 2335 Rn. 11.
398 BGH 28.09.1992, II ZR 299/91, BGHZ 119, 257, 261 = ZIP 1992, 1734; BGH 10.05.1993, II ZR 74/92, BGHZ 122, 333, 336 = ZIP 1993, 917, 918 f.; vgl. auch BGH 21.06.1999, II ZR 47/98, BGHZ 142, 92 = ZIP 1999, 1352; BGH 26.10.2009, II ZR 222/08, ZIP 2009, 2335 Rn. 11.
399 BGH 28.04.2008, II ZR 264/06, BGHZ 176, 204 Rn. 39 = ZIP 2008, 1232 – GAMMA.

insoweit haften, als der Ersatz zur Gläubigerbefriedigung erforderlich ist[400]. Zu § 30 GmbHG vgl. Rdn. 161 f.

234 Die Geschäftsführer müssen das Auszahlungsverbot als »**öffentliche Pflicht**« aufgrund ihres durch die Bestellung als Gesellschaftsorgan begründeten Rechtsverhältnisses zur Gesellschaft[401] oder aufgrund faktischer Ausübung einer entsprechenden Funktion ohne förmlichen Bestellungsakt[402] selbst dann beachten, wenn es an einem (wirksamen) Anstellungsvertrag fehlt. Die Geschäftsführer haben nicht nur eigenhändig verbotene Auszahlungen zu unterlassen, sondern müssen aufgrund ihrer **Überwachungspflicht** dafür zu sorgen, dass solche Auszahlungen auch nicht von Mitgeschäftsführern[403] oder anderen zur Vertretung der Gesellschaft ermächtigten Personen – unter Einschluss der Prokuristen (§§ 48 ff. HGB) und Handlungsbevollmächtigten (§ 54 HGB) – vorgenommen werden[404].

235 Nach § 43 Abs. 3 GmbHG ist ein Geschäftsführer schon dann »zum Ersatz verpflichtet, wenn den Bestimmungen des § 30 zuwider Zahlungen aus dem zur Erhaltung des Stammkapitals erforderlichen Vermögen der Gesellschaft gemacht ... worden sind«. Bereits in der gegen § 30 GmbHG verstoßenden **Auszahlung** liegt die haftungsbegründende Pflichtverletzung, wobei ein Verschulden i.S.d. § 43 Abs. 1 GmbHG zu vermuten ist[405]. Der Schaden der Gesellschaft liegt in dem Liquiditätsabfluss. Die zugleich entstehenden Erstattungsansprüche gegen den Zahlungsempfänger gem. § 31 Abs. 1 GmbHG können nicht zu Gunsten des Geschäftsführers in die Waagschale geworfen werden[406]. Deren erfolgreiche Beitreibung kann aber den Auszahlungsschaden entfallen lassen[407].

b) Verzicht und Einverständnis der Gesellschafter

236 Hat sich ein Geschäftsführer wegen einer Pflichtverletzung i.S.d. § 43 Abs. 2 und 3, § 30 Abs. 1 GmbHG schadensersatzpflichtig gemacht, ist nach § 43 Abs. 3 Satz 2 i.V.m. § 9b Abs. 1 GmbHG ein **Verzicht** auf die Schadensersatzforderung insoweit unwirksam, als der Ersatz **zur Befriedigung der Gläubiger der Gesellschaft erforderlich ist**. Die Ersatzpflicht entfällt auch nicht deswegen, weil dem Geschäftsführer Entlastung erteilt wird[408].

237 Das Verbot des Verzichts auf Erstattungsansprüche gilt nicht allgemein für Schadensersatzansprüche gegen den Geschäftsführer aus § 43 Abs. 2 GmbHG, sondern – entgegen früherer Rechtsprechung – nur für den Verzicht auf Schadensersatzansprüche wegen eines Verstoßes des Geschäftsführers gegen § 30 oder gegen § 33 GmbHG[409].

238 Soweit der Ersatz zur Befriedigung der Gläubiger der GmbH erforderlich ist, wird die Ersatzpflicht der Geschäftsführer auch dadurch nicht aufgehoben, dass sie in Befolgung eines Beschlusses der Gesellschafter gehandelt haben (§ 43 Abs. 3 Satz 3 GmbHG). Wurde die Zahlung an einen **Gesellschafter** geleistet, der **zugleich Geschäftsführer** ist, haftet er nicht nur nach § 31 Abs. 1 GmbHG sondern auch nach § 43 Abs. 3 Satz 1 GmbHG. Diese zusätzliche Haftung besteht für den Fall, dass alle Gesellschafter zugleich Geschäftsführer sind, aber nur dann, wenn der **Ersatz zur Befriedi-**

---

400 BGH 25.06.2001, II ZR 38/99, BGHZ 148, 167 = ZIP 2001, 1458, 1459; vgl. auch BGH 19.02.1990, II ZR 268/88, BGHZ 110, 342, 359 f. = ZIP 1990, 578, 584 f.
401 BGH 19.02.1990, II ZR 268/88, BGHZ 110, 342, 360 = ZIP 1990, 578, 584.
402 Vgl. BGH 21.03.1988, II ZR 194/87, BGHZ 104, 44 = ZIP 1988, 771.
403 Vgl. BGH 01.03.1993, II ZR 61/92, ZIP 1994, 891.
404 BGH 25.06.2001, II ZR 38/99, BGHZ 148, 167 = ZIP 2001, 1458, 1459.
405 BGH 04.11.2002, II ZR 224/00, BGHZ 152, 280 = ZIP 2002, 2314, 2315; BGH 22.09.2003, II ZR 229/02, ZIP 2003, 2068, 2071 f.; BGH 29.09.2008, II ZR 234/07, ZIP 2008, 2217 Rn. 17.
406 BGH 09.12.1991, II ZR 43/91, ZIP 1992, 108; BGH 24.11.2003, II ZR 171/01, BGHZ 157, 72, 78 = ZIP 2004, 263; BGH 29.09.2008, II ZR 234/07, ZIP 2008, 2217 Rn. 17.
407 BGH 29.09.2008, II ZR 234/07, ZIP 2008, 2217 Rn. 17.
408 *BGH 20.03.1986, II ZR 114/85, ZIP 1987, 1050, 1052.*
409 BGH 18.02.2008, II ZR 62/07, ZIP 2008, 736 Rn. 11 unter Aufgabe von BGH 15.11.1999, II ZR 122/98, ZIP 2000, 135, 136.

gung der Gesellschaftsgläubiger erforderlich ist. Denn der Gesellschafter-Geschäftsführer ist in diesem Fall so zu behandeln, als hätte er in Befolgung eines Beschlusses der Gesellschafterversammlung gehandelt[410].

Für die Beantwortung der Frage, ob der Ersatz zur Befriedigung der Gesellschaftsgläubiger erforderlich ist, wird man bei § 43 Abs. 3 Satz 3 GmbHG ebenso wie bei § 31 Abs. 2 GmbHG nicht auf den Vermögensstatus zum **Zeitpunkt** der verbotenen Auszahlung, sondern auf denjenigen der tatrichterlichen Verhandlung über den Anspruch abstellen müssen[411]. 239

c) Anspruchshöhe und Erfüllung

Die Höhe des Anspruchs gegen den Geschäftsführer ist ebenso wie bei dem Anspruch gegen den Gesellschafter nicht auf die Stammkapitalziffer begrenzt (vgl. Rdn. 186). 240

Die (nachträgliche) Erfüllung des Anspruchs aus der Geschäftsführerhaftung nach § 43 Abs. 3 GmbHG beurteilt sich wegen der funktionalen Nähe zu dem Einlageanspruch der Gesellschaft nach denselben Grundsätzen[412]. 241

d) Geltendmachung durch den Insolvenzverwalter

Innenhaftungsansprüche gegen den Geschäftsführer sind in der Insolvenz der Gesellschaft nach § 80 InsO vom Insolvenzverwalter geltend zu machen. Hierfür benötigt er nicht die Ermächtigung durch einen Gesellschafterbeschluss nach § 46 Nr. 8 GmbHG[413]. 242

e) Darlegungs- und Beweislast

Der **Insolvenzverwalter** der GmbH hat die Voraussetzungen für eine Haftung des Geschäftsführers nach § 43 Abs. 3 GmbHG wegen verbotswidriger Zahlungen an die Gesellschafter **darzulegen und zu beweisen**. Wegen der damit verbundenen Schwierigkeiten besteht eine sekundäre Darlegungslast des Geschäftsführers[414]. Das gilt auch dann, wenn er vor der Eröffnung des Insolvenzverfahrens aus dem Amt ausgeschieden ist, ihm aber – anders als dem Insolvenzverwalter – entsprechende Unterlagen oder Erkundigungsmöglichkeiten zur Verfügung stehen oder er einschlägige Kenntnisse hat[415]. 243

5. Verschulden

a) Sorgfaltsmaßstab

§ 43 Abs. 1 GmbHG verlangt vom Geschäftsführer die Sorgfalt eines ordentlichen Geschäftsmanns, wie sie angesichts der Größe und Bedeutung des jeweiligen Unternehmens erwartet werden kann. Dies geht über den allgemeinen Sorgfaltsmaßstab des § 276 Abs. 2 BGB (die im Verkehr erforderliche Sorgfalt) hinaus. Auf die individuellen Eigenschaften der Person des Geschäftsführers kommt es nicht an. Es gilt ein **objektiver Verschuldensmaßstab**: Jeder Geschäftsführer muss die Kenntnisse und Fähigkeiten besitzen, die ihn in die Lage versetzen, dem gesetzlichen Maßstab gerecht zu werden[416]. 244

---

410 BGH 23.04.2012, II ZR 252/10, BGHZ 193, 96 Rn. 27 = ZIP 2012, 1071.
411 Vgl. BGH 22.09.2003, II ZR 229/02, ZIP 2003, 2068, 2070; anders BGH 23.04.2012, II ZR 252/10, BGHZ 193, 96 Rn. 27 = ZIP 2012, 1071.
412 BGH 23.04.2012, II ZR 252/10, BGHZ 193, 96 Rn. 29 = ZIP 2012, 1071.
413 BGH 14.07.2004, VIII ZR 224/02, ZIP 2004, 1708, 1710 f.; vgl. ferner BGH 16.07.2007, II ZR 3/04, BGHZ 173, 246 Rn. 35 = ZIP 2007, 1552 – TRIHOTEL zu §§ 30, 31 GmbHG.
414 Vgl. BGH 17.02.2003, II ZR 281/00, ZIP 2003, 625.
415 BGH 13.03.2006, II ZR 165/04, ZIP 2006, 805 Rn. 11.
416 BGH 28.10.1971, II ZR 49/70, WM 1971, 1548, 1549; BGH 16.02.1981, II ZR 49/80, WM 1981, 440, 441; BGH 14.03.1983, II ZR 103/82, ZIP 1983, 824.

b) Kein Mitverschuldenseinwand

245 Der Geschäftsführer kann sich nicht dadurch entlasten, dass er sich auf das Mitverschulden eines **Mitgeschäftsführers** beruft. Mit dem Mitgeschäftsführer bildet er eine Haftungsgemeinschaft und haftet gesamtschuldnerisch[417]. Das Gleiche gilt, wenn das Mitglied eines anderen **Gesellschaftsorgans** für den vom Geschäftsführer herbeigeführten Schaden mitverantwortlich ist. Hat etwa ein Aufsichtsratsmitglied seine Aufsichtspflicht verletzt, dann haftet dieses neben dem Geschäftsführer als Gesamtschuldner. Auch in diesem Fall kann der Geschäftsführer nicht einwenden, die Gesellschaft habe durch das Aufsichtsratsmitglied die in ihrem Interesse gebotene Beaufsichtigung vernachlässigt, so dass seine eigene Ersatzpflicht nach § 254 BGB gemindert sei[418].

c) Entlastung durch Beratung

246 In der Regel kann sich der Geschäftsführer nicht auf eine fehlerhafte Einschätzung der Rechtslage berufen. Ein Organmitglied muss wie jeder Schuldner für einen **Rechtsirrtum** einstehen, wenn er schuldhaft gehandelt hat. An das Vorliegen eines unverschuldeten Rechtsirrtums sind strenge Maßstäbe anzulegen. Der Geschäftsführer muss die Rechtslage sorgfältig prüfen, soweit erforderlich Rechtsrat einholen und die höchstrichterliche Rechtsprechung sorgfältig beachten. Dabei trifft grundsätzlich den Geschäftsführer das Risiko, die Rechtslage zu verkennen[419].

247 Die Frage, ob ein schuldausschließender Rechtsirrtum vorliegt, kann sich insbesondere dann stellen, wenn sich der Geschäftsleiter von einer **fachlich qualifizierten Person beraten** lässt, wozu er bei fehlender eigener Sachkunde verpflichtet ist[420]. Ist die eingeholte Auskunft falsch und handelt der Geschäftsleiter danach nur subjektiv pflichtgemäß, kann sein objektiv pflichtwidriges Tun entschuldigt sein.

248 Der Geschäftsführer muss bei der Beratung durch eine fachlich qualifizierte Person allerdings einige Punkte beachten[421], wobei sich, dies sei vorausgeschickt, eine pauschalierende Betrachtung verbietet und es stets auf die konkreten Umstände des Einzelfalls ankommt: (1) Der Geschäftsführer muss die Verhältnisse der Gesellschaft umfassend darstellen und die erforderlichen Unterlagen offenlegen. Er muss die beauftragte Person also mit den für die Beantwortung der konkreten Frage notwendigen Informationen versorgen, insoweit aber umfassend. Der Geschäftsführer wird sich jedoch im Normalfall darauf verlassen dürfen, dass die fachlich qualifizierte Person ihr fehlende Informationen nachfragt, wenn die unzureichende Informationsvermittlung gerade auf der fehlenden Sachkunde des Geschäftsleiters beruht. (2) Der Berater muss unabhängig sein, es muss also eine ergebnisoffene und objektive Bearbeitung erwartet werden können. Dieses Merkmal ist regelmäßig erfüllt, wenn ein externer Fachmann hinzugezogen wird. Bei der Beauftragung einer eigenen Rechtsabteilung bzw. eines Syndikusanwalts wird man auf die konkreten Umstände des Einzelfalls abstellen müssen. Unabhängigkeit ist jedenfalls dann nicht gewahrt, wenn Vorgaben für das Ergebnis gemacht werden. (3) Die beauftragte Person muss für die zu klärende Frage fachlich qualifiziert sein. Hier sind in erster Linie Rechtsanwälte, Steuerberater und Wirtschaftsprüfer angesprochen. Eine Begrenzung auf diese Berufsgruppen hat der II. Zivilsenat aber ausdrücklich abgelehnt[422]. (4) Der Geschäftsführer muss

---

417 BGH 14.03.1983, II ZR 103/82, ZIP 1983, 824, 825; BGH 26.11.2007, II ZR 161/06, ZIP 2008, 117 Rn. 3; BGH 23.04.2012, II ZR 252/10, BGHZ 193, 96 Rn. 22 = ZIP 2012, 1071.
418 BGH 14.03.1983, II ZR 103/82, ZIP 1983, 824, 825.
419 BGH 20.09.2011, II ZR 234/09, ZIP 2011, 2097 Rn. 16; vgl. auch BGH 29.06.2010 – XI ZR 308/09, ZIP 2010, 1335.
420 BGH 06.06.1994, II ZR 292/91, BGHZ 126, 181 = ZIP 1994, 1103, 1110.
421 Vgl. die aufgestellten Anforderungen in BGH 14.05.2007, II ZR 48/06, WM 2007, 1274 Rn. 16 – zur Prüfung der Insolvenzreife durch einen Wirtschaftsprüfer; BGH 20.09.2011, II ZR 234/09, WM 2011, 2092 Rn. 18; BGH 27.03.2012, II ZR 171/10, WM 2012, 1124 Rn. 16 f. – Unternehmensberaterin. Vgl. auch *Henze/Born* Fn 1 Rn. 1516 ff.; *Strohn* ZHR 176 (2012), 137 m.w.N.; sowie den kritischen Zwischenruf von *Krieger* ZGR 2012, 496 f.
422 BGH 27.03.2012, II ZR 171/10, ZIP 2012, 1174 Rn. 17.

die erteilte Auskunft einer Plausibilitätskontrolle unterziehen. Was hier vom Geschäftsführer verlangt wird, lässt sich nicht allgemein, sondern wieder nur unter Berücksichtigung der konkreten Fragestellung beantworten. Ähnlich wie der Prüfungsmaßstab, den ein Richter an ein Sachverständigengutachten anzulegen hat, sollte die Auskunft nachvollziehbar, widerspruchsfrei und aus sich heraus verständlich sein. Der Geschäftsführer muss sie zur Kenntnis genommen und verstanden haben. Ist das nicht der Fall, hat er nachzufragen. Eine nur mündliche Beratung ermöglicht in der Regel keine Plausibilitätskontrolle und wird daher nur in Ausnahmefällen, etwa bei einfachen Fragen oder in Eilfällen, genügen können[423].

Das **Verschulden des Beraters** muss sich der Geschäftsführer nicht nach § 278 BGB zurechnen lassen. Wenn ein Geschäftsführer im Namen der Gesellschaft Dritte einschaltet, bedient er sich dieser regelmäßig nicht zur Erfüllung eigener Verbindlichkeiten, vielmehr sollen diese im Pflichtenkreis der Gesellschaft tätig werden[424]. 249

6. Verjährung

Die Verjährungsfrist des § 43 Abs. 4 GmbHG von **fünf Jahren** beginnt mit der Entstehung des Anspruchs, d.h. mit Eintritt des Schadens dem Grunde nach. Der Schaden muss in dieser Phase noch nicht bezifferbar sein. Es genügt die Möglichkeit einer Feststellungsklage[425]. Auf die Kenntnis der Gesellschafter oder der Gesellschaft von den anspruchsbegründenden Tatsachen kommt es nicht an[426]. Die subjektive Anknüpfung des Verjährungsbeginns in § 199 Abs. 1 BGB gilt nur für die »regelmäßige« (§ 195 BGB), nicht aber für die spezialgesetzliche Verjährungsfrist gem. § 43 Abs. 4 GmbHG[427]. 250

Die Frist für die Verjährung des Anspruchs nach § 43 Abs. 2 GmbHG kann im Geschäftsführerdienstvertrag **abgekürzt** werden, solange nicht die Pflichtverletzung des Geschäftsführers darin besteht, dass er entgegen § 43 Abs. 3 GmbHG an der Auszahlung gebundenen Kapitals der GmbH an Gesellschafter mitgewirkt hat[428]. 251

Beruht eine **mehraktige schädigende Handlung** auf einem einheitlichen Tatplan, beginnt die Verjährung mit dem letzten Akt[429]. Hat sich ein Geschäftsführer für mehrere Auszahlungen aus dem Gesellschaftsvermögen nach § 43 Abs. 3 GmbHG zu verantworten, die jeweils nur bei Vorliegen der Voraussetzungen des § 30 GmbHG unzulässig sind, beginnt die Verjährungsfrist des § 43 Abs. 4 GmbHG demgegenüber mit der jeweiligen und nicht erst mit der letzten Zahlung[430]. 252

Werden andere Ansprüche gegen den Geschäftsführer geltend gemacht, die nach § 195 BGB und nicht nach § 43 Abs. 4 GmbHG verjähren, kommt es für den Verjährungsbeginn auf die **Kenntnis** i.S.d. § 199 Abs. 1 Nr. 2 BGB an. Hierbei ist zu beachten, dass die für den Verjährungsbeginn erforderliche Kenntnis der anspruchsbegründenden Umstände der Gesellschaft nicht durch ihren Geschäftsführer vermittelt werden kann, wenn dieser selbst Schuldner ist[431]. Soweit es wegen des Fehlens eines weiteren Geschäftsführers auf die Kenntnis der zur Anspruchsverfolgung berufenen Gesell- 253

---

423 BGH 20.09.2011, II ZR 234/09, ZIP 2011, 2097 Rn. 24.
424 BGH 20.09.2011, II ZR 234/09, ZIP 2011, 2097 Rn. 17.
425 BGH 23.03.1987, II ZR 190/86, BGHZ 100, 228, 231 f. = ZIP 1987, 776 (AG); BGH 21.02.2005, II ZR 112/03, ZIP 2005, 852, 853; BGH 29.09.2008, II ZR 234/07, ZIP 2008, 2217 Rn. 16.
426 BGH 21.02.2005, II ZR 112/03, ZIP 2005, 852, 853.
427 Vgl. BGH 29.09.2008, II ZR 234/07, ZIP 2008, 2217 Rn. 16; BGH 09.02.2009, II ZR 292/07, BGHZ 179, 344 Rn. 12 = ZIP 2009, 802 – Sanitary.
428 Vgl. BGH 16.09.2002, II ZR 107/01, WM 2002, 2332 unter Aufgabe von BGH 15.11.1999, II ZR 122/98, WM 2000, 73.
429 Vgl. BGH 23.03.1987, II ZR 190/86, BGHZ 100, 228, 231 f. = ZIP 1987, 776 (AG); BGH 21.02.2005, II ZR 112/03, ZIP 2005, 852, 853; BGH 14.07.2008, II ZR 202/07, ZIP 2008, 1675 Rn. 12.
430 BGH 29.09.2008, II ZR 234/07, ZIP 2008, 2217 Rn. 20.
431 Vgl. zu § 852 BGB a.F. BGH 12.06.1989, II ZR 334/87, ZIP 1989, 1390, 1397; BGH 09.02.2009, II ZR 292/07, BGHZ 179, 344 Rn. 34 = ZIP 2009, 802 – Sanitary.

schafter ankommt, scheidet eine Zurechnung der Kenntnis des einzigen Gesellschafters aus den gleichen Gründen aus, wenn er zugleich Schuldner des Anspruchs ist[432].

254 Dadurch, dass der Geschäftsführer gegen ihn gerichtete Schadensersatzansprüche aus § 43 Abs. 2 oder § 43 Abs. 3 GmbHG verjähren lässt, entsteht nicht erneut ein Schadensersatzanspruch[433].

7. Darlegungs- und Beweislast

255 Im Prozess gegen den Geschäftsführer muss die einen Anspruch nach § 43 Abs. 2 GmbHG verfolgende klagende Gesellschaft bzw. der Insolvenzverwalter »nur« darlegen und beweisen, dass und inwieweit ihr durch ein möglicherweise pflichtwidriges Verhalten des Geschäftsführers in dessen Pflichtenkreis ein Schaden erwachsen ist. Der Geschäftsführer hat demgegenüber entsprechend § 93 Abs. 2 AktG darzulegen und erforderlichenfalls zu beweisen, dass er die Sorgfalt eines ordentlichen und gewissenhaften Geschäftsleiters angewandt hat, dass ihn kein Verschulden trifft oder dass der Schaden auch bei pflichtgemäßem Alternativverhalten eingetreten wäre[434]. Soweit die aus § 43 Abs. 2 GmbHG klagende Gesellschaft die Darlegungs- und Beweislast für den Schaden und dessen Verursachung durch das Verhalten des Geschäftsführers trifft, gelten für das Beweismaß nicht die strengen Voraussetzungen des § 286 ZPO, sondern diejenigen des § 287 ZPO, der auch die Substantiierungslast der klagenden Partei erleichtert[435].

256 Ergibt sich ein **Kassen- oder Warenfehlbestand**[436] oder hat der Geschäftsführer Gesellschaftsmittel für die GmbH vereinnahmt, deren Verbleib nicht aufgeklärt werden kann[437] und ist die von dem Geschäftsführer zu verantwortende **Buchführung** nicht ordnungsgemäß, dann trifft die Gesellschaft lediglich die Darlegungs- und Beweislast für den Eintritt des Kassen- oder Warenfehlbestands[438] oder, soweit ein Kassenfehlbestand nicht gegeben ist, dafür, dass der Verbleib des Geldes nicht aufklärbar ist[439]. Es ist dann Sache **des Geschäftsführers, darzulegen und zu beweisen,** dass er das Geld der Gesellschaft zur Verfügung gestellt hat oder es für diese verbraucht worden ist. Soweit er das nicht kann, hat er zu beweisen, dass er die für einen Geschäftsführer gebotene Sorgfalt angewandt hat, um die missbräuchliche Verwendung der Gelder zu verhindern, der Fehlbestand auch bei Anwendung dieser Sorgfalt entstanden wäre oder ihm die Einhaltung der Sorgfaltspflicht unverschuldet unmöglich war[440].

257 Besteht Streit darüber, ob eine **Zahlung** des Geschäftsführers **an sich selbst** pflichtgemäß war, muss die Gesellschaft darlegen, dass der Geschäftsführer auf einen möglicherweise nicht bestehenden Anspruch geleistet hat. Es ist danach Sache des beklagten Geschäftsführers, darzulegen und ggf. zu beweisen, dass er einen Zahlungsanspruch hatte[441].

---

432 BGH 15.03.2011, II ZR 301/09, ZIP 2011, 858 Rn. 10.
433 Vgl. BGH 29.09.2008, II ZR 234/07, ZIP 2008, 2217 Rn. 16 f.
434 Vgl. BGH 09.12.1991, II ZR 43/91, ZIP 1992, 108, 109; BGH 21.03.1994, II ZR 260/92, ZIP 1994, 872, 873; BGH 04.11.2002, II ZR 224/00, BGHZ 152, 280 = ZIP 2002, 2314, 2315; BGH 26.11.2007, II ZR 161/06, ZIP 2008, 117 Rn. 4; BGH 18.02.2008, II ZR 62/07, ZIP 2008, 736; BGH 22.06.2009, II ZR 143/08, ZIP 2009, 1467 Rn. 5; BGH 15.01.2013, II ZR 90/11, ZIP 2013, 455 Rn. 14.
435 BGH 04.11.2002, II ZR 224/00, BGHZ 152, 280, 287 = ZIP 2002, 2314, 2316.
436 BGH 08.07.1985, II ZR 198/84, ZIP 1985, 1135.
437 BGH 26.11.1990, II ZR 223/89, ZIP 1991, 159.
438 BGH 08.07.1985, II ZR 198/84, ZIP 1985, 1135, 1136 m.w.N.; vgl. auch BGH 09.06.1980, II ZR 187/79, ZIP 1980, 776, 777.
439 BGH 26.11.1990, II ZR 223/89, ZIP 1991, 159, 160.
440 BGH 09.06.1980, II ZR 187/79, ZIP 1980, 776 f.; BGH 08.07.1985, II ZR 198/84, ZIP 1985, 1135, 1137; BGH 26.11.1990, II ZR 223/89, ZIP 1991, 159, 160 f.
441 BGH 22.06.2009, II ZR 143/08, ZIP 2009, 1467 Rn. 5.

8. Kreditgewährung aus Gesellschaftsvermögen (§ 43a GmbHG)

Nach § 43a GmbHG darf den Geschäftsführern und ihnen gesetzlich gleichgestellten Personen kein Kredit aus dem zur Erhaltung des Stammkapitals erforderlichen Vermögen der Gesellschaft gewährt werden. Geschieht dies trotzdem, ist der Kredit ohne Rücksicht auf entgegenstehende Vereinbarungen sofort zurückzuzahlen.

Die Norm erweitert den Anwendungsbereich des Rechts der Kapitalerhaltung auf die Geschäftsführer und die ihnen gleichgestellten Führungspersonen. Die Vorschrift ist nicht nur auf Fremdgeschäftsführer, sondern auch auf den Gesellschafter-Geschäftsführer anwendbar[442]. Nach § 43a GmbHG ist jede Kreditvergabe aus gebundenem Vermögen an Geschäftsführer und ihnen gleichgestellte Personen »uneingeschränkt« verboten. Das Verbot gilt – anders als § 30 GmbHG – unabhängig von der Vollwertigkeit des Rückzahlungsanspruchs. Es erstreckt sich damit ohne weiteres auch auf Kredite, die einem kreditwürdigen, solventen Geschäftsführer gewährt werden oder die ausreichend besichert sind[443].

Abweichend von § 30 Abs. 1 Satz 2 GmbHG ist daher der Darlehensrückzahlungsanspruch gegen den Geschäftsführer bei der Prüfung, ob die an ihn zu zahlende Darlehensvaluta aus ungebundenem Vermögen geleistet werden kann, als nicht werthaltig zu unterstellen und darf damit insoweit nicht aktiviert werden. Verboten ist nach § 43a GmbHG aber nur die Gewährung eines Darlehens, das bei – unter Berücksichtigung dieser Berechnungsweise – bestehender Unterbilanz ausgereicht wird oder durch dessen Ausreichung eine Unterbilanz entsteht. Liegen diese Voraussetzungen nicht vor, darf auch einem Geschäftsführer oder einer anderen der in § 43a GmbHG erwähnten Führungskräfte ein Darlehen gewährt werden[444].

Von § 43a GmbHG wird nur der Zeitpunkt der Ausreichung eines Darlehens erfasst. Gerät die Gesellschaft später in eine Unterbilanz, ist § 43a GmbHG nicht anwendbar[445].

9. Geltendmachung durch den Insolvenzverwalter

Innenhaftungsansprüche gegen den Geschäftsführer sind in der Insolvenz der Gesellschaft nach § 80 InsO vom Insolvenzverwalter geltend zu machen. Hierfür benötigt er nicht die Ermächtigung durch einen Gesellschafterbeschluss nach § 46 Nr. 8 GmbHG[446].

III. Haftung für Fehler im Vorfeld der Insolvenz

1. Darlegungs- und Beweislast für die Insolvenzreife

Anknüpfungspunkt für die Haftung im Vorfeld der Insolvenz ist die Insolvenzreife der GmbH, die vorliegt, wenn die Gesellschaft **zahlungsunfähig** oder **überschuldet** ist. Insoweit wird auf die Kommentierungen zu den §§ 17 und 19 InsO verwiesen[447]. Im Folgenden soll nur auf einige Aspekte der für den Haftungsprozess wichtigen Verteilung der Darlegungs- und Beweislast eingegangen werden.

Zur Feststellung der Zahlungsunfähigkeit ist zunächst gem. § 17 Abs. 2 Satz 2 InsO zu prüfen, ob die Schuldnerin die Zahlungen eingestellt hat. Liegt **Zahlungseinstellung** vor, begründet dies eine **gesetzliche Vermutung** für die Zahlungsunfähigkeit, die vom Prozessgegner zu widerlegen ist[448].

---

442 BGH 23.04.2012, II ZR 252/10, BGHZ 193, 96 Rn. 35, 41 = ZIP 2012, 1071.
443 BGH 24.11.2003, II ZR 171/01, BGHZ 157, 72 = ZIP 2004, 263, 264.
444 BGH 23.04.2012, II ZR 252/10, BGHZ 193, 96 Rn. 35 = ZIP 2012, 1071.
445 BGH 23.04.2012, II ZR 252/10, BGHZ 193, 96 Rn. 39f = ZIP 2012, 1071.
446 BGH 14.07.2004, VIII ZR 224/02, ZIP 2004, 1708, 1710 f.
447 Vgl. auch *Henze/Born* Fn 1 Rn. 1596 ff.; *Drescher* Fn 1 Rn. 504 und 712 ff.
448 BGH 12.10.2006, IX ZR 228/03, ZIP 2006, 2222 Rn. 12; BGH 21.06.2007, IX ZR 231/04, ZIP 2007, 1469 Rn. 27; BGH 11.02.2010, IX ZR 104/07, ZIP 2010, 682 Rn. 38; BGH 24.01.2012, II ZR 119/10, ZIP 2012, 723 Rn. 23; BGH 15.03.2012, IX ZR 239/09, ZIP 2012, 735 Rn. 11; BGH 26.02.2013, II ZR 54/12, GmbHR 2013, 482 Rn. 6.

Die Voraussetzungen der Zahlungseinstellung muss grundsätzlich derjenige darlegen und beweisen, der daraus Rechte für sich herleiten will[449]. Gewinnt das Gericht die Überzeugung von einer Zahlungseinstellung, steht es dem Geschäftsführer offen, die Vermutung der Zahlungsunfähigkeit zu **widerlegen**. Er kann etwa konkret vortragen und gegebenenfalls beweisen, dass eine Liquiditätsbilanz im maßgebenden Zeitraum für die Schuldnerin eine Deckungslücke von weniger als 10 % ausgewiesen hat[450].

265 Die Zahlungseinstellung kann aus einem einzelnen, aber auch aus einer Gesamtschau mehrerer darauf hindeutender Beweisanzeichen (**Indizien**) gefolgert werden. Vgl. hierzu § 17 InsO Rdn. 23 f.

266 Eine einmal eingetretene Zahlungseinstellung wirkt grundsätzlich fort. Sie kann nur dadurch **wieder beseitigt** werden, dass die Zahlungen im Allgemeinen wieder aufgenommen werden. Die allgemeine Aufnahme der Zahlungen hat derjenige zu **beweisen**, der sich auf den nachträglichen Wegfall einer zuvor eingetretenen Zahlungseinstellung beruft[451]. Die gilt jedenfalls dann, wenn zwischen der festgestellten Zahlungseinstellung und dem zu beurteilenden haftungsbegründenden Sachverhalt ein relativ kurzer Zeitraum liegt[452].

267 Sofern eine Zahlungseinstellung gem. § 17 Abs. 2 Satz 2 InsO nicht festgestellt wird, ist konkret zu prüfen, ob die GmbH **zahlungsunfähig** war, § 17 Abs. 2 Satz 1 InsO. Hierbei spielt vor allem die Abgrenzung zur Zahlungsstockung eine große Rolle. Insoweit kann zunächst auf die Kommentierung zu § 17 InsO Rdn. 4 f. verwiesen werden. Das Erreichen des prozentualen Schwellenwerts einer 10 %-igen Liquiditätslücke begründet also eine widerlegbare Vermutung für die Zahlungsunfähigkeit. Liegt eine Unterdeckung von weniger als 10 % vor, genügt sie allein nicht zum Beleg der Zahlungsunfähigkeit. Wenn diese gleichwohl angenommen werden soll, müssen besondere Umstände vorliegen, die diesen Standpunkt stützen. Ein solcher Umstand kann die auf Tatsachen gegründete Erwartung sein, dass sich der Niedergang des Unternehmens fortsetzen wird. Derjenige, der den Geschäftsführer in Anspruch nimmt, muss die besonderen Umstände vortragen und beweisen. Beträgt die Unterdeckung 10 % oder mehr, muss umgekehrt der Geschäftsführer – falls er meint, es sei doch von einer Zahlungsfähigkeit auszugehen – entsprechende Indizien vortragen und beweisen. Dazu ist in der Regel die Benennung konkreter Umstände erforderlich, die mit an Sicherheit grenzender Wahrscheinlichkeit erwarten lassen, dass die Liquiditätslücke zwar nicht innerhalb von zwei bis drei Wochen – dann läge nur eine Zahlungsstockung vor – jedoch immerhin in überschaubarer Zeit beseitigt werden wird. Je näher die konkret festgestellte Unterdeckung dem Schwellenwert kommt, desto geringere Anforderungen sind an das Gewicht der besonderen Umstände zu richten, mit denen die Vermutung entkräftet werden kann. Umgekehrt müssen umso schwerer wiegende Umstände vorliegen, je größer der Abstand der tatsächlichen Unterdeckung von dem Schwellenwert ist[453].

268 Die Darlegungs- und Beweislast für die **Überschuldung** der Gesellschaft trägt der Anspruchssteller[454]. Für die Feststellung, dass die Gesellschaft insolvenzrechtlich überschuldet ist, bedarf es grund-

---

449 Vgl. BGH 06.06.1994, II ZR 292/91, BGHZ 126, 181, 200 = ZIP 1994, 1103, 1110; BGH 25.07.2005, II ZR 390/03, BGHZ 164, 50, 57 = ZIP 2005, 1734, 1736; BGH 24.01.2012, II ZR 119/10, ZIP 2012, 723 Rn. 15.
450 BGH 24.05.2005, IX ZR 123/04, BGHZ 163, 134, 144 ff. = ZIP 2005, 1426, 1428f; BGH 30.06.2011, IX ZR 134/10, ZIP 2011, 1416 Rn. 20; BGH 15.03.2012, IX ZR 239/09, ZIP 2012, 735 Rn. 18; BGH 26.02.2013, II ZR 54/12, GmbHR 2013, 482 Rn. 14.
451 BGH 25.10.2001, IX ZR 17/01, BGHZ 149, 100 = ZIP 2001, 2235, 2236; BGH 20.11.2001, IX ZR 48/01, BGHZ 149, 178 = ZIP 2002, 87, 90; BGH 12.10.2006, IX ZR 228/03, ZIP 2006, 2222 Rn. 23; BGH 21.06.2007, IX ZR 231/04, ZIP 2007, 1469 Rn. 32; BGH 11.02.2010, IX ZR 104/07, ZIP 2010, 682 Rn. 44; BGH 15.03.2012, IX ZR 239/09, ZIP 2012, 735 Rn. 10.
452 BGH 11.02.2010, IX ZR 104/07, ZIP 2010, 682 Rn. 44.
453 BGH 24.05.2005, IX ZR 123/04, BGHZ 163, 134, 138 = ZIP 2005, 1426, 1430.
454 Vgl. BGH 06.06.1994, II ZR 292/91, BGHZ 126, 181 = ZIP 1994, 1103, 1110; BGH 25.07.2005, II ZR 390/03, BGHZ 164, 50 = ZIP 2005, 1734, 1736; BGH 05.02.2007, II ZR 234/05, BGHZ 171, 46

sätzlich der Aufstellung einer **Überschuldungsbilanz**, in der die stillen Reserven aufzudecken und Vermögenswerte der Gesellschaft mit ihren aktuellen, wahren Verkehrs- oder Liquidationswerten auszuweisen sind. Hingegen kommt einer nach anderen Grundsätzen aufzustellenden **Handelsbilanz** für die Frage, ob die Gesellschaft überschuldet ist, lediglich **indizielle Bedeutung** zu. Legt der Anspruchsteller für seine Behauptung, die Gesellschaft sei überschuldet gewesen, nur eine Handelsbilanz vor, aus der sich ein nicht durch Eigenkapital gedeckter Fehlbetrag ergibt, hat er jedenfalls die Ansätze dieser Bilanz darauf hin zu überprüfen und zu erläutern, ob und ggf. in welchem Umfang stille Reserven oder sonstige aus ihr nicht ersichtliche Vermögenswerte vorhanden sind. Dabei muss er nicht jede denkbare Möglichkeit ausschließen, sondern nur naheliegende Anhaltspunkte – beispielsweise stille Reserven bei Grundvermögen – und die von dem Gesellschafter insoweit aufgestellten Behauptungen widerlegen[455]. Ist der Anspruchsteller diesen Anforderungen nachgekommen, ist es Sache des beklagten Geschäftsführers, im Rahmen seiner **sekundären Darlegungslast** im Einzelnen vorzutragen, welche stillen Reserven oder sonstigen für eine Überschuldungsbilanz maßgeblichen Werte in der Handelsbilanz nicht abgebildet sind[456].

Zweites Merkmal der Überschuldungsprüfung ist die **Fortbestehensprognose**. Da nach dem geltenden **zweistufigen Überschuldungsbegriff** die rechnerische Überschuldung und die positive Fortbestehensprognose gleichwertig nebeneinanderstehen, kann man auch zunächst untersuchen, ob die Situation der GmbH eine positive Prognose rechtfertigt. Ist dies der Fall, kommt es auf die rechnerische Überschuldung nach Liquidationswerten nicht mehr an. Die positive Fortbestehensprognose schließt die insolvenzrechtliche Überschuldung aus. Wenn eine positive Prognose nicht gestellt werden kann, muss eine Überschuldungsbilanz nach Liquidationswerten aufgestellt werden.

Die Voraussetzungen der Insolvenzreife gelten nach den Grundsätzen der **Beweisvereitelung** als bewiesen, wenn der Geschäftsführer die ihm obliegende Pflicht zur Führung und Aufbewahrung von Büchern und Belegen nach §§ 238, 257 HGB, § 41 GmbHG verletzt hat und dem Gläubiger deshalb die Darlegung näherer Einzelheiten nicht möglich ist[457].

2. Haftung für Zahlungen nach Zahlungsunfähigkeit oder Überschuldung

Nach § 64 Satz 1 GmbHG (§ 64 Abs. 2 GmbHG aF) ist der Geschäftsführer der Gesellschaft zum Ersatz von Zahlungen verpflichtet, die nach Eintritt der Insolvenzreife geleistet worden sind. Sinn und Zweck des Zahlungsverbots ist es, die verteilungsfähige Vermögensmasse der insolvenzreifen Gesellschaft im **Interesse der Gesamtheit ihrer Gläubiger** zu erhalten und eine zu ihrem Nachteil gehende, bevorzugte Befriedigung einzelner Gläubiger zu verhindern[458].

§ 64 Satz 1 GmbHG ist kein Schadensersatzanspruch. Die Gesellschaft erleidet durch Zahlungen des Geschäftsführers an einen Gläubiger in der Krise grundsätzlich keinen Schaden. Dem aus

---

Rn. 16 = ZIP 2007, 676; BGH 12.03.2007, II ZR 315/05, ZIP 2007, 1060 Rn. 12; BGH 16.03.2009, II ZR 280/07, ZIP 2009, 860 Rn. 10; BGH 27.04.2009, II ZR 253/07, ZIP 2009, 1220 Rn. 9; BGH 15.03.2011, II ZR 204/09, ZIP 2011, 1007 Rn. 9.

455 Vgl. BGH 18.12.2000, II ZR 191/99, ZIP 2001, 242, 243; BGH 08.01.2001, II ZR 88/99, BGHZ 146, 264 = ZIP 2001, 235, 236 f.; BGH 02.04.2001, II ZR 261/99, ZIP 2001, 839; BGH 07.03.2005, II ZR 138/03, ZIP 2005, 807, 808; BGH 05.11.2007, II ZR 262/06, ZIP 2008, 72; BGH 16.03.2009, II ZR 280/07, ZIP 2009, 860 Rn. 10; BGH 27.04.2009, II ZR 253/07, ZIP 2009, 1220 Rn. 9; BGH 26.04.2010, II ZR 60/09, ZIP 2010, 1443 Rn. 11; BGH 15.03.2011, II ZR 204/09, ZIP 2011, 1007 Rn. 33.

456 Vgl. BGH 16.03.2009, II ZR 280/07, ZIP 2009, 860 Rn. 10; BGH 27.04.2009, II ZR 253/07, ZIP 2009, 1220 Rn. 9; BGH 15.03.2011, II ZR 204/09, ZIP 2011, 1007 Rn. 33; BGH 31.05.2011, II ZR 106/10, ZIP 2011, 1410 Rn. 4.

457 BGH 12.03.2007, II ZR 315/05, ZIP 2007, 1060 Rn. 14 zur Überschuldung; BGH 24.01.2012, II ZR 119/10, ZIP 2012, 723 Rn. 15 zur Zahlungseinstellung.

458 Vgl. BGH 08.01.2001, II ZR 88/99, BGHZ 146, 264 = ZIP 2001, 235, 239; BGH 05.05.2008, II ZR 38/07, ZIP 2008, 1229 Rn. 10; BGH 25.01.2010, II ZR 258/08, ZIP 2010, 470.

dem Gesellschaftsvermögen weggegebenen Geldbetrag entspricht ein gleich hoher Wert in Gestalt der Forderungstilgung. § 64 Satz 1 GmbHG ist ein **Ersatzanspruch eigener Art**[459].

a) Normadressat

273 Für verbotswidrige Zahlungen nach Insolvenzreife haftet nicht nur der rechtliche Geschäftsführer. Die Haftung trifft auch den **faktischen Geschäftsführer** einer GmbH[460] und den **Liquidator** (vgl. § 71 Abs. 4, § 64 GmbHG)[461]. Eine **Teilnahme** Dritter nach Deliktsvorschriften (§ 830 BGB) scheidet aus[462]. Die Mitglieder eines **fakultativen Aufsichtsrats** einer GmbH sind der GmbH gegenüber dann nicht ersatzpflichtig, wenn die Zahlung, wie in der Regel, nur zu einer Verminderung der Insolvenzmasse und damit zu einem Schaden allein bei den Insolvenzgläubigern geführt hat[463].

b) Beginn des Zahlungsverbots

274 **Drohende Zahlungsunfähigkeit** löst das Zahlungsverbot nicht aus[464]. Das Zahlungsverbot des § 64 Satz 1 GmbHG beginnt mit dem **objektiven Eintritt der Zahlungsunfähigkeit oder Überschuldung**. Auf eine Feststellung der Überschuldung durch den Geschäftsführer kommt es ungeachtet der scheinbar abweichenden Formulierung des Gesetzes nicht an[465]. Das Zahlungsverbot beginnt auch nicht erst nach Ablauf der **Dreiwochenfrist** des § 15a Abs. 1 InsO. Denn durch das Zahlungsverbot soll sichergestellt werden, dass das noch vorhandene Gesellschaftsvermögen zur gleichmäßigen und ranggerechten Befriedigung der Gesellschaftsgläubiger erhalten bleibt[466]. Dafür kommt es allein auf den Zeitpunkt des Eintritts der Insolvenzreife an. Auch wenn der Geschäftsführer wegen laufender Sanierungsbemühungen innerhalb der längstens dreiwöchigen Frist des § 15a Abs. 1 Satz 1 InsO noch keinen Antrag auf Eröffnung des Insolvenzverfahrens stellen muss, hat er doch das Gesellschaftsvermögen für den Fall zu sichern, dass die Sanierungsbemühungen fehlschlagen und das Vermögen im Rahmen eines Insolvenzverfahrens zu verteilen ist. Verhält er sich pflichtgemäß und stellt unverzüglich nach dem Scheitern der Sanierungsbemühungen den Insolvenzantrag, hat das Zahlungsverbot überhaupt nur Bedeutung für den Zeitraum ab Eintritt der Insolvenzreife[467].

c) Tathandlung

275 Da der Geschäftsführer nur für solche Schmälerungen des Gesellschaftsvermögens verantwortlich gemacht werden kann, die mit seinem Wissen und Willen geschehen sind oder die er hätte verhindern können, ist die **Veranlassung der Zahlung** durch ihn eine anspruchsbegründende Tatsache[468]. Hieran fehlt es, wenn die Zahlung im Wege der Zwangsvollstreckung, etwa aufgrund einer **Kontopfändung** erfolgt ist[469].

---

459 Vgl. etwa BGH 05.02.2007, II ZR 51/06, ZIP 2007, 1501 Rn. 7.
460 BGH 21.03.1988, II ZR 194/87, BGHZ 104, 44 = ZIP 1988, 771; BGH 11.07.2005, II ZR 235/03, ZIP 2005, 1550 im Anschluss an BGHZ 104, 44 = ZIP 1988, 771 und BGHZ 150, 61 = ZIP 2002, 848; BGH 11.02.2008, II ZR 291/06, ZIP 2008, 1026 Rn. 6; vgl. bereits BGH 09.07.1979, II ZR 118/77, BGHZ 75, 96, 106; BGH 24.10.1973 – VIII ZR 82/72, WM 1973, 1354.
461 BGH 28.02.2012, II ZR 244/10, ZIP 2012, 867 Rn. 9.
462 BGH 11.02.2008, II ZR 291/06, ZIP 2008, 1026 Rn. 6.
463 BGH 20.09.2010, II ZR 78/09, BGHZ 187, 60 Rn. 21 = ZIP 2010, 1988 – DOBERLUG.
464 BGH 28.02.2012, II ZR 244/10, ZIP 2012, 867 Rn. 10.
465 BGH 29.11.1999, II ZR 273/98, BGHZ 143, 184, 185 = ZIP 2000, 184, 185; BGH 27.03.2012, II ZR 171/10, ZIP 2012, 1174 Rn. 19; BGH 19.06.2012, II ZR 243/11, ZIP 2012, 1557 Rn. 8.
466 BGH 29.11.1999, II ZR 273/98, BGHZ 143, 184, 186 = ZIP 2000, 184, 185.
467 BGH 16.03.2009, II ZR 280/07, ZIP 2009, 860 Rn. 12.
468 Vgl. BGH 16.03.2009, II ZR 32/08, ZIP 2009, 956 Rn. 13.
469 BGH 25.01.2011, II ZR 196/09, ZIP 2011, 422 Rn. 28.

Der **Zahlungsbegriff** in § 64 GmbHG wird weit verstanden[470]. Zahlung ist jede masseschmälernde 276
Leistung[471]. Hierzu zählen die Verrechnung, die Aufrechnung und die Vereinbarung einer Verrechnung oder Aufrechnung[472]. Zahlungen in diesem Sinne sind nicht nur Geld-, sondern auch Sach-, Dienst- oder Werkleistungen, Speditions- und Frachtleistungen[473].

Zahlungen sind auch **Abbuchungen** von einem **Konto** der Gesellschaft, es sei denn, dass mit der 277
Abbuchung nur ein Gläubigertausch verbunden ist[474]. Von einem Gläubigertausch ist grundsätzlich auszugehen, wenn **von einem debitorisch geführten Bankkonto** eine Gesellschaftsschuld beglichen wird. Denn in diesem Fall wird lediglich der befriedigte Gläubiger durch die Bank als Gläubigerin ersetzt, ohne dass die Insolvenzmasse geschmälert würde und die gleichmäßige Verteilung der Masse unter den übrigen Gläubigern beeinträchtigt wäre. Das gilt aber nur, wenn die Bank nicht über freie Sicherheiten verfügt, die sie zu einer abgesonderten Befriedigung nach §§ 50 f. InsO berechtigen[475]. Soweit durch die Erhöhung des Debets eine entsprechend höhere **Zinsschuld** der Gesellschaft gegenüber der Bank entsteht, wird dies nicht als Zahlung i.S.d. § 64 Satz 1 GmbHG verstanden[476].

Der von dem Geschäftsführer einer insolvenzreifen GmbH veranlasste Einzug eines **Kundenschecks** 278
auf ein debitorisches Bankkonto der GmbH ist eine Zahlung gem. § 64 GmbHG, weil dadurch das Aktivvermögen der Gesellschaft zu Lasten ihrer Gläubigergesamtheit und zum Vorteil der Bank geschmälert wird[477]. Für sonstige von dem Geschäftsführer veranlasste oder zugelassene Zahlungen von **Gesellschaftsschuldnern auf ein debitorisches Bankkonto** im Stadium der Insolvenzreife der Gesellschaft gilt nichts anderes. Der Geschäftsführer muss in diesem Stadium, wenn er schon seiner Insolvenzantragspflicht nach § 15a InsO nicht rechtzeitig nachkommt, aufgrund seiner Masseerhaltungspflicht wenigstens dafür sorgen, dass entsprechende Zahlungen als Äquivalent für dadurch erfüllte Gesellschaftsforderungen der Masse zugutekommen, nicht dagegen nur zu einer Verringerung der Verbindlichkeiten der Gesellschaft gegenüber der Bank führen. Grundsätzlich gebietet es deshalb die primär auf Masseerhaltung zielende Sorgfaltspflicht des Geschäftsführers gem. § 64 Satz 1 GmbHG, in einer solchen Situation ein neues, kreditorisch geführtes Konto bei einer anderen Bank zu eröffnen und den aktuellen Gesellschaftsschuldnern die geänderte Bankverbindung unverzüglich bekannt zu geben[478].

---

470 Vgl. BGH 06.06.1994, II ZR 292/91, BGHZ 126, 181, 194 = ZIP 1994, 1103; BGH 05.02.2007, II ZR 51/06, ZIP 2007, 1501; BGH 08.06.2009, II ZR 147/08, ZIP 2009, 1468 Rn. 13; BGH 15.03.2011, II ZR 204/09, ZIP 2011, 1007 Rn. 20.
471 BGH 28.02.2012, II ZR 244/10, ZIP 2012, 867 Rn. 21 mwN.
472 BGH 28.02.2012, II ZR 244/10, ZIP 2012, 867 Rn. 21.
473 *Henze/Born*, Fn 1 Rn. 1678; vgl. auch *Drescher* Fn 1 Rn. 639 f.
474 Vgl. BGH 29.11.1999, II ZR 273/98, BGHZ 143, 184 = ZIP 2000, 184, 186; BGH 26.03.2007, II ZR 310/05, ZIP 2007, 1006 Rn. 8; BGH 16.03.2009, II ZR 32/08, ZIP 2009, 956 Rn. 12.
475 Vgl. BGH 29.11.1999, II ZR 273/98, BGHZ 143, 184 = ZIP 2000, 184; BGH 26.03.2007, II ZR 310/05, ZIP 2007, 1006 Rn. 8; BGH 25.01.2010, II ZR 258/08, ZIP 2010, 470; BGH 25.01.2011, II ZR 196/09, ZIP 2011, 422 Rn. 26; zur Problematik in der Abgrenzung zwischen der Rechtsprechung des II. Zivilsenats und des IX. Zivilsenats vgl. *Strohn* NZG 2011, 1161, 1165.
476 Vgl. BGH 26.03.2007, II ZR 310/05, ZIP 2007, 1006 Rn. 8; BGH 25.01.2010, II ZR 258/08, ZIP 2010, 470.
477 BGH 29.11.1999, II ZR 273/98, BGHZ 143, 184 = ZIP 2000, 184; BGH 11.09.2000, II ZR 370/99, ZIP 2000, 1896, 1897.
478 BGH 29.11.1999, II ZR 273/98, BGHZ 143, 184 = ZIP 2000, 184, 186; BGH 26.03.2007, II ZR 310/05, ZIP 2007, 1006 Rn. 12.

d) Aktiventausch

279 Der Bundesgerichtshof ist Auffassungen im Schrifttum, die bei der Haftung für Zahlungen nach Insolvenzreife eine schadensrechtliche Gesamtsaldierung vornehmen wollen[479], nicht gefolgt[480]. Wenn allerdings für die vom Geschäftsführer bewirkten Zahlungen ein Gegenwert in das Gesellschaftsvermögen gelangt und dort verblieben ist, kann erwogen werden, eine Massekürzung und damit einen Erstattungsanspruch gegen das Organmitglied zu verneinen. Der Sache nach liegt dann lediglich ein **Aktiventausch** vor[481]. Die zum Bundesgerichtshof gelangenden Sachverhalte legen es nahe, dass dieser **Verteidigungsmöglichkeit des Geschäftsführers im Haftungsprozess** in den Instanzen zu wenig Beachtung geschenkt wird[482].

e) Verschulden

280 Der Geschäftsführer haftet nach § 64 Satz 1 GmbHG nur bei Verschulden. Einfache Fahrlässigkeit genügt. Maßstab ist die **Sorgfalt eines ordentlichen Geschäftsmanns**[483], wie sie angesichts der Größe und Bedeutung des Unternehmens erwartet werden kann[484]. Der anzulegende Sorgfaltsmaßstab bestimmt sich nicht allein nach den allgemeinen Verhaltenspflichten eines Geschäftsführers, der bei seiner Amtsführung Recht und Gesetz zu wahren hat; er ist vielmehr an dem besonderen Zweck des § 64 GmbHG auszurichten, die verteilungsfähige Vermögensmasse einer insolvenzreifen GmbH im Interesse der Gesamtheit ihrer Gläubiger zu erhalten und eine zu ihrem Nachteil gehende, bevorzugte Befriedigung einzelner Gläubiger zu verhindern[485].

281 Der Geschäftsführer einer GmbH kann sich nicht durch eine mit seinem Mitgeschäftsführer vereinbarte interne Geschäftsaufteilung seiner Verantwortung entledigen[486]. Ihn trifft dann eine Informationspflicht[487]. Der Geschäftsführer muss für eine **Organisation** sorgen, die ihm eine Übersicht über die **wirtschaftliche und finanzielle Situation der GmbH** jederzeit ermöglicht; er trägt dafür selbst dann die Verantwortung, wenn aufgrund einer internen Geschäftsaufteilung ein Mitgeschäftsführer für den kaufmännischen Bereich zuständig ist und wesentliche Teile der Buchhaltungsarbeiten nicht am Sitz der GmbH erledigt werden[488].

282 Zu der vom Geschäftsführer geforderten **steten Vergewisserung über die wirtschaftliche Lage der Gesellschaft** gehört insbesondere die Prüfung der Überschuldung und der Zahlungsunfähigkeit. Bei Anzeichen einer Krise muss sich der Geschäftsführer durch Aufstellung eines Vermögensstatus oder einer Liquiditätsbilanz einen Überblick über die Situation verschaffen[489].

---

479 Vgl. *K. Schmidt* ZHR 168 [2004], 637, 650 ff.; *ders.* ZIP 2005, 2177; *Altmeppen* ZIP 2001, 2201, 2205 ff.
480 Vgl. BGH 26.03.2007, II ZR 310/05, ZIP 2007, 1006 Rn. 7; BGH 20.09.2010, II ZR 78/09, BGHZ 187, 60 = ZIP 2010, 1988 – DOBERLUG.
481 BGH 11.09.2000, II ZR 370/99, = ZIP 2000, 1896, 1897; BGH 31.03.2003, II ZR 150/02, ZIP 2003, 1005, 1006; BGH 18.10.2010, II ZR 151/09, ZIP 2010, 2400 Rn. 21 – Fleischgroßhandel; aA Verbleib im Gesellschaftsvermögen nicht nötig MüKoGmbHG-*H.F. Müller* § 64 Rn. 137.
482 Vgl. hierzu *Strohn* NZG 2011, 1161, 1164 f. mwN und *Geißler* GmbHR 2011, 907.
483 Vgl. BGH 27.03.2012, II ZR 171/10, ZIP 2012, 1174 Rn. 13; BGH 19.06.2012, II ZR 243/11, ZIP 2012, 1557 Rn. 9.
484 MüKoGmbHG-*H.F. Müller* § 64 Rn. 144; *Altmeppen* in Roth/Altmeppen GmbHG, § 64 Rn. 3.
485 BGH 29.11.1999, II ZR 273/98, BGHZ 143, 184 = ZIP 2000, 184, 185; BGH 11.09.2000, II ZR 370/99, ZIP 2000, 1896, 1897; vgl. auch *Strohn* NZG 2011, 1161, 1166.
486 BGH 01.03.1993, II ZR 61/92, ZIP 1994, 891, 892 f.; BGH 26.06.1995, II ZR 109/94, ZIP 1995, 1334, 1336.
487 BGH 01.03.1993, II ZR 61/92, ZIP 1994, 891, 892 f.; BGH 26.06.1995, II ZR 109/94, ZIP 1995, 1334, 1336.
488 BGH 08.07.1985, II ZR 198/84, ZIP 1985, 1135, 1136; BGH 06.06.1994, II ZR 292/91, ZIP 1994, 1103, 1109 f.; BGH 20.02.1995, II ZR 9/94, ZIP 1995, 560, BGH 19.06.2012, II ZR 243/11, ZIP 2012, 1557.
489 Zum Vermögensstatus: BGH 06.06.1994, II ZR 292/91, BGHZ 126, 181, 199 = ZIP 1994, 1103, 1109 f.;

Ergibt der Vermögensstatus eine rechnerische **Überschuldung**, muss der Geschäftsführer prüfen, ob sich für das Unternehmen eine positive Fortbestehensprognose stellt. Gibt es hierfür begründete Anhaltspunkte, kann das Unternehmen weiterbetrieben werden. Im Hinblick auf die gravierenden Sanktionen und die Unsicherheit prognostischer Einschätzungen ist dem Geschäftsführer ein gewisser Beurteilungsspielraum zuzubilligen. Die Vermögenssituation der Gesellschaft darf nicht aus der Rückschau beurteilt werden, sondern es ist auf die Erkenntnismöglichkeiten des Geschäftsführers in der konkreten Situation abzustellen[490]. 283

Für die Prognose, die der Geschäftsführer anstellen muss, sobald bei einer **Liquiditätsbilanz** eine **Unterdeckung** festzustellen ist, und **die er bei jeder vorzunehmenden Zahlung kontrollieren muss**, sind die konkreten Gegebenheiten in Bezug auf die GmbH – insbesondere deren Außenstände, die Bonität der Drittschuldner und ihre Kreditwürdigkeit –, auf die Branche und die Art der fälligen Schulden zu berücksichtigen[491]. Bei der Frage des Verschuldens spielt ebenso wie bei der Feststellung der Insolvenzreife die Abgrenzung zwischen Zahlungsunfähigkeit und Zahlungsstockung eine Rolle. Wenn der Geschäftsführer erkennt, dass die GmbH zu einem bestimmten Stichtag nicht in der Lage ist, ihre fälligen und eingeforderten Verbindlichkeiten vollständig zu bedienen, jedoch aufgrund einer sorgfältigen und gewissenhaften Prüfung der Meinung sein kann, die GmbH werde vor Erreichen des Zeitpunkts, bei dem eine Zahlungsstockung in eine Zahlungsunfähigkeit umschlägt – also binnen drei Wochen –, sämtliche Gläubiger voll befriedigen können, darf er innerhalb dieses Zeitraums, solange sich seine Prognose nicht vorzeitig als unhaltbar erweist, Zahlungen, die mit der Sorgfalt eines ordentlichen Kaufmanns vereinbar sind, an Gläubiger leisten, ohne die Haftung befürchten zu müssen[492]. 284

Der Geschäftsführer handelt fahrlässig, wenn er sich nicht **rechtzeitig** die erforderlichen Informationen und die für die Insolvenzantragspflicht erforderlichen Kenntnisse verschafft. Dabei muss er sich, sollte er nicht über ausreichende persönliche Kenntnisse verfügen, **ggf. fachkundig beraten** lassen[493]. Eine schlichte Anfrage bei einer für fachkundig gehaltenen Person reicht nicht aus. Der selbst für die Prüfung der Frage, ob er pflichtgemäß Insolvenzantrag stellen muss, nicht hinreichend sachkundige Geschäftsführer ist nur dann entschuldigt, wenn er sich bei Anzeichen einer Krise der Gesellschaft unverzüglich unter umfassender Darstellung der Verhältnisse der Gesellschaft und Offenlegung der erforderlichen Unterlagen von einer unabhängigen, für die zu klärenden Fragestellungen fachlich qualifizierten Person hat beraten lassen und danach keine Insolvenzreife festzustellen war[494]. 285

Aus dem Sinn und Zweck des Zahlungsverbots nach § 64 GmbHG und der Insolvenzantragspflicht nach § 15a InsO (»ohne schuldhaftes Zögern«) folgt, dass eine **Prüfung durch einen sachkundigen Dritten** bei Anzeichen einer Krise unverzüglich vorzunehmen ist und dass sich der Geschäftsführer nicht mit einer unverzüglichen Auftragserteilung begnügen darf, sondern auch auf eine unverzügliche Vorlage des Prüfergebnisses hinwirken muss[495]. Die Sorgfalt eines ordentlichen und gewissenhaften Geschäftsleiters gebietet es zudem, das Prüfergebnis einer Plausibilitätskontrolle zu unterziehen[496]. Richtet sich der dem sachkundigen Dritten erteilte Auftrag nicht auf die Prüfung der 286

---

zur Liquidationsbilanz: BGH 24.05.2005 – IX ZR 123/04, BGHZ 163, 134, 140 f. = ZIP 2005, 1426, 1428 f.; BGH 27.03.2012, II ZR 171/10, ZIP 2012, 1174 Rn. 15.

490 BGH 06.06.1994, II ZR 292/91, BGHZ 126, 181, 199 = ZIP 1994, 1103, 1109 f.; BGH 12.02.2007, II ZR 308/05, ZIP 2007, 674 Rn. 16 zur Genossenschaft.
491 BGH 24.05.2005 – IX ZR 123/04, BGHZ 163, 134, 140 f. = ZIP 2005, 1426, 1428 f.
492 BGH 24.05.2005 – IX ZR 123/04, BGHZ 163, 134, 140 f. = ZIP 2005, 1426, 1428 f.
493 BGH 06.06.1994, II ZR 292/91, BGHZ 126, 181 = ZIP 1994, 1103, 1110; BGH 14.05.2007, II ZR 48/06, ZIP 2007, 1265 Rn. 16; BGH 27.03.2012, II ZR 171/10, ZIP 2012, 1174 Rn. 15; BGH 19.06.2012, II ZR 243/11, ZIP 2012, 1557 Rn. 11.
494 BGH 14.05.2007, II ZR 48/06, ZIP 2007, 1265 Rn. 16; vgl. auch BGH 20.09.2011, II ZR 234/09, ZIP 2011, 2097 Rn. 18; BGH 27.03.2012, II ZR 171/10, ZIP 2012, 1174 Rn. 16.
495 BGH 27.03.2012, II ZR 171/10, ZIP 2012, 1174 Rn. 19.
496 BGH 14.05.2007, II ZR 48/06, ZIP 2007, 1265 Rn. 16; vgl. auch BGH 20.09.2011, II ZR 234/09, ZIP 2011, 2097 Rn. 18; BGH 27.03.2012, II ZR 171/10, ZIP 2012, 1174 Rn. 16.

Insolvenzreife, sondern auf eine anderweitige Aufgabenstellung, kann dies den Geschäftsführer nur dann entlasten, wenn er sich nach den Umständen der Auftragserteilung unter Beachtung der gebotenen Sorgfalt darauf verlassen durfte, die Fachperson werde im Rahmen der anderweitigen Aufgabenstellung auch die Frage der Insolvenzreife vorab und unverzüglich prüfen und ihn ggf. unterrichten[497].

287 Soweit Leistungen des Geschäftsführers in der Insolvenzsituation eine **Masseverkürzung nicht zur Folge haben**, kann das Verschulden nach § 64 Satz 2 GmbHG zu verneinen sein[498]. Darüber hinaus sind Zahlungen des Geschäftsführers nach Insolvenzreife dann mit der Sorgfalt eines ordentlichen Geschäftsmanns vereinbar, wenn durch sie **größere Nachteile für die Insolvenzmasse abgewendet** werden sollen[499], vor allem weil sie erforderlich sind, um das Unternehmen für die Zwecke des Insolvenzverfahrens zu erhalten[500]. Das kommt insbesondere bei Zahlungen auf Wasser-, Strom- und Heizrechnungen in Betracht[501].

288 Führt der Geschäftsführer einer GmbH – auch nach Eintritt der Insolvenzreife – fällige Umsatzsteuer und Umsatzsteuervorauszahlungen, ebenso wie einbehaltene Lohnsteuer, nicht an das Finanzamt ab, begeht er eine mit einer Geldbuße bedrohte Ordnungswidrigkeit nach § 26b UStG oder § 380 AO i.V.m. § 41a Abs. 1 Satz 1 Nr. 2, § 38 Abs. 3 Satz 1 EStG und setzt sich außerdem der persönlichen Haftung gem. §§ 69, 34 Abs. 1 AO aus. Die dadurch bewirkte Pflichtenkollision hat den Bundesgerichtshof bewogen, die Zahlung von **Umsatz-** oder **Lohnsteuer** als mit der Sorgfalt eines ordentlichen Geschäftsmanns vereinbar anzusehen[502]. Diese Rechtsprechung bezieht sich nicht nur auf laufende, erst nach Eintritt der Insolvenzreife fällig werdende Steuerforderungen, sondern **auch auf Steuerrückstände**[503].

289 Nach der Rechtsprechung des Bundesgerichtshofs handelt ein Geschäftsführer einer GmbH grundsätzlich auch dann mit der Sorgfalt eines ordentlichen Geschäftsmanns, wenn er nach Eintritt der Insolvenzreife fällige **Arbeitnehmeranteile** zur Sozialversicherung an die zuständige Einzugsstelle zahlt. Denn es kann von ihm mit Blick auf die Einheit der Rechtsordnung nicht verlangt werden, diese Zahlung im Interesse einer gleichmäßigen und ranggerechten Befriedigung der Gesellschaftsgläubiger in einem nachfolgenden Insolvenzverfahren zu unterlassen und sich dadurch nach § 266a Abs. 1, § 14 Abs. 1 Nr. 1 StGB strafbar und nach § 823 Abs. 2 BGB i.V.m. § 266a StGB schadensersatzpflichtig zu machen. Insoweit gelten die gleichen Erwägungen wie zu den Steuerforderungen[504]. Das gilt auch für **Beitragsrückstände**[505]. Die Zahlung der **Arbeitgeberbeiträge** zur Sozialversicherung nach Insolvenzreife ist demgegenüber mit der Sorgfalt eines ordentlichen Geschäftsmanns nicht vereinbar[506]. Im Haftungsprozess ist darauf zu achten, dass **keine Vermutung** dafür spricht, Zahlungen an Sozialversicherungsträger seien auf Arbeitnehmerbeiträge geleistet worden[507].

---

497 BGH 27.03.2012, II ZR 171/10, ZIP 2012, 1174 Rn. 22.
498 BGH 08.01.2001, II ZR 88/99, BGHZ 146, 264 = ZIP 2001, 235, 238.
499 Vgl. BGH 08.01.2001, II ZR 88/99, BGHZ 146, 264 = ZIP 2001, 235, 238; BGH 05.11.2007, II ZR 262/06, ZIP 2008, 72.
500 BGH 24.05.2005 – IX ZR 123/04, BGHZ 163, 134, 140 f. = ZIP 2005, 1426, 1428 f.
501 BGH 05.11.2007, II ZR 262/06, ZIP 2008, 72 Rn. 6.
502 BGH 14.05.2007, II ZR 48/06, ZIP 2007, 1265 Rn. 11 f.; BGH 29.09.2008, II ZR 162/07, ZIP 2008, 2220 Rn. 10; BGH 25.01.2011, II ZR 196/09, ZIP 2011, 422 Rn. 12.
503 BGH 25.01.2011, II ZR 196/09, ZIP 2011, 422 Rn. 13.
504 Vgl. BGH 14.05.2007, II ZR 48/06, ZIP 2007, 1265 Rn. 11 f.; BGH 02.06.2008, II ZR 27/07, ZIP 2008, 1275 Rn. 6; BGH 05.05.2008, II ZR 38/07, ZIP 2008, 1229 Rn. 13; BGH 29.09.2008, II ZR 162/07, ZIP 2008, 2220 Rn. 10; BGH 25.01.2011, II ZR 196/09, ZIP 2011, 422 Rn. 17.
505 BGH 25.01.2011, II ZR 196/09, ZIP 2011, 422 Rn. 18.
506 BGH 08.06.2009, II ZR 147/08, ZIP 2009, 1468 Rn. 6; BGH 25.01.2011, II ZR 196/09, ZIP 2011, 422 Rn. 19.
507 Vgl. BGH 08.06.2009, II ZR 147/08, ZIP 2009, 1468 Rn. 7; BGH 25.01.2011, II ZR 196/09, ZIP 2011, 422 Rn. 24.

f) Verjährung

Der Anspruch verjährt nach § 64 Abs. 4, § 43 Abs. 4 GmbHG in **fünf Jahren**. Die Verjährung beginnt mit der Entstehung des Anspruchs und damit mit der Zahlung oder der die Masse schmälernden Maßnahme[508]. Bei wiederholten verbotswidrigen Zahlungen setzt jede Handlung eine neue Verjährungsfrist in Lauf[509]. 290

g) Rechtsfolge

Der Geschäftsführer hat den ausgezahlten Betrag **ungekürzt** zu erstatten. Er muss das Gesellschaftsvermögen aus eigenen Mitteln wieder auffüllen[510]. Bestehen im Zusammenhang mit den Zahlungen **Erstattungsansprüche** der Masse gegen den Zahlungsempfänger, kann der Geschäftsführer von dem Insolvenzverwalter in entsprechender Anwendung von § 255 BGB gegebenenfalls Abtretung dieser Forderungen Zug um Zug gegen Erfüllung des geltend gemachten Ersatzanspruchs verlangen[511]. 291

Mit der Begründung, eine Bereicherung der Masse zu vermeiden, wird verlangt, dem Geschäftsführer in dem Urteil von Amts wegen vorzubehalten, nach Erstattung an die Masse seine Rechte gegen den Insolvenzverwalter zu verfolgen. Dabei deckt sich der ihm zustehende Anspruch nach Rang und Höhe mit dem Betrag, den der begünstigte Gesellschaftsgläubiger im Insolvenzverfahren erhalten hätte[512]. Dieser **Vorbehalt** kann mit einer analogen Anwendung des § 255 BGB begründet werden[513]. Der Vorbehalt kann wie folgt formuliert werden: »Dem Beklagten wird vorbehalten, nach Erstattung des Verurteilungsbetrags an die Masse seine Gegenansprüche, die sich nach Rang und Höhe mit den Beträgen decken, welche die durch die verbotswidrigen Zahlungen begünstigten Gesellschaftsgläubiger im Insolvenzverfahren erhalten hätten, gegen den Kläger als Insolvenzverwalter zu verfolgen.«[514] Der Vorbehalt gibt dem Geschäftsführer allerdings weder einen vollstreckbaren Titel noch eine durchgreifende Einwendung in der Zwangsvollstreckung durch den Insolvenzverwalter[515]. Der Geschäftsführer ist auch nicht daran gehindert, nach Erstattung der Zahlungen an die Masse seine Gegenansprüche zu verfolgen, wenn der Vorbehalt vergessen worden ist. 292

Bereits unter der Geltung der Konkursordnung hat der Bundesgerichtshof entschieden, dass der aus § 64 GmbHG auf Ersatz in Anspruch genommene Geschäftsführer nicht berechtigt ist, die Erfüllung dieser Verpflichtung gegenüber der Masse mit der Begründung zu verweigern, der Konkursverwalter der Gesellschaft habe es unterlassen, **aussichtsreiche Anfechtungsrechte** (§§ 29 ff. KO jetzt §§ 129 ff. InsO) gegen die Zahlungsempfänger geltend zu machen[516]. Dem ist unter Berücksichtigung des Zwecks der Anfechtungsrechte und des Ersatzanspruchs nach § 64 GmbHG zuzustimmen. Dieser liegt darin, eine vor der Insolvenzeröffnung eingetretene Schmälerung der **Masse zugunsten der Insolvenzgläubiger** auszugleichen. Entscheidet sich der Verwalter gegen die Anfechtung, verletzt er allenfalls Befriedigungsrechte der Gläubiger, nicht aber rechtlich geschützte und ihm 293

---

508 BGH 28.02.2012, II ZR 244/10, ZIP 2012, 867 Rn. 22.
509 BGH 29.09.2008, II ZR 234/07, ZIP 2008, 2217 Rn. 14; BGH 16.03.2009, II ZR 32/08, ZIP 2009, 956 Rn. 20.
510 BGH 08.01.2001, II ZR 88/99, BGHZ 146, 264, 279 = ZIP 2001, 235, 239.
511 BGH 08.01.2001, II ZR 88/99, BGHZ 146, 264, 279 = ZIP 2001, 235, 239.
512 BGH 08.01.2001, II ZR 88/99, BGHZ 146, 264, 279 = ZIP 2001, 235, 239 unter Aufgabe von BGHZ 143, 184 = ZIP 2000, 184, 186; BGH 11.07.2005, II ZR 235/03, ZIP 2005, 1550, 1551 f.; BGH 05.11.2007, II ZR 262/06, ZIP 2008, 72 Rn. 9; BGH 25.01.2011, II ZR 196/09,.ZIP 2011, 422 Rn. 30; BGH 19.02.2013, II ZR 296/12, ZInsO 2013, 952 Rn. 3 f.
513 *Altmeppen* in Roth/Altmeppen GmbHG § 64 Rn. 16 f.; MüKoGmbHG-*H.F. Müller* § 64 Rn. 149; *Mätzig* in BeckOK GmbHG, Stand 01.09.2012, § 64 Rn. 67; die Sinnhaftigkeit des Vorbehalts in Frage stellt *Haas* in Baumbach/Hueck GmbHG § 64 Rn. 88, weil die Forderung erst nach Zahlung an die Masse entsprechend § 144 Abs. 1 InsO auflebe. Dort aber Rückgriff auf § 259 ZPO entsprechend.
514 BGH 11.07.2005, II ZR 235/03, ZIP 2005, 1550, 1551 f.
515 BGH 19.02.2013, II ZR 296/12, ZInsO 2013, 952 Rn. 4 dort zur Bemessung der Beschwer.
516 BGH 18.12.1995, II ZR 277/94, BGHZ 131, 325 = ZIP 1996, 420.

anvertraute Interessen des Geschäftsführers[517]. Hat der Insolvenzverwalter aber **fristgerecht die Anfechtung** erklärt, steht dem Geschäftsführer ein Zurückbehaltungsrecht analog § 255 BGB zu. Ersatz muss er dann nur Zug um Zug gegen Abtretung des Anspruchs auf Rückgewähr zur Insolvenzmasse nach § 143 Abs. 1 InsO leisten[518].

h) Geltendmachung durch den Insolvenzverwalter

294 Anspruchsinhaberin ist die GmbH. Der Erstattungsanspruch der GmbH setzt aber grundsätzlich die Eröffnung eines Insolvenzverfahrens voraus und ist dann von dem **Insolvenzverwalter** zur Auffüllung der Masse geltend zu machen[519]. Der Insolvenzverwalter verliert seine Befugnis mit Aufhebung des Insolvenzverfahrens (vgl. § 259 Abs. 1 Satz 1 InsO)[520]. Soll ein Rückfall des Anspruchs an die GmbH vermieden werden (vgl. § 259 Abs. 1 Satz 2 InsO), kann der Insolvenzverwalter den Anspruch an sich als Treuhandzessionar abtreten[521].

295 Ist die Eröffnung des Insolvenzverfahrens **mangels Masse** abgelehnt worden, spielt der insolvenzrechtliche Gesichtspunkt der verhältnismäßigen Befriedigung aller Insolvenzgläubiger keine ausschlaggebende Rolle mehr. Dann kann der einzelne Gesellschaftsgläubiger im Wege der Einzelzwangsvollstreckung durch Pfändung und Überweisung zur Einziehung auf den gem. § 64 Satz 1 GmbHG der Gesellschaft zugeordneten Anspruch zugreifen[522].

i) Darlegungs- und Beweislast

296 Der **Insolvenzverwalter** muss nach § 64 Satz 1 GmbHG nur darlegen und ggf. beweisen, dass ein Geschäftsführer Zahlungen nach Insolvenzreife veranlasst hat[523]. Zu Lasten des Geschäftsführers wird dann **vermutet**, dass er schuldhaft, nämlich nicht mit der von einem Vertretungsorgan einer GmbH zu fordernden Sorgfalt gehandelt hat[524]. Als Ausgangspunkt des subjektiven Tatbestands des § 64 Satz 1 GmbHG reicht die **Erkennbarkeit** der Insolvenzreife aus, wobei die Erkennbarkeit als Teil des Verschuldens vermutet wird[525]. Nur ausnahmsweise kann eine die Masse schmälernde Zahlung mit der Sorgfalt eines ordentlichen Geschäftsmanns i.S.d. § 64 Satz 2 GmbHG vereinbar sein. Darlegungs- und beweispflichtig für das Vorliegen einer Ausnahme bzw. für die Entkräftung der gegen ihn sprechenden Vermutung ist der Geschäftsführer[526].

---

517 BGH 11.10.1984 – IX ZR 80/83, ZIP 1983, 1506; BGH 18.12.1995, II ZR 277/94, BGHZ 131, 325, 327 = ZIP 1996, 420, 421.
518 Vgl. *Strohn*, NZG 2011, 1161, 1167 m.w.N.; zur Abtretbarkeit des Anspruchs vgl. BGH 17.02.2011, IX ZR 91/10, ZIP 2011, 1114.
519 BGH 11.09.2000, II ZR 370/99, ZIP 2000, 1896, 1897.
520 BGH 07.07.2008, II ZR 26/07, ZIP 2008, 2094 Rn. 9.
521 BGH 07.01.2008, II ZR 283/06, BGHZ 175, 86 Rn. 9 = ZIP 2008, 546.
522 BGH 11.09.2000, II ZR 370/99, ZIP 2000, 1896, 1898.
523 Vgl. BGH 16.03.2009, II ZR 32/08, ZIP 2009, 956 Rn. 14; BGH 08.06.2009, II ZR 147/08, ZIP 2009, 1468 Rn. 8.
524 Vgl. BGH 18.03.1970, II ZR 2/72, NJW 1974, 1088, 1089; BGH 01.03.1993, II ZR 61/92, ZIP 1994, 891, 892; BGH 29.11.1999, II ZR 273/98, BGHZ 143, 184 = ZIP 2000, 184, 185 BGH 08.01.2001, II ZR 88/99, BGHZ 146, 264 = ZIP 2001, 235, 238; BGH 05.02.2007, II ZR 51/06, ZIP 2007, 1501; BGH 14.05.2007, II ZR 48/06, ZIP 2007, 1265 Rn. 11, 15; BGH 05.05.2008, II ZR 38/07, ZIP 2008, 1229 Rn. 8; BGH 08.06.2009, II ZR 147/08, ZIP 2009, 1468 Rn. 7; BGH 18.10.2010, II ZR 151/09, ZIP 2010, 2400 Rn. 14 – Fleischgroßhandel.
525 BGH 29.11.1999, II ZR 273/98, BGHZ 143, 184 = ZIP 2000, 184, 185; BGH 15.03.2011, II ZR 204/09, ZIP 2011, 1007 Rn. 38; BGH 27.03.2012, II ZR 171/10, ZIP 2012, 1174 Rn. 13.
526 Vgl. BGH 08.01.2001, II ZR 88/99, BGHZ 146, 264 = ZIP 2001, 235, 238; BGH 24.05.2005 – IX ZR 123/04, BGHZ 163, 134 = ZIP 2005, 1426, 1428; BGH 14.05.2007, II ZR 48/06, ZIP 2007, 1265 Rn. 11, 15; BGH 05.05.2008, II ZR 38/07, ZIP 2008, 1229 Rn. 8; BGH 08.06.2009, II ZR 147/08, ZIP 2009, 1468.

Ob der Geschäftsführer seiner Pflicht zur laufenden Beobachtung der wirtschaftlichen Lage des Unternehmens und näheren Überprüfung im Falle krisenhafter Anzeichen hinreichend nachgekommen ist, kann nur unter umfassender Berücksichtigung der für die Gesellschaft wirtschaftlich relevanten Umstände beurteilt werden, die dem Geschäftsführer bekannt waren oder bekannt sein mussten. Dem Geschäftsführer obliegt es, die Gründe vorzutragen und zu erläutern, die ihn gehindert haben, eine tatsächlich bestehende Insolvenzreife der Gesellschaft zu erkennen[527]. Auch für den Ausnahmefall einer im Interesse der Masseerhaltung notwendigen Aufwendung ist der Geschäftsführer darlegungs- und beweispflichtig[528].

3. Insolvenzverursachungshaftung

a) Ziel der Norm

Nicht erfasst von § 64 Satz 1 und 2 GmbHG bzw. dem § 64 Abs. 2 GmbHG aF waren Zahlungen, die die Zahlungsunfähigkeit erst herbeiführen. Der Gesetzgeber des **MoMiG** sah hier eine Schutzlücke und hat mit **§ 64 S. 3 GmbHG** eine Insolvenzverursachungshaftung des Geschäftsführers installiert. Mit der Neuregelung wurden im Wesentlichen zwei Ziele verfolgt: Zum einen sollte ein Teil der an die Gesellschafterstellung anknüpfenden Existenzvernichtungshaftung auf den Geschäftsführer übertragen werden (Fälle der »Ausplünderung«), ohne damit den Komplex der Existenzvernichtungshaftung abschließend regeln zu wollen. Daneben sah der Gesetzgeber in einer partiellen Insolvenzverursachungshaftung des Geschäftsführers ein notwendiges Korrektiv im Hinblick auf den durch das MoMiG verschiedentlich zurückgefahrenen kapitalerhaltungsrechtlichen Gläubigerschutz (Kompensation der Abschaffung des Eigenkapitalersatzrechts)[529]. Die Insolvenzverursachungshaftung des Geschäftsführers wurde von Anfang an im Schrifttum intensiv diskutiert. Bereits die erste Entscheidung des II. Zivilsenats des Bundesgerichtshofs zu dieser Norm hat neben der Klärung von Streitfragen gezeigt, dass kein großer Anwendungsbereich verbleibt[530].

b) Voraussetzungen und Rechtsfolgen der Norm

Neben dem Geschäftsführer trifft die Haftung nach § 64 Satz 3 GmbHG wie bei § 64 Satz 1 GmbHG auch den **faktischen** Geschäftsführer[531]. Der Geschäftsführer haftet für Zahlungen an Gesellschafter, soweit diese zur Zahlungsunfähigkeit der Gesellschaft führen mussten. War die Gesellschaft bereits zahlungsunfähig, fehlt es an einer **Verursachung der Zahlungsunfähigkeit** iSd § 64 Satz 3 GmbHG durch eine Zahlung an den Gesellschafter und damit an einer Voraussetzung für die Haftung des Geschäftsführers[532].

Die im Schrifttum umstrittene Frage, ob bei der Prüfung der Verursachung der Zahlungsunfähigkeit nach § 64 Satz 3 GmbHG im insolvenzrechtlichen Sinn **fällige und durchsetzbare Ansprüche des Gesellschafters** in die Liquiditätsbilanz zur Ermittlung der Liquiditätslücke einzustellen sind, hat der Bundesgerichtshof bejaht. Wenn unter Berücksichtigung fälliger, d.h. ernsthaft eingeforderter Gesellschafterforderungen bereits eine Deckungslücke von 10 % oder mehr besteht, ist die Gesellschaft bereits zahlungsunfähig und wird die Zahlungsunfähigkeit durch die Zahlung an den Gesellschafter nicht herbeigeführt[533]. Führt die Zahlung an den Gesellschafter daher nicht zur Vergrößerung einer

---

527 BGH 19.06.2012, II ZR 243/11, ZIP 2012, 1557 Rn. 13.
528 BGH 05.02.2007, II ZR 51/06, ZIP 2007, 1501 Rn. 4.
529 *Nolting-Hauff/Greulich* GmbHR 2013, 169.
530 Zu den Folgerungen für die Praxis mit Prüfreihenfolge *Nolting-Hauff/Greulich* GmbHR 2013, 169 (173); *Haas* NZG 2013, 41.
531 Vgl. BGH 21.03.1988, II ZR 194/87, BGHZ 104, 44 = ZIP 1988, 771; BGH 11.07.2005, II ZR 235/03, ZIP 2005, 1550 im Anschluss an BGHZ 104, 44 = ZIP 1988, 771 und BGHZ 150, 61 = ZIP 2002, 848; BGH 11.02.2008, II ZR 291/06, ZIP 2008, 1026 Rn. 6; vgl. bereits BGH 09.07.1979, II ZR 118/77, BGHZ 75, 96, 106; BGH 24.10.1973 – VIII ZR 82/72, WM 1973, 1354.
532 BGH 09.10.2012, II ZR 298/11, BGHZ 195, 42 = ZIP 2012, 2391.
533 Vgl. BGH 09.10.2012, II ZR 298/11, BGHZ 195, 42 Rn. 9 ff. = ZIP 2012, 2391.

Deckungslücke auf 10% oder mehr, steht der **Durchsetzung einer fälligen Gesellschafterforderung** grundsätzlich nichts entgegen. Dies gilt auch für Gesellschafterdarlehen (vgl. § 30 Abs. 1 Satz 3 GmbHG)[534]. Ein Durchsetzungshindernis für Gesellschafterdarlehen kann dann auch nicht aus der gesellschaftlichen Treuepflicht hergeleitet werden[535].

301 Insoweit besteht auch keine Schutzlücke. Der Geschäftsführer haftet, wenn die Gesellschaft unter Berücksichtigung der Gesellschafterforderung zahlungsunfähig ist, bereits nach § 64 Satz 1 GmbHG für geleistete Zahlungen[536]. Eine erweiternde Auslegung des § 64 Satz 3 GmbHG ist auch nicht erforderlich, um der Gesellschaft eine Einrede gegen die Gesellschafterforderung zu gewähren. Wenn die Gesellschaft zahlungsunfähig ist, hat der Geschäftsführer den Anspruch des Gesellschafters nicht zu befriedigen, sondern Insolvenzantrag zu stellen (§ 15a Abs. 1 Satz 1 InsO)[537].

302 Dem kann nicht entgegengehalten werden, dass der Anwendungsbereich von § 64 Satz 3 GmbHG damit klein ist[538]. Der Gesetzgeber ist ausdrücklich von einem eng begrenzten Anwendungsbereich ausgegangen. Er sah in der Vorschrift nur eine Ergänzung der Haftung der Gesellschafter aus Existenzvernichtung. Es verbleibt über den eher theoretischen Fall der Vergrößerung einer Deckungslücke von weniger als 10 %[539] durch die Zahlung hinaus ein Anwendungsbereich gerade im Bereich der **unrechtmäßigen Vermögensverschiebung**[540].

303 Liegen die Voraussetzungen des § 64 Satz 3 GmbHG vor, kann die Gesellschaft die **Zahlung** an den Gesellschafter **verweigern**. Die Haftung des Geschäftsführers nach § 64 Satz 3 GmbHG und das damit verbundene »Zahlungsverbot« sollen der Gefahr vorbeugen, dass bei sich abzeichnender Zahlungsunfähigkeit von den Gesellschaftern Mittel entnommen werden. Dieses Ziel kann nur erreicht werden, wenn die Gesellschaft den Mittelabfluss verweigern kann und der Geschäftsführer nicht den Mittelabfluss unter Inkaufnahme einer eigenen Haftung bewirken muss[541].

c) Geltendmachung durch den Insolvenzverwalter

304 Anspruchsinhaber ist die GmbH und im Falle der Insolvenz nach § 80 InsO der **Insolvenzverwalter**[542].

4. Haftung bei Verstoß gegen die Insolvenzantragspflicht

305 Die Pflicht zur Stellung des Eröffnungsantrags ist in § 15a InsO geregelt. Es wird auf die dortige Kommentierung verwiesen. In der Folge sollen nur die haftungsrechtlichen Zusammenhänge beleuchtet werden.

a) Adressat der Norm

306 Wird die GmbH zahlungsunfähig oder überschuldet, hat der Geschäftsführer, auch der **faktische**[543], ohne schuldhaftes Zögern, spätestens aber drei Wochen nach Eintritt der Zahlungsunfähigkeit oder Überschuldung, einen Eröffnungsantrag zu stellen (§ 15a Abs. 1 Satz 1 InsO, § 64 Abs. 1 GmbHG a.F.). Die Vorschrift ist Schutzgesetz i.S.d. § 823 Abs. 2 BGB[544]. Fehlt ein Geschäftsführer (Füh-

---

534 BGH 09.10.2012, II ZR 298/11, BGHZ 195, 42 Rn. 15 f. = ZIP 2012, 2391.
535 So aber BGH 07.03.2013, IX ZR 7/12, ZIP 2013, 734 Rn. 24.
536 BGH 09.10.2012, II ZR 298/11, BGHZ 195, 42 Rn. 12 = ZIP 2012, 2391.
537 BGH 09.10.2012, II ZR 298/11, BGHZ 195, 42 Rn. 12 = ZIP 2012, 2391 Rn. 12.
538 Vgl. *Altmeppen* ZIP 2013, 801 der für die Norm gar keinen Anwendungsbereich sieht.
539 Vgl. das Beispiel bei *Nolting-Hauff/Greulich* GmbHR 2013, 169 (171 Fn 15).
540 BGH 09.10.2012, II ZR 298/11, BGHZ 195, 42 Rn. 13 = ZIP 2012, 2391.
541 BGH 09.10.2012, II ZR 298/11, BGHZ 195, 42 Rn. 18 = ZIP 2012, 2391.
542 Vgl. weiter Rdn. 294 f.
543 BGH 21.03.1988, II ZR 194/87, BGHZ 104, 44 = ZIP 1988, 771; BGH 11.07.2005, II ZR 235/03, ZIP 2005, 1550.
544 Vgl. BGH 09.07.1979, II ZR 118/77, BGHZ 75, 96 = NJW 1979, 1823, 1825 f.; BGH 06.06.1994, II ZR

rungslosigkeit), ist auch jeder **Gesellschafter** zur Stellung des Insolvenzantrags verpflichtet, es sei denn, er hat von der Zahlungsunfähigkeit und der Überschuldung oder der Führungslosigkeit keine Kenntnis (§ 15a Abs. 3 InsO). Trifft den Gesellschafter danach die Insolvenzantragspflicht, kann ihn auch die Haftung wegen der Schutzgesetzverletzung treffen.

b) Antragspflicht

Die Insolvenzantragspflicht der Gesellschaftsorgane zielt auf eine frühzeitige, an die Verwirklichung der einzelnen Insolvenzgründe anknüpfende Antragstellung, um einer Teilnahme insolvenzreifer haftungsbeschränkter Gesellschaften am Rechts- und Geschäftsverkehr vorzubeugen. Der Pflicht muss der Geschäftsführer nicht erst bei positiver Kenntnis, sondern bereits dann unverzüglich (»ohne schuldhaftes Zögern«) genügen, wenn der Insolvenzgrund bei pflichtgemäßer Prüfung **objektiv erkennbar** war[545]. Der Antrag auf Eröffnung des Insolvenzverfahrens ist bei Eintritt der Insolvenzreife grundsätzlich sofort zu stellen. Die höchstens **dreiwöchige Frist** des § 15a Abs. 1 Satz 1 InsO ist nur dann eröffnet, wenn eine rechtzeitige Sanierung »ernstlich zu erwarten ist«[546]. Die Voraussetzung dieser Ausnahme hat nach allgemeinen Grundsätzen derjenige **darzulegen**, der sich darauf beruft, in der Regel der in Anspruch genommene Geschäftsführer[547]. Regelmäßig reicht die dreiwöchige Frist nicht aus, um ein taugliches Sanierungskonzept zu entwickeln und umzusetzen. Hat der Geschäftsführer daher nicht bereits vor Eintritt der Insolvenzreife Sanierungsbemühungen eingeleitet, wozu er verpflichtet ist, muss er im Normalfall bei Eintritt der Insolvenzreife sofort Insolvenzantrag stellen[548]. Die Insolvenzantragspflicht des Geschäftsführers entfällt im Hinblick auf die Möglichkeit der Antragsrücknahme nach § 13 Abs. 2 InsO nicht schon dann, wenn ein **Gläubiger Insolvenzantrag** gestellt hat, sondern erst mit der Entscheidung des Insolvenzgerichts über die Eröffnung des Insolvenzverfahrens[549].

307

In einer sog. **internen** »**harte Patronatserklärungen**«, verpflichtet sich die Patronin, in der Regel eine Konzernobergesellschaft, gegenüber einer Konzerntochtergesellschaft rechtsverbindlich zur finanziellen Absicherung. Diese Art der Patronatserklärung eignet sich bei entsprechender Formulierung als insolvenzfestes, befristetes Sanierungsmittel. Sie kann dem Zweck dienen, eine mögliche Insolvenzantragspflicht während laufender Sanierungsbemühungen und der Suche nach neuen externen Investoren zu vermeiden[550]. Eine an den Gläubiger gerichtete – **externe** – harte Patronatserklärung der Muttergesellschaft beseitigt dagegen die objektive Zahlungsunfähigkeit der Tochtergesellschaft nicht[551].

308

c) Verschulden

Das für die Ersatzpflicht aus § 823 Abs. 2 BGB erforderliche **Verschulden** des Geschäftsführers wird vermutet[552]. Für den subjektiven Tatbestand der Insolvenzverschleppung genügt die Erkennbarkeit

309

292/91, BGHZ 126, 181, 190 = ZIP 1994, 1103, 1107; BGH 14.05.2012, II ZR 130/10, ZIP 2012, 1455 Rn. 9; zum Deliktscharakter BGH 15.03.2011, II ZR 204/09, ZIP 2011, 1007 Rn. 13 f.
545 BGH 29.11.1999, II ZR 273/98, BGHZ 143, 184, 185 = ZIP 2000, 184, 185; BGH 17.07.2008 – IX ZB 225/07, ZIP 2008, 1793 Rn. 10; MüKoGmbHG-*H.F. Müller* § 64 Rn. 67.
546 BGH 09.07.1979, II ZR 118/77, BGHZ 75, 96, 107 f. = NJW 1979, 1823, 1826; BGH 17.07.2008 – IX ZB 225/07, ZIP 2008, 1793 Rn. 10; BGH 24.01.2012, II ZR 119/10, ZIP 2012, 723 Rn. 11; *Strohn*, NZG 2011, 1161, 1162.
547 BGH 24.01.2012, II ZR 119/10, ZIP 2012, 723 Rn. 11.
548 *Drescher*, Fn 1 Rn. 1119 f.
549 BGH 28.10.2008 – 5 StR 166/08, ZIP 2008, 2308.
550 Vgl. BGH 19.05.2011 – IX ZR 9/10, ZIP 2011, 1111; zur Kündigung einer Patronatserklärung vgl. BGH 20.09.2010, II ZR 296/08, BGHZ 187, 69 = ZIP 2010, 2092 – STAR 21.
551 Vgl. BGH 19.05.2011 – IX ZR 9/10, ZIP 2011, 1111.
552 BGH 06.06.1994, II ZR 292/91, BGHZ 126, 181, 200 = ZIP 1994, 1103, 1110; BGH 24.01.2012, II ZR 119/10, ZIP 2012, 723 Rn. 25.

der Insolvenzreife für den Geschäftsführer, wobei die Erkennbarkeit vermutet wird[553]. Eine mit seinem Mitgeschäftsführer vereinbarte **interne Geschäftsaufteilung** entbindet den Geschäftsführer einer GmbH nicht von seiner eigenen Verantwortung für die Erfüllung der Pflicht zur rechtzeitigen Stellung des Insolvenzantrags[554]. Er muss sich auch über die Buchführung des dafür zuständigen Geschäftsführers informieren[555]. Zu den Einzelheiten der an den Geschäftsführer zu stellenden Anforderungen wird auf die Darstellung des Verschuldens bei § 64 Satz 1 GmbHG verwiesen (Rdn. 280 ff.).

d) Verjährung

310 Der Anspruch gem. § 823 Abs. 2 BGB, § 15a Abs. 1 InsO verjährt nach den für deliktische Ansprüche allgemein geltenden Vorschriften in drei Jahren ab Kenntnis oder grobfahrlässiger Unkenntnis (§§ 195, 199 Abs. 1 Nr. 2 BGB) und nicht nach § 64 Satz 4, § 43 Abs. 4 GmbHG[556].

e) Alt- und Neugläubigerschaden

311 Ein Schwerpunkt der Rechtsprechung zur Haftung des Geschäftsführers wegen verspäteter Stellung eines Insolvenzantrags bildet die Unterscheidung von Alt- und Neugläubigerschaden. Dabei geht es um die Art und den Umfang des dem jeweiligen Gläubigertyps durch eine Insolvenzverschleppung entstandenen Schadens.

312 **Altgläubiger** sind diejenigen Gläubiger, die ihre Forderung bereits vor dem Zeitpunkt erworben haben, in dem der Insolvenzantrag hätte gestellt werden müssen. Bei einem **Dauerschuldverhältnis** wie einem Mietverhältnis, das bereits vor Insolvenzreife begründet wurde, bleibt der Gläubiger auch für nach Insolvenzreife fällig werdende Forderungen Altgläubiger. Der Verstoß gegen die Insolvenzantragspflicht ist nicht ursächlich für den Vertragsschluss geworden. Anders ist dies nur dann, wenn das Dauerschuldverhältnis mit der Insolvenzeröffnung endet oder gekündigt werden kann. Das ist bei einem Mietverhältnis regelmäßig nicht der Fall[557]. Die Altgläubiger können nur den »Quotenschaden« ersetzt verlangen. Hierunter versteht man den auf die Verminderung des Gesellschaftsvermögens in der Zeit zwischen Begründung ihrer Forderung und der Eröffnung des Insolvenzverfahrens zurückzuführenden Ausfallschaden. Altgläubiger werden also bis zur Höhe der Insolvenzquote, die bei rechtzeitiger Stellung des Insolvenzantrags erzielt worden wäre, entschädigt[558].

313 **Neugläubiger** sind diejenigen Gläubiger, die ihre Forderungen gegen eine GmbH nach Eintritt der Insolvenzantragspflicht des Geschäftsführers erworben haben[559]. Der Eigenschaft als Neugläubiger steht nicht entgegen, dass der Gläubiger mit der Schuldnerin in andauernder Geschäftsbeziehung stand. Die Abgrenzung, ob ein Forderungsinhaber zur Gruppe der Alt- oder der Neugläubiger gehört, richtet sich nach dem Zeitpunkt der Entstehung des Anspruchs, für den Schadensersatz gefor-

---

553 Vgl. BGH 14.05.2007, II ZR 48/06, ZIP 2007, 1265 Rn. 11, 15; BGH 15.03.2011, II ZR 204/09, ZIP 2011, 1007 Rn. 38 beide mwN; BGH 14.05.2012, II ZR 130/10, ZIP 2012, 1455 Rn. 11.
554 BGH 01.03.1993, II ZR 61/92, ZIP 1994, 891, 892 f.; BGH 26.06.1995, II ZR 109/94, ZIP 1995, 1334, 1336.
555 BGH 01.03.1993, II ZR 61/92, ZIP 1994, 891, 892 f.; BGH 26.06.1995, II ZR 109/94, ZIP 1995, 1334, 1336.
556 BGH 09.02.2009, II ZR 292/07, BGHZ 179, 344 Rn. 33 = ZIP 2009, 802 – Sanitary; BGH 15.03.2011, II ZR 204/09, ZIP 2011, 1007 Rn. 13 f.; vgl. hierzu auch *Haas* NZG 2011, 691.
557 BGH 05.02.2007, II ZR 234/05, BGHZ 171, 46 Rn. 13 f. = ZIP 2007, 676.
558 BGH 06.06.1994, II ZR 292/91, BGHZ 126, 181, 190 = ZIP 1994, 1103, 1106 f.; BGH 30.03.1998, II ZR 146/96, BGHZ 138, 211, 214 ff. = ZIP 1998, 776, 777 f.; BGH 05.02.2007, II ZR 234/05, BGHZ 171, 46 Rn. 12 = ZIP 2007, 676; BGH 11.02.2008, II ZR 291/06, ZIP 2008, 1026 Rn. 6; zur Berechnung siehe *Drescher* Fn 1 Rn. 1153 f.
559 BGH 05.02.2007, II ZR 234/05, BGHZ 171, 46 Rn. 13 = ZIP 2007, 676.

dert wird[560]. Personen, die erst **mit oder nach der Insolvenzeröffnung** Gläubiger der Gesellschaft werden, sind nicht geschützt[561].

Eine einmal gegebene, **inzwischen aber durch Erholung der Gesellschaft beendete** Insolvenzverschleppung macht den Täter oder Teilnehmer nicht deshalb für alle späteren durch die Gesellschaft verursachten Schäden haftbar, weil diese bei Erfüllung der damaligen Insolvenzantragspflicht nicht eingetreten wären. Der objektive und subjektive Tatbestand einer Insolvenzverschleppung als Dauerdelikt muss im Zeitraum des zum Schaden des »Neugläubigers« führenden Geschäftsabschlusses zwischen ihm und der Gesellschaft bzw. in der zum Schaden des Vertragspartners der Gesellschaft führenden Geschäftssituation noch vorliegen[562]. 314

Eine **Bank**, bei der eine GmbH einen Kontokorrentkredit unterhält, ist Neugläubigerin, soweit sich das von der GmbH in Anspruch genommene Kreditvolumen im Stadium der Insolvenzverschleppung erhöht[563]. Dem steht der Abschluss eines Verlängerungs- oder Erweiterungsvertrags im Stadium der Insolvenzverschleppung gleich; darüber hinaus die Gewährung zusätzlichen Kredits bzw. dessen Inanspruchnahme durch die GmbH im Rahmen einer bestehenden Geschäftsverbindung. Für die Neugläubigereigenschaft der Bank kommt es – ebenso wie für ihren durch die Insolvenzverschleppung bedingten Kreditgewährungsschaden – nicht auf etwaige Novationen der Kreditschuld durch zwischenzeitliche Rechnungsabschlüsse entsprechend § 355 HGB an, sondern auf die Differenz zwischen dem bis zur tatsächlichen Stellung des Insolvenzantrags aufgelaufenen und demjenigen Kreditvolumen, das sich bei pflichtgemäßer Stellung des Insolvenzantrags ergeben hätte[564]. 315

Die **Neugläubiger** können den Ausgleich des Schadens ersetzt verlangen, der ihnen dadurch entstanden ist, dass sie in Rechtsbeziehungen zu einer überschuldeten oder zahlungsunfähigen Gesellschaft getreten sind[565]. Der Schaden besteht darin, dass der Neugläubiger einer solchen Gesellschaft, z.B. durch eine Vorleistung, Kredit gewährt hat, ohne einen werthaltigen Gegenanspruch zu erlangen[566]. Der Neugläubiger ist vom Geschäftsführer so zu stellen, als ob er mit der insolvenzreifen Gesellschaft keinen Vertrag geschlossen hätte. Der danach zu ersetzende Schaden besteht nicht in dem wegen Insolvenz der Schuldnerin »entwerteten« Erfüllungsanspruch und umfasst deshalb den in dem Kaufpreis der gelieferten Waren enthaltenen Gewinnanteil grundsätzlich nicht. Auszugleichen ist vielmehr in der Regel lediglich das **negative Interesse**, z.B. in Form von Aufwendungen für Waren- und Lohnkosten, die der Neugläubiger wegen des Vertragsschlusses mit der Schuldnerin erbracht hat[567]. Ein Anspruch auf Ersatz **entgangenen Gewinns** (§ 252 BGB) kann einem Neugläubiger allerdings ausnahmsweise dann zustehen, wenn ihm wegen des Vertragsschlusses mit der in- 316

---

560 BGH 12.03.2007, II ZR 315/05, ZIP 2007, 1060 Rn. 16.
561 BGH 19.02.1990, II ZR 268/88, BGHZ 110, 342, 361 = ZIP 1990, 578; BGH 26.06.1989, II ZR 289/88, BGHZ 108, 134, 137.
562 BGH 25.07.2005, II ZR 390/03, BGHZ 164, 50 = ZIP 2005, 1734, 1736; BGH 05.02.2007, II ZR 234/05, BGHZ 171, 46 Rn. 10 = ZIP 2007, 676; BGH 15.03.2011, II ZR 204/09, ZIP 2011, 1007 Rn. 9.
563 BGH 05.02.2007, II ZR 234/05, BGHZ 171, 46 = ZIP 2007, 676.
564 BGH 05.02.2007, II ZR 234/05, BGHZ 171, 46 Rn. 13 = ZIP 2007, 676.
565 BGH 06.06.1994, II ZR 292/91, BGHZ 126, 181, 194 ff. = ZIP 1994, 1103, 1109 ff.; in diesem Sinne auch: Österreichischer OGH 10.12.1992 – 6 Ob 656/90, ZIP 1993, 1871, 1874; BGH 05.02.2007, II ZR 234/05, BGHZ 171, 46 Rn. 13 = ZIP 2007, 676.
566 Vgl. BGH 25.07.2005, II ZR 390/03, BGHZ 164, 50 = ZIP 2005, 1734, 1737; BGH 05.02.2007, II ZR 234/05, BGHZ 171, 46 = ZIP 2007, 676 Rn. 13; BGH 27.04.2009, II ZR 253/07, ZIP 2009, 1220 Rn. 15; BGH 15.03.2011, II ZR 204/09, ZIP 2011, 1007 Rn. 40.
567 BGH 08.03.1999, II ZR 159/98, ZIP 1999, 967; BGH 12.03.2007, II ZR 315/05, ZIP 2007, 1060 Rn. 23; BGH 27.04.2009, II ZR 253/07, ZIP 2009, 1220 Rn. 15; BGH 15.03.2011, II ZR 204/09, ZIP 2011, 1007 Rn. 40; BGH 14.05.2012, II ZR 130/10, ZIP 2012, 1455 Rn. 15.

solventen Gesellschaft ein Gewinn entgangen ist, den er ohne diesen anderweitig hätte erzielen können[568].

317 Der Schutzbereich der Insolvenzantragspflicht erfasst auch solche Schäden des Neugläubigers, die durch eine **fehlerhafte Bauleistung** der insolvenzreifen Gesellschaft am Bauwerk verursacht werden und von dieser wegen fehlender Mittel nicht mehr beseitigt werden können[569]. Der Schutzzweck des § 15a Abs. 1 InsO umfasst ferner den Ersatz solcher (**Rechtsverfolgungs-**)Kosten, die dem Neugläubiger wegen der Verfolgung seiner Zahlungsansprüche gegen die insolvenzreife Gesellschaft entstanden sind[570].

318 Die **Sozialversicherungsträger,** die Ansprüche auf Abführung von Sozialversicherungsbeiträgen gegen eine insolvente GmbH nach dem Zeitpunkt erworben haben, in dem ihr Geschäftsführer hätte Insolvenzantrag stellen müssen, können von diesem aus § 823 Abs. 2 BGB, § 15a Abs. 1 InsO nicht im Wege des Schadensersatzes Erfüllung der Beitragsschuld verlangen. Sie sind auch vertraglichen Neugläubigern nicht gleichzustellen[571]. Ein solcher Anspruch liefe im Ergebnis darauf hinaus, so gestellt zu werden, als wäre die GmbH im maßgeblichen Zeitraum noch solvent gewesen. Ein solches (**positives**) Interesse der Sozialversicherungsträger wird im Rahmen der § 823 Abs. 2 BGB, § 15a Abs. 1 InsO ebenso wenig geschützt wie bei vertraglichen Neugläubigern[572].

319 Ob der Anspruch auch auf **gesetzliche Schuldverhältnisse** zu erstrecken ist, hat der Bundesgerichtshof in einer Entscheidung ausdrücklich offengelassen[573], in einer späteren Entscheidung hat er dies jedenfalls für **deliktische Ansprüche** verneint[574]. Der Schutzzweck der Insolvenzverschleppungshaftung erstreckt sich auch nicht auf den Schaden, der einem Arbeitnehmer in Gestalt der Uneinbringlichkeit eines Anspruchs auf **Entgeltfortzahlung** für die Zeit krankheitsbedingter Arbeitsunfähigkeit (§ 3 EFZG) entsteht[575].

320 Der Anspruch des Neugläubigers darf nicht um die – erst nach Abschluss des Insolvenzverfahrens feststehende – **Insolvenzquote** gekürzt werden. Dem in voller Höhe ersatzpflichtigen Geschäftsführer ist aber entsprechend § 255 BGB – Zug um Zug gegen Zahlung seiner Ersatzleistung – ein Anspruch auf Abtretung der Insolvenzforderung des Neugläubigers gegen die Gesellschaft zuzubilligen, um dem schadensersatzrechtlichen Bereicherungsverbot Rechnung zu tragen. Die Abtretung der dem Erfüllungsinteresse entsprechenden Insolvenzforderung des Neugläubigers rechtfertigt sich daraus, dass diese bei pflichtgemäßem Verhalten des Geschäftsführers nicht entstanden wäre und er dem Neugläubiger nur Ersatz seines negativen Interesses schuldet[576]. Der Schadensersatzanspruch eines Neugläubigers wegen Insolvenzverschleppung darf auch nicht um die Beträge gekürzt werden, die der Gläubiger zur Begleichung seiner **Altforderungen** im Zeitraum der Insolvenzverschleppung von der Schuldnerin erhalten hat, über deren Vermögen das Insolvenzverfahren mangels Masse nicht eröffnet worden ist. Eine solche Vorteilsausgleichung würde zu einer unbilligen, dem Zweck der Ersatzpflicht widersprechenden Entlastung des Schädigers führen[577].

---

568 BGH 05.02.2007, II ZR 234/05, BGHZ 171, 46 Rn. 21 = ZIP 2007, 676; BGH 27.04.2009, II ZR 253/07, ZIP 2009, 1220 Rn. 16; BGH 15.03.2011, II ZR 204/09, ZIP 2011, 1007 Rn. 40; BGH 24.01.2012, II ZR 119/10, ZIP 2012, 723 Rn. 27.
569 Mit Einzelheiten zur Schadensberechnung BGH 14.05.2012, II ZR 130/10, ZIP 2012, 1455.
570 BGH 27.04.2009, II ZR 253/07, ZIP 2009, 1220 Rn. 19; BGH 14.05.2012, II ZR 130/10, ZIP 2012, 1455 Rn. 26.
571 BGH 08.03.1999, II ZR 159/98, ZIP 1999, 967.
572 BGH 08.03.1999, II ZR 159/98, ZIP 1999, 967.
573 BGH 07.07.2003, II ZR 241/02, ZIP 2003, 1713, 1714.
574 BGH 25.07.2005, II ZR 390/03, BGHZ 164, 50 = ZIP 2005, 1734, 1737.
575 BGH 20.10.2008, II ZR 211/07, ZIP 2009, 366.
576 BGH 06.06.1994, II ZR 292/91, BGHZ 126, 181, 201 = ZIP 1994, 1103, 1110; BGH 05.02.2007, II ZR 234/05, BGHZ 171, 46 Rn. 20 = ZIP 2007, 676; BGH 27.04.2009, II ZR 253/07, ZIP 2009, 1220 Rn. 21.
577 BGH 12.03.2007, II ZR 315/05, ZIP 2007, 1060.

f) Geltendmachung der Ansprüche

Der Quotenschaden der Altgläubiger ist in einem eröffneten Insolvenzverfahren als einheitlicher Gesamtgläubigerschaden gem. § 92 InsO **allein von dem Insolvenzverwalter** gegenüber dem Geschäftsführer geltend zu machen[578]. 321

Bei dem Schadensersatzanspruch der Neugläubiger handelt es sich nicht um einen Gesamtgläubigerschaden nach § 92 InsO, sondern um einen Individualschaden des Neugläubigers. Diesen Individualschaden **darf nicht der Insolvenzverwalter**, sondern nur der Neugläubiger selbst gegen den Geschäftsführer geltend machen[579]. 322

5. Vorsätzliche Insolvenzverschleppung

Der Geschäftsführer einer GmbH, der durch eine Insolvenzverschleppung einen nicht vom Schutzbereich des zu § 64 Abs. 1 GmbHG a.F. (jetzt § 15a Abs. 1 InsO) abgedeckten Vermögensschaden verursacht, kann aus § 826 BGB zum Schadensersatz verpflichtet sein[580]. Der Geschäftsführer hat dann nicht nur den Vertrauensschaden zu ersetzen, sondern auch das **positive Interesse**. 323

Die vorsätzliche Insolvenzverschleppung in der Absicht, den als unabwendbar erkannten »Todeskampf« eines Unternehmens so lange wie möglich hinauszuzögern, kann den Tatbestand einer sittenwidrigen Schädigung i.S.d. § 826 BGB erfüllen, wenn dabei die Schädigung der Unternehmensgläubiger **billigend in Kauf** genommen wird[581]. Dieser Vorsatz, wie ihn § 826 BGB voraussetzt, braucht sich nicht auf den genauen Kausalverlauf und den Umfang des Schadens zu erstrecken, muss jedoch die gesamten Schadensfolgen umfassen sowie die Richtung und die Art des Schadens[582]. 324

Die subjektive Seite des § 826 BGB kann wegen des **Vertrauens auf Sanierungsbemühungen** entfallen. Ein Verstoß gegen die guten Sitten scheidet aus, wenn der für die Stellung des Insolvenzantrags Verantwortliche den Antrag unterlassen hat, weil er die Krise den Umständen nach als überwindbar und darum Bemühungen um ihre Behebung durch einen Sanierungsversuch als lohnend und berechtigt ansehen durfte. Hierfür ist der Geschäftsführer beweisbelastet[583]. 325

IV. Nichtabführung von Arbeitnehmerbeiträgen zur Sozialversicherung

Die zuständige Einzugsstelle hat nicht nur einen Anspruch auf Zahlung der jeweils fällig werdenden Arbeitnehmerbeiträge zur Sozialversicherung, sondern ihr steht im Fall des pflichtwidrigen Vorenthaltens solcher Beiträge auch ein Schadensersatzanspruch zu. § 266a StGB ist **Schutzgesetz** i.S.v. § 823 Abs. 2 BGB. Nach dieser Vorschrift i.V.m. § 14 Abs. 1 Nr. 1 StGB ist der Geschäftsführer einer GmbH als Beitragsschuldnerin strafrechtlich und über § 823 Abs. 2 BGB auch haftungsrechtlich für eine »Vorenthaltung« von Arbeitnehmerbeiträgen zur Sozialversicherung verantwortlich[584]. 326

---

578 BGH 06.06.1994, II ZR 292/91, BGHZ 126, 181 = ZIP 1994, 1103, 1110; BGH 30.03.1998, II ZR 146/96, BGHZ 138, 211, 214, 217 = ZIP 1998, 776, 777 f.; BGH 5.2.*2007*, II ZR 234/05, BGHZ 171, 46 Rn. 12 = ZIP 2007, 676.

579 BGH 30.03.1998, II ZR 146/96, BGHZ 138, 211, 216 = ZIP 1998, 776, 778; BGH 05.02.2007, II ZR 234/05, BGHZ 171, 46 = ZIP 2007, 676 Rn. 13; BGH 18.12.2007 – VI ZR 231/06, BGHZ 175, 58 = ZIP 2008, 361.

580 BGH 26.06.1989, II ZR 289/88, BGHZ 108, 134, 141 ff. = ZIP 1989, 1341; BGH 01.07.1991, II ZR 180/90, ZIP 1991, 1140, 1144 f.; BGH 18.12.2007 – VI ZR 231/06, BGHZ 175, 58 Rn. 14 = ZIP 2008, 361; BGH 13.10.2009 – VI ZR 288/08, ZIP 2009, 2439.

581 BGH 26.06.1989, II ZR 289/88, BGHZ 108, 134, 142 = ZIP 1989, 1341, 1344; BGH 18.12.2007 – VI ZR 231/06, BGHZ 175, 58 Rn. 15 = ZIP 2008, 361.

582 BGH 18.12.2007, VI ZR 231/06, BGHZ 175, 58 Rn. 16 = ZIP 2008, 361.

583 BGH 26.06.1989, II ZR 289/88, BGHZ 108, 134, 144 = ZIP 1989, 1341, 1344; BGH 01.07.1991, II ZR 180/90, ZIP 1991, 1140, 1145; BGH 18.12.2007, VI ZR 231/06, BGHZ 175, 58 Rn. 17 = ZIP 2008, 361.

584 BGH 15.10.1996, VI ZR 319/95, BGHZ 133, 370 = ZIP 1996, 2017; BGH 18.04.2005, II ZR 61/03, ZIP 2005, 1026, 1027; BGH 14.07.2008, II ZR 238/07, ZIP 2008, 2075 Rn. 6.

Die Verpflichtung zur Zahlung von Sozialversicherungsbeiträgen besteht auch bei **Schwarzarbeit**[585].

327 Der Geschäftsführer einer GmbH wird erst mit seiner **Bestellung** für die Abführung von Sozialversicherungsbeiträgen verantwortlich. Das pflichtwidrige Verhalten früherer Geschäftsführer kann ihm grundsätzlich nicht zugerechnet werden[586]. Die Verantwortlichkeit des Geschäftsführers einer GmbH für die Abführung von Sozialversicherungsbeiträgen erlischt mit der Beendigung seines Amts[587].

328 Der Geschäftsführer macht sich nach § 823 Abs. 2 BGB i.V.m. § 266a StGB schadensersatzpflichtig, wenn er nach Ablauf der längstens dreiwöchigen Frist zur Stellung des Antrags auf Insolvenzeröffnung nach § 64 Abs. 1 GmbHG a.F. (jetzt § 15a InsO) seine Pflicht zur Abführung von Arbeitnehmeranteilen zur Sozialversicherung **nicht erfüllt**[588]. Während der Insolvenzantragsfrist besteht ein **Rechtfertigungsgrund**. Dieser entfällt rückwirkend, wenn der Geschäftsführer die Frist verstreichen lässt, ohne einen Insolvenzantrag zu stellen. Dann ist er verpflichtet, die rückständigen Arbeitnehmeranteile nachzuzahlen und die künftigen Anteile zu den jeweiligen Fälligkeitsterminen abzuführen[589].

329 Zu den Pflichten des Geschäftsführers einer GmbH gehört es, sich in der finanziellen Krise des Unternehmens über die Einhaltung von erteilten Anweisungen zur pünktlichen Zahlung fälliger Arbeitnehmerbeiträge zur Sozialversicherung durch geeignete Maßnahmen zu vergewissern. Die deliktische Verantwortlichkeit des Geschäftsführers beschränkt sich zunächst auf eine **Überwachungspflicht**. Kraft seiner Amtsstellung ist der Geschäftsführer grundsätzlich für alle Angelegenheiten der Gesellschaft zuständig[590].

330 Wenn mehrere Personen zu Geschäftsführern einer GmbH bestellt sind, trifft jede von ihnen die Pflicht zur Geschäftsführung. Der sich aus dieser »Allzuständigkeit« ergebenden Verantwortung jedes Geschäftsführers für die Erfüllung der öffentlich-rechtlichen Pflichten der Gesellschaft, zu denen die Abführung der Sozialversicherungsbeiträge gehört, können sich die Geschäftsführer weder durch interne Zuständigkeitsverteilung noch durch Delegation auf andere Personen entledigen[591]. Interne Zuständigkeitsregelungen lassen ebenso wie eine Delegation der Aufgaben die Eigenverantwortlichkeit nicht erlöschen. Es bleiben stets Überwachungspflichten, die Veranlassung zum Eingreifen geben, wenn Anhaltspunkte dafür bestehen, dass die Erfüllung von der Gesellschaft obliegenden Aufgaben durch den (intern) zuständigen Geschäftsführer oder den mit der Erledigung beauftragten Arbeitnehmer nicht mehr gewährleistet ist[592].

331 Ein strafbares und damit gem. § 823 Abs. 2 BGB haftungsrechtlich relevantes Verhalten fällt dem Geschäftsführer nur dann zur Last, wenn er die Abführung von Sozialversicherungsbeiträgen unterlassen hat, obwohl ihm die Erfüllung seiner Verpflichtung im Zeitpunkt der geschuldeten Zahlung möglich gewesen wäre. Die **tatsächliche oder rechtliche Unmöglichkeit** normgemäßen Verhaltens

---

585 BGH 02.12.2008, 1 StR 416/08, BGHSt 53, 71 Rn. 9f = ZIP 2009, 473.
586 BGH 15.10.1996, VI ZR 319/95, BGHZ 133, 370 = ZIP 1996, 2017, 2019; BGH 11.12.2001, VI ZR 123/00, ZIP 2002, 261.
587 BGH 15.10.1996, VI ZR 319/95, BGHZ 133, 370 = ZIP 1996, 2017, 2019.
588 BGH 14.05.2007, II ZR 48/06, ZIP 2007, 1265; BGH 02.06.2008, II ZR 27/07, ZIP 2008, 1275 Rn. 6; BGH 29.09.2008, II ZR 162/07, ZIP 2008, 2220 Rn. 10.
589 BGH 29.09.2008, II ZR 162/07, ZIP 2008, 2220 Rn. 10; BGH 25.01.2011, II ZR 196/09, ZIP 2011, 422 Rn. 29.
590 BGH 15.10.1996, VI ZR 319/95, BGHZ 133, 370 = ZIP 1996, 2017, 2019; BGH 09.01.2001, VI ZR 407/99, ZIP 2001, 422, 424.
591 BGH 15.10.1996, VI ZR 319/95, BGHZ 133, 370 = ZIP 1996, 2017, 2019; BGH 09.01.2001, VI ZR 407/99, ZIP 2001, 422, 424.
592 *BGH 15.10.1996*, VI ZR 319/95, BGHZ 133, 370 = ZIP 1996, 2017, 2020; BGH 09.01.2001, VI ZR 407/99, ZIP 2001, 422, 424; BGH 02.06.2008, II ZR 27/07, ZIP 2008, 1275 Rn. 11; BGH 12.06.2012, II ZR 105/10, DStR 2012, 2451 Rn. 6; BGH 18.12.2012, II ZR 220/10, ZIP 2013, 412 Rn. 17 mwN.

lässt bei dem Unterlassungsdelikt die Tatbestandsmäßigkeit entfallen[593]. Arbeitnehmerbeiträge zur Sozialversicherung werden aber auch für solche Zeiträume vorenthalten, in denen kein Lohn ausbezahlt wurde, **solange noch finanzielle Mittel zur Verfügung standen**, die für die Beitragszahlung ausgereicht hätten. Erst wenn Letzteres nicht mehr der Fall ist (und dies dem Arbeitgeber nicht anzulasten ist), sind die Voraussetzungen für die Strafbarkeit nicht gegeben[594].

Der Geschäftsführer wird von dieser Entlastungsmöglichkeit nicht oft profitieren können. Denn er hat als Arbeitgeber i.S.v. § 266a StGB dafür Sorge zu tragen, dass ihm die zur ordnungsgemäßen Abführung der – auf den geschuldeten Lohn entfallenden – Arbeitnehmeranteile notwendigen Mittel bei Fälligkeit zur Verfügung stehen. Drängen sich wegen der konkreten finanziellen Situation der Gesellschaft deutliche Bedenken auf, dass zum Fälligkeitszeitpunkt ausreichende Zahlungsmittel vorhanden sein werden, muss der Geschäftsführer durch Bildung von Rücklagen, notfalls durch Kürzung der Nettolöhne sicherstellen, dass am Fälligkeitstag die Arbeitnehmerbeiträge zur Sozialversicherung fristgerecht an die zuständige Einzugsstelle entrichtet werden können[595]. 332

Der Geschäftsführer handelt mit **bedingtem Vorsatz**, wenn er eine für möglich gehaltene Beitragsvorenthaltung billigt und nicht auf die Erfüllung der Ansprüche der Sozialversicherungsträger hinwirkt[596]. 333

Die **Darlegungs- und Beweislast** für das Vorliegen sämtlicher Tatbestandsvoraussetzungen einschließlich der Zahlungsfähigkeit, d.h. der Möglichkeit normgemäßen Verhaltens des Geschäftsführers, liegt bei der Sozialkasse[597]. Sie erstreckt sich auch auf den Vorsatz des beklagten Geschäftsführers[598]. An die Erfüllung der grundsätzlich bestehenden **sekundären Darlegungslast** des Geschäftsführers einer GmbH dürfen keine diese Verteilung der Vortragslast umkehrenden Anforderungen gestellt werden. Eine besondere Dokumentationspflicht zur Abwehr einer möglichen Haftung nach diesen Vorschriften besteht nicht. Auch die Verletzung der Insolvenzantragspflicht erhöht die sekundäre Darlegungslast des Geschäftsführers nicht[599]. 334

Hätte der Insolvenzverwalter die Zahlungen an die Sozialkasse nach der Insolvenzordnung **anfechten** können, entfällt mangels Kausalität der Schaden[600]. Die Voraussetzungen eines solchen hypothetischen Kausalverlaufs hat der Geschäftsführer darzulegen und zu beweisen[601]. Der Versuch des Gesetzgebers, durch eine Änderung des § 28e Abs. 1 Satz 2 SGB IV mit Wirkung zum 01.01.2008 die 335

---

593 BGH 18.11.1997, VI ZR 11/97, ZIP 1998, 31.
594 BGH 16.05.2000, VI ZR 90/99, BGHZ 144, 311 = ZIP 2000, 1339, 1341; BGH 11.12.2001, VI ZR 350/00, ZIP 2002, 524, 525; BGH 11.12.2001, VI ZR 123/00, ZIP 2002, 261, 262.
595 BGH 15.10.1996, VI ZR 319/95, BGHZ 133, 370 = ZIP 1996, 2017, 2020; BGH 21.01.1997, VI ZR 338/95, BGHZ 134, 304, 308 f. = ZIP 1997, 412, 414; BGH 15.09.1997, II ZR 170/96, BGHZ 136, 332 = ZIP 1998, 42, 43; BGH 14.11.2000, VI ZR 149/99, ZIP 2001, 80, 81; BGH 25.09.2006, II ZR 108/05, ZIP 2006, 2127 Rn. 10; BGH 18.01.2007, IX ZR 176/05; ZIP 2007, 541 Rn. 18; BGH 02.12.2010, IX ZR 247/09, ZIP 2011, 37 Rn. 23 insoweit in BGHZ 187, 337 nicht abgedruckt; BGH 16.02.2012, IX ZR 218/10, WM 2012, 660 Rn. 10; BGH 12.06.2012, II ZR 105/10, DStR 2012, 2451 Rn. 5.
596 BGH 02.06.2008, II ZR 27/07, ZIP 2008, 1275 Rn. 11; BGH 18.12.2012, II ZR 220/10, ZIP 2013, 412 Rn. 16 beide mwN.
597 BGH 15.10.1996, VI ZR 319/95, BGHZ 133, 370 = ZIP 1996, 2017, 2020; BGH 11.12.2001, VI ZR 350/00, ZIP 2002, 524, 525 f.; BGH 11.12.2001, VI ZR 123/00, ZIP 2002, 261, 262 f.; BGH 18.04.2005, II ZR 61/03, ZIP 2005, 1026, 1208; BGH 25.09.2006, II ZR 108/05, ZIP 2006, 2127 Rn. 8; BGH 18.12.2012, II ZR 220/10, ZIP 2013, 412 Rn. 14.
598 BGH 18.12.2012, II ZR 220/10, ZIP 2013, 412 Rn. 14 f.
599 BGH 11.12.2001, VI ZR 350/00, ZIP 2002, 524; BGH 18.04.2005, II ZR 61/03, ZIP 2005, 1026, 1208.
600 BGH 18.04.2005, II ZR 61/03, ZIP 2005, 1026, 128 f. in Bestätigung von BGH 14.11.2000, VI ZR 149/99, ZIP 2001, 80; BGH 29.09.2008, II ZR 162/07, ZIP 2008, 2220 Rn. 14; BGH 02.12.2010, IX ZR 247/09, ZIP 2011, 37 Rn. 19 insoweit in BGHZ 187, 337 nicht abgedruckt.
601 BGH 16.02.2012, IX ZR 218/10, WM 2012, 660 Rn. 11.

Zahlung der Arbeitnehmerbeiträge zur Sozialversicherung der **Insolvenzanfechtung zu entziehen**, ist nach Auffassung des IX. Zivilsenats des Bundesgerichtshofs nicht geglückt[602].

336 Der Geschäftsführer einer GmbH haftet bei einer Vorenthaltung von Arbeitnehmerbeiträgen zur Sozialversicherung nach § 266a StGB auch für die notwendigen Kosten der Rechtsverfolgung der Einzugsstelle und für Verzugs- und Prozesszinsen, nicht jedoch für Säumniszuschläge nach § 24 Abs. 1 SGB IV[603].

---

[602] BGH 05.11.2009, IX ZR 233/08, BGHZ 183, 86 = ZIP 2009, 2301; BGH 07.04.2011, IX ZR 118/10, ZIP 2011, 966 Rn. 3.
[603] BGH 14.07.2008, II ZR 238/07, ZIP 2008, 2075 Rn. 2; BGH 02.12.2010, IX ZR 247/09, ZIP 2011, 37 Rn. 24 insoweit in BGHZ 187, 337 nicht abgedruckt; BGH 16.02.2012, IX ZR 218/10, WM 2012, 660 Rn. 12.

Anhang V Gesetz über die Anfechtung von Rechtshandlungen eines Schuldners außerhalb des Insolvenzverfahrens (AnfG)

Vom 05.10.1994 (BGBl I S. 2911), zuletzt geändert durch Artikel 16 des Gesetzes vom 09.12.2010 (BGBl I S. 1900)

§ 1 Grundsatz

(1) Rechtshandlungen eines Schuldners, die seine Gläubiger benachteiligen, können außerhalb des Insolvenzverfahrens nach Maßgabe der folgenden Bestimmungen angefochten werden.

(2) Eine Unterlassung steht einer Rechtshandlung gleich.

Übersicht

	Rdn.
A. Allgemeines	1
I. Zweck der Anfechtung, Rechtsfolgen, Begrifflichkeiten	1
II. Anfechtungstatbestände	3
III. Rechtscharakter der Anfechtung	4
IV. Anfechtungsberechtigung	5
V. Anfechtungsgegner	10
VI. Verhältnis zu anderen Rechtsinstituten	13
1. Materiell-rechtliche Nichtigkeit	13
2. Bereicherungsrecht, Delikt	15
3. Insolvenzanfechtung und Anfechtung nach BGB	16
VII. Normzweck des § 1	17
B. Die einzelnen Tatbestandsmerkmale	18
I. Rechtshandlung	18
1. (Aktive) Rechtshandlung	19
a) Materiell-rechtliche Rechtshandlung	19
b) Prozessrechtliche Rechtshandlungen	21
2. Unterlassen	22
3. Anfechtbarkeit von Gesamtvorgängen	24
4. Schuldner als Urheber der Rechtshandlung	26
II. Objektive Gläubigerbenachteiligung	28
1. Allgemeines	28
2. Vorliegen der Gläubigerbenachteiligung	30
3. Ausschluss der Gläubigerbenachteiligung	32
4. Kausalität	36
a) Unmittelbare Benachteiligung	37
b) Mittelbare Benachteiligung	40
c) Nachträgliche Beseitigung der Benachteiligung	42
5. Hypothetische Kausalverläufe	43
6. Vorteilsausgleichung	44
III. Außerhalb des Insolvenzverfahrens	45
C. Gläubigeranfechtung durch die Finanzverwaltung	46
D. Beweislast	50

A. Allgemeines

I. Zweck der Anfechtung, Rechtsfolgen, Begrifflichkeiten

Die Gläubigeranfechtung sanktioniert kein Handlungsunrecht, sondern bezweckt wie die Insolvenzanfechtung, **gläubigerbenachteiligende Vermögensverschiebungen** durch Erweiterung des Kreises der Vollstreckungsobjekte rückgängig zu machen. Anders als diese zielt sie indessen **nicht** auf die **Gläubigergleichbehandlung,** sondern will die (vollstreckungsrechtliche) **Zugriffslage** wieder herstellen, die ohne die anfechtbare Rechtshandlung für den anfechtenden Gläubiger bestanden hätte,[1] und ihm den **Vorsprung vor den anderen Gläubigern,** den er einmal hatte, wiederverschaffen. Ihre **Rechtsfolge** ist deshalb die **Beseitigung des Vollstreckungshindernisses** durch Zurverfügungstellung des anfechtbar Weggegebenen (§ 11 Abs. 1) zum Zweck der Zwangsvollstreckung nach Maßgabe der §§ 803 ff. ZPO (nicht durch Rückgewähr i.S.d. § 143 InsO) und damit im Regelfall sogar eine Ungleichbehandlung der übrigen Gläubiger, weshalb der Anfechtende selbst im Rahmen des § 16 Abs. 2 der Insolvenzanfechtung in einem später eröffneten Verfahren ausgesetzt sein kann.

1

---

[1] BGH 11.03.2010, IX ZR 104/09, ZIP 2010, 793 Rn. 11; 23.10.2008, IX ZR 202/07, ZIP 2008, 2272 Rn. 23; 20.10.2005, IX ZR 276/02, ZIP 2006, 387 Rn. 6.

Der vollstreckungsrechtliche Prioritätsgrundsatz wird dadurch in die Gläubigeranfechtung prolongiert (vgl. § 12 Rdn. 1).[2] Der Zweck des Anfechtungsrechts begrenzt es gleichzeitig: Die Pflicht des Anfechtungsgegners reicht nur soweit, wie es zur Befriedigung des Gläubigers erforderlich ist (§ 11 Abs. 1 S. 1). Wenngleich in der Praxis die Anfechtung von Grundstücksgeschäften, wohl wegen der wirtschaftlichen Bedeutung und der Dokumentation durch das Grundbuch, im Vordergrund steht, kommt die Anfechtung wegen jedes anderen Vermögensgegenstands gleichermaßen in Betracht. Der **Anfechtungsanspruch entsteht** kraft Gesetzes mit der Erfüllung eines Anfechtungstatbestands (vgl. Rdn. 3) i.V.m. den Voraussetzungen des § 1,[3] steht aber unter der aufschiebenden Bedingung der Erfüllung des Tatbestands des § 2 (anders Allg.Begr. RegE zu Art. 1 EGInsO: nicht bevor der Gläubiger einen vollstreckbaren Schuldtitel erlangt[4]; zum Erlöschen vgl. § 11 Rdn. 3).

2 Die in dieser Kommentierung **verwendeten Begriffe**: Gläubigeranfechtung (Anfechtung nach dem Anfechtungsgesetz), Insolvenzanfechtung (Anfechtung nach §§ 129 ff., 322 InsO); Anfechtung nach BGB (§§ 119 ff. BGB); Schuldner (Schuldner der Hauptforderung im Zusammenhang mit der Gläubigeranfechtung); Insolvenzschuldner (Schuldner im Insolvenzverfahren); Gläubiger (der Forderung gegen Schuldner – Hauptforderung –, auch als Anfechtender bezeichnet), Anfechtungsgegner (derjenige, gegen den sich der Primär-Anfechtungsanspruch richtet, auch wenn Rechtsnachfolge eingetreten ist, § 15), Rechtsnachfolger (der Anfechtungsgegner, gegen den sich der Primäranspruch unter den Voraussetzungen des § 15 richtet), FA (Finanzamt).

II. Anfechtungstatbestände

3 Das AnfG enthält keine Parallele zu den §§ 130–132, 136, 137 InsO, wohl aber die Anfechtung wegen vorsätzlicher Benachteiligung, § 3 (§ 133 InsO), unentgeltlichen Erwerbs, § 4 (§ 134 InsO), Erfüllung von Pflichtteilsansprüchen, Vermächtnissen und Auflagen durch den Erben, § 5 (§ 322 InsO), Sicherung und Befriedigung von Gesellschafterdarlehen, § 6 (§ 135 Abs. 1 InsO), und Rückgewähr gesellschafterbesicherter Darlehen, § 6a (§ 135 Abs. 2 InsO). Die in § 16 Abs. 2 eröffnete Anfechtung nach § 130 InsO ist keine Gläubigeranfechtung. Die anfechtungsähnliche Vollstreckungsbefugnis nach § 278 Abs. 2 AO[5] steht nur dem Finanzamt offen.

III. Rechtscharakter der Anfechtung

4 Der Rechtscharakter der Gläubigeranfechtung entspricht demjenigen der Insolvenzanfechtung (vgl. § 129 InsO Rdn. 3 ff.). Mit der Formulierung »außerhalb des Insolvenzverfahrens« schließt § 1 die Gläubigeranfechtungen während der Dauer des Insolvenzverfahrens nur in dem durch § 16 Abs. 1 vorgegebenen Umfang aus (vgl. auch Rdn. 6, 27).

IV. Anfechtungsberechtigung

5 Das Anfechtungsrecht, dessen Ausübung rechtsmissbräuchlich sein kann (vgl. § 2 Rdn. 11), steht **jedem Gläubiger** – der Schuldner und Drittschuldner sind nie anfechtungsberechtigt – zu, in dessen Person die Anfechtungsvoraussetzungen erfüllt sind, auch einem Gläubiger, der einen Titel gegen den Schuldner in gewillkürter Prozessstandschaft erlangt hat, kann zur Anfechtung berechtigt sein.[6] Wegen des Zwecks der Anfechtung (vgl. Rdn. 1) steht sie allein dem Gläubiger zu, dessen Vollstreckung beeinträchtigt wurde, die Anfechtungsberechtigung ist daher **für jeden Gläubiger gesondert zu prüfen**; stehen einem Gläubiger mehrere Forderungen zu, muss die Berechtigung auch insoweit isoliert betrachtet werden, jeder vollstreckbaren Forderung entspricht ein eigenes Anfechtungsrecht,

---

2 BGH 15.11.2012, IX ZR 173/09, ZInsO 2013, 78 Rn. 16.
3 BGH 29.04.1986, IX ZR 163/85, BGHZ 98, 6 (9).
4 *MüKo-AnfG/Kirchhof* § 2 Rn. 4: mit dem Entstehen der befriedigungsbedürftigen Forderung.
5 Zu dessen zeitlicher Beschränkung analog AnfG, vgl. BFH 09.05.2006, VII R 15/05, BStBl II 2006, 738.
6 BGH 22.09.1982, VIII ZR 293/81, ZIP 1982, 1362.

dessen Voraussetzungen im Prozess jeweils gesondert festgestellt werden müssen.[7] Mit jeder von mehreren Forderungen korrespondiert ein materiell-rechtlich selbständiger Anfechtungsanspruch, der selbst bei identischer anfechtbarer Handlung prozessual einen eigenen Streitgegenstand bildet. Der Gläubiger kann aber in einer Klage die Gläubigeranfechtung für mehrere befriedigungsbedürftige Forderungen i.S.d. § 2 AnfG, ggf auch für Teilbeträge, im Wege der Anspruchshäufung nach § 260 ZPO verbinden.[8] Verfügt ein Gläubiger über eine Urkunde, die nur die Vollstreckung in Mobilien gestattet, kann er die Veräußerung eines Grundstücks anders als ein Gläubiger mit umfassendem Titel im Allgemeinen nicht anfechten. Ein dinglicher Titel berechtigt nur zur Anfechtung von Rechtshandlungen, die sich auf das belastete Grundstück beziehen.[9] Ist danach jedes Anfechtungsrechtsverhältnis selbständig, ist sein Erlöschen durch (freiwillige oder erzwungene) Erfüllung oder etwa Aufrechnung, Hinterlegung, Verzicht gesondert zu untersuchen (vgl. § 11 Rdn. 3, 6). Rechtshängigkeit des Anfechtungsanspruchs sowie Rechtskraft des Urteils wirken nur für und gegen den am Prozess beteiligten Gläubiger, allerdings steht mehreren Anfechtenden die Klage in einfacher Streitgenossenschaft offen, § 61 ZPO. Alle Anfechtungsrechte, gleich auf welchen Tatbestand gestützt, haben bis zur Erfüllung des ersten Anfechtungsanspruchs denselben Rang,[10] näher § 11 Rdn. 5 ff. In der **Insolvenz des Gläubigers** steht das Anfechtungsrecht, auch wenn es nach der Verfahrenseröffnung durch den Insolvenzschuldner erworben wird, § 35 Abs. 1 InsO, gem. § 80 InsO dem Verwalter zu, es sei denn es fiele in den Wirkbereich einer zuvor abgegebenen sog. Negativerklärung nach § 35 Abs. 2 InsO.

In der **Insolvenz des Schuldners** schließt § 16 Abs. 1 (näher insgesamt Kommentierung zu §§ 16–18) die Anfechtung durch **Insolvenzgläubiger** (§§ 38, 39 InsO) aus. Da die Vollstreckung auch in originär, durch echte Freigabe des Verwalters[11] oder nach Erklärung gem. § 35 Abs. 2 InsO massefreies Vermögen durch § 89 InsO weitgehend gesperrt ist und eine dem § 13 Abs. 5 a.F. vergleichbare Vorschrift fehlt, die den Konkursgläubigern die Anfechtung trotz des umfassenden Vollstreckungsverbots des § 14 KO ermöglichte,[12] kommt die Anfechtung durch Insolvenzgläubiger auch insoweit nicht Betracht (vgl. § 2 Rdn. 7, dort zur einstweiligen Einstellung der Vollstreckung).[13] Abweichendes gilt für **Neugläubiger**, die, soweit pfändbar, in die genannten Vermögensbestandteile vollstrecken können, auch wenn der Schuldner nach Eröffnung des Verfahrens darüber verfügt hat. Die Vollstreckung in die Masse einschließlich des nicht freigegebenen Neuerwerbs ist ihnen nicht möglich, so dass ihnen insoweit auch das Anfechtungsrecht nicht gebührt.[14] **Massegläubiger** hindert § 16 Abs. 1 nicht an der Anfechtung. Solange dabei nicht (mittelbar) Vollstreckungsverbote (§§ 90, 210 InsO) tangiert werden, steht sie ihnen zu.[15] Freilich wird dies kaum praktisch werden, weil das Erfordernis der nicht vollständigen Befriedigung aus § 2 nicht erfüllt ist, solange die Masse nicht unzulänglich ist und Masseunzulänglichkeit regelmäßig angezeigt wird, faktisch betrifft die Anfechtungsmöglichkeit mithin nur Neumassegläubiger (für Rechtshandlungen des Insolvenzverwalters vgl. Rdn. 27, für Gläubiger nach § 55 Abs. 2 und Abs. 4 InsO vgl. a. § 16 Rdn. 5). Obwohl der **Absonderungsberechtigte** Insolvenzgläubiger nur hinsichtlich seiner gesicherten Forderung ist, gilt für ihn ein Anfechtungsausschluss auch im Hinblick auf das Absonderungsgut, soweit dem Verwalter die Verwertungsbefugnis nach § 166 InsO zusteht,[16] freilich nicht wegen § 16 Abs. 1, sondern weil dem Absonderungsgläubiger insoweit die Vollstreckungsgestattung fehlt (vgl. § 2 Rdn. 7 zur einstweili-

---

7 MüKo-AnfG/*Kirchhof* § 2 Rn. 6.
8 BGH 23.11.2000, IX ZR 155/00, ZIP 2001, 124; 18.12.1986, IX ZR 11/86, ZIP 1987, 439.
9 RG 05.02.1929, VII 222/28, RGZ 123, 242.
10 A.A. bei bestimmten Anweisungsfällen in der Insolvenz BGH 16.11.2007, IX ZR 194/04, ZIP 2008, 125; 22.10.2009, IX ZR 182/08, ZIP 2009, 2303.
11 BGH 12.02.2009, IX ZB 112/06, ZIP 2009, 818.
12 *Jaeger* § 13 Rn. 37.
13 A.A. *Huber* Rn. 57, § 16 Rn. 4; wohl auch MüKo-AnfG/*Kirchhof* Rn. 64 und § 16 Rn. 10.
14 A.A. MüKo-InsO/*Kirchhof* § 129 Rn. 208, Uhlenbruck/*Hirte* § 129 Rn. 37.
15 MüKo-AnfG/*Kirchhof* Rn. 66, einschränkend aber MüKo-InsO/*Kirchhof* § 129 Rn. 208.
16 MüKo-InsO/*Kirchhof* § 129 Rn. 209; MüKo-AnfG/*Kirchhof* Rn. 65; *Huber* Rn. 61.

gen Einstellung der Vollstreckung), was auch bei Drittsicherungen Platz greift.[17] Im Übrigen, insbesondere also in den Fällen des § 173 Abs. 1 InsO, verbleibt dem Absonderungsberechtigten das Anfechtungsrecht,[18] das dasjenige des Insolvenzverwalters mangels Gläubigerbenachteiligung sogar ausschließt, wenn ein Übererlös für die Masse nicht eintreten wird.[19] Der auf Freigabe oder Nachrang gem. §§ 771, 805 ZPO verklagte Absonderungsberechtigte kann dagegen regelmäßig die Anfechtungseinrede nach § 9 ohne Rücksicht auf das Insolvenzverfahren mit der Begründung erheben, die angefochtene Veräußerung hätte im Falle der Wirksamkeit die Entstehung des Absonderungsrechts gehindert,[20] etwa die Übereignung an den Anfechtungsgegner das Wirksamwerden des Werkunternehmerpfandrechts. Anders ist es nur, wenn die Anfechtung den beabsichtigten Zugriff des Gläubigers auf Massegegenstände für sich genommen nicht eröffnen kann, so bei der Anfechtung einer Zession durch den Pfändungspfandgläubiger, weil die Anfechtung nicht bewirkt, dass dieser unmittelbar vom Drittschuldner Zahlung verlangen könnte, vielmehr wäre er auf die neuerliche Pfändung aufgrund eines gegen den Anfechtungsgegner zu erstreitenden Urteils angewiesen,[21] der § 89 InsO jedoch entgegensteht. Damit ist auch die Einrede nach § 9 gesperrt.[22] Hat der Drittschuldner hingegen zugunsten von Anfechtungsgegner (Zessionar) und Gläubiger hinterlegt, steht letzterem die Anfechtung offen, da es einer neuerlichen Pfändung wegen seines Rechts aus der Hinterlegung nicht bedarf. Für **Aussonderungsberechtigte** hat die Gläubigeranfechtung keine praktische Bedeutung, weil sie eine Geldsummenschuld erfordert.[23] Soweit danach für Gläubiger, die nicht Insolvenzgläubiger sind, die Anfechtung nicht ausgeschlossen ist, steht sie auch dem **Finanzamt** trotz § 191 Abs. 1 S. 2 AO (... »außerhalb des Insolvenzverfahrens« ...) zu, wenn es über eine entsprechende Rechtsstellung verfügt (zur Anfechtung durch Duldungsbescheid vgl. Rdn. 46 ff.).

7   BGH 21.01.1993, IX ZR 275/91,[24] wonach der Gesellschaftergläubiger im **Konkurs (Insolvenz) einer Gesellschaft ohne Rechtspersönlichkeit** nicht an der Anfechtung gegenüber der Masse gehindert ist, wenn der persönlich haftende Gesellschafter ihr zur Abwendung von eigener Haftung und Konkurs Vermögensgegenstände zur Verfügung gestellt hat, dürfte wegen § 93 InsO überholt sein. Befriedigt der persönlich haftende Gesellschafter (oder ein anderer von § 93 InsO erfasster Gesellschafter)[25] vorinsolvenzlich Gesellschaftsgläubiger, kann dies von anderen Gesellschaftsgläubigern und sonstigen Gesellschaftergläubigern angefochten werden. Wird das Insolvenzverfahren über das Vermögen der Gesellschaft eröffnet, steht jedoch deren Insolvenzverwalter das Anfechtungsrecht zu,[26] was Gesellschaftsgläubiger, nicht aber sonstige Gesellschaftergläubiger an der Anfechtung hindert. Dies gilt freilich nur im Anwendungsbereich des § 93 InsO.[27] **Außerhalb der Gesellschaftsinsolvenz** verbleibt es bei der Anfechtungsberechtigung des Gesellschaftergläubigers wegen Leistungen an die Gesellschaft, was relevant wird, wenn er keinen Titel gegen die Gesellschaft besitzt. Umgekehrt kann der Gesellschaftsgläubiger gegenüber dem Gesellschafter unter den nämlichen Voraussetzungen anfechten.

8   Die **Gläubigeranfechtung** ist, wie sich aus ihrem Rechtscharakter ergibt, **kein Gestaltungsrecht** und hat – auch nach rechtskräftiger Feststellung – **keine dingliche Kraft**. Sie wird durch **Klage**, **Widerklage**, **Einrede** oder **Gegeneinrede**, soweit sie sich, wie regelmäßig nur beim Wertersatzanspruch, auf

---

[17] A.A. Jaeger/*Henckel* § 129 Rn. 291.
[18] BGH 29.11.1989, VIII ZR 228/88, ZIP 1990, 25 (28); LG Düsseldorf 21.11.2008, 14d O 132/07; MüKo-AnfG/*Kirchhof* Rn. 65.
[19] Näher Jaeger/*Henckel* § 129 Rn. 292.
[20] RG 27.05.1927, (VII) VI 81/27, RGZ 117, 160, MüKo-InsO/*Kirchhof* § 129 Rn. 209.
[21] BGH 05.02.1987, IX ZR 161/85, ZIP 1987, 601 (604).
[22] Jaeger/*Henckel* § 129 Rn. 291.
[23] *Huber* § 1 Rn. 63; a.A. wohl MüKo-InsO/*Kirchhof* § 129 Rn. 208.
[24] BGH 21.01.1993, IX ZR 275/91, ZIP 1993, 208.
[25] Näher FK-InsO/*App* § 93 Rn. 4.
[26] BGH 09.10.2008, IX ZR 138/06, ZIP 2008, 2224, dort auch zur Doppelinsolvenz.
[27] Zur Abgrenzung bei der Haftung des Gesellschafters aus §§ 34, 69 AO BGH 04.07.2002, IX ZR 265/01, ZIP 2002, 1492; BFH 02.11.2001, VII B 155/01, ZIP 2002, 129.

Zahlung eines bestimmten Geldbetrags richtet (§ 688 ZPO), auch im **Mahnverfahren**, bei der Anfechtung durch das Finanzamt ausschließlich durch **Duldungsbescheid** (vgl. Rdn. 46 ff.) geltend gemacht.

Der Anfechtungsanspruch ist **Hilfs- und Nebenrecht** der Hauptforderung, das vom Bestand und der Durchsetzbarkeit der Hauptforderung abhängig ist,[28] die jedoch nach der anzufechtenden Rechtshandlung begründet worden sein kann, wenn diese den Gläubiger nur später benachteiligt.[29] Die Anfechtungsberechtigung erlischt mit dem Wegfall der Forderung gegen den Schuldner und geht mit der Abtretung auf den Zessionar oder mit dem sonstigen Rechtserwerb auf den Rechtsnachfolger des Gläubigers über, ohne dass es einer gesonderten Übertragung bedürfte, was auf eine analoge Anwendung der §§ 401, 412 BGB gestützt werden kann.[30] Diese Rechtsfolge ist nicht abdingbar, das Anfechtungsrecht nicht ohne die Hauptforderung übertragbar.

V. Anfechtungsgegner

Anfechtungsgegner ist **in erster Linie** derjenige, dem etwas i.S.d. § 11 Veräußertes, Weg- oder Aufgegebenes aus dem Vermögen des Schuldners durch die anfechtbare Rechtshandlung zugeflossen ist,[31] derjenige, welchem gegenüber die anfechtbare Handlung vorgenommen worden ist (§ 11 Abs. 2 a.F.), darüber hinaus der **Rechtsnachfolger** des Anfechtungsgegners nach Maßgabe des § 15. Rechtsnachfolger kann auch der **Schuldner selbst** sein,[32] er kommt aber auch als unmittelbarer Anfechtungsgegner in Betracht, wenn er den Gläubigerzugriff auf Vermögensgegenstände dadurch erschwert, dass er sie zu eigenen Gunsten mit Teilrechten belastet, die entweder selbst der Pfändung nicht unterliegen oder auch nur die Vollstreckung in den Gegenstand erschweren.[33] § 11 steht dem nicht entgegen. Zwar bewirken derartige Rechte keine Schmälerung des Schuldnervermögens, wie sie bei einer Veräußerung, Weggabe oder Aufgabe von Vermögensbestandteilen an einen Dritten typisch ist, erfasst werden jedoch auch weitere Fälle. § 11 muss im Zusammenhang mit den Anfechtungstatbeständen gesehen werden, er regelt lediglich deren Rechtsfolgen und begrenzt diese Tatbestände nicht, weil sein Ziel die Wiederherstellung der durch die Vermögensverschiebung vereitelten Zugriffslage für die Gläubiger ist. »Weggeben« i.S.d. § 11 ist deshalb auch ein (Teil-)Recht, das dem Schuldner selbst verbleibt, wenn seine Einräumung den Gläubigerzugriff vereitelt oder auch nur erschwert. In Betracht kommt etwa die Einräumung eines Nießbrauchs oder Wohnrechts am eigenen Grundstück. Zur Anfechtung in der **Insolvenz des Anfechtungsgegners** vgl. § 11 Rdn. 12. Zu **mittelbaren** Zuwendungen vgl. Rdn. 24.

Mehrere Anfechtungsgegner: Sie haften bei Teilbarkeit der Pflicht aus § 11 (also bei von allen geschuldetem Wertersatz stets) nicht als Gesamtschuldner, sondern nach vom Anfechtenden zu beweisender Beteiligung am Anfechtungsgegenstand, da §§ 830, 840 BGB nicht greifen (vgl. Rdn. 15). Bei Unteilbarkeit besteht Gesamtschuldnerschaft, § 431 BGB.[34] Grds hat der Gläubiger bei mehreren Anfechtungsgegnern freie Auswahl, da anderweitige Anfechtungsansprüche die Vollstreckungsmöglichkeiten i.S.d. § 2 nicht verbessern.[35] Liegen die Voraussetzungen des § 15 AnfG vor, kann der Gläubiger wählen, ob er gegen den Rechtsnachfolger mit dem Primäranspruch oder gegen den Anfechtungsgegner mit dem Wertersatzanspruch vorgeht.[36] Dies schließt Inanspruchnahme beider,

---

28 BGH 02.03.2000, IX ZR 285/99, WM 2000, 931.
29 BGH 28.09.1964, VIII ZR 21/61, WM 1964, 1166.
30 RG 18.03.1897, VI 404/96, RGZ 39, 12 (14).
31 BGH 12.02.2004, IX ZR 70/03, ZIP 2004, 862.
32 BGH 13.07.1995, IX ZR 81/94, ZIP 1995, 1364; ausf. BFH 30.03.2010, VII R 22/09, ZIP 2010, 1356.
33 BFH 30.03.2010, VII R 22/09, ZIP 2010, 1356; BGH 14.07.2011, V ZB 271/10, WM 2011, 1955 Rn. 11; anders, aber wohl auf den Regelfall abstellend BGH 03.03.2009, XI ZR 41/08, ZIP 2009, 799 Rn. 16; krit. *Kirchhof* ZInsO 2011, 2009; MüKo-AnfG/*Kirchhof* § 11 Rn. 15.
34 BGH 29.11.2007, IX ZR 121/06, ZIP 2008, 190 Rn. 25.
35 BGH 03.11.1965, VIII ZR 257/63, KTS 1966, 35.
36 BGH 23.10.2008, IX ZR 202/07, ZIP 2008, 2272 Rn. 28.

auch als Streitgenossen nach § 61 ZPO nicht aus. Veranlasst der spätere Insolvenzschuldner mit Gläubigerbenachteiligungsvorsatz seinen Schuldner, unmittelbar an seinen Gläubiger zu zahlen (**mittelbare Zuwendung**), kommt die Vorsatzanfechtung auch gegen den Angewiesenen in Betracht.[37]

12 Der Schuldner hat bei der **eidesstattlichen Versicherung** nach § 807 Abs. 2 ZPO oder § 284 Abs. 2 AO im Vermögensverzeichnis auch Angaben zu i.S.v. §§ 3 Abs. 2 und 4 anfechtbaren Rechtshandlungen zu machen. Zur **Auskunftspflicht** des Anfechtungsgegners gegenüber dem Gläubiger vgl. § 11 Rdn. 41.

VI. Verhältnis zu anderen Rechtsinstituten

1. Materiell-rechtliche Nichtigkeit

13 Bei **Rechtshandlungen**, deren Inhalt und **Zweck** im wesentlichen nur darin bestehen, die **Gläubiger zu benachteiligen**, regeln die Sondervorschriften des Anfechtungsgesetzes und der Insolvenzordnung grds abschließend, unter welchen Voraussetzungen die Gläubiger geschützt werden. Die allgemeinen Bestimmungen der §§ 134, 138 Abs. 1 BGB kommen daneben nicht zur Anwendung, sofern das Rechtsgeschäft nicht besondere, über die Gläubigerbenachteiligung hinausgehende Umstände aufweist.[38]

14 Umgekehrt steht der Gläubigeranfechtung die **Nichtigkeit** der anzufechtenden Handlung **nicht zwingend entgegen**, obwohl nichtige Handlungen eine Gläubigerbenachteiligung scheinbar nicht bedingen können. Voraussetzung ist allerdings, dass trotz der Nichtigkeit der Gläubigerzugriff beeinträchtigt wird, was vor allem bei Änderung der formalen Rechtslage denkbar erscheint, so wenn der nichtige Erwerb zu Eintragungen im Grundbuch oder Besitzübergabe führt, die gutgläubigen Erwerb Dritter erleichtern,[39] oder zu Scheinzessionen, die die Schuldtilgung an Dritte ermöglichen. Zwar ist die Pfändung körperlicher Sachen auch bei Dritten, also auch beim Anfechtungsgegner möglich, wegen § 809 ZPO aber nur bei dessen Herausgabebereitschaft. Fehlt sie, besteht schon allein deshalb eine Erschwerung des Gläubigerzugriffs. In derartigen Fällen bedarf es der Unterstellung der Wirksamkeit der Rechtshandlung für die Zwecke der Anfechtung nicht einmal, wie sie für die Insolvenzanfechtung[40] unter der Voraussetzung befürwortet wird, dass der Insolvenzverwalter entweder mit der Nichtigkeit oder Anfechtbarkeit Erfolg haben wird.[41] Die Übertragung dieses Rechtsgedankens auf die Gläubigeranfechtung in sonstigen Fällen begegnet zumindest dann Bedenken,[42] wenn die Nichtigkeit nicht aus einem Tatbestand abgeleitet wird, der zumindest auch den Gläubigerschutz zum Ziel hat wie etwa §§ 117 f., 134, 138 BGB, sondern sich aus sonstigen Gründen ergibt, wie etwa bei Formverstößen, da hier dem Anfechtungsgegner die Kostentragung im Anfechtungsprozess kaum zuzumuten ist. Probleme ergeben sich auch bei der Anfechtung von Zessionen, da bei offen gelassener Nichtigkeitsfrage die Bestimmung des »Schuldners« i.S.d. § 829 ZPO nicht erfolgen kann. In der Insolvenz hingegen richtet sich die Anfechtung auf Rückabtretung.

2. Bereicherungsrecht, Delikt

15 Das Anfechtungsrecht ist **kein Bereicherungsanspruch**, anderenfalls hätte es der Regelung des § 11 Abs. 1 S. 2 nicht bedurft. Ebenso wie §§ 134, 138 BGB (vgl. Rdn. 13) greifen die §§ 823 ff. BGB nur bei über die Gläubigerbenachteiligung hinausgehenden Umständen.[43] Der anfechtungsrechtliche Rückgewähranspruch verdrängt – für den Regelfall – Schadensersatzansprüche aus unerlaubter

---

[37] BGH 29.11.2007, IX ZR 121/06, ZIP 2008, 190 Rn. 19 ff.
[38] BGH 07.04.2005, IX ZR 258/01, ZIP 2005, 1198 Rn. 13; 19.04.2007, IX ZR 59/06, ZIP 2007, 1120 Rn. 11; 28.10.2011, V ZR 212/10, NJW-RR 2012, 18 Rn. 13.
[39] BGH 11.07.1996, IX ZR 226/94, ZIP 1996, 1516 (1517).
[40] BGH 18.02.1993, IX ZR 129/92, ZIP 1993, 521 (522).
[41] Zumindest im Ergebnis auch BGH 11.07.1996, IX ZR 226/94, ZIP 1996, 1516 (1518).
[42] A.A. *Huber* § 1 Rn. 68.
[43] Beispiel: BGH 09.12.1999, IX ZR 102/97, ZIP 2000, 238 (240).

Handlung auch gegen den Schuldner, soweit die Anfechtung gegen ihn als Sonderrechtsnachfolger stattfindet.[44]!

3. Insolvenzanfechtung und Anfechtung nach BGB

Zur Anfechtung in der Insolvenz des Schuldners vgl. Rdn. 6, § 129 InsO Rdn. 6 ff., sowie §§ 16–18, in der Insolvenz des Anfechtungsgegners vgl. § 11 Rdn. 12, und in der Insolvenz des Gläubigers Rdn. 5 a.E. Wegen der Anfechtung nach BGB vgl. § 129 InsO Rdn. 10.

VII. Normzweck des § 1

§ 1 umschreibt **Zweck und Anwendungsbereich der Gläubigeranfechtung**. Er postuliert unabhängig vom jeweiligen Anfechtungstatbestand die für jede Anfechtung erforderliche Gläubigerbenachteiligung durch eine Rechtshandlung des Schuldners.

B. Die einzelnen Tatbestandsmerkmale

I. Rechtshandlung

Der **Begriff** der Rechtshandlung ist **weit auszulegen**. Rechtshandlung ist jedes von einem Willen getragene Handeln, das rechtliche Wirkungen auslöst und das Vermögen des Schuldners zum Nachteil des Vollstreckungszugriffs seiner Gläubiger verändern kann. Zu den Rechtshandlungen zählen daher nicht nur Willenserklärungen als Bestandteil von Rechtsgeschäften aller Art und rechtsgeschäftähnliche Handlungen, sondern auch Realakte, denen das Gesetz Rechtswirkungen beimisst. Der Kreis der anfechtbaren Handlungen ist gegenüber § 129 InsO dadurch eingeschränkt, dass durch sie ein Vollstreckungshindernis oder eine -erschwerung herbeigeführt werden muss, wohingegen die allgemeine insolvenzrechtliche Gläubigerbenachteiligung nicht reicht (vgl. Rdn. 1). Die Anfechtung richtet sich nicht gegen die Rechtshandlung selbst, sondern gegen ihre gläubigerbenachteiligenden Wirkungen.[45] Der sich aus § 8 ergebende Zeitpunkt der Rechtshandlung bestimmt den Lauf der nach §§ 7 sowie 6 und 6a zu ermittelnden Anfechtungsfristen.

1. (Aktive) Rechtshandlung

a) Materiell-rechtliche Rechtshandlung

Hier kommen insb. Willenserklärungen in Betracht. **Schuldrechtliche Geschäfte**: Vom Begriff der Rechtshandlung werden nicht lediglich dingliche, eine Rechtsänderung unmittelbar herbeiführende, sondern auch verpflichtende Rechtsgeschäfte erfasst, etwa die Verpachtung eines Betrieb[46] (vgl. § 11 Rdn. 32). Erforderlich ist lediglich, dass sie dazu dienen, einen zugriffsfähigen Gegenstand aus dem Vermögen des Schuldners zu entfernen, selbst wenn sie für sich betrachtet, dies noch nicht bewirken.[47] Zwar führen sie häufig isoliert nicht zu einer Gläubigerbenachteiligung, ausgeschlossen ist selbst dies aber nicht, so kann eine (langfristige) Vermietung den Gläubigerzugriff erschweren, ein Kaufvertrag die Vollstreckung des Erfüllungsanspruchs und die daraus folgende (mittelbare) Benachteiligung ermöglichen (vgl. a. Rdn. 24), ein Werkvertrag den (zwangsweise) durchsetzbaren Anspruch auf eine Sicherungshypothek gewähren, ohne dass eine weitere Handlung des Schuldners hinzutritt. Mangels ohne Willen des Schuldners nicht gegebener Durchsetzbarkeit kann der Anspruch auf Bauhandwerkersicherung (§ 648a BGB) isoliert nie angefochten werden. Deswegen kann auch der Unternehmenskaufvertrag der Anfechtung unterliegen,[48] seine Erfüllung jedoch nur im Hinblick auf die einzelnen Übertragungsakte. Anfechtbar sein kann auch die Schaffung einer Aufrechnungs-

---

44 BGH 13.07.1995, IX ZR 81/94, ZIP 1995, 1364.
45 BGH 11.03.2010, IX ZR 104/09, ZIP 2010, 793 Rn. 9.
46 BGH 20.09.2012, IX ZR 112/10, ZInsO 2012, 1987.
47 BGH 21.01.1993, IX ZR 275/91, ZIP 1993, 208.
48 A.A. *Gaul/Schilken/Becker-Eberhard* § 35 Rn. 29.

lage (beachte allerdings Rdn. 24).[49].**Dingliche Geschäfte:** soweit sie den Zugriff beeinträchtigen, wie (Sicherungs)Übereignung, Verpfändung, Abtretung, Bestellung einer Vormerkung, die Ausübung oder Einräumung von Gestaltungsrechten oder bare, unbare und Scheckzahlung,[50] Erlass und negatives Schuldanerkenntnis oder Wechselbegebung.[51] **Unanfechtbar** ist für sich genommen (näher Rdn. 25), anders als bei der Insolvenzanfechtung, die Begründung von Verbindlichkeiten, auch die Annahme einer **Erbschaft** bei überschuldetem Nachlass, da sie den konkreten Gläubigerzugriff auf vorhandene Gegenstände nicht beeinträchtigen[52]. Unanfechtbar ist ferner die Ausschlagung einer Erbschaft und eines Vermächtnisses, der Erbverzicht sowie der Verzicht (§ 397 BGB) auf **Pflichtteils-** und **Pflichtteilsergänzungsanspruch** vor Eintritt der Voraussetzungen des § 852 ZPO, obwohl er vom Erbfall an der eingeschränkten Pfändung unterliegt,[53] zur Einziehung überwiesen werden darf er jedoch erst nach Anerkenntnis oder Rechtshängigkeit.[54] Unterlässt der Schuldner die Geltendmachung des Anspruchs, ist der Gläubigerzugriff hierauf ausgeschlossen. Darin liegt selbst dann keine anfechtbare Zuwendung an den Erben, wenn der Schuldner dessen Begünstigung verfolgt.[55] Wird dagegen ein Pflichtteilsanspruch vor vertraglicher Anerkennung oder Rechtshängigkeit abgetreten, was wegen § 2317 Abs. 2 BGB entgegen § 400 BGB auch ohne die Voraussetzungen des § 852 ZPO möglich ist, scheitert eine Anfechtbarkeit nicht an fehlender Gläubigerbenachteiligung und nicht daran, dass der Pflichtteilsberechtigte ohne die Abtretung die Voraussetzungen für eine unbeschränkte Pfändbarkeit nicht herbeigeführt hätte.[56]

20 Soweit **rechtsgeschäftsähnliche Handlungen** den Vollstreckungszugriff behindern, unterliegen auch sie der Anfechtung. Ebenso **Realakte**, wie das Einbringen einer Sache, das zu einem Vermieterpfandrecht, das Überlassen einer Sache, das zu einem Werk- oder Fuhrunternehmerpfandrecht, oder das Brauen von Bier, das zur Sachhaftung nach § 76 AO führt,[57] ferner Verbindung, Vermischung oder Verarbeitung sowie alle sonstigen, zum (Teil)Rechtsverlust führenden Akte. Macht der Schuldner eine abgetretene Forderung werthaltig, ist dies anders als in der Insolvenz nur bei Erschwerung oder Vereitelung des Zugriffs auf die hierzu verwendeten Vermögensgegenstände anfechtbar. Dem Zessionar gegenüber besteht hier stets nur ein Wertersatzanspruch, gegenüber dem Leistungsempfänger kann je nach Art der Leistung auch der Duldungsanspruch bestehen. Beide haften als Gesamtschuldner.[58]

b) Prozessrechtliche Rechtshandlungen

21 Auch **Prozesshandlungen** kommen in Betracht, ohne dass zwingend mit ihnen eine Verzichtswirkung einhergehen müsste, beispielhaft: Klage-, Mahnantrags- oder Rechtsmittelrücknahme, Verzicht, Anerkenntnis, Geständnis, Vergleich,[59] Rücknahme von Beweisanträgen. Im Verwaltungsverfahren etwa: Rücknahme von Anträgen, Einspruch oder Widerspruch.

2. Unterlassen

22 Die Unterlassung **steht** anfechtungsrechtlich der Rechtshandlung **nach § 1 Abs. 2 gleich**, wenn sie auf einer Willensbetätigung beruht, also bewusst und gewollt erfolgt. **Notwendig** ist dafür das Bewusstsein, dass das Nichthandeln irgendwelche Rechtsfolgen haben wird, auf eine konkrete Rechts-

---

49 MüKo-AnfG/*Kirchhof* Rn. 13.
50 Auch einer Geldstrafe, BGH 14.102010, IX ZR 16/10, ZIP 2010, 2358.
51 BGH 02.02.2006, IX ZR 67/02, ZIP 2006, 578 Rn. 43.
52 OLG Hamm 07.07.2010, 8 U 106/09, NZG 2010, 1298 Rn. 90.
53 BGH 08.07.1993, IX ZR 116/92, ZIP 1993, 1662; 18.12.2008, IX ZB 249/07, ZInsO 2009, 299; 02.12.2010, IX ZB 184/09, ZIP 2011, 135 Rn. 8.
54 BGH 26.02.2009, VII ZB 30/08, WM 2009, 710.
55 BGH 06.05.1997, IX ZR 147/96, ZIP 1997, 1302.
56 BGH 08.07.1993, IX ZR 116/92, ZIP 1993, 1662.
57 *BGH 09.07.2009, IX ZR 86/08, ZIP 2009, 1674 Rn. 21.*
58 BGH 26.06.2008, IX ZR 144/05, ZIP 2008, 1435 Rn. 33.
59 BGH 09.11.2006, IX ZR 285/03, ZIP 2006, 2391.

folge brauchen sich die Vorstellungen des Schuldners jedoch nicht zu richten noch rechtlich zutreffend zu sein,[60] und dass das Unterlassen die Vollstreckungsmöglichkeiten in einen Vermögensgegenstand zumindest erschwert. Eine Handlungspflicht ist dagegen nicht notwendig.[61] Anfechtbar ist es deshalb, wenn aus einer Situation, die naheliegender Weise materiell-rechtliche Folgen auslöst, bewusst keine Konsequenzen gezogen werden. **Beispiele für materiell-rechtliche Unterlassungen**: Nichterhebung einer Einrede, insb. der Verjährung, Nichtgeltendmachung von Ansprüchen,[62] wenn dies deren Durchsetzung erschwert. **Beispiele für prozessrechtliche Unterlassungen**: Nichterscheinen im Termin mit der Folge eines Versäumnisurteils, Nichtgebrauch von Angriffs-, Verteidigungs- oder Beweismitteln. Unterlassen kann ebenso anfechtbar sein, wenn der Schuldner dadurch zum Erwerb des Anfechtungsgegners in der **Zwangsvollstreckung** beiträgt, etwa eine Vollstreckungsabwehr- oder Drittwiderspruchsklage nicht erhebt. Unterlassungen **im Verwaltungsverfahren** können anfechtbar sein: Nichtergreifen von Rechtsbehelfen, etwa des Einspruchs im Steuerverfahren, des Widerspruchs im Verfahren nach dem VwVfG, oder auch hier die Unterlassung der Geltendmachung aller sonstiger Beteiligungsmöglichkeiten.

Nicht anfechtbar ist regelmäßig die **Unterlassung möglichen Erwerbs**, insb. der Verzicht auf günstige Vertragsschlüsse und auf den Einsatz der eigenen **Arbeitskraft** oder die Aufgabe einer Anstellung. **Manipulation der Gehaltszahlung** oder -höhe eröffnet die Anfechtung nicht, wenn sich dadurch die Vollstreckungsmöglichkeiten nicht verschlechtern. Unanfechtbar ist deshalb die Wahl einer ungünstigeren Lohnsteuerklasse in Gläubigerbenachteiligungsabsicht vor der Pfändung, weil der Schuldner bei der Berechnung des pfändungsfreien Betrags schon im Jahre der Pfändung analog § 850h ZPO so behandelt werden kann, als sei sein Einkommen gem. der günstigeren Lohnsteuerklasse zu versteuern; geschieht dies nach der Pfändung, so gilt dasselbe auch ohne Gläubigerbenachteiligungsabsicht schon dann, wenn für diese Wahl objektiv kein sachlich rechtfertigender Grund gegeben ist.[63] Mangels Gläubigerbenachteiligung nicht anfechtbar sind Abreden, nach denen – auch nicht pfändungsfreie – Lohnanteile unmittelbar an einen Dritten zu leisten sind wegen § 850h Abs. 1 ZPO, oder sog. Lohnverschleierungen wegen § 850h Abs. 2 ZPO;[64] nur in von § 850h ZPO nicht erfassten Fällen bleibt die Anfechtung möglich, etwa bei Gehaltszessionen.[65] Unanfechtbar sind dagegen Zessionen nach § 287 Abs. 2 InsO, weil diese gerade der gleichmäßigen Befriedigung dienen sollen und den Tatbestand des § 3 deshalb nicht eröffnen. 23

3. Anfechtbarkeit von Gesamtvorgängen

Bei der Insolvenzanfechtung sind alle **Rechtshandlungen** selbst dann selbständig zu behandeln – bei mehraktigen jeder einzelne Akt –, wenn sie gleichzeitig vorgenommen wurden oder sich wirtschaftlich ergänzen, die Gläubigerbenachteiligung ist für jede Rechtswirkung isoliert zu beurteilen, eine Vorteilsausgleichung findet nicht statt. Selbst mehrere Wirkungen einer einheitlichen Rechtshandlung sind isoliert Gegenstand der Insolvenzanfechtung.[66] Die von den Zwecken der Insolvenzanfechtung abweichende Zielsetzung der Gläubigeranfechtung soll dagegen je nach Lage des Falles – auch – die Beurteilung des Tatbestandsmerkmals der »Rechtshandlung« beeinflussen, diese daher hier nicht für sich betrachtet werden, sondern **im Rahmen des Gesamtvorgangs**, der die Weggabe des Gegenstands aus dem Schuldnervermögen und damit die Vereitelung einer Zugriffsmöglichkeit bezweckt. Gegenstand der Anfechtung sei der gesamte, diesen Rechtserfolg auslösende Vorgang. Bei einer getrennten Beurteilung verschaffe die Gläubigeranfechtung dem Gläubiger im Einzelfall mehr Rechte, als er bei wirtschaftlicher Betrachtung vor Vornahme der anfechtbaren Rechtshandlung gegenüber seinem Schuldner hatte, was über die Beseitigung eines Vollstreckungshindernisses, das Ziel der 24

---

60 BGH 22.12.2005, IX ZR 190/02, ZIP 2006, 243 Rn. 26.
61 MüKo-AnfG/*Kirchhof* Rn. 19.
62 BGH 22.12.2005, IX ZR 190/02, ZIP 2006, 243 Rn. 12.
63 BGH 04.10.2005, VII ZB 26/05, ZInsO 2005, 1212.
64 A.A. *Huber* § 1 Rn. 29, 31.
65 Anders noch BGH 11.12.1986, IX ZR 79/86, ZIP 1987, 305.
66 BGH 11.03.2010, IX ZR 104/09, ZIP 2010, 793 Rn. 9 f.

Gläubigeranfechtung, hinausgehe.[67] Die Rechtsprechung hat aus ihrer Auffassung folgende Konsequenzen gezogen:

- Hat der Schuldner seinen letzten werthaltigen Vermögensgegenstand veräußert und gleichzeitig mit dem Erwerber Entrichtung des Kaufpreises durch **Aufrechnung** mit einem dazu vorzeitig fällig gestellten Gegenanspruch vereinbart, ist dieser Vorgang jedenfalls dann, wenn andere Gläubiger zu keinem Zeitpunkt mit Aussicht auf Erfolg in die Kaufpreisforderung vollstrecken konnten, nur insgesamt, nicht auf die Verrechnungsabrede beschränkt, anfechtbar; verlangt werden kann nur die Duldung der Vollstreckung in den veräußerten Gegenstand.[68] Nichts anderes gilt bei bereits eingetretener Fälligkeit der Gegenforderung. Im umgekehrten Fall, der Schuldner hat gegen den Anfechtungsgegner eine Forderung, die durch Auf- oder Verrechnung mit der Kaufpreisforderung zum Erlöschen gebracht wird, nachdem der Schuldner etwas vom Anfechtungsgegner gekauft hat, soll die Folge der Anfechtung darin bestehen, dass dieser sich nicht auf das Erlöschen der Forderung des Schuldners berufen darf.[69] Diese kann der Gläubiger so geltend machen, wie der Schuldner hierzu ohne die Auf- oder Verrechnung berechtigt gewesen wäre, zum Beispiel unter Beachtung einer Stundung, es sei denn, diese wäre ihrerseits anfechtbar.
- Steht für die Parteien eines gerichtlichen Vergleichs fest, dass dieser wegen der Zahlungsunfähigkeit des Schuldners nur den Zweck haben kann, dessen Prozessbevollmächtigtem wegen seiner Honoraransprüche zu ermöglichen, sich aus dem ihm abgetretenen und von der Rechtsschutzversicherung des Prozessgegners zu erfüllenden Kostenerstattungsanspruch (teilweise) zu befriedigen, kann die Abtretung nicht ohne den Vergleichsabschluss angefochten werden.[70]
- Eine aus **mehreren Teilakten** bestehende Rechtsübertragung ist wegen der im Anfechtungsrecht gebotenen wirtschaftlichen Betrachtungsweise gem. ihrer Bedeutung als einheitliches Ganzes zu erfassen. Dies gilt sowohl dann, wenn mehrere Gegenstände in einem einheitlichen Vertrag veräußert werden, die Gegenleistung aber nicht den Gesamtwert aufwiegt, als auch bei Aufspaltung des wirtschaftlich Gewollten in mehrere Erwerbsvorgänge, etwa bei der mittelbaren Zuwendung.[71]
- Tritt dagegen der Schuldner dem Anfechtungsgegner anlässlich der angefochtenen Grundstücksveräußerung auch den **Rückgewähranspruch** bzgl. einer auf dem Grundstück lastenden Grundschuld ab, stellt dies jedoch eine eigene, gesondert anfechtbare Rechtshandlung und keinen einheitlichen Lebensvorgang dar.[72]
- Auch im Fall der **mittelbaren Zuwendung** wird entscheidender Wert auf die Gesamtbetrachtung gelegt (zum richtigen Anfechtungsgegner vgl. Rdn. 11). Eine einheitliche Rechtshandlung des Schuldners wird deshalb angenommen, wenn dessen Wille von Anfang an darauf gerichtet ist, aus seinem Vermögen den Leistungsgegenstand auf dem Umweg über die Mittelsperson im Endergebnis dem Anfechtungsgegner zuzuwenden. Maßgeblich ist dann das wirtschaftlich Gewollte, das durch die Aufspaltung in mehrere Rechtsgeschäfte verdeckt werden soll; auf die innere Einstellung der Mittelsperson kommt es nicht an,[73] ebenso wenig darauf, ob dem Schuldner bereits ein Anspruch auf die Leistung zustand, die er dann unmittelbar in das Vermögen des Anfechtungsgegners fließen ließ.[74] **Beispiel:** Der Schuldner weist den Verkäufer im Rahmen eines echten Vertrags

---

67 BGH 11.03.2010, IX ZR 104/09, ZIP 2010, 793 Rn. 9 f.; 23.10.2008, IX ZR 202/07, ZIP 2008, 2272; dagegen *Onusseit* ZInsO 2010, 2022: Die gläubigeranfechtungsspezifische Begriffsbildung ist nicht notwendig; soweit überhaupt der Zweck der Gläubigeranfechtung eine einschränkende Betrachtung verlangt, kann sie bereits bei der Gläubigerbenachteiligung ausreichend berücksichtigt werden. Dem zustimmend MüKo-AnfG/*Kirchhof* Rn. 6.
68 BGH 23.10.2008, IX ZR 202/07, ZIP 2008, 2272.
69 BGH 02.06.1959, VIII ZR 152/58, WM 1959, 888 (890).
70 BGH 11.03.2010, IX ZR 104/09, ZIP 2010, 793; beachte aber auch BGH 05.12.1991, IX ZR 271/90, ZIP 1992, 124 (125).
71 BGH 05.12.1991, IX ZR 271/90, ZIP 1992, 124 (125).
72 *BGH 03.05.2007, IX ZR 16/06, ZIP 2007, 1326 Rn. 38.*
73 BGH 05.12.1991, IX ZR 271/90, ZIP 1992, 124 (125); 03.05.2007, IX ZR 16/06, ZIP 2007, 1326.
74 BGH 16.11.2007, IX ZR 194/04, ZIP 2008, 125 Rn. 25; 05.12.1991, IX ZR 271/90, ZIP 1992, 124 (126).

zugunsten Dritter, konkret des Anfechtungsgegners, an, die Kaufsache direkt an diesen zu liefern. Indessen bedarf es der Gesamtbetrachtung nicht, selbst die isolierte Anfechtung des Vertragsschlusses reichte aus, weil ohne diese nichts aus dem Schuldnervermögen weggegeben worden wäre. Die Handlung der Mittelsperson ist dem Schuldner ohnehin zuzurechnen. Vielmehr ist fraglich allein die Gläubigerbenachteiligung, da ein Gläubigerzugriff auf die Kaufsache jedenfalls dann niemals möglich war, wenn der Schuldner keinen Anspruch auf Leistung des Gegenstands an sich selbst hatte. Geschuldet wird deshalb nur Wertersatz.[75] Bestand hingegen ein solcher Anspruch, richtet sich die Anfechtung i.d.R. auf Duldung der Vollstreckung, weil der Gegenstand bei wirtschaftlicher Betrachtung bereits zum Vermögen des Schuldners gehörte.[76]

Besteht das mehraktige Rechtsgeschäft aus **Verpflichtungs-** und **Erfüllungsgeschäft**, soll grds der Gesamtvorgang als einheitliche Rechtshandlung anzusehen sein, so dass nicht die einzelnen Rechtsakte der Anfechtung unterliegen, sondern die Anfechtung erst nach Abschluss des Gesamtvorgangs, einschließlich Erfüllung, in Betracht kommt.[77] In dieser Allgemeinheit kann dem nicht gefolgt werden (vgl. Rdn. 24).[78] Bereits der Schuldvertrag unterliegt der Anfechtung, wenn er die Benachteiligung herbeiführt, so etwa, wenn das Schenkungsversprechen durch – ihrerseits nicht anfechtbare – Zwangsvollstreckung durchgesetzt wird. Andererseits bedarf die Anfechtung des Erfüllungsgeschäfts regelmäßig nicht derjenigen des Grundgeschäfts, bedingt sie auch nicht, wenngleich diese umgekehrt das Erfüllungsgeschäft mit ergreift. 25

4. Schuldner als Urheber der Rechtshandlung

Anders als die Insolvenzanfechtung, die eine **Handlung des Schuldners** nur in einzelnen Anfechtungstatbeständen verlangt, stellt bei der Gläubigeranfechtung bereits die Grundnorm des § 1 diese Voraussetzung generell auf. Sie gilt daher auch für §§ 6 und 6a (vgl. §§ 6, 6a Rdn. 3), die den Begriff des Schuldners nicht verwenden. An seine Stelle tritt der Begriff der (schuldenden) Gesellschaft. In § 5 übernimmt der Erbe die Schuldnerrolle. Erforderlich ist, dass der Schuldner den Vermögensgegenstand durch Veräußerung, Weggabe oder Aufgabe, also durch einen von seinem Willen mindestens mitbestimmten Rechtsakt – sei es auch, dass er zum Erfolg der Handlung eines Dritten nur ursächlich beigetragen hat[79] – verloren hat, Verlust durch **Zwangsvollstreckung** (vgl. auch § 10) oder sonstigen hoheitlichen Rechtsakt wird vom AnfG grds nicht erfasst.[80] **Fördert der Schuldner den Vollstreckungsakt**, indem er Pfandgegenstände zugunsten eines bestimmten Gläubigers verheimlicht, diesen auf günstige Vollstreckungsmöglichkeiten verweist oder sonst mit ihm zusammenwirkt, reicht dies aus.[81] Ähnlich wie bei § 133 InsO muss eine Schuldnerhandlung bejaht werden, wenn der Schuldner der anwesenden Vollziehungsperson zur Vermeidung eines – mangels pfändbarer Gegenstände voraussichtlich erfolglosen – Pfändungsversuchs einen Scheck über den geforderten Betrag übergibt[82] oder sonst zur Abwendung der Zwangsvollstreckung etwas leistet. Hat er indessen nur noch die Wahl, die geforderte Zahlung sofort zu leisten oder die Vollstreckung zu dulden, ist also jede Möglichkeit eines selbstbestimmten Handelns ausgeschaltet, fehlt es an einer Rechtshandlung des Schuldners auch i.S.v. § 1.[83] Hat der Schuldner dem Anfechtungsgegner ein Grundstück anfechtbar übertragen, bleibt die Anfechtung zulässig, auch wenn dieser es in einer (von einem Grund- 26

---

[75] A.A. wohl RG 02.10.1931, VII 564/30, RGZ 133, 290 (292).
[76] BGH 05.12.1991, IX ZR 271/90, ZIP 1992, 124 (126); 11.11.1954, IV ZR 64/54, WM 1955, 407 (409 f.).
[77] BGH 15.12.1994, IX ZR 153/93, ZIP 1995, 134 (136); BFH 15.10.1996, VII R 35/96, BStBl II 1997, 17 (18).
[78] So wohl auch MüKo-AnfG/*Kirchhof* Rn. 53.
[79] MüKo-AnfG/*Kirchhof* Rn. 28.
[80] BGH 29.06.2004, IX ZR 258/02, ZIP 2004, 1619; 15.05.1986, IX ZR 2/85, ZIP 1986, 926.
[81] BGH 25.11.1964, VIII ZR 289/62, JZ 1965, 139.
[82] BGH 19.02.2009, IX ZR 22/07, ZIP 2009, 728.
[83] Zu § 133 InsO BGH 10.02.2005, IX ZR 211/02, ZIP 2005, 494.

pfandgläubiger) betriebenen Zwangsversteigerung später zugeschlagen erhält.[84] Zahlung per Lastschrift ist Rechtshandlung des Schuldners.[85]

27 Rechtshandlungen von gesetzlichen und gewillkürten **Vertretern** (§ 164 BGB), **Verwaltern fremden Vermögens** (Testamentsvollstrecker, Nachlasspfleger, Pfleger für Sammelvermögen) gelten als solche des Schuldners. Rechtshandlungen seines Insolvenzverwalters werden dem Schuldner zwar zugerechnet, dürften im Regelfall jedoch insolvenzzweckwidrig sein, wenn sie einen Anfechtungstatbestand erfüllen. Soweit sie dennoch zu einer Gläubigerbenachteiligung i.S.d. § 1 wegen Masseunzulänglichkeit führen, kommt die Anfechtung durch Neumassegläubiger in Betracht, wegen Altmasseverbindlichkeiten wird sie durch § 210 InsO und wegen Insolvenzforderungen durch §§ 87, 89 InsO (vgl. Rdn. 6; § 16 Rdn. 5) gehindert. Rechtshandlungen des Vertreters ohne Vertretungsmacht werden nur durch Genehmigung zur Schuldnerhandlung, ungenehmigte Leistungen mit Mitteln des Schuldners bleiben Dritthandlung.

II. Objektive Gläubigerbenachteiligung

1. Allgemeines

28 § 1 verlangt nunmehr anders als im alten Recht **ausdrücklich** eine **objektive Benachteiligung** der Gläubiger des Schuldners. Sie ist Voraussetzung jedes Anfechtungsanspruchs, auch gegen den Rechtsnachfolger, hier liegt sie stets vor, wenn durch die **Rechtsnachfolge** der frühere, benachteiligende Zustand – ganz oder teilweise – aufrechterhalten wird.[86] Besondere Teilaspekte der Benachteiligung regeln § 2, wonach die Zwangsvollstreckung nicht zu einer vollständigen Befriedigung des Gläubigers geführt haben darf oder anzunehmen ist, dass sie nicht dazu führen würde (dort Rdn. 12 ff.), und § 11, der voraussetzt, dass durch die angefochtene Rechtshandlung aus dem – gegenwärtigen[87] – Vermögen des Schuldners – nicht aus dem Vermögen Dritter[88] – etwas veräußert, weggegeben oder aufgegeben worden ist (vgl. § 11 Rdn. 13 ff.). Obwohl das Gesetz die Benachteiligung ebenso wie in § 129 InsO umschreibt, stellt sie sich hier vollständig anders dar. Während sie dort darin zu sehen ist, dass sich die Befriedigung der Gesamtgläubigerschaft ohne die Rechtshandlung wirtschaftlich günstiger gestaltet hätte, ist für die Gläubigeranfechtung trotz des im Gesetz verwendeten Plurals »seine Gläubiger« ausreichend, aber auch erforderlich, dass **der konkret anfechtende Gläubiger benachteiligt** ist.[89] Hingegen reicht die Benachteiligung anderer, vom Anfechtenden verschiedener Gläubiger nicht. Dies ist der Fall, wenn durch die Rechtshandlung sein Zugriff auf das Schuldnervermögen **vereitelt**, **erschwert** oder **verzögert** wird. Nach gängiger Definition auch zu § 1, nicht nur zu § 129 InsO tritt Gläubigerbenachteiligung ein, wenn die Rechtshandlung entweder die Schuldenmasse vermehrt oder die Aktivmasse verkürzt hat.[90] Freilich kommt die Schuldbegründung (anders bei § 129 InsO) als zugriffsverkürzend i.d.R. erst infrage, wenn sie freiwillig oder erzwungen erfüllt worden ist.[91] Auch kommt es letztlich nicht darauf an, dass das Vermögen des Schuldners vermindert wird, wenn nur der Zugriff des konkreten Gläubigers erschwert ist.[92] Die Anfechtung erfasst grds auch **ausländisches Vermögen**, verschiebt es der Schuldner, ist Gläubigerbenachteiligung dennoch ausgeschlossen, wenn der Titel des Gläubigers im Ausland nicht anerkannt wird.[93]

---

84 BGH 29.06.2004, IX ZR 258/02, ZIP 2004, 1619.
85 BGH 19.12.2002, IX ZR 377/99, ZIP 2003, 488.
86 BGH 13.07.1995, IX ZR 81/94, ZIP 1995, 1364.
87 Näher MüKo-AnfG/*Kirchhof* Rn. 73.
88 Näher MüKo-AnfG/*Kirchhof* Rn. 69 ff.
89 BGH 04.02.1954, IV ZR 164/53, BGHZ 12, 238, 240; MüKo-AnfG/*Kirchhof* Rn. 92.
90 BGH 22.12.2005, IX ZR 190/02, ZIP 2006, 243 Rn. 26.
91 RG 15.05.1891, III 44/91, RGZ 27, 133; OLG München 06.07.2011, 20 U 3155/10.
92 *BGH 16.05.1979*, VIII ZR 156/78, JZ 1979, 476 (477).
93 I.E. auch BFH 14.07.1981, VII R 49/80, BStBl II 1981, 751; dagegen wohl BFH 13.07.2007, VII B 123/06, Rn. 11.

Der Anfechtung unterliegt eine **Veräußerung,** wenn der Gegenwert für die Gläubiger minder leicht, 29
mit größerem Aufwand oder weniger rasch verwertbar ist, mag auch das Vermögen des Schuldners
insgesamt objektiv nicht gemindert sein.[94] Daher kann die Hingabe eines für den Schuldner vollwertigen Entgelts dessen Gläubigern von vornherein nachteilig sein, weil das Entgelt ihrem Zugriff entzogen oder zumindest schwerer zugänglich ist.[95] Umgekehrt ist die Gläubigerbenachteiligung nicht
ausgeschlossen, weil bereits der ursprüngliche Zugriff, etwa bei schnell aufeinander folgenden Soll-
und Habenbuchungen auf einem Schuldnerkonto mit besonderen Schwierigkeiten verbunden war,
wenn nur das Weggegebene – auch vorübergehend – zum Schuldnervermögen gehörte.[96]

2. Vorliegen der Gläubigerbenachteiligung

§ 1 verlangt **nur** eine **objektive Benachteiligung,** subjektive Elemente ergeben sich erst aus den An- 30
fechtungstatbeständen. Gläubigerbenachteiligung kann nicht nur eintreten, wenn der Gegenstand
durch Übereignung, Abtretung oder Hoheitsakt (vgl. Rdn. 26) vollständig aus dem Vermögen
des Schuldners ausscheidet, sondern auch, wenn er lediglich belastet wird. In Betracht kommen
vor allem **(Grund)Pfandrechte** und sonstige dingliche Belastungen, wie etwa Nießbrauch oder beschränkte persönliche Dienstbarkeiten. Erschwert ein schuldrechtlicher Vertrag den Vollstreckungszugriff, liegt auch hierin eine Benachteiligung. Bei Abtretung von Ansprüchen auf Rückgewähr von
Grundpfandrechten hängt die Gläubigerbenachteiligung von der Höhe der noch offen gesicherten
Forderung ab.[97] Als (teilweise) Weggabe des Grundstücks stellt sich auch die Eintragung einer **Auflassungsvormerkung** dar.[98] Zwar hindert sie nicht den Vollstreckungszugriff selbst, sie fällt aber ins
geringste Gebot (§ 48 ZVG) und für sie ist ein Ersatzbetrag nach § 51 ZVG zu bestimmen, auf den
der Gläubiger nur endgültig zugreifen kann, wenn der durch die Vormerkung gesicherte Anspruch
nicht (mehr) gegen den Ersteher durchgesetzt werden kann (§ 120 ZVG), was zumindest eine
Erschwerung des Gläubigerzugriffs bedingt. Zudem muss der Ersteher mit der Durchsetzung des
vorgemerkten Anspruchs rechnen, was die Abgabe von Geboten zu Lasten des Gläubigers insgesamt
verhindern kann. Ein dem Schuldner als Rechtsnachfolger eingeräumter, auch durch Vormerkung
gesicherter **Rückauflassungsanspruch** vermag die Gläubigerbenachteiligung trotz Pfändbarkeit
nicht zu beseitigen, wenn er im freien Belieben des Anfechtungsgegners steht.[99]

Sind vor dem maßgeblichen Zeitpunkt (vgl. Rdn. 38, 40) **vorrangige Belastungen gelöscht** oder 31
werterhöhende Maßnahmen durchgeführt worden, ist die Gläubigerbenachteiligung nur soweit
ausgeschlossen, als nicht der Schuldner hierfür die Mittel bereit gestellt hat.[100] Erfolgen derartige
Leistungen aus dem Schuldnervermögen (vereinbarungsgemäß) nach dem maßgeblichen Zeitpunkt,
begründet dies keine Benachteiligung durch die ursprüngliche Rechtshandlung, sie können allerdings selbständig anfechtbar sein.[101] Vorteile, die darin bestehen, dass der Anfechtungsgegner aus
eigenen Mitteln den Wert des anfechtbar veräußerten Gegenstands erhöht oder Belastungen ablöst
oder verringert, müssen diesem verbleiben, da der Gläubiger nur Anspruch auf das hat, was aus dem
Schuldnervermögen weggegeben worden ist.[102] Wird dagegen die Belastung aus den Nutzungen des

---

94 BGH 22.12.2005, IX ZR 190/02, ZIP 2006, 243 Rn. 26; 05.11.1980, VIII ZR 230/79, ZIP 1981, 31 (34 f.).
95 BGH 27.09.1990, IX ZR 67/90, ZIP 1990, 1420 (1422).
96 BGH 23.09.2010, IX ZR 212/09, ZIP 2010, 2009 Rn. 21 f.
97 BGH 03.05.2007, IX ZR 16/06, ZIP 2007, 1326.
98 BGH 11.07.1996, IX ZR 226/94, ZIP 1996, 1516 (1518); vgl. auch BFH 15.10.1996, VII R 35/96, BStBl II 1997, 17 (18).
99 BGH 13.07.1995, IX ZR 81/94, ZIP 1995, 1364 (1365).
100 BGH 19.05.2009, IX ZR 129/06, ZIP 2009, 1285 Rn. 30.
101 BGH 03.05.2007, IX ZR 16/06, ZIP 2007, 1326 Rn. 14; MüKo-AnfG/*Kirchhof* Rn. 147.
102 BGH 11.07.1996, IX ZR 226/94, ZIP 1996, 1516 (1521), best. durch BGH 13.01.2011, IX ZR 13/07, ZIP 2011, 440 Rn. 5.

veräußerten Gegenstands reduziert, kann insoweit – mittelbare – Gläubigerbenachteiligung eintreten, denn auch die **Nutzungsmöglichkeit** kann von der Anfechtung erfasst werden.[103]

31a Die Gläubiger des Versicherungsnehmers werden auch durch die **widerrufliche Bezeichnung eines Dritten als Bezugsberechtigten** aus einer Lebensversicherung benachteiligt, wenn eine zunächst unwiderrufliche Bezeichnung mit Zustimmung des Bezugsberechtigten in eine widerrufliche Bezeichnung geändert wird und später der Versicherungsfall eintritt.[104] – Stehen auf einem **Oder-Gemeinschaftsdepot** gebuchte Wertpapiere im Innenverhältnis zu den anderen Mitberechtigten allein dem Schuldner zu, benachteiligt ihre Übertragung in ein allein einem der Mitberechtigten zustehendes anderweitiges Depot die Gläubiger des Schuldners.[105]

3. Ausschluss der Gläubigerbenachteiligung

32 Werden die Zugriffsmöglichkeiten in keiner Weise beeinträchtigt, fehlt die Gläubigerbenachteiligung, so bei unpfändbaren Gegenständen, wozu nicht das Zubehör i.S.d. § 865 Abs. 2 ZPO gehört, **wertlosen**[106] oder **wertausschöpfend** belasteten Gegenständen. Für die Unpfändbarkeit (zum maßgeblichen Zeitpunkt vgl. Rdn. 40) kommt es auf die Verhältnisse des Schuldners, nicht des Anfechtungsgegners an,[107] dem allerdings die Rechte aus § 765a ZPO zustehen, der eine grds Wertentscheidung des Gesetzgebers aufzeigt.[108] Im Kontokorrent pfändbar sind der Zustellungssaldo und künftige Kontokorrentforderungen,[109] sowie ein Anspruch auf Kreditgewährung aus bereits geschlossenem Darlehensvertrag. Der Anspruch auf Zurverfügungstellung eines Kontokorrentkredits (Kreditlinie) wird erst mit Abruf durch den kreditnehmenden Schuldner pfändbar. Zahlungen hieraus unterliegen dann auch der Anfechtung. Bei der Insolvenzanfechtung soll auch die Zahlung aus einer sog. geduldeten Überziehung die Gläubiger benachteiligen.[110] Mangels Vollstreckungszugriffs kann dies für die Gläubigeranfechtung nicht gelten, anders nur, wenn die Bank besser gesichert ist als der Anfechtungsgegner und ohne die Überweisung Sicherheiten freigeworden wären, die dem Zugriff unterlägen, und zwar in diesem Umfang (vgl. § 11 Rdn. 14). Ist schon die Rechtshandlung als solche nicht anfechtbar (vgl. Rdn. 19), kommt es auf die Gläubigerbenachteiligung nicht mehr an. Die Grundsätze der **Kapitalerhaltung** stehen dem Anspruch gegen die GmbH wegen der anfechtbar geleisteten Einlage des Schuldners als Gesellschafter nicht entgegen.[111] Die Interessen der Gesellschaftsgläubiger haben hinter denjenigen der Gesellschaftergläubiger zurückzustehen.

33 **Wertausschöpfende Belastung:** Weil die Anfechtung (lediglich) die ursprüngliche Zugriffslage restituieren soll, die einen Anspruch auf freihändige Veräußerung nicht beinhaltet, hat die Übertragung belasteter Gegenstände, insb. Grundstücke, nur dann Gläubigerbenachteiligung zur Folge, wenn der **in der Zwangsvollstreckung** (Versteigerung nach §§ 814 ff. ZPO; Pfändung nach §§ 828 ff. ZPO, Zwangsversteigerung und auch -verwaltung[112] nach ZVG) **erzielbare Erlös**[113] die vorrangigen Belastungen und die Kosten des Vollstreckungsverfahrens übersteigt.[114] Entscheidend ist nicht der Nominalbetrag der Belastung, sondern die Valutierung der gesicherten Forderung. Liegt diese unter dem

---

103 BGH 24.09.1996, IX ZR 190/95, ZIP 1996, 1907.
104 BGH 26.01.2012, IX ZR 99/11, ZInsO 2012, 485.
105 OLG Celle 07.03.2013, 13 U 112/12.
106 Näher MüKo-AnfG/*Kirchhof* Rn. 99 ff.
107 OLG Hamm 04.06.1962, 15 W 178/62, NJW 1962, 1827; *Huber* Rn. 38; *Jaeger* Rn. 61.
108 *Huber* § 13 Rn. 16.
109 Näher Zöller/*Stöber* § 829 ZPO Rn. 33 »Kontokorrent«.
110 BGH 06.09.2009, IX ZR 191/05, ZIP 2009, 2009.
111 BGH 15.12.1994, IX ZR 153/93, ZIP 1995, 134 (137 f.).
112 BGH 24.09.1996, IX ZR 195/95, ZIP 1996, 1907.
113 Er liegt regelmäßig unter dem Verkehrswert: BGH 23.11.2006, IX ZR 126/03, ZIP 2007, 588 Rn. 23; missverständlich daher BGH 03.05.2007, IX ZR 16/06, ZIP 2007, 1326 Rn. 18; und unzutreffend *OLG München 06.07.2011*, 20 U 3155/10 (maßgeblich sei der Verkehrswert i.S.d. 194 BauGB).
114 BGH 19.05.2009, IX ZR 129/06, ZIP 2009, 1285 Rn. 19 und zur Ermittlung des erzielbaren Erlöses Rn. 23; 20.10.2005, IX ZR 276/02, ZIP 2006, 387 Rn. 7.

in der Vollstreckung zu erzielenden Wert, hätte der Gläubiger im Wege der Vollstreckung in die schuldrechtlichen Ansprüche des Schuldners auf Rückgewähr des nicht valutierten Teils der Sicherheiten Befriedigung finden können.[115] Ob derartige Ansprüche bestehen, richtet sich nach dem Verhältnis des Schuldners zum Sicherungsgläubiger. Hat der Schuldner sich solche Ansprüche gegenüber dem Erwerber dagegen ausnahmsweise vorbehalten, scheidet die Gläubigerbenachteiligung insoweit aus.[116] Nicht durch die Belastung des Grundstücks gesicherte Ansprüche können sich naturgemäß auf den, dem Zugriff der Gläubiger durch die Eigentumsübertragung entzogenen, Vermögenswert nicht auswirken.[117] Fehlt es bereits an der nominalen Wertausschöpfung, tritt zumindest in Höhe des Mehrwerts Benachteiligung ein. Werden **mehrere Gegenstände** in einem einheitlichen Vertrag veräußert, ist die wertausschöpfende Belastung für jeden einzeln gesondert zu prüfen, wohingegen es für die Frage des Bargeschäfts (vgl. Rdn. 39) auf den Gesamtvertrag ankommt.

Dem **Schuldner** nach oder mit der Übertragung **eingeräumte Rechte**: Räumt der Anfechtungsgegner dem Schuldner am weggegebenen Gegenstand einen **Nießbrauch** oder eine **beschränkte persönliche Dienstbarkeit**, insb. ein Wohnrecht, ein, schließt dies die durch die Weggabe eingetretene Gläubigerbenachteiligung selbst dann nicht aus, wenn diese Rechte nach §§ 1059 S. 2, 1092 Abs. 1 Satz 2 BGB, §§ 857 Abs. 3, 851 Abs. 2 ZPO der Pfändung unterliegen,[118] weil sie nicht den Wert des weggegebenen Grundstücks repräsentieren, zumal sie den Verwertungsbeschränkungen des § 857 Abs. 4 ZPO unterliegen.[119] Der Rückgewähranspruch des Anfechtenden nach § 11 umfasst in diesem Falle nicht auch den Anspruch gegen den Beschenkten, diese Belastungen zu beseitigen.[120] Darf der Schuldner die Ausübung eines ihm eingeräumten Nießbrauchs zunächst nach der gesetzlichen Regel des § 1059 Abs. 2 BGB einem anderen überlassen und gerät dieses Recht durch eine Ausschlussvereinbarung in Wegfall, liegt keine Gläubigerbenachteiligung vor, da dies, jedenfalls für sich gesehen, wegen § 851 Abs. 2 ZPO selbst bei Eintragung im Grundbuch nach h.M. die Pfändung nicht hindert,[121] eine Beschränkung des Pfändungszugriffs also nicht eintritt. Eine beschränkte persönliche Dienstbarkeit unterliegt dagegen der Pfändung nur, wenn dem Berechtigten die nicht notwendig im Grundbuch eingetragene,[122] hier nicht kraft Gesetzes eintretende Ausübungsüberlassung gem. § 1092 Abs. 1 S. 2 BGB gestattet wurde. Der Wegfall der Überlassungsgestattung kann daher die Gläubiger benachteiligen.[123]

34

Verspricht danach die **Vollstreckung in das Grundstück keine (vollständige) Befriedigung**, kommt auch die gesonderte **Anfechtung der Belastungen** gegen deren Berechtigten (sei es der Grundstückserwerber selbst oder ein Dritter) in Betracht, die sich im Allgemeinen allerdings nur auf den Anspruch richtet, dass der vorrangige Gläubiger von seinem Recht, insb. im Verteilungsverfahren, keinen Gebrauch macht (vgl. § 11 Rdn. 23 ff.).[124] Der Gläubiger hat im Prozess gegen den vorrangigen Gläubiger inzident die Anfechtbarkeit gegenüber dem Grundstückserwerber darzutun und zu beweisen. Umgekehrt muss er die Voraussetzungen der Anfechtbarkeit der Belastungen im Prozess um die Anfechtung der Grundstücksübertragung dartun und beweisen. Die Anfechtung gegenüber dem aus der Belastung Berechtigten braucht nicht zuvor geltend gemacht zu werden. Es reicht, dass eine An-

35

---

115 BGH 27.03.1984, IX ZR 49/83, ZIP 1984, 753 (755).
116 BGH 23.11.2006, IX ZR 126/03, ZIP 2007, 588 Rn. 21; bei § 129 InsO entgegen BGH 05.07.2007, IX ZR 256/06, ZIP 2007, 1816 Rn. 52, dagegen zweifelhaft.
117 BFH 26.04.2010, VII B 260/09, BFH/NV 2010, 1414.
118 BGH 03.05.2007, IX ZR 16/06, ZIP 2007, 1326 Rn. 34; auf unpfändbare Rechte begrenzend wohl noch BGH 10.12.1998, IX ZR 302/97, ZIP 1999, 146 (147).
119 BGH 12.01.2006, IX ZR 131/04, WM 2006, 913 Rn. 16; BFH 30.03.2010, VII R 22/09, ZIP 2010, 1356 Rn. 34.
120 BFH 14.07.1981, VII R 49/80, BStBl II 1981, 751.
121 BGH 21.06.1985, V ZR 37/84, ZIP 1985, 1084.
122 BGH 29.09.2006, V ZR 25/06, ZIP 2006, 2321.
123 BGH 14.06.2007, IX ZR 170/06, WuM 2007, 533 Rn. 7.
124 BGH 09.05.1996, IX ZR 50/95, ZIP 1996, 1178 (1179).

fechtung insoweit möglich und (noch) durchsetzbar ist.[125] Die auf die Anfechtung der Grundstücksveräußerung gerichtete Klage beinhaltet nicht gleichzeitig die Anfechtung der dem Erwerber zuvor bereits übertragenen Rechte am Grundstück,[126] kann aber mit ihr durch objektive Klagehäufung verbunden werden, wohingegen die Anfechtung gegenüber einem anderen Berechtigten im selben Prozess nur unter den allgemeinen Prozessvoraussetzungen und denjenigen des § 60 ZPO möglich ist.

4. Kausalität

36 Zwischen der angefochtenen Rechtshandlung und der Beeinträchtigung des Gläubigerzugriffs muss ein **ursächlicher Zusammenhang** bestehen. Dies **ist der Fall**, wenn die Befriedigungsmöglichkeiten des Gläubigers ohne die angefochtene Rechtshandlung günstiger wären (zu **nichtigen Rechtshandlungen** Rdn. 13f). Ein ursächlicher Zusammenhang **fehlt** dagegen, wenn der Gläubiger auch ohne die angefochtene Rechtshandlung nicht erfolgreich hätte vollstrecken können, er bei Erfüllungshandlungen über ausreichende anfechtungsfreie Sicherheiten verfügte oder das Schuldnervermögen trotz der Rechtshandlung dem Gläubiger volle Befriedigung ermöglicht.[127] Es genügt, dass die Rechtshandlung im natürlichen Sinne eine Bedingung für die Gläubigerbenachteiligung darstellt. Da es nicht um einen Schadensersatzanspruch geht, der sich unter Umständen auch auf entfernte Folgen einer Handlung erstrecken kann, bedarf es für die Anfechtbarkeit nicht der Einschränkung durch die Adäquanztheorie.[128] Die einzelnen Anfechtungstatbestände grenzen mit eigenen Mitteln, insb. über die subjektive Voraussetzung der Benachteiligungsabsicht (§ 3 Abs. 1 und Abs. 2) oder durch die Beschränkung auf unentgeltliche Verfügungen (§ 4), zu weitgehende Folgen von der Haftung aus.[129]

a) Unmittelbare Benachteiligung

37 Soweit der Anfechtungstatbestand unmittelbare Gläubigerbenachteiligung verlangt (ausschließlich § 3 Abs. 2), muss diese **im Zeitpunkt der Vornahme der** konkret angefochtenen **Rechtshandlung**[130] vorliegen (§ 8), bei Grundstücksübertragungen kommt es damit auf den Zeitpunkt der Eintragung des Erwerbers im Grundbauch an, es sei denn, die Voraussetzungen einer der Fiktionen des § 8 Abs. 2 liegen vor. **Unmittelbare Benachteiligung erfordert**, dass ohne Hinzutreten weiterer Umstände die Befriedigungsmöglichkeiten aus dem Schuldnervermögen beeinträchtigt werden. Inkongruente Deckungen (§ 131 InsO) benachteiligen stets unmittelbar. Die Gläubigerbenachteiligung ist bei Weggabe eines Grundstücks danach ausgeschlossen, wenn es zu diesem Zeitpunkt wertausschöpfend belastet ist (vgl. Rdn. 33).[131] Eine aus mehreren Teilen bestehende Rechtsübertragung ist gem. ihrer Bedeutung nach h.M. (vgl. Rdn. 24) als einheitliches Ganzes zu erfassen. Die Gläubiger werden durch den Abschluss unmittelbar benachteiligt, wenn der rechtsgeschäftliche Vorgang insgesamt die Zugriffsmöglichkeit für die Gläubiger verschlechtert.[132]

38 Nach Sinn und Zweck der Anfechtungsvorschriften soll auch für die Unmittelbarkeit der Benachteiligung das **Verpflichtungs- und das Erfüllungsgeschäft** als einheitliches Ganzes betrachtet werden. Bereits durch den Abschluss des Schuldvertrags werden nach der Rechtsprechung die Gläubiger unmittelbar benachteiligt, wenn der gesamte rechtsgeschäftliche Vorgang, Grund- und Erfüllungsgeschäft, die Zugriffsmöglichkeiten der Gläubiger verschlechtert, was nicht der Fall ist, wenn der Schuldner eine gleichwertige Gegenleistung erhält.[133] Maßgeblicher Zeitpunkt hierfür ist derjenige, zu dem die Rechtswirkungen des Gesamtgeschäfts eintreten, nicht also etwa der Abschluss des Kauf-

---

125 BGH 11.07.1996, IX ZR 226/94, ZIP 1996, 1516 (1520).
126 Anderes kann auch aus BGH 17.07.2008, IX ZR 148/07, ZIP 2008, 1593 Rn. 20, nicht abgeleitet werden.
127 BGH 09.12.1999, IX ZR 102/97, ZIP 2000, 238 (240).
128 *Gaul/Schilken/Becker-Eberhard* § 35 Rn. 43.
129 BGH 09.12.1999, IX ZR 102/97, ZIP 2000, 238 (241).
130 BGH 19.05.2009, IX ZR 129/06, ZIP 2009, 1285 Rn. 18.
131 BGH 23.11.2006, IX ZR 126/03, ZIP 2007, 588 Rn. 23.
132 BGH 11.02.2010, VII ZR 225/07, ZIP 2010, 646 Rn. 12 f., wohl bezogen auf eine größere Zahl zeitgleicher Zessionen an den Anfechtungsgegner.
133 BGH 15.12.1994, IX ZR 153/93, ZIP 1995, 134 (136).

vertrags, sondern der der Erfüllung durch Übereignung, § 8 Abs. 1, ggf. der frühere Zeitpunkt des § 8 Abs. 2.[134] Dem kann aus den zur Rechtshandlung (vgl. Rdn. 25) genannten Gründen nicht gefolgt werden, Grund und Erfüllungsgeschäft sind gesondert zu bewerten. Der Schuldvertrag selbst führt im Allgemeinen, auch bei ungleichwertiger Gegenleistung, nicht zu einer unmittelbaren Benachteiligung. Die Erfüllung – auch sie selbst ist entgeltlicher Vertrag i.S.d. § 3 Abs. 2, Gegenleistung für sie ist der Wegfall der Forderung – bewirkt stets einen Nachteil, als unmittelbar kann er aber nur eingestuft werden, wenn der Anspruch aus tatsächlichen oder rechtlichen Gründen (etwa Verjährung) nicht mehr durchgesetzt werden kann.[135] Ist die dem Schuldner versprochene Leistung allerdings nicht gleichwertig, so liegt in der Erfüllung der eigenen Verbindlichkeit ein unmittelbarer Nachteil,[136] weshalb nach der hier vertretenen Auffassung zwar nicht das Gesamtgeschäft, wohl aber die Erfüllungshandlung der Anfechtung nach § 3 Abs. 2 unterfällt. Ist vor geschuldeter Vollrechtsübertragung dem Erwerber ein nicht mehr entziehbares **Anwartschaftsrecht** eingeräumt worden, entscheidet dieser Zeitpunkt. Lässt der Anfechtungsgegner danach, aber vor der Vollrechtsübertragung Belastungen des Gegenstands zugunsten des Schuldners zu, vermag dies die unmittelbare Gläubigerbenachteiligung nicht mehr zu beseitigen.[137]

Bei **Bargeschäften** i.S.d. § 142 InsO (näher dort; s.a. Rdn. 31 a.E., 41), die voraussetzen, dass für die Leistung des Schuldners unmittelbar eine gleichwertige Gegenleistung in sein Vermögen gelangt ist, scheidet die unmittelbare Benachteiligung schon begrifflich und mit ihr § 3 Abs. 2 aus, mittelbare Benachteiligung bleibt dagegen möglich. Für die Einbringung eines Grundstücks in eine GmbH ist die Wertsteigerung des Gesellschaftsanteils des Schuldners kein vollwertiger Ausgleich, der die Gläubigerbenachteiligung beseitigen könnte, weil der Gesellschaftsanteil im Allgemeinen schwerer zu verwerten ist.[138]

39

b) Mittelbare Benachteiligung

Reicht mittelbare Gläubigerbenachteiligung aus, was außer für § 3 Abs. 2 für alle Anfechtungstatbestände gilt, ist hierfür **nicht der Zeitpunkt der Vornahme** der angefochtenen Rechtshandlung maßgeblich. Es genügt wenn weitere, nicht notwendig durch die Rechtshandlung verursachte,[139] Umstände hinzutreten und sie erst mit diesen zusammen die Benachteiligung bewirken, oder wenn jemand erst nach der Rechtshandlung Gläubiger des Schuldners wird.[140] Diese Umstände müssen nicht die adäquate Folge der angefochtenen Rechtshandlung sein, es reicht aus, dass die Benachteiligung objektiv jedenfalls auch durch sie verursacht wurde.[141] Entscheidend für die mittelbare Benachteiligung ist der Zeitpunkt der **letzten mündlichen Verhandlung in der Tatsacheninstanz**. Dies gilt trotz der durch §§ 529 ff. ZPO n.F. beschränkten Vortragsmöglichkeiten jedenfalls für Vortrag, der in der **Berufungsinstanz** zuzulassen ist.[142] Soweit das Berufungsgericht dagegen an die Feststellungen des erstinstanzlichen Urteils gebunden ist, entscheidet die letzte mündliche Verhandlung in der Vorinstanz. Für die Gläubigerbenachteiligung maßgeblich ist deshalb etwa die (fiktive) Pfändbarkeit des weggegebenen Gegenstands zu diesem Zeitpunkt, nicht im Zeitpunkt des Rechtserwerbs.[143] Wertschwankungen des Gegenstands oder sonstige Veränderungen sind bis zum zuerst genannten Zeitpunkt zu berücksichtigen.

40

---

134 BGH 19.05.2009, IX ZR 129/06, ZIP 2009, 1285 Rn. 21.
135 MüKo-InsO/*Kirchhof* § 133 Rn. 44.
136 MüKo-AnfG/*Kirchhof* Rn. 130.
137 BGH 15.12.1994, IX ZR 153/93, ZIP 1995, 134 (136).
138 BGH 15.12.1994, IX ZR 153/93, ZIP 1995, 134.
139 MüKo-AnfG/*Kirchhof* Rn. 110.
140 BGH 09.12.1999, IX ZR 102/97, ZIP 2000, 238 (241).
141 BGH 09.12.1999, IX ZR 102/97, ZIP 2000, 238 (241).
142 BGH 19.05.2009, IX ZR 129/06, ZIP 2009, 1285 Rn. 29; 03.05.2007, IX ZR 16/06, ZIP 2007, 1326 Rn. 17; 23.11.2006, IX ZR 126/03, ZIP 2007, 588 Rn. 19; a.A. wegen des Zeitpunkts der Pfändbarkeit *Huber* § 1 Rn. 38.
143 A.A. OLG Braunschweig MDR 1953, 741; *Huber* § 1 Rn. 38; *Jaeger* § 1 Rn. 60.

41 Aus dem Fehlen einer dem § 142 InsO entsprechenden Vorschrift kann die Unanfechtbarkeit von **Bargeschäften** (vgl. Rdn. 39) wegen mittelbarer Benachteiligung nach § 3 Abs. 1 nicht abgeleitet werden.[144] Jene Vorschrift konstituiert nicht die Anfechtbarkeit von Bargeschäften nach § 133 InsO, sondern schließt – klarstellend – die anderen Tatbestände aus. Die Gläubigerbenachteiligung muss sich hier natürlich aus einem anderen Grund als dem der Ungleichwertigkeit der ausgetauschten Leistungen ergeben, etwa aus der Verschleuderung des Kaufpreises. Die Beschränkung der Anfechtung ergibt sich aus den subjektiven Erfordernissen des § 3 Abs. 1.

c) Nachträgliche Beseitigung der Benachteiligung

42 Wird die Gläubigerbenachteiligung bis zum Zeitpunkt der letzten mündlichen Tatsachenverhandlung nachträglich beseitigt, entfällt die Anfechtbarkeit, so wenn das **Schuldnervermögen** nunmehr **zulänglich geworden** ist. Auch **Rückübertragung** des anfechtbaren Erwerbs oder seines Werts an den Schuldner kann die Benachteiligung beseitigen, wenn dadurch im Ergebnis die alte Zugriffslage, ggf teilweise, im Sinne des § 11 wieder hergestellt wird,[145] was auch durch Duldung der Zwangsvollstreckung eines anderen anfechtungsberechtigten Gläubigers durch den Anfechtungsgegner geschehen kann. Die Benachteiligung wird auch beseitigt, wenn der Anfechtungsgegner dem Schuldner für die angefochtene Zuwendung als (weitere) Gegenleistung Vermögenswerte zukommen lässt, die jene ausgleichen und dem Zugriff des Gläubigers offen stehen.[146] Zweifelhaft kann dies sein, wenn das Zurückgegebene einfacher zu verschleudern war als das Weggegebene.[147] Ist durch die Rückgabe an den Schuldner jedoch, wenn auch nur vorübergehend, die gleiche Zugriffslage eingetreten, wie sie ohne die anfechtbare Rechtshandlung bestand, ist die Gläubigerbenachteiligung beseitigt. Der Anfechtungsanspruch erlischt, ohne dass es darauf ankäme, dass der Gläubiger sich tatsächlich beim Schuldner befriedigen kann,[148] denn durch die Anfechtung soll der Gläubiger keine Besserstellung erfahren (zur Beweislast vgl. Rdn. 50). Kollusives Zusammenwirken des Anfechtungsgegners mit dem Schuldner kann aber zur Haftung nach § 826 BGB führen. Die durch die Weggabe des Gegenstands eingetretene Gläubigerbenachteiligung wird nicht dadurch beseitigt, dass dieser dem Anfechtungsgegner später in einer Zwangsversteigerung zugeschlagen wird.[149] Der Anfechtungsgegner ist befugt, entsprechend § 1142 BGB das Anfechtungsrecht durch Zahlung eines Geldbetrags abzuwenden (vgl. § 11 Rdn. 3).

5. Hypothetische Kausalverläufe

43 Maßgeblich für die Gläubigerbenachteiligung ist allein der **reale Geschehensablauf**. Hypothetische Kausalverläufe wirken weder zugunsten noch zu Lasten des Anfechtungsgegners, sie sind im Anfechtungsrecht grundsätzlich unbeachtlich. So können sie einerseits die tatsächlich eingetretene Gläubigerbenachteiligung nicht beseitigen.[150] Erwirbt der Anfechtungsgegner etwa einen Gegenstand vom Schuldner, dem dieser erst kurz zuvor von einem Dritten veräußert worden war, wird die Benachteiligung nicht dadurch ausgeschlossen, dass auch ein Direkterwerb möglich gewesen wäre,[151] es sei denn der Schuldner hätte nach dem Gesamtkonzept nur die Stellung eines uneigennützigen Treuhänders (vgl. aber auch § 11 Rdn. 28 ff.) erhalten. Andererseits vermögen nur gedachte Geschehensabläufe im Regelfall die Ursächlichkeit einer Rechtshandlung des Schuldners für die Benachtei-

---

144 OLG Köln 10.12.2003, 2 U 135/03, ZInsO 2004, 452.
145 RG 07.05.1896, VI 6/96, RGZ 37, 97; MüKo-AnfG/*Kirchhof* Rn. 169.
146 BGH 16.08.2007, IX ZR 63/06, ZIP 2007, 1717 Rn. 57.
147 Unscharf allerdings BFH 17.01.2000, VII B 282/99, BFH/NV 2000, 857.
148 A.A. die h.M., RG 20.10.1899, II 177/99, RGZ 44, 92 (93); *Huber* § 11 Rn. 10; *Jaeger* § 7 Rn. 4.
149 BGH 29.06.2004, IX ZR 258/02, ZIP 2004, 1619 (1620).
150 Grundlegend BGH 07.06.1988, IX ZR 144/87, ZIP 1988, 1060 (unter Aufgabe von BGH 23.02.1984, IX ZR 26/83, ZIP 1984, 489); 29.06.2004, IX ZR 258/02, ZIP 2004, 1619 (1620); 15.12.1994, IX ZR 153/93, ZIP 1995, 134 (137).
151 BGH 18.05.2000, IX ZR 119/99, ZIP 2000, 1550.

ligung seiner Gläubiger auch nicht zu begründen.[152] Ein hypothetischer Kausalverlauf ist jedoch unter wertender Betrachtung dann beachtlich, wenn der anfechtbar erlangte Gegenstand sich nicht mehr im Vermögen des Anfechtungsgegners befindet und dies auf – realen – Ereignissen beruht, die in gleicher Weise ohne die angefochtene Rechtshandlung ebenfalls den Verlust der Sache beim Schuldner bewirkt hätten,[153] der Gegenstand etwa auf jeden Fall untergegangen wäre.[154] Hier entfällt der Wertersatzanspruch aus § 11 Abs. 1 S. 2.

6. Vorteilsausgleichung

Auch im Gläubigeranfechtungsrecht findet eine Vorteilsausgleichung grds nicht statt; **Vorteile für den Schuldner** aus der anfechtbaren Rechtshandlung vermögen also weder die Entstehung des Anfechtungsrechts zu verhindern noch Inhalt und Umfang des Anfechtungsanspruchs zu beeinflussen.[155] Nicht ausgeschlossen ist jedoch die Berücksichtigung eines Vorteils, den der **Gläubiger** durch die angefochtene Rechtshandlung erhalten hat; insoweit fehlt es schon an einer Gläubigerbenachteiligung, wenn etwa ein Gesamtschuldner dem anderen einen Vermögensgegenstand überträgt, so die Durchsetzung gegenüber dem anderen nicht erschwert ist.[156] 44

III. Außerhalb des Insolvenzverfahrens

Gemeint ist die Anfechtung außerhalb des **Insolvenzverfahrens** über das Vermögen **des Schuldners** (dazu §§ 16–18; zur Gläubigerinsolvenz vgl. Rdn. 5; zur Insolvenz des Anfechtungsgegners Rdn. 10 und § 11 Rdn. 12). Außerhalb des Insolvenzverfahrens werden trotz Verfahrenseröffnung auch solche Duldungsansprüche verfolgt, die nach Maßgabe der Rdn. 6 nicht in die Kompetenz des Insolvenzverwalters fallen. Insolvenzverfahren in diesem Sinn sind auch die Eigenverwaltung (§ 280 InsO), das Verbraucherinsolvenzverfahren trotz § 313 Abs. 2 InsO (vgl. § 16 Rdn. 3, 8), das Nachlassinsolvenzverfahren und das Verfahren über das gemeinschaftlich verwaltete Gesamtgut einer Gütergemeinschaft. 45

C. Gläubigeranfechtung durch die Finanzverwaltung

Die Anfechtung ist auch wegen **Ansprüchen aus dem Steuerschuldverhältnis** (§ 37 AO) möglich, praktisch wird sie nur für die Finanzverwaltung, die § 191 AO zu beachten hat. Angesprochen sind nicht nur das Finanzamt, das im Folgenden jedoch exemplarisch herangezogen wird, sondern auch die Gemeinden, etwa bei der Erhebung der GewSt. § 191 Abs. 1 AO lautet in der ab dem 01.01.1999 anzuwendenden Fassung (vgl. § 20 Rdn. 2), Art. 97 § 11b S. 1 EGAO: 46

»Wer kraft Gesetzes für eine Steuer haftet (Haftungsschuldner), kann durch Haftungsbescheid, wer kraft Gesetzes verpflichtet ist, die Vollstreckung zu dulden, kann durch Duldungsbescheid in Anspruch genommen werden. Die Anfechtung wegen Ansprüchen aus dem Steuerschuldverhältnis außerhalb des Insolvenzverfahrens erfolgt durch Duldungsbescheid, soweit sie nicht im Wege der Einrede nach § 9 des Anfechtungsgesetzes geltend zu machen ist; bei der Berechnung von Fristen nach den §§ 3 und 4 des Anfechtungsgesetzes steht der Erlass eines Duldungsbescheids der gerichtlichen Geltendmachung der Anfechtung nach § 7 Abs. 1 des Anfechtungsgesetzes gleich. Die Bescheide sind schriftlich zu erteilen.«

Das Finanzamt hat die Anfechtung, die auch in der Hand der Finanzverwaltung ein zivilrechtlicher Anspruch bleibt,[157] wie sich schon aus dem Wortlaut des § 191 Abs. 1 S. 2 AO ergibt, **zwingend** 47

---

152 BGH 19.04.2007, IX ZR 199/03, ZIP 2007, 1164, 1166 (zur GesO).
153 BGH 21.01.1993, IX ZR 275/91, ZIP 1993, 208.
154 BGH 16.05.1979, VIII ZR 156/78, JZ 1979, 476 (477).
155 BGH 13.05.2004, IX ZR 128/01, ZIP 2004, 1370; wohl auch BGH 11.03.2010, IX ZR 104/09, ZIP 2010, 793.
156 Einschränkend für zusammen veranlagte Ehegatten BFH 17.02.1987, VII B 144/86, BFH/NV 1987, 624.
157 BGH 29.11.1990, IX ZR 265/89, ZIP 1991, 113.

durch (schriftlichen) **Duldungsbescheid** geltend zu machen.[158] Eine Klage des Finanzamtes vor dem Zivilgericht dürfte damit unzulässig sein. Gegen den die Duldung aussprechenden Bescheid ist **für den Bescheidempfänger** folglich nach erfolglosem Einspruch (§ 347 Abs. 1 Nr. 1 AO, Frist bei Erteilung der nicht zwingenden Rechtsbehelfsbelehrung § 356 Abs. 1 AO, sonst Abs. 2) allein der **Finanzgerichtsweg** eröffnet; dies gilt selbst dann, wenn er sich gegen einen erst **drohenden Duldungsbescheid** wendet, wofür die vorbeugende Unterlassungsklage nach § 40 Abs. 1 Alt. 3 FGO zur Verfügung steht.[159] Geht er dennoch im Zivilgerichtsweg mit der **negativen Feststellungsklage** vor, hindert dies das Finanzamt erst am Bescheiderlass, wenn die Zivilgerichte (in Verkennung ihrer Zuständigkeit) das Nichtbestehen des Anfechtungsrechts rechtskräftig festgestellt haben.[160] Dies dürfte auch für den Fall gelten, dass das Finanzamt sich als Beklagter einer Drittwiderspruchsklage (§ 262 AO) mit der Anfechtungseinrede (vgl. § 9 Rdn. 6) verteidigt.[161] Die Zivilgerichte haben einen bestandskräftigen Duldungsbescheid im Übrigen zu beachten.[162] § 191 Abs. 1 AO erfasst auch die Geltendmachung des Wertersatzanspruchs, § 11 Abs. 1 S. 2 AnfG.[163] Der Duldungsbescheid ist für die **Fristberechnungen** in §§ 3, 4, inzident auch bei § 5, maßgebend (vgl. § 7 Rdn. 11, 14), §§ 6 und 6a knüpfen für die Fristberechnung nicht an die gerichtliche Geltendmachung an. Auch im Zivilrechtsstreit steht dem Finanzamt jedoch die **Anfechtungseinrede** nach § 9 zu, ohne dass es eines entsprechenden Bescheids bedürfte.[164] Die von § 191 Abs. 1 S. 2 AO in der **Insolvenz des Schuldners** verursachten Probleme (vgl. § 17 Rdn. 10) hat der Gesetzgeber nicht beachtet.

48 Der Duldungsbescheid muss dem **Bestimmtheitsgebot** des 119 AO und den **Anforderungen des § 13** AnfG genügen (vgl. § 13 Rdn. 16),[165] jedoch nicht angeben, wie sich die Zwangsvollstreckung i.E. gestalten werde.[166] Aus dem Bescheid sollen die tatsächlichen und rechtlichen Grundlagen der Duldungspflicht hervorgehen. § 191 Abs. 1 AO verlangt eine **Ermessensentscheidung mit Begründung**, der Verweis auf die Erfolglosigkeit der Vollstreckung beim Schuldner genügt jedoch, wenn keine andere Anfechtungsmöglichkeit in Betracht kommt, anderenfalls ist auch **Auswahlermessensausübung** erforderlich.[167] Insoweit geht der Rechtsschutz weiter als im Zivilgerichtsweg. Die **gerichtliche Prüfungsbefugnis** beschränkt sich nach § 102 FGO darauf, ob das Finanzamt die gesetzlichen Grenzen seines Ermessens überschritten oder sonst von dem Ermessen in einer dem Zweck der Ermächtigung (§ 191 Abs. 1 AO i.V.m. dem AnfG) nicht entsprechenden Weise Gebrauch gemacht hat.[168] Entgegen BFH[169] ist dafür nicht die Sach- und Rechtslage im Zeitpunkt der letzten Verwaltungsentscheidung, sondern im **Zeitpunkt der letzten mündlichen Verhandlung** in der Tatsacheninstanz maßgebend, da auch im Rahmen des § 100 FGO, soweit dies geboten ist, Rückwirkung von Sachverhaltsänderungen, etwa im Hinblick auf die objektive Gläubigerbenachteiligung oder auf die Forderung gegen den Schuldner, berücksichtigt werden müssen,[170] zumal es um einen zivilrechtlichen Anspruch geht. Nach BFH[171] kann das Finanzgericht einen Duldungsbescheid unter teilwei-

---

158 BGH 27.07.2006, IX ZB 141/05, ZIP 2006, 1603, womit BGH 29.11.1990, IX ZR 265/89, ZIP 1991, 113, insoweit überholt ist; OLG Celle 06.08.2012, 13 W 64/12, ZInsO 2012, 2200; a.A. wohl BFH 30.03.2010, VII R 22/09, ZIP 2010, 1356 Rn. 12; 01.12.2005, VII B 95/05, BFH/NV 2006, 701; 07.02.2002, VII B 14/01, BFH/NV 2002, 757: auch Zivilgerichtsweg eröffnet.
159 BGH 27.07.2006, IX ZB 141/05, ZIP 2006, 1603 (1604).
160 BFH 01.12.2005, VII B 95/05, BFH/NV 2006, 701.
161 A.A. *Huber* § 7 Rn. 25.
162 BGH 25.10.1990, IX ZR 13/90, ZIP 1990, 1591.
163 BFH 31.07.1984, VII R 151/83, BStBl II 1985, 31.
164 Beispiel bei BFH 07.02.2002, VII B 14/01, BFH/NV 2002, 757.
165 BFH 08.02.2001, VII B 82/00, BFH/NV 2001, 1003.
166 BFH 31.06.1979, VII B 11/79, BStBl II 1979, 756.
167 BFH 10.02.1987, VII R 122/84, BStBl II 1988, 313.
168 FG München 08.11.2010, 14 K 1233/09.
169 BFH 12.08.2004, VII S. 25/03 und 29.07.1981, VII R 27/79, BFHE 135, 95, offen gelassen aber von BFH 28.05.2003, VII B 106/03, BFH/NV 2003, 1146.
170 Tipke/Kruse/*Tipke* § 100 FGO Rn. 7.
171 BFH 22.06.2004, VII R 16/02, BStBl II 2004, 923.

ser Klageabweisung dahin ändern, dass (nur) **Wertersatz** geschuldet wird. Der **Streitwert** bestimmt sich auch im Finanzgerichtsprozess nach der Forderung, wegen der der Duldungsbescheid erlassen worden ist, es sei denn, der Wert des Vollstreckungsgegenstands ist niedriger.[172]

Der Duldungsbescheid setzt im Übrigen voraus, dass der **Anspruch gegen den Schuldner festgesetzt, fällig** und **vollstreckbar** ist und keiner der Tatbestände des § 191 Abs. 5 S. 1 AO (S. 2 ist unanwendbar, keine Analogie) gegeben ist. Die **Aussetzung der Vollziehung** gegenüber dem Schuldner schließt daher die Anfechtung aus (vgl. § 2 Rdn. 7).[173] § 191 Abs. 2 und Abs. 3 AO greifen nicht, so dass die Duldungspflicht selbst keiner Festsetzungsverjährung unterliegt. 49

D. Beweislast

Im Allgemeinen hat **der Gläubiger** alle Voraussetzungen der Anfechtung darzulegen und zu beweisen.[174] Dazu gehört neben der Rechtshandlung auch der Eintritt der objektiven Gläubigerbenachteiligung,[175] bei der Anfechtung von Unterlassungen derjenigen Tatsachen, die dies rechtfertigen. Er hat daher ggf den in der Zwangsvollstreckung erzielbaren, im Allgemeinen nur durch Sachverständigengutachten zu ermittelnden[176] Wert des weggegebenen Gegenstands, meist eines Grundstücks, ebenso zu beweisen wie das Nichtvorliegen einer wertausschöpfenden Belastung.[177] Dies kann jedoch erleichtert werden. Kennt er wie üblich die Valutierung der Grundpfandrechte nicht, ist es Sache des Anfechtungsgegners, sich auf die wertausschöpfende Belastung zu berufen und im Rahmen seiner sekundären Darlegungslast detailliert zum Valutierungsstand im fraglichen Zeitpunkt vorzutragen. Die schlichte Behauptung einer wertausschöpfenden Belastung reicht nicht aus.[178] Eine Beweislastumkehr ist damit jedoch nicht verbunden. Nämliches kann für die Darlegung werterhöhender Maßnahmen gelten. Die Beweislast für den für die unmittelbare Gläubigerbenachteiligung maßgeblichen Zeitpunkt des Wirksamwerdens der Rechtshandlung nach § 8 Abs. 1 trägt der Gläubiger, für einen früheren Zeitpunkt gem. § 8 Abs. 2 darlegungs- und beweispflichtig ist der Anfechtungsgegner.[179] Zum Teil enthalten die einzelnen Anfechtungstatbestände gesetzliche oder durch die Rechtsprechung installierte Beweiserleichterungen zugunsten des Anfechtenden. Die Beweislast für die vollständige Beseitigung der Gläubigerbenachteiligung etwa durch Rückübertragung des anfechtbar Weggegebenen an den Schuldner (vgl. Rdn. 42) trägt der **Anfechtungsgegner**. 50

§ 2 Anfechtungsberechtigte

Zur Anfechtung ist jeder Gläubiger berechtigt, der einen vollstreckbaren Schuldtitel erlangt hat und dessen Forderung fällig ist, wenn die Zwangsvollstreckung in das Vermögen des Schuldners nicht zu einer vollständigen Befriedigung des Gläubigers geführt hat oder wenn anzunehmen ist, daß sie nicht dazu führen würde.

Übersicht		Rdn.			Rdn.
A.	Normzweck und Allgemeines	1	1. Allgemeine Voraussetzungen des Titels		5
B.	Die einzelnen Tatbestandsmerkmale	2	a) Vollstreckbarkeit		5
I.	Hauptforderung	2	b) Bestand/Wegfall des Titels		7
	1. Forderungsqualität	3	2. Geeignete Titel		8
	2. Fälligkeit	4	a) Titel nach der ZPO		8
II.	Schuldtitel	5			

---

172 BFH 09.01.1992, VII E 1/91, BFH/NV 1992, 690.
173 A.A. BFH 09.02.1988, VII R 62/86, BFH/NV 1988, 752.
174 BGH 20.10.2005, IX ZR 276/02, ZIP 2006, 387 Rn. 9.
175 BGH 03.05.2007, IX ZR 16/06, ZIP 2007, 1326.
176 BGH 13.01.2011, IX ZR 13/07 Rn. 5, 6; 20.10.2005, IX ZR 276/02, ZIP 2006, 387 Rn. 9.
177 BGH 03.05.2007, IX ZR 16/06, ZIP 2007, 1326 Rn. 18.
178 BGH 20.10.2005, IX ZR 276/02, ZIP 2006, 387 Rn. 11 f.
179 BGH 19.05.2009, IX ZR 129/06, ZIP 2009, 1285 Rn. 22.

	Rdn.		Rdn.
b) Titel außerhalb der ZPO	10	3. Prognostische Unzulänglichkeit (§ 2 Alt. 2)	18
3. Einwendungen gegen den Titel	11	IV. Beweislast	21
III. Unzulängliches Schuldnervermögen	12	C. **Sicherungsmöglichkeiten**	22
1. Unzulänglichkeit	12		
2. Fruchtlose Zwangsvollstreckung (§ 2 Alt. 1)	15		

A. Normzweck und Allgemeines

1 § 2 bestimmt, wann ein Einzelanfechtungsanspruch gerichtlich verfolgbar ist (zum Entstehen vgl. § 1 Rdn. 1). Seine Voraussetzungen sind vor allem verfahrensrechtlicher Natur, fehlt eine, so ist eine Anfechtungsklage unzulässig.[1] Die **Zulässigkeit der Anfechtungsklage** setzt danach voraus, dass der anfechtende Gläubiger über eine titulierte, fällige (Ausnahmen bei Rdn. 4) und vollstreckbare Forderung verfügt und die Vollstreckung in das Schuldnervermögen entweder nicht zu seiner vollen Befriedigung geführt hat oder prognostisch nicht dazu führen wird. Maßgeblich ist der **Zeitpunkt** der letzten mündlichen Verhandlung in der Tatsacheninstanz.[2] Für **Duldungsbescheide** nach § 191 Abs. 1 AO stellt der BFH insoweit meist auf den Zeitpunkt der letzten Verwaltungsentscheidung ab (vgl. § 1 Rdn. 49). Eine **Aussetzung des Verfahrens** nach § 148 ZPO, um dem Gläubiger die Erfüllung der Voraussetzungen zu ermöglichen, kommt nicht in Betracht,[3] eine Vertagung (§ 227 Abs. 1 ZPO) allenfalls bei Zustimmung des Gegners, dagegen soll auch das Revisionsgericht aussetzen können, wenn während des Anfechtungsprozesses die vorläufige Vollstreckbarkeit beseitigt und das Verfahren wegen der Hauptforderung fortgesetzt wird, etwa nach Aufhebung und Zurückverweisung.[4] Für das Titelerfordernis bei der Anfechtungseinrede siehe § 9. Die Voraussetzungen des § 2 können durch eine Vereinbarung zwischen Gläubiger und Anfechtungsgegner abbedungen werden,[5] die Beteiligung des Schuldners ist nur im Hinblick auf Rückgriffsansprüche des Anfechtungsgegners erforderlich. – Das **Titelerfordernis** soll den Streit über den Bestand der Hauptforderung sowie Einwendungen und Einreden hiergegen (vgl. a. Rdn. 11) möglichst vom Anfechtungsprozess fernhalten.[6] Deshalb bildet nicht die festgestellte Forderung, sondern der Titel die Grundlage der Anfechtung.[7] Obwohl der Anfechtungsgegner bei der Schaffung des Titels regelmäßig nicht beteiligt ist, kann dies im Hinblick auf die in §§ 3 ff. aufgestellten Voraussetzungen hingenommen werden, zumal das Titelerfordernis den Anfechtungsgegner weitgehend vor Inanspruchnahme wegen unberechtigter Hauptforderung sichert. Der Schuldtitel des Gläubigers ist freilich zugleich für die Beurteilung des Vorliegens der Anfechtungsvoraussetzungen nicht ohne Bedeutung, denn zum Rechtsgrund des Anfechtungsanspruchs gehört auch die – durch die anfechtbare Handlung beeinträchtigte – sachlich-rechtliche Gläubigerstellung. Wegen der Formalisierung des § 2 ist für den Anfechtungsprozess mit Wegfall des Titels vom Nichtbestand der Forderung und damit auch von der Unbegründetheit der Klage auszugehen.[8]

B. Die einzelnen Tatbestandsmerkmale

I. Hauptforderung

2 Das Anfechtungsrecht wird dem Gläubiger nur zum Zweck der Befriedigung einer **bestimmten Forderung** gewährt, mit ihr ist es unlösbar verknüpft, sie bedingt und begrenzt den Anfechtungs-

---

1 BGH 02.03.2000, IX ZR 285/99, WM 2000, 931.
2 BGH 29.01.1970, VII ZR 34/68, BGHZ 53, 174.
3 RG 14.10.1919, VII 92/19, RGZ 96, 335 (338).
4 BGH 19.01.1983, VIII ZR 204/82, ZIP 1983, 494.
5 Beispiel: LG Frankenthal 24.06.1986, 2/26 O 393/84, ZIP 1986, 993.
6 *BGH 19.11.1998, IX ZR 116/97, ZIP 1999, 33 (34); a.A. Gerhardt* ZIP 1984, 397 (398); *Jaeger* § 2 Rn. 33 ff.
7 BGH 05.02.1953, IV ZR 173/52, LM Nr. 1 zu § 2 AnfG.
8 BGH 02.03.2000, IX ZR 285/99, WM 2000, 931.

anspruch, ihre genaue Bezeichnung bildet deshalb Bestandteil von Grund und Antrag der Anfechtungsklage.[9]

1. Forderungsqualität

Das Anfechtungsrecht steht entgegen dem weiten Wortlaut des § 2 nicht »jedem« Gläubiger (vgl. § 1 Rdn. 5) zu, sondern nur dem Gläubiger einer **Geldsummenschuld**,[10] dem es die Vollstreckung nach Maßgabe der §§ 803 ff. ZPO in den anfechtbar weggegebenen Gegenstand nur erlaubt, soweit es zu seiner Befriedigung erforderlich ist. Erfasst werden auch Forderungen, die erst nachträglich in einen Geldanspruch übergegangen sind, nicht aber solche, die nur übergehen können. Der Rechtsgrund der Forderung ist unbeachtlich, deshalb berechtigen nicht nur zivilrechtliche Forderungen zur Anfechtung, sondern auch öffentlich-rechtliche, etwa Steuer- oder staatliche Geldstrafenforderungen. Ausreichend ist ferner eine dinglichen Forderung, kraft derer der Gläubiger Zahlung einer Geldsumme aus dem belasteten Grundstück verlangen kann, also aus einer Hypothek, Grundschuld, Rentenschuld oder Reallast,[11] was die schuldrechtliche Natur des Anfechtungsanspruchs selbst (vgl. § 1 Rdn. 4) indessen nicht beeinflusst.

3

2. Fälligkeit

Anders als die Teilnahme an der Insolvenz (§§ 41, 191 InsO) setzt die Anfechtungsberechtigung eine **fällige, nicht aufschiebend (auflösend ist unschädlich) bedingte Forderung** voraus. Der Gläubiger kann eine Stundungsvereinbarung widerrufen, wenn der Schuldner den Anspruch in erheblicher Weise gefährdet oder sich seine Verhältnisse verschlechtern.[12] Die Forderung muss durchsetzbar sein. **Titulierte Zinsen** auf die Hauptforderung sollen bis zur künftigen Vollstreckungsmaßnahme, nicht nur bis zum Zeitpunkt der letzten mündlichen Verhandlung als fällig gelten,[13] weil die ursprüngliche Vollstreckungslage für den Gläubiger wieder hergestellt werden soll, ebenso titulierte Forderungen auf **wiederkehrende Leistungen** gem. § 258 ZPO[14] und **Steuersäumniszuschläge,** die sogar nur im Fall des § 254 Abs. 2 AO der Titulierung bedürfen.[15] Die Verurteilung hat in diesen Fällen auf Duldung »wegen der fällig gewordenen Zinsen oder wiederkehrenden Leistungen« zu lauten. Dies müsste fälschlich aber konsequent auch für sonstige aus Sicht des Anfechtungsprozesses zukünftige Hauptforderungen oder Teile hiervon nach §§ 257, 259 ZPO gelten, soweit sie nicht besonderer Berechnung bedürfen (zu Prozess- und Vollstreckungskosten vgl. Rdn. 5). Kann der Gläubiger die Geldleistung nur **Zug um Zug** vom Schuldner verlangen, hindert dies die Verurteilung des Anfechtungsgegners auch dann nicht, wenn der Gläubiger im Zeitpunkt der letzten mündlichen Verhandlung noch nicht an jenen geleistet oder ihn in Annahmeverzug gesetzt hat. Die Verurteilung erfolgt dann »gegen Leistung des Gläubigers an den Schuldner«,[16] wobei es sich nicht um ein Zug-um-Zug-Urteil nach § 726 Abs. 2 ZPO handelt.

4

---

9 BGH 18.12.1986, IX ZR 11/86, ZIP 1987, 439.
10 Heute allg.M.; Begr. RegE Art. 1 § 11 EGInsO; BGH 25.10.1990, IX ZR 211/89, ZIP 1991, 58, *Gaul* KTS 2007, 133 (157).
11 BGH 18.12.1986, IX ZR 11/86, ZIP 1987, 439.
12 BGH 23.11.2006, IX ZR 126/03, ZIP 2007, 588 Rn. 17.
13 BGH 10.01.1985, IX ZR 2/84, ZIP 1985, 372 (373); 23.02.1984, IX ZR 26/83, ZIP 1984, 489 (491); dagegen zu Recht *Gerhardt* ZIP 1984, 397 (402).
14 BGH 22.11.1990, IX ZR 90/90, WM 1991, 526.
15 BGH 03.03.1976, VIII ZR 197/74, BGHZ 66, 91 (97); FG Thüringen 08.12.2010, 2 V 268/10, EFG 2011, 769.
16 BGH 13.05.2004, IX ZR 128/01, ZIP 2004, 1370 (1374).

II. Schuldtitel

1. Allgemeine Voraussetzungen des Titels

a) Vollstreckbarkeit

5 Die Anfechtung setzt nicht nur eine bestimmte Geldforderung, sondern auch einen hierauf gerichteten, **vollstreckbaren Schuldtitel** voraus (Ausnahmen in Rdn. 4 und – vorläufig – bei der Anfechtung durch Einrede nach § 9). Dementsprechend muss im – ggf auszulegenden – Klageantrag (§ 13) die vollstreckbare Forderung (liegen mehrere vor, auch gestaffelt) angegeben werden und für welchen Betrag die Zurverfügungstellung verlangt wird.[17] In Betracht kommen **endgültig** und **vorläufig vollstreckbare** Titel, auch **Vorbehaltsurteile** (näher § 14), die Anordnung einer **Sicherheitsleistung** hindert den Anfechtungsprozess nicht,[18] sie ist auch nicht vor der Vollstreckung des Anfechtungsanspruchs zu leisten, denn diese richtet sich gegen den Anfechtungsgegner und nicht gegen den Schuldner.[19] Auf das Titelerfordernis kann auch bei den gegen den Schuldner entstandenen Kosten der Titulierung und einer eventuellen fruchtlosen Vollstreckung nicht verzichtet werden, es bedarf eines **Kostenfestsetzungsbeschlusses nach §§ 103 ff., 788 Abs. 2 ZPO**,[20] der nicht im Anfechtungsprozess geschaffen werden kann. Der Titel gegen den Schuldner kann in **gewillkürter Prozessstandschaft** erlangt sein, selbst wenn er auf Zahlung an den Ermächtigenden lautet.[21] **Ausländische** auf Zahlung gerichtete **Titel** reichen nur bei Erlass eines Vollstreckungsurteils nach §§ 722, 328 ZPO zur Anfechtung aus, soweit nicht Sonderregelungen für ihre Vollstreckbarkeit bestehen, so Art. 38 ff. EuGVVO i.V.m. dem AVAG für Titel aus EG-Mitgliedsländern[22] oder für **Europäische Vollstreckungstitel** über unbestrittene Forderungen nach §§ 1082 ff. ZPO i.V.m. der EG-VO Europ. Vollstreckungstitel.

6 Nicht erforderlich ist dagegen eine **vollstreckbare Ausfertigung** des Titels (§§ 724 f. ZPO), die es etwa bei Steuerbescheiden ohnehin nicht gibt, noch dass die sonstigen Voraussetzungen der Vollstreckung aus dem Titel, wie etwa die Zustellung, geschaffen sind,[23] auch nicht bei **Rechtsnachfolge** auf Gläubiger- oder Schuldnerseite, da mit ihr der Anfechtungsanspruch von selbst auf den Rechtsnachfolger übergeht (vgl. § 1 Rdn. 9), selbst wenn zur Erwirkung der Klausel eine Klage nach §§ 727, 731 ZPO notwendig wäre. Rechtsnachfolge im Prozess regelt § 265 Abs. 2 ZPO. Eine erteilte Klausel kann umgekehrt den nicht existenten Titel nicht ersetzen (etwa bei sog. Nicht- oder Scheinurteil sowie wirkungslosem Urteil, denen keine Vollstreckbarkeit zukommt).

b) Bestand/Wegfall des Titels

7 **Entfällt der Titel** vor dem Schluss der letzten mündlichen Verhandlung – selbst der Revisionsinstanz[24] –, wird die Anfechtungsklage unzulässig. Ebenso, wenn er lediglich die **Vollstreckbarkeit verliert**, wie etwa nach § 718 Abs. 1 ZPO oder gem. §§ 251, 361 Abs. 2–4 AO bei Aussetzung der Vollziehung.[25] Es spricht einiges dafür, hierunter auch die **einstweilige Einstellung der Zwangsvollstreckung** zu fassen, sei es die individuelle nach §§ 707, 719 ZPO oder, bei lediglich dinglichem Titel, gem. §§ 30a ff. ZVG, sei es die allgemeine durch Anordnung des Insolvenzgerichts nach § 21 Abs. 2 S. 3 InsO oder § 46 Abs. 2 S. 6 KWG. Zwar nimmt sie dem Titel nicht die Vollstreckbarkeit, die Anfechtungssperre ist dennoch systemimmanent, weil der Gläubiger, dem die Vollstreckung ge-

---

17 BGH 23.11.2000, IX ZR 155/00, ZIP 2001, 124.
18 RG 27.03.1925, VI 460/24, RGZ 110, 354.
19 RG 18.05.1909, VII 388/08, RGZ 71, 177; *Jaeger* § 9 Rn. 21.
20 BGH 10.01.1985, IX ZR 2/84, ZIP 1985, 372 (373).
21 BGH 22.09.1982, VIII ZR 293/81, ZIP 1982, 1362.
22 Hierzu näher Zöller/*Geimer* Art. 38 EuGVVO Rn. 4.
23 RG 27.04.1937, VII 331/36, RGZ 155, 42 (45).
24 BGH 13.12.1989, VIII ZR 204/82, NJW 1990, 1302.
25 Zu Letzterem a.A. BFH 09.02.1988, VII R 62/86, BFH/NV 1988, 752, wo indes nicht hinreichend zwischen Fälligkeit und Vollstreckbarkeit differenziert wird.

gen den Schuldner untersagt ist, keine Besserstellung dadurch erfahren soll, dass dieser über den Gegenstand der Anfechtung verfügt oder verfügt hat. Die Anfechtung kann dort, wo die Vollstreckung gegen den Schuldner ausgeschlossen ist, keinen anderweitigen Zwangszugriff ermöglichen, worauf ersichtlich auch § 7 Abs. 3 aufbaut. Außerhalb der (vorläufigen) Insolvenz setzte die Anfechtung den Schuldner entgegen der Intention der Aussetzung zumindest der Gefahr aus, vom Anfechtungsgegner in Regress genommen zu werden, innerhalb bieten die insolvenzrechtlichen Regeln einen ausreichenden Masse- und damit Gläubigerschutz. Die Konsequenz, dass die zunächst zulässige Anfechtungsklage durch eine derartige Maßnahme unzulässig wird, ist hinzunehmen. Eine Aussetzung nach § 148 ZPO ist hier jedoch angezeigt.[26] Zudem ist wegen der Anfechtungsfrist eine Analogie zu § 7 Abs. 3 (vgl. § 7 Rdn. 1) erwägenswert, auch wenn es sich hierbei um eine Ausnahmeregelung handelt. – Ein erstinstanzliches auf Zahlung lautendes Urteil wird nicht dadurch aufgehoben, dass das Berufungsgericht ein **Zwischenurteil über den Grund** erlässt und die Berufung des Beklagten insoweit zurückweist.[27] Soweit berechtigte Einwendungen gegen den **Inhalt des Titels**, also den Bestand der Hauptforderung, geltend gemacht werden (vgl. Rdn. 11), führt dies nicht zur Unzulässigkeit, sondern zur Unbegründetheit der Anfechtungsklage. – Nimmt der Anfechtungskläger, der ein rechtskräftiges, vorbehaltsloses Anfechtungsurteil erwirkt hat, nach Empfang des ausgeurteilten Betrags die noch nicht rechtskräftig beschiedene Zahlungsklage gegen den Schuldner zurück, steht der Zulässigkeit der auf Rückzahlung des Geleisteten gerichteten **Bereicherungsklage** die Rechtskraft des Anfechtungsurteils nicht entgegen,[28] ebenso wenig bei Verurteilung auf Duldung der Zwangsvollstreckung in den weggegebenen Gegenstand.

2. Geeignete Titel

a) Titel nach der ZPO

Dies sind: **Endurteile**, auch ausländische (vgl. Rdn. 5), sowie die in § 794 ZPO genannten auf eine Geldforderung gerichteten Titel, insb. **Kostenfestsetzungsbeschlüsse** (Nr. 2), **Prozessvergleiche** (Nr. 1, auch im Arrest- oder einstweiligen Verfügungsverfahren, wenn sie auf Geldzahlung gerichtet sind)[29] und **Vollstreckungsbescheide** (Nr. 4), **notarielle Urkunden** (Nr. 5), gleich ob über einen abstrakten oder kausalen Zahlungsanspruch; nach §§ 1060 f. ZPO für vollstreckbar erklärte in- und ausländische **Schiedssprüche**. **Dingliche Titel** (Duldungsurteile aufgrund § 1147 BGB, notarielle Urkunden nach § 794 Abs. 1 Nr. 5, § 800 ZPO) berechtigen nur zur Anfechtung von Rechtshandlungen, die die Vollstreckung hieraus, also in den belasteten Gegenstand, beeinträchtigen. 8

Nicht ausreichend ist die Verurteilung wegen einer Geldforderung nur **dem Grunde nach** oder zur **Rechnungslegung**. Ebenso sind **Arrestbefehl** und **einstweilige Verfügung** regelmäßig nicht auf Geldzahlung gerichtet[30] und deshalb keine geeigneten Titel, Ausnahme vgl. Rdn. 8. 9

b) Titel außerhalb der ZPO

Neben den vorgenannten auf der ZPO beruhenden Titeln kommen die Eintragung in die Insolvenztabelle gem. § 201 Abs. 2 InsO (vgl. a. § 18 Rdn. 3) und alle sonstigen auf Geldzahlung gerichteten Titel in Betracht, die den Zwangszugriff auf das Schuldnervermögen erlauben. Sie ergeben sich aus den Verfahrensgesetzen, FamFG, ArbGG, ZVG, InsO, VwGO, FGO, StPO, aber auch aus den sonstigen öffentlich-rechtlichen Vorschriften wie der AO oder den VwVfGen oder aufgrund von Landesgesetzen, soweit § 801 ZPO die Vollstreckung zulässt. 10

---

26 Nach den Grundsätzen von BGH 19.01.1983, VIII ZR 204/82, ZIP 1983, 494.
27 BGH 13.12.1989, VIII ZR 204/82, NJW 1990, 1302.
28 BGH 02.03.2000, IX ZR 285/99, NJW 2000, 2022.
29 BGH 28.02.1991, IX ZR 219/90, NJW-RR 1991, 1021.
30 BGH 25.10.1990, IX ZR 211/89, ZIP 1991, 58.

3. Einwendungen gegen den Titel

11 Der **Anfechtungsgegner kann geltend machen**, der Titel genüge den in Rdn. 5–10 dargestellten Voraussetzungen nicht. Im Übrigen soll das Titelerfordernis einerseits verhindern, dass der Streit über den Bestand der Hauptforderung im Anfechtungsprozess ausgetragen wird (vgl. Rdn. 1), andererseits soll die Anfechtung nur die ursprüngliche Zugriffslage wieder herstellen, so dass der Anfechtungsgegner dem Gläubigerzugriff nicht stärker ausgesetzt sein darf als der Schuldner. Ihm stehen daher alle Einwendungen zu, die der Schuldner noch gegen die Vollstreckung erheben könnte, sie müssen freilich im Anfechtungs- und nicht in dem ansonsten vorgesehenen gesonderten Verfahren vorgebracht werden.[31] Angriffe gegen den materiellen Anspruch sind möglich, soweit die §§ 323, 767, 797 ZPO dies für den Schuldner zulassen.[32] Es spricht deshalb auch nichts dagegen, dem Anfechtungsgegner die für die Klagen nach §§ 578 ff. ZPO vorgesehenen Einwendungen gegen den Titel selbst im Anfechtungsprozess zuzubilligen,[33] eine analoge Anwendung des § 14 ist nicht angezeigt. Dagegen ist der Anfechtungsgegner bei nur vorläufig vollstreckbaren Titeln oder Vorbehaltsurteilen durch § 14 hinreichend geschützt, sie sperren seine Einwendungen wie ein rechtskräftiges Urteil.[34] **Materielle Gestaltungsrechte** wie die Irrtumsanfechtung oder Aufrechnung, sowie allgemein **an die Person des Schuldners gebundene Abwehrrechte** kann der Anfechtungsgegner nicht für den Schuldner ausüben, so die Einrede der Verjährung der Hauptforderung nicht erheben. Gleichwohl soll er in diesen Fällen gegen die Anfechtung die unzulässige Rechtsausübung einwenden können.[35] Generell kann dem Anfechtungsgegner der Einwand der **unzulässigen Rechtsausübung** nach § 242 BGB und der **vorsätzlichen sittenwidrigen Schädigung** nach § 826 BGB[36] aus eigenem Recht nicht versagt werden.[37] Deren Voraussetzungen werden indessen nur selten erfüllt sein. Die Anfechtung ist, jedenfalls wenn der Gläubiger sie sich vorbehalten hat, nicht allein deswegen ausgeschlossen, weil er an der später angefochtenen Vermögensübertragung neben dem Schuldner mitgewirkt hat.[38] Ebenso wenig schadet grds die Mitwirkung einer Behörde oder die eines Mitberechtigten. Die Notwendigkeit einer Rechtshandlung des Schuldners (vgl. § 1 Rdn. 26, vgl. auch § 10) wird dadurch nicht beseitigt.

III. Unzulängliches Schuldnervermögen

1. Unzulänglichkeit

12 Die Vollstreckung des Gläubigers in das Vermögen des Schuldners darf **nicht zu dessen vollständiger Befriedigung** geführt haben, § 2 Alt. 1 (vgl. Rdn. 15), oder es muss anzunehmen sein, dass sie nicht dazu führen würde, § 2 Alt. 2 (vgl. Rdn. 18), unzulängliches Schuldnervermögen. Entscheidend ist auch hier der **Zeitpunkt der letzten mündlichen Tatsachenverhandlung**, nicht der der Vornahme der Rechtshandlung. Von der Vollstreckung gegen den Schuldner darf umgekehrt bei lediglich zu erwartender **Teilbefriedigung** nur abgesehen werden, wenn sie nur in sehr geringwertige Gegenstände möglich ist.[39] § 2 bringt damit im Zusammenhang mit § 11 Abs. 1 (»soweit es zu dessen Befriedigung erforderlich ist«) zum Ausdruck, dass der Gläubiger nicht nach Belieben oder aus Bequemlichkeit seinen noch leistungsfähigen Schuldner auf Kosten des Empfängers anfechtbarer Zuwendungen schonen darf, und behandelt die Anfechtung insoweit als »**subsidiär**« gegenüber der Voll-

---

31 BGH 08.12.2011, IX ZR 33/11, ZInsO 2012, 128 Rn. 16; 19.11.1998, IX ZR 116/97, ZIP 1999, 33 (34).
32 BGH 16.08.2007, IX ZR 63/06, ZIP 2007, 1717 Rn. 23.
33 Ebenso MüKo-AnfG/*Kirchhof* Rn. 49.
34 BGH 10.10.1996, IX ZR 273/95, BGHR AnfG § 2 Schuldtitel 4, zu § 10 a.F.
35 OLG Köln 21.12.1992, 2 U 132/92, ZIP 1993, 778 (780); MüKo-AnfG/*Kirchhof* Rn. 43.
36 MüKo-AnfG/*Kirchhof* Rn. 52.
37 BGH 16.08.2007, IX ZR 63/06, ZIP 2007, 1717 Rn. 23, 26.04.1961, VIII ZR 165/60, NJW 1961, 1463.
38 BGH 05.12.1991, IX ZR 271/90, ZIP 1992, 124 (125).
39 BGH 16.07.2007, IX ZR 63/06, ZIP 2007, 1717 Rn. 49, der dortigen Ansicht, es käme auf das Verhältnis zur Hauptforderung an, kann nicht uneingeschränkt gefolgt werden.

streckung gegen den Schuldner.⁴⁰ Unzulänglichkeit ist nicht gleichzusetzen mit der **Zahlungsunfähigkeit** des § 17 InsO, die indes im Rahmen der Feststellung des Benachteiligungsvorsatzes eine Rolle zu spielen vermag. Während diese einen Vergleich der liquiden und in bestimmter Frist liquidierbaren Mittel mit den fälligen Verbindlichkeit erfordert, liegt jene (nur) vor, wenn das pfändbare Vermögen zur Befriedigung des konkret anfechtenden Gläubigers im Zeitpunkt der letzten mündlichen Tatsachenverhandlung nicht ausreicht, was auch bei Zahlungsunfähigkeit und Überschuldung (§ 19 InsO) nicht ohne weiteres der Fall sein muss. Die (voraussichtliche) Fruchtlosigkeit der Einzelvollstreckung ist deshalb selbst nach Eintritt von Zahlungsunfähigkeit und **Überschuldung** nicht nur hinreichende, sondern auch notwendige Bedingung für die Zulässigkeit der Anfechtungsklage. § 2 geht auch für **Duldungsbescheide** den teilweise erheblich geringeren Anforderungen des § 219 AO vor, da § 191 Abs. 1 S. 2 AO die Anfechtbarkeit nach dem AnfG voraussetzt.

Maßgeblich für die Feststellung der Unzulänglichkeit ist allein der **Bestand des Schuldnervermögens**,⁴¹ soweit es dem Vollstreckungszugriff unterliegt (vgl. § 1 Rdn. 28), auch des **Auslandsvermögens**. Dieses ist nur dann nicht heranzuziehen, wenn der Schuldtitel des Gläubigers im Ausland nicht anerkannt wird (vgl. a. Rdn. 15).⁴² Soweit die EuGVVO Anwendung findet, dürfte daher Zugriffsfähigkeit zu bejahen sein, was auch auf den Rechtsgedanken des § 917 Abs. 2 ZPO gestützt werden kann.⁴³ Fehlt es an der Anerkennung des Titels, vermag auch das freiwillige Anerbieten des Schuldners nichts zu ändern, wenn sich hieraus keine konkrete Verwertungsmöglichkeit ergibt.⁴⁴ Ob Zweifel an der Vollstreckbarkeit im Ausland für die Annahme der Unzulänglichkeit ausreichen, ist höchstrichterlich nicht entschieden⁴⁵ und dürfte von deren Ernsthaftigkeit abhängen und bei § 2 Alt. 2 (vgl. Rdn. 18) Berücksichtigung finden. Weil es nur auf das Vermögen des Schuldners ankommt, setzt die Unzulänglichkeit nicht den Versuch der Vollstreckung in das **Vermögen eines Dritten** voraus, hafte dieser auch als **Gesamtschuldner** oder komme seinerseits als Anfechtungsgegner in Betracht.⁴⁶ Ist eine **Personengesellschaft Schuldnerin**, kann der Anfechtungsgegner den Gläubiger daher nicht auf die, zudem einen besonderen Titel erfordernde Vollstreckung in das Gesellschaftervermögen verweisen.⁴⁷ Der Gläubiger muss schließlich – anders als eigene Sicherheiten – nicht vorrangig ihm bestellte **Drittsicherheiten** in Anspruch nehmen.⁴⁸ Wird gegenüber dem Erben des Schuldners angefochten, kommt es auf das Erbe an, solange der Gläubiger nicht in dessen Eigenvermögen vollstrecken kann.

Zu berücksichtigen ist nur Vermögen, auf das der Gläubiger **ohne weiteres zugreifen** kann,⁴⁹ so ist ihm nicht zuzumuten, die Pfändung ernsthaft bestrittener, nicht rechtskräftig festgestellter Forderungen zu versuchen,⁵⁰ insb. wenn mit einer Drittwiderspruchsklage gerechnet werden muss, was sich auch aus dem Vorbringen des Anfechtungsgegners ergeben kann,⁵¹ oder gar eine solche erhoben wurde. Auch braucht er sich nicht auf Vollstreckungsmaßnahmen verweisen zu lassen, die erst nach Jahren zu einer Befriedigung führen,⁵² was insb. bei der Zwangsverwaltung der Fall sein kann, die oft

---

40 BGH 08.12.2011, IX ZR 33/11, ZInsO 2012, 128 Rn. 29; 16.07.2007, IX ZR 63/06, ZIP 2007, 1717; 11.07.1996, IX ZR 226/94, ZIP 1996, 1516.
41 BGH, 03.11.1965, VIII ZR 257/63, WM 1966, 140.
42 BGH 05.11.1980, VIII ZR 230/79, ZIP 1981, 31 (34).
43 OLG Hamm 03.04.2008, 27 U 4/08, OLGR 2008, 715.
44 BGH 18.05.1989, IX ZR 71/88, WM 1989, 1185.
45 Offen gelassen von BGH 05.11.1980, VIII ZR 230/79, ZIP 1981, 31.
46 BGH 03.11.1965, VIII ZR 257/63, WM 1966, 140; OLG Saarbrücken 14.12.2004, 4 U 639/03, OLGR 2005, 188.
47 RG 15.02.1927, VI 495/26, WarnRspr. 1927, Nr. 102.
48 RG 15.03.1938, VII 209/37, DJ 1938, 1128; OLG Saarbrücken 14.12.2004, 4 U 639/03, OLGR 2005, 188.
49 BGH, 03.11.1965, VIII ZR 257/63, WM 1966, 140.
50 BGH 16.07.2007, IX ZR 63/06, ZIP 2007, 1717 Rn. 53.
51 BGH 05.11.1980, VIII ZR 230/79, ZIP 1981, 31.
52 BGH 08.12.2011, IX ZR 33/11, ZInsO 2012, 128 Rn. 26; 16.07.2007, IX ZR 63/06, ZIP 2007, 1717 Rn. 53.

zunächst sogar nur Kosten verursacht. Hat der Schuldner Vermögenswerte an Dritte verloren, kommt es auf den Grund nicht an.

2. Fruchtlose Zwangsvollstreckung (§ 2 Alt. 1)

15 Die Vollstreckung ist so lange als fruchtlos zu behandeln, bis der Gläubiger, auch wegen seiner Nebenforderungen (Zinsen, Kosten, auch derjenigen einer fruchtlosen oder teilfruchtlosen Vollstreckung gegen den Schuldner) **vollständig befriedigt** ist oder gem. § 114a ZVG als befriedigt gilt.[53] Der Gläubiger muss alle in Betracht kommenden Vollstreckungsmöglichkeiten ausgeschöpft, nicht aber mehrfache gleiche Vollstreckungsversuche durchgeführt haben. Verfügt er nur über einen **beschränkt vollstreckbaren Titel**, so hat er sich, wenn anzunehmen ist, dass die Vollstreckung hieraus nicht zu einer weiteren Befriedigung führt, soweit möglich zunächst einen umfassend vollstreckbaren zu verschaffen,[54] anderenfalls bleibt seine Anfechtungsklage (eventuell teilweise) unzulässig. Wird sein Titel im Ausland, in dem Vermögen des Schuldners belegen ist, nicht anerkannt (vgl. Rdn. 13), kann er verpflichtet sein, sich zunächst um einen anerkennungsfähigen Titel zu bemühen. Der Gläubiger einer **dinglichen Forderung** bleibt bereits dann fruchtlos, wenn die Vollstreckung in den belasteten Gegenstand nicht zu seiner Befriedigung führt oder dies anzunehmen ist.

16 Nicht gefordert ist die Abgabe der **eidesstattlichen Versicherung** nach § 807 ZPO oder § 284 AO oder die Vorlage einer Unpfändbarkeitsbescheinigung nach § 63 GVGA;[55] zu dem hiermit verbundenen Beweisanzeichen für die voraussichtliche Unzulänglichkeit vgl. Rdn. 19.

17 Obwohl dem Gläubiger im Allgemeinen freisteht, von einer Aufrechnungsmöglichkeit Gebrauch zu machen, wird die **Aufrechnung** als Vollstreckung i.S.d. § 2 behandelt,[56] selbst wenn sich der Gläubiger in Vermögensverfall befindet. Sie ist im Rahmen von § 406 BGB auch dem Zessionar des Schuldners gegenüber zu erklären. Dabei kann es sich um den Anfechtungsgegner handeln. Besteht für den Gläubiger ein einseitiges Aufrechnungsverbot, braucht er freilich die Aufrechnung durch den Schuldner nicht vor der Anfechtung abzuwarten. Im Übrigen gelten für die Aufrechnung Rdn. 10–14 entsprechend. Ob Teilaufrechnungsmöglichkeiten vorrangig auszunutzen sind, richtet sich nach den für Teilbefriedigungen in Rdn. 11 dargelegten Grundsätzen.[57]

3. Prognostische Unzulänglichkeit (§ 2 Alt. 2)

18 Der **fruchtlosen Zwangsvollstreckung bedarf es nicht**, wenn der Gläubiger dartun und beweisen kann (zur Beweislast ansonsten vgl. Rdn. 21), dass die Vollstreckung[58] oder die Verwertung bereits begründeter Pfändungspfandrechte[59] voraussichtlich nicht zu einer vollständigen Befriedigung führen wird. Dem Gläubiger können Beweiserleichterungen, vor allem in Form von Indizien, zur Seite stehen. Für die Beweiswürdigung gilt der Maßstab des § 286 ZPO. Gegebenenfalls ist ein möglicher Ausfall zu prognostizieren, für den dann § 287 Abs. 2 i.V.m. I ZPO gilt, sofern eine ausreichende Tatsachengrundlage für die Schätzung vorhanden ist und genauere Feststellungen nicht oder nur mit erheblichem Aufwand getroffen werden können.[60] Maßgeblich ist auch hier die letzte mündliche Tatsachenverhandlung, später zu erwartender Erwerb des Schuldners ist unerheblich.

19 Hat der Schuldner die **eidesstattliche Versicherung** (vgl. a. Rdn. 16) abgegeben oder liegt eine **Unpfändbarkeitsbescheinigung** vor, ist der Gläubiger im Allgemeinen allerdings zunächst des weiteren

---

53 BGH 21.06.1979, VIII 297/77, WM 1979, 977.
54 RG 25.09.1900, VII 138/1900, JW 1900, 753.
55 BGH 22.09.1982, VIII ZR 293/81, ZIP 1982, 1362.
56 BGH 08.12.2011, IX ZR 33/11, ZInsO 2012, 128 Rn. 22; 16.07.2007, IX ZR 63/06, ZIP 2007, 1717 Rn. 37 ff.
57 Teilweise abweichend MüKo-AnfG/*Kirchhof* Rn. 58.
58 BFH 30.04.2009, VII B 91/08 Rn. 15; 28.05.2003, VII B 106/03, BFH/NV 2003, 1146.
59 BGH 15.12.1994, IX ZR 153/93, ZIP 1995, 134 (135).
60 BGH 08.12.2011, IX ZR 33/11, ZInsO 2012, 128 Rn. 29, 33 ff.

Beweises der voraussichtlichen Unzulänglichkeit enthoben,[61] wenn der Anfechtungsgegner nicht dartun kann, dass sie unzutreffend (geworden) sind. Je länger sie zurückliegen, desto geringer wird im Regelfall ihre Beweiskraft sein. Die Wertung der §§ 903, 915a ZPO ist zu berücksichtigen, es ist dann stets eine umfassende Gesamtabwägung erforderlich.[62]

Als **Indizien** kommen, nicht abschließend, weiter in Betracht: Eigene Erklärungen des Schuldners oder seines Umfelds, fruchtlose Vollstreckungsversuche anderer Gläubiger,[63] das »Untertauchen« des Schuldners,[64] je nach Einzelfall aber auch geringe oder keine Einkünfte aus Erwerbstätigkeit,[65] die Einlassungen des Anfechtungsgegners selbst. 20

IV. Beweislast

Die **Darlegungs- und Beweislast** für die Voraussetzungen des § 2 trägt der **Gläubiger**, er muss die Existenz des vollstreckbaren Titels und die fällige Forderung, was regelmäßig durch Vorlage des Titels erfolgt, vor allem aber die Unzulänglichkeit des Schuldnervermögens beweisen. Erforderlich ist der Vollbeweis nach § 286 ZPO (zur prognostischen Unzulänglichkeit Rdn. 18).[66] Ist eine Rechtsnachfolge geltend gemacht, trägt der Gläubiger auch hierfür die Beweislast. Hat der Gläubiger schlüssig die Unzulänglichkeit des Schuldnervermögens dargetan, ist es Sache des Anfechtungsgegners, andere Vollstreckungsmöglichkeiten aufzuzeigen, deren Unergiebigkeit dann wieder zum Beweis des Gläubigers steht, sein Bestreiten mit Nichtwissen ist unzureichend.[67] Ebenso obliegt dem Anfechtungsgegner der Nachweis des Wiedererstarkens des Schuldners, wenn Unzulänglichkeit zu einem bestimmten Zeitpunkt feststeht. Ob anderweitiges Vermögen des Schuldners zur Befriedigung ausreicht, entscheidet nicht der Verkehrswert, sondern der Wert, den der Gläubiger in der Zwangsvollstreckung erzielen kann. Er ist ggf durch Sachverständigengutachten zu ermitteln (vgl. a. § 1 Rdn. 33, 50). Die Darlegungs- und Beweislast für die in Rdn. 11 dargestellten Einwendungen trifft regelmäßig den Anfechtungsgegner. 21

C. Sicherungsmöglichkeiten

Der Anfechtungsanspruch kann durch **einstweilige Verfügung** gesichert werden, mit der dem Anfechtungsgegner ein Veräußerungsverbot auferlegt wird.[68] Wird ein Anfechtungsanspruch auf Duldung der Zwangsvollstreckung in ein Grundstück oder in ein Recht an einem Grundstück geltend gemacht, mag im Einzelfall (§ 938 ZPO) auch die Eintragung einer Vormerkung zur Sicherung des Anspruchs auf Einräumung des Vorrangs der noch einzutragenden Zwangshypothek des Gläubigers gem. § 880 Abs. 2 BGB vor dem Recht des Anfechtungsgegners in Betracht kommen und dann die Verhängung eines Verfügungsverbots ausschließen.[69] Regelmäßig wird sie jedoch nicht genügen, weil sie den Rang in einer vom Gläubiger später zu betreibenden Zwangsverwaltung nicht sichern kann, § 883 BGB. Weil der Anfechtungsanspruch das Grundbuch nicht unrichtig macht, ist die Eintragung eines Widerspruchs unzulässig.[70] Treten richterliche Verfügungsverbote zum Schutz unter- 22

---

61 BFH 28.05.2003, VII B 106/03, BFH/NV 2003, 1146.
62 BGH 27.09.1990, IX ZR 67/90, ZIP 1990, 1420 (1421).
63 BGH 27.09.1990, IX ZR 67/90, ZIP 1990, 1420 (1421).
64 BGH 11.07.1996, IX ZR 226/94, ZIP 1996, 1516.
65 BFH 28.05.2003, VII B 106/03, BFH/NV 2003, 1146.
66 BGH 27.09.1990, IX ZR 67/90, ZIP 1990, 1420 (1421).
67 OLG Hamm 03.04.2008, 27 U 4/08, OLGR 2008, 715.
68 BGH 19.03.1992, IX ZR 14/91, ZIP 1992, 558 (563); OLG Stuttgart 18.11.2009, 3 W 63/09, ZIP 2010, 1089; OLG Köln 12.04.1996, 1 W 38/96, InVo 1996, 296, MüKo-AnfG/*Kirchhof* § 13 Rn. 64; str., ausf. zur Gegenansicht, die ausschließlich die Arrestvorschriften für anwendbar hält, *Gaul* KTS 2007, 133 (159 ff.).
69 So OLG Hamm 28.03.2002, 27 W 7/02, NZI 2002, 575; BGH 14.06.2007, IX ZR 219/05, ZIP 2007, 1577 Rn. 9 bei Grundstücksbelastung, abl. aber bei Übereignung; RG 09.05.1905, VII 168/05, RGZ 60, 423 (425).
70 *Huber* § 11 Rn. 19.

schiedlicher Gläubiger gegeneinander in Wettbewerb, so ist das später wirksam gewordene Verbot gegenüber dem durch ein älteres Verbot geschützten Gläubiger (relativ) unwirksam, §§ 135 Abs. 1 S. 2 (analog), 888 Abs. 2 BGB.[71] Der durch ein eingetragenes richterliches Verfügungsverbot gesicherte Anfechtungsgläubiger kann daher von dem Gläubiger einer später in das Grundbuch eingetragenen Zwangshypothek verlangen, mit seinem Recht hinter eine eigene Zwangshypothek des Verbotsgeschützten zurückzutreten, selbst wenn auch zu dessen Gunsten, aber später ein Veräußerungsverbot ergangen ist. Die Eintragung des Veräußerungsverbots ist nicht notwendig, hindert aber gem. § 892 Abs. 1 S. 2 BGB gutgläubigen Erwerb, es führt nicht zu einer Grundbuchsperre. Richtet sich der Anfechtungsanspruch ausnahmsweise von vornherein auf eine Geldforderung oder ist Wertersatz geschuldet, kann ein Arrest ausgebracht werden. In beiden Fällen bedarf es weder eines Titels über die Hauptforderung noch der gerichtlichen Geltendmachung des Anfechtungsanspruchs.[72] **Glaubhaft gemacht** werden müssen nur die Hauptforderung, die Unzulänglichkeit des Schuldnervermögens und der Arrest- oder Verfügungsgrund. Geht es um die Zwangsvollstreckung in Grundstücksrechte, bedarf es analog §§ 885 S. 2, 899 Abs. 2 S. 2 BGB nicht einmal der Glaubhaftmachung der Rechtsgefährdung.[73] Der Vollzug einer Sicherungsmaßnahme wird nicht durch den Erlass eines Urteils nach § 14 beeinträchtigt, da es das Sicherungsbedürfnis nicht entfallen lässt.[74]

§ 3 Vorsätzliche Benachteiligung

(1) Anfechtbar ist eine Rechtshandlung, die der Schuldner in den letzten zehn Jahren vor der Anfechtung mit dem Vorsatz, seine Gläubiger zu benachteiligen, vorgenommen hat, wenn der andere Teil zur Zeit der Handlung den Vorsatz des Schuldners kannte. Diese Kenntnis wird vermutet, wenn der andere Teil wußte, daß die Zahlungsunfähigkeit des Schuldners drohte und daß die Handlung die Gläubiger benachteiligte.

(2) Anfechtbar ist ein vom Schuldner mit einer nahestehenden Person (§ 138 der Insolvenzordnung) geschlossener entgeltlicher Vertrag, durch den seine Gläubiger unmittelbar benachteiligt werden. Die Anfechtung ist ausgeschlossen, wenn der Vertrag früher als zwei Jahre vor der Anfechtung geschlossen worden ist oder wenn dem anderen Teil zur Zeit des Vertragsschlusses ein Vorsatz des Schuldners, die Gläubiger zu benachteiligen, nicht bekannt war.

§ 4 Unentgeltliche Leistung

(1) Anfechtbar ist eine unentgeltliche Leistung des Schuldners, es sei denn, sie ist früher als vier Jahre vor der Anfechtung vorgenommen worden.

(2) Richtet sich die Leistung auf ein gebräuchliches Gelegenheitsgeschenk geringen Werts, so ist sie nicht anfechtbar.

§ 5 Rechtshandlungen des Erben

Hat der Erbe aus dem Nachlaß Pflichtteilsansprüche, Vermächtnisse oder Auflagen erfüllt, so kann ein Nachlaßgläubiger, der im Insolvenzverfahren über den Nachlaß dem Empfänger der Leistung im Rang vorgehen oder gleichstehen würde, die Leistung in gleicher Weise anfechten wie eine unentgeltliche Leistung des Erben.

---

71 BGH 14.06.2007, IX ZR 219/05, ZIP 2007, 1577 Rn. 13.
72 RG 23.02.1904, VII 463/03, RGZ 57, 102 (105); OLG München 17.10.2008, 3 W 2328/08, ZInsO 2008, 1213; *Gaul* KTS 2007, 133 (161 f.) mit Fn. 135; a.A. OLG Köln 28.09.2009, 2 W 88/09, ZInsO 2009, 1960; in st. Rspr OLG Hamm, zuletzt 03.04.2008, 27 U 4/08, OLGR 2008, 715.
73 *OLG Köln* 12.04.1996, 1 W 38/96, VersR 1997, 466; OLG Koblenz 12.11.1992, 6 U 1310/92, ZIP 1992, 1754.
74 *Huber* § 14 Rn. 16, a.A. Kübler/Prütting/Bork/*Paulus* § 14 Rn. 14.

Übersicht

	Rdn.		Rdn.
A. Verweisung	1	B. Anfechtungsfristen	2

A. Verweisung

§ 3 AnfG entspricht bis auf die Bestimmung der Anfechtungsfristen (vgl. Rdn. 2) § 133 InsO, § 4 AnfG, § 134 InsO und § 5 AnfG § 322 InsO, auf deren Kommentierung deshalb verwiesen wird. **1**

B. Anfechtungsfristen

Die Anfechtungsfrist beträgt wie bei der Insolvenzanfechtung bei § 3 Abs. 1 zehn Jahre, bei § 3 Abs. 2 zwei Jahre, bei § 4 vier Jahre und richtet sich bei § 5, der lediglich den Anwendungsbereich des § 4 auf den Erben des Schuldners erweitert, nach § 4. Der Zeitpunkt, von dem die Rückrechnung vorzunehmen ist, wird jedoch durch die Anfechtung selbst, nicht durch ein äußeres Ereignis wie den Insolvenzantrag bestimmt, näher vgl. § 7. **2**

§ 6 Gesellschafterdarlehen

(1) Anfechtbar ist eine Rechtshandlung, die für die Forderung eines Gesellschafters auf Rückgewähr eines Darlehens im Sinne des § 39 Abs. 1 Nr. 5 der Insolvenzordnung oder für eine gleichgestellte Forderung
1. Sicherung gewährt hat, wenn die Handlung in den letzten zehn Jahren vor Erlangung des vollstreckbaren Schuldtitels oder danach vorgenommen worden ist, oder
2. Befriedigung gewährt hat, wenn die Handlung im letzten Jahr vor Erlangung des vollstreckbaren Schuldtitels oder danach vorgenommen worden ist.

Wurde ein Antrag auf Eröffnung eines Insolvenzverfahrens nach § 26 Abs. 1 der Insolvenzordnung abgewiesen, bevor der Gläubiger einen vollstreckbaren Schuldtitel erlangt hat, so beginnt die Anfechtungsfrist mit dem Antrag auf Eröffnung des Insolvenzverfahrens.

(2) Die Anfechtung ist ausgeschlossen, wenn nach dem Schluss des Jahres, in dem der Gläubiger den vollstreckbaren Schuldtitel erlangt hat, drei Jahre verstrichen sind. Wurde die Handlung später vorgenommen, so ist die Anfechtung drei Jahre nach dem Schluss des Jahres ausgeschlossen, in dem die Handlung vorgenommen worden ist.

§ 6a Gesicherte Darlehen

Anfechtbar ist eine Rechtshandlung, mit der eine Gesellschaft einem Dritten für eine Forderung auf Rückgewähr eines Darlehens innerhalb der in § 6 Abs. 1 Satz 1 Nr. 2 und Satz 2 genannten Fristen Befriedigung gewährt hat, wenn ein Gesellschafter für die Forderung eine Sicherheit bestellt hatte oder als Bürge haftete; dies gilt sinngemäß für Leistungen auf Forderungen, die einem Darlehen wirtschaftlich entsprechen. § 39 Abs. 4 und 5 der Insolvenzordnung und § 6 Abs. 2 gelten entsprechend.

Übersicht

		Rdn.			Rdn.
A.	Normzweck	1	II.	Fristberechnung bei § 6 Abs. 1 S. 2	6
B.	Die einzelnen Tatbestandsmerkmale	2	III.	Fristberechnung bei § 6 Abs. 2	7
C.	Anfechtungsfristen	4	IV.	Fristwahrung	8
I.	Fristberechnung bei § 6 Abs. 1 S. 1	5	V.	Fristberechnung bei § 6a	9

A. Normzweck

§§ 6 und 6a setzen die **Aufgabe** der Rechtsfigur des **eigenkapitalersetzenden Darlehens** durch das MoMiG für das Gläubigeranfechtungsrecht um, dabei entsprechen § 6 Abs. 1 S. 1 AnfG § 135 Abs. 1 InsO und § 6a AnfG § 135 Abs. 2 InsO. Beide Vorschriften verfolgen den Zweck, den **Nach- 1** rang des Gesellschafterdarlehens auch **außerhalb der Insolvenz** durchzusetzen. Mangels Bezug zu einem Insolvenzverfahren verlangen sie in einer besonderen »Krise« der Gesellschaft, nämlich der von § 2 beschriebenen, dass deren Vermögen nicht zu einer vollständigen Befriedigung des Gläubigers geführt hat oder anzunehmen ist, dass sie nicht dazu führen würde. § 6 Abs. 1 S. 2 und Abs. 2 AnfG vervollständigen die sowohl von § 135 InsO als auch von den §§ 3 ff. AnfG abweichende Anknüpfung des Anfechtungsfristlaufs in §§ 6 Abs. 1 S. 1, 6a AnfG an die Erlangung des vollstreckbaren Schuldtitels, die eine Vorverlegung der Anfechtung ermöglichen soll. Zusammen mit der Zustellungserleichterung des § 185 Nr. 2 ZPO soll damit die Wahrung der Anfechtungsfristen vereinfacht werden. § 6 Abs. 1 S. 2 soll den Fristlauf bei mangels Masse abgewiesenem Insolvenzantrag an die Insolvenzanfechtung anpassen, weil die Anfechtbarkeit bei einem grds begründeten Insolvenzantrag bei Fehlen und Vorhandensein ausreichender Masse nicht divergieren sollte. Wegen der Anknüpfung der Anfechtungsfrist an die Titelerlangung musste eine zusätzliche zeitliche Begrenzung erfolgen, für die der Gesetzgeber keine Verjährungsregelung wie § 146 InsO, sondern wie auch sonst im AnfG (vgl. § 7 Rdn. 2) eine Ausschlussfrist in § 6 Abs. 2 gewählt hat.[1] – Für die Anfechtung nach § 6a war es geboten, entsprechend § 135 Abs. 2 InsO eine von § 11 Abs. 1 abweichende Rechtsfolge in dessen Abs. 3 zu bestimmen, weil nicht der Drittgläubiger, sondern der **von der Bürgenhaftung** oder **Sicherheitenstellung frei gewordene Gesellschafter** der Anfechtung unterliegen soll (vgl. § 11 Rdn. 40).[2] – Der **Nutzungsüberlassungsanspruch** des § 135 Abs. 3 InsO passt nicht in die Systematik des AnfG und ist deshalb hier nicht angeordnet.

B. Die einzelnen Tatbestandsmerkmale

2 Im Hinblick auf die **Tatbestandsvoraussetzungen** der §§ 6 Abs. 1 S. 1 und 6a kann mit Ausnahme des Merkmals der Rechtshandlung und der Anfechtungsfristen auf die Kommentierung der **Parallelvorschrift des § 135 InsO** (vgl. § 135 InsO Rdn. 3–18) verwiesen werden.

3 **Rechtshandlungen** i.S.d. § 6 sind nur solche, die eine Darlehenssicherung bei § 6 Abs. 1 Nr. 1 oder eine Befriedigung des Gesellschafters bei Nr. 2 gewähren, i.S.d. § 6a solche, die den gesellschafterbesicherten Dritten befriedigen. Die **Schuldnerrolle** fällt, auch wenn §§ 6, 6a den Schuldner als solchen nicht ausdrücklich, sondern nur über den Verweis auf § 39 Abs. 1 Nr. 5, erwähnen, bei beiden Vorschriften der Gesellschaft zu. Der Anfechtung unterliegen allein Rechtshandlungen **der Gesellschaft** (zum Begriff s. § 1 Rdn. 18 ff.), was § 6a (»eine Gesellschaft ... gewährt hat«) ausdrücklich verlangt, aber auch für § 6 Geltung beansprucht, wie sich aus der übergeordneten Vorschrift des § 1 ergibt (vgl. § 1 Rdn. 26). Allerdings umfasst der Wortlaut des § 6 auch Handlungen Dritter und der Zweck der Vorschrift, den Nachrang des Gesellschafterdarlehens auch außerhalb der Gesellschaftsinsolvenz durchzusetzen (vgl. Rdn. 1), könnte für die Anfechtbarkeit zumindest von Vollstreckungshandlungen des Gesellschafters sprechen. Indessen fehlen Anhaltspunkte dafür, dass der Gesetzgeber mit § 6 insoweit eine Ausnahme schaffen wollte. Vollstreckungshandlungen des Gesellschafters sind außerhalb der Grenzen des § 10 Alt. 2 (vgl. § 10 Rdn. 5) der Anfechtbarkeit entzogen.

3a Dagegen wird allerdings unter Bezug auf die Rechtsprechung zum alten Recht geltend gemacht, der Begriff der Befriedigung in § 6 umfasse jede Rechtshandlung, die die Darlehensforderung aus Mitteln der Gesellschaft zum Erlöschen bringe, also etwa auch Zwangsvollstreckungen oder die Aufrechnung durch den Gesellschafter.[3]

C. Anfechtungsfristen

4 Die Anfechtungsfristen der §§ 6, 6a sind wie die der übrigen Anfechtungstatbestände **Ausschlussfristen** (vgl. § 7 Rdn. 2). Wie bei § 7 (vgl. § 7 Rdn. 3) sollte der Fristberechnung **§ 139 InsO** zugrunde gelegt werden, wobei hier mit Ausnahme des § 6 Abs. 1 S. 2 an die Stelle des Insolvenz-

---

1 Zu allem Begr. RegE MoMiG zu §§ 6, 6a AnfG, ZIP Beil. Heft 23/2007, S. 34.
2 Begr. RegE MoMiG zu §§ 6, 6a AnfG, 143 InsO, ZIP Beil. Heft 23/2007, S. 33 f.
3 MüKo-AnfG/*Kirchhof* § 6 Rn. 44, § 6a Rn. 9.

antrags die Erlangung des vollstreckbaren Schuldtitels tritt. Wegen entsprechender Anwendung des § 7 Abs. 2 und Abs. 3 vgl. § 7 Rdn. 1, 20.

I. Fristberechnung bei § 6 Abs. 1 S. 1

§ 6 knüpft für die Berechnung des **Beginns der Anfechtungsfrist** abweichend von § 7 Abs. 1 nicht an die gerichtliche Geltendmachung der Anfechtbarkeit, sondern an die **Erlangung eines vollstreckbaren Schuldtitels** gegen die Gesellschaft als Schuldner an. Der Gläubiger hat den **Schuldtitel** in dem Zeitpunkt **erlangt**, in dem er ihm entsprechend den Regeln des jeweiligen Verfahrensrechts zugegangen und vollstreckbar i.S.d. § 2 ist (vgl. § 2 Rdn. 5 ff.). **Darlehenssicherungen**, die dem Gesellschafter und späteren Anfechtungsgegner **in den letzten zehn Jahren** vor diesem Zeitpunkt oder danach gewährt wurden, unterliegen der Anfechtung nach **Nr. 1**, und **Befriedigungen**, die er **im letzten Jahr** vor diesem Zeitpunkt oder danach erlangte, nach **Nr. 2**.

II. Fristberechnung bei § 6 Abs. 1 S. 2

Die **Abweisung mangels Masse** nach **§ 26 Abs. 1 InsO** setzt einen zulässigen und abgesehen von der Massekostendeckung begründeten Insolvenzantrag voraus, der bei ausreichender Masse mithin zur Verfahrenseröffnung geführt hätte. Verfügt der Gläubiger im Abweisungsfall zum Zeitpunkt des Insolvenzantrags, der nicht von ihm gestellt sein muss, nicht über einen vollstreckbaren Schuldtitel, ist ihm die Gläubigeranfechtung noch nicht möglich, ggf wird die Anfechtungsfrist versäumt, obwohl sie bei Verfahrenseröffnung wegen der Anknüpfung an den Insolvenzantrag in § 135 InsO gewahrt worden wäre. Dies kann, auch wenn man ihn wie hier (vgl. § 7 Rdn. 20) im Zusammenhang mit § 6 für anwendbar hält, durch § 7 Abs. 2 (vgl. § 7 Rdn. 20) nur unzureichend ausgeglichen werden, weil die schriftliche Mitteilung notwendig die Kenntnis vom Anfechtungstatbestand voraussetzt. Bei Abweisung des Insolvenzantrags mangels Masse beginnt die Anfechtungsfrist des § 6 Abs. 1 S. 1 deshalb nicht mit der Erlangung des Schuldtitels, sondern mit dem Insolvenzantrag. – Verfügte der Gläubiger im Zeitpunkt des Abweisungsbeschlusses hingegen über einen ausreichenden Titel, greift § 6 Abs. 1 S. 2 nicht, es verbleibt bei den allgemeinen Regeln des Satzes 1.[4]

III. Fristberechnung bei § 6 Abs. 2

§ 6 Abs. 2 S. 1 regelt eine zu den Fristen des Abs. 1 hinzutretende, **weitere**, in die Zukunft gerichtete **Ausschlussfrist**. Sie ist nur gewahrt, wenn die Anfechtung innerhalb von drei Jahren nach dem Schluss des Jahres erfolgt, in dem der Gläubiger den vollstreckbaren Schuldtitel erlangt hat (vgl. Rdn. 5). Die Fristberechnung weist damit zwar eine Parallele zu § 199 Abs. 1 Nr. 1 BGB auf, Analogien zu den Verjährungsregeln verbietet jedoch der Ausschlussfristcharakter. Dass die Anfechtungsfrist für einen »schnellen« Gläubiger hier unter Umständen kürzer ist, als für einen »langsamen«, ist immanent. Die Frist des Abs. 2 kann vor der des Abs. 1 Nr. 1 bei frühzeitiger Titulierung der Hauptforderung ablaufen, auch wenn bei späterer Titulierung auch dessen Frist noch gewahrt ist. – Wird die Handlung vorgenommen (§ 8), nachdem der Titel erlangt wurde, so tritt nach **§ 6 Abs. 2 S. 2** für die Fristberechnung der Zeitpunkt der Handlung an die Stelle der Titelerlangung. Vgl. auch § 7 Rdn. 20.

IV. Fristwahrung

Die Anfechtungsfrist wird durch gerichtliche Geltendmachung (vgl. § 7 Rdn. 7–10) gewahrt, wegen der Wirkungen der **schriftlichen Mitteilung** ist auf § 7 Rdn. 20 zu verweisen. Die Anfechtung kann vor Titelerlangung durch Einrede nach § 9 fristwahrend erfolgen, die Finanzverwaltung wahrt sie durch Duldungsbescheid nach § 191 Abs. 1 S. 2 AO (vgl. § 1 Rdn. 46 ff.).

---

[4] MüKo-AnfG/*Kirchhof* § 6 Rn. 56.

V. Fristberechnung bei § 6a

9 § 6a befasst sich mit gesellschafterbesicherten Drittdarlehen. Anfechtbar ist die Rückgewähr an den Darlehensgeber, die Rechtsfolgen ergeben sich aus § 11 Abs. 3. Wegen der Anfechtungsfristen verweist § 6a auf § 6 Abs. 1 S. 1 Nr. 2 (vgl. Rdn. 4 f.) und Abs. 1 S. 2 (vgl. Rdn. 6) und erklärt § 6 Abs. 2 (vgl. Rdn. 7) für entsprechend anwendbar. Die Fristwahrung richtet sich nach Rdn. 8.

§ 7 Berechnung der Fristen

(1) Die in den §§ 3 und 4 bestimmten Fristen sind von dem Zeitpunkt zurückzurechnen, in dem die Anfechtbarkeit gerichtlich geltend gemacht wird.

(2) Hat der Gläubiger, bevor er einen vollstreckbaren Schuldtitel erlangt hatte oder seine Forderung fällig war, dem Anfechtungsgegner seine Absicht, die Rechtshandlung anzufechten, schriftlich mitgeteilt, so wird die Frist vom Zeitpunkt des Zugangs der Mitteilung zurückgerechnet, wenn schon zu dieser Zeit der Schuldner unfähig war, den Gläubiger zu befriedigen, und wenn bis zum Ablauf von zwei Jahren seit diesem Zeitpunkt die Anfechtbarkeit gerichtlich geltend gemacht wird.

(3) In die Fristen wird die Zeit nicht eingerechnet, während der Maßnahmen nach § 46 Abs. 1 Satz 2 Nummer 4 bis 6 des Kreditwesengesetzes angeordnet waren.

Übersicht

	Rdn.
A. Normzweck	1
B. Anfechtungsfristen	2
I. Rechtsnatur	2
II. Berechnung	3
C. Fristwahrung	4
I. Gerichtliche Geltendmachung (Abs. 1)	4
1. Klage und Widerklage	5
2. Einrede und Gegeneinrede	8
3. Mahnbescheid und Prozesskostenhilfegesuch	9
4. Sonstige Maßnahmen i.S.v. § 204 BGB	10
5. Fristwahrung durch Duldungsbescheid	11
6. Fristwahrung gegenüber dem Rechtsnachfolger	12
II. Schriftliche Mitteilung der Anfechtungsabsicht (Abs. 2)	13
1. Formale Erfordernisse der schriftlichen Mitteilung	14
2. Inhaltliche Erfordernisse der schriftlichen Mitteilung	16
3. Sachliche Voraussetzungen der schriftlichen Mitteilung	17
4. Rechtsfolgen der schriftlichen Mitteilung	20
5. Schriftliche Mitteilung an den Rechtsnachfolger (§ 15 Abs. 3)	22
III. Fristerstreckung nach Abs. 3	23

A. Normzweck

1 Die Vorschrift stellt einen **einheitlichen Berechnungsmaßstab für den Beginn der Anfechtungsfrist** auf, nach der Änderung durch das MoMiG (vgl. § 20 Rdn. 6) allerdings nur noch für §§ 3 und 4 sowie inzident für § 5,[1] da § 6 Abs. 1 in der geltenden Fassung im Hinblick auf den Beginn der Anfechtungsfrist ohne Anknüpfung an die Anfechtung auskommt – Bezugspunkt ist die Erlangung des vollstreckbaren Schuldtitels – und § 6 Abs. 2 nur die Dauer der Anfechtungsfrist bestimmt.[2] Die Fristen sind nach dem vorgängerlosen § **7 Abs. 1** vom Zeitpunkt der gerichtlichen Geltendmachung zurückzurechnen, wenn nicht der Gläubiger unter den Voraussetzungen des **Abs. 2**, der inhaltlich § 4 a.F. entspricht, dem Anfechtungsgegner die beabsichtigte Anfechtung mitteilt. Maßgeblich ist dann der Zugang der Mitteilung, womit trotz der Einfügung des § 185 Nr. 2 ZPO durch das MoMiG weiter bestehenden Schwierigkeiten der Titelerlangung Rücksicht getragen wird. Aus den in Rdn. 20 genannten Gründen sollte Abs. 2 auch bei §§ 6, 6a entsprechende Anwendung finden.

---
[1] *Jaeger* § 4 Rn. 1 und 12 für § 3a a.F. i.V.m. § 4 a.F.
[2] Begr. RegE MoMiG zu § 6 AnfG, ZIP Beil. Heft 23/2007, S. 34.

B. Anfechtungsfristen

I. Rechtsnatur

Die in Abs. 1 angesprochenen Anfechtungsfristen sind keine prozessualen oder Verjährungsfristen, sondern materiell-rechtliche **Ausschlussfristen**,[3] ihre Einhaltung ist Bedingung der Anfechtbarkeit.[4] Dies entspricht dem eindeutigen Willen des Gesetzgebers des AnfG und des MoMiG,[5] der auch in dem abweichend hiervon als Verjährungsregelung ausgestalteten § 146 InsO zum Ausdruck kommt. Es besteht deshalb keine Möglichkeit, aber auch kein Grund, § 7 ebenfalls als Verjährungsregelung zu interpretieren.[6] Die in § 12 a.F. vorgesehene entsprechende Anwendung einzelner Vorschriften des Verjährungsrechts ist ausdrücklich nicht übernommen worden,[7] weshalb sich auch eine Analogie zu § 1002 Abs. 2 BGB verbietet. Verzögerungen bei der Titelerlangung fängt § 7 Abs. 2 auf, solche durch ein Insolvenzverfahren § 18 Abs. 2. Folglich **erlischt** das Anfechtungsrecht mit Ablauf der Frist, was von Amts wegen zu beachten ist. Wiedereinsetzung ist nicht möglich, allenfalls kommt die Arglisteinrede in Betracht, wenn der Anfechtungsgegner die Fristwahrung arglistig vereitelt hat.[8]

2

II. Berechnung

§ 7 bestimmt allein den **Anfechtungsfristbeginn**, der durch Rückrechnung vom Zeitpunkt der gerichtlichen Geltendmachung (vgl. Rdn. 4 ff.) zu ermitteln ist. Auch ohne ausdrücklichen Verweis liegt es wegen der Parallelität der Insolvenzanfechtung nahe, auf den Ausgangspunkt der Berechnung § 139 Abs. 1 InsO analog anzuwenden, wobei an die Stelle des Insolvenzantrags die gerichtliche Geltendmachung treten muss.[9] Im Falle der **schriftlichen Mitteilung** nach Abs. 2 (vgl. Rdn. 13 ff.) tritt deren Zugang an diese Stelle. Die Anfechtungsfrist selbst ist ausgehend von dem so ermittelten Fristbeginn nach §§ 187 f., 193 BGB zu berechnen.[10] Das gilt auch für die von § 18 Abs. 2 erstreckten Fristen. Die anzufechtende Rechtshandlung muss innerhalb der so ermittelten Frist i.S.d. § 8 vorgenommen worden sein. Bei **mehreren Anfechtungsgegnern** oder **mehreren Anfechtungsansprüchen** gegen denselben laufen die Fristen gesondert (vgl. a. § 1 Rdn. 5).

3

C. Fristwahrung

I. Gerichtliche Geltendmachung (Abs. 1)

Das Gesetz knüpft bewusst an die gerichtliche Geltendmachung der Anfechtbarkeit, nicht an die Rechtshängigkeit einer Anfechtungsklage an, um die durch § 9 eröffnete Möglichkeit der Anfechtung im Wege der Einrede/Gegeneinrede nicht zu beeinträchtigen, zugleich sollten die Finanzbehörden daran gehindert werden, die Anfechtung durch Duldungsbescheid (vgl. § 1 Rdn. 46 ff.) zu verfolgen,[11] was § 191 Abs. 1 S. 2 AO rückwirkend zum 01.01.1999 wieder eröffnet hat.

4

1. Klage und Widerklage

Hauptfall der gerichtlichen Geltendmachung sind Klage und Widerklage. Ihre Einreichung wahrt die Frist, wenn die Zustellung gem. § 167 ZPO – vom Tag des Ablaufs der Anfechtungsfrist aus[12]

5

---

[3] Begr. RegE zu § 3 (2. Abs.); BGH 29.04.1986, IX ZR 163/85, ZIP 1986, 928 (929).
[4] BGH 29.04.1986, IX ZR 163/85, ZIP 1986, 928 (929).
[5] Begr. RegE MoMiG zu § 6 AnfG (3. Abs.), ZIP Beil. Heft 23/2007, S. 34.
[6] *Gerhardt* FS Kirchhof, 121, 131; Kübler/Prütting/Bork/*Paulus* Rn. 3; a.A. *Kreft* KTS 2004, 205 (219 ff.); *ders.* FS Gerhardt, 515, 518 ff.
[7] Begr. RegE zu § 3 (2. Abs.).
[8] OLG Hamm 04.07.2002, 27 U 181/01, ZIP 2002, 2321; *Huber* Rn. 5; Kübler/Prütting/Bork/*Paulus* Rn. 3; sehr ausf. *Jaeger/Henckel* KO, § 41 Rn. 41.
[9] Kübler/Prütting/Bork/*Paulus* Rn. 2; a.A. Saarländisches OLG 14.12.2004, 4 U 639/03.
[10] *Huber* Rn. 32.
[11] Begr. RegE zu § 7 (2. und 3. Abs.).
[12] BGH 27.05.1993, I ZR 100/91, WM 1993, 1738.

– demnächst erfolgt.[13] Soweit man die Geltendmachung der Anfechtung durch **Feststellungsklage** für zulässig erachtet (vgl. § 13 Rdn. 2), wahrt auch sie die Frist, eine **Stufenklage** (zum Auskunftsanspruch gegen den Anfechtungsgegner vgl. § 11 Rdn. 41) in dem Umfang, in dem die Anfechtung nach der Auskunftserteilung konkretisiert wird. Eine **Teilklage** und eine Beschränkung auf Teile einer weggegebenen Sachgesamtheit wahrt die Frist nur für den eingeklagten Teil. Die fristgemäße Geltendmachung des Hauptanspruchs wirkt auch für schon entstandene und noch entstehende **Nebenansprüche**.[14] Ein auf Anfechtbarkeit gestützter Hilfsantrag genügt.[15] Die Klage beim **unzuständigen Gericht** wahrt die Frist auch nach Verweisung gem. § 281 ZPO,[16] die aus sonstigen Gründen **unzulässige Klage**[17], wenn die Zulässigkeit später herbeigeführt wird, so etwa beim Wechsel von der nach h.M. (vgl. § 13 Rdn. 2) unzulässigen positiven Anfechtungsfeststellungs- zur Leistungsklage[18]. Ob § 204 Abs. 2 BGB nach Klagerücknahme oder Prozessurteil analog anwendbar ist, ist umstritten.[19]

6 Um die **Anfechtungsfrist zu wahren**, muss die Klage allerdings geeignet sein, zu einer sachlichen Entscheidung zu führen, mithin unter den gesetzlichen Prozessvoraussetzungen erhoben sein, insb.[20] den Voraussetzungen des § 13 AnfG und des § 253 Abs. 2 ZPO genügen, wozu auch die bestimmte Bezeichnung der, ggf durch Auslegung unter Berücksichtigung der Klagebegründung[21] zu ermittelnden, befriedigungsbedürftigen Forderung gehört, mehrere Forderungen können in einer Klage verbunden, auch als Haupt- und Hilfsanspruch geltend gemacht werden. Ferner sind die angefochtene Rechtshandlung sowie der Sachverhalt anzugeben, aus dem die Anfechtung hergeleitet wird, freilich noch nicht vollständig und in allen Einzelheiten.[22] Die Klage muss keine Anfechtungsvorschrift nennen,[23] sondern nur zum Ausdruck bringen, dass der Gläubiger die Beeinträchtigung seiner Vollstreckungsmöglichkeit nicht hinnehme oder eine solche zumindest wertmäßig durch den Beklagten auszugleichen sei.[24] Schlüssig muss die Klage noch nicht sein, ausreichend ist die Bezeichnung des Anfechtungsgegenstands und der Tatsachen, aus denen die Anfechtungsberechtigung hergeleitet werden soll, Klarstellung, Ergänzung oder Berichtigung des in der Klageschrift enthaltenen Tatsachenvortrags ist auch nach Ablauf der Anfechtungsfrist möglich. Die Grenzen hierfür sind nicht eng, weil dem Anfechtungsgegner die Tatsachen meist besser bekannt sind als dem Gläubiger,[25] nur darf der Anfechtungsgegenstand oder der Sachverhalt, der den Klagegrund bildet, nicht willkürlich gewechselt werden.[26]

7 Spätere **Klageänderungen** sowie **Klageerweiterungen nach vorheriger Teilklage** (vgl. Rdn. 5), vermögen die Anfechtungsfrist nicht zu wahren. **Keine Klageänderung** liegt bei zunächst vorgetragener unmittelbarer Zuwendung in der nachträglichen Behauptung der Einschaltung einer Mittelsperson[27] oder in der Erhöhung der Wertersatzforderung, wenn sie in ihrer Gesamtheit geltend gemacht wurde.[28] Die rechtzeitige Geltendmachung eines anfechtungsrechtlichen **Rückgewähranspruchs** in

---

13 BGH 15.11.2007, IX ZR 232/03, JurBüro 2008, 269.
14 *Huber* Rn. 11.
15 Vgl. auch BGH 27.03.1984, IX ZR 49/83, ZIP 1984, 753 (755).
16 BGH 17.07.2008, IX ZR 245/06, ZIP 2008, 2136 Rn. 19; 24.01.1983, VIII ZR 178/81, ZIP 1983, 456; vgl. auch RG 04.10.1935, VII 40/35, RGZ 149, 9 (11).
17 A.A. MüKo-AnfG/*Kirchhof* Rn. 16.
18 A.A. MüKo-AnfG/*Kirchhof* § 13 Rn. 8: erst ab Anbringung des ordnungsgemäßen Klageantrags.
19 Dafür *Jaeger/Henckel* KO, § 41 Rn. 37 f.; *Kilger/Schmidt* § 41 Rn. 5, beide zu § 41 KO, § 212 BGB; dagegen RG 06.06.1916, VII 91/16, RGZ 88, 294; *Huber* Rn. 14; offen gelassen von BFH 08.03.1984, VII R 43/83, BStBl II 1984, 576 (578).
20 BGH 18.12.1986, IX ZR 11/86, ZIP 1987, 439 (443).
21 BGH 17.07.2008, IX ZR 245/06, ZIP 2008, 2136 Rn. 20.
22 BGH 17.01.1985, IX ZR 29/84, ZIP 1985, 427.
23 BGH 11.12.2003, IX ZR 336/01, ZIP 2004, 671.
24 BGH 21.02.2008, IX ZR 209/06, ZIP 2008, 888 Rn. 11, zur Insolvenzanfechtung.
25 BGH 10.10.1996, IX ZR 273/95, BGHR AnfG § 2 Schuldtitel 4.
26 BGH 19.03.1992, IX ZR 14/91, ZIP 558, 561.
27 BGH 17.01.1985, IX ZR 29/84, ZIP 1985, 427.
28 OLG München 07.03.1997, 23 W 647/97, ZIP 1997, 1118; *Huber* Rn. 12.

Natur wahrt zugleich die Frist für einen **Wertersatzanspruch** und umgekehrt, weil sie im Verhältnis von Erweiterung und Beschränkung des Anfechtungsantrags stehen, § 264 Nr. 2 ZPO, und ebenfalls keine Klageänderung darstellen.[29]

2. Einrede und Gegeneinrede

Die Anfechtungsfristen können auch durch Einrede und Gegeneinrede gewahrt werden, so diese mit einem der Rdn. 6 entsprechenden Vortrag untersetzt sind (vgl. zur Fristwahrung im Übrigen § 9 Rdn. 3). 8

3. Mahnbescheid und Prozesskostenhilfegesuch

Der **Mahnantrag** steht nur für auf eine bestimmte Geldsumme gerichtete Anfechtung zur Verfügung, vornehmlich also für Wertersatzansprüche. Seine Zustellung wahrt zunächst die Anfechtungsfrist, dauerhaft aber nur, wenn die Rechtshängigkeitsfiktion des § 700 Abs. 2 ZPO aufgrund des Erlasses eines Vollstreckungsbescheids oder des § 696 Abs. 3 ZPO nach alsbaldiger Abgabe eintritt.[30] § 691 Abs. 2 ZPO findet Anwendung.[31] Im Hinblick auf die beschränkten Möglichkeiten der Anspruchskonkretisierung sollte das Mahnverfahren nur zurückhaltend genutzt werden. – Das ordnungsgemäße und vollständige **Prozesskostenhilfegesuch** mit nach der Entscheidung hierüber in angemessener Frist eingereichter Klage wahrt die Anfechtungsfrist analog § 206 BGB,[32] obwohl ein Verweis wie in § 41 Abs. 1 S. 2 KO in § 7 fehlt.[33] 9

4. Sonstige Maßnahmen i.S.v. § 204 BGB

Die übrigen in § 204 Abs. 1 BGB genannten Maßnahmen können die Anfechtungsfristen nur wahren, soweit es sich um gerichtliche Verfahren handelt, insb. also die Prozessaufrechnung mit einem Wertersatzanspruch (Nr. 5) und die Anmeldung des Anfechtungsanspruchs zur Tabelle in der Insolvenz des Anfechtungsgegners (Nr. 10). Auch die Zustellung des Antrags auf Erlass einer einstweiligen Verfügung nach Nr. 9 (vgl. a. § 2 Rdn. 22) sollte als ausreichend angesehen werden,[34] wenngleich sie erst der Sicherung und nicht der Befriedigung des Anfechtungsanspruchs dient, anderenfalls beinhaltet sie zumindest eine schriftliche Mitteilung nach § 7 Abs. 2 (vgl. Rdn. 15). 10

5. Fristwahrung durch Duldungsbescheid

Nach § 191 Abs. 1 S. 2 AO steht bei der Berechnung von Fristen nach den §§ 3 und 4 der **Erlass eines Duldungsbescheids** der gerichtlichen Geltendmachung der Anfechtung nach § 7 Abs. 1 gleich. Den Begriff des Erlasses definiert die AO nicht, es ist jedenfalls nicht die Bekanntgabe nach § 122 AO. Im allgemeinen Verwaltungsrecht ist ein schriftlicher Verwaltungsakt erlassen, wenn das Schriftstück zur Post aufgegeben oder auf andere Weise den Machtbereich der Behörde verlassen hat,[35] was auch vorliegend zu gelten hat. Übertragen auf den Duldungsbescheid bedingt die Anknüpfung an den Erlass statt an die Bekanntgabe eine erhebliche und überflüssige Unsicherheit bei der Feststellung der Fristwahrung. Jedenfalls trägt die Behörde die Darlegungs- und **Beweislast** für den fristgemäßen Erlass zumindest analog § 122 Abs. 2 AO. 11

---

29 BGH 17.07.2008, IX ZR 245/06, ZIP 2008, 2136 Rn. 14 ff.
30 Näher BGH 04.03.1993, IX ZR 138/92, ZIP 1993, 605 zu § 41 KO.
31 *Huber* Rn. 8.
32 BGH 17.06.2003, IX ZR 188/01, ZIP 2003, 1458 zu § 41 KO.
33 *Huber* Rn. 9.
34 So KG 22.11.1930, 6 W 11689/30, KuT 1931, 14; dagegen MüKo-AnfG/Kirchhof Rn. 30.
35 *Kopp/Ramsauer* VwVfG, § 41 Rn. 20.

6. Fristwahrung gegenüber dem Rechtsnachfolger

12 Nach § 15 Abs. 1 ist die Anfechtung auch gegen den **Erben** und andere **Gesamtrechtsnachfolger** des Anfechtungsgegners möglich. Die Fristwahrung diesem gegenüber, im Erbfall notwendig vor dem Rechtsübergang, muss sich der Rechtsnachfolger ohne weiteres zurechnen lassen; soweit die Frist bei Eintritt der Rechnachfolge noch lief, ist Wahrung auch unmittelbar gegenüber dem Rechtsnachfolger möglich. Im Ergebnis gilt nichts anderes bei der Anfechtung gegen den **Sonderrechtsnachfolger** gem. § 15 Abs. 2. Hier muss die Anfechtbarkeit des Vorerwerbs und eventueller Zwischenerwerbe noch zu dem Zeitpunkt begründet sein, in dem dem Rechtsnachfolger gegenüber die Anfechtbarkeit gerichtlich geltend gemacht wird. Dass zuvor der oder die Vorerwerben in Anspruch genommen wurden, ist nicht erforderlich. Die Fristversäumung ihnen gegenüber hindert nur ihre Inanspruchnahme. Ist die Frist ihnen gegenüber durch gerichtliche Geltendmachung dagegen gewahrt, geht dies auch zu Lasten der Nachmänner.[36] Diesen gegenüber braucht dann keine weitere Frist gewahrt zu werden.[37] Zur schriftlichen Mitteilung an den Rechtsnachfolger vgl. Rdn. 20, 22.

II. Schriftliche Mitteilung der Anfechtungsabsicht (Abs. 2)

13 Die starren Ausschlussfristen der §§ 3 ff. ändert Abs. 2 zwar nicht ab, erleichtert aber dem Gläubiger die Anfechtung, wenn seine Forderung während des Fristlaufs nicht fällig wird (vgl. § 2 Rdn. 4) oder er in dieser Zeit keinen vollstreckbaren Schuldtitel (vgl. § 2 Rdn. 5 ff.) zu erlangen vermag. Ermöglicht wird eine Fristerstreckung unter weiteren Voraussetzungen durch die schriftliche Mitteilung der Absicht, die Rechtshandlung anzufechten, um bis zu zwei Jahre.

1. Formale Erfordernisse der schriftlichen Mitteilung

14 Die Mitteilung **obliegt** dem **Gläubiger**, Dritte können die Wirkungen des Abs. 2 nicht herbeiführen (vgl. a. Rdn. 15). **Adressat** der schriftlichen Mitteilung ist der Anfechtungsgegner, bei mehreren wirkt sie nur gegen den oder die Empfänger (zu Rechtsnachfolgern vgl. Rdn. 20 und 22). Die Fristerstreckung durch schriftliche Mitteilung steht auch der **Finanzverwaltung** zumindest analog § 7 Abs. 2 offen, obwohl der den Zivilrechtsweg für sie ausschließende § 191 Abs. 1 S. 2 AO wegen der Gleichstellung des Duldungsbescheids (vgl. § 1 Rdn. 46 ff.) nur auf § 7 Abs. 1 verweist, da der Gesetzgeber die Notwendigkeit der gerichtlichen Geltendmachung bei Abs. 2 (vgl. Rdn. 19) offensichtlich übersehen hat.[38] Die schriftliche Mitteilung ist schlichthoheitliches Verwaltungshandeln, das vom Anfechtungsgegner nur durch vorbeugende Unterlassungsklage nach § 40 Abs. 1 Alt. 3 FGO »angegriffen« werden kann (vgl. § 1 Rdn. 48).

15 Die schriftliche Mitteilung ist **einseitige empfangsbedürftige Willenserklärung** und muss den Formerfordernissen der §§ **126, 126a BGB** genügen, Einschaltung von Boten und Stellvertretung ist auf beiden Seiten zulässig. Bei alsbald endender Anfechtungsfrist ist § 174 BGB besonders zu beachten. Die Vollmacht für den Anfechtungsrechtsstreit umfasst i.d.R. auch die schriftliche Mitteilung. Wie auch der Wortlaut des § 7 Abs. 2 jetzt klarstellt, bedarf sie **keiner förmlichen Zustellung** nach §§ 166 ff. ZPO, allerdings trägt der Gläubiger die Darlegungs- und **Beweislast** für den Zugang der Mitteilung beim Anfechtungsgegner.[39] Neben der Mitteilung durch **einfachen Schriftsatz** kommen für § 7 Abs. 2 insb. **gerichtliche Schriftsätze** in Betracht, die dem Anfechtungsgegner zugestellt werden, unabhängig davon, ob das mit ihnen erstrebte prozessuale Ziel erreicht wird oder werden kann, etwa ein Antrag auf Erlass einer einstweiligen Verfügung oder eines Arrests zur Sicherung des Anfechtungsanspruchs, ein Prozesskostenhilfegesuch für den Anfechtungsprozess oder eine als

---

36 BGH 24.10.1979, VIII ZR 298/78, ZIP 1980, 40, zu § 41 KO; grundlegend RG 24.09.1921, V 504/20, RGZ 103, 113 (121 ff.); FG München 27.05.2009, 4 K 4193/05, EFG 2010, 20; *Huber* Rn. 31; *Jaeger/Henckel* KO, § 41 Rn. 40.
37 FG München 27.05.2009, 4 K 4193/05, EFG 2010, 20; OLG Hamm 28.09.2000, 27 U 176/99, OLGR 2001, 71.
38 Begr. RegE StBereinG BT-Drucks. 14/1514, 48.
39 So schon zu § 4 a.F. BGH 30.03.1983, VIII ZR 7/82, ZIP 1983, 618.

unzulässig abgewiesene oder zurückgenommene Anfechtungsklage, wenn sie die, ggf erneute, Anfechtungsabsicht zum Ausdruck bringen.

2. Inhaltliche Erfordernisse der schriftlichen Mitteilung

Die schriftliche Mitteilung muss die Rechtshandlung, deren Anfechtung beabsichtigt ist, und die befriedigungsbedürftige Forderung[40] so **genau bezeichnen**, dass im anschließenden Rechtsstreit die Identität feststellbar ist. Schlüssige Darlegung eines Anfechtungstatbestands oder die Nennung einer Anfechtungsnorm ist nicht erforderlich, dem Mitteilungsempfänger muss vergleichbar der Klage (vgl. Rdn. 5 ff. und § 13) lediglich verdeutlicht werden, dass der Gläubiger die Beeinträchtigung seiner Vollstreckungsmöglichkeit nicht hinnehme oder eine solche zumindest wertmäßig durch den Beklagten auszugleichen sei.[41] Nicht erforderlich ist ein Verweis auf die Unzulänglichkeit des Schuldnervermögens, die nur objektiv gegeben sein muss (vgl. Rdn. 18). Die schriftliche Mitteilung wirkt nur in Bezug auf die Rechtshandlung, die weggegebenen Gegenstände und die Hauptforderung, die in ihr genannt sind, und nur in dem dort bezeichneten Umfang.

16

3. Sachliche Voraussetzungen der schriftlichen Mitteilung

Beim Zugang (§§ 130–132 BGB) der schriftlichen Mitteilung muss bereits ein **Anfechtungsrechtsverhältnis** zwischen Gläubiger und Anfechtungsgegner bestehen, was die Verwirklichung des Anfechtungstatbestands in diesem Zeitpunkt (§ 8) – spätere Vornahme der Rechtshandlung ist unbehelflich[42] – ebenso voraussetzt wie die rechtswirksame Begründung der Hauptforderung, mag sie auch noch aufschiebend bedingt oder befristet sein.[43] Im Zugangszeitpunkt darf die **ursprüngliche Anfechtungsfrist** noch nicht abgelaufen sein. **Nicht erforderlich** sind dagegen die **Fälligkeit der Hauptforderung** und das Erlangen eines **vollstreckbaren Schuldtitels** für sie. Nach ganz h.M. soll die schriftliche Mitteilung aus Gründen der Rechtssicherheit für den Anfechtungsgegner umgekehrt **ausgeschlossen** sein, wenn die Forderung fällig und vollstreckbar tituliert ist, mithin die Voraussetzungen für die gerichtliche Geltendmachung vollständig vorliegen,[44] was jedoch trotz des Wortlauts des § 7 Abs. 2 nicht zwingend erscheint. Insb. wird der Gläubiger hierdurch, wenn er für seine Forderung innerhalb der Anfechtungsfrist einen nur vorläufig vollstreckbaren Titel erlangt hat, mit dem Risiko des späteren Titelwegfalls und dem entsprechenden Kostenrisiko in den Anfechtungsprozess getrieben.

17

»Schon« im Zeitpunkt des Zugangs der schriftlichen Mitteilung beim Anfechtungsgegner muss der **Schuldner unfähig gewesen sein, den Gläubiger zu befriedigen**, womit § 7 Abs. 2 entsprechend der h.M. schon zu § 4 a.F., der nach seinem Wortlaut auf Zahlungsunfähigkeit abstellte, ausdrücklich die Parallelität zu § 2 betont, es muss deshalb nach den zu dieser Vorschrift aufgestellten Regeln (vgl. § 2 Rdn. 18 ff.) schon aus damaliger Sicht anzunehmen sein, dass die Zwangsvollstreckung in das Vermögen des Schuldners nicht zu einer vollständigen Befriedigung gerade des anfechtenden Gläubigers führen wird. Zwischenzeitlicher Eintritt der Zulänglichkeit, für den der Anfechtungsgegner die Darlegungs- und Beweislast trägt, schadet, selbst wenn das Schuldnervermögen im Zeitpunkt der letzten mündlichen Verhandlung in der Tatsacheninstanz erneut unzulänglich geworden sein sollte.[45]

18

Schließlich muss die Anfechtung bis zum **Ablauf von zwei Jahren** seit Zugang der schriftlichen Mitteilung **gerichtlich** (vgl. Rdn. 4 ff.) oder durch **Duldungsbescheid** (vgl. Rdn. 11, 14) **geltend gemacht** werden. Auch hierbei handelt es sich um eine Ausschlussfrist (vgl. Rdn. 2), die nicht verlängert werden kann. Eine erneute schriftliche Mitteilung ist ausgeschlossen.[46] Wie bei der Anfechtung

19

---

40 BGH 15.12.2011, IX ZR 87/09, ZInsO 2012, 128.
41 BGH 21.02.2008, IX ZR 209/06, ZIP 2008, 888 Rn. 11 zur Insolvenzanfechtung.
42 *Jaeger* § 4 Rn. 6.
43 *Huber* Rn. 40; Kübler/Prütting/Bork/*Paulus* Rn. 10.
44 *Huber* Rn. 41; *Jaeger* § 4 Rn. 7; Kübler/Prütting/Bork/*Paulus* Rn. 10.
45 Kübler/Prütting/Bork/*Paulus* Rn. 11.
46 *Huber* Rn. 45.

ohne Fristerstreckung braucht im Zeitpunkt der gerichtlichen Geltendmachung die Hauptforderung weder fällig noch tituliert zu sein, es reicht aus, dass diese Voraussetzungen im Zeitpunkt der letzten mündlichen Tatsachenverhandlung gegeben sind.

4. Rechtsfolgen der schriftlichen Mitteilung

20 Durch den Zugang einer den vorstehenden Erfordernissen genügenden schriftliche Mitteilung kommt es zu einer **Fristerstreckung**, die Anfechtungsfristen werden nicht mehr vom Zeitpunkt der gerichtlichen Geltendmachung der Anfechtung, sondern **vom Zugang der schriftlichen Mitteilung zurückgerechnet** (Rdn. 2, 3), **nicht** etwa wird die Anfechtungsfrist um zwei Jahre **verlängert**. Wie § 7 Abs. 1 ergreift Abs. 2 nicht nur §§ 3 und 4, sondern auch inzident § 5. Obwohl die Anfechtungsfristen der §§ 6, 6a nicht mehr von der gerichtlichen Geltendmachung, sondern von der Erlangung des vollstreckbaren Schuldtitels aus zu berechnen sind und Abs. 2 mit dem Begriff »die Frist« an Abs. 1 anknüpft, sollte § 7 Abs. 2 entsprechend auch hier angewendet werden, da nicht ersichtlich ist, dass der Gesetzgeber des MoMiG die Fristerstreckung ausschließen und damit die Anfechtung erschweren wollte, vielmehr sollte sie erleichtert werden.[47] Das MoMiG hat nur zu einer Änderung des § 7 Abs. 1 geführt (vgl. Rdn. 1) und der neue § 6 Abs. 1 S. 2 erleichtert die Anfechtung vor Erlangung des Titels nur für den Fall der Abweisung des Insolvenzantrags mangels Masse. Zur Fristwahrung ist dann erforderlich, dass der Gläubiger binnen zwei Jahren ab Zugang der schriftlichen Mitteilung einen vollstreckbaren Schuldtitel erlangt. Sodann läuft die Frist des § 6 Abs. 2. – Die schriftliche Mitteilung wirkt für den Rechtsnachfolger des Gläubigers[48] (zur Rechtsnachfolge auf Seiten des Anfechtungsgegners vgl. Rdn. 22) und zugunsten des Insolvenzverwalters des Schuldners,[49] soweit er sich auf das auf ihn übergegangene Gläubigeranfechtungsrecht (vgl. § 16 Rdn. 6) beruft, nicht jedoch hinsichtlich der isolierten Insolvenzanfechtung (§ 17 Abs. 3 S. 2).

21 Mit der schriftlichen Ankündigung berühmt sich der Gläubiger eines Anfechtungsrechts, sei dieses auch wegen des noch fehlenden vollstreckbaren Titels bedingt oder die Hauptforderung noch nicht fällig, weshalb der Anfechtungsgegner regelmäßig eine auf Feststellung der Nichtanfechtbarkeit der Rechtshandlung gerichtete Klage nach § 256 ZPO erheben kann.

5. Schriftliche Mitteilung an den Rechtsnachfolger (§ 15 Abs. 3)

22 Nach § 15 Abs. 3 genügt zur Erstreckung der Fristen nach § 7 Abs. 2 die schriftliche Mitteilung an den Rechtsnachfolger, gegen den die Anfechtung erfolgen soll. Sie wirkt sich entsprechend Rdn. 12 auch zu Lasten der Nachmänner des Rechtsnachfolgers aus, gleich ob deren Erwerb vor oder nach Zugang der schriftlichen Mitteilung stattfand.[50] Entsprechendes gilt bei der Anzeige nach § 7 Abs. 2 an den Ersterwerber. Gegenüber Vorerwerbern vermag die schriftliche Mitteilung an den Rechtsnachfolger die Anfechtungsfrist nicht zu erstrecken. Zur gerichtlichen Geltendmachung vgl. Rdn. 12.

III. Fristerstreckung nach Abs. 3

23 Ist eine **Bank Schuldner**, nicht Anfechtungsgegner,[51] und sind gegen sie Maßnahmen nach § 46 Abs. 1 S. 2 Nr. 4–6 KWG angeordnet, sind nach § 46 Abs. 2 S. 6 KWG Zwangsvollstreckungen, Arreste und einstweilige Verfügungen in das Vermögen des Instituts nicht zulässig. **Abs. 3** i.d.F. des Art. 16 RestrukturierungsG[52] trägt deshalb dem Schutzbedürfnis der Gläubiger Rechnung, die das Anfechtungsrecht während der Dauer der Anordnung nicht ausüben können (vgl. § 2

---

47 Begr. RegE MoMiG zu § 6 AnfG, ZIP Beil. Heft 23/2007, S. 34.
48 RG 18.03.1897, VI 404/96, RGZ 39, 12 (14).
49 *Huber* Rn. 39; *Jaeger* § 4 Rn. 13.
50 *Huber* § 15 Rn. 25; *Jaeger* § 11 Rn. 33.
51 A.A. *Huber* Rn. 1 und 48; Kübler/Prütting/Bork/*Paulus* Rn. 14; MüKo-AnfG/*Kirchhof* Rn. 60.
52 G v. 09.12.2010, BGBl. I 2010, 1900.

Rdn. 7). Zutreffend findet sich in der Begr. RegE[53] daher der Hinweis, dass ... »die Rechtshandlungen des Kreditinstituts in dieser Zeit nicht angefochten werden können«,[54] und es fehlt konsequent eine entsprechende Regelung im Insolvenzanfechtungsrecht. Die Zeitspanne der genannten Anordnungen wird in die Anfechtungsfristen nicht eingerechnet. Ist die **Bank Anfechtungsgegner** besteht ein solches Schutzbedürfnis nicht, da § 46 Abs. 2 S. 6 KWG einer Anfechtungsklage nicht entgegensteht, lediglich die Sicherung des Anfechtungsanspruchs durch einstweilige Verfügung (vgl. § 2 Rdn. 22) und seine Vollstreckung sind ausgeschlossen. Die Notwendigkeit einer Fristerstreckung ergibt sich folglich nicht.

§ 8 Zeitpunkt der Vornahme einer Rechtshandlung

(1) Eine Rechtshandlung gilt als in dem Zeitpunkt vorgenommen, in dem ihre rechtlichen Wirkungen eintreten.

(2) Ist für das Wirksamwerden eines Rechtsgeschäfts eine Eintragung im Grundbuch, im Schiffsregister, im Schiffsbauregister oder im Register für Pfandrechte an Luftfahrzeugen erforderlich, so gilt das Rechtsgeschäft als vorgenommen, sobald die übrigen Voraussetzungen für das Wirksamwerden erfüllt sind, die Willenserklärung des Schuldners für ihn bindend geworden ist und der andere Teil den Antrag auf Eintragung der Rechtsänderung gestellt hat. Ist der Antrag auf Eintragung einer Vormerkung zur Sicherung des Anspruchs auf die Rechtsänderung gestellt worden, so gilt Satz 1 mit der Maßgabe, daß dieser Antrag an die Stelle des Antrags auf Eintragung der Rechtsänderung tritt.

(3) Bei einer bedingten oder befristeten Rechtshandlung bleibt der Eintritt der Bedingung oder des Termins außer Betracht.

§ 8 entspricht § 140 InsO, auf dessen Kommentierung deshalb verwiesen wird. 1

§ 9 Anfechtung durch Einrede

Die Anfechtbarkeit kann im Wege der Einrede geltend gemacht werden, bevor ein vollstreckbarer Schuldtitel für die Forderung erlangt ist; der Gläubiger hat diesen jedoch vor der Entscheidung binnen einer vom Gericht zu bestimmenden Frist beizubringen.

Übersicht	Rdn.		Rdn.
A. Normzweck	1	I. Berücksichtigung der Einrede	7
B. Einreden	2	II. Beibringung des Titels über die Hauptforderung	8
I. Beispiele	2	1. Fristsetzung	8
II. Geltendmachung	3	2. Titelbeibringung, Rechtsfolgen	9
C. Verfahren	7		

A. Normzweck

Die mit § 5 a.F. inhaltlich übereinstimmende Vorschrift ermöglicht die Anfechtung durch Einrede 1 und Gegeneinrede als Alternative zur Klage nach § 13 (vgl. Rdn. 5) und **erleichtert** sie im Verhältnis zu ihr durch den **einstweiligen**, keineswegs aber endgültigen Verzicht auf das Titelerfordernis. Entgegen OLG Koblenz[1] hindert das Bestehen eines, auch endgültig vollstreckbaren, Titels die Anfechtungseinrede nicht, er wird lediglich nicht gefordert und erübrigt die Fristsetzung nach Hs. 2. Eine **weitergehende Erleichterung** gewährt § 9 **nicht**, so dass sich die übrigen Anfechtungsvoraussetzungen nicht von denen der Anfechtungsklage unterscheiden. Insb. lässt der einstweilige Verzicht auf das Titelerfordernis die Voraussetzung der Fälligkeit der Hauptforderung nicht entfallen.

---

53 Begr. RegE zu § 7 AnfG, letzter Abs.
54 Dies kritisieren *Gaul/Schilken/Becker-Eberhard* § 35 Rn. 134 daher zu Unrecht.
1 OLG Koblenz 03.02.2006, 10 U 341/05, OLGR 2007, 371: nur § 242 BGB.

B. Einreden

I. Beispiele

2 Hauptanwendungsfall dürfte die Verteidigung des vollstreckenden Gläubigers gegen die **Drittwiderspruchsklage**, § 771 ZPO, des Anfechtungsgegners sein, der geltend macht, das die Vollstreckung hindernde Recht sei anfechtbar erworben;[2] oder die gleichgerichtete **Bereicherungsklage** nach Beendigung der Vollstreckung.[3] Daneben kommt die Einrede als Verteidigung gegen einen **Arrestvollzug** in Betracht oder bei **mehrfacher Abtretung** und/oder Pfändung, wenn der Drittschuldner hinterlegt und der Beklagte sich auf die Anfechtbarkeit der Berechtigung des Klägers beruft (zur Insolvenz des Schuldners in diesen Fällen vgl. § 1 Rdn. 6). – Im Wege der **Gegeneinrede** ist die Anfechtung etwa geltend zu machen, wenn der Beklage vorbringt, die dem Gläubiger zur Einziehung überwiesene Forderung sei ihm vom Schuldner erlassen worden. – Maßgebend ist nicht die formale Parteistellung, so kann die Einrede vom Kläger gegen eine Widerklage, vom Widerkläger die Gegeneinrede erhoben werden.

II. Geltendmachung

3 Wer mit irgendeinem Anspruch im Wege der Klage angegriffen wird, kann sich zu seiner Verteidigung darauf berufen, dass der Rechtserwerb, aus dem der Kläger seinen Anspruch ableitet, ihm gegenüber nach Maßgabe des AnfG unwirksam ist.[4] Die Einrede kann nur dem **Anfechtungsgegner gegenüber** erhoben werden, anfechtbarer Erwerb eines Dritten reicht nicht aus.[5] Die Einrede erfordert keinen weiteren Vortrag als eine auf denselben Sachverhalt gestützte Klage (vgl. § 7 Rdn. 6), insb. ist keine ausdrückliche Anfechtungserklärung vonnöten.[6] Die nach § 7 zu berechnende **Anfechtungsfrist** wird nicht erst durch Erhebung der Einrede in der mündlichen Tatsachenverhandlung, sondern bereits durch **Zustellung eines Schriftsatzes** gewahrt, der die Einrede enthält,[7] auch die Zustellung demnächst gem. § 167 ZPO vermag die Frist zu wahren.[8] Im Fall der Einrede gegen die Drittwiderspruchsklage gegen den vollstreckenden Gläubiger oder der Bereicherungsklage nach Erlösauskehr an ihn ist für die Fristberechnung abweichend hiervon auf den **Zeitpunkt der Pfändung** abzustellen, die die Verstrickung auch der schuldnerfremden Sache bewirkt und den Kläger zur weiteren Duldung der Vollstreckung bis zum Erfolg seiner Klage nötigt, denn der Anfechtungsanspruch des beklagten Gläubigers ist durch die Pfändung erfüllt, seine später erhobene Klage wäre als unbegründet abzuweisen.[9] Für die Bereicherungsklage stellen allerdings RG,[10] und *Huber*[11] auf die Durchführung bzw. Beendigung der Vollstreckung ab. Zur Einrede des Absonderungsberechtigten in der **Insolvenz des Schuldners** vgl. § 1 Rdn. 6.

4 Die Einrede muss spätestens in der letzten **mündlichen Tatsachenverhandlung** erhoben werden, Nachholung in der Revisionsinstanz ist nicht möglich.[12] Sie ist Angriffs- oder Verteidigungsmittel nach § 282 ZPO, so dass sie gem. §§ 296 f., 520 f., 529 ff. ZPO präkludiert sein kann.

5 Die Möglichkeit der Einrede hindert den verklagten Gläubiger nicht an der Erhebung einer auf die Anfechtung gerichteten **Wider-** oder **isolierten Anfechtungsklage**, keinesfalls nötigt sie ihn aber hier-

---

[2] BGH 29.04.1986, IX ZR 163/85, BGHZ 98, 6.
[3] BFH 01.12.2005, VII B 95/05, BFH/NV 2006, 701.
[4] RG 11.05.1909, VII 285/08, LZ 1909 Sp. 695, Nr. 15.
[5] BGH 07.04.2005, IX ZR 258/01, ZIP 2005, 1198 (1200).
[6] BGH 03.05.2007, IX ZR 16/06, ZIP 2007, 1326 Rn. 42; zu eng dagegen BGH 14.11.1989, XI ZR 97/88, ZIP 1990, 368.
[7] BGH 29.04.1986, IX ZR 163/85, BGHZ 98, 6 (9); *Gaul/Schilken/Becker-Eberhard* § 35 Rn. 153; anders aber Begr. RegE zu § 7 (2. Abs. a.E.).
[8] *Huber* § 9 Rn. 8.
[9] MüKo-AnfG/*Kirchhof* § 7 Rn. 45.
[10] RG 12.12.1939, VII 102/39, RGZ 162, 218.
[11] *Huber* § 7 Rn. 16.
[12] BGH 14.11.1989, XI ZR 97/88, ZIP 1990, 368.

zu. Sinnvoll ist die Klage, wenn der Gläubiger einer der Rechtskraft fähigen Entscheidung über den Anfechtungsanspruch bedarf, etwa um im Fall der Hinterlegung die Einwilligung des Klägers zur Auszahlung an sich zu erstreiten.[13] Da die Klage dann selbständiger Angriff ist, unterliegt sie freilich nicht der Regelung des § 9.

Anfechtungseinrede des Finanzamtes: Behauptet ein Dritter, ihm stehe am Gegenstand, in den das FA vollstreckt, ein die Veräußerung hinderndes Recht zu, verweist ihn § 262 AO auf die Drittwiderspruchsklage, ggf auch auf die Bereicherungsklage[14] vor den ordentlichen Gerichten, wo dem FA die Einrede aus § 9 offensteht, § 191 Abs. 1 S. 2 AO. Liegt im Zeitpunkt der letzten mündlichen Tatsachenverhandlung ein bestandskräftiger Duldungsbescheid vor, so ist er bei der Entscheidung über die Einrede zu beachten.[15] Wie auch sonst die Einredemöglichkeit die Widerklage (vgl. Rdn. 5) nicht hindert, schließt sie auch das aktive Vorgehen des Finanzamtes durch Duldungsbescheid nicht aus,[16] wobei aber ein zwischenzeitlich rechtskräftiges Urteil in den vorgenannten Verfahren zu beachten ist. 6

C. Verfahren

I. Berücksichtigung der Einrede

Die Einrede ist **nur zu berücksichtigen**, wenn sie (bis auf das Erfordernis des vollstreckbaren Schuldtitels) alle Anforderungen erfüllt, die an eine Anfechtungsklage zu stellen wären. Unbeachtlich ist sie allerdings, wenn die Klage gegen den Gläubiger auch ohne Anfechtung aus anderen Gründen der Abweisung unterliegt oder selbst bei erfolgreicher Anfechtung zugesprochen werden müsste.[17] 7

II. Beibringung des Titels über die Hauptforderung

1. Fristsetzung

Ist die Einrede form- und fristgerecht erhoben worden und hat der Gläubiger vorgebracht, bislang keinen Titel erlangt zu haben, hat das Gericht ihm von Amts wegen eine **Frist für die Beibringung des Titels** zu setzen.[18] Die Frist ist eine richterliche i.S.d. §§ 221 ff. ZPO, sie kann auch in der Berufungsinstanz gesetzt werden, wenn die Einrede hier erstmals erhoben wird und zu berücksichtigen ist (vgl. Rdn. 4) oder die Fristsetzung erstinstanzlich fälschlich unterblieben ist. Einer zu kurzen Frist kann das Berufungsgericht durch Nachfrist abhelfen. Die Frist muss **angemessen** sein, das heißt, sie ist einzelfallbezogen so zu **bemessen**, dass vor ihrem Ablauf ein endgültig vollstreckbarer Titel bei ordnungsgemäßer Prozessführung des Gläubigers beigebracht werden kann.[19] Wegen der nicht selten langen Verfahrensdauer kann dies leicht zu einem Interessenwiderstreit führen. Fristen von einem Jahr[20] oder einem halben Jahr[21] sind als nicht zu lang angesehen worden. In Fällen, in denen noch gar kein Titel vorliegt, dürfte allerdings auch die Jahresfrist oft kaum hinreichen. Kommt die Fristsetzung aufgrund ihrer Länge einer Aussetzung des Verfahrens gleich, ist sie analog §§ 252, 567 ZPO mit der **sofortigen Beschwerde** angreifbar.[22] Die Fristsetzung verbietet nicht die Fortsetzung der Verhandlung im Übrigen, ob sie empfehlenswert ist, lässt sich nur im Einzelfall sagen. Ein Zwischenurteil über den Grund darf nicht erlassen werden. 8

---

13 *Jaeger* § 5 Rn. 9 a.E.
14 BFH 01.12.2005, VII B 95/05, BFH/NV 2006, 701.
15 BGH 25.10.1990, IX ZR 13/90, ZIP 1990, 1591.
16 BFH 01.12.2005, VII B 95/05, BFH/NV 2006, 701; a.A. wohl *Huber* Rn. 8.
17 *Huber* Rn. 11.
18 A.A. *Huber* Rn. 12: nur auf Antrag, für den § 282 ZPO gilt; Kübler/Prütting/Bork/*Paulus* Rn. 5: formloser Antrag.
19 RG 14.10.1919, VII 92/19, RGZ 96, 335 (338).
20 OLG Frankfurt 25.03.1976, 5 W 11/76, WM 1976, 466.
21 RG 09.02.1915, VII 328/14, LZ 1915, 1023 Nr. 45.
22 OLG Frankfurt 25.03.1976, 5 W 11/76, WM 1976, 466.

2. Titelbeibringung, Rechtsfolgen

9 **Nach Ablauf der Frist** ist der Rechtsstreit durch mündliche Verhandlung fortzusetzen. Ist der Titel innerhalb der gesetzten, auch verlängerten Frist **beigebracht**, hat die Anfechtungseinrede Erfolg, sofern die sonstigen Anfechtungsvoraussetzungen weiterhin gegeben sind. Maßgebend ist auch hier der Zeitpunkt der letzten mündlichen Tatsachenverhandlung. Eine **Fristüberschreitung** ist unbeachtlich, sofern der Titel noch vor dem Schluss der mündlichen Verhandlung vorgelegt werden kann.[23] Ausreichend ist nur ein **vorbehaltloser, endgültig vollstreckbarer Titel**, soweit die Anfechtbarkeit nicht durch Gegeneinrede (vgl. Rdn. 2) geltend gemacht wird (vgl. § 14 Rdn. 1). – Kann der Gläubiger bis zur mündlichen Verhandlung den Titel **nicht beibringen** oder legt er nur einen den genannten Voraussetzungen nicht genügenden Titel vor, wird die Anfechtungseinrede nicht berücksichtigt. Spätere Geltendmachung wird mangels insoweit eintretender Rechtskraft nicht ausgeschlossen.

§ 10 Vollstreckbarer Titel

Die Anfechtung wird nicht dadurch ausgeschlossen, daß für die Rechtshandlung ein vollstreckbarer Schuldtitel erlangt oder daß die Handlung durch Zwangsvollstreckung erwirkt worden ist.

Übersicht	Rdn.		Rdn.
A. **Normzweck**	1	II. Erwirkung der Handlung durch	
B. **Die geregelten Fälle**	3	Zwangsvollstreckung (Alt. 2)	5
I. Vollstreckbarer Schuldtitel (Alt. 1) . . .	3		

A. Normzweck

1 Die inhaltlich mit § 6 a.F. übereinstimmende **Vorschrift stellt zweierlei klar**: Zum einen wird die Anfechtbarkeit einer Rechtshandlung nicht dadurch ausgeschlossen, dass sie durch die bloße Existenz eines vollstreckbaren Schuldtitels, nicht seine Vollstreckung, legitimiert erscheint, widrigenfalls der Schuldner die Rechtshandlung durch die Verschaffung eines Titels der Anfechtung entziehen könnte (Alt. 1). Zum anderen kann zumindest bei vordergründiger Betrachtung der Vollstreckungszugriff, der staatliche Hoheitsakt, selbst anfechtbar sein, es bedarf keiner anfechtbaren Rechtshandlung außerhalb des Vollstreckungsakts (Alt. 2). Dabei darf freilich nie § 1 übersehen werden, der allein Rechtshandlungen des Schuldners der Anfechtung unterwirft (vgl. Rdn. 5). Trotz der wörtlichen Übereinstimmung kommt § 10 in Alt. 2 deshalb eine weitgehend andere Bedeutung zu als § 141 InsO, weil die InsO mit den §§ 130, 131 die Anfechtung von Handlungen des Gläubigers und sogar Dritter ermöglicht. Die praktische Relevanz der Alt. 2 ist mithin eher gering, was sich auch im weitgehenden Fehlen von Judikatur niederschlägt. Jedenfalls verdeutlicht § 10, dass die staatliche Mitwirkung bei der Zwangsvollstreckung der Anfechtung nicht entgegensteht.

2 Zwangsvollstreckung i.S.d. Alt. 2 ist auch die Vollziehung eines **Arrests** oder einer **einstweiligen Verfügung**, die § 6 a.F. und in § 10 RegE noch ausdrücklich erwähnt waren, vom Rechtsausschuss aber ebenso als überflüssige Klarstellung gestrichen wurden wie die Regelung des § 12 RegEInsO.

B. Die geregelten Fälle

I. Vollstreckbarer Schuldtitel (Alt. 1)

3 § 10 Alt. 1 greift keinesfalls nur, wenn in kollusivem Zusammenwirken zwischen Schuldner und Anfechtungsgegner ein Scheinanspruch tituliert wurde, **kein** unter Vorbehalt stehender, kein vorläufig vollstreckbarer oder rechtskräftiger **Titel** des Anfechtungsgegners (vgl. die für den Gläubigertitel bei § 2 Rdn. 5, 8 ff. genannten Beispiele, weitergehend Arreste und einstweilige Verfügungen, auch wenn sie nicht auf eine Geldzahlung gerichtet sind) **hindert die Anfechtung**. Gemeint ist hier die

---

[23] RG 09.02.1915, VII 328/14, LZ 1915, 1023 Nr. 45.

Variante, dass der Schuldner in Erfüllung des titulierten Anspruchs eine anfechtbare Rechtshandlung freiwillig vornimmt. Die Anfechtung ergreift den Titel des Anfechtungsgegners nicht, er regelt vielmehr unbeeinflusst von der Anfechtung das Verhältnis zwischen Schuldner und Anfechtungsgegner. Entgegen *Paulus*[1] ist die Anfechtungsklage auch dann der richtige Rechtsbehelf, wenn der Titel auf Erfüllung gerichtet ist, der anfechtbare Tatbestand dagegen im Abschluss des Kausalgeschäfts liegt, da dessen Anfechtbarkeit diejenige der Erfüllungshandlung nach sich zieht (vgl. § 1 Rdn. 25).

Nicht erforderlich ist die **Anfechtbarkeit des Titelerwerbs,** die nicht notwendig die Anfechtbarkeit des dem Titel zugrunde liegenden Anspruchs voraussetzt (Beispiele bei § 1 Rdn. 21 f., ferner die Unterwerfung unter die sofortige Zwangsvollstreckung), sie hindert die Anwendung des § 10 selbstredend indessen nicht. 4

II. Erwirkung der Handlung durch Zwangsvollstreckung (Alt. 2)

Nach Alt. 2 wird die Anfechtung **nicht dadurch ausgeschlossen**, dass die anzufechtende Handlung durch Zwangsvollstreckung erwirkt ist. Es scheint eine Ausnahme zu § 1 geregelt zu sein, der nur Rechtshandlungen des Schuldners der Anfechtung unterwirft. Danach kommt ein Anspruch nach dem Anfechtungsgesetz grds nicht in Betracht, wenn der Schuldner den streitbefangenen Vermögensgegenstand nicht durch Veräußerung, Weggabe oder Aufgabe (§ 11), also durch einen von seinem Willen mindestens mitbestimmten Rechtsakt, verloren hat. Beruht der Vermögensverlust des Schuldners dagegen auf einem hoheitlichen Rechtsakt, so handelt es sich um einen Sachverhalt, den das Anfechtungsgesetz grds nicht erfasst.[2] Darüber geht auch § 10 nicht hinaus. Er erschöpft sich vielmehr in der Klarstellung, dass die Mitwirkung des staatlichen Vollstreckungsorgans den Rechtserwerb des Anfechtungsgegners nicht zu Lasten der Gläubiger sanktioniert, weshalb es zumindest missverständlich ist, wenn geltend gemacht wird, das Handeln des Vollstreckungsorgans werde dem Schuldner zugerechnet.[3] Der Erwerb in der Zwangsvollstreckung unterliegt daher wie jeder andere nur dann der Anfechtung, wenn der Schuldner an ihm mitgewirkt hat (vgl. § 1 Rdn. 26). Einer Zurechnung des hoheitlichen Handelns bedarf es hierfür nicht, wo sie erforderlich wäre, entfällt die Anfechtungsmöglichkeit. 5

§ 11 Rechtsfolgen

(1) **Was durch die anfechtbare Rechtshandlung aus dem Vermögen des Schuldners veräußert, weggegeben oder aufgegeben ist, muß dem Gläubiger zur Verfügung gestellt werden, soweit es zu dessen Befriedigung erforderlich ist. Die Vorschriften über die Rechtsfolgen einer ungerechtfertigten Bereicherung, bei der dem Empfänger der Mangel des rechtlichen Grundes bekannt ist, gelten entsprechend.**

(2) Der Empfänger einer unentgeltlichen Leistung hat diese nur zur Verfügung zu stellen, soweit er durch sie bereichert ist. Dies gilt nicht, sobald er weiß oder den Umständen nach wissen muß, daß die unentgeltliche Leistung die Gläubiger benachteiligt.

(3) Im Fall der Anfechtung nach § 6a hat der Gesellschafter, der die Sicherheit bestellt hatte oder als Bürge haftete, die Zwangsvollstreckung in sein Vermögen bis zur Höhe des Betrags zu dulden, mit dem er als Bürge haftete oder der dem Wert der von ihm bestellten Sicherheit im Zeitpunkt der Rückgewähr des Darlehens oder der Leistung auf die gleichgestellte Forderung entspricht. Der Gesellschafter wird von der Verpflichtung frei, wenn er die Gegenstände, die dem Gläubiger als Sicherheit gedient hatten, dem Gläubiger zur Verfügung stellt.

---

1 Kübler/Prütting/Bork/*Paulus* Rn. 3.
2 BGH 29.06.2004, IX ZR 258/02, ZIP 2004, 1619, allerdings ohne Erwähnung des § 10.
3 *Huber* Rn. 1, 7; Kübler/Prütting/Bork/*Paulus* Rn. 5.

Anh. V § 11 AnfG Rechtsfolgen

Übersicht

	Rdn.
A. Normzweck	1
B. Entstehen, Erlöschen und Abtretbarkeit des Anfechtungsanspruchs	3
I. Allgemeines	3
II. Mehrere Anfechtungsgläubiger und -gegner	5
III. Abtretbarkeit des Anfechtungsanspruchs	9
C. Primäranspruch (Abs. 1 S. 1)	10
I. Duldung der Zwangsvollstreckung	10
1. Überblick	10
2. Der Duldungsanspruch in der Insolvenz des Anfechtungsgegners/Eigengläubiger des Anfechtungsgegners	12
II. Gegenstand der Duldungspflicht	13
1. Der Gegenstand	13
2. Gegenstand aus dem Vermögen des Schuldners	14
3. Konkretisierung des Anfechtungsanspruchs bei einzelnen Vermögensgegenständen	15
a) Bewegliche körperliche Sachen	15
b) Unbewegliche Gegenstände und Miteigentumsanteile hieran	16
c) Sonstige Mitberechtigungen	18
d) Gemeinschaftliche Verfügung einer Gesamthandsgemeinschaft/Bruchteilsgemeinschaft	20
e) Forderungen	21
f) Belastungen des anfechtbar veräußerten Gegenstands	23
g) Anfechtbare Belastung eines Gegenstands	24
h) Schuldlerlass/Auf- und Verrechnungsermöglichung	26
i) Unterlassen	27
j) Treuhänderstellung	28
k) Teilanfechtung	29
D. Ergänzungen und Anpassungen der Duldungspflicht (Abs. 1 S. 2)	30
I. Surrogate	31
II. Nutzungen	32
III. Verwendungen des Anfechtungsgegners/Werterhöhungen und -minderungen	33
IV. Wertersatzanspruch	35
E. Rechtsfolgen bei unentgeltlicher Leistung (Abs. 2)	37
F. Rechtsfolgen bei Anfechtung nach § 6a (Abs. 3)	40
G. Auskunftsanspruch	41

A. Normzweck

1 § 11 beschreibt den **Inhalt des Anfechtungsschuldverhältnisses**, die Rechtsfolge der anfechtbaren Veräußerung, Weggabe oder Aufgabe eines Gegenstands aus dem Schuldnervermögen. Da der Anfechtungsanspruch anders als im Insolvenzrecht auf Duldung der Zwangsvollstreckung, nicht auf Rückgewähr gerichtet ist, bestimmt **Abs. 1 S. 1** nur redaktionell, nicht in der Sache abweichend von § 7 Abs. 1 a.F., dass der Anfechtungsgegner das aus dem Vermögen des Schuldners Weggegebene dem Gläubiger zur Verfügung stellen muss, soweit es zu dessen Befriedigung erforderlich ist. Auch ohne Rückübertragung in das Vermögen des Schuldners wird so die Zugriffslage für die Vollstreckung der Geldforderung (vgl. § 2 Rdn. 3) nach §§ 803 ff. ZPO, §§ 249, 259 ff. AO wieder hergestellt, die vor der anfechtbaren Rechtshandlung bestand. Das bedeutet freilich keinen Strukturunterschied zwischen Gläubiger- und Insolvenzanfechtung, sondern passt die Rechtsfolgen an die Notwendigkeiten der jeweiligen Verfahrens an. **Abs. 1 S. 2** ersetzt die strenge Zufallshaftung des alten Rechts durch eine offenbar für angemessener erachtete Gleichstellung des Anfechtungsgegners mit dem bösgläubigen Bereicherungsschuldner.[1] Die Privilegierung des Empfängers einer unentgeltlichen Leistung übernimmt **Abs. 2 S. 1** aus § 7 Abs. 2 a.F. Er ist der Anfechtung nur im Umfang der noch vorhandenen Bereicherung ausgesetzt; wenn der Gläubiger beweisen kann, dass der Anfechtungsgegner wusste oder den Umständen nach wissen musste, dass die Leistung die Gläubiger benachteiligt, entfällt die Beschränkung auf die vorhandene Bereicherung (S. 2).

2 Anders als das bisherige Recht hat das MoMiG mit der Einfügung des **§ 6a** die Anfechtbarkeit einer Rechtshandlung in das Gläubigeranfechtungsrecht übernommen, mit der die Gesellschaft einem Dritten für eine gesellschafterbesicherte Forderung auf Darlehensrückgewähr Befriedigung gewährt hat, wie sie bislang nur in § 32b GmbHG a.F. für die Insolvenz der Gesellschaft kodifiziert war. Die Regelungen des Abs. 1 passen für diesen Fall nicht, da nicht der Drittgläubiger das von der Gesell-

---
[1] Begr. RegE zu § 11 Abs. 1 S. 2.

schaft Erlangte zur Verfügung stellen soll, sondern der durch die Leistung der Gesellschaft freigewordene Gesellschafter, der als Bürge haftete oder die Realsicherheit bestellt hatte. Er hat daher die Zwangsvollstreckung durch den Gläubiger in dem in **Abs. 3 S. 1** genannten Umfang in sein eigenes Vermögen zu dulden. Von dieser Pflicht kann er sich dadurch befreien, dass er die freigewordene Sicherung dem Gläubiger zur Verfügung stellt.

Zu **Klagearten**, **Zuständigkeiten** und sonstigen **Zulässigkeitsvoraussetzungen** vgl. § 13.　　2a

B. Entstehen, Erlöschen und Abtretbarkeit des Anfechtungsanspruchs

I. Allgemeines

Der (verfassungskonforme)[2] Duldungs- oder auch Bereitstellungsanspruch,[3] **entsteht** mit der Erfüllung eines Anfechtungstatbestands i.V.m. den Voraussetzungen des § 1 (vgl. § 1 Rdn. 1). Unter den § 2 Rdn. 22 genannten Voraussetzungen besteht ein **Sicherungsanspruch** des Gläubigers; zum **Auskunftsanspruch** Rdn. 41. Dass die angefochtene Rechtshandlung schenkung- oder einkommensteuerrechtlich als wirksame Vermögensübertragung des Vollstreckungsschuldners auf den Anfechtungsgegner zu behandeln ist, steht dem Anfechtungsanspruch nicht entgegen.[4] Er ist **zivilrechtlicher Natur**[5] und auch bei Anfechtung durch die öffentliche Hand keine Figur des Steuer- oder sonstigen Verwaltungsrechts. Für die Frage der Wirksamkeit einer Vermögensübertragung im Bereich des AnfG kommt es daher ausschließlich auf die zivilrechtliche Wirksamkeit dieser Übertragung nach den Vorschriften des BGB an. Der Anspruch **erlischt** durch **Erfüllung,** indem der Anfechtungsgegner die Vollstreckung in den anfechtbar weggegebenen Vermögensbestandteil duldet, durch sonstige **Wiederherstellung der ursprünglichen Zugriffslage**, die bestünde, wäre die gläubigerbenachteiligende Rechtshandlung nicht vorgenommen worden (vgl. § 1 Rdn. 42, 50), bei entsprechender Vereinbarung durch **Erfüllungssurrogate** oder **Erlass** und im Fall des Wertersatzanspruchs (vgl. Rdn. 35) auch durch **Aufrechnung.** Entsprechend §§ 1142, 1249 S. 1 BGB ist der Anfechtungsgegner berechtigt, den Anfechtungsanspruch durch **Zahlung eines Einlösebetrags** abzulösen. Ein Forderungsübergang nach §§ 1143, 1249 S. 2, 268 Abs. 3 BGB findet wegen der Struktur der Anfechtung freilich nicht statt. Lehnt der Gläubiger die Annahme ab, gerät er in Annahmeverzug nach § 293 BGB, der Anfechtungsgegner kann den Betrag mit den Wirkungen der §§ 372, 378, 379 Abs. 1 BGB hinterlegen.[6] Wird der Anfechtungsgegner nach der Leistung durch einen weiteren Gläubiger auf Duldung in Anspruch genommen, muss er **beweisen**, das der Ablösungsbetrag den vollen Wert des Gegenstands erschöpft und das befriedigte Anfechtungsrecht bestanden hat.[7] Stellt sich die Ablösung als **Teilrückgewähr** dar, können die übrigen Gläubiger zwar weiter Duldung verlangen, bei der Erlösverteilung jedoch nur auf den Überschuss des anfechtbaren Erwerbs zugreifen.[8] Ist dagegen durch die Ablösung der zu ihrem Zeitpunkt volle Wert des weggegebenen Gegenstands erschöpft, stehen spätere Wertsteigerungen allein dem Anfechtungsgegner zu.[9] Die Ablösung führt nicht zur Beseitigung des Anfechtungsrechts eines dritten Gläubigers, der zuvor bereits eine dingliche Sicherung am Gegenstand erlangt hat. Aufwendungen des Anfechtungsgegners zur Befriedigung eines den Grundstückskaufvertrag zwischen ihm und dem Schuldner anfechtenden Gläubigers 　　3

2　BVerfG 14.05.1991, 1 BvR 502/91, ZIP 1991, 736, zu § 3 I Nr. 4 a.F. im Hinblick auf Art. 3, 6 und 14 Abs. 1 GG; BFH 07.02.2002, VII B 14/01, BFH/NV 2002, 757 zu § 3 Abs. 1 Nr. 2 a.F. und generell zum Wertersatzanspruch; BVerfG 12.09.1983, 1 BvR 1161, 1162/83, Informationen StW 1984, 238 zur Möglichkeit der Finanzverwaltung, den Anfechtungsanspruch durch Duldungsbescheid geltend zu machen, im Hinblick auf Art. 19 IV GG; BFH 11.12.2007, VII R 1/07, BStBl 2008, 543, zum anfechtungsähnlichen § 278 AO im Hinblick auf Art. 3, 6 GG.
3　So die von BGH 13.01.2011, IX ZR 13/07, ZIP 2011, 440, gewählte Terminologie.
4　BFH 13.03.2002, VII B 42/01, BFH/NV 2002, 896.
5　BGH 29.11.1990, IX ZR 265/89, ZIP 1991, 113.
6　BGH 13.01.2011, IX ZR 13/07, ZIP 2011, 440 Rn. 10.
7　BGH 13.01.2011, IX ZR 13/07, ZIP 2011, 440 Rn. 12.
8　*Jaeger* § 7 Rn. 37.
9　*Jaeger* § 7 Rn. 37.

gehören zu den **nachträglichen Anschaffungskosten** für das Grundstück.[10] Zu dem Anfechtungsgegner zustehenden Einreden gegen den Anfechtungsanspruch vgl. § 2 Rdn. 11.

4 **Minderjährigenschutz:** Grds sollen der Anfechtung[11] beachtenswerte Interessen des minderjährigen Anfechtungsgegners nicht entgegenstehen, soweit der anfechtbar weggegebene Vermögensgegenstand bei ihm noch vorhanden ist, der Primäranspruch noch erfüllt werden kann. Bei der Feststellung der Kenntnis von der Benachteiligungsabsicht[12] bei § 3 ist jedoch ein strenger Maßstab anzulegen.[13] Ist der minderjährige Anfechtungsgegner deshalb (teilweise) entreichert, weil der Schuldner den Gegenstand für eigene Zwecke verwendet hat, ist der Anfechtungsanspruch auch bei Anfechtung nach § 3 analog § 11 Abs. 2 auf die verbliebene Bereicherung beschränkt.[14]

II. Mehrere Anfechtungsgläubiger und -gegner

5 Vgl. zunächst § 1 Rdn. 5, dort auch zu mehreren Forderungen in Person desselben Gläubigers. Das Anfechtungsrecht steht bei **mehreren Gläubigern jedem von ihnen** zu, in dessen Person die Anfechtungsvoraussetzungen erfüllt sind, was für jeden gesondert zu ermitteln ist. Der Anfechtungsgegner braucht auch bei mehreren Gläubigern grds **nur einmal zu leisten**, um von allen Anfechtungsansprüchen wegen derselben Rechtshandlung insgesamt befreit zu werden,[15] gleichgültig ob die Leistung freiwillig oder auf Titulierung hin erfolgt,[16] allerdings sind die mehreren **keine Gesamtgläubiger** nach § 428 BGB,[17] insb. passt die Ausgleichspflicht nach § 430 BGB nicht für die Anfechtungsberechtigung.[18] Die Rangfolge mehrerer Gläubiger bestimmt wie bei der Zwangsvollstreckung die Priorität (vgl. § 1 Rdn. 1), wenn zugunsten des Späteren nicht zuvor ergangene Maßnahmen des einstweiligen Rechtsschutzes (vgl. § 2 Rdn. 22) greifen.[19] Die Erfüllung gegenüber einem anfechtenden Gläubiger wirkt jedenfalls dann auch gegenüber dem anfechtenden Insolvenzverwalter, wenn sie vor Eröffnung des Insolvenzverfahrens stattgefunden hat, denn die Anfechtungsberechtigung geht nach § 16 Abs. 1 nur in dem Umfang auf den Verwalter über, in dem sie besteht.[20] **Rechtshängigkeit** des Anfechtungsanspruchs sowie **Rechtskraft** des Urteils wirken nur für und gegen den am Prozess beteiligten Gläubiger und haben keinen Einfluss auf die freie Wahl des Anfechtungsgegners, welchen der Prätendenten er befriedigt. Besteht noch der Primäranspruch, soll jedoch der Anfechtungsgegner ab Rechtshängigkeit des von einem Gläubiger geltend gemachten Anfechtungsanspruchs wegen (freiwilliger) Duldung der Zwangsvollstreckung durch einen anderen Gläubiger dem Schadenersatzanspruch nach §§ 292, 989 BGB ausgesetzt sein.[21] Dass dies nicht richtig sein kann, zeigt sich schon daran, dass der Anfechtungsgegner den Anspruch des Gläubigers auch durch Ablösung des anderen Prätendenten zum Erlöschen bringen kann, ohne die Unmöglichkeit, den Duldungsanspruch des Ersten zu erfüllen, herbeizuführen. Bei von vornherein auf Wertersatz gerichteter Anfechtung greifen die Vorschriften ohnehin nicht. Auch ohne die allgemeinen Folgen der Gesamtgläubigerschaft der Prätendenten liegt es näher, den Rechtsgedanken des § 428 S. 2 BGB anzuwen-

---

10 BFH 17.04.2007, IX R 56/06, BStBl II 2007, 956.
11 Zur Zurechnung der Kenntnis von der Gläubigerbenachteiligungsabsicht bei § 3 zu Lasten des Minderjährigen einerseits BGH 10.10.1962, VIII ZR 3/62, WM 1962, 1239 (1240) und andererseits BFH 22.06.2004, VII R 16/02, BStBl II 2004, 923 (926); BGH 25.04.1985, IX ZR 141/84, ZIP 1985, 690.
12 BGH 10.10.1962, VIII ZR 3/62, WM 1962, 1239 (1240).
13 BGH 09.12.1993, IX ZR 100/93, ZIP 1994, 218 (221).
14 BFH 22.06.2004, VII R 16/02, BStBl II 2004, 923 (925).
15 BGH 14.06.2007, IX ZR 219/05, ZIP 2007, 1577 Rn. 11; BGH 15.11.2012, IX ZR 173/09, ZInsO 2013, 78 Rn. 16.
16 BGH 15.11.2012, IX ZR 173/09, ZInsO 2013, 78 Rn. 16.
17 BGH 16.11.2007, IX ZR 194/04, ZIP 2008, 125 Rn. 33 (zu § 143 InsO); *Jaeger*, § 7 Rn. 37.
18 MüKo-AnfG/*Kirchhof* Rn. 8; zumindest ähnlich *Gaul/Schilken/Becker-Eberhard* § 35 Rn. 92.
19 BGH 14.06.2007, IX ZR 219/05, ZIP 2007, 1577 Rn. 11; BGH 15.11.2012, IX ZR 173/09, ZInsO 2013, 78 Rn. 16.
20 BGH 15.11.2012, IX ZR 173/09, ZInsO 2013, 78 Rn. 16.
21 So *Huber* Rn. 57; *Jaeger* § 7 Rn. 41 f.

den.²² Befriedigung eines Gläubigers bewirkt dann Erledigung des Rechtsstreits eines anderen mit der Folge des § 91a ZPO, bei Vollstreckung nach Titulierung ermöglicht sie die Gegenklage aus § 767 ZPO.²³ Ansprüche aus § 826 BGB gegen den Anfechtungsgegner sind in diesen Fällen nicht ausgeschlossen, mögen sie auch schwer zu beweisen sein.²⁴ Zum Vorrang bei konkurrierenden Veräußerungsverboten mehrerer Gläubiger vgl. § 2 Rdn. 22.

Erlass und **Stundung** seitens eines Gläubigers wirken nicht gegen andere Prätendenten,²⁵ ebenso wenig die Ablösung seines Hauptanspruchs.²⁶ Ein **Vergleich** mit einem Gläubiger befreit nur in dem Umfang, in dem der Anfechtungsgegner Leistungen an ihn erbringt. Von der Leistung gegenüber weiteren Gläubigern wird der Anfechtungsgegner nur bei **tatsächlicher Befriedigung**²⁷ eines anderen Gläubigers frei, von dem nicht gefordert wird, dass er im Besitz eines Titels i.S.d. § 2 war.²⁸ Nach dem in Rdn. 5 Gesagten reicht allein die Aufstellung der Forderung, auch Klage, durch einen Prätendenten für die Befreiung nicht aus. Wie bei der Leistung eines Einlösebetrags (vgl. Rdn. 3) trägt der Anfechtungsgegner bei freiwilliger Duldung der Vollstreckung oder Zahlung von Wertersatz an einen Gläubiger die **Beweislast** für die Erschöpfung des anfechtbaren Erwerbs und das Bestehen des befriedigten Anfechtungsrechts.²⁹ Die Befreiung wirkt auch bei Duldung der Zwangsvollstreckung nur vollständig, wenn die Forderung den Wert des anfechtbar weggegebenen Gegenstands zumindest erreicht. Fällt ein Übererlös an den Anfechtungsgegner zurück, haftet er mit diesem dem anderen Gläubigern, soweit er noch unterscheidbar bei ihm vorhanden ist,³⁰ ansonsten nur nach § 11 Abs. 1 S. 2. – Parallele Inanspruchnahme des Anfechtungsgegners durch den **Insolvenzverwalter** des Schuldners nach §§ 16, 17 oder originäre Insolvenzanfechtung i.V.m. § 17 Abs. 3 und durch trotz Insolvenz anfechtungsberechtigte Gläubiger (vgl. § 1 Rdn. 6, § 16 Rdn. 5) ist möglich. Befriedigt der Anfechtungsgegner einen Gläubiger und schöpft dies den Wert des Gegenstands nicht aus, kann er kumulativ auf Rückgewähr nach § 143 InsO in Anspruch genommen werden. In Höhe der vorherigen Leistung an den Gläubiger wird ihm dann ein Massebereicherungsanspruch nach § 55 Abs. 1 Nr. 3 InsO zugebilligt,³¹ insoweit steht ihm auch ein Zurückbehaltungsrecht zu. 6

Der durch den Anfechtungsgegner **befriedigte Gläubiger** ist zwar dessen Rechtsnachfolger (§ 15), kann aber als solcher von seinen Prätendenten **nicht im Wege der Anfechtung** in Anspruch genommen werden.³² Er trägt bei freiwilliger Leistung des Anfechtungsgegners im Prozess mit dem Prätendenten die **Beweislast** für das Bestehen der befriedigten Anfechtungsberechtigung. Wie wegen der Befriedigung unterliegt der Gläubiger wegen der Sicherung seines Rechts der Anfechtung als Rechtsnachfolger nicht, etwa wenn ihm der Anfechtungsgegner den Vorrang vor seinem anfechtbar erworbenen Grundpfandrecht einräumt, obwohl er nur zur Einwilligung in die vorrangige Befriedigung des Gläubigers aus dem Versteigerungserlös verpflichtet war (vgl. Rdn. 24 f.).³³ Die Anfechtung gegenüber dem befriedigten Gläubiger durch den Insolvenzverwalter des Schuldners nach § 17 Abs. 2 S. 2 AnfG, § 145 InsO ist nicht ausgeschlossen.³⁴ 7

---

22 Zumindest bei Konkurrenz zwischen Insolvenzverwalter des Anweisenden und des Angewiesenen a.A. BGH 16.11.2007, IX ZR 194/04, ZIP 2008, 125 Rn. 34 ff.; a.A. auch *Gaul/Schilken/Becker-Eberhard* § 35 Rn. 92, im Ergebnis aber wie hier.
23 Zumindest i.E. RG 07.10.1889, VI 147/89, RGZ 24, 92 (98); zu § 428 BGB Staudinger/*Noack* § 428 Rn. 10 f.
24 Dies bemängelt die h.M.: *Huber* Rn. 57; *Jaeger* § 7 Rn. 41 f.
25 *Huber* Rn. 56; *Jaeger* § 7 Rn. 38.
26 BGH 15.11.2012, IX ZR 173/09, ZInsO 2013, 78 Rn. 25.
27 *Huber* Rn. 56.
28 OLG Königsberg 06.11.1936, 2 U 161/36, KuT 1937, 45, 46; *Huber* Rn. 56.
29 RG 07.10.1889, VI 147/89, RGZ 24, 92 (98); *Huber* Rn. 56.
30 *Jaeger* § 7 Rn. 5.
31 *Jaeger* § 7 Rn. 5.
32 BGH 15.11.2012, IX ZR 173/09, ZInsO 2013, 78 Rn. 18, 20. BGH 14.06.2007, IX ZR 219/05, ZIP 2007, 1577 Rn. 11; 26.01.1959, II ZR 235/57, NJW 1959, 673 (674).
33 Zu allem BGH 26.01.1959, II ZR 235/57, NJW 1959, 673 (674).
34 BGH 26.01.1959, II ZR 235/57, NJW 1959, 673 (674).

8 Zu **mehreren Anfechtungsgegnern** vgl. § 1 Rdn. 11 und wegen der Abwehr des Vollstreckungszugriffs auf den anfechtbar weggegebenen Gegenstand durch Gläubiger des Anfechtungsgegners vgl. § 13 Rdn. 3.

III. Abtretbarkeit des Anfechtungsanspruchs

9 Die **Anfechtungsberechtigung geht mit der Abtretung** auf den Zessionar oder mit dem sonstigen Rechtserwerb auf den Rechtsnachfolger des Gläubigers **über**, ohne dass es einer gesonderten Übertragung bedürfte, was auf eine analoge Anwendung der §§ 401, 412 BGB gestützt werden kann.[35] Diese Rechtsfolge ist nicht abdingbar, das Anfechtungsrecht außerhalb der Insolvenz nicht ohne die Hauptforderung übertragbar. In der Insolvenz des Schuldners (§ 16) kann der Verwalter den Rückgewähranspruch abtreten,[36] ohne dass es einer Mitwirkung des Gläubigers bedürfte, die Abtretung des Rückgewähranspruchs vollzieht sich dann also ohne Übergang der Hauptforderung (vgl. § 16 Rdn. 6 und § 18 Rdn. 7). Diese isolierte Zession des Anfechtungsanspruchs hat freilich zur Konsequenz, dass ein Wiedererstarken des Anspruchs in Person des ursprünglich anfechtenden Gläubigers nach § 18 Abs. 1 ausscheidet.[37]

C. Primäranspruch (Abs. 1 S. 1)

I. Duldung der Zwangsvollstreckung

1. Überblick

10 Der Anfechtungsgegner muss das, was aus dem Vermögen des Schuldners veräußert, weggegeben oder aufgegeben ist, »**dem Gläubiger zur Verfügung stellen**«, was heißt, dass er für den Gläubiger den Vollstreckungszugriff wieder herstellen muss, der ohne die anfechtbare Rechtshandlung bestanden hätte, also die Vollstreckung so zu dulden hat, als gehörte der Gegenstand noch zum Schuldnervermögen; ein Anspruch auf Einräumung eines dinglichen (Sicherungs-)Rechts ist damit nicht verbunden.[38] Zur Rückgewähr in das Schuldnervermögen, wie sie § 143 InsO verlangt, ist der Anfechtungsgegner abgesehen von den Fällen des § 17 Abs. 1 und Abs. 2 nicht verpflichtet. Zum **Vollstreckungsschutz** vgl. § 1 Rdn. 32.

11 Die Duldungspflicht reicht nur **soweit es zur Befriedigung des Gläubigers erforderlich ist**, findet aber auch erst mit seiner Befriedigung ihre Grenze. Der Gläubiger kann bis zur Befriedigung seiner titulierten Forderung grds Duldung der Vollstreckung in sämtliche anfechtbar veräußerten oder belasteten Gegenstände verlangen, selbst soweit deren Wert die titulierte Forderung übersteigt. Die Rückgewährpflicht endet erst, wenn die Forderung gegen den Schuldner erfüllt ist, die Vollstreckung in das mobile Vermögen ist derjenigen in Immobilien nicht subsidiär und umgekehrt.[39]

2. Der Duldungsanspruch in der Insolvenz des Anfechtungsgegners/Eigengläubiger des Anfechtungsgegners

12 In der Insolvenz des Anfechtungsgegners wird dem **Insolvenzanfechtungsanspruch** im Allgemeinen **Aussonderungskraft** nach § 47 InsO zugebilligt.[40] Ist der Gegenstand oder das Surrogat (vgl. Rdn. 31) nicht mehr unterscheidbar in der Masse vorhanden, besteht also nur noch oder von vornherein nur ein **Wertersatzanspruch**, begründet dieser dagegen kein Ersatzaussonderungsrecht, son-

---

35 RG 18.03.1897, VI 404/96, RGZ 39, 12 (14).
36 BGH 17.02.2011, IX ZR 91/10, ZInsO 2011, 1154; BGH 10.01.2013, IX ZR 172/11; ZInsO 2013, 441, Rn. 10.
37 MüKo-AnfG/*Kirchhof* Rn. § 18 Rn. 5.
38 So etwa schon RG 03.03.1932, VII 218/30, RGZ 131, 340 (342).
39 *BGH 11.07.1996, IX ZR 226/94, ZIP 1996, 1516 (1521).*
40 BGH 23.10.2003, IX ZR 252/01, ZIP 2003, 2307; a.A. MüKo-AnfG/*Kirchhof* Rn. 34: Absonderungsrecht, allerdings ohne die Kostenbeiträge der §§ 170 f.

dern nur eine Insolvenzforderung.⁴¹ Dies hat auch für die Gläubigeranfechtung zu gelten.⁴² Der Anspruch geht freilich anders als der des Insolvenzverwalters nicht auf Herausgabe des anfechtbar erworbenen Gegenstands, sondern auf Zurverfügungstellung zur Zwangsvollstreckung, denn weiter reicht das Gläubigeranfechtungsrecht nicht. Nach Titelumschreibung auf den Insolvenzverwalter stehen der Vollstreckung §§ 89 f., 210 InsO nicht entgegen, da es sich nicht um eine Masseverbindlichkeit handelt. Ein Übererlös gebührt der Masse. – Bei **anfechtbarem Erwerb durch den Verwalter** des Anfechtungsgegners greifen die allgemeinen Regeln, der Duldungsanspruch erlangt – obwohl auch Masseverbindlichkeit – Aussonderungskraft und geht daher auch (anderen) Masseverbindlichkeiten vor. Ist der Aussonderungsanspruch vereitelt und liegen die Voraussetzungen des § 48 InsO nicht vor, kann der Anspruch nach § 55 InsO verfolgt werden. **Eigengläubigern** des Anfechtungsgegners begegnet der Gläubiger mit der Vorzugsklage aus § 805 ZPO (vgl. § 13 Rdn. 3).

II. Gegenstand der Duldungspflicht

1. Der Gegenstand

Der Anfechtungsgegner ist verpflichtet, die Vollstreckung in das zu dulden, »**was** aus dem Vermögen des Schuldners **veräußert, weggegeben oder aufgegeben ist**«. Darunter fallen alle der Pfändung unterliegenden Vermögenswerte, darüber hinaus solche tatsächlichen Positionen, die den Zugriff auf den Gegenstand ermöglichen, wie etwa Besitz oder Buchpositionen (vgl. § 1 Rdn. 14). Der Anfechtungsanspruch soll Gegenstände, die der Schuldner aus seinem Vermögen weggegeben hat, dem Vollstreckungszugriff des anfechtenden Gläubigers wieder erschließen und die durch die Vermögensverschiebung verhinderte Zwangsvollstreckung durch Duldung der Vollstreckung in den verschobenen Gegenstand wieder ermöglichen. Zurückzugewähren ist deshalb das, was durch die anfechtbare Handlung aus dem Vermögen des Schuldners weggegeben worden ist, und nicht das, was in das Vermögen des Anfechtungsgegners gelangt ist.⁴³ § 11 Abs. 1 stellt damit, teilweise anders als der Ausnahmefall des Abs. 2 (vgl. Rdn. 37 ff.), nicht darauf ab, wie der Anfechtungsgegner den Gegenstand letztlich erworben, sondern wie der Schuldner ihn verloren hat. So reicht es aus, dass der Schuldner eine ein Grundstück des Anfechtungsgegners belastende Grundschuld löschen lässt, obwohl dieser nicht die ursprünglich im Vermögen des Schuldners befindliche Grundschuld, sondern nur die Lastenfreiheit erworben hat.⁴⁴ Der Anspruch geht auch dann auf Duldung der Zwangsvollstreckung, wenn der Anfechtungsgegner den Gegenstand zusätzlich später in der Zwangsvollstreckung erwirbt, weil er weder rechtlich noch tatsächlich an der Wiederherstellung der Zugriffslage gehindert ist.⁴⁵

13

2. Gegenstand aus dem Vermögen des Schuldners

Der Gegenstand der Duldungspflicht muss **dem Vermögen des Schuldners zuzurechnen** gewesen sein. Bezieht sich die angefochtene Rechtshandlung auf Vermögensgegenstände Dritter, die unter keinem vollstreckungsrechtlichen Gesichtspunkt zum Schuldnervermögen gehören, fehlt es schon an der objektiven Gläubigerbenachteiligung (vgl. § 1 Rdn. 28 ff.). Die Gegenstände müssen nicht unmittelbar aus dem Schuldnervermögen stammen, anfechtbar können auch Rechtshandlungen sein, durch die der Schuldner sie mit Hilfe einer Mittelsperson an den gewünschten Empfänger verschiebt, ohne zwingend mit diesem äußerlich in unmittelbare Rechtsbeziehungen zu treten, wenn für den Dritten erkennbar ist, dass es sich um eine Leistung des Schuldners handelt,⁴⁶ sog. **mittelbare Zuwendungen** (vgl. a. § 1 Rdn. 11, 24). Entscheidend ist, dass der Schuldner Werte aus seinem Ver-

14

---

41 BGH 24.06.2003, IX ZR 228/02, ZIP 2003, 1554.
42 Näher *Eckardt* KTS 2005, 15 (42 f.), m.w.N. auch zu Gegenmeinungen; a.A. noch BGH 10.05.1978, VIII ZR 32/77, BGHZ 71, 296 (302).
43 BGH 09.12.1993, IX ZR 100/93, ZIP 1994, 218 (220).
44 BFH 02.03.1983, VII R 120/82, BStBl II 1983, 398 (400).
45 BGH 29.06.2004, IX ZR 258/02, ZIP 2004, 1619 (1620).
46 BGH 17.03.2011, IX ZR 166/08, ZIP 2011, 824 (zu § 143 InsO); 05.12.1991, IX ZR 271/90, ZIP 1992, 124.

mögen entlassen hat, die, wenn auch in anderer Gestalt, in das Vermögen des Anfechtungsgegners gelangt sind. Kann der Schuldner von einer Mittelsperson einen Gegenstand fordern,[47] erfolgt mit der Anweisung an sie, diesen Gegenstand an einen Dritten zu übertragen, eine Weggabe aus dem Schuldnervermögen.[48] Dieser Anspruch kann auch auf Auszahlung eines Darlehens gerichtet sein. Die Direktleistung ist nicht anders zu behandeln, als hätte der Dritte an den Schuldner geleistet und dieser das Erworbene sodann an den Anfechtungsgegner weitergegeben.[49] Erforderlich ist jedoch stets, dass der Anspruch gegen den Dritten dem Zwangszugriff der Gläubiger unterlag, da es nicht Aufgabe der Gläubigeranfechtung ist, dem Gläubiger Vorteile zu verschaffen, die er ohne die angefochtene Rechtshandlung nicht erlangt hätte. Besteht zunächst kein Anspruch gegen den Dritten und nimmt dieser die Anweisung erst durch Ausführung der angewiesenen Leistung an, erfolgt die Leistung nicht »aus dem Vermögen des Schuldners«, es fehlt an der Gläubigerbenachteiligung, weil der Gläubiger vor der Ausführung der Leistung nicht durch Vollstreckung auf sie zugreifen konnte. So ist zwar der künftige Auszahlungsanspruch aus einem Dispositionskredit pfändbar, wenn der Schuldner diesen in Anspruch nimmt, unpfändbar ist dagegen der (nicht bestehende) »Anspruch« auf eine **geduldete Überziehung**. Die Rechtsprechung des BGH,[50] der für die Gläubigerbenachteiligung nach § 129 InsO auch die Zahlung aus einer geduldeten Überziehung ausreichen lässt, ist auf die Gläubigeranfechtung nicht übertragbar. Mag es dort ausreichen, dass der Schuldner seine – vermögenswerte – Bonität verbraucht, indem er einen potentiellen Wert zugunsten des Anfechtungsgegners opfert, die Vereitelung eines Zwangszugriff, wie ihn die Gläubigerbenachteiligung i.S.d. § 1 (vgl. § 1 Rdn. 28) verlangt, liegt darin nicht; auf die Schutzwürdigkeit des Anfechtungsgegners kommt es dabei nicht an. Nur wenn Schuldner und Bank sich, auch konkludent, auf eine weitere Kreditgewährung verständigt haben,[51] kommt die Zugriffsvereitelung in Betracht; ohne dies nur, wenn die Bank besser gesichert ist als der Anfechtungsgegner und ohne die Überweisung Sicherheiten freigeworden wären, die dem Zugriff unterlägen, und zwar in diesem Umfang. Insb. ist die Anfechtung ausgeschlossen, wenn ein Dritter, etwa ein Verwandter, ohne Anweisung des Schuldners aus Freigiebigkeit Verbindlichkeiten des Schuldners berichtigt, ohne dass ein hierauf gerichteter Anspruch besteht. Selbst wenn der Dritte wegen der Leistung einen Anspruch nach §§ 267, 812 BGB erlangt und nicht hierauf verzichtet, liegt ein anfechtungsrechtlich unbeachtlicher Gläubigertausch vor, da aus dem Vermögen des Schuldners nichts weggegeben wird. Besteht ein Anspruch des Schuldners gegen den Dritten, ist dieser jedoch nach § 399 BGB, § 851 ZPO **wegen Zweckbindung unpfändbar**, soll die insolvenzrechtliche Gläubigerbenachteiligung bei zweckgerechter Leistung des Dritten dennoch nicht entfallen, wenn die Grundlage der Zweckvereinbarung durch die Insolvenzeröffnung entfällt.[52] Auch diese Konstruktion lässt sich auf die Gläubigeranfechtung nicht übertragen. Mangels eines der Verfahrenseröffnung vergleichbaren Ereignisses verbleibt es bei der Unpfändbarkeit und beim Fehlen der Gläubigerbenachteiligung. – Regelmäßig ist **Anfechtungsgegner bei mittelbaren Zuwendungen** der Zuwendungsempfänger, nicht der Angewiesene (Ausnahme vgl. § 1 Rdn. 11 a.E.).

3. Konkretisierung des Anfechtungsanspruchs bei einzelnen Vermögensgegenständen

a) Bewegliche körperliche Sachen

15 Bei anfechtbar veräußerten beweglichen körperlichen Sachen hat der Anfechtungsgegner die **Vollstreckung nach §§ 803 ff. ZPO** zu dulden, insb. sein Einverständnis mit deren Herausgabe i.S.d. § 809 ZPO zu erklären, das durch den Duldungstitel ersetzt werden kann. Auf Unpfändbarkeit des Gegenstands nach § 811 ZPO bei ihm kann er sich nicht berufen (vgl. § 1 Rdn. 32). **Klagean-**

---

47 BGH 05.12.1991, IX ZR 271/90, ZIP 1992, 124 (125).
48 So zumindest im Ergebnis BGH 17.07.2008, IX ZR 245/06, ZIP 2008, 2136 Rn. 12; vgl. auch BFH 02.03.1983, VII R 120/82, BStBl II 1983, 398 (400).
49 BGH 17.03.2011, IX ZR 166/08, ZIP 2011, 824 (zu § 143 InsO).
50 *BGH 06.10.2009, IX ZR 191/05, ZIP 2009, 2009 insbs. Rn. 14, 15.*
51 Beispiel: BGH 28.02.2008, IX ZR 213/06, ZIP 2008, 701.
52 BGH 17.03.2011, IX ZR 166/08, ZIP 2011, 824.

trag: »Duldung der Zwangsvollstreckung in den veräußerten Gegenstand.« Die **Zahlung von Geld** eröffnet den Primäranspruch nur in den seltenen Fällen, in denen die konkreten Scheine oder Münzen noch unterscheidbar beim Anfechtungsgegner vorhanden sind, anderenfalls ist Wertersatz zu leisten.

b) Unbewegliche Gegenstände und Miteigentumsanteile hieran

Hat der Schuldner das Eigentum an einem Grundstück anfechtbar übertragen, muss der Anfechtungsgegner die **Immobiliarvollstreckung nach §§ 864 ff. ZPO** – die Eintragung einer Sicherungshypothek, die Zwangsversteigerung oder die Zwangsverwaltung[53] – dulden. Vorherige Rückbuchung auf den Namen des Schuldners ist dazu trotz § 17 ZVG nicht erforderlich.[54] **Klageantrag:** »Duldung der Zwangsvollstreckung in das Grundstück«, Konkretisierung der Vollstreckungsart nicht erforderlich. – Hat der Anfechtungsgegner das Grundstück zwangsversteigern lassen, kann die Anfechtung auch in Form des **Widerspruchs gegen den Teilungsplan** nach § 115 ZVG, § 878 ZPO geltend gemacht werden.[55] **(Klage)Antrag:** »Der Kläger ist im Verteilungsverfahren ... mit seiner Forderung gegen ... (Schuldner) aus ... in Höhe von ... vor derjenigen des Beklagten (Anfechtungsgegner) ... zu befriedigen.« Richtige Beklagte einer auf § 115 ZVG, § 878 ZPO gestützten Klage sind dann alle vom Widerspruch betroffenen Personen, die den Widerspruch nicht anerkannt haben.[56] Der Anfechtung unterliegt auch die Abtretung von **Rechten an nicht valutierten Grundschulden**. Sie muss auch dann gesondert geltend gemacht werden, wenn die Abtretung bei der Veräußerung (vgl. a. § 1 Rdn. 33) des Grundstücks oder Miteigentumsanteils vorgenommen wird.[57]

16

Die Übertragung von **Miteigentumsanteilen** unterliegt der Anfechtung, der Anspruch richtet sich auf Duldung der Zwangsvollstreckung in den Anteil, entsprechend ist der **Klageantrag** zu formulieren. **Vereinigen** sich durch die Übertragung **alle Miteigentumsanteile** – gleichgültig wie viele es ursprünglich waren – **in einer Hand**, geht das Bruchteilseigentum unter, der Anfechtungsgegner wird Alleineigentümer.[58] Der Gläubiger kann hier die Duldung der Zwangsvollstreckung nach §§ 864 ff. ZPO in den bisherigen Miteigentumsanteil verlangen, dessen Fortbestand fingiert wird.[59] Wegen des größeren Bieterinteresses und wegen der ansonsten vollständigen Berücksichtigung der Belastungen bei dem weggegebenen Miteigentumsanteil[60] meist wesentlich effektiver ist die Vollstreckung in das neu gebildete Alleineigentum des Anfechtungsgegners, was dem Gläubiger alternativ offensteht.[61] Er kann den Anspruch des Schuldners auf Aufhebung der Gemeinschaft (Versteigerung des ganzen Grundstücks gem. §§ 180 ff. ZVG), allerdings nur zusammen mit dem künftigen Anspruch auf Teilung und Auszahlung des Erlöses gem. §§ 857, 829 ZPO pfänden und sich überweisen lassen (§ 835 ZPO), er kann aber auch unmittelbar die Zwangsversteigerung des gesamten Grundstücks verlangen.[62] Empfehlenswerter **Klageantrag** daher wie Rdn. 16. Die anfechtungsrechtliche Folgenbeseitigung der Gläubigerbenachteiligung ergreift in beiden Varianten nur den auf den Anteil des Schuldners (fiktiv) entfallenden Zwangsversteigerungserlös.[63] Vorsorglich sollte dies bereits im Klageantrag zum Ausdruck gebracht werden.[64] Dieses Vorgehen ist auch möglich, wenn der Schuldner nach Auf-

17

---

53 BGH 13.01.2011, IX ZR 13/07, ZIP 2011, 440, Rn. 15.
54 RG 06.11.1903, VII 225/03, RGZ 56, 142 (144) zu § 37 KO; *Huber* § 13 Rn. 16.
55 *Jaeger* § 6 Rn. 1.
56 OLG Hamm 18.07.1995, 18 U 44/97, FamRZ 1996, 1228.
57 BGH 03.05.2007, IX ZR 16/06, ZIP 2007, 1326 Rn. 13, gegen BGH 10.01.1985, IX ZR 2/84, ZIP 1985, 372 (375).
58 BGH 13.01.2011, IX ZR 13/07, ZIP 2011, 440, Rn. 8.
59 BGH 23.02.1984, IX ZR 26/83, ZIP 1984, 489 (491).
60 BGH 23.02.1984, IX ZR 26/83, ZIP 1984, 489 (492).
61 BGH 08.12.2011, IX ZR 33/11, ZInsO 2012, 128 Rn. 51.
62 BGH 10.01.1985, IX ZR 2/84, ZIP 1985, 372 (374 und 375).
63 BGH 08.12.2011, IX ZR 33/11, Rn. 51; BGH 13.01.2011, IX ZR 13/07, ZIP 2011, 440 Rn. 8; 23.02.1984, IX ZR 26/83, ZIP 1984, 489 (492).
64 BGH 19.03.1992, IX ZR 14/91, ZIP 1992, 558 (560).

lassung mangels Eintragung nicht Inhaber des Miteigentumsanteils war[65] oder sogar auf dessen Übertragung nur einen schuldrechtlichen Anspruch hatte, wenn die Aufgabe des Anspruchs dem anderen (auch zukünftigen) Miteigentümer zugute kommt, etwa weil der bereits bezahlte (Teil-)Kaufpreis vom Schuldner nicht zurückgefordert, sondern dem anderen Miteigentümer gutgebracht wird[66] oder der Wert des zugunsten des Anfechtungsgegners aufgegebenen Übertragungsanspruchs die vom Schuldner an den Veräußerer zu erbringende Gegenleistung übersteigt.[67]

c) Sonstige Mitberechtigungen

18 Der Anfechtung unterliegt die **Veräußerung sonstiger Mitberechtigungen**, etwa Miterbenanteile, Gesellschaftsanteile oder Anteile an einer Gemeinschaft nach § 741 BGB, soweit sie der Pfändung unterliegen (vgl. § 1 Rdn. 32). Der Anfechtungsgegner hat die Pfändung in den Anteil so zu dulden, wie sie gegen den Schuldner möglich gewesen wäre, regelmäßig also nach §§ 857 ff. ZPO, die Vollstreckung in den einzelnen Gegenstand der Mitberechtigung ist dagegen im Allgemeinen ausgeschlossen.[68] Nach Auflösung der Gemeinschaft, Gesellschaft oder Erbengemeinschaft kann nur noch Wertersatz (vgl. Rdn. 35) verlangt werden.[69]

19 Problematisch ist auch hier die **Vereinigung aller Mitberechtigungen** in der Hand des Anfechtungsgegners. Bei sonstigen **Gemeinschaften** gilt Rdn. 17 entsprechend. Für die Vereinigung von **Miterbenanteilen** in einer Hand hat der BGH[70] entschieden, dass der erwerbende Miterbe als Anfechtungsgegner die Zwangsvollstreckung in ein zum Nachlass gehörendes Grundstück insgesamt jedenfalls dann dulden muss, und nicht (nur) Wertersatz schuldet, wenn es sich um den einzigen Nachlassgegenstand handelt, da der Gläubiger ohne die anfechtbare Veräußerung nach Pfändung des Miterbenanteils Aufhebung der Gemeinschaft und Auszahlung des auf den Schuldner entfallenden Erlösanteils verlangen könnte, und ihm hierzu auch die Teilungsversteigerung des zum Nachlass gehörenden Grundstücks möglich ist. Dem Gläubiger steht der Anteil am Erlös zu, der nach Abzug der im Versteigerungsverfahren vorrangig zu berücksichtigender Rechte und der sonstigen Nachlassverbindlichkeiten dem Schuldner als Miterbe zugestanden hätte. **Klageantrag** wie Rdn. 17. Der Anspruch ist auf Wertersatz gerichtet, wenn die Duldung aus sonstigen Gründen nicht möglich oder, etwa wegen einer umfangreichen Nachlassauseinandersetzung, die Zwangsvollstreckung für den Gläubiger nicht zumutbar ist.[71] Dasselbe hat bei der Vereinigung von **GbR-Anteilen** in der Hand eines Gesellschafters und der damit einhergehenden Auflösung und Beendigung der GbR in dem Umfang zu gelten, in dem der Gläubiger nach Pfändung des Anteils des Schuldners und Kündigung nach § 725 BGB die Teilungsversteigerung eines Gesellschaftsgrundstücks[72] hätte betreiben können, jedenfalls dann, wenn es sich hierbei um das wesentliche Gesellschaftsvermögen handelt.[73]

d) Gemeinschaftliche Verfügung einer Gesamthandsgemeinschaft/Bruchteilsgemeinschaft

20 Haben **Gesamthänder** gemeinschaftlich über einen der Gesamthand zustehenden Vermögensgegenstand, insb. ein Grundstück, verfügt, so unterliegt diese Verfügung insgesamt der Anfechtung, weil die Übertragung ohne die anfechtbare Mitwirkung des Schuldners nicht möglich gewesen wäre. Der Anfechtungsgegner hat daher die Zwangsvollstreckung in den ursprünglich der Gesamthandsgemeinschaft zustehenden Gegenstand jedenfalls dann zu dulden, wenn es sich um das wesentliche

---

65 KG 24.10.1929, 1 Wx 628/29, HRR 1930, 67.
66 BGH 18.05.2000, IX ZR 119/99, ZIP 2000, 1550; KG 03.06.1937, 1 Wx 233/37, HRR 1937, 1421; *Huber* § 13 Rn. 17.
67 BGH 05.12.1991, IX ZR 271/90, ZIP 1992, 124; 05.12.1991, IX ZR 270/90, ZIP 1992, 109 (113).
68 BGH 24.10.1962, V ZR 27/61, WM 1963, 219 (220 f.).
69 BGH 19.03.1980, VIII ZR 195/78, ZIP 1980, 346.
70 BGH 19.03.1992, IX ZR 14/91, ZIP 1992, 558 (560).
71 *BGH 19.03.1992, IX ZR 14/91, ZIP 1992, 558 (560).*
72 Dazu Palandt/*Sprau* § 725 Rn. 3.
73 BGH 05.12.1991, IX ZR 270/90, ZIP 1992, 109 (111 ff.).

Gesellschaftsvermögen handelt;[74] anders kann es bei Gesellschaften mit umfassendem Zweck und komplizierter Vermögenszusammensetzung sein, dort bleibt nur der Wertersatzanspruch. Wie bei Rdn. 17 und Rdn. 19 kann der Gläubiger nur auf den dem Schuldner zuzuordnenden Anteil am Erlös zugreifen, der sich nach Berichtigung der Gesellschaftsverbindlichkeiten ergibt. Entsprechendes gilt bei gemeinsamer Veräußerung durch **Miteigentümer** oder andere **Teilhaber** nach § 747 S. 2 BGB.[75] **Klageantrag** wie bei Rdn. 17.

e) Forderungen

Hat der Schuldner eine Forderung **anfechtbar zediert**, besteht nicht etwa ein Abtretungsanspruch an den Gläubiger, sondern der Anfechtungsgegner hat die Einziehung oder nach Titulierung des Anfechtungsanspruchs die gegen ihn gerichtete Vollstreckung des Gläubigers nach §§ 828 ff. ZPO beim Drittschuldner zu dulden. **Klageantrag** entsprechend. Eine gegen den Schuldner zuvor betriebene Pfändung der zedierten Forderung ist dagegen wegen dessen fehlender Gläubigerstellung unwirksam und erlangt auch durch den Duldungstitel keinen Bestand, vielmehr ist die Pfändung aufgrund des Duldungstitels gegen den Anfechtungsgegner zu wiederholen (bei zwischenzeitlicher Insolvenz des Schuldners vgl. § 1 Rdn. 6).[76] Für bereits eingezogene Forderungen wird Wertersatz (vgl. Rdn. 35) geschuldet. Entsprechendes gilt bei Übertragung **anderer pfändbarer Rechte**. Anfechtbare **Pfändungen** und **Verpfändungen** einer Forderung gewähren dem Gläubiger Anspruch auf Einräumung eines Vorrangs in der Zwangsvollstreckung.[77] Hat der Drittschuldner den Forderungsbetrag hinterlegt, geht der Anspruch des Gläubigers auf Zustimmung zur Auszahlung.[78] 21

Ist die zedierte Forderung durch eine **Hypothek** gesichert oder wird eine **Grund- oder Rentenschuld** abgetreten, hat der Anfechtungsgegner die Vollstreckung in dem Umfang zu dulden, wie sie beim Schuldner möglich wäre. Die zur Pfändung erforderlichen Maßnahmen bestimmen sich nach den allgemeinen Vollstreckungsvorschriften (§§ 830, 837, 857 Abs. 6 ZPO).[79] 22

f) Belastungen des anfechtbar veräußerten Gegenstands

Beim anfechtbaren Erwerb des Gegenstands bereits **bestehende Belastungen** zugunsten Dritter, auch des Anfechtungsgegners, braucht der Anfechtungsgegner nicht zu beseitigen, da er den Gegenstand regelmäßig nur so zur Verfügung stellen muss, wie er ihn erworben hat (bei wertausschöpfender Belastung keine Gläubigerbenachteiligung vgl. § 1 Rdn. 33; zur Anfechtung der Belastung vgl. Rdn. 24), ebenso wenn der Schuldner sich ein Recht am Gegenstand, etwa ein Wohnrecht, beim Erwerb des Anfechtungsgegners vorbehalten[80] (vgl. auch § 1 Rdn. 34) oder bereits zuvor eingeräumt hat oder es ihm vom Anfechtungsgegner im Erwerbsakt eingeräumt wird.[81] Wegen solcher Belastungen kommt die Anfechtung gegenüber dem Schuldner selbst in Betracht (vgl. Rdn. 25; § 1 Rdn. 10). Darüber hinausgehende **Belastungen**, die der **Anfechtungsgegner** unabhängig vom Erwerbsakt[82] **vorgenommen** hat, hat dieser zu beseitigen. Ist ihm dies nicht möglich, hat er insoweit Wertersatz zu leisten. 23

---

74 BGH 05.12.1991, IX ZR 270/90, ZIP 1992, 109 (111 ff.); 05.12.1991, IX ZR 271/90, ZIP 1992, 124 (125).
75 A.A. *Huber* § 13 Rn. 17 a.E.: Wertersatzanspruch in Form der Erstattung des Anteilswerts des Schuldners.
76 BGH 05.02.1987, IX ZR 161/85, ZIP 1987, 601 (604); kritisch hierzu MüKo-AnfG/*Kirchhof* Rn. 56.
77 *Huber* § 13 Rn. 21.
78 BGH 20.06.1996, IX ZR 314/95, ZIP 1996, 1475; OLG Saarbrücken 06.11.2008, 8 U 528/07, OLGR 2009, 110.
79 Näher *Jaeger* § 9 Rn. 10.
80 BFH 14.07.1981, VII R 49/80, BStBl II 1981, 751.
81 BGH 13.07.1995, IX ZR 81/94, ZIP 1995, 1364 (1366).
82 RG 16.02.1904, VII 403/03, RGZ 58, 27 (30).

g) Anfechtbare Belastung eines Gegenstands

24 Hat der Schuldner einen Gegenstand seines Vermögens, etwa mit einem Pfandrecht, einem Grundpfandrecht, einem Teilrecht, z.B. einem Nießbrauch,[83] einer Vormerkung, zugunsten des Anfechtungsgegners belastet, geht der Anfechtungsanspruch regelmäßig nicht auf Rückübertragung an den Schuldner, Abtretung an den Gläubiger, Duldung der Zwangsvollstreckung in die Belastung oder Vorrangeinräumung zugunsten des (nicht eintragungsfähigen) Anfechtungsrechts, sondern auf **Nichtgebrauchmachen** vom anfechtbar erworbenen Recht bei der Zwangsvollstreckung in den belasteten Gegenstand, weil bereits hierdurch die Interessen des Gläubigers ausreichend geschützt sind, eine weitergehende Begünstigung des Gläubigers ist zu vermeiden.[84] **Klageantrag:** »... den Beklagten (Anfechtungsgegner) zu verpflichten, in der Zwangsversteigerung des ... (Gegenstands) von dem ... (anfechtbar erworbenen) Recht keinen Gebrauch zu machen, soweit dies zur Befriedigung des Klägers (Gläubigers) wegen der ... (Hauptforderung) erforderlich ist.« Ist nach der Belastung auch der belastete Gegenstand veräußert worden, ist die Vollstreckung nur aufgrund eines Duldungstitels gegen den Erwerber möglich. Führt die zuvor vorgenommene Belastung zur Wertausschöpfung (vgl. § 1 Rdn. 32), hängt die Anfechtbarkeit diesem Gegenüber von der Anfechtbarkeit der Belastung ab, was ggf inzident zu prüfen ist. Beantragt der Gläubiger, den Anfechtungsgegner, der nur über eine Auflassungsvormerkung verfügt, aber noch nicht als Eigentümer eingetragen ist, zur Duldung der Vollstreckung in das Grundstück zu verurteilen, ist sein Antrag als auf Nichtgebrauchmachen von der Vormerkung auszulegen.[85] Hat der Gläubiger bei Grundstücksbelastungen ein nachrangiges Sicherungsrecht erlangt, sei es ein freiwillig eingeräumtes Grundpfandrecht oder eine Zwangssicherungshypothek, besteht dagegen ein schuldrechtlicher Anspruch gegen den Anfechtungsgegner, entsprechend § 880 BGB dem Recht des Gläubigers den **Vorrang einzuräumen**[86] (Sicherung: vgl. § 2 Rdn. 22), wovon Zwischenrechte Dritter freilich unberührt bleiben.[87] Der Anspruch bedarf der **gesonderten Titulierung** und ist von der allgemeinen Titulierung, von dem anfechtbaren Recht keinen Gebrauch zu machen, nicht umfasst.[88]

25 Fällt das anfechtbare Recht im Zwangsversteigerungsverfahren **ins geringste Gebot**, ist der Anfechtungsgegner verpflichtet, darin einzuwilligen, dass es hierbei nicht berücksichtigt wird.[89] Hiervon kann auch gegenüber dem Schuldner selbst Gebrauch gemacht werden, insb. wenn er sich in den Fällen des § 1 Rdn. 10 einen unpfändbaren Nießbrauch oder ein Wohnrecht hat einräumen lassen oder selbst eingeräumt hat. Verfügt der Gläubiger hier nicht über ein (nachrangiges) Recht am Grundstück, aufgrund dessen er nach Rdn. 24 Vorrang beanspruchen kann, bleibt ansonsten nur ein auf § 826 BGB gestütztes Löschungsverlangen, dessen Voraussetzungen freilich schwer nachzuweisen sind.[90] **Klageantrag** gegen Schuldner und andere Anfechtungsgegner: »... den Beklagten (Anfechtungsgegner) zu verurteilen, darin einzuwilligen, dass wegen der Forderung des Gläubigers (genaue Bezeichnung) die Rechte des Beklagten ... im Zwangsversteigerungsverfahren ... bei der Feststellung des geringsten Gebots außer Betracht bleiben.«[91] Das anfechtbar erworbene Recht erlischt nach § 91 ZVG, nach § 92 ZVG tritt an seine Stelle der Anspruch auf Ersatz des Werts aus dem Versteigerungserlös, weshalb gleichzeitig beantragt werden sollte, »... den Beklagten (Anfechtungsgegner) zu verurteilen, darin einzuwilligen, dass der Gläubiger vorrangig vor der anfechtbar erworbenen Post des Beklagten ... aus dem Erlös bis zur Höhe seiner Forderung gegen den ... (Schuld-

---

83 BGH 03.05.2007, IX ZR 16/06, ZIP 2007, 1326 Rn. 33.
84 BGH 09.05.1996, IX ZR 50/95, ZIP 1996, 1178 (1179).
85 BGH 11.07.1996, IX ZR 226/94, ZIP 1996, 1516 (1517); abgrenzend allerdings BFH 15.10.1996, VII R 35/96, BStBl II 1997, 17 (19).
86 BGH 09.05.1996, IX ZR 50/95, ZIP 1996, 1178 (1179); 13.07.1995, IX ZR 81/94, ZIP 1995, 1364.
87 BGH 13.07.1995, IX ZR 81/94, ZIP 1995, 1364 (1368).
88 OLG München 15.03.2011, 34 Wx 140/10.
89 *Huber* § 13 Rn. 27 m.w.N.
90 BGH 13.07.1995, IX ZR 81/94, ZIP 1995, 1364 (1369).
91 *Huber* § 13 Rn. 27.

ner) zu befriedigen ist.«[92] Zur Durchsetzung stehen dem Gläubiger daneben die Beteiligtenrechte aus § 115 ZVG, §§ 876 ff. ZPO zu. Gehen in einem solchen Fall dem Recht des Anfechtungsgegners weitere, ebenfalls ins geringste Gebot fallende Drittrechte nach, führt dies nur zur Befriedigung des Gläubigers, wenn das Bargebot ausreichend hoch ist. Ist dies nicht der Fall, bleibt zunächst nur der Wertersatzanspruch. Wie beschrieben ist zu verfahren, wenn das anfechtbare Recht von vornherein **nicht ins geringste Gebot** fällt.

h) Schulderlass/Auf- und Verrechnungsermöglichung

Erlässt der Schuldner dem Anfechtungsgegner eine Forderung oder ein sonstiges Recht, kann der Gläubiger verlangen, ihm die Pfändung so zu gewähren, als ob die Forderung oder das Recht noch bestünde, ist dies nicht möglich, wird Wertersatz geschuldet. Hat der Schuldner es anfechtbar unterlassen,[93] eine Forderung zu realisieren und ist sie deshalb **verjährt**, darf der Anfechtungsgegner sich dem Gläubiger gegenüber nicht auf die Verjährung berufen. **Anfechtbare Auf- und Verrechnung:** Bringt der Schuldner eine bestehende Forderung gegen den Anfechtungsgegner anfechtbar durch Auf- oder Verrechnung zum Erlöschen, kann dieser sich gegenüber dem Gläubiger nicht auf das Erlöschen der Forderung berufen.[94] Hat umgekehrt der Anfechtungsgegner zuerst eine Forderung gegen den Schuldner und veräußert dieser ihm einen Vermögensgegenstand unter gleichzeitiger Verrechnung der Kaufpreisforderung (vgl. § 1 Rdn. 24), kann der Gläubiger jedenfalls dann nur den Gesamtvorgang anfechten, wenn andere Gläubiger in die Kaufpreisforderung zu keinem Zeitpunkt mit Erfolgsaussicht vollstrecken konnten. Der Gläubiger kann dann allein Duldung der Vollstreckung in den verkauften Gegenstand verlangen, nicht aber unter Anfechtung der Aufrechnung in die Kaufpreisforderung (vgl. a. Rdn. 29).[95]

26

i) Unterlassen

Anfechtbarkeit eines Unterlassens, § 1 Abs. 2, führt nicht dazu, dass die Vornahme einer rechtswahrenden Handlung zu unterstellen ist, sondern der Anfechtungsgegner sich nicht auf den anfechtbaren Erwerb berufen kann, so nicht auf den Eintritt der Verjährung, den Erwerb durch Ersitzung oder – bei umgekehrter Forderungsrichtung – sich so behandeln lassen muss, als hätte der Schuldner die Einrede der Verjährung erhoben. Bei prozessualen Unterlassungen des Schuldners wird nicht die Nachholung der Rechtshandlung ermöglicht, vielmehr hat der Anfechtungsgegner sich so behandeln zu lassen, als hätte der durch das Unterlassen ermöglichte Erwerb, also meist durch Zwangsvollstreckung nach anfechtbarer Titelerlangung, nicht stattgefunden, weswegen er regelmäßig Wertersatz leisten muss. Ist die Vollstreckung noch nicht abgeschlossen, muss er dem Gläubiger den Vorrang vor seinem Pfandrecht einräumen (vgl. Rdn. 24).

27

j) Treuhänderstellung

Anfechtungsgegner als Treuhänder/Leistungsmittler: Der uneigennützige Treuhänder ist, solange die Treuhandschaft besteht und das Treugut noch existiert, etwa die ihm übertragenen Forderungen noch nicht eingezogen sind, dem Herausgabeanspruch nach § 667 BGB ausgesetzt, der der Pfändung durch die Gläubiger des Schuldners unterliegt, einer Anfechtung dem Treuhänder gegenüber bedarf es daher zunächst nicht. Dennoch soll die Übertragung auf den Treuhänder der Anfechtung unterliegen, weil mit dem Titel gegenüber dem Schuldner unter Umständen nicht ohne weiteres auf das Treugut zugegriffen werden kann.[96] Nach anderer Auffassung gilt das nur, wenn der Treugeber

28

---

92 *Huber* § 13 Rn. 28.
93 Weiteres Beispiel bei BGH 22.12.2005, IX ZR 190/02, ZIP 2006, 243.
94 BGH 02.06.1959, VIII ZR 182/58, WM 1959, 888 (890).
95 BGH 23.10.2008, IX ZR 202/07, ZIP 2008, 2272.
96 BGH 26.04.2012, IX ZR 74/11, ZInsO 2012, 924 Rn. 12; 09.12.1993, IX ZR 100/93, ZIP 1994, 218; 25.04.2013, IX ZR 235/12, ZInsO 13, 1077 Rn. 17.

nicht die Möglichkeit hat, vom Treuhänder die Herausgabe zu verlangen oder dies mit erheblichen Schwierigkeiten verbunden ist.[97]

28a Geht man grundsätzlich von der Anfechtbarkeit gegenüber dem fremdnützigen Treuhänder/Leistungsmittler aus, und kann dieser seine formelle Rechtsstellung nicht in Natur zurückgewähren, weil das Treuhandverhältnis (teilweise) durch Einziehung der Forderungen, Weiterleitung des Treuguts an Dritte oder aus sonstigen Gründen teilweise oder gänzlich beendet ist, richtet sich der Anfechtungsanspruch auf **Wertersatz**.[98] Diesen schuldete der Treuhänder/Leistungsmittler dem Gläubiger indessen nach früherer BGH-Rechtsprechung nur in dem Umfang, in dem ihm das Treugut selbst wirtschaftlich zugute gekommen ist, indem er es zum eigenen Vorteil veräußert, verbraucht oder seinen Wert sich sonst zugeführt hat, im Übrigen konnte er sich ausnahmsweise auf Entreicherung berufen.[99] Ein weitergehender Anspruch aus § 826 BGB oder § 823 Abs. 2 BGB, §§ 288, 27 StGB sollte nicht ausgeschlossen sein. Diese Einschränkung hat der BGH mit Urteil vom 26.04.2012 in Anlehnung an seine neuere Rechtsprechung zur Absichtsanfechtung gegenüber dem Treuhänder in der Insolvenz des Treugebers wegen der Rechtsfolgenverweisung des § 143 Abs. 1 S. 2 InsO aufgegeben,[100] wegen derselben Verweisung in § 11 Abs. 1 S. 2 dürfte dies auf die Gläubigeranfechtung übertragbar sein. Danach ist der zahlungsvermittelnde Verwaltungstreuhänder nicht schutzwürdig, wenn er infolge seiner Kenntnis von einem Gläubigerbenachteiligungsvorsatz des Schuldners, der sich nicht nur auf die Begründung der Verwaltungstreuhand beschränkt, sondern eine Masseverkürzung durch die auf diesem Wege ermöglichten mittelbaren Zuwendungen an bestimmte Insolvenzgläubiger einschließt, sich auch die weitere Gläubigerbenachteiligung zurechnen lassen muss. Er handelt trotz seines Treuhandauftrags damit auch schuldhaft im Sinne von § 989 BGB. Das soll wiederum nicht gelten, wenn der Treuhänder/Leistungsmittler – wie üblicherweise Banken – als bloße Zahlstelle des Schuldners fungiert, es fehle dann regelmäßig an der Kenntnis vom Benachteiligungsvorsatz.[101] Ist die Rechtshandlung auch gegenüber dem Empfänger anfechtbar, sind Treuhänder/Leistungsmittler und Empfänger Gesamtschuldner, im Rahmen des Ausgleichs kann jener im Allgemeinen Regress bei diesem nehmen.[102] Die Anfechtbarkeit gegenüber dem Leistungsempfänger soll jedoch nicht Voraussetzung für die Anfechtbarkeit gegenüber dem Treuhänder/Leistungsmittler sein, obwohl ihm dann diese Regressmöglichkeit fehlt, weil beide Anfechtungsansprüche voneinander unabhängig sind.[103]

28b **Schaltet** der **Anfechtungsgegner** beim anfechtbaren Erwerb **selbst einen uneigennützigen Treuhänder** ein, ist dieser zumindest solange dem Anfechtungsanspruch ausgesetzt, als er das Treugut nicht an den Treugeber ausgehändigt oder sonst auf dessen Weisung verwendet hat.[104]

28c Hat hinsichtlich des Gegenstands der Anfechtung der **Schuldner** nur die Stellung eines **uneigennützigen Treuhänders** und verliert er diese vor der angefochtenen Rechtshandlung auch nicht,[105] fehlt es nach früherer Rechtsprechung an der Gläubigerbenachteiligung (vgl. § 1 Rdn. 43).[106] Ob dies angesichts der Rdn. 28a dargestellten Entwicklung fortgilt, erscheint zweifelhaft. – Hat der Schuldner als Leistungsmittler eine fremde Schuld mit Gläubigerbenachteiligungsvorsatz getilgt, kann dies ge-

---

97 So wohl OLG Düsseldorf 23.05.2002, 12 U 49/02, ZInsO 2002, 769.
98 BGH 04.03.1993, IX ZR 151/92, ZIP 1993, 602, auch zur Aufrechnung des Treuhänders gegen den Anfechtungsanspruch.
99 BGH 09.12.1993, IX ZR 100/93, ZIP 1994, 218; wohl auch BFH 30.04.2009, VII B 91/08; krit. FG Münster 22.01.2010, 6 K 4276/06.
100 BGH 26.04.2012, IX ZR 74/11, ZInsO 2012, 924 Rn. 13 ff. und 33 ff.
101 BGH 26.04.2012, IX ZR 74/11, ZInsO 2012, 924 Rn. 21 ff.; 24.01.2013 IX ZR 11/12, ZInsO 13, 384 Rn. 27 ff.; 25.04.2013, IX ZR 235/12, ZInsO 13, 1077 Rn. 29 ff.
102 BGH 26.04.2012, IX ZR 74/11, ZInsO 2012, 924 Rn. 13.
103 BGH 24.01.2013 IX ZR 11/12, ZInsO 13, 384 Rn. 21.
104 OLG Dresden 23.12.2008, 13 U 1163/07, ZIP 2009, 1125.
105 Zu Voraussetzungen und Beendigung der Treuhänderstellung BGH 10.02.2011, IX ZR 49/10, ZIP 2011, 777 Rn. 13 m.w.N.
106 BGH 18.05.2000, IX ZR 119/99, ZIP 2000, 1550.

genüber dem Forderungsgläubiger angefochten werden, wenn ihm dieser Vorsatz bekannt war,[107] vgl. auch § 12 Rdn. 4.

k) Teilanfechtung

Eine Rechtshandlung kann **grds nur insgesamt angefochten** werden. Eine Beschränkung auf einzelne Wirkungen der Rechtshandlung, wie sie bei der Insolvenzanfechtung zugelassen wird (vgl. § 1 Rdn. 24; § 129 InsO Rdn. 17), wird von der h.M. für die Gläubigeranfechtung abgelehnt. Der Gläubiger kann allerdings eine **quantitative Begrenzung**, etwa auf einen mit einer Sachgesamtheit veräußerten Gegenstand vornehmen, unter Umständen ist er sogar aus Rechtsgründen hierzu gehalten, etwa bei teilbaren teilunentgeltlichen Leistungen (§ 4), sofern der entgeltliche Teil nicht nach anderen Vorschriften der Anfechtung unterliegt (vgl. § 134 InsO Rdn. 16). Grund- und Erfüllungsgeschäft können nach der hier vertretenen Auffassung (vgl. § 1 Rdn. 25) gesondert angefochten werden.[108]

D. Ergänzungen und Anpassungen der Duldungspflicht (Abs. 1 S. 2)

§ 11 Abs. 1 S. 2 setzt das Bestehen einer Duldungspflicht nach Abs. 1 S. 1 voraus und verweist wegen ihrer Rechtsfolgen auf das Bereicherungsrecht bei bösgläubigem Bereicherungsschuldner. Anwendbar sind daher § 818 Abs. 1 und Abs. 2 BGB sowie §§ 819 Abs. 1 i.V.m. 818 Abs. 4 BGB, der wiederum auf §§ 992, 987 BGB wegen Nutzungen, §§ 989, 990 Abs. 2 BGB wegen Wertersatzes und §§ 994 Abs. 2, 995, 997 ff. BGB wegen Verwendungen verweist; zu Surrogaten vgl. Rdn. 31.

I. Surrogate

Dem anfechtenden Gläubiger wird – jedenfalls so lange, wie der Anfechtungsgegner ihm den vom Schuldner weggegebenen Vermögensgegenstand zur Verfügung stellen kann – vom Gesetz nicht die Möglichkeit eröffnet, stattdessen auf ein **rechtsgeschäftliches Surrogat** zuzugreifen. Das gilt nach der Rechtsprechung anders als bei **gesetzlichen Surrogaten** selbst dann, wenn der vom Schuldner weggegebene Vermögensgegenstand untergegangen oder vom Empfänger an einen Dritten weiterveräußert worden ist, hier ist stattdessen Wertersatz zu leisten. Im Falle der Weiterveräußerung an einen Dritten, dessen Erwerb nach § 15 anfechtbar ist, kann der Gläubiger danach zwar wählen, ob er gegen den Dritten mit dem Primäranspruch oder gegen den Veräußerer mit dem Wertersatzanspruch vorgeht. Auf das vom Veräußerer erlangte Surrogat, den Veräußerungserlös, soll er nicht zugreifen können.[109] Ein vom Anfechtungsgegner über den in der Zwangsvollstreckung erzielbaren Erlös hinausgehender Veräußerungsgewinn wäre danach anfechtungsfrei. Es erscheint jedoch zweifelhaft, ob dies mit der Wertung des neuen Rechts, das über § 11 Abs. 1 S. 2 AnfG auf §§ 819 Abs. 1, 818 Abs. 4 BGB und damit auch § 285 BGB verweist, noch zu vereinbaren ist (vgl. § 143 InsO Rdn. 23).[110] Jedenfalls unterliegt das veräußerte Grundstück insgesamt der Anfechtung, auch wenn das aufstehende Gebäude nach Brand mit Mitteln der Feuerversicherung wiedererrichtet wurde, was selbst dann gilt, wenn der Anfechtungsgegner aufgrund der Übertragung eines Miteigentumsanteils zum Alleineigentümer wurde (vgl. Rdn. 17).[111] Die **Beweislast** für die Erlangung des Surrogats trägt der Gläubiger.[112]

---

107 BGH 22.11.2012, IX ZR 22/12, ZInsO 2013, 73, zu § 133 InsO.
108 In diesem Zusammenhang auch *Huber* Rn. 34.
109 BGH 23.10.2008, IX ZR 202/07, ZIP 2008, 2272 Rn. 27 f m.w.N.; zu § 7 a.F.: BGH 18.06.1998, IX ZR 311/95, ZIP 1998, 1539.
110 MüKo-AnfG/*Kirchhof* Rn. 102; MüKo-InsO/*Kirchhof* § 143 Rn. 71 f. m.w.N. Dagegen wiederum *Gaul/Schilken/Becker-Eberhard* § 35 Rn. 106.
111 BGH 27.03.1984, IX ZR 49/83, ZIP 1984, 753 (756).
112 MüKo-InsO/*Kirchhof* § 143 Rn. 110.

II. Nutzungen

32 Der Duldungsanspruch richtet sich auch auf vom Anfechtungsgegner vom Erwerb an **gezogene Nutzungen** (§§ 99, 100 BGB, **Beweislast**: Gläubiger), gleichgültig ob der Schuldner sie gezogen hätte,[113] § 818 Abs. 1 BGB. Bei der anfechtbaren Verpachtung eines Betriebs gehört hierzu der gezogene Gewinn, soweit dieser nicht auf persönlichen Leistungen oder Fähigkeiten desjenigen beruht, der die gewinnbringenden Einnahmen erzielt hat.[114] Hat der Anfechtungsgegner bei der Ziehung eigene Sachen mitbenutzt, ist der Anspruch anteilig zu kürzen.[115] Ist die Erfüllung der Duldungspflicht hinsichtlich der Nutzungen unmöglich (geworden), wird auch ihretwegen Wertersatz (vgl. Rdn. 35) geschuldet.[116] Ersatz für entgegen den Regeln einer ordnungsgemäßen Wirtschaft vorwerfbar **nicht gezogenen** Nutzungen schuldet der Anfechtungsgegner vom Erwerb an, §§ 819 Abs. 1, 818 Abs. 4, 292 Abs. 2, 987 Abs. 2 BGB. Bei anfechtbarem Erwerb von **Geld** sind vom selben Zeitpunkt an die tatsächlich erzielten **Zinsen** zu vergüten.[117] Hat der Anfechtungsgegner diese Nutzungen nicht gezogen, schuldet er den – vom Gläubiger zu beweisenden – marktüblichen Zins, nicht Rechtshängigkeitszins nach § 291 BGB,[118] bei Verzug mit der Erfüllung der Duldungspflicht oder Leistung des Wertersatzes greift § 288 BGB, nach Rechtshängigkeit § 291 BGB. Sind lediglich **Nutzungen anfechtbar überlassen** worden, sind sie selbst Gegenstand der Duldungspflicht aus § 11 Abs. 1 S. 1.

III. Verwendungen des Anfechtungsgegners/Werterhöhungen und -minderungen

33 **Notwendige Verwendungen** auf den anfechtbar erworbenen Gegenstand (**Beweislast**: Anfechtungsgegner[119]), zu denen die Kosten des anfechtbaren Erwerbs oder dessen Weiterveräußerung,[120] die Kosten des Vollzugs der Duldungspflicht (mit Ausnahme der Fälle des § 11 Abs. 2 S. 1) sowie steuerliche Belastungen,[121] es sei denn, sie lägen wie die Grundsteuer auf dem Gegenstand der Anfechtung, nicht gehören, kann der Anfechtungsgegner nach §§ 994 Abs. 2, 683 BGB ersetzt verlangen. Ob ihm vollständiger Ersatz nach §§ 683 S. 1, 670 BGB gebührt, hängt – anders im Insolvenzfall[122] – vom regelmäßig mutmaßlichen, objektivierend zu bestimmenden Willen des Schuldners ab.[123] **Nützliche Verwendungen**, die zu erstattungsfähigen Wertsteigerungen führen können, sind insb. Ablösung von (Grund)Pfandrechten und Investitionen in den Gegenstand, wie Errichtung eines Gebäudes auf dem anfechtbar veräußerten Grundstück. Sie führen, wo möglich, zu einem Wegnahmerecht des Anfechtungsgegners sonst zu einem Aufwendungsersatzanspruch in dem Umfang, indem sie (noch) zu einer Mehrung des Werts und damit des Versteigerungserlöses führen.[124] Trotz § 1000 BGB steht dem Anfechtungsgegner insoweit ein Zurückbehaltungsrecht gegen den Duldungsanspruch nicht zu, wegen seiner Ansprüche ist er lediglich vorrangig aus dem Versteigerungserlös zu befriedigen.[125] Ist allerdings ohnehin nur Wertersatz (vgl. Rdn. 35) zu leisten, kann der Ersatzanspruch des Anfechtungsgegners bereits im Anfechtungsprozess berücksichtigt werden (Auf-

---

113 BGH 22.09.2005, IX ZR 271/01, ZIP 2005, 1888.
114 BGH 20.09.2012, IX ZR 112/10, ZInsO 2012, 1987, BGH 05.07.2006, VIII ZR 172/05, BGHZ 168, 220 Rdn. 46.
115 MüKo-InsO/*Kirchhof* § 143 Rn. 60.
116 MüKo-InsO/*Kirchhof* § 143 Rn. 97.
117 BGH 01.02.2007, IX ZR 96/04, ZIP 2007, 488 Rn. 22.
118 Ausf. Staudinger/*Lorenz* Bearb. 2007, § 818 Rn. 50.
119 MüKo-InsO/*Kirchhof* § 143 Rn. 110.
120 MüKo-InsO/*Kirchhof* § 143 Rn. 70.
121 MüKo-InsO/*Kirchhof* § 143 Rn. 64.
122 Dazu MüKo-InsO/*Kirchhof* § 143 Rn. 65.
123 Abweichend MüKo-AnfG/*Kirchhof* Rn. 95.
124 BGH 27.03.1984, IX ZR 49/83, ZIP 1984, 753 (757); 11.07.1996, IX ZR 226/94, ZIP 1996, 1516 (1521).
125 BGH 27.03.1984, IX ZR 49/83, ZIP 1984, 753 (757).

rechnung, Geltendmachung eines Zurückbehaltungsrechts).[126] Für **Wertminderungen**, die beim Schuldner nicht eingetreten wären, wird Wertersatz geschuldet[127] (vgl. Rdn. 35).

Werterhöhungen, die auch beim Schuldner eingetreten wären (allgemeine Marktlage, Kursanstieg, Wegfall vorrangiger Belastungen ohne Zutun des Anfechtungsgegners u.Ä.) stehen dem Gläubiger zu.[128] Aus nämlichen Gründen eingetretene **Wertminderungen** gehen zu seinen Lasten. 34

IV. Wertersatzanspruch

Der Anfechtungsanspruch begründet in erster Linie die Pflicht des Anfechtungsgegners, zur Befriedigung des Anfechtungsgläubigers die **Zwangsvollstreckung** in den anfechtbar erworbenen Gegenstand zu **dulden** (Primäranspruch, vgl. Rdn. 10 ff.). Ist dieser nachträglich untergegangen, in seinem Zustand verschlechtert oder in seinem Verkehrswert außer in den Fällen der Rdn. 34 gemindert worden oder ist dem Anfechtungsgegner die Herausgabe in Form der Duldung der Vollstreckung auf andere Weise, auch aus rechtlichen Gründen,[129] **unmöglich**, was er zu **beweisen** hat,[130] ist der Duldungsanspruch durch Wertersatz zu erfüllen (**Sekundäranspruch**).[131] Für den Wertersatzanspruch ist danach kein Raum, wenn der vom Schuldner weggegebene Gegenstand in das Vermögen des Anfechtungsgegners gelangt und dort unbeeinträchtigt verblieben ist.[132] Besteht der Wertersatzanspruch, ist Schadenersatz gem § 11 Abs. 1 S. 2 i.V.m. §§ 819 Abs. 1, 818 Abs. 4, 292 Abs. 1, 989, 990 BGB zu leisten bis zur **Höhe** des in der Zwangsvollstreckung erzielbaren Erlöses[133] abzüglich Kosten und Wert vorgehender Rechte. Bei anfechtbarer Besitzüberlassung ist der Nutzungswert zu erstatten. Der Wertersatzanspruch, der sich gegen das gesamte pfändbare Vermögen des Anfechtungsgegners richtet, stellt lediglich eine Modalität des Duldungsanspruchs dar, für ihn müssen deshalb keine weiteren Anfechtungsvoraussetzungen erfüllt sein.[134] Er soll den Anfechtungsgegner bei Unmöglichkeit der Wiederherstellung der Zugriffslage oder Verschlechterung des anfechtbaren Erwerbs weder schlechter noch besser stellen als bösgläubige Bereicherungsschuldner und unrechtmäßige Besitzer.[135] Der Anspruch setzt wegen des Verweises auf §§ 987 Abs. 2, 989 BGB ein **Verschulden des Anfechtungsgegners** voraus, für zufällig eintretende Unmöglichkeit haftet er nicht.[136] Wegen der Fiktion der Kenntnis hinsichtlich des Mangels des rechtlichen Grundes ist jedoch ein strenger Verschuldensmaßstab geboten, Weiterveräußerung des anfechtbaren Erwerbs löst deshalb regelmäßig den Wertersatzanspruch aus.[137] Der Anfechtungsgegner hat entsprechend § 280 Abs. 1 S. 2 BGB **fehlendes Verschulden zu beweisen**.[138] Maßgeblich für den Eintritt der Unmöglichkeit ist die letzte mündliche Tatsachenverhandlung, der Übergang vom Primär- zum Sekundäranspruch ist Klageänderung und in der Revisionsinstanz nicht mehr zulässig,[139] im Berufungsverfahren nur in den Grenzen des § 533 ZPO. – Im Falle der Weiterveräußerung an einen Dritten, der nach § 15 in Anspruch genommen werden kann, kann der Gläubiger wählen, ob er gegen den Dritten mit dem Primär- oder gegen den Veräußerer mit dem Wertersatzanspruch vorgeht (vgl. § 1 Rdn. 11).[140] 35

---

126 So wohl auch *Huber* Rn. 45.
127 Beispiel bei BGH 16.02.1972, VIII ZR 189/70, WM 1972, 365.
128 BGH 24.09.1996, IX ZR 190/95, ZIP 1996, 1907 (1908).
129 BGH 17.07.2008, IX ZR 245/06, ZIP 2008, 2136 Rn. 11.
130 *Huber* Rn. 36.
131 BGH 20.10.2005, IX ZR 276/02, ZIP 2006, 387.
132 BGH 13.01.2011, IX ZR 55/08; MüKo-AnfG/*Kirchhof* Rn. 116.
133 BGH 20.10.2005, IX ZR 276/02, ZIP 2006, 387; a.A. *Huber* Rn. 43: bis zum objektiven Verkehrswert.
134 BFH 22.06.2004, VII R 16/02, BStBl II 2004, 923 (924).
135 Begr. RegE zu § 11 I 2.
136 *Huber* Rn. 41.
137 Ausführlicher MüKo-InsO/*Kirchhof* § 143 Rn. 78 f.
138 MüKo-InsO/*Kirchhof* § 143 Rn. 110.
139 BGH 13.10.1976, VIII ZR 28/75, WM 1976, 1229.
140 BGH 23.10.2008, IX ZR 202/07, ZIP 2008, 2272 Rn. 28; offen gelassen noch von BGH 27.09.1990, IX ZR 67/90, ZIP 1990, 1420.

36 **Unmöglichkeit** in diesem Sinn ist **gegeben**, wenn das anfechtbar Erworbene untergegangen ist, vom Anfechtungsgegner veräußert, die anfechtbar zedierte Forderung (vgl. Rdn. 21) eingezogen wurde. Zu Fällen der Rdn. 20 vgl. dort, zur Unmöglichkeit bei Treuhänderstellung vgl. Rdn. 28. Rückgewähr in Natur scheidet auch aus, wenn sie für den Gläubiger oder den Anfechtungsgegner mit unverhältnismäßigen Schwierigkeiten verbunden wäre.[141] – **Unmöglichkeit liegt** regelmäßig **nicht vor** in den Fällen der Rdn. 17, 19 und bei den in Rdn. 33 beschriebenen Maßnahmen,[142] auch Fälle mittelbarer Zuwendungen (vgl. Rdn. 14) als solche[143] fallen nicht hierunter. Hat der Anfechtungsgegner den Gegenstand nach dem anfechtbaren Erwerb vom Anfechtungsgegner in einer (durch einen Dritten betriebenen) Zwangsversteigerung erworben, ist die Duldung möglich.[144]

E. Rechtsfolgen bei unentgeltlicher Leistung (Abs. 2)

37 § 11 Abs. 2 S. 1 schafft einen Ausgleich für die Schärfe und das weite Zurückreichen der Anfechtung wegen unentgeltlicher Leistungen des Schuldners,[145] indem er auf die Rechtsfolgen der Bereicherungshaftung verweist. Der Anfechtungs- wird damit aber nicht zum Bereicherungsanspruch.[146] Die Vorschrift gilt für Erwerbe nach §§ 4, 5 und 15 Abs. 2 Nr. 3,[147] hingegen nicht, wenn der Anspruch sich auch aus einem anderen Anfechtungstatbestand ergibt. Zur Beschränkung auf die Bereicherung des minderjährigen Anfechtungsgegners vgl. Rdn. 4 und des Treuhänders vgl. Rdn. 28.

38 Die Haftung des gutgläubigen Anfechtungsgegners wird **auf die noch vorhandene Bereicherung analog § 818 Abs. 3 BGB beschränkt**, erfasst ist daher nicht der Primär-, sondern nur der Wertersatzanspruch wegen Unmöglichkeit der Duldung oder Wertminderung des anfechtbaren Erwerbs, Nutzungen werden nur geschuldet, soweit sie gezogen[148] und noch vorhanden sind. Ein noch vorhandenes Surrogat ist herauszugeben, ein rechtsgeschäftliches (vgl. aber auch Rdn. 31) nur bis zur **Höhe** des in der Zwangsvollstreckung erzielbaren Erlöses abzüglich Kosten und Wert vorgehender Rechte, weil § 285 BGB wegen des milderen Haftungsmaßstabs hier nicht gelten soll.[149] Entreicherung tritt nicht ein, wenn durch die Weggabe eigene notwendige Ausgaben des Anfechtungsgegners erspart werden oder seine eigenen Schulden getilgt wurden.[150]

39 Der Anfechtungsgegner ist **gutgläubig**, wenn er nicht weiß oder den Umständen nach wissen muss, dass die unentgeltliche Leistung die Gläubiger benachteiligt, Abs. 2 S. 2. Den Untergang des Primäranspruchs hat der Anfechtungsgegner zu **beweisen**, die Höhe des Wert- und ggf eines Nutzungsersatzanspruchs sowie die Erlangung eines ausgleichspflichtigen Surrogats stehen sodann zur Beweislast des Gläubigers.[151] Sobald der Anfechtungsgegner **bösgläubig** ist oder wird, was der Gläubiger zu **beweisen** hat,[152] haftet er für danach eintretende Entreicherungen nach Normalmaß, Abs. 2 S. 2. Nach richtiger Auffassung reicht hierfür einfache Fahrlässigkeit aus.[153] Dem Anfechtungsgegner müssen Tatsachen bekannt sein – eine Erkundigungspflicht trifft ihn nicht, es reicht aber einfache fahrlässige Unkenntnis[154] –, die auf die Gläubigerbenachteiligung hinweisen, also insb. Tatsachen,

---

141 Näher MüKo-InsO/*Kirchhof* § 143 Rn. 77.
142 BGH 27.03.1984, IX ZR 49/83, ZIP 1984, 753 (756).
143 BGH 17.07.2008, IX ZR 245/06, ZIP 2008, 2136 Rn. 11; 05.12.1991, IX ZR 271/90, ZIP 1992, 124.
144 BGH 29.06.2004, IX ZR 258/02, ZIP 2004, 1619 (1620).
145 *Huber* Rn. 48; Kübler/Prütting/Bork/*Paulus* Rn. 15.
146 *Huber* Rn. 47.
147 MüKo-AnfG/*Kirchhof* Rn. 136.
148 *Huber* Rn. 48.
149 MüKo-AnfG/*Kirchhof* Rn. 138 (Fn. 550).
150 BGH 18.04.1985, VII ZR 309/84, ZIP 1985, 857.
151 MüKo-InsO/*Kirchhof* § 143 Rn. 110.
152 MüKo-InsO/*Kirchhof* § 143 Rn. 112.
153 MüKo-InsO/*Kirchhof* § 143 Rn. 107, unter Bezug auf BGH 14.10.1999, IX ZR 142/98, ZIP 1999, 1977; MüKo-AnfG/*Kirchhof* Rn. 141.
154 MüKo-AnfG/*Kirchhof* Rn. 142.

die den Verdacht der Zahlungsunfähigkeit oder der Überschuldung begründen.[155] Ihm schadet sodann jede rechtlich fahrlässige Fehlbewertung.

F. Rechtsfolgen bei Anfechtung nach § 6a (Abs. 3)

Vgl. zunächst Rdn. 2. Der Anfechtungsgegner, der **als Gesellschafter** die Sicherheit bestellt oder als Bürge haftete, hat bis zur Höhe des Werts der Sicherung oder des Betrags, mit dem er als Bürge haftete, die Zwangsvollstreckung durch den Gläubiger in sein Vermögen zu dulden oder entsprechende Zahlung an ihn zu leisten. Maßgeblicher Zeitpunkt für die Wertermittlung ist die Rückgewähr des Darlehens oder der gleichgestellten Forderung. Geht es um eine Realsicherheit, kann der Anfechtungsgegner den Vollstreckungszugriff in das gesamte Vermögen dadurch beschränken, dass er diese »dem Gläubiger zur Verfügung stellt«. Er hat es damit in der Hand, durch (freiwillig) Duldung der Vollstreckung in die Sicherheit die Zwangsvollstreckung in sein übriges Vermögen abzuwenden. 40

G. Auskunftsanspruch

Mehr als der Insolvenzverwalter, der auf den Schuldner und dessen Buchführung zugreifen kann, ist der Gläubiger auf Auskunft über anfechtbare Vorgänge angewiesen. Dennoch besteht auch bei der Gläubigeranfechtung kein allgemeiner Auskunftsanspruch gegen den (potentiellen) Anfechtungsgegner, sondern erst wenn dessen Duldungs- oder Wertersatzpflicht dem Grunde nach feststeht, § 242 BGB. Der Auskunftsanspruch dient allein dazu, Art und/oder Umfang des Anspruchs näher zu ermitteln. Der Verdacht einer anfechtbaren Handlung reicht auch dann nicht, wenn dem Anfechtungsgegner anderer anfechtbarer Erwerb nachgewiesen ist.[156] Anderes kann nach den IFG der Länder und des Bundes gelten.[157] – In Rahmen eines bestehenden Auskunftsanspruchs ist auch eine **Stufenklage** möglich, die zur Fristwahrung ausreicht, soweit der Prozessverlauf zu einer zulässigen Leistungs- oder Gestaltungsklage führt.[158] 41

§ 12 Ansprüche des Anfechtungsgegners

Wegen der Erstattung einer Gegenleistung oder wegen eines Anspruchs, der infolge der Anfechtung wiederauflebt, kann sich der Anfechtungsgegner nur an den Schuldner halten.

Übersicht

	Rdn.			Rdn.
A. Normzweck/Rechtspolitische Kritik	1	II.	Wiederaufleben des Anspruchs (Alt. 2)	4
B. Tatbestandliche Voraussetzungen und Rechtsfolgen	2	C.	Sonstige Möglichkeiten des Anfechtungsgegners	6
I. Erstattung einer Gegenleistung (Alt. 1)	2			

A. Normzweck/Rechtspolitische Kritik

Die Vorschrift **entspricht** mit nur redaktionellen Änderungen inhaltlich § 8 a.F. Neuere Rechtsprechung zum alten und neuen Recht ist soweit ersichtlich nicht veröffentlicht, was seinen Grund in der meist wirtschaftlichen Wertlosigkeit der dem Anfechtungsgegner durch die Regelung zugebilligten Ansprüche haben dürfte. Wegen einer an den Schuldner erbrachten Gegenleistung für den anfechtbaren Erwerb (Alt. 1) oder eines in Folge der Anfechtung wieder aufgelebten Anspruchs gegen den Schuldner (Alt. 2) kann sich der Anfechtungsgegner »nur an den Schuldner halten«. Dieser wird freilich regelmäßig nicht mehr zur Befriedigung der Forderungen in der Lage sein, weil anderenfalls 1

---

155 BGH 14.10.1999, IX ZR 142/98, ZIP 1999, 1977.
156 BGH 21.01.1999, IX ZR 429/97, ZIP 1999, 316; 18.06.1998, IX ZR 311/95, ZIP 1998, 1539. Beispiel bei BGH 09.12.1993, IX ZR 100/93, ZIP 1994, 218 (221).
157 Zur Vorbereitung von Insolvenzanfechtungen vgl. etwa BVerwG 14.05.2012, 7 B 53/11, ZInsO 2012, 1268.
158 MüKo-AnfG/*Kirchhof* § 13 Rn. 42.

mangels Unzulänglichkeit des Schuldnervermögens (vgl. § 2 Rdn. 12) die Anfechtung keinen Erfolg gehabt hätte. Soweit dem anfechtbaren Erwerb nicht eine Freigebigkeit des Schuldners zugrunde liegt, gerät der Anfechtungsgegner durch die Anfechtung in die Rolle des Gläubigers ohne Erfolg versprechende Vollstreckungsmöglichkeit, was als unbefriedigend empfunden wird.[1] Demgegenüber gewährt § 144 InsO unter den Voraussetzungen des Abs. 2 S. 1 einen Massebereicherungsanspruch, ansonsten zumindest die Teilnahme am Verfahren als Insolvenzgläubiger, was gem. § 17 Abs. 2 auch gilt, wenn der Verwalter nach Verfahrenseröffnung den Gläubigeranfechtungsanspruch nach §§ 16, 17 weiterverfolgt. Dennoch wird ganz überwiegend ein Eingriff in die Regelungen des § 12 abgelehnt.[2] Der gelegentlich angebrachte Rat[3], der Anfechtungsgegner möge zur Beseitigung dieser Benachteiligung einen Insolvenzantrag gegen den Schuldner stellen, ist wegen der Kosten nur dann gut, wenn zumindest die Verfahrenseröffnung absehbar ist.

1a Für beide Alt. gilt, dass nicht die Anfechtung als solche zu den Rechten des Anfechtungsgegners führt, sondern die **Rückgewähr an den Gläubiger**, wie § 144 Abs. 1 InsO ausdrücklich regelt, wenngleich § 12 insoweit schweigt.[4]

B. Tatbestandliche Voraussetzungen und Rechtsfolgen

I. Erstattung einer Gegenleistung (Alt. 1)

2 § 12 Alt. 1 schafft anders als Alt. 2 keinen **Anspruch** des Anfechtungsgegners, sondern setzt ihn voraus. Ob er besteht, richtet sich **nach den für ihn maßgeblichen Vorschriften**, also regelmäßig dem Zivilrecht. Bei anfechtbarer Erfüllung öffentlich-rechtlicher Verträge kommt indessen auch das öffentliche Recht in Betracht. Im Zivilrecht handelt es sich vor allem um Schadenersatzansprüche wegen Nichterfüllung und Bereicherungsansprüche, denen § 817 S. 2 BGB nicht entgegensteht, weil die Anfechtbarkeit des Verpflichtungsgeschäfts als solche seine Sittenwidrigkeit nicht bedingt.

3 **Gegenleistung** ist im weitesten Sinn, nicht nach §§ 320, 326 BGB zu verstehen. Sie erfasst alles, was der Anfechtungsgegner aufgewendet hat, um den anfechtbaren Erwerb zu erlangen.[5] Der darauf gerichtete Erstattungsanspruch verpflichtet ausschließlich den Schuldner, nie den Anfechtungsgegner.

II. Wiederaufleben des Anspruchs (Alt. 2)

4 Alt. 2 erfasst den Fall, dass eine **Forderung des Anfechtungsgegners** durch die anfechtbare Leistung des Schuldners nach § 362 BGB **erloschen** ist. Diese lebt abweichend vom Gesetzeswortlaut nicht »infolge der Anfechtung«, sondern infolge der Befriedigung des Anfechtungsanspruchs durch Duldung der Zwangsvollstreckung oder Wertersatz in diesem Umfang rückwirkend[6] kraft Gesetzes so wieder auf, wie sie vor der anfechtbaren Handlung bestand, also etwa bedingt, betagt, verjährt, klagbar oder form(un)wirksam. Neben- und Sicherungsrechte werden ebenfalls wiederbegründet, zu Einzelheiten vgl. § 144 InsO Rdn. 5 f. Die Verjährung der Forderung ist, gleichsam rückwirkend, entsprechend § 206 BGB vom Erlöschen bis zur Rechtskraft des Anfechtungsurteils gehemmt. Wenn die Forderung in der ursprünglichen Form nicht wieder aufleben kann oder wenn bei einer auf eine unteilbare Leistung gerichteten Forderung die Anfechtung nur auf einen Teil ihres Werts gerichtet ist, erwirbt der Anfechtungsgegner einen Bereicherungsanspruch gegen den Schuldner. – Ist der Schuldner nur **Leistungsmittler** (§ 11 Rdn. 28c) lebt durch die erfolgreiche Anfechtung

---

1 *Eckardt* ZInsO 2004, 888 (891 f.) m.w.N. Dagegen unter Berufung auf das Prioritätsprinzip *Gaul/Schilken/Becker-Eberhard* § 35 Rn. 115.
2 *Huber* Rn. 8 m.w.N.; Kübler/Prütting/Bork/*Paulus* Rn. 3.
3 Etwa MüKo-AnfG/*Kirchhof* Rn. 1.
4 MüKo-AnfG/*Kirchhof* Rn. 9.
5 *Huber* Rn. 3.
6 *Jaeger* § 8 Rn. 13.

die Forderung des Anfechtungsgegners gegen den Leistungsschuldner wieder auf, auch wenn dieser im Drei-Personen-Verhältnis mit dem Schuldner nicht identisch ist.[7]

Andere Forderungen des Anfechtungsgegners als die anfechtbar erfüllte erfasst § 12 nicht. Wegen solcher kann er in den anfechtbaren Erwerb, nach richtiger Ansicht[8] auch, soweit er in sein Eigentum übergegangen ist, vollstrecken und so in Konkurrenz zu weiteren anfechtenden Gläubigern treten.

C. Sonstige Möglichkeiten des Anfechtungsgegners

Der Anfechtungsgegner kann in Folge der Anfechtung mithin **nur Ansprüche gegen den Schuldner** geltend machen, gegenüber dem Gläubiger stehen ihm um deretwegen weder die Aufrechnung noch ein Zurückbehaltungsrecht zu. Wegen seiner Verwendungen auf den anfechtbaren Erwerb vgl. § 11 Rdn. 33. Im Anfechtungsprozess kann der Anfechtungsgegner dem Schuldner den Streit verkünden, dieser kann auch von sich aus als Nebenintervenient auf Seiten des Anfechtungsgegners beitreten. Bei der **gemischten Schenkung einer unteilbaren Leistung** erscheint die Anwendung des § 12 nicht sachgerecht. Hier kann der Gläubiger dem Anfechtungsgegner anbieten, die Gegenleistung, die dieser an den Schuldner erbracht hat, zu erstatten oder von vornherein nach § 11 Abs. 1 S. 2 anteilig Wertersatz wegen der durch den unentgeltlichen Leistungsteil entgangen Vollstreckungsmöglichkeit verlangen.[9] Für die Insolvenzanfechtung wird auch ein entsprechendes Wahlrecht des Anfechtungsgegners angenommen.[10] Der **Ausgleich mehrerer Anfechtungsgegner** bestimmt sich nach den allgemeinen Regeln, sie sind Gesamtschuldner nach § 426 BGB.

§ 13 Bestimmter Klageantrag

Wird der Anfechtungsanspruch im Wege der Klage geltend gemacht, so hat der Klageantrag bestimmt zu bezeichnen, in welchem Umfang und in welcher Weise der Anfechtungsgegner das Erlangte zur Verfügung stellen soll.

Übersicht

	Rdn.			Rdn.
A. Normzweck	1	II.	Rechtsschutzbedürfnis	7
B. Klageart	2	III.	Sonstiges	8
I. Feststellungsklage	2	D.	Klageantrag	9
II. Gestaltungsklage/Vorzugsklage	3	E.	Klagebegründung	12
III. Leistungsklage	4	F.	Urteil	13
C. Zulässigkeit	5	G.	Sonstiges	14
I. Zuständigkeit	5	H.	Duldungsbescheid	16

A. Normzweck

§ 13 ist redaktionell an § 11 n.F. (»zur Verfügung stellen«, statt »Rückgewähr ... bewirken«) angepasst, entspricht aber im Übrigen § 9 a.F. Er dient der Konkretisierung der Anfechtungsklage oder -widerklage und gilt für Duldungsbescheide nach § 191 Abs. 1 S. 2 AO (vgl. Rdn. 16; § 1 Rdn. 46 ff.) entsprechend. Abweichungen für Anfechtungseinrede und Gegeneinrede ergeben sich aus § 9.

---

7 BGH 22.11.2012, IX ZR 22/12, ZInsO 2013, 73 Rn. 12 ff.
8 *Jaeger* § 8 Rn. 6; Stein/Jonas/*Münzberg* § 804 ZPO Rn. 13 f. auch mN zur Gegenmeinung.
9 MüKo-AnfG/*Kirchhof* § 4 Rn. 64.
10 Uhlenbruck/*Hirte* § 129 Rn. 39.

B. Klageart

I. Feststellungsklage

2 Nach nicht unbestrittener,[1] aber ganz h.M., die auch von § 13 n.F. nicht korrigiert wurde, kann die Anfechtung selbst bei Vorliegen der Voraussetzungen des § 256 ZPO nicht durch **positive Feststellungsklage** verfolgt werden,[2] und zwar auch dann nicht, wenn die Leistungsklage noch gar nicht zulässig ist, weil es dem Gläubiger, ggf auch nach Ablauf der in § 7 Abs. 2 bestimmten Fristerstreckung, nicht gelungen ist, einen vollstreckbaren Schuldtitel zu beschaffen oder seine Forderung bis dahin nicht fällig geworden ist. Zur Wahrung der Anfechtungsfristen durch die (unzulässige) Feststellungsklage vgl. § 7 Rdn. 5. Zulässig muss die Anfechtungsfeststellungsklage freilich zumindest dann sein, wenn schon das Feststellungsurteil trotz Möglichkeit der Leistungsklage zu endgültiger Streitbeilegung führen wird.[3] Durch § 13 nicht ausgeschlossen wird die den Anfechtungsanspruch leugnende **negative Feststellungsklage** des Anfechtungsgegners (vgl. a. § 1 Rdn. 48), die namentlich nach einer Anfechtungsankündigung gem. § 7 Abs. 2 oder der Erhebung der Einrede des § 9 angezeigt sein kann.[4]

II. Gestaltungsklage/Vorzugsklage

3 Betreibt ein dritter Gläubiger des Anfechtungsgegners die Zwangsvollstreckung in dessen anfechtbaren Erwerb, ist der geeignete Rechtsbehelf des Anfechtungsgläubigers streitig, Drittwiderspruchsklage nach § 771 ZPO oder Vorzugsklage nach § 805 ZPO.[5] Letzterer Auffassung sollte gefolgt werden, da die Interessen des anfechtenden Gläubigers durch die Einräumung des Vorzugs ausreichend gewahrt werden. Die Vollstreckung in den anfechtbaren Erwerb braucht der Anfechtungsgegner nach § 11 Abs. 1 S. 1 nur zu dulden, »soweit es zu dessen Befriedigung erforderlich ist«, was auch die Gläubiger des Anfechtungsgegners schützt.[6] Dem gegen das Gesamtvermögen des Anfechtungsgegners gerichteten Wertersatzanspruch kann dagegen keine Haftungspriorität zugebilligt werden.

III. Leistungsklage

4 Nach Rdn. 2 und 3 ist der wesentliche Anwendungsbereich des § 13 die anfechtungsrechtliche Leistungsklage. Die Vorschrift selbst beschränkt sich allerdings auf die wegen § 253 Abs. 2 Nr. 2 ZPO ohnehin selbstverständliche Forderung nach einem **bestimmten Klageantrag**. In den § 11 Rdn. 41 beschriebenen Fällen, kann sie – auch im Zusammenhang mit einer **Gestaltungsklage** – als Stufenklage erhoben werden.

C. Zulässigkeit

I. Zuständigkeit

5 Der Anfechtungsanspruch ist zivilrechtlicher Natur (vgl. § 11 Rdn. 3), was grds den **Zivilrechtsweg** nach § 13 GVG – auch für die negative Feststellungsklage – eröffnet.[7] Dennoch steht der **Finanzverwaltung** wegen § 191 Abs. 1 S. 2 AO allein der Erlass eines Duldungsbescheids offen, gegen den der Anfechtungsgegner sich nur im **Finanzgerichtsweg** wehren kann; statt der negativen Feststellungsklage kommt bei drohender Anfechtung durch die Finanzverwaltung nur die **vorbeugende Un-**

---

1 Kübler/Prütting/Bork/*Paulus* Rn. 2 f.
2 RG 23.02.1904, VII 463/03, RGZ 57, 102 (103 f.); 18.05.1909, VII 388/08, RGZ 71, 176 (178); 05.06.1931, VII 414/30, RGZ 133, 46 (49); 15.03.1938, VII 209/37, DJ 1938, 1128 (1130) zur sog. verschleierten Feststellung; *Huber* Rn. 5; *Jaeger* § 9 Rn. 2; MüKo-AnfG/*Kirchhof* Rn. 6.
3 Näher Zöller/*Greger* § 256 Rn. 8.
4 MüKo-AnfG/*Kirchhof* Rn. 9.
5 Umfassende Nachweise bei *Eckardt* KTS 2005, 15 (49 Fn. 129 und 130).
6 *Eckardt* KTS 2005, 15 (49); *Huber* Rn. 4.
7 A.A. BFH 24.11.2011, VR 13/11, DB 2011, 2818 Rn. 32, für die Insolvenzanfechtung.

terlassungsklage nach § 40 Abs. 1 Alt. 3 FGO in Betracht (vgl. § 1 Rdn. 48). Anfechtungen gegen die Finanzverwaltung gehören vor die Zivilgerichte. Für Insolvenzanfechtungsklagen in der Insolvenz des Arbeitgebers gegen den Arbeitnehmer insb. wegen Lohn- oder Gehaltszahlungen hat der Gemeinsame Senat der obersten Gerichtshöfe des Bundes[8] entgegen der zutreffenden Auffassung des BGH[9] den **Rechtsweg zu den Arbeitsgerichten** eröffnet. Zwar rückt der Anfechtende Gläubiger anders als der Insolvenzverwalter nicht in die Rechtsstallung des Arbeitgebers ein,[10] das wohl durchschlagendere Argument, die arbeitsgerichtliche Zuständigkeit sei wegen des vom Gesetzgeber gewollten spezifischen Arbeitnehmerschutzes geboten, greift, wenngleich inhaltlich unrichtig, auch bei der Gläubigeranfechtung, so dass nur geraten werden kann, die Anfechtbarkeit vor den Arbeitsgerichten geltend zu machen. Anders ist es – zumindest bislang – bei der Anfechtung gegenüber Sozialversicherungsträgern, die im Zivil- und nicht im **Sozialgerichtsweg** geltend zu machen ist.[11]

Die **sachliche Zuständigkeit** richtet sich, soweit nach Rdn. 5 nicht die Arbeitsgerichte zuständig sind, gem. §§ 23 Nr. 1, 71 Abs. 1 GVG, das Familiengericht und die KfH sind nicht berufen. Die **örtliche Zuständigkeit** folgt den allgemeinen Vorschriften der §§ 12 ff. ZPO. Die anfechtbare Handlung ist kein Delikt, so dass der Gerichtsstand des § 32 ZPO nicht eröffnet ist, sie geht nicht auf Beseitigung einer dinglichen Belastung oder sonstige Rückgewähr, wie fast ausschließlich in der Insolvenzanfechtung,[12] und eröffnet deshalb nicht den dinglichen Gerichtsstand des § 24 ZPO.[13] Bei Klagen aus § 805 ZPO ist der ausschließliche Gerichtsstand nach §§ 764 Abs. 2, 802 ZPO gegeben, bei solchen aus § 115 ZVG, § 878 ZPO derjenige der §§ 879, 802 ZPO.[14] Zur **internationalen Zuständigkeit** vgl. § 19 Rdn. 2. **Schiedsvereinbarungen** des Schuldners mit dem Anfechtungsgegner binden den Gläubiger nicht, solche zwischen ihm und dem Anfechtungsgegner sind möglich.[15]

6

II. Rechtsschutzbedürfnis

Das Rechtsschutzbedürfnis wird nicht durch andere zielführende Rechtsschutzmittel gegen den Anfechtungsgegner ausgeschlossen, ihnen gegenüber ist die Anfechtungsklage nicht grds. subsidiär. Ein Vorrang besteht lediglich aus Gründen des allgemeinen Rechtsschutzinteresses, wenn sich das erstrebte Ziel auf anderem prozessualen Wege einfacher erreichen lässt.[16] Ist etwa vor einer Zwangssicherungshypothek des anfechtenden Gläubigers ein Recht am Grundstück unrichtig eingetragen und ist der Erwerb dieser Buchposition zusätzlich anfechtbar, hindert die Möglichkeit, Berichtigung nach oder analog § 894 BGB zu verlangen, die Anfechtungsklage nicht.[17]

7

III. Sonstiges

Liegen die Voraussetzungen des § 2 nicht vor, mangelt es der Klage bereits an der Zulässigkeit (vgl. § 2 Rdn. 1). Macht der Gläubiger die Anfechtung wegen mehrerer befriedigungsbedürftiger Forderungen geltend, müssen die Zulässigkeitsvoraussetzungen für jede einzelne gesondert geprüft werden (vgl. § 1 Rdn. 5). Bei mehreren Anfechtungsgegnern vgl. § 1 Rdn. 11, bei mehreren Gläubigern vgl. § 1 Rdn. 5.

8

---

8 GmS-OBG 27.09.2009, 1/09, ZIP 2010, 2418.
9 BGH 02.04.2009, IX ZB 182/08, ZIP 2009, 825; *Gaul/Schilken/Becker-Eberhard* § 35 Rn. 138.
10 Hierrauf stellt MüKo-AnfG/*Kirchhof* Rn. 11 entscheidend ab.
11 BGH 24.03.2011, IX ZB 36/09, ZIP 2011, 683.
12 RG 15.12.1885, II 287/85, RGZ 15, 386.
13 Str., wie hier etwa OLG Celle 17.01.2008, 13 U 56/07, OLGR 2008, 265; 11.07.1986, 8 U 202/85, MDR 1986, 1031; Kübler/Prütting/Bork/*Paulus* Rn. 10; RG 25.10.1887, III 147/85, RGZ 20, 403 (405 ff.) hat nur wegen des auf Löschung gerichteten Antrags abweichend entschieden; a.A. OLG Hamm 28.03.2002, 27 W 7/02, NZI 2002, 575; *Huber* Rn. 35.
14 *Huber* Rn. 34, 35.
15 MüKo-AnfG/*Kirchhof* Rn. 24.
16 BGH 11.07.1996, IX ZR 226/94, ZIP 1996, 1516 (1518).
17 Zumindest inzident BGH 11.07.1996, IX ZR 226/94, ZIP 1996, 1516 (1520 f.).

D. Klageantrag

9 Die Formulierung ». . . so hat der Klageantrag bestimmt zu bezeichnen, in welchem Umfang und in welcher Weise der Anfechtungsgegner das Erlangte zur Verfügung stellen soll«, bringt Zweierlei zum Ausdruck: **Zum einen** muss der Klageantrag die **Forderung**, wegen derer Befriedigung verlangt wird, bei mehreren alle, einschließlich Zinsen und Kosten unter exakter Benennung des zumindest vorläufig vollstreckbaren Schuldtitels (vgl. § 2 Rdn. 5 ff.) **genau bezeichnen**. Soll nur wegen eines Teilbetrags, auch nach Teilerfüllung, angefochten werden, ist dieser anzugeben. Sollen mehrere Anfechtungsansprüche in ein Alternativverhältnis gestellt werden, ist dieses kenntlich zu machen (zur Wahrung der Anfechtungsfrist durch Hilfsanträge vgl. § 7 Rdn. 5), der Antrag muss zudem eindeutig festlegen, in welchem Umfang und in welcher Weise die Anfechtungsansprüche zur Entscheidung gestellt werden.[18] Wird nachträglich die Forderung ausgetauscht, liegt hierin eine Klageänderung (zur Fristwahrung vgl. § 7 Rdn. 7). **Zum anderen** muss dargestellt werden, **in welcher Weise** der Anfechtungsgegner den Anfechtungsanspruch **erfüllen** soll. Es muss also die von ihm verlangte (passive) Duldung oder aktive Mitwirkungshandlung möglichst genau beschrieben werden. Welchen Anforderungen dies zu genügen hat, hängt von den Umständen des Einzelfalls ab.[19] Grundtyp der Erfüllung ist die Duldung der Zwangsvollstreckung in den anfechtbaren Erwerb, bei dem vom Anfechtungsgegner kein positives Tun verlangt, sondern ihm lediglich das Unterlassen der Beantragung von Vollstreckungsschutzmaßnahmen im weitesten Sinn auferlegt wird. Hier ist der Gegenstand, in den vollstreckt werden soll, genau anzugeben,[20] sind wie bei der Immobiliarvollstreckung mehrere Arten des Zwangszugriffs möglich, müssen diese nicht konkretisiert werden. Wie der Anfechtungsanspruch in anderen Fällen, dann zum Teil durch aktives Tun des Anfechtungsgegners, zu erfüllen ist, ist bei § 11 Rdn. 15 ff. für zahlreiche Beispiele näher beschrieben. Die Art und Weise der Erfüllung hat auch hier ihren Niederschlag im Klageantrag zu finden (Anregungen hierzu auch bei §§ 11 Rdn. 15 ff.). Wird (nur) **Wertersatz** begehrt, wird dieser Teil durch einen üblichen Antrag auf Verurteilung zur Zahlung des entsprechenden Betrags ersetzt.

10 Bei der **vorbeugenden negativen Feststellungsklage** ist die Rechtshandlung anzugeben, wegen derer sich der Beklagte eines Anfechtungsanspruchs gegen den Kläger berühmt. Will der Kläger nur einzelne denkbare Anfechtungsmöglichkeiten ausschließen, sind diese entsprechend Rdn. 9 darzustellen.

11 Der Klageantrag ist auch bei der Anfechtungsklage unter Berücksichtigung der Klagegründe **auslegungsfähig**. Wie stets hat der Richter nach § 139 Abs. 1 S. 2 ZPO auf sachdienliche Antragstellung hinzuwirken, was wegen der Spezialität des Anfechtungsrechts besondere Bedeutung erhält.

E. Klagebegründung

12 Erforderlich ist die **vollständige Angabe der Tatsachen**, die geeignet sind, den Anfechtungsanspruch zu rechtfertigen, insb. also die anfechtbare Handlung einschließlich der Tatsachen, aus denen die Anfechtbarkeit abgeleitet werden soll, Bestand und Fälligkeit der Hauptforderung, die Unzulänglichkeit des Schuldnervermögens. Eine ausdrückliche Anfechtungserklärung ist nicht notwendig, es reicht vielmehr Sachvortrag aus, der die Voraussetzungen eines Anfechtungsrechts trägt,[21] ebenso wenig muss ein bestimmter Anfechtungstatbestand genannt werden. Umgekehrt begrenzt die Benennung eines Tatbestands die richterliche Prüfung nicht auf diesen. Wie bei jeder Spezialmaterie bietet es sich jedoch bei der Gläubigeranfechtung an, den Klageanspruch nicht nur im Tatsächlichen, sondern auch im Rechtlichen zu unterlegen. Mehr als in anderen Rechtsgebieten ist der Gläubiger, der regelmäßig weder an der anfechtbaren Rechtshandlung teilgenommen hat noch über die Verhältnisse des anfechtbaren Erwerbs informiert ist und dem nur sehr eingeschränkte Auskunftsansprüche

---

18 BGH 08.12.2011, IX ZR 33/11, ZInsO 2012, 128 Rn. 55.
19 BFH 08.02.2001, VII B 82/00, BFH/NV 2001, 1003 zum Duldungsbescheid nach § 191 I 2 AO.
20 BGH 18.12.1986, IX ZR 11/86, ZIP 1987, 439 (440).
21 BGH 03.05.2007, IX ZR 16/06, ZIP 2007, 1326 Rn. 42.

(vgl. § 11 Rdn. 41) zustehen, auf Vermutungen angewiesen. Die Behauptung einer nur vermuteten Tatsache durch den Gläubiger ist deshalb zumindest dann zulässig, wenn greifbare Anhaltspunkte für das Vorliegen eines bestimmten Sachverhalts bestehen.[22]

F. Urteil

Der **Tenor** des Urteils im Anfechtungsprozess spiegelt, sofern das Anfechtungsrecht besteht, den Klageantrag wieder, die Anforderungen entsprechen sich deshalb (vgl. Rdn. 9). Auch er ist der Auslegung zugänglich.[23]

G. Sonstiges

Streitgegenstand des Anfechtungsprozesses ist anders als bei der Insolvenzanfechtung nicht der anfechtbare Erwerb des Anfechtungsgegners, sondern die Verpflichtung, diesen zur Verfügung zu stellen. Die **Veräußerung** des anfechtbaren Erwerbs während des Prozesses zieht daher nicht die Folgen der §§ 265, 266 und 325 ZPO nach sich. Eine andere Frage ist, ob hierdurch die Erfüllung des Primäranspruchs unmöglich wird und die Klage auf Wertersatz (vgl. § 11 Rdn. 35) umgestellt werden sollte.

Der **Streitwert** des Anfechtungsprozesses richtet sich nach der Höhe des geforderten Wertersatzes; soweit der Primäranspruch (vgl. § 11 Rdn. 10) geltend gemacht wird, in entsprechender Anwendung von § 6 ZPO nach der befriedigungsbedürftigen Hauptforderung, die einschließlich Zinsen und Kosten in Ansatz zu bringen ist.[24] Nur wenn der Wert des Zurückzugewährenden nach Abzug der etwa vorhandenen Belastungen geringer ist als die die Anfechtung begründende Forderung gilt dieser geringere Wert.[25] In anderen Fällen (vgl. § 11 Rdn. 15 ff.) ist auf den Wert abzustellen, den der vom Gläubiger begehrte Zugriff repräsentiert, so etwa der Anteil aus dem Veräußerungserlös, den der Gläubiger durch die Einräumung eines Vorrangs beanspruchen kann. Für die **Beschwer** der unterlegenen Prozesspartei gilt das Nämliche.[26]

H. Duldungsbescheid

Die Anfechtung durch die Finanzverwaltung erfolgt durch schriftlichen Duldungsbescheid gem. § 191 Abs. 1 S. 2 AO, der den Anforderungen des § 13 AnfG genügen muss (vgl. vor allem Rdn. 9, vgl. a. § 1 Rdn. 49),[27] insb. ist auch die befriedigungsbedürftige Steuerforderung konkret nach Steuerart, Betrag und Erhebungszeitraum zu bezeichnen und nicht nur als Summe anzugeben,[28] denn § 191 Abs. 1 S. 2 AO enthält nur insoweit eine Spezialregelung, als für das Verwaltungsverfahren die Inanspruchnahme des Anfechtungsgegners nur durch Verwaltungsakt anstatt durch Klage zulässig ist. Da es sich bei dem Duldungsbescheid um einen Verwaltungsakt i.S.d. § 118 AO handelt, gilt ergänzend die Regelung des § 119 Abs. 1 AO, wonach ein Verwaltungsakt inhaltlich hinreichend bestimmt sein muss.[29] Die Annahme des FG Thüringen,[30] diesen Anforderungen sei auch genügt, wenn die notwendigen Angaben sich nicht aus dem Bescheid selbst, sondern nur im Zusammenhang mit seinen Anlagen und ihm vorausgehenden Anhörungsschreiben ergeben, erscheint fragwürdig. Darüber hinaus muss der Bescheid eine den Voraussetzungen des AnfG genügende Begründung

---

22 BGH 20.06.2002, IX ZR 177/99, ZIP 2002, 1408 (1410) zur Konkursanfechtung.
23 BFH 08.02.2001, VII B 82/00, BFH/NV 2001, 1003 zur Auslegung des Duldungsbescheids nach § 191 Abs. 1 S. 2 AO.
24 BGH 27.10.1994, IX ZR 81/94, BGHR ZPO § 2 Beschwer 4; 10.11.1982, VIII ZR 293/81, WM 1982, 1443.
25 BGH 10.11.1982, VIII ZR 293/81, WM 1982, 1443.
26 BGH 27.10.1994, IX ZR 81/94, BGHR ZPO § 2 Beschwer 4.
27 FG Thüringen 08.12.2010, 2 V 268/10, EFG 2011, 769.
28 FG München 28.11.2006, 6 K 5289/01, EFG 2007, 324.
29 BFH 08.02.2001, VII B 82/00, BFH/NV 2001, 1003.
30 FG Thüringen 08.12.2010, 2 V 268/10, EFG 2011, 769.

des Anfechtungsanspruchs enthalten, die auch den angezogen Anfechtungstatbestand benennt.[31] Der mit den notwendigen Angaben verbundene Eingriff in das Steuergeheimnis des Schuldners ist durch § 30 Abs. 4 Nr. 1 i.V.m. Abs. 2 Nr. 1a AO gedeckt.[32]

§ 14 Vorläufig vollstreckbarer Schuldtitel. Vorbehaltsurteil

Liegt ein nur vorläufig vollstreckbarer Schuldtitel des Gläubigers oder ein unter Vorbehalt ergangenes Urteil vor, so ist in dem Urteil, das den Anfechtungsanspruch für begründet erklärt, die Vollstreckung davon abhängig zu machen, daß die gegen den Schuldner ergangene Entscheidung rechtskräftig oder vorbehaltlos wird.

Übersicht

		Rdn.				Rdn.
A.	Normzweck	1	C.	Verfahren und Entscheidung		4
B.	Die einzelnen Tatbestandsmerkmale	2	I.	Verfahren bis zur Entscheidung		4
I.	Vorläufig vollstreckbare Schuldtitel	2	II.	Urteil		5
II.	Vorbehaltsurteile	3	III.	Verfahren nach der Entscheidung		6

A. Normzweck

1 Die Anfechtungsklage kann nach § 2 auf einen **lediglich vorläufig vollstreckbaren Schuldtitel** oder ein **Vorbehaltsurteil** gestützt werden (vgl. § 2 Rdn. 5). Der inhaltlich § 10 a.F. entsprechende § 14 soll daher dem Schutz des Anfechtungsgegners dienen, indem er die Vollstreckung aus dem stattgebenden Anfechtungsurteil, nicht seinen Erlass oder seine Rechtskraft, hinausschiebt, bis der Titel gegen den Schuldner rechtskräftig oder vorbehaltlos wird. Sie bürdet dem Anfechtungsgegner freilich wegen der eigenen außergerichtlichen Kosten (wegen der übrigen vgl. Rdn. 5) das Insolvenzrisiko des Gläubigers auf, wenn ihre Voraussetzungen nicht eintreten. Wird die **Anfechtung durch Einrede** nach § 9 geltend gemacht, greifen die Erleichterungen des § 14 jedenfalls dann nicht ein, wenn sie wie regelmäßig zur Klageabweisung führen muss (zu den Folgen vgl. § 9 Rdn. 9), denn endgültige Veränderungen sollen aufgrund der Anfechtung erst bei rechtskräftigem und vorbehaltlosem Titel erfolgen. Erforderlich ist dann stets ein endgültiger und vorbehaltloser Titel.[1] Erfolgt die **Anfechtung durch Gegeneinrede** des Gläubigers, verbleibt es bei § 14.

B. Die einzelnen Tatbestandsmerkmale

I. Vorläufig vollstreckbare Schuldtitel

2 **Hierunter fallen**: vorläufig vollstreckbare Urteile, §§ 704, 708; alle sonstigen Titel, die in einem ordentlichen Rechtsbehelfsverfahren (nicht nach §§ 323, 767, 797, 588 ff. ZPO; vgl. § 2 Rdn. 11) noch abänder- oder aufhebbar sind. Neben den in § 794 Abs. 1 ZPO erwähnten Titeln, soweit sie diese Voraussetzungen erfüllen, kommen die in § 2 Rdn. 10 erwähnten in Betracht;[2] Vorauszahlungsbescheide gelten, auch wenn sie unanfechtbar (geworden) sind, bis zur endgültigen rechtskräftigen Festsetzung der voraus zu entrichtenden Leistung als vorläufig vollstreckbar;[3] unter § 14 fallen auch auf Zahlung gerichtete einstweilige Verfügungen, die eine vorläufige Befriedigung des Anspruchs gewähren.[4] **Nicht anwendbar** ist § 14 auf gerichtliche sowie vollstreckbar erklärte Anwalts- und Notarvergleiche, § 794 Abs. 1 S. 1, 4b ZPO, soweit die Parteien die Vollstreckung hieraus nicht vorläufig ausgestaltet haben, ferner auf vollstreckbare Urkunden, § 794 Abs. 1 S. 5 ZPO.

---

31 *Huber* § 7 Rn. 26.
32 FG Rheinland-Pfalz 11.08.1987, 4 K 65/86, KTS 1988, 820.
1 RG 14.10.1919, VII 92/19, RGZ 96, 335 (339 ff.); *Jaeger* § 5 Rn. 11.
2 Zu noch nicht bestandskräftigen Steuerbescheiden BFH 09.02.1988, VII R 62/86, BFH/NV 1988, 752.
3 BGH 03.03.1976, VIII ZR 197/74, BGHZ 66, 91 (93).
4 BGH 05.02.1953, IV ZR 173/52, LM Nr. 1 zu § 2 AnfG.

II. Vorbehaltsurteile

Gemeint sind Urteile im Urkunden- und Wechselverfahren, § 599 ZPO, sowie Aufrechnungsvorbehaltsurteile, § 302 Abs. 1 ZPO. Sinngemäß anzuwenden ist § 14 auch auf vorweggenommene Betragsurteile nach § 304 Abs. 2 ZPO, selbst im Fall ihrer Rechtskraft.[5] 3

C. Verfahren und Entscheidung

I. Verfahren bis zur Entscheidung

Die Regelung des § 14 hindert das Gericht nicht, auch nicht in der Revisionsinstanz,[6] das **Verfahren nach § 148 ZPO auszusetzen**, bis über die Hauptforderung rechtskräftig oder vorbehaltlos entschieden ist (anders wenn die Voraussetzungen des § 2 noch nicht vorliegen; vgl. § 2 Rdn. 1). Der von § 14 vorgesehene Urteilszusatz ist **von Amts wegen** anzubringen,[7] und zwar in allen Instanzen, weshalb der Gläubiger nicht gezwungen ist, schon seinen Klageantrag entsprechend zu beschränken, ohne die Folgen des § 92 ZPO fürchten zu müssen. Das gilt auch, wenn erst das Rechtsmittelgericht den Zusatz anbringt, es sei denn, das Rechtsmittel beziehe sich allein auf dessen Fehlen.[8] 4

II. Urteil

Der von § 14 geforderte **Zusatz** kann z.B. lauten: »Die Vollstreckung aus diesem Urteil ist davon abhängig, dass die Entscheidung (genaue Bezeichnung des vorläufig vollstreckbaren Titels oder des Vorbehaltsurteils) rechtskräftig/vorbehaltlos wird«. Er hat auch die **Kostenentscheidung** aller Rechtszüge zu umfassen, gleich wer das Rechtsmittel eingelegt hat,[9] weshalb er den Tenor zweckmäßiger Weise abschließt. Der auch in diesem Stadium zulässige **Kostenfestsetzungsbeschluss** ist mit einem entsprechenden Zusatz zu versehen. Hat das Gericht den **Zusatz übergangen**, kann dies im Rahmen des jeweils zulässigen Rechtsbehelfs geltend gemacht werden, bei versehentlichem Übergehen auch nach § 321 ZPO;[10] zu den Folgen der **Vollstreckung** aus einem derart unvollständigen Urteil bei später ergänztem Zusatz vgl. das BGH-Urt. v. 05.02.1953,[11] wo allerdings die vorsätzliche Ausnutzung eines solchen Titels, § 826 BGB, nicht zu entscheiden war. Soweit die allgemeine Anordnung der **vorläufigen Vollstreckbarkeit** notwendig ist, gilt dies auch für den Anfechtungsrechtsstreit, da der Titel gegen den Schuldner vor dessen Rechtskraft rechtskräftig oder vorbehaltlos werden kann.[12] Bei einem **Duldungsbescheid** nach § 191 Abs. 1 AO (vgl. § 1 Rdn. 46) muss bestimmt werden, dass die Vollstreckung erst nach Bestandskraft/Vorbehaltloswerden der zugrunde liegenden Steuerfestsetzung oder der nach § 168 AO gleichstehenden Steueranmeldung erfolgen darf.[13] 5

III. Verfahren nach der Entscheidung

Erst wenn der Titel gegen den Schuldner **endgültig rechtskräftig** oder **vorbehaltlos** wird, kann dem Gläubiger, der dies in der Form des § 726 Abs. 1 ZPO nachzuweisen hat, eine vollstreckbare Ausfertigung des Anfechtungsurteils, ggf. beschränkt auf den Umfang der Rechtskraft, erteilt werden. **Rechtsbehelfe** bei Verweigerung: § 573 Abs. 1 ZPO und danach § 567 ZPO, bei Erteilung: §§ 732, 768 ZPO. Zur vorherigen Sicherung durch **einstweiligen Rechtsschutz** vgl. § 2 Rdn. 22 a.E. 6

---

5 *Huber* Rn. 5.
6 BGH 19.01.1983, VIII ZR 204/82, ZIP 1983, 494 i.V.m. BGH 20.09.1982, II ZR 67/81, ZIP 1982, 1322.
7 BGH 03.03.1988, IX ZR 11/87, WM 1988, 799.
8 RG 14.10.1932, VII 117/32, WarnRspr 1932 Nr. 207 a.E.
9 BGH 26.04.1961, VIII ZR 165/60, WM 1961, 646 (649).
10 *Zöller/Vollkommer* § 321 ZPO Rn. 3, vgl. a. BGH 15.06.1996, VI ZR 300/95, NJW-RR 1996, 1238; anders wohl BGH 05.02.2003, IV ZR 149/02, BGHZ 154, 1.
11 BGH 05.02.1953, IV ZR 173/52, LM Nr. 1 zu § 2 AnfG.
12 *Jaeger* § 10 Rn. 5.
13 FG Münster 21.04.2010, 6 K 3248/08 AO, EFG 2010, 1470; BFH 09.02.1988, VII R 62/86, BFH/NV 1988, 752; BVerwG 18.04.1997, 8 C 43/95, BVerwGE 104, 301.

7 Wird dagegen der vorläufig vollstreckbare Titel oder das Vorbehaltsurteil (auch im Wege der §§ 321a, 578 ff. ZPO) **aufgehoben**, wird die noch anhängige Anfechtungsklage unzulässig (vgl. § 2 Rdn. 1, 7), was auch in der Revisionsinstanz zu beachten ist.[14] Selbst bei Rechtskraft des Anfechtungsurteils darf dafür keine Klausel mehr erteilt werden. Weil es dadurch jedoch nicht beseitigt wird, kann der Anfechtungsgegner nach § 256 ZPO auf Feststellung des Nichtbestehens des Anfechtungsanspruchs klagen oder nach § 580 Nr. 6 ZPO vorgehen, was im Erfolgsfall auch die Kostenentscheidung des ursprünglichen Anfechtungsprozesses beseitigt.[15] Ist vor der Aufhebung des Urteils gegen den Schuldner aufgrund des Anfechtungsurteils etwas geleistet worden, entstehen Ansprüche des Anfechtungsgegners aus Bereicherung, unter deren Voraussetzungen auch aus §§ 823, 826 BGB.

§ 15 Anfechtung gegen Rechtsnachfolger

(1) Die Anfechtbarkeit kann gegen den Erben oder einen anderen Gesamtrechtsnachfolger des Anfechtungsgegners geltend gemacht werden.

(2) Gegen einen sonstigen Rechtsnachfolger kann die Anfechtbarkeit geltend gemacht werden:
1. wenn dem Rechtsnachfolger zur Zeit seines Erwerbs die Umstände bekannt waren, welche die Anfechtbarkeit des Erwerbs seines Rechtsvorgängers begründen;
2. wenn der Rechtsnachfolger zur Zeit seines Erwerbs zu den Personen gehörte, die dem Schuldner nahestehen (§ 138 der Insolvenzordnung), es sei denn, daß ihm zu dieser Zeit die Umstände unbekannt waren, welche die Anfechtbarkeit des Erwerbs seines Rechtsvorgängers begründen;
3. wenn dem Rechtsnachfolger das Erlangte unentgeltlich zugewendet worden ist.

(3) Zur Erstreckung der Fristen nach § 7 Abs. 2 genügt die schriftliche Mitteilung an den Rechtsnachfolger, gegen den die Anfechtung erfolgen soll.

1 § 15 Abs. 1 und Abs. 2 entsprechen § 145 InsO, auf dessen Kommentierung deshalb verwiesen wird. Wegen Abs. 3 und sonstiger Wahrung der Anfechtungsfristen gegenüber dem Rechnachfolger sowie seinen Vor- und Nachmännern vgl. § 7 Rdn. 12, 20, 22.

Der **Anfechtungsgläubiger**, dem Erfüllung des Anfechtungsanspruchs zuteil wurde, kann **nicht als Einzelrechtsnachfolger** im Sinne des § 15 Abs. 2 in Anspruch genommen werden, wenngleich der Wortlaut der Vorschrift auf ihn zutrifft.[1] Anderenfalls könnte er von jedem anderen Gläubiger innerhalb der Anfechtungsfrist (§ 15 Abs. 2, 7 Abs. 2) auf Rückgewähr oder Wertersatz in Anspruch genommen werden, was dem Prioritätsgrundsatz (§ 11 Rdn. 5) widerspräche (vgl. i.Ü. § 16 Rdn. 14).

§ 16 Eröffnung des Insolvenzverfahrens

(1) Wird über das Vermögen des Schuldners das Insolvenzverfahren eröffnet, so ist der Insolvenzverwalter berechtigt, die von den Insolvenzgläubigern erhobenen Anfechtungsansprüche zu verfolgen. Aus dem Erstrittenen sind dem Gläubiger die Kosten des Rechtsstreits vorweg zu erstatten.

(2) Hat ein Insolvenzgläubiger bereits vor der Eröffnung des Insolvenzverfahrens auf Grund seines Anfechtungsanspruchs Sicherung oder Befriedigung erlangt, so gilt § 130 der Insolvenzordnung entsprechend.

Übersicht	Rdn.		Rdn.
A. Normzweck	1	1. Eröffnung eines Insolvenzverfahrens	3
B. Übertragung der Anfechtungsbefugnis auf den Insolvenzverwalter (Abs. 1)	3	2. Sachlicher Anwendungsbereich	4
		3. Persönlicher Anwendungsbereich	5
I. Voraussetzungen	3	II. Rechtsfolgen	6

---

14 BGH 13.12.1989, VIII ZR 204/82, NJW 1990, 1302.
15 BGH 26.04.1961, VIII ZR 165/60, WM 1961, 646 (649).
1 BGH 15.11.2012, IX ZR 173/09, ZInsO 2013, 78 Rn. 16.

	Rdn.		Rdn.
1. Übergang des Anfechtungsrechts	6	2. Durchsetzung des Anfechtungsanspruchs	11
a) Betroffene Ansprüche	9	3. Prozesskostenerstattung	13
b) Anspruchswandlung in Person des Verwalters	10	C. Anfechtung von Sicherungen und Befriedigungen (Abs. 2)	14

A. Normzweck

Die in § 13 a.F. für den Fall des Konkurses zusammengefassten **Kollisions- und Transformationsregeln** sind im geltenden Recht auf die §§ 16–18 verteilt, wobei eine dem § 13 Abs. 5 a.F. entsprechende Vorschrift fehlt, die den Konkursgläubigern die Anfechtung im Hinblick auf nicht in die Masse fallende Gegenstände ermöglichte. Das schien wegen der Einbeziehung des Neuerwerbs in die Insolvenzmasse durch § 35 InsO entbehrlich und hat auch bei der Einfügung des § 35 Abs. 2 und Abs. 3 InsO mit Wirkung für nach dem 30.06.2007 eröffnete Insolvenzverfahren keine Änderung erfahren. Die **§§ 16–18** tragen der im Insolvenzverfahren geltenden par condicio creditorum Rechnung, die die Gewährung von Sondervorteilen an Insolvenzgläubiger ausschließt (§ 87 InsO), indem sie dem Insolvenzverwalter das Anfechtungsrecht übertragen. Grob gesagt regelt § 16 Abs. 1 die Auswirkungen der Schuldnerinsolvenz auf die Gläubigeranfechtungsrechte und Abs. 2 die Insolvenzanfechtung gegenüber dem aufgrund der Anfechtung bereits gesicherten oder befriedigten Gläubiger, § 17 mit vergleichbarer Zielrichtung wie § 240 ZPO, § 85 InsO[1] die Unterbrechung eines bei Insolvenzeröffnung noch anhängigen Anfechtungsprozesses sowie die Möglichkeit, den Klageantrag nach Aufnahme des Rechtsstreits durch den Insolvenzverwalter im Hinblick auf die oft über § 11 hinausgehenden Ansprüche aus § 143 InsO zu erweitern, und schließlich § 18 die Realisierung von Anfechtungsansprüchen nach Beendigung des Insolvenzverfahrens, die der Verwalter hätte geltend machen können, aber im Ergebnis nicht durchgesetzt hat. 1

§ 16 Abs. 1 überträgt das bisher den (Insolvenz)Gläubigern zustehende Gläubigeranfechtungsrecht (zum sachlichen Anwendungsbereich vgl. Rdn. 4, zum persönlichen vgl. Rdn. 5) mit Verfahrenseröffnung auf den Insolvenzverwalter, der es zur gleichmäßigen Befriedigung der Gläubiger einzusetzen hat. Neben der ausdrücklich erwähnten Variante, dass der Anfechtungsanspruch bereits von einem oder mehreren Insolvenzgläubigern »erhoben« wurde, ergreift § 16 auch Anfechtungsrechte, die von den Gläubigern bislang nicht (gerichtlich) geltend gemacht wurden. **Abs. 2** berücksichtigt einerseits, dass eine von einem Einzelgläubiger bereits vor der Verfahrenseröffnung erlangte Sicherung oder Befriedigung die Gleichbehandlung der Gläubiger stört und deshalb unter den Voraussetzungen der §§ 129 ff. InsO selbst der Anfechtung unterliegen kann, andererseits schränkt er die Anfechtung gegenüber dem Gläubiger durch die Rechtsgrundverweisung auf § 130 InsO ein, erweitert aber gleichzeitig dessen Anwendungsbereich auf inkongruente Deckungen, weil der Gläubiger seine Rechte letztlich zugunsten der Masse durchgesetzt hat. Dem trägt auch Abs. 1 S. 2 Rechnung. 2

B. Übertragung der Anfechtungsbefugnis auf den Insolvenzverwalter (Abs. 1)

I. Voraussetzungen

1. Eröffnung eines Insolvenzverfahrens

§ 16 setzt die Eröffnung eines Insolvenzverfahrens über das Vermögen **des Schuldners** voraus. Dies ist ohne weiteres das **Regel-** und **Nachlassinsolvenzverfahren** – sofern das Gericht sie anordnet, auch noch bis zu einer Nachtragsverteilung, die den Anfechtungsanspruch erfasst[2] und, bei der gebotenen entsprechenden Anwendung des § 16, auch die **Eigenverwaltung**, die das Anfechtungsrecht in § 280 InsO dem Sachwalter überträgt. Im **Insolvenzplanverfahren** greift § 16 bis zur Aufhebung des Verfahrens und unter den Voraussetzungen des § 259 Abs. 3 InsO auch darüber hinaus. Dage- 3

---

1 BGH 03.12.2009, IX ZR 29/08, ZInsO 2010, 230 Rn. 15.
2 BGH 10.12.2009, IX ZR 206/08, ZIP 2010, 102 Rn. 8.

gen scheint § 16, der auf den Insolvenzverwalter verweist, im **Verbraucherinsolvenzverfahren** ins Leere zu gehen; Abhilfe schafft hier eine Analogie zu § 313 Abs. 2 InsO (zur Anfechtungsberechtigung vgl. Rdn. 8).[3] Der Übergang der Verwaltungs- und Verfügungsbefugnis auf einen vorläufigen Insolvenzverwalter nach **§ 22 Abs. 1 InsO** reicht abweichend von § 240 Satz 2 ZPO für § 16 nicht aus.

2. Sachlicher Anwendungsbereich

4   Sachlich **erfasst** § 16 Abs. 1 Gläubigeranfechtungsansprüche, die **Gegenstände** betreffen, die ohne die anfechtbare Handlung in die nach § 35 InsO zu bestimmende Insolvenzmasse fielen oder, wenn sie noch zu ihr gehören, keine Belastung erfahren hätten. Geregelt werden nach dem Wortlaut der Vorschrift die »**erhobenen**« Ansprüche, mithin solche, die durch Einreichung und Zustellung eines den Voraussetzungen des § 253 ZPO genügenden Schriftsatzes bis zur Eröffnung des Insolvenzverfahrens rechtshängig gemacht wurden. In der Tat passen nur hierzu die in § 16 Abs. 1 S. 2, Abs. 2 und § 17 angeordneten Rechtsfolgen. Es unterliegt jedoch – ableitbar aus dem dem Verwalter durch die InsO allein zugebilligten Anfechtungsrecht – keinem Zweifel, dass durch Einrede (vgl. aber Rdn. 6 a.E.) oder noch gar nicht »erhobene« Ansprüche nicht mehr durch die Gläubiger aktiv verfolgt werden können, sondern nur noch durch den Insolvenzverwalter, wenngleich ihm hier die Rechte aus § 17 nicht zustehen. Vor Verfahrenseröffnung bereits realisierte Sicherungen oder Befriedigungen, bei denen der Anfechtungsprozess schon rechtskräftig abgeschlossen sein kann, gebühren im Umfang des § 16 Abs. 2 ebenfalls der Insolvenzmasse. In den Regelungsbereich des § 16 Abs. 1 fallen nur vorinsolvenzliche Rechtshandlungen (zu nachinsolvenzlichen vgl. § 1 Rdn. 6, 27).

3. Persönlicher Anwendungsbereich

5   Persönlich erfasst § 16 allein **Insolvenzgläubiger** nach §§ 38, 39, 52 InsO, auch soweit ihre Forderungen noch bedingt oder befristet sind (§ 7 Abs. 2 AnfG i.V.m. §§ 41, 42, 191 InsO), gleich ob der anfechtende Gläubiger sich am Verfahren beteiligt oder nicht, denn er kann der Masse durch Nichtbeteiligung den Haftungszugriff nicht entziehen. Aus demselben Grund sind auch nachrangige Gläubiger nach § 39 InsO schon vor der Anmeldungsaufforderung nach § 174 Abs. 3 InsO nicht vom Anwendungsbereich des § 16 ausgeschlossen. Soweit den Insolvenzgläubigern die Anfechtung wegen nicht massegebundener Vermögensteile verboten ist (vgl. § 1 Rdn. 6), bedarf es dagegen auch des Anfechtungsrechts des Verwalters über eine Analogie zu § 16 nicht, da dem Verwalter der Zugriff auf massefreies Vermögen nicht gestattet ist. Es verbleibt während der Dauer des Insolvenzverfahrens bei vollständiger Unanfechtbarkeit. **Absonderungsberechtigte** fallen unter § 16, soweit es um ihre persönliche Forderung gem. § 52 InsO geht. Nicht betroffen sind Absonderungsgläubiger als solche in dem in § 1 Rdn. 6 dargestellten Umfang. In dem Rahmen, in dem sie an der Anfechtung wegen § 166 InsO gehindert sind, ist eine **Analogie zu § 16** geboten, widrigenfalls der Masse der von § 166 InsO intendierte Zugriff gerade versperrt würde. **Masse-** und **Aussonderungsgläubiger** werden von § 16 nicht erfasst (vgl. § 1 Rdn. 6). Soweit es um vorinsolvenzliche Rechtshandlungen geht, greift eine Ausnahme für Gläubiger gem. **§ 55 Abs. 2 und Abs. 4 InsO**, sie gelten erst **nach** der Verfahrenseröffnung als Massegläubiger. Haben sie vor Verfahrenseröffnung bereits Anfechtungsansprüche geltend gemacht, geht die Berechtigung auf den Insolvenzverwalter über. Da sie nach Verfahrenseröffnung allerdings als Massegläubiger gelten, bedarf der Anwendungsbereich des § 16 einer Einschränkung. Soweit Massegläubigern allgemein die Anfechtung gestattet ist, trifft das auch auf die Gläubiger nach § 55 Abs. 2 und Abs. 4 InsO zu, wird aber kaum praktisch werden.

---

3   BGH 03.12.2009, IX ZR 29/08, ZInsO 2010, 230.

II. Rechtsfolgen

1. Übergang des Anfechtungsrechts

Im **direkten Anwendungsbereich** des § 16 Abs. 1 führt die Eröffnung des Insolvenzverfahrens über das Vermögen des Schuldners zum **Erlöschen**[4] des Anfechtungsanspruchs der Insolvenzgläubiger (vgl. Rdn. 5), auch derjenigen, die zur Anfechtung durch **Duldungsbescheid** nach § 191 Abs. 1 AO (vgl. § 1 Rdn. 46) berechtigt sind,[5] allerdings auflösend bedingt durch die Beendigung des Verfahrens i.S.d. § 18,[6] was zwischenzeitliches Erlöschen aus anderen Gründen nicht ausschließt. Gleichzeitig[7] entsteht das (Gläubiger)Anfechtungsrecht[8] **in Person des Insolvenzverwalters**, der sich zudem originär auch auf §§ 129 ff. InsO stützen kann (§ 17 Abs. 3 S. 2). Der gesonderten Übergangsregelung in § 16 Abs. 1 bedurfte es trotz der Identität der Anfechtungsvorschriften in AnfG und InsO, weil nur so die Wahrung von Anfechtungsfristen durch den Gläubiger der Insolvenzmasse zugute kommen kann. Das setzt nicht notwendig eine Anfechtungsklage des Gläubigers voraus, weil der Insolvenzverwalter, soweit er sich auf den übergegangenen Anspruch stützt, sich auch auf die Fristwahrung durch eine schriftliche Mitteilung eines Gläubigers nach § 7 Abs. 2 berufen kann (vgl. § 7 Rdn. 20). Die Rechtsfolgen des § 16 Abs. 1 treten unabhängig davon ein, ob der Verwalter den Anfechtungsanspruch verfolgt, sei es durch Aufnahme gem. § 17, neue auf die Gläubigeranfechtung gestützte Klage, selbständigen Anfechtungsprozessen nach § 17 Abs. 3 S. 2 oder außergerichtliche Realisierung. Ein **Verzicht des Verwalters** auf die Aufnahme des Anfechtungsrechtsstreits gem. § 17 Abs. 1 S. 2, selbst der Verzicht auf das ihm allein zustehende Insolvenzanfechtungsrecht (§ 17 Abs. 3 S. 2) führt nicht zu einem Wiedererstarken der Anfechtungsbefugnis der Gläubiger während des Verfahrens.[9] »Freigabe« des Anfechtungsanspruchs im technischen Sinne ist nicht möglich. Eine andere Frage ist, ob der Verwalter das Anfechtungsrecht zedieren kann, was der BGH annimmt.[10] Zu den Folgen der Zession nach Aufhebung oder Einstellung des Verfahrens vgl. § 18 Rdn. 7, vgl. a. § 11 Rdn. 9. – In den wenigen Fällen, in denen ein (noch) nicht Absonderungsberechtigter (vgl. § 1 Rdn. 6) die **Anfechtungseinrede** erheben kann, ist ihm dies auch nach Verfahrenseröffnung möglich. **Beispiel**: Der spätere Insolvenzschuldner hat eine Forderung an Gläubiger B und später an A abgetreten. A gelingt es, die Forderung einzuziehen. B verlangt von ihm, gestützt auf Bereicherung, Erlösauskehr. A verteidigt sich nach Verfahrenseröffnung zulässig mit der Anfechtbarkeit des Erwerbs des B. Dem Insolvenzverwalter steht es offen, gegenüber A wegen der Zession anzufechten und Wertersatz zu verlangen (kein Fall des § 16 Abs. 2, weil A die Zession nicht aufgrund der Anfechtungseinrede erlangt hat). Danach von B in Anspruch genommen kann der Verwalter die Insolvenzanfechtungseinrede erheben.

Soweit das Anfechtungsrecht von **Masse-** und **Aussonderungsgläubigern** sich auf vorinsolvenzliche Rechtshandlungen des Schuldners bezieht, tritt dasjenige des Insolvenzverwalters daneben. Allerdings braucht der Anfechtungsgegner insgesamt nur einmal zu leisten (vgl. § 11 Rdn. 5 ff.).

Im **vereinfachten Insolvenzverfahren** steht das Anfechtungsrecht nach §§ 129 ff. InsO nach § 313 Abs. 2 S. 1 InsO nicht dem Treuhänder, sondern jedem Insolvenzgläubiger zu, nach S. 3 kann die Gläubigerversammlung einen Gläubiger oder den Treuhänder mit der Anfechtung beauftragen. Aus einer analogen Anwendung der genannten Regeln i.V.m. § 16 ergibt sich, dass das Anfechtungsrecht von den Genannten i.S.v. § 16 Abs. 1 unabhängig davon ausgeübt werden kann, ob ein Anfechtungsrechtsstreit bei Verfahrenseröffnung anhängig war (zu letzterem vgl. § 17 Rdn. 9).

---

[4] BGH 29.11.1989, VIII ZR 228/88, ZIP 1990, 25(28).
[5] LG Göttingen 30.12.2004, 17 O 263/03, ZInsO 2005, 329.
[6] *Huber* Rn. 9, Kübler/Prütting/Bork/*Paulus* Rn. 5, der eine cessio legis auf den Insolvenzverwalter bevorzugt.
[7] BGH 18.05.1995, IX ZR 189/94, ZIP 1995, 1204.
[8] BGH 09.12.1999, IX ZR 102/97, ZIP 2000, 238 (240).
[9] BFH 29.03.1994, V R 120/92, ZIP 1994, 1707; a.A. MüKo-InsO/*Kirchhof* § 129 Rn. 206.
[10] BGH 17.02.2011, IX ZR 91/10, ZInsO 2011, 1154; BGH 10.01.2013, IX ZR 172/11, ZInsO 2013, 441 Rn. 10; vgl. auch MüKo-InsO/*Kirchhof* § 129 Rn. 214; Uhlenbruck/*Hirte* § 129 Rn. 18.

a) Betroffene Ansprüche

9 Besteht der Anfechtungsanspruch, geht er auch dann auf den Insolvenzverwalter über, wenn er sich daneben auch **aus anderen Anspruchsgrundlagen** wie § 826 BGB herleiten lässt.[11] Andere Ansprüche des anfechtenden Gläubigers bleiben unberührt.[12] Ist zwischen Verwalter und Gläubiger streitig, ob der anfechtbar weggegebene Gegenstand unter § 35 InsO fällt, ist dies in einem gesonderten Verfahren zu klären (vgl. aber a. § 17 Rdn. 6).

b) Anspruchswandlung in Person des Verwalters

10 Mit dem Übergang des Anfechtungsrechts auf den Insolvenzverwalter, Treuhänder oder Gläubiger (vgl. Rdn. 6, 8) erfährt es einen **Inhaltswandel**. War es bisher auf Wiederherstellung der Zugriffslage für den Einzelgläubiger gerichtet, bestimmt sich sein **Inhalt** jetzt nach § 143 InsO und geht, soweit nicht nur Wertersatz geschuldet ist, auf Rückgewähr zur Masse in Natur, was sich mittelbar auch aus § 17 Abs. 2 ergibt. Ebenfalls aus § 17 Abs. 2 ist abzuleiten, dass der Anfechtungsgegner in den Fällen, in denen die Anfechtungsfrist – sie ist Ausschlussfrist (vgl. § 7 Rdn. 2) – bei Verjährungseintritt nach § 146 InsO noch nicht abgelaufen ist, gegenüber dem Insolvenzverwalter die Verjährungseinrede erheben kann (vgl. aber § 18 Rdn. 8) und sich seine Ansprüche nunmehr statt aus § 12 AnfG nunmehr aus § 144 InsO ergeben.

2. Durchsetzung des Anfechtungsanspruchs

11 Eine **nach Verfahrenseröffnung erhobene Gläubigeranfechtungsklage** ist als unzulässig abzuweisen,[13] weil Insolvenzgläubiger ihre Rechte nur nach den Vorschriften über das Insolvenzverfahren verfolgen dürfen (§ 87 InsO). Die Durchsetzung des Anfechtungsanspruchs obliegt dem Verwalter, nur an ihn kann der Anfechtungsgegner noch mit **befreiender Wirkung** leisten, was er dem vollstreckenden Gläubiger nach § 767 ZPO entgegenhalten kann. Allerdings schützen den Anfechtungsgegner die §§ 407, 412 BGB sowohl bei freiwilliger Leistung als auch bei zwangsweiser Durchsetzung des Anfechtungsanspruchs. Dabei scheint erwägenswert, für den Nachweis der Kenntnis von der Insolvenzeröffnung die Beweislastverteilung des § 82 InsO analog anzuwenden.[14] Der durch die Leistung des Anfechtungsgegners bedingte Erwerb ist allerdings der Masse gegenüber wegen **§ 91 Abs. 1 InsO** unwirksam, weshalb der Gläubiger ihn nach Bereicherungsrecht an die Masse herausgeben muss.

12 Hat der **Gläubiger** vor der Verfahrenseröffnung einen, selbst rechtskräftigen, **Titel** über den Anfechtungsanspruch erwirkt, darf er daraus nicht mehr vorgehen.[15] Als Rechtsnachfolger[16] des Gläubigers kann der Insolvenzverwalter den Titel (zum Sonderfall der Anfechtung durch Duldungsbescheid nach § 191 Abs. 1 AO: vgl. § 17 Rdn. 10) gem. §§ 725, 325 ZPO auf sich **umschreiben** lassen, soweit der Gläubiger noch keine Befriedigung erlangt hat, wobei die **Klausel**, wenn notwendig, an die Besonderheiten des § 143 InsO, Rückgewähr an die Masse statt Duldung der Zwangsvollstreckung, aufgrund des Rechtsgedankens des § 17 Abs. 2 **anzupassen** ist, und ein **Vorbehalt nach § 14** entfällt.[17] Ist das Verfahren noch nicht abgeschlossen, kann die Klausel nur umgeschrieben werden, wenn der Verwalter es aufnimmt.[18] Wenn der Wert des befriedigungsbedürftigen Einzelgläubigeranspruchs hinter dem des anfechtbar weggegeben Gegenstands zurückbleibt, greift die Vollstreckung aufgrund der Titelumschreibung weiter in die Rechte des Anfechtungsgegners ein als dieje-

---

11 BGH 09.12.1999, IX ZR 102/97, ZIP 2000, 238 (240).
12 RG 05.02.1934, VI 383/33, JW 1934, 1169.
13 KG 28.09.2004, 7 U 91/04, ZInsO 2004, 1210.
14 Jaeger/*Henckel* § 129 Rn. 303; BGH 23.04.2009, IX ZR 65/08, ZIP 2009, 1075 Rn. 20 ff. zu § 166 Abs. 2 InsO.
15 Auch BFH 26.04.1994, VII S. 37/92, BFH/NV 1994, 893.
16 *BGH 09.12.1999, IX ZR 102/97, ZIP 2000, 238 (240).*
17 RG 24.11.1892, VI 116/92, RGZ 30, 67 (71).
18 MüKo-AnfG/*Kirchhof* Rn. 15.

nige durch den Gläubiger, der einen Übererlös dem Anfechtungsgegner zu überlassen hat, was im Ergebnis auch für die Verwertung durch den Verwalter Geltung beansprucht. Will er dies vermeiden, muss er, so der vom Gläubiger angestrengte Anfechtungsprozess noch nicht rechtskräftig entschieden ist, diesen nach § 17 Abs. 1 S. 2 aufnehmen und nach Abs. 2 erweitern oder im Falle der Rechtskraft erweiternd auf Feststellung der Zugehörigkeit des gesamten Erlöses zur Masse neu klagen. Die Umschreibung ist bei vorläufig vollstreckbaren Titeln nur möglich, wenn der Verwalter die Aufnahme des Rechtsstreits nicht ablehnt,[19] weil er damit konkludent auf die Gläubigeranfechtungsansprüche verzichtet. Ein auf Duldung der Zwangsvollstreckung in einen von mehreren gleichzeitig weggegebenen Gegenständen lautenden Titel kann nicht auf Rückgewähr der Gesamtheit umgeschrieben werden. In dem Umfang, in dem der Verwalter so vollstrecken kann, fehlt einer neuen, auf §§ 129 ff. InsO gestützten Klage das Rechtsschutzinteresse. Der rechtskräftige Titel bewirkt ferner den Ausschluss von **Einreden** und **Einwendungen** (§ 767 ZPO) des Anfechtungsgegners, die dieser gegenüber dem Gläubiger nicht mehr geltend machen kann.[20] Die **rechtskräftige Abweisung** der Gläubigeranfechtungsklage hindert den Verwalter mangels Rechtskrafterstreckung nicht an der isolierten Insolvenzanfechtung,[21] ja nicht einmal an der Aufnahme eines anderen noch nicht rechtskräftig entschiedenen Gläubigeranfechtungsrechtsstreits (vgl. § 17 Rdn. 8).

3. Prozesskostenerstattung

Dem Gläubiger sind nach § **16 Abs.** 1 S. 2 aus dem Erstrittenen die Kosten des Rechtsstreits, auch im Fall des § 16 Abs. 2, vorweg zu erstatten. Rechtsstreit in diesem Sinn ist sowohl der bei Verfahrenseröffnung bereits rechtskräftig entschiedene als auch der vom Verwalter nach § 17 Abs. 1 S. 2 aufgenommene. Nicht erfasst sind die Kosten der Titulierung der Hauptforderung oder gar die vom Gläubiger zu tragenden Kosten eines Insolvenzanfechtungsprozesses nach § 16 Abs. 2. **Erstattungsfähig** sind nur die zur zweckentsprechenden Rechtsverfolgung notwendigen Kosten, soweit sie nicht vom unterlegenen Anfechtungsgegner dem Gläubiger erstattet werden. Die Höhe ist zudem auf das durch die Anfechtung der Masse Zugeflossene beschränkt. Der Anspruch ist »vorweg aus dem Erstrittenen« zu berichtigen, mithin vor den Massegläubigern nach §§ 53 ff. InsO. Ist das Erstrittene nicht mehr unterscheidbar in der Masse vorhanden, ergibt sich der Anspruch aus § 55 Abs. 1 InsO, und zwar sowohl aus Nr. 1 wie Nr. 3 (str.), fällt der Gläubiger bei Massearmut aus, kommt Insolvenzverwalterhaftung in Betracht (§ 60 InsO).

13

C. Anfechtung von Sicherungen und Befriedigungen (Abs. 2)

§ 16 Abs. 2 enthält eine **Rechtsgrundverweisung** auf § 130 InsO und schließt damit die übrigen Insolvenzanfechtungstatbestände selbst bei Vorliegen ihrer Voraussetzungen (in Betracht käme i.Ü. allein § 131 InsO) aus. Gegen den Gläubiger erfolgt daher, anders als gegenüber seinen eigenen Rechtsnachfolgern, auch keine Anfechtung nach § 145 InsO als Rechtsnachfolger des Anfechtungsgegners.[22] Sollte die vom Gläubiger erlangte Sicherung oder Befriedigung inkongruent sein (§ 131 InsO), wird die Anfechtung nicht gehindert, sondern § 130 InsO unterstellt.[23] Trotz der damit einhergehenden leichten Erweiterung des Anwendungsbereichs des § 130 InsO privilegiert § 16 Abs. 2 den anfechtenden Gläubiger, indem er die Anfechtung auf den Drei-Monats-Zeitraum beschränkt und die bei Zwangsvollstreckungen ansonsten gegebenen Anfechtungserleichterungen des § 131 InsO ausschließt. Der in der Insolvenz geltende Gleichbehandlungsgrundsatz tritt hinter das Interesse des Anfechtungsgläubigers an der Rechtsbeständigkeit seines Erwerbs in diesem Umfang zurück. – § **88 InsO** ist mangels Verweisung nicht anwendbar, da der Gläubigerzugriff sich notwendig

14

---

19 MüKo-InsO/*Kirchhof* § 129 Rn. 202.
20 MüKo-InsO/*Kirchhof* § 129 Rn. 202.
21 MüKo-InsO/*Kirchhof* § 129 Rn. 207.
22 BGH 15.11.2012, IX ZR 173/09, ZInsO 2013, 78 Rn. 18; *Jaeger* § 13 Rn. 23.
23 AA Jaeger/*Henckel* § 129 Rn. 303.

auf jetzt massefremde Gegenstände oder die Belastung massezugehöriger Gegenstände zugunsten des Anfechtungsgegners richtet.[24]

15 Von § 16 Abs. 2 erfasst wird nur der **Insolvenzgläubiger**, solche die im eröffneten Verfahren als Massegläubiger gelten (§ 55 Abs. 2 und Abs. 4 InsO), dürften nicht in Betracht kommen. Er muss **vor Eröffnung des Insolvenzverfahrens** (zu danach erwirkten vgl. Rdn. 11) eine **Sicherung** oder **Befriedigung** erlangt haben. In Betracht kommen sowohl freiwillige Leistungen des Anfechtungsgegners als auch in der Zwangsvollstreckung Erlangtes, wenn es nur **aufgrund des Anfechtungsanspruchs** gewährt wurde. Sicherungen sind vor allem Pfändungspfandrechte und Zwangseintragungen nach §§ 866 ff., 931 f., 942 ZPO, Verpfändungen, Sicherungsübereignungen und -zessionen sowie die Bestellung von Grundpfandrechten. Befriedigung erfolgt in erster Linie durch Duldung der Zwangsvollstreckung, daneben aber etwa auch, insb. wenn sich der Anspruch auf Wertersatz richtet, durch Zahlung, Hinterlegung, Aufrechnung, Zahlung eines Einlösebetrags oder Leistung an Erfüllungs statt.

16 Der Insolvenzverwalter ist für die objektiven und subjektiven tatbestandlichen Voraussetzungen des § 130 InsO **darlegungs-** und **beweisbelastet**, wobei ihm die auch sonst bestehenden Beweiserleichterungen zugute kommen, vor allem § 130 Abs. 2 und Abs. 3 InsO. **Voraussetzungen**: Die Sicherung oder Befriedigung muss in den letzten drei Monaten vor dem Eröffnungsantrag erlangt worden sein und der Gläubiger zur Zeit des Erwerbs die objektiv bestehende Zahlungsunfähigkeit oder den Eröffnungsantrag gekannt haben, zudem müssen die allgemeinen Voraussetzungen der Gläubigerbenachteiligung gem. § 129 InsO vorliegen. Sie tritt unabhängig davon ein, ob die Insolvenzanfechtung zum Erfolg geführt hätte, weil ohne die Sicherung oder Befriedigung wegen des Übergangs des Gläubigeranfechtungsrechts nach § 16 Abs. 1 der Verwalter hieraus hätte vorgehen können. Die Anfechtung nach § 16 Abs. 2 AnfG, § 130 InsO wird folglich so durchgeführt, als wenn die Sicherung oder Befriedigung unmittelbar aus dem Schuldnervermögen herrührte.

§ 17 Unterbrechung des Verfahrens

(1) Ist das Verfahren über den Anfechtungsanspruch im Zeitpunkt der Eröffnung des Insolvenzverfahrens noch rechtshängig, so wird es unterbrochen. Es kann vom Insolvenzverwalter aufgenommen werden. Wird die Aufnahme verzögert, so gilt § 239 Abs. 2 bis 4 der Zivilprozeßordnung entsprechend.

(2) Der Insolvenzverwalter kann den Klageantrag nach Maßgabe der §§ 143, 144 und 146 der Insolvenzordnung erweitern.

(3) Lehnt der Insolvenzverwalter die Aufnahme des Rechtsstreits ab, so kann dieser hinsichtlich der Kosten von jeder Partei aufgenommen werden. Durch die Ablehnung der Aufnahme wird das Recht des Insolvenzverwalters, nach den Vorschriften der Insolvenzordnung den Anfechtungsanspruch geltend zu machen, nicht ausgeschlossen.

Übersicht	Rdn.		Rdn.
A. Normzweck	1	I. Aufnahme durch den Insolvenzverwalter	8
B. Unterbrechung des Gläubigeranfechtungsprozesses (Abs. 1 S. 1)	2	II. Klageerweiterung	11
		IIa. Ansprüche des Anfechtungsgegners	14
I. Anfechtungsrechtsstreit	3	III. Verzögerung der Aufnahme	15
II. Rechtshängigkeit des Anfechtungsrechtsstreits	4	D. Ablehnung der Aufnahme des Rechtsstreits (Abs. 3)	17
III. Entscheidung über die Unterbrechung	6	I. Kostenstreit zwischen den Parteien	18
IV. Rechtsfolgen	7	II. Insolvenzanfechtung	19
C. Aufnahme des unterbrochenen Rechtsstreits (Abs. 1 S. 2 und 3, Abs. 2)	8		

---

[24] A.A. wohl BFH 30.08.2010, VII B 83/10, BFH/NV 2010, 2298 Rn. 12.

A. Normzweck

§ 17 zieht die **prozessualen Konsequenzen aus dem Anspruchsübergang** nach § 16 Abs. 1 S. 1, indem er ipso iure den bei Verfahrenseröffnung noch rechtshängigen Anfechtungsprozess unterbricht und die Möglichkeiten der Aufnahme in Abs. 1 S. 2, 3 und Abs. 3 S. 1 regelt. § 17 verfolgt denselben Zweck wie § 240 ZPO, § 85 InsO.[1] Indem Abs. 2 die Umstellung und Erweiterung des Klageantrags zulässt, verknüpft er das gem. § 16 Abs. 1 auf den Verwalter übergegangene Gläubigeranfechtungsrecht mit den Rechtsfolgen der Insolvenzanfechtung, ohne dem Verwalter im Falle der Ablehnung der Aufnahme die Möglichkeit zu nehmen, den parallel bestehenden Insolvenzanfechtungsanspruch (vgl. § 16 Rdn. 6) durchzusetzen (Abs. 3 S. 2).

B. Unterbrechung des Gläubigeranfechtungsprozesses (Abs. 1 S. 1)

§ 17 erfasst nur Fälle, in denen das Anfechtungsrecht **auf den Verwalter nach § 16 Abs. 1 übergegangen** ist (vgl. § 16 Rdn. 5), verbleibt das Anfechtungsrecht dem Gläubiger, etwa dem Absonderungsberechtigten (vgl. § 1 Rdn. 6), ist der Rechtsstreit ohne Rücksicht auf das Insolvenzverfahren fortzusetzen. Die Vorschrift bezieht sich nur auf **Aktivprozesse des Gläubigers**, sei es durch Klage oder Widerklage, bei Wertersatz auch durch das Mahnverfahren,[2] nicht aber auf Rechtsstreite, in denen nur eine **Einrede nach § 9** erhoben wurde. § 17 setzt die Eröffnung des **Insolvenzverfahrens** (vgl. § 16 Rdn. 3) über das Vermögen des **Schuldners** voraus. **§ 240 S. 2 ZPO** findet keine entsprechende Anwendung. Die Eröffnung des Insolvenzverfahrens über das Vermögen des Gläubigers oder des Anfechtungsgegners unterbricht den Rechtsstreit nach § 240 ZPO, §§ 16–18 sind unanwendbar.

I. Anfechtungsrechtsstreit

Ob der Rechtsstreit einen **Anfechtungsanspruch zum Gegenstand** hat, ist anhand von Antrag und Klagegründen zu ermitteln. Der **Klageantrag** muss entweder selbst den Anforderungen des § 13 genügen oder es muss anhand der **Klagegründe** so hinreichend deutlich die Verfolgung eines Anfechtungsanspruchs zu ermitteln sein, dass das Gericht nach § 139 Abs. 1 ZPO veranlasst ist, auf einen sachdienlichen, den § 13 ausfüllenden Antrag hinzuwirken. Wird der auf eine Geldzahlung gerichtete **Wertersatzanspruch** geltend gemacht, kann sich der Anfechtungscharakter nur aus der Klagebegründung ergeben. In allen Fällen ist nicht erforderlich, dass die Anfechtung als solche »erklärt« wird, die Anfechtungsabsicht muss nur erkennbar sein. Es reicht deshalb für die Qualifizierung als Anfechtungsrechtsstreit, dass der Gläubiger durch – auch konkludente – Willensäußerung zum Ausdruck bringt, dass er die Beeinträchtigung seiner Vollstreckungsmöglichkeit nicht hinnehme oder dass eine solche zumindest wertmäßig durch den Beklagten auszugleichen sei.[3] Auf eine schlüssige Darlegung der Tatbestandsmerkmale oder gar die Begründetheit des Anfechtungsanspruchs kommt es nicht an, es reicht vielmehr, dass er seinem Inhalt nach im Wege der Anfechtung durchsetzbar ist und auf einen Sachverhalt gestützt ist, der geeignet sein kann, die Anspruchsvoraussetzungen zu erfüllen.[4]

II. Rechtshängigkeit des Anfechtungsrechtsstreits

Die **Unterbrechung** nach § 17 verlangt einen rechtshängigen Anfechtungsrechtsstreit. **Rechtshängig** ist der Anfechtungsprozess nach § 261 Abs. 1 und Abs. 2 ZPO mit Erhebung der **Klage** oder **Widerklage**, also mit Zustellung an den Anfechtungsgegner. Eine nur **anhängige** (eingereichte, aber noch nicht zugestellte) Klage wird nicht unterbrochen.[5] Wird sie nicht zurückgenommen, ist

---

1 BGH 03.12.2009, IX ZR 29/08, ZInsO 2010, 230 Rn. 15.
2 Zöller/*Greger* vor § 239 ZPO Rn. 8 zu §§ 239 ff. ZPO.
3 BGH 21.02.2008, IX ZR 209/06, ZIP 2008, 888 Rn. 11 zur Insolvenzanfechtung.
4 BGH 11.12.2003, IX ZR 336/01, ZIP 2004, 671; 26.10.2000, IX ZR 289/99, ZIP 2001, 33.
5 BGH 11.12.2008, IX ZR 232/08, ZIP 2009, 240 zu § 240 ZPO, der seinem Wortlaut nach nicht einmal Rechtshängigkeit verlangt; a.A. *Huber* § 17 Rn. 3; Kübler/Prütting/Bork/*Paulus* § 17 Rn. 2.

sie als unzulässig abzuweisen (vgl. a. § 16 Rdn. 11).[6] Das führt allerdings dazu, dass eine Frist, die durch die anhängige Klage gem. § 167 ZPO noch hätte gewahrt werden können, bei Verfahrenseröffnung aber abgelaufen war, nicht mehr eingehalten werden kann. **Mahnbescheidsverfahren**: Ist der Mahnbescheid bei Verfahrenseröffnung noch nicht zugestellt, tritt wie bei der nicht zugestellten Klage keine Unterbrechung ein. War der Mahnbescheid bereits zugestellt, sollte trotz der wegen § 696 Abs. 3 ZPO noch fehlenden Rechtshängigkeit Unterbrechung angenommen werden. **PKH-Bewilligungsverfahren**: Es findet keine Unterbrechung statt.[7] Die **Rechtshängigkeit endet** mit rechtskräftiger Entscheidung des Anfechtungsprozesses, Prozessvergleich oder Klage- sowie Rechtsmittelrücknahme. Eine nach Verfahrenseröffnung erhobene Gläubigerklage ist unzulässig (vgl. § 16 Rdn. 11) und fällt ebenso wie ein bereits vor Verfahrenseröffnung beendeter Anfechtungsrechtsstreit nicht unter § 17. Auch wenn der Anfechtungsanspruch nur **hilfsweise** geltend gemacht wird, ist er – auflösend bedingt durch Erfolg oder Erfolglosigkeit des Hauptantrags – rechtshängig.

5 **Analoge Anwendung des § 17**: Das Verwaltungs- und das finanzgerichtliche Verfahren werden unterbrochen, wenn der Anfechtungsanspruch durch **Duldungsbescheid** (vgl. § 1 Rdn. 46 ff.) geltend gemacht wurde,[8] der bei Verfahrenseröffnung bereits zugestellt war. Bei späterer Zustellung tritt keine Unterbrechung ein, auf Rechtsbehelf des Anfechtungsgegners ist der Bescheid freilich aufzuheben. Nach der Verfahrenseröffnung ist der Erlass eines Duldungsbescheids schon von Beginn an unzulässig. Das Verfahren auf Aussetzung der Vollziehung des Duldungsbescheids soll dagegen nicht unterbrochen werden.[9] – Mit der **Insolvenz der Personengesellschaft** wird der Prozess gegen den Gesellschafter (auch den Kommanditisten[10]) wegen Gesellschaftsverbindlichkeiten in Folge der Sperr- und Ermächtigungswirkung des § 93 InsO unterbrochen,[11] wenn nicht zugleich das Verfahren über das Vermögen des Gesellschafters eröffnet wird oder schon früher eröffnet wurde.[12] Dann verbleibt es bei der Unterbrechung nach § 240 ZPO.

III. Entscheidung über die Unterbrechung

6 **Hält das Gericht den Anfechtungsrechtsstreit für unterbrochen** (nicht unterbrochen) und erlässt darauf beruhende Entscheidungen, so ist die sofortige Beschwerde nach § 252 ZPO eröffnet. Ist zwischen den Parteien des Anfechtungsrechtsstreits streitig, ob das Verfahren nach § 17 Abs. 1 unterbrochen ist, sollte hierüber durch mit Berufung/Revision anfechtbares[13] Zwischenurteil nach § 303 ZPO entschieden werden ebenso wenn der Verwalter die Unterbrechung geltend macht, was nicht notwendig die Aufnahme des Rechtsstreits voraussetzt. Der Verwalter oder der anfechtende Gläubiger ist hier aus dem Rechtsstreit zu verweisen. Nämliches gilt, wenn ein Gläubiger trotz Verfahrenseröffnung einen Anfechtungsanspruch rechtshängig macht oder umgekehrt bei Anfechtung durch den Verwalter.

IV. Rechtsfolgen

7 Unter den in Rdn. 2–5 genannten Voraussetzungen wird der **Anfechtungsrechtsstreit** durch die Eröffnung des Insolvenzverfahrens über das Vermögen des Schuldners **unterbrochen**, selbst wenn der geltend gemachte Anfechtungsanspruch sich daneben auch aus anderen Anspruchsgrundlagen wie

---

6 KG 28.09.2004, 7 U 91/04, ZInsO 2004, 1210.
7 Zöller/*Geimer* § 118 Rn. 15 zu § 240 ZPO.
8 BFH 18.09.2012, VII R 14/11, ZInsO 2013, 344 Rn. 18; BFH 30.08.2010, VII B 83/10, BFH/NV 2010, 2298 Rn. 8; 29.03.1994, VII R 120/92, ZIP 1994, 1707; *Olbing/Hennig*, ZInsO 2013, 119, 122 und 123.
9 Zu Einzelheiten: BFH 30.08.2010, VII B 83/10, BFH/NV 2010, 2298; FG Münster 28.02.2013, 6 V 3617/12 AO.
10 BGH 28.10.1981, II ZR 129/80, BGHZ 82, 209; OLG Dresden 23.04.2012, 8 U 78/12, ZInsO 2012, 1384.
11 BGH 24.11.2002, IX ZR 236/99, ZIP 2003, 39; 20.11.2008, IX ZB 199/05, ZIP 2009, 47 zum Kommanditisten.
12 BGH 09.10.2008, IX ZR 138/06, ZIP 2008, 2224.
13 BGH 21.10.2004, IX ZB 205/03, ZIP 2004, 2399.

etwa § 826 BGB herleiten lässt, **Anspruchskonkurrenz**.[14] Hat der Gläubiger im Wege der **objektiven Klagehäufung** weitere Ansprüche eingeklagt, wird ihretwegen der Rechtsstreit ungehindert durch die Schuldnerinsolvenz fortgesetzt und nur im Hinblick auf den Anfechtungsantrag unterbrochen.[15] Haben **mehrere Gläubiger Anfechtungsklagen** erhoben, werden alle Prozesse unterbrochen. Die prozessualen Wirkungen der Unterbrechung richten sich nach § 249 ZPO, der für die Anfechtungsfristen der §§ 3 ff. jedoch nicht gilt.

C. Aufnahme des unterbrochenen Rechtsstreits (Abs. 1 S. 2 und 3, Abs. 2)

I. Aufnahme durch den Insolvenzverwalter

Der **Insolvenzverwalter** kann als Rechtsnachfolger des anfechtenden Gläubigers gem. § 16 Abs. 1 den unterbrochenen Rechtsstreit nach Maßgabe des § 250 ZPO aufnehmen und hat sich dann, anders als wenn er auf die Insolvenzanfechtung zurückgreift (vgl. Rdn. 13), auf die Vorschriften des AnfG zu stützen[16] und muss die bisherige Prozessführung des Gläubigers gegen sich gelten lassen, wohingegen er an dessen materielle Dispositionen nicht gebunden ist. Schweben gegen denselben Anfechtungsgegner **Prozesse mehrerer Gläubiger** wegen desselben Anfechtungstatbestands, soll in der Aufnahme eines die Ablehnung der Aufnahme der anderen liegen,[17] was jedoch nicht überzeugt, weil der Verwalter als Rechtsnachfolger eines jeden Gläubigers eine gesonderte Streitsache i.S.d. § 261 Abs. 3 Nr. 1 ZPO verfolgt, mithin auch die rechtskräftige Abweisung eines Prozesses die Fortführung eines anderen nicht hindert. § 17 Abs. 3 S. 2, der bei Ablehnung der Prozessaufnahme ausdrücklich nur die Insolvenzanfechtung offenhält, lässt nicht den Umkehrschluss zu, der Verwalter könne nur einen rechtshängigen Streit aufnehmen. Hat der Verwalter sich in einem aufgenommen Prozess auch auf die Insolvenzanfechtung (vgl. Rdn. 13) bezogen, ist ihm deren erneute Geltendmachung durch die rechtskräftige Abweisung allerdings verwehrt. Einer parallelen Geltendmachung in einem anderen aufgenommenen oder isolierten Insolvenzanfechtungsrechtsstreit steht § 261 Abs. 3 Nr. 1 ZPO entgegen. Hatte der Gläubiger die Anfechtbarkeit nur mit einem Hilfsantrag geltend gemacht (vgl. Rdn. 4 a.E.), kann der Verwalter diesen erst verfolgen, wenn im fortgeführten Teilrechtsstreit die innerprozessuale Bedingung eingetreten ist. Zusätzlich ist rechtskräftige Entscheidung über den Hauptanspruch zu verlangen. Zur Titelumschreibung vgl. § 16 Rdn. 12.

Im **vereinfachten Insolvenzverfahren** (vgl. § 16 Rdn. 8) kann jedenfalls der **anfechtende Gläubiger** den unterbrochenen Rechtsstreit aufnehmen.[18] Indessen gesteht § 313 Abs. 2 S. 1 InsO das Anfechtungsrecht **jedem Insolvenzgläubiger** zu, es ist deshalb nicht einzusehen, dass nicht auch andere als der ursprünglich anfechtende Gläubiger den Anfechtungsprozess sollen aufnehmen können. Zumindest hat dies zu gelten, wenn die Gläubigerversammlung nach § 313 Abs. 2 S. 3 InsO einen Gläubiger **mit der Anfechtung beauftragt**, erst recht, wenn der **Sachwalter** mit der Aufnahme des Rechtsstreits beauftragt wird.[19] Abgestimmtes Vorgehen ist in allen diesen Fällen angezeigt, aber nicht Voraussetzung. Nach BFH[20] soll der Rechtsstreit unterbrochen bleiben, wenn der Gläubiger den Rechtsstreit zwar aufruft, den Klageantrag jedoch nicht auf § 143 InsO umstellt. Die **Finanzbehörde** kann als Insolvenzgläubiger auch das unterbrochene Verwaltungsverfahren oder den finanzgerichtlichen Rechtsstreit aufnehmen,[21] was dem Verwalter und den anderen Gläubigern nach der hier vertretenen Ansicht verschlossen bleibt (vgl. Rdn. 10, 10c).

Bei Unterbrechung des Einspruchs- oder finanzgerichtlichen Klageverfahrens gegen einen **Duldungsbescheid** nach § 191 Abs. 1 S. 2 AO (vgl. Rdn. 5) ist dem **Verwalter** die Aufnahme nach

---

14 BGH 09.12.1999, IX ZR 102/97, ZIP 2000, 238 (240).
15 RG 05.02.1934, VI 383/33, JW 1934, 1169.
16 BGH 09.12.1999, IX ZR 102/97, ZIP 2000, 238 (240).
17 *Jaeger* § 13 Rn. 9; MüKo-AnfG/*Kirchhof* Rn. 15.
18 BGH 03.12.2009, IX ZR 29/08, ZInsO 2010, 230 Rn. 11 f., a.A. Jaeger/*Henckel* § 129 Rn. 296.
19 BGH 03.12.2009, IX ZR 29/08, ZInsO 2010, 230 Rn. 13.
20 BFH 30.08.2010, VII B 83/10, BFH/NV 2010, 2298 Rn. 9.
21 BFH 30.08.2010, VII B 83/10, BFH/NV 2010, 2298 Rn. 8.

der hier vertretenen Auffassung stets versagt. Er kann nicht anstelle der Finanzbehörde am Verwaltungsverfahren teilnehmen, etwa Einspruchsadressat werden, einen Widerspruchsbescheid erlassen oder den Finanzgerichtsprozess an Stelle des Finanzamts führen,[22] ebenso wenig kommt in Betracht, den bisherigen Kläger durch Rubrumsberichtigung als Beklagten und den Verwalter als Kläger fortzuführen.[23] Ein von ihm erstrittener Titel wäre bei nicht freiwilliger Leistung des Anfechtungsgegners wertlos, da die besonderen Verwaltungsvollstreckungsmöglichkeiten dem Verwalter nicht nicht zu Gebote stehen.[24] Eine Klauselumschreibung kommt nicht in Betracht, da die AO Vollstreckungsklauseln nicht einmal kennt. Das Verfahren vor dem FG ist anders als der Zivilprozess nicht von der Verhandlungsmaxime, sondern durch den Untersuchungsgrundsatz geprägt. Unklar ist deshalb auch, ob die Überprüfung des bei Erlass des Duldungsbescheids auszuübenden Ermessens noch möglich ist und welche Folgen ein eventueller Fehlgebrauch hätte.

10a Hatte der Duldungsbescheid eine Anfechtungsfrist gewahrt, die bei Verfahrenseröffnung abgelaufen war, scheint der Masse die Fristwahrung anders als die zivilgerichtliche Geltendmachung durch sonstige Gläubiger daher nicht zur erfolgreichen Anfechtung zu verhelfen, und zwar weder wenn der Verwalter sich gem. § 16 Abs. 1 S. 1 auf die Gläubigeranfechtung stützt, zumal hier doppelte Rechtshängigkeit in Betracht kommt, noch wenn er nach §§ 129 ff. InsO verfährt. § 201 Abs. 1 Nr. 10 BGB ist auf die Ausschlussfristen der §§ 3 ff. AnfG nicht analog anwendbar.[25] Dies alles wurde bei Einfügung des § 191 Abs. 1 S. 2 AO (vgl. § 1 Rdn. 46 f.) nicht berücksichtigt.[26] Durch die Neufassung sollte die Anfechtung zugunsten der Masse indes nicht beschränkt, sondern nur der Finanzverwaltung eine unkomplizierte Titulierung ermöglicht werden, was es geboten erscheinen lässt, die Fristwahrung auf die Anfechtung durch den Verwalter zu erstrecken, sofern er sich auf das auf ihn übergegangene Gläubigeranfechtungsrecht der Finanzverwaltung stützt, wozu ihm dann der Zivilgerichtsweg offenstehen muss, da ihm – wie zuvor dargelegt – ein Vorgehen nach der AO verwehrt ist. Sodann gilt: Wenn schon die Wirkungen der schriftlichen Mitteilung eines einzelnen Gläubigers nach § 7 Abs. 2 der Masse zugute kommen (vgl. § 7 Rdn. 20), muss dies erst recht für den der Anfechtungsklage gleichstehenden Duldungsbescheid gelten, zumal dort, wo es geboten erscheint, sogar die Insolvenzanfechtungsfristen vom konkreten Verfahren losgelöst werden.[27]

10b Dagegen nimmt der **BFH**[28] an, der Insolvenzverwalter könne den unterbrochenen Prozess vor dem FG nach § 17 Abs. 1 S. 2 mit der Folge aufnehmen, dass der bisherige Kläger in die Beklagtenrolle wechsele und der Verwalter als Kläger agiere. Entsprechend seien die Anträge umzustellen. Eine Verweisung an das Zivilgericht komme wegen § 17 Abs. 1 GVG nicht in Betracht. Nicht entschieden ist bislang, in welcher Weise ein nach Einspruchseinlegung gegen den Duldungsbescheid unterbrochenes Verwaltungsverfahren fortzuführen ist (zum vereinfachten Verfahren in diesem Fall Rdn. 10c a.E.).

10c Allerdings kann die **Finanzbehörde** im **vereinfachten Verfahren** selbst den Anfechtungsprozess aufnehmen (vgl. Rdn. 9), wobei die Fristwahrung durch den Duldungsbescheid zweifelsfrei zu beachten ist. Das führt jedoch nicht zu einem Parteirollentausch, denn die Aufnahme kann hier nur zulässig sein, wenn die Finanzbehörde den Duldungsbescheid auf Leistung an die Insolvenzmasse umstellt, dieser umgestellte Bescheid wird dann bei unveränderten Parteirollen Grundlage des weiteren finanzgerichtlichen Verfahrens (§ 68 FGO).[29] Eine derartige Umstellung des Bescheids bliebe dem Verwalter freilich auch bei dem nach Auffassung des BFH (Rdn. 10b) gebotenen Eintritt in das Verfahren verschlossen. – Im vereinfachten Verfahren müsste unter Beachtung der Ansicht des BFH zudem die Aufnahme des finanzgerichtlichen Verfahrens durch sonstige Insolvenzgläubiger zulässig sein,

---

22 *Kilger* BB 1988, 2440 (2442); *Gerhardt* JZ 1990, 961 (963).
23 So aber FG Schleswig-Holstein 01.02.2011, 3 K 57/10 – Az. BFH: VII R 14/11.
24 FG Niedersachsen 20.09.1994, XV 377/91, EFG 1994, 1066; *Olbing/Hennig*, ZInsO 2013, 119, 122.
25 Kübler/Prütting/Bork/*Paulus* § 7 Rn. 3, a.A. Tipke/Kruse/*Tipke* § 191 AO Rn. 149.
26 Vgl. a. Begr. RegE zu § 7, 3. Abs. a.E.
27 *BGH 09.10.2008, IX ZR 138/06, ZIP 2008, 2224* zur Doppelinsolvenz.
28 BFH 18.09.2012, VII R 14/11, ZInsO 2013, 344.
29 BFH 18.09.2012, VII R 14/11, ZInsO 2013, 344 Rn. 22.

§ 313 Abs. 2 S. 1 InsO. Dies begegnet den unter Rdn. 10 dargestellten Bedenken. – Wird das vereinfachte Verfahren eröffnet, wenn der Duldungsbescheid zwar erlassen, über den hiergegen eingelegten Einspruch noch nicht entschieden ist, kommt jedenfalls die Aufnahme des Verfahrens (analog) § 17 Abs. 1 S. 2 durch die Finanzbehörde in Betracht. Dies erfordert die Umstellung des Bescheids auf Leistung an die Masse und die Zustellung einer Mitteilung an das Insolvenzgericht, dass das Verfahren nunmehr fremdnützig, also zugunsten der Masse, fortgeführt werde.[30]

II. Klageerweiterung

Der Insolvenzverwalter, im vereinfachten Verfahren auch die Gläubiger (vgl. Rdn. 9), hat das **Verfahren in der Lage zu übernehmen**, in der er es **vorfindet**. **§ 17 Abs. 2** ermöglicht dem Verwalter seinem Wortlaut nach, den auf die Rechtsfolgen des § 11 gerichteten Klageantrag des Gläubigers nach Maßgabe der §§ 143, 144 und 146 InsO zu »erweitern«. Aus **§ 143 InsO** folgt zunächst, dass statt auf Duldung der Zwangsvollstreckung nunmehr auf **Rückgewähr an die Masse anzutragen** ist. In dieser Umstellung selbst liegt freilich dann noch keine Klageerweiterung, wenn der Wert des ursprünglichen Einzelgläubigeranspruchs nicht hinter dem des anfechtbar weggegebenen Gegenstands zurückbleibt, so dass sie auch in der Revisionsinstanz noch möglich und § 146 Abs. 1 InsO mangels verjährungsfähigen Substrats hierauf nicht anzuwenden ist.[31] Die Umstellung bedingt hingegen eine **Erweiterung**, wenn der Wert des weggegebenen Gegenstands höher ist, denn der Duldungsanspruch wird durch den Wert der befriedigungsbedürftigen Forderung begrenzt (vgl. a. § 16 Rdn. 12). Eine Erweiterung nach Maßgabe des § 143 InsO ist ferner möglich, um weitere, bislang nicht angefochtene gläubigerbenachteiligende Wirkungen der angefochtenen Rechtshandlung zu beseitigen,[32] so etwa die Ausdehnung der Anfechtung auf die aufgrund einer einzelnen Rechtshandlung weggegebene Sachgesamtheit, wenn der Gläubiger bisher nur die Duldung der Zwangsvollstreckung in einzelne ihrer Teile verlangt hat. Hat die Gläubigerklage die nach § 7 zu berechnenden **Ausschlussfristen** der §§ 3 ff. gewahrt, gilt dies auch für die beschriebenen Erweiterungen. Keine Klageerweiterung liegt in der Bezugnahme auf andere Anfechtungstatbestände des AnfG.

Während die Gläubigeranfechtung allein die genannten Ausschlussfristen zu beachten hat, unterstellt § 17 Abs. 2 durch den Verweis auf **§ 146 InsO** das Recht auf die dargestellten Klageerweiterungen der **Verjährung** (vgl. a. § 18 Rdn. 8).[33] Sie müssen also in nach § 146 Abs. 1 InsO, §§ 194 ff. BGB unverjährter Zeit vorgenommen werden, was zwangsläufig die vorherige Aufnahme des Rechtsstreits in unverjährter Zeit erfordert. Die Erweiterung ist darüber hinaus nur in den Tatsacheninstanzen möglich. Daneben sind die Anfechtungsfristen der Insolvenzanfechtungstatbestände zu wahren. Da § 17 Abs. 2 AnfG auch auf § 146 Abs. 2 InsO verweist, kann der Verwalter die auf einer Erweiterung beruhende **Anfechtungseinrede** aus § 9 auch erheben, wenn der zugrunde liegende Anspruch verjährt ist, nicht aber bei Verfristung (vgl. § 9 Rdn. 3).

§ 17 Abs. 2 verschließt die **Klageänderung** (§ 263 ZPO) oder **objektive Klagehäufung** nach den allgemeinen Vorschriften nicht. Eine Klageänderung liegt jedoch nicht in der **zusätzlichen Bezugnahme auf die Insolvenzanfechtung**, selbst auf die keine Parallele im AnfG aufweisenden §§ 130–132, 136 InsO, wenn die angefochtene Rechtshandlung identisch bleibt und der Antrag nicht erweitert wird. Vielmehr handelt es sich um reine Anspruchskonkurrenz, bei der das Gericht alle in Betracht kommenden Normen zu prüfen hat,[34] obwohl der Verwalter sich hier auf originär eigenes und nicht nach § 16 Abs. 1 auf ihn übergegangenes Recht stützt. Zwar liegt im Übergang von einem Anspruch aus eigenem Recht zu einem solchen aus abgetretenem Recht[35] und umgekehrt wegen der Änderung des dazu vorzutragenden Sachverhalts grds ein Wechsel des Streitgegenstands

---

30 BFH 18.09.2012, VII R 14/11, ZInsO 2013, 344 Rn. 22.
31 *Jaeger* § 13 Rn. 15.
32 BGH 09.07.2009, IX ZR 86/08, ZIP 2009, 1674 Rn. 29.
33 MüKo-AnfG/*Kirchhof* Rn. 19.
34 IE wohl auch *Huber* Rn. 10.
35 BGH 08.05.2007, XI ZR 278/06, NJW 2007, 2560.

i.S. einer Klageänderung gem. § 263 ZPO, eine solche Sachverhaltsänderung wird vom Insolvenzverwalter hier jedoch nicht verlangt, da er in beiden Fällen wegen der inhaltlichen Entsprechung von §§ 3 ff. AnfG und §§ 133 ff. InsO gleichermaßen ergänzend nur die Eröffnung des Verfahrens vortragen muss. Gleichwohl kann das Gericht die Insolvenzanfechtung nur berücksichtigen, wenn der Verwalter sich darauf beruft. Erfordert dagegen die Einbeziehung der Insolvenzanfechtungstatbestände, etwa wegen der – bislang nicht vorgetragenen – Voraussetzungen der §§ 130–132 InsO oder im Hinblick auf die Wahrung der Anfechtungsfristen neuen Sachvortrag, ist dieser nur in den Grenzen der allgemeinen prozessualen Vorschriften zu berücksichtigen und bedingt eine Klageänderung.[36] Erkennt in einem solchen Fall der Anfechtungsgegner sofort an, sind dem Verwalter die Kosten des Rechtsstreits nach § 93 ZPO vollständig aufzuerlegen.

IIa. Ansprüche des Anfechtungsgegners

14 Im Gläubigeranfechtungsprozess bestimmen sich die **Rechte des Anfechtungsgegners** nach § 12, wegen einer von ihm erbrachten Gegenleistung oder wegen eines infolge der Anfechtung wiederaufgelebten Anspruchs kann er sich nur an den Schuldner halten, der Rückgewähranspruch des Gläubigers wird hierdurch nicht beeinträchtigt. Bei Eröffnung des Insolvenzverfahrens wäre der Anfechtungsgegner mit diesem Anspruch ausschließlich Insolvenzgläubiger und damit im Verhältnis zur Insolvenzanfechtung benachteiligt, bei der nach § 144 Abs. 2 InsO die Gegenleistung aus der Masse zu erstatten ist, soweit sie in dieser noch unterscheidbar vorhanden ist. Für diese Schlechterstellung entfällt nach Verfahrenseröffnung jeder Grund, weil der Anfechtungsgegner nach Umstellung des Antrags auf Rückgewähr an die Masse wie ein Insolvenzanfechtungsgegner in Anspruch genommen wird. Nach § 17 Abs. 2 stehen ihm nach der Rückgewähr daher die Rechte aus § 144 InsO zu.

III. Verzögerung der Aufnahme

15 Bei verzögerter Aufnahme des Rechtsstreits durch den Insolvenzverwalter, die zumindest Kenntnis vom Anfechtungsprozess voraussetzt, verweist § 17 Abs. 1 S. 3 auf **§ 239 Abs. 2–4 ZPO**. Der Anfechtungsgegner kann als Gegner i.S.d. § 239 Abs. 2 ZPO den Insolvenzverwalter als Rechtsnachfolger des Gläubigers zur Aufnahme und zugleich zur Verhandlung der Hauptsache laden lassen und damit die Entscheidung des Verwalters über die Aufnahme erzwingen.[37]

16 Ist die praktische Bedeutung des § 17 Abs. 1 S. 3 schon im Regelinsolvenzverfahren gering, läuft er im **vereinfachten Verfahren** (vgl. Rdn. 9) dadurch faktisch leer, dass jeder Gläubiger nach § 313 Abs. 2 InsO, bei Beauftragung durch die Gläubigerversammlung zusätzlich der Sachwalter, den Anfechtungsrechtsstreit aufnehmen kann, der Anfechtungsgegner also gegen alle nach § 239 Abs. 2 ZPO vorgehen müsste. Eine Beschränkung auf den bislang klagenden Gläubiger würde die Rechte der Masse beschneiden.[38]

D. Ablehnung der Aufnahme des Rechtsstreits (Abs. 3)

17 Spätestens aus § 17 Abs. 3 S. 1 folgt, dass der Verwalter die **Aufnahme** eines bei Verfahrenseröffnung (noch) rechtshängigen Gläubigeranfechtungsrechtsstreits auch **ablehnen** kann. Eine **Form** ist nicht vorgeschrieben, insb. kann sie auch außerprozessual und auch konkludent erklärt werden, muss aber in jedem Fall eindeutig und vorbehaltlos sein. Wegen anderweitiger Verfolgung der Anfechtung durch den Verwalter vgl. Rdn. 19 und Rdn. 8.

I. Kostenstreit zwischen den Parteien

18 **Lehnt der Verwalter** die Aufnahme **ab**, kann jede Partei des Anfechtungsrechtsstreits diesen hinsichtlich der Kosten nach § 17 Abs. 3 S. 1 AnfG, § 250 ZPO aufnehmen. Eine Fortsetzung der Verhand-

---

36 So wohl auch MüKo-InsO/*Kirchhof* § 129 Rn. 205; *Huber* Rn. 10.
37 Wegen des weiteren Verfahrens vgl. Zöller/*Greger* § 239 ZPO Rn. 16 f.
38 A.A. wohl MüKo-AnfG/*Kirchhof* Rn. 24.

lung zur Hauptsache während der Dauer des Insolvenzverfahrens (§ 18) bleibt ausgeschlossen, weil das Anfechtungsrecht auf den Verwalter übergegangen ist (vgl. § 16 Rdn. 6). Über die Kosten ist **entsprechend § 91a ZPO zu entscheiden**.[39] Nimmt der Verwalter einen anderen Rechtsstreit auf oder erhebt er gesonderte Insolvenzanfechtungsklage, stehen diese mit dem Kostenstreit nicht in einem Abhängigkeitsverhältnis, sie sind unabhängig voneinander zu erledigen.[40] Da im **vereinfachten Insolvenzverfahren** (vgl. Rdn. 9) sämtliche Gläubiger anstelle des Verwalters anfechtungsberechtigt sind, ist § 17 Abs. 3 S. 1 wie Abs. 1 S. 3 faktisch unanwendbar. Die Kostenentscheidung ist erst nach Verfahrensbeendigung möglich.

II. Insolvenzanfechtung

Nach § 17 Abs. 3 S. 2 wird der Verwalter **durch die Ablehnung** der Aufnahme **nicht an der Insolvenzanfechtung gehindert**, sie bedingt insoweit keinen Verzicht auf das Anfechtungsrecht. Deshalb kann er auch nach Ablehnung des einen, einen anderen Gläubigeranfechtungsrechtsstreit noch aufnehmen, auch wenn dies nicht ausdrücklich geregelt ist (vgl. a. Rdn. 8). Erfolgreich ist die Insolvenzanfechtung nur, wenn ihre Voraussetzungen isoliert von der Gläubigeranfechtung erfüllt sind, insb. kommt ihr die Wahrung der Ausschlussfristen der §§ 3 ff. auch durch schriftliche Mitteilung des Gläubigers nach § 7 Abs. 2 nicht zugute. Diese entfalten Wirkung nur für den auf den Verwalter übergegangenen Gläubigeranfechtungsanspruch. Darüber hinaus unterliegt die Insolvenzanfechtung der Verjährung nach § 146 InsO. 19

§ 18 Beendigung des Insolvenzverfahrens

(1) Nach der Beendigung des Insolvenzverfahrens können Anfechtungsansprüche, die der Insolvenzverwalter geltend machen konnte, von den einzelnen Gläubigern nach diesem Gesetz verfolgt werden, soweit nicht dem Anspruch entgegenstehende Einreden gegen den Insolvenzverwalter erlangt sind.

(2) War der Anfechtungsanspruch nicht schon zur Zeit der Eröffnung des Insolvenzverfahrens gerichtlich geltend gemacht, so werden die in den §§ 3 und 4 bestimmten Fristen von diesem Zeitpunkt an berechnet, wenn der Anspruch bis zum Ablauf eines Jahres seit der Beendigung des Insolvenzverfahrens gerichtlich geltend gemacht wird. Satz 1 gilt für die in den §§ 6 und 6a bestimmten Fristen entsprechend mit der Maßgabe, dass an die Stelle der gerichtlichen Geltendmachung des Anfechtungsanspruchs die Erlangung des vollstreckbaren Schuldtitels tritt.

Übersicht	Rdn.		Rdn.
A. Normzweck	1	I. (Rück)Übertragung des Anfechtungsrechts auf die Gläubiger	3
B. Voraussetzung: Beendigung des Insolvenzverfahrens	2	II. Gegen den Insolvenzverwalter erlangte Einreden	7
C. Rechtsfolgen	3	D. Fristberechnung nach Abs. 2	9

A. Normzweck

§ 18 trägt dem Gedanken Rechnung, dass der Verwalter **nicht jeden Anfechtungsanspruch realisiert**, sei es, weil er ihn nicht erkannt, für nicht durchsetzbar gehalten oder die Vollstreckung für aussichtslos erachtet hat. Derart nicht durchgesetzte Ansprüche überträgt die Vorschrift nach Beendigung des Insolvenzverfahrens den Gläubigern zurück. Ihr praktischer Anwendungsbereich ist deshalb eher beschränkt, zumal nach §§ 203 und 259 InsO der Insolvenzbeschlag aufrechterhalten oder neu begründet werden kann (vgl. Rdn. 4, 5). **Abs. 2** streckt wegen des Übergangs der Anfechtungs- 1

---

[39] *Huber* Rn. 16.
[40] *Huber* Rn. 17.

rechte nach § 16 auf den Verwalter die Anfechtungsfristen für die Gläubiger, da die Ansprüche anderenfalls aufgrund der Dauer des Insolvenzverfahrens vielfach verfristeten.

B. Voraussetzung: Beendigung des Insolvenzverfahrens

2 Den **Begriff der Beendigung** des Insolvenzverfahrens verwendet die InsO nicht im Zusammenhang mit den einzelnen Beendigungstatbeständen, sondern nur in unspezifischen Vorschriften wie §§ 4b oder 217 InsO. Hieran knüpft § 18 an, so dass er jeglichen Abschluss des Regel- und aller Sonderverfahren erfasst. Gemeint sind neben der Aufhebung nach Schlussverteilung gem. § 200 Abs. 1 InsO, die Einstellung mangels Masse gem. § 207 Abs. 1 InsO, die Einstellung nach Anzeige der Masseunzulänglichkeit gem. § 211 Abs. 1 InsO, die Einstellung wegen Wegfalls des Eröffnungsgrunds gem. § 212 InsO, die Einstellung mit Zustimmung der Gläubiger gem. § 213 Abs. 1 InsO und die Aufhebung gem. § 258 Abs. 1 InsO (vgl. aber Rdn. 5).

C. Rechtsfolgen

I. (Rück)Übertragung des Anfechtungsrechts auf die Gläubiger

3 Mit Beendigung des Insolvenzverfahren (vgl. Rdn. 2) geht die Berechtigung wegen aller **Anfechtungsansprüche**, die der Insolvenzverwalter geltend machen konnte, aber nicht realisiert hat, auf die Gläubiger über (vgl. aber § 11 Rdn. 9), jetzt wieder begrenzt durch die befriedungsbedürftige Forderung des einzelnen Gläubigers. Dies sind alle Ansprüche, die von § 16 (vgl. § 16 Rdn. 4) erfasst werden, **nicht** dagegen solche aus §§ **130 bis 132, 136 InsO**, da sie »nach diesem Gesetz« – dem AnfG – nicht verfolgt werden können, es sei denn, sie ergeben sich auch aus einem der §§ 3–6a. Nicht entscheidend ist die tatsächliche Geltendmachung durch den Verwalter. Die von § **147 InsO** geregelten nach Verfahrenseröffnung vorgenommenen Rechtshandlungen unterliegen nach § 18 der Gläubigeranfechtung, soweit sie auf die §§ 3–6a gestützt werden kann. Anfechtungsansprüche aus **Rechtshandlungen des Insolvenzverwalters** und **des Schuldners während des Verfahrens** (vgl. § 1 Rdn. 6, 27), mit Ausnahme der nach § 147 InsO, fallen zwar nicht in den unmittelbaren Anwendungsbereich des § 18, können aber von Gläubigern jetzt auch verfolgt werden. Soweit die Verfahrenseröffnung die Anfechtungsberechtigung nicht berührt hat (vgl. § 16 Rdn. 5), nimmt auch die Beendigung hierauf keinen Einfluss. Den Insolvenzgläubigern, deren Forderungen vor Verfahrenseröffnung nicht tituliert waren (§ 2), wird die Anfechtung nunmehr durch den **Tabelleneintrag** nach § 201 Abs. 2 InsO erleichtert. Nach Restschuldbefreiung und wegen § 294 Abs. 1 InsO auch während der Wohlverhaltensperiode ist die Gläubigeranfechtung mangels vollstreckbaren Titels unzulässig (vgl. § 2 Rdn. 7).

4 **Anfechtungsrechtsstreite**, die durch die Insolvenzeröffnung unterbrochen (vgl. § 17 Rdn. 2–5), sodann **vom Insolvenzverwalter aufgenommen** wurden und bei der (keine erneute Unterbrechung herbeiführenden) Verfahrensbeendigung noch nicht erledigt sind, kann nur derjenige Gläubiger im Wege des als zweckdienlich anzusehenden Parteiwechsels fortsetzen, der ihn anhängig gemacht hat.[1] Die zwischenzeitliche **Aufnahme hinsichtlich der Kosten** nach § 17 Abs. 3 S. 1 hindert den Gläubiger nach Beendigung des Insolvenzverfahrens nicht an der Aufnahme des Streits auch in der **Hauptsache**, wenn der Kostenpunkt noch nicht abschließend erledigt ist. Der Antrag ist erneut auf die Duldungspflicht des § **11** umzustellen. Ist abschließende Erledigung eingetreten, bleibt nur die Neuklage, der die Rechtskraft des Kostenurteils nicht entgegensteht. Die übrigen Gläubiger sind ohnehin auf neue Anfechtungsklagen angewiesen. Hat das Insolvenzgericht **Nachtragsverteilung** gem. § 203 InsO bzgl. des Gegenstands des anhängigen Anfechtungsrechtsstreits angeordnet, bleibt der Insolvenzbeschlag insoweit aufrechterhalten,[2] der Verwalter weiter berechtigt und der Gläubiger vom Anfechtungsprozess ausgeschlossen. Entsprechendes gilt analog § 16 Abs. 1, wenn die Anfechtungsmöglichkeit erst nach Verfahrensbeendigung ermittelt und gem. § 203 Abs. 1

---

1 Inzident BGH 10.02.1982, VIII ZR 158/80, BGHZ 83, 102 (105).
2 Uhlenbruck/*Uhlenbruck* § 203 InsO Rn. 6, 15.

Nr. 3 InsO die Nachtragsverteilung angeordnet wird.³ Hatte hier ein Gläubiger bereits zuvor Anfechtungsklage erhoben, gilt § 17 analog. – Ein **vom Verwalter** während des Verfahrens **erwirkter**, aber nicht vollstreckter **Titel** kann mangels Rechtsnachfolge i.S.d. § 727 ZPO nicht auf einen einzelnen Gläubiger, die ohnehin nicht rechtsfähige Gläubigergesamtheit oder den Schuldner umgeschrieben werden.⁴ Eine **Rechtskrafterstreckung** zugunsten der einzelnen Gläubiger findet nicht statt (zu Lasten der Gläubiger vgl. Rdn. 7).⁵

Nach Beendigung des **vereinfachten Insolvenzverfahrens** kann der Insolvenzbeschlag auch bei einer 5 von einem Insolvenzgläubiger nach § 313 Abs. 2 InsO geführten Anfechtungsklage aufrechterhalten bleiben. Den einzelnen Gläubigern steht es darüber hinaus bei erst nach Verfahrenseröffnung ermittelten Anfechtungsmöglichkeiten frei, anstatt nach §§ 18, 11 vorzugehen, auf Rückgewähr zur Masse zu beantragen, wenn das Insolvenzgericht die Nachtragsverteilung nach § 203 Abs. 1 Nr. 3 InsO anordnet.⁶ Es hat sie unter deren übrigen Voraussetzungen schon dann anzuordnen, wenn der Gläubiger den Anfechtungsanspruch schlüssig dartut. Ansonsten bestehen keine Abweichungen zum Regelinsolvenzverfahren (vgl. Rdn. 3, 4). Im **Insolvenzplanverfahren** kann dem Verwalter gem. § 259 Abs. 3 S. 1 InsO die Fortführung anhängiger Anfechtungsrechtsstreite vorbehalten bleiben. Das Anhängigmachen eines solchen nach Aufhebung des Verfahrens kann ihm weder im Plan noch vom Insolvenzgericht wirksam gestattet werden,⁷ dagegen ist im Plan eine Beschränkung auf bestimmte Anfechtungsansprüche zulässig.⁸ Im Übrigen gilt § 18, wobei hinsichtlich des Rückgriffs des erfolgreich in Anspruch genommenen Anfechtungsgegners eine Analogie zu § 254 Abs. 2 S. 2 InsO erwogen werden sollte. Soweit der Plan allerdings die Vollstreckungsmöglichkeiten der Gläubiger begrenzt, scheidet auch die Gläubigeranfechtung mangels vollstreckbaren Titels aus (vgl. § 2 Rdn. 7), der Anfechtungsgegner kann auch nicht als Mitschuldner nach § 254 Abs. 2 S. 1 InsO angesehen werden.⁹

Im Insolvenzverfahren **vom Insolvenzverwalter** erstmals **anhängig gemachte** und nicht der Nach- 6 tragsverteilung vorbehaltene **Anfechtungsrechtsstreite** können von den Gläubigern nicht, vom Schuldner und vom Anfechtungsgegner entsprechend dem Rechtsgedanken des § 17 Abs. 3 S. 1 nur wegen der Kosten aufgenommen werden,¹⁰ die Entscheidung ergeht entsprechend § 91a ZPO. Dasselbe gilt, wenn ein bereits vor Verfahrenseröffnung anhängiger Rechtsstreit vom damaligen Kläger nicht aufgenommen wird.

II. Gegen den Insolvenzverwalter erlangte Einreden

Hat der Anfechtungsgegner Einreden gegenüber dem Insolvenzverwalter erlangt, kann er sie auch 7 dem unter § 18 Abs. 1 fallenden Gläubiger entgegenhalten. Gemeint sind zunächst die **materiellen Einreden** – vor allem Erfüllung, Annahme einer Leistung an Erfüllungs statt, Erlass, Verzicht, Stundung, Vergleich, soweit insb. Erlass- oder Verzichtserklärungen nicht wegen Insolvenzzweckwidrigkeit den Gläubigern gegenüber unwirksam sind. Eine Einredeberechtigung besteht unabhängig davon, ob der Verwalter aus auf ihn übergegangenem Gläubigeranfechtungsrecht (vgl. § 16 Rdn. 6) oder aus Insolvenzanfechtung vorgegangen ist.¹¹ Über die materiellen Einreden hinaus bewirkt § 18 Abs. 1 eine **Rechtskrafterstreckung** zu Lasten der Einzelgläubiger (vgl. a. Rdn. 4 a.E.). Ein dem Verwalter rechtskräftig aberkannter Anfechtungsanspruch kann durch die Gläubiger nicht erneut verfolgt werden, gleichgültig ob der Verwalter auch zu Anspruchsgrundlagen vorgetragen hatte,

---

3 BGH 10.12.2009, IX ZR 206/08, ZIP 2010, 102 Rn. 8.
4 MüKo-InsO/*Kirchhof* § 129 Rn. 212.
5 *Jaeger* § 13 Rn. 30.
6 BGH 11.02.2010, IX ZB 105/09, ZInsO 2010, 538.
7 BGH 11.04.2013, IX ZR 122/12, ZInsO 2013, 985; 10.12.2009, IX ZR 206/08, ZIP 2010, 102.
8 BGH 07.03.2013, IX ZR 222/12, ZInsO 2013, 721.
9 RG 29.11.1932, VII 285/32, RGZ 129, 50 zu § 73 II VglO.
10 BGH 10.02.1982, VIII ZR 158/80, BGHZ 83, 102 (105).
11 *Jaeger* § 13 Rn. 31.

die die Anfechtungstatbestände der §§ 3–6a ausfüllen.[12] Da der Anfechtungsanspruch in der Insolvenz abgetreten werden kann,[13] entzieht eine solche **Zession des Insolvenzverwalters** den Gläubigern das Anfechtungsrecht, wenn man nicht annimmt, dass es in Person des Zessionars mit der Verfahrensbeendigung erlischt,[14] sofern es nicht ohnehin bereits vor diesem Zeitpunkt durch eine der eingangs genannten Maßnahmen erloschen ist. Die schon durch die Insolvenz vollzogene Abspaltung der Anfechtungsberechtigung von der einzelnen Hauptforderung, die ohne Insolvenz nicht möglich ist (vgl. § 11 Rdn. 9), wird dadurch nach der Verfahrensbeendigung aufrechterhalten. Ein Systembruch wäre damit nicht verbunden. **Gläubigern**, deren Rechte **nicht von § 16 betroffen** sind (vgl. § 16 Rdn. 5), können gegen den Verwalter erlangte Einreden nicht entgegengehalten werden.[15]

8 Eine Ausnahme von § 18 Abs. 1 bildet die **Verjährungseinrede**. Weil die Anfechtungsansprüche nach dem AnfG allein an Ausschlussfristen gebunden und »nach diesem Gesetz« zu verfolgen sind, kann sich der Anfechtungsgegner nicht auf Eintritt der Verjährung des Insolvenzanfechtungsanspruchs nach § 146 InsO oder des Gläubigeranfechtungsrechts nach § 17 Abs. 2 AnfG, § 146 Abs. 1 InsO berufen.[16]

D. Fristberechnung nach Abs. 2

9 Abs. 2 **modifiziert die Fristenberechnung des § 7**. War der Anfechtungsanspruch im Zeitpunkt der Insolvenzeröffnung noch **nicht gerichtlich geltend gemacht** (vgl. § 7 Rdn. 4 ff.) und zu diesem Zeitpunkt die **Ausschlussfrist** des jeweiligen Anfechtungstatbestands **noch nicht abgelaufen**, kann das Insolvenzverfahren die Fristwahrung vereiteln. § 18 Abs. 2 bestimmt deshalb unabhängig von der Dauer des Insolvenzverfahrens eine **Fristerstreckung**. Die Anfechtungsfristen der §§ 3 und 4 (inzident auch des § 5) sind nach **Abs. 2 S. 1** nicht mehr unter Rückrechnung von der gerichtlichen Geltendmachung aus, sondern von der Insolvenzeröffnung an zu berechnen, wenn der Anspruch bis zum Ablauf eines Jahres seit der Beendigung des Insolvenzverfahrens (vgl. Rdn. 2) gerichtlich geltend gemacht wird. Bei späterer gerichtlicher Geltendmachung tritt keine Fristerstreckung nach § 18 Abs. 2 ein. Bei bereits bei Verfahrenseröffnung geltend gemachten Ansprüchen verbleibt es bei der Fristenberechnung des § 7. Soweit die Verfahrenseröffnung den Gläubiger nicht an der Verfolgung des Anfechtungsanspruchs gehindert hat (vgl. § 16 Rdn. 5), gilt dasselbe. Entsprechende Anwendung erfährt Abs. 2 bei der Geltendmachung der Anfechtung durch **Duldungsbescheid** (vgl. § 1 Rdn. 46 ff.), auch wenn § 191 Abs. 1 S. 2 AO nicht auf § 18 Abs. 2 AnfG verweist.[17]

10 Die durch das MoMiG (vgl. § 20 Rdn. 6) veranlasste Änderung des § 6 und die Einfügung des § 6a wegen Sicherung und Befriedigung von Gesellschafterdarlehen zogen notwendig auch eine Änderung des § 18 II mit der Einfügung des S. 2 nach sich. Da die §§ 6, 6a die Fristberechnung nicht an die gerichtliche Geltendmachung, sondern an die Erlangung des Schuldtitels durch den Gläubiger knüpfen, gilt dies auch für die Fristerstreckung. Maßgeblich ist danach, das der Gläubiger vor der Verfahrenseröffnung **noch keinen zur Anfechtung berechtigenden vollstreckbaren Schuldtitel** (vgl. § 2 Rdn. 5 ff.) erlangt hatte. Ihm steht dann die Jahresfrist des § 18 Abs. 2 S. 2 für die Beschaffung des Titels zur Verfügung, die sodann erst die Dreijahresfrist des § 6 Abs. 2 in Lauf setzt. Regelmäßig wird der Gläubiger mit dem Tabellenvermerk bei Verfahrensbeendigung über einen Titel verfügen, der zu diesem Zeitpunkt nach § 201 Abs. 2 InsO vollstreckbar wird, so dass die Frist des § 6 Abs. 2 gleichzeitig zu laufen beginnt. Der Fall, dass der Gläubiger zwar vor Verfahrenseröffnung einen vollstreckbaren Titel erlangt hat, die **Frist des § 6 Abs. 2 aber noch nicht abgelaufen** ist, ist nicht gere-

---

12 Jaeger/Henckel § 146 Rn. 47 ff., 53, a.A. wohl Huber Rn. 13.
13 BGH 17.02.2011, IX ZR 91/10, ZInsO 2011, 1154; BGH 10.01.2013, IX ZR 172/11, ZInsO 2013, 441 Rn. 10.
14 Nachw. bei BGH 17.02.2011, IX ZR 91/10, ZInsO 2011, 1154 Rn. 12.
15 Jaeger § 13 Rn. 30.
16 BGH 11.04.2013, IX ZR 268/12, ZInsO 2013, 1090 Rdn. 7; OLG Düsseldorf 22.12.2012, I-U 86/11; ZIP 2012, 486; Huber Rn. 13.
17 Huber Rn. 15.

gelt. Auch ohne ausdrücklichen Verweis auf die zusätzliche Ausschlussfrist des § 6 Abs. 2 erscheint es geboten, § 18 Abs. 2 S. 2 mit der Maßgabe entsprechend anzuwenden, dass an die Stelle der Erlangung des vollstreckbaren Schuldtitels der Ablauf der in § 6 Abs. 2 näher geregelten Dreijahresfrist tritt.[18] Anderenfalls ergäbe sich eine noch über § 6 Abs. 2 hinausgehende Benachteiligung des »schnellen« Gläubigers (vgl. §§ 6, 6a Rdn. 7). Im Fall des **§ 6 Abs. 1 S. 2** kann es bei auf neuerlichen Antrag doch noch eröffnetem Insolvenzverfahren zu einer doppelten Fristerstreckung kommen. – Soweit **§ 6a** auf § 6 verweist, gilt das zuvor Gesagte für ihn entsprechend.

§ 19 Internationales Anfechtungsrecht

Bei Sachverhalten mit Auslandsberührung ist für die Anfechtbarkeit einer Rechtshandlung das Recht maßgeblich, dem die Wirkungen der Rechtshandlung unterliegen.

Übersicht   Rdn.   Rdn.
A. Normzweck 1   II. Rechtshandlung und Sonstiges 4
B. Voraussetzungen 3   C.   Anknüpfung der Anfechtung 5
I. Sachverhalt mit Auslandsberührung . . 3

A. Normzweck

Die im AnfG a.F. vorgängerlose Vorschrift regelt als **Kollisionsnorm** die früher stark umstrittene Frage,[1] welches Recht bei **grenzüberschreitenden Sachverhalten** für die Anfechtbarkeit von Rechtshandlungen maßgeblich ist. Sie soll durch das »**Wirkungsstatut**« eine einfache Lösung schaffen, die den Interessen des Rechtsverkehrs gerecht wird und war an die ursprünglichen Kollisionsnormen des Insolvenzrechts angepasst (Art. 102 Abs. 2 EGInsO und § 382 RegEInsO), die später in Art. 4 Abs. 2 S. 2 lit. m), Art. 13 EuInsVO im Verhältnis zu den EU-Mitgliedsstaaten und zu Drittstaaten in § 339 InsO Nachfolger gefunden haben. Der mit der ursprünglich teilparallelen Regelung auch beabsichtigte einfachere Übergang von der Gläubiger- zur Insolvenzanfechtung (im deutschen Recht §§ 16, 17) ist damit zumindest nicht befördert worden. Anders als die insolvenzrechtlichen Normen hat § 19 – insb. durch die EuInsVO – keine Änderung erfahren, höchstrichterliche Rechtsprechung liegt bislang soweit ersichtlich trotz der inzwischen über zehnjährigen Geltungsdauer nicht vor. Auf **Altfälle** ist § 19, unter Umständen entgegen § 20, entsprechend anzuwenden.[2] 1

Die **internationale Zuständigkeit** regelt die Vorschrift nicht,[3] sie richtet sich im Geltungsbereich der EuGVVO nach dieser;[4] Art. 1 Abs. 2 lit. b) EuGVVO betrifft nur die in der EuInsVO geregelten Insolvenzverfahren. Dazu gehört (auch nach Art. 25 EuInsVO) die Gläubigeranfechtung nicht. Die Zuständigkeit bestimmt sich deshalb nach Art. 2–4 EuGVVO. Ein ausschließlicher Gerichtsstand nach Art. 22 Nr. 1 EuGVVO ist jedenfalls dann nicht begründet, wenn das anzuwendende materielle Recht wie das deutsche Anfechtungsrecht lediglich einen schuldrechtlichen Duldungsanspruch verschafft.[5] Sind danach die deutschen Gerichte zuständig, gilt die lex fori für den Anfechtungsrechtsstreit, der deshalb nach deutschem Prozessrecht zu entscheiden ist.[6] 2

---

18 So auch MüKo-AnfG/*Kirchhof* Rn. 25.
1   Überblick hierzu bei *Kubis* IPrax 2000, 501 (503 ff.), auch zur Kritik an der Neuregelung.
2   BGH 16.02.2012, IX ZR 143/10; OLG Düsseldorf 25.08.1999, 12 U 186/94, IPrax 2000, 534; OLG Schleswig 12.03.2004, 1 U 67/02, OLGR 2004, 226; OLG Düsseldorf 08.07.2010, I-12 U 87/08, ZInsO 2010, 1934 (1936).
3   MüKo-AnfG/*Kirchhof* § 13 Rn. 12.
4   OLG Stuttgart 11.06.2007, 5 U 18/07, ZIP 2007, 1966.
5   OLG Stuttgart 11.06.2007, 5 U 18/07, ZIP 2007, 1966 (1967); teilw. anders *Huber* § 13 Rn. 36.
6   BGH 17.12.1998, IX ZR 196/97, ZIP 1999, 196.

B. Voraussetzungen

I. Sachverhalt mit Auslandsberührung

3 § 19 verlangt einen Sachverhalt mit Auslandsberührung, worunter **nicht die Rechtshandlung** (vgl. Rdn. 4) **selbst** fällt. Vielmehr ist Auslandsberührung gegeben, wenn einer der Beteiligten – Gläubiger, Schuldner oder Anfechtungsgegner – eine Auslandsverbindung aufweist, also ausländischer Staatsangehöriger ist oder seinen (Wohn)Sitz oder ständigen Aufenthalt im Ausland hat, wenn der Gegenstand auf den sich die Anfechtung richtet, sich im Ausland befindet oder wenn die Rechtshandlung selbst nach ausländischem Recht zu beurteilen ist.

II. Rechtshandlung und Sonstiges

4 Auch § 19 setzt notwendig eine **Rechtshandlung** voraus. Der Begriff entspricht einschließlich der Unterlassung desjenigen des § 1 (vgl. § 1 Rdn. 18 ff.), insb. ist er nicht auf Verfügungsgeschäfte beschränkt. Daneben muss die **Hauptforderung** nach § 2 (vgl. § 2 Rdn. 2 ff.) bestehen, was sich nach dem Recht richtet, dem sie unterliegt,[7] und nicht etwa nach § 19 zu beurteilen ist.

C. Anknüpfung der Anfechtung

5 Die mit § 19 beabsichtigte einfache Lösung (vgl. Rdn. 1) wird in gewissem Umfang durch die Wortwahl des Gesetzgebers erschwert, indem er das maßgebliche Recht an die »**Wirkungen**« **der Rechtshandlung** anknüpft. Berücksichtigt man zudem, dass nach deutschem Recht nicht die Rechtshandlung rückgängig zu machen ist, sondern deren gläubigerbenachteiligenden Wirkungen,[8] scheint § 19 das Recht zu meinen, dass über den Eintritt der Gläubigerbenachteiligung durch die Rechtshandlung entscheidet. Dem widerspricht allerdings bereits die Begründung zum RegE, die als Beispiel für die Wirkungen einer Rechtshandlung die »**Wirksamkeit**« **einer Vertragserklärung** anführt und damit den zutreffenden Weg weist. Nicht entscheidend ist danach, wo die gläubigerbenachteiligende Wirkung eintritt und ob nach dem Recht des Staats in dem sie eintreten könnte, der Rechtshandlung überhaupt gläubigerbenachteiligende Wirkungen beigemessen werden. Vielmehr kommt es auf die **Rechtsordnung** an, **die für die Wirksamkeit der Rechtshandlung selbst maßgeblich ist**.[9] Die rechtliche Wirkungen der anfechtbaren Handlung liegen darin, dass zugunsten eines anderen, des späteren Anfechtungsgegners, ein Gegenstand aus dem Vermögen des Schuldners veräußert, weggegeben oder aufgegeben wird, sie beziehen sich damit auf das **Rechtsverhältnis zwischen Schuldner und Anfechtungsgegner**, nicht auf die Beziehung zwischen Schuldner und Gläubiger.[10] Maßgeblich ist folglich das Recht, das für die Wirksamkeit und den Bestand der anzufechtenden Rechtshandlung selbst und ihre materiellrechtlichen Folgen gilt.[11] Nur so wird sowohl den berechtigten **Interessen des Gläubigers** und **des Anfechtungsgegners** Rechnung getragen, die sich darauf verlassen können, allerdings auch müssen, dass sich der Rechtserwerb nach derselben Rechtsordnung richtet wie die Anfechtbarkeit der zugrunde liegenden Rechtshandlung,[12] und gleichzeitig dem allgemeinen **Grundsatz der engsten Verbindung** Genüge getan.[13]

---

7 Mittelbar BGH 05.11.1980, VIII ZR 230/79, ZIP 1981, 31 (33).
8 BGH 09.07.2009, IX ZR 86/08, ZIP 2009, 1674.
9 BGH 08.12.2011, IX ZR 33/11, ZInsO 2012, 128 Rn. 12 f.
10 OLG Stuttgart 11.06.2007, 5 U 18/07, ZIP 2007, 1966 (1967).
11 I.E. weitgehend allg. M. OLG Düsseldorf 08.07.2010, I-12 U 87/08, ZInsO 2010, 1934 (1936); OLG Stuttgart 11.06.2007, 5 U 18/07, ZIP 2007, 1966 (1967); *Huber* Rn. 6 f.; *Koch* IPrax 2008, 417 (418); Kübler/Prütting/Bork/*Kemper* Rn. 8 ff.
12 *Koch* IPrax 2008, 417 (418).
13 Kübler/Prütting/Bork/*Kemper* Rn. 10.

Eine **Ausweichklausel** beinhaltet § 19 nicht. Für den Fall, dass seine Regelungen dem Grundsatz der engsten Verbindung nicht genügen, wurde eine Analogie zu Art. 28 Abs. 5 EGBGB vorgeschlagen,[14] die jedoch nach Aufhebung der Art. 27–37 EGBGB und Ersetzung durch die Rom-I-VO nur auf Rom-I 4 Abs. 3 gestützt werden könnte.[15] Hierbei handelt es sich um eine Ausnahmevorschrift, die gegenüber Art. 28 Abs. 5 EGBGB verschärft wurde und schon in ihrem unmittelbaren Anwendungsbereich eng auszulegen ist.[16] Zieht man die Analogie zu ihr im Rahmen des § 19 überhaupt in Betracht, ist hierauf jedenfalls in besonderem Maß Rücksicht zu nehmen. 6

§ 20 Übergangsregeln

(1) Dieses Gesetz ist auf die vor dem 1. Januar 1999 vorgenommenen Rechtshandlungen nur anzuwenden, soweit diese nicht nach dem bisherigen Recht der Anfechtung entzogen oder in geringerem Umfang unterworfen sind.

(2) Das Gesetz, betreffend die Anfechtung von Rechtshandlungen eines Schuldners außerhalb des Konkursverfahrens in der im Bundesgesetzblatt Teil III, Gliederungsnummer 311–5, veröffentlichten bereinigten Fassung, zuletzt geändert durch Artikel 9 des Gesetzes vom 4. Juli 1980 (BGBl. I S. 836), wird aufgehoben. Es ist jedoch weiter auf die Fälle anzuwenden, bei denen die Anfechtbarkeit vor dem 1. Januar 1999 gerichtlich geltend gemacht worden ist.

(3) Die Vorschriften dieses Gesetzes in der ab dem Inkrafttreten des Gesetzes vom 23. Oktober 2008 (BGBl. I S. 2026) am 1. November 2008 geltenden Fassung sind auf vor dem 1. November 2008 vorgenommene Rechtshandlungen nur anzuwenden, soweit diese nicht nach dem bisherigen Recht der Anfechtung entzogen oder in geringerem Umfang unterworfen sind; andernfalls sind die bis zum 1. November 2008 anwendbaren Vorschriften weiter anzuwenden.

Übersicht	Rdn.		Rdn.
A. Normzweck	1	C. Vertrauensschutz	4
B. Aufhebung des AnfG a.F.	3	D. Übergangsregeln des MoMiG	6

A. Normzweck

Nach der Begründung zum **Regierungsentwurf** soll die in Abs. 1 Art. 106 EGInsO und in Abs. 3 Art. 103d S. 2 EGInsO entsprechende Übergangsvorschrift die aufgrund bisherigen Rechts erworbenen Rechtspositionen schützen und für anhängige Prozesse praktikable Lösungen enthalten. Sie wird ergänzt durch **Art. 97 § 11b S. 2 EGAO**: 1

»§ 191 Abs. 1 Satz 2 der Abgabenordnung in der Fassung des Artikels 17 des Gesetzes vom 22. Dezember 1999 (BGBl. I S. 2601) ist mit Wirkung vom 1. Januar 1999 anzuwenden. § 20 Abs. 2 Satz 2 des Anfechtungsgesetzes vom 5. Oktober 1994 (BGBl. I S. 2911) ist mit der Maßgabe anzuwenden, dass der Erlass eines Duldungsbescheides vor dem 1. Januar 1999 der gerichtlichen Geltendmachung vor dem 1. Januar 1999 gleichsteht.«

Diese Vorschrift **kodifiziert (rückwirkend) die Rechtsprechung des BFH**, wonach die Finanzverwaltung auch vor dem 01.01.1999 die Anfechtung durch Duldungsbescheid geltend machen konnte (vgl. a. § 1 Rdn. 48),[1] es mithin der zivilgerichtlichen Geltendmachung nicht bedurfte, um die Wirkungen der Anfechtung herbeizuführen. Die Regelung beinhaltet schon deshalb keine unzulässige Rückwirkung, mag man sie auch wegen der Selbsttitulierung rechtspolitisch für bedenklich halten. 2

---

14 Kübler/Prütting/Bork/*Kemper* Rn. 11; ausf. hierzu auch OLG Stuttgart 11.06.2007, 5 U 18/07, ZIP 2007, 1966 (1968).
15 A.A. *Koch* IPrax 2008, 417 (418) der annimmt, die Rom-I-VO enthalte keine Ausweichklausel.
16 Palandt/*Thorn* Rom-I 4 Rn. 29.
 1 Näher BFH 01.12.2005, VII B 95/05, BFH/NV 2006, 701; 01.03.2004, VII B 255/03; 27.01.2000, VII B90/99, BFH/NV 2000, 831.

B. Aufhebung des AnfG a.F.

3 Durch § 20 Abs. 2 wird das AnfG a.F. aufgehoben. **Es gilt jedoch**, anders als bei Abs. 1 (vgl. Rdn. 4) auch zu Lasten des Anfechtungsgegners, **fort**, sofern die Anfechtbarkeit vor dem 01.01.1999 gerichtlich oder durch Duldungsbescheid (Art. 97 § 11b S. 2 EGAO) geltend gemacht worden ist. Gemeint sind Fälle, in denen dem Gericht vor diesem Zeitpunkt ein Sachverhalt unterbreitet wurde, der es in die Lage versetzte, eine Gläubigeranfechtung zu prüfen,[2] bereits schlüssiger Vortrag oder eine ausdrücklichen »Anfechtungserklärung« vor dem 01.01.1999 bedarf es hierzu nicht (vgl. im Übrigen § 7 Rdn. 4 ff.).

C. Vertrauensschutz

4 Für **Rechtshandlungen**, die **vor dem 01.01.1999** vorgenommen wurden (§ 8) und deren Anfechtbarkeit vor diesem Zeitpunkt nicht gerichtlich geltend gemacht war (Abs. 2 S. 2, vgl. Rdn. 3), gebietet Abs. 1 eine zweistufige Prüfung. Zunächst ist die Anfechtbarkeit nach neuem Recht zu prüfen. Wird sie verneint, ist die Rechtshandlung der Anfechtung entzogen, selbst wenn sie nach altem Recht anfechtbar wäre, anderenfalls ist zu untersuchen, ob sie auch nach altem Recht der Anfechtung unterlegen hätte, wobei es nicht darauf ankommt, auf welchem Anfechtungstatbestand sie beruht, entscheidend ist die Anfechtbarkeit als solche.[3] Ist sie auch nach altem Recht zu bejahen, gilt neues Recht, ist sie zu verneinen, greifen die alten Regelungen. Ergibt sich nach altem Recht eine Anfechtbarkeit »in geringerem Umfang«, etwa nur wegen eines von zwei veräußerten Grundstücken, ist dieser maßgebend. Unerheblich sind dagegen dem Anfechtungsgegner günstigere einzelne Tatbestandsmerkmale, wie etwa das Fehlen einer gesetzlichen Vermutung, solange die Handlung nur im Ergebnis auch nach altem Recht anfechtbar ist. Zur teilweise abweichenden Handhabung bei § 19 vgl. § 19 Rdn. 1 a.E.

5 **Beweislast**: Der Gläubiger trägt die Beweislast für die Anfechtbarkeit nach neuem und altem Recht. Dass bei der Insolvenzanfechtung den Anfechtungsgegner die Beweislast für die geringere oder Nichtanfechtbarkeit nach KO oder GesO trifft, beruht auf der Regelung des Art. 106 EGInsO, der als Ausnahme zu Art. 104 EGInsO konzipiert ist,[4] und die grds Geltung der InsO auch für alte Rechtsverhältnisse bestimmt. Die Voraussetzungen der Ausnahme hat derjenige darzulegen und zu beweisen, der sich auf sie beruft. Zwar regelt auch § 20 Abs. 1 eine Ausnahme von den allgemeinen Grundsätzen des intertemporalen Rechts, wonach ein Schuldverhältnis nach seinen Voraussetzungen, seinem Inhalt und seinen Wirkungen dem Recht untersteht, das zur Zeit seiner Entstehung (vgl. § 1 Rdn. 1) galt,[5] bei der Gläubigeranfechtung ergibt sich die Anwendbarkeit des neuen Rechts auf vor dem 01.01.1999 vorgenommene Rechtshandlungen aber nicht allgemein, sondern erst, wenn die Anfechtbarkeit auch nach altem Recht festgestellt ist.

D. Übergangsregeln des MoMiG

6 Abs. 3 erfasst §§ 6 und 6a, die durch das MoMiG eingeführt wurden. Das Verfahren zur Feststellung des anwendbaren Rechts entspricht vollständig dem des Abs. 1 einschließlich der Beweislastverteilung (vgl. Rdn. 4 f.). Abs. 3 Hs. 2 hat nur deklaratorische Bedeutung. Da eine dem Abs. 2 S. 2 entsprechende Regelung fehlt, ist der Zeitpunkt der gerichtlichen Geltendmachung nicht maßgebend. Die für den Insolvenzfall (Art. 103d EGInsO, § 30 Abs. 1 S. 3 GmbHG) umstrittene Frage der Fortgeltung der sog. Rechtsprechungsregeln auf vor dem 01.11.2008 zurückgezahlte Darlehen in danach eröffneten Verfahren,[6] stellt sich wegen der Anknüpfung an die Rechtshandlung in § 20

---

2 BGH 13.05.2004, IX ZR 128/01, ZIP 2004, 1370.
3 Zumindest inzident BGH 22.01.2004, IX ZR 39/03, ZIP 2004, 513 (516) zu Art 106 EGInsO.
4 Begr. RegE zu Art 108 EGInsO.
5 BGH 26.01.2009, II ZR 260/07, ZIP 2009, 615.
6 Nachw. bei *Altmeppen* ZIP 2011, 641.

nicht.[7] Für die Gläubigeranfechtung bedeutungslos wäre auch eine entgegen der h.M.[8] fortbestehende Bindung nach § 30 GmbHG a.F. analog.

---

[7] Ebenso MüKo-AnfG/*Kirchhof* Rn. 17.
[8] OLG München 22.12.2010, 7 U 4960/07, ZIP 2011, 225; OLG Frankfurt 06.03.2009, 10 U 162/08, ZInsO 2010, 235.

Anhang VI Genossenschaftsgesetz §§ 66a, 67c

Genossenschaftsgesetz (GenG) idF der Bekanntmachung vom 16.10.2006 (BGBl. S. 2230), das zuletzt durch Artikel 8 des Gesetzes vom 15. Juli 2013 (BGBl. I S. 2379) geändert worden ist.

§ 66a Kündigung im Insolvenzverfahren

Wird das Insolvenzverfahren über das Vermögen eines Mitglieds eröffnet und ein Insolvenzverwalter bestellt, so kann der Insolvenzverwalter das Kündigungsrecht des Mitglieds an dessen Stelle ausüben.

Übersicht

		Rdn.			Rdn.
A.	Allgemeines	1	I.	Konnexität mit Wohnungsnutzungsverhältnis bei Wohnungsgenossenschaften	11
B.	Exkurs Einzelzwangsvollstreckung	2	II.	Kündigungsrecht der Wohnungsgenossenschaft hinsichtlich des konnexen Nutzungsverhältnisses	11a
C.	Verwertungsbefugnis des Insolvenzverwalters/Treuhänders nach § 313 InsO	3	III.	Einschränkungen der Kündigung der Mitgliedschaft in einer Wohnungsgenossenschaft	12
D.	Kündigungsrecht	4			
I.	Bisherige Rechtslage	4			
II.	Rechtslage ab dem 19.07.2013	5	K.	Verwertungsalternativen	13
E.	Kündigungserklärung	6	L.	Aufrechnungsrecht der eG	14
F.	Form	7	M.	Vorinsolvenzliche Abtretung oder Verpfändung des Auseinandersetzungsguthabens	15
G.	Frist	8			
H.	Kündigungsempfänger	9			
I.	Rechtsfolgen der Kündigung	10			
J.	Exkurs Wohnungsgenossenschaft	11			

A. Allgemeines

Die Vorschrift spricht dem Insolvenzverwalter bzw. Treuhänder nach § 313 InsO[1] das ihm bislang aus § 80 InsO[2] bzw. aus dem Rechtsgedanken des § 66 GenG[3] zugebilligte **Kündigungsrecht** zwecks Beendigung der **Mitgliedschaft** in einer **eingetragenen Genossenschaft** (eG) nunmehr auch ausdrücklich zu. Sie gibt dem Insolvenzverwalter die gesetzliche Befugnis, das ordentliche Kündigungsrecht des Schuldners aus § 65 Abs. 1 und Abs. 2 GenG auszuüben. Damit kann der Insolvenzverwalter die Verwertung des künftigen Anspruches des Schuldners auf das Auseinandersetzungsguthaben aus § 73 Abs. 2 Satz 2, Abs. 3 GenG realisieren. Die Regelung eröffnet dem Insolvenzverwalter bzw. Treuhänder nach § 313 InsO[4] ebenfalls die Möglichkeit das Kündigungsrecht des Schuldners hinsichtlich einzelner Geschäftsanteile nach § 67b GenG auszuüben.

1

B. Exkurs Einzelzwangsvollstreckung

Da es sich bei dem Geschäftsanteil um eine rechnerische Beteiligungsgröße[5] handelt, während das Geschäftsguthaben den Betrag darstellt, mit dem der Schuldner tatsächlich finanziell an der Genossenschaft beteiligt ist, kann zwar nicht der Geschäftsanteil eines Mitglieds einer eingetragenen Genossenschaft nach § 7 Nr. 1 GenG, aber der künftige Anspruch auf das Geschäftsguthaben bei Auseinandersetzung, d.h. die Forderung, auf deren Auszahlung der Genosse bei seinem Ausscheiden nach § 73

2

---

1 Ab dem 01.07.2014 wird aufgrund des Wegfalls von § 313 InsO in Verbraucherinsolvenzverfahren wie in Regelinsolvenzverfahren ein Insolvenzverwalter bestellt werden.
2 FK-InsO/*App* § 80 Rn. 20; *Tetzlaff*, ZInsO 2007, 590, 591 f.
3 *Müller* § 65 GenG Rn. 11; Lang/Weidmüller/*Schulte* § 65 GenG Rn. 8; offengelassen von BGH 19.03.2009, IX ZR 58/08 Rn. 5; *Emmert* ZInsO 2005, 852, 854.
4 Vgl. Fn. 1.
5 Pöhlmann/Fandrich/Bloehs/*Fandrich* § 7 GenG Rn. 1.

Abs. 2 Satz 2 GenG einen Anspruch hat, gepfändet werden[6]. Das Ausscheiden des Mitglieds setzt regelmäßig eine Kündigung der Mitgliedschaft der eG voraus. Diese ist nur in dem von dem GenG geregelten Rahmen möglich[7]. Bei der Mitgliedschaft in einer eG handelt es sich um ein personenrechtliches Verhältnis zwischen dem einzelnen Mitglied und der eG[8]. Dieses und damit auch die Kündigung ist außer in den von dem GenG geregelten Ausnahmen weder abtretbar noch (ver-) pfändbar[9]. Um dem Gläubiger dennoch die Verwertung des pfändbaren Auseinandersetzungsguthabens zu ermöglichen, spricht § 66 Abs. 1 GenG ihm das Recht zu, das Kündigungsrecht des Schuldners an dessen Stelle auszuüben.

§ 66 Abs. 1 GenG eröffnet den Vollstreckungszugriff des Gläubigers jedoch nur unter bestimmten Voraussetzungen. Er setzt einen rechtskräftigen bzw. vollstreckbaren Vollstreckungstitel, einen fruchtlosen Zwangsvollstreckungsversuch innerhalb der letzten sechs Monate sowie die Erwirkung einer Pfändung und Überweisung des Auseinandersetzungsanspruches voraus. Damit soll im Interesse der Mitgliedschaftserhaltung des Schuldners gewährleistet werden, dass der Gläubiger zur Durchsetzung seines Vollstreckungsanspruches von der Kündigung der Mitgliedschaft nur subsidiär Gebrauch macht[10].

§ 66 Abs. 1 GenG eröffnet dem Gläubiger ebenfalls die Möglichkeit das Kündigungsrecht des Schuldners hinsichtlich einzelner Geschäftsanteile nach § 67b GenG auszuüben. Aufgrund der Subsidiarität des Kündigungsrechtes aus § 66 GenG muss er sich sogar im Interesse der Erhaltung der Mitgliedschaft des Schuldners auf eine Anteilskündigung nach § 67b GenG beschränken, soweit das auf diesen Geschäftsanteil entfallende Auseinandersetzungsguthaben zu seiner Befriedigung ausreicht[11].

C. Verwertungsbefugnis des Insolvenzverwalters/Treuhänders nach § 313 InsO[12]

3 Das Mitgliedschaftsverhältnis des Schuldners ist nicht durch Eröffnung des Insolvenzverfahrens beendet[13]. Weder § 103 InsO noch § 108 InsO finden Anwendung[14]. Da der künftige Anspruch auf das Geschäftsguthabens bei Ausscheiden des Schuldners aus der eG der Einzelzwangsvollstreckung unterliegt[15], fällt er auch in die Insolvenzmasse §§ 35 Abs. 1, 36 Abs. 1 Satz 1 InsO[16]. Die Realisierung dieses Anspruchs setzt das Ausscheiden des Schuldners aus der eG und somit im Regelfall die Kündigung der Mitgliedschaft voraus[17].

D. Kündigungsrecht

I. Bisherige Rechtslage

4 Während § 66 GenG dem Gläubiger das Recht zur Kündigung einräumt, schwieg das Genossenschaftsgesetz bis zum 19.07.2013 zu einem entsprechenden Recht des Insolvenzverwalters bzw. Treuhänders nach § 313 InsO[18].

---

6 BGH 08.01.2009, IX ZR 217/07 Rn. 22: Verpfändbarkeit mit wirksamen Beitritt; LG Düsseldorf, NJW 1968, 753: Pfändbarkeit mit Einzahlung auf den Geschäftsanteil; *Stöber*, Rn. 1632 f.; BerlKomm/*Keßler* § 66 GenG Rn. 1 und §§ 6, 7 Rn. 17
7 Kammergericht, KGJ 34, 208.
8 Pöhlmann/Fandrich/Bloehs/*Pöhlmann* § 18 GenG Rn. 4; *Emmert* ZInsO 2005, 852, 853.
9 *Emmert* ZInsO 2005, 852, 854; Beuthin/Wolff/Schöpflin § 66 GenG Rn. 1; Pöhlmann/Fandrich/Bloehs/*Pöhlmann* § 18 GenG Rn. 4.
10 BerlKomm/*Keßler* § 66 GenG Rn. 5.
11 Beuthin/Wolff/Schöpflin § 66 GenG Rn. 1; Pöhlmann/Fandrich/Bloehs/*Fandrich* § 66 Rn. 2.
12 Vgl. Fn. 1.
13 Anders in der Europäische Genossenschaft. Gem. Art. 15 der Verordnung (EG) Nr. 1435/2003 vom 22.07.2003 über das Statut der Europäischen Genossenschaft (SCE) endet die Mitgliedschaft durch Konkurs.
14 *Emmert* ZInsO 2005, 852, 854.
15 Vgl. Rdn. 2 (B. Exkurs Einzelzwangsvollstreckung).
16 MüKo-InsO/*Peters* § 35 Rn. 228 f.; AG Berlin-Lichtenberg, ZVI 2013, 238.
17 Vgl. Rdn. 2 (B. Exkurs Einzelzwangsvollstreckung).
18 Vgl. Fn. 1.

II. Rechtslage ab dem 19.07.2013

Mit Inkrafttreten von Artikel 8 des Gesetzes zur Verkürzung des Restschuldbefreiungsverfahrens und zur Stärkung der Gläubigerrechte[19] am 19.07.2013 schreibt die Neuregelung des § 66a GenG nunmehr gesetzlich das Recht des Insolvenzverwalters bzw. Treuhänder nach § 313 InsO[20] fest, die Mitgliedschaft des Schuldners an dessen Stelle zu kündigen. Er hat lediglich ein von dem Schuldner abgeleitetes Kündigungsrecht, so dass er wie ein Mitglied den sich aus dem Gesetz (§ 65 GenG) bzw. aus der Satzung sich ergebenden Kündigungsvoraussetzungen unterworfen ist.

Der Insolvenzverwalter bzw. Treuhänder nach § 313 InsO[21] ist wie der Gläubiger in der Einzelzwangsvollstreckung auf das ordentliche Kündigungsrecht des Schuldners aus § 65 Abs. 1 und 2 GenG beschränkt und kann nicht das außerordentliche Kündigungsrecht gem. § 63 Abs. 2 Satz 4, Abs. 3 GenG ausüben, denn das außerordentliche Kündigungsrecht stellt auf die persönliche Unzumutbarkeit des Fortbestandes der Mitgliedschaft ab[22].

E. Kündigungserklärung

Bei der Kündigungserklärung handelt es sich um eine einseitige empfangsbedürftige Willenserklärung des Insolvenzverwalters im eigenen Namen. Hinreichender Erklärungsinhalt ist die unmissverständliche Erklärung des Ausscheidens. Der Begriff »Kündigung« muss nicht verwendet werden[23]. Eine Begründung der ordentlichen Kündigung ist nicht notwendig[24]. Entgegenstehende Vereinbarungen in Satzung oder Vertrag sind nach § 18 Satz 2 GenG bzw. § 65 Abs. 5 GenG unwirksam[25]. Als einseitige Gestaltungserklärung ist die Kündigungserklärung grundsätzlich bedingungsfeindlich, es sei denn die Bedingung beeinträchtigt die berechtigten Interessen des Kündigungsempfängers nicht. Dies ist dann anzunehmen, wenn der Empfänger der Erklärung nicht in eine ungewisse Lage versetzt wird[26]. Möglich sind daher Bedingungen, deren Erfüllung lediglich vom Willen des Erklärungsempfängers abhängt (Potestativbedingungen).

F. Form

Die Kündigung des Insolvenzverwalters bedarf nach der gesetzlichen Formvorschrift des § 65 Abs. 2 Satz 1 GenG der Schriftform gem. §§ 126, 126a BGB. Eine Kündigung per Telefax[27] ist unzureichend. Eine Kündigung per E-Mail ist nur bei Einhaltung der Voraussetzungen des § 126a BGB und mit Einverständnis der eG als Empfänger formgerecht. Schreibt die Satzung die Kündigung mittels eingeschriebenen Briefs vor, so enthält diese Satzungsklausel sowohl die Vereinbarung der Schriftform für die Kündigungserklärung und zusätzlich die Vereinbarung der besonderen Übersendungsart durch eingeschriebenen Brief. Die Nichteinhaltung der Übersendungsart bewirkt nicht die

---

19 Gesetz vom 15.07.2013, BGBl. I S. 2379.
20 Vgl. Fn. 1.
21 Vgl. Fn. 1.
22 Vgl. für den Pfändungsgläubiger: *Müller* § 66 GenG Rn. 3; *Bauer* § 66 Rn. 1; Pöhlmann/Fandrich/Bloehs/*Fandrich* § 66 Rn. 1; BerlKomm/*Keßler* § 66 Rn. 1,7; Lang/Weidmüller/*Schulte* § 66 GenG Rn. 1; differenziert: Beuthin/Wolff/Schöpflin § 66 Rn. 1 und 2, der zwischen höchstpersönliche Gründe und wirtschaftlichen Verhältnissen unterscheidet; a.A. *Drasdo* NZM 2012, 585, 592; offengelassen: OLG Zweibrücken OLGR Zweibrücken 2009, 41 f.
23 Lang/Weidmüller/Schulte § 65 GenG Rn. 5; BerlKomm/*Keßler* § 65 GenG Rn. 6: Formulierungen wie »Austritt« oder »Rückforderung des Geschäftsguthabens« sind ausreichend.
24 *Bauer* § 65 Rn. 5; Lang/Weidmüller/*Schulte* § 65 GenG Rn. 6.
25 Beuthin/Wolff/Schöpflin § 65 GenG Rn. 8.
26 Staudinger/*Bork* Vorbemerkungen zu §§ 158 bis 163 BGB Rn. 40 f.
27 BGH ZIP 1993, 424; BGH ZIP 1997, 1694; BGH MDR 2006, 1285.

Unwirksamkeit der Kündigung. Abweichungen allein in der Übersendungsart bei Einhaltung der Schriftform sind für die Wirksamkeit der Kündigung unschädlich[28].

G. Frist

8 Die Kündigung hat unter Einhaltung der gesetzlichen bzw. der satzungsmäßigen Kündigungsfrist zu erfolgen. Eine verspätete Kündigung gilt für den nächstmöglichen Termin.[29] Die gesetzliche Mindestkündigungsfrist beträgt gem. § 65 Abs. 2 Satz 1 GenG drei Monate. Die satzungsmäßige Höchstkündigungsfrist beträgt gem. § 65 Abs. 2 Satz 2 GenG fünf Jahre. Die gesetzliche Mindestkündigungsfrist ist weder durch Satzung (§ 18 Satz 2 GenG) noch durch Vereinbarung (§ 65 Abs. 5 GenG) verkürzbar[30].

H. Kündigungsempfänger

9 Empfänger der Kündigungserklärung ist die eG. Die Kündigung wird mit Zugang bei der eG wirksam[31]. Ist die Kündigung laut Satzung an den Vorstand der eG zu richten, ist auch eine an die eG gerichtete Kündigung wirksam, wenn diese rechtzeitig bei der eG eingeht[32]. Der Insolvenzverwalter trägt als Kündigender die Beweislast für den Zugang.

I. Rechtsfolgen der Kündigung

10 Mit der form- und fristgerechten Kündigung scheidet der Insolvenzschuldner nach Ablauf der Kündigungsfrist als Mitglied der eG aus.

Eine Rücknahme der Kündigung ist vor Ablauf des Geschäftsjahres und einseitig bis Zugang der Kündigung möglich (§ 130 Abs. 1 Satz 2 BGB), danach ist eine Rücknahme nur durch Vertrag mit der eG möglich[33].

J. Exkurs Wohnungsgenossenschaft

I. Konnexität mit Wohnungsnutzungsverhältnis bei Wohnungsgenossenschaften

11 Wohnungsgenossenschaften schließen neben dem Mitgliedschaftsverhältnis im Regelfall mit ihren Mitgliedern einen Mietvertrag als Dauernutzungsvertrag über die genossenschaftliche Wohnung nach § 535 ff. BGB ab[34]. Ebenfalls im Regelfall ist die Mitgliedschaft in der Wohnungsgenossenschaft nach dem Satzungszweck aufgrund des mitgliedschaftlichen Förderprinzips aus § 1 Abs. 1 Satz 1 GenG condition sine qua non für den Abschluss einer Vereinbarung über die Überlassung von Wohnraum[35].

II. Kündigungsrecht der Wohnungsgenossenschaft hinsichtlich des konnexen Nutzungsverhältnisses

11a Infolge der Konnexität der Rechtsverhältnisse ist ein berechtigtes Interesse einer Wohnungsgenossenschaft an einer Kündigung des Nutzungsverhältnisses gem. § 573 Abs. 1 BGB bei Kündigung der

---

28 BAG NJW 1957, 358; BAG NJW 1980, 1304; OLG Düsseldorf MDR 2010, 616; LG Köln BauR 2012, 992; BerlKomm/*Keßler* § 65 GenG Rn. 2; Pöhlmann/Fandrich/Bloehs/*Fandrich* § 65 GenG Rn. 8; einschränkend Lang/Weidmüller/*Schulte* § 65 GenG Rn. 5: Wirksamkeit bei Kenntnis des Vorstands.
29 KGJ 23, 112; Lang/Weidmüller/*Schulte* § 65 GenG Rn. 9.
30 Beuthin/Wolff/Schöpflin § 65 GenG Rn. 9.
31 Lang/Weidmüller/*Schulte* § 65 GenG Rn. 7; vgl. für den Pfändungsgläubiger: Beuthin/Wolff/Schöpflin § 66 Rn. 2.
32 Lang/Weidmüller/*Schulte* § 65 GenG Rn. 7; einschränkend Beuthin/Wolff/Schöpflin § 65 GenG Rn. 8, der eine rechtzeitige Kenntnisnahme durch den Vorstand verlangt; a.A. LG Hamburg JW 1934, 182.
33 Lang/Weidmüller/*Schulte* § 65 GenG Rn. 14.
34 Staudinger/*Emmerich* Vorb. zu § 535 BGB Rn. 57 m.w.N.
35 *Drasdo* NZM 2012, 585 (586); *Tetzlaff* ZInsO 2007, 590.

Mitgliedschaft durch den Insolvenzverwalter bzw. den Treuhänder nach § 313 InsO[36] nicht grundsätzlich abzuerkennen[37]. Mit dem Verlust der Mitgliedschaft entfällt die innere Rechtfertigung für die gegenüber Dritten bevorzugte Berücksichtigung bei der Versorgung mit preisgünstigem Wohnraum. Allein der Verweis auf den Verlust der Mitgliedschaft ist für ein berechtigtes Interesse gem. § 573 Abs. 1 BGB jedoch unzureichend. Das berechtigte Interesse der Wohnungsgenossenschaft ist vielmehr einer Einzelfallprüfung zu unterwerfen[38]. Eine Kündigung des Dauernutzungsverhältnisses durch die Wohnungsgenossenschaft scheidet hierbei zumindest dann aus, wenn kein Wohnungsbedarf eines anderen Mitglieds besteht[39]. Hat der Schuldner selbst einen Insolvenz- und Restschuldbefreiungsantrag gestellt und ist er bereit, sich nach Beendigung des Insolvenzverfahrens nach Kräften um eine Wiedererlangung der Mitgliedschaft zu bemühen, sind auch diese Kriterien in die Abwägung einzubeziehen und zumindest im Rahmen eines Fortsetzungsverlangens nach § 574 Abs. 1 BGB zu berücksichtigen[40]. Der Wohnungsgenossenschaft obliegt für das berechtigte Interesse die Darlegungs- und Beweislast[41].

III. Einschränkungen der Kündigung der Mitgliedschaft in einer Wohnungsgenossenschaft

Um den Wohnungsverlust durch Kündigung der Wohnungsgenossenschaft zu vermeiden, ist das Kündigungsrecht des Insolvenzverwalters unter den Voraussetzungen des § 67c GenG eingeschränkt[42].   12

Eine davon unabhängige Berufung auf § 765a ZPO ist den Schuldner nicht anzuraten, soweit er allein den mittelbaren Verlust seines Nutzungsrechtes an der genossenschaftlichen Wohnung geltend macht. Allein der mittelbare Verlust der genossenschaftlichen Wohnungsrechte durch die Kündigung der Mitgliedschaft stellt für sich genommen noch keine unzumutbare Härte i.S.v. § 765a ZPO dar[43]. Der Annahme einer unzumutbaren Härte i.S. der eng auszulegenden Ausnahmevorschrift des § 765a ZPO steht nunmehr auch der ausdrückliche gesetzgeberische Wille entgegen, der das Kündigungsrecht des Insolvenzverwalters nur unter den Voraussetzungen des § 67c GenG entfallen lässt.

K. Verwertungsalternativen

In Verbraucherinsolvenzverfahren kann der Treuhänder nach § 313 InsO auf die Möglichkeit des Verwertungsverzichts nach § 314 InsO zurückgreifen. Diese Möglichkeit wird für alle ab dem 01.07.2014 beantragte Verbraucherinsolvenzverfahren entfallen, da die Vorschrift des § 314 InsO   13

---

36 Vgl. Fn. 1.
37 BGH, Urt. v. 19.03.2009, IX ZR 58/08 Rn. 12 f. = ZInsO 2009, 826; offengelassen: BGH, Urt. v. 10.09.2003, VIII ZR 22/03 Rn. 9 = MDR 2003, 1347 = NJW-RR 2004, 12; *Drasdo* NZM 2012, 585, 592; *Keßler/Herzberg* NZM 2009, 474, 475; einschränkend: *Lützenkirchen* WM 1994, 5, 7; a.A. Flöther/Wehner § 109 Rdn. 10, die im Rahmen des bisherigen Rechts ein berechtigtes Interesse der Genossenschaft verneinen, da der Schuldner sich vertragstreu verhalten habe und daher zu einer Feststellungsklage des Schuldners nach Enthaftungserklärung nach § 109 Abs. 1 Satz 2 InsO raten.
38 BGH 19.03.2009, IX ZR 58/08 Rn. 12 f. = ZInsO 2009, 826; *Drasdo* NZM 2012, 586, 592; *Keßler/Herzberg* NZM 2009, 474, 475; Anmerkung *Flatow* zu LG Berlin 29.11.2007 – 51 S 253/07 – jurisPR-MietR 14/2008 Anm. 4; a.A. *Roth* NZM 2000, 743, 744; *derselbe* NZM 2004, 129, 130, der ein Kündigungsrecht bei Verlust der Mitgliedschaft bejaht.
39 LG Berlin Grundeigentum 2003, 395; LG Hamburg WM 1988, 430; BGH, Urt. v. 10.09.2003, VIII ZR 22/03 Rn. 9 = MDR 2003, 1347 = NJW-RR 2004, 12; Schmidt-Futterer/*Blank* § 573 BGB Rn. 212; a.A. *Roth* NZM 2000, 743, 744; *derselbe* NZM 2004, 129, 130; *Emmert* ZInsO 2005, 852, 855.
40 BGH ZInsO 2009, 826; *Drasdo* NZM 2012, 586, 592; Anmerkung *Flatow* zu LG Berlin 29.11.2007 – 51 S 253/07 – jurisPR-MietR 14/2008 Anm. 4; a.A. *Roth* NZM 2009, 850.
41 BGH 10.09.2003, VIII ZR 22/03 Rn. 9 = MDR 2003, 1347 = NJW-RR 2004, 12; *Drasdo* NZM 2012, 586, 592; *Keßler/Herzberg* NZM 2009, 474, 475.
42 Vgl. die Ausführungen zu § 67c GenG.
43 BGH DZWIR 2011, 122, 123 f. mit Anmerkung *Gundlach/Rautmann*; BGH JurBüro 2010, 104; a.A. OLG Hamm WuM 1983, 267; LG Berlin ZInsO 2012, 980.

mit Inkrafttreten des Gesetzes zur Verkürzung des Restschuldbefreiungsverfahrens und zur Stärkung der Gläubigerrechte[44] am 01.07.2014 laut der Inkrafttretens- und Übergangsregelung in Artikel 9 Satz 1, Artikel 6 Nr. 2 des Gesetzes für alle ab diesem Datum beantragte Verfahren ersatzlos entfallen wird. Wie im Regelinsolvenzverfahren wird in diesen Verfahren künftig lediglich die Möglichkeit der erkauften Freigabe in Betracht kommen[45].

L. Aufrechnungsrecht der eG

14 Oftmals sprechen die Satzungen der eG bei Auseinandersetzung die Berechtigung zu, ihr gegen das ausgeschiedene Mitglied zustehende fällige Forderungen gegen das Auseinandersetzungsguthaben aufzurechnen.

Im Falle einer Kündigung der Mitgliedschaft durch den Insolvenzverwalter bzw. Treuhänder nach § 313 InsO[46] steht der Aufrechnung regelmäßig § 96 Abs. 1 Nr. 1 InsO entgegen. Die Ausnahmevorschrift des § 95 Abs. 1 Satz 1 InsO greift nicht, soweit es, wie im Regelfall, laut Satzung im Ermessen der eG steht, ob ein Genosse ausgeschlossen wird, sobald ein Antrag auf Eröffnung des Insolvenzverfahrens über das Vermögen des Genossen gestellt wird[47].

M. Vorinsolvenzliche Abtretung oder Verpfändung des Auseinandersetzungsguthabens

15 Entsteht die im Voraus abgetretene oder verpfändete Forderung erst nach Eröffnung des Insolvenzverfahrens, kann der Zessionar oder Pfandrechtsgläubiger gemäß § 91 Abs. 1 InsO kein Recht mehr zu Lasten der Masse erwerben, es sei denn der Anspruch entsteht »automatisch« ohne weiteres Zutun eines Beteiligten[48].

Eine Berufung auf eine vorinsolvenzliche Abtretung bzw. Verpfändung des Auseinandersetzungsguthabens als künftige Forderung, die infolge einer Kündigung des Insolvenzverwalters bzw. Treuhänders[49] während des Insolvenzverfahrens entsteht, steht daher § 91 Abs. 1 InsO entgegen. Dasselbe gilt, soweit die Satzung der eG keinen automatischen Ausschluss des Mitgliedes im Falle seiner Insolvenz vorsieht, sondern diesen in das Ermessen der eG stellt[50].

§ 67c Kündigungsausschluss bei Wohnungsgenossenschaften

(1) Die Kündigung der Mitgliedschaft in einer Wohnungsgenossenschaft durch den Gläubiger (§ 66) oder den Insolvenzverwalter (§ 66a) ist ausgeschlossen, wenn
1. die Mitgliedschaft Voraussetzung für die Nutzung der Wohnung des Mitglieds ist und
2. das Geschäftsguthaben des Mitglieds höchstens das Vierfache des auf einen Monat entfallenden Nutzungsentgelts ohne die als Pauschale oder Vorauszahlung ausgewiesenen Betriebskosten oder höchstens 2 000 Euro beträgt.

(2) Übersteigt das Geschäftsguthaben des Mitglieds den Betrag nach Absatz 1 Nummer 2, ist die Kündigung der Mitgliedschaft nach Absatz 1 auch dann ausgeschlossen, wenn es durch Kündigung einzelner Geschäftsanteile nach § 67b auf einen nach Absatz 1 Nummer 2 zulässigen Betrag vermindert werden kann.

Übersicht	Rdn.			Rdn.
A. Allgemeines	1	B. Bisherige Rechtslage		2

---

44 Gesetz vom 15.07.2013, BGBl. I S. 2379.
45 Begr. RegE BT-Drs. 17/11268 S. 35.
46 Vgl. Fn. 1.
47 BGH ZInsO 2009, 383 in Erweiterung zu BGH ZInsO 2004, 921.
48 *BGH ZInsO 2009, 383*; AG Lichtenberg ZVI 2012, 238; Doose/Schmidt-Sperber ZInsO 2009, 1144.
49 Vgl. Fn. 1.
50 Vgl. Rdn. 14 (L. Aufrechnungsrecht der eG); Förstner-Reichstein, ZfgG 2012, 301, 302.

	Rdn.		Rdn.
I. Analogie zu § 109 Abs. 1 Satz 2 InsO	2	2. Selbstnutzung von Wohnraum	7
II. Kündigungsrecht	3	3. Obergrenzen für Geschäftsguthaben	8
C. Rechtslage ab dem 19.07.2013	4	a) Zweck	8
I. Ausschluss des Kündigungsrechtes nach Absatz 1	5	b) Berechnung	9
		II. Ausschluss nach Absatz 2	10
1. Mitgliedschaft	6	**D. Zeitlicher Anwendungsbereich**	11

A. Allgemeines

Die Regelung schließt unter bestimmten Voraussetzungen das Kündigungsrecht des Gläubigers (§ 66 GenG) und des Insolvenzverwalter (§ 66a GenG) über die Mitgliedschaft des Schuldners in einer Wohnungsgenossenschaft aus. Hierdurch sollen die sozialen Auswirkungen der Kündigung der Mitgliedschaft des Schuldners in einer Wohnungsgenossenschaft, die in ihren Folgen mit der Kündigung des Wohnraummietverhältnisses vergleichbar sind, entsprechend § 109 Abs. 1 Satz 2 InsO vermieden werden, und es wird gleichzeitig durch die Einführung von Obergrenzen der Eigenschaft des Genossenschaftsmitglieds als Kapitalgeber der Genossenschaft Rechnung getragen[1]. 1

Die Vorschrift steht im Zusammenhang mit dem bereits im Rahmen der Stellungnahme des Bundesrates zu dem Entwurf eines Gesetzes zur Entschuldung mittelloser Personen, zur Stärkung der Gläubigerrechte sowie zur Regelung der Insolvenzfestigkeit von Lizenzen von dem Bundesrat geäußerten Vorschlag[2] einer Erweiterung des § 109 Abs. 1 Satz 2 um die Kündigung von Genossenschaftsanteilen im Rahmen eines Dauernutzungsverhältnisses über die Wohnung des Schuldners. Im Zuge des Gesetzgebungsverfahrens zu dem Gesetz zur Verkürzung des Restschuldbefreiungsverfahrens und zur Stärkung der Gläubigerrechte vom 15.07.2013[3] wurde der Vorschlag des Bundesrates im Regierungsentwurf aufgegriffen. Der Regierungsentwurf[4] entschied sich jedoch gegen einen Gleichlauf mit der Wohnungsmiete in § 109 Abs. 1 Satz 2 InsO. Der Gesetzgeber übernahm auch nicht im weiteren Verlauf des Gesetzgebungsverfahrens den Vorschlag des Bundesrates in der Stellungnahme zu dem Regierungsentwurf[5], einen Kündigungsausschluss von einer Obergrenze für die gehaltenen Pflichtanteile zu entkoppeln.

B. Bisherige Rechtslage

I. Analogie zu § 109 Abs. 1 Satz 2 InsO

Zur Vermeidung der Kündigung des Dauernutzungsverhältnisses aufgrund des Ausscheidens des Schuldners aus der Wohnungsgenossenschaft wurde bislang wurde von Teilen der Instanzrechtsprechung[6] und vereinzelten Literaturstimmen[7] dem Insolvenzverwalter in analoger Anwendung des § 109 Abs. 1 Satz 2 InsO ein Kündigungsrecht der Mitgliedschaft des Schuldners in einer Wohnungsgenos- 2

---

1 Begr. RegE, BT-Drs. 17/11268 S. 38.
2 Stn. BR, BT-Drs. 16/7416 S. 54 f.
3 BGBl. I S. 2379.
4 BT-Drs. 17/11268.
5 Stn. BR, BT-Drs. 17/11268 S. 46.
6 AG Halle (Saale), 19.02.2009, 93 C 2749/08, juris, das im Falle einer Einzelzwangsvollstreckung u.a. rückschließend aus § 67b GenG von der fehlerhaften Prämisse ausgeht, dem Schuldner stünde kein Kündigungsrecht der Mitgliedschaft zu, soweit er Pflichtanteile hält; AG Charlottenburg 23.05.2007, 203 C 473/06; LG Berlin 29.11.2007, 51 S 253/07 = Grundeigentum 2008, 333, aufgehoben durch BGH ZInsO 2009, 826; LG Dresden, Beschl. v. 29.10.2007, 5 T 497/07 = ZVI 2008, 493, das auf den engen Zusammenhang der Mitgliedschaft mit dem Dauernutzungsvertrag über die Wohnung abstellt; AG Erfurt, Beschl. v. 07.08.2008, 171 IK 1044/06, juris; AG Dortmund, Urt. v. 06.12.2006, 124 C 9582/06 = InVo 2007, 155 = ZIP 2007, 692, das generell den genossenschaftliche Geschäftsanteil des Schuldners von der Insolvenzmasse ausnimmt; differenzierend AG Duisburg, Beschl. v. 23.02.2011, 64 IK 248/10 = ZInsO 2011, 934, das lediglich die Pflichtanteile der selbstgenutzten Wohnung von der Verwaltungs- und Verfügungsbefugnis des Insolvenzverwalters ausnimmt.
7 Kübler/Prütting/Bork/*Tintelnot* § 109 Rn. 23.

senschaft abgesprochen. Diese Ansicht stützte sich auf den gesetzgeberischen Willen, mit der Einführung von § 109 Abs. 1 Satz 2 InsO die Gefahr einer Obdachlosigkeit des Schuldners zu verhindern[8], der auch auf die Kündbarkeit des genossenschaftlichen Mitgliedschaftsverhältnis Einfluss habe.

Eine derartige Analogie ist abzulehnen. Eine Analogie ist nur dann zulässig und geboten, wenn das Gesetz nicht nur eine planwidrige Regelungslücke enthält, sondern auch, wenn der zu beurteilende Sachverhalt in rechtlicher Hinsicht so weit mit dem Tatbestand vergleichbar ist, den der Gesetzgeber geregelt hat, dass angenommen werden kann, der Gesetzgeber wäre bei einer Interessenabwägung, bei der er sich von den gleichen Grundsätzen hätte leiten lassen wie bei dem Erlass der herangezogenen Gesetzesvorschrift, zu dem gleichen Abwägungsergebnis gekommen[9]. Vorliegend fehlt es an der erforderlichen hinreichenden rechtlichen Vergleichbarkeit der Sachverhalte[10]. Die Kündigung der Mitgliedschaft nach § 66 GenG ist im Gegensatz zur Kündigung des Mietverhältnisses im Einzelzwangsvollstreckungsrecht gestattet. Zudem ist zu berücksichtigen, dass ein Genossenschaftsmitglied über die für Mitgliedschaft verpflichtende Einzahlung (Pflichtanteil) bzw. Pflichtbeteiligung nach § 7a Abs. 2 Satz 1 GenG auch freiwillige Einzahlungen auf den Geschäftsanteil leisten bzw. freiwillig weitere Geschäftsanteile nach § 7a Abs. 1 GenG erwerben kann.

II. Kündigungsrecht

3 Sowohl der obergerichtliche Rechtsprechung[11], der Bundesgerichtshof[12] wie auch die überwiegenden Stimmen in der Literatur[13] billigten dem Insolvenzverwalter bzw. Treuhänder nach § 313 InsO[14] folgerichtig ein Kündigungsrecht über die Mitgliedschaft des Schuldners in einer Wohnungsgenossenschaft zu, wobei jedoch umstritten war, ob sich dieses aus dem Übergang der Verwaltungs- und Verfügungsbefugnis § 80 Abs. 1 InsO oder aus § 66 GenG ergab. Der Bundesgerichtshof hat dies letztlich offen gelassen[15].

C. Rechtslage ab dem 19.07.2013

4 Das in § 66a GenG nunmehr auch gesetzlich ausdrücklich anerkannte Kündigungsrecht des Insolvenzverwalters bzw. Treuhänders nach § 313 InsO[16] ist unter den Voraussetzungen des § 67c GenG ausgeschlossen.

---

8 Begr. RegE eines Gesetzes zur Änderung der Insolvenzordnung und anderer Gesetze, S. 27, das einen entsprechenden Änderungsvorschlag der Bund-Länder-Arbeitsgruppe »Insolvenzrecht« zur 71. Konferenz der Justizministerinnen und Justizminister am 24/25.05.2000 aufgreift.
9 BGH 14.06.2007, V ZB 102/06 Rn. 11 = MDR 2007, 1220.
10 BGH 19.03.2009, IX ZR 58/08 Rn. 12 f. = ZInsO 2009, 826; *Drasdo* NZM 2012, 585, 591, der bereits eine Regelungslücke verneint; *Weiß* EWiR 2009, 621; *Emmert* ZInsO 2005, 852, 855; *Dahl* NJW-Spezial 2009, 373 f.; *Dahl*, Anm. zu BGH 19.03.2009, IX ZR 58/08, NZI 2009 376; so im Ergebnis auch *Tetzlaff* ZInsO 2007, 590, 591.
11 OLG Zweibrücken 04.09.2008, 4 U 135/07 = OLGR Zweibrücken 2009, 41 f. Rn. 24 m.w.N.
12 BGH 19.03.2009, IX ZR 58/08= ZInsO 2009, 826 (Insolvenzverwalter); BGH 17.09.2009, IX ZR 63/09 = ZInsO 2009, 2104 (Treuhänder).
13 *Emmert* ZInsO 2005, 852; *Tetzlaff* ZInsO 2007, 590; *Dahl* NZI 2009, 374 (376 f.): Anm. zu BGH Fn. 4; *Kroth* FD-InsR 2009, 280797: Anm. zu BGH Fn. 4; *Anger* VIA 2011, 48; *Flöther/Wehner* § 109 Rdn. 10; MüKO-InsO/*Eckert* § 109 InsO Rn. 51; Braun/*Kroth* § 109 Rn. 16; Uhlenbruck/*Wegener* § 109 InsO Rn. 17; Andres/Leithaus/*Andres* § 109 InsO Rn. 10; Pöhlmann/Fandrich/Bloehs/*Fandrich*, § 66 GenG Rn. 1.
14 Vgl. § 66a Fn. 1.
15 BGH 19.03.2009, IX ZR 58/08 Rn. 5 = ZInsO 2009, 826; BGH 17.09.2009, IX ZR 63/09 Rn. 5 = ZInsO 2009, 2104.
16 Vgl. § 66a GenG Fn. 1.

I. Ausschluss des Kündigungsrechtes nach Absatz 1

Die Kündigung der Mitgliedschaft durch einen Einzelgläubiger oder den Insolvenzverwalter bzw. Treuhänder nach § 313 InsO[17] ist ausgeschlossen, wenn die Mitgliedschaft Voraussetzung der Nutzung der Wohnung ist und kumulativ das Geschäftsguthaben des Schuldners höchstens das Vierfache des auf einen Monat entfallenden Nettonutzungsentgelts oder höchstens 2 000 € beträgt.

1. Mitgliedschaft

Die Mitgliedschaft in der Wohnungsgenossenschaft muss für den Schuldner conditio sine qua non der Wohnraumüberlassung sein. Im Regelfall ist die Mitgliedschaft in der Genossenschaft nach dem Satzungszweck der Genossenschaft aufgrund ihres mitgliedschaftlichen Förderprinzips aus § 1 Abs. 1 Satz 1 GenG unerlässliche Voraussetzung für den Abschluss einer Vereinbarung über die Überlassung von Wohnraum[18]. Statuiert die Satzung Ausnahmefälle für eine Nutzungsüberlassung ausnahmsweise an Nichtmitglieder (Studenten etc.), ist dies unschädlich, da die Mitgliedschaft jeweils nur im konkreten Einzelfall vorliegen muss[19].

2. Selbstnutzung von Wohnraum

Da es sich bei § 67c GenG um eine Ausnahmevorschrift von der grundsätzlichen Kündbarkeit der Mitgliedschaft in § 66 GenG bzw. § 66a GenG handelt, ist die Voraussetzung der Selbstnutzung eng auszulegen. Der Schuldner muss die Wohnung zur Befriedigung der eigenen Wohnbedürfnisse nutzen und die Wohnung muss zusätzlich den Mittelpunkt der eigenen Lebensinteressen des Schuldners darstellen[20].

Eine Selbstnutzung der Wohnung scheidet daher aus, wenn die Wohnung
– als Ferien- oder Wochenendwohnung bewohnt,
– nur gelegentlich zu als Zweitwohnung genutzt,
– untervermietet,
– Dritten oder Familienangehörigen zur Nutzung überlassen
wird[21].

3. Obergrenzen für Geschäftsguthaben

a) Zweck

Die Obergrenzen sollen verhindern, dass Mitglieder von Wohnungsgenossenschaften

ein über die übliche Pflichtbeteiligung hinausgehendes Vermögen insolvenzfest anlegen können[22].

b) Berechnung

Das schuldnerische Geschäftsguthaben darf das Vierfache des monatlichen Nettonutzungsentgelts ohne Berücksichtigung der Betriebskosten, unabhängig ob diese als Vorauszahlung oder in Form einer Pauschale geleistet werden, oder eine absolute Begrenzung von 2.000 € nicht überschreiten. Es handelt sich um alternative Obergrenzen. Die Kündigung ist daher auch bei Überschreiten der relativen Grenze des Vierfachen den monatlichen Nettonutzungsentgelts aber Unterschreiten der absoluten Grenze von 2.000 € ausgeschlossen. Die Bezugsgröße der Obergrenzen ist das Geschäftsguthaben im Zeitpunkt der Kündigungserklärung auf der Grundlage der zuletzt festgestellten Bilanz[23].

---

17 Vgl. § 66a GenG Fn. 1.
18 *Drasdo* NZM 2012, 585, 586; *Tetzlaff* ZInsO 2007, 590.
19 Begr. RegE, BT-Drs. 17/11268 S. 39.
20 S. Fn. 19.
21 S. Fn. 19.
22 Kritisch: *Grote/Pape* ZInsO 2013, 1433; ebenso Stn. BR, BR-Drs. 17/11268 S. 46.
23 Begr. RegE, BT-Drs. 17/11268 S. 39.

II. Ausschluss nach Absatz 2

10 Absatz 2 ist Ausnahme zu Abs. 1 Nr. 2. Im Interesse der Mitgliedschaftserhaltung gewährleistet Absatz 2, dass der Gläubiger bzw. Insolvenzverwalter oder Treuhänder nach § 313 InsO[24] zur Durchsetzung seines Vollstreckungsanspruches von der Kündigung der Mitgliedschaft nur subsidiär Gebrauch macht. Die Kündigung der Mitgliedschaft ist daher entgegen Abs. 1 Nr. 2 auch dann ausgeschlossen, wenn durch die Kündigung einzelner Geschäftsanteile unter den Voraussetzungen der §§ 66, 66a, 67b GenG die Möglichkeit besteht, ein über dem Vierfachen des monatlichen Nutzungsentgelts bzw. ein über 2.000 € liegendes Geschäftsguthaben auf einen Betrag bis zu diesen alternativen Höchstgrenzen abzuschmelzen. Bei der Verweisung auf § 67b GenG handelt es sich um eine Rechtsgrundverweisung. Ein Teilkündigungsrecht scheidet daher für Pflichtanteile aus, wenn die Satzung nach § 7a Abs. 2 Satz 1 GenG eine Pflichtbeteiligung mit mehreren Geschäftsanteilen vorsieht[25]. Sie ist auch in dem insbesondere für Wohnungsgenossenschaften relevanten Fall des § 7a Abs. 2 Satz 2 GenG ausgeschlossen, d.h. wenn eine (zusätzliche) gestaffelte Beteiligung mit mehreren Anteilen Voraussetzung der Förderung m.a.W. Voraussetzung für die Inanspruchnahme der Genossenschaftswohnung ist[26].

D. Zeitlicher Anwendungsbereich

11 Die Verschärfung der Kündigungsvoraussetzungen in § 67c GenG gilt auch für Kündigungen in am 19.07.2013 laufenden Insolvenzverfahren und nicht nur in seit dem 19.07.2013 beantragten Verfahren[27]. Sie ist jedoch nicht auf im Zeitpunkt des Inkrafttretens am 19.07.2013 bereits ausgesprochene Kündigungen anzuwenden[28].

---

24 Vgl. § 66a Fn. 1.
25 A.A. *Grote/Pape* ZInsO 2013, 1433, 1434, die von einer in § 67b GenG nicht vorgesehenen Reduzierung des Pflichtanteils ausgehen.
26 Begr. RegE, BT-Drs. 17/11268 S. 39; *Grote/Pape* ZInsO 2013, 1433, 1434.
27 *Semmelbeck* ZInsO 2013, 1785; a.A. *Grote/Pape* ZInsO 2013, 1433, 1434; *Grote* InsBüro 2013, 296, 297; *Schmerbach* VIA 2013, 41, 42.
28 *Semmelbeck* ZInsO 2013, 1785.

Anhang VII Insolvenzstrafrecht, §§ 283–283d StGB

Strafgesetzbuch (StGB) idF der Bekanntmachung vom 13. November 1998 (BGBl. I S. 3322), zuletzt geändert durch Artikel 1 des Gesetzes vom 24. September 2013 (BGBl. I S. 3671)

Vierundzwanzigster Abschnitt Insolvenzstraftaten

§ 283 Bankrott

(1) Mit Freiheitsstrafe bis zu fünf Jahren oder mit Geldstrafe wird bestraft, wer bei Überschuldung oder bei drohender oder eingetretener Zahlungsunfähigkeit
1. Bestandteile seines Vermögens, die im Falle der Eröffnung des Insolvenzverfahrens zur Insolvenzmasse gehören, beiseite schafft oder verheimlicht oder in einer den Anforderungen einer ordnungsgemäßen Wirtschaft widersprechenden Weise zerstört, beschädigt oder unbrauchbar macht,
2. in einer den Anforderungen einer ordnungsgemäßen Wirtschaft widersprechenden Weise Verlust- oder Spekulationsgeschäfte oder Differenzgeschäfte mit Waren oder Wertpapieren eingeht oder durch unwirtschaftliche Ausgaben, Spiel oder Wette übermäßige Beträge verbraucht oder schuldig wird,
3. Waren oder Wertpapiere auf Kredit beschafft und sie oder die aus diesen Waren hergestellten Sachen erheblich unter ihrem Wert in einer den Anforderungen einer ordnungsgemäßen Wirtschaft widersprechenden Weise veräußert oder sonst abgibt,
4. Rechte anderer vortäuscht oder erdichtete Rechte anerkennt,
5. Handelsbücher, zu deren Führung er gesetzlich verpflichtet ist, zu führen unterlässt oder so führt oder verändert, dass die Übersicht über seinen Vermögensstand erschwert wird,
6. Handelsbücher oder sonstige Unterlagen, zu deren Aufbewahrung ein Kaufmann nach Handelsrecht verpflichtet ist, vor Ablauf der für Buchführungspflichtige bestehenden Aufbewahrungsfristen beiseite schafft, verheimlicht, zerstört oder beschädigt und dadurch die Übersicht über seinen Vermögensstand erschwert,
7. entgegen dem Handelsrecht
   a) Bilanzen so aufstellt, dass die Übersicht über seinen Vermögensstand erschwert wird, oder
   b) es unterlässt, die Bilanz seines Vermögens oder das Inventar in der vorgeschriebenen Zeit aufzustellen, oder
8. in einer anderen, den Anforderungen einer ordnungsgemäßen Wirtschaft grob widersprechenden Weise seinen Vermögensstand verringert oder seine wirklichen geschäftlichen Verhältnisse verheimlicht oder verschleiert.

(2) Ebenso wird bestraft, wer durch eine der in Absatz 1 bezeichneten Handlungen seine Überschuldung oder Zahlungsunfähigkeit herbeiführt.

(3) Der Versuch ist strafbar.

(4) Wer in den Fällen
1. des Absatzes 1 die Überschuldung oder die drohende oder eingetretene Zahlungsunfähigkeit fahrlässig nicht kennt oder
2. des Absatzes 2 die Überschuldung oder Zahlungsunfähigkeit leichtfertig verursacht,
wird mit Freiheitsstrafe bis zu zwei Jahren oder mit Geldstrafe bestraft.

(5) Wer in den Fällen
1. des Absatzes 1 Nr. 2, 5 oder 7 fahrlässig handelt und die Überschuldung oder die drohende oder eingetretene Zahlungsunfähigkeit wenigstens fahrlässig nicht kennt oder
2. des Absatzes 2 in Verbindung mit Absatz 1 Nr. 2, 5 oder 7 fahrlässig handelt und die Überschuldung oder Zahlungsunfähigkeit wenigstens leichtfertig verursacht,
wird mit Freiheitsstrafe bis zu zwei Jahren oder mit Geldstrafe bestraft.

(6) Die Tat ist nur dann strafbar, wenn der Täter seine Zahlungen eingestellt hat oder über sein Vermögen das Insolvenzverfahren eröffnet oder der Eröffnungsantrag mangels Masse abgewiesen worden ist.

Übersicht

	Rdn.
A. Normzweck und Deliktsnatur	1
I. Normzweck	1
II. Deliktsnatur	3
1. Insolvenzrechtsakzessorietät	3
2. Abstraktes Gefährdungsdelikt	5
3. Sonderdeliktscharakter	6
a) Allgemeines	6
b) Zurechnung der Schuldnereigenschaft in Vertretungsverhältnissen	7
aa) Aufgabe der Interessentheorie	8
bb) Neue Zurechnungskriterien	9
B. Tatbestand	10
I. Vorsatzdelikt (Abs. 1 und 2)	11
1. Wirtschaftliche Krise	12
a) Zahlungsunfähigkeit (§ 17 Abs. 2 InsO)	12
b) Drohende Zahlungsunfähigkeit (§ 18 Abs. 2 InsO)	16
c) Überschuldung (§ 19 Abs. 2 InsO)	20
aa) Allgemeines	20
bb) Modifizierter zweistufiger Überschuldungsbegriff	21
cc) Nicht modifizierter zweistufiger Überschuldungsbegriff	24
2. Tathandlungen (Abs. 1)	26
a) Unterdrückung von Vermögen (Nr. 1)	27
aa) Beiseiteschaffen	29
bb) Verheimlichen	33
cc) Zerstören, Beschädigen, Unbrauchbarmachen	36
b) Unwirtschaftliche Geschäfte oder Ausgaben (Nr. 2)	38
aa) Verlust-, Spekulations- und Differenzgeschäfte	38
bb) Unwirtschaftliche Ausgaben, Spiel oder Wette	40
c) Schleuderverkauf (Nr. 3)	45
d) Vortäuschen oder Anerkennen erdichteter Rechte (Nr. 4)	48
e) Verletzung der Buchführungspflicht (Nr. 5)	51
aa) Buchführungspflicht	52
bb) Handelsbücher	53
cc) Unterlassen der Buchführung	54
dd) Mangelhafte Buchführung	55
f) Unterdrückung von Handelsbüchern (Nr. 6)	57
aa) Tathandlungen	57
bb) Tatobjekte	58
cc) Täterkreis	59
dd) Erschwerte Übersicht	60
g) Verletzung der Bilanzierungs- und Inventarisierungspflicht (Nr. 7)	61
aa) Verpflichtung nach Handelsrecht	62
bb) Mangelhafte Aufstellung einer Bilanz	63
cc) Unterlassen der fristgerechten Bilanzierung oder Inventarisierung	65
h) Sonstige Bankrotthandlungen (Nr. 8)	67
aa) Allgemeines	67
bb) Verringerung des Vermögensstandes	68
cc) Verheimlichen oder Verschleiern der wirtschaftlichen Verhältnisse	69
dd) Grobe Wirtschaftswidrigkeit	70
3. Herbeiführen der Krise (Abs. 2)	71
a) Allgemeines	71
b) Kausalität	72
4. Subjektiver Tatbestand	73
II. Versuch (Abs. 3)	76
III. Vorsätzliche und fahrlässige Begehung (Abs. 4)	78
1. Fahrlässige Unkenntnis der Krise (Nr. 1)	79
2. Leichtfertige Verursachung der Krise (Nr. 2)	80
IV. Fahrlässige Begehung (Abs. 5)	81
V. Täterschaft und Teilnahme	82
C. Objektive Bedingung der Strafbarkeit (Abs. 6)	84
I. Zahlungseinstellung	85
II. Eröffnung des Insolvenzverfahrens	87
III. Ablehnung des Eröffnungsantrags mangels Masse	88
IV. Zusammenhang zwischen Bankrotthandlung und Strafbarkeitsbedingung	89
D. Konkurrenzen	91
E. Rechtsfolgen	94
F. Prozessuales	95
G. Internationale Bezüge	96

A. Normzweck und Deliktsnatur

I. Normzweck

Das Insolvenzstrafrecht der §§ 283–283d StGB dient nach nahezu einhelliger Auffassung dem **Schutz der Insolvenzmasse** vor einer unwirtschaftlichen Verringerung zum Nachteil der Gesamtheit der Gläubiger und schützt damit die **Vermögensinteressen der Insolvenzgläubiger**.[1] Insoweit korrespondiert das Rechtsgut des Insolvenzstrafrechts mit dem in § 1 InsO wiedergegebenen Ziel des Insolvenzrechts, die Gläubiger eines Schuldners gemeinschaftlich zu befriedigen. Der intendierte Schutz der Gesamtheit der Gläubiger erfordert indes nicht, dass stets eine Mehrheit von Gläubigern bestehen müsste; auch wenn nur ein Gläubiger vorhanden ist, kann ein rechtlich geschütztes Interesse an der Durchführung des Insolvenzverfahrens bestehen, was zur – verfassungsrechtlich unbedenklichen[2] – Anwendbarkeit des Bankrotttatbestandes führt.[3] Das Insolvenzstrafrecht schützt alle Gläubiger des Schuldners in gleichem Maße, insb. gibt es keiner Gruppe von Gläubigern – etwa den Arbeitnehmern, deren Vermögensinteressen (Lohnanspruch, Ansprüche aus § 615 BGB, Rechte aus betrieblicher Altersversorgung etc.) in den Schutzbereich der §§ 283–283d einbezogen sind – eine Vorrangstellung.[4] In diesem Zusammenhang ist zu beachten, dass der **Erhalt des Arbeitsplatzes** kein eigenständiges Schutzgut des Insolvenzstrafrechts darstellt. Dies gilt auch mit Blick auf § 1 Satz 1 InsO, in dem der Erhalt des Unternehmens ausdrücklich als Weg zur Gläubigerbefriedigung genannt wird, denn das Insolvenzrecht gewährt – wie etwa die Regelungen der §§ 113 Abs. 1 und 125 InsO zeigen – keinen Bestandsschutz der Arbeitsverhältnisse.[5] 1

Darüber hinaus werden in der Literatur, vereinzelt aber auch in der Rechtsprechung, überindividuelle, soziale Rechtsgutsaspekte des Insolvenzstrafrechts herausgestellt, namentlich der Schutz des **gesamtwirtschaftlichen Systems** oder die **Funktionsfähigkeit der Kreditwirtschaft**.[6] Durch Bankrotthandlungen wird typischer Weise das Vertrauen der Kreditwirtschaft in potentielle Kreditnehmer beeinträchtigt, was zu einer vorsichtigeren Vergabe von Krediten und damit auch zu einer Beeinträchtigung des gesamtwirtschaftlichen Systems führen kann, in dem die Kreditvergabe ein notwendiges Instrument darstellt.[7] 2

II. Deliktsnatur

1. Insolvenzrechtsakzessorietät

Im Insolvenzstrafrecht werden zur Beschreibung der Krisenmerkmale (Überschuldung, drohende und eingetretene Zahlungsunfähigkeit) Begriffe als Tatbestandsmerkmal verwendet, die in den Vorschriften der InsO legal definiert sind (vgl. § 17 Abs. 2, § 18 Abs. 2, § 19 Abs. 2 InsO). Auch in der objektiven Strafbarkeitsbedingung des Abs. 6 werden insolvenzrechtliche Tatbestände (Zahlungseinstellung, Eröffnung des Insolvenzverfahrens, Ablehnung des Eröffnungsantrags mangels Masse) in Bezug genommen. Damit stellt sich die Frage, ob diese Begriffe in der strafrechtlichen Anwendung identisch auszulegen sind, mithin nach einer Akzessorietät des Insolvenzstrafrechts vom Insolvenzrecht. 3

---

1 St. Rspr, s. zuletzt BGH 22.01.2013, 1 StR 234/12, NJW 2013, 949 (950); 29.04.2010, 3 StR 314/09, BGHSt 55, 107 (115); LK/*Tiedemann* vor § 283 Rn. 45 ff. m.w.N.
2 Vgl. BVerfG 28.08.2003, 2 BvR 704/01, ZInsO 2004, 738.
3 BGH 22.02.2001, 4 StR 421/00, NJW 2001, 1874 (1875).
4 MüKo-StGB/*Radtke* vor §§ 283 ff. Rn. 9 m.w.N.
5 LK/*Tiedemann* vor § 283 Rn. 51 f.
6 Vgl. BGH 29.04.2010, 3 StR 314/09, BGHSt 55, 107 (115); 18.12.2002, IX ZB 121/02, NJW 2003, 974 (975); 22.02.2001, 4 StR 421/00, NJW 2001, 1874 (1875); LK/*Tiedemann* vor § 283 Rn. 53 ff.; Schönke/Schröder/*Heine* vor § 283 Rn. 2 m.w.N.; *Fischer* vor § 283 Rn. 3, allerdings abl. hinsichtlich der Funktionsfähigkeit der Kreditwirtschaft.
7 Schönke/Schröder/*Heine* vor § 283 Rn. 2; abl. MüKo-StGB/*Radtke* vor §§ 283 ff. Rn. 14 f.

4 Die **Rechtsprechung** des Bundesgerichtshofes geht von einer **strengen Insolvenzrechtsakzessorietät** und damit von einer Verbindlichkeit der Legaldefinition des § 17 Abs. 2 InsO aus.[8] Weitgehende Einigkeit besteht darüber hinaus, dass sich bei der Auslegung der Straftatbestände wegen der bewussten Bezugnahme auf insolvenzrechtliche Begriffe, nicht zuletzt aber auch wegen der übereinstimmenden Zielrichtung einerseits des Insolvenzrechts, andererseits des Insolvenzstrafrechts, ein vollkommen autonomes strafrechtliches Begriffsverständnis verbietet.[9] In der **Literatur** wird dagegen überwiegend vertreten, dass bei einer strikten Anwendung der insolvenzrechtlichen Definitionen eine illegitime Vorverlagerung der Strafbarkeit drohe und zudem ein Spannungsverhältnis zu strafrechtlichen Prinzipien – etwa dem Grundsatz in dubio pro reo – entstehen könne. Es bedürfe deshalb, ausgehend von den auch für das Strafrecht maßgeblichen Legaldefinitionen in jedem Fall einer Prüfung, ob die Übernahme der insolvenzrechtlichen Begriffe bei der Auslegung der Straftatbestände mit strafrechtlichen Grundsätzen in Einklang gebracht werden kann; insoweit wird von einer **funktionalen Akzessorietät** gesprochen.[10]

2. Abstraktes Gefährdungsdelikt

5 Bei den Straftatbeständen der Abs. 1 und 2 handelt es sich um **abstrakte Gefährdungsdelikte**, also um Tatbestände, die für das Rechtsgut generell gefährliche Handlungsweisen unter Strafe stellen, ohne dass es auf den Eintritt einer konkreten Gefährdung oder gar Verletzung der geschützten Gläubigerinteressen ankommt.[11] Soweit Abs. 2 erfordert, dass durch eine außerhalb einer Zahlungskrise begangene Bankrotthandlung nach Abs. 1 diese in Form der Überschuldung oder der Zahlungsunfähigkeit kausal herbeigeführt wird, handelt es sich dabei nicht um einen Erfolg i.S. einer Rechtsgutsverletzung, Erfolg ist vielmehr nur die Herbeiführung der abstrakten Gefahr für die Gläubigerinteressen,[12] so dass die Einordnung als abstraktes Gefährdungsdelikt dadurch nicht berührt wird.[13]

3. Sonderdeliktscharakter

a) Allgemeines

6 Bei der Vorschrift handelt es sich um ein Sonderdelikt, **Täter** kann nur der **Schuldner** sein, also die (natürliche oder juristische) Person, die für die Erfüllung einer Verbindlichkeit haftet.[14] Dies folgt zum einen aus den normierten Tathandlungen, die nur dann tatbestandsmäßig sind, wenn sich der Täter in der Krise befindet; die genannten Krisenmerkmale Überschuldung, drohende oder eingetretene Zahlungsunfähigkeit implizieren aber, dass der Täter, der sich in der Krise befindet, Schuldner der an ihn gestellten Forderungen ist. Zum anderen bringt auch die objektive Bedingung der Strafbarkeit nach Abs. 6 die Schuldnerstellung des Täters zum Ausdruck, indem sie darauf abstellt, dass er die Zahlungen eingestellt hat, über sein Vermögen das Insolvenzverfahren eröffnet oder der Eröffnungsantrag mangels Masse abgewiesen worden ist. Zum Kreis der möglichen Täter zählen nicht nur Personen, die sich wirtschaftlich betätigen, sondern jeder Schuldner, weshalb auch Privat-

---

8 BGH 23.05.2007, 1 StR 88/07, NStZ 2007, 643 zu § 17 Abs. 2 InsO; BGH 29.04.2010, 3 StR 314/09, NJW 2010, 2894 (2899) zu § 18 Abs. 2 InsO, insoweit in BGHSt 55, 105 nicht abgedruckt; 11.02.2010, 4 StR 433/09, wistra 2010, 219 zu § 19 Abs. 2 InsO im Zusammenhang mit § 2 Abs. 3.
9 MüKo-StGB/*Radtke* vor § 283 ff. Rn. 5 m.w.N.
10 Schönke/Schröder/*Heine* Rn. 50a; *Fischer* vor § 283 Rn. 6 jeweils m.w.N.
11 NK/*Kindhäuser* vor §§ 283 bis 283d Rn. 34; Schönke/Schröder/*Heine* Rn. 1, jeweils m.w.N.; vgl. auch BT-Drucks. 7/3441, 20.
12 *Krause* NStZ 1999, 161 (162); MüKo-StGB/*Radtke* vor §§ 283 ff. Rn. 19.
13 AA LK/*Tiedemann* Rn. 2 und Satzger/Schmitt/Widmaier/*Bosch* Rn. 1, 33: Erfolgsdelikt; SK/*Hoyer* Rn. 5: konkretes Gefährdungsdelikt; in diesem Sinne wohl auch MüKo-StGB/*Radtke* vor §§ 283 ff. Rn. 20 und § 283 Rn. 69.
14 BGH 10.02.2009, 3 StR 472/08, NJW 2009, 2225 (2226); BGH 22.01.2013, 1 StR 234/12, NJW 2013, 949, st. Rspr.

insolvenzen vom Anwendungsbereich der Vorschrift erfasst werden.[15] Bei den Tathandlungen von Abs. 1 Nr. 5 und 7 muss zur Schuldnereigenschaft des Täters hinzukommen, dass er zur Führung von Handelsbüchern verpflichtet ist bzw. entgegen dem Handelsrecht Bilanzierungspflichten verletzt. Es handelt sich deshalb bei diesen beiden Tatbestandsalternativen zusätzlich um ein **Sonderdelikt des Kaufmanns**.[16]

b) Zurechnung der Schuldnereigenschaft in Vertretungsverhältnissen

Ist der Schuldner eine **juristische Person** oder eine rechtsfähige Personengesellschaft, wird die **Zurechnung** des besonderen persönlichen Merkmals der Schuldnereigenschaft über § 14 vorgenommen. Voraussetzung dafür ist, dass der Täter »als« Organ oder Vertreter (§ 14 Abs. 1) bzw. »auf Grund dieses Auftrags« (§ 14 Abs. 2) handelt.[17]

aa) Aufgabe der Interessentheorie

Nach der früheren Rechtsprechung des Bundesgerichtshofs erforderte dies für eine Strafbarkeit des Vertreters, dass er zumindest auch im Interesse des Vertretenen handelte. Bei ausschließlich eigennützigem Verhalten sollte eine Verurteilung wegen Bankrotts hingegen ausscheiden (sog. **Interessentheorie**).[18]

Die Interessentheorie war in der Literatur schon seit längerer Zeit mit beachtlichen Argumenten kritisiert worden.[19] Nachdem sich der 3. Strafsenat des Bundesgerichtshofs zunächst in einem obiter dictum für eine Abkehr von der bisherigen Rechtsprechung ausgesprochen und sich der 1. Strafsenat in einer darauf folgenden Entscheidung – allerdings ebenfalls nicht tragend – der Auffassung des 3. Strafsenats angeschlossen hatte,[20] hat der 3. Strafsenat nach Durchführung eines Anfrageverfahrens gemäß § 132 Abs. 3 Satz 1 GVG,[21] in dem alle anderen Strafsenate erklärt hatten, an ihrer entgegenstehenden Rechtsprechung nicht länger festzuhalten,[22] die Interessentheorie aufgegeben.[23] Begründet worden ist dies damit, dass die Interessentheorie den Insolvenzdelikten nur einen geringen Anwendungsbereich ließ, wenn es sich bei dem Schuldner um eine Kapitalgesellschaft handelte. Der intendierte Schutz der Gläubiger lief weitgehend leer, weil etwa der Gesellschafter/Geschäftsführer einer Ein-Mann-GmbH, der durch eigennütziges Beiseiteschaffen von Vermögensgegenständen der Gesellschaft die Insolvenz gezielt herbeiführt, nicht wegen Bankrotts schuldig gesprochen werden konnte.[24] Zudem war die unterschiedliche Behandlung gleichartiger Verhaltensweisen von Einzelkaufleuten einerseits und Vertretern oder Organen von juristischen Personen andererseits mit Blick auf die besondere Insolvenzanfälligkeit von in der Rechtsform der GmbH betriebenen Unternehmen schwerlich zu rechtfertigen und führte insbesondere bei Verstößen gegen Buchführungs- und Bilanzierungspflichten (Abs. 1 Nr. 5–7) zu Strafbarkeitslücken.[25] Schließlich zeigte auch die inkonsequente Anwendung der Interessentheorie durch die Rechtsprechung des Bundesgerichtshofes in

---

15 BGH 29.04.2010, 3 StR 314/09, BGHSt 55, 107 (112); grundlegend BGH 22.02.2001, 4 StR 421/00, NJW 2001, 1874.
16 MüKo-StGB/*Radtke* Rn. 43, 55.
17 BGH 10.02.2009, 3 StR 472/08, NJW 2009, 2225 (2226); st. Rspr.
18 S.z.B. BGH 20.05.1981, 3 StR 94/81, BGHSt 30, 127 (128); 06.11.1986, 1 StR 327/86, BGHSt 34, 221 (224); zuletzt BGH 13.09.2007, 5 StR 292/07, StraFo 2007, 518.
19 MüKo-StGB/*Radtke* vor §§ 283 ff. Rn. 55 ff. m.w.N.; Schönke/Schröder/*Heine* Rn. 4a f. m.w.N.
20 BGH 01.09.2009, 1 StR 301/09, NStZ-RR 2009, 373 m. zust. Anm. *Habenicht* JR 2011, 17.
21 BGH 15.09.2011, 3 StR 118/11, NStZ 2012, 89.
22 BGH 29.11.2011, 1 ARs 19/11, wistra 2012, 113; 22.12.2011, 2 ARs 403/11; 10.01.2012, 4 ARs 17/11, wistra 2012, 191; 07.02.2012, 5 ARs 64/11.
23 BGH 15.05.2012, 3 StR 118/11, BGHSt 57, 229.
24 BGH 15.05.2012, 3 StR 118/11, BGHSt 57, 229 (234) unter Hinw. auf BGH 20.05.1981, BGHSt 30, 127 (128 f.).
25 BGH 15.05.2012, 3 StR 118/11, BGHSt 57, 229 (235); s. aber BGH 15.12.2011, 5 StR 122/11, wistra 2012, 149.

den praktisch relevanten Fällen, dass die Gesellschafter mit dem (eigennützigen) Handeln des Geschäftsführers oder Vertreters einverstanden waren, deren Schwäche auf: Bei der Kommanditgesellschaft war ein Handeln, das aus wirtschaftlicher Sicht im vollständigen Widerstreit zu den Interessen der vertretenen Gesellschaft stand, gleichwohl von dem durch das Einverständnis erweiterten Auftrag des Schuldners – also der Gesellschaft – gedeckt, wenn der Komplementär zustimmte;[26] diese Einschränkung der Interessentheorie und demzufolge die Anwendbarkeit des Bankrottatbestandes wurde mit den Bedürfnissen des Gläubigerschutzes begründet[27] und diese Rechtsprechung in der Folge (teilweise) auf die Fälle der GmbH & Co. KG erstreckt.[28] Es war indes nicht nachvollziehbar, warum die Bedürfnisse des Gläubigerschutzes in Fällen der Kapitalgesellschaften und erst recht bei der Mischform der GmbH & Co. KG zurücktreten sollten und deshalb die Zustimmung der Gesellschafter nur bei Personengesellschaften Bedeutung haben sollte, bei Kapitalgesellschaften hingegen nicht.[29] Schließlich sprach für eine Aufgabe der Interessentheorie auch die uneinheitliche Anwendung in Bezug auf die Buchführungs- und Bilanzdelikte.[30]

bb) Neue Zurechnungskriterien

9   Kommt es danach für ein Handeln als Vertretungsberechtigter des Schuldners nicht mehr darauf an, ob dieses im Interesse des Geschäftsherrn liegt, sind die Kriterien, nach denen eine **Zurechnung** der Schuldnereigenschaft auf Organe oder Vertreter von Handelsgesellschaften, insbesondere juristischen Personen, vorzunehmen ist, **neu zu bestimmen**. Nach der bislang dazu ergangenen Rechtsprechung soll in erster Linie darauf abzustellen sein, ob der Vertreter im Geschäftskreis des Vertretenen tätig wird. Dabei wird – mit Zustimmung in der Literatur[31] – zwischen rechtsgeschäftlichem Handeln und einer faktischen Einwirkung auf das Schuldnervermögen differenziert. Bei **rechtsgeschäftlichem Handeln** soll eine Zurechnung der Schuldnereigenschaft auf den Organwalter jedenfalls dann möglich sein, wenn der Vertreter im Namen des Vertretenen auftritt oder diesen wegen der bestehenden Vertretungsmacht jedenfalls im Außenverhältnis bindende Rechtswirkungen des Geschäfts unmittelbar treffen.[32] Gleiches gilt, wenn sich der Vertretene zur Erfüllung seiner – strafbewehrten – Bilanzierungs- und Buchführungspflichten eines Vertreters bedient.[33] Bei bloß **faktischem Handeln** des Vertreters ist die Abgrenzung hingegen schwieriger; jedenfalls soll die Zustimmung des Vertretenen – wohl unabhängig von der Rechtsform, in der dieser organisiert ist – ebenfalls dazu führen, dass der Vertreter im Auftrag des Vertreters handelt und ihm deshalb die für die Bankrottstrafbarkeit erforderliche Täterqualität, die Schuldnerstellung, zugerechnet wird.[34] Die vom Bundesgerichtshof in den Blick genommenen Zurechnungskriterien weisen eine gewisse Nähe zu dem in Teilen der Literatur vertretenen sog. »Zurechnungsmodell«[35]

---

26 BGH 06.11.1986, 1 StR 327/86, BGHSt 34, 221 (223 f.).
27 BGH 06.11.1986, 1 StR 327/86, BGHSt 34, 221 (224).
28 BGH 12.05.1989, 3 StR 55/89, wistra 1989, 264 (267); a.A. BGH, 29.11.1983, 5 StR 616/83, wistra 1984, 71; 17.03.1987, 5 StR 272/86, JR 1988, 254 (255 f.); offen gelassen von BGH 03.05.1991, 2 StR 613/90, NJW 1992, 250 (252).
29 BGH 15.05.2012, 3 StR 118/11, BGHSt 57, 229 (236 f.).
30 BGH 15.05.2012, 3 StR 118/11, BGHSt 57, 229 (237) m.w.N.
31 *Radtke* GmbHR 2012, 28; MüKo-StGB/*Radtke* § 14 Rn. 65 ff.; *Brand* NJW 2012, 2370; Schönke/Schröder/*Perron* § 14 Rn. 26.
32 BGH 15.05.2012, 3 StR 118/11, BGHSt 57, 229 (237); ähnlich bereits BGH 10.02.2009, 3 StR 372/08, NJW 2009, 2225 (2227 f.); 15.09.2011, 3 StR 118/11, NStZ 2012, 89 (91), ohne dass in diesen Entscheidungen allerdings die »bindende« Verpflichtung hervorgehoben wurde; s. auch BGH 01.09.2009, 1 StR 301/09, NStZ-RR 2009, 373 unter Verw. auf *Radtke* GmbHR 2009, 875.
33 BGH 15.05.2012, 3 StR 118/11, BGHSt 57, 229 (238); so auch LK/*Tiedemann* vor §§ 283 ff. Rn. 84.
34 BGH 15.05.2012, 3 StR 118/11, BGHSt 57, 229 (238); so auch schon BGH 10.02.2009, 3 StR 372/08, NJW 2009, 2225 (2227 f.); 15.09.2011, 3 StR 118/11, NStZ 2012, 89 (91); weitergehend BGH 10.01.2012, 4 ARs 17/11, wistra 2012, 191: Interesse des Vertretenen soll ein Indiz bilden.
35 Vgl. MüKo-StGB/*Radtke* vor §§ 283 ff. Rn. 57 f.; § 14 Rn. 65 ff.; s. auch Schönke/Schröder/*Heine* Rn. 4b.

auf,[36] ohne sich darauf indes festzulegen oder zu beschränken. In der Literatur wird an den Ausführungen der Rechtsprechung in erster Linie bemängelt, dass sie offen lassen, ob das **rechtsgeschäftliche Handeln** des Vertreters **zivilrechtlich wirksam** sein müsse und ob – in den Fällen des faktischen Verhaltens – die **Zustimmung der Gesellschafter gesellschaftsrechtlich wirksam** sein müsse.[37] Dies wird von Vertretern des »Zurechnungsmodells« mit der Begründung gefordert, bei dem Tatbestand des Bankrotts handele es sich um ein »Selbstschädigungsdelikt«, dessen Charakter nicht gewahrt bleibe, wenn auch unwirksame Rechtshandlungen des Vertreters oder faktische Eingriffe in das Vermögen, die mit gesellschaftsrechtlich unwirksamer Zustimmung der Gesellschafter vorgenommen wurden, die Zurechnung der Schuldnereigenschaft begründen könnten.[38] Eine solche Einschränkung des Bankrotttatbestandes erscheint jedoch bedenklich.[39] Entzieht der Gesellschafter/Geschäftsführer »seiner« GmbH in der Krise wesentliche Teile ihres Vermögens, um die potentiellen Insolvenzgläubiger zu schädigen und führt so bewusst die Insolvenz herbei, könnte er nach dieser Auffassung häufig nicht wegen Bankrotts bestraft werden: Handelt er rechtsgeschäftlich, etwa indem er mit einer ihm nahestehenden Person (z.B. der Ehefrau oder einem Kind) vergütungspflichtige Verträge fingiert, werden diese Verträge – trotz des grundsätzlichen Vorrangs der §§ 129 ff. InsO[40] – nicht selten nach § 138 BGB nichtig sein, weil in dem regelmäßig notwendigen kollusiven Zusammenwirken zwischen dem Geschäftsführer und der nahestehenden Person besondere Umstände zu sehen sind, die die Anwendung der allgemeinen Vorschriften möglich machen.[41] Handelt der Geschäftsführer faktisch, etwa, indem er Barvermögen auf ein nur ihm bekanntes Konto einzahlt, wird in den besonders schwerwiegenden Fällen, in denen er der Gesellschaft die wesentlichen Vermögensgegenstände entzieht, seine Zustimmung gegen § 30 Abs. 1 GmbHG verstoßen, was zur Nichtigkeit dieser Zustimmung in analoger Anwendung von § 241 Nr. 3 AktG führen kann.[42] In beiden Fällen würde das Erfordernis der zivilrechtlichen bzw. gesellschaftsrechtlichen Wirksamkeit also zu einer Straflosigkeit des Gesellschafter/Geschäftsführers wegen Bankrotts und damit zu seiner Privilegierung gegenüber Einzelkaufleuten führen. Genau diese ungerechtfertigte Privilegierung zu vermeiden, war indes ein wesentliches Anliegen, das zur Aufgabe der Interessentheorie geführt hat.[43]

B. Tatbestand

Bei § 283 handelt es sich um den Grundtatbestand der Insolvenzdelikte des StGB. Die Tatbestände des Abs. 1 und 2 normieren (vollendete) **Vorsatzdelikte**, Abs. 3 erklärt den **Versuch** dieser Vergehen für strafbar, Abs. 4 regelt unterschiedliche **Vorsatz-Fahrlässigkeits-Kombinationen** und Abs. 5 droht auch für die rein **fahrlässige Begehung** eine Bestrafung an. Alle Begehungsformen stehen nach Abs. 6 unter der **objektiven Strafbarkeitsbedingung**, dass über das Vermögen des Täters das Insolvenzverfahren eröffnet worden sein muss oder die Eröffnung des Verfahrens mangels Masse abgelehnt worden ist. 10

---

36 Vgl. BGH 01.09.2009, 1 StR 301/09, NStZ-RR 2009, 373 durch den Hinw. auf *Radtke* GmbHR 2009, 875; so auch *Brand* NStZ 2010, 9 (10); *Radtke* GmbHR 2009, 875 (876); a.A. wohl *Habetha* NZG 2012, 1134 (1136): objektive Abgrenzung.
37 *Brand* NStZ 2010, 9 (11 ff.) m.w.N.
38 *Brand* NStZ 2010, 9 (11 ff.); *ders.* NJW 2012, 2370; ihm folgend nunmehr auch MüKo-StGB/*Radtke* § 14 Rn. 66 f.; *ders.* GmbHR 2012, 962 f. m.w.N.
39 So auch *Habetha* NZG 2012, 1134 (1137).
40 BGH 04.03.1993, IX ZR 151/92, NJW 1993, 2041.
41 BGH 13.07.1995, IX ZR 81/94, BGHZ 130, 314 (331).
42 Zur möglichen Nichtigkeit von Gesellschafterbeschlüssen in analoger Anwendung von § 241 Nr. 3 AktG vgl. auch BGH 15.11.2012, 3 StR 199/12, NStZ 2013, 284 (285).
43 BGH 15.05.2012, 3 StR 118/11, BGHSt 57, 229 (235).

I. Vorsatzdelikt (Abs. 1 und 2)

11 Die Vorsatzdelikte der Abs. 1 und 2 zeichnen sich dadurch aus, dass bei beiden die Begehung der in Abs. 1 Nr. 1–8 normierten Tathandlungen unter Strafe gestellt wird. Während bei Abs. 1 allerdings verlangt wird, dass der Täter die **Bankrotthandlungen in der Situation der Krise**, also bei Überschuldung, eingetretener oder drohender Zahlungsunfähigkeit begeht, verlagert Abs. 2 die **Strafbarkeit** in das **Vorfeld** dieser Krise, wenn durch die Bankrotthandlungen die Überschuldung oder die Zahlungsunfähigkeit kausal verursacht wird. Die Begriffe der Krisenmerkmale werden auch in der InsO als Gründe zur Eröffnung des Insolvenzverfahrens verwendet; soweit sie dort nur eingeschränkt Anwendung finden (vgl. § 18 Abs. 1 InsO: Drohende Zahlungsunfähigkeit Eröffnungsgrund nur bei Eigenantrag des Schuldners; § 19 Abs. 1 InsO: Überschuldung Eröffnungsgrund nur bei juristischen Personen), gelten diese Einschränkungen für die strafrechtliche Beurteilung nicht.[44] Eine Bankrotthandlung während drohender Zahlungsunfähigkeit kann also auch strafbar sein, wenn ein Gläubiger Insolvenzantrag stellt, und auch wenn der Schuldner eine natürliche Person ist, kann er sich wegen Bankrotthandlungen im Zustand der Überschuldung strafbar machen.

1. Wirtschaftliche Krise

a) Zahlungsunfähigkeit (§ 17 Abs. 2 InsO)

12 Die Zahlungsunfähigkeit, auf die in Abs. 1 und 2 das Merkmal der eingetretenen Zahlungsunfähigkeit Bezug nimmt, ist in § 17 Abs. 2 InsO legaldefiniert. Danach ist der Schuldner zahlungsunfähig, wenn er nicht mehr in der Lage ist, seine **fälligen Zahlungspflichten** zu erfüllen (zur insolvenzrechtlichen Begriffsbestimmung vgl. die Erl. zu § 17 InsO). Unter der Geltung von § 102 KO hatten sich in der Rechtsprechung weitere Merkmale herausgebildet; Zahlungsunfähigkeit war danach das nach außen in Erscheinung tretende, auf dem Mangel an Zahlungsmitteln beruhende, voraussichtlich dauernde Unvermögen des Unternehmens, seine sofort zu erfüllenden Geldschulden noch im Wesentlichen zu befriedigen.[45] Bei der Einführung der InsO hat der **Gesetzgeber** hinsichtlich der Zahlungsunfähigkeit bewusst auf die Merkmale der **Dauerhaftigkeit** und der **Wesentlichkeit verzichtet**, um einer als zu restriktiv empfundenen Auslegung des Begriffs zu begegnen, mit der eine über Wochen oder sogar Monate fortbestehende Illiquidität noch zur rechtlich unerheblichen Zahlungsstockung erklärt wurde.[46] Nach der neueren Rechtsprechung des Bundesgerichtshofs ist für die Zahlungsunfähigkeit auch im Rahmen der strafrechtlichen Beurteilung deshalb die Legaldefinition des § 17 Abs. 2 InsO maßgeblich.[47] Damit ist auch die frühere Rechtsprechung überholt, wonach nur die von den Gläubigern »ernstlich eingeforderten« Verbindlichkeiten abzustellen war.[48] Es kommt vielmehr nur noch darauf an, ob die Forderungen, die der Schuldner nicht begleichen kann, fällig sind. Die Fälligkeit kann nur durch eine Stundungsvereinbarung hinausgeschoben werden.[49] Davon abzugrenzen ist die **Zahlungsstockung**, also der kurzfristig behebbare Mangel an Zahlungsmitteln,[50] der allerdings in einem Zeitraum von maximal drei Wochen zu beseitigen sein muss, weil eine kreditwürdige Person in der Lage ist, sich binnen zwei bis drei Wochen die benötigten Beträge darlehensweise zu beschaffen.[51]

---

44 BT-Drucks. 7/3441, 20.
45 BGH 20.07.1999, 1 StR 668/98, NJW 2000, 154 (156).
46 BT-Drucks. 12/2443, 114; vgl. auch BGH 23.05.2007, 1 StR 88/07, NStZ 2007, 643 (644); MüKo-StGB/*Radtke* Rn. 8.
47 BGH BGH 23.05.2007, 1 StR 88/07, NStZ 2007, 643 (644); vgl. aber auch die einerseits auf die Legaldefinition des § 17 Abs. 2 InsO abstellenden, alsdann aber die frühere Definition zitierenden Gründe in BGH 19.04.2007, 5 StR 505/06, NStZ 2008, 415.
48 BGH 22.02.2001, 4 StR 421/00, NJW 2001, 1874 (1875).
49 BGH 23.05.2007, 1 StR 88/07, NStZ 2007, 643 (644).
50 BT-Drucks. 12/2443, 114.
51 BGH 24.05.2005, IX ZR 123/04, BGHZ 163, 134; a.A. MüKo-StGB/*Radtke* vor §§ 283 Rn. 78: jedenfalls bei einer einen Monat andauernden Geldilliquidität; ähnlich OLG Köln 22.07.2005, 82 Ss 6/05,

Hinsichtlich der **Deckungslücke**, die aufgetreten sein muss, verbietet sich nach den Vorstellungen des 13
Gesetzgebers der InsO ein starrer Grenzwert i.S. eines Bruchteils der Gesamtsumme der Verbindlichkeiten des Schuldners, ganz geringfügige Liquiditätslücken sollen hingegen außer Betracht bleiben.[52]
Dementsprechend ist nach der insolvenzrechtlichen Rechtsprechung bei einer Unterdeckung von
unter 10 % zwar regelmäßig von Zahlungs**fähigkeit** auszugehen, die Annahme von Zahlungsunfähigkeit ist aber gleichwohl möglich, wenn bereits absehbar ist, dass die Lücke demnächst mehr als
10 % erreichen wird. Umgekehrt ist ab einer Deckungslücke von 10 % und mehr regelmäßig Zahlungs**unfähigkeit** anzunehmen, es sei denn, es ist mit an Sicherheit grenzender Wahrscheinlichkeit zu
erwarten, dass die Liquiditätslücke demnächst vollständig oder fast vollständig beseitigt werden wird
und den Gläubigern ein Zuwarten nach den besonderen Umständen des Einzelfalls zuzumuten ist.[53]
Nach obigen Ausführungen sind diese Grundsätze auch im Strafverfahren anwendbar.[54]

Die Zahlungsunfähigkeit ist regelmäßig durch eine **stichtagsbezogene Gegenüberstellung** der fäl- 14
ligen Verbindlichkeiten sowie der zu ihrer Tilgung vorhandenen oder herbeizuschaffenden Mittel
festzustellen.[55] Dabei reicht die Angabe von Kontenguthaben nicht aus, vielmehr sind in einen
solchen **Liquiditätsstatus** auch alle kurzfristig einziehbaren Forderungen sowie ggf. die kurzfristig
liquidierbaren Vermögensgegenstände einzustellen.[56] Nicht bei den Aktiva einzustellen sind solche
Vermögenswerte, die der Schuldner durch die zu beurteilenden Bankrotthandlungen oder möglicherweise bereits zuvor durch Verschleierung und Änderung der rechtlichen Zuordnung effektiv
versteckt hat.[57] In Fällen, in denen mehrere Gesellschaften innerhalb eines Konzerns ein sog. »cashmanagement« betreiben, bei dem Zahlungen jeweils von dem Konto einer der Gesellschaften vorgenommen wurden, auf dem gerade ein Guthaben vorhanden ist, muss auch die Liquiditätslage
der anderen Gesellschaften festgestellt werden.[58]

Alternativ zu dieser betriebswirtschaftlichen Methode kann die Feststellung des Eintritts der Zah- 15
lungsunfähigkeit auch anhand **wirtschaftskriminalistischer Beweisanzeichen** vorgenommen werden.[59] Als solche kommen insb. Wechsel- und Scheckproteste, das Ergehen von Mahn- und Vollstreckungsbescheiden, Kreditkündigungen, fruchtlose Pfändungen, die Ableitung der Eidesstattlichen
Versicherung oder auch Insolvenzanträge von Gläubigern in Betracht.[60] Allerdings empfiehlt sich
diese Vorgehensweise nur in einfach gelagerten, eindeutigen Fällen, denn es muss – in der Revisionsinstanz überprüfbar – aus den genannten Indizien der »sichere Schluss« auf die Zahlungsunfähigkeit
gezogen werden können, was genaue Feststellungen insb. auch zu den maßgeblichen Zeitpunkten, in
denen der Schuldner zahlungsunfähig geworden ist, erfordert.[61]

b) Drohende Zahlungsunfähigkeit (§ 18 Abs. 2 InsO)

Nach der Legaldefinition des § 18 Abs. 2 InsO liegt dieses Krisenmerkmal vor, wenn der Schuldner 16
voraussichtlich nicht in der Lage sein wird, die **bestehenden Zahlungspflichten bei Eintritt der Fälligkeit** zu erfüllen (zur insolvenzrechtlichen Begriffsbestimmung vgl. die Erl. zu § 18 InsO). Der Ge-

---

NStZ-RR 2005, 378: vier Wochen; weitergehend SK/*Hoyer* Rn. 19: bis zu drei Monate und *Bittmann/Volkmer* wistra 2005, 167 (169 f.): mindestens drei Monate bei Sozialversicherungsabgaben.
52 BT-Drucks. 12/2443, 114.
53 BGH 24.05.2005, IX ZR 123/04, BGHZ 163, 134.
54 So auch Lackner/*Kühl* Rn. 7; a.A. etwa Schönke/Schröder/*Heine* Rn. 52: 25 %; MüKo-StGB/*Radtke* vor §§ 283 Rn. 79: 20–25 %; diff. SK/*Hoyer* Rn. 19: 15–25 % je nach Zeitraum.
55 BGH 30.01.2003, 3 StR 437/02, NStZ 2003, 546.
56 BGH 10.02.2009, 3 StR 372/08, NJW 2009, 2225 (2226).
57 BGH 22.01.2013, 1 StR 234/12, NJW 2013, 949 (950) m.w.N.
58 BGH 10.02.2009, 3 StR 372/08, NJW 2009, 2225 (2226).
59 St. Rspr., etwa BGH 15.09.2011, 3 StR 118/11; 30.01.2003, 3 StR 437/02, NStZ 2003, 546; 20.07.1999, 1 StR 668/98, NJW 2000, 154 (156).
60 BGH 30.01.2003, 3 StR 437/02, NStZ 2003, 546; 20.07.1999, 1 StR 668/98, NJW 2000, 154 (156); MüKo-StGB/*Radtke* Rn. 78.
61 BGH 30.01.2003, 3 StR 437/02, NStZ 2003, 546.

setzgeber der InsO hat in der Gesetzesbegründung zum Ausdruck gebracht, dass die Legaldefinition auch für das Insolvenzstrafrecht größere Klarheit bringen solle,[62] weshalb auch insoweit viel für die Annahme einer Verbindlichkeit der insolvenzrechtlichen Definition für die strafrechtliche Beurteilung spricht.[63] Keinen durchgreifenden strafrechtlichen Bedenken begegnet der Umstand, dass der mit der InsO neu geschaffene Insolvenzgrund nur bei Eigenanträgen des Schuldners in Betracht kommt, der so selbst den Eintritt der objektiven Strafbarkeitsbedingung nach Abs. 6 herbeiführt. Dies mag zwar dazu führen, dass der Sinn dieses Insolvenzgrundes, einen Anreiz zu einer möglichst frühen Antragstellung zu geben, konterkariert wird,[64] lässt aber strafrechtliche Prinzipien ansonsten unberührt.

17 Einigkeit besteht, dass die Beurteilung, ob der Schuldner bei Begehung einer Bankrotthandlung seine (bereits bestehenden aber noch nicht fälligen) Verbindlichkeiten wird erfüllen können, aufgrund einer **Prognoseentscheidung** vorzunehmen ist. In die Prognose muss nach dem Willen des Gesetzgebers die gesamte Entwicklung der Finanzlage des Schuldners bis zur Fälligkeit aller bestehenden Verbindlichkeiten einbezogen werden. Dabei sind neben den zu erwartenden Einnahmen auch künftige, noch nicht begründete Verbindlichkeiten zu berücksichtigen; der vorhandenen Liquidität und den zu erwartenden Einnahmen bis zu dem maßgeblichen Zeitpunkt sind die fälligen und bis dahin fällig werdenden, bestehenden Verbindlichkeiten gegenüber zu stellen.[65]

18 Umstritten ist indes, welcher Grad der Wahrscheinlichkeit des späteren Eintritts der Zahlungsunfähigkeit zu fordern und über welchen Zeitraum die Prognose zu stellen ist. Übereinstimmend wird zunächst davon ausgegangen, dass der Eintritt der Zahlungsunfähigkeit **überwiegend wahrscheinlich** sein muss.[66] Dies deckt sich mit der Gesetzesbegründung, nach der »der Eintritt der Zahlungsunfähigkeit wahrscheinlicher sein muss, als deren Vermeidung.«[67] Damit ist indes lediglich eine einfache Wahrscheinlichkeit von mehr als 50 % angesprochen,[68] eine weitergehende Einschränkung auf stärkere Wahrscheinlichkeitsgrade ist – auch mit Blick auf die in jedem abstrakten Gefährdungsdelikt liegende Vorverlagerung der Strafbarkeit – nicht geboten.[69] Allenfalls bei sehr langen Prognosezeiträumen kann daran gedacht werden, höhere Anforderungen an die Wahrscheinlichkeit der eintretenden Zahlungsunfähigkeit zu stellen.[70] Der **Prognosezeitraum** reicht bis zum letzten Fälligkeitszeitpunkt aller bereits bestehenden Verbindlichkeiten; künftige – wenn auch sicher entstehende – Forderungen können insoweit nicht berücksichtigt werden.[71] Ein Abstellen auf absolut benannte Zeiträume, wie es in der insolvenzrechtlichen[72] und z.T. mit Blick auf das Bestimmtheitsgebot des Art. 103 Abs. 2 GG auch in der strafrechtlichen Literatur[73] gefordert wird, ist darüber hinaus nicht erforderlich: Wenn lediglich die bereits bestehenden Forderungen in die Betrachtung eingestellt werden, kann der Schuldner durch Vereinbarung entsprechender Fälligkeitszeitpunkte die Länge des Prognosezeitraums selbst bestimmen und deshalb zur Grundlage seiner weiteren unternehmerischen Handlungen machen.[74]

---

62 BT-Drucks. 12/2443, 114.
63 Vgl. BGH 29.04.2010, 3 StR 314/09, NJW 2010, 2894 (2899), insoweit in BGHSt 55, 107 nicht abgedruckt; so wohl auch Lackner/*Kühl* Rn. 8.
64 Krit. insoweit MüKo-StGB/*Radtke* vor §§ 283 ff. Rn. 86; Schönke/Schröder/*Heine* Rn. 53; Lackner/*Kühl* Rn. 8 jeweils m.w.N.
65 BT-Drucks. 12/2443, 115.
66 LK/*Tiedemann* Rn. 138; *Bieneck* StV 1999, 43 (45).
67 BT-Drucks. 12/2443, 115.
68 *Bieneck* StV 1999, 43 (45).
69 *Bieneck* StV 1999, 43 (45); a.A. MüKo-StGB/*Radtke* vor §§ 283 ff. Rn. 88.
70 Vgl. *Bittmann* wistra 1998, 321 (325).
71 *Bieneck* StV 1999, 43 (45).
72 Vgl. FK-InsO/*Schmerbach* § 18 Rn. 13 ff. m.w.N.
73 Vgl. *Bittmann* wistra 1998, 321 (325) m.w.N.
74 So auch MüKo-StGB/*Radtke* vor §§ 283 ff. Rn. 89.

Die **Feststellung** der drohenden Zahlungsunfähigkeit gestaltet sich aufgrund der dafür erforderlichen Prognose regelmäßig schwierig. Ein nach § 20 InsO vom Schuldner zu erstellender Liquiditätsplan[75] wird in den strafrechtlich relevanten Fällen nicht immer vorliegen; auf ihn könnte nach § 20 Abs. 1 Satz 2, § 97 Abs. 1 Satz 2 InsO ohnehin nur mit Zustimmung des Schuldners zugegriffen werden. Wie bei der Feststellung der Zahlungsunfähigkeit ist deshalb entweder nach **betriebswirtschaftlicher Methode** vom – ggf. sachverständig unterstützten – Gericht eine **Liquiditätsprognose** zu erstellen, in die auf der Seite der Aktiva neben der vorhandenen Liquidität auch die voraussichtlichen Einnahmen sowie auf der Seite der Passiva neben den bestehenden Verbindlichkeiten auch voraussichtliche Ausgaben (z.B. Kosten für zur Herstellung von Waren benötigtes Material) einzubeziehen sind. Oder es wird nach den in Rdn. 15 genannten Grundsätzen eine Betrachtung anhand **wirtschaftskriminalistischer Indizien** vorgenommen. Wegen der in jeglicher Prognose liegenden Unwägbarkeiten ist hierbei in besonderem Maße der Grundsatz **in dubio pro reo** zu beachten; nicht auszuräumende Zweifel bei der Feststellung der Anknüpfungstatsachen – nicht bei den daraus zu ziehenden rechtlichen Schlüssen – gehen stets zu Gunsten des Täters.[76] Jedenfalls in diesem Rahmen gilt, dass die Wahrscheinlichkeit des Eintritts der Zahlungsunfähigkeit umso größer sein muss, je länger sich der Prognosezeitraum erstreckt,[77] weil mit dessen längerer Dauer die Unwägbarkeiten und damit letztlich die zu Gunsten des Schuldners zu berücksichtigen Zweifel zunehmen.

19

c) **Überschuldung (§ 19 Abs. 2 InsO)**

aa) **Allgemeines**

Die geltende Fassung von § 19 Abs. 2 InsO war durch Art. 5 des Finanzmarktstabilisierungsgesetzes vom 17.10.2008[78] zunächst für die Zeit vom 18.10.2008 bis 31.12.2010 eingeführt worden. Die Änderung verfolgte das Ziel, Unternehmen, die infolge der Wirtschaftskrise, z.B. durch den Wertverlust von Aktien oder Immobilien an einer bilanziellen Überschuldung leiden, aber gleichwohl prinzipiell lebensfähig sind, vor der ansonsten zwingenden Durchführung eines Insolvenzverfahrens zu schützen.[79] Nachdem ihre Geltung durch Gesetz vom 24.09.2009[80] bis zum 31.12.2013 verlängert worden war, ist die Befristung durch Art. 18 des Gesetzes vom 05.12.2012[81] weggefallen. In der Gesetzesbegründung heißt es, der mit der InsO eingeführte »alte« Überschuldungsbegriff werde in der Praxis weitgehend für unpraktikabel gehalten; eine relative Mehrheit der befragten Experten befürworte eine dauerhafte Beibehaltung der ursprünglich als Übergangslösung eingeführten Definition.[82] Danach liegt Überschuldung vor, wenn das Vermögen des Schuldners die bestehenden Verbindlichkeiten nicht mehr deckt, es sei denn, die Fortführung des Unternehmens ist nach den Umständen überwiegend wahrscheinlich. Der Gesetzgeber kehrt mithin zu dem alten, aus der Konkursordnung überkommenen **zweistufigen modifizierten Überschuldungsbegriff** zurück (vgl. näher die Erl. zu § 19 InsO). Nachdem es sich bei der kalendarisch befristeten Regelung um ein Zeitgesetz i.S.v. § 2 Abs. 4 gehandelt hatte, so dass sie – unabhängig von einem Vergleich, welches Gesetz milder war (vgl. § 2 Abs. 3) – auf alle Bankrotttaten Anwendung fand, die während ihrer Geltung begangen wurden,[83] ist dieser Charakter durch den Wegfall der Befristung entfallen.

20

---

75 Vgl. BT-Drucks. 12/2443, 115.
76 *Bieneck* StV 1999, 43 (45).
77 Vgl. *Fischer* vor § 283 Rn. 11; Schönke/Schröder/*Heine* Rn. 53; *Bittmann* wistra 2005, 312 (325).
78 BGBl. I, 1982 ff.
79 BT-Drucks. 16/10600, 12 f.
80 BGBl. I, 3151.
81 BGBl. I, 2418.
82 BT-Drucks. 17/11385, 27.
83 Schönke/Schröder/*Heine* Rn. 51b.

bb) Modifizierter zweistufiger Überschuldungsbegriff

21 Grds liegt Überschuldung vor, wenn das Vermögen des Schuldners die bestehenden Verbindlichkeiten nicht mehr deckt. Dazu ist eine Überschuldungsbilanz bzw. ein Überschuldungsstatus aufzustellen. Im Rahmen dessen kann die Bewertung des Schuldnervermögens unterschiedlich ausfallen: Geht man von einer Fortführung des Unternehmens aus, sind regelmäßig höhere Werte anzusetzen als die bei der Zerschlagung anzunehmenden Liquidationswerte. Nach der vom Bundesgerichtshof[84] bis zum Inkrafttreten der InsO vertretenen und vom Gesetzgeber jetzt wieder ausdrücklich in Bezug genommenen Auffassung stehen das prognostische Element (**Fortführungsprognose**) und das exekutorische Element (**Bewertung** des Schuldnervermögens **nach Liquidationswerten**) gleichwertig nebeneinander. Bereits eine positive Fortführungsprognose schließt somit eine Überschuldung i.S.d. § 19 InsO aus. Wenn eine solche Prognose nicht gestellt werden kann, wenn also keine überwiegende Wahrscheinlichkeit besteht, dass die Finanzkraft des Unternehmens mittelfristig zu seiner Fortführung ausreicht, ist eine Überschuldungsbilanz auf der Basis der Zerschlagungswerte aufzustellen. Es besteht aber nicht zwingend die Notwendigkeit, immer zunächst eine Fortführungsprognose zu stellen; eine bestimmte Prüfungsreihenfolge sieht der modifizierte zweistufige Überschuldungsbegriff nicht vor. So kann, wenn sich schon aufgrund einer Überschuldungsbilanz auf der Basis von Liquidationswerten – etwa wegen hoher stiller Reserven – ergibt, dass die Verbindlichkeiten sicher vom Vermögen gedeckt sind, sofort eine solche Bilanz aufgestellt werden.

22 Kriterien für die Fortführungsprognose hat der Gesetzgeber nicht bestimmt, abzustellen ist aber – abgesehen von den Fällen, in denen anderweitig Eigen- oder Fremdkapital zugeführt wird[85] – wohl in erster Linie auf die künftige **Ertragsfähigkeit**, die auf absehbare Zeit gewährleistet sein muss und die Unternehmung mit der erforderlichen Finanzkraft ausstattet. Diese ist anhand eines Ertrags- und Finanzplans nach betriebswirtschaftlichen Grundsätzen zu ermitteln.[86] Der nach der Gesetzesbegründung maßgebende **Zeitraum** (»mittelfristig«) wird in der strafrechtlichen Literatur überwiegend mit dem laufenden und dem folgenden (Geschäfts-)Jahr angegeben.[87] Daran ist richtig, dass längere Zeiträume die Prognosesicherheit schmälern, allerdings darf nicht verkannt werden, dass letztlich der wirtschaftlich überschaubare Zeitraum maßgeblich ist, der von Branche zu Branche differieren kann; absolute Zeiträume können insoweit nur als Anhaltspunkt dienen.[88] Insgesamt ist im Rahmen der Feststellung der Überschuldung die Fortführungsprognose mit erheblichen **Bewertungsunsicherheiten** verbunden, die hinsichtlich der Tatsachenfeststellung nach dem Grundsatz in dubio pro reo nicht zu Lasten des Täters gehen dürfen. Dieser gilt hier aber erneut nicht für das auf der Basis der Feststellungen vom Gericht zu treffende Wahrscheinlichkeitsurteil.[89] Dementsprechend ist mit dem Begriff des Überwiegens auch bei diesem Merkmal die einfache Wahrscheinlichkeit (größer als 50 %) gemeint, es reicht nicht aus, dass die Betriebsfortführung lediglich »nicht ganz unwahrscheinlich« ist.[90]

23 Besteht eine günstige Fortführungsprognose nicht, sind Verbindlichkeiten und Vermögen einander gegenüber zu stellen. Zur Ermittlung der wahren Werte ist ein **Überschuldungsstatut** aufzustellen,[91] in dem – weil die Nichtfortführung dann bereits feststeht – die Vermögensgegenstände nur mit ihrem Zerschlagungswert zu berücksichtigen sind. Die Mitteilung eines solchen Status in den Urteilsgründen kann nur ausnahmsweise entbehrlich sein, wenn sich aus der Gesamtheit der im Urteil mitgeteilten Umstände entnehmen lässt, dass das Tatgericht auf der Grundlage der für einen Über-

---

84 BGH 13.07.1992, II ZR 269/91, BGHZ 119, 201 (214).
85 Vgl. dazu *Bieneck* StV 1999, 43 (44).
86 BGH 09.10.2006, II ZR 303/05, NZI 2007, 44; Schönke/Schröder/*Heine* Rn. 51b m.w.N.
87 Lackner/*Kühl* Rn. 6; *Bieneck* StV 1999, 43 (44); Schönke/Schröder/*Heine* Rn. 51a.
88 FK-InsO/*Schmerbach* § 19 Rn. 37 m.w.N.
89 *Bittmann* wistra 2009, 138 (140); a.A. LK/*Tiedemann* vor § 283 Rn. 156.
90 SK/*Hoyer* Rn. 14 f.; *Bittmann* wistra 2009, 138 (140); a.A. LK/*Tiedemann* vor § 283 Rn. 156 m.w.N.
91 BGH 06.05.2008, 5 StR 34/08, NStZ 2009, 153 (154); 30.01.2003, 3 StR 437/02, NStZ 2003, 546 (547), st. Rspr.

schuldungstatus maßgeblichen Tatsachen das Vorliegen einer Überschuldung ausreichend sicher festgestellt hat.[92] Als **Passiva** sind die echten Verbindlichkeiten zu betrachten, also alle gegenwärtigen, im Fall der Eröffnung des Insolvenzverfahrens aus der Masse zu begleichenden Schulden, wozu auch noch nicht fällige oder gestundete Forderungen gehören.[93] Nach der durch Art. 9 Nr. 4 des Gesetzes zur Modernisierung des GmbH-Rechts und zur Bekämpfung von Missbräuchen (MoMiG) zum 01.11.2008 eingeführten[94] und durch Art. 4 des Finanzmarktstabilisierungsergänzungsgesetzes vom 07.04.2009[95] fortgeltenden Regelung des § 19 Abs. 2 Satz 2 InsO sind Forderungen aus Gesellschafterdarlehen und diesen wirtschaftlich entsprechenden Rechtshandlungen (vgl. § 39 Abs. 1 Nr. 5 InsO) nicht bei den Passiva zu berücksichtigen, wenn nach § 39 Abs. 2 InsO zwischen Gläubiger und Schuldner deren Nachrangigkeit im Insolvenzverfahren vereinbart worden ist. Diese Neuregelung schafft Klarheit in der zuvor umstrittenen Frage, wie mit eigenkapitalersetzenden Gesellschafterdarlehen umzugehen war.[96] Zu den **Aktiva** zählen zunächst sämtliche Forderungen des Schuldners sowie das gesamte Anlage- und Umlaufvermögen einschließlich Grundstücken und Sach- und Finanzanlagen (etwa Beteiligungen an anderen Unternehmen). Verkehrswertvariable Vermögensgegenstände dürfen in die Bilanz nicht mit ihrem – ggf. niedrigeren – erst bei der Veräußerung im Insolvenzverfahren erzielten Verkaufserlös eingestellt werden, wenn zwischen Tatzeit und Veräußerung ein erheblicher Zeitabstand liegt; es sei denn, es wird anhand einer Darstellung der Wertentwicklung nachgewiesen, dass auch zum maßgeblichen Zeitpunkt der Bankrotthandlung ein höher Wert nicht vorhanden war.[97] Stille Reserven sind aufzulösen und zu aktivieren, wobei bei Grundstücken zu beachten ist, dass dingliche Belastungen, zumindest soweit sie für ohnehin passivierte Verbindlichkeiten der Gesellschaft bestellt wurden, nicht deren Wert mindern.[98] Auch immaterielle Güter, wie das technische oder kaufmännische Know-how, sind zu berücksichtigen.[99] Umstritten ist, ob auch darüber hinausgehende immaterielle Bestandteile des Firmenwerts, etwa der Ruf des Unternehmens oder sein Kundenstamm in der Überschuldungsbilanz zu berücksichtigen sind. Zum Teil wird angenommen, nur wenn eine günstige Prognose dafür bestehe, dass das Unternehmen in einem Insolvenzverfahren insgesamt veräußert werden könnte, sollten diese Werte aktivierbar sein.[100] Wenn indes bereits nicht widerlegbare Indiztatsachen auf die Möglichkeit einer Veräußerung insgesamt hindeuten, dürfte nach dem Zweifelssatz auch in diesen Fällen von einer Aktivierbarkeit solcher Firmenwerte auszugehen sein.[101] Auch hier gilt, dass durch Bankrotthandlungen versteckte Vermögenswerte nicht bei den Aktiva zu berücksichtigen sind.[102]

cc) Nicht modifizierter zweistufiger Überschuldungsbegriff

Nach der mit der InsO eingeführten Legaldefinition des § 19 Abs. 2 Satz 1 InsO, die bis zum 17.10.2008 galt, lag Überschuldung schlicht vor, wenn das Vermögen des Schuldners die bestehenden Verbindlichkeiten nicht mehr deckte. Auf die Möglichkeit einer Betriebsfortführung wurde nur in § 19 Abs. 2 Satz 2 InsO abgestellt, der vorsah, dass bei der Bewertung des Vermögens des Schuldners von einer Fortführung des Unternehmens auszugehen ist, wenn diese nach den Umständen überwiegend wahrscheinlich war. Eine günstige Fortführungsprognose führte hier also nicht zu einem Wegfall der (rechnerischen) Überschuldung, sondern lediglich dazu, dass in der Überschuldungsbilanz die Aktiva mit ihren Fortführungswerten zu berücksichtigen waren.[103]

24

---

92 BGH 01.03.2005, 2 StR 507/04, wistra 2005, 260.
93 Schönke/Schröder/*Heine* Rn. 51.
94 BGBl. I, 1982.
95 BGBl. I, 725.
96 Vgl. dazu MüKo-StGB/*Radtke* vor §§ 283 ff. Rn. 67 m.w.N.
97 BGH 14.01.2003, 4 StR 336/02, BGHR GmbHG § 64 Abs. 1 Überschuldung 2.
98 BGH 14.01.2003, 4 StR 336/02, BGHR GmbHG § 64 Abs. 1 Überschuldung 2.
99 MüKo-StGB/*Radtke* vor §§ 283 ff. Rn. 65.
100 LK/*Tiedemann* vor § 283 Rn. 152 m.w.N.
101 Ähnlich MüKo-StGB/*Radtke* vor §§ 283 ff. Rn. 65.
102 BGH 22.01.2013, 1 StR 234/12, NJW 2013, 949 (950).
103 OLG Schleswig 11.02.2010, 5 U 60/09, NZI 2010, 492 (493).

25 Nach diesen Maßgaben war häufiger vom Vorliegen einer Überschuldung und damit von einem Krisenmerkmal i.S.d. Bankrotttatbestandes auszugehen, weil – anders als nunmehr – nicht zu berücksichtigen war, dass eine Überschuldung nicht vorliegt, wenn nach überwiegender Wahrscheinlichkeit die Finanzkraft des Unternehmens mittelfristig zur Fortführung ausreicht.[104] Die nunmehr unbefristet geltende Fassung stellt sich gegenüber § 19 Abs. 2 InsO i.d.F. bis zum 17.10.2008 somit als milderes Gesetz i.S.v. § 2 Abs. 3 dar, so dass sie auch auf Taten anzuwenden ist, die vor ihrem Inkrafttreten begangen wurden und nunmehr zur Entscheidung anstehen.[105] Eine Prüfung des nicht modifizierten zweistufigen Überschuldungsbegriffs ist damit auch in Altfällen entbehrlich.

2. Tathandlungen (Abs. 1)

26 Zur Verwirklichung des objektiven Tatbestandes des Abs. 1 gehört neben dem Vorliegen der wirtschaftlichen Krise die Begehung einer sog. **Bankrotthandlung**, die in Nr. 1–8 abschließend aufgezählt sind. Durch die Verweise in Abs. 2, 4 und 5 haben die Bankrotthandlungen auch über den Grundtatbestand des Abs. 1 hinaus Bedeutung. Allgemein gilt, dass sie generell geeignet sind, die wirtschaftliche Krise des Schuldners zu verschärfen oder herbeizuführen.[106] Dabei lassen sich die Bankrotthandlungen in zwei Gruppen einteilen, in **bestandsbezogene** (Nr. 1 Alt. 1 und 3: Beiseiteschaffen und Zerstören, Nr. 2 und 3 sowie Nr. 8 Alt. 1: Verringern) und **informationsbezogene** (Nr. 1 Alt. 2: Verheimlichen, Nr. 4 bis 7 und Nr. 8 Alt. 2) Delikte. Während bei den bestandsbezogenen Handlungen der Gläubigerschutz unmittelbar dadurch gewährleistet wird, dass sie Verringerungen der (potentiellen) Insolvenzmasse unter Strafe stellen, dienen die informationsbezogenen Delikte insb. der Nr. 5 und 7 diesem Zweck mittelbar auch dadurch, dass sie neben der Vermittlung eines verlässlichen Informationsstandes über das Vermögen des Schuldners auch sicherstellen sollen, dass der Schuldner selbst über den Stand seines Vermögens informiert ist und deshalb wirtschaftlich unsinnige oder riskante und damit gläubigergefährdende Geschäfte nicht aus Unkenntnis über seinen Vermögensstand abschließt.

a) Unterdrückung von Vermögen (Nr. 1)

27 Tatobjekt der Bankrotthandlungen nach Nr. 1 ist nur das **Vermögen des Schuldners**, das im Fall der Eröffnung des Insolvenzverfahrens **zur Insolvenzmasse** (vgl. § 35 InsO) gehört. Nach § 35 Abs. 1 InsO sind damit auch Vermögensbestandteile erfasst, die erst im Laufe des Insolvenzverfahrens erworben werden. Damit sind andererseits alle Vermögensgegenstände als taugliches Tatobjekt ausgeschlossen, die als unpfändbar nicht der Zwangsvollstreckung unterliegen (vgl. § 36 Abs. 1 InsO) oder nach § 36 Abs. 3 InsO nicht zur Insolvenzmasse gezogen werden sollen (Haushaltsgegenstände etc.). Hinsichtlich der **Unpfändbarkeit** sind die Vorschriften der §§ 811, 850 ff., 859 ff. ZPO in den Blick zu nehmen, die z.T. wiederum auf Normen des BGB verweisen; so kann etwa ein gem. §§ 399, 413 BGB nicht übertragbares Ankaufsrecht nach § 851 Abs. 2 ZPO unpfändbar sein, mit der Folge, dass sich auf diese Recht beziehende Handlungen des Schuldners nicht als Bankrotthandlungen i.S.v. Nr. 1 darstellen können.[107] Ebenfalls nicht zum zur Insolvenzmasse gehörenden Vermögen zählen Rechte, an denen Dritten ein **Aussonderungsrecht** i.S.d. § 47 InsO zusteht.[108] Das Bestehen eines Rechts auf **abgesonderte Befriedigung** nach den §§ 49 ff. InsO an einem Vermögensgegenstand **ändert** dagegen an dessen Zugehörigkeit zum zur Masse zu ziehenden Schuldnervermögen **nichts**.[109] Es sind damit im Rahmen der strafrechtlichen Subsumtion neben den insolvenzrechtlichen auch darüber hinausgehende, u.U. komplizierte zivilrechtliche Vorfragen zu klären.

---

104 BT-Drucks. 16/10600, 13.
105 Vgl. BGH 11.02.2010, 4 StR 433/09, wistra 2010, 219.
106 OLG Frankfurt 18.06.1997, 1 Ws 56/97, NStZ 1997, 551.
107 BGH 08.09.1994, 1 StR 169/04, NStZ 1995, 86.
108 BGH 26.10.1954, 2 StR 332/54, GA 1955, 149 (150); vgl. auch BGH 19.04.2007, 5 StR 505/06, NStZ 2008, 415.
109 BGH 24.06.1952, 1 StR 153/52, BGHSt 3, 32 (35); 17.11.1953, 5 StR 450/53, BGHSt 5, 119 (121).

Vom Vermögensbegriff i.S.v. Abs. 1 sind im Übrigen alle **beweglichen und unbeweglichen Sachen,** **Forderungen** und **sonstige Rechte** (etwa ein Anwartschaftsrecht)[110] erfasst, solange sie grds geldwert und nicht völlig wertlos sind.[111] Auch erhebliche Belastungen des Vermögensgegenstandes, etwa durch Pfandrechte, vermögen den Wert der Sache, der sie zum tauglichen Tatobjekt i.S.v. Nr. 1 macht, nicht zu beseitigen.[112] Auf die Art des Erwerbs kommt es nicht an; auch unrechtmäßig oder durch ein anfechtbares Rechtsgeschäft erworbene Vermögensgegenstände unterliegen dem Schutz nach Nr. 1.[113] 28

aa) Beiseiteschaffen

Beiseiteschaffen ist gegeben, wenn ein Schuldner einen zu seinem Vermögen gehörenden Gegenstand dem alsbaldigen **Gläubigerzugriff entzieht oder** den Zugriff zumindest **wesentlich erschwert.** Dies kann entweder durch eine **Zugriffserschwerung aufgrund tatsächlicher Umstände** – z.B. durch Verstecken einer Sache oder durch Überweisung auf ein anderes, nur dem Schuldner bekanntes eigenes In- oder Auslandskonto[114] – oder durch eine **Änderung der rechtlichen Zuordnung** des Vermögensgegenstands – etwa durch schenkweise Übertragung von Vermögensgegenständen auf den Ehepartner oder nahe Angehörige,[115] durch Abtretung einer Forderung oder einer Verpfändung[116] sowie durch Überweisung von Firmengeldern auf Privatkonten[117] oder auf Konten selbstständiger vom Täter kontrollierter Gesellschaften[118] – geschehen. Auf die Wirksamkeit des Veräußerungs- bzw. Übertragungsgeschäfts kommt es dabei nicht an. Allerdings ist nicht schon auf das bloß schuldrechtliche Verpflichtungsgeschäft abzustellen, sondern auf dessen dinglichen Vollzug;[119] dementsprechend muss bei Grundstücksgeschäften eine Eintragung in das Grundbuch vorgenommen worden sein, wobei aber die Eintragung einer Vormerkung oder einer nicht valutierenden Grundschuld bzw. Hypothek für einen Dritten ausreichend sind.[120] 29

Weil es sich bei den Bankrottvorschriften – anders als bei § 288 StGB, der dem Gläubigerschutz in der Einzelzwangsvollstreckung dient[121] – um Regelungen zum Schutz der etwaigen Insolvenzmasse vor einer unwirtschaftlichen Verringerung zum Nachteil der Gesamtheit der Gläubiger, mithin zum **Schutz der Gesamtvollstreckung** handelt, ist für die Frage, ob eine Zugriffserschwerung vorliegt, auf die **Möglichkeiten** eines **(gedachten) Insolvenzverwalters** unter Berücksichtigung seiner Auskunftsrechte gegenüber dem Schuldner (§ 97 InsO) unmittelbar nach der Tathandlung abzustellen.[122] Könnte dieser – ggf. nach Auskunft durch den dazu verpflichteten Schuldner – die Überweisung auf ein Auslandskonto des Schuldners ohne weiteres nachvollziehen und auf den überwiesenen Geldbetrag ohne Schwierigkeiten von Gewicht in angemessener Zeit zum Zwecke der Befriedigung der Gläubigergesamtheit zugreifen, liegt ein Beiseiteschaffen i.S.d. Nr. 1 auch dann nicht vor, wenn einzelne oder alle Gläubiger dieses Konto nicht kannten oder kennen konnten. Es muss sich mithin um eine **erhebliche Zugriffserschwerung** aus Sicht eines gedachten Insolvenzverwalters handeln.[123] 30

Nach ständiger Rechtsprechung des Bundesgerichtshofs erfordert die Erfüllung des Tatbestandsmerkmals des Beiseiteschaffens – obwohl sich der Wortlaut von Nr. 1 auf diese Tathandlung nicht 31

---

110 BGH 02.09.1960, 5 StR 275/60, GA 1960, 376 (377).
111 BGH 17.11.1953, 5 StR 450/53, BGHSt 5, 119 (121).
112 BGH 24.06.1952, 1 StR 153/52, BGHSt 3, 32 (35).
113 BGH 26.10.1954, 2 StR 332/54, GA 1955, 149 (150).
114 BGH 29.04.2010, 3 StR 314/09, BGHSt 55, 107 (114).
115 BGH 22.02.2001, 4 StR 421/00, NJW 2001, 1874 (1875).
116 BGH 29.04.2010, 3 StR 314/09, BGHSt 55, 107 (114).
117 BGH 10.02.2009, 3 StR 372/08, NJW 2009, 2225 (2226).
118 OLG Frankfurt 18.06.1997, 1 Ws 56/97, NStZ 1997, 551.
119 RG 07.05.1928, III 171/28, RGSt 62, 152.
120 *Fischer* Rn. 4a m.w.N.
121 BGH 03.11.1961, 4 StR 387/61, BGHSt 16, 330 (334).
122 BGH 29.04.2010, 3 StR 314/09, BGHSt 55, 107 (115).
123 BGH 29.04.2010, 3 StR 314/09, BGHSt 55, 107 (116).

bezieht[124] – zudem ein Handeln unter **Verstoß gegen** die **Grundsätze eines ordnungsgemäßen Wirtschaftens**.[125] Damit werden Sachverhalte aus der Tatbestandsmäßigkeit ausgeschieden, in denen einer Leistung eine äquivalente Gegenleistung gegenüber steht – etwa im Rahmen zweiseitiger Verträge – und in denen für die Weggabe eines Vermögensbestandteils ein wirtschaftlich äquivalenter Wert in das Vermögen des Schuldners fließt; dadurch wird das Vermögen insgesamt nicht verringert, sondern lediglich in seiner Zusammensetzung verändert.[126] Aus diesem Grund fallen auch solche Verfügungen nicht unter den Begriff des Beiseiteschaffens, die der Schuldner zur Aufrechterhaltung seines (angemessenen) Lebensunterhalts vornimmt.[127] Begleicht der Schuldner eine Verbindlichkeit, ist zu differenzieren: Handelt es sich um eine fällige Forderung eines berechtigten Gläubigers, ist von einem Handeln im Rahmen des ordnungsgemäßen Wirtschaftens auszugehen, durch das allenfalls die gleichmäßige Verteilung der Insolvenzmasse unter den Gläubigern beeinträchtigt werden kann, was – in Fällen der inkongruenten Befriedigung – allenfalls eine Strafbarkeit nach § 283c StGB begründen kann.[128] Bestehen die Verbindlichkeiten jedoch nicht oder werden sie erst kurz vor ihrer Bedienung unter Verstoß gegen die Grundsätze ordnungsgemäßen Wirtschaftens – etwa durch überhöhte Provisions- oder Vergütungsabreden – begründet, liegt ein Beiseiteschaffen vor.[129]

32 Nicht abschließend geklärt ist, welche Maßstäbe hinsichtlich des ordnungsgemäßen Wirtschaftens anzusetzen sind, wenn es sich um einen Schuldner im **Verbraucherinsolvenzverfahren** handelt. Insoweit den gleichen Maßstab wie für Kaufleute anzusetzen, erscheint zweifelhaft, weil für diese Gruppe durch das Handelsrecht gewisse Regeln vorgegeben sind, nach denen sich verantwortungsvolles Handeln bemessen lässt, die für nicht wirtschaftlich agierende Privatpersonen gerade fehlen.[130] Die Rechtsprechung stellt aber ohnehin eher auf das Ziel des Täters ab[131] und nimmt den Verstoß gegen die Grundsätze der ordnungsgemäßen Wirtschaft an, wenn es ihm darum geht, durch die Verfügung sich selbst, nahe Verwandte oder von ihm beherrschte andere Gesellschaften zu begünstigen.[132] Unter diesen Voraussetzungen wird auch in Fällen der Verbraucherinsolvenz ein wirtschaftswidriges Verhalten zu bejahen sein, im Übrigen dürfte es darauf ankommen, ob sich für eine Verfügung eines Verbrauchers auch ein anderer sachlicher Grund finden lässt.[133]

bb) Verheimlichen

33 Die Tathandlung besteht in einem Verhalten, mit dem der Schuldner bezweckt, seine **Gläubiger** oder – nach Eröffnung des Insolvenzverfahrens – den **Insolvenzverwalter** über Bestandteile seines Vermögens oder deren Zugehörigkeit zur Insolvenzmasse **in Unkenntnis zu halten** und ihnen so den Zugriff darauf zu entziehen.[134] Dies kann gegeben sein beim Vortäuschen tatsächlicher oder rechtlicher Zugriffshindernisse, so wenn der Schuldner den Besitz eines Vermögensgegenstandes leugnet oder diesen versteckt,[135] wenn er ein Rechtsverhältnis vorspiegelt, das den Zugriff der Gläubiger hindern würde,[136] oder wenn er fälschlich gegenüber dem Insolvenzverwalter fremde Aussonderungs-

---

124 Krit. insoweit SK/*Hoyer* Rn. 33.
125 BGH 10.02.2009, 3 StR 372/08, NJW 2009, 2225 (2226); 17.03.1987, 1 StR 693/86, BGHSt 34, 309 (310).
126 RG 15.02.1932, II 1381/31, RGSt 66, 130 (132).
127 BGH 10.02.1981, 1 StR 515/80, NStZ 1981, 259.
128 BGH 02.11.1995, 1 StR 449/95, BGHR StGB § 283 Abs. 1 Nr. 1 Vermögen 2.
129 BGH 10.02.2009, 3 StR 372/08, NJW 2009, 2225 (2226).
130 MüKo-StGB/*Radtke* Rn. 22 m.w.N.
131 BGH 17.03.1987, 1 StR 693/86, BGHSt 34, 309 (310).
132 Vgl. etwa BGH 20.05.1981, 3 StR 94/81, BGHSt 30, 127 (128 f.); OLG Düsseldorf 23.12.1981, 3 Ws 243/81, NJW 1982, 1712; 24.09.1986, 3 StR 348/86, NStZ 1987, 23.
133 MüKo-StGB/*Radtke* Rn. 22.
134 OLG Frankfurt 18.06.1997, 1 Ws 56/97, NStZ 1997, 551.
135 Satzger/Schmitt/Widmaier/*Bosch* Rn. 6 m.w.N.
136 OLG Frankfurt 18.06.1997, 1 Ws 56/97, NStZ 1997, 551.

rechte behauptet.[137] Die Übertragung von Forderungen des Schuldners auf einen Treuhänder, der in einem Verbraucherinsolvenzverfahren bei dem vorgesehenen außergerichtlichen Einigungsversuch eine gemeinschaftliche Befriedigung aller Gläubiger erreichen soll (vgl. § 305 Abs. 1 Nr. 1 InsO), stellt **kein Verheimlichen** dar.[138]

Bei Bestehen einer Auskunfts- oder Anzeigepflicht (vgl. §§ 97, 98 InsO) kann ein Verheimlichen auch **durch Unterlassen** begangen werden.[139] Dabei ist der Schuldner auch ohne ein besonderes Auskunftsverlangen des Insolvenzverwalters oder des Gerichts verpflichtet, bereits erteilte Auskünfte unverzüglich zu ergänzen oder richtig zu stellen, wenn er erkennt, dass sich nicht nur unwesentliche Änderungen ergeben haben, etwa beim späteren Entstehen einer noch nicht im Insolvenzplan berücksichtigten Forderung.[140] 34

Voraussetzung der **Tatvollendung** ist es, dass Gläubiger oder Insolvenzverwalter infolge des täuschenden Verhaltens zumindest **vorübergehend** in **Unkenntnis** über die Vermögenslage des Schuldners waren; das auf Kenntnisentziehung gerichtete Verhalten allein reicht nicht aus.[141] Andererseits ist eine endgültige Kenntnisentziehung nicht erforderlich, weshalb spätere Nachforschungen des Insolvenzverwalters, die zur Aufdeckung der wahren Verhältnisse führen, die einmal begründete Strafbarkeit unberührt lassen.[142] Offenbart der Schuldner selbst das zunächst Verheimlichte gegenüber seinen Gläubigern oder dem Insolvenzverwalter, ist dies in aller Regel strafmildernd zu berücksichtigen.[143] 35

cc) Zerstören, Beschädigen, Unbrauchbarmachen

Diese drei Tatbestandsalternativen beziehen sich sämtlich auf Sachen i.S.v. § 303, zu denen freilich auch Wertpapiere gehören können. **Zerstört** ist eine Sache, wenn sie in ihrer Substanz so wesentlich verletzt wird, dass ihre Gebrauchsfähigkeit vollständig aufgehoben ist.[144] Eine **Beschädigung** liegt bei einer nicht ganz unerheblichen Substanzverletzung vor, durch die der bestimmungsgemäße Gebrauch einer Sache beeinträchtigt wird.[145] **Unbrauchbarmachen** erfordert hingegen keine Substanzverletzung, es reicht aus, wenn auf sonstige Weise die Funktionsfähigkeit der Sache aufgehoben wird.[146] 36

In der Praxis haben diese Tatbestandsalternativen sehr geringe Bedeutung, weil nur ein Verhalten tatbestandsmäßig ist, dass den Anforderungen eines **ordnungsgemäßen Wirtschaftens** nicht entspricht. Deshalb fallen etwa der Verbrauch von dazu bestimmten Gütern oder die Zerstörung von Investitionsgütern, die im Rahmen einer Reparatur- oder Modernisierungsmaßnahme ersetzt werden sollen, nicht unter diese Tatbestandsalternative.[147] Es bleibt danach nur in den sehr seltenen Fällen einer mutwilligen Zerstörung oder bei betriebswirtschaftlich völlig unvertretbaren Maßnahmen Raum für eine Anwendung von Nr. 1.[148] Für kaufmännisch wirtschaftende Personen ergibt sich der Maßstab der ordnungsgemäßen Wirtschaft aus den handelsrechtlichen Anforderungen an ein ordentliches Wirtschaften, für Privatpersonen ist ebenfalls (vgl. Rdn. 32) nicht geklärt, ob diese Grundsätze übernommen werden können. Abgesehen von den Fällen des Mutwillens wird auch 37

---

137 MüKo-StGB/*Radtke* Rn. 17.
138 OLG München 29.08.2000, 2 Ws 991/00, ZIP 2000, 1841 (1842).
139 BGH 20.12.1957, 1 StR 492/57, BGHSt 11, 145 (146).
140 BGH 17.11.2008, NotZ 130/07, NJW-RR 2009, 783 (785).
141 MüKo-StGB/*Radtke* Rn. 17.
142 *Fischer* Rn. 5.
143 Schönke/Schröder/*Heine* Rn. 5.
144 RG 22.10.1906, III 406/06, RGSt 39, 223 (224).
145 RG 11.04.1932, II 297/32, RGSt 66, 203 (205).
146 SK/*Hoyer* Rn. 38.
147 BT-Drucks. 7/3441, 34.
148 Satzger/Schmitt/Widmaier/*Bosch* Rn. 7 m.w.N.

hier zu fragen sein, ob – ohne betriebswirtschaftlichen Hintergrund – für das Verhalten des Verbrauchers ein sachlicher Grund gefunden werden kann.

b) Unwirtschaftliche Geschäfte oder Ausgaben (Nr. 2)

aa) Verlust-, Spekulations- und Differenzgeschäfte

38 Strafgrund von Nr. 2 Alt. 1 ist die abstrakte Gefährlichkeit des Eingehens von besonders riskanten Geschäften, die eine große Verlustgefahr für das Vermögen des Schuldners bergen und ihm deshalb in der Krisensituation zum Schutz seiner Gläubiger nicht gestattet sind. Ein **Verlustgeschäft** liegt vor, wenn bei seinem Abschluss wegen der Differenz von getätigten Ausgaben und zu erwartenden Einnahmen eine Vermögensminderung zu erwarten ist.[149] Geschäfte, die sich erst im Nachhinein als verlustreich herausstellen, die aber bei der Vorauskalkulation nicht zu einem Verlust führen mussten, fallen nicht darunter.[150] Bei einem **Spekulationsgeschäft** wird ein hohes Verlustrisiko in der Hoffnung eines besonders großen Gewinns eingegangen,[151] dessen Realisierung aber häufig vom bloßen Zufall abhängt.[152] Dazu zählt etwa die Beteiligung an einem unseriösen Unternehmen mit dem Ziel, bereits erlittene Verluste wieder auszugleichen.[153] Um ein **Differenzgeschäft** mit Waren oder Wertpapieren handelt es sich schließlich bei allen Geschäften i.S.d. früheren § 764 BGB, also bei Verträgen, bei denen es dem Vertragschließenden nicht auf die Lieferung der Waren oder Wertpapiere ankommt, sondern allein auf die Zahlung der nach Ablauf der Vertragslaufzeit erstrebten geldmäßigen Differenz.[154] Daneben werden von den Differenzgeschäften auch die grds zulässigen **Termingeschäfte**[155], auch inländische Börsentermingeschäfte nach den § 26 Abs. 1, Abs. 2 BörsG erfasst.[156]

39 Voraussetzung der Strafbarkeit eines solchen Geschäfts ist erneut, dass dies in einer den Anforderungen einer **ordnungsgemäßen Wirtschaft widersprechenden** Weise eingegangen wird. Diese Voraussetzung ist nicht gegeben, wenn Geschäfte wirtschaftlich vernünftig sind bzw. wenn sie ein seriöser Kaufmann in einer Ausnahmesituation ebenfalls eingehen würde, etwa weil durch das riskante oder verlustreiche Geschäft die Aussicht auf gewinnbringende Folgeaufträge begründet wird oder Arbeitsplätze erhalten bleiben.[157] Der bloße Versuch, ein bereits auf den Untergang zutreibendes Unternehmen durch riskante Geschäfte noch eine Zeitlang über Wasser zu halten, erfüllt hingegen die Anforderungen einer ordentlichen Wirtschaft regelmäßig nicht.[158] Dies ist aufgrund einer ex-ante-Betrachtung zu beurteilen, es ist also auf den Zeitpunkt des Abschlusses des Geschäfts abzustellen.[159] Mit dem Abschluss des Geschäftes ist die Tat vollendet, so dass es auf seinen Erfolg im Einzelnen grundsätzlich nicht ankommt.[160] Gleichwohl geht die herrschende Auffassung davon aus, dass Geschäfte, die letztlich zu einem Gewinn führen, nicht tatbestandsmäßig sind.[161] Dies wird – zurückgehend auf eine Entscheidung des Bundesgerichtshofes zu Spielverlusten[162] – überwiegend mit einer **teleologischen Reduktion** begründet: Die dem Gläubigerschutz dienende Vorschrift gebiete eine Bestrafung nicht, wenn die Handlung des Schuldners tatsächlich nicht zu einer Vermögensminderung

---

149 BT-Drucks. 7/3441, 35.
150 Park/*Sorgenfrei* Rn. 92.
151 BT-Drucks. 7/3441, 35.
152 RG 02.07.1887, Rep. 1390/87, RGSt 16, 238.
153 BT-Drucks. 7/3441, 35.
154 Park/*Sorgenfrei* Rn. 95 m.w.N.
155 Dazu näher Park/*Sorgenfrei* Rn. 96.
156 NK/*Kindhäuser* Rn. 32; *Fischer* Rn. 9 m.w.N.; a.A. LK/*Tiedemann* Rn. 59.
157 BT-Drucks. 7/3441, 35.
158 BGH 04.09.1979, 3 StR 242/79.
159 NK/*Kindhäuser* Rn. 34.
160 Park/*Sorgenfrei* Rn. 99.
161 *Fischer* Rn. 10; MüKo-StGB/*Radtke* Rn. 27; Schönke/Schröder/*Heine* Rn. 12; LK/*Tiedemann* Rn. 61; SK/*Hoyer* Rn. 44; NK/*Kindhäuser* Rn. 34; Park/*Sorgenfrei* Rn. 99 m.w.N.
162 BGH 18.03.1969, 5 StR 59/69, BGHSt 22, 360.

geführt habe.[163] Näherliegend dürfte es sein, in diesen Fällen den Zusammenhang zwischen Bankrotthandlung und objektiver Strafbarkeitsbedingung zu verneinen und so die Straffreiheit zu erreichen (vgl. Rdn. 89 f.).

bb) Unwirtschaftliche Ausgaben, Spiel oder Wette

Tathandlungen sind das Verbrauchen oder Schuldigwerden von übermäßigen Beträgen durch unwirtschaftliche Ausgaben, Spiel oder Wette. Sanktioniert wird damit eine unverhältnismäßige Vermögensminderung durch wirtschaftlich unvertretbaren Aufwand in der Zeit der Krise. 40

Ausgaben sind **unwirtschaftlich**, wenn sie das Maß des Notwendigen und Üblichen überschreiten, im Zeitpunkt ihrer Tätigung nicht in einem angemessenen Verhältnis zum vorhandenen Gesamtvermögen des Schuldners stehen und nicht den Regeln ordnungsgemäßer Wirtschaft entsprechen.[164] Es handelt sich bei Ausgaben um Geldleistungen, die sowohl zu privaten als auch zu betrieblichen Zwecken getätigt werden können.[165] Bei **privaten Ausgaben** ist zu beachten, dass die Entnahme eines angemessenen privaten Lebensunterhalts keinen unvertretbaren Aufwand darstellt;[166] erst recht können Ausgaben, die sich im Rahmen der Pfändungsgrenzen des § 850c BGB bewegen, niemals die Strafbarkeit nach Nr. 2 begründen.[167] **Betriebliche Ausgaben** erfüllen den Tatbestand, wenn sie sich bei einer Betrachtung ex-ante unter Berücksichtigung der konkreten Geschäfts- und Ertragssituation, der Vermögens- und Liquiditätslage sowie des vom Schuldner mit der Ausgabe verfolgten Zwecks als wirtschaftlich sinnlos erweisen.[168] Davon abzugrenzen sind Ausgaben, die sich etwa im Rahmen wirtschaftlich vertretbarer Sanierungsbemühungen halten, mögen sich diese im Nachhinein auch als erfolglos erweisen.[169] **Unwirtschaftlichkeit** wird regelmäßig etwa bei Luxusaufwendungen (z.B. Antiquitäten oder Kunstgegenstände,[170] Sportflugzeug[171], Luxuswagen[172]), überhöhtem Spesenaufwand[173] oder bei unangemessenem, lediglich die Kreditwürdigkeit des Unternehmens vortäuschendem Repräsentationsaufwand[174] der Fall sein. Ob bei der Anschaffung von Luxusgegenständen die darin liegende Gegenleistung zu berücksichtigen ist, ist umstritten. Zum Teil wird dies gefordert, weil bei Erhalt einer adäquaten Gegenleistung der in der Ausgabe liegende Vermögensverlust umgehend ausgeglichen und deshalb durch den Schuldner kein tatbestandliches Risiko für die Gläubigerbefriedigung geschaffen werde.[175] Die Rechtsprechung[176] und ein Teil der Literatur[177] lehnen eine Berücksichtigung der Gegenleistung hingegen ab, wobei einerseits auf das Wortlautargument, »Verbrauchen« bedeute nichts anderes als »verausgaben«, abgestellt wird,[178] andererseits angeführt wird, dass solche Anschaffungen ohnehin keinen äquivalenten Gegenwert repräsentierten und 41

---

163 MüKo-StGB/*Radtke* Rn. 27; Schönke/Schröder/*Heine* Rn. 12; LK/*Tiedemann* Rn. 61; SK/*Hoyer* Rn. 44 jew. m.w.N.; a.A Satzger/Schmitt/Widmaier/*Bosch* Rn. 9: kriminalpolitisch nicht überzeugend.
164 BT-Drucks. 7/3441, 34.
165 BGH 08.01.1963, 5 StR 402/62, GA 1964, 119; 28.11.1972, 1 StR 399/72, GA 1974, 61.
166 BGH 10.02.1981, 1 StR 515/80, NStZ 1981, 259.
167 SK/*Hoyer* Rn. 52.
168 BGH 17.11.1953, 5 StR 515/53, bei *Herlan* GA 1954, 311.
169 BGH 04.09.1979, 3 StR 242/79.
170 RG 24.11.1916, 4 D 527/16, GA 64 (1917), 115 (116); BGH 09.06.1953, 1 StR 206/53, NJW 1953, 1480 (1481).
171 BGH 04.11.1975, 1 StR 592/75.
172 BGH 21.06.1978, 2 StR 165/78.
173 BGH 05.07.1955, 5 StR 236/55.
174 Satzger/Schmitt/Widmaier/*Bosch* Rn. 13.
175 NK/*Kindhäuser* Rn. 37; i.E. ebenso MüKo-StGB/*Radtke* Rn. 28; SK/*Hoyer* Rn. 52.
176 RG 24.11.1916, 4 D 527/16, GA 64 (1917), 115 f.; BGH 09.06.1953, 1 StR 206/53, NJW 1953, 1480 (1481); 17.12.1959, 2 StR 533/58, bei *Herlan* GA 1959, 341; BGH 08.01.1963, 5 StR 402/62, GA 1964, 119 (120).
177 Satzger/Schmitt/Widmaier/*Bosch* Rn. 13.
178 RG 24.11.1916, 4 D 527/16, GA 64 (1917), 115 f.; BGH 17.12.1959, 2 StR 533/58, bei *Herlan* GA 1959, 341.

regelmäßig betriebsfremd seien.[179] Gleichwohl dürfte jedenfalls in den Fällen, in denen für das Luxusgut ein der Ausgabe entsprechender Geldwert zur Insolvenzmasse gezogen werden kann, eine Strafbarkeit nach Nr. 2 ausscheiden, weil wertneutrale Aufwendungen nach dem Willen des Gesetzgebers als Bankrotthandlungen nicht in Betracht kommen sollten.[180]

42 Die Merkmale **Spiel** und **Wette** beziehen sich auf Geschäfte i.S.v. § 762 BGB. Erfasst wird die Teilnahme an Lotterien,[181] Kundenwerbung im Schneeballsystem oder durch Kettenbriefe sowie an sonstigen Glücksspielen jeglicher Art.[182]

43 Während **Verbrauchen** das Erfüllungsgeschäft bezeichnet, also regelmäßig die Hingabe des Geldes (nicht aber schon eines Schecks), bezieht sich das Merkmal **Schuldigwerden** auf das Eingehen der Verbindlichkeit. Zur Tatbestandserfüllung ist das Entstehen einer durchsetzbaren Verbindlichkeit erforderlich, eine lediglich unvollkommene i.S.d. § 762 BGB ist nicht ausreichend.[183] Die Begehung ist auch durch **Unterlassen** möglich, eine Aufsichtspflicht des Schuldners dürfte nach den Grundsätzen der Geschäftsherrenhaftung indes gegenüber Angestellten nur eingeschränkt und gegenüber eigenverantwortlich handelnden Angehörigen gar nicht bestehen, es sei denn, es besteht nach allgemeinen Grundsätzen eine Garantenstellung aus Ingerenz.[184]

44 Um **übermäßige Beträge** handelt es sich schließlich, wenn sie die Leistungsfähigkeit des Täters im Zeitpunkt ihrer Ausgabe in unvertretbarer Weise übersteigen. Mit diesem Merkmal sollen bedeutungslose Ausgaben aus dem Tatbestand ausgeschieden werden.[185] Abzustellen ist auf die Vermögenslage des Schuldners, wobei in die Betrachtung aufgrund einer Gesamtwürdigung – sofern vorhanden – auch mehrere Betriebe des Schuldners[186] sowie – bei persönlich haftenden Geschäftsherren – deren Privatvermögen[187] einzustellen sind, und nicht bloß das Einkommen, sondern vielmehr Umsatz, Roheinkommen, geschäftliche Ausgaben und Unternehmenschancen zu berücksichtigen sind.[188] Bei mehreren selbständigen Gesellschaften im Konzernverbund ist eine gemeinsame Betrachtung bei Bestehen entsprechender Gewinn- und Verlustabführungsverträge möglich.[189]

c) Schleuderverkauf (Nr. 3)

45 Die Tathandlung der Nr. 3 ist **zweiaktig** aufgebaut: Der Täter muss sich zunächst Waren oder Wertpapiere auf Kredit beschaffen. Mit **Beschaffen** ist die Erlangung der tatsächlichen Verfügungsgewalt gemeint, das bloß schuldrechtliche Verpflichtungsgeschäft ist nicht ausreichend.[190] Auf die Eigentümerstellung kommt es hingegen nicht an, auch unter Eigentumsvorbehalt erworbene Waren können »beschafft« sein.[191] Die Beschaffung **auf Kredit** ist gegeben, wenn die Waren oder Wertpapiere nicht vollständig bezahlt werden; auch ein geringfügiger Zahlungsaufschub genügt.[192] Die Voraussetzung der nicht vollständigen Bezahlung muss aber noch im Zeitpunkt der Weitergabe vorliegen. Wird die Zahlung sofort bewirkt, nimmt der Schuldner dafür aber einen anderen Kredit auf, scheidet die Anwendung von Nr. 3 aus, es kann aber eine Verwirklichung von Nr. 2 oder Nr. 8 in Betracht kommen.[193]

---

179 Satzger/Schmitt/Widmaier/*Bosch* Rn. 13.
180 BT-Drucks. 7/3441, 34.
181 RG 30.04.1895, Rep. 1092/95, RGSt 27, 180 (181).
182 BGH 18.03.1969, 5 StR 59/69, BGHSt 22, 360 (361).
183 BGH 18.03.1969, 5 StR 59/69, BGHSt 22, 360 (361).
184 Satzger/Schmitt/Widmaier/*Bosch* Rn. 13; NK/*Kindhäuser* Rn. 39; enger *Fischer* Rn. 11.
185 Satzger/Schmitt/Widmaier/*Bosch* Rn. 15.
186 RG 15.06.1936, 2 D 181/36, RGSt 70, 260 (261).
187 BGH 22.07.1954, 3 StR 474/53.
188 BGH 09.06.1953, 1 StR 206/53, NJW 1953, 1480 (1481); 28.11.1972, 1 StR 399/72, GA 1964, 61 (62).
189 NK/*Kindhäuser* Rn. 40.
190 BGH 01.03.1956, 4 StR 193/55, BGHSt 9, 84 (86).
191 BGH 01.03.1956, 4 StR 193/55, BGHSt 9, 84.
192 *Fischer* Rn. 14.
193 Satzger/Schmitt/Widmaier/*Bosch* Rn. 16.

In einem **zweiten Akt** muss der Schuldner die beschafften Gegenstände oder daraus hergestellte Sa- 46
chen erheblich unter Wert **veräußern** (also verkaufen oder sonst übereignen) oder **abgeben** (d.h. den
Besitz, nicht aber Eigentum übertragen, z.B. durch Verpfändung).[194] Die herrschende Auffassung
geht davon aus, dass auch die schenkweise Übertragung unter den Begriff des Veräußerns zu fassen
ist.[195] Die Weitergabe **erheblich unter Wert** ist gegeben, wenn die Gegenleistung weit hinter den
marktangemessenen Verkaufs- oder Abgabewert zurückbleibt, sich mithin objektiv als Schleuderverkauf
darstellt; der zuvor vom Schuldner geleistete Einkaufswert hat lediglich indizielle Bedeutung.[196]

Auch bei der Veräußerung oder Abgabe unter Wert muss hinzukommen, dass sie den **Anforderungen** 47
einer **ordnungsgemäßen Wirtschaft** widerspricht. Trotz des Vorliegens der objektiven Voraussetzungen
eines Schleuderverkaufs kann eine Strafbarkeit nach Nr. 3 deshalb ausscheiden, wenn sich das
Geschäft als wirtschaftlich vernünftig herausstellt, etwa bei auf einer Mischkalkulation beruhenden
Sonderangeboten, einem Preiskampf mit Konkurrenten, näher rückender Verderblichkeit der Ware,
Räumungsverkäufen oder Angeboten zu Erschließung eines neuen Marktes.[197]

d) Vortäuschen oder Anerkennen erdichteter Rechte (Nr. 4)

Mit Nr. 4 wird sanktioniert, dass der Schuldner durch **vermeintliche Erhöhung** seiner **Passiva** die 48
Insolvenzmasse schmälern kann und so die Befriedigung seiner echten Gläubiger gefährdet. Zu einer
tatsächlichen Verkürzung der Befriedigungsquote muss es nicht gekommen sein, es reicht jede Handlung
aus, die dazu geeignet ist.[198] Ebenso wenig kommt es darauf an, ob das Recht im Insolvenzverfahren
geltend gemacht wird.[199] Von diesem Schutzzweck nicht erfasst sind unrichtige Angaben über
einen tatsächlich bestehenden Anspruch, die ihn in seiner Höhe und insolvenzrechtlichen Rangstellung
nicht beeinflussen.[200]

Vortäuschen ist gegeben, wenn der Schuldner sich gegenüber Dritten[201] – häufig wird dies der Insol- 49
venzverwalter sein, etwa im Rahmen der eidesstattlichen Versicherung nach § 98 InsO – auf ein tatsächlich
nicht bestehendes Recht eines anderen beruft, wobei dies auch konkludent erklärt werden
kann.[202] Dabei kann es sich um schuldrechtliche Ansprüche oder dingliche Rechte handeln.[203] Ausreichend
ist, wenn das Recht nur teilweise nicht besteht[204] oder wenn hinsichtlich bestehender Ansprüche,
die einfach zur Tabelle angemeldet werden müssten, wahrheitswidrig ein Sachverhalt behauptet
wird, aus dem sich Insolvenzvorrechte ergeben.[205] Nach allgemeinen Grundsätzen, insb.
bei Ingerenz, kann das Vortäuschen auch durch Unterlassen begangen werden. Im Prozess folgt
allein aus der Stellung als Schuldner allerdings noch keine Garantenpflicht, sich im Interesse der
Gläubiger mit allen Mitteln gegen die Forderung zu wehren; anders als bei Einwendungen, die unmittelbar
auf das Recht einwirken, stellt die Nichtgeltendmachung von Einreden ohnehin kein Vortäuschen
fremder Rechte dar.[206]

---

194 MüKo-StGB/*Radtke* Rn. 35.
195 RG 23.03.1914, III 1098/13, RGSt 48, 217 (218); MüKo-StGB/*Radtke* Rn. 35; LK/*Tiedemann* Rn. 77;
 SK/*Hoyer* Rn. 56; a.A. Satzger/Schmitt/Widmaier/*Bosch* Rn. 16; *Fischer* Rn. 14: nur bei entgeltlicher Eigentumsübertragung.
196 NK/*Kindhäuser* Rn. 48 m.w.N.
197 Satzger/Schmitt/Widmaier/*Bosch* Rn. 16; NK/*Kindhäuser* Rn. 49.
198 NK/*Kindhäuser* Rn. 50.
199 BGH 10.08.1951, 4 StR 202/51, LM Nr. 2 zu § 239 KO.
200 Schönke/Schröder/*Heine* Rn. 25.
201 BT-Drucks. 7/3441, 35.
202 MüKo-StGB/*Radtke* Rn. 39.
203 BT-Drucks. 7/3441, 35.
204 BGH 10.08.1951, 4 StR 202/51, LM Nr. 2 zu § 239 KO.
205 BGH 11.02.1955, 1 StR 540/54, LM Nr. 14 zu § 239 KO; vgl. auch BT-Drucks. 7/3441, 35.
206 Satzger/Schmitt/Widmaier/*Bosch* Rn. 17.

50 Das **Anerkennen** eines **erdichteten**, also eines nach Grund oder Höhe erfundenen, fingierten **Rechts** erfordert – anders als das Vortäuschen, das gegenüber einem Dritten vorgenommen wird – eine Erklärung gegenüber dem vermeintlichen Gläubiger, mit dem der Schuldner zusammenwirken muss.[207] Unter diesen Voraussetzungen kann auch die fehlende Geltendmachung prozessualer Einwendungen oder der Verzicht auf den Vortrag rechtsvernichtender Tatsachen ein Anerkennen darstellen.[208] Das – etwa aus Kulanzgründen abgegebene – Anerkenntnis verjährter oder unvollkommener Verbindlichkeiten (z.B. aus Spiel oder Wette) ist, weil es sich nicht um erdichtete Rechte handelt, nicht tatbestandsmäßig.[209] Gleiches gilt bei der bloßen Begleichung einer nicht bestehenden Forderung, weil dabei keine Erklärung über das Bestehen einer Schuld abgegeben wird; die Handlung wird aber regelmäßig unter Nr. 1 fallen.[210]

e) Verletzung der Buchführungspflicht (Nr. 5)

51 Bei der Vorschrift handelt es sich in der 1. Alt. um ein **echtes Unterlassungsdelikt**, mit dem die Verletzung der gesetzlichen Pflicht, Handelsbücher zu führen, strafbewehrt wird. Die Strafbarkeit wegen Unterlassens erfordert nach allgemeinen Grundsätzen (§ 13), dass es dem Täter möglich und zumutbar sein muss, seine Pflicht zu erfüllen. Das kann bei persönlichem Unvermögen – insoweit ist auf die persönlichen Fähigkeiten (Ausbildung) und das Maß und die Schwierigkeit der anfallenden Arbeiten abzustellen[211] – insbesondere der Fall sein, wenn der Schuldner aufgrund seiner wirtschaftlichen Lage auch keinen Dritten mit der Buchführung beauftragen kann, weil ihm dazu die Zahlungsmittel fehlen;[212] neuerdings wird in der Rechtsprechung aber auch erwogen, dem Geschäftsführer eines Unternehmens zur Meidung der Strafbarkeit aufzugeben, rechtzeitig (finanzielle) Vorsorge zu treffen, um auch in der Krise das Führen der Bücher und das Erstellen der Bilanzen zu gewährleisten.[213] Jedenfalls bei einfacheren Buchführungsaufgaben entlastet die fachliche Unfähigkeit zur Buchführung den Täter grds ebenso wenig wie Krankheit, sobald andere Kräfte gefunden werden können.[214] Bei dauerhaftem Unvermögen ist dem Schuldner zuzumuten, seine buchhaltungspflichtige Tätigkeit aufzugeben.[215] In der 2. Alt., die ein **Begehungsdelikt** darstellt, wird die Herstellung fehlerhafter Handelsbücher sanktioniert. Nr. 5 dient, wie alle Tatbestandsalternativen von Abs. 1 dem Gläubigerschutz, weil die Handelsbücher, die zwar in erster Linie der Selbstinformation des Schuldners dienen, auch den Gläubigern und dem Insolvenzverwalter sachgerechte Entscheidungen ermöglichen sollen. Zudem ermöglicht nur eine ordnungsgemäße Buchführung den Überblick über das Vermögen und kann den Schuldner so vor wirtschaftlich nicht tragbaren geschäftlichen Entscheidungen bewahren, was wiederum mittelbar den Gläubigern zugutekommt.[216] Dieser Schutzzweck bedingt, dass die Buchführungspflicht vor der Eröffnung des Insolvenzverfahrens, der Ablehnung des Eröffnungsantrages oder der Zahlungseinstellung (vgl. Abs. 6) verletzt werden muss; die Einstellung der Buchführung nach Zahlungseinstellung erfüllt deshalb den Tatbestand nicht.[217]

---

207 BGH 05.02.1953, 5 StR 738/52, bei *Herlan* GA 1953, 74.
208 Satzger/Schmitt/Widmaier/*Bosch* Rn. 17.
209 BT-Drucks. 7/3441, 35.
210 *Fischer* Rn. 18.
211 BGH 20.10.2011, 1 StR 354/11, NStZ 2012, 511.
212 BGH v. 14.12.1999, 5 StR 520/99, NStZ 2000, 206; BGH v. 30.01.2003, 3 StR 437/02, NStZ 2003, 546, jew. zu Nr. 7.
213 BGH 20.10.2011, 1 StR 354/11, NStZ 2012, 511.
214 *Fischer* Rn. 20; Satzger/Schmitt/Widmaier/*Bosch* Rn. 23; ähnlich MüKo-StGB/*Radtke* Rn. 47.
215 Schönke/Schröder/*Heine* Rn. 33.
216 BT-Drucks. 7/3441, S. 38.
217 OLG Düsseldorf v. 23.07.1998, 5 Ss 101/98 – 37/98 I, wistra 1998, 360 (361).

aa) Buchführungspflicht

Die Buchführungspflicht ergibt sich aus dem **Handels- und Gesellschaftsrecht**. Sie trifft nur Kaufleute, so dass es sich auch insoweit um ein **Sonderdelikt** handelt (vgl. Rdn. 6). Nach § 238 Abs. 1 HGB ist jeder **Kaufmann** i.S.v. § 1 HGB buchführungspflichtig, d.h. derjenige, der ein Handelsgewerbe betreibt (§ 1 Abs. 1 HGB), es sei denn, das Unternehmen erfordert nach Art und Umfang keinen in kaufmännischer Art und Weise eingerichteten Gewerbebetrieb (§ 1 Abs. 2 HGB). Dazu sind ggf. Feststellungen im Strafurteil zu treffen.[218] Kleingewerbetreibende i.S.v. § 2 HGB werden erst mit ihrer freiwilligen Eintragung ins Handelsregister buchführungspflichtig.[219] Wenn die Voraussetzungen des § 1 HGB vorliegen, ist auch eine als GmbH gegründete Gesellschaft vor Eintragung buchführungspflichtig; nach der Neufassung des HGB im Jahr 1998 kommt es indes nicht mehr darauf an, ob die Gründungsgesellschaft ein Grundhandelsgewerbe betreibt.[220] Auch **Handelsgesellschaften** sind buchführungspflichtig (§ 6 Abs. 1 HGB). Für die strafrechtliche Zurechnung bei juristischen Personen gilt § 14, d.h. die Pflicht trifft grds die Organe (§ 14 Abs. 1 Nr. 1: Geschäftsführer, Vorstand; zum faktischen Geschäftsführer vgl. Rdn. 82). Eine Delegation innerhalb des Unternehmens, etwa auf die Buchhaltungs- oder Bilanzabteilung (dann gilt § 14 Abs. 2 Nr. 2), oder extern auf Steuerberater oder Bilanzbuchhalter ist zulässig; in diesen Fällen verbleibt bei dem primär Verantwortlichen aber eine Kontrollpflicht, bei deren Verletzung er nach Nr. 5 strafbar sein kann.[221] Bei bestehenden Zahlungsschwierigkeiten muss sich von mehreren Geschäftsführern – unabhängig von der ressortmäßigen Aufgabenverteilung – jeder über die Ordnungsgemäßheit der Buchführung vergewissern.[222] Die Buchführungspflicht endet mit dem Ausscheiden des Täters aus der Organ- oder der Vertreterstellung,[223] wenn nicht der Täter nur zum Schein sein Amt niederlegt und in vergleichbarem Umfang tätig bleibt.[224] Bei Personenhandelsgesellschaften sind alle persönlich haftenden Gesellschafter zur Buchführung verpflichtet, auf eine gesellschaftsinterne Geschäftsverteilung kommt es nicht an.[225] Von der strafrechtlichen Verantwortung befreit sind allerdings von der Geschäftsführung ausgeschlossene Gesellschafter und Kommanditisten.[226]

bb) Handelsbücher

Welche Handelsbücher und in welcher Form sie zu führen sind, regelt das Handelsrecht nicht. Nach § 238 Abs. 1 HGB ist aber erforderlich, dass die Grundsätze einer ordnungsgemäßen Buchführung eingehalten werden und die Handelsgeschäfte sowie die Lage des Vermögens aus den Büchern ersichtlich werden. Auf die äußere Form der Aufzeichnungen kommt es dabei nicht an, sie können in Buchform, auf Karteikarten[227] oder nach § 239 Abs. 4 HGB durch die (geordnete) Ablage von Belegen oder in elektronischer Form getätigt werden. Das bloße Vorhandensein ungeordneter Buchungsbelege stellt hingegen jedenfalls dann keine ordnungsgemäße Buchführung dar, wenn es einem sachverständigen Dritten anhand dessen nicht gelingt, sich innerhalb angemessener Zeit einen Überblick über den Vermögens- und Schuldenstand des Unternehmens zu verschaffen (vgl. § 238 Abs. 1 Satz 2 HGB).[228]

---

218 BGH v. 01.02.1963, 5 StR 606/62, bei *Herlan* GA 1964, 136.
219 NK/*Kindhäuser* Rn. 56.
220 Satzger/Schmitt/Widmaier/*Bosch* Rn. 21; a.A. *Fischer* Rn. 19; NK/*Kindhäuser* Rn. 56, jew. unter Berufung auf BGH v. 17.06.1952, 1 StR 668/51, BGHSt 3, 23 zur alten Rechtslage.
221 BayObLG v. 10.08.2001, 3 ObOWi 51/2001, wistra 2001, 478 (479) zu § 130 Abs. 1 OWiG.
222 BGH 19.12.1997, 2 StR 420/97, NStZ 1998, 247.
223 BGH 30.09.1980, 1 StR 407/80, bei *Holtz* MDR 1981, 100, insoweit in NStZ 1981, 353 nicht abgedruckt.
224 BGH 13.07.1983, 3 StR 132/83.
225 RG v. 06.02.1912, II 1053/11, RGSt 45, 387 f.
226 Satzger/Schmitt/Widmaier/*Bosch* Rn. 22.
227 BGH 04.05.1960, 2 StR 367/59, BGHSt 14, 262 (264).
228 BGH 19.12.1997, 2 StR 420/97, NStZ 1998, 247.

cc) Unterlassen der Buchführung

54 Ein Unterlassen der Buchführung liegt nur vor, wenn der Pflichtige **schlechthin keine Handelsbücher** führt.[229] Eine unvollständige Buchführung oder das Unterlassen der Führung einzelner Bücher kann deshalb lediglich als mangelhafte Buchführung nach der 2. Alt. strafbar sein; dann muss allerdings hinzukommen, dass dadurch die Übersicht über den Vermögensstand erschwert wird (s. Rdn. 55 f.).[230] Die Führung der Bücher muss – in Abgrenzung zu nur vorübergehenden Versäumnissen – über einen erheblichen Zeitraum unterlassen werden; mit Ablauf eines Geschäftsjahres kann der Zweck der Buchführungspflicht, den Schuldner über seine Geschäfte und die Lage seines Vermögens zu informieren und damit vor potentiell gläubigergefährdenden Handlungen zu bewahren, nicht mehr erreicht werden, so dass auch eine nachträgliche Erstellung der Buchführung an der eingetretenen Strafbarkeit nichts zu ändern vermag.[231]

dd) Mangelhafte Buchführung

55 Dieses Merkmal ist gegeben, wenn der Schuldner seine Bücher **mangelhaft führt** oder **verändert**. Auf die Hervorhebung des »Verfälschens« – etwa durch Änderung oder Entfernung bereits vorgenommener Einträge – hat der Gesetzgeber bewusst verzichtet, weil dieses stets auch eine Veränderung darstellt.[232] **Maßstab** für die Mangelhaftigkeit der Buchführung sind die gesetzlich normierten Anforderungen an eine **ordnungsgemäße Buchführung**, die vollständig, richtig, zeitgerecht und geordnet vorgenommen werden muss (vgl. § 239 Abs. 2 HGB). Danach kommt eine Strafbarkeit nach Nr. 5 in Betracht, wenn – auch nur zeitweise – einzelne Bücher oder einzelne Bereiche nicht geführt werden,[233] wenn falsche Buchungsbelege erstellt[234] oder unzutreffende Wertangaben gemacht werden,[235] wenn Buchungen nicht zeitnah nach den betreffenden Geschäftsvorfällen vorgenommen werden[236] oder auch, wenn Geschäftsbelege nicht ordentlich aufbewahrt werden.[237] Die Verletzung der Buchführungspflicht muss vor Eintritt der objektiven Strafbarkeitsbedingung nach Abs. 6 begangen werden; die Handelsbücher erst nach Zahlungseinstellung nicht mehr zu führen, verwirklicht den Tatbestand nicht.[238] Ob die Mangelhaftigkeit der Buchführung noch im Zeitpunkt des Eintretens der Voraussetzungen des Abs. 6 vorliegt, ist hingegen grundsätzlich ohne Bedeutung: Da durch Nr. 5 in der Ausgestaltung als abstraktes Gefährdungsdelikt (vgl. Rdn. 5) der Gläubigerschutz dadurch gewährleistet werden soll, dass der Schuldner nicht den Überblick über seine Vermögensverhältnisse verliert und deshalb nicht auf die – ggf. nur drohende (vgl. Abs. 2) – Krise reagieren kann, kann es für die Tatbestandsmäßigkeit des Buchführungsverstoßes auf die Zahlungseinstellung etc. nicht ankommen.[239] Allerdings soll in diesen Fällen der von Abs. 6 geforderte Zusammenhang zwischen Bankrotthandlung und objektiver Strafbarkeitsbedingung (vgl. Rdn. 89 f.) entfallen können.[240]

56 Eine mangelhafte Buchführung ist nur dann tatbestandsmäßig, wenn durch sie die **Übersicht** über den Vermögensstand des Schuldners **erschwert** wird. Durch dieses Merkmal sollen Bagatellverstöße und unbeachtliche Tathandlungen ausgeschieden werden.[241] Entsprechend den Vorgaben des Han-

---

229 BGH 30.09.1980, 1 StR 407/80, bei *Holtz* MDR 1981, 100, insoweit in NStZ 1981, 353 nicht abgedruckt.
230 BGH 18.01.1995, 2 StR 693/94, NStZ 1995, 347.
231 RG 26.10.1906, II 436/06, RGSt 39, 217 (219 f.).
232 BT-Drucks. 7/3441, 35.
233 BGH 18.01.1995, 2 StR 693/94, NStZ 1995, 347.
234 BGH 26.01.1956, 4 StR 494/55, bei *Herlan* GA 1956, 348.
235 BGH 08.12.1981, 1 StR 706/81, BGHSt 30, 285 (289).
236 MüKo-StGB/*Radtke* Rn. 48.
237 BGH 25.03.1954, 3 StR 232/53, NJW 1954, 1010; 20.10.1959, 1 StR 429/59, bei *Herlan* GA 1961, 358 f.
238 OLG Düsseldorf 23.07.1998, 5 Ss 101/98–37/98 I, wistra 1998, 360 (361).
239 Schönke/Schröder/*Heine* Rn. 36; NK/*Kindhäuser* Rn. 65; Satzger/Schmitt/Widmaier/*Bosch* Rn. 24.
240 Schönke/Schröder/*Heine* Rn. 36.
241 BT-Drucks. 7/3441, 35.

delsrechts (vgl. § 238 Abs. 1 Satz 2 HGB) scheidet eine Erschwernis aus, wenn es einem sachverständigen Dritten ohne Schwierigkeiten möglich ist, sich innerhalb angemessener Zeit einen Überblick über den Vermögens- und Schuldenstand des Schuldners zu verschaffen; entsprechende Feststellungen müssen im Urteil getroffen werden.[242] Eine solche Fallkonstellation kann insb. gegeben sein, wenn sämtliche Belege vorhanden und die betreffenden Geschäfte lediglich nicht verbucht worden sind,[243] oder wenn hinsichtlich fortlaufender Aufwendungen, die in gleicher Höhe regelmäßig anfallen, eine Verbuchung unterblieben ist, die anhand der früheren Buchungen ohne Schwierigkeiten nachvollzogen werden kann.[244]

f) Unterdrückung von Handelsbüchern (Nr. 6)

aa) Tathandlungen

Die Tathandlungen, mit denen Handelsbücher i.S.v. Nr. 6 unterdrückt werden können, bestehen im **Beiseiteschaffen** (Rdn. 29 f.), **Verheimlichen**, hier i.S.v. Verhinderung der Einsichtnahme (vgl. i.Ü. Rdn. 33 ff.), **Zerstören** oder **Beschädigen** (Rdn. 36). Ein Zerstören erfordert nicht die Substanzvernichtung, es kann auch gegeben sein, wenn die Funktionsfähigkeit der Bücher durch Sacheinwirkung auf andere Art aufgehoben wird, etwa durch völlige und irreparable Auflösung einer Loseblattsammlung[245] oder – hinsichtlich elektronisch gespeicherter Unterlagen – Löschung der Daten, wenn sie nicht wieder hergestellt werden können. Die Tathandlungen brauchen sich nicht auf die aufbewahrungspflichtigen Unterlagen insgesamt zu beziehen, werden sie nur hinsichtlich einzelner Bücher oder sonstiger Unterlagen begangen, ist dies ausreichend.[246] Die Tat muss vor Ablauf der für Buchführungspflichtige geltenden Aufbewahrungsfristen, die für die einzelnen Tatobjekte unterschiedlich geregelt sind (vgl. § 257 Abs. 4 HGB), begangen werden. 57

bb) Tatobjekte

Neben den **Handelsbüchern** haben auch die **sonstigen Unterlagen**, zu deren Aufbewahrung der Kaufmann verpflichtet ist, Tatobjektsqualität.[247] Dies sind nach § 257 Abs. 1 HGB Inventare, Eröffnungsbilanzen, Jahresabschlüsse, Einzelabschlüsse, Lagebericht, Konzernabschlüsse und Konzernlageberichte sowie die zu ihrem Verständnis erforderlichen Arbeitsanweisungen und Organisationsunterlagen, empfangene und Wiedergaben abgesandter Handelsbriefe sowie schließlich die für die Buchführung nach § 238 Abs. 1 HGB erforderlichen Buchungsbelege. Außer den Eröffnungsbilanzen und den Abschlüssen können die Unterlagen auch auf Bild- oder anderen Datenträgern gespeichert aufbewahrt werden, wenn insbesondere sichergestellt ist, dass sie mit den Originalen inhaltlich übereinstimmen (§ 257 Abs. 3 HGB). In Anlehnung an die Rechtsprechung zu § 239 Abs. 1 Nr. 4 KO[248] sind nach dem Willen des Gesetzgebers auch freiwillig geführte Bücher, also solche, hinsichtlich derer keine handelsrechtliche Buchführungspflicht besteht, vom Tatbestand erfasst.[249] 58

cc) Täterkreis

Es handelt sich bei Nr. 6 **nicht** um ein **Sonderdelikt**, das nur **für Kaufleute** gilt,[250] Täter kann vielmehr jedermann sein, der die Schuldnereigenschaft besitzt. Dies ist unbestritten etwa für nach § 14 strafrechtlich verantwortliche Mitarbeiter oder Beauftragte des Schuldners, die dessen Unterlagen unterdrücken. Gleiches gilt, wenn die Kaufmannseigenschaft wegfällt, die einmal begründete 59

---

242 BGH 07.02.2002, 1 StR 412/01, NStZ 2002, 327; 19.12.1997, 2 StR 420/97, NStZ 1998, 247.
243 BGH 21.10.1958, 1 StR 312/58, bei *Herlan* GA 1959, 341.
244 Schönke/Schröder/*Heine* Rn. 36.
245 BT-Drucks. 7/3441, 36.
246 Vgl. BGH 03.07.1953, 2 StR 452/52, BGHSt 4, 270 (275).
247 BT-Drucks. 7/3441, 36.
248 BGH 03.07.1953, 2 StR 452/52, BGHSt 4, 270 (275).
249 BT-Drucks. 7/3441, 36.
250 BT-Drucks. 7/3441, 36.

Aufbewahrungspflicht wird davon nicht berührt und gilt auch für die Erben oder den Testamentsvollstrecker, die selbst nicht Kaufleute sind.[251] Nicht abschließend geklärt ist die Frage, ob der Tatbestand auch für **Privatleute** und **Angehörige freier Berufe** gilt, auf die die handelsrechtlichen Buchführungs- und Aufbewahrungspflichten keine Anwendung finden, die aber trotzdem – freiwillig – Bücher führen, für die – wären sie Kaufleute – eine Aufbewahrungspflicht bestünde. Der im Vergleich zu § 283b weitere Wortlaut, den der Gesetzgeber bewusst gewählt hat, sowie die Erläuterungen des Entwurfs zu der Formulierung »vor Ablauf der für Buchführungspflichtige bestehenden gesetzlichen Aufbewahrungsfristen«[252] gestatten eine Bejahung dieser Frage.[253] Gleichwohl wird vom überwiegenden Teil der Literatur – mit unterschiedlichen Abstufungen – eine einschränkende Auslegung der Vorschrift gefordert.[254] Diesen Ansätzen ist insoweit zuzustimmen, als das Abstellen des Gesetzgebers im Jahr 1976 auf freiwillig geführte Bücher mit Blick auf § 4 HGB a.F., nach dem Minderkaufleute nicht buchführungspflichtig waren, erklärlich ist.[255] Auch die im Regierungsentwurf in Bezug genommenen Entscheidungen des Bundesgerichtshofes bezogen sich nur auf freiwillig geführte Bücher eines Minderkaufmanns[256] bzw. auf zusätzliche, freiwillig geführte Handelsbücher eines Kaufmanns.[257] Mit Blick auf **Privatpersonen**, die freiwillig Bücher führen, lässt sich deshalb aus dem Gesetzentwurf nichts dafür herleiten, sie als taugliche Täter der Nr. 6 anzusehen, zumal für sie erst mit der Einführung der Insolvenzordnung im Jahr 1999 die Möglichkeit eines Insolvenzverfahrens eröffnet wurde. Auch der Wortlaut, der die Unterdrückung von »Handelsbüchern« unter Strafe stellt, spricht gegen eine Anwendung auf Aufzeichnungen (z.B. Haushaltskassenbuch eines Arbeitnehmers) oder sonstige Unterlagen von Privatpersonen über ihre privaten Geschäfte (z.B. die Vermietung eines Hausgrundstücks), die regelmäßig nur einen Teil ihrer beruflichen bzw. geschäftlichen Tätigkeit betreffen. Augenfällig wird dies insbesondere hinsichtlich der sonstigen Unterlagen nach § 257 HGB, namentlich der Handelsbriefe, deren Begriff bei Privatpersonen nicht sinnvoll bestimmt werden kann.[258] Privatpersonen werden deshalb vom persönlichen Anwendungsbereich der Nr. 6 nicht erfasst.[259] Bei **Angehörigen der freien Berufe** kann letztlich hinsichtlich der von ihnen über ihre geschäftliche Tätigkeit Auskunft gebenden Bücher nichts anderes gelten. Sie fallen – anders als die Minderkaufleute nach altem Recht – von vornherein nicht unter das Handelsrecht und führen deshalb auch bei vorhandener Buchführung keine Handelsbücher.[260] Schutzzweck der Vorschrift ist zudem – wie auch bei Nr. 5 – neben der Information des Insolvenzverwalters das ordnungsgemäße Wirtschaften des Schuldners selbst.[261] Wenn ihm zu diesem Zweck aber nicht aufgegeben wird, überhaupt Bücher zu führen, die Unterlassung der Buchführung also nicht nach dem Insolvenzstrafrecht strafbar ist, gebieten auch Sinn und Zweck der Norm eine Bestrafung bei Unterdrückung solcher Bücher nicht.[262] Nicht hinnehmbare Strafbarkeitslücken entstehen dadurch nicht, weil etwa die Vernichtung von Aufzeichnungen einer im erheblichen Umfang geschäftstätigen Privatperson oder eines Rechtsanwalts oder Arztes über seine freiberufliche Tätigkeit als Verheimlichen

---

251 LK/*Tiedemann* Rn. 124.
252 BT-Drucks. 7/3441, 36.
253 Ebenso MüKo-StGB/*Radtke* Rn. 53.
254 NK/*Kindhäuser* Rn. 67 f.; LK/*Tiedemann* Rn. 121 f.; MüKo-StGB/*Radtke* Rn. 53; SK/*Hoyer* Rn. 78; Schönke/Schröder/*Heine* Rn. 39; *Fischer* Rn. 24; a.A. Lackner/*Kühl* Rn. 19; wohl auch Satzger/Schmitt/Widmaier/*Bosch* Rn. 25.
255 LK/*Tiedemann* Rn. 121.
256 BGH 10.04.1952, 5 StR 52/52, BGHSt 2, 386.
257 BGH 03.07.1953, 2 StR 452/52, BGHSt 4, 270 (275).
258 *Fischer* Rn. 24.
259 LK/*Tiedemann* Rn. 121; NK/*Kindhäuser* Rn. 67 f.; a.A. Lackner/*Kühl* Rn. 19; einschränkend Schönke/Schröder/*Heine* Rn. 39: taugliche Täter nur bei Vorliegen besonderer Umstände; Satzger/Schmitt/Widmaier/*Bosch* Rn. 25: wenn der Täter die handelsrechtliche Relevanz erkannt hat.
260 LK/*Tiedemann* Rn. 122 m.w.N.
261 NK/*Kindhäuser* Rn. 66; LK/*Tiedemann* Rn. 122.
262 MüKo-StGB/*Radtke* Rn. 53; LK/*Tiedemann* Rn. 122; a.A. Lackner/*Kühl* Rn. 19; wohl auch Satzger/Schmitt/Widmaier/*Bosch* Rn. 25.

oder Verschleiern der wirklichen geschäftlichen Verhältnisse auch nach Nr. 8 bestraft werden können.[263]

dd) Erschwerte Übersicht

Wie bei der mangelhaften Buchführung nach Nr. 5 ist zusätzliches Erfordernis der Strafbarkeit wegen der Unterdrückung von Handelsbüchern, dass dadurch die Übersicht über das Vermögen des Schuldners nicht nur unwesentlich erschwert wird. An dieser Voraussetzung fehlt es, wenn durch eine Tathandlung – etwa ein Beschädigen – der Inhalt der Bücher nicht verändert wird, wenn nur einzelne Belege unterdrückt werden, auf die es für die Vermögensübersicht indes nicht ankommt, oder wenn Daten gelöscht werden, die ohne nennenswerte Schwierigkeiten mit Standardsoftware wieder lesbar gemacht werden können.[264]

60

g) Verletzung der Bilanzierungs- und Inventarisierungspflicht (Nr. 7)

Bilanz und Inventar zählen auch zu den Handelsbüchern, werden aber von Nr. 7 als **lex specialis** erfasst, was die Anwendung von Nr. 5 auf sie sperrt. Relevant ist dies insb. bei der mangelhaften Erstellung des Inventars, die mangels ausdrücklicher Erwähnung nicht nach Nr. 7a strafbar ist, wenn sie nicht auch zu Bilanzfehlern führt, wegen der Sperrwirkung aber auch nicht von Nr. 5 erfasst wird.[265]

61

aa) Verpflichtung nach Handelsrecht

Wie Nr. 5 stellt auch Nr. 7 ein **Sonderdelikt des Kaufmanns** dar, weil der Täter die Tathandlungen **entgegen dem Handelsrecht** begehen muss. Die Verpflichtung zur Aufstellung eines Inventars ergibt sich für alle Kaufleute aus § 240 HGB, die zur Aufstellung der Bilanz folgt aus § 242 HGB (Ausnahme: Einzelkaufleute mit Umsatzerlösen unter 500.000 € und einem Jahresüberschuss unter 50.000 €, vgl. §§ 241a, 242 Abs. 4 HGB).

62

bb) Mangelhafte Aufstellung einer Bilanz

Tatobjekt der Nr. 7a sind **nur** die in § 242 Abs. 1 HGB legal definierten **Bilanzen**, nach dem eindeutigen Wortlaut aber **nicht** auch die in § 242 Abs. 2 HGB geregelte **Gewinn- und Verlustrechnung**, die handelsrechtlich auch als »Erfolgsbilanz« oder »Bilanz im weiteren Sinne« bezeichnet wird.[266] Nach § 242 Abs. 1 HGB ist vom Kaufmann zu Beginn seines Handelsgewerbes (Eröffnungsbilanz) und zum Schluss eines jeden Geschäftsjahres (Bilanz) ein das Verhältnis seines Vermögens und seiner Schulden darstellender Abschluss aufzustellen. Als Beginn des Handelsgewerbes zählt nicht nur die erstmalige Aufnahme der kaufmännischen Tätigkeit, sondern auch jeder Inhaberwechsel, etwa durch Erbschaft oder Unternehmenskauf, durch Eintritt eines neuen Gesellschafters in eine Personenhandelsgesellschaft oder durch Austritt eines Gesellschafters und Alleinerwerb des Unternehmens durch den bisherigen Mitgesellschafter.[267] Dem steht bei Liquidation von Kapitalgesellschaften die Verpflichtung zur Aufstellung einer Abschlusseröffnungsbilanz gleich.[268] Die Bilanz wird durch die auf den jeweils maßgeblichen Stichtag bezogene kontenmäßige Gegenüberstellung der **Aktiva** (insb. Anlage- und Umlaufvermögen) und der **Passiva** (insb. Eigen- und Fremdkapital) aufgestellt. Eine ordnungsgemäße Bilanz muss den handelsrechtlich normierten Grundsätzen der **Bilanzwahrheit** (§ 242 HGB), der **Bilanzklarheit** (§ 243 HGB) und der **Bilanzvollständigkeit** (§ 246 HGB) entsprechen; tut sie dies nicht oder wird bei ihrer Aufstellung gegen die weiteren besonderen

63

---

263 LK/*Tiedemann* Rn. 122.
264 Satzger/Schmitt/Widmaier/*Bosch* Rn. 26.
265 LK/*Tiedemann* Rn. 128.
266 Vgl. NK/*Kindhäuser* Rn. 77; LK/*Tiedemann* Rn. 130.
267 Satzger/Schmitt/Widmaier/*Bosch* Rn. 28.
268 BayObLG 31.01.1990, RReg 3 St 166/89, wistra 1990, 201 (202).

Verpflichtungen für Kapitalgesellschaften (§§ 264 ff. HGB), für Genossenschaften (§§ 336 ff. HGB), für Kredit- und Finanzdienstleistungsinstitute (§§ 340 ff. HGB) oder für Aktiengesellschaften (§§ 150 ff. AktG) verstoßen, ist der Anwendungsbereich von Nr. 7a eröffnet, wenn aus diesem Verstoß eine Erschwernis des Überblicks über die Vermögenslage des Schuldners resultiert. Die strafrechtliche Zurechnung wird, wenn Schuldner eine juristische Person ist, wiederum über § 14 vorgenommen, es gelten die gleichen Grundsätze wie bei Nr. 5 (vgl. Rdn. 52).

64 Tathandlung ist mithin die **rechtzeitige**, aber **mangelhafte Aufstellung** einer Bilanz. Dies ist der Fall, wenn sie die tatsächlichen Vermögensverhältnisse verschleiert oder darüber hinaus unrichtig ist, etwa weil sie Aktiva oder Passiva nicht aufführt (Unvollständigkeit), Vermögensgegenstände falsch (vgl. §§ 252 ff. HGB) oder willkürlich bewertet[269] oder gar Aktiva fingiert[270] (Unwahrheit). Ein Verstoß gegen die Bilanzklarheit, der zur Verschleierung der Vermögensverhältnisse führen kann, kann sich insbesondere durch zusammenfassende Bewertung einzelner Vermögensbestandteile oder durch Saldierung von Aktiva und Passiva ergeben (vgl. § 246 Abs. 2 HGB). Bloße Formverstöße, wie das Fehlen von Unterschrift oder Datum (vgl. § 245 HGB) oder die Nichtbeachtung formaler Gliederungsanforderungen führen, weil sie regelmäßig nicht die Übersicht über die Vermögensverhältnisse erschweren, nicht zur Strafbarkeit nach Nr. 7a.[271] Aus dem gleichen Grund ist der Tatbestand nicht erfüllt, wenn der Schuldner ordnungsgemäße Bilanzen aufstellt, daneben aber zur Täuschung einzelner Geschäftspartner von den zutreffenden Bilanzen abweichende anfertigt.[272] Entsprechend den Grundsätzen zu Nr. 5 braucht die Mangelhaftigkeit der Bilanz nicht noch zur Zeit des Eintritts der objektiven Strafbarkeitsbedingung vorzuliegen (vgl. Rdn. 55 a.E.).

cc) Unterlassen der fristgerechten Bilanzierung oder Inventarisierung

65 Nr. 7b stellt wiederum – wie schon die erste Tatvariante von Nr. 5 – ein **echtes Unterlassungsdelikt** dar, das zur Tatbestandsmäßigkeit die tatsächliche Möglichkeit pflichtgemäßen Handelns erfordert (vgl. Rdn. 51). Daran kann es insb. fehlen, wenn der Schuldner, der sich **in der Krisensituation** befinden muss,[273] infolge seiner wirtschaftlichen Notlage nicht über die Zahlungsmittel verfügt, Bilanz oder Inventar fristgerecht durch einen Steuerberater anfertigen zu lassen.[274] Bei diesen anspruchsvolleren Tätigkeiten kann – anders als bei einfachen Buchführungstätigkeiten – auch nicht ohne weiteres vom Schuldner erwartet werden, dass er sie ohne Hilfskräfte selbst erbringen kann; allerdings soll die finanzielle Unmöglichkeit, etwa einen Steuerberater mit der Erstellung der Bilanzen zu beauftragen, den Täter dann nicht entlasten, wenn er trotz sich abzeichnender Liquiditätsprobleme keine Rücklagen für diese zu erwartende Ausgabe bildet, sondern eingehende Zahlungen anderweitig verwendet.[275]

66 **Tatobjekt** ist neben den **Bilanzen** (vgl. Rdn. 63) das **Inventar**. Nach § 240 HGB handelt es sich dabei um eine ebenfalls bei Geschäftseröffnung und nach Abschluss jedes Geschäftsjahres vorzunehmende vollständige Aufstellung sämtlicher – genau bewerteter – Vermögensgegenstände und Schulden des Kaufmanns, die allerdings nicht vergleichend einander gegenübergestellt werden muss. **Tathandlung** ist das Unterlassen der **Aufstellung** von Bilanz oder Inventar in der vorgeschriebenen Zeit, also **innerhalb der gesetzlichen Fristen**. Inventar und Eröffnungsbilanz sind zunächst zu Beginn der Geschäftstätigkeit zu erstellen (§ 240 Abs. 1, § 242 Abs. 1 HGB). Dies gilt auch dann, wenn keine Aktiva und Passiva vorhanden sind.[276] Im Übrigen ist das Inventar nach § 240 Abs. 2 Satz 2 HGB

---

269 BGH 08.12.1981, 1 StR 706/81, BGHSt 30, 285 (289).
270 RG 03.06.1910, V 58/10, RGSt 43, 407 (416); 13.11.1933, III 869/33, RGSt 67, 349 (350).
271 NK/*Kindhäuser* Rn. 83.
272 BGH 15.07.1981, 3 StR 230/81, BGHSt 30, 186.
273 BGH 30.08.2011, 3 StR 228/11.
274 BGH 14.12.1999, 5 StR 520/99, NStZ 2000, 206; 30.01.2003, 3 StR 437/02, NStZ 2003, 546; KG 18.07.2007, (4) 1 Ss 261/06 (147/07), NStZ 2008, 406.
275 BGH 30.08.2011, 2 StR 652/10, m.w.N.; BGH 20.10.2011, 1 StR 354/11, NStZ 2012, 511; Satzger/Schmitt/Widmaier/*Bosch* Rn. 31 m.w.N.
276 LK/*Tiedemann* Rn. 133.

innerhalb der einem ordnungsgemäßen Geschäftsgang entsprechenden Zeit aufzustellen. Gleiches gilt nach § 243 Abs. 3 HGB auch für den Jahresabschluss von Einzelkaufleuten und den überwiegenden Teil der Personengesellschaften. Maßgebend zur Bestimmung dieses Zeitraums ist u.a. die Lage des Unternehmens, so dass in Krisensituationen eine Fristverkürzung bis hin zum Erfordernis der unverzüglichen Aufstellung geboten sein kann.[277] Die Norm ist trotz des je nach Unternehmen unterschiedlichen Fristablaufs in strafrechtlicher Hinsicht hinreichend bestimmt.[278] Für Kapitalgesellschaften und ihnen gleichgestellte Personengesellschaften (vgl. § 264a HGB) gelten – abhängig von ihrer Größe – für den Jahresabschluss die Fristen von drei bzw. sechs Monaten nach Abschluss des Geschäftsjahres (§ 264 Abs. 1 HGB). Mit Fristablauf ist die Tat vollendet, so dass sich eine Nachholung der Aufstellung allenfalls strafmildernd auswirken kann. Der Bilanzierungsverstoß muss spätestens im Zeitpunkt der Zahlungseinstellung oder der Insolvenzeröffnung begangen sein.[279] Enden die Fristen erst nach diesem Zeitpunkt, kommt eine Strafbarkeit je nach den Umständen des Einzelfalls aber dann in Betracht, wenn der Täter vor Eintritt der objektiven Strafbarkeitsbedingung keine hinreichenden Vorbereitungen zur Bilanzaufstellung getroffen hat.[280] Im umgekehrten Fall, wenn also die Frist zur Bilanzerstellung vor Eintritt der Krise abläuft, scheidet eine Strafbarkeit nach Nr. 7b aus; jedoch liegt eine Verletzung der Buchführungspflicht nach § 283b Abs. 1 Nr. 3b vor.[281] Dies gilt auch, wenn der Schuldner die Bilanzerstellung nicht bis zum Eintritt der Krise nachholt: Die Grundsätze, dass bei einem Dauerdelikt Veränderungen, die sich zwischen Vollendung und Beendigung der Tat zum Nachteil des Täters ergeben, ihm anzulasten sind, wenn der materielle Unrechtsgehalt der Tat fortbesteht,[282] führen hier aufgrund des insoweit eindeutigen Wortlauts von Nr. 7b zu keiner anderen Beurteilung.[283]

h) **Sonstige Bankrotthandlungen (Nr. 8)**

aa) **Allgemeines**

Die Vorschrift stellt eine **Generalklausel** in Ergänzung der kasuistischen Aufzählung der Nr. 1 bis 7 dar, mit der der Gesetzgeber sicherstellen wollte, dass auch solche Verhaltensweisen, die sich nicht unter eine der vorangegangenen Bankrotthandlungen subsumieren lassen, aber in vergleichbarer, sozialschädlicher Weise Gläubigerinteressen gefährden, vom Tatbestand erfasst werden können.[284] Es handelt sich insoweit um einen Auffangtatbestand, der mit Blick auf die Gläubigerinteressen auszulegen ist.[285] Vereinzelt vorgebrachten Bedenken gegen die Vorschrift, die insb. damit begründet werden, dass durch die Generalklausel einschränkende Tatbestandsvoraussetzungen der anderen Bankrotthandlungen (z.B. Schleuderverkauf von nicht auf Kredit beschafften Sachen) umgangen werden könnten,[286] ist mit einer einschränkenden Auslegung des Merkmals der **groben Wirtschaftswidrigkeit**, die für beide Tatbestandsalternativen gilt, zu begegnen.[287]

67

bb) **Verringerung des Vermögensstandes**

Die erste Tatbestandsalternative ist erfüllt, wenn der Täter durch rechtliche oder tatsächliche Handlungen entweder die **Aktiva** des Schuldnervermögens **schmälert** oder die **Passiva erhöht**.[288] Wie bei

68

---

277 NK/*Kindhäuser* Rn. 85; Satzger/Schmitt/Widmaier/*Bosch* Rn. 30.
278 BVerfG 15.03.1978, 2 BvR 927/76, BVerfGE 48, 48 (57 ff.) zu § 240 Abs. 1 Nr. 4 KO.
279 BGH 22.05.1991, 2 StR 453/90, BGHR StGB § 283 Abs. 1 Nr. 7b Zeit 1.
280 BGH 03.12.1991, 1 StR 496/91, NStZ 1992, 182.
281 BGH 30.01.2003, 3 StR 437/02, NStZ 2003, 546 (547); 05.11.1997, 2 StR 462/97, NStZ 1998, 192 (193).
282 Vgl. dazu *Maurer* wistra 2003, 174 f.; *Doster* wistra 1998, 326 (327).
283 OLG Stuttgart 30.05.2011, 1 Ss 851/10.
284 BT-Drucks. 7/3441, 33 (36).
285 BGH 24.03.2009, 5 StR 353/08, NStZ 2009, 635.
286 Satzger/Schmitt/Widmaier/*Bosch* Rn. 32; krit auch *Fischer* Rn. 30a: »gewisse Aushöhlung«.
287 Vgl. BT-Drucks. 7/3441, 36; vgl. auch LK/*Tiedemann* Rn. 167.
288 MüKo-StGB/*Radtke* Rn. 66.

den anderen bestandsbezogenen Bankrotthandlungen scheidet der Tatbestand aus, wenn durch einzelne Verfügungen andere Verbindlichkeiten zum Erlöschen gebracht oder wertmäßig gleiche Güter angeschafft werden.[289] Anders als beim Beiseiteschaffen, bei dem erst auf den dinglichen Vollzug abzustellen ist, reicht bereits jedenfalls zur Erhöhung der Passiva das Eingehen einer schuldrechtlichen Verpflichtung aus;[290] allerdings wird in diesen Fällen häufig bereits ein Schuldigwerden i.S.v. Nr. 2 gegeben sein, so dass für Nr. 8 insoweit ein allenfalls geringer Anwendungsbereich verbleibt. Auch ein nicht unter Nr. 3 fallender Schleuderverkauf (z.B. bzgl. Patente etc.) dürfte regelmäßig nicht vom Auffangtatbestand erfasst sein, weil insoweit ein Verlustgeschäft i.S.v. Nr. 2 vorliegen wird.[291] Insgesamt hat die Vorschrift in der ersten Alternative geringe praktische Bedeutung, weil die Weggabe von bereits bestehenden Vermögensbestandteilen schon unter Nr. 1 oder Nr. 2 zu subsumieren ist; es bleibt demnach regelmäßig nur Raum für eine Anwendung von Nr. 8, wenn der Schuldner auf – vom gegenüber Nr. 1 **weiteren Vermögensbegriff** umfasste – bereits geldwerte, aber (noch) nicht pfändbare Gewinnaussichten, die nach wirtschaftlichem Verständnis dem Vermögensbegriff zugeordnet werden (z.B. der sicher zu erwartende Zuschlag bei einer öffentlichen Ausschreibung, die Stammkundschaft, der sicher bevorstehende Geschäftsabschluss, konkrete Absatzerwartungen bei stabiler Marktlage, Verwertung der Arbeitskraft gegen Entgelt oder der Besitz von Beweismitteln) durch aktives Tun einwirkt.[292] Dies kann etwa dadurch geschehen, dass der Täter solche mit seinem früheren Unternehmen erwirtschaftete Werte an diesem vorbei auf eine neu gegründete Firma überträgt.[293]

cc) Verheimlichen oder Verschleiern der wirtschaftlichen Verhältnisse

69 **Verheimlichen** bedeutet – wie bei Nr. 1 –, dass der Täter die Gläubiger oder den Insolvenzverwalter über Zugriffsmöglichkeiten auf das Schuldnervermögen in Unkenntnis setzt oder hält; bei der Tathandlung des **Verschleierns** muss er insb. die Vermögensverhältnisse unrichtig und irreführend darstellen.[294] Mit dem Merkmal der »geschäftlichen Verhältnisse« sind über die Vermögensverhältnisse im engeren Sinn hinaus die Umstände angesprochen, die für die Beurteilung der Kreditwürdigkeit des in der Krise befindlichen Schuldners erheblich sind.[295] Dazu zählen auch grundlegende unternehmerische Gesichtspunkte, namentlich Investitionsvorhaben, Planungsmaßnahmen und die zukünftige Entwicklung des Unternehmens.[296] Da die übrigen in Abs. 1 geregelten informationsbezogenen Bankrotthandlungen in ihrer kasuistischen Regelung einige Lücken aufweisen, kommt der zweiten Alternative von Nr. 8 eine deutlich größere praktische Bedeutung zu. Der Tatbestand kann insb. erfüllt sein, wenn Privatpersonen oder Angehörige freier Berufe die von ihnen freiwillig geführten Bücher unterdrücken (vgl. Rdn. 59), bei der Erstellung unrichtiger oder Scheinbilanzen zur Täuschung der Gläubiger des Schuldners (sofern die Tat nicht von Nr. 7 erfasst wird),[297] wenn der Schuldner in Prospekten oder geschäftlichen Mitteilungen irreführende Angaben macht[298] oder bei Maßnahmen zur sog. »Firmenbestattung«.[299] Bei letzteren ergibt sich die Verschleierung der Vermögensverhältnisse aus dem Zusammenspiel von (mehrfachen) Veräußerungen der Geschäftsanteile, verbunden mit Sitzverlegungen – auch ins Ausland – und dem Wechsel der Geschäftsführer, wobei typischerweise von dem »Firmenbestatter« gegen die Zahlung eines geringen Entgelts Personen ausgewählt werden, die zur Fortführung des Unternehmens weder willens noch in der Lage sind. Dies führt da-

---

289 BGH 14.12.1999, 5 StR 520/99, NStZ 2000, 206 (207).
290 LK/*Tiedemann* Rn. 160.
291 Vgl. *Fischer* Rn. 30a.
292 LK/*Tiedemann* Rn. 155, 161; NK/*Kindhäuser* Rn. 90.
293 OLG Düsseldorf 23.12.1981, 3 Ws 243/81, NJW 1982, 1712 (1713).
294 BGH 24.03.2009, 5 StR 353/08, NStZ 2009, 635.
295 BGH 15.11.2012, 3 StR 199/12, NStZ 2013, 284; 24.03.2009, 5 StR 353/08, NStZ 2009, 635.
296 BGH 15.11.2012, 3 StR 199/12, NStZ 2013, 284 (285) m.w.N.
297 Vgl. BGH 15.07.1981, *3 StR* 230/81, BGHSt 30, 186.
298 Satzger/Schmitt/Widmaier/*Bosch* Rn. 32.
299 Vgl. dazu BGH 15.11.2012, 3 StR 199/12, NStZ 2013, 284; 24.03.2009, 5 StR 353/08, NStZ 2009, 635.

zu, dass Gläubiger davon abgehalten werden können, in Vermögensgegenstände des Unternehmens zu vollstrecken.[300] Werden als Verschleierungshandlungen Scheingeschäfte durchgeführt, sind diese regelmäßig schon von Nr. 4 erfasst und eröffnen deshalb den Anwendungsbereich nicht.[301]

dd) Grobe Wirtschaftswidrigkeit

Das Merkmal ist – um eine Vergleichbarkeit mit den anderen Bankrotthandlungen zu gewährleisten – **eng auszulegen** (vgl. Rdn. 67). Es kann dementsprechend nur in Fällen erfüllt sein, in denen sich **die betriebswirtschaftliche Unvertretbarkeit** der Handlung einem objektiven Betrachter förmlich aufdrängt.[302] Das wird etwa gegeben sein bei einem Wirtschaften ohne ein branchenübliches Maß an Informationsbeschaffung, Planung und wirtschaftlich vernünftiger Zielsetzung,[303] ebenso bei Handlungen, deren Ziel in der Benachteiligung der Gläubiger liegt.[304] Problematisch ist die Bejahung der groben Wirtschaftswidrigkeit wiederum bei Privatleuten, für die – anders als für Kaufleute oder auch Angehörige Freier Berufe, die sich an den Grundregeln einer ordnungsgemäßen Unternehmens- und Geschäftsführung zu orientieren haben – Maßstäbe für ein ordnungsgemäßes Wirtschaften nicht existieren. Es bleibt – außer den Fällen des Mutwillens – auch insoweit nur die Möglichkeit, sich an einer gläubigerschädigenden Zielsetzung des Täters zu orientieren (vgl. Rdn. 32). 70

3. Herbeiführen der Krise (Abs. 2)

a) Allgemeines

Auch wenn dies nichts an der grds Einordnung als abstraktes Gefährdungsdelikt ändert (vgl. Rdn. 5), erfordert Abs. 2 einen **Tatererfolg**, der darin besteht, dass der Täter einer Bankrotthandlung i.S.v. Abs. 1 Nr. 1–8 dadurch die **Zahlungsunfähigkeit** oder die **Überschuldung herbeiführt**; dass nur **drohende Zahlungsunfähigkeit** eintritt, ist nach dem klaren Wortlaut **nicht ausreichend**. 71

b) Kausalität

Die Bankrotthandlung muss für den Eintritt der Krise i.S.v. Abs. 2 **ursächlich** sein,[305] Mitursächlichkeit genügt.[306] Nach der auch insoweit geltenden **conditio-sine-qua-non**-Formel darf die Bankrotthandlung also nicht hinweggedacht werden können, ohne dass der Eintritt der Krise entfällt. Eine solche Kausalität wird regelmäßig ausscheiden, wenn – etwa bei den **informationsbezogenen Bankrotthandlungen** nach Abs. 1 Nr. 5–7 – die Handlung nur dazu dient bzw. führt, dass für die Gläubiger oder den Insolvenzverwalter die Übersicht über das Schuldnervermögen erschwert wird (z.B. durch mangelhafte Buchführung oder das Beseitigen von Büchern), ohne dass der Schuldner selbst den Überblick über seinen Vermögensstand verliert, denn in diesen Fällen kommt es nicht zu einer Verringerung des Vermögensstandes des Schuldners und damit auch nicht zur Herbeiführung der Krisenmerkmale.[307] Bei den **bestandsbezogenen Tathandlungen** nach Abs. 1 muss bei der Frage, ob etwa ein Beiseiteschaffen zum Eintritt der Krise geführt hat, der betreffende Vermögensgegenstand im Rahmen der Prüfung der Zahlungsunfähigkeit oder der Überschuldung außer Ansatz bleiben, weil ansonsten diese Bankrotthandlungen im Rahmen von Abs. 2 weitgehend bedeutungslos wären.[308] Soweit es auf einen Verstoß gegen die Grundsätze des ordnungsgemäßen Wirtschaftens 72

---

300 BGH 15.11.2012, 3 StR 199/12, NStZ 2013, 284 f.
301 *Fischer* Rn. 30b.
302 MüKo-StGB/*Radtke* Rn. 68.
303 Vgl. dazu BGH 29.10.1980, 5 StR 356/80, NJW 1981, 354 (355), insoweit in BGHSt 29, 396 nicht abgedruckt.
304 BGH 15.11.2012, 3 StR 199/12, NStZ 2013, 284 (285).
305 OLG Frankfurt 18.06.1997, 1 Ws 56/97, NStZ 1997, 551.
306 LK/*Tiedemann* Rn. 180 m.w.N.
307 Satzger/Schmitt/Widmaier/*Bosch* Rn. 33.
308 BGH 22.01.2013, 1 StR 234/12, NJW 2013, 949 (950); 22.02.2001, 4 StR 421/00, NJW 2001, 1874

ankommt, ist zu berücksichtigen, dass bei Kenntnis der eingetretenen Krise strengere Anforderungen an die Ordnungsgemäßheit zu stellen sind, so dass im Rahmen von Abs. 2 Handlungen noch erlaubt sein können, die in den Fällen des Abs. 1 bereits die Strafbarkeit begründen.[309]

4. Subjektiver Tatbestand

73 Voraussetzung der Tatbestandsmäßigkeit einer Handlung nach Abs. 1 und 2 ist zumindest **bedingter Vorsatz**, der sich auf alle Tatbestandsmerkmale – nicht aber auch auf den Eintritt der objektiven Strafbarkeitsbedingung nach Abs. 6[310] – beziehen muss. Damit muss neben den Tathandlungen bei Abs. 1 auch das Vorliegen der Krise im Zeitpunkt der Tat vom Vorsatz umfasst sein; bei Abs. 2 muss der Täter es zumindest für möglich halten und gleichwohl billigend in Kauf nehmen, dass durch seine Handlung Zahlungsunfähigkeit oder Überschuldung herbeigeführt werden. Der Tatbestand enthält mit den Krisenmerkmalen, aber auch mit den »Anforderungen einer ordnungsgemäßen Wirtschaft« oder der »Unwirtschaftlichkeit« von Ausgaben zahlreiche normative Tatbestandsmerkmale. Insoweit wird vertreten, dass der Täter Tatsachenkenntnis besitzen und daneben die in dem Merkmal enthaltene Wertung jedenfalls aufgrund einer **Parallelwertung in der Laiensphäre** nachvollziehen können muss.[311] Auch in der Rechtsprechung wird etwa zur Frage der Angemessenheit der eigenen Lebenshaltungskosten, die der Schuldner der Masse entnehmen darf, ohne sich wegen Beiseiteschaffens oder wegen einer unwirtschaftlichen Ausgabe strafbar zu machen, ausgeführt, der Täter müsse die Unangemessenheit seiner Ausgaben erkannt und gebilligt haben.[312] Tatsächliche Rechtskenntnis braucht er indes nicht zu haben; soweit also ein Tatbestandsmerkmal aus außerstrafrechtlichen Normen hergeleitet wird, schließt eine Unkenntnis der entsprechenden Norm und der daraus resultierenden Verpflichtung den Vorsatz nicht aus, sondern kann lediglich einen Ge- oder Verbotsirrtum i.S.v. § 17 begründen.[313] Im Einzelnen ist genau zu prüfen, ob eine von dem Täter in Kenntnis aller maßgeblichen Umstände getroffene, von der objektiven Rechtslage abweichende (und damit i.E. unzutreffende) Beurteilung tatsächlich den Vorsatz ausschließt, oder ob es sich dabei lediglich um einen Subsumtionsirrtum handelt, der allenfalls einen Verbotsirrtum (§ 17) begründen kann.[314] Soweit der Täter eine **Privatperson** ist, kann in diesen Fällen aber nicht ohne weiteres – wie sonst üblich – dessen Vermeidbarkeit angenommen werden, jedenfalls kann nicht der Kenntnisstand von Kaufleuten oder sonstigen wirtschaftlich tätigen Personen (etwa Freiberuflern) auf diesen Täterkreis übertragen werden.[315]

74 Nach diesen Grundsätzen muss der Täter bei den **Krisenmerkmalen** Kenntnis von den diese begründenden Tatsachen haben (etwa von dem negativen Verhältnis zwischen Aktiva und Passiva bei der Überschuldung). Soweit Beurteilungen vorzunehmen sind (so z.B. zur Abgrenzung zwischen einer bloßen Zahlungsstockung und der Zahlungsunfähigkeit, vgl. Rdn. 12), berühren Irrtümer den Vorsatz in der Regel nicht. Hinsichtlich der zur drohenden Zahlungsunfähigkeit oder der bei der Überschuldung zur Frage der Fortführungsmöglichkeit anzustellenden Prognosen dürften – soweit der Täter über das zugrunde liegende Zahlenmaterial in Kenntnis ist – Irrtümer in aller Regel ebenfalls lediglich als Subsumtionsirrtümer anzusehen sein, die den Vorsatz unberührt lassen.

(1875); OLG Frankfurt 18.06.1997, 1 Ws 56/97, NStZ 1997, 551 (552); a.A. MüKo-StGB/*Radtke* Rn. 71.
309 Vgl. die Beispiele bei LK/*Tiedemann* Rn. 183 ff.
310 BGH 08.05.1951, 1 StR 171/51, BGHSt 1, 186 (191).
311 MüKo-StGB/*Radtke* Rn. 72; Satzger/Schmitt/Widmaier/*Bosch* Rn. 34; weitergehend LK/*Tiedemann* Rn. 188a: Bedeutungskenntnis, die weitgehend mit Rechtskenntnis identisch sei.
312 BGH 10.02.1981, 1 StR 515/80, MDR 1981, 510 (511), insoweit in NStZ 1981, 259 nicht abgedruckt; BGH 09.06.1953, 1 StR 206/53, NJW 1953, 1480 (1481).
313 BGH 25.11.1980, 5 StR 356/80, NJW 1981, 354 (355), insoweit in BGHSt 29, 396 nicht abgedruckt.
314 So zutr. *Fischer* Rn. 32; a.A. LK/*Tiedemann* Rn. 188a.
315 Satzger/Schmitt/Widmaier/*Bosch* Rn. 34.

Zu den einzelnen **Bankrotthandlungen** gilt Folgendes: Bei Abs. 1 **Nr. 1** kann ein den Vorsatz ausschließender Tatbestandsirrtum (§ 16 Abs. 1) vorliegen, wenn der Täter aus tatsächlichen Gründen annimmt, ein Vermögensgegenstand gehöre nicht zu seinem Vermögen; hält er ihn hingegen irrtümlich für nicht pfändbar und meint deshalb, ihn beiseiteschaffen zu dürfen, handelt es sich um einen Verbotsirrtum. Bei unwirtschaftlichen Ausgaben i.S.v. Abs. 1 **Nr. 2** muss der Täter die Unangemessenheit der Ausgaben erkennen und billigen; allerdings wird bei Luxusaufwendungen für private Zwecke der innere Tatbestand oftmals auf der Hand liegen.[316] Ein Schleuderverkauf nach Abs. 1 **Nr. 3** setzt in subjektiver Hinsicht voraus, dass der Vorsatz des Täters auch die Umstände erfasst, aus denen sich der Marktpreis und dessen erhebliche Unterschreitung ableitet. Dieser muss allerdings erst im Zeitpunkt des Schleuderverkaufs bestehen, nicht schon bei der Beschaffung auf Kredit.[317] Hinsichtlich Abs. 1 **Nr. 4** entfällt der Vorsatz, wenn der Schuldner den Anspruch des Dritten für tatsächlich existent hält, mag dies auch auf einer unzutreffenden rechtlichen Würdigung beruhen; andernfalls ist ein »Vortäuschen« oder Vorsatz hinsichtlich des Merkmals »erdichtet« nicht möglich.[318] Zu den Buchführungs-, Aufbewahrungs- und Bilanzierungspflichten nach Abs. 1 **Nr. 5 bis 7** gilt, dass der Täter nur die tatsächlichen Umstände kennen muss, die diese Pflichten begründen; meint er, trotz Vorliegens der Voraussetzungen treffe ihn eine solche Pflicht nicht, lässt das den Vorsatz unberührt.[319]

75

II. Versuch (Abs. 3)

Nach Abs. 3 ist der Versuch eines vorsätzlichen Vergehens nach Abs. 1 und 2 mit Strafe bedroht. Voraussetzung ist nach Abs. 6 auch insoweit der **Eintritt der objektiven Strafbarkeitsbedingung**. Vereinzelt werden gegen die Versuchsstrafbarkeit Bedenken erhoben, weil sich ein Risikozusammenhang zwischen der Bankrotthandlung und der objektiven Strafbarkeitsbedingung beim Versuch nicht herstellen lasse und sich deshalb die strafbarkeitseinschränkende Wirkung dieses Zusammenhangs nicht entfalte.[320] Dem dürfte indes ein zu enges Verständnis des geforderten Zusammenhangs zugrunde liegen, der nicht bedingt, dass die Befriedigungsinteressen eines Gläubigers durch die Bankrotthandlung einer konkreten Gefahr ausgesetzt wurden; es reicht vielmehr ein rein äußerlicher Zusammenhang aus[321] (vgl. Rdn. 89 f.). Aus diesen Gründen kommt auch eine Strafbarkeit wegen **untauglichen Versuchs** in Betracht.[322] Allerdings ist hier erneut genau zu prüfen, ob Fehlvorstellungen des Täters im tatsächlichen oder im rechtlichen Bereich liegen (vgl. Rdn. 73–75); im letzteren Fall liegt regelmäßig ein umgekehrter Subsumtionsirrtum und damit ein **Wahndelikt** vor.

76

Es gelten zur Frage des **unmittelbaren Ansetzens** die allgemeinen Grundsätze nach § 22, die auch im Hinblick auf Handlungen des allgemeinen Geschäftsverkehrs keiner Einschränkung bedürfen.[323] Erforderlich ist stets ein unmittelbarer räumlicher und zeitlicher Zusammenhang zwischen einer das Rechtsgut gefährdenden Handlung und der Tatbestandsverwirklichung, die nach der Vorstellung des Täters ohne weitere Zwischenakte Dritter eintreten muss.[324] Danach wird im Abschluss eines Vertrages regelmäßig nur dann bereits der Versuch eines Beiseiteschaffens gesehen werden können, wenn damit zugleich zu einer Handlung angesetzt wird, die – etwa durch räumliche Veränderung des Gegenstandes – zu einer Gefährdung der Gläubigerinteressen führt.[325] Das Schreiben eines Briefes,

77

---

316 BGH 09.06.1953, 1 StR 206/53, NJW 1953, 1480 (1481).
317 *Fischer* Rn. 16.
318 LK/*Tiedemann* Rn. 194.
319 BGH 25.11.1980, 5 StR 356/80, NJW 1981, 354 (355), insoweit in BGHSt 29, 396 nicht abgedruckt; a.A. LK/*Tiedemann* Rn. 188a.
320 NK/*Kindhäuser* Rn. 100; ähnlich LK/*Tiedemann* Rn. 197.
321 BGH 30.08.2007, 3 StR 170/07, NStZ 2008, 401 (402).
322 MüKo-StGB/*Radtke* Rn. 83; *Fischer* Rn. 33; LK/*Tiedemann* Rn. 198.
323 Satzger/Schmitt/Widmaier/*Bosch* Rn. 35; a.A. NK/*Kindhäuser* Rn. 100.
324 *Fischer* § 22 Rn. 10.
325 Schönke/Schröder/*Heine* Rn. 64; Satzger/Schmitt/Widmaier/*Bosch* Rn. 35.

in dem die Schenkung eines zum Schuldnervermögen gehörenden Gegenstandes angekündigt wird, dürfte eine bloße Vorbereitungshandlung darstellen.[326]

III. Vorsätzliche und fahrlässige Begehung (Abs. 4)

78 Die Vorschrift enthält zwei unterschiedliche Tatbestände, in denen bei **vorsätzlicher** Begehung einer **Bankrotthandlung** mit Blick auf die **Krisenmerkmale** Formen der **Fahrlässigkeit** ausreichen: Bei Nr. 1 reicht es aus, wenn der Schuldner bei Tatbegehung fahrlässig nicht erkennt, dass die Krise bereits vorliegt, Nr. 2 ist erfüllt, wenn er durch eine vorsätzliche Bankrotthandlung die Krise leichtfertig herbeiführt. **Fahrlässigkeit** liegt vor, wenn der Täter die Tatbestandsverwirklichung aus vorhersehbaren und vermeidbaren Gründen nicht für möglich hält (unbewusste Fahrlässigkeit) oder sie zwar für möglich hält, aber – pflichtwidrig – darauf vertraut, dass die Rechtsgutsverletzung trotzdem nicht eintreten werde (bewusste Fahrlässigkeit).[327] **Leichtfertigkeit** bezeichnet einen erhöhten Grad an Fahrlässigkeit und ist gegeben, wenn der Täter grob achtlos handelt und nicht beachtet, was sich unter Berücksichtigung seiner individuellen Erkenntnisse und Fähigkeiten geradezu aufdrängen muss. Der Begriff ist nicht mit dem der bewussten Fahrlässigkeit identisch.[328]

1. Fahrlässige Unkenntnis der Krise (Nr. 1)

79 Die Vorschrift greift ein, wenn der Täter eine Handlung i.S.v. Abs. 1 vorsätzlich begeht, dabei aber die Überschuldung oder die drohende oder eingetretene Zahlungsunfähigkeit fahrlässig nicht erkennt. Da die Bankrotthandlungen grds Vorsatz auch hinsichtlich der Krisenmerkmale voraussetzen, stellt eine Tat nach Abs. 4 Nr. 1 insgesamt ein **Fahrlässigkeitsdelikt** dar, so dass Versuch und Teilnahme daran nicht möglich sind.[329] Da die Kenntnis von der Krise regelmäßig erst dazu führt, dass den Schuldner besondere Sorgfaltspflichten im Umgang mit seinem Vermögen treffen, ist bei – auch pflichtwidriger – Unkenntnis von der Krise die Bejahung des Vorsatzes hinsichtlich der Bankrotthandlung problematisch. Es wird deshalb vorrangig in den Fällen von Abs. 1 Nr. 5 und 7 eine Strafbarkeit wegen Fahrlässigkeit in Betracht kommen, weil sich der Täter hier durch die Pflichtverletzung selbst außer Stande setzt, seine wahre wirtschaftliche Lage zu erkennen.[330] Gleiches kann gelten, wenn der Schuldner anderweitig elementare kaufmännische Grundsätze außer Acht lässt.[331]

2. Leichtfertige Verursachung der Krise (Nr. 2)

80 In der Variante der Nr. 2 bezieht sich die – gesteigerte (vgl. Rdn. 78) – Fahrlässigkeit mit der Herbeiführung der Krise auf eine Folge der Tat, so dass nach § 11 Abs. 2 insgesamt eine **vorsätzliche Tat** vorliegt; Teilnahme ist deshalb möglich. Eine Strafbarkeit wegen Versuchs ist nicht vorgesehen, weil Abs. 3 nur auf die Abs. 1 und 2 verweist, nicht aber auf Abs. 4 Nr. 2. Erforderlich ist eine **grobe Rücksichtslosigkeit** im Hinblick auf den durch die Handlung verursachten Eintritt der Krise, die etwa bei einer Kreditvergabe ohne Sicherheiten, völlig unangemessenen Privatentnahmen oder dem Beiseiteschaffen oder Verschleudern wertvoller Vermögensbestandteile gegeben sein kann.[332]

IV. Fahrlässige Begehung (Abs. 5)

81 Die Vorschrift greift mit **Abs. 1 Nr. 2, 5** und **7** drei Bankrotthandlungen heraus, die auch bei lediglich fahrlässiger Begehung die Strafbarkeit begründen, wenn der Schuldner wenigstens fahrlässig nicht erkennt, dass er sich in der wirtschaftlichen Krise befindet (Nr. 1) oder diese wenigstens leichtfertig herbeiführt (Nr. 2). Nach dem Wortlaut (»wenigstens«) kommt eine Strafbarkeit nach Abs. 5

---

326 LK/*Tiedemann* Rn. 200; a.A. BGH 13.10.1953, 1 StR 235/53, bei *Herlan* GA 1954, 310.
327 *Fischer* § 15 Rn. 14a.
328 *Fischer* § 15 Rn. 20 m.w.N.
329 Satzger/Schmitt/Widmaier/*Bosch* Rn. 38.
330 MüKo-StGB/*Radtke* Rn. 75; *Fischer* Rn. 34.
331 Vgl. BGH 29.10.1980, 5 StR 356/80, NJW 1981, 354 (355), insoweit in BGHSt 29, 396 nicht abgedruckt.
332 LK/*Tiedemann* Rn. 213.

auch in Betracht, wenn den Täter **hinsichtlich** der Kenntnis von der **Krise oder deren Herbeiführung** der Vorwurf des **vorsätzlichen** Verhaltens trifft. Mag es bei Nr. 1 noch denkbar sein, dass der Schuldner in Kenntnis der Krisenmerkmale etwa nur fahrlässig seine Buchhaltung so führt, dass die Übersicht über sein Vermögen erschwert wird, ist es bei Nr. 2 nicht vorstellbar, dass er durch eine fahrlässige Bankrotthandlung vorsätzlich die Krise herbeiführt.[333] Zu den normativen Tatbestandsmerkmalen in Nr. 2 ist nach hier vertretener Auffassung zu berücksichtigen, dass ein Irrtum oder Unkenntnis hinsichtlich der rechtlichen Bewertung den Vorsatz nicht ausschließt (vgl. Rdn. 73–75).[334] Ebenso wenig kommt eine fahrlässige Verkennung der Pflicht, Bücher zu führen oder etwa eine Bilanz zu erstellen, in Betracht; insoweit können die Tatbestände der **Nr. 5 und 7** nur fahrlässig verwirklicht werden, wenn der Schuldner pflichtwidrig nicht erkennt, dass die Übersicht über sein Vermögen erschwert wird, wenn er die vorgeschriebene Zeit zur Bilanzerstellung überschreitet oder wenn ihm der Vorwurf ungenügender Beaufsichtigung von ihm beauftragter Buchhalter oder Steuerberater gemacht werden kann.[335]

V. Täterschaft und Teilnahme

Aufgrund des Sonderdeliktscharakters der Vorschrift (vgl. Rdn. 6) kann **Täter nur** der **Schuldner** sein, bei den Tathandlungen nach Abs. 1 Nr. 5 und 7 – auch im Zusammenhang mit Abs. 2, 4 und 5 – zudem nur ein **Kaufmann** (vgl. Rdn. 52, 62). Bei juristischen Personen und Personengesellschaften wird die Zurechnung der Tätereigenschaft über § 14 vorgenommen (zu den nach Aufgabe der Interessentheorie neuen Zurechnungskriterien vgl. Rdn. 9 f.). Nach § 14 Abs. 1 trifft die strafrechtliche Haftung die vertretungsberechtigten **Organe** einer juristischen Person bzw. die Mitglieder eines solchen Organs (Nr. 1, also Geschäftsführer und Vorstände), die **vertretungsberechtigten Gesellschafter** einer Personengesellschaft (Nr. 2) oder den gesetzlichen Vertreter eines anderen (Nr. 3). In § 14 Abs. 2 ist die Zurechnung für **Betriebsleiter** (Nr. 1) oder sonstige vom Inhaber **Beauftragte** (Nr. 2) geregelt, wodurch externe Buchhalter oder Steuer- bzw. Unternehmensberater in den Täterkreis der Bankrottdelikte einbezogen werden.[336] Tauglicher Täter ist auch der **faktische Geschäftsführer**, also derjenige, der ohne förmlich bestellt worden zu sein, im Einverständnis mit den Gesellschaftern die Geschäftsführung tatsächlich übernommen und ausgeübt hat.[337] Dies gilt auch, wenn der Täter nach Aufgabe seiner formalen Organstellung weiter bestimmend die Geschäfte der Gesellschaft führt[338] oder – jedenfalls soweit er eine überragende Stellung innerhalb des Unternehmens einnimmt – wenn neben ihm als tatsächlichem Geschäftsführer noch ein weiterer förmlich bestellt worden ist.[339] Neben dem faktischen Geschäftsführer kann wiederum der förmlich bestellte strafbar sein, wenn er tatsächlichen Einfluss auf die Geschäftsleitung hat und im Innenverhältnis gegenüber dem faktischen Geschäftsführer mit Befugnissen ausgestattet ist, die die Erfüllung der für den Verstoß maßgeblichen Pflichten ermöglichen. Das ist regelmäßig dann nicht der Fall, wenn der Geschäftsführer lediglich zur Wahrung eines Rechtsscheins bzw. als »Strohmann« bestellt worden ist;[340] anderes kann gelten, wenn es – etwa in Fällen der »Firmenbestattung« – gerade auf die besondere Organstellung der Strohmänner ankommt, damit deren Handlungen ihre gläubigerschädigende Wirkung entfalten können.[341] Handeln mehrere (auch faktische) Geschäftsführer bei der Begehung der Bank-

---

[333] NK/*Kindhäuser* Rn. 106.
[334] So auch *Fischer* Rn. 35; a.A. Satzger/Schmitt/Widmaier/*Bosch* Rn. 40.
[335] NK/*Kindhäuser* Rn. 109.
[336] OLG Stuttgart 13.12.1983, 4 Ss (22) 595/83, wistra 1984, 114; LG Freiburg 28.04.2011, StL 3/11, DStRE 2012, 390.
[337] BGH 09.11.1986, 1 StR 327/86, BGHSt 34, 221 (222); vgl. BGH 10.05.2000, 3 StR 101/00, BGHSt 46, 62 (64 ff.); 22.09.1982, 3 StR 287/82, BGHSt 31, 118 (122); zum faktischen Liquidator in Fällen der »Firmenbestattung« BGH 15.11.2012, 3 StR 199/12, NStZ 2013, 284 (285).
[338] BGH 13.07.1983, 3 StR 132/83.
[339] BGH 22.09.1982, 3 StR 287/82, BGHSt 31, 118 (121 f.).
[340] KG 13.03.2002, (5) 1 Ss 243/01 (6/02), wistra 2002, 313 (314 f.); vgl. OLG Hamm 10.02.2000, 1 Ss 1337/99, NStZ-RR 2001, 173 (174) zur entsprechenden Problematik bei § 266a.
[341] BGH 15.11.2012, 3 StR 199/12, NStZ 2013, 284 (285).

rotthandlungen arbeitsteilig zusammen, werden die jeweiligen Tatbeiträge den anderen nach § 25 Abs. 2 zugerechnet.[342]

83 Wer die notwendige Tätereigenschaft nicht besitzt, kann lediglich Teilnehmer, also **Anstifter** oder **Gehilfe**, eines Bankrottdelikts sein. Da die Tätereigenschaft als außerstrafrechtliche Pflichtenstellung ein **besonderes persönliches Merkmal** i.S.v. § 28 Abs. 1 darstellt,[343] ist die Strafe für den Teilnehmer nach § 49 Abs. 1 zu mildern. Dies kann bei Gehilfen, deren Tatbeitrag auch nach allgemeinen Grundsätzen nur als Beihilfe anzusehen ist, und für die deshalb § 27 Abs. 2 gilt, eine doppelte Strafrahmenverschiebung erforderlich machen.[344] Diese Grundsätze gelten nicht nur für Bankrotttaten nach Abs. 1, sondern in gleichem Maße auch für Taten nach Abs. 2 und Abs. 4 Nr. 2. Der Umstand, dass bei diesen Taten die Krise noch nicht eingetreten ist, führt nicht dazu, dass die Tat von jedermann begangen werden kann, denn Abs. 2 stellt darauf ab, dass der Täter durch die Bankrotthandlung »seine« Überschuldung oder Zahlungsunfähigkeit herbeiführen muss; auch er muss also – insb. im Zusammenhang mit Abs. 6 – Schuldner sein, was auch insoweit eine besondere persönliche Eigenschaft darstellt.[345] Für **externe Berater**, etwa einen Steuerberater, die vom Schuldner hinzugezogen werden, gelten die Grundsätze über sog. **berufstypische »neutrale« Handlungen**:[346] Wenn das Handeln des Schuldners ausschließlich darauf abzielt, eine strafbare Handlung zu begehen und der Berufshelfer davon Kenntnis hat, ist sein (neutraler) Tatbeitrag als Beihilfehandlung zu werten, denn sein Tun verliert dadurch den »Alltagscharakter«. Es ist vielmehr als »Solidarisierung« mit dem Täter nicht mehr »sozialadäquat«. Weiß der Hilfeleistende dagegen nicht, wie der von ihm geleistete Beitrag vom Haupttäter verwendet wird oder hält er es lediglich für möglich, dass sein Tun zur Begehung einer Straftat genutzt wird, so ist sein Handeln regelmäßig noch nicht als strafbare Beihilfehandlung zu beurteilen. Ausnahmen davon ergeben sich nur, wenn das von ihm erkannte Risiko strafbaren Verhaltens des von ihm unterstützten Schuldners derart hoch war, dass er sich mit seiner Hilfeleistung »die Förderung eines erkennbar tatgeneigten Täters angelegen sein« ließ.[347]

C. Objektive Bedingung der Strafbarkeit (Abs. 6)

84 Die Tathandlungen nach § 283 sind nur dann strafbar, wenn der Täter – also der Schuldner – seine **Zahlungen eingestellt** hat, wenn über sein Vermögen das **Insolvenzverfahren eröffnet** worden ist, oder wenn der **Eröffnungsantrag** mangels Masse **abgewiesen** worden ist. Nach der Vorstellung des Gesetzgebers hätte es dieser objektiven Strafbarkeitsbedingung nach der Neuregelung der Bankrotttatbestände in den §§ 283 ff. wegen der darin normierten Verbindung von Bankrotthandlungen mit dem Merkmal der Krise aus rechtsstaatlichen Gründen nicht mehr bedurft. Sie wurde gleichwohl beibehalten, um wirtschaftlich schwache Unternehmer nicht der ständigen Gefahr eines Strafverfahrens auszusetzen, das wiederum den wirtschaftlichen Ruin befördern könnte. Zudem hielt der Gesetzgeber die Beibehaltung auch aus Beweiszwecken für geboten.[348]

I. Zahlungseinstellung

85 Die **Einstellung der Zahlungen**, die gesetzlich nicht definiert ist, ist das nach außen tretende Verhalten des Schuldners, in dem sich typischerweise ausdrückt, dass er nicht mehr in der Lage ist, seine fälligen Verbindlichkeiten zu erfüllen; auf seine Zahlungsfähigkeit, also die objektive Möglichkeit zur Begleichung der gegen ihn gerichteten Forderungen kommt es nicht an (vgl. § 17 Abs. 2 Satz 2

---

342 BGH 15.11.2012, 3 StR 199/12, NStZ 2013, 284 (285).
343 BGH 22.01.2013, 1 StR 234/12, NJW 2013, 949 (950); 08.09.1994, 1 StR 169/94, insoweit in NStZ 1995, 86 nicht abgedruckt.
344 BGH 22.01.2013, 1 StR 234/12, NJW 2013, 949 (950); vgl. auch NK/*Kindhäuser* Rn. 111.
345 BGH 22.01.2013, 1 StR 234/12, NJW 2013, 949 (950); Satzger/Schmitt/Widmaier/*Bosch* Rn. 41; a.A. *Fischer* Rn. 38.
346 OLG Köln 03.12.2010, 1 Ws 146/10, ZInsO 2011, 288.
347 BGH 20.09.1999, 5 StR 729/98, NStZ 2000, 34.
348 BT-Drucks. 7/3441, 33.

InsO, wonach Zahlungseinstellung lediglich eine widerlegliche Vermutung für die Zahlungsunfähigkeit begründet[349]). Denn anders als die Zahlungsunfähigkeit beschreibt die Zahlungseinstellung nicht eine wirtschaftliche Lage, sondern ein **faktisches Verhalten**.[350] Deshalb ist Zahlungseinstellung auch dann gegeben, wenn der Schuldner lediglich zahlungsunwillig ist[351] oder irrtümlich annimmt, er sei zahlungsunfähig und deshalb nicht mehr zahlt.[352] Ob der Schuldner seine Zahlungen eingestellt hat, ist im Strafverfahren vom Tatrichter eigenständig festzustellen.

Wie die Zahlungsunfähigkeit ist auch die Zahlungseinstellung von einer bloßen **Zahlungsstockung** abzugrenzen (vgl. dazu Rdn. 12).[353] Die Zahlungseinstellung erfordert nicht, dass der Schuldner gar keine Zahlungen mehr leistet, es reicht vielmehr schon aus, wenn der Schuldner eine – nicht nur unwesentliche – Forderung nur eines Gläubigers nicht begleicht und dadurch die Zahlungseinstellung nach außen erkennbar hervortritt.[354] Strafrechtlich ist noch nicht abschließend geklärt, ab wann das Merkmal der **Wesentlichkeit** erfüllt ist; insoweit wird teilweise angenommen, Zahlungseinstellung liege vor, wenn der Schuldner mehr als 25 % seiner Verbindlichkeiten nicht mehr begleichen kann,[355] teilweise werden aber auch höhere Deckungslücken von über 50 %,[356] zwei Dritteln[357] oder gar 75 % für erforderlich gehalten.[358] Mit Blick auf die Rechtsprechung zur Wesentlichkeit der Deckunglücke bei der Zahlungsunfähigkeit, die regelmäßig von deren Vorliegen ausgeht, wenn der Schuldner mehr als 10 % seiner Forderungen nicht begleichen kann,[359] dürfte das Wesentlichkeitskriterium bei der Zahlungseinstellung bereits erfüllt sein, wenn die Deckungslücke mehr als 25 % der Verbindlichkeiten des Schuldners ausmacht.

86

II. Eröffnung des Insolvenzverfahrens

Das Insolvenzverfahren wird durch **Beschluss** des Insolvenzgerichts **nach § 27 InsO** eröffnet. Ist dieser rechtskräftig – die Rechtskraft und damit der Eintritt der objektiven Strafbarkeitsbedingung kann in diesen Fällen nur durch die sofortige Beschwerde des Schuldners nach § 34 Abs. 2 InsO hinausgeschoben werden[360] –, ist der Strafrichter in formeller und materieller Hinsicht an die vom Insolvenzgericht getroffene Entscheidung gebunden; er hat insoweit keine eigenen Feststellungen zu treffen. Die Bindungswirkung umfasst auch die Frage, über wessen Vermögen das Insolvenzverfahren eröffnet wird; hierbei wird darauf abgestellt, wer formal Inhaber des Geschäfts ist, auf das sich die Eröffnung bezieht. Ist dieser nicht der Täter, kommt als Strafbarkeitsbedingung nur die Zahlungseinstellung in Betracht.[361] Aufgrund der Bindungswirkung kann der Täter im Strafverfahren nicht mehr damit gehört werden, das Verfahren sei irrtümlich eröffnet worden.[362] Wird das Insolvenzverfahren später nach § 207, §§ 211 ff. InsO eingestellt, hat dies für den Eintritt der Strafbarkeitsbedingung keine Bedeutung mehr.[363]

87

---

349 FK-InsO/*Schmerbach* § 17 InsO Rn. 39.
350 RG 08.05.1908, V 207/08, RGSt 41, 309 (312).
351 BGH 22.01.1952, 2 StR 475/51, bei *Herlan* GA 1953, 73; BT-Drucks. 7/3441, 33.
352 Schönke/Schröder/*Heine* Rn. 60.
353 *Fischer* Vor § 283 Rn. 13.
354 BGH 20.11.2001, IX ZR 48/01, NJW 2002, 515 (517).
355 Satzger/Schmitt/Widmaier/*Bosch* 16.
356 LK/*Tiedemann* Vor § 283 Rn. 145; MüKo-StGB/*Radtke* Vor §§ 283 ff. Rn. 97.
357 Schönke/Schröder/*Heine* Rn. 60.
358 SK/*Hoyer* vor § 283 Rn. 13.
359 BGH 24.05.2005, IX ZR 123/04, BGHZ 163, 134.
360 Satzger/Schmitt/Widmaier/*Bosch* Vor §§ 283 ff. Rn. 17.
361 BGH 05.05.1970, 4 StR 50/70, bei *Herlan* GA 1973, 133.
362 BGH 26.10.1954, 2 StR 197/54, bei *Herlan* GA 1955, 364.
363 BGH 26.10.1954, 2 StR 197/54, bei *Herlan* GA 1955, 364 (365).

III. Ablehnung des Eröffnungsantrags mangels Masse

88 Der **Ablehnungsbeschluss** ergeht nach § 26 Abs. 1 InsO, wenn das Vermögen des Schuldners voraussichtlich nicht ausreichen wird, um die Kosten des Verfahrens zu decken. Die Rechtskraft des Beschlusses kann durch Einlegung der sofortigen Beschwerde durch den Schuldner und den Antragsteller herausgeschoben werden (§ 34 Abs. 1 InsO). Ab Rechtskraft entfaltet auch der Ablehnungsbeschluss Bindungswirkung für das Strafverfahren, so dass es Feststellungen zum Vorliegen der Zahlungseinstellung wiederum nur dann bedarf, wenn der Täter nicht formaler Inhaber des Geschäftes ist, auf das sich das Insolvenzverfahren bezieht.

IV. Zusammenhang zwischen Bankrotthandlung und Strafbarkeitsbedingung

89 Die Strafbarkeit nach § 283 entfällt, wenn die Bankrotthandlung in keinerlei Beziehung zum Eintritt der Strafbarkeitsbedingung steht.[364] Es muss also ein Zusammenhang zwischen Bankrotthandlung und Strafbarkeitsbedingung bestehen, wobei allerdings keine kausale Herbeiführung der Bedingung gefordert, sondern vielmehr ein **rein äußerlicher Zusammenhang** ausreichend ist.[365] Soweit in diesem Zusammenhang vertreten wird, die abstrakte Gefährlichkeit der Bankrotthandlung müsse sich auch unter Berücksichtigung der konkreten Umstände des Einzelfalles bei einer Betrachtung ex post manifestiert haben,[366] darf das **nicht** dazu führen, dass auf diesem Weg eine **konkrete Gefährdung** der **Befriedigungsinteressen** auch nur eines Gläubigers verlangt wird: Es muss vielmehr ausreichen, wenn die durch eine Bankrotthandlung begründete **abstrakte Gefahr** bis zum Eintritt der objektiven Strafbarkeitsbedingung fortbesteht, durch diese verstärkt und einem Übergang in eine konkrete Gefährdung oder gar in einen Schaden näher gebracht wird.[367]

90 Ein danach ausreichender äußerlicher **Zusammenhang** kann etwa **gegeben** sein, wenn eine Forderung vor Begehung der Bankrotthandlung bereits bestand und im Zeitpunkt des Eintritts der Strafbarkeitsbedingung immer noch besteht[368] oder nur durch das Eingehen neuer Verbindlichkeiten erfüllt werden konnte.[369] Gleiches gilt, wenn durch die Bankrotthandlung die Insolvenzmasse geschmälert worden ist[370] oder wenn Mängel der Buchführung bis zum Eintritt einer der Bedingungen noch fortwirken, sei es auch nur in der Weise, dass der Schuldner wegen der Buchführungsmängel nicht rechtzeitig erkennen kann, dass er die Eröffnung des Insolvenzverfahrens beantragen muss.[371] Der geforderte **Zusammenhang entfällt** hingegen, wenn durch die Bankrotthandlung (etwa i.S.v. Abs. 1 Nr. 2) die Vermögenslage des Schuldners tatsächlich verbessert wird (vgl. Rdn. 39),[372] wenn er zwischenzeitlich die wirtschaftliche Krise überwinden konnte und erst später und aus anderen Gründen eine der Strafbarkeitsbedingungen eintritt[373] oder wenn eine innerhalb der Frist unterbliebene Bilanzerstellung noch vor Eintritt der Strafbarkeitsbedingung nachgeholt wird (vgl. Rdn. 55, 64).[374] Allerdings muss feststehen, dass ein solcher Zusammenhang i.S. irgendeiner gefahrerhöhenden Folge[375] ausgeschlossen ist; verbleibende **Zweifel** gehen **zu Lasten des Schuldners**, der Grundsatz »in dubio pro reo« greift insoweit nicht.[376]

---

364 BGH 30.08.2007, 3 StR 170/07, NStZ 2008, 401.
365 BGH 30.08.2007, 3 StR 170/07, NStZ 2008, 401 (402).
366 Vgl. Schönke/Schröder/*Heine* Rn. 59; SK/*Hoyer* Vor § 283 Rn. 19.
367 BGH 30.08.2007, 3 StR 170/07, NStZ 2008, 401 (402).
368 BGH 22.02.2001, 4 StR 421/00, NJW 2001, 1874 (1876).
369 BGH 10.02.1981, 1 StR 625/80, bei *Holtz* MDR 1981, 454.
370 BGH 03.07.1956, 1 StR 98/56.
371 BGH 04.04.1979, 3 StR 488/78, insoweit in BGHSt 28, 371 nicht abgedruckt.
372 SK/*Hoyer* Vor § 283 Rn. 19; Schönke/Schröder/*Heine* Rn. 59.
373 BGH 23.08.1978, 3 StR 11/78, JZ 1979, 75 (77).
374 BayObLG 08.08.2002, 5 St RR 202/2002a, b, NStZ 2003, 214 (215).
375 BayObLG 08.08.2002, 5 St RR 202/2002a, b, NStZ 2003, 214.
376 OLG Hamburg 31.10.1986, 2 Ss 98/86, NJW 1987, 1342; OLG Düsseldorf 27.09.1979, 5 Ss 391–410/79 I, NJW 1980, 1292 (1293); a.A. MüKo-StGB/*Radtke* vor §§ 283 ff. Rn. 105.

D. Konkurrenzen

Innerhalb des Tatbestandes des § 283 werden die fahrlässig begangenen Delikte der Abs. 4 und 5 von den Vorsatztaten der Abs. 1 und 2 ausgeschlossen; ebenso wird Abs. 5 von Abs. 4 verdrängt. In aller Regel stehen mehrere nacheinander begangene Bankrotthandlungen im Verhältnis der **Tatmehrheit** zueinander; insb. werden sie nicht durch den Eintritt der objektiven Strafbarkeitsbedingung zur Tateinheit verbunden.[377] Mehrere Verletzungen der Buchführungspflicht in einem bestimmten Zeitraum können aber eine Bewertungseinheit bilden, mit der Folge, dass sie tateinheitlich zueinander stehen.[378] Unterbleibt die Buchführung während des gesamten Zeitraums des Geschäftsbetriebes, stellt sie als Dauerdelikt nur eine Tat dar.[379] Als Dauerdelikt hat die Verletzung der Buchführungspflicht aber nicht die Kraft, während des Tatzeitraums darüber hinaus begangene Verletzungen der Bilanzierungspflicht zu einer Tat zu verbinden.[380] Auch eine Tat nach Abs. 2 steht, wenn dadurch die drohende Zahlungsunfähigkeit herbeigeführt wird, zu weiteren danach begangenen Bankrotthandlungen, also Verletzungen des Abs. 1, nicht in Tateinheit, sondern in Realkonkurrenz.[381] Das Verheimlichen eines zuvor bereits beiseite geschafften Vermögensgegenstandes kann als mitbestrafte Nachtat anzusehen sein.[382]

91

Zum **Verhältnis** zu den **anderen Insolvenzdelikten** der §§ 283b bis 283d gilt Folgendes: § 283b Abs. 1 tritt als leichtere Form der Zuwiderhandlung hinter der schwereren Form eines Bankrottdelikts nach Abs. 1 Nr. 5 bis 7, Abs. 2 i.V.m. Abs. 1 Nr. 5 bis 7 zurück.[383] Gleiches gilt für das Verhältnis von § 283b Abs. 2 zu Taten nach Abs. 5.[384] Die Vorschrift des § 283c stellt gegenüber Abs. 1 Nr. 1 eine Privilegierung dar, weshalb § 283 im Wege der Gesetzeseinheit verdrängt wird.[385] Allerdings kann Tateinheit gegeben sein, wenn der Schuldner über die Begünstigungshandlung hinaus dem Gläubiger mehr gewährt, als diesem zusteht.[386] Der Schuldner kann Anstifter zu einer Tat nach § 283d sein, insoweit ist Tateinheit möglich.[387] Umgekehrt kann der Täter nach § 283d hinsichtlich weiterer Vermögensgegenstände Gehilfe des Schuldners sein, wobei regelmäßig Tatmehrheit anzunehmen sein wird.

92

Zu **anderen Delikten** ist **Tateinheit** insb. möglich bei den bestandsbezogenen Bankrotthandlungen (vgl. Rdn. 26) mit **§ 266**, bei Taten nach Abs. 1 Nr. 1 aber auch mit **§ 246**. Allerdings schied in diesen Fällen eine Verurteilung wegen Bankrotts häufig aus, wenn der Schuldner eigennützig handelte (vgl. Rdn. 7 f.). Nach Aufgabe der Interessentheorie kommt eine tateinheitliche Verurteilung wegen dieser Delikte neben der wegen Bankrotts in Betracht; dies erscheint aufgrund der unterschiedlichen Schutzgüter der Insolvenzdelikte einerseits und der Vermögens- oder Eigentumsdelikte andererseits auch geboten.[388] Im Verhältnis zu **§ 156** kommt **Tateinheit** in Betracht, wenn der Schuldner nach § 807 ZPO oder nach § 98 Abs. 1 die eidesstattliche Versicherung abgeben muss und dabei Vermögensgegenstände verschweigt oder anderweitig unzutreffende Angaben macht (vgl. Rdn. 33). **Tateinheit** zum **Betrug** nach § 263 kann insb. bei Bankrotthandlungen nach Abs. 1 Nr. 3 und 4 vorliegen, nicht hingegen bei einer Verletzung der Buchführungspflicht;[389] **Tatmehrheit** wird hingegen anzunehmen sein, wenn der Täter betrügerisch erlangte Vermögensgegenstände später bei-

93

---

[377] BGH 05.11.1997, 2 StR 462/97, NStZ 1998, 192 (193) m.w.N.
[378] BGH 18.01.1995, 2 StR 693/94, BGHR StGB § 283 Abs. 1 Nr. 5 Konkurrenzen 3.
[379] BGH 17.06.1952, 1 StR 668/51, BGHSt 3, 23 (26 f.).
[380] BGH 05.11.1997, 2 StR 462/97, NStZ 1998, 192 (193) m.w.N.
[381] *Fischer* Rn. 41; a.A. MüKo-StGB/*Radtke* Rn. 87.
[382] BGH 20.12.1957, 1 StR 492/57, BGHSt 11, 145 (146 f.).
[383] BGH 16.05.1984, 3 StR 162/84, NStZ 1984, 455.
[384] *Fischer* Rn. 42.
[385] BGH 02.11.1995, 1 StR 449/95, NStZ 1996, 543 (544).
[386] MüKo-StGB/*Radtke* Rn. 88.
[387] *Fischer* § 283d Rn. 2.
[388] BGH 15.05.2012, 3 StR 118/11, NJW 2012, 2366 (2369), insoweit in BGHSt 57, 229 nicht abgedruckt; 10.02.2009, 3 StR 372/08, NJW 2009, 2225 (2228); krit. insoweit *Habetha* NZG 2012, 1134 (1138 ff.).
[389] BGH 08.10.1963, 1 StR 553/62, insoweit in BGHSt 19, 141 nicht abgedruckt.

seiteschafft.[390] Gleiches gilt im Verhältnis zu vor der Bankrotthandlung begangenen **Steuerhinterziehungen** nach § 370 AO; auch wenn die Finanzbehörden der einzige Insolvenzgläubiger sind, stellt der Bankrott keine mitbestrafte Nachtat dar.[391] Im **Verändern der Handelsbücher** nach Abs. 1 Nr. 5 kann zugleich eine **tateinheitlich** begangene **Urkundenfälschung** nach § 267 liegen.[392]

E. Rechtsfolgen

94 Für die Vorsatztaten nach **Abs. 1 und 2** sieht das Gesetz Freiheitsstrafe bis zu **fünf Jahren** oder Geldstrafe vor. Sowohl für die fahrlässige und vorsätzliche Begehung nach **Abs. 4** als auch für die Fahrlässigkeitsdelikte nach **Abs. 5** gilt ein Strafrahmen von Freiheitsstrafe bis zu **zwei Jahren** oder Geldstrafe. Zur Strafrahmenverschiebung bei der Teilnahme vgl. Rdn. 83. Eine nicht unwesentliche **Folge** einer Verurteilung wegen einer **vorsätzlichen Tat** nach § 283 ist der gesetzlich geregelte Verlust der Möglichkeit, für die Dauer von fünf Jahren ab Rechtskraft des Urteils zum Geschäftsführer einer GmbH (vgl. § 6 Abs. 2 Nr. 3b GmbHG) oder zum Vorstandsmitglied einer Aktiengesellschaft bestellt zu werden (vgl. § 76 Abs. 3 Nr. 3b AktG). Nach der Gesetzessystematik stellt auch der Tatbestand des Abs. 4 Nr. 2 eine vorsätzliche Tat dar (vgl. Rdn. 80) dar, jedoch hat der Gesetzgeber die Tatvarianten nach Abs. 4 insgesamt von der Anwendbarkeit des § 6 Abs. 2 GmbHG ausnehmen wollen, was auch für die gleichzeitig geänderte Vorschrift des § 76 Abs. 3 AktG gilt.[393]

F. Prozessuales

95 Die Straftaten nach § 283 fallen – wie auch die übrigen Insolvenzstraftaten – nach § 74 Abs. 1 Satz 1 Nr. 5 in die Zuständigkeit der **Wirtschaftsstrafkammern**; dies gilt sowohl bei erstinstanzlicher Zuständigkeit des Landgerichts als auch in Berufungsverfahren gegen Entscheidungen des Schöffengerichts. Hinsichtlich der Angaben, die der Schuldner gem. seiner Verpflichtung nach § 97 Abs. 1 Satz 1 InsO macht, besteht gem. § 97 Abs. 1 Satz 3 InsO eine **Verwendungsbeschränkung**; sie dürfen in einem Strafverfahren gegen ihn oder einen seiner in § 52 Abs. 1 StPO bezeichneten Angehörigen nur mit seiner Zustimmung verwendet, d.h. verwertet werden. Die Verwendungsbeschränkung, die zu einem Verwertungsverbot führen kann, erfasst aber nicht Angaben des Schuldners gegenüber dem im Insolvenzverfahren vom Gericht bestellten Gutachter, der in § 97 Abs. 1 Satz 1 InsO nicht genannt wird; dies gilt jedenfalls, wenn dieser nicht vom Insolvenzgericht mit zusätzlichen (Zwangs-)Befugnissen ausgestattet worden ist.[394] Zu den notwendigen Feststellungen hinsichtlich der Krisenmerkmale, die die Hinzuziehung eines Sachverständigen nahe legen können, vgl. Rdn. 14 f., 19, 23, 25. Der Geschädigte soll im Verfahren über einen wegen des Verdachts von Bankrottstraftaten strafprozessual angeordneten dinglichen Arrest auch dann nicht zu beteiligen sein, wenn der Arrest zur Rückgewinnungshilfe angeordnet worden ist.[395]

G. Internationale Bezüge

96 Für die Frage, ob ein Beiseiteschaffen i.S.v. Abs. 1 Nr. 1 für einen (gedachten) Insolvenzverwalter zu einer wesentlichen Zugriffserschwerung geführt hat (vgl. Rdn. 30), ist – wenn es sich um eine Vermögensverschiebung ins Ausland handelt – **internationales Insolvenzrecht** von Bedeutung: Wenn zwischen dem Staat, in den der Vermögensbestandteil verschoben wurde, und der Bundesrepublik Deutschland eine gegenseitige Anerkennung der Insolvenzbefangenheit des jeweils im Ausland befindlichen Vermögens gewährleistet ist, wenn also das insolvenzbefangene Vermögen im Ausland auf Antrag des Insolvenzverwalters auszufolgen ist (sog. **Exequaturverfahren**), kann die Wesentlichkeit einer Zugriffserschwerung entfallen; es sei denn, die Durchführung eines solchen Verfahrens ist

---

390 Schönke/Schröder/*Heine* Rn. 68.
391 BGH 24.09.1986, 3 StR 348/86; NStZ 1987, 23.
392 *Fischer* Rn. 43.
393 BT-Drucks. 16/6140, 33 (52).
394 OLG Jena 12.08.2010, 1 Ss 45/10, NJW 2010, 3673.
395 OLG Oldenburg 14.04.2011, 1 Ws 109/11, NStZ 2012, 348.

mit erheblichen tatsächlichen oder rechtlichen Schwierigkeiten verbunden.[396] Insoweit kann die Einholung eines Rechtsgutachtens geboten sein.[397]

§ 283a Besonders schwerer Fall des Bankrotts

In besonders schweren Fällen des § 283 Abs. 1 bis 3 wird der Bankrott mit Freiheitsstrafe von sechs Monaten bis zu zehn Jahren bestraft. Ein besonders schwerer Fall liegt in der Regel vor, wenn der Täter
1. aus Gewinnsucht handelt oder
2. wissentlich viele Personen in die Gefahr des Verlustes ihrer ihm anvertrauten Vermögenswerte oder in wirtschaftliche Not bringt.

Übersicht	Rdn.		Rdn.
A. Normzweck	1	1. Gefährdung anvertrauter Vermögenswerte (Alt. 1)	6
B. Regelbeispiele und unbenannter besonders schwerer Fall	3	2. In wirtschaftliche Not bringen (Alt. 2)	8
I. Gewinnsucht (Nr. 1)	4	III. Sonstige Fälle	9
II. Gefährdung von Vermögenswerten und Herbeiführung einer wirtschaftlichen Notlage (Nr. 2)	5	C. Täterschaft und Teilnahme	10

A. Normzweck

Die Vorschrift stellt keinen Qualifikationstatbestand, sondern lediglich eine **Strafzumessungsregel** dar. Die Tat bleibt auch in diesen Fällen ein Vergehen, weil einerseits die Strafuntergrenze unter einem Jahr liegt (§ 12 Abs. 1, 2) und Schärfungen für besonders schwere Fälle für die Einteilung in Verbrechen oder Vergehen ohnehin außer Betracht bleiben (vgl. § 12 Abs. 3). Der Gesetzgeber hat sich bei der Ausgestaltung der Norm der **Regelbeispielstechnik** bedient, wobei diese »dem Richter nur als Leitbild dienen und nur einen Anhaltspunkt bieten« sollen, welcher Unrechtsgehalt erforderlich ist, um eine Tat als besonders schweren Fall einzustufen.[1] Dies bedeutet, dass auch Taten, die keins der Regelbeispiele erfüllen, gleichwohl als (unbenannter) besonders schwerer Fall einzustufen sein können; umgekehrt bedeutet die Ausfüllung der Merkmale eines der genannten Beispiele nur im **Regelfall**, dass ein besonders schwerer Fall vorliegt. Die Regelwirkung kann dadurch kompensiert werden, dass erhebliche andere, strafmildernd wirkende Strafzumessungsfaktoren gegeben sind, die die Anwendung des erhöhten Strafrahmens auf der Grundlage einer Gesamtwürdigung aller Umstände des konkreten Falles als unangemessen erscheinen lassen.[2] 1

Aufgrund der Verweisung in S. 1 bezieht sich die Strafzumessungsregel **nur** auf die **Vorsatztaten** nach § 283 Abs. 1, 2 sowie auf den Versuch einer solchen Tat nach § 283 Abs. 3. Auf die Verwirklichung der Regelbeispiele oder der anderen Umstände, die einen unbenannten besonders schweren Fall begründen, muss sich der Vorsatz beziehen (vgl. näher Rdn. 4, 5, 9). Die Einbeziehung des § 283 Abs. 3 in die Verweisung hat zur Folge, dass ein versuchter Bankrott bei vollendetem Regelbeispiel gegebenenfalls aus dem erhöhten Strafrahmen des § 283a zu ahnden ist, ohne dass eine Milderung nach § 23 Abs. 2, § 49 Abs. 1 in Betracht kommt; allerdings kann der Umstand, dass die Tat insgesamt im Versuchsstadium geblieben ist, nach allgemeinen Grundsätzen zum Entfallen der Regelwirkung führen, ansonsten ist dies im Rahmen der konkreten Strafzumessung zu berücksichtigen.[3] 2

---

396 BGH 29.04.2010, 3 StR 314/09, BGHSt 55, 107 (119 ff.).
397 BGH 29.04.2010, 3 StR 314/09, NJW 2010, 2894 (2899), insoweit in BGHSt 55, 107 nicht abgedruckt.
1 BT-Drucks. 7/3441, 37.
2 Vgl. BGH 24.04.2003, 4 StR 94/03, NStZ-RR 2003, 297, zu § 243 Abs. 1 Nr. 3, § 263 Abs. 3 Satz 2 Nr. 1.
3 Schönke/Schröder/*Heine* Rn. 9.

B. Regelbeispiele und unbenannter besonders schwerer Fall

3 Die vom Gesetzgeber vorgegebenen Regelbeispiele beziehen sich in **Nr. 1** auf die **Motive** des Täters, wogegen **Nr. 2** in zwei Alternativen als **Taterfolg** den Eintritt einer (konkreten) Gefährdung des anvertrauten Vermögens (Alt. 1) bzw. einer wirtschaftlichen Notlage (Alt. 2) erfordert.

I. Gewinnsucht (Nr. 1)

4 Mit dem Merkmal werden die Motive des Täters als schulderhöhend gewertet. Da es sich bei den Insolvenzdelikten regelmäßig um Taten handelt, die von Personen begangen werden, die mit einem gewissen – im untechnischen Sinn – kaufmännischen Gewinnstreben agieren, ist die **Gewinnsucht von** diesem »üblichen« **Gewinnstreben abzugrenzen**; andernfalls ließe sich die signifikante Erhöhung des Strafrahmens nicht rechtfertigen.[4] Nach dem an der Rechtsprechung orientierten[5] Verständnis des Gesetzgebers, das allgemeine Anerkennung gefunden hat, liegt Gewinnsucht deshalb nur bei einem ungewöhnlichen, ungesunden und sittlich anstößigem Maß an Gewinnstreben vor.[6] Ausschlaggebend ist eine gesteigerte Rücksichtslosigkeit des Schuldners gegenüber den Gläubigerinteressen, die etwa durch sicher erkannte, hohe Schadensrisiken für die Gläubiger indiziert sein kann.[7] Obwohl das Gesetz damit keine gesteigerte Vorsatzform fordert, wird sich diese erforderliche Rücksichtslosigkeit regelmäßig nicht mit der Annahme bloß bedingten Vorsatzes in Einklang bringen lassen.[8] Als weitere Beispiele werden angegeben, dass der Täter schon von Beginn seiner Unternehmung an den wirtschaftlichen Zusammenbruch einkalkuliert, um so Gewinne zu erzielen[9] oder es jedenfalls mit Beginn seiner Tathandlungen auf eine gezielte Aushöhlung des Unternehmens anlegt.[10] Dass in diesen letztgenannten Fällen nach der Interessenformel des Bundesgerichtshofs der Tatbestand des Bankrotts regelmäßig nicht erfüllt sein konnte, weil der Täter ausschließlich eigennützig handelt, begründete einmal mehr die Kritik an dieser Auffassung (vgl. § 283 StGB Rdn. 8), weil dann auch Nr. 1 – entgegen der Intention des Gesetzgebers – weitgehend leerlief; das zeigt sich nicht zuletzt daran, dass es zu der Vorschrift kaum veröffentlichte Judikate gibt. Der Begriff der Gewinn**sucht** ist schließlich nicht i.S. eines psychischen Befundes – vergleichbar einem Hang – zu verstehen, ausreichend ist auch, wenn der Schuldner eine einmalige Gelegenheit wahrnimmt, aus der genannten Motivation heraus zu handeln, weil er der Versuchung nicht widerstehen kann.[11]

II. Gefährdung von Vermögenswerten und Herbeiführung einer wirtschaftlichen Notlage (Nr. 2)

5 Die Vorschrift knüpft die Strafschärfung in beiden Alternativen an einen **Taterfolg**, der durch die Bankrotthandlung kausal verursacht worden sein muss. Gemeinsam ist beiden Begehungsformen, dass »**viele Personen**« betroffen sein müssen. Diese Voraussetzung soll nach den Gesetzesmaterialien ab mindestens zehn Personen erfüllt sein; bei einer geringeren Anzahl kann gleichwohl durch die gravierende Gefährdung auch nur eines Gläubigers ein unbenannter schwerer Fall gegeben sein.[12] Dem ist die Literatur einhellig gefolgt.[13] Zudem muss der Täter den Erfolg **wissentlich** herbeiführen. In subjektiver Hinsicht ist also erforderlich, dass der Schuldner weiß oder es zumindest als sicher voraussieht, dass die den Schuldumfang erhöhenden Tatfolgen eintreten werden.[14]

---

[4] MüKo-StGB/*Radtke* Rn. 4.
[5] BGH 15.05.1953, 2 StR 772/52, GA 1953, 154 zu § 27a a.F.
[6] BT-Drucks. 7/3441, 37.
[7] NK/*Kindhäuser* Rn. 4.
[8] MüKo-StGB/*Radtke* Rn. 13.
[9] Schönke/Schröder/*Heine* Rn. 4.
[10] Satzger/Schmitt/Widmaier/*Bosch* Rn. 2.
[11] Schönke/Schröder/*Heine* Rn. 4.
[12] BT-Drucks. 7/5291, 19.
[13] MüKo-StGB/*Radtke* Rn. 9; SK/*Hoyer* Rn. 5; Schönke/Schröder/*Heine* Rn. 5; *Fischer* Rn. 5.
[14] *Fischer* § 15 Rn. 7 f.

1. Gefährdung anvertrauter Vermögenswerte (Alt. 1)

Die Vermögenswerte müssen dem Täter von ihren Inhabern **anvertraut** worden sein. Das setzt voraus, dass sie ihm in dem Vertrauen überlassen wurden, er werde mit ihnen nur im Interesse des Anvertrauenden verfahren,[15] wobei dem Vermögensinhaber selbst regelmäßig allenfalls noch geringe Kontrollmöglichkeiten verbleiben.[16] Die Gesetzesbegründung nennt als erfasste Beispielsfälle insbesondere Vermögenswerte, die Banken, (Bau-)Sparkassen oder Genossenschaftskassen überlassen werden, aber auch Kapitalanlagen in gesellschaftsrechtlichen Formen, wie z.B. bei Bauträger- oder Kapitalanlagegesellschaften, wenn die Insolvenz zu einem drohenden Verlust dieser Einlagen führt.[17] Ob auch unter Eigentumsvorbehalt gelieferte Waren i.S.v. Nr. 2 Alt. 1 anvertraut sind, ist umstritten: Zu dem gleichlautenden Merkmal in § 246 Abs. 2 (veruntreuende Unterschlagung) entspricht es ständiger höchstrichterlicher Rechtsprechung, dass ein Anvertrautsein hinsichtlich dieser Sachen vorliegt[18] – Gleiches gilt in Bezug auf Miet- oder Leasinggegenstände und sicherungsübereignete Sachen.[19] Dementsprechend wird in der Literatur auch für den besonders schweren Fall des Bankrotts überwiegend angenommen, dass das Regelbeispiel insoweit vorliegen kann.[20] Dagegen wird eingewandt, die Einbeziehung von Gläubigern von Warenkrediten in den Schutzbereich des § 283a würde zu einer ungerechtfertigten Benachteiligung der Schuldner aus bestimmten Branchen führen, in denen die Lieferung von Waren unter Eigentumsvorbehalt besonders verbreitet ist.[21] Diese Einschätzung vermag zwar nicht zu überzeugen, weil auch das dem Schuldner entgegengebrachte Vertrauen des Vorbehaltsverkäufers in besonderem Maße enttäuscht wird. Allerdings sind aufgrund des Aussonderungsrechts aus § 47 InsO und daraus resultierend dem Umstand, dass sich Bankrotthandlungen nach § 283 Abs. 1 Nr. 1 nicht auf unter Eigentumsvorbehalt gelieferte Gegenstände beziehen können (vgl. § 283 StGB Rdn. 27), nur wenige Fälle denkbar, in denen es tatsächlich zu einer konkreten Gefährdung der Eigentumsstellung des Vorbehaltsverkäufers kommen kann.

Es muss eine **konkrete Gefährdung** des Verlustes der anvertrauten Vermögenswerte hervorgerufen werden, eine bloß abstrakte Gefahr ist nicht ausreichend; andererseits braucht es noch nicht zum Eintritt eines endgültigen Schadens gekommen zu sein.[22] Voraussetzung ist nicht stets die Gefahr eines Totalverlustes, ein gravierender Teilverlust kann ausreichend sein.[23]

2. In wirtschaftliche Not bringen (Alt. 2)

Die Opfer der Tat müssen gerade durch das dem Schuldner zurechenbare Verhalten in eine **existenzbedrohende Lage** versetzt werden. Sind die Geschädigten selbst unternehmerisch tätig, muss durch die wirtschaftliche Mangellage ihre geschäftliche Daseinsgrundlage nicht nur vorübergehend schwer beeinträchtigt werden, etwa dergestalt, dass sie selbst in Insolvenz zu fallen drohen.[24] Im privaten Bereich ist Voraussetzung, dass die Geschädigten ihren lebenswichtigen Bedarf nicht mehr – oder jedenfalls nicht ohne Unterstützung Dritter, die gerade wegen der eingetretenen Mangellage wirtschaftliche Hilfe leisten – befriedigen können.[25] Zum Bedarf in diesem Sinne zählen auch solche Gegenstände, die nach dem heutigen Lebensstandard der Bevölkerungsmehrheit zur Befriedigung materieller und kultureller Bedürfnisse zur Verfügung stehen.[26] Nach dem Willen des Gesetzgebers sind auch Arbeitnehmer vom Schutzbereich umfasst, da sie durch den – etwa infolge der den Zusammen-

---

15 Satzger/Schmitt/Widmaier/*Bosch* Rn. 3.
16 NK/*Kindhäuser* Rn. 5.
17 BT-Drucks. 7/3441, 37 f.
18 BGH 17.10.1961, 1 StR 382/61, BGHSt 16, 280.
19 BGH 11.02.2009, 5 StR 11/09, NStZ-RR 2009, 177.
20 SK/*Hoyer* Rn. 6; MüKo-StGB/*Radtke* Rn. 7; NK/*Kindhäuser* Rn. 5.
21 Satzger/Schmitt/Widmaier/*Bosch* Rn. 3; vgl. auch *Fischer* Rn. 3.
22 BT-Drucks. 7/3441, 38.
23 SK/*Hoyer* Rn. 6: 75 % des Wertes.
24 Schönke/Schröder/*Heine* Rn. 6; NK/*Kindhäuser* Rn. 8.
25 SK/*Hoyer* Rn. 7.
26 LK/*Tiedemann* Rn. 10.

bruch des Unternehmens verursachenden Bankrotthandlung eintretenden – Verlust des Arbeitsplatzes in eine wirtschaftliche Notlage geraten können.[27] Soweit ihnen allerdings aus dem Arbeitsverhältnis resultierende Sozialleistungen zufließen (z.B. ALG I, Insolvenzgeld etc.), sind diese Beträge zu Gunsten des Täters zu berücksichtigen,[28] so dass in aller Regel das Vorliegen einer wirtschaftlichen Notlage ausscheiden wird. Nicht zu berücksichtigen sind dagegen Sozialleistungen, die ihrerseits an das Vorliegen einer Notlage anknüpfen, wie etwa die Sozialhilfe[29] oder Arbeitslosengeld II (vgl. §§ 7 Abs. 1, 9 SGB II).

III. Sonstige Fälle

9 Ein **unbenannter besonders schwerer Fall** liegt vor, wenn die objektiven und subjektiven Umstände, die die Tat kennzeichnen, in einem solchen Maße strafwürdig sind, dass der Strafrahmen des § 283, der die erfahrungsgemäß bei einer Bankrotttat auftretenden Tatumstände bereits berücksichtigt, zur Ahndung der Tatschuld nicht ausreichend ist.[30] Das Vorliegen dieser Voraussetzungen kann etwa gegeben sein, wenn durch eine Bankrotthandlung besonders viele Gläubiger geschädigt worden sind, ohne dass deren Vermögensgegenstände dem Schuldner anvertraut waren oder die Geschädigten in wirtschaftliche Not gebracht wurden.[31] Umgekehrt kann auch ein besonders hoher (drohender) Schaden einer geringeren Anzahl von Gläubigern – ggf. auch nur eines einzelnen[32] – einen besonders schweren Fall indizieren.[33] Subjektiv sind insoweit keine gesteigerten Anforderungen an den Vorsatz zu stellen, bedingter Vorsatz ist ausreichend. Jedoch kann in diesem Bereich etwa der Tatplan des Schuldners, der von vornherein die Insolvenz des von ihm gegründeten Unternehmens beabsichtigt, das Vorliegen eines besonders schweren Falles nahelegen;[34] allerdings wird unter dieser Voraussetzung regelmäßig bereits ein Fall von Nr. 1 gegeben sein.

C. Täterschaft und Teilnahme

10 Auch wenn es sich bei den Regelbeispielen nicht um Tatbestandsmerkmale handelt, sind nach allgemeiner Meinung die Grundsätze des § 28 anzuwenden, sofern es sich um besondere persönliche Merkmale handelt. D.h., das **täterbezogene Merkmal** der Gewinnsucht nach Nr. 1 muss gem. § 28 Abs. 2 bei jedem einzelnen Tatbeteiligten gesondert vorliegen, um ihn wegen Bankrotts im besonders schweren Fall bestrafen zu können.[35] Hinsichtlich der **tatbezogenen Merkmale** der Nr. 2 gilt nach allg. Grundsätzen Folgendes: Jeder (Mit-)Täter muss mit dem entsprechenden (direkten) Vorsatz handeln, bei Teilnehmern muss sich der Vorsatz darauf erstrecken, dass der Haupttäter mit direktem Vorsatz handelt. Fehlt dem Haupttäter dieser Vorsatz, ist umstritten, was gilt, wenn der Teilnehmer gleichwohl direkten Vorsatz hat. Z.T. wird vertreten, es fehle insoweit an einer teilnahmefähigen Haupttat, so dass auch der Teilnehmer nicht nach § 283a bestraft werden könne.[36] Die wohl herrschende Auffassung nimmt – gestützt auf die Rechtsprechung des BGH, nach der in einer Gesamtbewertung des Tatbeitrages des Teilnehmers unter Mitberücksichtigung der Haupttat zu beurteilen ist, ob der erschwerte Strafrahmen des besonders schweren Falles zu Grunde zu legen ist[37] – hingegen zutreffend an, dass der Teilnehmer, der mit direktem Vorsatz hinsichtlich eines Taterfolgs nach Nr. 2

---

27 BT-Drucks. 7/3441, 38.
28 NK/*Kindhäuser* Rn. 8.
29 SK/*Hoyer* Rn. 7.
30 Schönke/Schröder/*Heine* Rn. 7.
31 MüKo-StGB/*Radtke* Rn. 12.
32 BT-Drucks. 7/5291, 19.
33 NK/*Kindhäuser* Rn. 11.
34 *Fischer* Rn. 5.
35 NK/*Kindhäuser* Rn. 14; Schönke/Schröder/*Heine* Rn. 10; SK/*Hoyer* Rn. 9; MüKo-StGB/*Radtke* Rn. 25.
36 NK/*Kindhäuser* Rn. 14; MüKo-StGB/*Radtke* Rn. 16.
37 BGH 15.04.1980, 5 StR 135/80, BGHSt 29, 239 (244); 15.12.2006, 5 StR 182/06, wistra 2007, 183.

handelt, auch dann nach § 283a bestraft werden kann, wenn für den Haupttäter lediglich der Strafrahmen des § 283 Anwendung findet.[38]

§ 283b Verletzung der Buchführungspflicht

(1) Mit Freiheitsstrafe bis zu zwei Jahren oder mit Geldstrafe wird bestraft, wer
1. Handelsbücher, zu deren Führung er gesetzlich verpflichtet ist, zu führen unterlässt oder so führt oder verändert, dass die Übersicht über seinen Vermögensstand erschwert wird,
2. Handelsbücher oder sonstige Unterlagen, zu deren Aufbewahrung er nach Handelsrecht verpflichtet ist, vor Ablauf der gesetzlichen Aufbewahrungsfristen beiseite schafft, verheimlicht, zerstört oder beschädigt und dadurch die Übersicht über seinen Vermögensstand erschwert,
3. entgegen dem Handelsrecht
   a) Bilanzen so aufstellt, dass die Übersicht über seinen Vermögensstand erschwert wird, oder
   b) es unterlässt, die Bilanz seines Vermögens oder das Inventar in der vorgeschriebenen Zeit aufzustellen.

(2) Wer in den Fällen des Absatzes 1 Nr. 1 oder 3 fahrlässig handelt, wird mit Freiheitsstrafe bis zu einem Jahr oder mit Geldstrafe bestraft.

(3) § 283 Abs. 6 gilt entsprechend.

Übersicht

	Rdn.			Rdn.
A. Normzweck	1	C.	Objektive Bedingung der Strafbarkeit (Abs. 3)	8
B. Tatbestand	3	D.	Konkurrenzen	9
I. Vorsatzdelikt (Abs. 1)	4	E.	Rechtsfolgen	10
II. Fahrlässige Begehung	6			

A. Normzweck

Strafgrund des **abstrakten Gefährdungsdelikts** ist der Umstand, dass einer ordnungsgemäßen Buchführung als Grundvoraussetzung einer jeden ordnungsgemäßen Wirtschaftsführung erhebliche praktische Bedeutung insoweit zukommt, als dass wirtschaftliche Fehleinschätzungen aufgrund einer fehlenden oder mangelhaften Buchführung stets die Gefahr mit sich bringen, dass Abschlüsse oder Investitionen getätigt werden, die wirtschaftlich nicht vertretbar sind und so das Unternehmen in eine potentiell die Gläubiger gefährdende wirtschaftliche Schieflage bringen können. Aus diesem Grund und weil eine ordnungsgemäße Buchführung auch im Fall der Insolvenz für eine gerechte Befriedigung der Gläubiger von Bedeutung sein kann, hat der Gesetzgeber die Verletzung der Buchführungspflicht auch **außerhalb der wirtschaftlichen Krise** für sozialethisch missbilligenswert und deshalb strafwürdig angesehen.[1]

Die Vorschrift stellt in allen drei Begehungsformen ein **Sonderdelikt** nicht nur **des Schuldners**, sondern auch **des Kaufmanns** dar. Das gilt auch für Abs. 1 Nr. 2, der abweichend zu § 283 Abs. 1 Nr. 6 nur den Schuldner mit Strafe bedroht, der zur Aufbewahrung von Handelsbüchern **nach Handelsrecht verpflichtet** ist. Zum Sonderdeliktscharakter gelten die Ausführungen zu § 283 StGB Rdn. 6 ff. entsprechend.

B. Tatbestand

In Unterscheidung zu § 283 Abs. 1 Nr. 5–7 erfordern die Taten nach § 283b nicht, dass sich der Schuldner bereits in der wirtschaftlichen Krise (vgl. § 283 StGB Rdn. 12–25) befindet, vielmehr erfasst die Vorschrift die Buchführungsverstöße, die im **Vorfeld** einer Krise (ohne eine solche herbei-

---

[38] Schönke/Schröder/*Heine* Rn. 10; LK/*Tiedemann* Rn. 16; enger SK/*Hoyer* Rn. 9: nur unter den Voraussetzungen der mittelbaren Täterschaft.
[1] BT-Drucks. 7/3441, 38.

zuführen, sonst gilt § 283 Abs. 2) oder in (schuldloser, sonst gilt § 283 Abs. 4, 5) **Unkenntnis der Krise** begangen werden.[2] Es handelt sich damit um einen **Auffangtatbestand**.[3]

I. Vorsatzdelikt (Abs. 1)

4 Die Normierung der Tathandlungen in **Nr. 1** und **Nr. 3** ist wortgleich mit § 283 Abs. 1 Nr. 5 und Nr. 7. Insoweit gelten die Anmerkungen zu § 283 StGB Rdn. 51–56, Rdn. 61–66 entsprechend. Insb. handelt es sich bei diesen beiden Begehungsformen auch im Rahmen des § 283b um **echte Unterlassungsdelikte**, so dass die rechtliche oder tatsächliche Unmöglichkeit zur Erfüllung der Pflichten die Tatbestandsmäßigkeit entfallen lässt.[4]

5 Die Tathandlung in **Nr. 2** entspricht der in § 283 Abs. 1 Nr. 6, es gelten die Ausführungen zu § 283 StGB Rdn. 57 f., 60. Abweichend von § 283 Abs. 1 Nr. 6 ist der **Täterkreis** schon von Gesetzes wegen **auf Kaufleute beschränkt**.[5] Die Streitfrage, ob und in welchem Ausmaß sich Privatpersonen oder Angehörige freier Berufe wegen Unterdrückung von Handelsbüchern strafbar machen können (vgl. § 283 StGB Rdn. 59) stellt sich insoweit nicht.

II. Fahrlässige Begehung

6 Der Regierungsentwurf hatte ursprünglich vorgesehen, nur vorsätzliche Verstöße gegen die Buchführungspflicht strafrechtlich zu ahnden; fahrlässige Begehungen würden ohnehin zumeist nur die Verletzung der Aufsichtspflicht über Beauftragte betreffen und könnten nach § 130 OWiG sanktioniert werden.[6] Im Gesetzgebungsverfahren wurde auf Drängen der Praxis alsdann aber doch die fahrlässige Begehung mit Strafe bedroht, weil dafür insb. in Fällen, in denen der Kaufmann behauptet, er habe einen Dritten mit der Führung der Bücher usw. beauftragt, sich aber um die Einhaltung seiner Anordnung nicht gekümmert, ein Bedürfnis bestünde.[7]

7 Nur die Verstöße gegen Abs. 1 Nr. 1 und 3 sind im Fall der fahrlässigen Begehung strafbar. Zur Fahrlässigkeit vgl. § 283 StGB Rdn. 78.

C. Objektive Bedingung der Strafbarkeit (Abs. 3)

8 Durch den Verweis auf § 283 Abs. 6 hat der Gesetzgeber klargestellt, dass auch in den Fällen des § 283b die Strafbarkeit vom Eintritt der objektiven Strafbarkeitsbedingung, also der Eröffnung des Insolvenzverfahrens oder deren Ablehnung oder der Zahlungseinstellung abhängig ist. Wie bei § 283 muss zwischen der Verletzung der Buchführungspflicht und dem Eintritt der Strafbarkeitsbedingung ein Zusammenhang bestehen (vgl. § 283 StGB Rdn. 89 f.). Ein bloß zeitlicher Zusammenhang ist nicht ausreichend. Andererseits muss die Verletzung der Buchführungspflicht für den wirtschaftlichen Zusammenbruch auch nicht ursächlich gewesen sein; es reicht vielmehr aus, wenn etwa die Bilanzierungspflicht bei Eröffnung des Insolvenzverfahrens noch nicht erfüllt worden war und der Insolvenzverwalter dies nunmehr nachholen muss.[8]

D. Konkurrenzen

9 Innerhalb des Tatbestandes ist **Tateinheit** zwischen Abs. 1 Nr. 1 und Nr. 3 lit. b) möglich, wenn der Verstoß auf eine Handlung des Schuldners zurückzuführen ist, etwa bei der Beauftragung eines un-

---

[2] BGH 20.12.1978, 3 StR 408/78, BGHSt 28, 231 (233).
[3] NK/*Kindhäuser* Rn. 1.
[4] BGH 14.12.1999, 5 StR 520/99, NStZ 2000, 206; 19.12.1997, 2 StR 420/97, BGHR StGB § 283b Bilanz 1; s. aber auch BGH 20.10.2011, 1 StR 354/11, NStZ 2012, 511.
[5] BT-Drucks. 7/3441, 38.
[6] BT-Drucks. 7/3771, 38.
[7] *BT-Drucks. 7/5291, 19.*
[8] BGH v. 20.12.1978, 3 StR 408/78, BGHSt 28, 231 (233 f.).

zuverlässigen Steuerberaters.[9] Mehrere Verstöße gegen die Bilanzierungspflicht (Abs. 1 Nr. 3 lit. b) für mehrere Geschäftsjahre stehen regelmäßig in Tatmehrheit nach § 53 zueinander.[10] Gegenüber § 283 ist § 283b insgesamt subsidiär, dies gilt selbst dann, wenn durch eine Dauertat zunächst nur § 283b und erst später § 283 verletzt wird.[11] Besonderheiten ergeben sich insoweit indes, wenn im Zeitpunkt des Ablaufs der Bilanzierungsfrist die wirtschaftliche Krise noch nicht bestand: Die Tat ist auch dann nur nach § 283b strafbar, wenn die Bilanzierung nach Eintritt der Krise nicht nachgeholt wird (vgl. § 283 StGB Rdn. 66). Zum Verhältnis von § 283b Abs. 2 zu § 283 Abs. 5 vgl. § 283 StGB Rdn. 92.

E. Rechtsfolgen

Nachdem der Regierungsentwurf zunächst eine Strafrahmenobergrenze von nur einem Jahr für ausreichend angesehen hatte,[12] wurde im weiteren Gesetzgebungsverfahren – auch infolge der Einführung von Abs. 2[13] – der Strafrahmen für die Vorsatztaten nach Abs. 1 auf Freiheitsstrafe bis zu **zwei Jahren** oder Geldstrafe erhöht. Für die fahrlässige Begehung sieht Abs. 2 hingegen nunmehr den Strafrahmen von Freiheitsstrafe bis zu **einem Jahr** oder Geldstrafe vor. Eine Verurteilung nach Abs. 1 führt zu dem gesetzlichen **Berufsverbot** aus § 6 Abs. 2 Nr. 3 lit. b) GmbHG bzw. § 76 Abs. 3 Nr. 3 lit. b) AktG, eine Verurteilung nach Abs. 2 hingegen nicht (vgl. § 283 StGB Rdn. 94).

10

§ 283c Gläubigerbegünstigung

(1) Wer in Kenntnis seiner Zahlungsunfähigkeit einem Gläubiger eine Sicherheit oder Befriedigung gewährt, die dieser nicht oder nicht in der Art oder nicht zu der Zeit zu beanspruchen hat, und ihn dadurch absichtlich oder wissentlich vor den übrigen Gläubigern begünstigt, wird mit Freiheitsstrafe bis zu zwei Jahren oder mit Geldstrafe bestraft.

(2) Der Versuch ist strafbar.

(3) § 283 Abs. 6 gilt entsprechend.

Übersicht

	Rdn.
A. Normzweck und Deliktsnatur	1
I. Normzweck	1
II. Deliktsnatur	2
B. Tatbestand	3
I. Objektiver Tatbestand	3
1. Zahlungsunfähigkeit	3
2. Gläubigereigenschaft	4
a) Allgemeines	4
b) Zusammentreffen von Schuldner- und Gläubigereigenschaft	5
c) Vertreterhandeln	6
3. Tathandlung	7
a) Gewähren	8
b) Befriedigung oder Sicherheit	9
c) Inkongruente Deckung	10
aa) Kein Anspruch	11
bb) Nicht in der Art	12
cc) Nicht zu der Zeit	13
4. Begünstigung	14
II. Subjektiver Tatbestand	15
III. Versuch (Abs. 2)	16
IV. Täterschaft und Teilnahme	17
C. Objektive Bedingung der Strafbarkeit (Abs. 3)	19
D. Konkurrenzen	20
E. Rechtsfolgen	21

---

9 OLG Frankfurt 22.09.1998, 2 Ss 284/98, NStZ-RR 1999, 104 (105).
10 BGH 05.11.1997, 2 StR 462/97, NStZ 1998, 192 (193).
11 BGH 05.11.1997, 2 StR 462/97, NStZ 1998, 192 (193).
12 BT-Drucks. 7/3771, 38.
13 BT-Drucks. 7/5291, 19.

A. Normzweck und Deliktsnatur

I. Normzweck

1 Die Vorschrift schützt – wie die übrigen Tatbestände des Insolvenzstrafrechts (vgl. § 283 StGB Rdn. 1) – die **Vermögensinteressen der Insolvenzgläubiger** in ihrer Gesamtheit. Anders als bei § 283 steht aber nicht die Schmälerung der Insolvenzmasse zu Lasten der Gesamtgläubigerschaft in Rede; vielmehr sollen die Gläubiger vor einer den Vorschriften des Insolvenzrechts zuwiderlaufenden **ungleichmäßigen Verteilung der Insolvenzmasse** bewahrt werden.[1] Da kein Außenstehender etwas aus der Insolvenzmasse erhält, sondern lediglich ein Gläubiger vor den anderen bevorzugt wird, hat der Gesetzgeber – in Anlehnung an die frühere Rechtsprechung zu § 241 KO – die Gläubigerbegünstigung als **privilegierten Fall des Bankrotts** angesehen,[2] was in der im Vergleich zu § 283 niedrigeren Strafdrohung zum Ausdruck kommt.

II. Deliktsnatur

2 Es handelt sich – wie bei § 283 und § 283b – um ein **Sonderdelikt** des **Schuldners** (vgl. dazu § 283 StGB Rdn. 6ff.). Die Vorschrift ist zudem als **Erfolgsdelikt** ausgestaltet; durch die Tathandlung muss es tatsächlich zur Besserstellung eines Gläubigers gekommen sein, was wiederum zur Schmälerung der an die übrigen Gläubiger zu verteilenden, verbleibenden Masse führt.[3]

B. Tatbestand

I. Objektiver Tatbestand

1. Zahlungsunfähigkeit

3 Wie § 283 knüpft auch § 283c an eine **wirtschaftliche Krise** des Schuldners an, in der die Begünstigungshandlung begangen werden muss. Anders als beim Grundtatbestand des Bankrotts ist aber nur die bereits **eingetretene Zahlungsunfähigkeit** (vgl. dazu § 283 StGB Rdn. 12–15) tatbestandsmäßig; dass diese nur droht oder dass der Schuldner überschuldet ist, reicht nicht aus.

2. Gläubigereigenschaft

a) Allgemeines

4 Als **begünstigter Gläubiger** kommt jeder in Betracht, der gegen den Schuldner einen vermögensrechtlichen Anspruch hat. Der Anspruch muss vor Begehung der Tathandlung entstanden sein; nicht erforderlich ist indes, dass er erst nach Eintritt der Zahlungsunfähigkeit entstanden ist.[4] Allerdings ist bei einer Anspruchsbegründung im Zeitpunkt der Zahlungsunfähigkeit genau zu prüfen, ob das Recht durch den Schuldner nicht in wirtschaftswidriger Weise eingeräumt wurde; dann kann § 283 einschlägig sein, insbesondere kann ein Beiseiteschaffen i.S.v. § 283 Abs. 1 Nr. 1 vorliegen.[5] Unerheblich ist, ob es sich um einen Insolvenzgläubiger (vgl. § 38 InsO), einen Massegläubiger (vgl. § 53 InsO), einen Absonderungsberechtigten (§ 49 InsO) oder um einen Gläubiger handelt, dessen Anspruch aufschiebend bedingt ist (z.B. ein Bürge).[6] Nicht zum Kreis der Gläubiger zählen allerdings

---

[1] BGH 02.11.1995, 1 StR 449/95, NStZ 1996, 543 (544); BGH 12.07.1955, 5 StR 128/55, BGHSt 8, 55 (56).
[2] BT-Drucks. 7/3441, 39; vgl. auch BGH 06.11.1986, 1 StR 327/86, BGHSt 34, 221 (225 f.); krit. zu dieser Begr. für die Privilegierung Satzger/Schmitt/Widmaier/*Bosch* Rn. 1: verharmlosend.
[3] BT-Drucks. 7/3441, 38 f.; NK/*Kindhäuser* Rn. 2.
[4] BGH 29.09.1988, 1 StR 332/88, BGHSt 35, 357 (361); a.A. Lackner/*Kühl* Rn. 2 m.w.N. wegen damit verbundener Manipulationsmöglichkeiten.
[5] Schönke/Schröder/*Heine* Rn. 12.
[6] Allg. Meinung, vgl. *Fischer* Rn. 2 m.w.N.

Aussonderungsberechtigte i.S.v. § 47 InsO, weil ihre Ansprüche nicht aus dem zur Insolvenzmasse gehörenden Vermögen des Schuldners zu befriedigen sind (vgl. auch § 283 StGB Rdn. 27).[7]

b) Zusammentreffen von Schuldner- und Gläubigereigenschaft

Weitgehende Einigkeit besteht, dass der **Schuldner** selbst **nicht** gleichzeitig **Gläubiger** i.S.d. Vorschrift sein kann, selbst wenn ihm eine Forderung gegen die Insolvenzmasse zusteht. Denn durch die Vorschriften des 24. Abschnitts des StGB wird für den Schuldner als Täter der Insolvenzdelikte eine besondere strafrechtliche Verantwortlichkeit insb. gegenüber den Gläubigern begründet.[8] Diese verbietet es, den Schuldner, der sich selbst als – zivilrechtlich betrachtet – Gläubiger begünstigt und dadurch eigennützig handelt, nach § 283c zu privilegieren.[9] Eine am Schutzzweck der Insolvenzdelikte ausgerichtete Auslegung des Tatbestandsmerkmals »Gläubiger« führt deshalb dazu, den Schuldner darunter nicht zu subsumieren.[10] Diese Grundsätze gelten nach überwiegender Auffassung auch dann, wenn der Gläubiger ein **Gesellschafter** des Schuldners ist, jedenfalls dann, wenn sich die Forderung auf den Kapital- oder Gesellschaftsanteil bezieht oder wenn es – nach alter Rechtslage – um die Rückzahlung eines eigenkapitalersetzenden Gesellschafterdarlehens i.S.v. § 32a GmbHG a.F. geht.[11] Nach dem durch das MoMiG mit Wirkung ab dem 01.11.2008 neu gefassten § 30 Abs. 1 Satz 3 GmbHG sind Gesellschafterdarlehen nicht mehr wie Stammkapital zu behandeln, weshalb keine grds Rückzahlungssperre besteht. An die Gesellschafter dürfen aber keine Zahlungen geleistet werden, wenn dies zur Zahlungsunfähigkeit oder zur Überschuldung der Gesellschaft führt, oder wenn die Rückzahlung in einer solchen Krise bewirkt wird (§ 64 GmbHG, §§ 130a, 177a HGB). Daraus wird der Schluss gezogen, es liege nunmehr bei Gesellschafterdarlehen eine Gläubigerstellung i.S.v. § 283c vor, weshalb die Rückzahlung – anders als vor dem MoMiG – nur noch als Gläubigerbegünstigung, nicht aber nach § 283 strafbar sei.[12] Dies erscheint zweifelhaft: Die Rechtsprechung hat die Gläubigerstellung eines Gesellschafters im strafrechtlichen Sinne unabhängig von den Regelungen des Kapitalsersatzes verneint, etwa bei Darlehen eines Kommanditisten[13] oder des Gesellschafters einer GmbH, allerdings vor Geltung des § 32 GmbHG a.F.[14] Die am Schutzzweck orientierte Auslegung des Gläubigerbegriffs schränkt diesen – insoweit abweichend von der zivilrechtlichen Rechtslage – ein,[15] so dass es nicht entscheidend darauf ankommen kann, ob dem Gesellschafter eine zivilrechtlich wirksame Rückzahlungsforderung zusteht, zumal es sich insoweit um gemäß § 39 Abs. 1 Nr. 5 InsO nachrangig zu erfüllende Forderungen handelt. Im Ergebnis dürfte deshalb auch nach dem Inkrafttreten des MoMiG die Rückzahlung eines Gesellschafterdarlehens durch den Täter an sich selbst den Tatbestand des § 283 erfüllen, nicht aber den der Gläubigerbegünstigung.[16]

c) Vertreterhandeln

Umstritten ist schließlich, ob **Organe** und **Vertreter**, die für den Schuldner handeln, eine Gläubigerstellung i.S.v. § 283c einnehmen können. Die Rechtsprechung lehnt dies mit der gleichen Argumentation, die sie auch bzgl. der Gesellschafter verwendet, ab, weil die von § 283c vorausgesetzte Schuldminderung nicht vorliege bzw. das eigennützige Verhalten des Täters nicht privilegiert wer-

---

7 Satzger/Schmitt/Widmaier/*Bosch* Rn. 2; s. auch AG Nürnberg 15.02.2011, 47 Cs 501 Js 247/09, ZInsO 339 (342).
8 LK/*Tiedemann* Rn. 10.
9 BGH 06.11.1986, 1 StR 327/86, BGHSt 34, 221 (226); Satzger/Schmitt/Widmaier/*Bosch* Rn. 2.
10 BGH 06.11.1986, 1 StR 327/86, BGHSt 34, 221 (226); LK/*Tiedemann* Rn. 10.
11 LK/*Tiedemann* Rn. 10; Satzger/Schmitt/Widmaier/*Bosch* Rn. 2; jew. m.w.N.
12 LK/*Tiedemann* Rn. 10, Schönke/Schröder/*Heine* Rn. 12.
13 BGH 06.11.1986, 1 StR 327/86, BGHSt 34, 221 (224 ff.).
14 BGH 21.05.1969, 4 StR 27/69, NJW 1969, 1494 (1495).
15 LK/*Tiedemann* Rn. 11.
16 Wie hier nunmehr auch NK/*Kindhäuser* Rn. 3 m.w.N.

den dürfe.[17] Dagegen wird in der Literatur vorgebracht, eine andere Auslegung des Gläubigerbegriffs als im Zivilrecht verstoße gegen Art. 103 Abs. 2 GG;[18] die Privilegierung sei zudem auch in diesen Fällen von ihrem gesetzgeberischen Zweck gerechtfertigt, weil der Gläubigergesamtheit nicht zu verteilendes Vermögen entzogen sondern lediglich der Verteilungsmaßstab verändert werde.[19] Diese Ansicht übersieht indes die besondere strafrechtliche Verantwortlichkeit, die die Vorschriften über Insolvenzstraftaten gegenüber dem Schuldner und den für ihn i.S.v. § 14 tätig werden Personen begründen.[20] Setzt sich der Täter darüber aus eigennützigen Motiven hinweg, liegt gerade kein typischer Fall der für die geringere Strafdrohung in § 283c ebenfalls maßgeblichen Schuldmilderung vor, so dass aus diesem Grund der Schuldner, der sich selbst vor den anderen Gläubigern bevorzugt, nicht in den Genuss der Privilegierung gelangen soll.[21]

3. Tathandlung

7 Die Tathandlung besteht im **Gewähren** einer **Sicherheit oder Befriedigung**, auf die der Gläubiger im Moment der Tat entweder keinen oder nur einen noch nicht fälligen oder einrede freien Anspruch hat (sog. **inkongruente Deckung**).

a) Gewähren

8 Nach wohl noch h.M. erfordert das Gewähren neben der Leistung des Schuldners auch eine **Mitwirkung des Gläubigers**, insb. dadurch, dass dieser die Leistung angenommen hat.[22] Soweit nach dem Zivilrecht eine Mitwirkungshandlung des Gläubigers erforderlich ist, etwa bei einer Übereignung zu Sicherungszwecken, mag dies zutreffend sein. Wenn es aber nach der zivilrechtlich vorherrschenden Theorie der realen Leistungserbringung ausreichend ist, dass lediglich der Schuldner eine Leistung erbringt, um diese beim Gläubiger wirksam werden zu lassen (etwa durch Banküberweisung), stellt dies auch im strafrechtlichen Sinne ein vollendetes Gewähren dar, weil es – gerade mit Blick auf die konkrete Gefährdung der Gläubigerinteressen – nur darauf ankommen kann, ob das Gewährte im Vermögen des Gläubigers angekommen ist.[23] Durch **Unterlassen** kann die Tathandlung des Gewährens nach allgemeinen Grundsätzen begangen werden, wenn den Schuldner eine Garantenpflicht trifft. Eine solche ergibt sich aber noch nicht allein aus seiner Stellung als Schuldner (vgl. auch § 283 StGB Rdn. 49).[24] Ein bloß passives Verhalten des Schuldners etwa gegenüber einer eigenmächtigen Verrechnung durch den Gläubiger reicht nicht aus.[25] Aus dem gleichen Grund dürfte regelmäßig das Hinnehmen bzw. Ergehenlassen eines Versäumnisurteils nicht ausreichend sein,[26] es sei denn es treten besondere Umstände, wie ein zuvor mit dem Gläubiger abgesprochener Verzicht auf Erfolg versprechende Einwendungen hinzu; dann wird aber zu prüfen sein, ob nicht tatsächlich ein aktives Tun vorliegt.[27] Die durch § 15a InsO strafbewehrte Handlungspflicht zur Insolvenzantragsstellung – es handelt sich um ein echtes Unterlassungsdelikt – begründet ebenfalls keine Garantenstellung des Schuldners mit Blick auf § 283c.[28]

---

17 BGH 21.05.1969, 4 StR 27/69, NJW 1969, 1494 (1495); 06.11.1986, 1 StR 327/86, BGHSt 34, 221 (226).
18 *Weber* StV 1988, 16 (18), m.w.N.; dagegen überzeugend LK/*Tiedemann* Rn. 11.
19 *Weber* StV 1988, 16 (18); SK/*Hoyer* Rn. 6; krit. auch Satzger/Schmitt/Widmaier/*Bosch* Rn. 2.
20 BGH 29.09.1988, 1 StR 332/88, BGHSt 35, 357 (359); 06.11.1986, 1 StR 327/86, BGHSt 34, 221 (225 f.).
21 LK/*Tiedemann* Rn. 11; im Ergebnis auch *Fischer* Rn. 2.
22 NK/*Kindhäuser* Rn. 10; LK/*Tiedemann* Rn. 17; Lackner/*Kühl* Rn. 4; zweifelnd *Fischer* Rn. 4.
23 Wie hier MüKo-StGB/*Radtke* Rn. 11; Satzger/Schmitt/Widmaier/*Bosch* Rn. 9; SK/*Hoyer* Rn. 12; NK/*Kindhäuser* Rn. 10; Schönke/Schröder/*Heine* Rn. 6.
24 LK/*Tiedemann* Rn. 18.
25 BGH 19.10.1956, 5 StR 182/56, bei *Herlan* GA 1958, 48.
26 NK/*Kindhäuser* Rn. 11; Satzger/Schmitt/Widmaier/*Bosch* Rn. 9; a.A. *Fischer* Rn. 4.
27 Dazu eingehend LK/*Tiedemann* Rn. 19 m.w.N.
28 SK/*Hoyer* Rn. 13; MüKo-StGB/*Radtke* Rn. 11; LK/*Tiedemann* Rn. 19; a.A. Schönke/Schröder/*Heine* Rn. 7.

b) Befriedigung oder Sicherheit

Befriedigung meint die **Erfüllung des Anspruchs** des Gläubigers i.S.d. §§ 362 ff. BGB. Tatbestandsmäßig sind damit neben dem Bewirken der geschuldeten Leistung (§ 362 BGB) oder der Annahme als Erfüllung (§ 363 BGB) auch die Erfüllungssurrogate wie die Annahme an Erfüllungs statt (§ 364 BGB) oder die Aufrechnung (§§ 387 ff. BGB), etwa wenn der Schuldner dem Gläubiger die Aufrechnung dadurch ermöglicht, dass er ihm etwas verkauft.[29] Eine **Sicherheit** gewährt der Schuldner, wenn er dem Gläubiger in tatsächlicher (z.B. durch Besitzübertragung) oder rechtlicher (z.B. Verpfändung, Sicherungsübereignung, Bestellung von Grundpfandrechten) Hinsicht eine Stellung einräumt, die es diesem ermöglicht, früher, einfacher, besser oder sicherer wegen seiner Forderung befriedigt zu werden.[30]

c) Inkongruente Deckung

Tatbestandsmäßig ist die Gewährung einer Befriedigung oder Sicherheit nur, wenn sie über das hinausgeht, was dem Gläubiger schuldrechtlich gegenüber dem Gläubiger zusteht, wenn er die Leistung also **gar nicht, nicht in der Art** oder **nicht zu dem Zeitpunkt** fordern kann. Erfüllt der Schuldner hingegen nur eine tatsächlich in dieser Art und zu dieser Zeit bestehende Verpflichtung (»kongruente Deckung«) gegenüber dem Gläubiger, so macht er sich weder nach § 283c noch nach § 283 strafbar.[31]

aa) Kein Anspruch

Der Gläubiger kann die Leistung nicht fordern, wenn ihr rechtsvernichtende oder rechtshemmende Einwendungen entgegenstehen, etwa bei Anfechtbarkeit, bei eingetretener Verjährung oder einem bestehenden Zurückbehaltungsrecht. Ist der Vertrag, durch den die Leistungspflicht begründet wurde, hingegen nichtig (z.B. §§ 134, 138 BGB), fehlt es schon an der Gläubigereigenschaft,[32] so dass § 283c nicht eingreift, möglicherweise aber § 283 Abs. 1 (insb. Nr. 4). Ein schuldrechtlicher Anspruch auf Leistung begründet aus sich heraus noch keinen Anspruch auf Stellung einer Sicherheit, dafür ist vielmehr eine gesonderte Sicherungsabrede erforderlich.[33] Wird eine solche gerade in Erwartung der Zahlungsunfähigkeit getroffen, ist sie grds nicht geeignet, Basis einer kongruenten Sicherung zu sein.[34]

bb) Nicht in der Art

Dieses Merkmal ist erfüllt, wenn der Schuldner eine andere als die geschuldete Leistung an den Gläubiger erbringt, also insb. bei Leistung an Erfüllungs statt oder erfüllungshalber. Das ist etwa der Fall bei der Hingabe eines Kundenschecks,[35] bei der Übergabe von Waren[36] oder der Abtretung einer Forderung statt Zahlung,[37] oder bei der Stellung von Sicherheiten, wenn der Gläubiger nur Befriedigung fordern kann.[38] Stellt der Schuldner absprachegemäß keinen Insolvenzantrag, um dem Gläubiger die Befriedigung im Wege der Einzelzwangsvollstreckung zu ermöglichen, kann auch dadurch – sofern kein bloßes Unterlassen vorliegt (vgl. Rdn. 8) – der Tatbestand erfüllt werden.[39]

---

29 BGH 29.01.1960, 2 StR 442/59, bei *Herlan* GA 1961, 359.
30 RG 24.09.1897, Rep. 2355/97, RGSt 30, 261 (262).
31 BGH 12.07.1955, 5 StR 128/55, BGHSt 8, 55 (57).
32 LK/*Tiedemann* Rn. 21.
33 Vgl. BGH 29.09.1988, 1 StR 332/88, BGHSt 35, 357 (361 f.).
34 BGH 10.03.1981, 1 StR 539/80.
35 BGH 10.10.1961, 1 StR 163/61, BGHSt 16, 279.
36 BGH 17.01.1956, 5 StR 392/55, bei *Herlan* GA 1956, 348 f.
37 Vgl. BGH 02.11.1995, 1 StR 449/95, NStZ 1996, 543 (544).
38 BGH 30.01.1979, 1 StR 452/78, bei *Holtz* MDR 1979, 457.
39 Schönke/Schröder/*Heine* Rn. 10 m.w.N.

cc) Nicht zu der Zeit

13 Diese Fallgruppe greift schließlich ein, wenn die Forderung noch nicht fällig ist oder unter einer aufschiebenden Bedingung steht, die noch nicht eingetreten ist.[40]

4. Begünstigung

14 Die Begünstigung eines Gläubigers stellt den erforderlichen **Taterfolg** dar. Sie ist eingetreten, wenn der begünstigte Gläubiger durch die inkongruente Leistung des Schuldners seine Rechtsstellung gegenüber den anderen Gläubigern (objektiv) verbessern konnte.[41] Die Strafbarkeit einer Begünstigungshandlung entfällt nicht dadurch, dass ein benachteiligter Gläubiger oder der Insolvenzverwalter sie später mit Erfolg anficht und die Begünstigung dadurch wieder entfällt.[42] Zur **Feststellung der Begünstigung** ist es erforderlich, dass die tatsächliche Rechtsstellung des Gläubigers mit der (hypothetischen) verglichen wird, die ohne die inkongruente Leistung des Schuldners vorliegen würde. Nur wenn sich danach eine Besserstellung ergibt, ist der Erfolg eingetreten; steht der Schuldner ohne die Begünstigungshandlung nicht besser da – etwa weil er ohnehin an erster Stelle zu befriedigen gewesen wäre – kommt allenfalls eine Versuchsstrafbarkeit in Betracht.[43] In den Vergleich ist auch einzustellen, ob der Gläubiger für die inkongruente Leistung ggf. eine Gegenleistung erbracht hat; ist diese gegenüber der Leistung des Schuldners gleichwertig, scheidet der Tatbestand aus.[44]

II. Subjektiver Tatbestand

15 Über das bei jedem Vorsatzdelikt erforderliche Maß des bedingten Vorsatzes hinaus stellt der subjektive Tatbestand in zweierlei Hinsicht **gesteigerte Anforderungen**: Der Schuldner muss **positive Kenntnis von** seiner **Zahlungsunfähigkeit** haben, diese also sicher kennen (vgl. § 283a StGB Rdn. 5). Die **Begünstigung des Gläubigers** muss der Täter zudem **absichtlich** oder **wissentlich** herbeiführen, es muss ihm also entweder darauf ankommen, den Gläubiger besserzustellen – dann ist ausreichend, dass er den Erfolgseintritt nur für möglich hält – oder er muss um die Begünstigung als Folge seiner Handlung wissen oder diese zumindest als sicher voraussehen, ohne dass es ihm auf die Begünstigung dieses Gläubigers ankommt.[45] Im letztgenannten Fall muss der Schuldner auch positive Kenntnis von der Inkongruenz der Leistung haben, weil andernfalls eine wissentliche Begünstigung nicht denkbar ist.[46] Ein **Irrtum** über die eigene Zahlungsunfähigkeit ist Tatbestandsirrtum, der den Vorsatz und aufgrund der von § 283c entfalteten Sperrwirkung auch die Anwendbarkeit von § 283 ausschließt.[47] Die irrige Annahme der Kongruenz der Leistung kann – je nachdem, ob sich der Irrtum auf rechtliche oder tatsächliche Umstände bezieht – Verbotsirrtum oder Tatbestandsirrtum sein (vgl. auch § 283 StGB Rdn. 73 ff.).[48]

III. Versuch (Abs. 2)

16 Der **Versuch** des Vergehens der Gläubigerbegünstigung ist nach Abs. 2 strafbar. Er ist regelmäßig gegeben, **wenn der Begünstigungserfolg ausbleibt**. Voraussetzung ist aber auch hier stets, dass die objektive Strafbarkeitsbedingung (Abs. 3) eingetreten ist. Ein strafbarer – untauglicher – Versuch

---

40 NK/*Kindhäuser* Rn. 15.
41 Vgl. BGH 12.07.1955, 5 StR 128/55, BGHSt 8, 55 (58).
42 Schönke/Schröder/*Heine* Rn. 13.
43 MüKo-StGB/*Radtke* Rn. 18.
44 BGH 09.02.1955, IV ZR 173/54, NJW 1955, 709.
45 BT-Drucks. 7/3441, 38.
46 BGH 21.10.1958, 1 StR 312/58, bei *Herlan* GA 1959, 341; Satzger/Schmitt/Widmaier/*Bosch* Rn. 10; NK/*Kindhäuser* Rn. 18; a.A. SK/*Hoyer* Rn. 18.
47 BGH 12.07.1955, 5 StR 128/55, BGHSt 8, 55 (57).
48 BGH 24.09.1986, 3 StR 263/86, BGHR § 283c Abs. 1 Sicherheitsgewährung 1.

kommt in Betracht, wenn der Täter irrtümlich seine Zahlungsunfähigkeit oder die Inkongruenz seiner Leistungshandlung annimmt.[49] **Unmittelbares Ansetzen** zur Tat und damit der Beginn der Versuchsstrafbarkeit ist gegeben, wenn der Täter mit der Begünstigungshandlung beginnt, z.B. seiner Bank einen Überweisungsauftrag an den Gläubiger erteilt.[50]

IV. Täterschaft und Teilnahme

Aufgrund des Sonderdeliktscharakters kann **Täter** nur der **Schuldner** sein. Es gelten die Ausführungen zu § 283 StGB Rdn. 82 entsprechend. Alle Personen, die diese besondere Tätereigenschaft nicht besitzen, können lediglich Teilnehmer sein; es gilt § 28 Abs. 1 mit der Folge der Milderung der Strafe nach § 49 Abs. 1 (vgl. § 283 StGB Rdn. 83). 17

Mit Blick auf die Person des Gläubigers handelt es sich um einen Fall **notwendiger Teilnahme**: Die Gläubigerbegünstigung erfordert regelmäßig die Mitwirkung einer weiteren Person, des Gläubigers, die straflos bleibt, wenn sich seine Beteiligung auf das zur Tatbestandsverwirklichung begrifflich Erforderliche, insb. die Annahme der Leistung des Schuldners, beschränkt.[51] Geht seine Teilnahme aber über dieses zwingend notwendige Maß hinaus, etwa weil er den Schuldner zum Abschluss einer Sicherungsabrede drängt oder am Abschluss einer ihn begünstigenden Vereinbarung aus eigenem Antrieb und mit eigenen Tatbeiträgen mitwirkt, kommt eine strafbare Teilnahmehandlung in Betracht.[52] 18

C. Objektive Bedingung der Strafbarkeit (Abs. 3)

Nach Abs. 3 ist § 283 Abs. 6 entsprechend anzuwenden, die Strafbarkeit des tatbestandsmäßigen Handelns ist also nur gegeben, wenn der Schuldner seine Zahlungen eingestellt hat, wenn über sein Vermögen das Insolvenzverfahren eröffnet oder wenn ein Eröffnungsantrag mangels Masse abgewiesen worden ist. Es gelten die Grundsätze wie bei § 283 StGB Rdn. 84 ff. erläutert. 19

D. Konkurrenzen

Mehrere Begünstigungshandlungen stehen zueinander regelmäßig in **Tatmehrheit**, sie werden insb. nicht durch den Eintritt der objektiven Strafbarkeitsbedingung zu einer Tat zusammengefasst.[53] Insoweit gelten die Ausführungen zu § 283 StGB Rdn. 91 entsprechend. Aufgrund der Privilegierung des Täters ist die Gläubigerbegünstigung **gegenüber § 283** das **speziellere Delikt**, das diesen verdrängt.[54] Gewährt der Schuldner dem Gläubiger aber über die inkongruente Deckung hinaus mehr, als diesem überhaupt zusteht, kann **Tateinheit** mit § 283 gegeben sein.[55] Zu **§ 283b** oder zu **§ 283 Abs. 1 Nr. 5** steht die Gläubigerbegünstigung in **Tatmehrheit**, wenn der Schuldner die inkongruente Leistung an den Gläubiger nicht ordnungsgemäß verbucht.[56] Kann nicht festgestellt werden, ob der Begünstigte tatsächlich Gläubiger war (dann § 283c) oder ob die Forderung nur zum Schein begründet wurde (dann § 283) ist umstritten, ob **Wahlfeststellung** möglich ist[57] oder ob »in dubio pro reo« nur § 283c zur Anwendung zu kommen hat.[58] In der Praxis hat dieser Meinungsstreit keine 20

---

49 MüKo-StGB/*Radtke* Rn. 25.
50 LK/*Tiedemann* Rn. 34.
51 BGH 19.01.1993, 1 StR 518/92, NStZ 1993, 239 (240).
52 BGH 19.01.1993, 1 StR 518/92, NStZ 1993, 239 (240).
53 LK/*Tiedemann* Rn. 42.
54 BGH 12.07.1955, 5 StR 128/55, BGHSt 8, 55 (57); 02.11.1995, 1 StR 449/95, NStZ 1996, 543 (544).
55 BGH 21.05.1969, 4 StR 27/69, NJW 1969, 1494 (1495).
56 Schönke/Schröder/*Heine* Rn. 22; LK/*Tiedemann* Rn. 43; a.A. wohl *Fischer* Rn. 11.
57 BGH 10.05.1955, 5 StR 27/55; *Fischer* Rn. 11.
58 Schönke/Schröder/*Heine* Rn. 22; NK/*Kindhäuser* Rn. 25; LK/*Tiedemann* Rn. 40.

großen Auswirkungen, weil auch bei Annahme der Wahlfeststellung die Strafe nur dem milderen § 283c entnommen werden kann.[59]

E. Rechtsfolgen

21 Der gegenüber § 283 gemilderte Strafrahmen sieht Freiheitsstrafe bis zu **zwei Jahren** oder Geldstrafe vor. Auch die Verurteilung wegen Gläubigerbegünstigung führt gem. § 6 Abs. 2 Nr. 3 lit. b) GmbHG bzw. § 76 Abs. 3 Nr. 3 lit b) AktG zum Verlust der Fähigkeit, zum Geschäftsführer einer GmbH oder zum Vorstand oder Vorstandsmitglied einer Aktiengesellschaft bestellt zu werden (vgl. § 283 StGB Rdn. 94).

§ 283d Schuldnerbegünstigung

(1) Mit Freiheitsstrafe bis zu fünf Jahren oder mit Geldstrafe wird bestraft, wer
1. in Kenntnis der einem anderen drohenden Zahlungsunfähigkeit oder
2. nach Zahlungseinstellung, in einem Insolvenzverfahren oder in einem Verfahren zur Herbeiführung der Entscheidung über die Eröffnung des Insolvenzverfahrens eines anderen

Bestandteile des Vermögens eines anderen, die im Falle der Eröffnung des Insolvenzverfahrens zur Insolvenzmasse gehören, mit dessen Einwilligung oder zu dessen Gunsten beiseite schafft oder verheimlicht oder in einer den Anforderungen einer ordnungsgemäßen Wirtschaft widersprechenden Weise zerstört, beschädigt oder unbrauchbar macht.

(2) Der Versuch ist strafbar.

(3) ¹In besonders schweren Fällen ist die Strafe Freiheitsstrafe von sechs Monaten bis zu zehn Jahren. ²Ein besonders schwerer Fall liegt in der Regel vor, wenn der Täter
1. aus Gewinnsucht handelt oder
2. wissentlich viele Personen in die Gefahr des Verlustes ihrer dem anderen anvertrauten Vermögenswerte oder in wirtschaftliche Not bringt.

(4) Die Tat ist nur dann strafbar, wenn der andere seine Zahlungen eingestellt hat oder über sein Vermögen das Insolvenzverfahren eröffnet oder der Eröffnungsantrag mangels Masse abgewiesen worden ist.

Übersicht	Rdn.		Rdn.
A. Normzweck und Deliktsnatur	1	1. Zu dessen Gunsten	6
I. Normzweck	1	2. Vorsatz	7
II. Deliktsnatur	2	III. Versuch (Abs. 2)	8
B. Tatbestand	3	IV. Täterschaft und Teilnahme	9
I. Objektiver Tatbestand	3	C. Objektive Bedingung der Strafbarkeit (Abs. 4)	11
1. Wirtschaftliche Krise	3		
2. Tathandlungen	4	D. Konkurrenzen	12
3. Einwilligung	5	E. Rechtsfolgen	13
II. Subjektiver Tatbestand	6		

A. Normzweck und Deliktsnatur

I. Normzweck

1 Der Tatbestand schützt die gleichen **Rechtsgüter** wie der Bankrotttatbestand gem. § 283, also namentlich die **Vermögensinteressen der Insolvenzgläubiger** (vgl. auch § 283 StGB Rdn. 1 f.). Wie bei § 283 ist eine **Schmälerung der Insolvenzmasse** zu Lasten der Gesamtgläubigerschaft erforderlich, **nicht** erfasst wird hingegen die den Vorschriften des Insolvenzrechts zuwiderlaufende ungleich-

---

[59] BGH 10.05.1955, 5 StR 27/55.

mäßige Verteilung der Insolvenzmasse, also die **Begünstigung eines Gläubigers:** Denn andernfalls würde ein Außenstehender, den anders als den Schuldner nicht die besondere strafrechtliche Verantwortlichkeit gegenüber den Gläubigern zum Umgang mit seinem Vermögen trifft (vgl. § 283c StGB Rdn. 5),[1] über den Tatbestand der Schuldnerbegünstigung härter bestraft werden können, als der sonderpflichtige Schuldner, der in den Genuss der Privilegierung des § 283c kommt.[2]

II. Deliktsnatur

Wie § 283 ist auch der Tatbestand der Schuldnerbegünstigung, der die Strafbarkeit der in § 283 Abs. 1 Nr. 1 genannten Bankrotthandlungen – bei denen es nicht darauf ankommt, ob Gläubigerinteressen tatsächlich verletzt oder auch nur (konkret) gefährdet werden (vgl. § 283 StGB Rdn. 5) – auf andere als den Schuldner erweitert, ein **abstraktes Gefährdungsdelikt**.[3] Anders als die übrigen Insolvenzdelikte des 24. Abschnitts stellt die Schuldnerbegünstigung **kein Sonderdelikt** des Schuldners dar, **Täter** kann vielmehr **Jedermann** sein, auch ein Gläubiger oder der Insolvenzverwalter (vgl. Rdn. 9).[4]

2

B. Tatbestand

I. Objektiver Tatbestand

1. Wirtschaftliche Krise

Der Täter muss in der wirtschaftlichen **Krise** des Schuldners handeln. Einschränkend gegenüber den für § 283 Abs. 1 ausreichenden Krisenmerkmalen ist in Abs. 1 Nr. 1 die Überschuldung aus dem Tatbestand ausgenommen; es muss vielmehr **drohende Zahlungsunfähigkeit** (vgl. dazu § 283 StGB Rdn. 16–19) oder – im Wege eines Erst-Recht-Schlusses – bereits **eingetretene Zahlungsunfähigkeit** (vgl. dazu § 283 StGB Rdn. 12–15) vorliegen.[5] Nach Abs. 1 Nr. 2 ist hingegen auf den Zeitpunkt abzustellen, in dem die **Krise** dadurch **offenbar** wird, dass der Schuldner seine **Zahlungen eingestellt** hat, dass über sein Vermögen das **Insolvenzverfahren eröffnet** worden ist oder dass ein Verfahren zur **Prüfung der Eröffnung** anhängig ist.[6]

3

2. Tathandlungen

Die Tathandlungen des **Beiseiteschaffens**, des **Verheimlichens** oder des **Zerstörens** entsprechen denen in § 283 Abs. 1 Nr. 1, so dass auf die dortigen Erläuterungen (vgl. § 283 StGB Rdn. 29–37) verwiesen wird. **Tatobjekt** ist auch hier nur das **Vermögen des** – hier aber gerade nicht mit dem Täter identischen – **Schuldners**, das im Fall der Eröffnung des Insolvenzverfahrens zur **Insolvenzmasse** gehört (vgl. § 283 StGB Rdn. 27 f.).

4

3. Einwilligung

In der **ersten Tatvariante**, nach der der Dritte **mit Einwilligung des Schuldners** handeln muss, normiert Abs. 1 ein weiteres **objektives Tatbestandsmerkmal**. Unter Einwilligung ist nur die vor der Tat erklärte Zustimmung zu verstehen,[7] die auch konkludent erteilt werden kann.[8] Ein Widerruf vor

5

---

1 BGH 06.11.1986, 1 StR 327/86, BGHSt 34, 221 (226).
2 BGH 29.09.1988, 1 StR 332/88, BGHSt 35, 357 (359 f.) m.w.N.; ganz h.M.: LK/*Tiedemann* Rn. 4; NK/*Kindhäuser* Rn. 5; MüKo-StGB/*Radtke* Rn. 3; *Fischer* Rn. 2; a.A. lediglich SK/*Hoyer* Rn. 9, der in diesen Fällen den abgemilderten Strafrahmen des § 283c auf § 283d übertragen will.
3 LK/*Tiedemann* Rn. 4; vgl. auch NK/*Kindhäuser* vor §§ 283 bis 283d Rn. 34; a.A. MüKo-StGB/*Radtke* Rn. 2: konkretes Gefährdungsdelikt.
4 MüKo-StGB/*Radtke* Rn. 1; LK/*Tiedemann* Rn. 5.
5 Satzger/Schmitt/Widmaier/*Bosch* Rn. 3.
6 BT-Drucks. 7/3441, 39.
7 *Fischer* Rn. 3.
8 LK/*Tiedemann* Rn. 15.

Ausführung der Tathandlung lässt die Einwilligung wieder entfallen.[9] Eine nachträgliche Zustimmung (Genehmigung) ist nicht ausreichend.[10] Willensmängel des Schuldners, die durch deliktische Beeinflussung hervorgerufen werden (z.B. Täuschung oder Nötigung), schließen nach allgemeinen Grundsätzen seine wirksame Einwilligung nicht aus, wenn und soweit seine Entschließungsfreiheit dadurch nicht völlig aufgehoben wird und sich sein Wille auf die Vornahme der Tathandlung durch den Dritten bezieht.[11] Handelt für den Schuldner ein Vertreter oder ein Organ i.S.v. § 14 ist auf dessen Einwilligung abzustellen.[12]

II. Subjektiver Tatbestand

1. Zu dessen Gunsten

6 Bei der **zweiten Tatvariante** des Abs. 1, die erfordert, dass der Dritte – alternativ zu einer etwaigen Einwilligung des Schuldners – die **Bankrotthandlung zugunsten** des Schuldners begeht, handelt es sich um ein **zusätzliches subjektives Tatbestandsmerkmal**. Der Täter muss in erster Linie beabsichtigen, dem Schuldner einen Vorteil zu verschaffen, wobei er daneben auch andere Zwecke – etwa ein Handeln zum eigenen Vorteil – verfolgen kann; er muss insoweit folglich mit **Absicht** (dolus directus 1. Grades) handeln.[13] Eine solche Absicht wird jedenfalls immer dann anzunehmen sein, wenn der Dritte dem Schuldner einen Vermögensgegenstand dadurch erhalten will, dass er ihn – sei es durch Beiseiteschaffen oder Verheimlichen – dem Zugriff der Gläubiger entzieht.[14] Dagegen reicht es nicht aus, wenn der Täter, ohne den Vorteil des Schuldners zu beabsichtigen, diesen lediglich als sichere Folge seines Tuns voraussieht[15] oder gar hinsichtlich der Begünstigung nur mit bedingtem Vorsatz handelt.[16] Ebenso wenig ist dieses subjektive Tatbestandsmerkmal erfüllt, wenn der Täter nur im Eigeninteresse handelt.[17] Ob die Tat objektiv dem tatsächlichen oder mutmaßlichen Interesse des Schuldners entspricht, ist dagegen unerheblich, er muss von der ihn aus Sicht des Täters begünstigenden Handlung nichts wissen, erst Recht nicht mit dem Täter kollusiv zusammenwirken.[18] Der vom Täter angestrebte Vorteil für den Schuldner muss – auch wenn diese Fälle im Vordergrund stehen – schließlich nicht zwingend wirtschaftlicher Natur sein, es reicht aus, wenn etwa durch die Zuwendung eines Gegenstandes an des Schuldner oder eine dritte Person lediglich immaterielle Interessen des Schuldners befördert werden sollen.[19]

2. Vorsatz

7 Hinsichtlich der drohenden (oder eingetretenen) **Zahlungsunfähigkeit** des Schuldners nach Abs. 1 Nr. 1 muss der Täter **wissentlich**, d.h. mit dolus directus 2. Grades handeln; er muss sichere Kenntnis von diesen Umständen haben. Diese Einschränkung der Strafbarkeit im subjektiven Bereich wird damit begründet, dass den Täter der Schuldnerbegünstigung als Außenstehenden keine Sonderpflichten zum Umgang mit dem Schuldnervermögen mit Blick auf die Gläubigerbefriedigung treffen.[20] In Bezug auf alle anderen Tatbestandsmerkmale reicht **bedingter Vorsatz** aus; dies bezieht sich auf die Zugehörigkeit der Vermögensgegenstände zum Schuldnervermögen, das Vorliegen der Kri-

---

9 Schönke/Schröder/*Heine* Rn. 3.
10 NK/*Kindhäuser* Rn. 4.
11 Schönke/Schröder/*Heine* Rn. 3; Satzger/Schmitt/Widmaier/*Bosch* Rn. 2; a.A. LK/*Tiedemann* Rn. 14.
12 NK/*Kindhäuser* Rn. 4.
13 BGH 08.02.1966, 1 StR 605/65, bei *Herlan* GA 1967, 265; LK/*Tiedemann* Rn. 12; NK/*Kindhäuser* Rn. 6; MüKo-StGB/*Radtke* Rn. 14.
14 LK/*Tiedemann* Rn. 11.
15 AA Schönke/Schröder/*Heine* Rn. 9.
16 AA SK/*Hoyer* Rn. 6, der in dem Merkmal »zugunsten« freilich ein objektives Tatbestandsmerkmal sieht.
17 BGH 08.02.1966, 1 StR 605/65, bei *Herlan* GA 1967, 265.
18 MüKo-StGB/*Radtke* Rn. 12; NK/*Kindhäuser* Rn. 6.
19 Satzger/Schmitt/Widmaier/*Bosch* Rn. 2.
20 BT-Drucks. 7/3441, 39.

sensituation i.S.v. Abs. 1 Nr. 2 sowie in den Fällen, in denen der Täter mit Einwilligung des Schuldners handelt, auf diese.[21]

III. Versuch (Abs. 2)

Für die Versuchsstrafbarkeit gelten – mit Ausnahme des Umstandes, dass hier nicht der Schuldner sondern ein Außenstehender handelt – die gleichen Grundsätze wie für § 283 Abs. 3, soweit sich dieser auf eine versuchte Tat nach § 283 Abs. 1 Nr. 1 bezieht. Es kann deshalb auf die Ausführungen zu § 283 StGB Rdn. 76 f. verwiesen werden.

IV. Täterschaft und Teilnahme

Da es sich nicht um ein Sonderdelikt handelt (vgl. Rdn. 2) kann **Täter** (auch Mittäter oder mittelbarer Täter) – mit Ausnahme des Schuldners bzw. der für ihn i.S.v. § 14 handelnden Personen[22] – **jeder außenstehende Dritte** sein. Dies gilt auch für einen **Gläubiger** des Schuldners,[23] solange sich dieser durch die Tat nicht lediglich selbst begünstigt (vgl. Rdn. 1) oder den **Insolvenzverwalter**. Bei Letzterem ist zwar zu beachten, dass er aufgrund der ihm im gerichtlichen Verfahren unter Aufsicht des Gerichts verliehenen Amtsstellung über eine gewisse Dispositionsbefugnis hinsichtlich der Befriedigungsinteressen der Gläubiger verfügt, aus der ein – pflichtgemäß auszuübendes – Ermessen resultiert. Er ist aber selbst – wie der Schuldner zuvor – an die Anforderungen einer ordnungsgemäßen Wirtschaft gebunden; ein Verstoß dagegen wird die Ermessensausübung regelmäßig fehlerhaft machen.[24] Handeln der Schuldner und ein Dritter bei Tatherrschaft gemeinschaftlich, macht sich der Schuldner nach § 283, der Dritte nach § 283d strafbar.[25]

Die Abgrenzung von Täterschaft und **Teilnahme** wird im Übrigen nach allgemeinen Grundsätzen vorgenommen. Die Absicht, zugunsten des Schuldners zu handeln, stellt ein **besonderes persönliches Merkmal** dar, so dass die Strafe für den Teilnehmer nach § 28 Abs. 1 in dieser Fallkonstellation zu mildern ist, wenn er selbst keine Begünstigungsabsicht hat.[26] In Fällen, in denen der Haupttäter mit Einwilligung des Schuldners handelt, kommt es hingegen auf die Begünstigungsabsicht nicht an, so dass auch für den Teilnehmer bei ihrem Fehlen eine Strafmilderung nicht in Betracht kommt. Der **Schuldner** ist **nicht notwendiger Teilnehmer** der Schuldnerbegünstigung. Dies folgt bereits daraus, dass der Dritte den Tatbestand auch ohne eine Mitwirkungshandlung des Schuldners (Einwilligung) verwirklichen kann, wenn er zugunsten des Schuldners handelt.[27] Letzterer kann also wegen Teilnahme an der Schuldnerbegünstigung strafbar sein; eine Strafmilderung nach § 28 Abs. 1 wegen fehlender Begünstigungsabsicht kommt für ihn nicht in Betracht, weil er in diesen Fällen stets zum Zweck seiner eigenen Begünstigung handelt.[28]

C. Objektive Bedingung der Strafbarkeit (Abs. 4)

Die Strafbarkeitsbedingung in Abs. 4 entspricht der in § 283 Abs. 6, so dass auf die Ausführungen zu § 283 StGB Rdn. 84 ff. Bezug genommen werden kann.

---

21 Allg. Meinung, vgl. Schönke/Schröder/*Heine* Rn. 7 m.w.N.
22 LK/*Tiedemann* Rn. 5 f.
23 BGH 29.09.1988, 1 StR 332/88, BGHSt 35, 357 (358).
24 Vgl. LK/*Tiedemann* Rn. 18.
25 *Fischer* Rn. 2.
26 NK/*Kindhäuser* Rn. 10 m.w.N.; a.A. Schönke/Schröder/*Heine* Rn. 12.
27 Satzger/Schmitt/Widmaier/*Bosch* Rn. 5.
28 LK/*Tiedemann* Rn. 24; MüKo-StGB/*Radtke* Rn. 21.

D. Konkurrenzen

12 **Mehrere Begünstigungshandlungen** stehen zueinander regelmäßig in **Realkonkurrenz**.[29] Zwischen den Tatvarianten »mit Einwilligung« und »zugunsten des Schuldners« ist **Wahlfeststellung** möglich.[30] Neben § 283 oder § 283c ist § 283d schon aus Gründen, die auf der Tatbestandsebene liegen (vgl. Rdn. 1, 9), nicht anwendbar, allerdings kann Täterschaft nach § 283 mit Anstiftung zu § 283d zusammenfallen (Idealkonkurrenz, vgl. § 283 StGB Rdn. 92), umgekehrt kann der Täter nach § 283d hinsichtlich weiterer Vermögensgegenstände des Schuldners oder anderer Tatmodalitäten als § 283 Abs. 1 Nr. 1 Gehilfe einer Tat nach § 283 sein; hinsichtlich desselben Vermögensgegenstandes tritt die Beihilfe zu § 283 Abs. 1 Nr. 1 hinter der täterschaftlich begangenen Schuldnerbegünstigung zurück.[31] § 283d entfaltet **keine Sperrwirkung**; fehlt dem Täter also die Begünstigungsabsicht oder ist diese nicht nachweisbar, und liegt keine Einwilligung des Schuldners vor, kann der Dritte gleichwohl Teilnehmer am Bankrott des Schuldners sein.[32] Zum Tatbestand der **Begünstigung nach § 257**, zu **Betrug** und **Untreue** steht die Schuldnerbegünstigung regelmäßig im Verhältnis der **Tateinheit**.[33] Gleiches gilt für die **Vollstreckungsvereitelung** nach § 288, wenn der Täter neben Gegenständen, die zur (potentiellen) Insolvenzmasse gehören, auch solche beiseiteschafft, die – etwa wegen bestehender Aussonderungsrechte – nicht in die Masse fallen und hinsichtlich derer bereits ein Anspruch tituliert ist.[34]

E. Rechtsfolgen

13 Der Strafrahmen des Abs. 1 entspricht dem des § 283 Abs. 1, sieht also **Geldstrafe** oder **Freiheitsstrafe bis zu fünf Jahren** vor. Auch eine rechtskräftige Verurteilung wegen § 283d löst die Folgen nach § 6 Abs. 2 Nr. 3 lit. b) GmbHG bzw. § 76 Abs. 3 Nr. 3 lit. b) AktG aus (vgl. § 283 StGB Rdn. 94). Nach Abs. 3 wird der Strafrahmen in **besonders schweren Fällen** auf Freiheitsstrafe von **sechs Monaten bis zu 10 Jahren** erhöht. Die Voraussetzungen des besonders schweren Falles sind denen in § 283a für den außenstehenden Dritten nachgebildet, so dass auf die dortigen Ausführungen (§ 283a StGB Rdn. 3 ff.) verwiesen wird.

---

29 Schönke/Schröder/*Heine* Rn. 14.
30 *Fischer* Rn. 12.
31 LK/*Tiedemann* Rn. 26.
32 NK/*Kindhäuser* Rn. 13.
33 Satzger/Schmitt/Widmaier/*Bosch* Rn. 7.
34 LK/*Tiedemann* Rn. 28.

Anhang VIII Insolvenzgeld, §§ 165 ff. [bis 31.03.2012 §§ 183 ff.] und §§ 358 ff. SGB III

SGB III vom 24. März 1994 (BGBl I 594), insoweit zuletzt geändert am 05.12.2012 (BGBl I 2447) mWv 01.01.2013

§ 165 SGB III Anspruch (idF ab 01.04.2012)

(1) Arbeitnehmerinnen und Arbeitnehmer haben Anspruch auf Insolvenzgeld, wenn sie im Inland beschäftigt waren und bei einem Insolvenzereignis für die vorausgegangenen drei Monate des Arbeitsverhältnisses noch Ansprüche auf Arbeitsentgelt haben. Als Insolvenzereignis gilt
1. die Eröffnung des Insolvenzverfahrens über das Vermögen des Arbeitgebers,
2. die Abweisung des Antrags auf Eröffnung des Insolvenzverfahrens mangels Masse oder
3. die vollständige Beendigung der Betriebstätigkeit im Inland, wenn ein Antrag auf Eröffnung des Insolvenzverfahrens nicht gestellt worden ist und ein Insolvenzverfahren offensichtlich mangels Masse nicht in Betracht kommt.

Auch bei einem ausländischen Insolvenzereignis haben im Inland beschäftigte Arbeitnehmerinnen und Arbeitnehmer einen Anspruch auf Insolvenzgeld.

(2) Zu den Ansprüchen auf Arbeitsentgelt gehören alle Ansprüche auf Bezüge aus dem Arbeitsverhältnis. Als Arbeitsentgelt für Zeiten, in denen auch während der Freistellung eine Beschäftigung gegen Arbeitsentgelt besteht (§ 7 Absatz 1a des Vierten Buches), gilt der Betrag, der auf Grund der schriftlichen Vereinbarung zur Bestreitung des Lebensunterhalts im jeweiligen Zeitraum bestimmt war. Hat die Arbeitnehmerin oder der Arbeitnehmer einen Teil ihres oder seines Arbeitsentgelts nach § 1 Absatz 2 Nummer 3 des Betriebsrentengesetzes umgewandelt und wird dieser Entgeltteil in einem Pensionsfonds, in einer Pensionskasse oder in einer Direktversicherung angelegt, gilt die Entgeltumwandlung für die Berechnung des Insolvenzgeldes als nicht vereinbart, soweit der Arbeitgeber keine Beiträge an den Versorgungsträger abgeführt hat.

(3) Hat eine Arbeitnehmerin oder ein Arbeitnehmer in Unkenntnis eines Insolvenzereignisses weitergearbeitet oder die Arbeit aufgenommen, besteht der Anspruch auf Insolvenzgeld für die dem Tag der Kenntnisnahme vorausgegangenen drei Monate des Arbeitsverhältnisses.

(4) Anspruch auf Insolvenzgeld hat auch der Erbe der Arbeitnehmerin oder des Arbeitnehmers.

(5) Der Arbeitgeber ist verpflichtet, einen Beschluss des Insolvenzgerichts über die Abweisung des Antrags auf Insolvenzeröffnung mangels Masse dem Betriebsrat oder, wenn kein Betriebsrat besteht, den Arbeitnehmerinnen und Arbeitnehmern unverzüglich bekannt zu geben.

Übersicht

	Rdn.
A. Allgemeines	1
I. Zu §§ 165 ff. SGB III bzw. §§ 183 ff. SGB III	1
II. Normzweck und -geschichte	10
B. Regelungsinhalt	11
I. Anspruchsvoraussetzungen	11
1. Arbeitnehmer	12
a) Versicherungspflichtige Beschäftigung	13
b) Geschäftsführer	14
c) Vorstandsmitglieder von Aktiengesellschaften	15
2. Inlandsbeschäftigung	16
a) Beschäftigung im Inland	16
b) Beschäftigungsort	17
3. Insolvenzereignisse	18
a) Abschließende Regelung der Insolvenzfälle	18
b) Insbesondere Beendigung der Betriebstätigkeit	19
aa) Fehlender Antrag	20
bb) Offensichtlich nicht in Betracht kommendes Insolvenzverfahren	21
4. Ansprüche auf Arbeitsentgelt im Insolvenzgeldzeitraum	22
a) Arbeitsentgeltbegriff	22
b) Entgeltumwandlung	25

Anh. VIII § 165 SGB III Anspruch

	Rdn.		Rdn.
c) Zuordnung zum Insolvenzgeldzeitraum	28	I. Antrag	33
aa) Drei-Monats-Zeitraum	28	1. Ausschlussfrist	34
bb) Anknüpfung an das Arbeitsverhältnis	30	2. Gemeinschaftsrechtskonformität	35
II. Rechtsanspruch	31	3. Einzelheiten der Antragstellung	36
1. Pflichtleistung	31	II. Insolvenzgeldbescheinigung	37
2. Nebenleistungen	32	III. Auszahlung	38
C. Verfahren	33	IV. Allgemeines Verfahrensrecht	39
		1. Sozialverwaltungsverfahren	39
		2. Sozialgerichtsverfahren	40

A. Allgemeines

I. Zu §§ 165 ff. SGB III bzw. §§ 183 ff. SGB III

1 Die durch das AFRG v. 24.03.1997[1] parallel zur InsO mWv 01.01.1999 in Kraft getretenen §§ 183 ff. SGB III und durch das am 23.09.2011 und am 24.11.2011[2] verabschiedete Gesetz zur Verbesserung der Eingliederungschancen am Arbeitsmarkt vom 20.12.2011[3] umnummerierten §§ 165 ff. SGB III regeln den **Rechtsanspruch des Arbeitnehmers auf Insolvenzgeld bei Zahlungsunfähigkeit des Arbeitgebers**. Die Begrifflichkeit ist in Anlehnung an die InsO neu, die Leistung als solche aber schon zuvor als Konkursausfallgeld Bestandteil des Leistungskatalogs der Bundesanstalt für Arbeit (jetzt Bundesagentur für Arbeit) gewesen (§§ 141a ff. AFG). Eingeführt wurde das Konkursausfallgeld mit dem Gesetz über Konkursausfallgeld v. 20.07.1974,[4] nachdem sich Anfang der 70iger Jahre des letzten Jahrhunderts der bis dahin allein bestehende konkursrechtliche Schutz der Arbeitsentgeltansprüche als unzureichend erwiesen hatte. Denn der damalige § 61 Nr. 1 KO, der der rückständigen Lohnforderung Vorrang einräumte, versagte, wenn die Konkursmasse zur Befriedigung aller rückständigen Lohnforderungen nicht ausreichte. Und selbst bei ausreichender Masse waren wirtschaftliche Notlagen des Arbeitnehmers nicht ausgeschlossen, wenn die rückständigen Lohnansprüche nicht vor dem allgemeinen Prüftermin erfüllt werden durften und konnten. Diese Ausgangssituation und damit einhergehende Lohneinbußen zwischen schätzungsweise 20 und 50 Millionen DM jährlich waren für den Gesetzgeber Anlass, die Arbeitsentgeltansprüche der von einem Arbeitgeberkonkurs betroffenen Arbeitnehmer durch eine Konkursausfallversicherung im Rahmen der Sozialversicherung mit einem geschätzten Finanzierungsvolumen von 40 Millionen DM jährlich abzusichern.[5]

2 Eckpunkte dieses bis heute – mit gewissen bei der Einzelkommentierung dargestellten Modifikationen – erhaltenen Konzepts waren:
– Eine **Lohnersatzleistung**, welche dem Arbeitnehmer im Falle der Zahlungsunfähigkeit seines Arbeitgebers den vollen Nettolohn (§ 141d AFG) für die letzten drei Monate sicherte (§ 141b AFG) und daneben die Übernahme der für diesen Zeitraum noch nicht entrichteten Sozialversicherungsbeiträge gewährleistete (§ 141n AFG).
– Eine **Alleinfinanzierung** dieser Leistung durch die Arbeitgeber, welche der Einfachheit halber über eine von den Trägern der Unfallversicherung (Berufsgenossenschaften) zusammen mit den Beiträgen zur Unfallversicherung zu erhebende Umlage umgesetzt wurde (§ 186c AFG).
– Die **Organisation** dieser neuen Versicherung in Trägerschaft der (damaligen) Bundesanstalt für Arbeit, die wegen des dichten Netzes an Dienststellen im gesamten Bundesgebiet dem Gesetzgeber die nötige Gewähr für schnelles Verwaltungshandeln bot.

---

1 BGBl. I, 594.
2 BT-Drucks. 17/6277; BT-Drucks. 17/6853; BT-Drucks. 17/7065; BT-PlPr 17/128, 15116; BR-Drucks. 556/11; BR-Drucks. 762/11.
3 *BGBl. I, 2854.*
4 BGBl. I, 1481.
5 BT-Drucks. 7/1750.

Durch das Konkursausfallgeld wurde der Lohnanspruch des Arbeitnehmers für die letzten drei Monate vor Eröffnung des Konkursverfahrens abgesichert. Ausgangspunkt der Überlegungen war, dass schon länger existierende Regelungen in den Niederlanden gezeigt hatten, dass im Falle eines Konkurses des Arbeitgebers die Arbeitsentgeltforderungen in aller Regel nur etwa zwei bis vier Wochen rückständig waren. Dieser Zeitspanne wurde ein begrenzter Zeitzuschlag hinzugerechnet, einerseits um auch die Verzögerungen bei den Lohnzahlungen zu erfassen, die sich aus den Bemühungen um einen Arbeitsplatzerhalt in den (damals vorgesehenen) Vergleichsverfahren ergaben, andererseits aber auch um Stundungsvereinbarungen des an sich zahlungsunfähigen Arbeitgebers mit seinen Arbeitnehmern zu verhindern und damit eine den Versicherungszwecken zuwiderlaufende Erweiterung des Kreditrahmes zu Lasten der Sozialversicherung zu vermeiden. Das **Prinzip der zeitlich begrenzten Lohngarantie** ist auch nach der Umbenennung der Leistung im Zuge der Reform des Insolvenzrechts weiterhin geltendes Recht (§ 165 SGB III, bis 31.03.2012 § 183 SGB III). Das Prinzip der Übernahme des vollen Nettolohns hingegen ist durch das 3. Gesetz für moderne Dienstleistungen am Arbeitsmarkt vom 23.12.2003 (BGBl. I 2848) mWv 01.01.2004 aus Gründen der Kostenersparnis aufgegeben worden zugunsten einer Deckelung iH der Beitragsbemessungsgrenze (§ 165 SGB III, bis 31.03.2012 § 183 SGB III).

3

Beibehalten ist dagegen die anfängliche Entscheidung des Gesetzgebers, die Mittel weder über Steuern noch durch Beiträge unter paritätischer Beteiligung der Arbeitnehmer und Arbeitgeber aufzubringen, sondern die Mittelaufbringung allein den Arbeitgebern zu überantworten (§ 358 SGB III). Dem Gesetzgeber erschien es damals – wie heute – angemessen, die alleinige Mittelaufbringung durch die Arbeitgeber als Ausgleich dafür vorzusehen, dass die Arbeitsleistungen in aller Regel ohne Sicherheiten vorgeleistet werden. Hieran hat sich weder durch die inzwischen übliche Vorfinanzierungspraxis etwas geändert noch durch die erheblich gestiegenen Belastungen der Arbeitgeber, welche den im Jahr 2007 auf einen Umfang von insgesamt 697 Mio € angewachsenen Leistungen für Insolvenzgeld korrespondieren (2008 insgesamt: 654 Mio €; 2009 sogar insgesamt 1,62 Mrd €[6]). Auch das BSG hat sich bisher nicht veranlasst gesehen, die betreffenden Normen dem BVerfG zur Prüfung vorzulegen (s. hierzu unter § 358 SGB III Rdn. 2). Geändert hat sich mit dem UVMG v. 30.10.2008[7] allerdings das Verfahren der Mittelaufbringung. Ursprünglich hatte der Gesetzgeber, um den Verwaltungsaufwand so gering wie möglich zu halten, ein Huckepackverfahren zum Umlageverfahren der gesetzlichen Unfallversicherung installiert, mit dem die Mittel für das Konkursausfallgeld jährlich nachträglich von den Berufsgenossenschaften aufzubringen, auf die Mitglieder (Unternehmen) umzulegen und mit den ebenfalls allein den Unternehmen zur Last fallenden Beiträgen zur gesetzlichen Unfallversicherung einzuziehen waren (**Prinzip der nachträglichen Bedarfsdeckung**). Dieses Verfahren der jährlichen Insolvenzgeld-Umlage durch die Berufsgenossenschaften ist nunmehr durch das UVMG vom 30.10.2008[8] mWv 01.01.2009 abgelöst durch das **monatliche Einzugsverfahren** in Parallele zum Einzug des Gesamtsozialversicherungsbeitrags.[9] Die Insolvenzgeld-Umlage wird also nun zusammen mit dem Gesamtsozialversicherungsbeitrag bei den Arbeitgebern durch die Einzugsstellen (Krankenkassen) i.S.d. § 28i SGB IV erhoben. Der Gesetzgeber hat erneut das Argument der Verwaltungsvereinfachung bemüht, ohne näher zu erläutern, worin diese Vereinfachung im Vergleich zum bisherigen Umlageverfahren bestehen soll. Nicht zu entnehmen ist in diesem Zusammenhang den Materialien allerdings ein Hinweis darauf, dass in einem weiteren Schritt das Insolvenzgeld wie andere Sozialversicherungsleistungen durch einen von Arbeitnehmern und Arbeitgebern gleichermaßen zu tragenden Gesamtbeitrag finanziert werden soll. Ob das Umlageverfahren mit der Reform des Insolvenzrechts,[10] neu überdacht

4

---

6 Vgl. Bundesagentur für Arbeit, Geschäftsberichte 2008, S. 50 und 2009, S. 54, abrufbar unter www.arbeitsagentur.de.
7 BGBl. I, 2130.
8 BGBl. I, 2130.
9 BT-Drucks. 16/9154, 40 f.
10 Gesetz zur weiteren Erleichterung der Sanierung von Unternehmen v. 07.12.2011, BGBl. I, 2582; BT-Drucks. 17/5712, auch Entwurf eines Gesetzes zur Verkürzung des Restschuldbefreiungsverfahrens und zur Stärkung der Gläubigerrechte, BT-Drucks. 17/11268 und BT-Drucks. 17/13535.

werden muss, bleibt abzuwarten. Das Reformanliegen, noch stärker als bisher die Fortführung sanierungsfähiger Unternehmen zu ermöglichen (z.B. durch Stärkung des Planverfahrens und eine erleichterte Eigenverwaltung), könnte jedoch der Sichtweise Vorschub leisten, dass mit Hilfe des Insolvenzgeldes die Arbeitgeber in unzumutbarer Weise verstärkt die eigene Konkurrenz unterstützen müssen.

5 Bei der Prüfung, ob ein Insolvenzgeldanspruch gegeben ist, bedarf die Klärung des anwendbaren Rechts – wie immer im Arbeitsförderungsrecht – besonderen Augenmerks. Zum **Übergangsrecht** aus Anlass der Herstellung der Einheit Deutschlands bestimmte § 249c Abs. 21 AFG, dass im Beitrittsgebiet anstelle der KO die Gesamtvollstreckungsordnung zur Anwendung gelangte. Als Übergangsnorm im Zusammenhang mit der Eingliederung des Arbeitsförderungsrechts in das SGB durch das AFRG (a.a.O.) sieht § 430 Abs. 4 SGB III (bis 31.03.2012 § 430 Abs. 5 SGB III) zudem vor, dass die Vorschriften des AFG über das Konkursausfallgeld weiterhin anzuwenden sind, wenn das Insolvenzereignis vor dem 01.01.1999 eingetreten ist. Fehlen Übergangsvorschriften, sind die Grundsätze des intertemporalen Rechts zu beachten.[11]

6 Bei der Anwendung innerstaatlichen Rechts sind zudem stets auch die Vorgaben des **Gemeinschaftsrechts** zu beachten, welches die Sicherstellung insolvenzbedingt ausgefallener Arbeitsentgelte vorgibt. Die Richtlinie 80/987/EWG des Rates v. 20.10.1980 zur Angleichung der Rechtsvorschriften der Mitgliedstaaten über den Schutz der Arbeitnehmer bei Zahlungsunfähigkeit des Arbeitgebers[12] i.d.F. der Richtlinie 2002/74/EG des Europäischen Parlaments und des Rates vom 23.09.2002 zur Änderung der Richtlinie 80/987/EWG[13] sind inzwischen durch die Richtlinie 2008/94/EG des Europäischen Parlaments und des Rates vom 22.10.2008 über den Schutz der Arbeitnehmer bei Zahlungsunfähigkeit des Arbeitgebers[14] abgelöst.[15] Zur unmittelbaren Geltung der Richtlinien nach Ablauf der Umsetzungsfrist vgl. EuGH Urteil v. 17.01.2008.[16]

7 Bei der Berechnung des Arbeitslosengeld II im Rahmen der **Grundsicherung für Arbeitsuchende** ist Insolvenzgeld (anders als im Elterngeldrecht, vgl. Rdn. 31) als **Einkommen** berücksichtigungsfähig. Nach § 11 Abs. 1 Satz 1 SGB II sind als Einkommen zu berücksichtigen Einnahmen in Geld oder Geldeswert. Der Zweck des Insolvenzgeldes, einen konkret ausgefallenen Anspruch auf Arbeitsentgelt zu ersetzen, führt nicht dazu, im Insolvenzgeld eine zweckbestimmte Einnahme i.S.d. § 11 Abs. 3 Nr. 1 lit. a SGB II (ab 01.04.2011 § 11a Abs. 3 Satz 1 SGB II) zu sehen, die von der Berücksichtigung als Einkommen ausgenommen ist. Mit der Gewährung der Leistung wird den Leistungsempfängern ein bestimmter »Verwendungszweck« nicht auferlegt. Da das Insolvenzgeld in rechtlicher und wirtschaftlicher Hinsicht an die Stelle des Arbeitsentgeltanspruchs tritt, ist es auch hinsichtlich der Einkommensbereinigung wie der Arbeitsentgeltanspruch zu behandeln. Denn es kann keinen Unterschied machen, ob der Arbeitgeber das Arbeitsentgelt (wegen Zahlungsschwierigkeiten) zu einem späteren Zeitpunkt zahlt oder ob an die Stelle des Arbeitsentgeltanspruchs wegen des Eintritts eines Insolvenzereignisses das durch die Bundesagentur für Arbeit gezahlte Insolvenzgeld tritt.[17] Ggf. kann Insolvenzgeld aber auch als **Vermögen** des Grundsicherungsempfängers eingeordnet werden. Als Vermögen sind nach § 12 Abs. 1 SGB II alle verwertbaren Vermögensgegenstände zu berücksichtigen, soweit sie nicht nach § 12 Abs. 2 und 3 SGB II privilegiert sind. Eine Abgrenzung zwischen Einkommen und Vermögen erfolgt durch das SGB II selbst nicht. Nach der Rechtsprechung der in Angelegenheiten der Grundsicherung für Arbeitsuchende zuständigen

---

11 Vgl. hierzu zuletzt BSG 27.07.2008, B 11 AL 11/07 R, SozR 4–4300 § 335 Nr. 1; 07.10.2009, B 11 AL 31/08 R, BSGE 104, 285 = SozR 4–4300 § 335 Nr. 2; 05.05.2010, B 11 AL 17/09 R, SozR 4–1500 § 144 Nr. 6; 18.05.2010, B 7 AL 16/09 R.
12 ABl. L 283 v. 28.10.1980, 23–27.
13 ABl. L 270 v. 08.10.2002, 10–13.
14 ABl. L 283 v. 28.10.2008, 36–42.
15 Vgl. *Voelzke* in Hauck/Noftz, SGB III, § 165 Rn. 207 ff. (Stand Mai 2012).
16 C-246/06, EUGHE 2008, I, 205 – Navarro.
17 BSG 13.05.2009, B 4 AS 29/08 R, SozR 4–4200 § 11 Nr. 22.

Senate[18] ist Einkommen i.S.d. § 11 Abs. 1 SGB II grds alles das, was jemand nach Antragstellung wertmäßig dazu erhält, und Vermögen das, was er vor Antragstellung bereits hatte. Dabei ist in Anlehnung an die Rechtsprechung des BVerwG vom tatsächlichen Zufluss auszugehen, es sei denn rechtlich wird ein anderer Zufluss als maßgeblich bestimmt.[19]

Gewährt allerdings ein Grundsicherungsträger für einen Zeitraum Leistungen nach SGB II, für den später von der Bundesagentur für Arbeit rückwirkend Insolvenzgeld bewilligt wird, und macht er dann einen **Erstattungsanspruch gem. §§ 102 f. SGB X** gegenüber der Bundesagentur für Arbeit geltend, so gilt der Anspruch auf Insolvenzgeld gem. § 107 Abs. 1 SGB X in Höhe der gewährten Grundsicherungsleistungen als erfüllt. An den Leistungsberechtigten ist nur noch der Differenzbetrag auszuzahlen. Insofern kommt es dann nicht mehr darauf an, dass bei rechtzeitiger Auszahlung des Insolvenzgeldes und Anrechung als Einkommen unter Berücksichtigung des Zuflussprinzips und Absetzung von Freibeträgen gem. § 11 SGB II (ab 01.04.2011 § 11b SGB III) dem Leistungsberechtigten höhere Beträge des Insolvenzgeldes zur Verfügung gestanden hätten.[20] 8

Gezahltes Insolvenzgeld kann **Schadensersatzansprüche auf zivilrechtlicher Grundlage** zugunsten der Bundesagentur für Arbeit auslösen. Nimmt die Agentur für Arbeit den Geschäftsführer einer in Insolvenz geratenen GmbH wegen verspäteter Insolvenzantragstellung auf Ersatz von ihr geleisteten Insolvenzgeldes aus § 826 BGB in Anspruch, so stellt sich nach der Rechtsprechung des BGH der Einwand des Geschäftsführers, Insolvenzgeld hätte auch bei rechtzeitiger Antragstellung gezahlt werden müssen, als qualifiziertes Bestreiten der Schadensentstehung dar, für welche die Agentur darlegungs- und beweispflichtig ist; der Einwand ist nicht nach den Grundsätzen zu behandeln, die beim Vortrag einer Reserveursache oder eines rechtmäßigen Alternativverhaltens gelten. Ein wegen verspäteter Insolvenzantragstellung verursachter Schaden i.S.d. §§ 249, 826 BGB lässt sich nicht schon daraus herleiten, dass die Arbeitsverwaltung den Arbeitnehmern der GmbH Insolvenzgeld gezahlt hat. Ein Schaden ist durch die verspätete Stellung des Insolvenzantrages nur dann entstanden, wenn eine rechtzeitige Antragstellung dazu geführt hätte, dass Insolvenzgeld nicht oder in geringerem Umfang hätte gezahlt werden müssen. Die Tatsache, dass die GmbH nach Eintritt der Insolvenzreife noch Arbeitsentgelt gezahlt hat, begründet nicht eine tatsächliche Vermutung oder ein hinreichendes Indiz dafür, dass bei einer zu diesem Zeitpunkt erfolgten Antragstellung genügend Mittel auch für Löhne und Gehälter vorhanden gewesen wären. Der BGH verlangt beweispflichtigen Vortrag der Agentur für die Frage, ob bei rechtzeitiger Antragstellung die bestehenden Beschäftigungsverhältnisse alsbald beendet worden wären oder die Forderungen der Arbeitnehmer noch aus Mitteln der Gesellschaft hätten befriedigt werden können, so dass es zur Zahlung von Insolvenzgeld nicht gekommen wäre.[21] 9

II. Normzweck und -geschichte

Die Norm stellt in Übernahme des bisher geltenden Rechts (§§ 141a, 141b AFG) den Grundgedanken des Insolvenzgeldes als Ersatzleistung für ausgefallenes Arbeitsentgelt (§ 3 Abs. 4 SGB III, bis 31.03.2012 § 116 Nr. 5 SGB III) heraus und regelt insoweit die Anspruchsvoraussetzungen. Die Regelung in § 183 Abs. 1 Satz 3 SGB III (vormals § 183 Abs. 1 Satz 2 SGB III) wurde durch das 1. SGB III-ÄndG vom 16.12.1997[22] mWv 01.01.1999 eingefügt, um klarzustellen, dass §§ 14, 17 SGB IV und die Arbeitsentgeltverordnung (jetzt SvEV) bei der Zuordnung insolvenzgeldfähiger Arbeitsentgeltanteile keine Rolle spielen sollen.[23] Die durch das Job-AQTIV-Gesetz v. 10.12.2001[24] hinzugefügte Beschränkung auf Inlandsbeschäftigungen (§ 183 Abs. 1 Satz 1 und 2 SGB III) ist 10

---

18 BSG 30.07.2008, B 14 AS 26/07 R, SozR 4–4200 § 11 Nr. 17; 30.09.2008, B 4 AS 29/07 R, BSGE 101, 291 = SozR 4–4200 § 11 Nr. 15.
19 BVerwG 18.02.1999, 5 C 35/97, BVerwGE 108, 296 ff. und – 5 C 14/98, NJW 1999, 3137.
20 Vgl. BSG 12.05.2011, B 11 AL 24/10 R, SozR 4–1300 § 107 Nr. 4.
21 Vgl. BGH 18.12.2007, VI ZR 231/06, BGHZ 175, 58, 63; 13.10.2009, VI ZR 288/08.
22 BGBl. I, 2970.
23 BT-Drucks. 13/8994, S. 63.
24 BGBl. I, 3443.

eine Reaktion auf den Rechtsprechungsgrundsatz der Anwendung deutschen Rechts bei Inlandsinsolvenzen[25] und soll demgegenüber verdeutlichen, dass es für den Anspruch auf Insolvenzgeld zur Vermeidung von Kollisionsproblemen darauf ankommt, ob der Arbeitnehmer in Deutschland beschäftigt ist. Der durch das Job-AQTIV-Gesetz zudem angefügte § 183 Abs. 1 Satz 4 SGB III über die Zuordnung von Arbeitsentgelten für Zeiten der Freistellung hat ebenfalls klarstellende Funktion in Reaktion auf die Rechtsprechung des BSG zum Erarbeitensgrundsatz,[26] welcher in diesem Zusammenhang nicht die nötige Rechtssicherheit beigemessen wurde.[27] Durch das BetrAVG v. 01.12.2006[28] ist mWv 12.12.2006 schließlich § 183 Abs. 1 Satz 5 SGB III eingefügt worden, um sicherzustellen, dass die Entgeltumwandlung im Rahmen der betrieblichen Alterssicherung entgegen der arbeitsrechtlichen Betrachtungsweise, die von einem endgültigen Untergang des umgewandelten Arbeitsentgelts ausgeht,[29] bei der Berechnung des Insolvenzgeldes berücksichtigt wird.[30] Mit dem Gesetz zur Verbesserung der Eingliederungschancen am Arbeitsmarkt (vgl. Rdn. 1) wird § 183 SGB III zum 01.04.2012 in § 165 SGB III umnummeriert, sprachlich überarbeitet, insb. § 183 Abs. 1 Satz 3 bis 5 in einem gesonderten Absatz (§ 165 Abs. 2 SGB III) zusammengefasst, und zur sprachlichen Gleichbehandlung von Männern und Frauen angepasst. Insoweit wird zur Vereinfachung im Folgenden indes die bisherige Sprachregelung beibehalten.

B. Regelungsinhalt

I. Anspruchsvoraussetzungen

11 § 165 SGB III (bis 31.03.2012 § 183 SGB III) enthält im systematischen Gefüge der Insolvenzgeldvorschriften die Voraussetzungen dem Grunde nach, § 166 SGB III (bis 31.03.2012 § 184 SGB III) regelt besondere Ausschlusstatbestände und § 167 SGB III (bis 31.03.2012 § 185 SGB III) die näheren Vorgaben für die Höhe des Anspruchs.

1. Arbeitnehmer

12 Der zentrale Begriff des **Arbeitnehmers** ist im Insolvenzgeldrecht nicht gesondert geregelt und erschließt sich auch nicht über das Arbeitsrecht. Vielmehr wird der begünstigte Personenkreis durch die Rechtsprechung des BSG funktionsdifferent anhand der Vorschriften über die Versicherungspflicht in der Arbeitslosenversicherung konkretisiert und gegenüber allen Arten nichtversicherter Selbständiger abgegrenzt.

a) Versicherungspflichtige Beschäftigung

13 Ausgangspunkt sind deshalb § 25 SGB III und die dort normierten Grundsätze über die versicherungspflichtige Beschäftigung. Nach § 25 Abs. 1 Satz 1 SGB III sind Personen versicherungspflichtig, die gegen Arbeitsentgelt oder zu ihrer Berufsausbildung beschäftigt (versicherungspflichtige Beschäftigung) sind. Die Beschäftigung wird in § 7 SGB IV, der gem. § 1 Abs. 1 Satz 1 SGB IV auch für die Arbeitsförderung gilt, gesetzlich definiert. Nach § 7 Abs. 1 Satz 1 SGB IV ist Beschäftigung die nichtselbständige Arbeit, insb. in einem Arbeitsverhältnis. Anhaltspunkte für eine Beschäftigung sind eine Tätigkeit nach Weisungen und eine Eingliederung in die Arbeitsorganisation des Weisungsgebers (§ 7 Abs. 1 Satz 2 SGB IV). Arbeitnehmer ist hiernach, wer von einem Arbeitgeber persönlich abhängig ist. Erforderlich ist insb. eine Eingliederung in den Betrieb und die Unterordnung unter ein Zeit, Dauer, Ort und Art der Arbeitsausführung umfassendes Weisungsrecht des Arbeitgebers. Demgegenüber ist die selbständige Tätigkeit in erster Linie durch das eigene Unternehmerrisiko, das Vorhandensein einer

---

25 BSG 29.06.2000, B 11 AL 35/99 R, BSGE 87, 1 = SozR 3–4100 § 141a Nr. 2.
26 BSG 02.11.2000, B 11 AL 87/99 R, SozR 3–4100 § 141b Nr. 21.
27 BT-Drucks. 14/7347, 73, 74.
28 BGBl. I, 2742.
29 *BAG 26.06.1990, 3 AZR 641/88*, BAGE 65, 215 = AP Nr. 11 zu § 1 BetrAVG Lebensversicherung = EzA § 1 BetrAVG Nr. 59.
30 BT-Drucks. 16/3007, S. 19.

eigenen Betriebsstätte, die Verfügungsmöglichkeit über die eigene Arbeitskraft und die im Wesentlichen frei gestaltete Tätigkeit und Arbeitszeit gekennzeichnet. Ob jemand abhängig beschäftigt oder selbständig tätig ist, hängt davon ab, welche Merkmale überwiegen.[31] Die Entscheidung über die Versicherungspflicht entfaltet keine Bindungswirkung. Auch ist die fehlende Beitragsabführung kein Indiz für das Vorliegen einer selbständigen Tätigkeit. Entscheidend für die Beurteilung der Arbeitnehmereigenschaft sind allein die tatsächlichen Verhältnisse im Insolvenzgeld-Zeitraum. Letzteres gilt gleichermaßen auch für die tatsächliche Beitragsabführung ohne Bestehen von Versicherungs- und Beitragspflicht.[32] Allerdings ist in der Praxis zu beobachten, dass in Abhängigkeit zur Dauer der tatsächlichen Beitragsabführung die Tendenz zur Bejahung versicherungspflichtiger Beschäftigung zunimmt.

b) Geschäftsführer

Bei Fremdgeschäftsführern, die nicht am Gesellschaftskapital beteiligt sind, hat das BSG dementsprechend regelmäßig eine abhängige Beschäftigung angenommen, soweit nicht besondere Umstände vorliegen, die eine Weisungsgebundenheit im Einzelfall ausnahmsweise aufheben. Nach o.g. Grundsätzen ist auch zu beurteilen, ob der Gesellschafter-Geschäftsführer einer GmbH zu dieser in einem abhängigen Beschäftigungsverhältnis steht.[33] Eine Abhängigkeit gegenüber der Gesellschaft ist nicht bereits durch die Stellung des Geschäftsführers als Gesellschafter ausgeschlossen. Bei am Stammkapital der Gesellschaft beteiligten Geschäftsführern ist der Umfang der Beteiligung und das Ausmaß des sich daraus für sie ergebenden Einflusses auf die Gesellschaft ein wesentliches Merkmal. Bei Geschäftsführern, die zwar zugleich Gesellschafter sind, jedoch weder über die Mehrheit der Gesellschaftsanteile noch über eine sog. Sperrminorität verfügen, muss Vergleichbares wie bei Fremdgeschäftsführern gelten. Auch für diesen Personenkreis ist im Regelfall von einer abhängigen Beschäftigung auszugehen. Eine hiervon abweichende Beurteilung kommt wiederum nur dann in Betracht, wenn besondere Umstände des Einzelfalls den Schluss zulassen, dass keine Weisungsgebundenheit vorliegt.[34] Ein die abhängige Beschäftigung verdrängender beherrschender Einfluss auf die Gesellschaft kann im Einzelfall bei einer sog. Familien-GmbH vorliegen.[35]

14

c) Vorstandsmitglieder von Aktiengesellschaften

Vorstandsmitglieder von Aktiengesellschaften sind i.d.R. keine Arbeitnehmer. Die Organstellung der Vorstandsmitglieder von Aktiengesellschaften ist nicht arbeitnehmer- sondern arbeitgeberähnlich ausgestattet. Sie leisten keine weisungsgebundenen Dienste, sondern erteilen als Organ der Gesellschaft solche Weisungen. Dasselbe gilt für die Bezüge der Vorstandsmitglieder der Aktiengesellschaften, die nicht nach arbeitsrechtlichen, sondern nach besonderen aktienrechtlichen Grundsätzen festgesetzt wurden.[36] Die Ausführungen des 4. Senats des BSG im Urteil vom 31.05.1989[37], die bei der Erörterung der Beschäftigteneigenschaft von Vorstandsmitgliedern auf § 7 SGB IV abstellen, sind in dem Bereich des Rentenversicherungsrechts erfolgt und deshalb nicht ohne weiteres auf das Insolvenzgeldrecht übertragbar. Dementsprechend hat der 11. Senat des BSG zwei Nichtzulassungsbeschwerden verworfen, die auf den Zulassungsgrund der Abweichung von der Entscheidung des 4. Senats[38] gestützt waren, ohne sich mit der zum Konkursausfallgeld ergangenen Entscheidung vom 22.04.1987[39] auseinanderzusetzen.[40]

15

---

[31] S. zur Verfassungsmäßigkeit der Abgrenzung BVerfG Kammerbeschl. 20.05.1996, 1 BvR 21/96, SozR 3–2400 § 7 Nr. 11.
[32] Zuletzt BSG 04.07.2007, B 11a AL 5/06 R, SozR 4–2400 § 7 Nr. 8.
[33] BSG 25.01.2006, B 12 KR 30/04 R; BSG 24.01.2007, B 12 KR 31/06 R = SozR 4–2400 § 7 Nr. 7.
[34] BSG 04.07.2007, B 11a AL 5/06 R, SozR 4–2400 § 7 Nr. 8 m.w.N. und B 11a AL 45/06 R.
[35] Vgl. BSG 06.02.1992, 7 RAr 134/90, BSGE 70, 81, 83 = SozR 3–4100 § 104 Nr. 8.
[36] BSG 22.04.1987, 10 RAr 6/86, BSGE 61, 282 = SozR 4100 § 141a Nr. 8.
[37] BSG 31.05.1989, 4 RA 22/88, BSGE 65, 113, 116 f. = SozR 2200 § 1248 Nr. 48.
[38] BSG 31.05.1989, 4 RA 22/88, BSGE 65, 113, 116 f. = SozR 2200 § 1248 Nr. 48.
[39] BSG 22.04.1987, 10 RAr 6/86, BSGE 61, 282 = SozR 4100 § 141a Nr. 8.
[40] BSG 14.03.2007, B 11a AL 143/06 B; 11.09.2007, B 11a AL 139/06 B, m.w.N.

2. Inlandsbeschäftigung

a) Beschäftigung im Inland

16 Der Anspruch auf Insolvenzgeld ist davon abhängig, dass der Arbeitnehmer im Inland beschäftigt war. Eine Inlandsinsolvenz ist dagegen nicht erforderlich (§ 165 Abs. 1 Satz 3 SGB III, bis 31.03.2012 § 183 Abs. 1 Satz 2 SGB III). Eine Auslandsinsolvenz (vgl. Art. 102 EGInsO) reicht aus, nicht hingegen eine Auslandsbeschäftigung. Die normative Grenzziehung ist Folge einer als zweifelhaft angesehenen Rechtsprechung des BSG. Für Fallgestaltungen, in denen das Insolvenzereignis im Ausland stattgefunden hatte, der Arbeitnehmer aber in Deutschland arbeitete, bestand früher Unsicherheit, ob und unter welchen Voraussetzungen Anspruch auf Insolvenzgeld besteht. Entsprechendes galt für den Fall, dass das Insolvenzereignis in Deutschland stattgefunden hatte, die Arbeitnehmer aber im Ausland gearbeitet hatten. Das BSG hatte ursprünglich darauf abgestellt, wo der Schwerpunkt der rechtlichen und tatsächlichen Merkmale des Arbeitsentgeltanspruchs oder des ihm zugrunde liegenden Arbeitsverhältnisses liegt. In seiner späteren Rechtsprechung ging das Gericht dann davon aus, dass bei einem Insolvenzereignis in Deutschland grds deutsches Recht Anwendung findet[41] (s. Rdn. 10). Das war nicht unproblematisch, weil im Ausland tätige Arbeitnehmer eines deutschen Unternehmens auch dann auf das deutsche Insolvenzgeld verwiesen wurden, wenn sie in das ausländische Rechtssystem integriert waren und insb. das ausländische Arbeits- und Sozialrecht auf sie anzuwenden war, ferner die ausländische Arbeitsentgeltforderung nach dem anwendbaren ausländischen internationalen Privatrecht in aller Regel nicht auf die Bundesanstalt für Arbeit (jetzt Bundesagentur für Arbeit) überging (vgl. § 169 SGB III, bis 31.03.2012 § 187 SGB III). In Anknüpfung an die ältere Rechtsprechung des BSG und an erkennbare Tendenzen zur Fortentwicklung der Richtlinie 80/987/EWG (s. Rdn. 10) sah sich der Gesetzgeber deshalb mit dem Job-AQTIV-Gesetz vom 10.12.2001[42] veranlasst klarzustellen,[43] dass es für den Anspruch auf Insolvenzgeld darauf ankommt, dass der Arbeitnehmer in Deutschland beschäftigt ist und dass auch ausländische Insolvenzereignisse einen Anspruch auf Insolvenzgeld begründen können. Zu den im Inland beschäftigten Personen gehören auch Arbeitnehmer, die vorübergehend in das Ausland unter Weitergeltung des deutschen Sozialversicherungsrechts **entsendet** werden (§ 4 SGB IV).[44]

b) Beschäftigungsort

17 Der Beschäftigungsort ist im Übrigen auch im Gemeinschaftsrecht bei grenzübergreifenden Fällen maßgeblich[45] (vgl. Rdn. 6).

3. Insolvenzereignisse

a) Abschließende Regelung der Insolvenzfälle

18 Das Gesetz zählt in § 165 Abs. 1 Satz 2 SGB III (bis 31.03.2012 § 183 Abs. 1 Satz 1 SGB III) die leistungsrelevanten Insolvenzereignisse betreffend das Vermögen des Arbeitgebers enumerativ auf, nämlich die **Eröffnung des Insolvenzverfahrens** (Nr. 1), die **Abweisung mangels Masse** (Nr. 2) und die **Einstellung der Betriebstätigkeit** bei offensichtlicher Masselosigkeit (Nr. 3). Andere Formen der Zahlungsunfähigkeit des Arbeitgebers begründen den Anspruch auf Insolvenzgeld nicht. Insb. begründet die aufsichtsbehördliche Schließung einer Krankenkasse (§ 171b Abs. 3 SGB V) bei auf Dauer nicht mehr gesicherter Leistungsfähigkeit kein Insolvenzereignis i.S.v. § 165 SGB

---

41 Vgl. BSG 29.06.2000, B 11 AL 35/99 R, BSGE 87, 1 = SozR 3–4100 § 141a Nr. 2.
42 BGBl. I, 3443.
43 BT-Drucks. 14/7347, 73.
44 Zu den Anforderungen an die sog. Ausstrahlung vgl. etwa BSG 05.12.2006, B 11a/11 AL 3/06 R, SozR 4–2400 § 4 Nr. 1.
45 Art. 9 Abs. 1 Richtlinie 2008/94/EG des Europäischen Parlaments und des Rates v. 22.10.2008 über den Schutz der Arbeitnehmer bei Zahlungsunfähigkeit des Arbeitgebers, ABl. L 283 v. 28.10.2008, 36–42.

III.[46] Auslandsinsolvenzen sind Insolvenzen gleichgestellt, solange eine Inlandsbeschäftigung vorliegt (§ 165 Abs. 1 Satz 3 SGB III, bis 31.03.2012 § 183 Abs. 1 Satz 2 SGB III). Eine Rangordnung besteht unter den Insolvenzereignissen nicht. Es gilt der **Grundsatz der Priorität**. Die genannten drei Insolvenzfälle dienen gleichrangig zur Abgrenzung der drei Monate, für die der Ersatz des Nettoarbeitsentgelts durch Insolvenzgeld vorgesehen ist, wobei dasjenige Insolvenzereignis, das erstmals die Zahlungsunfähigkeit des Arbeitgebers hervortreten lässt, maßgebend ist und somit eine sog. **Sperrwirkung** auslöst.[47] Ein neues Insolvenzereignis tritt nach der Rechtsprechung des BSG nicht ein und kann folglich auch Ansprüche auf Insolvenzgeld nicht auslösen, solange die auf einem bestimmten Insolvenzereignis beruhende Zahlungsunfähigkeit des Arbeitgebers andauert. Von andauernder Zahlungsunfähigkeit ist so lange auszugehen, wie der Gemeinschuldner wegen eines nicht nur vorübergehenden Mangels an Zahlungsmitteln nicht in der Lage ist, seine fälligen Geldschulden im Allgemeinen zu erfüllen. Die Zahlungsunfähigkeit endet nicht schon dann, wenn der Schuldner einzelne Zahlungsverpflichtungen wieder erfüllt.[48] Von einer Fortdauer der aus Anlass des früheren Insolvenzereignisses eingetretenen Zahlungsunfähigkeit ist jedenfalls dann auszugehen, wenn die im Insolvenzplan (§§ 217 ff. InsO) vorgesehene Überwachung der Planerfüllung andauert. Denn bei vorgesehener und andauernder Planüberwachung wird trotz Aufhebung des Insolvenzverfahrens (§ 258 InsO) der weiter gegebene Zusammenhang mit dem einmal eröffneten Insolvenzverfahren dadurch dokumentiert, dass Aufgaben und Befugnisse des Insolvenzverwalters und ggf des Gläubigerausschusses sowie die Aufsicht des Insolvenzgerichts insoweit fortbestehen. Die materiell-rechtlichen Wirkungen des Insolvenzplanes betreffen nur die am Insolvenzplanverfahren Beteiligten (Schuldner, Insolvenzgläubiger, Absonderungsberechtigte). Die Beteiligung des Insolvenzgerichts am Insolvenzplanverfahren kann keinen Vertrauenstatbestand hinsichtlich der Wiedererlangung der Zahlungsfähigkeit schaffen.[49] Ist der insolvente Arbeitgeber nicht imstande, die im Insolvenzplan aufgegebenen Zahlungen zu leisten, ist es deshalb umgekehrt unerheblich, wenn das Insolvenzgericht eine Überwachung der Planerfüllung nicht angeordnet hatte. Ein einheitlicher Insolvenztatbestand kann auch vorliegen, wenn keine Überwachung der Planerfüllung stattfindet. Die ist anhand der Einzelumstände im Streitfall von den Tatsachengerichten zu prüfen.[50] Offen gelassen hat das BSG bisher, ob nach Einleitung eines Insolvenzplanverfahrens ein Entfallen der Sperrwirkung des früheren Insolvenzereignisses unter besonderen Umständen bereits vor der Planerfüllung in Betracht kommen kann. Als problematisch wird diese Rechtsprechung vor allem im Hinblick darauf gesehen, dass damit ein erkennbarer Widerspruch zu den Bemühungen der Bundesregierung entsteht, wonach mit dem Gesetz zur weiteren Erleichterung der Sanierung von Unternehmen[51] die Sanierungschancen von Unternehmen – bei einer Stärkung des Insolvenzplanverfahrens – erhöht werden sollen.[52] In seiner Stellungnahme zum Entwurf eines Gesetzes zur Verbesserung der Eingliederungschancen am Arbeitsmarkt[53] hat der Bundesrat daher empfohlen, in § 165 SGB III (bis 31.03.2012 § 183 SGB III) einzufügen, dass Arbeitnehmer einen erneuten Anspruch auf Insolvenzgeld haben, wenn das Insolvenzverfahren nach der rechtskräftigen Bestätigung eines Insolvenzplans aufgehoben wird und es nachfolgend wieder zu einem Insolvenzereignis kommt. Die Bundesregierung hat diesen Vorschlag abgelehnt, da die generelle Neubegründung des Insolvenzgeldanspruchs nach einem erfolglosen Insolvenzplanverfahren zu Mehrkosten der Arbeitgeber führen würde. Zudem bestünde die Möglich-

---

46 Vgl. hierzu *Gutzeit* NZS 2012, 361 ff. und 410 ff.; zum Drittschutz des Arbeitnehmers im Zusammenhang mit der Schließung verneinend BSG 12.03.2013, B 1 A 1/12 R, zur Veröffentlichung vorgesehen in BSGE und SozR; s. auch § 358 Rdn. 10.
47 BSG 08.02.2001, B 11 AL 27/00 R.
48 BSG 21.11.2002, B 11 AL 35/02 R, BSGE 90, 157, 158 = SozR 3–4300 § 183 Nr. 3 m.w.N.
49 BSG 29.05.2008, B 11a AL 57/06 R, BSGE 100, 282 = SozR 4–4300 § 183 Nr. 9 m.w.N.
50 BSG 06.12.2012, B 11 AL 11/11 R, SozR 4–4300 § 183 Nr. 14, zur Veröffentlichung vorgesehen auch in BSGE.
51 PlProt. 17/136; BR-Drucks. 679/11.
52 Vgl. Gesetzentwurf der Bundesregierung für ein Gesetz zur weiteren Erleichterung der Sanierung von Unternehmen v. 04.05.2011, BT-Drucks. 17/5712.
53 BT-Drucks. 17/6277.

keit, dass die umlagepflichtigen Arbeitgeber aufgrund der durch das Insolvenzplanverfahren ermöglichten Fortführung von Betrieben ein weiteres Mal mittels Insolvenzgeld mögliche Konkurrenten unterstützen müssten (vgl. hierzu auch Rdn. 4).[54] Der Ausschuss für Arbeit und Soziales hat die Änderungsvorschläge des Bundesrats nicht aufgegriffen,[55] der Bundestag dem Gesetzentwurf (a.a.O.) in der Ausschussfassung zugestimmt.[56] Änderungen sind auch im nachfolgenden Vermittlungsverfahren insoweit nicht erfolgt.[57]

b) Insbesondere Beendigung der Betriebstätigkeit

19 In der Praxis bereitet die meisten Schwierigkeiten die Feststellung des Insolvenzereignisses der vollständigen Beendigung der Betriebstätigkeit (§ 165 Abs. 1 Satz 2 Nr. 3 SGB III, bis 31.03.2012 § 183 Abs. 1 Satz 1 Nr. 3 SGB III). Es handelt sich um einen Auffangtatbestand für die Fälle, in denen der Arbeitnehmer wegen der behaupteten und nicht leicht zu widerlegenden Zahlungsunfähigkeit des Arbeitgebers keinen Lohn erhalten hat. Der Tatbestand setzt neben der vollständigen Beendigung der Betriebstätigkeit zwei weitere »negative« Merkmale als Anspruchsvoraussetzung voraus. Einerseits darf ein Antrag auf Eröffnung des Insolvenzverfahrens nicht gestellt worden sein und andererseits darf ein Insolvenzverfahren offensichtlich mangels Masse nicht in Betracht kommen. Derartige negative Umstände oder Merkmale können, eben weil sie nicht bestehen bzw. vorhanden sein dürfen, praktisch kaum exakt festgestellt werden. In derartigen Fällen verlangt der Gesetzgeber die Prüfung, ob und welche feststellbaren äußeren und inneren Tatsachen die Annahme rechtfertigen, dass ein bestimmter Umstand nicht gegeben ist.

aa) Fehlender Antrag

20 Für das gesetzliche Erfordernis, dass ein Antrag auf Eröffnung des Insolvenzverfahrens nicht gestellt worden ist, genügt, wenn sämtliche nach den Erfahrungen des täglichen Lebens erforderlichen sinnvollen Ermittlungen ergeben, dass kein entsprechender Antrag vorhanden ist. Ein Insolvenzantrag ist unbeachtlich, wenn er von vornherein nicht zulässig ist oder sonst von dem zuständigen Gericht verworfen wird. Dasselbe gilt für zurückgenommene Insolvenzeröffnungsanträge.[58]

bb) Offensichtlich nicht in Betracht kommendes Insolvenzverfahren

21 Die Voraussetzung, dass ein Insolvenzverfahren offensichtlich mangels Masse nicht in Betracht kommt, liegt bereits vor, wenn für einen unvoreingenommenen Betrachter alle äußeren Tatsachen (und insofern der Anschein) für Masseunzulänglichkeit sprechen. »Offensichtlich« meint hier nicht »zweifelsfrei« und erlaubt daher nicht, bei Betriebsbeendigung und Zahlungseinstellung diesen Insolvenztatbestand zu verneinen, weil keine Tatsachen vorliegen, die den zwingenden Schluss zulassen, dass ein Insolvenzverfahren mangels Masse nicht in Betracht kommt. Es genügt der sich aus äußeren Tatsachen ergebende Eindruck eines unvoreingenommenen Betrachters, dh wenn alle äußeren Tatsachen (und insofern der Anschein) für Masseunzulänglichkeit sprechen.[59] Allein die Nichterfüllung wirtschaftlicher Verpflichtungen im Zusammenhang mit dem Untertauchen eines Unternehmers reicht jedoch als Anschein für dessen Masseunzulänglichkeit nicht aus. Zahlungsunwilligkeit und Zahlungsunfähigkeit sind nicht gleichzusetzen. Die Feststellungslast liegt beim Arbeitnehmer.[60]

---

54 BT-Drucks. 17/6853, 2 f., 18.
55 BT-Drucks. 17/7065.
56 BT-PlPr 17/128, 15116.
57 BR-Drucks. 556/11; BR-Drucks. 762/11.
58 *BSG 22.09.1993, 10 RAr 9/91, SozR 3–4100 § 141b Nr. 7.*
59 Vgl. *BSG 04.03.1999, B 11/10 AL 3/98 R.*
60 *BSG 22.09.1993, 10 RAr 9/91, SozR 3–4100 § 141b Nr. 7.*

4. Ansprüche auf Arbeitsentgelt im Insolvenzgeldzeitraum

a) Arbeitsentgeltbegriff

Im Insolvenzgeldrecht gilt ein eigenständiger Arbeitsentgeltbegriff, der nicht in jeder Hinsicht deckungsgleich ist mit dem arbeitsrechtlichen Entgeltbegriff. Ohne Bedeutung für die Zuordnung ist auch die Frage der **Lohnsteuer- bzw. Beitragspflicht**.[61] Zu den Ansprüchen auf Arbeitsentgelt gehören alle Ansprüche auf **Bezüge aus dem Arbeitsverhältnis** (§ 165 Abs. 2 Satz 1 SGB III, bis 31.03.2012 § 183 Abs. 1 Satz 3 SGB III). Bezüge aus dem Arbeitsverhältnis sind nach der Rechtsprechung des BSG alle Leistungen des Arbeitgebers, die eine Gegenleistung für die Leistung des Arbeitnehmers darstellen und in unlösbarem Zusammenhang mit der Beschäftigung stehen.[62] Der in Insolvenzgeld-Angelegenheiten allein zuständige 11. Senat des BSG greift bei seiner Rechtsprechung zum SGB III auf die Grundsätze der früheren Rechtsprechung zu der das Konkursausfallgeld betreffenden Vorgängerregelung in § 141b Abs. 2 AFG zurück,[63] obwohl der Wortlaut des § 165 Abs. 2 Satz 1 SGB III (bis 31.03.2012 § 183 Abs. 1 Satz 3 SGB III) nicht vollständig dem Wortlaut des § 141b Abs. 2 AFG entspricht. § 141b Abs. 2 AFG bestimmte, dass zu den Ansprüchen auf Arbeitsentgelt alle Ansprüche gehörten, die unabhängig von der Zeit, für die sie geschuldet wurden, Masseschulden nach § 59 Abs. 1 Nr. 3 lit. a KO sein konnten. Im Konkursverfahren privilegierte Masseschulden nach § 59 Abs. 1 Nr. 3 lit. a KO waren (u.a.) die Ansprüche der Arbeitnehmer auf die »Bezüge aus einem Arbeitsverhältnis« mit dem Gemeinschuldner wegen der Rückstände für die letzten sechs Monate vor der Eröffnung des Verfahrens. § 165 Abs. 2 Satz 1 SGB III (bis 31.03.2012 § 183 Abs. 1 Satz 3 SGB III) bestimmt demgegenüber nur noch, dass zu den Ansprüchen auf Arbeitsentgelt alle Ansprüche auf Bezüge aus dem Arbeitsverhältnis gehören. Die Rechtsentwicklung zeigt indessen, dass § 165 Abs. 2 Satz 1 SGB III (bis 31.03.2012 § 183 Abs. 1 Satz 3 SGB III) wesentlich an die frühere gesetzliche Regelung und an die hierzu in der Rechtsprechung entwickelten Maßstäbe anknüpft. In der ursprünglichen, durch das AFRG vom 24.03.1997[64] eingeführten Fassung des § 183 SGB III fehlte zwar noch die in der aktuellen Fassung des Abs. 1 Satz 3 enthaltene Regelung. Gleichwohl wurde in den Materialien zum AFRG ausgeführt, der Rechtsanspruch auf Insolvenzgeld werde »in Übernahme des geltenden Rechts« geregelt.[65] Durch das 1. SGB III-ÄndG vom 16.12.1997[66] wurde dann mit Wirkung vom 01.01.1999 der damalige Satz 2 des Abs. 1 – später Satz 3, jetzt Abs. 2 Satz 1 – eingefügt, der klarstellen sollte, dass z.B. Zuschüsse, die zusätzlich zu Löhnen und Gehältern gewährt werden, »wie bisher« einen Anspruch auf Insolvenzgeld begründen können.[67] Das Fehlen von Hinweisen auf die der KO nachfolgende InsO erklärt sich daraus, dass in der InsO die (u.a.) in § 59 Abs. 1 Nr. 3 lit. a) KO noch geregelte Privilegierung von Ansprüchen der Arbeitnehmer auf Bezüge aus dem Arbeitsverhältnis nicht mehr vorgesehen ist.[68] Wenn der Gesetzgeber aber trotz der Unterschiede zwischen InsO und KO zum Arbeitsentgeltbegriff eine Regelung »wie bisher« treffen wollte, muss angenommen werden, dass für das Verständnis der Begriffe »Arbeitsentgelt« und »Bezüge aus dem Arbeitsverhältnis« jedenfalls die in der Rechtsprechung zum früheren Recht entwickelten Grundsätze weiter gelten.[69] Zu § 141b Abs. 2 AFG hat das BSG vor allem da-

---

61 BSG 24.03.1983, 10 RAr 15/81, BSGE 55, 62, 63 = SozR 4100 § 141b Nr. 26; 25.06.2002, B 11 AL 90/01 R, BSGE 89, 289 = SozR 3–4100 § 141b Nr. 24; *Voelzke* in Hauck/Noftz, SGB III, § 165 Rn. 80 ff. (Stand Mai 2012).
62 BSG 23.03.2006, B 11a AL 29/05 R, SozR 4–4300 § 183 Nr. 6 – variable Entgeltanteile; 05.12.2006, B 11a AL 19/05 R, BSGE 98, 5 = SozR 4–4300 § 183 Nr. 7; 06.05.2009, B 11 AL 12/08 R, BSGE 103, 142 = SozR 4–4300 § 184 Nr. 1 – Schadensersatz wegen nicht gewährten Ersatzurlaubs.
63 Vgl. etwa BSG 05.12.2006, B 11a AL 19/05 R, BSGE 98, 5; 07.10.2009, B 11 AL 18/08 R, BSGE 104, 278 = SozR 4–4300 § 183 Nr. 12.
64 BGBl. I, 594.
65 BT-Drucks. 13/4941, 188 zu § 183.
66 BGBl. I, 2970.
67 BT-Drucks. 13/8994, 79 zu Nr. 17 f.
68 Vgl. *Peters-Lange* in Gagel, SGB III, vor § 165 Rn. 13 und § 165 Rn. 92 ff. (Stand Juni 2012).
69 Ausf. BSG 08.09.2010, B 11 AL 34/09 R, SozR 4–4300 § 183 Nr. 13 = BSGE 106, 290.

rauf abgestellt, dass die Einführung des Konkursausfallgelds und die konkursrechtliche Privilegierung bestimmter rückständiger Lohnforderungen jeweils der Verbesserung des Arbeitnehmerschutzes in Bezug auf das Risiko des Lohnausfalles bei Zahlungsunfähigkeit des Arbeitgebers dienten.[70] Aus der Verweisung in § 141b Abs. 2 AFG auf § 59 Abs. 1 Nr. 3 lit. a) KO folgte für das damalige Recht die Maßgeblichkeit des »konkursrechtlichen« Begriffs der »Bezüge aus einem Arbeitsverhältnis«.[71] Dieser Begriff umfasste nicht nur das Arbeitsentgelt im engeren arbeitsrechtlichen Sinn, sondern unter dem Gesichtspunkt des besonderen Arbeitnehmerschutzes in einem weiteren Sinn alles, was sich als Gegenwert für die Arbeitsleistung darstellte (»konkursrechtlicher« Arbeitsentgeltbegriff).

23 § 165 SGB III (bis 31.03.2012 § 183 Abs. 1 SGB III) enthält nunmehr einen insolvenzgeldrechtlichen Begriff des Arbeitsentgelts, der aus Gründen des Arbeitnehmerschutzes sowie unter Beachtung des durch die Insolvenzgeldsicherung abgedeckten Risikos aber nach wie vor weit auszulegen ist.[72] Danach bedarf es für das Vorliegen von Arbeitsentgelt im insolvenzgeldrechtlichen Sinn keiner strengen wechselseitigen Beziehung derart, dass sich Arbeitsleistung und Entgelt wirtschaftlich gesehen unmittelbar gegenüberstehen und entsprechen müssen.[73] Ansprüche auf Bezüge aus dem Arbeitsverhältnis können mithin nicht nur Lohnforderungen im engeren Sinne sein, sondern auch Ansprüche auf Ersatz von Aufwendungen, die mit der Erbringung der Arbeitsleistung so eng verknüpft sind, dass eine Erstreckung der Sicherung auf den Ersatzanspruch gerechtfertigt ist.[74] Eine Erstreckung der insolvenzgeldrechtlichen Sicherung auf den Ersatzanspruch ist weiterhin dann gerechtfertigt, wenn es sich entweder um Aufwendungen handelt, die für die eigene Person des Arbeitnehmers bestimmt sind und/oder die jedenfalls im direkten Zusammenhang mit der Erfüllung von Verpflichtungen aus dem Arbeitsvertrag stehen.[75] Auch diese Leistungen stehen in einem Gegenseitigkeitsverhältnis.

24 Ausgehend von den zuletzt genannten Maßstäben handelt es sich etwa auch bei dem **Anspruch auf Erstattung von Auslagen** bzw. **Aufwendungsersatz** für die Reparatur des Firmenwagens um einen Anspruch auf »Bezüge aus dem Arbeitsverhältnis« und damit um einen Anspruch auf insolvenzgeldfähiges Arbeitsentgelt.[76] **Schadensersatzansprüche**, die an die Stelle nicht gezahlten Arbeitsentgelts treten, teilen insolvenzgeldrechtlich das Schicksal des Arbeitsentgeltanspruchs, den sie ersetzen.[77] Nicht zum Arbeitentgelt gehören **Nebenforderungen**. Das BSG hat bereits unter Geltung des AFG entschieden,[78] dass die Erstreckung des Konkursausfallgeldes auf Nebenforderungen (damals entschieden für Vollzugszinsen, die Kosten der gerichtlichen Geltendmachung des rückständigen Lohnes und die Kosten der Klage gegen den Konkursverwalter auf Erteilung einer Nettolohnabrechnung und auf Herausgabe der Arbeitspapiere) nicht gerechtfertigt ist. Das ergibt sich aus der Zielsetzung und der historischen Entwicklung der maßgeblichen Vorschriften. **Kosten der Zwangsvollstreckung**, die vor Eröffnung des Insolvenzverfahrens bei der Beitreibung rückständigen Arbeitsentgelts entstanden und nach Zahlung durch den Arbeitgeber in der durch § 367 Abs. 1 BGB bestimmten Tilgungsreihenfolge verrechnet worden sind, mindern indessen nicht die Höhe des für den Anspruch auf Insolvenzgeld maßgeblichen Arbeitsentgelts. Denn im Unterschied zu den vom BSG zu § 141b Abs. 2 AFG entschiedenen Fallgestaltungen ist der dem Arbeitnehmer nach § 788 Abs. 1 ZPO gegen seinen Arbeitgeber zustehende Anspruch auf Ersatz der ihm entstandenen Zwangsvollstreckungs-

---

70 Vgl. BSG 17.07.1979, 12 RAr 4/79, BSGE 48, 277, 279 = SozR 4100 § 141b Nr. 12; 28.02.1985, 10 RAr 19/83, SozR 4100 § 141b Nr. 35 – keine Verzugszinsen.
71 BSG 28.02.1985, 10 RAr 19/83, SozR 4100 § 141b Nr. 35; 18.09.1991, 10 RAr 12/90, BSGE 69, 228, 231 = SozR 3-4100 § 141b Nr. 2 – Reisekosten und Spesen.
72 Vgl. *Peters-Lange* in Gagel, SGB III, § 165 Rn. 90 (Stand Juni 2012).
73 Vgl. BSG 17.07.1979, 12 RAr 4/79, BSGE 48, 277.
74 Vgl. BSG 18.09.1991, 10 RAr 12/90, BSGE 69, 228.
75 Vgl. BSG 18.09.1991, 10 RAr 12/90, BSGE 69, 228.
76 BSG 08.09.2010, B 11 AL 34/09 R, SozR 4-4300 § 183 Nr. 13 = BSGE 106, 290.
77 Vgl. BSG 23.10.1984, 10 RAr 12/83, SozR 4100 § 141b Nr. 33 – zum Konkursausfallgeld; BSG *06.05.2009, B 11 AL 12/08 R, BSGE 103*, 142 = SozR 4-4300 § 184 Nr. 1.
78 BSG 28.02.1985, 10 RAr 19/83, SozR 4100 § 141b Nr. 35; 15.12.1992, 10 RAr 2/92, SozR 3-4100 § 141b Nr. 5.

kosten bereits im Zwangsvollstreckungsverfahren befriedigt worden und macht er nur noch seine dort noch nicht erfüllten Ansprüche aus der »Hauptforderung« auf Arbeitsentgelt geltend.[79]

b) Entgeltumwandlung

Die Ersetzung des Arbeitsentgeltsanspruchs (i.S. eines Barauszahlungsanspruchs) durch eine Zusage des Arbeitgebers zur Aufbringung der Prämien für eine Direktversicherung (Entgeltumwandlung) führt seit der durch das Gesetz vom 02.12.2006[80] mit Wirkung vom 12.12.2006 eingeführten Neuregelung des § 165 Abs. 2 Satz 3 SGB III (bis 31.03.2012 § 183 Abs. 1 Satz 5 SGB III) nicht mehr zum Verlust des Arbeitsentgeltcharakters. Der 11. Senat des BSG hatte diese Frage ursprünglich ausdrücklich offen gelassen[81] und später i.S.d. Rechtsprechung des BAG beantwortet, dass auf Grund der Entgeltumwandlung in Höhe der fraglichen Beiträge keine durch Insolvenzgeld geschützten Ansprüche auf Arbeitsentgelt vorliegen.[82] In seiner grundlegenden Entscheidung vom 26.06.1990[83] hat das BAG zum Wesen einer Versicherung nach Gehaltsumwandlung ausgeführt, dass die vom Arbeitgeber zu zahlenden Versicherungsbeiträge im Verhältnis zum Arbeitnehmer keine Leistungen zur Erfüllung der Gehaltsansprüche seien. Vielmehr solle die Vereinbarung der Arbeitsvertragsparteien zum Zwecke einer Pauschalierung der Lohnsteuer nach § 40b EStG bewirken, dass der Anspruch auf Barauszahlung endgültig untergehe und durch einen Versorgungsanspruch ersetzt werde. Die Arbeitnehmer setzten bei einer Gehaltsumwandlung daher auch keine Eigenmittel ein, sondern verzichteten vielmehr auf die für eine eigene Vorsorge nötigen Vermögensrechte (Gehaltsansprüche) und verließen sich auf die aus dem Betriebsvermögen finanzierte Vorsorge des Arbeitgebers. Nach dieser Entscheidung fehlt es an dem für eine Arbeitsvergütung erforderlichen unmittelbaren Bezug zur Arbeitsleistung, wenn der Arbeitgeber während des Bestandes des Arbeitsverhältnisses durch laufende Beitragszahlung für die vereinbarte Altersversorgung zu sorgen habe, und zwar unabhängig davon, ob Arbeitsvergütung zu leisten sei. An der Auffassung, dass bei einer Gehaltsumwandlung der Anspruch auf laufende Vergütung endgültig beseitigt werde, hat das BAG in späteren Entscheidungen festgehalten.[84]

Die arbeitsrechtliche Konsequenz der Entgeltumwandlung, dass der Anspruch auf Auszahlung des Arbeitsentgelts endgültig untergeht, schloss nach der bisherigen Rechtslage eine abweichende Beurteilung im Insolvenzgeldrecht aus. Gegen die Annahme, dass auf Grund der Entgeltumwandlung keine durch Insolvenzgeld geschützten Ansprüche auf Arbeitsentgelt vorliegen, konnte insb. nicht eingewendet werden, dass nach § 14 Abs. 1 Satz 2 SGB IV Arbeitsentgelt auch Entgeltteile sind, die durch Entgeltumwandlung nach § 1 Abs. 2 BetrAVG für betriebliche Altersversorgung in den Durchführungswegen Direktzusage oder Unterstützungskasse verwendet werden. Denn diese Regelung bezieht die Entgeltumwandlung im Wege der Fiktion in den beitragsrechtlichen Entgeltbegriff ein. Im Übrigen ist der Arbeitsentgeltbegriff des § 165 Abs. 2 Satz 1 SGB III (bis 31.03.2012 § 183 Abs. 1 Satz 3 SGB III) unabhängig davon, ob der fragliche Anspruch der Lohnsteuer- bzw. der Beitragspflicht unterliegt (vgl. Rdn. 22).

Mit der gesetzlichen Neuregelung hat der Gesetzgeber auf die erwähnte Rechtsprechung des BAG[85] verwiesen, wonach durch die Vereinbarung der Entgeltumwandlung der Anspruch des Arbeitnehmers auf Barauszahlung des umgewandelten Arbeitsentgelts endgültig untergeht und durch einen Versorgungsanspruch ersetzt wird, und ausgeführt, diese arbeitsrechtliche Betrachtungsweise werde dem Schutzzweck des Insolvenzgeldes nicht gerecht, weil der Arbeitnehmer die Entgeltumwandlung

---

79 BSG 07.10.2009, B 11 AL 18/08 R, BSGE 104, 278 = SozR 4–4300 § 183 Nr. 12.
80 BGBl. I, 2742.
81 BSG 23.03.2006, B 11a AL 65/05 R.
82 BSG 05.12.2006, B 11a AL 19/05 R, BSGE 98, 5 = SozR 4–4300 § 183 Nr. 7 m.w.N.
83 BAG 26.06.1990, 3 AZR 641/88, BAGE 65, 215, 219 ff. = AP Nr. 11 zu § 1 BetrAVG Lebensversicherung.
84 BAG 08.06.1993, 3 AZR 670/92, BAGE 73, 209, 214 f. = AP Nr. 3 zu § 1 BetrAVG Unverfallbarkeit; 17.02.1998, 3 AZR 611/97, BAGE 88, 28, 30 = AP Nr. 14 zu § 850 ZPO.
85 BAG 26.06.1990, 3 AZR 641/88, BAGE 65, 215, 219 ff.

aus seinem Gehalt finanziert habe. Deshalb werde durch die Neuregelung einer gesetzlichen Fiktion erreicht, dass der Entgeltteil in den Durchführungswegen Pensionsfonds, Pensionskasse und Direktversicherung wie Arbeitsentgelt behandelt werde.[86]

c) Zuordnung zum Insolvenzgeldzeitraum

aa) Drei-Monats-Zeitraum

28 Für die Zuordnung zum Insolvenzgeldzeitraum kommt es entsprechend der Formulierung des Gesetzes in § 165 Abs. 1 Satz 1 SGB III (» für die vorausgegangenen drei Monate ...«; bis 31.03.2012 § 183 Abs. 1 Satz 1 SGB III: »für die vorausgehenden drei Monate ...«) maßgeblich darauf an, wann das Arbeitsentgelt erarbeitet worden ist (sog. **Erarbeitensprinzip**[87]). Ausschlaggebend sind insoweit der arbeitsrechtliche Entstehungsgrund und die Zweckbestimmung der Leistung. Relevant wird dies in besonderer Weise für Sonderleistungen. **Jährliche Sonderzuwendungen** außerhalb des laufenden Arbeitsentgelts (z.B. **Weihnachtsgeld** etc) sind nur dann berücksichtigungsfähig, wenn sie sich ganz oder anteilig den dem Insolvenzereignis vorausgehenden drei Monaten zuordnen lassen. Arbeitsvertragliche Vereinbarungen bzw. Regelungen, die bei vorherigem Ausscheiden des Arbeitnehmers einen zeitanteiligen Anspruch vorsehen, begründen dementsprechend einen Insolvenzgeldanspruch in Höhe des auf den Insolvenzgeldzeitraum entfallenden Anteils. Lässt sich die Sonderzuwendung nicht in dieser Weise einzelnen Monaten zurechnen, ist sie in voller Höhe bei dem Insolvenzgeld zu berücksichtigen, wenn sie im Insolvenzgeldzeitraum zu einem **Stichtag** im Arbeitsverhältnis stehenden Arbeitnehmern hätte ausgezahlt werden müssen. Ist dies nicht der Fall, findet sie überhaupt keine Berücksichtigung (sog. **Alles-oder-Nichts-Prinzip**).[88] Bloße **Fälligkeitsvereinbarungen** ohne Veränderung des Rechtsgrunds vermögen eine Änderung des Stichtags und damit eine Änderung in der zeitlichen Zuordnung der Sonderzuwendung nicht herbeizuführen.[89] Wird **Urlaubsgeld** als eine über das Urlaubsentgelt i.S.d. §§ 1, 11 BUrlG hinausgehende akzessorische Arbeitgeberleistung für die Dauer des Urlaubs gewährt, mit der urlaubsbedingte Mehraufwendungen ausgeglichen werden sollen[90] und ist es deshalb als Teil der Urlaubsvergütung ausgestaltet, so ist es nur zu zahlen, wenn tatsächlich Urlaub gewährt wird und ein Anspruch auf Urlaubsvergütung besteht.[91] In diesem Fall ist das Urlaubsgeld auch insolvenzgeldrechtlich nur zu berücksichtigen, soweit es für die Zeit der Urlaubstage in den letzten drei Monaten vor dem Insolvenzereignis vom Arbeitgeber zu zahlen gewesen wäre.[92] Wird das zusätzliche Urlaubsgeld dagegen urlaubsunabhängig gezahlt,[93] ist es wie jede andere jährliche Sonderzuwendung zu behandeln.[94]

29 **Rückwirkende Lohn- und Gehaltserhöhungen**, die während des Insolvenzgeldzeitraums tariflich vereinbart und fällig werden, begründen keinen Anspruch auf Insolvenzgeld, soweit sie für vor diesem Zeitraum liegende Lohnperioden bestimmt sind. Für rückständigen Lohn kommt es deshalb ebenfalls auf den Zeitpunkt an, in dem die Arbeit als Gegenleistung für den Entgeltanspruch erbracht worden ist. Denn auch wenn Ansprüche in den Zeiträumen des »Erarbeitens« noch nicht entstanden sind und erst durch nachträgliche Vereinbarung begründet werden, kann nicht davon

---

[86] BT-Drucks. 16/3007 zu Art. 2 Nr. 1.
[87] Vgl. BSG 20.06.2001, B 11 AL 3/01 R, SozR 3–4100 § 141b Nr. 23 m.w.N.
[88] Im Rahmen des Konkursausfallgeldes BSG 10.09.1987, 10 RAr 10/86, BSGE 62, 131 = SozR 4100 § 141b Nr. 40; 07.09.1988, 10 RAr 13/87, SozR 4100 § 141b Nr. 42; 18.01.1990, 10 RAr 10/89, SozR 3–4100 § 141b Nr. 1; 02.11.2000, B 11 AL 87/99 R, SozR 3–4100 § 141b Nr. 21, zur tariflichen Jahressondervergütung; im Rahmen des Insolvenzgeldes: BSG 18.03.2004, B 11 AL 57/03 R, BSGE 92, 254 = SozR 4–4300 § 183 Nr. 3; zuletzt BSG 21.07.2005, B 11a/11 AL 53/04 R.
[89] BSG 02.11.2000, B 11 AL 87/99 R, SozR 3–4100 § 141b Nr. 21; 21.07.2005, B 11a/11 AL 53/04 R.
[90] BAG 15.11.1990, 8 AZR 283/89, BAGE 66, 220;BAG 15.04.2003, 9 AZR 137/02, BAGE 106, 22.
[91] BAG 21.10.1997, 9 AZR 255/96, NZA 1998, 666.
[92] BSG 01.12.1976, 7 RAr 136/75, BSGE 43, 49 = SozR 4100 § 141b Nr. 2.
[93] Hierzu BAG 15.04.2003, 9 AZR 137/02, BAGE 106, 22 = AP Nr. 4 zu § 1 TVG Tarifverträge: Bäcker.
[94] Zusammenfassend BSG 23.03.2006, B 11a AL 65/05 R; 04.03.2009, B 11 AL 8/08 R, BSGE 102, 303 = SozR 4–4300 § 183 Nr. 10.

ausgegangen werden, dass sie für den Fälligkeitsmonat bestimmt sind bzw. in diesem Monat als einmalige Ausgleichsleistung dafür dienen sollen, dass sich die Arbeitnehmer bisher noch mit alten Tariflöhnen zufrieden geben mussten.[95] Der 11. Senat des BSG überträgt diese Grundsätze auch auf die konstruktiv anders gelagerte Fallgestaltung eines zur Sicherung des Arbeitsplatzes erfolgten tariflichen Lohnverzichts. Tariflich verzichtete Lohnbestandteile, die im Insolvenzgeldzeitraum kraft tariflicher Regelung neu entstehen und fällig werden, sind bei der Berechnung des Insolvenzgeldes nur zu berücksichtigen, wenn sie im Insolvenzgeldzeitraum erarbeitet worden sind.[96] Parallel gestaltet sich die Zuordnung gesetzlicher Lohnansprüche im Falle des Lohnwuchers.[97]

bb) Anknüpfung an das Arbeitsverhältnis

§ 165 Abs. 1 Satz 1 SGB III (bis 31.03.2012 § 183 Abs. 1 Satz 1 SGB III) sichert rückständige Arbeitsentgeltansprüche nur für die letzten dem Insolvenzereignis vorausgehenden drei Monate des »Arbeitsverhältnisses« und nicht des Beschäftigungsverhältnisses im leistungsrechtlichen Sinne des Arbeitsförderungsrechts.[98] Der Insolvenzgeldzeitraum umfasst daher auch Zeiten nach Beendigung der Beschäftigung, wenn das Arbeitsverhältnis noch andauert. Ein fortdauerndes Arbeitsverhältnis zwischen Arbeitnehmer und Insolvenzfirma wird auch nicht durch die Arbeitsaufnahme bei einem anderen Arbeitgeber beendet. Die Arbeitsaufnahme bei einem anderen Arbeitgeber hat lediglich zur Folge, dass der Arbeitnehmer sich das in diesem Arbeitsverhältnis erzielte Arbeitsentgelt auf seinen Vergütungsanspruch gem. § 615 BGB anrechnen lassen muss. Damit hat der Gesetzgeber deutlich gemacht, dass er den Arbeitsentgeltausfall nach dem Ende der Beschäftigung einbezieht, wenn das Arbeitsverhältnis andauert, und das Ende des Beschäftigungsverhältnisses dem Ende des Arbeitsverhältnisses nicht gleichsteht.[99]

II. Rechtsanspruch

1. Pflichtleistung

Liegen die Anspruchsvoraussetzungen vor, entsteht der Anspruch auf Insolvenzgeld als Pflichtleistung ohne Ermessensspielraum der Bundesagentur für Arbeit. Es handelt sich um eine Leistung der Arbeitsförderung (§ 3 Abs. 1 und 4 SGB III, bis 31.03.2012 § 3 Abs. 1 Nr. 10 SGB III), die Nachrang hinter den Leistungen der aktiven Arbeitsförderung hat (§ 3 Abs. 3 i.V.m. § 5 SGB III, bis 31.03.2012 § 3 Abs. 4). Die Höhe richtet sich nach § 167 SGB III (bis 31.03.2012 § 185, s. dort). Die Leistung genießt **Steuerfreiheit** (§ 3 Nr. 2 EStG), unterliegt jedoch in voller Höhe einschließlich der durch eine Bank vorfinanzierten Teilbeträge im Veranlagungszeitraum der Bewilligung und Auszahlung durch die Arbeitsverwaltung dem Progressionsvorbehalt.[100] Als steuerbefreite Leistung darf das Insolvenzgeld der Bemessung des Elterngelds nicht zugrunde gelegt werden. Anders als im Rahmen des SGB II, wo das Insolvenzgeld wie ein Arbeitsentgeltanspruch behandelt wird (s. Rdn. 7), orientiert sich im Elterngeldrecht die Einkommensermittlung am Einkommensteuerrecht. Dort stellt das Insolvenzgeld keine Gegenleistung für die Erbringung einer Dienstleistung dar.[101]

2. Nebenleistungen

Zusätzlich zum Insolvenzgeld zahlt die Bundesagentur für Arbeit auf Antrag der zuständigen Einzugsstelle den **Gesamtsozialversicherungsbeitrag** nach § 28d SGB IV, der auf die Arbeitsentgelte für die letzten dem Insolvenzereignis vorausgehenden drei Monate des Arbeitsverhältnisses entfällt und bei Eintritt des Insolvenzereignisses noch nicht gezahlt worden ist. Bei **Arbeitnehmerüberlas-**

---

95 Vgl. BSG 24.11.1983, 10 RAr 12/82, SozR 4100 § 141b Nr. 29 – zum Konkursausfallgeld.
96 BSG 04.03.2009, B 11 AL 8/08 R, BSGE 102, 303 = SozR 4–4300 § 183 Nr. 10.
97 *Bienert* info also 2011, 9 (12 f.).
98 Vgl. nur *Brand* in Niesel, SGB III, § 25 Rn. 3 ff.
99 Vgl. BSG 26.07.1999, B 11/10 AL 5/98 B; 25.08.2008, B 11 AL 64/08 B.
100 Zuletzt FG Baden-Württemberg 23.12.2010, 1 K 4861/08, m.w.N.
101 BSG 21.02.2013, B 10 EG 12/12 R, SozR 4–7837 § 2 Nr. 19, m.w.N.

sung haftet der entgeltliche Entleiher an Stelle des Arbeitnehmerüberlassungsunternehmens (Verleiher) für die von diesem als Arbeitgeber (§§ 28e Abs. 1 Satz 1 SGB IV, § 1 Abs. 1 Satz 1 AÜG) geschuldeten Gesamtsozialversicherungsbeiträge wie ein selbstschuldnerischer Bürge (§ 28e Abs. 2 Satz 1 SGB IV), und zwar auch nach dem Eintreten der Arbeitsverwaltung (§ 175 Abs. 2 SGB III, bis 31.03.2012 § 208 SGB III). Das in § 28e Abs. 2 Satz 1 SGB IV dem Entleiher eingeräumte Leistungsverweigerungsrecht »solange die Einzugsstelle den Arbeitgeber nicht gemahnt hat und die Mahnfrist nicht abgelaufen ist,« steht dem Entleiher nicht zu, auch wenn wegen eines Teils der Forderung der Verleiher noch nicht gemahnt ist. Nach Eröffnung des Insolvenzverfahrens über das Vermögen des Verleihers bedarf es ausnahmsweise dessen Mahnung nicht mehr, um an seiner Stelle den Entleiher in Anspruch nehmen zu können. Das Leistungsverweigerungsrecht nach § 28e Abs. 2 Satz 2 SGB IV soll den Entleiher vor einer Inanspruchnahme bewahren, bevor die Nichterfüllung der Zahlungspflicht des Arbeitgebers hinreichend sicher feststeht. Hierfür kommt es weder auf die Gründe der fehlenden Erfüllung noch auf die Erfolglosigkeit der Zwangsvollstreckung gegen den Arbeitgeber an. Eine erfolglose Mahnung ist daher nicht mehr erforderlich, wenn mit der Eröffnung des Insolvenzverfahrens über das Vermögen des Arbeitgebers ohnehin dessen »Zahlungsunfähigkeit und Überschuldung« feststeht, der bisherige Schuldner als Adressat der individuellen Rechtsverfolgung jedenfalls derzeit grds entfällt und damit die Einzugsstelle als Insolvenzgläubigerin (§ 38 InsO) darauf beschränkt ist, »ihre Forderungen nur nach den Vorschriften über das Insolvenzverfahren zu verfolgen« (§ 87 InsO), dh ihr ggf zustehende Forderungen im grds gleichen Rang wie alle anderen Insolvenzgläubiger beim Insolvenzverwalter anzumelden (§ 174 Abs. 1 Satz 1 InsO). Grundsätze des Insolvenzrechts gebieten es nicht, diese Regelungen über die Inanspruchnahme des Entleihers von Arbeitnehmern weitergehend zugunsten der Entleiher teleologisch zu reduzieren.[102] Der Beitragsanspruch unterliegt der vierjährigen **Verjährung** des § 25 SGB IV. Entscheidet sich jedoch der in seiner Liquidität eingeschränkte Beitragsschuldner in Kenntnis der Beitragspflicht für die teilweise Erfüllung von Ansprüchen der Arbeitnehmer und gegen eine Zahlung fälliger Beiträge, sind die Beiträge vorsätzlich i.S.d. § 25 Abs. 1 Satz 2 SGB IV vorenthalten und gilt eine dreißigjährige Verjährungsfrist.[103]

C. Verfahren

I. Antrag

33 Insolvenzgeld ist eine Leistung der Arbeitsförderung (§ 3 Abs. 1 SGB III, bis 31.03.2012 § 3 Abs. 1 Nr. 10 SGB III), die nach Maßgabe des § 323 Abs. 1 Satz 1 SGB III nur auf (formlosen) Antrag erbracht wird. Der Antrag hat keinen materiell-rechtlichen, sondern lediglich verfahrensrechtlichen Charakter.

1. Ausschlussfrist

34 Der Antrag ist abweichend vom Grundsatz der Antragstellung vor Eintritt des leistungsbegründenden Ereignisses (§ 324 Abs. 1 Satz 1 SGB III) innerhalb einer Ausschlussfrist von zwei Monaten nach dem Insolvenzereignis zu stellen. Dies gilt auch für den Fall, dass sich der Insolvenzgeldzeitraum nach § 165 Abs. 3 SGB III (bis 31.03.2012 § 183 Abs. 2 SGB III) verschiebt, weil der Arbeitnehmer in Unkenntnis des Insolvenzereignisses weitergearbeitet hat oder die Arbeit aufgenommen hat.[104] Hat der Arbeitnehmer die Frist aus Gründen versäumt, die er nicht zu vertreten hat, wird Insolvenzgeld geleistet, wenn der Antrag innerhalb einer Nachfrist von zwei Monaten nach Wegfall des Hinderungsgrundes gestellt wird. Von Vertretenmüssen geht das Gesetz aus, wenn der Arbeitnehmer sich nicht mit der erforderlichen Sorgfalt um die Durchsetzung seiner Ansprüche bemüht hat (§ 324 Abs. 3 SGB III). So kann es sich verhalten, wenn der Arbeitnehmer die Mitteilung seines im parallelen arbeitsgerichtlichen Verfahren tätigen Rechtsanwalts über die Unterbrechung des Verfahrens aus Anlass der Insolvenz so wertet, dass es ausreichen würde, den Insolvenzgeldantrag bei nächster

---

102 BSG 07.03.2007, B 12 KR 11/06 R, SozR 4–2400 § 28e Nr. 1.
103 BSG 21.02.2007, B 11a AL 15/06 R, SozR 4–2400 § 25 Nr. 1.
104 Vgl. BSG 30.04.1996, 10 RAr 8/94.

Gelegenheit ohne Versäumung von Arbeitszeit zu stellen.[105] Die Ausschlussfrist hat materielle Wirkung und führt zum Erlöschen des Anspruchs.

2. Gemeinschaftsrechtskonformität

Die Ausschlussfrist ist gemeinschaftsrechtskonform. Der EuGH hat sich in seiner Entscheidung vom 18.09.2003[106] zur deckungsgleichen Ausschlussfrist der Vorgängerregelung des § 141e Abs. 1 AFG geäußert und ausgeführt, dass die Richtlinie 80/987/EWG zur Angleichung der Rechtsvorschriften der Mitgliedstaaten über den Schutz der Arbeitnehmer bei Zahlungsunfähigkeit des Arbeitgebers (s. Rdn. 6) nicht der Anwendung einer Ausschlussfrist entgegen steht, binnen derer ein Arbeitnehmer nach nationalem Recht einen Antrag auf Zahlung von – damals – Konkursausfallgeld nach Maßgabe dieser Richtlinie stellen muss, wenn die betreffende Frist nicht weniger günstig ist als bei gleichartigen innerstaatlichen Anträgen (**Grundsatz der Gleichwertigkeit**) und nicht so ausgestaltet ist, dass sie die Ausübung der von der Gemeinschaftsrechtsordnung eingeräumten Rechte praktisch unmöglich macht (**Grundsatz der Effektivität**). Hiervon ausgehend ist der 11. Senat des BSG von offensichtlicher Gemeinschaftsrechtskonformität der Ausschlussfrist des § 324 Abs. 3 SGB III ausgegangen, weil insb. mit Blick auf die Nachfrist die Ausschlussfrist in der Gesamtbetrachtung nicht weniger günstig ist als bei anderen Lohnersatzleistungen, etwa Arbeitslosengeld oder Kurzarbeitergeld.[107] Der Entscheidung im Einzelfall muss im Übrigen vorbehalten bleiben, ob und welche Anforderungen unter Beachtung des gemeinschaftsrechtlichen Grundsatzes der Effektivität an die Nachfristgewährung zu stellen sind.[108] Dies gilt auch für den Fall, dass sich der Insolvenzgeldzeitraum verschiebt, weil der Arbeitnehmer in Unkenntnis des Insolvenzereignisses weitergearbeitet oder die Arbeit aufgenommen hat (vgl. § 165 Abs. 3 SGB III, bis 31.03.2012 § 183 Abs. 2 SGB III).

3. Einzelheiten der Antragstellung

Nähere Einzelheiten im Zusammenhang mit dem Antrag auf und der Bewilligung von Insolvenzgeld lassen sich dem **Merkblatt »Insolvenzgeld«** (Stand Januar 2013) und den **Durchführungsanweisungen zum Insolvenzgeld** (Stand Mai 2013) der Bundesagentur für Arbeit entnehmen, welche beide abrufbar sind unter www.arbeitsagentur.de (Veröffentlichungen, Weisungen). Das Merkblatt wendet sich als Informationsbroschüre mit allgemeinen Hinweisen an Arbeitnehmer und unterrichtet über die Voraussetzungen des Insolvenzgeldes. Fehlinformationen im Zusammenhang mit dem Merkblatt sind geeignet, einen **sozialrechtlichen Herstellungsanspruch** auszulösen.[109] Die Durchführungsanweisungen sind interne Weisungen an die Mitarbeiter der Bundesagentur für Arbeit ohne normative Wirkungen.[110] Da sie keine Rechtsnormqualität aufweisen, binden sie auch die Gerichte nicht. Sie können indessen u.U. im Außenverhältnis zum Arbeitnehmer über eine gleichmäßige Verwaltungspraxis i.V.m. Art. 3 GG Bindungswirkung entfalten.

II. Insolvenzgeldbescheinigung

Der Insolvenzverwalter hat auf Verlangen der Agentur für Arbeit für jeden Arbeitnehmer, für den ein Anspruch auf Insolvenzgeld in Betracht kommt, u.a. die Höhe des Arbeitsentgelts für die letzten der Eröffnung des Insolvenzverfahrens vorausgehenden drei Monate des Arbeitsverhältnisses sowie die Höhe der gesetzlichen Abzüge und der zur Erfüllung der Ansprüche auf Arbeitsentgelt erbrachten Leistungen zu bescheinigen (vgl. § 314 SGB III). Die Verpflichtung zur Erteilung einer Insolvenz-

---

105 LSG Sachsen-Anhalt 22.09.2011, L 2 AL 87/08 = info also 2012, 255 mit nachfolgendem Anerkenntnis der Bundesagentur für Arbeit im Revisionsverfahren B 11 AL 27/11 R.
106 C-125/01, SozR 4–4300 § 324 Nr. 1 – Peter Pflücke.
107 BSG, Beschluss vom 17.07.2007, B 11a AL 75/07 B, SozR 4–4300 § 324 Nr. 4.
108 Vgl. SG Aachen 21.11.2003, S. 8 AL 64/03, und hierzu *Peters-Lange* in Gagel, SGB III, § 165 Rn. 4a, 4b m.w.N. (Stand Juni 2012).
109 Hierzu zuletzt BSG 08.02.2007, B 7a AL 22/06 R, BSGE 98, 108 = SozR 4–4300 § 324 Nr. 3.
110 BSG 09.11.1983, 7 RAr 50/82, SozR 4495 § 12 Nr. 1.

geldbescheinigung besteht als öffentlich-rechtliche Verpflichtung gegenüber der Arbeitsverwaltung. Das vorgelagerte Problem, ob der Insolvenzverwalter auch arbeitsrechtlich dem Arbeitnehmer gegenüber zur Erteilung einer Insolvenzgeldbescheinigung verpflichtet ist, ist in der Rechtsprechung der LAG bisher unterschiedlich beantwortet worden.[111] Das Hessische LAG[112] hat darüber hinaus entschieden, dass der Arbeitnehmer jedenfalls nicht verlangen kann, dass die Insolvenzgeldbescheinigung mit einem bestimmten Inhalt erteilt wird. Entsprechend dem öffentlich-rechtlichen Charakter der Insolvenzgeldbescheinigung sind solche inhaltlichen Fragen ausschließlich vor den Gerichten der Sozialgerichtsbarkeit in einem Streit um das Insolvenzgeld selbst zu behandeln.[113] Den Angaben in der Insolvenzgeldbescheinigung kommt in einem derartigen Verfahren keine Tatbestandswirkung[114] zu. Der Anspruch auf die Insolvenzgeldbescheinigung entbindet daher die Arbeitsverwaltung ebenso wenig wie die Insolvenzgeldbescheinigung selbst von weitergehender Amtsermittlung. Dies gilt im nachfolgenden Insolvenzgeldrechtsstreit in gleicher Weise für die Gerichte. Eine Aussetzung des Verfahrens wegen fehlender Insolvenzgeldbescheinigung ist nicht zulässig.

III. Auszahlung

38 Für die Auszahlung gelten die Vorschriften über Geldleistungen (§ 337 SGB III). Geldleistungen werden danach auf das von dem Leistungsberechtigten angegebene inländische Konto bei einem Geldinstitut überwiesen. Insolvenzgeld wird nachträglich für den Zeitraum ausgezahlt, für den es beantragt worden ist (§ 337 Abs. 3 Satz 2 SGB III). Zur Vermeidung unbilliger Härten können angemessene **Abschlagszahlungen** geleistet werden (§ 337 Abs. 4 SGB III). Sie sind nur zulässig, wenn bei planmäßiger Zahlung eine unbillige Härte eintreten würde, setzen also das Entstehen der Leistung am Tag der Anweisung voraus (vgl. Durchführungsanweisungen der Bundesagentur für Arbeit zu § 337 SGB III[115]). An der Feststellung der unbilligen Härte hat der Leistungsempfänger mitzuwirken. Hiervon zu unterscheiden sind Vorschusszahlungen nach § 168 SGB III (bis 31.03.2012 § 186 SGB III, s. dort).

IV. Allgemeines Verfahrensrecht

1. Sozialverwaltungsverfahren

39 Auf das Insolvenzgeld finden neben den gemeinsamen Vorschriften für Leistungen der Bundesagentur für Arbeit (§§ 323 ff. SGB III) die allgemeinen Vorschriften über das Sozialverwaltungsverfahren des SGB X Anwendung. Die Tätigkeit der Arbeitsverwaltung ist nach § 3 SGB I öffentlich-rechtliche Verwaltungstätigkeit von Behörden, die nach dem Sozialgesetzbuch ausgeübt wird.[116] In der Praxis von erheblicher Bedeutung sind insb. die allgemeinen Regeln über die Überprüfung bzw. Aufhebung der Bewilligung und Rückforderung von überzahlten Leistungen (§§ 44 ff. SGB X), welche durch § 330 SGB III vor allem dahingehend modifiziert werden, dass an die Stelle pflichtgemäßen Ermessens gebundene Entscheidungen treten.

2. Sozialgerichtsverfahren

40 Für Rechtsstreitigkeiten im Zusammenhang mit dem Insolvenzgeld ist der Rechtsweg zu den Sozialgerichten eröffnet (§ 51 Abs. 1 Nr. 4 SGG). Lehnt die Bundesagentur für Arbeit die Bewilligung von Insolvenzgeld ab, schließt sich nach § 78 SGG zwingend ein Vorverfahren als Voraussetzung eines Sozialgerichtsverfahrens an. Richtige Klageart ist i.d.R. die kombinierte Anfechtungs- und Leistungsklage (§ 54 Abs. 1 und 4 SGG). Die Voraussetzungen einer notwendigen **Beiladung** des

---

111 Bejahend LAG Bremen, Beschl. v. 16.06.1995, 4 Ta 26/95; verneinend LAG Schleswig-Holstein, Beschl. v. 28.10.2003, 2 Sa 324/03.
112 Urt. v. 25.08.2004, 8 Sa 62/04.
113 *Voelzke* in jurisPR-SozR 7/2005 Anm. 2.
114 Hierzu *Roos* in v. Wulffen/Schütze, SGB X, vor § 39 Rn. 4 ff.
115 Abrufbar unter www.arbeitsagentur.de.
116 Vgl. *Roos* in v. Wulffen/Schütze, SGB X, § 1 Rn. 5.

Insolvenzverwalters (§ 75 Abs. 2 SGG) sind nicht gegeben, denn im Insolvenzgeldrechtsstreit geht es nicht um einen Streit über die Sozialversicherungspflicht.[117] Für die **Nichtzulassungsbeschwerde** (§ 160a SGG) und die **Revision** (§ 160 SGG) ist zu beachten, dass Insolvenzgeldstreitigkeiten häufig ihren Ausgang in der Auslegung von Regeln des individuellen oder kollektiven Arbeitsrechts haben. Dann kann sich die Frage der **Revisibilität der Rechtsnormen** stellen. Nur Bundesrecht oder Vorschriften, deren Geltungsbereich sich über den Bezirk des Berufungsgerichts hinaus erstreckt, unterliegen der Überprüfung durch das Revisionsgericht (vgl. § 162 SGG). Die Revisibilität kann sich daraus ergeben, dass es gleichlautende arbeitsrechtliche Normen in anderen Bundesländern gibt[118] oder bei der Anwendung irreversiblen Rechts zugleich revisibles Recht verletzt worden ist, etwa die Grenzen zulässiger Auslegung überschritten wurden[119] oder eine nicht revisible Vorschrift völlig übersehen worden ist.[120]

Das sozialgerichtliche Verfahren unterliegt regelmäßig der **Kostenprivilegierung**, dh für den Arbeitnehmer als Leistungsempfänger i.S.d. § 183 SGG ist der Rechtsstreit gerichtsgebührenfrei, lediglich zu Lasten der Bundesagentur für Arbeit entstehen **Pauschgebühren**. Die außergerichtlichen Kosten der Arbeitsverwaltung sind nicht erstattungsfähig (§ 193 Abs. 4 i.V.m. § 184 SGG). Die außergerichtlichen Kosten des Arbeitnehmers berechnen sich im Falle der Einschaltung eines Rechtsanwaltes nicht nach dem Gegenstandswert, vielmehr entstehen **Betragsrahmengebühren** (§ 3 Abs. 1 Satz 1 RVG). Die genannte Kostenprivilegierung gilt auch für das vorfinanzierende Kreditinstitut (s. näher § 170 SGB III, bis 31.03.2012 § 188 SGB III). Dieses ist ebenfalls Leistungsempfänger i.S.d. § 183 SGG. Das folgt aus § 170 Abs. 1 SGB III (bis 31.03.2012 § 188 Abs. 1 SGB III), wonach der Anspruch auf Insolvenzgeld durch die Übertragung der Ansprüche auf Arbeitsentgelt dem Dritten (vorfinanzierenden Kreditinstitut) zusteht. Damit tritt der Dritte kraft Gesetzes in die Rechtsstellung des Arbeitnehmers ein und erwirbt kraft Gesetzes selbst unmittelbar einen Anspruch auf Insolvenzgeld.[121] Tritt das vorfinanzierende Kreditinstitut die kraft Gesetzes erworbenen Insolvenzgeldansprüche allerdings nach Maßgabe des § 398 BGB an den Insolvenzverwalter ab, ist dieser kein Leistungsempfänger i.S.d. § 183 SGG. Im Rechtsstreit geltend gemacht wird dann der Anspruch des Rechtsnachfolgers eines Leistungsempfängers, ohne dass ein Fall der Sonderrechtsnachfolge (§ 56 SGB I) oder der Verfahrensaufnahme durch den Rechtsnachfolger (§ 183 Satz 2 SGG) eingetreten ist.[122] In diesem Fall entfällt die Kostenprivilegierung, §§ 184 bis 195 SGG finden keine Anwendung. Es werden Gerichtsgebühren gem. § 197a SGG nach Maßgabe des GKG erhoben. Außergerichtliche Kosten entstehen nach den Regeln des Verwaltungsgerichtsprozesses (§§ 154 ff. VwGO). Bei Einschaltung eines Rechtsanwalts entstehen **Gegenstandswertgebühren** (§ 3 Abs. 1 Satz 2 RVG). Die Kostengrundsätze nach § 197a SGG gelangen im Übrigen auch dann zur Anwendung, wenn der Arbeitnehmer nach Abtretung seines Insolvenzgeldanspruchs diesen als gewillkürter **Prozessstandschafter** für den Abtretungsempfänger geltend macht.[123]

§ 166 SGB III Anspruchsausschluss (idF ab 01.04.2012)

(1) Arbeitnehmerinnen und Arbeitnehmer haben keinen Anspruch auf Insolvenzgeld für Ansprüche auf Arbeitsentgelt, die
1. sie wegen der Beendigung des Arbeitsverhältnisses oder für die Zeit nach der Beendigung des Arbeitsverhältnisses haben,

---

117 BSG 04.03.2009, B 11 AL 8/08 R, BSGE 102, 303 = SozR 4–4300 § 183 Nr. 10 m.w.N.
118 Vgl. BSG 04.03.2009, B 11 AL 8/08 R, BSGE 102, 303 = SozR 4–4300 § 183 Nr. 10.
119 BSG 27.09.1994, 10 RAr 1/93, BSGE 75, 92 = SozR 3–4100 § 141b Nr. 10.
120 Vgl. BSG 23.03.2006, B 11a AL 29/05 R, SozR 4–4300 § 183 Nr. 6.
121 BSG 05.12.2006, B 11a AL 19/05 R, BSGE 98, 5 = SozR 4–4300 § 183 Nr. 7.
122 Vgl. BSG 01.07.2010, B 11 AL 6/09 R; die dort vorgenommene isolierte Korrektur der anders lautenden Kostenentscheidungen der Vorinstanzen ist angesichts der Erfolglosigkeit der vorangegangenen Rechtsmittel allerdings kaum nachvollziehbar.
123 Vgl. BSG 04.06.2007, B 11a AL 153/06 B.

2. sie durch eine nach der Insolvenzordnung angefochtene Rechtshandlung oder eine Rechtshandlung, die im Fall der Eröffnung des Insolvenzverfahrens anfechtbar wäre, erworben haben oder
3. die Insolvenzverwalterin oder der Insolvenzverwalter wegen eines Rechts zur Leistungsverweigerung nicht erfüllt.

(2) Soweit Insolvenzgeld gezahlt worden ist, obwohl dies nach Absatz 1 ausgeschlossen ist, ist es zu erstatten.

Übersicht	Rdn.		Rdn.
A. Allgemeines	1	I. Anspruchsausschluss	2
B. Regelungsinhalt	2	II. Erstattung	4

A. Allgemeines

1 Die Vorschrift geht zurück auf § 141b Abs. 1 Satz 3 und § 141c AFG und schließt darüber hinaus auch noch Arbeitsentgeltansprüche »wegen der Beendigung des Arbeitsverhältnisses« aus. Gemeint sind damit Urlaubsabgeltungsansprüche und die Entgeltfortzahlung im Krankheitsfall über die Beendigung des Arbeitsverhältnisses hinaus.[1] Die Materialien sind insoweit nicht ganz eindeutig, weil der Ausschluss der genannten Entgeltfortzahlung »für die Zeit nach Beendigung des Arbeitsverhältnisses« schon in § 141b Abs. 1 Satz 3 AFG[2] verankert worden war mit dem Ziel, die entgegenstehende Rechtsprechung[3] zu korrigieren und den Insolvenzgeldanspruch zu begrenzen.[4] Die Regelung ist seit ihrer Normierung im SGB III im Wesentlichen unverändert und dient überwiegend auch dem Schutz der Insolvenzversicherung vor missbräuchlicher Inanspruchnahme.[5] Mit dem Gesetz zur Verbesserung der Eingliederungschancen am Arbeitsmarkt wurde § 184 SGB III zum 01.04.2012 in § 166 SGB III umnummeriert, sprachlich überarbeitet und zur sprachlichen Gleichbehandlung von Männern und Frauen angepasst. Insoweit wird zur Vereinfachung im Folgenden indes die bisherige Sprachregelung beibehalten.[6]

B. Regelungsinhalt

I. Anspruchsausschluss

2 Nach § 165 SGB III (bis 31.03.2012 § 183 SGB III) berücksichtigungsfähiges Arbeitsentgelt wird zur Vermeidung missbräuchlicher Inanspruchnahme vom Insolvenzgeld in drei Fällen ausgeschlossen, nämlich:
– wegen der Beendigung des Arbeitsverhältnisses erworbenes Arbeitsentgelt (Nr. 1),
– aus anfechtbarem Rechtsgeschäft erworbenes Arbeitsentgelt (Nr. 2),
– mit einem Leistungsverweigerungsrecht erworbenes Arbeitsentgelt (Nr. 3).

Nennenswerte Bedeutung hat in der gerichtlichen Spruchpraxis die erste Fallgruppe der Arbeitsentgelte, die der Arbeitnehmer wegen der Beendigung des Arbeitsverhältnisses erworben hat. Hierher gehört die **Urlaubsabgeltung**. Das BSG hat zwar unter Geltung der §§ 141a ff. AFG den Urlaubsabgeltungsanspruch sozusagen einem Fiktivurlaub, nämlich den letzten Tagen unmittelbar vor der rechtlichen Beendigung des Arbeitsverhältnisses zugeordnet, welche der abzugeltenden Urlaubsdauer entsprechen.[7] Es hat diese Rechtsprechung im Geltungsbereich des SGB III indessen nicht fortgeführt. Mit Blick auf den Wortlaut des Gesetzes und vergleichbare Formulierungen des Gesetz-

---

1 BT-Drucks. 13/4941, 188.
2 Eingefügt durch das 1. SKWPG v. 21.12.1993 I, 2353 mWv 01.01.1994.
3 BSG 23.08.1989, 10 RAr 1/89, SozR 4100 § 141b Nr. 48.
4 BT-Drucks. 12/5502, 36.
5 Vgl. schon BT-Drucks. 7/1750, 12.
6 *BT-Drucks. 17/6277;* BT-Drucks. 17/6853; BT-Drucks. 17/7065; BT-PlPr 17/128, 15116; BR-Drucks. 556/11; BR-Drucks. 762/11; BGBl. 2011 I, 2854.
7 BSG 30.11.1977, 12 RAr 99/76, BSGE 45, 191, 193 = SozR 4100 § 141b Nr. 5; 27.09.1994, 10 RAr 6/93,

gebers in § 158 SGB III (bis 31.03.2012 § 143a Abs. 1 Satz 1 SGB III) hat das BSG entschieden, dass die hier allein in Betracht kommende erste Tatbestandsalternative einen ursächlichen Zusammenhang i.S. einer wesentlichen Bedingung voraussetzt. Hiervon ausgehend vertritt es deshalb die Rechtsauffassung, dass auch der Anspruch auf Urlaubsabgeltung i.S.d. § 7 Abs. 4 BUrlG, den der Arbeitnehmer erwirbt, wenn die Erfüllung des originären Urlaubsanspruchs infolge der Beendigung des Arbeitsverhältnisses unmöglich geworden ist, als Anspruch, den der Arbeitnehmer »wegen der Beendigung des Arbeitsverhältnisses« hat, vom Anspruchsausschluss des § 166 Abs. 1 Nr. 1 Alt. 1 SGB III (bis 31.03.2012 § 184 Abs. 1 Nr. 1 Alt. 1 SGB III) erfasst wird.[8] Das BSG hat in diesem Zusammenhang ferner klargestellt, dass es für den genannten Ausschlusstatbestand nicht darauf ankommt, ob dieser – wie früher vom BSG für den Urlaubsabgeltungsanspruch angenommen[9] – als aufschiebend bedingter Anspruch bereits vor der Beendigung des Arbeitsverhältnisses angelegt ist. Denn auch in diesem Fall »hat« der Arbeitnehmer den Anspruch mit diesem Inhalt nicht, solange die Bedingung nicht eingetreten ist.[10]

Dem Urlaubsabgeltungsanspruch gleichzustellen ist der **Schadensersatzanspruch wegen nicht gewährten Ersatzurlaubs**, weil der Arbeitnehmer den Anspruch auf die Geldentschädigung wegen nicht gewährten Ersatzurlaubs erst »hat«, wenn nicht nur zunächst wegen Fristablaufs der Urlaubsanspruch selbst, sondern anschließend auch der im Wege der Naturalrestitution an seine Stelle tretende Ersatzurlaubsanspruch »wegen der Beendigung des Arbeitsverhältnisses« unmöglich geworden ist.[11] Hierher gehören ferner **Abfindungen**, wenn sie als sozialer Ausgleich wegen der Beendigung des Arbeitsverhältnisses und nicht als Gegenleistung für erbrachte Arbeit zu zahlen waren bzw. keine Anhaltspunkte für eine verdeckte Arbeitsentgeltzahlung in Form einer Abfindung bestehen.[12] Eine andere Wertung kann sich aus der Richtlinie 2008/94/EG ergeben (s. hierzu § 165 SGB III Rdn. 6). Nach Art. 3 der Richtlinie treffen die Mitgliedstaaten die erforderlichen Maßnahmen, damit vorbehaltlich des Art 4 Garantieeinrichtungen die Befriedigung der nicht erfüllten Ansprüche der Arbeitnehmer aus Arbeitsverträgen und Arbeitsverhältnissen sicherstellen, einschließlich, sofern dies nach ihrem innerstaatlichen Recht vorgesehen ist, einer Abfindung bei Beendigung des Arbeitsverhältnisses. Hiernach ist denkbar, dass jedenfalls der Ausschluss gesetzlicher Abfindungen gemeinschaftsrechtswidrig ist. Als gesetzliche Abfindungen kommen insb. die nach § 1a KSchG in Betracht.[13]

II. Erstattung

§ 166 Abs. 2 SGB III (bis 31.03.2012 § 184 Abs. 2 SGB III) ermöglicht der Bundesagentur für Arbeit im Falle der Insolvenzgeldzahlung trotz Ausschlusstatbestands ein vereinfachtes Erstattungsverfahren unabhängig von den Voraussetzungen der §§ 45, 50 SGB X (s. § 165 SGB III Rdn. 39). Der Wortlaut der Norm spricht dafür, dass es keiner gesonderten Aufhebung der Bewilligung neben dem Erstattungsverlangen bedarf. Erstattet der Arbeitnehmer den zu Unrecht gewährten Betrag, fällt auch der gem. § 169 SGB III (bis 31.03.2012 § 187 SGB III; s. dort) auf die Bundesagentur für Arbeit übergegangene Arbeitsentgeltanspruch an ihn zurück.

SozR 3–4100 § 141b Nr. 11 und 10 RAr 7/93, SozR 3–4100 § 141b Nr. 12; 03.12.1996, 10 RAr 7/95, SozR 3–4100 § 141b Nr. 16.
8 BSG 20.02.2002, B 11 AL 71/01 R, SozR 3–4300 § 184 Nr. 1; hieran anschließend BAG 25.03.2003, 9 AZR 174/02, BAGE 105, 345 = AP Nr. 4 zu § 55 InsO im Zusammenhang mit § 55 Abs. 1 Nr. 2 Alt. 2 InsO.
9 BSGE 45, 191, 193, a.a.O.
10 BSG 20.02.2002, B 11 AL 71/01 R, SozR 3–4300 § 184 Nr. 1.
11 BSG 06.05.2009, B 11 AL 12/08 R, BSGE 103, 142 = SozR 4–4300 § 184 Nr. 1.
12 Vgl. Sächsisches LSG 03.01.2008, L 3 AL 215/06.
13 Str., vgl. *Peters-Lange* in Gagel, SGB III, § 166 Rn. 5a, 5b m.w.N. (Stand Juni 2012).

§ 167 SGB III Höhe (idF ab 01.04.2012)

(1) Insolvenzgeld wird in Höhe des Nettoarbeitsentgelts gezahlt, das sich ergibt, wenn das auf die monatliche Beitragsbemessungsgrenze (§ 341 Absatz 4) begrenzte Bruttoarbeitsentgelt um die gesetzlichen Abzüge vermindert wird.

(2) Ist die Arbeitnehmerin oder der Arbeitnehmer
1. im Inland einkommensteuerpflichtig, ohne dass Steuern durch Abzug vom Arbeitsentgelt erhoben werden, oder
2. im Inland nicht einkommensteuerpflichtig und unterliegt das Insolvenzgeld nach den für sie oder ihn maßgebenden Vorschriften nicht der Steuer,

sind vom Arbeitsentgelt die Steuern abzuziehen, die bei einer Einkommensteuerpflicht im Inland durch Abzug vom Arbeitsentgelt erhoben würden.

Übersicht	Rdn.		Rdn.
A. Allgemeines	1	II. Verminderung um die gesetzlichen Abzüge	4
B. Regelungsinhalt	3	III. Sonderfälle der Berechnung	5
I. Bruttoarbeitsentgelt iH der Beitragsbemessungsgrenze	3		

A. Allgemeines

1 Die Regelung zur Höhe des Insolvenzgeldes war ursprünglich im Wesentlichen an die entsprechende Vorschrift des § 141d AFG zum Konkursausfallgeld angelehnt und sollte durch das dort verankerte reine **Nettoprinzip** verhindern, dass der Arbeitnehmer über die Lohnersatzleistung mehr erlangt als über das Arbeitsentgelt. Zwischenzeitlich ist durch das 3. Gesetz für moderne Dienstleistungen am Arbeitsmarkt vom 23.12.2003[1] mWv 01.01.2004 aus Kostengründen (s. § 165 SGB III Rdn. 3) eine Kappung des Bruttoarbeitsentgelts iH der Beitragsbemessungsgrenze eingeführt worden. Zum Übergangsrecht bestimmte § 434j Abs. 2 Nr. 5 SGB III (aufgehoben zum 01.04.2012) insoweit, dass § 185 SGB III in seiner Fassung bis zum 31.12.2003 weiter Anwendung findet, wenn das Insolvenzereignis vor dem 01.01.2004 liegt. Bei der Bemessung des Insolvenzgeldes ist die monatliche **Beitragsbemessungsgrenze** dagegen noch nicht zu berücksichtigen, wenn der Insolvenzgeld-Zeitraum im Jahr 2003 liegt. Die Entstehungsgeschichte der Norm ergibt keinen eindeutigen Hinweis darauf, ob der Gesetzgeber über ihren Wortlaut hinaus die Anwendung des neuen Rechts für alle Fälle anordnen wollte, in denen das Insolvenzereignis nach dem 31.12.2003 liegt. § 434j Abs. 2 Nr. 5 SGB III wurde im Verlauf des Gesetzgebungsverfahrens erst auf den Vorschlag des Ausschusses für Wirtschaft und Arbeit in das Gesetz eingefügt.[2] Die »Stichtagsregelung« soll nach der Begründung des Ausschusses der Rechtssicherheit dienen und die Anwendung unterschiedlichen Rechts bei der Erbringung von Insolvenzgeld in demselben Insolvenzverfahren vermeiden.[3] Dieses Ziel legt ein Verständnis i.S. einer Begünstigung der betroffenen Arbeitnehmer nahe. Denn nur in den Fällen der Weiterarbeit oder Aufnahme einer Arbeit in Unkenntnis der Insolvenz (§ 165 Abs. 3 SGB III, s. dort) können Zeiträume des berücksichtigungsfähigen Arbeitsentgelts schon in das Jahr 2004 fallen, obwohl das Insolvenzereignis noch im Jahr 2003 eingetreten ist. In einem solchen Fall erhält § 434j Abs. 12 Nr. 5 SGB III den Sinn, dem Arbeitnehmer noch die Anwendung der günstigeren früheren Fassung zuzubilligen, obwohl die Insolvenzgeld-Zeiträume bereits im Jahr 2004 liegen. Der in Insolvenzgeldangelegenheiten ausschließlich zuständige 11a/11. Senat des BSG hat die Übergangsregelung deshalb im Wege der **verfassungsgeleiteten Interpretation** dahingehend ausgelegt, dass sie nur in den Fällen des § 165 Abs. 3 SGB III (bis 31.03.2012 § 183 Abs. 2 SGB III) bei Weiterarbeit oder Aufnahme einer Arbeit in Unkenntnis der Insolvenz zur Anwendung gelangt.

---

1 BGBl. I, 2848.
2 BT-Drucks. 15/1728, 95.
3 BT-Drucks. 15/1749, 26.

Im Übrigen trifft § 434j Abs. 12 Nr. 5 SGB III keine Regelung für die Fälle, in denen die Insolvenz 2
in das Jahr 2004 fällt, der Insolvenzgeld-Zeitraum indessen noch im Jahr 2003 liegt. Für diese Fälle
bleibt es bei der Anwendung des bisherigen Rechts. Dies gilt nicht nur, wenn der Insolvenzgeld-Zeitraum vollständig in das Jahr 2003 fällt,[4] sondern auch, wenn nur ein Teil des Insolvenzgeldzeitraums
im Jahr 2003 platziert ist.[5] Eine Anwendung der Neufassung würde in diesen Fällen für den Arbeitnehmer (und den das Insolvenzgeld vorfinanzierenden Dritten) eine unzulässige unechte **Rückwirkung** i.S. einer tatbestandlichen Rückanknüpfung bewirken, weil die Norm dann auf gegenwärtige,
noch nicht abgeschlossene Sachverhalte und Rechtsbeziehungen für die Zukunft einwirken und damit zugleich eine Rechtsposition nachträglich entwerten würde,[6] ohne die sachlichen Grenzen zu
berücksichtigen, die sich unter Beachtung der Schranke des Rechtsstaats- und Sozialstaatsprinzips
i.S.d. Art. 20 GG aus dem Gebot der Rechtssicherheit und dem daraus folgenden Vertrauensschutz
ergeben. Für diesen Fall hätte sich dem Gesetzgeber nämlich aufdrängen müssen, dass das angestrebte Ziel einer sofortigen Begrenzung der Insolvenzgeldausgaben einer besonderen Begründung
bedurft und eine geeignete Übergangsregelung auf die Interessen der Betroffenen, die sich auf die
durch eine Gesetzesänderung entstehende nachträgliche Entwertung ihrer Ansprüche nicht einstellen konnten, Rücksicht zu nehmen hätte. Mit dem Gesetz zur Verbesserung der Eingliederungschancen am Arbeitsmarkt wurde § 185 SGB III zum 01.04.2012 in § 167 SGB III umnummeriert,
sprachlich überarbeitet und zur sprachlichen Gleichbehandlung von Männern und Frauen angepasst. Insoweit wird zur Vereinfachung im Folgenden indes die bisherige Sprachregelung beibehalten.[7]

B. Regelungsinhalt

I. Bruttoarbeitsentgelt iH der Beitragsbemessungsgrenze

§ 167 Abs. 1 SGB III (bis 31.03.2012 § 185 Abs. 1 SGB III) regelt für den Grundfall die Höhe des 3
auszuzahlenden Insolvenzgeldbetrags, Abs. 2 die sich im Zusammenhang mit dem Steuerrecht ergebenden Sonderfälle. Grds errechnet sich die Höhe des Insolvenzgeldes aus dem Nettoarbeitsentgelt.
Dieses wird ermittelt, indem das bis zur monatlichen **Beitragsbemessungsgrenze** nach §§ 165, 166
SGB III (bis 31.03.2012 §§ 183, 184 SGB III) berücksichtigungsfähige Bruttoarbeitsentgelt um die
gesetzlichen Abzüge vermindert wird. Die maßgebliche Lohnsteuer ist anhand der Lohnsteuertabellen zu bestimmen.[8] Die monatliche Beitragsbemessungsgrenze nach § 341 Abs. 4 SGB III ist die Beitragsbemessungsgrenze der allgemeinen Rentenversicherung. Die Beitragsbemessungsgrenzen in
der allgemeinen Rentenversicherung ändern sich zum 1. Januar eines jeden Jahres in dem Verhältnis,
in dem die Bruttolöhne und -gehälter je Arbeitnehmer (§ 68 Abs. 2 Satz 1 SGB VI) im vergangenen
zu den entsprechenden Bruttolöhnen und -gehältern im vorvergangenen Kalenderjahr stehen (§ 159
SGB VI). Die Beitragsbemessungsgrenzen setzt die Bundesregierung durch Rechtsverordnung mit
Zustimmung des Bundesrats fest (§ 160 SGB VI). Nach der Sozialversicherungs-Rechengrößenverordnung 2013 vom 26.11.2012[9] beträgt die Beitragsbemessungsgrenze in der allgemeinen Rentenversicherung 2013 jährlich 69.600 Euro und monatlich 5.800 Euro.

---

4 BSG 05.12.2006, B 11a AL 19/05 R, BSGE 98,5 = SozR 4–4300 § 183 Nr. 7; 05.12.2006, B 11a AL 17/06 R.
5 BSG 01.07.2010, B 11 AL 6/09 R.
6 Vgl. hierzu BVerfG 08.02.1977, 1 BvF 1/76 u.a., BVerfGE 43, 291, 391; BVerfG 11.10.1988, 1 BvR 743/86 u.a., BVerfGE 79, 29, 45 f.
7 BT-Drucks. 17/6277; BT-Drucks. 17/6853; BT-Drucks. 17/7065; BT-PlPr 17/128, 15116; BR-Drucks. 556/11; BR-Drucks. 762/11; BGBl. 2011 I, 2854.
8 BSG 19.02.1986, 10 RAr 14/84, BSGE 60, 7 = SozR 4100 § 141d Nr. 2; 10.08.1988, 10 RAr 5/87, SozR 4100 § 141d Nr. 3.
9 BGBl. I, 2361.

II. Verminderung um die gesetzlichen Abzüge

4 Zu den gesetzlichen Abzügen zählen Steuern einschließlich Kirchensteuern, Solidaritätszuschlag und Sozialversicherungsbeiträge, soweit diese im Lohnabzugsverfahren einzubehalten sind. Sonstige Aufwendungen für Vorsorgeleistungen zählen nicht dazu.

III. Sonderfälle der Berechnung

5 Seit Einführung der Kappungsgrenze zum 01.01.2004 bestehen Unklarheiten wie bei der Berechnung des Arbeitsentgelts im Falle von Sonderleistungen zu verfahren ist, die zu einem Stichtag im Insolvenzgeldzeitraum zu zahlen sind (s. § 165 SGB III Rdn. 28). Eine auf den Bezugsmonat beschränkte Berechnung kann hier schnell zu einer Überschreitung der monatlichen Beitragsbemessungsgrenze führen mit der Konsequenz, dass von den Sonderleistungen am Ende (fast) nichts berücksichtigungsfähig ist. Allerdings zwingt der Wortlaut der Norm trotz der mit der Kappungsgrenze angestrebten Einsparungen nicht unbedingt zu einer auf den Bezugsmonat beschränkten Betrachtungsweise. Denkbar ist auch, entsprechend dem zeitlichen Umfang des Insolvenzgeldzeitraums rechnerisch vom Dreifachen der monatlichen Beitragsbemessungsgrenze auszugehen, um so die Härten der Deckelung in Höhe der monatlichen Beitragsbemessungsgrenze abzumildern.[10] Eine Klärung durch die höchstrichterliche Rechtsprechung ist bisher nicht herbeigeführt. Das Hessische LSG hat inzwischen gegen die kalendermonatliche Betrachtung und im Sinne eines einheitlichen Begrenzungsbetrages, errechnet aus den monatlichen Beitragsbemessungsgrenzen auf den gesamten Insolvenzgeldzeitraum, entschieden.[11] Die Revision ist beim BSG anhängig unter B 11 AL 21/12 R.

§ 168 SGB III Vorschuss (idF ab 01.04.2012)

Die Agentur für Arbeit kann einen Vorschuss auf das Insolvenzgeld leisten, wenn
1. die Eröffnung des Insolvenzverfahrens über das Vermögen des Arbeitgebers beantragt ist,
2. das Arbeitsverhältnis beendet ist und
3. die Voraussetzungen für den Anspruch auf Insolvenzgeld mit hinreichender Wahrscheinlichkeit erfüllt werden.

Die Agentur für Arbeit bestimmt die Höhe des Vorschusses nach pflichtgemäßem Ermessen. Der Vorschuss ist auf das Insolvenzgeld anzurechnen. Er ist zu erstatten,
1. wenn ein Anspruch auf Insolvenzgeld nicht zuerkannt wird oder
2. soweit ein Anspruch auf Insolvenzgeld nur in geringerer Höhe zuerkannt wird.

Übersicht	Rdn.		Rdn.
A. Allgemeines	1	II. Anrechnung	3
B. Regelungsinhalt	2	III. Erstattung	4
I. Vorschussleistung	2		

A. Allgemeines

1 Die Norm geht zurück auf § 141f AFG, der jedoch die Vorschussleistung noch als gebundene Entscheidung ausgestaltet (»hat einen angemessenen Vorschuß ... zu zahlen«[1]) und die Leistung lediglich von der Vorlage der letzten Arbeitsentgeltabrechnung und einer schriftlichen Erklärung des Konkursverwalters oder einer gleichgestellten Person über zeitliche Lage und Umfang des ausgefallenen Arbeitsentgelts abhängig gemacht hatte. Die in das SGB III erst auf Vorschlag des Ausschusses für Arbeit und Sozialordnung[2] eingefügte Vorschussregelung ist demgegenüber als Kann-Leistung so-

---
10 Vgl. *Peters-Lange* in Gagel, SGB III, § 167 Rn. 7b (Stand Juni 2012).
11 Hessisches LSG 29.10.2012, L 9 AL 196/10, NZS 2012, 275.
1 Vgl. BT-Drucks. 7/1750, 13.
2 BT-Drucks. 13/5939, 126.

wohl dem Grunde als auch der Höhe nach ausgestaltet, in den Anspruchsvoraussetzungen aber deutlich enger gefasst. Der ursprüngliche Gedanke, dass die Arbeitnehmer vielfach schon längere Zeit auf den ihnen zustehenden Lohn warten mussten und ihnen daher ein weiteres Warten bis zur ordnungsgemäßen Bewilligung nach Feststellung aller Tatsachen nicht zugemutet werden sollte,[3] hat mit der Neuregelung durch das AFRG vom 24.03.1997[4] eine neue Dimension bekommen. Die flexible Ermessensentscheidung ist jetzt das Mittel der Wahl, um den vielfachen Verzögerungen bei der Entscheidung über die Eröffnung des Insolvenzverfahrens infolge der angestiegenen Zahl von Insolvenzen und der Schwierigkeit bei der Feststellung der Vermögenslage des Arbeitgebers Rechnung zu tragen.[5] Durch das 3. Gesetz für moderne Dienstleistungen am Arbeitsmarkt vom 23.12.2003[6] und den mit diesem Gesetz herbeigeführten Umbau der Bundesanstalt für Arbeit zu einem modernen Dienstleistungsunternehmen ist zudem eine sprachliche Modernisierung in der Terminologie erfolgt (»Agentur für Arbeit« statt »Arbeitsamt«). Mit dem Gesetz zur Verbesserung der Eingliederungschancen am Arbeitsmarkt wurde § 186 SGB III zum 01.04.2012 in § 168 SGB III umnummeriert und sprachlich überarbeitet.[7]

B. Regelungsinhalt

I. Vorschussleistung

Unter der Voraussetzung, dass ein Antrag auf Eröffnung des Insolvenzverfahrens gestellt ist (Nr. 1), das Arbeitsverhältnis beendet ist (Nr. 2) und schließlich ein Insolvenzgeldanspruch mit hinreichender Wahrscheinlichkeit besteht (Nr. 3), kann die Arbeitsverwaltung einen **Vorschuss** leisten. Die Entscheidung steht im pflichtgemäßen Ermessen sowohl hinsichtlich des »ob« als auch des »wie«. Daneben besteht wahlweise die Möglichkeit einer Vorschussleistung nach § 42 SGB I bzw. einer vorläufigen Leistung nach § 328 SGB III. Eine Vorschussleistung i.S.d. § 42 Abs. 1 SGB I liegt nach der Rechtsprechung nur dann vor, wenn der zuständige Leistungsträger hinreichend deutlich macht, dass er wegen eines von seinem Standpunkt aus dem Grunde nach bestehenden Anspruchs auf Geldleistungen, dessen genaue Höhe noch nicht zeitnah festgestellt werden kann, ein Recht auf Zahlungen bewilligt, das noch keinen dauerhaften Rechtsgrund für das Behaltendürfen des Gezahlten bildet und dessen Ausübung daher wirtschaftlich mit dem Risiko einer möglichen Rückzahlungspflicht behaftet ist. Nach § 328 Abs. 1 Satz 1 Nr. 3 SGB III kann demgegenüber eine **vorläufige Leistung** erbracht werden, wenn zur Feststellung der Voraussetzungen des Anspruchs auf Geldleistungen voraussichtlich längere Zeit erforderlich ist, die Voraussetzungen für den Anspruch mit hinreichender Wahrscheinlichkeit vorliegen und der Arbeitnehmer die Umstände, die einer sofortigen abschließenden Entscheidung entgegenstehen, nicht zu vertreten hat. Der Anwendungsbereich des § 328 Abs. 1 Satz 1 Nr. 3 SGB III ist damit im Vergleich zu § 42 Abs. 1 Satz 1 SGB I einerseits weiter, weil er auch die Konstellation des nur hinreichend wahrscheinlich bestehenden Anspruchs erfasst, andererseits aber auch enger, weil er die negative Voraussetzung des Nichtvertretenmüssens enthält.[8] Hinsichtlich der Konstellation des nur hinreichend wahrscheinlich bestehenden Anspruchs deckt sich der Anwendungsbereich des § 168 SGB III (bis 31.03.2012 § 186 Abs. 1 SGB III) mit dem des § 328 Abs. 1 Satz 1 Nr. 3 SGB III und ist insoweit der Anwendungsbereich des § 42 SGB I enger. Anders als im Falle des § 168 SGB III (bis 31.03.2012 § 186 SGB III) ist sowohl die Vorschussleistung § 328 SGB III als auch der Vorschuss nach § 42 SGB I als Rechtsanspruch ausgestaltet, wenn ein entsprechender Antrag gestellt wird (§ 42 Abs. 1 Satz 2 SGB I, § 328 Abs. 1 Satz 3 SGB III). Schon wegen dieser unterschiedlichen Ausgestaltung kann nicht angenommen werden, dass die

---

3 BT-Drucks. 7/1750, 13.
4 BGBl. I, 594.
5 BT-Drucks. 13/5936, 29.
6 BGBl. I, 2848.
7 BT-Drucks. 17/6277; BT-Drucks. 17/6853; BT-Drucks. 17/7065; BT-PlPr 17/128, 15116; BR-Drucks. 556/11; BR-Drucks. 762/11; BGBl. 2011 I, 2854.
8 Vgl. BSG 01.07.2010, B 11 AL 19/09 R, BSGE 106, 244 = SozR 4–1200 § 42 Nr. 2.

§ 41 SGB I, § 328 SGB III im Wege ausschließender Konkurrenz durch § 168 SGB III (bis 31.03.2012 § 186 SGB III) verdrängt werden.

II. Anrechnung

3   Der Vorschuss ist auf das Insolvenzgeld von Gesetzes wegen mit befreiender Wirkung anzurechnen (§ 168 Satz 3 SGB III, bis 31.03.2012 § 186 Satz 3 SGB III). Einer Aufhebung der Vorschussbewilligung bedarf es nicht. Der Vorschussbescheid verliert seine Wirkung mit dem endgültigen Bewilligungsbescheid.[9] Mit den erleichterten Voraussetzungen der Tilgung korrespondiert, dass im Falle eines (gesetzlichen oder vertraglichen) Übergangs des Insolvenzgeldanspruchs auf einen Dritten die Grundsätze über den Schuldnerschutz nach §§ 404 ff. und § 412 BGB Anwendung finden.

III. Erstattung

4   Dem Vorschusscharakter entspricht es, dass im Falle einer Überzahlung die Rückforderung möglich ist, ohne dass es einer gesonderten Aufhebung der Vorschussbewilligung nach Maßgabe der §§ 45, 48 SGB X bedarf (§ 168 Satz 4 SGB III, bis 31.03.2012 § 186 Satz 4 SGB III). Dies folgt aus der eigenständigen Rechtsnatur des Vorschusses, der im Unterschied zur endgültigen Leistung nur eine vorläufige Zahlung darstellt, sodass sich beim Empfänger kein Vertrauen auf dauerhaften Verbleib der Leistung bilden kann. Dem hat der Gesetzgeber dadurch Rechnung getragen, dass er nicht nur die Voraussetzungen der Gewährung des Vorschusses, sondern auch diejenigen der Rückabwicklung zu Unrecht erbrachter Leistungen insgesamt abweichend von den Regelungen für endgültige Leistungen in einer eigenen Vorschrift normiert hat.[10]

§ 169 SGB III Anspruchsübergang (idF ab 01.04.2012)

Ansprüche auf Arbeitsentgelt, die einen Anspruch auf Insolvenzgeld begründen, gehen mit dem Antrag auf Insolvenzgeld auf die Bundesagentur über. § 165 Absatz 2 Satz 3 gilt entsprechend. Die gegen die Arbeitnehmerin oder den Arbeitnehmer begründete Anfechtung nach der Insolvenzordnung findet gegen die Bundesagentur statt.

Übersicht	Rdn.		Rdn.
A. Allgemeines	1	I. Forderungsübergang	2
B. Regelungsinhalt	2	II. Rechtsfolgen	4

A. Allgemeines

1   Die Vorschrift entspricht inhaltlich § 141m AFG, wenngleich der Gesetzgeber des SGB III auf den erläuternden Zusatz »abweichend von § 115 SGB X« in Satz 1 nunmehr verzichtet. Sinn und Zweck der Regelung ist, eine Bereicherung der Arbeitnehmer wie auch der Insolvenzmasse auszuschließen (Satz 1) und zudem aber auch eine Benachteiligung der Insolvenzmasse durch die Möglichkeit einer Anfechtung gegenüber der Bundesagentur für Arbeit zu vermeiden (Satz 2). An dieser schon in der Gesetzbegründung zu § 141m AFG für den Konkurs formulierten Zielvorgabe[1] hat sich nichts geändert.[2] Im Zuge des Umbaus der Bundesanstalt für Arbeit zu einem modernen Dienstleistungsunternehmen ist im weiteren Verlauf durch das 3. Gesetz für moderne Dienstleistungen am Arbeitsmarkt vom 23.12.2003[3] eine sprachliche Modernisierung erfolgt (»Agentur für Arbeit« statt »Arbeitsamt«). Durch das Betriebsrentengesetz vom 02.12.2006[4] ist ferner Satz 2 mWv 12.12.2006 als Folgeänderung zu

---

9   Vgl. BSG 16.06.1999, B 9 V 4/99 R, BSGE 84, 108 = SozR 3–3900 § 22 Nr. 1; stRspr.
10 Zu § 42 SGB I vgl. BSG 01.07.2010, B 11 AL 19/09 R, BSGE 106, 244 = SozR 4–1200 § 42 Nr. 2.
1   BT-Drucks. 7/1750, 13.
2   *BT-Drucks.* 13/4941, 188.
3   BGBl. I, 2848.
4   BGBl. I, 2742.

§ 183 Abs. 1 Satz 5 SGB III eingefügt worden.[5] Mit dem Gesetz zur Verbesserung der Eingliederungschancen am Arbeitsmarkt wurde § 187 SGB III zum 01.04.2012 in § 169 SGB III umnummeriert, sprachlich überarbeitet und zur sprachlichen Gleichbehandlung von Männern und Frauen angepasst. Insoweit wird zur Vereinfachung im Folgenden indes die bisherige Sprachregelung beibehalten.[6]

B. Regelungsinhalt

I. Forderungsübergang

§ 169 Satz 1 SGB III (bis 31.03.2012 § 187 Satz 1 SGB III) regelt den gesetzlichen Übergang der Arbeitsentgeltansprüche des Arbeitnehmers gegen seinen Arbeitgeber auf die Bundesagentur für Arbeit. Satz 2 regelt dies für den Sonderfall der Arbeitsentgeltfiktion im Fall der Entgeltumwandlung nach dem Betriebsrentengesetz (s. § 165 SGB III Rdn. 25, 26, 27). Satz 3 gewährleistet durch die anfechtungsrechtliche Gleichstellung der Bundesagentur für Arbeit mit dem Arbeitnehmer nach §§ 129 ff. InsO (s. dort),[7] dass eine Benachteiligung anderer Insolvenzgläubiger durch den Forderungsübergang nicht eintritt. Abweichend von den allgemeinen Regeln des Sozialverwaltungsverfahrens (§ 115 SGB X) tritt der gesetzliche **Forderungsübergang** in zeitlicher Hinsicht nicht erst ein, wenn der Leistungsträger Sozialleistungen erbracht hat, sondern bereits mit dem Antrag auf Insolvenzgeld. Der Antrag auf Insolvenzgeld ist gestellt, wenn er innerhalb der zweimonatigen Ausschlussfrist nach § 324 Abs. 3 SGB III (s. § 165 SGB III Rdn. 33, 34) hinreichend konkretisierbar angebracht worden ist, so dass auf seiner Basis Insolvenzgeld bewilligt werden könnte. Das Gesetz verlangt keine Schriftform und mit Rücksicht auf den auch im Verwaltungsverfahren geltenden Amtsermittlungsgrundsatz keine vollständigen Angaben zu Insolvenzereignis und berücksichtigungsfähigen Arbeitsentgeltansprüchen. Der Anspruchsübergang ist deshalb nicht begrenzt auf den Umfang der erbrachten Sozialleistungen. Zum Konkursausfallgeld hat das BSG insoweit entschieden, dass mit Stellung des Antrages der rückständige arbeitsrechtliche Anspruch, für den Konkursausfallgeld begehrt wird, auf die Arbeitsverwaltung übergeht, wenn auch nur eine entfernte Möglichkeit besteht, dass die Leistung von Konkursausfallgeld in Betracht kommt.[8]

Das Gesetz gibt in diesem Zusammenhang keine klare Auskunft, ob der Forderungsübergang nur den **Nettolohn** oder den **Bruttolohn** erfasst. Das BSG ist – noch zum Konkursausfallgeld – der Rechtsprechung des BAG[9] gefolgt. Danach wird der Bruttolohnanspruch des Arbeitnehmers durch die Insolvenz des Arbeitgebers nicht berührt. Eine gesetzliche Regelung, die anknüpfend an die Insolvenz des Arbeitgebers in den Bestand der Bruttolohnforderung eingreift, existiert nicht. Das BSG folgt der im Urteil des BAG vom 11.02.1998[10] vertretenen Auffassung auch insoweit, als ausgeführt worden ist, dass der »Lohnsteueranteil« am Bruttoarbeitslohn auf die Bundesagentur für Arbeit übergeht. Denn anders als nach § 115 SGB X vollzieht sich der Anspruchsübergang bereits mit Antragstellung, also zu einem Zeitpunkt, zu dem über den Anspruch noch nicht entschieden worden ist und folglich der Umfang des Anspruchsübergangs noch nicht konkretisiert werden kann. Aus Gründen der Rechtsklarheit ist deshalb eine weite Auslegung angezeigt, damit in Zweifelsfällen ein Anspruchsübergang stattfindet und keine Unsicherheit über die Rechtsinhaberschaft auftritt. Vom gesetzlichen Forderungsübergang können deshalb Bestandteile des Arbeitsentgelts nur ausgenommen werden, wenn sich dies aufgrund ausdrücklicher gesetzlicher Anordnung ergibt. Eine derartige den Rechts-

---

5 BT-Drucks. 16/3007, 19.
6 BT-Drucks. 17/6277; BT-Drucks. 17/6853; BT-Drucks. 17/7065; BT-PlPr 17/128, 15116; BR-Drucks. 556/11; BR-Drucks. 762/11; BGBl. 2011 I, 2854.
7 Zur Insolvenzanfechtung von Beitragszahlungen an Sozialversicherungsträger allgemein vgl. *Bigge/Peters-Lange* SGb 2010, 684 ff.
8 BSG 17.07.1979, 12 RAr 15/78, BSGE 48, 269 = SozR 4100 § 141b Nr. 11.
9 BAG 17.04.1985, 5 AZR 74/84, BAGE 48, 229 = AP Nr. 15 zu § 611 BGB Lohnanspruch; 11.02.1998, 5 AZR 159/97, AP Nr. 19 zu § 611 BGB Lohnanspruch.
10 BAG 11.02.1998, 5 AZR 159/97, AP Nr. 19 zu § 611 BGB Lohnanspruch.

übergang ausschließende Regelung fehlt hinsichtlich des **Lohnsteueranteils**.[11] Demgegenüber kann aus dem Umstand, dass die Bundesagentur für Arbeit nach § 175 SGB III (bis 31.03.2012 § 208 SGB III; s. § 165 SGB III Rdn. 32) zwar auf Antrag der Einzugsstelle die Sozialversicherungsbeiträge zu zahlen hat, die Ansprüche als solche aber gegenüber dem Arbeitgeber bestehen bleiben, entnommen werden, dass jedenfalls der **Beitragsanteil** am Arbeitsentgelt nicht vom Forderungsübergang erfasst wird.[12] Zwar hat der 11a Senat zur inhaltsgleichen Vorgängerregelung des § 169 SGB III (bis 31.03.2012 § 187 SGB III) in § 141m AFG angenommen, dass im Falle der Entrichtung von Pflichtbeiträgen zur Sozialversicherung durch die Bundesagentur für Arbeit der entsprechende Anspruch der Arbeitnehmer von Gesetzes wegen auf die Bundesagentur für Arbeit übergeht und von dieser gegen den Arbeitgeber geltend gemacht werden kann. Die der genannten Entscheidung zugrunde liegende Ursprungsfassung des § 141n Abs. 1 Satz 3 AFG[13] verwies jedoch anders als die Nachfolgevorschrift des § 175 SGB III (bis 31.03.2012 § 208 SGB III) in seiner gegenwärtigen Ausgestaltung ausdrücklich auf den gesetzlich angeordneten Forderungsübergang in § 141m AFG.[14] Insoweit ist die Entscheidung nicht ohne weiteres auf die gegenwärtige Rechtslage übertragbar.

II. Rechtsfolgen

4   Mit dem Forderungsübergang wird die Bundesagentur für Arbeit Inhaberin der Arbeitsentgeltansprüche mit der Konsequenz, dass sie grds alle sich aus der Arbeitsentgeltforderung ergebenden Rechte geltend machen kann, ebenso aber auch alle Einwendungen und Einreden des Arbeitgebers erhalten bleiben (§ 404 BGB). Die übergegangenen Arbeitsentgeltansprüche bleiben Forderungen aus dem Arbeitsverhältnis, welche der Anwendung der Bestimmungen über die Verbraucherinsolvenz (§§ 304 ff. InsO) bei früher selbständig wirtschaftlich tätig gewesenen Schuldnern entgegenstehen (§ 304 Abs. 1 Satz 2 InsO).[15] Als Masseverbindlichkeiten übergegangene Arbeitsentgeltansprüche werden zu Insolvenzforderungen herabgestuft (vgl. § 55 Abs. 3 InsO, s. dort). Ob die **Bürgenhaftung des Generalunternehmers** nach § 14 AEntG auf die Bundesagentur für Arbeit übergeht, sofern diese im Falle der Insolvenz des Nachunternehmers Insolvenzgeld an die Arbeitnehmer des Nachunternehmers zahlt, wird bisher nicht einheitlich beantwortet. Die Bürgenhaftung ermöglicht es nach der Rechtsprechung BAG Arbeitnehmern, im Falle der Insolvenz oder wirtschaftlicher Schwierigkeiten ihres Arbeitgebers, die Nettovergütungsansprüche beim Generalunternehmer oder einem anderen Vorunternehmer durchzusetzen. Diese haften auch für Lohnforderungen, die über den Drei-Monats-Zeitraum der Gewährung von Insolvenzgeld hinausreichen. Die Bürgenhaftung bewirkt zugleich eine finanzielle Entlastung der Bundesagentur für Arbeit. Soweit sie Insolvenzgeld leistet, erhält sie wegen des Übergangs der Arbeitsentgeltansprüche mit dem Generalunternehmer oder anderen Nachunternehmern solvente Schuldner, bei denen sie sich schadlos halten kann.[16] Abweichend hiervon hat das LAG Stuttgart entschieden, dass die Bürgenhaftung des Generalunternehmers nicht auf die Bundesagentur für Arbeit übergeht, sofern diese im Falle der Insolvenz des Nachunternehmers Insolvenzgeld an die Arbeitnehmer des Nachunternehmers zahlt. § 169 SGB III (bis 31.03.2012 § 187 SGB III) sei verfassungskonform dahin gehend auszulegen, dass die Aufwendungen für das Insolvenzgeld von den am Umlageverfahren nach §§ 358 ff. SGB III beteiligten Unternehmen zu tragen sind.[17] Diese Entscheidung hat das BAG jetzt ausdrücklich bestätigt und an seiner bisherigen Rechtsprechung – soweit sie anders habe verstanden werden können – nicht festgehalten.[18]

---

11 BSG 20.06.2001, B 11 AL 9700 R, SozR 3–4100 § 141m Nr. 3.
12 *Voelzke* in Hauck/Noftz, SGB III, § 169 Rn. 19, Stand Mai 2012.
13 BGBl. 1974 I, 1481.
14 BSG 21.03.2007, B 11a AL 15/06 R, SozR 4–2400 § 25 Nr. 1.
15 BGH 20.01.2011, IX ZR 238/08, NJW 2011, 1678.
16 BAG zuletzt Urt. v. 12.01.2005, 5 AZR 279/01 zu § 1a AEntG, vgl. *Sasse/Scholz* BB 2010, 3026.
17 LAG Stuttgart 08.01.2010, 4 Sa 14/09; vgl. *Steinmeyer* BB 2010, 2301.
18 BAG 08.12.2010, 5 AZR 95/10, NZA 2011, 514 zu § 1a AEntG.

§ 170 SGB III Verfügungen über das Arbeitsentgelt (idF ab 01.04.2012)

(1) Soweit die Arbeitnehmerin oder der Arbeitnehmer vor Antragstellung auf Insolvenzgeld Ansprüche auf Arbeitsentgelt einem Dritten übertragen hat, steht der Anspruch auf Insolvenzgeld diesem zu.

(2) Von einer vor dem Antrag auf Insolvenzgeld vor- genommenen Pfändung oder Verpfändung des Anspruchs auf Arbeitsentgelt wird auch der Anspruch auf Insolvenzgeld erfasst.

(3) Die an den Ansprüchen auf Arbeitsentgelt bestehenden Pfandrechte erlöschen, wenn die Ansprüche auf die Bundesagentur übergegangen sind und diese Insolvenzgeld an die berechtigte Person erbracht hat.

(4) Der neue Gläubiger oder Pfandgläubiger hat keinen Anspruch auf Insolvenzgeld für Ansprüche auf Arbeitsentgelt, die ihm vor dem Insolvenzereignis ohne Zustimmung der Agentur für Arbeit zur Vorfinanzierung der Arbeitsentgelte übertragen oder verpfändet wurden. Die Agentur für Arbeit darf der Übertragung oder Verpfändung nur zustimmen, wenn Tatsachen die Annahme rechtfertigen, dass durch die Vorfinanzie- rung der Arbeitsentgelte ein erheblicher Teil der Arbeitsstellen erhalten bleibt.

Übersicht

	Rdn.
A. Allgemeines	1
B. Regelungsinhalt	2
I. Verfügungen	2
II. Vorfinanzierungen	3
1. Zielsetzung und Gestaltungsmöglichkeiten	3
2. Zustimmungsbedürftigkeit	4
3. Ausschluss des Missbrauchseinwands	5
C. Verfahrensrechtliche Besonderheiten	6
I. Sozialverwaltungsverfahren	6
II. Sozialgerichtsverfahren	7

A. Allgemeines

Die Norm übernimmt in Abs. 1 bis 3 für das Insolvenzgeld den Gedanken des § 141k Abs. 1 Satz 1, Abs. 2 Satz 1, Abs. 3 AFG,[1] wonach der Anspruch auf Konkursausfallgeld Ansprüche auf Arbeitsentgelt sichert und deshalb die wirtschaftliche Verwertung des Arbeitentgelts durch Verfügungen vor dem Antrag auf Konkursausfallgeld bei der Zahlung des Konkursausfallgeldes nicht unberücksichtigt bleiben kann.[2] Da der Anspruch auf Arbeitsentgelt mit Antragstellung auf die Bundesagentur für Arbeit (§ 169 SGB III, bis 31.03.2012 § 187 SGB III) übergeht, wirken sich die Verfügungen über das Arbeitsentgelt insoweit auf das Insolvenzgeld aus. Nicht übernommen ist dagegen die ursprünglich vorhandene Beschränkung des Übergangs von Vorschussansprüchen (s. § 168 SGB III Rdn. 1) auf Empfänger von Abtretungen wegen einer gesetzlichen Unterhaltspflicht (§ 141k Abs. 1 Satz 2 AFG). Nachdem mit der Neuregelung durch das AFRG vom 24.03.1997[3] die Vorschussleistung als Ermessensleistung ausgestaltet worden ist, bedarf es dieser Einschränkung auf Fälle, in denen per se von einer gewissen Dringlichkeit ausgegangen werden kann, nicht mehr. Den besonderen Umständen des Einzelfalls kann jetzt im Rahmen der Ermessensentscheidung Rechnung getragen werden. Nicht übernommen hat das AFRG (a.a.O.) ferner den durch das Gesetz vom 14.12.1987[4] eingefügten besonderen Missbrauchstatbestand bei Vorfinanzierung des Arbeitentgelts. Dieser in § 141k Abs. 2a AFG enthaltene **abstrakte Missbrauchstatbestand**[5] schloss einen Anspruchsübergang aus bei Verwertung des Arbeitsentgelts zugunsten der Gläubiger des Arbeitgebers bzw. zugunsten der Unternehmensinhaber.[6] Wegen der fehlenden Möglichkeit zur Differenzierung nach ernsthaften Sanie- 1

---

1 BT-Drucks. 13/4941, 188.
2 BT-Drucks. 7/1750, 14.
3 BGBl. I, 594.
4 BGBl. I, 2602.
5 BSG 30.04.1996, 10 RAr 2/94, SozR 3–4100 § 141k Nr. 3.
6 Vgl. BT-Drucks. 11/890, 24; BT-Drucks. 11/1160, 13.

rungsbemühungen und missbräuchlichen Praktiken jenseits der erfassten Personenkreise hat sich diese Regelung in der Verwaltungspraxis aber als unzureichend erwiesen, so dass der Gesetzgeber nunmehr bei Vorfinanzierungen das Konzept einer **Missbrauchskontrolle** in Gestalt einer Zustimmung der Bundesagentur für Arbeit verfolgt.[7] Eingearbeitet ist in Abs. 3 und 4 im weiteren Verlauf die mit dem 3. Gesetz für moderne Dienstleistungen am Arbeitsmarkt vom 23.12.2003[8] erfolgte Umbenennung der Bundesanstalt für Arbeit/Arbeitsamt in Bundesagentur für Arbeit/Agentur für Arbeit. Mit dem Gesetz zur Verbesserung der Eingliederungschancen am Arbeitsmarkt wurde § 188 SGB III zum 01.04.2012 in § 170 SGB III umnummeriert und zur sprachlichen Gleichbehandlung von Männern und Frauen angepasst. Insoweit wird zur Vereinfachung im Folgenden indes die bisherige Sprachregelung beibehalten.[9]

B. Regelungsinhalt

I. Verfügungen

2 § 170 Abs. 1 bis 4 SGB III (bis 31.03.2012 § 188 Abs. 1 bis 3 SGB III) regeln die Auswirkungen von Verfügungen über den Arbeitsentgeltanspruch auf den Insolvenzgeldanspruch, die vor dem Antrag auf Insolvenzgeld getätigt worden sind. Nicht erfasst werden Verfügungen nach Stellung des Insolvenzgeldantrags, da mit dem Antrag der Arbeitsentgeltanspruch auf die Bundesagentur für Arbeit übergeht (§ 169 SGB III, bis 31.03.2012 § 187 SGB III) und die Verfügungen deshalb ins Leere gehen. Hauptanwendungsfälle sind in der gerichtlichen Praxis die Vorfinanzierungen des Arbeitsentgelts durch Kreditinstitute, die den besonderen Anforderungen des Abs. 4 unterliegen.

II. Vorfinanzierungen

1. Zielsetzung und Gestaltungsmöglichkeiten

3 Vorfinanzierungen dienen der arbeitsplatzerhaltend begrenzten Weiterführung des in eine wirtschaftliche Krise geratenen Unternehmens ohne Belastung durch Personalkosten und können damit zugleich die Chance zur Überwindung der Unternehmenskrise erhöhen. Die risikominimierte Absicherung der Vorfinanzierung durch die Insolvenzgeld-Versicherung ist andererseits anfällig gegen eine unberechtigte Inanspruchnahme von Versicherungsleistungen, so dass sich der Gesetzgeber veranlasst gesehen hat, besondere Vorkehrungen gegen Missbrauch zu treffen. Kennzeichnend für Vorfinanzierungen ist, dass die Arbeitnehmer möglichst geschlossen (zum Zwecke der Aufrechterhaltung der Betriebsgemeinschaft) zur befristeten Weiterarbeit angehalten werden, wobei die Initiative zur Vorfinanzierung meist von vorläufigen Insolvenzverwaltern, aber auch von Gläubigern des Unternehmens ausgeht. Den Arbeitnehmern steht deshalb i.d.R. auch nur ein Vertragspartner (Vorfinanzierender) gegenüber (vgl. Durchführungsanweisungen der Bundesagentur für Arbeit zu § 170 SGB III, Anm. 3.2, Stand Mai 2013[10]). Rechtstechnisch vollziehen sich Vorfinanzierungen entweder im Wege der Kreditsicherung oder des Forderungskaufs. Beim sog Kreditierungsverfahren gewährt das Kreditinstitut den Arbeitnehmern ein Darlehen in Höhe des Nettoarbeitsentgelts und lässt sich zur Absicherung die Ansprüche auf Arbeitsentgelt abtreten. Beim Forderungskauf hingegen kauft und erwirbt das Kreditinstitut den Arbeitsentgeltanspruch gegen Zahlung eines entsprechenden Kaufpreises. In beiden Fällen wird mit der Übertragung des Arbeitsentgeltanspruchs der Übergang des Insolvenzgeldanspruchs auf das vorfinanzierende Kreditinstitut bewirkt (Abs. 1) Die verschiedenen Arten der Vorfinanzierung sind im insolvenzgeldrechtlichen Kontext vor allem im Hinblick darauf relevant, ob die abgetretenen Arbeitsentgeltansprüche auch die unpfändbaren Lohnanteile i.S.d.

---

7 BT-Drucks. 13/4941, 188.
8 BGBl. I, 2848.
9 BT-Drucks. 17/6277; BT-Drucks. 17/6853; BT-Drucks. 17/7065; BT-PlPr 17/128, 15116; BR-Drucks. 556/11; BR-Drucks. 762/11; BGBl. 2011 I, 2854.
10 Abrufbar unter www.arbeitsagentur.de.

§ 400 BGB erfassen (s. § 171 SGB III Rdn. 3). Für das sog. Kreditierungsverfahren ist dies nicht unumstritten.[11] Üblich sind inzwischen Vorfinanzierungen mittels Forderungskaufs.

2. Zustimmungsbedürftigkeit

Gem. Abs. 4 ist eine Vorfinanzierung nur mit Zustimmung der Bundesagentur für Arbeit möglich. Damit soll abweichend vom früheren Recht eine konkrete Missbrauchskontrolle ermöglicht werden (s. § 165 SGB III Rdn. 1). Die Zustimmung muss sich auf den Vorfinanzierungsvorgang beziehen und gewährleistet so, dass die Bundesagentur für Arbeit am gesamten Verfahren beteiligt wird. Die Zustimmung ist abhängig von der **positiven Prognose** des Erhalts eines erheblichen Teils der Arbeitsplätze, was nur möglich ist, wenn ein **schlüssiges Sanierungskonzept** vorgelegt wird. Beurteilungsgrundlage sind die wirtschaftliche Lage des Schuldners und die Verhältnisse seines Unternehmens, wie sie sich im Zeitpunkt der Entscheidung über die Zustimmung zur Vorfinanzierung darstellen bzw. zukünftig abzeichnen (Durchführungsanweisungen der Bundesagentur für Arbeit zu § 170 SGB III Anm. 3.2, Stand Mai 2013). Aus anderen Gründen als denen des Arbeitsplatzerhalts ist eine Zustimmung nicht zulässig. Umgekehrt ist eine Zustimmung von anderen Voraussetzungen als denen einer positiven Prognose nicht abhängig.[12] Ermessensspielräume bestehen deshalb trotz des unklaren Wortlauts (»darf«) nicht.[13] Beurteilungsspielräume bei der positiven Prognose des Arbeitsplatzerhalts hingegen sind der Bundesagentur für Arbeit jedenfalls im Rahmen ihrer arbeitsmarktlichen Kompetenz zuzubilligen.[14] Zu beachten ist in jedem Fall, dass die Rechtsprechung des BSG mit Blick auf den aus Art. 19 Abs. 4 GG abzuleitenden Anspruch auf vollumfängliche Überprüfbarkeit von Verwaltungsentscheidungen Beurteilungsspielräume nur in engen Grenzen einräumt.[15]

3. Ausschluss des Missbrauchseinwands

Hat die Bundesagentur für Arbeit einer Vorfinanzierung durch Forderungskauf zugestimmt, kommt eine Unwirksamkeit anschließender Abtretungen unter dem Gesichtspunkt allgemeinen Rechtsmissbrauchs regelmäßig nicht mehr in Betracht.[16]

C. Verfahrensrechtliche Besonderheiten

I. Sozialverwaltungsverfahren

Die Einzelheiten des Zustimmungsverfahrens sind den Durchführungsanweisungen der Bundesagentur für Arbeit zu § 188 SGB III, Anm. 3, Stand November 2010[17] zu entnehmen. Die Zustimmung ist ein Verwaltungsakt i.S.d. § 31 SGB X gegenüber dem vorfinanzierenden Kreditinstitut und kann deshalb im Falle der Ablehnung mit der Anfechtungs- und Leistungsklage vor den Sozialgerichten eingeklagt werden.

---

11 Vgl. BSG 08.04.1992, 10 RAr 12/91, BSGE 70, 265 = SozR 3–4100 § 141k Nr. 1.
12 Vgl. BT-Drucks. 13/4941, 188.
13 Str., Ermessensspielraum bejahend etwa *Kühl* in Niesel SGB III, 6. Aufl., § 170 Rn. 19; verneinend *Voelzke* in Hauck/Noftz, SGB III, § 170 Rn. 57, Stand Mai 2012.
14 Str., verneinend auch hier *Voelzke* in Hauck/Noftz, a.a.O., Rn. 56, m.w.N.
15 Vgl. BSG 11.05.2000, B 7 AL 18/99 R, SozR 3–4100 § 36 Nr. 5; zu Prognoseentscheidungen bei Beurteilung des Arbeitsmarktes BSG 26.09.1990, 9b/11 RAr 151/88, BSGE 67, 228, 230f = SozR 3–4100 § 36 Nr. 1; 31.03.1992, 9b RAr 18/91, BSGE 70, 226, 228f = SozR 3–4100 § 45 Nr. 2; 03.07.2003, B 7 AL 66/02 R, SozR 4–4300 § 77 Nr. 1.
16 BSG 01.07.2010, B 11 AL 6/09 R.
17 Abrufbar unter www.arbeitsagentur.de.

II. Sozialgerichtsverfahren

7 Erwirbt das vorfinanzierende Kreditinstitut den Insolvenzgeldanspruch originär kraft Gesetzes nach § 170 Abs. 1 SGB III, ist dieses im anschließenden insolvenzgeldrechtlichen Rechtsstreit kostenprivilegierter Leistungsempfänger i.S.d. § 183 SGG mit der Folge, dass Gerichtsgebühren nur in Form von Pauschgebühren zu Lasten der Bundesagentur für Arbeit entstehen und im Übrigen bei Einschaltung eines Rechtsanwalts Betragsrahmengebühren nach § 3 Abs. 1 Satz 1 RVG.[18] Tritt allerdings das vorfinanzierende Kreditinstitut den Insolvenzgeldanspruch weiter an den Insolvenzverwalter ab (vgl. § 171 SGB III, bis 31.03.2012 § 189 SGB III), ist dieser im anschließenden Insolvenzgeldrechtsstreit nichtprivilegierter Rechtsnachfolger und werden Kosten nach § 197a SGG erhoben.[19] Näher s. Kommentierung § 165 SGB III Rdn. 41.

§ 171 SGB III Verfügungen über das Insolvenzgeld (idF ab 01.04.2012)

Nachdem das Insolvenzgeld beantragt worden ist, kann der Anspruch auf Insolvenzgeld wie Arbeitseinkommen gepfändet, verpfändet oder übertragen werden. Eine Pfändung des Anspruchs vor diesem Zeitpunkt wird erst mit dem Antrag wirksam.

Übersicht	Rdn.		Rdn.
A. Allgemeines	1	I. Verfügungen	2
B. Regelungsinhalt	2	II. Beschränkungen	3

A. Allgemeines

1 § 171 SGB III (bis 31.03.2012 § 189 SGB III) entspricht der in § 141l AFG enthaltenen Regelung über die Möglichkeiten der Verfügungen von Konkursausfallgeld. Bei seiner Einführung durch das AFRG vom 24.03.1997[1] erfolgte eine terminologische Angleichung an die allgemeine Pfändungsvorschrift des § 54 SGB I.[2] Im Übrigen ist die Vorschrift seitdem unverändert. Grundgedanke der Regelung ist, Verfügungen über das Insolvenzgeld in gleicher Weise wie Verfügungen über Arbeitseinkommen zu beschränken. Denn das Insolvenzgeld ersetzt wirtschaftlich den Arbeitsentgeltanspruch,[3] aus dem der Arbeitnehmer i.d.R. seinen Lebensunterhalt bestreiten soll. Mit dem Gesetz zur Verbesserung der Eingliederungschancen am Arbeitsmarkt wurde § 189 SGB III zum 01.04.2012 in § 171 SGB III umnummeriert.[4]

B. Regelungsinhalt

I. Verfügungen

2 Verfügungen über den Insolvenzgeldanspruch sind nach Antragstellung selbständig möglich, vor Antragstellung hingegen grds unwirksam (Satz 1). Eine Pfändung vor Antragstellung ist zugunsten der Gläubiger lediglich schwebend unwirksam und erlangt Wirksamkeit, wenn der Antrag auf Insolvenzgeld gestellt wird (Satz 2).

II. Beschränkungen

3 Insolvenzgeldansprüche sind nach Satz 1 grds nur »wie Arbeitseinkommen« übertragbar. Insoweit ist insb. der Pfändungsschutz nach §§ 850 ff. ZPO auch im Zusammenhang mit einer Abtretung zu

---

18 BSG 05.12.2006, B 11a AL 19/05 R, BSGE 98,5 = SozR 4–4300 § 183 Nr. 7.
19 BSG 01.07.2010, B 11 AL 6/09 R.
1 BGBl. I, 594.
2 BT-Drucks. 13/4941, 189.
3 BT-Drucks. 7/1750, 14.
4 BT-Drucks. 17/6277; BT-Drucks. 17/6853; BT-Drucks. 17/7065; BT-PlPr 17/128, 15116; BR-Drucks. 556/11; BR-Drucks. 762/11; BGBl. 2011 I, 2854.

beachten (vgl. § 400 BGB). Der Gedanke, dass das Insolvenzgeld wirtschaftlich den übergegangenen Arbeitsentgeltanspruch ersetzt, greift aber nicht mehr, wenn der Arbeitnehmer schon im Wege der vorangegangenen Vorfinanzierung eine wirtschaftlich gleichwertige Leistung erhalten hat[5] und der den Abtretungsausschluss rechtfertigende Einkommensschutz deshalb bei der anschließenden Zession des Insolvenzgelds keine Wirkungen mehr entfalten kann. Dies ist jedenfalls anzunehmen bei Vorfinanzierungen, die nicht im Wege der Kreditsicherung, sondern mit Hilfe von Forderungskäufen endgültig abgewickelt werden.[6]

§ 172 SGB III Datenaustausch und Datenübermittlung (idF ab 01.04.2012)

(1) Ist der insolvente Arbeitgeber auch in einem anderen Mitgliedstaat der Europäischen Union tätig, teilt die Bundesagentur dem zuständigen ausländischen Träger von Leistungen bei Zahlungsunfähigkeit des Arbeitgebers das Insolvenzereignis und die im Zusammenhang mit der Erbringung von Insolvenzgeld getroffenen Entscheidungen mit, soweit dies für die Aufgabenwahrnehmung dieses ausländischen Trägers erforderlich ist. Übermittelt ein ausländischer Träger der Bundesagentur entsprechende Daten, darf sie diese Daten zwecks Zahlung von Insolvenzgeld nutzen.

(2) Die Bundesagentur ist berechtigt, Daten über gezahltes Insolvenzgeld für jede Empfängerin und jeden Empfänger durch Datenfernübertragung an die in § 32b Absatz 3 des Einkommensteuergesetzes bezeichnete Übermittlungsstelle der Finanzverwaltung zu übermitteln.

Übersicht	Rdn.		Rdn.
A. Allgemeines	1	B. Regelungsinhalt	2

A. Allgemeines

Die Regelung ist durch das 3. Gesetz für moderne Dienstleistungen am Arbeitsmarkt vom 23.12.2003[1] eingefügt und ohne Vorläufer im Konkursausfallgeldrecht. Mit ihr soll der Datenaustausch bei grenzüberschreitenden Insolvenzen innerhalb der EU und an die Finanzverwaltung sichergestellt werden.[2] Mit dem Beschäftigungschancengesetz vom 24.10.2010[3] ist der in Abs. 2 enthaltene Verweis auf das Einkommensteuerrecht wegen einer Änderung des § 32b EStG durch das Jahressteuergesetz 2008 redaktionell berichtigt worden.[4] Mit dem Gesetz zur Verbesserung der Eingliederungschancen am Arbeitsmarkt wurde § 189a SGB III zum 01.04.2012 in § 172 SGB III umnummeriert, sprachlich überarbeitet und zur sprachlichen Gleichbehandlung von Männern und Frauen angepasst. Insoweit wird zur Vereinfachung im Folgenden indes die bisherige Sprachregelung beibehalten.[5]

1

B. Regelungsinhalt

Abs. 1 setzt die Richtlinie 2002/74/EG vom 23.09.2002 zur Änderung der Richtlinie 80/987/EWG zur Angleichung der Rechtsvorschriften der Mitgliedstaaten über den Schutz der Arbeitnehmer bei Zahlungsunfähigkeit des Arbeitgebers (s. § 165 SGB III Rdn. 6) um, die entsprechende Mitteilungen vorsieht. Abs. 2 ermächtigt die Bundesagentur für Arbeit, der mit dem Steueränderungsgesetz

2

---

5 Zur teleologischen Reduktion des § 400 BGB vgl. *Palandt/Grüneberg* BGB, § 400 Rn. 3.
6 Vgl. zur Abtretbarkeit pfändungsfreier Arbeitsentgeltanteile BSG 22.03.1995, 10 RAr 1/94, BSGE 76, 67 = SozR 3–4100 § 141k Nr. 2; zur Anwendung des § 400 BGB beim Kreditsicherungsverfahren dagegen BSG 08.04.1992, 10 RAr 12/91, BSGE 70, 265 = SozR 3–4100 § 141k Nr. 1.
1 BGBl. I, 2848.
2 BT-Drucks. 15/1728, 51; BT-Drucks. 15/1749, 24.
3 BGBl. I, 1417.
4 BT-Drucks. 17/1945, 15.
5 BT-Drucks. 17/6277; BT-Drucks. 17/6853; BT-Drucks. 17/7065; BT-PlPr 17/128, 15116; BR-Drucks. 556/11; BR-Drucks. 762/11; BGBl. 2011 I, 2854.

2003 ursprünglich in § 32b Abs. 4 EStG eingeführten und jetzt in § 32b Abs. 3 EStG enthaltenen Verpflichtung zur Fernübermittlung von Daten über geleistetes Insolvenzgeld nachzukommen.

§ 358 SGB III Aufbringung der Mittel

(1) Die Mittel für die Zahlung des Insolvenzgeldes werden durch eine monatliche Umlage von den Arbeitgebern aufgebracht. Der Bund, die Länder, die Gemeinden sowie Körperschaften, Stiftungen und Anstalten des öffentlichen Rechts, über deren Vermögen ein Insolvenzverfahren nicht zulässig ist, und solche juristischen Personen des öffentlichen Rechts, bei denen der Bund, ein Land oder eine Gemeinde kraft Gesetzes die Zahlungsfähigkeit sichert, und private Haushalte werden nicht in die Umlage einbezogen.

(2) Die Umlage ist nach einem Prozentsatz des Arbeitsentgelts (Umlagesatz) zu erheben. Maßgebend ist das Arbeitsentgelt, nach dem die Beiträge zur gesetzlichen Rentenversicherung für die im Betrieb beschäftigten Arbeitnehmerinnen, Arbeitnehmer und Auszubildenden bemessen werden oder im Fall einer Versicherungspflicht in der gesetzlichen Rentenversicherung zu bemessen wären. Für die Zeit des Bezugs von Kurzarbeitergeld, Saisonkurzarbeitergeld oder Transferkurzarbeitergeld bemessen sich die Umlagebeträge nach dem tatsächlich erzielten Arbeitsentgelt bis zur Beitragsbemessungsgrenze der gesetzlichen Rentenversicherung.

(3) Zu den durch die Umlage zu deckenden Aufwendungen gehören
1. das Insolvenzgeld einschließlich des von der Bundesagentur für Arbeit (ab 01.04.2012 Bundesagentur) gezahlten Gesamtsozialversicherungsbeitrages,
2. die Verwaltungskosten und
3. die Kosten für den Einzug der Umlage und der Prüfung der Arbeitgeber.

Die Kosten für den Einzug der Umlage und der Prüfung der Arbeitgeber werden pauschaliert.

Übersicht

		Rdn.				Rdn.
A.	**Allgemeines**	1		2.	Verfassungs- und Gemeinschaftsrechtskonformität	5
I.	Umlageverfahren der gesetzlichen Unfallversicherung	1			a) Verfassungsmäßigkeit	6
II.	Einzugsverfahren der Einzugsstellen	2			b) Gemeinschaftsrechtskonformität	7
III.	Auswirkungen der Umstellung	3		II.	Insolvenzunfähige Betriebe	10
B.	**Regelungsinhalt**	4		1.	Insolvenzunfähigkeit	10
I.	Umlage	4		2.	Verfassungsmäßigkeit	11
	1. Grundzüge	4	C.	**Verfahren**		12

A. Allgemeines

I. Umlageverfahren der gesetzlichen Unfallversicherung

1 §§ 358 bis 362 SGB III über die Umlage für das Insolvenzgeld gingen in ihrer ursprünglichen Fassung des AFRG vom 24.03.2997,[1] zuletzt geändert durch das 5. SGB III ua-ÄndG vom 22.12.2005[2] und redaktionell korrigiert durch Gesetz zur Verbesserung der Eingliederungschancen am Arbeitsmarkt[3] auf die weitgehend inhaltsgleichen Vorschriften der §§ 186b bis 186d AFG über die Umlage für das Konkursausfallgeld zurück.[4] Die materiell grundlegende Entscheidung des Gesetzgebers, dass die Aufbringung der Mittel für das Insolvenzgeld allein von den Arbeitgebern getragen werden

---
1 BGBl. I, 594.
2 BGBl. I, 3676.
3 BT-Drucks. 17/6277; BT-Drucks. 17/6853; BT-Drucks. 17/7065; BT-PlPr 17/128, 15116; BR-Drucks. 556/11; BR-Drucks. 762/11; BGBl. 2011 I, 2854.
4 BT-Drucks. 13/4941, 216.

sollen, war zunächst aus § 186c AFG in § 359 SGB III übernommen, während die Eingangnorm des § 358 SGB III in der Ursprungsversion als »Grundsatz« die Regelung aus § 186b AFG enthielt, als Verfahren der Mittelaufbringung das Umlageverfahren als Huckepackverfahren zum Umlageverfahren der gesetzlichen Unfallversicherung vorzusehen. Für dieses Huckepackverfahren galten unter Verzicht auf eine eigenständige Organisation und eigenständige Strukturen ergänzend die Maßstäbe der gesetzlichen Unfallversicherung, soweit sie nicht durch unfallversicherungsrechtliche Besonderheiten geprägt (z.B. Gefahrtarif) oder spezielle Regelungen in den §§ 358 ff. SGB III enthalten waren.[5] In der Konsequenz hieß das zugleich, dass die Mittel zunächst vorgestreckt, jährlich nachträglich von den Berufsgenossenschaften aufgebracht und zusammen mit den Beiträgen zur gesetzlichen Unfallversicherung auf die in der gesetzlichen Unfallversicherung versicherten Unternehmer »umgelegt« werden mussten (**Prinzip der nachträglichen Bedarfsdeckung**). Die Entscheidung für das besondere Verfahren der Mittelaufbringung war hauptsächlich dem Umstand gezollt, den Verwaltungsaufwand so gering wie möglich zuhalten[6] (vgl. hierzu auch § 165 SGB III Rdn. 2, 4).

II. Einzugsverfahren der Einzugsstellen

Im Kontext der Organisationsreform der gesetzlichen Unfallversicherung durch das UVMG vom 30.10.2008[7] hat es der Gesetzgeber dagegen nunmehr als Maßnahme der Verwaltungsvereinfachung angesehen, die Insolvenzgeldumlage vom Umlageverfahren der gesetzlichen Unfallversicherung zu entkoppeln, sie künftig monatlich zusammen mit dem Gesamtsozialversicherungsbeitrag bei den Arbeitgebern zu erheben (**monatliche Mittelaufbringung**) und durch die Einzugsstellen einziehen zu lassen (vgl. § 359 SGB III).[8] Die entscheidende Aussage, dass die Mittel für das Insolvenzgeld allein durch eine Umlage der Arbeitgeber aufzubringen sind, bleibt unverändert und findet seiner Bedeutung entsprechend jetzt erstmals in der Eingangsnorm des § 358 SGB III seinen Niederschlag. Dies gilt ebenso für die Anknüpfung an den im Arbeitsförderungsrecht zentralen **Arbeitgeberbegriff**, nachdem die Insolvenzgeldumlage zu Zeiten ihrer Anlehnung an die gesetzliche Unfallversicherung stattdessen auf den dort maßgeblichen **Unternehmerbegriff** zurückgreifen musste und sich in diesem Zusammenhang auch mit der Rechtsprechung des Unfallsenats des BSG zur Unternehmereigenschaft bei Personengesellschaften[9] auseinanderzusetzen hatte.

III. Auswirkungen der Umstellung

Verlässliche Daten über die Auswirkungen dieser Umstellung, die für das Jahr 2009 (vgl. § 362 SGB III) erstmals voll zum Tragen gekommen ist, sind bisher nicht vorhanden. Zur Entwicklung der Aufwendungen und des Umlagesatzes vgl. aber § 361 SGB III. Die Spitzenverbände der Sozialversicherungsträger haben aus Anlass der Neuregelung ein **Gemeinsames Rundschreiben** vom 26.09.2008 zur Erhebung und zum Einzug der Insolvenzgeldumlage herauszugeben.[10]

B. Regelungsinhalt

I. Umlage

1. Grundzüge

§ 358 SGB III regelt die Grundzüge der Finanzierung des Insolvenzgeldes, nämlich die Mittelaufbringung in Form einer Umlage, den pflichtigen Personenkreis der Arbeitgeber, die Berechnung

---

5 BSG 29.05.2008, B 11a AL 61/06 R, BSGE 100, 286 = SozR 4–4300 § 359 Nr. 1 m.w.N.
6 Vgl. BT-Drucks. 7/1750, 15.
7 BGBl. I, 130.
8 BT-Drucks. 16/9154.
9 Zuletzt BSG 07.11.2000 – B 2 U 42/99 R; auch BSG 12.11.1986, 9b RU 8/84, BSGE 61,15 = SozR 2200 § 723 Nr. 8 zur Gesellschaft bürgerlichen Rechts.
10 Die Beiträge 2009, 72.

der Umlage, die ausgenommenen Arbeitgeber (Abs. 1), die Berechnung der Umlage (**Umlagesatz**, Abs. 2) und die Höhe der Umlage (**Umlagesoll**, Abs. 3).

2. Verfassungs- und Gemeinschaftsrechtskonformität

5 Im Anschluss an die Rechtsprechung des BVerfG und BSG zur Konkursausfallgeld-Umlage ist der zuständige 11. Senat des BSG[11] auch für die Insolvenzgeld-Umlage bisher davon ausgegangen, dass die §§ 358 ff. SGB III über die Erhebung und Berechnung der Insolvenzgeld-Umlage keinen verfassungs- bzw. gemeinschaftsrechtlichen Bedenken unterliegen.

a) Verfassungsmäßigkeit

6 In diesem Zusammenhang hat der 11. Senat[12] deutlich gemacht, dass das arbeitgeberfinanzierte Umlagesystem keine unzulässige Sonderabgabe beinhaltet (Art. 2 Abs. 1 GG) und öffentlich-rechtliche Abgaben die Eigentumsgarantie des Art. 14 GG erst berühren, wenn sie konfiskatorischen Charakter haben. Vorausgesetzt ist hierfür die Gefährdung des wirtschaftlichen Fortbestands bzw. die Existenzgefährdung. Der 11. Senat hat bis jetzt auch keine Veranlassung gesehen, die Rechtsgrundlagen über die Insolvenzgeld-Umlage nunmehr im Unterschied zu denen über die Konkursausfallgeld-Umlage als Regelungen mit objektiv berufslenkender Tendenz i.S.d. Art. 12 GG zu begreifen. Denn trotz der mit der Ablösung der KO zum 01.01.1999 intendierten Neuausrichtung des Insolvenzverfahrens auf Unternehmensfortführung (§ 1 InsO) bleibt das Insolvenzgeld selbst eine berufsgruppenunabhängige Sozialleistung mit dem Ziel der Sicherung des Lohnausfalls. Weiterhin hat der 11. Senat eine dem allgemeinen Gleichbehandlungsgebot des Art 3 Abs. 1 GG zuwiderlaufende Benachteiligung durch das derzeit allein arbeitgeberseitig finanzierte Umlagesystem nicht zu erkennen vermocht. Die sachliche Erwägung, Ausgleich für die objektive Verletzung der Lohnzahlungspflicht durch den Arbeitgeber zu schaffen, wird nicht dadurch in Frage gestellt, dass die grds auch immer mögliche Vorfinanzierung (früher § 141k AFG, jetzt § 170 SGB III, bis 31.03.2012 § 188 SGB III) zwischenzeitlich annähernd die Hälfte aller Insolvenzgeld-Zahlungen betrifft.[13] Diese Entwicklung mag das vom Arbeitnehmer zu tragende Risiko reduzieren, ändert aber nichts an dem vom Arbeitgeber verursachten Lohnausfall. Aus diesem Grund ist der alleinigen Arbeitgeberverantwortung nicht deshalb der Boden entzogen, weil der Unternehmenserhalt seit dem 01.01.1999 nach Maßgabe der §§ 1, 217 InsO zu den Zielen der InsO gehört und das Insolvenzgeld – mittelbar – auch zur Mitfinanzierung insolventer Mitbewerber führen kann (zur möglichen Verstärkung dieses Effekts durch die Reform des Insolvenzrechts s. § 165 SGB III Rdn. 4). Das BSG hat im Anschluss an die Rechtsprechung des BVerfG zum Gebot, die öffentliche Hand bei Einwänden gegen die Verwendung von Haushaltsmitteln nicht durch Vorenthalten von Beiträgen am Vollzug gesetzlicher Aufgaben zu hindern, wiederholt verdeutlicht, dass Einwände gegen die Verwendung von Beitragsaufkommen nicht auf die Beitragsfestsetzung durchschlagen. Hiervon abgesehen ergeben sich sachwidrige Ungleichbehandlungen nicht dadurch, dass zusätzlich für einzelne Gruppen von Arbeitgebern Besonderheiten gelten.[14]

b) Gemeinschaftsrechtskonformität

7 Die arbeitgeberfinanzierte Insolvenzgeld-Umlage ist nach der Rechtsprechung des 11. Senats des BSG[15] auch nicht gemeinschaftsrechtswidrig. Der Senat hat noch zu Art. 87, 88 EGVtr (jetzt Art. 107, 108 AEUV) ausgeführt, ein Verstoß gegen das gemeinschaftsrechtliche **Beihilfeverbot** sei nicht erkennbar. Nach Art. 87 Abs. 1 EGVtr (jetzt Art. 107 AEUV) sind, soweit in dem Vertrag

---

11 BSG 29.05.2008, B 11a AL 61/06 R, BSGE 100, 286 = SozR 4–4300 § 359 Nr. 1 m.w.N.; BVerfG, Nichtannahmebeschl. v. 02.02.2009, 1 BvR 2553/08.
12 BSG 29.05.2008, B 11a AL 61/06 R, BSGE 100, 286 = SozR 4–4300 § 359 Nr. 1 m.w.N.
13 Vgl. auch *Hoehl* jurisPR-SozR 9/2007 Anm. 3.
14 BSG 29.05.2008, B 11a AL 61/06 R, BSGE 100, 286 = SozR 4–4300 § 359 Nr. 1 m.w.N.
15 BSG 29.05.2008, B 11a AL 61/06 R, BSGE 100, 286 = SozR 4–4300 § 359 Nr. 1 m.w.N.

nichts anderes bestimmt ist, staatliche oder aus staatlichen Mitteln gewährte Beihilfen gleich welcher Art, die durch die Begünstigung bestimmter Unternehmen oder Produktionszweige den Wettbewerb verfälschen oder zu verfälschen drohen, grds mit dem Gemeinsamen Markt unvereinbar, soweit sie den Handel zwischen Mitgliedstaaten beeinträchtigen. Selbst wenn danach das Insolvenzgeld als Sanierungsinstrument Beihilfecharakter hätte, ist die Überprüfung staatlicher Mittel auf ihren unstatthaften Beihilfecharakter nach Art. 88 EGVtr (jetzt Art. 108 AEUV) Sache der Kommission, die deshalb vor jeder Einführung oder Umgestaltung einer solchen Maßnahme rechtzeitig zu unterrichten ist (früher Art. 88 Abs. 3 EGVtr, jetzt Art. 108 Abs. 3 AEUV, sog. **Notifizierungsverfahren**). Hieran anknüpfend ist es nach der Rechtsprechung des EuGH dem Einzelnen grds verwehrt, sich auf das Beihilfeverbot vor einem nationalen Gericht zu berufen. Eine Ausnahme gilt bei Unterlassung der gebotenen Notifizierung durch den Mitgliedstaat, um den nationalen Gerichten die Möglichkeit zu geben, über die Notifizierungspflicht zu entscheiden. Da sich diese auf die Beihilfemaßnahme beschränkt, werden danach Streitigkeiten über die Finanzierung einer solchen Maßnahme grds nicht erfasst.

Der EuGH hat jedoch in der neueren Zeit verdeutlicht, dass auch die beihilferechtswidrige Verwendung von zweckgebundenen Abgaben unter bestimmten Umständen zur Rechtswidrigkeit ihrer Finanzierung führen kann.[16] Konsequenz ist, dass Abgaben oder Beiträge, die speziell zur Finanzierung dieser Beihilfe erhoben wurden, zu erstatten sind. Voraussetzung dafür, dass eine Abgabe als Bestandteil einer Beihilfemaßnahme angesehen werden kann, ist ein nach der einschlägigen nationalen Regelung zwingender Verwendungszusammenhang zwischen der Abgabe und der Beihilfe in dem Sinn, dass das Aufkommen aus der Abgabe notwendig für die Finanzierung der Beihilfe verwendet wird. Allein die Zweckbindung, die insoweit auch der Insolvenzgeld-Umlage beigemessen werden könnte, reicht jedoch nach der Rechtsprechung des EuGH noch nicht, um aus einer ggf unstatthaften Beihilfe auf eine rechtswidrige Finanzierung schließen zu können. In seiner Entscheidung vom 27.10.2005[17] hat der EuGH den erforderlichen Zusammenhang dahingehend konkretisiert, dass in diesen Fällen die tatsächlich gezahlte Beihilfe vom Aufkommen der Abgabe abhängen muss. So verhält es sich indessen bei der Insolvenzgeld-Umlage gerade nicht. Im Gegenteil bestimmen die Zahl der Insolvenzen und freigesetzten Arbeitnehmer sowie der Umfang des ausgefallenen Arbeitsentgelts (§§ 165, 167 SGB III) das Ausmaß des zu zahlenden Insolvenzgelds und die damit verbundenen Verwaltungskosten sowie der zu erhebenden Umlage. Aus diesem Grund ändert somit die neuere Rechtsprechung des EuGH zu den sog. »parafiskalischen Abgaben« jedenfalls nichts daran, dass das gemeinschaftsrechtliche Beihilfeverbot in Insolvenzgeld-Umlage-Streitigkeiten nicht unmittelbar zur Geltung gelangt. 8

Nur klarstellend hat der 11. Senat schließlich darauf hingewiesen, dass die auf Art. 100 EGVtr a.F. gestützte Richtlinie 80/987 EWG i.d.F. der auf der Grundlage des Art. 137 EGVtr ergangenen Richtlinie 2002/74 EG den Mitgliedstaaten verbindlich die Sicherstellung insolvenzbedingt ausgefallener Arbeitsentgelte vorgibt (Art. 3) und trotz der zwischenzeitlichen Änderungen des Insolvenzrechts in den Mitgliedstaaten (vgl. ausdrücklich Nr. 3 der Begründung zur Richtlinie 2002/74 EG) ebenso verbindlich – und unverändert – festlegt, dass die Arbeitgeber zur Mittelaufbringung beitragen müssen, es sei denn, dass diese in vollem Umfang durch die öffentliche Hand gewährleistet ist (Art. 5b). Nicht nur die Finanzierung aus Steuermitteln oder die anteilige Arbeitgeberfinanzierung, sondern auch die alleinige Arbeitgeberfinanzierung entspricht danach der Gestaltungsfreiheit der Mitgliedstaaten.[18] Diese Maßstäbe beanspruchen in Anbetracht der unverändert gebliebenen Arbeitgeberfinanzierung im Wesentlichen auch nach der Neuregelung des Umlageverfahrens Geltung (s. jetzt auch die Nachfolgerichtlinie 2008/94/EG, s.a. § 165 SGB III Rdn. 6). 9

---

16 EuGH 21.10.2003, C-261/01, EuGHE I 2003, 12249 – van Calster; EuGH 27.10.2005, C-266/04, EuGHE I 2005, 9481 = SozR 4–6035 Art 87 Nr. 1 – Nazairdis.
17 EuGH 27.10.2005, C-266/04, EuGHE I 2005, 9481 = SozR 4–6035 Art 87 Nr. 1 – Nazairdis.
18 BSG 29.05.2008, B 11a AL 61/06 R, BSGE 100, 286 = SozR 4–4300 § 359 Nr. 1 m.w.N.

II. Insolvenzunfähige Betriebe

1. Insolvenzunfähigkeit

10 Ausgenommen von der Umlagepflicht sind juristische Personen des öffentlichen Rechts, über deren Vermögen ein Insolvenzverfahren nach § 12 Abs. 1 InsO nicht zulässig ist, und solche, bei denen der Bund, das Land oder eine Gemeinde nach § 12 Abs. 2 InsO die Zahlungsfähigkeit sichert. Hierzu gehören seit dem 01.01.2010 nicht mehr die gesetzlichen Krankenkassen. Nach § 171b SGB V werden ab diesem Zeitpunkt zur Stärkung des Wettbewerbs in der gesetzlichen Krankenversicherung alle Krankenkassen für insolvenzfähig erklärt. Damit kann künftig über das Vermögen jeder Krankenkasse das Insolvenzverfahren eröffnet werden. Bisher war dies nur für bundesunmittelbare Krankenkassen der Fall sowie für die landesunmittelbaren Krankenkassen, bei denen das zuständige Land nicht von der Regelung des § 12 Abs. 1 Nr. 2 InsO Gebrauch gemacht hatte.[19] Zu beachten ist, dass bei auf Dauer nicht mehr gesicherter Leistungsfähigkeit die Aufsichtsbehörde anstelle eines Antrags auf Eröffnung des Insolvenzverfahrens die Krankenkasse schließen soll (§ 171b Abs. 3 Satz 2 SGB V, Vorrang des Schließungsrechts).[20] Von der Umlagepflicht ausgenommen sind aber – wie bisher – private Haushalte[21] und Arbeitgeber, über deren Vermögen bereits das Insolvenzverfahren eröffnet ist, weil insoweit neue Insolvenzgeldumlageforderungen nicht entstehen können.[22]

2. Verfassungsmäßigkeit

11 Die Befreiung juristischer Personen des öffentlichen Rechts von der Umlagepflicht (früher § 186c Abs. 2 Satz 2 AFG; jetzt § 359 Abs. 2 Satz 2 SGB III) ist nicht willkürlich, soweit von Rechts wegen (Konkurs- bzw.) Insolvenzunfähigkeit besteht.[23]

C. Verfahren

12 Für Rechtsstreitigkeiten, die die Insolvenzgeld-Umlage betreffen, ist der Sozialrechtsweg eröffnet (§ 51 Abs. 1 Nr. 4 SGG). Verfahren betreffend die Insolvenzgeld-Umlage fallen in der Revisionsinstanz nicht in die Zuständigkeit des Beitragssenats des BSG (12. Senat). Vielmehr ist kraft besonderen Sachzusammenhangs die ausschließliche Zuständigkeit des in Insolvenzgeldangelegenheiten zuständigen 11. Senats begründet.

§ 359 SGB III Einzug und Weiterleitung der Umlage

(1) Die Umlage ist zusammen mit dem Gesamtsozialversicherungsbeitrag an die Einzugsstelle zu zahlen. Die für den Gesamtsozialversicherungsbeitrag geltenden Vorschriften des Vierten Buches finden entsprechende Anwendung, soweit dieses Gesetz nichts anderes bestimmt.

(2) Die Einzugsstelle leitet die Umlage einschließlich der Zinsen und Säumniszuschläge arbeitstäglich an die Bundesagentur weiter.

Übersicht	Rdn.		Rdn.
A. Allgemeines	1	B. Regelungsinhalt	2

---

19 Vgl. BT-Drucks. 16/3100, 156 und BT-Drucks. 16/4200, 96.
20 Zur Schließung der City BKK krit. *Klimpe-Auerbach* SozSich 2011, 270 ff; s. auch § 165 Rdn. 18.
21 Vgl. BT-Drucks. 16/9154, 40.
22 Vgl. BSG 31.05.1978, 12 RAr 57/77, SozR 4100 § 186c Nr. 2.
23 BVerfG 05.10.1993, 1 BvL 34/81, BVerfGE 89, 132 = SozR 3–4100 § 186c Nr. 1; zu kirchlichen Körperschaften des öffentlichen Rechts BVerfG 13.12.1983, 2 BvL 13/82 u.a., BVerfGE 66, 1 = SozR 4100 § 186c Nr. 6; zu öffentlich-rechtlichen Rundfunkanstalten BVerfG 05.10.1993, 1 BvL 35/81, BVerfGE 89, 144 = SozR 3–4100 § 186c Nr. 2.

A. Allgemeines

§ 359 SGB III regelte in seiner Ursprungsfassung durch das AFRG vom 24.03.1997[1] und das 1. SGB III-ÄndG vom 16.12.1997,[2] zuletzt geändert durch das 5. SGB III ua-ÄndG vom 22.12.2005[3] in Anlehnung an §§ 186b Abs. 1, 186c Abs. 2 und § 186d AFG das Verfahren der Aufbringung der Mittel für das Insolvenzgeld, nämlich in Koppelung an das Umlageverfahren der gesetzlichen Unfallversicherung und der Berechnung der erstattungsfähigen Anteile der einzelnen Berufsgenossenschaften (Verteilungsschlüssel) unter Ausschluss der Entgeltsummen der insolvenzunfähigen Unternehmer (s. § 358 SGB III Rdn. 1). In der Neufassung durch das UVMG vom 30.10.2008[4] und der damit zum 01.01.2009 verbundenen Umstellung auf das für den Gesamtsozialversicherungsbeitrag maßgebliche Einzugsverfahren sind an dieser Stelle jetzt folgerichtig die grundlegenden Aussagen über das einzuhaltende Verfahren mit einem Verweis auf die Vorschriften über den Einzug des Gesamtsozialversicherungsbeitrags und die Weiterleitung der eingezogenen Umlage an die Bundesagentur für Arbeit angesiedelt.[5] Die Vorschrift wird redaktionell korrigiert durch das Gesetz zur Verbesserung der Eingliederungschancen am Arbeitsmarkt.[6]

B. Regelungsinhalt

Der Einzug der Insolvenzgeld-Umlage wird den Einzugsstellen, dh den Krankenkassen nach § 28h SGB IV, in entsprechender Anwendung der Vorschriften über den Gesamtsozialversicherungsbeitrag (§§ 28d ff. SGB IV) übertragen. Eine Ausnahme hiervon gilt für alle geringfügig Beschäftigten nach dem SGB IV. Für diesen Personenkreis ist die zuständige Einzugsstelle immer die Deutsche Rentenversicherung Knappschaft-Bahn-See/Minijobzentrale als Träger der Rentenversicherung (§ 28i Satz 5 SGB IV). Sofern Arbeitnehmer bei einer landwirtschaftlichen Krankenkasse versichert sind, ist die Umlage an die landwirtschaftliche Krankenkasse als Einzugsstelle zu zahlen. Durch das Gesetz zur Errichtung der Sozialversicherung für Landwirtschaft, Forsten und Gartenbau[7] sind die landwirtschaftlichen Krankenkassen in der Sozialversicherung für Landwirtschaft, Forsten und Gartenbau aufgegangen (§§ 1, 2 LSVFGErG). Die Prüfung der Arbeitgeber ist Sache der Rentenversicherungsträger (§ 28p SGB IV). Den Einzugsstellen obliegt aber die Weiterleitung der eingezogenen Umlage an die Bundesagentur für Arbeit (§ 28k SGB IV). Der umfassende Verweis auf die Vorschriften über den Gesamtsozialversicherungsbeitrag spricht darüber hinaus dafür, dass auch die materiell-rechtlichen Vorschriften über den Beitragseinzug Anwendung finden.[8]

§ 360 SGB III Umlagesatz

Der Umlagesatz beträgt 0,15 Prozent.

Übersicht	Rdn.		Rdn.
A. Allgemeines	1	B. Regelungsinhalt	2

---

1 BGBl. I, 594.
2 BGBl. I, 2970.
3 BGBl. I, 3676.
4 BGBl. I, 2130.
5 Vgl. BT-Drucks. 16/9154, 40.
6 BT-Drucks. 17/6277; BT-Drucks. 17/6853; BT-Drucks. 17/7065; BT-PlPr 17/128, 15116; BR-Drucks. 556/11; BR-Drucks. 762/11; BGBl. 2011 I, 2854.
7 Vom 12.04.2012, BGBl. I, 579.
8 Vgl. *Peters-Lange* in Gagel, SGB III, § 359 Rn. 3, Stand Juni 2012.

Anh. VIII § 361 SGB III Verordnungsermächtigung

A. Allgemeines

1 Bis zum 31.12.2008 normierte § 360 SGB III i.d.F. des AFRG vom 24.03.1997,[1] zuletzt geändert durch das 5. SGB III ua-ÄndG vom 22.12.2005,[2] in dem damals maßgeblichen gesetzlichen Konzept der Aufbringung der Mittel für das Insolvenzgeld nach den für die gesetzliche Unfallversicherung geltenden Maßstäben folgerichtig im Anschluss an § 359 SGB a.F. den Verteilungsschlüssel für die Unternehmer im jeweiligen Zuständigkeitsbereich der Berufsgenossenschaften. Vorbild war insoweit die Vorgängervorschrift des § 186c Abs. 3 AFG, die das Umlageverfahren innerhalb der einzelnen Berufsgenossenschaften regelte und dieses dabei weitgehend dem Satzungsrecht der einzelnen Berufsgenossenschaften überließ, um deren Besonderheiten Rechnung tragen zu können (s.a. § 165 SGB III Rdn. 2, 4; § 358 SGB III Rdn. 1 ff.)[3]. Mit der durch das UVMG vom 30.10.2008[4] zum 01.01.2009 vollzogenen Ankoppelung des Verfahrens der Mittelaufbringung an das Verfahren des Einzugs des Gesamtsozialversicherungsbeitrags (§ 359 SGB III) hat sich der Gesetzgeber damit hinsichtlich der Berechnung der Insolvenzgeld-Umlage zwangsläufig vom unfallversicherungsrechtlichen Prinzip der nachträglichen Bedarfsdeckung (s. § 165 SGB III Rdn. 2, 4; § 358 SGB III Rdn. 1) verabschiedet und die sich aus dem nunmehr eingeführten Prinzip der monatlichen Mittelaufbringung (s. § 358 SGB III Rdn. 2) ergebenden Konsequenzen für die Berechnung des Umlagesatzes durch den Verordnungsgeber in der Neufassung des § 360 SGB III zum 01.01.2009 platziert. Mit dem Zweiten Gesetz zur Änderung des Siebten Buch Sozialgesetzbuch vom 05.12.2012[5] ist mWv 01.01.2013 die Zuständigkeit für die Festsetzung des Umlagesatzes vom Verordnungsgeber auf den Gesetzgeber verlagert und der Umlagesatz erstmals gesetzlich festgelegt worden.

B. Regelungsinhalt

2 Als Folge der monatlichen Mittelaufbringung im laufenden Jahr (§ 358 Abs. 1 SGB III) bedurfte es bis zum 31.12.2012 sozusagen als Anleitung des Verordnungsgebers zur Berechnung des Satzes der Insolvenzgeld-Umlage (§ 358 Abs. 2 SGB III) entsprechender Berechnungsvorgaben zum Umlagesatz unter Schätzung des zu erwartenden Finanzbedarfs. Dabei waren auch Fehlbestände zu berücksichtigen, wenn die Mittel im vergangenen Jahr nicht ausreichend waren, ebenso aber auch Überschüsse.[6] Eine Vermögensansammlung war – wie bisher[7] nicht erlaubt. Bis zum 31.12.2012 wurde der Umlagesatz sodann nach diesen Vorgaben durch Verordnung des BMAS jährlich festgelegt (vgl. § 361 SGB III). Seit dem 01.01.2013 ist der Umlagesatz nunmehr grundsätzlich gesetzlich festgeschrieben. Er beträgt zukünftig 0,15 Prozent. Die Höhe des Umlagesatzes entspricht dem durchschnittlichen Umlagesatz seit der Begrenzung auf das Bemessungsentgelt im Jahr 2005, unter Einbeziehung eines Umlagesatzes von 0 Prozent für das Jahr 2011 und von 0,04 Prozent für das Jahr 2012 (s. § 361 SGB III Rdn. 3 ff.). Auf Grund der bisherigen Entwicklung des Umlagesatzes und unter Berücksichtigung der wirtschaftlichen Entwicklung wird davon ausgegangen, dass ein Umlagesatz von 0,15 Prozent auskömmlich sein wird.[8] Ist dies nicht der Fall, bleibt der Verordnungsgeber nach Maßgabe des § 361 SGB III zur Korrektur berufen.

§ 361 SGB III Verordnungsermächtigung

Das Bundesministerium für Arbeit und Soziales wird ermächtigt, durch Rechtsverordnung mit Zustimmung des Bundesrates

---

1 BGBl. I, 594.
2 BGBl. I, 3676.
3 BT-Drucks. 7/1750, 15, 16.
4 BGBl. I, 2130.
5 BGBl. I, 2447.
6 Vgl. BT-Drucks. 16/9154, 40.
7 *Vgl.* BSG 29.05.2008, B 11a AL 61/06 R, BSGE 100, 286 = SozR 4–4300 § 359 Nr. 1.
8 BT-Drucks. 17/11176, 4.

1. im Einvernehmen mit dem Bundesministerium der Finanzen und dem Bundesministerium für Wirtschaft und Technologie zum Ausgleich von Überschüssen oder Fehlbeständen unter Berücksichtigung der Beschäftigungs- und Wirtschaftslage zu bestimmen, dass die Umlage jeweils für ein Kalenderjahr nach einem von § 360 abweichenden Umlagesatz erhoben wird; dabei soll ein niedrigerer Umlagesatz angesetzt werden, wenn die Rücklage die durchschnittlichen jährlichen Aufwendungen der vorhergehenden fünf Kalenderjahre übersteigt, und ein höherer, wenn der Fehlbestand mehr als die durchschnittlichen jährlichen Aufwendungen der vorhergehenden fünf Kalenderjahre beträgt,
2. die Höhe der Pauschale für die Kosten des Einzugs der Umlage und der Prüfung der Arbeitgeber nach Anhörung der Bundesagentur, der Deutschen Rentenversicherung Bund, des Spitzenverbandes Bund der Krankenkassen und der Sozialversicherung für Landwirtschaft, Forsten und Gartenbau sowie der Deutschen Rentenversicherung Knappschaft-Bahn-See festzusetzen.

Übersicht

		Rdn.			Rdn.
A.	Allgemeines	1	b) 2010		4
B.	Regelungsinhalt	2	c) 2011		5
I.	Ermächtigung	2	d) 2012		6
II.	Verordnungen	3	e) ab 2013		6
	1. Umlagesatz	3	2. Pauschale Vergütung		8
	a) 2009	3			

A. Allgemeines

Regelungsgegenstand des § 361 SGB III in seiner anfänglich gültigen Fassung des AFRG vom 24.03.1997,[1] zuletzt geändert durch das Gesetz vom 18.12.2007,[2] waren die näheren Modalitäten für die monatlichen das Insolvenzgeld und die Verwaltungskosten betreffenden **Abschlagszahlungen** der Träger der gesetzlichen Unfallversicherung an die Bundesagentur für Arbeit. Diese waren weitgehend an der bewährten Abrechnungsweise der Vorläuferregelung des § 186c Abs. 4 AFG orientiert.[3] Die Norm lag damit in der Konsequenz der vorangestellten Vorschriften über die Aufbringung der Mittel für das Insolvenzgeld nach den Vorschriften des Umlageverfahrens in der gesetzlichen Unfallversicherung und der hieran anknüpfenden Verteilungsschlüssel unter den und innerhalb der Unfallversicherungsträger (s. Kommentierung zu §§ 358 bis 360). Nach der Umstellung in Anlehnung an das monatliche Einzugsverfahren zum Gesamtsozialversicherungsbeitrag durch das UVMG vom 30.10.2008[4] zum 01.01.2009 beschäftigte sich § 361 SGB III, redaktionell korrigiert durch Gesetz zur Verbesserung der Eingliederungschancen am Arbeitsmarkt,[5] mit der näheren Festsetzung des konkreten Umlagesatzes (§ 360 Abs. 2 SGB III) und überließ diese der Verordnungspraxis des BMAS mit der Option, die Festsetzungsbefugnis weiter auf die nachgeordnete Bundesagentur für Arbeit zu übertragen.[6] Die Verordnungsermächtigung wurde darüber hinaus erstreckt auf die nach § 358 Abs. 3 Satz 2 SGB III vorgesehenen Pauschalierungen der Kosten für den Einzug der Umlage und die Prüfung der Arbeitgeber. Bis zum 31.12.2008 hatten die Unfallversicherungsträger die Möglichkeit, auf der Grundlage der gesetzlichen Ermächtigung des § 360 Abs. 2 Satz 1 Nr. 2 SGB III a.F. durch Satzung ihre eigenen aus Anlass des Umlageverfahrens anfallenden Verwaltungskosten und Kreditzinsen in die Umlage einzubeziehen. Mit dem Zweiten Gesetz zur Änderung des Siebten Buch Sozialgesetzbuch vom 05.12.2012[7] wird der Umlagesatz mWv 01.01.2013 gesetzlich festgelegt. Dem Verord-

---

[1] BGBl. I, 594.
[2] BGBl. I, 2984.
[3] BT-Drucks. 7/1750, 16.
[4] BGBl. I, 2130.
[5] BT-Drucks. 17/6277; BT-Drucks. 17/6853; BT-Drucks. 17/7065; BT-PlPr 17/128, 15116; BR-Drucks. 556/11; BR-Drucks. 762/11; BGBl. 2011 I, 2854.
[6] BT-Drucks. 16/9154, 40.
[7] BGBl. I, 2447.

nungsgeber verbleibt nach Nr. 1 die Aufgabe der Festlegung eines abweichenden Umlagesatzes unter bestimmten gesetzlich definierten Voraussetzungen. Der Spitzenverband der landwirtschaftlichen Sozialversicherung ist im Zuge der Neuordnung der landwirtschaftlichen Sozialversicherung aufgelöst worden und in der neu konstituierten landwirtschaftlichen Sozialversicherung aufgegangen (§§ 1, 2 LSVFGErG). Dem trägt die Änderung in Nr. 2 durch das LSV-Neuordnungsgesetz[8] Rechnung.

B. Regelungsinhalt

I. Ermächtigung

2 § 361 SGB III enthielt bis zum 31.12.2012 die Ermächtigungsgrundlage für Verordnungen zur Regelung des konkreten Umlagesatzes (§ 358 Abs. 2 SGB III) und die pauschalierten Kosten für den Einzug der Umlage (§ 358 Abs. 3 SGB III). Ermächtigt war grds das BMAS. Dieses konnte im Falle des konkreten Umlagesatzes die Regelungsbefugnis auf die Bundesagentur für Arbeit übertragen. Da die Festsetzung des Umlagesatzes auch abhing von einer Einschätzung der Entwicklung der Insolvenzereignisse und diese wiederum nach allgemein politischen Gesichtspunkten erfolgte, bedurfte es im Falle der Delegation des Einvernehmens des BMAS.[9] Seit dem 01.01.2013 beschränkt sich die Ermächtigung hinsichtlich des Umlagesatzes auf Korrekturen, die Ermächtigung hinsichtlich der pauschalierten Kosten ist unverändert geblieben. Die Möglichkeit, die Zuständigkeit für den Erlass der Rechtsverordnung auf den Vorstand der Bundesagentur für Arbeit zu übertragen, besteht zukünftig nicht mehr, da der Umlagesatz im Grundsatz gesetzlich festgelegt ist und nur ausnahmsweise noch im Wege einer Rechtsverordnung ein besonderer Umlagesatz bestimmt wird.[10] Im Falle der Bestimmung der Kostenpauschale durch Rechtsverordnung schreibt das Gesetz zwingend die Anhörung der Beteiligten vor.[11]

II. Verordnungen

1. Umlagesatz

a) 2009

3 Das BMAS hat durch VO vom 02.01.2009[12] den Umlagesatz für das Jahr 2009 erstmals auf 0,10 % festgesetzt. Zur Begründung heißt es: Für 2009 ist aufgrund der prognostizierten Abschwächung des Wirtschaftswachstums nicht mit einem weiteren Rückgang, sondern einer gegenüber 2008 nicht wesentlich veränderten Zahl von Insolvenzen zu rechnen. Daher wird der Umlagesatz auf der Grundlage der Vorjahresausgaben für das Insolvenzgeld sowie der umlagepflichtigen Vorjahresentgelte der Beschäftigten bemessen. Für 2009 sind unter Berücksichtigung von Rückflüssen aufgrund von Erstattungen Ausgaben für das Insolvenzgeld in Höhe von 644,2 Mio € zu erwarten. Zusätzliche durch die Umlage zu deckende Aufwendungen sind die der Bundesagentur für Arbeit im Rahmen der Auszahlung des Insolvenzgeldes entstehenden Verwaltungskosten in Höhe von voraussichtlich 44,1 Mio € sowie die Kosten des Einzugs der Umlage und der Prüfung der Arbeitgeber in Höhe von 18,1 Mio €, woraus sich eine Gesamtsumme der für 2009 zu erwartenden Aufwendungen in Höhe von 706,4 Mio € ergibt. Als umlagepflichtiges Bruttoentgelt für 2009 ist eine Summe von 712,4 Mrd € zu erwarten. Diese Summe errechnet sich aus der erwarteten Summe des umlagepflichtigen Bruttoentgelts für 2008 abzüglich einer durch den Wechsel der Grundlage für die Bemessung des umlagepflichtigen Entgelts bedingten Reduktion der Summe der umlagepflichtigen Bruttoarbeitsentgelte in Höhe von voraussichtlich 13,5 Mrd €. Diese Reduktion ist dadurch bedingt, dass sich der Median der für die Bemessung der Summe des umlagepflichtigen Bruttoentgeltes im Jahr 2008 maßgeblichen Höchsteinkommensgrenzen in der gesetzlichen Unfallversicherung

---

8 Vom 12.04.2012, BGBl. I, 579.
9 BT-Drucks. 16/9154, 40.
10 BT-Drucks. 17/11176, 4.
11 BT-Drucks. 16/9154, 41.
12 BGBl. I, 6.

auf 72.000 € beläuft, während die Beitragsbemessungsgrenze in der gesetzlichen Rentenversicherung bei 63.000 € in den alten und 54.000 € in den neuen Bundesländern liegt.[13]

b) 2010

Durch VO des BMAS vom 18.12.2009[14] ist der Umlagesatz für 2010 auf 0,41 % angehoben. Zur Begründung ist ausgeführt: Die für das Jahr 2010 erwarteten Aufwendungen für das Insolvenzgeld entsprechen den voraussichtlichen Aufwendungen für das Insolvenzgeld im Jahr 2009, da für das Jahr 2010 mit einer gegenüber dem Jahr 2009 nicht wesentlich veränderten Insolvenz- und Ausgabenentwicklung gerechnet wird. Diese Einschätzung beruht darauf, dass die Insolvenzentwicklung tendenziell mit Verzögerung auf die Wirtschaftsentwicklung reagiert und für das Jahr 2010 nur ein mäßiges Wirtschaftswachstum prognostiziert wird. Für das Jahr 2010 bedarf es eines Umlagesatzes in Höhe von 0,41 %, um bei einer erwarteten Summe des umlagepflichtigen Bruttoentgelts von 680,933 Mrd € die geschätzten Aufwendungen für das Insolvenzgeld in 2010 in Höhe von 1,7 Mrd € (einschließlich der voraussichtlichen Verwaltungskosten in Höhe von 68,9 Mio € sowie die Kosten des Einzugs der Umlage und der Prüfung der Arbeitgeber in Höhe von 18,1 Mio €) zu decken sowie den der Bundesagentur für Arbeit im Jahr 2009 voraussichtlich entstehenden Fehlbestand in Höhe von 1,097 Mrd € auszugleichen. Die voraussichtliche Summe des umlagepflichtigen Bruttoentgelts im Jahr 2010 wurde durch Hochrechnung der für das Jahr 2009 erwarteten Summe des umlagepflichtigen Bruttoentgelts mittels der Eckwerte der Bundesregierung für das Jahr 2010 zur Zahl der Arbeitnehmer und der Bruttolohnentwicklung ermittelt. Der Fehlbestand der Bundesagentur für Arbeit folgt daraus, dass im Jahr 2009 voraussichtlichen Einnahmen aus der Umlage in Höhe von 679 Mio € geschätzte Aufwendungen für das Insolvenzgeld in Höhe von 1,775 Mrd € gegenüberstehen.[15]

c) 2011

Durch VO vom 17.12.2010[16] ist der Umlagesatz für 2011 auf 0,0 % festgesetzt. Zur Begründung für die vorübergehende Aussetzung der Umlage hat der Verordnungsgeber angeführt: Aufgrund eines Defizits aus dem Jahr 2009 und der prognostizierten Entwicklung der Insolvenzereignisse war der Umlagesatz für das Jahr 2010 auf 0,41 % festgelegt worden. Die unerwartet günstige wirtschaftliche Entwicklung wird in diesem Jahr voraussichtlich zu einem Überschuss bei der Insolvenzgeldumlage von 1,1 Mrd € führen. Dieser Überschuss ist bei der Festsetzung des Umlagesatzes für das Kalenderjahr 2011 zu berücksichtigen. Bei einer erwarteten Summe des umlagepflichtigen Bruttoentgelts von 740 Mrd € sowie geschätzten Aufwendungen für das Insolvenzgeld im Jahr 2011 in Höhe von 896,1 Mio € (einschließlich der voraussichtlichen Verwaltungskosten in Höhe von 35 Mio € sowie der Kosten des Einzugs der Umlage und der Prüfung der Arbeitgeber in Höhe von 12,1 Mio €) führt dies zu einem Umlagesatz in Höhe von 0,0 %.[17] Als Konsequenz hieraus fällt der Bundeszuschuss 2011 zum Haushalt der Bundesagentur für Arbeit um die überschüssigen ca 1,1 Mrd € niedriger aus (vgl. §§ 365, 434u SGB III <letztgenannte Vorschrift aufgehoben zum 01.04.2012>).[18]

d) 2012

Für das Kalenderjahr 2012 ist der Umlagesatz für das Insolvenzgeld auf 0,04% festgesetzt. Zur Begründung führt der Verordnungsgeber wie folgt aus: Für die zu erwartenden Insolvenzen ist anzunehmen, dass ihre Zahl und damit auch die Ausgabenentwicklung im Jahr 2012 in etwa der des Jahres

---

13 BR-Drucks. 838/08.
14 BGBl. I 3938.
15 BR-Drucks. 809/09.
16 BGBl. I; 2126.
17 BR-Drucks. 714/10.
18 Zu den kontroversen Standpunkten der Regierungskoalition und der Opposition zu dieser Problematik vgl. BT-Drucks. 17/4188 und BT-Prot. 17/81 TOP 31.

2011 entsprechen wird. Eine Prognose für die im Jahr 2012 zu erwartenden Aufwendungen für das Insolvenzgeld ist somit auf der Grundlage der Aufwendungen für das Jahr 2011 zu stellen. Da vom 01.01.2011 bis zum 30.06.2011 tatsächliche Ausgaben für Insolvenzgeld (brutto) in Höhe von 428,4 Mio € angefallen sind, ist für das Jahr 2012 als zu erwartende Ausgaben für Insolvenzgeld (brutto) ein Betrag von 860 Mio € in die Berechnung einzustellen. Abzüglich von Rückflüssen und zuzüglich von Verwaltungskosten und der Einzugskostenvergütung (jeweils auf der Basis des Vorjahres geschätzt) ergeben sich so für das Jahr 2012 zu erwartende Gesamtaufwendungen in Höhe von rund 780 Mio €. Eine abweichende Entwicklung zeichnet sich bisher nicht ab. Die Verordnung geht von einem durchschnittlichen monatlichen Bedarf für Insolvenzgeld in Höhe von 61 Mio € (netto) aus. Bei der Festsetzung des Umlagesatzes ist darüber hinaus rechnerisch noch der Überschuss von 1,19 Mrd € zu berücksichtigen, der sich im Jahr 2010 unerwartet ergeben hatte. Von diesem Überschuss verbleibt nach Abzug der für das Jahr 2011 geschätzten Gesamtausgaben von rund 770 Mio € ein Betrag von rund 460 Mio €, der den im Jahr 2012 bestehenden voraussichtlichen Bedarf an Einnahmen aus der Insolvenzgeldumlage auf rund 320 Mio € mindert. Die voraussichtliche Summe des umlagepflichtigen Bruttoentgelts im Jahre 2012 wurde durch Fortschreibung der entsprechenden Summe aus dem Jahre 2010 (771,1 Mrd €) mit Hilfe der Eckwerte der Bundesregierung zur Bruttolohnentwicklung und zur Entwicklung der Zahl der Arbeitnehmerinnen und Arbeitnehmer für die Jahre 2011 und 2012 ermittelt. Genauere Daten über die tatsächlichen umlagepflichtigen Entgelte stehen auch für das erste Halbjahr 2011 nicht zur Verfügung, da der Umlagesatz für das Insolvenzgeld für das Jahr 2011 auf 0,0 Prozent festgesetzt worden war. Für das Jahr 2012 errechnet sich so eine voraussichtliche Bruttolohnsumme in Höhe von 821,5 Mrd €. Bei dieser Bruttolohnsumme ist zur Deckung der noch erforderlichen rund 320 Mio € ein Umlagesatz von 0,04 Prozent festzusetzen.[19]

7 Der Bundesrat hat zugestimmt, indessen nachstehende Entschließung gefasst: Durch das derzeitige prozyklische Verfahren werden die Unternehmen gerade in wirtschaftlich schlechten Zeiten mit höheren Umlagesätzen belastet. Der Bundesrat bat deshalb die Bundesregierung, das Verfahren zur Festsetzung des Umlagesatzes dahingehend abzuändern, dass erhebliche Schwankungen in der Höhe angemildert werden können. Insbesondere vor dem Hintergrund der prognostizierten weltweiten Konjunktureintrübung und den daraus resultierenden Entwicklungen bei den Insolvenzzahlen ist eine Änderung des Festsetzungsverfahrens für den Umlagesatz dringend erforderlich. Der Bundesrat begrüßt, dass die Bundesregierung aktiv an einer gesetzlichen Umsetzung dieser Regelung arbeitet, die dem Wunsch des Bundesrates Rechnung trägt, und einen entsprechenden Gesetzentwurf bis Mitte 2012 vorlegen wird.[20]

e) ab 2013

7a Dem entspricht nunmehr die gesetzliche Festlegung des Umlagesatzes (§ 360 SGB III), welche nach der Vorstellung des Gesetzgebers durch die Möglichkeit seiner Anpassung mittels Rechtsverordnung flankiert wird: § 360 schafft einen Finanzkorridor, innerhalb dessen der Umlagesatz konstant bleibt. Der Korridor ist so bemessen, dass bei normalen konjunkturellen Schwankungen der Finanzbedarf ohne Anpassung des Umlagesatzes abgedeckt wird. Je nach wirtschaftlicher Entwicklung kann der gesetzlich festgelegte Umlagesatz aber auch zu Fehlbeständen oder gemäß § 366 Abs. 2 SGB III zu dem Aufbau einer Rücklage führen. Sobald Fehlbestand oder Rücklage mehr als den Betrag der durchschnittlichen jährlichen Aufwendungen ausmachen, ist der Verordnungsgeber zur Korrektur des Umlagesatzes aufgerufen. Auf diese Weise wird sichergestellt, dass die Höhe der Umlage jedenfalls mittelfristig den Ausgaben folgt. Der Umlagesatz ist mittels Rechtsverordnung vorübergehend anzupassen, er kann zum Ausgleich von Fehlbeträgen angehoben oder bei guter wirtschaftlicher Entwicklung auch abgesenkt werden.[21]

---

19 BR-Drucks. 630/11.
20 BR-Drucks. 630/11(B).
21 BT-Drucks. 17/11176, 4.

2. Pauschale Vergütung

Durch VO vom 02.01.2009[22] hat das BMAS die von der Bundesagentur für Arbeit zu zahlende pauschale Vergütung an die Krankenkassen für den Einzug der Insolvenzgeld-Umlage auf jährlich 9.307.600 € und die zusätzlich zu zahlende pauschale Vergütung an die Deutsche Rentenversicherung Knappschaft-Bahn-See/Verwaltungsstelle Cottbus für den Einzug der Insolvenzgeld-Umlage für die geringfügigen Beschäftigungen auf 732.000 € festgelegt (§ 1 Abs. 1 und Abs. 3 3 VO). Die Pauschale für die Prüfung der Arbeitgeber durch die Träger der Deutschen Rentenversicherung ist mit jährlich 2.007.920 € und die Prüfung der Arbeitgeber durch die landwirtschaftlichen Krankenkassen mit 10.033 € beziffert (§ 3 Abs. 1 und § 4 Abs. 1 VO). Daneben finden sich in der VO Regelungen zur Verteilung der pauschalen Vergütungen auf die Krankenkassen und die Träger der Deutschen Rentenversicherung sowie zur Fälligkeit und Zahlungsweise (§§ 2, 5 VO). 8

§ 362 SGB III Übergangsregelung (aufgehoben ab 01.04.2012)

Für die Aufbringung der Mittel für das Insolvenzgeld für das Jahr 2008 gelten die §§ 358 bis 362 in der am 31. Dezember 2008 geltenden Fassung. Die Höhe der Verwaltungskostenabschläge im Jahr 2008 wird jeweils nach einvernehmlicher Schätzung der Bundesagentur für Arbeit und der Verbände der Unfallversicherungsträger festgesetzt.

Übersicht   Rdn.   Rdn.
A. Allgemeines   1   B. Regelungsinhalt   2

A. Allgemeines

Die Vorschrift enthielt seit ihrer Ursprungsfassung durch das AFRG vom 24.03.1997[1] bis zum 31.12.2008 die Ermächtigung des BMAS, die Höhe der Pauschale der mit der Insolvenzgeld-Umlage in Zusammenhang stehenden »sonstigen Kosten« der Bundesagentur für Arbeit (namentlich Zinsverluste als Folge der nachträglichen Bedarfsdeckung) im Verordnungswege zu bestimmen. Nachdem die Vorgängerregelung des § 186b Abs. 2 AFG anfänglich »im Interesse der Verwaltungsvereinfachung«[2] die Ermächtigung sogar noch auf die Verwaltungskosten (Personal- und Sachkosten) der damals sog. Bundesanstalt für Arbeit erstreckt hatte, ist die Pauschalierungsmöglichkeit durch das UVMG vom 30.10.2008[3] zum 01.01.2009 auf die Kosten des Einzugs und der Prüfung der Arbeitgeber beschränkt (vgl. § 358 Abs. 3 Satz 2 SGB III) und in § 361 SGB III fixiert (s. dort). Die Neufassung des § 362 SGB III durch das UVMG vom 30.10.2008[4] regelt demgegenüber die aus Anlass der Umstellung des Verfahrens der Mittelaufbringung für das Insolvenzgeld vom Umlageverfahren der gesetzlichen Unfallversicherung auf das beitragsrechtliche Einzugsverfahren (s. § 358 SGB III Rdn. 1, 2) nötige Überleitung zum 01.01.2009. Mit dem Gesetz zur Verbesserung der Eingliederungschancen am Arbeitsmarkt wird § 362 SGB III zum 01.04.2012 als gegenstandslos aufgehoben.[5] 1

B. Regelungsinhalt

Während das neue Umlageeinzugsverfahren ab 01.01.2009 dem Grundsatz monatlichen Einzugs im laufenden Kalenderjahr folgt, war das bisherige Verfahren bis zum 31.12.2008 durch das Prinzip der nachträglichen Bedarfsdeckung gekennzeichnet. Um das Kalenderjahr 2008 abwickeln zu können, bedurfte es infolgedessen auch für die Zeit ab dem 01.01.2009 noch einer beschränkten Fortgeltung 2

---

22 BGBl. I, 4.
 1 BGBl. I, 594.
 2 BT-Drucks. 7/1750, 15.
 3 BGBl. I, 2130.
 4 BGBl. I, 2130.
 5 BT-Drucks. 17/6277; BT-Drucks. 17/6853; BT-Drucks. 17/7065; BT-PlPr 17/128, 15116; BR-Drucks. 556/11; BR-Drucks. 762/11; BGBl. 2011 I, 2854.

des alten Rechts. Um zu vermeiden, dass im letzten Jahr des bisherigen Umlageverfahrens Überzahlungen eintreten, werden die Verwaltungskostenabschläge für das Jahr 2008 nach § 361 Abs. 2 SGB III a.F. (s. § 361 SGB III Rdn. 1) nicht mehr vom Unfallversicherungsträger nach den Verwaltungskosten im vorvesrgangenen Kalenderjahr berechnet, sondern einvernehmlich zwischen den Verbänden der Unfallversicherungsträger und der Bundesagentur für Arbeit geschätzt.[6]

---

6 BT-Drucks. 16/9154, 41.

Anhang IX Gesetz zur Reorganisation von Kreditinstituten (Kreditinstitute-Reorganisationsgesetz – KredReorgG)

vom 9. Dezember 2010 (BGBl I S. 1900), zuletzt geändert durch Art. 2 Abs. 75 G v. 22.12.2011 (BGBl. I S. 3044)

Abschnitt 1 Allgemeine Bestimmungen

§ 1 KredReorgG Grundsätze von Sanierungs- und Reorganisationsverfahren

(1) Sanierungsverfahren und Reorganisationsverfahren dienen der Stabilisierung des Finanzmarktes durch Sanierung oder Reorganisation von Kreditinstituten im Sinne des § 1 Absatz 1 des Kreditwesengesetzes mit Sitz im Inland (Kreditinstitute). Das Reorganisationsverfahren setzt eine Gefährdung der Stabilität des Finanzsystems voraus.

(2) Für beide Verfahren gelten, soweit dieses Gesetz nichts anderes bestimmt, die Vorschriften der Zivilprozessordnung entsprechend.

(3) Die in den Verfahren getroffenen gerichtlichen Entscheidungen ergehen durch Beschluss und sind unanfechtbar. Das Gericht hat von Amts wegen alle Umstände zu ermitteln, die für die Verfahren von Bedeutung sind.

(4) Eine Haftung der Bundesanstalt für Finanzdienstleistungsaufsicht (Bundesanstalt) für Handlungen nach diesem Gesetz ist ausgeschlossen, wenn die gesetzlichen Voraussetzungen für die Zulässigkeit der Handlung nicht vorliegen, die Bundesanstalt aber bei verständiger Würdigung der für sie zum Zeitpunkt der Handlung erkennbaren Umstände annehmen darf, dass die Voraussetzungen vorliegen. Hat das betroffene Kreditinstitut diese Umstände nicht zu verantworten, steht ihm ein Anspruch auf Entschädigung zu. § 4 Absatz 4 des Finanzdienstleistungsaufsichtsgesetzes bleibt unberührt.

(5) Die Befugnisse der Bundesanstalt nach anderen Gesetzen bleiben unberührt.

Abschnitt 2 Sanierungsverfahren

§ 2 KredReorgG Einleitung und Beantragung des Sanierungsverfahrens; Inhalt des Sanierungsplans

(1) Das Kreditinstitut leitet das Sanierungsverfahren durch Anzeige der Sanierungsbedürftigkeit bei der Bundesanstalt ein. Sanierungsbedürftigkeit liegt vor, wenn die Voraussetzungen des § 45 Absatz 1 Satz 1 und 2 des Kreditwesengesetzes erfüllt sind. Mit dieser Anzeige genügt das Institut auch seiner Pflicht nach § 46b Absatz 1 des Kreditwesengesetzes.

(2) Mit der Anzeige der Sanierungsbedürftigkeit legt das Kreditinstitut einen Sanierungsplan vor und schlägt einen geeigneten Sanierungsberater vor. Der Sanierungsplan kann alle Maßnahmen enthalten, die geeignet sind, ohne einen Eingriff in Drittrechte eine Sanierung des Kreditinstituts zu erreichen. Im Sanierungsplan kann vorgesehen werden, dass die Insolvenzgläubiger in einem anschließenden Insolvenzverfahren, das innerhalb von drei Jahren nach Anordnung der Durchführung eröffnet wird, nachrangig sind gegenüber Gläubigern mit Forderungen aus Darlehen und sonstigen Krediten, die das Kreditinstitut in Umsetzung des Sanierungsplans aufnimmt. In diesem Fall ist zugleich ein Gesamtbetrag für derartige Kredite festzulegen (Kreditrahmen). Dieser darf 10 Prozent der Eigenmittel nicht übersteigen. § 264 Absatz 2 der Insolvenzordnung ist entsprechend anzuwenden mit der Maßgabe, dass an die Stelle des Insolvenzverwalters der Sanierungsberater tritt.

(3) Die Bundesanstalt stellt unverzüglich einen Antrag auf Durchführung des Sanierungsverfahrens, wenn sie dies für zweckmäßig hält. Über den Antrag entscheidet das Oberlandesgericht, das für Klagen gegen die Bundesanstalt zuständig ist, unter Berücksichtigung der besonderen Eilbedürftigkeit. Die Bundesanstalt übersendet dem Oberlandesgericht den Sanierungsplan mit einer Stellungnahme, die insbesondere Aussagen zu den Aussichten einer Sanierung auf der Grundlage des Sanierungsplans sowie zur Eignung des vorgeschlagenen Sanierungsberaters enthält. Die Bundesanstalt kann dem Oberlandesgericht nach Anhörung des Kreditinstituts einen anderen Sanierungsberater vorschlagen, wenn sie den vom Kreditinstitut vorgeschlagenen Sanierungsberater für ungeeignet hält.

(4) Sofern die Bundesanstalt keine abweichende Bestimmung trifft, gilt der Antrag als zurückgenommen, wenn eine Maßnahme nach den §§ 45c, 46, 46b oder den §§ 48a bis 48m des Kreditwesengesetzes angeordnet wird. Die Bundesanstalt zeigt dem Oberlandesgericht die Anordnung in diesen Fällen an.

(5) Die Bundesanstalt trifft die Entscheidungen über Maßnahmen nach Absatz 3 im Benehmen mit der Bundesanstalt für Finanzmarktstabilisierung, sofern ein Kreditinstitut betroffen ist, dem Maßnahmen nach dem Finanzmarktstabilisierungsfondsgesetz gewährt wurden. Die Bundesanstalt ist berechtigt, der Bundesanstalt für Finanzmarktstabilisierung die für die Entscheidung erforderlichen Informationen zur Verfügung zu stellen.

§ 3 KredReorgG Anordnung des Sanierungsverfahrens; Bestellung des Sanierungsberaters

(1) Wenn der Antrag zulässig und der Sanierungsplan nicht offensichtlich ungeeignet ist, ordnet das Oberlandesgericht die Durchführung des Sanierungsverfahrens an. Zugleich bestellt das Oberlandesgericht den vorgeschlagenen Sanierungsberater, sofern dieser nicht offensichtlich ungeeignet ist. Die Mitwirkung an der Erstellung des Sanierungsplans ist kein Kriterium für eine mangelnde Eignung. Bei offensichtlich fehlender Eignung ernennt das Oberlandesgericht nach Anhörung des Kreditinstituts und der Bundesanstalt einen anderen Sanierungsberater.

(2) Mit der Anordnung nach Absatz 1 treten die Wirkungen des § 2 Absatz 2 Satz 3 ein; bei Rechtshandlungen nach dieser Vorschrift wird vermutet, dass sie nicht mit dem Vorsatz vorgenommen werden, die anderen Gläubiger zu benachteiligen. Ein Insolvenzgläubiger kann nach Eröffnung eines Insolvenzverfahrens Klage vor dem Prozessgericht gegen einen vorrangigen Insolvenzgläubiger auf Feststellung erheben, dass die Voraussetzungen für die Einleitung des Sanierungsverfahrens nicht gegeben waren oder der Kreditrahmen nicht den gesetzlichen Anforderungen entsprochen hat.

(3) Zum Sanierungsberater kann auch das Mitglied eines Organs oder ein sonstiger Angehöriger des Kreditinstituts bestellt werden. Wird eine solche Person zum Sanierungsberater bestellt, kann das Oberlandesgericht auf Antrag der Bundesanstalt an deren Stelle einen anderen Sanierungsberater bestellen, ohne dass ein wichtiger Grund gegeben sein muss.

(4) Auf das weitere Verfahren vor dem Oberlandesgericht sind, soweit sich keine Abweichungen aus den Vorschriften dieses Gesetzes ergeben, die im ersten Rechtszug für das Verfahren vor den Landgerichten geltenden Vorschriften der Zivilprozessordnung mit Ausnahme der §§ 348 bis 350 entsprechend anzuwenden.

§ 4 KredReorgG Rechtsstellung des Sanierungsberaters; Verordnungsermächtigung

(1) Der Sanierungsberater ist berechtigt,
1. die Geschäftsräume des Kreditinstituts zu betreten und dort Nachforschungen anzustellen,
2. Einsicht in Bücher und Geschäftspapiere des Kreditinstituts zu nehmen und die Vorlage von Unterlagen sowie die Erteilung aller erforderlichen Auskünfte zu verlangen,

3. an allen Sitzungen und Versammlungen sämtlicher Organe und sonstiger Gremien des Kreditinstituts in beratender Funktion teilzunehmen,
4. Anweisungen für die Geschäftsführung des Kreditinstituts zu erteilen,
5. eigenständige Prüfungen zur Feststellung von Schadensersatzansprüchen gegen Organmitglieder oder ehemalige Organmitglieder des Kreditinstituts durchzuführen oder Sonderprüfungen zu veranlassen und
6. die Einhaltung bereits getroffener Auflagen nach dem Finanzmarktstabilisierungsfondsgesetz zu überwachen.

(2) Der Sanierungsberater steht unter der Aufsicht des Oberlandesgerichts. Sowohl das Oberlandesgericht als auch die Bundesanstalt können jederzeit einzelne Auskünfte oder einen Bericht über den Sachstand und über die Geschäftsführung von ihm verlangen. Das Oberlandesgericht kann den Sanierungsberater aus wichtigem Grund aus dem Amt entlassen. Die Entlassung kann von Amts wegen oder auf Antrag der Bundesanstalt erfolgen. Vor der Entscheidung ist der Sanierungsberater zu hören. Sofern ein Kreditinstitut betroffen ist, dem Maßnahmen nach dem Finanzmarktstabilisierungsfondsgesetz gewährt wurden, kann auch die Bundesanstalt für Finanzmarktstabilisierung die in Satz 2 genannten Auskünfte oder Berichte verlangen, und das Oberlandesgericht hat sie vor seiner Entscheidung zu hören.

(3) Der Sanierungsberater ist allen Beteiligten zum Schadenersatz verpflichtet, wenn er schuldhaft die Pflichten verletzt, die ihm nach diesem Gesetz obliegen.

(4) Der Sanierungsberater hat Anspruch gegen das Kreditinstitut auf Vergütung und auf Erstattung angemessener Auslagen. Das Oberlandesgericht setzt die Höhe der Vergütung und der notwendigen Auslagen auf Antrag des Sanierungsberaters nach Anhörung des Kreditinstituts durch unanfechtbaren Beschluss fest. Das Bundesministerium der Justiz wird ermächtigt, die Vergütung und die Erstattung der Auslagen des Sanierungsberaters durch Rechtsverordnung ohne Zustimmung des Bundesrates näher zu regeln.

§ 5 KredReorgG Gerichtliche Maßnahmen

(1) Das Oberlandesgericht kann auf Vorschlag der Bundesanstalt, der zu begründen ist, weitere Maßnahmen ergreifen, wenn dies zur Sanierung des Kreditinstituts erforderlich ist und wenn die Gefahr besteht, dass das Kreditinstitut seine Verpflichtungen gegenüber den Gläubigern nicht erfüllen kann. Es kann insbesondere
1. den Mitgliedern der Geschäftsleitung und den Inhabern die Ausübung ihrer Tätigkeit untersagen oder diese beschränken,
2. anordnen, den Sanierungsberater in die Geschäftsleitung aufzunehmen,
3. Entnahmen durch die Inhaber oder Gesellschafter sowie die Ausschüttung von Gewinnen untersagen oder beschränken,
4. die bestehenden Vergütungs- und Bonusregelungen der Geschäftsleitung auf ihre Anreizwirkung und ihre Angemessenheit hin überprüfen und gegebenenfalls eine Anpassung für die Zukunft vornehmen sowie Zahlungsverbote bezüglich nicht geschuldeter Leistungen aussprechen und
5. die Zustimmung des Aufsichtsorgans ersetzen.

(2) Das Oberlandesgericht kann eine Entscheidung über weitere Maßnahmen nach Absatz 1 zeitgleich mit der Bestellung nach § 3 oder nachträglich treffen und von Amts wegen mit Wirkung für die Zukunft ändern. Zuvor gibt es dem Kreditinstitut und den von einer Maßnahme nach Absatz 1 unmittelbar rechtlich Betroffenen Gelegenheit zur Stellungnahme. Wenn dies aufgrund besonderer Umstände ausnahmsweise nicht möglich ist, gibt das Oberlandesgericht ihnen unverzüglich nachträglich Gelegenheit zur Stellungnahme. Das Oberlandesgericht überprüft in diesem Fall die getroffene Entscheidung unter Berücksichtigung der eingegangenen Stellungnahmen; besteht danach kein Grund für eine Abänderung, teilt es dies den Beteiligten formlos mit.

§ 6 KredReorgG Umsetzung des Sanierungsplans; Aufhebung des Sanierungsverfahrens

(1) Der Sanierungsberater setzt den Sanierungsplan um. Er kann im Einvernehmen mit der Bundesanstalt und dem Oberlandesgericht Änderungen des Sanierungsplans vornehmen; dies gilt nicht für Regelungen nach § 2 Absatz 2 Satz 3.

(2) Der Sanierungsberater berichtet dem Oberlandesgericht und der Bundesanstalt regelmäßig über den Stand der Sanierung. Sofern ein Kreditinstitut betroffen ist, dem Maßnahmen nach dem Finanzmarktstabilisierungsfondsgesetz gewährt wurden, berichtet er zugleich der Bundesanstalt für Finanzmarktstabilisierung.

(3) Bevor der Sanierungsberater dem Oberlandesgericht die Beendigung des Sanierungsverfahrens anzeigt, hat er die Bundesanstalt davon zu unterrichten. Das Oberlandesgericht beschließt die Aufhebung des Sanierungsverfahrens. Sofern ein Reorganisationsverfahren eingeleitet werden soll, verbindet es die Aufhebung des Sanierungsverfahrens mit der Entscheidung über den Antrag auf Durchführung des Reorganisationsverfahrens.

Abschnitt 3 Reorganisationsverfahren

§ 7 KredReorgG Einleitung, Beantragung und Anordnung des Reorganisationsverfahrens

(1) Hält das Kreditinstitut ein Sanierungsverfahren für aussichtslos, kann es sogleich ein Reorganisationsverfahren durch Anzeige bei der Bundesanstalt unter Vorlage eines Reorganisationsplans einleiten. Soll nach Scheitern eines Sanierungsverfahrens ein Reorganisationsverfahren durchgeführt werden, erfolgt die Anzeige mit Zustimmung des Kreditinstituts bei der Bundesanstalt unter Vorlage des Reorganisationsplans durch den Sanierungsberater.

(2) Nach der Anzeige durch das Kreditinstitut kann die Bundesanstalt einen Antrag auf Durchführung des Reorganisationsverfahrens stellen, wenn eine Bestandsgefährdung des Kreditinstituts nach § 48b Absatz 1 des Kreditwesengesetzes vorliegt, die zu einer Systemgefährdung nach § 48b Absatz 2 des Kreditwesengesetzes führt.

(3) Das Oberlandesgericht weist den Reorganisationsplan und den Antrag auf Durchführung des Reorganisationsverfahrens zurück, wenn die Vorschriften über den Inhalt des Reorganisationsplans nicht beachtet sind und der Mangel nicht innerhalb einer angemessenen, vom Oberlandesgericht gesetzten Frist behoben wird. Vor der Zurückweisung gibt das Oberlandesgericht dem Kreditinstitut und der Bundesanstalt Gelegenheit zur Stellungnahme.

(4) Wird der Antrag nicht nach Absatz 3 zurückgewiesen, entscheidet das Oberlandesgericht nach Anhörung der Bundesanstalt, der Deutschen Bundesbank und des Kreditinstituts, ob die Voraussetzungen nach Absatz 2 vorliegen. Dieser Beschluss ist mit der Entscheidung über den Antrag auf Durchführung des Reorganisationsverfahrens zu verbinden.

(5) Soweit für das Reorganisationsverfahren nichts anderes bestimmt ist, gelten die Vorschriften über das Sanierungsverfahren entsprechend. § 46d Absatz 1 bis 4 des Kreditwesengesetzes gilt entsprechend. Für Kreditinstitute, die in anderer Rechtsform als einer Aktiengesellschaft verfasst sind, gelten die folgenden Vorschriften sinngemäß.

§ 8 KredReorgG Inhalt des Reorganisationsplans

(1) Der Reorganisationsplan besteht aus einem darstellenden und einem gestaltenden Teil. Im darstellenden Teil wird beschrieben, welche Regelungen getroffen werden sollen, um die Grundlagen für die Gestaltung der Rechte der Betroffenen zu schaffen. Im gestaltenden Teil wird festgelegt, wie die Rechtsstellung der Beteiligten durch den Reorganisationsplan geändert werden soll; er kann auch Regelungen nach § 2 Absatz 2 Satz 3 enthalten. In dem Reorganisationsplan kann

auch die Liquidation des Kreditinstituts vorgesehen werden. Soweit der Reorganisationsplan eintragungspflichtige gesellschaftsrechtliche Maßnahmen enthält, sind diese gesondert aufzuführen.

(2) Im Reorganisationsplan sind Gruppen für die Abstimmung nach den §§ 17 und 18 zu bilden, sofern in die Rechte von Beteiligten eingegriffen wird. Beteiligte mit unterschiedlicher Rechtsstellung bilden jeweils eigene Gruppen. Aus den Beteiligten mit gleicher Rechtsstellung können Gruppen gebildet werden, in denen Beteiligte mit gleichartigen wirtschaftlichen Interessen zusammengefasst werden. Die Anteilsinhaber bilden nur dann eine eigene Gruppe, wenn im Reorganisationsplan Regelungen vorgesehen sind, für die nach den gesellschaftsrechtlichen Bestimmungen ein Beschluss der Hauptversammlung erforderlich oder in diesem Gesetz vorgesehen ist.

(3) Der Reorganisationsplan kann in die Rechte der Gläubiger und in die Stellung der Anteilsinhaber nach Maßgabe der §§ 9 bis 12 eingreifen.

§ 9 KredReorgG Umwandlung von Forderungen in Eigenkapital

(1) Im gestaltenden Teil des Reorganisationsplans kann vorgesehen werden, dass Forderungen von Gläubigern in Anteile am Kreditinstitut umgewandelt werden. Eine Umwandlung gegen den Willen der betroffenen Gläubiger ist ausgeschlossen. Insbesondere kann der Reorganisationsplan eine Kapitalherabsetzung oder -erhöhung, die Leistung von Sacheinlagen oder den Ausschluss von Bezugsrechten vorsehen. Zugunsten der in Satz 1 genannten Gläubiger ist § 39 Absatz 4 Satz 2 und Absatz 5 der Insolvenzordnung entsprechend anzuwenden.

(2) Für eine Maßnahme im Sinne des Absatzes 1 hat das Kreditinstitut den bisherigen Anteilsinhabern eine angemessene Entschädigung zu leisten. Die Angemessenheit der Entschädigung ist durch einen oder mehrere sachverständige Prüfer festzustellen. Diese werden auf Antrag des Reorganisationsberaters vom Oberlandesgericht ausgewählt und bestellt.

(3) Rechtshandlungen, die im Zusammenhang mit einer Kapitalmaßnahme nach Absatz 1 stehen, können nicht nach den Bestimmungen der Insolvenzordnung und des Anfechtungsgesetzes angefochten werden zu Lasten
1. des Finanzmarktstabilisierungsfonds,
2. des Bundes und der Länder,
3. der vom Finanzmarktstabilisierungsfonds und dem Bund errichteten Körperschaften, Anstalten und Sondervermögen sowie
4. der dem Finanzmarktstabilisierungsfonds und dem Bund nahestehenden Personen oder sonstigen von ihnen mittelbar oder unmittelbar abhängigen Unternehmen.

§ 10 KredReorgG Sonstige gesellschaftsrechtliche Regelungen

In dem gestaltenden Teil des Reorganisationsplans können alle nach dem Gesellschaftsrecht zulässigen Regelungen getroffen werden, die geeignet sind, die Reorganisation des Kreditinstituts zu fördern. Dies gilt insbesondere für Satzungsänderungen und die Übertragung von Anteils- und Mitgliedschaftsrechten des Kreditinstituts an anderen Gesellschaften. § 9 Absatz 1 Satz 4, Absatz 2 und 3 gilt entsprechend.

§ 11 KredReorgG Ausgliederung

(1) Im gestaltenden Teil des Reorganisationsplans kann festgelegt werden, dass das Kreditinstitut sein Vermögen ganz oder in Teilen ausgliedert und auf einen bestehenden oder zu gründenden Rechtsträger gegen Gewährung von Anteilen dieses Rechtsträgers an das Kreditinstitut überträgt. Der gestaltende Teil des Reorganisationsplans kann auch festlegen, dass einzelne Vermögensgegenstände, Verbindlichkeiten oder Rechtsverhältnisse auf das übertragende Kreditinstitut zurückübertragen werden. Der Reorganisationsplan hat mindestens die in § 48e Absatz 1 Nummer 1 bis 4 des Kreditwesengesetzes genannten Angaben sowie Angaben über die Folgen der Ausgliederung

für die Arbeitnehmer und ihre Vertretungen sowie die insoweit vorgesehenen Maßnahmen zu enthalten. § 48k Absatz 2 Satz 3 des Kreditwesengesetzes gilt entsprechend.

(2) Sieht der Reorganisationsplan eine Ausgliederung zur Aufnahme vor, so darf er durch das Oberlandesgericht nur bestätigt werden, wenn eine notariell beurkundete Zustimmungserklärung des übernehmenden Rechtsträgers vorliegt. Im Übrigen gelten § 48c Absatz 5 und § 48f Absatz 2 und 3 Satz 2 sowie Absatz 4 des Kreditwesengesetzes sowie § 21 Absatz 3 für die Zuleitung an das Registergericht des übernehmenden Rechtsträgers entsprechend.

(3) Ist im Reorganisationsplan eine Ausgliederung zur Neugründung vorgesehen, so muss die in den Reorganisationsplan aufzunehmende Satzung des neuen Rechtsträgers der Satzung des Kreditinstituts nachgebildet werden. Die für die Rechtsform des neuen Rechtsträgers geltenden Gründungsvorschriften sind anzuwenden; § 21 Absatz 1 Satz 2 und 3 bleibt unberührt. Eine Schlussbilanz entsprechend § 48f Absatz 2 Satz 1 des Kreditwesengesetzes ist beizufügen; § 21 Absatz 3 gilt für die Zuleitung an das Registergericht des neuen Rechtsträgers entsprechend.

(4) Für Verbindlichkeiten des ausgliedernden Kreditinstituts, die vor Wirksamwerden der Ausgliederung begründet worden sind, haften als Gesamtschuldner das ausgliedernde Kreditinstitut und der übernehmende Rechtsträger, im Falle einer Ausgliederung zur Neugründung das ausgliedernde Kreditinstitut und der neue Rechtsträger. Die gesamtschuldnerische Haftung des übernehmenden oder des neuen Rechtsträgers ist auf den Betrag beschränkt, den die Gläubiger ohne eine Ausgliederung erhalten hätten. Die Forderungen der Gläubiger, die vom Reorganisationsplan erfasst werden, bestimmen sich ausschließlich nach den Festlegungen dieses Plans. § 48h Absatz 2 des Kreditwesengesetzes gilt entsprechend.

§ 12 KredReorgG Eingriffe in Gläubigerrechte

(1) Im gestaltenden Teil des Reorganisationsplans ist anzugeben, um welchen Bruchteil die Forderungen von Gläubigern gekürzt, für welchen Zeitraum sie gestundet, wie sie gesichert oder welchen sonstigen Regelungen sie unterworfen werden sollen.

(2) Ein Eingriff in eine Forderung, für die im Entschädigungsfall dem Gläubiger ein Entschädigungsanspruch gegen eine Sicherungseinrichtung im Sinne des § 23a des Kreditwesengesetzes zusteht, ist ausgeschlossen. Dies gilt auch für Forderungen, die über eine freiwillige Einlagensicherung abgedeckt sind.

(3) Ein Eingriff in Forderungen von Arbeitnehmern auf Arbeitsentgelt und von Versorgungsberechtigten auf betriebliche Altersversorgung ist ausgeschlossen.

§ 13 KredReorgG Beendigung von Schuldverhältnissen

Schuldverhältnisse mit dem Kreditinstitut können ab dem Tag der Anzeige nach § 7 Absatz 1 bis zum Ablauf des folgenden Geschäftstages im Sinne des § 1 Absatz 16b des Kreditwesengesetzes nicht beendet werden. Eine Kündigung gegenüber dem Kreditinstitut ist in diesem Zeitraum ausgeschlossen. Die Wirkung sonstiger in diesem Zeitraum eintretender Beendigungstatbestände ist bis zu seinem Ablauf aufgeschoben. Abweichende Vereinbarungen sind unwirksam. Dies gilt nicht für Gläubiger von Forderungen aus Schuldverhältnissen nach § 12 Absatz 2.

§ 14 KredReorgG Anmeldung von Forderungen

(1) Gläubiger, in deren Rechte nach § 12 eingegriffen wird, fordert der Reorganisationsberater auf, ihre Forderungen innerhalb einer von ihm gesetzten Frist, die mindestens drei Wochen beträgt, bei ihm anzumelden. Die Aufforderung ist mit der Ladung nach § 17 Absatz 3 zu verbinden. *In der Anmeldung sind der Grund und der Betrag der Forderung anzugeben; die Urkunden, aus denen sich die Forderung ergibt, sind auf Verlangen vorzulegen.* § 46f des Kreditwesengesetzes

gilt entsprechend mit der Maßgabe, dass an die Stelle der Geschäftsstelle des Insolvenzgerichts der Reorganisationsberater tritt.

(2) Der Reorganisationsberater hat jede nach Maßgabe des Absatzes 1 angemeldete Forderung mit den dort genannten Angaben in eine Tabelle einzutragen.

§ 15 KredReorgG Prüfung und Feststellung der Forderungen

(1) Zur Feststellung des Stimmrechts werden im Abstimmungstermin die fristgemäß angemeldeten Forderungen nach ihrem Betrag geprüft. Maßgeblich für das Stimmrecht ist die Höhe des Betrages im Zeitpunkt der Prüfung der jeweiligen Forderung. Werden Forderungen vom Reorganisationsberater bestritten, sind diese einzeln zu erörtern.

(2) Wurde eine nicht rechtskräftig titulierte Forderung von dem Reorganisationsberater bestritten, so kann der Gläubiger gegen ihn auf dem Zivilrechtsweg die Feststellung zur Tabelle betreiben. Weist der Gläubiger nach Abschluss dieses Verfahrens nach, dass die Abstimmung zu seiner Besserstellung im Reorganisationsplan geführt hätte, so steht ihm gegen das Kreditinstitut ein Ausgleichsanspruch zu.

§ 16 KredReorgG Vorbereitung der Abstimmung über den Reorganisationsplan

Ordnet das Oberlandesgericht die Durchführung des Reorganisationsverfahrens an, legt es die abstimmungserheblichen Inhalte des Reorganisationsplans in der Geschäftsstelle zur Einsicht für die Beteiligten aus und bestimmt einen Termin, in dem der Reorganisationsplan und das Stimmrecht der Gläubiger erörtert werden und über den Reorganisationsplan abgestimmt wird. Der Termin ist innerhalb eines Monats nach der Anordnung der Durchführung des Reorganisationsverfahrens anzusetzen. Zugleich bestimmt das Oberlandesgericht einen Termin für die Hauptversammlung der Anteilsinhaber zur Abstimmung nach § 18; dieser Termin soll vor dem Erörterungs- und Abstimmungstermin der Gläubiger nach Satz 1 stattfinden.

§ 17 KredReorgG Abstimmung der Gläubiger

(1) Jede Gruppe der stimmberechtigten Gläubiger stimmt gesondert über den Reorganisationsplan ab.

(2) Die Einberufung zu dem Termin erfolgt auf Veranlassung des Reorganisationsberaters durch öffentliche Bekanntmachung im Bundesanzeiger. Die Einberufung muss spätestens am 21. Tag vor dem Termin erfolgen. Das Kreditinstitut hat vom Tag der öffentlichen Bekanntmachung nach Satz 1 bis zum Abschluss der Abstimmung folgende Informationen über seine Internetseite zugänglich zu machen:
1. die Einberufung,
2. die genauen Bedingungen, von denen die Teilnahme an der Abstimmung und die Ausübung des Stimmrechts abhängen und
3. die abstimmungserheblichen Inhalte des Reorganisationsplans.

Die öffentliche Bekanntmachung enthält die genaue Angabe zu Ort und Zeit des Termins sowie einen Hinweis auf die Internetseite, auf der die in Satz 3 genannten Informationen abrufbar sind.

(3) Neben der Einberufung nach Absatz 2 sind zu dem Termin alle Gläubiger, in deren Rechte nach § 12 eingegriffen wird, durch den Reorganisationsberater zu laden. In der Ladung ist darauf hinzuweisen, dass die in Absatz 2 Satz 3 genannten Informationen auf der Internetseite des Kreditinstituts abrufbar sind.

(4) Die Ladung ist zuzustellen. Die Zustellung kann durch Aufgabe zur Post unter der Anschrift des Zustellungsadressaten erfolgen; § 184 Absatz 2 Satz 1, 2 und 4 der Zivilprozessordnung gilt entsprechend. Soll die Ladung im Inland bewirkt werden, gilt sie drei Tage nach Aufgabe zur

Post als zugestellt. Das Oberlandesgericht beauftragt den Reorganisationsberater mit der Durchführung der Ladung. Er kann sich hierfür Dritter, insbesondere auch eigenen Personals, bedienen. Die von ihm nach § 184 Absatz 2 Satz 4 der Zivilprozessordnung gefertigten Vermerke hat er unverzüglich zu den Gerichtsakten

§ 18 KredReorgG Abstimmung der Anteilsinhaber

(1) Die Anteilsinhaber stimmen gesondert im Rahmen einer Hauptversammlung über den Reorganisationsplan ab.

(2) Die Hauptversammlung wird durch den Reorganisationsberater einberufen. Die Einberufung zur Hauptversammlung muss spätestens am 21. Tag vor der Hauptversammlung erfolgen. § 121 Absatz 3 bis 7, § 123 Absatz 1 Satz 2, Absatz 2 und 3 und die §§ 124 bis 125 des Aktiengesetzes sind anzuwenden.

(3) Der Beschluss über die Annahme des Reorganisationsplans bedarf der Mehrheit der abgegebenen Stimmen. Wird das Bezugsrecht ganz oder teilweise in einem Beschluss über die Erhöhung des Grundkapitals ausgeschlossen oder wird das Grundkapital herabgesetzt, bedarf der Beschluss einer Mehrheit, die mindestens zwei Drittel der abgegebenen Stimmen oder des vertretenen Grundkapitals umfasst. Die einfache Mehrheit reicht, wenn die Hälfte des Grundkapitals vertreten ist. § 134 Absatz 1 bis 3 des Aktiengesetzes gilt entsprechend. Abweichende Satzungsbestimmungen sind unbeachtlich.

(4) Anteilsinhaber können gegen den Beschluss Widerspruch zur Niederschrift erklären. Wird der Reorganisationsplan nicht angenommen, kann sich an dem Bestätigungsverfahren nach § 20 Absatz 5 nur beteiligen, wer seine ablehnende Stimme zur Niederschrift hat festhalten lassen.

(5) Gegen den Beschluss der Hauptversammlung ist die Anfechtungsklage statthaft. Über Anfechtungsklagen entscheidet ausschließlich das Landgericht, das für Klagen gegen die Bundesanstalt zuständig ist. § 246a des Aktiengesetzes ist entsprechend anzuwenden mit der Maßgabe, dass der Antrag bei dem nach § 2 Absatz 3 Satz 2 zuständigen Oberlandesgericht durch den Reorganisationsberater zu stellen ist.

§ 19 KredReorgG Annahme des Reorganisationsplans

(1) Zur Annahme des Reorganisationsplans müssen alle Gruppen dem Reorganisationsplan zustimmen. Hierfür ist erforderlich, dass
1. die Gruppe der Anteilsinhaber nach Maßgabe des § 18 Absatz 3 zustimmt und
2. in jeder Gruppe der Gläubiger die Mehrheit der abstimmenden Gläubiger dem Reorganisationsplan zustimmen und
3. in jeder Gruppe der Gläubiger die Summe der Ansprüche der zustimmenden Gläubiger mehr als die Hälfte der Summe der Ansprüche der abstimmenden Gläubiger beträgt.

In dem Erörterungs- und Abstimmungstermin der Gläubiger teilt der Reorganisationsberater den Beschluss der Hauptversammlung nach § 18 mit.

(2) Auch wenn die erforderlichen Mehrheiten in einer Gläubigergruppe nicht erreicht sind, gilt ihre Zustimmung als erteilt, wenn
1. die Gläubiger dieser Gruppe durch den Reorganisationsplan voraussichtlich nicht schlechter gestellt werden, als sie ohne einen Reorganisationsplan stünden und
2. die Gläubiger dieser Gruppe angemessen an dem wirtschaftlichen Wert beteiligt werden, der auf der Grundlage des Reorganisationsplans allen Beteiligten zufließen soll und
3. die Mehrheit der abstimmenden Gruppen dem Reorganisationsplan mit den jeweils erforderlichen Mehrheiten zugestimmt hat.

(3) Eine angemessene Beteiligung im Sinne des Absatzes 2 Nummer 2 liegt vor, wenn nach dem Reorganisationsplan
1. kein anderer Gläubiger wirtschaftliche Werte erhält, die den vollen Betrag seines Anspruchs übersteigen und
2. weder ein Gläubiger, der ohne einen Reorganisationsplan mit Nachrang gegenüber den Gläubigern der Gruppe zu befriedigen wäre, noch das Kreditinstitut oder eine an ihm beteiligte Person einen wirtschaftlichen Wert erhält und
3. kein Gläubiger, der ohne einen Reorganisationsplan gleichrangig mit den Gläubigern der Gruppe zu befriedigen wäre, besser gestellt wird als diese Gläubiger.

(4) Falls die Zustimmung der Anteilsinhaber verweigert wurde, gilt sie als erteilt, wenn
1. die Mehrheit der abstimmenden Gruppen dem Reorganisationsplan mit den jeweils erforderlichen Mehrheiten zugestimmt hat und
2. die im Reorganisationsplan vorgesehenen Maßnahmen nach den §§ 9 bis 11 dazu dienen, erhebliche negative Folgeeffekte bei anderen Unternehmen des Finanzsektors infolge der Bestandsgefährdung des Kreditinstituts und eine Instabilität des Finanzsystems zu verhindern und wenn diese Maßnahmen hierzu geeignet, erforderlich und angemessen sind; wenn die Anteilsinhaber ein alternatives Konzept vorgelegt haben, ist auch dieses zu berücksichtigen.

(5) Der Reorganisationsberater unterrichtet die Anteilsinhaber, wenn ihre Zustimmung nach Absatz 4 ersetzt werden soll, über die Internetseite des Kreditinstituts.

§ 20 KredReorgG Gerichtliche Bestätigung des Reorganisationsplans

(1) Nach der Annahme des Reorganisationsplans durch die Beteiligten bedarf der Reorganisationsplan der Bestätigung durch das Oberlandesgericht. Die Bestätigung oder deren Versagung erfolgt durch Beschluss, der in einem besonderen Termin zu verkünden ist. Dieser soll spätestens einen Monat nach der Annahme des Reorganisationsplans stattfinden.

(2) Die Bestätigung ist von Amts wegen zu versagen,
1. wenn die Vorschriften über den Inhalt und die verfahrensmäßige Behandlung des Reorganisationsplans sowie über die Annahme durch die Beteiligten in einem wesentlichen Punkt nicht beachtet worden sind und der Mangel nicht behoben werden kann oder
2. wenn die Annahme des Reorganisationsplans unlauter, insbesondere durch Begünstigung eines Beteiligten, herbeigeführt worden ist oder
3. wenn die erforderlichen Mehrheiten nicht erreicht wurden und die Voraussetzungen für die Ersetzung der Zustimmung nach § 19 Absatz 2 oder 4 nicht vorliegen.

(3) Auf Antrag eines Gläubigers ist die Bestätigung des Reorganisationsplans zu versagen, wenn der Gläubiger
1. dem Reorganisationsplan spätestens im Abstimmungstermin schriftlich widersprochen hat und
2. durch den Reorganisationsplan voraussichtlich schlechter gestellt wird, als er ohne einen Reorganisationsplan stünde.

(4) Der Antrag nach Absatz 3 ist nur zulässig, wenn der Gläubiger glaubhaft macht, dass die Voraussetzungen des Absatzes 3 vorliegen und wenn der Reorganisationsberater keine Sicherheit leistet. Leistet der Reorganisationsberater Sicherheit, so kann der Gläubiger nur außerhalb des Reorganisationsverfahrens Klage auf angemessene Beteiligung gegenüber dem Reorganisationsberater erheben.

(5) Soll die Zustimmung der Anteilsinhaber nach § 19 Absatz 4 ersetzt werden, so ist den Anteilsinhabern Gelegenheit zur Stellungnahme zu geben, die ihre ablehnende Stimmabgabe zur Niederschrift der Hauptversammlung haben festhalten lassen.

§ 21 KredReorgG Allgemeine Wirkungen des Reorganisationsplans; Eintragung ins Handelsregister

(1) Mit der gerichtlichen Bestätigung des Reorganisationsplans treten die Wirkungen der im gestaltenden Teil festgelegten Regelungen einschließlich der Wirkungen des § 2 Absatz 2 Satz 3 für und gegen die Planbeteiligten ein. Soweit Rechte an Gegenständen begründet, geändert, übertragen, aufgehoben oder gesellschaftsrechtliche Maßnahmen insbesondere nach den §§ 9 bis 11 durchgeführt werden sollen, gelten die in den Reorganisationsplan aufgenommenen Willenserklärungen der Beteiligten als in der vorgeschriebenen Form abgegeben. Entsprechendes gilt für die in den Reorganisationsplan aufgenommenen Verpflichtungserklärungen, die einer Maßnahme nach Satz 2 zugrunde liegen.

(2) Werden Forderungen von Gläubigern in Anteile am Kreditinstitut umgewandelt, kann das Kreditinstitut nach der gerichtlichen Bestätigung keine Ansprüche wegen einer Überbewertung der umgewandelten Forderungen im Reorganisationsplan gegen die bisherigen Gläubiger geltend machen.

(3) Das Oberlandesgericht leitet dem für das Kreditinstitut zuständigen Registergericht unverzüglich eine Ausfertigung des Reorganisationsplans zu oder beauftragt den Reorganisationsberater mit der Zuleitung. Das Registergericht leitet das Eintragungsverfahren von Amts wegen ein. Die im Reorganisationsplan enthaltenen eintragungspflichtigen gesellschaftsrechtlichen Maßnahmen sind, falls sie nicht offensichtlich nichtig sind, unverzüglich in das Handelsregister einzutragen.

§ 22 KredReorgG Aufhebung des Reorganisationsverfahrens; Überwachung der Planerfüllung

(1) Mit der Bestätigung des Reorganisationsplans oder deren Versagung beschließt das Oberlandesgericht die Aufhebung des Reorganisationsverfahrens.

(2) Im gestaltenden Teil des Reorganisationsplans kann vorgesehen werden, dass der Reorganisationsberater die Erfüllung des Reorganisationsplans auch nach Aufhebung des Reorganisationsverfahrens überwacht. Das Oberlandesgericht beschließt die Aufhebung der Überwachung,
1. wenn die Ansprüche, deren Erfüllung überwacht wird, erfüllt sind oder wenn gewährleistet ist, dass sie erfüllt werden,
2. wenn seit der Aufhebung des Reorganisationsverfahrens drei Jahre verstrichen sind und kein Antrag auf Durchführung eines neuen Reorganisationsverfahrens vorliegt oder
3. wenn die Bundesanstalt Maßnahmen nach den §§ 45c, 46, 46b oder den §§ 48a bis 48m des Kreditwesengesetzes anordnet.

(3) Die Beschlüsse nach den Absätzen 1 und 2 sind im Bundesanzeiger und auf der Internetseite des Kreditinstituts bekannt zu machen.

§ 23 KredReorgG Schutz von Finanzsicherheiten sowie von Zahlungs- und Wertpapiersystemen

Die Vorschriften der Insolvenzordnung zum Schutz von Zahlungs- sowie Wertpapierliefer- und -abrechnungssystemen sowie von dinglichen Sicherheiten der Zentralbanken und von Finanzsicherheiten sind entsprechend anzuwenden.

Übersicht

	Rdn.		Rdn.
A. Einleitung	1	II. Antrag auf Sanierungsverfahren	14
B. Sanierungsverfahren	7	III. Der Sanierungsberater	16
I. Anzeige der Sanierungsbedürftigkeit	7	1. Person des Sanierungsberaters	16
1. *Definition der Sanierungsbedürftigkeit*	9	2. *Rechtstellung des Sanierungsberaters*	20
2. Sanierungsplan	12		

	Rdn.		Rdn.
a) Befugnisse des Sanierungsberaters	21	1. Allgemeines	39
		2. Debt to equity-swap	41
b) Aufsicht über den Sanierungsberater	22	3. Ausgliederung	43
		4. Reorganisationsplan und Ausgliederung nach § 48a ff. KWG	48
c) Vergütung des Sanierungsberaters	23	IV. Abstimmung über den Reorganisationsplan	50
IV. Gerichtliche Maßnahmen	24	1. Annahme des Reorganisationsplans	51
C. **Reorganisationsverfahren**	25	a) Abstimmung der Gläubiger	51
I. Anzeige	28	b) Abstimmung der Anteilsinhaber	56
II. Antrag auf Durchführung des Reorganisationsverfahrens	30	2. Gerichtliche Bestätigung des Plans	59
1. Bestandsgefährdung	32	V. Beendigung des Reorganisationsverfahrens	61
2. Systemgefährdung	36	D. **Fazit**	63
III. Der Reorganisationsplan	39		

A. Einleitung

Am 01.01.2011 ist das Gesetz zur Reorganisation von Kreditinstituten, kurz: Kreditinstitute-Reorganisationsgesetz (KredReorgG) in Kraft getreten.[1] Es handelt sich hierbei um die erste Säule des im Restrukturierungsgesetz v. 09.12.2010 eingeführten neuen Systems des »Bankenkrisenrechts«.[2] Ausgangspunkt dieses Gesetzes ist die Feststellung, dass die bisherigen Bestimmungen des KWG (insb. §§ 45, 46 und 46a KWG)[3] und der InsO den Anforderungen der Insolvenz eines systemrelevanten Kreditinstitutes nicht gerecht werden.[4] Das Finanzmarktstabilisierungsgesetz ermögliche zwar eine finanzielle Unterstützung von Unternehmen des Finanzsektors.[5] Doch handelte es sich hierbei nur um eine vorübergehende Lösung, die durch den öffentlichen Haushalt finanziert wird.[6] Durch das Restrukturierungsgesetz werden Lösungen zur Verfügung gestellt, die einen dritten Weg neben der Alternative zwischen Insolvenzverfahren und Unterstützungsmaßnahmen ermöglichen. Art. 1 RestrukturierungsG enthält das KredReorgG und sieht die Einführung eines zweiteiligen neuen Verfahrens vor, das aus einem Sanierungs- und einem Reorganisationsverfahren besteht.[7] Das Sanierungs- bzw. Reorganisationsverfahren dient gem. § 1 Abs. 1 Satz 1 KredReorgG der Stabilisierung des Finanzmarktes durch Sanierung oder Reorganisation von Kreditinstituten. Parallel hierzu werden in Art. 2 RestrukturierungsG die Einführung eines administrativen Verfahrens zur Krisenbewältigung und in Art. 3 RestrukturierungsG die Errichtung eines Restrukturierungsfonds für Kreditinstitute durch das Restrukturierungsfondsgesetz[8] vorgesehen.

1

Im Rahmen des KredReorgG werden zwei Verfahren für Kreditinstitute eingeführt:
– das Sanierungsverfahren (§§ 2 bis 6 KredReorgG) und
– das Reorganisationsverfahren (§§ 7 bis 23 KredReorgG).

2

---

1 S. Art. 17 des Gesetzes zur Restrukturierung und geordneten Abwicklung von Kreditinstituten, zur Errichtung eines Restrukturierungsfonds für Kreditinstitute und zur Verlängerung der Verjährungsfrist der aktienrechtlichen Organhaftung v. 09.12.2010, Restrukturierungsgesetz – RestrukturierungsG, BGBl. I, 1900.
2 Zum internationalen Kontext dieses Gesetzesvorhabens s. *Höche* WM 2011, 49 ff.
3 Zum bisherigen Bankeninsolvenzrecht s. *Pannen* Krise und Insolvenz bei Kreditinstituten, 3. Aufl. 2010; Griese/Heemann-*Pannen* Bankaufsichtsrecht, S. 73 ff.; *Pannen* ZInsO 2009, 596 ff. (Sonderheft für Manfred Obermüller); KS-InsO/*Obermüller/Obermüller* Kap. 44: Maßnahmen der Bankaufsicht bei Vorliegen einer Bankkrise.
4 Gesetzentwurf der BReg., BT-Drucks. 17/3024, 1; s.a. *Schelo* NJW 2011, 186; *Höche* WM 2011, 49 (54).
5 Hierzu *Jaletzke/Veranneman* (Hrsg.), FMStG Kommentar, 2009; *Becker/Mock* FMStG Kommentar, 2009.
6 Vgl. Gesetzentwurf der BReg., BT-Drucks. 17/3024, 65.
7 Gesetzentwurf der BReg., BT-Drucks. 17/3024, 1 (65).
8 Gesetz zur Errichtung eines Restrukturierungsfonds für Kreditinstitute, Restrukturierungsfondsgesetz – RStruktFG.

3 Ziel dieser beiden Verfahren ist die Sanierung eines Kreditinstitutes außerhalb des Insolvenzverfahrens und der klassischen Aufsichtsmaßnahmen nach §§ 45 ff. KWG. In einer ersten Etappe kann ein Sanierungsverfahren eröffnet werden, das sodann, wenn der Sanierungsplan ohne Erfolg bleibt, in ein Reorganisationsverfahren übergehen kann. Möglich ist auch die Eröffnung eines Reorganisationsverfahrens ohne vorheriges Sanierungsverfahren, wenn dieses von vornherein aussichtslos wäre. Aus diesem Grund kann nicht von einem »zweistufigen« Verfahren die Rede sein.

4 Sowohl das Sanierungs- als auch das Reorganisationsverfahren basieren auf der Mitwirkung des betroffenen Kreditinstitutes. Ist diese nicht vorhanden, können ohne vorheriges Sanierungs- bzw. Reorganisationsverfahren aufsichtsrechtliche Maßnahmen, insb. eine Ausgliederung nach §§ 48a ff. KWG, ergriffen werden. Sollten sich Schwierigkeiten bei der Umsetzung des Verfahrens ergeben, kann ebenfalls das Sanierungsverfahren bzw. das Reorganisationsverfahren in eine Ausgliederung übergehen.

5 Problematisch im KredReorgG ist die Bestimmung des persönlichen Anwendungsbereichs. Im Gegensatz zum Diskussionsentwurf[9] enthält das Gesetz keine Bestimmungen diesbezüglich. § 1 Abs. 1 KredReorgG-DiskE stellte ausdrücklich fest, dass nur systemrelevante Kreditinstitute betroffen sind und enthielt eine Legaldefinition der Systemrelevanz. Durch diese Einschränkung des persönlichen Anwendungsbereichs des Sanierungs- bzw. Reorganisationsverfahrens sollte bei systemrelevanten Instituten ein Insolvenzverfahren vermieden werden und finanzielle Schwierigkeiten durch ein Sanierungs- bzw. Reorganisationsverfahren gelöst werden, während bei nicht-systemrelevanten Banken das bisherige Instrumentarium aus §§ 45 ff. KWG und der Insolvenzordnung weiterhin gelten sollte.[10] Im KredReorgG ist diese Legaldefinition der Systemrelevanz nicht mehr vorhanden. Ferner wird im Gesetzeswortlaut nicht festgehalten, dass das KredReorgG nur auf systemrelevante Kreditinstitute Anwendung finden soll. Aus der Begründung des Regierungsentwurfs[11] wird allerdings deutlich, dass Sanierungsverfahren und Reorganisationsverfahren unterschiedliche Anwendungsbereiche haben. Während das Sanierungsverfahren allen sanierungsbedürftigen Kreditinstituten zur Verfügung steht, findet das Reorganisationsverfahren nur auf Kreditinstitute Anwendung, bei denen eine Bestandsgefährdung vorliegt, die zu einer Systemgefährdung beitragen kann (die mithin systemrelevant ist).[12]

6 Nachfolgend werden die wesentlichen Regelungen des Sanierungs- und des Reorganisationsverfahrens dargestellt.

B. Sanierungsverfahren

I. Anzeige der Sanierungsbedürftigkeit

7 Das betroffene Kreditinstitut leitet das Sanierungsverfahren durch Anzeige der Sanierungsbedürftigkeit bei der BaFin ein, § 2 Abs. 1 KredReorgG. Zusammen mit der Anzeige ist ein Sanierungsplan vorzulegen und ein Sanierungsberater vorzuschlagen, Abs. 2.

8 Durch die Anzeige der Sanierungsbedürftigkeit bei der BaFin genügt das Kreditinstitut seiner Pflicht gem. § 46b Abs. 1 KWG, die Zahlungsunfähigkeit oder die Überschuldung anzuzeigen, § 2 Abs. 1 Satz 2 KredReorgG. Eine Verletzung der Anzeigepflicht im Falle der Zahlungsunfähigkeit oder Überschuldung führt zur Strafbarkeit nach § 55 KWG, berührt das Insolvenzantragsrecht der BaFin allerdings nicht.[13]

---

9 Verfügbar unter http://www.bmj.bund.de/files/-/3891/DiskE%20KredReorgG.pdf. Siehe hierzu *Pannen* NJW-aktuell, Heft 38/2009, XVI, sowie *Pannen* Krise und Insolvenz bei Kreditinstituten, 3. Aufl., Kap. 7.
10 S. zum Diskussionsentwurf: *Pannen* NJW-aktuell Heft 38/2009, XVI.
11 Gesetzentwurf der Bundesregierung, BT-Drucks. 17/3024, 40.
12 Gesetzentwurf der Bundesregierung, BT-Drucks. 17/3024, 40. Mit dem selben Ergebnis: *Obermüller* NZI 2011, 81 ff.; *Müller* KTS 2011, 1 (5).
13 *Schork* § 46b Rn. 6; *Szagunn/Haug/Ergenzinger* § 46b Rn. 4; *Kokemoor* in Beck/Samm/Kokemoor, § 46b Rn. 17; *Pannen* Krise und Insolvenz bei Kreditinstituten, Kap. 3 Rn. 23.

1. Definition der Sanierungsbedürftigkeit

Die Sanierungsbedürftigkeit liegt nach § 2 Abs. 1 Satz 2 KredReorgG vor, wenn die Voraussetzungen des § 45 Abs. 1 Satz 1 und Satz 2 KWG erfüllt sind. § 45 KWG wurde durch Art. 2 RestrukturierungsG sowohl hinsichtlich der Voraussetzungen als auch der möglichen Maßnahmen tiefgreifend modifiziert. Durch die Änderungen sollte der präventive Charakter dieser Norm betont werden.[14] Im Unterschied zu der bisherigen Fassung ist die Annahme der drohenden Verschlechterung der finanziellen Situation zum Hauptanwendungsfall von § 45 KWG geworden.[15] So kann die BaFin nunmehr nach § 45 Abs. 1 Satz 1 KWG Maßnahmen zur Verbesserung der Eigenmittelausstattung und Liquidität ergreifen, wenn die Vermögens-, Finanz- oder Ertragsentwicklung eines Instituts die Annahme rechtfertigt, dass es die Anforderungen des § 10 KWG (Eigenmittelausstattung) oder des § 11 KWG (Liquidität) nicht dauerhaft erfüllen können wird.

9

Um die Feststellung dieser Annahme zu vereinfachen, enthält § 45 Abs. 1 Satz 2 KWG eine widerlegbare Vermutung, wonach die Annahme der Nichterfüllung regelmäßig gerechtfertigt ist, wenn sich:

10

1. die Gesamtkennziffer über das prozentuale Verhältnis der anrechenbaren Eigenmittel und der mit 12,5 multiplizierten Summe aus dem Gesamtanrechnungsbetrag für Adressrisiken, dem Anrechnungsbetrag für das operationelle Risiko und der Summe der Anrechnungsbeträge für Marktrisikopositionen einschließlich der Optionsgeschäfte nach der Solvabilitätsverordnung (SolvV)[16] von einem Meldestichtag zum nächsten um mindestens 10 % oder die nach der Liquiditätsverordnung (LiqV)[17] zu ermittelnde Liquiditätskennziffer von einem Meldestichtag zum nächsten um mindestens 25 % verringert hat und aufgrund dieser Entwicklung mit einem Unterschreiten der Mindestanforderungen innerhalb der nächsten zwölf Monate zu rechnen ist oder
2. die Gesamtkennziffer über das prozentuale Verhältnis der anrechenbaren Eigenmittel und der mit 12,5 multiplizierten Summe aus dem Gesamtanrechnungsbetrag für Adressrisiken, dem Anrechnungsbetrag für das operationelle Risiko und der Summe der Anrechnungsbeträge für Marktrisikopositionen einschließlich der Optionsgeschäfte nach der SolvV an mindestens drei aufeinander folgenden Meldestichtagen um jeweils mehr als 3 % oder die nach der LiqV zu ermittelnde Liquiditätskennziffer an mindestens drei aufeinander folgenden Meldestichtagen um jeweils mehr als 10 % verringert hat und aufgrund dieser Entwicklung mit einem Unterschreiten der Mindestanforderungen innerhalb der nächsten 18 Monate zu rechnen ist und keine Tatsachen offensichtlich sind, die die Annahme rechtfertigen, dass die Mindestanforderungen mit überwiegender Wahrscheinlichkeit nicht unterschritten werden.

Ob und wann diese Annahme gerechtfertigt ist, bleibt jedoch weiterhin eine Entscheidung, die die BaFin im Einzelfall unter Berücksichtigung der Nachhaltigkeit der Entwicklung, der konkreten Eigenmittelausstattung bzw. der Liquiditätslage des Kreditinstituts sowie einer Gesamtwürdigung der Umstände zu treffen hat.[18]

11

2. Sanierungsplan

Der Sanierungsplan kann gem. § 2 Abs. 2 Satz 2 KredReorgG alle Maßnahmen enthalten, die geeignet sind, ohne einen Eingriff in Drittrechte eine Sanierung des Kreditinstitutes zu erreichen. Der Eingriff in Drittrechte bleibt dem Reorganisationsplan vorbehalten. Der Sanierungsplan entspricht insofern dem Restrukturierungsplan eines Sonderbeauftragten nach § 45c Abs. 2 Nr. 7 KWG oder nach § 45 Abs. 2 Nr. 7 KWG.

12

---

14 Gesetzentwurf der Bundesregierung, BT-Drucks. 17/3024, 59.
15 Zu den Änderungen im Rahmen des Gesetzes zur Stärkung der Finanzmarkt- und Versicherungsaufsicht v. 29.07.2009, BGBl. I, 2305; s. *Pannen* Die Erweiterung der Befugnisse der BaFin durch das FMVAStärkG, in *Berger/Kayser/Pannen* (Hrsg.) FS für Ganter, 2010.
16 Solvabilitätsverordnung v. 14.12.2006, BGBl. I, 2926.
17 Liquiditätsverordnung v. 14.12.2006, BGBl. I, 3112.
18 Gesetzentwurf der Bundesregierung, BT-Drucks. 17/3024, 59; *Riethmüller* WM 2010, 2295 (2299).

13 In § 2 Abs. 2 Satz 3 bis 6 KredReorgG wird, der Regelung in § 264 InsO entsprechend, die Finanzierung des Sanierungsplans durch die Aufnahme neuer Kredite erleichtert. Im Sanierungsplan kann ein bestimmter Kreditrahmen zur Umsetzung des Sanierungsplans vorgesehen werden, der 10 % der Eigenmittel nicht übersteigen kann. Gläubiger mit Forderungen aus diesem Kreditrahmen erhalten für den Fall der Eröffnung eines Insolvenzverfahrens innerhalb von drei Jahren nach Anordnung des Sanierungsverfahrens eine vorrangige Befriedigung gegenüber den Insolvenzgläubigern.[19]

II. Antrag auf Sanierungsverfahren

14 Die BaFin hat anschließend die Anzeige zu prüfen. Sie nimmt Stellung dazu, ob Sanierungsaussichten bestehen und ob der vorgeschlagene Sanierungsberater geeignet ist. Die BaFin stellt dann den Antrag auf Eröffnung des Verfahrens bei dem Oberlandesgericht, das für Klagen gegen die BaFin zuständig ist,[20] und fügt ihre Stellungnahme hinzu. Die BaFin berücksichtigt insb., ob das Kreditinstitut sanierungsfähig ist und ob das Verfahren geeignet ist, zur Stabilisierung der Finanzmärkte beizutragen.[21]

15 Wichtig ist dabei, dass die Kompetenzen der BaFin zur Ergreifung von sonstigen aufsichtsrechtlichen Maßnahmen, insb. nach §§ 45 ff. KWG, gem. § 1 Abs. 5 KredReorgG unberührt bleiben.[22] Die Anordnung eines »Moratoriums« nach § 46 KWG parallel zu einem Sanierungsverfahren ist jedoch unwahrscheinlich, da das Moratorium einzuleitende Sanierungsmaßnahmen zunichte machen könnte. Aus diesem Grund sieht § 2 Abs. 4 KredReorgG vor, dass sofern die BaFin keine abweichende Bestimmung trifft, der Antrag auf Durchführung des Sanierungsverfahrens als zurückgenommen gilt, wenn eine Aufsichtsmaßnahme nach §§ 45c, 46, 46b oder §§ 48a ff. KWG angeordnet wird.

III. Der Sanierungsberater

1. Person des Sanierungsberaters

16 Die Person des Sanierungsberaters sowie des Reorganisationsberaters spielt eine zentrale Rolle im Kreditinstitute-Reorganisationsgesetz.[23] Der Sanierungsberater wird grds durch das Kreditinstitut vorgeschlagen, § 2 Abs. 2 Satz 1 KredReorgG. Sollte die BaFin den vorgeschlagenen Sanierungsberater für ungeeignet halten, so kann sie nach § 2 Abs. 3 Satz 4 KredReorgG dem OLG nach Anhörung des Kreditinstitutes einen anderen Sanierungsberater vorschlagen.

17 Anschließend hat das OLG zu kontrollieren, ob der vorgeschlagene Sanierungsberater nicht offensichtlich ungeeignet ist, § 3 Abs. 1 Satz 2 KredReorgG. Dabei ist die Mitwirkung an der Erstellung des Sanierungsplans kein Kriterium für eine mangelnde Eignung. Zum Sanierungsberater kann auch gem. § 3 Abs. 3 KredReorgG das Mitglied eines Organs oder ein sonstiger Angehöriger des Kreditinstituts bestellt werden. Wird eine solche Person zum Sanierungsberater bestellt, kann allerding das OLG auf Antrag der BaFin an deren Stelle einen anderen Sanierungsberater bestellen, ohne dass ein wichtiger Grund gegeben sein muss.[24]

18 Falls der vorgeschlagene Sanierungsberater offensichtlich ungeeignet ist, ernennt das OLG nach Anhörung des Kreditinstitutes und der BaFin einen anderen Sanierungsberater, § 3 Abs. 1 Satz 4 KredReorgG.

---

19 Krit. hierzu: *Obermüller* NZI 2011, 81 (84).
20 Nach dem zutr. Hinw. von *Frind* NZI 2010, 705 (706), kommen sowohl Bonn als auch Frankfurt am Main als Sitz der BaFin in Betracht, wonach sich allerdings aus der Begr. des RegE (insb. S. 75) und aus § 48r KWG ergibt, dass Frankfurt am Main gemeint ist. Mit demselben Ergebnis: *Schelo* NJW 2011, 186 (187).
21 Gesetzentwurf der Bundesregierung, BT-Drucks. 17/3024, 46.
22 Gesetzentwurf der Bundesregierung, BT-Drucks. 17/3024, 73.
23 Gesetzentwurf der Bundesregierung, BT-Drucks. 17/3024, 40; *Schelo* NJW 2011, 186 (187).
24 Krit. hierzu: *Müller* KTS 2011, 1 (6).

Aufgrund des Verweises in § 7 Abs. 5 KredReorgG gelten diese Bestimmungen auch für die Bestellung des Reorganisationsberaters.[25] 19

2. Rechtstellung des Sanierungsberaters

Der Sanierungsberater setzt den Sanierungsplan um, § 6 Abs. 1 Satz 1 KredReorgG. Darüber hinaus verfügt der Sanierungsberater über die Möglichkeit, den Plan im Einvernehmen mit der BaFin und dem OLG zu ändern. Wie ein Insolvenzverwalter steht der Sanierungsberater unter der Aufsicht des Gerichts und ist gegenüber diesem und der BaFin berichtspflichtig.[26] 20

a) Befugnisse des Sanierungsberaters

Nach § 4 Abs. 1 KredReorgG ist der Sanierungsberater berechtigt, 21
- die Geschäftsräume des Kreditinstituts zu betreten und dort Nachforschungen anzustellen,
- Einsicht in Bücher und Geschäftspapiere des Kreditinstituts zu nehmen und die Vorlage von Unterlagen sowie die Erteilung aller erforderlichen Auskünfte zu verlangen,
- an allen Sitzungen und Versammlungen sämtlicher Organe und sonstiger Gremien des Kreditinstituts in beratender Funktion teilzunehmen,
- Anweisungen für die Geschäftsführung des Kreditinstituts zu erteilen,
- eigenständige Prüfungen zur Feststellung von Schadensersatzansprüchen gegen Organe oder ehemalige Organe des Kreditinstituts durchzuführen oder Sonderprüfungen zu veranlassen und
- die Einhaltung bereits getroffener Auflagen nach dem Finanzmarktstabilisierungsfondsgesetz zu überwachen.

b) Aufsicht über den Sanierungsberater

Der Sanierungsberater steht gem. § 4 Abs. 2 KredReorgG unter der Aufsicht des OLG, das ihn aus wichtigem Grund von Amts wegen oder auf Antrag der BaFin aus dem Amt entlassen kann. Diese Aufsicht ist den Regelungen der §§ 58, 59 InsO nachgebildet.[27] Die Kontrolle wird ferner durch die Festschreibung von Berichtspflichten sowohl gegenüber dem OLG als auch der BaFin, die jederzeit einzelne Auskünfte oder einen Bericht über den Sachstand und über die Geschäftsführung von ihm verlangen kann, sichergestellt. 22

c) Vergütung des Sanierungsberaters

Die Vergütung des Sanierungsberaters ist in § 4 Abs. 4 KredReorgG geregelt. Hiernach hat dieser einen Anspruch gegen das Kreditinstitut auf Vergütung und auf Erstattung angemessener Auslagen.[28] Das OLG setzt die Höhe der Vergütung und der notwendigen Auslagen auf Antrag des Sanierungsberaters nach Anhörung des Kreditinstituts durch unanfechtbaren Beschluss fest. Die Vergütung und die Erstattung der Auslagen des Sanierungsberaters können durch eine Rechtsverordnung des Bundesministeriums der Justiz näher geregelt werden.[29] 23

IV. Gerichtliche Maßnahmen

Nach § 5 Abs. 1 KredReorgG kann das OLG auf Vorschlag der BaFin weitere Maßnahmen anordnen, wenn dies zur Sanierung des Kreditinstitutes erforderlich ist und wenn die Gefahr besteht, dass das Kreditinstitut seine Verpflichtungen gegenüber den Gläubigern nicht erfüllen kann. Das Gericht kann insb.: 24

---

25 S. Gliederungspunkt C.
26 Gesetzentwurf der Bundesregierung, BT-Drucks. 17/3024, 79.
27 Gesetzentwurf der Bundesregierung, BT-Drucks. 17/3024, 47.
28 Vgl. § 63 Abs. 1 1 InsO.
29 Nach bisherigem Kenntnisstand wurde eine solche Rechtsverordnung noch nicht erlassen.

1. den Mitgliedern der Geschäftsleitung und den Inhabern die Ausübung ihrer Tätigkeit untersagen oder diese beschränken,
2. anordnen, den Sanierungsberater in die Geschäftsleitung aufzunehmen,
3. Entnahmen durch die Inhaber oder Gesellschafter sowie die Ausschüttung von Gewinnen untersagen oder beschränken,
4. die bestehenden Vergütungs- und Bonusregelungen der Geschäftsleitung auf ihre Anreizwirkung und ihre Angemessenheit hin überprüfen und gegebenenfalls eine Anpassung für die Zukunft vornehmen sowie Zahlungsverbote bezüglich nicht geschuldeter Leistungen aussprechen und
5. die Zustimmung des Aufsichtsorgans ersetzen.

C. Reorganisationsverfahren

25 Wenn eine Sanierung des Kreditinstitutes im Rahmen des Sanierungsverfahrens nicht möglich oder aussichtslos ist, kann das Reorganisationsverfahren gem. §§ 7 ff. KredReorgG eingeleitet werden. Dieses zweite Verfahren ist stark inspiriert durch das Insolvenzplanverfahren nach §§ 217 ff. InsO. Der maßgebliche Unterschied zwischen Sanierungs- und Reorganisationsverfahren besteht darin, dass beim Reorganisationsverfahren Eingriffe in Drittrechte sowie in die Rechte der Anteilsinhaber vorgesehen werden können, wie es in § 8 Abs. 3 KredReorgG ausdrücklich normiert wird.[30] Ferner weichen die Anwendungsbereiche voneinander ab: Während das Sanierungsverfahren nach §§ 2 ff. KredReorgG allen Kreditinstituten zur Verfügung steht, ist wohl das Reorganisationsverfahren nur für systemrelevante Kreditinstitute anwendbar.[31]

26 Für das Reorganisationsverfahren wird in § 7 Abs. 5 KredReorgG auf die Vorschriften über das Sanierungsverfahren verwiesen, sofern das KredReorgG keine spezielle Regelung enthält. Aus diesem Grund gelten insb. die Regelungen über die Bestellung und Rechtsstellung des Sanierungsberaters, über die durch das Gericht zu treffenden weiteren Maßnahmen und über die durch die BaFin zu übersendenden Stellungnahmen entsprechend.[32]

27 Ähnlich dem Sanierungsverfahren wird das Reorganisationsverfahren, auf freiwilliger Basis, durch Anzeige an die BaFin eingeleitet, die einen Antrag auf Durchführung des Verfahrens beim zuständigen OLG[33] stellt.

I. Anzeige

28 Auch bei dem Reorganisationsverfahren ist zwischen Anzeige- und Antragsbefugnis zu unterscheiden. Antragsbefugt ist lediglich die BaFin, wie sich aus § 7 Abs. 2 KredReorgG ergibt. Der Antrag erfolgt jedoch nach einer Anzeige, die entweder durch das Kreditinstitut, wenn es das Sanierungsverfahren von vornherein für aussichtslos hält, oder durch den Sanierungsberater nach Scheitern eines Sanierungsverfahrens (§ 6 Abs. 3 KredReorgG) eingereicht werden kann, § 7 Abs. 1 KredReorgG. Die Zustimmung des Kreditinstituts ist auch hier Voraussetzung, um dem Grundgedanken der eigenverantwortlichen Sanierung Rechnung zu tragen.[34]

29 Zusammen mit der Anzeige ist auch ein Reorganisationsplan vorzulegen, der gem. § 8 KredReorgG aus einem darstellenden Teil und einem gestaltenden Teil besteht.[35]

---

30 Gesetzentwurf der Bundesregierung, BT-Drucks. 17/3024, 67.
31 Siehe *Pannen* ZInsO 2010, 2026 (2027); *Obermüller* NZI 2011, 81 (88).
32 Gesetzentwurf der Bundesregierung, BT-Drucks. 17/3024, 49.
33 Nach dem zutr. Hinw. von *Frind* NZI 2010, 705 (706), kommen sowohl Bonn als auch Frankfurt am Main als Sitz der BaFin in Betracht, wonach sich allerdings aus der Begr. des RegE (insb. S. 75) und aus § 48r *KWG* ergibt, dass Frankfurt am Main gemeint ist. Mit demselben Ergebnis: *Schelo* NJW 2011, 186 (187).
34 Gesetzentwurf der Bundesregierung, BT-Drucks. 17/3024, 49; *Müller* KTS 2011, 1 (8).
35 S. hierzu Rdn. 39 ff.

II. Antrag auf Durchführung des Reorganisationsverfahrens

Der Antrag der BaFin auf Eröffnung eines Reorganisationsverfahrens setzt zusätzlich nach § 8 Abs. 2 KredReorgG eine Bestandsgefährdung voraus, die zu einer Systemgefährdung beitragen kann (Reorganisationsbedürftigkeit). Diese beiden Begriffe werden nicht im Rahmen des KredReorgG legaldefiniert. Vielmehr wird jeweils auf § 48b Abs. 1 und § 48b Abs. 2 KWG hingewiesen. Durch die Erforderlichkeit einer Systemgefährdung für die Eröffnung des Reorganisationsverfahrens wird dessen Anwendungsbereich auf systemrelevante Kreditinstitute beschränkt.[36] 30

Ob die Bestands- und die Systemgefährdung vorhanden sind, wird von der BaFin vor Antragstellung entschieden. Die BaFin verfügt somit über ein weites Ermessen hinsichtlich der Entscheidung, ob sie die Durchführung des Verfahrens beantragt. 31

1. Bestandsgefährdung

§ 48b Abs. 1 KWG enthält eine Legaldefinition der Bestandsgefährdung sowie Vermutungsregeln, um deren Feststellung zu erleichtern. Nach § 48 Abs. 1 Satz 1 KWG ist eine Bestandsgefährdung die Gefahr eines insolvenzbedingten Zusammenbruchs des Kreditinstituts für den Fall des Unterbleibens korrigierender Maßnahmen. Dass ein konkreter und unmittelbarer bevorstehender Zahlungsausfall oder eine unmittelbar bevorstehende Überschuldung vorliegt, ist nicht erforderlich.[37] 32

Die Bestandsgefährdung wird nach § 48b Abs. 1 Satz 2 KWG vermutet, wenn: 33
1. das verfügbare Kernkapital das nach § 10 Abs. 1 KWG erforderliche Kernkapital zu weniger als 90 % deckt;
2. das modifizierte verfügbare Eigenkapital die nach § 10 Abs. 1 KWG erforderlichen Eigenmittel zu weniger als 90 % deckt;
3. die Zahlungsmittel, die dem Institut in einem durch die Liquiditätsverordnung definierten Laufzeitband zur Verfügung stehen, die in demselben Laufzeitband abrufbaren Zahlungsverpflichtungen zu weniger als 90 % decken oder
4. Tatsachen die Annahme rechtfertigen, dass eine Unterdeckung nach den Nummern 1, 2 oder 3 eintreten wird, wenn keine korrigierenden Maßnahmen ergriffen werden; dies ist insb. der Fall, wenn nach der Ertragslage des Instituts mit einem Verlust zu rechnen ist, infolgedessen die Voraussetzungen der Nummern 1, 2 oder 3 eintreten würden.

Diese Vermutungsregeln sollen die Feststellung der Bestandsgefährdung erleichtern. Es wird hierfür an das Bestehen einer 10 %-igen Unterdeckung der Anforderungen an die Eigen- oder Zahlungsmittelausstattung angeknüpft.[38] Dies korrespondiert mit der Verschärfung der Tatbestandsmerkmale des § 45 KWG durch Art. 2 Nr. 8 RestrukturierungsG.[39] Maßnahmen nach § 45 KWG setzen nicht einen Verstoß gegen die Bestimmungen der Liquiditätsverordnung respektive der Solvabilitätsverordnung voraus. Bereits wenn die Annahme gerechtfertigt ist, dass ein Kreditinstitut diese Bestimmung nicht dauerhaft erfüllen können wird, können Maßnahmen ergriffen werden. 34

Auch wenn es sich nicht direkt aus der Formulierung der Vorschrift ergibt, sind diese Tatbestandsmerkmale nicht abschließend: Eine Bestandsgefährdung kann auch dann bestehen, wenn die beschriebenen Tatbestände nicht erfüllt sind.[40] 35

---

36 *Pannen* ZInsO 2010, 2026 (2027).
37 Gesetzentwurf der Bundesregierung, BT-Drucks. 17/3024, 63.
38 Gesetzentwurf der Bundesregierung, BT-Drucks. 17/3024, 63.
39 Hierzu *Pannen* Auslöser für ein Sonderinsolvenzverfahren für Banken, in Kenadjian (Hrsg.) Too Big to Fail – Brauchen wir ein Sonderinsolvenzrecht für Banken?, 2011.
40 Gesetzentwurf der Bundesregierung, BT-Drucks. 17/3024, 63.

2. Systemgefährdung

36 Durch den in § 48b Abs. 2 KWG legaldefinierten Begriff der Systemgefährdung wird auf die möglichen Auswirkungen des Ausfalls eines einzelnen Kreditinstitutes abgestellt. Eine Systemgefährdung besteht hiernach, wenn zu besorgen ist, dass sich die Bestandsgefährdung einer Bank in erheblicher Weise negativ auf andere Unternehmen des Finanzsektors, auf die Finanzmärkte oder auf das allgemeine Vertrauen der Einleger und anderen Marktteilnehmer in die Funktionsfähigkeit des Finanzsystems auswirkt. Es geht in erster Linie darum, das Ausbreiten der Krise eines einzelnen Kreditinstitutes zu vermeiden.

37 Dass eine Systemgefährdung erforderlich ist, hat eine Einschränkung des persönlichen Anwendungsbereichs des Ausgliederungsverfahrens und somit des Reorganisationsverfahrens auf systemrelevante Kreditinstitute zur Folge. Die Systemgefährdung ist die Kehrseite der Systemrelevanz. In § 48b Abs. 2 Satz 2 KWG werden Aspekte aufgestellt, die bei der Entscheidung über das Vorliegen einer Systemgefährdung zu berücksichtigen sind. Hierbei handelt es sich um:
– Art und Umfang der Verbindlichkeiten des Kreditinstituts gegenüber anderen Instituten und sonstigen Unternehmen des Finanzsektors,
– den Umfang der von dem Institut aufgenommenen Einlagen,
– die Art, der Umfang und die Zusammensetzung der von dem Institut eingegangenen Risiken sowie die Verhältnisse auf den Märkten, auf denen entsprechende Positionen gehandelt werden,
– die Vernetzung mit anderen Finanzmarktteilnehmern,
– die Verhältnisse auf den Finanzmärkten, insb. die von den Marktteilnehmern erwarteten Folgen eines Zusammenbruchs des Instituts auf andere Unternehmen des Finanzsektors, auf den Finanzmarkt und das Vertrauen der Einleger und Marktteilnehmer in die Funktionsfähigkeit des Finanzmarktes.

38 Die Auflistung ist, wie in § 48b Abs. 1 KWG, nicht abschließend. Sie verweist auf die nach bisherigem Erfahrungsstand gängigen Ansteckungskanäle, über welche die Stabilität des Finanzsystems durch den Zusammenbruch eines einzelnen Kreditinstitutes beeinträchtigt werden kann.[41] Diese Aspekte stellen abermals klar, dass die Durchführung des Ausgliederungsverfahrens die Systemrelevanz des betroffenen Institutes voraussetzt.[42]

III. Der Reorganisationsplan

1. Allgemeines

39 Inhaltlich besteht gem. § 8 KredReorgG der Reorganisationsplan aus einem darstellenden und einem gestaltenden Teil, was der Unterscheidung in § 219 InsO entspricht. Im darstellenden Teil werden die rechtlichen und wirtschaftlichen Verhältnisse des Kreditinstitutes dargestellt. Dieser Teil dient vor allem dazu, alle Beteiligten über Grundlagen und Auswirkungen des Reorganisationsplans zu informieren.[43] Es muss ausdrücklich angegeben werden, inwieweit und in welche Gläubigerrechte eingegriffen wird.[44]

40 Im gestaltenden Teil wird festgelegt, wie die Rechtsstellung der Beteiligten durch den Plan geändert werden soll. Dieser Teil kann insb. die Umwandlung von Forderungen in Beteiligungen (*debt to equity-swap*) vorsehen (§ 9 KredReorgG), sowie sonstige gesellschaftsrechtliche Maßnahmen, die geeignet sind, die Reorganisation des Kreditinstitutes zu fördern (§ 10 KredReorgG). Der Reorganisationsplan unterscheidet sich vom Insolvenzplan auch insoweit, als durch ihn nicht nur in die Rechte der Gläubiger eingegriffen werden kann, sondern auch dauerhaft in Rechte der Gesellschafter. Ferner

---

41 Gesetzentwurf der Bundesregierung, BT-Drucks. 17/3024, 64.
42 Was wiederum auch für das Reorganisationsverfahren nach §§ 7 ff. KredReorgG aufgrund des Verweises in § 7 Abs. 2 KredReorgG auf § 48b KWG gilt.
43 Gesetzentwurf der Bundesregierung, BT-Drucks. 17/3024, 81.
44 Gesetzentwurf der Bundesregierung, BT-Drucks. 17/3024, 81.

kann nach § 11 KredReorgG im gestaltenden Teil festgelegt werden, dass das Kreditinstitut sein Vermögen ganz oder in Teilen ausgliedert und auf einen bestehenden oder zu gründenden Rechtsträger gegen Gewährung von Anteilen dieses Rechtsträgers an das Kreditinstitut überträgt (Ausgliederung zur Aufnahme bzw. zur Neugründung).

2. Debt to equity-swap

Gem. § 9 KredReorgG kann im gestaltenden Teil des Plans vorgesehen werden, dass Forderungen von Gläubigern in Anteile am Kreditinstitut umgewandelt werden, sog. *debt to equity-swap*. Die Umwandlung erfolgt dabei durch eine Kapitalherabsetzung mit anschließender Kapitalerhöhung, wobei die jeweilige Forderung als Sacheinlage eingebracht wird. Außerhalb eines Planverfahrens würden sowohl die Kapitalherabsetzung als auch die anschließende Kapitalerhöhung einen satzungsändernden Gesellschafterbeschluss mit einer Mehrheit von 75 % erfordern.[45] Die bisherigen Anteilsinhaber erhalten eine angemessene Entschädigung, § 9 Abs. 2 Satz 1 KredReorgG. Ein *debt to equity-swap* kann jedoch, auch im Rahmen eines Reorganisationsverfahrens, nicht gegen den Willen der betroffenen Gläubiger erfolgen, wie es in § 9 Abs. 1 Satz 2 KredReorgG ausdrücklich festgehalten wird. 41

Sollte nach Durchführung des Reorganisationsverfahrens ein Insolvenzverfahren eröffnet werden, so können Umwandlungen von Forderungen in Anteile nach § 9 Abs. 3 KredReorgG nicht angefochten werden zu Lasten: 42
– des SoFFin,
– des Bundes und der Länder,
– der von SoFFin und dem Bund errichteten Körperschaften, Anstalten und Sondervermögen sowie
– der dem SoFFin und dem Bund nahestehenden Personen.

3. Ausgliederung

Gem. § 11 Abs. 1 Satz 1 KredReorgG kann im gestaltenden Teil des Plans vorgesehen werden, dass das Kreditinstitut sein Vermögen ganz oder in Teilen ausgliedert und auf einen bestehenden oder zu gründenden Rechtsträger gegen Gewährung von Anteilen dieses Rechtsträgers an das Kreditinstitut überträgt. Es kann sowohl eine Ausgliederung zur Aufnahme als auch zur Neugründung sein. Dies entspricht den neu eingeführten Regelungen in §§ 48a ff. KWG, allerdings mit dem wesentlichen Unterschied, dass es sich hierbei um eine freiwillige Ausgliederung handelt, während die Übertragung nach § 48a KWG durch die BaFin angeordnet wird. 43

Eine Ausgliederung zur Neugründung nach § 11 KredReorgG kann in Zusammenhang mit § 5 RStruktFG erfolgen. Nach § 5 Abs. 1 RStruktFG kann erstens der Restrukturierungsfonds, auch ohne konkreten Anlass, juristische Personen gründen, die im Rahmen von Übertragungen nach § 48a Abs. 1 KWG oder aufgrund umwandlungsrechtlicher oder privatrechtlicher Vereinbarungen als übernehmender Rechtsträger fungieren können (Brückeninstitut). 44

Der Restrukturierungsfonds kann ferner nach Abs. 2 Anteile an dem übernehmenden Rechtsträger i.S.d. § 48a KWG oder gem. umwandlungsrechtlicher oder privatrechtlicher Vereinbarung erwerben. Ein Anteilserwerb soll in diesem Fall nur erfolgen, wenn ein wichtiges Interesse des Bundes vorliegt und der vom Bund erstrebte Zweck sich nicht besser und wirtschaftlicher auf andere Weise erreichen lässt. Diese Vorschrift entspricht § 5a FMStFG. Damit soll sichergestellt werden, dass sich der Restrukturierungsfonds auch an privaten Unternehmen beteiligen kann, wenn diese übernehmender Rechtsträger i.S.d. § 48d KWG sind. Ein Anteilserwerb kann ferner auch im Zuge einer Umwandlung, Umstrukturierung, Refinanzierung oder Übertragung einer bereits von dem Restrukturierungsfonds erworbenen Beteiligung erfolgen.[46] Die §§ 65 bis 69 BHO finden ferner auch hier gem. § 5 Abs. 2 Satz 3 RStruktFG keine Anwendung. 45

---

45 Gesetzentwurf der Bundesregierung, BT-Drucks. 17/3024, 50.
46 Gesetzentwurf der Bundesregierung, BT-Drucks. 17/3024, 73.

46 Im Falle der Ausgliederung hat der Reorganisationsplan nach § 11 Abs. 1 Satz 3 KredReorgG mindestens die in § 48e Abs. 1 Nr. 1 bis 4 KWG genannten Angaben sowie Angaben über die Folgen der Ausgliederung für die Arbeitnehmer und ihre Vertretungen zu enthalten. Die Übertragungsanordnung enthält nach § 48e Abs. 1 KWG mindestens die folgenden Angaben:
- den Namen oder die Firma und den Sitz des übernehmenden Rechtsträgers,
- die Angabe, dass die Gesamtheit des Vermögens des Kreditinstituts einschließlich der Verbindlichkeiten auf den übernehmenden Rechtsträger übergeht,
- den Zeitpunkt, von dem an die Handlungen des übertragenden Rechtsträgers als für Rechnung des übernehmenden Rechtsträgers vorgenommen gelten (Ausgliederungsstichtag),
- die Angaben nach Abs. 2 oder Abs. 3 über die Gegenleistung oder Ausgleichsverbindlichkeit.

47 Die Übertragung auf einen bestehenden Rechtsträger erfordert eine verlässliche Grundlage, so dass nach § 11 Abs. 2 Satz 1 KredReorgG der Reorganisationsplan nur bestätigt werden darf, wenn eine notariell beurkundete Zustimmungserklärung des übernehmenden Rechtsträgers vorliegt.[47]

4. Reorganisationsplan und Ausgliederung nach § 48a ff. KWG

48 Das Verhältnis zwischen dem KredReorgG und den §§ 48a ff. KWG wird an keiner anderen Stelle des Restrukturierungsgesetzes so ausdrücklich wie in § 48c Abs. 2 KWG geregelt. Wie bereits dargestellt, kann ein Ausgliederungsverfahren unter anderem dann eingeleitet werden, wenn sich Schwierigkeiten bei der Umsetzung der verschiedenen Pläne (Sanierungs- und Reorganisationsplan) ergeben.[48] Dies ist zum Beispiel dann der Fall, wenn die Anteilsinhaber den Sanierungsmaßnahmen, insb. Sanierungs- oder Reorganisationsverfahren, nicht zustimmen.[49] In diesem Fall stellt das Ausgliederungsverfahren die Fortsetzung des Reorganisationsverfahrens dar. Diese Konstellation ist in § 48c Abs. 2 Satz 2 KWG vorgesehen: Die BaFin kann grds eine Ausgliederung auch während eines eingeleiteten Reorganisationsverfahrens anordnen. Dies gilt allerdings dann nicht, wenn kein Zweifel daran besteht, dass das Reorganisationsverfahren geeignet ist, die Bestandsgefährdung rechtzeitig abzuwenden und dass der übermittelte Plan rechtzeitig angenommen, bestätigt und umgesetzt werden wird.

49 § 48c Abs. 2 Satz 2 KWG regelt den umgekehrten Fall der Einbindung eines Reorganisationsverfahrens im Rahmen einer Ausgliederung. Hiernach gilt ein Reorganisationsplan gem. § 8 KredReorgG als Wiederherstellungsplan i.S.v. § 48c Abs. 1 KWG, wenn unter Berücksichtigung der zeitlichen Vorgaben keine Zweifel daran bestehen, dass der übermittelte Reorganisationsplan geeignet ist, die Bestandsgefährdung rechtzeitig abzuwenden und dass der übermittelte Plan rechtzeitig angenommen, bestätigt und umgesetzt werden wird.

IV. Abstimmung über den Reorganisationsplan

50 Entsprechend den Regelungen über den Insolvenzplan in §§ 235 ff. InsO regeln die §§ 16 ff. KredReorgG die Abstimmung über den Reorganisationsplan. Nach Eröffnung des Reorganisationsverfahrens hat das OLG die abstimmungserheblichen Inhalte des Plans in der Geschäftsstelle zur Einsicht auszulegen und einen Termin zu bestimmen, in dem der Plan und das Stimmrecht der Gläubiger erörtert werden und über den Plan abgestimmt wird, § 16 Satz 1 KredReorgG. Dabei ist zwischen der Abstimmung der Gläubiger und der Anteilsinhaber und der gerichtlichen Bestätigung des Plans zu unterscheiden.[50]

---

47 Gesetzentwurf der Bundesregierung, BT-Drucks. 17/3024, 51.
48 *Gesetzentwurf der Bundesregierung*, BT-Drucks. 17/3024, 99; *Pannen* ZInsO 2010, 2026 (2029).
49 Gesetzentwurf der Bundesregierung, BT-Drucks. 17/3024, 99.
50 Dies entspricht dem Unterschied zwischen §§ 244 ff. und § 248 InsO.

1. Annahme des Reorganisationsplans

a) Abstimmung der Gläubiger

Die Bildung von Gläubigergruppen ist in § 8 Abs. 2 KredReorgG geregelt. Beteiligte mit unterschiedlicher Rechtsstellung bilden jeweils eigene Gruppen, § 8 Abs. 2 Satz 2 KredReorgG. Dies entspricht der Regelung in § 222 InsO, wonach zwischen den absonderungsberechtigten Gläubigern, den nicht nachrangigen Insolvenzgläubigern sowie den nachrangigen Insolvenzgläubigern zu unterscheiden ist. Die Bildung weiterer Gruppen von Gläubigern ist nicht ausgeschlossen. Am Verfahren beteiligt werden jedoch nur solche Gläubiger, in deren Rechtsstellung durch den Reorganisationsplan eingegriffen wird.[51]

Gem. § 17 Abs. 1 KredReorgG stimmt jede Gruppe der stimmberechtigten Gläubiger gesondert über den Reorganisationsplan ab. Laut Begründung des Gesetzesentwurfes ist es nur auf diese Weise möglich, dass Gläubiger mit unterschiedlicher Rechtsstellung in den Reorganisationsplan einbezogen werden, gleichzeitig aber den unterschiedlichen wirtschaftlichen Interessen angemessen Rechnung getragen wird.[52] Die weiteren Einzelheiten bzgl. der Einberufung der Gläubiger zu dem Termin sind in § 17 Abs. 2 bis 4 KredReorgG geregelt. Hierbei ist insb. zu erwähnen, dass alle relevanten Informationen für die Abstimmung über das Internet abrufbar sein sollen. Die Einberufung muss ferner spätestens am 21. Tag vor dem Termin erfolgen.

Der Reorganisationsplan ist angenommen, wenn alle Gruppen, das heißt sowohl die Gruppen der Gläubiger als auch die Gruppe der Anteilsinhaber, dem zugestimmt haben, § 19 Abs. 1 Satz 1 KredReorgG. Für die Zustimmung der Gläubigergruppen ist nach Satz 2 eine doppelte Mehrheit (Summen- und Kopfmehrheit) erforderlich:
1. in jeder Gruppe der Gläubiger soll die Mehrheit der abstimmenden Gläubiger dem Reorganisationsplan zustimmen und
2. in jeder Gruppe der Gläubiger soll die Summe der Ansprüche der zustimmenden Gläubiger mehr als die Hälfte der Summe der Ansprüche der abstimmenden Gläubiger betragen.

Um die Annahme des Plans zu erleichtern, normiert § 19 Abs. 2 und 3 KredReorgG ein von § 245 InsO inspiriertes Obstruktionsverbot als Ausgleich zu dem Einstimmigkeitsprinzip unter den Gruppen. Hierdurch kann die Blockade eines wirtschaftlich sinnvollen Reorganisationsplans verhindert werden.[53] Die Zustimmung einer Gruppe gilt nach Abs. 2 als erteilt, wenn:
1. die Gläubiger dieser Gruppe durch den Reorganisationsplan voraussichtlich nicht schlechter gestellt werden, als sie ohne einen Reorganisationsplan stünden und
2. die Gläubiger dieser Gruppe angemessen an dem wirtschaftlichen Wert beteiligt werden, der auf der Grundlage des Reorganisationsplans allen Beteiligten zufließen soll und
3. die Mehrheit der abstimmenden Gruppen dem Reorganisationsplan mit den jeweils erforderlichen Mehrheiten zugestimmt hat.

Eine angemessene Beteiligung liegt nach § 19 Abs. 3 KredReorgG vor, wenn:
1. kein anderer Gläubiger wirtschaftliche Werte erhält, die den vollen Betrag seines Anspruchs übersteigen und
2. weder ein Gläubiger, der ohne einen Reorganisationsplan mit Nachrang gegenüber den Gläubigern der Gruppe zu befriedigen wäre, noch das Kreditinstitut oder eine an ihm beteiligte Person einen wirtschaftlichen Wert erhält und
3. kein Gläubiger, der ohne einen Reorganisationsplan gleichrangig mit den Gläubigern der Gruppe zu befriedigen wäre, besser gestellt wird als diese Gläubiger.

---

[51] Gesetzentwurf der Bundesregierung, BT-Drucks. 17/3024, 50.
[52] Gesetzentwurf der Bundesregierung, BT-Drucks. 17/3024, 53.
[53] Gesetzentwurf der Bundesregierung, BT-Drucks. 17/3024, 55.

b) Abstimmung der Anteilsinhaber

56 Im Unterschied zum Insolvenzverfahren sind auch gem. § 8 Abs. 2 Satz 4 KredReorgG die Anteilsinhaber bei der Gruppenbildung und Abstimmung zu beteiligen, wenn im Reorganisationsplan Regelungen vorgesehen sind, für die nach den gesellschaftsrechtlichen Bestimmungen ein Beschluss der Hauptversammlung erforderlich ist.[54] Die Abstimmung der Anteilsinhaber im Rahmen einer Hauptversammlung ist wiederum in § 18 KredReorgG gesondert geregelt. Diese Einbeziehung der Anteilsinhaber basiert auf einem Gedanken des Chapter-11-Verfahrens im US-amerikanischen Insolvenzrecht, wonach die wirtschaftlichen Interessen der Anteilsinhaber und der Gläubiger für die Reorganisationsbemühungen weitgehend gleichlaufend sind, da sowohl Eigen- als auch Fremdkapital der Finanzierung einer Gesellschaft dienen und in der Reorganisation einen Beitrag leisten können.[55]

57 Nach § 18 Abs. 3 Satz 1 KredReorgG bedarf der Beschluss über die Annahme des Reorganisationsplans der Mehrheit der abgegebenen Stimmen. Wird das Bezugsrecht ganz oder teilweise in einem Beschluss über die Erhöhung des Grundkapitals ausgeschlossen oder wird das Grundkapital herabgesetzt, bedarf der Beschluss einer Mehrheit, die mindestens zwei Drittel der abgegebenen Stimmen oder des vertretenen Grundkapitals umfasst, Satz 2. Die einfache Mehrheit reicht allerdings nach Satz 3, wenn die Hälfte des Grundkapitals vertreten ist.

58 Sollte die Abstimmung der Anteilsinhaber verweigert werden, sieht § 19 Abs. 4 KredReorgG auch ein Obstruktionsverbot durch Zustimmungsfiktion vor.[56] Hiernach gilt die Zustimmung der Anteilsinhaber als erteilt, wenn:
1. die Mehrheit der abstimmenden Gruppen dem Reorganisationsplan mit den jeweils erforderlichen Mehrheiten zugestimmt hat und
2. die im Reorganisationsplan vorgesehenen Maßnahmen dazu dienen, erhebliche negative Folgeeffekte bei anderen Unternehmen des Finanzsektors[57] infolge der Bestandsgefährdung des Kreditinstituts und eine Instabilität des Finanzsystems zu verhindern und wenn diese Maßnahmen hierzu geeignet, erforderlich und angemessen sind; wenn die Anteilsinhaber ein alternatives Konzept vorgelegt haben, ist auch dieses zu berücksichtigen.

2. Gerichtliche Bestätigung des Plans

59 Ähnlich wie nach § 248 InsO bedarf der Reorganisationsplan gem. § 20 KredReorgG der Bestätigung durch das OLG binnen eines Monats nach der Annahme. Die Erteilung der Bestätigung setzt die Durchführung einer inhaltlichen Prüfung des Plans voraus, die in § 20 Abs. 2 KredReorgG negativ, das heißt durch amtswegige Versagungsgründe, geregelt ist. Die Bestätigung ist von Amts wegen zu verweigern:
1. wenn die Vorschriften über den Inhalt und die verfahrensmäßige Behandlung des Reorganisationsplans sowie über die Annahme durch die Beteiligten in einem wesentlichen Punkt nicht beachtet worden sind und der Mangel nicht behoben werden kann oder
2. wenn die Annahme des Reorganisationsplans unlauter, insb. durch Begünstigung eines Beteiligten, herbeigeführt worden ist oder

---

54 Vgl. auch *Lorenz* NZG 2010, 1046 (1050).
55 Gesetzentwurf der Bundesregierung, BT-Drucks. 17/3024, 50.
56 Vgl. hierzu *Müller* KTS 2011, 1 (12), der europarechtliche Bedenken formuliert.
57 Für den Begriff des Unternehmens des Finanzsektors ist auf § 2 Abs. 1 1 FMStFG hinzuweisen: Es handelt sich hierbei um: Institute i.S.d. § 1 Ib KWG, Versicherungsunternehmen und Pensionsfonds i.S.d. § 1 Abs. 1 Nr. 1 und 2 VAG, Kapitalanlagegesellschaften i.S.d. Investmentgesetzes sowie die Betreiber von Wertpapier- und Terminbörsen und deren jeweiligen Mutterunternehmen, soweit diese Finanzholding-*Gesellschaften, gemischte* Finanzholding-Gesellschaften, Versicherungs-Holdinggesellschaften oder gemischte Versicherungs-Holdinggesellschaften sind und die vorgenannten Unternehmen ihren Sitz im Inland haben.

3. wenn die erforderlichen Mehrheiten nicht erreicht wurden und die Voraussetzungen für die Ersetzung der Zustimmung nach § 19 Abs. 2 oder 4 nicht vorliegen.

Diese Prüfung ergänzt die erste summarische Prüfung im Rahmen von § 7 KredReorgG und ist auch erforderlich, um etwaige Änderungen des Reorganisationsplans nach Verfahrenseröffnung zu berücksichtigen.[58] Hierdurch soll insb. sichergestellt werden, dass alle Zustimmungsfiktionen nach § 19 Abs. 2 bis 4 KredReorgG vorliegen.

V. Beendigung des Reorganisationsverfahrens

Mit der Bestätigung des Reorganisationsplans durch das Oberlandesgericht treten nach § 21 Abs. 1 KredReorgG die im gestaltenden Teil festgelegten Regelungen ein. Gleichzeitig hat gem. § 22 Abs. 1 KredReorgG das OLG die Aufhebung des Reorganisationsverfahrens zu beschließen, wobei auch das Amt des Reorganisationsberaters erlischt.[59]

Sollte im Reorganisationsplan eine Überwachung der Planerfüllung durch den Reorganisationsberater vorgesehen werden, so kann diese Überwachung gem. § 22 Abs. 2 Satz 2 KredReorgG in bestimmten Konstellationen aufgehoben werden und zwar
– wenn die zu überwachenden Ansprüche erfüllt sind,
– wenn drei Jahre ohne erneuten Antrag auf Reorganisationsverfahren verstrichen sind oder
– wenn die BaFin Aufsichtsmaßnahmen nach §§ 45c, 46, 46b oder 48a ff. KWG anordnet.

D. Fazit

Mit dem Erlass des Restrukturierungsgesetzes hat in Deutschland das Bankkrisenrecht eine tiefgreifende Reform erfahren. Anstelle des bisherigen aufsichtsrechtlichen Instrumentariums (§§ 45 ff. KWG) und der ggf anschließenden Eröffnung des Insolvenzverfahrens kann nunmehr eine Restrukturierung von Kreditinstituten gänzlich außerhalb des Insolvenzverfahrens auf freiwilliger Basis durchgeführt werden.

---

58 Gesetzentwurf der Bundesregierung, BT-Drucks. 17/3024, 57.
59 Gesetzentwurf der Bundesregierung, BT-Drucks. 17/3024, 58.

Anhang X Gesetz über die Insolvenzstatistik (Insolvenzstatistikgesetz – InsStatG)[1]

vom 07.12.2011 (BGBl. I S. 2589)

§ 1 Insolvenzstatistik

Für wirtschaftspolitische Planungsentscheidungen werden über Insolvenzverfahren monatliche und jährliche Erhebungen als Bundesstatistik durchgeführt.

Nach § 1 BStatG hat die Bundesstatistik im föderativ gegliederten Gesamtsystem der amtlichen Statistik die Aufgabe, laufend Daten über Massenerscheinungen zu erheben, zu sammeln, aufzubereiten, darzustellen und zu analysieren. Durch die Ergebnisse der Bundesstatistik sollen gesellschaftliche, wirtschaftliche und ökologische Zusammenhänge für Bund, Länder einschließlich Gemeinden und Gemeindeverbände, Gesellschaft, Wissenschaft und Forschung aufgeschlüsselt werden. Dabei ist die Insolvenzstatistik von besonderer Bedeutung, soll sie doch nicht nur die Gesamtzahl der Insolvenzen, sondern auch deren Ursachen sowie die finanziellen Ergebnisse und den Ausgang von Insolvenzverfahren ausweisen. Neben einem Bild der gesamtwirtschaftlichen soll damit auch ein erheblicher Beitrag zur Analyse der Wirksamkeit der mit Inkrafttreten der InsO, insb. i.d.F. der Änderungen durch das ESUG eingeführten Mechanismen abgegeben werden.[1] Zu den Hauptnutzern der Insolvenzstatistik zählen neben den Justiz-, Wirtschafts-, Finanz- und Sozialministerien des Bundes und der Länder dabei insb. Banken, Verbände, Universitäten, Forschungsinstitute, Medien und Wirtschaftsauskunfteien.[2]

1

Bei dem InsStatG handelt es sich um eine bereichsspezifische Ausnahme i.S.v. § 12 Abs. 1 Satz 2, § 13 Abs. 1 Nr. 1 EGGVG, welche die §§ 12 ff. EGVGV verdrängt. Als Rechtsvorschrift, welche eine Bundesstatistik anordnet, hat das InsStatG die Erhebungsmerkmale (§ 2), die Hilfsmerkmale (3), die Art der Erhebung (§ 4 Abs. 1 u. 2), den Berichtszeitraum (§ 4 Abs. 2), den Berichtszeitpunkt (§ 4 Abs. 3), die Periodizität (§ 4 Abs. 2) und den Kreis der zu Befragenden (§ 4 Abs. 1) zu bestimmen (§ 9 BStatG).

2

Das durch Art. 7 ESUG eingeführte InsStatG löste am 01.01.2013 (vgl. § 6 Rdn. 1) § 39 EGGVG vollständig ab (Art. 8 ESUG). § 39 EGGVG legte bisher allein den zuständigen Amtsgerichten die Pflicht auf (Abs. 3), innerhalb der festgelegten Fristen bestimmte Daten an die Landesstatistikämter[3] zu melden. Nach Auffassung der Gesetzesverfasser hat sich § 39 EGGVG aber nicht bewährt.[4] So enthalte die Regelung keine hinreichenden Angaben zu den finanziellen Ergebnissen und zum Ausgang eröffneter Insolvenzverfahren, die notwendig wären, um Aussagen über die Effizienz des geltenden Insolvenzrechts machen zu können. Auch seien die Gerichte in vielen Fällen nicht in der Lage, den statistischen Landesämtern die Angaben fristgemäß zu melden. Dies gelte besonders für Verfahren mit großer finanzieller Tragweite, die sich über Jahre hinweg erstreckten, ohne dass die Gerichte einen genauen Überblick über deren Stand erhielten. Die erforderlichen Daten ließen sich daher von den statistischen Ämtern nicht belastbar und zeitnah ermitteln.[5] Daher möchten die Gesetzesverfasser – zu Lasten und auf Kosten der Insolvenzverwalter – die Informationspflichten der Gerichte reduzieren.[6]

3

---

1 Das Gesetz ist am 1. Januar 2013 in Kraft getreten. Zum InsStatG vgl a. *Heyer* NZI 2012, 945 ff.
1 Der BR (in BT-Drucks. 17/5712, 63, vgl. a. S. 71 f.) hatte sogar vorgeschlagen, die »*Evaluierung der Effizienz des geltendes Insolvenzrechts*« als weiteres Gesetzesziel in § 1 ausdrücklich aufzunehmen.
2 Qualitätsbericht des Statistischen Bundesamtes zur Insolvenzstatistik v. 11.05.2011, S. 2.
3 Eine Aufstellung findet sich unter http://www.statistik-portal.de/Statistik-Portal/ISS/kontakte.asp.
4 Krit. auch *Knospe* ZInsO 2009, 2276 (2277 f.).
5 BT-Drucks. 17/5712, 20.
6 Vgl. BT-Drucks. 17/5712, 3, 21: Danach werden für die Verwalter zusätzliche Kosten i.H.v. ca. 413.000 € veranschlagt.

Durch das InsStatG sind zukünftig zusätzlich die Insolvenzverwalter in die Erhebung und Übermittlung der für die Insolvenzstatistik erforderlichen Daten einbezogen. Nach den Gesetzesverfassern seien sie in der Lage, ohne erheblichen Arbeitsaufwand verlässliche Angaben zu machen.[7] Die Gerichte sollen die von den Verwaltern erhobenen Daten zukünftig lediglich auf Vollständigkeit prüfen und an die Landesstatistikämter weiterleiten. Dabei werden – zur Verbreiterung der Datenbasis – die statistisch zu ermittelnden Merkmale gegenüber § 39 EGGVG ergänzt. Nach § 1 werden nicht nur monatliche, sondern auch jährliche Erhebungen als Bundesstatistik durchgeführt.

4   Im Jahr 2012 wurden bei deutschen Amtsgerichte 137.653 Insolvenzverfahren eröffnet (minus 5,5%), 10.826 Eröffnungsanträge mangels Masse abgewiesen (minus 8,2%) und 1.819 Antragsverfahren durch die Annahme eines Schuldenbereinigungsplanes erledigt (minus 5,2%). Von danach insgesamt 150.298 neuen Insolvenzen (minus 5,7%) im Jahre 2012 betrafen 28.297 Unternehmen (davon Einzelunternehmen, Freie Berufe, Kleingewerbe: 13.118 (minus 10.4%), Personengesellschaften: 2.058 (minus 3,6%) und 11.940 GmbHs (minus 1,8%).[8]

§ 2 Erhebungsmerkmale

Die Erhebungen erfassen folgende Erhebungsmerkmale:
1. bei Eröffnung des Insolvenzverfahrens oder dessen Abweisung mangels Masse:
   a) Art des Verfahrens und des internationalen Bezugs,
   b) Antragsteller,
   c) Art des Rechtsträgers oder der Vermögensmasse (Schuldner); bei Unternehmen zusätzlich Rechtsform,
   Geschäftszweig, Jahr der Gründung, Zahl der betroffenen Arbeitnehmer und die Eintragung in das Handels-, Genossenschafts-, Vereins- oder Partnerschaftsregister,
   d) Eröffnungsgrund,
   e) Anordnung oder Ablehnung der Eigenverwaltung,
   f) voraussichtliche Summe der Forderungen;
2. bei Annahme eines Schuldenbereinigungsplans, bei Eröffnung eines Verbraucherinsolvenzverfahrens oder bei der Abweisung des Antrags auf Eröffnung eines solchen Verfahrens mangels Masse:
   a) Summe der Forderungen,
   b) geschätzte Summe der zu erbringenden Leistungen;
3. bei Einstellung oder Aufhebung des Insolvenzverfahrens:
   a) Art der erfolgten Beendigung des Verfahrens,
   b) Höhe der befriedigten Absonderungsrechte,
   c) Höhe der quotenberechtigten Insolvenzforderungen und Höhe des zur Verteilung an die Insolvenzgläubiger verfügbaren Betrags, bei öffentlich-rechtlichen Insolvenzgläubigern zusätzlich deren jeweiliger Anteil,
   d) Angaben zur Betriebsfortführung, zum Sanierungserfolg und zur Eigenverwaltung,
   e) Angaben über die Vorfinanzierung von Arbeitsentgelt im Rahmen der Gewährung von Insolvenzgeld,
   f) Datum der Einreichung des Schlussberichts bei Gericht,
   g) Angaben über Abschlagsverteilungen,
   h) Datum der Beendigung des Verfahrens;
4. bei Restschuldbefreiung:
   a) Ankündigung der Restschuldbefreiung,
   b) Entscheidung über die Restschuldbefreiung,
   c) bei Versagung der Restschuldbefreiung die Gründe für die Versagung,

---

7   BT-Drucks. 17/5712, 20.
8   Angaben des statistischen Bundesamtes. Ergebnisse zur Insolvenzstatistik stehen in der Fachserie 2 Reihe 4.1 (abrufbar auf der Website des Statistischen Bundesamtes: www.destatis.de) zur Verfügung.

d) Widerruf der erteilten Restschuldbefreiung,
e) sonstige Beendigung des Verfahrens.

Übersicht

	Rdn.			Rdn.
A. Normzweck	1	B.	Erhebungsmerkmale	2

A. Normzweck

§ 2 regelt wie bisher § 39 Abs. 2 EGGVG die Merkmale zur Erhebung der Insolvenzstatistik. Erhebungsmerkmale umfassen Angaben über persönliche und sachliche Verhältnisse, die zur statistischen Verwendung bestimmt sind (§ 10 Abs. 1 Satz 2 BStatG). Gegenüber § 39 EGGVG wurde der Katalog der Merkmale geringfügig angepasst und erweitert. Keine Berücksichtigung fand jedoch ein Vorschlag des Bundesrates auch die Einrichtung eines vorläufigen Gläubigerausschusses, den Umsatz des letzten Geschäftsjahres des schuldnerischen Unternehmens und die Zuordnung der Arbeitnehmer bei Konzerninsolvenzen zu den einzelnen Ländern als Erhebungsmerkmale aufzunehmen.[1] 1

B. Erhebungsmerkmale

§ 2 Nr. 1 definiert die Erhebungsmerkmale bei Eröffnung des Insolvenzverfahrens oder dessen Abweisung mangels Masse. Nach **Nr. 1 lit. a)** sind Angaben zur Art des Verfahrens und des internationalen Bezugs zu machen. Insolvenzverfahren sind nach Regelinsolvenzverfahren, Verbraucherinsolvenzverfahren und sonstigen Kleinverfahren (§§ 304 ff. InsO) sowie den besonderen Arten des Insolvenzverfahrens (§§ 315 ff. InsO) gesondert zu erfassen.[2] Das InsStatG fordert nunmehr auch Ausführungen zum internationalen Bezug. Nach den Gesetzverfassern sollen Angaben dazu erfolgen, ob das Verfahren keinen internationalen Bezug oder einen solchen zu Verfahren innerhalb oder außerhalb der EU hat. Weiter soll dann mitgeteilt werden, ob es sich um ein Haupt-, Sekundär- oder Partikularverfahren handelt.[3] Nach **Nr. 1 lit. b)** bedarf es Angaben zum Antragsteller. Anzugeben ist also, ob es sich um den Antrag des Schuldners selbst, eines Gläubigers oder im Falle des § 46b KWG um einen solchen der BaFin handelt.[4] Die Merkmale nach **Nr. 1 lit. c)** sollen dazu dienen, die Rechtsträger oder Vermögensmassen (Schuldner) näher zu präzisieren, denen nach § 11 Insolvenzfähigkeit zukommt.[5] Ferner bedarf es zusätzlich bei Unternehmen Ausführungen zur Rechtsform, Geschäftszweig, Jahr der Gründung, Zahl der betroffenen Arbeitnehmer und die Eintragung in das Handels-, Genossenschafts-, Vereins- oder Partnerschaftsregister. Zu den Unternehmen gehören u.a. auch Einzelkaufleute und Angehörige freier Berufe.[6] Nach **Nr. 1 lit. d)** haben Angaben zum Eröffnungsgrund, also dazu zu erfolgen, ob das Verfahren wegen Zahlungsunfähigkeit (§ 17 InsO), drohender Zahlungsunfähigkeit (§ 18 InsO) oder Überschuldung (§ 19 InsO) eröffnet wurde. Entsprechende Angaben haben auch bei Abweisung mangels Masse zu erfolgen. Gegenüber § 39 Abs. 2 EGGVG ist in **Nr. 1 lit. e)** neben der Anordnung auch das Merkmal der Ablehnung der Eigenverwaltung ergänzt. Diese Angaben bedarf es auch deswegen, um die Wirkungen des erleichterten Zugangs zur Eigenverwaltung nach Maßgabe des ESUG zu evaluieren. Die Angaben zu der voraussichtlichen Summe der Forderungen nach **Nr. 1 lit. f)** sind wesentlicher Bestandteil der Insolvenzstatistik und dienen vor allem der Abschätzung der finanziellen Auswirkungen der Insolvenzen.[7] 2

§ 2 Nr. 2 normiert die Erhebungsmerkmale bei Annahme eines Schuldenbereinigungsplans, bei Eröffnung eines Verbraucherinsolvenzverfahrens oder bei der Abweisung des Antrags auf Eröffnung eines solchen Verfahrens mangels Masse. Die Anforderungen nach § 2 Nr. 2 entsprechen weitest- 3

---

1 Stellungnahme des BR zum ESUG, BT-Drucks. 17/5712, 63 f. (vgl. a. S. 72).
2 BT-Drucks. 17/5712, 45.
3 Erwiderung der BReg. zur Stellungnahme des BR zum ESUG, BT-Drucks. 17/5712, 72.
4 Letztere Angabe ist bisher allerdings in dem Erhebungsbogen RA nicht vorgesehen.
5 Begr. zu § 39 Abs. 2 EGGVG, BT-Drucks. 14/1418, 5.
6 Begr. zu § 39 Abs. 2 EGGVG, BT-Drucks. 14/1418, 5.
7 Begr. zu § 39 Abs. 2 EGGVG, BT-Drucks. 14/1418, 5 f.

gehend § 39 Abs. 2 Nr. 2 EGGVG (bisher Erhebungsbogen VA). Allerdings bedarf es keiner Angaben mehr zu dem Geschäftszweig bei Personen, die eine geringfügige selbstständige Tätigkeit ausüben (vgl. § 38 Abs. 2 Nr. 2 lit. c EGGVG). Hierauf kann verzichtet werden, da mit der Änderung der Insolvenzordnung zum 01.12.2001 alle aktiven Unternehmen unter das Regelinsolvenzverfahren fallen.[8] Anzugeben sind die Summe der Forderungen (Nr. 2 lit. a) und die geschätzte Summe der zu erbringenden Leistungen (Nr. 2 lit. b).

4 Die Regelung in § 2 Nr. 3 (Erhebungsmerkmale bei Einstellung oder Aufhebung des Insolvenzverfahrens) fasst die Bestimmungen in § 39 Abs. 2 Nr. 3–5 EGGVG zusammen (bisher Erhebungsbogen RB). Unter **Nr. 3 lit. a)** (Art der erfolgten Beendigung) ist anzugeben, ob das Verfahren nach § 34 Abs. 3 InsO (Aufhebung aufgrund Rechtsmittelentscheid), §§ 212, 213, 207, 211 InsO (Einstellung wegen Wegfall des Eröffnungsgrundes, mit Zustimmung der Gläubiger, mangels Masse, nach Anzeige der Masseunzulänglichkeit) oder §§ 200, 258 InsO (Aufhebung nach Schlussverteilung oder rechtskräftiger Bestätigung des Insolvenzplans) beendet wurde. Nach den **Nr. 3 lit. b)** ist die absolute Höhe der befriedigten Absonderungsrechte anzugeben.[9] Für die Angaben nach **Nr. 3 lit. c)** ist entsprechend § 188 InsO die absolute Höhe der bei der Verteilung zu berücksichtigenden Insolvenzforderungen sowie die Verteilungsmasse anzugeben. Weiter ist der jeweilige Anteil in Prozent der öffentlich-rechtlichen Insolvenzgläubiger hieran, insb. des Fiskus und der Sozialversicherungsträger anzugeben. Die nach **Nr. 3 lit. d)** erforderlichen Angaben sind gesetzlich unbestimmt gefasst.[10] Nach den Gesetzesverfassern sollen die Erhebungsmerkmale durch die statistischen Ämter konkretisiert werden. Damit soll auch ein Freiraum geschaffen werden, auf veränderte rechtliche und tatsächliche Rahmenbedingungen zu reagieren.[11] Die Gesetzesverfasser[12] haben jedoch bereits bestimmte Ausprägungen vorgesehen:
– Betriebsfortführung (Keine Betriebsfortführung/Fortführung/Im Insolvenzverfahren für × Wochen mit durchschnittlich × Arbeitnehmern/Nach der Insolvenzeröffnung für × Wochen mit durchschnittlich × Arbeitnehmern);
– Sanierungserfolg (Sanierung nicht möglich oder nicht erfolgreich/Sanierung und Erhaltung des bisherigen Unternehmensträgers/Sanierung und Erhaltung des Betriebes oder von Betriebsteilen (übertragene Sanierung)/– Anzahl der gesicherten Arbeitsplätze nach Sanierung);
– Eigenverwaltung (Nachträglich angeordnet (§ 271 InsO)/Aufgehoben (§ 272 InsO)/Keine Eigenverwaltung).

Den Angaben nach **Nr. 3 lit. e)** ist damit genügt, dass die Vorfinanzierung von Arbeitsentgelt im Rahmen der Gewährung von Insolvenzgeld bejaht oder verneint wird. Angaben zur Höhe des vorfinanzierten Insolvenzgeldes bedarf es nicht.[13] Auf Empfehlung des Rechtsausschusses ist **Nr. 3 lit. h)** ergänzt worden, damit die Verfahrensdauer zuverlässig erfasst werden kann. So könne etwa der Zeitraum zwischen der Einreichung des Schlussberichts bei Gericht durch den Insolvenzverwalter und der Aufhebung des Verfahrens bestimmt werden. Hierfür sei es nicht ausreichend, das Datum der Verfahrensaufhebung lediglich als Hilfsmerkmal nach § 3 Nr. 1 zu erfassen. Ebenso könne auch das Datum der Einstellung des Verfahrens erfasst werden.[14]

5 Die Regelung in § 2 Nr. 4 (Erhebungsmerkmale bei Restschuldbefreiung) entspricht § 39 Abs. 2 Nr. 6 EGGVG (bisher Erhebungsbogen X). Ergänzt wurden jedoch die Merkmale in den lit. c) bis e). Nr. 4 lit. e) ist auf Empfehlung des Rechtsausschusses eingefügt worden, da das Restschuldbefreiungsverfahren nicht nur durch deren Bewilligung oder Versagung enden könne. Es bestehe auch die Möglichkeit einer Einstellung des Verfahrens wegen der Rücknahme des Antrags oder we-

---

8 BT-Drucks. 17/5712, 45.
9 *Frind* ZInsO 2010, 1524 (1529) weist zutr. daraufhin, dass relative Angaben eine bessere Datengrundlage dargestellt hätten.
10 Stellungnahme des BR zum ESUG, BT-Drucks. 17/5712, 64.
11 Erwiderung der BReg. zur Stellungnahme des BR zum ESUG, BT-Drucks. 17/5712, 73.
12 *Erwiderung der BReg. zur Stellungnahme des BR zum ESUG*, BT-Drucks. 17/5712, 73.
13 Erwiderung der BReg. zur Stellungnahme des BR zum ESUG, BT-Drucks. 17/5712, 73.
14 Begr. zur Beschlussempfehlung RechtsA, BT-Drucks. 17/7511, 51.

gen eines Versterbens des Schuldners.¹⁵ Allerdings wurden der Widerruf der Restschuldbefreiung (§ 2 Nr. 4 lit. d) sowie das Versterben des Schuldners (§ 2 Nr. 4 lit. e) auch bisher schon in dem Erhebungsbogen X abgefragt.

§ 3 Hilfsmerkmale

Hilfsmerkmale der Erhebungen sind:
1. Datum der Verfahrenshandlungen nach § 2,
2. Name oder Firma und Anschrift oder Mittelpunkt der selbständigen wirtschaftlichen Tätigkeit des Schuldners,
3. bei Unternehmen die Umsatzsteuernummer,
4. Name, Nummer und Aktenzeichen des Amtsgerichts,
5. Name und Anschrift des Insolvenzverwalters, Sachwalters oder des Treuhänders,
6. Name, Rufnummern und E-Mail-Adressen der für eventuelle Rückfragen zur Verfügung stehenden Personen,
7. bei Schuldnern, die im Handels-, Genossenschafts-, Vereins- oder Partnerschaftsregister eingetragen sind, die Art und der Ort des Registers und die Nummer der Eintragung.

Übersicht	Rdn.		Rdn.
A. Normzweck	1	B. Hilfsmerkmale	2

A. Normzweck

§ 3 regelt wie bisher § 39 Abs. 3 EGVG die Hilfsmerkmale. Hilfsmerkmale sind Angaben, die der technischen Durchführung von Bundesstatistiken dienen (§ 10 Abs. 1 Satz 3 BStatG). Die Hilfsmerkmale sind dabei grds zu löschen, sobald bei den statistischen Ämtern die Überprüfung der Erhebungs- und Hilfsmerkmale auf ihre Schlüssigkeit und Vollständigkeit abgeschlossen ist (§ 12 Abs. 1 Satz 1 BStatG). Sie sind ferner von den Erhebungsmerkmalen zum frühestmöglichen Zeitpunkt zu trennen und gesondert aufzubewahren (§ 12 Abs. 1 Satz 2 BStatG). Der Katalog der Hilfsmerkmale wurde gegenüber § 39 Abs. 3 EGGVG erweitert. So sind jetzt insb. die Umsatzsteuernummer bei Unternehmen und der Name sowie die Anschrift des Insolvenzverwalters, Sachwalters oder des Treuhänders anzugeben. 1

B. Hilfsmerkmale

Die Angaben gem. **Nr. 1** (Datum der Verfahrenshandlungen nach § 2) dienen der zutreffenden zeitlichen Zuordnung der Verfahren.¹ Die Hilfsmerkmale nach **Nr. 2** (Name oder Firma und Anschrift oder Mittelpunkt der selbständigen wirtschaftlichen Tätigkeit des Schuldners) werden zur regionalen Zuordnung sowie zur Vermeidung von Doppelzählungen benötigt. Rechte der Betroffenen werden hierdurch nicht beeinträchtigt, da diese Angaben nach der InsO zu veröffentlichen sind.² Nach der **Nr. 3** ist jetzt auch die Umsatzsteuernummer anzugeben. Die Hilfsmerkmale nach den **Nr. 4 bis 6** dienen der Durchführung von Rückfragen. Gegenüber § 39 Abs. 3 EGVG wurde nunmehr auch die Email-Adresse aufgenommen, um eine Kommunikation durch elektronische Post zu ermöglichen. Auf Empfehlung des Rechtsausschusses ist das im Entwurf enthaltene Hilfsmerkmal des Bearbeitungsdatums in Nr. 6 gestrichen worden, da eine Abfrage bei den Statischen Ämtern gezeigt habe, dass diese Angabe verzichtbar ist.³ Die Angaben nach **Nr. 7** sollen ein leichteres Auffinden von Unternehmen im Statistikregister ermöglichen.⁴ 2

---

15 Begr. zur Beschlussempfehlung RechtsA, BT-Drucks. 17/7511, 51.
1 Begr. zu § 39 Abs. 3 EGGVG, BT-Drucks. 14/1418, 6.
2 Begr. zu § 39 Abs. 3 EGGVG, BT-Drucks. 14/1418, 6.
3 Begr. zur Beschlussempfehlung RechtsA, BT-Drucks. 17/7511, 51.
4 Begr. zu § 39 Abs. 3 EGGVG, BT-Drucks. 14/1418, 6.

§ 4 Auskunftspflicht und Erteilung der Auskunft; Verordnungsermächtigung

(1) Für die Erhebung besteht Auskunftspflicht. Die Angaben zu § 3 Nummer 6 sind freiwillig. Auskunftspflichtig sind
1. bezüglich der Angaben nach § 2 Nummer 1 und 2 sowie § 3 Nummer 1, 2, 4, 5 und 7 die zuständigen Amtsgerichte,
2. bezüglich der Angaben nach § 2 Nummer 3 und 4 und § 3 Nummer 1 bis 5 und 7 die zuständigen Insolvenzverwalter, Sachwalter oder Treuhänder.

(2) Die Angaben werden aus den vorhandenen Unterlagen mitgeteilt. Die Angaben nach Absatz 1 Nummer 1 werden monatlich, die Angaben nach Absatz 1 Nummer 2 jährlich erfasst.

(3) Die Angaben sind innerhalb der folgenden Fristen zu übermitteln:
1. die Angaben der Amtsgerichte innerhalb von zwei Wochen nach Ablauf des Kalendermonats, in dem die jeweilige gerichtliche Entscheidung erlassen wurde,
2. die Angaben der Insolvenzverwalter, Sachwalter oder Treuhänder mit Ausnahme der Angaben zu § 2 Nummer 4 Buchstabe b bis d innerhalb von vier Wochen nach Ablauf des Kalenderjahres, in dem die Einstellung oder Aufhebung des Insolvenzverfahrens erfolgte,
3. die Angaben der Insolvenzverwalter oder Treuhänder zu § 2 Nummer 4 Buchstabe b, c und e innerhalb von vier Wochen nach Ablauf des sechsten dem Eröffnungsjahr folgenden Jahres, ergeht die Entscheidung vorher, innerhalb von vier Wochen nach Rechtskraft der Entscheidung,
4. die Angaben der Insolvenzverwalter oder Treuhänder zu § 2 Nummer 4 Buchstabe d innerhalb von vier Wochen nach Ablauf des siebten dem Eröffnungsjahr folgenden Jahres, ergeht die Entscheidung vorher, innerhalb von vier Wochen nach Rechtskraft der Entscheidung.

(4) Die zuständigen Amtsgerichte übermitteln den nach Absatz 1 Nummer 2 auskunftspflichtigen Insolvenzverwaltern, Sachwaltern oder Treuhändern die erforderlichen Erhebungsunterlagen.

(5) Die Insolvenzverwalter, Sachwalter oder Treuhänder übermitteln die zu erteilenden Angaben über die zuständigen Amtsgerichte, welche die Vollzähligkeit prüfen, den statistischen Ämtern. Es ist zulässig, dass die Insolvenzverwalter, Sachwalter oder Treuhänder die Angaben direkt an die statistischen Ämter melden. In diesem Fall sollen die Daten nach bundeseinheitlichen Vorgaben des Statistischen Bundesamtes elektronisch übermittelt werden. Für die Vollzähligkeitsprüfung erfolgt in diesem Fall eine Mitteilung an die zuständigen Amtsgerichte.

(6) Die Landesregierungen werden ermächtigt, durch Rechtsverordnung nähere Bestimmungen über die Form der Angaben zu treffen, die den zuständigen Amtsgerichten von Insolvenzverwaltern, Sachwaltern und Treuhändern zu übermitteln sind. Dabei können sie auch Vorgaben für die Datenformate der elektronischen Einreichung machen. Die Landesregierungen können die Ermächtigung durch Rechtsverordnung auf die Landesjustizverwaltungen übertragen.

Übersicht	Rdn.		Rdn.
A. Normzweck	1	C. Übermittlungsfristen	5
B. Auskunftspflichtiger	2	D. Erhebungsunterlagen	6

A. Normzweck

1 Die Regelung bestimmt die Auskunftspflichtigen und die Fristen für die Abgabe. Ferner werden die Art und Weise der Übermittlung geregelt.

B. Auskunftspflichtiger

2 Abs. 1 entspricht § 39 Abs. 4 EGGVG und bestimmt die Pflicht nach § 15 Abs. 1 Satz 2 BStatG für Amtsgerichte bzw. Insolvenzverwalter, Sachwalter oder Treuhänder zur Erhebung und Übermittlung der in §§ 2, 3 aufgeführten Daten. Ausgenommen ist lediglich das Hilfsmerkmal in § 3 Nr. 6 (»Name, Rufnummern und E-Mail-Adressen der für eventuelle Rückfragen zur Verfügung stehen-

den Personen«). Für die Zuordnung der einzelnen Erhebungs- und Hilfsmerkmale zu dem Amtsgericht oder dem Insolvenzverwalter, Sachwalter oder Treuhänder sei auf die im Anhang ersichtliche Aufstellung verwiesen. Hinsichtlich der Hilfsmerkmale in § 3 Nr. 1, 2, 4, 5 und 7 sind sowohl das Amtsgericht als auch der Insolvenzverwalter, Sachwalter oder Treuhänder auskunftspflichtig. Ansonsten wäre eine Verknüpfung der jeweils übermittelten Erhebungsmerkmale zu einem Verfahren nicht möglich.[1]

Die Daten sind nur aus den vorhandenen Unterlagen zu erheben (Abs. 2 Satz 1). Geben diese Unterlagen keine Auskunft über das Erhebungsmerkmal, besteht keine Pflicht des Auskunftspflichtigen, insoweit Nachforschungen zu betreiben.[2] Soweit Gerichte verpflichtet sind, hat dies monatlich zu erfolgen. Die Erhebung durch die Insolvenzverwalter hat demgegenüber jährlich zu erfolgen. 3

Die Angaben haben wahrheitsgemäß, vollständig und innerhalb der in Abs. 3 genannten Fristen zu erfolgen (§ 15 Abs. 3 Satz 1 BStatG). Den Auskunftspflichtigen steht **kein Kostenerstattungsanspruch**, auch nicht für Porto gegen das Bundesamt für Statistik oder die Landesstatistikämter zu (§ 15 Abs. 3 Satz 3 BStatG). Die Amtsgerichte haben den statistischen Ämtern eine **Verletzung der Auskunftspflicht** durch den Insolvenzverwalter, Sachwalter oder Treuhänder mitzuteilen.[3] Das Amtsgericht ist jedoch weder berechtigt noch verpflichtet, Aufsichtsmittel nach § 58 InsO zur Durchsetzung der Pflichten zu ergreifen, da es sich bei der Pflicht nach Abs. 1 Nr. 2 um keine insolvenzspezifische handelt. Werden die Angaben nicht, nicht richtig, nicht vollständig oder nicht rechtzeitig erteilt, stellt dies eine Ordnungswidrigkeit dar und kann mit einer Geldbuße bis zu 5.000 € geahndet werden (§ 23 Abs. 1 und 3 BStatG). 4

C. Übermittlungsfristen

Die Fristen für die Auskunftserteilung bzw. -übermittlung sind für die jeweiligen Auskunftspflichtigen gesondert bestimmt. Die Angaben der Amtsgerichte sind wie nach § 39 Abs. 4 Satz 5 EGGVG innerhalb von zwei Wochen nach Ablauf des Kalendermonats zu übermitteln, in dem die jeweilige gerichtliche Entscheidung erlassen wurde. Es ist nicht erforderlich, dass die gerichtliche Entscheidung rechtskräftig ist.[4] Für die Übermittlung der Erhebungs- und Hilfsmerkmale durch den Insolvenz- und Sachwalter bzw. Treuhänder bestehen längere Fristen. Diese Daten sind grds innerhalb von vier Wochen nach Ablauf des Kalenderjahres, in dem die Einstellung oder Aufhebung des Insolvenzverfahrens erfolgte, zu übermitteln. Weiter reichende Fristen bestehen bei der Entscheidung über die Restschuldbefreiung, deren Widerruf und die sonstige Beendigung des Restschuldbefreiungsverfahrens (Abs. 3 Nr. 3 und 4 i.V.m. § 2 Nr. 4 lit. b–e[5]). Diese werden entsprechend der jeweiligen Verfahrensdauer geregelt, die in der InsO (vgl. § 287 Abs. 2 bzw. § 303 Abs. 2 InsO) vorgesehen sind. Auf Empfehlung des Rechtsausschusses[6] ist in Abs. 3 Nr. 3 und 4 jeweils ergänzt worden, dass innerhalb von vier Wochen nach der Rechtskraft der Entscheidung die Angaben zu erfolgen haben, wenn eine Entscheidung vor Ablauf der gesetzlichen Verfahrensdauer ergeht. Dies ist hinsichtlich der in § 2 Nr. 4 lit. c), d) und e) aufgeführten Erhebungsmerkmale der Regelfall. Nach dem Kontext der Regelung sind die Fristen auch besonders für die Hilfsmerkmale angeordnet, obwohl deren Übermittlung zusammen mit der Übersendung der Erhebungsmerkmale erfolgt. Bei Übermittlung der Angaben der von § 4 Abs. 3 Nr. 3 und 4 in Bezug genommenen Erhebungsmerkmale bestünde danach an sich keine Frist für die korrespondierenden Hilfsmerkmale. Dies kann aber nicht gewollt sein, da ansonsten eine Zuordnung der Daten nicht möglich ist. Von daher sollte die Regelung so 5

---

1 Erwiderung der BReg. zur Stellungnahme des BR zum ESUG, BT-Drucks. 17/5712, 73.
2 BT-Drucks. 17/5712, 47.
3 BT-Drucks. 17/5712, 47.
4 Vgl. Stellungnahme des BR mit Erwiderung der BReg. zum ESUG, BT-Drucks. 17/5712, 64 (73).
5 Die Erweiterung der ausgenommenen Vorschriften in § 4 Abs. 3 Nr. 2 um die erst auf Empfehlung des Rechtsausschusses eingefügte Regelung in § 2 Nr. 4 lit. e) ist dabei offenkundig versehentlich unterlassen worden.
6 Begr. zur Beschlussempfehlung RechtsA BT-Drucks. 17/7511, 51.

verstanden werden, dass auch in den Fällen der § 4 Abs. 3 Nr. 3 und 4 innerhalb gleicher Frist die Hilfsmerkmale übermittelt werden sollen.

D. Erhebungsunterlagen

6 Die Meldungen erfolgen auf der Grundlage von für die jeweilige Verfahrensart (Regel- oder Nachlassinsolvenzverfahren: »R«; Verbraucherinsolvenzverfahren: »V«, Restschuldbefreiungsverfahre: »X«) und den Auskunftspflichtigen (Gerichte: A-Meldungen; Verwalter B-Meldungen) differenzierten Erhebungsbögen, jeweils mit Erläuterungen der statistischen Ämter des Bundes und der Länder.[7] Die Amtsgerichte haben den Insolvenz- und Sachwaltern bzw. Treuhändern die Erhebungsunterlagen zu übermitteln.

7 Die **Übermittlung der Daten** durch die Amtsgerichte soll hinsichtlich der ihnen obliegenden Meldungen elektronisch über den zentralen Dateneingang eSTATISTIK.core des statistischen Bundesamtes und der Länder erfolgen.[8] Verwalter und Treuhänder können die Daten auf verschiedenen Wegen übermitteln. Dabei ist ein Meldeweg ausreichend. Sie können die Erhebungsunterlagen einmal in Papierform an das zuständige Insolvenzgericht senden (Abs. 5 Satz 1). Diese leiten die Unterlagen sodann an die statistischen Ämter weiter. Daneben tritt grundsätzlich die Möglichkeit einer elektronischen Übermittlung an das zuständige Insolvenzgericht, die jedoch praktisch keine Vorteile hat[9] und deswegen teilweise bereits durch Landes-Verordnung ausgeschlossen wird (etwa § 4 InsStatVO-NRW, vgl. Rdn. 8). Weiter besteht die Möglichkeit der Datenübermittlung auf elektronischem Wege direkt an die statistischen Ämter (Abs. 5 Satz 2). Eine Übermittlung in Papierform scheidet insofern aus.[10] Die Daten müssen nach bundeseinheitlichen Vorgaben des Statistischen Bundesamtes elektronisch übermittelt werden (Abs. 5 Satz 3). Hierfür stehen das Verfahren eSTATISTIK.core[11] und die Internetplattform IDEV zur Verfügung. Bei eSTATISTIK.core werden die Daten aus der Insolvenzverwaltersoftware (sofern das erforderliche Softwaremodul integriert ist[12]) oder über die Software CORE.reporter gewonnen und an das Statistische Bundesamt übertragen. Bei IDEV[13] können die Daten direkt in ein Online-Formular des jeweiligen Landesstatistikamtes eingegeben werden.

8 Erfolgt die Datenübermittlung des Verwalters über die Amtsgerichte können diese die **Vollzähligkeitsprüfung** unmittelbar vornehmen (Abs. 5 S. 1). Die Gerichte prüfen dabei, ob der Verwalter für alle von ihm betreuten Verfahren entsprechende Meldungen vollständig (Abs. 1 Nr. 2) abgegeben hat. Eine inhaltliche Prüfung der Angaben hat nicht zu erfolgen. Hierfür sind die statistischen Ämter zuständig.[14] Erfolgt eine direkte Meldung an das Statistische Bundesamtes bzw. die Landesstatistikämter sind die auf die Übermittlung zurückgegebenen Bestätigungen an das zuständige Insolvenzgericht weiterzuleiten, damit dieses die Vollzähligkeitsprüfung durchführen kann (Abs. 5 Satz 4). Dabei sollte die Übermittlung elektronisch erfolgen. Teilweise wird dies durch Landes-Verordnung auch angeordnet (etwa § 1 InsStatVO-NRW, vgl. Rdn. 8).

9 Nach Abs. 6 können die Landesregierungen oder die durch Landesverordnung ermächtigten Landesjustizverwaltungen durch Rechtsverordnung nähere Bestimmungen über die Form der Angaben

---

7 Die Erhebungsbögen (Gericht: RA und RV; Verwalter: RB, RV, X) sind abrufbar auf den jeweiligen Internetseiten der statistischen Landesämter.
8 Vgl. § 11a Abs. 1 BStatG i.d.F. des E-Government-Gesetz (BT-Drs. 17/11473, BT-Drs. 17/13139).
9 *Heyer* NZI 2012, 945 (947).
10 Dies ergibt sich zudem zukünftig aus § 11a Abs. 2 BStG i.d.F. des E-Government-Gesetz (BT-Drs. 17/11473, BT-Drs. 17/13139).
11 www.statspez.de/core/index.html.
12 Die Liste der für die Online-Datenübermittlung zertifizierten Anbieter kann unter http://www.statspez.de/core/softwareanbieter.html abgerufen werden.
13 Eine Übersicht der Länderzugangsseiten findet sich bei www.destatis.de/DE/OnlineMelden/IDEVLandesaemter.html.
14 BT-Drucks. 17/5712, 47.

zu treffen, die den zuständigen Amtsgerichten von Insolvenzverwaltern, Sachwaltern und Treuhändern zu übermitteln sind. Dabei können sie auch Vorgaben für die Datenformate der elektronischen Einreichung machen. Die Landesregierungen können die Ermächtigung durch Rechtsverordnung auf die Landesjustizverwaltungen übertragen. Solches ist etwa in NRW durch die Verordnung über die Form der den Amtsgerichten nach dem Insolvenzstatistikgesetz zu übermittelnden Angaben (InsStatVO-NRW) geschehen[15].

§ 5 Veröffentlichung und Übermittlung

(1) Die statistischen Ämter dürfen Ergebnisse veröffentlichen, auch wenn Tabellenfelder nur einen einzigen Fall ausweisen, sofern diese Tabellenfelder keine Angaben zur Summe der Forderungen und zur Zahl der betroffenen Arbeitnehmer enthalten.

(2) Für die Verwendung gegenüber den gesetzgebenden Körperschaften und für Zwecke der Planung, jedoch nicht für die Regelung von Einzelfällen, dürfen Tabellen mit statistischen Ergebnissen, auch wenn Tabellenfelder nur einen einzigen Fall ausweisen, vom Statistischen Bundesamt und den statistischen Ämtern der Länder an die fachlich zuständigen obersten Bundes- und Landesbehörden übermittelt werden.

Abs. 1 bestimmt, dass die statistischen Ämter die Ergebnisse veröffentlichen dürfen. Dies gilt auch dann, wenn die Auswertungen, insb. bei regionalen Darstellungen, nur einen einzigen Fall ausweisen und deswegen eine Zuordnung zu einem bestimmten Verfahren möglich ist. Ausgenommen hiervon sind jedoch die Angaben zur Summe der Forderungen und zur Zahl der betroffenen Arbeitnehmer. 1

Abs. 2 entspricht § 39 Abs. 5 EGGVG. Die von dem Statistischen Bundesamt und den Landesstatistikämtern gesammelten Einzelangaben unterliegen der Geheimhaltung (§ 16 Abs. 1 Satz 1 BStatG). Ihre Weitergabe an Bundes- und Landesbehörden ist nur bei besonderer gesetzlicher Ermächtigung zulässig (§ 16 Abs. 4 Satz 2 BStatG). Eine solche Ermächtigung stellt Abs. 2 dar. Gerade bei den, insb. auf Länderebene erforderlichen regionalisierten Daten können Auswertungen dabei nur einen einzigen Fall ausweisen.[1] Auch dies ist nach Abs. 2 i.V.m. § 16 Abs. 4 Satz 1 BStatG zulässig, wenn das betreffende Fachstatistikgesetz des Bundes diese Übermittlungsvorschrift enthält, was durch Abs. 2 erfolgt. 2

Nach § 16 Abs. 6 BStatG können weiter für die Insolvenzstatistik übermittelte Einzelangaben für die Durchführung wissenschaftlicher Vorhaben den Hochschulen u.a. zur Verfügung gestellt werden, wenn diese so anonymisiert sind, dass sie nur mit einem unverhältnismäßig großen Aufwand an Zeit, Kosten und Arbeitskraft dem Befragten oder Betroffenen zugeordnet werden können. 3

§ 6 Übergangsregelung

(1) Die Insolvenzverwalter, Sachwalter und Treuhänder sind nach § 4 Absatz 1 auskunftspflichtig bezüglich der Angaben, die sich auf Insolvenzverfahren beziehen, die nach dem 31. Dezember 2008 eröffnet wurden.

(2) Erfolgte die Einstellung oder Aufhebung des Insolvenzverfahrens oder die Ankündigung der Restschuldbefreiung nach dem 1. Januar 2009, aber vor dem Inkrafttreten dieses Gesetzes, sind die Angaben innerhalb von vier Monaten nach Inkrafttreten dieses Gesetzes zu übermitteln.

Übersicht	Rdn.	Übersicht	Rdn.
A. Inkrafttreten	1	Übersicht	2
B. Erfasste Verfahren	2		

---

15 vom 31. Januar 2013, GV. NRW. 2013 S. 39.
1 Begr. zu § 39 V EGGVG (Stellungnahme des BR), BT-Drucks. 14/1418, 8.

A. Inkrafttreten

1 Das InsStatG trat am 01.01.2013 in Kraft (Art. 10 Satz 2 ESUG). Der Gesetzesentwurf sah ein Inkrafttreten bereits ein Jahr früher vor. Die Änderung auf Empfehlung des Rechtsausschusses erfolgte vor allem deswegen, um einen ausreichenden Vorlauf für die Vorbereitung der Umsetzung des InsStatG zu gewährleisten.[1] Insb. im Bereich der IT bedürfe es für die notwendigen, nicht unerheblichen Anpassungen sowohl bei den Gerichten als auch bei den Insolvenzverwaltern, Sachwaltern und Treuhändern eines ausreichenden Vorlaufs, der bei einem früheren Inkrafttreten nicht mehr gegeben wäre. Andererseits sei es aus statistischer Sicht nicht zweckmäßig, die Vorschriften während eines laufenden Kalenderjahres in Kraft treten zu lassen. Bis zum Inkrafttreten des InsStatG galt § 39 EGGVG und die darin enthaltene Auskunftspflicht der Amtsgerichte weiter.

B. Erfasste Verfahren

2 Nach Inkrafttreten des InsStatG bleiben die Amtsgerichte für alle Insolvenzverfahren nach Maßgabe dieses Gesetzes auskunftspflichtig, ohne dass es auf den Zeitpunkt der Eröffnung ankommt. Demgegenüber trifft den Insolvenz- und Sachwalter bzw. Treuhänder erst für solche Verfahren eine Auskunftspflicht, die am 01.01.2009 oder danach eröffnet wurden (Abs. 1). Diese Verfahren werden nach Abs. 2 allerdings auch dann erfasst, wenn sie bereits vor dem Inkrafttreten des InsStatG wieder aufgehoben werden. Entsprechendes gilt für Restschuldbefreiungsverfahren. Die Angaben waren bis zum 31.07.2013 zu übermitteln.

Übersicht

	Verfahrensabschnitt	Auskunftspflichtig		Übermittlungsfrist
		Gericht *Erhebung monatlich*	Insolvenz- u. Sachwalter, Treuhänder *Erhebung jährlich*	
Erhebungsmerkmale	– Eröffnung des Insolvenzverfahrens – Abweisung mangels Masse (§ 2 Nr. 1)	a) Art des Verfahrens und des internationalen Bezugs		innerhalb von zwei Wochen nach Ablauf des Kalendermonats, in dem die jeweilige gerichtliche Entscheidung (Eröffnungsbeschluss bzw. Abweisungsbeschluss) erlassen wurde
		b) Antragsteller		
		c) Art des Rechtsträgers oder der Vermögensmasse (Schuldner); bei Unternehmen zusätzlich Rechtsform, Geschäftszweig, Jahr der Gründung, Zahl der betroffenen Arbeitnehmer und die Eintragung in das Handels-, Genossenschafts-, Vereins-		

---

[1] Begr. zur Beschlussempfehlung RechtsA, BT-Drucks. 17/7511, 51 f.; vgl. zu den technischen Vorlaufzeiten für die Umsetzung auch Stellungnahme des BR zum ESUG, BT-Drucks. 17/5712, 64 f.

Verfahrensabschnitt	Auskunftspflichtig		Übermittlungsfrist
	Gericht *Erhebung monatlich*	Insolvenz- u. Sachwalter, Treuhänder *Erhebung jährlich*	
	oder Partnerschaftsregister		
	d) Eröffnungsgrund		
	e) Anordnung oder Ablehnung der Eigenverwaltung		
	f) voraussichtliche Summe der Forderungen		
– Annahme eines Schuldenbereinigungsplans – Eröffnung Verbraucherinsolvenzverfahrens – Abweisung des Insolvenzantrages mangels Masse bei Verbraucherinsolvenzverfahrens (§ 2 Nr. 2)	a) Summe der Forderungen		innerhalb von zwei Wochen nach Ablauf des Kalendermonats, in dem die jeweilige gerichtliche Entscheidung (Eröffnungsbeschluss bzw. Abweisungsbeschluss) erlassen wurde
	b) geschätzte Summe der zu erbringenden Leistungen		
Einstellung oder Aufhebung des Insolvenzverfahrens (§ 2 Nr. 3)		a) Art der erfolgten Beendigung des Verfahrens	innerhalb von vier Wochen nach Ablauf des Kalenderjahres, in dem die Einstellung oder Aufhebung des Insolvenzverfahrens erfolgte
Erhebungsmerkmale Einstellung oder Aufhebung des Insolvenzverfahrens (§ 2 Nr. 3)		b) Höhe der befriedigten Absonderungsrechte, c) Höhe der quotenberechtigten Insolvenzforderungen und Höhe des zur Verteilung an die Insolvenzgläubiger verfügbaren Betrags, bei	innerhalb von vier Wochen nach Ablauf des Kalenderjahres, in dem die Einstellung oder Aufhebung des Insolvenzverfahrens erfolgte

Verfahrensabschnitt	Auskunftspflichtig		Übermittlungsfrist
	Gericht *Erhebung monatlich*	Insolvenz- u. Sachwalter, Treuhänder *Erhebung jährlich*	
		öffentlich-rechtlichen Insolvenzgläubigern zusätzlich deren jeweiliger Anteil,	
		d) Angaben zur Betriebsfortführung, zum Sanierungserfolg und zur Eigenverwaltung	
		e) Angaben über die Vorfinanzierung von Arbeitsentgelt im Rahmen der Gewährung von Insolvenzgeld	
		f) Datum der Einreichung des Schlussberichts bei Gericht	
		g) Angaben über Abschlagsverteilungen,	
		h) Datum der Beendigung des Verfahrens;	
bei Restschuldbefreiung (§ 2 Nr. 4)		a) Ankündigung der Restschuldbefreiung	innerhalb von vier Wochen nach Ablauf des Kalenderjahres, in dem die Einstellung oder Aufhebung des Insolvenzverfahrens erfolgte
		b) Entscheidung über die Restschuldbefreiung	innerhalb von vier Wochen nach Ablauf des sechsten dem Eröffnungsjahr folgenden Jahres oder nach Rechtskraft der Entscheidung, wenn diese vorher ergeht.

Verfahrensabschnitt	Auskunftspflichtig		Übermittlungsfrist
	Gericht *Erhebung monatlich*	Insolvenz- u. Sachwalter, Treuhänder *Erhebung jährlich*	
	c) bei Versagung der Restschuldbefreiung die Gründe für die Versagung,		
	d) Widerruf der erteilten Restschuldbefreiung,	innerhalb von vier Wochen nach Ablauf des siebten dem Eröffnungsjahr folgenden Jahres oder nach Rechtskraft der Entscheidung, wenn diese vorher ergeht.	
	e) sonstige Beendigung des Verfahrens.	innerhalb von vier Wochen nach Ablauf des sechsten dem Eröffnungsjahr folgenden Jahres oder nach Rechtskraft der Entscheidung, wenn diese vorher ergeht.	
Hilfsmerkmale	In dem Verfahrensabschnitt, in dem Erhebungsmerkmalen zu erheben sind § 3	1. Datum der Verfahrenshandlungen nach § 2,	innerhalb von zwei Wochen nach Ablauf des Kalendermonats (Gericht) bzw. von vier Wochen nach Ablauf des Kalenderjahres (Verwalter), in dem die Entscheidung erlassen bzw. die Einstellung oder Aufhebung des Insolvenzverfahrens erfolgte
		2. Name oder Firma und Anschrift oder Mittelpunkt der selbständigen wirtschaftlichen Tätigkeit des Schuldners,	
		3. bei Unternehmen die Umsatzsteuernummer	
		4. Name, Nummer und Aktenzeichen des Amtsgerichts,	
		5. Name und Anschrift des Insolvenzverwalters, Sachwalters oder des Treuhänders,	
		6. Name, Rufnummern und E-Mail-Adressen der für eventuelle Rückfragen zur Verfügung stehenden Personen *freiwillige Angabe*	*Keine Frist*

	Verfahrensabschnitt	Auskunftspflichtig		Übermittlungs-frist
		Gericht *Erhebung monatlich*	Insolvenz- u. Sachwalter, Treuhänder *Erhebung jährlich*	
			7. bei Schuldnern, die im Handels-, Genossenschafts-, Vereins- oder Partnerschaftsregister eingetragen sind, die Art und der Ort des Registers und die Nummer der Eintragung.	innerhalb von zwei Wochen nach Ablauf des Kalendermonats (Gericht) bzw. von vier Wochen nach Ablauf des Kalenderjahres (Verwalter), in dem die Entscheidung erlassen bzw. die Einstellung oder Aufhebung des Insolvenzverfahrens erfolgte

Stichwortverzeichnis

Fundstellendefinition
InsO: Zahl in Fettdruck = Paragraph; Zahl in Normaldruck = Randnummer
Anhänge: lfd. Nr., Artikel oder Paragraph in Fettdruck; Zahl in Normaldruck = Randnummer

A

Abgeltungssteuer 149 6
Abgesonderte Befriedigung 84 3
Abgesonderte Befriedigung aus unbeweglichen Gegenständen 49
– erfasste Gegenstände 49 2
– Geltendmachung der Rechte 49 19
– Gläubiger 49 16
– Grundstücke 49 3
– grundstücksgleiche Rechte 49 3
– Haftungsverband 49 4
– Immobiliarvollstreckung 49 1
– Luftfahrzeuge 49 3
– Rangklassen 49 17
– Schiffe 49 3
– Schiffsbauwerke 49 3
Abgesonderte Befriedigung der Pfandgläubiger 50
– Begründung des Pfandrechts 50 3
– Erlöschen des Pfandrechts 50 7
– gesetzliches Pfandrecht 50 13
– inkonnexe Forderungen 50 25
– Kommissionspfandrecht 50 24
– Pfändungspfandrecht 50 10
– Prioritätsprinzip 50 8
– Vermieter-, Verpächterpfandrecht 50 15
– Werkunternehmerpfandrecht 50 23
Abgrenzung zum Gesellschaftsrecht
– Abgrenzung im Einzelnen **Anh. I Art. 4 EuInsVO** 37
– Einfluss der Niederlassungsfreiheit **Anh. I Art. 4 EuInsVO** 32
– Existenzvernichtung **Anh. I Art. 4 EuInsVO** 59
– Gründungstheorie **Anh. I Art. 4 EuInsVO** 30
– Insolvenzanfechtung bei Gesellschafterdarlehen **Anh. I Art. 4 EuInsVO** 37
– Insolvenzantragspflicht **Anh. I Art. 4 EuInsVO** 42
– Masseschmälerung **Anh. I Art. 4 EuInsVO** 53
– Nachrangigkeit von Gesellschafterdarlehen **Anh. I Art. 4 EuInsVO** 37
– praktische Relevanz der Frage **Anh. I Art. 4 EuInsVO** 29
– Zuständigkeitsfragen **Anh. I Art. 4 EuInsVO** 64
Abschlagsverteilung, *siehe auch Verteilungsverzeichnis*
– Berücksichtigung aufschiebend bedingter Forderungen 191
– Durchführung 187 7
– nachträgliche Berücksichtigung 192
– Rangfolge 187 6
– Zeitpunkt 187 2
– Zeitpunkt der Verwertung 187 3
– Zuständigkeit 187 4

Abschlagsverteilungen, *siehe auch Einwendungen gegen das Verteilungsverzeichnis, siehe auch Festsetzung des Bruchteils*
– Ausschlussfrist 188 2a
Absonderung
– Ablösung durch Zahlung 129 104
– absonderungsberechtigte Gläubiger 51
– dingliche Übertragung 129 103
– wertlose Gegenstände 129 111
Absonderungsberechtigte, Rechte im Insolvenzplan 223
Absonderungsberechtigte Gläubiger, Ausfall der ~, *siehe Ausfall der Absonderungsberechtigten*
Absonderungsklage, Anwendbarkeit EuInsVO **Anh. I Art. 1 EuInsVO** 32
Absonderungsrecht 86 14
Absonderungsrechte 51 1, 26
– abgesonderte Befriedigung aus unbeweglichen Gegenständen 49 1
– abgesonderte Befriedigung der Pfandgläubiger 50 1
– Verwertung unbeweglicher Gegenstände 165
Absonderungsstreit 86 7, 14
– Auswirkungen der Freigabe 86 16
Abtretbarkeit, Mitgliedschaft in eG **Anh. VI § 66a GenG** 2
Abtretung 92 16
– Auseinandersetzungsguthaben **Anh. VI § 66a GenG** 15
– Bezüge aus einem Dienstverhältnis 114 8
– Erfüllungswahl des Insolvenzverwalters 103 41
Abtretung künftiger Forderungen 81 25
Abtretungserklärung 287 24
– Abtretungsverbote 287 35
– Altfälle mit Verfahrenseröffnung vor dem 01.12.2001 287 34
– Arbeitseinkommen 287 29
– Einkünfte aus selbständiger Arbeit 287 32
– erfasste Forderungen 287 28
– Leistungen zur Altersversorgung 287 30
– Lohn- oder Einkommensteuererstattung 287 31
– Rechtscharakter 287 25
Abweisung mangels Masse 26
– Anfechtungsfrist 26 39
– Anfechtungsfristen 26 40
– Anhörung des Gläubiger 26 22
– Anhörung des Schuldners 26 21
– Anhörungsmangel 26 23
– Auflösung einer Gesellschaft 26 35
– ausländische juristische Personen 26 46
– Bekanntmachung 26 25

Stichwortverzeichnis

- Eintragung im Schuldnerverzeichnis 26 30
- Entscheidung 26 24
- Erstattungsanspruch des Vorschussleistenden 26 41
- Kostengrundentscheidung 26 26
- Kostenstundung 26 15, 19
- Kostenvorschuss 26 16
- Liquidität 26 7
- Löschung 26 37
- Massekostengarantie 26 17
- Massekostenvorschuss 26 42
- Mitteilung 26 38
- Prognose des Insolvenzgerichts 26 14
- Rechtsfolgen 26 30
- Rechtsmittel 26 29
- Verfahrenskosten 26 12
- Verletzung der Insolvenzantragspflicht 26 44
- Vermögen des Schuldners 26 6
- Voraussetzungen 26 5
- Zulässigkeit eines erneuten Eröffnungsantrags 26 40

Adhäsionsverfahren 85 27

Akteneinsicht
- Durchführung 4 50
- Verfahrensabschnitte 4 46

Aktiengesellschaft 11 7

Aktivmasse, in Haupt- und Sekundärinsolvenzverfahren nach EuInsVO **Anh. I Art. 27 EuInsVO** 8

Aktivprozess
- Ablehnung der Aufnahme durch Insolvenzverwalter 85 46
- Aufnahme durch Insolvenzverwalter 85 38
- Aufnahme eines unterbrochenen 85 31
- Einzelfälle 85 34
- Entscheidung über die Aufnahme 85 40
- Erklärung der Aufnahme 85 39
- Folgen der Aufnahme 85 41
- Kostenerstattungsansprüche 85 42
- Prozessaufnahme durch Insolvenzverwalter 85 1
- Rechtshängigkeit 85 6
- Unterscheidung von Passivprozess 85 31
- Verzögerung der Entscheidung über die Aufnahme durch Insolvenzverwalter 85 44
- Voraussetzung der Aufnahme 85 2

Aktivvermögen, Bilanzierungsgrundsätze 19 26

Allgemeine Verfahrensgrundsätze, im Internationalen Insolvenzrecht **Anh. I Art. 4 EuInsVO** 19

Allgemeine Verfahrensvereinfachungen
- Eigenverwaltung 312 14
- Insolvenzplan 312 14
- Mitteilungen 312 9
- Rückschlagsperre 312 11
- Termine 312 10
- Veröffentlichungen 312 6
- Vertragsverhältnisse des Schuldners 312 15

Allgemeine Wirkungen des Insolvenzplans 254
- Dept-Equity-Swap 254 19
- dingliche Rechtsänderung 254 7
- gegenüber Drittsicherungsgeber 254 11
- Geltungsbereich 254 9
- gestaltender Teil 254 2
- Kondiktionswirkung 254 15
- Regressansprüche 254 13
- § 254 a.F. 254 22

Allgemeiner Gerichtsstand des Schuldners
- Gesellschaften 3 26
- Natürliche Personen 3 22

Allgemeines Verfügungsverbot 85 2

Altersdiskriminierung, Verbot bei Sozialauswahl 125 21

Altmasseverbindlichkeiten 103 5

Amtsermittlungspflicht
- Amtsbetrieb 5 5
- Anwendungsbereich 5 8
- Aufklärungsbedürfnis 5 9
- Aufklärungsergebnis 5 34
- Aufklärungsverfahren 5 26
- Verfahrensabschnitte 5 13
- Verhältnismäßigkeit 5 12

Amtsgericht als Insolvenzgericht
- Aufgaben des Rechtspflegers 2 26
- Aufgabenfelder 2 10
- Funktionelle Zuständigkeit 2 19
- Insolvenzverfahren am 2 6
- Rechtswegzuständigkeit 2 35
- Sachliche Zuständigkeit 2 4
- Vollstreckungsbezogene Zuständigkeitsanordnungen 2 14
- Zuständigkeit des Richters 2 21
- Zuständigkeitsprüfung 2 37

Anderkonto 94 23

Änderung des Verteilungsverzeichnisses 193
- Änderungsgründe 193 2
- Änderungsvermerk 193 4
- Fristen 193 3
- öffentliche Bekanntmachung 193 4
- Rechtsfolgen 193 4

Anerkennung ausländischer Insolvenzverfahren Anh. I Art. 16 EuInsVO, siehe Wirkungen der Anerkennung
- Eröffnung des Insolvenzverfahrens **Anh. I Art. 16 EuInsVO** 2, 6
- Exequaturverfahren **Anh. I Art. 16 EuInsVO** 9
- öffentliche Bekanntmachung **Anh. I Art. 16 EuInsVO** 4
- ordre public **Anh. I Art. 16 EuInsVO** 10
- Rechtsfolgen **Anh. I Art. 16 EuInsVO** 9
- Sicherungsmaßnahmen **Anh. I Art. 16 EuInsVO** 13
- Universalitätsprinzip **Anh. I Art. 16 EuInsVO** 1
- Voraussetzungen **Anh. I Art. 16 EuInsVO** 2
- Wirksamkeit der Eröffnung **Anh. I Art. 16 EuInsVO** 8
- zuständiges Gericht **Anh. I Art. 16 EuInsVO** 7

Anerkennung und Vollstreckbarkeit sonstiger Leistungen Anh. I Art. 25 EuInsVO
- Einschränkung **Anh. I Art. 25 EuInsVO** 7

- Hauptinsolvenzverfahren **Anh. I Art. 25 EuInsVO** 1
- Sekundärinsolvenzverfahren **Anh. I Art. 25 EuInsVO** 1
- Sicherungsmaßnahmen **Anh. I Art. 25 EuInsVO** 4
- Voraussetzungen **Anh. I Art. 25 EuInsVO** 2

Anfechtbare Rechtshandlungen, *siehe Unmittelbar nachteilige Rechtshandlungen*
- Anfechtungsvoraussetzungen bei Gewährung inkongruenter Deckung 131 41
- Ausschluss der Anfechtbarkeit 136 10
- entgeltliche Verträge mit nahestehenden Personen 133 38
- Erlass der Verlustbeteiligung 136 9
- inkongruente Deckung 131
- Nachweis der Kenntnis 131 44
- Rückgewähr der Einlage 136 8
- spezielle Anfechtungsvoraussetzungen 131 43
- stille Gesellschaft 136
- vorsätzliche Benachteiligung 133
- Wechsel- und Scheckzahlungen 137

Anfechtbare Rechtshandlungen des Erben 322
- Erfüllung aus dem Nachlass 322 5
- Fristen 322 8
- Gläubigerbenachteiligung 322 7
- Pflichtteilsansprüche 322 3
- Rechtsfolgen 322 9
- Vermächtnisse 322 3

Anfechtbare Rechtshandlungen des Schuldners Anh. V § 1 AnfG 18
- dingliche Geschäfte **Anh. V § 1 AnfG** 19
- Erbschaft **Anh. V § 1 AnfG** 19
- materiell-rechtliche **Anh. V § 1 AnfG** 19
- materiell-rechtliche Unterlassungen **Anh. V § 1 AnfG** 22
- Pflichtteils- und Pflichtteilsergänzungsanspruch **Anh. V § 1 AnfG** 19
- prozessrechtliche **Anh. V § 1 AnfG** 21
- prozessrechtliche Unterlassungen **Anh. V § 1 AnfG** 22
- Realakte **Anh. V § 1 AnfG** 20
- Rechtsfolgen **Anh. V § 11 AnfG**
- rechtsgeschäftsähnliche Handlungen **Anh. V § 1 AnfG** 20
- Rechtshandlungen einer Gesellschaft **Anh. V § 6a AnfG** 3
- Schuldner als Urheber der Rechtshandlung **Anh. V § 1 AnfG** 26
- schuldrechtliche Geschäfte **Anh. V § 1 AnfG** 19
- unentgeltliche Leistung **Anh. V § 4 AnfG**
- Unterlassung **Anh. V § 1 AnfG** 22
- vorsätzliche Gläubigerbenachteiligung **Anh. V § 3 AnfG; Anh. V § 5 AnfG** 1

Anfechtung gegen Rechtsnachfolger 145
- allgemeine Anfechtungsvoraussetzungen 145 9
- Beweislast 145 11
- Einzelrechtsnachfolge 145 6
- Erbschaft 145 3
- Ersterwerber 145 1
- Formwechsel 145 4
- gebräuchliche Gelegenheitsgeschenke 145 12
- Gesamtrechtsnachfolge 145 2
- Haftung 145 13
- Handlungen des Rechtsvorgängers 145 5
- Kenntnis der Anfechtbarkeit 145 10
- nahestehende Personen 145 11
- originärer Erwerb 145 8
- Prozessuales 145 13
- Rechtsfolgen 145 13
- Schutzunwürdigkeit des Einzelrechtsnachfolgers 145 10
- Sonderrechtsnachfolge 145 7
- Spaltung 145 4
- Teilübertragung 145 7
- unentgeltlicher Erwerb 145 12
- Vermächtnis 145 7
- Verschmelzung 145 4
- Vollübertragung 145 7

Anfechtungsanspruch
- Abtretbarkeit **Anh. V § 11 AnfG** 9
- Duldung der Zwangsvollstreckung **Anh. V § 11 AnfG** 10
- Entstehen **Anh. V § 11 AnfG** 3
- Erlöschen **Anh. V § 11 AnfG** 3
- mehrere Anfechtungsgegner **Anh. V § 11 AnfG** 5
- mehrerer Anfechtungsgläubiger **Anh. V § 11 AnfG** 5
- Primäranspruch **Anh. V § 11 AnfG** 10
- Rechtshängigkeit **Anh. V § 11 AnfG** 5

Anfechtungseinrede
- Beispiele **Anh. V § 9 AnfG** 2
- Bereicherungsklage **Anh. V § 9 AnfG** 2
- Berücksichtigung **Anh. V § 9 AnfG** 7
- des Finanzamtes **Anh. V § 9 AnfG** 6
- Fristsetzung **Anh. V § 9 AnfG** 8
- gegen Abtretung **Anh. V § 9 AnfG** 2
- gegen Arrestvollzug **Anh. V § 9 AnfG** 2
- gegen Drittwiderspruchsklage **Anh. V § 9 AnfG** 2
- gegen Pfändung **Anh. V § 9 AnfG** 2
- Gegeneinrede **Anh. V § 9 AnfG** 2
- Geltendmachung **Anh. V § 9 AnfG** 3
- Rechtsfolgen **Anh. V § 9 AnfG** 9
- Titelbeibringung **Anh. V § 9 AnfG** 9
- Verfahren **Anh. V § 9 AnfG** 7
- Zeitpunkt **Anh. V § 9 AnfG** 4

Anfechtungsfristen Anh. V § 7 AnfG 2, *siehe auch Klage*
- Ausschlussfristen **Anh. V § 7 AnfG** 2
- Beginn **Anh. V § 7 AnfG** 3
- Berechnung **Anh. V § 7 AnfG** 3
- Einrede **Anh. V § 7 AnfG** 8
- Fristwahrung **Anh. V § 7 AnfG** 4
- Fristwahrung durch Duldungsbescheid **Anh. V § 7 AnfG** 11

Stichwortverzeichnis

- Fristwahrung gegenüber Rechtsnachfolger **Anh. V § 7 AnfG** 12
- Gegenrede **Anh. V § 7 AnfG** 8
- gerichtliche Geltendmachung **Anh. V § 7 AnfG** 4
- Mahnantrag **Anh. V § 7 AnfG** 9
- Prozesskostenhilfeersuch **Anh. V § 7 AnfG** 9
- sonstige Maßnahmen zur Fristwahrung **Anh. V § 7 AnfG** 10

Anfechtungsklage
- Vorbehaltsurteil **Anh. V § 14 AnfG** 5
- vorläufig vollstreckbarer Schuldtitel, Verfahren bis zur Entscheidung **Anh. V § 14 AnfG** 4
- vorläufig vollstreckbarer Schuldtitel, Verfahren nach der Entscheidung **Anh. V § 14 AnfG** 6

Anfechtungsprozess
- Auskunftsanspruch 129 135
- Beschwer **Anh. V § 13 AnfG** 15
- Duldungsbescheid **Anh. V § 13 AnfG** 16
- Gestaltungsklage **Anh. V § 13 AnfG** 3
- Grundurteil 129 134
- internationale Zuständigkeit **Anh. V § 13 AnfG** 6
- Klageantrag **Anh. V § 13 AnfG** 9
- Klageantrag, Klagebegründung 129 131
- Klagebegründung **Anh. V § 13 AnfG** 12
- Leistungsklage **Anh. V § 13 AnfG** 4
- negative Feststellungsklage **Anh. V § 13 AnfG** 2
- örtliche Zuständigkeit 129 128; **Anh. V § 13 AnfG** 6
- positive Feststellungsklage **Anh. V § 13 AnfG** 2
- Prozesskostenhilfe 129 133
- Rechtsschutzbedürfnis **Anh. V § 13 AnfG** 7
- sachliche Zuständigkeit 129 129; **Anh. V § 13 AnfG** 6
- Streitgegenstand **Anh. V § 13 AnfG** 14
- Streitwert **Anh. V § 13 AnfG** 15
- Urteil **Anh. V § 13 AnfG** 13
- Vorzugsklage **Anh. V § 13 AnfG** 3
- Zulässigkeit **Anh. V § 13 AnfG** 5
- Zulässigkeitsvoraussetzungen **Anh. V § 13 AnfG** 8
- Zuständigkeit **Anh. V § 13 AnfG** 5

Anfechtungsrechtsstreit Anh. V § 17 AnfG 3
- Ablehnung der Aufnahme durch den Insolvenzverwalter **Anh. V § 17 AnfG** 17
- Anfechtungseinrede **Anh. V § 17 AnfG** 12
- Aufnahme des unterbrochenen durch Insolvenzverwalter **Anh. V § 17 AnfG** 8
- Ausschlussfristen bei Aufnahme durch Insolvenzverwalter **Anh. V § 17 AnfG** 11
- Entscheidung über die Unterbrechung bei Insolvenz des Schuldners **Anh. V § 17 AnfG** 5
- gegen den Insolvenzverwalter erlangte Einreden **Anh. V § 18 AnfG** 7
- Insolvenzanfechtung gegen den Anfechtungsgläubiger **Anh. V § 17 AnfG** 19
- Klageänderung bei Aufnahme durch Insolvenzverwalter **Anh. V § 17 AnfG** 13
- Klageerweiterung bei Aufnahme durch Insolvenzverwalter **Anh. V § 17 AnfG** 11
- Klagehäufung bei Aufnahme durch Insolvenzverwalter **Anh. V § 17 AnfG** 13
- Kostenstreit bei Insolvenz des Schuldners **Anh. V § 17 AnfG** 18
- Rechte des Anfechtungsgegners bei Aufnahme durch Insolvenzverwalter **Anh. V § 17 AnfG** 14
- Rechtsfolgen der Unterbrechung bei Insolvenz des Schuldners **Anh. V § 17 AnfG** 7
- Rechtshängigkeit des ~ **Anh. V § 17 AnfG** 4
- Verjährung bei Aufnahme durch Insolvenzverwalter **Anh. V § 17 AnfG** 12
- Verzögerung der Aufnahme durch Insolvenzverwalter **Anh. V § 17 AnfG** 15

Anhängige Rechtsstreitigkeiten Anh. I Art. 15 EuInsVO
- anwendbares Recht **Anh. I Art. 15 EuInsVO** 2, 5
- Drittstaatenbezug **Anh. I Art. 15 EuInsVO** 6
- Sonderanknüpfungen **Anh. I Art. 15 EuInsVO** 1
- Zwangsvollstreckung **Anh. I Art. 15 EuInsVO** 3

Anhörung, Schuldner, *siehe auch Anhörung des Schuldners*

Anhörung des Schuldners 14 26
- Anhörung bei juristischen Personen oder Personenvereinigungen als Schuldner 10 18
- Anhörung einer natürlichen Person als Schuldner 10 8
- Anhörung eines Vertreters oder Angehörigen 10 15
- Anwendungsbereich 10 3
- Äußerungsfrist 14 28
- Auslandsaufenthalt mit Verfahrensverzögerung 10 10
- Durchführung der ~ 10 22
- Einwendungen gegen titulierte Forderungen 14 31
- Entbehrlichkeit der ~ 10 8
- Form 14 28
- Führungslosigkeit 10 20
- Gehörsanspruch 14 30
- insolvenzgerichtliche Pflicht 10 5
- Konsequenzen einer unterlassenen Anhörung 10 24
- quasistreitiges Verfahren 10 6
- rechtliches Gehör 10 1; 14 27
- Schutzschrift des Schuldners 14 29
- unbekannter Aufenthalt 10 13
- Versagung des rechtlichen Gehörs 14 32
- Vertretungsberechtigte und Beteiligte 10 18

Ankündigung der Restschuldbefreiung 291
- Abtretungserklärung 291 1
- Bestellung des Treuhänders 291 4
- Bestimmung des Treuhänders 291 1
- Hinweis auf Befolgung der Obliegenheiten 291 3
- Inhalt des Beschlusses 291 1
- Laufzeit der Abtretungserklärung 291 7

Stichwortverzeichnis

- Schlusstermin 291 3
- vorzeitige Erteilung der Restschuldbefreiung 291 8
- zeitlicher Ablauf 291 2

Anmeldbare Forderungen
- absonderungsberechtigte Gläubiger 174 3
- Ausgleichsansprüche 174 4
- Bürgen 174 4
- Doppelinsolvenz 174 5
- Feststellungsklage 174 13
- Gesamtschuldner 174 4
- nachrangige Insolvenzgläubiger 174 3, 23
- Qualifizierung 174 12
- Sammelanmeldung 174 13

Anmeldeverfahren
- Anforderungen an die Anmeldung 174 6
- Anmeldefristen 174 10
- Behandlung von Fehlern bei der Anmeldung 174 16
- beizufügende Unterlagen 174 12
- Form der Anmeldung 174 7
- grenzüberschreitende Insolvenz 174 9
- im Internationalen Insolvenzrecht **Anh. I Art. 4 EuInsVO** 24
- Inhalt der Anmeldung 174 13
- Insolvenzverwalter 174 1, 6
- nachträgliche Anmeldung 174 10
- Prüfungstermin 174 2

Anmeldung der Forderungen, *siehe auch Anmeldbare Forderungen; Anmeldeverfahren, siehe auch Tabelle, siehe Nachträgliche Anmeldungen*
- anmeldeberechtigte Gläubiger 174 3
- aus vorsätzlich begangener unerlaubter Handlung 174 14
- Ausfallmodell 174 5
- nachrangiger 174 22
- Restschuldbefreiung 174 21
- unwirksame 174 19
- Verjährung 174 20a
- Vollanmeldungsmodell 174 5
- Wirkungen 174 20

Anmeldung von Forderungen
- Anforderungen an den Inhalt **Anh. I Art. 41 EuInsVO** 3
- Diskriminierungsverbot **Anh. I Art. 39 EuInsVO** 4, 7
- Folgen fehlerhafter Anmeldung **Anh. I Art. 41 EuInsVO** 6
- gewöhnlicher Aufenthalt **Anh. I Art. 39 EuInsVO** 5
- Inhalt **Anh. I Art. 41 EuInsVO**
- nach EuInsVO **Anh. I Art. 39 EuInsVO**
- schriftliche **Anh. I Art. 39 EuInsVO** 9
- Sitz **Anh. I Art. 39 EuInsVO** 5
- Sprache **Anh. I Art. 41 EuInsVO** 5; **Anh. I Art. 42 EuInsVO**
- Sprache der Anmeldung **Anh. I Art. 42 EuInsVO** 4
- Wohnsitz **Anh. I Art. 39 EuInsVO** 5

Annahme des Schuldenbereinigungsplans 308
- Anfechtung 308 4, 6
- Bestand 308 5
- Einstimmigkeitsprinzip 308 2
- gerichtliche Feststellung 308 3
- Kündigungsrecht des Gläubigers 308 12
- Kündigungsrechte 308 7
- Leistungsklage 308 7
- nicht berücksichtigte Forderungen 308 14
- Nichterfüllung des Plans 308 12
- Rechtsmittel 308 4
- Sicherheiten 308 8
- Störungen in der Planabwicklung 308 12
- Verfahren 308 2
- wesentliche Veränderung der Verhältnisse 308 13
- Wirkungen 308 5, 9
- Zustellung 308 4

Annexentscheidungen, Anwendbarkeit EuInsVO **Anh. I Art. 1 EuInsVO** 20

Annexverfahren
- internationale Zuständigkeit nach EuInsVO **Anh. I Art. 3 EuInsVO** 132
- örtliche Zuständigkeit **Anh. I Art. 3 EuInsVO** 135

Anordnung der Nachtragsverteilung 203
- Absehen wegen Geringfügigkeit 203 11
- Beschwerdefrist gegen ablehnende Entscheidung 204 2
- Durchführung der Nachtragsverteilung 203 4
- Einstellung 203 13
- Gleichheitsgrundsatz 203 11
- Rechtsmittel gegen ablehnende Entscheidung 204 1
- Rechtsmittel gegen Ablehnung 204
- sofortige Beschwerde 203 3
- Voraussetzungen 203 2
- Zustellung der ablehnenden Entscheidung 204 2, 3

Anordnung der Zustimmungsbedürftigkeit
- Antrag der Gläubigerversammlung 277 2, 5
- Antrag einzelner Gläubiger 277 8
- antragsberechtigte Gläubiger 277 9
- Antragsinhalt 277 3
- Eilanordnung 277 6
- Gegenglaubhaftmachung 277 11
- Haftung des Sachwalters 277 19
- öffentliche Bekanntmachung 277 16
- Rechtsmittel 277 21
- unaufschiebbare 277 10
- Verstoß gegen die Zustimmungspflicht 277 14
- Voraussetzungen 277 2
- Zustimmung des Sachwalters 277 13

Anordnung von Sicherungsmaßnahmen
- Abgrenzung von Ermittlungsanordnungen 21 5
- absonderungsberechtigte Gläubiger 21 1
- allgemeines Verfügungsverbot 21 26
- Änderung 21 71

2777

Stichwortverzeichnis

- Anhörung des Schuldners 21 65
- Anordnung 21 11
- Anordnungskriterien 21 16, 28, 38, 45, 56
- Aufenthaltsbeschränkung 21 60
- Aufhebung 21 70
- aussonderungsberechtigte Gläubiger 21 1
- Begrenzung des Sicherungszwecks 21 6
- Bestellung eines vorläufigen Insolvenzverwalters 21 14
- Betretungsverbot 21 59
- Durchsuchungsanordnung 21 59
- Eigentumsvorbehalt 21 50
- Einsetzung eines vorläufigen Gläubigerausschusses, *siehe auch Vorläufiger Gläubigerausschuss*
- Einzelzwangsvollstreckung 21 29
- Entlassung des vorläufigen Insolvenzverwalters 21 17
- Finanzsicherheiten 21 63
- gegen Dritte 21 61
- Gegenstand der Maßnahme 21 30
- Inhaftierung 21 64
- Inhalt der Maßnahme 21 15, 25, 39, 48
- Kontensperre 21 58
- Kosten 21 67
- rechtliches Gehör 21 9
- Rechtsmittel 21 66, 69, 72
- Sicherungszweck 21 4
- Siegelung 21 59
- Verbraucherinsolvenzverfahren 21 3
- Verfügungsbeschränkungen 21 24
- Verfügungsverbot 21 58
- Verhältnismäßigkeit 21 10
- Verhältnismäßigkeitsprüfung 21 64
- Verpflichtungsvorbehalt 21 58
- Verwertungs- und Einziehungsstopp 21 47
- Vollstreckungsverbot 21 33
- Voraussetzungen 21 4
- Vorführung 21 64
- Vorführungsanordnung 21 65
- vorläufige Postsperre 21 39
- Wertverlustausgleich 21 52
- Wirksamkeit 21 68
- Zulässigkeit des Insolvenzantrags 21 7
- Zuständigkeit 21 8
- Zustimmungsvorbehalt 21 27
- Zwangmaßnahmen 21 3
- Zwangsvollstreckung in das unbewegliche Vermögen 21 37

Anordnung vorläufiger Maßnahmen 21
Anrechnung
- Rechtsfolgen Anh. I Art. 20 EuInsVO 9
- Voraussetzungen Anh. I Art. 20 EuInsVO 5

Anschlussbeschwerde
- besondere Zulässigkeitsvoraussetzungen 6 33
- Statthaftigkeit 6 31

Anspruch, gegen Insolvenzverwalter 89 13
Ansprüche des Anfechtungsgegners 144
- Erstattungsanspruch 144 11
- Gegenleistung 144 1, 7, 8
- Masseansprüche 144 10
- Rückgewähranspruch 144 9
- Schuldtilgung 144 3
- Unterscheidbarkeit der Gegenleistung 144 1
- Verjährung 144 4
- Wiederaufleben der Forderung 144 2

Anteilsinhaber, Insolvenzplan 225a
Antrag
- Muster Vergütungsantrag 64 22a
- Vergütungsfestsetzung 64 3

Antrag auf Einberufung der Gläubigerversammlung 75
- Antragsberechtigung 75 2
- Beschluss 75 2
- Form 75 5
- Fristen 75 7
- Gläubigerantrag 75 3
- Gläubigerausschuss 75 2
- Insolvenzverwalter 75 2
- Prüfung 75 6
- Rechtsmittel 75 8
- sofortige Beschwerde 75 8
- Verfahren 75 5

Antrag des Schuldners auf Restschuldbefreiung 287 2
- Antrag nach Verfahrenseröffnung 287 6
- Form 287 3
- Fristablauf 287 4
- Fristen 287 4
- Gläubigerantrag 287 5
- hilfsweise Antragstellung 287 7
- Hinweispflicht 287 5
- rechtliches Gehör 287 6
- Rücknahme 287 22
- Rücknahme des Antrags 287 4
- Rücknahme des – 287 9
- Sperrfrist 287 16, 17
- Unzulässigkeit 287 19
- Verfahrenskostenstundung 287 20
- Zulässigkeitsprüfung 287 8
- Zweitantrag 287 11

Antrag eines Gläubigers, *siehe Gläubigerantrag*
Antragsbefugnis
- antragsbefugte Personen 15 7
- Befugnis zur Antragsrücknahme 15 34
- bei einem Vorverein 15 17
- bei einer Aktiengesellschaft 15 13
- bei einer Europäischen (Aktien-)Gesellschaft (SE) 15 14
- bei einer Europäischen Genossenschaft (SCE) 15 12
- bei einer fehlerhaften Gesellschaft 15 18
- bei einer Genossenschaft 15 11
- bei einer GmbH 15 16
- bei einer juristischen Person des öffentlichen Rechts 15 19
- bei einer KG a.A. 15 15

- bei einer Stiftung 15 10
- bei einer Vorgenossenschaft 15 17
- bei einer Vorgesellschaft 15 17
- bei eingetragenem Verein 15 8
- bei Führungslosigkeit 15 21
- bei Gesellschaften ohne Rechtspersönlichkeit 15 24
- bei gesetzlichem Vertretungsorgan 15 7
- bei juristischen Personen oder Gesellschaften ohne Rechtspersönlichkeit 15 26
- bei nicht eingetragenem Verein 15 9
- bei Sondervermögen 15 29
- bei Vermögen einer natürlichen Person 15 28
- der Bundesanstalt für Finanzdienstleistungsaufsicht 15 27
- des Insolvenzverwalters 15 4
- einer natürlichen Person als persönlich haftender Gesellschafter 15 25
- faktisches Vertretungsorgan 15 20
- Fehlen der ~ 15 33
- fehlerhaft bestelltes Vertretungsorgan 15 20
- gesetzliche 15 3
- gestufte 15 6
- im Sekundärinsolvenzverfahren nach EuInsVO Anh. I Art. 27 EuInsVO 5
- internationale Bezüge 15 35
- sekundäre 15 6
- Sekundärinsolvenzverfahren nach EuInsVO Anh. I Art. 29 EuInsVO 15
- Voraussetzungen 15 4
- Wegfall der ~ 15 33

Antragsgründe, im Sekundärinsolvenzverfahren nach EuInsVO **Anh. I Art. 29 EuInsVO** 8

Antragsobliegenheit, Unterhaltsschuldner 15a 21

Antragspflicht 15 2
- Antragsverpflichtete 15a 4
- bei der Europäischen Genossenschaft (SCE) 15a 4
- bei der Europäischen Gesellschaft (SE) 15a 4
- bei der EWIV 15a 4
- bei einer Aktiengesellschaft 15a 7
- bei einer Europäischen (Aktien-)Gesellschaft (SE) 15a 7
- bei einer Europäischen Genossenschaft (SCE) 15a 7
- bei einer Genossenschaft 15a 7
- bei einer GmbH 15a 7
- bei einer KGaA 15a 7
- bei einer Stiftung 15a 4
- bei eingetragenem Verein 15a 4
- bei fehlerhafter Gesellschaft 15a 8
- bei fortgesetzter Gütergemeinschaft 15a 5
- bei Führungslosigkeit 15a 13
- bei Gesellschaften ohne Rechtspersönlichkeit 15a 9
- bei juristischen Personen und Gesellschaften ohne Rechtspersönlichkeit 15a 6
- bei Nachlassinsolvenz 15a 5
- bei nicht rechtsfähigen Vereins 15a 4
- bei Personen des öffentlichen Rechts 15a 4
- bei Vorgenossenschaft 15a 8
- bei Vorgesellschaft 15a 8
- fahrlässige Verletzung 15a 2
- gesetzliche 15a 3
- Haftung bei Verletzung 15a 32
- internationale Bezüge 15a 40
- persönliche Haftung des Antragspflichtigen 15a 1
- sekundäre 15a 12
- Verletzung 15a 31
- Vertretungsorgane 15a 4, 5, 7, 9, 13
- vorsätzliche Verletzung 15a 2
- Wegfall der ~ 15a 27

Antragsrecht, im Sekundärinsolvenzverfahren nach EuInsVO **Anh. I Art. 29 EuInsVO**

Anwendbares Recht, im Sekundärinsolvenzverfahren nach EuInsVO **Anh. I Art. 28 EuInsVO**

Anwendbares Recht EuInsVO Anh. I Art. 4 EuInsVO
- Abgrenzung zum Gesellschaftsrecht, *siehe auch Abgrenzung zum Gesellschaftsrecht*
- Abgrenzung zum Gesellschaftsrecht im Einzelnen **Anh. I Art. 4 EuInsVO** 37
- Abgrenzung zum nationalen Kollisionsrecht **Anh. I Art. 4 EuInsVO** 7
- allgemeine Verfahrensgrundsätze nach EuInsVO **Anh. I Art. 4 EuInsVO** 19
- Anmelde-, Prüfungs- und Verteilungsverfahren **Anh. I Art. 4 EuInsVO** 24
- Anwendungsvorrang Art. 5–15 **Anh. I Art. 4 EuInsVO** 10
- Anwendungsvorrang von Art. 4 **Anh. I Art. 4 EuInsVO** 7
- Aufrechnung **Anh. I Art. 4 EuInsVO** 22
- autonome Qualifikation **Anh. I Art. 4 EuInsVO** 14
- Befugnisse des Schuldners **Anh. I Art. 4 EuInsVO** 21
- Befugnisse des Verwalters **Anh. I Art. 4 EuInsVO** 21
- deutsche Insolvenzordnung **Anh. I Art. 4 EuInsVO** 16
- Eingriffsnormen **Anh. I Art. 4 EuInsVO** 68
- Eröffnungsvoraussetzungen **Anh. I Art. 4 EuInsVO** 18
- Existenzvernichtung **Anh. I Art. 4 EuInsVO** 17
- Gesellschaftsrecht **Anh. I Art. 4 EuInsVO** 4
- Grundanknüpfungsregel **Anh. I Art. 4 EuInsVO** 1
- Haftung des Insolvenzverwalters **Anh. I Art. 4 EuInsVO** 28
- Insolvenz- und Masseforderungen **Anh. I Art. 4 EuInsVO** 24
- Insolvenzanfechtung bei Gesellschaftsdarlehen **Anh. I Art. 4 EuInsVO** 16
- Insolvenzantragspflicht **Anh. I Art. 4 EuInsVO** 16

Stichwortverzeichnis

- Insolvenzmasse **Anh. I Art. 4 EuInsVO** 20
- Insolvenzplan **Anh. I Art. 4 EuInsVO** 25
- Insolvenzrecht **Anh. I Art. 4 EuInsVO** 3
- Kernfragen des Insolvenzrechts **Anh. I Art. 4 EuInsVO** 18
- laufende Verträge **Anh. I Art. 4 EuInsVO** 22
- masseschmälernde Zahlungen **Anh. I Art. 4 EuInsVO** 17
- ordre public **Anh. I Art. 4 EuInsVO** 68
- Rechtsmittel **Anh. I Art. 4 EuInsVO** 19
- Rechtsverfolgungsmaßnahmen **Anh. I Art. 4 EuInsVO** 23
- Reichweite des Insolvenzstatus **Anh. I Art. 4 EuInsVO** 14
- Restschuldbefreiung **Anh. I Art. 4 EuInsVO** 25
- Rückschlagsperre **Anh. I Art. 4 EuInsVO** 23
- Sicherungsmaßnahmen **Anh. I Art. 4 EuInsVO** 19
- Überblick **Anh. I Art. 4 EuInsVO** 1
- Vollstreckungsverbot **Anh. I Art. 4 EuInsVO** 23
- Vorfragen **Anh. I Art. 4 EuInsVO** 5
- Zuständigkeitsfragen **Anh. I Art. 4 EuInsVO** 64

Anwendbarkeit der Zivilprozessordnung
- Akteneinsicht 4 44
- andere Gesetze 4 63
- Anfechtbarkeit 4 58
- Anwendbare Bestimmungen der ZPO 4 9
- Anwendungsfelder 4 5
- Ausschließung und Ablehnung von Gerichtspersonen 4 17
- Erledigungserklärung 4 23
- Klageerhebung, Antragsrücknahme, Beweisregeln 4 40
- Ladung, Termine, Fristen, Wiedereinsetzung, Unterbrechung 4 37
- offene Rechtsfolgenanordnung 4 4
- Partei- und Prozessfähigkeit 4 21
- Prozesskosten und Sicherheitsleistung 4 22
- Prozesskostenhilfe 4 25
- Regelungstechnik 4 2
- Urteil, Beweisaufnahme, Verfahren vor den Amtsgerichten 4 54
- Verfahrensgrundsätze 4 9
- Verfahrensleitung, Verbindung, Aussetzung, Protokoll, Zustellung 4 31
- Vollstreckungsverfahren 4 59
- Zuständigkeit 4 15

Anwendungsbereich, sachlicher Anwendungsbereich **4d** 4

Anwendungsbereich der COMI, Restschuldbefreiung **Anh. I Art. 3 EuInsVO** 27

Anwendungsbereich der EuInsVO Anh. I Art. 1 EuInsVO
- Absonderungsklage **Anh. I Art. 1 EuInsVO** 32
- Annexentscheidungen **Anh. I Art. 1 EuInsVO** 20
- außergerichtliche Schuldenbereinigung **Anh. I Art. 1 EuInsVO** 12
- Auslandsbezug **Anh. I Art. 1 EuInsVO** 44
- Aussonderungsklage **Anh. I Art. 1 EuInsVO** 32
- Beginn des Insolvenzverfahrens **Anh. I Art. 1 EuInsVO** 11
- Begriff des Insolvenzverfahrens **Anh. I Art. 1 EuInsVO** 1
- Berufsverbot **Anh. I Art. 1 EuInsVO** 34a
- Bestätigung des Insolvenzplans **Anh. I Art. 1 EuInsVO** 17
- Bestätigung des Schuldenbereinigungsplans **Anh. I Art. 1 EuInsVO** 17
- centre of main interests **Anh. I Art. 1 EuInsVO** 37, 42
- Drittstaatenbezug **Anh. I Art. 1 EuInsVO** 47
- Eigenverwaltung **Anh. I Art. 1 EuInsVO** 8
- Ende des Insolvenzverfahrens **Anh. I Art. 1 EuInsVO** 14
- Eröffnungsverfahren **Anh. I Art. 1 EuInsVO** 11
- gerichtlich bestätigter Schuldenbereinigungsplan **Anh. I Art. 1 EuInsVO** 12
- Haftungsklage gg. Insolvenzverwalter **Anh. I Art. 1 EuInsVO** 34
- in Deutschland **Anh. I Art. 1 EuInsVO** 1
- InsO-Verfahren **Anh. I Art. 1 EuInsVO** 7
- Insolvenzanfechtungsklage **Anh. I Art. 1 EuInsVO** 24, 29
- Insolvenzplanverfahren **Anh. I Art. 1 EuInsVO** 7
- Insolvenzverfahren i.S.v. Anhang A **Anh. I Art. 1 EuInsVO** 1
- Kollisionen **Anh. I Art. 1 EuInsVO** 35
- Konzerninsolvenz **Anh. I Art. 1 EuInsVO** 39
- Nachlassinsolvenzverfahren **Anh. I Art. 1 EuInsVO** 7
- Nebenentscheidungen **Anh. I Art. 1 EuInsVO** 16
- negativer **Anh. I Art. 1 EuInsVO** 3, 15
- persönlich **Anh. I Art. 1 EuInsVO** 36
- räumlich **Anh. I Art. 1 EuInsVO** 42
- Restschuldbefreiung **Anh. I Art. 1 EuInsVO** 9, 17
- sachlicher **Anh. I Art. 1 EuInsVO** 1
- Schadensersatzklage **Anh. I Art. 1 EuInsVO** 30, 31
- Sicherungsmaßnahmen **Anh. I Art. 1 EuInsVO** 18
- treuhänderloses Entschuldungsverfahren **Anh. I Art. 1 EuInsVO** 10
- Verbraucherinsolvenzverfahren **Anh. I Art. 1 EuInsVO** 7
- zeitlich **Anh. I Art. 1 EuInsVO** 53

Anwendunsgbereich, persönlicher Anwendungsbereich **4d** 4

Anzeige der Masseunzulänglichkeit 208
- Altmassegläubiger 208 23
- Altmasseschulden 285 3
- Anderkonto 208 11
- Änderung des Verfahrenszwecks 208 20
- Aufgaben des Insolvenzgerichts 208 18
- Aufgaben und Pflichten des Insolvenzverwalters 208 12

Stichwortverzeichnis

- durch den Sachwalter 285 4
- Einstellung des Insolvenzverfahrens 285 10
- Folgen 208 13
- Haftung 208 15, 20
- Haftung des Sachwalters 285 6
- Hausgeldforderungen 208 10
- Insolvenzplan 208 23
- keine Berechtigung des Schuldners bei Eigenverwaltung 285 7
- Leistungsklage 208 23
- Nachtragsverteilung 208 23
- Neumasseschulden 285 3
- nicht zu berücksichtigende Verbindlichkeiten 208 5
- Prozesskostenhilfe 208 21
- Rechtsfolgen 208 19
- Rechtsfolgen bei Eigenverwaltung 285 8
- Rechtsmittel 208 27
- Restschuldbefreiung 208 24
- Rücknahme 208 17
- Schadensersatzpflicht 285 6
- sonstige 208 3
- Steuererklärungspflichten 208 22
- Tatbestandsvoraussetzungen 208 3
- Verfahrenskostenstundung 208 24
- Verteilungsregel 208 19
- Verwaltung nach ~ 208 20
- Vollstreckungsverbot 210
- wiederholte 208 16
- Wohnungsmietverhältnis 208 9
- zu berücksichtigende sonstige Verbindlichkeiten 208 4

Anzeigepflicht
- Antragsfrist 15a 22
- Bundesanstalt für Finanzdienstleistungsaufsicht 15a 18
- gesetzliche 15a 3, 18
- gesetzliche Krankenkassen 15a 20

Anzeigepflicht des Insolvenzverwalters bei Planüberwachung 262
- gegenüber Gläubigerausschuss bei Nichterfüllung des Plans 262 1
- Haftungsrisiken 262 5
- Informationspflicht gegenüber Insolvenzgericht 262 1
- Nichterfüllung des Plans 262 3
- Rechtsfolgen bei Anzeige der Nichterfüllung 262 6
- Voraussetzungen 262 3

Arbeitgeber Anh. VIII § 165 SGB III 13
Arbeitnehmer Anh. VIII § 165 SGB III 12
- Familien-GmbH Anh. VIII § 165 SGB III 14
- Fremdgeschäftsführer Anh. VIII § 165 SGB III 14
- Geschäftsführer Anh. VIII § 165 SGB III 14
- Inlandsbeschäftigung Anh. VIII § 165 SGB III 16
- versicherungspflichtige Beschäftigung Anh. VIII § 165 SGB III 13

Arbeitnehmerbegriff 123 18
Arbeitnehmerklage 127
Arbeitseinkommen
- Arbeits-, Dienst- oder Beamtenverhältnis 36 58
- wiederkehrende zahlbare Vergütungen 36 59

Arbeitsentgelt Anh. VIII § 165 SGB III 22
- Abfindung Anh. VIII § 166 SGB III 3
- Anspruchsübergang Anh. VIII § 169 SGB III, 2
- Aufwendungsersatz Anh. VIII § 165 SGB III 24
- Nebenforderungen Anh. VIII § 165 SGB III 24
- Schadensersatz Anh. VIII § 165 SGB III 24
- Urlaubsabgeltung Anh. VIII § 166 SGB III 2
- Urlaubsgeld Anh. VIII § 165 SGB III 28
- Verfügungen Anh. VIII § 170 SGB III 1
- Vorfinanzierung Anh. VIII § 170 SGB III 3
- Zwangsvollstreckungskosten Anh. VIII § 165 SGB III 24

Arbeitsverhältnisse Anh. I Art. 10 EuInsVO
- anwendbares Recht Anh. I Art. 10 EuInsVO 1, 8
- Bestand Anh. I Art. 10 EuInsVO 7
- Betriebsübergang Anh. I Art. 10 EuInsVO 12
- Gläubigerbenachteiligung Anh. I Art. 10 EuInsVO 14
- Insolvenzgeld Anh. I Art. 10 EuInsVO 13
- Lohnforderungen Anh. I Art. 10 EuInsVO 12
- Lösungsrecht Anh. I Art. 10 EuInsVO 12
- Pfändungsschutz Anh. I Art. 10 EuInsVO 12
- Vertragsstatut Anh. I Art. 10 EuInsVO 9
- Voraussetzung Anh. I Art. 10 EuInsVO 4
- Zustimmungserfordernis zur Vertragsänderung Anh. I Art. 10 EuInsVO 14a

Arbeitsvertrag, Internationales Insolvenzrecht 337
Arglisteinrede 82 12
Arglistklage 178 13
Arrest 89 24
Arrestpfandrecht 88 13
Arrestverfahren 92 15
Aufbringung des Stammkapitals Anh. § 35 70, s.a. *GmbH, Kapitalaufbringung*
Aufforderung an Gläubiger und Schuldner
- Adressat der Anmeldung 28 3
- Adressat der Mitteilung 28 8
- Anmeldung der Forderung 28 1
- Aufforderung an Drittschuldner 28 11
- Aufforderung zur Forderungsanmeldung 28 3
- ausländische Gläubiger 28 6
- besondere Unterrichtungspflichten 28 6
- Folgen unterlassener oder verzögerter Mitteilung 28 9
- Fristen 28 4
- Schadensersatz gegen Sicherungsgläubiger 28 9
- Unterbleiben der Forderung 28 5
- zur Geltendmachung von Sicherungsrechten 28 7

Aufgaben des Gläubigerausschusses 69
- Einsichtnahme 69 2

Stichwortverzeichnis

- Einsichtsrecht 69 5
- Ersetzungskompetenz 69 7
- gesetzlich angeordnete 69 7
- Höchstpersönlichkeit des Amtes 69 13
- Informationsrechte 69 4
- Offenbarungspflicht 69 2
- Organisation 69 9
- Protokollpflicht 69 12
- Rechts- und Zweckmäßigkeitskontrolle 69 2
- Sitzungen 69 12
- Übertragung einzelner Aufgaben 69 14
- Überwachungspflicht 69 2, 6
- unabhängiges Organ 69 10
- Unterstützungspflicht 69 2
- Verschwiegenheitspflicht 69 12

Aufgabenfelder
- Eröffnung des Verfahrens 2 11
- Verbraucherinsolvenz- und Restschuldbefreiungsverfahren 2 12

Aufhebung der Anordnung der Eigenverwaltung 272
- Antrag der Gläubigerversammlung 272 4
- Antrag des Schuldners 272 14
- Antrag einzelner Gläubiger 272 8
- Aufhebungsvoraussetzungen 272 3
- Gläubigerautonomie 272 1
- Rechtsfolgen 272 15

Aufhebung der Sicherungsmaßnahmen 25

Aufhebung der Stundung
- Anwendungsbereich 4c 4
- Aufhebungsgründe 4c 7
- Entscheidung 4c 52
- Ermessensentscheidung 4c 50
- Verfahren 4c 48
- Wirkungen 4c 53

Aufhebung der Überwachung der Planerfüllung 268
- Aufhebungsbeschluss 268 9
- Aufhebungsgründe 268 2
- Begleichung der Kosten 268 7
- Bekanntmachung 268 1
- Löschung der Registereinträge 268 11
- öffentliche Bekanntmachung 268 10
- Überwachungshöchstdauer 268 3

Aufhebung des Eröffnungsbeschlusses
- einseitige Willenserklärungen 34 40
- Prozesshandlungen 34 43
- Verfügungen 34 42
- Verlautbarung 34 44
- Verpflichtungsgeschäfte 34 39
- Wirkungen 34 37

Aufhebung des Insolvenzverfahrens 200; 258, *siehe auch Anordnung der Nachtragsverteilung, siehe auch Rechte der Insolvenzgläubiger, siehe auch Zuständigkeit bei der Vollstreckung*
- actus contrarius 200 4
- allgemeine Grundsätze 258 2
- anhängige Prozesse 200 11
- Aufgaben des Insolvenzverwalters 258 3
- Aufhebungsbeschluss 200 3; 258 1
- Befugnisse des Insolvenzverwalters 200 8
- Bekanntmachung des Aufhebungsbeschlusses 258 12
- ESUG 258 9
- fällige Masseansprüche 258 10
- Finanzplan 258 10
- Gläubigerrechte 200 10
- Löschung des Insolvenzvermerks 200 4
- Mitteilungspflichten 200 4
- nach altem Recht 258 13
- nicht fällige Masseansprüche 258 10
- öffentliche Bekanntmachung 200 3
- Stellung des Insolvenzverwalters 258 3
- Verfügungsbefugnis des Schuldners 200 9
- Vollstreckungsschutz 259a
- Voraussetzungen 200 2
- Wirksamkeit des Aufhebungsbeschlusses 200 6
- Wirkungen der Aufhebung 200 7, *siehe auch Wirkungen der Aufhebung des Insolvenzverfahrens*

Aufhebung eines Beschlusses der Gläubigerversammlung 78
- Abwahl des gerichtlich bestellten Insolvenzverwalters 78 4
- Amtsermittlung 78 5
- Antrag 78 3
- Antragform 78 3
- Antragsberechtigte 78 3
- Antragsfrist 78 3
- Aufhebungsverfahren 78 3
- Beschwerdeberechtigte 78 6
- Beschwerdefrist 78 6
- Großgläubiger 78 2
- öffentliche Bekanntmachung 78 5
- Protokoll 78 3
- Rechtsmittel 78 6
- unstatthafter Antrag 78 4
- Widerspruch gegen gemeinsames Interesse 78 2

Aufhebung von Sicherungsmaßnahmen
- Abwicklungsauftrag des vorläufigen Insolvenzverwalters 25 7
- Bekanntmachung 25 1, 6
- Einschränkung des Vermögensbeschlags 25 10
- Erfüllung von Verbindlichkeiten 25 7, 12
- Kosten des Eröffnungsverfahrens 25 11
- Kostenberichtigung 25 7
- Rückfall der Verfügungsbefugnis an Schuldner 25 2
- Verfahren 25 4
- Wirkungen 25 5

Aufhebungsgründe
- beeinträchtige Gläubigerbefriedigung 4c 44
- fehlende persönliche oder wirtschaftliche Voraussetzungen 4c 21
- unrichtige Angaben 4c 8
- unterlassene Erklärungen 4c 18

Stichwortverzeichnis

- Versagung oder Widerruf der Restschuldbefreiung 4c 46
- Verstoß gegen die Erwerbsobliegenheit 4c 31
- Zahlungsrückstand 4c 25

Aufklärungsmittel
- Parteivernehmung 5 31
- Sachverständiger 5 29

Aufklärungsverfahren
- Aufklärungsmittel 5 28
- Durchführung der Aufklärung 5 33
- Freibeweis 5 26

Auflösend bedingte Forderungen
- Anwendungsbereich 42 3
- aufschiebend bedingte Forderungen 42 10
- befristete Forderungen 42 5
- Wirkungen des Bedingungseintritts 42 7

Auflösung von Gesellschaften 118
- Ansprüche aus Notgeschäftsführung 118 6
- Aufhebung des Eröffnungsbeschlusses 118 2
- Auflösungsklausel 118 2
- Ausgleichsansprüche 118 7
- Eröffnung des Insolvenzverfahrens 118 1
- fehlende Geschäftsführungsbefugnis 118 7
- Fortsetzungsbeschluss der Gesellschafterversammlung 118 8
- Notgeschäft 118 3
- Rechtsfolgen 118 5
- Unabdingbarkeit des § 118 InsO 118 1
- Voraussetzungen 118 2

Aufrechnung Anh. I Art. 6 EuInsVO
- Abgabenrecht 94 13
- Aktivforderung 94 17; Anh. I Art. 6 EuInsVO 4
- Anwendungsbereich des § 95 InsO 95 4
- Arbeitsverhältnisse Anh. I Art. 6 EuInsVO 22
- aufgrund Vereinbarung 94 3
- Aufrechnungserklärung 114 25
- Aufrechnungslage zur Zeit der Verfahrenseröffnung 94 24
- Ausschluss 95 13
- Ausschlüsse 94 19
- Ausschlussgründe 114 24
- Beschränkung 94 8
- Bezüge aus einem Dienstverhältnis 114 19
- des Steuerpflichtigen gegenüber öffentl. Hand 94 11
- des Verwalters gegen Dividendenanspruch des Gläubigers 94 8
- Drittstaatenbezug Anh. I Art. 6 EuInsVO 18
- Erhalt der Aufrechnungsanwartschaft 95 5
- Erweiterung der Möglichkeiten 95 2
- Finanzierungssysteme Anh. I Art. 6 EuInsVO 22
- Fremdwährungsverbindlichkeiten 95 16
- gesetzliche Ausnahmen von der Gegenseitigkeit 94 12
- Gläubiger Anh. I Art. 6 EuInsVO 5
- Gläubigerbenachteiligung Anh. I Art. 6 EuInsVO 21
- Gleichartigkeit der Forderungen 94 15
- im Internationalen Insolvenzrecht Anh. I Art. 4 EuInsVO 22
- Kommissionsrecht 94 14
- Lage zum Zeitpunkt der Insolvenzeröffnung Anh. I Art. 6 EuInsVO 13
- lex fori concursus Anh. I Art. 6 EuInsVO 5
- massebefangene Passivforderung 94 18
- nach Treu und Glauben 94 21
- Passivforderung Anh. I Art. 6 EuInsVO 4
- Passivforderung, Rechtswahl Anh. I Art. 6 EuInsVO 17
- Passivforderungsstatut Anh. I Art. 6 EuInsVO 14
- Privilegien der Finanzwirtschaft 96 29
- Rechtsfolge Anh. I Art. 6 EuInsVO 19
- rechtsgeschäftlich ermöglichte 94 26
- Sicherungsmittel Anh. I Art. 6 EuInsVO 1
- Sonderregelung für Fremdwährungsverbindlichkeiten 95 3
- Sozialrecht 94 13
- Sozialversicherungsrecht 94 13
- Unzulässigkeit der –; s.a. Unzulässigkeit der Aufrechnung 96
- Versicherungsrecht 94 14
- Vertrag 94 26
- Verträge über unbewegliche Gegenstände Anh. I Art. 6 EuInsVO 22
- vertragliche Ausschlüsse 94 22
- vor Beginn des Insolvenzverfahrens 96 26
- Voraussetzungen 94 2, 10
- wechselseitiger Forderungen 94 10
- Zahlungssysteme Anh. I Art. 6 EuInsVO 22

Aufrechnungsausschluss 89 28

Aufrechnungslage
- Anwendungsbereich des § 94 InsO 94 4
- bei Masseunzulänglichkeit 94 5
- Eintritt im Insolvenzverfahren 95
- Entstehung nach Eröffnung des Insolvenzverfahrens 96 3
- Erhaltung einer – 94
- Eröffnungsverfahren 94 6
- gesetzliche 94 1
- Insolvenzplanverfahren 94 6
- Nachlassinsolvenz 94 6
- Voraussetzungen der Aufrechnung 94 2

Aufrechnungsrecht, Auseinandersetzungsguthaben Anh. VI § 66a GenG 14

Aufrechnuungsbefugnis, nach Eröffnung des Verfahrens 94 7

Aufrechungsvereinbarungen 340 3

Aufschiebend bedingte Forderungen 42 10

Aufsicht des Insolvenzgerichts 58
- amtliche Prüfung 58 1
- Art und Umfang 58 6
- Aufsichtsrecht 58 1
- Auskunftsrecht 58 8
- Auskunftsrechte 58 1
- Ende 58 4
- entlassener Verwalter 58 1

2783

Stichwortverzeichnis

- Herausgabepflicht des entlassenen Verwalters 58 10
- Hinzuziehung eines Sachverständigen 58 7
- Prinzipal-Agenten-Verhältnisse 58 3
- Rechtmäßigkeitskontrolle 58 4
- Rechtsbehelf 58 7
- Sachwalter 58 1
- Staatshaftung 58 13
- Treuhänder 58 1
- vorläufiger Insolvenzverwalter 58 1
- Ziel 58 4
- Zuständigkeit 58 7
- Zustimmung zu Maßnahmen 58 5
- Zwangsgeld 58 11
- Zwangsmittel 58 8, 11

Auseinandersetzung einer Gesellschaft oder Gemeinschaft 84
- Abtretungsausschluss 84 1
- ARGE 84 11
- atypische stille Gesellschaft 84 12
- Auseinandersetzungsbilanz 84 12
- Auseinandersetzungsguthaben 84 11
- Beschränkung der Abtretbarkeit 84 1
- Bruchteilsgemeinschaften 84 2
- Europäische wirtschaftliche Interessenvereinigung 84 10
- Personengesellschaften 84 9
- stille Gesellschaft 84 12

Auseinandersetzungsguthaben 95 7; Anh. VI § 66a GenG 14
- Abtretung oder Verpfändung Anh. VI § 66a GenG 15

außergerichtliche Schuldenbereinigung, Anwendbarkeit EuInsVO Anh. I Art. 1 EuInsVO 12

Außergerichtlicher Einigungsversuch 305 1
- Antrag auf Eröffnung des Verbraucherinsolvenzverfahrens 305 36
- auf Grundlage eines Schuldenbereinigungsplans 305 6
- Beratungshilfe 305 25, 29
- Bescheinigung 305 23
- Bescheinigung über das Scheitern 305 26
- Bescheinigung über das Scheitern, geeignete Person 305 27
- Bescheinigung über das Scheitern, geeignete Stelle 305 31
- durch den Schuldner 305 5
- gesetzliche Anforderungen 305 8
- Privatautonomie 305 8
- Regulierungsvorschlag 305 12
- Scheitern 305 23
- Schuldenbereinigungsplan 305 1, 10
- Sechs-Monats-Frist 305 21
- Steuerforderungen 305 14
- Verfallklausel 305 14
- Zwangsvollstreckung 305 14

Ausfall der Absonderungsberechtigten 52
- Anmeldung der Forderung 52 5
- Ausfallprinzip 52 1
- Drittsicherheit 52 1
- Feststellung der Höhe des Ausfalls 52 7
- Feststellung für den Ausfall 52 5
- Feststellung zur Insolvenztabelle 52 6
- Quotenzahlung 52 2, 5
- Tilgungsreihenfolge 52 7
- Verzicht auf das Absonderungsrecht 52 10

Ausfallforderungen, Zahlungen des Schuldners 256 2

Ausgenommene Forderungen 302; 302 n. F.
- Anmeldung 302 17
- Anwendungsvoraussetzungen 302 5
- Feststellung zur Insolvenztabelle 302 19
- Geldstrafen, gleichgestellte Verbindlichkeiten 302 25
- gerichtlicher Vergleich 302 23
- Rechtswirkungen 302 28
- Schuldanerkenntnis 302 24
- Schuldenbereinigungsplan 302 2
- Sozialversicherungsbeiträge 302 11
- Straftaten 302 12
- streitiges Urteil 302 22
- Umfang 302 13
- Unterhaltspflichten 302 10
- Verbindlichkeiten aus zinslosen Darlehen 302 27
- Versäumnisurteil 302 21
- Versicherung 302 8
- Vollstreckungsbescheid 302 20
- vorsätzlich begangene unerlaubte Handlung 302 1, 6
- vorsätzlich begangene unerlaubte Handlung, Einzelfälle 302 9
- Widerspruch 302 19

Auskunfts- und Mitwirkungspflicht im Eröffnungsverfahren 20
- allgemeiner Auskunftsanspruch des Insolvenzgerichts 20 1
- Amtsermittlungspflicht 20 3
- Anordnung von Haft 20 21
- Anspruchsinhalt 20 8
- Auskunftsanspruch des vorläufigen Insolvenzverwalters 20 2
- Auskunftsverweigerungsrecht 20 13
- bei juristischen Personen 20 6
- Berechtigter 20 4
- Dritte 20 7
- Durchsetzung des Anspruchs 20 21
- Durchsuchung 20 22
- eidesstattliche Versicherung 20 21
- Eigenantrag 20 3
- Folgen der Nichterfüllung 20 24
- Haftbefehl 20 23
- Mitwirkungspflichten 20 14
- Postsperre 20 22
- Rechtsfolgen 20 25
- Restschuldbefreiungsverfahren 20 16
- unbeschränkte Auskunftspflicht 20 8

2784

Stichwortverzeichnis

- Verpflichteter 20 5
- Verschwiegenheitspflicht 20 13
- Verwendungs- und Verwertungsverbot 20 12
- Zeugenvernehmung 20 7
- Zulässigkeit des Insolvenzantrags 20 3
- zwangsweise Vorführung 20 21

Auskunfts- und Mitwirkungspflichten des Schuldners 97, 1
- Anwendungsbereich des § 97 InsO 97 4
- Aufsichtsrat 101 3
- Auskunftsberechtigte 97 5
- Auslandsvollmacht 97 21
- bei einer EWiV 101 6
- bei einer Partenreederei 101 6
- bei Gesamtgutsinsolvenz 101 6
- bei Nachlassinsolvenz 101 6
- bei Partnerschaft 101 6
- bei Personengesellschaften 101 6
- bei vorheriger Auflösung der Gesellschaft 101 5
- Bereitschafts- und Unterlassungspflicht 97 22
- Bereitschaftspflicht 97 1
- berufsrechtliche Schweigepflicht 97 12
- ehemalige Gesellschafter 101 9
- ehemalige Vertretungs- und Aufsichtsorgane 101 9
- Einholung von Informationen bei Dritten 97 9
- Eröffnungsantrag 13 34
- Erreichbarkeit im Verfahren 97 25
- faktische Organmitglieder 101 4
- gegenwärtige und ehemalige Angestellte 101 11
- geschäftsführende Direktoren 101 3
- GmbH-Geschäftsführer 101 3
- Haftungsverwirklichung 97 2
- Komplementär 101 3
- Kostenlast bei Verletzung der ~ 101 15
- mündliche Auskunft 97 6
- nach § 97 Abs. 1 InsO 97 5
- öffentlich-rechtliche Informationsrechte 97 2a
- Organmitglieder 101 7
- persönliche Auskunftspflicht 97 14
- sonstige Informationsrechte 101 14
- strafrechtlich relevante 97 15
- Unterstützungspflicht 97 18
- Vertretungs- und Aufsichtsorgane 101 3
- Verwendungsverbot von Auskünften 97 16
- Vorlage schriftlicher Unterlagen 97 8
- Vorstand 101 3

Auskunftsanspruch 89 11
- Finanzbehörde 148 7a
- Sozialversicherungsträger 148 7

Auskunftsberechtigte 97 5
Auskunftspflicht 97 5
Ausländische Insolvenzverfahren
- Anrechnung Anh. I Art. 20 EuInsVO
- Herausgabepflichten Anh. I Art. 20 EuInsVO

Ausländische Insolvnezverfahren, *siehe auch Herausgabepflichten; Anrechnung*

Ausländisches Insolvenzverfahren
- Absendeort 350 2
- Anerkennung 343
- Anerkennung ausländischer Eröffnungsbeschlüsse 343 6
- Anerkennung ausländischer Nebenentscheidungen 343 31; 353 5
- Anerkennung ausländischer Sicherungsmaßnahmen 353 15
- Anerkennung deutscher Entscheidungen in Drittstaaten 343 37
- Anerkennung und Vollstreckbarkeit sonstiger Leistungen, *siehe auch Anerkennung und Vollstreckbarkeit sonstiger Leistungen*
- Anerkennung von Sicherungsmaßnahmen 343 1
- Anerkennungshindernisse 343 13
- Anerkennungszuständigkeit 343 4, 13
- Annexentscheidungen 343 35
- Aufnahme eines Rechtsstreits 352
- Bankeninsolvenz 351 3
- Bankruptcy Code 343 9
- Befugnisse des Verwalters Anh. I Art. 18 EuInsVO
- Begründetheit des Antrags auf Vollstreckbarerklärung 353 11
- Beweislastregelung 350 3
- dingliche Rechte 351
- Drittstaatenverfahren 343 7
- Eintragung in öffentliche Register, *siehe auch Eintragung in öffentliche Register*
- Einzelzwangsvollstreckung 343 38
- Gegenseitigkeitserfordernis 343 27
- Grundbuch 346
- Gutglaubensschutz 350 3
- in Ausland belegene Vermögensgegenstände 351 3
- inländische Sicherungsgläubiger 351 1
- Insolvenz von Versicherungsunternehmen 351 3
- Kompetenzkonflikte 343 28
- Kosten der öffentlichen Bekanntmachung, *siehe auch Öffentliche Bekanntmachung*
- Leistung an den Schuldner 350
- Leistungen an den Schuldner, *siehe auch Leistungen an den Schuldner*
- Leistungsort 350 2
- Leistungszeitpunkt 350 3
- Nachweis der Verwalterbestellung 347, *siehe auch Nachweis der Verwalterbestellung*
- öffentliche Bekanntmachung 345, *siehe auch Öffentliche Bekanntmachung*
- ordre public 343 22, *siehe auch Ordre public*
- ordre public-Verstoß 343 4
- Rechte des Schuldners an unbeweglichen Gegenständen 351 4
- Registereintrag der Verfügungsbeschränkung 349 2
- Restschuldbefreiung 343 33
- révision au fond 353 13
- Scheme of Arrangement 343 10

Stichwortverzeichnis

- Schutz Dritter 350 1
- Sicherungsmaßnahmen 344
- Sicherungsmaßnahmen des vorläufigen Insolvenzverwalters 344 2
- sofortige Beschwerde 344 4
- Überweisungsort 350 2
- UNCITRAL-Modellbestimmungen 347 2
- Unterbrechung eines Rechtsstreits 352
- Verfügungen über unbewegliche Gegenstände 349
- Vertrauensschutz 343 3
- Vollstreckbarerklärung 353 3
- Vollstreckbarerklärung, zuständiges Gericht 353 10
- Vollstreckbarkeit ausländischer Entscheidungen 353
- Voraussetzungen der Anerkennung 343 8
- Wechsel der Prozessführungsbefugnis 352 4
- Wirkungserstreckung 343 2
- Zeitpunkt der Wirkungserstreckung 343 3
- Zulässigkeit des Antrags auf Vollstreckbarerklärung 353 5
- zuständiges Insolvenzgericht 348

Auslandsvermögen, Vergütung des Insolvenzverwalters Anh. III § 3 InsVV 11

Auslandsvollmacht 98 11

Ausschluss der Insolvenzanfechtung, Internationales Insolvenzrecht 339

Ausschluss der Rechtsverfolgung, von Insolvenzforderungen außerhalb des Insolvenzverfahrens 87 3

Ausschluss des Insolvenzverfahrens, juristische Personen des öffentlichen Rechts, *siehe auch Juristische Personen des öffentlichen Rechts*

Ausschluss sonstigen Rechtserwerbs 91
- Beweislast 91 36
- dinglicher Fruchterwerb 91 8
- durch Hoheitsakt 91 11
- Eigentumserwerb des Finders 91 9
- gesetzliche Erwerbstatbestände 91 34
- gestreckter Erwerb 91 19
- originärer Rechtserwerb 91 4
- Rechtsfolgen 91 36
- rechtsgeschäftliche Verfügungen 91 15
- Verkehrsschutz 91 37
- zeitlicher Anwendungsbereich 91 2

Ausschluss unpfändbarer Gegenstände aus der Insolvenzmasse
- Abtretungsverbote und vertragliche Abreden 36 25
- Erwerb aus dem insolvenzfreien Vermögen 36 12
- persönlicher und sachlicher Anwendungsbereich 36 8
- Pfändungsschutzvorschriften 36 16
- zweckgebundene Forderungen 36 23

Ausschluss von Massegläubigern 206
- Abschlagsverteilung 206 6
- *Kenntnis des Insolvenzverwalters* 206 2
- Nachhaftung des Schuldners 206 10
- Nachtragsverteilung 206 8
- Präklusion 206 3
- Präklusionstatbestände 206 4
- Präklusionswirkung 206 5
- Rechtsfolgen 206 9
- Schlussverteilung 206 7
- Schutz der Insolvenzgläubiger 206 1
- Vorwegbefriedigung 206 1

Aussetzung der Verwertung Anh. II Art. 102 § 10 EGInsO
- Antrag Anh. II Art. 102 § 10 EGInsO 2
- Antragszeitpunkt Anh. I Art. 33 EuInsVO 4
- Art der Verwertung Anh. I Art. 33 EuInsVO 10
- Aufhebung Anh. I Art. 33 EuInsVO 15
- Ausgleichszahlungen Anh. II Art. 102 § 10 EGInsO 6
- Evidenzkontrolle Anh. I Art. 33 EuInsVO 6
- Gläubigerschutz Anh. II Art. 102 § 10 EGInsO 6
- Hauptinsolvenzverwalter Anh. II Art. 102 § 10 EGInsO 2
- Höchstfrist Anh. I Art. 33 EuInsVO 13
- Interesse der Hauptverfahrensgläubiger Anh. I Art. 33 EuInsVO 6
- Interessen der Sekundärverfahrensgläubiger Anh. I Art. 33 EuInsVO 7
- Modalitäten und Wirkung Anh. I Art. 33 EuInsVO 9
- Sanierungsbemühungen des Hauptinsolvenzverwalters Anh. I Art. 33 EuInsVO 2
- Schutzmaßnahmen Anh. II Art. 102 § 10 EGInsO 3
- Sekundärinsolvenzverfahren Anh. II Art. 102 § 10 EGInsO 1
- Sicherheitsleistung Anh. II Art. 102 § 10 EGInsO 3
- Sicherheitsleistungen Anh. II Art. 102 § 10 EGInsO 6
- Voraussetzungen Anh. I Art. 33 EuInsVO 6
- vorläufiger Verwalter Anh. I Art. 33 EuInsVO 5
- Vorrang des Hauptinsolvenzverfahrens Anh. I Art. 33 EuInsVO 3
- Wegfall Interesse der Hauptverfahrensgläubiger Anh. I Art. 33 EuInsVO 18
- Wegfall Interesse der Sekundärverfahrensgläubiger Anh. I Art. 33 EuInsVO 19
- Wirkungen der Verfahrenseröffnung Anh. I Art. 33 EuInsVO 14
- Zinsen Anh. II Art. 102 § 10 EGInsO 4

Aussonderung 47; 129 102, *siehe Aussonderungsrechte, siehe Ersatzaussonderung*
- Aussonderungsanspruch 47 6
- aussonderungsfähige Gegenstände 47 11
- Aussonderungsrecht 47 5
- Aussonderungsrechte 47 3
- Aussonderungsrechte im Einzelnen 47 16
- Aussonderungszeitpunkt 47 15
- Bankkonten 47 68, *siehe Bankkonten*

Stichwortverzeichnis

- Durchsetzung der ~ 47 97
- Factoring 47 41
- Inhalt und Umfang des Aussonderungsanspruchs 47 9
- Insolvenzmasse 47 1
- Massebereinigung 47 13
- Reichweite des Aussonderungsanspruchs 47 10
- streitige Durchsetzung der ~ 47 101
- Treuhandkonten 47 54
- Voraussetzungen 47 5

Aussonderungsklage, Anwendbarkeit EuInsVO Anh. I Art. 1 EuInsVO 32

Aussonderungsrechte
- Anwartschaftsrecht 47 53
- Aussonderungsgegenstand 47 52
- beschränkt dingliche Rechte 47 51
- Besitz 47 24
- Eigentum 47 16
- einfacher Eigentumsvorbehalt 47 19
- erbrechtliche Ansprüche 47 25
- Factoring 47 37
- Forderungen 47 35
- Immaterialgüterrechte 47 31
- Lagergeschäft 47 88
- Leasing 47 90, *siehe Leasing*
- Massefremdheit 47 88
- nachgeschalteter Eigentumsvorbehalt 47 22
- schuldrechtliche Herausgabe- und Rückgabeansprüche 47 27
- Treuhandverhältnisse 47 54
- Treunhandverhältnisse, *siehe Treuhandverhältnisse*
- verlängerter und erweiterter Eigentumsvorbehalt 47 23
- Verschaffungsansprüche 47 30
- vormerkungsgesicherte Ansprüche 47 53

Aussonderungsstreit 86 4
- Auswirkungen der Freigabe 86 16

Austauschverträge, Haupt- und Sekundärinsolvenzverwalter Anh. I Art. 27 EuInsVO 27

B

Bankenrichtlinie 21 2
Bankgeheimnis 97 10
Bankkonten
- Anderkonto 47 73
- Arbeitszeitkonto 47 85
- Eigenkonto 47 68
- Gemeinschaftskonto 47 80
- Mietkautionskonto 47 77
- mit Drittbegünstigungsklausel 47 83
- Sonderkonto 47 74
- Sperrkonto 47 76
- Treuhandkonto 47 69
- Treuhandkonto zu Gunsten eines Dritten 47 84

Bankrott, *siehe Insolvenzstraftaten*
- besonders schwerer Fall Anh. VII § 283a StGB

Bareinlage Anh. § 35 71, *s.a. GmbH, Bareinlage*

Bargeschäfte 142
- Austausch gleichwertiger Sicherheiten 142 11
- Begriff 142 2
- Darlegungs- und Beweislast 142 19
- fortwährende Rechtsbeziehung 142 15
- Gläubigerbenachteiligung 142 1
- Gleichwertigkeit von Leistung und Gegenleistung 142 1, 18
- Globalzession 142 6
- Kontokorrent 142 9
- Kreditgewährung 142 17
- Leistungsaustausch 142 3
- maßgeblicher Zeitpunkt 142 11
- Parteivereinbarung 142 7
- Stundung 142 17
- unmittelbar nachteilige Rechtshandlung 142 1
- Unmittelbarkeit 142 11
- zeitlicher Zusammenhang von Leistung und Gegenleistung 142 11

Befreiungsanspruch
- des Schuldners 95 11
- gegen den Schuldner 95 11

Befriedigung der Insolvenzgläubiger 187; 283, *siehe auch Abschlagsverteilung, siehe auch Ausschluss von Massegläubigern*
- Abschlagsverteilung 187 2
- Absonderungsberechtigte 187 1
- Änderung des Verteilungsverzeichnisses 193
- anhängige Prozesse 283 6
- Anmeldung der Forderung 283 1
- Aufgaben des Insolvenzverwalters 187 4
- Ausschluss von Massegläubigern 206
- Ausschüttung 187 1
- Aussonderung 187 1
- Berücksichtigung absonderungsberechtigter Gläubiger 190
- Berücksichtigung aufschiebend bedingter Forderungen 191
- Berücksichtigung bestrittener Forderungen 189
- Durchführung 187 7
- Durchführung der Verteilung 283 14
- Einwendungen gegen das Verteilungsverzeichnis 194
- Festsetzung des Bruchteils 195
- Feststellungsklage 283 5
- Hinterlegung zurückbehaltener Beträge 198
- nachträgliche Berücksichtigung 192
- Prüfung der Forderung 283 1
- Prüfung durch den Sachwalter 283 11
- Rangfolge 187 6
- Schlusstermin 197
- Schlussverteilung 196
- titulierte Forderungen 283 10
- Überschuss bei der Schlussverteilung 199
- Verteilung des Erlöses 187 1
- Verteilungsverzeichnis 188
- Vorbereitung der Verteilung 283 11
- Widerspruch 283 5

Stichwortverzeichnis

- Zeitpunkt der Verwertung 187 3
- Zuständigkeit des Insolvenzverwalters 187 4
- Zustimmung des Gläubigerausschusses 187 5

Befriedigung der Massegläubiger, *siehe auch Rangordnung der Masseverbindlichkeiten*
- Altmassegläubiger 209 1
- Anzeige der Masseunzulänglichkeit 209 10
- Aufrechnung 209 2
- Einrede der Masseunzulänglichkeit 209 2
- Neumassegläubiger 209 1
- Rechtsfolgen 209 22
- Restschuldbefreiungsverfahren 209 18
- Stundung 209 5
- Verteilungsregelung 209 2
- Verteilungsschlüssel 209 21

Befriedigungsaussichten/tSieheBeeinträchtigung der Gläubigerbefriedigung 296 21

Befugnisse, Verwalter Anh. I Art. 18 EuInsVO

Begriff der Insolvenzgläubiger 38

Begriff der Insolvenzmasse
- Anwartschaftsrechte 35 106
- Auseinandersetzungen über die Massezugehörigkeit 2 8; 35 169
- Bestimmung der Insolvenzmasse 35 8
- bewegliche Sachen 35 43
- dynamischer Massebegriff 35 119
- einzelne Gegenstände 35 35
- Generalnorm 35 1
- Gesellschaftsrechte 35 55
- Immaterialgüterrechte 35 108
- Insolvenzanfechtung und Rückschlagsperre 35 117
- Neuerwerb 35 6, 119
- Rechte 35 71
- selbständige Tätigkeit in der Insolvenz 35 129
- sonstige Rechte 35 118
- unbewegliche Sachen 35 35

Begriff des Insolvenzgläubigers
- Forderungsinhaberschaft 38 9
- haftungsrechtliche Zuweisung 38 5
- Kategorisierung der Gläubiger 38 4
- materiell-rechtlicher 38 2
- Recht auf Verfahrensteilnahme 38 3
- verfahrensrechtliche Dimension 38 7

Begründetheit der Forderung 38 28
- Arbeitsverhältnisse 38 35
- auflösend bedingte 38 31
- aufschiebend bedingte 38 31
- betagte 38 31
- Mietverhältnisse 38 39
- Regressansprüche 38 34
- Steuerforderungen 38 42
- wiederkehrende Ansprüche 38 33

Begründetheitsprüfung
- Rechtsbeschwerdegründe 6 143
- Tatsachenfeststellungen 6 144

Begründung der Rechtsbeschwerde, Antrag 6 130

Begründung des Eröffnungsbeschlusses Anh. II Art. 102 § 2 EGInsO
- Folgen fehlender - Anh. II Art. 102 § 2 EGInsO 8
- Mittelpunkt der hauptsächlichen Interessen Anh. II Art. 102 § 2 EGInsO 6
- Niederlassung Anh. II Art. 102 § 2 EGInsO 6
- Partikularverfahren Anh. II Art. 102 § 2 EGInsO 1
- positiver Kompetenzkonflikt Anh. II Art. 102 § 2 EGInsO 3
- Vermögen Anh. II Art. 102 § 2 EGInsO 4

Beiordnung eines Rechtsanwalts
- Art der Verbindlichkeit 4a 89
- Erforderlichkeit 4a 86

Bekanntgabe der Entscheidung im Insolvenzplanverfahren 252
- Akteneinsichtsrecht 252 1
- Beschlussfassung 252 2
- besondere Unterrichtung der Gläubiger 252 3
- besonderer Verkündungstermin 252 4
- ESUG 252 1
- Internet 252 1

Bekanntmachung der Überwachung der Planerfüllung 267
- an Registergerichte 267 8
- Kreditrahmen 267 7
- Löschung des Überwachungsvermerks 267 11
- Registereintrag 267 9
- Übernahmegesellschaft 267 5
- Vermeidung gutgläubigen Erwerbs 267 10
- Zustimmungsvorbehalt 267 6
- Zweck 267 1

Bekanntmachung der Verfügungsbeschränkungen
- Aufhebung der Verfügungsbeschränkung 23 3
- Ermessen des Insolvenzgerichts 23 11
- internationales Insolvenzrecht 345; 346
- Mitteilung an Grundbuchamt 23 9
- Mitteilung an Register für Pfandrechte an Luftfahrzeugen 23 9
- Mitteilung an Registergerichte 23 8
- Mitteilung an Schiffs- und Schiffsbauregister 23 9
- öffentliche 23 4
- Voraussetzungen 23 2
- Wirkungen 23 12
- Zustellung 23 6
- Zustellung an Drittschuldner 23 7

Bekanntmachung des Eröffnungsbeschlusses
- ausländisches Insolvenzverfahren 30 5
- Bekanntmachung von Änderungen, Berichtigungen und Ergänzungen 30 4
- Beschwerdefrist 30 9
- Besonderheiten 30 7
- Gegenstand der Bekanntmachung 30 4
- Hinweis auf Restschuldbefreiungsantrag 30 4
- im Internet 30 3
- öffentliche Bekanntmachung 30 3
- Sekundärinsolvenzverfahren 30 5

Stichwortverzeichnis

- Wirksamkeit 30 8
- Zustellung 30 6

Bekanntmachung und Wirkungen der Einstellung 215
- Insolvenzmasse 215 3
- Insolvenzverwalter 215 3
- öffentliche Bekanntmachung 215 2
- Rechtsfolgen 215 5
- Registereintragung 215 4
- Restschuldbefreiungsverfahren 215 7
- Verwaltungs- und Verfügungsbefugnis 215 5
- Vorabinformation 215 3

Belegenheitsort von Vermögensgegenständen, Begriff i.R.d. EuInsVO Anh. I Art. 2 EuInsVO 18

Benachteiligende Handlungen Anh. I Art. 13 EuInsVO
- Anfechtbarkeit Anh. I Art. 13 EuInsVO 3
- Beweislast Anh. I Art. 13 EuInsVO 6
- einrede Anh. I Art. 13 EuInsVO 4
- Hauptinsolvenzverfahren Anh. I Art. 13 EuInsVO 2
- Prozessuales Anh. I Art. 13 EuInsVO 6
- Sekundärinsolvenzverfahren Anh. I Art. 13 EuInsVO 2
- Unanfechtbarkeit Anh. I Art. 13 EuInsVO 5
- Verjährung Anh. I Art. 13 EuInsVO 3
- Zeitpunkt Anh. I Art. 13 EuInsVO 2

Benachteiligungsvorsatz 133 8
- Anschubfinanzierung 133 27
- Bargeschäft 133 28
- Beweisanzeichen 133 15
- Beweislast 133 13
- Darlegungs- und Beweislast 133 24
- inhaltliche Anforderungen 133 9
- inkongruente Deckung 133 15
- Kenntnis des Anfechtungsgegners 133 29
- kongruente Deckung 133 24
- Nachweis 133 13
- Reichweite des Beweisanzeichens 133 16
- Sanierungsversuch 133 19
- unmittelbare Gläubigerbenachteiligung 133 21
- Vertragsgestaltung 133 23
- Zahlungsunfähigkeit 133 14
- Zeitpunkt der Rechtshandlung 133 18

Berechnung des Kostenbeitrags 171
- Berechnungsgrundlage 171 3
- Bruttoerlös 171 7
- Feststellungskosten 171 4
- Feststellungskostenpauschale 171 8
- Kostenpositionen 171 2
- Pauschalbetrag 171 1
- Pauschalisierung 171 9
- Streitigkeiten 171 24
- tatsächliche Kosten 171 11
- Umsatzsteuer 171 19
- Verwertungskosten 171 9
- Vorsteuer 171 7
- Zuschläge 171 5

Berechnungsdurchgriff 123 16

Berechnungsgrundlage der Insolvenzverwaltervergütung
- Abfindung von Aus- und Absonderungsrechten Anh. III § 1 InsVV 26
- Absonderungsrechte Anh. III § 1 InsVV 22
- aufrechenbare Gegenforderungen Anh. III § 1 InsVV 28
- Aussonderungsrechte Anh. III § 1 InsVV 21
- Bauinsolvenz Anh. III § 1 InsVV 17
- Berechnung der Masse Anh. III § 1 InsVV 21
- Betriebsfortführung Anh. III § 1 InsVV 16, 29, 36
- Einsatz besonderer Sachkunde Anh. III § 1 InsVV 34
- Feststellungsbeiträge Anh. III § 1 InsVV 10
- Insolvenzmasse Anh. III § 1 InsVV 8
- Insolvenzplanverfahren Anh. III § 1 InsVV 19
- Masseverbindlichkeiten Anh. III § 1 InsVV 33
- oktroyierte Masseverbindlichkeiten Anh. III § 1 InsVV 39
- Schätzung Anh. III § 1 InsVV 19
- Schlussrechnung Anh. III § 1 InsVV 7
- Schlussverteilungsverzeichnis Anh. III § 1 InsVV 7
- Streuvermögen Anh. III § 1 InsVV 15
- Überschuss Anh. III § 1 InsVV 24
- unpfändbare Einkommensbestandteile Anh. III § 1 InsVV 14
- Vergleichsrechnung Anh. III § 1 InsVV 22, 42
- Verkehrswert Anh. III § 1 InsVV 29
- Vorschüsse Anh. III § 1 InsVV 45
- Vorsteuer Anh. III § 1 InsVV 18
- Zuschüsse Anh. III § 1 InsVV 45

Bereicherungsgrundsatz 81 2

Berichtstermin 29 3, *siehe Entscheidung über den Fortgang des Verfahrens*
- Anhörungsrechte 156 8
- Bekanntmachung 156 6
- Bericht zur Gläubigerversammlung 156 2
- Durchführung 156 7
- ehrverletzende Äußerungen 156 2
- Einberufung 156 6
- Ermessen des Insolvenzgerichts 156 8
- Form des Berichts 156 2
- Grundlage 156 1
- Höchstpersönlichkeit 156 2
- Insolvenzplan 156 6
- Niederlegung in der Geschäftsstelle 156 6
- Protokoll 156 2
- schriftlicher Bericht 156 2
- Tagesordnung 156 6
- Verbraucherinsolvenzverfahren 156 1
- Vertagung 156 2
- Zeitpunkt 156 1

Berücksichtigung absonderungsberechtigter Gläubiger 190 1
- Abschlagsverteilung 190 14

Stichwortverzeichnis

- absonderungsberechtigte Forderungen 190 3
- Ausfall 190 9, 11a
- Darlegungslast 190 1
- Nachweispflicht 190 12
- Pfandrechte 190 3a
- Schlussverteilung 190 12, 14
- Verwertungsrecht des Insolvenzgläubigers 190 7
- Verzicht 190 7, 8
- Voraussetzungen 190 6

Berücksichtigung aufschiebend bedingter Forderungen
- Abschlagsverteilung 191 7
- auflösend bedingte Forderungen 191 4
- aufschiebend bedingte Forderungen 191 3
- Nachtragsverteilung 191 10a
- Rechtsfolgen 191 7
- Schlussverteilung 191 7
- Sicherheitenverwertung 191 5
- Voraussetzungen für die Berücksichtigung 191 6
- Zurückbehaltung 191 1a

Berücksichtigung bestrittener Forderungen 189, *siehe auch Nachweis der Rechtsverfolgung*
- Ausschlussfrist 189 1
- bestrittene 189 1
- betroffene Forderungen 189 1
- Feststellungsklage 189 1
- nicht titulierte 189 1
- Sicherheitsleistung 189 1
- Verteilungsverzeichnis 189 1
- vorläufiges Bestreiten 189 1

Berufsständische Körperschaften 12 10

Beschlagnahmtes Vermögen, Insolvenzbeschlag 35 24

Beschluss
- Begründung 6 86
- Sachverhaltsdarstellung 6 86

Beschlüsse der Gläubigerversammlung 76
- absonderungsberechtigte Gläubiger 76 4
- Aufhebung des Beschlusses 76 9
- Ausschluss von Abstimmung 76 6
- Ausschlussgrund 76 6
- Beschlussfähigkeit 76 3
- Beschlussfassung 76 3
- Bindungswirkung 76 8
- Kopfmehrheit 76 5
- Mehrheitserfordernis 76 1
- Rechtswirkungen 76 9
- Summenmehrheit 76 4
- Übertragung von Gläubigerbefugnissen 76 7

Beschlüsse des Gläubigerausschusses 72
- Beschlussfähigkeit 72 2
- Beschlussfassung 72 2
- Mehrheitserfordernis 72 3
- Nichtigkeit eines Beschlusses 72 6
- Protokoll 72 3
- *Stimmrechtsausschluss* 72 4
- Umlaufverfahren 72 5

- verfahrenszweckwidrige 72 6

Beschlussverfahren zum Kündigungsschutz
- Antrag 126 23
- Antragsfrist 126 17
- Anwendungsbereich des § 126 InsO 126 4
- Aussetzung des Individualverfahrens 127 19
- bei Betrieben mit Betriebsrat 126 14
- bei betriebsratslosen Betriebe 126 11
- bei Eigenverwaltung 126 21
- bei nicht zustande gekommenem Interessenausgleich 126 10
- Beteiligte 126 28
- Beteiligung des Arbeitnehmer 127 1
- Beteiligung des Arbeitnehmers 127 6
- Beteiligungsrechte des Betriebsrats 126 39
- Bindungswirkung 126 35; 127 3
- Inhalt und Umfang der Bindungswirkung 127 9
- Kosten 126 37
- Prüfungsmaßstab 126 30
- Rechtsfolgen 127 8
- rechtskräftige Entscheidung 127 7
- Rechtsmittel 126 36
- Sammel-Beschlussverfahren 126 2
- Verfahren 126 22, 26
- Voraussetzungen 126 3
- wesentliche Änderung der Sachlage 127 15

Beschränkung von Veräußerungsverboten 80 37
- gerichtliche oder behördliche 80 39
- gesetzliche relative 80 38
- rechtsgeschäftliche 80 40

Beschränkungen der Gläubigerrechte, grenzüberschreitende Wirkung Anh. I Art. 34 EuInsVO 15

Beschwer
- Beschwerdeentscheidung 6 135
- formelle ~ 6 56
- materielle ~ 6 56
- Rechtsschutzinteresse 6 58

Beschwerde gegen Kostenentscheidung
- Beschwerdewert 6 61
- Wertfestsetzung 6 62

Beschwerdefrist
- Fristbeginn 6 36
- Widereinsetzung in den vorigen Stand 6 40

Beschwerdeverfahren
- Abhilfe 6 64
- Begründetheit der Entscheidung 6 84
- Begründung 6 63
- Beschluss 6 85
- Entscheidung 6 79
- formelle Rechtskraft der Entscheidung 6 91
- Kosten 6 87
- materielle Rechtskraft 6 92
- reformatio in peius 6 71
- sofortige Wirksamkeit der Entscheidung 6 90
- Verbot der Schlechterstellung 6 71
- Verfahren des Beschwerdegerichts 6 69
- Verfahrensmängel 6 82
- Wirkung der Entscheidung 6 89

- Wirkungen der sofortigen Beschwerde 6 76
- Zulässigkeits- und Begründetheitsprüfung 6 79
- Zurückverweisung 6 81

Besondere Verjährungsfrist
- Beginn der Verjährung 259b 3
- ESUG 259b
- Fristbeginn 259b 4
- Hemmung 259b 5
- Hemmung bei Vollstreckungsschutz 259b 8
- nicht angemeldete Forderungen 259b 2
- Planaufhebung 259b 1

Besondere Zuständigkeiten 185
- Arbeitsgerichte 185 2
- Finanzgerichte 185 2
- freiwillige Gerichtsbarkeit 185 2
- öffentlich-rechtliches Verwaltungsverhältnis 185 4
- örtliche 185 6
- sachliche 185 6
- sachliche Zuständigkeit 185 3
- Sozialgerichte 185 2
- Sozialversicherungsbeiträge 185 2
- Steuerforderungen 185 5
- unerlaubte Handlungen 185 5
- Verwaltungsgerichte 185 2

Besonders bedeutsame Rechtshandlungen 160
- Amtshaftungsansprüche 160 12
- Aufhebung der Zustimmungskompetenz 160 11
- Befreiung von der Zustimmung 160 11
- Berichtstermin 160 12
- Beschlussfassung 160 11
- Betriebsveräußerung 160 4
- Darlehensaufnahme 160 9
- Dauerschuldverhältnisse 160 3
- Einholung der Zustimmung 160 12
- Einzelfallbetrachtung 160 3
- Entlassung des Insolvenzverwalters 160 13
- freihändige Veräußerung 160 6
- Genehmigung 160 11
- Generalklausel 160 3
- Gläubigerausschuss 160 11
- Gläubigerversammlung 160 11
- In-Sich-Geschäft 160 3
- Informationspflichten 160 11
- Prozesskosten 160 10
- Rechtsbegriff 160 2
- Rechtsstreit 160 10
- Regelbeispiele 160 2
- Schadenersatz 160 13
- Sozialplan 160 3
- Unternehmensveräußerung 160 4
- Veräußerung des Rechts auf den Bezug wiederkehrender Einkünfte 160 8
- Veräußerung einer Unternehmensbeteiligung 160 7
- Veräußerung eines Grundstücks 160 3
- Veräußerung eines Warenlagers 160 5
- Vorbehalt 160 11
- Widerruf der Zustimmung 160 11
- Wirksamkeit 160 13
- Zustimmung der Gläubiger 160 1
- Zustimmungserfordernis 160 11
- Zustimmungsfiktion 160 11

Besonders schwerer Fall des Bankrotts
- Gefährdung anvertrauter Vermögenswerte Anh. VII § 283a StGB 6
- Gewinnsucht Anh. VII § 283a StGB 4
- in wirtschaftliche Not bringen Anh. VII § 283a StGB 8
- Regelbeispiele Anh. VII § 283a StGB 3
- sonstige Fälle Anh. VII § 283a StGB 9
- Strafzumessungsregel Anh. VII § 283a StGB 1
- Taterfolg Anh. VII § 283a StGB 5
- Täterschaft Anh. VII § 283a StGB 10
- Teilnahme Anh. VII § 283a StGB 10

Besserungsabrede 38 27

Bestandteile
- Einkünfte des Ehegatten 4a 32
- Erbrechtliche Ansprüche 4a 34
- Neuerwerb 4a 33
- unpfändbare Gegenstände 4a 31

Bestätigung des Insolvenzplans, Anwendbarkeit EuInsVO Anh. I Art. 1 EuInsVO 17

Bestätigung des Schuldenbereinigungsplans, Anwendbarkeit EuInsVO Anh. I Art. 1 EuInsVO 17

Bestellung des Insolvenzverwalters 56
- Abberufung des bisherigen Verwalters 57 12
- Amtshaftungsansprüche 56 28
- Anforderungsprofil des vorl. Gläubigerausschusses 56a 10
- Anhörung des vorl. Gläubigerausschusses 56a 4
- Antrags- oder Beschwerderecht 56 31
- Auswahl 56 4
- Auswahlkriterien 56 5
- Auswahlverfahren 56 17
- Bereitschaft zur Übernahme des Amtes 56 16
- Bestellung im Einzelfall 56 24
- Bestellungsbeschluss 57 10
- Bestellungsentscheidung des Gerichts 56 3
- Bundesanstalt für Finanzdienstleistungen 56 1
- Delisting 56 23
- ESUG 56 2
- Gläubigerbeteiligung 56a
- Gleichbehandlungsgrundsatz 56 18
- Hamburger Leitlinien 56 20
- Kopfmehrheit 57 2, 5
- mehrerer 56 34
- Neuwahl durch Gläubigerversammlung 57 1
- Rechtsmittel gegen Bestellungsentscheidung 56 27
- Sachwalter 56 1
- sofortige Beschwerde 57 11
- Sonderinsolvenzverwalter 56 30
- Treuhänder 56 1
- Versagungsbeschluss 57 11
- Versagungsgründe 57 10

Stichwortverzeichnis

- Vorauswahl 56 18
- Vorauswahlliste 56 17, 21
- vorläufiger Insolvenzverwalter 56 1
- Vorschlag des vorl. Gläubigerausschusses 56a 8
- Vorschlag des vorl. Gläubigerausschusses zur Person 56a 8
- Wahl einer anderen Person 57 3
- Wahl eines anderen 57
- Wahl eines anderen Insolvenzverwalters durch vorl. Gläubigerausschuss 56a 6
- Zeitpunkt 56 26

Bestellung des Sachwalters 270c
- Anmeldung von Forderungen 270c 5
- ESUG 270c 2
- Führung der Tabelle 270c 5
- Registereintragungen 270c 7

Bestellung eines vorläufigen Gläubigerausschusses 22a
- Absehen von der Einsetzung 22a 10
- Antragsberechtigte 22a 7
- Ausschlussgründe 22a 11
- Benennung der Mitglieder 22a 8
- Einsetzungspflicht 22a 4
- Einverständniserklärung der Mitglieder 22a 9
- Entstehungsgeschichte 22a 1
- Ermessen 22a 15
- Gläubigermerkmale 22a 16
- Mitwirkungspflicht des Schuldners 22a 16
- Mitwirkungspflicht des vorläufigen Insolvenzverwalters 22a 16
- Voraussetzungen 22a 3

Bestimmung der Insolvenzmasse
- beschlagnahmtes Vermögen 35 16
- Freigabe 35 28
- höchstpersönliche Rechte 35 26
- insolvenzfreies Vermögen 35 25
- Istmasse 35 10
- Partikularinsolvenzverfahren 35 15
- Rechtsstellung der Masse 35 8
- Schuldenmasse 35 11
- Sekundärinsolvenzverfahren 35 15
- Sollmasse 35 10
- Sondermasse 35 14
- Teilungsmasse 35 11
- Universalitätsprinzip 35 15

Beteiligtenautonomie 1 48

Betriebsänderung 121
- Antrag auf Zustimmung des Arbeitsgerichts 122 23
- Beschlussverfahren 122 28
- Beschlussverfahren zum Kündigungsschutz 126
- Betriebsübergang 125 6
- Betriebsveräußerung, siehe auch Betriebsübergang
- Drei-Wochen-Frist 122 17
- einstweilige Verfügung des Betriebsrats auf Unterlassung 122 38
- einstweiliger Rechtsschutz 122 32
- Ersetzung der Stellungnahme des Betriebsrats 125 41
- Gemeinschaftsbetrieb 123 19
- geplante 125 6
- gerichtliche Versagung der Zustimmung zur Durchführung 122 35
- gerichtliche Zustimmung zur Durchführung 122, 25, 26, 34
- Gerichtsbeschluss 122 30
- Interessenausgleich 121 1; 122 1, 2
- Interessenausgleich und Kündigungsschutz, siehe auch Interessenausgleich; Kündigungsschutz; Sozialauswahl
- Kosten des Betriebsrats 122 29
- Legaldefinition 122 6
- Mitwirkungs- und Mitbestimmungsrechte des Betriebsrats 122 2
- nach BetrVG 121 3
- Nachteilsausgleichsansprüche 122 1, 36
- Prüfung sozialer Belange der Arbeitnehmer 122 27
- Rechtsmittel gegen Entscheidung des Gerichts 122 31
- Sozialplanpflicht 124 12
- Umfang des Sozialplans, siehe auch Sozialplan
- Unterlassungsverfügung 122 38
- Unterrichtung des Betriebsrats 121 3; 122 10, 14
- Verfahren vor dem Arbeitsgericht 122 24
- Verfahren vor der Einigungsstelle 121 7; 122 2
- wesentliche Änderung der Sachlage 125 38; 127 15
- zuständiger Betriebsrat 122 11
- Zustimmung des Arbeitsgerichts 122 17

Betriebsrat
- Beteiligungsrechte 125 42
- Kosten des ~ 122 29
- Mitbestimmungsrechte bei Betriebsänderung 122 2
- Mitwirkungsrechte bei Betriebsübergang 128 4

Betriebsübergang
- eingeschränkte Geltung des § 613a BGB in der Insolvenz 128 34
- Erwerberhaftung 128 41
- Haftungsbeschränkung für Erwerber 128 45
- Kontinuität des Betriebsrats 128 26
- Kriterien 128 11
- Kündigung wegen ~ 113 46
- Kündigungsverbot 128 27
- Mitwirkungsrechte des Betriebsrats 128 4
- nach § 613a BGB 128 3
- Rechtsfolgen nach § 613a BGB 128 19
- rechtsgeschäftlicher 128 15
- Sozialplan vor Verfahrenseröffnung, siehe auch Sozialplan
- Übergang der Arbeitsverhältnisse auf den Erwerber 128 20
- Übergang eines Betriebes oder Betriebsteils 128 10
- Verbot der Kündigung wegen ~ 128 1
- Voraussetzungen des § 613a BGB 128 5

Stichwortverzeichnis

- Wechsel des Betriebsinhabers 128 6
- Weitergeltung von Kollektivvereinbarungen 128 24

Betriebsveräußerung an besonders Interessierte 162
- absonderungsberechtigte Gläubiger 162 5
- Beschluss 162 7
- besonders bedeutsame Rechtshandlung 162 2
- besonders Interessierte, Legaldefinition 162 3
- Betriebsteil 162 2
- Drittvergleich 162 1
- Einberufung einer Gläubigerversammlung 162 7
- Gläubigerausschuss 162 1
- Gläubigerversammlung 162 1
- Insider 162 1
- Kapitelgeselllschaft 162 6
- mittelbares Interesse 162 6
- nahe stehende Personen 162 3, 4
- nicht nachrangige Gläubiger 162 5
- Personengesellschaft 162 6
- Treuhänder 162 6
- übertragende Sanierung 162 1
- Unternehmen 162 2
- Verfahren 162 7
- Verschleuderung 162 1
- Zustimmungserfordernis 162 1
- Zustimmungsvoraussetzungen 162 7

Betriebsveräußerung unter Wert 163
- Anhörung 163 3
- Antrag des Schuldners 163 3
- Antragstellung 163 1
- Beschluss 163 3
- Bonität 163 2
- gerichtliche Entscheidung 163 3
- Glaubhaftmachung 163 1, 3
- Kaufpreisstundung 163 2
- Kostenerstattung 163 4
- Marktpreis 163 2
- Rechtsbehelf 163 3
- Sachverständiger 163 1
- Sicherheiten 163 2
- Veräußerungspreis 163 2
- Verfahrensdauer 163 2
- Zahlungstermin 163 2
- Zurückweisung des Antrags 163 3
- Zustimmungserfordernis 163 1, 3

Betriebsvereinbarung
- Begriffsdefinition 120 4
- Kündigung, *siehe auch Kündigung von Betriebsvereinbarungen*

Betriebsvereinbarungen
- ablösende 120 2
- erzwingbare 120 22
- freiwillige 120 25
- Nachwirkung 120 21
- teilmitbestimmte 120 26
- Weitergeltung 120 21

Bewegliche Sachen
- Apotheken 36 46
- Aussonderungsfähige Gegenstände 35 49
- bares Arbeitseinkommen 36 43
- Bestandteile von Grundstücken 35 47
- Bestattungsbedarf 36 51
- Bücher für Schule und Unterricht 36 47
- Dienstkleidung und Dienstausrüstung 36 42
- Fortsetzung der Erwerbstätigkeit eines Erblassers 36 41
- Gegenstände mit Absonderungsrechten 35 50
- Geschäftspapiere 35 53
- Hilfsmittel bei körperlichen Gebrechen 36 49
- höchstpersönliche Gegenstände 36 48
- höchstpersönliche Sachen 35 51
- landwirtschaftliche Arbeitnehmer 36 37
- landwirtschaftliche Betriebsmittel 36 36
- Nahrungs-, Feuerungs- und Beleuchtungsmittel 36 34
- persönlicher Gebrauch und Haushaltsgegenstände 36 33
- Schutz persönlicher Arbeitsleistung 36 38
- Software 35 54
- sonstige Pfändungsbeschränkungen 36 52
- Vieh 36 35

Bezüge aus einem Dienstverhältnis 114
- Abtretung 114 8, 11, 12
- Abtretungsverbot 114 14
- Anfechtung der Abtretung oder Verpfändung 114 18
- Aufrechnung 114 19
- Begriff 114 9
- Entgeltersatzleistungen 114 10
- Pfändungspfandrecht 114 13
- Restschuldbefreiung 114 3
- Verpfändung 114 8, 12
- Voraussetzungen der Aufrechnung 114 20
- Zwangsvollstreckung 114 27

Bösgläubigkeit, gesetzliche Definition 143 29

Bruchteilsgemeinschaften 84 2
- Gemeinschaftskonten 84 4
- Nießbrauch an einem Miteigentumsanteil 84 2
- Sammellagerung 84 3
- Wohnungseigentümergemeinschaft 84 6

Bund 12 4

Bundesländer 12 4

Bürgenhaftung Anh. VIII § 165 SGB III 32; Anh. VIII § 169 SGB III 4

Bürgschaft
- Einrede der Vorausklage 43 12
- selbstschuldnerische - 43 11

business-activity-theory, Internationale Zuständigkeit nach EuInsVO, *siehe auch centre of main interests*

C

Cash-Pool Anh. § 35 152, *s.a. GmbH, Cash-ool*

centre of main interests
- Ausüben der wirtschaftlichen oder gewerblichen Tätigkeit Anh. I Art. 3 EuInsVO 13

2793

Stichwortverzeichnis

- Ausübung einer abhängigen Beschäftigung Anh. I Art. 3 EuInsVO 24
- bei Einstellung der werbenden Tätigkeit Anh. I Art. 3 EuInsVO 41
- business-activity-theory Anh. I Art. 3 EuInsVO 30
- Gewerbetreibende Anh. I Art. 3 EuInsVO 13
- gewöhnlicher Aufenthalt Anh. I Art. 3 EuInsVO 21
- Internationale Zuständigkeit nach EuInsVO Anh. I Art. 3 EuInsVO 1, 8
- Kaufleute Anh. I Art. 3 EuInsVO 13
- konzernabhängige Gesellschaften Anh. I Art. 3 EuInsVO 36
- mind of management-Ansatz Anh. I Art. 3 EuInsVO 31
- Scheintätigkeit Anh. I Art. 3 EuInsVO 19
- Selbständige Anh. I Art. 3 EuInsVO 13
- Sitztheorie Anh. I Art. 3 EuInsVO 30, 32
- sonstige natürliche Personen Anh. I Art. 3 EuInsVO 21
- tatsächlicher Lebensmittelpunkt Anh. I Art. 3 EuInsVO 22
- Vermutung zugunsten des Satzungssitzes Anh. I Art. 3 EuInsVO 47
- Zeitpunkt Anh. I Art. 3 EuInsVO 25, 26

D

Darlegungs- und Beweislast, betriebsbedingte Kündigung 125 17
Darlehen, Gesicherte -, *siehe auch Gesicherte Darlehen*
Dauerschuldverhältnisse 105 2
Debitorische Konten 84 5
Debt-Equity-Swap 225a 1, 6
Deckung der Mindestvergütung des Treuhänders 298
- Funktion der Mindestvergütung 298 11
- gerichtliche Entscheidung 298 22
- gerichtliche Nachfristsetzung 298 17
- Höhe 298 1
- öffentliche Bekanntmachung 298 26
- Rechtsmittel 298 27
- Rechtsschutzbedürfnis 298 10
- Tätigkeitsjahr 298 15
- Verfahrenskostenstundung 298 19
- Versagung der Restschuldbefreiung 298 4
- Versagungsantrag 298 5
- Versagungsantrag, Behauptungs- und Beweislast 298 8
- Versagungsantrag, Form 298 6
- Versagungsantrag, Frist 298 7
- Versagungsantrag, Gebühren, Kosten, Gegenstandswert 298 29
- Versagungsgrund 298 12
- *Versagungsgrund, abgeführte Beträge* 298 13
- Versagungsgrund, erfolglose schriftliche Aufforderung 298 16
- Versagungsgrund, fehlende Deckung 298 14
- Versagungsverfahren 298 21

Definitionen EuInsVO Anh. I Art. 2 EuInsVO
- Anhang A Anh. I Art. 2 EuInsVO 2
- Belegenheit körperlicher Gegenstände Anh. I Art. 2 EuInsVO 20
- Belegenheit von Forderungen Anh. I Art. 2 EuInsVO 28
- Belegenheit von Rechten, die in ein Register einzutragen sind Anh. I Art. 2 EuInsVO 25
- Belegenheit von Vermögensgegenständen Anh. I Art. 2 EuInsVO 18
- Einsatz von Personal und Vermögen iR von Niederlassung Anh. I Art. 2 EuInsVO 48
- Entscheidungen Anh. I Art. 2 EuInsVO 10
- Gericht Anh. I Art. 2 EuInsVO 9
- Insolvenzverfahren Anh. I Art. 2 EuInsVO 2
- Liquidationsverfahren Anh. I Art. 2 EuInsVO 5
- Mitgliedstaat, in dem sich ein Vermögensgegenstand befindet Anh. I Art. 2 EuInsVO 16
- Niederlassung Anh. I Art. 2 EuInsVO 37
- Niederlassung bei Konzerninsolvenz Anh. I Art. 2 EuInsVO 50
- Verwalter Anh. I Art. 2 EuInsVO 3
- wirtschaftliche Aktivität iR von Niederlassung Anh. I Art. 2 EuInsVO 44
- Zeitpunkt der Verfahrenseröffnung Anh. I Art. 2 EuInsVO 11

Deliktsgläubiger 88 5
Deutsche Insolvenzordnung, Anwendbares Recht EuInsVO Anh. I Art. 4 EuInsVO 16
Dienst- oder Werkvertrag 100 4
Dienstverhältnis, *siehe auch Kündigung eines Dienstverhältnisses*
- Abgrenzung zum Werkvertrag 113 5
- arbeitnehmerähnliche Personen 113 6
- Auftragsverhältnis 113 9
- Berufsausbildungsverhältnis 113 6
- Geschäftsbesorgung 113 9
- neu begründetes 113 11
- Organe juristischer Personen 113 7
- Werkvertrag 113 8

Differenzhaftung bei überbewerteter Sacheinlage Anh. § 35 110
Dingliche Absonderungsrechte 89 10
Dingliche Rechte Dritter Anh. I Art. 5 EuInsVO
- Anwartschaftsrechte Anh. I Art. 5 EuInsVO 27
- Begriff Anh. I Art. 5 EuInsVO 4
- Belegenheit Anh. I Art. 5 EuInsVO 20
- Bestand Anh. I Art. 5 EuInsVO 11
- floating charge Anh. I Art. 5 EuInsVO 19
- Gegenstand Anh. I Art. 5 EuInsVO 17
- Gemeinschaftsmarken und -patente Anh. I Art. 5 EuInsVO 22
- Gläubigerbenachteiligung Anh. I Art. 5 EuInsVO 37

– Globalzession **Anh. I Art. 5 EuInsVO** 19
– Inhaber des Rechts **Anh. I Art. 5 EuInsVO** 16
– Kreditsicherheiten **Anh. I Art. 5 EuInsVO** 19
– Mehrheit von Gegenständen **Anh. I Art. 5 EuInsVO** 18
– Niederlassung **Anh. I Art. 5 EuInsVO** 1
– Raumsicherungsübereignung **Anh. I Art. 5 EuInsVO** 19
– Rechtsfolgen **Anh. I Art. 5 EuInsVO** 28
– Sekundärinsolvenzverfahren **Anh. I Art. 5 EuInsVO** 1
– Statut **Anh. I Art. 5 EuInsVO** 1
– Vermieterpfandrecht **Anh. I Art. 5 EuInsVO** 19
Dingliche Rechtsgeschäfte 80 10
Dingliche Surrogation 91 10
Dividende 95 10
Doppelinsolvenz, von Gesellschaft und Gesellschafter 93 22
Drei-Wochen-Frist 122 17; 126 17
– Fristablauf 126 19
– Fristbeginn 122 18; 126 18
– maßgeblicher Zeitpunkt des Fristablaufs 122 22
– Unterrichtung des Betriebsrats 126 20
Dritte
– Leistungen an ~ 82 6
– Verfügungen ~ 81 15
Dritterwerber Anh. I Art. 14 EuInsVO
– Gutglaubensschutz **Anh. I Art. 14 EuInsVO** 1
– Luftfahrzeuge **Anh. I Art. 14 EuInsVO** 2
– Rechtsfolgen **Anh. I Art. 14 EuInsVO** 7
– Schiffe **Anh. I Art. 14 EuInsVO** 2
– unbewegliche Gegenstände **Anh. I Art. 14 EuInsVO** 2
– Verfügungen **Anh. I Art. 14 EuInsVO** 2
– Wertpapiere **Anh. I Art. 14 EuInsVO** 2
Drittschuldner, Beweislast 82 10
Drittschuldneranzeige
– bei Abtretung eines Steuererstattungsanspruchs 81 13
– bei Erteilung einer schriftlichen Abtretungserklärung 81 13
– bei Verpfändung einer Forderung 81 13
Drittwiderspruchsklage 149 4
Drohende Zahlungsunfähigkeit
– Antragsberechtigte im Falle ~ 18 2
– Bundesanstalt für Finanzdienstleistungsaufsicht 18 5
– Definition 18 8
– fortgesetzte Gütergemeinschaft 18 4
– gerichtliche Feststellung 18 12
– Gesamtgut bei Gütergemeinschaft 18 4
– gesetzliche Krankenversicherungen 18 6
– Krankenkassen 18 6
– Krankenkassenverbände 18 6
– Liquiditätsplan 18 12
– Liquiditätsprognose 18 8
– Mangel an Zahlungsmitteln 18 11
– Nachlassinsolvenzverfahren 18 4

– Vertretungsbefugnis bei ~ 18 1, 14
– Zahlungspflichten 18 9
Duldung der Zwangsvollstreckung Anh. V § 11 AnfG 10
– anfechtbare Belastung eines Gegenstandes **Anh. V § 11 AnfG** 24
– Auf- und Verrechnungsmöglichkeiten **Anh. V § 11 AnfG** 26
– Belastungen des anfechtbar veräußerten Gegenstandes **Anh. V § 11 AnfG** 23
– bewegliche körperliche Sachen **Anh. V § 11 AnfG** 15
– Bruchteilsgemeinschaft **Anh. V § 11 AnfG** 20
– Duldungsanspruch in der Insolvenz des Anfechtungsgegners **Anh. V § 11 AnfG** 12
– Eigengläubiger des Anfechtungsgegners **Anh. V § 11 AnfG** 12
– Forderungen **Anh. V § 11 AnfG** 21
– Gegenstand **Anh. V § 11 AnfG** 13
– Gegenstand aus dem Vermögen des Schuldners **Anh. V § 11 AnfG** 14
– Gesamthandsgemeinschaft **Anh. V § 11 AnfG** 20
– Gesellschafter **Anh. V § 11 AnfG** 40
– Miteigentumsanteile **Anh. V § 11 AnfG** 17
– mittelbare Zuwendungen **Anh. V § 11 AnfG** 14
– notwendige Verwendungen **Anh. V § 11 AnfG** 33
– nützliche Verwendungen **Anh. V § 11 AnfG** 33
– Nutzungen **Anh. V § 11 AnfG** 32
– prozessuale Unterlassung des Schuldners **Anh. V § 11 AnfG** 27
– Schulderlass **Anh. V § 11 AnfG** 26
– sonstige Mitberechtigungen **Anh. V § 11 AnfG** 18
– Surrogate **Anh. V § 11 AnfG** 31
– Teilanfechtung **Anh. V § 11 AnfG** 29
– Treuhänder als Anfechtungsgegner **Anh. V § 11 AnfG** 28
– unbewegliche Gegenstände **Anh. V § 11 AnfG** 16
– Werterhöhung **Anh. V § 11 AnfG** 34
– Wertersatzanspruch **Anh. V § 11 AnfG** 35
– Wertminderung **Anh. V § 11 AnfG** 33
Duldungsbescheid Anh. V § 1 AnfG 47, 48, 49
Durchführung der Anhörung des Schuldners, mündlich oder schriftlich 10 22
Durchgriffshaftung (Haftungsdurchgriff) auf GmbH-Gesellschafter **Anh. § 35** 41, s.a. *GmbH, Durchgriffshaftung*
Durchsetzung der Pflichten des Schuldners 98
– Anordnungsgründe für Vorführung oder Haft 98 11
– Anwendungsbereich von § 98 InsO 98 2
– durch Anordnung der Haft 98 15
– eidesstattliche Versicherung 98 1, 5
– Haft 98 1
– Verhältnismäßigkeit der Zwangsmittel 98 13
– Vorführung 98 1, 14
– Zwangsmittel 98 10

Stichwortverzeichnis

E
Ehegattenhaftung 93 2
Ehrenschutzklage 156 2
Eidesstattliche Versicherung 89 38; 98 1
– des Schuldners 98 5; 153 1, 4
Eigenkapital 19 39
Eigenkapitalersatzleistungen 19 40
Eigentumserwerb
– des Finders 91 9
– dinglicher Fruchterwerb 91 8
Eigentumsvorbehalt 89 8; 107; Anh. I Art. 7 EuInsVO
– Anwartschaftsrecht 107 8
– Begriff Anh. I Art. 7 EuInsVO 4
– bei Insolvenz des Mieters 107 4
– bei Käuferinsolvenz 107 9
– bei Verkäuferinsolvenz 107 8
– Belegenheit des Vorbehaltsguts Anh. I Art. 7 EuInsVO 13
– Besitzübergabe 107 12
– Bestand eines – Anh. I Art. 7 EuInsVO 10
– erweiterter 107 11; Anh. I Art. 7 EuInsVO 6
– Gläubigerbenachteiligung Anh. I Art. 7 EuInsVO 22
– Insolvenz des Vorbehaltskäufers Anh. I Art. 7 EuInsVO 17
– Insolvenz des Vorbehaltsverkäufers Anh. I Art. 7 EuInsVO 19
– Kaufvertrag über bewegliche Sachen 107 2
– Konsensualprinzip Anh. I Art. 7 EuInsVO 2
– Legaldefinition 107 6
– nachgeschalteter 107 10; Anh. I Art. 7 EuInsVO 9
– Rechtsfolgen bei Käuferinsolvenz 107 16
– Rechtsfolgen bei Verkäuferinsolvenz 107 14
– Sekundärinsolvenzverfahren Anh. I Art. 7 EuInsVO 3
– Verarbeitungsklausel Anh. I Art. 7 EuInsVO 8
– Verarbeitungsklauseln 91 7
– verlängerter 107 7; Anh. I Art. 7 EuInsVO 7
– Voraussetzungen 107 2
– weitergeleiteter Anh. I Art. 7 EuInsVO 9
– Wertminderung der Kaufsache 107 13
Eigentumsvorbehaltskaufverträge 112 3
Eigenverwaltung 80 1, 8; 81 1, *siehe auch Anordnung der Zustimmungsbedürftigkeit*
– Abstufung der Zustimmungsverpflichtung 276 2
– Anordnung der Zustimmungsbedürftigkeit 277
– Anordnungsbeschluss 273 4
– Anwendbarkeit EuInsVO Anh. I Art. 1 EuInsVO 8
– Anzeige der Masseunzulänglichkeit 285 1
– Arbeitgeberfunktion des Schuldners 279 8
– Arbeitsverträge 279 2
– Art und Weise der öffentlichen Bekanntmachung 273 2
– Aufhebung 273 3

– Aufhebung der Anordnung, *siehe auch Aufhebung der Anordnung der Eigenverwaltung*
– Aufhebungsbeschluss 273 4
– Aufstellung der Vermögensübersicht 281 11
– Aufstellung des Gläubigerverzeichnisses 281 8
– Aufstellung von Vermögensübersichten 281 4
– Ausübung im Einvernehmen mit dem Sachwalter 279 5
– Befriedigung der Insolvenzgläubiger, *siehe auch Verwertung von Sicherungsgut*
– Befugnisse des Schuldners 276 1
– Beginn der Rechtsmittelfrist 273 3
– Begründung bei Ablehnung 270 21
– Berichterstattung des Schuldners 281 16
– Berichtstermin 281 13
– Beschluss des Insolvenzgerichts 273 1
– Bestellung des Sachwalters, *siehe auch Bestellung des Sachwalters*
– Bewertung der Massegegenstände 281 6
– Einstellung des Insolvenzverfahrens 285 10
– Einvernehmen mit Sachwalter 279 8
– Erfüllungswahlrecht des Schuldners 103 56
– Eröffnungsverfahren, *siehe auch Eröffnungsverfahren*
– ESUG 270 26
– Folgen fehlender Zustimmung 276 8; 279 9
– Funktionsweise 270 27
– gegenseitige Verträge 279
– Geltendmachung von Haftungsansprüchen 280 4
– gerichtliche Feststellung sozialer Rechtfertigung von Kündigungen 279 8
– gerichtliche Zustimmung für Betriebsänderung 279 8
– Haftung des Sachwalters 280 8
– Haftungsrealisierung gegenüber Vertretungsorganen des Schuldners 280 1
– Hafung 280
– Insolvenzanfechtung 280, 7
– Insolvenzplan, *siehe auch Insolvenzplan*
– Kündigung von Betriebsvereinbarungen 279 8
– Masselosigkeit 285 11
– Masseunzulänglichkeit, *siehe auch Masseunzulänglichkeit*
– MIetverträge 279 2
– Mitarbeitspflicht 97 19
– Mittel zur Lebensführung des Schuldners, *siehe Mittel zur Lebensführung des Schuldners*
– Mitwirkung der Überwachungsorgane 276a
– Mitwirkung des Gläubigerausschusses 276
– Mitwirkung des Sachwalters 275
– Nachhaftung des Schuldners 285 10
– nachträgliche Anordnung 29 3, *siehe auch Nachträgliche Anordnung der Eigenverwaltung*
– Niederlegung der Verzeichnisse 281 13
– öffentliche Bekanntmachung 273
– Pflichten des Schuldners 281

Stichwortverzeichnis

- Pflichten es Sachwalters **281**
- Prüfungs- und Erklärungspflichten des Sachwalters **281** 14
- Rechnungslegung **281** 18
- Rechte und Pflichten des Gläubigerausschusses **276** 10
- Rechtsfolgen der Anzeige der Masseunzulänglichkeit **285** 8
- Rechtsmittel der Gläubiger **270** 26
- Rechtsmittel des Schuldners **270** 23
- Rechtsstellung des Sachwalters **274**
- Rechtswirkungen der Anordnung der Zustimmungsbedürftigkeit **279** 10
- Registereintragungen **273** 5
- sofortige Beschwerde **273** 3
- Umstände für Gläubigerbenachteiligung **270** 12
- Unterrichtung der Gläubiger **281**
- Verwaltungs- und Verfügungsbefugnis des Schuldners **270** 30
- Verwertung von Sicherungsgut, *siehe auch Verwertung von Sicherungsgut*
- Verzeichnis der Massegegenstände **281** 5
- Voraussetzungen, *siehe auch Voraussetzungen der Eigenverwaltung*
- Vorbereitung einer Sanierung, *siehe Vorbereitung einer Sanierung*
- vorläufige Untersagung der Rechtshandlung durch das Insolvenzgericht **276** 11
- vorläufiger Sachwalter **270a** 9
- Wahl- und Kündigungsrechte **279** 1
- Wahl- und Kündigungsrechte des Schuldners bei Unternehmensinsolvenz **279** 2
- Wirksamkeit des Beschlusses **273** 4
- Wirkungen der Anordnung **270** 27
- Wirkungen der Anordnungsentscheidung **270** 38
- Zeitpunkt der Niederlegung der Verzeichnisse **281** 13
- Zeitpunkt der öffentlichen Bekanntmachung **273** 1
- Zustimmung des Gläubigerausschusses **276** 2
- Zustimmung des Sachwalters bei besonderen Rechtsgeschäften **279** 1
- Zustimmungsbedürftige Rechte des Schuldners **279** 8
- Zustimmungspflicht zu Rechtshandlungen von besonderer Bedeutung **276** 4

Einberufung der Gläubigerversammlung 74
- absonderungsberechtigte Gläubiger **74** 6
- Aufgaben **74** 1
- Beschlussunfähigkeit **74** 3
- Form **74** 3
- Insolvenzgericht **74** 2
- Insolvenzgläubiger **74** 6
- Insolvenzverwalter **74** 6
- öffentliche Bekanntmachung **74** 3
- Rechtsmittel **74** 5
- Tagesordnung **74** 3
- Teilnahmebefugnis **74** 6
- Teilnahmeberechtigte **74** 6
- Verfahrensverstöße **74** 4
- Vertagung **74** 3
- Zuständigkeit **74** 5

Eingetragene Genossenschaft 11 7
Eingetragener Verein 11 7
Eingriffsnormen, i.R.d. Internationalen Insolvenzrechts **Anh. I Art. 4 EuInsVO** 68
Einigungsstellenverfahren 122 2
Einkommen
- Abzüge vom – **4b** 19
- Begriff **4b** 13

Einrede, gegen die Forderung der Masse **82** 12
Einsetzung des Gläubigerausschusses, *siehe auch Vorläufiger Gläubigerausschuss*
- Gläubigerversammlung **67** 1

Einstellung des Insolvenzverfahrens
- Bekanntmachung und Wirkungen der Einstellung, *siehe auch Bekanntmachung und Wirkungen der Einstellung*
- Einstellung mit Zustimmung der Gläubiger, *siehe auch Einstellung mit Zustimmung der Gläubiger*
- Einstellung nach Anzeige der Masseunzulänglichkeit, *siehe auch Einstellung nach Anzeige der Masseunzulänglichkeit*
- Einstellung wegen Wegfalls des Eröffnungsgrundes, *siehe auch Einstellung wegen Wegfalls des Eröffnungsgrundes*
- mangels Masse, *siehe auch Einstellung mangels Masse*
- Nachhaftung des Schuldners bei Eigenverwaltung **285** 10
- Rechtsmittel, *siehe auch Rechtsmittel*
- Verfahren bei –, *siehe auch Verfahren bei der Einstellung*

Einstellung des Insolvenzverfahrens zugunsten der Gerichte eines anderen Mitgliedstaates Anh. II Art. 102 § 4 EGInsO
- ausländisches Insolvenzverfahren **Anh. II Art. 102 § 4 EGInsO**
- Beschwerdebefugnis **Anh. II Art. 102 § 4 EGInsO** 4
- Einstellungsbeschluss **Anh. II Art. 102 § 4 EGInsO** 4
- Hauptinsolvenzverfahren **Anh. II Art. 102 § 4 EGInsO** 2
- Informationspflichten **Anh. II Art. 102 § 4 EGInsO** 5
- Sekundärinsolvenzverfahren **Anh. II Art. 102 § 4 EGInsO** 3
- sofortige Beschwerde **Anh. II Art. 102 § 4 EGInsO** 4

Einstellung mangels Masse 207, *siehe Anzeige der Masseunzulänglichkeit*
- Aufgaben des Insolvenzgerichts **207** 8
- Aufgaben des Insolvenzverwalters **207** 7

Stichwortverzeichnis

- Auslagen 207 6
- Auslagen des Insolvenzverwalters 207 6
- Auslagen des vorläufigen Insolvenzverwalters 207 6
- Barmittel 207 16
- Bekanntmachungskosten 207 5
- Einstellungsbeschluss 207 14
- Feststellung der Anhörung 207 15
- Feststellung der Masselosigkeit 207 7
- Gerichtskosten 207 5
- gesellschaftsrechtliche Abwicklung 207 19
- Gläubigerversammlung 207 15
- Massearmut 207 1
- Masselosigkeit 207 1, 2
- Masseunzulänglichkeit 207 1
- Nachtragsverteilung 207 21
- öffentliche Bekanntmachung 207 19
- Rechnungslegung 207 18
- Rechtsfolgen 207 15
- Restschuldbefreiung 207 1
- Restschuldbefreiungsantrag 207 11
- Restschuldbefreiungsverfahren 207 4
- sofortige Beschwerde 207 24
- Stundung der Verfahrenskosten 207 4, 11
- unausweichliche Verwaltungskosten 207 6
- Verfahrenskosten 207 2, 5
- Verfahrenskostenvorschuss 207 2, 9
- Vergütung des Gläubigerausschusses 207 5
- Vergütung des Insolvenzverwalters 207 5
- Vergütung des Sachverständigen 207 5
- Vergütung des vorläufigen Insolvenzverwalters 207 5
- Verteilungsrangfolge 207 16
- Verwertung 207 17
- Vollstreckungsschutz 207 3
- Vollstreckungsverbot 207 20
- Zulässigkeit erneuter Antragstellung 207 22

Einstellung mit Zustimmung der Gläubiger 213
- absonderungsberechtigte Gläubiger 213 21
- angemeldete Forderungen 213 12
- Antrag 213 6
- Antragsberechtigte 213 6
- Antragsfrist 213 8
- bestrittene Forderungen 213 20
- beteiligte Gläubiger 213 10
- Ermessen 213 22
- Formerfordernis der Zustimmung 213 13
- öffentliche Bekanntmachung 213 27
- Pflichten des Insolvenzgerichts 213 15
- Pflichten des Insolvenzverwalters 213 17
- Rechtsfolgen 213 28
- Rechtsmittel 213 23, 30
- Restschuldbefreiung 213 25
- sofortige Beschwerde 213 16
- Verfahren 213 3
- weitere Einstllungsvoraussetzungen 213 24
- *Zeitpunkt der Antragstellung* 213 8
- Zustimmungserklärung 213 10

Einstellung nach Anzeige der Masseunzulänglichkeit 211
- Anhörung 211 11
- Einstellungsbeschluss 211 9
- Gläubigerausschuss 211 6
- Gläubigerversammlung 211 6
- Insolvenzgericht 211 5
- juristische Personen 211 4
- Nachtragsverteilung 211 1, 14
- Rechnungslegung 211 13
- Rechtsmittel 211 18
- Restschuldbefreiungsverfahren 211 10
- Schlussrechnung 211 5
- Schlussverzeichnis 211 10
- Verteilung 211 3

Einstellung wegen Wegfalls des Eröffnungsgrundes 212
- Abweisung des Antrags 212 2
- Amtsermittlungspflicht 212 17
- Anforderungen an die Glaubhaftmachung 212 13
- Antrag 212 3, 12
- Antragsberechtigte 212 3
- Eröffnungsgründe 212 5
- Fortführungsprognose 212 7
- gewerblicher Schuldner 212 14
- Glaubhaftmachung 212 2, 11
- Pflichten des Insolvenzgerichts 212 17
- Pflichten des Insolvenzverwalters 212 18
- Rechtsfolgen 212 22
- Rechtsmittel 212 24
- Restschuldbefreiung 212 21
- sofortige Beschwerde 212 17
- Verfahren 212 2
- Vergütung des Verwalters 212 9
- Voraussetzungen 212 2

Einstweilige Anordnung, Zulässigkeit 6 147
Einstweilige Verfügung 89 24
Einstweiliger Rechtsschutz 89 24
Eintragung in das Schuldnerverzeichnis 303a n. F.
Eintragung in öffentliche Bücher und Register Anh. II Art. 102 § 6 EGInsO
- Antrag Anh. II Art. 102 § 6 EGInsO 3
- Antragsberechtigter Anh. II Art. 102 § 6 EGInsO 2
- Eröffnung des Insolvenzverfahrens Anh. II Art. 102 § 6 EGInsO 1
- Form und Inhalt Anh. II Art. 102 § 6 EGInsO 8
- Insolvenzvermerk Anh. II Art. 102 § 6 EGInsO 7
- internationale Insolvenzen Anh. II Art. 102 § 6 EGInsO 1
- Löschung des Insolvenzvermerks Anh. II Art. 102 § 6 EGInsO 11
- Partikularverfahren Anh. II Art. 102 § 6 EGInsO 2
- Pflichten Anh. II Art. 102 § 6 EGInsO 10
- Prüfungspflicht Anh. II Art. 102 § 6 EGInsO 4
- Weiterleitungspflicht Anh. II Art. 102 § 6 EGInsO 9

Eintragung in öffentliche Register Anh. I Art. 22 EuInsVO
- Antragsbefugnis Anh. I Art. 22 EuInsVO 3
- Ermächtigungsgrundlage Anh. I Art. 22 EuInsVO 7
- fakultativer Antrag auf Eintragung Anh. I Art. 22 EuInsVO 3
- fehlende gesetzliche Pflicht Anh. I Art. 22 EuInsVO 6
- Form und Inhalt der eintragung Anh. I Art. 22 EuInsVO 5
- Haftung bei pflichtwidrigem Unterlassen Anh. I Art. 22 EuInsVO 12
- Kosten Anh. I Art. 22 EuInsVO 19
- obligatorische Eintragung Anh. I Art. 22 EuInsVO 7
- Rechtsfolgen Anh. I Art. 22 EuInsVO 10
- Schutz vor Masseschmälerungen Anh. I Art. 22 EuInsVO 1
- Sicherheit des Geschäftsverkehrs Anh. I Art. 22 EuInsVO 1
- Verfahrensfragen Anh. I Art. 22 EuInsVO 13
- Voraussetzungen Anh. I Art. 22 EuInsVO 2

Eintragungspflichtige Rechte Anh. I Art. 11 EuInsVO
- Beschränkungen der Verfügungsbefugnis Anh. I Art. 11 EuInsVO 2
- Bestand des Rechtes Anh. I Art. 11 EuInsVO 9
- des Schuldners Anh. I Art. 11 EuInsVO 6
- Rechtsfolgen Anh. I Art. 11 EuInsVO 11
- Register Anh. I Art. 11 EuInsVO 1
- Registerstatut Anh. I Art. 11 EuInsVO 10
- Sekundärinsolvenzverfahren Anh. I Art. 11 EuInsVO 4

Einwendungen gegen das Verteilungsverzeichnis 194
- Berichtigung des Verteilungsverzeichnisses 194 7
- Beschwerdebefugte 194 8, 9
- Beschwerdefrist 194 8, 9
- Einwendungen 194 2
- Einwendungsfrist 194 5
- Einwendungsverfahren 194 6
- Entscheidung des Insolvenzgerichts 194 7
- Niederlegung 194 7
- Rechtsmittel 194 8
- sofortige Beschwerde 194 8, 9
- Vorabgleichstellung 194 4
- Zurückweisung 194 7

Einzugsermächtigungslastschriften 81 5

Entbehrlichkeit der Anhörung
- Aufenthalt des Schuldners im Ausland 10 8
- Ermessen 10 9
- unbekannter Aufenthalt des Schuldners 10 8

Enteignung 91 12

Entgeltliche Verträge mit nahestehenden Personen 133 38
- Entgeltlichkeit, Begriff 133 40
- gesetzliche Vermutung 133 43

- nahe stehende Person, Begriff 133 41
- unmittelbare Gläubigerbenachteiligung 133 42
- Vertragsbegriff 133 39

Entgeltumwandlung Anh. VIII § 165 SGB III 25

Enthaftung der Masse bei Wohnmieträumen
- Enthaftungserklärung 109 18
- im Verbraucherinsolvenzverfahren 109 32
- Rücktritt vom Vertrag 109 25
- Schadensersatzanspruch 109 23, 30

Enthaftung der Masse bei Wohnraummiete 109 2
- Enthaftungserklärung 109 9, 10, 11
- Rechtsfolgen 109 12

Enthaftungserklärung 109 9

Entlassung des Insolvenzverwalters 59
- Anhörung des Verwalters 59 11
- auf Antrag des Verwalters 59 3
- bei Gefahr in Verzug 59 12
- Beschluss 59 12
- Entlassungsantrag 59 11
- Entlassungsgrund 59 4
- Frist zur Stellungnahme 59 11
- Grundsatz der Verhältnismäßigkeit 59 2
- Pflichtverletzung 59 5
- Rechtsfolgen 59 14
- Rechtsmittel 59 13
- Störung des Vertrauensverhältnisses 59 5
- Verfahren 59 9
- Verfahrensfehler 59 11
- Vergütung 59 14
- von Amts wegen 59 3
- wichtiger Grund 59 2
- Zuständigkeit 59 10

Entlassung von Mitgliedern des Gläubigerausschusses 70
- Abmahnung 70 2
- Anhörung 70 5
- Beschluss 70 5
- Entlassung auf Antrag der Gläubigerversammlung 70 1
- Entlassung auf Antrag eines Ausschussmitglieds 70 1
- Interessenkollision 70 2
- Rechtsfolgen 70 5
- sofortige Beschwerde 70 5
- Verfahren 70 5
- von Amts wegen 70 1, 5
- wichtiger Grund 70 1, 2

Entscheidung
- Beschluss 4a 67; 5 46
- Zuständigkeit 4a 69

Entscheidung des Insolvenzgerichts
- Anhörung 289 1, 18
- Anhörungstermin 289 18
- Ankündigung der Restschuldbefreiung 289 6
- Einstellung des Verfahrens wegen Masselosigkeit 289 18
- Gläubigerversammlung 289 18

2799

Stichwortverzeichnis

- Hinweispflichten 289 4
- Inhalt 289 6
- Rechtsbeschwerde 289 10
- Rechtsmittel 289 1
- Restschuldbefreiung 289
- Schlusstermin 289 2
- schriftliches Verfahren 289 8
- sofortige Beschwerde 289 9
- Stellungnahme des Schuldners 289 4
- Verfahren 289 1
- Verfahrensdauer 289 7
- Versagung der Restschuldbefreiung 289 5

Entscheidung über den Fortgang des Verfahrens 157
- Alternativplan 157 8
- Änderung von Beschlüssen 157 10
- Aufhebung von Beschlüssen 157 10
- Auftrag zur Ausarbeitung eines Insolvenzplans 157 9
- Ausproduktion 157 6
- Entlassungsersuchen des Insolvenzverwalters 157 10
- Entscheidungskompetenz 157 1
- Gläubigerautonomie 157 1
- Gläubigerversammlung 157 8
- Grundlage 157 8
- Haftung des Insolvenzverwalters 157 10
- Haftungsreduktion 157 11
- Innensanierung 157 2, 5
- Insolvenzplan 157 5, 7
- Insolvenzplanverfahren 157 2
- Liquidation 157 2, 3
- Maßnahmen vor der Entscheidung, *siehe Maßnahmen vor der Entscheidung über Unternehmensstilllegung oder -äußerung*
- nach pflichtgemäßem Ermessen 157 11
- Prüfung der Verwertungsalternativen 157 6
- übertragende Sanierung 157 2, 4
- Übertragung der Beschlusskompetenz 157 8, 11
- Umsetzung 157 7
- unterschiedliche Verwertungsmaßnahmen 157 2
- Verfahren 157 8
- Verwaltungsalternativen 157 2
- Zerschlagung 157 4

Entscheidung über die Restschuldbefreiung 300; 300 n. F.
- Abtretungserklärung, Laufzeit 300 4
- Anhörung 300 10
- Anhörung der Antragsberechtigten 300 13a
- Ausnahmefall 300 13
- Beendigung der Wohlverhaltensperiode 300 8
- Bekanntmachung 300 17
- Gebühren, Kosten, Gegenstandswert 300 23
- gerichtliche Entscheidung und Rechtswirkungen 300 14
- Rechtsmittel 300 20
- *sofortige Beschwerde 300 22*
- Verfahren 300 3

- Versagungsgrund 300 12
- vorzeitige Versagung 300 16

Entscheidung über die Verwertung, *siehe Entscheidung über den Fortgang des Verfahrens*
- besonders bedeutsame Rechtshandlungen, *siehe besonders bedeutsame Rechtshandlungen*
- vorläufige Untersagung der Rechtshandlung, *siehe Vorläufige Untersagung der Rechtshandlung*

Entscheidungen, Definition nach EuInsVO Anh. I Art. 2 EuInsVO 10

Entsendung Anh. VIII § 165 SGB III 16

Erarbeitensgrundsatz Anh. VIII § 165 SGB III 28

Erbengemeinschaft 84 7

Erbenhaftung 11 26

Erbeninsolvenz 86 7

Erbschaft
- Anfechtung 83 2
- Annahme 83 1, 2
- Ausschlagung 83 1, 6
- Ausschlagungsfrist 83 2
- Erbschaftsteuerfiskus 83 4
- Massebestandteil 83 3
- nach Eröffnung des Insolvenzverfahrens 83 1
- Nacherbschaft 83 14
- Nachlassseparation 83 4
- Pflichtteilsansprüche 83 8
- Trennung der Vermögensmassen 83 4
- Vorerbschaft 83 13

Erbschaftskauf
- Antragsberechtigte 330 4
- Haftung 330 1
- Insolvenzmasse 330 2
- Nachlassinsolvenzverfahren 330
- Weiterverkauf 330 6

Erfüllungswahl des Insolvenzverwalters
- bei teilbaren Leistungen 105 11
- Rechtsfolgen bei teilbaren Leistungen 105 11

Erfüllungswahlrecht des Insolvenzverwalters 103 31; 106 1, *siehe auch Gegenseitige Verträge*
- Ablehnung der Erfüllung 107 1
- Alleinentscheidungsrecht 103 4
- Anfechtbarkeit der Wahlerklärung 103 36
- Aufforderung zur Ausübung 103 45
- bei internationalen und europäischen Bezügen 103 62
- bei nicht oder nicht vollständig erfüllten gegenseitigen Verträgen 103 16
- Bindungswirkung der Rechtsfolgen 103 51
- Entscheidungsspielraum 103 40
- Form der Erklärung 103 32
- Gestaltungsmöglichkeiten 103 34
- konkludente Erfüllungswahl 103 33
- Rechtsfolgen bei Ablehnung der Erfüllung 103 50
- Rechtsfolgen bei Erfüllungsablehnung 103 47
- Rechtsfolgen bei Erfüllungswahl 103 46

– Rechtsfolgen bei fehlenden Tatbestandsvoraussetzungen 103 54
– Rechtsfolgen bei unterlassener Erklärung trotz Aufforderung 103 49
– Rechtsfolgen der Aufhebung des Verfahrens 103 55
– steuerliche Aspekte 103 60
– Unabdingbarkeit 103 4
– Voraussetzungen 103 6

Erhaltung des Stammkapitals Anh. § 35 161, *s.a. GmbH, Kapitalerhaltung*

Erklärungen des Insolvenzverwalters
– Abgabe und Anzeige der Erklärung 35 150
– Gegenstand der Erklärungen 35 147
– Negativerklärung 35 158
– pflichtgemäßes Ermessen 35 150
– Positiverklärung 35 154
– Rechtsfolgen der Erklärung 35 154

Erlass 92 16

Erlöschen von Aufträgen 115
– Aufrechnung 115 8
– Auftragsverhältnis 115 3
– bei Gefährdung der Masse 115 5
– Beweislast 115 14
– Ende der Vollmacht 115 10
– Fortführung der Geschäfte 115 2
– Geschäftsführung ohne Auftrag 115 12
– Notgeschäftsführung 115 13
– Rechtsfolgen 115 6
– Soll-Insolvenzmasse 115 4
– Voraussetzungen 115 3
– Widerrufsrecht 115 9
– Zurückbehaltungsrecht 115 7

Erlöschen von Geschäftsbesorgungsverträgen 116
– Ausnahmen 116 17
– Insolvenz des Geschäftsherrn 116 8
– Oder-Konten 116 12
– Rechtsfolgen 116 9
– Treuhandverhältnisse 116 5, 13
– Und-Konten 116 12
– Voraussetzungen 116 2
– Zahlungsdiensteverträge 116 18

Erlöschen von Vollmachten 117
– bei angeordneter Eigenverwaltung 117 8
– betroffene 117 1
– gesetzliche Haftung 117 5
– Haftung 117 5
– Haftungsausschluss 117 6
– Hauptvollmacht 117 3
– Notgeschäftsführung 117 3
– Rechtsfolgen 117 3
– Rechtsscheinhaftung 117 4
– Untervollmachten 117 3
– Voraussetzungen 117 2

Ermächtigung, Rechtsverordnung 65

Ermächtigungswirkung 92 15, 18

Eröffnetes Verfahren, Insolvenzplan 5 18

Eröffnung des Insolvenzverfahrens 27; 27 n. F.; 29; 29 n. F., *siehe auch Antragsbefugnis, siehe auch Bekanntmachung des Eröffnungsbeschlusses*
– Ablehnung mangels Masse 92 5
– Angestellte 101
– Anordnung einer Postsperre 99
– Anordnung von Sicherungsmaßnahmen 21 6
– Antragsbefugnis bei juristischen Personen und Gesellschaften ohne Rechtspersönlichkeit 15 3
– Antragspflicht 15a; 15a n. F.
– Antragsrecht bei Gesellschaften ohne Rechtspersönlichkeit 15
– Antragsrecht bei juristischen Personen ohne Rechtspersönlichkeit 15
– Ausschluss sonstigen Rechtserwerbs 91
– bei drohender Zahlungsunfähigkeit 18 2
– Bekanntmachung des Eröffnungsbeschlusses 30; 30 n. F.
– Durchsetzung der Pflichten des Schuldners 98
– Einschränkung des Briefgeheimnisses 102
– Einschränkung des Post- und Fernmeldegeheimnisses 102
– Einschränkung eines Grundrechts 102
– Gesamtschaden 92
– Gesellschafterhaftung 93 6
– Insolvenzgrund Überschuldung 19 2
– organschaftliche Vertreter 101
– persönliche Haftung der Gesellschafter 93
– Rechtshandlungen nach Verfahrenseröffnung, *siehe Rechtshandlungen nach Verfahrenseröffnung*
– Unterhalt aus der Insolvenzmasse 100
– Wirkungen des Eröffnungsbeschlusses 34 7

Eröffnung des Insolvenzverfahrens siehe auch Bekanntmachung des Eröffnungsbeschlusses 30 n. F.

Eröffnung eines Insolvenzverfahrens, in EU-Mitgliedstaat 85 5

Eröffnungsantrag 13, *siehe auch Gläubigerantrag, siehe auch Insolvenzantragspflicht, siehe auch Insolvenzantragsrecht, siehe auch Zulässigkeitsvoraussetzungen*
– Abwickler 13 10
– Aktiengesellschaft 13 21
– Anhörungspflicht 15 32
– Antragsberechtigte 13 6
– Antragsformulare 13 33
– Antragsfrist 15a 22
– Antragsinhalt 15a 26
– Antragspflicht 15a; 15a n. F.
– Antragsrücknahme 13 47
– Antragstellung 13 2
– Antragsverfahren 13 1
– Auskunfts- und Mitwirkungspflichten des Schuldners 13 34
– ausländischer Personen 13 27
– Befugnis zur Antragsrücknahme 15 34
– bei juristischen Personen und Gesellschaften ohne Rechtspersönlichkeit 15

2801

Stichwortverzeichnis

- Bundesanstalt für Finanzdienstleistungsaufsicht 13 10
- Darlegung des Eröffnungsgrundes 13 34
- Erklärungen des Schuldners 13 4
- Erledigungserklärung 13 51
- Erledigungsgrund 13 56
- Europäische (Aktien-)Gesellschaft 13 22
- Europäische Genossenschaft 13 22
- EWIV 13 23
- Fehlen der Antragsbefugnis 15 33
- Formularzwang 13 33
- fortgesetzte Gütergemeinschaft 13 12, 13
- GbR 13 23
- Genossenschaft 13 21
- gesetzliche Krankenkasse 13 11
- gesetzliche Vertretung 13 9
- gesetzliche Vertretung des Schuldners 13 26
- Glaubhaftmachung der Führungslosigkeit 15 31
- Glaubhaftmachung des Eröffnungsgrundes 15 30
- Gläubigerantrag 13 6
- Gläubigerbegriff 13 7
- GmbH 13 21
- GmbH & Co. KG 13 23
- Gütergemeinschaft 13 12, 13
- internationale Bezüge 15 35
- juristische Personen 13 25
- KG 13 23
- KGaA 13 23
- Kosten bei Abweisung 14 36
- künftiger Gläubiger 13 8
- mehrere Antragsteller 13 43
- Mindestinhalt 13 34
- Nachlassinsolvenz 13 12, 13
- Nachlassinsolvenzverfahren 13 59
- OHG 13 23
- Parteifähigkeit 13 14
- Partenreederei 13 23
- Partikularinsolvenzverfahren 13 60
- Patnerschaftsgesellschaft 13 23
- Postulationsfähigkeit 13 28
- Prozessfähigkeit 13 15
- rechtliches Interesse des Gläubigers 13 29
- rechtliches Interesse des Schuldners 13 30
- Schriftformerfordernis 13 31
- Schuldnerantrag 13 6
- Sekundärinsolvenzverfahren 13 60
- Sonderantragsberechtigung 13 14
- Tod des Schuldners 13 59
- Unzulässigkeit des ~ 13 40, 45
- Verein 13 19
- Verfahrensart 13 42
- Zulassungsverfahren 13 3
- Zuständigkeit 13 41

Eröffnungsbeschluss
- Anhörung des Schuldners 27 9
- Antrag 27 6
- Art des Verfahrens 27 19
- Aufforderungen an Gläubiger und Schuldner 28
- Begründung 27 22
- Bezeichnung des Schuldners 27 14
- Ernennung des Insolvenzverwalters 27 11
- Eröffnungsgründe 27 7
- Eröffnungszeitpunkt 27 16
- fehlerhafter 27 28
- Gesellschaft als Schuldner 27 35
- Gesellschafter als Schuldner 27 36
- Hinweis auf Restschuldbefreiung 27 18
- Inhalt 27 1, 10
- Insolvenzfähigkeit des Schuldners oder der betroffenen Vermögensmasse 27 5
- Korrektur 27 31
- Kostendeckung 27 8
- Rechtsfolgen 27 33
- Rechtsmittel 27 32
- Sicherungsmaßnahmen 27 20
- Voraussetzungen 27 3
- Vorschlagsrecht des vorläufigen Gläubigerausschusses 27 23
- Wirksamwerden der Entscheidung 27 25
- Wirkungen 27 37
- Zuständigkeit 27 21
- Zuständigkeit des Insolvenzgerichts 27 4

Eröffnungsgrund, *siehe Insolvenzgrund*

Eröffnungsverfahren 13 2; 270a
- Anordnung der Eigenverwaltung 270a 6
- ESUG 270a 1
- Hinweiszwang des Insolvenzgerichts 270a 10
- Kosten des ~ 14 33
- Maßnahmen im ~ 270a 2
- offensichtlich aussichtsloser Antrag 270a 2
- Prozesskostenhilfe 14 37
- Rechtsfolgen 270a 6
- Verfügungsverbot 270a 6
- vorläufiger Sachwalter 270a 9

Eröffnungsvoraussetzungen, im Internationalen Insolvenzverfahren Anh. I Art. 4 EuInsVO 18

Ersatzaussonderung 48
- einfacher Eigentumsvorbehalt 48 9
- entgeltliche Veräußerung 48 5
- Ersatzabsonderung 48 20
- Gegenleistung 48 13
- Herausgabe der gegenleistung 48 12
- ohne Berechtigung 48 8
- Rechtsfolgen 48 12
- Veräußerungsgewinn 48 15

Ersatzfreiheitsstrafe 89 5

Ersatzkassen 97 2a

Ersetzung der Zustimmung 309
- Amtsermittlungspflicht 309 22
- Anhörung 309 2, 21
- Antrag 309 3
- Antragsrücknahme 309 4
- Aufrechnung 309 15
- Ausschlussgründe 309 8
- Barwertmethode 309 16
- bestrittene Forderungen 309 18

Stichwortverzeichnis

- Beweislast 309 24
- Beweislastumkehr 309 24
- Einwendungen 309 7
- fehlende Angemessenheit 309 9
- Finanzverwaltung 309 14
- Gebietskörperschaften 309 6
- gesicherte Gläubiger 309 7
- Glaubhaftmachung 309 2
- Glaubhaftmachung der Ausschlussgründe 309 21
- Gleichbehandlungsgrundsatz 309 9
- Inkassounternehmen 309 6
- Kopfmehrheit 309 2, 6
- Kostenerstattungsanspruch 309 29
- Lohnabtretung 309 9
- mehrere Forderungen 309 6
- nachrangige Forderungen 309 7
- Nullplan 309 15
- Pattsituation 309 5
- Rechtsmittel 309 25
- sofortige Beschwerde 309 26
- Sozialleistungsträger 309 15
- Summenmehrheit 309 7
- Verfahren 309 25
- Verfahrensablauf 309 2
- Vergütung 309 25
- wirtschaftliche Schlechterstellung 309 10
- Zummenmehrheit 309 2

Erstattung Anh. VIII § 165 SGB III 8; Anh. VIII § 166 SGB III 4; Anh. VIII § 168 SGB III 4

Erweiterte Massezugehörigkeit
- Geschäftsbücher 36 85
- landwirtschaftliche Betriebe und Apotheken 36 87

Erwerb aus dem insolvenzfreien Vermögen
- Einziehungsermächtigungsverfahren 36 13
- Lotto- und andere Spielgewinne 36 15
- Widerrufsrecht 36 14

Erwerbsobliegenheit 35 23
- Nichtablehnung zumutbarer Tätigkeit 4c 40

Erzwingungshaft 89 6

ESUG, Vergütung des vorläufigen Gläubigerausschusses Anh. III § 12 InsVV 10; Anh. III § 17 InsVV 11

EuInsVO
- Änderung der Anhänge Anh. I Art. 45 EuInsVO
- Anerkennung der Verfahrenseröffnung, *siehe Anerkennung ausländischer Insolvenzverfahren*
- Anhang B Anh. I Art. 47 EuInsVO 1
- Anhang C Anh. I Art. 47 EuInsVO 1
- Anknüpfung an die lex fori concursus Anh. I Art. vor 1 EuInsVO 14
- Anmeldung von Forderungen Anh. I Art. 39 EuInsVO
- anwendbares Recht, *siehe auch Anwendbares Recht EuInsVO*
- Anwendung bei gerichtlichen Entscheidungen Anh. I Art. vor 1 EuInsVO 5
- Anwendung im Annexverfahren Anh. I Art. vor 1 EuInsVO 5
- Anwendung im Restschuldbefreiungsverfahren Anh. I Art. vor 1 EuInsVO 4
- Anwendung in der Praxis Anh. I Art. vor 1 EuInsVO 21
- Anwendungsbereich Anh. I Art. vor 1 EuInsVO 2, *siehe auch Anwendungsbereich der EuInsVO*
- Anwendungsvorrang Anh. I Art. vor 1 EuInsVO 5, 17
- Arbeitsvertrag, *siehe Arbeitsverhältnisse*
- Aufrechnung, *siehe auch Aufrechnung*
- Aussetzung der Verwertung, *siehe auch Aussetzung der Verwertung*
- Begründung des Eröffnungsbeschlusses, *siehe auch Begründung des Eröffnungsbeschlusses*
- Benachteiligende Handlungen, *siehe auch Benachteiligende Handlungen*
- Bericht der Kommission Anh. I Art. 46 EuInsVO
- centre of main interests Anh. I Art. vor 1 EuInsVO 8
- Definitionen, *siehe auch Definitionen EuInsVO*
- dingliche Rechte Dritter, *siehe auch Dingliche Rechte Dritter*
- Diskriminierungsverbot Anh. I Art. 39 EuInsVO 4
- Eigentumsvorbehalt, *siehe auch Eigentumsvorbehalt*
- Einstellung des Verfahrens zugunsten der Gerichte eines anderen Mitgliedstaates, *siehe auch Einstellung des Insolvenzverfahrens zugunsten der Gerichte eines anderen Mitgliedstaates*
- Eintragung in öffentliche Bücher und Register, *siehe auch Eintragung in öffentliche Bücher und Register*
- Entstehungsgeschichte Anh. I Art. vor 1 EuInsVO 1
- Gemeinschaftspatente und Marken, *siehe Gemeinschaftspatente; Gemeinschaftsmarken*
- Gläubigergleichbehandlung Anh. I Art. vor 1 EuInsVO 9
- Gleichbehandlung der Gläubiger Anh. I Art. 39 EuInsVO 4
- Grundfragen des internationalen Insolvenzrechts Anh. I Art. vor 1 EuInsVO 6
- Inhalt einer Forderungsanmeldung Anh. I Art. 41 EuInsVO
- Inkrafttreten Anh. I Art. 47 EuInsVO
- Insolvenzplan, *siehe auch Insolvenzplan*
- Internationale Zuständigkeit, *siehe auch Internationale Zuständigkeit EuInsVO*
- isoliertes Partikularverfahren Anh. I Art. vor 1 EuInsVO 13
- Kompetenz und Verhältnis zum nationalen Recht Anh. I Art. vor 1 EuInsVO 16
- Konzerninsolvenz Anh. I Art. vor 1 EuInsVO 30
- öffentliche Bekanntmachung, *siehe auch Öffentliche Bekanntmachung*
- örtliche Zuständigkeit, *siehe auch Örtliche Zuständigkeit*

Stichwortverzeichnis

- Pflicht zur Unterrichtung der Gläubiger **Anh. I Art. 40 EuInsVO**
- räumlicher Anwendungsbereich **Anh. I Art. vor 1 EuInsVO 2**
- Recht auf Anmeldung von Forderungen **Anh. I Art. 39 EuInsVO**
- Rechtsmittel, *siehe auch Rechtsmittel*
- Reformperspektiven **Anh. I Art. vor 1 EuInsVO 25**
- Regelungsstrukturen **Anh. I Art. vor 1 EuInsVO 7**
- sachlicher Anwendungsbereich **Anh. I Art. vor 1 EuInsVO 3**
- schriftliche Forderungsanmeldung **Anh. I Art. 39 EuInsVO 9**
- Schutz des Dritterwerbers, *siehe auch Dritterwerber*
- Schutzschirmverfahren **Anh. I Art. 1 EuInsVO 6**
- Sekundärinsolvenzverfahren **Anh. I Art. vor 1 EuInsVO 11, 28**, *siehe auch Sekundärinsolvenzverfahren EuInsVO*
- Sicherungsmaßnahmen, *siehe auch Sicherungsmaßnahmen*
- Standardformular **Anh. I Art. vor 1 EuInsVO 29**
- Universalität **Anh. I Art. vor 1 EuInsVO 7**
- Unterichtung der Gläubiger, *siehe auch Unterrichtung der Gläubiger*
- Unterrichtungspflicht, *siehe auch Unterrichtungspflicht nach EuInsVO*
- Verhältnis zu Übereinkommen mit Drittstaaten **Anh. I Art. 44 EuInsVO 5**
- Verhältnis zu Übereinkünften **Anh. I Art. 44 EuInsVO**
- Vermeidung von Kompetenzkonflikten, *siehe auch Kompetenzkonflikte*
- Vertrag über einen unbeweglichen Gegenstand, *siehe auch Unbewegliche Gegenstände*
- Vollstreckung aus der Eröffnungsentscheidung, *siehe auch Vollstreckung aus der Eröffnungsentscheidung*
- Vorrang vor Übereinkommen zwischen Mitgliedstaaten **Anh. I Art. 44 EuInsVO 2**
- Wirkungen auf anhängige Rechtsstreitigkeiten, *siehe Anhängige Rechtsstreitigkeiten*
- Wirkungen des Insolvenzverfahrens auf eintragungspflichtige Rechte, *siehe Eintragungspflichtige Rechte*
- Zahlungssysteme und Finanzmärkte, *siehe auch Zahlungssysteme und Finanzmärkte*
- zeitliche Anwendbarkeit auf Insolvenzverfahren **Anh. I Art. 43 EuInsVO 2**
- zeitliche Anwendbarkeit auf Rechtshandlungen des Schuldners **Anh. I Art. 43 EuInsVO 6**
- zeitlicher Geltungsbereich **Anh. I Art. 43 EuInsVO**

Europäische (Aktien-)Gesellschaft 11 34
Europäische Genossenschaft 11 34
Europäische wirtschaftliche Interessenvereinigung 11 15; 84 10

Existenzvernichtung, i.R.d. Abgrenzung zum Gesellschaftsrecht **Anh. I Art. 4 EuInsVO 59**
Existenzvernichtungshaftung **Anh. § 35 50**, *s.a. GmbH, Existenzvernichtungshaftung*

F

Factoring 47 37
- Bedingungsvariante 47 38
- Delkrederefunktion 47 37
- echtes 47 38, 48
- Factoringvertrag 47 37
- Insolvenz des Factors 47 47
- Insolvenz des Kunden 47 40
- Rücktrittsvariante 47 38
- Schadenersatzanspruch 47 40
- unechtes 47 39, 49
- Vorschussverfahren 47 38

Faktische Gesellschaft 11 17, 18
Fälligkeitsvereinbarung **Anh. VIII § 165 SGB III 28**
Fehlerhafte Gesellschaft 11 17
Festellung der Forderungen, *siehe auch Besondere Zuständigkeiten*, *siehe auch Klage gegen einen Widerspruch des Schuldners*, *siehe auch Streitwert*, *siehe auch Umfang der Feststellung*, *siehe auch Wiedereinsetzung in den vorigen Stand*, *siehe auch Wirkung der Entscheidung*, *siehe auch Zuständigkeit für die Feststellung*

Festsetzung, Vergütung 64 1, 23
Festsetzung des Bruchteils 195
- Berechnung der Höhe 195 4
- Gläubigerausschuss 195 2
- Insolvenzgericht 195 2
- Insolvenzverwalter 195 2
- Mitteilung 195 5
- Rechtsbehelfe 195 6
- Wirksamkeit 195 5
- Zeitpunkt der Festsetzung 195 3
- Zuständigkeit 195 2

Festsetzung durch das Gericht 64
- Antrag 64 3
- Rechtliches Gehör 64 22, 24
- Rechtskraft 64 18
- Rechtsmittel 64 27
- sofortige Beschwerde 64 27
- Vergütungsantrag, Muster 64 22a
- Zuständigkeit 64 6

Feststellung der Forderungen, *siehe auch Prüfungstermin*, *siehe auch Streitige Forderungen*
- Absonderungsrechtsstreit 178 4a
- Arglistklage 178 13
- Eintragung in die Tabelle 178 9
- Feststellungsrechtsstreit 178 8
- Feststellungsvermerk 178 10
- Gegenstand 178 4
- ordnungsgemäße Anmeldung 178 2
- Rangwiderspruch 178 4a
- Rechte der Insolvenzgläubiger 178 1

Stichwortverzeichnis

- Rechtsbehelfe gegen Eintragung in die Tabelle 178 13
- Rechtskraftwirkung der Eintragung 178 11
- Restitutionsklage 178 13
- Restschuldbefreiungsverfahren 178 1
- Rücknahme des Widerspruchs 178 7
- Schlussverteilung 178 1
- Tabelle 178 1
- Teilfeststellung 178 3
- Teilnahmebefugnis 178 4a
- Verteilung der Insolvenzmasse 178 1
- Vollstreckungsabwehrklage 178 13
- Voraussetzungen und Wirkung 178
- widerspruchlose 178 5
- Zustimmungsvorbehalt 178 2

Feststellung des Stimmrechts 77
- absonderungsberechtigte Gläubiger 77 1, 10
- Antrag auf Neufestsetzung 77 8
- aufschiebend bedingte Forderungen 77 10
- bestrittene Forderungen 77 5
- der Insolvenzgläubiger 77 2
- Einigung über Stimmrecht 77 6
- Einigung über Stimmrechte 77 8
- Entscheidung über Stimmrecht 77 7
- gerichtliche Entscheidung 77 7
- Rechtsmittel 77 8
- Rechtswirkungen 77 9
- Stimmberechtigte 77 1
- Umfang 77 3
- unbestrittene Forderungen 77 4
- zweistufige Prüfung 77 3

Feststellungsantrag, Antragsvoraussetzungen 122 4

Feststellungsklage 85 16; 92 15; 123 37

Feststellungsstreitigkeit 87 1

Finalitätsrichtlinie 96 2, 30

Finanzämter 97 2a

Finanzanlagen 19 32

Finanzierungsleasingvertrag 112 7

Finanzsicherheiten, Verfügungen über ~ 81 28

Finanzsicherheitenrichtlinie 96 2, 29

Finanztermingeschäfte 104 3
- Anwendungsbereich des § 104 InsO 104 7
- Derivate 104 13
- Devisenswap 104 20
- Edelmetalle 104 17
- Fälligkeit 104 38
- Finanzsicherheiten 104 23
- Geldleistungen 104 21
- internationale und europäische Bezüge 104 39
- Kassageschäfte 104 26
- Markt- oder Börsenpreis 104 27, 36
- Optionen 104 22
- Rechtsfolgen 104 34
- Tawarruq-Verträge 104 40
- Währungsswap 104 20
- Wertpapiere 104 18
- Wertpapierleihgeschäfte 104 26

Fixgeschäfte 104 2
- Fälligkeit 104 38
- festbestimmte Zeit 104 9
- Fixabrede 104 9
- internationale und europäische Bezüge 104 39
- Markt- oder Börsenpreis 104 36
- Rechtsfolgen 104 34
- Tawarruq-Verträge 104 40

Forderung, Verpfändung der ~ 94 26

Forderungen 19 34
- Anmeldung zur Tabelle 87 1
- Ansprüche auf Versicherungsleistungen 35 85
- Arbeitseinkommen und funktionale Äquivalente 35 74
- auflösend bedingte ~, *siehe auch Auflösend bedingte Forderungen*
- bedingte 95 5
- Befreiung von einer Schuld 35 101
- befristete 41 9
- Belegenheit nach EuInsVO **Anh. I Art. 2 EuInsVO** 28
- betagte 95 5
- Darlehen und Bankverträge 35 82
- erbrechtliche Ansprüche 35 98
- Fälligkeitszeitpunkt 41 1
- familienrechtliche Ansprüche 35 95
- nicht fällige ~, *siehe auch Nicht fällige Forderungen*
- nicht übertragbarezweckgebundene 35 72
- Nießbrauch 35 103
- Pfändungsschutzkonto 35 83
- Prozesskostenerstattung 35 104
- steuerliche Ansprüche 35 90
- Treuhandverhältnis 35 105
- Umrechnung, *siehe auch Umrechnung von Forderungen*
- unpfändbare ~ 35 71
- Unterlassungsansprüche 35 102

Forderungen auf Arbeitsentgelt und gleichgestellte Forderungen
- Änderung der Unpfändbarkeitsvoraussetzungen 36 72
- Änderung des unpfändbaren Betrags 36 70
- Arbeitseinkommen 36 56
- bedingt pfändbare Bezüge 36 65
- Berechnung des Arbeitseinkommens 36 69
- Kontoguthaben 36 76
- Nicht übertragbare Forderungen 36 77a
- Pfändungsgrenzen 36 66
- private Alterssicherung 36 78
- sonstige Einkünfte 36 74
- Sozialleistungen 36 79
- unpfändbare Bezüge 36 63
- Unterhaltsansprüche 36 68
- verschleiertes Arbeitseinkommen 36 73

Forderungen der Insolvenzgläubiger 87
- Neugläubiger 87 5

Forderungen mit unbestimmtem Geldbetrag
- unverzinsliche Forderungen 45 5

– wiederkehrende Leistungen 45 6
Forderungsanmeldung, Endtermin 28 4
Forderungsübergang Anh. VIII § 169 SGB III 2
– Bruttolohn Anh. VIII § 169 SGB III 3
– Lohnsteueranteil Anh. VIII § 169 SGB III 3
– Nettolohn Anh. VIII § 169 SGB III 3
Formblatt Unterrichtung nach Art. 40 EuInsVO
 Anh. I Art. 42 EuInsVO 7
Fortbestehen von Dienst- und Arbeistverhältnissen, Rechtsfolgen 108 20
Fortbestehen von Dienst- und Arbeitsnissen 108 1, 15
– Schadensersatzansprüche 108 24
Fortbestehen von Miet- und Pachtverhältnissen 108 1
– Abrechnung über Betriebskosten 108 29
– Beispiele für bloße Insolvenzforderungen 108 26
– Darlehensverträge 108 19, 31
– Eintritt des Insolvenzverwalters 108 20
– Hauptleistungspflichten 108 18
– Herausgabeanspruch 108 27
– Mietsicherheit 108 30
– Nebenleistungspflichten 108 18
– Nutzungsüberlassungsverträge 108 32
– Räume 108 13
– Rechtsfolgen 108 20
– Schadensersatzansprüche 108 24
– Sicherungsübertragung 108 16
– über bewegliche Gegenstände oder Räume 108 7
– unbewegliche Gegenstände 108 12
– Untervermietung 108 9
Fortbestehen von Schuldverhältnissen 108, *siehe auch Fortbestehen von Dienst-und Arbeitsverhältnissen, siehe auch Fortbestehen von Miet-und Pachtverträgen, siehe auch Leasingverträge*
Fortführungsplan 217 46
Fortführungswert 19 27
Fortgesetzte Gütergemeinschaft
– Antragsberechtigte auf Gläubigerseite 332 16
– Antragsberechtigte auf Schuldnerseite 332 14
– Antragsberechtigung 332 13
– Auseinandersetzung 332 21
– Ehevertrag 332 1
– Eröffnungsgründe 332 18
– Gesamtgut 332 1
– Gesamtgutsinsolvenz 332 3
– Gläubiger 332 9
– Haftung für Gesamtgutsverbindlichkeiten 332 1
– Insolvenzmasse 332 4
– Neuerwerb 332 6
– örtliche Zuständigkeit 332 22
– Schuldner 332 8
– Sondergut 332 1
– Vorbehaltsgut 332 1
Freigabe
– Arten 35 29
– Durchführung 35 33
– echte 92 19

– echte – 35 29
– modifizierte – 35 31
– unechte – 35 30
Freigabe der Massegegenstände
– echte 80 6
– erkaufte 80 6
– modifizierte 80 6
Fremdwährungsverbindlichkeiten 95 3, 16
– Fremdwährungskonten 95 17
– unechte 95 16
Fristenberechnung 139
– bei einem Antrag 139 2
– bei mehreren Anträgen 139 6
– Doppelinsolvenz 139 4
– Eröffnungsbeschluss 139 3
– Maßgeblichkeit des Erstantrags 139 7
– Rückrechnung 139 1
– Sonderfälle 139 5
– Stichtag 139 4
– unbeachtliche Anträge 139 9
– Zeitpunkt des Eingangs des Insolvenzantrags 139 3
– Zeitpunkt des Insolvenzantrags 139 1

G
Gegenseitige Verträge 103 6
– Beispiele für – 103 7
– Erfüllungswahlrecht des Insolvenzverwalters bei nicht oder nicht vollständiger Erfüllung 103 16
– gemischttypischer Vertrag 103 13
– Lizenzvertrag 103 11, 12
– Rückgewährschuldverhältnisse 103 14
Geldbußen, Erzwingungshaft 89 6
Geldstrafe 89 5
Gemeinden 12 8
Gemeindeverbände 12 8
Gemeinschaftskonten 84 4
Gemeinschaftsmarken Anh. I Art. 12 EuInsVO
– anwendbares Recht Anh. I Art. 12 EuInsVO 1
– Mittelpunkt der hauptsächlichen Interessen Anh. I Art. 12 EuInsVO 3, 4
Gemeinschaftspatente Anh. I Art. 12 EuInsVO
– anwendbares Recht Anh. I Art. 12 EuInsVO 1
– Mittelpunkt der hauptsächlichen Interessen Anh. I Art. 12 EuInsVO 3
– Rechtsfolgen Anh. I Art. 12 EuInsVO 4
Gemeinschaftsrecht Anh. VIII § 165 SGB III 6, 17
Gemeinschaftsrechtskonformität Anh. VIII § 165 SGB III 35; Anh. VIII § 358 SGB III 7
Genossenschaft Anh. VI § 66a GenG 1
– Abtretung Anh. VI § 66a GenG 15
– Aufrechnung Anh. VI § 66a GenG 14
– Kündigung der Mitgliedschaft Anh. VI § 66a GenG
– – Empfänger Anh. VI § 66a GenG 9
– – Erklärung Anh. VI § 66a GenG 6

– – Form **Anh. VI § 66a GenG** 7
– – Frist **Anh. VI § 66a GenG** 8
– – Rechtsfolgen **Anh. VI § 66a GenG** 10
– – Verwertungsverzicht **Anh. VI § 66a GenG** 13
– Mitgliedschaftsverhältnis bei Insolvenzeröffnung **Anh. VI § 66a GenG** 3
Gericht, Definition nach EuInsVO **Anh. I Art. 2 EuInsVO** 9
gerichtlich bestätigter Schuldenbereinigungsplan, Anwendbarkeit EuInsVO **Anh. I Art. 1 EuInsVO** 12
Gesamtgut bei Gütergemeinschaft
– Eheschließung 37 1
– gemeinschaftliche Verwaltung 37 4, 12
Gesamtgut einer fortgesetzten Gütergemeinschaft, Insolvenzfähigkeit des – 11 29
Gesamtgut einer Gütergemeinschaft, Insolvenzfähigkeit des – 11 30
Gesamtgutsinsolvenz 333
– Antragsbefugnis 333 11
– Aufrechnung 334 3
– Auswirkungen auf Verfahren 333 4
– Eröffnungsgründe 333 9
– Gläubiger 333 8
– Haftung 333 4
– Herausgabeverlangen 334 2
– Insolvenzmasse 333 3
– Insolvenzplan 334 6
– Insolvenzverwalter 334 1
– persönliche Haftung der Ehegatten 334
– Prozessstandschaft 334 4
– Sachwalter 334 1
– Schuldner 333 4
– sofortige Beschwerde 333 13
– Vollstreckung 334 2
– Zuständigkeit 333 13
Gesamthandsgemeinschaften
– eheliche Gütergemeinschaft 11 23
– Erbengemeinschaft 11 23
– Insolvenzfähigkeit von – 11 23
– Miturheberschaft 11 23
Gesamtinsolvenz 11 2
Gesamtschaden
– Ansprüche gegen Insolvenzverwalter 92 22
– Ansprüche gegen Mitglieder des Vertretungsorgans einer KG 92 9
– der Insolvenzgläubiger 92 6
– Eintritt des – 92 12
– Eintritt nach Verfahrenseröffnung 92 14
– Eintritt vor Verfahrenseröffnung 92 13
– Ersatzansprüche 92 2
– Geltendmachung 92
– Kosten des Prozesses 92 21
– Verteilung 92 21
Gesamtschuld
– echte – 43 8
– gesetzlich begründete – 43 9

– unechte – 43 10
Gesamtsozialversicherungsbeitrag Anh. VIII § 165 SGB III 32
– Arbeitnehmerüberlassung **Anh. VIII § 165 SGB III** 32
– Verjährung **Anh. VIII § 165 SGB III** 32
Geschäftsähnliche Handlungen 81 8
Geschäftsbesorgungsvertrag, Definition 116 2
Geschäftsführerhaftung Anh. § 35 199, *s.a. GmbH, Geschäftsführerhaftung*
Gesellschaft bürgerlichen Rechts 11 15
Gesellschaft mit beschränkter Haftung 11 7
Gesellschaften ohne Rechtspersönlichkeit
– Beginn der Insolvenzfähigkeit 11 16
– Insolvenzfähigkeit von – 11 1, 15
Gesellschafter, persönliche Haftung 93
Gesellschafterdarlehen 135
– Anfechtung von Befriedigung und Sicherung 135 2
– Art der Forderung 135 3
– Befriedigung 135 16
– betroffene Gesellschaften 135 14
– Darlehen und wirtschaftlich entsprechende Rechtshandlungen 39 35
– Darlehensgeber 135 5
– Doppelinsolvenz 135 26
– Frist 135 17
– Gesellschafter und gleichgestellte Dritte 39 32
– gesellschafterbesicherte Drittforderungen 135 18
– Gesellschafterdarlehen oder wirtschaftlich entsprechende Rechtshandlungen 39 32
– Gesellschafterinsolvenz 135 26
– Gesellschaftsinsolvenz 39 29
– Gläubigerbenachteiligung 135 2
– gleichgestellte Forderungen 135 5
– Kleinbeteiligtenprivileg 39 41; 135 13
– MoMiG 135 1
– Nutzungsüberlassung 135 20
– Pfandrechtsinhaber 135 5
– Privilegierung 135 7
– Rechtshandlungen Dritter 135 5
– Sanierungsprivileg 39 37; 135 8
– Sicherung 135 15
– Strohmann 135 5
– Stundungsabrede 135 4
– Treuhandverhältnisse 135 5
Gesellschafterhaftung 80 12
– akzessorische 93 12
– Anwendungsbereich des § 93 InsO 93 4
– Doppelinsolvenz von Gesellschaft und Gesellschafter 93 22
– Einwendungen 93 18
– Ermächtigungswirkung des § 93 InsO 93 11, 13, 16
– für Masseverbindlichkeiten 93 10
– Gesellschafterbürgschaften 93 4
– Haftungsanspruch der Gesellschaftsgläubiger 93 11

Stichwortverzeichnis

- Haftungsansprüche gegen Gesellschafter 93 4
- im eröffneten Insolvenzverfahren 93 6
- Leistungsverweigerung 93 19
- Realsicherheiten 93 4
- Rechtsfolgen 93 11
- Reichweite der persönlichen Haftung 93 7
- Sperrwirkung 93 11
- Vergleich 93 14
- Verteilung 93 21
- Vollstreckung 93 20
- Vor-GmbH 93 5
- Zweck der Regelung in § 93 InsO 93 1

Gesellschaftsinsolvenz
- Kleinbeteiligtenprivileg 44a 6
- Sanierungsprivileg 44a 6

Gesellschaftsrechte
- Aktiengesellschaft 35 56
- GbR 35 63
- Genossenschaft 35 61
- GmbH 35 58
- Insolvenz der Genossenschaft 35 61
- Insolvenz der Gesellschaft 35 58
- KG 35 67
- OHG 35 65
- sonstige 35 69

Gesellschaftsrechtlich nahestehende Personen
- Angehörige 138 14
- Beteiligung an Gesellschaften 138 9
- Gesellschaft ohne Rechtspersönlichkeit 138 10
- gesellschaftsrechtliche Verbindung 138 12
- Insiderstellung 138 11
- juristische Person 138 10
- juristische Personen 138 13
- Organmitglieder 138 13
- persönlich haftende Gesellschafter 138 10
- Verschwiegenheitspflicht 138 14

Gesetz zur Reorganisation von Kreditinstituten (KredReorgG) Anh. IX § 23 KredReorgG 1, *siehe auch Reorganisationsverfahren, siehe auch Sanierungsverfahren*
- Anwendungsbereiche Anh. IX § 23 KredReorgG 5
- Mitwirkung des Kreditinstitutes Anh. IX § 23 KredReorgG 4
- persönlicher Anwendungsbereich Anh. IX § 23 KredReorgG 5
- Reorganisationsverfahren Anh. IX § 23 KredReorgG 2
- Sanierungsverfahren Anh. IX § 23 KredReorgG 2
- Systemrelevanz Anh. IX § 23 KredReorgG 5
- Ziel Anh. IX § 23 KredReorgG 3

Gesetz zur weiteren Erleichterung der Sanierung von Unternehmen, *siehe ESUG*

Gesetzliche Erwerbstatbestände, Ausschluss sonstigen Rechtserwerbs 91 34

Gesetzliche Krankenkasse 13 11

Gesetzliche Krankenkassen, Insolvenzfähigkeit von - 12 6

Gesicherte Darlehen
- Darlehensforderungen 44a 8
- Darlehensgewährung eines Dritten 44a 7
- Doppelbesicherung 44a 11
- gesellschaftergesicherte Darlehen 44a 1
- Gesellschaftsinsolvenz 44a 2, 4
- Sicherheitenbestellung 44a 10
- Teilnahme am Insolvenzverfahren 44a 13

Gestaltungsklage 85 17

Gestaltungsrechte 80 10

Gestreckter Erwerb, Ausschluss sonstigen Rechtserwerbs 91 19

Gewerkschaften 12 11

Gewöhnlicher Aufenthalt
- Begriff i.R.d. EuInsVO Anh. I Art. 3 EuInsVO 22
- bei Forderungsanmeldung Anh. I Art. 39 EuInsVO 5
- internationale Zuständigkeit nach EuInsVO Anh. I Art. 3 EuInsVO 21

Glaubhaftmachung 290 11
- Anforderungen an Gläubigervortrag 290 14
- Begriff 290 12
- Mittel der - 290 16
- Zeitpunkt 290 13

Gläubiger, Begriffsdefinition 1 23

Gläubigeranfechtung 89 20; Anh. V § 1 AnfG, *siehe auch Anfechtbare Rechtshandlungen des Schuldners, siehe auch Anfechtungsanspruch, siehe auch Anfechtungsfristen, siehe auch Anfechtungsrechtsstreit, siehe auch Duldung der Zwangsvollstreckung*
- Absonderungsberechtigte Anh. V § 1 AnfG 6; Anh. V § 16 AnfG 5
- aktive Rechtshandlungen Anh. V § 1 AnfG 19
- Anfechtbarkeit von Gesamtvorgängen Anh. V § 1 AnfG 24
- Anfechtung durch Einrede, *siehe auch Anfechtungseinrede*
- Anfechtungsanspruch Anh. V § 1 AnfG 1
- Anfechtungsberechtigte Anh. V § 2 AnfG
- Anfechtungsberechtigung Anh. V § 1 AnfG 5
- Anfechtungseinrede Anh. V § 1 AnfG 47
- Anfechtungsfristen bei Gesellschafterdarlehen Anh. V § 6a AnfG 1
- Anfechtungsgegner Anh. V § 1 AnfG 10; Anh. V § 2 AnfG 1
- Anfechtungstatbestände Anh. V § 1 AnfG 3
- Ansprüche des Anfechtungsgegners Anh. V § 12 AnfG
- Aufrechnung Anh. V § 2 AnfG 17
- außerhalb des Insolvenzverfahrens Anh. V § 1 AnfG 45
- Auskunftsanspruch Anh. V § 11 AnfG 3, 41
- Auskunftspflicht des Anfechtungsgegners Anh. V § 1 AnfG 12
- ausländisches Vermögen Anh. V § 1 AnfG 28

Stichwortverzeichnis

- Ausschluss der Gläubigerbenachteiligung Anh. V § 1 AnfG 32
- Aussetzung des Verfahrens Anh. V § 2 AnfG 1
- Aussonderungsberechtigte Anh. V § 1 AnfG 6
- Aussonderungsgläubiger Anh. V § 16 AnfG 5
- Bank als Anfechtungsgegner Anh. V § 7 AnfG 23
- Bank als Schuldner Anh. V § 7 AnfG 23
- Begrifflichkeiten Anh. V § 1 AnfG 2
- bei Insolvenz des Schuldners Anh. V § 16 AnfG
- bei unentgeltlicher Leistung Anh. V § 4 AnfG
- Beispiele für das Vorliegen der Gläubigerbenachteiligung Anh. V § 1 AnfG 30
- Berechnung der Anfechtungsfristen Anh. V § 7 AnfG
- Beweislast Anh. V § 1 AnfG 50; Anh. V § 2 AnfG 21; Anh. V § 11 AnfG 6, 7
- Drittsicherheiten Anh. V § 2 AnfG 13
- Duldungsbescheid Anh. V § 1 AnfG 47, 48; Anh. V § 2 AnfG 1
- eidesstattliche Versicherung Anh. V § 2 AnfG 16
- eidesstattliche Versicherung des Schuldners Anh. V § 1 AnfG 12
- Einzelanfechtungsanspruch Anh. V § 2 AnfG 1
- Erfüllungsgeschäft Anh. V § 1 AnfG 25
- Erlöschen des Anfechtungsrechts Anh. V § 7 AnfG 2
- Eröffnung des Insolvenzverfahrens Anh. V § 16 AnfG 3
- Erstattung einer Gegenleistung Anh. V § 12 AnfG 2
- Erwirkung der Handlung durch Zwangsvollstreckung Anh. V § 10 AnfG 5
- Fälligkeit der Hauptforderung Anh. V § 2 AnfG 4
- Finanzamt Anh. V § 1 AnfG 6
- Finanzverwaltung Anh. V § 1 AnfG 46
- Forderungsqualität Anh. V § 2 AnfG 3
- Fristberechnung Anh. V § 1 AnfG 47
- Fristberechnung nach Beendigung des Insolvenzverfahrens Anh. V § 18 AnfG 9
- Fristen Anh. V § 5 AnfG 2
- fruchtlose Zwangsvollstreckung Anh. V § 2 AnfG 15
- gegen Erben Anh. V § 7 AnfG 12
- gegen Gesamtrechtsnachfolger Anh. V § 7 AnfG 12
- gegen Rechtsnachfolger des Anfechtungsgegners Anh. V § 15 AnfG
- gegen Sonderrechtsnachfolger Anh. V § 7 AnfG 12
- Geltendmachung Anh. V § 1 AnfG 8
- Gesellschafterdarlehen Anh. V § 6 AnfG
- Gesellschafterdarlehen, Anfechtungsfristen Anh. V § 6a AnfG 4
- Gesellschafterdarlehen, Ausschlussfrist Anh. V § 6a AnfG 1
- Gesellschafterdarlehen, Berechnung der Anfechtungsfrist Anh. V § 6a AnfG 5, 9
- Gesellschafterdarlehen, Berechnung der Anfechtungsfrist bei Abweisung mangels Masse Anh. V § 6a AnfG 6
- Gesellschafterdarlehen, Berechnung der Anfechtungsfrist weitere Ausschlussfrist Anh. V § 6a AnfG 7
- Gesellschafterdarlehen, Rechtshandlungen Dritter Anh. V § 6a AnfG 3
- Gesellschafterdarlehen, Wahrung der Anfechtungsfrist Anh. V § 6a AnfG 8
- Gesellschaftergläubiger Anh. V § 1 AnfG 7
- gesicherte Drittdarlehen Anh. V § 6a AnfG
- Gläubiger nach Verfahrenseröffnung Anh. V § 1 AnfG 6
- Hauptforderung Anh. V § 2 AnfG 2
- hypothetische Kausalverläufe Anh. V § 1 AnfG 43
- Inhalt des Anfechtungsschuldverhältnisses Anh. V § 11 AnfG 1
- Insolvenz des Schuldners, Anfechtung von Sicherungen Anh. V § 16 AnfG 14
- Insolvenz des Schuldners, Anfechtungsrecht im vereinfachten Insolvenzverfahren Anh. V § 16 AnfG 8
- Insolvenz des Schuldners, Durchsetzung des Anfechtungsanspruchs Anh. V § 16 AnfG 11
- Insolvenz des Schuldners, Prozesskostenerstattung Anh. V § 16 AnfG 13
- Insolvenz des Schuldners, Übergang des Anfechtungsrechts Anh. V § 16 AnfG 6
- Insolvenzgläubiger Anh. V § 16 AnfG 5, 15
- internationales Anfechtungsrecht Anh. V § 19 AnfG
- Kausalität Anh. V § 1 AnfG 36
- Klage, Feststellungsklage Anh. V § 7 AnfG 5
- Klage, Klageänderungen Anh. V § 7 AnfG 7
- Klage, Klageerweiterung Anh. V § 7 AnfG 7
- Klage, Rückgewährsanspruch Anh. V § 7 AnfG 7
- Klage, Stufenklage Anh. V § 7 AnfG 5
- Klage, Teilklage Anh. V § 7 AnfG 5
- Klage, unzulässige Anh. V § 7 AnfG 5
- Klage, Wertersatzanspruch Anh. V § 7 AnfG 7
- Klage, Widerklage Anh. V § 7 AnfG 5
- Klageantrag, *siehe auch Anfechtungsprozess*
- Massegläubiger Anh. V § 1 AnfG 6; Anh. V § 16 AnfG 5
- mehrere Anfechtungsgegner Anh. V § 1 AnfG 11
- Minderjährigenschutz Anh. V § 11 AnfG 4
- mittelbare Benachteiligung Anh. V § 1 AnfG 40
- mittelbare Zuwendungen Anh. V § 1 AnfG 24
- Möglichkeiten des Anfechtungsgegners Anh. V § 12 AnfG 6
- MoMiG Anh. V § 6a AnfG 1; Anh. V § 7 AnfG 1; Anh. V § 11 AnfG 2
- nach Beendigung des Insolvenzverfahrens Anh. V § 18 AnfG
- Nachrang eines Gesellschafterdarlehens außerhalb der Insolvenz Anh. V § 6a AnfG 1

Stichwortverzeichnis

- nachträgliche Beseitigung der Benachteiligung Anh. V § 1 AnfG 42
- negative Feststellungsklage Anh. V § 1 AnfG 47
- nsolvenz des Schuldners, Anfechtung von Befriedigungen Anh. V § 16 AnfG 14
- objektive Gläubigerbenachteiligung Anh. V § 1 AnfG 28
- Personengesellschaft als Schuldnerin Anh. V § 2 AnfG 13
- prognostische Unzulänglichkeit des Schuldnervermögens Anh. V § 2 AnfG 18
- Rechtscharakter Anh. V § 1 AnfG 4
- Rechtsfolgen Anh. V § 1 AnfG 1
- Rechtsfolgen anfechtbarer Rechtshandlungen Anh. V § 11 AnfG
- Rechtsfolgen bei unentgeltlicher Leistung des Schuldners Anh. V § 11 AnfG 37
- Rechtshandlungen Anh. V § 1 AnfG 18
- Rechtshandlungen des Erben Anh. V § 5 AnfG
- Restrukturierungsgesetz Anh. V § 7 AnfG 23
- Rückübertragung des Anfechtungsrechts mit Beendigung des Insolvenzverfahrens Anh. V § 18 AnfG 3
- schriftliche Mitteilung der Anfechtungsabsicht, *siehe auch Schriftliche Mitteilung der Anfechtungsabsicht*
- Schuldner als Urheber der Rechtshandlung Anh. V § 1 AnfG 26
- Schuldtitel, *siehe Schuldtitel*
- Sicherungsanspruch Anh. V § 11 AnfG 3
- Sicherungsmöglichkeiten des Anfechtungsanspruchs Anh. V § 2 AnfG 22
- Streitwert Anh. V § 1 AnfG 48
- Titelerfordernis Anh. V § 2 AnfG 1
- Übergangsregeln Anh. V § 20 AnfG
- Übergangsregeln des MoMiG Anh. V § 20 AnfG 6
- Übergangsregeln, Beweislast Anh. V § 20 AnfG 5
- Übergangsregeln, Vertrauensschutz Anh. V § 20 AnfG 4
- Übertragung der Anfechtungsbefugnis auf den Insolvenzverwalter Anh. V § 16 AnfG 3
- unmittelbare Benachteiligung Anh. V § 1 AnfG 37
- Unpfändbarkeitsbescheinigung Anh. V § 2 AnfG 16
- Unterbrechung des Anfechtungsprozesses bei Insolvenz des Schuldners Anh. V § 17 AnfG
- Unterbrechung des Gläubigeranfechtungsprozesses bei Insolvenz des Schuldners Anh. V § 17 AnfG 2
- Unterlassen Anh. V § 1 AnfG 22
- unzulängliches Schuldnervermögen Anh. V § 2 AnfG 12
- Unzulänglichkeit des Schuldnervermögens, eidesstattliche Versicherung Anh. V § 2 AnfG 19
- Unzulänglichkeit des Schuldnervermögens, Unpfändbarkeitsbescheinigung Anh. V § 2 AnfG 19
- Unzulänglichkeit, Begriff Anh. V § 2 AnfG 12
- Verhältnis zu anderen Rechtsinstituten Anh. V § 1 AnfG 13
- Verpflichtungsgeschäft Anh. V § 1 AnfG 25
- vollstreckbarer Schuldtitel, *siehe auch Schuldtitel*
- Vollstreckbarkeit im Ausland Anh. V § 2 AnfG 13
- Vollstreckungshandlungen eines Gesellschafters Anh. V § 6a AnfG 3
- vorbehaltlos gewordener Schuldtitel Anh. V § 14 AnfG 6
- Vorbehaltsurteil Anh. V § 14 AnfG
- vorläufig vollstreckbarer Schuldtitel Anh. V § 14 AnfG
- Vorteilsausgleichung Anh. V § 1 AnfG 44
- wegen vorsätzlicher Benachteiligung Anh. V § 3 AnfG; Anh. V § 5 AnfG 1
- Wegfall der Anfechtungsberechtigung Anh. V § 1 AnfG 9
- Wertersatz Anh. V § 1 AnfG 48
- Wiederaufleben des Anspruchs Anh. V § 12 AnfG 4
- Zeitpunkt der Unzulänglichkeit des Schuldnervermögens Anh. V § 2 AnfG 1
- Zeitpunkt der Vornahme einer Rechtshandlung Anh. V § 8 AnfG
- Zulässigkeit der Anfechtungsklage Anh. V § 2 AnfG 1
- Zwangsvollstreckung, Arrest Anh. V § 10 AnfG 2
- Zwangsvollstreckung, einstweilige Verfügung Anh. V § 10 AnfG 2
- Zweck Anh. V § 1 AnfG 1

Gläubigeranfechtungsprozess 85 11
Gläubigerantrag, *siehe auch Anhörung des Schuldners, siehe auch Eröffnungsantrag*
- Anhörung des Schuldners 14 26
- Antragsziel 14 20
- Auswechseln der Forderung 14 7
- Darlegung und Glaubhaftmachung der Forderung 14 4
- Darlegung und Glaubhaftmachung des Eröffnungsgrundes 14 16
- Fortbestehen des Antragsrechts 14 11, 23
- Glaubhaftmachung des Eröffnungsgrundes 14 1
- internationale Bezüge 14 39
- Kosten des Eröffnungsverfahrens 14 33
- Kostenrisiko 14 2
- Missbrauch des Antragsrechts 14 24
- Neugläubiger 14 21
- Partikularinsolvenzverfahren 14 39
- rechtliches Interesse an Verfahrenseröffnung 14 19
- Sozialversicherungsbeiträge 14 8
- Sozialversicherungsträger 14 14
- Steuerfiskus 14 14
- Steuerschulden 14 9
- Zulässigkeitsprüfung 14 5
- Zulässigkeitsvoraussetzungen 14 3, 11, 12

Stichwortverzeichnis

Gläubigerausschuss, *siehe Aufgaben des Gläubigerausschusses*
- Abwahl **68** 4
- Aufgaben **69** 2
- Befugnisse **69** 1
- Beibehaltung **68** 2
- Berechnung der Vergütung, *siehe Vergütung der Mitglieder des Gläubigerausschusses*
- Beschlüsse des –, *siehe Beschlüsse des Gläubigerausschusses*
- Einschränkung der Verwalterbefugnis **149** 1
- Einsetzung **68** 1, 2
- Entlassung eines Mitglieds, *siehe Entlassung von Mitgliedern des Gläubigerausschusses*
- Ersatzmitglieder **68** 3
- Haftung der Mitglieder, *siehe Haftung der Mitglieder des Gläubigerausschusses*
- Kontrolle **68** 5
- Mehrheitsbeschluss **68** 3
- Mitwirkung bei Eigenverwaltung **276**
- Organisation **69** 9
- personelle Zusammensetzung **68** 1
- Prüfung der Schlussrechnung **66** 11
- Rechte und Pflichten bei Eigenverwaltung **276** 10
- Rechtsbehelf **68** 5
- Vergütungsanspruch **73** 1
- Vergütungsantrag **73** 5
- Wahl **29** 3
- Wahl anderer Mitglieder **68**
- Zusammensetzung **68** 3

Gläubigerautonomie, *siehe auch Beteiligtenautonomie*
Gläubigerbefriedigung, Mittel zur – **1** 34
Gläubigerbegünstigung Anh. VII § 283c StGB
- Befriedigung **Anh. VII § 283c StGB** 9
- Begünstigung **Anh. VII § 283c StGB** 14
- Deliktsnatur **Anh. VII § 283c StGB** 2
- Gläubigereigenschaft **Anh. VII § 283c StGB** 4
- inkongruente Deckung **Anh. VII § 283c StGB** 10
- Konkurrenzen **Anh. VII § 283c StGB** 20
- Mitwirkung des Gläubigers **Anh. VII § 283c StGB** 8
- Normzweck **Anh. VII § 283c StGB** 1
- objektive Bedingung der Strafbarkeit **Anh. VII § 283c StGB** 19
- objektiver Tatbestand **Anh. VII § 283c StGB** 3
- Rechtsfolgen **Anh. VII § 283c StGB** 21
- Sicherheitengewährung **Anh. VII § 283c StGB** 9
- subjektiver Tatbestand **Anh. VII § 283c StGB** 15
- Täterschaft **Anh. VII § 283c StGB** 17
- Tathandlung **Anh. VII § 283c StGB** 7
- Teilnahme **Anh. VII § 283c StGB** 18
- Versuch **Anh. VII § 283c StGB** 16
- Zahlungsunfähigkeit **Anh. VII § 283c StGB** 3

Gläubigerbeirat 67 2
Gläubigerbenachteiligung 96 15
- Abführen von Sozialversicherungsbeiträgen **129** 88
- Absonderung **129** 103
- Anfechtungszeitraum bei vorsätzlicher Benachteiligung **133** 7
- Anspruch des Schenkers auf Herausgabe des Geschenks **129** 100
- Arten **129** 66
- Ausschluss **Anh. V § 1 AnfG** 32
- Aussonderung **129** 102
- Begriff **129** 63
- Beispiele für das Vorliegen der – **Anh. V § 1 AnfG** 30
- beschränkt persönliche Dienstbarkeit **129** 101
- betroffene Gläubiger **129** 74
- Beweislast **129** 118; **Anh. V § 1 AnfG** 50
- deckende Masse **129** 112
- Erfüllungshandlungen **129** 75
- Fallgruppen **129** 75
- Fallgruppen fehlender – **129** 90
- Forderungsabtretung an Kreditinstitut **129** 114
- Fremdgegenstände **129** 102
- Gläubigertausch **129** 113
- hypothetische Kausalverläufe **Anh. V § 1 AnfG** 43
- Kausalität **Anh. V § 1 AnfG** 36
- Kompensation **129** 93
- konkruente Deckung **130**
- mittelbare **129** 70; **Anh. V § 1 AnfG** 40
- mittelbare Zahlungen **129** 79
- Nachlassgläubiger **Anh. V § 5 AnfG**
- nachteilige Verträge **129** 85
- nachträgliche Beseitigung der – **Anh. V § 1 AnfG** 42
- objektive **Anh. V § 1 AnfG** 28
- Persönlichkeitsrechte **129** 96
- Pflichtteilsanspruch **129** 100
- Überweisungs- und Bankgeschäfte **129** 83
- unabwendbare Vermögensnachteile **129** 90
- unentgeltliche Leistung **134**; **Anh. V § 4 AnfG**
- unmittelbar nachteilige Rechtshandlungen **132**
- unmittelbare **129** 67; **133** 21; **Anh. V § 1 AnfG** 37
- Ursachenzusammenhang **129** 121
- Verpflichtungen aus Wechselgeschäften **129** 82
- Versorgungsansprüche **129** 98
- vorsätzliche **133**; **Anh. V § 3 AnfG**; **Anh. V § 5 AnfG** 1
- Vorteilsausgleichung **Anh. V § 1 AnfG** 44
- wertausschöpfende Belastung **129** 116
- Wiedergutmachung strafbarer Vermögensverschiebungen **129** 89
- Zugewinnausgleichsanspruch **129** 100
- Zweckbindung **129** 99

Gläubigergleichbehandlung, *siehe auch Zwangsvollstreckungsverbot*
- Anrechnung **Anh. I Art. 20 EuInsVO**
- Anrechnungsregel **342** 5
- Aufrechnungsverbot **294** 10

Stichwortverzeichnis

- Beschränkung der Aufrechnungsmöglichkeit 294 1
- Herausgabepflichten **Anh. I Art. 20 EuInsVO**
- Internationales Insolvenzrecht 342
- Massegläubiger 294 4
- Nichtigkeit von Sonderabkommen 294 9
- Restschuldbefreiung 294; 294 n. F.
- Sondervorteil 294 8
- Verbot von Sonderabkommen 294 6
- Wegfall des Vollstreckungsverbots 294 5
- Wohlverhaltensphase 294 1
- Zwangsvollstreckungsverbot 294 1

Gläubigerrechte
- im Sekundärinsolvenzverfahren nach EuInsVO **Anh. I Art. 32 EuInsVO**
- Internationales Insolvenzrecht 341

Gläubigerschutz, Schutz vor einer Verzögerung der Verwertung 169

Gläubigerversammlung 29 3
- Antrag auf Einberufung, *siehe Antrag auf Einberufung der Gläubigerversammlung*
- Aufhebung eines Beschlusses, *siehe Aufhebung eines Beschlusses der Gläubigerversammlung*
- Beschlüsse der ~, *siehe Beschlüsse der Gläubigerversammlung*
- Einberufung der ~, *siehe Einberufung der Gläubigerversammlung*
- Entscheidung über den Fortgang des Verfahrens 157
- Entscheidung über Unterhalt des Schuldners 100 9
- Feststellung des Stimmrechts, *siehe Feststellung des Stimmrechts*
- Hinweise des Gerichts 76 2
- Leitung 76 2
- Protokoll 76 2
- Rechtspfleger 76 2
- Sitzungspolizei 76 2
- Unterrichtung der ~, *siehe Unterrichtung der Gläubigerversammlung*
- Vertagung 76 2
- Wahl der Mitglieder des Gläubigerausschusses 68

Gläubigerverzeichnis 152
- absonderungsberechtigte Insolvenzgläubiger 152 2
- Absonderungsrechte 152 1, 4
- Aufrechnung 152 4
- Aufrechnungsmöglichkeiten 152 1
- Beispiel 152 5
- Einsichtnahme 154 3
- Entbindung von der Pflicht 152 3
- Eventualverbindlichkeiten 152 2
- formale Gliederung 152 4
- Inhalt 152 2, 4
- Insolvenzverwalterpflichten 152 3
- *Masseverbindlichkeiten* 152 2
- nachrangige Insolvenzgläubiger 152 2

- Niederlegung in der Geschäftsstelle 154
- Termin 152 3
- Verfahren 152 3
- Verfahrensbevollmächtigte 152 4
- Vollständigkeitsgrundsatz 152 3

GmbH
- Aufbringung des Stammkapitals **Anh. § 35** 70, *s.a. GmbH, Kapitalaufbringung*
- Bareinlage **Anh. § 35** 71
- – Aufrechnungsverbot **Anh. § 35** 99
- – Cash-Pool **Anh. § 35** 152, *s.a. GmbH, Cash-ool*
- – Darlegungs- und Beweislast **Anh. § 35** 87
- – Debetkonto **Anh. § 35** 80
- – Einforderung durch den Insolvenzverwalter **Anh. § 35** 71
- – Hin- und Herzahlen **Anh. § 35** 134, *s.a. GmbH, Hin-nd Herzahlen*
- – Unterbilanzhaftung **Anh. § 35** 6, 36, *s.a. GmbH, Unterbilanzhaftung*
- – Unversehrtheitsgrundsatz **Anh. § 35** 90
- – Vergleich über die Einlageforderung **Anh. § 35** 84
- – Verjährung des Einlagenanspruchs **Anh. § 35** 159
- – Verlustdeckungshaftung **Anh. § 35** 20
- – Verwendungsabsprachen **Anh. § 35** 75
- – Zahlung an Dritte **Anh. § 35** 78
- – Zahlung auf ein Bankkonto **Anh. § 35** 80
- Cash-Pool **Anh. § 35** 152
- – Hin- und Herzahlen **Anh. § 35** 154
- – kein Sonderrecht **Anh. § 35** 152
- – Rechtsfolgen **Anh. § 35** 157
- – teilweise verdeckte Sacheinlage **Anh. § 35** 155
- – verdeckte Sacheinlage **Anh. § 35** 153
- Durchgriffshaftung (Haftungsdurchgriff) auf GmbH-Gesellschafter **Anh. § 35** 41
- – Adressat der Haftung **Anh. § 35** 52
- – Darlegungs- und Beweislast **Anh. § 35** 49, 61
- – Geltendmachung durch den Insolvenzverwalter **Anh. § 35** 47, 60
- – gleichwertige Gegenleistung **Anh. § 35** 53
- – Innenhaftung **Anh. § 35** 50
- – Managementfehler **Anh. § 35** 51
- – materielle Unterkapitalisierung **Anh. § 35** 68
- – Schaden **Anh. § 35** 56
- – Tatbestandsvoraussetzungen **Anh. § 35** 51
- – Verjährung **Anh. § 35** 59
- – Vermögensverlagerung **Anh. § 35** 62
- – Vermögensvermischung **Anh. § 35** 43, *s.a. GmbH, Vermögensvermischung*
- – Verursachung oder Vertiefung einer Insolvenz **Anh. § 35** 53
- Erhaltung des Stammkapitals **Anh. § 35** 161, *s.a. GmbH, Kapitalerhaltung*
- Existenzvernichtungshaftung **Anh. § 35** 50
- Geschäftsführerhaftung **Anh. § 35** 199

Stichwortverzeichnis

– – Darlegungs- und Beweislast für die Insolvenzreife **Anh. § 35** 263
– – Gründung **Anh. § 35** 199
– – Haftung für Fehler im Vorfeld der Insolvenz **Anh. § 35** 263
– – Haftung für Zahlungen nach Insolvenzreife **Anh. § 35** 271, *s.a. GmbH, Zahlungen nach Insolvenzreife*
– – Handelndenhaftung nach § 11 Abs. 2 GmbHG **Anh. § 35** 202, *s.a. GmbH, Handelndenhaftung*
– – Innenhaftung nach § 43 Abs. 2 GmbHG **Anh. § 35** 217, *s.a. GmbH, Innenhaftung*
– – Innenhaftung nach § 43 Abs. 3 GmbHG **Anh. § 35** 233
– – Insolvenzverschleppung **Anh. § 35** 305, 323, *s.a. GmbH, Insolvenzverschleppung*
– – Insolvenzverursachungshaftung **Anh. § 35** 298
– – Nichtabführung von Arbeitnehmerbeiträgen zur Sozialversicherung **Anh. § 35** 326
– Haftung der Gründergesellschafter einer GmbH **Anh. § 35** 3
– – Aufrechterhaltung des Geschäftsbetriebs ohne Eintragung **Anh. § 35** 20
– – Unterbilanzhaftung **Anh. § 35** 6, *s.a. GmbH, Unterbilanzhaftung*
– – Verlustdeckungshaftung **Anh. § 35** 20, *s.a. GmbH, Verlustdeckungshaftung*
– – Vorbelastungsbilanz **Anh. § 35** 11
– Haftung in der GmbH-Insolvenz **Anh. § 35**
– – Darlegungs- und Beweislast für die Insolvenzreife **Anh. § 35** 263
– – Haftung der Geschäftsführer **Anh. § 35** 199
– – Haftung der Gesellschafter **Anh. § 35** 3
– – Haftung für Fehler im Vorfeld der Insolvenz **Anh. § 35** 263
– – Haftung in der Vor-GmbH **Anh. § 35** 3
– Handelndenhaftung nach § 11 Abs. 2 GmbHG **Anh. § 35** 202
– – Adressat der Norm **Anh. § 35** 204
– – Beginn der Haftung **Anh. § 35** 208
– – Eingeschränkter Anwendungsbereich **Anh. § 35** 203
– – Erlöschen der Haftung **Anh. § 35** 209
– – Haftung bei Dauerschuldverhältnis **Anh. § 35** 209
– – Regressanspruch des Geschäftsführers **Anh. § 35** 216
– Hin- und Herzahlen **Anh. § 35** 134
– – Befreiung von der Einlageschuld **Anh. § 35** 141
– – Her- und Hinzahlen **Anh. § 35** 137
– – keine personelle Identität **Anh. § 35** 139
– – Tatbestand **Anh. § 35** 136
– – Vor-Absprache **Anh. § 35** 140
– Innenhaftung nach § 43 Abs. 2 GmbHG **Anh. § 35** 217

– – Anstellungsvertrag **Anh. § 35** 218
– – Beginn der Haftung **Anh. § 35** 218
– – business judgement rule **Anh. § 35** 225
– – Darlegungs- und Beweislast **Anh. § 35** 243, 255
– – Einverständnis der Gesellschafter **Anh. § 35** 229
– – Entlastung durch Berater **Anh. § 35** 246
– – faktischer Geschäftsführer **Anh. § 35** 219
– – Geltendmachung durch den Insolvenzverwalter **Anh. § 35** 242, 262
– – Kapitalerhaltungsgebot **Anh. § 35** 233
– – Kassen- oder Warenfehlbestand **Anh. § 35** 256
– – Kompetenzverstoß **Anh. § 35** 224
– – Mitverschulden des Mitgeschäftsführers **Anh. § 35** 245
– – Mitverschulden eines anderen Organs **Anh. § 35** 245
– – objektiver Verschuldensmaßstab **Anh. § 35** 244
– – Pflichtverletzung **Anh. § 35** 221
– – Prokurist **Anh. § 35** 218
– – Rechtsirrtum **Anh. § 35** 246
– – unternehmerisches Ermessen **Anh. § 35** 225
– – Verjährung **Anh. § 35** 250
– – Verschulden **Anh. § 35** 244
– Insolvenzverschleppung **Anh. § 35** 305, 323
– – Abgrenzung Alt- oder Neugläubiger **Anh. § 35** 311
– – Altgläubigerschaden **Anh. § 35** 312
– – Antragspflicht **Anh. § 35** 307
– – Bank als Neugläubigerin **Anh. § 35** 315
– – Darlegungs- und Beweislast für die Insolvenzreife **Anh. § 35** 263
– – entgangener Gewinn **Anh. § 35** 316
– – faktischer Geschäftsführer **Anh. § 35** 306
– – Geltendmachung der Ansprüche **Anh. § 35** 321
– – Gläubigerantrag **Anh. § 35** 307
– – Insolvenzreife **Anh. § 35** 263
– – interne Geschäftsaufteilung **Anh. § 35**
– – negatives Interesse **Anh. § 35** 316
– – Neugläubigerschaden **Anh. § 35** 313
– – Pflichtenkollision **Anh. § 35**
– – Quotenschaden **Anh. § 35** 312
– – Rechtsverfolgungskosten **Anh. § 35** 317
– – Verjährung **Anh. § 35** 310
– – Verschulden **Anh. § 35** 309
– – Verstoß gegen die Insolvenzantragspflicht **Anh. § 35** 305
– – Vorsätzliche Insolvenzverschleppung **Anh. § 35** 323
– Kapitalaufbringung **Anh. § 35** 70
– – Aufrechnungsverbot **Anh. § 35** 99
– – Ausfallhaftung **Anh. § 35** 149
– – Bareinlage **Anh. § 35** 71, *s.a. GmbH, Bareinlage*

2813

Stichwortverzeichnis

- – Begrenzung durch Insolvenzzweck **Anh. § 35** 73, 83
- – Cash-Pool **Anh. § 35** 152, s.a. GmbH, Cash-ool
- – Darlegungs- und Beweislast **Anh. § 35** 87
- – Differenzhaftung bei überbewerteter Sacheinlage **Anh. § 35** 110
- – Einforderung durch den Insolvenzverwalter **Anh. § 35** 71
- – Hin- und Herzahlen **Anh. § 35** 134, s.a. GmbH, Hin-nd Herzahlen
- – Sacheinlage **Anh. § 35** 110
- – Treuhänder **Anh. § 35** 74
- – Unterbilanzhaftung **Anh. § 35** 6, s.a. GmbH, Unterbilanzhaftung
- – Unversehrtheitsgrundsatz **Anh. § 35** 90
- – Verdeckte Sacheinlage **Anh. § 35** 112, s.a. GmbH, Verdeckte Sacheinlage
- – Vergleich über die Einlageforderung **Anh. § 35** 84
- – Verjährung des Einlagenanspruchs **Anh. § 35** 159
- – Verlustdeckungshaftung **Anh. § 35** 20
- – Verwendungsabsprachen **Anh. § 35** 75
- – Zahlung an Dritte **Anh. § 35** 78
- – Zahlung auf ein Bankkonto **Anh. § 35** 80
- – Kapitalerhaltung **Anh. § 35** 161
- – Art der Leistung **Anh. § 35** 166
- – Begrenzung der Ausfallhaftung **Anh. § 35** 196
- – Begrenzung durch Insolvenzzweck **Anh. § 35** 163
- – Bilanz zu fortgeführtem Buchwert **Anh. § 35** 167
- – Dritter als Zahlungsempfänger **Anh. § 35** 175
- – Geltendmachung durch den Insolvenzverwalter **Anh. § 35** 198
- – Kreditgewährung aus Gesellschaftsvermögen (§ 43a GmbHG) **Anh. § 35** 258
- – Leistung an Gesellschafter **Anh. § 35** 174
- – Leistung aufgrund Austauschvertrags **Anh. § 35** 172
- – Leistungsverweigerungsrecht **Anh. § 35** 188
- – Mittels- oder Strohmann **Anh. § 35** 177
- – nahe Angehörige **Anh. § 35** 180
- – Nießbraucher **Anh. § 35** 179
- – Pfandgläubiger **Anh. § 35** 179
- – Rechtsfolgen bei Verstoß **Anh. § 35** 184
- – Rückerstattungsanspruch **Anh. § 35** 189
- – Rückgewähranspruch nach § 43a GmbHG **Anh. § 35** 258
- – Schadensersatzanspruch gegen Geschäftsführer **Anh. § 35**
- – stiller Gesellschafter **Anh. § 35** 178
- – Treuhänder **Anh. § 35** 177
- – Überschuldung **Anh. § 35** 165, 167
- – Unterbilanz **Anh. § 35** 165, 167
- – verbundene Unternehmen **Anh. § 35** 181
- – Verjährung **Anh. § 35** 197
- – Vollwertiger Gegenleistungs- oder Rückgewähranspruch **Anh. § 35** 169
- – Wertverlust **Anh. § 35** 189
- – »November-Rechtsprechung« **Anh. § 35** 170
- – Unterbilanzhaftung **Anh. § 35** 6
- – Darlegungs- und Beweislast **Anh. § 35** 18
- – Geltendmachung durch den Insolvenzverwalter **Anh. § 35** 17
- – Haftungsumfang **Anh. § 35** 8
- – nachträgliche Erfüllung **Anh. § 35** 10
- – Verjährung des Unterbilanzausgleichsanspruchs **Anh. § 35** 16
- – Vorbelastungsbilanz **Anh. § 35** 11
- – Verdeckte Sacheinlage **Anh. § 35** 112
- – Anrechnungslösung **Anh. § 35** 129
- – Beweislast **Anh. § 35** 129
- – Einlagegegenstand **Anh. § 35** 117
- – Identität personelle oder gegenständliche **Anh. § 35** 124
- – Rechtsfolgen **Anh. § 35** 128
- – Tatbestandsvoraussetzungen **Anh. § 35** 115
- – tatsächliche Vermutung **Anh. § 35** 122
- – Umsatzgeschäfte **Anh. § 35** 123
- – verdeckte gemischte Sacheinlage **Anh. § 35** 132
- – Verwendungsabsprache **Anh. § 35** 120
- – zeitlicher und sachlicher Zusammenhang **Anh. § 35** 122
- – Verlustdeckungshaftung **Anh. § 35** 20
- – Vermögensvermischung **Anh. § 35** 43
- – beherrschender Einfluss **Anh. § 35** 45
- – doppelten Buchführung **Anh. § 35** 44
- – Rechtsfolge **Anh. § 35** 46
- – Tatbestand **Anh. § 35** 43
- – Voreinzahlung auf eine Kapitalerhöhung **Anh. § 35** 90
- – Grundsatz der Unversehrtheit **Anh. § 35** 90
- – Voreinzahlung nach dem Kapitalerhöhungsbeschluss **Anh. § 35** 91
- – Voreinzahlung vor dem Kapitalerhöhungsbeschluss **Anh. § 35** 94
- – Wirtschaftliche Neugründung **Anh. § 35** 26
- – Abgrenzung **Anh. § 35** 26
- – Darlegungs- und Beweislast **Anh. § 35** 39
- – Haftung bei unterbliebener Offenlegung **Anh. § 35** 38
- – Handelndenhaftung **Anh. § 35** 213
- – registerrechtlicher Präventivschutz **Anh. § 35** 33
- – Unterbilanzhaftung **Anh. § 35** 36
- – Verjährung **Anh. § 35** 40
- – Zahlungen nach Insolvenzreife **Anh. § 35** 271
- – Aktivtausch **Anh. § 35** 279
- – Anfechtbarkeit der Zahlung **Anh. § 35** 293
- – Aufrechterhaltung des Geschäftsbetriebs **Anh. § 35**
- – Beginn des Zahlungsverbots **Anh. § 35** 274

Stichwortverzeichnis

– – Darlegungs- und Beweislast für die Insolvenzreife Anh. § 35 263
– – fachkundige Beratung Anh. § 35 285
– – Geltendmachung durch den Insolvenzverwalter Anh. § 35
– – Insolvenzreife Anh. § 35 263
– – Normadressat des § 64 GmbHG Anh. § 35 273
– – Sorgfalt des ordentlichen Geschäftsmanns Anh. § 35 280
– – Übersicht über die wirtschaftliche und finanzielle Situation Anh. § 35 281
– – Ungekürzte Erstattung Anh. § 35 291
– – Veranlassung der Zahlung Anh. § 35 275
– – Verjährung Anh. § 35 290
– – Verschulden Anh. § 35 280
– – Vorbehalt Anh. § 35 292
Grobe Fahrlässigkeit 4c 16
Grundbuch 32
– ausländische Insolvenzverfahren 32 24
– betroffene Rechte 32 3
– Eintragung der Verfahrenseröffnung 32 1
– Eintragungsantrag 32 16, 22
– Eintragungsersuchen 32 16, 17
– Gegenstand der Eintragung 32 7
– Gesamthandseigentum 32 6
– Grundstücke und grundstücksgleiche Rechte 32 3
– gutgläubiger Erwerb 32 4
– Inhalt der Eintragung 32 9
– Insolvenzvermerk 32 5
– Löschungsvermerk 32 10
– Massezugehörigkeit 32 5
– Rechte an Grundstücken und an eingetragenen Rechten 32 4
– Verfügungsbeschränkung 32 9
– Voraussetzungen und Inhalt der Eintragungspflicht 32 3
– Wirkungen der Eintragung 32 11
Grundbuchsperre 81 21
Grundsicherung für Arbeitsuchende Anh. VIII § 165 SGB III 7
– Einkommen Anh. VIII § 165 SGB III 7
– Erstattungsanspruch Anh. VIII § 165 SGB III 8
– Vermögen Anh. VIII § 165 SGB III 7
Grundstücke
– Rechte an 80 10; 81 14
– Verfügungsbeschränkung 83 16
Gründungstheorie, Abgrenzung Insolvenz-/Gesellschaftsrecht Anh. I Art. 4 EuInsVO 30
Gruppen nachrangiger Insolvenzgläubiger
– Geldstrafen 39 21
– Gesellschafterdarlehen 39 28
– Kosten der Verfahrensteilnahme 39 17
– sonstige nachrangige Forderungen 39 44
– unentgeltliche Leistungen 39 24
– Zinsen und Kosten nachrangiger Gläubiger 39 46
– Zinsforderungen und Versäumniszuschläge 39 11

Gütergemeinschaft 37 5; 83 1a, 11; 97 13, *siehe auch Gesamtgutsinsolvenz*
– Ablehnung 83 12
– Antragsrecht im Nachlassinsolvenzverfahren 318
– Aufhebung 37 9
– Auseinandersetzung des Gesamtguts 37 10
– fortgesetzte 83 10
– fortgesetzte – 37 13
– Gesamtgut, *siehe auch Gesamtgut bei Gütergemeinschaft*
– Insolvenzgläubiger 37 8
– Insolvenzverfahren des allein verwaltenden Ehegatten 37 5
– Insolvenzverfahren des nicht verwaltenden Ehegatten 37 11
– pfändbares Eigenvermögen des Schuldners 37 6
– pfändbares Gesamtgut 37 7
– vertraglicher Güterstand 37 2
Gutgläubiger Erwerb 81 4

H

Haft 98 1, 10
– Anordnung 98 15
– Anordnungsgründe 98 11
– Dauer 98 18
– Rechtsmittel gegen – 98 21
Haftpflichtversicherung 60 52
Haftung
– bei Insolvenzverschleppung 15a 32
– für vom Insolvenzverwalter begründete Masseverbindlichkeiten 80 12
– Sachhaftung 91 13
Haftung bei Voreinzahlung auf eine Kapitalerhöhung Anh. § 35 90, *s.a. GmbH, Voreinzahlung auf eine Kapitalerhöhung*
Haftung bei wirtschaftlicher Neugründung Anh. § 35 26, *s.a. GmbH, Wirtschaftliche Neugründung*
Haftung der Gründergesellschafter einer GmbH Anh. § 35 3, *s.a. GmbH, Haftung der Gründergesellschafter*
Haftung der Mitglieder des Gläubigerausschusses 71
– absonderungsberechtigte Gläubiger 71 2
– Anspruchsverpflichteter 71 2
– Darlegungs- und Beweislast 71 8
– Erfüllungsgehilfen 71 6
– Geltendmachung 71 8
– Gesamtschuld 71 8
– Haftpflichtversicherung 71 9
– Hilfspersonen 71 6
– Insolvenzgläubiger 71 2
– persönliche 71 1
– Pflichtverletzung 71 3
– Schaden 71 7
– Verjährung 71 8
– Verschulden 71 6

Haftung des
  GmbH-Geschäftsführers Anh. § 35 199, *s.a.*
  GmbH, Geschäftsführerhaftung
Haftung des Insolvenzverwalters 60
– Anspruchsinhaber 60 5
– Anspruchsverpflichtete 60 4
– bei Fehlern in der Unterrichtung Anh. I Art. 40
  EuInsVO 12
– bei Mitverschulden 60 39
– bei Nichterfüllung von
  Masseverbindlichkeiten 61 3
– Darlegungs- und Beweislast 60 46
– Deliktstatbestände 60 51
– für eigenes Verhalten 60 32
– gegenüber Dritten 60 2
– Geltendmachung des Haftungsanspruchs 60 42;
  61 18
– Gerichtsstand 60 45
– Gründe 60 9, 11, 12, 15, 20, 23, 26, 28, 30
– Haftpflichtversicherung 60 52
– Haftung für Dritte 60 36
– Haftungstatbestände 60 48
– im Internationalen Insolvenzrecht Anh. I Art. 4
  EuInsVO 28
– Nichterfüllung von Masseverbindlichkeiten 61
– persönliche 60 3
– Pflichtverletzung 60 6
– Rechtsweg 60 45
– Schadensersatzanspruch 60 3, 40
– schuldhafte Verletzung insolvenzspezifischer
  Pflichten 60 1
– Verjährung 62
– Verjährung des Anspruchs 60 47
Haftung des Schuldners 81 7
Haftung des vorläufigen Hauptinsolvenzverwalters,
  bei Sicherungsmaßnahmen Anh. I Art. 38
  EuInsVO 19
Haftung in der GmbH-Insolvenz, *s.a. GmbH, Haftung in der GmbH-nsolvenz*
Haftung mehrerer Personen 43
– Anwendungsbereich 43 5
– Bürgschaft 43 11
– Garantie und Patronatserklärung 43 13
– Gesamtgläubigerschaft 43 5
– Gesamtschuld 43 8
– Gesellschafter 43 15
– Grundsatz der Doppelberücksichtigung 43 1
– Haftungsgemeinschaft 43 5
– Rechtsfolgen 43 19
– Sachmithaftung 43 14
– Teilmithaftung 43 18
Haftungsdurchgriff 123 16
Haftungsdurchgriff auf
  GmbH-Gesellschafter Anh. § 35 41, *s.a. GmbH, Durchgriffshaftung*
Haftungsverband 49 4
– Bestandteile 49 10
– Enthaftung 49 7

– Grundpfandgläubiger 49 6
– Haftungserstreckung 49 5
– Miet- und Pachtforderungen 49 14
– Rechte 49 10
– Scheinbestandteile 49 10
– Tier- und Bodenprodukte 49 11
– Versicherungsforderungen 49 15
– Zubehör 49 12
Handelndenhaftung nach § 11 Abs. 2
  GmbHG Anh. § 35 202, *s.a. GmbH, Handelndenhaftung*
Handels- und steuerrechtliche Rechnungslegung
  155
– Abschlussprüfer 155 9
– Ansatz und Bewertung der
  Vermögensgegenstände 155 7
– Bilanzrechtsmodernisierungsgesetz 155 7
– Dualismus der – 155 2
– Eröffnungsbilanz 155 8
– externe Rechnungslegung 155 4
– Frist zur Aufstellung des Jahresabschlusses 155 11
– going-concern-concept 155 7
– handelsrechtliche Rechnungslegungslegungspflichten des Insolvenzverwalters 155 5
– Inhalt der Rechnungslegungspflichten 155 6
– insolvenzrechtliche Rechnungslegung 155 1
– interne 155 3
– interne Rechenschaftspflichten des
  Insolvenzverwalters 155 3
– Kostenerstattung 155 17
– Liquidationswerte 155 7
– neues Geschäftsjahr 155 8
– Offenlegung 155 10
– Offenlegungsfrist 155 11
– Pflicht zur steuerrechtlichen
  Rechnungslegung 155 17
– Pflichten des Insolvenzverwalters 155 12
– Pflichten des Schuldners 155 13
– Rumpfgeschäftsjahr 155 8
– Schlussbilanz 155 8
– Steuerbilanz 155 15
– Steuererklärungen 155 16
– steuerrechtliche Buchführungspflichten 155 14
– Wertaufhellungsprinzip 155 7
Hauptinsolvenzverfahren
– Internationale Zuständigkeit nach EuInsVO, *siehe auch Internationale Zuständigkeit EuInsVO*
– Vorrang vor Sekundärinsolvenzverfahren nach
  EuInsVO Anh. I Art. 33 EuInsVO 3
Hauptinsolvenzverwalter, Begriff nach EuInsVO
  Anh. I Art. 29 EuInsVO 1
Heilung fehlender Zuständigkeit, internationale Zuständigkeit nach EuInsVO Anh. I Art. 3
  EuInsVO 60
Herausgabeanspruch 95 8
Herausgabepflichten
– Gläubigergleichbehandlung bei Verteilungen
  Anh. I Art. 20 EuInsVO 1

Stichwortverzeichnis

- Rechtsfolgen Anh. I Art. 20 EuInsVO 6
- Rückgewähranspruch Anh. I Art. 20 EuInsVO 6
- Voraussetzungen Anh. I Art. 20 EuInsVO 2

Herstellungsanspruch Anh. VIII § 165 SGB III 36

Hin- und Herzahlen Anh. § 35 134, s.a. GmbH, Hin-und Herzahlen

Hinterlegung 149 3
- Abgeltungssteuer 149 6
- Anderkonto 149 4
- anderweitige 149 9
- Anlage 149 3
- Aufrechnung 149 4
- Bankgeheimnis 149 8
- Beschluss 149 10
- Beschlussaufhebung 149 11
- Drittwiderspruchsklage 149 4
- Einkommensteuervorauszahlung 149 6
- Ermächtigungstreuhand 149 5
- Geld 149 3
- gerichtliche Anordnung 149 10
- gesetzliche Verwaltung 149 4
- Gläubigerversammlung 149 11
- Haftungsansprüche 149 3
- Haftungsrisiko 149 12
- Individualvereinbarung 149 4
- Kostbarkeiten 149 3
- Passivlegitimation 149 4
- Pfandrecht 149 4
- Pflichten der Hinterlegungsstelle 149 7
- Rechtsmittel 149 10
- Sonderinsolvenzverwalter 149 4
- Sondertreuhandkonto 149 4, 5
- Treugeber 149 4
- Treuhandkonto 149 4
- Verbindlichkeit der Anordnung 149 12
- Verwalterwechsel 149 4
- Wertpapiere 149 3
- Zinseinkünfte 149 3
- Zurückbehaltungsrecht 149 4

Hinterlegung zurückbehaltener Beträge 198
- Abschlagsverteilung 198 3
- Durchführung 198 3
- geeignete Stelle 198 3
- insolvenzrechtliche Regelungen 198 2
- Kosten 198 3
- Schlussverteilung 198 3
- Voraussetzungen 198 2

I

Immaterialgüterrechte
- Geschmacksmuster 35 113
- Lizenzen 35 115
- Marken 35 114
- Patentrecht 35 111
- Urheberrecht 35 108

Inbesitznahme der Insolvenzmasse 148 8
- Auslandsvermögen 148 18
- Auslandsvollmacht 148 18
- Besitz eines Dritten 148 8
- Besitzdiener 148 8
- Besitzschutzrechte 148 8
- Besitzübergang 148 10
- Dokumentationspflichten 148 13
- Forderungen 148 11
- Geschäftsanteile 148 12
- Geschäftsunterlagen 148 13
- Immobilien 148 9
- Nachtragsverteilung 148 13
- Sachen 148 8
- sofortige Besitzergreifung 148 9
- sonstige Rechte 148 11
- strafgerichtliche Beschlagnahmeanordnung 148 15
- unmittelbare 148 8
- Unterlagen des Schuldners 148 16
- Wechsel des Insolvenzverwalters 148 10

Individualrechtsverfolgung, Ausschluss 87 3

Informationspflichten, im Sekundärinsolvenzverfahren nach EuInsVO Anh. I Art. 31 EuInsVO 3

Inhalt der Bekanntmachung
- Schuldner 9 8
- Verfahrenshandlungen des Gerichts 9 9

Inkassounternehmen 304 20

Inkongruente Deckung 131
- Anfechtungsvoraussetzungen 131 2, 41
- Begriff 131 3, 5
- Beurteilungszeitpunkt 131 4
- inkongruente Befriedigung 131 5
- inkongruente Sicherung 131 27
- Kenntnis des Anfechtungsgegners 133 32
- vorsätzliche Benachteiligung 133 15

Innengesellschaften, Stille Gesellschaft 11 18

Innenhaftung nach § 43 Abs. 2 GmbHG Anh. § 35 217, s.a. GmbH, Innenhaftung

Insolvenz, Kündigung von Dienstverhältnissen 113 2

Insolvenz- und Masseforderungen, im Internationalen Insolvenzrecht Anh. I Art. 4 EuInsVO 24

Insolvenzanfechtung 81 28; 129, siehe Anfechtbare Rechtshandlungen, siehe Anfechtungsprozess, siehe Gesellschafterdarlehen, siehe Gläubigerbenachteiligung, siehe Nahestehende Personen, siehe Ansprüche des Anfechtungsgegners, siehe auch Gläubigeranfechtung, siehe Fristenberechnung, siehe Rechtsfolgen der Insolvenzanfechtung, siehe Zeitpunkt der Vornahme einer Rechtshandlung, siehe Unentgeltliche Leistung
- Abtretung des Anspruchs 129 18
- Anfechtung einer Deckung wegen Zahlungsunfähigkeit 130 9
- Anfechtung gegen Rechtsnachfolger, siehe Anfechtung gegen Rechtsnachfolger
- Anfechtung von Anweisendem gegen Anweisungsempfänger 129 56

Stichwortverzeichnis

- Anfechtungsfrist bei unentgeltlicher Lesitung 134 21
- Anfechtungsgegner 129 20
- Anfechtungsgesetz 129 6
- Anfechtungsprozess 129 128
- Anfechtungsrechte des Schuldners 129 10
- Anfechtungstatbestände 96 12; 129 2
- Anfechtungstheorien 129 3
- Ansprüche des Anfechtungsgegners 144
- Aufgabe von Rechten 129 34
- Aufrechnung 129 39, 42
- Ausübung des Anfechtungsrechts 129 5
- Bargeschäfte 142
- Befugnisse des Verwalters 129 14
- Begriff der Rechtshandlung 129 23
- Beweislast 129 118
- Deckungsanfechtung 134 23
- dingliche Geschäfte 129 27
- dingliche Theorie 129 3
- Dreimonatsfrist 130 17
- Drittwiderspruchsklage 129 4
- Eigenverwaltung 280 7
- Einzelanfechtung 129 7
- endgültiger Verwalter 129 62
- Erfüllungsgeschäft 129 37
- Erlöschen des Anfechtungsrechts 129 19
- Fallgruppen fehlender Gläubigerbenachteiligung 129 90
- Geltendmachung des Anfechtungsrechts 129 14
- gemeinsame Voraussetzungen der Anfechtungstatbestände 130 2
- Gesamtschuldner 129 21
- gewillkürter Prozessstandschafter 129 18
- Gläubigeranfechtung 129 6
- Gläubigerbenachteiligung 129 63
- Gläubigerschutz 129 11
- Grundgeschäft 129 37
- Haftung des Gesellschafters 129 53
- haftungsrechtliche Theorie 129 3
- Handlungen des Schuldners 129 50
- inkongruente Deckung 131
- Internationales Insolvenzrecht 339
- kongruente Deckung 130
- maßgeblicher Zeitpunkt 96 17
- mittelbare Zuwendungen 129 54
- nahestehende Personen 138
- Pfändung von Arbeitseinkommen 129 13
- Pfändung von Miet- und Pachteinkommen 129 13
- Planverfahren 264 8
- Prozesshandlungen 129 31
- Realakte 129 32
- Rechtscharakter der Anfechtung 129 3
- Rechtsfolgen 129 3
- Rechtshandlungen nach Verfahrenseröffnung, *siehe Rechtshandlungen nach Verfahrenseröffnung*
- Rechtsvorgänger 129 52
- Rückschlagsperre 129 13
- Schenkungsanfechtung 134 23
- schuldrechtliche Rechtsgeschäfte 129 26
- schuldrechtliche Theorie 129 4
- Selbständigkeit jeder Rechtshandlung 129 37
- Sittenwidrigkeit einer Rechtshandlung 129 12
- sonstige Geschäfte 129 28
- stattliche Organe 129 49
- stille Gesellschaft 136
- Teilanfechtung 129 16
- Unterlassungen 129 35
- unwirksame Geschäfte 129 29
- Veranlasser der Rechtshandlung 129 48
- Verbraucherinsolvenzverfahren 129 7
- vereinfachtes Insolvenzverfahren 129 8
- Verfahrensaufnahme 129 9
- Verfahrensbeendigung 129 19
- Verjährung des Anfechtungsanspruchs, *siehe Verjährung des Anfechtungsanspruchs*
- Verrechnung 129 42
- Verzicht auf Erwerb 129 30
- vollstreckbarer Titel 141
- Voraussetzungen 96 10
- Voraussetzungen bei unmittelbar nachteiligen Rechtshandlungen 132 2
- vorläufiger starker Verwalter 129 61
- vorläufiger Verwalter 129 58
- vorläufiger Verwalter mit Zustimmungsvorbehalt 129 59
- vorsätzliche Benachteiligung 133
- Wechsel- und Scheckzahlungen 137
- Wirkungslosigkeit einer Aufrechnung 129 44
- Zeitpunkt 129 1
- Zwangsvollstreckung 129 13
- Zweck 129 1

Insolvenzanfechtungsklage, Anwendbarkeit EuInsVO **Anh. I Art. 1 EuInsVO** 24, 29

Insolvenzantragspflicht
- i.R.d. Abgrenzung zum Gesellschaftsrecht **Anh. I Art. 4 EuInsVO** 42
- Verletzung der ~ 26 47

Insolvenzbeschlag 80 1, 7

Insolvenzereignis Anh. VIII § 165 SGB III 18
- Abschlagzahlungen **Anh. VIII § 165 SGB III** 38
- Abweisung mangels Masse **Anh. VIII § 165 SGB III** 18
- Beendigung der Betriebstätigkeit **Anh. VIII § 165 SGB III** 18, 19
- Insolvenzeröffnung **Anh. VIII § 165 SGB III** 18
- Insolvenzplan **Anh. VIII § 165 SGB III** 18
- Priorität **Anh. VIII § 165 SGB III** 18
- Rangordnung **Anh. VIII § 165 SGB III** 18
- Sperrwirkung **Anh. VIII § 165 SGB III** 18

Insolvenzeröffnungsantrag, Abweisung mangels Masse 26

Insolvenzeröffnungsverfahren
- Passivvertretung 15 6
- Vertretungsbefugnis im ~ 15 1

Stichwortverzeichnis

Insolvenzfähigkeit 11 1
– Ausschluss der – bei juristischen Personen des öffentlichen Rechts 12 7
– Beginn der – bei natürlichen Personen 11 4
– Begriffsbestimmung 11 2
– bei Verschmelzung oder Spaltung 11 11
– der Societas Cooperativa Europaea (SCE) 11 34
– der Societas Europaea (SE) 11 34
– Fehlen der – 11 32
– inländischen Vermögens eines fremden Staates 12 17
– internationale Bezüge 11 33
– juristischer Personen 11 7
– juristischer Personen des öffentlichen Rechts 12
– natürlicher Personen 11 4
– Personenvereinigungen ohne eigene Rechtspersönlichkeit 11 14
– von Gesellschaften ohne Rechtspersönlichkeit 11 15
– von Sondervermögen 11 25
– Wegfall der – 11 32
Insolvenzfähigkeit von Gesamthandsgemeinschaften 11 23
Insolvenzforderungen
– auflösend bedingte 38 31
– aufschiebend bedingte 38 31
– aus Arbeitsverhältnissen 38 35
– aus Mietverhältnissen 38 39
– Auskunfts- und Rechnungserteilung 38 22
– Begründetheit 38 28
– Besserungsabrede 38 27
– betagte 38 31
– erbrechtliche Ansprüche 38 26
– familienrechtliche Ansprüche 38 26
– Gestaltungsrechte 38 19
– höchstpersönliche Ansprüche 38 26
– nicht vertretbare Handlungen 38 21
– Regressansprüche 38 34
– Schadensersatzansprüche aus Pflichtverletzung 38 23
– Steuerforderungen 38 42
– umrechnungsfähige Ansprüche 38 18
– Unterlassungsansprüche 38 24
– unvollkommene Verbindlichkeiten 38 25
– vertretbare Handlungen 38 20
– wiederkehrende Ansprüche 38 33
Insolvenzgeld
– Abschlagszahlung Anh. VIII § 165 SGB III 38
– Anspruchsausschluss 22 141
– Anspruchsvoraussetzungen 22 139
– Antrag Anh. VIII § 165 SGB III 33
– Ausschluss Anh. VIII § 166 SGB III 1
– Ausschlussfrist Anh. VIII § 165 SGB III 34
– Auszahlung Anh. VIII § 165 SGB III 38
– Beitragsbemessungsgrenze Anh. VIII § 167 SGB III 1, 3
– Berechnung der Höhe Anh. VIII § 167 SGB III 3
– Datenaustausch und Datenübermittlung Anh. VIII § 172 SGB III
– Entgeltumwandlung Anh. VIII § 165 SGB III 25
– Erarbeitensgrundsatz Anh. VIII § 165 SGB III 28
– Finanzierung Anh. III § 3 InsVV 21
– Gemeinschaftsrecht Anh. VIII § 165 SGB III 6, 17
– Gesamtsozialversicherungsbeitrag Anh. VIII § 165 SGB III 32
– Höhe des Anspruchs 22 140
– Inlandsbeschäftigung Anh. VIII § 165 SGB III 16
– Lohnersatzleistung Anh. VIII § 165 SGB III 2
– Nettoprinzip Anh. VIII § 167 SGB III 1
– Pflichtleistung Anh. VIII § 165 SGB III 31
– Schadensersatzanspruch Anh. VIII § 165 SGB III 9, 24; Anh. VIII § 166 SGB III 3
– Sozialgerichtsverfahren Anh. VIII § 165 SGB III 40; Anh. VIII § 170 SGB III 7
– Sozialverwaltungsverfahren Anh. VIII § 165 SGB III 39; Anh. VIII § 170 SGB III 6
– Steuerfreiheit Anh. VIII § 165 SGB III 31
– Übergangsrecht Anh. VIII § 165 SGB III 5; Anh. VIII § 167 SGB III 1; Anh. VIII § 362 SGB III
– Verfügungen Anh. VIII § 117 SGB III
– Vorfinanzierung 22 142; Anh. VIII § 170 SGB III 3; Anh. VIII § 117 SGB III 3
– vorläufige Leistung Anh. VIII § 168 SGB III 2
– Vorschuss Anh. VIII § 168 SGB III, 2
Insolvenzgeldbescheinigung Anh. VIII § 165 SGB III 37
Insolvenzgeldrechtsstreit Anh. VIII § 165 SGB III 40, 41
– Beiladung Anh. VIII § 165 SGB III 40
– Betragsrahmengebühren Anh. VIII § 165 SGB III 41
– Gegenstandswertgebühren Anh. VIII § 165 SGB III 41
– Kostenprivilegierung Anh. VIII § 165 SGB III 41
– Nichtzulassungsbeschwerde Anh. VIII § 165 SGB III 40
– Pauschgebühren Anh. VIII § 165 SGB III 41
– Prozessstandschafter Anh. VIII § 165 SGB III 41
– Revisibilität von Rechtsnormen Anh. VIII § 165 SGB III 40
– Revision Anh. VIII § 165 SGB III 40
Insolvenzgeldumlage Anh. VIII § 358 SGB III 1; Anh. VIII § 359 SGB III
– Abschlagszahlungen Anh. VIII § 361 SGB III 1
– Befreiung Anh. VIII § 358 SGB III 10
– Beihilfeverbot Anh. VIII § 358 SGB III 7
– Einzug Anh. VIII § 359 SGB III 2
– Einzugsstellen Anh. VIII § 358 SGB III 2
– Einzugsverfahren Anh. VIII § 358 SGB III 2

Stichwortverzeichnis

- gemeinsames Rundschreiben **Anh. VIII § 358 SGB III** 3
- Insolvenzunfähigkeit **Anh. VIII § 358 SGB III** 10
- monatliche Mittelaufbringung **Anh. VIII § 165 SGB III** 2, 4; **Anh. VIII § 358 SGB III** 2
- nachträgliche Bedarfsdeckung **Anh. VIII § 165 SGB III** 2, 4; **Anh. VIII § 358 SGB III** 1
- Notifizierungsverfahren **Anh. VIII § 358 SGB III** 7
- Umlagesatz **Anh. VIII § 358 SGB III** 4; **Anh. VIII § 360 SGB III**
- Umlagesoll **Anh. VIII § 358 SGB III** 4
- Weiterleitung **Anh. VIII § 359 SGB III** 2

Insolvenzgeldzeitraum Anh. VIII § 165 SGB III 28
- Alles-oder-Nichts-Prinzip **Anh. VIII § 165 SGB III** 28
- Erarbeitensprinzip **Anh. VIII § 165 SGB III** 28
- Fälligkeitsvereinbarung **Anh. VIII § 165 SGB III** 28
- Lohn- und Gehaltserhöhung **Anh. VIII § 165 SGB III** 29
- Sonderzuwendung **Anh. VIII § 165 SGB III** 28
- Stichtag **Anh. VIII § 165 SGB III** 28
- Urlaubsgeld **Anh. VIII § 165 SGB III** 28
- Weihnachtsgeld **Anh. VIII § 165 SGB III** 28

Insolvenzgericht
- Amtsgericht 2
- Zuständigkeit des ~ 89 40

Insolvenzgläubiger 38; 130 5
- Abgrenzung 38 12
- Anforderungen an den Nachweis der Gläubigereigenschaft 38 9
- Anmeldung zur Tabelle 38 10
- Antrag auf Versagung der Restschuldbefreiung 38 10
- Begriff 38
- Begründetheit der Forderung 38 28
- Beteiligung an der Quote 38 10
- dingliche Rechte 38 14
- Forderungen der ~ 87
- fortgesetzte Gütergemeinschaft 38 11
- freiwillige Befriedigung durch den Schuldner 87 4
- gegenständlich beschränkte Haftung 38 16
- Gesamtgut einer Gütergemeinschaft 38 11
- gesicherte 130 7
- Gläubigerantrag 38 10
- Haftungsansprüche gegen Kommanditisten 38 15
- Individualschaden 92 10
- Inhaber nicht erzwingbarer Forderungen 38 8
- Insolvenzverfahren 38 11
- Klage- und Vollstreckungssperre 87 3
- Massegläubiger 38 12
- materiell-rechtlicher Begriff 38 7
- Nachlassinsolvenz 38 11
- nachrangige 38 8; 225, *siehe auch Nachrangige Insolvenzgläubiger*
- Neugläubiger 38 12
- persönlicher Gläubiger 38 13
- Rechte nach Insolvenzplan 224
- Restschuldbefreiungsverfahren 38 11
- Schaden der ~ 92 7
- stimmberechtigte 38 10
- unentgeltliche Forderungen 38 8
- ungesicherte 130 5
- verjährte Vermögensansprüche 38 8
- Vermögensanspruch 38 17

Insolvenzgrund 16, *siehe auch Zahlungsunfähigkeit*
- allgemeiner 16 2; 17 2
- besonderer 16 2; 17 2
- Bundesanstalt für Finanzdienstleistungsaufsicht 16 5
- drohende Zahlungsunfähigkeit 16 1, 3, *siehe auch Drohende Zahlungsunfähigkeit*
- fehlender 16 13
- fortgesetzte Gütergemeinschaft 16 4
- gerichtliche Feststellung 16 9
- Nachlassinsolvenzverfahren 16 4
- Sekundärinsolvenzverfahren 16 15
- Überschuldung 16 1, 3, *siehe auch Überschuldung*
- Wegfall 16 13
- Zahlungsunfähigkeit 16 1; 17
- Zeitpunkt des Bestehens 16 6

Insolvenzmasse, *siehe Besonders bedeutsame Rechtshandlungen, siehe Gläubigerverzeichnis, siehe Verwertung der Insolvenzmasse, siehe Vorläufige Untersagung der Rechtshandlung*
- Aussonderung 47, *siehe Aussonderung*
- Begriff, *siehe auch Begriff der Insolvenzmasse*
- im Internationalen Insolvenzrecht **Anh. I Art. 4 EuInsVO** 20
- Übernahme der ~, *siehe Übernahme der Insolvenzmasse*
- Unterhalt aus ~ 100
- Vermögensübersicht 153

Insolvenzplan 93 24; **Anh. II Art. 102 § 9 EGInsO**
- Ablauf der Gruppenabstimmung 243 2
- Ablauf des Erörterungstermins 235 39
- Absehen von der Aussetzung 233 7
- Abstimmung im selben Termin 240 15
- Abstimmung in Gruppen 243
- Abstimmung über Planänderung 240 15
- Abstimmungstermin 235 54
- Abweichung von Rechten Absonderungsberechtigten 223 13
- Abweichung von Regelungen der InsO 217 33
- Adressaten 217 31
- aktuelle Entwicklungen 217 8
- allgemeine Wirkungen, *siehe auch Allgemeine Wirkungen des Insolvenzplans*
- Änderung des Plans 240
- Änderung sachenrechtlicher Verhältnisse 228
- Änderungen der Rechtsstellung 221 5
- Änderungen durch das ESUG 222 6
- Änderungsberechtigter 240 4
- Anforderungen an die Darstellung 220 2
- angemessene Beteiligung 245 4

Stichwortverzeichnis

- Anhörungserfordernis 248 7
- Annahme und Bestätigung 235; 248 3
- Anteils- bzw. Mitgliedschaftsrechte 225a 5
- Antrag auf Fortsetzung der Verwertung 233 9
- Antrag auf gerichtliche Entscheidung vorläufig zu berücksichtigender Forderungen 256 4
- Antragsberechtigte 251 11
- Arten 217 38
- Aufheben der Aussetzung 233 7
- Aufhebung des Insolvenzverfahrens, *siehe auch Aufhebung des Insolvenzverfahrens*
- Auflassung 228 1
- Aufstellung 217
- Ausfallforderungen, *siehe auch Streitige Forderungen*
- Ausgleichsklausel 251 19
- Ausnahme vom Gleichbehandlungsgrundsatz 226 6
- Ausnahme von der Gleichbehandlung 226 1
- Aussetzung von Verwertung und Verteilung 233
- Ausweitung des Obstruktionsverbotes durch das ESUG 245 9
- Beauftragung des Sachwalters 284 10
- Beauftragung des Schuldners 284 5
- bedingter Plan 249
- Beendigung von Vertragsverhältnissen 225a 10
- Befreiung von übrigen Verbindlichkeiten 227 2, 5
- Begrenzung des Initiativrechts 218 1
- Begriff 217 1
- bei Masseunzulänglichkeit 210a
- Bekanntgabe der Entscheidung, *siehe auch Bekanntgabe der Entscheidung im Insolvenzplanverfahren*
- Bekanntmachung des Erörterungs- und Abstimmungstermins 235 16
- Beratungspflicht des Sachwalters 284 5
- Berücksichtigung bekannter Gläubiger 229 8
- Berücksichtigung des Nachrangs 266
- Berücksichtigung von Anteilseignern 217 23
- Beschluss des Insolvenzgerichts zum Stimmrecht 256 3
- Beschränkung des Eingriffs in Absonderungsrechte 223 11
- besondere Verjährungsfrist, *siehe auch Besondere Verjährungsfrist*
- Bestätigung des Gerichts bei mehreren Plänen 248 6
- Bestimmung des Erörterungs- und Abstimmungstermins 235 7
- Beteiligte 217 31; 221 4
- Bildung von Gruppen 222
- Change-of-Control-Klauseln 225a 11
- darstellender Teil 219 2, 3; 220
- Debt-Equity-Swap 225a 1, 6
- derivatives Initiativrecht 218 2
- Diskussionsentwurf des BMJ 217 11
- Doppelmehrheit 244 2
- Eigensanierung 217 46

- Eigenverwaltung 284
- Einfluss der Wirtschaftskrise 217 8
- Eingriff in Rechte der Absonderungsberechtigten 223 2
- Eingriff in Rechte von Anteilseignern 217 23
- Eingriffe in Gläubigerrechte 224 6
- Einsicht für Beteiligte 234 3
- Einstimmigkeit der Gruppen 244 6
- Eintragung ins Grundbuch 228 4
- Entbehrlichkeit der Fortführungserklärung 230 5
- Entwicklung 217 1
- erforderliche Mehrheiten 244
- Ergebnis- und Finanzplan 229
- Ergebnis- und Finanzplan nach altem Recht 229 10
- Ergebnisplan 229 5
- erhebliche Nachteile für die Masse 233 7
- Erleichterung sachenrechtlicher Änderungen 228 1
- Erörterungs- und Abstimmungstermin 235
- Erörterungs- und Abstimmungstermin bei mehreren Plänen 235 58
- Erörterungs- und Abstimmungstermin nach altem Recht 235 61
- Erörterungstermin 235 35
- fakultative Gruppenbildung 222 13
- Festsetzung des Stimmrechts 238 5
- Finanzsicherheiten nach § 1 XVII KWG 223 11
- Folgen bei Nichteintritt der Bedingung 249 5
- Folgen bei Nichterfüllung 262 2
- Folgen der Terminsverbindung 236 5
- Folgen des Widerspruchs 251 14
- Forderungserlass 225 4; 255 3
- Forderungserlass nachrangiger Gläubiger 225 4
- Forderungsstundung 255 3
- formale Voraussetzungen der Privilegierung von Kreditgebern 264 7
- Fortführungserklärung 230 2
- Fortführungsplan 217 46; 264 1
- Fortsetzung der Verwertung 233 9
- Frist für den Bedingungseintritt 249 4
- Gefährdung der Durchführung 233 5
- Gegenstand des gestaltenden Teils 221 5
- gemeinschaftliche Rechte 244 7
- gerichtliche Bestätigung 248
- gerichtliche Bestätigung einer Planberichtigung 248a
- geringfügig beteiligte Anteilsinhaber 222 16
- gesellschaftsrechtliche Regelungen 225a 8
- Gesetz zur Erleichterung der Sanierung von Unternehmen 217 11
- gesonderter Abstimmungstermin 241
- gesonderter Abstimmungstermin bei Planänderung 240 18
- gestaltender Teil 219 4; 221
- Gläubigerbegünstigung 226 10
- Gleichbehandlung der Beteiligten 226
- Gleichbehandlungsgrundsatz 226 1

2821

Stichwortverzeichnis

- Gliederung 219
- Gliederungsüberblick 219 2
- Grundsatz insolvenzrechtlicher Privatautonomie 255 3
- Gruppenbezogenheit des Gleichbehandlungsgrundsatzes 226 5
- Gruppenbildung Arbeitnehmer 222 14
- Gruppenbildung Kleingläubiger 222 15
- Haftung des Schuldners 227
- Haftung von Gesellschafter oder Geschäftsführer 217 32
- Haftungsausschluss für den Schuldner 225 10
- Haftungskontinuität 230 2, 3
- Hinweis auf Änderung im gesonderten Abstimmungstermin 241 14
- im Internationalen Insolvenzrecht Anh. I Art. 4 EuInsVO 25
- Information der Gläubiger 229 1
- Informationsfunktion 219 2
- Informationspflicht bei Ladung zum Erörterungs- und Abstimmungstermin 235 29
- Inhalt darstellender Teil 220 2
- inhaltliche Abstimmung Anh. II Art. 102 § 9 EGInsO 5
- Initiativrecht der Gläubigerversammlung 284 4
- inländisches Hauptinsolvenzverfahren Anh. II Art. 102 § 9 EGInsO 6
- inländisches Partikularverfahren Anh. II Art. 102 § 9 EGInsO 7
- inländisches Sekundärinsolvenzverfahren Anh. II Art. 102 § 9 EGInsO 1
- Insolvenzanfechtung 264 8
- Internationales Insolvenzrecht 355
- kapitalersetzende Gesellschafterdarlehen 264 9
- Kapitalmaßnahmen zur Anteilsübertragung 225a 7
- keine Schlechterstellung 245 3
- Kopfmehrheit 244 4
- Kreditgeber 264 2
- Kreditrahmen 264, 6
- Ladung zum Erörterungs- und Abstimmungstermin 235 22
- Ladung zum Erörterungs- und Abstimmungstermin nach ESUG 235 25
- Ladung zum gesonderten Abstimmungstermin 241 10
- Liquidationsplan 217 39
- Liquiditätsplan 229 7
- Masseverbindlichkeiten 224 4
- Mehrheiten in den Gruppen 244 2
- Mehrheiten zur Annahme des Plans 244
- mehrheitliche Zustimmung 245 8
- Minderheitenschutz, siehe auch Minderheitenschutz
- Mitwirkung bei der Planaufstellung 218 6
- möglicher Inhalt 217 33
- Möglichkeit der Stellungnahme Betroffener 232 2
- Monatsfrist bei gesondertem Abstimmungstermin 241 8
- Nachrang von Neugläubigern 265
- nachrangige Gläubiger im gestaltenden Teil 225 6
- nicht nachrangige Gläubiger 224 2
- Nichterfüllung der Forderungen durch den Schuldner 255 1
- Niederlegung des Plans 234
- Niederlegung in der Geschäftsstelle 234 2
- Obstruktionsverbot 225 7; 245
- originäres Initiativrecht 218 3
- pars conditio creditorum 226 1
- Pflichtverletzungen des Schuldners 255 5
- Planbeauftragung 284 4
- Planerstellung 284 4
- Planinitiativrecht bei Eigenverwaltung 284 2
- prepackaged plan 223 5
- privilegierte Gläubiger 264 4
- Prognose zur wirtschaftlichen Entwicklung 229 2
- Prüfungsumfang des Gerichts 248 4
- Rechte an Gegenständen 254a
- Rechte der Absonderungsberechtigten 223
- Rechte der Anteilsinhaber 225a
- Rechte der Insolvenzgläubiger 224; Anh. II Art. 102 § 9 EGInsO 2
- Rechte der nachrangigen Insolvenzgläubiger 225
- Rechtsmittel, siehe Rechtsmittel
- Rechtsmittel gegen Berichtigungsentscheidung 248a 4
- Rechtsmittel gegen die Aussetzung der Verwertung 233 10
- Rechtsmittel gegen gesonderten Abstimmungstermin 241 19
- Rechtsmittel gegen Zurückweisung 231 18
- Rechtsrahmen 217 28
- Rechtsschutz des Schuldners gegen die Zustimmungsfiktion 247 13
- rechtzeitige Stimmabgabe 242 7
- Regelung von Gläubigerrechten 224 6
- Sachenrecht 228
- sachenrechtliche Willenserklärungen 228 2
- schriftliche Abstimmung 242
- schriftliche Abstimmung nach altem Recht 242 15
- schriftliche Abstimmung vor Abstimmungstermin 242 7
- Schuldnerschutz 227 1; 256 1
- Sicherheiten für Teilnehmer eines Systems nach § 1 XVI KWG 223 11
- sonstige Wirkungen des Plans 254a
- Stellungnahme durch sachkundige Stellen 232 5
- Stellungnahme zum Plan nach altem Recht 232 8
- Stellungnahmefrist 232 6
- Stellungnahmen zum Plan 232
- Stimmliste 239
- Stimmliste bei Widerspruch 239 2
- Stimmrecht am Schuldner beteiligter Personen 244 12

Stichwortverzeichnis

- Stimmrecht der absonderungsberechtigten Gläubiger 238
- Stimmrecht der Anteilsinhaber 238a
- Stimmrecht der Insolvenzgläubiger 237
- Stimmrecht des absonderungsberechtigten Gläubigers 223 16
- streitige Forderungen, *siehe auch Streitige Forderungen*
- Summenmehrheit 244 5
- Terminsverbindung 236 5
- Überschuss 225 6
- übertragende Sanierung 217 41
- Übertragungsplan 217 41
- Überwachung der Planerfüllung, *siehe auch Überwachung der Planerfüllung*
- Überwachungspflicht des Sachwalters 284 13
- Umfang der Planänderung 240 6
- Umfang des Absonderungsberechtigtenstimmrechts 238 4
- Umwandlung von Fremd- in Eigenkapital 225a 6
- Unbeachtlichkeit des Schuldnerwiderspruchs 247 7
- Unternehmensfortführung durch Gesellschaft ohne Rechtspersönlichkeit 230 3
- Unternehmensfortführung durch Schuldner 230 2
- Unzulässige Abkommen 226 8
- Verbindung mit dem Prüfungstermin 236
- Verbotsgesetz i.S.d. § 134 BGB 226 8
- Verbraucher- bzw. Kleininsolvenzen 217 30
- Verfahren der Gruppenbildung 222 17
- Verfahren nach Abstimmung 244 17
- Verfahrensablauf 217 5
- Verfahrensabwicklungsplan 217 51
- Vergütung des Sachwalters 284 15
- Verhältnis zu Regelungen der InsO 217 28
- Vermögensübersicht 229, 4
- Vermögensübersicht bei Fortführungsplänen 229 3
- Vermögensübersicht bei Liquidations- und Übertragungsplänen 229 3
- Vermögensübersicht nach altem Recht 229 10
- Verstoß gegen Verfahrensvorschriften, *siehe auch Verstoß gegen Verfahrensvorschriften*
- Vollstreckung aus dem Plan, *siehe auch Vollstreckung aus dem Plan*
- vollstreckungsfähiger Inhalt 224 11
- Vollstreckungsschutz 259a
- Vollstreckungsschutz nach Aufhebung des Insolvenzverfahrens 259 1
- Voraussetzung der Berücksichtigung von Absonderungsberechtigten 223 8
- Voraussetzung für die Aussetzung der Verwertung 233 3
- Voraussetzungen der Aufnahme nachrangiger Gläubiger 225 8
- Voraussetzungen der Terminsverbindung 236 5
- Voraussetzungen der Wirksamkeit 248 3
- Voraussetzungen der Zurückweisung 231 2
- Voraussetzungen der Zustimmungsfiktion nachrangiger Gläubiger 246 2
- Vorlage 218
- Vorlegung durch Insolvenzverwalter 218 2
- Vorlegung durch Schuldner 218 4
- Wechsel von Anteilsinhabern bzw. Mitgliedern 225a 12
- weitere Anlagen 230
- weiterer Inhalt 221 7
- Wert der Gläubigerforderung 225a 7
- Widerruf der Stimmabgabe 242 13
- Widerspruch des Absonderungsberechtigten 223 8
- Widerspruch des Schuldners 247 3
- Widerspruch gegen Forderung 257 3
- Widerspruchsfrist 251 13
- Wiederaufleben der Forderungen 255 2
- Wiederauflebensklausel, *siehe auch Wiederaufleben von Forderungen*
- Wirkung für alle Beteiligten 254b
- Wirkungen der Gruppenbildung 222 18
- zulässige Änderungen 240 6
- zulässige Bedingungen 249 2
- zulässige Regelungen 217 33
- Zurückweisung des Plans 231
- Zurückweisung des vom Schuldner vorgelegten Plans 231 11
- Zurückweisung wegen inhaltlicher Mängel 231 2
- Zurückweisung wegen mangelnder Erfolgsaussichten 231 11
- Zurückweisung wegen Unmöglichkeit der Anspruchserfüllung 231 12
- Zurückweisungsantrag durch Insolvenzverwalter 231 16
- Zustimmung der Anteilsinhaber 246a
- Zustimmung des Schuldners 247
- Zustimmung Dritter 230 8
- Zustimmung nachrangiger Gläubiger nach altem Recht 246 12
- Zustimmung nachrangiger Gläubiger nach ESUG 246 8
- Zustimmung nachrangiger Insolvenzgläubiger 246
- Zustimmung Unternehmmensbeteiligungen 230 6
- zustimmungsbedürftige Geschäfte, *siehe auch Zustimmungsbedürftige Geschäfte*
- Zustimmungsfiktion bei Gruppen 245 2
- Zustimmungsfiktion zum Erlass 225 4
- Zustimmungsfiktion zur Unternehmensfortführung 230 4
- Zweck der Aufnahme nachrangiger Gläubiger 225 1
- Zweck der Bildung von Gruppen 222 1
- Zweck der Neuregelung des § 217 InsO 217 23

Stichwortverzeichnis

- Zweck der Regelung von Rechten der Absonderungsberechtigten 223 1
- Zweck der Regelungen zum gestaltenden Teil 221 1
- Zweck des Erörterungstermins 235 35
- Zwei-Wochen-Frist 231 13
- zweites Planinitiativrecht 231 17
- zwingende Gruppenbildung 222 11

Insolvenzplanverfahren 94 6
- Anwendbarkeit EuInsVO **Anh. I Art. 1 EuInsVO** 7

Insolvenzrecht
- Ablauf Insolvenzplanverfahren 217 5
- aktuelle Entwicklungen zum Insolvenzplan 217 8
- Annahme und Bestätigung des Insolvenzplans, *siehe auch Insolvenzplan*
- Aufstellung des Insolvenzplans 217
- Entwicklung, *siehe auch Entwicklung des Insolvenzverfahrens*
- Entwicklung des Insolvenzplanverfahrens 217 1
- Fortführungsplan 217 46
- Gegenstand, *siehe auch Gegenstand des Insolvenzrechts*
- Insolvenzplan, *siehe auch Insolvenzplan*
- Liquidationsplan 217 39
- Übertragungsplan 217 41
- Verfahrensabwicklungsplan 217 51
- Vorlage des Insolvenzplans, *siehe auch Insolvenzplan*

Insolvenzstatistik
- Auskunftspflichtiger **Anh. X § 4 InsStatG** 2
- erfasste Verfahren **Anh. X § 6 InsStatG** 2
- Erhebungsmerkmale **Anh. X § 2 InsStatG**
- Erhebungsunterlagen **Anh. X § 4 InsStatG** 6
- Gesetzeszweck **Anh. X § 1 InsStatG**
- Hilfsmerkmale **Anh. X § 3 InsStatG**
- Inkrafttreten **Anh. X § 6 InsStatG** 1
- Kosten **Anh. X § 4 InsStatG** 4
- Übermittlungsfrist **Anh. X § 4 InsStatG** 5
- Übersicht **Anh. X § 6 InsStatG** 2
- Verletzung der Auskunftspflicht **Anh. X § 4 InsStatG** 4
- Veröffentlichung und Übermittlung **Anh. X § 5 InsStatG**

Insolvenzstraftaten 297; 297 n. F., *siehe auch Besonders schwerer Fall des Bankrotts, siehe auch Gläubigerbegünstigung, siehe auch Schuldnerbegünstigung, siehe auch Verletzung der Buchführungspflicht*
- abstaktes Gefährdungsdelikt **Anh. VII § 283 StGB** 5
- Anerkennen eines fingierten Rechts **Anh. VII § 283 StGB** 50
- Anwaltsbeiordnung 297 20
- Bankrott **Anh. VII § 283 StGB**
- Beiseiteschaffen von Vermögen **Anh. VII § 283 StGB** 29
- Beschädigen **Anh. VII § 283 StGB** 36
- Deliktsnatur **Anh. VII § 283 StGB** 3
- Differenzgeschäfte **Anh. VII § 283 StGB** 38
- Exequaturverfahren **Anh. VII § 283 StGB** 96
- fahrlässige Begehung der Bankrotthandlung **Anh. VII § 283 StGB** 81
- fahrlässige Unkenntnis der Krise **Anh. VII § 283 StGB** 79
- Glaubhaftmachung des Versagungsgrundes 297 5
- grobe Wirtschaftswidrigkeit **Anh. VII § 283 StGB** 70
- Herbeiführen der Krise **Anh. VII § 283 StGB** 71
- Insolvenzrechtsakzessorietät **Anh. VII § 283 StGB** 3
- Insolvenzstrafrecht, Zweck **Anh. VII § 283 StGB** 1
- internationale Bezüge **Anh. VII § 283 StGB** 96
- Konkurrenzen **Anh. VII § 283 StGB** 91
- leichtfertige Verursachung der Krise **Anh. VII § 283 StGB** 80
- nach Schlusstermin 297 9
- objektive Bedingung der Strafbarkeit **Anh. VII § 283 StGB** 84
- Prozessuales **Anh. VII § 283 StGB** 95
- rechtliches Gehör 297 10
- Rechtsfolgen **Anh. VII § 283 StGB** 94
- Rechtsmittel 297 15
- Schleuderverkauf **Anh. VII § 283 StGB** 45
- Schuldnerbegünstigung **Anh. VII § 283d StGB**
- Sonderdeliktscharakter **Anh. VII § 283 StGB** 6
- sonstige Bankrotthandlungen **Anh. VII § 283 StGB** 67
- Spekulationsgeschäfte **Anh. VII § 283 StGB** 38
- Spiel **Anh. VII § 283 StGB** 40
- subjektiver Tatbestand **Anh. VII § 283 StGB** 73
- Tatbestand **Anh. VII § 283 StGB** 10
- Täterschaft **Anh. VII § 283 StGB** 82
- Tathandlungen **Anh. VII § 283 StGB** 26
- Teilnahme **Anh. VII § 283 StGB** 82
- Unbrauchbarmachen **Anh. VII § 283 StGB** 36
- Unterdrückung von Handelsbüchern **Anh. VII § 283 StGB** 57
- Unterdrückung von Vermögen **Anh. VII § 283 StGB** 27
- Unterlassen **Anh. VII § 283 StGB** 34
- unwirtschaftliche Ausgaben **Anh. VII § 283 StGB** 40
- Verbraucherinsolvenzverfahren **Anh. VII § 283 StGB** 32
- Verheimlichen **Anh. VII § 283 StGB** 33, 69
- Verletzung der Bilanzierungspflicht **Anh. VII § 283 StGB** 61
- Verletzung der Buchführungspflicht **Anh. VII § 283 StGB** 51; **Anh. VII § 283b StGB**
- Verletzung der Inventarisierungspflicht **Anh. VII § 283 StGB** 61
- Verlustgeschäfte **Anh. VII § 283 StGB** 38
- Verringerung des Vermögensstandes **Anh. VII § 283 StGB** 68

Stichwortverzeichnis

- Versagung der Restschuldbefreiung 297 1
- Versagungsantrag 297 2
- Versagungsantrag, Form 297 3
- Versagungsantrag, Frist 297 4
- Versagungsantrag, Gebühren, Kosten, Gegenstandswert 297 17
- Versagungsantrag, gerichtliche Entscheidung 297 11
- Versagungsgrund 297 6
- Versagungsgrund, rechtskräftige Verurteilung 297 7
- Versagungsverfahren 297 10
- Versagungsvoraussetzungen 297 2
- Verschleiern Anh. VII § 283 StGB 69
- Versuch Anh. VII § 283 StGB 76
- Vorsatzdelikte Anh. VII § 283 StGB 11
- vorsätzliche oder fahrlässige Begehung einer Bankrotthandlung Anh. VII § 283 StGB 78
- Vortäuschen eines Rechts Anh. VII § 283 StGB 49
- Wette Anh. VII § 283 StGB 40
- Zerstören Anh. VII § 283 StGB 36
- Zurechnung der Schuldnereigenschaft in Vertretungsverhältnissen Anh. VII § 283 StGB 7

Insolvenzverfahren
- Aufhebung 92 5
- Definition nach EuInsVO Anh. I Art. 2 EuInsVO 2
- Einstellung 92 5
- Eintritt der Aufrechnungslage 95
- Kosten des Eröffnungsverfahrens 14 33
- Maßnahmen vor der Entscheidung, *siehe Maßnahmen vor der Entscheidung über Unternehmensstilllegung oder -äußerung*
- Stundung der Kosten, *Siehe auch Stundung der Kosten des Insolvenzverfahrens*
- Ziele, *siehe auch Ziele des Insolvenzverfahrens*

Insolvenzverschleppung Anh. § 35 305, 323, *s.a. GmbH, Insolvenzverschleppung*
- Haftung bei ~ 15a 32
- objektiver Tatbestand 15a 33
- subjektiver Tatbestand 15a 34
- zivilrechtliche Haftung 15a 36

Insolvenzverwalter, *siehe auch Vergütung des Insolvenzverwalters, siehe Rechnungslegung, siehe Wirksamkeit der Handlung*
- Abberufung des bisherigen ~ 57 12
- allgemeine Pflichten 60 7
- Anforderungen an die Organisation 56 14
- Anforderungen an die Person 56 5
- anspruch gegen ~ 89 13
- Ansprüche gegen ~ 92 22
- Antragsbefugnis 15 4
- Anzeigepflicht bei Planüberwachung 262
- Aufgaben und Befugnisse bei Planüberwachung 261
- Aufsicht des Insolvenzgerichts, *siehe Aufsicht des Insolvenzgerichts*
- Auskunftsanspruch 342 7
- Auswahlverfahren 56 17
- Beachtung und Befriedigung von Absonderungsrechten 60 25
- Beachtung und Befriedigung von Aussonderungsrechten 60 22
- Begründung und Befriedigung von Masseverbindlichkeiten 60 17
- Begründung von Masseverbindlichkeiten 61 4
- Beruf des ~ 56 35
- Berufsbild 56 4
- Beschränkung des Wahlrechts 113 1
- besonders bedeutsame Rechtshandlungen 160
- Bestellung 57 7, *siehe Bestellung des Insolvenzverwalters*
- Bestellung, Gläubigerbeteiligung, *siehe Bestellung des Insolvenzverwalters*
- Betriebsfortführung 60 11
- betriebswirtschaftliche Kenntnisse 56 6
- Einziehungs- und Prozessführungsbefugnis bei Gesamtschaden 92 6
- Ende des Amtes 56 29
- Entlassung 59
- Erfüllungswahlrecht bei gegenseitigen Verträgen, *siehe auch Erfüllungswahlrecht des Insolvenzverwalters*
- Erhaltung und Verwertung der Masse 60 11
- Feststellung und Befriedigung von Insolvenzforderungen 60 14
- Haftung, *siehe Haftung des Insolvenzverwalters*
- Haftung im Sekundärinsolvenzverfahren nach EuInsVO Anh. I Art. 31 EuInsVO 18; Anh. I Art. 32 EuInsVO 16
- handels- und steuerrechtliche Rechnungslegung 155
- Herausgabepflicht 58 10
- im Internationalen Insolvenzrecht Anh. I Art. 4 EuInsVO 21
- Inbesitznahme 60 11
- Integrität 56 7
- Interessenkollision 56 8
- Kündigung der Mitgliedschaft in eG Anh. VI § 66a GenG 1
- Kündigung der Mitgliedschaft in eG, Rechtslage ab 19.07.2013 Anh. VI § 66a GenG 5
- Kündigung der Mitgliedschaft in eG, Rechtslage bis zum 19.07.2013 Anh. VI § 66a GenG 4
- Kündigung, Wohnungsgenossenschaft Anh. VI § 66a GenG 12
- Kündigungsrecht, Wohnungsgenossenschaft Anh. VI § 67c GenG 3
- Liquiditätsplanung 61 1
- Mitwirkungsrecht im Sekundärinsolvenzverfahren nach EuInsVO Anh. I Art. 32 EuInsVO 19
- Nichterfüllung von Masseverbindlichkeiten 61
- Offenbarungspflicht 56 7
- Rechnungslegung 66

2825

Stichwortverzeichnis

- Rechtskenntnisse 56 6
- Rechtstellung des ~ 80 13
- steuerliche Pflichten 60 29
- Übergang des Verwaltungs- und Verfügungsrechts auf ~ 80
- Überwachung des ~ 56 4
- Unabhängigkeit 56 8
- Vergütung, *siehe Vergütung des Insolvenzverwalters, siehe Vergütung des Insolvenzverwalters*
- Verjährung des Schadensersatzanspruchs 62
- Versagung 57 7
- Versicherungsschutz 56 7
- Verwertungsbefugnis, Mitgliedschaft in eG Anh. VI § 66a GenG 3
- Vorlage Insolvenzplan 218 2
- vorläufige Untersagung der Rechtshandlung 161
- Wahl eines anderen ~ 57
- Wahlrecht 96 5
- Wahrheitspflicht 56 7

Insolvenzverwaltertheorien 80 2
- Amtstheorie 80 2
- modifizierte Vertretertheorie 80 3
- Organtheorie 80 4

Insolvenzverwalterverträge, im Sekundärinsolvenzverfahren nach EuInsVO Anh. I Art. 31 EuInsVO 12

Insolvenzbeschlag, Ende des ~ 88 20

Insovlenzgläubiger, Tilgungsbestimmungsrecht 94 1

Interessenausgleich 125 9; 126 10
- bei Betriebsänderung 121 1
- Beteiligungsrechte des Betriebsrats 125 42
- Ersetzung der Stellungsnahme des Betriebsrats 125 41
- Namensliste 125 2, *siehe auch Namensliste*
- Sozialauswahl 125 2
- Verbot der Altersdiskriminierung 125 21
- Verfahren vor der Einigungsstelle 121 7; 122 3
- Voraussetzungen 125 4
- wesentliche Änderung der Sachlage 125 37

Internationale Insolvenzverfahren, Ort der öffentlichen Bekanntmachung Anh. I Art. 24 EuInsVO 14

Internationale Zuständigkeit 3 41
- Autonomes deutsches Recht 3 48
- Gesellschaftsinsolvenz 3 44
- Natürliche Personen 3 46
- Sekundärinsolvenzverfahren 3 43
- Vereinbarungen mit Drittstaaten 3 47

Internationale Zuständigkeit EuInsVO Anh. I Art. 3 EuInsVO
- Amtsermittlungsgrundsatz Anh. I Art. 3 EuInsVO 11
- Annexverfahren Anh. I Art. 3 EuInsVO 7
- Ausüben der wirtschaftlichen oder gewerblichen Tätigkeit Anh. I Art. 3 EuInsVO 13

- centre of main interests Anh. I Art. 3 EuInsVO 1, 8
- centre of main interests bei Gesellschaften, *siehe auch centre of main interests*
- centre of main interests bei natürlichen Personen, *siehe auch centre of main interests*
- Definitionsmerkmale centre of main interests Anh. I Art. 3 EuInsVO 8
- gewöhnlicher Aufenthalt Anh. I Art. 3 EuInsVO 21
- Hauptinsolvenzverfahren Anh. I Art. 3 EuInsVO 8
- Heilung fehlender Zuständigkeit Anh. I Art. 3 EuInsVO 60
- isolierte Partikularverfahren Anh. I Art. 3 EuInsVO 5, 113, 126
- Nachlassinsolvenz Anh. I Art. 3 EuInsVO 13
- Neben- und Annexverfahren Anh. I Art. 3 EuInsVO 132
- Nebenverfahren Anh. I Art. 3 EuInsVO 7
- negative Kompetenzkonflikte Anh. I Art. 3 EuInsVO 69, 94, *siehe auch Negative Kompetenzkonflikte*
- negativer Kompetenzkonflikt Anh. I Art. 3 EuInsVO 4
- Partikularverfahren Anh. I Art. 3 EuInsVO 5
- perpetuatio fori Anh. I Art. 3 EuInsVO 57
- positive Kompetenzkonflikte Anh. I Art. 3 EuInsVO 69, *siehe auch positive Kompetenzkonflikte*
- positiver Kompetenzkonflikt Anh. I Art. 3 EuInsVO 4
- Rechtsmissbrauch Anh. I Art. 3 EuInsVO 61
- Sekundärinsolvenzverfahren Anh. I Art. 3 EuInsVO 5, 102
- Sicherungsmaßnahmen Anh. I Art. 3 EuInsVO 12
- Überblick Anh. I Art. 3 EuInsVO 1
- Verwaltung Schuldnerinteressen Anh. I Art. 3 EuInsVO 8
- Voraussetzungen bei Sekundärinsolvenzverfahren Anh. I Art. 3 EuInsVO 102
- Zeitpunkt Anh. I Art. 3 EuInsVO 3, 57

Internationales Anfechtungsrecht Anh. V § 19 AnfG

Internationales Insolvenzrecht, *siehe auch Ausländisches Insolvenzverfahren, siehe auch Partikularverfahren*
- Anerkennung 335 24
- Anerkennung des ausländischen Insolvenzverfahrens 343
- Anknüpfung an die lex fori concursus 335 25
- Anmeldebefugnis ausländischer Insolvenzverwalter 341 4
- Annexverfahren 335 16; 342 9
- Anrechnungsregel gegenüber Gläubigern 342 5
- anwendbares Recht nach EuInsVO Anh. I Art. 4 EuInsVO

Stichwortverzeichnis

- Anwendungsbereich der EuInsVO **Anh. I Art. 1 EuInsVO**
- Anwendungsvorrang der EuInsVO 335 2, 4, 12
- Arbeitsverhältnis 337
- Aufrechnung 338
- Aufrechnungsvereinbarungen 340 3
- Auskunftsanspruch des Insolvenzverwalters 342 1, 7
- Ausübung von Gläubigerrechten 341
- Begrenzung des Stimmrechts des Verwalters 341 6
- Begriffe nach der EuInsVO **Anh. I Art. 2 EuInsVO**
- Berechnung der Quote 342 7
- close-out-Netting-Regelung 340 3
- COMI 335 14, 24
- COMI des Schuldners 336 3
- dingliche Rechte 351
- dingliche Rechte an einem unbeweglichen Gegenstand 336 1
- dingliche Verträge 336 5
- Drittstaaten 341 3
- fehlende Anwendbarkeit der EuInsVO 335 5
- fehlende räumliche Anwendbarkeit der EuInsVO 335 9, 14
- fehlende sachliche Anwendbarkeit der EuInsVO 335 13
- Fonds 335 24
- Gläubigergleichbehandlung 342 1
- Gläubigerstellung 338 1
- Grundbuch 346
- Gutglaubensvorschriften 349 2
- Hauptinsolvenzverfahren 341 2
- Herausgabepflicht des Gläubigers bei ungerechtfertigter Bereicherung 342 2
- Insolvenzanfechtung 338 3; 339
- Insolvenzanfechtungsklage 339 4
- Insolvenzplan 355
- Internationale Zuständigkeit EuInsVO **Anh. I Art. 3 EuInsVO**
- Kollisionsnormen 335 12
- Kreditinstitute 335 24
- Leistung an den Schuldner 350
- lex fori concursus 335 17
- lex fori secundariae 354 3
- lex rei sitae 335 17
- Mietverträge 336 6
- Nachweis der Verwalterbestellung 347
- Netting-Vereinbarungen 340 3
- Nutzungsrecht über einen unbeweglichen Gegenstand 336 1
- öffentliche Bekanntmachung des ausländischen Insolvenzverfahrens 345
- ordre-public-Vorbehalt 335 32
- organisierte Märkte 340
- Pachtverträge 336 6
- Partikularverfahren 335 15; 341 2; 354
- Pensionsgeschäfte 340, 3

- Qualifikation 335 1
- Regeln zur internationalen Zuständigkeit 335 4
- Register für Pfandrechte an Luftfahrzeugen 336 1
- Restschuldbefreiung 355
- Rom-I-VO 337 2
- Sachnormen 335 22
- Schiffsbauregister 336 1
- Schiffsregister 336 1
- schuldrechtliche Verträge 336 5
- Schuldumwandlungsverträge 340 3
- Sekundärinsolvenzverfahren 354 2; 356; **Anh. I Art. 27 EuInsVO**
- Sicherungsmaßnahmen 344; **Anh. I Art. 38 EuInsVO**
- Sonderanknüpfungsnormen 335 17
- Staatsverträge 335 3
- Stimmrechts des Verwalters 341 1
- Stimmrechtsausübung 341 1
- Überschuss bei der Schlussverteilung 358
- ungerechtfertigte Bereicherung 342 1
- Unterbrechung und Aufnahme eines Rechtsstreits 352
- Verfügungen über unbewegliche Gegenstände 349
- Versicherungsunternehmen 335 24
- Vertrag über einen unbeweglichen Gegenstand 336
- Vertretungsrecht des Insolvenzverwalters 341 5
- Vollstreckbarkeit ausländischer Entscheidungen 353
- Vollstreckung 335 24
- Wertpapierinstitute 335 24
- Zahlungssysteme 340 4
- Zulässigkeit inländischer Partikularverfahren 354 1
- Zusammenarbeit der Insolvenzverwalter 357
- zuständiges Insolvenzgericht für Unterstützungshandlungen 348

Isolierte Partikularverfahren
- Antrag durch lokale Gläubiger **Anh. I Art. 3 EuInsVO** 120
- anwendbares Recht **Anh. I Art. 3 EuInsVO** 131
- besondere Voraussetzungen nach Art. 3 Abs. 4 **Anh. I Art. 3 EuInsVO** 116
- Forderung aus einer Niederlassung im Eröffnungsstaat **Anh. I Art. 3 EuInsVO** 122
- internationale Zuständigkeit **Anh. I Art. 3 EuInsVO** 126
- internationale Zuständigkeit nach EuInsVO, *siehe auch Internationale Zuständigkeit EuInsVO*
- Liquidationsverfahren **Anh. I Art. 3 EuInsVO** 130
- Liquidationsverfahren in der EuInsVO **Anh. I Art. 2 EuInsVO** 6
- Nichtdurchführbarkeit eines Hauptinsolvenzverfahrens in anderem Mitgliedstaat **Anh. I Art. 3 EuInsVO** 116

Stichwortverzeichnis

- sonstige Eröffnungsvoraussetzungen **Anh. I Art. 3 EuInsVO** 127
- Wohnsitz, gewöhnlicher Aufenthalt bzw. Sitz des Gläubigers **Anh. I Art. 3 EuInsVO** 120

J

Juristische Personen
- Auflösung 11 12
- Ende der Insolvenzfähigkeit 11 13
- Insolvenzfähigkeit von – 11 1

Juristische Personen des bürgerlichen Rechts
- Beginn der Insolvenzfähigkeit 11 8
- Insolvenzfähigkeit 11 7

Juristische Personen des öffentlichen Rechts 12
- Ausschluss der Insolvenzfähigkeit 12 7
- Ausschluss des Insolvenzverfahrens 12 16
- berufsständische Körperschaften 12 10
- Bund 12 4
- die der Aufsicht des Bundes unterstehen 12 7
- Gemeinden 12 8
- Gemeindeverbände 12 8
- gesetzliche Krankenkassen 12 15
- Gewerkschaften 12 11
- Insolvenzfähigkeit 12 4
- Insolvenzsicherung 12 12
- internationale Bezüge 12 17
- kommunale Gebietskörperschaften 12 13
- Krankenkassen 12 6
- Länder 12 4
- Landkreise 12 8
- materiell-rechtlicher Ausgleichanspruch der Arbeitnehmer 12 12
- materiell-rechtlicher Ausgleichsanspruch der Arbeitnehmer von – 12 2
- öffentlich-rechtliche Religionsgemeinschaften 12 5
- öffentlich-rechtliche Rundfunkanstalten 12 9, 14
- politische Parteien 12 11
- Schutz der Funktionsfähigkeit des Staates 12 1
- teilweiser Ausschluss des Insolvenzverfahrens bei – 12 3

Juristische Personen und Gesellschaften ohne Rechtspersönlichkeit, *siehe auch Antragsrecht, siehe auch Antragsrecht, Antragspflicht, siehe auch Antragsrecht*
- Antragspflicht 15a; 15a n. F.

K

Kapitaladäquanzrichtlinie 96 2
Kapitalaufbringung Anh. § 35 70, *s.a. GmbH, Kapitalaufbringung*
Kapitalerhaltung Anh. § 35 161, *s.a. GmbH, Kapitalerhaltung*
Kapitalisierung
- bestimmter Betrag, bestimmte Dauer 46 6
- bestimmter Betrag, unbestimmte Dauer 46 7
- *unbestimmte Dauer, bestimmter Betrag* 46 8
- unbestimmte Dauer, unbestimmter Betrag 46 9

Kapitaladäquanzrichtlinie 21 2
Kaufvertrag, Erfüllungswahlrecht des Insolvenzverwalters 103 10
Kernfragen des Insolvenzrechts
- allgemeine Verfahrensgrundsätze nach EuInsVO **Anh. I Art. 4 EuInsVO** 19
- Anmelde-, Prüfungs- und Verteilungsverfahren **Anh. I Art. 4 EuInsVO** 24
- Aufrechnung **Anh. I Art. 4 EuInsVO** 22
- Befugnisse des Schuldners **Anh. I Art. 4 EuInsVO** 21
- Befugnisse des Verwalters **Anh. I Art. 4 EuInsVO** 21
- Eröffnungsvoraussetzungen **Anh. I Art. 4 EuInsVO** 18
- Haftung des Insolvenzverwalters **Anh. I Art. 4 EuInsVO** 28
- Insolvenz- und Masseforderungen **Anh. I Art. 4 EuInsVO** 24
- Insolvenzmasse **Anh. I Art. 4 EuInsVO** 20
- Insolvenzplan **Anh. I Art. 4 EuInsVO** 25
- laufende Verträge **Anh. I Art. 4 EuInsVO** 22
- Rechtsmittel **Anh. I Art. 4 EuInsVO** 19
- Rechtsverfolgungsmaßnahmen **Anh. I Art. 4 EuInsVO** 23
- Regelung durch EuInsVO **Anh. I Art. 4 EuInsVO** 18
- Restschuldbefreiung **Anh. I Art. 4 EuInsVO** 25
- Rückschlagsperre **Anh. I Art. 4 EuInsVO** 23
- Sicherungsmaßnahmen **Anh. I Art. 4 EuInsVO** 19
- Vollstreckungsverbot **Anh. I Art. 4 EuInsVO** 23

KfZ-Händlerverträge 112 2
Klage Anh. V § 7 AnfG 5
- bei unzuständigem Gericht **Anh. V § 7 AnfG** 5
- nach Aufhebung des Insolvenzverfahrens 87 4

Klage gegen einen Widerspruch des Schuldners 184
- aufnahme eines anhängigen Rechtsstreits 184 7
- Berichtigung der Tabelle 184 16
- Festellung titulierter Forderungen 184 8
- Feststellungsklage 184 5
- Frist 184 14
- negative Feststellungsklage 184 5a, 13
- nicht titulierte Forderungen 184 4
- titulierte Forderungen 184 10
- unerlaubte Handlung 184 1
- Widerspruch 184 1
- Widerspruchsfrist 184 8
- Zweck 184 9

Klage- und Vollstreckungssperre, für Insolvenzgläubiger 87 3
Kommanditgesellschaft 11 15
Kommanditgesellschaft auf Aktien 11 7
Kommissionsbericht zur Anwendung der EuInsVO Anh. I Art. 46 EuInsVO
Kompetenzkonflikte Anh. II Art. 102 § 3 EGInsO
- Beschwerde **Anh. II Art. 102 § 3 EGInsO** 5

- Beschwerdebefugnis **Anh. II Art. 102 § 3 EGInsO** 5
- negative **Anh. II Art. 102 § 3 EGInsO** 7
- positive **Anh. II Art. 102 § 3 EGInsO** 1

Kongruente Deckung 130, *siehe Anfechtbare Rechtshandlungen*
- Anfechtung wegen Zahlungsunfähigkeit 130 9
- Beweislast 130 31
- Darlegungs- und Beweislast 130 15
- Dreimonatsfrist 130 17
- Finanzsicherheiten 130 32
- Gleichberechtigung der Gläubiger 130 1
- Insolvenzantrag 130 28
- Insolvenzgläubiger 130 5
- Insolvenzverwalter 130 15
- Kenntnis der Krise 130 29
- Kenntnis der Zahlungsunfähigkeit 130 18
- mittelbare Gläubigerbenachteiligung 130 1
- Patronatserklärung 130 13
- Zahlungseinstellung 130 12
- Zahlungsstockung 130 14
- Zahlungsunfähigkeit 130 11

Konkruente Deckung
- anfechtbare Deckungshandlungen 130 2
- Befriedigung 130 3
- Ermöglichen einer Sicherung oder Befriedigung 130 4
- Sicherung 130 3

Kontenangleichung 95 4
Konzernverrechnungsklauseln 94 26; 96 7
Kooperations- und Unterrichtungspflicht, im Sekundärinsolvenzverfahren nach EuInsVO **Anh. I Art. 31 EuInsVO**
Kooperationspflicht der Gerichte, im Sekundärinsolvenzverfahren nach EuInsVO **Anh. I Art. 31 EuInsVO** 22
Kooperationspflichten Insolvenzverwalter, im Sekundärinsolvenzverfahren nach EuInsVO **Anh. I Art. 31 EuInsVO** 10
körperliche Gegenstände, Belegenheit nach EuInsVO **Anh. I Art. 2 EuInsVO** 20
Kosten
- der vorläufigen Insolvenzverwaltung 14 34
- Schuldenbereinigungsplan 310

Kosten der Überwachung der Planerfüllung 269
- Durchsetzungsrisiko 269 4
- ersatzpflichtige Kosten 269 2
- Hinterlegung 269 4
- Kostenfestsetzungsbeschluss 269 4
- Vorschuss 269 4

Kosten des Insolvenzverfahrens 54
- Abweisung eines Antrags 54 8
- Auslagen 54 1, 7, 14
- Gebühren für eine Beschwerde 54 13
- Gebühren im eröffneten Verfahren 54 9
- Gebühren im Eröffnungsverfahren 54 5
- Gerichtskosten 54 1, 4
- Masseunzulänglichkeit 54 2
- mehrere Insolvenzanträge 54 6
- Rücknahme eines Antrags 54 8
- Vergütungen 54 1, 14

Kostenerstattung 21 78
Kostenerstattungsanspruch 85 49
- des Prozessgegners 85 42

Kostenerstattungsansprüche 85 33
Kostenrechtliche Folgen
- Stundung 4a 77
- Stundungsende 4a 81
- vorläufige Stundung 4a 72

Kostenvorschuss, im Sekundärinsolvenzverfahren nach EuInsVO **Anh. I Art. 30 EuInsVO**
Krankenkassen 97 2a
Kündigung
- Änderungs- 125 5
- Arbeitnehmerklage 127
- außerordentliche 113 47
- Beendigungs- 125 5
- Beschlussverfahren zum Kündigungsschutz, *siehe auch Beschlussverfahren zum Kündigungsschutz*
- betriebsbedingte 125 15
- Darlegungs- und Beweislast 125 17
- Kündigungsschutz 125 1
- Kündigungsschutzklage 127 5
- Mitgliedschaft in eG **Anh. VI § 66a GenG** 1
- Mitgliedschaft in eG, Rechtsfolgen **Anh. VI § 66a GenG** 10
- Verbot wegen Betriebsübergang 128 1
- Wohnungsgenossenschaft **Anh. VI § 66a GenG** 1

Kündigung eines Dienstverhältnisses 113
- Abfindungserfordernis 113 23
- Abgeordneter 113 45
- Altersteilzeitverträge 113 21
- arbeitnehmerähnliche Personen 113 6
- außerordentliche 113 47
- bei Betriebsstilllegung 113 33
- bei vereinbartem Kündigungsausschluss 113 22
- Berufsausbildungsverhältnis 113 6
- Betriebsratsanhörung 113 27
- durch vorläufigen Insolvenzverwalter 113 15
- Formvorschriften 113 28
- Frist 113 14
- gesetzlicher Kündigungsschutz 113 24
- gesetzliches Kündigungsrecht 113 17
- Kündigungsausschluss 113 23
- Kündigungsfristen 113 49
- Kündigungsschutzklage 113 65
- Massenentlassungen 113 26
- Maximalkündigungsfrist 113 2, 19
- Nachkündigung 113 16
- ordentliche 113 13
- Organe juristischer Personen 113 7
- Schadensersatz bei vorzeitiger Kündigung 113 54
- Schadensersatzanspruch 113 2
- Schwerbehinderter 113 40

Stichwortverzeichnis

- Sonderkündigungsschutz 113 31
- vereinbarte sonstige Kündigungserschwerungen 113 23
- Voraussetzungen 113 4
- wegen Betriebsübergang 113 46
- Wiederholungskündigung 113 16
- Zwei-Wochen-Frist 113 48

Kündigung von Betriebsvereinbarungen 120
- Anwendungsbereich des § 120 InsO 120 3
- außerordentliche 120 1, 30
- bei Belastung der Insolvenzmasse 120 11
- bei Betriebsveräußerung 120 1
- bei Wegfall der Geschäftsgrundlage 120 31
- Beratungsgebot 120 15
- erzwingbare Betriebsvereinbarungen 120 7
- freiwillige Betriebsvereinbarungen 120 7
- Gesamtbetriebsvereinbarungen 120 6
- Konzernbetriebsvereinbarungen 120 6
- Kündigungsfrist 120 18
- Maximalkündigungsfrist 120 1, 14
- ordentliche 120 17
- Prozessuales 120 34
- Rechtsfolgen 120 21
- Regelungsabreden 120 9
- Sozialpläne 120 9
- Teilkündigung 120 20
- über betriebliche Altersversorgung 120 8, 27
- Verfahren 120 32

Kündigungsausschluss, Wohnungsgenossenschaft **Anh. VI § 67c GenG 1**

Kündigungsempfänger, Mitgliedschaft in eG **Anh. VI § 66a GenG 9**

Kündigungserklärung, Mitgliedschaft in eG **Anh. VI § 66a GenG 6**

Kündigungsform, Mitgliedschaft in eG **Anh. VI § 66a GenG 7**

Kündigungsfrist, Mitgliedschaft in eG **Anh. VI § 66a GenG 8**

Kündigungsrecht, gesetzliches 113 17

Kündigungsschutz
- Beschlussverfahren zum -, *siehe auch Beschlussverfahren zum Kündigungsschutz*
- gesetzlicher 113 24

Kündigungsschutzklage 85 16

Kündigungssperre 112
- Enthaftungserklärung 112 15
- Rechtsfolgen 112 7
- Vermögensverschlechterung 112 12
- Voraussetzungen 112 2

L

Landkreise 12 8

Lastschriftverfahren
- Abbuchungsauftragslastschrift 22 121
- Einzugsermächtigungslastschrift 22 109, 118, 120
- *Erscheinungsformen* 22 107
- SEPA-Basis-Lastschriftverfahren 22 122
- SEPA-Firmen-Lastschriftverfahren 22 123

Lastschriftwiderruf 112 9

Laufende Verträge, im Internationalen Insolvenzrecht **Anh. I Art. 4 EuInsVO 22**

Leasing 47 90
- Abschlusszahlung 108 25
- Doppelstock-Refinanzierung 108 17
- Finanzierungs-Leasingvertrag 47 92
- Forfaitierung 47 96
- Immobilien- 47 96
- Insolvenz des Leasinggebers 47 96
- Insolvenz des Leasingnehmers 47 91
- Mobilien- 47 96
- Operating-Leasing 47 91
- Schuldner als Mieter oder Pächter 109 4
- Umfang des Aussonderungsanspruchs 47 95

Leasingvertrag 107 3

Leasingverträge
- Sale & Lease Back Geschäfte 108 11
- über unbewegliche Gegenstände 108 11

Leistung an den Schuldner, ausländisches Insolvenzverfahren 350

Leistungen an den Schuldner 82; **Anh. I Art. 24 EuInsVO**
- Befreiung von der Leistungspflicht **Anh. I Art. 24 EuInsVO 2**
- Beweisführungspflicht **Anh. I Art. 24 EuInsVO 11**
- Beweislast und Beweisführung 82 10
- Beweislastregelung **Anh. I Art. 24 EuInsVO 10**
- Beweislastumkehr **Anh. I Art. 24 EuInsVO 3**
- Einzelheiten der Leistung 82 3
- erfasste 82 2
- Herausgabe einer Sache nach § 985 BGB 82 2
- Leistung des Drittschuldners **Anh. I Art. 24 EuInsVO 4**
- Leistungskondiktion 82 1
- Leistungsmodalitäten 82 3
- nachträgliche Erfüllungswirkung 82 8
- oder Dritte 82 6
- Rechtsfolgen **Anh. I Art. 24 EuInsVO 9**
- Unkenntnis der Verfahrenseröffnung **Anh. I Art. 24 EuInsVO 8**
- Verkehrsschutz 82 3
- Voraussetzungen **Anh. I Art. 24 EuInsVO 4**
- Zeitpunkt 82 7; **Anh. I Art. 24 EuInsVO 13**

Leistungen an Dritte 82 6

Leistungsbescheid 87 3

Leistungsklage 87 3; 123 36
- des Schuldners 85 14
- gegen den Schuldner 85 14

Leistungsverweigerungsrecht 146 16
- Abtretung 146 16
- betroffene Rechte 146 18
- Einrede 146 20
- Gegeneinrede 146 21
- Geltendmachung 146 19
- Rechtsfolgen der Anfechtungseinrede 146 22

Stichwortverzeichnis

- Voraussetzungen der Anfechtungseinrede 146 17
- Zusammenhang zwischen anfechtbarer Handlung und Leistungspflicht 146 17

Liquidationsplan, auf Grundlage eines Insolvenzplans 217 39

Liquidationsverfahren
- Definition nach EuInsVO Anh. I Art. 2 EuInsVO 5
- isolierte Partikularverfahren Anh. I Art. 3 EuInsVO 130
- nach EuInsVO Anh. I Art. 27 EuInsVO 6
- Umwandlung in – nach Hauptinsolvenzverfahren Anh. I Art. 37 EuInsVO

Liquidationswert 19 28

Liquiditätskrise 17 4

Liquiditätsplan 18 12; 61 8

Lohn- und Gehaltserhöhung Anh. VIII § 165 SGB III 29

Lohnersatzleistung Anh. VIII § 165 SGB III 2

Lohnforderungen, Verfügung über – nach Verfahrensende 81 25

Luftfahrtregister
- Eintragung der Verfahrenseröffnung 33 1
- gutgläubiger Erwerb 33 8
- Registerpfandrecht 33 8
- Verfahren mit Auslandsbezug 33 10
- Zuständigkeit 33 9

M

Mängelanzeige 81 8

Maßnahmen vor der Entscheidung über Unternehmensstilllegung oder -veräußerung 158
- aktives Tun 158 3
- Berichtstermin 158 1
- Betriebsrat 158 6
- Erinnerung 158 8
- Gläubigerausschuss 158 5
- Insolvenzgericht 158 5
- Rechtsbehelf 158 8
- Rechtsfolgen eines Verstoßes 158 9
- Rechtsmittel 158 7
- Stilllegung des Unternehmens 158 2
- Stilllegung einzelner Unternehmensteile 158 2
- Stilllegung im insolvenzrechtlichen Sinne 158 3
- übertragende Sanierung 158 4
- Unterlassen 158 3
- Unterrichtungspflicht 158 6
- Untersagungsantrag 158 7
- Untersagungsentscheidung 158 7
- Veräußerung des Unternehmens 158 2
- Veräußerung einzelner Unternehmensteile 158 2
- Verfahren 158 5
- Verletzung der Beteiligungsrechte 158 9

Massebezug 85 14
- fehlender 85 20

Massegegenstände, siehe Verzeichnis der Massegegenstände

Massegläubiger 53
- Ausgleichsanspruch 61 1
- Masseunzulänglichkeit 53 5
- Masseverbindlichkeiten 53 2
- Rangverhältnis der Masseverbindlichkeiten 53 1

Masseinsuffizienz 92 7

Masselosigkeit
- Anzeigepflicht des Sachwalters 285 11
- Anzeigepflicht des Schuldners 285 13
- Eigenverwaltung 285 11
- Einberufung der Gläubigerversammlung 285 11

Massenentlassungen 113 26

Masseschmälerung
- Begriff 91 17
- gesetzliche Erwerbstatbestände 91 34
- gestreckte rechtsgeschäftliche Erwerbstatbestände 91 19
- i.R.d. Abgrenzung zum Gesellschaftsrecht Anh. I Art. 4 EuInsVO 53
- maßgeblicher Zeitpunkt 91 18
- nach Verfahrenseröffnung 91 17

Masseunzulänglichkeit 89 41; 103 5, siehe auch Anzeige der Masseunzulänglichkeit
- Betriebsfortführung 208 1
- Definition 208 1
- Eigenverwaltung, siehe auch Anzeige der Masseunzulänglichkeit
- eingetretene 285 2
- Insolvenzplan bei – 210a
- Restschuldbefreiung 208 2
- Sicherungsmaßnahmen 208 1
- Verfahrenskostenstundung 208 2
- Zweck des Insolvenzverfahrens 208 1

Masseverbindlichkeiten 53; 324, siehe Sonstige Masseverbindlichkeiten
- Aufgebotskosten 324 6
- Aufrechnungsbeschränkungen 53 5
- Aufwendungen des Erben 324 3
- Beerdigungskosten 324 4
- Begründung 61 4
- Bestattungskosten 324 4
- Durchsetzung 53 6
- Eröffnung einer Verfügung von Todes wegen 324 6
- Gesellschafterhaftung 93 10
- gewillkürte 22 89; 53 4; 90 3, 4
- Grabpflege 324 4
- Masseunzulänglichkeit 53 5; 324 10
- Nachlasspfleger 324 7
- Nachlasspflegschaft 324 6
- Nachlasssicherung 324 6
- Nachlassverwalter 324 7
- nicht-oktroyierte 90 3, 9
- Nichterfüllung von – 61
- oktroyierte 53 4; 61 6; 90 3, 11
- Rangklassen 324 10
- Rechtsstreit 53 11
- Schuldner 53 9

2831

Stichwortverzeichnis

- Sozialplan 324 2
- Sozialplanforderungen 123 1, 10
- Testamentsvollstrecker 324 7
- Todeserklärung 324 5
- Verbindlichkeiten des Erben 324 9
- Zeitpunkt der Entstehung 53 2

Materiell-rechtliche Rechtsgeschäfte 89 28

Mietforderungen, isolierte Pfändung 89 9

mind of management-Ansatz, Internationale Zuständigkeit nach EuInsVO, *siehe auch centre of main interests*

Minderheitenschutz 251
- Anteilsrechte 251 10
- Debt-Equity-Swap 251 7
- ESUG 251 5, 17
- Fortführungsplan 251 3
- Glaubhaftmachung der Schlechterstellung 251 6
- Gläubiger 251 1
- Mitgliedschaftsrechte 251 9
- Offenlegung von Zahlungen 251 22
- Privatautonomie 251 1
- Rückhalt von Finanzmitteln 251 5
- sonstige Beteiligte 251 1
- Voraussetzungen 251 7
- § 251 a.F. 251 23

Mindestvergütung Anh. III § 2 InsVV 8
- Abschläge Anh. III § 2 InsVV 14
- Verfassungsmäßigkeit Anh. III § 2 InsVV 12
- Vergleichsrechnung Anh. III § 2 InsVV 10
- Zuschläge Anh. III § 2 InsVV 13

Mitgliedschaft in eG
- Abtretbarkeit Anh. VI § 66a GenG 2
- Aufrechnungsrecht Anh. VI § 66a GenG 14
- Ausscheiden eines Mitglieds Anh. VI § 66a GenG 2
- Kündigung, Rechtslage ab 19.07.2013 Anh. VI § 66a GenG 5
- Kündigung, Rechtslage bis zum 19.07.2013 Anh. VI § 66a GenG 4
- Kündigungsempfänger Anh. VI § 66a GenG 9
- Kündigungserklärung Anh. VI § 66a GenG 6
- Kündigungsform Anh. VI § 66a GenG 7
- Kündigungsfrist Anh. VI § 66a GenG 8
- Kündigungsrecht Anh. VI § 66a GenG 1
- Pfändbarkeit Anh. VI § 66a GenG 2
- Rechtsfolgen Anh. VI § 66a GenG 10
- Verwertungsalternativen Anh. VI § 66a GenG 13
- Verwertungsbefugnis Insolvenzverwalter Anh. VI § 66a GenG 3
- Verwertungsbefugnis Treuhänder Anh. VI § 66a GenG 3

Mitteilung der Veräußerungsabsicht 168
- Ausgleich des Differenzbetrages 168 23
- Beweislast des Absonderungsberechtigten 168 25
- Erklärungsfrist des Absonderungsberechtigten 168 13
- freihändiger Verkauf 168 2

- Hinweis auf günstigere Verwertungsmöglichkeiten 168 16
- Inhalt der Mitteilung 168 8
- Kosten 168 22
- Mitteilungspflichten 168 1
- Notverkauf 168 3
- öffentliche Versteigerung 168 5
- Rahmenvereinbarung 168 6
- Selbsteintritt des Absonderungsberechtigten 168 22
- Übernahme des Sicherungsguts durch Gläubiger 168 19
- Verbindung, Vermischung, Verarbeitung des Sicherungsguts 168 4
- Vergleichsrechnung 168 18
- Wahlrecht 168 20

Mittel zur Lebensführung des Schuldners 278
- anspruchsberechtigter und zu versorgender Personenkreis 278 12
- Entnahme als Masseverbindlichkeit 278 10
- Höhe der Entnahme 278 4
- überhöhte Entnahme 278 9
- Verhältnis zum pfändungsfreien Vermögen 278 3
- Verhältnis zur Unterhaltsgewährung 278 2

Mittelbare Zuwendungen 129 54
- Beispiele 129 57
- Einschaltung eines Mittelsmannes 129 54

Mitwirkung der Überwachungsorgane 276a
- Abberufung und Neubestellung von Geschäftsleitern 276a 6
- ESUG 276a 1
- Gesellschaftsorgane 276a 2
- Zustimmung des Sachwalters 276a 6

N

Nacherbfolge 329
- Eintritt vor Eröffnung des Insolvenzverfahrens 329 3
- Eintritt während des eröffneten Insolvenzverfahrens 329 2
- Zurückbehaltungsrecht 329 4

Nacherbschaft 83 14

Nachlass, Insolvenzfähigkeit des ~ 11 27

Nachlassgläubiger 83 4

Nachlassinsolvenz 83 4, 5; 85 48; 94 6; 97 13
- Doppelinsolvenz 331 1
- Eröffnungsantrag 13 12
- Gesamtinsolvenz 331
- Gütergemeinschaft 331 6
- Internationale Zuständigkeit nach EuInsVO Anh. I Art. 3 EuInsVO 13
- Lebenspartner 331 7
- Nachlasserbenschulden 331 3

Nachlassinsolvenzverfahren 13 59; 83 14; 89 26; 100 8, *siehe auch Anfechtbare Rechtshandlungen des Erben, siehe auch Erbschaftskauf*
- anfechtbare Rechtshandlungen des Erben 322
- Ansprüche des Erben 326

Stichwortverzeichnis

- Ansprüche gegen Erblasser 326 2
- Antragsberechtigte 317
- Antragsfrist 317 14; 319
- Antragspflicht bei Erbengemeinschaft 317 6
- Antragspflicht des Erben 317 3
- Antragspflicht des Erbschaftskäufers 317 12
- Antragspflicht des Nachlasspflegers 317 9
- Antragspflicht des Testamentsvollstreckers 317 10
- Antragsrecht beim Gesamtgut 318
- Antragsrecht beim Gesamtgut einer Lebenspartnerschaft 318 5
- Antragsrecht des Ehegatten 317 11
- Antragsrecht des Erben 317 1
- Antragsrecht des Erbschaftskäufers 317 12
- Antragsrecht des Insolvenzverwalters 317 8
- Antragsrecht des Lebenspartners 317 11
- Antragsrecht des Nachlassgläubigers 317 13
- Antragsrecht des Nachlasspflegers 317 9
- Antragsrecht des Nachlassverwalters 317 7
- Antragsrecht des Testamentsverwalters 317 10
- Anwendbarkeit EuInsVO **Anh. I Art. 1 EuInsVO** 7
- Aufgebotsverfahren 328 5
- Aufwendungen des Erben 323
- Auskunftspflichten 315 10
- Beginn und Berechnung der Antragsfrist 319 4
- doppelter Zweck 315 1
- drohende Zahlungsunfähigkeit 320 10
- Ehegattenantragsrecht 318 2
- Eintritt des Erbfalles 315 10
- Erbengemeinschaft 315 9
- Erbenhaftung 11 26
- Erbenprätendentenstreit 317 4
- Erbschaftkauf 330
- Eröffnungsgründe 320
- Feststellung des Eröffnungsgrundes 320 12
- Forderungsübergang nach Gläubigerbefriedigung 326 3
- fortgesetzte Gütergemeinschaft, *siehe auch Fortgesetzte Gütergemeinschaft*
- Geltendmachung fremder Forderungen 326 5
- Glaubhaftmachung des Eröffnungsgrundes 317 14
- Gläubigerbefriedigung 328 1
- Gläubigerbenachteiligung 328 2
- Haftungsbeschränkung 315 2
- Insolvenzanfechtung 328 1
- Insolvenzmasse 315 2
- Massekostendeckung 320 14
- Masseverbindlickeiten, *siehe auch Masseverbindlichkeiten*
- mehrere Erben 317 2
- Nacherbfolge 329
- Nachlasspfleger 315 12
- Nachlassverbindlichkeiten, *siehe auch Nachlassverbindlichkeiten*
- Nachlassverwalter 315 14
- nachrangige Verbindlichkeiten, *siehe auch Nachrangige Verbindlichkeiten*
- örtliche Zuständigkeit 315 15
- Quotenberechnung 328 6
- Schuldner 315 8
- Schuldnerstellung 315 10
- Stellung des Insolvenzverwalters 315 11
- Surrogation 315 3, 4
- Testamentsvollstrecker 315 13
- Überschuldung 320 5
- Vermögenstrennung 315 2
- Verwendung von Anfechtungserlösen 328 1
- Zahlungsunfähigkeit 320 2
- zeitliche Befristung 319 2
- Zulässigkeit der Eröffnung 316
- zurückgewährte Gegenstände 328
- Zwangsvollstreckung 321
- Zweijahresfrist 319 1, 8

Nachlassinsolvenzverfahrens 11 6
Nachlassseparation 83 4
Nachlassverbindlichkeiten 325
- Erbfallschulden 325 4
- Erblasserschulden 325 2
- Nachlasserbenschulden 325 6
- Nachlassverwaltungsschulden 325 5

Nachlassverwaltung 11 26; 81 1; 83 4
- Erbschaftsteuerfiskus 83 4

Nachrang von Insolvenzgläubigern
- Berücksichtigung des Nachrangs 266
- Rangfolge 266 4
- Voraussetzungen der Berücksichtigung des Nachrangs 266 2
- zeitliche Beschränkung 266 1

Nachrang von Neugläubigern 265
- Anspruchskonkurrenz 265 4
- Dauerschuldverhältnisse 265 10
- deliktische Forderungen 265 8
- Einschränkungen 265 10
- Gefährdungshaftung 265 8
- gegenüber Kreditgebern 265 3
- gesetzliche Ansprüche 265 9
- Rangprivilegierung 265 2
- Regelung des Kreditrahmens 265 5
- Sinn und Zweck 265 3
- vertragliche Ansprüche 265 6
- vertragsähnliche Ansprüche 265 7

Nachrangige Insolvenzgläubiger
- Gruppen nachrangiger Insolvenzgläubiger 39 11
- Insolvenzforderungen 39 3
- Rangordnung 39 1
- Strukturen der Rangordnung 39 4
- vereinbarter Nachrang 39 45

Nachrangige Verbindlichkeiten
- Aufgebotsverfahren 327 8
- Auflagen 327 4, 8
- Nachlassinsolvenzverfahren 327
- Pflichtteilsansprüche 327 3

2833

Stichwortverzeichnis

- Pflichtteilsvermächtnis 327 6
- Ranggleichheit 327 5
- Vermächtnisse 327 4, 8

Nachträglich bekannt gewordene Versagungsgründe 297a n. F.

Nachträgliche Anmeldungen 177
- Ausschlussfrist 177 1
- besonderer Prüfungstermin 177 1, 9
- Kosten 177 6, 9
- nach Ablauf der Anmeldefrist 177 2, 3
- nach Prüfungstermin 177 2, 4
- nachrangige Insolvenzforderungen 177 8
- nachträgliche Änderung 177 7
- öffentliche Bekanntmachung 177 3a, 6
- Schlusstermin 177 4b
- schriftliches Verfahren 177 1, 3a, 5
- Verfahren 177 1
- Widerspruch 177 3

Nachträgliche Anordnung der Eigenverwaltung 271
- Anfechtung 271 6
- Bestellung des Sachwalters 271 8
- Rechtshandlungen des bisherigen Insolvenzverwalters 271 9
- Rechtslage bis zum 29.02.2012 271 10
- Voraussetzung 271 3

Nachträgliche Berücksichtigung 192
- Antrag 192 5a
- Gleichstellung 192 4a
- Nachweis 192 2, 4
- Restmasse 192 6
- Rückforderungsanspruch 192 6
- Schadensersatz 192 6
- Vorabgleichstellung 192 5a
- Voraussetzungen 192 3

Nachträgliche Eröffnung des Hauptinsolvenzverfahrens, Sekundärinsolvenzverfahren nach EuInsVO Anh. I Art. 36 EuInsVO

Nachtragsliquidation, juristische Personen 11 12

Nachtragsverteilung 91 2, *siehe auch Anordnung der Nachtragsverteilung, siehe auch Vollzug der Nachtragsverteilung*
- Anordnung der ~ 80 7
- Vollzug der Nachtragsverteilung 205

Nachweis der Rechtsverfolgung 189 2
- bestrittene Forderungen 189 8
- Form 189 3
- Fristen 189 2
- innerhalb der Ausschlussfrist 189 6
- nach Ablauf der Ausschlussfrist 189 7
- öffentliche Bekanntmachung 189 2
- Rechtsfolgen 189 5
- Rechtsmittel 189 9

Nachweis der Verwalterbestellung Anh. I Art. 19 EuInsVO
- beglaubigte Abschrift des Eröffnungsbeschlusses Anh. I Art. 19 EuInsVO 3
- Hauptinsolvenzverwalter Anh. I Art. 19 EuInsVO 2
- Rechtsfolgen Anh. I Art. 19 EuInsVO 5
- Sekundärinsolvenzverwalter Anh. I Art. 19 EuInsVO 2
- Übersetzung Anh. I Art. 19 EuInsVO 4
- Voraussetzungen Anh. I Art. 19 EuInsVO 2

Nahe Angehörige
- Dienstvertrag 138 6
- Ehegatte 138 3
- ehemalige Ehegatten 138 3
- häusliche Gemeinschaft 138 5
- Lebenspartner 138 3
- Verwandte 138 4

Nahestehende Personen 138, *siehe Gesellschaftsrechtlich nahestehende Personen, siehe Nahe Angehörige*
- Insolvenz einer natürlichen Person 138 2
- juristische Person 138 7
- Legaldefinition 138 1
- Umkehr der Beweislast 138 1

Namensliste
- im Interessenausgleich 125 12
- nachträgliche 125 14
- namentliche Bezeichnung 125 11
- Negativliste 125 11
- Schriftformerfordernis 125 13
- Teil-Namensliste 125 11

Natürliche Personen
- Beginn der Insolvenzfähigkeit 11 4
- Ende der Insolvenzfähigkeit 11 6

Nebenentscheidungen, Anwendbarkeit EuInsVO Anh. I Art. 1 EuInsVO 16

Nebenverfahren
- Internationale Zuständigkeit nach EuInsVO Anh. I Art. 3 EuInsVO 132
- örtliche Zuständigkeit Anh. I Art. 3 EuInsVO 135

Negative Kompetenzkonflikte
- Bindung nach Art. 102 § 3 II EGInsO Anh. I Art. 3 EuInsVO 96
- Grundsätze nach der EuInsVO Anh. I Art. 3 EuInsVO 94
- Internationale Zuständigkeit nach EuInsVO Anh. I Art. 3 EuInsVO 69

Netting-Vereinbarungen 340 3

Nettingvereinbarungen 96 30

Neuerwerb
- Abgrenzung 35 122
- asymmetrisches Verfahren 35 127
- Insolvenz natürlicher Personen 35 124
- perpetuiertes Insolvenzverfahren 35 126
- Unternehmensinsolvenz 35 128

Neuerwerb im laufenden Insolvenzverfahren 300a n. F.

Neugläubiger 91 11; 92 21

Neumasseverbindlichkeit 103 5

Nicht beschwerdefähige Entscheidungen
- eröffnetes Verfahren 6 20

Stichwortverzeichnis

– Eröffnungsverfahren 6 19
– Maßnahmen des Insolvenzverwalters 6 22
– Restschuldbefreiungsverfahren 6 27
– Verbraucherinsolvenzverfahren 6 25

Nicht fällige Forderungen
– Absonderungsrechte 41 11
– Abzinsung unverzinslicher Forderungen 41 13
– Aufrechnung 41 17
– Aussonderungsrechte 41 10
– betagte Insolvenzforderung 41 6
– Fälligkeit 41 7
– Fiktion der Fälligkeit 41 12
– Insolvenzforderungen 41 4
– Steuerforderungen 41 4
– verzinsliche Forderungen 41 16

Nicht rechtsfähiger Verein, Insolvenzfähigkeit des ~ 11 8

Nicht selbständige Erwerbstätigkeit
– angemessene Erwerbstätigkeit 4c 35
– Bemühungen um Erwerbstätigkeit 4c 39
– Nichtablehnung zumutbarer Arbeit 4c 40

Nicht-rechtsfähiger Verein, Insolvenzfähigkeit des ~ 11 14

Nichterfüllung von Masseverbindlichkeiten
– Erkennbarkeit 61 7
– Geltendmachung des Haftungsanspruchs 61 18
– Liquiditätsplan 61 8
– Mitverschulden des Gläubigers 61 12
– Schaden 61 13

Niederlassung
– Definition nach EuInsVO **Anh. I Art. 2 EuInsVO** 37
– Restschuldbefreiungstourismus **Anh. I Art. 2 EuInsVO** 41

Niederlassungsfreiheit, i.R.d. Abgrenzung zum Gesellschaftsrecht **Anh. I Art. 4 EuInsVO** 32

Niederlegung in der Geschäftsstelle 154
– Berichtstermin 156 6
– Einsichtnahme 154 3
– Einsichtnahme Dritter 154 3
– Rechtsbehelf 154 3
– Verweigerung der Einsichtnahme 154 3
– Zeitpunkt 154 2
– Zweck 154 1

Normalverfahren, Vergütung des Insolvenzverwalters **Anh. III § 2 InsVV** 1

Nutzung des Sicherungsguts, sonstige Verwendung beweglicher Sachen 172

Nutzungsüberlassung 135 20
– Bedeutung des Gegenstands 135 21
– Beendigung 135 25
– bei Konkurrenz mit Drittansprüchen 135 26
– Nutzungsanspruch 135 20
– Nutzungsentgelt 135 23
– Nutzungsverhältnis 135 22
– Rechtsfolgen 135 24
– unentgeltliche 135 26

– Verpflichteter 135 20

Nutzungsüberlassungsverträge 108 32

O

Obliegenheiten des Schuldners 295; 295 n. F., *siehe Verstoß gegen Obliegenheiten*
– angemessene Erwerbstätigkeit 295 20
– Anzeige- und Mitteilungsobliegenheiten 295 31
– Arbeitslosigkeit 295 22
– Auskunftspflichten 295 37
– Befriedigungsfunktion 295 5
– Begehung einer Straftat 295 25
– Bemühung um angemessene Erwerbstätigkeit 295 22
– Enumerationsprinzip 295 2
– Erbschaft 295 28
– Erfüllung im Gläubigerinteresse 295 4
– Erwerb von Todes wegen 295 28
– Erwerbstätigkeit 295 19
– Festlegung der Zahlungen an den Treuhänder 295 16
– fiktives Einkommen 295 45
– Folgen des Verstoßes 295 4
– Genugtuungsfunktion 295 5
– gleichmäßige Gläubigerbefriedigung 295 39
– Heilung von Verstößen 295 48
– kein Verheimlichen von Bezügen und Vermögen 295 34
– Kooperationsbereitschaft des Schuldners 295 6
– materielle 295 4
– nicht auskömmliche selbständige Tätigkeit 295 23
– nicht selbständige Tätigkeit des Schuldners 295 14
– Nichtablehnung zumutbarer Erwerbstätigkeit 295 26
– Ortswechsel 295 32
– Rechtsfolgen von Obliegenheitsverletzungen 295 47
– Schuldenbereinigungsplan 295 13
– selbständige Erwerbstätigkeit 295 42
– selbständige Tätigkeit des Schuldners 295 14
– Sondervorteile 295 41
– systematischer Zusammenhang 295 11
– Teilzeitbeschäftigung 295 21
– Vertrauensschutz des Schuldners 295 9
– Wechsel der Beschäftigungsstelle 295 33
– zeitlicher Anwendungsbereich 295 7
– Zeitpunkt der Zahlungen an den Treuhänder 295 17
– zumutbare Arbeit 295 19

Obligatorische Rechtsgeschäfte 80 11
Oder-Konten 84 4
Offene Handelsgesellschaft 11 15
Öffentlich-rechtliche Religionsgemeinschaften 12 5
Öffentlich-rechtliche Rundfunkanstalten 12 9
Öffentliche Abgaben 51 24

Stichwortverzeichnis

Öffentliche Bekanntmachung 9; Anh. I Art. 21 EuInsVO; Anh. II Art. 102 § 5 EGInsO
- Anerkennung ausländischer Insolvenzverfahren Anh. II Art. 102 § 5 EGInsO 4
- Anordnung 9 12
- Antrag Anh. I Art. 21 EuInsVO 3
- Antrag des ausländischen Verwalters Anh. II Art. 102 § 5 EGInsO 1
- Anwendungsbereich 9 3
- Art und Weise Anh. II Art. 102 § 5 EGInsO 6
- Bekanntmachungspflicht Anh. I Art. 21 EuInsVO 5
- Bekanntmachungsstellen Anh. I Art. 21 EuInsVO 3
- Beweislastumkehr Anh. I Art. 21 EuInsVO 9
- der Eigenverwaltung, *siehe auch Eigenverwaltung*
- der Verfahrensbeendigung von Amts wegen Anh. II Art. 102 § 5 EGInsO 10
- der Verfahrenseröffnung von Amts wegen Anh. II Art. 102 § 5 EGInsO 8
- Ersatzzuständigkeit Anh. II Art. 102 § 5 EGInsO 3
- Gerichtsgebühren Anh. II Art. 102 § 5 EGInsO 5
- Gutglaubensschutz Anh. I Art. 21 EuInsVO 9
- Haftung bei pflichtwidrigem Unterlassen Anh. I Art. 21 EuInsVO 11
- Inhalt der Bekanntmachung 9 7
- Internationales Insolvenzrecht 3 45
- Internationales Verfahrensrecht 9 18
- Kosten Anh. I Art. 21 EuInsVO 16; Anh. I Art. 23 EuInsVO; Anh. II Art. 102 § 5 EGInsO 5
- Mindestanforderungen 9 14
- Mindestinhalt Anh. I Art. 21 EuInsVO 4
- obligatorische Anh. I Art. 21 EuInsVO 5
- Ort Anh. I Art. 24 EuInsVO 14
- Publizitätswirkung 9 17
- Rechtsfolgen Anh. I Art. 21 EuInsVO 9
- Übersetzung Anh. II Art. 102 § 5 EGInsO 5
- Verfahren 9 5; Anh. I Art. 21 EuInsVO 13
- Verordnung zu öffentlichen Bekanntmachungen in Insolvenzverfahren im Internet 9 19
- Voraussetzungen Anh. I Art. 21 EuInsVO 2
- Wirksamkeit 9 13
- Wirksamkeitszeitpunkt 9 16
- Wirkungen 9 15
- Zuständigkeit Anh. II Art. 102 § 5 EGInsO 2

Öffentliche Bekantmachung
- Ankündigung der Restschuldbefreiung 3 12 6
- Aufhebung des Verfahrens 3 12 6
- Eröffnung des Verfahrens 3 12 6
- Erteilung der Restschuldbefreiung 3 12 6
- im Internet 3 12 7
- Kosten 3 12 7
- Vergütung des Treuhänders 3 12 6
- Versagung der Restschuldbefreiung 3 12 6
- Widerruf der Restschuldbefreiung 3 12 6

Optionales schriftliches Verfahren
- Änderung und Bekanntmachung 5 48
- Beurteilungsspielraum 5 42
- Entscheidung 5 43
- Ermessen 5 44
- Folgen 5 47
- funktionale Zuständigkeit 5 45
- Höhe der Verbindlichkeiten 5 41
- Vermögensverhältnisse 5 36
- Voraussetzungen 5 35
- Zahl der Gläubiger 5 40

ordre public
- i.R.d. Internationalen Insolvenzrechts Anh. I Art. 4 EuInsVO 68
- Normzweck Anh. I Art. 26 EuInsVO 1, *siehe auch Ordre-ublic-erstoß*
- Portugal Anh. I Art. 26 EuInsVO 17
- Verhältnis zu Art. 25 III Anh. I Art. 26 EuInsVO 18

Ordre-Public-Verstoß
- Inlandsbezug Anh. I Art. 26 EuInsVO 8
- materiell-rechtlicher Anh. I Art. 26 EuInsVO 11
- offensichtliche Unvereinbarkeit Anh. I Art. 26 EuInsVO 6
- öffentliche Ordnung Anh. I Art. 26 EuInsVO 5
- Prüfung von Amts wegen Anh. I Art. 26 EuInsVO 14
- Prüfungsumfang Anh. I Art. 26 EuInsVO 3
- Rechtsfolgen Anh. I Art. 26 EuInsVO 15
- verfahrensrechtlicher Anh. I Art. 26 EuInsVO 9
- Voraussetzungen Anh. I Art. 26 EuInsVO 5

Örtliche Zuständigkeit Anh. II Art. 102 § 1 EGInsO
- Allgemeiner Gerichtsstand des Schuldners 3 22
- Annexverfahren Anh. II Art. 102 § 1 EGInsO 13
- Eintragung in öffentliche Register Anh. II Art. 102 § 1 EGInsO 8
- für Sicherungsmaßnahmen Anh. I Art. 38 EuInsVO 14
- Hauptinsolvenzverfahren Anh. II Art. 102 § 1 EGInsO 1
- im Sekundärinsolvenzverfahren nach EuInsVO Anh. I Art. 27 EuInsVO 3
- Konkurrierende Zuständigkeiten 3 29
- Konzentrationsermächtigung Anh. II Art. 102 § 1 EGInsO 9, 12
- Missbräuchliche Zuständigkeitsbegründung 3 38
- Mittelpunkt der hauptsächlichen Interessen Anh. II Art. 102 § 1 EGInsO 1
- Nachlassinsolvenz Anh. II Art. 102 § 1 EGInsO 4
- öffentliche Bekanntmachung Anh. II Art. 102 § 1 EGInsO 8
- Ort der Vermögensbelegenheit Anh. II Art. 102 § 1 EGInsO 10
- Partikularverfahren Anh. II Art. 102 § 1 EGInsO 5

– Wirtschaftliche Tätigkeit 3 4
– Wohnsitz 3 22
– Zuständigkeitslücken Anh. II Art. 102 § 1 EGInsO 15
– Zuständigkeitsprüfung 3 31

P
Pachtverhältnisse über land- und forstwirtschaftlich genutzte Flächen, Kündigungsfrist 109 34
Parteifähigkeit 13 14
Partenreederei 11 15; 84 8
Partikularinsolvenz 11 2
Partikularinsolvenzverfahren 13 60; 14 39
Partikularverfahren
– Antragsbefugnis der Gläubiger 354 25
– Antragsbefugnis des Hauptinsolvenzverwalters 354 26
– Antragsbefugnis des Schuldners 354 27
– Ausschluss der Antragsbefugnis 354 30
– Ausschluss der Restschuldbefreiung 355 2
– Belegenheit von Vermögen 354 12
– Bestätigung von Insolvenzplänen 355 6
– Eröffnungsvoraussetzungen 354 7, 32
– Gläubigerinteresse 354 17
– isolierte 354 2
– Niederlassung im Inland 354 8
– Ort der Belegenheit 354 12
– zuständiges Gericht 354 36
– Zuständigkeit 354 8
Partnerschaftsgesellschaft 11 15
Passivforderung, nachträgliche Entstehung 96 3
Passivmasse, in Haupt- und Sekundärinsolvenzverfahren nach EuInsVO Anh. I Art. 27 EuInsVO 15
Passivprozess 85 32
– Absonderungsstreit 86 7
– Anwendungsbereich des § 86 InsO 86 2
– Aufnahme 86 1
– Aufnahmebefugnis des Gegners 86 3
– Aufnahmebefugnis des Insolvenzverwalters 86 3
– Aussonderungsstreit 86 4
– Einzelfälle 85 34
– Forderungen der Insolvenzgläubiger 87 1
– sofortiges Anerkenntnis des Schuldners 86 12
– Streit um Masseverbindlichkeiten 86 9
– Teilungsmassegegenstreit 86 1
– Unterscheidung von Aktivprozess 85 31
Passivvermögen
– allgemeine Bilanzierungsgrundsätze 19 38
– besondere Bilanzierungsgrundsätze 19 39
Patentnichtigkeitsklage 85 17
Patentverletzung 86 6
Pensionsgeschäfte 340 3
perpetuatio fori, internationale Zuständigkeit nach EuInsVO Anh. I Art. 3 EuInsVO 57
Personengesellschaft, Insolvenz einer ~ 85 12

Personenvereinigungen ohne eigene Rechtspersönlichkeit
– Gesellschaften ohne Rechtspersönlichkeit 11 15
– Insolvenzfähigkeit von ~ 11 14
– nicht rechtsfähiger Verein 11 14
Persönlicher und sachlicher Anwendungsbereich
– höchstpersönliche Ansprüche und Rechte 36 11
– sämtliche Schuldner 36 8
– Vermögen 36 9
Pfändbarkeit, Mitgliedschaft in eG Anh. VI § 66a GenG 2
Pfandrecht, an der eigenen Schuld 94 2
Pfandrechte, Ausschluss sonstigen Rechtserwerbs 91 34
Pfändung, schuldnerfremder Sachen 83 15
Pfändungspfandrecht 114 28
Pfändungsschutz
– des Existenzminimums 100 1
– Pfändungsfreigrenzen für Arbeitseinkommen 100 2
Pfändungsschutzvorschriften
– immaterielle Schäden 36 18
– sozialrechtliche Pfändungsschutzbestimmungen 36 17
– Vollstreckungsschutz 36 19
– zivilverfahrensrechtliche Vollstreckungsbestimmungen 36 16
Pflichtteilsanspruch 83 8
– Klagebefugnis des Pflichtteilsberechtigten 83 9
Politische Parteien 12 11
Popularklage 85 17
Positive Kompetenzkonflikte
– Anwendung Art. 27 EuGVVO? Anh. I Art. 3 EuInsVO 80
– autonome Bestimmung des Zeitpunkts der Eröffnungsentscheidung Anh. I Art. 3 EuInsVO 73
– Eurofood Anh. I Art. 3 EuInsVO 71
– Internationale Zuständigkeit nach EuInsVO Anh. I Art. 3 EuInsVO 69, 71
– Prioritätsgrundsatz Anh. I Art. 3 EuInsVO 71
– später eröffnetes Verfahren Anh. I Art. 3 EuInsVO 81
Postsperre 99; 101 8
– Anordnung durch Beschluss 99 12
– Anwendungsbereich des § 99 InsO 99 3
– Ausnahme von ~ 99 11
– Ausweitung auf Eröffnungsverfahren 102 2
– bei Eigenverwaltung 99 5
– Einsichtsrecht des Treuhänders 99 5
– Kosten des Postunternehmens 99 20
– Rechtsmittel und Aufhebung 99 16
– Voraussetzungen für die Anordnung 99 6
– vorläufige 99 3
Postsperre.Verfahren 99 9
Prinzipal-Agenten-Verhältnis 58 3
Private law enforcement 92 4
Prozessfähigkeit 13 15
– des Schuldners 11 3

Stichwortverzeichnis

- juristischer Personen 13 19
- natürlicher Personen 13 17
- Personenvereinigungen ohne Rechtspersönlichkeit 13 19

Prozesskostenhilfe 21 78; 92 19; 129 133
- für Eröffnungsverfahren 14 37
- Gläubiger 4 25
- Schuldner 4 25

Prozesskostenhilfeverfahren 85 26

Prozesskostenvorschuss, Voraussetzungen 4a 38

Prozessstandschaft
- gesetzliche 85 10
- gewillkürte 85 8, 9

Prozessunterbrechung
- bei Anordnung der Eigenverwaltung 85 4
- Dauer 85 30
- durch Eröffnung eines Insolvenzverfahrens 85 2
- erfasste Verfahren 85 24
- Massebezug 85 14
- nach § 240 ZPO 85 2
- Nachlassinsolvenzen 85 4
- Rechtmäßigkeit des Beschlusses 85 3
- sofortige Beschwerde 85 3
- Unterbrechungsgrund 85 3
- Unterbrechungswirkung 85 3, 28

Prüfungstermin 176
- bestrittene Forderungen 176 1
- Einzelerörterung 176 13, 14
- Eröffnungsbeschluss 176 5
- gerichtliche Maßnahmen 176 4
- gerichtliche Vorprüfung 176 2
- Gläubigerversammlung 176 5
- mangelhaft angemeldete Forderungen 176 4
- nachträgliche Anmeldungen 177
- schriftliches Verfahren 176 15
- Teilnehmer 176 9
- Terminsbestimmung 176 7
- Umfang des Prüfungsrechts 176 2, 11
- Verfahren 176 6
- Widerspruch 176 12

Prüfungsverfahren, im Internationalen Insolvenzrecht Anh. I Art. 4 EuInsVO 24

R

Rangordnung der Masseverbindlichkeiten
- Altmasseverbindlichkeiten 209 11
- Anzeige der Masseunzulänglichkeit 209 10
- Beweislast 209 10
- Dauerschuldverhältnisse 209 13, 15, 17
- Forderungen aus ungerechtfertigter Bereicherung 209 8
- gegenseitige Verträge 209 13, 14
- Massetabelle 209 20
- Neumasseverbindlichkeiten 209 9, 12
- Neuverbindlichkeiten 209 3
- oktroyierte Masseverbindlichkeiten 209 12
- *Restschuldbefreiung* 209 21
- Steuerberatungskosten 209 7
- Verfahrenskosten 209 4
- Verteilungsfehler 209 22
- Verteilungsregelung 209 2
- Verteilungsverzeichnis 209 19
- Verwaltungskosten 209 6

Rechnungsabgrenzungsposten 19 37, 43

Rechnungslegung 66
- Anforderungen an die ~ 66 3
- Art und Weise 66 5
- Auslegen der Schlussrechnung 66 12
- bei Masseunzulänglichkeit 66 7
- Prüfung der ~ 66 8
- Prüfung des Gläubigerausschusses 66 11
- Prüfungsvermerk 66 10
- Sachverständiger 66 9
- Schlussbericht 66 6
- Schlussbilanz 66 6
- Schlussrechnung 66 1, 4
- Schlusstermin 66 13
- Schlussverzeichnis 66 6
- Überschussrechnung 66 6
- vorläufiger Insolvenzverwalter 66 7
- Zeitpunkt 66 4
- Zwischenrechnung 66 1, 14

Rechte, Forderungen 35 71

Rechte der Gesamtschuldner und Bürgen 44
- Ausgleichsanspruch 44 2
- Ausübung der Gläubigerrechte 44 4
- Gesamtschuld, Bürgschaft und ähnliche Rechtsverhältnisse 44 6
- Insolvenzplan und Restschuldbefreiung 44 15
- keine Verfahrensbeteiligung des Hauptgläubigers 44 10
- Regressansprüche 44 3
- Regressforderung 44 9
- Sachmithaftung 44 8
- Streit der Gläubigerprätendenten 44 14
- Verfahrensbeteiligung des Hauptgläubigers 44 11

Rechte der Insolvenzgläubiger 201
- Forderungen von Neugläubigern 201 4
- Haftung des Schuldners 201 6
- Masseansprüche 201 5
- Nachforderungsrecht 201 1
- nicht angemeldete Forderungen 201 3
- nicht durchsetzbare Forderungen 201 3
- Restschuldbefreiung 201 12
- unbeschränkte Nachhaftung für Insolvenzforderungen 201 2
- vollstreckbarer Auszug aus der Tabelle 201 7

Rechte der Insolvenzgläubiger nach Verfahrensaufhebung, *siehe auch Zuständigkeit bei der Vollstreckung*

Rechte, die in ein Register einzutragen sind, Belegenheit nach EuInsVO Anh. I Art. 2 EuInsVO 25

Rechtliches Gehör, vorherige Anhörung 64 22

Rechtsbehelfe
- sofortige Beschwerde 36 98
- Vollstreckungserinnerung 36 97

Stichwortverzeichnis

Rechtsbeschwerde 289 10
- Anwendungsbereich 6 95
- Bedeutung der Rechtssache 6 104
- Begründung der ~ 6 129
- Begründungsfrist 6 129
- Beschluss des Beschwerdegerichts 6 98
- Beschwerdebefugnis und Beschwer 6 133
- Bindungswirkung 289 15
- Einlegung der ~ 6 123
- Einlegungsfrist 6 124
- Entscheidung 6 149
- Rechtsbeschwerdegründe 6 131
- sonstige Sachentscheidungsvoraussetzungen 6 122
- Statthaftigkeit 6 93
- Tatbestandsberichtigungsantrag 289 15
- Verfahren 6 137
- Versagungsgründe 289 17
- Wirkung 6 136
- Zulässigkeitsprüfung 6 137
- Zulassung 6 98; 289 11
- Zulassungsentscheidung 6 102
- Zulassungsgründe 6 104
- Zurückweisung 289 16

Rechtserwerb, originärer 91 4

Rechtsfolgen
- des Vollstreckungsverbots 89 35
- Zahlung vor Insolvenzeröffnung 43 19
- Zahlungen nach Insolvenzeröffnung 43 22

Rechtsfolgen der Insolvenzanfechtung 143, *siehe Rückgewährpflicht*
- Beweislast 143 29
- bösgläubiger Empfänger 143 29
- Haftung 143 27
- Haftung des Gesellschafters 143 31
- Rückgewähr unentgeltlicher Leistung 143 26
- Rückgewähranspruch in der Insolvenz des Empfängers 143 30
- Rückgewähransprüche 143 2

Rechtsgeschäftliche Verfügungen 91 15
- Dritter 91 16

Rechtshandlungen nach Verfahrenseröffnung
- gutgläubiger Erwerb 147 1, 2, 4
- mehraktige Rechtshandlungen 147 1
- Rechtsfolgen 147 4
- Verjährung 147 6
- Verrechnung 147 1, 5
- wirksame Verfügungen 147 2

Rechtsmittel 4d; 34, *siehe auch Sofortige Beschwerde*
- Anwendungsbereich 4d 4
- ausländischer Insolvenzverwalter Anh. II Art. 102 § 7 EGInsO 1, 3
- Beschränkung 253 11
- Beschwerdebefugnis Anh. II Art. 102 § 7 EGInsO 3
- Beschwerdezurückweisung 253 24
- Einstellung des Insolvenzverfahrens 216

- Eintragung in öffentliche Bücher und Register Anh. II Art. 102 § 7 EGInsO
- Entscheidung des Insolvenzgerichts Anh. II Art. 102 § 7 EGInsO 3
- ESUG 253 4
- formelle Beschwer 253 12
- Frist 216 8
- Gerichtsentscheidung 253 32
- im Internationalen Insolvenzrecht Anh. I Art. 4 EuInsVO 19
- öffentliche Bekanntmachung Anh. II Art. 102 § 7 EGInsO 1
- Rechtsbeschwerde Anh. II Art. 102 § 7 EGInsO 2
- Rechtsmittelbelehrung 253 23
- Registereintragung Anh. II Art. 102 § 7 EGInsO 1
- sofortige Beschwerde 4d 1; 216 7, 8; 253 3; Anh. II Art. 102 § 7 EGInsO 2
- sofortige Beschwerde der Staatskasse 4d 14
- sofortige Beschwerde des Schuldners 4d 7
- sonstige Rechtsbehelfe 4d 21
- Suspensiveffekt 253 1
- Tatbestandsvoraussetzungen 216 2
- Verfahren 4d 19
- Vergütungsfestsetzung 64 27
- § 253 a.F. 253 34

Rechtsmittelverfahren 34 3
- anwendbare Vorschriften 34 3
- Aufhebung des Eröffnungsbeschlusses 34 37
- Erledigung 34 5
- Gegenstand des ~ 34 4
- Kosten, Gebühren 34 35
- Kostenentscheidung 34 9
- rechtliches Gehör 34 8
- Rechtsbeschwerde 34 34
- sofortige Beschwerde 34 3, 7
- sofortige Beschwerde gegen die Ablehnung der Verfahrenseröffnung 34 10
- Tatsachengrundlage 34 6

Rechtsstellung, des Schuldners 80 9

Rechtsstellung des Insolvenzschuldners, Verlust der Prozessführungsbefugnis 22 52

Rechtsstellung des Insolvenzverwalters 80 13
- Grenzen der Verwaltungs- und Verfügungsbefugnis 80 36
- im Arbeitsrecht 80 24
- im Berufs- und Verwaltungsrecht 80 32
- im Bürgerlichen Recht 80 13
- im Handelsrecht 80 23
- im Prozessrecht 80 18
- im Sozialrecht 80 28
- im Steuerrecht 80 29

Rechtsstellung des Sachwalters 274, 2
- bei Aufhebung der Eigenverwaltung 274 4
- Votum des vorläufigen Gläubigerausschusses 274 5

2839

Stichwortverzeichnis

Rechtsstreit
- Schuldner als einfacher Streitgenosse 85 11
- Schuldner als gewillkürter Prozessstandschafter 85 8
- Schuldner als Nebenintervenient 85 7
- Schuldner als Partei 85 7
- Schuldner als Partei kraft Amtes 85 7
- Schuldner als rechtsgeschäftlicher Vertreter einer Partei 85 7

Rechtsverfolgungsmaßnahmen, im Internationalen Insolvenzrecht Anh. I Art. 4 EuInsVO 23

Reform der EuInsVO, Vorschlag der Kommission Anh. I Art. 3 EuInsVO 40

Regelinsolvenzverfahren 20 17

Regelvergütung Anh. III § 2 InsVV 4
- Kürzung Anh. III § 2 InsVV 6

Register 31
- Genossenschaftsregister 31 3
- Partnerschaftsregister 31 3
- Übermittlungspflichten gegenüber Registergerichten 31 1
- Vereinsregister 31 3
- Voraussetzungen und Inhalt der Übermittlungspflicht 31 3

Register für Luftfahrzeuge 33

Register für Schiffe 33

Regressansprüche 95 7

Regressforderung 92 16
- Pfändbarkeit 92 17

Reichweite des Insolvenzstatus, i.R.d. Internationalen Insolvenzrechts Anh. I Art. 4 EuInsVO 14

Rentenansprüche 89 34

Reorganisationsverfahren Anh. IX § 23 KredReorgG 25
- Abstimmung der Anteilsinhaber über den Reorganisationsplan Anh. IX § 23 KredReorgG 56
- Abstimmung der Gläubiger über den Reorganisationsplan Anh. IX § 23 KredReorgG 51
- Abstimmung über Reorganisationsplan Anh. IX § 23 KredReorgG 50
- Annahme des Reorganisationsplans Anh. IX § 23 KredReorgG 51
- Antrag auf Durchführung Anh. IX § 23 KredReorgG 30
- Antragsbefugnis Anh. IX § 23 KredReorgG 28
- Anzeige Anh. IX § 23 KredReorgG 28
- Anzeigebefugnis Anh. IX § 23 KredReorgG 28
- Ausgliederung Anh. IX § 23 KredReorgG 43, 48
- Beendigung des Verfahrens Anh. IX § 23 KredReorgG 61
- Bestandsgefährdung Anh. IX § 23 KredReorgG 32
- Debt to equity-swap Anh. IX § 23 KredReorgG 41
- *Eingriffe in Drittrechte* Anh. IX § 23 KredReorgG 25
- gerichtliche Bestätigung des Reorganisationsplans Anh. IX § 23 KredReorgG 59
- Reorganisationsplan Anh. IX § 23 KredReorgG 29, 39, 48
- Restrukturierungsfonds Anh. IX § 23 KredReorgG 45
- Systemgefährdung Anh. IX § 23 KredReorgG 36
- Vermutungsregeln Anh. IX § 23 KredReorgG 33

Restitutionsklage 178 13

Restschuldbefreiung 1 42; 11 5; 81 1; 87 4; 89 1, 30; 93 24; 286, *siehe auch Restschuldbefreiungsverfahren, siehe auch Treuhänder, siehe Ausgenommene Forderungen, siehe Deckung der Mindestvergütung des Treuhänders, siehe Eintragung in das Schuldnerverzeichnis, siehe Entscheidung über die Restschuldbefreiung, siehe Insolvenzstraftaten, siehe Nachträglich bekannt gewordene Versagungsgründe, siehe Neuerwerb im laufenden Insolvenzverfahren, siehe Obliegenheiten des Schuldners, siehe Verstoß gegen Obliegenheiten, siehe Vorzeitige Beendigung, siehe Widerruf der Restschuldbefreiung, siehe Wirkung der Restschuldbefreiung*
- Abtretung 286 3
- Abtretungserklärung, *siehe auch Abtretungserklärung*
- Angehörige 286 8
- Anhörung 287 n. F. 4
- Ankündigung der Restschuldbefreiung, *siehe auch Ankündigung der Restschuldbefreiung*
- Antrag 305 37
- Antrag auf Versagung der ~ 286 4
- Antrag des Schuldners, *siehe auch Antrag des Schuldners auf Restschuldbefreiung*
- Antragsberechtigung 287 2
- Antragsfrist 286 4
- Anwendbarkeit EuInsVO Anh. I Art. 1 EuInsVO 9, 17
- Anzahl der Gläubiger 286 10
- Anzeige der Masselosigkeit 289 18
- beschränkt geschäftsfähige Personen 286 6
- Eigentumsgarantie 286 2
- Eingangsentscheidung 287a n. F. 1
- Einstellung des Insolvenzverfahrens 289 n. F.
- Entscheidung des Insolvenzgerichts 287a n. F., *siehe auch Entscheidung des Insolvenzgerichts*
- Erheblichkeitsgrenze 290 n. F. 3
- Erklärungspflicht des Schuldners 287 n. F. 1; 290 n. F. 7
- Erwerbsobliegenheit 287b n. F.
- fehlender Eigenantrag 287 21
- fresh start 286 1
- Fünfjahresfrist 290 n. F. 3
- geschäftsunfähige Personen 286 6
- Gesellschaften ohne Rechtspersönlichkeit 286 9
- Gleichbehandlung der Gläubiger, *siehe auch Gläubigergleichbehandlung*
- im Internationalen Insolvenzrecht Anh. I Art. 4 EuInsVO 25

Stichwortverzeichnis

- juristische Personen 286 9
- Konzentrationsfunktion des Schlusstermins 287 n. F. 4
- Laufzeit der Abtretungserklärung 286 4
- Minderjährige 286 6
- natürliche Personen 286 5
- Neuverbindlichkeiten 81 7
- Obliegenheiten des Schuldners 286 3
- Obliegenheitsvestöße des Schuldners 286 4
- Prozesspfleger 286 6
- Rechtsanspruch auf ~ 286 1
- Rechtsbegriff der ›Abtretungsfrist‹ 287 n. F. 2
- Rechtsstellung des Treuhänders, siehe auch Treuhänder
- Regelinsolvenzverfahren 286 5
- Sperrfrist 287a n. F. 3; 290 n. F. 5
- Straftäter 286 7
- Systematik des Restschuldbefreiungsverfahrens 286 3
- Treuhänder 286 3
- Treuhandphase 286 3
- unredlicher Schuldner 286 4
- Untersuchungshäftlinge 286 7
- Verbraucherinsolvenzverfahren 286 5
- Verfahrensabschnitte 286 4
- Verfassungsmäßigkeit der ~ 286 2
- Verpflichtung zur Anhörung der Gäubiger 289 n. F. 1
- Versagung 287 18; 289 2
- Versagung der ~ 286 4, siehe auch Versagung der Restschuldbefreiung
- Versagungantrag 290 n. F. 9
- Versagungsgrund 290 n. F. 3
- Versagungsgründe 289 3
- Wahrheitspflicht 287 n. F. 1
- Wirkungen 286 11
- Wohlverhaltensphase 286 3
- Zulässigkeit des Antrags 287a n. F. 1
- Zwangsvollstreckungsmaßnahmen 286 3

Restschuldbefreiungsantrag 20 17
- Fremdantrag 20 20

Restschuldbefreiungsverfahren 89 2; 98 4
- bei Einstellung des Insolvenzverfahrens wegen Masselosigkeit 289 18
- Hinweis auf Restschuldbefreiung 20 2, 16
- Internationales Insolvenzrecht 355
- Verfahrensabschnitte 286 3

ROM I-VO 95 16
ROM II-VO 89 15
Rückgewähr, aus der Masse 81 2
Rückgewähr der Gegenleistung 81 24
Rückgewähranspruch, Verjährung 96 22
Rückgewährpflicht
- Anfechtungsanspruch 143 2
- Anspruchsgegner 143 3
- Art des Anspruchs 143 2
- Aufrechnung 143 13, 24
- Berechnung des Wertersatzes 143 22
- bewegliche Sachen 143 7
- bösgläubiger Empfänger 143 29
- Empfangsbeauftragter 143 3
- Erstattung in Natur 143 2
- Gesamtschuldner 143 4
- Gläubiger 143 3
- Globalzession 143 4
- gutgläubiger Empfänger 143 27
- Haftung des Gesellschafters 143 31
- Inhaber des Anspruchs 143 3
- Inhalt des Anspruchs 143 5
- kein Anspruchsverlust 143 18
- mittelbare Zuwendung 143 4
- notwendige Verwendungen 143 19
- Nutzungen 143 16
- Nutzungsersatz 143 25
- Rückgewähranspruch in der Insolvenz des Empfängers 143 30
- Schuldübernahme 143 12
- Sicherungsübereignung 143 6
- Sicherungszession 143 11
- Substanzwert 143 23
- Surrogation 143 23
- Übertragung von Rechten 143 10
- unbewegliche Sachen 143 8
- Unmöglichkeit der Herausgabe 143 20
- Unterlassungen 143 15
- Verschulden 143 21
- Verwendungsersatzanspruch 143 19
- Vorteilsausgleichung 143 24
- Wertersatz 143 20
- Zwangsvollstreckung 143 5

Rückschlagsperre 114 28
- Frist 312 5, 11
- im Internationalen Insolvenzrecht Anh. I Art. 4 EuInsVO 23

Rückstellungen 19 41
Rückzahlung und Anpassung der gestundeten Beiträge 4a n. F.; 4b; 4b n. F.; 4c n. F.; 5 n. F.; 35 n. F.
Rückzahlung und Anpassung der gestundeten Beträge
- veränderte Verhältnisse 4b 31
- Veränderungen der Stundungswirkung 4b 1
- Verlängerung der Stundung 4b 2

Ruhen des Verfahrens 306
- Amtsermittlungen 306 5, 14
- Anordnung 306 4
- Anschlussantrag des Schuldners 306 15
- Drei-Monats-Frist 306 14
- Fristen 306 10
- Gläubigerantrag 306 14, 16
- Hinweispflichten des Insolvenzgerichts 306 14
- Kosten 306 16
- Prüfungspflichten des Insolvenzgerichts 306 4
- Scheitern der außergerichtlichen Schuldenbereinigung 306 1
- Sicherungsmaßnahmen 306 11
- Vorlage zuzustellender Unterlagen 306 12

Stichwortverzeichnis

S
Sachanlagen 19 31
Sachhaftung 91 13
Sachlicher Anwendungsbereich, Erteilung der Restschuldbefreiung 4b 8
Sachwalter, *siehe auch Vergütung des Sachwalters*
– Abwahl 274 6
– Adressat der Forderungsanmeldung 28 3
– Amtsbeginn 274 6
– Anfechtung von Rechtshandlungen 280 2
– Ansprüche auf Ersatz eines Gesamtschadens 280 1
– Anzeigepflicht der Masselosigkeit 285 11
– Anzeigepflicht der Masseunzulänglichkeit 285 4
– Aufsicht des Insolvenzgerichts 274 7
– Auskunftsansprüche 274 7
– Auskunftspflichten gegenüber Insolvenzgericht 274 7
– Bestellung 270c; 274 3
– Bestellung durch das Insolvenzgericht 274 5
– Eilmaßnahmen gegen den Schuldner 274 19
– Ende des Amtes 274 6
– Geltendmachung von Haftungsansprüchen 280 4
– Gläubigerschutz 275 1
– Haftung 274 9; 280 8
– Haftungsrealisierung gegenüber Vertretungsorganen des Schuldners 280 1
– Kenntnisse und Fähigkeiten 274 4
– Mitwirkungs- und Eingriffsrechte 275 1
– persönliche Haftung 279 7
– Pflichtverletzungen des – 274 8
– Prüfungs- und Erklärungspflichten 281 14
– Prüfungspflichten 281
– Prüfungsrechte 274 13
– Rechtsstellung des –, *siehe auch Rechtsstellung des Sachwalters*
– Übertragung der Kassenführung auf – 275 7
– Überwachungspflichten 274 7
– Überwachungsrechte 274 13
– Unabhängigkeit des – 274 3
– Unterrichtungspflichten gegenüber Gläubigerausschuss und Insolvenzgericht 274 16
– Vergütung 274 20
– Vergütung bei Überwachung des Insolvenzplans 284 15
– Widerspruchsrecht des – 275 2
– Zustimmungsgebot des – 275 2
Sachwalters, nachträgliche Anordnung der Eigenverwaltung 271 8
Saldierung, bereicherungsrechtliche 95 4
Sanierung
– Eigenverwaltung 1 38
– Insolvenzplan 1 38
Sanierungsprivileg
– *Zeitpunkt* 39 38
– Zweck der Sanierung 39 39

Sanierungsverfahren Anh. IX § 23 KredReorgG 7
– Antrag Anh. IX § 23 KredReorgG 14
– Anzeige der Sanierungsbedürftigkeit Anh. IX § 23 KredReorgG 7
– Aufsicht über den Sanierungsberater Anh. IX § 23 KredReorgG 22
– BaFin Anh. IX § 23 KredReorgG 14
– Befugnisse des Sanierungsberaters Anh. IX § 23 KredReorgG 21
– Definition der Sanierungsbedürftigkeit Anh. IX § 23 KredReorgG 9
– Eigenmittelausstattung Anh. IX § 23 KredReorgG 9
– gerichtliche Maßnahmen Anh. IX § 23 KredReorgG 24
– Liquidität Anh. IX § 23 KredReorgG 9
– Person des Sanierungsberaters Anh. IX § 23 KredReorgG 16
– Rechtstellung des Sanierungsberaters Anh. IX § 23 KredReorgG 20
– Sanierungsberater Anh. IX § 23 KredReorgG 16
– Sanierungsplan Anh. IX § 23 KredReorgG 12
– Vergütung des Sanierungsberaters Anh. IX § 23 KredReorgG 23
Säumniszuschläge 90 15
Schadensersatz Anh. VIII § 165 SGB III 9, 24; Anh. VIII § 166 SGB III 3
– bei vorzeitiger Beendigung des Dienstverhältnisses 113 54
– Verfrühungsschaden 113 57
– Verjährung des Anspruchs 62
Schadensersatzanspruch 92 15
– bei Kündigung eines Dienstverhältnisses 113 2, 4
– bei unberechtigtem Eröffnungsantrag 16 14
Schadensersatzansprüche 95 7
Schadensersatzpflicht 113 54
Scheingesellschaft 11 17, 18
Scheingewinne 96 16
Scheitern der außergerichtlichen Schuldenbereinigung 305a
– Fiktion des Scheiterns 305a 3, 5
– Folgen 305a 7
– Gläubigerantrag 305a 4
– Ruhen des Verfahrens 306
– Tatbestandsvoraussetzungen 305a 2
– Verhandlungen 305a 2
– Zwangsvollstreckungsschutz 305a 1
Schiedsgerichtsverfahren 85 26
Schiedsvereinbarung, des Schuldners 96 24
Schiedsverfahren 352 5
Schiffs- und Schiffsbauregister
– Eintragung der Verfahrenseröffnung 33 1
– Eintragung des Insolvenzvermerks 33 3
– Geltung der Schiffsregisterordnung 33 6
– gutgläubiger Erwerb 33 4
Schlussrechnung 66 1

Stichwortverzeichnis

Schlusstermin 197
- Einwendungen gegen das Schlussverzeichnis 197 6
- Erörterung der Schlussrechnung 197 5
- Inhalt 197 4
- Insolvenzplanverfahren 197 1
- Insolvenzverwalter 197 4
- Leitung 197 4
- nicht verwertbare Massegegenstände 197 8
- öffentliche Bekanntmachung 197 3
- Prüfungspflichten des Insolvenzgerichts 197 3
- Rechtsfolgen 197 10
- Restschuldbefreiung 197 9
- Versagungsanträge 197 9
- Vorbereitung 197 3
- Zweck 197 2

Schlussverteilung 196, *siehe auch Überschuss bei der Schlussverteilung*
- anhängige Prozesse 196 5
- Ausnahmen 196 4b
- Haftung des Insolvenzverwalters 196 10
- Insolvenzverwalter 196 4
- Rechtsmittel 196 8
- Schlusstermin 196 7
- Voraussetzungen 196 4
- Widerruf der Zustimmung 196 9
- Zeitpunkt 196 3
- Zustimmung des Insolvenzgerichts 196 6

Schriftliche Mitteilung der Anfechtungsabsicht Anh. V § 7 AnfG 13
- an den Rechtsnachfolger Anh. V § 7 AnfG 22
- formale Erfordernisse Anh. V § 7 AnfG 14
- inhaltliche Erfordernisse Anh. V § 7 AnfG 16
- Rechtsfolgen Anh. V § 7 AnfG 20
- sachliche Voraussetzungen Anh. V § 7 AnfG 17

SCHUFA-Verzeichnis 312 8

Schuldenbereinigungsplan
- Annahme, *siehe auch Annahme des Schuldenbereinigungsplans*
- Anpassungsklauseln 308 13
- Aufnahme des Verfahrens über den Eröffnungsantrag 311
- außergerichtlicher Einigungsversuch 305 5, 10
- Ausgestaltung 305 12
- Einmalzahlung 305 11
- Ersetzung der Zustimmung, *siehe auch Ersetzung der Zustimmung*
- Gestaltungsmöglichkeiten 305 13
- Kosten 310
- Nullplan 305 11
- Variationsmöglichkeiten 305 13
- Verhandlungen mit allen Gläubigern 305 16
- Zustellung an die Gläubiger, *siehe auch Zustellung des Schuldenbereinigungsplans*

Schuldenbereinigungsplanverfahren, Beglaubigung der Zustellungen 8 5

Schuldenmassestreit 87 1

Schuldner
- allgemeines Verfügungsverbot 85 2
- Annahme der Erbschaft 83 2
- Anwendbarkeit EuInsVO Anh. I Art. 1 EuInsVO 36
- Auskunfts- und Mitwirkungspflichten 97
- Auskunftspflicht 97 6
- Ausschlagung der Erbschaft 83 6
- Ausschlagung des Vermächtnisses 83 7
- Bereitschafts- und Unterlassungspflicht 97 22
- Durchsetzung der Pflichten des ~ 98
- freiwillige Leistungen des ~ 89 29
- Haftung im Zusammenhang mit dem Insolvenzplan 227
- im Internationalen Insolvenzrecht Anh. I Art. 4 EuInsVO 21
- Mitarbeitspflicht bei Eigenverwaltung 97 19
- Pflicht zur eidesstattlichen Versicherung 89 38
- Rechnungslegungspflicht in der Eigenverwaltung 66 1
- Rechtsstellung des ~ 80 9
- Unterhalt aus der Insolvenzmasse 100
- Unterhalt des ~ 156 7
- Verfügungsverbot 80 5
- Verfügungsverbot des ~ 81
- Verzicht auf Geltendmachung des Pflichtteilsanspruchs 83 8
- Vorlage Insolvenzplan 218 4

Schuldner als Mieter oder Pächter 109, *siehe auch Kündigungssperre*
- Betriebskostenerstattungen 109 22
- Jagdpachtverhältnisse 109 16
- Kündigungssperre 112
- Miet- und Pachtverhältnisse über unbewegliche Gegenstände und Räume 109 4
- Mietgegenstand bereits überlassen 109 12
- Räumungsanspruch 109 17
- Sonderkündigungsrecht des Verwalters 109 12
- Untervermietung 109 14

Schuldner als Vermieter oder Verpächter 110
- Darlegungs- und Beweislast 110 21
- Darlehensrückgewähranspruch des Mieters 110 11
- Masseunzulänglichkeit 110 13
- Rechtsfolgen der Vorausverfügungen 110 15
- Refinanzierungsunternehmen 110 24
- Übertragung des mittelbaren Besitzes 110 10
- Vertragsgegenstand 110 5
- Vorausverfügungen 110 7, 9
- Vorausverfügungen des Schuldners 110 1
- Zurückbehaltungsrecht absonderungsberechtigter Gläubiger 110 14
- Zwangsverwaltung 110 22
- Zwangsvollstreckung 110 12

Schuldnerautonomie, *siehe auch Beteiligtenautonomie*

Schuldnerbegünstigung Anh. VII § 283d StGB
- Deliktsnatur Anh. VII § 283d StGB 2

2843

Stichwortverzeichnis

- Einwilligung **Anh. VII § 283d StGB** 5
- Konkurrenzen **Anh. VII § 283d StGB** 12
- objektive Bedingung der Strafbarkeit **Anh. VII § 283d StGB** 11
- objektiver Tatbestand **Anh. VII § 283d StGB** 3
- Rechtsfolgen **Anh. VII § 283d StGB** 13
- subjektiver Tatbestand **Anh. VII § 283d StGB** 6
- Täterschaft **Anh. VII § 283d StGB** 9
- Tathandlungen **Anh. VII § 283d StGB** 4
- Teilnahme **Anh. VII § 283d StGB** 10
- Versuch **Anh. VII § 283d StGB** 8
- Vorsatz **Anh. VII § 283d StGB** 7

Schuldnerschutz, Voraussetzungen 256 2
Schuldnervermögen, Liquidation des – 1 36
Schuldnerverzeichnis
- Eintrag 26 30
- Löschung 26 34

Schuldnerverzug 90 15
Schuldtitel
- allgemeine Voraussetzungen **Anh. V § 2 AnfG** 5
- Anfechtbarkeit des Titelerwerbs **Anh. V § 10 AnfG** 4
- außerhalb der ZPO **Anh. V § 2 AnfG** 10
- beschränkt vollstreckbarer **Anh. V § 2 AnfG** 15
- Einwendungen gegen – **Anh. V § 2 AnfG** 11
- geeignete **Anh. V § 2 AnfG** 8
- nach der ZPO **Anh. V § 2 AnfG** 8
- vollsteckbarer **Anh. V § 10 AnfG** 3
- Vollstreckbarkeit **Anh. V § 2 AnfG** 5
- Vorbehaltsurteil **Anh. V § 14 AnfG** 3
- vorläufig vollstreckbarer **Anh. V § 14 AnfG** 2
- Wegfall der Vollstreckbarkeit **Anh. V § 2 AnfG** 7
- Wegfall des – **Anh. V § 2 AnfG** 7

Schuldumwandlungsverträge 340 3
Schutz des Gläubigers vor einer Verzögerung der Verwertung 169
- Ausgleichszahlung 169 2
- Beginn der Verzinsungspflicht 169 8
- fehlende Verwertungsm;glichkeit 169 9
- Forderungseinzug 169 10
- Höhe der Zinsen 169 4
- Nachteilsausgleich 169 3
- Streitigkeiten 169 14
- Unterbrechung der Zinszahlungspflicht 169 11
- Verzinsungspflicht 169 2
- Verzögerung der Verwertung 169 8
- Verzugszinsen 169 5
- Zahlungsmodalitäten 169 5
- Zinsen 169 3

Schutzschirmverfahren 270b 2
- Antrag auf Schutzfrist 270b 19
- Bestimmung einer Schutzfrist 270b 20
- keine Zahlungsunfähigkeit 270b 8
- Sicherungsmaßnahmen 270b 25
- Voraussetzungen 270b 6

Schweigepflicht 97 10
- berufsrechtliche 97 12

Sekundärinsolvenzverfahren 13 60; 356
- Antragsbefugnis 356 2
- Eröffnung Hauptinsolvenzverfahren in anderem Mitgliedstaat **Anh. I Art. 3 EuInsVO** 102
- Hauptinsolvenzverfahren in Drittstaat **Anh. I Art. 3 EuInsVO** 105
- Informationspflicht des Insolvenzverwalters 357 2
- inländische 356 1
- internationale Zuständigkeit **Anh. I Art. 3 EuInsVO** 106
- Internationale Zuständigkeit nach EuInsVO, *siehe auch Internationale Zuständigkeit EuInsVO*
- Koordination mit dem Hauptinsolvenzverfahren **Anh. I Art. 3 EuInsVO** 112
- Liquidationsverfahren **Anh. I Art. 3 EuInsVO** 110
- Liquidationsverfahren in der EuInsVO **Anh. I Art. 2 EuInsVO** 6
- Mitwirkungsbefugnisse bei Insolvenzplan 357 4
- ordre public 356 4
- Überschuss bei der Schlussverteilung 358
- Voraussetzungen **Anh. I Art. 3 EuInsVO** 102
- Wirkungen im Eröffnungsstaat **Anh. I Art. 3 EuInsVO** 111

Sekundärinsolvenzverfahren EuInsVO Anh. I Art. 27 EuInsVO
- Ablehnungsrecht der Gläubiger **Anh. I Art. 32 EuInsVO** 13
- Aktivmasse **Anh. I Art. 27 EuInsVO** 8
- Antragsbefugnis **Anh. I Art. 27 EuInsVO** 5
- Antragsbefugnis der Gläubiger **Anh. I Art. 29 EuInsVO** 15
- Antragsbefugnis des Schuldners **Anh. I Art. 29 EuInsVO** 18
- Antragsbefugnis Hauptinsolvenzverwalter **Anh. I Art. 29 EuInsVO** 2
- Antragsbefugnis Verwalter anderer Sekundärinsolvenzverfahren **Anh. I Art. 29 EuInsVO** 2
- Antragsbefugnis vorläufiger Insolvenzverwalter **Anh. I Art. 29 EuInsVO** 4
- Antragspflicht **Anh. I Art. 29 EuInsVO** 11
- Antragsrecht **Anh. I Art. 29 EuInsVO**
- anwendbares Recht **Anh. I Art. 28 EuInsVO**
- anwendbares Recht isolierte Partikularverfahren **Anh. I Art. 28 EuInsVO** 4
- Ausschlussfristen Forderungsanmeldung **Anh. I Art. 32 EuInsVO** 6
- Aussetzung der Verwertung, *siehe auch Aussetzung der Verwertung*
- Austauschverträge **Anh. I Art. 27 EuInsVO** 27
- Befugnisse des Sekundärinsolvenzverwalters **Anh. I Art. 27 EuInsVO** 31
- Belegenheit Aktivvermögen **Anh. I Art. 27 EuInsVO** 10
- Bestellung Sekundärinsolvenzverwalter **Anh. I Art. 27 EuInsVO** 29
- Eigenverwaltung **Anh. I Art. 27 EuInsVO** 29

Stichwortverzeichnis

- Eröffnungsgründe Anh. I Art. 27 EuInsVO 4
- Forderungsanmeldung durch Gläubiger Anh. I Art. 32 EuInsVO 3
- Forderungsanmeldung durch Gläubiger bei mehreren isolierten Partikularverfahren Anh. I Art. 32 EuInsVO 9
- Forderungsanmeldung durch Verwalter Anh. I Art. 32 EuInsVO 10
- Gelegenheit zu Verwertungsvorschlägen Anh. I Art. 31 EuInsVO 13
- Gläubigerrechte Anh. I Art. 32 EuInsVO
- Gründe für die Beantragung Anh. I Art. 29 EuInsVO 8
- Haftung Insolvenzverwalter Anh. I Art. 31 EuInsVO 18; Anh. I Art. 32 EuInsVO 16
- Hauptinsolvenzverfahren Anh. I Art. 27 EuInsVO 2
- Hauptinsolvenzverwalter, Begriff Anh. I Art. 29 EuInsVO 2
- Informationspflichten Anh. I Art. 31 EuInsVO 3
- Informationspflichten, Aufforderung Anh. I Art. 31 EuInsVO 6
- Informationspflichten, Kosten Anh. I Art. 31 EuInsVO 8
- Informationspflichten, Sprache Anh. I Art. 31 EuInsVO 5
- Informationspflichten, Zeitpunkt Anh. I Art. 31 EuInsVO 7
- Insolvenzforderungen Anh. I Art. 27 EuInsVO 15
- Insolvenzverwalterverträge Anh. I Art. 31 EuInsVO 12
- Klageerhebung in anderem Mitgliedstaat Anh. I Art. 27 EuInsVO 32
- Kommissionsvorschlag Anh. I Art. 27 EuInsVO 38
- Kooperations- und Unterrichtungspflicht Anh. I Art. 31 EuInsVO
- Kooperationspflicht der Gerichte Anh. I Art. 31 EuInsVO 22
- Kooperationspflichten Insolvenzverwalter Anh. I Art. 31 EuInsVO 10
- Kostenvorschuss Anh. I Art. 30 EuInsVO
- Liquidationsverfahren Anh. I Art. 27 EuInsVO 6
- Masseforderungen Anh. I Art. 27 EuInsVO 16
- Masseverbindlichkeit durch Hauptinsolvenzverwalter Anh. I Art. 27 EuInsVO 18
- Masseverbindlichkeit durch Sekundärinsolvenzverwalter Anh. I Art. 27 EuInsVO 18
- Masseverbindlichkeit vor Eröffnung des Sekundärverfahrens Anh. I Art. 27 EuInsVO 19
- Meinungsaustausch Anh. I Art. 31 EuInsVO 11
- Mitwirkungsrecht des Verwalters Anh. I Art. 32 EuInsVO 19
- nach Beendigung des Hauptinsolvenzverfahrens Anh. I Art. 27 EuInsVO 37
- nachträgliche Eröffnung des Hauptinsolvenzverfahrens Anh. I Art. 36 EuInsVO
- Niederlassung Anh. I Art. 27 EuInsVO 3
- örtliche Zuständigkeit Anh. I § 27 EuInsVO 3
- Passivmasse Anh. I Art. 27 EuInsVO 15
- Sanierungsbemühungen des Hauptinsolvenzverwalters Anh. I Art. 33 EuInsVO 2
- Teilnahmerecht für Gläubiger Anh. I Art. 32 EuInsVO 7
- Überschuss Anh. I Art. 35 EuInsVO
- Umwandlung des vorhergehenden Verfahrens Anh. I Art. 37 EuInsVO
- Umwandlung in Liquidationsverfahren Anh. I Art. 37 EuInsVO
- verfahrensbeendende Maßnahmen, *siehe auch Verfahrensende Sekundärinsolvenzverfahren*
- Verfahrenseröffnung Anh. I Art. 27 EuInsVO
- Vergütung des Sekundärinsolvenzverwalters Anh. I Art. 27 EuInsVO 31
- Vermögensmassen von Haupt- und Sekundärverfahren Anh. I Art. 27 EuInsVO 8
- vorläufige Eröffnung Hauptinsolvenzverfahren Anh. I Art. 27 EuInsVO 2
- Vorrang des Hauptinsolvenzverfahrens Anh. I Art. 33 EuInsVO 3
- Vorschlagsrecht bei Aussetzung der Verwertung Anh. I Art. 34 EuInsVO 13
- Vorschlagsrecht Verfahrensbeendigung Anh. I Art. 34 EuInsVO 6
- Weisungsrecht des Hauptinsolvenzverwalters Anh. I Art. 31 EuInsVO 11
- Wirkung von Beschränkungen der Gläubigerrechte Anh. I Art. 34 EuInsVO 15
- Ziele Anh. I Art. 27 EuInsVO 34
- Zulässigkeit Anh. I Art. 27 EuInsVO 1
- Zustimmungserfordernis zur Verfahrensbeendigung Anh. I Art. 34 EuInsVO 10
- Zweckmäßigkeit der Forderungsanmeldung Anh. I Art. 32 EuInsVO 10

Selbständige Tätigkeit
- Ausgangslage 3 16
- Konzern 3 20
- Reorganisation- und Sanierung 3 21
- Zweigniederlassung 3 19

Selbständige Tätigkeit in der Insolvenz
- Entscheidungen der Gläubigerversammlung 35 165
- Erklärungen des Insolvenzverwalters 35 144
- Gewerbe- und berufsrechtliche Erfordernisse 35 134
- Mitwirkung des Schuldners 35 144
- natürliche Person 35 131
- Negativerklärung 35 136b
- Schranke der Untersagungsmöglichkeit 35 136a
- Schranken 35 135
- selbständige Tätigkeit 35 132
- Untersagung 35 136
- Voraussetzungen 35 131

Selbständiges Beweisverfahren 85 26

Stichwortverzeichnis

Selbstständige Tätigkeit,
Verbraucherinsolvenzverfahren 304 34
SEPA-Basislastschriften 81 6
Sicherung, Übernahme der Insolvenzmasse 148
Sicherung der Insolvenzmasse, *siehe Handels-und steuerrechtliche Rechnungslegung*
– Gläubigerverzeichnis, *siehe Gläubigerverzeichnis*
– Siegelung, *siehe Siegelung*
– Vermögensübersicht, *siehe Vermögensübersicht*
– Verzeichnis der Massegegenstände, *siehe Verzeichnis der Massegegenstände*
– Wertgegenstände, *siehe Hinterlegung*
Sicherungsgut
– sonstige Verwendung beweglicher Sachen 172
– Verwertung durch Gläubiger 173
Sicherungshypothek 106 28
Sicherungsmaßnahmen
– Antrag nach EuInsVO **Anh. I Art. 38 EuInsVO** 4
– Anwendbarkeit EuInsVO **Anh. I Art. 1 EuInsVO** 18
– Begriff 21 4
– bei eröffnetem Partikular- oder Sekundärinsolvenzverfahren **Anh. I Art. 38 EuInsVO** 15
– Haftung **Anh. I Art. 38 EuInsVO** 19
– im Einzelnen **Anh. I Art. 38 EuInsVO** 16
– im Internationalen Insolvenzrecht **Anh. I Art. 4 EuInsVO** 19; **Anh. I Art. 38 EuInsVO**
– Internationale Zuständigkeit nach EuInsVO **Anh. I Art. 3 EuInsVO** 12
– Internationales Insolvenzrecht 344
– Niederlassungserfordernis **Anh. I Art. 38 EuInsVO** 6
– örtliche Zuständigkeit **Anh. I Art. 38 EuInsVO** 14
– Voraussetzungen **Anh. I Art. 38 EuInsVO** 4
Sicherungsübertragung 51 2
– Eigentumsvorbehalt mit verarbeitungsklausel 51 8
– erweiterter Eigentumsvorbehalt 51 6
– Globalzession 51 15
– Mantelzession 51 16
– Sicherungsübereignung 51 3
– Sicherungszession 51 10
– verlängerter Eigentumsvorbehalt 51 17
Sicherungszedent 94 27
Sicherungszession, wechselseitige 94 26
Siegelung 150
– Auftrag zur – 150 2
– Entsiegelung 150 5
– Gegenstand 150 3
– gesetzliche Ermächtigung 150 2
– Insolvenzverwalter 150 1
– Kosten 150 6
– Nutzen 150 1
– Protokoll 150 4, 5
– Rechtsfolgen 150 7
– Rechtsmittel 150 6
– *strafrechtlicher Schutz* 150 1
– Verstrickungsbruch 150 7

Sitztheorie, Internationale Zuständigkeit nach EuInsVO, *siehe auch centre of main interests*
Societas Cooperativa Europaea (SCE), Insolvenzfähigkeit der – 11 34
Societas Europaea (SE), Insolvenzfähigkeit der – 11 34
Sofortige Beschwerde 6; 89 44; 253 3
– Begründetheit 34 17, 28
– Beschwer 34 15, 26
– Beschwerdeberechtigte 34 12; 253 4
– Beschwerdeberechtigung 6 53; 34 25
– Beschwerdeverfahren 6 63
– Einlegung 6 43
– Einlegungsgericht 6 43
– Erklärung zu Protokoll der Geschäftsstelle 6 52
– Form 6 48
– gegen Eröffnung des Insolvenzverfahrens 34 23
– gegen Kostenentscheidung 6 61
– Inhalt der Beschwerdeschrift 6 48
– Inhalt der stattgebenden Entscheidung 34 20
– Inhalt der stattgebenden Entscheidung des Beschwerdegerichts 34 31
– Kosten, Gebühren 34 35
– Rechtsbeschwerde 6 93
– Rechtsmittel 34 22, 33
– Rechtsmittelbeschränkung 6 1
– Rechtsschutzbedürfnis 34 16, 26
– sonstige Rechtsbehelfe 6 154
– sonstige Sachentscheidungsvoraussetzungen 6 34
– Statthaftigkeit 34 10, 23
– Statthaftigkeit der – 6 7
– Verbraucherinsolvenzverfahrens 34 11
– Verfahrensregeln 6 5
– Verlauf des Insolvenzverfahrens 6 2
– von am Schuldner beteiligten Personen 253 10
– Voraussetzungen 253 5
Sofortige Beschwerde der Staatskasse
– Beschwerdebefugnis 4d 15
– Beschwerdegründe 4d 18
– erweiternde Auslegung 4d 17
Sofortige Beschwerde des Schuldners
– abgelehnter Verlängerungsantrag 4d 12
– Ablehnung der Beiordnung eines Rechtsanwalts 4d 11
– Ablehnung der Stundung 4d 7
– Aufhebung der Stundung 4d 10
– Verzögerung der Stundungsentscheidung 4d 13
Sonderabkommen, Begriff 294 7
Sonderbilanz 19 25
Sonderinsolvenz 11 2
Sonderinsolvenzverwalter 56 30
– Bestellung eines vorläufigen 22 7
– Rechnungslegungspflicht 66 1
– Vergütung 56 33
Sonderkündigungsrecht, Bauvertrag 103 4
Sonderkündigungsschutz 113 31
– Abgeordneter 113 45
– Ausbildungsverhältnis 113 31

- Betriebsratsmitglieder 113 32
- Elternzeit 113 35
- Mutterschutz 113 35
- Pflegezeit 113 35
- Schwerbehinderte 113 40
- Wehr- und Zivildienstleistender 113 44

Sondervermögen
- Bruchteilsgemeinschaft 11 31
- Gesamtgut einer fortgesetzten Gütergemeinschaft 11 28
- Gesamtgut einer Gütergemeinschaft 11 30
- Insolvenzfähigkeit von ~ 11 25
- Nachlass 11 26

Sondervorteil 294 8
Sonderziehungsrechte des IWF 95 17
Sonderzuwendung Anh. VIII § 165 SGB III 28
Sonstige Masseverbindlichkeiten 55
- aus vorläufiger Verwaltung 55 20
- Begründung in sonstiger Weise 55 8
- Bundesagentur für Arbeit 55 28
- Dauerschuldverhältnisse 55 24
- Durchsetzung 55 2
- Erfüllungsansprüche 55 5
- Gegenleistung 55 24
- gegenseitige Verträge 55 16
- Geschäftsführung ohne Auftrag 55 13
- Handlungsstörung 55 10
- Insolvenzverwalter 55 3
- Liquiditätsgewinn 55 28
- Massebereicherung 55 17
- Miete 55 27
- Nachlassinsolvenzverfahren 55 1
- Neuerwerb 55 15
- Notgeschäftsführung 55 1
- Notierungsgebühren 55 11
- öffentlich-rechtliche Beseitigungsansprüche 55 23
- öffentliche Abgaben 55 9, 10
- Schadenersatzansprüche 55 23
- Sozialplan 55 1
- Steuern 55 14, 29
- unerlaubte Handlungen 55 4
- Unterhalt 55 1
- vorläufiger Insolvenzverwalter mit Verwaltungs- und Verfügungsbefugnis 55 20, 23
- Wertverlust bei verzögerter Verwertung 55 1
- Wohnungseigentum 55 12
- Zeitpunkt der Entstehung 55 2
- Zinsen 55 1

Sonstige Rechtsbehelfe
- Erinnerung gegen die Entscheidung des Rechtspflegers 6 154
- Gehörsrüge 6 158
- sonstige außerordentliche Rechtsbehelfe 6 159

Sonstige Sachentscheidungsvoraussetzungen
- Beschwer 6 56
- Beschwerdefrist 6 36
- Verfahrenshandlungsvoraussetzungen 6 35

Sonstige Verwendung beweglicher Sachen 172
- Ausgleichszahlung für Nutzung des Sicherungsguts 172 5
- Ausgleichszahlungen 172 14
- Ersatzsicherheit 172 18
- Freigabe 172 21
- Haftung 172 16
- Immaterialgüterrechte 172 6
- Nutzungsrecht 172 1
- Nutzungsrecht des Insolvenzverwalters 172 5
- Unterlassung weiterer Nutzung 172 17
- Verbindung, Vermischung, Verarbeitung durch den Insolvenzverwalter 172 19
- Verbot 172 6
- Vereinbarung abweichender Regelungen 172 23
- Wertverlust 172 9
- Zinszahlungspflicht 172 24

Sozialauswahl
- ausgewogene Personalstruktur 125 30
- Darlegungs- und Beweislast 125 36
- gerichtliche Überprüfbarkeit 125 35
- grobe Fehlerhaftigkeit 125 27
- Kriterien 125 2, 25
- Nachprüfbarkeit 125 24
- Überprüfbarkeit der ~ 125 2

Sozialplan
- Abschlagszahlungen 123 34
- absolute Obergrenze 123 1, 13, 21
- Altsozialpläne 124 4
- Anspruchsgrundlagen 123 20
- auflösende Bedingung 124 5
- Aufstellung 124 3
- Ausschluss des Widerrufs 124 8
- Bestimmung der absoluten Obergrenze 123 17
- Bestimmung der relativen Obergrenze 123 29
- Bezugszeitraum 123 23
- Durchsetzbarkeit der Forderungen 123 33
- Entlassungssozialplan 123 7
- Entreicherungseinwand 123 26
- Ermessensspielraum 123 14
- erzwingbarer 123 10
- Feststellungsklage 123 37
- freiwilliger 123 10
- Gemeinschaftsbetrieb 123 19
- Gesamtvolumen 123 21
- Gleichbehandlungsgebot 124 13
- Gleichbehandlungsgrundsatz 123 14
- Haftung des Insolvenzverwalters 124 9
- insolvenznaher 124 2
- Leistungsklage 123 36
- Masseverbindlichkeiten 123 33
- nach BetrVG 123 3
- nach Eröffnung des Insolvenzverfahrens 123 11
- nach Eröffnung des Insolvenzverfahrens aufgestellte 123 2
- Rechenbeispiel 123 32
- Rechtsfolgen bei Überschreiten der absoluten Obergrenze 123 25

Stichwortverzeichnis

- Rechtsfolgen bei Überschreiten der relativen Obergrenze 123 30
- Rechtsfolgen bei unterbliebenem Widerruf 124 15
- Rechtsfolgen bei Widerruf 124 10
- relative Obergrenze 123 1, 27
- Sozialplanpflicht 124 12
- Verwirkung des Widerrufsrechts 124 7
- Vollstreckungsverbot 123 38
- vor Verfahrenseröffnung 124
- Widerruf 124 6
- Widerrufserklärung 124 7
- Widerrufsrecht für insolvenznahen - 124 1
- Zeitpunkt der Aufstellung 124 4

Sozialversicherungsbeiträge 14 8
Sperrwirkung 92 15, 16
Staatsbankrott 12 4
Staatshaftung, bei Verletzung der gerichtlichen Aufsichtspflicht 58 13
Statthaftigkeit der sofortigen Beschwerde
- Anschlussbeschwerde 6 31
- Anwendungsbereich 6 10
- Durchbrechung der Rechtsmittelsperre 6 28
- Entscheidung in Insolvenzsachen 6 10
- Enumerationsprinzip 6 7
- funktionelle Zuständigkeit 6 15
- gesetzliche Zulassung der sofortigen Beschwerde 6 16
- Kostenentscheidung 6 11
- nicht beschwerdefähige Entscheidungen 6 18
- vollstreckungsbezogene Zuständigkeit 6 13

Steuerschulden 14 9
Stiftung 11 7
Stille Gesellschaft 136
- anfechtbare Rechtshandlungen 136 7
- Anfechtungsfrist 136 6
- Anfechtungsvoraussetzungen 136 2
- besondere Vereinbarung 136 5
- Beweislast 136 10
- Einlagenrückgewähr 136 3, 6
- fehlerhafte 136 3
- Insolvenz des Geschäftsinhabers 136 4
- Verlustbefreiung 136 6

Strafgerichtliche Anordnung
- Einziehung 91 14
- Verfall 91 14

Streitige Forderungen 179
- Bestreiten der Insolvenzforderung 179 2
- Eintritt des Zahlungsrückstandes 256 7
- Festellungslast 179 5
- Feststellungsurteil 256 5
- Gläubigerforderungen 179 4
- Hinweispflicht des Insolvenzgerichts 179 10
- nachträgliche Anerkennung durch Insolvenzverwalter 256 5
- Nachzahlungspflicht 256 6
- nicht titulierte Forderungen 179 4, 5
- *qualifizierte Mahnung* 256 7
- Rückgewähranspruch 256 9
- Steuerforderungen 179 7
- Tabellenauszug 179 9
- titulierte Forderungen 179 4, 6
- vollstreckbare Schuldtitel 179 7
- Widerspruchsberechtigte 179 5
- Zahlungen des Schuldners 256 2
- Zahlungsrückstand 256 5
- Zuvielzahlung des Schuldners 256 8

Streitwert 182
- Aufnahme eines unterbrochenen Rechtsstreits 182 8
- Bestimmung 182 1
- Feststellungsrechtsstreit 182 1
- Gebührenstreitwert 182 2
- Insolvenzquote 182 7
- Korrektur des Streitwertbeschlusses 182 9
- Quote 182 1
- Rechtsmittelstreitwert 182 2
- Schlichtungsverfahren 182 7
- Zeitpunkt der Bestimmung 182 4
- Zuständigkeitsstreitwert 182 2

Strukturen der Rangordnung
- Befriedigungsreihenfolge 39 10
- Verfahrensteilnahme 39 4

Stundung, Aufhebung, *siehe auch Aufhebung der Stundung*
Stundung der Kosten des Insolvenzverfahrens
- Bedeutung 4a 1
- Beiordnung eines Rechtsanwalts 4a 85
- Kostenrechtliche Folgen 4a 72
- persönlicher Anwendungsbereich 4a 8
- sachlicher Anwendungsbereich 4a 12
- Verfahren 4a 55
- Verhältnis zur Prozesskostenhilfe 4a 5
- Voraussetzungen der Kostenstundung im Eröffnungsverfahren 4a 15
- Wirkungen 4a 70

Stundungsende
- asymmetrisches Verfahren 4a 82
- Erteilung der Restschuldbefreiung 4a 81

Sukzessivlieferungsverträge 105 1

T

Tabelle 175; 175 n. F.
- Amtsermittlungspflichten 175 12
- Bestreiten des Forderungsgrundes durch Insolvenzverwalter 175 13
- Einsichtsberechtigte 175 9
- Einsichtsrecht 175 9
- Forderung aus unerlaubter Handlung 175 11
- Forderung aus vorsätzlich begangener unerlaubter Handlung 175 12
- Form 175 7
- Hinweispflicht 175 13a
- Hinweispflichten 175 11
- Informationspflicht des Insolvenzverwalters 175 13a
- nachrangige Forderungen 175 2a

Stichwortverzeichnis

- Nachträgliche Anmeldungen 177
- Nebenforderungen 175 3
- Niederlegung 175 5
- Prüfungstermin 175 5
- Rechtsmittel 175 10
- sofortige Beschwerde 175 10
- sofortige Erinnerung 175 10
- Tabelleneintrag 175 3
- Tabellenführung 175 2
- Widerspruch 175 11
- Zeitpunkt der Hinweispflicht 175 14
- zusätzliche Auslage 175 8

Teilbare Leistungen 105
- Anwendungsbereich des § 105 InsO 105 3
- Aussonderung 105 15
- Beispiele für ~ 105 4
- Dauerschuldverhältnisse 105 2
- Kündigungsrechte wegen Nichterfüllung 105 16
- Rücktrittsrechte wegen Nichterfüllung 105 16
- Rückübertragung 105 14
- steuerliche Aspekte 105 20
- Vorleistung des Vertragspartners 105 8

Terminbestimmungen
- Änderung der Termine 29 8
- Berichtstermin 29 3, 4
- gesonderter Abstimmungstermin 29 3
- Nachholung 29 7
- Prüfungstermin 29 3, 5
- Terminsverbindung 29 6

Treuhandabrede 94 23

Treuhänder 288 n. F.; 292; 292 n. F.; 313, *siehe auch Vergütung des Treuhänders im vereinfachten Insolvenzverfahren*
- Adressat der Forderungsanmeldung 28 3
- Anfertigung der Steuererklärungen 313 10
- Antrag auf vereinfachte Verteilung der Masse 314 3
- Anwendbarkeit der Ausschlussfrist 292 4
- Aufgaben des ~ 313 5
- Aufsicht des Gerichts 292 7a
- Befugnisse des ~ 292 5
- Bestellung des ~ 291 4
- Betreten der Wohnung des Schuldners 313 14
- eingeschränktes Verwertungsrecht 313 25
- Erfüllungswahlrecht des ~ 103 57
- Erstellen des Schlussverzeichnisses 313 16
- freihändige Verwertung nach Zustimmung der Gläubiger 313 27
- Haftung des ~ 292 8
- Inbesitznahme der Insolvenzmasse 313 6
- Inbesitznahme der Masse 313 14
- Interessenkollision 288 3
- Kündigung der Mitgliedschaft in eG **Anh. VI § 66a GenG** 1
- Kündigung der Mitgliedschaft in eG, Rechtslage ab 19.07.2013 **Anh. VI § 66a GenG** 5
- Kündigung der Mitgliedschaft in eG, Rechtslage bis zum 19.07.2013 **Anh. VI § 66a GenG** 4
- Kündigungsrecht. Wohnungsgenossenschaft **Anh. VI § 67c GenG** 3
- Mitgliedschaft in eG, Verwertungsalternativen **Anh. VI § 66a GenG** 13
- Mitteilungspflichten 313 6
- Motivationsrabatt 292 n. F. 2
- natürliche Person 288 3
- Prozesskostenhilfe 313 23
- Qualifikation 313 3
- Rechnungslegungspflicht 292 7
- Überwachung des Schuldners 292 6
- unentgeltlicher 288 1
- Unterrichtung der Entgeltschuldner 292 2
- Verfügungen des ~ 81 16
- Vergütung 313 18
- Vergütung des ~, *siehe auch Vergütung des Treuhänders*
- Vergütung nach § 293 InsO, *siehe auch Vergütung des Treuhänders nach § 293 InsO*
- Verteilung nach dem Schlussverzeichnis 292 3
- Verwaltung in der Wohlverhaltensphase 292 2
- Verwaltungs- und Verfügungsbefugnis 313 6
- Verwertungsbefugnis, Mitgliedschaft in eG **Anh. VI § 66a GenG** 3
- Vorschlagsrecht 288
- Wahl der Steuerklasse 313 10
- Wahl der Veranlagungsart 313 10
- Zeitpunkt der Einsetzung 313 2

treuhänderloses Entschuldungsverfahren, Anwendbarkeit EuInsVO **Anh. I Art. 1 EuInsVO** 10

Treuhandverhältnisse 47 54
- Doppeltreuhand 47 67
- echte Treuhand 47 58
- Insolvenz des Treugebers 47 63, 66
- Insolvenz des Treuhänders 47 56, 65
- Sicherungstreuhand 47 64
- unechte Verwaltungstreuhand 47 57
- uneigennützige Treuhand 47 55

U

Übergabepfandrecht 91 35

Übergangsrecht Anh. VIII § 165 SGB III 5; Anh. VIII § 167 SGB III 1; Anh. VIII § 362 SGB III
- intertemporales Recht **Anh. VIII § 165 SGB III** 5; **Anh. VIII § 167 SGB III** 1
- Rückwirkung **Anh. VIII § 167 SGB III** 2
- verfassungsgeleitete Interpretation **Anh. VIII § 167 SGB III** 1

Übermittlungspflicht
- Anwendungsbereich 31 5
- Eintragung des Schuldners 31 3
- Gegenstand der Übermittlung 31 4
- Insolvenzverfahren mit Auslandsbezug 31 7
- Verfahren 31 6

Übernahme der Insolvenzmasse 148
- Auskunftsrechte 148 5, 6
- Auslandsvermögen 148 3

2849

Stichwortverzeichnis

- Daten 148 3
- Dritter 148 22
- Ehegatten 148 7a, 22
- eingetragene Lebenspartner 148 22
- Einsichtsrechte 148 6
- Ermittlung des Vermögens 148 5
- Eröffnungsbeschluss 148 2
- Inbesitznahme, *siehe Inbesitznahme der Insolvenzmasse*
- Ist-Masse 148 4
- Massegegenstände 148 3
- Neuvermögen 148 3
- Nutzungsrechte 148 4
- Räumungsvollstreckung 148 23
- Rechte 148 3
- Rechtsbehelf 148 24
- Schadensersatzpflicht des Insolvenzverwalters 148 1
- verbotene Eigenmacht 148 21
- Vermietung 148 4
- Verpachtung 148 4
- Vollstreckungserinnerung 148 24
- zwangsweise Durchsetzung 148 21

Überschuldung Anh. VII § 283 StGB 20
- Aktivvermögen 19 26
- Anwendungsbereich 19 11
- Begriff 19 11
- besondere Bilanzierungsgrundsätze 19 30
- Bundesanstalt für Dienstleistungsaufsicht 19 9
- einfacher zweistufiger Begriff 19 14
- Fortführungsprognose 19 21
- Fortführungswert 19 27
- gerichtliche Feststellung 19 44
- Gesellschaften ohne Rechtspersönlichkeit 19 7
- gesetzliche Krankenkassen 19 10
- immaterielle Vermögensgegenstände 19 30
- internationale Bezüge 19 49
- intertemporales Recht 19 20
- juristische Personen 19 3
- Krankenkassenverbände 19 10
- Liquidationswert 19 28
- modifizierter zweistufiger Begriff 19 12, 17
- modifizierter zweistufiger Überschuldungsbegriff **Anh. VII § 283 StGB** 21
- nicht modifizierter zweistufiger Überschuldungsbegriff **Anh. VII § 283 StGB** 24
- Passivvermögen 19 38
- rechnerische 19 25
- Reformtendenzen 19 51
- Sondervermögen 19 8
- Überschuldungsbilanz 19 25
- zweistufige Überschuldungsprüfung 19 26

Überschuss, im Sekundärinsolvenzverfahren nach EuInsVO **Anh. I Art. 35 EuInsVO**

Überschuss bei der Schlussverteilung 199
- AG 199 5
- *Anteilseigner* 199 5
- doppelte Liquidation 199 2
- eingetragener Verein 199 5
- GbR 199 5
- Genossenschaft 199 5
- Gesellschaft 199 1
- GmbH 199 5
- Hinterlegung 199 3
- Insolvenzverwalter 199 2
- juristische Person 199 2
- Personenhandelsgesellschaft 199 5
- Rechtsfolgen 199 4
- Schuldner 199 1
- steuerliche Erfordernisse 199 5
- Vorabbefriedigung 199 3
- Voraussetzungen 199 3
- Zurückbehaltung 199 3

Übertragende Sanierung 1 37; 128 1
Übertragungsplan 217 41
Überwachung der Planerfüllung 260
- Anzeigepflicht des Insolvenzverwalters 262
- Aufgaben und Befugnisse des Insolvenzverwalters 261
- Aufhebung der Überwachung 268
- Bekanntmachung der Überwachung 267
- Berichtspflicht des Insolvenzverwalters 261 4
- Erfüllung der Gläubigeransprüche 260 3
- erweiterte Überwachungspflicht 267 3
- Kosten der Überwachung, *siehe auch Kosten der Überwachung der Planerfüllung*
- Kreditrahmen 264
- Nachrang der Insolvenzgläubiger 264 4
- Nachrang von Neugläubigern 265 2
- öffentliche Bekanntmachung 260 9; 267 2
- Übernahmegesellschaft 267 5
- Übernahmegesellschaften 260 6
- Überwachung durch den Insolvenzverwalter 261 2
- Überwachungsmöglichkeiten 260 1
- Verlängerung der Überwachung 268 5, 8
- Vertragsfreiheit 260 5
- Wiederauflebensklausel 261 5
- Wirkungen der Überwachung 260 2
- zustimmungsbedürftige Geschäfte 263
- Zustimmungsvorbehalt des Insolvenzverwalters 267 6

Überweisungsbeschluss 92 17
Umfang der Erwerbsobliegenheit, nicht selbständige Erwerbstätigkeit 4c 35
Umfang der Feststellung 181
- Bestreiten 181 1
- Betrag 181 4, 8
- Feststellungsrechtsstreit 181 4
- Grund der Forderung 181 7
- Identität von Streit- und Prüfungsgegenstand 181 3
- Rang der Insolvenzforderung 181 4, 9
- Rechtsnachfolge 181 10
- Sachurteilsvoraussetzung 181 6

Stichwortverzeichnis

Umrechnung von Forderungen
- Aufrechnung 45 14
- ausländische Währungen und andere Kurseinheiten 45 7
- Durchführung 45 8
- Forderungen mit unbestimmtem Geldbetrag 45 5
- Fremdwährungsschulden 45 11
- nicht auf Geld gerichtete Forderungen 45 3
- Schätzung und Umrechnung 45 8
- Umrechnungsregel 45 2
- Wert 45 10
- Wirkung gegenüber Dritten 45 13
- Zeitpunkt 45 12

Umsatzsteuer
- Vergütung der Mitglieder des Gläubigerausschusses Anh. III § 18 InsVV 4
- Vergütung und Auslagen des Insolvenzverwalters Anh. III § 7 InsVV

Unbewegliche Gegenstände Anh. I Art. 8 EuInsVO
- anwendbares Recht Anh. I Art. 8 EuInsVO 1
- Belegenheit Anh. I Art. 8 EuInsVO 15
- Belegenheitsrecht Anh. I Art. 8 EuInsVO 14, 17
- dingliche Rechte Anh. I Art. 8 EuInsVO 20
- dingliche Verträge Anh. I Art. 8 EuInsVO 11
- eintragungspflichtige Rechte Anh. I Art. 11 EuInsVO
- Gläubigerbenachteiligung Anh. I Art. 8 EuInsVO 2
- typengemischte Verträge Anh. I Art. 8 EuInsVO 9
- Vertrag über ~ Anh. I Art. 8 EuInsVO 4
- Vertragsbestand Anh. I Art. 8 EuInsVO 12

Unbewegliche Sachen
- Grundstücke und grundstücksgleiche Rechte 35 35
- Schiffe 35 42
- sonstige dingliche Rechte 35 41
- Wohnungs- und Teileigentum 35 38

UNCITRAL-Modellbestimmungen 347 2
UNCITRAL-Modellgesetz 97 21
Und-Konten 84 4

Unentgeltliche Leistung 134
- Anfechtungsfrist 134 1, 21
- Begriff 134 2
- Begriffsdefinition Unentgeltlichkeit 134 5
- Beweislast 134 1, 22
- Darlegungs- und Beweislast 134 11
- Deckungsanfechtung 134 23
- Entfallen der Unentgeltlichkeit 134 7
- Entgeltlichkeit 134 17
- Gelegenheitsgeschenk 134 1
- Gelegenheitsgeschenk geringen Werts 134 24
- Insolvenzverwalter 134 22
- Leistungsempfänger 134 4
- Maßstab für Unentgeltlichkeit 134 14
- Schenkungsanfechtung 134 23
- Schuldanerkenntnis 134 8
- teilweise unentgeltliche Leistung 134 16
- Unentgeltlichkeit 134 19

Unentgeltliche Leistungen
- objektive 39 25
- subjektive 39 26

Universalinsolvenz 11 2

Unmittelbar nachteilige Rechtshandlungen 132
- Anfechtungsvoraussetzungen 132 2
- Begründung von Verbindlichkeiten durch Schuldner 132 1
- Darlegungs- und Beweislast 132 5
- Insolvenzverwalter 132 5
- Kausalgeschäfte 132 3
- Rechtsgeschäft 132 3
- Unterlassung 132 4

Unpfändbare Gegenstände 36
- Antragsberechtigung 36 94
- Ausschluss unpfändbarer Gegenstände aus der Insolvenzmasse 36 8
- bewegliche Sachen 36 31
- erweiterte Massezugehörigkeit 36 85
- Forderungen auf Arbeitsentgelt und gleichgestellte Forderungen 36 56
- Grundlagenbestimmung des Insolvenzrechts natürlicher Personen 36 3
- Hausrat 36 90
- Massezugehörigkeit von Lohnanteilen 36 99
- Rechtsbehelfe 36 96
- Schranke der Insolvenzmasse 36 1
- sonstige Rechte 36 82
- unbewegliche Sachen 36 30
- vollstreckungsrechtliche Leitlinien 36 4
- zwangsvollstreckungsrechtliche Zuständigkeit der Insolvenzgerichte 36 91

Unrichtige Angaben
- Begriff 4c 8
- Eröffnung des Insolvenzverfahrens 4c 10
- Heilung 4c 14
- Kostenstundungsverfahren 4c 12
- qualifiziertes Verschulden 4c 16
- Unrichtigkeit, Kausalität, Verschulden 4c 13

Unterbilanzhaftung Anh. § 35 6, *s.a. GmbH, Unterbilanzhaftung*

Unterbrechung durch Verfahrenseröffnung, internationales Insolvenzrecht 352

Unterhalt des Schuldners
- als Geld oder Sachleistung 100 12
- Anwendungsbereich des § 100 InsO 100 3
- aus der Insolvenzmasse 100
- bei Eigenverwaltung 100 4
- der vertretungsberechtigten persönlich haftenden Gesellschafter 101 17
- Entscheidung der Gläubigerversammlung 100 9
- Entscheidung des Insolvenzverwalters 100 14
- im Eröffnungsverfahren 100 6
- in sonstigen Kleinverfahren 100 5
- in Verbraucherinsolvenzverfahren 100 5
- Pfändungsschutz des Existenzminimums 100 1

Stichwortverzeichnis

- Rechtsmittel gegen Entscheidung des Insolvenzverwalters 100 17
- selbständiger 100 7
- unterhaltsberechtigte Angehörige 100 16

Unterhaltsansprüche 40; 89 34
- Ausnahmebestimmung 40 4
- Beschränkungen des Insolvenzverfahrens 40 5
- familienrechtliche - 40 10
- Forderungsübergang 40 13
- Haftung als Erbe des Verpflichteten 40 15
- Insolvenzplan 40 9
- systematische Einordnung 40 3
- Verteilungskonflikt 40 7
- Wertungsbasis 40 2

Unterhaltsgläubiger 88 5
Unterlassungsanspruch 89 12
Unterlassungsklage 86 5, 10
- des Schuldners 85 15
- gegen den Schuldner 85 15
- wegen Schutzrechtsverletzung 85 15

Unternehmer Anh. VIII § 358 SGB III 2
Unterrichtung der Gläubiger 167; Anh. II Art. 102 § 11 EGInsO
- absonderungsberechtigte Gläubiger 167 1
- Auskunftsklage 167 23
- Auskunftspflicht 167 1
- Auskunftsrecht bei beweglichen Sachen 167 13
- Auskunftsrecht bei Forderungen 167 17
- Auskunftsrecht des Absonderungsberechtigten 167 1
- Auskunftsverpflichtung 167 4
- berechtigtes Interesse 167 16
- Besichtigung 167 2, 3, 16
- Durchsetzung des Auskunftsanspruchs 167 23
- Durchsetzung des Einsichtsrechts 167 23
- Einsichtnahme 167 2, 3, 19
- Eröffnungsbeschluss Anh. II Art. 102 § 11 EGInsO 1
- Form und Frist des Auskunftsverlangens 167 7
- Grenzen des Auskunftsanspruchs 167 21
- Haftung 167 12
- Kosten 167 8, 21
- Mitteilung der Veräußerungsabsicht 168
- nachträgliche Forderungsanmeldung Anh. II Art. 102 § 11 EGInsO 2
- Rechtsmittel 167 11
- Zustellungen Anh. II Art. 102 § 11 EGInsO 3

Unterrichtung der Gläubigerversammlung 79
- Auskunftspflicht des Insolvenzverwalters 79 7
- Auskunftsverlangen 79 2
- Auskunftsverweigerungsrecht 79 2, 6
- Durchsetzung der Unterrichtungspflicht 79 8
- Einzelauskunft 79 4
- Gegenstand der Unterrichtung 79 4
- Geheimhaltung 79 6
- Gläubiger-Informations-System 79 3
- Mitwirkungsrechte 79 1
- Sachstandsberichte 79 4
- Unterrichtungspflicht des Insolvenzverwalters 79 6

Unterrichtungspflicht nach EuInsVO
- Adressaten Anh. I Art. 40 EuInsVO 3
- bekannte Gläubiger Anh. I Art. 40 EuInsVO 5
- Formblatt Anh. I Art. 40 EuInsVO 11; Anh. I Art. 42 EuInsVO 2, 7
- Haftung Anh. I Art. 40 EuInsVO 12
- Informationspflicht Anh. I Art. 40 EuInsVO 3
- Informationsverpflichteter Anh. I Art. 40 EuInsVO 6
- inhaltliche Mindestanforderungen Anh. I Art. 40 EuInsVO 8
- Schriftform Anh. I Art. 40 EuInsVO 10
- Sprache Anh. I Art. 42 EuInsVO
- Sprache der Information nach Art. 40 Anh. I Art. 42 EuInsVO 2
- unverzügliche Unterrichtung Anh. I Art. 40 EuInsVO 10

Unwirksamkeit abweichender Vereinbarungen 119
- Absonderungsrecht 119 3
- Darlehensverträge 119 4
- Erfüllungswahl 119 8
- Flottenmietvertrag 119 8
- Kündigungsrecht bei Dauerschuldverhältnissen 119 1
- Master Lease Agreement 119 5
- Miet-, Pacht- und Dienstverträge 119 4
- Paketmietvertrag 119 8
- Rechtsfolgen 119 3
- Vertragsstrafen 119 3
- Voraussetzungen 119 2

Unzulässigkeit der Aufrechnung 96
- anfechtbar erlangte Aufrechnungsmöglichkeit 96 9
- Anfechtbarkeit von Verrechnungen im Bankenkontokorrent 96 28
- Aufrechnung vor Verfahrensbeginn 96 26
- nachträgliche Forderungen gegen den Schuldner 96 8
- nachträgliche Gegenseitigkeit 96 7
- Rechtsfolgen 96 18
- Unzulässigkeitsgründe 96 1

Urlaubsabgeltung Anh. VIII § 166 SGB III 2
Urlaubsgeld Anh. VIII § 165 SGB III 28

V

veränderte Verhältnisse
- Anzeigepflicht 4b 42
- sachlicher Anwendungsbereich 4b 32
- Verbesserung 4b 35
- Verfahren 4b 46
- Verschlechterung 4b 38
- Wesentlichkeit 4b 39
- Wirkungen 4b 47

Verarbeitungsklauseln 91 7

Stichwortverzeichnis

Veräußerung des Miet- oder Pachtobjekts 111
- dingliches Dauerwohnrecht 111 11
- Kündigungsschutzvorschroften 111 10
- Masseverbindlichkeiten 111 13
- Miteigentumsanteile 111 7
- Möglichkeiten der – 111 4
- Rechtsfolgen 111 8
- Schadensersatz 111 13
- Sonderkündigungsrecht 111 1, 9, 12
- Voraussetzungen 111 2

Verbandsinsolvenz 80 3, 7
Verbandsrechtliche Streitigkeiten 85 36
Verbandsstreitigkeiten 85 18
Verbindlichkeiten 19 42
Verbraucherinsolvenz, vereinfachte Verfahrensführung 312 1
Verbraucherinsolvenzverfahren 20 17; 98 3
- Absonderungsrechte 304 9
- Altersversorgung 313 21
- Anechtung 304 9
- Anfechtung 313 20
- Anfechtung gem. Auftrag der Gläubigerversammlung 313 23
- Antrag auf Restschuldbefreiung 305 37
- Anwendbarkeit EuInsVO **Anh. I Art. 1 EuInsVO** 7
- Anwendungsbereich 304 2, 29
- Arbeitgeber als Drittschuldner 313 6
- Arbeitgeberpflichten 313 8
- Arbeitsverhältnis und Einkommen des Schuldners 313 6
- außergerichtliche Verhandlungen 304 8
- außergerichtliches Verfahren 304 15, 20
- Auskunftsanspruch 305 57
- Auskunftsanspruch, Umfang 305 58
- Ausschluss der Verwertung 313 25
- Beratung und Vertretung des Schuldners 304 15
- Beratung und Vertretung eines Gläubigers 304 20
- Besonderheiten 304 6
- Dauerschuldverhältnisse 304 14
- Einsetzung eines Treuhänders 313 1
- Entschuldungsvertrag 304 23
- Erklärung des Schudlners 305 52
- eröffnetes Verfahren 304 19, 22
- Eröffnungsantrag des Schuldners, *siehe auch* Schuldenbereinigungsplan
- Eröffnungsverfahren 304 11, 18, 21
- Forderungen aus Arbeitsverhältnissen 304 50
- Forderungsverzeichnis 305 45, 56
- Forderungsverzicht 304 23
- Formularzwang 304 8; 305 69
- Gesamtrechtsnachfolge 304 23
- Gläubigerverzeichnis 305 49
- Historie 304 3
- höchstpersönliche Leistungen des Schuldners 304 24
- Inhalt des Insolvenzantrags 304 8
- Inkassounternehmen 304 20
- Kosten 305 70
- Kostenpauschalen 313 28
- Lastschriftwiderruf 313 17
- Nachtragsverteilung 304 12
- Notwendigkeit 304 28
- öffentliche Bekanntmachung 304 9
- pfändbare Einkommensanteile 313 6
- pfändungsfreies Schonvermögen 313 17
- Pfändungsschutzvorschriften 313 9
- Prozesskostenhilfe 313 23
- Prüfung der Antragsunterlagen 305 59
- Rechtspraxis 304 27
- Rückschlagsperre 304 9
- Scheitern der außergerichtlichen Schuldenbereinigung, *siehe auch Scheitern der außergerichtlichen Schuldenbereinigung*
- Schenkungsanfechtung 313 21
- Schuldenbereinigungsplan 304 8; 305 53
- Schuldenbereinigungsplanverfahren 304 8
- Schuldnerberatungsstellen 305 3
- Selbstständigkeit des Schuldners 304 13
- Tatbestandsvoraussetzungen 304 6; 305 4
- Terminsbestimmung 304 9
- Tod des Schuldners 304 23
- Treuhänder 304 9
- Unterhaltsberechtigte 313 7
- vereinfachtes 304 1
- Verfahren 304 52
- Verfahrensregelungen 305 56
- Vergütung 305 70
- Vermögensübersicht 305 41
- Vermögensverhältnisse 304 47
- Vermögensverzeichnis 305 41
- Verteilung 304 9
- Vertragsverhältnisse des Schuldners 304 14
- Vertretungsbefugnis 305 67
- Verwertung 304 9
- Verwertung durch die Gläubiger 313 26
- Zwangsvollstreckung 313 9

Verdeckte Sacheinlage Anh. § 35 112, *s.a.* GmbH, *Verdeckte Sacheinlage*
Vereinfachte Verteilung der Masse 314
- Anhörung der Gläubiger 314 4
- Ankündigung der Restschuldbefreiung 314 5
- Antrag des Treuhänders 314 3
- Massekostenarmut 314 4
- Rechtspflegerentscheidung 314 3
- Rechtspflegererinnerung 314 3
- Voraussetzungen 314 3
- Zahlung eines Betrages durch Schuldner 314 2

Vereinfachtes Insolvenzverfahren 80 8
- Abweisung mangels Masse 311 4
- allgemeine Verfahrensvereinfachungen, *siehe auch Allgemeine Verfahrensvereinfachungen*
- Amtsermittlungsgrundsatz 311 3
- Anfechtung 312 5

2853

Stichwortverzeichnis

- Eröffnung des Insolvenzverfahrens 311
- Eröffnungsbeschluss 312 2
- Folgen 312 3
- Frist der Rückschlagsperre 312 5
- Gläubigerversammlung 312 5
- Hinweispflicht des Insolvenzgerichts 311 6
- Insolvenzeröffnungsverfahren 312 2
- Kostendeckung 311 4
- Masselosigkeit 312 4
- Neuerwerb 311 4
- öffentliche Bekanntmachung 312 5
- örtliche Zuständigkeit 311 3
- Prüfung der Eröffnungsvoraussetzungen 312 2
- Rücknahme des Antrags 311 7
- sofortige Beschwerde 311 7
- Tatbestandsvoraussetzungen 312 2
- Treuhänder 311 3; 312 5, *siehe auch Treuhänder*
- vereinfachte Verteilung der Masse, *siehe auch Vereinfachte Verteilung der Masse*
- Verfahrenskostenstundung 311 4
- Vergütung des Treuhänders 311 4
- Verteilung der Insolvenzmasse 312 5
- Verwertung der Insolvenzmasse 311 5
- Vollstreckungsverbot 312 3
- Vorschuss 311 6
- Zulässigkeitsvoraussetzungen 311 3

Verfahren
- Begründetheit 4a 57
- Begründetheitsprüfung 6 141
- Bekanntmachungsart 9 5
- einstweilige Anordnung 6 146
- Entscheidung 4a 67
- funktionale Zuständigkeit 4c 48
- Verordnung zu öffentlichen Bekanntmachungen in Insolvenzverfahren im Internet 9 6
- Zulässigkeit 4a 55

Verfahren bei der Einstellung 214
- Ablauf 214 2
- Absonderungsgläubiger 214 6
- Anhörung 214 2, 9
- Fristen 214 4
- Masseansprüche 214 10
- öffentliche Bekanntmachung 214 3
- Rücknahme des Widerspruchs 214 8
- Widerspruch 214 4
- Widerspruchsberechtigte 214 2, 5
- Zulässigkeitsprüfung 214 2

Verfahren der freiwilligen Gerichtsbarkeit 85 26

Verfahrensabschnitte
- eröffnetes Verfahren 5 17
- Eröffnungsverfahren 5 16
- Kostenstundungsverfahren 5 23
- Rechtsbehelfsverfahren 5 22
- Restschuldbefreiungsverfahren 5 21
- Verbraucherinsolvenzverfahren 5 19
- Vergütungsfestsetzungsverfahren 5 24
- *Zulassungsverfahren* 5 13

Verfahrensabwicklungsplan 217 51

Verfahrensende, beendende Maßnahmen iRd EuInsVO Anh. I Art. 34 EuInsVO

Verfahrensende Sekundärinsolvenzverfahren
- Vorschlagsrecht Anh. I Art. 34 EuInsVO 6
- Vorschlagsrecht bei Aussetzung der Verwertung Anh. I Art. 34 EuInsVO 13
- Zustimmungserfordernis Anh. I Art. 34 EuInsVO 10

Verfahrenseröffnung, Zeitpunkt nach der EuInsVO Anh. I Art. 2 EuInsVO 11

Verfahrensgrundsätze 5
- Amtsermittlungsgrundsatz 4 11
- Amtsermittlungspflicht 5 4
- Dispositionsgrundsatz 4 9
- Elektronische Datenverarbeitung 5 53
- Freigestellte mündliche Verhandlung 5 50
- Optionales schriftliches Verfahren 5 35
- Ordnungselemente 5 1
- sonstige Verfahrensgrundsätze 4 12

Verfahrenskosten
- eröffnetes Verfahren 4a 27
- Treuhandperiode 4a 28

Verfahrenskostenstundung 312 2

Verfahrenskostenvorschuss, Ersatzanspruch 26 48

Verfahrensteilnahme
- Abschlagsverteilungen 39 9
- Beteiligungsbefugnisse 39 6
- Gläubigerselbstverwaltung 39 7

Verfassungskonformität Anh. VIII § 358 SGB III 5

Verfügungen des Insolvenzverwalters, Vormerkung 106 5

Verfügungen des Treuhänders 81 16

Verfügungen Dritter 81 15

Verfügungsbeschränkung 83 16

Verfügungsbeschränkungen 23; 24

Verfügungsverbot
- des Schuldners 80 5
- Ende der Wirkung 80 6

Verfügungsverbot des Schuldners 81
- Beweislast 81 27
- Einzugsermächtigungslastschriften 81 5
- Lohnforderungen 81 25
- maßgeblicher Zeitpunkt 81 11
- materiell-rechtliche über Massegegenstände 81 3
- Prozesshandlungen 81 9
- Realakte 81 10
- Rechtsfolgen 81 17
- Rückgewähr der Gegenleistung 81 24
- SEPA-Basislastschriften 81 6
- sonstige Rechtsgeschäfte und geschäftsähnliche Handlungen 81 7
- über massefremde Gegenstände 81 4
- Verkehrsschutz 81 18
- Zahlungsverkehr 81 5

Vergleichsberechnung
- Differenzberechnung 4a 24
- Verfahrenskosten 4a 25
- Vermögen 4a 31

Stichwortverzeichnis

Vergütung
- Anspruch des Gläubigerausschusses 73 1
- Festsetzung 64 1, 23
- Musterantrag 64 22a

Vergütung der Mitglieder des Gläubigerausschusses 73
- Angemessenheit 73 1, 7
- Anhörung 73 5
- Anspruch 73 1; Anh. III § 17 InsVV 1
- Antragstellung 73 4
- Auslagen 73 8; Anh. III § 18 InsVV 1
- Auslagenersatz 73 7
- Beamte 73 9
- Bemessungsgrundlage 73 6
- Berechnung der Vergütung Anh. III § 17 InsVV
- des vorläufigen Gläubigerausschusses Anh. III § 17 InsVV 11
- Dokumentationspflichten 73 8
- Fälligkeit 73 3
- Festsetzung Anh. III § 17 InsVV 14
- Festsetzung durch das Gericht 64; 73 4
- Freiberufler Anh. III § 17 InsVV 8
- Höhe Anh. III § 17 InsVV 6
- Pauschalvergütung Anh. III § 17 InsVV 10
- Rechtsgrundlagen Anh. III § 17 InsVV 1
- Rechtsmittel 73 11; Anh. III § 17 InsVV 15
- Umsatzsteuer Anh. III § 18 InsVV 4
- Verbraucherinsolvenzverfahren Anh. III § 17 InsVV 10
- Vergütungsantrag 73 5
- Verjährung 73 3
- Verjährungsfristen Anh. III § 17 InsVV 5
- Vorschuss 73 10; Anh. III § 17 InsVV 16

Vergütung des Insolvenzverwalters 63, *siehe auch Vergütung des Sachwalters, siehe auch Vergütung des Treuhänders im vereinfachten Insolvenzverfahren, siehe auch Vergütung des Treuhänders nach § 293 InsO, siehe auch Vergütung des vorläufigen Insolvenzverwalters*
- Abschläge Anh. III § 2 InsVV 14; Anh. III § 3 InsVV 93
- Abschläge beim vorläufigen Verwalter Anh. III § 3 InsVV 28
- Abschlagsverteilung Anh. III § 3 InsVV 60
- abweichungen vom Regelsatz 63 13
- Abwicklung von Arbeistverhältnissen Anh. III § 3 InsVV 18
- Altlasten Anh. III § 3 InsVV 55
- Angemessenheit 63 6
- Anspruch 63 1
- Antrag auf Vergütungsfestsetzung Anh. III § 8 InsVV 1
- Antrag auf Vorschuss Anh. III § 9 InsVV 1
- Arbeitsrecht Anh. III § 3 InsVV 43
- Aufwendungen 63 2
- Aus- und Absonderungsrechte Anh. III § 3 InsVV 23, 53
- Auslagen Anh. III § 3 InsVV 92; Anh. III § 6 InsVV 4
- Auslagen für Archivierung Anh. III § 4 InsVV 22
- Auslagen für Auktionator Anh. III § 4 InsVV 30
- Auslagen für besondere Kosten Anh. III § 4 InsVV 32
- Auslagen für besondere Sachkunde Anh. III § 5 InsVV 1
- Auslagen für Delegation von Sonderaufgaben Anh. III § 4 InsVV 6
- Auslagen für Detekteien Anh. III § 4 InsVV 21
- Auslagen für Dienst- und Werkverträge Anh. III § 4 InsVV 3, 8
- Auslagen für EDV-Aufgaben Anh. III § 4 InsVV 13
- Auslagen für Entsorgung Anh. III § 4 InsVV 24
- Auslagen für Haftpflichtversicherung Anh. III § 4 InsVV 33
- Auslagen für Immobilienverwaltung Anh. III § 4 InsVV 25
- Auslagen für Inkassounternehmen Anh. III § 4 InsVV 21
- Auslagen für Lagerkosten Anh. III § 4 InsVV 23
- Auslagen für Masseverbindlichkeiten Anh. III § 4 InsVV 5
- Auslagen für Rechtsanwalt Anh. III § 4 InsVV 11
- Auslagen für Rechtsanwaltssozietät Anh. III § 5 InsVV 5
- Auslagen für Sonderaufgaben Anh. III § 4 InsVV 10
- Auslagen für Steuerberater Anh. III § 4 InsVV 19
- Auslagen für Unternehmensberater Anh. III § 4 InsVV 17
- Auslagen für Vernichtung Anh. III § 4 InsVV 24
- Auslagen für Verwertung Anh. III § 4 InsVV 26
- Auslagen für Verwertung von Immobilien Anh. III § 4 InsVV 28
- Auslagen für Wertgutachten Anh. III § 4 InsVV 15
- Auslagen für Wirtschaftsprüfer Anh. III § 4 InsVV 12
- Auslagenvorschuss Anh. III § 9 InsVV 3
- Auslandsvermögen Anh. III § 3 InsVV 11
- Bauinsolvenz Anh. III § 3 InsVV 57
- Beginn des Anspruchs 63 10
- Berechnung des Vorschusses Anh. III § 9 InsVV 11
- Berechnungsgrundlage 63 12; Anh. III § 8 InsVV 6, *siehe auch Berechnungsgrundlage der Insolvenzverwaltervergütung*
- Berechnungsgrundlage für die Auslagen Anh. III § 8 InsVV 12
- besondere Aufgaben Anh. III § 4 InsVV 2
- besondere Sachkunde Anh. III § 5 InsVV
- Beteiligungen Anh. III § 3 InsVV 41
- Betriebsfortführung Anh. III § 3 InsVV 13, 31, 35

2855

Stichwortverzeichnis

- Betriebsfortführung des vorläufigen Verwalters Anh. III § 3 InsVV 14
- Betriebsveräußerung Anh. III § 3 InsVV 42
- Dauer des Eröffnungsverfahrens Anh. III § 3 InsVV 26
- Degressionsausgleich Anh. III § 3 InsVV 64
- des entlassenen ~ 59 14
- des Sachwalters Anh. III § 10 InsVV
- des Treuhänders Anh. III § 10 InsVV
- des vorläufigen Insolvenzverwalters Anh. III § 10 InsVV
- Fälligkeit des Anspruchs 63 10
- Festlegung 63 5
- Festsetzung der Auslagen Anh. III § 8 InsVV 10
- Festsetzung der Umsatzsteuer Anh. III § 7 InsVV
- Festsetzung der Vergütung Anh. III § 8 InsVV 17
- Festsetzung durch das Gericht 64
- Festsetzung von Vergütung und Auslagen Anh. III § 8 InsVV
- Fremdvergabe von Aufgaben Anh. III § 3 InsVV 25
- für bis zur Abberufung erbrachter Tätigkeit 57 13
- für Rechtsanwaltsleistungen Anh. III § 5 InsVV 6
- für Steuerberatung Anh. III § 5 InsVV 12
- für Wirtschaftsprüfung Anh. III § 5 InsVV 12
- geringe Anforderung Anh. III § 3 InsVV 105
- geringe Anzahl von Gläubigern Anh. III § 3 InsVV 103
- Geschäftskosten Anh. III § 4 InsVV
- Geschäftsunkosten 63 3
- Haftpflichtversicherung Anh. III § 4 InsVV
- Hemmung des Verjährungsanspruchs 63 20
- Hilfskräfte Anh. III § 3 InsVV 101
- hohe Gläubigeranzahl Anh. III § 3 InsVV 59
- hoher Umsatz Anh. III § 3 InsVV 17
- Insolvenzgeld Anh. III § 3 InsVV 44
- Insolvenzgeldfinanzierung Anh. III § 3 InsVV 21
- Insolvenzgericht Anh. III § 1 InsVV 4
- Insolvenzplan Anh. III § 3 InsVV 45
- Insolvenzrechtliche Vergütungsverordnung 63 8
- Inventarisierung Anh. III § 3 InsVV 25
- Kürzung der Regelvergütung Anh. III § 2 InsVV 6
- lange Verfahrensdauer Anh. III § 3 InsVV 51
- Masseunzulänglichkeit Anh. III § 3 InsVV 33
- Mindestvergütung Anh. III § 2 InsVV 8
- Nachtragsverteilung Anh. III § 6 InsVV 1
- Normalfall Anh. III § 3 InsVV 5, 10
- Normalverfahren Anh. III § 2 InsVV 1
- obstruktiver Schuldner Anh. III § 3 InsVV 61
- Rechtsmittel Anh. III § 8 InsVV 19
- Rechtsmittel bei Vorschussverweigerung Anh. III § 9 InsVV 14
- Regelsatz 63 11, 14
- Regelsätze Anh. III § 2 InsVV
- Regelvergütung Anh. III § 1 InsVV 2; Anh. III § 2 InsVV 4
- Regelvergütung, Berechnungsbeispiel Anh. III § 2 InsVV 5
- Rückzahlung Anh. III § 4 InsVV 4
- Sachwalter 63 4
- schwierige Inbesitznahme Anh. III § 3 InsVV 11
- Sonderinsolvenzverwalter 63 25
- Tabelle der wichtigsten Zuschläge Anh. III § 3 InsVV 105
- Treuhänder 63 4
- übertragende Sanierung Anh. III § 3 InsVV 20
- Überwachung der Insolvenzplanerfüllung Anh. III § 6 InsVV 5
- unvollständige Buchhaltung Anh. III § 3 InsVV 40
- Verfahrenskostenstundung 63 16
- Verfassungsmäßigkeit der Mindestvergütung Anh. III § 2 InsVV 12
- Vergleichsrechnung Anh. III § 2 InsVV 10; Anh. III § 3 InsVV 38
- Vergütungsantrag Anh. III § 1 InsVV 7
- Vergütungsvorschuss Anh. III § 9 InsVV 3
- Verjährung 63 17
- Verjährung des Vergütungsanspruchs Anh. III § 8 InsVV 21
- Verjährungseinrede 63 23
- Verjährungsfrist 63 18, 24; Anh. III § 8 InsVV 22, 23
- Verwaltung und Verwertung von Immobilien Anh. III § 3 InsVV 47
- vorläufiger Insolvenzverwalter 63 4, 9, 18
- Vorschuss 63 15; Anh. III § 9 InsVV
- Vorschussanspruch bei Stundung Anh. III § 9 InsVV 4
- vorzeitige Beendigung des Verfahrens Anh. III § 3 InsVV 104
- Zu- und Abschläge 63 13; Anh. III § 3 InsVV
- Zuschläge Anh. III § 1 InsVV 2; Anh. III § 2 InsVV 13; Anh. III § 3 InsVV 9, 34
- Zuschläge beim vorläufigen Verwalter Anh. III § 3 InsVV 8
- Zustellungen Anh. III § 3 InsVV 27, 90; Anh. III § 8 InsVV 16
- Zustimmung des Insolvenzgerichts Anh. III § 9 InsVV 7

Vergütung des Sachwalters Anh. III § 10 InsVV; Anh. III § 12 InsVV
- Auslagen Anh. III § 12 InsVV 9
- Erhöhung der Regelvergütung Anh. III § 12 InsVV 7
- Festsetzung durch das Gericht 64
- Regelvergütung Anh. III § 12 InsVV 1

Vergütung des Sonderinsolvenzverwalters, Festsetzung durch das Gericht 64

Vergütung des Treuhänders 293; Anh. III § 10 InsVV
- Antrag Anh. III § 16 InsVV 4
- bei Aufhebung der Verfahrenskostenstundung Anh. III § 16 InsVV 12

Stichwortverzeichnis

- bei Verfahrenskostenstundung 293 2
- Berechnung Anh. III § 16 InsVV 4
- Festsetzung 293 2; Anh. III § 16 InsVV 1
- Festsetzung der Auslagen Anh. III § 16 InsVV 7
- Festsetzung des Stundensatzes Anh. III § 15 InsVV 5
- Festsetzung durch das Gericht 64
- Festsetzungsbeschluss Anh. III § 16 InsVV 6
- Gläubigerversammlung Anh. III § 15 InsVV 4
- Höhe Anh. III § 15 InsVV 4
- in der Wohlverhaltensphase 293 1
- Rechtsmittel Anh. III § 16 InsVV 6
- Überschreitung der Obergrenze Anh. III § 15 InsVV 4
- Überwachung der Obliegenheiten des Schuldners Anh. III § 15 InsVV
- Überwachungsvergütung Anh. III § 15 InsVV 4
- Umsatzsteuer Anh. III § 16 InsVV 5
- Verletzung der Treuepflicht 293 3
- Verwirkung 293 3
- Vorschuss Anh. III § 15 InsVV 4; Anh. III § 16 InsVV 8

Vergütung des Treuhänders im vereinfachten Insolvenzverfahren Anh. III § 13 InsVV
- Erhöhung der Mindestvergütung Anh. III § 13 InsVV 12
- Erhöhung des Regelsatzes Anh. III § 13 InsVV 11
- Kürzung des Regelsatzes Anh. III § 13 InsVV 10
- Mindestvergütung Anh. III § 13 InsVV 12
- Regelvergütung Anh. III § 13 InsVV 1
- Versagung der Stundung Anh. III § 13 InsVV 15

Vergütung des Treuhänders nach § 293 InsO Anh. III § 14 InsVV
- Berechnungsgrundlage Anh. III § 14 InsVV 4
- Erhöhung der Mindestvergütung Anh. III § 14 InsVV 8
- Höhe Anh. III § 14 InsVV 4
- Minderung Anh. III § 14 InsVV 6
- Mindestvergütung Anh. III § 14 InsVV 7
- Vorschuss Anh. III § 14 InsVV 11

Vergütung des vorläufigen Insolvenzverwalters 26a; Anh. III § 10 InsVV; Anh. III § 11 InsVV
- Abschläge Anh. III § 11 InsVV 38
- Aktivmasse Anh. III § 11 InsVV 18
- als Sachverständiger Anh. III § 11 InsVV 45
- Antrag 26a 7
- Aus- und Absonderungsrechte Anh. III § 11 InsVV 23
- Auslagen 26a 3; Anh. III § 11 InsVV 43
- Berechnungsgrundlage Anh. III § 11 InsVV 12
- Berechnungszeitpunkt Anh. III § 11 InsVV 19
- Beschluss 26a 10
- Erlöschen des Vergütungsanspruchs Anh. III § 11 InsVV 54
- Festsetzung durch das Gericht 64
- Festsetzungsverfahren 26a 7
- Forderungen Anh. III § 11 InsVV 21
- Höhe 26a 3
- Immobilienverwaltung Anh. III § 11 InsVV 30
- Kostenerstattungspflicht 26a 5
- Kostenhaftung des Antragstellers 26a 5
- Mindestvergütung Anh. III § 11 InsVV 40
- Normalfall Anh. III § 11 InsVV 3
- Normalverfahren Anh. III § 11 InsVV 26
- rechtliches Gehör 26a 8
- Rechtsmittel 26a 11
- Rücknahme des Insolvenzantrags Anh. III § 11 InsVV 15
- Voraussetzungen 26a 3
- vorzeitige Verfahrensbeendigung Anh. III § 11 InsVV 13
- Wertkorrektur Anh. III § 11 InsVV 35
- Zuschläge Anh. III § 11 InsVV 38
- Zuständigkeit 26a 9
- Zweitschuldnerhaftung 26a 4

Vergütung in Insolvenzverfahren, Übergangsregelungen Anh. III § 19 InsVV

Vergütungsfestsetzung
- Amtshaftungsanspruch 64 25
- Bekanntmachung 64 26
- Rechtsbeschwerde 64 30
- Rechtsmittel 64 27
- sofortige Beschwerde 64 27

Verjährung 62
- absolutes Verjährungsende 62 5
- Beginn 62 2
- Ende 62 2
- Hemmung 62 7; 146 7
- Neubeginn 62 7

Verjährung des Anfechtungsanspruchs 146, *siehe Leistungsverweigerungsrecht*
- allgemeine Verjährungsfrist 146 2
- Anfechtungsfristen 146 1
- Beginn 146 3
- Fristberechnung 146 3
- Hemmung der Verjährung 146 7
- Leistungsverweigerungsrecht 146 1, 16
- Verjährungsfrist 146 1
- Wirkung der Verjährung 146 6

Verkehrsschutz 81 18; 82 3, 4, 9

Verlängerung der Stundung
- Nachhaftung 4b 4
- sachlicher Anwendungsbereich 4b 7
- Verfahren 4b 26
- Voraussetzungen 4b 10
- Wirkungen 4b 28

Verletzung der Buchführungspflicht Anh. VII § 283b StGB
- fahrlässige Begehung Anh. VII § 283b StGB 6
- Konkurrenzen Anh. VII § 283b StGB 9
- objektive Bedingung der Strafbarkeit Anh. VII § 283b StGB 8
- Rechtsfolgen Anh. VII § 283b StGB 10
- Tatbestand Anh. VII § 283b StGB 3
- Vorsatzdelikt Anh. VII § 283b StGB 4

Stichwortverzeichnis

Verlustdeckungshaftung Anh. § 35 20, *s.a. GmbH, Verlustdeckungshaftung*
Vermächtnis
– Ausschlagung 83 7
– nach Eröffnung des Insolvenzverfahrens 83 1
Vermieterpfandrecht 109 24
Vermittlungsverfahren 121
Vermögen 35 16
– Bemessung 4b 23
– besondere Fälle 35 22
– Bestandteile 4a 31
– Elemente 35 16
– Prozesskostenvorschuss 4a 38
– Quantifizierung 4a 36
Vermögensanspruch
– Besserungsabrede 38 27
– erbrechtliche 38 26
– familienrechtliche 38 26
– geldwerte, vollstreckbare Leistung 38 17
– Gestaltungsrechte 38 19
– Grundlagen 38 17
– höchstpersönliche 38 26
– nicht vertretbare Handlungen 38 20
– Schadensersatzansprüche 38 23
– umrechnungsfähige 38 18
– Unterlassungsansprüche 38 24
– unvollkommene Verbindlichkeiten 38 25
Vermögensübersicht 153
– Akteneinsicht 153 4
– Antragsberechtigte 153 4
– eidesstattliche Versicherung des Schuldners 153 1, 4
– Einsichtnahme 154 3
– formale Gliederung 153 5
– gerichtliche Kontrolle 153 4
– Inhalt 153 2
– Insolvenzeröffnung 153 1
– Insolvenzverwalter 153 3
– Niederlegung in der Geschäftsstelle 153 3; 154
– Stichtag 153 2
– Verfahren 153 3
Vermögensvermischung Anh. § 35 43, *s.a. GmbH, Vermögensvermischung*
Verordnungsermächtigung 65
Verpfändung
– Auseinandersetzungsguthaben **Anh. VI § 66a GenG** 15
– Bezüge aus einem Dienstverhältnis 114 8
Verpfändung des schuldnerischen Anspruchs, Erfüllungswahl des Insolvenzverwalters 103 41
Verpflichtungsgeschäfte 81 7
Versagung der Restschuldbefreiung, *siehe auch Glaubhaftmachung*
– allgemeine Versagungsgrundsätze 290 22
– Amtsermittlungspflicht des Insolvenzgerichts 290 17
– Ankündigung *eines Antrags auf –* 290 10
– Antragsbefugnis 290 96

– Antragsrücknahme 290 19
– auskunftspflichtige Umstände 290 64
– Beschwerdeverfahren 290 7
– Dauer des Antragsverfahrens 290 18
– Erklärungsempfänger bei Antragsrücknahme 290 20
– Fehlverhalten einer Hilfsperson 290 23
– Feststellungslast 290 17
– formelle Voraussetzungen 290 2
– Fristen 290 9
– frühere Restschuldbefreiung 290 42
– frühere Versagung der Restschuldbefreiung 290 42
– Glaubhaftmachung des Versagungsgrundes 290 6, 11, 14
– Gläubiger angemeldeter Forderungen 290 2
– Gläubigerantrag 290 2
– Gläubigerautonomie 290 2
– Gläubigerbefriedigung 290 77
– grobe Fahrlässigkeit 290 54, 84
– Inhalt 290 5
– Insolvenzstraftaten 290 24
– Mitwirkungspflichten des Schuldners 290 62
– Nachschieben von Versagungsgründen 290 7
– Nichterfüllung einer Anordnung 290 63
– Rechtsbeschwerdeverfahren 290 93
– Sachvortrag 290 5
– Schlusstermin 290 7
– schriftliches Verfahren 290 9
– Umfang der Auskunfts- und Mitwirkungspflichten 290 7
– unangemessene Verbindlichkeiten 290 48
– unrichtige oder unvollständige Angaben 290 29
– unzutreffende Verzeichnisse 290 94
– Verfahrensvoraussetzung 290 4
– Verhältnismäßigkeitsgrundsatz 290 93
– Verletzung von Auskunftspflichten 290 56
– Verletzung von Mitwirkungspflichten 290 56
– Vermögensverschwendung 290 49
– Verringerung der Insolvenzmasse 290 47
– Versagungsantrag 290 2
– Versagungstatbestände 290 24
– Verzögerung des Insolvenzverfahrens 290 52
– von Amts wegen 290 3
– Vorsatz 290 53, 82
– Wirkung der Antragsrücknahme 290 21
– Zeitpunkt der Antragstellung 290 7
Versagungsgrund
– angemessene Erwerbstätigkeit 35 23
– Erwerbsobliegenheiten 35 23
– grobe Fahrlässigkeit 4c 16
– Nichtablehnung zumutbarer Tätigkeit 4c 40
– zumutbare Tätigkeit 35 23
Versagungsgründe, Rechtsfolge 4a 48
Versicherungsverein auf Gegenseitigkeit 11 7
Verstoß gegen die Erwerbsobliegenheit
– Anwendungsbereich 4c 32
– Umfang der Erwerbsobliegenheit 4c 34

2858

Stichwortverzeichnis

Verstoß gegen Erwerbsobliegenheit, selbständige Erwerbstätigkeit 4c 42
Verstoß gegen Obliegenheiten 296; 296 n. F.
– Amtsermittlungspflicht 296 26
– Antragsrecht für Insolvenzgläubiger 296 5d
– Beeinträchtigung der Gläubigerbefriedigung 296 21
– eidesstattliche Versicherung 296 30
– Glaubhaftmachung 296 24
– Gläubigerantrag, statthafter 296 30
– Gläubigerversammlung 296 2a
– keine pfändbaren Einkünfte 296 22
– Obliegenheitsverletzung 296 17
– rechtliches Gehör 296 27
– Rechtsmittel 296 35
– Schlechterstellung 296 21
– Treuhänder 296 2
– Verfahrensobliegenheiten 296 30
– Verfahrensobliegenheiten des Schuldners 296 29
– Versagung der Restschuldbefreiung 296 1
– Versagunganstrag, Rücknahme 296 34
– Versagungsantrag eines Insolvenzgläubigers 296 5d
– Versagungsantrag, Form 296 7
– Versagungsantrag, Frist 296 8
– Versagungsantrag, Glaubhaftmachung 296 11
– Versagungsantrag, Rücknahme 296 15
– Versagungsgrund 296 17
– Versagungsverfahren 296 2, 26
– Versagungsverfahren, Anhörung 296 27
– Versagungsverfahren, Bekanntmachung 296 31
– Versagungsverfahren, Gebühren, Kosten, Gegenstandswert 296 38
– Versagungsverfahren, gerichtliche Entscheidung 296 31
– Versagungsverfahren, Verfahrenskostenstundung, Anwaltsbeiordnung 296 41
– Versagungsvoraussetzungen 296 5d
– Verschulden 296 19
Verstoß gegen Verfahrensvorschriften 250
– fehlende Zustimmung des Schuldners zum Insolvenzplans 250 10
– gerichtliche Vorprüfung 250 3
– Selbstbindung des Gerichts 250 5
– unlautere Verhaltensweisen 250 11
– Verstoß gegen Treu und Glauben 250 11
– Vorschriften über das Zustandekommen des Insolvenzplans 250 7
– Vorschriften über den Inhalt des Insolvenzplans 250 6
– Vorschriften über die Annahme des Insolvenzplans 250 9
Verteilung des Erlöses 170
– Absonderungsberechtigte 170 6
– Absonderungsrecht 170 1, 5
– Absprache 170 16
– allgemeine Verfahrenskosten 170 17
– Auskunftsanspruch des Gläubigers 170 23
– Befriedigung der Gläubiger 170 18
– Eigentumsvorbehalt 170 7
– Eigenverwaltung 170 4
– Einordnung der Kosten 170 15
– Einziehung abgetretener Forderungen 170 3
– entnahme der Kostenbeiträge 170 8
– Entwertung des Sicherungsguts 170 2
– Erhaltungskosten 170 12
– Feststellungskosten 170 10
– Geschäftsführung ohne Auftrag 170 14
– Kostenbeitragspflicht 170 5
– Kostenvorschuss 170 9
– Massearmut 170 8
– persönliche Haftung 170 19
– Überschuss 170 22
– Umsatzsteuer 170 1
– Verbraucherinsolvenzverfahren 170 4
– Verwalterhaftung 170 8
– Verwertung durch Gläubiger 170 24
– Verwertungskosten 170 11
– Verzugsschaden 170 18
– Zurückhaltung des Erlöses 170 20
Verteilungsverfahren
– Befriedigung der Insolvenzgläubiger 187
– im Internationalen Insolvenzrecht Anh. I Art. 4 EuInsVO 24
Verteilungsverzeichnis 188, *siehe auch Änderung des Verteilungsverzeichnisses, siehe auch Einwendungen gegen das Verteilungsverzeichnis*
– Abschlagsverteilung 188 1
– Absonderungsrecht 188 7
– Amtshaftung 188 14
– auflösend bedingte Forderungen 188 9
– aufschiebend bedingte Forderungen 188 10
– Aufstellungspflicht 188 6, 13
– Ausschlusfrist 188 6
– Ausschlussfrist 188 2a
– Berücksichtigung bestrittener Forderungen 189
– Doppelberücksichtigung 188 11
– fehlerhafte Aufnahme 188 13
– fehlerhafte Nichtaufnahme 188 14
– festgestellte Forderungen 188 4
– Gesamtschuldnerschaft 188 11
– getilgte Forderungen 188 11
– Haftung 188 13
– Inhalt 188 1
– Insolvenzgericht 188 6
– Nachtragsverteilung 188 1
– nicht titulierte Forderungen 188 6
– Niederlegung 188 1, 2, 16
– öffentliche Bekanntmachung 188 1, 2, 17
– Rechtsfolgen 188 12
– Schlussverteilung 188 1
– streitige Forderungen 188 5
– Tabelle 188 3
– zu berücksichtigende Forderungen 188 3
– Zurückbehaltung 188 10
– Zuvielzahlung 188 15

2859

Stichwortverzeichnis

Verwalter
- Anfechtungsklagen Anh. I Art. 18 EuInsVO 10
- Befugnisse Anh. I Art. 18 EuInsVO
- Bestellung Anh. I Art. 18 EuInsVO 4
- Definition nach EuInsVO Anh. I Art. 2 EuInsVO 3
- Einschränkung der Befugnisse Anh. I Art. 18 EuInsVO 2, 12
- Hauptinsolvenzverwalter Anh. I Art. 18 EuInsVO 2, 6
- Nachweis der Bestellung, *siehe auch Nachweis der Verwalterbestellung*
- Partikularinsolvenzverwalter Anh. I Art. 18 EuInsVO 9
- Sekundärinsolvenzverfahren Anh. I Art. 18 EuInsVO 2
- Sekundärinsolvenzverwalter Anh. I Art. 18 EuInsVO 9
- Treuhänder Anh. I Art. 18 EuInsVO 3
- vorläufiger Anh. I Art. 18 EuInsVO 3
- Zwangsmaßnahmen Anh. I Art. 18 EuInsVO 13

Verwalterwahlrecht, Auswirkungen des ~ 85 50

Verwaltungs- und Verfügungsbefugnis des Insolvenzverwalters
- Beschränkung von Veräußerungsverboten 80 37
- Grenzen der ~ 80 36
- Rechtsfolgen eines unwirksamen Verfügungsverbotes 80 41
- Veräußerungsverbot durch Zwangsvollstreckungsmaßnahmen 80 42

Verwaltungs- und Verfügungsrecht
- bei Eigenverwaltung des Schuldners 80 1
- Übergang auf den Insolvenzverwalter 80

Verwertung beweglicher Gegenstände 166
- Absonderungsrecht 166 8
- Anwendungsbereich 166 6
- Arten der ~ 166 20
- Ausschluss 166 32
- Besitz 166 14
- bewegliche Gegenstände 166 1
- Eigentumsvorbehalt 166 10
- eingezogene Forderungen 166 23
- Einziehung 166 28
- Einzugsrecht 166 2
- Finanzsicherheiten 166 9
- freihändige Verwertung 166 8
- gesetzliches Pfandrecht 166 12
- im Verbraucherinsolvenzverfahren 166 6
- Insolvenzeröffnungsverfahren 166 24
- Pfandreife 166 26
- Pfändungspfandrecht 166 11
- Sicherheitsabtretung 166 25
- Sicherungseigentum 166 10
- Sicherungszession 166 22
- sonstige Rechte 166 29
- Unabdingbarkeit 166 5
- Veräußerung 166 28
- Veräußerungsermächtigung 166 4
- verbotene Eigenmacht 166 17
- Verfügungsverbot 166 13
- Verlust des Verwertungsrecht 166 3
- Verwertungsrecht des Insolvenzverwalters 166 2
- Verwertungsrecht des Insolvenzverwalters 166 10
- Verwertungsverbot 166 6
- Zeitpunkt 166 7, 23

Verwertung der Insolvenzmasse 156; 159, *siehe Berichtstermin*
- absonderungsberechtigte Gläubiger 156 5
- Art und Weise 159 3
- aussonderungsberechtigte Gläubiger 156 5
- Auswirkungen auf die Gläubigerbefriedigung 156 5
- Beginn 159 1
- Begriff 159 2
- Berichtstermin 159 1, 4
- Beschlüsse der Gläubigerversammlung 159 1
- Betriebsveräußerung an besonders Interessierte, *siehe Betriebsveräußerung an besonders Interessierte*
- Betriebsveräußerung unter Wert, *siehe Betriebsveräußerung unter Wert*
- betriebswirtschaftliche Analyse 156 4
- Domains 159 3
- Dritte 159 5
- Eigenverwaltung 156 7
- Einsetzung eines Gläubigerausschusses 156 7
- Entscheidungskompetenz 159 1
- Forderungen 159 3
- Fortführung 156 7
- Freigabe 159 5
- freihändige Veräußerung 159 3
- Gewährleistungsanspruch 159 3
- Immaterialgüter 159 3
- Innensanierung 156 4
- Insolvenzplan 156 7
- Insolvenzplanverfahren 156 4
- Massegläubiger 156 5
- öffentliche Versteigerung 159 3
- Pflichten des Insolvenzverwalters 159 5
- Protokoll 156 7
- Quotenerwartung 156 5
- Saisonware 159 4
- Stilllegung 156 7
- übertragende Sanierung 156 4; 159 3
- unbewegliche Gegenstände 159 3
- Unterhalt des Schuldners 156 7
- Veretilungszeitpunkt 156 5
- Verwertungszeitpunkt 159 4
- Werteverfall 156 5
- Wirksamkeit der Handlung, *siehe Wirksamkeit der Handlung*
- zeitweilige Unternehmensfortführung 159 4
- Zerschlagung 156 4
- Zustimmung 159 5
- Zwangsversteigerung 159 3
- Zwangsverwaltung 159 3

Stichwortverzeichnis

Verwertung durch Gläubiger 173
- Berechtigung 173 3
- Fristsetzung zur Verwertung 173 5
- Grundlage 173 1
- Kosten 173 4
- Rechtsmittel 173 11
- Übergang des Rechts auf Insolvenzverwalter 173 8
- Umsatzsteuer 173 4
- Verbraucherinsolvenzverfahren 173 2
- Verwertungskostenbeitrag 173 10

Verwertung unbeweglicher Gegenstände 165
- Ablösung des Anspruchs 165 18
- absonderungsberechtigte Gläubiger 165 11
- Antrag auf Zwangsversteigerung oder -verwaltung 165 8
- Beschlagnahme 165 7, 16
- Bestellungsurkunde 165 8
- einstweilige Einstellung 165 14
- Feststellungskosten 165 18
- freihändige 165 1, 5
- geringstes Gebot 165 17
- Grundpfandgläubiger 165 21
- kalte Zwangsverwaltung 165 21
- Teilungsversteigerung 165 5
- Verfahrenskosten 165 18
- Vergütung 165 23
- Vollstreckungsverfahren 165 7
- Voraussetzungen 165 3
- zuständiges Gericht 165 19
- Zwangsversteigerung 165 1, 5, 9
- Zwangsverwaltung 165 1, 13
- Zwangsverwertung 165 2

Verwertung von Sicherungsgut 282
- abgetretene Forderungen 282 3
- Absonderungsgläubiger 282 3
- Aufhebung der Eigenverwaltung 282 6
- Auskunftspflichten des Schuldners 282 3
- Eigenverwaltung 282 1
- einvernehmliche Rechtsausübung 282 7
- Feststellungskosten 282 2
- Herausgabe des Aussonderungsguts 282 6
- Kosten 282 10
- Umsatzsteuer 282 12
- Verwertungsrecht 282 3

Verwertungsbefugnisse 1 30
Verwertungsverbot 89 10
Verwertungsvorschläge, im Sekundärinsolvenzverfahren nach EuInsVO **Anh. I Art. 31 EuInsVO** 13

Verzeichnis der Massegegenstände 151
- Absonderungsrechte 151 3
- Aufstellungspflicht des Insolvenzverwalters 151 7
- Aussonderungsrechte 151 3
- Beauftragung eines Sachverständigen 151 8
- Beispiel 151 11
- Bewertung 151 4
- Einsichtnahme 154 3
- Fortführungswert 151 6
- Freistellung von der Aufstellung 151 7
- gesondertes Verzeichnis 151 3
- Gliederung 151 10
- Inhalt 151 2, 9
- interne Rechnungslegungspflicht 151 1
- Kontrollinstrument 151 1
- Liquidationswert 151 5
- Niederlegung in der Geschäftsstelle 154
- Schuldnerbeteiligung 151 8
- Verfahren 151 7
- Vermögensgegenstände 151 2

Vollstreckbarer Titel
- Insolvenzanfechtung 141
- vollstreckbarer Schuldtitel 141 2
- Zwangsvollstreckung 141 3

Vollstreckung, Zuständigkeit bei der ~ 202
Vollstreckung aus dem Plan 257
- Durchführung der Vollstreckung 257 10
- Einwendungen des Schuldners 257 7
- gegen Dritte 257 8
- Protokollierung des Prüfungsergebnisses 257 3
- Prozessvergleich 257 1
- Rechtsbehelfe 257 12
- rechtskräftiger Tabellentitel 257 2
- rechtskräftiges Urteil 257 3
- Schlussverzeichnis 257 6
- vollstreckbare Ausfertigung der Tabelle 257 3
- Vollstreckungsabwehrklage 257 7
- Vollstreckungsbetrag 257 5
- Vollstreckungsgegenklage 257 2
- Vollstreckungsklausel 257 5
- Vollstreckungstitel 257 2
- Zwangsvollstreckung gegen Schuldner 257 3

Vollstreckung aus der Eröffnungsentscheidung Anh. II Art. 102 § 8 EGInsO
- Hauptinsolvenzverwalter Anh. II Art. 102 § 8 EGInsO 2
- Verwertung der Insolvenzmasse Anh. II Art. 102 § 8 EGInsO 3
- Vollstreckbarerklärung Anh. II Art. 102 § 8 EGInsO 4

Vollstreckung vor Verfahrenseröffnung 88; 88 n. F.
- Arrestpfandrecht 88 8
- Berechnung des kritischen Zeitraums 88 12
- Beschränkung auf Sicherheiten 88 3
- dingliche Wirkung 88 1, 3
- Erwerb des dinglichen Rechts 88 10
- Forderungspfändung 88 8
- in das unbewegliche Vermögen 88 9
- maßgeblicher Zeitraum 88 11
- maßgeblicher Zeitraum bei Anordnung der Zwangsversteigerung 88 15
- Massebezug 88 5
- Pfändung beweglicher Sachen 88 8
- Pfändung künftiger Forderungen 88 14
- Pfändungspfandrecht 88 8
- Rechtsfolgen 88 17
- Rückschlagsperre 88 1

Stichwortverzeichnis

- Sicherung und Befriedigung 88 7
- Vollstreckungsmaßnahmen 88 6
- Vollstreckungsmaßnahmen von Insolvenzgläubigern 88 4
- Voraussetzungen 88 4
- Zwangsvormerkung 88 10

Vollstreckungsabwehrklage 85 26; 178 13

Vollstreckungsgegenklage 87 4

Vollstreckungsmoratorium
- Befristung 90 13
- Folgen der Verletzung 90 14

Vollstreckungsschutz
- Antrag des Schuldners 259a 6
- Berücksichtigung der Gläubigerinteressen 259a 7
- ESUG 259a
- gerichtliche Untersagung der Zwangsvollstreckung 259a 6
- Voraussetzungen 259a 2

Vollstreckungsverbot 90; 123 38, *siehe auch Vollstreckungsverbot bei Masseverbindlichkeiten*
- Altmassegläubiger 210 3, 7
- Anzeige der Masselosigkeit 210 1
- Anzeige der Masseunzulänglichkeit 210 1
- Aufrechnungsverbot 210 11
- im Internationalen Insolvenzrecht Anh. I Art. 4 EuInsVO 23
- Neumassegläubiger 210 2, 4, 12
- Restschuldbefreiungsverfahren 210 5, 16
- Vollstreckungsgegenklage 210 13
- Wohlverhaltensphasengläubiger 210 6, 20

Vollstreckungsverbot bei Masseverbindlichkeiten 90
- Anwendungsbereich 90 2
- oktroyierte 90 1
- oktroyierte Masseverbindlichkeiten 90 3
- Rechtsfolgen 90 13
- sechsmonatiges Vollstreckungsmoratorium 90 1

Vollstreckungsverbot für Insolvenzgläubiger 89, 22
- Absonderungsberechtigte 89 9
- aus EU-Mitgliedstaaten und Drittstaaten 89 4
- ausländisches Insolvenzverfahren 89 42
- Aussonderungsberechtigte 89
- betroffene Vollstreckungsmaßnahmen 89 18
- dingliche Absonderungsrechte 89 10
- einstweiliger Rechtsschutz 89 24
- Ersatzfreiheitsstrafe 89 5
- fortgesetzte Gütergemeinschaft 89 26
- freigegebene Vermögensgegenstände 89 16
- gegenständlicher Anwendungsbereich 89 15
- Geldforderungen 89 18
- Geldsanktionen 89 5
- Grundpfandrechtsgläubiger 89 9
- in schuldnerfremdes Vermögen 89 16
- innerhalb der EU 89 15
- Insolvenz von Personengesellschaften 89 17
- internationales Insolvenzrecht 89 15
- *laufende Zwangsvollstreckungen* 89 26
- materiell-rechtliche Rechtsgeschäfte 89 28
- Nachlassinsolvenzverfahren 89 26
- Neugläubiger 89 7, 30
- Partikularverfahren 89 42
- persönlicher Anwendungsbereich 89 4
- Rechtsfolgen 89 35
- Rechtsmittel 89 44
- Sekundärverfahren 89 42
- Unterhaltsgläubiger 89 34
- verfrühte Zwangsvollstreckungsmaßnahmen 89 23
- Vorbereitungshandlungen 89 27
- während Wohlverhaltensperiode 89 41
- zeitlicher Anwendungsbereich 89 3
- Zuständigkeit des Insolvenzgerichts 89 40
- Zwangsvormerkung 89 25

Vollstreckungsverjährung 89 6

Vollzug der Nachtragsverteilung 205
- Anordnung des Insolvenzgerichts 205 1
- Durchführung der Nachtragsverteilung 205 2
- Haftung des Insolvenzverwalters 205 4
- öffentliche Bekanntmachung 205 2
- Quote 205 2
- Rechnungslegung 205 3
- zurückbehaltene Beträge 205 2

Vor-GmbH Anh. § 35 3
- GmbH
- – Haftung der Gründergesellschafter einer GmbH Anh. § 35 3, *s. gesondertes Stichwort*
- – Handelndenhaftung nach § 11 Abs. 2 GmbHG Anh. § 35 202, *s. gesondertes Stichwort*

Vorausabtretung einer Forderung 81 14

Voraussetzungen
- Antrag 4b 10
- wirtschaftliche Anforderungen 4b 12

Voraussetzungen der Eigenverwaltung 270
- Antrag des Schuldners 270 7
- Anwendbarkeit der Eigenverwaltung 270 5
- Beschluss des Insolvenzgerichts 270 10
- eigenverwaltender Schuldner 270 29
- ESUG 270 3
- juristische Personen 270 8
- keine Gläubigerbenachteiligung 270 11
- nach altem Recht 270 32
- Schutzschirmverfahren 270 3
- Verfahrensfragen 270 23
- vorläufiger Gläubigerausschuss 270 15

Voraussetzungen der Kostenstundung im Eröffnungsverfahren
- Antrag auf Kostenstundung 4a 15
- Aufhebungsgründe 4a 53
- Erklärung über Versagungsgründe 4a 44
- Restschuldbefreiungsantrag 4a 21
- Vergleichsberechnung 4a 24

Vorbehaltsurteil Anh. V § 14 AnfG

Vorbelastungsbilanz Anh. § 35 11

Vorbelastungshaftung Anh. § 35 6, *s.a. GmbH, Unterbilanzhaftung*

Vorbereitung einer Sanierung 270b
– Antrag des Schuldners auf Eigenverwaltung 270b 15
– Antrag des Schuldners auf Schutzfrist 270b 19
– Aufhebung der Schutzfrist 270b 33
– Aufhebung der Schutzfrist auf Antrag des vorläufigen Gläubigerausschusses 270b 36
– Aufhebung der Schutzfrist auf Antrag einzelner Gläubiger 270b 37
– Aufhebungsgründe 270b 35
– Begründung von Masseverbindlichkeiten 270b 30
– Bescheinigung der Zahlungsfähigkeit 270b 11
– Einsetzung eines vorläufigen Verwalters 270b 21
– Entscheidung über Insolvenzeröffnung 270b 39
– Entscheidungen des Insolvenzgerichts 270b 20
– ESUG 270b 1
– Insolvenzantrag 270b 2
– Insolvenzantrag des Schuldners 270b 6
– Insolvenzverfahren nach Ablauf der Schutzfrist 270b 39
– Mitwirkung der Gläubiger 270b 3
– nicht offensichtlich aussichtslose Sanierung 270b 18
– Rechtsmittel gegen Entscheidungen des Gerichts 270b 32
– Schutzschirmverfahren 270b 2
– Sicherungsmaßnahmen 270b 25
– von Personen 270b 1
– von Unternehmen 270b 1
– Voraussetzungen für den Eintritt in Schutzschirmverfahren 270b 6
– Zahlungsunfähigkeit 270b 8
Voreinzahlung auf eine Kapitalerhöhung Anh. § 35 90, *s.a. GmbH, Voreinzahlung auf eine Kapitalerhöhung*
Vorerbschaft 83 13
Vorfinanzierung Anh. VIII § 170 SGB III 1, 2, 3, 4
– abstrakter Missbrauchstatbestand **Anh. VIII § 170 SGB III** 1
– Forderungskauf **Anh. VIII § 170 SGB III** 3; **Anh. VIII § 117 SGB III** 3
– Kreditsicherung **Anh. VIII § 170 SGB III** 3; **Anh. VIII § 117 SGB III** 3
– Missbrauch **Anh. VIII § 170 SGB III** 3
– Missbrauchskontrolle **Anh. VIII § 170 SGB III** 1
– positive Prognose **Anh. VIII § 170 SGB III** 4
– schlüssiges Sanierungskonzept **Anh. VIII § 170 SGB III** 4
– Zustimmung **Anh. VIII § 170 SGB III** 4
Vorführung 98 10
– Anordnungsgründe 98 11
– des Schuldners 98 1, 14
Vorgenossenschaft, Insolvenzfähigkeit der ~ 11 8
Vorgesellschaft, Insolvenzfähigkeit der ~ 11 8
Vorgründungsgesellschaft, Insolvenzfähigkeit der ~ 11 9

Vorläufige Untersagung der Rechtshandlung 161
– Antragsberechtigte 161 3
– Berichtstermin 161 4
– Beschluss 161 4
– erhebliche Gründe 161 4
– Rechtsbehelf 161 4
– Rechtsfolgen eines Verstoßes 161 5
– Schadenersatz 161 5
– Unterrichtung des Schuldners 161 1
– Unterrichtungspflicht 161 2
– Untersagungsantrag 161 3
– Untersagungsverfahren 161 2
– Zustimmungskompetenz 161 4
– Zweckmäßigkeit der Handlung 161 1
Vorläufiger gerichtlicher Gläubigerausschuss, Einsetzung 67 2
Vorläufiger Gläubigerausschuss 1 51; 38 10, *siehe auch Bestellung eines vorläufigen Gläubigerausschusses*
– Änderung der Zusammensetzung 21 20
– Anfechtbarkeit der Einsetzung 21 20
– Anordnungskriterien 21 22
– Arbeitnehmervertreter 67 6
– Aufgaben 21 21
– Auflösung 21 20
– Ausschluss der Bestellbarkeit 67 10
– Beginn des Amtes 67 11
– Einsetzung 21 18
– Ende des Amtes 67 11
– Ersatzmitglieder 67 9
– Geschäftsordnung 67 7
– Gewährleistug der Gläubigerbeteiligung 21 19
– Haftung 21 21
– juristische Personen 67 7
– Kenntnisse 67 6
– Mindestanzahl 67 6
– Mitglieder 67 8
– Rechtsbehelf 67 4
– sofortige Beschwerde 21 75
– Sollmitglieder 67 6
– Vergütung 21 21; **Anh. III § 17 InsVV** 11
– Zusammensetzung 21 20; 67 5
– Zuständigkeit 67 4
Vorläufiger Insolvenzverwalter 22, *siehe auch Vergütung des vorläufigen Insolvenzverwalters*
– Abführung der Lohnsteuer 22 131
– Anfechtung von Rechtshandlungen des ~ 22 146
– Anforderungsprofil 22 6
– Anordnung eines allgemeinen Zustimmungsvorbehalts 22 88
– Aufsicht des Insolvenzgerichts 22 8
– Auskunfts- und Mitwirkungspflicht des Schuldners 22 153
– Auslagenerstattung 22 17
– Bankgeschäfte 22 104
– Barauszahlungen 22 126
– Befugnisse 22 147
– Bestellung 22 5

2863

Stichwortverzeichnis

- Einbindung des vorläufigen Gläubigerausschusses in die Bestellung 22 5
- Einrichtung eines Treuhandkontos 22 94
- Einschränkung der Rechnungslegungspflicht 22 13
- Einzug von Forderungen 22 93
- Entlassung 22 9
- Erfüllung von Verbindlichkeiten 25 12
- Festlegung der Befugnisse 22 87
- Festlegung der Pflichten 22 86
- Grenzen der Befugnisse 22 47
- Haftung 22 19
- Haftung bei Nichterfüllung von Masseverbindlichkeiten 22 26
- Haftung bei Verletzung insolvenzspezifischer Pflichten 22 20
- Haftung nach allgemeinen Vorschriften 22 28
- Insolvenzgeld 22 138
- Kündigung eines Dienstverhältnisses 113 15
- Lastschriftverkehr 22 106
- mit Verwaltungs- und Verfügungsbefugnis 22 3
- Nachforschungsrecht 22 148
- Pflichten 22 103
- Prozessführungsbefugnis 22 101
- Rechnungslegung bei Verfahrensbeendigung 22 14
- Rechnungslegungspflicht 22 11; 66 1
- Rechtsstellung 22 2
- Rechtsstellung bei Anordnung eines allgemeinen Verfügungsverbots 22 32
- Rechtstellung bezogen auf Schuldnervermögen 22 31
- Sicherungs- und Erhaltungsauftrag 22 8
- Stellung im Besteuerungsverfahren 22 127
- steuerliche Pflichten 155 14
- Überweisungsverkehr 22 124
- Umfang der Rechnungslegung 22 15
- Umsatzsteuerpflicht 22 134
- Unabhängigkeit 22 4
- Vergütung 22 16
- Verjährung des Vergütungsanspruchs 22 18
- Verjährung von Haftungsansprüchen 22 30
- Verleihung von Befugnissen 22 98
- Widerspruchsbefugnis 22 116
- Wirksamkeit der Bestellung 22 7
- Zutrittsrecht 22 148

Vorläufiger Insolvenzverwalter mit Verwaltungs- und Verfügungsbefugnis
- als Sachverständiger 22 83
- Arbeitgeberstellung 22 42
- Aufgaben und Pflichten 22 56
- Auswirkungen der Bestellung auf Gerichtsverfahren 22 52
- Begründung von Masseverbindlichkeiten 22 43
- Buchführungspflichten 22 42
- Handlungsbefugnis 22 33
- *ordnungsrechtliche* Verantwortlichkeit 22 42
- Prüfung der Verfahrenskostendeckung 22 82
- Prüfungsaufgaben 22 81
- Rechnungslegung des ~ 22 13
- Rechtsstellung des Schuldners 22 51
- Sicherung- und Erhaltung des Schuldnervermögens 22 57
- Übergang der Verwaltungsbefugnis 22 38
- Unternehmensfortführung 22 76
- Verfügungsbefugnis 22 36
- Vermögensverwaltung 22 42
- Vorbereitung der Eröffnungsentscheidung 22 81

Vorläufiger Insolvenzverwalter siehe auch Vergütung des vorläufigen Insolvenzverwalters 26a

Vorläufiger Sachwalter 270a 9
- Aufgaben 270a 9
- Befugnisse 270a 9
- Einsetzung 270b 21

Vormerkung 106
- allgemeines Verfügungsverbot 106 5
- Anfechtungsansprüche 106 32
- aussonderungsähnliche Wirkung 106 30
- Bauträgervertrag 106 26
- dingliches Vorkaufsrecht 106 8
- Einreden und Einwendungen des Verwalters 106 24
- Freigabe des belasteten Gegenstandes 106 27
- Geltenmachung des Anspruchs 106 29
- gesicherter Anspruch 106 14
- in Schiffsregister 106 12
- Löschungsanspruch 106 11
- Rechtsfolgen 106 18
- Registerpfandrechte 106 13
- Sicherungshypothek 106 28
- von Amts wegen 106 10
- Voraussetzungen 106 4
- Vorkaufsrecht 106 9
- wirksam eingetragene 106 4

Vornahme der Rechtshandlung, maßgeblicher Zeitpunkt 81 11

Vorpfändung 88 13; 89 20

Vorratsgründung Anh. § 35 26, *s.a. GmbH, Wirtschaftliche Neugründung*

Vorratsvermögen 19 33

Vorsätzliche Beanchteiligung, *siehe Entgeltliche Verträge mit nahestehenden Personen*

Vorsätzliche Benachteiligung 133, *siehe Benachteiligungsvorsatz*
- Anfechtungszeitraum 133 7
- Benachteiligungsvorsatz 133 8
- drohende Zahlungsunfähigkeit 133 34
- entgeltliche Verträge mit nahestehenden Personen 133 38
- inkongruente Deckung 133 15, 32
- Insolvenzverwalter 133 13
- Kenntnis des Anfechtungsgegners 133 29
- kongruente Deckung 133 24
- unmittelbare 133 21
- verdächtige Vertragsgestaltung 133 23

Stichwortverzeichnis

- Vornahme durch Schuldner 133 3
- Zeitpunkt 133 18
- Zwangsvollstreckung 133 4

Vorschuss Anh. VIII § 168 SGB III 2
Vorschusspflicht, Vorschussanspruch 26 50a
Vorsteuer, Rückzahlung 95 9
Vorsteuererstatttung 94 25
Vorverein 11 8
Vorzeitige Beendigung 299; 299 n. F.
- Ablösung 299 10
- Abtretungserklärung 299 3
- außergerichtlicher Vergleich 299 10
- Beendigung des Treuhänderamtes 299 14
- Beendigungsgründe 299 2
- Beendigungsgründe, gesetzliche 299 3
- durch Tilgung oder Teilerlass 299 8
- fehlende Forderungsanmeldung 299 7
- freiwillige 299 5
- Gebühren, Kosten, Gegenstandswert 299 21
- gerichtliche Entscheidung 299 18
- Laufzeit der Abtretungserklärung 299 13
- Rechtsmittel 299 20
- Rechtswirkungen 299 12
- Rücknahme des Antrags 299 5
- Tod des Schuldners 299 6
- unbeschränktes Nachforderungsrecht 299 16

W

Wechsel- und Scheckzahlungen 137
- Anfechtungsvoraussetzungen 137 8
- Befreiung von der Anfechtung 137 2
- Ersatzrückgewähr 137 6
- Privilegierung der Zahlung auf Wechsel und Scheck 137 4
- Reichweite des Anfechtungsausschlusses 137 3
- Rückgewährpflichtiger 137 7
- Rückgriffsrecht 137 5
- Scheckzahlungen 137 9

Weihnachtsgeld Anh. VIII § 165 SGB III 28
Wertersatz, Rechtsfolgen der Insolvenzanfechtung 143 20
Wertgegenstände 149, *siehe Hinterlegung*
- Bestimmung anderweitiger Hinterlegung oder Anlage 149 9
- Geld 149 2
- Gläubigerausschuss 149 3
- Gläubigerversammlung 149 3
- Insolvenzgericht 149 3
- Kostbarkeiten 149 2
- Wertpapiere 149 2

Wettbewerbsklage, gegen den Schuldner 85 15
Widerruf der Restschuldbefreiung 303; 303 n. F.
- Anhörung 303 21
- Antrag 303 5
- Antrag, Form 303 6
- Antrag, Frist 303 7
- Antrag, Glaubhaftmachung 303 9
- Anwaltsbeiordnung 303 34
- Beeinträchtigung der Gläubigerbefriedigung 303 18
- Bekanntmachung 303 22
- Entscheidung 303 22
- Gebühren, Kosten, Gegenstandswert 303 30
- Grund 303 12
- nachträgliches Herausstellen der Obliegenheitsverletzung 303 16
- Obliegenheitsverletzung 303 1
- Rechtsmittel 303 29
- Rechtswirkungen 303 27
- Tod des Schuldners 303 2
- Verfahren 303 19
- Verfahren, Zuständigkeit 303 20
- Voraussetzungen 303 4
- vorsätzliche Obliegenheitsverletzung 303 13
- vorsätzlicheObliegenheitsverletzung 303 1
- Widerruf 303 24
- Zurückweisung des Antrags 303 23

Wiederaufleben von Forderungen
- allgemeine Voraussetzungen 255 5
- Ausfallforderungen 255 16
- dingliche Rechte 255 16
- erheblicher Rückstand 255 7
- Eröffnung eines neuen Insolvenzverfahrens 255 11
- Gläubigergleichbehandlung 255 13
- Nebenforderungen 255 17
- pflichtwidriges Verhalten Dritter 255 18
- Rechtsfolgen 255 15
- Zinsen 255 17

Wiedereinsetzung in den vorigen Stand 186
- Antrag 186 9
- Antragszustellung an Gläubiger 186 10
- Entscheidung 186 11
- fehlende Belehrung des Insolvenzgerichts 186 7
- Fristen 186 8
- Gewährung 186 12
- Kosten 186 14
- Rechtsmittel 186 14
- unterlaubte Handlungen 186 6
- Verfahren 186 8
- Versagung 186 13
- versäumter Widerspruch 186 5
- Voraussetzungen 186 2

Wiederkehrende Leistungen 46
- Ansprüche aus Dauerschuldverhältnissen 46 4
- Insolvenzforderungen 46 3
- Kapitalisierung 46 6
- Rechtsfolgen 46 10
- Umfang 46 1

Wiederkehrschuldverhältnisse 105 1
Wirksamkeit der Handlung 164, 1
- auflösende Bedingung 164 5
- Haftung im Innenverhältnis 164 5
- im Außenverhältnis 164 1, 3
- im Innenverhältnis 164 1
- insolvenzzweckwidrige Handlungen 164 4
- kollusives Zusammenwirken 164 4

2865

Stichwortverzeichnis

- Rücktrittsrecht 164 5
- Verfahrensverstoß 164 3
- Verstöße 164 2

Wirkung der Entscheidung 183
- Berichtigung der Tabelle 183 7
- Eigenverwaltung 183 4
- Insolvenzgläubiger 183 3
- Insolvenzschuldner 183 4
- Insolvenzverwalter 183 3
- Kostenerstattung 183 10
- Rechtskrafterstreckung 183 2
- Widerspruch 183 12

Wirkung der Restschuldbefreiung 301
- Aufrechnung 301 11
- aufschiebend bedingte Forderungen 301 3
- ausländisches Insolvenzgericht 301 9
- Erkenntnisverfahren 301 8
- Gläubigerbefriedigung 301 16
- Insolvenzforderungen 301 2
- nachträgliche Forderungen 301 4
- Nachtragsverteilung 301 6
- Naturalobligationen 301 2
- Neuverbindlichkeiten 301 5
- Rechtsbehelfe des Schuldners 301 7
- Rückforderung 301 16
- Rückgriffsansprüche 301 14
- Sicherheiten 301 12
- Vollstreckungsgegenklage 301 9
- Widerruf 301 17
- Zinsen 301 3
- Zwangsvollstreckung 301 9

Wirkungen der Anerkennung Anh. I Art. 17 EuInsVO
- Hauptinsolvenzverfahren Anh. I Art. 17 EuInsVO 1, 2
- Partikularinsolvenzverfahren Anh. I Art. 17 EuInsVO 1, 2, 6
- Restschuldbefreiung Anh. I Art. 17 EuInsVO 7
- Stundung Anh. I Art. 17 EuInsVO 7
- Wirkungserstreckung Anh. I Art. 17 EuInsVO 3, 5

Wirkungen der Aufhebung des Insolvenzverfahrens 259
- Altgläubiger 259 4
- Anfechtungsrechtsstreit 259 11
- anhängiger Rechtsstreit 259 5
- Anordnung der Planüberwachung 259 1
- Beschlagnahme 259 4
- Erlöschen der Ämter des Gläubigerausschusses 259 3
- Erlöschen des Insolvenzverwalteramtes 259 3
- Gläubigerbefriedigung 259 7
- Heilung unwirksamer Handlungen 259 6
- Nachtragsverteilung 259 8
- Neugläubiger 259 4
- Prozessführungsbefugnis des Insolvenzverwalters 259 5
- Rückübertragung der Masse 259 7
- Überwachung der Planerfüllung 259 9
- Verfügungsbefugnis 259 4
- Verfügungsverbote 259 4
- Verwaltungs- und Verfügungsbefugnis des Schuldners 259 1
- Voraussetzungen 259 3
- Wirksamkeit von Handlungen des Insolvenzverwalters 259 6

Wirkungen der sofortigen Beschwerde, einstweilige Anordnung 6 77

Wirkungen der Verfügungsbeschränkungen
- Aktivprozess 24 17
- Aufhebung der Verfügungsbeschränkung 24 15
- besonderes Verfügungsverbot 24 3
- gutgläubiger Erwerb 24 10
- Leistungen an den Schuldner 24 11
- Leistungen an Dritten 24 12
- Passivprozess 24 18
- Rechtsfolgen einer unwirksamen Verfügung 24 13
- Verfügungen des Schuldners 24 5, 6
- Verfügungen Dritter 24 9
- Voraussetzungen 24 3

Wirtschaftliche Anforderungen
- Einkommen 4b 13
- Grundlagen 4b 12
- Vermögen 4b 23

Wirtschaftliche Neugründung Anh. § 35 26, s.a. *GmbH, Wirtschaftliche Neugründung*

Wirtschaftliche Tätigkeit, Selbständigkeit 3 7

Wohnungseigentümergemeinschaft 84 6

Wohnungsgenossenschaft
- Ausschluss der Kündigung Anh. VI § 67c GenG 1
- Ausschluss des Kündigungsrechts Anh. VI § 67c GenG
- Kündigung Anh. VI § 66a GenG 11
- Kündigung der Mitgliedschaft Anh. VI § 66a GenG 11, 12
- Kündigung durch Insolvenzverwalter Anh. VI § 66a GenG 12
- Kündigungsrecht des Treuhänders Anh. VI § 67c GenG 3
- Kündigungsrecht, Rechtslage ab 19.07.2013 Anh. VI § 67c GenG 4
- Kündigungsrecht des Insolvenzverwalters Anh. VI § 67c GenG 3

Z

Zahlung vor Insolvenzeröffnung
- Eröffnungszeitpunkt 43 19
- Teilleistung 43 20

Zahlungen nach Insolvenzreife Anh. § 35 271, s.a. *GmbH, Zahlungen nach Insolvenzreife*

Zahlungsaufträge, vor Insolvenzeröffnung erteilte 81 6b

Zahlungsdiensterichtlinie 96 2

Zahlungseinstellung
- Bedeutung 17 19

- Definition 17 21
- gerichtliche Feststellung 17 23
- Wegfall der ~ 17 26
Zahlungspflichten 17 7; 18 9
- Einstellung der Zwangsvollstreckung 17 15
- Fälligkeit 17 12; 18 10
- Mangel an Zahlungsmitteln 17 16
- Stillhalteabkommen 17 14
Zahlungsrückstand, Umfang des ~ 4c 26
Zahlungssysteme und Finanzmärkte Anh. I Art. 9 EuInsVO
- anwendbares Recht Anh. I Art. 9 EuInsVO 5, 7
- Aufrechnung Anh. I Art. 9 EuInsVO 9
- Bestandszeitpunkt Anh. I Art. 9 EuInsVO 6
- eingeschränkte Universalität Anh. I Art. 9 EuInsVO 2
- Finalitätsrichtlinie Anh. I Art. 9 EuInsVO 1, 10
- Gläubigerbenachteiligung Anh. I Art. 9 EuInsVO 8
- Rechte und Pflichten der Mitglieder Anh. I Art. 9 EuInsVO 3
Zahlungsunfähigkeit Anh. VII § 283 StGB 12
- Abgrenzung zu Liquiditätskrise 17 4
- Anwendungsbereich des § 17 17 3
- Beweislast 130 15
- Definition 17 3, 4, 6
- Dreimonatsfrist 130 17
- drohende Anh. VII § 283 StGB 16
- gerichtliche Feststellung 17 18
- internationale Bezüge 17 27
- Kenntnis 130 18
- Kenntnis der Umstände 130 26
- Kenntnis des Anfechtungsgegners 133 34
- Kenntnis eines Organmitglieds 130 23
- kongruente Deckung 130 11
- maßgebliche Tatsachen 130 19
- Partikularverfahren 17 27
- Sekundärinsolvenzverfahren 17 27
- Vermutungsregel 17 3
- Wegfall der Kenntnis 130 27
- Zahlungseinstellung 17 19
- Zahlungspflichten 17 7
Zeitlicher Geltungsbereich, der EuInsVO Anh. I Art. 43 EuInsVO
Zeitpunkt der Vornahme einer Rechtshandlung 140
- Abtretung 140 10
- bedingte Verträge 140 21
- Bedingung 140 20
- Befriedigung 140 13
- Befristung 140 20
- Beweislast 140 19
- Bürgschaft 140 9
- Dispositionskredit 140 5
- einaktige Rechtshandlungen 140 3
- eintragungsbedürftige Rechtsgeschäfte 140 14
- Eintritt der Rechtswirkungen 140 2
- Einziehungsermächtigungsverfahren 140 3
- Forderungspfändung 140 4
- Grundbucheintragung 140 11, 15
- künftige Forderungen 140 4, 9
- Lastschriftverfahren 140 3
- Lebensversicherungsvertrag 140 8
- mehraktige Rechtshandlungen 140 7, 8
- mehrere Rechtshandlungen 140 2, 7
- mittelbare Zuwendung 140 7
- Rechtsänderung 140 18
- rechtsgeschäftlicher Erwerb 140 15
- Registereintragung 140 16
- Scheck 140 7
- Sicherung 140 13
- Sicherungen 140 9
- Sicherungsübereignung 140 9
- Übereignung 140 8
- Unterlassungen 140 6
- Vermieterpfandrecht 140 11
- Verpflichtungsvertrag 140 8
- Verträge 140 8
- Vormerkung 140 19
- Vorpfändung 140 11
- Wechsel 140 7
- Wirksamkeitsvoraussetzungen des Rechtsgeschäfts 140 17
- Zahlungsvorgänge 140 12
Zeugnisverweigerungsrecht 97 3, 10
Ziele des Insolvenzverfahrens 1
- gemeinschaftliche Gläubigerbefriedigung 1 27
- gesetzlicher Rang 1 8
- Gläubigerbefriedigung 1 9, 22, 32
- Masseanreicherung 1 55
- Ordnung der Ziele 1 5
- Primärziele 1 5
- Restschuldbefreiung, siehe auch Restschuldbefreiung
- Sekundärziele 1 47
- Unternehmenssanierung 1 12, 26, 40
Zinsforderungen und Versäumniszuschläge
- laufende Zinsen 39 11
- Säumniszuschläge 39 16
Zitiergebot 102 1
Zivilprozessordnung, Anwendbarkeit, siehe auch Anwendbarkeit der Zivilprozessordnung
Zulässigkeit des Insolvenzverfahrens 11, siehe auch Insolvenzfähigkeit
Zulässigkeitsvoraussetzungen, Eröffnungsantrag 13 5
Zulassung
- Anschlussrechtsbeschwerde 6 121
- Bindungswirkung 6 119
Zulassungsgründe
- Fortbildung des Rechts 6 112
- Sicherung einer einheitlichen Rechtsprechung 6 115
Zulassungsverfahren
- Eröffnungsvoraussetzungen 5 15
- Insolvenzantrag 5 13
- Sachentscheidungsvoraussetzungen 5 14

2867

Stichwortverzeichnis

Zurückbehaltungsrecht
- absonderungsberechtigter Gläubiger 110 14
- kaufmännisches 51 22
- wegen nützlicher Verwendungen 51 19

Zuständigkeit
- Örtlich 3
- örtliche ~ 4 16
- sachliche ~ 4 15

Zuständigkeit bei der Vollstreckung 202
- Klage auf Erteilung der Vollstreckungsklausel 202 3
- Klauselgegenklage 202 4
- örtliche 202 6
- Rechtsbehelfe 202 7
- sachliche 202 6
- Vollstreckungsabwehrklage 202 5

Zuständigkeit des Richters
- Restschuldbefreiungsverfahren 2 23
- Richtervorbehalt und Evokationsrecht 2 33
- Schuldenbereinigungsplanverfahren 2 24

Zuständigkeit für die Festellung 180
- anhängiger Rechtsstreit 180 11
- bestrittener Forderungen 180 3
- Feststellungsklage 180 4
- Kosten 180 15
- Kostenfestsetzungsverfahren 180 8
- Mahnverfahren 180 7
- örtliche Zuständigkeit 180 9
- sachliche Zuständigkeit 180 9
- Schiedsverfahren 180 6
- Urkunden-, Wechsel-, Scheckprozess 180 5

Zuständigkeitsprüfung
- negativer Kompetenzkonflikt 3 37
- positiver Kompetenzkonflikt 3 37
- sofortige Beschwerde 3 36
- Verweisung 3 33

Zustellung des Schuldenbereinigungsplans 307
- Änderung oder Ergänzung des Plans 307 1, 14
- beglaubigte Abschriften 307 3
- des geänderten Plans 307 15
- Einsichtnahme niedergelegter Verzeichnisse 307 6
- Folgen der Fristüberschreitung 307 13
- Fristen 307 13, 16
- Hinweispflichten des Insolvenzgerichts 307 7
- Inkassounternehmen 307 4
- öffentliche Bekanntmachung 307 2
- Rechtsbehelfe 307 17
- Rechtsfolgen 307 16
- Schuldnerberatungsstellen 307 4
- Schweigen als Zustimmung 307 1
- Stellungnahmen der Gläubiger 307 9
- Stellungnahmefrist 307 1
- Verfahrensbevollmächtigte 307 4
- Vermögensübersicht 307 2
- Widerruf der Zustimmung 307 13
- Wiedereinsetzung in den vorigen Stand 307 8, 13

- wiederholte Planvorlage 307 14

Zustellungen 8
- andere Zustellungsarten 8 23
- Anwendungsbereich 8 3
- Ausführung der ~ 8 17
- Bewirkung der ~ 8 16
- Einschreiben mit Rückschein 8 18
- Einzelzustellungen 8 11
- Empfangsbekenntnis 8 18
- Entscheidung über die Zustellungsart 8 17
- Heilung von Zustellungsmängeln 8 25
- nicht förmliche Mitteilungen 8 28
- öffentliche Bekanntmachung 8 11
- Postzustellungsurkunde 8 18
- Rechtsschutz 8 1
- Schuldenbereinigungsplanverfahren 8 4
- unbekannter Aufenthalt des Adressaten 8 24
- Verbraucherinsolvenzverfahren 8 4
- Zustellung durch Aufgabe zur Post 8 19
- Zustellung durch den Insolvenzverwalter 8 26
- Zustellung von Amts wegen 8 16
- Zustellungsadressat 8 13
- zustellungsbedürftige Schriftstücke 8 6

Zustellungsbedürftige Schriftstücke 8 6

Zustimmungsbedürftige Geschäfte 263
- bestimmte Rechtsgeschäfte 263 8
- Rechenschaftspflicht des Insolvenzverwalters 263 11
- Rechtsfolgen 263 10
- Schutz der Planverwirklichung 263 1
- Verfügungsverbot 263 9
- Zustimungsvorbehalt 263 9

Zustimmungserfordernis, Vormerkung 106 5

Zwangsgeld 58 11
- Rechtsmittel 58 12

Zwangsmittel, Verhältnismäßigkeit der ~ 98 13

Zwangssicherungshypothek 89 37

Zwangsvollstreckung
- Bezüge aus einem Dienstverhältnis 114 27
- Gläubigeranfechtung Anh. V § 10 AnfG 5
- laufende 89 26
- Nachlassinsolvenzverfahren 321
- Veräußerungsverbot durch ~smaßnahmen 80 42
- Vollstreckungsverbot 123 38

Zwangsvollstreckungsmaßnahmen, verfrühte 89 23

Zwangsvollstreckungsverbot
- Anwendungsbereich 294 2
- Klageerhebung 294 3
- Massegläubiger 294 4
- Restschuldbefreiung 294 2
- Wegfall des ~ 294 5

Zwangsvollstreckungsverfahren 85 26

Zwangsvormerkung 89 25

Zweck des Insolvenzrechts 1 5

Zwischenrechnung 66 1